U0398607

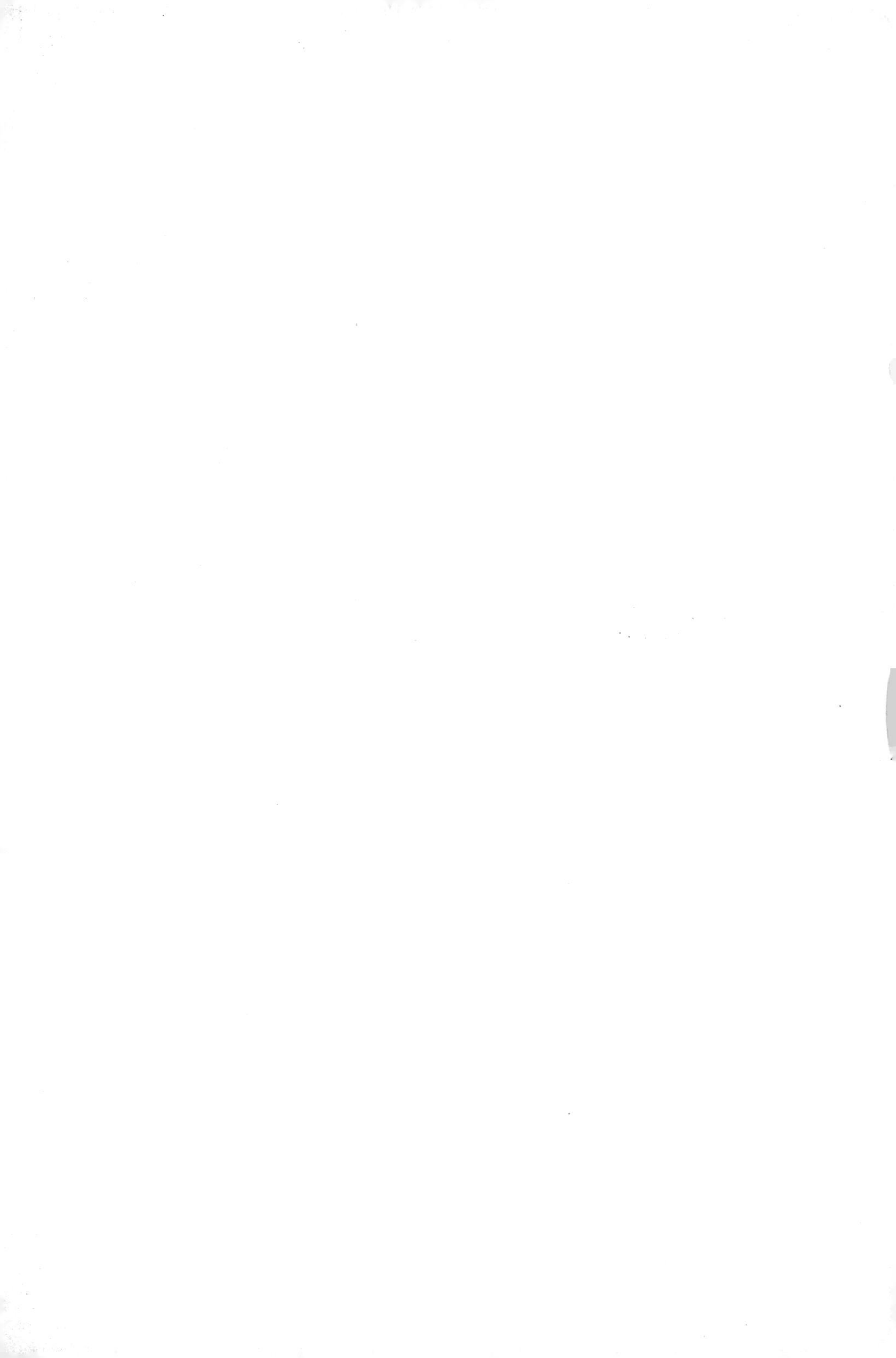

中国刑法评注

（全三卷）

冯军 梁根林 黎宏

主 编

图书在版编目(CIP)数据

中国刑法评注：全三卷 / 冯军，梁根林，黎宏主编. —北京：北京大学出版社，2023.3

ISBN 978-7-301-33530-7

Ⅰ. ①中… Ⅱ. ①冯… ②梁… ③黎… Ⅲ. ①刑法—研究—中国 Ⅳ. ①D924.04

中国版本图书馆 CIP 数据核字(2022)第 197795 号

书　　名	中国刑法评注（全三卷） ZHONGGUO XINGFA PINGZHU(QUAN SAN JUAN)
著作责任者	冯　军　梁根林　黎　宏　主编
策划编辑	蒋　浩　邹记东
责任编辑	王建君　陈晓洁　孙嘉阳
标准书号	ISBN 978-7-301-33530-7
出版发行	北京大学出版社
地　　址	北京市海淀区成府路 205 号　100871
网　　址	http://www.pup.cn
电子信箱	law@pup.pku.edu.cn
新浪微博	@北京大学出版社　@北大出版社法律图书
电　　话	邮购部 010-62752015　发行部 010-62750672 编辑部 010-62752027
印 刷 者	南京爱德印刷有限公司
经 销 者	新华书店
	880 毫米×1230 毫米　A5　148.375 印张　6620 千字 2023 年 3 月第 1 版　2023 年 6 月第 2 次印刷
定　　价	880.00 元（全三卷）

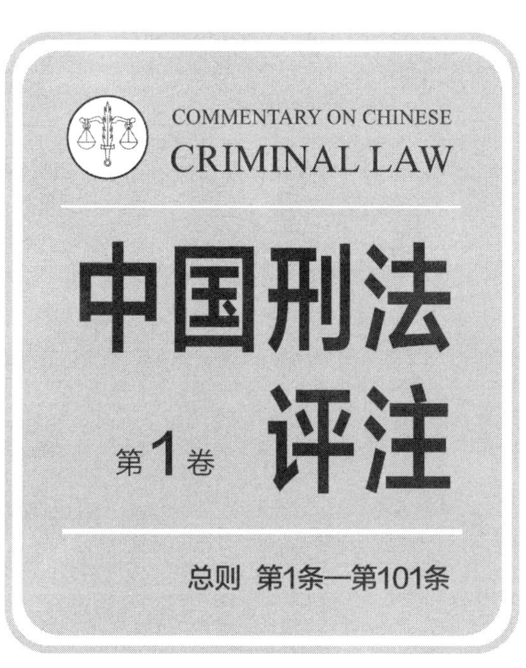
COMMENTARY ON CHINESE
CRIMINAL LAW
中国刑法
第1卷 评注
总则 第1条—第101条

冯军 梁根林 黎宏 主编

北京大学出版社
PEKING UNIVERSITY PRESS

主编简介

冯　军

中国人民大学法学院教授，博士生导师，中国人民大学刑事法律科学研究中心中德刑法学研究所所长，洪堡学者。湖北财经学院法学学士（1984）、中南政法学院法学硕士（1987）、中国人民大学法学博士（1994）。

梁根林

北京大学法学院教授，博士生导师，中国刑法学研究会副会长，中德刑法学者联合会（CDSV）中方召集人，最高人民检察院专家咨询委员。北京大学法学学士（1984）、北京大学法学硕士（1987）、北京大学法学博士（1997）。

黎　宏

清华大学法学院教授，博士生导师，中国刑法学研究会副会长，北京市法学会副会长。武汉大学法学学士（1988）、法学博士（1996），日本同志社大学法学硕士（1995）、法学博士（1999）。

本书作者

（按撰写顺序排序）

冯　军	中国人民大学	钱叶六	华东师范大学
陈兴良	北京大学	邓毅丞	华南师范大学
赵书鸿	北京师范大学	周啸天	山东大学
谭　淦	西南政法大学	李志恒	清华大学
陈家林	武汉大学	张明楷	清华大学
戴民杰	浙江省人民检察院	程　红	中南财经政法大学
时延安	中国人民大学	刘明祥	中国人民大学
陈于思	中国人民大学	梁根林	北京大学
陈　璇	中国人民大学	江　溯	北京大学
李立众	中国人民大学	柏浪涛	华东师范大学
何庆仁	中国社会科学院大学	王华伟	北京大学
王良顺	中南财经政法大学	陈银珠	安徽师范大学
杨　丹	暨南大学	田宏杰	中国人民大学
毛乃纯	郑州大学	肖　鹏	北京理工大学
陈　山	四川师范大学	阮柏云	宁波银行股份有限公司
杨　萌	暨南大学	宋建军	海关总署
王剑波	首都经济贸易大学	阎二鹏	海南大学
张　伟	华东师范大学	付玉明	西北政法大学
刘　荣	海南大学	侯艳芳	华东政法大学
周光权	清华大学	何荣功	武汉大学
李邦友	中央财经大学	徐凌波	南京大学
李　洁	吉林大学	王芳凯	中国社会科学院大学
王志远	中国政法大学	阴建峰	北京师范大学
黎　宏	清华大学	刘艳红	中国政法大学
杜治晗	华中科技大学	梁云宝	东南大学
于改之	上海交通大学	储陈城	安徽大学

欧阳本祺　东南大学
钱小平　东南大学
李　川　东南大学
王　俊　苏州大学
冀　洋　东南大学
夏　伟　中国政法大学
黄明儒　湘潭大学
杜　宣　南京市人民检察院
魏　超　苏州大学
杨志琼　东南大学
刘建利　东南大学
劳东燕　清华大学
谭　堃　西北政法大学
马　乐　大连海事大学
王彦强　南京师范大学
夏　勇　中南财经政法大学

序

在北京大学出版社特别是蒋浩副总编辑的精心组织策划下，在陈兴良、张明楷等著名学者的鼎力支持下，由我们三位联合近七十位活跃在当今中国刑法学界一线的学者撰写的《中国刑法评注》一书即将出版，这实在是一件令人欣喜且感慨万千的事情。

众所周知，刑法评注书是学习、研究和运用刑法不可缺少的工具，它是沟通刑法立法和刑法司法的桥梁，是刑法教义学的重要组成部分。在成文刑法的规定相对完备、学术文献卷帙浩繁的德国、日本，都出版了小型、中型和大型的刑法评注书。我国刑法学者也有这方面的尝试，例如，李立众博士编写的《刑法一本通》和喻海松博士编写的《实务刑法评注》就是如此，但是，中型和大型的刑法评注书却付诸阙如。从此意义上讲，由中国学者自 2015 年 4 月至今，历经七年反复修改，呕心沥血，终于完成的三卷本、共六百余万字的《中国刑法评注》，可以说在一定程度上填补了我国中型刑法评注书的空白。

本书对我国刑法的规定进行了逐条解释和评论，内容包括前注、条文、文献、细目录和正文五个部分。前注部分阐述了刑法各则、各章和各节的意义、作用和共同问题；条文部分原文引用了刑法条文；文献部分收录了公开出版的重要著作、发表的文章及其出处；细目录部分列举了正文内容的名目；正文部分揭示相关条文的主旨，阐述其历史沿革，说明相关的司法解释，阐释相关的典型司法判例，论证有关具体问题的解决方案。

本书的目标是，既在总结我国刑法实践活动的基础上解释刑法规定的含义，又运用刑法教义学的方法评析各种刑法学说和刑法判例，既展现我国当今刑法立法、刑法司法和刑法理论的大致样貌，又体现各位作者基本的刑法理念和见解。简言之，本书的重点是解释和评析。因此，在某些问题上，本书作者对我国刑法立法、刑法司法和刑法理论的通说见解，表达不同意见，是并不奇怪的事情。我们知道，在一个充满不确定性的世界里，刑法立法、刑法司法和刑法理论

都不可能一成不变。我们作为这个时代的亲历者和见证人,有义务、有责任为我国刑法应有的未来状态贡献我们的智识和洞见。

在组织本书撰写的过程中,我们也遇到了一些体例上的困难。我国当今刑法学的现状是,既存在犯罪论体系中“四要件论”与“三阶层论”的对峙,又存在“犯罪客体”与“法益”及“犯罪主观方面”与“罪责”等含义类似但用词不同的混杂。这种局面,虽然可以说是刑法学中学术自由、百花齐放的体现,但不可否认的是,其也给我们的刑法教学和学术交流造成了某种程度的障碍。尽管如此,在本书中,我们既没有对我国的犯罪论体系作出抉择,也没有统一“犯罪客体”与“法益”及“犯罪主观方面”与“罪责”等术语的使用。我们认为,就我国刑法学界目前的研究状况而言,既无法得出必须建构统一的犯罪论体系的结论,也无法得出必须使用统一的各种刑法术语的结论。因此,在涉及犯罪论体系的选择和相似刑法术语的使用时,我们采用了“客体”或“法益”及“主观方面”或“罪责”“罪过”的处理方式。虽说这种做法是尊重学术自由和承认现实学术生态的无奈之举,但我们还是要为这种用语的前后不一甚至某些论述上的叠床架屋请求大家谅解。

本书完成过程中,得到了许多人的帮助。除在我国当今的学术评价体系之下,不计名利,纯粹本着学者的良心和使命,无怨无悔地为本书撰稿,做出贡献的各位作者之外,还有本书的责任编辑王建君、陈晓洁、孙嘉阳女士及编务赵臣臣先生、北京宁启律师事务所主任汤宁先生、河南韬涵律师事务所主任陈宁女士和内蒙古蒙益律师事务所主任田永伟先生。他们的支持为本书主编在启动本工程时提供了信心。另外,本书的出版还得到了国家出版基金的资助。在此也谨向国家出版基金管理委员会以及推荐我们申请该基金的人民教育家高铭暄教授、著名刑法学家储槐植教授表示诚挚的谢意。

万事开头难。我们希望本书的出版能够促进我国刑法理论的完善和刑法实践的发展,也期待本书能够成为我国刑法学者撰写大型刑法评注书的重要参考,更祈盼本书能够在刑法学界同仁的关怀和各位读者的指导下,持续更新、长期存在。

冯军　梁根林　黎宏

2022 年 10 月 6 日

简　目

第一编　总　则

第一章　刑法的任务、基本原则和适用范围 …………………… 0004

第二章　犯　罪 ………………………………………………… 0182

　　第一节　犯罪和刑事责任 ………………………………… 0190

　　第二节　犯罪的预备、未遂和中止 ……………………… 0321

　　第三节　共同犯罪 ………………………………………… 0422

　　第四节　单位犯罪 ………………………………………… 0538

第三章　刑　罚 ………………………………………………… 0576

　　第一节　刑罚的种类 ……………………………………… 0583

　　第二节　管　制 …………………………………………… 0638

　　第三节　拘　役 …………………………………………… 0662

　　第四节　有期徒刑、无期徒刑 …………………………… 0679

　　第五节　死　刑 …………………………………………… 0713

　　第六节　罚　金 …………………………………………… 0780

　　第七节　剥夺政治权利 …………………………………… 0800

　　第八节　没收财产 ………………………………………… 0830

第四章　刑罚的具体运用 ……………………………………… 0848

　　第一节　量　刑 …………………………………………… 0858

　　第二节　累　犯 …………………………………………… 0905

　　第三节　自首和立功 ……………………………………… 0920

　　第四节　数罪并罚 ………………………………………… 0951

　　第五节　缓　刑 …………………………………………… 0976

　　第六节　减　刑 …………………………………………… 0997

　　第七节　假　释 …………………………………………… 1012

　　第八节　时　效 …………………………………………… 1032

第五章　其他规定 …… 1049

第二编　分　则

第一章　危害国家安全罪 …… 1104
第二章　危害公共安全罪 …… 1161
第三章　破坏社会主义市场经济秩序罪 …… 1380
　第一节　生产、销售伪劣商品罪 …… 1386
　第二节　走私罪 …… 1467
　第三节　妨害对公司、企业的管理秩序罪 …… 1496
　第四节　破坏金融管理秩序罪 …… 1565
　第五节　金融诈骗罪 …… 1668
　第六节　危害税收征管罪 …… 1748
　第七节　侵犯知识产权罪 …… 1823
　第八节　扰乱市场秩序罪 …… 1885
第四章　侵犯公民人身权利、民主权利罪 …… 1989
第五章　侵犯财产罪 …… 2403
第六章　妨害社会管理秩序罪 …… 2689
　第一节　扰乱公共秩序罪 …… 2703
　第二节　妨害司法罪 …… 2989
　第三节　妨害国(边)境管理罪 …… 3184
　第四节　妨害文物管理罪 …… 3223
　第五节　危害公共卫生罪 …… 3264
　第六节　破坏环境资源保护罪 …… 3318
　第七节　走私、贩卖、运输、制造毒品罪 …… 3368
　第八节　组织、强迫、引诱、容留、介绍卖淫罪 …… 3448
　第九节　制作、贩卖、传播淫秽物品罪 …… 3485
第七章　危害国防利益罪 …… 3523
第八章　贪污贿赂罪 …… 3623
第九章　渎职罪 …… 4153
第十章　军人违反职责罪 …… 4418

附　则

详　目

第一编　总　则

第一章　刑法的任务、基本原则和适用范围

第一条　立法目的与根据 …………………… 0015
第二条　刑法的任务 ………………………… 0029
第三条　罪刑法定原则 ……………………… 0044
第四条　适用法律人人平等原则 …………… 0054
第五条　罪刑相适应原则 …………………… 0060
第六条　属地管辖 …………………………… 0076
第七条　属人管辖 …………………………… 0093
第八条　保护管辖 …………………………… 0110
第九条　普遍管辖 …………………………… 0124
第十条　域外刑事判决的消极承认 ………… 0138
第十一条　外交豁免 ………………………… 0152
第十二条　刑法的溯及力 …………………… 0166

第二章　犯　罪

第一节　犯罪和刑事责任

第十三条　犯罪概念 ………………………… 0205
第十四条　故意犯罪 ………………………… 0238
第十五条　过失犯罪 ………………………… 0246
第十六条　不可抗力与意外事件 …………… 0253
第十七条　关于刑事责任年龄的规定 ……… 0255
第十七条之一　年龄对老年人责任能力的影响 … 0263
第十八条　关于精神病人和醉酒人的刑事责任能力的规定 …………………… 0267
第十九条　聋哑人、盲人的刑事责任 ………… 0274

第二十条　正当防卫 …… 0277
第二十一条　紧急避险 …… 0310
第二节　犯罪的预备、未遂和中止
第二十二条　犯罪预备 …… 0346
第二十三条　犯罪未遂 …… 0358
第二十四条　犯罪中止 …… 0390
第三节　共同犯罪
第二十五条　共同犯罪 …… 0441
第二十六条　主　犯 …… 0464
第二十七条　从　犯 …… 0483
第二十八条　胁从犯 …… 0502
第二十九条　教唆犯 …… 0514
第四节　单位犯罪
第三十条　单位犯罪的特征和成立范围 …… 0546
第三十一条　单位犯罪的处罚原则 …… 0565

第三章　刑　罚
第一节　刑罚的种类
第三十二条　主刑和附加刑 …… 0586
第三十三条　主刑的种类 …… 0589
第三十四条　附加刑的种类 …… 0597
第三十五条　驱逐出境 …… 0603
第三十六条　赔偿经济损失与民事赔偿优先原则 …… 0611
第三十七条　免予刑事处罚与非刑罚处罚措施 …… 0617
第三十七条之一　从业禁止 …… 0624
第二节　管　制
第三十八条　管制的期限与执行机关 …… 0644
第三十九条　被管制罪犯的义务与权利 …… 0653
第四十条　管制期满解除 …… 0657
第四十一条　管制刑期的计算和折抵 …… 0659
第三节　拘　役
第四十二条　拘役的期限 …… 0669
第四十三条　拘役的执行 …… 0671
第四十四条　拘役刑期的计算与折抵 …… 0676
第四节　有期徒刑、无期徒刑
第四十五条　有期徒刑的期限 …… 0684

第四十六条　有期徒刑与无期徒刑的执行 …… 0691
第四十七条　有期徒刑的刑期计算与折抵 …… 0705
第五节　死　刑
第四十八条　死刑的适用条件、执行方式与核准程序 …… 0722
第四十九条　不适用死刑的对象 …… 0746
第五十条　死缓的法律后果 …… 0757
第五十一条　死缓期间与减为有期徒刑的刑期计算 …… 0777
第六节　罚　金
第五十二条　决定罚金数额的根据 …… 0782
第五十三条　罚金的缴纳 …… 0790
第七节　剥夺政治权利
第五十四条　剥夺政治权利的含义 …… 0803
第五十五条　剥夺政治权利的期限 …… 0809
第五十六条　剥夺政治权利的附加、独立适用 …… 0812
第五十七条　对死刑、无期徒刑罪犯剥夺政治权利的适用 …… 0819
第五十八条　剥夺政治权利的刑期计算、效力与执行 …… 0823
第八节　没收财产
第五十九条　没收财产的范围 …… 0834
第六十条　正当债务的偿还 …… 0844

第四章　刑罚的具体运用
第一节　量　刑
第六十一条　量刑的一般原则 …… 0861
第六十二条　从重处罚与从轻处罚 …… 0881
第六十三条　减轻处罚 …… 0894
第六十四条　涉罪款物的处置 …… 0901
第二节　累　犯
第六十五条　一般累犯 …… 0907
第六十六条　特别累犯 …… 0917
第三节　自首和立功
第六十七条　自首与坦白 …… 0923
第六十八条　立　功 …… 0943
第四节　数罪并罚
第六十九条　判决宣告前一人犯数罪的并罚 …… 0953
第七十条　发现漏罪的并罚 …… 0967
第七十一条　再犯新罪的并罚 …… 0972

第五节 缓 刑
第七十二条 缓刑的条件 …… 0978
第七十三条 缓刑考验期 …… 0986
第七十四条 缓刑的限制 …… 0988
第七十五条 缓刑考察内容 …… 0990
第七十六条 对缓刑犯的社区矫正、缓刑考验合格 …… 0992
第七十七条 缓刑的撤销 …… 0994
第六节 减 刑
第七十八条 减刑的适用条件与限度 …… 0999
第七十九条 减刑程序 …… 1008
第八十条 无期徒刑减刑的刑期起算 …… 1010
第七节 假 释
第八十一条 假释适用条件 …… 1014
第八十二条 假释程序 …… 1021
第八十三条 假释考验期限 …… 1023
第八十四条 假释考验的内容 …… 1025
第八十五条 假释监督主体、假释法律后果 …… 1027
第八十六条 假释的撤销 …… 1029
第八节 时 效
第八十七条 追诉时效期限 …… 1034
第八十八条 追诉期限的延长 …… 1039
第八十九条 追诉期限的计算 …… 1045

第五章 其他规定
第九十条 民族自治地方刑法适用的变通 …… 1050
第九十一条 公共财产的含义与范围 …… 1054
第九十二条 公民私人所有的财产范围 …… 1060
第九十三条 国家工作人员 …… 1065
第九十四条 司法工作人员 …… 1074
第九十五条 重 伤 …… 1079
第九十六条 违反国家规定 …… 1081
第九十七条 首要分子 …… 1084
第九十八条 告诉才处理 …… 1089
第九十九条 关于以上、以下、以内的规定 …… 1091
第一百条 前科报告制度 …… 1093
第一百零一条 总则规范的适用 …… 1096

第二编　分　则

第一章　危害国家安全罪

第一百零二条　背叛国家罪 …… 1106
第一百零三条　分裂国家罪;煽动分裂国家罪 …… 1110
第一百零四条　武装叛乱、暴乱罪 …… 1118
第一百零五条　颠覆国家政权罪;煽动颠覆国家政权罪 …… 1123
第一百零六条　与境外勾结的从重处罚规定 …… 1129
第一百零七条　资助危害国家安全犯罪活动罪 …… 1131
第一百零八条　投敌叛变罪 …… 1135
第一百零九条　叛逃罪 …… 1139
第一百一十条　间谍罪 …… 1144
第一百一十一条　为境外窃取、刺探、收买、非法提供国家秘密、情报罪 …… 1150
第一百一十二条　资敌罪 …… 1155
第一百一十三条　本章之罪死刑、没收财产的适用 …… 1159

第二章　危害公共安全罪

第一百一十四条　放火罪;决水罪;爆炸罪;投放危险物质罪;以危险方法危害公共安全罪 …… 1173
第一百一十五条　放火罪;决水罪;爆炸罪;投放危险物质罪;以危险方法危害公共安全罪;失火罪;过失决水罪;过失爆炸罪;过失投放危险物质罪;过失以危险方法危害公共安全罪 …… 1190
第一百一十六条　破坏交通工具罪 …… 1198
第一百一十七条　破坏交通设施罪 …… 1203
第一百一十八条　破坏电力设备罪;破坏易燃易爆设备罪 …… 1208
第一百一十九条　破坏交通工具罪;破坏交通设施罪;破坏电力设备罪;破坏易燃易爆设备罪;过失损坏交通工具罪;过失损坏交通设施罪;过失损坏电力设备罪;过失损坏易燃易爆设备罪 …… 1214
第一百二十条　组织、领导、参加恐怖组织罪 …… 1220
第一百二十条之一　帮助恐怖活动罪 …… 1227
第一百二十条之二　准备实施恐怖活动罪 …… 1232
第一百二十条之三　宣扬恐怖主义、极端主义、煽动实施恐怖活动罪 …… 1237
第一百二十条之四　利用极端主义破坏法律实施罪 …… 1242

第一百二十条之五　强制穿戴宣扬恐怖主义、极端主义服饰、标志罪 …… 1248
第一百二十条之六　非法持有宣扬恐怖主义、极端主义物品罪 …… 1253
第一百二十一条　劫持航空器罪 …… 1258
第一百二十二条　劫持船只、汽车罪 …… 1264
第一百二十三条　暴力危及飞行安全罪 …… 1268
第一百二十四条　破坏广播电视设施、公用电信设施罪;过失损坏广播电视设施、公用电信设施罪 …… 1272
第一百二十五条　非法制造、买卖、运输、邮寄、储存枪支、弹药爆炸物罪;非法制造、买卖、运输、储存危险物质罪 …… 1279
第一百二十六条　违规制造、销售枪支罪 …… 1288
第一百二十七条　盗窃、抢夺枪支、弹药、爆炸物、危险物质罪;抢劫枪支、弹药、爆炸物、危险物质罪 …… 1292
第一百二十八条　非法持有、私藏枪支、弹药罪;非法出租、出借枪支罪 …… 1297
第一百二十九条　丢失枪支不报罪 …… 1303
第一百三十条　非法携带枪支、弹药、管制刀具、危险物品危及公共安全罪 …… 1307
第一百三十一条　重大飞行事故罪 …… 1312
第一百三十二条　铁路运营安全事故罪 …… 1315
第一百三十三条　交通肇事罪 …… 1318
第一百三十三条之一　危险驾驶罪 …… 1327
第一百三十三条之二　妨害安全驾驶罪 …… 1333
第一百三十四条　重大责任事故罪;强令、组织他人违章冒险作业罪 …… 1340
第一百三十四条之一　危险作业罪 …… 1348
第一百三十五条　重大劳动安全事故罪 …… 1352
第一百三十五条之一　大型群众性活动重大安全事故罪 …… 1357
第一百三十六条　危险物品肇事罪 …… 1360
第一百三十七条　工程重大安全事故罪 …… 1365
第一百三十八条　教育设施重大安全事故罪 …… 1369
第一百三十九条　消防责任事故罪 …… 1372
第一百三十九条之一　不报、谎报安全事故罪 …… 1376

第三章　破坏社会主义市场经济秩序罪

第一节　生产、销售伪劣商品罪

第一百四十条　生产、销售伪劣产品罪 …… 1391
第一百四十一条　生产、销售、提供假药罪 …… 1401

第一百四十二条　生产、销售、提供劣药罪 …… 1411
第一百四十二条之一　妨害药品管理罪 …… 1418
第一百四十三条　生产、销售不符合安全标准的食品罪 …… 1424
第一百四十四条　生产、销售有毒、有害食品罪 …… 1431
第一百四十五条　生产、销售不符合标准的医用器材罪 …… 1440
第一百四十六条　生产、销售不符合安全标准的产品罪 …… 1447
第一百四十七条　生产、销售伪劣农药、兽药、化肥、种子罪 …… 1453
第一百四十八条　生产、销售不符合卫生标准的化妆品罪 …… 1459
第一百四十九条　对生产、销售伪劣商品行为的法条适用 …… 1464
第一百五十条　单位犯本节之罪的处罚 …… 1466
第二节　走私罪
第一百五十一条　走私武器、弹药罪;走私核材料罪;走私假币罪;走私文物罪;走私贵重金属罪;走私珍贵动物、珍贵动物制品罪;走私国家禁止进出口的货物、物品罪 …… 1469
第一百五十二条　走私淫秽物品罪;走私废物罪 …… 1477
第一百五十三条　走私普通货物、物品罪 …… 1482
第一百五十四条　后续性走私 …… 1487
第一百五十五条　准走私 …… 1489
第一百五十六条　走私共同犯罪 …… 1491
第一百五十七条　对武装掩护走私及以暴力、威胁方法抗拒缉私的处罚 …… 1493
第三节　妨害对公司、企业的管理秩序罪
第一百五十八条　虚报注册资本罪 …… 1499
第一百五十九条　虚假出资、抽逃出资罪 …… 1504
第一百六十条　欺诈发行证券罪 …… 1509
第一百六十一条　违规披露、不披露重要信息罪 …… 1515
第一百六十二条　妨害清算罪 …… 1521
第一百六十二条之一　隐匿、故意销毁会计凭证、会计帐簿、财务会计报告罪 …… 1526
第一百六十二条之二　虚假破产罪 …… 1530
第一百六十三条　非国家工作人员受贿罪 …… 1534
第一百六十四条　对非国家工作人员行贿罪;对外国公职人员、国际公共组织官员行贿罪 …… 1541
第一百六十五条　非法经营同类营业罪 …… 1545
第一百六十六条　为亲友非法牟利罪 …… 1548

第一百六十七条　签订、履行合同失职被骗罪 …… 1552
第一百六十八条　国有公司、企业、事业单位人员失职罪;国有公司、企业、事业单位人员滥用职权罪 …… 1555
第一百六十九条　徇私舞弊低价折股、出售国有资产罪 …… 1559
第一百六十九条之一　背信损害上市公司利益罪 …… 1562
第四节　破坏金融管理秩序罪
第一百七十条　伪造货币罪 …… 1568
第一百七十一条　出售、购买、运输假币罪;金融工作人员购买假币、以假币换取货币罪 …… 1572
第一百七十二条　持有、使用假币罪 …… 1577
第一百七十三条　变造货币罪 …… 1581
第一百七十四条　擅自设立金融机构罪;伪造、变造、转让金融机构经营许可证、批准文件罪 …… 1584
第一百七十五条　高利转贷罪 …… 1589
第一百七十五条之一　骗取贷款、票据承兑、金融票证罪 …… 1592
第一百七十六条　非法吸收公众存款罪 …… 1597
第一百七十七条　伪造、变造金融票证罪 …… 1603
第一百七十七条之一　妨害信用卡管理罪;窃取、收买、非法提供信用卡信息罪 …… 1607
第一百七十八条　伪造、变造国家有价证券罪;伪造、变造股票、公司、企业债券罪 …… 1611
第一百七十九条　擅自发行股票、公司、企业债券罪 …… 1615
第一百八十条　内幕交易、泄露内幕信息罪;利用未公开信息交易罪 …… 1619
第一百八十一条　编造并传播证券、期货交易虚假信息罪;诱骗投资者买卖证券、期货合约罪 …… 1625
第一百八十二条　操纵证券、期货市场罪 …… 1629
第一百八十三条　职务侵占罪、贪污罪例示规定 …… 1634
第一百八十四条　非国家工作人员受贿罪、受贿罪例示规定 …… 1636
第一百八十五条　挪用资金罪、挪用公款罪例示规定 …… 1638
第一百八十五条之一　背信运用受托财产罪;违法运用资金罪 …… 1640
第一百八十六条　违法发放贷款罪 …… 1643
第一百八十七条　吸收客户资金不入帐罪 …… 1647
第一百八十八条　违规出具金融票证罪 …… 1650
第一百八十九条　对违法票据承兑、付款、保证罪 …… 1653
第一百九十条　逃汇罪 …… 1657

第一百九十一条　洗钱罪 …… 1662
第五节　金融诈骗罪
第一百九十二条　集资诈骗罪 …… 1673
第一百九十三条　贷款诈骗罪 …… 1681
第一百九十四条　票据诈骗罪;金融凭证诈骗罪 …… 1690
第一百九十五条　信用证诈骗罪 …… 1705
第一百九十六条　信用卡诈骗罪 …… 1713
第一百九十七条　有价证券诈骗罪 …… 1723
第一百九十八条　保险诈骗罪 …… 1730
第一百九十九条　根据《刑法修正案(九)》删去本条内容 …… 1745
第二百条　单位犯本节之罪的处罚 …… 1746
第六节　危害税收征管罪
第二百零一条　逃税罪 …… 1751
第二百零二条　抗税罪 …… 1762
第二百零三条　逃避追缴欠税罪 …… 1768
第二百零四条　骗取出口退税罪 …… 1773
第二百零五条　虚开增值税专用发票、用于骗取出口退税、抵扣税款发票罪 …… 1780
第二百零五条之一　虚开发票罪 …… 1793
第二百零六条　伪造、出售伪造的增值税专用发票罪 …… 1797
第二百零七条　非法出售增值税专用发票罪 …… 1802
第二百零八条　非法购买增值税专用发票、购买伪造的增值税专用发票罪 …… 1806
第二百零九条　非法制造、出售非法制造的用于骗取出口退税、抵扣税款发票罪;非法制造、出售非法制造的发票罪;非法出售用于骗取出口退税、抵扣税款发票罪;非法出售发票罪 …… 1810
第二百一十条　盗窃、骗取增值税专用发票或者其他相关发票的处罚的规定 …… 1816
第二百一十条之一　持有伪造的发票罪 …… 1818
第二百一十一条　单位犯危害税收征管罪的处罚规定 …… 1821
第二百一十二条　优先追缴税款、出口退税款 …… 1822
第七节　侵犯知识产权罪
第二百一十三条　假冒注册商标罪 …… 1827
第二百一十四条　销售假冒注册商标的商品罪 …… 1836
第二百一十五条　非法制造、销售非法制造的注册商标标识罪 …… 1842

第二百一十六条　假冒专利罪 …… 1849
第二百一十七条　侵犯著作权罪 …… 1853
第二百一十八条　销售侵权复制品罪 …… 1866
第二百一十九条　侵犯商业秘密罪 …… 1870
第二百一十九条之一　为境外窃取、刺探、收买、非法提供商业秘密罪 …… 1880
第二百二十条　单位犯罪 …… 1884
第八节　扰乱市场秩序罪
第二百二十一条　损害商业信誉、商品声誉罪 …… 1888
第二百二十二条　虚假广告罪 …… 1897
第二百二十三条　串通投标罪 …… 1905
第二百二十四条　合同诈骗罪 …… 1909
第二百二十四条之一　组织、领导传销活动罪 …… 1916
第二百二十五条　非法经营罪 …… 1921
第二百二十六条　强迫交易罪 …… 1927
第二百二十七条　伪造、倒卖伪造的有价票证罪;倒卖车票、船票罪 …… 1938
第二百二十八条　非法转让、倒卖土地使用权罪 …… 1956
第二百二十九条　提供虚假证明文件罪;出具证明文件重大失实罪 …… 1965
第二百三十条　逃避商检罪 …… 1979
第二百三十一条　单位犯扰乱市场秩序罪的处罚规定 …… 1986

第四章　侵犯公民人身权利、民主权利罪
第二百三十二条　故意杀人罪 …… 1997
第二百三十三条　过失致人死亡罪 …… 2023
第二百三十四条　故意伤害罪 …… 2032
第二百三十四条之一　组织出卖人体器官罪 …… 2054
第二百三十五条　过失致人重伤罪 …… 2069
第二百三十六条　强奸罪 …… 2073
第二百三十六条之一　负有照护职责人员性侵罪 …… 2109
第二百三十七条　强制猥亵、侮辱罪;猥亵儿童罪 …… 2120
第二百三十八条　非法拘禁罪 …… 2139
第二百三十九条　绑架罪 …… 2153
第二百四十条　拐卖妇女、儿童罪 …… 2174
第二百四十一条　收买被拐卖的妇女、儿童罪 …… 2195
第二百四十二条　聚众阻碍解救被收买的妇女、儿童罪 …… 2203

第二百四十三条　诬告陷害罪 …… 2208
第二百四十四条　强迫劳动罪 …… 2219
第二百四十四条之一　雇用童工从事危重劳动罪 …… 2226
第二百四十五条　非法搜查罪;非法侵入住宅罪 …… 2232
第二百四十六条　侮辱罪;诽谤罪 …… 2243
第二百四十七条　刑讯逼供罪;暴力取证罪 …… 2259
第二百四十八条　虐待被监管人罪 …… 2272
第二百四十九条　煽动民族仇恨、民族歧视罪 …… 2279
第二百五十条　出版歧视、侮辱少数民族作品罪 …… 2283
第二百五十一条　非法剥夺公民宗教信仰自由罪;侵犯少数民族风俗习惯罪 …… 2289
第二百五十二条　侵犯通信自由罪 …… 2298
第二百五十三条　私自开拆、隐匿、毁弃邮件、电报罪 …… 2304
第二百五十三条之一　侵犯公民个人信息罪 …… 2311
第二百五十四条　报复陷害罪 …… 2323
第二百五十五条　打击报复会计、统计人员罪 …… 2330
第二百五十六条　破坏选举罪 …… 2335
第二百五十七条　暴力干涉婚姻自由罪 …… 2342
第二百五十八条　重婚罪 …… 2348
第二百五十九条　破坏军婚罪 …… 2360
第二百六十条　虐待罪 …… 2366
第二百六十条之一　虐待被监护、看护人罪 …… 2372
第二百六十一条　遗弃罪 …… 2378
第二百六十二条　拐骗儿童罪 …… 2386
第二百六十二条之一　组织残疾人、儿童乞讨罪 …… 2391
第二百六十二条之二　组织未成年人进行违反治安管理活动罪 …… 2396

第五章　侵犯财产罪

第二百六十三条　抢劫罪 …… 2420
第二百六十四条　盗窃罪 …… 2465
第二百六十五条　盗窃罪(特别规定) …… 2499
第二百六十六条　诈骗罪 …… 2502
第二百六十七条　抢夺罪 …… 2533
第二百六十八条　聚众哄抢罪 …… 2546
第二百六十九条　事后抢劫罪 …… 2555
第二百七十条　侵占罪 …… 2569

第二百七十一条　职务侵占罪 …… 2605
第二百七十二条　挪用资金罪 …… 2618
第二百七十三条　挪用特定款物罪 …… 2632
第二百七十四条　敲诈勒索罪 …… 2642
第二百七十五条　故意毁坏财物罪 …… 2658
第二百七十六条　破坏生产经营罪 …… 2671
第二百七十六条之一　拒不支付劳动报酬罪 …… 2680

第六章　妨害社会管理秩序罪

第一节　扰乱公共秩序罪

第二百七十七条　妨害公务罪;袭警罪 …… 2708
第二百七十八条　煽动暴力抗拒法律实施罪 …… 2725
第二百七十九条　招摇撞骗罪 …… 2730
第二百八十条　伪造、变造、买卖国家机关公文、证件、印章罪;盗窃、抢夺、毁灭国家机关公文、证件、印章罪;伪造公司、企业、事业单位、人民团体印章罪;伪造、变造、买卖身份证件罪 …… 2738
第二百八十条之一　使用虚假身份证件、盗用身份证件罪 …… 2758
第二百八十条之二　冒名顶替罪 …… 2763
第二百八十一条　非法生产、买卖警用装备罪 …… 2769
第二百八十二条　非法获取国家秘密罪;非法持有国家绝密、机密文件、资料、物品罪 …… 2772
第二百八十三条　非法生产、销售专用间谍器材、窃听、窃照专用器材罪 …… 2778
第二百八十四条　非法使用窃听、窃照专用器材罪 …… 2781
第二百八十四条之一　组织考试作弊罪;非法出售、提供试题、答案罪;代替考试罪 …… 2785
第二百八十五条　非法侵入计算机信息系统罪;非法获取计算机信息系统数据、非法控制计算机信息系统罪;提供侵入、非法控制计算机信息系统的程序、工具罪 …… 2796
第二百八十六条　破坏计算机信息系统罪 …… 2816
第二百八十六条之一　拒不履行信息网络安全管理义务罪 …… 2826
第二百八十七条　利用计算机实施有关犯罪的规定 …… 2840
第二百八十七条之一　非法利用信息网络罪 …… 2847
第二百八十七条之二　帮助信息网络犯罪活动罪 …… 2856
第二百八十八条　扰乱无线电通讯管理秩序罪 …… 2865

第二百八十九条　故意伤害罪;故意杀人罪;抢劫罪 …… 2871
第二百九十条　聚众扰乱社会秩序罪;聚众冲击国家机关罪;扰乱国家机关工作秩序罪;组织、资助非法聚集罪 …… 2878
第二百九十一条　聚众扰乱公共场所秩序、交通秩序罪 …… 2885
第二百九十一条之一　投放虚假危险物质罪;编造、故意传播虚假恐怖信息罪;编造、故意传播虚假信息罪 …… 2890
第二百九十一条之二　高空抛物罪 …… 2899
第二百九十二条　聚众斗殴罪 …… 2903
第二百九十三条　寻衅滋事罪 …… 2911
第二百九十三条之一　催收非法债务罪 …… 2919
第二百九十四条　组织、领导、参加黑社会性质组织罪;入境发展黑社会组织罪;包庇、纵容黑社会性质组织罪 …… 2923
第二百九十五条　传授犯罪方法罪 …… 2941
第二百九十六条　非法集会、游行、示威罪 …… 2945
第二百九十七条　非法携带武器、管制刀具、爆炸物参加集会、游行、示威罪 …… 2948
第二百九十八条　破坏集会、游行、示威罪 …… 2951
第二百九十九条　侮辱国旗、国徽、国歌罪 …… 2954
第二百九十九条之一　侵害英雄烈士名誉、荣誉罪 …… 2958
第三百条　组织、利用会道门、邪教组织、利用迷信破坏法律实施罪;组织、利用会道门、邪教组织、利用迷信致人重伤、死亡罪 …… 2962
第三百零一条　聚众淫乱罪;引诱未成年人聚众淫乱罪 …… 2969
第三百零二条　盗窃、侮辱、故意毁坏尸体、尸骨、骨灰罪 …… 2973
第三百零三条　赌博罪;开设赌场罪;组织参与国(境)外赌博罪 … 2976
第三百零四条　故意延误投递邮件罪 …… 2986
第二节　妨害司法罪
第三百零五条　伪证罪 …… 2994
第三百零六条　辩护人、诉讼代理人毁灭证据、伪造证据、妨害作证罪 …… 3006
第三百零七条　妨害作证罪;帮助毁灭、伪造证据罪 …… 3023
第三百零七条之一　虚假诉讼罪 …… 3038
第三百零八条　打击报复证人罪 …… 3055
第三百零八条之一　泄露不应公开的案件信息罪;披露、报道不应公开的案件信息罪 …… 3069
第三百零九条　扰乱法庭秩序罪 …… 3079

第三百一十条　窝藏、包庇罪 …… 3086
第三百一十一条　拒绝提供间谍犯罪、恐怖主义犯罪、极端主义犯罪证据罪 …… 3107
第三百一十二条　掩饰、隐瞒犯罪所得、犯罪所得收益罪 …… 3114
第三百一十三条　拒不执行判决、裁定罪 …… 3143
第三百一十四条　非法处置查封、扣押、冻结的财产罪 …… 3154
第三百一十五条　破坏监管秩序罪 …… 3160
第三百一十六条　脱逃罪;劫夺被押解人员罪 …… 3164
第三百一十七条　组织越狱罪;暴动越狱罪;聚众持械劫狱罪 …… 3172
第三节　妨害国(边)境管理罪
第三百一十八条　组织他人偷越国(边)境罪 …… 3187
第三百一十九条　骗取出境证件罪 …… 3192
第三百二十条　提供伪造、变造的出入境证件罪;出售出入境证件罪 …… 3199
第三百二十一条　运送他人偷越国(边)境罪 …… 3204
第三百二十二条　偷越国(边)境罪 …… 3210
第三百二十三条　破坏界碑、界桩罪;破坏永久性测量标志罪 …… 3218
第四节　妨害文物管理罪
第三百二十四条　故意损毁文物罪;故意损毁名胜古迹罪;过失损毁文物罪 …… 3228
第三百二十五条　非法向外国人出售、赠送珍贵文物罪 …… 3235
第三百二十六条　倒卖文物罪 …… 3239
第三百二十七条　非法出售、私赠文物藏品罪 …… 3244
第三百二十八条　盗掘古文化遗址、古墓葬罪;盗掘古人类化石、古脊椎动物化石罪 …… 3249
第三百二十九条　抢夺、窃取国有档案罪;擅自出卖、转让国有档案罪 …… 3257
第五节　危害公共卫生罪
第三百三十条　妨害传染病防治罪 …… 3267
第三百三十一条　传染病菌种、毒种扩散罪 …… 3273
第三百三十二条　妨害国境卫生检疫罪 …… 3278
第三百三十三条　非法组织卖血罪;强迫卖血罪 …… 3282
第三百三十四条　非法采集、供应血液、制作、供应血液制品罪;采集、供应血液、制作、供应血液制品事故罪 …… 3286
第三百三十四条之一　非法采集人类遗传资源、走私人类遗传资源材料罪 …… 3293

第三百三十五条 医疗事故罪 …… 3298
第三百三十六条 非法行医罪;非法进行节育手术罪 …… 3301
第三百三十六条之一 非法植入基因编辑、克隆胚胎罪 …… 3310
第三百三十七条 妨害动植物防疫、检疫罪 …… 3314
第六节 破坏环境资源保护罪
第三百三十八条 污染环境罪 …… 3323
第三百三十九条 非法处置进口的固体废物罪;擅自进口固体废物罪 …… 3330
第三百四十条 非法捕捞水产品罪 …… 3334
第三百四十一条 危害珍贵、濒危野生动物罪;非法狩猎罪;非法猎捕、收购、运输、出售陆生野生动物罪 …… 3338
第三百四十二条 非法占用农用地罪 …… 3345
第三百四十二条之一 破坏自然保护地罪 …… 3349
第三百四十三条 非法采矿罪;破坏性采矿罪 …… 3351
第三百四十四条 危害国家重点保护植物罪 …… 3356
第三百四十四条之一 非法引进、释放、丢弃外来入侵物种罪 …… 3359
第三百四十五条 盗伐林木罪;滥伐林木罪;非法收购、运输盗伐、滥伐的林木罪 …… 3361
第三百四十六条 破坏环境资源保护罪的单位犯罪 …… 3367
第七节 走私、贩卖、运输、制造毒品罪
第三百四十七条 走私、贩卖、运输、制造毒品罪 …… 3373
第三百四十八条 非法持有毒品罪 …… 3398
第三百四十九条 包庇毒品犯罪分子罪;窝藏、转移、隐瞒毒品、毒赃罪 …… 3406
第三百五十条 非法生产、买卖、运输制毒物品、走私制毒物品罪 …… 3412
第三百五十一条 非法种植毒品原植物罪 …… 3418
第三百五十二条 非法买卖、运输、携带、持有毒品原植物种子、幼苗罪 …… 3422
第三百五十三条 引诱、教唆、欺骗他人吸毒罪;强迫他人吸毒罪 …… 3425
第三百五十四条 容留他人吸毒罪 …… 3428
第三百五十五条 非法提供麻醉药品、精神药品罪 …… 3432
第三百五十五条之一 妨害兴奋剂管理罪 …… 3436
第三百五十六条 毒品犯罪的再犯 …… 3440
第三百五十七条 毒品的范围及毒品数量的计算 …… 3444

第八节 组织、强迫、引诱、容留、介绍卖淫罪
第三百五十八条 组织卖淫罪;强迫卖淫罪;协助组织卖淫罪 ········ 3456
第三百五十九条 引诱、容留、介绍卖淫罪;引诱幼女卖淫罪 ··········· 3470
第三百六十条 传播性病罪 ·· 3478
第三百六十一条 特定人员组织卖淫罪,强迫卖淫罪,引诱、容留、介绍卖淫罪,引诱幼女卖淫罪的注意规定 ············ 3482
第三百六十二条 特定人员窝藏、包庇卖淫、嫖娼的注意规定 ········ 3484
第九节 制作、贩卖、传播淫秽物品罪
第三百六十三条 制作、复制、出版、贩卖、传播淫秽物品牟利罪;为他人提供书号出版淫秽书刊罪 ························ 3489
第三百六十四条 传播淫秽物品罪;组织播放淫秽音像制品罪 ········ 3505
第三百六十五条 组织淫秽表演罪 ································ 3513
第三百六十六条 单位犯本节规定之罪的处罚 ························ 3517
第三百六十七条 淫秽物品的范围 ································ 3519

第七章 危害国防利益罪
第三百六十八条 阻碍军人执行职务罪;阻碍军事行动罪 ·············· 3532
第三百六十九条 破坏武器装备、军事设施、军事通信罪;过失损坏武器装备、军事设施、军事通信罪 ························ 3544
第三百七十条 故意提供不合格武器装备、军事设施罪;过失提供不合格武器装备、军事设施罪 ························ 3553
第三百七十一条 聚众冲击军事禁区罪;聚众扰乱军事管理区秩序罪 ·· 3560
第三百七十二条 冒充军人招摇撞骗罪 ···························· 3569
第三百七十三条 煽动军人逃离部队罪;雇用逃离部队军人罪 ········ 3577
第三百七十四条 接送不合格兵员罪 ································ 3583
第三百七十五条 伪造、变造、买卖武装部队公文、证件、印章罪;盗窃、抢夺武装部队公文、证件、印章罪;非法生产、买卖武装部队制式服装罪;伪造、盗窃、买卖、非法提供、非法使用武装部队专用标志罪 ························ 3588
第三百七十六条 战时拒绝、逃避征召、军事训练罪;战时拒绝、逃避服役罪 ·· 3601
第三百七十七条 战时故意提供虚假敌情罪 ························ 3606
第三百七十八条 战时造谣扰乱军心罪 ···························· 3610
第三百七十九条 战时窝藏逃离部队军人罪 ························ 3614
第三百八十条 战时拒绝、故意延误军事订货罪 ···················· 3617

第三百八十一条　战时拒绝军事征收、征用罪 …… 3620

第八章　贪污贿赂罪

第三百八十二条　贪污罪 …… 3632
第三百八十三条　贪污罪的处罚 …… 3665
第三百八十四条　挪用公款罪 …… 3669
第三百八十五条　受贿罪 …… 3738
第三百八十六条　受贿罪的处罚 …… 3828
第三百八十七条　单位受贿罪 …… 3849
第三百八十八条　受贿罪 …… 3870
第三百八十八条之一　利用影响力受贿罪 …… 3882
第三百八十九条　行贿罪 …… 3914
第三百九十条　行贿罪的处罚规定;关联行贿罪 …… 3960
第三百九十条之一　对有影响力的人行贿罪 …… 3966
第三百九十一条　对单位行贿罪 …… 3976
第三百九十二条　介绍贿赂罪 …… 4013
第三百九十三条　单位行贿罪 …… 4055
第三百九十四条　贪污罪的特别规定 …… 4085
第三百九十五条　巨额财产来源不明罪;隐瞒境外存款罪 …… 4092
第三百九十六条　私分国有资产罪;私分罚没财物罪 …… 4125

第九章　渎职罪

第三百九十七条　滥用职权罪;玩忽职守罪 …… 4164
第三百九十八条　故意泄露国家秘密罪;过失泄露国家秘密罪 …… 4215
第三百九十九条　徇私枉法罪;民事、行政枉法裁判罪;执行判决、裁定失职罪;执行判决、裁定滥用职权罪 …… 4231
第三百九十九条之一　枉法仲裁罪 …… 4262
第四百条　私放在押人员罪;失职致使在押人员脱逃罪 …… 4269
第四百零一条　徇私舞弊减刑、假释、暂予监外执行罪 …… 4277
第四百零二条　徇私舞弊不移交刑事案件罪 …… 4283
第四百零三条　滥用管理公司、证券职权罪 …… 4288
第四百零四条　徇私舞弊不征、少征税款罪 …… 4292
第四百零五条　徇私舞弊发售发票、抵扣税款、出口退税罪;违法提供出口退税凭证罪 …… 4296
第四百零六条　国家机关工作人员签订、履行合同失职被骗罪 …… 4301
第四百零七条　违法发放林木采伐许可证罪 …… 4305

第四百零八条　环境监管失职罪 …… 4310
第四百零八条之一　食品、药品监管渎职罪 …… 4314
第四百零九条　传染病防治失职罪 …… 4324
第四百一十条　非法批准征收、征用、占用土地罪;非法低价出让国有土地使用权罪 …… 4331
第四百一十一条　放纵走私罪 …… 4342
第四百一十二条　商检徇私舞弊罪;商检失职罪 …… 4350
第四百一十三条　动植物检疫徇私舞弊罪;动植物检疫失职罪 …… 4360
第四百一十四条　放纵制售伪劣商品犯罪行为罪 …… 4369
第四百一十五条　办理偷越国(边)境人员出入境证件罪;放行偷越国(边)境人员罪 …… 4377
第四百一十六条　不解救被拐卖、绑架妇女、儿童罪;阻碍解救被拐卖、绑架妇女、儿童罪 …… 4385
第四百一十七条　帮助犯罪分子逃避处罚罪 …… 4395
第四百一十八条　招收公务员、学生徇私舞弊罪 …… 4404
第四百一十九条　失职造成珍贵文物损毁、流失罪 …… 4411

第十章　军人违反职责罪
第四百二十条　军人违反职责罪的概念 …… 4430
第四百二十一条　战时违抗命令罪 …… 4434
第四百二十二条　隐瞒、谎报军情罪;拒传、假传军令罪 …… 4453
第四百二十三条　投降罪 …… 4465
第四百二十四条　战时临阵脱逃罪 …… 4471
第四百二十五条　擅离、玩忽军事职守罪 …… 4476
第四百二十六条　阻碍执行军事职务罪 …… 4483
第四百二十七条　指使部属违反职责罪 …… 4490
第四百二十八条　违令作战消极罪 …… 4496
第四百二十九条　拒不救援友邻部队罪 …… 4502
第四百三十条　军人叛逃罪 …… 4509
第四百三十一条　非法获取军事秘密罪;为境外窃取、刺探、收买、非法提供军事秘密罪 …… 4516
第四百三十二条　故意泄露军事秘密罪;过失泄露军事秘密罪 …… 4528
第四百三十三条　战时造谣惑众罪 …… 4537
第四百三十四条　战时自伤罪 …… 4542
第四百三十五条　逃离部队罪 …… 4548
第四百三十六条　武器装备肇事罪 …… 4554

第四百三十七条　擅自改变武器装备编配用途罪 …… 4560
第四百三十八条　盗窃、抢夺武器装备、军用物资罪 …… 4565
第四百三十九条　非法出卖、转让武器装备罪 …… 4570
第四百四十条　遗弃武器装备罪 …… 4575
第四百四十一条　遗失武器装备罪 …… 4580
第四百四十二条　擅自出卖、转让军队房地产罪 …… 4585
第四百四十三条　虐待部属罪 …… 4589
第四百四十四条　遗弃伤病军人罪 …… 4595
第四百四十五条　战时拒不救治伤病军人罪 …… 4599
第四百四十六条　战时残害居民、掠夺居民财物罪 …… 4605
第四百四十七条　私放俘虏罪 …… 4611
第四百四十八条　虐待俘虏罪 …… 4615
第四百四十九条　战时缓刑 …… 4619
第四百五十条　军人违反职责罪的主体 …… 4628
第四百五十一条　战　时 …… 4633

附　则

第四百五十二条　刑法施行时间、废止以前的单行刑法、保留的以前的单行刑法 …… 4637

第一编　总　则

前　注

文献:高铭暄、王作富主编:《刑法总论》,中国人民大学出版社 1990 年版;高铭暄主编:《刑法学原理》,中国人民大学出版社 1993 年版;〔德〕格吕恩特·雅科布斯:《行为 责任 刑法——机能性描述》,冯军译,中国政法大学出版社 1997 年版;〔日〕大塚仁:《刑法概说(总论)》(第 3 版),冯军译,中国人民大学出版社 2003 年版;〔德〕克劳斯·罗克辛:《德国刑法学总论》(第 1 卷),王世洲译,法律出版社 2005 年版;高铭暄:《中华人民共和国刑法的孕育诞生和发展完善》,北京大学出版社 2012 年版;陈兴良:《教义刑法学》(第 2 版),中国人民大学出版社 2014 年版;〔日〕松原芳博:《刑法总论重要问题》,王昭武译,中国政法大学出版社 2014 年版;高铭暄、赵秉志编:《新中国刑法立法文献资料总览》(第 2 版),中国人民公安大学出版社 2015 年版;高铭暄、马克昌主编:《刑法学》(第 7 版),北京大学出版社、高等教育出版社 2016 年版;黎宏:《刑法学总论》(第 2 版),法律出版社 2016 年版;张明楷:《刑法学》(第 6 版),法律出版社 2021 年版;周光权:《刑法总论》(第 4 版),中国人民大学出版社 2021 年版。

细目录

Ⅰ　主旨
Ⅱ　沿革
Ⅲ　现行刑法体系
Ⅳ　现行刑法总则概览

Ⅰ　主旨

刑法总则规定了刑法的任务、基本原则和适用范围,规定了犯罪的成立要件和特殊形态,还规定了刑罚的种类和具体运用规则,并解释了“公共财产”“国家工作人员”等一般概念的含义。它既是指导刑法分则适用的普遍原理,也是指导单行刑法适用的重要规则。 1

Ⅱ　沿革

1979 年《刑法》是新中国第一部刑法,其总则分为五章,即“刑法的指导思想、任务和适用范围”“犯罪”“刑罚”“刑罚的具体运用”和“其他规定”。与 1979 年 2

《刑法》相比,现行 1997 年《刑法》的总则部分在内容上变动巨大,主要表现在:①删除了刑事立法“以马克思列宁主义毛泽东思想为指针”的表述;②废除了类推适用的规定,确立了罪刑法定、适用法律人人平等和罪责刑相适应等基本原则;③增加了单位犯罪一节,肯定了单位可以成为犯罪主体;④增加了坦白的规定和立功制度;⑤完善了正当防卫、死刑等具体刑法制度。这些变动不仅体现我国刑法更加重视人权保障,而且表明我国刑法坚定贯彻法治国家原则,已经具有法治化、科学化和现代化等基本特点。

Ⅲ 现行刑法体系

3 作为最重要的刑法渊源,刑法具有其独立的编撰体例。现行刑法由总则、分则和附则三个部分组成。其中,总则为第一编,分则为第二编。在“编”之下,又根据性质和内容,将具体刑法规范有次序地划分为章、节、条、款、项等层次,具体而言:①“章”是“编”之下的最大单位。第一编下设有五章,第二编下设有十章。②“节”是“章”之下的最大单位。“节”是根据内容需要而设立的,因此,有的“章”下设“节”,有的“章”不设“节”。③“条”是刑法最基本的构成单位,是刑法规范的表现形式。刑法内所有条文采用统一编号,方便引用。④有的条文具有复杂的内容,因此,要将“条”进一步细分为具体的若干“款”。“款”是条文中另起一行以句号结束的自然段。不同的“款”之间,往往具有既相互联系又相对独立的含义。⑤在某一款下,用“(一)”“(二)”“(三)”等基数号码标记的自然段,被称作“项”。

4 在引用条文时,必须按照“条、款、项”的顺序加以引用,写为“第×条第×款第×项”,不得随意颠倒。如果某条文只有一款,且该款下具有若干项时,则在引用时应省略“款”,直接写为“第×条第×项”。

5 除了上述立法上的结构,学理上还总结出条文的两种结构,即“段”和“但书”。如果某一款中包含两个及以上、用分号或者句号隔开的不同意思,那么,这些不同的意思便被称作“段”。其中,当款内具有两个不同意思时,则将其称作前段和后段;当款内具有三个不同意思时,则将其称作前段、中段和后段;当款内具有四个及以上不同意思时,则将其称作第一段、第二段、第三段、第四段,依此类推。在具有这种结构的条款中,如果有用“但是”连接起来,表达转折关系的,那么,“但是”以后的内容被称为“但书”。“但书”的构造,主要有以下三种情形:第一,“但书”的内容是前段意思的例外。例如,《刑法》第 65 条第 1 款规定:“被判处有期徒刑以上刑罚的犯罪分子,刑罚执行完毕或者赦免以后,在五年以内再犯应当判处有期徒刑以上刑罚之罪的,是累犯,应当从重处罚,但是过失犯罪和不满十八周岁的人犯罪的除外。”在此,“但书”便将“过失犯罪和不满十八周岁的人犯罪”的情况从累犯的范围中予以排除。第二,“但书”的内容是前段意思的限缩。例如,《刑法》第 20 条第 2 款规定:“正当防卫明显超过必要限度造成重大损害的,应当负刑事责任,但是应当减轻或者免除处罚。”在此,“但书”便是对防卫过当的刑事责任作了限缩规定。第三,“但书”的内容是前段意思的补充。例如,《刑法》第 37 条规定:“对于犯罪情节轻微不需要判处刑罚的,可以免予刑事处罚,但是可以根据案件的不同情况,予以训诫或者责令具结悔过、赔礼道歉、赔偿损失,或者由主管部门予以行政处罚或者行政处分。”在此,“但书”就对“免予刑事处罚后如何处理”的问题作了补充规定。

Ⅳ　现行刑法总则概览

刑法总则主要是关于犯罪和刑罚的一般原理性规定,是认定犯罪和适用刑罚时 6
必须遵守的共同规则。现行刑法总则共分为五章,即“刑法的任务、基本原则和适用范围”“犯罪”“刑罚”“刑罚的具体运用”和“其他规定”。第一章“刑法的任务、基本原则和适用范围”主要规定了刑法的立法目的和根据、刑法的任务、刑法的基本原则、刑法的适用范围等内容。第二章“犯罪”主要规定了犯罪的一般概念、故意犯罪、过失犯罪、不可抗力与意外事件、年龄等影响刑事责任的各种要素、正当防卫、紧急避险、故意犯罪的未完成形态、共同犯罪、单位犯罪等内容。第三章“刑罚”主要规定了刑罚的种类。第四章“刑罚的具体运用”主要规定了刑罚裁量和刑罚执行的一般性规则。第五章“其他规定”主要规定了刑法中重要术语的含义、民族自治地方对刑法进行补充或者变通的规则、前科报告、总则效力等内容。

第一章　刑法的任务、基本原则和适用范围

前　注

文献:高铭暄、王作富主编:《刑法总论》,中国人民大学出版社 1990 年版;高铭暄主编:《刑法学原理》,中国人民大学出版社 1993 年版;〔德〕格吕恩特·雅科布斯:《行为 责任 刑法——机能性描述》,冯军译,中国政法大学出版社 1997 年版;〔日〕大塚仁:《刑法概说(总论)》(第 3 版),冯军译,中国人民大学出版社 2003 年版;中国人民大学刑事法律科学研究中心组织编写:《现代刑事法治问题探索》(第 1 卷),法律出版社 2004 年版;〔德〕克劳斯·罗克辛:《德国刑法学总论》(第 1 卷),王世洲译,法律出版社 2005 年版;高铭暄:《中华人民共和国刑法的孕育诞生和发展完善》,北京大学出版社 2012 年版;陈兴良:《教义刑法学》(第 2 版),中国人民大学出版社 2014 年版;高铭暄、赵秉志编:《新中国刑法立法文献资料总览》(第 2 版),中国人民公安大学出版社 2015 年版;高铭暄、马克昌主编:《刑法学》(第 7 版),北京大学出版社、高等教育出版社 2016 年版;黎宏:《刑法学总论》(第 2 版),法律出版社 2016 年版;张明楷:《刑法学》(第 6 版),法律出版社 2021 年版;周光权:《刑法总论》(第 4 版),中国人民大学出版社 2021 年版。〔德〕G. 雅各布斯:《刑法保护什么:法益还是规范适用?》,王世洲译,载《比较法研究》2004 年第 1 期;冯军:《刑法的规范化诠释》,载《法商研究》2005 年第 6 期;齐文远:《中国刑法学该转向教义主义还是实践主义》,载《法学研究》2011 年第 6 期;冯军:《刑法教义学的先行思考》,载《法学研究》2013 年第 6 期;冯军:《刑法教义学的立场和方法》,载《中外法学》2014 年第 1 期;张明楷:《也论刑法教义学的立场 与冯军教授商榷》,载《中外法学》2014 年第 2 期;陈家林:《法益理论的问题与出路》,载《法学》2019 年第 11 期。

细目录

Ⅰ　主旨

Ⅱ　沿革

Ⅲ　刑法目的与刑法教义学的基本立场

Ⅳ　刑法目的与刑法教义学的基本方法

　一、基于先见的理解

　二、实践理性的衡量

　三、法律根据的检验

I 主旨

本章是对刑法的立法目的与根据、刑法的任务、刑法的基本原则和刑法的适用范围的规定。刑法的立法根据表明了刑法的合法性地位,刑法的目的和任务指明了刑事立法和刑事司法的奋斗方向。刑法的基本原则是刑事立法和刑事司法中全局性的、根本性的问题,是刑事法治基本精神的体现,它贯穿全部刑法规范、具有指导和制约全部刑事立法和刑事司法活动的重要意义。刑法的适用范围要解决的是刑法在何地、何时、对何人具有效力的问题,刑法的适用范围是适用刑法的前提。 1

II 沿革

纵观世界各国的立法例,在刑法典开篇的第一章中,一般规定的是刑法典中最基本的内容,即刑法的基本原则和效力范围。然而,我国第一部刑法诞生于“文革”结束后的第三年,受限于当时有限的立法水平,1979年《刑法》在第一章中并未明文规定刑法的基本原则(尤其是罪刑法定原则)。1979年《刑法》具有很明显的时代特征,主要表现在:①明文规定了刑法的指导思想和制定根据,指明了刑法与马克思列宁主义毛泽东思想、宪法、刑事政策以及司法实践的关系。由于当时“文革”流毒尚未完全肃清,在《刑法》第1条对指导思想进行规定,有助于拨乱反正、正本清源。[1] ②明确规定了刑法的任务是打击敌人、惩罚犯罪,同时保护国家和人民的利益以及社会主义社会。③明确规定了属人管辖、属地管辖、保护管辖、外交豁免以及溯及力等关于刑法效力范围的内容。④规定了域外刑事判决的消极承认。 2

随着社会的进步与发展,立法者根据新的实践情况对第一章进行了较大的修改,主要表现在:①不再明确规定刑法的指导思想,同时增加规定了制定刑法的目的。②根据社会实际情况,对刑法任务的表述进行了修改。③明确规定了罪刑法定原则、适用法律人人平等原则和罪责刑相适应原则。④由于1979年《刑法》生效后,我国加入了《关于制止非法劫持航空器的公约》等规定了国际犯罪的若干个公约,因此,我国为了承担公约要求我国所承诺的管辖义务,而增加规定了普遍管辖权。 3

III 刑法目的与刑法教义学的基本立场

刑法的适用总是需要解释,这一方面是因为不明确刑法规定的具体含义,就无法适用刑法;另一方面是因为刑法制定之后总是会出现新的情况,由于刑法稳定的性质,也由于刑法制定程序的严格,不能及时针对新情况来修改刑法,从而需要重新解释已经制定的刑法,使其适用于新情况。虽然针对第一个方面的原因,运用传统的文 4

---

1 参见高铭暄:《中华人民共和国刑法的孕育诞生和发展完善》,北京大学出版社2012年版,第168页。

理解释、论理解释等法律解释方法,就能较好地解决刑法适用问题,但是,针对第二个方面的原因,却不得不用刑法的目的理性去填补刑法规范的内容。因此,一种能够在刑法体系内正确处理现实问题的刑法教义学,在对刑法规定的理解和阐释中总是必然包含着历史和现实的沟通。刑法中的原则规定以及大量刑法条文用语的非定义化所形成的框架空间,就保障了刑法教义学的开放性,为实现刑法教义学中"历史和现实的沟通"提供了可能。服从刑法的权威是适用刑法的当然前提,刑事法治的实现需要确保刑法规范的纯洁。确保刑法规范的纯洁,是指不允许把与刑法规范相矛盾、相对立的东西通过解释强加到刑法规范之中,而不是指不允许根据刑法的原则、原理和社会进步来丰富刑法规范的内容。

5 关键是必须在刑法教义学的体系之内进行刑法的目的理性思考,否则,就难以保障刑法规范的稳定和安全。一种没有体系约束的刑法灵活运用,总是会给任意的刑事司法提供方便。"刑事政策必须被置于刑法体系之中作为内在参数来处理,它将推动法教义学合乎目的地、理性地发展,同时也有助于防止出现刑事政策任意跨越或突破法教义学规则的现象。游离于刑法体系的刑事政策研究注定是没有前途的,也是没有意义的。"[2]这是一种正确的刑事政策学立场,更是一种正确的刑法教义学立场。

6 问题在于,刑法教义学到底需要怎样的刑法目的?什么才是符合理性的刑法目的?我国以张明楷教授为代表的部分刑法学者选择了罗克辛教授倡导的法益保护说,认为刑法的目的是保护法益。"因为各种犯罪都是侵犯法益的行为,运用刑罚与各种犯罪行为作斗争,正是为了抑止犯罪行为,从而保护法益;刑罚的目的是预防犯罪,之所以要预防犯罪,是因为犯罪侵犯了法益,预防犯罪是为了保护法益,这正是刑法的目的。"[3]以周光权教授为代表的部分刑法学者则认为,"犯罪行为因为扰乱了刑法上保障规范合法性的期待,所以成了一种需要排除的东西",但是,"刑法最终要保护法益"。[4] 周光权教授的这种看法倾向于雅各布斯教授倡导的法规范维护说。

7 目前,虽然法益保护说仍然是我国刑法教义学的主流立场,但是,笔者支持法规范维护说。法益保护说认为,刑法的目的是保护法益,犯罪是对法益的侵害。但是,"法益侵害"这个说法,其实大多是表面性的,例如,把故意摔碎他人一个贵重花瓶的行为解释为毁坏财物,并进而解释说侵害了他人的法益。然而,更紧要的是在这一现象中体现的法规范意义:行为人并不尊重他人的财产权,以至于像对待自己的东西一样任意地处置了他人的财物。一个其中并未显示出对法规范进行否定的法益侵害行为,并不需要刑法加以惩罚,充其量能够成为侵权行为法的调整对象,由行为人

---

2 劳东燕:《刑事政策与刑法体系关系之考察》,载《比较法研究》2012 年第 2 期。

3 张明楷:《刑法学》(第 6 版),法律出版社 2021 年版,第 25 页以下。

4 参见周光权:《刑法总论》(第 2 版),中国人民大学出版社 2011 年版,第 27 页。

给予民事赔偿就够了。如果一个行为不仅损害了法益,而且显示出否定法规范的含义,那么,就会由于其被特定行为人反复实施的可能性(主要在故意犯罪中)或者由于其被不特定行为人普遍实施的可能性(主要在过失犯罪中),而需要社会用刑法来加以反应。只有在一种社会状态中,才能确保"即使我的财物被人毁坏了,我仍然拥有对它的财产权利"这种法规范意义。"把某种外在的东西当作自己的来拥有,这惟有在一种法权状态中、在一种公共立法的强制权之下,亦即在公民状态中,才是可能的。"[5]

Ⅳ　刑法目的与刑法教义学的基本方法

刑法教义学的任务是以理性的可论证的方式,探求开放性刑法问题的规范解答模式。在刑法教义学中,对开放性刑法问题的解答,应该具有客观性,否则,就会使刑事司法活动蜕变成一种掷骰子的游戏,就会使刑事司法被各种非规范性因素导致的任意性所主宰。为了保障刑法教义学的解释结论不至于充满矛盾、反复无常,就需要确定刑法教义学的解释规则和解释步骤。"就人类的判断而言,人的义务被认为主要取决于对表明该义务的符号的解释。因此,确定正确的解释规则,对于正确地理解法律和协议以及根据它们来恪尽责任而言,就是一个伟大的贡献。"[6]一些传统的刑法解释规则,例如文义解释、反面解释、体系解释和目的解释等,当然都有助于刑法教义学得出合理的结论。但是,为了使刑事法治不至于成为虚构的神话,还需要给刑法教义学建立一种符合规范的可供检测的三阶段解释步骤。 8

一、基于先见的理解

在刑法教义学中,为了获得妥当的解释结论,首先就要求根据先见来理解刑法规范。刑法教义学者在解释刑法规范时,一开始不仅要根据自己的生活经验来理解刑法规范,而且要重视既存的学说和判例对刑法规范的解释。自己的生活经验和既存的权威见解是刑法教义学者解释刑法规范的起点。根据自己的生活经验和既存的权威见解所形成的关于刑法规范的初步看法,就是对刑法规范的"先行理解"。 9

先行理解是理解过程中必然伴随的东西,是理解的必要条件。没有人能够以一个客观观察者的角色来进行理解。所有的解释者都必然地带有本身的前设和关注,这一切不但影响解释者如何理解,也影响他们所作出的结论。人类总是通过个人的历史和成见来思考和理解。以往的经验和知识,包括个人背景,塑造着我们观察事 10

5　李秋零主编:《康德著作全集》(第6卷),中国人民大学出版社2007年版,第263页。

6　〔德〕萨缪尔·普芬道夫:《论人与公民在自然法上的责任》,支振锋译,北京大学出版社2010年版,第129页。

物的角度和对事物的理解。[7] “对意义的理解,并非纯粹感受过程,反而经常是由理解主体先行自我理解。惟有该理解者,以‘先前理解’或‘先入之见’与法条结合时,方能将法条表达出来,也惟有将其所接受的一切传统纳入理解地平线,他才有提出论证理由之可能性,才能提出预先推定之‘暂时’结果。”[8]

11 刑法教义学中的先行理解由两个层次的理解活动所构成。第一个层次的理解活动是个人性先行理解,即解释者个人对刑法规范应有含义的期待,它以刑法教义学者自己的生活经验为基础。刑法教义学者总是先以自己的眼睛、自己的生活经验来认识刑法规范的含义,并把自己所认识的含义赋予刑法规范本身。第二个层次的理解活动是历史性先行理解,即解释者群体对刑法规范应有含义的期待,它是在既存的学说和判例中呈现出来的历史地形成的关于刑法规范含义的共同看法。

12 无论是对刑法教义学者而言,还是对刑事司法人员而言,获得关于刑法规范的历史性先行理解都是极其重要的,不能仅仅陶醉在个人性先行理解之中。既存的学说和判例关于刑法规范的理解,作为历史性先行理解,往往属于一种成熟的共同生活智慧,具有刑法文化的价值。刑法教义学者在解释刑法规范时,必须首先研究既存的学说和判例关于刑法规范的看法,不能为了追求思想自由,而把既存的学说和判例作为历史遗留的陈腐物而轻视;刑事司法人员也不能无视既存的学说和判例,不能把刑事司法活动看作刑事司法人员纯粹独断的个人活动。

13 把“基于先见的理解”作为刑法教义学中展开解释的第一步,实在具有很大的意义。在当今的中国,不少刑法教义学者在解释刑法规范时,只顾表达个人的理解,自说自话,完全不作刑法学说史的考察,结果使具有沟通意义的刑法教义学矮化成个人封闭空间中的独白;也有不少刑事司法人员无视既存的学说和判例,毫无法规范根据地作出任意的判决。没有真实的社会生活需要和充分的法规范根据,就不能否定、抛弃解释者群体关于刑法规范的权威性见解。

二、实践理性的衡量

14 关于刑法规范的先行理解,无论是个人性先行理解,还是历史性先行理解,总是或多或少具有时代局限性,并不存在永恒的权威,权威学者的解释并非总是绝对正确的。刑法规范的含义是与社会的发展、时代的进步一起成长的。刑法科学的历史表明,没有穷尽了刑法解释的刑法权威。我们应当尊重前人的见识和努力,但是,不能放弃自己反思和重建的权利。刑法教义学者当然要尊重关于刑法规范的权威性见解,但是,更要重视自己所处时代的社会真实状况。“在解决刑法上的问题时,要仔细

---

7 参见〔美〕W. W. 克莱恩、C. L. 布鲁姆伯格、R. L. 哈伯德:《基督教释经学》,尹妙珍等译,上海人民出版社 2011 年版,第 11 页以下。

8 〔德〕考夫曼:《法律哲学》,刘幸义等译,法律出版社 2004 年版,第 62 页。

观察社会的实际,提出符合社会实际的解决办法,也就是说,刑法理论必须是能够给社会带来妥当结果的现实的刑法理论。"[9]要用实践理性来检验关于刑法规范的先行理解,并在权威性见解的基础上发展出更加符合社会真实状况的解释刑法规范的新方案。齐文远教授正确地指出:"坚持'从纯粹说理到解决问题'的转换,增强教义刑法学研究的实践理性,势在必行。"[10]法律是实践理性的文字语言表达。实践理性不是处于法律之外的优于法律的批判法律标准,而是已经处于法律体系之内的解释法律理念,是法律实践的指针。"法律是实践理性的体现,又是实践理性的要素。"[11]对刑法教义学者而言,在解释刑法规范的第二个阶段,就是要用实践理性的标准来衡量既成的关于刑法规范的先行理解是否符合社会真实状况。

15 实践理性是与理论理性相对应的概念,在不同的学者那里,实践理性的含义也有所不同。一般认为,"实践理性是人们在共同的交往活动中形成的以共同经验、理论为基础的指导行动的相同的或者类似的理解与共识"[12]。"实践理性"是说"它作为纯粹的理性而现实地是实践的"[13]。实践理性要解决的问题是,在与他人的关系中如何行为才是正当的。"任何一个行动,如果它,或者按照其准则每一个人的任性的自由,都能够与任何人根据一个普遍法则的自由共存,就是正当的。"[14]在实践理性的意义上,犯罪是对符合普遍法则的自由的妨碍,刑罚是对这种妨碍的对抗。"一切不正当的东西,都是根据普遍法则的自由的一种障碍,但是,强制就是自由所遭遇的一种障碍或者阻抗。因此,如果自由的某种应用本身就是根据普遍法则的自由的一个障碍(亦即不正当的),那么,与这种障碍相对立的强制,作为对一个自由障碍的阻碍,就与根据普遍法则的自由相一致,亦即是正当的。"[15]

16 刑法教义学的基本观点是:实践理性是判断刑事不法的决定性标准。如果一个人的行为侵犯了外在的、基于实践理性而形成的自由关系,就构成了刑事不法。"法权的概念,就它和一个与自己相对应的责任相关而言(亦即法权的道德概念),首先,只涉及一个人格对另一个人格的外在的、确切地说实践的关系,如果他们的行动作为行为能够(直接地或者间接地)互相影响的话。"[16]

17 行为人侵犯了他人的外在自由,乃是行为人的行为构成犯罪的首要条件。这是实践理性原则的必然结论。但是,我国的刑事司法实践并没有充分重视这一结论。例如,一些秘密进行的集体性交被认定为我国《刑法》第 301 条规定的聚众淫乱罪;

9 〔日〕大塚仁:《刑法概说(总论)》,有斐阁 1992 年版,第 3 页。

10 齐文远:《中国刑法学该转向教义主义还是实践主义》,载《法学研究》2011 年第 6 期。

11 葛洪义:《法与实践理性》,中国政法大学出版社 2002 年版,第 8 页。

12 葛洪义:《法与实践理性》,中国政法大学出版社 2002 年版,第 27 页。

13 李秋零主编:《康德著作全集》(第 5 卷),中国人民大学出版社 2007 年版,第 4 页。

14 李秋零主编:《康德著作全集》(第 6 卷),中国人民大学出版社 2007 年版,第 238 页。

15 李秋零主编:《康德著作全集》(第 6 卷),中国人民大学出版社 2007 年版,第 239 页。

16 李秋零主编:《康德著作全集》(第 6 卷),中国人民大学出版社 2007 年版,第 238 页。

一些秘密进行的性视频表演也被认定为我国《刑法》第 364 条规定的传播淫秽物品罪。但是,一种以成年人为对象的被其他成年人同意和接受的秘密的性视频表演(例如,一个研究生班的班花,按照同班男性同学的要求,每周通过视频给他们表演一次裸舞),根本不是对他人外在自由的侵害,不成立犯罪。同样,秘密进行集体性交的行为也不成立犯罪。张明楷教授正确地解释道:“三个以上的成年人,基于同意所秘密实施的性行为,因为没有侵害本罪所要保护的法益,不属于刑法规定的聚众淫乱行为(只要性行为是秘密实施的,即使招募、邀约行为具有公开性,也不应认定为聚众淫乱罪)。只有当三人以上以不特定人或者多数人可能认识到的方式实施淫乱行为时,才宜以本罪论处。”[17]

18 刑法中的实践理性表现在法共同体成员关于刑法规范的相互理解之中。符合实践理性的刑法解释结论,总是法共同体的成员在相互争论和相互沟通之后能够理解和接受的。也就是说,论辩和商谈是实践理性的发现方式和证成方式,如果论辩和商谈是在忠诚于法的法共同体成员之间展开的话。在民主的法治国家里,政治生活的平等参与、经济活动的独立自主、公民的安全和团结、刑事司法判决的公正等,都是法共同体成员基于实践理性的共同要求。在刑法规范的解释和适用中贯彻这些要求,乃是法律同伴的共同存在和共同发展的证明。刑法教义学的展开应该与这种符合实践理性的共同要求同步。

三、法律根据的检验

19 在现代的民主法治社会里,法律体现了法共同体成员关于共同性的相互理解。因此,法律总是法教义学的权威根据。如果不以法律为根据,人们就会永无休止地进行关于法律解释结论是否正确的争论,就不可能适用法律,就不可能发挥法律的社会功能。法教义学的任务就是发现法律规范的具体内容,确立法律规范的适用边界,并证明法律规范的合理性,但不对法律规范的未来命运负责。法律是法教义学的价值来源,因此,法教义学必须受到法律的约束,不能失去与法律的联系,更不能违背法律。一种没有法律根据的意见,无论是私人意见,还是官方意见,都不是法教义学上应该采纳的结论。

20 刑法教义学者的解释活动也是“围绕规范形成思想”[18]。虽然刑法教义学者的解释活动并不局限在固化的法律文字的字面含义之内,但是,绝不能背离法律的原则、原理,不能损害法律规范的目的。形象地说,刑法教义学者既不是骑着马在草原上奔腾,也不是开着越野车在沙漠里驰骋,而是开着客机在天空中飞翔:他不能任意地停留,只能根据目的地的要求,从已经设定的机场起飞,沿着时而有形、时而无形的航线

---

17 张明楷:《刑法学》(第 6 版),法律出版社 2021 年版,第 1413 页。

18 林来梵:《从宪法规范到规范宪法:规范宪法学的一种前言》,法律出版社 2001 年版,第 7 页。

航行,并且降落在同样被设定的机场上。

21 不能以“非法规范”的理由解释刑法规范,那样刑法规范就会受到各种非法规范因素的不当侵蚀,刑法规范就不再成为一个自洽的系统,而是会变成堆放各种任意性主张的杂物间,法共同体成员就不能在刑法规范的解释中发现并且确认自己的共同性。因此,针对某一具体的刑法解释结论,最后总是需要检验其法律根据。检验解释结论的法律根据是刑法教义学者在进行刑法解释活动时必经的步骤。具体而言,要从以下几个方面展开法律根据的检验。

(一)刑法教义学的解释结论,不能与刑法条文的规定相冲突

22 刑法教义学者可以根据实践理性的要求,对刑法规范作出与既存的学说或者判例不同的解释结论,但是,这种新的解释结论不能与刑法条文的规定相冲突。

23 先举一个解释结论与刑法条文的规定相冲突的例子。根据我国《刑法》第 48 条第 1 款的规定,死刑只适用于罪行极其严重的犯罪分子。关于其中的“罪行极其严重”这一适用死刑的积极条件,一个死刑废除论者可能会作出如下的解释:“罪行极其严重”的犯罪,就是最严重的犯罪[19],而最严重的犯罪总是只可能在未来发生,当前已经发生的犯罪不可能是最严重的犯罪[20],因此,不能对当前已经发生的犯罪适用死刑。这不会是一个符合我国刑法规定的解释,因为它将导致现行刑法关于死刑的规定在刑法有效期内完全不可适用。要对双亲健在、自己尚未生育的独生子女免除死刑立即执行的适用,即使该独生子女犯下“罪行极其严重”的故意杀人罪[21],这种主张也或多或少是非规范的解释,不符合我国现行刑法的规定。

24 再举一个解释结论与刑法条文的规定不相冲突的例子。孕妇去医院检查,医生诊断“胎儿一切正常,预计一周后生产”。可是,在这次检查三天之后进行的住院前最后一次检查中,负责检查的医生得知正是由于孕妇丈夫的控告才导致自己的父亲被捕入狱。于是,该医生用检查钳在孕妇的腹中夹死了胎儿。根据现行刑法理论,“胎儿不能成为故意杀人罪的对象”[22],因此,这个夹死了胎儿但是未对孕妇本身造成任何身体伤害的医生将会是无罪的。但是,如果医生没有成功地夹死胎儿,而是导致胎

---

19 赵秉志教授认为,“死刑适用的对象不应仅仅被理解为犯有‘极其严重’的罪行的人,而应是犯有‘极其严重’的罪行且具有该种犯罪最严重情节的人”(赵秉志:《死刑改革探索》,法律出版社 2006 年版,第 35 页)。

20 张明楷教授在“当代刑法思潮论坛”所作题为“量刑的三大观念批判”的演讲中提出:“法官应当意识到,法官只能见到最轻的犯罪案件,而现在不可能遇到最严重的犯罪案件。或者说,迄今为止,没有发生过最严重的案件,最严重的案件永远发生在以后”[张明楷:《量刑的三大观念批判》,载梁根林主编:《当代刑法思潮论坛(第三卷):刑事政策与刑法变迁》,北京大学出版社 2016 年版,第 46 页]。

21 参见朱苏力:《从药家鑫案看刑罚的殃及效果和罪责自负——纪念〈法学〉复刊 30 周年·名家论坛(一)》,载《法学》2011 年第 6 期。

22 张明楷:《刑法学》(第 5 版),法律出版社 2016 年版,第 854 页以下。

儿活着出生后患有严重残疾,则成立故意伤害罪。[23] 在这个案件中,担任审判的法官应该进行反思,为什么在医生没有夹死胎儿,只是导致出生了残疾儿时,会成立故意伤害罪,而在同样的行为导致出生了死胎时,医生就不成立犯罪呢?在反思之后,担任审判的法官应该决定对《刑法》第232条中的"人"作出符合实践理性的解释,将其解释为"包括被害之前即使脱离母体也在通常状态中完全能够存活的胎儿",从而以故意杀人罪对这个夹死胎儿的医生进行定罪处罚。[24] 这样处理,仅仅涉及对"故意杀人"中的"人"进行扩张解释的问题,并不与罪刑法定原则相冲突。[25] 引用民法的相关规定来批驳或者否定上述解释结论,并不能令人信服。《民法典》第13条规定:"自然人从出生时起到死亡时止,具有民事权利能力,依法享有民事权利,承担民事义务。"很明显,这只是民法关于公民的民事权利能力的起止时间的规定,而不是关于公民的生命权起止时间的规定。既然可以根据脑死亡说把死亡提前,为什么不能通过一种学说把生命提前。当然,这只是笔者个人的看法,可能会引起刑法学界极大的争议。[26]

(二)刑法教义学的解释结论,应当与法律条文的表述相联系

25 刑法条文用语的可能含义是刑法解释不能突破的边界。即使刑法解释结论处在刑法条文用语的可能含义之内,也要使刑法解释结论与法律条文的表述相联系。张明楷教授关于遗弃罪的正确解释,是一个很好的例证。随着社会的发展,扶养呈现出社会化的趋势,例如各种养老院、福利院、孤儿院就成为专门的社会扶养机构,非家庭成员间的遗弃行为不仅客观存在,而且有多发趋势。但是,张明楷教授并没有仅仅根据这种社会发展就得出结论,而是找到了刑法条文上的联系:1979年《刑法》把遗弃罪规定在妨害婚姻家庭罪一章中,因此要求遗弃罪的行为主体与被害人是属于同一家庭的成员。但是,1997年《刑法》作了修改,把遗弃罪规定在侵犯公民人身权利、民主权利罪一章之中,就表明"遗弃罪可以发生在非家庭成员之间",养老院、福利院、孤儿院等社会扶养机构将需要扶助的人置于不受保护的状态,进而使其生命、身体处于危险状态的,有关人员也可以成立遗弃罪。[27]

26 再举一个例子来说明。丈夫完全无法通过正当途径给爱妻治病,只好伪造医院

---

[23] 参见张明楷:《刑法学》(第5版),法律出版社2016年版,第847页。

[24] 在美国,有25个州已经在法典上规定杀害未出生胎儿是杀人罪的一种形式,或者独立地规定为杀婴罪(参见康伟:《罪刑法定原则下故意伤害胎儿行为定性研究——解释论角度的胎儿生命权》,载《法制与社会》2008年第7期)。

[25] 参见冯军:《论刑法解释的边界和路径——以扩张解释与类推适用的区分为中心》,载《法学家》2012年第1期。

[26] 不过,已经有学者表达了与笔者的看法大体相同的观点(参见周详:《胎儿"生命权"的确认与刑法保护》,载《法学》2012年第8期)。

[27] 参见张明楷:《刑法学》(第6版),法律出版社2021年版,第1129页以下。

的付款收讫章,从医院骗取了为治疗爱妻的疾病所必需的药物。在这个例子中,无论如何,人们不能用“爱是最高的价值”这个与法律没有联系的非法规范的理由来解释丈夫的行为是无罪的。但是,人们可以解释:《婚姻法》第 20 条第 1 款规定了“夫妻有互相扶养的义务”,丈夫设法获取药物给妻子治病,是履行法律规定的对妻子的扶养义务;同时,作为公民,丈夫也负有遵守“不得诈骗”这一刑法规范的义务。由于履行以保护妻子的生命和健康为内容的扶养义务比履行遵守“不得诈骗”这一刑法规范的义务更有价值,在履行这两种义务发生冲突时,应当优先履行以保护妻子的生命和健康为内容的扶养义务。因此,丈夫的行为是无罪的。[28] 但是,丈夫仍然应当力所能及地赔偿医院的药费损失。

(三)刑法教义学的解释结论,应当促成刑法体系的内部和谐

刑法规范是一个系统,不能孤立地对待刑法条文。刑法教义学者要在刑法规范的整体中,敏锐地发现诸刑法规定之间的联系,通过解释来实现刑法规范整体的内部和谐。例如,在解释《刑法》第 48 条规定的“罪行极其严重”时,如果人们愿意把刑法关于死刑的规定作为一个整体来考察,就会发现《刑法》第 121 条、第 240 条、第 317 条和《刑法》第 48 条之间的紧密联系,就会得出“只有故意致人重伤、死亡或者故意杀害他人的,或者以暴力、胁迫或者其他方法强取财物并且造成了与航空器遭受严重破坏相同程度的财产损失的,才属于极其严重的罪行”这一极为明确的结论。 27

某一刑法解释结论即使有违刑法用语的通常含义,只要是促成刑法条文的内部和谐所必需的,就是妥当的。例如,《刑法》第 48 条第 1 款后段规定:“对于应当判处死刑的犯罪分子,如果不是必须立即执行的,可以判处死刑同时宣告缓期二年执行。”对于应当判处死刑的犯罪分子,只能判处死刑立即执行或者死刑缓期二年执行,既然不能判处死刑立即执行,就必须判处死刑缓期二年执行。因此,只有把这一规定中的“可以”解释为“应当”,才能促成《刑法》第 48 条第 1 款的内部和谐。 28

(四)刑法教义学的解释结论,应当有利于维护法秩序的统一

刑法是整个法律体系的一部分,它必须在宪法的引领下,与民法等法律一起,服务于整个法秩序的维护。因此,刑法教义学的解释结论,应当有利于维护法秩序的统一。就刑法与民法的关系而言,尽管民法上的违法行为不一定构成刑法上的犯罪,但是,民法上的合法行为肯定不构成刑法上的犯罪。如果把民法上的合法行为解释为刑法上的犯罪,就必然破坏法秩序的统一。举例来说,甲向乙借了 1 万元钱,在应该还钱的当日,甲准确地得知乙肯定将用甲即将归还的 1 万元钱去贩卖毒品。尽管如此,甲还是把 1 万元钱还给了乙,乙果然用甲归还的 1 万元钱贩卖了毒品。如果有人 29

---

28 虽然我国的司法实务目前并不认为丈夫的这种行为是无罪的,但是,在骗取了“数额巨大”医药费的案件中,法院也对行为人适用了缓刑(参见张玉学:《诈骗救妻男子廖丹被“判三缓四”》,载《新京报》2012 年 12 月 8 日)。

解释,甲构成乙贩卖毒品罪的帮助犯,那么,就会导致刑法规范与民法规范的相互冲突。一旦刑法阻止了甲向乙偿还欠款,民法所要求的社会正常交易活动就必然发生紊乱。

30 刑法教义学通过符合目的理性的解释来揭示并且塑造刑法规范,努力在刑法规范之中实现正义。“不是陪伴法律和随法律而行,而是可以在法律之中和根据法律共创法律本身和生活,是处在文化科学中的法学几近为无法比拟的优点。”[29]在当下的实际生活里,我们总是被手推车中的婴儿遭受成人活活摔死或者无辜的孕妇成为酒醉后的刑警所握手枪的牺牲品等各种离奇的暴戾惊悚着心灵。面对纷乱的日常生活中发生的文明危机,刑法教义学要用实在法的智慧去守护法规范的意义,要为法共同体每个成员亟盼的目标寻找到实现它的法律资源。

---

[29] 〔德〕卡尔·恩吉施:《法律思维导论》,郑永流译,法律出版社2004年版,第3页。

第一条　立法目的与根据

为了惩罚犯罪，保护人民，根据宪法，结合我国同犯罪作斗争的具体经验及实际情况，制定本法。

文献:〔英〕洛克:《政府论》(下篇),叶启芳、瞿菊农译,商务印书馆1964年版;杨春洗等:《刑法总论》,北京大学出版社1981年版;高铭暄主编:《刑法学》,法律出版社1984年版;陈宝树等:《刑法中的若干理论问题》,辽宁大学出版社1986年版;王作富主编:《中国刑法适用》,中国人民公安大学出版社1987年版;高铭暄、王作富主编:《刑法总论》,中国人民大学出版社1990年版;何怀宏:《契约伦理与社会正义——罗尔斯正义论中的历史与理性》,中国人民大学出版社1993年版;〔意〕贝卡里亚:《论犯罪与刑罚》,黄风译,中国大百科全书出版社1993年版;王作富主编:《刑法完善专题研究》,中央广播电视大学出版社1996年版;周道鸾等主编:《刑法的修改与适用》,人民法院出版社1997年版;李海东:《刑法原理入门(犯罪论基础)》,法律出版社1998年版;张晋藩:《中国法律的传统与近代转型》,法律出版社1997年版;陈兴良主编:《刑事法评论》(第1卷),中国政法大学出版社1997年版;〔德〕威廉·冯·洪堡:《论国家的作用》,林荣远、冯兴元译,中国社会科学出版社1998年版;蒋先福:《契约文明:法治文明的源与流》,上海人民出版社1999年版;周光权:《刑法诸问题的新表述》,中国法制出版社1999年版;曲新久:《刑法的精神与范畴》,中国政法大学出版社2000年版;朱福惠:《宪法至上——法治之本》,法律出版社2000年版;徐秀义、韩大元主编:《现代宪法学基本原理》,中国人民公安大学出版社2001年版;刘志远:《二重性视角下的刑法规范》,中国方正出版社2003年版;〔意〕杜里奥·帕多瓦尼:《意大利刑法学原理》(注评版),陈忠林译评,中国人民大学出版社2004年版;梁根林:《刑事政策:立场与范畴》,法律出版社2005年版;〔日〕曾根威彦:《刑法学基础》,黎宏译,法律出版社2005年版;蒋熙辉等:《刑事政策之反思与改进》,中国社会科学出版社2008年版;高铭暄:《中华人民共和国刑法的孕育诞生和发展完善》,北京大学出版社2012年版;陈兴良:《规范刑法学》(第4版),中国人民大学出版社2017年版。武树臣:《三十年的评说——"阶级本位·政策法"时代的法律文化》,载《法律科学》1993年第5期;高铭暄:《略论我国刑法对罪刑法定原则的确立》,载《中国法学》1995年第5期;黎宏:《论"刑法的刑事政策化"思想及其实现》,载《清华大学学报(哲学社会科学版)》2004年第5期;张永红:《刑法的刑事政策化论纲》,载《法律科学》2004年第6期;卢建平:《作为"治道"的刑事政策》,载《华东政法学院学报》2005年第4期。

细目录

Ⅰ 主旨
Ⅱ 沿革
Ⅲ 刑法制定的规范和事实根据
一、刑法制定的宪法根据
二、刑法制定的实践根据
Ⅳ 刑法与宪法
Ⅴ 刑法与刑事政策
一、刑法的刑事政策化分析
二、避免过度的刑法刑事政策化

Ⅰ 主旨

1 对于本条的主旨,我国学者有的概括为立法目的[1],有的概括为刑法根据。[2] 从本条条文的表述来看,前半段“为了惩罚犯罪,保护人民”似乎是关于刑法目的的规定;但后半段“根据宪法,结合我国同犯罪作斗争的具体经验及实际情况,制定本法”又属于对刑法根据的规定。从本条条文的整体内容来看,其侧重点还是在后半段,而且关于刑法目的的内容在《刑法》第 2 条关于刑法任务的规定中有所体现。因此,将本条主旨概括为刑法根据更为合适。

Ⅱ 沿革

2 1979 年《刑法》第 1 条规定:“中华人民共和国刑法,以马克思列宁主义毛泽东思想为指针,以宪法为根据,依照惩办与宽大相结合的政策,结合我国各族人民实行无产阶级领导的、工农联盟为基础的人民民主专政即无产阶级专政和进行社会主义革命、社会主义建设的具体经验及实际情况制定。”该规定的内容包括刑法的指导思想,即马克思列宁主义毛泽东思想。1997 年《刑法》修订的时候,删去了这一内容。我国学者对此解释称:“有关指导思想的内容,现行宪法已有明确规定。马克思列宁主义毛泽东思想是指导我们事业的理论基础,是党和国家制定方针、政策的指导思想,也是国家的立法和司法的指导思想。刑法是国家的基本法,同样要以马克思列宁主义毛泽东思想为指导。但是,在制定部门法的法律条文中是否必须写上,则要根据不同的历史情况来确定。1979 年制定的《刑法》和《刑事诉讼法》,在第一条都开宗明义地写上了‘以马克思列宁主义毛泽东思想为指针’。当时之所以这样规定,是由于

---

1 参见李洁主编:《刑法学》(第 2 版),中国人民大学出版社 2014 年版,第 23 页。

2 参见陈兴良:《规范刑法学》(第 4 版),中国人民大学出版社 2017 年版,第19 页。

宪法还没有进行修改,直至1982年宪法修正后,这一内容才写进了宪法。宪法是母法,一切部门法都要依据宪法来制定,也就是说,部门法写明了以宪法为根据,即意味着在部门法中也确立了以马克思列宁主义毛泽东思想为指导思想,而无须在文字上做重复表述。已经制定或者修正的《民法通则》《民事诉讼法》和《刑事诉讼法》,都没有再规定指导思想的内容。因此,考虑与其他基本法相协调,也没有再规定这一内容的必要。”[3]根据这一解释,基于立法技术的原因,1997年《刑法》修订时,删去了刑法指导思想的内容。

1997年《刑法》还在制定根据中删去了“惩办与宽大相结合的政策”。“惩办与宽大相结合”是我国基本刑事政策,它对刑法立法和司法都具有重要的指导意义。对于在刑法制定根据中删去惩办与宽大相结合刑事政策的内容,我国学者对此解释称:“1979年刑法典规定的立法根据之一是‘惩办与宽大相结合的政策’,这一政策是我们党和国家同犯罪作斗争的基本政策,对于改造多数、孤立少数具有重要的作用和意义。在全面修订刑法的过程中,究竟要不要在刑法中规定这一政策,对其如何表述,无论是刑法学界还是政法实务界,争议极大,几经反复。在修订刑法研拟之初,立法工作机关考虑到惩办与宽大相结合政策的内涵和精神已经内化在具体的法条中,如刑法对累犯、教唆未成年人犯罪的犯罪分子从重处罚的规定,对预备犯、未遂犯、中止犯、从犯、胁从犯从轻、减轻、免除处罚的规定,对正在服刑的罪犯予以减刑、假释的规定等,均体现了这一政策精神,因此,1988年9月刑法修改稿第1条就没有再规定‘惩办与宽大相结合的政策’。”[4]此后,虽然在立法过程中还进行过讨论,但“惩办与宽大相结合”的刑事政策最终还是未能重返刑法。究其背后原因,与从1983年开始的“严打”运动之间存在重大关联。“严打”运动开始以后,我国刑事政策事实上已经做了重大调整,“严打”已经取代“惩办与宽大相结合”成为一个时期刑法立法和司法的刑事政策。因此,1997年《刑法》修订的时候,“惩办与宽大相结合”的规定从刑法条文中被删除,乃是必然后果。此后,我国又推行“宽严相济”的刑事政策,这一刑事政策在一定意义上是“惩办与宽大相结合”刑事政策的复活。由此可见,我国刑事政策始终处于调整之中。 3

Ⅲ　刑法制定的规范和事实根据

刑法的制定根据是指创制刑法的规范来源和事实基础。这里的规范来源是指刑法制定的宪法根据,事实基础是指刑法制定的实践根据。以下分别加以论述: 4

3　周道鸾等主编:《刑法的修改与适用》,人民法院出版社1997年版,第46页。

4　高铭暄:《中华人民共和国刑法的孕育诞生和发展完善》,北京大学出版社2012年版,第168页。

一、刑法制定的宪法根据

5 宪法作为国家的根本大法,是我国刑法制定的法律根据。我国宪法规定的是我国社会制度和国家制度的根本原则,国家机关组织和活动的基本原则,以及公民的基本权利和义务等根本性的问题。而各个部门法则是从不同的领域,用不同的手段,为保障和实施宪法所规定的基本内容和各项基本原则服务的。因此,宪法是我国其他一切法律的立法根据,当然也是刑法的立法根据。我国刑法以宪法为其立法根据,就必须在自己的领域内具体贯彻宪法的规定,刑法的规定及其解释也都不能与宪法相抵触,否则便没有法律效力。刑法的有关具体规定,都是以宪法为依据的,并且通过惩治各种犯罪行为,保障宪法的正确实施。

二、刑法制定的实践根据

6 我国同犯罪作斗争的具体经验和实际情况,是我国刑法制定的实践根据。调查研究,实事求是,一切从实际出发,是我国刑事立法的根本指导思想。按照这一思想,制定刑法的时候,应当认真地总结我国长期同犯罪作斗争的经验,立足于我国的实际情况。在立法过程中,我国刑法借鉴、吸取了中外刑事立法的经验,并从我国目前的实际情况出发,使得我国的刑法成为一部具有中国特色的刑法。从刑法规定的内容来看,我国多年来同犯罪作斗争行之有效的、成熟的经验以及我国独创的制度,刑法都作了规定,例如管制、死缓、减刑、自首等。事实说明,现实生活决定法律的废、改、立,法律只有立足于客观实际,才有生命力,刑法也不例外。

Ⅳ 刑法与宪法

7 刑法在整个刑事法中占据着核心地位,它是刑事实体法。由于刑法直接以刑罚的方式限制或者剥夺公民个人的自由与权利,因此,刑法的合宪性问题更是引人关注。

8 学者李海东提出了国权主义刑法与民权主义刑法的命题,认为国权主义刑法是以国家权力为本位的刑法,而民权主义刑法是以公民权利为本位的刑法。[5] 根据马克斯·韦伯的理想类型的方法,这种划分是可以成立的。这种国权主义刑法以维护国家权力为使命,为达此目的可以不择手段,从而使刑法沦为专制的工具。而民权主义刑法以维护公民权利为己任,从而表现为对国家权力的限制,使刑法成为自由的保障。国权主义刑法与民权主义刑法之间最根本的区分就在于:前者是国家单方面的意志,是不受限制的,具有绝对主义的特征;后者是政治国家与市民社会的双方合意,是受到限制的,具有相对主义的特征。罪刑法定原则就体现了对国家刑罚权的限

---

5 参见李海东:《刑法原理入门(犯罪论基础)》,法律出版社 1998 年版,第 4 页以下。

制,因而成为国权主义刑法与民权主义刑法的根本分野。

刑法的宪法限制,以及对刑法规范的违宪性加以审查,构成刑法的宪制基础。建立在宪制基础之上的刑法,是实现国家宪法目的的手段。德国学者洪堡提出了"国家通过刑法体现法律对安全的关心"这样一个命题,他指出,关心公民安全最后的也许是最重要的手段是惩罚对国家法律的违反行为,在这里产生的第一个问题是:国家应处罚哪些行为,也就是说,可以把哪些行为作为罪行提出来。国家追求的终极目标无非是公民的安全,因此,除了那些违反这个终极目标的行为,国家也不允许限制其他行为。[6] 在此,洪堡实际上提出了刑法的界限,也就是刑罚惩罚的限度问题。刑法的使命与作用和国家的使命与作用是一致的,前者受到后者的制约。宪法是国家的根本大法,因此它必须对刑法具有限制作用。这就是刑法的合宪性问题,并由此产生对刑法的宪制基础的关注与探讨。 9

我国刑法理论对于刑法的宪制基础问题并未引起足够的重视。我国刑法明文规定,刑法是以宪法为根据制定的,换言之,宪法是刑法制定的法律根据,从而使两者体现出母法与子法之间的派生关系。在对于刑法与宪法关系的理解上,我国学者指出,我国刑法以我国宪法为其立法根据,就必须在自己的领域内具体贯彻宪法的规定,刑法的规定及其解释不能与宪法相抵触,否则便没有效力。刑法用刑罚这种特殊的法律斗争手段来制裁严重危害国家和人民利益的犯罪行为,以保障和实施宪法的基本内容和基本原则。例如,我国宪法规定,禁止任何组织和个人扰乱社会经济秩序;社会主义的公共财产和公民个人的合法财产不可侵犯;国家保护公民的人身权利、民主权利和其他合法权利。根据宪法,刑法(指 1979 年《刑法》——引者注)规定了"破坏社会主义经济秩序罪""侵犯财产罪"和"侵犯公民人身权利、民主权利罪"等,通过处罚这些犯罪行为来保障宪法有关内容的实施。[7] 在上述关于刑法与宪法关系的论述中,虽然论及刑法的规定及其解释不能与宪法相抵触,否则便没有效力,但由于我国并不具有可操作性的违宪审查制度,因而凡与宪法相抵触便无效等,并无落实的任何可能性。而且,刑法保障是宪法内容的实现,也只限于通过惩治侵犯人身权利的犯罪实现宪法对人身权利的保护,通过惩治侵犯财产权利的犯罪实现宪法对财产权利的保护这样一个层面上,根本就没有涉及宪法对国家刑罚权的限制。在这种情况下,也就不可能从宪制意义上理解刑法和宪法的关系。 10

上述情况,是由我国的宪法观念与刑法观念以及刑法观念的局限性所造成的。就宪法观念而言,我国传统的宪法理论将宪法视为阶级力量对比的表现,认为宪法是阶级斗争的产物,由在阶级斗争中取得胜利、掌握国家权力的阶级所制定,用以维护 11

6　参见〔德〕威廉·冯·洪堡:《论国家的作用》,林荣远、冯兴元译,中国社会科学出版社 1998 年版,第 143 页。

7　参见王作富主编:《中国刑法适用》,中国人民公安大学出版社 1987 年版,第 14 页。

和巩固本阶级的政权,是这一阶级的胜利成果。[8] 基于这种对宪法的理解,宪法成为在阶级斗争中获取的国家权力的确认书,在某种意义上接近于授权(力)法。在这种情况下,宪法的规范性被淡化,而其政治性被强化。宪法成为治国的总章程,其本应具有的国家权力的限制机能则于无形中消弭。在这种宪法观念指导下,刑法作为实现宪法任务的部门法,被认为是专政工具。例如我国学者指出,当社会上出现了国家之后,掌握国家权力的统治阶级,为了维护其政治上的统治,总要按照自己的意志,通过一定的立法程序,把某些行为规定为犯罪,并以刑罚处罚,以维护其统治秩序,镇压被统治阶级的反抗,这种规定犯罪和刑罚的法律规范的总和,就是刑法。[9] 因此,刑法就成为掌握国家权力的统治阶级镇压被统治阶级反抗的工具。这个意义上的刑法,正是李海东博士所称之国权主义刑法,它要限制的是国民的行为,而要保护的是国家的利益。[10] 这种国家本位的宪法观念与刑法观念,都是由当时我国社会现状所决定的。因此,只有社会基础的改变才能引起宪法观念与刑法观念的嬗进。

12 我国历史上是一个封建专制具有悠久传统的社会,在这样的专制社会,皇权是至高无上的,不受任何限制。中国古代就存在“天宪”“宪条”等词汇,但这里的“宪”只是对法的尊称而已,是皇权的象征与体现。可以说,在封建专制社会,是不可能出现现代宪法观念的。对于中国来说,宪法是舶来品,是从西方引进的一种法律形式。但自清末到 1949 年中华人民共和国成立,中国虽有立宪之名,而无行宪之实。中华人民共和国成立以后,我国实行计划经济,这种计划经济以集中统一为特点,使国家权力渗透到社会各个角落。在计划经济的基础上,我国在政治上以阶级斗争的思想为指导,国家权力以阶级专政的形式出现,它是不受宪法限制的,宪法只不过使它获得一件合法的外衣而已。只有在经济体制改革以后,从计划经济向市场经济转轨,我国社会出现了从政治国家的一元结构向政治国家与市民社会分立的二元结构的转型,宪法的观点才出现转变。例如,在宪法功能的认识上,不再把宪法简单地看作治国的总章程,而是认识到了宪法的限制作用,认为宪法实际上是“限法”。当然,对于宪法的限制作用,是在双重意义上理解的,即对国家权力的限制和对公民权利的限制。[11] 笔者认为,在宪法中,这两种限制并不是等量齐观的。实际上,对国家权力的限制是根本。无论是对国家权力的限制还是对公民权利的限制,最终目的都是为了保障公民个人的自由与权利。我国学者还提出宪法是控权法的命题,认为控权法是

8 参见张友渔主编:《中国大百科全书 · 法学》,中国大百科全书出版社 1984 年版,第 638 页。

9 参见杨春洗等:《刑法总论》,北京大学出版社 1981 年版,第 8 页。

10 参见李海东:《刑法原理入门(犯罪论基础)》,法律出版社 1998 年版,第 5 页。

11 参见徐秀义、韩大元主编:《现代宪法学基本原理》,中国人民公安大学出版社 2001 年版,第 230 页以下。

指宪法以控制权力的运行来达到民主与法治制度的稳定为主要目标。[12] 控权是一种更为积极主动的限制，从限权到控权，是对宪法的功能认识的升华。只有基于控权这样一种宪法理念，对刑法的限制机能才会有正确的认识。从宪制意义上，应当从国家与个人关系中去认识犯罪与刑罚的关系，使刑法不仅成为普通公民的大宪章，而且成为被告人的大宪章。在这种情况下，刑法应当得到社会认同，而不再是国家强制地推行某种价值观念的工具。基于对刑法的这种认识，我国学者提出了刑法制度是“选择”还是“契约”的问题，即刑法是国家按照最有利于统治阶级本身和公众的原则进行的自由选择，还是在相互冲突、相互制约的国家、多元社会集团、个人之间最后达成的一项“交易契约”？我国学者指出，我们过去潜意识里可能接受的是一种刑法选择观，尤其是把刑法与国家主义等同时，更是如此。不过，刑法是一种契约这种观点可能更为可取。[13] 这种对刑法契约性的认识，实际上就是通过刑法的以暴力为后盾的强制性，看到了刑法的宪制意义。基于刑法的契约性，立法者应当自觉地将刑法置于宪法的限制之下，并由此重新认识宪法和刑法的关系。我国学者指出，宪法是刑法的最根本的渊源，刑法来源于宪法，进而受宪法的限制。更进一步地讲，刑法是根据宪法制定的，不以宪法为根据的刑法规范，违反宪法的刑法规范，是不应该存在的，是无效的。[14] 当然，现实情况并不尽如人意，由于宪法的高度抽象性，并且专门的刑法原则在宪法中并无规定，因而宪法对刑事立法与刑事司法的实际作用仍有待落实。

V 刑法与刑事政策

现行《刑法》第 1 条虽然没有提及刑事政策，但是，刑事政策对于刑法的立法与司法具有重要的指导意义。因此，刑法与刑事政策的关系日渐引起我国刑法学界的重视，它也是在刑法根据的研究中需要考察的一个问题。当然，这个问题可以分为理论与法律两个层面。在理论层面主要是一个在刑法教义学中如何贯彻刑事政策的问题，而在法律层面则是一个在刑事立法与刑事司法中如何贯彻刑事政策的问题。当然，这两个问题是具有内在联系的。可以说，刑法与刑事政策关系的理论层面问题是其现实法律问题的一个投影。 13

一、刑法的刑事政策化分析

刑法的刑事政策化，也称为刑事政策的刑法化。刑法的刑事政策化与刑事政策的刑法化，其实是一个问题，两种表述，只是视角稍有不同而已：刑事政策的刑法化描述的是动态的刑事立法过程，而刑法的刑事政策化则是前者的结果。我们所说的刑法的刑事政策化，是指在刑法中贯彻刑事政策的内容，从而使刑法成为落实与实现刑 14

12 参见朱福惠：《宪法至上——法治之本》，法律出版社 2000 年版，第 110 页。

13 参见周光权：《刑法诸问题的新表述》，中国法制出版社 1999 年版，第 19、20 页

14 参见曲新久：《刑法的精神与范畴》，中国政法大学出版社 2000 年版，第 361 页。

事政策的工具。我国学者曾经对刑法的刑事政策化进行了以下界定:“所谓‘刑法的刑事政策化’,就是在刑法的制定和适用过程中,考虑刑事政策,并将其作为刑法的评价标准、指引和导向。”[15]这一论述揭示了刑事政策对于刑法的评价标准、指引和导向这三个作用,以此作为刑法的刑事政策化的内涵,是可取的。刑法的刑事政策化涉及对刑法与刑事政策这两种现象的正确理解,因此需要分别加以阐述。

15 刑法与刑事政策是两种不同的现象:刑法是法律现象,主要是指刑法典,它以法条的形式呈现,是立法活动的结果,也是司法活动的根据。因此,刑法在一个国家发挥着重要的作用,这就是刑法的人权保障与社会保护的双重功能。而刑事政策则区别于法律,是一种政策。政策属于政治的范畴,是指政治决断与决策。因此,刑事政策实际上是刑事政治。例如,我国学者卢建平提出了刑事政治的概念,认为刑事政策就是治国之道,刑事政策其实应该翻译成刑事政治,而犯罪问题从来就应该是一个公共政策问题,他指出:“只有将刑事政策上升到政治的层面,才有可能考虑市民社会在刑事政策体系中的地位与作用,政治国家与市民社会双本位的二元犯罪控制模式的实现才是可能的,国家主导、社会力量广泛参与的综合治理的政策特色才能充分显示出来,作为‘治道’的刑事政策的本色也才能得到完全的展示。”[16]在某种意义上说,刑法与刑事政策的关系就是法律与政治关系的一个面向,它深刻地折射出一个国家的法治水平与政治生态。

16 我国在相当长的一个时期内,受到法律虚无主义思想的影响,处于“无法无天”的地步,刑法受其祸害尤甚。在1979年之前我国只有为数极少的单行刑法。在这种情况下,主导我国司法活动的就是党的政策。这是一个只有政策没有法律的年代,也是一个以政策代替法律的年代。武树臣教授将这种实际发挥着法律作用的政策称为政策法,指出:“所谓‘政策法’,是指这样一种不稳定的法律实践形态,即在管理国家和社会生活的过程中,重视党和国家的政策,相对轻视法律的职能;视政策为灵魂,以法律为政策的表现形式和辅助手段;以政策为最高的行为准则,以法律为次要的行为准则;当法律与政策发生矛盾与冲突时,则完全依政策办事;在执法过程中还要参照一系列政策。”[17]这个意义上的政策法,其实是通过政策的社会治理,而非通过法律的社会治理。因此,所谓政策法乃是对无法状态下的规范现象的概括。

17 刑法的刑事政策化可以区分为两个环节,这就是立法的刑事政策化与司法的刑事政策化。

18 立法的刑事政策化,是指通过立法活动将刑事政策的内容贯彻到刑法条文当

---

15 黎宏:《论“刑法的刑事政策化”思想及其实现》,载《清华大学学报(哲学社会科学版)》2004年第5期。

16 卢建平:《作为“治道”的刑事政策》,载《华东政法学院学报》2005年第4期。

17 武树臣:《三十年的评说——“阶级本位·政策法”时代的法律文化》,载《法律科学》1993年第5期。

中,获得法律的确认。因此,立法的刑事政策化就是刑事政策被刑法所确认的过程,也是一个刑事政策立法化的过程。立法的刑事政策化是与刑事立法活动密切相关的,反映了刑事政策对于刑事立法的指导作用。从 1979 年开始,我国进入了一个法治重建的历史阶段,其中 1979 年 7 月 6 日发布的《刑法》,是具有象征意义的,它标志着我国进入一个通过法律的社会治理的时期。在这种情况下,我国开始了刑法的刑事政策化的立法进程。1979 年《刑法》第 1 条明确规定了惩办与宽大相结合是刑法的制定根据,并在刑法中达到了充分体现。例如我国学者高铭暄指出:"惩办与宽大相结合是我们党和国家同犯罪作斗争的基本刑事政策。根据这项政策精神和实践经验,我国刑法针对犯罪的不同情况作了一系列区别对待的规定。例如,对主犯从重处罚,对从犯比照主犯从轻、减轻处罚,对胁从犯比照从犯减轻处罚或者免除处罚;累犯和惯犯从严,偶犯从宽;抗拒从严,自首的、立功的从宽;历史从严,现行从宽;未成年人犯罪从宽,教唆未成年人犯罪从严等等。这些规定,使惩办与宽大相结合的政策具体化、条文化,有利于继续发挥这项政策的巨大威力。"[18]在此,高铭暄提出了刑法是刑事政策的具体化、条文化的命题,是对刑事政策的刑法化的生动说明。刑事政策的立法化是一个将实质合理性转化为形式合理性的过程。在立法的过程中,立法者需要通过有效的立法活动,将实质的价值需求以法条的形式体现出来。

19 司法的刑事政策化是指在司法活动中贯彻刑事政策的精神,使刑事政策成为司法活动的指针。对于立法的刑事政策化的必要性是较为容易被接受的,但对于司法的刑事政策化则存在一些疑虑需要化解。理论上存在这样一种认识:既然立法已经将刑事政策的精神贯穿在刑法当中,在司法活动中,只要严格依照刑法规定处理,就已经能够实现刑事政策。为什么还要追求司法的刑事政策化?这个问题实际上涉及司法的刑事政策化与罪刑法定原则的关系问题。如果立法能够十分完美地将实质的价值内容在刑法条文中予以确认,则司法活动就能自然地将刑事政策的精神体现在个案处理之中,因而也就没有必要再强调司法的刑事政策化。甚至,司法的刑事政策化还会有违反罪刑法定原则之虞。这种认识是建立在立法乌托邦基础之上的,但其前提并不存在。事实上,完美无瑕的法律是不存在的,中国自古以来就有的"法有限,情无穷"之说,深刻地揭示了法的有限性与情的无穷性之间的矛盾,这就是法律的天然缺陷之所在。在我国刑法中,刑法总则中的概然性条款与刑法分则中的兜底式罪名所在多有。这些法律的缝隙,甚至法内漏洞都需要进行价值填补。而刑事政策就是这些缝隙的有效勾缝剂与这些漏洞的最好填充物。因此,司法的刑事政策化是不可或缺的。司法活动并不是机械地适用法条的过程,而是需要对法律精神进行探究,对规范目的加以揭示,这种机能性的司法要求以刑事政策为根据。

---

[18] 高铭暄:《中华人民共和国刑法的孕育诞生和发展完善》,北京大学出版社 2012 年版,第 10、11 页。

20 无论是“严打”刑事政策的刑法化还是宽严相济刑事政策的刑法化,都表明我国刑法的刑事政策化倾向是极为明显的。尤其是严打与宽严相济这两种刑事政策存在一定的背离性,在这种情况下,前后相续地影响刑法,十分明显地带来了不良后果,需要此后较长时间予以消化。因此,如何评价刑法的刑事政策化,这是一个值得研究的问题。我国学者提出了刑法的刑事政策化的合理限制的命题,指出:“刑法和刑事政策具有共同的目的,二者在手段和对象上也有相同之处,因此,刑法应该以刑事政策为指导,但这并不意味着刑法的刑事政策化就是把刑法变为刑事政策,刑事政策绝不能超越或者替代刑法。刑法的刑事政策化只能是刑事政策对刑法的制定与运行进行必要与适度的导向与调节,这种导向与调节只能在刑法许可的范围内进行。不论刑事政策如何调节和影响刑法的运作,刑法永远是刑事政策不可逾越的藩篱。因为刑法和刑事政策之间存在着重大的差别,这些差别决定刑法的刑事政策化应有合理的限制,不能把刑法变为刑事政策。”[19]对于这一观点,我们是完全赞同的。虽然刑法的刑事政策化具有其一定的合理性与必要性,但这种刑法的刑事政策化又是有其合理限度的。超出合理限度的刑法刑事政策化对于刑事法治是一场灾难。因此,在坚持刑法的刑事政策化的同时,如何避免过度的刑法刑事政策化,这是一个需要重视的问题。

二、避免过度的刑法刑事政策化

(一)刑法的稳定性与刑事政策的变动性之间矛盾的消解

21 刑法具有稳定性的特性,这是刑法的公正性的必然要求。如果刑法朝令夕改,则可能带来对刑法的公正性的破坏,这是与刑事法治的精神背道而驰的。在各个部门法中,刑法涉及对公民重大法益的限制,乃至于剥夺。因此,刑法的稳定性本身就是其公正性的重要内容之一。刑法的稳定性是基于对社会长期的利益与价值的设定与期许,表达与体现的是最低限度的社会共识与公认的根本价值,从而为社会发展提供了基本的法律保障。各部刑法典都具有较长时间的稳定性。例如,1810 年的《法国刑法典》是近代刑法典的楷模,在经历了 183 年以后才被 1994 年新的《法国刑法典》所取代。法国学者在论述 1994 年法国刑法典的修改时曾经提出了“演变中的延续性”的命题,指出:“一部新法典自其问世之日起理当得到锤炼,以期持久有效。同旧法典一样,新法典当然会经过修改。随着时间的推移,有些规定将废止,另一些规定将补充进来。法典将生存下去。但是,如果一部法典刚刚问世就要修改,那可就是一件令人遗憾的事了。这就要求我们做出前瞻性努力,首先要明确抓住用以构建法

---

19 张永红:《刑法的刑事政策化论纲》,载《法律科学》2004 年第6 期。

典之基础的一般原则。”[20]在此，法国学者强调了刑法典的延续性，也就是稳定性的重要。难以想象，《法国刑法典》可以在180多年的时间中持续地生效，其稳定性令人赞叹。当然，刑法的稳定性并不是不要修改。事实上，随着我国社会的发展与犯罪状况的变化，刑法随之而进行修改不仅是必要的，也是必需的。否则，刑法将无法对日新月异的社会生活作出及时的回应。但是，刑法的稳定性又是不可动摇的，这里的稳定性是指基本原则与基本价值的稳定。例如意大利到目前为止适用的还是1930年《意大利刑法典》，日本至今适用的仍是1907年《日本刑法典》，尽管根据社会发展对刑法典进行了各种修改，但基本框架结构并没有改动。意大利学者在论及之所以没有全面修改刑法典时指出：“我们可以对该法典（指1930年《意大利刑法典》——引者注）的变化作这样一个总的评价：由于长期以来没有形成一个始终如一的政治—刑事政策，对刑法典的修改都是零零碎碎地进行的，因此不能说1930年的刑法体系已为一个新的刑法制度所取代。目前的刑法体系是1930年刑法典与一些渐进的修改相结合而形成的混合体，一个相互冲突且内容杂乱的混合体。为了消除这种情况，重新法典化是必然而不可回避的选择。”[21]在此，意大利学者强调了一个始终如一的刑事政策对于刑法修改的重要性。应该说，刑事政策体现的是刑法的变动性的一面，因为刑事政策具有对社会生活的高度敏感性，而且其决策过程也较立法程序更为便利。因此，刑事政策会促使刑法面对社会发展进行及时的调整。我国从1979年《刑法》颁布以来，到1997年进行了较大规模的修改，此后以《刑法修正案》的方式多次对刑法总则的结构进行了较大的调整。从世界范围内来看，我国的刑法修改是相当频繁的，刑事政策对刑法的影响是巨大的。这种现象当然与我国处于社会转型时期、犯罪形势复杂多变是具有一定关联性的。但是，也不可否认我国刑事立法缺乏应有的前瞻性，以及刑事政策缺乏持久性，从而导致了刑法的变动不居。笔者认为，刑法的稳定性是相对的，刑法根据社会生活的发展与犯罪状态的变化进行修改也是正常的。但刑事政策如果过度地侵扰刑法，则是不正常的。相对来说，刑法总则部分更应该保持其稳定性，因为刑法总则所规定的是刑法的基本原则与制度，不宜变动太大。而刑法分则部分则可以根据具体犯罪情况与刑事政策精神进行及时的修改。只有这样，才能在保持刑法的稳定性的同时，又能够通过刑事政策对刑法作出适当的调整。因此，在刑法的刑事政策化时，应当尽可能地消解刑法的稳定性与刑事政策的变动性之间的矛盾，实现刑法演变中的延续性。

（二）刑法的规范性与刑事政策的价值性之间关系的协调

刑法与刑事政策在表现形式上存在着根本区分：刑法是一种法律，具有规范性的 22

---

20 〔法〕皮埃尔·特律什、米海依尔·戴尔玛斯－马蒂：《为〈刑法典〉在中国出版而作》，载《法国刑法典》，罗结珍译，中国人民公安大学出版社1995年版，序，第2页。

21 〔意〕杜里奥·帕多瓦尼：《意大利刑法学原理》（注评版），陈忠林译评，中国人民大学出版社2004年版，第8页。

特征;而刑事政策其实是一种政治,更多地表现为价值性追求。在法学理论中,规范一词具有不同的含义。从法律的外在特征来看,规范是指法律的形式要素,具有实然性,它与规则或者准则等用语的含义是一致的,这是存在论意义上的规范。但从法律的内在特征来看,规范是指法律的价值要素,具有应然性,它与机能或者目的等用语的含义是一致的,这是价值论意义上的规范。我们这里所说的刑法的规范性,是指刑法作为法律规则的存在论特征,因而与刑事政策的价值性特征是相区别的,不可混为一谈。我国学者对刑法规范下了以下定义:"所谓的刑法规范,是指以指引裁判者定罪处刑为手段、以禁止社会大众实施犯罪为目的的法律规范。"[22]这一刑法规范的定义强调了刑法规范是裁判规范与行为规范的统一,因此刑法规范具有二重性。与刑法的规范性特征相比较,刑事政策具有的是价值性特征,它所追求的是实现刑法的目的性价值,例如惩治犯罪与预防犯罪,以期达致社会治理的目标。由此可见,刑法的规范性与刑事政策的价值性之间是存在疏离的,两者的协调需要以立法与司法为媒介。刑事政策在进入刑事立法与刑事司法的时候,应当考虑到刑法所具有的规范性特征。我国学者在论及刑法规范的时候,提出了刑法的相对性概念,这种相对性主要体现在刑法规范体系的不完整性与刑法规范功能的相对性这两个方面。这里的刑法规范体系的不完整性,是指由于刑法作为第一次法的保障法,不可能像第一次法那样全面系统地规范特定领域的社会关系,而只能根据法益保护需要所决定的可罚性,选择性地干预具有严重法益侵害或危险的不法行为,从而无法形成严密完整的法益保护规范体系。而刑法规范功能的相对性是指刑罚功能的局限性和刑罚的负面作用。[23] 这里所说的刑法规范体系的不完整性与刑法规范功能的相对性,都表明刑法在实现刑事政策的价值内容的时候,由于受到刑法规范的相对性的限制,不可能完全将刑事政策在刑法中予以反映与表达。刑事政策的目标实现也不能完全依赖于刑法规范,而是要依赖于其他社会性的、经济性的措施。在我国当前的刑事立法与刑事司法中,刑事政策的价值实现还存在过于倚重刑法规范的倾向。例如,经济犯罪与职务犯罪是我国存在着的较为严重的犯罪形态,对于经济秩序与政治秩序都具有极大的破坏性。就经济犯罪而言,其与我国正在进行的经济体制改革有关,在从计划经济到市场经济转型的过程中,因为没有建立起较为完善的市场经济秩序,因此经济犯罪较为突出。对此,抗制经济犯罪的更为有效的方法应当是推进经济体制的改革,尽快地完善市场经济秩序,从而抑制与削弱经济犯罪产生的条件与土壤。但我国在对经济犯罪的应对上,还是主要借助于刑罚的惩罚性与威慑性,对经济犯罪规定了较重的刑罚,甚至规定了死刑。此外,职务犯罪也是如此。贪污贿赂犯罪以及其他职务犯罪极大地败坏了国家机关的公信力,激起了极大的民愤。在这种情况下,严厉惩治职务犯罪当然是必

---

[22] 刘志远:《二重性视角下的刑法规范》,中国方正出版社 2003 年版,第 6 页。

[23] 参见梁根林:《刑事政策:立场与范畴》,法律出版社 2005 年版,第 231 页以下。

要的。但刑法惩治只是治标之策,真正铲除腐败现象,还有待于国家管理体制的改革与权力行使方式的转变,甚至是政治体制的改革。但我国还是在很大程度上依赖于刑罚的严厉惩治,包括死刑的适用来治理腐败,这并不能从根本上消除腐败。因此,我们应当看到刑法规范本身的局限性,它只能部分地实现刑事政策的价值内容。在刑法的刑事政策化时,如果具有这样一种刑法相对性的观念,就会避免刑事政策目的过度地依靠刑法规范来实现,减少刑事政策对刑法规范的侵扰。

(三)刑法的公正性与刑事政策的功利性之间目的的对接

公正性是刑法的生命之所在,没有公正性,刑法就会变成专制的工具。刑法的公正性主要是通过罪刑法定原则与罪刑均衡原则来实现的。罪刑法定原则的要旨在于限制国家的刑罚权,尤其是刑事司法权,以期保障公民个人的权利与利益。例如日本学者在论及罪刑法定原则的实质内容时指出:“罪刑法定原则,时至今日,仍然能够作为刑事立法和刑法解释学的指导原理而长盛不衰、蒸蒸日上,主要是因为,在民主主义、自由主义之类的形式原理之上,还有更高层次的普遍原理即‘实质的保障人权原理’做支撑。这个原理,蕴含着保障人的基本自由,尊重人的基本权利的思想,也就是说,在实质性的保障着以个人尊严为背景的权利和自由不受国家刑罚权的肆意侵害。”[24]至于罪刑均衡原则,更是通过追求犯罪与刑罚之间的一定程度的对应性与适当性,从而实现刑法的公平性。因此,无论是罪刑法定原则还是罪刑均衡原则,都对刑法的公正性具有重要意义。与此不同,刑事政策所追求的是惩治犯罪与预防犯罪的有效性,由此可见,刑事政策的功利性是极为明显的。但在我国学界,关于刑事政策的研究中大都有关于刑事政策的价值目标这一内容,而又往往把人权、正义和自由等当作刑事政策的价值目标。例如我国学者把人权保障当作刑事政策的价值目标,指出:“人权保障作为刑事政策的一个价值目标,具有两层含义:一方面,公民的权利离不开国家权力的保护,国家通过制定和执行刑事政策以保护大多数社会成员的自由。另一方面,国家在预防、控制犯罪的时候不能侵害公民的权利。”[25]对于这种观点,笔者是存在疑问的。事实上,刑事政策并不是像刑法那样是中性的,可以成为追求各种价值的根据。如果说,罪刑法定原则是以人权保障为其根本价值的,那么,刑事政策就是以追求惩治犯罪与预防犯罪的有效性作为其价值目标的。在刑法的公正性与刑事政策的功利性之间存在着一种紧张关系。刑事政策对惩治犯罪与预防犯罪的功利性价值应当受到罪刑法定原则和罪刑均衡原则的限制:只有在刑法框架之内,刑事政策的目的性与功利性的价值追求才具有合理性。超出刑法范围对刑事政策的目的性与功利性的价值追求,都是破坏刑事法治,因而是不可取的。德国著名刑法学家李斯特曾经提出了“罪刑法定是刑事政策不可逾越的藩篱”的论断,在一定意义上仍然具有其合理性。当然,随着刑法教义学中规范论的发 23

24 〔日〕曾根威彦:《刑法学基础》,黎宏译,法律出版社2005年版,第12页。

25 蒋熙辉等:《刑事政策之反思与改进》,中国社会科学出版社2008年版,第120页。

展,刑事政策被引入刑法体系,但刑事政策所具有的实质判断、价值判断和目的判断都受到罪刑法定原则的约束,它只能发挥出罪的功能,从而实现刑法的实质公正性。所以,在刑法的刑事政策化时,无论是立法的刑事政策化还是司法的刑事政策化,对于刑法的公正性与刑事政策的功利性应当进行妥善的处理,使刑事政策对功利性目的的追求受到刑法的限制。

第二条　刑法的任务

中华人民共和国刑法的任务，是用刑罚同一切犯罪行为作斗争，以保卫国家安全，保卫人民民主专政的政权和社会主义制度，保护国有财产和劳动群众集体所有的财产，保护公民私人所有的财产，保护公民的人身权利、民主权利和其他权利，维护社会秩序、经济秩序，保障社会主义建设事业的顺利进行。

文献:高铭暄主编:《刑法学》(修订本),法律出版社 1984 年版;〔苏〕A. A. 皮昂特科夫斯基等:《苏联刑法科学史》,曹子丹等译,法律出版社 1984 年版;方蕾等编译:《外国刑法分解汇编(总则部分)》,国际文化出版公司 1988 年版;〔日〕木村龟二主编:《刑法学词典》,顾肖荣、郑树周等译,上海翻译出版公司 1991 年版;赵秉志、吴振兴主编:《刑法学通论》,高等教育出版社 1993 年版;〔德〕格吕恩特·雅科布斯:《行为 责任 刑法——机能性描述》,冯军译,中国政法大学出版社 1997 年版;李海东:《刑法原理入门(犯罪论基础)》,法律出版社 1998 年版;〔法〕卡斯东·斯特法尼等:《法国刑法总论精义》,罗结珍译,中国政法大学出版社 1998 年版;薛瑞麟:《俄罗斯刑法研究》,中国政法大学出版社 2000 年版;〔德〕汉斯·海因里希·耶赛克、托马斯·魏根特:《德国刑法教科书(总论)》,徐久生译,中国法制出版社 2001 年版;公丕祥主编:《法理学》,复旦大学出版社 2002 年版;刘志远:《二重性视角下的刑法规范》,中国方正出版社 2003 年版;许道敏:《民权刑法论》,中国法制出版社 2003 年版;张明楷:《刑法学》(第 2 版),法律出版社 2003 年版;〔日〕大塚仁:《刑法概说(总论)》(第 3 版),冯军译,中国人民大学出版社 2003 年版;〔日〕大谷实:《刑法总论》,黎宏译,法律出版社 2003 年版;周光权:《刑法学的向度》,中国政法大学出版社 2004 年版;黄荣坚:《基础刑法学(上册)》(第 2 版),元照出版公司 2004 年版;张小虎:《刑法的基本观念》,北京大学出版社 2004 年版;〔日〕西原春夫:《刑法的根基与哲学》,顾肖荣等译,法律出版社 2004 年版;陈子平:《刑法总论》(上册),元照出版公司 2005 年版;〔德〕克劳斯·罗克辛:《德国刑法学总论》(第 1 卷),王世洲译,法律出版社 2005 年版;胡康生、郎胜主编:《中华人民共和国刑法释义》(第 3 版),法律出版社 2006 年版;〔德〕李斯特:《德国刑法教科书》(修订译本),徐久生译,法律出版社 2006 年版;周少华:《刑法理性与规范技术——刑法功能的发生机理》,中国法制出版社 2007 年版;〔日〕西田典之:《日本刑法总论》,刘明祥、王昭武译,中国人民大学出版社 2007 年版;高铭暄:《中华人民共和国刑法的孕育诞生和发展完善》,北京大学出版社 2012 年版。

细目录

Ⅰ 主旨
Ⅱ 沿革
Ⅲ 具体含义
Ⅳ 刑法任务与刑法机能
一、刑法机能的含义
二、刑法任务与刑法机能关系解析
三、在刑法机能理论体系中界定刑法任务

Ⅰ 主旨

1 本条是关于刑法任务的规定。刑法任务是指通过刑法所能实现的目的,因此,刑法任务与刑法目的是紧密相连的。刑法任务一方面是刑法立法的指导思想,对于立法机关具有指引作用;另一方面是立法机关为司法机关设定的刑法使命,对于刑法司法活动具有指引作用。

Ⅱ 沿革

2 我国刑法历次草案中都有刑法的任务这一条文,只不过根据政治话语的变化而有所调整而已,这一规定可以说是刑法中的政治风向标。正如我国学者高铭暄所言:这是一条具有重大政治意义和法律意义的条文。[1] 1979 年《刑法》第 2 条的表述是:"中华人民共和国刑法的任务,是用刑罚同一切反革命和其他刑事犯罪行为作斗争,以保卫无产阶级专政制度,保护社会主义的全民所有的财产和劳动群众集体所有的财产,保护公民私人所有的合法财产,保护公民的人身权利、民主权利和其他权利,维护社会秩序、生产秩序、工作秩序、教学科研秩序和人民群众生活秩序,保障社会主义革命和社会主义建设事业的顺利进行。"这一条文的表述中还存在较为浓厚的政治色彩,例如反革命、无产阶级专政、社会主义革命等都是当时流行的政治话语。1997 年刑法修订时对这些已经过时的政治术语进行了调换,但基本内容并未改动。

Ⅲ 具体含义

3 《刑法》第 2 条采用手段和目的的方法,规定了我国刑法的任务是打击犯罪与保护人民。打击犯罪是指采用刑罚即刑事制裁的方法,同一切危害国家安全的和其他的刑事犯罪行为作斗争。打击犯罪的目的是保护人民。根据我国《刑法》第 2 条的规

---

1 参见高铭暄:《中华人民共和国刑法的孕育诞生和发展完善》,北京大学出版社 2012 年版,第11 页。

定,保护人民主要是指保护国家的根本政治制度和公民的合法权益。具体地说,保护人民表现在以下四个方面:

4 (1)保卫国家安全、保卫人民民主专政的政权和社会主义制度。严厉打击直接危害我国人民民主专政的政权和社会主义制度的危害国家安全的犯罪行为,这是我国刑法的首要任务。我国《刑法》第 56 条第 1 款前半段规定,对于危害国家安全的犯罪分子应当附加剥夺政治权利;《刑法》第 66 条规定,危害国家安全的犯罪分子在刑罚执行完毕或者赦免以后,在任何时候再犯危害国家安全罪的,都以累犯论处。我国《刑法》分则第一章规定了危害国家安全罪,并对危害国家安全罪设立了较重的法定刑,包括死刑。我国刑法对危害国家安全罪的上述规定,体现了其对危害国家安全罪的从严惩治的立法精神。

5 (2)保护国有财产和劳动群众集体所有的财产和公民私人所有的财产。国有财产和劳动群众集体所有的财产,是社会主义的物质基础,是我国进行现代化建设的物质保证,因而保护公共财产是我国刑法的重要任务。公民私人所有的财产,是公民生产、工作、生活必不可少的物质条件。保护公民私人所有的财产,是宪法的原则在刑法中的体现。我国《刑法》第 91 条规定:"本法所称公共财产,是指下列财产:(一)国有财产;(二)劳动群众集体所有的财产;(三)用于扶贫和其他公益事业的社会捐助或者专项基金的财产。在国家机关、国有公司、企业、集体企业和人民团体管理、使用或者运输中的私人财产,以公共财产论。"第 92 条规定:"本法所称公民私人所有的财产,是指下列财产:(一)公民的合法收入、储蓄、房屋和其他生活资料;(二)依法归个人、家庭所有的生产资料;(三)个体户和私营企业的合法财产;(四)依法归个人所有的股份、股票、债券和其他财产。"上述对公共财产和公民私人所有的财产范围的界定,对于保护这些财产具有重要意义。我国《刑法》分则第五章规定了侵犯财产罪,体现了对公共财产和公民私人所有的财产的刑法保护。

6 (3)保护公民的人身权利、民主权利和其他权利。保护人民的合法权益是我们社会主义国家的根本任务,也是我国刑法任务的重要内容之一。我国《刑法》分则第四章侵犯公民人身权利、民主权利罪,为惩治侵犯公民人身权利和民主权利的犯罪行为提供了法律根据。

7 (4)维护社会秩序和经济秩序。良好的社会秩序和经济秩序,是社会主义建设事业顺利进行的保障,同人民的切身利益密切相关,因此,维护社会秩序和经济秩序,是刑法的一项重要任务。我国《刑法》分则第三章规定了破坏社会主义市场经济秩序罪,该章下设八节,分别是:①生产、销售伪劣商品罪;②走私罪;③妨害对公司、企业的管理秩序罪;④破坏金融管理秩序罪;⑤金融诈骗罪;⑥危害税收征管罪;⑦侵犯知识产权罪;⑧扰乱市场秩序罪。这些罪名涉及我国各个经济领域,对于破坏社会主义市场经济秩序犯罪行为的惩治,有利于维护市场经济的正常发展。我国《刑法》分则第六章规定了妨害社会管理秩序罪,该章下设九节,分别是:①扰乱公共秩序罪;②妨害司法罪;③妨害国(边)境管理罪;④妨害文物管理罪;⑤危害公共卫生罪;⑥破坏环境资源保护罪;⑦走私、贩卖、运输、制造毒品罪;⑧组织、强迫、引诱、容留、介绍卖淫罪;⑨制作、贩卖、传播淫秽物品罪。社会秩序是我国社会发展的基础,对妨害社会管理秩序犯罪行为的惩治,对于维护我国社会秩序的平稳发展具有重要意义。

Ⅳ　刑法任务与刑法机能

一、刑法机能的含义

8　在刑法理论上,德日刑法教义学中没有刑法任务的概念,而采用刑法机能的概念,这里的刑法机能类似于我国刑法中的刑法任务。

9　大多数日本学者都是在刑法机能的名目下对刑法的规范机能、保护机能和保障机能加以讨论的。例如日本学者大塚仁指出:作为刑法的机能,特别可以考虑的是规制机能、秩序维持机能及自由保障机能。[2] 日本学者大谷实则称为刑法的社会机能,指出:所谓刑法的社会机能,是指刑法在社会上应当具有的机能和固有的作用,分为规制机能和维持社会秩序机能两种。[3] 在此,刑法的社会机能就是指刑法的机能,而大谷实教授在维持社会秩序机能中论及保护法益机能与保障人权机能,大塚仁则是将自由保障机能与秩序维持机能并列。二者内容大体一致,只不过是表述上的差别而已。

10　刑法机能也有学者称为刑法功能,例如我国学者指出:刑法的机能,或称刑法的功能是指刑法以其结构和运作所能产生的积极作用。从机能与功能的基本含义当中我们不难看出,所谓机能和功能,乃是指某种事物或方法所具有的积极的作用和影响。[4] 我国台湾地区学者陈子平教授把刑法功能分为规制功能、保护功能与保障功能三项。[5] 这里的功能与机能两词,实际上是完全通用的。

11　刑法机能也被有些学者称为刑法目的,例如我国台湾地区学者黄荣坚教授专门论及刑法的目的,并将刑法目的区分为先于刑法的刑法目的和后于刑法的刑法目的。先于刑法的刑法目的是指罪刑法定,刑法提供人民自由开展其生活的保证。后于刑法的刑法目的是指刑法应有的积极意义,主要是指法益的保护以及社会规范的维护。黄荣坚教授指出:刑法目的概念在先天上内含理想性质,但是实然世界还有异于应然的世界。刑法保护人与人间最低限度利益衡平的目的,在现实上的情形必然有落

2　参见〔日〕大塚仁:《刑法概说(总论)》(第3版),冯军译,中国人民大学出版社2003年版,第22—23页。

3　参见〔日〕大谷实:《刑法总论》,黎宏译,法律出版社2003年版,第3页。

4　参见周少华:《刑法理性与规范技术——刑法功能的发生机理》,中国法制出版社2007年版,第120页。

5　参见陈子平:《刑法总论》(上),元照出版公司2005年版,第8—9页。

差。[6] 因此,黄荣坚教授对刑法目的的理解更着眼于刑法应有的积极意义。刑法目的之说似乎较之刑法机能更具主观色彩,但实际上刑法目的与刑法机能并无实质上的区分。有些学者在行文中都是将刑法的机能、目的并用的。例如日本学者西田典之从"刑法是为何而制定"的这一问题出发思考刑法的机能,对是把保护法益理解为刑法的第一机能、目的,还是把保护成为国家社会秩序之基础的社会伦理或刑法规范作为刑法的机能、目的这一问题进行了探讨。[7] 在上述论述中,机能与目的是等同的,完全可以互换。

刑法机能在某些著作中也称为刑法的任务。例如,德国学者耶赛克、魏根特的《德国刑法教科书(总论)》一书开宗明义就是关于刑法任务的论述,提出了刑法的任务是保护人类社会的共同生活秩序的命题。[8] 当然,这里的任务一词在德文中是否与机能一词不同,存在一个翻译上的问题。无论采用何种措辞,刑法的机能(功能、目的、任务)都是对刑法存在的实际功用的考察,这也是刑法的正当性问题,它在很大程度上决定着刑法的性质。 12

二、刑法任务与刑法机能关系解析

我国《刑法》第 2 条规定的刑法的任务,能否等同于刑法的机能和刑法的目的? 13
肯定的观点认为,刑法的机能就是指刑法的作用,也就是刑法所要实现的任务。[9] 根据这一论述,刑法的机能和刑法的任务是可以等同的概念。而否定的观点则认为,刑法的任务是指立法者所赋予刑法的职能或者责任,因而刑法的任务不同于刑法的机能和目的。[10] 虽然在上述两种观点中,前者以作用定义刑法的任务,后者以职责定义刑法的任务,似乎有所不同。但从本质上来说,无论是刑法的作用还是刑法的职责,都是刑法对社会发生的实际功效,二者在这一点上并无根本区别。至于刑法机能与刑法目的,大多不加严格区分,但也有学者认为两者不能等同。刑法的机能是刑法在社会生活中能够发生作用的功能,刑法的目的是刑法价值所在的标志,它回答的是社会组成人员为什么要通过国家制定刑法的问题,因而刑法的目的与刑法的机能不能等同,刑法的目的必须从宪法的角度来认识。[11] 如果从文字本身来理解,刑法的任务、机能与目的这些概念之间确实存在一定的区别。例如刑法的机能主要是从客观上揭示刑法所应当具有的功能,具有较为明显的客观性。而刑法的目的主要是从主

---

6 参见黄荣坚:《基础刑法学(上册)》(第 2 版),元照出版公司 2004 年版,第 10 页以下。

7 参见〔日〕西田典之:《日本刑法总论》,刘明祥、王昭武译,中国人民大学出版社 2007 年版,第 22—23 页。

8 参见〔德〕汉斯·海因里希·耶赛克、托马斯·魏根特:《德国刑法教科书(总论)》,徐久生译,中国法制出版社 2001 年版,第 1 页。

9 参见赵秉志、吴振兴主编:《刑法学通论》,高等教育出版社 1993 年版,第 14 页。

10 参见张小虎:《刑法的基本观念》,北京大学出版社 2004 年版,第 56—57 页。

11 参见许道敏:《民权刑法论》,中国法制出版社 2003 年版,第 64 页。

观上确立刑法所追求的价值,具有较为明显的主观性。刑法的任务则介乎于两者之间,是客观上的手段与主观上的目的的统一。就实现任务的方法而言,离不开刑法的机能;而就确定任务的目的而言,又离不开刑法的目的。因此,刑法的任务、机能与目的,都属于同一层次的概念,可以在互相联系中理解。因此,我国《刑法》第 2 条规定的刑法的任务,实际上就是刑法的机能,只不过是对刑法机能的片面而非全面的表述而已。只有将刑法的任务纳入刑法的机能这一命题下,才能对其作出正确的诠释。

14 关于刑法的机能,大陆法系刑法理论中有不同的表述,但一般认为刑法具有规制机能与社会机能这两个方面的内容。我国学者认为,刑法的规制机能是指把刑法作为手段看它本身有什么作用、能力;而刑法的社会机能是指刑法在社会生活中实现的职能、作用,即从刑法调整目的方面、从刑法对社会生活的影响的后果所观察的机能。因此,刑法的规制机能与社会机能之间存在手段与目的的关系:刑法的规制机能是刑法的社会机能的手段,而刑法的社会机能则是刑法的规制机能的目的。[12] 当然,也有学者把刑法的规制机能和刑法的保护机能、保障机能都称为刑法的社会机能,认为刑法的社会机能是指刑法在社会上应当具有的机能和固有的作用,分为规制机能和维持社会秩序机能两种。其中,所谓维持社会秩序机能,是指使构成社会的元素(个人和团体)之间的相互关系处于安定状态,以利于社会发展的机能,它可分为保护法益机能和保障人权机能。[13] 笔者认为,把刑法的保护机能与保障机能称为维持社会秩序机能是不妥当的,社会秩序与个人自由是相对应的范畴。只有刑法的保护机能才具有维持社会秩序的内容;刑法的保障机能主要是指对个人自由的保障。此外,刑法的规制机能与刑法的保护机能、保障机能也是有所区分的,规制机能是就刑法规范作用本身而言的,刑法的保护机能和保障机能则是就刑法的社会作用而言的,它只有通过刑法规范的适用才能最终实现。在这个意义上,刑法的规制机能相对于刑法的保护机能和保障机能而言,是一种手段,后者才是刑法的目的。只有从刑法的规制机能和刑法的社会机能这两个方面,才能全面地对刑法的机能作出解读。

15 我国《刑法》第 2 条关于刑法任务的规定,实际上只包含了刑法的保护机能。关于我国《刑法》第 2 条规定的刑法的任务,我国学者高铭暄认为这一条主要讲了刑法打击什么,保护什么,也就是打击的锋芒和保护的对象。我国刑法的任务是要打击敌人,惩罚犯罪的。我国刑法在打击敌人、惩罚犯罪的同时,保护着国家和人民的利益,保护着社会主义的社会关系。[14] 当然,惩罚犯罪和保护人民之间存在手段与目的的关系。在我国刑法关于刑法任务的规定中,惩罚犯罪实际上是指刑法的规制机能,也就是刑法规范本身所具有的作用。惩罚犯罪是否为刑法规范的唯一作用,刑法

---

[12] 参见刘志远:《二重性视角下的刑法规范》,中国方正出版社 2003 年版,第 123 页。

[13] 参见〔日〕大谷实:《刑法总论》,黎宏译,法律出版社 2003 年版,第 3 页。

[14] 参见高铭暄:《中华人民共和国刑法的孕育诞生和发展完善》,北京大学出版社 2012 年版,第 11、12 页。

规范是否还具有对惩罚犯罪活动本身的限制机能,这个问题在我国《刑法》第 2 条关于刑法任务的规定中并没有得到体现。我国刑法一直强调刑法对犯罪的惩罚功能,强化刑法的工具性价值。例如我国学者指出:在阶级社会里,刑法永远是为统治阶级的利益服务的,是统治阶级的专政工具。一切剥削阶级国家的刑法,不论是奴隶制国家的刑法、封建制国家的刑法、资本主义国家的刑法还是旧中国半封建半殖民地社会的国民党政府的刑法,都是代表剥削阶级意志,保护生产资料私有制,维护少数剥削者对广大劳动人民的统治,都是少数人对多数人实行专政的工具。我国是社会主义国家,我国刑法是社会主义刑法。与一切剥削阶级刑法根本不同,我国刑法是建立在社会主义生产资料公有制基础上的上层建筑的一部分,它体现着无产阶级和广大劳动人民的意志和利益,是保护人民和惩罚、改造极少数犯罪分子的锐利武器,是人民民主专政的重要工具。[15] 在这种工具主义刑法观的指导下,刑法的惩罚功能被贴上了政治标签。实际上,刑法的惩罚犯罪功能只是刑法的规制机能的一部分,刑法规制对象不仅是指犯罪的人,而且包括裁判者本身。对此,学者李海东认为,刑法不仅可以按照阶级属性进行划分,而且可以从国家与公民在刑法中地位的角度在整体上分为两大类:民权主义刑法和国权主义刑法。历史上的许多刑法,是以国家为出发点,而以国民为对象的,这类刑法,我们称为国权主义刑法。国权主义刑法的基本特点是,刑法所要限制的是国民的行为,而保护的是国家的利益。基于这一出发点和功利目的,国权主义刑法可以存在于任何法律发展阶段、任何立法形式中甚至可以无须法律的形式。与此相反,民权主义刑法是以保护国民的利益为出发点,而限制国家行为的刑法。也就是说,民权主义刑法的对象是国家。李斯特一语中的:“刑法是犯罪人的人权宣言。”民权主义刑法的这一基本特点是当代刑法罪刑法定原则的核心所在。[16] 根据国权主义刑法与民权主义刑法这一分析框架,刑法的性质主要取决于它的规制对象。惩罚犯罪只是对公民行为的规制,只有对惩罚犯罪的活动加以限制,才是对国家行为的规制。就此而言,我国传统的刑法理论仍然是以国权主义刑法为基础的。对此,我国学者指出:我国是一个具有漫长的封建专制传统的国家,刑法工具主义思想根深蒂固。这种将刑法视为镇压犯罪为内容的刑法工具主义思想之所以流行,主要还是与我国长期以来的社会结构有关。中华人民共和国成立以后,虽然我国的社会发生了根本性的变化,但在计划经济体制下,刑法成为阶级斗争的工具。随着市场经济体制的建立和完善,以及依法治国进程的不断向前推进,刑法不再是国家镇压犯罪的一种工具,而是规制镇压犯罪之工具——刑罚的一种准绳,是保障人权、促进民权的重要武器。[17] 当然,从国权主义刑法向民权主义刑法的转变是一个漫长的过程。我国《刑法》第 2 条关于刑法任务的规定将惩罚犯罪作为刑法的基本职能恰恰

---

15 参见高铭暄主编:《刑法学》(修订本),法律出版社 1984 年版,第 22 页。

16 参见李海东:《刑法原理入门(犯罪论基础)》,法律出版社 1998 年版,第 4—5 页。

17 参见许道敏:《民权刑法论》,中国法制出版社 2003 年版,第 55、56 页。

就是国权主义刑法的标志性话语。对于这一点,也许只有在刑事法治思想逐渐普及的今天,我们才能深切地认识到。

16 如果说,惩罚犯罪被我国《刑法》第 2 条确认为实现刑法任务的手段,那么刑法任务,实际上也就是通过惩罚犯罪这一手段所要达致的刑法目的则是以下四个方面:①保卫国家安全、保卫人民民主专政的政权和社会主义制度。②保护国有财产和劳动群众集体所有的财产,保护公民私人所有的财产。③保护公民的人身权利、民主权利和其他权利。④维护社会秩序、经济秩序。[18] 我国学者将这些任务概括为法益保护是完全正确的。对法益的保护就是指对社会利益的保护,它主要是通过对犯罪惩罚这一手段达到目的的。但是,刑法存在的根据并不仅仅在于对法益的保护,而在于对人权的保障,也就是对个人自由的保障。而这一目的主要是通过对国家刑罚权的限制而实现的,这也就是刑法的限制机能。刑法不仅限制个人而且限制国家,这种双重限制的机能是法治社会刑法的根本标志之一。对此,德国著名刑法学家李斯特指出:从 15 世纪末期开始的近代国家,由于一个统治所有人的国家权力(如指挥权力和强制权力)的产生,使得法律发展成为一个强制性规范体系。这些强制性规范不仅对个人有约束力,而且(在现代立宪国家)对国家权力本身也有约束力。只有这样才能保证共同目的的实现。[19] 我国《刑法》第 2 条关于刑法任务的规定,只确认了社会保护的刑法任务,却并未对人权保障的刑法任务加以确认。这一规范内容在 1979 年《刑法》中是合乎当时的立法逻辑的,因为 1979 年《刑法》第 79 条规定了类推制度。在阐述类推存在的理由时,高铭暄教授指出,这是因为我国地大人多,情况复杂,加之政治经济形势发展变化较快,刑法,特别是第一部刑法,不可能把一切复杂多样的犯罪形式包罗无遗,而且也不可能把将来可能出现又必须处理的新的犯罪形式完全预见,予以规定;有的犯罪虽然现在已经存在,但我们与它作斗争的经验还不成熟,也不宜匆忙规定到刑法中去。因此,为了使我们的司法机关能及时有效地同刑法虽无明文规定,但实际上确属危害社会的犯罪行为作斗争,以保卫国家和人民的利益,就必须允许类推。[20] 这一类推存在理由就完全是以惩罚犯罪、保护社会为根据的,显然没有意识到类推本身具有对人权保障不利的消极方面。在 1997 年《刑法》中,我国废除了类推制度,确立了罪刑法定原则,立法者指出:罪刑法定原则是相对于封建社会罪刑擅断而言的。确立这个原则,是现代刑事法律制度的一大进步,实行这个原则需要做到:一是不溯及既往;二是不搞类推;三是对各种犯罪及其处罚必须明确、具体;

---

18 参见胡康生、郎胜主编:《中华人民共和国刑法释义》(第 3 版),法律出版社 2006 年版,第 3 页。

19 参见〔德〕李斯特:《德国刑法教科书》(修订译本),徐久生译,法律出版社 2006 年版,第 5 页。

20 参见高铭暄编著:《中华人民共和国刑法的孕育和诞生》,法律出版社 1981 年版,第 126 页。

四是防止法官滥用自由裁量权;五是司法解释不能超越法律。罪刑法定原则,既是立法原则,刑法修订遵循了这个原则,同时也是执法原则。刑法取消类推,明确规定这个原则,是我国司法制度的重大改革,是我国社会主义民主与法制的重大进步,对内更有利于保护公民的合法权益,对外也更能体现我国保护人权的形象。[21] 由此可见,罪刑法定原则是以保障人权作为其价值取向的,它赋予刑法以人权保障的机能。但 1997 年《刑法》修订过程中,在废除类推制度、确立罪刑法定原则的同时,都只对《刑法》第 2 条关于刑法任务的规定作了个别文字调整,而没有对刑法任务的内容进行补充,使刑法任务仍然维持通过惩罚犯罪来保护社会这一内容,没有体现通过限制刑罚权来保障人权这一内容。因此,我国《刑法》第 2 条关于刑法任务的规定是片面的,也是与罪刑法定原则相悖的。在刑事法治的背景之下,我们应当重新审视《刑法》第 2 条对刑法任务的规定,按照刑法机能的法理对刑法任务的规定进行补充,实现法理对法律的纠偏。

三、在刑法机能理论体系中界定刑法任务

我国《刑法》第 2 条关于刑法任务的规定是片面的,为此应当将刑法任务纳入刑法机能的理论体系之中,从以下三个方面对其作出科学界定。 17

(一)刑法的规制机能

从“打击敌人”这一纯粹的政治话语到“惩罚犯罪”这一法律话语的改变,当然是一种进步。因为敌人是一个完全政治化的概念,而犯罪是一个法律概念。但将刑法的规制机能仅仅归结为惩罚犯罪还是不全面的,这里涉及对刑法规制机能的理解。在大陆法系刑法理论中,刑法的规制机能亦称为规范机能或者规律机能,其内容可以分为以下两个方面:一是评价机能;二是意思决定机能。 18

刑法的评价机能是刑法规制机能的应有之义。这里的评价机能,确切地说,是刑法作为评价规则体系所具有的功能。对于刑法的评价机能,日本学者作出了深刻的阐述:刑罚是剥夺生命、自由、财产的国家制裁方法。科处国家的制裁必须有相应的根据。科处刑罚的理由和根据就是犯罪。只要出现了侵害或者威胁国家保护的法益的犯罪行为,就应该予以刑罚制裁。不过,对何种行为处以刑罚,必须事先明确作出规定。刑法在法律上具有明确规定无价值行为应受刑罚处罚的机能,预先规定出犯罪与刑罚的关系,可对一定的行为进行价值判断,这就是刑法的评价机能。[22] 从上述刑法的评价机能的内容中可以看出,它是刑法规范作为裁判规范所具有的机能。刑法首先是一种裁判规范,是司法机关定罪量刑的法律准绳。在这个意义上,刑法首先 19

21　参见胡康生、郎胜主编:《中华人民共和国刑法释义》(第 3 版),法律出版社 2006 年版,第 4 页。

22　参见〔日〕木村龟二主编:《刑法学词典》,顾肖荣、郑树周等译校,上海翻译出版公司 1991 年版,第 10 页。

是规范裁判者的,刑法所具有的裁判规范性质表明刑法对国家刑罚权的限制机能。显然,刑法的评价机能,是在裁判规范意义上而言的。正如我国学者指出:刑法规范作为裁判规范所具有的规制机能,是评价机能。刑法规范通过规定犯罪构成和刑罚,从而为裁判者提供评价的前提条件(犯罪构成)和评价内容(刑事责任的有无以及刑罚的种类和轻重),这就是刑法规范作为裁判规范所具有的、作为一种特定评价标准的作用和能力,简称为评价机能。[23] 定罪量刑活动是对行为的一种法律评价活动,在罪刑擅断的刑法制度下,虽然有刑法规定,但刑法规定本身不完备、不明确、不合理,因此法官的定罪量刑活动并不完全受刑法规制,往往存在司法裁量权的滥用,导致出入人罪。而在法治社会,实行罪刑法定原则,法官的司法裁量权严格地受到刑法的限制。在这种情况下,对行为的评价才真正是一种依照法律所作出的评价,刑法才能真正发挥裁判规范的机能。

20 除评价机能以外,意思决定机能也是刑法规制机能的重要内容。对此,日本学者指出:国家用法律规定犯罪与刑罚的关系,也是向公民发布保护法益的命令,要求公民的意志不能背离国家保护法益的意志,反映保护法益的需要,不可侵害或者威胁法益,也就是说,不应产生实施违法行为的犯意。要求公民的意志抑止犯罪的决定,就是意思决定机能。刑法便具有这种意思决定机能。[24] 刑法的意思决定机能是针对公民而言的,是刑法对一般公民的规制机能,也是刑法作为行为规范所具有的机能。我国学者认为,刑法的意思决定机能强调刑法规范对人的意志的强迫性。但这是不全面的,因而主张代之以指引机能的概念。刑法的指引机能包括两个方面:一是行为人因为畏惧刑法规范中的惩罚结果而产生的被迫性行为选择;二是行为人仅仅因为知道刑法规范对哪些行为是禁止的而产生的自愿性行为选择。[25] 刑法作为一种行为规范具有对公民行为的指引机能,行为指引是法律规范的基本作用之一,刑法亦不例外。在法理学上,行为指引是法律通过对权利义务的规定,提供人们社会活动的行为模式,引导人们在社会活动中作出或不作出一定的行为。根据法律规范内容所提供的行为模式的特点,法律对行为的指引包括以下三类:第一,授权性指引,即允许人们作出什么行为,而实际上是否作出由权利主体自行决定。第二,义务性指引,通常又称为积极义务,即要求人们积极作出法律要求的行为。第三,禁止性指引,即法律规定禁止人们作出一定行为。[26] 刑法对行为的指引主要是禁止性指引,刑法将某些行为规定为犯罪并予以刑罚处罚,表明这些行为是法律所禁止的,公民不能实施。显然,刑法的这种禁止性指引是具有强制性的,但不能认为公民不实施犯罪行为都是刑

---

[23] 参见刘志远:《二重性视角下的刑法规范》,中国方正出版社2003年版,第124页。

[24] 参见〔日〕木村龟二主编:《刑法学词典》,顾肖荣、郑树周等译校,上海翻译出版公司1991年版,第10页。

[25] 参见刘志远:《二重性视角下的刑法规范》,中国方正出版社2003年版,第130页。

[26] 参见公丕祥主编:《法理学》,复旦大学出版社2002年版,第73页。

法强制的结果。实际上,行为指引可以通过两种途径实现:一是威慑,二是鉴别。威慑是对那些已经产生犯罪意念的人而言的,这些人是潜在的犯罪人。但不能把社会上所有的人都视为潜在犯罪人,大多数公民是通过刑法的一般鉴别与个别鉴别而获得刑法的指引从而自觉地约束自己行为的。在这种情况下,不犯罪就不是强迫的结果,而是自觉选择的结果。长期以来,刑事古典学派中的贝卡里亚、费尔巴哈等人都倡导刑罚威慑主义,将威慑作为刑罚预防的主要内容。尤其是费尔巴哈基于心理强制说,提出了"用法律进行威吓"的著名命题,导致我们对刑法指引机能的片面认识。在这个意义上,将刑法规制机能中的意思决定机能改为指引机能,是具有理论意义的。

刑法是裁判规范与行为规范的统一,因而刑法的规制机能是评价机能与指引机 21
能的统一。在传统刑法观念中,强调刑法对公民个人的威吓作用,将刑法视为驭民工具,凡此种种都是国权主义刑法思想的反映。在刑事法治建设中,随着罪刑法定原则的确立,我们应当树立起民权主义的刑法思想,强调刑法规范作为裁判规范对国家刑罚权的限制作用,强调刑法规范作为裁判规范的唯一性、明确性和合理性。

(二)刑法的保护机能

刑法的保护机能就是指刑法对法益的保护。因此,法益是刑法保护的客体。日 22
本学者在论述刑法的保护机能时指出:"刑法是基于国家维护其所建立的社会秩序的意志制定的,根据国家的意志,专门选择了那些有必要用刑罚制裁加以保护的法益。侵害或者威胁这种法益的行为就是犯罪,是科处刑罚的根据。刑法具有保护国家所关切的重大法益的功能。"[27]刑法的保护机能可以说是刑法最为原始的机能,甚至可以说是刑法的本能。德国著名刑法学家提出了"作为法益保护的刑法"的命题,把法益保护看作刑法的首要职能。事实上,法益的概念首先由 Birn-banm 提出,李斯特与宾丁再发现了这一概念。李斯特指出:"由法律所保护的利益我们称之为法益(Rechtsgueter)。法益就是合法的利益。所有的法益,无论是个人的利益,还是集体的利益,都是生活利益,这些利益的存在并非法制的产物,而是社会本身的产物。但是,法律的保护将生活利益上升为法益。在反对国家权力专断的宪法和打击侵犯他人的利益的刑法颁布以前,人身自由、住宅不受侵犯、通讯自由(通讯秘密权)、著作权、发现权等一直是生活利益,而非法益。生活的需要产生了法律保护,而且由于生活利益的不断变化,法益的数量和种类也随之发生变化。"[28]由此可见,法益的内涵外延本身随着社会生活的发展而处在变化之中[29],法益的变化表明国家关切的变动。传统刑法

---

27 〔日〕木村龟二主编:《刑法学词典》,顾肖荣、郑树周等译校,上海翻译出版公司 1991 年版,第 9—10 页。

28 参见〔德〕李斯特:《德国刑法教科书》(修订译本),徐久生译,法律出版社 2006 年版,第 6 页。

29 关于法益概念的可变性,参见〔德〕克劳斯·罗克辛:《德国刑法学总论》(第 1 卷),王世洲译,法律出版社 2005 年版,第 16 页。

理论将法益分为三种类型,这就是国家法益、社会法益和个人法益,并且将国家法益置于社会法益、个人法益之上。这种情形,在第二次世界大战以后有所改观。例如,1810年《法国刑法典》,也就是《拿破仑刑法典》,刑法分则是按照先超个人法益后个人法益的顺序对犯罪进行排列的,但1994年《法国刑法典》改变了这一排列顺序。法国学者指出:1994年《法国刑法典》包括了法律的一般理论、刑事责任与制裁,还包括"侵犯人身之犯罪""侵犯财产之犯罪""危害民族、国家及公共安宁罪"。按照这一与《拿破仑刑法典》所采取的顺序相反的顺序,国民议会确立价值上的某种等级轻重。《拿破仑刑法典》开编首先规定的是"危害公共法益"的犯罪,然后,才是针对个人实行的犯罪;尽管在1994年《法国刑法典》的制定过程中也有朝这一方向提出的建议,但法典后来的规定是:人的生命优先于财产。[30] 除此以外,1996年《俄罗斯联邦刑法典》在刑法分则排列顺序上也发生了这种变化。苏联从集体主义价值观出发,十月革命胜利后,无产阶级的国家利益和取代私有财产的社会主义所有制历来是刑法优先保护的对象。依照1960年《苏俄刑法典》,国事罪和侵犯社会主义所有制的犯罪在分则中居前两位。苏联解体后,俄罗斯的价值观发生了巨大的变化。1993年通过的《俄罗斯宪法》第2条明确规定:"人、人的权利与自由是最高价值。承认,遵循和捍卫人与公民的权利和自由是国家的义务。"在构建刑法典分则体系时,立法者以《俄罗斯宪法》第2条为根据,本着"先个人,后社会和国家"的原则,重新设定了各结构单位的排列位置:分则第一篇"侵犯个人的犯罪",第二篇"经济领域的犯罪",第三篇"危害公共安全和公共秩序的犯罪",第四篇"危害国家政权的犯罪",第五篇"妨害军务的犯罪",第六篇"危害和平和人类安全的犯罪"。分则各结构单位排列次序的退移和变化,反映出当今俄罗斯的当权者倡导与追求的是以个人利益为本位的价值观。[31] 显然,刑法分则犯罪排列顺序不是一个简单的立法技术问题,而是立法价值的反映。我国《刑法》第2条关于刑法任务的表述中的实体内容,也可以归入一定的法益类型。其中,国家安全、人民民主专政的政权和社会主义制度以及国有财产属于国家法益;公民私人所有的财产,公民的人身权利、民主权利和其他权利属于个人法益;劳动群众集体所有的财产、社会秩序、经济秩序属于社会法益。从排列顺序来看,是按照国家法益、个人法益和社会法益的顺序排列的。刑法分则犯罪类型的排列稍微有些变化,但大体上与这一顺序是相同的。无论如何,立法者都把保卫国家安全、保卫人民民主专政的政权和社会主义制度看作刑法的首要任务。[32] 尽管我国宪法将"国家尊重和保障人权"载入宪法,但在刑法中并没有得到完全体现。

---

30 参见[法]卡斯东·斯特法尼等:《法国刑法总论精义》,罗结珍译,中国政法大学出版社1998年版,第104页。

31 参见薛瑞麟:《俄罗斯刑法研究》,中国政法大学出版社2000年版,第79、80页。

32 参见胡康生、郎胜主编:《中华人民共和国刑法释义》(第3版),法律出版社2006年版,第3页。

法益保护作为刑法的基本功能,是为刑法理论所公认的。但规范保护的观点日渐对法益保护的理论提出挑战。例如德国刑法学家雅科布斯就提出了刑法的机能主义(strafrechtlicher Funktionalismus)的理论,这一理论认为:刑法要达到的效果是对规范同一性的保障、对宪法和社会的保障。[33] 雅科布斯在此力图用规范保护取代法益保护。因此,犯罪的本质不再是法益侵害而是规范违反,刑罚目的也不再是以威吓为内容的消极的一般预防而是以忠诚为内容的积极的一般预防,等等。规范保护的理论以及由此引申出来的规范违反说受到我国学者的肯定,例如我国学者周光权通过对法益概念的分析指出:刑法并不一般化地保护抽象的利益。利益永远是相对的利益,仅仅处于与另一个人的确定行为的联系之中。在雅科布斯那里,利益已经超脱地体现为规范,并且不会把与利益有关的其他人仅仅看作特定利益的非所有权人,而是根据社会的规范联系,将其描述成一个有责任或者没有责任避免利益侵害的人。社会的秩序不能单独地对利益进行定义,人的角色同时在最早就参加进来了。这样,自然就引出了规范违反说的命题。[34] 当然,在大陆法系国家,也有刑法学者并不赞同规范保护说。例如日本学者西田典之指出:刑法也是规范,对人的意思也会产生作用,从而控制其行动。然而,刑法的目的是保护值得用规范来保护的法益。而且,伦理规范、刑法规范也都是因社会需要而产生,在此种限度内应当说它们具有同样的理论结构,即伦理规范、刑法规范并非其本身有价值,而是其所保护的对象有一定的价值,才具有存在的理由。刑法规范即便是纳入伦理规范,也不是为了强加进特定个人的伦理与道德,而是必须充分考察由伦理所维护的价值即法益是否存在,而这种法益是必须达到要用刑罚这样的强力制裁以便在国家的范围内予以保护之程度的共同利益。[35] 法益保护的理论为现代刑法确立了存在根据,因而具有重要意义。规范保护的理论并非对法益保护理论的否定,而是在法益保护理论的基础上进一步将那些虽然侵犯法益但并非出于理性对抗而是缺乏人格体的行为从犯罪中排除出去,使刑法的机能进一步收缩维护规范的有效性。雅科布斯指出:自从自然法终结以来,刑罚就不再是针对非理性者而科处的,而是针对对抗者(Unwillige)。制裁就是纠正破坏规范者的世界构想(Weltentwurf des Normbrechers)。破坏规范者主张现实事件中规范的无效性,但是,制裁则明确这种主张不足为准(Unmaβgeblichkeit)。[36] 在某种意义上说,规范保护是一种更为精致的刑法理论。当然,规范保护是以确证规范的合理性为 23

33 参见〔德〕格吕恩特·雅科布斯:《行为 责任 刑法——机能性描述》,冯军译,中国政法大学出版社 1997 年版,第 101 页。

34 参见周光权:《刑法学的向度》,中国政法大学出版社 2004 年版,第 198、199 页。

35 参见〔日〕西田典之:《日本刑法总论》,刘明祥、王昭武译,中国人民大学出版社 2007 年版,第 23 页。

36 参见〔德〕格吕恩特·雅科布斯:《行为 责任 刑法——机能性描述》,冯军译,中国政法大学出版社 1997 年版,第 109 页。

前提的,在不具备这一前提条件的情况下,法益保护也许是一种更为有效的理论。就我国而言,当务之急是根据法益保护的理论对刑法规范内容进行清理,只有在条件具备以后才有可能采用规范保护说。

(三)刑法的保障机能

24　刑法的保障机能是指刑法对人权的保障,这里的人权是指犯罪嫌疑人、被告人和犯罪人的人权。而这样一个内容,恰恰是我国《刑法》第 2 条关于刑法任务的规定中付诸阙如的。刑法的法益保护机能是任何刑法都具有的,只不过法益范围有所差别而已。而刑法的人权保障机能则是法治社会刑法才具有的机能,专制社会刑法是不具有的。

25　刑法的人权保障机能是指通过明确地将一定的行为作为犯罪,对该行为科处一定刑罚,来限制国家行使刑罚权,由此使一般国民和罪犯免受刑罚权的任意发动而引起的灾难的机能,也叫保障自由机能。[37] 刑法的人权保障机能主要是通过罪刑法定原则实现的。可以说,刑法是否实行罪刑法定原则是刑法是否具有人权保障机能的一个标志。

26　我国《刑法》第 2 条关于刑法任务的规定,通过惩罚犯罪所要达致的目的是保护人民。这里的人民是一个政治概念,它是与敌人相对应的。更为重要的是,这里的人民是一个整体的概念,而非指构成人民的每一个公民。因此,这里的人民是可以直接转换为国家、社会、制度、专政等概念的。我们完全可以把这里的保护人民解读为保护社会、保卫国家、维护专政等。因此,在我国传统刑法理念中,犯罪人作为敌人是刑法打击、惩罚的对象,怎么可能是保障的对象呢?刑法的人权保障机能是闻所未闻的。只是近些年来,尤其是 1997 年刑法修订以后,随着刑事法治的启蒙,人权保障的观念才在我国开始传播,但相对于打击敌人的观念而言,人权保障的观念还是极为淡薄的。我国《刑法》第 3 条关于罪刑法定原则的规定,体现了刑法的人权保障机能。刑法的规制机能与刑法的社会机能之间存在一种对应关系:刑法的规制机能中的评价机能与刑法的保障机能之间存在手段与目的的关系。刑法的规制机能中的指引机能与刑法的保障机能之间也存在手段与目的的关系。刑法的规制机能的内容,正如日本学者指出的:是对一定的犯罪,预告施加一定的刑罚,由此来明确国家对该犯罪的规范性评价。而且,这种评价有这样的内容,即各种犯罪值得施以各种刑罚这一强劲的强制力。阐明了这种评价,刑法作为一种行为规范,起着命令普遍国民遵守的作用。另外,刑法对有关司法工作人员来说,作为一种裁判规范,成为犯罪认定和刑罚适用的指标,这些无非是刑法规制的机能。[38] 由此可见,刑法的规制机能是通过刑法作为行为规范与裁判规范共同实现的。而刑法的规制机能又为实现刑法的法益保护

---

[37] 参见〔日〕大谷实:《刑法总论》,黎宏译,法律出版社 2003 年版,第 4 页。

[38] 参见〔日〕西原春夫:《刑法的根基与哲学》,顾肖荣等译,法律出版社 2004 年版,第 44 页。

机能和人权保障机能提供了客观基础。关于刑法的法益保护机能和人权保障机能,两者之间存在一种悖论关系,这种悖论关系也被日本学者称为二律背反关系,认为二者处于重视保障人权的话,就会招致犯罪的增加,不能对法益进行保护,相反,重视保护法益的话,就不能指望对人权进行保障的矛盾关系之中。日本学者指出:重视保障人权而轻视保护法益,或者相反地轻视保障人权而强化法益保护的话,都会使国民对秩序失去信赖,招致难以维持社会秩序的结果。因此,只有在调和二者,使二者发挥作用的时候,刑法才能充分发挥其维持社会秩序的机能。[39] 将法益保护与人权保障这两种刑法机能加以协调,这一观点当然永远是正确的,但两者之间毕竟存在矛盾,面对这种矛盾就有一个价值上的取舍问题。在我国当前刑事法治建设的大背景下,更应当强调的是刑法的人权保障机能,只有这样才能实现刑法的最终目的,使之在人权保障方面发挥更大的作用。

从刑法的任务到刑法的机能,这是一个刑法理论的话语转换过程,也是刑法理念 27
上的一个祛意识形态之魅的过程,我们应当回归对刑法的规范思考而放弃习惯了的政治话语。

---

39 参见〔日〕大谷实:《刑法总论》,黎宏译,法律出版社 2003 年版,第 5 页。

第三条 罪刑法定原则

法律明文规定为犯罪行为的，依照法律定罪处刑；法律没有明文规定为犯罪行为的，不得定罪处刑。

文献:何秉松主编:《刑法教科书》(2000年修订),中国法制出版社2000年版;赵秉志主编:《刑法基础理论探索》,法律出版社2003年版;高铭暄、赵秉志主编:《刑罚总论比较研究》,北京大学出版社2008年版;赵秉志:《当代刑法问题》,中国人民大学出版社2014年版;陈兴良:《教义刑法学》(第2版),中国人民大学出版社2014年版;马荣春:《刑法公众认同研究》,中国政法大学出版社2015年版。程昉:《罪刑法定原则下的刑法解释及其发展趋势》,载《浙江社会科学》2003年第2期;欧锦雄:《刑法基本原则的困惑与解读》,载《国家检察官学院学报》2006年第6期;彭凤莲:《罪刑法定原则引入中国历程考》,载《法学杂志》2007年第4期;李希慧:《罪刑法定原则与刑法有权解释》,载《河北法学》2009年第5期。

细目录

Ⅰ 主旨
Ⅱ 沿革
Ⅲ 罪刑法定原则在当今面临的问题
一、成文法自身难以克服的局限性
二、绝对罪刑法定原则向相对罪刑法定原则的转向
Ⅳ 罪刑法定原则的基本内容
Ⅴ 罪刑法定原则在我国刑法中的体现
一、罪刑法定原则在我国刑法中确立的价值
二、罪刑法定原则在我国立法上存在的问题

Ⅰ 主旨

1 刑法中明确规定刑法规范渊源的法律专属性、定罪量刑规范内容的确定性,其目的是通过刑法规范的确定性和明确性从而实现限制国家刑罚权、保障人权的任务。同时,刑法的罪刑法定原则也是为了保证刑法的实施更加人道和文明。

Ⅱ 沿革

2 我国《刑法》第3条、第4条、第5条规定了我国刑法的基本原则,这些均是1997

年修订刑法时新增的规定。

中华人民共和国成立后，在完全废除旧法统而新型法律制度尚未诞生的情况下，出于巩固专政政权、打击反革命的需要，单行刑法中开始出现大量的刑事类推规定。随后，从20世纪50年代开始，刑法在创建过程中的很多草案中都有类推的规定。比如，1950年7月25日《中华人民共和国刑法大纲（草案）》第4条规定："犯罪行为，无明文规定者，依其性质，比照本大纲最相类似之条文处罚之，如无最相似之条文可资比照时，由法院根据人民民主主义的政策处罚之。"在历次的刑法草案中，尽管也有极少数人反对刑法中规定类推制度，但由于当时认为刑法分则对犯罪的规定并不完备，规定类推制度可以弥补立法的漏洞与不足。将类推制度规定在刑法中，完全是当时我国刑事立法不完备情况下的一个应急措施，是一个暂时的补救办法。因此，1979年《刑法》中除没有明文规定罪刑法定原则外，明确规定了与其抵触的类推制度；其实施过程中也出现了诸多有违罪刑法定原则的做法。从立法方面来看，比如1982年全国人民代表大会常务委员会《关于严惩严重破坏经济的罪犯的决定》以及1983年全国人民代表大会常务委员会《关于严惩严重危害社会治安的犯罪分子的决定》，在溯及力问题上分别采用了有条件的从新原则以及完全溯及既往的从新原则，从而造成重法可以溯及法律生效前的行为，这明显违反了罪刑法定这一基本原则；从司法实践来看，最高司法机关所发布的一些司法解释明显超出了立法原意，这同样破坏了罪刑法定原则。 3

在这样的情况下，理论界对罪刑法定原则立法化的必要性以及类推的弊端进行了广泛的讨论，而且这种讨论随着刑法修改被纳入立法规划而逐渐深入。因此，刑法是否明确废止类推制度而规定罪刑法定原则，逐渐成为刑法修改过程中的一个重大理论问题。随着刑法修改进入立法程序，废止类推、将罪刑法定原则立法化已经成为不可逆转的趋势。在这种情况下，1996年10月10日《中华人民共和国刑法（修改草案）》（征求意见稿）将之表述为："法律明文规定为犯罪行为的，依照法律定罪处刑；法律没有规定为犯罪行为的，不得定罪处刑。"直到1997年3月14日通过修订的《刑法》，均沿用了这一表述。 4

Ⅲ 罪刑法定原则在当今面临的问题

罪刑法定从产生到发展已经走过了数百年的历史，这期间各国政治、经济和文化都发生了深刻的变化，这些变化深刻地影响着各国的法律和法治的发展，这对罪刑法定原则提出了各种挑战。这种挑战具体包括以下两个方面。 5

一、成文法自身难以克服的局限性

一般来说，成文法是国家立法机关依照程序制定的法律，通常表现为体系化的条文。成文法以法律条文的形式预先规定人们的行为模式，为人们的行为提供指引。国家以成文法的形式公布法律，有利于社会公众对法律的掌握了解，有利于法律的贯彻实施。另外，成文法意味着立法者和司法者在人民监督下进行立法和司法，其目的是防止立法的任性和司法的专横。但成文法由于其技术上的特点并不 6

能完善地实现其目的,这是成文法为获得其安定性等积极价值而不得不付出的代价。因为就人类个体而言,对世界的认识始终受到各种条件的制约而无法达到绝对真理。另外,立法者也不可能预见到一切可能发生的情况,从而据此制定出预先包容全部社会生活事实的法典,这就造成法律在客观事实面前存在一定的不适应性。

7 成文法的局限性主要表现为:首先,内容的不确定性。法律的确定性要求法律应尽可能明确,以便当事人能够准确地把握立法意图,从而根据法律约束自己的行为。但立法实现明确性存在诸多困难,因为客观事实的不明晰性,使立法者很难做到以精细化的词语界定它们本质的性态和类属边界,从而不得不求助模糊语言。另外,立法者的用语与其本意不合,这可能造成立法意图与法律文字表现的背离,由此产生法律的模糊甚至错误。其次,法律语言的模糊性。成文法是以语言为载体的,它需要借助语言来传递法律规范的内容。但是,语言本身就具有高度的概括性、抽象性和模糊性,而且语词的有限性常常造成语言具有极大的歧义,因此不同的人往往根据自己的利益需要来理解语词,从而对语词作出有利于自己的理解和解释。另外,语言的意义是人赋予的,会随着时代的变迁而变化,不同职业的人们对于同一语词也会有着不同的理解,所有这些都决定了以语言为载体的成文法的模糊天性。最后,成文法的滞后性。法律的确定性要求法律应保持相对的稳定并向社会公布以维系自身的权威,让人们做到令行禁止,但社会永远是不断变化发展的,其变化的节奏也比法律要快得多,这必然导致法律规定的内容与现实生活的脱节。成文法永远都跟不上社会的发展,也永远落后于社会的实际需要。因此,当法律同一些社会发展力量发生冲突时,法律就必须牺牲自己的稳定性而对新的情况及时作出应对。因为"社会的需要和社会的意见常常是或多或少地走在法律的前面,我们可能非常接近地达到它们之间缺口的结合处,但永远存在的趋向是要把这缺口重新打开来。因为法律是稳定的,而我们谈到的社会是前进的"[1]。由此可见,人的理性是有限的,而社会生活是极其丰富的,无论多么完备的成文法都无法穷尽复杂多变的社会生活。

二、绝对罪刑法定原则向相对罪刑法定原则的转向

8 罪刑法定原则从产生之日起发展演变到今天,经历了数百年的历史。在这期间,世界各国的政治、经济、文化和社会状况都发生了深刻的变化。这些变化必然反映在立法上,要求罪刑法定原则适应社会生活的需要。正是在这一时代背景下,罪刑法定原则发生了从绝对罪刑法定原则到相对罪刑法定原则的重大转变。绝对罪刑法定原则是一种严格的、不容变通的原则,它要求犯罪和刑罚的法律规定必须是绝对确定的,法官没有任何自由裁量的权力。这一立法思想反映在刑法立法上就形成了绝对罪刑法定原则,其基本内容是:①绝对禁止适用类推,把刑法的规定作为定罪的唯

---

1 〔英〕梅因:《古代法》,沈景一译,商务印书馆 1997 年版,第 15 页。

一根据。对于法律没有明文规定的行为,不能通过类推或者类推解释以犯罪论处。②绝对禁止适用习惯法,把成文法作为刑法的唯一渊源。对于刑法上没有明文规定的行为,不允许通过适用习惯法定罪。③绝对禁止刑法溯及既往,把从旧原则作为解决刑法溯及力问题的唯一原则。④绝对禁止法外刑和不定期刑,刑罚的名称、种类和幅度,都必须由法律加以确定,并且刑期必须是绝对确定的,既不允许存在绝对的不定期刑,也不允许规定相对的不定期刑。

绝对罪刑法定原则尽管以保障人权为核心价值,但这种绝对确定的罪刑法定在实践中却非常难以实施,而且会影响罪刑法定原则在定罪量刑中的实际价值。因此,绝对确定的罪刑法定原则逐渐转向了相对罪刑法定原则。一般来说,相对罪刑法定原则是对传统绝对罪刑法定原则的修正,其基本内容是:①在定罪的根据上,允许有条件地适用类推和严格限制的扩大解释,即适用类推必须以法律明确规定类推制度为前提,以有利于被告人为原则,不允许不利于被告人的类推。但是,进行扩大解释必须以不超越解释权限为前提,以符合立法精神为原则,不允许越权解释或违背立法本意作任意解释。②在刑法的渊源上,允许习惯法成为刑法的间接渊源,但必须以确有必要或不得已而用之为前提。但这种情况下,只有当犯罪构成要件确定后,对相应的要件需要借助习惯法加以说明时,习惯法才能成为对个案定性处理的依据。③作为禁止刑法溯及既往的例外,在刑法的溯及力上允许采用从旧兼从轻的原则。新法对其颁布施行前的行为,原则上没有追溯的效力,但当新法不认为是犯罪或处罚较轻时,则可以适用新法。④在刑罚的种类上,允许采用相对的不定期刑,即刑法在对刑罚种类作出明文规定的前提下,可以规定具有最高刑和最低刑的量刑幅度,法官有权根据案件的具体情况,在法定的量刑幅度内选择适当的刑种和刑度。 9

由此可见,从当今世界各国的刑法立法和司法现状来看,早期的绝对罪刑法定原则已受到严峻的挑战,代之而起的相对罪刑法定原则,成为各国刑法改革的发展方向。 10

Ⅳ 罪刑法定原则的基本内容

从现代法治国家意义上理解,罪刑法定的内容不仅包括法无明文规定不为罪,同时也包括了另一个衍生的概念,即刑法的不溯及既往原则。[2] 一般来说,罪刑法定原 11

---

2 但从历史上来看,法不溯及既往在时间上远远早于罪刑法定的概念。公元 438 年,狄奥多西二世时期颁布的《狄奥多西法典》中已经有此规定:“任何皇帝颁布的法令不在过去而只在未来生效。”(拉丁文原文:Omnia constituta non praeteritis calumnia faciunt sed futuris。)参见 Codex Theodosianus, 1.1.3 (438), edd. T. Mommsen, P. Krüger, Berlin 1905。当然,这样的一个类似不溯及既往的规定并不说明其已具备现代法治国家甚至启蒙时期才具有的法律意义,因为这一时期的规则产生背景,体现的是一种实在(Positiv)法化的过程,是在当时神法、习惯等非(转下页)

则包含了如下内容:

12 (1)成文法主义。罪刑法定原则中的成文法主义,首先要求作为处罚依据的刑法必须是成文的,即罪刑的法定性。为了保障对处罚的可预测性,刑法规范必须以成文法的形式来确定,如果不存在处罚行为的刑罚法规,就不能处罚行为。需要注意的一点是,尽管判例、习惯本身不能直接作为刑事法规范的法源,但能作为理解构成要件与判断违法性的依据,也就是根据它们可以来确定某种行为是否属于刑罚法规所规定的犯罪行为。但由于习惯是对社会根深蒂固的文化要求的反映,这就不能不承认它在事实上可以起到决定刑法规范能否适用的作用。因此,在法律没有明确规定时,习惯也可能成为否定行为可罚性的依据,比如对超法规违法阻却事由或超法规责任阻却事由的规定等。另外,成文法主义还表明刑罚法规一般应当由立法机关制定,行政机关的行政命令或者其他命令不能制定刑罚法则。最后,成文法主义排斥判例法。所谓判例法,实际上是法官造法,由法官直接决定犯罪及其处罚,与罪刑法定原则的民主思想基础格格不入,显然违反罪刑法定原则。

13 (2)禁止事后法。刑法只适用于其施行以后的犯罪,而不追溯适用于其施行之前的犯罪,也就是刑法只能是行为时法,这就是禁止事后法的原则。禁止事后法是保障国民预测可能性的客观要求,因为刑法的溯及适用有害于法的安定性并有可能非法侵害个人的自由。因此刑法不能今天命令一个人在昨天做或者不做某件事。因此,1950 年《欧洲人权公约》第 7 条第 1 款以及 1966 年《公民权利和政治权利国际公约》第 15 条第 1 款都强调了不溯及既往原则的重要性。但上述条约同时也规定,不得根据该原则来阻碍处罚违反“文明国家”或“各国”公认的一般法律原则的犯罪行为。这也是纽伦堡和东京审判战犯的依据。另外,出于保障公民自由的考虑,不溯及既往原则只能适用于犯罪化规范或对罪犯不利的规范。因此,从有利于被告人的原则出发,刑法无溯及力的观点后来有所改变,即在裁判时,新法如果是重法,没有溯及力;如果是轻法,则有溯及力。学者一般认为,这不违反罪刑法定原则。

14 (3)禁止类推解释。类推解释是对法律没有明文规定的事项,援用与其事项相类似的法律进行扩张解释。按照罪刑法定原则的要求,对行为按照犯罪来处罚,其依据的只能是事先由法律明文所作的规定。而类推解释则是对法律没有明文规定的事项创造法律,是由法官根据类推解释进行的处罚,而这超越了法官的权限,导致法官恣意适用法律,侵害个人的自由权利。因此来说,严格的罪刑法定主义要求,对犯罪规范或总的来说不利于犯罪的规范不得类推,无论是根据相似条文进行的法规类推,还是根据法律的一般原则进行的类推,都应当严格禁止,因为用类推来填补法律漏洞会形成补充性的立法,而这在现代法治国家违背了只有立法机关

(接上页)规范因素占国家治理很大部分的背景下制造真正意义上的规则(Normenschaffend)的过程。对此参见 Bar, L. von, Gesetz und Schuld im Strafrecht: Fragen des geltenden deutschen Strafrechts und seiner Reform, B.I, Das Strafgesetz, Berlin 1906, S. 61。

才有制定刑事法的权力的规则。

为了更人道地保护犯罪人的利益，关于禁止类推的派生性原则近年来有了新的发展趋势，这就是允许有利于被告人的类推。但问题是，实践中如何认定哪种情况下是有违该原则的扩张解释，哪种情况下是必须排除的不利于被告人的类推呢？对此，尽管理论上有各种所谓的争执，但司法实践更倾向于将那些看来更像类推解释的做法视为合理的扩张解释。[3] 一般来说，只要类推解释有利于保障人的自由，这就符合罪刑法定精神，因此这种类推解释就应当允许。 15

(4)禁止绝对不定期刑。罪刑法定的内容，包括犯罪的法定与刑罚的法定。针对刑罚来说，如果成文刑法只规定行为应受处罚，或者虽规定刑种但未规定刑度，而是将具体的刑罚程度交给法官进行裁量，这种绝对的不定期刑是不符合罪刑法定原则要求的。所谓“不定期刑”，是指法官在判决时并不宣告应服刑的具体期限，而是根据行为人行刑过程中的具体情况来决定。不定期刑罚一般分为绝对与相对两种。绝对不定期刑是在法律中完全没有规定刑期的自由刑。从社会防卫的观点出发，学者们认为，犯罪由行为人的主观恶性所产生，刑罚是矫正、改善罪犯主观恶性的手段，但很难预料改造犯罪人的主观恶性要多少时间，所以法律只能规定不定期刑。与此相对，相对不确定刑是指刑罚法规明确规定对犯罪适用的刑种和刑度，并对最高刑和最低刑作出限制性的规定。相对不确定的法定刑有较大的裁量幅度，便于审判机关根据犯罪人的不同情况适用不同的刑罚。尽管大多数国家刑法典都采用了相对不确定刑，但这种刑罚法规也存在一些问题。因为相对不定期刑只能由法官来判断，并最终作出具体的刑罚，因此相对不确定刑事实上也不符合明确性原则。对此需要说明的是，尽管绝对确定的法定刑最符合刑法的明确性原则，但适用绝对确定的法定刑只能造成实质的不平等。因为，符合某个构成要件的行为，其在实践中的情况存在很大的差异，如果要确保刑法的平等适用，我们就必须根据具体个案的实际情况判处合理的刑罚。因此，在法定刑问题上，我们必须合理平衡明确性原则与平等性原则，从而在设置法定刑时为法官的自由裁量提供一定的合理空间。 16

V 罪刑法定原则在我国刑法中的体现

一、罪刑法定原则在我国刑法中确立的价值

罪刑法定原则作为近现代各国刑法所普遍确立的基本原则，在我国刑法中的确 17

---

3 关于扩张解释与必须禁止的不利于被告人的类推之间界限的各种理论上的论述，参见赵秉志主编：《刑法基础理论探索》，法律出版社 2003 年版，第 377 页。

立却并非一帆风顺,其间也经过了多次针锋相对的较量和观点争鸣。[4] 但刑法最终从政治刑法走向市民刑法,从对犯罪严酷残忍的反应走向理性地看待犯罪和保障人权,这是人类文明不可逆的发展趋势。罪刑法定原则在我国刑法中的明确规定,对于中国刑事立法、刑事司法以及法治社会的建立和保障具有重大而深远的意义。

(一)刑事立法方面的价值

18 一般来说,对现阶段存在和必然会发生的犯罪现象,刑法规范应当有所反应,这既是有效地惩治犯罪的需要,也是罪刑法定原则的必然要求,因为对犯罪作出及时反应也是罪刑法定化的要求。罪刑的法定化,不仅在于罪与刑问题必须以法律的形式明文规定,而且确立的罪刑规范要全面、客观、准确地反映实际的犯罪情况以及惩治犯罪的实际需要。我国 1979 年《刑法》中对犯罪的实际情况并没有作出合理的反应,其罪刑规范明显不能反映当时犯罪的实际情况。随后尽管为了有效打击犯罪,立法机关通过了大量的特别刑法规范,但这些规定仍不能完全适应社会发展对刑法规范的需求。这时期的刑事立法,不但难以全面地惩治已经客观存在的大量犯罪现象,而且对将来的一些犯罪现象更不具有前瞻性和预见性。对刑法来说,合理地体现罪刑法定原则,必然要求刑法规范能够反映实际的犯罪情况,而且能够满足惩治和预防犯罪的需要。因此,根据罪刑法定原则,合理地划定犯罪圈,及时调整刑法规范的范围,从而使刑法能够更好地应对社会的犯罪现象。

19 另外,罪刑法定原则的立法化,同样能够完善刑事立法的内容和技术。根据罪刑法定原则的要求,定罪处刑的规定必须明确,这必然要求刑法立法的科学性。1979 年《刑法》存在一条数罪以及一罪数条的情况,这严重违反了刑法规范的明确性原则。基于此,现行刑法针对个罪一般采取了一条一罪的立法模式,这明显提高了立法技术的科学性。另外,1979 年制定刑法时,根据当时的实际情况,采用了"宜粗不宜细"的粗放式立法原则,许多常见多发的犯罪均采用了简单罪状的方式,刑法条文对这些犯罪规定得过于模糊和笼统,从而出现了各种"口袋罪"。对此,现行刑法对一些常见多发的以及复杂的犯罪采用了叙明罪状,对这些犯罪做了尽可能详尽的描述,而且注意了用语的确切和演进,从而提高了刑法立法技术的科学性。

20 罪刑法定原则的法定化也有助于我国刑法的现代化和国际化。由于 1979 年《刑法》并没有将罪刑法定作为基本原则进行规定,而是根据当时的实际情况明确规定了

---

4 参见高铭暄:《论我国刑法改革的几个问题》,载高铭暄主编:《刑法修改建议文集》,中国人民大学出版社 1997 年版,第 4 页;赵秉志,肖中华:《论罪刑法定原则的立法化》,载高铭暄主编:《刑法修改建议文集》,中国人民大学出版社 1997 年版,第 96—100 页;丁慕英、丁泽芸:《确立罪刑法定原则 废除类推制度》,载高铭暄主编:《刑法修改建议文集》,中国人民大学出版社 1997 年版,第 124 页;田文昌:《论罪刑法定原则的立法化》,载高铭暄主编:《刑法修改建议文集》,中国人民大学出版社 1997 年版,第 142 页;李文燕、丁后盾:《略论我国罪刑法定原则的立法化》,载高铭暄主编:《刑法修改建议文集》,中国人民大学出版社 1997 年版,第 155 页。

有违罪刑法定的类推制度。类推从本质上是司法权对立法权的侵犯，这有悖于立法权与司法权相分离的现代法治国原则。另外，类推也侵犯了公民对自己行为预测的权利，从而使刑法规范有失民主性和确定性，这并不利于刑法的完善和发展，因此类推制度是法治国家应当摈弃的制度。现代社会，几乎没有哪个国家的刑法还存在类推制度，我国断然废止类推制度，将罪刑法定原则明确规定在刑法中，这必然推动我国刑事法治的发展，实现中国刑法的现代化和国际化。[5]

(二)刑事司法方面的价值

与罪刑法定原则的立法化相比，罪刑法定原则的司法化才是其真正有意义的关键。因为，立法化主要解决为什么以及如何将罪刑法定原则纳入刑法的问题，但罪刑法定原则的司法化要解决如何在整个刑事法中贯彻实施这一立法原则的问题。因此，罪刑法定原则的立法化不但将促进刑事立法的完善和发展，而且还将有力地改善和强化刑事司法，从而使刑法能够在实践中更好地保障人权，更为有效地对犯罪作出合理的反应。 21

在当今中国司法实践中，罪刑法定原则立法化面临的主要问题集中在司法解释上。由于刑法立法不完备，立法修改不及时或者立法解释欠缺等，司法解释在中国刑事司法实践中发挥着非常重要的作用。一般来说，按照罪刑法定原则的基本要求，司法解释必须受到刑法条文立法原意的制约，其解释不能超出、违背或者修改、补充刑法条文的原意。但实践中，司法机关作出的司法解释对罪刑法定原则的司法化造成了很大的冲击。这些问题集中在：其一，司法解释的范围不清晰，最高司法机关往往对同一个问题作出完全不同的解释，比如对新刑法罪名的解释，最高人民法院和最高人民检察院就各自作出了不同的解释，这就造成司法实践无所适从。其二，司法解释的内容有时候与罪刑法定原则的基本要求完全冲突。根据罪刑法定原则的基本要求，我国只有全国人大及其常委会有权制定、修改和补充刑法。但是，司法实践中有些司法解释往往背离了这个基本要求。针对这种情况，我国必须完善司法解释制度。司法机关在解释法律时，应当加强科学性的研究、论证，从而避免出台越权的扩张解释。另外，在现有情况下，我国应当建立司法解释备案审查制度。这样的话，最高人民法院和最高人民检察院应当将制定的司法解释及时上报全国人大常委会备案审查，一旦发现有越权解释的，应当及时通过立法解释予以纠正或通过最高司法机关来自行纠正，从而保证司法解释的合理性。司法解释如果能与立法划清界限，而且能够在司法的权限和领域内逐步得以完善，那么司法解释必然会促进刑事司法的发展。 22

二、罪刑法定原则在我国立法上存在的问题

作为一项指导性原则，罪刑法定原则首先应当贯穿于刑事立法和刑事司法的整 23

---

5 对此的更多论述参见赵秉志：《罪刑法定原则立法化的价值》，载《华东政法学院学报》2002 年第 6 期。

个过程。从刑事立法上看,罪刑法定原则要求刑法对罪责刑的立法设置应当明确、具体、合理和公正,而且应当能够体现民主、科学、文明与进步的立法趋势。但是,我国现行刑法并未合理贯彻罪刑法定原则的基本要求,在法条设置上仍存在缺少合理性的情况,这影响了罪刑法定原则的理念在司法实践中的最终贯彻实施。

24 (1)刑法在罪行设置方面存在着不完善之处。一般来说,罪刑法定原则是对"罪之法定"与"刑之法定"两个方面的要求,一项完整的罪行规范必然包括这两个方面的内容。但现行刑法关于法条设置与罪行规范建构却存在各种欠缺,并通过设置追究犯罪的程序性障碍,造成有罪不能罚,或者违法不能究的情况。比如,《刑法》第270条将侵占罪规定为告诉才处理的犯罪。根据《刑法》第98条的规定,告诉才处理的犯罪,是指被害人告诉才处理。[6] 如果被害人因受强制、威吓无法告诉的,人民检察院和被害人的近亲属也可以告诉。根据理论通说,这里的被害人只能是自然人而不可能是单位。但由此带来的问题是:如果侵占罪的对象为国有财物以及其他公共财物时,应当由谁来告诉呢?如果是检察院,那么这明显背离侵占罪属于告诉才处理犯罪的立法本意,而且也会将原本属于自诉的案件转为公诉案件。如果承认侵占罪属于告诉才处理的犯罪,那么对侵犯公共财物的行为人就不能追究刑事责任,否则就是对罪刑法定原则的违反;如果将公共财物与私人财物一视同仁,那么明显违反了侵占罪告诉才处理的刑法规定。另外,刑法中有些条文只是设置了命令性规范,但没有相应的惩罚性规范,这就使该条款变得毫无意义。比如《刑法》第100条是对前科报告义务的规定,此条只是规定了对被刑事处罚人的刑事报告义务,但对于隐瞒不报的情况,其并未规定相应的惩罚性规范,这就造成刑法对违反自身规范的行为没有办法追究相应的责任。

25 (2)没有注意罪过形式上的不同而规定了相同的刑罚。比如《刑法》第239条第1款前半段规定了"以勒索财物为目的绑架他人的,或者绑架他人作为人质的,处十年以上有期徒刑或者无期徒刑,并处罚金或者没收财产",第2款规定了"犯前款罪,杀害被绑架人的,或者故意伤害被绑架人,致人重伤,死亡的,处无期徒刑或者死刑,并处没收财产"。其中致使被绑架人死亡以及杀害被绑架人是主观罪过形式完全不同的两种行为,但该条却规定了完全相同的刑罚。另外,《刑法》第263条规定:"以暴力、胁迫或者其他方法抢劫公私财物的,处三年以上十年以下有期徒刑,并处罚金;有下列情形之一的,处十年以上有期徒刑、无期徒刑或者死刑,并处罚金或者没收财产:(一)入户抢劫的;(二)在公共交通工具上抢劫的;(三)抢劫银行或者其他金融机构的;(四)多次抢劫或者抢劫数额巨大的;(五)抢劫致人重伤、死亡的;(六)冒充军警人员抢劫的;(七)持枪抢劫的;(八)抢劫军用物资或者抢险、救灾、救济物资的。"其中"抢劫致人重伤、死亡"的罪过理论一般认为包括故意和过失,但刑法对其

6 对告诉才处理案件的详尽论述,更多可参见王一超:《论"告诉才处理"案件的追诉形式》,载《环球法律评论》2014年第4期。

刑罚幅度的规定却完全没有考虑罪过形式上的不同。

事实上,刑法明确规定罪刑法定原则是我国刑事立法走向人道化和现代化的重要一步。但当今,中国社会处在重大转型时期,而且技术有所发展,获取信息的途径也发生了根本性变化。因此,光怪陆离的社会现实为中国刑事法提出了各种难题,但如何平衡对危害行为作出刑法反应以及保障自由和社会发展之间冲突?如何理性地回应社会关切,从而针对社会不能容忍的行为及时作出刑法反应?以及在司法实践中,如何科学合理地进行司法解释?这些都对当今罪刑法定原则提出了很大的挑战。对刑事立法来说,丰富的社会现实与有限的法律表达之间永远是一种紧张的关系。因此,在设定犯罪圈时,立法者必须在犯罪化与非犯罪化之间寻求相对的平衡与稳定。另外,对犯罪的处罚来说,我国目前仍以重刑化为主。因此,如何平衡重刑化与轻刑化之间的矛盾,如何合理增加刑罚的方式,从而使我国刑罚更为轻缓,更为人道,这也是司法实践中必须面对的问题。 26

第四条　适用法律人人平等原则

对任何人犯罪，在适用法律上一律平等。 不允许任何人有超越法律的特权。

文献:丁慕英、李淳、胡云腾主编:《刑法实施中的重点难点问题研究》,法律出版社 1998 年版;杨敦先等主编:《新刑法施行疑难问题研究与适用》,中国检察出版社 1999 年版;马克昌主编:《犯罪通论》(第 3 版),武汉大学出版社 1999 年版;高铭暄、马克昌主编:《中国刑法解释》(上卷),中国社会科学出版社 2005 年版;郭健、王利宾编著:《刑法基本原则专题整理》,中国人民公安大学出版社 2009 年版;张军主编:《刑法基本原则适用》,中国人民公安大学出版社 2012 年版;姚龙兵:《刑法立法基本原则研究》,中国政法大学出版社 2014 年版。何秉松:《试论新刑法中法律面前人人平等原则》,载《法律科学》1997 年第 6 期;李邦友:《论刑法平等原则的理论基础》,载《现代法学》2002 年第 3 期;柏桦:《"法律面前人人平等"给中国发展带来的困惑》,载《学术界》2003 年第 3 期;赖早兴:《刑法平等原则辨析》,载《法律科学》2006 年第 6 期;苏力:《弱者保护与法律面前人人平等——从孕妇李丽云死亡事件切入》,载《北京大学学报(哲学社会科学版)》2008 年第 6 期。

细目录

Ⅰ　主旨
Ⅱ　沿革
Ⅲ　关键用语解析
一、"任何人"
二、"适用法律"
三、"不允许任何人有超越法律的特权"
Ⅳ　适用法律人人平等原则面临的问题
一、适用法律人人平等并非仅限于打击犯罪上的平等
二、如何处理刑法适用中的区别对待原则与平等原则

Ⅰ　主旨

1　刑法明确规定适用法律人人平等原则,是为了确保宪法规定的"法律面前人人平等"原则在刑法适用中的实现,也是为了维护公民基本权利和刑法的尊严。

Ⅱ 沿革

在 1997 年修订的《刑法》颁布之前,我国刑法中并没有明确规定法律面前人人平等的原则。在修订刑法的过程中,对是否应当在刑法中明确规定这一原则有不同的意见。一些学者不赞成在刑法中规定这一原则,其理由是:法律面前人人平等是我国宪法规定的原则,其对刑法同样起着指导意义,因此在刑法中规定这一原则就显得重复而没有必要。另外,还有学说认为,“刑法的基本原则是以调整犯罪与刑罚的关系为己任的。确切地说是调整刑法中报应与功利关系为基本准则,这就是刑法基本原则的真谛”[1]。根据这种理解,法律面前人人平等原则不是调整刑法中报应与功利关系的准则,不符合“刑法基本原则的真谛”,因此,主张坚决把该原则排除在刑法基本原则之外。主张在刑法中规定这一原则的学者认为,法律面前人人平等原则是宪法原则,但这并不意味着这一原则不需要在不同的部门法中具体化,我国其他部门法中都明确规定了这一原则,而涉及人生命、自由和财产的刑法更应当明确规定这一原则。另外,由于我国的现实情况,法律面前人人平等原则在我国现实中并不能真正做到,刑法中明确规定这一原则有利于避免在刑事司法实践中出现超越法律的特权。[2] 立法机关修订刑法时,采纳了后一种主张。时任全国人大常委会副委员长王汉斌在《关于〈中华人民共和国刑法(修订草案)〉的说明》中指出:“这个原则宪法已有规定,在刑法中再明确规定是有实际意义的。”1997 年《刑法》第 4 条明文规定:“对任何人犯罪,在适用法律上一律平等。不允许任何人有超越法律的特权。”这一原则是我们在刑事司法中同一切违反法律面前人人平等原则的现象作斗争的法律武器。 2

Ⅲ 关键用语解析

“适用法律人人平等原则”以“对任何人犯罪,在适用法律上人人平等”为主要内容,是宪法“法律面前人人平等”原则在刑法中的具体化。从本质上来说,适用法律人人平等是任何人享有的合法权利应当受到刑法同样的保护,任何人违反刑法规定的义务都应当受到同样的处罚。因此,该原则与罪刑法定原则在依据法律定罪处刑方面并没有什么本质差别,但罪刑法定原则强调刑法与行为之间的关系,即在定罪处刑时对任何行为都应当以刑法规定为标准。但适用法律人人平等原则强调的则是刑法与行为人之间的关系,即在适用刑法时对任何人都应当以法律为尺度平等地看待,不 3

---

1 高铭暄主编:《刑法学原理》(第 1 卷),中国人民大学出版社 1993 年版,第 16 页。

2 对此的更多评述和论证参见马克昌:《论我国刑法的基本原则》,载丁慕英、李淳、胡云腾主编:《刑法实施中的重点难点问题研究》,法律出版社 1998 年版,第 125、126 页;樊凤林:《论确立刑法基本原则》,载杨敦先等主编:《新刑法施行疑难问题研究与适用》,中国检察出版社 1999 年版,第 42 页。

允许任何人超越法律享有特权,也不允许歧视任何人。[3]

4 针对适用法律人人平等原则的具体内容,我国理论界从不同角度进行了分析。比如,从刑法适用的过程来看,适用法律人人平等包括"定罪平等""量刑平等"以及"行刑平等";从与罪刑法定原则的关系来看,适用法律人人平等可以分为"对任何犯罪人都必须严格按照法律定罪处刑"以及"对任何没有犯罪的人,都不得定罪处刑";从刑法功能上来看,可以将适用法律人人平等分为"一视同仁地依法惩处任何犯罪人"以及"一视同仁地保护一切公民免受犯罪的侵害"[4]。尽管理论上对适用法律人人平等原则的基本内容有深入的分析,但对其基本内涵,理论上仍需进一步的分析。

一、"任何人"

5 刑法以规定禁止性义务为主要内容,因此《刑法》第 4 条所规定的"任何人"首先是指违反刑法规范禁止性义务的犯罪人。但刑法中除了禁止性义务的规定,还有大量的内容涉及我国行使刑事管辖权范围的规定,关于法律不认为是犯罪的规定,关于某些与犯罪相似但不构成犯罪行为的规定,以及承担刑事义务主体范围的规定,等等。因此,适用法律人人平等不仅表现为对犯罪人要一律平等,同时也包括对任何其他行为需要刑法进行评价的人要一律平等。因此,《刑法》第 4 条中的"任何人"不能仅仅理解为"任何犯罪的人",而应当理解为任何实施应受刑法评价其行为的人。[5]根据我国学者的理解,从行为主体与刑法规定的关系这个角度出发,《刑法》第 4 条中的"任何人"除"任何犯罪人"以外,还应当包括以下几种:任何触犯我国刑法的禁止性规定,依照刑法应当承担责任的人;任何触犯我国刑法的禁止性规定,但按照刑法不应当承担刑事责任的人,比如未达到刑事责任年龄的未成年人等;任何触犯我国刑法的禁止性规定,但享有外交特权或享有豁免权的人;排除犯罪成立的行为,比如正当防卫、紧急避险以及意外事件等。

二、"适用法律"

6 《刑法》第 4 条规定的"适用法律"主要是负有实施刑法职责的国家机关依法实现打击犯罪,保护人民的活动。这里的国家机关主要是审判机关,另外还包括负有实现刑法规定内容职责的国家机关,比如国家侦查机关、公诉机关、刑罚执行机关。另

---

3 对此的详细论述参见陈忠林:《刑法面前人人平等原则——对〈刑法〉第 4 条的法理解释》,载《现代法学》2005 年第 4 期。

4 关于适用法律人人平等原则的基本内容,更为详尽的分析参见陈兴良:《刑法适用总论》(上卷),法律出版社 1999 年版,第 47 页;全国人大常委会法工委研究室编写组编著:《中华人民共和国刑法释义》,人民出版社 1997 年版,第 6 页。

5 详尽的论证参见陈忠林:《刑法面前人人平等原则——对〈刑法〉第 4 条的法理解释》,载《现代法学》2005 年第 4 期。

外，从刑事法律关系上来看，刑事法律关系涉及国家、被害人、被告人三方的权益，由于国家是刑罚权的主体，在刑事法律关系中处于绝对有利地位，因此，在适用法律的过程中，上述国家机关要树立平等观念，站在公正的立场上适用刑法；另外，平等适用法律必须防止刑罚权的滥用。适用法律人人平等原则只是为平等适用法律提供了可能，而要实现该原则，负有实现刑法职责的国家机关起着关键作用。从被害人的角度看，公民、法人、国家机关、非法人团体都可成为刑事法律关系的被害人，刑法的适用与被害人的切身利益攸关，因此能否平等地维护被害人的利益是适用法律人人平等原则的关键。从犯罪人的角度看，自然人、单位同样存在事实上的不平等，平等适用刑法要求刑法是“犯人的大宪章”，因此依法维护犯罪人的合法权益是国家机关的使命。另外，适用法律人人平等同样意味着国家机关要平等地制裁犯罪，其依据的法律只能有刑法一个标准，而且国家机关要做到有罪必罚，同罪同罚，刑罚的轻重与罪行的轻重相适应。

在适用法律上，平等还意味着国家机关排斥一切形式的特权。在中国，平等适用 7
法律的主要任务就是反对特权，其反对特权的程度直接决定了刑法平等适用的程度。但在反特权的道路上，我国刑事司法还有漫长的道路要走。另外，平等适用法律同样意味着适用刑法过程要排斥一切形式的歧视。事实上，特权就建立在牺牲被歧视群体利益的基础上，因此反特权、非歧视共同构成了平等适用刑法的合理内核。从平等适用刑法的角度来看，反特权、非歧视意味着除作为犯罪构成要件的身份外，一切身份都与刑事责任无关。刑事责任只能是行为人实施行为的责任，其唯一根据是由刑法确定的犯罪构成。

三、“不允许任何人有超越法律的特权”

（一）基本含义

为了保护特定职权的人履行特定的职权，法律一般不排除特权的存在，比如外交 8
人员所享有的外交豁免权或各级人民代表大会代表在各级人民代表大会上的发言不受刑事追究等。但在适用刑法的过程中，不允许任何有超越法律的特权。这就要求刑法平等地适用于每一个人，具体来说包括以下三个方面：

（1）根据刑法规定对犯罪人定罪上不允许有超越法律的特权。任何人犯罪，无论 9
其地位多高，功劳多大，都应当受到刑事追究而不允许有超越刑法的特权和例外。我国刑法在具体规定中都体现了定罪上不允许超越法律特权的规定，例如《刑法》第6—9条明确规定了我国刑法适用的空间范围。这些规定表明，只要实施了我国刑法规定的犯罪行为，无论其在我国领域内还是领域外，也不论是中国人还是外国人，除法律另有规定以外，在适用我国刑法上一律平等，不存在任何超越法律的特权。另外，不允许有超越法律的特权同样表现在我国刑法分则对具体犯罪的规定上。比如，我国刑法分则同等地保护了公私财产所有权，从而由过去仅重视对公有财产的法律保护，发展到对公私财产的同等保护。例如，将1979年《刑法》第125条规定的破坏集体生产罪,修改为 1997 年《刑法》第 276 条规定的破坏生产经营罪,将保护范围从集体生产扩大到个体生产。

10 (2)量刑上不允许有任何超越法律的特权。对犯相同罪的人,除具有法定的从重、从轻或者减轻处罚的情节以外,应当处以相同的刑罚。因此,量刑意义上反对特权并非不考虑犯罪情节的绝对的同罪同罚。《刑法》第 61 条规定:"对于犯罪分子决定刑罚的时候,应当根据犯罪的事实、犯罪的性质、情节和对于社会的危害程度,依照本法的有关规定判处。"这一量刑原则体现了以事实为根据,以法律为准绳的精神,同时也包含着反对超越法律特权,对一切犯罪人公正、平等地依法处刑的内容。

11 (3)行刑上坚持平等原则,不允许任何人享有超越法律的特权。在刑罚执行上,每个犯罪人都应当受到相同的处遇,不因身份、地位而有所特殊。现实生活中,行刑上的不平等现象客观存在,尤其是有些人通过各种手段获得非法减刑和假释,极大地损害了判决的严肃性。为此,刑法严格地规定了减刑和假释的程序。《刑法》第 79 条规定:"对于犯罪分子的减刑,由执行机关向中级以上人民法院提出减刑建议书。人民法院应当组成合议庭进行审理,对确有悔改或者立功事实的,裁定予以减刑。非经法定程序不得减刑。"这一规定,体现了行刑上反对超越法律特权而坚持适用法律的平等性。

(二)需要思考的问题

12 作为刑法的基本原则,我国《刑法》第 4 条明确规定适用法律人人平等原则具有重要的意义,但仍需要思考的问题是:

13 (1)从规范内容上来看,《刑法》第 4 条规定,"对任何人犯罪,在适用法律上一律平等",但该规定只是把宪法规定的原则照搬到了刑法中,而没有将该原则具体应用到刑法中,因此该规定没有体现刑法基本原则的特性。另外,"对任何人犯罪"的表述也不准确。从该条规定的内容来看,其应当规定为"对任何犯罪人"适用刑法一律平等,而不是"对任何人犯罪"适用刑法一律平等。因此,《刑法》第 4 条合理的表述应当是"对任何犯罪人,在适用刑法上一律平等,不允许任何人有超越法律的特权"。

14 (2)从实际情况来看,实现适用刑法人人平等原则的关键是刑事立法在罪行结构设置上应当更为科学合理,应当兼顾不同犯罪之间的协调,避免出现规范上的不平等。另外,司法实践中如何确实理顺司法机关与行政机关,尤其是司法机关与党委之间的关系,是我国实现适用刑法人人平等原则的关键。

Ⅳ 适用法律人人平等原则面临的问题

一、适用法律人人平等并非仅限于打击犯罪上的平等

15 理论通说一般认为《刑法》第 4 条规定的刑法平等只是打击犯罪、追究刑事责任

的平等[6],但该条规定的平等在内容上应当包括刑法平等打击犯罪和保护法益两个方面。首先,从制定刑法的实际情况来看,惩罚犯罪和保护法益是密切联系在一起的,刑法只有合理地惩罚犯罪,才能更好地保护法益,而且刑法只有切实地保护法益,才能更有效地打击犯罪。其次,如果《刑法》第 4 条只限于打击犯罪上的平等,而没有在保护利益上实现平等,那么刑法就不可能实现打击犯罪和保护法益的有机统一,从而更好地实现刑法的机能。从我国刑法的任务来看,刑法是打击犯罪与保护法益的有机统一,而且打击犯罪的根本目的就是保护法益免受各种犯罪的侵害。除打击犯罪和保护法益以外,刑法通过规定某行为的非犯罪性而授予法益所有人行动的自由,从而保护其权益。最后,对犯罪人来说,刑法同样是保护其权益的大宪章。刑法通过对犯罪与刑罚的明确规定,限制了国家刑罚权的恣意发动,同时也为人的行动划出了明确的界限,没有逾越该界限的行为受刑法的平等保护而不会被恣意施加刑罚。受刑法的平等保护,同样意味着犯罪人所受刑罚应当与其犯罪相适应,避免其受到严酷和不人道的刑罚。

二、如何处理刑法适用中的区别对待原则与平等原则

平等适用刑法要求相同情况相同对待,不同情况不同对待,但刑法适用对象明显存在各种差异,无视适用对象的个别化而刻意追求刑法平等反而会作出错误的处理,从而造成实质上的不平等。但如何处理刑法适用中的平等原则与区别对待原则呢? 16

法律面前人人平等原则表明,所有人对所实施的犯罪承担相同的责任,也就是刑事责任的根据相同,但是这种平等并不是对相同的犯罪处以相同的刑罚。刑法适用对象在实践中存在各种差异,对这些差异区别对待是实质平等的要求。对具体的犯罪来说,在判断其严重性时不仅要考虑犯罪的严重程度,还要考虑犯罪人的个人品质、减轻情节和从重情节。同时,也需要考虑可以成为行为人个人免除刑事责任或大大减轻责任的根据。比如,未成年违法犯罪人、怀孕的妇女以及已满 75 周岁的老人,他们实施犯罪行为所受到的刑罚要比实施同样行为的其他人轻缓。由此可见,适用法律人人平等原则与区别对待原则之间不能独立起来,两者应当结合在一起,其目的是能够最大可能地实现刑法的公正与平等。从刑事立法方面看,刑法一方面强调刑法面前人人平等,另一方面又在规定犯罪、刑事责任和刑罚时在诸多方面给区别对待留有余地。例如,刑法规定对累犯从重处罚且不得适用缓刑和假释、对自首和立功从宽处罚、驱逐出境只适用于犯罪的外国人等。从刑法适用上看,法官拥有一定的自由裁量权,可以根据被告人的实际情况作出相应的判决。因此,面对适用法律人人平等原则,无论刑事立法还是刑事司法都需要兼顾区别对待的原则。 17

---

6 参见高铭暄主编:《新编中国刑法学》,中国人民大学出版社 1998 年版,第 21 页;赖早兴:《刑法平等原则辨析》,载《法律科学》2006 年第 6 期。

第五条　罪刑相适应原则

刑罚的轻重，应当与犯罪分子所犯罪行和承担的刑事责任相适应。

文献:冯军:《刑事责任论》,法律出版社 1996 年版;刘家琛主编:《新刑法条文释义》,人民法院出版社 1997 年版;陈兴良:《本体刑法学》,商务印书馆 2001 年版;赵秉志:《刑法总则问题专论》,法律出版社 2004 年版;高铭暄、马克昌主编:《中国刑法解释》(上卷),中国社会科学出版社 2005 年版;陈兴良:《教义刑法学》,中国人民大学出版社 2010 年版;张苏:《量刑根据与责任主义》,中国政法大学出版社 2012 年版;陈兴良:《规范刑法学》(第 3 版),中国人民大学出版社 2013 年版;高铭暄、赵秉志编:《新中国刑法立法文献资料总览》(第 2 版),中国人民公安大学出版社 2015 年版。陈兴良:《论我国刑法的发展完善——关于罪刑法定、罪刑相适应原则的思考》,载《中国法学》1989 年第 3 期;赵秉志、于志刚:《论罪责刑相适应原则》,载《郑州大学学报(哲学社会科学版)》1999 年第 5 期;刘德法:《论罪责刑相适应原则》,载《国家检察官学院学报》2000 年第 2 期;刘守芬、汪明亮:《试论罪刑均衡的功能性蕴涵》,载《法制与社会发展》2001 年第 5 期;刘守芬、方文军:《罪刑均衡的司法考察》,载《政法论坛》2003 年第 2 期;刘守芬、方泉:《罪刑均衡的立法实现》,载《法学评论》2004 年第 2 期;郑延谱:《从罪刑均衡到罪责刑相适应——兼论刑法中"人"的消隐与凸显》,载《法律科学》2014 年第 6 期。

细目录

Ⅰ　主旨
Ⅱ　沿革
Ⅲ　罪刑相适应原则的基本内涵
Ⅳ　行为严重性的阶层性判断
一、构成要件的类型性判断:行为严重性的阶层性判断的难题
二、行为严重性的阶层性判断标准:对法益承担者生活质量造成的损害
三、生活质量标准在行为严重性的阶层性判断中的适用性
Ⅴ　根据行为严重性对相适应刑罚的确立

Ⅰ　主旨

1　本条明确规定罪刑相适应原则是为了实现刑法的公平正义,同时也是为了在打击与预防犯罪的衡平中能够更好地发挥刑法的机能。

Ⅱ 沿革

罪刑相适应作为刑事立法与司法的基本指导思想和一贯方针在我国1979年以前制定的单行刑事法规和司法文件中都有体现。1979年《刑法》虽然没有明文规定罪刑相适应原则,但该法第57条明确规定:“对于犯罪分子决定刑罚的时候,应当根据犯罪的事实、犯罪的性质、情节和对于社会的危害程度,依照本法的有关规定判处。”这事实上是罪刑相适应原则在量刑中的体现。1997年修订《刑法》时,为了保证刑法能够公正合理地实施,立法者在《刑法》第5条明确规定了罪刑相适应原则,从而与罪刑法定原则、适用法律人人平等原则共同构成了我国刑法的基本原则。[1] 2

Ⅲ 罪刑相适应原则的基本内涵

理论通说对罪刑相适应原则的理解是:刑罚应当与行为人所犯罪行与承担的刑事责任相适应,其基本要求通常表述为重罪重罚、轻罪轻罚、无罪不罚、罚当其罪、罪责刑相当。[2] 3

但这种理解仍停留在刑法颁布前我国传统刑法理论的表述,而没有表达出《刑法》第5条的立法本意。针对《刑法》第5条的内涵,尽管理论上有各种表述,但其差异主要集中在对“罪行”与“刑事责任”的理解不同上。对此,一种观点认为这里的罪行主要是指行为的社会危害性程度,包括客观危害与主观恶性。刑事责任主要指行为的人身危险性程度,包括初犯可能与再犯可能。另一种观点认为“罪行”主要指犯罪行为对社会的危害程度。“刑事责任”主要指犯罪人主观恶性的大小。对此,《刑法》第5条将“罪行”与“刑事责任”并列作为决定刑罚的因素说明,“罪行”与“刑事责任”之间并没有包容关系,不能认为刑事责任包括了罪行,也不能将刑事责任看作罪行的补充。因此,决定刑罚有无及大小的是罪行和刑事责任两个要素,罪刑相适应包括刑罚和罪行的适应及刑罚和刑事责任的适应。 4

根据《刑法》第5条的立法原意以及刑法理论,这里的“罪行”是指犯罪构成事实,是刑法分则所规定的某一具体犯罪构成所包含的客观事实的总和,即具体犯罪构成所要求的全部事实,这些事实包括了犯罪构成的必备要件和选择要件。比如,直接客体、行为对象、危害结果、罪过和犯罪目的、主体身份以及犯罪的时间、地点和手段等。这些事实直接决定了行为的社会危害性,它们不但决定犯罪是否成立,而且也决 5

---

1 关于罪刑相适应原则在我国的立法沿革,更为详尽的论述参见高铭暄、马克昌主编:《中国刑法解释》,中国社会科学出版社2005年版,第69页。

2 参见高铭暄、马克昌主编:《刑法学》(第7版),北京大学出版社、高等教育出版社2016年版,第40页。

定成立犯罪的性质,因此行为具备这些事实是刑罚适用的前提。

6 《刑法》第5条中的"刑事责任"不同于刑事责任理论中刑事责任的概念。根据立法本意和量刑的原则,这里的刑事责任应理解为犯罪人在犯罪过程中以及犯罪前后表现出来的、与犯罪人的人格直接相关的、决定其人身危险性的一系列主观情况。需要说明的是,这些情况并不决定犯罪成立与否,它们只是在犯罪成立基础上决定量刑轻重的法定和酌定情节,如犯罪前行为人的职业状况、国籍、精神状况等;犯罪过程中的犯罪动机、犯罪时的意志特征、犯罪中的作用等;犯罪后投案的自首、立功、退赃、认罪态度、悔罪表现、民愤等。对此,刑法针对犯罪人的具体情况对行为人应承担的刑事责任作了各种规定,比如刑法对中止犯、预备犯、自首或立功以及具有特殊身份的人犯罪等的规定。对这些情节,刑法大多规定了不同的刑事责任解决方式,如对交通肇事后又逃逸的规定了较高档次的法定刑,对多次走私未经处理的按照累计走私货物物品的偷逃应缴税额处罚。

Ⅳ 行为严重性的阶层性判断

7 对行为严重性的判断是实现罪刑相适应的关键,由此需要解决的问题包括:其一,根据何种标准可以判断行为的严重性?其二,该严重性在整个行为严重程度序列中处于哪个阶层?

一、构成要件的类型性判断:行为严重性的阶层性判断的难题

8 在行为严重性判断中,在确定行为具有违法性后需要解决的问题是:根据什么标准来确定行为的不法程度呢?按照通常的理论,根据构成要件对行为是否具有违法性的判断相对简单,但在判断行为的不法程度时,单独根据构成要件本身是否就能够确定行为的不法程度呢?[3] 如果可以的话,那么对构成要件是否可以量化性思考呢?因为只有在以上两个前提下,从构成要件中才可以确定一个判断阶层,从而实现对行为严重性的阶层性判断。但问题的关键是,构成要件中是否存在这样一个判断阶层呢?

9 一般来说,如果构成要件性特征可以通过具体行为状况来确定,而且在实现程度上也存在差异的话,那么构成要件本身就存在一个序列性概念。因此,以不同行为状况为基础的构成要件性事实就能满足对构成要件进行量化性思考的需要。而且从原

---

3 根据构成要件确定行为不法的程度,我国刑法学者对此仅简单论述了构成要件与违法性之间的关系,但并没有涉及该问题。对此参见张明楷:《刑法学》(第4版),法律出版社2011年版,第129页;Bloy,Die Berücksichtigungsfähigkeit außertatbestandlicher Auswirkungen der Tat bei der Strafzumessung,NStW 1995,S. 577; Christina Schmid,Das Verhältnis von Tatbestand und Rechtswidrigkeit aus rechtstheoretischer Sicht,Duncker und Humblot,2002,S.62ff.

则上来看,对构成要件性事实进行量化性思考也是可行的。[4] 在这个前提下,实现的构成要件性事实就可以按照这个序列确定下来,从而实现对行为严重性的阶层性判断。同时,由于刑罚的可处罚性同样建立在构成要件的序列性之上,因此裁量者据此就可以在量刑实践中确定相应的刑罚。这就表明:刑罚裁量者不但需要考虑行为是否具有构成要件的该当性,而且还需要考虑在实现同一个构成要件的情况下,不同行为事实之间的差别,从而对其严重性进行阶层性判断。

正是构成要件的可量化性特征,我们可以根据实现构成要件具体行为事实之间的差异确定行为在严重程度上的一个序列。[5] 比如财产性犯罪中的财物数额等,在对构成要件进行量化性思考后,同样可以作为确定行为严重程度序列的依据。但很多情况下,构成要件的序列性概念并不是通过量化,而是借助对行为事实的描述来确定的。比如结果加重犯的构成要件,其严重性序列就是通过对行为事实的描述来确定的。在描述这些序列差异时,构成要件一般使用了特定的形容词或者动词。比如《刑法》第 234 条对故意伤害罪的规定,立法者在说明行为严重性在序列上的差异时使用了“特别残忍”。同样,德国刑法在说明构成要件的严重性序列时也大部分采用了这种方式,比如《德国刑法典》第 250 条根据“严重虐待”说明了情节严重的抢劫在严重性序列上的差异。由此可见,在说明序列性概念时,构成要件并非完全借助量化性思考,有时候还需要通过其他途径才能最终将这种序列性概念确定下来。 10

但是,如果能够对改变客观存在物的状况进行限制,而且对导致这种状况改变的行为方式进行确定的话,那么在刑法领域内要确定一个严重性序列则相对容易。但事实上,刑法对构成要件的规定很少这样具体,大多数犯罪构成要件仍需要通过抽象思维来理解,而且各个人对实现构成要件的事实理解也存在着差异。因此,在欠缺物质评价标准的前提下,要根据实现构成要件的不同事实来确定一个严重性序列是不现实的。比如,暴力犯罪的构成要件,其行为事实可以表现为:间接对被害人身体实施的暴力、暴力实施肢体性侵犯但尚未给被害人造成健康性损害结果、实施暴力造成被害人身体伤害直至被害人死亡等。尽管据此可以对暴力进行差异性理解,但如果欠缺一个物质性评价标准的话,那么仅根据上述暴力的不同行为方式,我们依然很难 11

4 不仅构成要件是一个阶层性的概念,而且刑罚本身也可以从不同阶层上来理解,参见 Sieht dazu: Radbruch Gustav, Klassenbegriff und Ordnungsbegriffe im Rechtsdenken, in: Arthur Kaufmann (Hrsg.), Gustav Radbruch-Gesamtausgabe. Band 3, Müller, 1990, S. 60。在此基础上,认为构成要件不但可以分层次,而且也可以对不同层次确定其顺序,参见 Engisch Karl, Die Idee der Konkretisierung in Recht und Rechtswissenschaft unserer Zeit, 2. Aufl., Winter, Heidelberg, 1968, S. 288-290。

5 根据构成要件与构成要件要素事实之间的关系,也有学者将其视为构成要件的类型性特征。详细论述参见陈兴良:《构成要件:犯罪论体系核心概念的反拨与再造》,载《法学研究》2011 年第 2 期;蔡桂生:《构成要件论:罪刑法定与机能权衡》,载《中外法学》2013 年第 1 期;Winfried Hassemer, Tatbestand und Typus, Heymann, 1968, S. 110f.

确定暴力在严重程度上的差别,更不会据此确立一个行为严重性的判断阶层。因此,实践中的难点依然是如何确定构成要件在严重性上的序列。[6] 因为只有在这个前提下,法官才能根据行为严重程度施以相应的刑罚。由此带来的问题是:在判断行为严重程度时,应根据何种标准将构成要件中描述的、在行为事实中出现的各种损害纳入一个具有序列性的范围。这个评价标准并不能仅仅从构成要件的描述中推论出来,而是需要借助行为的社会意义来进行分析,同时也需要对造成行为状态改变的事实进行评价后才能获得。

12 由此可见,根据刑法条文能够直接确定构成要件性序列的情况毕竟有限,而大部分构成要件并没有一个可供比较的严重性序列,因为构成要件本身要么欠缺一个序列性概念,要么在行为不法程度的理解上还需要进一步补充。以《德国刑法典》第242条对盗窃罪的规定为例,该罪的构成要件中并没有一个与不法性相关的可以比较的序列性规定,因此并不能据此来确定盗窃的不法程度。但实践中,裁量者通常是根据在构成要件中并没有被提及的盗窃财物的价值来确定的。由此可见,构成要件以外的判断标准在确定行为不法程度时起着决定性作用,这种重要性从其他财产性犯罪中也可以体现出来。

二、行为严重性的阶层性判断标准:对法益承担者生活质量造成的损害

13 如何根据一个整体性和体系化的判断标准,对行为的严重性进行阶层性判断呢?这个标准必须在以下两个方向上能够经受住理论的批评性检验:其一,该标准必须在规范的基础上能够进行类型性判断,从而保证判断结论的实用性;其二,根据该标准,行为严重性的判断结论必须表现出一定的阶层性,而且判断结论之间可以在严重程度上进行比较。

14 一般认为,根据行为对法秩序或者法益造成的损害并不能判断行为的不法程度。对此,理论上出现了在规范基础上,根据行为对法益承担者造成的损害来理解行为不法的努力。[7] 但在寻求判断标准的过程中,理论上出现了根据被害人的主观感受来理解行为不法程度的观点,根据这个理解,行为的不法程度是根据具体行为对被害人造成的损害进行主观性感受来确定的。但由此带来的问题是,根据这个标准如何对

---

6 Götting 因此提出建议认为:法官应当根据自己的职业经验,至少对经常发生的犯罪行为能够确定其在严重性上的序列。参见 Götting Bert, Gesetzliche Strafrahmen und Strafzumessungspraxis-eine empirische Untersuchung anhand der Strafverfolgungsstatistik für die Jahre 1987 bis 1991, Lang, Frankfurt am Main, 1997, S. 213。而 Wolfgang Frisch 则认为,应当在规范的前提下,以平均的结果无价值为基点来进行阶层性判断,对此详细的论述参见 Wolfgang Frisch, Über die „Bewertungsrichtung“ von Strafzumessungstatsachen-Ein Beitrag zur Problematik komparativer Aussagen im Strafrech, GA 1989, 353。

7 根据这种观点,对法益承担者造成的损害可以根据法益对象状态的消极改变,或者至少从导致该状态改变的危险来理解不法性。对此详细的论述参见 Kühl Kristian, Strafrecht(转下页)

不同行为的严重性进行比较呢？因为行为只有在严重性上能够比较，我们才有可能确定一个严重性的阶层序列。但事实上，个人价值标准以及偏好差异都影响着不法性判断的结论。

与此相对，理论上出现了考虑被害人受到典型损害的观点。根据这种理解，行为不法程度应当依据被害人生活受到的客观影响来确定。这种标准的合理之处就在于通过考虑被害人的生活状况，从而确定了每个被害人受到行为的影响到底有多么严重。尤其在财产性犯罪中，这种个人化的客观标准更具有实用性。比如，赔偿损害的财物，对一个富人来说这可能是件烦琐的小事，但对一个急需社会救助的穷人来说，如果长时间得不到赔偿，他受到的损失可能会更大。由此可见，对行为不法程度的判断必须考虑个人具体生活因此所遭受的客观损害。但由此产生的问题是：要确定这种客观损害程度，必须查清各个被害人的具体情况，在所有案件中，要查清这些事实是否可能？而且详尽调查被害人的情况也违背了加强保护被害人的趋势。因此，这就需要对被害人所遭受的客观损害进行类型性判断。事实上，行为不法程度的判断本身就是建立在诸多要素基础之上的类型性判断。这主要体现在：作为判断结果的行为不法程度，必须能够在程度上分为不同层次，而且彼此之间可以进行比较。这种类型性思考在不法程度进行判断后，使得对行为的严重程度进行阶层性划分成为一种可能。因此以个人生活质量受到的损害为切入点是一个合理的思考方向，根据它可以确定被害人受到的典型性损害，从而为适用该标准提供一个基础。另外，根据这个切入点，也可以对被害人生活质量受到的侵害进行比较，从而实现行为严重性的阶层性判断。 15

在上述思考方向的基础上，出现了根据被害人生活质量受到的损害来判断行为严重性的理论。[8] 在评价行为严重性时，该理论首先确定行为损害了被害人的哪个基本权益。为此，该理论将人的基本权益分成了以下四个不同的类型：肢体的完整性、物质性利益、避免蒙羞以及个人隐私。在此基础上，该理论确定了上述利益受到 16

(接上页) AT, 6. Aufl., Vahlen, München, 2008, § 3 Rn. 4。但反对者认为，针对以个人为法益承担者的结果犯来说，根据这个标准来理解行为不法并不困难，但对以社会整体为对象的危险犯来说，对作为法益承担者的社会整体却存在理解上的困难。对此参见 Winfried Hassemer, Strafen im Rechtsstaat Nomos Verlagsgesellschaft, Baden-Baden, 2000, S. 163; Herzog Felix, Gesellschaftliche Unsicherheit und strafrechtliche Daseinsvorsorge-Studien zur Vorverlegung des Strafrechtsschutzes in den Gefährdungsbereich, Decker, Heidelberg, 1991, S. 109。

8　该理论最初由 Von Hirsch 以及 Jareborg 提出，之后由 Bernard Schünemann 和 Wolfgang Frisch 以及 Hans-Jörg Albrecht、Tatjana Hörnle 在行为等比性量刑理论（Tatproportionale Strafzumessung）中进行讨论。参见 Frisch/Von Hirsch/Albrecht, Tatproportionalität: Normative und empirische Aspekte einer tatproportionalen Strafzumessung, 2003; Andrew von Hirsch, Proportionate Sentencing, Oxford University Press, 2005, p. 12; Tatjana Hörnle, Tatproportionale Strafzumessung, Duncker und Humblot, 1999。根据他们的理解，生活质量标准并不仅从物质内涵上，而且还应当从身体的、精神的以及物质的生活状况上进行综合性判断。

犯罪行为侵犯的严重性。但问题的关键是,在哪种生活质量层面上,以上受到损害的生活利益对被害人来说是必不可少的呢?因为被害人正是因为这些基本利益受到了损害,其生活质量才受到了影响。

17　对此,该理论给出了可以据此说明个人生活质量的四个阶层。第一个阶层是生活质量的最低阶层,该阶层只能提供人们能够在社会上生存下去的基本条件。第二个阶层提供了使人感到舒适所必需的基本条件。在这个阶层中,与第一个阶层相比,尽管物质上的保障还是最根本的,但处在这个阶层上的人必须身心上感到舒适,而且这种舒适感只有在个人尊严得到尊重,私人空间得以保留的前提下才能实现。现实中,尽管没有个人尊严以及私人空间,人们也可以存活下去,但如果欠缺这两个关键的因素,还不能说这个人的生活质量属于第二个阶层。第三个阶层中,人们对自己的生活能够感受到适度的舒适。这个阶层中除了人们能够舒适生存下去所必需的物质条件,还包括属于第二个阶层的尊严得到了尊重,以及私人空间得以保留这些基本条件。第四个阶层也是最高的一个阶层,该阶层的前提是人们的生活舒适度最终得到了提高,对物质财富的占有是该阶层生活质量的基础。事实上,尽管这种占有并不是必不可少的,但占有物质财富却是生活质量明显提高的保障。根据上述对人们生活质量四个阶层的划分,该理论认为可以将行为严重性按照五个不同类型分为如下五个不同阶层:损害第一个阶层生活质量的行为,属于最为严重的行为不法,因为它侵害了被害人作为生存前提的基本条件;加重的行为不法是行为损害了属于第二个阶层的生活质量,这种不法行为侵害了被害人能够获得最低舒适感所必须的条件;中度严重的不法存在于前两类犯罪行为之间,它侵害了被害人感到适度舒适的条件;轻微的行为不法侵害了被害人作为生活质量升高舒适度的条件;最为轻微的行为不法侵害了属于第四个阶层生活质量的基本条件。[9]

18　由此可见,判断行为严重性时,仅从物质和精神的角度判断被害人受到的损害并不充分。因此该理论将私人空间以及个人尊严视为舒适生活的一个基本前提,从而增加了行为严重性判断中的实用性。据此,以被害人生活质量为切入点,我们就可以从不同角度对行为的损害程度进行相互比较,而且根据确定的严重性序列对行为严重性进行阶层性判断。尤其在判断被害人受到的损害时,对不仅仅造成物质性损害结果的犯罪行为,根据生活质量标准也可以对其严重程度从整体上进行判断。因为

9　以上内容就是 Von Hirsch 与 Jareborg 根据行为对不同阶层生活质量造成的损害来理解行为不法的基本内容。对此更为详细的论述, 参见 Andrew von Hirsch, Proportionate Sentencing, Oxford University Press, 2005, p. 12; Andrew von Hirsch, Censure and Sanctions, Clarendon Press, 1995, p. 26; Andrew von Hirsch / Nils Jareborg, "Gauging Criminal Harm, A Living-Standard Analysis," Oxford Journal of Legal Studies, Vol. 11, No. 1; Andrew von Hirsch / Nils Jareborg, Strafmaß und Strafgerechtigkeit, Die deutsche Strafzumessungslehre und das Prinzip der Tatproportionalität, Forum Vlg Godesberg, 1991。

对这类行为来说，仅从传统的法益概念来分析，我们并不能确定其损害的严重程度。比如在判断性犯罪行为的严重性时，根据性自决权这个法益受到损害的程度，我们仍不能确定行为的严重性。因为这个法益概念并不能将性犯罪行为的所有内容都表达出来，比如被害人因此受到的蒙羞，而这无疑影响了对性犯罪行为严重程度的判断。事实上，这类行为正是侵害了作为被害人生活质量重要内容的被害人尊严，从而影响了其生活质量。由此可见，行为只有在借助以上理解的前提下才能从整体上对其严重性进行判断。

另外，影响生活质量的私人空间同样是行为严重性判断中的重要内容。以盗窃罪为例，从盗窃罪的司法解释和刑法条文的修正过程来看，入户盗窃逐渐成为盗窃罪的一个法定行为方式。1998 年最高人民法院《关于审理盗窃案件具体应用法律若干问题的解释》第 4 条规定，对于一年内入户盗窃或者在公共场所扒窃三次以上的，应当认定为“多次盗窃”，以盗窃罪定罪处罚。这是我国第一次将入户盗窃认定为刑法规定的“多次盗窃”，从而将其视为盗窃犯罪来处理。2011 年 5 月 1 日起实施的《刑法修正案（八）》第一次明确将入户盗窃规定为一种盗窃行为。《刑法》第 264 条规定，“盗窃公私财物，数额较大的，或者多次盗窃、入户盗窃、携带凶器盗窃、扒窃的，处三年以下有期徒刑、拘役或者管制，并处或者单处罚金”。因此，入户盗窃被规定为与多次盗窃、携带凶器盗窃并列的一种独立盗窃行为。同样，2013 年 4 月 4 日起实施的最高人民法院、最高人民检察院《关于办理盗窃刑事案件适用法律若干问题的解释》对“户”作了明确的规定。根据该解释，对非法进入供他人家庭生活，与外界相对隔离的住所盗窃的，应当认定为“入户盗窃”。而 1999 年 10 月 27 日最高人民法院《关于印发〈全国法院维护农村稳定刑事审判工作座谈会纪要〉的通知》中将入户盗窃中的“户”解释为“家庭及其成员与外界相对隔离的生活场所，包括封闭的院落、为家庭生活租用的房屋、牧民的帐篷以及渔民作为家庭生活场所的渔船等”。该解释尤其指出，对集生活、经营于一体的处所，在经营时间内一般不应视为“户”。由此可见，对入户盗窃，尽管这种行为尚未达到法律规定的数额较大，但我国司法实践仍将其作为盗窃罪来处理。这主要是因为，盗窃行为并不仅仅侵犯了财产所有权，而且也侵犯了私人空间这一被害人生活质量的基本权利。 19

三、生活质量标准在行为严重性的阶层性判断中的适用性

根据之前的论述，行为严重性的阶层性判断的依据是行为对法益承担者生活质量造成的损害。该结论可以从以下具体犯罪行为的规范性分析中得到检验。这种犯罪既包括针对个人实施的犯罪，也包括针对组织体实施的犯罪。 20

（一）针对个人实施的犯罪的行为严重性的阶层性判断

针对伤害行为，我国刑法对不同故意伤害行为的规定，尽管没有像其他国家那样根据行为严重程度上的差别规定不同的罪名，但从故意伤害罪规定的不同刑罚处罚幅度上，我们仍可以看出伤害行为在严重程度上的差别。根据《刑法》第 234 条的规 21

定,故意伤害在严重程度上可以分为一般伤害、重伤以及最为严重的伤害。同时根据1999年10月27日最高人民法院《关于印发〈全国法院维护农村稳定刑事审判工作座谈会纪要〉的通知》的规定,参照1996年国家技术监督局颁布的《职工工伤与职业病致残程度鉴定标准》,“严重残疾”是指被害人身体器官大部缺损、器官明显畸形、身体器官有中等功能障碍、造成严重并发症等。由此可见,之所以将造成肢体残缺、器官明显畸形的行为按照刑法规定的严重伤害处以严厉刑罚,其主要原因就是该行为损害了人能够在社会上生存的基本条件。按照之前论述的生活质量标准,这属于被害人生活质量第一阶层的利益,因此该行为在严重程度上处于最高阶层。

22　针对性犯罪行为,刑法对不同严重程度的强奸行为的规定,根据上述生活质量标准也可以得到合理解释。根据《刑法》第236条的规定,与基本犯相比,对结果加重强奸行为的规定同样是基于行为给被害人生活质量造成的影响。根据该条的规定,在公共场所当众强奸妇女的,以及二人以上轮奸的都属于加重的强奸行为。在造成同样损害结果的前提下,对行为人在公共场所强奸,或者二人以上轮奸的,给被害人造成了更大的羞辱。因此行为对被害人生活质量造成的损害明显升高,其行为严重程度也相应升高。同样,基于对青少年儿童将来性发育的保护,我国刑法加重了强奸幼女的处罚,这同样可以根据上述被害人生活质量标准进行合理解释。

23　对于暴力行为的严重程度,理论上一般认为,这首先取决于暴力在何种程度上损害了被害人肢体的完整性,其次是被害人的尊严是否因此受到了损害。[10] 因此,与纯粹限制被害人人身自由的暴力相比,对暴力造成被害人身体伤害的,由于这种行为同时给被害人造成了损害,因此其严重程度相对较高。由此可见,根据对被害人生活质量造成的损害程度可以对暴力行为的严重性进行判断。但与此相对,在判断胁迫行为的严重性时,根据被害人生活质量标准进行判断却相对困难。对此,以被害人生活或者健康为内容的胁迫,由于这种胁迫具有转化为现实的危险性,因此理论上一般根据这种危险来判断其严重性。但由此带来的问题是,这种危险性是否应当从被害人角度去考虑呢?比如携带武器的抢劫,对行为人以武器胁迫被害人的,如果该武器根本就没有装弹药,或者仅仅是一个玩具枪支的话,那么该行为是否属于对被害人的胁迫,从而影响对行为严重性的判断呢?

24　对此主流理论一般认为,只有在被害人因胁迫而面临客观危险时,比如身体受到伤害,或者其私人领域或个人尊严受到侵犯等,被害人的个人感受才可能影响对胁迫

---

[10] 比如,通过特定方式的侮辱给被害人造成的身心损害等。对此德国典型的判例是:BGHSt 26,176 (180);26,224;BGH,StV 1991,262.另外,理论上也对此有诸多的说明,参见Küper Wilfried,Gefährdung als Erfolgsqualifikation?,NJW 1976,543;Strafgesetzbuch Leipziger Kommentar,Band 8,12. Aufl.,2010, § 250 Rn. 16;Urs Kindhäuser/Ulfrid Neumann,Nomoskommentar zum StGB,Band 2,4. Aufl.,Nomos,2013, § 250 Rn. 6。

的严重性的判断,否则被害人的这种感受并不具有独立意义。[11] 因此对携带武器的抢劫,如果行为人携带的武器本身不具有客观危险性的话,那么被害人的感受并不影响对行为的严重性的判断。但如果行为人事先并没有打算实施胁迫,而实际却通过胁迫实施强制行为的,理论上一般认为这并不影响对胁迫程度的判断。因此在判断胁迫行为的严重性时需要考虑:被害人利益在多大程度上受到了这些客观胁迫危险的侵害。由此可见,与造成被害人利益损害的具体危险相比,尽管胁迫本身所起的作用相对有限,但这种胁迫一旦与危害被害人生活质量的具体危险联系在一起,那么这种胁迫以及由此带来的客观危险将影响对胁迫行为严重性的判断。

根据上述被害人生活质量受到的客观危险,对刑法规定的暴力行为同样可以进行严重性判断。根据《刑法》第 236 条的规定,暴力实施强奸致被害人重伤、死亡或者其他严重后果的,属于结果加重的强奸行为。对这种严重性升高的暴力行为,由于该行为不但侵害了被害人的性自决权,而且也侵害了被害人肢体的完整性以及生命,而这些利益属于被害人生活质量第一个阶层的根本利益。因此,作为对这种最为严重暴力行为的反应,刑法规定暴力实施强奸行为致人重伤、死亡的,判处行为人 10 年以上有期徒刑、无期徒刑或者死刑。同样,对暴力实施抢劫致人重伤、死亡的,刑法同样规定了最为严厉的刑罚,这同样是因为这种暴力行为侵害的是作为被害人生活质量第一个阶层的根本利益,因此刑法将这类行为规定为最为严重的抢劫。另外,随着被害人受到暴力损害的利益所属生活质量阶层的升高,行为的严重性也随之加重,而行为的性质也会由此发生改变。比如,根据 2005 年 6 月 8 日最高人民法院《关于审理抢劫、抢夺刑事案件适用法律若干问题的意见》,对使用暴力造成轻微伤以上后果的行为,按照抢劫罪定罪处罚。根据该解释以及《刑法》第 269 条的规定,原本属于抢夺的行为,正是因为暴力损害了作为被害人生活质量第一阶层的肢体完整性,因而加重了该暴力行为的严重性,其行为性质也随之发生了变化。据此,上述司法解释才将抢夺行为升格为抢劫行为来处理。由此可见,暴力行为给被害人生活质量造成损害的阶层不同,不但影响其暴力行为的严重性,而且也影响其行为的性质。 25

胁迫对被害人生活质量造成损害的客观危险同样影响这种严重性判断,因此被害人的个人感受在上述判断中同样不具有独立的意义,但刑法在规定胁迫行为时,并没有关注胁迫程度上的差异对行为严重性判断的影响。比如对携带与使用武器的抢劫,德国刑法将其作为严重程度不同的两种抢劫行为分别进行了规定。但与此相反,我国《刑法》第 263 条只是笼统地将持枪抢劫作为结果加重的情形作了规定,而没有注意携带和使用枪支抢劫在严重程度上的差异。另外从相关司法解释中也可以发 26

11 与不具有这种情况的胁迫行为相比,对被害人在实施上述胁迫的同时也给被害人身体造成了伤害,或者对其私人领域或者尊严造成损害的,德国刑法理论具有代表性的观点更倾向于认为这种行为的严重性更大(参见 Bernd Heinrich/Tobias Reinbacher, Objektive Zurechnung und „Spezifischer Gefahrzusammenhang“ bei den erfolgsqualifizierten Delikten, Jura 2005, S. 743-747)。

现,在持枪抢劫的规定中同样没有注意区分携带与使用武器之间的差异。比如,2000年11月22日最高人民法院《关于审理抢劫案件具体应用法律若干问题的解释》第5条规定,“持枪抢劫”是指,行为人使用枪支或者向被害人显示持有、佩带的枪支进行抢劫的行为。但明显的是,使用枪支和向被害人显示持有、佩带枪支对被害人的胁迫程度是不同的,因此这两种抢劫的严重性也有差异。但无论立法还是司法解释,都没有注意到这种方式在行为严重程度上的差异。由此可见,与德国刑法规定的方式相比,我国将这两种不同的抢劫行为合并在一起不加区分的规定,显然忽视了两者在严重程度上的差异。

(二)针对组织体实施的犯罪的行为严重性的阶层性判断

27 除个人以外,很多犯罪中的被害人往往是特定的法人或者其他特定的组织,比如针对公司以及其他组织体实施的盗窃,或者对银行或保险公司实施的诈骗等。对这类以组织体为对象的犯罪来说,根据上述生活质量标准,同样可以对其严重性进行阶层性判断。

28 尽管组织体受到损害也会给个人生活质量造成影响,尤其是物质性的损害,但与针对个人实施的犯罪相比,生活质量标准在此类情况下对行为严重性的判断并不合适。对此理论上的一个努力方向是,根据行为对组织体经营能力造成的影响来进行判断,而且这个思路也得到一些学者的认可。[12] 但问题是,在判断针对组织体实施犯罪的行为严重性时,之前确定的生活质量的不同阶层是否同样适用?因为针对自然人的犯罪,根据之前论证的标准,如果行为对被害人生活质量造成的影响非常轻微,其严重程度也相对较轻。但如果这种行为对组织体的经营能力没有造成任何影响,那么这种犯罪是否就应当评价为合法行为呢?这就需要从理论上对经营能力受到的影响进行另外的分类。对此,理论上一般认为:对造成组织体经营能力短期受到了影响,但在之后并没有出现长期性后果的行为,其严重性应当视为轻微;严重程度中等的行为包括行为造成组织体损失非常严重,以至于经营能力长期受到了影响;而造成组织体经营能力彻底损毁的行为,只有在这个前提下,才能视为最为严重的犯罪。由此可见,针对组织体实施的犯罪,行为对组织体经营能力造成影响的程度,在行为严重性判断中起着决定性的作用。

29 但事实上,这种以组织体经营能力受到损害的标准还存在诸多不确定性。因为与自然人生活质量受到的影响相比,要判断行为对组织体经营能力造成的影响是相对复杂的。而且对个人被害人来说,在分析其生活质量受到的损害时,判断者能够对这种损害进行客观类型化的考虑。但对组织体来说,这种客观类型化的思考却相对困难,因为组织体经营能力受到的损害大部分并没有体现为物质性损害。对此,理论上一般认为,判断针对组织体犯罪的行为严重性时,除组织体经营能力受到的影响

---

12 更为详尽的论述,参见 Andrew von Hirsch/Nils Jareborg, Strafmaß und Strafgerechtigkeit, Forum Verlag, Godesberg, 1991, S. 53。

外,判断者还需要考虑自然人的哪些利益受到了组织体经营能力的影响。一般来说,如果这种影响并没有涉及自然人利益的话,那么这种行为的严重性就相对较轻。[13] 从这种观点来看,自然人利益受组织体经营状况的影响还是非常明显的,这主要体现在组织体因经营能力受到了影响,从而减少了提供给自然人工作的机会。因此,在判断针对组织体实施犯罪的行为的严重性时,这种因素必须考虑进去。[14]

由此可见,当被害人是自然人时,根据被害人生活质量受到的损害,完全可以对行为严重性进行阶层性判断。这可以从对伤害行为、性犯罪行为以及暴力、胁迫行为的规范性分析中得到说明。对以组织体为对象实施的犯罪行为,尽管对组织体经营能力受到的损害进行判断非常复杂,但自然人利益因此受到的损害也是一个重要的判断依据,这也从另一个方面确证了生活质量标准的合理性。 30

V 根据行为严重性对相适应刑罚的确立

实现罪刑相适应,其关键是如何根据行为严重性来确定相应的刑罚。因此,确定刑罚的过程,就是确定行为严重性以及该严重性评价结论在刑罚量中的转化。量刑实践中,在对行为严重性作出判断之后,成为难点的就是如何将这种行为的严重性转换成实际相应的刑罚,也就是行为严重性判断结论如何进入法定的刑罚幅度内,从而确定具体的刑罚。 31

根据理论上的说明,由结果不法决定的基本刑罚量是进入法定量刑幅度的前提。与德国根据该前提确定基本刑罚量相比,根据同样思路在中国确定这样的基本刑罚量却面临如下难题:其一,与德国刑法相比,中国刑法并没有规定不同刑罚间在严重程度上可以确定一个相应的序列。与中国刑法相比,德国刑法规定在特定先决条件下,附加刑如禁止驾驶以及与法律地位和财产权有关的附随后果可与主刑并科。同时根据《德国刑法典》第 67 条的规定,相应的矫正以及保安处分也可计入刑罚的执行,而且罚金刑与自由刑之间也可以替代。由此可见,德国刑法这样的规定为依据严重程度对不同处罚措施建立一个序列提供了可能。与此相比,中国刑法除将罚金刑、剥夺政治权利等作为附加刑从而增加了建立刑罚严重序列的难度以外,并没有明确对不同制裁措施,尤其是罚金刑和自由刑之间的替代作出规定,即便对同属主刑的管制和自由刑之间如何替换也并没有明确的规定,这无疑增加了问题解决的难度。其二,尽管有很多不合理的地方,但理论上根据实际裁量结果确定一个大致的刑罚严重 32

---

13 Wohlers Wolfgang, Deliktstypen des Präventionsstrafrechts-zur Dogmatik „moderner“ Gefährdungs-delikte, Duncker & Humblot, Berlin, 2000, S. 177; Anastasopoulou Ioanna, Deliktstypen zum Schutz kollektiver Rechtsgüter, Beck, München, 2005, S. 235.

14 这种观点更多是从自然人利益对组织体经营状况的依赖来论证的,详细的论述参见 Axel Montenbruck, Strafrahmen und Strafzumessung, Duncker & Humblot, Berlin, 1983, S. 173; Bernd-Dieter Meier, Strafrechtliche Sanktionen, Springer, 2001, S. 76。

性序列是一个合理的思考方向。[15] 根据这样的思考,要确定这样的序列必须建立在充分、客观的实际刑罚裁量数据之上。因此,只有获得能够反映实际刑罚裁量的司法统计,我们才能对整个国家的刑罚处罚水平有一个大致理解,从而为建立不同刑罚处罚措施的序列提供前提。但是,获得实际刑罚裁量数据这项在德国非常容易的研究手段在中国却变得异常困难。由于无法获得准确的统计数据,因而要较为准确地理解整个国家刑罚的处罚水平并不太现实。其三,根据阿尔布莱希特(Hans-Jörg Albrecht)教授的研究结论,德国实际刑罚裁量主要集中在法定量刑幅度的1/3这个范围内,其实际的刑罚处罚是非常轻微的。[16] 与此相对应,尽管并没有准确的实际刑罚裁量数据,但从已判处的刑罚处罚来看,中国实际的刑罚处罚异常严厉却是不争的事实。因此,要确定适应结果不法程度的基本刑罚量是比较困难的。

33 尽管存在上述事实,但我们还是尝试着立足中国实际建立一个与结果不法程度相对应的基本刑罚量,从而以结果不法为基点得以进入法定量刑幅度内。但是需要特别说明的是:其一,建立与结果不法程度相对应的基本刑罚量的序列是以中国刑法所规定的不同法定量刑幅度为前提的,这就为进入法定量刑幅度内提供了规范上的保证。其二,在我们尝试着建立的这个序列中,基本刑罚幅度较大,这是由中国刑罚处罚整体上较为严重这个特征决定的。其三,行为严重性的评价,其基础仍然是以法益承担者基本生活质量所受的损害为标准。其四,该基本刑罚量的序列主要是根据中国刑法规定的主刑来确定的,并没有考虑附加刑,这是因为反映基本不法程度的刑罚量主要是通过主刑来实现的,而附加刑的增加基本上并不改变主刑所反映的刑罚严重性序列。

34 在以上论述的基础上,我们首先看我国刑法对具体量刑幅度的规定。除了死刑、无期徒刑、拘役以及管制,我国刑法对有期徒刑都是以一定幅度的形式规定的,且这种幅度主要处于6个月、1年、2年、3年、5年、7年、10年以及15年这个范围内。据此,我们可以将刑罚在严重性上确定一个大致的序列。该序列从轻到重依次是:管制、拘役、6个月自由刑、1年自由刑、2年自由刑、3年自由刑、5年自由刑、7年自由刑、10年自由刑、15年自由刑、无期徒刑以及死刑。该严重性序列为以结果不法为基点确定基本刑罚量,从而进入法定量刑幅度提供了可能。

35 根据之前对行为严重性的阶层性分析,对轻微的行为,因这类行为并没有给法益承担者的生活质量造成基本的损害,因而应当对其适用轻微的刑罚。根据以上我们设置的刑罚严重性序列,这类犯罪行为的基本刑罚量应处于管制至6个月自由刑这

---

15 Vgl. Götting Bert, Gesetzliche Strafrahmen und Strafzumessungspraxis - eine empirische Untersuchung anhand der Strafverfolgungsstatistik für die Jahre 1987 bis 1991. Lang, Frankfurt am Main, 1997, S. 213.

16 Vgl. Hans-Jörg Albrecht, Strafzumessung bei schwerer Kriminalität Duncker & Humblot, Berlin, 1994, S. 280-292.

个范围内；对严重性较低的行为，因该类犯罪行为给法益承担者的舒适感造成了损害，因此该类行为的基本刑罚量应当在6个月至2年自由刑这个范围内确定；对中度严重的行为，其基本刑罚量应当在2年自由刑至5年自由刑这个范围内确定；对严重程度加重的行为，其基本刑罚量应当在5年自由刑至10年自由刑这个范围内来确定；对损害了法益承担者基本社会生存条件的最为严重的行为，应当在10年自由刑至死刑这个范围确定其刑罚量。

从行为严重性的阶层性判断与基本刑罚量的对应关系可以看出，与轻微的、处于较低阶层的行为严重相对应的刑罚量事实上较为狭窄，因而在此基础上确定基本的刑罚并不会过度偏离行为的严重性，其基本刑罚值通过其他量刑状况的修正就可以作为最终适用的刑罚。但对从中度严重到最为严重的行为来说，因其与具有更为宽泛的基本刑罚量相对应，因此确定其基本刑罚值就变得较为困难了。对处于这些严重阶层的行为来说，尽管其基本刑罚量幅度较大，但这些行为在规范上一般存在着数个量刑幅度，而且同时也存在着一个与严重程度较轻行为相对应的刑罚幅度。比如《刑法》第236条有关强奸罪的规定，该条有两个量刑幅度，但却存在着一个与严重程度相对较轻行为相对应的刑罚幅度，这就是3年以上10年以下有期徒刑这个幅度。对这类基本刑罚量非常宽泛，且处于行为严重性阶层中严重的行为来说，确定基本刑罚值应当考虑：规范或者特定刑罚幅度的最低限度对基本刑罚值是否起决定性作用。如果存在构成要件实现的最低条件的话，那么对造成基本刑罚值降低与责任性减轻这些情形来说，在确定了基本刑罚值的基础上才能够确定最终适用的刑罚。比如上述的强奸行为，其法定最低刑是3年有期徒刑，那么根据实现强奸罪构成要件的最低条件，作为最低限度的3年有期徒刑就对确定基本刑罚值具有决定意义。 36

但对大多数犯罪来说，这种从实施构成要件最基本要求中确定基本刑罚值的方法并不具有普遍性，因为其他行为在严重性序列上并没有像强奸犯罪那样表现出一致性。比如对造成肢体性损害或者剥夺自由的犯罪来说，由于其不法性在程度上完全可以在非常轻微到最为严重这个范围内发生变化，因此其构成要件的实现也异常复杂。在这个前提下，从实现构成要件所需最基本条件中确定基本刑罚值的方法就变得非常复杂和不确定。为此，蒙腾布吕克（Montenbruck）提出了分两步确定基本刑罚值的思路。根据他的建议，首先，应当以五个严重阶层中的结果不法为基点对每个阶层中的行为严重性进行再详细的划分，然后在此基础上对相应的基本刑罚量按照不同严重程度进行相应的分层性区分，从而确定与行为严重性相适应的刑罚。比如对中度严重的犯罪行为，根据其严重性在程度上的差别可将其分为三个不同的层级，与其对应的刑罚量处于2年以上5年以下自由刑这个范围内，因此同样应当将该基本刑罚量划分为不同的三个层次。其次，在以上划分的基础上，将处于基本刑罚量中间位置的基本刑罚值确定下来。与此相反，如果行为事实过于轻缓或者过于严重 37

的话,那么刑罚值就可以从处于基本刑罚量之上或者之下这个范围内得以确定。[17]对此,塔季扬娜(Tatjana)举例说明如下:对没有造成后遗症或者使健康恶化这种后果的伤害行为来说,该行为因为对被害人相应的舒适感造成了损害,因而应当将其严重性划入中度严重的阶层这个序列中,其相应的刑罚量应当处于 180 个日额罚金刑至 2 年自由刑这个范围内。如果该行为事实本身没有涉及更为复杂情况的话,那么就可以在基本刑罚量范围内的较低幅度内确定其刑罚。如果与此相反,行为事实伴有对被害人明显危险的攻击行为,或该行为造成了被害人长期待在医院治疗的话,那么就应当在基本刑罚量范围内以较高值为方向确定其基本的刑罚值,比如在 1 年以上 2 年以下自由刑这个幅度来确定基本的刑罚值。[18]

38 根据行为严重性确定刑罚的严厉性,无论有多少思路可供选择,理论上可以确定的是:只有可归责于行为人的事实才是确定刑罚的基础。根据主流理论的理解,《刑法》第 5 条中的"所犯罪行"应当是可以归责于行为人的事实,即对这种事实已经进行了责任的判断。那么在对"所犯罪行"已经进行责任判断,且这种判断结果满足了作为确定刑罚基础的前提下,为何还需要考虑刑罚应当与承担的责任相适应呢?对此,尽管对刑事责任的理解上存在着各种观点,但按照我国主流理论对责任的理解,即便将责任按照构成要件中主观方面来理解,那么《刑法》第 5 条的"所犯罪行"已经完全可以承担起作为确定刑罚的任务,刑罚严重性根据所犯罪行就可以得到确认,那么在量刑中为什么仍需要考虑刑事责任呢?如果将刑事责任理解为行为人应当承担的法律后果的话,那么将刑事责任作为确定刑罚的基础则更为容易理解,在体系上也更符合逻辑上的要求,但为什么仍规定刑罚的轻重应当与"所犯罪行"相适应呢?

39 以上问题集中在"承担的刑事责任"在确定刑罚中的基本内涵是什么、其承担的是什么功能,以及通过什么来实现该功能?针对《刑法》第 5 条的规定,我们对确定刑罚的规范内容从结构上可以做如下设想:该规定首先确定了确定刑罚的基础,其次确定了刑罚裁量中应当考虑的影响刑罚的其他因素。在这个前提下,我们来看我国《刑法》第 5 条规定的内容结构:如果将"所犯罪行"作为量刑基础的话,那么"承担的刑事责任"就应当承担起量刑规范结构内容中第二部分的功能,即确定刑罚裁量中应当考虑的其他影响刑罚的因素。与此相对应,实际的刑罚裁判思维过程也是按照这个逻辑来进行的,即首先根据行为严重性来确定量刑的基础,然后才考虑影响刑罚的其他相关的因素,诸如初犯、累犯等。根据这个逻辑上的推定,那么《刑法》第 5 条中的"所犯罪行"应当承担了作为刑罚基础的功能,而"承担的刑事责任"应当起着规定影

---

17 Vgl. Montenbruck Axel, Abwägung und Umwertung- zur Bemessung der Strafe für eine Tat und für mehrere Taten, Duncker & Humblot, Berlin, 1989, S. 49.

18 Vgl. Tatjana Hörnle, Tatproportionale Strafzumessung, Duncker & Humblot, Berlin, 1999, S. 378.

响刑罚轻重其他相关因素的作用。但问题是,在根据“所犯罪行”确定了刑罚的基础的前提下,“承担的刑事责任”是否能承担起说明其他影响刑罚因素的任务呢?对此,至少按照我国刑法理论对刑事责任的理解对以上问题作出回答是困难的。这是因为:一方面,在对“所犯罪行”进行判断时,责任作为判断的一个因素已经起到了作用,因为根据我国刑法的理解,“所犯罪行”就应当指不法有责的行为。另一方面,按照我们之前的分析,影响刑罚的其他因素诸如累犯、对被害人的补偿等是否可以纳入“承担的刑事责任”这个概念来进行判断呢?如果能够将这些因素归入该概念下,那么在逻辑上是否已经背离了“承担的刑事责任”这个概念的基本内涵呢?如果不归入该概念下,那么影响量刑的其他要素应当以什么名义进入刑罚裁量这个判断体系内呢?如果将这些要素全部纳入“所犯罪行”的话,这些要素明显已经超出了该概念的基本内涵。由此可见,《刑法》第 5 条规定的“所犯罪行”以及“承担的刑事责任”,即便按照我国刑法理论的理解,在刑罚裁量的逻辑思维中理解它们之间的关系也是非常困难的,更不清楚的是,在“所犯罪行”和刑罚之间,“承担的刑事责任”是如何起到中介作用的。

第六条　属地管辖

凡在中华人民共和国领域内犯罪的，除法律有特别规定的以外，都适用本法。

凡在中华人民共和国船舶或者航空器内犯罪的，也适用本法。

犯罪的行为或者结果有一项发生在中华人民共和国领域内的，就认为是在中华人民共和国领域内犯罪。

文献:〔德〕奥本海:《奥本海国际法》(上卷第一分册),〔英〕劳特派特修订,王铁崖、陈体强译,商务印书馆 1971 年版;〔德〕奥本海:《奥本海国际法》(上卷第二分册),〔英〕劳特派特修订,石蒂、陈健译,商务印书馆 1972 年版;王铁崖主编:《国际法》,法律出版社 1981 年版;周鲠生:《国际法》(下册),商务印书馆 1981 年版;倪征日奥:《国际法中的司法管辖问题》,世界知识出版社 1985 年版;周忠海:《国际海洋法》,中国政法大学出版社 1987 年版;张智辉:《国际刑法通论》,中国政法大学出版社 1993 年版;高铭暄主编:《刑法学原理》(第 1 卷),中国人民大学出版社 1993 年版;王铁崖主编:《国际法》,法律出版社 1995 年版;何秉松主编:《刑法教科书》,中国法制出版社 1997 年版;甄贞主编:《香港刑事诉讼法》,河南人民出版社 1997 年版;高铭暄主编:《刑法修改建议文集》,中国人民大学出版社 1997 年版;国家法官学院、中国人民大学法学院编:《中国审判案例要览》(2001 年刑事审判案例卷),中国人民大学出版社 2002 年版;〔日〕大塚仁:《刑法概说(总论)》(第 3 版),冯军译,中国人民大学出版社 2003 年版;胡云腾主编:《刑法条文案例精解》,法律出版社 2004 年版;〔日〕森下忠:《国际刑法入门》,阮齐林译,中国人民公安大学出版社 2004 年版;时延安:《中国区际刑事管辖权冲突及其解决研究》,中国人民公安大学出版社 2005 年版;曲新久主编:《刑法学》(第 3 版),中国政法大学出版社 2009 年版;梁玉霞:《中国区际刑事司法协助研究》,中国人民公安大学出版社 2009 年版;王世洲主编:《现代国际刑法学原理》,中国人民公安大学出版社 2009 年版;王世洲:《现代刑法学(总论)》,北京大学出版社 2011 年版;林山田:《刑法通论(下)》(增订 10 版),北京大学出版社 2012 年版;王新清:《刑事管辖权基本问题研究》,中国人民大学出版社 2014 年版;程波主编:《湘江法律评论》(第 11 卷),湘潭大学出版社 2014 年版;高铭暄、赵秉志编:《新中国刑法立法文献资料总览》(第 2 版),中国人民公安大学出版社 2015 年版;冯军、肖中华主编:《刑法总论》(第 3 版),中国人民大学出版社 2016 年版;黎宏:《刑法学总论》(第 2 版),法律出版社 2016 年版;赵秉志主编:《刑法总论》(第 3 版),中国人民大学出版社 2016 年版;张明楷:《刑法学》(第 6 版),法律出版社 2021 年版;周光权:《刑法总论》(第4版),中国人民大学出版社2021年版;王爱立主编:《中华人民共和国刑法条文说明、立法理由及相关规定》,北京大学出版社2021年版。林欣:《国际法中的刑事管辖权与中华人民共和国刑法》,载《中国社会科学》1982年第6期;薛瑞麟:《略论我国刑法空间效力的几个原则》,载《河北法学》1983年第2期;李海东:《外国刑法中的空间效力范围问题》,载《法律学习与研究》1986年第1期;李海东:《涉外刑事案件的管辖与审理》,载《人民司法》1987年第10期;侯国云:《我国刑法应增加几个管辖原则》,载《现代法学》1990年第1期;高铭暄、赵秉志:《海峡两岸互涉刑事法律问题的宏观探讨》,载《法律学习与研究》1992年第1期;廖增昀:《"一国两制"与刑事管辖》,载《法学研究》1992年第6期;赵永琛:《涉外刑事案件的管辖权归属问题》,载《中国人民公安大学学报》1994年第1期;赵建文:《海洋法公约对国家管辖权的界定和发展》,载《中国法学》1996年第2期;赵国强:《澳门刑法的空间效力原则》,载《法学评论》1997年第4期;陈忠林:《关于我国刑法属地原则的理解、适用及立法完善》,载《现代法学》1998年第5期;梁爱诗:《从正确角度去看司法管辖权问题》,载《香港律师》1999年第1期;高铭暄、王秀梅:《我国区际刑事管辖冲突的内涵及解决原则》,载《法律科学》1999年第6期;王新清:《论港澳特别行政区与内地刑事管辖权的冲突与协调》,载《法学家》2000年第6期;徐克铭:《从国际法观点论刑事管辖权基础之属人原则》,载《律师杂志》2001年总第264期;王新清:《特别行政区刑事管辖权论略》,载《中国人民大学学报》2002年第1期;赵秉志:《中国内地与港澳特别行政区刑事管辖权合理划分论纲》,载《法学家》2002年第4期;赵秉志、黄芳:《区际刑事司法协助法律研讨会综述》,载《中国刑事法杂志》2002年第4期;成良文:《中国区际刑事司法协助中刑事管辖权的界定》,载《现代法学》2002年第4期;于志刚:《关于网络空间中刑事管辖权的思考》,载《中国法学》2003年第6期;孙燕山、雷堂:《论涉外刑事案件管辖权》,载《法学评论》2004年第3期;屈学武:《因特网上的犯罪及其遏制》,载《中国科技法学年刊》2005年第1期;时延安:《中国区际刑法概念及基本体系》,载《南都学坛》2006年第2期;郑泽善:《网络犯罪与刑法的空间效力原则》,载《法学研究》2006年第5期;庄劲:《我国跨法域刑事管辖权竞合研究》,载《政法学刊》2006年第6期;黄风、彭胜娟:《从周正毅案管辖冲突看区际刑诉移管制度之构建》,载《法学》2007年第7期;邵维国:《刑事管辖权含义辨析》,载《广州大学学报(社会科学版)》2007年第11期;陈沛林:《论香港特别行政区区际刑事司法协助的现状与展望》,载《法学杂志》2008年第2期;陈结淼:《关于我国网络犯罪刑事管辖权立法的思考》,载《现代法学》2008年第3期;张俊霞、傅跃建:《论网络犯罪的国际刑事管辖》,载《当代法学》2009年第3期;赵秉志、杜邈:《关于外国人犯罪的刑事管辖权研究》,载《刑法论丛》2009年第4期;高铭暄、徐宏:《海峡两岸互涉犯罪管辖协调问题探讨》,载《中国刑事法杂志》2010年第1期;郑延谱:《论我国刑事管辖权规定的完善》,载《铁道警官高等专科学校学报》2010年第2期;于志刚:《网络犯罪与中国刑法应对》,载《中国社会科学》2010年第3期;陈光中、田力男:《海峡两岸刑事管辖冲突及解决路径》,载《法学杂志》2010 年第 3 期;陈志军:《中国刑法适用范围立法之完善研究》,载《中国人民公安大学学报(社会科学版)》2011 年第 1 期;皮勇:《论欧洲刑事法一体化背景下的德国网络犯罪立法》,载《中外法学》2011 年第 5 期;邹立刚:《论国家在领海的刑事管辖权》,载《福建警察学院学报》2011 年第 5 期;康海军:《恐怖主义犯罪的刑事管辖问题研究》,载《刑法论丛》2012 年第 2 期;于志刚:《在华外国人犯罪的刑事法律应对》,载《中国社会科学》2012 年第 6 期;于志刚:《"信息化跨国犯罪"时代与〈网络犯罪公约〉的中国取舍——兼论网络犯罪刑事管辖权的理念重塑和规则重建》,载《法学论坛》2013 年第 2 期;童伟华:《南海海域刑事管辖问题研究》,载《河南财经政法大学学报》2013 年第 3 期;黄风:《"或引渡或起诉"法律问题研究》,载《中国法学》2013 年第 3 期;李杰清:《中国区际刑事管辖权冲突之理论与实务》,载《"一国两制"研究》2013 年第 4 期;顾静薇、刘强:《停靠内水外籍船舶的刑事管辖问题——以上海港盗窃外籍船舶案件为视角》,载《法学》2013 年第 5 期;刘方:《涉港澳犯罪属地管辖问题探讨》,载《中国司法》2013 年第 8 期;赵远:《糯康案件所涉刑事管辖权暨国际刑事司法合作问题研究》,载《法学杂志》2014 年第 6 期;阎二鹏:《海洋刑法学视阈下船旗国刑事管辖原则辨析》,载《河南财经政法大学学报》2015 年第 3 期;贾宇:《中国在南海的历史性权利》,载《中国法学》2015 年第 3 期;宋杰:《我国刑事管辖权规定的反思与重构——从国际关系中管辖权的功能出发》,载《法商研究》2015 年第 4 期;李杰清:《海峡两岸协商刑事管辖权及刑事诉讼移转管辖之理论及实践》,载《台北大学法学论丛》2015 年第 94 期;江国华、赖彦君:《论海峡两岸刑事管辖的冲突及消解》,载《江汉学术》2016 年第 3 期;雷筱璐:《论非主权性历史性权利与专属经济区和大陆架制度的并存与协调》,载《法学评论》2016 年第 3 期;许维安:《海洋发展战略背景下我国海洋刑事立法若干理论问题探讨》,载《北方法学》2016 年第 6 期;袁发强:《国家管辖海域与司法管辖权的行使》,载《国际法研究》2017 年第 3 期;曹兴国:《海事刑事案件管辖改革与涉海刑事立法完善——基于海事法院刑事司法第一案展开》,载《中国海商法研究》2017 年第 4 期;于志刚、李怀胜:《关于刑事管辖权冲突及其解决模式的思考——全球化时代中国刑事管辖权的应然立场》,载《法学论坛》2017 年第 6 期;熊建明:《对刑法典里"适用本法"与刑事"管辖权"的重新审视》,载《法治研究》2018 年第 2 期;刘艳红:《论刑法的网络空间效力》,载《中国法学》2018 年第 3 期;童伟华:《〈联合国海洋法公约〉视阈下管辖海域刑法空间效力》,载《环球法律评论》2018 年第 5 期;甘勇:《〈塔林手册 2.0 版〉网络活动国际管辖权规则评析》,载《武大国际法评论》2019 年第 4 期。赵秉志、肖中华:《中国内地与港澳地区刑事管辖权冲突理论的解决》,载《人民法院报》2003 年 2 月 24 日、3 月 3 日、3 月 10 日;时延安:《中国区际刑事管辖权冲突问题》,载《法制日报》2003 年 7 月 24 日。

细目录

Ⅰ 主旨
Ⅱ 沿革
Ⅲ “中华人民共和国领域”的含义
一、基本概念
二、特殊情形下的刑法适用
Ⅳ “犯罪地”的含义
一、行为地
二、结果地
三、网络犯罪的管辖问题
四、跨境赌博犯罪的管辖问题

Ⅰ 主旨

本条确定刑法的场所适用范围，以解决刑法能够适用于在何种场所实施的犯罪的问题。一个符合本国刑法现行规定所描述的犯罪事实发生时，并不意味着当然要适用本国的刑法，而是要视该事件在人、事、地的因素上，是否符合一定的要件。[1] 解决这一问题的理论，是国家间刑法（Internationales Strafrecht）的内容，它仍是国内法，并非国际刑法（Völkerstrafrecht），后者也被称为世界刑法（Weltstrafrecht）。[2] 1

在理论上，如果以犯罪地是否发生在本国领域内作为判断依据，来确定一个国家的刑法效力范围，这便是刑法上的属地管辖原则。 2

Ⅱ 沿革

1979年《刑法》第3条规定：“凡在中华人民共和国领域内犯罪的，除法律有特别规定的以外，都适用本法。凡在中华人民共和国船舶或者飞机内犯罪的，也适用本法。犯罪的行为或者结果有一项发生在中华人民共和国领域内的，就认为是在中华人民共和国领域内犯罪。”1997年《刑法》修订时，在第6条将该条第2款中的“飞机”修改为“航空器”，在一定程度上扩大了刑法管辖范围，也与中国政府签署或加入的国际公约中的术语相统一。该条的其他内容则保留原来的文字。 3

---

1 参见许玉秀：《罪刑法定原则的构成要件保障功能（上）——第十六次修正“刑法”检讨系列（第一、二、二八至三一条）》，载《月旦法学杂志》2005年第123期。

2 参见〔日〕大塚仁：《刑法概说（总论）》（第3版），冯军译，中国人民大学出版社2003年版，第77、78页。

Ⅲ “中华人民共和国领域”的含义

一、基本概念

4 我国《刑法》第6条第1款中的“中华人民共和国领域”,指处于我国主权管辖下的全部区域,包括领陆、领水、领空和底土四部分,是我国的“实质领域”。

5 第2款中的“船舶或者航空器”,指我国的军用、民用船舶、航空器。当其处于我国领域之外时,对于其上发生的犯罪,仍然适用我国刑法。一般认为,船舶和航空器是国家领域的延伸,是一国的“想象领域”或“拟制领域”。此规定也被认为是第1款的扩张或补充规定。[3]

---

[3] 也有观点认为,建立船旗国对船舶的管辖根据的船旗国原则,不应被归入属地管辖原则,那样既“不符合法理也不符合实际”(参见赵建文:《海洋法公约对国家管辖权的界定和发展》,载《中国法学》1996年第2期)。一方面,因为领海属于沿海国领土主权的范畴,若是承认船舶是船旗国领土的延伸,则当船舶进入外国领水时,就会出现“双重的领土和属地最高权”。另一方面,对于那些为联合国等政府间国际组织正式服务并悬挂联合国旗帜航行的船舶,由于联合国等政府间国际组织并没有自己的领土,不能将其视为联合国的浮动领土,没有办法单独从属地管辖原则出发,确定联合国等政府间国际组织对这类船舶的管辖权。而作为国际法主体,联合国等政府间国际组织“对为其服务的船舶这种实体享有某种管制和管辖权是说得通的”(参见赵建文:《海洋法公约对国家管辖权的界定和发展》,载《中国法学》1996年第2期)。此外,《联合国海洋法公约》第89条也规定,任何国家不得有效地声称将公海的任何部分置于其主权之下。也就是说,“船旗国也不能将公海的本国船舶视为本国领土”(参见邹立刚:《论国家在领海的刑事管辖权》,载《福建警察学院学报》2011年第5期)。正因如此,有观点认为,船舶不应被认为是浮动领土,而应将其作为享有权利的实体来对待。作为海上活动工具的船舶与有组织地使用船舶的人们相结合,经过国家发证认可,就成了具有登记国国籍的具有海上活动的法律资格的实体。船旗国对发生在船舶上的事情的管辖,是一种基于国籍的属人管辖。参见赵建文:《海洋法公约对国家管辖权的界定和发展》,载《中国法学》1996年第2期。我国《刑法》中,对船舶和航空器的管辖,被规定在第6条的属地管辖条款,而不是第7条的属人管辖条款,一般认为,这表明了我国刑法将属地管辖(而不是属人管辖)作为船舶管辖的根据来看待的倾向。在很多文献中,船舶被认为是一国的“拟制领土”,船旗国原则与属地管辖原则并不互斥,我国刑法学界的主流观点,是将船旗国原则视为属地管辖原则的“扩张规定”。对此的解释是:首先,船旗国对船舶的管辖,与沿海国基于领海对船舶的管辖,即便是因属地管辖而产生两个刑事管辖权的重叠,也只是在立法性管辖权的意义上。管辖权冲突时,尤其是两个国家均有权管辖且积极主张行使本国管辖权时,最终由哪个国家优先行使管辖权,还需要由两个国家协商确定。管辖权彰显国家主权,国家总是积极倾向于以立法的方式来行使立法性管辖权,在具体行使执行性管辖权时,还需要通过国家之间的谈判或是司法协助才能实现。其次,联合国对于悬挂其旗帜并正式为其服务的船舶,因其并不具有独立的刑事司法系统,不能行使独立的刑事管辖权。联合国毕竟不是国家,不具有国家主权,是派生的主体,故船舶悬挂联合国(转下页)

(一)领陆

一国的领陆,是狭义上的“领土”,是指完全受该国主权管辖的、露出水面的地球表面部分,包括受该国主权管辖的全部陆地、岛屿、珊瑚礁等。领陆是一国领域最基本的组成部分。发生在我国领陆范围的犯罪,适用我国刑法。 6

(二)领水

领水是处于一国主权管辖下的全部水域,由内水和领海两部分组成。 7

1. 内水

在国际法上,一国的内水与领陆具有完全相同的法律地位。一国的内水,是完全受该国法律支配的水域,包括该国境内的河流、湖泊、运河、河口、港口、内海湾、内海峡,以及领海基线以内的海域。发生在我国领水范围的犯罪,适用我国刑法。根据国际惯例,对停留在一国内水的外国船舶上发生的刑事案件,如果没有影响该国沿岸地区的安宁,该国一般不会行使刑事管辖权。 8

2. 领海

领海是指沿国家海岸的一定宽度的海域。我国的领海宽度是 12 海里。与内水不同的是,外国船只在我国领海享有“无害通过权”。根据《联合国海洋法公约》第 27 条的规定,对无害通过我国领海的外国船舶上的犯罪,我国不应行使刑事管辖权。但是,如果上述犯罪危害我国国家或公民利益,扰乱当地安宁或领海的良好秩序,或者涉及违反贩运麻醉药品或精神调理物质的犯罪行为,我国有权对驶离内水后通过领海的外国船舶采取逮捕罪犯或进行调查等法律所授权的任何措施。 9

在我国领海内,外国军舰和非商业目的政府船舶享有豁免权。对在其上发生的犯罪,我国不能行使刑事管辖权。但是,如果上述军舰或船舶违反我国的法律和规章,则我国可以要求其离开我国的领海区域。 10

(三)领空和底土

领空是位于国家领陆或领水之上一定高度的空间,底土是处于领陆和领水之下的地壳部分,包括其中的地下水、水床和资源等。在国际法上,一国对该国的底土和领空具有完全的排他性的主权。发生在我国领空和底土的犯罪,适用我国刑法。一国对底土的管辖是绝对和排他的,但是,对领空的管辖则要受到国际公约的限制。 11

(接上页)旗帜并不意味着该船舶就具有了联合国国籍,仍然需要根据船舶登记和国籍原则的有关规定来确认其船旗国国籍。即是说,发生在悬挂联合国旗帜并正式为其服务的船舶之上的犯罪,仍然应该按照该船舶的登记地国籍来确定刑事管辖权。最后,《联合国海洋法公约》第 89 条规定中的“公海的任何部分”,应当是指构成公海的任何要素,包括水体、海底土地及岛域等固有的自然要素,不应理解为还包含了船舶等外来物体。所以,船舶悬挂一国国旗或是在一国注册后,是相应的“人格化”,还是“领土化”,尚待进一步讨论。从属地最高权出发,优先将其视为拟制领土,而不是拟制的人,这是当前多数人的观点。

比如,根据 1963 年《关于在航空器内的犯罪和犯有其他某些行为的公约》第 4 条的规定,对飞经我国领空的航空器,除了五种特定情形,我国一般不得使用要求、勒令或拦截飞行中的航空器等“干预飞行中的航空器”的方式行使管辖权。这五种情形是:①犯罪在我国领土上有后果;②犯罪人或被害人为我国公民或在我国有永久居所;③犯罪危及我国安全;④犯罪违反了我国有关航空器飞行或驾驶的现行规则或规章;⑤为确保我国在多边国际条约中履行承担的国际义务。

(四)船舶和航空器

12　船舶,指在一国注册的民用船舶、政府船舶、军用船舶等。航空器,指在一国注册的民用航空器和军用航空器。

13　需要注意的是,只要是在我国的领土、领空或领海上发生的犯罪,无论犯罪发生的场所是在我国所有的船舶或航空器上,还是在他国所有的船舶或航空器上,根据《刑法》第 6 条第 1 款的规定,都应适用我国刑法。只有当犯罪发生在我国领域之外(包括公海、公空及他国领域内)的我国船舶或航空器上时,才是根据《刑法》第 6 条第 2 款的规定适用我国刑法。比如“张志刚等运送他人偷越国境案”[4],即是根据《刑法》第 6 条第 2 款的规定适用我国刑法。

14　在判定船舶或航空器的国籍时,国际法上通常采用“旗船国”及“注册地国”原则。[5] 我国刑法对此没有明文规定,但是,从国际法的惯常规定出发,悬挂有我国国旗或是在我国注册的船舶、航空器,即可认为是中华人民共和国的船舶或航空器。

15　根据《刑法》第 6 条第 2 款的规定,在我国的船舶和航空器上发生的犯罪,适用我国刑法。但是,船舶和航空器并不是我国的“领土”,对发生在我国船舶和航空器上的犯罪的管辖权,其依据也不是“属地管辖权”。在国际法上,对于悬挂本国国旗的船舶、航空器,旗籍国并不享有排他性的主权。《联合国海洋法公约》(我国 1996 年 6 月加入)第 2 条第 1 款规定“沿海国的主权及于其陆地领土及其……领海”,故处于他国内水、港口和领海内的外国船舶,事实上处于所在国的属地管辖范围之内。属地管辖权建立在领土主权基础之上,对于处在他国领土范围内的船舶、航空器,旗籍国当然

4　被告人张志刚等人接受组织偷渡者房某等人的委托,于 1998 年 1 月 29 日用自己的船舶将陈、王二人从天津运往日本,被日本查获。后于 1998 年 6 月被遣返回国。我国法院依据《刑法》第 6 条的规定,对发生在我国船舶内的犯罪适用我国刑法。故对张志刚等人的组织偷渡行为,我国有刑事管辖权。参见国家法官学院、中国人民大学法学院编:《中国审判案例要览》(2001 年刑事审判案例卷),中国人民大学出版社 2002 年版,第 3—5 页。

5　比如,《联合国海洋法公约》第 91 条规定:“1. 每个国家应确定对船舶给予国籍、船舶在其领土内登记及船舶悬挂该国旗帜的权利的条件。船舶具有其有权悬挂的旗帜所属国家的国籍。国家和船舶之间必须有真正联系。2. 每个国家应向其给予悬挂该国旗帜权利的船舶颁发给予该权利的文件。”《联合国反腐败公约》第 42 条第 1 款第 2 项规定,属于缔约国领域范围的船只或航空器是“犯罪时悬挂该缔约国国旗的船只”或者“已经根据该缔约国法律注册的航空器”。

不得主张基于领土主权的属地管辖权。

此外,《联合国海洋法公约》第 89 条规定“任何国家不得有效地声称将公海的任何部分置于其主权之下”;并且规定,一切民间或者国有商用船舶等不享有完全豁免权的船舶,如果在公海上涉嫌海盗、贩卖奴隶、从事未经许可的广播等非法行为,他国军舰、军用飞机有登临检查权(第 110 条);如果具有上述非法行为,他国可以逮捕、扣押有关人员和船舶(第 105 条、第 107 条);上述船舶如果有违反沿海国法律和规章的行为,即便已经脱离他国领域,沿海国有自该国内水、群岛水域、领海和毗邻区开始的紧追权(第 111 条)。这也表明,对于处在公海上的本国船舶,旗籍国同样没有基于领土主权的属地管辖权。 16

在国际法上,旗籍国对于本国的船舶、航空器的确拥有刑事管辖权。《联合国海洋法公约》第 27 条第 1 款就规定,沿海国不应对通过领海的外国船舶行使刑事管辖权;第 92 条规定,在公海上,船舶原则上要受到旗籍国专属管辖。旗籍国对船舶的此种管辖,可以认为是一种基于旗籍,独立于属地管辖、属人管辖的专属管辖。[6] 事实上,《联合国海洋法公约》第 27 条第 1 款的后半部分就规定,在特定情况下,比如对于处在沿海国领海内的外国船舶,当出现特别的情况,例如外国船舶通行领海期间所发生的罪行,其后果及于沿海国时,沿海国可对外国船舶行使管辖权。此种情形下的管辖权,根据的才是基于领土主权的属地管辖权。 17

我国《刑法》第 6 条第 2 款的规定,是为了履行我国已经加入的国际公约,采用了国际公约所规定的登记国管辖原则。我国《刑法》第 6 条第 2 款规定的“也”适用“本法”就表明,没有排除有关国家对发生在我国船舶和航空器内的犯罪行使管辖权,更没有排除我国对发生在处于我国之内的外国船舶和航空器内的犯罪行使管辖权。 18

二、特殊情形下的刑法适用

(一)发生在我国驻外使、领馆内的犯罪

我国刑法上的通说认为,我国的驻外使、领馆是我国的“拟制领土”,在其内发生的犯罪,应按属地管辖原则适用我国刑法;外国驻中国的使、领馆内发生的犯罪,也应依据外国刑法中的属地管辖原则,适用外国刑法。[7] 19

认为本国驻外的使、领馆是本国“领土的自然延伸”,是本国的“拟制领土”,这是“治外法权说”的主张,在第二次世界大战后就已经受到国际法学者的普遍批判。“治外法权说”既不是以事实为根据,也不符合各国在外交特权和豁免方面的做法。在使馆馆舍内发生的犯罪,在法律上被认为是在接受国境内发生的,除非犯罪者享有 20

---

6 参见陈忠林:《关于我国刑法属地原则的理解、适用及立法完善》,载《现代法学》1998 年第 5 期。

7 参见赵秉志主编:《刑法总论》(第 3 版),中国人民大学出版社 2016 年版,第 93 页。

豁免权,否则属接受国管辖。[8] 有学者就指出,"遇有使馆工作人员在馆内犯罪情事,如果犯罪者是享有外交特权的人员,则应送回其本国处理,除非本国政府同意抛弃豁免;如果犯罪者是不享有外交特权的人员,则必须交由驻在国处理。这更可以证明治外法权说者,把使馆视同代表本国领土的那种观点,是在理论和实践上都站不住脚的"[9]。

21 有人从我国1975年加入的《维也纳外交关系公约》出发,认为本国驻外使、领馆在所在国具有刑事豁免权,故发生于其内的刑事案件适用我国刑法。[10] 这种看法是对该公约关于使馆馆舍不可侵犯规定的误解。使馆馆舍不可侵犯有三个含义:"一、使馆馆舍不得侵犯。接受国官吏非经使馆馆长许可,不得进入使馆馆舍。二、接受国负有特殊责任,采取一切适当步骤保护使馆馆舍免受侵入或损害,并防止一切扰乱使馆安宁或有损使馆尊严之情事。三、使馆馆舍及设备,以及馆舍内其他财产与使馆交通工具免受搜查、征用、扣押或强制执行。"这些规定并不意味着使馆自身享有刑事管辖权。实际上,《维也纳外交关系公约》还规定,使馆和领馆的设立必须取得接受国的同意,使馆人员和领馆人员必须尊重接受国的法律规章,派遣国不得在其使馆和领馆内庇护罪犯和拘留、逮捕他人。[11] 可以看出,使馆和领馆只因互惠而享有驻在国的刑事管辖豁免权,我国驻外国的使馆馆舍、领馆馆舍不属于我国的领土,外国驻我国的使馆馆舍、领馆馆舍也不属于外国的领土。派遣国不能仅仅因为犯罪发生在自己的驻外使馆、领馆之内就擅自进行刑事管辖,应当由驻在国通过外交途径解决发生在外国使馆和领馆内的犯罪问题。[12] 一般来说,对于发生在我国驻外使、领馆中的刑事案件,要先看驻在国或接受国是否同意放弃管辖。只有在其明确表示放弃管辖的场合,我国才可以基于其他因素的考虑,对该刑事案件适用我国刑法。[13]

(二)发生在领海的毗连区或专属经济区内的犯罪

22 领海的毗连区、专属经济区不属于国家的领海范围。但是,基于国际海洋法和国际惯例,国家有权在毗连区和专属经济区域行使一定的管制权力。1992年《领海及毗连区法》规定,我国的毗连区是领海以外邻接领海的一带海域,宽度为12海里。我国有权在毗连区内,为防止和惩处在我国陆地领土、内水或者领海内违反有关安全、

---

8 参见王铁崖主编:《国际法》,法律出版社1981年版,第353页。

9 周鲠生:《国际法》(下册),商务印书馆1981年版,第557页。

10 参见孙国祥主编:《刑法学》(第2版),科学出版社2012年版,第25页。

11 虽然根据1961年4月18日通过的《维也纳外交关系公约》及1963年4月24日通过的《维也纳领事关系公约》的规定,一国刑法可以适用于发生在该国驻外使领馆内的腐败犯罪。但是,该规定也可能是从属人管辖的角度来考虑驻外使领馆内腐败犯罪的管辖权问题。

12 参见冯军、肖中华主编:《刑法总论》(第3版),中国人民大学出版社2016年版,第69页。

13 参见黎宏:《刑法学总论》(第2版),法律出版社2016年版,第30页。

海关、财政、卫生或者出境入境管理的法律、法规的行为而行使管制权。因此，发生在我国毗连区海域的犯罪，我国可以主张刑事管辖权。1998 年《专属经济区和大陆架法》规定，专属经济区不属于公海，也不是我国领海，只是介于二者之间的一个区域。该法规定，对于专属经济区和大陆架的人工岛屿、设施和结构，我国只有行使海关、财政、卫生、安全和出境入境的法律和法规方面的专属管辖权，并不必然地享有刑事管辖权。不过，如果犯罪行为发生在一国内水而行为人在通过其专属经济区的外国船舶上，沿海国有进行逮捕或为检查目的而采取其法律所授权的任何步骤的权利。[14]

(三)发生在国际列车上的犯罪

对于发生在国际列车上的犯罪，我国现行刑法没有像对船舶和航空器那样，规定由旗籍国行使管辖权。这是因为国际列车总是会行驶在一个国家的领域内，不会像船舶和航空器那样，有时会行驶在公海或公空，从而出现属地管辖权真空的情形，故按属地管辖原则，通常就可以解决国际列车上犯罪的刑事管辖权问题。 23

最高人民法院《关于适用〈中华人民共和国刑事诉讼法〉的解释》第 6 条规定："在国际列车上的犯罪，根据我国与相关国家签订的协定确定管辖；没有协定的，由该列车始发或者前方停靠的中国车站所在地负责审判铁路运输刑事案件的人民法院管辖。"需要注意的是，这一司法解释仅说明了发生在国际列车上的刑事案件应当由我国哪级法院管辖的问题，却并未规定该管辖法院应当适用哪个国家的法律来审理该类案件。在缺少法律明文规定的情况下，只能由案件发生时的所在地来决定。如果列车行驶在中国境内，则其上发生的犯罪属于发生在中国领域内的犯罪，根据我国《刑法》第 6 条第 1 款的属地管辖原则，适用我国刑法。如果列车行驶在中国领域外，则其上发生的犯罪属于发生在中国领域以外的犯罪，此时是否要适用我国刑法，不能根据《刑法》第 6 条规定的属地管辖原则，而必须根据《刑法》第 7、8、9 条规定的属人管辖、保护管辖乃至普遍管辖原则来确认。 24

(四)发生在我国位于南极、北极的科学考察站，或位于公海上的大陆架固定平台上的犯罪

对于不属于任何国家的地(海)域和空间，如极地、公海、公海上大陆架固定平台，其法律性质在国际法学界尚未有共识。一般认为，这些地域应归属于全人类共同所有，应在国际法的一般原则下，由各国根据本国立法，分别行使各自的刑事管辖权，从而形成这些地域的法律秩序。[15] 因此，这些地域实际上是接受国际社会的共同 25

14 参见周忠海:《国际海洋法》，中国政法大学出版社 1987 年版，第 58、59 页。

15 有观点认为，由于我国刑法尚未明确规定国际领土上的刑事管辖权，当前应根据《联合国海洋法公约》及国际惯例，对"中华人民共和国领域"进行扩大解释。对上述领域发生的犯罪，视同发生在我国领域，适用我国刑法。参见赵秉志、杜邈:《关于外国人犯罪的刑事管辖权研究》，载《刑法论丛》2009 年第 4 期。

管辖,并非"无主领域",而应被称为"国际领土"。

26 国际领土是指公海(包括各国领海以外的北冰洋)、公空及外层空间(包括宇宙天体)和南极。国际上公认的是,国际领土上的刑事管辖权,适用专属管辖原则。根据该原则,发生在下列物体或区域内的刑事案件,一般只能由我国进行管辖,适用我国刑法:滞留或驻扎于前述国际领土上的我国人工岛屿、钻探平台、考察站,建造在大陆架或公海海底的我国工程建筑物,以及发射到外空的我国人造宇宙实体等。这种刑事案件原则上只能由所有权所属的国家进行管辖的规则,可以称为"国际领土上的专属管辖"。[16]

27 国际领土上的专属管辖,一般情况下是排他性的。但是,外国人实施的危害行为,如果其本国也认为该行为是犯罪且享有刑事管辖权,就会出现并行管辖的情况。此时,需要两个国家协商决定最终由谁来行使刑事管辖权。

Ⅳ "犯罪地"的含义

28 确定犯罪地是适用属地管辖原则的关键。属地管辖原则不仅要解决哪些空间处在一国的主权支配之下,还要解决犯罪行为是否发生在该国主权支配下的空间之内。在这方面,犯罪行为与其结果发生分离的隔离犯,以及网络犯罪中的犯罪地确定,都是比较复杂的问题。

29 在判断犯罪是否发生在本国领域的标准上,存在不同的观点与立法例:①行为地说。该说认为行为的实施地才是犯罪地,即只有行为发生在本国领域内才是在本国领域内犯罪。[17] 此说未考虑结果发生地,不利于保护本国利益。②结果地说。该说认为结果的发生地才是犯罪地,认为犯罪的实质是侵害或威胁法益国,故仅当该种结果发生在本国领域内时才能被认为是在本国领域内犯罪。[18] 此说未考虑行为地,也不利于保护本国利益。③中间影响地说。中间影响地,是指在犯罪的实行行为到结果发生之间的通过地中,对结果发生的危险起增加作用的场所。比如,甲为了杀害在重庆的乙,从慕尼黑给乙邮寄了有毒的药物,乙在重庆服用了邮寄的药物,引发重疾后赴纽约治疗,结果在纽约不治身亡。此案中的重庆,就是甲犯罪的中间影响地,因为甲的行为在重庆增加了乙发生死亡结果的危险,所以,应认为甲是在中国实施了犯罪。但是,如果甲为了杀害在大阪的乙,利用飞越重庆的飞机,从慕尼黑给乙邮寄了有毒的药物,则重庆就是甲犯罪的纯粹的中间地或通过地,因为甲的行为并未在重庆给其时身处大阪的乙增加死亡结果发生的危险,所以,不应认为甲是在中国实施了犯

---

16 参见高铭暄主编:《刑法学原理》(第 1 卷),中国人民大学出版社 2005 年版,第 289 页。

17 参见《法国刑事诉讼法典》,罗结珍译,中国法制出版社 2006 年版,第405 页。

18 参见〔日〕町野朔:《刑法总论讲义案Ⅰ》(第 2 版),信山社 1995 年版,第 97 页,转引自张明楷:《刑法学》(第 5 版),法律出版社 2016 年版,第 71 页。

罪,不能对甲适用中国刑法。[19] 因此,中间影响地实际上是指结果发生地的一部分或者危险结果发生地。“中间影响地说只不过是结果地说的补充,它不可能是独立的确定犯罪地的学说。”[20]④遍在说,或称为“无处不在原则”(Ubiquitätsprinzip)。该说认为行为实施地和结果发生地都是犯罪地。

我国刑法采取了遍在说。《刑法》第 6 条第 3 款规定:“犯罪的行为或者结果有一项发生在中华人民共和国领域内的,就认为是在中华人民共和国领域内犯罪。”因此,犯罪的行为地和结果地都是犯罪地。即是说,只要犯罪事实的行为地或结果地发生在我国《刑法》第 6 条所称的领域,都要适用我国的刑法。 30

在根据遍在说确定犯罪地时,要注意以下几点: 31

一、行为地

(一)故意犯的行为地

故意犯罪通常可分为数个阶段,比如行为的意思决定、犯意表示、犯罪的预备、犯罪的着手、行为完成、结果发生等。我国《刑法》第 22 条规定了犯罪预备原则上的可罚性,故第 6 条第 3 款中的行为地,原则上应该以犯罪的预备行为实施地、犯罪的实行行为实施地为基准。预备犯也是一种犯罪行为,它既可以依附于主行为定罪,也可以在主行为之外独立被定罪。如果行为人在我国领域内实施预备行为,但实行行为和结果发生在国外,且该实行行为和结果在国外不受处罚的,该预备行为在我国仍应受到处罚(以预备行为具有刑事可罚性为前提)。[21] 犯罪的部分实行行为发生在我国领域内,仍然属于发生在我国领域内的犯罪,依据《刑法》第 6 条的属地管辖原则,适用我国刑法。比如“邵春天制造毒品案”[22]即是如此。又如,拐卖妇女罪是行为犯,以出卖为目的,实施拐骗、绑架、收买、贩卖、接送、中转妇女的行为之一即可构成。外国 32

---

19 参见冯军、肖中华主编:《刑法总论》(第 3 版),中国人民大学出版社 2016 年版,第 71 页。

20 张明楷:《刑法学》(第 6 版),法律出版社 2021 年版,第 94 页。

21 被称为“世纪大劫案”的“张子强绑架香港富豪案”就曾因“一国两制”背景下的管辖权争议而引起内地和香港特区理论和实务上的诸多讨论。张子强一审判决后的上诉理由是,认为犯罪行为实施地是在香港特区,侵犯的客体是香港特区居民的人身权和财产权,应当由香港特区法院管辖,内地法院管辖不当。二审法院审理确认,张子强在内地多次密谋策划绑架和购买炸药,是《刑法》第 22 条规定的为了犯罪而准备工具、制造条件的犯罪预备行为。犯罪预备行为实施地也是犯罪的行为地,根据 1997 年《刑法》第 6 条的规定,内地司法机关对张子强案件拥有无可争议的管辖权。参见赵秉志主编:《世纪大劫案:张子强案件及其法律思考——中国内地与香港刑事管辖权冲突问题》,中国方正出版社 2000 年版,第 83—91 页。

22 被告人邵春天组织实施跨国制毒犯罪,从我国境内购买制毒所用设备、化学配剂,并从我国召集工人到菲律宾马尼拉非法制造毒品。其制造毒品的部分行为发生在我国境内,我国法院依据我国《刑法》第 6 条属地管辖原则,审理判决了该案。参见最高人民法院刑事审判第一、二、三、四、五庭主办:《刑事审判参考》总第 75 集(第 640 号),法律出版社 2011 年版。

人或无国籍人拐卖外国妇女到我国境内被查获的,无论其是准备在我国境内贩卖,还是仅仅在我国境内中转,准备运送到其他国家再贩卖,都属于在我国境内犯罪,根据我国《刑法》第6条的规定,应当适用我国刑法定罪处罚。[23]

(二)过失犯的行为地

33 在过失犯中,应以行为人应当且能够认识到的、足以支配侵害结果实现的行为实施地为行为地的认定基准,即是说,在行为人具有预见可能性的情形下,违反注意义务的地点,是行为地认定的基准。

(三)作为犯与不作为犯的行为地

34 作为犯应以行为人作为的地点为行为地。不作为犯,以行为人应履行其作为义务的地点为行为地。在不纯正不作为犯中,在对着手的时间点判断上,虽然存在第一救助机会理论、最后救助机会理论、区别理论的分歧[24],但是,考虑到在我国刑法上,预备犯原则上可罚,上述理论的区别只会关系到预备行为和实行行为的划分界限,不会影响到我国刑法的管辖适用。故无论预备行为地,还是实行行为地,都要适用我国刑法。

(四)间接正犯、共同正犯、教唆犯与帮助犯的行为地

35 此类情形下行为地的认定,原则也应以上述标准,以"正犯行为地"与"共犯行为地"认定。共同犯罪是一个整体,彼此利用对方行为来实现自己要实施的犯罪,无论是实行行为,还是教唆、帮助行为,无论是行为的部分,还是全部,只要发生在我国领域内,就可以认为犯罪的行为地在我国。在我国领域内教唆或帮助他人在我国领域外犯罪,或在我国领域外教唆或帮助他人在我国领域内犯罪的,都是在我国领域内犯罪。比如,甲在重庆教唆乙赴慕尼黑杀人,则中国(教唆犯之行为地)与德国(正犯之行为地)都是共同犯罪的行为地。[25]

36 如果采取共犯从属性原理,则当共犯行为发生在我国,正犯行为发生在国外时,如果正犯行为不能适用我国刑法,共犯行为仍应适用我国刑法。比如中国人甲在国内教唆在法国的德国人乙杀害英国人丙,如果乙接受教唆杀害了丙,乙的正犯行为成立犯罪,但不适用我国刑法,甲的教唆共犯行为要适用我国刑法。但是,如果正犯行为在国外不构成犯罪,那么,共犯行为就不应适用我国刑法追究刑事责任。比如,中国人甲在国内教唆乙在美国的拉斯维加斯开设赌场,即便乙接受了教唆,对于

---

23 参见2000年1月最高人民法院《关于审理拐卖妇女案件适用法律有关问题的解释》(法释〔2000〕1号)第2条。

24 参见林山田:《刑法通论(下)》(增订10版),北京大学出版社2012年版,第175页以下。

25 参见〔日〕大塚仁:《刑法概说(总论)》(第3版),冯军译,中国人民大学出版社2003年版,第80页。

甲也不能按我国刑法上赌博罪的教唆犯追究责任。[26]

(五)持续性犯罪的行为地

此类犯罪,比如继续犯(例如甲将乙拘禁于船内并经由 A 国航行至 B 国)或接续犯(例如甲从 A 国开始追杀乙,到 B 国境内才将其杀死),只要行为的一部分在我国境内,即属在我国领域内犯罪,应当适用我国刑法。需要注意的是,前面已经提到,行为地的判断,原则上应当以犯罪的预备或实行作为基准,即是说,这里所谓的行为的一部分,是指预备或着手实行后的部分。 37

无论是继续犯,还是接续犯,其行为完整发生在中华人民共和国领域内的,当然适用我国刑法。比如"桥本浩重婚案"中,被告人桥本浩系日本公民,与其日本籍配偶婚姻存续期间,又在重庆与一中国籍公民登记结婚,并长期在上海共同生活。上海第一中级人民法院按照我国《刑法》第 6 条及第 258 条的规定,判定其构成重婚罪。[27] 38

二、结果地

所谓结果地,是指客观上的结果发生地,包括实害犯的实害结果与危险犯的危险结果发生的场所。 39

比较有疑问的是未遂犯情形。《刑法》第 6 条第 3 款所称的结果地,是指客观上发生结果之地。在未遂犯的场合,对于损害可能发生地的利益保护有可能存在疏漏,且无法通过解释来弥补。因此,可以参照《德国刑法典》第 9 条的规定,将行为人在行为时所想象的结果发生地也认定是结果地之一。比如,甲欲杀乙,从德国邮寄炸弹到在重庆的乙的地址,由于德国邮政工作人员的失误,炸弹被飞机寄到了日本去。此时,行为人想象的"结果地"重庆,按前述主张就可以认为是犯罪的结果地之一,我国刑法即可适用。 40

在未遂犯中,具体危险发生地也是犯罪地。比如,为了独占遗产,身处德国的行为人从弗赖堡寄回一瓶有毒的红酒给在重庆的弟弟,其弟弟喝后因药物反应呕吐,并没有中毒身亡。则重庆就是行为人犯罪的具体危险发生地,应该认为其是在中国实施了犯罪。 41

三、网络犯罪的管辖问题

网络的普及给传统犯罪行为开辟了新的渠道和领域。[28] 今天,网络犯罪已经成 42

26　参见张明楷:《刑法学》(第 6 版),法律出版社 2021 年版,第 96 页。

27　"桥本浩重婚案"中,重婚罪被认为是继续犯,故由被告人在重婚登记后事实上的长期居住地上海的法院依属地管辖予以审理。参见最高人民法院刑事审判第一、二、三、四、五庭主办:《刑事审判参考》总第 84 集(第 748 号),法律出版社 2012 年版。

28　参见于志刚:《网络犯罪与中国刑法应对》,载《中国社会科学》2010 年第 3 期。

为世界各国面临的共同问题。[29] 2001 年由欧盟主导,包括欧洲理事会 26 个成员以及美国、加拿大、日本和南非等 30 个国家在布达佩斯共同签署了《网络犯罪公约》(Convention on Cybercrime)。2003 年 1 月 28 日,欧洲理事会又通过了该公约的附加协议,将通过计算机系统实施的种族主义和仇外性质的行为犯罪化。该公约 2004 年 7 月开始生效,是全世界第一部针对网络犯罪行为所制定的国际公约,也是目前唯一具有法律效力、专门解决与计算机相关的犯罪行为的多边文件。我国政府目前并未签署该公约,但是,该公约的相关规定可以为我国刑法对网络犯罪的处理提供参考和借鉴。

43 《网络犯罪公约》第 22 条规定了网络犯罪的刑事管辖权,采用的是传统的属地管辖原则及属人管辖原则。但是,有观点认为,围绕网络犯罪产生的各国刑事管辖权之间的积极冲突和间接冲突,上述管辖原则并不能对其进行很好的处理。[30] 比如,因为网络虚拟空间具有瞬时性、无界性的特点,网络数据在国与国之间瞬时传输,犯罪的行为地、结果地能够遍布数个国家,两个以上的国家同时主张管辖权的可能性增大,管辖权的积极冲突加剧。另外,网络的无界性使得犯罪的危害范围扩大至国界之外,由于各国刑法规定不一,在一个国家被规定为犯罪的行为在另一个国家未必就构成了犯罪,由此导致刑事管辖权的消极冲突日益增多,特别是如色情犯罪、危害国家安全的犯罪等。

44 在确定网络犯罪的管辖问题上,各国有不同的做法和主张。比如德国一般采用结果地限制说来认定网络犯罪的管辖地:只有当处在国外的网络行为人企图引发犯罪结果于某一国,或者行为人在充分认识到完全有可能发生危险结果而仍然实施时,才可以适用空间效力原则。日本学界则有特别连接点说、放弃普遍管辖原则说、空间效力原则与犯罪论整合说。[31] 在我国,有的提出新主权理论、网址来源国管辖理论、服务器所在国理论,以此来认定犯罪地。[32] 有的提出以属地管辖为基础,以法益受到损害的关联性为补充的有限扩张原则,认为因为网络犯罪而受到实际损害的国家具有优先的刑事管辖权。[33] 有的提出"主客观一致的实害联系原则",认为某一法

---

29 参见皮勇:《论欧洲刑事法一体化背景下的德国网络犯罪立法》,载《中外法学》2011 年第 5 期。

30 参见于志刚:《"信息化跨国犯罪"时代与〈网络犯罪公约〉的中国取舍——兼论网络犯罪刑事管辖权的理念重塑和规则重建》,载《法学论坛》2013 年第 2 期。

31 参见郑泽善:《网络犯罪与刑法的空间效力原则》,载《法学研究》2006 年第 5 期。

32 参见屈学武:《因特网上的犯罪及其遏制》,载《中国科技法学年刊》2005 年第 1 期;韩哲:《网络犯罪的本质特征及刑事管辖》,载《山东公安高等专科学校学报》2002 年第 3 期;张俊霞、傅跃建:《论网络犯罪的国际刑事管辖》,载《当代法学》2009 年第 3 期。

33 参见陈结淼:《关于我国网络犯罪刑事管辖权立法的思考》,载《现代法学》2008 年第 3 期。类似的主张,参见冯军、肖中华主编:《刑法总论》(第 3 版),中国人民大学出版社 2016 年版,第 71 页。

域对具体的某一网络犯罪行为是否拥有刑事管辖权，应当以实害标准作为判断的前提性根据之一。[34] 根据这种标准，一国法院在确定自身的刑事管辖权时，应当从两个方面进行考量：一是在客观上，该行为在本国国内发生了实害；二是在主观上，行为人具有希望该结果发生在该国国内的主观上的直接故意。[35]

我国立法还没有特别规定网络犯罪的刑事管辖，在此基础上，只能根据刑法中既有的管辖原则来解释和认定网络犯罪的管辖权归属问题。从现实的角度，要实现网络犯罪的执行性刑事管辖权，还需要通过国际刑事司法协助来进行。从长远来看，要解决网络犯罪的刑事管辖，还需要国际社会共同协力，制定统一的管辖标准和互助协议。 45

四、跨境赌博犯罪的管辖问题

中华人民共和国成立后，对于赌博一直是持禁止和取缔的态度，认为赌博活动“败坏社会风气，直接破坏社会主义精神文明建设”[36]。1979 年《刑法》第 168 条规定了“赌博罪”，1997 年修订《刑法》时，在原“赌博罪”条文中增设了“开设赌场”的行为，2006 年《刑法修正案（六）》增设了独立的开设赌场罪。2020 年《刑法修正案（十一）》增设了“组织参与国（境）外赌博罪”（《刑法》第 303 条第 3 款），规定：“组织中华人民共和国公民参与国（境）外赌博，数额巨大或者有其他严重情节的，依照前款的规定处罚。”该罪的增设，给我国跨境赌博的刑事管辖和犯罪认定提出了新的问题。 46

赌博类犯罪规定在《刑法》扰乱公共秩序罪一节中，它保护的法益，有的认为是“公众健全的经济生活风俗”[37]，有的认为是“以劳动或其他合法行为取得财产这一国民健全的经济生活方式与秩序”[38]。可以看出，该罪所侵犯的，并非人身、财产等个人法益，而是作为社会善良风俗的社会法益。因此，根据我国《刑法》第 7 条“属人管辖”的规定，我国公民在我国领域外的赌博行为，应当适用中华人民共和国刑法。[39] 根据我国《刑法》第 8 条“保护管辖”的规定，在中华人民共和国领域外，外 47

---

34 参见于志刚：《关于网络空间中刑事管辖权的思考》，载《中国法学》2003 年第 6 期。

35 参见于志刚：《“信息化跨国犯罪”时代与〈网络犯罪公约〉的中国取舍——兼论网络犯罪刑事管辖权的理念重塑和规则重建》，载《法学论坛》2013 年第 2 期。

36 参见最高人民法院、最高人民检察院、公安部《关于严格查禁赌博活动的通知》（1985 年 8 月 6 日发布）。

37 周光权：《刑法各论》（第 4 版），中国人民大学出版社 2021 年版，第 442 页。

38 张明楷：《刑法学》（第 6 版），法律出版社 2021 年版，第 1414 页。

39 在属人管辖的意义上，在我国领域外的我国公民都应当受到我国的刑事管辖。但是，我国公民在我国领域外，以营利为目的，聚众赌博或者以赌博为业的；开设赌场的；组织我国公民参与国（境）外赌博的，是否构成我国《刑法》第 303 条所规定之罪，仍然存在疑问。

最高人民法院、最高人民检察院《关于办理赌博刑事案件具体应用法律若干问题（转下页）

国人与我国公民之间发生的赌博行为,或是开设赌场招揽我国公民参与赌博的行为,或是对我国公民,组织其进行赌博的行为,由于上述行为均发生在国外,不可能侵犯到我国的社会善良风俗,不能认为是《刑法》第 8 条中规定的"对中华人民共和国国家或公民犯罪",因此,对于这种情形中的外国人,不能适用我国刑法。

48 但是,如果外国人在我国组织我国公民参与国外赌博,比如,通过在我国大中城市设立办事机构,在公开发行的报刊上刊登广告,向我国境内邮寄邀请信或者广告单等各种方式,组织、招引我国公民赴国外赌博,或者在国内通过互联网或电信等形式参与国外赌博,就可以认为该组织参与国外赌博的行为发生在国内,可以根据我国《刑法》第 6 条"属地管辖"的规定,认为犯罪行为发生在我国,适用我国刑法,以组织参与国外赌博罪追究刑事责任。

(接上页)的解释》第 3 条规定:"中华人民共和国公民在我国领域外周边地区聚众赌博、开设赌场,以吸引中华人民共和国公民为主要客源,构成赌博罪的,可以依照刑法规定追究刑事责任。"关于本条规定,最高人民法院、最高人民检察院、公安部《关于办理跨境赌博犯罪案件若干问题的意见》(公通字〔2020〕14 号)的起草者称,前述解释表明,"在我国领域外开设赌场,只有针对中国公民招赌吸赌,我国才能行使管辖权,予以定罪处罚。这是我们打击跨境赌博犯罪的法律依据。"按照此种解读,我国公民在我国领域外开设赌场,只要不是以中国公民为招赌吸赌的主要对象,就不能按照开设赌场罪处理。对于我国公民在我国领域外实施的以营利为目的,聚众赌博或者以赌博为业的,组织身处我国领域外的我国公民参与国(境)外赌博的行为,是否按照我国《刑法》第 303 条规定的赌博罪、组织参与国(境)外赌博罪处理,当前尚无法律或司法解释明确规定。

有学者认为,我国《刑法》第 303 条第 3 款规定的"组织参与国(境)外赌博罪",处罚的是组织中华人民共和国公民参与国(境)外赌博,而非组织中华人民共和国公民"前往"国(境)外赌博的行为,因此,组织行为发生在我国境外或者境内,在所不问。在境外,对他人合法组织的境外旅游团体中的中国公民进行组织、游说、招揽的,仍然可以构成本罪[参见周光权:《刑法各论》(第 4 版),中国人民大学出版社 2021 年版,第 444、445 页]。对此,虽然从法条的语义上看,该款的规定,并未排除针对已经身处国(境)外的中华人民共和国公民组织其参与国(境)外赌博的行为可以构成本罪的情形,但是,考虑到我国《刑法》将赌博类犯罪规定在破坏社会管理秩序罪一章,它的保护法益是社会善良风俗和国家的社会管理秩序,完全发生在国(境)外的赌博行为,并不会破坏我国(内地)的善良风俗和社会管理秩序,故不应认定为犯罪,同样道理,在国(境)外组织已经身处国(境)外的中华人民共和国公民参与国(境)外赌博的行为,也不应认定为犯罪。既然公民个人在国(境)外参与国(境)外赌博、开设赌场的行为不会构成犯罪,组织身处国(境)外的我国公民参与赌博这样的帮助行为,也不应认定为犯罪。只有当组织、招揽、引诱参与赌博的行为全部或部分发生在我国领域(内地)时,才能以组织参与国(境)外赌博罪认定。

第七条　属人管辖

中华人民共和国公民在中华人民共和国领域外犯本法规定之罪的，适用本法，但是按本法规定的最高刑为三年以下有期徒刑的，可以不予追究。

中华人民共和国国家工作人员和军人在中华人民共和国领域外犯本法规定之罪的，适用本法。

文献:〔德〕奥本海:《奥本海国际法》(上卷第一分册),〔英〕劳特派特修订,王铁崖、陈体强译,商务印书馆1971年版;〔德〕奥本海:《奥本海国际法》(上卷第二分册),〔英〕劳特派特修订,石蒂、陈健译,商务印书馆1972年版;倪征燠:《国际法中的司法管辖问题》,世界知识出版社1985年版;黄进、黄风主编:《区际司法协助研究》,中国政法大学出版社1993年版;高铭暄主编:《刑法学原理》(第1卷),中国人民大学出版社1993年版;邵沙平:《现代国际刑法教程》,武汉大学出版社1993年版;王铁崖主编:《国际法》,法律出版社1995年版;赵秉志中文主编:《香港刑事诉讼程序法纲要》,北京大学出版社1997年版;谢望原主编:《台、港、澳刑法与大陆刑法比较研究》,中国人民公安大学出版社1998年版;赵长青主编:《中国刑法教程》(修订版),中国政法大学出版社1998年版;张智辉:《国际刑法通论》,中国政法大学出版社1999年版;香港法律教育信托基金编:《中国内地、香港法律制度研究与比较》,北京大学出版社2000年版;李晓明主编:《刑法学》,法律出版社2001年版;〔日〕大塚仁:《刑法概说(总论)》(第3版),冯军译,中国人民大学出版社2003年版;钊作俊:《刑法效力范围比较研究》,人民法院出版社2004年版;〔日〕森下忠:《国际刑法入门》,阮齐林译,中国人民公安大学出版社2004年版;时延安:《中国区际刑事管辖权冲突及其解决研究》,中国人民公安大学出版社2005年版;曲新久主编:《刑法学》(第3版),中国政法大学出版社2009年版;冯军、肖中华主编:《刑法总论》(第3版),中国人民大学出版社2016年版;黎宏:《刑法学总论》(第2版),法律出版社2016年版;赵秉志主编:《刑法总论》(第3版),中国人民大学出版社2016年版;张明楷:《刑法学》(第6版),法律出版社2021年版;周光权:《刑法总论》(第4版),中国人民大学出版社2021年版。林欣:《国际法中的刑事管辖权与中华人民共和国刑法》,载《中国社会科学》1982年第6期;李海东:《涉外刑事案件的管辖与审理》,载《人民司法》1987年第10期;李海东:《论刑事普遍管辖原则》,载《中国人民大学学报》1988年第2期;李海东:《试论我国的刑事管辖权》,载《法律学习与研究》1988年第2期;陈弘毅:《论香港法院现有的管辖权》,载《法学评论》1989年第1期;高铭暄、赵秉志:《海峡两岸互涉刑事法律问题的宏观探讨》,载《法律学习与研究》1992年第

1期;赵永琛:《涉外刑事案件的管辖权归属问题》,载《中国人民公安大学学报》1994年第1期;林欣:《国际刑法中双重犯罪原则的新发展》,载《法学研究》1995年第2期;陈弘毅:《香港回归的法学反思》,载《法学家》1997年第5期;陈永生:《中国内地与香港刑事管辖冲突及解决》,载《法学论坛》1998年第2期;梁爱诗:《从正确角度去看司法管辖权问题》,载《香港律师》1999年第1期;郭自力:《论张子强李育辉两案的司法管辖权》,载《中外法学》1999年第3期;赵秉志、田宏杰:《中国内地与香港刑事管辖权冲突研究——由张子强案件引发的思考》,载《法学家》1999年第6期;高铭暄、王秀梅:《我国区际刑事管辖冲突的内涵及解决原则》,载《法律科学》1999年第6期;翟中东:《属人原则司法问题》,载《四川省公安管理干部学院学报》2000年第1期;谢望原:《域外刑事管辖权及其实现》,载《法学论坛》2000年第1期;王新清:《论港澳特别行政区与内地刑事管辖权的冲突与协调》,载《法学家》2000年第6期;石英:《计算机网络犯罪与刑事司法管辖权》,载《法制与社会发展》2001年第4期;王新清:《特别行政区刑事管辖权论略》,载《中国人民大学学报》2002年第1期;马克昌:《我国区际刑事司法协助的内容刍议》,载《浙江社会科学》2002年第6期;于志刚:《关于网络空间中刑事管辖权的思考》,载《中国法学》2003年第6期;陈忠林:《我国刑法中的属人原则》,载《法商研究》2004年第1期;陈志荣:《我国刑法属人管辖权存在的缺陷和立法完善——兼谈海外华侨的刑法保护》,载《人民检察》2004年第5期;时延安:《中国区际刑法概念及基本体系》,载《南都学坛》2006年第2期;张兰图、刘竹君:《国家刑事管辖权法定论》,载《当代法学》2006年第5期;庄劲:《我国跨法域刑事管辖权竞合研究》,载《政法学刊》2006年第6期;谢杰、陈为明、许建添:《属人管辖权的刑法思考》,载《湖南公安高等专科学校学报》2007年第1期;邵维国:《论海上国际犯罪的船旗国管辖原则》,载《吉林大学社会科学学报》2007年第6期;邵维国:《刑事管辖权含义辨析》,载《广州大学学报(社会科学版)》2007年第11期;王广辉:《公民概念的内涵及其意义》,载《河南省政法管理干部学院学报》2008年第1期;张明楷:《国民对国家的忠诚与国家对国民的保护——属人原则的理解与适用》,载《社会科学》2008年第4期;苏彩霞:《我国区际刑事司法协助适用“双重犯罪原则”新论》,载《政治与法律》2009年第6期;赵秉志、杜邈:《关于外国人犯罪的刑事管辖权研究》,载《刑法论丛》2009年第4期;高铭暄、徐宏:《海峡两岸互涉犯罪管辖协调问题探讨》,载《中国刑事法杂志》2010年第1期;郑延谱:《论我国刑事管辖权规定的完善》,载《铁道警官高等专科学校学报》2010年第2期;赵秉志、黄晓亮:《论内地与香港特区间刑事诉讼转移制度的构建》,载《现代法学》2010年第3期;莫纪宏:《“公民”概念在中国宪法文本中的发展》,载《人权》2010年第4期;刘国福:《华侨华人国籍法律问题新论》,载《东南亚研究》2010年第4期;陈志军:《中国刑法适用范围立法之完善研究》,载《中国人民公安大学学报(社会科学版)》2011年第1期;王水明、叶剑锋:《死刑不引渡原则与国家主权》,载《中国刑事法杂志》2011年第8期;于志刚:《在华外国人犯罪的刑事法律应对》,载《中国社会科学》2012年第6期;马呈元:《论中国刑法中的普遍管辖权》,载《政法论坛》2013 年第 3 期;赵远:《糯康案件所涉刑事管辖权暨国际刑事司法合作问题研究》,载《法学杂志》2014 年第 6 期;聂慧苹:《禁止重复评价之刑法展开与贯彻》,载《中国刑事法杂志》2015 年第 3 期;宋杰:《我国刑事管辖权规定的反思与重构——从国际关系中管辖权的功能出发》,载《法商研究》2015 年第 4 期;于志刚、李怀胜:《关于刑事管辖权冲突及其解决模式的思考——全球化时代中国刑事管辖权的应然立场》,载《法学论坛》2017 年第 6 期;王筱:《我国刑法属人管辖权制度下犯罪重复评价的反思》,载《公安学刊(浙江警察学院学报)》2019 年第 4 期。刘华:《国籍立法:华侨国籍问题与中国国家利益》,暨南大学 2003 年博士论文;杨彩霞:《刑法空间效力论》,武汉大学 2005 年博士论文。

细目录

Ⅰ 主旨
Ⅱ 沿革
Ⅲ 基本原理
Ⅳ 关键用语含义解析
一、"中华人民共和国公民"
二、"中华人民共和国领域外"
三、"本法"
四、"犯本法规定之罪"
五、"最高刑为三年以下有期徒刑的"
六、"可以不予追究"
Ⅴ 特殊情形的适用
一、在国外犯罪的国家工作人员和军人
二、国外犯与共同犯罪
三、国外犯的双重犯罪原则
四、单位犯罪的刑事管辖问题

Ⅰ 主旨

本条是对属人管辖原则的规定,根据国家的属人管辖权,确定我国公民在我国领域外犯罪时仍要适用我国刑法的范围。 1

Ⅱ 沿革

国家在刑法上的属人管辖权,1979 年《刑法》进行了区分规定。1979 年《刑法》第 4 条规定:"中华人民共和国公民在中华人民共和国领域外犯下列各罪的,适用本法:(一)反革命罪;(二)伪造国家货币罪(第一百二十二条),伪造有价证券罪(第 2

一百二十三条);(三)贪污罪(第一百五十五条),受贿罪(第一百八十五条),泄露国家机密罪(第一百八十六条);(四)冒充国家工作人员招摇撞骗罪(第一百六十六条),伪造公文、证件、印章罪(第一百六十七条)。"第5条规定:"中华人民共和国公民在中华人民共和国领域外犯前条以外的罪,而按本法规定的最低刑为三年以上有期徒刑的,也适用本法;但是按照犯罪地的法律不受处罚的除外。"

3 1997年《刑法》修订时,属人管辖原则有重大修改。主要是因为:①按1979年《刑法》第4条的规定,我国公民在我国领域外犯罪绝对适用我国刑法的犯罪种类过少,已经不能适应改革开放以来我国公民在我国领域外犯罪日益增多,特别是我国公民之间犯罪日益增多的情况。②1979年《刑法》第5条规定,凡依照我国刑法法定最低刑为3年以下有期徒刑的犯罪,以及按照犯罪地的法律规定不为犯罪的行为,均不能适用我国刑法,这样的规定难以彻底实现属人管辖权,不能充分体现我国的国家主权。③国家工作人员和军人身份特殊,在国外犯罪对国家和民族形象的损害比一般公民更为严重。[1]

4 1997年《刑法》中属人管辖原则修改的内容是:①取消了1979年《刑法》关于我国公民在我国领域外实施某些犯罪绝对适用我国刑法的规定,将1979年《刑法》第4条和第5条的规定合并为一条。②大大扩张了对我国公民在我国领域外犯罪的适用我国刑法的范围,将有限制地适用我国刑法,改为原则上都适用我国刑法。③取消了1979年《刑法》第5条关于我国公民在我国实施一般犯罪应适用双重犯罪原则的规定。④将我国公民在我国领域外犯罪处罚起点由原来的法定最低刑罚为3年以上有期徒刑,降低为法定最高刑为3年以下有期徒刑。⑤增加了国家工作人员和军人在我国领域外犯罪应无条件适用我国刑法的规定。

Ⅲ 基本原理

5 属人管辖原则是一条古老的原则,其起源已不可考,但一般认为属人管辖原则先于属地管辖原则产生。早在远古的部族时代,按照"部族主义",家长、部族对于集团内部的成员犯渎神、杀人、通奸和强奸等罪的拥有处罚权。在这种欠缺"安土重迁"性质的社会中,基于一定领域关系建立服从其法秩序的基础几乎是不可能的,因此,只能承认属人管辖。这便是属人管辖原则的原始雏形。一般认为,真正将属人管辖原则法典化的是日耳曼民族。但是,日耳曼法中的属人法,尤其是刑法中的属人法存在很大的弱点,即在证据的收集方面和法官依据其所不熟悉的外国证据进行裁判方面,都存在很大困难。当属地管辖原则兴起后,属人管辖原则便退居次要地位成为属地管辖原则的补充,仅仅适用于发生在国外涉及本国人的案件。直到今天,英美法系国家仍较为强调犯罪的属地性,而较不愿采取属人管辖原则,对于其国民在本国领域

---

1 参见赵秉志主编:《新刑法典的创制》,法律出版社1997年版,第39页。

外的犯罪,除法律另有规定外,原则上不予追诉,其理由一是为尊重犯罪地的国家主权,二是顾及采证等诉讼程序进行的实际困难。

19世纪以前,属人管辖原则曾是欧洲大陆国家决定刑法空间效力最主要的标准。在古代欧洲,人们一般都根据行为人所属氏族的法律来决定其行为是否构成犯罪;在中世纪,欧洲教会法主要是根据犯罪人所属教区的法律来对犯罪人进行处罚。但是,在实践中坚持绝对的属人管辖原则,不但会产生不尊重他国主权的后果,同时也可能使本国公民在本国领域外的自由和利益受到不应有的限制;在理论上,无条件地强调公民对国家的忠诚义务,也很可能会使集权国家推行专制、限制公民权利。因此,自19世纪以来,随着强调一国对本国领域内一切事务具有绝对的、排他的刑事管辖权的现代国家的建立,属人管辖原则就逐渐为属地管辖原则所替代。然而,本国公民即使在国外,也不能消除其遵守本国法律的义务。因此,在决定刑法空间效力方面,属人管辖原则仍然起着极其重要的作用,是属地管辖原则最主要的补充。 6

根据我国《刑法》第6条规定的属地管辖原则,犯罪发生在我国领域内时,适用我国刑法。当犯罪发生在我国领域外时,我国要行使刑事管辖权,就不能再以属地管辖原则为根据。发生在国外的犯罪可能适用我国刑法的情形通常有三种:第一,中国公民在国外实施危害行为的;第二,外国人在国外实施危害中国国家或中国公民行为的;第三,外国人在国外实施危害各国共同利益行为的。其中,因为中国公民在国外实施了犯罪而主张适用我国刑法,这是确定刑事管辖权根据的"积极的属人管辖原则",在我国通常被称为"属人管辖原则",即以行为人是否具有本国国籍或"特别法律关系的身份"作为是否适用本国刑法的判断根据;因为外国人在国外实施了危害中国公民利益的行为而主张适用我国刑法,这是确定刑事管辖权根据的"消极的属人管辖原则",在我国通常被称为"保护管辖原则",即以被害人的身份或国籍作为本国刑法是否适用的判断根据;因外国人在国外实施了危害中国国家利益的行为而主张适用我国刑法,这是"国家保护管辖原则",也是"保护管辖原则"的内容;因外国人在国外实施了违反我国缔结的国际公约或条约的犯罪行为而主张适用我国刑法,这是确定刑事管辖权根据的"普遍管辖原则"。 7

积极的属人管辖原则的根据,理论上有不同学说:国家利益符合说认为,对本国公民在国外犯罪的适用本国刑法,有利于唤醒其遵守法规范的意识,从而发挥刑法预防犯罪的机能,因而与国家利益相符合。忠诚义务说认为,本国公民即便身处国外也要效忠本国,具有遵守本国刑法的义务。这是由国家与公民之间本来的道义关系决定的。代理处罚说(国家间防止犯罪的连带性说)认为,本国公民在外国犯罪时,原则上应适用所在国刑法,但当行为人未受处罚而回到本国时,根据本国公民不引渡原则,不将本国公民引渡给国外处罚,但本国也不能成为犯罪的避风港,故应当适用本国刑法予以处罚;在这种情况下,具有代理处罚的性质(即本国为外国代理处罚)。[2] 8

---

2 参见〔日〕森下忠:《刑法适用法的理论》,成文堂2005年版,第119页。

基本上,前两种观点引申出的做法是无限制的积极属人管辖;后一种观点引申出的做法是有限制的积极属人管辖。[3]

9　从我国《刑法》第 7 条的规定看,除了我国的国家工作人员和军人在国外犯罪时一律适用我国刑法,一般中国公民在国外实施法定最高刑为 3 年以下有期徒刑的犯罪行为时可以不予追究,只有实施严重罪行时才必然适用我国刑法。这表明我国刑法采用的是有限制的积极属人管辖原则。

Ⅳ　关键用语含义解析

一、"中华人民共和国公民"

10　公民是在一个政治实体如国家或城市中,拥有公民身份并根据该地法律规定享有权利和承担义务的人。公民身份或公民权是一种认同或身份的形式,使个人在政治社群中取得相关的社会权利和义务。人类历史上,对人的称呼,经历了从希腊城邦国家的"公民"、封建时代的"臣民"向启蒙时代的"公民"的转变。近代对"公民"概念的使用,与对人的主体性的发现有很大关联。[4] "我们都只不过在成为公民之后,才真正开始变成人的。"[5]

11　今天的"公民",是指与具有完整主权特征的现代政治国家相对应的、作为主权国家构成要素之一的"居民"个人。在现代社会,"公民"意味着个人属于一个具有独立完整主权、有一整套合法有序运作的国家权力运行机制的"政治国家","公民"是个人与主权国家之间的政治联系的"价值属性",是人的自然特征与社会特征两者的有机结合,是个人同某一特定国家或政治共同体的法律上的联系。[6] 依据法治原则,个人与主权国家之间的政治联系是由宪法来加以规定的,因此,个人是否具有"公民"这种法律身份,必须依赖于一个主权国家的宪法的明确规定。[7]

12　我国 1954 年、1975 年、1978 年三部宪法都提到了公民的基本权利,但是,直到 1982 年宪法才首次明确对这种基本权利的主体资格的界定。现在仍然有效的 1982 年《宪法》第 33 条第 1 款规定:"凡具有中华人民共和国国籍的人都是中华人民共和国公民。"

13　因此,"中华人民共和国公民"是指具有中华人民共和国国籍,根据中华人民共和

3　参见张明楷:《刑法学》(第 6 版),法律出版社 2021 年,第 97 页。

4　参见王广辉:《公民概念的内涵及其意义》,载《河南省政法管理干部学院学报》2008 年第 1 期。

5　〔法〕卢梭:《社会契约论》,何兆武译,商务印书馆 1980 年版,第 196 页。

6　参见〔英〕戴维 · M.沃克:《牛津法律大辞典》,北京社会与科技发展研究所组织翻译,光明日报出版社 1988 年版,第 161 页以下。

7　参见莫纪宏:《"公民"概念在中国宪法文本中的发展》,载《人权》2010 年第 4 期。

国法律享有权利和承担义务的自然人。具有中华人民共和国国籍,是成为中华人民共和国公民的必备条件。

《国籍法》规定了获得中华人民共和国国籍的途径:基于出生的血统主义,或是符合条件的申请入籍。其中,第 4 条至第 6 条规定了基于出生获得中华人民共和国国籍的情况:父母双方或一方为中国公民,本人出生在中国,具有中国国籍;父母双方或一方为中国公民,本人出生在外国,具有中国国籍;父母双方或一方为中国公民并定居在外国,本人出生在外国,且出生时即具有外国国籍的,不具有中国国籍。父母无国籍或国籍不明,定居在中国,本人出生在中国,具有中国国籍。《国籍法》第 7 条规定了申请入籍的条件:"外国人或无国籍人,愿意遵守中国宪法和法律,并具有下列条件之一的,可以经申请批准加入中国国籍:一、中国人的近亲属;二、定居在中国的;三、有其他正当理由的。" 14

《国籍法》规定,要取得我国的国籍,可以是基于出生的血统主义,也可以是基于申请的传来取得。我国《刑法》第 7 条规定的"中华人民共和国公民",是指在实施犯罪行为时具有中国国籍的自然人,不包括单位。[8] 15

有观点认为,如果犯罪时是外国人,在诉讼时其国籍变为本国人,则应按诉讼时的国籍,依属人管辖原则,适用本国的刑法。[9] 对于我国《刑法》第 7 条第 1 款中所言的"中华人民共和国公民",不必限定为"行为时的中华人民共和国公民",而是可以解释为"裁判时的中华人民共和国公民"[10],例如,甲原本为外国人,取得我国国籍后(新国民),发现其以前在国外曾经犯罪,并没有超过诉讼时效的,应适用我国刑法加以处理。比如"桂敏海为境外非法提供情报案"[11],即是依裁判时的中华人民共和国公民身份,对桂敏海适用了我国刑法。 16

将我国《刑法》第 7 条第 1 款所言的"中华人民共和国公民"解释为"裁判时的中华人民共和国公民",可能并不妥当。比如,张某原本是美国人,在拉斯维加斯开设过赌场,为了取得中华人民共和国国籍,他将所开设的赌场转让给他人,在他取得中华人民共和国国籍之后,即使他在取得中华人民共和国国籍之前开设赌场的行为情节严重,构成了我国《刑法》第 303 条第 2 款规定的犯罪,并且没有超过追诉时效,也不应该适用我国刑法追究其刑事责任,否则,有违反责任主义之虞。李某和其父亲原来都是德国人,在波恩生活时,他极为恶劣地拒绝赡养没有独立生活能力的父亲,在父 17

8 不能把"中国单位"解释为"中华人民共和国公民"。参见冯军、肖中华主编:《刑法总论》(第 3 版),中国人民大学出版社 2016 年版,第 72 页。

9 参见李晓明主编:《刑法学》,法律出版社 2001 年版,第 160 页。

10 参见张明楷:《刑法学》(第 6 版),法律出版社 2021 年版。

11 桂敏海原籍中国宁波,1996 年加入瑞典国籍,2018 年经其本人申请依法恢复中国国籍。2020 年 2 月 24 日,宁波市中级人民法院公开宣判,认定桂敏海犯为境外非法提供情报罪,判处有期徒刑 10 年,剥夺政治权利 5 年。桂敏海认罪服判不上诉。参见宁波法院网(http://www.nbcourt.gov.cn/art/2020/2/24/art_3380_553030.html),访问时间:2020 年 2 月 28 日。

亲去世之后,李某取得了中华人民共和国国籍,带着妻子来到北京生活。在他取得中华人民共和国国籍之后,即使他在取得中华人民共和国国籍之前的遗弃行为构成了我国《刑法》第 261 条规定的犯罪,并且没有超过追诉时效,也不应该适用我国刑法追究其刑事责任,因为李某的行为并没有侵害中国国家和中国公民的利益,中国司法机关也没有必要主动代理德国司法机关处罚李某在德国针对德国人犯下的罪行。否则,会违反罪刑法定主义关于禁止事后法的要求,会在刑罚适用上出现不公正,会出现对行为人判处比行为时规定的刑罚更重的刑罚。定罪量刑以行为时的刑法之规定为限是罪刑法定主义的根本要求。[12]

18 行为时即具有中国国籍,同时又持有外国护照的被告人,其国籍要根据我国《国籍法》的相关规定和案件的具体情形来认定。比如"袁闵钢、包华敏骗取出境证件案",该案中被告人以赴日本商务考察为名,冒用其他单位名义,私刻公章,伪造出国文书,骗取出国签证,致多人偷渡出境后逾期未归。被告人袁闵钢在审理时辩称其系某国公民。法院审理查明,被告人先前以投资移民的方式买取了某国护照,实际上并未在该国定居。依据《国籍法》第 9 条"定居外国的中国公民,自愿加入或取得外国国籍的,即自动丧失中国国籍"的规定,被告人不符合自动丧失中国国籍的条件;在其未根据我国国籍法的规定办理退出中国国籍的申请并获有关部门批准以前,其仍具有中国国籍。故法院最终是按中国公民,对被告人的行为进行了判决。[13]

二、"中华人民共和国领域外"

19 中华人民共和国领域,从地理角度看,包括我国的领陆、领水,领陆和领水下的底土,以及领陆和领水之上的领空。"中华人民共和国领域外",指的是上述区域之外,既包括主权国家统治的区域,也包括全人类共有的"国际领土",比如公海、南极、太空等。

三、"本法"

20 我国《刑法》第 7 条规定,"中华人民共和国公民在中华人民共和国领域外犯本法规定之罪的,适用本法"。在理解这里的"本法"时,可能存在不同看法:一种观点认为,这里的"本法",仅仅指本条规定所在的刑法,即 1997 年《刑法》及一般只在内地适用的单行刑法;还有观点认为,这里的"本法",指的是广义上的中华人民共和国刑法。

21 在我国《刑法》第 6 条属地管辖原则的讨论中,我们已经确认,我国现在是"一

---

12 参见冯军、肖中华主编:《刑法总论》(第 3 版),中国人民大学出版社 2016 年版,第 72、73 页。

13 参见最高人民法院刑事审判第一庭编:《刑事审判参考》总第 9 辑(第 69 号),法律出版社 2000 年版。

国、两制、三法系、四法域”。一般来说，港澳台地区居民身处各自所属法域时，需要遵守的是各自法域的刑法，即便其行为是其他法域的刑法规定的罪行，只要他没有违反本法域的刑法，就不会作为犯罪追究刑事责任。比如，澳门特区居民在澳门特区开设赌场的行为，就不会按《刑法》第 303 条第 2 款规定的开设赌场罪追究刑事责任。同样的道理，澳门特区居民在国外开设赌场，当然也不能按《刑法》规定的开设赌场罪来处理。从法理上说，港澳台地区的居民，绝大部分是中华人民共和国的公民。这就说明，我国《刑法》第 7 条第 1 款规定中的“本法”，应当是广义上的中华人民共和国的刑法，包括适用于内地的 1997 年《刑法》中的罪刑条款及单行刑法，也包括港澳台地区的刑法。

在性质上，香港特区和澳门特区是中华人民共和国不可分割的一部分，是直辖于中央人民政府的、享有高度自治权的地方行政区域。各特别行政区根据基本法的规定，制定适用于本区域的法律，根据中央人民政府的授权，可以自行处理有关的对外事务。但是，特别行政区制定出的法律仅具有地方性法律的性质，且不得与全国性法律相抵触。涉及中国与外国的关系，以及国家的刑事管辖权范围的事项，特别行政区无权立法，只能由作为国家最高立法机关的全国人民代表大会来制定。我国 1997 年《刑法》是由全国人大通过的一部全国性法律，其适用范围虽然通常情况下仅限于内地，但是，它在法律地位上与各特别行政区及台湾地区的刑法并不等同。[14] 后者仅仅是地方性法律。在国际关系上，我国对刑事管辖权的立法确认，是由全国人大 1997 年修订后的《刑法》来完成的。1997 年《刑法》第 7 条，就是在属人管辖原则上的对外宣告，是为了提供解决中国与外国刑事管辖权的法律依据。也就是说，解决的是中国的对外关系，并不涉及我国区际刑事管辖权的解决原则。我国还缺少一部统一刑法典，对涉及各法域适用的法律及冲突解决规则作出统一规定。 22

我国《刑法》第 7 条规定的国外犯应适用“本法”，这是在国际关系中宣示中国作为一个整体国家的刑事管辖权。首先，确认这类案件中国有权管辖；其次，在确认中国具有刑事管辖权后，再在中国内部按区际刑事管辖冲突规则，确定具体管辖的法域。不能当然地认为，港澳台地区居民在国外实施的违反 1997 年《刑法》的行为，应当由内地法院来行使管辖权，或是由各特别行政区的法院按 1997 年《刑法》来审理。也不能当然地认为，1997 年《刑法》第 7 条的规定，并没有规定港澳台地区法院对其居民在国外实施的违反港澳台地区刑法的行为有刑事管辖权。 23

对于港澳台地区居民在国外实施的违反其原属法域刑法的行为，还是应当由港澳台地区依照属人管辖原则主张刑事管辖权。如果港澳台地区因为某种原因（比如 24

14 特殊情况下，1997 年《刑法》也有可能会在特别行政区适用。比如，《香港特别行政区基本法》第 18 条第 4 款规定：“全国人民代表大会常务委员会决定宣布战争状态或因香港特别行政区内发生香港特别行政区政府不能控制的危及国家统一或安全的动乱而决定香港特别行政区进入紧急状态，中央人民政府可发布命令将有关全国性法律在香港特别行政区实施。”

港澳台地区法律管辖权的限制或因为港澳台地区与有关国家的关系等因素),无法或不便主张管辖权时,内地就应当以中华人民共和国国家的名义,根据《刑法》第7条规定的属人管辖原则主张刑事管辖权。这样既可以对外体现“一国”的主权,也可以对内体现“两制”要求的治权。[15]

四、“犯本法规定之罪”

25 这里既指内地居民在中国领域外犯罪,也指港澳台地区居民在中国领域外犯罪;既指具有中国公民身份的内地居民在中国领域外实施的行为构成了我国1997年《刑法》规定的犯罪,也指具有中国公民身份的香港特区居民在中国领域外实施的行为构成了香港特区刑法上的犯罪,又指具有中国公民身份的澳门特区居民在中国领域外实施的行为构成了澳门特区刑法上的犯罪,还指具有中国公民身份的台湾地区居民在中国领域外实施的行为构成了台湾地区“刑法”上的犯罪。

26 特别行政区和内地的居民都是《刑法》第7条中的“中华人民共和国公民”。因此,一般来说,内地居民在我国领域外针对特别行政区居民实施的危害行为,如果违反的只是内地刑法,应由内地法院依内地刑法来审理;如果违反的只是被害人所属的特别行政区的刑法,应由特别行政区法院依特别行政区刑法来审理;如果既违反了内地刑法,也违反了被害人所属的特别行政区刑法,则两地法院都有权依本法域刑法审理,一般应由先受理法院优先审理。特别行政区居民在我国领域外针对内地居民实施的危害行为,如果违反的只是内地刑法,由内地法院依内地刑法来审理;如果违反的只是行为人所属的特别行政区刑法,由特别行政区法院依特别行政区刑法来审理;如果既违反了内地刑法,也违反了行为人所属的特别行政区刑法,则内地、特别行政区法院都有权依本法域刑法审理,先受理法院可以优先审理。这是发生在一个中国内部不同法域之间的、区际刑法意义上的“属人管辖”。

27 需要注意的是,香港特区是普通法系,一般不以属人管辖原则追究香港特区居民在香港特区法域之外实施的违反香港刑法的行为的刑事责任。香港特区居民在中国领域外针对内地居民实施的危害行为,如果仅违反了香港特区刑法,则既不会受到香港特区法院审理,也不会受到内地法院审理;如果仅违反了内地刑法,或是既违反了内地刑法,又违反了香港特区刑法,就应由内地法院来审理。这是发生在一个中国内部不同法域之间的、区际刑法意义上的“保护管辖”。

28 国家统一和主权完整是特别行政区享有高度自治权的政治基础,只有在“一个国家”的基础上,才可能存在“两种制度”。特别行政区基本法是特别行政区居民有义务遵守的、具有最高效力的法律规范。《香港特别行政区基本法》第23条规定,“香港特别行政区应自行立法禁止任何叛国、分裂国家、煽动叛乱、颠覆中央人民政府及

15　参见赵秉志、肖中华:《中国内地与港澳地区刑事管辖权冲突的解决(下)》,载《人民法院报》2003年3月10日。

窃取国家机密的行为”。《澳门特别行政区基本法》第 23 条也有相同规定。这意味着,特别行政区居民也负有维护国家统一、领土完整的义务。2009 年 3 月 2 日,澳门特区公布了《维护国家安全法》(第 2/2009 号法律),立法规定了危害国家安全犯罪及其刑罚,从次日起生效。2015 年 7 月 1 日,全国人大常委会通过《国家安全法》,其中第 11 条第 2 款规定,“维护国家主权、统一和领土完整是包括港澳同胞和台湾同胞在内的全中国人民的共同义务”。第 40 条第 3 款规定:“香港特别行政区、澳门特别行政区应当履行维护国家安全的责任。”再次重申基本法第 23 条的要求。2020 年 6 月 30 日,全国人大常委会通过《香港特别行政区维护国家安全法》,立法规定了危害国家安全犯罪及其刑罚,从公布之日起生效。

根据澳门特区公布的《维护国家安全法》的规定,澳门特区居民中的中国公民在澳门特区以外实施分裂国家、煽动叛乱、颠覆中央政府和窃取国家机密的行为,应由澳门特区依照属人原则行使管辖权。 29

根据《香港特别行政区维护国家安全法》的规定,香港特区永久性居民或者在香港特区成立的公司、团体等法人或者非法人组织在香港特区以外实施分裂国家、颠覆国家政权、恐怖活动、勾结外国或者境外势力危害国家安全的行为,应由香港特区依照属人原则行使管辖权。如果案件涉及外国或者境外势力介入的复杂情况,香港特区管辖确有困难的;或者出现香港特区政府无法有效执行该法的严重情况的;或者出现国家安全面临重大现实威胁的情况的,则经香港特区政府或者驻香港特区维护国家安全公署提出,并报中央人民政府批准,由驻香港特区维护国家安全公署对该法规定的危害国家安全犯罪案件行使管辖权。 30

五、“最高刑为三年以下有期徒刑的”

首先,“三年以下有期徒刑”,实际是指“三年有期徒刑以下刑罚”。我国刑罚体系中,比有期徒刑处罚更轻的还有拘役、管制等。因此,这里的“三年以下有期徒刑”,既包括 3 年以下的有期徒刑,也包括拘役、管制,以及罚金等附加刑。根据案件的具体情况,对于我国公民在国外实施的犯罪行为,根据我国刑法如果最高只能判管制、拘役或附加刑,就可以不追究其刑事责任。 31

其次,我国刑法规定的具体罪名,有的具有多个刑罚幅度,对应不同的行为等级或情节轻重,比如《刑法》第 234 条的故意伤害罪,基本法定刑是 3 年以下有期徒刑、拘役或者管制;致人重伤的,处 3 年以上 10 年以下有期徒刑;致人死亡或者以特别残忍手段致人重伤造成严重残疾的,处 10 年以上有期徒刑、无期徒刑或者死刑。有的罪名只对应一个刑罚幅度,比如《刑法》第 235 条的过失致人重伤罪,处 3 年以下有期徒刑或者拘役。根据我国《刑法》第 7 条的规定,中国公民在中华人民共和国领域外实施的行为,如果是我国刑法规定的法定最高刑为 3 年以下有期徒刑的罪行,则可以不予追究。 32

对于什么是“最高刑为三年以下有期徒刑的”犯罪,存在着不同的理解。一种看 33

法认为,这里是指在立法上对某种罪名设定的法定刑幅度最高不得超过3年有期徒刑。[16] 过失致人重伤罪符合这一要求,而故意伤害罪不符合。还有看法认为,这里是指个案中具体的犯罪行为所对应罪名的具体的法定刑幅度最高不得超过3年有期徒刑。所谓最高刑,是指根据案件的具体情况,应当对具体犯罪行为适用的法定刑幅度的最高刑,既包括刑法分则条文对基本犯规定的最高刑,也包括刑法分则对结果加重犯和情节犯规定的最高刑。[17] 根据这种理解,中国公民在国外实施的故意伤害行为,如果只是到轻伤的程度,就属于我国《刑法》第7条中的最高刑为3年以下有期徒刑的情形。一般来说,从有利于被告人的角度出发,应该采用后一看法;从立法精神来看,如果考虑到1997年《刑法》修订第7条时表现出的扩张属人刑事管辖权的刑事政策倾向,在这里就应采用前一看法,虽然适用后果对被告人不利,但"符合罪刑相当的原则"[18]。

34 最后,对于"最高刑为三年以下有期徒刑",是否仅指刑法分则条文中相关罪名对应的具体刑罚幅度,还是需要综合考虑刑法总则的有关规定,综合判断个案中行为人的刑罚是否会低于3年有期徒刑,对此存在不同的见解。有观点认为,"最高刑为三年以下有期徒刑"仅指刑法分则规定的犯罪行为所属量刑档次的最高刑要低于3年以下有期徒刑,不应理解为根据犯罪的事实、性质、情节、社会危害程度按刑法总则、分则的规定综合考虑以后决定应实际判处的刑罚。[19] 反对观点认为,在确定"最高刑为三年以下有期徒刑"的犯罪时,不仅要考虑个案场合中的具体罪行所对应刑法分则条文中的具体刑罚幅度,还需要审查具体案件中的行为人可能具有的减轻或加重刑罚事由,比如,行为人是否存在犯罪预备、中止、未遂、自首、立功、累犯,等等,在此基础上,整体判断行为人所犯罪行是否属于最高刑为3年以下有期徒刑。[20] 实际上,对于中国公民在国外实施的最高刑不超过3年有期徒刑的危害行为,《刑法》第7条所规定的"可以不予追究",并不是对该行为构成犯罪的否认,仅仅是不予刑事处罚。可以认为,立法者在这里所要强调的,不是通过定罪活动表达刑法的传达功能[21],而是刑罚施加的必要性。对于普通公民在国外所犯罪行的刑罚必要性,取决于刑罚的轻重,不是相关罪名法定刑幅度的高低。故后一观点更有说服力。也因此,比如,15岁的中国人在国外实施的故意伤害致人重伤行为,原本属于3年以上10年以

---

16 参见曲新久主编:《刑法学》(第3版),中国政法大学出版社2009年版,第50页。

17 参见冯军、肖中华主编:《刑法总论》(第3版),中国人民大学出版社2016年版,第73页;黎宏:《刑法学总论》(第2版),法律出版社2016年版,第33页。

18 曲新久主编:《刑法学》(第3版),中国政法大学出版社2009年版,第50页。

19 参见陈忠林:《我国刑法中的属人原则》,载《法商研究》2004年第1期。

20 参见冯军、肖中华主编:《刑法总论》(第3版),中国人民大学出版社2016年版,第73页。

21 关于刑法的传达功能,参见〔英〕维克托·塔德洛斯:《刑事责任论》,谭淦译,中国人民大学出版社2009年版,第76页以下。

下有期徒刑的犯罪，但由于行为人未满 18 周岁，根据《刑法》第 17 条第 3 款的规定，应当从轻或减轻处罚，其所适用的最高刑就可能低于 3 年有期徒刑，可以不追究其刑事责任。

六、“可以不予追究”

从文义上来理解，“可以不予追究”，不是“应当不予追究”，它与“可以追究”并不互斥。即是说，我国公民在国外实施法定最高刑为 3 年以下有期徒刑的犯罪，可以不予追究，也可以追究其刑事责任，最终是否追究，由中国的管辖法院来决定。这表明，一方面中国不会主动放弃基于属人管辖原则的刑事管辖权，强调了国家主权的一贯性，再次确认了中国对中国公民的立法性刑事管辖权；另一方面，考虑到中国公民是在他国领域实施的轻罪，从处罚必要性上考量，赋予了中国法院在行使执行性刑事管辖权上的自由裁量权。[22] 比如“陈先贵聚众扰乱社会秩序案”[23]，被告人陈先贵所犯罪行虽然法定最高刑为 3 年以下有期徒刑，仍然被我国法院追究了刑事责任。 35

从《刑法》第 7 条第 1 款的语言结构来看，前半句规定的是一般情形，“中华人民共和国公民在中华人民共和国领域外犯本法规定之罪的，适用本法”；后半句规定的是特别情形，“但是按本法规定的最高刑为三年以下有期徒刑的，可以不予追究”。如果立法者要强调“按本法规定的最高刑为三年以下有期徒刑的，可以追究（刑事责任）”层面的意义，则完全没有必要规定《刑法》第 7 条第 1 款后半句。可以认为，现 36

---

[22] 参见宋杰：《我国刑事管辖权规定的反思与重构——从国际关系中管辖权的功能出发》，载《法商研究》2015 年第 4 期。

[23] 陈先贵与成都金阳建筑公司签订劳动合同，成为该公司承建的科威特 228 项目工地员工。因工作条件、生活待遇等问题，陈先贵对金阳建筑公司科威特 228 项目经理部不满，遂煽动工人闹事，致使公司无法正常生产经营，扰乱了企业的生产秩序，给企业造成重大经济损失。对于陈先贵聚众扰乱社会秩序的行为，依据我国《刑法》第 7 条关于属人管辖之规定，我国法院有刑事管辖权。虽然陈先贵在科威特犯的聚众扰乱社会秩序罪，其不是首要分子，而是积极参加者，依据《刑法》第 290 条第 1 款的规定，法定最高刑期为 3 年以下有期徒刑，根据《刑法》第 7 条第 1 款的规定，可以不予追究其刑事责任。但是，法院根据该案具体情况，认为陈先贵的行为不仅客观上妨碍了公司的正常生产经营活动，还损害了我国公司、企业在国外的形象，在国际上产生了恶劣的国际影响，后果严重，仍应依法追究其刑事责任。法院判决陈先贵犯聚众扰乱社会秩序罪，判处有期徒刑 2 年。参见最高人民法院刑事审判第一庭、第二庭编：《刑事审判参考》总第 32 辑（第 62 号），法律出版社 2003 年版。

有的规定,表达了立法者对于我国公民在国外犯轻罪原则上不予追究的态度和倾向。[24]

37 从立法技术的角度看,我国《刑法》第 7 条不无可以检讨的地方。比如,“适用本法”表达的是确定性的立法性管辖权,“可以不予追究”表达的是欠缺确定性的执行性管辖权。同一条款中前后采用了不同层面的管辖权概念,一个基于立法,一个基于执行,形成概念使用上的不统一。另外,“适用”的规范性含义不明确。其具体含义到底是强制性适用还是选择性适用,很难从现有条文中看出来。立法性管辖权虽然具有原则性,但往往是兼容性的而非排他性的。对于本国公民在他国的犯罪行为,国籍国在基于国籍而确立本国的立法性属人管辖权时,犯罪地国同样有权基于其领土确立本国的立法性属地管辖权。因此,一个国家在确定立法性刑事管辖权时,相较于“本法应予适用”“可以适用”等有损一国主权权威的措辞,使用“本国有权管辖”“适用本法”等措辞更为妥当。[25]

V 特殊情形的适用

一、在国外犯罪的国家工作人员和军人

38 我国《刑法》第 7 条第 2 款规定:“中华人民共和国国家工作人员和军人在中华人民共和国领域外犯本法规定之罪的,适用本法。”此处的“国家工作人员”,是指我国刑法意义上的国家工作人员,包括《刑法》第 93 条第 1 款规定的“国家工作人员”和第 2 款规定的“以国家工作人员论”的人员。此处的“军人”,是指我国《刑法》第 450 条中的“中国人民解放军的现役军官、文职干部、士兵及具有军籍的学员和中国人民武装警察部队的现役警官、文职干部、士兵及具有军籍的学员以及文职人员、执行军事任务的预备役人员和其他人员”。

39 针对国家工作人员和军人的国外犯,我国刑法采用了积极的属人主义,并且,没有从法定刑上对处罚范围进行限制。也就是说,我国国家工作人员和军人在我国领域外犯我国刑法规定的任何一种罪,不论我国刑法对其所犯之罪规定的法定刑高低,都适用我国刑法。

---

24 有学者认为:“法律用语具有倾向性,刑法典中所言‘可以不予追究’,是指一般情况下不予追究,仅在例外情况下才予追究。”[冯军、肖中华主编:《刑法总论》(第 3 版),中国人民大学出版社 2016 年版,第 73 页。]也有学者认为:“无论刑法条文中使用的是‘可以依照本法追究’,还是‘可以不予追究’这类表述时,一般都应该理解为:如果没有特殊理由,一般不能适用。”(陈忠林:《我国刑法中的属人原则》,载《法商研究》2004 年第 1 期。)

25 参见宋杰:《我国刑事管辖权规定的反思与重构——从国际关系中管辖权的功能出发》,载《法商研究》2015 年第 4 期;类似观点还可参见邵维国:《刑事管辖权含义辨析》,载《广州大学学报(社会科学版)》2007 年第 11 期。

对于国家工作人员和军人，在适用属人管辖原则上没有作例外的规定，原因在于他们的身份和职权决定了其在我国领域外犯罪会直接危害国家安全和利益。“国家工作人员和军人有对国家特别效忠的义务。”[26]国家工作人员和军人对国家和人民负有特殊职责和使命，国家对他们的要求高于普通公民。[27] 同时，随着国际化的发展，我国对外交流日趋扩大，国家工作人员在我国领域外所实施的侵害我国利益的犯罪增多，应当从严惩处，采用属人管辖进行抑止。[28] 40

从立法目的来看，我国《刑法》第 7 条第 2 款是要保护在国外的我国国家工作人员和军人执行公务的公正性和廉洁性，因此，该规定不适用于并非以国家工作人员和军人身份在国外实施了与其职务无关的犯罪的国家工作人员和军人。比如，国家工作人员和军人以私人身份在国外旅行时实施了与其职务行为无关的犯罪的，不适用《刑法》第 7 条第 2 款的规定。[29] 41

二、国外犯与共同犯罪

中国公民可能在国外与外国人共同实施犯罪，此时，在刑事管辖权上会产生问题的，主要有三种情况：中国公民在国外与外国人一起共同实行了侵害外国人的犯罪；外国人在国外教唆或者帮助中国人实行了侵害外国人的犯罪；中国公民在国外教唆或者帮助外国人实行了侵害外国人的犯罪。对于中国公民在国外与外国人一起共同实施了侵害外国人的犯罪的场合，以及外国人在国外教唆或者帮助中国人实施了侵害外国人的犯罪的场合，基于属人管辖原则，可以对中国公民适用外国刑法，但是，因为外国人没有侵犯中国国家和中国公民的利益，不能对作为共同正犯者和狭义共犯者的外国人适用中国刑法。中国公民在国外教唆或者帮助外国人实行侵害外国人的犯罪的场合，也因为外国人没有侵犯中国国家和中国公民的利益，不能对作为正犯者的外国人适用中国刑法，在这种情形下，如果机械地运用共犯从属性理论，就会认为，既然不能对作为正犯者的外国人适用中国刑法，也就不能对作为狭义共犯者的中国公民适用中国刑法。但是，我国《刑法》第 7 条并未将中国公民在中国领域外犯罪限定为中国公民在国外作为正犯而实行犯罪的情形，因此，在中国公民在国外教唆或者帮助外国人实行了侵害外国人的犯罪的场合，仍然可以对作为狭义共犯者的中国公民适用中国刑法。[30] 42

---

26 周光权：《刑法总论》（第 4 版），中国人民大学出版社 2021 年版，第 65 页。

27 参见黎宏：《刑法学总论》（第 2 版），法律出版社 2016 年版，第 33 页。

28 参见赵秉志主编：《刑法总论》（第 3 版），中国人民大学出版社 2016 年版，第 94 页；张明楷：《刑法学》（第 6 版），法律出版社 2021 年版，第 97 页以下。

29 参见冯军、肖中华主编：《刑法总论》（第 3 版），中国人民大学出版社 2016 年版，第 73 页；陈忠林：《我国刑法中的属人原则》，载《法商研究》2004 年第 1 期。

30 参见冯军、肖中华主编：《刑法总论》（第 3 版），中国人民大学出版社 2016 年版，第 73 页以下。

三、国外犯的双重犯罪原则

43　双重犯罪原则是国际刑法中很重要的原则,最早从引渡问题中产生。逃亡的罪犯的行为,按照引渡要求国和被要求引渡国的法律,都被认为是犯罪行为,这样才发生引渡案件。双重犯罪原则从引渡问题中产生以后,逐步扩展适用到了域外犯罪的刑事管辖权。域外犯罪的刑事管辖权主要来源于主动的属人管辖原则(被告人国籍原则)、被动的属人管辖原则(受害人国籍原则)、安全原则(保护管辖原则)、代理原则和世界性原则。

44　由于主动的属人管辖原则的适用,一个人如果在外国犯罪,就要受到双重的刑事管辖权的管辖:一方面要受到所在国基于属地最高权而产生的刑事管辖权的管辖,另一方面又要受到其本国基于属人最高权而产生的刑事管辖权的管辖。对于双重刑事管辖权是否适用双重犯罪原则,世界各国可以分为两种类型:一种类型的国家主张适用双重犯罪原则,但是有例外规定,比如法国、德国、荷兰、瑞典、挪威等;另一种类型的国家主张不适用双重犯罪原则,比如芬兰、冰岛、土耳其、波兰和罗马尼亚等。[31]

45　在 1997 年《刑法》修订之前,我国属于第一种类型的国家,对于域外犯有限制地适用我国刑法,事实上承认了双重犯罪原则。[32] 1997 年《刑法》修订后,我国属于第二种类型的国家,对于域外犯原则上都适用我国刑法,不再承认双重犯罪原则。

46　在属人管辖原则上,采用双重犯罪原则以限制本国刑法的适用范围,并非没有合理性。这既可以体现本国对他国法律所维护价值的尊重,也可以保障本国公民在国外享有他国公民的相同自由。在国外的本国公民既有遵守本国法律的义务,也有遵守所在国法律、融入和适应当地生活的需要。比如,我国在国外生活的华侨数以千万计,他们固然有遵守我国法律的义务,但是对于长期在居住地国生活的华侨,很多已融入当地社会;在一些对于国籍采取血统主义的国家里土生土长的华侨,要求这部分人熟知本国法律并遵守,更是不可能的。因此,我国对侨胞的政策主要还是要求其遵守居住国的法律。特别是在与我国利益毫不相干的情形下,如果一行为在居住地国的法律上不认为是犯罪,而我国刑法规定为犯罪,要求华侨在居住地国不实施这一行为,是没有期待可能性的。因此,对海外侨胞犯罪的,我国刑法在适用属人管辖原则时至少应该有所限制。再者,取消属人管辖原则双重犯罪的限制,可能与保护管辖原则的规定失衡。比如我国华侨和外国公民在我国领域外共同实施某一侵犯我国国家

31　参见林欣:《国际刑法中双重犯罪原则的新发展》,载《法学研究》1995 年第 2 期。

32　根据我国 1979 年《刑法》第 4 条和第 5 条的规定,中华人民共和国公民在中华人民共和国领域外犯反革命罪,伪造国家货币罪,伪造有价证券罪,贪污罪,受贿罪,泄露国家机密罪,冒充国家工作人员招摇撞骗罪,伪造公文、证件、印章罪,而按我国刑法规定的最低刑为 3 年以上有期徒刑的,也适用我国刑法;但是按照犯罪地的法律不受处罚的除外。

或公民利益，但按行为地法律不认为是犯罪的行为时，该华侨要被我国追究刑事责任，该外国公民却会免责。这样会出现我国侨民的刑事境遇不如外国公民的情况。[33] 因此，我国 1997 年《刑法》取消双重犯罪原则是不可取的。[34] 今天仍然有观点认为，如果中国公民在国外实施的行为并没有触犯所在国的刑法，行为也没有触犯我国的国家与公民的法益，就不宜适用我国刑法。比如，《日本刑法典》第 177 条规定，“奸淫不满 13 周岁的女子的”，“处三年以上有期惩役”。中国公民甲男在日本与已满 13 周岁不满 14 周岁的日本籍乙女自愿性交的行为，虽然触犯了我国刑法，且法定最高刑为死刑，但该行为在日本并不成立犯罪。在这种情况下，应类推适用《刑法》第 8 条的但书，不适用我国刑法，即不追究甲的刑事责任。[35]

四、单位犯罪的刑事管辖问题

我国《刑法》第 30 条明文规定了单位可以成为犯罪的主体。但是，在我国《刑 47
法》第 7 条规定的属人管辖原则中，“公民”“国家工作人员”“军人”，指的都是自然人，没有涉及单位在国外违反我国刑法时的刑事管辖权问题。虽然有人认为，刑法对中国单位的效力，与对中国公民的效力相同，应根据具体情况适用《刑法》第 7 条至第 11 条的有关条款。[36] 但是，即便我国对在域外犯罪的单位事实上行使了刑事管辖权，也不能认为《刑法》第 7 条至第 11 条是其准确的法律依据。对于域外犯罪的单位，应该通过立法来明确我国的刑事管辖权[37]，而不是直接将我国《刑法》第 7 条至第 11 条中的“公民”解释为也包括单位。那样一来，就会违背罪刑法定原则。

---

33 参见陈志荣：《我国刑法属人管辖权存在的缺陷和立法完善——兼谈海外华侨的刑法保护》，载《人民检察》2004 年第 5 期。

34 参见杨彩霞：《刑法空间效力论》，武汉大学 2005 年博士论文，第 48 页。

35 参见张明楷：《刑法学》（第 6 版），法律出版社 2021 年版，第 97、98 页。

36 参见赵长青主编：《中国刑法教程》（修订版），中国政法大学出版社 1998 年版，第 51 页。

37 有人主张，我国刑法总则应在关于刑法效力范围的规定体系中，增加“法人（单位）”的相关规定；或者用“人”代之以“法人（单位）”；或者由最高立法机关制定相应的立法解释，将“公民”扩张解释为包含了“法人（单位）”。参见钊作俊：《刑法效力范围比较研究》，人民法院出版社 2004 年版，第 300 页以下。

第八条　保护管辖

外国人在中华人民共和国领域外对中华人民共和国国家或者公民犯罪，而按本法规定的最低刑为三年以上有期徒刑的，可以适用本法，但是按照犯罪地的法律不受处罚的除外。

文献:〔德〕奥本海:《奥本海国际法》(上卷第一分册),〔英〕劳特派特修订,王铁崖、陈体强译,商务印书馆 1971 年版;〔德〕奥本海:《奥本海国际法》(上卷第二分册),〔英〕劳特派特修订,石蒂、陈健译,商务印书馆 1972 年版;倪征 :《国际法中的司法管辖问题》,世界知识出版社 1985 年版;高铭暄主编:《刑法学原理》(第 1 卷),中国人民大学出版社 1993 年版;张智辉:《国际刑法通论》,中国政法大学出版社 1993 年版;丘宏达主编:《现代国际法》,三民书局 1995 年版;王铁崖主编:《国际法》,法律出版社 1995 年版;赵秉志中文主编:《香港刑事诉讼程序法纲要》,北京大学出版社 1997 年版;曹子丹、侯国云主编:《中华人民共和国刑法精解(附刑法条文)》,中国政法大学出版社 1997 年版;谢望原主编:《台、港、澳刑法与大陆刑法比较研究》,中国人民公安大学出版社 1998 年版;赵长青主编:《中国刑法教程》(修订版),中国政法大学出版社 1998 年版;香港法律教育信托基金主编:《中国内地、香港法律制度研究与比较》,北京大学出版社 2000 年版;李晓明主编:《刑法学》,法律出版社 2001 年版;〔日〕大塚仁:《刑法概说(总论)》(第 3 版),冯军译,中国人民大学出版社 2003 年版;钊作俊:《刑法效力范围比较研究》,人民法院出版社 2004 年版;〔日〕森下忠:《国际刑法入门》,阮齐林译,中国人民公安大学出版社 2004 年版;时延安:《中国区际刑事管辖权冲突及其解决研究》,中国人民公安大学出版社 2005 年版;周鲠生:《国际法》(上下册),武汉大学出版社 2007 年版;曲新久主编:《刑法学》(第 3 版),中国政法大学出版社 2009 年版;冯军、肖中华主编:《刑法总论》(第 3 版),中国人民大学出版社 2016 年版;黎宏:《刑法学总论》(第 2 版),法律出版社 2016 年版;赵秉志主编:《刑法总论》(第 3 版),中国人民大学出版社 2016 年版;张明楷:《刑法学》(第 6 版),法律出版社 2021 年版;周光权:《刑法总论》(第 4 版),中国人民大学出版社 2021 年版。林欣:《论对危害国际民用航空安全罪的刑事管辖权》,载《法学研究》1981 年版第 5 期;林欣:《国际法中的刑事管辖权与中华人民共和国刑法》,载《中国社会科学》1982 年第 6 期;李海东:《涉外刑事案件的管辖与审理》,载《人民司法》1987 年第 10 期;李海东:《论刑事普遍管辖原则》,载《中国人民大学学报》1988 年第 2 期;陈弘毅:《论香港法院现有的管辖权》,载《法学评论》1989 年第 1 期;高铭暄、赵秉志:《海峡两岸互涉刑事法律问题的宏观探讨》,载《法律学习与研究》1992 年第 1 期;赵永琛:《涉外刑事案件的管辖权归属问题》,载《中国人民公安大学学报》1994年第1期;林欣:《国际刑法中双重犯罪原则的新发展》,载《法学研究》1995年第2期;李鸿举:《国家域外刑事管辖的保护原则》,载《比较法研究》1996年第1期;高铭暄、王秀梅:《我国区际刑事管辖冲突的内涵及解决原则》,载《法律科学》1999年第6期;赵秉志、田宏杰:《中国内地与香港刑事管辖权冲突研究——由张子强案件引发的思考》,载《法学家》1999年第6期;谢望原:《域外刑事管辖权及其实现》,载《法学论坛》2000年第1期;王新清:《论港澳特别行政区与内地刑事管辖权的冲突与协调》,载《法学家》2000年第6期;王新清:《特别行政区刑事管辖权论略》,载《中国人民大学学报》2002年第1期;于志刚:《关于网络空间中刑事管辖权的思考》,载《中国法学》2003年第6期;陈忠林:《我国刑法中保护原则的理解、适用与立法完善——〈刑法〉第8条的法理解释》,载《现代法学》2004年第2期;齐文远、刘代华:《完善我国刑法空间效力立法的思考》,载《法商研究》2005年第1期;时延安:《中国区际刑法概念及基本体系》,载《南都学坛》2006年第2期;张兰图、刘竹君:《国家刑事管辖权法定论》,载《当代法学》2006年第5期;庄劲:《我国跨法域刑事管辖权竞合研究》,载《政法学刊》2006年第6期;邵维国:《论海上国际犯罪的船旗国管辖原则》,载《吉林大学(社会科学学报)》2007年第6期;马德才:《双重犯罪原则及其发展趋势——兼论我国〈引渡法〉的完善》,载《江西社会科学》2007年第7期;赵秉志、杜邈:《关于外国人犯罪的刑事管辖权研究》,载《刑法论丛》2009年第4期;苏彩霞:《我国区际刑事司法协助适用"双重犯罪原则"新论》,载《政治与法律》2009年第6期;高铭暄、徐宏:《海峡两岸互涉犯罪管辖协调问题探讨》,载《中国刑事法杂志》2010年第1期;郑延谱:《论我国刑事管辖权规定的完善》,载《铁道警官高等专科学校学报》2010年第2期;杨泽伟:《当代国际法的新发展与价值追求》,载《法学研究》2010年第3期;陈志军:《中国刑法适用范围立法之完善研究》,载《中国人民公安大学学报(社会科学版)》2011年第1期;杨泽伟:《国际社会的民主和法治价值与保护性干预——不干涉内政原则面临的挑战与应对》,载《法律科学》2012年第5期;于志刚:《在华外国人犯罪的刑事法律应对》,载《中国社会科学》2012年第6期;赵远:《糯康案件所涉刑事管辖权暨国际刑事司法合作问题研究》,载《法学杂志》2014年第6期;宋杰:《我国刑事管辖权规定的反思与重构——从国际关系中管辖权的功能出发》,载《法商研究》2015年第4期;黄风:《关于引渡案件中"双重犯罪"原则适用问题的认定——意大利最高法院第6769号判决述评》,载《法律适用(司法案例)》2017年第6期;于志刚、李怀胜:《关于刑事管辖权冲突及其解决模式的思考——全球化时代中国刑事管辖权的应然立场》,载《法学论坛》2017年第6期。刘华:《国籍立法:华侨国籍问题与中国国家利益》,暨南大学2003年博士论文;杨彩霞:《刑法空间效力论》,武汉大学2005年博士论文。

细目录

Ⅰ 主旨
Ⅱ 沿革

Ⅲ 保护管辖原则的起源、争议、根据及我国的态度
一、起源
二、争议
三、根据
四、我国的态度
Ⅳ 关键用语含义解析
一、“外国人”
二、“中华人民共和国领域外”
三、“对中华人民共和国国家或者公民犯罪”
四、“可以适用本法”

Ⅰ 主旨

1 本条是规定外国人在中华人民共和国领域外对我国国家或公民犯罪时适用我国刑法的条件。

Ⅱ 沿革

2 1979 年《刑法》第 6 条规定:“外国人在中华人民共和国领域外对中华人民共和国国家或者公民犯罪,而按本法规定的最低刑为三年以上有期徒刑的,可以适用本法;但是按照犯罪地的法律不受处罚的除外。”此规定在 1997 年《刑法》修订的时候被完整保留,没有进行任何修改。

Ⅲ 保护管辖原则的起源、争议、根据及我国的态度

3 保护管辖的基本含义是,不论是本国人还是外国人,其在国外的犯罪行为,只要侵犯了本国利益或本国公民的利益,就适用本国刑法。其实质意义在于,保护本国利益与本国公民的利益。因侵犯本国利益而适用本国刑法的,称为国家保护管辖原则。一般所说的保护管辖原则,就是指国家保护管辖原则。因侵犯本国公民法益而适用本国刑法的,称为国民保护管辖原则,又称为消极的属人管辖原则。当本国公民在国外受到侵害成为被害人时,应当对一定范围内的国外犯适用本国刑法。该原则是为了保护在国外的本国公民。因此,有学者认为,在理论上讲,所谓的消极属人管辖原则,并不属于属人管辖原则的范畴,而是属于保护管辖原则的范畴。[1]

---

1 参见〔日〕森下忠:《国际刑法入门》,阮齐林译,中国人民公安大学出版社 2004 年版,第 66 页以下。

一、起源

4 保护管辖原则的起源与国家自卫的思想有关。从公元8世纪到14世纪，意大利北部伦巴第地区同时存在多个城市，其相互之间的关系中就已经有了保护管辖原则的雏形。当地的法律规定，对于城市及其居民实施了敌对行为的外国人，本国拥有管辖权。其法理依据在于，在自然法上，遭受侵害的国家拥有正当防卫的权利。到了近代，认为正当防卫思想是保护管辖原则法理基础的观念逐渐受到动摇。这是因为，如果过于强调正当防卫的理由，则恐怕只有国家在面临生死存亡的紧要关头才能行使防卫权。从此以后，保护管辖原则适用对象的范围从国事犯、政治犯逐渐扩大到所有的普通刑事犯。19世纪以来，在德国，由于黑格尔法哲学的兴起，国家神圣化的观念受到推崇，历史学派压倒了古老的自然法理论。人们开始认为，刑事管辖权应当保护国家的利益。这种观念对此后的德国法学说产生了重要影响。

5 在历史上，保护管辖原则遭到了很长时间的反对和批判，直到近代才在国际社会中取得普遍的承认。1883年，国际法学会在慕尼黑通过关于各国刑法冲突的决议，其中提到，“如果外国人在一国的领土外所作违反该国刑法的行为含有对该国的社会存在的攻击或对该国安全的危害，而如果这种行为不是行为发生地刑法所规定应予处罚的，该国有权予以惩罚”[2]。对这一规定，当时还存在不同的意见。1927年，国际常设法院在关于法国与土耳其关于“荷花号”船舶撞击案刑事管辖权争议的判决中认定，“刑法的属地性不是……国际法的一个绝对的原则，也绝不与领土主权完全一致”[3]，认为在国际法上，并不存在国家就其领土之外所作的犯罪行为对外国人行使管辖权的任何禁止性规则。1928年，美洲国家制定的《巴斯塔曼特法典》第305条规定，“危害缔约一国的内部或对外安全或其公共信誉所犯的罪行，不问犯罪人的国籍或住所，在外国均受缔约各国刑法管辖”[4]。1929年5月的《防止伪造货币公约》规定，凡承认对在外国所作的犯罪行为可以进行追诉的原则的国家，应对于外国人在国外犯罪和在国内犯罪给予同样的惩罚。1963年的《关于在航空器内的犯罪和犯有某些其他行为的公约》第4条乙项也规定了“被害人国籍管辖原则”，并规定对这一条款不能提出保留。1971年的《关于制止危害民用航空安全的非法行为的公约》第5条第1款(乙)项的规定，确定的也是各缔约国的保护管辖权。

6 从世界各国的规定和实践来看，对于外国人在外国的犯罪行为的刑事管辖问题，大致可分为三种不同的解决方案。第一种方案是坚持属地管辖原则，外国人在其

---

2 〔德〕奥本海：《奥本海国际法》(上卷第一分册)，〔英〕劳特派特修订，王铁崖、陈体强译，商务印书馆1971年版，第248页。

3 〔德〕奥本海：《奥本海国际法》(上卷第一分册)，〔英〕劳特派特修订，王铁崖、陈体强译，商务印书馆1971年版，第250页。

4 《国际条约集(1924—1933)》，世界知识出版社1961年版，第322页。

领土外实施的违反刑法的行为不予处罚,典型的如英国和美国。第二种方案是承认属地管辖原则,但允许例外,如保留侵害国家安全及其财政信用行为的刑事管辖权,典型的如法国、德国,世界大多数的国家都采取这种方案。第三种方案是否认属地管辖原则,采取所谓犯罪世界性说,认为犯罪行为无论发生在何地,都是社会的害恶,任何文明国家都有权惩罚;但实践中这些国家也并不把这一理论推到极端,通常只是将其国内的刑法适用于外国人在外国侵害本国国家或公民的行为,代表性的国家有意大利、土耳其等。

7 无论如何规定,司法管辖权的行使,显然无法完全局限于领土范围内实施的行为。刑法属地管辖原则,从来也不是一个绝对的概念。即便是那些传统上对刑事管辖权采用完全属地原则的国家,尤其是作为普通法系国家代表的英国,也已经对外国人在外国领域内实施的某些危害行为主张刑事管辖权,承认在某些场合下,刑事法庭可以对行为发生在本国领土外但行为的结果及于本国领土的行为人行使管辖权。比如,一个人朝着国境外开枪,杀死了处在邻国领土上的另一个人,子弹发生结果的国家就成立了所谓"客观的领土管辖权"[5](Objective Territorial Jurisdiction)。一向强调属地管辖原则的美国,从第二次世界大战后也开始毫不掩饰地扩张自己的管辖范围,对于一些轻微刑事案件,即便行为人是外国人,行为地不在美国,也要在各种借口之下行使管辖权。[6]

二、争议

8 自法国"荷花号"案判决以来,被害人所属国家对外国人在外国所犯罪行进行追诉的权利,逐渐获得广泛承认。规定这种管辖权的立法,不再受到以前那样的猛烈抨击。今天只有极少数人绝对否认国家有权惩罚外国人在外国实施的危害行为。尽管如此,在国际法学界,对保护管辖的怀疑声音,从来没有完全消失过。保护管辖原则被认为是最具争议的一项原则,其中的国民保护管辖原则(消极的属人管辖原则),更被认为是最受攻击的原则。[7]

9 一般来说,在国外实施针对本国国家或公民的危害行为的外国人,只要还在本国领域之外,本国事实上是不能行使刑事管辖权的。如果该外国人在实施前述行为后进入本国领域,从而受到本国属地最高权的支配,本国就有了加以惩罚的机会。国家是否有权对外国人在外国实施的行为行使管辖权,而外国人所属的国家对于该外国人处于本国而被惩罚,是否有默许的义务,对此仍然有反对的看法。

10 反对论者认为,对于在外国针对本国国家或公民实施危害行为的外国人,本国不

---

5 区别于"主观的领土管辖权"(Subjective Territorial Jurisdiction),后者指行为地国家所有的管辖权。

6 参见倪征[日奥]:《国际法中的司法管辖问题》,世界知识出版社 1985 年版,第 57 页。

7 参见杨彩霞:《刑法空间效力论》,武汉大学 2005 年博士论文,第 54 页。

能根据属地管辖原则或属人管辖原则来管辖。因为,第一,对于外国人来说,只有当其永久性或临时性地处在本国领域内时,才能要求其遵守本国法律。[8] 只有当其处在本国领域内时,才有了解、遵守本国法律的义务。如果外国人在国外针对本国国家或公民实施的危害行为,并没有违反该外国人所属国家或所在地的刑法,则本国要求其因前行为而承担刑事责任,实际上就是在不合理地要求该外国人对其实施的、违反了其不熟悉或没有义务去熟悉的本国刑法的行为负责,就有可能违背罪刑法定原则的要求。第二,这种管辖权的后果,会无限制地扩大国家的域外管辖权。第三,行为的可罚性,因受害人国籍而可能不同。第四,针对国家的犯罪,是由本国立法所规定,以此来要求外国人,有将本国价值观强加他国之嫌,使用不当,有干涉他国内政的危害。[9]

肯定论者则认为,保护管辖原则仅仅是属地管辖原则的补充,不会无限制地扩大 11
管辖权。国家不能因被害人是本国人而先行主动惩罚外国人在领域外的犯罪行为。适用保护管辖原则时通常也要受到诸多客观因素的限制。行为的可罚性,的确可能会因受害人国籍而异,但是,现代国家对国民保护管辖原则往往规定了双重犯罪原则的限制,从立法技术上避免了这种可能性。对于外国人实施的国事犯罪,双重犯罪原则也能起到防止干涉他国内政的危险。[10]

在我国,较多的国际法学者认为,国际法并不禁止国家对外国人在国外的犯罪行 12
为行使管辖权。[11] 对在国外实施的、危害受诉国安全和利益的犯罪行为是可以处罚的,但必须正当行使处罚权,不能作为迫害的工具。对于海盗和战犯案件,各国都有权管辖,这也已为一般人所承认。这些构成了外国人犯罪属地管辖原则的例外。[12] 对于在本国领土外外国人所犯罪行是否行使管辖权,以及在什么限度内行使管辖权,一般属于各国依国内法自行决定的范围。

三、根据

国民保护管辖原则的根据,理论上主要有两种见解:一种是代理处罚说(国家间 13
防止犯罪的连带性说)。这种观点包含了国际协同主义的思想,顺应了当代国际社会一体化的潮流。另一种是保护本国人说,认为本国人在国外没有受到刑法的充分保护,故本国有必要处罚在国外侵犯本国国民法益的外国人。国家保护管辖原则的根据,则被普遍认为是国家的自卫权,是国际法上受到公认的国家的基本权利。国家保护管辖原则,是国家自卫权在刑事法领域的具体表现。

8　参见〔德〕奥本海:《奥本海国际法》(上卷第一分册),〔英〕劳特派特修订,王铁崖、陈体强译,商务印书馆 1971 年版,第 248 页以下。

9　参见丘宏达主编:《现代国际法》,三民书局 1995 年版,第 411 页。

10　参见杨彩霞:《刑法空间效力论》,武汉大学 2005 年博士论文,第 55 页。

11　参见周鲠生:《国际法》(上册),武汉大学出版社 2007 年版,第 220 页。

12　参见倪征皞:《国际法中的司法管辖问题》,世界知识出版社 1985 年版,第 60 页以下。

四、我国的态度

14 对于在刑法中规定保护管辖原则,我国学者普遍持肯定态度。保护管辖原则有利于维护国家主权。比如外国人在国外杀害中国人,如果刑法中不规定保护管辖原则,我国就不能主张刑事管辖权,犯罪的外国人就可以肆无忌惮地对我国国家或者公民的利益进行侵害。对于犯罪的外国人,保护管辖原则可以作为我国通过外交途径与其所在国进行交涉的根据,当犯罪人来到中国时,也是我国对其行使刑事管辖权的根据。同时,保护管辖原则提供了有力的法律保护,可以更好地保护我国驻外工作人员、留学生、侨民的利益。[13]

Ⅳ 关键用语含义解析

一、"外国人"

15 我国《刑法》第 8 条中的"外国人",既指具有外国国籍的公民,也指无国籍人。判断"外国人"的根据,应以行为时的行为人国籍为准。我国不承认双重国籍。凡取得中国国籍的,就不能保留外国国籍;凡取得外国国籍的,则丧失中国国籍。从责任原则的立场出发,判断行为人是不是外国人,应以其行为时的国籍为依据。行为前后行为人的国籍发生变动的,比如,行为时是中国国籍而行为后变更为外国国籍的,应适用《刑法》第 7 条的属人管辖,行为时是外国国籍而行为后变更为中国国籍的,才应适用第 8 条规定的保护管辖。

(一)难民

16 难民是否具有中华人民共和国国籍,是在适用《刑法》第 8 条时区分"外国人"与"中国公民"的重要标准,但不是唯一标准。比如,我国已于 1982 年签署并加入联合国《关于难民地位的公约》及《关于难民地位的议定书》,根据其规定,难民原则上按一般外国人对待,但华侨按中国人对待[14],中国血统的外籍人按外国人对待。外国人

---

[13] 参见高铭暄主编:《刑法学原理》(第 1 卷),中国人民大学出版社 1993 年版,第 297 页以下;冯军、肖中华主编:《刑法总论》(第 3 版),中国人民大学出版社 2016 年版,第 74 页;张明楷:《刑法学》(第 6 版),法律出版社 2021 年版,第 98 页;黎宏:《刑法学总论》(第 2 版),法律出版社 2016 年版,第 33 页;周光权:《刑法总论》(第 4 版),中国人民大学出版社 2021 年版,第 65 页。

[14] 根据《国务院侨务办公室关于印发〈关于界定华侨外籍华人归侨侨眷身份的规定〉的通知》(国侨发〔2009〕5 号),华侨是指定居在国外的中国公民,其中"定居"是指中国公民已经取得住在国长期或者永久居留权,并已在住在国连续居留两年,两年内累计居留不少于 18 个月;中国公民虽未取得住在国长期或者永久居留权,但已取得住在国连续 5 年以上(含 5 年)合法居留资格,5 年内在住在国累计居留不少于 30 个月,视为华侨;中国公民出国留学(包括公派和自费)在外学习期间,或因公务出国(包括外派劳务人员)在外工作期间,均不视为华侨。

冒充中国人长期居住在中国，在犯罪或服刑期满后又声明其是外国人的，应在查明其国籍后依法处理：确属外国人的，按外国人对待；难以查清的，暂按中国人对待。[15]

(二)港澳台居民

港澳台是我国领土的一部分，其本地居民当然是中国公民，不是我国《刑法》第8 17
条意义上的"外国人"。外国人在中国领域外针对港澳台居民实施的犯罪行为，属于我国《刑法》第8条的适用情形。《刑法》第8条规定的保护管辖，是从国家层面对管辖权的宣告。外国人在国外的犯罪，侵害的是港澳台居民或地区的利益时，首先应由港澳台地区依保护管辖原则来主张管辖权。如果因管辖权的法律限制，或受制于相关国家或地区间的关系，不能或不便主张管辖权时，内地法院就应以中华人民共和国国家的名义，以保护管辖原则来主张管辖权。[16] 但是，港澳台居民在中国领域外实施针对中国国家安全或内地居民利益的危害行为，如果其所属港澳台地区的法律没有规定为犯罪的，则应由内地法院立案审理，其根据是《刑法》第7条的属人管辖，而不是第8条的保护管辖。[17]

(三)外国单位

从我国《刑法》第8条的规定来看，这里的"外国人"不包括"外国单位"。因为此 18
条中的犯罪，要求最低刑是3年有期徒刑，而根据我国刑法规定，单位犯罪的最高刑只能是罚金。[18]

是否应该在立法上将外国单位规定为保护管辖原则的防御对象，还是存在疑问 19
的。否定论者认为，很多国家没有规定单位可以构成犯罪，此时对于犯罪的外国单位，我国既不能要求引渡，对于由我国法院作出的罚金刑判决，也不能期待外国提供执行协助。[19] 肯定论者认为，外国单位对我国国家或公民犯罪的现象日趋增多，比如，外国单位对中国公司实施诈骗的案件时有发生，如果不将保护管辖原则的防御对象扩大到外国单位，对本国国家或公民的利益保护就不能周全，故刑法适用于外国单位有其必要性。在立法上承认外国单位是保护管辖原则的防御对象，有助于表明中

---

15 参见曹子丹、侯国云主编：《中华人民共和国刑法精解(附刑法条文)》，中国政法大学出版社1997年版，第9页以下。

16 参见赵秉志、肖中华：《中国内地与港澳地区刑事管辖权冲突的解决(下)》，载《人民法院报》2003年3月10日。

17 有观点认为，港澳台居民在国外针对中国国家或公民的犯罪，也应属于保护管辖的范围，故建议对我国《刑法》第8条作相应修改。参见陈志军：《中国刑法适用范围立法之完善研究》，载《中国人民公安大学学报(社会科学版)》2011年第1期。

18 参见冯军、肖中华主编：《刑法总论》(第3版)，中国人民大学出版社2016年版，第74页。

19 参见陈忠林：《我国刑法中保护原则的理解、适用与立法完善——〈刑法〉第8条的法理解释》，载《现代法学》2004年第2期。

国的主权和态度。虽然外国单位不能引渡,或该国根本不存在单位犯罪,但可以要求引渡犯罪单位中的直接责任人员或主管人员,追究其刑事责任。[20]

20 外国单位并非我国法律上的“法人”,各国的立法情况也不尽相同,将外国单位统一规定为刑法上保护管辖原则的防御对象,在实践中缺乏操作可能性,因此,上述否定论是合理的。

二、“中华人民共和国领域外”

21 我国《刑法》第 8 条中的“中华人民共和国领域外”,与第 6 条中的“中华人民共和国领域内”相对,是指在我国的领陆、领水、领空之外,既包括其他主权国家的范围,也指公海、南北极、太空等无主权管辖的区域。外国人在位于我国领域之外的我国船舶、航空器内犯罪的,适用我国刑法,对其行使管辖的依据是《刑法》第 6 条第 2 款,而不是第 8 条的保护管辖。

22 外国人在我国港澳台地区针对中国国家和公民犯罪的,适用我国刑法,根据的是《刑法》第 6 条第 1 款的属地管辖,而不是第 8 条的保护管辖。我国《刑法》第 8 条中的“适用本法”,指的是广义上的中国刑法,不仅指 1997 年《刑法》,还指港澳台地区的刑法。一般来说,外国人在我国港澳台地区实施的行为,如果港澳台地区的刑法不认为是犯罪,即便《刑法》认为是犯罪,最终也不应评价为犯罪。比如,内地和港澳台地区的刑法中都规定了重婚罪[21],但是,一个法定婚与事实婚的重叠,或多个事实婚的重叠,只有在内地才可能被认为是重婚罪[22],在港澳台地区不会被认为是犯罪。外国人在我国港澳台地区与该地居民形成的多个事实婚,或是一个法定婚与一个以上的事实婚的重叠,不会适用 1997 年《刑法》而以重婚罪认定。行为是否构成犯罪,应由行为地的刑法来评价。

23 外国人在上述地区针对中华人民共和国国家安全的危害行为,澳门特区已经通

---

[20] 参见杨彩霞:《刑法空间效力论》,武汉大学 2005 年博士论文,第 57 页以下。

[21] 比如《澳门刑法典》第 239 条规定的重婚罪是指:“下列者,处最高二年徒刑,或科最高二百四十日罚金:a)已婚而缔结另一婚姻者;或 b)与已婚之人缔结婚姻者。”台湾地区“刑法”第 237 规定:“有配偶而重为婚姻或同时与二人以上结婚者,处 5 年以下有期徒刑。相婚者亦同。”香港特区《侵害人身罪条例》第 45 条规定的重婚罪,是指“任何已婚之人,于原任丈夫或妻子在生之时与另一人结婚,即属犯可循公诉程序审讯的罪行,可处监禁 7 年”。但是在过去 7 年丈夫或妻子一直没有出现,且得不到其丈夫或妻子仍在世的消息而再次结婚的人,或再次结婚时已凭离婚解除上一次婚姻约束的人,或其前次婚姻已由具有司法管辖权的法院宣判无效的人,均不属重婚行为犯罪人。

[22] 比如“法兰克・巴沙勒・米伦等重婚案”:外籍被告人法兰克・巴沙勒・米伦与其外籍配偶在英国结婚后,在广州又与中国公民罗某以夫妻名义同居生活,法院根据我国刑法的属地管辖原则,适用了我国刑法,判决其构成重婚罪。参见最高人民法院刑事审判第一、二、三、四、五庭主办:《刑事审判参考》总第 97 集(第 967 号),法律出版社 2014 年版。

过立法将此类行为规定为犯罪,故应适用澳门特别行政区的刑法;香港特区和台湾地区目前还没有完成上述立法,故应由内地法院根据《刑法》第 8 条的保护管辖,适用中华人民共和国刑法,即 1997 年《刑法》中的罪刑条款。

我国《刑法》第 8 条中的"在中华人民共和国领域外",指的是外国人侵害我国国家或公民的行为地、行为结果地、中间(结果)地都在我国领域外。上述因素有任何一项发生在我国领域内,适用我国刑法,但根据的是《刑法》第 6 条的属地管辖,而不是第 8 条的保护管辖。 24

三、"对中华人民共和国国家或者公民犯罪"

从语义解释的角度,对中华人民共和国国家的犯罪,是指分裂国家、煽动叛乱、颠覆中央政府和窃取国家机密、侵害国家货币发行权等行为类型;对中华人民共和国公民的犯罪,是指侵犯我国公民的生命、健康、性自主、自由、名誉、财产、民主权利的行为类型,分别对应于我国刑法分则中的危害国家安全罪、危害公共安全罪、破坏社会主义市场经济秩序罪、妨害社会管理秩序罪、危害国防利益罪等涉及国家利益的犯罪和针对我国公民人身权利、财产权利和其他权利的一些犯罪。[23]《反恐怖主义法》第 11 条也明确规定:对在中华人民共和国领域外对中华人民共和国国家、公民或者机构实施的恐怖活动犯罪,或者实施的中华人民共和国缔结、参加的国际条约所规定的恐怖活动犯罪,中华人民共和国行使刑事管辖权,依法追究刑事责任。 25

针对我国公民的犯罪,不包括针对我国单位的犯罪。对此,有观点认为,既然我国刑法承认单位与自然人具有刑法上的同等人格,单位可以成为犯罪人,当然也可以成为被害人,故立法上应该将中国单位也纳入保护管辖的范围,将《刑法》第 8 条相应部分修改为"对中华人民共和国国家、单位或者公民犯罪"[24]。但是,将法人单位作为被害人,纳入刑法的保护管辖范围,存在不少理论与实践层面上的障碍和困难。我国刑法虽然规定了单位犯罪,但只有在法律特别规定的情形中,单位才能成为犯罪主体。我国刑法对于属人管辖的规定,仅限"中华人民共和国公民",并未将"单位"包括在内;在保护管辖的规定中,也未明确将"外国的法人单位"作为犯罪主体来例外规定。虽然单位在国内可以成为部分犯罪的被害人,但是,对于发生在我国领域外的、针对我国法人单位的危害行为,必须尊重和考虑各国不同的法律规定。法人单位是 26

---

23 成文法国家对保护管辖原则适用的罪行多为列举式规定,认为这样才符合罪刑法定原则的明确性要求。"对国家犯罪"这样的概括性规定,过于含糊,其中也未必全是可以适用保护管辖原则的罪行。若没有具体的罪罚规定,在具体案件中则需要由司法机关来酌情确定。但是,对法律上重要概念的界定权,应该属于立法机关,而不是司法机关。故在这里有必要通过立法来完善。参见李鸿举:《国家域外刑事管辖的保护原则》,载《比较法研究》1996 年第 1 期。

24 陈志军:《中国刑法适用范围立法之完善研究》,载《中国人民公安大学学报(社会科学版)》2011 年第 1 期。

一国根据本国的法律而赋予一定的组织体以法律上的人格和地位,是否能够得到其他国家的承认,需要其他国家根据其本国的法律来决定。因此,不将法人单位纳入保护管辖的范围的观点是合理的。

27 外国人在国外的危害行为,只有侵害到我国国家和公民利益时,才能根据《刑法》第 8 条适用我国刑法;如果侵害的是别的国家或别国的公民,就不能根据保护管辖来适用我国刑法。这一限制,既有利于保护我国国家与公民的法益,又尊重了他国主权。[25]

28 外国人的上述行为,并非都会导致我国刑法的适用,还会受到下列因素的限制。

(一)法定刑

29 我国《刑法》第 8 条规定,"按本法规定的最低刑为三年以上有期徒刑的,可以适用本法"。需要注意的是:

1. "本法"

30 这里的"本法",是广义上的中国刑法。我国《刑法》第 8 条是作为全国性法律的中华人民共和国刑法,在国家层面就中国刑事管辖权的对外宣告。代表中国对外宣告刑事管辖权、彰显国家主权的任务,只能由全国性的法律来担当。在"一个中国"的架构下,港澳地区没有外交权。要对外国人在国外的犯罪行使管辖权,往往涉及外交交涉,香港特区刑法还没有规定保护管辖,此时可以由内地法院来行使管辖权。

2. "最低刑为三年以上有期徒刑"

31 这里的"最低刑为三年以上有期徒刑",实际是指"三年有期徒刑以上刑罚",当然要包含无期徒刑、死刑。[26] 这样一来,保护管辖的适用就被限定在严重犯罪的范围内。[27] 比如,"吴某故意杀人案"中,美国公民吴某隐瞒其已婚事实,与赴美留学的中国公民陈某同居。陈某知情后要求其离婚,否则要向其妻告发。吴某于是杀死陈某后化名潜逃国外,后到中国观光时,被公安机关抓获。该案中,美国公民吴某在美国对我国公民陈某实施的杀害行为,无论是在美国还是在中国均构成犯罪,且根据我国《刑法》第 232 条的规定,故意杀人罪的法定最低刑为有期徒刑 3 年,故根据我国《刑法》第 8 条规定的保护管辖原则,对吴某在美国故意杀害我国公民的行为可以适用我国刑法追究其刑事责任。[28]

3. "最低刑"

32 这里的"最低刑",是指根据案件的具体情况,应当对具体犯罪行为适用的法定刑幅度内的最低刑,既包括刑法分则条文对基本犯规定的最低刑,也包括刑法分则条文对结果加重犯和情节犯规定的最低刑。例如,根据《刑法》第 234 条的规定,故意伤害罪的基本犯的法定最低刑为拘役或管制,但是,有致人重伤情节的,法定最低刑为 3

---

[25] 参见张明楷:《刑法学》(第 6 版),法律出版社 2021 年版,第 98 页。

[26] 参见冯军、肖中华主编:《刑法总论》(第 3 版),中国人民大学出版社 2016 年版,第 74 页。

[27] 参见张明楷:《刑法学》(第 6 版),法律出版社 2021 年版,第 98 页。

[28] 参见力康泰主编:《新刑法释义与判例分析全书》,国际文化出版公司 1997 年版,第 32 页。

年有期徒刑；有致人死亡或者以特别残忍手段致人重伤造成严重残疾情节的，法定最低刑为 10 年有期徒刑。如果外国人在我国领域外故意对我国公民造成了轻伤，就不适用我国刑法；如果外国人在我国领域外对我国公民实施的故意伤害行为对我国公民造成了重伤，甚至死亡，则可以适用我国刑法。

对于“最低刑”，应该根据是不是中止犯、累犯，是否存在自首、立功以及“自首又有重大立功表现”等情节来具体判断。如果外国人在我国领域外对我国公民实施的故意伤害行为对我国公民造成了重伤以后，向有关机关自首并有重大立功表现的，那么，根据《刑法》第 67 条、第 68 条的规定，如果其得以被减轻或者免除处罚，其犯罪行为所适用的法定刑就低于 3 年有期徒刑，此时就不应适用我国刑法追究其刑事责任。[29] 33

（二）双重犯罪原则

我国《刑法》第 8 条规定，外国人在我国领域外对我国国家或公民犯罪，可以适用我国刑法，“但是按照犯罪地的法律不受处罚的除外”。由此我国刑法对保护管辖原则规定了双重犯罪的限制，即外国人所犯之罪按照犯罪地的法律也应受到刑罚处罚时，才会导致我国刑法的适用。 34

1. “罪”的理解

对双重犯罪原则的解释，经历了从具体解释向抽象解释的发展。具体解释论认为，外国人在本国领域外针对本国国家或公民的行为，不仅行为地国家和本国都要认为是犯罪，而且罪名和犯罪的种类都要相同，才能认为是双重犯罪原则中的“罪”。抽象解释论认为，行为只要都被两国法律认为是犯罪，即便罪名和犯罪的种类不同，也可以认为是双重犯罪原则中的“罪”。德国法传统上采用具体解释，法国法传统上采用抽象解释。具体解释对双重犯罪的认定要求更严，抽象解释则要宽松一些。现在国际上对双重犯罪原则解释的发展趋势是，抽象解释占优势。[30] 35

1993 年我国与泰国签订了《中华人民共和国和泰王国引渡条约》，其中第 2 条第 3 款规定，“在决定某一犯罪根据缔约双方法律是否均构成犯罪时，不应因缔约双方法律是否将构成该项犯罪的行为归入同一犯罪种类或使用同一罪名而产生影响”。对于我国《刑法》第 8 条保护管辖原则中的双重犯罪原则，我们也可以参照该条约的规定，从抽象解释的角度来理解。 36

2. 必要性

保护管辖是否应受双重犯罪原则的限制，在我国存在着不同见解。 37

肯定论者认为，这一限制具有必要性，因为外国人在国外时只需遵守所在国的法律，不能要求一个人在任何地方遵守一切国家的法律[31]；同时，可以避免将本国的价 38

29 参见冯军、肖中华主编：《刑法总论》(第 3 版)，中国人民大学出版社 2016 年版，第 74 页以下。

30 参见林欣：《国际刑法中双重犯罪原则的新发展》，载《法学研究》1995 年第 2 期。

31 参见张明楷：《刑法学》(第 6 版)，法律出版社 2021 年版，第 98 页。

值标准强加给文化传统、风俗习惯、社会政治经济条件不同的其他国家的人民。[32]

39 反对论者认为,我国《刑法》第 8 条中的保护管辖,既包含了国家保护管辖原则,也包含了国民保护管辖原则。对于其中的国家保护管辖原则,不应规定双重犯罪和法定最低刑的限制。[33]

40 从立法根据看,国家保护管辖原则是基于国家主权引申出的自卫权,而被害人国籍管辖原则是基于国家对侨民的保护政策。历史上,有些国家(如英国、美国)曾拒绝接受被害人国籍管辖原则(国民保护管辖原则)。因为“国民进入外国,并未同时带去他们本国的公法保护”[34]。与此相对,国家保护管辖原则受到了各国官方和学者的普遍肯定,认为每个国家都享有这项管辖权。

41 与属人管辖、普遍管辖仅具有补充性质不同,国家保护管辖与属地管辖,是国内刑事管辖权中第一级次性质的规范。[35] 各国都是只考虑自己的安全、信用和有效统治,对于别国的相同利益一般不会通过法律来保护,不同的国家,很难在价值观念上完全一致,强求双重犯罪标准并不现实。以双重犯罪原则来限制国家保护管辖原则的适用,很容易使得后者形同虚设,不利于对本国国家利益的维护。“很少国家把外国的叛国行为定为可惩罚的罪行。如果否认外国有惩罚叛国行为的权利,那是不合理的。”[36]正因如此,有观点认为,国家保护管辖原则有三个派生原则,即不必具备双罚性原则;不适用轻法原则;外国生效判决的存在以及刑罚权的消灭不会影响根据保护管辖原则适用本国刑法的原则。[37]

42 相对来说,国民保护原则管辖是对属地管辖原则的补充。在本国根据属地管辖原则不能审判犯罪人的场合,可以根据国民保护管辖原则行使国内刑事管辖权,来保护在国外受到外国人侵害的本国公民。与对外国国家的侵害行为相比,在本国刑法上将对外国公民的侵害行为规定为犯罪,在各国的立法上更容易取得共识。因为人的生命、身体等个人法益具有共同性,无论在哪个国家都会受到保护。以双重犯罪原则来限制国民保护管辖原则的适用,具备相应的前提和基础,易于实现保护管辖原则的初衷。也因

---

32 参见陈忠林:《我国刑法中保护原则的理解、适用与立法完善——〈刑法〉第 8 条的法理解释》,载《现代法学》2004 年第 2 期。

33 参见林欣:《国际刑法中双重犯罪原则的新发展》,载《法学研究》1995 年第 2 期;李鸿举:《国家域外刑事管辖的保护原则》,载《比较法研究》1996 年第 1 期;杨彩霞:《刑法空间效力论》,武汉大学 2005 年博士论文,第 60 页。

34 李鸿举:《国家域外刑事管辖的保护原则》,载《比较法研究》1996 年第 1 期。

35 参见〔日〕森下忠:《国际刑法入门》,阮齐林译,中国人民公安大学出版社 2004 年版,第 72 页。

36 〔德〕奥本海:《奥本海国际法》(上卷第一分册),〔英〕劳特派特修订,王铁崖、陈体强译,商务印书馆 1971 年版,第 249 页。

37 参见〔日〕森下忠:《国际刑法入门》,阮齐林译,中国人民公安大学出版社 2004 年版,第 72 页以下。

如此,有观点认为,国民保护管辖原则可以派生出三个对应原则,即必须具备双罚性原则(如南极这样的无主权管辖地发生的案件除外);适用轻法优先原则;根据犯罪地国的法律已过时效或者由于其他事由行为的可罚性消灭的,本国不能行使管辖权原则。[38]

我国《刑法》将国家保护管辖原则与国民保护管辖原则(即被害人国籍管辖原则)一起规定在第 8 条中,合称为保护管辖原则,其实掩盖了这两个原则的实质及其各自适用上的特点。对两个原则不加区分,统一规定双重犯罪的限制,限缩了国家保护管辖原则的适用范围,不利于对我国国家利益的充分保护。我国《刑法》第 7 条中的(主动)属人管辖原则与第 8 条中的国民保护管辖原则(被动的属人管辖原则、被害人国籍管辖原则),立法的基点都是国籍,从法理上看,都应该受到双重犯罪原则的限制,有必要通过修法规定在同一条款中。[39] 现行《刑法》第 8 条中的国家保护管辖原则,立法的基点是国家整体利益,从法理上看,并不需要双重犯罪原则的限制。[40] 43

四、"可以适用本法"

与《刑法》第 6 条、第 7 条规定中的"适用本法"表述不同,第 8 条使用了"可以适用本法"的表述。有人认为这是立法上一种"灵活的技术性处理"[41],"体现了原则性和灵活性的结论"[42]。因为相对于属地管辖和属人管辖的现实可能性,对国外犯行使刑事管辖权,往往要受到很多因素的限制,实践中较难实现。是否适用"本法",由司法机关从有利于实行的角度来解释和裁量。 44

实际上,这里的"可以"仍然没有存在的必要。是否要现实地行使保护管辖权,是由司法机关在具体案件中权衡现实条件来决定的。立法上是要规定具有普遍效力的原则规定,"不应作灵活的两可规定"[43]。"可以适用本法",是对司法机关的指示,这里再次模糊了立法性管辖权和司法性管辖权的界限。保护管辖权是从国家固有主权引申出的一项基本权利,在立法上绝对肯定才能明确表达完全拥有。一般来说,国家行使管辖权的酌情决定,不必在立法条文中宣告,即便不加"可以"二字,也不影响对涉外个案管辖的酌定。 45

---

38 参见〔日〕森下忠:《国际刑法入门》,阮齐林译,中国人民公安大学出版社 2004 年版,第 74 页。

39 参见宋杰:《我国刑事管辖权规定的反思与重构——从国际关系中管辖权的功能出发》,载《法商研究》2015 年第 4 期。

40 参见李鸿举:《国家域外刑事管辖的保护原则》,载《比较法研究》1996 年第 1 期;杨彩霞:《刑法空间效力论》,武汉大学 2005 年博士论文,第 60 页。

41 参见陈忠林:《我国刑法中保护原则的理解、适用与立法完善——〈刑法〉第 8 条的法理解释》,载《现代法学》2004 年第 2 期。

42 参见高铭暄主编:《刑法学原理》(第 1 卷),中国人民大学出版社 1993 年版,第 298 页。

43 参见李鸿举:《国家域外刑事管辖的保护原则》,载《比较法研究》1996 年第 1 期。

第九条　普遍管辖

对于中华人民共和国缔结或者参加的国际条约所规定的罪行，中华人民共和国在所承担条约义务的范围内行使刑事管辖权的，适用本法。

文献:〔德〕奥本海:《奥本海国际法》(上卷第一分册),〔英〕劳特派特修订,王铁崖、陈体强译,商务印书馆1971年版;〔德〕奥本海:《奥本海国际法》(上卷第二分册),〔英〕劳特派特修订,石蒂、陈健译,商务印书馆1972年版;倪征日奥:《国际法中的司法管辖问题》,世界知识出版社1985年版;〔美〕汉斯·凯尔森:《国际法原理》,王铁崖译,华夏出版社1989年版;张智辉:《国际刑法通论》,中国政法大学出版社1993年版;高铭暄主编:《刑法学原理》(第1卷),中国人民大学出版社1993年版;王铁崖主编:《国际法》,法律出版社1995年版;丘宏达主编:《现代国际法》,三民书局1995年版;赵秉志中文主编:《香港刑事诉讼程序法纲要》,北京大学出版社1997年版;曹子丹、侯国云主编:《中华人民共和国刑法精解(附刑法条文)》,中国政法大学出版社1997年版;赵长青主编:《中国刑法教程》(修订版),中国政法大学出版社1998年版;谢望原主编:《台、港、澳刑法与大陆刑法比较研究》,中国人民公安大学出版社1998年版;香港法律教育信托基金主编:《中国内地、香港法律制度研究与比较》,北京大学出版社2000年版;李晓明主编:《刑法学》,法律出版社2001年版;〔日〕大塚仁:《刑法概说(总论)》(第3版),冯军译,中国人民大学出版社2003年版;钊作俊:《刑法效力范围比较研究》,人民法院出版社2004年版;〔日〕森下忠:《国际刑法入门》,阮齐林译,中国人民公安大学出版社2004年版;时延安:《中国区际刑事管辖权冲突及其解决研究》,中国人民公安大学出版社2005年版;〔美〕M.谢里夫·巴西奥尼:《国际刑法导论》,赵秉志、王文华等译,法律出版社2006年版;苏彩霞:《中国刑法国际化研究》,北京大学出版社2006年版;周雯主编:《北大国际法与比较法评论》(第4卷第2辑),北京大学出版社2006年版;周鲠生:《国际法》(上下册),武汉大学出版社2007年版;朱文奇:《国际刑法》,中国人民大学出版社2007年版;马呈元:《国际刑法论》,中国政法大学出版社2008年版;朱文奇主编:《国际人道法文选(2006)》,法律出版社2008年版;曲新久主编:《刑法学》(第3版),中国政法大学出版社2009年版;段洁龙主编:《中国国际法实践与案例》,法律出版社2011年版;冯军、肖中华主编:《刑法总论》(第3版),中国人民大学出版社2016年版;黎宏:《刑法学总论》(第2版),法律出版社2016年版;赵秉志主编:《刑法总论》(第3版),中国人民大学出版社2016年版;张明楷:《刑法学》(第6版),法律出版社2021年版;周光权:《刑法总论》(第4版),中国人民大学出版社2021年版。林欣:《论对危害民用航空安全罪的刑事管辖权》,载《法学研究》1981 年第 5 期;林欣:《国际法中的刑事管辖权与中华人民共和国刑法》,载《中国社会科学》1982 年第 6 期;李海东:《涉外刑事案件的管辖与审理》,载《人民司法》1987 年第 10 期;李海东:《论刑事普遍管辖原则》,载《中国人民大学学报》1988 年第 2 期;陈弘毅:《论香港法院现有的管辖权》,载《法学评论》1989 年第 1 期;江国青:《论国际法中的普遍管辖原则及其发展趋势》,载《武汉大学学报(哲学社会科学版)》1989 年第 5 期;黄太云:《谈对国际犯罪的普遍管辖权》,载《法学杂志》1990 年第 4 期;唐若愚:《浅论我国刑法的普遍管辖原则》,载《法学评论》1991 年第 6 期;高铭暄、赵秉志:《海峡两岸互涉刑事法律问题的宏观探讨》,载《法律学习与研究》1992 年第 1 期;张智辉:《论国际刑法中的普遍管辖原则》,载《法学研究》1992 年第 5 期;赵永琛:《涉外刑事案件的管辖权归属问题》,载《中国人民公安大学学报》1994 年第 1 期;林欣:《国际刑法中双重犯罪原则的新发展》,载《法学研究》1995 年第 2 期;李鸿举:《国家域外刑事管辖的保护原则》,载《比较法研究》1996 年第 1 期;刘国祥:《刑法典确立普通管辖原则之立法研究》,载《中国法学》1996 年第 6 期;冯军、蒋登巍:《浅析普遍管辖原则的适用限制》,载《法学评论》1997 年第 5 期;孙学峰:《国际法与国内法关系初探》,载《国际关系学院学报》1999 年第 1 期;王秀梅:《跨国犯罪与刑事管辖权——一起走私毒品案引发的法律思考》,载《法学家》1999 年第 4 期;高铭暄、王秀梅:《我国区际刑事管辖冲突的内涵及解决原则》,载《法律科学》1999 年第 6 期;谢望原:《域外刑事管辖权及其实现》,载《法学论坛》2000 年第 1 期;王新清:《论港澳特别行政区与内地刑事管辖权的冲突与协调》,载《法学家》2000 年第 6 期;黄京平、石磊、蒋熙辉:《论普遍管辖原则及其实践》,载《政法论坛》2001 年第 2 期;张旭:《国际犯罪刑事责任再探》,载《吉林大学社会科学学报》2001 年第 2 期;高铭暄、王秀梅:《普遍管辖权的特征及本土化思考》,载《法制与社会发展》2001 年第 6 期;王新清:《特别行政区刑事管辖权论略》,载《中国人民大学学报》2002 年第 1 期;王秀梅、杜澎、赫兴旺:《惩治恐怖主义犯罪国际合作中的普遍管辖》,载《法学评论》2003 年第 4 期;陈忠林:《我国刑法中的普遍管辖原则——刑法第 9 条的法理解释》,载《淮阴师范学院学报(哲学社会科学版)》2004 年第 3 期;黄俊平:《论普遍管辖原则的适用条件》,载《国家检察官学院学报》2004 年第 6 期;齐文远、刘代华:《完善我国刑法空间效力立法的思考》,载《法商研究》2005 年第 1 期;赵秉志、黄俊平:《论普遍管辖原则的确立依据》,载《社会科学战线》2005 年第 3 期;时延安:《中国区际刑法概念及基本体系》,载《南都学坛》2006 年第 2 期;李鸣:《应从立法上考虑条约在我国的效力问题》,载《中外法学》2006 年第 3 期;庄劲:《我国跨法域刑事管辖权竞合研究》,载《政法学刊》2006 年第 6 期;卢有学:《普遍管辖原则辨误》,载《云南大学学报(法学版)》2007 年第 1 期;高秀东:《论普遍管辖原则》,载《法学研究》2008 年第 3 期;李希慧、王宏伟:《论我国刑法普遍管辖权的立法完善——基于对我国刑法第 9 条规定的思考》,载《北方法学》2008 年第 3 期;赵香如:《论普遍管辖原则的理论与实践》,载《中国刑事法杂志》2008 年第 4 期;赵秉志、杜邈:《关于外国人犯罪的刑事管辖权研究》,载《刑法论丛》2009 年第 4 期;高铭暄、徐宏:《海峡两岸互涉犯罪管辖协调问题探讨》,载《中国刑事法杂志》2010 年第 1 期;朱利江:《普遍管辖国内立法近期发展态势》,载《环球法律评论》2010 年第 1 期;郑延谱:《论我国刑事管辖权规定的完善》,载《铁道警官高等专科学校学报》2010 年第 2 期;杨泽伟:《当代国际法的新发展与价值追求》,载《法学研究》2010 年第 3 期;陈志军:《中国刑法适用范围立法之完善研究》,载《中国人民公安大学学报(社会科学版)》2011 年第 1 期;李永升、谭淦:《国际刑事法院管辖罪行及其适用原则和关系研究》,载《刑法论丛》2011 年第 1 期;张志勋:《刑事普遍管辖权的发展趋势与我国的对策》,载《江西社会科学》2011 年第 9 期;卢有学:《论国际犯罪与国内犯罪的关系》,载《现代法学》2012 年第 1 期;陈荔彤:《国际刑法普遍性管辖的回顾与前瞻》,载《检察新论》2012 年第 1 期;杨泽伟:《国际社会的民主和法治价值与保护性干预——不干涉内政原则面临的挑战与应对》,载《法律科学》2012 年第 5 期;黄风:《"或引渡或起诉"法律问题研究》,载《中国法学》2013 年第 3 期;马呈元:《论普遍管辖权的意义》,载《中国政法大学学报》2013 年第 3 期;马呈元:《论中国刑法中的普遍管辖权》,载《政法论坛》2013 年第 3 期;连芳芳:《刑法第 9 条的体系化研究》,载《东南法学》2014 年第 00 期;宋杰:《普遍管辖权在欧洲(西欧):各国实践与新发展》,载《湖北工程学院学报》2014 年第 5 期;赵远:《糯康案件所涉刑事管辖权暨国际刑事司法合作问题研究》,载《法学杂志》2014 年第 6 期;宋杰:《我国刑事管辖权规定的反思与重构——从国际关系中管辖权的功能出发》,载《法商研究》2015 年第 4 期;宋杰:《战后的战犯审判与普遍管辖权:实践、发展与问题》,载《武汉大学学报(哲学社会科学版)》2015 年第 5 期;管建强、曹瑞璇:《惩治国际恐怖主义以及完善我国惩治恐怖主义法律体系》,载《法学杂志》2015 年第 7 期;许维安:《我国刑法第 9 条规定的新解读:国际保护管辖权》,载《时代法学》2016 年第 6 期;许维安:《海洋发展战略背景下我国海上犯罪体系的反思与重构》,载《刑法论丛》2017 年第 2 期;许维安:《刑法第九条刑事管辖权之探寻》,载《福建法学》2017 年第 2 期;宋杰:《刑法修正需要国际法视野》,载《现代法学》2017 年第 4 期;李晓明、李文吉:《跨国网络犯罪刑事管辖权解析》,载《苏州大学学报(哲学社会科学版)》2018 年第 1 期;刘艳红:《论刑法的网络空间效力》,载《中国法学》2018 年第 3 期;于阜民:《国际犯罪管辖和审理的制度建构与完善》,载《中国法学》2018 年第 3 期;李春珍:《论刑事管辖权的国际冲突》,载《刑法论丛》2018 年第 3 期;宋杰、杨烨:《普遍管辖权在〈灭种罪公约〉下的实践与发展——以约基奇案为出发点》,载《武大国际法评论》2019 年第 1 期;廖诗评:《国内法域外适用及其应对——以美国法域外适用措施为例》,载《环球法律评论》2019 年第 3 期;李庆明:《论美国域外管辖:概念、实践及中国因应》,载《国际法研究》2019 年第 3 期。杨彩霞:《刑法空间效力论》,武汉大学 2005 年博士论文。

细目录

Ⅰ 主旨
Ⅱ 沿革
Ⅲ 普遍管辖的原理、沿革、争议及类型
一、原理
二、沿革
三、争议
四、类型
Ⅳ 适用条件

Ⅰ 主旨

根据我国缔结或者参加的国际条约来确定刑事管辖权的范围,承担刑法领域的国际义务。 1

Ⅱ 沿革

我国对普遍管辖原则曾长期持否定态度,1979 年的第一部刑法中也没有相关的规定。1979 年《刑法》施行后,我国陆续参加了《关于制止非法劫持航空器的公约》《关于制止危害民用航空安全的非法行为的公约》《关于防止和惩处侵害应受国际保护人员包括外交代表的罪行的公约》等国际公约。上述公约要求缔约国承担对公约所规定犯罪行使普遍管辖权的义务。我国 1980 年 9 月 10 日加入的上述《关于制止非法劫持航空器的公约》和《关于制止危害民用航空安全的非法行为的公约》,是“国际普遍管辖本土化认可过程的开端”[1]。1987 年 6 月 23 日全国人民代表大会常务委员会《关于对中华人民共和国缔结或者参加的国际条约所规定的罪行行使刑事管辖权的决定》明确规定,“对于中华人民共和国缔结或者参加的国际条约所规定的罪行,中华人民共和国在所承担条约义务的范围内,行使刑事管辖权”。这一决定以特别法的形式,解决了我国适用普遍管辖的国内法律依据问题。1997 年,普遍管辖原则最终被规定在了修订后的刑法中。 2

Ⅲ 普遍管辖的原理、沿革、争议及类型

一、原理

普遍管辖原则,亦称“世界主义”,该原则主张,不论犯罪人是本国人还是外国 3

1 参见高铭暄、王秀梅:《普遍管辖权的特征及本土化思考》,载《法制与社会发展》2001 年第 6 期。

人,也不论犯罪是发生在本国领域内还是本国领域外,并且不论犯罪是否侵害了本国国家或者本国公民的利益,一律适用本国刑法。

4 普遍管辖原则的理论基础,是根源于自然法的强行法,而普遍主义正是自然法的观念来源。普遍主义存在于不同时期不同文化的哲学观念中,比如宗教这类跨越国界的信仰,在人类社会中具有普遍性。自然法是普遍主义与法学的结合。在法学领域中对普遍主义的承认,产生了自然法的理论,因其作为法的属性而要求得到强制适用和普遍遵守,并最终在1969年的《维也纳条约法公约》中从一种理念转化为强行法规则。[2] 自然法理论也是国际连带主义的理论基础,后者正是今天流行的国际关系理论。该理论认为,国际社会是由个人所组成的人类共同体,每个个体都是国际社会的组成部分。国际连带主义学说试图通过限制或禁止国家以武力追求政治目的,提倡武力只能用于追求国际共同体的目标,以建立一个更有秩序的世界。也就是说,它试图使得国内社会的基本特征在国际社会中体现出来。[3] 从国际连带主义的角度看,在今天的国际社会中,个人是国际社会的主体,当然也是可以追究刑事责任的对象。[4] 正因如此,有学者认为,普遍管辖原则出自共建人类文明的使命,即制止世界性犯罪应当是各国共同努力完成的任务。制止犯罪方面的国际连带性,是所有国家处罚世界性犯罪的权利和义务的基础。[5]

二、沿革

5 罗马皇帝查士丁尼(482—565)钦定出版的《法学阶梯》中提到,"所有国家,都是部分地服从于其各自的法,而部分地服从于所有人都适用的法、自然理性赋予所有人类的法"[6]。该法典确认了犯罪地的法院和逮捕地的法院都有刑事案件的管辖权。古罗马注释法学派还作出了扩大解释,认为居住地法院也能够代替逮捕地法院行使管辖权。这已经体现了普遍管辖原则的基本内容,即无论犯罪人是什么人,犯罪发生在何地,犯罪人所在地的法院和逮捕地的法院都有权对其罪行予以管辖。

6 赋予普遍管辖的这一经典定义说服力的,是被称为"国际法之父"的17世纪荷兰法学家格劳秀斯。在他之前,很长时间存在一种普遍的观念,认为在由习惯或国家的立法中发展起来的实在法之上,存在着另一种法律,这种法律的根源是人的理性,因此也就能够不借助对实在法的任何知识而被发现。这种理性的法律叫自然法。受其

---

2 《维也纳条约法公约》第53条规定了强行性的含义,"一般国际法强制规律指国家之国际社会全体接受并公认为不许损抑且仅有以后具有同等性质之一般国际法规律始得更改之规律"。

3 参见刘波:《英国学派的思想流变——从多元主义到社会连带主义》,载《国际论坛》2007年第4期。

4 参见赵香如:《论普遍管辖原则的理论与实践》,载《中国刑事法杂志》2008年第4期。

5 参见〔日〕森下忠:《国际刑法入门》,阮齐林译,中国人民公安大学出版社2004年版,第75页。

6 Sir Henry Sumner Maine: Ancient Law, Henry Holt and Company, 1906, p. 44.

影响，格劳秀斯致力于发现永恒的、不变的和无须各国特别同意的国际法规则。在著作《捕获法》及稍后的《战争与和平法》中，他从自然法的角度，有力地论证了对于犯罪的普遍管辖，奠定了普遍管辖在现代国际法中的地位。他认为，存在着人类的普遍社会，违反自然法的犯罪是对全人类的共同危害。国际社会应当共同承担义务，各国合作，以惩处违反自然法的犯罪。犯罪人所在国如果不对其引渡，就应对其追究。这就是著名的“或引渡或惩罚”原则。[7] 17 世纪之后，这一原则从荷兰传到德国、英国进而传播到北美，逐步在世界范围内获得了广泛的承认。[8]

第二次世界大战前，各国在应对海盗、贩卖奴隶和战争行为等共同问题的过程中，逐渐形成了一套习惯性的国际法规则，通过国际条约，普遍管辖这种习惯法性质的规则成了成文性国际法规则。其时规定了普遍管辖原则的国际条约主要有：1904 年《禁止贩卖白奴国际协定》、1921 年《禁止贩卖妇孺国际公约》、1923 年《禁止发行和贩卖淫秽出版物国际公约》、1929 年《防止伪造货币公约》、1936 年《禁止非法买卖麻醉品公约》和 1937 年《预防和惩治恐怖主义公约》。 7

第二次世界大战结束后的纽伦堡审判、东京审判推动了国际法的发展。国际社会出现了越来越多的多边或者双边条约，规定缔约国有惩罚危害世界各国共同利益的国际犯罪之义务。国际社会公认的国际犯罪，也开始由最初的海盗罪，逐步增加到侵略罪，战争罪，反人道罪，灭绝种族罪，伪造货币罪，买卖奴隶罪和买卖妇女、儿童罪，劫持人质罪，危害民用航空安全罪等严重危害国际社会安全的犯罪行为。1949 年的《日内瓦公约》使得普遍管辖原则达到了顶峰，公约明确规定对严重破坏公约的行为进行普遍管辖。1970 年 12 月 16 日在海牙签订的《关于制止非法劫持航空器的公约》第 7 条规定：“在其境内发现被指称的罪犯的缔约国，如不将此人引渡，则不论罪行是否在其境内发生，应无例外地将此案件提交其主管当局以便起诉。该当局应按照本国法律以对待任何严重性质的普通罪行案件的同样方式作出决定。”1971 年 9 月 23 日在蒙特利尔签订的《关于制止危害民用航空安全的非法行为的公约》第 7 条也作了相同的规定。其他的条约主要有：1948 年《防止及惩治灭绝种族罪公约》、1958 年《公海公约》、1971 年《精神药物公约》、1972 年《修正 1961 年麻醉品单一公约的议定书》、1973 年《禁止并惩治种族隔离罪行国际公约》、1973 年《关于防止和惩处侵害应受国际保护人员包括外交代表的罪行公约》、1979 年《反对劫持人质国际公 8

7 参见〔德〕奥本海：《奥本海国际法》（上卷第一分册），〔英〕劳特派特修订，王铁崖、陈体强译，商务印书馆 1971 年版，第 63 页；李海东：《论刑事普遍管辖原则》，载《中国人民大学学报》1988 年第 2 期。

8 现代著名国际刑法学家巴西奥尼教授认为，“或引渡或惩罚”不符合刑法合法性原则，因此，他在 1973 年提出应将“或引渡或惩罚”改为“或引渡或起诉”（*aut delere*, *aut judicare*）。See M.C. Bassiouni, Human Rights in the Context of Criminal Justice, Duke Journal of Comparative and International Law, p. 235(293).

约》、1982年《联合国海洋法公约》、1984年《禁止酷刑和其他残忍、不人道或有辱人格的待遇或处罚公约》、1980年《核材料实物保护公约》、1988年《联合国禁止非法贩运麻醉药品和精神药品公约》等。[9]

9 以1961年艾希曼案[10]、1985年德米扬鲁克案[11]、1998年皮诺切特案[12]、2001年布塔雷四人案[13]为代表,普遍管辖理论和实践在国际社会尤其是西欧国家有了比较激进的发展。所有这些案件都在强调,普遍管辖原则可以导致犯有国际罪行的人受到审判。国际法授权并在一些情况下要求国家起诉这些被认为是危害整个国际社会的犯罪。这一时期的主要特点是:在国内立法上,通过单行刑法来规定普遍管辖权逐渐成为通行做法,比如德国、法国、荷兰、比利时等;习惯国际法逐渐成为普遍管辖的立法依据,而不再仅限于国际条约或公约中规定的罪行;普遍管辖逐渐具有可操作性,在国内刑法中增加规定了与普遍管辖条款相匹配的核心国际犯罪。[14]

10 进入2000年以来,西欧国家行使普遍管辖权的案件数量一直稳步上升。[15] 很多经典案例都发生在这一时期的西欧。西班牙和比利时在适用普遍管辖原则的问题上曾一度“狂飙突进”,但是,后来都实行了一定的自我限制。比如,2005年9月26日,就诺贝尔和平奖获得者门楚在西班牙针对危地马拉统治者在1962—1996年间犯下的灭绝种族罪等罪行对该国提出的指控,西班牙宪法法院作出了具有历史意义的裁决,它在解释其1985年《司法权组织法》第23条第4款时首次强调,西班牙法院在基于该条行使普遍管辖权时不需要“直接联系”。即便相关犯罪没有发生在西班牙境内,犯罪者不具有西班牙国籍,受害人也非西班牙国民,西班牙仍然有权行使普遍管辖权。但因国际及国内的双重压力,2009年10月15日,西班牙上议院通过法案,最终对本国法院行使普遍管辖权的条件进行了约束,规定西班牙法院行使普遍管辖权,对发生在他国的严重犯罪进行管辖的时候,相关案件应当与西班牙具有一定的直接联系。[16] 西班牙对普遍管辖原则的适用重新回到更为谨慎而保守的态度。比利时

---

9 参见黄京平、石磊、蒋熙辉:《论普遍管辖原则及其实践》,载《政法论坛》2001年第2期。

10 See Supr. Ct of Israel, Eichm ann case, 298-300.

11 See Demjanjuk v. Petrovsky, US Court of Appeals, 6th Cir., 31.10 .1985 , ILR 79, 546. House of Lords, 24 March 1999, [1999] 2 W LR 827 (H L).

12 See House of Lords, 24 March 1999, [1999] 2 W LR 827 (H L).

13 See Luc Reydams, Belgium's First Application of Universal Jurisdiction: the Butare Four Case, Journal of International Criminal Justice 1, 2003, pp. 428-436.

14 参见朱利江:《普遍管辖国内立法近期发展态势》,载《环球法律评论》2010年第1期。

15 See A. Cassese, Is the Bell Tolling for Universality? A Plea for a Sensible Notion of Universal Jurisdiction, Journal of International Criminal Justice, 2003, pp. 589-595.

16 比如,犯罪嫌疑人在西班牙境内,受害者中有西班牙国民,相关案件没有其他外国法院审理。

的情况也是如此。[17]

三、争议

对于普遍管辖原则,存在激进主义、怀疑主义和折中主义的态度。一些人权律师和激进主义者认为,普遍管辖原则在国际刑法中已经确立为一项广泛适用于人权方面的犯罪。一些著名学者和法学家还曾两次聚集在普林斯顿大学,提出了著名的普林斯顿普遍管辖原则,力图将该原则的适用条件明确化,之后还提交给了联合国大会讨论。[18] 对普遍管辖原则持怀疑态度的,主要是保守的分析师、政策制定者及部分学者。他们认为,普遍管辖原则是一种危险的法律行为,因而应予抛弃。多数学者持折中主义立场,认为普遍管辖原则是一种正在发展的理论,相关问题还处在摸索阶段,对其适用应采取谨慎态度。[19] 11

应该说,普遍管辖原则有其必要性和合理性。历史上,由于国家主权至高无上的观念,对于严重危害人类生存的战争等行为,对于受到国家或集团支持的战争分子,不可能予以法律制裁。第二次世界大战的灾难性后果促使人类重新思考国家及国家主权等基本问题。纽伦堡审判正式启动了普遍管辖的实践。担任纽伦堡审判的主要检察官杰克逊就提出,由于国家主权的无节制,给人类带来了巨大的灾难,为确保国际新秩序所要求的和平和安全,必须限制国家主权。纽伦堡审判摧毁了国家主权的神圣性,确立了追究政府高级官员犯罪行为的先例。到今天,尽管在很多案例中"或起诉或引渡"原则并没有实际得到运用,导致普遍管辖原则的理论性大于实践性;在普遍管辖原则上态度比较激进的国家也很快受到现实政治和外交方面的较大压力,"政治考量超越了法律"[20],但是,由于国际犯罪的特殊性,没有任何一个国家会公开支持或包庇这类犯罪,普遍管辖原则事实上在所有国家被广泛接受。 12

当然,国家对普遍管辖原则的承认,并不足以使其成为可以操作的法律规则。要发挥其作用,还需要各个国家在其国内法中明确规定适用普遍管辖原则的具体情势,明确界定可以适用该原则的罪行及其构成要素,制定能使国内司法机关对这些罪行进行司法管辖的国内法。普遍管辖原则的普遍性义务,也要求国家建立其自身的法律制度,使得国内法院行使普遍管辖权成为可能。对于国内的刑事法院来说,普遍管辖原则并非常态,如果没有国内法的相关规定,法官可能就很难运用它,致使普遍 13

17 参见朱利江:《普遍管辖国内立法近期发展态势》,载《环球法律评论》2010 年第 1 期。

18 参见高铭暄、王秀梅:《普林斯顿普遍管辖原则及其评论》,载《中国刑事法杂志》2002 年第 3 期。

19 参见赵香如:《论普遍管辖原则的理论与实践》,载《中国刑事法杂志》2008 年第 4 期。

20 〔法〕格扎维埃 · 菲利普:《普遍管辖原则与补充性原则:这两个原则如何互相结合?》,黄燕译,载朱文奇主编:《国际人道法文选(2006)》,法律出版社 2008 年版,第 28 页。

管辖原则沦为一个假原则。[21]

四、类型

14 根据不同的标准,普遍管辖原则可以分为不同的类型:

15 (1)从法律渊源的角度,普遍管辖原则可以分为基于习惯国际法的普遍管辖原则、基于国际条约的普遍管辖原则和基于国内法的普遍管辖原则三种类型。

16 基于习惯国际法的普遍管辖原则适用于习惯国际法上的犯罪。一般认为,主要有海盗罪、奴役罪、侵略罪、战争罪、危害人类罪、灭绝种族罪、酷刑罪等几种罪行。此类普遍管辖原则的适用主体是所有国家,可以缺席行使,可以溯及既往,追诉不受时效限制。基于国际条约的普遍管辖原则,其适用主体是条约缔约国,主要表现为"或引渡或起诉"原则,一般只适用于国际刑法公约中规定的罪行,不得缺席行使,也不得溯及既往。基于国内法的普遍管辖原则,适用于本国境内的外国逃犯,适用于各种可引渡的罪行,包括普遍犯罪,但应当符合双重犯罪原则,适用的前提是无法将逃犯引渡给其他国家。

17 (2)从适用条件的角度,普遍性管辖原则可以分为有限的普遍管辖原则和绝对的普遍管辖原则。

18 有限的普遍管辖原则,又称狭义的普遍管辖原则,即行为人所在地国管辖原则或控制地国管辖原则,指一个和犯罪没有任何具体连接点或联系因素的国家,如果要对犯有国际罪行的罪犯进行调查、起诉和审判,则只有当行为人出现在该国或在该国被拘捕或控制起来后,该国才能起诉他。被告人在一国领域内,是行使普遍管辖权的先决条件。

19 绝对的普遍管辖原则,又称广义的普遍管辖原则,或纯粹的普遍管辖原则,或被告人缺席的普遍管辖原则,是指一个国家如果既不是犯罪地国,也不是行为人和被害人的国籍国,犯罪行为也没有损害到该国的公共利益,甚至行为人也没有在该国被逮捕或出现在该国,这个国家仍可以对行为人犯下的国际罪行进行管辖。该国可以在行为人不在该国境内时,开展调查、签署逮捕令,甚至是对其起诉。但是,由于许多国家的法律制度不承认缺席审判,所以如果要在该国提起审判程序,必须要求行为人随后被引渡到该国或采取其他措施使行为人出现在该国。绝对的普遍管辖原则的适用,不以行为人在一国出现为前提。

Ⅳ 适用条件

20 根据我国刑法和有关国际条约的规定,我国采用普遍管辖原则行使刑事管辖权必须符合下列条件:

---

[21] 参见〔法〕格扎维埃·菲利普:《普遍管辖原则与补充性原则:这两个原则如何互相结合?》,黄燕译,载朱文奇主编:《国际人道法文选(2006)》,法律出版社 2008 年版,第 42 页。

1. 适用的对象是危害世界各国共同利益的国际犯罪

我国《刑法》第 9 条适用的罪行，是严重危害国际法所保护的国际社会的基本价值和共同利益，为国际刑法作为犯罪所禁止，并依照国际刑法应当承担刑事责任的行为。具体的国际犯罪主要有：侵略罪，战争罪，反人道罪，灭绝种族罪，种族歧视和种族隔离罪，伪造货币罪，买卖奴隶罪，买卖妇女、儿童罪，劫持人质罪，危害民用航空安全罪，酷刑罪，海盗罪，国际贩运毒品罪，国际贩运淫秽出版物罪，贿赂外国官员罪，资助恐怖主义行为罪，非法使用武器罪，非法医学实验罪，盗窃核材料罪。 21

与属地管辖、属人管辖及保护管辖不同，普遍管辖的适用对象，是发生在我国领域之外、行为人和被害人非中华人民共和国公民的国际法上的犯罪行为，在犯罪地、行为人、被害人等要素方面与我国并不存在任何的关联性。即便是国际刑法上公认的罪行，只要犯罪地、行为人国籍或被害人国籍中的任一因素与我国有联结点，都不应根据我国《刑法》第 9 条适用我国刑法。比如伪造外国货币的行为，如果伪造行为或结果发生在我国领域内，或是在我国的船舶或航空器内，应该根据我国《刑法》第 6 条适用我国刑法；如果伪造行为或结果发生在中华人民共和国领域外，但行为人是中华人民共和国公民的，应该根据我国《刑法》第 7 条适用我国刑法；如果外国人在境外伪造我国货币的，应该根据我国《刑法》第 8 条适用我国刑法；只有当外国人在外国伪造外国货币，并且假币没有流入我国领域内的，才关系到是否要根据我国《刑法》第 9 条适用我国刑法的情形。 22

2. 适用的根据是我国缔结或者参加的国际条约

按参加主体的不同，我国缔结或参加的国际条约可以分为双边条约和多边条约。前者指我国与另一国家签订的双边协议，后者指我国与多个国家共同缔结和参加的多边协议，即国际公约。根据香港、澳门两个特别行政区的基本法的规定，“中华人民共和国尚未参加但已适用于”香港、澳门两个特别行政区的国际条约或协议，“仍可继续适用”。香港、澳门两个特别行政区也可根据自己在这些条约或协议中所承担的义务，继续对这些国际条约或协议所规定的犯罪行使普遍管辖权。 23

我国缔结或者参加的国际条约主要有 1948 年 12 月 9 日联合国大会通过的《防止及惩治灭绝种族罪公约》、1963 年 9 月 14 日在东京签订的《关于在航空器内的犯罪和犯有某些其他行为的公约》、1970 年 12 月 16 日在海牙签订的《关于制止非法劫持航空器的公约》、1971 年 9 月 23 日在蒙特利尔签订的《关于制止危害民用航空安全的非法行为的公约》、1973 年 11 月 30 日联合国大会通过的《禁止并惩治种族隔离罪行国际公约》、1973 年 12 月 14 日联合国大会通过的《关于防止和惩处侵害应受国际保护人员包括外交代表的罪行的公约》。我国缔结或者参加的国际条约中所规定的国际犯罪，除依照国际条约或者双边条约实行引渡的以外，都可以适用我国刑法追究行为人的刑事责任。 24

从我国《刑法》第 9 条的规定来看，我国刑法普遍管辖权的根据是条约国际法，而不包括习惯国际法。从理论上讲，存在于习惯国际法上的犯罪，只要没有规定在我国 25

缔结或者参加的国际条约中,无论罪行多么严重,我国都无法管辖。比如,因为我国没有参加规定侵略罪和危害人类罪的国际刑法公约,所以我国就不可能对这两种严重的国际罪行行使管辖权。[22]

3. 适用的前提是我国刑法已经将我国缔结或者参加的国际条约的有关规定转化为国内刑法的规定

26 一方面,我国缔结或者参加的国际条约大多没有对国际犯罪规定法定刑,在审理根据普遍管辖原则所管辖的国际犯罪时,需要适用已经采纳了国际条约相关规定的我国刑法。另一方面,通过国内法来落实国际条约中规定的罪行,是我国立法机关在行使普遍管辖权方面承担的国际义务。比如,1973 年的《关于防止和惩处侵害应受国际保护人员包括外交代表的罪行的公约》第 2 条第 1 款规定,“每一缔约国应将下列罪行定为国内法上的罪行”。我国在 1987 年加入该公约后,就应该按照该规定的要求,通过立法程序,将该公约的有关犯罪增设在我国的国内法中。有人就建议,应按照该公约第 2 条第 1 款第(c)项的要求,在我国刑法中增设“威胁攻击应受国际保护人员罪”[23]。再比如,根据《关于制止非法劫持航空器的公约》第 7 条的规定,各缔约国应该将非法劫持航空器的行为规定为严重的刑事犯罪。这就意味着,立法机关在将此类行为规定为犯罪时,不应设定普通的刑事罪行和轻微的法定刑,也不得将其规定为其他国家可以拒绝引渡的,甚至可以给予国家庇护的政治性犯罪。

27 如何实现国际刑法规范的国内化,我国刑法学界存在不同的设想:有的主张在刑法典中作简单规定,承认所参加条约中国际刑法规范具有我国刑法规范的同等效力;有的主张以国内刑法具体规范将所参加条约中的国际罪行逐一规定,使条约义务在国内能得到一体遵行;有的主张在国内刑法中采用空白罪状规定国际罪行(比如“参见有关条约对本行为的规定……”),同时规定明确具体的罪名和法定刑。[24] 还有观点认为,应根据不同的情况来进行立法[25]:第一,刑法分则对有关国际刑法规范规定的国际犯罪不存在相应规定的,比如侵略罪、战争罪[26]、反人道罪、非法使用武器罪、种族隔离罪、种族歧视罪、灭绝种族罪等,应在我国刑法中明确规定,并设置相应法定刑。第二,刑法分则对有关国际刑法规范所规定的国际犯罪存在相应规定,但具体构成要件与国际刑法规范不尽一致的,可以通过修正案修改相应内容。比如,《联合国反腐败公约》第 15 条规定,对本国公职人员的贿赂行为,“不正当好处”即是贿赂,而

---

[22] 参见马呈元:《论中国刑法中的普遍管辖权》,载《政法论坛》2013 年第 3 期。

[23] 参见陈忠林:《我国刑法中的普遍管辖原则——刑法第 9 条的法理解释》,载《淮阴师范学院学报(哲学社会科学版)》2004 年第 3 期。

[24] 参见陈正云:《中国刑事法律冲突论》,中国法制出版社 1997 年版,第 203 页以下。

[25] 参见黄京平、石磊、蒋熙辉:《论普遍管辖原则及其实践》,载《政法论坛》2001 年第 2 期。

[26] 有观点认为,我国刑法分则已经规定了战争罪等国际条约所确认的典型国际犯罪。参见苏彩霞:《中国刑法国际化研究》,北京大学出版社 2006 年版,第 72 页以下。

我国刑法上的“贿赂”范围相对要窄。我国《刑法》第 385 条受贿罪、第 389 条行贿罪的规定，将贿赂限定为他人“财物”。“财物”一词的范围，可以解释为具有价值的金钱、物品及财产性利益，但很难将“非财产性利益”包括在内，如安排子女就业、提职晋级或提供色情服务等。“不正当好处”却可以包括这样的“非财产性利益”。第三，刑法分则规定的具体犯罪将我国缔结或者参加的国际条约所规定的国际犯罪完全包容在内的，比如毒品犯罪[27]以及劫持航空器罪、劫持船只罪、暴力危及飞行安全罪，刑法分则规定的个罪构成与有关国际刑法规范的规定相同，海盗罪、劫持人质罪、破坏海底电缆罪可以分别被我国刑法中的抢劫罪[28]、绑架罪及破坏广播电视设施、公用事业电信设施罪所包容，酷刑罪则可以与我国刑法中的刑讯逼供罪和暴力取证罪相对应，对这些情况，就可以在行使刑事管辖权时直接适用我国刑法分则的罪名。

为了有效地防止和惩治国际犯罪，更好地履行我国所承担的国际义务，借鉴德国的做法，制定一部单行的国际刑法典，将我国缔结或者参加的国际条约的有关规定全面转化为国内刑法的规定，将是更妥当的方案。[29] 我国缔结或参加的国际条约中的多数罪行还没有转变为国内法的一部分，在此背景下，我国法院可以依照《刑法》第 9 条直接适用条约的规定对有关国际罪行进行追诉，但是，这种做法将严重违反我国《刑法》第 3 条规定的罪刑法定原则：如果我国刑法分则中没有相关的罪名，按国际条约的有关罪名进行追诉违反“法无明文规定不为罪”；即便可以按国际条约中的罪名提起诉讼，由于国际条约只规定了罪名，没有规定刑罚，故对犯罪行为判处刑罚就会违反“法无明文规定不处罚”。如果以刑法中的其他相近似罪名起诉国际罪行，也有违禁止类推的原则。实际上，比如，将海盗罪指控为故意杀人罪、故意伤害罪、破坏交 28

---

27 比如韩永万等走私、贩卖、运输毒品案，被告人韩啟繁系缅甸国籍，其在缅甸境内协助了同案中国国籍被告人的非法运输和贩卖毒品行为。我国法院即是以《刑法》第 9 条规定的普遍管辖原则，对其适用中国刑法进行了判决。参见云南省昆明市中级人民法院（2007）昆刑三初字第 8 号刑事判决书。

28 比如阿丹 · 奈姆等抢劫案，该案中，被告人阿丹 · 奈姆等 10 人均系印尼公民，于 1999 年 6 月 8 日持刀登上泰国籍油轮，将 1 名船员扣下，将其余船员赶下 1 艘快艇放走。劫得该油轮后，被告人使该油轮沿着马来西亚—菲律宾航线航行，并于同月 17 日进入中国领海。次日被中国警方查获。该案中抢劫船只的行为发生在马来西亚、受害人为泰国国籍、劫得的财物亦属泰国公司，根据属地管辖原则、属人管辖原则和保护管辖原则，我国对该案均无管辖权。审理该案的我国法院认为，依据我国《刑法》第 9 条的规定，对于中华人民共和国缔结或者参加的国际条约所规定的罪行，中华人民共和国在所承担条约义务的范围内行使刑事管辖权。根据我国参加的《联合国海洋法公约》和《制止危及海上航行安全非法行为公约》的规定，被告人的行为属于国际犯罪中的海盗行为，我国有义务行使刑事管辖权。最终，我国的审理法院认定该案各被告人的行为构成我国刑法上的抢劫罪。参见最高人民法院刑事审判第一庭、第二庭编：《刑事审判参考》（总第 32 辑），法律出版社 2003 年版，第 245 号。

29 参见朱利江：《普遍管辖国内立法近期发展态势》，载《环球法律评论》2010 年第 1 期；冯军、肖中华主编：《刑法总论》（第 3 版），中国人民大学出版社 2016 年版，第 76 页。

通工具罪等进行审判和处罚是“非常荒谬的”[30]。根据《联合国海洋法公约》,中国只能对公海上的海盗行为进行管辖,而不能对在公海上与中国公民无关的抢劫、故意杀人、破坏交通工具或者故意伤害等行为进行管辖。因此,制定单行的国际刑法典,明文规定我国缔结或者参加的国际条约中规定的国际罪行的罪名,并制定相应的法定刑,是使得我国刑法体系更为合理的路径。

4. 适用的时间是在我国境内发现被指称的罪犯之时

29 关于国际犯罪,任何国家都有刑事管辖权,但是,为了防止国家之间可能发生的刑事管辖权冲突,有关国际条约往往规定“在其境内发现被指称的罪犯的缔约国”具有刑事管辖权,因此,只有实施了国际犯罪的罪犯出现在我国领域之内时,我国才能行使刑事管辖权。

30 一般认为,在国内法上,普遍管辖原则是一种补充性规则。[31] 所谓补充性规则,是指基于国家主权而享有管辖权的国家不愿意或不能行使管辖权时,犯罪人所在国或其他国家可以行使管辖权。相对于普遍管辖,属地管辖和国籍管辖(主动的属人管辖和被动的属人管辖)具有优先性。

31 普遍管辖是基于国际连带义务而履行的一种国际义务,内国法院对与其没有直接联结点的行为行使刑事管辖权。这样一种结果,很可能与他国在国家主权理念基础上享有的属地管辖权、属人管辖权和保护管辖权发生冲突。因此,补充性规则实际上是普遍管辖原则与国家主权原则之间妥协的产物。由于它“首先尊重现在仍然有效的两项国际法原则,即国家主权原则与刑事起诉方面的采取行动者优先管辖原则”[32],故在很大程度上保证了普遍管辖原则的合理性,增强了其实践中的有效性。

32 补充性规则的作用,是在拥有优先管辖权的国家“不能够”或基于某种情势“不愿意”行使管辖权时,为该国将管辖权移交处于辅助地位的他国或国际司法机构提供可能性。[33] 它原本是用来分配国际刑庭和内国法院对国际核心罪行的管辖权。[34] 1998年产生的《国际刑事法院规约》(即《罗马规约》),总结早前的两个国际刑事法庭(前南斯拉夫问题国际刑事法庭和卢旺达问题国际刑事法庭)优先管辖权的产生,对自身的管辖权变更规定为补充性原则,将优先管辖权授予了内国法院。虽然此前的国际性文件中也存在补充性规则的踪影,但是,直到《国际刑事法院规约》的签订

---

[30] 参见马呈元:《论中国刑法中的普遍管辖权》,载《政法论坛》2013年第3期。

[31] 参见张智辉:《论国际刑法中的普遍管辖原则》,载《法学研究》1992年第5期;李海东:《论刑事普遍管辖原则》,载《中国人民大学学报》1988年第2期。

[32] 参见〔法〕格扎维埃·菲利普:《普遍管辖原则与补充性原则:这两个原则如何互相结合?》,黄燕译,载朱文奇主编:《国际人道法文选(2006)》,法律出版社2008年版,第42、43页。

[33] 参见宋杰:《普遍管辖权在欧洲(西欧):各国实践与新发展》,载《湖北工程学院学报》2014年第5期。

[34] 参见卢有学:《论国际刑事管辖权》,载《河北法学》2013年第6期。

才标志着补充性原则的正式实施。[35]

为了解决我国根据普遍管辖原则行使管辖权与他国或国际法庭基于属地或国籍、公约等因素行使管辖权可能发生的冲突,我们在适用《刑法》第 9 条时,有必要结合补充性规则。[36] 对于发生在国外的犯罪行为,首先,应尊重国际法庭的优先管辖权,只要国际法庭介入某一案件的审理,我国就应将该案件移交给国际法庭。其次,应尊重犯罪地国、犯罪人或被害人国籍国的优先管辖权。一旦相关国家已经或准备司法介入,我国就不得启动普遍管辖。最后,即便在我国发现被指称的犯罪嫌疑人,也应优先考虑将其移交给国际法庭,或是经由国际司法合作协议将该嫌疑人引渡到主张优先管辖权的国家,由后者来行使刑事管辖权。只有当具有优先管辖权的国家"不愿意"或是"不能够"接受引渡进而行使刑事管辖权时,我国法院才能根据《刑法》第 9 条规定的普遍管辖原则,适用我国刑法对案件进行审理。 33

如果在国外实施犯罪的行为人,已经由国际法庭或其他国家行使优先管辖权或普遍管辖权,对其进行了审理,则无论审理结果如何,我国原则上就应遵守"一事不再理"的原则,不能主张普遍管辖权而再次对其提起追诉。[37] 34

如果被指称的犯罪嫌疑人不在我国境内,我国法院也不应主张普遍管辖权而对其进行缺席审判。虽然我国并没有在《刑法》第 9 条中明确我们采取的普遍管辖原则是有限的普遍管辖原则,还是绝对的普遍管辖原则,但是,考虑到绝对的普遍管辖原则在适用中的困难,以及可能招致的外交压力及对国家关系的不利影响,应该将其排除,而采用有限的普遍管辖原则。即只有当犯罪人出现在我国境内时,才可能启动我国的普遍管辖。 35

5. 适用的限度是我国所承担条约义务的范围

在缔结或者参加有关防止和惩治国际犯罪的国际条约时,我国对有关国际条约的具体内容采取了两种态度,其一是我国完全同意有关国际条约的具体内容,其二是我国声明对有关国际条约持保留意见。因此,对国际条约中我国持保留意见的部分条款所规定的国际犯罪,我国不承担刑事管辖义务。 36

---

35 参见〔法〕格扎维埃·菲利普:《普遍管辖原则与补充性原则:这两个原则如何互相结合?》,黄燕译,载朱文奇主编:《国际人道法文选(2006)》,法律出版社 2008 年版,第 34 页。

36 参见高秀东:《论普遍管辖原则》,载《法学研究》2008 年第 3 期。

37 参见高秀东:《论普遍管辖原则》,载《法学研究》2008 年第 3 期。

第十条　域外刑事判决的消极承认

凡在中华人民共和国领域外犯罪，依照本法应当负刑事责任的，虽然经过外国审判，仍然可以依照本法追究，但是在外国已经受过刑罚处罚的，可以免除或者减轻处罚。

文献:〔德〕奥本海:《奥本海国际法》(上卷第一分册),〔英〕劳特派特修订,王铁崖、陈体强译,商务印书馆 1971 年版;〔德〕奥本海:《奥本海国际法》(上卷第二分册),〔英〕劳特派特修订,石蒂、陈健译,商务印书馆 1972 年版;倪征(日奥):《国际法中的司法管辖问题》,世界知识出版社 1985 年版;〔美〕汉斯·凯尔森:《国际法原理》,王铁崖译,华夏出版社 1989 年版;张智辉:《国际刑法通论》,中国政法大学出版社 1993 年版;高铭暄主编:《刑法学原理》(第 1 卷),中国人民大学出版社 1993 年版;王铁崖主编:《国际法》,法律出版社 1995 年版;丘宏达主编:《现代国际法》,三民书局 1995 年版;赵秉志主编:《新刑法典的创制》,法律出版社 1997 年版;赵秉志主编:《香港刑事诉讼程序法纲要》,北京大学出版社 1997 年版;曹子丹、侯国云主编:《中华人民共和国刑法精解(附刑法条文)》,中国政法大学出版社 1997 年版;赵长青主编:《中国刑法教程》(修订版),中国政法大学出版社 1998 年版;张智辉:《国际刑法通论》(增补本),中国政法大学出版社 1999 年版;马进保:《国际犯罪与国际刑事司法协助》,法律出版社 1999 年版;柯葛壮:《涉外、涉港澳台刑事法律问题研究》,上海社会科学院出版社 1999 年版;李晓明主编:《刑法学》,法律出版社 2001 年版;张智辉主编:《国际刑法问题研究》,中国方正出版社 2002 年版;〔日〕大塚仁:《刑法概说(总论)》(第 3 版),冯军译,中国人民大学出版社 2003 年版;钊作俊:《刑法效力范围比较研究》,人民法院出版社 2004 年版;〔日〕森下忠:《国际刑法入门》,阮齐林译,中国人民公安大学出版社 2004 年版;时延安:《中国区际刑事管辖权冲突及其解决研究》,中国人民公安大学出版社 2005 年版;〔美〕M. 谢里夫·巴西奥尼:《国际刑法导论》,赵秉志、王文华等译,法律出版社 2006 年版;苏彩霞:《中国刑法国际化研究》,北京大学出版社 2006 年版;朱文奇:《国际刑法》,中国人民大学出版社 2007 年版;马呈元:《国际刑法论》,中国政法大学出版社 2008 年版;周鲠生:《国际法》,武汉大学出版社 2009 年版;曲新久主编:《刑法学》(第 3 版),中国政法大学出版社 2009 年版;冯军、肖中华主编:《刑法总论》(第 3 版),中国人民大学出版社 2016 年版;黎宏:《刑法学总论》(第 2 版),法律出版社 2016 年版;赵秉志主编:《刑法总论》(第 3 版),中国人民大学出版社 2016 年版;张明楷:《刑法学》(第 6 版),法律出版社 2021 年版;周光权:《刑法总论》(第 4 版),中国人民大学出版社 2021 年版。林欣:《国际法中的刑事管辖权与中华人民共和国刑法》,载《中国社会科学》1982年第6期;李海东:《涉外刑事案件的管辖与审理》,载《人民司法》1987年第10期;陈弘毅:《论香港法院现有的管辖权》,载《法学评论》1989年第1期;胡驰:《试论我国的刑事司法协助》,载《学习与探索》1990年第1期;赵永琛:《关于我国建立国际刑事司法协助制度的设想》,载《中国法学》1990年第6期;高铭暄、赵秉志:《海峡两岸互涉刑事法律问题的宏观探讨》,载《法律学习与研究》1992年第1期;赵永琛:《涉外刑事案件的管辖权归属问题》,载《中国人民公安大学学报》1994年第1期;林欣:《国际刑法中双重犯罪原则的新发展》,载《法学研究》1995年第2期;李双元、于喜富:《法律趋同化:成因、内涵及在"公法"领域的表现》,载《法制与社会发展》1997年第1期;王铮:《执行刑事判决中的国际司法合作》,载《比较法研究》1997年第3期;陈永生:《一事不再理与中国区际刑事管辖冲突的解决》,载《研究生法学》1998年第1期;高铭暄、王秀梅:《我国区际刑事管辖冲突的内涵及解决原则》,载《法律科学》1999年第6期;谢望原:《域外刑事管辖权及其实现》,载《法学论坛》2000年第1期;王新清:《论港澳特别行政区与内地刑事管辖权的冲突与协调》,载《法学家》2000年第6期;袁古洁:《论对外国刑事判决的承认与执行》,载《现代法学》2000年第6期;王新清:《特别行政区刑事管辖权论略》,载《中国人民大学学报》2002年第1期;苏彩霞:《我国刑法第10条之检讨》,载《淮阴师范学院学报(哲学社会科学版)》2004年第4期;田彦群、李波:《外国刑事判决和执行问题的理论探讨》,载《深圳大学学报(人文社会科学版)》2004年第5期;齐文远、刘代华:《完善我国刑法空间效力立法的思考》,载《法商研究》2005年第1期;吕岩峰、李海滢:《论复合法域条件下的中国对外刑事司法合作关系》,载《当代法学》2005年第2期;冯军、吴卫军:《透析与前瞻:外国刑事判决效力研究》,载《西南民族大学学报(人文社科版)》2005年第6期;时延安:《中国区际刑法概念及基本体系》,载《南都学坛》2006年第2期;张兰图、刘竹君:《国家刑事管辖权法定论》,载《当代法学》2006年第5期;庄劲:《我国跨法域刑事管辖权竞合研究》,载《政法学刊》2006年第6期;黄风:《刑诉法应增加承认与执行外国判决的制度》,载《现代法学》2007年第2期;黄伯青:《试论附条件地承认和执行外国的刑事判决——以我国刑法第10条为视角》,载《社会科学》2008年第9期;赵秉志、杜邈:《关于外国人犯罪的刑事管辖权研究》,载《刑法论丛》2009年第4期;高铭暄、徐宏:《海峡两岸互涉犯罪管辖协调问题探讨》,载《中国刑事法杂志》2010年第1期;郑延谱:《论我国刑事管辖权规定的完善》,载《铁道警官高等专科学校学报》2010年第2期;陈志军:《中国刑法适用范围立法之完善研究》,载《中国人民公安大学学报(社会科学版)》2011年第1期;黄风:《"或引渡或起诉"法律问题研究》,载《中国法学》2013年第3期;宋杰:《我国刑事管辖权规定的反思与重构——从国际关系中管辖权的功能出发》,载《法商研究》2015年第4期;江国华、赖彦君:《论海峡两岸刑事管辖的冲突及消解》,载《江汉学术》2016年第3期;于志刚、李怀胜:《关于刑事管辖权冲突及其解决模式的思考——全球化时代中国刑事管辖权的应然立场》,载《法学论坛》2017年第6期;王筱:《我国刑法属人管辖权制度下犯罪重复评价的反思》,载《公安学刊(浙江警察学院学报)》2019年第4期。

细目录

Ⅰ 主旨
Ⅱ 沿革
Ⅲ 刑事判决的国际效力
一、积极承认
二、消极承认
Ⅳ 关键用语含义解析
一、"在中华人民共和国领域外犯罪"
二、"依照本法应当负刑事责任的"
三、"经过外国审判"
四、"仍然可以依照本法追究"
五、"在外国已经受过刑罚处罚的,可以免除或者减轻处罚"
Ⅴ 检讨与修改建议
一、检讨
二、修改建议

Ⅰ 主旨

1 本条规定了对待外国刑事判决的原则。在维护我国刑事司法主权的前提下,合理解决已经外国审判的犯罪人的刑事责任问题。

Ⅱ 沿革

2 1979年《刑法》对外国判决的法律效力规定在第7条:"凡在中华人民共和国领域外犯罪、依照本法应当负刑事责任的,虽然经过外国审判,仍然可以依照本法处理;但是在外国已经受过刑罚处罚的,可以免除或者减轻处罚。"1997年修订《刑法》时将"仍然可以依照本法处理"改为"仍然可以依照本法追究"。

Ⅲ 刑事判决的国际效力

3 刑法的空间效力不同于审判权,审判权原则上仅仅存在于一国主权所及的领域,而刑法的空间效力则可以存在于他国的主权所及的领域。处于一国刑法的空间效力之内的犯罪,即使受到该国的审判,也会由于审判权不同而可能受到他国的审判。[1]

刑事管辖权是国家主权的组成部分。通常情况下,一个国家会采用多种管辖原则来最大限度地维护本国的主权。由于行为发生领域、行为人或被害人国籍等不同的联结因素,同一犯罪行为可能出现“管辖权的竞合”[2],导致两个以上国家的刑法被适用之情形。由此就产生了是否承认外国判决的法律效力、外国在先的刑事判决是否会影响本国审判权的行使问题。 4

关于刑事判决的国际性效力,一直以来是国际刑法中讨论最多的问题之一。在第二次世界大战之前,主流观点认为,刑法具有国家专属性,表达的是国家对待犯罪的态度,本国并无义务去承认和执行他国的刑事判决。第二次世界大战后,国家连带性原则受到重视,国家主权原则不再至尊无上,防范和惩治犯罪成为各国共同的诉求。为了更好地体现刑罚执行效果,节约刑罚执行成本,认同外国刑事判决与本国刑事判决具有同等法律效力的国家逐步增多。1970 年 5 月 28 日的《关于刑事判决国际效力的欧洲公约》基本上采纳了这种看法。 5

各国立法对待外国刑事判决的态度,大致可以分为积极承认和消极承认。 6

一、积极承认

积极承认,是指针对外国法院作出的刑事判决,如果该案件同时属于本国刑事管辖的范围,本国承认外国法院刑事判决的法律效力,无论该判决的认定结论如何,都不再对同一案件事实进行追诉。这是“一事不再理”“禁止双重危险”原则在国际社会中的效力体现,也被称为“外国刑事判决的消极效力”[3]。积极承认主义的理论基础是国际协同主义与人权保障原则。 7

对外国判决的承认与执行的含义不同:承认是指同意和认可,执行是指实施和实行。承认是执行的前提,需要执行的外国判决必须先经过本国的承认,而给予承认的判决并非都需要执行。[4] 比如,在承认外国刑事判决的场合,如果外国法院作出的是有罪判决,在犯罪人移交到本国后,本国执行该判决尚未执行完毕的部分;如果该判决在外国已经被执行完毕,或者外国法院作出的判决仅仅是宣告犯罪人有罪但不予刑事处罚,或者外国法院作出的是无罪判决,则该判决在本国事实上就不再需要被执行。 8

---

1 参见冯军、肖中华主编:《刑法总论》(第 3 版),中国人民大学出版社 2016 年版,第 76 页。

2 参见周光权:《刑法总论》(第 3 版),中国人民大学出版社 2016 年版,第 64 页。

3 参见〔日〕森下忠:《国际刑法入门》,阮齐林译,中国人民公安大学出版社 2004 年版,第112 页。

4 参见袁古洁:《论对外国刑事判决的承认与执行》,载《现代法学》2000 年第 6 期。

9 欧洲许多国家之间采用了积极承认主义,即承认其他欧洲国家法院的判决具有与本国法院的判决同等的效力。比如,《法国刑法典》第113-9条规定,在第113-6条及第113-7条所指之场合,凡能证明其在国外因相同事实已经最终确定之判决以及在其被判刑之场合,能证明已经服刑或时效已经完成之人,不得对其提起任何追诉。[5]《欧洲刑事诉讼程序移转公约》第35条规定,"当缔约国对同一犯罪已宣告无罪或免除处罚,或刑罚已执行完毕或正在执行,或已实行赦免或因时效已过而不能执行等,另一缔约国均不应再行追诉"[6]。另外,英国的判例和美国加利福尼亚州最高法院的判决,采用了国际上的"禁止双重危险"原则,对外国刑事判决的效力持积极承认态度。俄罗斯、加拿大等国刑法典也都采用积极承认主义。

二、消极承认

10 消极承认,是指尽管存在外国法院在先的刑事判决,无论是有罪判决还是无罪判决,针对同一案件事实,只要本国法院拥有刑事管辖权,即可对其再次提起追诉。消极承认主义的理论基础是传统的国家主权主义。消极承认存在不同的情形:

11 (1)有的国家在法律上明文否定外国法院判决对本国审判权的排斥效力。比如,《意大利刑法典》第11条规定,"在第6条(国内犯)规定的情况下,公民或者外国人在意大利接受审判,即便已经在外国受到审判,在第7条(国外犯)、第8条(国外的政治犯)、第9条(意大利公民在国外的普通犯罪)和第10条规定的情况下,如果司法部长提出有关的要求,已经在外国受到审判的公民或者外国人将在意大利重新接受审判"[7]。

12 (2)有的国家将外国法院的判决认定为一种"事实",否认其法律效力,但在对案件作出裁判时,会采用算入主义(即折抵原则),对外国判决及刑罚执行的"事实"给予考虑。其中,有的采用必要的算入主义,将外国刑罚被执行的部分,算入本国宣判的刑罚之中,但可由法官斟酌裁量算入的范围,日本即是这样的立法例。《日本刑法典》第5条规定,"同一行为虽然已在外国受到确定判决的,不妨碍另行处罚。但犯罪人在已经全部或者部分执行了所宣告的刑罚的,减轻或者免除其刑罚的执行"。有的国家采用酌情的算入主义,在外国刑罚执行完毕的场合,本国在量刑时予以考虑。我国《刑法》第10条即是这样的立法例,"在外国已经受过刑罚处罚的,可以免除或者减轻处罚"。

13 (3)有的国家只在特定的情况下承认外国法院判决的效力,即在外国法院作出的是无罪判决,或是在外国已经执行完毕刑罚,已经过了追诉时效、赦免等特定情形

---

5 参见《法国新刑法典》,罗结珍译,中国法制出版社2003年版,第6页以下。

6 参见欧洲理事会官网(https://www.coe.int/en/web/conventions/full-list/-/conventions/treaty/073),访问时间:2020年1月25日。

7 《最新意大利刑法典》,黄风译注,中国政法大学出版社2007年版,第9页。

下,禁止本国再行追诉。《瑞士刑法典》第 3 条第 2 款、第 5 条第 2 款、第 6 条第 2 款及《奥地利刑法典》第 65 条第 4 款的规定即属这种情况。[8]

Ⅳ 关键用语含义解析

一、"在中华人民共和国领域外犯罪"

在中华人民共和国领域外犯罪,是指犯罪行为与结果都发生在中华人民共和国领域外,包括发生在外国领域内的犯罪和发生在无主权管辖地的犯罪。后者主要是指公海、无主权管辖的荒岛、南北极、空间站和太空等区域。犯罪发生在我国的船舶和航空器上,如果该船舶或航空器当时正处在他国领域,也属于在中华人民共和国领域外犯罪。 14

犯罪发生在中华人民共和国领域外,是指犯罪的行为与结果都发生在我国领域外,包括犯罪的预备行为和实行行为,犯罪人希望的结果发生地,犯罪的中间结果发生地和犯罪的实际结果发生地。犯罪的行为或结果,任何一项发生在我国领域内,就不属于《刑法》第 10 条规定的"在中华人民共和国领域外犯罪"。 15

犯罪成立的前提是违反刑法的规定。只有违反了刑法规定的行为,才是犯罪。从规范含义的角度,在中华人民共和国领域外犯罪,既包括在中华人民共和国领域外实施了违反我国刑法的行为,也包括违反我国缔结或者参加的国际条约规定的行为,同时还包括在我国领域外实施的违反他国刑法规定的行为,即便该行为可能并不构成我国刑法上规定的犯罪。只有这样理解,才符合《刑法》第 10 条中"依照本法应当负刑事责任的"这句话中"的"字所表达的选择性而不是完全等同性的含义。 16

我国并不承认代理处罚原则,故在外国发生的、与我国没有任何直接联结点的、仅仅违反外国刑法的普通罪行,我国法院不会代替外国法院对其进行处罚。这样的行为,属于发生在中华人民共和国领域外的犯罪,但是,不属于"依照本法应当负刑事责任的"情形。 17

二、"依照本法应当负刑事责任的"

"本法"在这里指的是广义上的中华人民共和国刑法,既包括 1997 年《刑法》,也包括港澳台地区的刑法及我国缔结和参加的国际条约中的相关规定。 18

要准确理解《刑法》第 10 条中"应当负刑事责任"的含义,需要对比相关刑法条文中的相近表述:"可以依照本法追究"(第 10 条)、"可以适用本法"(第 8 条)、"可 19

---

8 参见〔日〕森下忠:《国际刑法入门》,阮齐林译,中国人民公安大学出版社 2004 年版,第 114 页。

以免除或者减轻处罚”(第10条)、“可以不予追究”(第7条)、“适用本法”(第6、7、9条)。[9]

20 根据刑法原理,从逻辑顺序上看,首先需要确定:①是否需要对行为“(可以)适用本法”;②如果是,才能确定行为是否“应当负刑事责任”;③如果是,才会有“可以不予追究”,或者“可以依照本法追究(刑事责任)”;④在追究(刑事责任)的过程中,才会有“可以免除或者减轻处罚”。

21 因此,在确定是否“依照本法应当负刑事责任”时,首先要确定是否需要“适用本法”,对此应当根据我国《刑法》第6—9条的规定来判断。发生在我国领域外的犯罪行为,只要属于我国刑事管辖权的范围,可以适用我国刑法,就属于“依照本法应当负刑事责任的”情形。具体来说,主要有如下几种情形:

22 (1)处在我国领域外的我国船舶或航空器内发生的犯罪,不论行为人或被害人是中国人还是外国人,根据我国《刑法》第6条第2款的规定,都应当适用我国刑法,属于“依照本法应当负刑事责任的”情形。

23 (2)我国的国家工作人员、军人和普通公民在我国领域外犯罪,根据我国《刑法》第7条的规定,应当适用我国刑法,都属于“依照本法应当负刑事责任的”情形。我国普通公民在我国领域外实施的犯罪行为,按我国刑法规定的最高刑为3年以下有期徒刑的,“可以不予追究”,但仍属于“依照本法应当负刑事责任的”情形。

24 (3)外国人在我国领域外对中华人民共和国国家或公民犯罪,按我国刑法规定的最低刑为3年以上有期徒刑的,根据我国《刑法》第8条的规定,“可以适用本法”,属于“依照本法应当负刑事责任的”情形。但是,如果该行为按照犯罪地的法律不受处罚的,就不属于“依照本法应当负刑事责任的”情形。这里的“不受处罚”,指行为按照行为地国的法律根本不构成犯罪,或者虽然构成犯罪,但是考虑全案情况不予刑罚处罚的情形。

25 (4)发生在我国领域外的行为,属于我国缔结或者参加的国际条约所规定的罪行,则根据我国《刑法》第9条的规定,在我国承担条约义务的范围内,我国要行使刑事管辖权,“适用本法”,该行为也就属于“依照本法应当负刑事责任的”情形。

26 (5)发生在我国领域外的行为,如果仅仅是违反他国刑法从而构成犯罪,因其并不违反我国刑法的规定,当然不属于“依照本法应当负刑事责任的”情形。

---

9 这类表述措辞被认为是一种“立法技术的瑕疵”:(1)概念使用不统一,比如,《刑法》第7条中的“适用本法”是立法性管辖权,而“可以不予追究”表达的是不具确定性的执行性管辖权,同一句话前后部分采用的管辖权概念,一个是基于立法,一个是基于执行,造成概念使用的不统一。(2)“适用”的规范性含义不明。“适用”具体含义到底是强制性适用,还是选择性适用?事实上立法性管辖权是兼容而并不一定是互斥的。参见宋杰:《我国刑事管辖权规定的反思与重构——从国际关系中管辖权的功能出发》,载《法商研究》2015年第4期。

三、“经过外国审判”

我国《刑法》第10条中的“经过外国审判”,是指经过外国全部的审判程序,判决已经发生法律效力的情况。在外国的审判过程中,或者在外国的判决还没有生效之前,行为人脱逃的,不属于我国《刑法》第10条中“经过外国审判”的情形。一般认为,这里的“外国审判”,还应当指外国的刑事法庭的审判,包括为处理少年刑事案件而特设法庭的审判,但不包括军事法庭和民事法庭的审判。[10] 27

外国审判的结果,对我国是否有权独立追究行为人的刑事责任没有实质影响。无论外国法院对该行为判决有罪还是无罪,外国法院的判决是否已经执行,是否执行完毕,我国司法机构都有权根据案件的具体情况,自行决定是否适用我国《刑法》追究行为人的刑事责任。 28

发生在我国领域外的行为,如果属于我国缔结和参加的国际条约中规定的犯罪,则根据我国《刑法》第9条规定的普遍管辖原则,适用我国刑法。普遍管辖原则的应用,要结合补充性原则的精神,应当首先尊重其他国家基于属地或国籍等联结要素的优先管辖权,只有在拥有优先管辖权的国家或国际法院“不能够”或“不愿意”行使管辖权的时候,我国法院才行使刑事管辖权,适用我国刑法。 29

我国《刑法》第10条规定的是我国与其他国家发生立法性刑事管辖权竞合时,对待外国刑事判决的态度,并不是对我国领域内不同法域的刑事判决效力的规定。从理论上看,此条不仅适用于我国内地,也适用于我国港澳台地区。因此,“经过外国审判”,并不包含经过港澳特别行政区法院和台湾地区法院审判的情况。[11] 对于内地和港澳特别行政区对待对方判决的效力,并无法律明文规定,原则上应遵循一事不再理原则。[12] 实践中,大陆和台湾地区在对待彼此刑事判决效力问题上均采取消极态度,互不认可对方刑事判决。[13] 30

从现实情况来看,这里的“经过外国审判”,还包括经过国际刑事法院、欧洲人权法院等国际性法院的刑事审判。 31

---

10 参见〔日〕森下忠:《国际刑法入门》,阮齐林译,中国人民公安大学出版社2004年版,第109页。

11 相同的意见,参见张明楷:《刑法学》(第6版),法律出版社2021年版,第100页;相反的意见,参见黎宏:《刑法学总论》(第2版),法律出版社2016年版,第35页。

12 参见陈永生:《一事不再理与中国区际刑事管辖冲突的解决》,载《研究生法学》1998年第1期。

13 参见江国华、赖彦君:《论海峡两岸刑事管辖的冲突及消解》,载《江汉学术》2016年第3期。

四、“仍然可以依照本法追究”

32 我国《刑法》第 10 条中的“仍然可以依照本法追究”,是对 1979 年《刑法》“仍然可以依照本法处理”的修改。这一修改,使得条文“规范了用语”[14]。其基本含义是:

33 (1)发生在我国领域外的案件,只要属于我国刑事管辖的范围,我国就依法享有刑事管辖权。案件受到外国审判的事实,不会否定我国的立法性刑事管辖权。是否实际行使刑事管辖权,或是因承认外国刑事判决而不再行使刑事管辖权,由我国司法机关根据案件的实际情况决定。案件受到外国审判,对于我国司法机关来说,仅仅是一种“事实”,而不是“法律”,不具有法律上的约束力。[15]

34 (2)从规范含义上来说,“可以”追究,虽然表达的是“原则上追究”的倾向,但是,并没有否定“不追究”的可能性。因此,理论上讲,只要外国判决没有侵犯我国的主权和利益,没有违反我国法律的根本原则,我国可以尊重案件受到外国审判的事实,“不予追究”。如果外国判决侵犯到我国的主权和利益,即便案件受到了外国审判,我国司法机关仍可以自行决定适用我国刑法追究犯罪人的刑事责任。

35 港澳台地区居民在我国领域外犯罪,已经受到外国或国际刑事法院、欧洲人权法院等国际刑事审判机构审判的,也属于我国《刑法》第 10 条中“仍然可以依照本法追究”的情形。除了其中的外交、国防等关系到国家主权的案件,其他都应由各法域的司法机关依照该法域的法律,自行决定是否再次审理。

五、“在外国已经受过刑罚处罚的,可以免除或者减轻处罚”

36 “经过外国审判”的结果,必定是“刑事判决”,包括外国法院作出的判决、裁定、决定和命令。同时,“刑事判决”必须是已经生效,即上诉程序已经终结或者被告人没有上诉。判决是否生效,应根据审判地国的法律认定,其他国家无权异议。

37 刑事判决的结果,既可能是不构成犯罪,也可能是构成犯罪但不予刑罚处罚。只有当判决认定被告人的行为构成犯罪,应受刑罚惩罚,且被告人已经受过刑罚处罚的,才属于我国《刑法》第 10 条规定的“可以免除或者减轻处罚”的情形。

38 这里的“在外国已经受过刑罚处罚”,是指已被外国判处并执行了部分或全部的

---

14 参见田彦群、李波:《外国刑事判决和执行问题的理论探讨》,载《深圳大学学报(人文社会科学版)》2004 年第 5 期;黄伯青:《试论附条件地承认和执行外国的刑事判决——以我国刑法第 10 条为视角》,载《社会科学》2008 年第 9 期。

15 比如“徐海舟偷越国境案”,被告经新疆维吾尔自治区吉木乃县偷越国境,非法进入哈萨克斯坦共和国,被该国法院判决有罪,服刑半年后释放回国,后仍被吉木乃县人民法院根据我国《刑法》第 10 条、第 322 条的规定,判决其构成偷越国(边)境罪,判处有期徒刑 1 年,并处罚金 5000 元。参见新疆维吾尔自治区吉木乃县人民法院(2017)新 4326 刑初 7 号刑事判决书。类似案件还有“赵立群组织他人偷越国(边)境案”,参见吉林省双辽市人民法院(2019)吉 0382 刑初 17 号刑事判决书。

刑罚。无论犯罪人在外国受过的“刑罚处罚”是自由刑，还是财产刑，或是刑罚替代措施（如“社区服务”），保安处分，符合考察条件的缓刑期满，都可以认为我国《刑法》第10条中的“在外国已经受过刑罚处罚”。

我国《刑法》第10条规定，对于在外国已经受到审判且受过刑罚处罚的犯罪人，“可以免除或者减轻处罚”。此条中相关概念的表述，与刑法其他相关条文中通常表述顺序“可以减轻或者免除处罚”相反。可以认为，立法者在我国《刑法》第10条中的这种刻意区别，是在表达对于此种情形应优先考虑“免除”处罚的可能性，例外的情况下才要“减轻”处罚。[16] 39

对于经过外国审判，已经受过刑罚处罚的犯罪人，我国如果要追究其刑事责任，则在确定其刑期的时候，应将该犯罪人被我国司法机关先行羁押的时间折抵实际执行的刑期，包括在引渡、移送等过程中采取的限制人身自由的强制性措施。 40

V 检讨与修改建议

一、检讨

对民商事等私法领域的外国判决的承认，本质上是外国法域外效力的延伸，原本属于以解决法律冲突为主要任务的国际私法的范围。其理论基础，有“债务理论”“既得权学说”（英国）及“礼让学说”“既判力理论”（美国）等主张。[17] 我国法律对此持肯定态度，司法实践中通常是以条约和事实互惠为依据来承认和执行外国判决。[18] 我国现行《民事诉讼法》第288条规定：“外国法院作出的发生法律效力的判决、裁 41

---

16 比如刘某某在国外被判刑回国后再审案。我国公民刘某某系我国某远洋运输公司一远洋货轮上的船员，1981年11月1日该轮船停泊于南美B国的一港口内。当日傍晚，刘某某酒后与同船海员李某发生口角，用水果刀将李某刺成重伤，经抢救无效死亡。后被当地法院认定为伤害致死罪，判处有期徒刑5年，在当地监狱执行。刘某某在该国服刑3年后被遣送回国，到达中国后被逮捕、起诉。某市人民法院以故意伤害罪判处刘某某有期徒刑6年。该案中，被告人刘某某在国外实施故意伤害致人死亡的行为，依据我国《刑法》第234条的规定，应当判处10年以上有期徒刑、无期徒刑或死刑，所以其行为依据我国1979年《刑法》第132条故意杀人罪的规定，应当负刑事责任。虽然刘某某在国外被判处有期徒刑5年，在服刑3年后回国，但依据我国刑法关于域外刑事判决效力的规定（1979年《刑法》第7条），我国法院仍可以追究其刑事责任。由于刘某某在外国已经受过刑罚处罚，故可以免除或者减轻处罚。在该案中，我国法院最后以故意伤害罪判处刘某某有期徒刑6年是合适的。参见刘家琛主编：《新刑法案例释解》，人民法院出版社1997年版，第13页。

17 参见王克玉：《“布鲁塞尔体系”和“海牙公约体系”下的正当程序比较研究——基于外国判决承认与执行的目的》，载《比较法研究》2009年第3期。

18 参见刘恩媛：《中国承认与执行外国判决的基础条件》，载《法治论丛（上海政法学院学报）》2008年第3期。

定,需要中华人民共和国人民法院承认和执行的,可以由当事人直接向中华人民共和国有管辖权的中级人民法院申请承认和执行,也可以由外国法院依照该国与中华人民共和国缔结或者参加的国际条约的规定,或者按照互惠原则,请求人民法院承认和执行。”

42　刑法属于公法领域,与一国主权关系非常紧密。发生刑事管辖权的国际冲突时,每个国家都没有权力只肯定自己的管辖权,否定他国的管辖权。即便在彼此都承认优先管辖权的情况下,也仅仅是管辖权的让渡,而不是放弃管辖权。一国基于优先管辖权作出的刑事判决,在没有得到他国的承认以前,只具有域内效力,否则既是对他国管辖权的否定,也是对他国主权的干涉。

43　我国《刑法》第 10 条对外国刑事判决采取酌情的消极承认主义,对外国刑事判决的法律效力采取不承认的态度。我国的主流意见认为:刑事法律具有“国家专属性”[19],罪与刑的判断,只能依本国刑法的规定为准;刑事管辖只能适用本国法,外国判决对于我国来说只是一种“事实”,不具有合法效力;西方国家以罚金刑为主的刑罚制度与我国“惩罚与改造”犯罪人、预防犯罪的刑罚目的也不符合。我国《刑法》第 10 条的立法意图,正是立法者基于对我国主权的考虑,认为我国是一个独立自主的主权国家,不应该受到外国审判效力的约束,同时又兼顾实际情况,对已经在外国受过刑罚处罚的犯罪分子可以“免除或者减轻处罚”[20]。但是,这一规定不仅在理论上受到了批评,在实务上也带来了不便。

1. 与国际法的发展趋势不符

44　全球化的发展,提高了国家之间相互依存程度,同时也给人类社会带来了更多的共同问题。要解决这些共同问题,需要国家之间进行协助和合作、各国部分性地让渡主权权利。“国家主权权利的部分让渡和限制,是当代国际法发展的趋势之一。”[21]在刑事司法领域,需要各国尊重他国的刑事判决,同等对待外国的判决与本国的判决。事实上,尊重他国刑事判决的效力,不仅可以便利案件的处理,减轻本国的负担,也并不必然表明本国主权的损害,因为是本国主动放弃行使刑事管辖权。[22]

2. 与我国缔结和加入的国际条约不符

45　事实上,早在 1997 年,中国就已经与乌克兰进行了“被判刑人移管”的国际合作,中国监狱主管机关将两名因抢劫罪被我国法院判处 10 年有期徒刑的乌克兰籍行为人转交给乌克兰执行。这表明我国已经要求外国对我国刑事判决效力的承认,将之作为被判刑人移管的前提。从国际法上对等原则考虑,我国若是向外国提出移交

19　参见高铭暄主编:《刑法学原理》(第 1 卷),中国人民大学出版社 1993 年版,第 291 页。

20　参见赵秉志主编:《新刑法典的创制》,法律出版社 1997 年版,第 42 页。

21　苏彩霞:《我国刑法第 10 条之检讨》,载《淮阴师范学院学报(哲学社会科学版)》2004 年第 4 期。

22　参见高铭暄主编:《刑法学原理》(第 1 卷),中国人民大学出版社 1993 年版,第 286 页。

在外国被判刑的我国公民的申请时,必然也面临着承认对方刑事判决效力的要求。

我国先后加入了《联合国打击跨国有组织犯罪公约》和《联合国反腐败公约》。关于追缴犯罪所得的问题,这两个公约都包含了“没收事宜的国际合作”条款,要求被请求缔约国将请求缔约国法院签发的没收令提交主管当局,“以便按请求的范围予以执行”[23]。《联合国反腐败公约》第五章将追回资产的法律手段划分为两大类,即“直接追回财产的措施”(第53条)和“通过没收事宜的国际合作追回资产的机制”(第54条)。一般来说,如果采取第一类措施,财产受害人应当依照财产所在地国家的法律,直接向该国司法机关提出主张和请求,后一类追回资产的机制则需要通过有关国家间的司法合作加以启动和运作。[24] 46

2006年6月29日,全国人大常委会批准了《中华人民共和国和西班牙王国关于移管被判刑人的条约》,该条约第10条规定,“对于被移管的被判刑人,执行国将根据本国法律继续执行判刑国判处的刑罚,并且不再对判刑国据以判刑的同一罪行重新进行审判”。我国在该条约中肯定了国际上公认的“一事不再理”原则。 47

同样的情况,也发生在我国《引渡法》和我国缔结的一些引渡条约中。比如,我国《引渡法》第9条第(一)项列举的可以拒绝引渡请求的情形,就包括被请求的缔约一方“对被请求引渡人正在进行刑事诉讼或者准备提起刑事诉讼”;《中华人民共和国与哈萨克斯坦共和国引渡条约》第4条第(三)项中也有类似规定。 48

此外,我国已于1998年签署《公民权利和政治权利国际公约》,该公约第14条第7款明确规定:“任何人依一国法律及刑事程序经终局判决判定有罪或无罪者,不得就同一罪名再予审判或科刑。”我国没有申请保留这一条,意味着该公约将来被全国人大批准后,我国将遵守该规定。 49

上述国际公约或条约相关条款的顺利执行,客观上需要我国接受国际法上通行的“禁止双重危险”或“一事不再理”原则,承认有关国家刑事判决的法律效力。我国现行《刑法》第10条的规定,与上述条约的相关规定并不相符。 50

3. 与我国《刑法》第9条规定不符

我国《刑法》第9条确立了普遍管辖原则,表明我国参加国际刑事司法协作的肯定态度。正因如此,如果犯罪人已经在外国受到过刑事处罚,那么我国就没有必要再发动刑罚权。[25] 51

4. 与我国《刑法》第5条规定不符

我国《刑法》第5条确立了罪刑相适应原则,刑罚的轻重应当与犯罪的严重程度 52

---

23 参见《联合国打击跨国有组织犯罪公约》第13条第1款(b)项和第14条第2款、《联合国反腐败公约》第55条第1款第(二)项。

24 参见黄风:《刑诉法应增加承认与执行外国判决的制度》,载《现代法学》2007年第2期。

25 参见张明楷:《刑法格言的展开》(第2版),法律出版社2003年版,第309页以下。

和犯罪人的责任大小相适应。对在外国已经受到过刑罚处罚的行为,如果我国再次定罪量刑,会导致犯罪人实际被判处超出其罪责程度的刑罚。

5. 累犯认定的难题

53 对外国刑事判决的效力持消极承认的态度,会给我国的累犯认定带来困难。当行为人受到外国刑事判决且执行刑罚处罚后,又在我国犯罪的,则先前在外国受到的刑事判决及刑罚,是否能成为我国刑法上累犯制度中的“前罪”(即判处了有期徒刑以上的故意犯罪),我国刑法理论上存在不同看法。

54 否定论者认为,因我国不承认外国法院的审判效力,在外国实施的行为,即便经过外国法院审判,只要该行为构成我国刑法上的犯罪,仍应追究行为人的刑事责任。当该行为人进入我国境内后又犯罪的,应对其在国外实施的前行为与在国内实施的后行为,根据我国刑法数罪并罚的规定处理,不会认定为累犯,因前行为并不属于我国刑法上“刑罚执行完毕或者赦免”的情形。

55 肯定论者认为,我国虽然不承认外国法院的审判效力,但是,在追究行为人在外国实施的、违反我国刑法的行为的刑事责任时,需要考虑行为人在外国受到刑罚处罚的事实,从而免除或者减轻处罚。我们同样可以认为,当行为人进入我国境内并再次犯罪,在追究其刑事责任时,要将该行为人先前在外国受到刑罚处罚的事实,作为判断其是否构成累犯的根据。

56 这种理论上的分歧也反映在了司法实践上。我国《刑法》第 10 条否认外国判决的法律效力,但在同条中又承认外国判决中的刑罚被执行的事实,这是造成司法实践上态度不统一的重要原因。要解决这一问题,最好的途径是积极承认外国刑事判决,将外国的生效刑事判决与我国的刑事判决同等看待。这样一来,行为人因犯罪受过外国刑事判决且被执行刑罚的,如果又在我国犯罪,就可以将前者作为认定是否成立累犯的前科罪行看待。[26]

二、修改建议

57 有必要将我国对外国刑事判决的消极承认改为积极承认,对我国《刑法》第 10 条的现有规定进行修改。按照国际通行做法,对外国刑事判决的积极承认需要遵守如下原则:

1. 属地管辖优先原则

58 发生在本国领域外的犯罪,当基于不同管辖原则,出现多个管辖权的竞合时,国际法上一般认为,属地管辖要比属人管辖、保护管辖或普遍管辖优先适用。因此,对于发生在我国领域内的犯罪,即便他国根据属人管辖或保护管辖等原则已经进行了刑事审判,也不能阻止我国依属地管辖原则进行刑事审判。

---

[26] 参见苏彩霞:《我国刑法第 10 条之检讨》,载《淮阴师范学院学报(哲学社会科学版)》2004 年第 4 期。

2. 双重犯罪原则

只有当外国刑事判决认定的罪行,在本国也会被认为是犯罪时,积极承认外国刑事判决效力才具有现实可能性。如果外国法院判决有罪的行为,本国不认为是犯罪,本国就不可能承认外国的刑事判决。因此,承认双重犯罪原则,是积极承认犯罪刑事判决的前提。 59

3. 公共秩序保留原则

对外国刑事判决的承认,不应与我国的公共秩序相抵触,也不应发生损害我国主权和基本利益的后果。坚持公共秩序保留原则,可以在国际社会利益与本国利益之间建立起“安全阀”[27]。 60

27 参见邵沙平:《现代国际刑法教程》,武汉大学出版社 1993 年版,第 332 页。

第十一条　外交豁免

享有外交特权和豁免权的外国人的刑事责任，通过外交途径解决。

文献:〔德〕奥本海:《奥本海国际法》(上卷第一分册),〔英〕劳特派特修订,王铁崖、陈体强译,商务印书馆1971年版;〔德〕奥本海:《奥本海国际法》(上卷第二分册),〔英〕劳特派特修订,石蒂、陈健译,商务印书馆1972年版;倪征日奥:《国际法中的司法管辖问题》,世界知识出版社1985年版;〔美〕汉斯·凯尔森:《国际法原理》,王铁崖译,华夏出版社1989年版;高铭暄主编:《刑法学原理》(第1卷),中国人民大学出版社1993年版;张智辉:《国际刑法通论》,中国政法大学出版社1993年版;王献枢主编:《国际法》,中国政法大学出版社1994年版;龚刃韧:《国家豁免问题的比较研究——当代国际公法、国际私法和国际经济法的一个共同课题》,北京大学出版社1994年版;王铁崖主编:《国际法》,法律出版社1995年版;丘宏达主编:《现代国际法》,三民书局1995年版;赵秉志主编:《香港刑事诉讼程序法纲要》,北京大学出版社1997年版;赵秉志主编:《新刑法典的创制》,法律出版社1997年版;曹子丹、侯国云主编:《中华人民共和国刑法精解(附刑法条文)》,中国政法大学出版社1997年版;〔德〕英戈·冯·闵希:《国际法教程》,林荣远、莫晓慧译,世界知识出版社1997年版;赵长青主编:《中国刑法教程》(修订版),中国政法大学出版社1998年版;张智辉:《国际刑法通论》(增补本),中国政法大学出版社1999年版;马进保:《国际犯罪与国际刑事司法协助》,法律出版社1999年版;柯葛壮:《涉外、涉港澳台刑事法律问题研究》,上海社会科学院出版社1999年版;李晓明主编:《刑法学》,法律出版社2001年版;张智辉主编:《国际刑法问题研究》,中国方正出版社2002年版;〔日〕大塚仁:《刑法概说(总论)》(第3版),冯军译,中国人民大学出版社2003年版;钊作俊:《刑法效力范围比较研究》,人民法院出版社2004年版;〔日〕森下忠:《国际刑法入门》,阮齐林译,中国人民公安大学出版社2004年版;梁西主编:《国际法》(修订第2版),武汉大学出版社2004年版;时延安:《中国区际刑事管辖权冲突及其解决研究》,中国人民公安大学出版社2005年版;黄德明:《现代外交特权及豁免问题研究》,武汉大学出版社2005年版;苏彩霞:《中国刑法国际化研究》,北京大学出版社2006年版;〔美〕M.谢里夫·巴西奥尼:《国际刑法导论》,赵秉志、王文华等译,法律出版社2006年版;朱文奇:《国际刑法》,中国人民大学出版社2007年版;马呈元:《国际刑法论》,中国政法大学出版社2008年版;曲新久主编:《刑法学》(第3版),中国政法大学出版社2009年版;周鲠生:《国际法》,武汉大学出版社2009年版;段洁龙主编:《中国国际法实践与案例》,法律出版社2011年版;冯军、肖中华主编:《刑法总论》(第3版),中国人民大学出版社2016年版;黎宏:《刑法学总论》(第2版),法律出版社2016年版;赵秉志主编:《刑法总论》(第3版),中国人民大学出版社2016年版;张明楷:《刑法学》(第6版),法律出版社2021年版;周光权:《刑法总论》(第4版),中国人民大学出版社2021年版。赵理海:《伊美事件与国际法——引渡、人质、外交豁免权》,载《法学杂志》1980年第1期;林欣:《国际法中的刑事管辖权与中华人民共和国刑法》,载《中国社会科学》1982年第6期;王浩:《简论〈中华人民共和国外交特权与豁免条例〉》,载《西北政法学院学报》1987年第2期;〔波兰〕弗·帕拉扎塔斯泽尼克:《国际法上对外国国家官员的保护》,高峰译,载《环球法律评论》1987年第5期;李海东:《涉外刑事案件的管辖与审理》,载《人民司法》1987年第10期;陈弘毅:《论香港法院现有的管辖权》,载《法学评论》1989年第1期;龚刃韧:《国家管辖豁免原则的历史起源》,载《中国法学》1991年第5期;赵永琛:《涉外刑事案件的管辖权归属问题》,载《中国人民公安大学学报》1994年第1期;黄德明:《论滥用外交豁免的解决方法》,载《武汉大学学报(哲学社会科学版)》1997年第2期;余敏友:《二十世纪的国际组织研究与国际组织法学》,载《法学评论》1999年第2期;袁古洁:《论对外国刑事判决的承认与执行》,载《现代法学》2000年第6期;王新清:《特别行政区刑事管辖权论略》,载《中国人民大学学报》2002年第1期;时延安:《中国区际刑法概念及基本体系》,载《南都学坛》2006年第2期;庄劲:《我国跨法域刑事管辖权竞合研究》,载《政法学刊》2006年第6期;朱文奇:《国际法追究个人刑事责任与管辖豁免问题》,载《法学》2006年第9期;兰红燕:《国家豁免与外交豁免之比较》,载《贵州民族学院学报(哲学社会科学版)》2008年第2期;卢有学:《国家豁免原则与官方身份无关性原则的冲突及其解决——兼论我国刑法第11条的改进》,载《西安政治学院学报》2008年第2期;赵秉志、杜邈:《关于外国人犯罪的刑事管辖权研究》,载《刑法论丛》2009年第4期;高铭暄、徐宏:《海峡两岸互涉犯罪管辖协调问题探讨》,载《中国刑事法杂志》2010年第1期;郑延谱:《论我国刑事管辖权规定的完善》,载《铁道警官高等专科学校学报》2010年第2期;杨泽伟:《当代国际法的新发展与价值追求》,载《法学研究》2010年第3期;王虎华:《论外交官的刑事管辖豁免及其国际法处治》,载《法学》2010年第9期;方杰:《从皮诺切特案看外交豁免权与国际刑事犯罪普遍管辖权的适用》,载《中国检察官》2010年第22期;陈志军:《中国刑法适用范围立法之完善研究》,载《中国人民公安大学学报(社会科学版)》2011年第1期;李鳕洋:《浅析现代外交特权与豁免制度面临的问题》,载《中国青年政治学院学报》2011年第4期;宋杰:《我国刑事管辖权规定的反思与重构——从国际关系中管辖权的功能出发》,载《法商研究》2015年第4期;江国华、赖彦君:《论海峡两岸刑事管辖的冲突及消解》,载《江汉学术》2016年第3期。黄德明、陈佳玲:《〈维也纳领事关系公约〉及其实践》,载《人民法院报》2005年12月29日。

细目录

Ⅰ 主旨

Ⅱ 沿革
Ⅲ 外交特权和豁免权的起源
Ⅳ 享有外交特权和豁免权的人员范围
一、"享有外交特权和豁免权的外国人"
二、领事不享有外交特权和豁免权
Ⅴ 外交特权和豁免权的理论依据
一、学说观点
二、《维也纳外交关系公约》的立场
三、我国的态度
Ⅵ 外交特权和豁免权的法律性质
Ⅶ 外交特权和豁免权的内容
Ⅷ 外交人员刑事责任的解决途径

Ⅰ 主旨

1 本条规定的是享有外交特权和豁免权的外国人的刑事责任的解决途径。

Ⅱ 沿革

2 1975年,我国正式加入《维也纳外交关系公约》,开始承担公约的义务。1979年《刑法》第8条关于外交特权与豁免权的规定,与该公约相关规定的内容一致,具体规定为:"享有外交特权和豁免权的外国人的刑事责任问题,通过外交途径解决。"1986年我国制定通过了《外交特权与豁免条例》,将上述公约的要求,通过国内专门立法的方式进一步体现。1997年全面修订刑法时,本着"保持法的连续性和稳定性"和"对刑法的原有规定,包括文字表述和量刑规定,原则上没什么问题的,尽量不做修改"[1]的精神,仅对1979年《刑法》第8条进行了文字修改,删除了"问题"二字。

Ⅲ 外交特权和豁免权的起源

3 给予外交使节以特权和豁免权,是国际法上行之已久的常规。正式派遣使节作为国家的代表可以追溯到古代希腊。当时就认为同盟国家之间互派的大使是不可侵犯的。古代印度或罗马帝国内各国也有类似的习惯。在中国的春秋战国诸国并立时期,各国相互攻伐,有时要靠外交手段解决或减少交战带来的伤害;中国古谚"两国交战,不斩来使",同样体现了外交豁免的精神。

1 参见1997年3月6日时任全国人民代表大会常务委员会副委员长王汉斌在全国人民代表大会上所作的《关于〈中华人民共和国刑法(修订草案)〉的说明》。

现代外交豁免权的概念,主要是在 17 世纪的欧洲形成的。基于习惯法建立的国际外交惯例,终在 1961 年的《维也纳外交关系公约》中成为成文法。承认该公约的国家认为,这样的惯例有助于发展国与国间的友好关系,不论它们的政治制度和社会制度如何不同。《维也纳外交关系公约》规定外交官在从事外交任务的过程中不受迫害和不受法律制裁。假如一名外交官在他所驻国家违反法律,可予以驱逐。一般情况下,这些外交官应在其派遣国受到法律制裁。 4

外交特权是外交人员基于外交理由而在接受国享受优惠待遇的权利,豁免权是享受免除一定义务的权利。可以认为,外交特权是积极的权利,豁免权是消极的权利。 5

享有外交特权与豁免权的人员,自其进入接受国国境、前往就任之时起享有特权和豁免权;已在接受国境内的,自其委派通知到达接受国外交部门之时即开始享有。享有特权和豁免权人员的职务如已终止,则外交特权和豁免权通常于该人员离境之时,或者听任其离境的合理期间终了之时停止;即使有武装冲突情势,也应继续有效至该时为止。对于以使馆人员资格执行职务的行为,豁免应始终有效。在使馆人员死亡时,其家属应继续享有其所应享的特权和豁免权,至听任其离境的合理期间终了之时为止。 6

需要注意的是,刑事管辖豁免不等于刑事管辖放弃。通常来说,一国对发生在其领域内的所有罪行都享有刑事管辖权,但在个别情况下,国家可以基于某种考虑而主动放弃对某些刑事案件的管辖。[2] 一般认为,一国主动放弃行使刑事管辖权,是行使主权的表现,并不会损害到主权。放弃刑事管辖权,既表达了对外国管辖权的尊重,又使得案件的处理更为方便,更符合案件当事人本国的具体法律状况,相应地也减轻了所在国的负担。 7

外交特权和豁免权中的"刑事管辖豁免",只是程序法意义上的司法管辖豁免,并不是实体法上的刑事责任的豁免。 8

外交豁免与国家豁免不同。国家豁免主要是指一个国家及其财产免受其他国家国内法院的司法管辖。从广义上讲,国家豁免的内容包括立法、司法和行政管辖的豁 9

---

2 比如停泊在我国港口的外国船舶上外国人之间发生的刑事案件,如伤害、赌博等,只要不危害我国国家安全或严重妨害我国的社会秩序,或有其他特殊情况,我国有时也放弃管辖。从国际实践来看,各国对于飞经本国上空的外国航空器,若它不违反飞经国的法律与规则,机上犯罪也未对飞经国造成危害,因无直接利益关系,飞经国也不予管辖。此外,各国对于无害通过本国领海的外国船舶上发生的刑事案件,也只在下列情况下行使管辖权:(1)犯罪行为或罪行的结果及于本国或本国公民;(2)罪行属于扰乱本国的和平、安全和良好秩序的行为;(3)非法贩卖麻醉品和毒品;(4)经船长或船旗国外交代表或领事请求予以协助。参见高铭暄主编:《刑法学原理》(第 1 卷),中国人民大学出版社 2005 年版,第 286 页。

免。国家豁免与外交豁免既有关联,又相互区别。[3] 国家豁免主要强调国家及其财产在外国法院的管辖豁免。外交豁免则是在强调使馆和外交代表在接受国的特权及豁免。外交豁免有国际条约作为根据,得到各国遵守;国家豁免只是国际习惯法规则,没有形成条约法,在各国争议很大。国家元首、君主的刑事豁免,虽然与国家豁免密切相关,但并不属于国家豁免[4],有人认为是外交豁免[5]。

Ⅳ 享有外交特权和豁免权的人员范围

一、"享有外交特权和豁免权的外国人"

10 根据《外交特权与豁免条例》《维也纳外交关系公约》等国内法、国际条约的规定,我国《刑法》第 11 条中的"享有外交特权和豁免权的外国人",主要包括以下非中国公民的人员:

11 (1)外交代表,即使馆馆长(包括大使、公使、代办或者其他同等级的人)或者使馆外交人员(即有外交官衔的使馆工作人员,如参赞、一等秘书、二等秘书、三等秘书和随员以及陆、海、空军武官等);如果是中国公民或者获得在中国永久居留资格的外国人,仅就其执行公务的行为,享有管辖豁免。

12 (2)与外交代表共同生活的配偶及未成年子女。

13 (3)在我国没有永久居留权的使馆行政技术职员及与其共同生活的配偶及未成年子女。

14 (4)不在我国永久居留的使馆服务人员,就其执行公务行为享受豁免权。

15 (5)依照我国与各国所订条约、协定应享有若干特权和豁免权的商务代表,也予以外交官待遇。

16 (6)来中国访问的外国国家元首(国王、共和国主席、总统等)、政府首脑(总理、首相、部长、会议主席等)、外交部长或者其他具有同等身份的官员。

17 (7)途经中国的外国驻第三国的外交代表和与其共同生活的配偶及未成年子女;持有中国外交签证或者持有外交护照(仅限互免签证的国家)来中国的外国官员;经中国政府同意给予《刑法》第 11 条所规定的特权与豁免权的其他来中国访问的外国人士,在中国过境或者逗留期间所必需的豁免和不受侵犯。

18 (8)来中国参加联合国及其专门机构召开的国际会议的外国代表、临时来中国的联合国及其专门机构的官员和专家、联合国及其专门机构驻中国的代表机构和人员

3 参见张露藜:《国家豁免专论》,中国政法大学 2005 年博士论文,第 4 页以下;王海虹:《国家豁免问题研究》,中国政法大学 2006 年博士论文,第 4 页以下。

4 参见王海虹:《国家豁免问题研究》,中国政法大学 2006 年博士论文,第 4 页。

5 See Charles J. Lewis, MA, State and Diplomatic Immunity, 2nd Edition, Lloyd's of London Press Ltd., 1985, p. 2.

的待遇，按中国已加入的有关国际公约和中国与有关国际组织签订的协议办理。

二、领事不享有外交特权和豁免权

领事是一国政府派驻外国，维护本国利益，保护本国公民及法人合法权益的官 19
员。1963 年《维也纳领事关系公约》赋予领事在执行领事职务范围内的司法豁免权。该公约第 43 条第 1 款规定，领事官员及领馆雇员对其为执行领事职务而实施之行为不受接受国司法或行政机关之管辖。我国于 1979 年正式加入该公约。1990 年，我国制定《领事特权与豁免条例》，在第 14 条对该公约的上述规定予以确认，“领事官员和领馆行政技术人员执行职务的行为享有司法和行政管辖豁免”，同时规定，“领事官员执行职务以外的行为的管辖豁免，按照中国与外国签订的双边条约、协定或者根据对等原则办理”。

领事在接受国虽然享有司法豁免权，但是，领事特权并不属于外交特权，领事豁 20
免权性质上也不等同于外交豁免权。一般认为，领事只是在有限的、地方性的任务上代表其本国，并不代表本国的整体对外关系，因此，领事虽然享有某些属于外交性质的特权，本身却不是外交代表。[6] 领事不享有外交特权和豁免权。[7]

总的来说，外交特权与豁免权高于领事特权与豁免权，二者不能混同。[8] 从国际 21
法上看，《维也纳外交关系公约》第 29 条规定：“外交代表人身不得侵犯。外交代表不受任何方式之逮捕或拘禁。接受国对外交代表应特示尊重，并应采取一切适当步骤以防止其人身、自由或尊严受有任何侵犯。”第 31 条第 1 款又规定，“外交代表对接受国之刑事管辖享有豁免”。与此相对，《维也纳领事关系公约》第 41 条“领事官员人身不得侵犯”中规定，“领事官员不得予以逮捕候审或羁押候审，但遇犯严重罪行之情形，依主管司法机关之裁判执行者不在此列”。这里并没有规定领事官员一般地享受刑事管辖豁免，“不受任何方式逮捕或拘禁”。

从国内法看，我国 1986 年《外交特权与豁免条例》和 1990 年《领事特权与豁免条 22
例》相比较，外交官的特权也高于领事官员的特权。《外交特权与豁免条例》第 12 条规定：“外交代表人身不受侵犯，不受逮捕或者拘留。中国有关机关应当采取适当措施，防止外交代表的人身自由和尊严受到侵犯。”《领事特权与豁免条例》第 12 条对领事官员的人身自由与尊严虽然也作了相同规定，即“领事官员不受逮捕或者拘留”，但是同时规定“有严重犯罪情形，依照法定程序予以逮捕或者拘留的不在此

---

6 参见〔德〕奥本海：《奥本海国际法》（上卷第二分册），〔英〕劳特派特修订，石蒂、陈健译，商务印书馆 1972 年版，第 283 页以下。

7 参见〔德〕奥本海：《奥本海国际法》（上卷第二分册），〔英〕劳特派特修订，石蒂、陈健译，商务印书馆 1972 年版，第 283 页以下。

8 参见丘日庆：《不可将领事官称为外交官——外交特权和领事特权的初步比较》，载《政治与法律》1993 年第 5 期。

限”。同外交特权相比,领事官员不受逮捕或者拘留,不是绝对的,而是有条件的。《外交特权与豁免条例》第 14 条规定“外交代表享有刑事管辖豁免”,而《领事特权与豁免条例》却无此一般性的规定,只是规定了领事官员执行职务的行为享有司法(包括刑事和民事)和行政管辖豁免,领事官员执行职务以外的行为的管辖豁免,则按照中国与外国签订的双边条约、协定或者根据对等原则办理。如果没有特别规定,领事官员执行职务以外的行为,不应享有豁免权。[9]

23 1979 年制定刑法时,我国只规定了外交特权与豁免权,没有涉及领事特权与豁免权,直到 1997 年全面修订刑法时仍是如此,不能不说是遗憾,以后在修订刑法时有必要增加此种条款。

V 外交特权和豁免权的理论依据

24 外交特权和豁免制度的实践样态,很大程度上取决于对其理论依据的理解。“外交特权与豁免的基础是出于一种必要性。倘若外交使节不能自由地代表派遣国,那么就不能达到派遣使节的目的。”[10]对于外交特权和豁免权必要性的理论说明,主要有以下几点。

一、学说观点

1. 代表性说

25 外交特权和豁免权最早的理论依据是代表性说。该说认为,使馆及其人员之所以享有外交特权和豁免权,是因为使馆及其人员是国家的代表,而国家彼此间应相互平等,相互之间没有管辖权。[11] 在西方,这一学说盛行于 16 世纪至 18 世纪的欧洲。在当时盛行以“代表性说”来解释外交特权和豁免权的根本原因在于,那时大多数欧洲国家都还是君主专制国家,国家之间的关系往往表现为君主对君主的个人关系,故当时的外交使节通常被视为派遣国君主的个人代表(当时外交使节的人选往往是君主个人的兄弟、朋友等)。也因此,“代表性说”当时又被称为“个人代表性说”。

26 在外交使节被视为派遣国君主的个人代表的情况下,如果接受国的法院对外交使节进行司法管辖,就必然会被认为是对该外交使节所代表的君主个人的权威和尊严的侵犯。因此,从一开始,外交使节所享有的特权和豁免权就不被看作外交使节个人的权利,而是象征着外交使节所代表的派遣国的君主的权利和尊严。格老秀斯曾

---

9 参见张友渔:《领事官员执行职务以外的行为不应享有豁免权》,载《法学研究》1991 年第 1 期。

10 D. P. O’Connell, International Law, 2nd Edition, Stevens Press, 1970, p. 887.

11 参见梁西主编:《国际法》(修订第 2 版),武汉大学出版社 2004 年版,第 388 页。

指出,“使节……被视为代表着派遣他们的君主”[12]。孟德斯鸠也认为,“不允许使臣受任他国的元首和法院的管辖,使臣是派遣国君主的喉舌,这个喉舌应该有自由,不应该有任何东西阻碍他们的行动”[13]。

在现代,由于君主专制大部分被废除,“代表性说”的内容也发生了根本的变化。现代国际法理论中的“代表性说”,将外交特权和豁免权解释成是为了派遣国的利益而给予外交代表的特权,外交人员因此也只受派遣国支配。[14] 虽然如此,现代外交法中仍然可以见到代表性说的痕迹。比如,今天的使馆馆长同样被认为是派遣国国家元首或国家本身的化身,而使馆馆长中最重要的两级也是向接受国的国家元首派遣的。[15] 27

根据代表性说,使馆及其人员的使命是代表派遣国并保护其利益,外交特权及豁免权的目的,是保护使馆及其人员本身的安全与自由行使职务。但是,今天的外交代表不再是君主统治者的代表,而是在代表国家,代表性说不再能单独证立现代的外交特权和豁免权,它不能成为唯一的理论依据。这是因为:第一,代表性说不能解释外交代表特别是使馆馆长之外的其他外交人员的私人行为也享有外交特权和豁免权;第二,现代国际法上,使节权是从国家主权派生出来的,君主个人不再被认为是主权者,国家元首派遣使节的行为也被认为是国家机关的行为而不是个人的行为。[16] 28

2. 治外法权说

治外法权说出现于 16 世纪的欧洲。根据这一学说,尽管使馆及其外交人员处于接受国而非派遣国的领土之内,但是,他们处于接受国的领土管辖之外。治外法权说是一种拟制性学说,包括两个方面的内容:一是就使馆而言,驻外使馆是派遣国领土的一种延伸,因此处于接受国领土之外;二是就外交代表而言,他们处于接受国领土管辖之外,犹如没有离开派遣国领土。据此,对使馆及其工作人员的治外法权的侵犯,就是对派遣国领土主权的侵犯。[17] 29

一般认为,管辖权中的属地概念,是与近代意义上的民族国家同时出现的。国家 30

---

12 H. Grotius, De jure belli ac pacis (The Rights of War and Peace), translated by A. C. Campbell, Westport, Connecticut: Hyperion Press Inc., Vol Ⅱ, Chapter 18, 1925, p. 443.

13 〔法〕孟德斯鸠:《论法的精神》(下册),张雁深译,商务印书馆 1961 年版,第 195 页。

14 参见〔德〕英戈·冯·闵希:《国际法教程》,林荣远、莫晓慧译,世界知识出版社 1997 年版,第 262 页。

15 《维也纳外交关系公约》第 14 条第 1 款规定:“使馆馆长分为如下三级:(甲)向国家元首派遣之大使或教廷大使,及其他同等级位之使馆馆长;(乙)向国家元首派遣之使节、公使及教廷公使;(丙)向外交部长派遣之代办。”

16 参见黄德明:《现代国际法特权与豁免制度理论依据的比较研究》,载武汉大学国际法研究所主办:《武大国际法评论》(第 1 卷),武汉大学出版社 2003 年版,第 65 页以下。

17 参见黄德明:《现代国际法特权与豁免制度理论依据的比较研究》,载武汉大学国际法研究所主办:《武大国际法评论》(第 1 卷),武汉大学出版社 2003 年版,第 65 页以下。

被认为拥有绝对的属地管辖权,外交特权和豁免权的解释,只能认为外交特权和豁免权的受益者并不处于接受国的属地管辖权之内。

31 治外法权说最早出现在1620年荷兰国际法学者格老秀斯的名著《战争与和平法》中。在第二次世界大战以前,治外法权说曾“长期得到国际法著作和判例的支持”[18]。1753年,瑞士国际法学家瓦泰尔就提出,至少在一般的、正常的情况下,大使的寓所,如同其人身一样,被视为处于接受国领土之外的。1883年,首次使用国际组织这一术语的英国学者洛里默,在其国际法著作中就明确主张,英国大使及其家庭成员和随员在国外执行职务期间就是在英国居住。[19] 在16—17世纪,外交使节的一项重要职能,是使用除战争以外的手段搜集情报,这使得使节总是冒着受间谍活动指控的危险,而在当时叛国罪一般会被判处死刑。[20] 治外法权说为这一充满神秘和复杂外交现象时期的、从15世纪就开始的常驻使馆享有外交特权和豁免权提供了可靠的理论依据,它甚至流行到了19世纪。[21]

32 治外法权说先天的缺陷及其在实践中引发的诸多问题,使得它从20世纪开始逐渐失去影响力。对于外交人员应当尊重接受国法律秩序的义务、外交豁免被抛弃、接受国保护外交人员的义务等问题,治外法权说一直不能提供有足够说服力的解释。

33 在历史上,治外法权与强权政治结合产生的“领事裁判权”“混合法庭”等现象在国际上产生了恶劣的政治影响,治外法权说因此备受异议。在理论上,治外法权说未能为外交特权和豁免权提供充分的理论依据,而按照治外法权说理应享有的豁免程度,在实践上从未被人们接受。[22] 相反,现实中使馆馆舍和外交代表在许多方面都处在东道国的领土管辖之下。比如,在使馆馆舍内发生的犯罪,在法律上被认为是在接受国境内发生的,除非犯罪者享有豁免权,否则应属接受国管辖。[23] 即便享有豁免权的外交人员不会因违法而被起诉,但仍应遵守接受国的法律和规章制度。在实践中,治外法权说不仅为使节及仆人的私人行为提供豁免,而且为在使馆周围形成庇护罪犯的特权区域找到借口。今天,人们达成的共识是,使馆、领馆不是派遣国的拟制领土,不能独立于接受国的司法管辖之外,使馆、领馆也不能如同在派遣国领土上那样庇护政治犯。治外法权说也因此被认为历史意义大于现实意义。

---

[18] 王献枢主编:《国际法》,中国政法大学出版社1994年版,第318页。

[19] 参见余敏友:《二十世纪的国际组织研究与国际组织法学》,载《法学评论》1999年第2期;C. Wilson, Diplomatic Privileges and Immunities, 6(1967)。

[20] See Hatton and Aderson, Studies in Diplomatic History, Longman Publishing Group, 361 (1970).

[21] See J. Barker, The Abuse of Diplomatic Privileges and Immunities: A Necessary Evil?, 44 (1996).

[22] 参见黄德明:《现代国际法特权与豁免制度理论依据的比较研究》,载武汉大学国际法研究所主办:《武大国际法评论》(第1卷),武汉大学出版社2003年版,第65页以下。

[23] 参见王铁崖主编:《国际法》,法律出版社1981年版,第284页。

3. 职务需要说

职务需要说认为,使馆及其人员享有特权和豁免权的原因在于,如果没有这些特权和豁免权,他们就不可能有效执行职务。因此,接受国是根据使馆及其人员的职务需要来给予其特权和豁免权的。使馆的职务范围,在相当程度上决定了其享有的外交特权和豁免权的范围。[24] 34

职务需要说的实践至少可以追溯到 18 世纪早期,它很可能是对治外法权说和代表性说滥用的一种反映。[25] 与其他两种学说相比,职务需要说更有活力,更符合现代国际社会的现实。它作为现代外交特权和豁免权的重要理论依据的地位,已经被普遍接受。 35

但是,用职务需要说来解释外交特权和豁免权的必要性,也存在不够充分之处。首先,即便是职务需要,外交特权和豁免权的行使也不得破坏接受国的公共秩序、妨碍其正常社会秩序。其次,即便是职务需要,职务中也不能含有威胁接受国安全的内容。外交特权和豁免权不应该是一种绝对的特权和豁免权。再次,外交代表的何种行为受到接受国的干预才能被认为是外交职务受到妨碍,即便是《维也纳外交关系公约》也未能完全消除国家实践中的此种差别。英美法系认为,只要是外交代表,其一切行为都享有完全的豁免。大陆法系历来区分外交使节以外交官身份从事的行为与其他具有私人性质的行为。最后,使馆及其人员之间彼此的职务有重要性程度上的区别,但各人员享有的外交特权和豁免权范围却是相同的。[26] 这些都是职务需要说较难充分说明的地方。 36

二、《维也纳外交关系公约》的立场

现代的外交特权和豁免权,不能仅以某一种学说作为理论依据,这正是 20 世纪初期以来关于外交特权和豁免权理论基础的发展趋势。在 1961 年维也纳外交会议上,围绕外交特权和豁免权的理论依据,有些国家的代表提出在公约的序言中仅列明职务需要,墨西哥的代表甚至提议将职务需要说放入公约的操作性条款中,但因反对意见过多,这些提议最终没有通过。巴尔托斯就反对说,如果公约中加入职务需要说为外交特权和豁免权的唯一理论依据的条款,那将意味着在出现违反接受国法律规章的情形时,派遣国负有放弃有关外交人员豁免的义务。也就是说,在上述情形 37

---

24 《维也纳外交关系公约》第 3 条第 1 款规定:“除其他事项外,使馆之职务如下:(甲)在接受国中代表派遣国;(乙)于国际法许可之限度内,在接受国中保护派遣国及其国民之利益;(丙)与接受国政府办理交涉;(丁)以一切合法手段调查接受国之状况及发展情形,向派遣国政府具报;(戊)促进派遣国与接受国间之友好关系,及发展两国间之经济、文化与科学关系。”

25 See J. Barker, The Abuse of Diplomatic Privileges and Immunities: A Necessary Evil?, 46 (1996).

26 参见黄德明:《现代国际法特权与豁免制度理论依据的比较研究》,载武汉大学国际法研究所主办:《武大国际法评论》(第 1 卷),武汉大学出版社 2003 年版,第 65 页以下。

下,仅仅依据职务需要说来解释豁免条款,意味着在不损害外交使馆履行正常职能时,派遣国具有放弃豁免的默示义务。这种结果既不是国际法委员会也不是1961年维也纳外交会议所期望的,二者均不赞同在出现违反东道国法律规章的情形下,派遣国负有放弃豁免的明示或默示义务,甚至也没有讨论过这种可能性。[27] 最终,《维也纳外交关系公约》在序言中兼采职务需要说和代表性说作为现代外交特权和豁免权的理论依据。[28]

三、我国的态度

38 目前,我国的国际法学界认为,治外法权说既不是以事实为根据,也不符合各国在外交特权和豁免权方面的做法;代表性说虽有一定的事实根据,但不能充分说明问题;职务需要说比较能够说明给予外交特权和豁免权的理由,现在被普遍接受。实际上,只有结合"职务需要说"和"代表性说"才能合理地说明接受国给予外交代表以外交特权和豁免权的理由。国际公约之所以要求接受国给予外交代表以外交特权和豁免权,是为了使外交代表在不受接受国的干扰和压力下,自由地代表派遣国,有效地履行自己的职务。《外交特权与豁免条例》第1条规定,"为确定外国驻中国使馆和使馆人员的外交特权与豁免,便于外国驻中国使馆代表其国家有效地执行职务"。该规定明确表明了我国政府在外交特权与豁免权问题上采取了"职务需要说"和"代表性说"的立场。[29]

Ⅵ 外交特权和豁免权的法律性质

39 关于外交特权和豁免权的法律性质,主要有以下四种学说:

1. 刑法的正当化事由说

40 该说认为,享有外交特权和豁免权的外国人履行职务的行为,是行使外国政府根据国际法赋予的权能或者履行这种性质的义务的行为,是内国法所承认的正当行为,不构成犯罪。[30] 这种学说,并不妥当。如果将享有外交特权和豁免权的外国人的

---

27 参见黄德明:《现代国际法特权与豁免制度理论依据的比较研究》,载武汉大学国际法研究所主办:《武大国际法评论》(第1卷),武汉大学出版社2003年版,第65页以下。

28 《维也纳外交关系公约》序言有关段落的措辞如下:"深信关于外交往来,特权及豁免之国际公约当能有助于各国间友好关系之发展——此项关系对于各国宪政及社会制度之差异,在所不问",从而"确认此等特权与豁免之目的不在于给予个人以利益而在于确保代表国家之使馆能有效执行职务"。

29 参见冯军、肖中华主编:《刑法总论》(第3版),中国人民大学出版社2016年版,第86页以下。

30 参见〔意〕杜里奥·帕多瓦尼:《意大利刑法学原理(注评版)》,陈忠林译,中国人民大学出版社2004年版,第68页。

犯罪行为理解为具有正当化事由的行为，那么，当享有外交特权和豁免权的外国人正在实施犯罪行为时，被害人在明知该外国人是享有外交特权和豁免权的外交人员的情况下，就不能实施任何正当防卫行为，因为正当防卫针对的对象必须是不法行为。根据我国刑法规定，享有外交特权和豁免权的人犯罪也要负刑事责任，针对其实施的违法行为，可以进行正当防卫，只不过他们的刑事责任不是通过我国的司法机关启动刑事诉讼程序来解决，而是通过外交途径来解决。

2. 无刑事能力说

该说认为，享有外交特权和豁免权的外国人不具备刑事能力，因此，不能追究其刑事责任。以意大利法律技术学派创造人曼兹尼为代表的一大批刑法学家将豁免纳入无刑事能力范畴。[31] 这种学说，值得商榷。虽然享有外交特权和豁免权的外国人可能因为不可避免的原因而没有能力认识接受国的法律，缺乏违法性认识，从而不存在对其违法行为的责任，但是，这仅仅是一个责任判断问题，而不是一开始就缺乏责任的问题。 41

3. 缺乏追诉条件说

该说又称诉讼障碍说[32]，认为外国人享有外交特权和豁免权之后，就使接受国丧失了对其行为进行追诉的条件，因此，当其身份丧失后，只要还没有经过追诉时效，仍然可以予以追诉。[33] 42

4. 属地管辖例外说

该说认为，对享有外交特权和豁免权的外国人不适用本国刑法，是属地管辖原则的例外。[34] 该说也是我国刑法学界的通说，我国大多数刑法学者认为，享有外交特权和豁免权的外国人的刑事责任是我国《刑法》第 6 条所言“法律有特别规定的”情形之一，不能根据属地管辖原则而适用我国刑法。但是，我国《刑法》第 11 条明确规定“享有外交特权和豁免权的外国人的刑事责任，通过外交途径解决”。而通过外交途径解决之后，只要派遣国进行利益衡量后放弃了对有关外交人员的豁免权，就仍然要适用我国刑法。因此，我国《刑法》第 11 条的规定不是属地管辖原则的例外，而是对属地管辖原则的限制（属地管辖限制说）。 43

Ⅶ 外交特权和豁免权的内容

一般来说，外交特权和豁免权在刑事法上的体现主要是： 44

---

31 参见陈忠林：《意大利刑法纲要》，中国人民大学出版社 1999 年版，第 53 页。

32 参见〔日〕森下忠：《国际刑法入门》，阮齐林译，中国人民公安大学出版社 2004 年版，第49 页。

33 参见〔日〕大塚仁：《刑法概说（总论）》（第 3 版），冯军译，中国人民大学出版社 2003 年版，第 84 页。

34 参见〔日〕团藤重光：《刑法纲要总论》（第 3 版），创文社 1990 年版，第 516 页。

1. 免除追诉

45 享有外交特权和豁免权的人,接受国不得对其进行刑事追诉,禁止对其作为证人加以询问。

2. 免除强制处分

46 禁止接受国对享有外交特权和豁免权者实施逮捕、拘传、拘留、财产扣押等全部强制措施。[35]

47 根据我国 1986 年 9 月 5 日第六届全国人大常委会第十七次会议通过的《外交特权与豁免条例》的规定,我国《刑法》第 11 条中的"外交特权和豁免权"主要包括"外交代表人身不受侵犯,不受逮捕或者拘留"(第 12 条)和"刑事管辖豁免"(第 14 条)两方面的内容。根据 1975 年 12 月 25 日对我国生效的《维也纳外交关系公约》第 29 条的规定,"外交代表人身不得侵犯","外交代表不受任何方式之逮捕或拘禁",根据该公约第 31 条第 1 款的规定,"外交代表对接受国之刑事管辖享有豁免"。

Ⅷ 外交人员刑事责任的解决途径

48 应该根据缺乏追诉条件说和属地管辖限制说来解决享有外交特权和豁免权的外国人的刑事责任问题(暂时缺乏追诉条件的属地管辖限制说)。据此,可以得出以下结论:

49 第一,针对享有外交特权和豁免权的外国人正在实施的紧急不法侵害行为,我国公民有权依法进行正当防卫或紧急避险。[36]

50 第二,我国司法机关有权对享有外交特权和豁免权的正在实施犯罪的外国人依法采取临时性的限制人身自由的强制性措施,在阻止其犯罪行为之后,通过外交途径解决其刑事责任问题。

51 第三,我国政府可以将享有外交特权和豁免权的外交人员的犯罪情况通告派遣国,让其召回该外交人员。[37]

---

35 参见〔日〕森下忠:《国际刑法入门》,阮齐林译,中国人民公安大学出版社 2004 年版,第49 页。

36 参见〔日〕森下忠:《国际刑法入门》,阮齐林译,中国人民公安大学出版社 2004 年版,第50 页。

37 比如"麦克唐纳间谍案",该案中,麦克唐纳系某国驻中国大使馆文化参赞,麦克唐纳在我国任职期间,利用文化交流的机会,搜集我国政治、经济、军事等方面的情报,并窃取我国大量的机密文件。对此,国家安全机关进行了广泛深入的调查,并把调查情况反映给我国外交部门。我国外交部门通过外交途径与麦克唐纳的派遣国磋商,要求该国将麦克唐纳召回,并宣布其为不受欢迎的人。该案中,麦克唐纳违反我国法律,搜集我国政治、经济、军事等方面的情报,并窃取我国大量的机密文件,其行为已触犯我国《刑法》第 282 条的规定,构成非法获取国家秘密罪。但麦克唐纳为某国驻中国大使馆文化参赞,依据有关国际公约和国际惯例,麦克唐纳为享有外交特权和豁免权的外国人。依据我国《刑法》第 11 条的规定,对于麦克唐纳的刑事责任,只能通过外交途径解决。参见力康泰主编:《新刑法释义与判例分析全书》,国际文化出版公司 1997 年版,第 34 页。

第四，我国政府可以直接宣布触犯我国刑法的外交人员为不受欢迎的人员或者不能接受的人员。外交人员一旦被宣布为不受欢迎的人，须立即停止在接受国执行职务，并且必须离开我国，如果他拒绝离开，我国政府可以设法强制执行，罪行严重者可由我国政府宣布将其驱逐出境。 52

第五，我国政府可以与派遣国就享有外交特权和豁免权的外交人员的刑事责任追究问题进行协商，在派遣国明确表示放弃对有关外国人的豁免权之后，我国司法机关可以直接适用我国刑法追究其刑事责任。 53

第六，派遣国明确表示不放弃对有关外国人的豁免权的，我国政府可以通过外交途径要求该派遣国根据派遣国的法律，对有关人员的行为进行追诉。 54

第七，派遣国没有依法对有关人员进行追诉的，当有关人员丧失其外交人员的身份之后，只要还没有经过追诉时效，在该外交人员再次进入我国境内时，我国司法机关有权根据我国法律予以追诉和审判。[38] 55

38 参见冯军、肖中华主编：《刑法总论》（第3版），中国人民大学出版社2016年版，第87、88页。

第十二条　刑法的溯及力

中华人民共和国成立以后本法施行以前的行为，如果当时的法律不认为是犯罪的，适用当时的法律；如果当时的法律认为是犯罪的，依照本法总则第四章第八节的规定应当追诉的，按照当时的法律追究刑事责任，但是如果本法不认为是犯罪或者处刑较轻的，适用本法。

本法施行以前，依照当时的法律已经作出的生效判决，继续有效。

文献：高铭暄主编：《刑法学原理》（第1卷），中国人民大学出版社1993年版；何秉松主编：《刑法教科书》，中国法制出版社1997年版；〔日〕大塚仁：《刑法概说（总论）》（第3版），冯军译，中国人民大学出版社2003年版；钊作俊：《刑法效力范围比较研究》，人民法院出版社2004年版；曲新久主编：《刑法学》（第3版），中国政法大学出版社2009年版；冯军、肖中华主编：《刑法学》（第3版），中国人民大学出版社2016年版；黎宏：《刑法学总论》（第2版），法律出版社2016年版；赵秉志主编：《刑法总论》（第3版），中国人民大学出版社2016年版；张明楷：《刑法学》（第6版），法律出版社2021年版；周光权：《刑法总论》（第4版），中国人民大学出版社2021年版。柯葛壮、顾肖荣：《关于〈决定〉的溯及力问题》，载《法学》1983年第12期；张军：《试论刑事司法解释的时间效力》，载《中国法学》1992年第2期；游伟、鲁义珍：《刑法司法解释效力探讨》，载《法学研究》1994年第6期；罗书平：《我国刑法时间效力的立法完善》，载《法学研究》1996年第5期；卢勤忠：《关于新刑法溯及力的若干问题探讨》，载《中央政法管理干部学院学报》1998年第S1期；逄锦温：《我国刑法溯及力问题探讨》，载《中国刑事法杂志》1998年第3期；陈斯喜：《论立法解释制度的是与非及其他》，载《中国法学》1998年第3期；冯殿美：《略论新刑法第81条第2款的溯及力》，载《法律科学》1999年第1期；范德繁：《略论罪刑法定与刑法溯及力》，载《河北法学》1999年第5期；范旭斌、叶巍：《新刑法溯及力问题的理论与实践探微》，载《江海学刊》2000年第6期；叶巍：《新刑法溯及力原则新探》，载《中国刑事法杂志》2001年第2期；何泽宏、庄劲：《论空白刑法补充规范的变更及其溯及力》，载《河北法学》2001年第6期；刘宪权：《我国刑事司法解释时间效力的再思考》，载《法学》2002年第2期；刘仁文：《关于刑法解释的时间效力问题》，载《法学杂志》2003年第1期；朱建华：《我国刑法罪刑法定原则的完善》，载《广西社会科学》2003年第6期；屈学武：《刑事司法解释效力范围探究》，载《中国司法》2004年第8期；杨艳霞：《刑法解释的溯及力新论》，载《西南民族大学学报（人文社会科学版）》2005年第5期；曲新久：《论刑法解释与解释文本的同步效力——兼论刑法适用的逻辑路径》，载《政法论坛》

2006年第2期;黄太云:《刑法修正案和刑法立法解释溯及力问题探析》,载《人民检察》2006年第19期;刘艳红:《论刑法司法解释的时间效力》,载《中国刑事法杂志》2007年第2期;刘宪权:《我国刑法中溯及力相关问题探论》,载《政治与法律》2007年第3期;刘仁文:《关于刑法溯及力的两个问题》,载《现代法学》2007年第4期;黄明儒:《刑事司法解释的溯及力辨析》,载《时代法学》2007年第6期;王立志:《对刑法修正案生效前后所犯同种数罪之处理》,载《人民司法》2008年第10期;杨丹:《论刑法规范的变更及其溯及力》,载《刑法论丛》2009年第1期;董邦俊:《罪刑法定视野中的刑法时间效力》,载《河北法学》2009年第7期;刘方:《跨法犯刑法适用若干问题研究》,载《中国法学》2010年第2期;朱力宇:《关于法的溯及力问题和法律不溯既往原则的若干新思考》,载《法治研究》2010年第5期;黄京平:《论刑事司法解释的溯及力——以朱某等非法买卖枪支案为视角》,载《中国刑事法杂志》2010年第5期;陈佑武、彭辅顺:《刑法解释的时间效力与人权保障》,载《中国刑事法杂志》2011年第6期;刘宪权、王丽珂:《我国〈刑法修正案(八)〉时间效力司法解释规定评析》,载《法学杂志》2011年第8期;郑泽善、车剑锋:《刑事司法解释溯及力问题研究——对美国司法实践中禁止溯及既往原则的借鉴》,载《政治与法律》2014年第2期;王华伟:《刑法司法解释溯及力问题探微》,载《成都理工大学学报(社会科学版)》2014年第2期;熊建明:《中国刑法溯及力法条表达新论》,载《东方法学》2014年第4期;龙长海:《刑事禁止令与刑法溯及力》,载《求是学刊》2015年第2期;陈洪兵:《刑法溯及力适用问题研究——兼与民法、行政法比较》,载《法治研究》2016年第4期;黄京平:《修正后刑法及相关司法解释的溯及力判断规则》,载《中国检察官》2016年第14期;姜涛:《刑法溯及力应全面坚持从旧兼从轻原则》,载《东方法学》2019年第4期。

细目录

Ⅰ　主旨

Ⅱ　沿革

Ⅲ　刑法的时间效力

　一、刑法的生效时间

　二、刑法的失效时间

　三、刑法的溯及力

　四、刑法的溯及原则

Ⅳ　关键用语含义解析

　一、“本法”

　二、“当时的法律”

　三、“本法不认为是犯罪”

　四、“处刑较轻”

　五、司法解释中的相关规定

Ⅴ 刑事立法解释和司法解释的时间效力

Ⅵ 限时法

Ⅰ 主旨

1 解决中华人民共和国成立以后,现行《刑法》施行以前的行为的刑法适用问题;确立了时间效力问题上的从旧兼从轻原则。

Ⅱ 沿革

2 从中华人民共和国成立至1979年《刑法》生效这一阶段,我国对于刑事法律原则上采取溯及既往的态度。比如,《惩治反革命条例》第18条规定,“本条例施行以前的反革命罪犯,亦适用本条例之规定”。有的法律本身没有明文规定,但在该法律的立法说明中指出该法律具有溯及力。比如,《惩治贪污条例》虽未规定自身的回溯适用问题,但在关于该草案的立法说明中却指出可以适用于该条例生效前的行为。[1]

3 1979年《刑法》第9条首次规定了刑法从旧兼从轻的适用原则:“中华人民共和国成立以后本法施行以前的行为,如果当时的法律、法令、政策不认为是犯罪的,适用当时的法律、法令、政策。如果当时的法律、法令、政策认为是犯罪的,依照本法总则第四章第八节的规定应当追诉的,按照当时的法律、法令、政策追究刑事责任。但是,如果本法不认为是犯罪或者处刑较轻的,适用本法。”此后因社会治安形势严峻,该原则事实上被修正。1982年3月8日,全国人大常委会通过《关于严惩严重破坏经济的罪犯的决定》,该决定第2条规定,“凡在本决定施行之日以前犯罪,而在一九八二年五月一日以前投案自首,或者已被逮捕而如实地坦白承认全部罪行,并如实地检举其他犯罪人员的犯罪事实的,一律按本决定施行以前的有关法律规定处理。凡在一九八二年五月一日以前对所犯的罪行继续隐瞒拒不投案自首,或者拒不坦白承认本人的全部罪行,亦不检举其他犯罪人员的犯罪事实的,作为继续犯罪,一律按本决定处理”。该条规定以犯罪分子是否在特定限期内投案自首或者坦白检举,作为该决定中处刑较重的规定有无溯及力的根据,即对该决定规定的犯罪采用的是(重法)有条件从新原则。1983年9月2日,第六届全国人民代表大会常务委员会第二次会议通过《关于严惩严重危害社会治安的犯罪分子的决定》,该决定第3条规定,“本决定公布后审判上述犯罪案件,适用本决定”,对该决定规定的犯罪采用一律从新原则。1983年9月20日,最高人民法院在《关于人民法院审判严重刑事犯罪案件中具体应用法律的若干问题的答复》中,对如何适用同时期全国人大常委会通过的上述决定予以明确指示。

---

1 参见高铭暄主编:《刑法学原理》(第1卷),中国人民大学出版社2005年版,第334页以下。

1997 年《刑法》全面修订，明文规定罪刑法定原则，废止所有单行法规中重法可以回溯适用的规定，在刑法适用溯及力问题上，重新确立从旧兼从轻原则。最高人民法院《关于适用刑法时间效力规定若干问题的解释》、最高人民检察院《关于检察工作中具体适用修订刑法第十二条若干问题的通知》、最高人民法院《关于适用刑法第十二条几个问题的解释》，对如何运用该条解决“追诉期限”“不具有法定减轻处罚情节是否可以减轻处罚”“累犯的构成”“自首立功”“缓刑”“假释”“审判监督程序中的法律适用”“起诉期限”，以及如何认定本条中的“处刑较轻”进行了详细说明。 4

2001 年 12 月 7 日最高人民法院、最高人民检察院颁布《关于适用刑事司法解释时间效力问题的规定》，明确规定了司法解释自身的溯及力问题：对于司法解释实施前发生的行为，行为时没有相关司法解释的，采用从新原则，即依照司法解释的规定办理；对于新的司法解释实施前发生的行为，行为时已有相关司法解释的，采用从旧兼从轻原则，即原则上依行为时的司法解释办理，但适用新的司法解释对被告有利的，则适用新的司法解释。 5

Ⅲ 刑法的时间效力

刑法的时间效力，也称刑法的时间适用范围，是指刑法规范在时间上应该和能够发挥的约束力，它解决的是刑法的生效时间、失效时间和对其生效前的行为是否具有溯及力三个方面的问题。 6

一、刑法的生效时间

刑法生效时间是指刑法规范开始施行，对公民行为和司法机关的审判活动产生约束力的时间。在我国刑事立法实践中，刑法的生效时间可以分为自颁布之日起立即生效和颁布之后间隔一段时间才生效两种情况。前者一般被在特定社会形势下为惩罚社会危害性严重的犯罪所制定的单行刑事法律和对刑法典的某一条文或者少部分条文进行修改的刑法修正案所采用。比如，1998 年 12 月 29 日第九届全国人大常委会第六次会议通过了《关于惩治骗购外汇、逃汇和非法买卖外汇犯罪的决定》，该决定第 9 条规定“本决定自公布之日起施行”。我国至今颁布的刑法修正案，除《刑法修正案(八)》和《刑法修正案(九)》是在颁布后间隔一段时间才生效，其他都规定的是“本修正案自公布之日起施行”。后者多为刑法和对刑法进行全面修改的法律所采用，例如，1979 年 7 月 1 日第五届全国人民代表大会第二次会议通过了《刑法》，该法第 9 条前半部分规定“本法自一九八〇年一月一日起生效”。1997 年 3 月 14 日第八届全国人民代表大会第五次会议全面修订了 1979 年通过的《刑法》，全面修订后的《刑法》第 452 条第 1 款规定“本法自 1997 年 10 月 1 日起施行”。 7

刑法规范是一个社会的核心规范，它的内容关乎人的生命、自由和财产安全，应该给予国民充裕的时间，使国民能够事先了解刑法规范的存在及其内容，因此，在刑法的生效时间上，采取刑法颁布之后间隔一段时间才生效的模式更为妥当。 8

二、刑法的失效时间

9 刑法失效时间是指刑法规范开始不再对公民的行为和司法机关的审判活动具有约束力的时间。刑法规范开始不再对公民的行为具有约束力,是刑法停止施行的问题;刑法规范开始不再对司法机关的审判活动具有约束力,是刑法停止适用的问题。在我国刑事立法实践中,刑法停止施行大致可以分为三种情况:一是由国家立法机关明确规定刑法停止施行,例如,1997 年《刑法》第 452 条第 2 款专门规定,列于刑法附件一的《关于惩治走私罪的补充规定》等 15 部条例、补充规定和决定,自 1997 年 10 月 1 日起废止;二是新法的施行使旧法自然失效,例如,在 1998 年 12 月 29 日全国人大常委会通过的《关于惩治骗购外汇、逃汇和非法买卖外汇犯罪的决定》公布施行后,根据新法优于旧法的原则,刑法中原有的扰乱市场经济秩序罪中的相关内容就因被该决定替代而自然失效;三是刑法规范适用的社会条件已经消失,该刑法规范自然失效。

10 有人认为,刑法一旦失效,就不具有任何约束力,司法机关就不得再把其作为追究行为人刑事责任的法律依据。这种看法并不完全正确。刑法一旦失效,就完全不能适用于其后新发生的行为,但是,仍然存在依照失效的刑法追究刑事责任的可能性。刑法在失效后,可能仍然作为司法机关审判其施行期间所实施的行为的法律依据,限时法就是一个例子。如果新刑法不具有溯及力,司法机关在审判旧刑法施行期间所实施的行为时,即便旧刑法已经失效,也必须将旧刑法的规定作为追究行为人刑事责任的法律依据。因此,刑法规范对司法机关的约束力并不必然因其失效而立即停止。

三、刑法的溯及力

11 刑法的溯及力,也称刑法溯及既往的效力,如果刑法规范能够适用于其生效以前所实施的行为,该刑法规范就具有溯及既往的效力;如果刑法规范不能适用于其生效以前所实施的行为,该刑法规范就没有溯及既往的效力。

12 刑法规范是行为规范,原则上应该适用行为人在犯罪行为当时所侵犯的规范,因此,刑法原则上不具有溯及力。根据罪刑法定主义的要求,定罪量刑都必须以行为时有效的法律的明文规定为根据,禁止根据行为之后制定的法律对行为进行处罚。对行为时不被禁止的行为,不能适用行为之后制定的刑法加以处罚;对行为时虽然被法律禁止但是法律没有规定法定刑的行为,不能根据行为之后制定的刑法所规定的法定刑科处刑罚;对行为后发生了刑罚法规变更的行为,不能科处比行为时法律所规定的刑罚更重的刑罚。但是,在不违反这些要求的前提下,如果由于刑法的修改而发生了刑罚的变更,新的刑法规定的法定刑轻于旧的刑法所规定的法定刑时,那么,从更有利于被告人的刑事政策出发,立法者也可能规定在行为之后制定的法律适用于其生效以前所实施的行为,即肯定行为之后制定的法律具有溯及既往的效力。这就是刑法规范不溯及适用原则的例外，这种例外并不违背罪刑法定主义，因为它实质上促进了罪刑法定主义所要实现的保护行为人之目的。

四、刑法的溯及原则

在如何确立溯及力问题上，世界各国采用的有以下几种原则： 13

(1)从旧原则，即司法机关审判刑事案件时，一律适用行为时的刑法，不论新的刑法和旧的刑法规定的内容如何，新的刑法一律不具有溯及既往的效力。采用从旧原则的理由是，只有根据行为时的刑法追究刑事责任，才能保障行为人的行为自由，否则立法者就可以通过制定法将原本合法的行为宣布为犯罪，并通过适用事后刑法来剥夺行为人的行为自由。 14

(2)从新原则，即司法机关审判刑事案件时，一律适用审判时的刑法，不论新的刑法和旧的刑法规定的内容如何，新的刑法都具有溯及既往的效力。采用从新原则的理由是，新制定的刑法比旧的刑法更进步。旧法既然修正变更，表明旧法有缺失疏漏，已经不能适应社会需要，因此，应依新法处断。 15

(3)从新兼从轻原则，即司法机关审判刑事案件时，原则上适用审判时的刑法，但是如果适用行为时的刑法更有利于被告人的，则适用行为时的刑法。采用从新兼从轻原则的理由是，一般而言，新制定的刑法比旧的刑法更进步，但是，在某些场合，新制定的刑法可能比旧的刑法更严酷，因此，一般情形下应该适用新的刑法，仅在旧的刑法规定的内容更有利于被告人的例外场合，才适用旧的刑法。 16

(4)从旧兼从轻原则，即司法机关审判刑事案件时，原则上适用行为时的刑法，但是，如果适用审判时的刑法更有利于被告人的，则适用审判时的刑法。采用从旧兼从轻原则的理由是，为了保障行为人的预测可能性，进而保障行为人的行为自由，原则上应该适用旧的刑法，但是，在新的刑法规定的内容更有利于被告人的例外场合，应该适用新的刑法。 17

承认刑法规范的溯及适用时，就会有损害法的稳定性、不当侵害个人自由的危险。因此，与世界大多数国家一样，我国现行《刑法》以从旧兼从轻原则作为解决刑法溯及力问题的标准。我国《刑法》第 12 条规定："中华人民共和国成立以后本法施行以前的行为，如果当时的法律不认为是犯罪的，适用当时的法律；如果当时的法律认为是犯罪的，依照本法总则第四章第八节的规定应当追诉的，按照当时的法律追究刑事责任，但是如果本法不认为是犯罪或者处刑较轻的，适用本法。本法施行以前，依照当时的法律已经作出的生效判决，继续有效。" 18

Ⅳ 关键用语含义解析

一、"本法"

由于 1949 年中华人民共和国成立以后的所有刑事法律都是"中华人民共和国刑 19

法”,故本条中的“本法”,不能如《刑法》第 6、7、8、10 条那样理解为广义的“中华人民共和国刑法”,否则就不能解决不同时期刑法规范的时间效力问题,也不能将其仅仅理解为自 1997 年 10 月 1 日起施行的《刑法》,否则本条规定就仅仅只能解决中华人民共和国成立后、1997 年《刑法》施行前的行为如何处理的问题,而不能解决 1997 年《刑法》施行后颁布的单行刑法、刑法修正案等刑事法律的时间效力问题。故本条中的“本法”,应该理解为“新法”,也就是“裁判时法”。

二、“当时的法律”

20 本条中,“当时的法律”中的“当时”,是指行为时法和中间时法。“行为时法”是指行为当时的法律,也就是指实行行为开始前有效的法律。“中间时法”是行为时法之后、裁判时法之前施行的法律。

21 “当时的法律”中的“法律”,不应限于刑法,也包括所有规定了刑罚的法律、法规、政令和命令。既包括 1979 年《刑法》和 1997 年《刑法》,也包括在 1979 年之前,以及在 1979 年和 1997 年两部刑法之间颁布的单行刑法和附属刑法,还包括 1997 年《刑法》生效后颁布的单行刑法和刑法修正案。如果认为“当时的法律”不包括上述单行刑法、附属刑法和刑法修正案,则对于在后者中新增加的、原刑法没有规定的犯罪的追究就会失去法律依据。[2]

22 对于“当时的法律”,除了包括当时法律中的定罪量刑规定,是否还包括当时法律中关于追诉时效的规定,存在不同的看法。一种观点认为,不应包括,即“当时的法律”仅指旧法中的罪刑规范,新法生效前实施的行为,其追诉时效要依据新法的规定。另一观点则认为,“当时的法律”既应包括适用当时法律关于定罪量刑的规定,也应包括适用当时法律关于追诉时效的规定。在实务中,有的法院采取了后一种观点。比如,朱晓志交通肇事案中,被告人在 1993 年 9 月 9 日交通肇事后逃逸,次日公安机关即决定立案侦查,但直到 2000 年才逮捕被告人。按照 1979 年《刑法》的规定,不受追诉期限限制的起始时间为司法机关“采取强制措施以后”;按照 1997 年《刑法》的规定,不受追诉期限限制的起始时间为司法机关“立案侦查或者在人民法院受理案件以后”。法院在审理该案时,即采取了后一观点,认为“当时的法律”包括当时法律中对时效制度的规定,认定按照 1979 年《刑法》的规定,该案中的交通肇事罪已经超过追诉时效,从而裁定终止审理。[3] 从保障法的安全性角度来说,认为“当时的法律”,包括了当时法律中规定的追诉时效规定是合理的。最高人民检察院 2015 年颁布的第

2 参见逄锦温:《我国刑法溯及力问题探讨》,载《中国刑事法杂志》1998 年第 3 期。

3 关于朱晓志交通肇事案,参见最高人民法院刑事审判第一庭、第二庭编:《刑事审判参考》(总第 26 辑),法律出版社 2002 年版。

六批指导性案例中,“马世龙(抢劫)核准追诉案”与“丁国山等(故意伤害)核准追诉案”[4]也都是采取的这种理解。

三、“本法不认为是犯罪”

1979 年《刑法》规定了类推制度,在 1997 年《刑法》生效前发生的需要类推定罪的行为,属于本条中“当时的法律认为是犯罪的”行为。1997 年《刑法》废除了类推制度,确立罪刑法定原则,法律没有规定为犯罪行为的,不得定罪处刑。严格来说,在 1997 年《刑法》生效时依 1979 年《刑法》类推制度应被认定为犯罪的所有未决犯,按照 1997 年《刑法》都应被认为无罪,因为行为时的法律没有“明文”规定为犯罪。按照“从旧兼从轻”的溯及力原则,就应该“从轻”适用不认为其是犯罪的 1997 年《刑法》,而不是“从旧”适用依类推制度认为其是犯罪的 1979 年《刑法》。无论是从保障预测可能性的角度,或是从处罚必要性的立场,得出这种结论都有其合理性。[5] 但是,最高人民法院并未完全采取这种观点。1997 年 9 月 22 日发布的最高人民法院《关于依法不再核准类推案件的通知》中规定:“对于按照修订前的刑法需要类推定罪,修订后刑法没有规定为犯罪的行为,一律不得定罪判刑;对于按照修订前的刑法需要类推定罪,修订后的刑法也规定为犯罪的行为,如需追究刑事责任的,应适用修订后刑法第十二条的规定处罚。”即是说,只有新旧刑法都没有明文规定是犯罪的行为,才不会追究刑事责任;旧刑法中应被类推认为是犯罪的未决犯,如果其行为在新法中也被规定为犯罪,就要追究其刑事责任。这一解释较难得到刑法原理的说明。 23

从文理上说,本条中,“本法不认为是犯罪”,还包括依 1997 年《刑法》或旧的单行刑法、刑法修正案认为有罪,但裁判时新的单行刑法或刑法修正案认为无罪的情形。此种情况虽至今尚未发生,但一旦出现,就应依据裁判时的单行刑法或刑法修正案认为其无罪。 24

四、“处刑较轻”

根据本条规定,如果“当时的法律”与“新法”的规定相冲突,应该按照以下情况分别处理:①行为时法和裁判时法均不认为是犯罪的,适用当时的法律;②行为时法不认为是犯罪,裁判时法认为是犯罪的,适用当时的法律;③行为时法认为是犯罪,裁判时法不认为是犯罪,适用裁判时法;④行为时法和裁判时法都认为是犯罪,且行为时法处刑较轻或者与裁判时法处刑相同,依照现行《刑法》总则第四章第八节的规定应当追诉的,依照当时的法律追究刑事责任;⑤行为时法和裁判时法都认为是犯罪, 25

---

4 参见最高人民检察院网(https://www.spp.gov.cn/xwfbh/wsfbt/201507/t20150708_100967_2.shtml),访问时间:2020 年 2 月 29 日。

5 相反的意见,参见陈忠林:《第 12 条[刑法时间效力的从旧兼从轻原则]》,载高铭暄、马克昌主编:《中国刑法解释》(上卷),中国社会科学出版社 2005 年版,第 137、138 页。

但裁判时法处刑较轻的,适用裁判时法。[6]

26 对本条中“处刑较轻”的理解,在理论上存在不同看法。一种观点认为,“处刑较轻”是指宣告刑较轻,即人民法院对被告人实际判处的刑罚较轻。另一种观点认为,“处刑较轻”是指法定刑较轻,即刑法分则条文对具体犯罪所规定的刑种和刑度较轻。“处刑较轻”究竟是宣告刑的比较,还是法定刑的比较,涉及最终对被告人要适用何种法律的问题。

27 最高人民法院采取了后一种观点。1997 年《刑法》生效后不久,最高人民法院就于 1997 年 12 月 31 日发布了《关于适用刑法第十二条几个问题的解释》,该解释第 1 条规定,《刑法》第 12 条规定的“处刑较轻”,是指刑法对某种犯罪规定的刑罚即法定刑比修订前刑法轻。法定刑较轻是指法定最高刑较轻;如果法定最高刑相同,则指法定最低刑较轻。第 2 条规定,如果刑法规定的某一犯罪只有一个法定刑幅度,法定最高刑或者最低刑是指该法定刑幅度的最高刑或者最低刑;如果刑法规定的某一犯罪有两个以上的法定刑幅度,法定最高刑或者最低刑是指具体犯罪行为应当适用的法定刑幅度的最高刑或者最低刑。

28 受最高人民法院司法解释的影响,很多学者认为“处刑较轻”是指刑法对某种犯罪规定的刑罚即法定刑比修订前刑法规定的要轻。[7] 但是,有学者表示反对该司法解释和学说见解,认为“处刑较轻”应当是指根据案件的具体情况,对新法和旧法关于法律要件和法律后果的规定进行综合比较之后,所作出的定罪处刑都轻。审查方法与顺序是:先将“具体个案”(而非抽象法律比较!)分别依照新旧法检验,然后比较两者运用于该个案后的具体“结果”,并适用结果有利于行为人之轻法。因此“处刑较轻”实际上是指根据案件情况,综合比较新旧法的规定之后,所作出的处断刑较轻。只有以处断刑为标准,才可能全面衡量案件的具体情况,作出最有利于被告人的判决。构成要件的内容、主刑、附加刑、缓刑的条件、假释的条件、量刑情节、量刑标准、刑罚执行条件、追诉时效和自诉罪性质的变更,都直接影响到处断刑的变更,因此,都

6　比如严坤武合同诈骗案。1995 年 7 月 24 日,作为工贸公司法人代表的严坤武,在明知公司无履约能力的情况下,采取私刻他人印章,变造不可撤销借款担保责任书贷款额度的欺骗手段,与兴业银行签订贷款合同,合同到期后因无力还贷而隐匿。1997 年 12 月 23 日被逮捕。依据从旧原则,即依据 1979 年《刑法》其行为构成诈骗罪;但对其审判发生在 1997 年《刑法》生效后,依据 1997 年《刑法》的规定,其行为构成合同诈骗罪。比较原刑法中诈骗罪的法定刑与现行刑法中合同诈骗罪的法定刑,后者法定刑的起点较低。故依据从旧兼从轻原则,以合同诈骗罪定罪处刑。参见国家法官学院、中国人民大学法学院编:《中国审判案例要览》(2001 年刑事审判案例卷),中国人民大学出版社 2002 年版,第 5—10 页。再比如,发生在 1994 年 12 月 15 日,因乡邻纠纷而故意伤害致人重伤的夏侯青辉等故意伤害案,审理法院也是依据从旧兼从轻原则,适用了法定刑更轻的 1997 年《刑法》的相应条款。参见最高人民法院刑事审判第一庭、第二庭编:《刑事审判参考》(总第 36 集),法律出版社 2004 年版。

7　参见逄锦温:《我国刑法溯及力问题探讨》,载《中国刑事法杂志》1998 年第 3 期。

是在确定“处刑较轻”时应该考虑的内容。[8]

实际上,对于《刑法》第 12 条中“处刑较轻”的含义,很难通过文义解释找到答案,必须进行论理解释才能准确界定。对 1997 年《刑法》生效前的行为,之所以不是一概适用行为时法即旧刑法,当适用新刑法有利于行为人时,要例外地适用新刑法,是因为新刑法中确立了以保障人权和自由为出发点的罪刑法定原则。“处刑较轻”究竟是指法定刑更轻还是处断刑更轻,要看依何种解释才能更吻合本条中规定从旧兼从轻原则的立法初衷。很显然,在个案中刑法的适用,除了要考虑分则中的法定刑,还要考虑总则中影响量刑的相关规定。分则中法定刑较轻的法律,因为总则的规定不同,完全可能出现处断刑更重的情形,是对行为人更不利的结果。因此,本条中“处刑较轻”理解成“处断刑较轻”更为妥当。 29

五、司法解释中的相关规定

(1)对于行为人在 1997 年 9 月 30 日以前实施的犯罪行为,在人民检察院、公安机关、国家安全机关立案侦查或者人民法院受理案件以后,行为人逃避侦查或者审判,超过追诉期限或者被害人在追诉期限内提出控告,人民法院、人民检察院、公安机关应当立案而不予立案,超过追诉期限的,是否追究刑事责任,适用 1979 年《刑法》第 77 条的规定,即不受追诉期限的限制。 30

(2)对于酌定减轻处罚、累犯的认定、自首的认定、立功的认定、缓刑的撤销、假释的适用与撤销等问题,应当坚持从旧兼从轻原则即有利于行为人的原则进行处理。 31

第一,关于酌定减轻处罚,1997 年《刑法》第 63 条第 2 款规定,酌定减轻处罚需经最高人民法院核准。因此,根据从旧兼从轻原则,行为人在 1997 年 9 月 30 日以前犯罪,不具有法定减轻处罚情节,但是根据案件的具体情况需要在法定刑以下判处刑罚的,应该适用 1979 年《刑法》第 59 条第 2 款的规定,由人民法院审判委员会决定。 32

第二,关于累犯,根据 1997 年《刑法》第 65 条第 1 款的规定,被判处有期徒刑以上刑罚的犯罪分子,刑罚执行完毕或者赦免以后,在 5 年以内再犯应当判处有期徒刑以上刑罚之罪的,构成累犯。根据从旧兼从轻原则,行为人在 1997 年 9 月 30 日以前又犯应当判处有期徒刑以上刑罚之罪的,是否构成累犯,应当适用 1979 年《刑法》第 61 条第 1 款的规定来判断。 33

第三,关于自首,根据 1997 年《刑法》第 67 条的规定,对犯罪较轻的自首,可以免除处罚;对犯罪较重的自首,可以从轻或者减轻处罚。根据 1997 年《刑法》第 68 条的规定,对于有立功表现的,可以从轻或者减轻处罚;对于有重大立功表现的,可以减轻或者免除处罚。 34

根据从旧兼从轻原则,行为人在 1997 年 9 月 30 日以前犯罪较轻又自首的,应该适用 1997 年《刑法》第 67 条的规定,可以免除处罚;行为人在 1997 年 9 月 30 日以前 35

8 参见冯军、肖中华主编:《刑法学》(第 3 版),中国人民大学出版社 2016 年版,第 79 页。

犯罪较重又自首的,应该适用 1997 年《刑法》第 67 条的规定,可以从轻或者减轻处罚;行为人在 1997 年 9 月 30 日以前犯罪较重又自首并有立功表现的,应该适用 1979 年《刑法》第 63 条的规定,可以减轻或者免除处罚;行为人在 1997 年 9 月 30 日以前犯罪较重又自首并有重大立功表现的,应该适用 1997 年《刑法》第 68 条的规定,可以减轻或者免除处罚。

36 此外,1997 年《刑法》还规定了特别自首。因此,根据从旧兼从轻原则,1997 年 9 月 30 日以前被采取强制措施的犯罪嫌疑人、被告人,或者 1997 年 9 月 30 日以前犯罪、1997 年 10 月 1 日以后仍在服刑的罪犯,如实供述司法机关还未掌握的本人其他罪行的,应以自首论。

37 第四,关于立功,根据从旧兼从轻原则,1997 年 9 月 30 日以前犯罪的犯罪分子,有揭发他人犯罪行为,查证属实的,或者提供重要线索,从而得以侦破其他案件等立功表现的,应该适用 1997 年《刑法》第 68 条的规定予以处理。

38 第五,关于缓刑的撤销,根据 1997 年《刑法》第 77 条的规定,撤销缓刑的条件是被宣告缓刑的犯罪分子在缓刑考验期内再犯新罪、被发现漏罪或者严重违反法律、行政法规或者国务院有关部门有关缓刑的监督管理规定。

39 1997 年 9 月 30 日以前犯罪被宣告缓刑的犯罪分子,在 1997 年 10 月 1 日以后的缓刑考验期间又犯新罪、被发现漏罪或者违反法律、行政法规或者国务院有关部门有关缓刑的监督管理规定,情节严重的,因为撤销缓刑的条件出现在 1997 年《刑法》生效之后,应该适用 1997 年《刑法》第 77 条的规定,撤销缓刑。

40 但是,1997 年 9 月 30 日以前犯罪被宣告缓刑并且缓刑考验期尚未结束的犯罪分子,在 1997 年 10 月 1 日以前的缓刑考验期间又犯新罪、被发现漏罪或者违反法律、行政法规或者国务院有关部门有关缓刑的监督管理规定,情节严重的,又应该怎样处理呢?在这种情况下,因为撤销缓刑的条件出现在 1997 年《刑法》生效之前,所以,应该根据从旧兼从轻原则,适用 1979 年《刑法》第 70 条的规定,只有被宣告缓刑的犯罪分子又犯新罪的,才能撤销缓刑。

41 第六,关于假释的适用与撤销。关于假释的适用,1997 年《刑法》第 81 条第 2 款规定,"对累犯以及因杀人、爆炸、抢劫、强奸、绑架等暴力性犯罪被判处十年以上有期徒刑、无期徒刑的犯罪分子,不得假释"。根据从旧兼从轻原则,1997 年《刑法》第 81 条第 2 款的规定应该只适用于 1997 年 10 月 1 日以后构成累犯以及因实施杀人、爆炸、抢劫、强奸、绑架等暴力性犯罪而被判处 10 年以上有期徒刑、无期徒刑的犯罪分子。对于 1997 年 9 月 30 日以前构成累犯以及因实施杀人、爆炸、抢劫、强奸、绑架等暴力性犯罪而被判处 10 年以上有期徒刑、无期徒刑并且 1997 年 10 月 1 日以后仍在服刑的犯罪分子,应该适用 1979 年《刑法》第 73 条的规定,可以假释。

42 关于假释的撤销,根据 1997 年《刑法》第 86 条的规定,撤销假释的条件是被假释的犯罪分子在假释考验期内再犯新罪、被发现漏罪或者违反法律、行政法规和国务院有关部门有关假释的监督管理规定。1997 年 9 月 30 日以前犯罪被假释的犯罪分子,在 1997 年 10 月 1 日以后的假释考验期间又犯新罪、被发现漏罪或者违反法律、行政法规或者国务院有关部门有关假释的监督管理规定的,因为撤销假释的条件出现在 1997 年《刑法》生效之后,当然应该适用 1997 年《刑法》第 86 条的规定,撤销假释。

但是,1997 年 9 月 30 日以前犯罪被假释的犯罪分子,在 1997 年 10 月 1 日以前的假释考验期间又犯新罪、被发现漏罪或者违反法律、行政法规或者国务院有关部门有关假释的监督管理规定的,又应该怎样处理呢?在这种情况下,因为撤销假释的条件出现在 1997 年《刑法》生效之前,所以,应该根据从旧兼从轻原则,适用 1979 年《刑法》第 75 条的规定,只有被假释的犯罪分子又犯新罪的,才能撤销假释。 43

(3)对于旧法没有明文规定的犯罪,根据旧法需要类推处理而没有处理的,不管现行《刑法》是否规定为犯罪,都不得以类推方式定罪量刑。 44

(4)如果当时的法律不认为是犯罪,现行《刑法》认为是犯罪,而行为连续到 1997 年 10 月 1 日以后的,对该行为适用新刑法追究刑事责任。 45

但是,牵连犯和连续犯这些科刑上的一罪,是把本来能够独立成为犯罪的数个行为合为一罪,因此,将各个行为分开考虑,对新法施行时实施的行为适用新法,对旧法施行时实施的行为根据《刑法》第 12 条的规定决定应该适用的法律,然后根据牵连犯和连续犯的处罚原则决定应该科处的刑罚,才是适当的。 46

(5)1997 年 10 月 1 日以后审理 1997 年 9 月 30 日以前发生的刑事案件,如果刑法规定的定罪处刑标准、法定刑与修订前刑法相同的,应当适用修订前的刑法。 47

(6)按照审判监督程序重新审判的案件,适用行为时的法律。 48

(7)新的刑法条文既有对被告人有利的规定,又有对被告人不利的规定时,对于新条文颁布之前的行为,应当适用对被告人有利的规定(适用新法),而不适用对被告人不利的规定(适用旧法)。比如,《刑法修正案(九)》修改了贪污罪、受贿罪的法定刑,提高了死刑的标准(对被告人有利),但同时规定(对被告人不利):“……被判处死刑缓期执行的,人民法院根据犯罪情节等情况可以同时决定在其死刑缓期执行二年期满依法减为无期徒刑后,终身监禁,不得减刑、假释。”根据从旧兼从轻原则,对于 2015 年 10 月 31 日之前实施的贪污、受贿行为,既要适用修正后的新法,提高死刑的适用标准,又不得适用修正后的新法关于终身监禁的规定。在这个意义上,采取从旧兼从轻原则后适用的法律,根据定罪标准和刑罚轻重的修改变化,完全可能导致在定罪上适用新法或旧法,在量刑上却适用了旧法或新法。这里的从旧兼从轻,可以理解成是“旧”的法律条文中的定罪条款或量刑条款,“轻”的法律条文中的量刑条款或定罪条款,并不必定是指完整的法律或法典。 49

但是,最高人民法院在 2015 年 10 月 29 日公布的《关于〈中华人民共和国刑法修正案(九)〉时间效力问题的解释》中规定,“对于 2015 年 10 月 31 日以前实施贪污、受贿行为,罪行极其严重,根据修正前刑法判处死刑缓期执行不能体现罪刑相适应原则,而根据修正后刑法判处死刑缓期执行同时决定在其死刑缓期执行二年期满依法 50

减为无期徒刑后,终身监禁,不得减刑、假释可以罚当其罪的,适用修正后刑法第三百八十三条第四款的规定。根据修正前刑法判处死刑缓期执行足以罚当其罪的,不适用修正后刑法第三百八十三条第四款的规定”。这一观点,与罪刑法定原则的要求并不相符。[9]

51 此外,为了维护判决的严肃性和稳定性,《刑法》第 12 条的规定只能适用于未经审判或者判决尚未确定的案件。新法施行以前,依照行为当时的法律已经作出的生效判决继续有效。[10]

V 刑事立法解释和司法解释的时间效力

52 刑事立法解释和司法解释的时间效力问题,主要存在如下情形:一是原来没有立法解释与司法解释,后来有了立法解释与司法解释;二是原来已有立法解释与司法解释,但后来立法解释与司法解释进行了变更;三是原来已有司法解释,后来出现了更高效力的立法解释。在刑法理论上,不少人认为立法解释与司法解释与刑法的时间效力一样,都应当采取从旧兼从轻原则,禁止不利于被告人的溯及既往。持此种观点的人也将立法解释和司法解释视为刑法的渊源。此种主张也为司法实务所采纳。最高人民法院、最高人民检察院 2001 年 12 月 16 日发布的《关于适用刑事司法解释时间效力问题的规定》第 3 条规定,“对于新的司法解释实施前发生的行为,行为时已有相关司法解释,依照行为时的司法解释办理,但适用新的司法解释对犯罪嫌疑人、被告人有利的,适用新的司法解释”。

53 从法律性质上来说,立法解释是对法律规定具体含义的阐明,是法律制定后出现的新情况应当适用的法律依据。[11] 虽然立法解释与法律具有同等效力(《立法法》第 50 条),但是,它和司法解释一样,并没有创设新的刑事法律规范,并不是刑法的渊源。承认司法解释适用禁止溯及既往原则,会形成司法与立法处于同一等级的不当局面,违背立法权与司法权相分离的法治原则。[12] 对于立法解释和司法解释来说,不存在从旧兼从轻问题。因此,对于发生在刑法生效之后、立法解释和司法解释颁布之前的行为,只要还未经处理,就要根据新的立法解释或司法解释来适用刑法。

54 对此可以分情形来讨论:第一,行为时没有立法解释或司法解释, 审理时已经有

---

[9] 参见张明楷:《刑法学》(第 5 版),法律出版社 2016 年版,第 102、103 页。

[10] 参见冯军、肖中华主编:《刑法学》(第 3 版),中国人民大学出版社 2016 年版,第 80—82 页。

[11] 《立法法》第 45 条第 2 款规定:“法律有以下情况之一的,由全国人民代表大会常务委员会解释:(一)法律的规定需要进一步明确具体含义的;(二)法律制定后出现新的情况,需要明确适用法律依据的。”

[12] 参见张明楷:《刑法学》(第 6 版),法律出版社 2021 年版,第 106 页。

了相应解释的，应当适用审判时的立法解释或司法解释。[13] 第二，旧的立法解释或司法解释不认为是犯罪的行为，而新的立法解释或司法解释认为构成犯罪的，由于行为时只存在旧的立法解释或司法解释，不能期待行为人在行为当时能够认识到自己的行为会被将来的新的立法解释或司法解释认为是犯罪，应按不可避免的违法性认识欠缺处理，阻却罪责，不作为犯罪。第三，旧的立法解释或司法解释认为是犯罪，而新的解释不认为是犯罪的行为，只要是未经处理的，应按新的解释不作为犯罪处理。这仅仅是因为该行为并未违反刑法，而不是对立法解释或司法解释采取了从旧兼从轻原则。

Ⅵ 限时法

所谓限时法，是指立法者为了处理紧急事情而制定的，预先明确限定有效期间，在有效期间经过之后就自然失效的法律。立法者预先明确规定了有效期间的法律，被称为“狭义的限时法”；立法者没有预先明确规定有效期间，但是预定处理的紧急事情消失之后就自然失效的法律，被称为“广义的限时法”。 55

为了解决特殊时期的特殊问题，就需要国家制定限时法。限时法也是一种特别法，关于限时法，所产生的问题是：在限时法因为经过有效期间而失效之后，是否还能够根据限时法的规定处罚在限时法有效期间所实施的违反限时法规定的行为。也就是说，法律在行为时是有效的，但是，在审判时已经失效，能否根据该法处罚违反它的行为呢？在限时法因为经过有效期间而失效之后，如果不处罚在限时法有效期间所实施的违反限时法规定的行为，因为案件的侦查总是需要相当的时间，在犯行与审判之间存在一定的时间间隔，那么，在接近限时法有效期间终了之时所实施的违反限时法规定的行为，都不能根据限时法的规定加以处罚，限时法在接近有效期间终了之时事实上已失去了效力。为了克服这种现象，一些国家在制定或者废除限时法时往往明确规定：该法被废止之后，仍然适用于在其有效期间所实施的违反该法规定的行为。例如，日本 1931 年制定了《重要产业统制法》，在其附则第 2 项中规定，“本法在施行之后的五年内具有效力”，同时在其附则第 3 项中规定，“对于在前项的期间内实施的违反本法或者违反基于本法所作出的处分之行为，即使在前项的期间经过之 56

13 比如朱香海、左正红等非法买卖枪支、贪污案中，被告人朱香海、左正红等在 1998 年至 1999 年期间先后多次非法买卖枪支，2002 年法院在审理该案时，适用了 2001 年 5 月 16 日施行的最高人民法院《关于审理非法制造、买卖、运输枪支、弹药、爆炸物等刑事案件具体应用法律若干问题的解释》的规定，按照该解释的规定来判决认定各被告人非法买卖枪支的行为是否达到“情节严重”的程度。参见最高人民法院刑事审判第一庭、第二庭编：《刑事审判参考》（总第 42 集），法律出版社 2005 年版。

后,本法的罚则仍然具有效力”。[14] 日本在1946年制定了《物价统制令》,在第42条中规定“价格等统制令废除之”同时,在第50条中规定,“关于在本令施行前所为行为的罚则的适用,旧令在本令施行后仍然具有效力”。[15] 关于限时法的效力,也有国家在刑法典中作了一般规定。例如,《德国刑法典》第2条第4项规定:“仅于特定时间适用之法律,当其失效时,若行为实行于此法律有效期间者,亦适用该法律。法律另有规定者,不适用之。”[16]这种限时法具有的在被废止之后仍然适用于在其有效期间实施的违反行为的效力,被称为限时法的追及效力。

57 在法律没有明确规定限时法的追及效力时,又应该怎样处理呢?关于这个问题,理论上存在不同的见解。有见解认为,从法令本身的限时性质来看,为了确保法令的实际效果,必须认为在限时法被废止之后也总是能够根据限时法来处罚在其有效期间所实施的违法行为。也有见解认为,要区别国家废止限时法的理由和动机,如果国家基于法律见解的变更而废止了限时法,那么,限时法就不具有追及效力,就不能根据限时法来处罚在其有效期间所实施的违法行为;如果国家仅仅基于事实关系的变化而废止了限时法,那么,限时法就具有追及效力,就能根据限时法来处罚在其有效期间所实施的违法行为。例如,因为将汽车停在禁止停车区域而受到控告,即使在审判时其停车的区域被变更为允许停车区域,也仍然要因为违法停车而受到处罚,因为禁止停车区域的变更不是法律见解的变更,而是单纯的事实关系的变化。后一见解被称为动机说。但是,很难准确地判断法令被废止的动机,而且,法令之所以被废止,一般总是因为国家变更了某种意义上的法律见解。因此,现在的通说认为,除法律明确规定限时法即使在被废止之后也仍然具有追及效力的情形之外,一般情况下,限时法在被废止之后就不再具有适用于在其有效期间所实施的违法行为的效力。

58 我国现行《刑法》中没有严格意义上的限时法,但是,我国刑法中存在需要根据其他的法律规范加以补充的空白刑法规范。所谓空白刑法规范,是指刑法条文中以“违反××法的规定”这种方式所表明的,构成要件的全部或者一部分由其他法律规范加以补充的刑法规范。空白刑法规范虽然不是限时法,它本身并不因为发挥补充作用的其他法律规范被废止而失效,但是,其中可能存在行为时与审判时发生了可罚性评价的变化之情形,具有类似于限时法的构造,因此,在发挥补充作用的其他法律规范被废止之时,应该参照关于限时法的追及效力的理论来解决空白刑法规范的适用问

---

[14] 参见日本国立国会图书馆网(https://dl.ndl.go.jp/info:ndljp/pid/1099248/7),访问时间:2020年2月29日。

[15] 参见日本电子政务网(https://elaws.e-gov.go.jp/search/elawsSearch/elaws_search/lsg0500/detail?lawId=321IO0000000118#102),访问时间:2020年2月29日。

[16] 参见林东茂主编:《德国刑法翻译与解析》,五南图书出版股份有限公司2018年版,第2页。

题。例如,根据我国《刑法》第 327 条的规定,违反文物保护法规,国有博物馆、图书馆等单位将国家保护的文物藏品出售或者私自送给非国有单位或者个人的,对单位判处罚金,并对其直接负责的主管人员和其他直接责任人员处 3 年以下有期徒刑或者拘役。如果文物保护法规废止了禁止国有图书馆出售国家保护的文物藏品的规定,那么,在该规定被废止之后,对国有图书馆在该规定被废止之前所实施的出售国家保护的文物藏品的行为,就不能适用我国《刑法》第 327 条的规定追究有关单位和个人的刑事责任。但是,如果文物保护法规在废止禁止国有图书馆出售国家保护的文物藏品的规定的同时,明确规定在该规定被废止之后,仍然适用于在该规定被废止之前所实施的出售国家保护的文物藏品的行为,那么,就应该适用我国《刑法》第 327 条的规定追究有关单位和个人的刑事责任。[17]

17 参见冯军、肖中华主编:《刑法学》(第 3 版),中国人民大学出版社 2016 年版,第 82、83 页。

第二章　犯　罪

前　注

文献:樊凤林主编:《犯罪构成论》,法律出版社 1987 年版;曾宪信、江任天、朱继良:《犯罪构成论》,武汉大学出版社 1988 年版;张明楷:《犯罪论原理》,武汉大学出版社 1991 年版;何秉松:《犯罪构成系统论》,中国法制出版社 1995 年版;储槐植:《美国刑法》(第 2 版),北京大学出版社 1996 年版;肖中华:《犯罪构成及其关系论》,中国人民大学出版社 2000 年版;杨兴培:《犯罪构成原论》,中国检察出版社 2004 年版;马跃:《美国刑事司法制度》,中国政法大学出版社 2004 年版;许玉秀:《当代刑法思潮》,中国民主法制出版社 2005 年版;〔德〕克劳斯·罗克辛:《德国刑法学 总论》(第 1 卷),王世洲译,法律出版社 2005 年版;蔡桂生:《构成要件论》,中国人民大学出版社 2015 年版;〔德〕汉斯·海因里希·耶赛克、托马斯·魏根特:《德国刑法教科书》,许久生译,中国法制出版社 2017 年版。张明楷:《犯罪构成理论的课题》,载《环球法律评论》2003 年第 3 期;王充:《从理论向实践的回归——论我国犯罪构成中构成要件的排列顺序》,载《法制与社会发展》2003 年第 3 期;周光权:《犯罪构成理论:关系混淆及其克服》,载《政法论坛》2003 年第 6 期;冯军:《犯罪化的思考》,载《法学研究》2008 年第 3 期;张明楷:《司法上的犯罪化与非犯罪化》,载《法学家》2008 年第 4 期;冯亚东:《中德(日)犯罪成立体系比较分析》,载《法学家》2009 年第 2 期;陈兴良:《犯罪论体系的位阶性研究》,载《法学研究》2010 年第 4 期。

细目录

Ⅰ　主旨
Ⅱ　沿革
Ⅲ　犯罪化与非犯罪化的理念
Ⅳ　犯罪论体系综览
　一、四要件犯罪论体系
　二、阶层式犯罪论体系
　三、对抗式犯罪论体系

Ⅰ　主旨

1　犯罪与刑罚是刑法的两大主题,因此,犯罪的一般成立条件必然是刑法总则的核心内容。本章的内容丰富而全面,涵盖了犯罪认定中的方方面面,具体包括犯罪的一般概念、故意犯罪、过失犯罪、不可抗力与意外事件、年龄等影响刑事责任的各种要素、正当防卫、紧急避险、故意犯罪的未完成形态、共同犯罪、单位犯罪等内容。

Ⅱ　沿革

在 1979 年《刑法》中,第二章“犯罪”对犯罪成立的一般条件作了相当完备的规定,共包括三节:第一节是“犯罪和刑事责任”,规定了犯罪的概念、故意犯罪、过失犯罪、不可抗力和意外事件、刑事责任年龄、精神障碍和醉酒、生理功能丧失、正当防卫和紧急避险;第二节是“犯罪的预备、未遂和中止”,规定了故意犯罪的未完成形态及其处罚原则;第三节是“共同犯罪”,规定了共同犯罪的概念、主犯、从犯、胁从犯和教唆犯及其处罚原则。 2

随着社会的发展和我国刑法研究水平的提高,1997 年《刑法》对第二章进行了全面的修改完善,主要表现在:①关于已满 14 周岁未满 16 周岁的人负刑事责任的具体范围,明确排除了过失行为,并且删除了“其他严重破坏社会秩序罪”的口袋式规定和“惯窃罪”,增加了“强奸、贩卖毒品、爆炸、投毒”四种犯罪行为;②确立了老年人犯罪从宽处罚的原则;③增加了对精神病人强制医疗的规定,增设了关于限制刑事责任能力精神障碍者的刑事责任的规定;④在正当防卫方面,扩大了正当防卫保护对象的范围,放宽了防卫限度条件,增设了特殊防卫的规定;⑤对中止犯的处罚原则作了具体区分,使之更加符合罪责刑相适应原则;⑥增加了犯罪集团的概念,删去了“主犯……应当从重处罚”的规定,删除了从犯处罚原则中“比照主犯”的内容,删除了胁从犯规定中“被诱骗”的内容;⑦随着改革开放的深入,法人组织日益增多,为了应对法人犯罪的新现象,增加了“单位犯罪”的规定,肯定了单位可以成为犯罪主体。 3

Ⅲ　犯罪化与非犯罪化的理念

“犯罪化与非犯罪化”这组相对立的理念存在于立法和司法两个层面。在立法层面,犯罪化是指立法机关增设新的罪名;而非犯罪化则是指立法机关废除某些罪名。在司法层面,犯罪化是指在适用刑法时将过去不作为犯罪处理的行为当作犯罪对待;而非犯罪化则是指在适用刑法时将过去作为犯罪处理的行为不再当作犯罪来对待。 4

20 世纪五六十年代,受当时司法改革浪潮和个人主义以及法益保护思想的影响,欧美国家普遍兴起非犯罪化思潮。[1] 就西方国家进行非犯罪化的实践而言,非犯罪化主要涉及两类行为:一类是所谓妨害风化行为,即成年人之间的同性恋行为、通 5

1　参见〔德〕汉斯·海尔里希·耶施克:《世界性刑法改革运动概要》,何天贵译,载《法学译丛》1981 年第 1 期。

奸行为、卖淫行为、兽奸行为、赌博行为等;另一类是所谓违反管理行为,即谎报姓名、不监管所饲养的危险动物、四处流浪、违法插队、乱丢污物等。

6 由于历史原因,20 世纪 80 年代以后,非犯罪化思潮的余波才开始在我国荡漾,并迅速成为刑事法学界的热门议题,甚至影响了 1997 年《刑法》的修订。[2] 例如,为适应市场经济的要求,在 1997 年刑法中废除了关于投机倒把罪的规定。但是,在非犯罪化问题上,我国的立法和司法存在相当严重的偏差。一方面,我国对本来应该予以非犯罪化的行为进行了实质上的犯罪化。例如,对卖淫、赌博等典型的"无被害人的犯罪"进行了相当严厉的惩罚。另一方面,我国对本来应该予以犯罪化的行为进行了实质上的非犯罪化。首先,在立法上没有把相当多的应该或者需要用刑罚加以惩罚的行为规定为犯罪。例如,各国刑法几乎都规定了一般的恐吓罪,我国刑法虽然在抢劫罪、强奸罪、敲诈勒索罪等罪中规定了胁迫行为,但是,没有规定一般的恐吓罪。其次,刑事实务通过对刑法规定进行限缩性司法解释,使相当多应该根据刑法加以惩罚的犯罪行为未能受到惩处。例如,最高人民法院在《关于审理交通肇事刑事案件具体应用法律若干问题的解释》中对《刑法》第 133 条的规定进行了限缩解释,导致违规驾驶致两人重伤、一人轻伤的行为不构成犯罪。最后,刑法理论通过对刑法规定进行限缩性学理解释,给不惩罚某些犯罪行为提供了理论依据。例如,刑法理论一般把"数额较大"解释为盗窃罪的成立要件,而不解释为盗窃罪的既遂要件,又由于在我国很多地区都以 1000 元作为盗窃罪中数额较大的起点,导致一个盗窃了 999 元的行为一般既不能作为盗窃罪的既遂也不能作为盗窃罪的未遂而被追究刑事责任。笔者认为,非犯罪化必须坚持一项原则,即只能将那些不应该或者无须用刑罚加以惩罚的行为予以非犯罪化,如果某种行为应该或者需要用刑罚加以惩罚,那么,就绝不应该将其非犯罪化。

7 自 20 世纪末以来,不少国家出现了新的刑事立法动向:为了应对犯罪的国际化、有组织化和社会风险日益增多等问题,采取了犯罪化、处罚早期化、严罚化等措施。[3] 2006 年《刑法修正案(六)》出台后,我国刑事立法也顺应了犯罪化的潮流,增设了许多新罪名。笔者认为,我国刑事立法思路由非犯罪化转变为犯罪化是正确的,既有利于保护法益,也有利于保障人权。但是,仍有以下四点需要注意:

8 第一,我国进行犯罪化的主要方式,不是规定许多重刑,而是规定相当数量的轻罪。选择犯罪化的目的,是通过严密的法网来强化人们的规范意识,而不是用严厉的刑罚来处罚轻罪。应该根据轻罪的具体状况,规定各种能够有效预防轻罪的刑罚。《刑法修正案(九)》增设"从业禁止"规定的做法,便值得肯定。在未来的刑法中,还

---

2 《中国法学》曾专门摘引文章指出,参见《修改刑法要研究"非犯罪化"思潮》,载《中国法学》1992 年第 6 期。

3 参见黎宏:《日本近年来的刑事实体立法动向及其评价》,载《中国刑事法杂志》2006 年第 6 期;冯军:《和谐社会与刑事立法》,载《南昌大学学报(人文社会科学版)》2007 年第 2 期。

可以考虑增设善行保证、禁止驾驶、禁止使用、禁止进入、公益劳动、社区服务、周末拘禁等适合于轻罪的刑罚。在行为人不遵守法院关于从业禁止、禁止驾驶、禁止使用、禁止进入、公益劳动、社区服务、周末拘禁的规定时,可以根据《刑法》第 313 条的规定,以拒不执行判决、裁定罪惩罚行为人。

第二,谨慎适用刑事和解制度。虽然刑事和解制度具有促进加害人与被害方的相互理解、降低诉讼成本等积极意义,但是,也可能导致处遇不公和权力滥用等消极后果。[4] 笔者认为,不能仅仅因为行为人赔偿了被害人的损失,就进行刑事和解。不是因为赔偿了被害人的损失,恢复或者弥补了法益,就必须进行刑事和解,而是只有赔偿行为表明行为人变得忠诚于法规范,责任减轻了,才能进行刑事和解。否则,"被杀人者,反为妻子亲戚乞钱之资,甚可痛也"[5]。 9

第三,要充分考虑国际范围内的犯罪化实践。在选择犯罪化时,除考虑某种行为是否危害了社会和他人,是否存在道德、民法、行政法和程序法以及刑法本身的限制之外,还需要考虑国际范围内的犯罪化实践。有学者建议,我国刑法中应该规定灭绝种族罪、种族隔离罪、种族歧视罪、战争罪、侵略罪、反人道罪、酷刑罪、非法获取和使用核材料罪、奴隶制及与奴隶制相关的犯罪、劫持人质罪、侵害应受国际保护人员罪。[6] 也有学者主张,我国应增设背任罪,强制罪,业务上过失致死伤罪,制作虚假公文、证件罪,同时可以删除被这些传统犯罪涵摄的具体犯罪;还应当增设旧中国刑法与国外刑法典几乎普遍规定了的传统犯罪,如暴行罪、胁迫罪、泄露他人秘密罪、侵夺不动产罪、公然猥亵罪、非法发行彩票罪、伪造私文书罪、使用伪造变造的文书罪、盗掘坟墓罪等。[7] 这些都是值得立法者倾听的意见。 10

第四,司法实务和刑法理论要改变一味地限缩犯罪成立范围的倾向。特别是在涉及交通等公共安全、食品和药品安全以及打击恐怖活动的领域,要对刑法的有关规定进行扩张解释。例如,虽然"丢失"一词的通常含义是"遗失",但是不能把《刑法》第 129 条"丢失枪支不报罪"中的"丢失"仅理解为"遗失",而应当将其扩大解释为"失去",进而涵盖枪支被抢、被盗的情况。一方面,"丢失"的字面含义中包括"失去",例如,老舍在《四世同堂》中写道:"北平若不幸丢失了,我想我就不必再活下去!"[8] 在这句话中,"北平被日本人抢去了"也是"中国人把北平丢失了";再如,冰心在《关于女人 · 张嫂》中写道:"我出去从不锁门,却不曾丢失过任何物件,如银钱、衣 11

4　参见陈庆安、王剑波:《刑事和解制度的优劣势再解读》,载《河南社会科学》2008 年第 1 期。

5　(清)沈家本:《历代刑法考(二)》,中华书局 1985 年版,第 1028 页。

6　参见卢建平:《国际人权公约视角下的中国刑法改革建议》,载《华东政法学院学报》2006 年第 5 期。

7　参见张明楷:《刑事立法的发展方向》,载《中国法学》2006 年第 4 期。

8　老舍:《四世同堂》,北京出版社 2005 年版,第 25 页。

服、书籍等等。”[9] 在这句话中,“银钱、衣服、书籍等等被盗走了”也是“银钱、衣服、书籍等等丢失了”。另一方面,“枪支被抢”和“枪支被盗”虽然不具有“不小心”这种“遗失”的心理内容,却具有“失去控制”这种“遗失”的客观状态。“枪支被抢”“枪支被盗”与“遗失枪支”只是在失去枪支的原因上稍有差别,而这种差别并不具有刑法上的意义。枪支被抢或者被盗后不报告,造成严重后果的,会产生恶劣影响,具有社会危害性,应当予以处罚。

Ⅳ 犯罪论体系综览

12 犯罪论体系是刑法科学的核心。一个科学的犯罪论体系应当具备以下特征:第一,内容的全面性,即不能遗漏应当考察的、属于犯罪成立条件的内容;第二,思维的经济性,即尽可能让思维过程简便、清晰和高效,不出现思维上的循环反复;第三,结论的妥当性,即在运用某一犯罪论体系考察犯罪时,不能得出错误的结论;第四,体系的逻辑性,即体系内部不能出现自相矛盾的情况。

13 纵观世界,目前存在三大主要的犯罪论体系:一是以苏联和我国通说为代表的四要件犯罪论体系;二是以德国、日本为代表的阶层式犯罪论体系;三是以英国、美国为代表的对抗式犯罪论体系。

14 笔者认为,在我国刑法的适用过程中,针对犯罪论体系的选择问题,应当注意以下三点:第一,不能认为在我国只能采用四要件犯罪论体系。在制定刑法时,我国学习的主要是苏联的犯罪理论,所以,不可否认苏联的犯罪理论的确对我国的刑法产生了重大影响,但是,不能仅凭此就认为在我国只能采用四要件犯罪论体系,因为先进的犯罪论体系具有强大的兼容性,它完全具备兼容各种立法规定的能力。第二,法官在判案时,可以采用多种犯罪论体系对结论进行检验,但只宜采用一种犯罪论体系书写判决书。犯罪论体系只是认定犯罪成立的方法,没有法律规定只能采用四要件犯罪论体系进行思考。但是,在书写判决书时,为了避免混乱,只宜采用一种犯罪论体系。第三,不能混用不同犯罪论体系的术语,要分辨术语的不同内涵。例如,在四要件犯罪论体系中,“刑事责任”,是指刑事法律规定的,因实施犯罪行为而产生的,由司法机关强制犯罪者承受的刑事惩罚或单纯否定性法律评价的负担。[10] 这是在犯罪的法律后果的意义上使用“责任”这一概念,此时,“责任”概念独立于“犯罪”概念之外。然而,在阶层式犯罪论体系中,“责任”是“犯罪”的成立要件之一,是犯罪论体系内部的概念,只有具有“责任”的不法行为才能成立犯罪,不具有责任的行为不成立犯罪。

---

9 冰心:《关于女人 · 张嫂》,宁夏人民出版社 1999 年版,第 91 页。

10 参见高铭暄、马克昌主编:《刑法学》(第 7 版),北京大学出版社、高等教育出版社 2016 年版,第 201 页。

一、四要件犯罪论体系

15 四要件犯罪论体系是由犯罪客体、犯罪客观方面、犯罪主体和犯罪主观方面构成的。正如陈兴良教授所言："犯罪成立要件之间是否具有位阶性是三阶层与四要件之间的根本区别之所在。"[11]换言之，四要件犯罪论体系是一个平面结构，四个要件之间并不具有递进式的位阶关系，在检验犯罪时，可以随意地从任何一个要件开始检验。

16 目前，我国有些学者对四个犯罪构成要件的排列顺序提出了新的构想。例如，有的认为，要按照"犯罪主体、犯罪主观方面、犯罪客观方面、犯罪客体"的顺序进行犯罪检验[12]；有的认为，要按照"犯罪主体、犯罪客体、犯罪主观方面、犯罪客观方面"的顺序进行犯罪检验[13]；有的认为，要按照"犯罪客观方面、犯罪客体、犯罪主观方面、犯罪主体"的顺序进行犯罪检验[14]；诸如此类。笔者认为，仅仅在各个犯罪构成要件的排列顺序上改造四要件犯罪论体系，是不能完全令人满意的。应当吸收阶层式犯罪论体系的优点，揭示构造犯罪论体系的内在原理，为具体犯罪构成要件的选择和判断提供指引。

二、阶层式犯罪论体系

17 阶层式犯罪论体系的核心特征在于区分了"不法"与"责任"，按照从"不法"到"责任"的逻辑顺序进行犯罪的严格检验。在阶层式犯罪论体系内部，存在如下方案[15]：

18 (1)古典犯罪论体系。其代表人物贝林和李斯特以自然主义哲学为思想基础，创立了以构成要件符合性、违法性和有责性为内容的古典犯罪论体系。自然主义哲学认为，一切存在的现象，都可以用自然因果定律来解释。行为是一种现象，而构成要件符合性则是检验行为的因果定律，因此构成要件符合性必然是纯客观且价值中立的。据此，在构成要件符合性阶层，该体系只考察行为、因果关系和结果；在违法性阶层，该体系认为违法性是形式的违法性，只承认法律规定的违法阻却事由；在责任阶层，该体系考察故意、过失和责任能力。

---

11 陈兴良：《犯罪论体系的位阶性研究》，载《法学研究》2010年第4期。

12 参见赵秉志、吴振兴主编：《刑法学通论》，高等教育出版社1993年版，第84页以下。

13 参见何秉松：《犯罪构成系统论》，中国法制出版社1995年版，第112页以下。

14 参见王充：《从理论向实践的回归——论我国犯罪构成中构成要件的排列顺序》，载《法制与社会发展》2003年第3期。

15 相关方案的具体介绍，参见〔德〕克劳斯·罗克辛：《德国刑法学 总论》(第1卷)，王世洲译，法律出版社2005年版，第121—126页；〔德〕汉斯·海因里希·耶赛克、托马斯·魏根特：《德国刑法教科书》，许久生译，中国法制出版社2017年版，第276—298页；许玉秀：《当代刑法思潮》，中国民主法制出版社2005年版，第63—100页；蔡桂生：《构成要件论》，中国人民大学出版社2015年版，第79—171页。

19 (2)新古典犯罪论体系。其代表人物麦茨格以新康德主义哲学为思想基础,创立了以规范性和评价性为基本特征的新古典犯罪论体系。新康德主义哲学认为,客观世界不具有任何意义,是人的理性为客观世界赋予了意义。人的认识活动是一种概念创设活动,犯罪论体系就是概念创设的产物,因此犯罪论体系的每一个阶层都不是价值中立的。据此,在新古典犯罪论体系中,承认了规范的构成要件要素,提倡实质违法观和规范责任论。相比古典犯罪论体系,该体系在构成要件符合性阶层增加考察主观超过要素;在违法性阶层,承认了超法规的违法阻却事由;在责任阶层,提出了期待可能性理论。

20 (3)目的论的犯罪论体系。其代表人物韦尔策尔以存在主义哲学为其思想基础,从行为的目的构造出发,创立了所谓符合物本逻辑的目的论的犯罪论体系。存在主义哲学认为,客观世界其实已经内含了秩序和意义,概念创设不是赋予意义,而是发现客观世界的内在意义。据此,违法性是指行为违反了法律背后的、客观实在中的价值秩序,由此,社会相当性理论应运而生。由于韦尔策尔认为目的是行为的本质要素,所以,他将故意和过失由责任阶层移入构成要件符合性阶层,并且使不法意识从故意中分离出去,将其归入责任阶层之中。这样,在责任阶层,就要考察责任能力、期待可能性和不法意识。

21 (4)新古典与目的论结合的犯罪论体系。其代表人物加拉斯和耶赛克兼取了新古典体系与目的论体系的成果,将故意分为构成要件故意和责任故意,认为构成要件故意是一种事实性故意,体现的是行为人对行为的目的性操控,而责任故意则是价值性故意,体现的是行为人对行为规范的法敌对意思和法冷漠意思。该体系在解决容许的构成要件错误方面,提供了比较妥当的方案。

22 (5)机能主义的犯罪论体系。其代表人物罗克辛和雅科布斯以新康德主义哲学为思想基础,从刑法的任务和目的出发,创立了目的理性的机能主义的犯罪论体系。在该体系中,成立犯罪的每个阶层都受到刑法目的的指导和制约,主要体现在:第一,在不法中,由客观归属代替因果关系,充分考虑规范的保护目的;第二,在责任中,充分考虑刑法的功能是否已经实现(在不需要刑罚便可稳定规范效力时,就不具有责任)。

23 (6)两阶层犯罪论体系。上述五种犯罪论体系均为三阶层的犯罪论体系。两阶层犯罪论体系是指采纳了消极的构成要件标志理论的阶层式犯罪论体系。在该体系中,犯罪成立要件被分为“整体不法构成要件”和“责任”。在“整体不法构成要件”中,包括了积极的构成要件(即构成要件符合性阶层的内容)和消极的构成要件(即正当化事由)。消极的构成要件标志理论将类型化的构成要件与非类型化的正当化事由相提并论,导致构成要件符合性判断的不明确化。因而,德国多数学者都没有采取这种犯罪论体系。

三、对抗式犯罪论体系

24 以英国、美国为代表的对抗式犯罪论体系,从形式上看,是建立在“检察官和辩护方相对抗”的刑事诉讼模式之上的，从实质上看，则是建立在入罪事由和出罪事由的区分之上的。在该体系中，犯罪成立要件被具体分为犯罪本体要件和辩护事由。

25 犯罪本体要件具体包括非法行为、主观过错、非法行为与主观过错同时存在（同时原则）、行为与结果的因果关系。任何既遂的犯罪必须同时满足犯罪本体要件中的四个具体要件，并且检察官负有举证义务证明犯罪本体要件的存在已达到排除合理怀疑的程度。辩护律师不需要证明犯罪本体要件的不存在，只需要使法庭相信检察官的证据未达到排除合理怀疑即可。[16]

26 辩护事由则是由辩护律师负责提出并证明的。即便检察官已经证明了犯罪本体要件的成立，律师也可以通过对辩护事由的证明来排除刑事责任。辩护事由主要分为三大类：一是证明行为人欠缺刑事责任能力，例如，行为人具有精神病、意识不清或者未达到责任年龄；二是证明行为人具有正当化事由，例如，自我防卫；三是证明行为人的行为应予饶恕，例如，被强迫犯罪。只要辩护事由成立，法院便会宣告行为人无罪。[17]

---

16 参见储槐植：《美国刑法》（第 2 版），北京大学出版社 1996 年版，第 47—87 页；马跃：《美国刑事司法制度》，中国政法大学出版社 2004 年版，第 91—120 页。

17 参见储槐植：《美国刑法》（第 2 版），北京大学出版社 1996 年版，第 88—134 页；马跃：《美国刑事司法制度》，中国政法大学出版社 2004 年版，第 120—142 页。

第一节　犯罪和刑事责任

前　注

文献:高铭暄、王作富主编:《刑法总论》,中国人民大学出版社 1990 年版;张明楷:《刑事责任论》,中国政法大学出版社 1992 年版;〔德〕格吕恩特·雅科布斯:《行为 责任 刑法——机能性描述》,冯军译,中国政法大学出版社 1997 年版;冯军主编:《比较刑法研究》,中国人民大学出版社 2007 年版;〔英〕维克托·塔德洛斯:《刑事责任论》,谭淦译,冯军审校,中国人民大学出版社 2009 年版;高铭暄:《中华人民共和国刑法的孕育诞生和发展完善》,北京大学出版社 2012 年版;高铭暄、马克昌主编:《刑法学》(第 7 版),北京大学出版社、高等教育出版社 2016 年版;冯军:《刑事责任论》(修订版),社会科学文献出版社 2017 年版。〔德〕根特·雅科布斯:《罪责原则》,许玉秀译,载《刑事法杂志》1996 年第 2 期;梁根林:《责任主义原则及其例外——立足于客观处罚条件的考察》,载《清华法学》2009 年第 2 期;张明楷:《责任主义与量刑原理——以点的理论为中心》,载《法学研究》2010 年第 5 期;冯军:《刑法中的责任原则兼与张明楷教授商榷》,载《中外法学》2012 年第 1 期;陈兴良:《刑法中的责任:以非难可能性为中心的考察》,载《比较法研究》2018 年第 3 期;王钰:《功能刑法与责任原则——围绕雅科布斯和罗克辛理论的展开》,载《中外法学》2019 年第 4 期。

细目录

Ⅰ　主旨
Ⅱ　沿革
Ⅲ　责任观念的演变
　一、结果责任论
　二、心理责任论
　三、规范责任论
　四、功能责任论
Ⅳ　责任与预防的关系
Ⅴ　责任原则的贯彻
　一、刑事立法
　二、刑事司法
　三、刑法理论

I 主旨

本节主要是关于犯罪概念和作为犯罪成立条件的刑事责任的规定。责任问题是刑法的根本问题,也是刑法学的核心问题。立法者在《刑法》第二章首节的位置集中规定了刑事责任的相关内容,突出了人的自由和主体性,既表达了人类文明和中华智慧,也显示了实践理性和法治信心。我国刑法教义学和刑事司法实务,都应当坚定地贯彻责任原则。 1

II 沿革

从1979年《刑法》到现行的1997年《刑法》,本节的基本结构和大体内容并未改变,两部刑法均规定了犯罪的概念、故意犯罪、过失犯罪、不可抗力和意外事件、刑事责任年龄、精神障碍和醉酒、生理功能丧失、正当防卫、紧急避险等内容。其中,有的条文完全未改动,例如,关于故意犯罪、过失犯罪和生理功能丧失的规定。有的条文存在表述上的改动,用语更加准确规范,例如,关于犯罪的概念、不可抗力和意外事件的规定。剩下的其他条文均有比较大的变动,主要体现在:①关于已满14周岁未满16周岁的人负刑事责任的具体范围问题,1997年《刑法》明确排除了过失行为,并且删除了“其他严重破坏社会秩序罪”的口袋式规定和“惯窃罪”,增加了“强奸、贩卖毒品、爆炸、投毒”等四种犯罪行为;②增加了“第十七条之一”关于老年人刑事责任的规定,体现了中国特色社会主义刑法的文明,是对我国传统文化中“矜老恤幼”仁政思想的传承和对人道主义的弘扬,对宽严相济刑事政策的贯彻;③增加了对精神病人强制医疗的规定,增设了限制精神障碍者的刑事责任的规定;④在正当防卫的规定中,扩大了正当防卫保护对象的范围,放宽了防卫限度条件,增设了特殊防卫的规定;⑤在紧急避险的规定中,扩大了紧急避险保护权益的范围,进一步强调了对避险过当的处罚要贯彻必减主义。 2

III 责任观念的演变

根据三阶层的犯罪理论,犯罪的成立必须具备构成要件符合性、违法性和责任。如果某一行为仅仅具备构成要件符合性和违法性,而不具备责任,那么,该行为就不成立犯罪,对实施了该行为的人就只能进行保安处分;唯有某一行为不仅具备构成要件符合性和违法性,而且具备责任,该行为才成立犯罪,才能对实施了该行为的人科处刑罚。刑罚本身是对犯罪人的财产权、自由权甚至生命权等权利的限制或者剥夺,但是,国家的刑罚不同于私刑,刑罚表达的是对犯罪的否定、对犯罪人的谴责。对犯罪人的谴责,必须以犯罪人对其犯罪行为负有责任为根据。只有能够把行为人实施的符合构成要件的违法性的行为作为应受谴责的对象而归属于行为人,才能说行为人具有责任,才能够用刑罚处罚行为人。如果行为人处在某种无法克服的灾难之 3

中,不得已实施了符合构成要件的违法行为,还要处罚他,那么,就违反了责任原则。没有责任就没有犯罪,没有责任就没有刑罚,认定犯罪和判处刑罚都应当以行为人的行为中所体现的可谴责性的有无及其程度为根据,这是责任原则在刑法学中的基本含义。“责任刑法的基本原则在今天得到普遍承认。”[1]德国联邦法院在 1952 年 3 月 18 日的判决中指出:“刑罚以责任为前提。责任是可谴责性。通过责任的无价值判断,就是在谴责行为人,谴责他没有按照法律去行动,谴责他决定赞成不法,尽管他本来能够按照法律去行动,尽管他本来能够作出赞成法的决定。”[2]德国联邦宪法法院还把责任原则视为宪法原理,其在 1966 年 10 月 25 日的判决中指出:“对刑法上的不法行为的刑罚以及其他不法行为的类似刑罚的制裁等一切刑罚均以存在责任为前提的原则,具有宪法的价值。”[3]现代德日刑法中责任理论的建立,是以责任原则为基础的。

4 但是,并非每一种社会状态中都存在责任原则。人类关于责任的观念,是随着人类自身的成长而变化的。“我们今天听起来觉得是理所当然的话语,罪责是犯罪的概念特征,无罪责即无刑罚,是一个很长的且目前仍然没有结束的发展的结果。犯罪概念只是慢慢地吸收罪责特征于自身;罪责学说的发展是衡量刑法进步的晴雨表。”[4]不考虑这种发展的细节,作为总的趋势,可以看出责任观念经历了先从结果责任论到心理责任论,后从心理责任论到规范责任论,再从规范责任论到功能责任论的变化过程。

一、结果责任论

5 结果责任论是最早的一种责任观念,它重视行为所造成的危害结果,不问行为人主观上的认识和意愿如何,更不问行为人在主观上是否值得谴责,都要追究行为人的刑事责任。例如,一个人把剑挂在墙上,另一个人把它碰了下来,因而造成伤害,则挂剑人应对伤害负责,因为这是他的行为结果的一部分。在 17 世纪以前的法律中,广泛地存在着不要求主观过错的“绝对责任”[5]。“犯人的责任是经历过种种变化的。在最初,既不分别行为的结果和偶然现象,也不问犯人对于犯罪事实有无认识,只知

---

1 Arthur Kaufmann, Das Schuldprinzip, Eine strafrechtlich—rechtsphilosophische Untersuchung, S. 15.

2 BGHSt 2, 194. 原文为:Strafe setzt Schuld voraus. Schuld ist Vorwerfbarkeit. Mit dem Unwerturteil der Schuld wird dem Täter vorgeworfen, daß er sich nicht rechtmäßig verhalten, daß er sich für das Unrecht entschieden hat, obwohl er sich rechtmäßig verhalten, sich für das Recht hätte entscheiden können。

3 转引自张明楷:《外国刑法纲要》(第 2 版),清华大学出版社 2007 年版,第 37 页。

4 〔德〕弗兰茨·冯·李斯特:《德国刑法教科书》,徐久生译,法律出版社 2000 年版,第 266 页。徐久生先生在书中将德文“Schuld”一词译为“罪责”,笔者遵循惯例,译为“责任”。

5 参见储槐植:《美国刑法》(第 2 版),北京大学出版社 1996 年版,第 82 页。

按行为及行为后继起的现象来衡量犯人的责任。并且不论精神正常与否和年龄大小。因而形成了所谓结果责任时代。”[6]

结果责任还有两种变化形式,一种是团体责任,是指只要行为人属于某一团体,该团体中的其他成员都要因为行为人实施的犯罪行为而承担刑事责任。李悝制定的《法经》就规定:“越城者,一人则诛;自十人以上则夷其乡及族。”这种连坐、缘坐制度,就是团体责任观念的产物。另一种是物体责任,即让动物、植物、自然现象和尸体等也承担刑事责任。例如,在古希伯来,撞死了人的牛要被用石头打死,并不得食其肉;在古代日本,有位帝王去法胜寺,被大雨所阻,于是大怒,下令“囚雨”,命令以器皿盛雨下狱;西欧封建社会初期的日耳曼法律规定,犯罪人已经死亡的,可以将其尸体抬到法庭起诉、审判并处以刑罚;直到清朝初年,还将景山上据说是明朝崇祯皇帝在其上自缢身亡的那棵老槐树定为“罪槐”,并加上镣铐,尽管崇祯皇帝魂在何方至今还是“悲啼不知处”。 6

虽然我国封建社会的法律也有关于故意与过失的规定,但是,它强调的是区分故意与过失,要对故意与过失进行轻重不同的处罚,而不是把故意与过失作为责任的不可缺少的要素,刑罚并不以故意或者过失为必要条件。例如,《唐律疏议·斗讼》规定:“诸过失杀伤人者,各依其状,以赎论。”注云:“谓耳目所不及,思虑所不到;共举重物,力所不制;若乘高履危足跌及因击禽兽,以致杀伤之属,皆是。”“显然,这里对过失的解释,只是指犯罪人在主观上没有给他人造成损害的目的或意图,但实际上包括了意外事件。所以,事实上仍然存在着客观归罪的现象,刑事责任仍然是一种客观责任。”[7] 7

结果责任并不意味着某一结果总要有一个人负责,也不意味着某一结果与对该结果负责的人没有任何关联,它仅仅意味着即使某人不是某一结果的创造者和实现者,也要把该结果归属于他,让他承担对该结果的责任,通过这种方式,使被该结果所扰乱的社会秩序恢复平静,尽管这种被恢复的社会秩序可能是对现代文明的嘲弄。《名公书判清明集(下)》中记载了明代的一个判决:儿子状告父亲强奸自己的妻子,法官不去查明强奸犯罪是否发生,就判决打儿子一百杖、儿媳六十杖,采取这种方式来解决父亲与儿子和儿媳之间所产生的冲突,理由是:“父有不慈,子不可以不孝。黄十为黄乙之子,纵使果有新台之事,在黄十亦只当为父隐恶,遣逐其妻足矣,岂可播扬于外,况事属暧昧乎!”[8]在这一事例中,具体案情的真实性已经不重要,重要的仅仅是宋朝人认为儿子竟然状告老子是不可饶恕的“乱伦”。 8

结果责任论的产生和存续具有种种原因,但是,一个重要的原因是人类还处于愚 9

---

6 蔡枢衡:《中国刑法史》,广西人民出版社 1983 年版,第 186 页。

7 张明楷:《刑事责任论》,中国政法大学出版社 1992 年版,第 9 页。

8 中国社会科学院历史研究所宋辽金元史研究室点校:《名公书判清明集》(下),中华书局 1987 年版,第 388 页。

昧时期,人类因为自己的无知,而把人当作物来对待。由于人类还没有认识到自身的力量,就习惯于依靠"魔法"维持秩序。在发生了危害结果时,人们不能自己查明危害结果的原因,只好进行神明裁判。在《汉谟拉比法典》中规定:如果有人对丈夫告发其妻子失节,那么,妻子就应该跳进河中接受河水的考验,以是否被河水淹死来证明妻子有罪或者无罪。[9] 直到18世纪中叶,随着"魔法"统治的结束,才逐渐消除结果责任论。

二、心理责任论

10 在结果责任论衰落之后,产生的是心理责任论。心理责任论认为,不应在行为人的行为与危害结果之间仅仅存在因果关系这种客观联系时就追究行为人的刑事责任,只有在行为人与危害结果之间进而存在主观的心理联系时,才应追究行为人的刑事责任。在"结果责任"已经终结的时代,国家不能仅仅因为产生了某种损害结果就对造成该损害结果的人动用刑罚,只有造成该损害结果的人对该损害结果的发生存在主观上可谴责的理由时,国家才能对该人动用刑罚。正如哈特已经指出的:"刑事责任旨在保证那些无过失、非故意或处于缺乏服从法律的身体或精神能力状态而犯罪的人们免受惩罚。一个法律制度,至少在伴随严厉惩罚的重大犯罪的情况下,如果不这样做,将面临严肃的道德谴责。"[10]

11 将刑事责任与行为人的主观心理相联系这一观念的产生,具有多方面的原因。

12 一个重要的原因是,在刑法中早就存在这一观念,它是古老刑法文化的遗产。在结果责任论盛行时期,虽然故意和过失并非科处刑罚时必须考虑的因素,但是,往往也是需要考虑的因素。在欧洲,这一观念可以追溯到罗马人的《十二铜表法》。古代罗马人用"dolus"这个表示"恶意"的概念来说明责任问题,把客观事实与行为人主观心理的联系作为科处刑罚的前提,从而产生了"故意"概念。16世纪的意大利法学家从罗马法中继受了"故意"的概念,并且把故意作为成立所有严重犯罪的前提条件。同时,意大利法学家还一般地采用了"过失"(culpa)概念,将"过失"与"故意"并列,作为科处刑罚的前提。

13 另一个更为重要的原因是,工业革命后自然科学的发达所带来的祛魅化。18世纪中叶的工业革命是与自然科学的发达紧密相连的,自然科学所开展的实际上是一场祛魅化运动,它证明原则上并不存在什么神秘的、无法估量的魔力,所有的事物都是由因果规律决定的,是人类能够认识和控制的。自然科学的祛魅化也促进了人的解放。在自然科学的蓬勃发展中,启蒙思想家认识到了人的力量,认识到人不是物,而是有能力创造物的主体性存在。由此,就产生了人的自由、人的尊严以及人的责任。早期的启蒙思想家为了克服封建刑法的残酷性,已经从人道主义出发,开始从

---

9 参见何勤华、夏菲主编:《西方刑法史》,北京大学出版社2006年版,第42页。

10 〔英〕哈特:《法律的概念》,张文显译,中国大百科全书出版社1996年版,第175页。

主观和客观两个方面来解释犯罪现象。

但是,心理责任论的产生受到了实证主义哲学的直接影响。在19世纪末,实证主义哲学统治着科学思考,它排除了所有超验的思辨,主张科学思考要从“实证的东西”出发,也就是说,科学研究和科学描述要以存在、事实、肯定的东西和无可怀疑的东西为对象,形而上学的超经验的抽象推论在理论上是不可能的、在实践上是无益的。当一个需要回答的问题不能由经验来检验的时候,它就是一个“虚假问题”。简言之,实证主义哲学主张一切科学思考都要让事实来说话。虽然“事实”这一实证主义哲学的基本概念在实证主义者那里是有争议的和多义的[11],但是,实证主义者一致认为,哲学必须以自然科学的世界观和方法论为基础。 14

在实证主义哲学的影响下,李斯特等人对刑法中的责任问题进行了自然主义的考察。在李斯特、贝林等人倡导的古典犯罪论体系中,区分了犯罪的外部方面(不法)和内部方面(责任):内部方面的各种心理因素就是责任,而根据当时的理解,这些心理因素仅仅是故意和过失。之所以认为责任就是故意和过失,是因为故意和过失虽然是主观的,但是它们同时也是心理事实,是能够科学地查明的。正像李斯特在他1881年出版的《德国刑法教科书》的序言中所强调的,他试图用各种精确的概念构造一个封闭的体系,并用这个体系为法治国家服务。因此,他努力从责任概念中去除各种不精确的评价,使责任与故意和过失这些可以得到肯定判定的因素相联系。 15

心理责任论在刑法史上具有不可低估的意义,它使人只对与自己的主观相联系的东西负责,从而为现代意义上的责任原则奠定了基础。正是因为把刑罚与人的心理相联系,使人不再对纯客观的行为后果负责,从而克服了人的物化,在刑罚中体现了人的尊严。 16

但是,心理责任论存在缺陷,它并未对刑法中的责任问题进行完整的解决。它在方法论上的错误,就是过于重视事实本身,而忽视了对事实的评价。心理责任论并未提出解决责任问题的实质标准,因此,它不能说明为什么要从主观内容中选择出故意和过失作为责任要素,为什么不仅仅把故意作为责任要素呢?它也不能说明为什么存在故意和过失就一定存在责任,事实上,根据今天的责任理论,即使存在故意和过失,行为人也可能没有责任。例如,在免责的紧急避险中,即使行为人认识到自己的行为会造成他人的损害,也因为行为人没有责任而不应对他科处刑罚。 17

---

11 “事实”一词,在德语中是“Tatsache”,它来源于拉丁语的“factum”,是“被制造出的东西、所发生的东西”,是现实的存在,不是“被想象的东西、所表达的东西”,不是观念的存在。“事实”是一种客体、是主体的经验总是能够感知的对象。“事实”也意味着由行为所制造的状况,刑法学中的“Tatbestand”就是由行为所制造的状况,因此,被自然主义刑法学视为一种描述性事实。

三、规范责任论

18 克服心理责任论的缺陷的是规范责任论。规范责任论认为,刑法中的责任是行为人在实施不法上存在的谴责可能性。在行为人能够根据法律的要求实施合法行为,行为人却实施了违法行为时,就可以谴责行为人,行为人就有责任。抽象地说,在行为人具有实施其他行为的可能性时,行为人却实施违法行为的,行为人就应受谴责,就有责任。规范责任论强调的是对责任对象的评价。

19 新康德主义是规范责任论产生的哲学基础。在 19 世纪后半期,谢林、黑格尔等人主张的客观唯心主义(在世界形成之前就存在"绝对精神"这种精神实体)的思辨哲学受到各种经验科学的嘲笑和自然主义的攻击,德国的思想界充满了怀疑论、悲观主义和唯物论,为了摆脱这种状况,李普曼在 1860 年呼吁"向康德复归",主张以康德的批判哲学为基础,抛弃康德哲学中"自在之物"的唯物主义因素,进一步发展康德的先验论。这种新康德主义认为,从存在(sein)中不可能产生当为(sollen),换句话说,通过对现实的经验分析,不可能发现评价现实的规范标准,规范是纯粹理性的自觉运动。新康德主义试图扭转自然主义或者实证主义的风潮,主张所经验的实存现象都涉及最高价值,应当以这些最高价值来建构并区分实存现象,从价值的观点将知识体系化。[12]

20 在新康德主义的影响下,德国刑法学家弗朗克从对人的主观进行价值评价出发,提出了规范责任论。他在 1907 年为吉森大学法学院成立三百周年纪念所撰写的《论责任概念的构造》一文中提出,责任是行为人在违反义务的意志形成上所存在的非难可能性,"当某人实施了一个被禁止的行动,人们可以由此对他进行非难时,就因为责任而将该行为归属于他"。这样就回答了心理责任论没有解决的问题:之所以不能对精神病人进行责任非难,不是因为他不具有心理意义上的故意,而是因为不可能要求他作出符合法律的意志形成;对紧急避险行为之所以不进行责任非难,不是因为避险者缺乏责任能力和故意,而是因为在面临现实的用其他形式不能避免的生命危险时,法秩序不要求人们像英雄那样行动。对无认识的过失进行责任非难,也不是因为行为人对结果的发生没有认识,而是因为行为人在履行其注意义务上所显示出的不加关心,缺乏法律所要求的为履行其注意义务而形成相应的动机。这样,弗朗克就在责任概念中发现了比故意和过失更多的事实,这些事实就是"通常的精神素质",加上与犯行的"各种心理联系",再加上"那些行为人在其中活动的状况的通常性质"。弗朗克举例说,一家商店的男出纳员和一名男邮递员各自独立地实施了侵占。男出纳员的经济状况很好,也没有家室,但是,具有花费巨大的业余爱好。男邮递员只有中等收入,妻子又生病,并且还有很多小孩。尽管他们两人都知道他们违法地占有了他人的金钱,也就是说,在故意方面是没有任何区别的,但是,每个人都会说:与男邮

---

12 参见林东茂:《一个知识论上的刑法学思考》,五南图书出版股份有限公司 2001 年版,第 31 页以下。

递员相比,男出纳员的责任更大。这是因为,男邮递员所处的不利状态使其责任减少,相反,男出纳员很好的财产状况和奢侈的爱好则提高了他的责任。[13]

但是,规范责任论的问题在于,它没有回答:是什么决定了行为人能够按照法律的要求去行动?它还不能正确回答:在行为人没有能力按照法律的要求去行动时,他是否就必定是无责任的?行为人在行为时处于非常的状况,他就总是无责任的吗? 21

例如,对习惯犯而言,行为人难以按照法律的要求去行动,因为与养成新习惯相比,放弃旧习惯是更困难的事。但是,法律并不因为行为人的习惯而降低他的责任,相反,会根据他的犯罪经历增加他的责任。再如,当行为人处在某种状况的诱惑之下时,是否因为这种状况具有刺激犯罪的效果就降低他的责任,这是不能根据刺激的程度来判断的。一个美丽的少妇穿着短裙,露出雪白的大腿,在无人的公园里散步,这会是一种强烈的性刺激状况。但是,这种状况不可能降低对这位少妇实施强奸行为的人的责任。因为在一个自由社会里,控制少妇的正当行为所刺激起的性欲,使性欲的发泄不至于侵害别人,这无疑是每一个正常公民自己的责任。 22

刑法中的责任问题,需要一个比规范责任论更圆满的理论来解决。 23

四、功能责任论

在规范责任论的基础上,产生的是功能责任论。功能责任论的核心主张是,行为人是否具有责任,要根据行为人对法规范的忠诚和社会解决冲突的可能性来决定。在行为人忠诚于法规范就能形成不实施违法行为的优势动机,就能战胜想实施违法行为的动机时,行为人却实施违法行为的,行为人就对其实施的违法行为负有责任;在社会具有更好的自治能力,即使不追究行为人的责任,也能解消行为人引起的冲突,也能维护法规范和社会的稳定时,行为人就无责任。 24

现代社会是一个价值多元的陌生社会,在这个社会里,人们只有定位于法规范,才能够正确行动。一个放弃权利的行为,既可能被定义为愚蠢,也可能被定义为善良。为了在即使存在相互对立的定义时也仍然可以实施正确的行为,人们只有求助于法律。毫不夸张地说,在法律的灰色地带去捞取最大的利益,即使被别人说卑劣,也不会改变所获得的利益的归属。特别是在刑法中,没有规范违反,就没有利益损伤。因此,在现代社会,法规范是人们正常交往的根据,每一个社会成员都有权利期待其他社会成员根据法规范去行动,如果这种期待落空了,那么,错误就不在于怀抱这种期待的人,而在于使这种期待落空的人。为了使对其他社会成员也会根据法规范去行动这种期待不变成失望,就必须保障法规范的有效性。法规范有效了,人们就能够自由地交往,社会也就能够稳定。刑罚的目的,就是证明法规范的有效性,就是通过法规范的稳定来实现社会的稳定。这里的法规范是实质性的,是每一个社会 25

---

13 参见〔德〕弗朗克:《论责任概念的构造》,冯军译,载冯军主编:《比较刑法研究》,中国人民大学出版社 2007 年版,第 130 页以下。

成员都愿意其他社会成员将其作为行动根据的法规范。

26 遵守这种法规范,是每一个社会成员的责任。“责任”是与行为人对待法规范的态度相联系的,是行为人根据法规范进行的意志控制问题,是对行为人的违反法规范的意志形成进行的谴责,是谴责行为人没有根据法规范形成不实施不法行为的动机。“责任”在内容上不是行为人对实施违法行为本身进行的意志控制,而是行为人对实施违法行为的动机形成进行的意志控制。如果一个人忠于法规范,那么,针对实施违法行为的动机,他就能够根据法规范形成反对动机。简单地说,“责任”是行为人违反规范的动机形成的可谴责性。可谴责性的根据在于,行为人通过其行为已经表明他缺乏对法规范的忠诚。

27 如果行为人迫于内部压力和外部压力,即使忠于法规范,也不得不实施符合构成要件的违法行为,那么,行为人就不应受到谴责,行为人就是无责任地实施了不法行为,行为人的行为就不构成犯罪。黑格尔指出,一个快要饿死的人“偷窃一片面包就能保全生命,此时某一个人的所有权固然因而受到损害,但是把这种行为看作寻常的窃盗,那是不公正的。一个人遭到生命危险而不许其自谋保护之道,那就等于把他置于法之外,他的生命既被剥夺,他的全部自由也就被否定了”[14]。存在被命运强加的不幸时,就会无责任,否则,对“为什么是我死”这个问题就不能作出公平的回答。但是,如果是行为人自己选择了死亡危险(士兵、救火队员)或者挣得了死亡危险(死刑犯人),社会就具有要求他接受死亡的合法期待,就不能提出“每个人都不想死”这个理由来论证自己没有责任。

28 如果行为人的事前行为影响了行为人对法规范的忠诚,那么,该事前行为就应该影响刑罚的量定。同样,在行为人实施了不法行为之后,如果行为人通过事后行为改变了他对法规范的忠诚程度,那么,就应该在刑罚的量定上反映行为人通过事后行为所表现出的对法规范的忠诚态度。例如,行为人出于怨恨而伤害了他人,在伤害他人之后又关心他人的健康,于是,积极将他人送往医院抢救,那么,就应该对该行为人判处比相同情形下不积极将他人送往医院抢救的行为人更轻的刑罚。但是,即使在事后实施了同样的行为,如果行为的实施并未表明行为人在对法规范的忠诚上有所变更,就不能因为行为的实施而在刑罚量定上有所改变。例如,一个多次组织贩卖了大量毒品的大毒枭在被拘捕之后,仅仅为了不被判处死刑,以便出狱后继续贩卖其隐藏的大量毒品,而揭发了他人的故意杀人罪行,那么,即使他揭发的事实经查证属实,也不应该减轻或者免除他的刑罚。[15] 尤其是,纯粹的法益弥补甚或恢复不影响刑罚量定,如果法益的

---

14 〔德〕黑格尔:《法哲学原理》,范扬、张企泰译,商务印书馆1961年版,第130页。

15 《刑法》第68条规定:有重大立功表现的,可以减轻或者免除处罚。这就表明,即使“有重大立功表现”,也可以不减轻或者免除处罚。因此,问题总是:在“有重大立功表现”的场合,什么是决定“可以减轻或者免除处罚”的标准。在笔者看来,只有行为人通过事后的重大立功行为表明他增加了对法规范的忠诚程度时,才需要对行为人减轻或者免除处罚。

弥补或者恢复与规范忠诚无关的话。例如,一个行为人故意杀害了他人的父亲之后,赔偿他人100万元,以便自己不被判处死刑,目的在于出狱之后杀害他人的母亲,那么,该行为人赔偿了他人100万元的事后行为就不应对其刑罚量定产生任何影响。

是否忠诚于法规范,并根据对法规范的忠诚而形成抑制犯罪动机的守法动机,这是一个自由人必须自己处理的事,也就是说,是一个自由人必须承担的责任。在物质和技术无处不在的后现代社会,每个人都被别人的作品包裹着,没有什么是属于自己的,绝大多数时候,我们只能在自己同伴的作品中感受到自己的伟大,那么,我们怎么还能够拥有尊严?面对自然法则和社会规范,我用我的行动证明我努力认识并竭力遵守它,这就是我尊严的来源。我这样做了,我就活得光明磊落,我就尽到了自己的责任。我已尽我所能把自己融于自然法则和社会规范之中,即使没有什么真正属于我,我也是值得尊重的,因为我总是我的意愿的主人,如果我愿意,我就仍然会与自然和社会斗争,于是又会产生我的责任。 29

责任首先是行为人对法规范的忠诚问题,但是,责任也是社会系统的自治能力问题。当社会即使自己承担对冲突的解决也不会丝毫影响自己功能的正常发挥时,社会就不会让其他因素分担责任。如果社会不依赖于行为人责任而能够自己解消冲突,也就是说,存在比追究行为人责任更好的解消冲突的替代措施,就无须把责任归属于行为人。对实施了不法的人而言,越是存在比刑罚更好的替代措施,就越是不需要把责任归属于他。举例来说,在一个人实施了强奸行为之后,如果仅仅给他注射一针不损害他其他功能的药物就能确保他以后不再实施强奸行为,那么,就无须他对强奸行为负责。[16] 30

总之,不可能纯事实地,只可能规范地回答"责任是什么"的问题。责任总是与人的主观心理相联系,但是,责任并非人的主观心理的存在本身,责任是对人的主观心理的评价。也就是说,要从当为的角度,评价所存在的主观心理是否不应该存在,谁应当负责消除不应该存在的主观心理,谁就有责任;同样,不可能纯事实地,只可能功能地回答责任问题。社会需要"责任"发挥功能时,就会让行为人承担"责任",社会足够稳定,无须"责任"发挥功能时,行为人就无"责任"。简言之,"责任"不是自然生发的,而是符合目的地制造出来的。功能责任论的核心,就是使责任概念更好地依附于它必须解决的任务。 31

当然,即使在一个陌生的文明社会中,也并非在所有的生活领域都必须是责任分明的。当走在马路上被别人轻微碰撞时,一个聪明人会主动地说一声"对不起",而不会向撞自己的人提出"你为什么要撞我"这个可能引起更大纷争的质问。如果妻子在 32

---

16 2010年6月29日,韩国国会通过《对于以儿童为对象进行性犯罪者,为了防止重犯或习惯犯罪的预防和治疗法案》,决定对19岁以上的儿童性犯罪者实行药物治疗,根除罪犯的性动机。该法案已于2011年7月24日生效。在笔者看来,这种做法符合功能责任论的要求,值得借鉴。

接吻时咬破了丈夫的嘴唇,没有一个聪明的丈夫会恼怒地追究妻子的责任,而是会微笑地享受妻子爱的深沉。但是,就生活的大多数领域而言,根据一个人责任的有无和大小来分配对结果的负担,是文明社会解消冲突的最基本方式。

Ⅳ 责任与预防的关系

33 责任与预防的关系问题,长期以来,都使中外刑法学者感到很纠结。

34 报应刑论者认为,因为犯了罪,所以要科处刑罚,刑罚是回顾性的,是对过去已经实施的犯罪的报应,科处的刑罚应当与行为人的责任相适应,这种理论被称为绝对主义;预防刑论者认为,为了不犯罪,所以要科处刑罚,刑罚是展望性的,是对未来将要实施的犯罪的预防,科处的刑罚应当与犯罪预防的必要性相适应,这种理论被称为相对主义;综合刑论者认为,因为犯了罪,也为了不犯罪,所以要科处刑罚,刑罚既是回顾性的,也是展望性的,既是对过去犯罪的报应,也是对未来犯罪的预防,科处的刑罚应当与行为人的责任大小和犯罪预防的必要性相适应,这种理论被称为并合主义。在预防刑论者和综合刑论者中,又存在一般预防说和特别预防说的对立。主张特别预防说的学者认为,科处刑罚仅仅是为了预防已经犯罪的人不再犯罪;主张一般预防说的学者认为,科处刑罚仅仅是为了预防潜在的犯罪人不犯罪;主张折中说的学者认为,科处刑罚既是为了预防已经犯罪的人不再犯罪,也是为了预防潜在的犯罪人不犯罪。现在,综合刑论中的折中说是刑法学中的通说。

35 通说认为,在科处刑罚时,既要以责任的有无和大小为根据,又要以预防必要性的有无和大小为根据,要实现责任刑与预防刑的统一。但是,对于通说而言,必然遇到两大难题:一是责任的有无和大小与预防必要性的有无和大小不一致时,怎么办?例如,虽然存在责任但是缺乏预防必要性时,怎么办?或者责任大而预防必要性小时,如何科处刑罚?相反,在责任小而预防必要性大时,如何科处刑罚?二是一般预防必要性的大小与特别预防必要性的大小不一致时,怎么办?例如,在一般预防必要性大而特别预防必要性小时,如何科处刑罚?或者相反,在一般预防必要性小而特别预防必要性大时,如何科处刑罚?

36 无论综合刑论者是倾向于一般预防还是倾向于特别预防,他们都认为责任与预防是两个不同的范畴,它们具有本质的区别,并且,把预防必要性理解为事实上的犯罪可能性。但是,既然认为责任与预防"是有实质区别的"[17],那么,又怎么能够把它们综合起来呢?既然认为一般预防与特别预防可能存在对立,那么,又怎么能够在它们相互对立时进行折中而又不造成其中一个的牺牲呢?

37 只有采用功能责任论,才可能克服综合刑论在处理责任与预防的关系时所产生的破绽。

---

17 参见张明楷:《外国刑法纲要》,清华大学出版社 1999 年版,第 418 页。

在功能责任论者看来,责任与预防具有共同的本质,它们都是由行为人是否忠于法规范、在何种程度上忠于法规范所决定的。责任和预防只是同一个事物的不同侧面。行为人曾经是否忠于法规范是责任问题,行为人将来是否忠于法规范还是责任问题,但是,行为人是否忠于法规范也决定了行为人将来是否犯罪,还会影响一般公众今后对法规范的态度,因此,也是预防问题。功能责任论还认为,责任并非固定不变的,行为人可以通过犯行前后的行为来增大或者减少责任;责任也可以随着社会自治机能的变化而改变,社会越是健全,越是不通过追究行为人的责任就能实现规范和社会的稳定,行为人就越是没有责任。举例来说,当一个社会具有高度发达的交通自治系统,以至于饮酒者无论怎么转动方向盘都不可能让汽车移动半步时,就无须追究醉酒驾驶者的任何责任。 38

只要以规范的有效性、以法忠诚为标准来确定一般预防和特殊预防的必要性,那么,一般预防和特殊预防的必要性就是责任的内容。一个忠于法规范的人,就既无特殊预防的必要性,也无一般预防的必要性。对法规范的承认程度、忠诚程度,表明了一般预防和特殊预防的必要性大小。但是,那些与对法规范的忠诚无关的、纯粹事实上的因素,例如,行为人身受重伤,既不能确实判断它对一般预防和特殊预防的影响大小,也可能因为考虑它而使刑罚与责任相抵触,将它们作为量刑因素加以考虑,就可能违反责任主义。 39

V 责任原则的贯彻

对刑法教义学和刑事司法实践而言,责任都具有不可替代的重要功能。抽象而言,责任具有三大功能。第一,责任是动用刑罚的根据;第二,责任确定了刑罚的程度;第三,责任指示了刑法的方向。责任的这些功能,在我国目前的刑法理论和刑法实务中,并未得到充分的重视。 40

责任所具有的上述三大功能,是不可替代的。在我国的刑事立法、刑事司法和刑法理论中,应该坚定地贯彻责任原则。 41

一、刑事立法

在我国刑法中,体现了责任原则的规定很多,例如,《刑法》第 14 条关于故意犯罪的规定、《刑法》第 15 条关于过失犯罪的规定、《刑法》第 16 条关于不可抗力和意外事件的规定、《刑法》第 17 条关于刑事责任年龄的规定、《刑法》第 18 条关于精神病人的刑事责任能力的规定等,都是责任原则的具体体现。 42

值得重视的是,我国刑法中也有一些规定创造性地运用了功能责任论。例如,我国《刑法》第 201 条第 4 款规定:“有第一款行为,经税务机关依法下达追缴通知后,补缴应纳税款,缴纳滞纳金,已受行政处罚的,不予追究刑事责任;但是,五年内因逃避缴纳税款受过刑事处罚或者被税务机关给予二次以上行政处罚的除外。”这一规定表明,即使行为人实施了符合逃税罪构成要件的违法行为,只要行为人通过事后行为充 43

分表达了对禁止逃税的刑法规范的尊重,那么,就可以不对其动用刑罚;相反,即使行为人被迫补缴了应纳税款,由于在其多次逃税的行为中表达了对禁止逃税的刑法规范的否认,也要对其动用刑罚。再如,我国《刑法》第449条规定:"在战时,对被判处三年以下有期徒刑没有现实危险宣告缓刑的犯罪军人,允许其戴罪立功,确有立功表现时,可以撤销原判刑罚,不以犯罪论处。"这一关于战时缓刑的规定,更是体现了功能责任论,它使行为人事后对法规范的积极态度具有消除被宣告缓刑犯罪之效果。

二、刑事司法

44 在我国的刑事司法中,大体上贯彻了责任原则,这一点在最高人民法院作出的刑事司法解释中有比较明显的表现。

45 最高人民法院2007年1月15日发布的《关于为构建社会主义和谐社会提供司法保障的若干意见》指出:"案发后真诚悔罪并积极赔偿被害人损失的案件,应慎用死刑立即执行。"最高人民法院2010年2月8日发布的《关于贯彻宽严相济刑事政策的若干意见》也指出:"被告人案发后对被害人积极进行赔偿,并认罪、悔罪的,依法可以作为酌定量刑情节予以考虑。"在笔者看来,这些都是符合责任主义的规定,应予肯定。被告人案发后对被害人积极进行赔偿,并认罪、悔罪的,就证明他在犯行后发生了责任的变化,从否认法规范转向承认法规范,当然应当对其酌情从轻处罚,特别是不应对其适用死刑立即执行。

46 责任问题,主要是行为人选择不法(法益的侵害或者危险)的意志决断问题。但是,在某一个案中,很难从行为人的责任中推导出刑罚的精密尺度。应当从众多个案的比较中、从累积的判例中,发现刑罚与责任的比例关系。这就需要最高人民法院作出更多的全面贯彻责任原则的刑事司法解释,促进法院的刑事判决符合责任原则,从而在符合责任的刑罚运用中实现实质的司法正义。

三、刑法理论

47 我国刑法理论贯彻责任原则的状况,是不能令人满意的。对很多刑法规定的理论诠释,都应当根据责任原则来进行。下面举几个例子予以说明。

48 第一,弹性情节的适用,应当以行为人的责任为根据。

49 我国刑法中规定了很多弹性情节,在适用弹性情节时,应该考虑的主要是行为人的责任问题。例如,我国《刑法》第7条第1款规定:"中华人民共和国公民在中华人民共和国领域外犯本法规定之罪的,适用本法,但是按本法规定的最高刑为三年以下有期徒刑的,可以不予追究。"这里的"可以不予追究"是一种弹性规定,是否追究行为人的刑事责任,需要根据行为人事后是否表现了对相关规范的承认来决定。再如,《刑法》第67条规定:"对于自首的犯罪分子,可以从轻或者减轻处罚。"是否对自首的犯罪分子从轻或者减轻处罚,也要根据行为人事后是否表现了对相关规范的承认及其承认的强烈程度来决定。一个贩毒集团的成员为了追杀已经入狱的独吞赃款的团伙成员，而向司法机关自首的，这虽然也是自首，但绝不是从轻甚至减轻处罚的理由。

第二，在处理醉酒人的犯罪问题时，不能忽视责任原则的贯彻。 50

我国《刑法》第 18 条第 4 款规定："醉酒的人犯罪，应当负刑事责任。"我国很多 51
学者对这一规定的解释，是如此粗糙，以至于很多对醉酒人犯罪的司法判决，都违反了责任原则。例如，一个平常表现很好的行为人，因为家庭琐事，晚上与父亲争吵后，到街上的羊肉泡馍店喝醉了酒，被羊肉泡馍店的服务员送回家后，在泥醉状态，用刀砍死了送他回家的这位服务员。对于这种案件，我国刑法学界的通说认为，行为人的行为成立故意杀人罪，司法实践中不乏认定为故意杀人罪的判例。[18] 但是，行为人在饮酒前根本没有杀人的故意，在泥醉状态中又不知道自己在杀人或者不能控制自己的杀人行为，或者可能因为醉酒而产生了必须进行正当防卫的错觉，总之，在杀害他人上是没有故意责任的，不应认为行为人的行为成立故意杀人罪。

第三，关于作为中止犯成立条件之一的"有效性"，也应当根据责任原则来解释。 52

我国刑法学界的通说认为，行为人虽然"自动采取措施防止犯罪结果发生，但如 53
果发生了行为人原本所希望或者放任的、行为性质所决定的犯罪结果，就不成立犯罪中止"[19]。但是，笔者认为，我国《刑法》第 24 条规定的"自动有效地防止犯罪结果发生"，是指自动实施了能够有效防止犯罪结果发生的行为，应该重视行为人实施的防止犯罪结果发生的行为的有效性。如果行为人实施的防止犯罪结果发生的行为本身是有效的，即使结果发生了，也应认为成立中止犯。例如，行为人以杀人故意向被害人捅了两刀后，又后悔了，及时将被害人送到医院，医院本来能够把被害人抢救活，却因为在手术过程中医院停电，导致手术失败，被害人死了。在这个例子中，行为人的行为仍然成立故意杀人罪的中止犯。不能因为结果发生了，就都认为是既遂，最终要看所发生的结果能否归责于行为人。

在笔者看来，与在刑事立法和刑事司法中进一步贯彻责任原则相比，我国刑法学 54
者在刑法理论研究中，恐怕要为自觉地贯彻责任原则付出更多的心血。

综上所述，在刑法中，责任问题，首先是行为人遵守法规范的意愿问题。如果 55
一个人用自己的行动证明了他具有遵守法规范的意愿，那么，他就无责任，即使他的行为引起了很大的损害，也不应该谴责他，不应该对他动用刑罚；如果一个人用自己的行动证明了他缺乏遵守法规范的意愿，那么，他就有责任，即使他的行为引起的损害不大，也应该谴责他，可以对他动用刑罚。责任问题，其次是社会为了消除冲突所进行的归属问题。如果社会在某一领域已经充分地自我完善，不依赖行为人对其行为后果的责任，也能妥善地化解矛盾和消除冲突，那么，行为人就无责任，就无须谴责

18 参见最高人民法院应用法学研究所编：《人民法院案例选（刑事卷）》（1992—1996 年合订本），人民法院出版社 1997 年版，第 237 页以下。

19 张明楷：《刑法学》（第 3 版），法律出版社 2007 年版，第 308 页。

他,不应对他动用刑罚;如果社会在某一领域还是不成熟的,不依赖行为人对其行为后果的责任,就无法妥善地化解矛盾和冲突,那么,行为人就有责任,就需要谴责他,应该对他动用刑罚。

56　在今天这样一个似乎一切都因为存在太大的风险而变得无所谓的时代,讨论责任问题,显得苍白和幼稚。尽管我们知道餐桌上的每一道菜都是生命风险的来源,我们仍然会大口地吞食,不愿因为奢谈食品安全而倒了胃口。当社会因为某种体制的强大而存在太多的无责任时,过于强调责任,就会使一个人由于不能承受的负担而受到煎熬。因此,正如阿图尔·考夫曼所言,"现代人已经广范围地丧失了对责任的感觉"。[20] 如今,人们很善于在推卸责任中实现自我免责。但是,对人类的幸福而言,重要的是在承担责任中完成自我解放。人类历史上的种种悲剧,大都源于人们自身的无责任。只有每个人都重视自己的责任,并且帮助他人实现责任,才会拥有一个自由、和谐的人类社会。人的尊严与人的责任不可分离。无论如何,不以责任为根据而科处的刑罚,会在践踏人类尊严中沦为纯粹的暴力。在一个由物质和技术几乎统治一切的后现代社会,只要还把自由和正义作为这个社会的基本属性,那么,无论是刑事立法、刑事司法还是刑法理论,都应当贯彻责任原则,而这个原则的核心内容就在于,尊重人遵守法规范的意愿和重视社会自治系统的完善。

20　Arthur Kaufmann, Strafrechtsphilosophie in der Zeitenwende,载〔日〕上田健二监译:《转换期的刑法哲学》,成文堂 1993 年版,第 145 页。

第十三条　犯罪概念

一切危害国家主权、领土完整和安全，分裂国家、颠覆人民民主专政的政权和推翻社会主义制度，破坏社会秩序和经济秩序，侵犯国有财产或者劳动群众集体所有的财产，侵犯公民私人所有的财产，侵犯公民的人身权利、民主权利和其他权利，以及其他危害社会的行为，依照法律应当受刑罚处罚的，都是犯罪，但是情节显著轻微危害不大的，不认为是犯罪。

文献:李居全:《犯罪概念论》,中国社会科学出版社 2000 年版;张永红:《我国刑法第 13 条但书研究》,法律出版社 2004 年版。储槐植:《我国刑法中犯罪概念的定量因素》,载《法学研究》1988 年第 2 期;樊文:《罪刑法定与社会危害性的冲突——兼析新刑法第 13 条关于犯罪的概念》,载《法律科学》1998 年第 1 期;王世洲:《中国刑法理论中犯罪概念的双重结构和功能》,载《法学研究》1998 年第 5 期;李立众、柯赛龙:《为现行犯罪概念辩护》,载《法律科学》1999 年第 2 期;陈兴良、刘树德:《犯罪概念的形式化与实质化辨正》,载《法律科学》1999 年第 6 期;陈兴良《社会危害性理论——一个反思性检讨》,载《法学研究》2000 年第 1 期;储槐植、汪永乐:《再论我国刑法中犯罪概念的定量因素》,载《法学研究》2000 年第 2 期;李居全:《也论我国刑法中犯罪概念的定量因素——与储槐植教授和汪永乐博士商榷》,载《法律科学》2001 年第 1 期;刘艳红:《社会危害性理论之辨正》,载《中国法学》2002 年第 2 期;储槐植、张永红:《善待社会危害性观念——从我国刑法第 13 条但书说起》,载《法学研究》2002 年第 3 期;黎宏:《罪刑法定原则下犯罪的概念及其特征——犯罪概念新解》,载《法学评论》2002 年第 4 期;齐文远、周详:《社会危害性与刑事违法性关系新论》,载《中国法学》2003 年第 1 期;赵秉志、陈志军:《社会危害性与刑事违法性的矛盾及其解决》,载《法学研究》2003 年第 6 期;李居全、胡学相:《犯罪概念的哲学思考》,载《中国法学》2004 年第 2 期;薛进展、杨亚民:《论犯罪概念中的"但书"规定》,载《法学》2005 年第 12 期;苏彩霞、刘志伟:《混合的犯罪概念之提倡——兼与陈兴良教授商榷》,载《法学》2006 年第 3 期;王牧:《犯罪概念:刑法之内与刑法之外》,载《法学研究》2007 年第 2 期;陈泽宪:《犯罪定义的法治思考》,载《法学研究》2008 年第 3 期;陈兴良:《犯罪范围的合理定义》,载《法学研究》2008 年第 3 期;张明楷:《犯罪定义与犯罪化》,载《法学研究》2008 年第 3 期;劳东燕:《危害性原则的当代命运》,载《中外法学》2008 年第 3 期;熊秋红:《程序法上的犯罪定义及相关问题》,载《法学研究》2008 年第 3 期;刘之雄:《犯罪概念多元论:一个虚幻的功能诉求——关于犯罪概念理论的系统反思》,载《法商研究》2008 年第 4 期;冯亚东:《犯罪概念与犯罪客体之功

能辨析 以司法客观过程为视角的分析》,载《中外法学》2008 年第 4 期;时延安:《刑罚权的边界:犯罪的定义与被定义的犯罪——对新一轮犯罪定义争鸣的基本态度》,载《法学论坛》2009 年第 2 期;董玉庭:《三种语境下的犯罪概念》,载《学术交流》2010 年第 7 期;刘远:《规范 vs 法益:基于〈刑法〉第 13 条的司法逻辑分析》,载《甘肃政法学院学报》2011 年第 3 期;刘宪权、周舟:《〈刑法〉第 13 条“但书”条款司法适用相关问题研究——兼论醉驾应否一律入罪》,载《现代法学》2011 年第 6 期;李翔:《从“但书”条款适用看司法如何遵循立法》,载《法学》2011 年第 7 期;王充:《问题类型划分方法视野下的犯罪概念研究》,载《中国人民大学学报》2012 年第 3 期;刘艳红:《目的二阶层体系与“但书”出罪功能的自洽性》,载《法学评论》2012 年第 6 期;梁根林:《但书、罪量与扒窃入罪》,载《法学研究》2013 年第 2 期;白建军:《论具体犯罪概念的经验概括》,载《中国法学》2013 年第 6 期;陈兴良:《但书规定的法理考察》,载《法学家》2014 年第 4 期;王昭武:《犯罪的本质特征与但书的机能及其适用》,载《法学家》2014 年第 4 期;〔德〕格奥尔格 · 弗罗因德:《人之犯罪论的犯罪概念以及犯罪构造》,陈璇译,载《刑法论丛》2014 年第 4 期;陈兴良:《但书规定的规范考察》,载《法学杂志》2015 年第 8 期;李翔:《论我国〈刑法〉第 13 条“但书”司法化之非》,载《东方法学》2016 年第 2 期;王复春:《但书:一种体系外出罪机制》,载《刑法论丛》2016 年第 2 期;刘艳红:《入出罪走向出罪:刑法犯罪概念的功能转换》,载《政法论坛》2017 年第 5 期;付立庆:《违法意义上犯罪概念的实践展开》,载《清华法学》2017 年第 5 期;王牧:《我国刑法总则中的犯罪概念》,载《警学研究》2019 年第 5 期;孙本雄:《入罪与出罪:我国〈刑法〉第 13 条的功能解构》,载《政治与法律》2020 年第 4 期。

细目录

Ⅰ 主旨
Ⅱ 沿革
Ⅲ 本条所规定的犯罪概念之诠释
一、不同角度的犯罪概念
二、混合的犯罪概念所受到的质疑
三、混合的犯罪概念的合理性
Ⅳ 犯罪的基本特征
一、严重的社会危害性
二、刑事违法性
三、应受刑罚处罚性
Ⅴ 但书的理解
一、但书的功能
二、但书的适用范围

I 主旨

1 我国《刑法》第 13 条是对犯罪概念的规定，是在各种各样具体犯罪类型中抽象出的犯罪的一般性概念，是对形形色色的犯罪现象的基本属性的概括，用来解决“什么是犯罪”的问题。本条既从正面规定了危害国家利益、公共利益和个人利益的犯罪行为，又从反面以“但书”的方式对犯罪构成作出限制，将部分危害不大的行为排除在犯罪之外，兼具形式内容和实质内容，以此确定了颇具中国特色的犯罪概念，为认定犯罪、划分罪与非罪的界限提供了基本依据和坚实基础，也是我国刑法学说与司法适用的逻辑起点和规范基石。

Ⅱ 沿革

2 在我国，对犯罪的一般性概念的正式规定始于 1979 年《刑法》，该法第 10 条规定：“一切危害国家主权和领土完整，危害无产阶级专政制度，破坏社会主义革命和社会主义建设，破坏社会秩序，侵犯全民所有的财产或者劳动群众集体所有的财产，侵犯公民私人所有的合法财产，侵犯公民的人身权利、民主权利和其他权利，以及其他危害社会的行为，依照法律应当受刑罚处罚的，都是犯罪；但是情节显著轻微危害不大的，不认为是犯罪。”这一规定属于典型的混合的犯罪概念的立法。“这个概念是实质与形式兼顾的概念，它揭露了犯罪的阶级性和对国家、对人民、对社会的危害性，同时也指出犯罪的法律特征：它与资产阶级刑法中犯罪的形式概念也即以犯罪的形式特征掩盖犯罪的阶级实质是根本不同的。在整个刑法起草讨论过程中，对于这一条的中心内容即犯罪是危害社会的、依照法律应当受刑罚处罚的行为，从未引起争论……”[1]但“对社会危害性如何表述，是简单些还是详细些，条文中列举的犯罪侵犯的客体要不要与规定刑法任务的条文中所列举的保护对象一一对口？这个问题在历次草稿中的解决方式是有所不同的。第 22 稿的条文列举得比较简单，仅提到‘一切危害工人阶级领导的人民民主专政制度，破坏社会秩序……’。而且与规定刑法任务的条文所列举的保护对象不对口，后者除了列举‘人民民主专政制度’、‘社会秩序’外，还列举了‘公共财产’、‘公民的人身和权利’、‘国家的社会主义改造和社会主义建设事业’。第 33 稿的条文列举得比较详细：‘一切危害工人阶级领导的、工农联盟为基础的人民民主专政制度、破坏社会主义革命和社会主义建设、破坏社会秩序、侵犯国家所有的和集体所有的公共财产、侵犯公民所有的合法财产，侵犯公民的人身和其他权利……’。而且与规定刑法任务的第 2 条所列举的保护对象一一对口。《刑法》第 10 条是在第 33 稿相应条文的基础上修订的，列举得更详细了，增加了危害国

1 高铭暄：《中华人民共和国刑法的孕育诞生和发展完善》，北京大学出版社 2012 年版，第 21 页。

家主权和领土完整、侵犯民主权利等内容,但与第2条的列举只是基本上对口,而不是一一对口”[2]。

3　1997年修订《刑法》对上述第10条的内容修改了以下三点:第一,在“危害国家主权和领土完整”之后增加了“安全”二字,从而将国家安全也列入了刑法的保护范围;同时将“危害无产阶级专政制度,破坏社会主义革命和社会主义建设”改为“分裂国家、颠覆人民民主专政的政权和推翻社会主义制度”。之所以作这样的修改,首先是因为在《刑法》第2条关于刑法的任务的规定也使用了“国家安全”“人民民主专政”“社会主义制度”等概念,为了保持刑法用语的一致性,特作此修改。其次是因为“分裂国家、颠覆人民民主专政的政权和推翻社会主义制度”等行为都是严重危害国家安全的行为,将上述行为明确规定在犯罪的概念中,有助于我们正确认识和准确把握犯罪危害社会的本质,有利于打击危害国家安全的犯罪活动,维护国家安全和人民的根本利益。再者是因为“社会主义革命”已经完成,不必再写,而且“社会主义建设”一词足以表明我国社会现阶段的中心任务,故在犯罪概念中删除“社会主义革命”的表述。第二,在“破坏社会秩序”后增加了“经济秩序”一词,表明社会经济秩序也是犯罪的客体。这是考虑到社会主义经济秩序的重要性,故需要在犯罪的概念中突出规定以重点保护,同时也是为了与刑法任务和刑法分则的相关规定尽可能一致和协调。第三,将“全民所有的财产”修改为“国有财产”,并删掉了“公民私人所有的合法财产”中的“合法”二字。前一修改,主要考虑到“国有财产”的概念是宪法的用语,且《刑法》第91条关于公共财产范围的规定中使用的也是“国有财产”一词,应当统一起来。后一修改,主要是表明对公民私人财产权的尊重,并为了避免在用语上的累赘。因为既然是公民私人“所有”,则当然为合法的财产,对于非法财产谈不上所有权问题。

4　修改后的本条规定,体现了刑法与时俱进的时代精神,突出了犯罪在法律规范上的特性,淡化了刑法的政治色彩。根据本条规定,首先,犯罪是一种严重危害社会的行为。这种行为的社会危害性表现在危害国家主权、领土完整和安全,分裂国家、颠覆人民民主专政的政权和推翻社会主义制度,破坏社会秩序和经济秩序,侵犯国有财产或者劳动群众集体所有的财产,侵犯公民私人所有的财产,侵犯公民的人身权利、民主权利和其他权利等方面。其次,犯罪是具有刑事违法性的行为,即“依照法律”应当受刑罚处罚的行为。某种严重危害社会的行为,如果欠缺刑法对它的惩罚性规定,仍然不是犯罪行为。这是罪刑法定原则在犯罪概念中的贯彻。最后,犯罪是应受刑罚处罚的行为。这是对犯罪的法律后果的强调,也表明了犯罪性质上的严重性。此外,本条的“但书”还对犯罪概念作了限制性规定,即情节显著轻微危害不大的行为,不认为是犯罪。所谓“不认为是犯罪”,是指依照《刑法》的规定不构成犯罪。

2　高铭暄:《中华人民共和国刑法的孕育诞生和发展完善》,北京大学出版社2012年版,第21页。

Ⅲ 本条所规定的犯罪概念之诠释

一、不同角度的犯罪概念

犯罪概念作为一般性概念，是现代各国刑法规定中的最基础性概念，也是各国刑 5
法学说的逻辑起点和理论基石。各国刑法在犯罪概念的规定上采用了不同的方式。与此相应，刑法理论上对于犯罪概念的界定也存在各种不同的观点，由此形成了形式的犯罪概念、实质的犯罪概念与混合的犯罪概念三种不同类型的犯罪概念。

（一）形式的犯罪概念

形式的犯罪概念，是从犯罪的形式上即法律特征上给犯罪下定义。综合各国刑 6
事立法和刑法理论的规定，形式的犯罪概念大致有以下几种有影响力的定义方式：①刑事违法说。如意大利刑法学家帕多瓦尼认为"犯罪"是"刑事违法"的同义词，它意味着违反了刑法规范，即违反了以刑法典为"重罪"和"轻罪"规定的主刑为制裁措施的法律规范。[3] ②该当构成要件的违法的有责的行为说。这是德、日等大陆法系国家刑法理论上最为流行的犯罪概念，即"犯罪一般而言是指符合该当构成要件的违法的有责的行为"[4]。③刑事违法与刑罚惩罚说，如有的学者认为"刑法学中的犯罪，是指违反刑罚法规，被评价为可罚的侵害社会的行为"[5]。④刑事程序说。这主要是英美法系刑法理论所提倡的犯罪概念，如有的学者指出，"罪行是：一种能够继之以刑事诉讼并具有作为这些诉讼程序的必然结果中的一种结果的行为"[6]。

（二）实质的犯罪概念

实质的犯罪概念，是从犯罪的实质上给犯罪下定义，即力图揭示在刑法规定之前 7
犯罪究竟侵犯了何种价值。换言之，力图揭示立法者为什么将某种行为规定为犯罪，或者为什么某种行为应当规定为犯罪。实质的犯罪概念"不去理会现行法是否有处罚规定，而通过提供独立的基准（即超实定法的基准）来判断某种行为是否应视为犯罪"[7]。与形式的犯罪概念不同，实质的犯罪概念所提示的是"当罚的行为"。各国学者都普遍重视对实质的犯罪概念的研究，但在刑法典中明文规定犯罪的实质概念则是十月革命后苏联的首创。实质的犯罪概念也包括以下各种不同的观点：①权利侵害说。这是19世纪初期刑法学家费尔巴哈在启蒙主义的人权思想基础之上提出

---

3 参见〔意〕杜里奥·帕多瓦尼：《意大利刑法学原理》（注评版），陈忠林译评，中国人民大学出版社2004年版，第79页。

4 〔日〕林干人：《刑法总论》（第2版），东京大学出版会2008年版，第74页。

5 〔日〕川端博：《刑法总论讲义》（第2版），成文堂2006年版，第77页。

6 〔英〕J. C. 史密斯、B. 霍根：《英国刑法》，李贵方等译，法律出版社2000年版，第26页。

7 〔日〕井田良：《讲义刑法学·总论》，有斐阁2008年版，第14页。

的学说。他认为国家与个人都享有权利,犯罪是对权利的侵害。“犯罪是刑法中规定的违法或者说由刑法加以威慑的与他人权利相违背的行为。”[8] ②法益侵害说。此说由毕尔巴模所首创,认为犯罪是对作为权利对象的由国家所保护的“财”的侵害或侵害的危险。毕尔巴模的观点此后得到宾丁和李斯特等的继承和发展,即犯罪是对法益的侵害或威胁的行为。③义务违反说。此说由纳粹德国时期的夏夫斯泰因(Schatfstein)等所提倡。此说认为,犯罪不是对法益的侵害或侵害的危险,而是对义务的违反。④规范违反说。该说认为,犯罪是违反法规(刑法)背后的规范的行为。早期的学者们一般将这种规范理解为文化规范或社会伦理规范。例如,小野清一郎认为:“刑法只是将严重侵犯个人之间的伦理规范,而国家又不能放任的重大反道义行为作为犯罪予以处罚。”[9] 现在比较多的学者将这种规范理解为行为规范。⑤社会危害性说。该说认为,犯罪是危害社会或者反社会的行为,也是长期存在的一种观点。如贝卡里亚就曾经指出,“什么是衡量犯罪的真正标尺,即犯罪对社会的危害”[10]。英国学者卡莱顿·阿兰也认为:“罪行之所以是罪行,是因为被称为罪行的错误行为对于社会的安全和福祉构成了直接的和严重的威胁,同时也因为将这样的错误行为留给伤害的一方自行纠正是危险的。”[11] 不过,这些观点在马克思看来都在试图通过危害社会或者反社会这种表述来掩盖犯罪的阶级性。因此,马克思和恩格斯在《德意志意识形态》一书中精辟地指出:“‘犯罪’即孤立的个人反对统治关系的斗争……”[12],恩格斯也指出“蔑视社会秩序的最明显最极端的表现就是犯罪”[13]。这些论断深刻地揭示了犯罪的阶级实质,指出在阶级社会中,社会危害性指的是对“统治关系”的危害。20 世纪 20 年代苏俄刑法的一系列规定即是对马克思主义的这一论断的继承和发展,“资产阶级刑法典是从形式上规定犯罪的定义,把犯罪看成是实施时即为法律所禁止并应受惩罚的行为。苏维埃立法则与此不同,它是从实质上,也就是从对法律秩序的损害上、危害上来规定犯罪的定义的”[14]。

---

8 〔德〕冯·费尔巴哈:《德国刑法教科书》(第 14 版),徐久生译,中国方正出版社 2010 年版,第 34 页。

9 〔日〕中山研一:《刑法的基本思想》,姜伟、毕英达译,国际文化出版公司 1988 年版,第 47 页。

10 〔意〕贝卡里亚:《论犯罪与刑罚》,黄风译,中国大百科全书出版社 1993 年版,第 67 页。

11 〔英〕J. C. 史密斯、B. 霍根:《英国刑法》,李贵方等译,法律出版社 2000 年版,第 21 页。

12 〔德〕马克思、恩格斯:《德意志意识形态:节选本》,中共中央马克思恩格斯列宁斯大林著作编译局编译,人民出版社 2003 年版,第 109 页。

13 中共中央马克思恩格斯列宁斯大林著作编译局编译:《马克思恩格斯文集》(第 1 卷),人民出版社 2009 年版,第 443 页。

14 〔苏〕皮昂特科夫斯基等:《苏联刑法科学史》,曹子丹等译,法律出版社 1984 年版,第 19—20 页。

(三)混合的犯罪概念

混合的犯罪概念,是从形式和实质两方面来给犯罪下定义。我国学者又习惯于将其进一步分为融合式概念与并列式概念。融合式概念是苏联等社会主义国家在刑法典中所采用的概念,1960 年《苏俄刑法典》第 7 条犯罪概念的规定就是典型的形式与实质相融合的犯罪概念。后来的不少社会主义国家刑法典都采用了这种犯罪概念。我国《刑法》第 13 条的规定亦是如此。并列式概念是西方大多数刑法学者在理论上所使用的犯罪概念。日本学者大塚仁指出:“所谓犯罪,一般而言,从形式的观点可以说是符合构成要件的违法而且有责任的行为;从实质的观点可以说是反社会的行为或者社会侵害性行为。”[15]我国近来也有学者提倡这种并列式的混合的犯罪概念。 8

二、混合的犯罪概念所受到的质疑

我国《刑法》第 13 条所确立的混合的犯罪概念在 20 世纪 80 年代基本上是受到学界高度肯定的概念。“我国刑法关于犯罪概念的规定,在其科学性上,不仅资本主义国家刑法无法比拟,就是在社会主义国家刑法中,这个规定也是最完善的。”[16] 9

但自 20 世纪 90 年代起,尤其是 1997 年修改《刑法》确立罪刑法定原则之后,对于《刑法》第 13 条混合的犯罪概念的批评在一段时间内可谓蔚然成风。归纳起来,这些批评意见主要集中在几个方面:第一,混合的犯罪概念具有逻辑缺陷,即认为概念需要解决的只是“是什么”的问题,“为什么”则是更深一个层次的问题。“犯罪混合概念的逻辑缺陷,正在于它弄混了两个不同层次上的问题,使得本已清楚的实质概念和形式概念反而都模糊起来。换言之,它无论对立法者或司法者来说,都不再是一个科学而明确的概念。”[17]第二,混合的犯罪概念会导致犯罪的实质概念与形式概念互相冲突。例如,有学者指出“犯罪的实质概念与形式概念的统一,表面上似乎全面,但在犯罪的实质特征与形式特征发生冲突的情况下,到底以何者作为认定犯罪的标准?如果以实质特征为准,那么仍然会导致司法擅断。如果以形式特征为准,那么犯罪的实质概念就纯属多余”[18],进而指出混合概念存在三个明显缺陷:方法的谬误、功能的混淆和角色的错乱。[19] 第三,作为我国混合犯罪概念基础的社会危害性理论不具有合理性。例如,有学者认为:“对于犯罪本质做社会危害性说的认识,无论它受到怎样言辞至极的赞扬与称颂,社会危害性并不具有基本的规范质量,更不具有规范性。它 10

15 〔日〕大塚仁:《犯罪论的基本问题》,冯军译,中国政法大学出版社 1993 年版,第 1 页。

16 高铭暄主编:《刑法学原理》(第 1 卷),中国人民大学出版社 1993 年版,第 382 页。

17 赵秉志主编:《刑法争议问题研究》(上卷),河南人民出版社 1996 年版,第 165 页。

18 陈兴良:《刑法的人性基础》(第 3 版),中国人民大学出版社 2006 年版,第 316 页。

19 参见陈兴良:《形式与实质的关系:刑法学的反思性检讨》,载《法学研究》2008 年第 6 期。

只是对于犯罪的政治的或者社会定义的否定评价。这一评价当然不能说是错的,问题在于它不具有实体的刑法意义……如果要处罚一个行为,社会危害性说就可以在任何时候为此提供超越法律规范的根据,因为,它是犯罪的本质,在需要的情况下是可以决定规范形式的。社会危害说不仅通过其'犯罪本质'的外衣为突破罪刑法定原则的刑罚处罚提供一种貌似具有刑法色彩的理论根据,而且也在实践中对于国家法治起着反作用。"[20]"社会危害性是一个未经法律评价的概念,因而以社会危害性作为注释刑法中犯罪概念的本质特征,并以之作为区分罪与非罪的界限,就会导致超法规的评价。"[21]

11 在质疑混合的犯罪概念的科学性的同时,学者们也提出了各自的解决方案和完善建议,这大致可分为两种路径:第一,回归形式的犯罪概念。一部分学者认为刑法中规定的犯罪概念应该是形式的犯罪概念,即应以形式的犯罪概念取代现行刑法中的混合犯罪概念。"罪刑法定原则所要求的犯罪的法定概念只能是犯罪的形式概念。"[22]第二,提倡并立的犯罪概念。也有一部分学者主张,取消我国刑法中的混合犯罪概念,分设立法和司法上的犯罪概念。具体来说就是在"刑事立法和刑法理论中均采纳并立的形式概念和实质概念。具体表述方法如下:犯罪具有实质与形式两方面含义:在立法政策的意义上,犯罪是指应受刑罚惩罚的危害社会行为;在司法准则的意义上,犯罪是指刑法规定为应受刑罚惩罚的行为"[23]。还有学者更明确地提出,我国的犯罪概念应当由立法概念与司法概念组成。立法上的犯罪概念,是指具有严重的社会危害性、应当由刑法规定为犯罪,适用刑罚予以处罚的行为;司法上的犯罪概念,是指符合刑法规定的构成要件,应当适用刑罚予以处罚的行为。不过,这些学者对于立法和司法上的犯罪概念是否均应规定在刑法中或是只将后者规定在刑法中则未作明示。[24]

12 与此相对,仍有学者主张维持混合的犯罪概念。因为混合的犯罪概念"融合两方面特征于一体,既申明了犯罪的实质又阐释了犯罪的法律特征,确为其他犯罪定义所不及"[25],而且混合的犯罪概念也不会与罪刑法定之间发生冲突。[26]

---

20 李海东:《刑法原理入门(犯罪论基础)》,法律出版社 1998 年版,第 6 页以下。

21 陈兴良:《社会危害性理论——一个反思性检讨》,载《法学研究》2000 年第 1 期。

22 陈兴良:《形式与实质的关系:刑法学的反思性检讨》,载《法学研究》2008 年第 6 期。

23 赵秉志主编:《刑法争议问题研究》(上卷),河南人民出版社 1996 年版,第 166 页。

24 参见王世洲:《中国刑法理论中犯罪概念的双重结构和功能》,载《法学研究》1998 年第 5 期。

25 马克昌:《比较刑法原理——外国刑法学总论》,武汉大学出版社 2002 年版,第 81 页。

26 参见严纬粤:《罪刑法定原则下混合犯罪概念的正当性探析》,载《黑龙江省政法管理干部学院学报》2008 年第 4 期。

三、混合的犯罪概念的合理性

事实上,我国学者关于犯罪概念的争议,尤其是对混合的犯罪概念的批评意见,在某种程度上具有主观臆断性,即反对者的批评意见实际上建立在一个误会与误解的理论前提之上。 13

(一)形式的犯罪概念的优缺点

形式的犯罪概念尽管从未被明文规定在古代法典中,但这种观念古已有之。我国战国时期著名的思想家墨子就提出:“罪,犯禁也。”[27]即犯罪是对禁止性规范即法律的违反,这显然是从形式特征上来界定犯罪。东汉许慎的《说文解字》则更加明确地将“罪”解释为“犯法也”。这样看来,国内一部分学者所认为的“对犯罪进行实质定义,在历史发展上要远远早于对犯罪的形式定义,后者基本上是罪刑法定时代才出现的产物”[28]的观点,是颇值得再考证的。不过,上面这个论断也并非全无道理。因为在古代社会,虽然可以认为犯罪是违反禁令或法律的行为,但这种法律或禁令充满着恣意性,事实上使得什么是犯罪行为完全不可捉摸。因而,真正规范意义上的形式的犯罪概念只能出现在启蒙时期之后,资产阶级革命胜利与罪刑法定原则确立后,形式的犯罪概念被写入刑法典。在这个意义上认为犯罪的形式概念源于罪刑法定原则,是从罪刑法定原则引申出来的犯罪概念,也具有充分的理由。 14

因此,对于形式的犯罪概念的理解,首先应该回到其历史原点,即为什么资产阶级革命的时代会呼唤并产生这么一种犯罪概念。中世纪的欧洲,司法制度腐朽黑暗。旧制度下的刑法思想具有浓厚的神学的赎罪、伦理的报应色彩,刑法的目的在于一般威吓,即压制人们对于身份秩序的反抗,刑罚的执行是公开的。当时的刑法制度的特色可以列举为:①刑法与道德、宗教相结合(干涉性);②因身份而作不平等的处理(不平等性);③罪刑擅断主义(恣意性);④苛酷的刑罚(苛酷性)。[29] “其特征还可以再加上刑事程序中允许拷问。”[30]“(封建刑法)是基督教神学思想占绝对统治地位所导致的必然结果。为了维持现实的身份秩序、阶级秩序,神学的赎罪思想及伦理的报应主义思想同专断的一般威吓主义相结合,其影响甚至导致不合理的权威主义的纠问主义程序以及公开执行严酷的刑罚。”[31]为了把人们从中世纪的黑暗中解救出来,资产阶级的启蒙思想家们著书立说、呼吁呐喊。他们以社会契约论为理论基础,强烈抨击身份的、专断的、威吓的、非合理的、神学的封建刑法制度及其思想,大胆鼓吹合理主义、理性至上主义、个人平等主义、功利主义、世俗主义,提出了一系列进 15

27 《墨子》,上海古籍出版社 1995 年版,第 142 页。

28 李海东:《刑法原理入门(犯罪论基础)》,法律出版社 1998 年版,“代自序”,第 6 页。

29 参见〔日〕曾根威彦:《刑法总论》(第 4 版),有斐阁 2008 年版,第 27 页。

30 〔日〕浅田和茂:《刑法总论》(补正版),成文堂 2007 年版,第 17 页。

31 〔日〕中山研一:《刑法总论》,成文堂 1982 年版,第 19 页。

步的刑法思想，最终推动了社会进步的车轮，使资产阶级的一系列法治原则逐步得以确立。其中最重要的原则之一就是罪刑法定主义，它成为各个国家刑事立法与司法的首要原则。根据这一原则，国家只能根据法律才能确定一个公民是否构成犯罪以及是否要受到刑罚和受什么刑罚处罚。如果国家法律没有规定某一种行为是犯罪，那么国家就不能对其定罪处罚。[32] 因此，形式的犯罪概念是在启蒙运动批判专断、残酷的封建刑法过程中与罪刑法定原则相伴而生的。它明确蕴含了刑法规定是确认犯罪、适用刑罚的唯一标准的意涵，从而对国家刑罚权的发动形成了有效的限制。它使得刑法成为"善良国民的大宪章"，即"刑法不仅保障国民不成为犯罪的被害者，而且还保障国民不会轻率地被视为犯罪者"[33]；也使刑法成为"犯罪人的大宪章"，即刑法保障犯罪人的自由与人权，确保其不被科处与其犯罪相应的刑罚之外的刑罚；还使刑法成为"受刑人的大宪章"，即刑法保障受刑人在服刑时不受被判处的刑罚之外的刑罚。在这个意义上说，犯罪的形式概念不仅在当时，而且直至今日都具有重大的历史价值和现实意义。只要坚持罪刑法定主义的观点，犯罪的形式概念就绝对不可以被忽视和被否定。西方学者认为，以实定法为依据对于犯罪而言属于具有决定性意义的重要要素之一，因此在明确现行法中的犯罪时，形式的犯罪概念毫无疑问具有重要作用，通过它可以提示"可罚的行为"。"可以对犯罪进行形式逻辑上的整理并使其体系化。"[34]这种认识具有科学性和合理性。苏联和我国一部分学者以形式的犯罪概念具有"掩盖阶段实质""有一定欺骗性"为理由，对其持彻底否定的态度，显然忽略了形式的犯罪概念的历史和现实意义，有欠公允。

16　当然，形式的犯罪概念也确有其不足之处。因为当以刑法是否规定作为基准时，现行法的规定就成为绝对的尺度与前提。但刑法经常进行犯罪化与非犯罪化的修改，形式的犯罪概念无法为批评和修正现行法律提供基准。[35] 此外，虽然形式的犯罪概念常常被认为是最能体现和贯彻罪刑法定原则的概念，但罪刑法定原则本身的内涵也在不断演变。早期的罪刑法定原则只是单纯地限制国家司法机关的司法权。但如果国会制定的是"恶法"，即将不应当受到刑罚处罚的行为规定为犯罪，或者对某种犯罪规定与其性质不相称的重刑，那么即使法院遵照罪刑法定原则正确适用法律条文，也会出现侵犯人权的情况。因此，第二次世界大战后罪刑法定主义也增添了新的内容，开始注重对国家立法机关的立法权力进行限制，即立法机关所制定的犯罪与刑罚的内容必须明确、恰当。这是形式的犯罪概念所无法承受之重。

(二)实质的犯罪概念的优缺点

17　西方刑法学者研究实质的犯罪概念的目的是给修改刑法提供标准，为解释现行

---

[32] 参见〔英〕洛克：《政府论》(下篇)，叶启芳、瞿菊农译，商务印书馆 1982 年版，第59 页。

[33] 〔日〕山中敬一：《刑法总论》(第 2 版)，成文堂 2008 年版，第 17 页。

[34] 〔日〕曾根威彦：《刑法总论》(第 4 版)，有斐阁 2008 年版，第 42 页。

[35] 参见〔日〕井田良：《讲义刑法学・总论》，有斐阁 2008 年版，第 14 页。

法提供指南。形式的犯罪概念提示的是“可罚的行为”,而实质的犯罪概念提示的是“当罚的行为”。可罚的行为与当罚的行为并不必然一致,它们的关系就类似于两个主要部分重合的圆圈。现行法中规定的犯罪行为有一部分并不值得动用刑罚加以处罚,因而属于可罚但不当罚的行为。相反,有一部分反社会的行为虽然值得动用刑罚加以处罚,但现行法上并没有相关规定,因而属于当罚而不可罚的行为。“刑法的改正,就无外乎是试图使可罚的行为与当罚的行为相一致。”[36]由此可见,西方刑法学所理解的实质的犯罪概念,并非对形式的犯罪概念的否定,两者是对应而非对立的关系。

将实质的犯罪概念与形式的犯罪概念对立起来,并以前者来否定后者的做法,始于十月革命后的苏联刑法学界。20 世纪 20 年代的苏联刑法学者们认为,犯罪的形式概念是资产阶级刑法所特有的,而犯罪的实质概念则是社会主义刑法所具有的,两者的对立乃是资产阶级刑法与社会主义刑法之间的对立。[37] 但基于这种罔顾历史的盲目主义立场,苏联学者在否定形式的犯罪概念的同时,完全无视了这一概念背后所蕴含的罪刑法定原则,从而为类推提供了理论根据,为罪刑擅断大开方便之门。事实上,苏联学者也正是因此陷入了法律虚无主义的泥潭。犯罪与刑罚等刑法的基本概念既然被归于资产阶级法学的狭隘观念,自在破除之列。但是,政府的权力如果没有法律的限制,人民的权利如果没有法律的保障,那就极有可能酿成人间悲剧。 18

在认可形式的犯罪概念的前提下,如何界定犯罪的实质概念仍是一个问题。社会主义国家的刑法理论将其理解为:犯罪是孤立的个人反对统治关系的斗争。在我国刑法理论中更通行的定义则是:犯罪是具有严重社会危害性的行为。反对混合的犯罪概念的学者将批评的矛头也主要指向社会危害性概念。他们认为,社会危害性是一个未经法律评价的概念,是对犯罪的一种超规范的解释,不具有规范性、实体性、专属性,并与形式违法性相冲突,应当将社会危害性理论逐出注释刑法学领域,将社会危害性这一超规范的概念转换为法益侵害这一规范的概念。[38] “传统的社会危害性理论对公民自由形成的潜在威胁多么可怕,它已经完全成为吞噬个体正当权利的无底黑洞,成为扼杀法制生命和真谛的刽子手。甚至可以说,只要社会危害性范畴在我国刑法领域中继续占据帝统地位,刑事法治就永远难见天日,夭折在摇篮里是早晚的事。”[39]在笔者看来,这些批评意见掺入了过多的感情色彩,缺乏客观性。类似的观 19

---

36 〔日〕井田良:《讲义刑法学 · 总论》,有斐阁 2008 年版,第 15 页。

37 参见〔苏〕B. M. 契柯瓦则:《与制定苏联刑法典草案有关的苏维埃刑法上的几个问题》,载中国人民大学刑法教研室编译:《苏维埃刑法论文选译》(第 1 辑),中国人民大学出版社 1955 年版,第 7 页。

38 参见李海东:《刑法原理入门(犯罪论基础)》,法律出版社 1998 年版,“代自序”;陈兴良:《社会危害性理论——一个反思性检讨》,载《法学研究》2000 年第 1 期。

39 劳东燕:《社会危害性标准的背后》,载陈兴良主编:《刑事法评论》(第 7 卷),中国政法大学出版社 2000 年版,第 200 页。

点在苏联解体后的俄罗斯刑法学界也曾经出现,但经过争论后,社会危害性概念在其刑事立法中得以保留[40],这在一定程度上反映了社会危害性概念与理论的超意识形态性。

20 根据我国刑法理论的通说,所谓社会危害性是指行为对社会关系所造成的实际损害或可能威胁。而社会关系显然指的是刑法理论中的犯罪客体概念。因此,社会危害性概念的科学与否事实上转化为犯罪客体与法益的概念优劣之分。法益概念是德日刑法学的核心概念,它被认为既是刑法建立刑罚正当化的前提条件,亦是特定的行为入罪化的实质标准,整部刑法就可以说是一部法益保护法。但是,法益概念的内涵与外延也一直饱受争议。例如,围绕法益中的"法"是刑法,还是保护刑法在内的整个法律体系,抑或先于实定法的自然法,理论界就存在着先法性法益概念、刑法性法益概念以及宪法性法益概念的激烈争论;而法益的"益"包括什么内容,见解也颇有分歧,有利益说、价值说、状态说等多种学说。"法益的定义至今仍然没有得到成功而明确的说明,因而不能提供一个可以在法律上作为基础的和内容上令人满意的界限。"[41]我国的犯罪客体即社会关系,它指的是"人们在共同生产、生活中形成的人与人之间的相互关系,包括物质关系(经济基础)和思想关系(上层建筑)。……社会关系是'人们在社会活动和交往过程中所形成的相互关系的总称。最基本的可分为物质的社会关系和精神的社会关系两大类。……社会关系在历史上是具体的和发展变化的'。某一社会形态下的社会关系决定了社会的政治、经济、思想、道德、文化的基本形态和人们之间的基本关系。犯罪行为通过危害社会的基本形态和人们之间的基本关系,从而使该社会的社会关系受到危害。刑法作为惩处犯罪、遏制犯罪的必要手段,通过处罚犯罪实现对社会关系的保护。"[42]两相比较,社会关系说与法益说并没有本质区别,"刑法所保护的利益,都可以用社会关系来概括"[43]。因此,只要我们借鉴大陆法系法益理论的合理成分,对社会关系进行合理的理解(详见后文),完全可以认为社会关系与法益是同一事物的不同表述方式而已。同理,建立在社会关系说基础之上的社会危害性理论,也不存在不具有规范性、实体性、专属性的问题。论者所指摘的所有问题在法益侵害概念中同样存在,因而最终不过是一个合理解释与理解的问题。

40　参见〔俄〕库兹涅佐娃、佳日科娃主编:《俄罗斯刑法教程(总论)》(上卷·犯罪论),黄道秀译,中国法制出版社2002年版,第136—137页。

41　〔德〕克劳斯·罗克辛:《德国刑法学总论》(第1卷),王世洲译,法律出版社2005年版,第14页。

42　高铭暄、马克昌主编:《刑法学》(第9版),北京大学出版社、高等教育出版社2019年版,第49页。

43　张明楷:《刑法学》(第6版),法律出版社2021年版,第78页。

（三）混合的犯罪概念的妥当性

1. 实质与形式的犯罪概念可以统合在一个犯罪概念之中

形式的犯罪概念是一种实定法中心主义的犯罪概念，即对犯罪作形式上的判断。实质的犯罪概念则从实质上进一步探究符合什么样本质的行为是犯罪。两者只是对同一事物是从形式的方面加以定义还是从实质的方面加以说明的区别。[44] 在大多数国家的刑法理论中，两者都是互相对应、补充而非相互排斥、否定的概念。只有在早期苏联的刑法理论中，才将这两个概念对立起来，并以实质的犯罪概念来取代形式的犯罪概念。这种做法与类推制度以及法律虚无主义相辅相成，其恶劣后果迅速显现并很快被修正。因而，在历史长河中，它只是昙花一现的理论和实践，不宜将其视为一种常态。混合的犯罪概念也正是在对上述错误做法进行反思修正后出现的崭新的犯罪概念。正因如此，我们不能将刑法单纯规定实质的犯罪概念所造成的恶果简单地视为混合的犯罪概念的原罪，否则同样是对在一段困难时期内刑法学者们的理性思考与艰辛努力的轻视与唐突。 21

当然，作为将形式的定义与实质的定义融合在一起的混合的犯罪概念，首先需要面对的问题就是如何理解形式的概念与实质的概念相互之间的关系。对此，我国学者已经作了非常详细且深入的研究，在研究结论上也达成了诸多共识。它包括但不限于：实质的犯罪概念是立法概念，是立法机关通过我国宪法规定的立法程序对某些特定行为的社会危害性所作的立法上的评价，换言之，即用以指导将法律上的哪些行为纳入犯罪圈的范畴。形式的犯罪概念是司法概念，是司法机关根据我国刑事诉讼法规定的程序和刑法的规定对具体犯罪行为所作的司法上的认定。当实质的犯罪概念与形式的犯罪概念发生冲突时，应坚持形式合理性优先于实质合理性的基本立场，等等。[45] 这些观点的核心在于认为实质的犯罪概念与形式的犯罪概念各有其适用领域与功能分工，对此笔者也部分予以认同（差异性部分将在后文中详述）。 22

问题在于，对混合的犯罪概念持批评意见的学者一般认为，即便实质的犯罪概念与形式的犯罪概念各有其合理性，也应该是将两者并立，而不应将两者融合在一个犯罪概念之中。但这一认识也颇值得商榷。 23

第一，关于逻辑混乱的指责。批评者认为概念需要解决的只是“是什么”的问题，而不是“为什么”的问题。犯罪混合概念则混淆了这两个不同层次上的问题。[46] 24

---

44 参见〔日〕山中敬一：《刑法总论》（第2版），成文堂2008年版，第408页。

45 参见王世洲：《中国刑法理论中犯罪概念的双重结构和功能》，载《法学研究》1998年第5期；贾宇：《罪与刑的思辨》，法律出版社2002年版，第48—49页；付立庆：《论犯罪概念的功能区分——立足于刑事一体化之学科建设的考察》，载《河南省政法管理干部学院学报》2003年第3期；郭世杰：《犯罪概念二元论之提倡——基于比较法的视角》，载《河南司法警官职业学院学报》2011年第1期。

46 参见赵秉志主编：《刑法争议问题研究》（上卷），河南人民出版社1996年版，第165页。

可是,这一批评意见其实针对的是犯罪的实质概念能否称之为概念的问题,并非对犯罪混合概念的直接批评。换言之,论者观点隐含的逻辑是,犯罪的概念只应存在形式意义上的概念,所谓实质的概念其实回答的是“为什么某种行为是犯罪”的问题,这不是定义该有的内容。然而,论者自己也主张并立的形式概念和实质概念,即认可犯罪是有实质概念的,它指的是“应受刑罚惩罚的危害社会行为”[47]。这不是自相矛盾吗?之所以如此,究其根源还在于论者对于犯罪概念的理解出现了偏差。所谓概念,指的是“思维的基本形式之一,反映客观事物的一般的、本质的特征”[48]。犯罪的实质概念正是对犯罪本质特征的概括,它首先回答的是犯罪是什么的问题。当然,与形式概念反映犯罪的一般特征不同。实质概念同时也回答了为什么某种行为是犯罪,这是本质特征所固有的作用,不存在任何逻辑上的问题。

25 第二,关于互相冲突的指责。有学者认为,混合的犯罪概念如果是为了解决立法问题,“立法者要到何处去寻找已经具有刑事违法性的行为,然后才把它规定为犯罪?”[49]这仍然是对混合犯罪概念的误读。混合的犯罪概念中的实质概念,强调犯罪是具有严重社会危害性的行为,当然可以在立法领域发挥作用。但它并不是在已经具有刑事违法性的行为中寻找社会危害性,而是在众多的具有法律意义的行为中寻找哪些是严重危害社会需要以刑罚来加以惩罚的行为,即它为立法者确立“什么样的行为应当被规定为犯罪行为”提供标准。另有学者认为,“犯罪的混合概念为认定犯罪提供的标准是模糊的,因而会混淆罪与非罪的界限。因为犯罪的形式特征与实质内容并不总是能够统一的,在两者存在矛盾与冲突的情况下,到底是按照形式特征认定犯罪还是按照实质特征认定犯罪,法官会面临两难选择。基于实质优于形式的观念,在这种情况下,法官往往会根据犯罪的实质内容而认定为犯罪。在这个意义上说,犯罪的混合概念只不过是变相的犯罪的实质概念,它并没有彻底清除犯罪的实质概念背后的法律虚无主义,而是使这种法律虚无主义以一种更为隐蔽的方式存在。我们应该毫不留情地揭露犯罪的混合概念所具有实质主义性质,为恢复犯罪的形式概念提供方法论上的辩护”[50]。这一批评所指摘的危险是否存在呢?应当认为它是对历史经验与教训的深刻总结,有其振聋发聩的理论价值。但是,真理总是有其适用范围的,超过了这一范围,真理就可能变成谬误。以我国的刑事司法实践为例,1979年《刑法》没有明文规定罪刑法定原则,却规定了刑事类推制度(尽管受到严格的程序限制)。这反映了1979年《刑法》追求实质合理性、强调社会危害性的价值取向。因此,在旧刑法时代,当刑事违法性与社会危害性、形式合理性与实质合理性发生冲

47 赵秉志主编:《刑法争议问题研究》(上卷),河南人民出版社1996年版,第166页。

48 中国社会科学院语言研究所词典编辑室编:《现代汉语词典》(第5版),商务印书馆2005年版,第438页。

49 赵秉志主编:《刑法争议问题研究》(上卷),河南人民出版社1996年版,第165页。

50 陈兴良:《形式与实质的关系:刑法学的反思性检讨》,载《法学研究》2008年第6期。

突时,从今天的观点来看,司法实践优先考虑实质合理性与社会危害性是一个不争的事实,社会危害性在决定罪与非罪时确实起到了决定性的作用。但是,由于当时的刑法本身即有类推制度的明文规定,类推也是法律制度的一部分,从当时的法律背景出发,是否可以说司法机关类推定罪的做法是以社会危害性突破刑事违法性,以实质合理性突破形式合理性,恐怕也还有商榷的余地。因此,上述批评如果针对的是 1979 年《刑法》第 10 条规定的混合犯罪概念,可以说具有部分的合理性。但我国 1997 年修改《刑法》时,在第 3 条明文规定了罪刑法定原则,废止了刑事类推制度。在这种法律背景下,如果某种行为具有严重的社会危害性,但因为种种原因没有被刑法加以规定时,毫无疑问应该基于罪刑法定原则的要求,认为该行为缺乏刑事违法性而无罪。换言之,当实质合理性与形式合理性发生冲突时,应当以形式合理性优先是法律的明文要求,不存在任何例外处理的可能性。因此,认为混合的犯罪概念不过就是变相的实质犯罪概念,容易导致罪刑擅断的批评,忽略了对法律规定与时俱进的考察,其所担忧的状况,并非混合的犯罪概念可能具有的危险,而是罪刑法定原则没有得到贯彻时可能造成的恶果。而罪刑法定原则是否被切实贯彻,显然关键不在于采用哪种犯罪概念。

2. 混合的犯罪概念的比较优势

混合的犯罪概念同时包含了犯罪的形式内容和实质内容,那么它与单纯的形式 26
概念或单纯的实质概念相比是否更具科学性呢?与并立的犯罪二元概念相比,优势又在哪里呢?

首先,并立的犯罪二元概念对于不同意义犯罪概念的作用领域与功能的理解存在 27
偏差。提倡并立的犯罪二元概念的学者认为,实质的犯罪概念是立法概念,形式的犯罪概念是司法概念。问题是,虽然实质的犯罪概念的确有指导立法者如何规定犯罪行为的功能,但它同样可以在司法领域发挥准确认定犯罪行为范围的功能。原则上说,某种行为形式上符合了刑法的规定就属于犯罪行为,但不排除其中一部分行为因为实质上不具有严重的社会危害性,因而应将其从犯罪的范畴内加以排除。换言之,当刑法的文字表述包含实质上不值得处罚的行为时,应以实质的犯罪概念为指导来合理限定犯罪的范围。这显然是实质的犯罪概念在司法领域内发挥作用的体现。因此,将犯罪概念只是进行简单的分立罗列,并不能真正发挥不同意义犯罪概念的刑法价值。

其次,排斥形式概念的单纯实质的犯罪概念,无法对国家刑罚权进行有效的限 28
制,无法确保普通国民对自己的法律性质的可预测性,具有侵犯公民的权利和自由的严重危险。因而,与形式的犯罪概念相对立的实质的犯罪概念,在实行罪刑法定原则的国家,没有在刑事司法中存在的空间与余地。

再次,在司法实务中事实上并不存在绝对的形式的犯罪概念。说犯罪是形式上 29
违反了刑法固然无错,但也不能真正划定合理的罪与非罪的界限。从逻辑上说,形式的犯罪概念无法对自身进行解释。尤其是我国刑法大量使用了“情节严重”“数额较大”这样的用语,对它们进行解释,就只能立足于犯罪的实质来进行理解。国外刑法理论亦是如此。按照大陆法系最通行的犯罪形式定义,犯罪是该当构成要件的违法的有责的行为。但其中有关违法性的问题,理论上早已发展出形式的违法性与实质的违法性的理论,所谓实质的违法性,不外乎就是对违法性进行实质性理解。而大陆法系的理论发展至今,构成要件的理论也日益实质化,责任领域也发展出实质的责任理论。这都昭示着,在犯罪的定义领域,虽然表面上使用的是形式的犯罪概念,但都蕴含着实质的内容。这其实就是混合的犯罪概念的另一种表现形式,只不过实质的内容体现得更为隐蔽罢了。

30 最后,混合的犯罪概念能够有效地贯彻罪刑法定原则。混合的犯罪概念通过犯罪实质定义的侧面——具有严重社会危害性的行为,为立法者对犯罪的废、改、立提供了现实的基准与严格的限制。对于立法者而言,制定包括刑法在内的法律是宪法赋予他们的职权,但同时立法者的立法权也不是无限的。罪刑法定原则的实质内容要求:“刑法不仅要在形式上规定犯罪与刑罚,而且其规定的内容也应当适当。”[51]刑法内容的恰当意味着刑法所设置的犯罪行为必须具有处罚的必要性与合理性。它自然首先不能违背宪法保障人权的规定,不过即便某个刑罚法规的内容不直接违反宪法保障人权的规定,但如果欠缺处罚的必要性和合理性,则违反刑罚法规内容的适正原则,应认为是无效的立法。同时,刑法所规定的刑罚必须与犯罪的轻重相均衡。立法者如何能够符合这些要求呢?自然只能求助于犯罪的实质定义,即立法者必须根据本国政治、经济、文化等国情以及以往同犯罪斗争的经验,认定哪些行为是能够严重侵犯国家、社会、个人利益而具有社会危害性的行为,哪些行为则随着时间的推移而在社会危害性程度上弱化了。这种客观的社会危害性是立法者规定某一行为为犯罪的合理根据,也是犯罪的实质概念制约刑事立法权的具体体现。对于司法实务而言,行为违反刑法固然是成立犯罪的直接依据,但刑法条文对犯罪的规定都蕴含着对社会危害性程度的实际评估。这就意味着司法者在认定犯罪时,既需要考虑犯罪的形式定义,也需要考虑犯罪的实质定义。实质的犯罪概念不仅为入罪提供依据,同时不能忽视的是它也为出罪提供标准。

31 综上所述,我国现行的混合的犯罪概念吸收了形式的犯罪概念与实质的犯罪概念的精华,又对两者的缺陷进行了扬弃,更为全面地贯彻了罪刑法定原则的精神,是一个科学的犯罪概念,没有必要对其加以颠覆。

Ⅳ 犯罪的基本特征

32 根据《刑法》第 13 条对于犯罪概念的文字表述,通说一般认为犯罪具有三个基本特征:一是社会危害性,这是犯罪的本质特征;二是刑事违法性,这是犯罪的法律特

---

51 〔日〕大塚仁等编:《大コンメンタール刑法(第 1 卷)》(第 2 版),青林书院 2004 年版,第 61 页。

征;三是应受刑罚惩罚性。[52] 不过,近年来,也有学者主张从论理上解释犯罪的特征,提出犯罪的特征是“不法与责任”[53]。但笔者认为:第一,犯罪的特征是对犯罪概念的体现,完全脱离《刑法》第13条犯罪概念的规定来演绎出论理上的犯罪特征,似不合适。第二,将不法与责任视为犯罪的特征,在揭示犯罪的构造上具有直观性,有其理论和实务上的合理性。但传统的犯罪三特征说完全可以涵盖不法与责任的全部内容。第三,具备不法与责任,并不一定就是犯罪。例如,在大陆法系刑法学中还有所谓客观处罚条件的规定。这种客观处罚条件很难完全还原为不法或者责任的要素,因此,具备不法与责任的行为并非绝对就是犯罪行为。有鉴于此,笔者仍然根据通说的犯罪三特征说加以论述。

一、严重的社会危害性

行为具有严重的社会危害性是犯罪的本质特征。那么何谓行为的社会危害性呢?通说认为,社会危害性是指行为对我国社会主义初级阶段的社会关系造成实际危害或现实威胁。我国《刑法》第13条列举的可能遭受侵害的社会关系有:①国家主权、领土完整和安全,人民民主专政的政权和社会主义制度;②社会秩序和经济秩序;③国有财产或者劳动群众集体所有的财产、公民私人所有的财产;④公民的人身权利、民主权利和其他权利;⑤其他社会关系。危害性包括两种情况:一是对我国的某一社会关系造成实际危害,例如,某一公民的健康权利被侵害,公私所有的财产被侵占等;二是对我国的某一社会关系造成现实威胁,即虽未造成现实损害但具有造成损害的现实可能性,刑法分则规定的危险犯(指以危害结果发生的危险为要件的犯罪)与总则中规定的犯罪预备、犯罪未遂和犯罪中止,都对某种社会关系造成现实的威胁,因而同样具有社会危害性。[54] 但近年来,也有不少学者主张引入法益侵害的概念,认为“《刑法》第13条所称的社会危害性,就是指行为对法益的侵犯性,即《刑法》第13条所列举的行为对国家法益、公共法益以及公民个人法益的侵犯性”[55]。这就产生了几个值得研究的问题。 33

1. 社会关系说与法益说的异同

关于社会关系说与法益说的优劣,理论见解各有不同。一部分学者认为,法益的概念更为科学。例如张明楷教授指出,“如刑法规定破坏环境资源保护罪,是为了保护生态环境与自然资源,用法益来概括就比用社会关系来表述更为合适。由于社会关系的内容是权利与义务关系,一方面,社会关系说容易演变为‘犯罪客体是刑法所 34

---

52 参见高铭暄、马克昌主编:《刑法学》(第9版),北京大学出版社、高等教育出版社2019年版,第42—44页。

53 参见张明楷:《刑法学》(第6版),法律出版社2021年版,第115页。

54 参见马克昌主编:《刑法》(第4版),高等教育出版社2017年版,第24—25页。

55 张明楷:《刑法学》(第6版),法律出版社2021年版,第116页。

保护的权利',因而不能说明许多犯罪;另一方面,社会关系说容易使人误以为犯罪的本质是违反义务,刑法是维护义务的手段,个人成为国家、民族、社会共同体发展的工具,因而十分危险。事实上刑法总则第 2 条与第 13 条都说明了刑法的任务是保护法益,《宪法》第 28 条的规定也意味着制裁和惩办犯罪行为是为了保护法益。犯罪的本质是侵犯法益,将犯罪客体理解为法益具有法律根据。刑法分则没有一个章节将社会关系作为犯罪客体,相反明文将权利、秩序、利益等作为犯罪客体,用法益来概括它们是合理的"[56]。俄罗斯学者札林斯基也认为,法益概念与社会关系概念相比,是"更加易于具体化""便于与立法调整的特点联系起来"的概念。[57] 也有一部分学者认为,法益侵害性和社会危害性只是基于不同的价值观立场对犯罪本质的描述,社会危害性和法益侵害性在法理上存在着整体与部分的关系,法益侵害性并不比社会危害性概念优越。"社会危害性和法益侵害性两种理论同根同源,法益侵害性实际上就是社会危害性。"[58]

35 笔者赞成后一种观点,社会关系说与法益说没有本质区别,它们在界定刑法的保护范围或者目的时可谓各有侧重,各有优势。刑法对某些犯罪的规定,确实以利益来概括更为贴切,但对另外一些犯罪使用了诸如制度、安全、权利等表述,以社会关系来概括则较为合适。因此,问题的要害不在于用词的选择,而在于实质内涵的界定。事实上,无论是社会关系的概念还是法益的概念,都同样面临规范性、实体性、专属性的问题。不过,比较而言,国外学者对于法益概念的研究在深度与广度上远超我国学者对社会关系概念的研究。例如,在我国刑法理论中,社会关系被界定为"人们在共同生产、生活中形成的人与人之间的相互关系,包括物质关系(经济基础)和思想关系(上层建筑)"[59]。那么,这种社会关系是先于刑法而存在还是由刑法的保护所创设的呢?这个问题在国内基本没有得到过讨论,而国外学者对于法益概念是先于刑法而存在还是由刑法的保护所创设的问题则有深入的研究。其中,先法性法益概念认为,法益是一种先于法律而存在的概念,并不依赖于实定法而独立存在。在实定法规定之前,法益的实体就已经客观存在。所有的法益,都是一种生活利益,这些利益是社会本身的产物。人们不可能自行创设、发明法益,只能够从社会生活中认识和发现法益。立法者将法益纳入法律的保护范围,其实只不过是对生活现实的一种描述罢了。刑法性法益概念主张,法益概念来源于刑法的建构,是已然受到刑法保护的利益之总和。在任何刑法规范中,均可以找到其所保护的法益。而离开了现行有效刑法的承认与规定,任何利益都不会成为法益。因此,法益这一概念只有在实定刑法的范

---

[56] 张明楷:《刑法学》(第 6 版),法律出版社 2021 年版,第 78 页。

[57] 参见薛瑞麟:《俄罗斯刑法研究》,中国政法大学出版社 2000 年版,第 136 页。

[58] 赵秉志、陈志军:《社会危害性理论之当代中国命运》,载《法学家》2011 年第 6 期。

[59] 高铭暄、马克昌主编:《刑法学》(第 9 版),北京大学出版社、高等教育出版社 2019 年版,第 49 页。

围内才有实际意义。宪法性法益概念认为,法益是存在于宪法之后、刑法之前的概念。法益不是由刑法来建构而应当在宪法的框架内进行讨论,即主张应当在宪法的框架下对利益进行规范评价,从宪法中寻找法益的内容。所谓法益,是"在以个人及其自由发展为目标进行建设的社会整体制度范围之内,有益于个人及其自由发展的,或者是有益于这个制度本身功能的一种现实或者目标设定"[60]。先法性法益概念对于实现法益概念的立法规制机能是极具优点的。既然法益的实体内容在立法者立法之前业已存在,立法者就只能客观地描述这种法益而不能自主地创造法益。因此,刑事立法者只能将侵害客观存在的法益的行为规定为犯罪。某种行为如果没有侵害到法益而立法者将其纳入犯罪行为的范畴,那这种立法就是值得批评的。不过,先法性法益概念能否完整概括应当由刑法保护的利益范围则存在疑问。例如,有些利益,如人的生命、财产等是在法律制定之前就已经存在的,有些利益(例如税收制度、货币体系等)则是通过立法来创设的。因此,先法性法益概念难以合理概括刑法的保护范围,无法实现对利益的完整保护。刑法性法益概念以实定刑法为依据,可以最大限度地概括现行法中犯罪的共性并实现法益概念的解释规制机能,这是其优点。但刑法性法益概念却难以实现法益概念的立法规制机能。因为所有的刑事立法所规定的罪名,都会被认为侵害了某种法益,因而这些规定都是合理的。这就完全丧失了法益限制刑事立法权扩张与膨胀的功能性意义,而成为对现行法的单纯背书。因此,刑法性法益概念被认为"完全没有刑事政策意义,是对实体犯罪概念的一种牺牲,因为立法者自然会在每一个条款中追寻某种目的,所以当然就会有一个法益存在"[61]。宪法性法益概念是目前受到较多学者支持的法益概念,它从宪法的角度为刑事立法的合理性提供了清晰明确的评价标准。"宪法规范为刑事立法者的选择设定了明确的界限,他们不能用刑罚来制裁侵害宪法性法益之外的利益的行为。从宪法性法益概念出发,可以推导出一系列具体的、可用的刑事政策标准:专横的刑罚威胁保护的不是法益,纯粹的思想性目标设定所保护的不是法益,纯粹违反道德行为所侵害的不是法益,而秩序违反行为侵害的则是法益等等。"[62]上述讨论,可以给我们以直接的启发:其一,我国刑法中所说的社会关系,也应该是由宪法所创设并保护的人们在共同生产、生活中形成的人与人之间的相互关系。其二,社会关系说中的"社会",应该指的是以个人及其自由发展为目标进行建设的社会整体制度。这种社会制度建构的基石是基于对个人及其自由发展的尊重与促进,而不能以抽象的"社会"

---

60 〔德〕克劳斯·罗克辛:《德国刑法学总论》(第1卷),王世洲译,法律出版社2005年版,第15页。

61 〔德〕克劳斯·罗克辛:《德国刑法学总论》(第1卷),王世洲译,法律出版社2005年版,第14页。

62 〔德〕克劳斯·罗克辛:《德国刑法学总论》(第1卷),王世洲译,法律出版社2005年版,第15页。

"国家"的观念来取代、架空个人的权利。过去我国刑法理论在运用社会关系说的理论解释刑法中的罪名时,常流露出集体主义的倾向,忽略了对刑法所保护的社会关系能否还原于个人利益的考察,应予纠正。

36 因此,笔者主张,一方面,尊重中国刑法学的历史传统,在刑法学中保留社会关系这一概念;另一方面,考虑学术借鉴的需要与国际交流的便利,引入法益的概念并将其与社会关系的概念等同使用。

2. 社会危害性属性的判断

37 行为的社会危害性是仅仅理解为行为的客观属性,还是理解为行为的主客观要素的统一,学者间存在争论。传统的通说采主客观要素统一说,认为社会危害性应理解为主客观要素的统一,因为造成客观损害结果的行为,是受人的主观因素即意识和意志支配的,它表现了人的主观恶性,是主观见之于客观的东西。所以,社会危害性必然是客观因素与主观因素的统一。[63] 提倡客观属性说的学者则借鉴国外结果价值论的理论或者客观违法性的理论,认为社会危害性指行为客观上造成的危害,如果加入行为人主观方面的因素,就将行为的社会危害程度与行为人的刑事责任等同起来。[64]

38 以上两种观点分歧的根源在于,主客观要素统一说将社会危害性与犯罪的成立画上等号,即因为犯罪是主客观相统一的概念,所以社会危害性也应该是主客观相统一的;而客观要素说仅仅认为社会危害性是犯罪成立的一个条件,即将社会危害性等同于法益侵害,又只从客观违法的层面理解法益侵害,因而社会危害性仅说明行为客观上的危害。

39 笔者以为,上述两个层面的社会危害性概念都是能够成立的。从犯罪成立的角度而言,我国刑法所确定的犯罪的三个特征是层层收缩的关系。首先,具有严重社会危害性的行为范围最宽,它涵盖了仅具有客观危害的行为。例如精神病人或者 12 周岁以下的未成年人杀人的行为,也具有严重的社会危害性。其次,通过刑事违法性排除仅具有客观危害的行为。由于我国刑法对于犯罪的成立同时规定了责任能力、故意、过失等要件,意味着欠缺责任能力、故意或过失的行为不能构成犯罪,犯罪成立的范围依法进行了一次收缩。最后,通过应受刑罚惩罚性进一步收缩犯罪圈,根据"没有刑罚就没有犯罪"的罪刑法定基本原则,即便具有严重的社会危害性和刑事违法性的行为,如果刑法没有对之规定相应的刑罚(例如《刑法》第 100 条规定的不如实报告前科的行为),那么它也不是犯罪。从这个意义上讲,社会危害性是纯客观的概念。我们并不能认为精神病人或者 12 周岁以下的未成年人杀人的行为不具有社会危害性,也不能认为没有故意或过失的意外事件就一定没有社会危害性。

---

63 参见马克昌主编:《刑法》(第 4 版),高等教育出版社 2017 年版,第 25 页。

64 参见张明楷:《刑法学》(第 6 版),法律出版社 2021 年版,第 116 页;黎宏:《刑法学总论》(第 2 版),法律出版社 2016 年版,第 48—49 页。

而就一个已经符合了犯罪成立条件的行为而言,其社会危害性的判断显然是主客观相统一的。这里的社会危害性包括故意、过失这些主观罪过的内容。例如,故意杀人和过失致人死亡,客观上所造成的损害相同,但社会危害程度却大不一样。这是结合主观因素评价的结果,即故意有违法加重或责任加重的机能。因此我国刑法对两者的法定刑规定差别很大:《刑法》第 232 条规定故意杀人的,处死刑、无期徒刑或者 10 年以上有期徒刑;情节较轻的,处 3 年以上 10 年以下有期徒刑。第 233 条规定过失致人死亡的,处 3 年以上 7 年以下有期徒刑;情节较轻的,处 3 年以下有期徒刑。由此可见,这个意义上的行为的社会危害性及其程度,必须综合客观因素与主观因素统一加以评定。 40

3. 社会危害性严重与否的判断

具有社会危害性的行为非常多,但只有行为的社会危害性达到严重程度,才可能构成犯罪。因此,行为具有严重的社会危害性才是犯罪的本质特征。这在我国法律中也有明确规定。《刑法》第 13 条的但书明文规定,“情节显著轻微危害不大的,不认为是犯罪”,说明只有社会危害严重的行为,才能认为是犯罪。刑法分则条文关于具体犯罪的规定,也体现了上述观点:分则条文对于行为本身具有严重社会危害性的,未规定限制性情节,如背叛国家罪、故意杀人罪、强奸罪、抢劫罪等;对于社会危害性可能大也可能小的行为,则设置了限制性规定,如将“数额较大”“情节严重”“造成严重后果”“情节恶劣”等规定为基本犯罪构成的要件,用以作为区分罪与非罪的界限。概括起来说,就是行为具有严重的社会危害性,才可能构成犯罪。 41

决定犯罪的社会危害性的程度大小的因素,主要包括:其一,行为侵犯的客体,即行为侵犯了什么样的社会关系或者法益。例如,生命法益和身体法益在重要性程度上有所差别,因此,一方面,刑法对于故意杀人罪和故意伤害罪在法定刑的规定上存在较大差别;另一方面,过失致人死亡一律构成犯罪,过失致人伤害则只有致人重伤的情况下才构成犯罪。这都是源于侵犯的客体重要性有所不同。其二,行为的类型。不同的行为类型,反映的社会危害性程度有所区别。从立法的角度看,刑法将有的行为规定为犯罪,而对有的行为不规定为犯罪,都是基于有无社会危害性及社会危害性程度大小的考虑。比如,《刑法》第 213 条将“未经注册商标所有人许可,在同一种商品、服务上使用与其注册商标相同的商标”这一行为规定为假冒注册商标罪,而没有同时把“在同一种商品、服务上使用与其注册商标近似的商标”或者“在类似的商品、服务上使用与其注册商标相同的商标”规定为犯罪。这是因为后两种行为的社会危害性程度在当前社会背景下还不够严重,没有必要规定为犯罪。其三,行为的对象。行为对象不同,也可能影响到对行为的社会危害性及其程度的判断。比如,盗窃一般财物的,成立盗窃罪,盗窃枪支的,则成立盗窃枪支罪;强制猥亵妇女的,构成强制猥亵罪,猥亵儿童的,构成猥亵儿童罪,并不以手段的强制性为成立条件。其四,实施行为的手段、方法、次数、后果。对某些犯罪来说,行为的手段是否凶狠、是否残酷,使用暴力与否,在很大程度上决定着其社会危害性程度及行为性质。比如,抢劫罪的成立 42

要求有暴力、胁迫或者其他相应的手段,如果没有这些手段实施侵犯财产的犯罪,不可能成立抢劫罪,只可能成立盗窃罪、抢夺罪、诈骗罪等犯罪。故意伤害罪一般不判处死刑,但致人死亡或者以特别残忍手段致人重伤造成严重残疾的,则可以视情形判处死刑。其五,实施行为的时间、地点、场合、条件。这些因素有时也是决定行为社会危害性大小并决定其是否成立犯罪的因素,比如非法狩猎罪的成立,要求狩猎行为是在禁猎区(地点)、禁猎期(时间)或者使用禁用的工具、方法实施;叛逃罪的成立,要求国家机关工作人员在"履行公务期间"实施。其六,行为人的情况及主观因素。如行为人是成年人还是未成年人,犯罪是出于故意还是过失,犯罪有无特定目的,等等,它们对社会危害性及其程度大小都具有影响。

43 对于社会危害性的考察,需要秉持历史和发展的眼光。社会危害性是一个历史范畴。社会条件发生变化,可能导致某一行为是否具有社会危害性、危害性程度大小的评判结果亦发生变化。某一行为在过去具有社会危害性,现在却不具有社会危害性,甚至是有利于国家和人民的行为。例如,在中华人民共和国成立后相当长的一段时间内,由于生活物资匮乏,倒卖粮食、布匹等谋取利润的行为是投机倒把行为,情节严重的构成投机倒把罪。而在生产力发展到一定程度,特别是我国实行市场经济后,这种行为不但没有社会危害性,反而是促进物品流通、推动市场经济、方便人民生活的有益行为。此时,再坚持传统的观点,就容易产生错案。例如,王力军非法经营案。2016 年 4 月 15 日,巴彦淖尔市临河区白脑包镇永胜村农民王力军,因无证收购玉米数额达到 21 万余元,被临河区人民法院以非法经营罪判处有期徒刑 1 年,缓刑 2 年,并处罚金人民币 2 万元。12 月 16 日,最高人民法院作出(2016)最高法刑监 6 号再审决定书,指令由巴彦淖尔市中级人民法院对该市临河区人民法院一审判决生效的被告人王力军非法经营一案进行再审。巴彦淖尔市中级人民法院再审后认为,王力军于 2014 年 11 月至 2015 年 1 月期间,没有办理粮食收购许可证及工商营业执照买卖玉米,其行为违反了当时的国家粮食流通管理有关规定,但尚未达到严重扰乱市场秩序的危害程度,不具备与《刑法》第 225 条规定的非法经营罪相当的社会危害性和刑事处罚的必要性,不构成非法经营罪。原判决之所以出现适用法律错误,就是因为没有与时俱进地判断行为的社会危害性大小,没有考虑到在 21 世纪的今天,王力军这样的个人收购行为是否会导致粮食减少或者浪费因而影响居民的生活,是否会导致粮食价格上涨,是否会影响国家的粮食安全等问题,这在粮食紧缺的年代或许会得出肯定的结论,但在现在结论显然只会是否定的。与此相应,有些行为在过去被认为社会危害性不大、不值得刑罚处罚,但是,后来被认为具有较大的社会危害性、值得刑罚处罚。比如,单纯醉酒驾驶机动车的行为,过去被视为一般违法行为,但随着我国机动车数量的不断增长和该行为对公共安全的威胁加剧,其逐渐被认为具有较为严重的社会危害性。正是因为如此,刑法将其增设为危险驾驶罪。从事校车业务或旅客运输严重超载、超速的行为被增列进危险驾驶罪,理由也是如此。

二、刑事违法性

所谓刑事违法性,是指行为违反刑法条文的规定,换言之,行为符合刑法所规定的犯罪构成。这个特征意味着,某种行为即便具有严重的社会危害性,但如果刑法中没有明文规定,该行为仍然不是现行刑法中规定的犯罪。什么样的行为是犯罪,对该种行为要处以什么样的刑罚,事先必须有明文的法律规定;法律事先没有明文规定的行为,任何时候都不得被作为犯罪而受到处罚。这是罪刑法定原则的基本要求。从此意义上讲,犯罪的刑事违法性是罪刑法定原则在犯罪定义中的体现,也是犯罪的形式特征。具体而言,以金钱贿买选票的方式破坏农村村民委员会选举的行为是否构成破坏选举罪,在司法实践中存在争议。[65] 应当认为,考虑到宪法所规定的村民自治原则的重要性,破坏村民委员会选举行为的社会危害性或许并不亚于破坏或者妨害人大代表或者国家机关领导人员的选举,但该行为却不能构成犯罪,最重要的理由就是它不符合我国现行刑法中有关破坏选举罪的规定,不具有刑事违法性。现行刑法所规定的破坏选举罪,将成立范围限定在选举各级人民代表大会代表和国家机关领导人员,全国人大常委会于 2010 年、2018 年修订《村民委员会组织法》时,也没有将破坏村民委员会选举的行为规定为犯罪。该法第 17 条第 2 款规定:"对以暴力、威胁、欺骗、贿赂、伪造选票、虚报选举票数等不正当手段,妨害村民行使选举权、被选举权,破坏村民委员会选举的行为,村民有权向乡、民族乡、镇的人民代表大会和人民政府或者县级人民代表大会常务委员会和人民政府及其有关主管部门举报,由乡级或者县级人民政府负责调查并依法处理。"因此,在实际司法实践中,刑事违法性是犯罪成立不可逾越的藩篱。 44

不过,刑事违法性虽然是犯罪的形式特征,但它既然是严重的社会危害性在刑法中的反映,就不可能不具有实质性内容。由于我国实行的是犯罪与行政违法的二元化立法体制,汉语文字的特点必然导致法条有时会出现内容宽泛、模糊、不确定等现象,使得刑法条文的表述可能包含行政违法行为。因而公检法人员对于刑事违法性的理解不能仅停留在字面含义上,还必须贯彻社会危害性或者说法益侵害性的理论。当某种行为形式上符合刑法的规定,但实质上并没有严重的社会危害性,没有严重侵犯刑法所保护的法益时,不宜将该行为认定为符合刑法规定的犯罪。例如,《刑法》第 141 条规定了生产、销售假药罪,同时规定按照《药品管理法》确定假药的范围。《药品管理法》在 2019 年 8 月修订之前,其第 48 条规定,依法必须经过批准而未经批准生产、进口的药品,以假药论处。陆勇案即由此产生:陆勇于 2002 年被查出患有白血病,使用的国内抗癌药品"格列卫"系列系从瑞士进口,每盒 23500 元。2004 年 9 月,陆勇通过他人从日本购买由印度生产的同类药品,每盒约 4000 元。之后,陆勇开 45

---

65 参见鲜铁可等:《破坏村委会选举能否以犯罪论处》,载刘佑生主编:《疑案精解》(总第 2 辑),中国检察出版社 2004 年版,第 3 页。

始直接从印度购买抗癌药物,并通过 QQ 群等方式向病友推荐(每盒为 200 余元),帮病友代购药品。2014 年 7 月 22 日,沅江市人民检察院对陆勇代购药品的行为以销售假药罪提起公诉。随后,上百名白血病患者联名写信,请求司法机关对陆勇免予刑事处罚。2015 年 1 月 27 日,沅江市人民检察院撤回起诉,随后作出不起诉决定。[66] 此案的症结在于,司法者机械地理解刑法的规定,没有合理区分行政法对药品管理秩序的保护与刑法保护药品管理秩序这一公法益之间的界限,没有考虑刑罚作为一种最严厉的制裁手段所应具备的适用前提。将未经批准进口的合格药品认定为假药,从国家对药品进行行政管理与规范的角度而言并无不妥。但刑法规定生产、销售假药罪表面上是为了维护药品管理秩序,归根到底则是为了保护公众的健康,在陆勇案中,行为人出售的药品虽然没有取得进口批准,但其行为却帮助患者延续了生命。他针对特定人出售特定合格药品的行为,并没有危害国民的个人法益。可见,危害患者生命、健康的假药与未经批准进口的合格药品(在药品管理法上也被认定为假药)在刑法上是无法相提并论的,对这种行为不应以销售假药罪论处。2019 年 8 月 26 日,《药品管理法》作了修订,修改了假药的定义,不再将"未经批准生产、进口的药品"视为假药。《刑法修正案(十一)》则增设了新的妨害药品管理罪,对违反药品管理法规,未取得药品相关批准证明文件生产、进口药品或者明知是上述药品而销售,足以严重危害人体健康的行为加以处罚。这都说明未经批准生产、进口药品或者明知是上述药品而销售的行为与生产、销售假药的行为存在本质上的差异。如果需要对该种行为进行刑事处罚,只通过增设新的罪名的方式来加以实现,而不应机械地适用生产、销售假药罪的规定。赵春华非法持有枪支案也是如此。[67] 虽然公安部作为枪支管理主管部门有权制定枪支认定标准的规定,但是行政规章合法有效,并不意味着可以直接适用于刑事案件。刑法之所以将有关枪支的犯罪规定在危害公共安全罪中,就是因为枪支具有显著的杀伤力,具有导致不特定或者多数人伤亡的危险。换言之,刑法分则规定的枪支犯罪,不是以单纯保护枪支管理秩序为目的,归根到底是为了保护公众的生命、身体安全。因此,不能将行政机关出于枪支管理目的所认定的枪支,直接作为刑法上的枪支。

三、应受刑罚处罚性

46　所谓应受刑罚处罚性,是指行为应当受到刑罚处罚。应受刑罚处罚性是否属于犯罪的特征,理论上也长期存在不同意见。通说将其视为犯罪的第三个特征。否定说则认为应受刑罚处罚性不是犯罪的特征,因为:"第一,应受刑罚惩罚性是犯罪的法律后果,不是犯罪的基本特征。……第二,将应受刑罚惩罚性列为犯罪的基本特征之

66　参见陈文广、周勉:《沅江检方决定不起诉"抗癌药代购第一人"》,载《新华每日电讯》2015 年 2 月 27 日。

67　参见天津市第一中级人民法院(2017)津 01 刑终 41 号刑事判决书。

一并无必要。……第三,不是应受刑罚惩罚性制约犯罪,而是严重的社会危害性决定行为构成犯罪,从而决定行为应受刑罚处罚。……第四,在犯罪定义中将应受刑罚惩罚性列为犯罪的一个基本特征,在逻辑上犯了循环定义的错误。……第五,从刑法分则对犯罪的规定来看,也不便说应受刑罚惩罚性是犯罪的基本特征。……第六,外国不少立法例,并未把应受刑罚惩罚性列为犯罪的特征。"[68]新近还有学者认为,应受刑罚处罚性是犯罪的特征,但不是犯罪的第三个特征,而是犯罪的第二个特征(可称为"第二特征说")。"将应受刑罚处罚性作为社会危害性之后的犯罪的第二个特征,不仅意味着行为的社会危害性的程度要达到值得刑罚处罚的程度,而且还意味着即便行为客观上对刑法所保护的法益造成了侵害,但如果行为当时,行为人不是出于故意、过失,或者未达刑事责任年龄,或者没有辨认、控制自己行为的能力的话,也仍然不能考虑为犯罪。"[69]

概括而言,上述否定说认为应受刑罚处罚性属于犯罪的法律后果而不是犯罪的 47
法律特征。而第二特征说则将应受刑罚处罚性直接理解为犯罪成立的有责性要素,从而与论者将社会危害性解释为不法要素相一致,即犯罪的成立需要具备"不法、责任"两个要件。

笔者主张应受刑罚处罚性是犯罪成立的第三个特征,这一点上与通说的立场形 48
式上相一致。但通说的表述的确容易引起误解,如有的学者直接表述为:应受刑罚处罚性是行为的社会危害性和刑事违法性的法律后果。[70] 这就陷入了否定说所批判的理论误区。需要论述的是犯罪的特征有哪些,回答的却是犯罪的法律后果是什么,明显属于答非所问。第二特征说属于对《刑法》第 13 条的论理解释,但裁剪法条以适宜理论需求的痕迹过重。将应受刑罚处罚性解释为有责性,既不符合"应受刑罚处罚性"的字面含义和文字的最大射程,也不符合国民的一般预测可能性。那么应受刑罚处罚性作为犯罪成立的第三个特征,究竟有何实质价值使其能够独立为一个特征呢?按照传统的刑法理论,一个已经具备了严重社会危害性和刑事违法性的行为,就已经是犯罪行为了,这便使得通说的立场饱受质疑。但问题出在通说对于犯罪成立条件的理解,而不是将应受刑罚处罚性列为犯罪第三特征有不妥。传统的理论在犯罪成立条件的问题上不考虑预防的必要,而将预防问题视为刑罚论的课题。但是,在司法实务中,对行为人是否有必要用刑罚加以惩罚又是认定其是否成立犯罪事实上要考虑的因素。正因为如此,我国过去的司法解释曾规定:"第一次性行为违背妇女的意志,但事后并未告发,后来女方又多次自愿与该男子发生性行为的,一般不宜以强奸

---

68 马克昌主编:《犯罪通论》,武汉大学出版社 1991 年版,第 16—18 页。

69 黎宏:《刑法学总论》(第 2 版),法律出版社 2016 年版,第 50—51 页。

70 参见王作富主编:《刑法》(第 6 版),中国人民大学出版社 2016 年版,第 35 页。

罪论处。"[71]根据传统的犯罪构成理论,行为人第一次的行为已经构成强奸罪,此后被害人是否告发、其与被害人的关系发展如何,都不应当对犯罪的成立有所影响。因而这一司法解释被视为刑事政策的体现。但由于"刑法是刑事政策不可逾越的藩篱",由于在刑法教义学上无法对之作出合理解释,所以批评这一解释的观点一直存在,理论与司法实践之间的裂痕难以弥补。但如果我们扩展视野,注意到国外刑法学的新发展尤其是目的理性的犯罪论体系的兴起,就可能对这一问题给出完全不同的答案。目的理性的犯罪论体系是以抑止刑论即一般预防论这一刑事政策作为核心的,使刑法的体系从道德伦理中解放出来,从合理性的、经验科学的角度对理论体系加以建构。在方法论上,与体系的、逻辑的整合性相比更注重问题解决的思维方式。目的理性的犯罪论体系立于以一般预防论为基础的刑事政策的刑法理论的立场,使古典的犯罪论体系成为其体系的基础。此外,目的理性的犯罪论虽然强调结果无价值论,但为了解决现代的各种问题而对各个具体的要素进行了修正,并通过提出新的概念或在概念中增加新的内容,使犯罪论体系成为解决问题的装置。根据这一理论,责任的内涵不只是非难可能性,还包括预防的必要。"在这里,对于罪责这个各种刑罚必不可少的条件,总还必须补充进刑事惩罚的(特殊或者一般)预防必要性。因此,罪责和预防性需要是相互限制的,然后才能共同产生引起刑罚的行为人个人的'责任'。这种把传统的罪责范畴与预防性目标设定相结合的做法,对许多问题的解释有重要意义。"[72]有鉴于此,笔者认为,应受刑罚处罚性是犯罪成立的第三个特征,其价值是对具备了严重的社会危害性和刑事违法性的行为,再进行一次应否受到刑罚处罚的出罪化检验。如果一般预防与特殊预防的必要性都不大,就没有必要对行为人进行刑罚处罚,可以采取其他更为轻缓化的制裁手段,于是就可以将该行为排除在犯罪圈之外。

V　但书的理解

49 《刑法》第13条在从正面明确规定什么是犯罪之后,又在后半段规定"但是情节显著轻微危害不大的,不认为是犯罪"。这一规定就是人们通常所说的《刑法》第13条的但书规定。所谓"情节",是指行为过程中影响社会危害性(法益侵害)程度的各种情况,既包括客观的要素,也包括主观的要素。"显著轻微"是比"情节轻微"更轻的情况,意味着从刑法的角度来看危害微不足道。"危害不大"是指没有造成较大的危害结果。至于情节是否显著轻微危害不大,应根据案件的具体情况加以判断。"不认为是犯罪",即刑法不认为是犯罪,故司法机关也不得以犯罪论处。换言之,它不构

71　最高人民法院、最高人民检察院、公安部1984年4月26日公布的《关于当前办理强奸案件中具体应用法律的若干问题的解答》。

72　〔德〕克劳斯·罗克辛:《德国刑法学总论》(第1卷),王世洲译,法律出版社2005年版,第123页。

成犯罪。但书与前半段犯罪定义的规定一起,奠定了中国特色的犯罪概念。

一、但书的功能

但书具有限制犯罪成立的功能,这是我国刑法理论与司法实务的共识。但对于如何运用但书来控制犯罪成立的范围,刑法理论与司法实务则存在两种不同的见解。 50

出罪标准说将但书的功能定位于“出罪”,主张先形式地判断行为符合犯罪构成,再实质地判断符合犯罪构成的行为不具有值得刑罚处罚的社会危害性,进而直接根据但书宣告行为人无罪。根据该说,罪与非罪的认定,不仅受犯罪构成的形式制约,而且受社会危害性的实质限定,从而形成以犯罪构成为核心的形式判断与以社会危害性为核心的实质判断这种二元化的犯罪判断标准。该说认为,但书的实质是将符合具体犯罪构成但社会危害性不大的行为排除在犯罪圈之外,犯罪圈的划定由《刑法》第 13 条的正文和但书共同完成。因而犯罪的认定分为两步:第一步,看是否符合犯罪构成,如果不符合,则直接排除其犯罪性(形式判断);第二步,看是否属于“情节显著轻微危害不大”,如果属于就不认为是犯罪,反之则认为是犯罪(实质判断)。这样,只有那些虽符合具体犯罪构成且不符合但书规定的行为,才能认定为犯罪。[73] 为此,“犯罪构成只是犯罪成立的必要条件,而不是充分条件,更不是充要条件;不具备犯罪构成的行为必然不成立犯罪,具备了犯罪构成的行为并不必然成立犯罪”[74]。我国一部分司法解释似乎采用的是出罪标准说。例如,2001 年 9 月 17 日最高人民法院《对执行〈关于审理非法制造、买卖、运输枪支、弹药、爆炸物等刑事案件具体应用律若干问题的解释〉有关问题的通知》第 1 条规定:“对于《解释》施行前,行为人因生产、生活所需非法制造、买卖、运输枪支、弹药、爆炸物没有造成严重社会危害,经教育确有悔改表现的,可以依照刑法第十三条的规定,不作为犯罪处理。”这是明确按照但书规定予以出罪的司法解释。司法个案中也有直接援引但书规定出罪的例子,如著名的蒲连升、王明成故意杀人案。该案被称为是我国安乐死第一案,但判决书中并没有出现“安乐死”一词。1991 年 2 月 28 日最高人民法院给陕西省高级人民法院的批复中明确指出:“你院请示的王明成、蒲连升故意杀人一案,经高法讨论认为:‘安乐死’的定性问题有待立法解决,就本案的具体情节,不提‘安乐死’问题,可以依照(1979年)《刑法》第 10 条的规定,对王、蒲的行为不作犯罪处理。”[75]这是在肯定行为的故意杀人的性质的前提下,以但书规定作为出罪的根据。 51

入罪限制条件说将但书的机能定位于对入罪的限制,认为在界定行为是否符合犯罪构成时,应同时考虑但书的限制性规定,主张符合但书规定的行为原本就不符合 52

---

73 参见储槐植、张永红:《善待社会危害性观念——从我国刑法第 13 条但书说起》,载《法学研究》2002 年第 3 期。

74 王政勋:《论社会危害性的地位》,载《法律科学》2003 年第 2 期。

75 转引自陈兴良:《但书规定的规范考察》,载《法学杂志》2015 年第 8 期。

犯罪构成。这种观点认为,犯罪概念不是认定犯罪的具体标准,但书也不是宣告无罪的直接依据;如果行为符合犯罪构成,却又根据但书宣告无罪,会使得刑法规定的犯罪构成丧失应有意义,也违反了《刑法》第3条有关罪刑法定原则的规定;只要行为符合具体的犯罪构成,就应当认定为犯罪而不能以"情节显著轻微危害不大"为由宣告无罪。刑法在规定犯罪构成时,必然对符合犯罪构成的行为进行实质评价,刑法的解释者、适用者在解释、适用犯罪构成时,也必须从实质上理解,只能将值得科处刑罚的违法、有责的行为解释为符合犯罪构成的行为,因而应以行为不符合犯罪构成为由宣告无罪,而不是直接以但书宣告无罪。[76]

53 出罪标准说与入罪限制条件说都旨在贯彻将"情节显著轻微危害不大"的行为逐出犯罪成立范围的《刑法》第13条但书的精神,只要两说都得到忠实运用,在最终结论上没有区别。但两说仍有不同,核心差异在于是否坚持犯罪构成是认定犯罪的唯一标准。入罪限制条件说坚持犯罪构成是认定犯罪的唯一标准,行为符合犯罪构成,就表明行为已经具有严重的社会危害性、刑事违法性和应受刑罚处罚性,就成立犯罪。因而,犯罪构成既是入罪标准也是出罪标准,但书不是独立于犯罪构成之外的单独出罪标准。出罪标准说则将犯罪概念尤其是但书规定视为独立于犯罪构成之外的单独出罪标准,即是否构成犯罪具有犯罪构成(形式标准)和但书(实质标准)这种"双重标准"。

54 比较而言,入罪限制条件说更为合理,理由如下:

55 第一,我国《刑法》第13条但书的规定渊源于苏联刑法。1962年《苏俄刑法典》第7条规定:"形式上虽然符合本法典分则所规定的某种行为的要件,但是由于显著轻微而对社会并没有危害性的作为或者不作为,都不认为是犯罪。"苏联解体以后的《俄罗斯联邦刑法典》关于犯罪概念的规定承袭了《苏俄刑法典》的犯罪混合概念,同样也承续了犯罪概念的但书规定。《俄罗斯联邦刑法典》第14条第2款规定:"行为(不作为)虽然形式上含有本法典规定的某一行为的要件,但由于情节轻微而不构成社会危害性,不是犯罪。"[77]与前述法典相比,我国刑法的但书规定删除了"行为在形式上虽然符合本法分则条文的规定",从而从立法上彻底排除了将犯罪构成形式化的法律依据。

56 第二,犯罪构成的基础是犯罪概念,犯罪构成是犯罪概念的具体化。"仅仅根据犯罪概念所揭示的两个基本特征来把握犯罪行为毕竟还是很抽象的。因为,据此还不能具体、详尽地了解犯罪行为的内部结构,这就无法弄清楚各种危害行为究竟是如何成立犯罪的;要成立犯罪,行为应当具备哪些要件;在表现形式不一的各种犯罪行

---

76 参见张明楷:《刑法学》(第6版),法律出版社2021年版,第119页;黎宏:《刑法学总论》(第2版),法律出版社2016年版,第52页。

77 俄罗斯联邦总检察院编:《俄罗斯联邦刑法典释义》(上册),黄道秀译,中国政法大学出版社2000年版,第21页。

为中,此一犯罪与他一犯罪是如何区分的,在同种犯罪中,此种犯罪形态与他种犯罪形态是如何划分的等等。了解这些问题,只有通过犯罪构成来进行。犯罪构成及其理论也正是在犯罪概念所揭示的犯罪的基本特征的基础上,来进一步阐明具有这种基本特征的犯罪行为的内部结构及其成立要件。简言之,在我国刑法中,犯罪概念是说明犯罪是什么,它具有什么基本属性;而犯罪构成是在此基础上进一步说明犯罪是如何构成、成立犯罪需要具备哪些要件。"[78]因此,作为犯罪概念具体化的犯罪构成,必然包括了严重的社会危害性、刑事违法性和应受刑罚处罚性这三个犯罪基本特征的全部内涵。行为符合犯罪构成,就意味着该行为成立犯罪。在犯罪构成之外以但书出罪,割裂了犯罪构成与犯罪概念的对应关系,忽视了犯罪构成的实质属性。

第三,出罪标准说的提倡往往与改造我国犯罪构成理论是联系在一起的。部分 57
学者试图改造我国平面、耦合的犯罪构成理论,而主张将犯罪构成作形式性理解,另外增设其他排除犯罪性标准,将我国的犯罪成立条件理论也改造成阶层的犯罪论体系。如有的学者主张在不伤筋动骨的前提下对现有的犯罪构成理论进行适当改造,在传统犯罪构成的基础上,增加但书、正当行为、期待可能性作为犯罪成立的消极条件[79];有的学者则主张,"但书不仅仅是轻微违法的阻却事由,而且应当包含相当于三阶层体系中阻却构成要件符合性、阻却违法和阻却责任的全部内容"[80]。这类观点事实上已经变更了通说犯罪构成的内涵与外延,导致问题的讨论完全失去了统一的平台。具体而言,我国刑法理论所称的犯罪构成,原本相当于大陆法系所说的犯罪论体系。大陆法系国家的犯罪论体系也是犯罪成立的全部条件,不存在独立于犯罪论体系的其他入罪或出罪条件,这一认识与我国对犯罪构成的认识是完全一致的。而这类观点实质上是将我国的犯罪构成降格理解为类似于大陆法系的构成要件该当性或不法的要件,并将但书理解为排除犯罪的要件。站在支持改造犯罪成立体系的角度,这种努力当然值得鼓励。但问题在于这种改造很难达至理想的效果。如果在传统犯罪构成的基础上,增加但书、正当行为、期待可能性作为犯罪成立的消极条件,那么这种所谓的犯罪构成内涵是什么,它显然不限于构成要件的该当性,至少还包括有责性中需要积极判断的要素。而且但书与正当行为这种阻却违法事由以及期待可能性这种阻却责任事由是什么关系,恐怕也很难梳理清楚。正因如此,才出现有学者主张"但书不仅仅是轻微违法的阻却事由,而且应当包含相当于三阶层体系中阻却构成要件符合性、阻却违法和阻却责任的全部内容",这就是将但书视为构成要件该当性阻却事由、违法阻却事由和责任阻却事由的集合,而实质上将犯罪构成理解成日本构成要件理论中的违法、有责类型说。"与德国的学说相比较,日本具有特征性的观点

---

78 马克昌主编:《犯罪通论》,武汉大学出版社 1991 年版,第 16—18 页。

79 参见王政勋:《犯罪论比较研究》,法律出版社 2009 年版,第 550 页以下。

80 王强:《我国〈刑法〉第 13 条但书规定新解——兼论但书在犯罪构成理论中的展开》,载《法律科学》2011 年第 5 期。

是,不仅从构成要件与违法性的关系的角度,而且也从构成要件与责任的关系的角度考察构成要件的性质的见解非常有力。”[81]然而,一方面但书避免不了对犯罪的成立与否只进行一次性判断的批评[82];另一方面但书所排除的是情节显著轻微危害不大的行为,而不是没有危害的行为。它并非对正当化事由的规定,而只是类似于大陆法系的可罚的违法性阻却事由,上述观点显然偏离了刑法但书规定的固有含义。总之,出罪标准说与入罪限制条件说分歧的关键在于犯罪构成是否为认定犯罪的唯一标准,而这些学说既根本性改变了犯罪构成的含义,改变了讨论的前提,又难以真正建构起合理的犯罪成立体系。

58　第四,入罪限制条件说强调犯罪构成的入罪功能,但并不否定犯罪构成的出罪功能。出罪标准说的学者往往认为,将但书视为独立的出罪标准,既不违反刑法的罪刑法定原则,也更符合刑法谦抑性的要求。[83] 他们认为,即便犯罪构成是入罪的唯一标准,也不等于说犯罪构成是认定无罪的唯一标准,认定为无罪的标准很多,既可以在犯罪构成(实定法)之内,也可以在犯罪构成(实定法)之外。[84] 然而,出罪与入罪原本就是一体两面的关系,如同一枚硬币的正反面,以一方完全排斥另一方是不可能的。认为犯罪构成是入罪标准却不是出罪标准,意味着对犯罪构成在入罪时进行实质理解,在出罪时进行形式理解,显然存在逻辑上的矛盾与概念理解上的不统一。通说认为,犯罪构成是入罪的唯一标准,当然同时也就意味着其包含了出罪的因素,即某种行为要构成犯罪,必须不属于情节显著轻微危害不大的情况。当刑法在条文中明示了“数额较大”“情节严重”等入罪量的因素的情况下,司法官员较为容易地不会忽略犯罪构成中对罪量的要求;而当刑法条文中并未明文规定量的因素时,也不能径直认为某种行为一经实施就构成犯罪。例如,《刑法》第 353 条第 1 款规定的引诱、教唆、欺骗他人吸毒罪与《治安管理处罚法》第 73 条“教唆、引诱、欺骗他人吸食、注射毒品的”在行为模式的描述上完全一致(顺序略有不同)。《刑法》第 359 条第 1 款规定的引诱、容留、介绍卖淫罪与《治安管理处罚法》第 67 条“引诱、容留、介绍他人卖淫”的规定也是完全重合的。此时,不能认为只要实施了上述行为就符合刑法所规定的该罪的犯罪构成。而只能认为,情节显著轻微危害不大的教唆、引诱、欺骗他人吸食、注射毒品的行为,原本就只符合《治安管理处罚法》的规定,并不符合刑法规定的引诱、教唆、欺骗他人吸毒罪的犯罪构成。因此,入罪限制条件说既实现了限制犯罪成立范围的目的,又避免了削弱犯罪构成在犯罪论体系中地位的负面作用。

81　〔日〕山中敬一:《刑法总论》(第 2 版),成文堂 2008 年版,第 154 页。

82　参见〔日〕井田良:《讲义刑法学·总论》,有斐阁 2008 年版,第 93 页。

83　参见杨忠民、陈志军:《刑法第 13 条“但书”的出罪功能及司法适用研究》,载《中国人民公安大学学报(社会科学版)》2008 年第 5 期。

84　参见张波:《刑法学的若干基本理论探讨》,载《现代法学》2004 年第 6 期。

二、但书的适用范围

但书这一刑法总则的规定，是否适用于刑法分则规定的所有罪名，理论上也有不同意见。一种观点认为，总则犯罪概念的规定对于分则的所有犯罪都具有指导意义。"虽然并非每个刑法总则条文对于分则条文都可以适用，但《刑法》总则第 13 条作为犯罪的一般定义，理应对于刑法分则中的每个具体犯罪都具有指导和制约的作用。而'但书'条款又是《刑法》总则第 13 条的有机组成部分，因而可以推定，'但书'条款应当适用于刑法分则规定的每个具体犯罪。"[85]另一种观点认为，但书不能完全适用于刑法分则规定的所有罪名，或者说不能适用于刑法分则中规定的相当一部分罪名。至于哪一些罪名不适用但书的规定，学者之间的看法也不一致。[86] 59

笔者认为，《刑法》第 13 条但书与但书之前的内容构成了我国"立法定性+定量"的犯罪概念，这意味着所有能够构成犯罪的行为都必须不是情节显著轻微危害不大的行为。因而，犯罪概念对刑法分则每个具体犯罪都具有指导和制约的作用。但是，但书所针对的"情节显著轻微危害不大"的行为是否有可能存在于分则规定的每一个犯罪之中，还需要做进一步的考察。从我国刑法的规定来看，存在以下两种情况： 60

1. 刑法分则未作"数额较大""情节严重""情节恶劣"等罪量规定的犯罪

这类犯罪在我国刑法中既包括重罪也包括轻罪，视其具体情况又可分为以下类型： 61

类型一：故意杀人罪。生命权是自然人最重要的法益，是其他所有权利的依归。法律对公民的生命给予绝对保护。因而刑法对故意杀人罪的构成要件只作定性描述，并且采用简单罪状的方式对其构成要件作了内涵最少、外延最广的表述，使其保护公民生命法益的范围尽可能严密，在法定刑的配置上亦绝无仅有地将死刑作为首选刑种。因此，只要行为符合故意杀人罪构成要件的定性描述，又不存在阻却违法事由和阻却责任事由，即应以故意杀人罪论处。但书在故意杀人罪构成要件的判断过程中并无适用的空间，不能一方面认为行为人的行为属于故意杀人性质，另一方面又认为这种故意杀人行为情节显著轻微危害不大。我国司法实务中对于蒲连升、王明成故意杀人案的处理是错误的。即便认为他们的行为不构成犯罪，也是因为他们的行为属于安乐死行为，而安乐死行为被一部分国家以及我国的一部分人认为阻却行为的违法性。但即使采纳这一见解，也是将安乐死行为视为合法行为，而不应认为这种行为属于违法行为，但情节显著轻微危害不大。 62

类型二，抢劫罪、强奸罪等立法者鉴于行为侵害的法益比较重大、侵犯法益的方式比较严重或者主观罪过比较严重，只对行为构成犯罪的类型特征作了定性描述，而 63

---

85 刘宪权、周舟：《〈刑法〉第 13 条"但书"条款司法适用相关问题研究——兼论醉驾应否一律入罪》，载《现代法学》2011 年第 6 期。

86 参见王尚新：《关于刑法情节显著轻微规定的思考》，载《法学研究》2001 年第 5 期；张永红：《我国刑法第 13 条但书研究》，法律出版社 2004 年版，第 52 页。

未明文规定罪量要素的犯罪。这类行为通常实施就属于情节严重的情况,应该构成犯罪。但也不能排除极其例外的情况,如中学生针对同学实施的数额不大、未造成严重后果的抢劫行为;又如已满 14 周岁不满 16 周岁的人偶尔与幼女发生性关系的某些情况。对这些特殊情况,存在适用但书的余地。

64 类型三,非法拘禁罪、非法搜查罪、非法侵入住宅罪等立法者在刑法分则中只对行为构成犯罪的类型特征作了定性描述,但行政法也以同样的文字规定该行为为行政不法,因而同一构成要件行为形式上分属行政不法构成要件与犯罪构成要件的犯罪。基于我国二元制的立法体制,应当认为有一部分行为属于"情节显著轻微危害不大"的情况而仅成立行政法上的违法行为。

2. 刑法分则作了"数额较大""情节严重""情节恶劣"等罪量规定的犯罪

65 刑法分则中的一部分犯罪,明确以"情节严重""情节恶劣""数额较大""造成严重后果"等作为其成立犯罪的条件。对此类犯罪,需要注意的是,如果入罪条件规定的仅是"数额较大""造成严重后果"等单项条件,那么仍然有但书适用的余地。因为但书中的"情节"是综合性的情节,并不局限于后果、数额。但如果刑法规定的是以"情节严重""情节恶劣"作为入罪条件,那么情节不严重、不恶劣就无法成立犯罪,此时自然就没有适用但书的可能性。以盗窃罪为例,例如文某盗窃案。被告人文某,男,1982 年 5 月 15 日生,无业。法定代表人王某(本案失主),系被告人文某之母。1999 年 7 月间,文某因谈恋爱遭到王某反对,被王某赶出家门。之后,王某换了家里的门锁。数日后,文某得知其母回娘家,便带着女友撬锁开门入住。过了几天,因没钱吃饭,文某便同女友先后三次将家中康佳 21 寸彩电一台、荣事达洗衣机一台、容声冰箱一台、华凌分体空调四台变卖,共得款 31500 元。案发后,公安机关将空调一台和洗衣机一台追回发还其母,其余物品获得退赔 14500 元。此案,检察机关以盗窃罪提起公诉,法院则判决文某的行为不构成犯罪。[87] 笔者认为法院的判决是正确的。此案中文某的行为无疑属于盗窃行为,即便认为其属于亲属相盗,也不能否认其行为属于秘密窃取他人占有的财物的性质。而且所窃取的财物数额也达到了数额较大的标准。但综合全案,不宜认为该行为属于情节严重到需要以刑罚处罚的程度。再以醉酒驾驶型危险驾驶罪为例,理论和实务界对于该罪能否适用《刑法》第 13 条但书的规定存在激烈的争论。事实上,醉酒驾驶型危险驾驶罪并不属于刑法没有规定罪量的犯罪,因为只有醉酒驾驶的才构成危险驾驶罪,酒后驾驶的则应当按照《道路交通安全法》的有关规定予以行政处罚。醉酒驾驶与酒后驾驶的区分标准在于血液中检测出的酒精浓度:酒精浓度超过 80 毫克/100 毫升的,就是醉酒驾驶,没有达到 80 毫克/100 毫升的,则是酒后驾驶。这当然是量的因素在犯罪成立时的体现。不过,由于刑法仅规定了酒精含量这一种量的因素,因而并不能排除还存在其他情节显著轻

---

87 参见最高人民法院刑事审判第一庭、第二庭编:《刑事审判参考》(总第 13 辑),法律出版社 2001 年版,第 24—29 页。

微危害不大的情况，例如，因代驾“碰瓷”[88]而被迫醉驾且距离不长的行为等，在某些情况下可能属于情节显著轻微危害不大的情况，否则不利于对“碰瓷”行为的打击。因此，对于醉酒驾驶机动车的被告人，还是应当综合考虑被告人的醉酒程度、机动车类型、车辆行驶道路、行车速度、是否造成实际损害等情况，如果属于但书所规定的情节显著轻微危害不大的类型，就不应当以犯罪论处。

---

88 这是实务中出现的一种碰瓷手法。不法分子在酒店附近寻找目标，提供代驾服务，同时通过手机向同伙实时传送位置。在到达代驾目的地附近时，代驾人以各种借口停止驾驶，离开代驾车辆，把醉酒人留在车上，此时地点往往距离目的地很近，醉酒人出于麻痹大意和侥幸心理，不会继续找代驾，而是选择自己驾驶。而只要醉酒人坐上驾驶座位，发动车辆，一直跟踪的同伙车辆，就会立即与醉酒人驾驶的车辆发生剐蹭。此时，醉酒人立即陷入困境：如果报警，可能需要承担刑事责任；如果不报警，可能被敲诈高额补偿。

第十四条　故意犯罪

明知自己的行为会发生危害社会的结果，并且希望或者放任这种结果发生，因而构成犯罪的，是故意犯罪。

故意犯罪，应当负刑事责任。

文献:〔德〕克劳斯·罗克辛:《德国刑法学总论》(第1卷),王世洲译,法律出版社2005年版;姜伟:《罪过形式论》,北京大学出版社2008年版;陈磊:《犯罪故意论》,中国人民公安大学出版社2012年版;陈兴良:《教义刑法学》(第2版),中国人民大学出版社2014年版;〔日〕松原芳博:《刑法总论重要问题》,王昭武译,中国政法大学出版社2014年版;〔德〕乌尔斯·金德霍伊泽尔:《刑法总论教科书》(第6版),蔡桂生译,北京大学出版社2015年版;黎宏:《刑法总论问题思考》(第2版),中国人民大学出版社2016年版;冯军:《刑事责任论》(修订版),社会科学文献出版社2017年版;张明楷:《刑法学》(第6版),法律出版社2021年版;周光权:《刑法总论》(第4版),中国人民大学出版社2021年版。周光权:《论放任》,载《政法论坛》2005年第5期;冯军:《刑法的规范化诠释》,载《法商研究》2005年第6期;于志刚:《犯罪故意中的认识理论新探》,载《法学研究》2008年第4期;劳东燕:《犯罪故意理论的反思与重构》,载《政法论坛》2009年第1期;冯军:《论〈刑法〉第133条之1的规范目的及其适用》,载《中国法学》2011年第5期;冯军:《刑法中的责任原则——兼与张明楷教授商榷》,载《中外法学》2012年第1期;陈璇:《责任原则、预防政策与违法性认识》,载《清华法学》2018年第5期;田宏杰:《走向现代刑法:违法性认识的规范展开》,载《政法论坛》2021年第1期。

细目录

Ⅰ　主旨

Ⅱ　沿革

Ⅲ　故意中的认识因素

一、事实性认识的范围

二、违法性认识的要否

三、故意的认识程度

四、“明知”认定的规范化

五、本条中的“明知”与分则中的“明知”

Ⅳ　故意中的意志因素

V 直接故意与间接故意

I 主旨

责任主义原则要求,只有当行为人主观上具备罪过(故意或者过失)时,才可以追究行为人的刑事责任。本条便是对该内容的具体体现,其中,第 1 款规定了故意犯罪的概念,第 2 款明确了刑法以处罚故意犯罪为原则。故意犯罪与故意(犯罪故意)是本质不同的两个概念,故意犯罪是指一类犯罪的统称,而故意则是指一种罪过心态。从形式上看,本条规定的是"故意犯罪",但是从实质上看,本条除"犯罪故意"的内容以外,并不具有其他实质内容。 1

II 沿革

在本条的内容上,现行《刑法》与 1979 年《刑法》保持一致。不过,在 1979 年以后,立法者也曾经提议要修改"故意犯罪"的规定。例如,1995 年 8 月 8 日的《中华人民共和国刑法(总则修改稿)》、1996 年 6 月 24 日的《中华人民共和国刑法(总则修改稿)》、1996 年 8 月 8 日的《中华人民共和国刑法(总则修改稿)》将"故意犯罪"和"过失犯罪"规定在一个条文之中。[1] 2

III 故意中的认识因素

本条中"明知自己的行为会发生危害社会的结果"的规定表明,故意的成立必须具备认识因素。认识因素所涉及的核心问题是,故意的成立需要具备怎样的认识范围和认识程度。 3

一、事实性认识的范围

事实性认识,是指行为人对构成要件中完全不需要评价的事实的认识,例如"人""火车""妇女"等。行为人对需要评价的事实的认识(例如,对"珍贵动物""淫秽物品"等的认识),属于违法性认识。[2] 例如,某动物是否属于大熊猫,是事实性认识的问题,而大熊猫是否属于《刑法》第 151 条中的"珍贵动物",则是违法性认识的问题。一般而言,成立故意所必须具备的事实性认识包括以下五个方面[3]:第一,行为的性 4

---

1 参见高铭暄、赵秉志编:《新中国刑法立法文献资料总览》(第 2 版),中国人民公安大学出版社 2015 年版,第 417、444、450 页。

2 参见冯军:《刑事责任论》(修订版),社会科学文献出版社 2017 年版,第 148 页以下。

3 以下内容参见冯军:《刑事责任论》(修订版),社会科学文献出版社 2017 年版,第 150—154 页;张明楷:《刑法学》(第 6 版),法律出版社 2021 年版,第 338—344 页;周光权:《刑法总论》(第 4 版),中国人民大学出版社 2021 年版,第 152 页以下。

质。包括行为的自然性质和社会性质,但不包括行为的法律性质。只有行为人对行为的性质具有认识时,才可能成立故意。例如,在枪杀案中,行为人只有认识到自己的行为是在朝他人射击,才能认定行为人具备故意杀人罪的故意。如果行为人认识到自己只是举枪吓唬他人,却不慎走火,则不能认定其具备故意杀人罪的故意。第二,行为的结果。该结果不是指行为所产生的任何结果,而是指法律所设定的危险犯中的危险状态或者结果犯中的实害结果。在结果加重犯中,基本结果是故意的认识内容,对加重结果的认识则不是故意成立所必须具备的,但行为人须具备结果预见可能性。当某些结果加重犯对加重结果仅要求过失时,如果行为人对加重结果持故意的心态(即认识到加重结果必定发生,或者认识到加重结果可能发生且放任其发生),则可能不以轻罪的结果加重犯论处,而直接按照重罪处理。例如,行为人虽然只是想要伤害他人,但如果其已经认识到自己的行为必定会导致他人死亡,且仍然实施该行为,而导致他人死亡,则不成立故意伤害罪的结果加重犯,而成立故意杀人罪。第三,行为与结果之间的因果关系。故意的成立,不要求行为人对因果关系的具体发展过程有明确的认识,只要行为人认识到行为通常会导致结果的发生即可。第四,行为的对象,即行为所作用的具体人或者具体物。对行为对象的认识,包括对行为对象的自然属性或者社会属性的认识。在故意杀人罪中,行为人必须认识到其行为所指向的对象的自然属性是人,而不是尸体或者蜡像;在盗窃罪中,行为人不仅要认识到行为对象的自然属性是财物,还要认识到财物的社会属性是他人所有的财物。第五,作为客观构成要件要素的其他事实,具体包括行为的时间、地点、方法等。此类事实一般是个别犯罪的故意的认识内容,如《刑法》第 340 条"非法捕捞水产品罪"便要求行为人认识到自己的行为发生在禁渔区、禁渔期或者认识到自己使用了禁用的工具、方法捕捞水产品。

二、违法性认识的要否

5　违法性认识是指行为人对自己的行为违反刑法规范的认识。理论界对于故意的认识因素中是否包括违法性认识存有争议:第一,以往的通说(违法性认识否定说)坚持"不知法律不免责"的原则,认为对社会危害性的认识属于故意的认识内容,但违法性认识不是故意的认识内容,即便行为人不具有违法性认识的可能性,也不免除其刑事责任。[4] 第二,现在的通说(违法性认识例外说)认为,对社会危害性的认识属于故意的认识内容,但违法性认识不属于故意的认识内容,违法性认识只是社会危害性意识的表现形式,是认定社会危害性意识的一种方式,当行为人不具有违法性认识可能性时,可以认为其不具有社会危害性意识,进而阻却故意的成立。[5] 第三,同时具备

---

[4] 参见杨春洗、杨敦先主编:《中国刑法论》(第 2 版),北京大学出版社 1998 年版,第 108 页。

[5] 参见姜伟:《犯罪故意与犯罪过失》,群众出版社 1992 年版,第 145 页以下。

说认为，对社会危害性的认识和对违法性的认识都是故意的认识内容，二者应当同时具备。[6] 第四，择一说认为，对社会危害性的认识与对违法性的认识，都是故意的认识内容，但故意的成立不要求二者兼备，只要具备其中之一即可。[7] 第五，违法性认识的责任说[8]认为，对社会危害性的认识和对违法性的认识，都不属于故意的认识内容。缺乏违法性认识或者社会危害性认识，并不阻却故意的成立，违法性认识只是刑事责任的一般要素。[9] 第六，双层次理论认为，违法性认识是故意的认识内容，行为人对社会危害性的认识只是判断其是否具备违法性认识的工具。[10]

实务界考虑到《刑法》第 14 条并未提及违法性认识而普遍支持违法性认识例外 6
说的立场。[11] 另外，也有判例将违法性认识的缺乏作为降低评价社会危害性的理由，进而得出从轻处罚的结论。[12]

三、故意的认识程度

本条中“明知……会发生”所涉及的是故意的认识程度（“明知”的程度）的问题。 7
通说认为，“会发生”既包括危害结果必然发生，也包括危害结果可能发生。[13] 直接故意是认识到结果的必然发生或者可能发生，而间接故意只能认识到结果的可能发生，如果行为人已经认识到结果必然发生，则不可能成立间接故意。[14] 有个别观点认为，区分直接故意与间接故意只有一个标准，即判断对结果的发生持希望态度还是放任态度，明知结果必然发生而持放任态度的，也构成间接故意。[15] 然而，该观点可能并不妥当。放任是一种听之任之、任由结果发生或者不发生的心态。因此，放任心态

6　参见齐文远：《论犯罪的故意》，湖北财经学院 1985 年硕士学位论文，第 18 页，转引自冯军：《刑事责任论》（修订版），社会科学文献出版社 2017 年版，第 212 页。

7　参见高铭暄主编：《刑法专论》，高等教育出版社 2002 年版，第 266 页。

8　还存在一种“违法性认识可能性的责任说”。该说与违法性认识的责任说的主要观点是一致的，即一般情况下，推定行为人具有违法性认识（或者违法性认识的可能），当行为人不具有违法性认识也不具有违法性认识的可能性时，不成立犯罪。而两种学说不同的地方在于，当行为人不具有违法性认识，但具有违法性认识可能性时，违法性认识的责任说认为行为人成立过失犯罪，违法性认识可能性的责任说认为可以从轻处罚，但成立故意犯罪还是过失犯罪，需另行判断。参见张明楷：《刑法学》（第 6 版），法律出版社 2021 年版，第 419 页以下。

9　参见冯军：《刑事责任论》（修订版），社会科学文献出版社 2017 年版，第 220 页。

10　参见陈璇：《责任原则、预防政策与违法性认识》，载《清华法学》2018 年第 5 期。

11　参见刘德权主编：《最高人民法院司法观点集成①・刑事卷》（第 2 版），人民法院出版社 2014 年版，第 38 页。

12　参见福建省厦门市湖里区人民法院（2010）湖刑初字第 408 号刑事判决书。

13　参见王爱立主编：《中华人民共和国刑法条文说明、立法理由及相关规定》，北京大学出版社 2021 年版，第 31 页。

14　参见高铭暄主编：《刑法学》，北京大学出版社 1998 年版，第 98 页以下。

15　参见姜伟：《犯罪故意与犯罪过失》，群众出版社 1992 年版，第 163 页以下。

存在的前提,是行为人认识到结果具有发生的可能性,也具有不发生的可能性。据此,只要行为人已经认识到结果必然发生,就不应当认定行为人具有放任心态。另外,认识程度属于主观判断的范畴,而非客观事实的范畴。[16] 据此,结果必然发生,不是指客观上结果一定发生,而是指行为人在当时情况下预见到结果必然发生。结果可能发生,则是指行为人在当时情况下预见到结果可能发生,也可能不发生。

四、"明知"认定的规范化

8 "明知"认定的规范化要解决的问题是,如何判断行为人是否明知结果的发生。具体而言,如果行为人供述自己完全没有认识到结果会发生,是否能够排除故意的成立?对此,理论上存在三种观点:第一,行为人标准说认为,对明知的认定必须以行为人的主张为唯一的依据;第二,一般人标准说认为,应当以一般人能否认识到结果的发生作为唯一的认定依据;第三,折中说认为,应当综合考虑一般人与行为人的认识。司法实践持折中说的立场。[17] "故意不是一个心理概念,而是一个规范概念","在规范的故意概念之下,不应该依行为人的恣意认定故意,行为人主观上是否已经认识到结果可能发生是不重要的"。[18] "明知结果会发生"是指(法官)通过客观情况和反映行为人认知能力的证据来判断行为人是否应当认识到结果会发生。行为人所供述的、没有任何理性根据的"没有认识",其实并非真正的没有认识,而是行为人故意不去认识(在规范上,故意不去认识等同于已经认识),据此,行为人就要为规范上的已经认识承担故意的责任,而不是过失的责任。

9 "明知"认定的规范化,在我国的立法解释、司法解释中也有体现。例如,2014 年 4 月 24 日通过的全国人民代表大会常务委员会《关于〈中华人民共和国刑法〉第三百四十一条、第三百一十二条的解释》规定:"知道或者应当知道是国家重点保护的珍贵、濒危野生动物及其制品,为食用或者其他目的而非法购买的,属于刑法第三百四十一条第一款规定的非法收购国家重点保护的珍贵、濒危野生动物及其制品的行为。"再如,1999 年 6 月 7 日最高人民法院、最高人民检察院、公安部印发的《办理骗汇、逃汇犯罪案件联席会议纪要》第 2 条第 4 款规定:"认定《解释》第四条所称的'明知',要结合案件的具体情节予以综合考虑,不能仅仅因为行为人不供述就不予认定……"

五、本条中的"明知"与分则中的"明知"

10 在刑法中,除本条规定了"明知"以外,分则条文中也有大量关于"明知"的规定。

---

16 参见周光权:《刑法总论》(第 4 版),中国人民大学出版社 2021 年版,第 153 页。

17 刘德权主编:《最高人民法院司法观点集成①·刑事卷》(第 2 版),人民法院出版社 2014 年版,第 39 页。

18 冯军:《刑法的规范化诠释》,载《法商研究》2005 年第 6 期。

可以认为,分则的“明知”是本条中的“明知”的具体化。[19] 本条中的“明知”指代故意的认识因素;而分则中的“明知”旨在提示司法工作人员注意,故意成立所必须具备的事实性认识的具体内容。例如,《刑法》第 172 条中“明知是伪造的货币”的规定便是在提示司法工作人员注意,当判断“持有、使用假币罪”的故意是否成立时,要考察行为人是否明知持有、使用行为的行为对象是伪造的货币。又如,《刑法》第 360 条中“明知自己患有梅毒、淋病等严重性病”的规定便是在提示司法工作人员注意,当判断“传播性病罪”的故意是否成立时,要考察行为人是否明知自己具有特殊身份(属于严重性病患者)。

Ⅳ 故意中的意志因素

关于故意是否包含意志因素(即对危害结果的希望或者放任的态度),刑法理论中存在两种对立的观点:第一,通说(意志说)认为,故意的内容包含认识因素与意志因素两个方面,只有既具备实现构成要件的“知”,即对危害结果发生的必然性或者可能性有认识,又具备实现构成要件的“欲”,即对危害结果的发生持有希望或者放任的态度,才能成立故意。第二,认识说认为,故意的内容只包含认识因素,而不包括意志因素。只要行为人已经认识到危害结果发生的必然性或者可能性,并且仍要实施该行为,那么便足以肯定故意的成立。从本条的规定来看,在我国采纳意志说更具法规范的基础。故意的意志因素包括“希望”和“放任”。 11

“希望”是行为人对危害结果的发生所持的一种积极追求的心理态度,它是直接故意的意志因素。“希望是受目的支配的……从心理机制上分析,动机→目的→行为→结果,这是一个前后推进的、行为导致结果发生的过程。”[20]从这个意义上讲,“希望”意志与“犯罪目的”紧密相关,犯罪目的与“希望”意志一样只存在于直接故意犯罪中,而不存在于间接故意犯罪和过失犯罪中。虽然“希望”有程度上的差异,但无论是一般的希望,还是强烈的希望,都属于“希望”。 12

“放任”是行为人对危害结果的发生所持的一种漠不关心、听之任之的心理态度,它是间接故意的意志因素。“放任”意志表明,结果的发生与否均不违背行为人的意志,也即行为人对于结果的发生并不是希望,也不是反对。具体而言,当结果发生时,因为行为人原本就无意阻止、避免结果的发生,所以结果的发生并不违背行为人的意志;当结果没有发生时,因为行为人原本就没有积极地追求结果发生的意图,所以结果的不发生同样不违背行为人的意志。 13

---

19 在极个别情况下,分则的“明知”是过于自信过失的指示词。例如,《刑法》第 138 条教育设施重大安全事故罪中的“明知校舍或者教育教学设施有危险”。

20 陈兴良:《教义刑法学》(第 2 版),中国人民大学出版社 2014 年版,第 482 页。

V　直接故意与间接故意

14　根据本条的规定,我国通说一般将犯罪故意分为直接故意和间接故意。直接故意,是指明知自己的行为必然或者可能发生危害社会的结果,并且希望这种结果发生的心理态度。根据行为人对危害结果是否发生的认识程度,直接故意可以分两种形式:第一,行为人明知自己的行为必然会发生危害社会的结果,并且希望这种结果发生。例如,甲明知只要向乙的脑袋开枪,就必然会导致乙的死亡,并且甲希望乙死亡,于是扣动了扳机。第二,行为人明知自己的行为可能会发生危害社会的结果,并且希望这种结果发生。例如,行为人欲枪杀 200 米以外的乙,虽然行为人知道自己的枪法不准,很难射中 200 米外的乙,但行为人专心地进行瞄准,以求能开枪击中乙。虽然在认识程度上,"明知结果可能发生"的情况要轻于"明知结果必然发生"的情况,但是行为人对危害结果所持的"希望"意志,表明行为人会积极地行动,以使危害结果发生的可能性变为必然性,因而这也属于直接故意。

15　间接故意,是指明知自己的行为可能发生危害社会的结果,并且放任这种危害结果发生的心理态度。间接故意主要有三种具体的样态:第一,行为人为了实现某种危害结果,而放任其他对象发生同种危害结果。例如,妻子欲投毒杀死丈夫,同时放任可能中毒的儿子的死亡。此例中,妻子对丈夫的死亡结果持直接故意,对儿子的死亡结果持间接故意。第二,行为人为了实现某种危害结果,而放任他种危害结果的发生。例如,行为人原本只想以冻、饿的方式虐待其妻子,他也知道其妻子体弱,有可能会扛不住冻、饿而死亡,但其放任了妻子的死亡结果。此例中,丈夫对妻子身心健康的损害持直接故意,对妻子的死亡结果持间接故意。第三,行为人为了实现某种非犯罪意图,而放任危害结果的发生。例如,行为人在野外打猎,在猎物附近不远处发现还有游客,他知道自己的枪法不太准,有可能打中人,但由于捕猎心切,放任了他人的死亡结果而开枪,最终不幸打中了游客。

16　一般来说,故意犯罪中的故意既可以是直接故意,也可以是间接故意,并且能由间接故意构成的犯罪也必定能由直接故意构成。[21] 直接故意与间接故意的区别主要在于:第一,二者的认识程度不同。直接故意是认识到自己的行为必然或者可能导致危害结果的发生,而间接故意是认识到自己的行为可能导致危害结果的发生。第二,二者的意志内容不同。直接故意的意志内容是希望,而间接故意的意志内容是放任。第三,主观恶性及可谴责性不同。直接故意表明了行为人积极的法敌对意思,而间接故意仅仅表明行为人消极的法冷漠意思。因此,在主观恶性及可谴责性上,直接故意犯罪要大于间接故意犯罪。所以在刑罚方面,对直接故意犯罪的处罚一般也要重于对间接故意犯罪的处罚。第四,直接故意犯罪具有预备形态、未遂形态、中止形

---

[21] 参见张明楷:《刑法学》(第 6 版),法律出版社 2021 年版,第 345 页。

态或者既遂形态。但是,间接故意犯罪只有成立与否的问题,不存在特殊停止形态。第五,抽象危险犯不能由间接故意构成,但可以由直接故意构成。

此外,间接故意与过于自信过失的区分也是理论与实践的难题。对此,理论上存在多种观点:第一,认容说(容认说、认可理论、赞同理论)认为,如果行为人已经认识到结果发生的可能性,并且对可能发生的结果持"认可""容忍""放任"或者"赞同"的态度,则成立间接故意。此处的"认可"等态度是法律意义上的态度,而不是生活意义上的态度。如果行为人相信结果不会发生,则至多成立过失。第二,认真说(认真对待理论)认为,如果行为人认真地考虑到结果发生的可能性,仍然要选择实施行为,就足以表明他具有放任结果发生的意志,进而成立间接故意。第三,漠视说(无所谓理论)认为,如果行为人已经认识到结果发生的可能性,并且对该附随结果[22]的发生与否,持漠不关心的、无所谓的态度,则成立间接故意。但是,如果行为人完全不乐意、不希望该附随结果的发生,则排除故意的成立。第四,可能性说认为,"有认识过失"的概念是虚假的,在有认识过失中,行为人认识到的其实是行为可能产生的抽象危险,并且在决定是否实施行为的关键时刻,行为人其实已经否认了结果发生的可能性。因此,故意与过失应当以是否认识到结果发生的具体可能性的标准来区分。第五,极其可能性说(盖然性说)认为,只有当行为人认为结果的发生是极其可能的(比单纯的可能性要大,但小于必然性),间接故意才能成立,否则至多能成立过失。其中,极其可能性的判断主体是行为人或者像行为人一样的具体一般人。第六,风险说认为,根据客观的风险原则,如果创设某种风险可以引发结果,那么谁有意地通过自己的行为创设该种风险,谁就具备了故意。在以上学说中,前三种学说以意志说为基础,后三种学说以认识说为基础。我国《刑法》第 14 条的规定已经明确表明间接故意的意志因素是放任,由此可见,我国刑法采取的是认容说的观点。关于如何具体地理解认容说或者间接故意的成立标准,笔者认为,可以在认识因素上综合认真说和可能性说,在意志因素上采纳漠视说,即如果行为人认真地考虑了结果发生的具体可能性,并且对结果的可能发生持漠不关心的、无所谓的态度,则成立间接故意。 17

---

[22] 犯罪行为的终极目标或者必要的阶段性目标,是主要结果;而在行为人看来不是非要造成不可的、其他的结果,是附随结果。参见〔德〕乌尔斯·金德霍伊泽尔:《刑法总论教科书》(第 6 版),蔡桂生译,北京大学出版社 2015 年版,第 140 页。

第十五条　过失犯罪

应当预见自己的行为可能发生危害社会的结果，因为疏忽大意而没有预见，或者已经预见而轻信能够避免，以致发生这种结果的，是过失犯罪。

过失犯罪，法律有规定的才负刑事责任。

文献:林亚刚:《犯罪过失研究》,武汉大学出版社 2000 年版;高铭暄、赵秉志主编:《过失犯罪的基础理论》,法律出版社 2002 年版;〔德〕克劳斯·罗克辛:《德国刑法学总论》(第 1 卷),王世洲译,法律出版社 2005 年版;胡鹰主编:《过失犯罪的定罪与量刑》,人民法院出版社 2008 年版;姜伟:《罪过形式论》,北京大学出版社 2008 年版;刘明祥主编:《过失犯研究——以交通过失和医疗过失为中心》,北京大学出版社 2010 年版;陈兴良:《教义刑法学》(第 2 版),中国人民大学出版社 2014 年版;〔德〕乌尔斯·金德霍伊泽尔:《刑法总论教科书》(第 6 版),蔡桂生译,北京大学出版社 2015 年版;黎宏:《刑法总论问题思考》(第 2 版),中国人民大学出版社 2016 年版;冯军:《刑事责任论》(修订版),社会科学文献出版社 2017 年版;张明楷:《刑法学》(第 6 版),法律出版社 2021 年版;周光权:《刑法总论》(第 4 版),中国人民大学出版社 2021 年版。冯军:《刑法的规范化诠释》,载《法商研究》2005 年第 6 期;张明楷:《罪过形式的确定——刑法第 15 条第 2 款“法律有规定”的含义》,载《法学研究》2006 年第 3 期;冯军:《论〈刑法〉第 133 条之 1 的规范目的及其适用》,载《中国法学》2011 年第 5 期;冯军:《刑法中的责任原则——兼与张明楷教授商榷》,载《中外法学》2012 年第 1 期;陈兴良:《过失犯的危险犯:以中德立法比较为视角》,载《政治与法律》2014 年第 5 期。

细目录

Ⅰ　主旨
Ⅱ　沿革
Ⅲ　疏忽大意的过失犯之认定
　一、对“应当预见”的理解
　二、对“可能发生危害社会的结果”的理解
　三、对“以致发生这种结果”的理解
Ⅳ　过于自信的过失犯之认定
Ⅴ　对本条第 2 款的理解

I 主旨

社会的进步和科技的发展导致风险源数量的增加,对此,人们必须保持可期待的谨慎,否则风险便会失控,进而对社会造成实际损害。为了让人们保持可期待的谨慎,刑法就必须在一定范围内处罚过失行为。与犯罪故意相比,犯罪过失的可谴责性更低,故刑法并不处罚所有的过失行为,而只对社会危害性较大的、需要用刑罚手段处罚的、已造成危害结果的过失行为进行处罚。本条第1款规定了什么是过失犯罪,第2款明确了刑法以处罚过失犯罪为例外。 1

II 沿革

在本条的内容上,现行《刑法》与1979年《刑法》保持一致。不过,在1979年以后,立法者也曾经提议要修改“过失犯罪”的规定。例如,1988年12月25日的《中华人民共和国刑法(修改稿)》将本条中的“以致发生这种结果的,是过失犯罪”修改为“以致发生这种结果,因而构成犯罪的,是过失犯罪”,并将“过失犯罪,法律有规定的才负刑事责任”修改为“过失行为,法律规定为犯罪的才负刑事责任”。[1] 2

III 疏忽大意的过失犯之认定

根据本条的规定,疏忽大意的过失犯是指应当预见自己的行为可能发生危害社会的结果,因为疏忽大意而没有预见,以致发生这种结果的情况。疏忽大意的过失属于无认识过失,疏忽大意是行为人没有预见到结果的原因。疏忽大意的过失犯的本质,是对结果预见义务的违反,即在具有结果预见可能性并且社会期待行为人预见结果的情况下,行为人因疏忽大意的原因而没有预见到结果的可能发生,进而没有采取措施来避免“可避免的结果”。因此,认定疏忽大意的过失犯的成立需经过以下三个步骤:第一,判断行为人是否应当预见结果;第二,审查行为人是否由于疏忽大意而没有预见到结果;第三,判断结果是否可以归属于疏忽大意的过失(即结果与疏忽大意之间是否具有因果关联)。 3

一、对“应当预见”的理解

根据汉语表达习惯可知,“应当预见自己的行为可能发生危害社会的结果”省略了主语“行为人”。“行为人应当预见”表明行为人负有结果预见义务。又由于“法律不强人所难”(法律不可能给公民强加他们没有能力履行的义务),故当论及“行为人负有结果预见义务”时,便已表明行为人具备结果预见的能力,或者说行为人具有结 4

---

1 参见高铭暄、赵秉志编:《新中国刑法立法文献资料总览》(第2版),中国人民公安大学出版社2015年版,第360页。

果预见可能性。因此,对“应当预见”的理解涉及两个问题:一是行为人是否具有结果预见可能性;二是社会是否能够合理地期待行为人预见结果的可能发生(期待行为人保持谨慎)。

(一)结果预见可能性的认定

5 结果预见可能性,是指行为人有可能预见到结果的发生。结果预见可能性不同于“预见结果可能发生”。具有结果预见可能性是预见结果可能发生的必要非充分条件。换言之,即便具有结果预见可能性,行为人事实上也可能没有预见到结果可能发生。相反,行为人事实上预见到结果可能发生,必然是以其具有结果预见可能性为前提的。结果预见可能性,是要在具体情况下,判断行为人是否有可能认识到结果的可能发生。因此,结果预见可能性是一个客观评价范畴的概念,评价的标准是客观事理、逻辑,评价的资料是行为人的能力(包括行为人以往的经历、社会阅历、知识以及各方面的能力)和客观情况,评价的结论是“具有或者不具有结果预见可能性”。

6 在具体认定结果预见可能性时,应注意以下三点:第一,行为人的供述不等于行为人的能力。不能仅凭行为人表明自己不具有预见能力的供述,就认定行为人不具有预见能力。对行为人能力的认定,是依据客观证据所作出的客观判断,而不是行为人自己作出的主观判断。第二,行为人的通常表现也不等于行为人的能力。行为人因经常性的不谨慎而通常无法预见的表现,并不代表行为人不具有预见能力。有的学者将“行为人平常的稀里糊涂、无法预见”的表现视为行为人不具有预见能力的依据[2],这有待商榷。“行为人平常的稀里糊涂、无法预见”所表明的,并不一定是行为人不具有预见能力。恰好相反,它可能表明,行为人具有预见能力,但是他不愿意运用该能力。平常不能预见的表现,可能是由多种原因造成的,有的是因为行为人确实没有能力预见(此时应认定其不具备预见结果的能力),有的是因为行为人一贯不保持可期待的谨慎而没有预见(此时应认定其具备预见结果的能力)。第三,确定行为人的能力,应当综合考察行为人各方面的具体情况,包括行为人的年龄、责任能力、文化程度、知识的广度和深度、职业专长、工作经验、社会经验等。[3] 在此过程中,可以引入“行为人所属领域的一般人”标准来确定行为人的能力。

(二)注意义务的根据

7 即便行为人具有结果预见可能性或者结果回避可能性,也不一定就负有注意义务(结果预见义务或者结果回避义务)。只有当社会能够合理地期待行为人预见结果的可能发生或者采取结果回避措施时,行为人才负有结果预见义务或者结果回避义务。据此,社会能够合理地期待行为人预见结果的可能发生或者采取结果回避措

---

2 参见黎宏:《刑法总论问题思考》(第2版),中国人民大学出版社2016年版,第266页。

3 参见王爱立主编:《中华人民共和国刑法条文说明、立法理由及相关规定》,北京大学出版社2021年版,第33页。

施,是注意义务的实质根据。为了使注意义务的根据更加明确而易于实践操作,需要将注意义务的实质根据予以具体化。

8 一般认为,注意义务的来源主要有:第一,法律规范规定的义务。大多数结果预见义务,都可以在法律规范中找到依据。法律规范主要包括法律、行政法规、行政规章、地方性法规、自治条例或者单行条例等。第二,行业规则、职业准则规定的义务。例如,医生在注射药剂时,有询问病人是否患有不适宜使用该药剂的疾病的义务。第三,合同约定的义务。第四,日常生活准则所要求的义务。日常生活准则所要求的义务,涉及社会生活的各个方面,具有广泛性、复杂性和具体性。这种广泛性、复杂性和具体性决定了这些义务难以被明文规定。然而,一旦违反这些注意义务并且造成危害后果,便可能被追究刑事责任。因此,在具体个案中,法官应当对日常生活准则所要求的义务进行实质审查。而判断日常生活准则所要求的义务是否成立的实质标准是"社会是否能够合理地期待行为人预见结果的可能发生或者采取结果回避措施"。日常生活准则所要求的义务,主要表现为先行行为产生的注意义务。如果行为人的先前行为创设了一种针对法益的危险,那么往往便要求行为人履行注意义务,以防止危害结果的发生。

二、对"可能发生危害社会的结果"的理解

9 关于过失犯中应当预见到或者已经预见到的"危害社会的结果",是具体的结果,还是抽象的结果,理论上存有争议:第一,具体预见说认为,只有当行为人有可能具体地预见到行为可能发生危害社会的结果,才能认为行为人具有结果预见可能性。其中,结果是指实害结果,而不包括危险,并且实害结果也不是完全抽象的,而是一定程度具体化的。[4] 这也是日本刑法学中旧过失论的理解。第二,抽象预见说认为,只要行为人有可能抱有一种可能危及他人生命、身体或者公私财产的模糊的不安感、危惧感,就可以认为行为人具有结果预见可能性。[5] 这也是日本刑法学中危惧感说的理解。

10 在我国宜主张具体预见说,否则,本条将与《刑法》第 16 条中关于意外事件的规定相冲突,且会不当扩大过失犯的处罚范围。关于具体预见说的理解,需注意:第一,"具体"并不是指特别具体。结果预见可能性的成立,并不要求行为人能预见到具体结果发生的时间、对象和对象的个数。第二,对于因果关系,只要预见到因果关系的整体趋势即可,不要求预见具体的因果流程。例如,只要预见超速驾驶的行为可能导致他人死亡即可,至于他人是被撞死,还是被轧死,不妨碍结果预见可能性的成立。第三,对于异常因素导致的、因果关系中断中的结果,一般认为都不具有预见可能性。

4 参见黎宏:《刑法总论问题思考》(第 2 版),中国人民大学出版社 2016 年版,第 269 页以下。

5 参见宋庆德主编:《新刑法犯罪论研究》,中国政法大学出版社 1999 年版,第 137—139 页。

例如,对于行为人超速行驶撞伤他人后、他人在医院治疗期间被大火烧死的结果,不能认为行为人具有预见可能性。

三、对“以致发生这种结果”的理解

11 本条中“以致发生这种结果”的规定表明,过失犯的成立要求危害结果必须可以归属于犯罪过失。理论上将此界定为结果回避可能性的判断问题,通过对结果回避可能性的认定来确认违反注意义务的行为和结果的发生之间是否具有义务违反性的关联。[6] 对“以致发生这种结果”要件的考察,也有助于区分过失犯罪和不可抗力。

12 结果回避可能性的判断规则如下:如果行为人履行注意义务(采取容许的风险性替代举止)就可以避免结果,那么便可认为结果是由违反注意义务的行为导致的;相反,即便行为人履行注意义务,结果也不可避免,那么结果便不能归属于行为人(此时便缺乏义务违反性的关联),进而过失犯也不能成立。虽然上述规则是明确的,但在具体认定时,仍然存有争议,即如果事后无法查明履行注意义务是否一定能或者一定不能避免结果,那么义务违反性的关联是否还存在呢?对此,风险增高说认为,只要违反注意义务的行为显著地提高了结果发生的可能性,便足以将结果归属于行为人。换言之,如果履行注意义务能显著地降低结果发生的可能性,即便不能完全肯定履行注意义务必定能避免结果,结果也是可归属于行为人的。该观点的主要理由在于,在法律容许的风险之外,法律不应当容忍违反注意义务的行为所提高的风险。[7] 高度肯定说则认为,如果事后不能近乎百分之百地肯定履行注意义务的行为能够避免结果的发生,那么结果便不能归属于行为人。[8] 相较而言,高度肯定说更具合理性,因为风险增高说违反了“疑罪从无”原则,不利于保障人权。法律确实不应当容忍行为人造成的、容许性风险以外的风险,但此处的“法律”不仅包括刑法,还包括其他法律。过失犯罪是结果犯,而不是危险犯。对于结果不可归责的、违反注意义务的行为,可以由其他法律处理。只有当结果可以归属于违反注意义务的行为时,违反注意义务的行为才能构成过失犯罪,由刑法进行处理。对结果归属的考察,必须遵守“疑罪从无”原则。只有百分之百地肯定结果是由违反注意义务的行为所导致的,才能进行刑事谴责。

13 另外,在判断结果回避可能性时,还需要注意“两个违反注意义务的行为[9]共同

---

6 参见〔德〕乌尔斯·金德霍伊泽尔:《刑法总论教科书》(第6版),蔡桂生译,北京大学出版社2015年版,第337页。

7 参见〔德〕克劳斯·罗克辛:《德国刑法学总论》(第1卷),王世洲译,法律出版社2005年版,第259页。

8 参见〔德〕乌尔斯·金德霍伊泽尔:《刑法总论教科书》(第6版),蔡桂生译,北京大学出版社2015年版,第338页。

9 对于两个以上的行为共同造成结果的情形,可以将“两个行为共同造成结果”的情形作为基本模型,并在此基础上进行进一步的推导。

造成结果”的特殊情形：第一，如果任何一个行为人履行了注意义务，结果便不会发生，两个行为人都不履行注意义务时，结果才会发生，那么结果应当同时归属于两个行为人。第二，如果仅当两个行为人都履行了注意义务时，结果才不会发生，其中任何一个行为人履行注意义务时，结果依然发生，那么出于保护被害人的考虑，结果应当同时归属于两个行为人。[10] 第三，如果两个行为人都履行了注意义务，结果依然会发生，那么结果不能归属于任何一个行为人。

Ⅳ 过于自信的过失犯之认定

根据本条的规定，过于自信的过失犯，是指已经预见自己的行为可能发生危害社会的结果而轻信能够避免，以致发生这种结果的情况。通说认为，过于自信的过失属于有认识过失，过于自信是行为人没有回避结果的原因。过于自信的过失犯的本质，是对结果回避义务的违反，即在已经预见到结果可能发生并且社会期待行为人回避结果的情况下，行为人因过于自信的原因而没有正确地采取回避措施，进而未能避免“可避免的结果”。因此，认定过于自信的过失犯的成立需经过以下三个步骤：第一，判断行为人是否具有回避结果的义务，也即行为人是否负有注意义务（具体内容见上文“注意义务的根据”部分）；第二，审查行为人是否由于过于自信而没有采取回避结果的措施；第三，判断结果是否可以归属于过于自信的过失（具体内容见上文“对‘以致发生这种结果’的理解”部分）。 14

Ⅴ 对本条第 2 款的理解

对比本条第 2 款与第 14 条第 2 款的规定可知，我国刑法以处罚故意犯为原则，以处罚过失犯为例外。究其原因在于，“行为人主观上对危害社会的结果持过失的心理状态，其主观恶性比故意犯罪的行为人的主观恶性要小，因此法律没有将行为人过失造成危害结果的都规定为犯罪，只将对社会危害比较大，需要用刑罚手段处理的过失造成危害结果的行为规定为犯罪”[11]。 15

对本款中“法律有规定”的理解，影响着过失犯的成立范围。理论上对此有以下四种见解：第一，明文规定说认为，“法律有规定”是指“法律有明文的规定”，即只有当法律条文对某种犯罪使用了“过失”“疏忽”“严重不负责任”等明确指示过失犯罪的用语时，该犯罪才属于“法律有规定”的过失犯罪。第二，实质规定说认为，虽然法律没有明文规定，但是只要根据法条的规范目的，可以得出条文的规范目的是处罚违 16

---

[10] 参见〔德〕乌尔斯·金德霍伊泽尔：《刑法总论教科书》（第 6 版），蔡桂生译，北京大学出版社 2015 年版，第 338 页。

[11] 王爱立主编：《中华人民共和国刑法条文说明、立法理由及相关规定》，北京大学出版社 2021 年版，第 33 页。

反注意义务的行为,那么就可以认为该条文所规定的罪是过失犯罪。第三,文理规定说认为,虽然法律没有明文规定,但是如果可以根据具体条文的文理推断出某罪是过失犯罪,那么就可以认为"法律有规定"。[12] 第四,区分说认为,第 2 款仅适用于不纯正过失犯(存在与之对应的故意犯),而不适用于纯正的过失犯。[13] 区分说的思路是比较合理的。对于仅能由过失心态或者故意心态构成的犯罪,所涉及的问题是判断该罪到底是由何种心态构成,判断时应当考量的因素包括该罪的法定刑、条文用语和规范目的等。对于可以同时由过失心态和故意心态构成的犯罪(如放火罪和失火罪),应当认为只有当法律条文对该犯罪使用了"过失"的用语或者"过失犯前款罪"的表述时,才能以过失犯对相关行为进行处罚。只有这样才能合理限制过失犯罪的范围,以防过度限制人们行动自由和阻碍社会发展。

12　上述三种学说,参见张明楷:《罪过形式的确定——刑法第 15 条第 2 款"法律有规定"的含义》,载《法学研究》2006 年第 3 期。

13　参见陈兴良:《纯正的过失犯与不纯正的过失犯:立法比较与学理探究》,载《法学家》2015 年第 6 期。

第十六条　不可抗力与意外事件

行为在客观上虽然造成了损害结果，但是不是出于故意或者过失，而是由于不能抗拒或者不能预见的原因所引起的，不是犯罪。

文献:姜伟:《犯罪故意与犯罪过失》,群众出版社 1992 年版;冯军:《刑事责任论》(修订版),社会科学文献出版社 2017 年版。陈兴良:《论无罪过事件的体系性地位》,载《中国政法大学学报》2008 年第 3 期;冯军:《刑法中的责任原则——兼与张明楷教授商榷》,载《中外法学》2012 年第 1 期。

细目录

Ⅰ　主旨
Ⅱ　沿革
Ⅲ　本条的规范分析
Ⅳ　对“不能抗拒”的理解
Ⅴ　对“不能预见”的理解

Ⅰ　主旨

本条所规定的“不可抗力”与“意外事件”,可以统称为无罪过事件。[1] 责任原则要求,对主观上缺乏罪过(故意或者过失)的行为人,不得追究刑事责任。因此,本条是责任原则在刑事立法上的贯彻与体现。 1

Ⅱ　沿革

关于不可抗力与意外事件,1979 年《刑法》第 13 条规定:“行为在客观上虽然造成了损害结果,但是不是出于故意或者过失,而是由于不能抗拒或者不能预见的原因所引起的,不认为是犯罪。”1997 年《刑法》将上述规定中的“不认为是犯罪”修改为“不是犯罪”。 2

Ⅲ　本条的规范分析

首先,本条中的“行为在客观上虽然造成了损害结果”旨在说明不可抗力与意外事件的事实前提。“造成”仅指事实上的归因,而不包括规范上的归责,否则便与法条 3

1　参见姜伟:《犯罪故意与犯罪过失》,群众出版社 1992 年版,第 338 页以下。

后段的“由于不能抗拒或者不能预见的原因所引起的”“不是犯罪”相矛盾。换言之,只要符合了“若无前者,便无后者”的条件关系,便已满足不可抗力与意外事件的事实前提。其次,本条中的“不是出于故意或者过失”,是指行为人主观上不具有故意或者过失的罪过,行为既不是故意行为也不是过失行为。最后,“是由于不能抗拒或者不能预见的原因所引起的”,旨在说明规范上的归责要求,当结果产生的原因是不能抗拒或者不能预见时,便不能将结果归属于行为人。

Ⅳ 对“不能抗拒”的理解

4 “不能抗拒”是指结果的发生不以行为人的意志为转移,行为人无法阻挡或控制损害结果的发生。[2] “不能抗拒”表明行为人不具有结果回避可能性。判断“不能抗拒”的成立,可以完全参照过失犯中“结果回避可能性”的判断方法。一般而言,“不能抗拒”的原因主要包括:第一,自然力,例如,机械力量、自然灾害、动物的侵袭等。第二,非自然力(即人力作用),例如,铁路扳道工被歹徒捆绑,而不能履行扳道职责,致使列车相撞,造成重大事故。第三,自然力与非自然力的混合作用。[3]

Ⅴ 对“不能预见”的理解

5 “不能预见”是指根据行为人的主观情况和发生损害结果当时的客观情况,行为人不具有能够预见的条件和能力,损害结果的发生完全出乎行为人的意料。[4] “不能预见”表明行为人不具有结果预见可能性,“不能预见”的反面是“能够预见”,而“能够预见”包括两种情况:一是已经预见结果(当然以具有结果预见可能性为前提);二是没有预见结果,但具有结果预见可能性。判断“不能预见”的成立,可以完全参照过失犯中“结果预见可能性”的判断方法。一般而言,“不能预见”主要发生在以下特殊情形中:第一,突发性的自然灾害。例如,突发性的地震。第二,突发性的产品故障。例如,汽车的刹车突然失灵。第三,被害人潜在疾病的病发。例如,破口大骂一个看起来很健康的年轻人,年轻人因气愤引发心脏病而死亡,年轻人自己也不知道自己患有心脏病。第四,被害人的过错行为。例如,被害人突然跑到高速公路中央。第五,其他偶发事件。例如,司机在下雨的深夜驾车行驶,从一块塑料布上驶过,轧死了塑料布下的精神病人。[5]

---

2 参见王爱立主编:《中华人民共和国刑法条文说明、立法理由及相关规定》,北京大学出版社 2021 年版,第 35 页。

3 参见陈兴良:《论无罪过事件的体系性地位》,载《中国政法大学学报》2008 年第 3 期。

4 参见王爱立主编:《中华人民共和国刑法条文说明、立法理由及相关规定》,北京大学出版社 2021 年版,第 35 页。

5 参见赵廷光主编:《中国刑法原理》(总论卷),武汉大学出版社 1992 年版,第 361 页。

第十七条　关于刑事责任年龄的规定

已满十六周岁的人犯罪，应当负刑事责任。

已满十四周岁不满十六周岁的人，犯故意杀人、故意伤害致人重伤或者死亡、强奸、抢劫、贩卖毒品、放火、爆炸、投放危险物质罪的，应当负刑事责任。

已满十二周岁不满十四周岁的人，犯故意杀人、故意伤害罪，致人死亡或者以特别残忍手段致人重伤造成严重残疾，情节恶劣，经最高人民检察院核准追诉的，应当负刑事责任。

对依照前三款规定追究刑事责任的不满十八周岁的人，应当从轻或者减轻处罚。

因不满十六周岁不予刑事处罚的，责令其父母或者其他监护人加以管教；在必要的时候，依法进行专门矫治教育。

文献：高铭暄主编：《刑法专论》，高等教育出版社2002年版；张明楷：《责任刑与预防刑》，北京大学出版社2015年版；张明楷：《刑法学》（第6版），法律出版社2021年版。史言：《刑事责任年龄》，载《法学》1957年第1期；李光灿、罗平：《论犯罪和刑事责任》，载《吉林大学社会科学学报》1979年第6期；力康泰：《试论对犯罪少年的教育、挽救和改造问题》，载《北京政法学院学报》1982年第2期；萧开权：《我国刑事责任年龄不同时期的划分》，载《法学研究》1991年第4期；黄京平、朱云三：《论未成年犯刑事责任的几个问题》，载《法学家》2003年第3期；时延安：《隐性双轨制：刑法中保安处分的教义学阐释》，载《法学研究》2013年第3期；李玫瑾：《从刑事责任年龄之争反思刑事责任能力判断根据——由大连少年恶性案件引发的思考》，载《中国青年社会科学》2020年第1期；刘宪权、陆一敏：《〈刑法修正案（十一）〉的解读与反思》，载《苏州大学学报（哲学社会科学版）》2021年第1期。

细目录

Ⅰ　主旨
Ⅱ　沿革
Ⅲ　刑事责任年龄阶段
　一、完全不负刑事责任年龄阶段
　二、相对负刑事责任年龄阶段
　三、完全负刑事责任年龄阶段

Ⅳ 法定年龄的认定
一、法定年龄的计算
二、法定年龄的计算基础
Ⅴ 已满14周岁未满16周岁应负刑事责任的八种行为
Ⅵ 证明犯罪嫌疑人刑事责任年龄的证据类型
一、书证
二、言词证据
三、鉴定意见
Ⅶ 刑事责任年龄制度的具体功能
一、出罪功能
二、刑罚合理化功能
三、程序个别化功能

Ⅰ 主旨

1 本条是关于刑事责任年龄的规定。

2 刑事责任年龄直接影响刑事责任能力的有无及其程度。刑事责任年龄是指刑法规定的、自然人对自己实施的刑法禁止的危害社会的行为负刑事责任所必须达到的年龄。只有达到法定年龄的人实施了犯罪行为,才能追究其刑事责任。对于没有达到法定年龄的人,即使其实施了危害社会的行为,也不负刑事责任。理由在于,犯罪必须是具备辨认和控制自身行为能力的人在其意识和意志支配下实施的危害社会的行为,又因辨认和控制自身行为的能力很大程度取决于智力发展情况以及对社会的认识程度,故辨认和控制自身行为的能力必然受行为人年龄的影响。未达一定年龄者,并不能正确认识自己行为的社会意义以及由此可能产生的危害社会的后果,亦不能完全掌控自己的行为,即使实施了客观上危害社会的行为,也由于其缺乏主体要件而不能对其归责。刑法根据年龄和责任能力的关系,确立了刑事责任年龄制度,旨在解决不同年龄的人刑事责任有无的问题,亦包含了对未成年人从宽处罚的内容。

3 根据本条规定,对已满12周岁不满18周岁的人犯罪,应当从轻或者减轻处罚。根据我国的实际情况,已满12周岁不满18周岁的人属于未成年,未成年人正处在体力、智力发育过程中,虽已具有一定的辨别和控制自己行为的能力,但由于其人生经历短,社会知识少,其成熟程度还不同于成年人;而且未成年人由于他们处于成长过程中,具有容易接受教育改造的特点,因此,对未成年人犯罪,规定了"应当从轻或者减轻处罚"的原则。这样规定充分体现了我国对未成年犯实行教育为主,惩罚为辅,重在教育、挽救和改造的方针。同时,对于实施了危害社会的行为,但因不满16周岁而没有受刑事处罚的人,不是放任不管,而是责令其家长或者监护人对行为人严加管教;在必要的时候,依法进行专门矫治教育。这样规定是为了维护正常的社会秩序,也是为了教育行为人,防止其继续危害社会。

Ⅱ 沿革

中华人民共和国成立后，在一些中央政府文件中对刑事责任年龄进行了规定。1951年12月5日中央法制委员会在一个批复中指示："未满12岁者的行为不予处罚。未满14岁者犯一般情节轻微的罪，可不予处罚，但应交其亲属、监护人或其所属机关团体，予以管理教育。"1954年政务院通过并公布的《劳动改造条例》第21条规定："少年犯管教所，管教13周岁以上未满18周岁的少年犯。" 4

1979年《刑法》第14条规定："已满十六岁的人犯罪，应当负刑事责任。已满十四岁不满十六岁的人，犯杀人、重伤、抢劫、放火、惯窃罪或者其他严重破坏社会秩序罪，应当负刑事责任。已满十四岁不满十八岁的人犯罪，应当从轻或者减轻处罚。因不满十六岁不处罚的，责令他的家长或者监护人加以管教；在必要的时候，也可以由政府收容教养。" 5

1997年《刑法》第17条对原《刑法》进行了修改，改为："已满十六周岁的人犯罪，应当负刑事责任。已满十四周岁不满十六周岁的人，犯故意杀人、故意伤害致人重伤或者死亡、强奸、抢劫、贩卖毒品、放火、爆炸、投毒罪的，应当负刑事责任。已满十四周岁不满十六周岁的人犯罪，应当从轻或者减轻处罚。因不满十六周岁不予刑事处罚的，责令他的家长或者监护人加以管教；在必要的时候，也可以由政府收容教养。" 6

2020年12月26日通过的《刑法修正案（十一）》第1条将上述规定修改为："已满十六周岁的人犯罪，应当负刑事责任。已满十四周岁不满十六周岁的人，犯故意杀人、故意伤害致人重伤或者死亡、强奸、抢劫、贩卖毒品、放火、爆炸、投放危险物质罪的，应当负刑事责任。已满十二周岁不满十四周岁的人，犯故意杀人、故意伤害罪，致人死亡或者以特别残忍手段致人重伤造成严重残疾，情节恶劣，经最高人民检察院核准追诉的，应当负刑事责任。对依照前三款规定追究刑事责任的不满十八周岁的人，应当从轻或者减轻处罚。因不满十六周岁不予刑事处罚的，责令其父母或者其他监护人加以管教；在必要的时候，依法进行专门矫治教育。" 7

此外，《未成年人保护法》第113条规定："对违法犯罪的未成年人，实行教育、感化、挽救的方针，坚持教育为主、惩罚为辅的原则。对违法犯罪的未成年人依法处罚后，在升学、就业等方面不得歧视。"《预防未成年人犯罪法》第45条规定："未成年人实施刑法规定的行为、因不满法定刑事责任年龄不予刑事处罚的，经专门教育指导委员会评估同意，教育行政部门会同公安机关可以决定对其进行专门矫治教育。省级人民政府应当结合本地的实际情况，至少确定一所专门学校按照分校区、分班级等方式设置专门场所，对前款规定的未成年人进行专门矫治教育。前款规定的专门场所实行闭环管理，公安机关、司法行政部门负责未成年人的矫治工作，教育行政部门承担未成年人的教育工作。" 8

Ⅲ 刑事责任年龄阶段

9 刑法原则上规定16周岁以上的自然人应当承担刑事责任,同时规定,已满12周岁未满16周岁的人对特定的罪行承担刑事责任,其中对已满12周岁未满14周岁的人追究刑事责任,还应经过最高人民检察院核准追诉程序。对最低刑事责任年龄的规定,固然有生理和心理上的根据,也就是说,自然人14周岁左右已经进入青春期,其生理和心理上都初步成熟,具有相当的辨认和控制能力;一些年满12周岁的人,因心智早熟对故意杀人、故意伤害行为具有一定的辨认和控制能力。不过,有关最低刑事责任年龄的规定也不乏立法创设的意味,也就是说,立法者基于公共政策的考虑,将这一年龄点假定为具有刑事责任能力的起点。按照本条规定,可以划分为三个年龄段对应不同的刑事责任能力类型,其中相对负刑事责任年龄阶段又包括两个层次。

一、完全不负刑事责任年龄阶段

10 不满12周岁是无责任能力年龄阶段。因此,不满12周岁的人不管实施何种危害行为,都不负刑事责任。低于刑事责任年龄起点的人,心智和身体都发育不成熟,对其行为的社会意义与结果既缺乏认知又难以加以控制。各国根据本国的历史传统、人种、未成年人发育情况、教育状况等,来确定本国的刑事责任年龄的起点。我国确定了不满12周岁是无刑事责任能力年龄阶段。

二、相对负刑事责任年龄阶段

11 这一年龄阶段又分为两个层次:

12 (1)已满14周岁不满16周岁。这个年龄段中的行为人不是实施了任何犯罪都负刑事责任,而是依照法律规定,对部分犯罪负刑事责任。根据本条第2款的规定,已满十四周岁不满十六周岁的人,只有实施故意杀人、故意伤害致人重伤或者死亡、强奸、抢劫、贩卖毒品、放火、爆炸、投放危险物质罪的,才负刑事责任。已满14周岁不满16周岁的人只对前述的八种行为负刑事责任,而不对刑法禁止的其他行为负责任。

13 刑法作出这一规定的理由在于:一是这样规定是充分考虑了智力发育情况。已满14周岁不满16周岁的人,一般已有一定的识别能力,但由于年龄尚小,智力发育尚不够健全,缺乏社会知识,还不具有完全识别和控制自己行为的能力,他们负刑事责任的范围应当受他们刑事责任能力的限制,不能要求他们对一切犯罪都负刑事责任。因此,我国刑法只规定这个年龄段的人犯上述几种明显具有严重社会危害性的犯罪,才应当负刑事责任。二是考量了犯罪的发生概率,即已满14周岁不满16周岁的人实施的严重犯罪通常是上述几种。尚有许多犯罪的严重性并不低于前述几类犯罪,但一般而言已满14周岁不满16周岁的人难以实施,故刑法未规定已满14周岁不满16周岁的需对此负刑事责任。

需要注意的是,2002年7月24日公布的全国人大常委会法制工作委员会《关于已满十四周岁不满十六周岁的人承担刑事责任范围问题的答复意见》规定:“刑法第十七条第二款规定的八种犯罪,是指具体犯罪行为而不是具体罪名。对于刑法第十七条中规定的‘犯故意杀人、故意伤害致人重伤或者死亡’,是指只要故意实施了杀人、伤害行为并且造成了致人重伤、死亡后果的,都应负刑事责任。而不是指只有犯故意杀人罪、故意伤害罪的,才负刑事责任,绑架撕票的,不负刑事责任。对司法实践中出现的已满十四周岁不满十六周岁的人绑架人质后杀害被绑架人、拐卖妇女、儿童而故意造成被拐卖妇女、儿童重伤或死亡的行为,依据刑法是应当追究其刑事责任的。”对此,最高人民法院《关于审理未成年人刑事案件具体应用法律若干问题的解释》第5条也规定,已满14周岁不满16周岁的人实施《刑法》第17条第2款规定以外的行为,如果同时触犯了第17条第2款规定的,应当依照第17条第2款的规定确定罪名,定罪处罚。例如,这一年龄段的人,绑架后故意杀害被绑架人的,应以故意杀人罪定罪处罚,而不是以绑架罪(第239条)定罪处罚。 14

(2)已满12周岁不满14周岁。在这个年龄段的行为人犯故意杀人、故意伤害罪,致人死亡或者以特别残忍手段致人重伤造成严重残疾,情节恶劣,应当负刑事责任,但应经过最高人民检察院核准追诉。《刑法修正案(十一)》将这一年龄段的人实施的、特定的危害行为纳入刑法调整,其现实根据是近年来发生多起这一年龄段儿童实施的严重暴力杀人或者伤害案件,从这些儿童的行为表现看,其对行为性质及危害有着较为明确的认识,从其策划到事后隐瞒、规避责任追究的情况看,其对这类行为的违法性质也有所了解,其对自己的行为及后果也进行了明确的选择,因而可以认为,这些儿童已经具有刑法意义上的责任能力。 15

对这一年龄段的人追究刑事责任,只限于“故意杀人、故意伤害罪,致人死亡或者以特别残忍手段致人重伤造成严重残疾”的情形。根据全国人大常委会法制工作委员会《关于已满十四周岁不满十六周岁的人承担刑事责任范围问题的答复意见》的规定,此处的“故意杀人、故意伤害罪”系指具体的犯罪行为而非具体的罪名,只要行为人实施的行为可以被评价为故意杀人、故意伤害罪,符合两罪的成立要件。例如,以纵火方式造成多人死亡的,应以故意杀人罪而非放火罪追究刑事责任。何为“情节恶劣”,应综合行为人的动机、手段、结果等进行判断。 16

对这一年龄段的人,必须经由最高人民检察院核准追诉,才能追究其刑事责任。这是《刑法修正案(十一)》设立的一个新程序,参考以往经验,应当立案侦查的公安机关向同级人民检察院提出建议,由该检察院经上级人民检察院报送最高人民检察院核准。 17

三、完全负刑事责任年龄阶段

根据本条第1款的规定,实施犯罪行为的人负刑事责任的年龄是年满16周 18

岁,即凡年满16周岁的人,实施了本法规定的犯罪行为,都应当负刑事责任。这样规定是从我国的实际情况出发的。在我国,已满16周岁的人,其体力、智力已有相当发展,并有了一定的社会知识,具有分辨是非善恶的能力,因此,应当要求他们对自己的一切犯罪行为负刑事责任。

19 同时,根据本条第4款的规定,"对依照前三款规定追究刑事责任的不满十八周岁的人,应当从轻或者减轻处罚",已满12周岁不满18周岁理论上称为减轻刑事责任年龄阶段。刑法作此规定的理由在于:一是处于此年龄阶段的人尚属于未成年人,对自身行为的辨认和控制能力相较成年人弱,在可非难的程度上要低于成年人。二是未成年人发育尚未定型,可塑性比较强,比较容易接受教育改造。同时,根据《刑法》第49条的规定,犯罪的时候不满18周岁的人不适用死刑,该条规定与本条第4款规定的法理根据是相同的,即对这一年龄段的人,在量刑上应当予以从宽处罚。

Ⅳ 法定年龄的认定

一、法定年龄的计算

20 1979年《刑法》对年龄使用的是"岁"而非"周岁",1997年《刑法》则不再有"岁"的概念而统一使用"周岁",意在限定为实足年龄而非所谓的"虚岁"。2006年1月11日公布的最高人民法院《关于审理未成年人刑事案件具体应用法律若干问题的解释》第2条指出,《刑法》第17条规定的"周岁",按照公历的年、月、日计算,从周岁生日的第二天起算。

二、法定年龄的计算基础

21 犯罪一般包含行为和结果,且二者可能出现时间上的不一致,在二者出现时间不一致的情况下,存在法定年龄以行为为准进行计算还是以结果为准进行计算的问题。法定年龄应该以行为时为基准进行计算。理由在于犯罪是行为,故辨认和控制行为的能力时应当以行为时的能力为准,结果出现时对行为有辨认和控制能力的人未必在行为时对行为有辨认和控制的能力,此时以行为人在结果出现时有对行为的辨认和控制能力而要求其承担刑事责任是不合理和不公平的。故法定年龄应该以行为时为基准进行计算。

Ⅴ 已满14周岁未满16周岁应负刑事责任的八种行为

22 《刑法》第17条第2款规定:"已满十四周岁不满十六周岁的人,犯故意杀人、故意伤害致人重伤或者死亡、强奸、抢劫、贩卖毒品、放火、爆炸、投放危险物质罪的,应当负刑事责任。"已满14周岁不满16周岁的人只对前述八种行为负刑事责任,而不对刑法禁止的其他行为负责任,故称"相对"。《关于已满十四周岁不满十六周岁的人承担刑事责任范围问题的答复意见》指出,《刑法》第 17 条第 2 款规定的八种犯罪,是指具体犯罪行为而不是具体罪名。根据这一解释,对于这一规定,有以下两点值得注意:

(1)第 17 条第 2 款所称的"故意杀人""故意伤害致人重伤或者死亡"不仅指刑 23
法分则规定的故意杀人罪和故意伤害罪,还包括应当按故意杀人罪和故意伤害罪论处的情况。例如,绑架后杀害被绑架人的仍然定绑架罪而非故意杀人罪,又因相对刑事责任年龄的人不能构成绑架罪,此时绝不是不能定罪而是应当按照故意杀人罪定罪处罚。

(2)第 17 条第 2 款所称的"强奸",不仅包括使妇女不能反抗或不敢反抗,从而 24
与妇女性交的行为,还包括奸淫幼女的行为。奸淫幼女的行为除通常的强制发生性行为外,也包括在幼女同意的情况下与幼女进行性行为。但是出于刑事政策的考虑,已满 14 周岁不满 16 周岁的少年,与幼女交往密切,双方自愿发生性交的,不宜以犯罪论处。对此,最高人民法院《关于审理未成年人刑事案件具体应用法律若干问题的解释》第 6 条也予以认可。

(3)这一年龄段的人实施转化型抢劫的,以抢劫罪论处。2003 年 4 月 18 日最高 25
人民检察院《关于相对刑事责任年龄的人承担刑事责任范围有关问题的答复》中阐明,相对刑事责任年龄的人实施了《刑法》第 17 条第 2 款规定的行为,应当追究刑事责任的,其罪名应当根据所触犯的刑法分则具体条文认定。对于相对刑事责任年龄的人实施了转化型抢劫构成犯罪的,应当以抢劫罪追究刑事责任。

Ⅵ 证明犯罪嫌疑人刑事责任年龄的证据类型

一、书证

证明犯罪嫌疑人年龄的书证主要包括户籍证明、出生证明、防疫证、学籍卡等,这 26
些都可以作为认定犯罪嫌疑人年龄的依据。居民身份证也可以作为证明年龄的证据,但是考虑到目前我国居民身份证办理尚不够严格规范,且伪造的居民身份证件较多,因此在司法实践中单独的居民身份证还不能作为证明犯罪嫌疑人年龄的唯一证据,必须与户籍资料相结合才能成为证明犯罪嫌疑人年龄的充分证据。2017 年 3 月 2 日最高人民检察院《未成年人刑事检察工作指引(试行)》第 152 条第 2 款第(一)项作出了相应规定。

二、言词证据

言词证据主要包括犯罪嫌疑人供述及证人证言。在书证无法取得或书证存在瑕 27
疵时,可以依靠犯罪嫌疑人供述及证人证言认定。在使用证人证言确定刑事责任年龄时,应考虑哪些证人证言比较客观真实,证明效力较大的问题。一般来说,接生人员、与犯罪嫌疑人同月出生的邻居的父母、犯罪嫌疑人学校的教师、知情的村、乡或者居委会工作人员的证言比较可靠,如果与其他证据不相矛盾或有其他证据印证,可以采信。由于犯罪嫌疑人及其父母与案件有利害关系,因此对于他们的供述和证言需综合考虑,从而作出正确的评判。

三、鉴定意见

28 随着现代先进科学技术的发展,根据一个人生长发育的特定规律,对其年龄作出准确认定成为可能。常见的鉴定有骨龄的鉴定、牙齿的鉴定等。对于鉴定意见能否确定刑事责任年龄,最高人民检察院《关于"骨龄鉴定"能否作为确定刑事责任年龄证据使用的批复》规定:犯罪嫌疑人不讲真实姓名、住址,年龄不明的,可以委托进行骨龄鉴定或其他科学鉴定。经审查,鉴定结论能够准确确定犯罪嫌疑人实施犯罪行为时的年龄的,可以作为判断犯罪嫌疑人年龄的证据参考。如果鉴定意见不能准确确定犯罪嫌疑人实施犯罪行为时的年龄,而且鉴定结论又表明犯罪嫌疑人年龄在刑法规定的应负刑事责任年龄上下的,但无法查清真实年龄的,应当依法慎重处理。《未成年人刑事检察工作指引(试行)》第152条第2款第(二)项对鉴定问题作出了规定。

Ⅶ　刑事责任年龄制度的具体功能

一、出罪功能

29 出罪是缩小一国刑罚权力边界的过程或手段,既包括将某些有危害性的行为排除在犯罪行为圈之外,还包括将某些人排除在犯罪人圈之外。从犯罪人圈这个角度考察,刑事责任年龄制度即将一部分自然人有意实施的危害行为排除于犯罪圈之外,进而形成了国家惩罚权的自我限制。

二、刑罚合理化功能

30 刑事责任年龄制度具有使刑罚的具体适用趋于科学、合理的功能。应当说,就中国古代法律实践看,已经充分注意到刑事责任年龄对刑事责任能力的影响,并在法律上加以规定,如此可以较好地确保刑罚的正当性。随着刑法现代化,刑事责任年龄制度得到进一步的确立和科学化,进而可以确保刑罚权适用的合理和正当。

三、程序个别化功能

31 程序不但是实体的保障,其自身亦具有独立的价值。对处于不同年龄阶段的犯罪人,不但在处罚上要区别对待,实现实体处理的个别化即刑罚的个别化,而且在适用司法程序方面也要区别对待,实现程序的个别化。以我国刑事诉讼法为例,其就为未成年人犯罪规定了相对特殊的程序,并从各个方面保护未成年人的权利。

第十七条之一　年龄对老年人责任能力的影响

已满七十五周岁的人故意犯罪的，可以从轻或者减轻处罚；过失犯罪的，应当从轻或者减轻处罚。

文献:吴宗宪、曹健主编:《老年犯罪》,中国社会出版社2010年版;高铭暄、马克昌主编:《刑法学》(第9版),北京大学出版社、高等教育出版社2019年版;张明楷:《刑法学》(第6版),法律出版社2021年版。赵秉志:《论老年人犯罪的刑事责任问题》,载《法律学习与研究》1988年第2期;李芳晓:《老年人犯罪从宽处罚的合理性探析》,载《政法论坛》2011年第5期;袁彬:《论老年人犯罪从宽暨免死的年龄标准与立法模式——以〈刑法修正案(八)〉为视角》,载《西北大学学报(哲学社会科学版)》2012年第2期。

细目录

Ⅰ　主旨
Ⅱ　沿革
Ⅲ　老年人犯罪从宽处罚的法理根据
Ⅳ　本条的适用

Ⅰ　主旨

本条是关于老年人犯罪的处罚规定。《老年人权益保障法》对60周岁以上老年人的权益保障问题进行了全面的规定。《刑法》规定对犯罪的75周岁以上的老人在量刑上给予从宽处罚,一方面体现了中国传统刑事司法文化“恤老”的精神;另一方面从责任能力的角度看,75岁以上的老年人会呈现出刑事责任能力的下降,因而可谴责性及再犯可能性相对较低。根据老年人的生理、心理特点,在总结我国司法实践经验并借鉴我国历史和国外有关立法例的基础上,对老年人犯罪处罚如此规定。[1] 1

Ⅱ　沿革

1979年《刑法》没有就老年人犯罪问题进行规定。但在司法实践中,对老年人犯 2

1　参见高铭暄:《中华人民共和国刑法的孕育诞生和发展完善》,北京大学出版社2012年版,第191页。

罪的刑事责任追究方面,一般从酌定量刑情节角度给予从宽处理。2010 年 2 月 5 日印发的最高人民检察院《关于深入推进社会矛盾化解、社会管理创新、公正廉洁执法的实施意见》中对老年人犯罪作出了规定,建议建立老年人犯罪依法适当从宽处理机制。2010 年 2 月 8 日发布的最高人民法院《关于贯彻宽严相济刑事政策的若干意见》第 21 条规定:"对于老年人犯罪,要充分考虑其犯罪的动机、目的、情节、后果以及悔罪表现等,并结合其人身危险性和再犯可能性,酌情予以从宽处罚。"2011 年 2 月 25 日第十一届全国人民代表大会常务委员会第十九次会议通过的《刑法修正案(八)》第 1 条增加本条作为《刑法》的第 17 条之一。

Ⅲ　老年人犯罪从宽处罚的法理根据

3　对 75 周岁以上的老年人犯罪从宽的理由,除考虑中国传统法律文化以外,还存在刑事责任能力减弱说和政策说。前者认为对老年人犯罪从宽处罚的首要依据是其刑事责任能力的减弱,老年人在辨认能力和控制能力两个方面都存在一定的减弱。[2]后者认为,这一规定并不是因为已满 75 周岁的人的责任能力减弱,而是基于人道主义和刑事政策的理由(特殊预防的必要性减少)。[3]

4　应当说,本条的立法根据确实有政策上的考量,在《刑法修正案(八)》起草说明中也提到"根据宽严相济的刑事政策,在从严惩处严重犯罪的同时,应当进一步完善刑法中从宽处理的法律规定,以更好地体现中国特色社会主义刑法的文明和人道主义,促进社会和谐"[4]。不过,从法理上分析,对老年人犯罪从宽,应当从刑事责任能力减弱的角度加以理解。对此,可以从几个角度加以分析:第一,刑法将老年人的年龄界定在 75 周岁,而非《老年人权益保障法》规定的 60 周岁(第 2 条),正是看到这一阶段老年人的辨认能力和控制能力明显减弱。正如有观点指出,"刑事责任能力不仅是随着年龄的增长而逐渐形成和发展起来的,而且随着成年人进入老年年龄阶段,其刑事责任能力还有一个逐渐减弱、直至衰竭的过程"[5]。老年人刑事责任能力的减弱,在犯罪学上也能找到相应的根据。[6] 第二,从刑事责任规定看,本条规定对老年人故意犯罪从宽处罚是一个原则性规定,但并非绝对的规定,是"可以从轻或者减轻处罚"。在具体案件中,对老年人故意犯罪是否从宽处罚,判断的实质根据应当

2　参见赵秉志主编:《刑法修正案(八)的理解与适用》,中国法制出版社 2011 年版,第 29 页。

3　参见张明楷:《刑法学》(第 4 版),法律出版社 2011 年版,第 293 页。

4　李适时:《关于〈中华人民共和国刑法修正案(八)〉(草案)的说明》,2010 年 8 月 23 日在第十一届全国人民代表大会常务委员会第十六次会议上的说明。

5　马克昌主编:《犯罪通论》(第 3 版),武汉大学出版社 1999 年版,第 268 页。

6　参见吴宗宪、曹健主编:《老年犯罪》,中国社会出版社 2010 年版,第 67—68 页;梅传强:《犯罪心理学》,中国法制出版社 2007 年版,第 129 页。

是其刑事责任能力是否减弱,一般而言,这一年龄段的人的刑事责任能力确实会减弱,因而在通常情况下可考虑从宽处罚;不过,如果行为人犯罪时的年龄已满75周岁,但该人实施的行为与其辨认、控制能力相符合,例如猥亵儿童行为,即不应予以从宽处罚。简言之,对老年人故意犯罪,是否决定予以从宽处罚,仍要从其刑事责任能力对其危害行为影响的角度加以判断。如果完全采用刑事政策说,对这类犯罪即应该绝对地予以从宽处罚,而不是采取“可以”型法定量刑情节的规定方式。同样,本条规定,对老年人“过失犯罪的,应当从轻或者减轻处罚”,也正是基于老年人的辨认能力和控制能力明显减弱,进而采取了绝对从宽的规定方式。第三,从刑事司法实践看,对实施犯罪的老年人量刑,其根据也是刑事责任能力。例如,《关于贯彻宽严相济刑事政策的若干意见》第21条规定,对老年人犯罪的量刑,“要充分考虑其犯罪的动机、目的、情节、后果以及悔罪表现等,并结合其人身危险性和再犯可能性,酌情予以从宽处罚”。这里提到的主观性要素都与刑事责任能力相关,换言之,刑事责任能力的强弱程度会通过这些主观性要素表现出来。综上分析,应当认为,本条的法理根据之一就是老年人刑事责任能力的减弱,当然本条的政策取向也是十分清晰的。

Ⅳ　本条的适用

本条是一个量刑规范,即对老年人犯罪规定了法定从宽情节,其中对于故意犯罪规定了“授权型”法定量刑情节,对过失犯罪规定了“命令型”法定量刑情节,前者法官可以根据案情运用裁量权决定是否从宽处罚,后者一旦认定构成过失犯罪,法官即应予以适用。对本条的适用主要把握两点: 5

1.老年人年龄计算应以犯罪时而不是审判时

本条规定“已满七十五周岁的人故意犯罪的”,因而“七十五周岁”的判断,应当以该人犯罪时为计算基点。理由在于,除基于文义解释应得出如此结论外,基于法理也应得出如此结论,即从刑事责任能力减弱的角度看,行为人在犯罪时的能力减弱是对其从宽处理的根据;在审判时受刑能力(即刑罚可接受性)的判断,并不影响对其定罪和量刑,只对刑罚执行方式产生影响。[7] 6

如果被告人的犯罪行为处于持续或连续状态,而持续或连续状态跨越75周岁这一年龄基点时,也不应适用本条进行从宽处罚。如果存在数罪并罚的情形,应对所犯数罪分别定罪量刑,根据《刑法》第69条的规定予以处理。这里所说的持续状态是指继续犯的情形,连续状态是指连续犯的情形。对两种罪数类型不适用本条的理由在于,显然行为人在实施行为时已经具有明确的故意(同一的或者概括的),在这种情况下,行为人虽然年龄很大(但未满75周岁),但应当与16周岁以上75周岁以下的人同等视之;虽然行为人犯罪行为的持续过程或连续状态跨越75周岁这一基点,但其 7

7　当然,如果结合刑事诉讼的角度分析,可能会影响诉讼的进程。

故意内容仍是持续的或者连续的,并不因为其年龄变化而改变,在这种情况下,对其责任评价以及谴责也不应发生改变,因而也就没有适用本条的理由。

2.“可以从轻或者减轻处罚”的适用

8 “可以”型量刑情节的规定,实际上就是法律授权法官运用裁量权判断是否适用。对于这一情形,法官应优先选择适用从宽处理,至于从轻处罚还是减轻处罚,应遵循量刑的一般原则(参见第 62 条、第 63 条相关评注)。法官选择不适用从宽处理,应当有充分的理由且足以否定辩方的从宽辩护理由。由于本条从宽量刑的根据在于老年人刑事责任能力的减弱,因而在适用过程中,只有在被告人的刑事责任能力不影响其“正常”实施犯罪的情况下,才可以选择不予从宽量刑。例如,农村地区发生的老人猥亵“留守儿童”案件,猥亵行为与其减弱的刑事责任能力并无直接关联,换言之,老人的刑事责任能力减弱对其实施猥亵行为没有任何影响,对于这类行为即不应从宽处罚。

第十八条　关于精神病人和醉酒人的刑事责任能力的规定

精神病人在不能辨认或者不能控制自己行为的时候造成危害结果，经法定程序鉴定确认的，不负刑事责任，但是应当责令他的家属或者监护人严加看管和医疗；在必要的时候，由政府强制医疗。

间歇性的精神病人在精神正常的时候犯罪，应当负刑事责任。

尚未完全丧失辨认或者控制自己行为能力的精神病人犯罪的，应当负刑事责任，但是可以从轻或者减轻处罚。

醉酒的人犯罪，应当负刑事责任。

文献：黄京平：《限制责任能力研究》，中国政法大学出版社1998年版；马克昌主编：《犯罪通论》（第3版），武汉大学出版社1999年版；黄丁全：《刑事责任能力研究》，中国方正出版社2000年版；张爱艳：《精神障碍者刑事责任能力的判定》，中国人民公安大学出版社2011年版；高铭暄、马克昌主编：《刑法学》（第9版），北京大学出版社、高等教育出版社2019年版；张明楷：《刑法学》（第6版），法律出版社2021年版。万春：《病理性醉酒者的刑事责任问题》，载《法学杂志》1985年第2期；全理其：《司法工作人员对精神病人刑事责任能力的判定》，载《人民司法》1986年第10期；刘白驹：《论精神疾病患者的刑事责任能力》，载《法学研究》1990年第4期；孙东东：《关于精神病人和醉酒人刑事责任能力的法律适用与完善》，载《中外法学》1990年第5期；赵秉志、黄京平：《精神障碍者的刑事责任能力：对规范的比较考察》，载《比较法研究》1996年第1期；齐文远、刘代华：《论原因上自由行为》，载《法学家》1998年第4期；陈兴良：《刑事责任能力研究》，载《浙江社会科学》1999年第6期；赵秉志、刘志伟：《精神障碍者犯罪之刑事责任若干问题研究》，载《山东公安专科学校学报》2001年第1期；林维：《精神障碍与刑事责任能力的判定》，载《国家检察官学院学报》2008年第4期；郑延谱：《原因自由行为探析》，载《法律科学》2009年第6期；莫洪宪、刘维新：《医事刑法视域中的精神障碍》，载《中国刑事法杂志》2011年第5期；时延安：《隐性双轨制：刑法中保安处分的教义学阐释》，载《法学研究》2013年第3期。

细目录

Ⅰ　主旨

Ⅱ　沿革

Ⅲ　三类不同责任能力的精神病人

一、完全不负刑事责任的精神病人

二、完全负刑事责任的精神障碍人
三、限制刑事责任能力的精神障碍人
Ⅳ 精神病人责任能力的判断标准
Ⅴ 醉酒人的刑事责任
Ⅵ 原因自由行为
Ⅶ 对精神病人的强制医疗

Ⅰ 主旨

1 犯罪必须是具备辨认和控制自身行为之能力的人在其意识和意志支配下实施的危害社会的行为,没有辨认以及控制自身行为能力的人即使实施了危害行为,也不能要求其承担刑事责任。精神病人由于其精神障碍而不具备辨认或者控制自身行为的能力,则不具备刑事责任能力,即不能对其所实施的危害行为进行责难。即使对其适用刑罚,也起不到预防和矫正的作用,不符合刑罚的目的,也违反了人道主义等基本原则。一般而言,达到了法定刑事责任年龄的人通常具有刑事责任能力,没有刑事责任能力的属于例外情况,故刑法仅对此作出消极规定,将其作为出罪理由,只有行为人患有精神病时,才需查明其是否具有刑事责任能力。

2 同时,精神病学的研究显示,精神疾病类型很多,精神病人患病程度和患病周期会有一定的变化,因而应当根据精神病人的实际情况分别对待,间歇性精神病人在精神正常的时候犯罪,应当承担刑事责任;尚未完全丧失辨认或者控制自己行为能力的精神病人犯罪的,应当负刑事责任,但是考虑到其刑事责任能力确实存在减弱的情况,因而量刑时可以从轻或者减轻处罚。

3 就"醉酒的人犯罪,应当负刑事责任"的规定而言,可认为是对原因自由行为部分情形的规定,但这一规定只限于生理醉酒者的刑事责任能力以及其实施危害行为的刑事责任问题,不适用于病理醉酒者。我国刑法只规定了醉酒人的刑事责任,并没有对因吸食毒品或其他药物导致辨认能力、控制能力降低的问题进行规定,不过,从本条规定的意旨推论,吸食毒品等犯罪的,也应当负刑事责任。

Ⅱ 沿革

4 1979年《刑法》第15条规定:"精神病人在不能辨认或者不能控制自己行为的时候造成危害结果的,不负刑事责任;但是应当责令他的家属或者监护人严加看管和医疗。间歇性的精神病人在精神正常的时候犯罪,应当负刑事责任。醉酒的人犯罪,应当负刑事责任。"1997年《刑法》第18条规定相比上述规定,加入了"经法定程序鉴定确认"、强制医疗的内容以及对尚未完全丧失辨认或者控制自己行为能力的精神病人的处理原则。之后的历次刑法修正案都未对此条再作修改。

Ⅲ　三类不同责任能力的精神病人

一、完全不负刑事责任的精神病人

本条第 1 款规定,精神病人在不能辨认或不能控制自己行为的时候造成危害结果,经法定程序鉴定确认的,不负刑事责任,但是应当责令他的家属或者监护人严加看管和医疗;在必要的时候,由政府强制医疗。这是对完全不负刑事责任的精神病人的规定。 5

二、完全负刑事责任的精神障碍人

1. 精神正常时期的间歇性精神病人

本条第 2 款规定的间歇性精神病,是指具有间歇发作特点的精神病,包括精神分裂症、躁狂症、抑郁症、癫痫性精神病、周期精神病、分裂情感性精神病等。间歇性精神病人精神正常的时期,包括上述某些精神病的非发病期。间歇性精神病人在精神正常的时候实施刑法所禁止的危害行为的,其辨认和控制自己行为的能力完全具备,不符合无责任能力和限制责任能力所要求的心理学(法学)标准,因而法律要求行为人对其危害行为依法负完全的刑事责任。 6

第 2 款规定:“间歇性的精神病人在精神正常的时候犯罪,应当负刑事责任。”这一规定表明间歇性精神病人实施行为的时候,如果精神正常,则具有责任能力,应对自己的行为承担责任;即使实施行为后精神不正常,也应承担责任。反之,若行为时精神不正常,则不具备责任能力,该行为不成立犯罪;即使实施行为后精神正常,也不应承担责任。由此可见,间歇性精神病人的行为是否成立犯罪,应以其实施行为时是否精神正常、是否具有责任能力为标准,而不是以侦查、起诉或审判时的精神状况为标准。间歇性精神病人的责任能力之判断首先由医学鉴定人员鉴定其有无精神病以及精神病是否具有间歇性等,其次由司法人员判断其实施行为时是否精神正常;判断的流程与对普通的精神病的判断流程是一样的。 7

间歇性精神病人在精神正常的情况下决定并着手实行犯罪,在实行过程中精神病发作丧失责任能力的,应当如何处理?对于这一问题的解决存在争议。有学者指出,只要开始实施实行行为时具有责任能力与故意、过失,丧失责任能力后所实施的行为性质与前行为的行为性质相同,而且结果与其行为之间具有因果关系,即使结果是在其丧失责任能力的情况下发生的,行为人也应负既遂的责任。但如在开始实施实行行为时具有责任能力与故意、过失,然后丧失责任能力,在无责任能力阶段实施的是另一性质的行为,由该另一性质的行为导致了结果的发生,则行为人仅对前行为 8

承担未遂犯的责任。[1] 这一观点较有说服力。

2. 大多数非精神病性的精神障碍人

9 按照我国司法精神病学,非精神病性精神障碍的主要类型有各种神经官能症,包括癔症、神经衰弱、焦虑症、疑病症、强迫症等(但癔症性精神错乱除外),以及各种人格障碍式变态人格等。这种精神障碍人,大多数并不因为这种类型的精神障碍使其辨认或者控制自己行为的能力减弱或者丧失,而且具有完全的刑事责任能力,因而原则上对其危害行为依法负完全的刑事责任。

三、限制刑事责任能力的精神障碍人

10 除完全无刑事责任能力和完全有刑事责任能力以外,还存在一种介于两者之间的中间状态,即限制刑事责任能力。根据本条第 3 款的规定,尚未完全丧失辨认或者控制自己行为能力的精神病人犯罪的,应当负刑事责任,但是可以从轻或者减轻处罚。这里的尚未完全丧失辨认或者控制自己行为能力的精神病人,就是指限制刑事责任能力的精神病人,他们由于精神障碍使得辨别是非的能力、控制自己行为的能力都显著降低,因而有减免处罚的必要。但是必须注意,限制刑事责任能力的精神病人犯罪的,可以从轻或者减轻处罚,而不是必须从轻或者减轻处罚。一般包括以下两种:一是处于早期或者部分缓解期的精神病患者,这些患者辨认和控制自己行为的能力有所减弱;二是有些非精神病障碍人,包括轻至中度的精神发育迟滞者、脑部器质性病变或者精神病后遗症所引起的人格变态者,等等。

Ⅳ 精神病人责任能力的判断标准

11 精神病人责任能力的判断,实际上是找出认定其无责任能力的根据。当前许多国家的认定标准是精神障碍→失去辨认能力→失去基于辨认能力控制行为的能力。行为人符合这一认定标准时,就不具有责任能力。这种判断方法以精神障碍的要素、辨认是非的能力及据此控制行为的能力为核心。在刑法立法上只规定精神障碍要素的方法称为生物学的方法,只规定辨认和控制行为能力的方法称为心理学的方法;将二者相结合的方法称为混合的方法,即先确定影响责任能力的生理原因,再标明由此原因所致的影响责任能力的心理状态。我国《刑法》第 18 条采取的是混合的方法。这是因为:其一,由于精神病的种类多种多样,并非所有精神疾病都会导致人失去辨认和控制行为能力,如若单纯采用生物学的方法,会导致尚具有辨认和控制行为能力的人可以实施危害行为而无须承担责任。其二,若不要求精神障碍要素只要求失去辨认、控制行为能力,则会导致无法对冲动类型的犯罪追究责任。

12 对精神病人的责任能力应进行医学和法学的双重判断。首先应判断行为人是否

1 参见张明楷:《外国刑法纲要》(第 2 版),清华大学出版社 2007 年版,第 211 页。

患有精神病，其次判断行为人是否因为患有精神病而不能辨认或者不能控制自己的行为。是否患有精神病是事实问题，这一问题由精神病学医学专家作出判断，判断的重点在于行为人是否具有精神病以及精神病的种类和严重程度。行为人是否因为精神病而无法辨认或控制自己的行为是法律问题，这一问题由司法人员作出判断。就医学判断和法学判断二者的相互关系而言，医学判断是法学判断的前提条件，即如果医学判断的结果是否定的，即行为人没有精神病，那么就无须进行法学判断，司法工作人员此时应直接肯定行为人具有刑事责任能力。如果医学判断的结果是肯定的，即行为人有精神病，则司法工作人员应在此基础上进一步判断行为人是否具有刑事责任能力。既不能因为行为人具有精神病就直接认定其没有刑事责任能力，也不能因为行为人仍然具备辨认和控制行为能力就否定其有精神病。司法实践中，对于医学专家提供的精神病鉴定意见，法官应当结合其他证据进行判断，应当借助一般人标准判断，行为人虽然被鉴定有精神病，但其进行选择和判断的能力并不低于或者明显低于一般人的，则应考虑追究被告人的刑事责任。

V　醉酒人的刑事责任

本条第 4 款规定："醉酒的人犯罪，应当负刑事责任。"醉酒即酒精中毒，分为生理 13
性醉酒和病理性醉酒两种情况。生理性醉酒（即普通醉酒）不是精神病，其引起的精神障碍属于非精神病性精神障碍。各国在理论和司法实践中一般都公认，在生理性醉酒的情况下，行为人尚具有刑事责任能力，故对其实施的危害行为应当承担责任。即使饮酒者的辨认和控制能力减弱，也是由于饮酒者自身原因造成的，不得从轻或减轻处罚。病理性醉酒则是精神病的一种，多见于通常不饮酒或对酒精无耐受性或有疾病、生理缺陷等问题者在偶然一次饮酒后发生。病理性醉酒人会有记忆缺失，出现意识障碍，并伴有幻觉、错觉、妄想等，且行为通常具有攻击性。一般认为，病理性醉酒属于精神病，醉酒人完全丧失刑事责任能力。行为人没有认识到自己会病理性醉酒而饮酒发生首次病理性醉酒，从而产生危害结果的，不能认定为犯罪。但在行为人已经知道自己有病理性醉酒的历史，已经预见到或应当预见到自己在饮酒后会实施危害行为的，则应当承担责任。

VI　原因自由行为

原因自由行为，是指具有责任能力的人，在一时丧失责任能力的状态下实施了符 14
合犯罪构成要件的行为，但是否陷入这种状态，行为人原本可以自己决定；如果故意或过失地使自己处于无责任能力的状态，行为人应承担刑事责任。因为是否陷入丧失或部分丧失责任能力的状态是可以由行为人自身决定的，故在刑法理论上称为"原因自由"行为。根据刑法责任主义原则的要求，"行为与责任必须同时存在"，行为人只对在具备责任能力的状态下实施的行为及结果承担责任，那么从表面上看，原因自由行为是不符合这一原则的。但如果不对原因自由行为进行处理,则会形成处罚上的漏洞。既然结果行为为不作为时应当承担责任,那么,在结果行为是作为时,就没有理由否认行为人的责任。为了找到原因自由行为的可罚性根据,学术上产生了若干解决方案。对这一问题的处理,学说上主要有两种解决思路:一种是通过扩张原因行为,来维持行为与责任能力同时存在的原则;另一种是维持实行行为的定型性,而寻求行为与责任能力同时存在原则的例外。具体而言有以下学说[2]:

15 (1)构成要件说。传统的构成要件说主张,在实施原因行为时,行为人具有辨认、控制能力,是自由的,有责任能力,所以,应该承担相应的责任。原因自由行为评价的重点是原因设定行为,而非后一行为,原因行为就是犯罪行为。原因设定行为是具有决定意义的行为,具有实行行为性,是构成要件所要求的实行行为。后续行为是按照行为人意志自由时的计划自然实施的。

16 (2)间接正犯类似说。该说认为,原因自由行为可类比间接正犯理论,间接正犯是将他人作为工具予以利用,而原因自由行为是将自己的无责任能力状态作为工具予以利用,二者虽有区别,但就介入无责任状态的人的举动以实现犯罪意图而言,都是一种利用行为,故理论构造相同。

17 (3)正犯行为说。该说将正犯行为与实行行为予以区别,只要实施正犯行为时具有责任能力,即使实施实行行为时没有责任能力,也应认为符合行为与责任同时存在的原则,应当追究责任。

18 (4)相当原因行为说。该说将具有责任能力的原因行为作为问责的对象,认为只要原因行为与结果行为及结果之间具有相当因果关系和责任关联(故意、过失),就可以追究原因自由行为的责任。该说实际上将实行行为分为作为因果关系起点的实行行为和作为未遂犯的实行行为,而原因行为就属于前者,因而对原因自由行为追究责任符合行为与责任同时存在的原则。

19 (5)支配可能性说。该说认为,原因自由行为时的实行行为是结果行为,但行为人在实施原因行为时,对结果行为具有支配的可能性,所以,应对结果行为承担责任。这虽然在形式上违背实行行为与责任同时存在的原则,但符合该原则的实质要求。然而这一学说其实是追究原因行为的责任,但原因行为不是符合构成要件的行为。

20 (6)责任原则修正说。该说认为需要坚持行为与责任同时存在的原则,但是问题在于如何理解这一原则。实际上,只要作出意思决定时存在辨认、控制能力,责任就是和意思决定行为同时存在的,即使行为人在作出行为决定之际已丧失责任能力,也应当认为行为人具有责任能力,这是对责任与行为同时存在原则的修正。

21 (7)例外说。该说主张,行为当时,行为人应当存在责任能力,但是,在例外的情况下,欠缺责任能力也能够实现归责。原因自由行为就是没有责任也能够实现归责的例外情形。

---

2 参见张明楷:《刑法学》(第4版),法律出版社2011年版,第285—287页。

Ⅶ　对精神病人的强制医疗

强制医疗，是指国家实施的为避免公共健康危机，通过对患者进行强制治疗，达到治愈疾病、防止疾病传播、维护公众健康利益的目的的预防性法律措施，具有强制性、非自愿性、公益性的特点，一般针对性病、吸毒、精神障碍、严重传染性疾病等。较为常见的是对精神病人的强制医疗、对吸毒人员采取的强制戒毒措施等。对精神病人的强制医疗，从法律性质上看，是一种典型的保安处分措施。 22

强制医疗的具体规定主要见于《刑事诉讼法》第 302 条至第 307 条。《刑事诉讼法》第 302 条规定了强制医疗的适用对象："实施暴力行为，危害公共安全或者严重危害公民人身安全，经法定程序鉴定依法不负刑事责任的精神病人，有继续危害社会可能的，可以予以强制医疗。"这表明适用强制医疗的条件有四：一是精神病人实施了暴力行为，危及社会公共安全或者公民人身安全，应当理解为精神病人的行为满足了犯罪成立所要求的该当性和违法性。二是行为主体具有严重的人身危险性，这种人身危险性不能在非强制手段的情况下得到消除，并给社会和公民人身、财产带来严重损害后果。三是符合医学上的精神病成立标准，即通过专门的医学鉴定来确定行为人属于不具有刑事责任能力的精神病人。四是被强制医疗人的暴力行为发生在丧失刑事责任能力之后，如果行为人在精神正常情况下实施了犯罪行为，其后由于患上精神病而实施暴力行为的，不属于该特别程序的适用范围。同时满足以上条件也不是"应当"或者"必须"适用强制医疗，而是"可以"适用。2016 年 6 月 2 日最高人民检察院印发的《人民检察院强制医疗执行检察办法(试行)》第 28 条规定："对 2012 年 12 月 31 日以前公安机关依据《中华人民共和国刑法》第十八条的规定决定强制医疗且 2013 年 1 月 1 日以后仍在强制医疗机构被执行强制医疗的精神病人，人民检察院应当对其被执行强制医疗的活动实行监督。" 23

第十九条　聋哑人、盲人的刑事责任

又聋又哑的人或者盲人犯罪，可以从轻、减轻或者免除处罚。

文献:陈兴良主编:《刑法总论精释》(第3版),人民法院出版社2016年版;高铭暄、马克昌主编:《刑法学》(第9版),北京大学出版社、高等教育出版社2019年版;周光权:《刑法总论》(第4版),中国人民大学出版社2021年版;张明楷:《刑法学》(第6版),法律出版社2021年版。

细目录

Ⅰ　主旨
Ⅱ　沿革
Ⅲ　认定标准
　一、又聋又哑的人的认定标准
　二、盲人的认定标准
Ⅳ　本条的适用

Ⅰ　主旨

1　本条是对行为人因基本交流能力丧失而导致刑事责任能力减弱的规定。人的听力、语言交流能力、视力是人与人之间、人与环境之间交换信息的基本能力,这些能力直接决定了人认识世界和控制自己行为的水平。聋哑人和盲人由于这些基本交流能力存在缺陷,一方面会导致认识能力受到极大限制,进而影响其对具体事实(包括事件和行为)的辨认水平;另一方面由于生理缺陷影响到行为人对周边环境和人的反应水平,因而也直接对控制自己行为的能力产生影响。生理缺陷不会导致行为人丧失刑事责任能力,但会导致其刑事责任能力一定程度的减弱。行为人在刑事责任能力减弱的情形下实施犯罪行为,对行为人的谴责程度就应相应降低,因而在量刑上相应地进行调整。本条同时也提供了一条量刑规则,即对有生理缺陷的人,法官可以从轻、减轻或者免除处罚。

Ⅱ　沿革

2　1979年《刑法》第16条规定:"又聋又哑的人或者盲人犯罪,可以从轻、减轻或者免除处罚。"1997年《刑法》沿袭了这一规定,之后的历次刑法修正都未涉及本条。

Ⅲ 认定标准

从本条规定看,刑法中采用的术语是“又聋又哑的人”和“盲人”的用法,是将日常用语直接转化为法律用语。不过,从实践看,对何为“又聋又哑的人”和“盲人”还应从相关专业的角度予以细化。对此,应参照 2011 年 1 月 14 日发布、自 2011 年 5 月 1 日起实施的《残疾人残疾分类和分级》(GB/T 26341-2010)的规定进行界定。 3

一、又聋又哑的人的认定标准

《残疾人残疾分类和分级》标准中没有使用“聋人”和“哑人”的概念,而是使用“听力残疾”和“言语残疾”的术语。 4

“听力残疾”是指各种原因导致双耳不同程度的永久性听力障碍,听不到或听不清周围环境声及言语声,以致影响其日常生活和社会参与。按平均听力损失,听觉系统的结构、功能,活动和参与,环境和支持等因素,听力残疾分为四级:一级,听觉系统的结构和功能极重度损伤,较好耳平均听力损失大于 90 dB HL,不能依靠听觉进行言语交流,在理解和交流等活动上极重度受限,在参与社会生活方面存在极严重障碍;二级,听觉系统的结构和功能重度损伤,较好耳平均听力损失在 81~90 dB HL 之间,在理解和交流等活动上重度受限,在参与社会生活方面存在严重障碍;三级,听觉系统的结构和功能中重度损伤,较好耳平均听力损失在 61~80 dB HL 之间,在理解和交流等活动上中度受限,在参与社会生活方面存在中度障碍;四级,听觉系统的结构和功能中度损伤,较好耳平均听力损失在 41~60 dB HL 之间,在理解和交流等活动上轻度受限,在参与社会生活方面存在轻度障碍。 5

“言语残疾”是指各种原因导致的不同程度的言语障碍,经治疗 1 年以上不愈或病程超过 2 年,而不能或难以进行正常的言语交流活动,以致影响其日常生活和社会参与。包括:失语、运动性构音障碍、器质性构音障碍、发声障碍、儿童言语发育迟滞、听力障碍所致的言语障碍、口吃等。按各种言语残疾不同类型的口语表现和程度,脑和发音器官的结构、功能,活动和参与,环境和支持等因素,言语残疾分为四级:一级,脑和/或发音器官的结构、功能极重度损伤,无任何言语功能或语音清晰度小于或等于 10%,言语表达能力等级测试未达到一级测试水平,在参与社会生活方面存在极严重障碍。二级,脑和/或发音器官的结构、功能重度损伤,具有一定的发声及言语能力。语音清晰度在 11%~25%之间,言语表达能力等级测试未达到二级测试水平,在参与社会生活方面存在严重障碍。三级,脑和/或发音器官的结构、功能中度损伤,可以进行部分言语交流。语音清晰度在 26%~45%之间,言语表达能力等级测试未达到三级测试水平,在参与社会生活方面存在中度障碍。四级,脑和/或发音器官的结构、功能轻度损伤,能进行简单会话,但用较长句表达困难。语音清晰度在 46%~65%之间,言语表达能力等级测试未达到四级测试水平,在参与社会生活方面存在轻度障碍。 6

7 本条中规定的"又聋又哑的人"应指同时具有听力残疾和言语残疾的人。参考上述标准,应当指同时具有听力残疾一级或二级和言语残疾一级或二级的人。理由在于,此时行为人的听力残疾和言语残疾已经对其参与社会生活造成极严重或严重障碍,进而也就影响其辨认和控制能力。

二、盲人的认定标准

8 《残疾人残疾分类和分级》标准中没有使用"盲人"的概念,而是使用了"视力残疾"的概念。所谓"视力残疾",是指"各种原因导致双眼视力低下并且不能矫正或双眼视野缩小,以致影响其日常生活和社会参与。视力残疾包括盲及低视力"。按视力和视野状态分级,其中盲为视力残疾一级和二级,低视力为视力残疾三级和四级。视力残疾均指双眼而言,若双眼视力不同,则以视力较好的一眼为准。如仅有单眼为视力残疾,而另一眼的视力达到或优于0.3,则不属于视力残疾范畴。视野以注视点为中心,视野半径小于10°者,不论其视力如何均属于盲。按照这一标准,分为四级:一级:无光感~<0.02;或视野半径<5°。二级:0.02~<0.05;或视野半径<10°。三级:0.05~<0.1。四级:0.1~<0.3。按照上述标准界定,视力一级、二级属于盲。在实践中,属于视力残疾一级或二级的,即应界定为刑法中的"盲人"。

Ⅳ 本条的适用

9 本条的适用,除要判断行为人是否属于"又聋又哑的人"或"盲人"之外,要考虑如何适用从宽情节。本条所提供的规则属于授权型量刑规则,因而法官有权根据案件具体情况判断被告人是又聋又哑的人或盲人时,是否予以从宽处罚,以及如何选择从轻、减轻或免除处罚。

10 从本条规定的法理根据看,在决定应否从宽处罚上,实质的裁判根据应当是听力和言语残疾或视力残疾对行为人刑事责任能力的影响程度,如果因交流能力、生理残疾直接导致刑事责任能力明显减弱,那么,就应当选择从宽处罚;至于是选择从轻处罚,还是减轻或免除处罚,应当在全面分析犯罪性质、情节和危害程度的基础上,考察行为人的身份与其实施危害社会行为之间的关联,进行判断和选择。如果行为人的交流能力、生理残疾对刑事责任能力影响不大,或者行为人的这类残疾对刑事责任能力有影响,但对行为人实施的具体犯罪影响不大,那么,在量刑时即不应考虑从宽。前者的情形,例如,行为人的听力和言语残疾系后天造成,而行为人实施的犯罪是抢劫罪,此时其生理残疾对行为人的刑事责任能力没有明显的影响。后者的情形,例如,行为人属于"又聋又哑的人",对于该人实施的强奸行为,即不应予以从宽处罚,因为即便生理残疾对其刑事责任能力有影响,但其刑事责任能力的减弱对其实施强奸行为没有直接影响,因而不应选择从宽处罚。

第二十条　正当防卫

为了使国家、公共利益、本人或者他人的人身、财产和其他权利免受正在进行的不法侵害，而采取的制止不法侵害的行为，对不法侵害人造成损害的，属于正当防卫，不负刑事责任。

正当防卫明显超过必要限度造成重大损害的，应当负刑事责任，但是应当减轻或者免除处罚。

对正在进行行凶、杀人、抢劫、强奸、绑架以及其他严重危及人身安全的暴力犯罪，采取防卫行为，造成不法侵害人伤亡的，不属于防卫过当，不负刑事责任。

文献：高格：《正当防卫与紧急避险》，福建人民出版社1985年版；郭守权、何泽宏、杨周武：《正当防卫与紧急避险》，群众出版社1987年版；姜伟：《正当防卫》，法律出版社1988年版；周国钧、刘根菊：《正当防卫的理论与实践》，中国政法大学出版社1988年版；王政勋：《正当行为论》，法律出版社2000年版；彭卫东：《正当防卫论》，武汉大学出版社2001年版；田宏杰：《刑法中的正当化行为》，中国检察出版社2004年版；陈兴良：《正当防卫论》（第3版），中国人民大学出版社2017年版。卢云华：《试论正当防卫过当》，载《中国社会科学》1984年第2期；赵秉志、肖中华：《正当防卫立法的进展与缺憾——建国以来法学界重大事件研究（十九）》，载《法学》1998年第12期；刘艳红、程红：《"无限防卫权"的提法不妥当——兼谈新〈刑法〉第20条第3款的立法本意》，载《法商研究》1999年第4期；王政勋：《论正当防卫的本质》，载《法律科学》2000年第6期；周光权：《正当防卫成立条件的"情境"判断》，载《法学》2006年第12期；欧阳本祺：《正当防卫认定标准的困境与出路》，载《法商研究》2013年第5期；黎宏：《论假想防卫过当》，载《中国法学》2014年第2期；陈璇：《侵害人视角下的正当防卫论》，载《法学研究》2015年第3期；劳东燕：《防卫过当的认定与结果无价值论的不足》，载《中外法学》2015年第5期；陈璇：《克服正当防卫判断中的"道德洁癖"》，载《清华法学》2016年第2期；周光权：《论持续侵害与正当防卫的关系》，载《法学》2017年第4期；陈兴良：《正当防卫如何才能避免沦为僵尸条款——以于欢故意伤害案一审判决为例的刑法教义学分析》，载《法学家》2017年第5期；周光权：《正当防卫的司法异化与纠偏思路》，载《法学评论》2017年第5期；尹子文：《防卫过当的实务认定与反思——基于722份刑事判决的分析》，载《现代法学》2018年第1期；张明楷：《正当防卫的原理及其运用——对二元论的批判性考察》，载《环球法律评论》2018年第2期；陈璇：《正当防卫、维稳优先与结果导向——以"于欢故意伤害案"为契机展开的法理思考》,载《法律科学》2018年第3期;劳东燕:《正当防卫的异化与刑法系统的功能》,载《法学家》2018年第5期;王钢:《正当防卫的正当性依据及其限度》,载《中外法学》2018年第6期;张明楷:《防卫过当:判断标准与过当类型》,载《法学》2019年第1期;冯军:《防卫过当:性质、成立要件与考察方法》,载《法学》2019年第1期;梁根林:《防卫过当不法判断的立场、标准与逻辑》,载《法学》2019年第2期;陈璇:《正当防卫中的"误判特权"及其边界》,载《中国法学》2019年第2期。

细目录

Ⅰ　主旨
Ⅱ　沿革
Ⅲ　正当防卫的正当化根据
Ⅳ　正当防卫的成立要件
一、防卫起因
二、防卫对象
三、防卫限度
四、防卫意识
Ⅴ　防卫过当
一、防卫过当的罪过形式
二、防卫过当的刑事责任

Ⅰ　主旨

1　《刑法》第20条规定了正当防卫的成立要件、防卫过当的处理原则以及特殊防卫权的构成特征。正当防卫是公民捍卫合法权益免受不法侵害的一项重要权利。本条旨在划定正当防卫行为与犯罪行为之间的界限。

Ⅱ　沿革

2　1979年《刑法》第17条规定:"为了使公共利益、本人或者他人的人身和其他权利免受正在进行的不法侵害,而采取的正当防卫行为,不负刑事责任。正当防卫超过必要限度造成不应有的危害的,应当负刑事责任;但是应当酌情减轻或者免除处罚。"1997年《刑法》对正当防卫条款作了重大修改:第一,对正当防卫作了更为具体和准确的界定,说明正当防卫是"制止不法侵害""对不法侵害人造成损害的"行为。第二,进一步限制了防卫过当的成立范围,规定只有"明显"超过必要限度、造成"重大"损害的,才成立防卫过当。第三,增设了第3款关于特殊防卫权的规定。

Ⅲ　正当防卫的正当化根据

3　正当防卫的本质所要回答的问题是:作为一种对他人法益造成损害的行为,正当防卫合法化的实质根据和思想基础究竟何在？需要注意：第一，由于正当防卫的本质是一个教义学范畴内的课题，故对它的探讨需要以现行刑法的规定为立足点。第二，正当防卫的本质不仅要能说明正当防卫与违法行为之间的区别，而且还应当能对正当防卫与紧急避险等其他紧急权相比所具有的特点作出解释。

关于正当防卫的正当化根据，学界存在不同看法。 4

1. 法益保护与法秩序维护二元说

传统理论认为，构成正当防卫正当化根据的两大支柱有二：一是法益保护原则，即正当防卫是用于保护公民法益不受侵害的有效且必要的手段。二是法秩序维护原则，正当防卫是直接针对违法行为所做的反击，即"正对不正"的行为。由于正当防卫是通过制止他人不法侵害行为的方式保护了法益，故它除了使生命、财产等具体法益转危为安，还捍卫了国家法秩序的不可侵犯性，进而对违法犯罪行为产生了一般预防的效果。该说是德国刑法理论界和判例的主流观点[1]，在日本刑法学界亦有广泛影响[2]。尽管我国刑法学通说对正当防卫的本质着墨不多，但实际上也采取了与该说基本相同的立场。例如，有的权威著作指出："社会主义刑法中的正当防卫，其本质必定是制止不法侵害，保护合法权益，维护社会主义法制这三项任务的有机统一。"[3]近来，更有学者明确支持将法秩序维护原则与个人法益保护原则并列作为正当防卫的两大基石。[4] 5

2. 侵害人值得保护性下降说

笔者认为，在正当防卫中，不法侵害人的法益之所以在相当大的范围内被逐出了法律的庇护所，是因为它值得保护的程度较之于遭受侵害的法益来说，出现了大幅下跌。[5] 其原因主要来自两个方面： 6

（1）被害人在本可避免的情况下自陷险境。尽管直接给侵害人的法益造成具体危险的是防卫人，侵害人自己对于制造危险的整个过程并无现实的支配和操控，但不容忽视的是，侵害人毕竟是整个事端的挑起者。实际上，一直到防卫人采取防卫措施实施反击之前，危险是否发生都还处在侵害人的掌控之中；正是他把自己从一个相对 7

---

1 Vgl. Spendel, LK－StGB, 11. Aufl., 1992, § 32 Rn. 13; Jescheck/ Weigend, Lehrbuch des Strafrechts AT, 5. Aufl., 1996, S. 337; Roxin, Strafrecht AT, Bd. Ⅰ, 4. Aufl., 2006, § 15 Rn.1 ff; Schönke/ Schröder/ Perron, StGB, 28. Aufl., 2010, § 32. Rn. 1a; Kindhäuser, Strafrecht AT, 5. Aufl., 2011, § 16 Rn. 1; Kühl, Strafrecht AT, 7. Aufl., 2012, § 7 Rn.7 ff; BGHSt. 24, 356 (359); BGHSt. 48, 207 (212).

2 参见〔日〕大塚仁：《刑法概说（总论）》，冯军译，中国人民大学出版社2003年版，第322页。

3 马克昌主编：《犯罪通论》（第3版），武汉大学出版社1999年版，第712页。类似的表述包括："正当防卫是对统治阶级的统治秩序有益的行为"（姜伟：《正当防卫》，法律出版社1988年版，第16页）；"正当防卫与刑罚有着相同的功能，即报应的功能和预防的功能"（王政勋：《正当行为论》，法律出版社2000年版，第111页）；"正当防卫的实质根据是国家维持秩序的需要"（彭卫东：《正当防卫论》，武汉大学出版社2001年版，第13页）。

4 参见欧阳本祺：《正当防卫认定标准的困境与出路》，载《法商研究》2013年第5期。

5 参见陈璇：《侵害人视角下的正当防卫论》，载《法学研究》2015年第3期。

安全的状态带入利益冲突的危险境地。[6] 若侵害人此时想要保护自己的法益免受反击行为的损害,则不必额外采取什么防御措施,只需悬崖勒马、放弃侵害计划即可。不过,除非经由被害人以承诺的方式自愿放弃,否则不管被害人自己是否采取了充分的防护措施,他的法益一律处于国家法律的保护之下。[7] 但是,如果因为被害人疏于对自己法益的保护,从而导致自己的法益与他人的法益发生冲突,那么就这两者相比而言,前者值得保护的程度就会低于后者,为解决该法益冲突所需要付出的代价也应更多地由被害人自己承担。

8 (2)被害人违反了不得侵犯他人法益的义务。我国《宪法》第33条第2款和第4款分别规定:"中华人民共和国公民在法律面前一律平等","任何公民享有宪法和法律规定的权利,同时必须履行宪法和法律规定的义务"。据此,每一个公民都平等地享有要求他人尊重其法益的权利,同时也平等地负有对他人法益加以尊重的义务。在正常情况下,这种权利与义务的对等性是由国家来保障实现的。例如,当某人伤害了他人或者毁损了他人的财物时,国家的公权力机关会出面制止这一举动,并且在事后对行为人判决赔偿、决定行政处罚甚至是判处刑罚,从而证明行为人并不享有高于其他公民之上、可恣意践踏他人法益的特权。但是,在公权力机关无法及时介入的紧急状态下,权利受到他人侵犯的公民在保卫自身法益的同时,当然也可以自行证明他所具有的平等地位,可以通过防卫彰明不存在一方违反了义务还有权要求对方继续履行义务的道理。[8] 在正当防卫中,防卫行为的被害人不是单纯地使自己的法益身处险境,他的自陷危险还是通过非法侵犯他人法益的方式完成的。既然被害人为侵害他人的法益而单方违背了自己对该人所承担的义务,那么与此相对应,在为保护该法益所必要的范围内,行为人对被害人所负有的不得侵害的义务原则上也归于消灭。

Ⅳ 正当防卫的成立要件

一、防卫起因

9 正当防卫的成立以存在正在进行的不法侵害为前提。对此可以分为如下几点进行分析。

(一)侵害性

10 所谓侵害,是指所有可能对法益造成损害的人的行为。

---

6 Vgl. Frister, Die Notwehr im System der Notrechte, GA 1988, S.302; Jakobs, Strafrecht AT, 2. Aufl., 1991, 11/9; Mitsch, Rechtfertigung und Opferverhalten, 2004, S.119; Freund, Strafrecht AT, 2. Aufl., 2009, § 3 Rn.92; Puppe, Strafrecht AT, 2. Aufl., 2011, § 12 Rn.1.

7 Vgl. Freund, in: MK-StGB, 2. Aufl., 2011, vor § § 13 ff. Rn.427.

8 Vgl. Hruschka, Extrasystematische Rechtfertigungsgründe, FS-Dreher, 1977, S.199.

1. 侵害必须是人的行为

由于正当防卫是对法秩序的维护，而只有人的行为才可能违反法秩序，故作为正当防卫起因条件的侵害只能是由人所实施的有意识的行为。据此： 11

(1)对于他人在完全无意识状态下实施的举动，如睡梦中或反射行为，不能进行正当防卫。但这并不意味着行为人只能听任自己的法益受损。因为虽然上述举动并非人的行为，但却属于正在发生的危险，故行为人可针对其实施防御性紧急避险。 12

(2)就"对物防卫"的问题来说，如果是人故意利用动物侵害他人，或者因动物管理者疏于监管而导致动物袭击，那么动物侵袭本身就可以看作人的故意或过失行为，故对之允许实施正当防卫；但如果管理者对动物的监管毫无过失，那么对该动物的侵害不能实施正当防卫，而只能进行紧急避险。由于紧急避险的成立条件远比正当防卫严格，所以难免使人产生疑问：按道理，法律对人的保护应当优于动物，故与对物的损害行为相比，对人的损害行为要获得正当化就应当满足更为苛刻的条件才对；那为什么现在对动物的反击要受到更多的限制，而针对人的防卫反而享有更为宽松的空间呢？因此，有学者提出：虽然依照我国刑法的规定，正当防卫只能针对"不法侵害人"，但根据客观违法论的立场，在动物自发侵害他人时，即使管理者主观上没有过失，也是其客观疏忽行为所致，仍应认为管理者存在客观的侵害行为，故打死打伤该动物的行为属于对管理者的正当防卫。[9] 但这一观点值得商榷。一是不论对违法性的理解如何客观，都不能逾越一条基本的底线，即只有人的意识行为才谈得上合法和不法，脱离了人的意识控制的纯粹自然事物发展过程不是规范评价的对象。在管理者毫无过错的情况下，动物的袭击纯粹属于其自发的行动；如果认为此时对物防卫可以成立正当防卫，那就意味着针对物主完全合法的管理行为也可以实施正当防卫，这明显是不合理的。二是从实际情况来看，即便将对物防卫定性为紧急避险，也不会得出不当的结论。因为当动物袭击人时，由于产生了针对人身法益的危险，故无论行为人是将其打死还是打伤，都不会违反紧急避险的法益均衡原则。 13

2. 侵害必须具有损害法益的紧迫危险

受到法益保护原则的制约，只有当侵害行为具有危及法益安全的现实可能性时，才存在正当防卫的空间。对此，有以下问题值得探讨： 14

(1)如果对方利用仿冒的武器实施侵害，例如，乙用一支完全无发射功能的仿真手枪指着甲，要求其交出1万元，那么对乙能否正当防卫？首先可以确定的是，乙的行为事实上不可能对甲的生命和健康造成损害。接下来应区分以下两种情形来分析：一是若甲知道该手枪为假，且乙也没有其他劫取财物的方法，则由于乙的行为不论是对甲的人身还是财产都不会产生现实的侵害危险，故不能对其实施正当防卫。二是若甲对手枪为假的事实毫不知情，则虽然乙的行为不会对甲的生命健康法益产生现实危险，但甲毕竟因误以为该枪具有杀伤力而产生了恐惧感，并导致其意志自由 15

---

9 参见张明楷：《刑法学》(第6版)，法律出版社2021年版，第263页。

受到了压制,进而对其财产法益也造成了威胁,故仍应认为具有法益侵害危险的不法侵害现实存在,对乙可以实施正当防卫。[10]

16 (2)是否对一切具有法益侵害危险的行为都可以正当防卫?通说认为,并非对所有的不法侵害都可以进行正当防卫,能够成为正当防卫起因的只能是那些具有攻击性、破坏性、紧迫性的不法侵害;因此,就贪污、受贿之类的犯罪来说,既然存在检举、揭发、控告等救济渠道,那就不允许个人实施正当防卫。[11] 但这一说法存在疑问。

17 第一,欠缺实定法依据。纵观大陆法系各国的立法例,对于正当防卫中不法侵害的规定主要有两种模式:一是要求不法侵害必须具有紧迫性;二是只要求不法侵害正在进行。由于《日本刑法典》第36条第1款采取了前一立法模式,在"不法侵害"之前明文规定了"紧迫的"这一修饰限定词,故日本学者主张通过侵害的紧迫性要件来限制防卫权的行使,这至少在形式上是具有法律依据的。可是,在我国,无论是民国时期的刑法典,还是1979年颁布并适用至今的《刑法》,均在比较参考了包括日本在内的各国立法的基础上明确选择了前述第二种立法模式。这就说明,立法者是有意将侵害的紧迫性排除在正当防卫的要件之外。因此,认为正当防卫的成立以不法侵害具有紧迫性为前提的观点,本身就忽视了中日两国刑法相关规定的重大差异。[12]

18 第二,该标准并不能清晰地划定防卫权行使的边界。例如,盗窃被公认为是一种以平和甚至秘密的方式取得他人财物的侵害行为,它没有任何的暴力性和进攻性,所以用上述判断标准来衡量似乎也不具有紧迫性。然而,无论是刑法理论还是司法实践都没有争议地认为,公民针对盗窃犯可以实施正当防卫。如果将正当防卫中的不法侵害限定于具有积极进攻性的侵害之上,那就等于否定了不作为成立不法侵害的可能。时至今日,中外刑法理论的通说均承认,既然作为和不作为在规范评价上完全可以实现等值,那就没有理由认为针对不作为的侵害行为不能实施正当防卫,故也没有理由认为只有积极进攻型的侵害才能成为正当防卫的起因。[13]

19 第三,还有学者认为,有无其他法律救济手段是认定紧迫性要件的标准。换言之,"即便现在正遭受侵害或者侵害正在逼近,如果具备完整的法律制度,可以请求公

---

10 Vgl. Roxin, Strafrecht AT, Bd. Ⅰ, 4. Aufl., 2006, § 15 Rn.9; Kindhäuser, Strafrecht AT, 5. Aufl., 2011, § 16 Rn.11.

11 参见马克昌主编:《犯罪通论》(第3版),武汉大学出版社1999年版,第719页;张明楷:《刑法学》(第6版),法律出版社2021年版,第259页;黎宏:《刑法学(总论)》,法律出版社2016年版,第128页。

12 事实上,早在民国时期,就有学者明确指出这一点。参见陈瑾昆:《刑法总则讲义》,吴允锋勘校,中国方正出版社2004年版,第154页以下;陈文彬:《中国新刑法总论》,夏菲勘校,中国方正出版社2008年版,第123页以下。

13 参见高铭暄主编:《刑法专论》(第2版),高等教育出版社2006年版,第420页;Günther, in: SK-StGB, 7. Aufl., 1999, § 32 Rn.30; Erb, in: MK-StGB, 2. Aufl., 2011, § 32 Rn.60。

共机关排除这种侵害,而且尚有时间等待公共机关的救助,就应当否定存在紧迫性”[14]。例如,当债务人乙拒不履行合同约定的支付3万元货款的债务时,债权人甲完全可以通过提起民事诉讼请求国家帮助其实现债权,故违约这一侵害行为不具有紧迫性。这时,我们就要求甲在一段时间(即诉讼期间)内暂且忍受自己的债权不能实现的不利后果,直至法院作出生效判决。按照这样的逻辑,也就意味着只要存在通过公力救济途径于事后挽回损失的可能,即可否定侵害的紧迫性。据此,当丁正在盗窃丙的3万元现金时,既然丙也完全可以在事后通过报警、自诉等方式请求国家启动刑事追诉程序追回被盗钱款,那么该侵害行为也不具有紧迫性。但恐怕没有人会接受这样的结论。实际上,本案所涉及的问题是:

①公民对于纯粹侵犯国家、公共法益的行为是否有权实施正当防卫?本来,《刑 20
法》第20条第1款明文规定“国家、公共利益”属于正当防卫可保护的范围;我国刑法学通说对此也没有异议。[15] 但实际上,一概允许公民为单纯保护国家、公共利益而实施正当防卫,可能存在一定的弊端。例如,如果允许公民为保护社会的良好风尚而自行拘禁聚众赌博之徒或收缴正在贩卖的淫秽书刊,如果允许公民对正在从事丧权辱国犯罪的政治领导人实施伤害甚至暗杀,那么人人都可以成为执法者,整个社会的正常秩序恐怕就难以维系。[16] 此外,对于是否应当承认“为国家的正当防卫”的问题,理论上也有争议。但可以肯定的是:一是如果侵害国家、公共利益的行为同时也危及公民个人法益,则不影响正当防卫的成立。例如,乙酒后在行人密集的道路上横冲直撞,甲开车将其撞翻的行为属于正当防卫,因为虽然乙的行为危害的是公共安全,但它同时也对行人的生命健康法益造成了现实的威胁。二是侵犯国家、集体财产的行为属于正当防卫中的不法侵害。

②为保障到期合法债权的实现能否实施正当防卫?对于这个问题,笔者主张防 21
卫权行使条件说。[17] 防卫权的成立条件并不等于防卫权的行使条件;确定不法侵害存在,这只是为防卫权的成立奠定了基础,但国家完全可能出于某种政策考量为防卫权的行使设置额外的要件,从而在特定的情形下“冻结”防卫权的行使,使之让位于事后的公力救济机制。据此,虽然债务人的违约行为构成了对债权人债权乃至物权的不法侵害,故正当防卫的前提要件已经具备;但鉴于请求权纠纷的特殊性以及自助行为这一特别正当化事由的存在,可以认为法律作出了原则上禁止公民行使防卫权的决定。理由如下:

---

14 〔日〕西田典之:《日本刑法总论》(第2版),王昭武、刘明祥译,法律出版社2013年版,第136页。

15 参见马克昌主编:《犯罪通论》(第3版),武汉大学出版社1999年版,第720页。

16 Vgl. Roxin, Strafrecht AT, Bd. Ⅰ, 4. Aufl., 2006, § 15 Rn.36ff.

17 参见陈璇:《正当防卫中公力救济优先原则的适用——以暴力反抗强拆案与自力行使请求权案为例》,载《法学》2017年第4期。

22 首先,在以债权债务为中心的民事纠纷中,赋予公力救济以优先的地位具有实质合理性。债权纠纷在对象和当事人方面所具有的特点,使得事后救济能够有效地维护受侵害方的利益。如前所述,国家能否期待公民放弃即时的私力救济,关键在于事后的公力救济能否为其提供足够有效的保护。[18] 这取决于以下两个因素:纠纷所涉及的法益是否具有在事后得以恢复的可能,寻求事后救济程序实现权利的成本与效率几何。在大多数侵权情形中,公力救济之所以不享有优位于公民防卫权的地位,原因有二:一是就杀人、伤害、拘禁等侵犯人身法益的行为来说,由于人身法益不仅对于个人的存在和尊严具有极端重要的意义,而且也具有不可交换和抵偿性。所以,对事后救济的消极等待会给受害人带来不可弥补的重大损失,这对于公民基本权利的保护来说是无法容忍的。二是在侵犯财产法益的行为当中,诸如盗窃、抢夺之类的侵害往往发生在陌生人之间,侵害行为从类型上来看具有较高的隐蔽性,而且侵害人在作案后也都会想方设法逃遁、隐匿,故一旦不即时实施自救,则事后的公力救济将因为侵害人无迹可寻、证据难觅而遥遥无期,甚至不了了之。然而,债权纠纷的特点却恰好能够使这两个因素大幅削弱,甚至不复存在。一是债权债务所涉及的是单纯财产法益。财产法益所具有的可修补性,为法律要求债权人承担一定的忍受义务创造了前提。二是由于债权债务发生在特定的民事主体之间,双方在订立、履行合同的过程中往往会结成较为密切的关系,故大都有充分的机会了解对方的信息。正是债权人和债务人之间这种"一对一"式紧密的人际关系的存在,使得取证的困难和成本大为降低,也使得在一方违约的情况下,另一方即便不能立即实现请求权,也可以通过向法院提供对方的信息及合同等证据材料,借助公力完成债务的追偿。

23 另外,合同法的特殊价值追求,使得国家在保护债权的同时也更加注重对民事交易安全性和稳定性的维护。相较于侵权责任法专注于受害法益的补救来说,合同法的天平更倾向于对既有交易关系和平稳交易秩序的维护。自力救济虽然有利于具体当事人民事权益的保障,但却会对民事交易的平和状态产生消极影响。有鉴于此,正如行政法为了保障公共管理秩序的稳定而赋予具体行政行为以公定力一样,合同法为了维护交易秩序的安定平和,也会为民事主体涉及合同的行为设置特殊的"保护层",从而要求相对方除非符合自助行为的要件,否则在国家最终确认该行为违法之前,均应暂时忍受其带来的不利后果,不得擅自实施防卫。

24 其次,自助行为这一特殊违法阻却事由的存在,阻断了请求权人行使防卫权的进路。所谓自助行为,是指权利人为保证自己的请求权能得以实现,在情事紧迫而又不能及时求助于国家机关的情况下,对他人的财产或自由施加扣押、拘束或其他措施的行为。[19] 自助行为成文化的典型是《德国民法典》第 229 条的规定:"在来不及请求机

---

18 Vgl. Lagodny, Notwehr gegen Unterlassen, GA 1991, S. 311.

19 参见〔德〕梅迪库斯:《德国民法总论》,邵建东译,法律出版社 2013 年版,第 133 页;王利明、杨立新、王轶等:《民法学》(第 3 版),法律出版社 2011 年版,第 768 页。

关援助,并且非于当时为之则请求权无法实现或者实现显有困难的情况下,以自助为目的将物件押收、破坏或者毁损者,或者以自助为目的将有逃亡嫌疑的债务人施以扣留者,或者对于义务人应容忍的行为,因其抗拒而加以制止者,不为违法。”我国《民法典》第 1177 条也明确规定:“合法权益受到侵害,情况紧迫且不能及时获得国家机关保护,不立即采取措施将使其合法权益受到难以弥补的损害的,受害人可以在必要范围内采取扣留侵权人的财物等合理措施;但是,应当立即请求有关国家机关处理。”20 世纪初期的德国法学界普遍认为,正当防卫中的不法侵害只能由积极作为的形式构成。所以,公民对于不作为没有实施正当防卫的权利。但是,由于《德国民法典》第 229 条允许债权人对于逾期不履行债务这一不作为实施有限的自力救济,故通说倾向于将自助行为看成对正当防卫权的一种例外性的补充或者扩张。然而,随着刑法理论中不作为犯教义学的发展,人们逐渐认识到作为和不作为在规范层面上完全可以获得等值的评价。于是,作为正当防卫前提条件的不法侵害自然就可以涵盖作为和不作为。在这种情况下,德国法学理论改变了以往的观点,转而主张《德国民法典》第 229 条是对正当防卫权的限制。[20] 具体来说:本来,对于不履行债务的行为也可以实施正当防卫;但是,《德国民法典》第 229 条专门对债权人的自救权设置了特别的规范。从该条款来看,自助行为的权利空间明显窄于正当防卫。正当防卫允许公民采用暴力手段实现权利,但自助行为只允许债权人采取措施维护债务得到清偿的外在条件,却并不允许他使用窃取、抢劫、敲诈勒索等手段直接实现债权。换言之,“自助只是为促进纠纷的解决创造条件,并没有解决纠纷本身,因此,在行为人实施自助行为(如扣押债务人的财产、限制其人身自由)之后,还应积极寻求纠纷的解决”[21]。既然对于欠债不还这种类型的不法侵害,出现了正当防卫与自助行为的竞合,那么根据特别法优于普通法的原则,应当排除债权人行使正当防卫权的可能,仅适用民法关于自助行为的规定。[22]

在《民法典》颁布之前,具体到中国的法律解释,则还有一个问题值得探讨。与 25
《德国民法典》不同,我国当时的民事法律均未规定自助行为,这种立法上的差异是否意味着,在我国,债权人可以直接援用正当防卫的条款去实现债权呢?回答是否定的。理由在于:一是我国的民事立法者之所以未对自助行为作出规定,恰恰是出于限制而非扩张请求权人自救权的考虑。本来,我国多部民法典草案或者建议稿均在侵权行为法编中规定了自助行为。但在草案讨论过程中,人们对于相关规定的去留仍然存在较大分歧。一种有力的意见认为,一旦在侵权责任法中规定了自助行为,就意

---

20 Vgl. Arzt, Notwehr, Selbsthilfe, Bürgerwehr, FS-Schaffstein, 1975, S.81.

21 张新宝:《侵权责任构成要件研究》,法律出版社 2007 年版,第 70 页。

22 Vgl. Kühl, Angriff und Verteidigung bei der Notwehr, Jura 1993, S. 60; Günther, in: SK-StGB, 7. Aufl., 1999, § 32 Rn. 32; Rönnau/ Hohn, in: LK-StGB, 12. Aufl., 2006, § 32 Rn.105.

味着对私力救济的鼓励,这可能造成自力救济泛滥、社会秩序受损的恶果。[23] 正是在这一背景下,立法者最终放弃了对自助行为的明文规定。由此可见,我国民事立法者对于私力维护债权的顾虑甚至远远大于《德国民法典》的制定者。既然立法者对于自助行为的成文化尚且表现得如此迟疑和犹豫,那就更不可能允许公民运用更具果敢和凌厉风格的正当防卫去行使请求权。二是对违法阻却事由的适用,并不以法律的明文规定为前提。所以,在我国的民事审判实践和民法理论实际上已将自助行为视为请求权行使领域的唯一正当化事由的情况下[24],应当承认自助行为对于正当防卫的"拦截"功能。

26 最后,禁止请求权人行使正当防卫权,这和刑法上对于权利行使行为的通行处理方法能够保持协调。刑法理论普遍认为,债权人采取盗窃、诈骗、敲诈勒索等手段直接行使到期债权的行为,不成立相应的财产犯罪。[25] 该命题与债权人对债务人不享有正当防卫权的论断并不矛盾。因为,自力行使债权的行为不成立财产犯罪的根据在于构成要件的欠缺,而不在于它成立违法阻却事由。财产犯罪的成立要求行为必须具有使被害人遭受财产损失的危险。但是,既然债务人本来就有义务向债权人交付相应的财产,那就难以认为权利行使行为具有给他造成财产损失的可能。需要注意的是,尽管在构成要件符合性层面就能得出权利行使行为无罪的结论,但对正当防卫问题的探讨绝非多此一举。因为,行使请求权的人虽然不成立财产犯罪,但如果其手段行为符合其他犯罪的构成要件,则他依然有可能受到处罚。例如,债权人甲采用暴力手段从债务人乙处抢回了拖欠自己未还的 3 万元现金,并造成乙轻伤。尽管该行为因缺少给乙造成财产损失的危险而不成立抢劫罪,但它同时满足了故意伤害罪的构成要件,而且该行为又无法被正当防卫合法化,故甲仍需承担故意伤害罪的刑事责任。

3. 侵害既可以是作为也可以是不作为

27 由于当具有保证人地位者怠于履行作为义务时,这种消极的不作为可能与积极作为的法益侵害行为相等值,所以对于这种以不作为为表现形式的违法行为也可以实施正当防卫。例如,当母亲拒不哺育婴儿,婴儿面临饿死的危险时,他人有权以暴力相威胁逼迫她履行喂养义务。需要注意的是,与不法侵害是积极作为的情形不同,该防卫行为必须能够达到促使对方履行义务的效果,而不能是纯粹给侵害者造成损害。

---

[23] 参见杨立新:《侵权责任法立法最新讨论的 50 个问题》,载《河北法学》2009 年第 12 期;王利明:《侵权责任法研究》(上卷),中国人民大学出版社 2011 年版,第 438 页。

[24] 参见夏明贵:《出租人强行收回租赁物的自力救济行为辨析》,载《人民司法》2013 年第 24 期。

[25] 参见张明楷:《刑法学》(第 6 版),法律出版社 2021 年版,第 1227 页;黎宏:《刑法学(各论)》,法律出版社 2016 年版,第 287、309—310 页。

(二)不法性

1. 不法侵害包括犯罪行为,以及犯罪行为以外的一般违法行为

这是因为:第一,刑法设置正当防卫的目的是为了保障公民合理行使保护法益的正当权利,而不是为了追究惩罚犯罪。因此,只要是足以侵害合法权益的不法行为,皆可成为正当防卫制止的对象。第二,过失犯罪的成立以实害结果的发生为前提。如果认为只有犯罪行为才属于不法侵害,那就等于说,对过失不法行为无法进行正当防卫。因为在结果出现之前,过失行为还不成立犯罪,故不能对之进行正当防卫;等到结果出现之后,则由于损害事实已经无法挽回,防卫时机已经消失,故也不能实施正当防卫。这明显是不合理的。 28

2. 对于未达到刑事责任年龄的未成年人,或无刑事责任能力的精神病人能否实施正当防卫?

对此有如下三种观点: 29

(1)肯定说。大多数学者主张,公民对无责任能力人的损害行为有权实施正当防卫。因为客观的违法性和主观的责任应当严格区分开来;对违法性应采取客观的立场来加以理解,即只要行为客观上违反了法秩序、具有引起法益侵害的现实危险,则不论行为人的主观想法、精神状态如何,一概可以认定该行为违法。但是,与一般情况下的正当防卫有所区别,针对无责任能力者所实施的正当防卫应当有一定的限制。[26] 30

(2)否定说。该说认为,对缺乏责任能力者的损害行为不能采取正当防卫,而只能紧急避险。理由大致有两点:第一,只有具备了规范理解能力的人实施的行为才谈得上是违法行为,故违法性是综合了客观和主观要素的概念。第二,肯定对无责任能力人可以实施正当防卫的学者,往往还需要对防卫行为作出种种限制,例如要求防卫只能在无法躲避的情况下迫不得已实施,要求应当尽量采取对无责任能力人损害较小的防卫措施等;但受到这些条件限制的防卫行为实际上和紧急避险并无本质区别。 31

(3)折中说。该说提出,在遇到无责任能力人的侵害时,防卫人若明知侵害人是无责任能力人,并且有条件用逃跑等方法躲避侵害时,则不得实行正当防卫;防卫人若不知道侵害人是无责任能力人,或者虽然知道但不能用逃跑等其他方法躲避侵害时,才可以实施正当防卫。[27] 最高人民法院、最高人民检察院、公安部《关于依法适用正当防卫制度的指导意见》第7条总体采纳折中说的观点,其规定,“明知侵害人是无刑事责任能力人或者限制刑事责任能力人的,应当尽量使用其他方式避免或者制止 32

26　参见高铭暄、马克昌主编:《刑法学》(第9版),北京大学出版社、高等教育出版社2019年版,第133页;张明楷:《刑法学》(第6版),法律出版社2021年版,第192页;黎宏:《刑法学(总论)》,法律出版社2016年版,第130页;周光权:《刑法总论》(第4版),中国人民大学出版社2021年版,第207页。

27　参见刘艳红主编:《刑法学总论》(第2版),北京大学出版社2006年版,第147页。

侵害;没有其他方式可以避免、制止不法侵害,或者不法侵害严重危及人身安全的,可以进行反击”。

33　某一行为本身是否违法,与他人对该行为情况的主观认识毫无关联。但按照折中说,无责任能力人的侵害行为是否违法不是取决于该行为本身的性质,而是随着防卫人的主观认知状态而发生变化,这是不合理的。而肯定论者赋予行为人的紧急权只有正当防卫之名,却无正当防卫之实。因为,如果主张完全从结果无价值的角度去理解侵害的不法性,则在肯定针对无责任能力者的侵害进行反击的行为可以成立正当防卫权的同时,又必定需要为防卫行为附加种种额外限制,例如,要求行为人在能逃跑的情况下应当优先选择躲避的方式,并尽量避免造成对方重伤、死亡的结果。[28]可是,人们一旦为正当防卫权设置这些限定条件,实际上就是对防卫人施加了一定的社会团结义务,要求他在反击过程中对侵害人给予适当的照顾,所谓正当防卫权就失去了其本应具有的果敢、强势的风格。由于真正融合了平等原则和社会团结原则的紧急权实乃防御性紧急避险,故经过限制的正当防卫最终将变得与防御性紧急避险并无二致。所以,究竟是把针对未违反法律义务之侵害所实施的反击行为认定为受限制的正当防卫,还是将之列入防御性紧急避险,在最终的处理结论上似乎差异不大。

3. 对于既无故意又无过失的损害行为能否实施正当防卫?

34　我国刑法学通说从纯粹客观违法性论的立场出发,认为即便是对于毫无罪过的行为,只要它给法益造成了现实的侵害危险,也可以实施正当防卫。[29] 但是,不法侵害是结果无价值与行为无价值的统一体,因此仅有行为的客观法益侵害危险尚不足以认定该行为违法,如果行为人并未违反任何的注意义务,则由于该行为缺少行为无价值,故不属于不法侵害。[30] 据此,针对意外事件的反击行为不成立正当防卫;但因为意外事件毕竟造成了一种现实的危险境况,故行为人为了保护自己或者他人的生命健康可以对之实施防御性紧急避险。

(三)现实性

35　不法侵害必须是现实存在,而非行为人主观臆想的。对于不法侵害事实的确定究竟应当采取什么标准,实际上是一个对于损害结果的发生应该如何进行风险分担的问题。行为后判断说首先从事后客观的角度去认定不法侵害的有无和强弱,在确定行为及其结果是非法的之后,再进一步考察防卫人主观上有无违反注意义务。这实际上是将对严重后果负责的风险更多地转移到防卫人一方,从而作出了相对有利

28　Vgl. Spendel, in: LK - StGB, 11. Aufl., 1992, § 32 Rn. 235f.; Jescheck/ Weigend, Lehrbuch des Strafrechts AT, 5. Aufl., 1996, S. 345f.

29　参见马克昌主编:《犯罪通论》(第3版),武汉大学出版社1999年版,第720页;张明楷:《刑法学》(第6版),法律出版社2021年版,第261页。

30　Vgl. Roxin, Strafrecht AT, Bd. Ⅰ, 4. Aufl., 2006, § 15 Rn. 14ff.

于被防卫者的解释。与此相反,行为时判断说对于不法侵害事实的认定并不以事后查明的客观事实为基础,而是以一般人在行为当时的认识状况为判断标准。于是,即使在事实上并不存在不法侵害,或者不法侵害并不十分严重,也可以在社会上一般人认识的范围内推定存在严重的不法侵害。这样一来,只要防卫人符合一般公民的认识,不管客观事实如何,其行为都属于法律所肯定的正当防卫。至于防卫给被防卫人造成的严重结果,只能由被防卫人自负其责。显然,这样的解释使对严重后果承担责任的风险更多地落到了被防卫人的头上。[31]

如果原本并不存在不法侵害,但行为人误认为存在,并实施了防卫行为,造成无辜人员法益受到损害的,属于假想防卫。根据上述风险分担的原理,在行为人误认为存在不法侵害从而导致无辜者的权益受损的情况下,通过对防卫人与被防卫人两者进行公平的衡量,可以发现,被防卫人作为没有实施任何非法举动的无辜公民,必须获得更多的保护。对因认识错误而发生的严重后果负责的风险应该由防卫人承担。所以,应当基于事后查明的客观事实否定防卫行为的合法性,以此表明法律不会对这种行为予以积极的肯定。如果防卫人在当时不可能预见到对方并非不法侵害人,那么防卫行为属于排除主观罪责的意外事件,被防卫者并没有忍受自身利益受损的义务,他有权通过正当防卫来进行反击;如果防卫人违反了一般公民在当时情况下应该遵守的必要注意义务,那么他对于严重结果的发生就应当承担过失犯罪的责任。据此,假想防卫不成立正当防卫,应根据行为人认识错误的类型区别对待:一是如果行为人对自己的错误认识没有过失,即行为人在当时的条件下根本无法认识到实际上并不存在不法侵害,那就说明这种错误是无法避免的,故行为人给无辜者造成法益损害的行为属于《刑法》第 16 条所规定的意外事件。二是如果行为人对自己的错误认识具有过失,即行为人在当时应当预见到不法侵害并不存在,但由于违反了必要的注意义务而产生了错误,那么该行为就成立相应的过失犯罪。 36

(四)正在进行

只有针对正在进行中的不法侵害才能实施正当防卫,若不法侵害还未发生,或者已经结束,就不存在正当防卫成立的空间。因此,要认定不法侵害是否处于“正在进行”的状态中,关键是要分别弄清不法侵害开始和结束的时点。需要明确的是,认定不法侵害开始和结束的标准与确定犯罪实行着手和既遂的标准并不一致。这是由两者的立法目的所决定的。刑法规定犯罪的着手和既遂,是站在惩罚犯罪的立场之上,力图将刑罚打击的重点限定在从法益面临迫在眉睫的危险开始,到已经实现了法益侵害的行为阶段之上。所以,犯罪的着手和既遂主要提供法官事后认定犯罪及刑事责任的标准。但刑法规定正当防卫的目的并不在于为国家惩罚相关的不法侵害行为提供依据,而在于为公民及时保护合法权益划定合理的时空范围。因此,认定不法 37

---

31 参见陈璇:《正当防卫中风险分担原则之提倡》,载《法学评论》2009 年第 1 期。

侵害起始和终结的标准更多地需要考虑公民在事发当时及时挽救法益的有效性。[32]

1. 不法侵害开始的时间

38 一方面,如果对方行为已经进入着手阶段,例如,抢劫犯已经对被害人实施暴力、胁迫行为,盗窃犯已经将手伸进被害人的衣袋中,那么毫无疑问不法侵害已经开始。但另一方面,即便从犯罪未完成形态的理论来看,侵害行为尚处于预备阶段,但已经十分接近着手,且如果此时不进行防卫将无法有效制止法益侵害,那么也应认为不法侵害已经开始。例如,当乙把手伸进衣袋准备掏枪射击时,根据未遂犯的原理,该行为尚处于预备阶段(一般认为,只有当行为人举枪瞄准被害人时,才能认为故意杀人行为进入着手阶段),但由于从防卫人的角度来看,对方掏枪的举动距离开枪射击已近在咫尺,如果不在此刻果断反击,就可能丧失最佳的防卫时机,故应肯定不法侵害已经开始。又如,当乙纠集多人手持刀枪棍棒等凶器从远处向甲步步逼近时,就故意伤害罪或故意杀人罪来说尚未进入实行着手(其着手以行为人利用武器开始袭击被害人为标志),但由于乙等人杀伤行为的着手已迫在眉睫,故为使法益得到有效保护,应允许甲在这时向侵害人采取开枪射击等防卫措施。在此有两个特殊问题值得讨论:

39 (1)“预防性防卫”能否成立正当防卫呢?所谓“预防性防卫”,是指被害人尚未直接面临某种具体的不法侵害,但由于一旦侵害现实发生就难以再采取有效的防御措施,故为了避免将来遭受法益侵害而先下手为强、预先实施的损害行为。司法实践中经常出现因反抗家庭暴力而致人死伤的案件。例如,乙生性暴虐,每当醉酒之后都要虐待、毒打其妻及幼女。某天晚上,正当乙又打开酒瓶畅饮时,其妻甲为防不测,趁乙不备用平底锅将其砸晕。有的学者主张:由于受虐的家庭成员所面临的不法侵害具有连续性和经常性的特征,故应当将持续数年乃至十几年的家庭暴力看作一个完整的行为过程,这样一来,就可以认定在受虐者对施暴人实施杀害或伤害行为时,不法侵害仍在进行之中。[33] 很明显,这一见解受到了罪数理论中连续犯与徐行犯概念的影响。按照我国刑法学通说,当行为人基于概括的犯意,连续实施性质相同且独立成罪的数行为时,或者连续实施总和构成一个独立犯罪的多个行为时,均仅以一罪论处。[34] 但需要注意的是:罪的单一性不等于行为的单一性;不法侵害行为的个数与犯罪个数的确定标准并不一致。因为,定罪所追求的目的与正当防卫的规范目的存在重大差异。无论是连续犯还是徐行犯,都是在已经承认行为人实施了多个独立行为

---

32 参见陈璇:《论正当防卫中民众观念与法律解释的融合》,载《中国刑事法杂志》2007 年第 4 期。

33 参见季理华:《受虐妇女杀夫案中刑事责任认定的新思考》,载《政治与法律》2007 年第 4 期;钱泳宏:《“受虐妇女综合症”理论对我国正当防卫制度的冲击》,载《温州大学学报(社会科学版)》2008 年第 5 期。

34 参见高铭暄主编:《刑法专论》(第 2 版),高等教育出版社 2006 年版,第 388 页以下。

的前提下，基于入罪门槛的要求或者司法活动经济性的考虑所进行的犯罪单一化。具体来说：在徐行犯中，之所以不能认定数罪，是因为单个的行为本身并未达到犯罪成立所需的法益侵害的严重程度，唯有将多个行为结合起来，才能认定一个犯罪实行行为的存在；在连续犯中，本来就已经存在多个独立的犯罪行为，仅仅是为了使定罪量刑活动更为简便，才将其作为一罪论处。[35] 由此可见，徐行犯和连续犯都是为实现刑事责任追究的合理性而创造的产物。然而，《刑法》第 20 条第 1 款之所以规定“不法侵害”，其目的却不在于追究不法侵害人的法律责任，而在于为公民防卫权的存在确立先决条件。因此，多个行为的连续性或许是使其被评价为一罪的理由，但却不足以成为使其融合为一个侵害行为的根据。例如，对于甲基于概括的犯意在一个月内连续对多户人家实施抢劫的案件，尽管根据连续犯的原理，最终对甲仅以一个抢劫罪论处，但不能由此认为甲的抢劫行为在这一个月内一直延续不断，更不能认为，只要在此期间，即便甲正在从事吃喝拉撒睡等与抢劫毫无关系的日常生活，他人为防止甲继续实施抢劫，也有权对其实施正当防卫。同样，虽然按照徐行犯的原理，对长时期多次实施家庭暴力者只能以一个虐待罪或故意伤害罪论处，但这并不意味着可以将多个家庭暴力行为“焊接”为一个永不停歇、毫无间断的侵害行为。所以，在上述案件中，无论如何都不能说乙开始喝酒的行为属于不法侵害，故没有正当防卫成立的空间。但是，由于行为人毕竟面临着某种危险，而且在当时的情况下没有其他避免危险的方式，故可以实施紧急避险。这就要求行为人应严守紧急避险的法益衡量要件，即必须是为了保护较大的法益而损害较小的法益。在上例中，甲为了保护自己和女儿的生命、健康权免受侵害的危险，造成甲轻伤的行为可以成立防御性紧急避险。

（2）事先设立防卫装置以制止将来可能发生的不法侵害的，是否成立正当防卫？ 40
例如，种植西瓜的农民为了预防盗窃，事先在瓜园周围的栅栏上布上电网，或者挖下陷阱。关键是要看该装置是否是在不法侵害正在进行时发挥作用，并给不法侵害人造成了符合必要限度的损害，即若盗窃者在试图进入瓜园偷瓜时，触电受伤或跌入陷阱中，则可以认为成立正当防卫。但有三点需要注意：一是只有当防卫装置在阻止侵害人实施不法侵害的过程中造成损害的，才可能成立正当防卫。若防卫装置是在侵害行为结束之后才发挥作用，则由于不具有制止不法侵害的功能，故没有成立正当防卫的余地。例如，瓜农往西瓜里注射毒药，或者在西瓜中安装炸药，偷盗者因吃下有毒西瓜或在切开西瓜时引起爆炸而死伤的，瓜农成立故意杀人罪或故意伤害罪。二是防卫装置对侵害人造成的损害不能超过正当防卫的必要限度。如果电网导致翻越栅栏的偷瓜人身亡，则由于该损害明显超过了避免不法侵害的必要限度，故属于防卫过当。三是防卫装置的设立者应当履行一定的注意义务，防止无辜者受到该装置的损害，装置对无辜人造成损害的，应由设立者承担责任。例如，若瓜农没有设置必要的警示标志，从而导致某个小孩或路人在经过瓜园时无意触碰栅栏而触电伤亡，则

---

35 参见吴振兴：《罪数形态论》，中国检察出版社 2006 年版，第 272 页。

瓜农应承担过失犯罪的责任。

2. 不法侵害的结束时间

41 不法侵害的结束有多种表现形式,包括不法侵害人已被制服、不法侵害人已经丧失侵害能力、不法侵害人已经自动中止不法侵害、不法侵害人已经逃离现场、不法侵害已经造成了侵害结果并且不可能继续造成更严重的结果等。[36] 正当防卫成立的前提是,在行为当时还可以有效防止侵害结果的发生。但上述各种情况的一个共同点是,不法侵害不会再继续进行,故采取防卫措施对于防止、避免结果的发生已没有意义,所以不能成立正当防卫。

42 需要注意的是,正如不法侵害的开始未必与犯罪的着手时刻相吻合一样,不法侵害的结束也无须和犯罪的既遂时刻完全一致。当不法侵害是抢劫、抢夺、盗窃等财产性违法犯罪行为时,纵使侵害人已经取得了对财物的占有,即财产性不法侵害已经实现了既遂,但若公民能够当场追回财物,则仍应认定不法侵害尚未结束,存在实施正当防卫的空间。[37] 然而,目前司法实践在这个问题上却仍然存在误区。能够集中体现这一点的判例是"黄中权故意伤害案"[38]。该案的主审法院认为:当姜某与同伙抢劫完毕逃离现场时,针对黄中权的不法侵害就已经结束,故其驾车追赶的行为不符合正当防卫的时间条件;黄中权有权实施抓捕、扭送犯罪嫌疑人的自救行为,但他所采取的以机动车高速撞人的严重暴力伤害手段,显然超出了自救行为的范畴。[39] 可是,既然黄中权当时仍有可能通过追击当场夺回被抢的财物,那就没有理由将不法侵害的持续时间截断于抢劫行为既遂的一刻。很明显,判决是将本应根据正当防卫原理来加以分析的行为,张冠李戴认成了扭送权,从而为被告人的行为限度设置了过高的门槛。目前,最高人民法院、最高人民检察院、公安部《关于依法适用正当防卫制度的指导意见》已有意识地对此进行了纠偏,其第 6 条明确规定,"在财产犯罪中,不法侵害人虽已取得财物,但通过追赶、阻击等措施能够追回财物的,可以视为不法侵害仍在进行;对于不法侵害人确已失去侵害能力或者确已放弃侵害的,应当认定为不法侵害已经结束"。

43 如果行为人在不法侵害尚未开始或者已经结束时,对侵害人造成损害的,属于防卫不适时。防卫不适时具体包括事先防卫和事后防卫两种情况。防卫不适时不可能成立正当防卫,至于行为人是否承担刑事责任以及承担何种刑事责任,则应区分不同

---

36 参见周光权:《刑法总论》(第 4 版),中国人民大学出版社 2021 年版,第 210 页。

37 参见刘家琛主编:《新刑法条文释义》,人民法院出版社 2001 年版,第 88 页;高铭暄主编:《刑法专论》(第 2 版),高等教育出版社 2006 年版,第 422 页;陈兴良:《刑法适用总论(上卷)》(第 2 版),中国人民大学出版社 2006 年版,第 301 页。

38 参见陈兴良、张军、胡云腾主编:《人民法院刑事指导案例裁判要旨通纂》(第 2 版),北京大学出版社 2018 年版,第 700—701 页。

39 参见陈兴良、张军、胡云腾主编:《人民法院刑事指导案例裁判要旨通纂》(第 2 版),北京大学出版社 2018 年版,第 701 页。

的情况：一是若行为人明知不法侵害尚未开始或者已经结束，仍进行所谓防卫行为，造成对方损害的，则成立故意犯罪；二是若行为人误以为不法侵害正在进行，则属于假想防卫，应按照假想防卫的处理原则，区分情形可能成立意外事件或过失犯罪。

二、防卫对象

根据《刑法》第 20 条第 1 款的规定，正当防卫只能"对不法侵害人造成损害"。据此，只有针对不法侵害人本人法益的损害行为才能成立正当防卫。 44

三、防卫限度

（一）防卫限度的基本认定标准

根据《刑法》第 20 条第 2 款的规定，正当防卫不能"明显超过必要限度造成重大损害"，否则行为成立防卫过当，行为人需为此承担刑事责任。 45

1. "必要限度"的理解

首先需要确定什么是正当防卫的"必要限度"。对此，我国刑法理论主要有几种学说：一是必要说。该说认为，只要防卫行为是为有效制止不法侵害所必不可少的措施，即便行为的强度和造成的后果明显超过了不法侵害可能造成的损害，也不认为防卫行为超过了必要限度。据此，在上例中，由于甲将抢夺犯罪人乙撞开的行为是当时有效阻止其犯罪得逞的唯一措施，所以虽然该行为造成了乙死亡的结果，但仍成立正当防卫。二是基本相适应说。该说主张，防卫行为是否超出了必要限度，应当将防卫行为与不法侵害行为进行对比。若两者在性质、强度以及造成的后果方面大体相当，则可认为防卫行为符合必要限度；反之，则属于超出了必要限度。因此，在上例中，由于乙所实施的是抢夺罪，属于纯粹侵犯财产法益的不法侵害行为，而甲的防卫行为导致了乙死亡的结果，所以防卫措施和不法侵害未实现基本相当，应认定行为超出了必要限度。三是折中说。通说认为，应当将必要说和基本相适应说综合起来。防卫行为符合必要限度的前提是，它必须是为制止不法侵害所必不可少的手段。但在此基础之上，还要求防卫行为在性质、手段和造成的后果等方面与侵害行为相比不能有明显的差距，两者应保持大体的相适应。[40] 据此，在上例中，虽然甲的行为属于制止抢夺犯罪的必要手段，但防卫行为和侵害行为相比不符合基本相适应的要求，故应认为行为超过了必要限度。笔者赞同必要说。防卫行为是否符合正当防卫必要限度的判断标准，是防卫行为是否属于为有效制止不法侵害所必不可少的手段。理由在于： 46

第一，从正当防卫的本质来看，由于正当防卫是"正对不正"的行为，故法律保护的天平理应在整体上向防卫人的利益倾斜，防卫人在此过程中所承担的风险也应在 47

40　参见高铭暄、马克昌主编：《刑法学》（第 9 版），北京大学出版社、高等教育出版社 2019 年版，第 135 页；黎宏：《刑法学（总论）》，法律出版社 2016 年版，第 140 页。

整体上低于侵害人。对于正当防卫行为来说,法律首要关注的应当是如何保障公民在遭遇不法侵害时能有效地制止不法侵害,而不是确保不法侵害人免受损害。所以,正当防卫本来就不需要像紧急避险那样进行严格的法益衡量,防卫行为造成的损害完全可以高于侵害行为可能造成的损害。

48 第二,从正当防卫的现实来看,正当防卫行为要确保达到制止不法侵害的效果,往往需要使用比侵害行为更强有力的措施,否则就会出现“正不压邪”的状况。例如,根据人们的一般生活经验,面对一个壮汉的殴打,体力上明显处于劣势者就不得不使用刀、枪等杀伤力较大的武器与之对抗。因为唯有如此,才能既有效地阻止对方继续侵害,同时也不使防卫者自己陷于更为危险的境地。因此,要求防卫行为在强度上必须和侵害行为保持对等的观点,在许多情况下无异于剥夺了行为人的防卫权。

49 第三,所谓折中说实际上并未克服基本相适应说的缺陷。[41] 基本相适应说在我国的司法实践中曾有很大的影响,导致法院对于防卫限度的把握过于严格,经常出现只要不法侵害是伤害或财产犯罪,而防卫导致侵害人死亡者,则一律判决是防卫过当的现象。这样一来就在很大程度上挫伤了公民反击不法侵害的积极性。正是为了消除基本相适应说的这一缺陷,通说才试图将必要说和基本相适应说结合起来。通说一方面指出,基本相适应说用不法侵害的强度来衡量正当防卫的强度,过于强调防卫的客观效果,在一定程度上束缚了防卫人行使正当防卫权的能动性,但另一方面又认为,防卫限度的判断除了以防卫行为是否能制止不法侵害为标准之外,还要考察防卫行为在性质、强度等方面能否与不法侵害大体相适应。于是,按照折中说的见解,即使可以确定防卫行为是制止不法侵害所必需的,还不足以排除成立防卫过当的可能,如果防卫与侵害之间不能保持基本相适应,那么防卫行为依然是超过必要限度的。可见,“基本相适应”的标准在折中说中仍旧牢牢把持着最终的否决权。这样一来,折中说的结论与基本相适应说就不可能有任何区别,而基本相适应说的弊端在通说中也根本没有得到有效克服。正是因为通说继续沿袭基本相适应说的弊病,所以它无法为司法实践提供正确的理论指导也就不足为奇了。当刑法教科书几乎众口一词地坚信折中说能合理解决防卫限度的问题时,司法机关对正当防卫必要限度的把握却依旧过于苛刻,以至于该按照正当防卫处理的却被当作防卫过当的案件处理,极大地挫伤了老百姓同违法犯罪分子作斗争的积极性。这进一步说明,“基本相适应”判断的介入只会给防卫人带来不合理的额外风险,只会给公民行使正当防卫权施加不应有的束缚,所以应该将它逐出防卫限度的考虑因素。

50 综上所述,认定必要限度的关键在于行为本身的性质,而不在于行为所造成的后果。只要确定,从一般人的角度来看,行为是在当时条件下行为人有效制止不法侵害,且不会使自己陷入更危险境地的最低程度的防卫措施,那么即便该行为所造成的

---

[41] 参见陈璇:《正当防卫中风险分担原则之提倡》,载《法学评论》2009 年第 1 期;劳东燕:《防卫过当的认定与结果无价值论的不足》,载《中外法学》2015 年第 5 期。

损害明显高于不法侵害可能导致的损害,也不影响行为的正当性。值得注意的是,2015 年 3 月 2 日发布的最高人民法院、最高人民检察院、公安部、司法部《关于依法办理家庭暴力犯罪案件的意见》第 19 条指出:“认定防卫行为是否‘明显超过必要限度’,应当以足以制止并使防卫人免受家庭暴力不法侵害的需要为标准,根据施暴人正在实施家庭暴力的严重程度、手段的残忍程度,防卫人所处的环境、面临的危险程度、采取的制止暴力的手段、造成施暴人重大损害的程度以及既往家庭暴力的严重程度等进行综合判断。”该司法解释对于防卫限度判断标准的界定,完全采纳了必要说的观点,丝毫未见基本相适应说的内容。最高人民法院、最高人民检察院、公安部《关于依法适用正当防卫制度的指导意见》第 12 条规定,“防卫是否‘明显超过必要限度’,应当综合不法侵害的性质、手段、强度、危害程度和防卫的时机、手段、强度、损害后果等情节,考虑双方力量对比,立足防卫人防卫时所处情境,结合社会公众的一般认知作出判断。在判断不法侵害的危害程度时,不仅要考虑已经造成的损害,还要考虑造成进一步损害的紧迫危险性和现实可能性。不应当苛求防卫人必须采取与不法侵害基本相当的反击方式和强度”。这一规定从反面否定了基本相适应的思维。

防卫限度的认定,实质上是关于不法侵害人的值得保护性在多大范围内不复存 51
在的判断。对此,应当遵循两个基本原则[42]:一是在有效、安全地制止不法侵害的范围内,侵害人的值得保护性原则上归于消灭。由于不法侵害人是以违反义务的方式使自己的法益与他人的法益发生了冲突,故他本身在法律上就负有排除这一冲突境地的义务。[43] 假如侵害人履行该义务,并在终止冲突的过程中付出了相应的成本,则该损失自然只能由他自行承担。可是,若侵害人本人拒不履行该义务,而是由其他公民出面制止了不法侵害,那就可以认为其他公民是代侵害人完成了本应由他自己履行的义务。一方面,侵害人由此可能会享受到一定的好处。例如,若防卫人成功阻止了实害结果的发生,则侵害人的犯罪行为仅为未遂,其所承担的刑事责任就存在降低的可能性,甚至在未造成任何损害的情况下,他还能免于担负民事损害赔偿责任。另一方面,侵害人在从中受益的同时也理应承受为平息这场冲突的防卫行为可能给自己带来的种种风险。故凡是在为制止不法侵害所必要的范围内出现的法益损害风险,不论它在性质和程度上是小于、大于还是等于不法侵害,原则上均应由侵害人自己来承担。既然防卫人是在代替侵害人履行停止侵害、排除冲突的义务,那么法律在此首先要实现的是对被侵害之法益的保全,优先要保护的应当是防卫人而非不法侵害人,它不能以牺牲防卫的有效和防卫人的安全为代价降低侵害人可能遭受的损害。所以,尽管从法益保护原则出发,防卫人所采用的只能是为保护法益所需之最低度的反击手段,但要求防卫人选取较为和缓之防卫手段的先决条件是,这样做不会损害防卫行为的有效性,不会导致防卫人自己的人身、财产安全陷入更加危险的境地。换言

42 参见陈璇:《侵害人视角下的正当防卫论》,载《法学研究》2015 年第 3 期。

43 Vgl. Günther, Defensivnotstand und Tötungsrecht, in: FS-Amelung, 2009, S.149.

之,"我们不能要求防卫人拿他自己的健康或其他重要的价值作赌注,去选择一种对侵害者威胁较小,但其效果却存在疑问的防卫手段。[44] 二是对侵害人值得保护性下降程度的认定应当贯彻"情境性"[45]的判断原则。判断时间点的选定其实就是在防卫行为人和被害人之间进行风险分担的过程。因为,在防卫行为已造成损害结果的情况下,若站在事后的时点去回看防卫行为,则必然会舍弃行为当时可能给防卫人的认识和行动能力产生制约的各种因素,从而以"事后诸葛亮"的姿态对防卫行为作出较为严苛的评判,故风险就会更多的由行为人一方承担;反之,若站在事前的时点来评价防卫行为,则更容易给予防卫人"设身处地""将心比心"式的体谅,故对防卫限度的把握就会较为宽松,风险也将更多地转移到被害人一方。既然法益冲突状态是不法侵害人以违反义务的方式引起的,既然他掌控着选择不法侵害实施方式和环境的主动性,那么在冲突解决过程中所出现的风险,就理应更多的由防卫被害人来承担。因此,防卫限度的判断必须置身于行为当时的境地之中。

52 综上所述,在判断防卫限度时,需要考虑的是:作为一名与防卫人具有相同能力、条件的公民,他在当时情形下还有没有比现实案件中的行为更为理想的其他防卫方案?如果行为人完全可以选择强度更小的反击措施,而且这样做既能达到同样的防卫效果,又不至于使自己的安全受到威胁,那他的防卫行为就超过了必要的限度;反之,若防卫人在现实防卫行为的基础上已退无可退,一旦减弱防卫的强度,要么无法保证及时有效地阻止不法侵害,要么会增大防卫人本人面临的危险,则该行为造成的损害就属于侵害人必须承担的风险。

2. 必要限度判断的具体考量因素

53 (1)侵害行为给有效防卫造成的困难程度。侵害人给有效防卫造成的困难和阻力越大,防卫人为排除障碍、制止不法侵害所采用之防卫手段的激烈和危险程度也必然会随之攀升,故侵害人值得保护的程度也就越小。这里需要考察的因素包括:第一,侵害行为的手段。防卫的难度无疑会随着不法侵害暴力程度的上升而增加,这具体又取决于侵害者所使用的工具和侵害者的寡众。是否持有凶器以及持有何种凶器,并非决定防卫难度的唯一因素。在有的案件中,侵害者虽然并未持械,但却能够通过形成数量上的优势使得受攻击的一方难以有效反抗。2019 年杭州市检察院对"盛春平正当防卫案"所作的处理,已突出强调了"攻防双方的人数对比"这一因素在防卫限度判断中的重要性。第二,侵害行为的环境。侵害人所选择的时间、地点也会对防卫行为的有效性产生影响。若侵害人将侵害时间选在夜间,则防卫人会因光线昏暗、视线不佳而无法准确地判断反击的方式、力度和部位,故此时实现有效防御的

44 Warda, Die Eignung der Verteidigung als Rechtfertigungselement bei der Notwehr, Jura 1990, S.Y 397.

45 在我国正当防卫理论中较早地明确提倡"'情境'判断"思想的是周光权教授。参见周光权:《正当防卫成立条件的"情境"判断》,载《法学》2006 年第 12 期。

难度就高于在光天化日之时。若侵害人将侵害地点选在对于防卫人来说十分陌生的偏僻之所或者空间极为封闭狭小的地方,则防卫人很难从容地选取反击工具和周旋策略,故这时制止侵害的困难将大于在防卫人较为熟悉或回旋余地较大的地点。第三,侵害对象的防卫能力。侵害人所选择之对象的防卫能力越低,一方面,其达到侵害目的的把握固然越大,但另一方面,对方由于无从选择较为缓和的防卫方法,故为了有效保护法益就越有可能被迫求助于杀伤力难以控制的激烈手段。

(2)侵害人给防卫人安全带来的危险程度。防卫人因侵害行为面临的危险性越大,他就越有理由使用更加果断和强力的防卫措施保障自身安全,侵害人需要忍受的损害也就越大。[46] 对此,应当考虑的因素同样包括三项:第一,侵害行为的工具。一旦侵害人携带了凶器,则意味着,“先发制人,后发制于人”,假如防卫人未能迅速抢占优势制服侵害人,则可能面临对方动用凶器的危险。第二,侵害行为的环境。侵害人为了达到成功侵害他人法益的目的,往往会在时间、地点的选取上追求出其不意、趁其不备的效果,导致防卫人根本无法准确认识侵害者的多寡、手段和最终意图。在此情况下,假如不对事态作出较为严重的估计,假如不断然采取较为猛烈的反击手段,则防卫人的安全就没有可靠的保障。“董民刚正当防卫案”中,检察院最终作出的不起诉决定,就体现了这一点。[47] 第三,侵害对象的防卫能力。正所谓“艺高人胆大”,防卫人的防卫能力愈高,其排除危险因素的途径就愈多,在保证自身安全的情况下选取较为轻缓的防卫手段的空间也就越大。 54

(3)损害和保护之法益在价值上的悬殊程度。原则上来说,只要是在为保证防卫有效性和安全性的限度之内,即使防卫人只是为了保护单纯的财产法益,他也有权造成侵害人重伤、死亡的后果。但是,若防卫行为所保护的是价值极其低廉的财物,则应例外地绝对禁止防卫人采取直接导致侵害人死亡的反击措施。在德国,判例和通说一致认为,尽管法律原则上并不禁止公民为保护财产而使用可能危及侵害人生命的防卫手段,但当防卫行为保护和损害的法益之间在价值上极端悬殊时,即使该行为具备必要性,也会被认定为因缺少要求性而归于违法。这被称为对正当防卫权的“社会道德限制”[48]。从该立场来看,之所以对所涉财产数额极其微小的不法侵害绝对不允许使用明显具有致死危险的防卫措施,根据在于:尽管不法侵害人的整体利益遭遇了大幅贬值,但生命的值得保护性无论如何降低也不可能连一个苹果、两只鸡蛋的价值都不如。可是,这毕竟只是正当防卫中的一种极端情况,是为了防止正当防卫权过度膨胀而背离社会正义情感所作的例外限定。反观我国,司法实践中对于正当防卫成立的认定恰恰不是过于宽松,而是过于严格,对于不法侵害人也并非保护不力,而是“过分偏爱”。在这种情况下,理论上的当务之急应当是着力树立“原则”,而不是 55

---

46 Vgl. Herzberg, Erlaubnistatbestandsirrtum und Deliktsaufbau, JA 1989, S.247.

47 参见肖俊林:《不让正义迟到 不向不法让步》,载《检察日报》2019 年 6 月 18 日。

48 Vgl. Roxin, Die „sozialen Einschränkungen“ des Notwehrrechts, ZStW 93 (1981), S. 94ff.

一味强调“例外”。

3. “明显超过”和“造成重大损害”

56 仅仅确定行为超过了必要限度,未必就成立防卫过当。1979 年《刑法》对防卫过当的界定是:“正当防卫超过必要限度造成不应有的危害”。1997 年《刑法》为了尽最大可能保障公民充分行使正当防卫权,对防卫过当增加了程度上的要求,即只有明显超过必要限度,实际造成了重大损害结果的防卫行为,才成立防卫过当。按照最高人民法院、最高人民检察院、公安部《关于依法适用正当防卫制度的指导意见》第 13 条的规定,“造成重大损害”是指造成不法侵害人重伤、死亡,造成轻伤及以下损害的,不属于重大损害。防卫行为虽然明显超过必要限度但没有造成重大损害的,不应认定为防卫过当。

(二)关于“特殊防卫权”

57 《刑法》第 20 条第 3 款规定:“对正在进行行凶、杀人、抢劫、强奸、绑架以及其他严重危及人身安全的暴力犯罪,采取防卫行为,造成不法侵害人伤亡的,不属于防卫过当,不负刑事责任。”由于在这种情形下,即便行为人造成了不法侵害人伤亡这样最为严重的损害结果,也不认为是防卫过当,故理论界一般称之为“特殊防卫”或“无过当防卫”。该款是 1997 年《刑法》增加的条款,这一规定有其特殊的立法背景。在 1979 年《刑法》施行的年代,对于公民为制止重大暴力犯罪而导致不法侵害人死伤的许多案件,法院都仅以损害结果的严重性为根据认定行为属于防卫过当。但是,在我国社会治安尚未根本好转,且公安机关警力明显不足的情况下,这种做法不利于鼓励公民积极行使正当防卫权。而且当公民遇到严重的暴力犯罪时,毕竟其生命健康这一最为重大和根本性的法益正面临极为紧迫的威胁,刑法理应为防卫人留出更为宽松的防卫空间。出于这一考虑,立法者在修订刑法时特别增设这一提示性条款,以防止法院在把握防卫限度时过于严苛。[49] 对于特殊防卫权规定的适用,应注意以下几点:

58 (1)如何理解“行凶”?立法者在该条款中所列举的暴力犯罪都是刑法所明文规定的罪名,只有“行凶”除外。一般认为,可以把行凶理解为可能造成他人重伤害的暴力行为。[50] 根据最高人民法院、最高人民检察院、公安部《关于依法适用正当防卫制度的指导意见》第 15 条的规定,下列行为应当认定为“行凶”:①使用致命性凶器,严重危及他人人身安全的;②未使用凶器或者未使用致命性凶器,但是根据不法侵害的人数、打击部位和力度等情况,确已严重危及他人人身安全的。虽然尚未造成实际损害,但已对人身安全造成严重、紧迫危险的,可以认定为“行凶”。

---

49 参见高铭暄:《中华人民共和国刑法的孕育诞生和发展完善》,北京大学出版社 2012 年版,第 198 页。

50 参见张明楷:《刑法学》(第 6 版),法律出版社 2021 年版,第 278 页;黎宏:《刑法学(总论)》,法律出版社 2016 年版,第 143 页。

(2)并非只要不法侵害涉及《刑法》第 20 条第 3 款所列举的罪名,都一律可以对之实施特殊防卫。关键还是要看,不法侵害是否“严重危及人身安全”。[51] 例如,乙对甲采取暴力手段抢劫得手后,甲为挽回财产损失而追击乙,乙在整个追击过程中均只是消极逃窜,并未再实施任何严重的暴力行为。虽然在此时,根据前述认定不法侵害是否正在进行的标准,乙抢劫的不法侵害还在继续进行,故可以对之实施正当防卫;但由于直接针对人身的严重暴力行为已经结束,故不能以《刑法》第 20 条第 3 款所列的不法侵害包含“抢劫”为根据认为甲导致乙死伤的行为一律成立正当防卫,而要具体考察其行为是否符合防卫限度的要求。 59

(3)并非只要不法侵害不属于《刑法》第 20 条第 3 款所列举的罪名,就不允许造成不法侵害人伤亡。《刑法》第 20 条第 2 款和第 3 款之间究竟是何关系,这是自 1997 年《刑法》颁布以来学者们一直争论不休的问题。在理论界与实务界,广泛存在将两款规定相互对立的倾向。在不少学者和司法机关看来,既然《刑法》第 20 条第 3 款只是规定针对严重危及人身安全的暴力侵害可以导致不法侵害人重伤、死亡,那么通过反对解释就可以得出结论,一旦不法侵害不属于严重危及人身安全的暴力侵害,则不允许防卫人造成侵害人重伤、死亡。这样一来,实际上就把《刑法》第 20 条第 3 款看成关于防卫限度的拟制性规定,即《刑法》第 20 条第 2 款关于防卫限度的规定原本并不允许防卫行为造成侵害人重伤、死亡,《刑法》第 20 条第 3 款正是针对该原则所创设的例外规则。[52] 可以说,这是我国正当防卫理论和实践中亟待澄清的一个重大误区。笔者认为,《刑法》第 20 条第 2 款与第 3 款实乃同源一脉,二者均立足于行为优先的防卫限度判断思维之上;尽管学界习惯于将后者命名为“特殊防卫权”或“无限防卫权”,但实际上,“特殊防卫权”并不特殊,“无限防卫权”亦非无限。 60

第一,从《刑法》第 20 条第 3 款的立法背景来看。时任全国人大常委会副委员长的王汉斌在阐述《刑法》第 20 条第 3 款的立法理由时指出,之所以专门订立该条款,是因为原刑法受制于“宜粗不宜细”的立法思想,“对正当防卫超过必要限度的规定太笼统,在实际执行中随意性较大,出现了不少问题。比如,受害人在受到不法侵害时把歹徒打伤了,人民警察在抓捕罪犯受到暴力攻击时开枪把人犯打伤了,不仅得不到保护,反而被以防卫过当追究刑事责任”,特殊防卫权的设立正是“为了保护被害人的利益,鼓励见义勇为”[53]。可见,在立法机关眼中,导致实践中对防卫限度把握过严的根源并不在于原刑法关于防卫限度的规定存在根本性的缺漏和错误,而是在于 61

51 参见周光权:《刑法总论》(第 4 版),中国人民大学出版社 2021 年版,第 221 页。

52 参见陈兴良:《正当防卫论》(第 3 版),中国人民大学出版社 2017 年版,第 256—257 页。

53 王汉斌:《关于〈中华人民共和国刑法(修订草案)〉的说明——1997 年 3 月 6 日在第八届全国人民代表大会第五次会议上》,载高铭暄、赵秉志编:《新中国刑法立法文献资料总览》,中国人民公安大学出版社 2015 年版,第 697 页。

其不够明确,给法官预留的裁断空间过大。因此,《刑法》第 20 条第 3 款的规定,并不是为了给防卫限度增添新的内容,而是为了以更明确和具体的方式将原本就蕴含在防卫限度规定中的意义阐发出来,从而达到收缩司法者对于防卫限度的自由裁量权、防止司法机关曲解正当防卫立法意图的目的。

62 第二,从防卫限度的基本原理来看。主张应将《刑法》第 20 条第 3 款理解为法律拟制的学者运用了反对解释的方法。所谓反对解释,是指根据法律条文的正面表述,推导其反面含义的解释技巧。但是,并非在任何情况下对于任何规范都能进行反对解释。只有在确定法条所规定的条件是产生某种法律效果的充分且必要条件时,反对解释才有效;反之,如果法条所规定的条件并未穷尽足以引发某一法律效果的全部充分条件,那就不得采用反对解释的方法。[54] 具体到《刑法》第 20 条第 3 款,要想得出该款是第 2 款之例外的结论,前提是我们能够确定,“对正在进行行凶、杀人、抢劫、强奸、绑架以及其他严重危及人身安全的暴力犯罪,采取防卫行为”,是“造成不法侵害人伤亡的,不属于防卫过当”这一法律效果的唯一充分条件。然而,该前提恰恰是无法成立的。如前所述,由必要防卫手段所引发的损害结果,不论其严重程度几何,均可为正当化的效果所覆盖。由此可以顺理成章地得出以下两个解释结论:一是当不法侵害是严重危及人身安全的暴力犯罪时,对于防卫人来说,无论是在制止侵害还是在保障自身安全方面都遇到了极大困难,故欲有效制止侵害就必须选择高强度的暴力以求排除阻力,欲保证自身安全也必须采取大杀伤力的手段以期一招克敌。因此,在此情况下容许防卫人导致侵害人重伤、死亡,这本来就是完全可以从防卫限度的一般判断标准中直接推导出来的当然结论[55];防卫人根本无须刑法的特别授权,便可以享有致侵害人重伤、死亡的权利。由此可见,在防卫人面临严重危及人身安全的暴力侵害的场合,之所以致侵害人死伤的防卫行为合法,并不是因为防卫行为脱离了防卫限度的约束,也不是因为在此情况下的防卫权有何特别之处,而完全是因为防卫行为不论给侵害人造成怎样的损害都不可能明显逾越必要限度。二是即便针对非严重暴力型的不法侵害,公民在满足了防卫手段必要性条件的前提下,也同样有权引起侵害人死伤的结果。显然,假如司法机关都能遵循行为优先的防卫限度判断方法,那么立法者本可高枕无忧,完全没有必要大动干戈专设《刑法》第 20 条第 3 款。正是因为司法实践中唯结果论的现象已到了令人无法容忍的地步,立法者才不得不将原本可以根据法律解释得出的结论以立法的形式明确加以宣示,以正视听。所以,《刑法》第 20 条第 3 款所规定者,严格地说既不是“无过当防卫”(或“无限防卫”)也不是“特殊防卫”,而只是典型正当防卫的一种具体表现形式而已;本

54　Vgl. Puppe, Kleine Schule des juristischen Denkens, 3. Aufl., 2014, S. 171.

55　参见刘艳红、程红:《“无限防卫权”的提法不妥当——兼谈新〈刑法〉第 20 条第 3 款的立法本意》,载《法商研究》1999 年第 4 期;郭泽强、蒋娜:《刑法第 20 条第 3 款与第 1 款关系研究——兼论第 20 条第 3 款条款的意义》,载《法学家》2002 年第 6 期。

款只是对以上第一点解释结论的确认和重申,而绝不是对第二点解释结论的否定与排斥。对于防卫人造成侵害人重伤、死亡的案件,防卫行为并非只有在符合该款规定的情况下才可能获得合法化。

63 第三,在是否包含法益均衡原理这一点上,《刑法》第 20 条第 2 款与第 3 款并无差异。周光权教授主张应将《刑法》第 20 条第 3 款定性为法律拟制,其理由是:"由于《刑法》第 20 条第 2 款对于防卫限度的规定,同时违反防卫行为相当性(没有'明显超过必要限度')和利益均衡性(并未'造成重大损害')的,才属于防卫过当;而《刑法》第 20 条第 3 款基本上只重视防卫必要性,对利益均衡原理并不特别考虑……这样的立法基本等于放弃了利益衡量,优先考虑了防卫行为的相当性。由于《刑法》第 20 条第 3 款主张行为只要具有防卫相当性,即可成立正当防卫,其限制条件和第 2 款相比要少一个,因此,可以认为《刑法》第 20 条第 3 款属于法律拟制(特别规定),而非注意规定。"[56]但是,法条中载明了"造成重大损害结果",并不等于它在防卫限度的判断上加入了法益均衡性的考量。因为,假如法益均衡真的是判断防卫限度的基本原则之一,那就说明,如同在紧急避险中那样,应当承认损害结果不成比例的严重性具有一票否决正当防卫成立的效力。然而,根据前文的分析,想要从根本上避免重蹈唯结果论的覆辙,恰恰不能认为《刑法》第 20 条第 2 款中的"造成重大损害"具有单独决定行为成立防卫过当的功能。"造成重大损害"只能在已经确定行为明显超过必要限度的前提下,对防卫过当的成立发挥进一步限定的作用。因此,"造成重大损害"一词在《刑法》第 20 条第 2 款中的出现,绝不意味着该条款包含了法益均衡的思想。同时,《刑法》第 20 条第 3 款之所以没有将损害结果列为防卫限度判断的考量因素,是因为在不法侵害属于严重危及人身安全的暴力犯罪的场合,再激烈的防卫手段也不可能"明显超过必要限度",故自然也就没有必要再考察损害结果是否严重。

64 最高人民法院、最高人民检察院、公安部《关于依法适用正当防卫制度的指导意见》第 18 条亦规定,"对于不符合特殊防卫起因条件的防卫行为,致不法侵害人伤亡的,如果没有明显超过必要限度,也应当认定为正当防卫,不负刑事责任"。

65 现根据以上论述分析曾引起广泛关注的"于欢故意伤害案"。[57]

66 在一审过程中,被告人于欢的辩护人提出于欢有正当防卫的情节,系防卫过当,要求减轻处罚。但一审山东省聊城市中级人民法院以于欢及其母亲所面临的不法侵害不具有紧迫性、不存在正当防卫意义的不法侵害前提为由,未采纳该意见。[58]一审法院以故意伤害罪判处于欢无期徒刑,剥夺政治权利终身。案件一经媒体披露,旋即引起轩然大波,对判决质疑批判之声不绝于耳。二审山东省高级人民法院作出改判,认定于欢的行为具有防卫性质,但属于防卫过当,维持原判故意伤害罪的罪

---

56 周光权:《论持续侵害与正当防卫的关系》,载《法学》2017 年第 4 期。

57 参见山东省高级人民法院(2017)鲁刑终 151 号刑事附带民事判决书。

58 参见山东省聊城市中级人民法院(2016)鲁 15 刑初 33 号刑事附带民事判决书。

名,判处于欢有期徒刑5年。[59] 笔者倾向于认为被告人的行为成立正当防卫而不是防卫过当。

67 第一,既然《刑法》第20条第3款属于注意规定,而注意规定的设立意图正在于引人关注,那么在判断防卫限度时自当优先考察行为是否符合该条款的规定。一是杜志浩等人对被告人及其母亲所实施的拘禁和侮辱行为,不属于严重危及人身安全的暴力犯罪。二是扇面颊、揪头发、按肩膀、推搡等举动,虽然带有一定暴力强制的性质,但其危险毕竟只停留在造成轻微伤、至多轻伤的程度,无法与"杀人、抢劫、强奸、绑架"相提并论。在这个问题上,笔者赞同二审判决的意见。

68 第二,由于《刑法》第20条第3款属于注意规定,致侵害人重伤死亡的防卫行为并非只有在符合该条款的情况下才可能获得正当化;故接下来,还需要根据《刑法》第20条第2款关于防卫限度的基本规定来加以判断。二审法院在论述于欢的行为属于防卫过当时指出:"根据本案查明的事实及在案证据,杜志浩一方虽然人数较多,但其实施不法侵害的意图是给苏银霞夫妇施加压力以催讨债务,在催债过程中未携带、使用任何器械……当民警警告不能打架后,杜志浩一方并无打架的言行……在于欢持刀警告不要逼过来时,杜志浩等人虽有出言挑衅并向于欢围逼的行为,但并未实施强烈的攻击行为。"[60]法院的上述论证旨在说明:侵害者一方所实施的行为虽有暴力的属性,但其程度并不严重,而于欢却采用了刀刺致死的防卫措施,两者相差明显。可见,二审判决仍然是以重大损害结果作为判断防卫过当的重心,仍然是以受保护之法益与受损害之法益在价值上的失衡作为认定防卫过当的核心依据,这说明它承袭了已遭到广泛质疑的基本相适应说,从而没有疑问地因循了唯结果论的老路。[61] 从行为优先的防卫限度判断方法出发,本案的关键性问题是:于欢刀刺的行为是否属于当时情况下为有效制止不法侵害、保障防卫人安全所必不可少的防卫措施呢?笔者倾向于给予肯定的回答。一是使用凶器是为弥补劣势所必要。在判断防卫限度时,不能孤立地比较双方所使用的工具和暴力强度,还必须整体地考察双方的实力对比关系,而人多势众还是势孤力单,正是其中极为重要的考量因素。在该案中,侵害人一方虽未动用工具,但参与者多达十余人,而防卫人一方则仅有于欢及其母两人。在人数相差如此悬殊的情况下,于欢要想即时突出重围、摆脱被扣押的处境,仅仅赤手空拳与对方搏斗几无成功的可能。他只有借助于具有一定杀伤力的工具,才能抵消己方在人数和体力方面的劣势。二是激烈反击是为预防不测所必需。在判断防卫限

59 参见山东省高级人民法院(2017)鲁刑终151号刑事附带民事判决书。

60 山东省高级人民法院(2017)鲁刑终151号刑事附带民事判决书。

61 最高人民检察院公诉厅负责人在本案二审结束后于5月28日所作的答记者问,更为鲜明地表达了司法机关坚持基本相适应说的立场。参见史兆琨:《于欢的行为具有防卫性质 但防卫过当——最高检公诉厅负责人就于欢故意伤害案有关问题答记者问》,载《检察日报》2017年5月29日。

度时,不能只关注侵害行为侵犯的法益本身,还必须结合该行为发生的时间、场景等因素,为防卫人防控不确定的危险留出足够的行为空间。在许多案件中,由于不法侵害发生时的情势并不明朗,故防卫人无法准确估计侵害究竟会往何种方向发展、是否会升级和扩大,而一旦侵害果真演化为致命的袭击,则防卫时机很可能早已一去不返。于是,为了能周全地保障自身的安全,防卫人就不得不断然采取在事后看来似乎是过激的反应。这就涉及在防卫人和侵害人之间进行风险分担的问题。[62] 既然发生于特定时间和地点的侵害情境是由不法侵害人一手安排和引发的,那么事态不明情况下可能遭遇严重侵害的风险就不能落到受侵害者一方,防卫人因事态紧急而作出过分估计的风险必须由侵害人一方来承担。[63] 就本案来说,判决所反复论证的"侵害并不严重",是事后才得以确定的结论。但就案发当时的情况来看:一是于欢及其母亲长时间被杜志浩等十余人围困在接待室内,即便在于欢持刀警告不要逼近之时,杜志浩等人也毫无停止之意,依然步步围逼。暴力索取高利贷债务的现象在现实中并不鲜见,任何一名有基本社会经验的公民在此场景下都会感受到侵害"累积升高"的危险[64],即侵害随着时间的推移很可能升级为严重的暴力袭击。二是民警到场后无所作为,并未有效制止杜志浩等人的侵害,反而离开了扣押被告人的接待室。此后,杜志浩等人继续对被告人实施强制、推搡等暴力行为,完全没有停止侵害的迹象。一旦连公权力机关的出现都不能明显减弱侵害行为,不论其原因在于能力不及还是在于渎职枉法,受害公民都势必产生深重的危机感,预测到等待自己的可能是更为严重和激烈的袭击。综合以上两点可以认为,持刀捅刺是被告人在当时条件下为排除侵害、保障自身安全不可缺少的手段,并未违反必要性的要求。既然行为人所采取的防卫手段未明显超过必要限度,那么纵然其造成的结果十分严重,也不存在成立防卫过当的可能。

四、防卫意识

(一)防卫意识的必要性

根据《刑法》第 20 条第 1 款的规定,正当防卫必须是"为了使国家、公共利益、本人或者他人的人身、财产和其他权利免受正在进行的不法侵害"。虽然有个别学者提出,法条中"为了保护……"的表述只是表明正当防卫是客观上排除不法侵害、保护法益的行为,并不是对防卫人主观目的的要求,故不论行为人的主观心理如何,均不影响正当防卫的成立[65];但绝大多数学者认为,正当防卫以行为人在实施防卫行为当时具有防卫意识为条件。 69

62 参见陈璇:《正当防卫中风险分担原则之提倡》,载《法学评论》2009 年第 1 期。

63 Vgl. Kühl, Strafrecht AT, 7. Aufl., 2012, § 7 Rn.107.

64 参见周光权:《论持续侵害与正当防卫的关系》,载《法学》2017 年第 4 期。

65 参见张明楷:《刑法学》(第 6 版),法律出版社 2021 年版,第 267 页。

(二)防卫意识的内容

70　最高人民法院、最高人民检察院、公安部《关于依法适用正当防卫制度的指导意见》第8条规定,“正当防卫必须是为了使国家、公共利益、本人或者他人的人身、财产和其他权利免受不法侵害。对于故意以语言、行为等挑动对方侵害自己再予以反击的防卫挑拨,不应认定为防卫行为”。事实上,只要行为人是在认识到自己与正在进行的不法侵害相对抗的情况下实施行为的,就可以认定防卫意识成立,除此之外不需要积极的防卫目的。理由如下:

71　第一,在以法益侵害思想为基础的现代不法论框架内,必须将纯粹的道德要素排除于行为无价值的范畴之外。毫无疑问,主张防卫意识属于正当防卫之成立要件的观点是以结果无价值和行为无价值的二元不法论为基础的,因为二元论强调:只有结果无价值与行为无价值同时存在才能成立不法;只有两者同时被取消才能成立正当化事由。[66] 防卫意识的存在就是对行为无价值的否定。但需要注意的是,二元论中的行为无价值实际上经历了从伦理道德化逐渐向法益侵害化演变的过程。因此,像我国通说那样要求防卫人必须以积极追求保护合法权益为其唯一目的,甚至强调“正当防卫的目的在正当防卫的构成中占有十分重要的地位,它……决定了防卫人主观上崇高的正义感和道德感”[67]的说法,实际上是从道德主义的立场出发对防卫意识提出了过分的要求。

72　第二,不法行为主观要素的多样性决定了违法阻却事由的主观要素也必然具有多种形式。首先,从刑法理论上来说,根据我国《刑法》第14、15条的规定,无论行为人是希望、放任、轻信可以避免还是应当认识而未认识危害社会的结果,均可以成立不法的主观要素。由于从法律的价值评判上来看,作为不法阻却事由的正当防卫在主客观各方面均与不法行为正好相反,故在主观不法要素呈现多样化的情况下,防卫意识也应当具有与各种类型的主观不法要素相对应的多种表现形式。事实上,在当代德国刑法学中这一观点已被广泛接受。因为从犯罪阶层体系的角度来说,既然实现构成要件的行为包括故意和过失行为,那么以构成要件符合性为基础的违法阻却事由自然也就包含故意和过失的形式。[68] 其次,从司法实践的角度来看,如果要求正当防卫人在行为时一定要具有明确的制止不法侵害、保护合法权益的目的,那么对于诸如本想开枪警告不料却误击不法侵害人、本欲挥鞭策马避开不法侵害人不想却抽中后者的行为,由于行为人在实施行为的那一刻并不具有以防卫制止不法侵害的积

66　Vgl. Roxin, Strafrecht AT, Bd. Ⅰ, 4. Aufl., 2006, S. 321, 641; Lenckner/Eisele/Sternberg-Lieben, in: Schönke /Schröder / StGB, 28. Aufl., 2010, vor § 13 Rn.52 ff., vor § 32 Rn.13ff.

67　陈兴良:《刑法适用总论(上卷)》(第2版),中国人民大学出版社2006年版,第293页。

68　Lenckner / Sternberg-Lieben, in: Schönke /Schröder, StGB, 28. Aufl., 2010, vor § 32 Rn. 92ff.

极目的,所以就无法承认其为正当防卫,但这明显是不合理的。[69] 我国的通说之所以将防卫意识仅仅局限于积极追求正当化结果的目的之上,或许是源于对现实生活中常见的正当防卫案件的总结和归纳。但是对法律概念之内涵与外延的把握不应拘泥于有限的典型事实,而应从规范的角度来加以确定。因此,只要行为人知道自己处于与不法侵害相对抗的状态之中,那么不论他在行为当时是希望、放任、低估还是未认识到制止不法侵害、保护合法权益的结果发生,都存在成立防卫意识的空间。

第三,将防卫意识界定为行为人对不法侵害事实的认识也并不违反《刑法》第 20 条第 1 款关于"为了使合法权益免受正在进行的不法侵害"的规定。首先,从我国刑法对正当防卫的整体规定来看,立法者倾向于尽量扩大正当防卫成立的范围。和 1979 年《刑法》相比,1997 年《刑法》对正当防卫条款主要进行了两处修订:一是将防卫过当的定义由原来的"正当防卫超过必要限度造成不应有的损害"改为"正当防卫明显超过必要限度造成重大损害",从而对防卫过当的成立设置了更为严格的限定;二是增加了特殊防卫权条款。可见,面对我国社会治安状况尚未根本好转、公力救济资源相对紧张的现实,立法者对公民行使正当防卫权的行为明显表现出鼓励和支持的态度。因此,不应将"为了……"的规定理解成立法者要求行为人必须在主观上明确具有制止不法侵害、保护法益的积极目的,而应当将其理解为:立法者旨在通过该规定防止将那些在主观上纯粹出于追求法益侵害的法敌对意志、仅在客观上偶然制止了不法侵害的行为也认定为正当防卫。其次,根据刑法的真实目的对刑法中从表面字义来看失之过窄的条文进行适当的扩大解释符合刑法解释的原理。更何况,这种对防卫意识的扩大解释从根本上拓宽了正当化事由的成立空间,从而限制了刑罚处罚的范围,故并不存在违背罪刑法定原则的问题。事实上,《德国刑法典》第 32 条关于正当防卫的规定也使用了"为了……"的表述,但这并不妨碍通说和判例将防卫意识界定为行为人对正当防卫的前提事实有所认识的心理状态。[70] 73

V 防卫过当

《刑法》第 20 条第 2 款规定:"正当防卫明显超过必要限度造成重大损害的,应当负刑事责任,但是应当减轻或者免除处罚。"防卫过当不是罪名,当判定行为人成立防卫过当并需承担刑事责任之后,就需要进一步确定该行为具体构成何种犯罪。 74

69 当然,对于这类案件也可以设想出另一种解释方案:虽然由于行为人不具有防卫意识,故该行为不成立正当防卫;但因为行为在客观结果上制止了不法侵害,它欠缺结果无价值,所以同样不成立犯罪。不过,行为人毕竟是在不具有法敌对意志的情况下实施了有益于维护法秩序的行动,故该行为就不应仅仅是犯罪行为,而应当属于为法律所肯定的正当行为。

70 Vgl. Roxin, Strafrecht AT, Bd. Ⅰ, 4. Aufl., 2006, § 14 Rn.100ff.

一、防卫过当的罪过形式

1. 首先需要明确的是,防卫过当的罪过形式究竟是指行为人对于何种事实的心理态度?

75　罪过包括犯罪故意和犯罪过失两种形式。按照《刑法》第 14 条和第 15 条的规定,无论是犯罪故意还是犯罪过失,其认识因素及意志因素指向的对象均必须是“危害社会的结果”,而不是任何结果。所以,防卫过当的罪过形式指向的只能是防卫行为明显超过必要限度所造成的严重损害结果。不能认为,只要防卫行为是行为人有意实施的,那么防卫过当的罪过形式就一定是故意。换言之,不能把防卫行为本身的故意,和防卫过当的犯罪故意相混淆。例如,甲遇乙入室盗窃,便抄起放在地上的一根木棒试图将乙赶走,结果因一时疏忽拿了一把镰刀挥向乙,导致乙被刺中后死亡。毫无疑问,甲对于制止不法侵害并造成乙轻伤以下损害结果是持积极追求的态度,但他对于造成乙死亡的结果却是应当预见而未预见的心理。由于前一结果是为正当防卫所合法化的结果,所以它与防卫过当的罪过形式无关;只有后一结果才是具有社会危害性的结果,所以只能根据行为人对该结果的心理态度来确定防卫过当的罪过形式。在本案中,由于甲对于乙死亡这一过当结果仅有过失,故应当认为其防卫过当的罪过形式为过失。

2. 防卫过当的罪过形式包括哪些?

76　对此,我国刑法学界存在很大争议。通说主张,防卫过当的罪过形式可以是过失和间接故意,但不可能是直接故意。理由在于:正当防卫要求行为人必须具有制止不法侵害、保护合法权益的意识,而犯罪的直接故意则是指行为人希望发生某种危害社会的结果。可见,正当防卫的目的和犯罪的目的,不可能同时并存于行为人的头脑中。[71] 笔者不赞同这一观点。防卫过当的罪过形式既可以是过失及间接故意,也完全可以是直接故意。[72] 因为:

77　第一,防卫意识的成立只需行为人认识到自己是与不法侵害相对抗的事实就足够了,除此之外并不要求他必须以制止不法侵害、保护合法权益为其唯一目的,那么无论是直接还是间接的犯罪故意都可以与防卫意识相并存。

78　第二,从现实来看,行为人完全可能同时对正当防卫产生的正当结果与防卫过当产生的危害结果分别持希望或放任的态度。有的学者认为:“防卫人认识到自己的行为是与正在进行的不法侵害行为作斗争。这就表明,防卫人主观上不可能认为自己

71　参见高铭暄、马克昌主编:《刑法学》(第 9 版),北京大学出版社、高等教育出版社 2019 年版,第 134 页;马克昌主编:《犯罪通论》(第 3 版),武汉大学出版社 1999 年版,第 767 页。

72　参见陈璇:《论防卫过当与犯罪故意的兼容——兼从比较法的角度重构正当防卫的主观要件》,载《法学》2011 年第 1 期。

的防卫行为是危害社会的故意犯罪行为。”[73]然而,这一论断仅仅适用于防卫行为所保护的对象,即一旦防卫人认识到其行为是与正在进行的不法侵害相对抗,他就不可能认为自己的行为对不法侵害所威胁的合法权益产生了危害的效果。因为人对同一个对象不可能同时具备两种完全相反和矛盾的心理态度。但是,正当防卫所针对的对象其实有两个:一是保护对象,即正受到不法侵害威胁的合法权益;二是防卫对象,即不法侵害人的利益。由正当防卫行为对象的这种双重性所决定,具有防卫意识的行为人不可能对保护对象产生犯罪故意,并不意味着他不可能对防卫对象产生犯罪故意。防卫人完全可能在追求或容忍处于不法侵害威胁下的法益获得拯救这一结果的同时,对行为可能给不法侵害人之利益造成过当损害的结果抱有希望或放任的态度。

第三,认为防卫过当的罪过形式可以是故意的观点并未混淆生活意义上的故意与刑法意义上的犯罪故意。有的学者提出:“从一般生活意义上理解,防卫行为当然是‘故意’或者‘有意’实施的,但这种故意从刑法意义上来看,显然不同于犯罪的故意……不能因为正当防卫是出于防卫故意而实施的,就认为防卫过当也是(犯罪)故意。”[74]但从上文的分析可以看出,之所以说防卫过当能够由故意构成,并不是因为防卫行为本身是故意的,而是因为行为人完全可能对其防卫过当造成的危害结果持希望或放任的态度。可见,这里对故意的认定始终是严格按照我国《刑法》第 14 条对犯罪故意的定义来进行的,并未与生活意义上的故意相混同。 79

第四,不能以不当地限制公民正当防卫权的方法来论证防卫过当只包含过失犯罪的观点。持防卫过当不能成立故意犯罪之见解的学者虽然承认,在甲举枪向盗窃了一个西瓜的乙射击并致乙死亡的案件中,确实应当认定甲的行为构成故意杀人罪;但同时又认为,得出该结论并非因为甲构成防卫过当,而是因为对于乙盗窃一个西瓜的行为,甲根本不能实施刑法意义上的正当防卫。[75] 这种说法大有进一步商榷的余地。首先,基于“正不必向不正让步”的公理,法律上的正当防卫并未对不法侵害的强度大小提出要求。因此,公民在面对任何不法侵害时都有权采取防卫措施,只是其行为不能超过由不法侵害的轻重缓急所决定的防卫必要限度。如果认为只有当不法侵害达到了一定的严重程度时才允许人们实施正当防卫,那就等于要求公民在不法侵害面前低头屈服,等于对公民维护法益的基本权利随意地加以限制和剥夺。这既违背常理,又和我国刑法规定正当防卫的立法宗旨不符。所以,即便是面对乙盗窃一个西瓜的侵害,也没有理由否认甲享有正当防卫的权利。其次,退一步说,即使承认过于轻微的侵害不能成为正当防卫所针对的不法侵害,但并非只有在不法侵害极为轻微的情形才需要将某些不当的防卫行为认定为故意犯罪。 80

---

73 胡东飞:《论防卫过当的罪过形式》,载《法学评论》2008 年第 6 期。

74 胡东飞:《论防卫过当的罪过形式》,载《法学评论》2008 年第 6 期。

75 参见胡东飞:《论防卫过当的罪过形式》,载《法学评论》2008 年第 6 期。

81　第五,将防卫人故意导致不法侵害人死亡结果发生的行为认定为故意杀人罪并不会引发不合理的结论。我国法院之所以一直有意避免对出现了死亡结果的防卫过当案件适用故意杀人罪的条款,甚至在已经明确认识到防卫人“明知……可能造成被害人伤残或死亡,但却放任这种结果的发生……属于间接故意”的情况下,仍坚持认定防卫过当构成故意伤害(致死)罪[76],或许是出于对民众法感情的顾虑,即一般人在情感上毕竟很难将制止了不法侵害的防卫人与故意杀人犯联系在一起。但这种做法实际上存在十分明显的缺陷:一是将防卫过当认定为故意伤害(致死)罪严重混淆了防卫的有意性和犯罪的故意。因为,即便按照某些判例的意见认为行为人对不法侵害人的死亡是持过失的态度,合理的推论逻辑也应当是,由于防卫人有意伤害不法侵害人的行为是以正当防卫为根据的合法举动,所以该行为本身并不是刑法予以否定的对象;刑法要追究的只是行为超过了必要限度所造成的死亡结果。由于行为人对死亡这一过当结果具有过失,故防卫过当应成立过失致人死亡罪,而非故意伤害(致死)罪。换言之,从一般生活的意义上来说,行为人确实是有意地对不法侵害人实施了伤害行为,并过失地引起了后者死亡的结果。但是,从刑法评价上来说,由于有意伤害的行为已被正当防卫合法化,故不存在成立故意伤害罪的可能;只有该伤害行为导致的加重部分,即过失致人死亡的事实才能成立犯罪。可见,法院忽视了防卫过当必须以行为符合除限度条件以外的正当防卫的全部成立要件为前提的原则,把已经获得正当化的有意伤害行为又纳入犯罪事实之中,从而将正当防卫的有意性与犯罪故意混为一谈。二是将故意致人死亡的防卫过当认定为故意伤害(致死)罪背离了犯罪过失的基本原理。当行为人有意识或者无所顾忌地用危险工具猛烈攻击不法侵害人的要害部位时,通常可以认定他对不法侵害人死亡的结果至少是持放任的态度,根本不存在“应当预见而没有预见”或者“轻信能够避免”的可能。此外,既然如前所述,在防卫人故意导致对方重伤的防卫过当案件中,判例承认行为构成故意伤害罪,那么对于防卫人故意导致对方死亡的防卫过当又为何不能认定为故意杀人罪呢?三是将故意的防卫过当认定为故意伤害(致死)罪存在量刑上的困难。因为根据《刑法》第 234 条第 2 款的规定,一旦认定行为构成故意伤害致人死亡,那么法定最低刑就是 10 年有期徒刑。但法院对于这类案件往往希望能借助《刑法》第 20 条第 2 款的规定大幅减轻甚至免除行为人的刑罚。于是就出现了一个困境:尽管《刑法》第 63 条第 1 款规定的减轻处罚是“在法定刑以下判处刑罚”,并未对减轻的幅度加以限制;但刑法理论一般都认为,当法定最低刑为有期徒刑时,减轻处罚原则上应当有格的限制,即应以法定最低刑以下一格判处。[77] 据此,若将防卫过当认定为故意伤害(致死)罪,则减轻处罚也不宜低于 7 年有期徒刑,难以像判例那样仅判处行为人 3 年有

76　参见最高人民法院中国应用法学研究所编:《人民法院案例选(刑事卷)》(1992—1999 年合订本),中国法制出版社 2000 年版,第 504 页。

77　参见高铭暄、马克昌主编:《刑法学》,中国法制出版社 2007 年版,第 313 页。

期徒刑。[78] 同样,由于故意伤害(致死)罪的法定最低刑极重,所以要对防卫人免除处罚也不太容易为人们所理解。[79] 然而,如果根据案件事实认定行为人成立故意杀人罪,这一问题就可以迎刃而解。因为依照《刑法》第 232 条的规定,故意杀人“情节较轻的”处 3 年以上 10 年以下有期徒刑。防卫过当故意杀人自然属于“情节较轻”的情形,因此其适用的法定最低刑就只有 3 年有期徒刑。于是,再根据《刑法》第 20 条第 2 款免除处罚或者减轻至短期徒刑就显得顺理成章、协调自然。

第六,在防卫过当罪过形式的问题上,不应对故意的两种形态加以区别对待。从 82
立法规定上来说,我国刑法将直接故意和间接故意明确规定在同一个条文之中。可见,直接故意和间接故意都只是犯罪故意的具体表现形式,二者并无本质差异。故通说只承认间接故意能够成为防卫过当之罪过形式而将直接故意排除在外的做法,割裂了犯罪故意的整体性和统一性,实不足取。

二、防卫过当的刑事责任

根据《刑法》第 20 条第 2 款的规定,对于防卫过当构成犯罪的,“应当减轻或者免 83
除处罚”。

78 相关判例参见最高人民法院中国应用法学研究所编:《人民法院案例选(刑事卷)》(1992—1999 年合订本),中国法制出版社 2000 年版,第 500—501 页。

79 例如,在邓玉娇案件中,由于法院在认定被告人犯有故意伤害(致死)罪的同时又判决免予刑事处罚,所以就不免出现“如此高的法定刑为何能免除处罚”的疑问。参见《邓玉娇一审被判免予刑事处罚》,载《检察日报》2009 年 6 月 17 日。

第二十一条 紧急避险

为了使国家、公共利益、本人或者他人的人身、财产和其他权利免受正在发生的危险，不得已采取的紧急避险行为，造成损害的，不负刑事责任。

紧急避险超过必要限度造成不应有的损害的，应当负刑事责任，但是应当减轻或者免除处罚。

第一款中关于避免本人危险的规定，不适用于职务上、业务上负有特定责任的人。

文献：高格:《正当防卫与紧急避险》，福建人民出版社 1985 年版；郭守权、何泽宏、杨周武:《正当防卫与紧急避险》，群众出版社 1987 年版；刘明祥:《紧急避险研究》，中国政法大学出版社 1998 年版；王政勋:《正当行为论》，法律出版社 2000 年版；田宏杰:《刑法中的正当化行为》，中国检察出版社 2004 年版；谢雄伟:《紧急避险基本问题研究》，中国人民公安大学出版社 2008 年版。黎宏:《紧急避险法律性质研究》，载《清华法学》2007 年第 1 期；谢雄伟:《论紧急避险中生命的衡量》，载《求索》2007 年第 8 期；王钢:《紧急避险中无辜第三人的容忍义务及其限度——兼论紧急避险的正当化根据》，载《中外法学》2011 年第 3 期；彭文华:《紧急避险限度的适当性标准》，载《法学》2013 年第 3 期；陈璇:《家庭暴力反抗案件中防御性紧急避险的适用》，载《政治与法律》2015 年第 9 期；陈璇:《生命冲突、紧急避险与责任阻却》，载《法学研究》2016 年第 5 期；王钢:《对生命的紧急避险新论——生命数量权衡之否定》，载《政治与法律》2016 年第 10 期；蔡桂生:《避险行为对被避险人的法律效果——以紧急避险的正当化根据为中心》，载《法学评论》2017 年第 4 期。

细目录

Ⅰ 主旨
Ⅱ 沿革
Ⅲ 紧急避险的正当化根据
Ⅳ 紧急避险的成立要件
一、避险起因
二、避险对象
三、避险限制
四、避险限度
五、避险意识

Ⅴ 避险过当

Ⅵ 关于特定主体避险禁止的规定

Ⅰ 主旨

1 《刑法》第21条规定了紧急避险的成立条件、避险过当的处理原则以及针对特定主体的避险禁止,旨在划定紧急避险行为与犯罪行为之间的界限。

Ⅱ 沿革

2 1979年《刑法》第18条规定:"为了使公共利益、本人或者他人的人身和其他权利免受正在发生的危险,不得已采取的紧急避险行为,不负刑事责任。紧急避险超过必要限度造成不应有的危害的,应当负刑事责任;但是应当酌情减轻或者免除处罚。第一款中关于避免本人危险的规定,不适用于职务上、业务上负有特定责任的人。"1997年《刑法》第21条除了在第1款中对紧急避险作了更为准确的界定,仅对原有条文个别字词进行了调整。

Ⅲ 紧急避险的正当化根据

3 根据我国《刑法》第21条第1款的规定,紧急避险是指,为了使国家、公共利益、本人或者他人的人身、财产和其他权利免受正在发生的危险,不得已采取的损害另一较小合法权益的行为。

4 紧急权(Notrecht)是公民在紧急状态下为保护法益而损害他人法益的权利。损害他人法益的行为之所以能够得到法秩序的认可,主要是基于以下两个基本思想:①自由平等原则。我国《宪法》第33条第2款规定:"中华人民共和国公民在法律面前一律平等。"第51条规定:"中华人民共和国公民在行使自由和权利的时候,不得损害……其他公民的合法的自由和权利。"据此,任何人未经他人同意,都无权损害其法益;任何人对于他人无正当根据损害自己法益的行为,也都没有忍受的义务。②社会团结原则。为了防止对自由平等的强调演变为极端的个人主义,社会团结的思想应运而生。该理论提出:社会共同体成员之间应当在一定程度上互相照应;任何人在必要时都应适当地为他人牺牲自身利益,部分地放弃自己的自由。[1] 社会团结原则的正当性可从以下两方面得到论证:第一,从实定法的角度出发。《宪法》第1条第2款

---

1 参见王钢:《紧急避险中无辜第三人的容忍义务及其限度——兼论紧急避险的正当化根据》,载《中外法学》2011年第3期;Renzikowski, Notstand und Notwehr, 1994, S. 188, 320f.; Neumann, Die rechtsethische Begründung des „rechtfertigenden Notstands“ auf der Basis von Utilitarismus, Solidaritätsprinzip und Loyalitätsprinzip, in: Hirsch/Neumann/Seelmann (Hrsg.), Solidarität im Strafrecht, 2013, S.164ff.

规定,“社会主义制度是中华人民共和国的根本制度”。社会主义原则的确立,意味着我国的法秩序在维护公民个人自由的同时,必然也强调公民之间应当互相扶助、国家应当为弱者提供照顾。[2] 第二,从哲学思想的视角出发。在一个尊重公民的自我决定权、将维护公民自由不受侵犯视为核心任务的法治国,不能随意祭起“社会整体利益”之类凌驾于个人之上的概念去抹杀公民的权利,对个人自由的限制只能来自于公民自身基于理性的同意。按照罗尔斯的正义论,在对社会正义原则进行选择时,应当让参与选择的各方站在无知之幕的背后。[3] 处于原初状态中的人们具有理性,但对供他们选择的各种正义原则的特殊事实,以及自己将会有何种目的、倾向、个性等都一无所知,故他们势必倾向于选择使自己及后代人的生活起点不致因社会或自然的偶然因素而遭受致命挫折的正义原则。[4] 借用这一思想,当所有参与制定法律制度的人均立于无知之幕的背后时,谁也无法预先知晓他在将来可能发生的紧急状态中究竟会处于需要帮助者还是提供帮助者的地位。于是,至少为了保护那些直接关乎个人生存的基本法益,人们愿意制定出要求社会成员相互给予协助的团结义务。

5　正是在以上两大原则的基础上,紧急权的体系得以建构起来。首先,当某人以违反义务的方式侵入他人的自由空间时,基于自由平等原则,受侵犯者不负有忍受、逃避的义务,他有权在为有效制止侵害、保护法益所必要的限度内,对侵犯者的法益造成损害。由于这种紧急权几乎纯粹以个人自由为基础,故它在行使过程中所受的制约条件最少。[5] 这就是正当防卫权。其次,当某人虽然对他人的自由空间造成了威胁,但并未实施违反义务的行为时,公民的紧急权同时受到自由平等和社会团结原则的影响。即一方面,由于这种威胁缺乏合法的依据,故遭受危险的人没有义务对之全盘容忍,他有权对危险来源者采取反击;另一方面,由于危险来源者毕竟要么并未现实地违反义务,要么不具备实施合法行为的能力,这些值得体谅的事由使他仍在一定范围内保留了要求对方给予照应的权利,故行为人对其展开的反击就要比正当防卫更加克制。[6] 此即防御性的紧急避险权。最后,当公民的某一法益遭遇险境时,基于社会团结原则,其他公民有义务作出一定的牺牲以协助他转危为安。但由于社会团结毕竟只是在坚持自由平等原则的前提下出现的例外,故建立在该思想基础上的紧急权必然会受到最为严格的规制。这便是攻击性的紧急避险。由此可见,随着紧急权损害的对象与危险源之间的关系不同,其法益值得保护性的大小也会发生变化,故不同的紧急权在进行利益衡量时所能容许的法益对比关系自然也就存在重大差别。

2　参见张翔:《财产权的社会义务》,载《中国社会科学》2012 年第 9 期。

3　参见〔美〕罗尔斯:《正义论》,何怀宏、何包钢、廖申白译,中国社会科学出版社 2009 年版,第 91 页以下。

4　参见廖申白:《〈正义论〉对古典自由主义的修正》,载《中国社会科学》2003 年第 5 期。

5　Vgl. Kühl, Freiheit und Solidarität bei den Notrechten, FS-Hirsch, 1999, S.260ff.

6　Vgl. Pawlik, Der rechtfertigende Defensivnotstand im System der Notrechte, GA 2003, S.16f.

在正当防卫中,由于被损害者自己就是以违反义务的方式引起法益冲突之人,故其法益的值得保护性与他所侵害的法益相比就会大幅下降。因此,即使防卫人为了保护财产法益而导致侵害人重伤甚至死亡,原则上也同样可以认为他保护了更高的利益。在攻击性的紧急避险中,由于被损害者是与危险引起无关的第三人,故其法益的值得保护性本身并无减损,只有当其法益的价值明显低于受危险威胁的法益时,才能基于社会团结原则认为避险行为保护了较高的利益,进而要求被损害者承担忍受的义务。由于生命作为最高的法益,不可能在价值上明显低于其他法益,故它绝对不能成为攻击性紧急避险牺牲的对象。在防御性紧急避险中,有两个反向的因素共同影响着利益衡量的判断:一方面,避险对象是危险的产生方,故其法益值得保护性必然会有所下降;但另一方面,由于避险对象并未实施违法行为,故其法益值得保护性的下降幅度又不可能等同于正当防卫中的不法侵害人。由此决定,防御性紧急避险中的利益衡量标准较攻击性紧急避险要宽松,但又严于正当防卫。[7] 所以,只要保护和损害的法益在价值上基本相当,即可认为避险行为维护了较高的法益。[8]

Ⅳ 紧急避险的成立要件

一、避险起因

(一) 危险

1. 危险的来源

凡是使法益受到损害威胁的状态都属于这里所说的危险,其来源包括:自然力量,动物的侵袭,饥饿、疾病等人的自然生理状态,人所实施的不法侵害,等等。 6

2. 危险的判断标准

关于危险是否存在的判断,应当以行为时存在的全部事实情况为基础,以行为当时的一般人为标准。[9] 危险本来就是一种对于损害发生之概率大小的预测。危险的存在表明,损害是否出现具有一定的可能,但仍处于不完全确定的状态之中。所以,不能以最终没有发生损害结果为由,否定行为当时存在危险状态。例如:甲为某海轮的船长。一日,他所带领的轮船由南美载货回国,途经公海时收到台风紧急预报,称该船途经的海面在 24 小时内有 12 级台风。由于船远离陆地,无法进港;而在原地抛锚或继续前行与返航都不能避开台风的袭击。甲为了减轻船的负荷,以免船毁人亡,便命令船员将所载货物的 10%(价值人民币十多万元)抛入大海。抛货完毕 7

7 Vgl. Lenckner, Der rechtfertigende Notstand, 1965, S.306f.

8 Vgl. Günther, in: SK-StGB, 7. Aufl., 2000, § 34 Rn.40.

9 Vgl. Schönke / Schröder / Perron, StGB, 28. Aufl., 2010, § 34 Rn.13.

后,该船继续航行。10 小时后,台风突然转向,该船未遭遇台风。[10] 在上例中,尽管轮船事实上并未受到台风的袭击,但站在行为时的角度来看,综合当时存在的全部事实情况进行预测,任何一名理性人都会认为轮船遭遇台风的可能性相当大,故应当认为现实的危险是存在的。

(二)正在发生

8　危险正在发生,是指危险已经出现而且并未结束。就危险开始的时间来说,需要注意的是,若危险的来源是他人的不法侵害,则可能在不法侵害开始之前就已经存在危险的状态,即危险的开始可能早于不法侵害的开始。若不法侵害开始之前就已产生某种危险,则在没有其他方法避免该危险的情况下,可以实施紧急避险。例如,在前述甲为防止丈夫乙喝醉酒后虐待自己和女儿,便在乙开始喝酒时趁其不备用平底锅将他砸晕的案件中,尽管乙喝酒时还不能认为不法侵害已经开始,但由于根据以往的经验,乙一旦喝到一定程度就有使用暴力的倾向,故可以认为此时危险已经出现,可以对乙实施紧急避险。如果实际上并不存在正在发生的危险,但行为人误以为存在,并实施了所谓避险行为造成法益损害的,属于假想避险。和假想防卫的处理原则相类似,应根据行为人主观上是否具有过失,分别认定为过失犯罪或者意外事件。

二、避险对象

9　通说向来主张紧急避险不能直接对抗危险的来源,而只能以无辜第三人的合法权益为对象,并认为这是紧急避险与正当防卫的重要区别之一。[11] 实际上,目前已有越来越多的学者倾向于主张紧急避险的被害人既包括第三人,也包括虽引起了危险但并未实施不法侵害的人。根据避险对象的不同,紧急避险可以区分为两类,即攻击性的紧急避险和防御性的紧急避险。[12] 所谓攻击性的紧急避险,是指通过损害与危险来源无关的第三人法益,来保护另一合法权益的避险行为。我国传统理论所说的紧急避险就限于这种情况。所谓防御性的紧急避险,则是指通过直接对危险来源者的法益造成损害,来保护另一合法权益的避险行为。

三、避险限制

10　根据《刑法》第 21 条第 1 款的规定,紧急避险只能是在“不得已”的情况下才能实施。如上所述,紧急避险的本质是“正对正”。换言之,虽然紧急避险保护了更大的合法权益,但它毕竟是以损害另一合法权益为代价的。所以为了尽可能地维护公民

---

[10] 参见赵长青、谭向北:《疑奇刑案析》,重庆出版社 1988 年版,第 422 页。

[11] 参见高铭暄、马克昌主编:《刑法学》(第 9 版),北京大学出版社、高等教育出版社 2019 年版,第 139 页。

[12] 参见刘明祥:《紧急避险研究》,中国政法大学出版社 1998 年版,第 56 页;张明楷:《刑法学》(第 6 版),法律出版社 2021 年版,第 292 页。

的合法权益免遭损害,防止避险行为人随意牺牲他人的利益,故刑法对紧急避险实施的条件附加了比正当防卫更为严格的限制。即,如有其他避免危险的合理方法可供选择,则不允许实施紧急避险;只有在毫无其他合理的方法可以排除危险、紧急避险已成为有效保护法益的唯一选择的前提下,行为人才可以实施避险行为。例如,在上述轮船抛货案中,若本来驶入附近的避风港即可避开危险,则抛弃货物的行为即并非不得已。关于避险行为是否"不得已"的判断,应当结合事发当时的具体情况,以行为时的一般人为标准。由于在紧急状态下,普通公民往往很难准确、周密地权衡各种方案,故只要是在当时情况下一般人都会选择避险,即便客观上存在其他排险可能,也应认定避险是出于"不得已"。

四、避险限度

紧急避险的成立,要求避险行为所保护的利益应当高于其损害的利益。这被称为紧急避险的利益衡量原则。 11

(一)利益衡量的基本方法

如何衡量避险行为所涉之两种利益的价值高低,历来是刑法理论上的一个难题。对此,大致可以采取以下两个步骤来进行判断: 12

1. 法益抽象价值的比较

首先,可以对牺牲的法益和保护的法益进行抽象价值上的衡量。某一法益的价值可以从法律对该法益实施保护的力度大小推知,即价值越高的法益,法律对其保护的力度也就相应会越大。所以,基本上可以认为,当某一法益受到侵害时,若刑法对侵害行为所实施的惩罚越严厉,则该法益的抽象价值就越重要。据此,由于杀人罪的法定刑高于伤害罪,伤害罪的法定刑又高于财产罪,财产罪的法定刑根据侵犯财产的数额大小而有高低之分,故从整体上可以说,生命法益高于身体法益,身体法益高于财产法益,数额较大的法益高于数额较低的法益。 13

2. 法益值得保护程度的比较

法益的抽象价值仅仅是法益权衡的基础和框架,除此之外还需要综合考虑危险的紧迫性与重大性、危险源的具体情况、损害行为的程度以及当事人的忍受义务等各种因素。在此着重探讨两种因素。 14

(1)法益受到威胁的急迫程度。例如:医生甲某夜喝酒消遣后,在回家路上发现身受重伤的乙躺在路边。甲为救其性命,在没有其他办法的情况下独自驾车高速行驶赶往医院实施急救。在此,急救医生甲为了保护乙个人的生命,而采取醉酒高速行驶的方法使公共安全陷于危险的境地之中。如果仅从抽象的价值来看,不特定多数人的生命健康安全至少不低于个人的生命法益。但是,因为乙的个人生命正面临着异常急迫的危险,而甲醉酒高速行驶的行为给其他交通参与者生命健康所带来的却只是一种相对抽象的危险。两相对比,可以认为甲的行为是为了保护较大利益而牺 15

牲较小利益,符合紧急避险的限度要求。我国最近已经出现了相关判例。[13]

16 (2)自招的紧急避险。第一,可以确定的是,在避险挑拨的情形下不允许行为人实施紧急避险。所谓避险挑拨,是指行为人为了达到侵害他人法益的目的,故意招致危险状态,使自己的法益陷入危险的境地,然后借口紧急避险损害他人的合法权益。和防卫挑拨一样,既然在这种情形下,行为人是有意将危险状态作为实现自己目的的工具,那就说明他是自愿陷入危险的状态之中,可以认为他已经放弃了受到该危险状态威胁的那部分法益,故不允许他为了保护这部分法益而损害他人的法益。除去避险挑拨的情形,在危险是行为人自招的情况下,也不应否定其紧急避险的权利。第二,虽然在自招危险的情况下,行为人并不丧失实施紧急避险的权利,但由于行为人对危险状态的发生毕竟负有责任,故在行为人保护的是自己法益的情形,该法益值得保护的程度就要比正常情况下有所降低,或者说此时法益权衡原则就要对行为人提出比正常情况下更为严格的要求。

(二)生命对生命的避险[14]

17 在危难关头牺牲他人生命以保全另一生命的情形,不再是仅供思想实验的假设事例,而是早已成为司法实践需要面对的真实场景。

1. 基本原理

18 从宪法的立场出发,应当坚持不同公民的生命法益在价值上不可比较的原则。"人的生命是一种'绝对的最高价值',一种'不可比较的人格价值'。该价值使得人享有与所有其他法益,尤其是物质性法益相比独一无二的地位。我们不得将生命贬低为一种可以进行收支结算的数值,从而使之变成单纯为实现其他目的而服务的手段。"[15]但这是纯粹就生命法益的抽象价值而言的。侵害某一法益的行为能否正当化,不仅取决于该法益在法律中的抽象价值与位阶,而且还取决于它在具体案件中值得保护的程度。[16] 尽管所有人的生命在法律上没有高低贵贱之分,但由个案的特殊情况所决定,不同主体之生命的值得保护性却可能存在差异。至于说在何种情形下会产生此种差别,从而导致杀人行为合法化,对该问题的回答还需要借助紧急权体系的建构。

19 如前所述,以紧急权为分析框架,在攻击性的紧急避险中,由于被损害者是与危险引起无关的第三人,故其法益的值得保护性本身并无减损,只有当其法益的价值明显低于受危险威胁的法益时,才能基于社会团结原则认为避险行为保护了较高的法

---

13 参见韩锋、王星光、杨柳:《为送亲属就医醉驾构成紧急避险》,载《人民司法》2020 年第 23 期。

14 详见陈璇:《生命冲突、紧急避险与责任阻却》,载《法学研究》2016 年第 5 期。

15 Lenckner, Der rechtfertigende Notstand, 1965, S.30.

16 Vgl. Lenckner, Der Grundsatz der Güterabwägung als Grundlage der Rechtfertigung, GA 1985, S.299.

益,进而要求被损害者承担忍受的义务。由于生命作为最高的法益,不可能在价值上明显低于其他法益,故绝对不能成为攻击性紧急避险牺牲的对象。在防御性紧急避险中,有两个反向的因素共同影响着利益衡量的判断:一方面,避险对象是危险的产生方,故其法益值得保护性必然会有所下降;但另一方面,由于避险对象并未实施违法行为,故其法益值得保护性的下降幅度又不可能等同于正当防卫中的不法侵害人。由此决定,防御性紧急避险中的利益衡量标准较攻击性紧急避险要宽松,但又严于正当防卫。[17] 所以,只要保护和损害的法益在价值上基本相当,即可认为避险行为维护了较高的法益。[18] 这就意味着,在行为人不得已导致危险来源者死亡的情况下,如果该行为所保护之法益的价值与生命法益相比并不存在明显的失衡,那它就有可能以防御性紧急避险之名获得合法化。[19]

2. 具体判断

(1)危险共同体的内部牺牲。危险共同体,指的是二人以上同处一个危险境地之中,只有牺牲其中一部分人才可能营救其他人的生命,也才能避免共同体内的所有成员同归于尽。根据被牺牲者与危险来源之间关系的不同,危险共同体又可以划分为两种类型:第一,差别型的危险共同体。在这种情形中,被牺牲者一方面与危险共同体的其他成员一样,属于危险所针对的对象,但另一方面又与危险源有着一定联系。其典型就是类似"9·11"事件的情形,由于客机与建筑物即将相撞,故飞机上的无辜乘客与建筑物内的人员都面临同一死亡危险;但由于恐怖分子的劫持行为,乘客又与危险来源,即高速撞向大楼的飞机不可分割地捆绑在一起。第二,平等型的危险共同体。在这种情形中,危险共同体中的所有成员均处在危险源之外,都只是危险所威胁的对象。例如发生在英国的女王诉达德利与斯蒂芬斯案。[20] 20

如前所述,在紧急避险的框架内,只有防御性紧急避险才可能使杀人行为得以正当化。不可否认,在劫机撞楼案中,乘客"在空间上已被不可分离地卷入危险源之中"[21]。既然不能将乘客看作不法侵害者,那能否将他们视为单纯的危险来源,进而认为击落客机导致乘客死亡的行为成立防御性紧急避险呢? 答案是否定的。因为,仅仅是某人与危险源在同一时空范围内连成一体,仅仅是某人的存在状态与他遭遇危险之间有事实上的条件关系,仅仅是不伤及某人就无法阻止危险,均不足以使其他公民获得对之实施如防御性紧急避险那样高强度的反击权。要成为防御性紧急避险的对象,还需要进一步满足以下两个要件:其一,权利人的独占性。即产生危险的 21

---

17 Vgl. Lenckner, Der rechtfertigende Notstand, 1965, S.306f.

18 Vgl. Günther, in: SK-StGB, 7. Aufl., 2000, § 34 Rn.40.

19 关于能够通过防御性紧急避险得以正当化的杀人行为类型,参见陈璇:《家庭暴力反抗案件中防御性紧急避险的适用》,载《政治与法律》2015 年第 9 期。

20 See R. V. Dudley and Stephens (1884), 14 QBD 273.

21 Hirsch, Defensiver Notstand gegenüber ohnehin Verlorenen, FS-Küper, 2007, S.154.

法益空间处在权利人的排他性支配之下。这是其他公民对权利人产生信赖的根源,也是权利人对他人的防御性紧急避险负有容忍义务的关键所在。其二,法益空间的危险性。即避险行为所针对的法益,必须对危险的产生或者升高发挥了积极推动作用。劫机撞楼案的情形,并不符合防御性紧急避险的这两个要件。首先,对于机长、领航员、乘务员等机组成员而言,由于他们接受过专门培训,在正确操作飞机、确保乘客安全方面具备远高于常人的专业技能,故其他公民有理由信赖其能够保障客机顺利和安全地航行,避免因事故给乘客和地面人员造成损害。所以,因第三人的强迫而丧失了对客机实际控制能力的机组人员,就可以被看作危险来源。但是,与机组人员不同,普通乘客只是为了长途旅行才暂时停留在机舱中,作为匆匆过客的他们既没有能力、也没有意愿对客机内的空间和设备实现独占性的支配。其次,由于正是客机的飞行状态引起了与地面建筑物撞击的危险,而机组人员对飞机的航行发挥着决定性的作用,甚至恐怖分子也必须通过控制飞行员才能完成袭击,故在客机成为危险来源的过程中,机组人员的存在是不可或缺的推动因素。然而,机舱内是否有乘客、究竟有多少乘客,这对于飞机撞击楼房的速度、强度和方式等都毫无积极的影响。[22]甚至,为了监视、排除乘客可能实施的反抗,劫机者还不得不额外分出相当的人力和精力,可见,众多乘客的存在有时反而会成为发动袭击的累赘,并对客机变为危险来源起到消极阻碍的作用。所以,乘客无论如何都不应被视作危险来源的组成部分,他们在恐怖袭击中所处的地位与地面建筑物内的人员完全相同[23],击落客机导致乘客死亡的结果无法以防御性紧急避险之名得以正当化。

22　在排除了成立防御性紧急避险的可能的情况下,无论是差别型危险共同体还是平等型危险共同体,其内部牺牲的行为都只剩下最后一种可以考虑的正当化途径,即攻击性紧急避险。危险共同体内不同人在生还概率上的差异,不能成为证立避险行为合法性的依据。理由在于:

23　第一,对于危险共同体的案件来说,坚守禁止杀人的规范并不违背该规范的保护目的。作为故意杀人罪构成要件的基础,“不得杀人”这一命令的宗旨无疑在于保护生命法益不受损害。在一些学者看来,当危险共同体成员的生命无法全都得到保护时,若允许杀死其中已无生存希望者,则至少还能保住一部分的生命,可如果继续贯彻“不得杀人”的规范,反而将导致全部成员丧生。可见,不加变通地坚持杀人禁令,其最终带来的后果恰恰与该规范所追求的目标南辕北辙。[24] 但细加推敲,这种说法实际上是难以成立的。因为,当我们在考虑某人是否有生还希望时,其实是在预测

---

[22] Vgl. Pawlik, § 14 Ab. 3 des Luftsicherheitsgesetzes-ein Tabubruch? JZ 2004, S.1049.

[23] Vgl. Roxin, Der Abschuss gekaperter Flugzeuge zur Rettung von Menschenleben, ZIS 2011, S.559

[24] Vgl.v. Weber, Das Notstandsproblem und seine Lösung in den deutschen Strafgesetzentwürfen, 1925, S.30; Mangakis, Die Pflichtenkollision als Grenzsituation des Strafrechts, ZStW 84(1972), S.475.

他能否彻底度过劫难、化险为夷,例如能否躲过屠杀、能否避开飞机的撞击等。然而,不可忽视的是,即便是在危险共同体中无望逃离鬼门关的人,在避险行为不出现的情况下,原本也确定地享有一定的存活期间。例如,若客机不被击落,则乘客至少可以等到数秒之后才死于飞机撞击大楼所引起的爆炸。如前所述,刑法在捍卫生命安全时,只关心某人的生命长度是否被他人不当地缩短了,而不应考虑命运可能对该人寿命长短所作的安排。使一名本可寿登耄耋的健壮之人提前 50 年辞世,和致一位濒死病人提早 15 分钟咽气,由于 50 年的生命与 15 分钟的生命处在法律的同等保护之下,故这两种行为在刑法中同样都是不折不扣的杀人犯罪。

第二,生命不因其剩余时间的短暂而失去意义。为了防止杀人行为的正当化过度泛滥,支持该说的一些学者一再强调,只有当对死亡时间的提前微乎其微时,危险共同体的内部牺牲行为才有合法化的空间。[25] 可是,一方面,无论剩余的生命如何短暂,它都不可能被评价为不值一提。论者在提出“微乎其微”这一限定标准时,其不便言明的潜台词是:与较长的生命相比,几秒钟的生命对于人来说不可能有什么实际意义,几乎可以忽略不计。但这种看法不能成立。从法律上来说,生命的意义就在于它的存续本身,而不取决于它可能为个人、社会带来的功利性价值。即使是短暂的生存时间,对于生命主体而言也完全可能有着至关重要的意义。另一方面,何为“微乎其微”?是仅限于数秒钟,还是可以扩及数分钟、数小时乃至 1 天?对此不可能存在一个客观确定的数值界限。 24

第三,否认牺牲行为的合法性,只不过是重申了在法律面前所有人的生命不论其剩余时间长短都应享有同等保护这一基本原则。正是基于这一原则,无论是否有逃脱险境的希望,危险共同体内每一成员的生命都难以获得优于其他成员的地位。因此,这样的结论丝毫没有不公正之处,它也没有为任何一方课以过重的义务。 25

既然所有可能使行为正当化的方案已被一一排除,那么唯一可以考虑的出罪依据就只剩下责任阻却事由。 26

(2)生命危险的单纯转嫁。生命危险的单纯转嫁是指,行为人在不得已的情况下“祸水东引”,将自己或者他人面临的生命危险,转移到原本处在安全状态中的第三人身上。结合上文的分析,可以得出以下两个原则:首先,由于被牺牲者与危险源无关,故导致其死亡的行为不可能成立防御性紧急避险,不存在正当化的空间。其次,当行为人为了保全自己、近亲属或其他关系密切之人的生命时,可以根据期待可能性理论阻却行为人的责任。 27

五、避险意识

传统刑法理论认为,避险意识的存在要求行为人必须对正在发生的危险有明确的认识,并具有希望以损害另一较小法益的方法保护更大法益的目的。但是,这一观 28

---

25 Vgl. Neumann, in: NK-StGB, 4. Aufl., 2013, § 34 Rn.77.

点可能对避险意识提出了过高的要求。笔者认为,和防卫意识相似,避险意识的存在只要求行为人对正在发生的危险有所认识即可。

V 避险过当

29 避险行为超过必要限度造成不应有的损害的,应当负刑事责任,但是应当减轻或者免除处罚。

VI 关于特定主体避险禁止的规定

30 根据《刑法》第 21 条第 3 款的规定,本条第 1 款关于避免本人危险的规定,不适用于职务上、业务上负有特定责任的人。在我们的社会生活中,某些职业本来就是为消除人们面临的某种危险状态而设置。因此,如果允许从事该职业的人可以援引紧急避险的规定而不履行其义务,那么这一职业就根本无法发挥作用,社会中的基本安全和秩序也就难以得到保障。例如,消防行业存在的意义就在于及时排除火灾对人们生命财产安全的威胁,一旦允许消防队员以紧急避险之名拒绝进入火场灭火,则消防职业也就形同虚设。同理,医疗人员的职责本来就在于为病人治疗疾病,所以医务人员也不能以避免自己的生命受到病菌威胁为由拒不参加救治活动。但需要注意的是,《刑法》第 21 条第 3 款所禁止的仅仅是特定责任主体以紧急避险为名拒不履行职责的行为,它并没有剥夺这些主体在履行职责的过程中实施紧急避险的权利。换言之,特定责任主体在履行义务之时,有权通过损害另一较小法益从而避免自身生命健康法益受损。例如,消防队员固然不能为了保命而拒不参加救火,但如果是在救火的过程中,消防队员为了避免自己被火焰所伤而不得已损害了他人的部分财产,则完全可以成立紧急避险。

第二节　犯罪的预备、未遂和中止

前　注

文献:高铭暄主编:《新中国刑法学研究综述(1949—1985)》,河南人民出版社1986年版;叶高峰主编:《故意犯罪过程中的犯罪形态论》,河南大学出版社1989年版;徐逸仁:《故意犯罪阶段形态论》,复旦大学出版社1992年版;邢志人:《犯罪预备研究》,中国检察出版社2001年版;赵秉志主编:《犯罪停止形态适用中的疑难问题研究》,吉林人民出版社2001年版;张平:《中止犯论》,中国方正出版社2005年版;赵秉志:《犯罪未遂形态研究》(第2版),中国人民大学出版社2008年版;张永江:《未遂犯研究》,法律出版社2008年版;苏宏峰:《犯罪未遂基本问题研究》,中国政法大学出版社2012年版;程红:《中止犯研究》,中国人民公安大学出版社2015年版。徐逸仁:《对"故意犯罪阶段"的再认识》,载《法学研究》1984年第5期;冯亚东:《论间接故意犯罪的未遂》,载《公安大学学报》1986年第1期;张明楷:《试论直接故意犯罪的阶段与状态》,载《中南政法学院学报》1986年第2期;陈小清:《论犯罪的完成形态》,载《中南政法学院学报》1989年第4期;顾永中:《关于故意犯罪过程中犯罪形态的几点思考》,载《法学研究》1991年第3期;王礼仁:《间接故意犯罪未遂的理论价值和实践意义》,载《法学评论》1991年第4期;陈兴良:《未完成罪研究》,载《政法论坛》2000年第3期;李鸿:《单位犯罪未完成形态探讨》,载《广西政法管理干部学院学报》2001年第2期;赵廷光:《论犯罪预备、未遂和中止在司法实践中的价值取向》,载《人民司法》2002年第12期;黄开诚:《论我国刑法中犯罪未完成形态的存在范围》,载《中国刑事法杂志》2004年第2期;赵国强:《中国内地刑法与澳门刑法故意犯罪阶段形态之比较研究》,载《吉林大学社会科学学报》2005年第2期;石磊:《论单位犯罪停止形态》,载《政治与法律》2005年第5期;夏勇:《中外刑法分则对犯罪形态的规定之比较研究》,载《政治与法律》2007年第3期;徐光华:《犯罪既遂、未遂与我国刑法分则之规定——以盗窃罪为视角》,载《武汉大学学报(哲学社会科学版)》2009年第1期;于志刚:《犯罪停止形态中基本犯与加重犯的关系》,载《中国刑事法杂志》2009年第1期;刘宪权:《故意犯罪停止形态相关理论辨正》,载《中国法学》2010年第1期;熊琦:《关于间接故意犯罪未遂形态的再讨论——以中德比较法视野进行考察与反思》,载《法学评论》2012年第4期;王志祥:《海峡两岸犯罪停止形态立法比较研究》,载《法商研究》2013年第1期;雷一鸣:《犯罪未完成形态处罚范围的规范依据与判断路径》,载《国家检察官学院学报》2018年第5期;李永升、安军宇:《我国未遂犯处罚范围的立法困境与应然选择——以比较法为视角》,载《北方法学》2019年第1期。

细目录

Ⅰ 概说
Ⅱ 故意犯罪的阶段
Ⅲ 犯罪未完成形态的特点
一、时空性
二、终局性
三、不可转化性
四、例外性
Ⅳ 犯罪未完成形态的实务价值
一、侦查阶段的实益
二、起诉阶段的实益
三、审判阶段的实益
四、执行阶段的实益
Ⅴ 犯罪未完成形态的存在范围
一、过失犯罪是否存在犯罪未完成形态
二、间接故意犯罪是否存在犯罪未完成形态
三、其他犯罪是否存在犯罪未完成形态
Ⅵ 犯罪未完成形态的处罚范围
一、犯罪预备的处罚范围
二、犯罪未遂的处罚范围
三、犯罪中止的处罚范围

Ⅰ 概说

1 我国《刑法》第 22 条至第 24 条,是关于犯罪预备、犯罪未遂以及犯罪中止的规定。虽然我国刑法将这三条规定称为"犯罪的预备、未遂和中止",但在刑法理论上统称为"犯罪未完成形态"更为合适。因为在这三种场合,行为人虽然创设了侵犯法益的危险,但危险未能完全实现,行为人均未能完成侵害法益的目标。

2 犯罪未完成形态是相对于犯罪完成形态而言的。犯罪完成形态是指犯罪既遂的情形,而犯罪未完成形态是指行为人故意侵犯法益,由于主客观原因导致法益未能完全被侵害的结局形态,包括犯罪预备、犯罪未遂与犯罪中止三种形态。[1] 犯罪的未完

---

1 犯罪预备与预备犯、犯罪未遂与未遂犯、犯罪中止与中止犯是既有联系又有区别的概念。如果将预备犯、未遂犯与中止犯理解为故意犯罪的停止形态,则犯罪预备与预备犯、犯罪未遂与未遂犯、犯罪中止与中止犯就是没有区别的概念,这些概念可以相互通用。如果将预备犯、未遂犯与中止犯理解为犯罪人的类型,则二者就是不同的概念。在特指犯罪人的类型时,不能使用犯罪预备、犯罪未遂、犯罪中止的概念。

成形态与完成形态合称为"故意犯罪的停止形态"。需要指出的是,这里的"完成""未完成"不是指行为人是否完成了犯罪行为,而是特指行为人是否完成了侵害法益的行为;即使行为完全实行终了,但未能完成侵害法益的行为的,也属于犯罪未完成形态;相反,行为未能按计划实行终了,但是侵害法益的任务已经实现的,则属于犯罪完成形态。在刑法教科书中,如果只介绍犯罪预备、犯罪未遂以及犯罪中止,宜将这些内容统称为"故意犯罪的未完成形态"。如果不仅介绍犯罪预备、犯罪未遂以及犯罪中止,而且介绍犯罪既遂,则宜称为"故意犯罪的停止形态"。

Ⅱ 故意犯罪的阶段

犯罪预备、犯罪未遂、犯罪中止等犯罪停止形态存在于故意犯罪的阶段之中,故意犯罪的阶段是犯罪停止形态的栖身之所。因此,研究犯罪未完成形态时,绕不开故意犯罪的阶段问题。正确理解故意犯罪的阶段,有助于深化对犯罪未完成形态的理解。 3

故意犯罪的阶段,是指以一定的节点对故意犯罪的过程进行划分的故意犯罪的区间段落。[2] 要划分故意犯罪的阶段,首先需要了解故意犯罪的过程及其节点。故意犯罪的完整发展过程表现为,行为人产生犯罪意思,在犯罪意思的支配下为实行犯罪开始进行相应准备,待时机成熟后行为人着手实行犯罪,犯罪实行终了,行为人所意图的犯罪结果发生(犯罪既遂)。在故意犯罪的发展过程中,产生犯罪意思、开始犯罪准备、着手实行犯罪、犯罪实行终了、犯罪结果发生都是重要的节点。这些节点有明确的先后顺序,唯一例外的是犯罪实行终了与犯罪结果发生的次序不是固定的。虽然是犯罪的实行导致了犯罪结果的发生,但这并不意味着犯罪结果一发生,犯罪就已实行终了,有可能出现犯罪结果发生但犯罪实行仍未终了的情形。如在强奸的场合,强奸犯只要将阳具插入妇女阴道,即构成强奸既遂,但此时强奸犯不会因为已经强奸既遂而罢手,仍会继续性交,直到性交结束,强奸行为才实行终了。承认发生犯罪结果(犯罪既遂)之后犯罪实行可能仍未终了,有助于处理防卫案件,即在犯罪既遂之后,如果犯罪实行仍未终了,属于不法侵害仍在进行,此时对不法侵害人进行反击的,只要满足防卫的限度要件,该反击行为即构成正当防卫。 4

划分故意犯罪的阶段,首先需要明确犯罪阶段的起点问题。单纯的内心动念,产生犯罪意思,就犯罪学而言是犯罪过程的起点,但这毕竟属于行为人的主观心理活动,仅此还无法改变客观外在世界,尚不构成刑法处罚的对象。因此,在刑法学上,不应将产生犯罪意思作为犯罪阶段的起点。开始犯罪准备,这已超越主观心理范畴,行为人的所作所为已经使得法益一定程度地处于客观危险之中。因此,将开始犯罪准备作为犯罪过程的起点是合适的。但需要注意的是,行为人开始犯罪准备,此时侵犯 5

---

2 应当如何定义犯罪的阶段,学界有不同看法。参见叶高峰主编:《故意犯罪过程中的犯罪形态论》,河南大学出版社 1989 年版,第 7—9 页。

法益的危险程度较低,尚不紧迫,故在很多国家,开始犯罪准备的行为并不构成刑法处罚的对象。在我国,从《刑法》第13条、第22条的规定来看,仅在犯罪准备行为已经达到严重危害社会的程度时,才有可能作为预备犯进行处罚。

6 挑选不同的节点来划分故意犯罪的过程,将会导致对犯罪阶段的理解不同。通说挑选着手实行这一节点,将故意犯罪的过程一分为二,认为故意犯罪的阶段应分为犯罪预备阶段与犯罪实行阶段两个阶段(二阶段论)。[3] 三阶段论主张挑选开始着手实行与犯罪得逞两个节点,将故意犯罪的阶段分为犯罪的预备、犯罪的实行和犯罪的完成三个阶段。[4] 还有人认为,应以着手实行、实行终了为节点,将故意犯罪的阶段分为预备阶段、实行阶段与实行后阶段三个阶段。[5] 四阶段论认为,应当挑选开始准备、着手实行、行为终了三个节点,将故意犯罪的阶段分为犯意形成、犯罪预备、犯罪实行、犯罪完成四个阶段[6],或者分为犯意表示阶段、犯罪预备阶段、犯罪未遂阶段和犯罪既遂阶段四个阶段。[7]

7 犯罪阶段的划分应当具有目的性,应当根据划分意义来划分犯罪的阶段。划分犯罪阶段的意义如下:一是在立法上,明确哪些犯罪阶段的行为应受刑法处罚。在很多国家,刑法原则上不处罚预备阶段的各种行为,但在我国,即便行为发生在预备阶段,如预备行为侵犯重大法益,并非情节显著轻微危害不大的,也应受刑法处罚。二是在理论上,根据不同的犯罪阶段,对危害行为进行分类。二阶段论与危害行为分为预备行为与实行行为是相对应的,也与基本的犯罪构成与修正的犯罪构成的划分相对应,即预备阶段的行为符合的是修正的犯罪构成,只有实行阶段的实行行为才符合基本的犯罪构成(分则罪刑条文中的行为是指实行阶段的实行行为)。三是明确在每一个犯罪阶段,都有哪些具体的犯罪停止形态。从划分犯罪阶段的意义来看,三阶段论、四阶段论是一种形式性的划分,将犯意的形成与犯罪结果的发生作为一个独立的犯罪阶段,并无实际意义。虽然三阶段论中的"实行后阶段"有助于提醒人们实行终了与结果发生(犯罪既遂)未必是同步的,但是,只要认为犯罪行为也能使行为人产生作为义务,行为人在(作为的)实行行为终了后,以不作为行为导致犯罪结果的发生,就仍可认为犯罪结果发生与(不作为的)实行终了是同步的。因此,没有必要认为

---

3 参见高铭暄、马克昌主编:《刑法学》(第9版),北京大学出版社、高等教育出版社2019年版,第140页。

4 参见叶高峰主编:《故意犯罪过程中的犯罪形态论》,河南大学出版社1989年版,第12页。

5 参见赵廷光主编:《中国刑法原理》(总论卷),武汉大学出版社1992年版,第398页;赵秉志:《犯罪未遂形态研究》(第2版),中国人民大学出版社2008年版,第46—47页;马克昌主编:《犯罪通论》(第3版),武汉大学出版社1999年版,第408—411页。

6 参见徐逸仁:《故意犯罪阶段形态论》,复旦大学出版社1992年版,第4—10页。

7 参见张尚鷟编著:《中华人民共和国刑法概论(总则部分)》,法律出版社1983年版,第155—156页。

在实行阶段之后,还有一个"实行后阶段"。[8] 二阶段论与划分犯罪阶段的意义相契合,值得肯定。[9]

关于故意犯罪的阶段与停止形态的关系问题,理论上也有不同看法。[10] 早期的看法认为,故意犯罪的阶段就是犯罪的预备、未遂、既遂以及与此直接相关的犯罪中止。[11] 这意味着故意犯罪的阶段就是故意犯罪的停止形态,二者没有区别。当前的看法则认为,故意犯罪的阶段与故意犯罪的停止形态是既有区别又有联系的不同概念。[12] 此为目前的通说。通说的看法是合理的。其一,故意犯罪的阶段,是挑选特定的节点对故意犯罪的过程进行划分的产物;而故意犯罪的停止形态,则是根据犯罪行为侵犯(行为人意图侵犯的)法益的终局状态及其原因来区分的,二者的分类标准完全不同。其二,故意犯罪的阶段是可以前后相连的,形成完整的犯罪过程;而就同一故意犯罪行为而言,其犯罪停止形态则是相互排斥的。其三,故意犯罪的阶段并非独立的(酌定)量刑情节,而故意犯罪的各种停止形态则是法定的量刑情节,具有直接的刑法学意义。因此,不可将故意犯罪的阶段与停止形态混为一谈。 8

故意犯罪的阶段与停止形态的紧密联系表现为,故意犯罪的阶段是停止形态的栖身之所。根据我国刑法的规定,在犯罪预备阶段,可能存在犯罪预备与犯罪中止这两种停止形态,犯罪未遂、犯罪既遂不可能出现在犯罪预备阶段[13];而在犯罪实行阶段,不可能出现犯罪预备形态,只可能存在犯罪未遂、犯罪中止与犯罪既遂这三种停止形态。 9

---

8 参见张明楷:《刑法学》(第6版),法律出版社2021年版,第429页。

9 当然,并非所有故意犯罪都会经历完整的犯罪阶段,无论是在逻辑上还是在事实上,都存在三种情形:第一,有些故意犯罪经历了完整的犯罪预备、犯罪实行两个阶段。第二,有些故意犯罪只有预备阶段,未能进入实行阶段。如行为人在预备杀人的过程中即案发被抓的,就属于这一情形。第三,有些故意犯罪只有实行阶段,没有预备阶段。一些故意犯罪是瞬间发生的,如行为人见财起意,立即盗窃他人财物,这一盗窃犯罪就不存在预备阶段。

10 参见高铭暄主编:《新中国刑法学研究综述(1949—1985)》,河南人民出版社1986年版,第317—318页;赵秉志主编:《刑法争议问题研究》(上卷),河南人民出版社1996年版,第395—399页。

11 参见高铭暄主编:《刑法学》(修订本),法律出版社1982年版,第172页。

12 参见赵秉志主编:《犯罪总论问题探索》,法律出版社2003年版,第414—415页;张明楷:《刑法学》(第6版),法律出版社2021年版,第429页;高铭暄、马克昌主编:《刑法学》(第9版),北京大学出版社、高等教育出版社2019年版,第140页。

13 所谓犯罪既遂不可能出现在犯罪预备阶段,是指在预备阶段,不可能出现行为人意图所犯之罪的犯罪既遂,但这并不排除出现其他犯罪既遂的可能。如行为人为了杀人而购买枪支,枪支已经到手,但尚未着手杀人即被抓获的,就购买枪支行为而言,行为人构成非法买卖枪支罪既遂,但就购买枪支的目的而言,仍旧属于为杀人而准备工具,成立故意杀人罪的预备犯。对此,应按想象竞合犯原理处理案件。

Ⅲ 犯罪未完成形态的特点

10 犯罪未完成形态具有时空性、终局性、不可转化性和例外性等特点。了解这些特点有助于正确处理犯罪未完成形态案件。

一、时空性

11 犯罪未完成形态只存在于行为人创设出侵犯法益的危险到该危险被现实化(法益被侵害乃至毁灭[14])之前的犯罪过程中。对于犯罪的过程,不宜从行为人身体举动的角度来理解,而应从法益侵害的角度来理解。因此,犯罪的过程是指法益开始面临现实的危险,危险不断递增,直至法益被侵害的整个过程。犯罪未完成形态只能存在于法益未被侵害之前的犯罪过程中。法益一旦被侵害,即属于犯罪既遂,构成犯罪完成形态,再无成立犯罪未完成形态之余地。当然,只要法益尚未被侵害,即使犯罪行为已经实行终了,仍属于"在犯罪的过程中",此时行为人主动救助法益、避免了犯罪既遂的,有构成中止犯的余地。在犯罪的过程结束后行为人所实施的各种行为,属于犯罪后的表现,仅对量刑有影响,不能改变已成终局的各种犯罪停止形态。

二、终局性

12 所谓终局性,是指在规范评价上,法益被侵害的状态、程度已经确定,不再变化。如果法益被侵害的状态、程度尚未确定,可能存在变数,就不能认定犯罪已成终局,此时就不是讨论犯罪停止形态的时机。自动放弃重复侵害行为构成犯罪未遂还是犯罪中止,如果在案件已呈现终局性时再来讨论这一问题,就变得简单、容易:行为人有可能造成既遂结果,其主动放弃侵害行为、消灭了犯罪既遂的危险,当然成立犯罪中止。是否终局是规范评价的结果,而不是指物理现象上犯罪行为是否已经结束。行为人杀人后,以为被害人已经死亡,洗澡准备逃亡,洗澡出来发现被害人尚未死亡。冷静下来的行为人主动将被害人送医,使其得以保命的,虽然杀人行为已经结束,但对生命法益的侵害尚未终局,行为人成立犯罪中止。

三、不可转化性

13 所谓不可转化性,是指故意犯罪在发展过程中,一旦呈现终局性,犯罪未完成形态就已确定化、固定化,不可能由一种犯罪未完成形态转化为另一种犯罪未完成

---

14 对法益的侵害有程度之别,从仅有危及法益的细微危险,到法益面临现实的、紧迫的危险,直至法益被侵害,这些情形在语义上都能被"法益侵害"一词所涵盖。可见,犯罪既遂意义上的"法益侵害"的表述不够理想,其无法凸显法益已经遭受的侵害、行为属于犯罪既遂的特性,此时用"法益被毁灭"的表述可能更好,但下文遵从学界惯例,继续采用法益(被)侵害的表述。

形态。此时,不但犯罪未完成形态之间不可相互转化,而且,犯罪完成形态与犯罪未完成形态之间也不能相互转化。如行为人非法持有大量假币,因担心出事,主动销毁了所有假币的,行为人构成非法持有假币罪既遂,不能转化为非法持有假币罪的中止犯。

犯罪未完成形态的不可转化性容易被误解为各种犯罪停止形态之间存在排他性,即在一个案件中,只能存在一种犯罪停止形态,不可能存在数种犯罪停止形态竞合的现象。这种看法并不妥当。犯罪停止形态的不可转化性与犯罪停止形态可能存在竞合,二者是不矛盾的。犯罪停止形态的竞合现象,具体包括如下两种情形: 14

(1)未完成行为构成相异罪名的不同犯罪停止形态的竞合。有时,未完成行为相对于行为人意图实施的犯罪属于犯罪未完成形态,但有些未完成行为完全符合其他犯罪的构成要件,构成其他犯罪的既遂。例如,故意杀人未得逞或者主动中止杀人,但造成被害人重伤的,属于故意杀人罪的未遂犯或中止犯与故意伤害罪的既遂犯的竞合。在这种情形中,一般 A 罪为重罪,B 罪为轻罪,所以,对行为人应按 A 罪的未完成形态来定罪量刑。再如,行为人以杀人为目的让被害人被毒蛇咬之后,心生怜悯,砍下被害人的手臂防止毒性侵入全身,使被害人得以保命的,属于故意杀人罪的中止犯与故意伤害罪的既遂犯的竞合。行为人侵犯的是同一主体的法益,砍下手臂的行为保全了被害人更大的生命利益,所以,不宜追究行为人故意伤害罪的刑事责任,对此以“造成损害”的故意杀人罪的中止犯来处理较为合适。 15

(2)未完成行为构成同一罪名的不同犯罪停止形态的竞合。这种竞合又可分为如下两种情形: 16

一是未完成行为只侵害了同一法益中的部分法益,对已经侵害部分的法益构成犯罪既遂,对尚未侵害部分的法益构成犯罪未遂或者犯罪中止。例如,甲意图诈骗乙 50 万元,已经着手诈骗,乙被骗准备交出 50 万元,但由于身上只有 5 万元,便将 5 万元交给甲,答应第二日交出 45 万元,但当晚乙发现受骗而报警。对甲已经骗得的 5 万元无疑应认定为诈骗既遂,对于尚未骗得但客观上完全可能骗得的 45 万元则应认定为诈骗未遂。这样的案件还可变形为:甲取得 5 万元后良心发现,告知乙真相,并将 5 万元退给乙,那么,甲就属于诈骗 5 万元犯罪既遂与诈骗 45 万元犯罪中止的竞合。2011 年 3 月 1 日发布的最高人民法院、最高人民检察院《关于办理诈骗刑事案件具体应用法律若干问题的解释》第 6 条规定:“诈骗既有既遂,又有未遂,分别达到不同量刑幅度的,依照处罚较重的规定处罚;达到同一量刑幅度的,以诈骗罪既遂处罚。”可见,司法实务承认不同犯罪停止形态的竞合现象。 17

至于如何处理这种犯罪停止形态的竞合,前述司法解释的规定值得参考:其一,在同一宗犯罪中,既有既遂,又有未遂,达到同一量刑幅度的,按照想象竞合犯的处罚原理,对此应以犯罪既遂酌情从重处罚。行为人销售假冒他人注册商标的白酒,销售金额达 96 万余元,未销售货值金额达 55 万余元。法院认为销售金额及 18

未销售货值均达到同一法定刑幅度,故应在同一法定刑幅度内酌情从重处罚。[15] 这一判决是正确的。其二,在同一宗犯罪中,既有既遂,又有未遂,分别达到不同量刑幅度的,按照想象竞合犯的处罚原理,应当依照处罚较重的规定酌情从重处罚。也就是说,如果犯罪既遂的法定刑重于犯罪未遂的法定刑,则应按犯罪既遂论处,酌情从重处罚;如果犯罪未遂的法定刑重于犯罪既遂的法定刑,则应按照犯罪未遂论处,酌情从重处罚。在同一宗犯罪中,既有既遂,又有未遂时,容易认为既然犯罪已经既遂,就应按既遂犯论处。但是,这一看法容易导致罪刑失衡,并不妥当。被告人已销售"数额较大"的各种假冒微软注册商标的计算机软件,被抓时查获尚未销售的假冒微软注册商标的商品 80 套,达到"数额巨大"。法院按照数额较大的既遂犯对被告人进行量刑。[16] 这一判决是不妥的。例如,行为人甲单纯销售"数额巨大"的假冒微软注册商标的软件未及售出即被抓获时,构成典型的犯罪未遂,按照当时《刑法》第 214 条的规定,对甲应当适用的法定刑为"三年以上七年以下有期徒刑,并处罚金"。行为人乙已经售出"数额较大"的冒牌软件,被抓获时还有"数额巨大"的冒牌软件未及售出;如果对乙按既遂犯处理,对其适用"三年以下有期徒刑或者拘役,并处或者单处罚金"的法定刑,结局就会出现甲的罪行比乙轻,处刑反而比乙重,罪刑明显不均衡。只有对乙按照"数额巨大"的未遂犯论处,酌情从重处罚,才能真正做到罪刑均衡。因此,在同一宗犯罪中,即使犯罪已经既遂,但是未遂部分的法定刑重于既遂部分的法定刑时,对行为人也应按未遂犯论处。

19 目前,实务上基本都是如此处理既遂与未遂并存的案件的。例如,对于受贿犯罪既遂与未遂并存时该如何处理的问题,实务上认为,"首先要分别根据被告人受贿的既遂数额和未遂数额判定其各自所对应的法定刑幅度;之后,如果既遂部分所对应的量刑幅度较重或者既遂、未遂部分所对应的量刑幅度相同的,则以既遂部分对应的量刑幅度为基础,酌情从重处罚;如果未遂部分对应的量刑幅度较重的,则以该量刑幅度为基础,酌情从重处罚"[17]。

20 二是在同一罪名中,未完成行为已经侵害基本犯的法益,客观上存在侵害加重犯的保护法益的极高危险,但未能侵害加重犯的保护法益,或者未完成行为虽未侵害基本犯的法益,但已侵害加重犯的保护法益。前者如为了劫财,行为人先杀人后劫财,但被害人侥幸未死亡的,构成抢劫罪基本犯既遂与结果加重犯(抢劫致人死亡)未遂的竞合。后者如意图重伤妇女使其失去抵抗能力后奸淫,已经重伤妇女,但因客观障碍未能奸淫的,构成强奸罪基本犯未遂与结果加重犯(强奸致人重伤)既遂的竞合。

21 这一类型的犯罪停止形态的竞合是以承认结果加重犯等加重犯存在犯罪未遂为

---

[15] 参见上海市徐汇区人民法院(2012)徐刑(知)初字第 8 号刑事判决书。

[16] 参见北京市海淀区人民法院(2007)海法刑初字第 2760 号刑事判决书。

[17] 最高人民法院刑事审判第一、二、三、四、五庭主办:《刑事审判参考》总第 103 集(第 1089 号),法律出版社 2016 年版,第 105 页。

前提的。只要在理论上承认加重犯有其保护法益,即基本犯有基本犯的保护法益,加重犯有加重犯的特定保护法益,就容易承认加重犯存在既遂、未遂问题。如果加重犯存在既遂、未遂问题,那么,加重犯自然就存在犯罪停止形态的竞合现象。

如何处理这种犯罪停止形态的竞合,值得研究。笔者认为,对此应当两步走:第 22
一步,应当根据"从一重处断"这一竞合犯的基本原理来确定量刑幅度。刑法对加重犯设立了更高的法定刑,未完成行为如果在客观上确实侵犯了加重法益,那么,对行为人就应适用加重犯的量刑幅度。第二步,犯罪停止形态属于修正基准刑的法定量刑情节,无论是基本犯还是加重犯部分,只要确实存在犯罪未完成形态,就应按照相应犯罪未完成形态调节加重犯的法定刑,以确定最终宣告刑。

四、例外性

所谓例外性,是指刑法以处罚故意犯罪的既遂犯为原则,以处罚故意犯罪的未完 23
成形态为例外。多年以来,我国刑法教科书很少提及处罚犯罪未完成形态的例外性问题,这与我国刑法对犯罪未完成形态的总则性规定有关。1979 年《刑法》在总则中明文规定了犯罪未完成形态的处罚原则,而刑法总则规定适用于刑法分则各罪,这样,容易给人造成我国刑法处罚一切故意犯罪未完成形态的错误印象。基于保持刑法"连续性和稳定性"的立法指导思想,1997 年修订《刑法》时,立法机关维持了 1979 年《刑法》关于犯罪未完成形态的立法体例。在这种氛围之下,自然难以提出处罚犯罪未完成形态的例外性问题。但就事实而论,我国司法实践中一定程度地做到了处罚犯罪未完成形态的例外性。例如,2013 年 4 月 2 日发布的最高人民法院、最高人民检察院《关于办理盗窃刑事案件适用法律若干问题的解释》第 12 条含蓄地提示,如果情节并不严重,对于诈骗未遂、盗窃未遂,可以不追究刑事责任。

Ⅳ 犯罪未完成形态的实务价值

犯罪未完成形态既是重要的刑法基础理论问题,又是重要的司法实践问题。对 24
于犯罪嫌疑人、被告人来说,在刑事诉讼的各个阶段,都具有十分重要的实益。

一、侦查阶段的实益

犯罪未完成形态的处罚具有例外性,很多意图故意犯罪的犯罪预备、犯罪未遂和 25
犯罪中止,虽然对法益也构成了一定程度的威胁,但在很多情况下尚不具备犯罪的本质,即缺乏严重的社会危害性,因而缺乏刑罚处罚的必要性。对这些犯罪未完成形态,就没有必要作为犯罪来处理。所以,在侦查阶段,如果案件属于未完成形态,符合一定条件,犯罪嫌疑人将享有不被认为是犯罪的实益。例如,2006 年 1 月 11 日发布的最高人民法院《关于审理未成年人刑事案件具体应用法律若干问题的解释》第 9 条第 2 款规定:"已满十六周岁不满十八周岁的人盗窃未遂或者中止的,可不认为是犯罪。"据此规定,如果确实属于已满 16 周岁不满 18 周岁的人盗窃未遂或者中止的,就没有必要作为刑事案件来立案;已经立案的,应当撤销案件。再如,2013 年 4 月 2 日发布的最高人民法院、最高人民检察院《关于办理盗窃刑事案件适用法律若干问题的解释》第 12 条第 1 款规定:“盗窃未遂,具有下列情形之一的,应当依法追究刑事责任:(一)以数额巨大的财物为盗窃目标的;(二)以珍贵文物为盗窃目标的;(三)其他情节严重的情形。”这就意味着,对于情节一般的盗窃未遂案件,没有必要定罪处罚,应作为治安案件来处理,无须进入刑事诉讼的流程。2022 年 4 月 6 日发布的最高人民检察院、公安部《关于公安机关管辖的刑事案件立案追诉标准的规定(二)》第 82 条规定:“对于预备犯、未遂犯、中止犯,需要追究刑事责任的,应予立案追诉。”这一规定意味着,只有预备行为、未遂行为、中止行为的社会危害性达到一定程度,确需追究刑事责任时,才作为刑事案件追究行为人预备犯、未遂犯、中止犯的刑事责任;换言之,对于事实上的犯罪预备、未遂、中止案件,如果没有追究刑事责任的必要,则这些案件充其量属于治安案件。

二、起诉阶段的实益

26 2018 年《刑事诉讼法》第 177 条第 2 款规定:“对于犯罪情节轻微,依照刑法规定不需要判处刑罚或者免除刑罚的,人民检察院可以作出不起诉决定。”许多犯罪情节相当轻微的犯罪预备以及没有造成损害的犯罪中止的案件,都符合这一规定。因此,在审查起诉阶段,在有些犯罪未完成形态的案件中,犯罪嫌疑人享有不被起诉的实益。

27 一些司法解释明确规定,对符合一定条件的犯罪未完成形态案件可以不起诉。例如,2013 年 12 月 27 日发布的最高人民检察院《人民检察院办理未成年人刑事案件的规定》第 26 条规定,对于犯罪情节轻微,属于犯罪预备、中止、未遂,依照刑法规定不需要判处刑罚或者免除刑罚的未成年犯罪嫌疑人,一般应当依法作出不起诉决定。随着辩护律师在刑事诉讼中的地位不断提高,辩护律师以犯罪嫌疑人属于犯罪预备、犯罪未遂、犯罪中止为由请求不起诉的主张,将会不断涌现。事实上,对于没有造成损害的中止犯,人民检察院一般也不会起诉。

三、审判阶段的实益

28 在侦查、起诉阶段未被过滤掉的犯罪未完成形态案件进入刑事审判阶段,只要能够成功主张案件属于犯罪未完成形态,被告人依然享有相当重要的实益。根据我国多年来的司法实践,按照从大到小的顺序,这些实益依次表现为:

29 (1)符合一定条件的,犯罪未完成形态的被告人享有免予刑事处罚的实益。例如,2006 年 1 月 11 日发布的最高人民法院《关于审理未成年人刑事案件具体应用法律若干问题的解释》第 17 条规定,未成年罪犯根据其所犯罪行,可能被判处拘役、3 年以下有期徒刑,如果悔罪表现好,并属于犯罪预备、中止或者未遂的,应当依照《刑法》第 37 条的规定免予刑事处罚。再如,2010 年 2 月 8 日发布的最高人民法院《关于贯彻宽严相济刑事政策的若干意见》第15条规定,被告人的行为已经构成犯罪,但被告人具有犯罪预备、犯罪中止等情节,依法不需要判处刑罚的,可以免予刑事处罚;对免予刑事处罚的,应当根据《刑法》第37条的规定,做好善后、帮教工作或者交由有关部门进行处理,争取更好的社会效果。

30 (2)符合一定条件的,犯罪未完成形态的被告人享有不判处自由刑,只判处财产刑的实益。例如,2000年12月13日发布的最高人民法院《关于适用财产刑若干问题的规定》第4条规定,犯罪情节较轻,适用单处罚金不致再危害社会的犯罪预备、中止或者未遂的被告人,可以依法单处罚金。可以想象,熟悉该规定的辩护律师一定会援引该规定,请求法院对犯罪未完成形态的被告人不判处自由刑,只判处罚金刑。

31 (3)即使判处自由刑,与既遂犯相比,犯罪未完成形态的被告人享有承担较轻刑事责任的实益。就侵犯法益的程度而论,犯罪未完成形态的危害轻于犯罪既遂,因此,根据罪刑相适应原则,对犯罪未完成形态的处罚原则上应当轻于对犯罪既遂的处罚。如对于中止犯,没有造成损害的,应当免除处罚;造成损害的,应当减轻处罚。对于未遂犯,虽然"可以比照既遂犯从轻或者减轻处罚",但事实上一般从宽处罚的幅度较大。如2021年6月16日发布的最高人民法院、最高人民检察院《关于常见犯罪的量刑指导意见(试行)》规定:"对于未遂犯,综合考虑犯罪行为的实行程度、造成损害的大小、犯罪未得逞的原因等情况,可以比照既遂犯减少基准刑的50%以下。"由此可见,如果有可能构成犯罪未完成形态,被告人及其辩护人一定会为此而努力,以便争取承担较轻的刑事责任。正是由于这一缘故,犯罪行为属于犯罪未完成形态是实务中最为常见的辩护理由之一。

四、执行阶段的实益

32 即使进入刑罚执行阶段,构成犯罪未完成形态的犯人依然享有一些实益,如对犯人进行减刑、假释的条件可从宽掌握。这方面存在明确的司法解释。2010年2月8日发布的最高人民法院《关于贯彻宽严相济刑事政策的若干意见》第34条明确规定,对于中止犯等罪犯以及其他主观恶性不深、人身危险性不大的罪犯,在依法减刑、假释时,应当根据悔改表现予以从宽掌握;对认罪服法,遵守监规,积极参加学习、劳动,确有悔改表现的,依法予以减刑,减刑的幅度可以适当放宽,间隔的时间可以相应缩短;符合《刑法》第81条第1款规定的假释条件的,应当依法多适用假释。2016年11月14日发布的最高人民法院《关于办理减刑、假释案件具体应用法律的规定》第26条明文规定,对中止犯罪的罪犯,适用假释时可以依法从宽掌握。从这些规定可以看出,在对犯罪未完成形态的犯人减刑、假释时可适当从宽。因此,能否被认定为犯罪未完成形态,还会影响犯人在刑罚执行阶段的利益。

33 由上可见,能否被认定为犯罪未完成形态,在刑事诉讼的各个阶段都会影响犯罪嫌疑人、被告人的切身利益。因此,必须认真研究犯罪未完成形态,只有正确把握犯罪预备、犯罪未遂与犯罪中止的成立要件,才能准确认定犯罪行为是否构成犯罪未完成形态。

V 犯罪未完成形态的存在范围

34 如果有些犯罪只有成立与否的问题,不存在犯罪预备、未遂与中止的问题,就无须考虑这些犯罪的未完成形态问题。因此,学界需要研究哪些犯罪存在犯罪未完成形态,哪些犯罪无须考虑,这就是犯罪未完成形态的存在范围问题。在日本,即使刑法分则明文规定了未遂犯的处罚范围,也绕不开未遂犯的存在范围问题。日本刑法学所讨论的过失犯、结果加重犯、举动犯、真正不作为犯是否存在未遂犯的问题[18],其实就是犯罪未完成形态的存在范围问题。

一、过失犯罪是否存在犯罪未完成形态

35 与故意犯罪一样,过失犯罪也存在时间与空间上的延续,侵犯法益的危险也是从零开始逐渐递增的。如以法益是否遭受侵害来认定犯罪是否属于完成形态,那么,过失行为已给法益造成了一定危险但尚未出现法益侵害结果时,未完成形态现象就是客观存在的。承认过失犯罪存在未完成形态,有利于处理结果加重犯是否存在未遂犯的问题。

36 不过,根据我国刑法的规定,过失犯不存在犯罪未完成形态。这是因为,《刑法》第 15 条明确要求成立过失犯必须发生法益被侵害的构成要件结果,未发生该构成要件结果的,不成立过失犯,不是犯罪。这注定了过失犯只有成立与否的问题。进行立法溯源,在 1954 年 9 月的《中华人民共和国刑法指导原则草案(初稿)》中,第 6 条的主旨标题为“故意犯罪的预备、未遂和中止”。可见,我国立法者仅打算处罚故意犯罪的未完成形态,不处罚过失犯罪的未完成形态。所以,通说认为过失犯不存在犯罪未完成形态[19],是正确的。

二、间接故意犯罪是否存在犯罪未完成形态

37 通说认为,间接故意犯罪不存在犯罪未完成形态。“在间接故意的场合,行为人所追求的目的不是该种危害结果的发生,而是在另外的方面,从而也就不可能谈到为该种危害结果的发生进行准备。同时在行为人实施了某种行为而没有发生他所放任的危害结果时,并没有违背他本来的意志,因而就不能说是由于意志以外的原因而未得逞的犯罪未遂,也不能说是自动中止犯罪的犯罪中止。”[20]通说见解多少与苏联刑法学有关。苏联刑法学认为,间接故意犯罪不存在未完成形态,理由在于:在间接故意犯罪的场合,既然行为人不希望发生犯罪结果,那么从逻辑上看,就不可能去预备

---

18 参见张明楷:《未遂犯论》,法律出版社 1997 年版,第 13—29 页。

19 参见贾宇主编:《刑法学》,高等教育出版社 2019 年版,第 209 页。

20 高铭暄主编:《中国刑法学》,中国人民大学出版社 1989 年版,第 167 页。

实施或者企图实施犯罪。[21] 具体而言，只有当行为人实施直接故意的行为时，才可能有预备行为和未遂行为；当行为人以间接故意实施犯罪时，不希望造成一定的结果，既不可能在预备阶段造成，也不可能在未遂阶段造成，以间接故意实施犯罪时不可能有预先的犯罪活动。[22]

目前，司法实务中采取的是通说。例如，在曹成金故意杀人案中，曹成金因故掏出猎枪威逼熊燕、郑林下车。郑林下车后乘曹成金不备，扑上去抢夺猎枪。曹成金急忙中对着郑林小腿内侧的地面扣动扳机，子弹打破了郑林的长裤，并在郑林的左膝内侧留下 3mm×5mm 表皮擦伤。后曹成金被郑林等人制服。检察院以被告人曹成金犯故意杀人罪（未遂）提起公诉。法院没有支持公诉意见，最终以被告人曹成金犯非法持有枪支、弹药罪，判处其有期徒刑 5 年。法院认为曹成金不构成未遂犯的理由是，由于本案曹成金的行为没有发生死亡或者伤害的严重后果，其行为是否构成故意杀人罪（未遂）或者故意伤害罪（未遂），应取决于这种结果是否是由于其意志以外的原因所致。从案件起因上看，被告人曹成金与郑林等人没有利害关系，事先不存在非法剥夺郑林等人生命或者伤害郑林等人的直接故意，在其到铜陵市劝说熊燕随其回江西被拒绝后，曹成金掏出非法携带的枪支，现有证据只能证实其是为了吓唬郑林等人，不能证实是为了实施故意杀人或者伤害行为；在争夺枪支的过程中，曹成金突然对郑林开枪，此行为具有突发性，可能造成他人或死亡、或受伤、或者无任何物质损害结果，这些都是行为人放任心理所包含的内容，并非单纯地希望发生危害结果。正因为在间接故意中，行为人对危害结果的发生与否持一种放任态度，当法律上的危害结果发生时成立犯罪既遂，如造成被害人死亡的应以故意杀人罪定罪处罚，造成被害人受伤（轻伤以上）的应以故意伤害罪定罪处罚，而没有造成人员伤亡也是行为人这种放任心理所包含的，而不是什么意志以外的原因所致，无所谓“得逞”与否，犯罪未遂也就无从谈起了。因此，对本案被告人曹成金的行为，不能以故意杀人罪（未遂）或者故意伤害罪（未遂）追究刑事责任。[23] 38

在理论上，也有少数说认为，间接故意犯罪同样存在犯罪未遂。[24] 通说与实务界的观点的确值得推敲。其一，在间接故意的场合，行为人的行为具有侵害法益的危险，其主观上对此存在放任的故意，这意味着行为人的行为完全符合修正的犯罪构成（而不是根本不符合任何犯罪构成），自然就已成立犯罪。其二，若将“未得逞”理解 39

21　参见〔苏〕A. H. 特拉伊宁：《犯罪构成的一般学说》，薛秉忠等译，中国人民大学出版社 1958 年版，第 258 页。

22　参见〔苏〕别利亚耶夫、科瓦廖夫主编：《苏维埃刑法总论》，马改秀、张广贤译，群众出版社 1987 年版，第 200—201 页。

23　参见最高人民法院刑事审判第一庭、第二庭编：《刑事审判参考》总第 21 辑（第 129 号），法律出版社 2001 年版，第 15—16 页。

24　参见熊琦：《关于间接故意犯罪未遂形态的再讨论——以中德比较法视野进行考察与反思》，载《法学评论》2012 年第 4 期。

为客观上未发生既遂结果,“行为人意志以外的原因”是指没有发生既遂结果不是基于行为人自动避免的原因,间接故意犯罪就存在成立犯罪未遂的余地。实务上不处罚间接故意犯罪的未遂,原因主要有两点:第一是证据方面,在结果未发生的前提下,行为人具有何种犯罪故意(犯罪故意的内容是什么),由于欠缺足够的证据而无法查清,或者司法人员不善于运用推定原理,对能否认定行为人具有某种犯罪故意心存疑虑,这样,自然就不会认定某罪的成立。第二,实务上对犯罪未遂的处罚范围不够明确,很多没有发生危害结果的间接故意犯罪也不是重罪犯罪案件,因而司法上对此没有追究刑事责任。

40 按照通说,间接故意犯罪不存在犯罪未遂。顺着这一思路,就会认为,间接故意犯罪同样没有成立犯罪中止的余地。[25] 当然,如果采取少数说,就会认为间接故意犯罪不但存在犯罪未遂,而且存在犯罪中止。

三、其他犯罪是否存在犯罪未完成形态

41 一般认为,并非一切直接故意犯罪都存在犯罪未完成形态,如举动犯不存在犯罪未遂,结果加重犯只有成立与否的问题,以“情节严重”“情节恶劣”为成立要件的情节犯不存在犯罪的未完成形态。[26] 不过,对此也存在相反的看法。为了简化讨论,下面以举动犯、结果加重犯等犯罪是否可能成立未遂犯为中心,来讨论这些犯罪是否存在未完成形态。如果所讨论的犯罪不存在犯罪未遂,举重以明轻,这些犯罪自然也就不存在应受刑罚处罚的犯罪中止与犯罪预备,反之,如果这些犯罪存在犯罪未遂,自然也就存在犯罪中止的可能,同样存在为实行这些犯罪而进行犯罪预备的可能。

(一)举动犯

42 所谓举动犯,是指以着手实行法定的实行行为作为犯罪构成必要条件的犯罪,只要行为人着手实行犯罪的实行行为,犯罪即告成立,而不管事实上是否造成了危害结果。[27] 煽动分裂国家罪、传授犯罪方法罪属于公认的举动犯。学界一般从构成要件齐备说出发,在举动犯中,只要行为人已经着手实行犯罪,就已齐备了犯罪构成要件,属于犯罪既遂,因而认为举动犯不存在未遂犯。但也有人认为,举动犯存在犯罪过程,举动犯的未遂并非一律不罚,举动犯事实上就是行为犯,因此,举动犯存在犯罪未遂的可能。[28]

---

[25] 参见程红:《中止犯基本问题研究》,中国人民公安大学出版社 2007 年版,第 21—24 页。

[26] 参见高铭暄、马克昌主编:《刑法学》(第 9 版),北京大学出版社、高等教育出版社 2019 年版,第 142 页;贾宇主编:《刑法学》,高等教育出版社 2019 年版,第 210 页。

[27] 参见马克昌主编:《犯罪通论》(第 3 版),武汉大学出版社 1999 年版,第 498 页。

[28] 参见苏宏峰:《犯罪未遂基本问题研究》,中国政法大学出版社 2012 年版,第 20—22 页。

行为齐备犯罪构成要件,并不意味着该罪的保护法益即被侵害。在多数场合,举动犯一着手实行犯罪就是犯罪既遂,但是,举动犯在着手实行之后,未能侵害法益的情形也是客观存在的。因此,举动犯完全可能存在未遂形态。例如,行为人企图煽动分裂国家,登上高台发表演讲,刚讲了一句"大家好,你们感觉这个社会好不好",就被楼上掉下的花盆砸伤,无法继续煽动分裂国家的,此时难以认定国家安全法益已被侵害,不能认为行为人构成煽动分裂国家罪的既遂犯。再如,行为人口头传授犯罪方法时,由于其口音太重,对方根本听不懂的,不能认为行为人构成传授犯罪方法罪既遂。 43

总之,对举动犯而言,不能仅凭行为人已经着手实行,便认定其属于犯罪既遂。与结果犯等犯罪一样,同样必须以法益是否已经遭受侵害来认定举动犯是否既遂。虽然已经着手实行,但是仅给法益造成紧迫危险,由于行为人意志以外的原因未能侵害法益的,如有处罚的必要,只能以未遂犯追究举动犯的行为人的刑事责任。 44

(二)结果加重犯

结果加重犯是否存在未遂犯,不单是理论问题,而且对司法实务同样具有重要意义。例如,行为人试图重伤女性使其失去抵抗能力后再奸淫,已将女性打成重伤,但由于意志以外的原因未能奸淫女性的,如果认为结果加重犯存在未遂犯,则对行为人以强奸罪(结果加重犯的未遂)一罪论处即可实现罪刑均衡;如果认为结果加重犯不存在未遂犯,则需对行为人以强奸罪(未遂)与故意伤害罪(既遂)进行数罪并罚才能实现罪刑均衡。 45

结果加重犯是否存在犯罪未遂,对此中外刑法学界都存在争论。结果加重犯分为基本犯为过失的结果加重犯与基本犯为故意的结果加重犯。讨论结果加重犯是否存在未遂,当然是针对基本犯为故意的结果加重犯而言的,对此无须多言。 46

否定说认为结果加重犯无未遂犯,因为结果加重犯以发生加重结果为成立要件,发生加重结果时成立结果加重犯,没有发生加重结果时则不成立结果加重犯,所以,结果加重犯只有成立与否的问题,并无既遂、未遂的问题。[29] 人们还可能认为,结果加重犯仅限于对加重结果持过失的犯罪,既然对加重结果行为人在主观上只能是过失,而过失犯只有成立与否的问题,没有犯罪既遂、未遂的问题,那么,结果加重犯就不存在未遂问题。 47

肯定说主张结果加重犯存在未遂犯,但说法各有不同。有人认为,结果加重犯的加重结果部分属于加重构成,加重构成相对独立于基本构成,加重构成存在未完成形态。[30] 有人认为,行为人以故意的心态追求加重结果的发生,并实行了结果加重犯的基本犯罪行为,由于行为人意志以外的原因,加重结果未出现时,属于行为人意志以 48

29　参见马克昌主编:《犯罪通论》(第 3 版),武汉大学出版社 1999 年版,第 497—498 页。

30　参见卢宇蓉:《加重构成犯罪研究》,中国人民公安大学出版社 2004 年版,第 61—63 页。

外的原因导致加重结果“未得逞”,符合未遂犯的概念,应当成立结果加重犯的未遂。[31] 实务上也有人赞成肯定说,认为符合基本犯的全部构成要件,但积极追求的加重结果未出现,应成立结果加重犯的未遂;如果基本犯的全部构成要件也不符合,则更应成立结果加重犯的未遂。[32]

49 结果加重犯存在未遂犯。要厘清这一问题,得从结果加重犯的未遂犯的可能类型以及对加重结果所持的罪过形式两个方面来展开。

50 其一,结果加重犯的未遂犯的可能类型。关于结果加重犯是否存在未遂犯的问题,首先有必要明确,结果加重犯的未遂犯在事实上可能有哪些类型,然后再讨论是否有必要将这些类型认定为构成结果加重犯的未遂犯。这样有助于清晰地分析结果加重犯是否存在未遂犯的问题。

51 结果加重犯的未遂犯的可能表现之一是:基本犯既遂,加重结果未遂。例如,行为人抢劫时,为制服被害人,意图造成被害人重伤后取财,用砖头重击被害人头部,被害人被击昏后,行为人劫取了财物,但实际仅致被害人轻伤的,就属于这种情形。笔者认为,对此有必要认定为结果加重犯的未遂犯。结果加重犯有其保护法益[33],当行为人意图侵犯加重法益,且客观行为本身具有侵犯加重法益的紧迫危险时,那么,即使未能侵害加重法益,对此也有处罚的必要。如果仅在出现了加重结果时才处罚、未出现加重结果时仅按照基本犯来处罚,那么,无论行为人怎样侵害结果加重犯所保护的法益,只要没有造成实害,行为人就在基本犯的范围内承担刑事责任,这意味着对侵害加重结果所保护的法益,行为人最终无须负刑事责任。这显然并不合适。如果要充分保护加重结果所保护的法益,那么,在行为人意图侵害加重结果所保护的法益时,只要其行为具有侵害加重结果所保护的法益的高度危险,刑法就不能坐视不管,对此应加以处罚。在笔者看来,结果加重犯的未遂处罚根据与普通未遂犯的处罚根据并无不同,如果某一法益特别值得刑法保护,处罚基本犯的未遂时,就更应处罚结果加重犯的未遂。

52 结果加重犯的未遂犯的可能表现之二是:基本犯未遂,加重结果未遂。例如,甲意图将妇女重度毁容,准备了一瓶浓硫酸,在泼向被害人时,由于过于紧张,整瓶硫酸都未能洒到被害人身上,被害人既未出现轻伤结果,也未出现重伤结果。在该案例中,该伤害行为具有重伤妇女的高度可能性,应认定行为人构成故意伤害致人重伤的未遂犯。当然,具有发生加重结果的可能性,但可能性较为一般的,则不宜认定为结果加重犯的未遂犯,否则多数基本犯的未遂犯都将会被认定为结果加重犯的未遂犯,这并不合适。

---

31 参见李邦友:《结果加重犯基本理论研究》,武汉大学出版社 2001 年版,第 135 页。

32 参见姚一鸣、黄晓梦:《结果加重犯未遂的认定与量刑》,载《人民司法》2010 年第 8 期。

33 结果加重犯的保护法益既可能是同质法益,即基本犯的保护法益在量上的累加;也可能是异质法益,即不同于基本犯保护法益的其他法益。

结果加重犯的未遂犯的可能表现之三是：基本犯未遂，加重结果既遂。例如，行为人原计划进入左边的女生宿舍，结果闯入了右边的男生宿舍，误将男生当成女生，用双手紧掐被害人的脖子，企图致被害人昏迷后奸淫，直到被害人不再挣扎时，行为人才松手，正欲奸淫时，发现被害人是男性，行为人遂离去，被害人因窒息过久而死亡。在这一强奸案件中，由于行为人意志以外的原因未能发生强奸结果，属于强奸未遂，但是，强奸的手段行为造成了被害人死亡的结果，对此无疑应当同时适用《刑法》第 236 条第 3 款强奸“致人死亡”的规定。这种情形是否属于结果加重犯的未遂犯呢？有论者认为，对此不宜确定是犯罪既遂形态还是未遂形态，因为结果加重犯只有构成与否的问题，没有既遂与未遂的形态之分。[34] 53

上述情形是否属于犯罪未遂的问题是不能回避的，这既是理论研究的需要，因为在理论上必须确认这究竟属于何种犯罪停止形态；又是司法实务的需要，因为对于实务而言，必须回答这是否属于犯罪未遂，如果不属于犯罪未遂，对行为人就不应当适用《刑法》第 23 条未遂犯的规定。虽然出现了致人死亡这一更为严重的结果，但不管怎么说，女性性交自主权法益并未被行为人侵害，对行为人应当适用《刑法》第 23 条未遂犯的规定，这是无疑的。问题在于，对这种未遂犯，是称为未遂犯的结果加重犯，还是称为结果加重犯的未遂犯？ 54

既然加重结果已经实际发生，就应认定结果加重犯已经既遂，此时称其为结果加重犯的未遂，显然名实不符。基本犯未遂时，也有可能成立结果加重犯的既遂[35]，故应将上述情形称为“未遂的结果加重犯”[36]。结果加重犯是否存在未遂犯（即结果加重犯的未遂犯）与未遂犯是否存在结果加重犯（未遂犯的结果加重犯），这是两个需要分别讨论的问题，不宜混为一谈。[37] 需要注意的是，即便不将上述情形称为结果加重犯的未遂犯，对行为人也应同时适用未遂犯的规定，因为毕竟基本犯并未既遂。如行为人故意重伤妇女意图强奸，造成重伤结果但由于意志以外的原因未能强奸的，应宣告行为人构成强奸罪，适用致人重伤的法定刑，同时适用未遂犯规定进行量刑。 55

其二，加重结果的罪过形式与结果加重犯的未遂犯。在基本犯为故意的结果加重犯中，对加重结果，有些犯罪要求只能是过失（如故意伤害罪中的“致人死亡”），有些犯罪中则既可以是过失，也可以是故意（如对于抢劫罪中的“致人重伤、死亡”）。当行为人对加重结果所持的罪过形式为过失时，如果加重结果未发生，不宜认定为结果加重犯的未遂犯。因为对结果加重犯而言，基本犯罪行为本身一般都具有类型性的发生加重结果的危险，所以才被立法者规定为结果加重犯。如果承认（对加重结果）过失时亦可成立结果加重犯的未遂，那么，由于所有的结果加重犯都存在发生加 56

---

34 参见赵秉志：《犯罪未遂形态研究》（第 2 版），中国人民大学出版社 2008 年版，第 267 页。

35 参见张明楷：《未遂犯论》，法律出版社 1997 年版，第 20 页。

36 参见张明楷：《刑法学》（第 6 版），法律出版社 2021 年版，第 449 页。

37 参见陈兴良：《本体刑法学》，商务印书馆 2001 年版，第 481—482 页。

重结果的危险,在行为具有能够导致发生加重结果的直接危险时,对几乎所有的结果加重犯都有认定为未遂犯的余地,这是不合适的。因此,承认结果加重犯存在未遂犯,并不意味着任何类型的结果加重犯都存在未遂犯,换言之,结果加重犯的未遂犯是有其范围限定的。

57 对于基本犯为故意、加重结果为过失的结果加重犯而言,仅在基本犯未遂、加重结果既遂时,才成立结果加重犯的未遂;如果基本犯已经既遂,则无结果加重犯的未遂犯。在这一类型的结果加重犯中,只有发生侵害加重法益的结果时,才成立结果加重犯;虽有发生结果加重的危险,但未能发生侵害加重法益结果的,不成立结果加重犯。这样,这类结果加重犯自然就只有成立与否的问题,没有既未遂问题。如在故意伤害罪中,只有实际发生了死亡结果的,才属于故意伤害致死;未发生死亡结果,就不属于故意伤害致死,自然就不存在故意伤害致死的未遂问题。

58 对于基本犯为故意、对加重结果既可为过失亦可为故意的结果加重犯而言,需要区分三种情形:一是当基本犯未遂、加重结果既遂时,结果加重犯存在未遂的问题;二是当基本犯既遂,未发生加重结果,行为人对加重结果持故意,且行为具有发生加重结果的高度危险时,可以成立结果加重犯的未遂犯;三是当基本犯既遂,未发生加重结果,行为人对加重结果持过失时,宜认定为普通的既遂犯,不成立结果加重犯的未遂犯。

(三)情节加重犯

59 情节加重犯是指实施基本犯罪时,因出现法定的诸如持枪抢劫等具体情节导致加重法定刑的犯罪形态。虽然加重结果也可谓加重情节,但是,出现加重结果时将成立结果加重犯,因此,情节加重犯中的情节是指除加重结果之外的其他加重情节。同时,情节加重犯的法定情节都是具体的,仅指“冒充军警人员抢劫”“组织他人偷越国(边)境人数众多”这些具体的情节,不包括“情节特别严重”“情节特别恶劣”这些抽象的情节,后者属于情节犯的问题。1997 年《刑法》规定了很多情节加重犯,因此,讨论情节加重犯是否存在犯罪未遂有其意义。

60 学界倾向于主张情节加重犯不存在未遂形态,因为加重情节的有无,乃是加重构成犯是否成立的要件,有此情节就构成并完备了加重构成的要件,无此情节就是构成基本犯而根本不成立加重构成犯,因而对加重构成之罪而言,既无犯罪预备形态存在的可能,也无未遂、中止形态存在的余地,即其不存在犯罪的未完成形态。[38]

61 司法实务中承认情节加重犯存在未遂犯。如 2005 年 6 月 8 日发布的最高人民法院《关于审理抢劫、抢夺刑事案件适用法律若干问题的意见》指出:“刑法第二百六十三条规定的八种处罚情节中除‘抢劫致人重伤、死亡的’这一结果加重情节之外,其余七种处罚情节同样存在既遂、未遂问题,其中属抢劫未遂的,应当根据刑法关

---

[38] 参见周光权、卢宇蓉:《犯罪加重构成基本问题研究》,载《法律科学》2001 年第 5 期。

于加重情节的法定刑规定,结合未遂犯的处理原则量刑。”司法解释的观点是合理的。

第一,即使具备了加重情节,基本犯也未必都是既遂,基本犯属于未遂的情形也是较为常见的,如持枪抢劫,但未能劫得任何财物,也没有伤及被害人的,对此应像承认基本犯未遂、出现了加重结果的结果加重犯那样,承认其属于情节加重犯的未遂犯。 62

第二,即使基本犯既遂,也出现了加重情节,但加重情节也有其特有的保护法益,当加重情节的保护法益未被侵害时,也有必要承认其为情节加重犯的未遂犯。例如,拐卖女性的过程中,试图奸淫被拐卖的女性,但女性激烈反抗,人贩子未能得逞的,不能因为奸淫未得逞就认定不属于“奸淫被拐卖的妇女”,这便是虽然具备加重情节,但加重情节的保护法益未被侵害的情形,成立情节加重犯的未遂犯,对行为人应当适用《刑法》第 240 条“有下列情形之一的,处十年以上有期徒刑或者无期徒刑,并处罚金或者没收财产”的法定刑,同时适用未遂犯规定来处罚。再如,轮奸是强奸罪的法定加重情节。被具有意思联络的男性轮流奸淫两次以上,对性自主权的侵犯远重于女性被奸淫一次的情形,这就是轮奸导致法定刑加重的原因。换言之,为了保护女性的性自主权,避免其被具有意思联络的不同男性连续侵害,立法者设立了轮奸情节。二人以上都对被害人实施了奸淫,其中一人完成了奸淫,另一人虽然试图努力完成奸淫行为,但由于生理原因无法完成插入行为的,女性仅是面临被轮奸的危险,性自主权并没有实际遭受两次以上的侵害,应认定二人属于轮奸未遂,构成情节加重犯的未遂犯。 63

(四)情节犯

情节犯是指将“情节严重”“情节恶劣”规定为基本犯的犯罪构成要件的那些犯罪。情节犯与情节加重犯的区别在于,情节犯中的情节较为抽象,需要司法人员根据案件的具体情况来评价情节是否严重或者恶劣;与前者不同,情节加重犯的加重情节都是法定化的较为具体的情节。 64

通说认为,情节犯不存在犯罪未遂,因为如果情节并不严重或者尚未达到情节恶劣的地步,行为就不构成犯罪。但是,我国司法实务中承认情节犯存在犯罪未遂。1997 年《刑法》第 215 条规定的非法制造、销售非法制造的注册商标标识罪属于典型的情节犯,因为该罪明文要求“情节严重”才能成立犯罪。对于销售非法制造的注册商标标识罪,司法解释明确承认该罪存在犯罪未遂。2011 年 1 月 10 日发布的最高人民法院、最高人民检察院、公安部《关于办理侵犯知识产权刑事案件适用法律若干问题的意见》第 9 条明确规定:“销售他人伪造、擅自制造的注册商标标识,具有下列情形之一的,依照刑法第二百一十五条的规定,以销售非法制造的注册商标标识罪(未遂)定罪处罚:(一)尚未销售他人伪造、擅自制造的注册商标标识数量在六万件以上的……(四)部分销售他人伪造、擅自制造的两种以上注册商标标识,已销售标识数量不满一万件,但与尚未销售标识数量合计在三万件以上的。”这一规定意味着,情节犯(基本犯)存在未遂犯。 65

66 实务中的做法是合理的。在情节犯中,如果任凭事态发展,案情将会发展为情节特别严重或者情节特别恶劣,从而对法益的侵害更为严重,这是完全可能的。此时,追究行为人犯罪未遂的刑事责任,不违背未遂犯的法理。

(五)数额犯

67 数额犯是指刑法将数额较大规定为基本犯(数额较大属于犯罪构成要件),出现数额巨大、数额特别巨大时,刑法加重其法定刑的犯罪形态。例如,生产、销售伪劣产品罪、诈骗罪等犯罪是典型的数额犯。

68 对于数额犯是否存在犯罪未遂的问题,学界也存在争论。否定论认为,在数额犯中,数额较大属于犯罪构成要件,只有数额较大时,行为才符合犯罪构成要件,行为此时才构成犯罪;而如果数额不大,就表明行为并不符合犯罪构成要件,因而不构成犯罪,就不存在犯罪未遂的问题。肯定论则认为,虽然实际上数额不大,但是行为具有导致发生数额较大的结果的高度可能性时,属于数额犯的未遂犯。

69 司法实务中认为,数额犯存在犯罪未遂形态。如对于生产、销售伪劣产品罪,2001 年 4 月 9 日发布最高人民法院、最高人民检察院《关于办理生产、销售伪劣商品刑事案件具体应用法律若干问题的解释》第 2 条第 2 款规定:“伪劣产品尚未销售,货值金额达到刑法第一百四十条规定的销售金额三倍以上的,以生产、销售伪劣产品罪(未遂)定罪处罚。”笔者赞成司法实务中的观点。第一,数额表面上是一个确定的数字,但数额的功能是对犯罪结果的量化,所以,应当将数额理解为犯罪结果。若将数额犯理解为结果犯,而结果犯存在未遂问题,这样,数额犯自然也会存在未遂问题。第二,虽然行为本身尚未达到数额较大,但是具有达到数额较大的高度可能性时,就表明数额犯所保护的法益有被侵害的危险,只是由于意志以外的原因才未能达到较大数额,对此有进行刑罚处罚的必要,只有认定为未遂犯才能实现刑事处罚的目的。例如,虽然伪劣产品尚未销售,或者只销售了一小部分(如销售金额只有 5000 元),但是,货值金额非常大,如果不是由于工商部门及时查处等原因,行为人继续销售伪劣产品,销售金额完全可以达到 5 万元以上。既然数额犯具有侵害法益的高度可能性,当货值金额特别大时(如货值金额达到销售金额的 3 倍以上),当然有按未遂犯进行处罚的必要。

70 在数额犯未遂时,因为缺乏明确的数额,司法机关面临应按哪一档法定刑来量刑的难题。这也是主张数额犯无未遂的一大理由。但是,这并非不可解决的问题,相关规范性文件提供了解决思路。2003 年 12 月 23 日发布的最高人民法院、最高人民检察院、公安部、国家烟草专卖局《关于办理假冒伪劣烟草制品等刑事案件适用法律问题座谈会纪要》规定:“伪劣烟草制品尚未销售,货值金额分别达到十五万元以上不满二十万元、二十万元以上不满五十万元、五十万元以上不满二百万元、二百万元以上的,分别依照刑法第一百四十条规定的各量刑档次定罪处罚。”这意味着在数额犯未遂的情形下,应以数额犯可能既遂时的数额(即具体案件中,根据案情假设案件顺利发展为既遂时所能达到的数额),确定应当适用的法定刑。例如,在销售伪劣产品的案件中,如果被工商部门查封、扣押的伪劣产品的货值金额达到 200 万元以上,对行为人就应适用《刑法》第 140 条“销售金额二百万元以上的,处十五年有期徒刑或者无期徒刑,并处销售金额百分之五十以上二倍以下罚金或者没收财产”的法定刑,同时适用未遂犯规定进行量刑。

(六)不作为犯

行为人在法律上负有作为义务,其能够履行作为义务而不履行,在不履行作为义务可能造成法益侵害结果时,行为人就存在刑法上的不作为。既然不作为的成立只要求有侵犯法益的危险即可,并不要求实际发生法益侵害结果,不作为犯自然就有成立犯罪未遂的余地。负有刑法上的作为义务的行为人出于犯罪故意,已经以不作为的方式着手实行犯罪(不作为行为已经使得法益处于紧迫的危险之中),但由于意志以外的原因犯罪未得逞的,应当认定行为人成立不作为犯的未遂犯。 71

不作为犯分为不真正不作为犯与真正不作为犯。对于不真正不作为犯存在未遂犯,如负有刑法上的作为义务的行为人试图以不作为的方式杀人,但由于他人的救助,被害人并未死亡的,行为人构成不作为的故意杀人罪的未遂犯(不作为犯的未遂犯),对此应当没有什么争议。不过,对于真正不作为犯是否存在犯罪未遂,则存在争议。否定说认为,真正不作为犯不存在未遂的情况。[39] 在遗弃武器装备罪、战时拒不救治伤病军人罪这些真正不作为犯中,着手实行特定的不作为行为即可视为完成,其犯罪构成也不包含物质性的犯罪结果,因此,这几种犯罪既不可能有未实行终了的未遂,也不可能有实行终了的未遂,即这些犯罪并无既遂形态与未遂形态的区分,只有罪与非罪的区别。[40] 肯定说认为,我国刑法规定的某些真正不作为犯,以发生侵害结果为要件,故真正不作为犯可能存在未遂犯。[41] 72

各国对真正不作为犯的立法规定并不相同。否定说认为,我国刑法中所有真正不作为犯均无成立未遂犯的余地,并不符合我国刑法的规定。例如,拒不救援友邻部队罪是典型的真正不作为犯,其就存在未遂犯。在战场上,团长明知处境危急的友邻部队请求救援,虽然可以救援,但团长贪生怕死而不救援,在友邻部队将要遭受重大损失之际,敌人错估形势、停止攻击,友邻部队侥幸抓住机会撤退,从而未出现重大损失的,团长拒不救援友邻部队的行为具有给友邻部队造成重大损失的紧迫危险,根据《刑法》第 429 条的规定,其不作为应当成立拒不救援友邻部队罪的未遂犯。 73

VI　犯罪未完成形态的处罚范围

我国刑法在总则部分规定了预备犯、未遂犯与中止犯的成立要件与处罚原则。 74

39　参见黎宏:《不作为犯研究》,武汉大学出版社 1997 年版,第 45 页。

40　参见赵秉志:《犯罪未遂形态研究》(第 2 版),中国人民大学出版社 2008 年版,第 222 页。

41　参见张明楷:《刑法学》(第 6 版),法律出版社 2021 年版,第 450 页。

这样就会产生一个问题:我国刑法是否要处罚所有故意犯罪的预备犯、未遂犯与中止犯?这便是犯罪未完成形态的处罚范围问题。例如,实务上经常会面临销售假冒注册商标的商品未遂的,是否作为犯罪处理之类的问题。[42] 这其实就是犯罪未完成形态的处罚范围问题。

75 从现有司法解释的精神看,最高人民法院、最高人民检察院倾向于认为,并非所有故意犯罪的未完成形态都具有可罚性,对某些故意犯罪的未完成形态案件可以不作为犯罪来处理。例如,2013 年 4 月 2 日发布的最高人民法院、最高人民检察院《关于办理盗窃刑事案件适用法律若干问题的解释》第 12 条规定,盗窃未遂,具有下列情形之一的,应当依法追究刑事责任:①以数额巨大的财物为盗窃目标的;②以珍贵文物为盗窃目标的;③其他情节严重的情形。2006 年 1 月 11 日发布的最高人民法院《关于审理未成年人刑事案件具体应用法律若干问题的解释》第 9 条第 2 款规定:"已满十六周岁不满十八周岁的人盗窃未遂或者中止的,可不认为是犯罪。"这两则司法解释透露出如下信息:在一定的情形下,即使行为人基于犯罪故意,着手实行了盗窃行为,但由于意志以外的原因而未得逞的,也可以不作为犯罪(犯罪未遂)来处理。

76 如果说上述两则司法解释仅是对盗窃罪个罪的未完成形态处理原则的规定,那么,2022 年 4 月 6 日发布的最高人民检察院、公安部《关于公安机关管辖的刑事案件立案追诉标准的规定(二)》第 82 条的规定就更加具有普遍意义。该条规定:"对于预备犯、未遂犯、中止犯,需要追究刑事责任的,应予立案追诉。"该规定意味着,部分犯罪的预备、未遂和中止形态并不构成犯罪,不需要追究刑事责任,无须立案追诉。司法实务的做法是正确的。从存在论的角度看,可以肯定除巨额财产来源不明罪之类的行为人无法操控犯罪进程的犯罪之外,几乎找不出一个只有既遂而无预备、未遂与中止现象的故意犯罪。但是,在价值论上,并非所有犯罪未完成现象都值得动用刑罚来打击。

77 至于需要以未完成形态追究刑事责任的"部分故意犯罪"的具体范围,司法解释并未明确予以揭示,导致部分法院对哪些犯罪需要追究未遂犯的刑事责任,有时具有随意性。明确未完成形态的处罚范围,已经成为必须解决的紧迫问题。

一、犯罪预备的处罚范围

78 目前,司法解释仅明确指出,对毒品犯罪等极为少数犯罪的预备犯应当追究刑事责任,此外还应追究其他哪些犯罪的预备犯的刑事责任,司法解释没有明确,这导致我国犯罪预备的处罚范围相当不明确。需要严格控制预备犯的处罚范围,仅对严重犯罪才能处罚犯罪预备,可谓是理论界与实务界的共识。问题是,究竟哪些犯罪属于"严重犯罪"?对此,存在两种可以考虑的途径:

---

42 参见最高人民法院刑事审判第一、二、三、四、五庭主办:《刑事审判参考》总第 58 集(第 456 号),法律出版社 2008 年版,第 11—17 页。

一是根据社会形势的需要，由最高司法机关确定刑法打击的重点犯罪；不问法定刑轻重，只要是最高司法机关确定刑法打击的重点犯罪，就可以追究该罪预备犯的刑事责任。如在当下，可以将那些被宽严相济刑事政策确认为需要重点打击的犯罪，作为需要追究犯罪预备刑事责任的“严重犯罪”。2010 年 2 月 8 日发布的最高人民法院《关于贯彻宽严相济刑事政策的若干意见》指出：“贯彻宽严相济刑事政策，必须毫不动摇地坚持依法严惩严重刑事犯罪的方针。对于危害国家安全犯罪、恐怖组织犯罪、邪教组织犯罪、黑社会性质组织犯罪、恶势力犯罪、故意危害公共安全犯罪等严重危害国家政权稳固和社会治安的犯罪，故意杀人、故意伤害致人死亡、强奸、绑架、拐卖妇女儿童、抢劫、重大抢夺、重大盗窃等严重暴力犯罪和严重影响人民群众安全感的犯罪，走私、贩卖、运输、制造毒品等毒害人民健康的犯罪，要作为严惩的重点，依法从重处罚。” 79

从上述规定看，最高司法机关似乎采用前述方案确定预备犯的处罚范围。例如，正因为邪教组织犯罪是严重刑事犯罪，所以，2017 年 1 月 25 日发布的最高人民法院、最高人民检察院《关于办理组织、利用邪教组织破坏法律实施等刑事案件适用法律若干问题的解释》第 5 条第(二)项规定，为了传播而持有、携带，或者传播过程中被当场查获，邪教宣传品数量达到该解释第 2 条至第 4 条规定的有关标准，如果邪教宣传品不是行为人制作，尚未传播的，以犯罪预备处理。正因为走私、贩卖、运输、制造毒品是严重刑事犯罪，所以，2009 年 6 月 23 日发布的高人民法院、最高人民检察院、公安部《关于办理制毒物品犯罪案件适用法律若干问题的意见》规定：“为了制造毒品或者走私、非法买卖制毒物品犯罪而采用生产、加工、提炼等方法非法制造易制毒化学品的，根据刑法第二十二条的规定，按照其制造易制毒化学品的不同目的，分别以制造毒品、走私制毒物品、非法买卖制毒物品的预备行为论处。”2012 年 6 月 18 日发布的最高人民法院、最高人民检察院、公安部《关于办理走私、非法买卖麻黄碱类复方制剂等刑事案件适用法律若干问题的意见》规定：“实施本意见规定的行为，符合犯罪预备或者未遂情形的，依照法律规定处罚。” 80

二是根据法定刑划定重罪的范围，凡是属于重罪的，即应追究其预备犯的刑事责任。以 3 年有期徒刑为界，法定最低刑超过 3 年有期徒刑的犯罪为重罪，法定最高刑未超过 3 年有期徒刑的犯罪为轻罪。以此为标准，当盗窃数额较大时，法定最高刑尚未超过 3 年有期徒刑，此时的盗窃罪为轻罪，不应追究行为人此种盗窃预备的刑事责任；当盗窃数额巨大、数额特别巨大时，盗窃罪为重罪，此时可追究行为人盗窃预备的刑事责任。不过，不处罚预备犯是各国的主流做法，这要求我国预备犯的处罚范围应当窄于未遂犯的处罚范围。在《刑法》分则中，对于第三章破坏社会主义市场经济秩序罪、第六章妨害社会管理秩序罪中事实上没有侵犯人身属性的重罪，可不处罚其预备犯，由此可使预备犯的处罚范围窄于未遂犯的处罚范围。 81

此外，还有主张认为，可根据预备行为侵犯的是否最为重要的法益，是否对法益 82

具有高度危险性,是否具有特别严重的社会危害性,来确定预备犯的处罚范围。[43] 这一主张的本质也是只处罚重罪的预备犯,但其对重罪认定的标准不够清晰,不利于实现预备犯处罚范围的明确化。

二、犯罪未遂的处罚范围

83 学界倾向于认为,对于重罪应当追究犯罪未遂的刑事责任,对于轻罪的犯罪未遂则没有处罚的必要。具体而言,只有对法定最低刑为 3 年以上有期徒刑的重罪未遂,才应予以刑事处罚。[44] 这里所说的法定最低刑,是指分则条文中与行为人未遂罪行相对应的法定量刑幅度中的最低刑,而不是抽象地指分则条文中的法定最低刑,如盗窃罪的法定最低刑虽然为 3 年以下有期徒刑、拘役或者管制,并处或者单处罚金,但是,当行为人已经着手窃取数额巨大的财物但未能得逞的,其对应的法定刑幅度为 3 年以上 10 年以下有期徒刑,并处罚金,其法定最低刑为 3 年有期徒刑,对此可追究犯罪未遂的刑事责任。学界的这一主张是在大量总结我国司法实践经验的基础上得来的。例如,对于抢劫未遂、盗窃未遂、诈骗未遂等犯罪未遂,司法解释一般都是在行为人实施了法定最低刑为 3 年以上有期徒刑的未遂罪行时,才予以追究刑事责任。

84 学界是以法定刑为界来划定犯罪未遂的处罚范围的,而司法解释则是以罪名来划定犯罪未遂的处罚范围的,在此意义上,学界所主张的犯罪未遂的处罚范围要窄于司法解释所主张的处罚范围。司法解释往往都是根据社会形势的需要出台的,常常是考虑到某一时期对某种行为有严厉打击的需要,便规定要追究该罪犯罪未遂的刑事责任。这样,司法解释都是以罪名为中心而不是以法定刑为中心来追究犯罪未遂的刑事责任,因而,即使未遂行为之罪的法定最高刑低于 3 年有期徒刑,也有被追究刑事责任的可能。如我国假冒伪劣产品犯罪形势严峻,所以最高人民法院就规定要追究生产、销售伪劣产品罪(未遂)的刑事责任;当伪劣产品尚未销售,但货值金额达到 15 万元以上不满 20 万元的,应适用的法定刑幅度为 2 年以下有期徒刑或者拘役,并处或者单处销售金额 50%以上 2 倍以下罚金。尽管此时法定最高刑低于 3 年有期徒刑,但根据司法解释的规定,也要追究犯罪未遂的刑事责任。

85 学界在讨论犯罪未遂的处罚范围时,一般都是围绕犯罪未遂本身展开的,并未同时考虑犯罪预备的处罚范围。毫无疑问,对于需要追究犯罪预备的刑事责任的罪行,理所当然也应追究其犯罪未遂的刑事责任。因此,关于犯罪未遂的处罚范围,首先应当考虑未遂罪行的轻重,对于实施了法定最低刑为 3 年以上有期徒刑的未遂罪行应追究其刑事责任。同时,对于前文在犯罪预备的处罚范围中提及的需

---

43 参见黄开诚:《论我国刑法中犯罪未完成形态的存在范围》,法律出版社 2011 年版,第 99—100 页。

44 参见黎宏:《刑法学总论》(第 2 版),法律出版社 2016 年版,第 240 页。

要严惩的严重刑事犯罪，不论行为人未遂罪行的实际轻重，也都应追究犯罪未遂的刑事责任。

三、犯罪中止的处罚范围

犯罪中止的处罚范围涉及预备阶段的犯罪中止是否需要处罚以及实行阶段的犯罪中止的处罚范围为何两个问题。 86

对于预备阶段的犯罪中止是否应予刑事处罚问题，学界存在争议。赞成者认为，追究预备阶段的犯罪中止的刑事责任是合理的。[45] 但是，预备阶段的犯罪中止的社会危害性要比犯罪预备的社会危害性轻微得多，如果处罚犯罪预备是例外的、非常态的，那么，处罚预备阶段的犯罪中止就应是例外的例外。因此，反对者主张，对于预备阶段的中止行为，应当进行非犯罪化。[46] 我国实务中采取的是折中说，即仅追究部分犯罪预备阶段的中止犯的刑事责任。从实务中的情况来看，追究预备阶段犯罪中止的刑事责任的案件主要集中于故意杀人、强奸、绑架、抢劫等重罪案件。实务中的做法是合理的，原则上不处罚预备阶段的犯罪中止，但对于故意杀人、强奸、绑架、抢劫等重罪，可以例外地处罚预备阶段的犯罪中止。 87

对于犯罪实行阶段的犯罪中止，其处罚范围应与犯罪未遂的处罚范围相同，因为犯罪实行阶段的犯罪中止与犯罪未遂在着手实行犯罪后未能侵害法益这一点上，二者是相同的。虽然行为人是主动消灭既遂危险还是由于其他原因消灭了既遂危险，体现了行为人不同的人身危险性，但是，这不足以使犯罪中止的处罚范围与犯罪未遂的处罚范围必须有所不同。 88

---

45 参见程红：《中止犯基本问题研究》，中国人民公安大学出版社 2007 年版，第 105 页。

46 参见张平：《中止犯论》，中国方正出版社 2005 年版，第 266—267 页；袁彬、陈晓军：《预备阶段中止行为应非犯罪化》，载《检察日报》2003 年 11 月 5 日。

第二十二条　犯罪预备

为了犯罪，准备工具、制造条件的，是犯罪预备。

对于预备犯，可以比照既遂犯从轻、减轻处罚或者免除处罚。

文献:叶高峰主编:《故意犯罪过程中的犯罪形态论》,河南大学出版社 1989 年版;徐逸仁:《故意犯罪阶段形态论》,复旦大学出版社 1992 年版;姜伟:《犯罪形态通论》,法律出版社 1994 年版;赵秉志主编:《刑法争议问题研究》(上卷),河南人民出版社 1996 年版;赵秉志主编:《犯罪停止形态适用中的疑难问题研究》,吉林人民出版社 2001 年版;邢志人:《犯罪预备研究》,中国检察出版社 2001 年版。郑培兵:《试论犯罪预备行为》,载《政法论坛》1985 年第 2 期;钱毅:《犯罪预备行为是具备完整的犯罪构成的行为》,载《法学研究》1987 年第 4 期;李海东:《试论犯意表示与犯罪预备的界限》,载《政法论坛》1987 年第 3 期;徐逸仁:《论犯罪预备同犯意表示的区别》,载《政治与法律》1992 年第 6 期;马克昌:《预备犯比较研究》,载《中央检察官管理学院学报》1993 年第 1 期;肖介清:《论预备犯的种类》,载《国家检察官学院学报》1997 年第 3 期;陈一榕:《海峡两岸犯罪预备的比较研究》,载《政法论坛》1998 年第 1 期;张明楷:《犯罪预备中的"为了犯罪"》,载《法学杂志》1998 年第 1 期;杨红:《试论预备犯罪刑事责任基础》,载《东方论坛(青岛大学学报)》1998 年第 2 期;胡陆生:《犯罪预备立法及概念之比较》,载《安徽警官职业学院学报》2003 年第 1 期;林亚刚:《犯罪预备与犯意表示、阴谋犯》,载《国家检察官学院学报》2003 年第 4 期;沈志民:《犯罪预备可罚性的本质探究——兼论抢劫罪犯罪预备的认定》,载《吉林大学社会科学学报》2003 年第 5 期;高巍:《犯意表示的形而上思考》,载《学术探索》2004 年第 5 期;黄开诚:《关于犯罪预备和预备犯若干问题的再思考》,载《武汉大学学报(人文科学版)》2004 年第 6 期;高艳东:《规范学视野中预备行为可罚性的反思与重构》,载《现代法学》2005 年第 1 期;王志祥、郭健:《论犯罪预备行为的处罚范围》,载《政治与法律》2005 年第 2 期;张建军:《我国犯罪预备立法之检讨》,载《甘肃政法学院学报》2009 年第 1 期;梁根林:《预备犯普遍处罚原则的困境与突围——〈刑法〉第 22 条的解读与重构》,载《中国法学》2011 年第 2 期;郑延谱:《预备犯处罚界限论》,载《中国法学》2014 年第 4 期;李梁:《预备犯立法模式之研究》,载《法学》2016 年第 3 期;于志刚:《网络空间中犯罪预备行为的制裁思路与体系完善——截至〈刑法修正案(九)〉的网络预备行为规制体系的反思》,载《法学家》2017 年第 6 期;彭文华、刘昊:《论我国刑法中实质预备犯的范围》,载《中国应用法学》2018 年第 3 期。

细目录

Ⅰ　主旨
Ⅱ　沿革
Ⅲ　犯罪预备的处罚根据
一、为何被刑法处罚
二、为何应当从宽处罚
Ⅳ　犯罪预备的成立要件
一、犯罪预备的主观要件
二、犯罪预备的客观要件
Ⅴ　犯罪预备的其他问题
一、为实施数罪而预备的处理
二、预备行为同时成立预备犯、既遂犯的处理
三、预备犯的既遂化问题
Ⅵ　预备犯的刑事责任

Ⅰ　主旨

《刑法》第22条对犯罪预备的概念及其刑事责任作了规定。需要注意的是,《刑法》第22条并未对犯罪预备作出完整界定,只有同时联系《刑法》第23条、第24条,才能得出犯罪预备的完整定义,即犯罪预备是指为了实行犯罪,准备工具、制造条件,但由于行为人意志以外的原因而未能着手实行犯罪的犯罪未完成形态。在罪刑法定原则之下,《刑法》第22条为追究预备犯的刑事责任提供了坚实的法律根据。但在具体案件中,如何认定预备行为始终是实务难点。 1

Ⅱ　沿革

1979年《刑法》第19条规定:“为了犯罪,准备工具、制造条件的,是犯罪预备。对于预备犯,可以比照既遂犯从轻、减轻处罚或者免除处罚。”在修订1979年《刑法》的过程中,学界建议将对犯罪预备的单纯总则概括规定改变为总则概括规定与分则具体规定相结合的立法方式,即在总则中规定犯罪预备的形态特征和对预备犯从宽处罚的原则,并规定处罚预备犯以分则条文有明文规定者为限,再在刑法分则中选择重罪条文规定处罚预备犯。[1] 基于“原则上没什么问题的,尽量不作修改”的立法指导思想,立法机关未采纳上述立法建议,对于犯罪预备没有作任何修改,1997年《刑 2

1　参见赵秉志主编:《刑法修改研究综述》,中国人民公安大学出版社1990年版,第152—153页。

法》保持了原有规定。由此,产生了如何明确犯罪预备处罚范围的难题。

Ⅲ 犯罪预备的处罚根据

3 德国、日本等国家原则上不处罚犯罪预备,故在这些国家的刑法学中,并不讨论犯罪预备的处罚根据问题,讨论的都是未遂犯的处罚根据。但在我国,犯罪预备是应被追究刑事责任的犯罪行为。因此,中国刑法学必须回答犯罪预备的处罚根据问题:犯罪预备因何特性具有可罚性,又因何特性可从轻、减轻或者免除处罚,其刑事责任为何轻于犯罪未遂。只有首先明确犯罪预备的处罚根据,才能进一步明确犯罪预备的处罚范围问题。

一、为何被刑法处罚

4 一般认为,犯罪预备也有严重的社会危害性,具备犯罪的本质,故应受刑法处罚。[2] 对此,需要联系刑法的立场进行细化。[3] 客观主义的立场认为,预备行为在客观上危及刑法所保护的法益达到了一定的程度,所以应受处罚;行为人虽有犯罪的念头,但只要没有在客观上危及法益,就不应受到刑法处罚。主观主义的立场认为,在犯罪预备的场合,行为人具有危害社会的犯罪故意,在具有犯罪故意这一点上,犯罪预备与犯罪未遂、犯罪既遂并无不同,所以应受处罚;只要行为人具有犯罪故意,即使对法益的威胁程度较低,也是应受处罚的。上述处罚根据的对立,对司法实务会产生如下影响:

5 其一,影响实务的判断重点。如果采取客观主义的立场,司法人员必然会重视考察预备行为在客观上是否存在侵犯法益的危险,所危及的法益是否属于重大法益。采取主观主义的立场,司法人员就会相当重视行为人是否存在犯罪的故意,易将预备行为贬低为仅是行为人具有犯罪故意的证据,从而忽视预备行为在客观上是否具有侵犯法益的危险。

6 其二,影响犯罪预备的处罚。从客观主义的立场出发,犯罪预备对法益的侵害程度不但轻于犯罪既遂,而且轻于犯罪未遂。因此,虽然《刑法》第 22 条对犯罪预备规定"可以"从轻、减轻处罚或者免除处罚,但实际上对犯罪预备"应当"从轻、减轻处罚或者免除处罚。从主观主义的立场出发,在犯罪故意方面,犯罪预备与未遂犯、既遂犯并无本质不同,因而行为人被从轻、减轻处罚或者免除处罚的机会就会减少很多。

7 笔者赞成客观主义的解释立场。迷信犯也具有危害社会的故意,采取主观主义的解释立场,不易解释清楚为何迷信犯无罪、犯罪预备行为有罪这一问题。而采取客观主义的解释立场,则容易解释这一现象。不处罚迷信犯是因为行为人愚昧无知,采

---

[2] 参见高铭暄主编:《刑法学原理》(第 2 卷),中国人民大学出版社 1993 年版,第 380 页;马克昌主编:《犯罪通论》(第 3 版),武汉大学出版社 1999 年版,第 434—435 页。

[3] 参见邢志人:《犯罪预备研究》,中国检察出版社 2001 年版,第 194—197 页。

用了客观上不能导致结果发生的手段去犯罪。也就是说,不论行为人主观上多么希望危害结果发生,只要客观行为根本不可能危及法益,就不应作为犯罪受到处罚;而当行为人基于犯罪的意思准备工具、制造条件时,该行为在客观上具有危及法益的危险,虽然这种危及法益的危险尚不紧迫,但是这种危险本身是客观存在的,故犯罪预备行为是应受刑法处罚的。此外,采取客观主义的解释立场,也有利于解释为何不处罚犯意表示以及不可罚的不能犯的问题。

二、为何应当从宽处罚

在具有危害社会的犯罪故意这一点上,犯罪预备与犯罪未遂、犯罪既遂虽然存在细微差别,但并无本质不同。[4] 那么,为何犯罪预备的处罚不仅轻于犯罪既遂,而且轻于犯罪未遂?主观主义的立场对此并不容易解释。 8

从客观主义的立场来看,虽然与犯罪未遂、犯罪既遂一样,犯罪预备创设了侵犯法益的客观危险,但在犯罪预备的场合,由于意外因素的介入,犯罪预备的能量未能得到释放,这使得预备行为对法益的侵犯程度不仅低于犯罪既遂,而且低于犯罪未遂。所以,犯罪预备的刑事责任不但轻于犯罪既遂,而且轻于犯罪未遂。 9

总之,犯罪预备犹如正在形成的风暴,由于其他原因导致风暴的力量突然减弱,以致未能爆发。由于风暴在客观上有一定的危险,对于正在形成的较大的风暴,刑法对此不能放任不管,必须予以处罚。但与已经狂飙的风暴不同,犯罪预备的风暴毕竟未能爆发,所以,相对于犯罪未遂与犯罪既遂而言,犯罪预备的刑事责任要轻一些。需要注意的是,犯罪预备的风暴有大有小,对于较小的风暴,没有动用刑罚措施来防范的必要。在研究、处理犯罪预备案件时,时刻要有犯罪预备的处罚具有例外性的观念。 10

Ⅳ 犯罪预备的成立要件

对于犯罪预备的成立要件,刑法教科书均从"主观上是为了实行犯罪"这一主观要件开始论述。这种论述方法既可能是受到《刑法》第22条"为了犯罪……"的条文表述顺序的影响,也可能是因为很多预备行为与日常行为无异,只有首先探讨行为人的主观心理,才能确定行为性质。这种分析方法虽不符合先客观后主观的犯罪考察顺序,却是实务中一贯采用的分析方法。 11

一、犯罪预备的主观要件

犯罪预备也是犯罪,行为人必须具有犯罪故意。犯罪预备的故意与犯罪既遂的 12

---

4 在认识因素方面,犯罪预备的行为人认识到正在为实施犯罪做准备,而犯罪未遂、犯罪既遂的行为人认识到已经着手实行犯罪。在意志因素上,犯罪预备与犯罪未遂、犯罪既遂应当是一样的。

故意在意志因素上都是希望或者放任危害结果的发生,二者并无不同。但是,在认识因素方面,犯罪预备的行为人还必须具备如下内容:

13 其一,成立犯罪预备,行为人主观上必须具有实行犯罪的意思,认识到自己是为了实行犯罪而进行相应准备。一方面,行为人须有实行犯罪的意思。甲买了一把砍柴刀用于砍柴,数日后与邻居发生矛盾,准备用砍柴刀砍死邻居,但邻居已经外出打工。由于甲购买砍柴刀时并无犯罪的意思,并非为砍死邻居做准备,因此,不得将甲购买砍柴刀的行为评价为犯罪预备行为。为了实行犯罪,既包括为了自己实行犯罪(自己预备罪),也包括为了他人实行犯罪(他人预备罪)。为了实行犯罪,要求行为人明确认识到自己将要实行某种或者某几种犯罪,因为,如果行为人并不清楚自己将要实行何种犯罪,就难以有针对性地进行犯罪预备。另一方面,行为人认识到自己在进行相应准备,尚无着手实行的意思。甲意图杀害同宿舍的乙,在巧克力中下毒,将有毒的巧克力藏在自己的抽屉中,准备在乙生日时将巧克力作为礼物送给乙。一日,见甲不在,乙用甲的钥匙打开甲的抽屉,见有巧克力,就拆开偷吃了两块,结果中毒身亡。在该案中,甲是否构成过失致人死亡罪暂且不论,就故意犯罪而言,甲只构成故意杀人的犯罪预备,不构成故意杀人既遂,因为有毒的巧克力仍在甲的抽屉里,甲认识到自己在等待时机送出有毒的巧克力,尚无着手实行的意思。

14 其二,行为人认识到自己没有主动放弃实行犯罪。在行为人制造各种犯罪条件的过程中,或者已经完成犯罪预备行为后,如果行为人基于本人意愿自动放弃实行犯罪的,成立中止犯。因此,成立犯罪预备,在主观方面还要求行为人没有放弃实行犯罪的意思。只有这样,才能说未能着手实行犯罪违背了行为人的意志。需要指出的是,没有放弃实行的意思属于消极的主观要素,不要求行为人对此有认识。换言之,除非行为人能够证明其有放弃犯罪实行的意思,否则即可推定其没有该意思。

15 还需要指出的是,预备犯只有预备行为,不存在实行行为,在理论上虽然可以说预备犯符合修正的构成要件,但客观上并不存在与犯罪故意相对应的客观构成要件事实,因而,如何证明行为人具有实行犯罪的意思,难度较大。行为人是否具有实行犯罪的意思,不能仅依据犯罪嫌疑人、被告人的供述进行认定,还应结合案件的起因、准备的样态等客观事实进行综合判断,仅在能够形成严密的证据链条,案件事实清楚,证据确实、充分时,才能认定行为人满足预备犯的主观要件。

二、犯罪预备的客观要件

16 犯罪预备的客观要件为行为人实施了预备行为,由于行为人意志以外的原因未能着手实行犯罪。

(一)存在预备行为

17 预备行为是指为了实行犯罪而准备工具、制造条件,但未能着手实行犯罪的行为。预备行为有两个特性:一是行为需在客观上创设了侵犯法益的危险,这是其被刑罚处罚的根据所在。产生犯意、在脑海中构思犯罪计划,不构成预备行为,因为在这些情形下,侵犯法益的危险客观上并不存在。犯意表示也不属于预备行为,因为单纯的犯意表示属于行为人主观思想的流露,在客观上无法侵犯或者威胁刑法所保护的法益,故其与犯罪预备行为有本质的不同。二是由于行为人意志以外的原因,侵犯法益的危险未能爆发,法益尚未面临紧迫的危险。这是犯罪预备与犯罪未遂的区别所在。法益面临紧迫危险的时间点,就是犯罪的着手点。如此实质性地把握预备行为,有助于实务机关准确认定犯罪预备案件。

就预备行为的表现形式而言,可划分为准备工具、制造条件两种类型。虽然刑法采用了“准备工具、制造条件”的表述,似乎二者是并列关系,其实不然,因为“准备工具”在本质上也属于为实行犯罪“制造条件”。从实践来看,为实行犯罪制造条件通常表现为准备犯罪工具,所以刑法采用了上述表述。 18

准备工具,是指准备便于实行、完成犯罪的工具,例如为杀人而准备匕首,为放火准备火柴、汽油,为制造假币而购买模型等。至于这些工具是行为人亲自制造(制作)、改装,还是本人或者委托他人购买、借用,抑或盗窃、抢夺而来,在所不问。通过盗窃、抢夺等违法方式取得犯罪工具的,如果盗窃、抢夺符合相应的犯罪构成,则属于目的犯罪的预备犯与盗窃、抢夺罪的既遂犯的想象竞合,应当择一重罪处理。 19

制造条件是指创造除准备工具外的其他一切有助于实行、完成犯罪的条件。为实行犯罪制造条件,可分为两个方面:一是制造实行犯罪的客观条件。从司法实践来看,制造实行犯罪的客观条件主要表现为:其一,围绕被害对象的准备,如为了杀人或者绑架,事先调查被害人的行踪与生活习惯,诱骗被害人前往犯罪场所,守候被害人到来,机动寻找被害人,设置被害人逃跑的障碍等;其二,围绕犯罪场所的准备,如为了抢劫银行,进行实地调查,查看银行周围的交通情况,排除不利于逃跑的障碍等;其三,增强犯罪能力方面的准备,如为了杀人而寻找其他共犯人,为了杀人而练习枪法等;其四,其他方面的准备,如准备银行账户以便接收犯罪所得等。二是制造实行犯罪的主观条件,如为了制造毒品,与其他共犯人明确犯罪计划、确定各自的分工等。无论制造条件的表现形式是什么,都必须具有创设侵犯法益的危险且危险达到一定程度(不属于过于稀薄的情形)的属性,不具备这一属性的行为属于日常生活意义上的预备行为,而不是规范评价意义上的预备行为,对此没有追究刑事责任的必要。 20

理论上论述预备行为是容易的,但在实务上有时较为困难。例如,实务中以犯罪预备追究刑事责任最多的罪名是抢劫罪。对于行为人携带凶器乘坐出租车,伺机中途抢劫,但被及时发现的,行为人构成抢劫罪的预备犯还是未遂犯,时有争议。处理这类案件,不能从形式上分析行为性质,而必须围绕预备行为的本质,即行为人的行为尚未给法益造成紧迫的危险展开分析。 21

2007 年 1 月 28 日,被告人夏洪生伙同张金宝预谋抢劫出租车司机。当日 15 时许,二被告人携带卡簧刀骗乘周喜章驾驶的捷达牌出租车,要求周将车开往五常市朝阳区四合屯。行至五常市杜家镇时,周喜章拒绝前行,要求二被告人下车。二被告人担心立即实施抢劫可能被人发觉,遂下车。对于二被告人的行为属于预备行为还是 22

实行行为,存在争议。法院经审理认为,被告人夏洪生、张金宝的行为属于确定抢劫目标并为抢劫创造条件的预备行为,其理由是,对于抢劫出租车司机这一类型犯罪,"着手抢劫"的认定标准应以出租车司机的人身和财产法益所面临的危险是否紧迫,如果行为人以抢劫为目的乘坐出租车,但还未采取任何暴力、胁迫手段,则法益尚未面临紧迫的危险,故不能认定行为人已经着手抢劫。[5]

23 法院审理黄斌、舒修银抢劫出租车一案时也采取了这一思路。被告人黄斌邀被告人舒修银去外地抢劫他人钱财,二人精心策划,准备了杀猪刀等作案工具。某晚7时许,黄斌、舒修银在贵州省铜仁市铜仁汽车站以100元的价钱骗租豪华夏利出租车前往湖南省新晃县,准备在僻静处抢劫司机吴某夫妇。当车行至新晃县后,黄斌、舒修银感到没有机会下手,又以50元的价钱要求司机前往新晃县波洲镇。当车行至波洲镇时,司机夫妇警觉,向波洲镇政府报案,二被告人由此被抓。法院经审理认为,被告人黄斌、舒修银构成抢劫罪,属于犯罪预备。法院的核心裁判理由是,抢劫罪的成立必须以行为人已实施了暴力、威胁等法定的犯罪方法为要件,只有行为人已开始实施上述特定的方法行为,才能视为犯罪着手;而本案中,二被告人虽与欲抢劫的对象同在一车,并具有随时实行抢劫犯罪的条件和可能,但毕竟自始至终尚未开始实施暴力、威胁等方法行为,因此,被告人的行为属于预备行为。[6]

24 上述两份判决表明:司法实务是以预备行为与实行行为的区分,或者说是否存在着手,来判断某一行为是否属于预备行为。对此,司法实务采取了实质标准,即根据案情的具体情况,同时结合行为人的犯罪计划,客观地判断行为是否使法益面临紧迫的危险,以此区分预备行为与实行行为。

(二)未能着手实行犯罪

25 《刑法》第22条未将"未能着手实行犯罪"规定为犯罪预备的成立要件,但是,这是构成犯罪预备不可或缺的要件。当然,这一要件仅有区分犯罪预备与犯罪未遂的分界功能,并不能积极证立犯罪预备的不法内涵。所以,类似于表面的构成要件要素[7],"未能着手实行犯罪"是犯罪预备的表面的成立要件。同时,类似于消极的构成要件要素[8],"未能着手实行犯罪"是犯罪预备的消极的成立要件。尽管如此,在认定行为人是否构成犯罪预备时,也应积极审查该要件,以避免将犯罪预备认定为犯罪未遂或者将犯罪未遂认定为犯罪预备的错误。

26 一般认为,成立犯罪预备,还要求行为人未能着手实行犯罪系行为人意志以外的

---

5 参见最高人民法院刑事审判第一、二、三、四、五庭主办:《刑事审判参考》总第76集(第643号),法律出版社2011年版,第1—6页。

6 参见最高人民法院刑事审判第一庭、第二庭编:《刑事审判参考》总第22辑(第139号),法律出版社2001年版,第10—13页。

7 参见张明楷:《论表面的构成要件要素》,载《中国法学》2009年第2期。

8 参见张明楷:《刑法学》(第6版),法律出版社2021年版,第158—159页。

原因所致。虽然牵涉到行为人的意志,但"由于行为人意志以外的原因"属于犯罪预备的客观要件,即不要求行为人对未能着手的原因存在积极认识,而由法官进行事后评价,只要不是行为人主动放弃犯罪的实行,就属于由于行为人意志以外的原因未能着手实行犯罪。

V 犯罪预备的其他问题

一、为实施数罪而预备的处理

行为人为实施数罪,而只实施了一个预备行为时,是认为只成立其中一罪的预备犯,还是认为同时成立数罪的预备犯,按照想象竞合犯处理? 27

2006 年 11 月初,被告人张正权、张文普预谋抢劫单身女性,并购买了尖刀等作案工具。11 月 6 日至 9 日,二人每天晚上携带尖刀等工具流窜至某工业园区附近,均因未找到合适的作案对象而罢手。11 月 9 日晚,张正权、张文普在伺机作案时提出如果遇到漂亮女性,就先抢劫后强奸,并采用手机游戏定输赢的方式确定强奸顺序。11 月 11 日晚,张正权、张文普纠集被告人徐世五参与抢劫作案,提出劫得的钱财三人平分。徐世五同意参与抢劫作案,但表示不参与之后的强奸犯罪。当晚,三人寻找作案目标未果。11 月 12 日晚,张正权、张文普、徐世五在寻找作案目标时,被公安巡逻队员抓获。检察院以三被告人犯抢劫罪(预备)、强奸罪(预备),向法院提起公诉。法院经审理认为,被告人张正权等人以非法占有为目的,经事先预谋并准备工具、制造条件,预备采用持刀威胁、捆绑的暴力手段劫取他人钱财,三被告人的行为均已构成抢劫罪(犯罪预备)。公诉机关指控三被告人犯抢劫罪(犯罪预备)的罪名成立。对于被告人犯强奸罪(犯罪预备)的指控,法院经审理认为,张正权、张文普虽在抢劫犯罪预备时产生了在可能的条件下实施强奸犯罪的主观故意,但仅是强奸的犯意表示,没有强奸的具体行为,故指控犯强奸罪(犯罪预备)的罪名不能成立。如此判决的理由是:从本案被告人张正权、张文普实施的整个行为过程看,其先后购买并携带匕首、透明胶带等作案工具到某工业园区附近潜伏,伺机等候作案目标出现的行为应视为刑法意义上的一个行为。虽然既可将三被告人的犯罪预备行为理解为为了抢劫犯罪准备工具、创造条件,也可视为为了强奸犯罪准备工具、创造条件,但从禁止重复评价原则出发,一个行为只能为一个犯罪构成所评价,而不能被两个犯罪构成予以重复评价,在刑法没有明文规定的情况下,不能既认定为抢劫罪的预备,又认定为强奸罪的预备,而应按照择一重罪的原则定罪处罚。[9] 28

法院的判决理由存在问题:一是自相矛盾,其一方面承认被告人的犯罪预备行为既可以理解为为了抢劫犯罪准备工具、创造条件,也可视为为强奸犯罪准备工具、创 29

9 参见最高人民法院刑事审判第一、二、三、四、五庭主办:《刑事审判参考》总第 59 集(第 467 号),法律出版社 2008 年版,第 30 页。

造条件,另一方面又否认构成强奸预备,前后不一。二是对禁止重复评价原则存在误解,禁止重复评价的本质是禁止因一个行为而受到双重处罚,其并不禁止一个行为在具有侵犯数个法益的属性的情形下,对行为进行数次评价,否则,就不存在想象竞合犯这一概念了。既然行为人是为了实施数罪而只实施了一个预备行为,该行为客观上具有同时为实施数罪做准备的效果,就应承认成立数个预备犯的想象竞合犯,从一重罪处断(在数罪的法定刑相同时,应根据主要犯罪事实定罪处罚)。

二、预备行为同时成立预备犯、既遂犯的处理

30 行为人准备工具、制造条件的预备行为完全可能另行构成其他犯罪,因而出现预备犯与既遂犯的并存问题。对此,应数罪并罚还是以一罪论处?

31 有观点认为,行为人的预备行为构成其他犯罪既遂的,依照刑法既遂犯的有关规定定罪量刑;其预备犯罪的情况,作为独立犯罪的犯罪动机,属于从重处罚的情节,即凡是预备犯罪的行为构成其他独立犯罪的,不再视为预备犯,直接依照既遂犯的有关条文定罪量刑,应成为处理预备犯的原则。[10] 这一观点可能违反罪刑均衡原则,因为预备行为构成的既遂犯罪完全可能是轻罪,如为了杀人而非法购买被害人的个人信息,但未能着手杀人的,构成侵犯公民个人信息罪(轻罪)的既遂犯与故意杀人罪(重罪)的预备犯,对此按照侵犯公民个人信息罪既遂定罪量刑,难以实现罪刑均衡。从罪刑均衡原则出发,出现预备犯与既遂犯的竞合时,从一重罪处断较为合适。

三、预备犯的既遂化问题

32 预备犯是将预备行为作为犯罪未完成形态予以处罚的情形。在立法上,也可能存在立法者将预备行为规定为实行行为,认定为犯罪既遂的情形,这就是预备犯的既遂化问题。例如,《刑法修正案(九)》增设的第 120 条之二第 1 款所规定的行为原本是恐怖活动的预备行为,但该款将其规定为独立的犯罪(准备实施恐怖活动罪),使之成为既遂犯罪,不再适用刑法总则关于预备犯的处罚规定。预备犯的既遂化属于独立预备罪,已经与通常的预备犯(从属预备罪)不同,但是也与预备犯存在千丝万缕的联系。

1. 对于规定独立预备罪的分则条文没有描述的其他预备行为,能否适用刑法总则预备犯的规定?

33 就《刑法》第 120 条之二第 1 款而言,似乎不存在这样的问题,因为该款第(四)项规定了"其他准备"。不过,不排除以后的立法可能对独立预备罪不设置诸如"其他准备"的兜底规定,也不排除有人认为第 120 条之二第 1 款第(四)项的"其他准备"只是第(四)项的兜底规定,因而仅限于与为实施恐怖活动进行策划相当或者同类的准备行为。所以,对于规定独立预备罪的分则条文没有描述的其他预备行

---

[10] 参见姜伟:《犯罪形态通论》,法律出版社 1994 年版,第 149—150 页。

为,能否适用刑法总则预备犯的规定,就是难以回避的问题。

34 对此,有论者认为,倘若刑法分则规定独立预备罪是为了限制预备罪的处罚范围,那么,对于分则没有明文规定的预备行为就不应当适用刑法总则关于预备犯的规定。这是容易被人接受的结论。但是,倘若刑法分则规定独立预备罪是为了扩大预备罪的处罚范围,并且加重对预备罪的处罚,那么,对于刑法分则条文没有明文规定的其他准备行为,就必须适用刑法总则关于预备犯的规定。从《刑法修正案(九)》的立法例来看,在刑法分则条文设置独立预备罪,不是为了限制预备罪的处罚范围,而是为了扩大预备罪的处罚范围,并且加重对预备罪的处罚。《刑法》第 120 条之二第 1 款设置独立的准备实施恐怖活动罪,就是为了扩大对恐怖犯罪的处罚范围,而且使得恐怖犯罪的预备行为不可能免除处罚。所以,倘若认为某种恐怖犯罪的预备行为没有被《刑法》第 120 条之二第 1 款所包含,仍可适用刑法总则关于预备犯的规定,判处轻于独立预备罪的刑罚。[11]

35 笔者认为,立法者规定独立预备罪是为了在立法上明确预备犯的处罚范围,或者是为了实现预备犯处罚的明确化,而不是为了扩大预备罪的处罚范围。立法者对于独立预备罪的处罚范围作了明确的限定,而且,独立预备罪的法定刑起点不是非常高,基于对危害不大的预备行为不处罚的原则,对于规定独立预备罪的刑法分则条文没有描述的其他预备行为,不应仍按预备犯追究刑事责任。

2. 为了实行独立预备罪而实施的准备行为(可谓独立预备罪的预备行为),能否适用刑法总则预备犯的规定?

36 从形式上说,既然独立预备罪的行为已经是实行行为,则为了实施独立预备罪而实施的预备行为,也符合《刑法》第 22 条“为了实行犯罪”“准备工具、制造条件”的成立要件。不过,事实上的预备现象不等于刑法上的犯罪预备,仅在确实值得刑罚处罚时,为了实行独立预备罪而实施的准备行为,才能适用刑法总则关于预备犯的规定。对于为了实施《刑法》第 120 条之二规定的准备实施恐怖活动罪而实施的准备行为,应当实质判断其是否值得科处刑罚。例如,为了组织恐怖活动培训,已经联系了讲授人员与参加人员,或者准备了培训场所的,应按照《刑法》第 22 条的规定追究行为人预备犯的刑事责任;而为了组织恐怖活动培训而打工挣钱,以便将来组织恐怖活动培训有资金保障的,对于打工的行为,由于侵犯法益的危险极低,对此就不能认定为预备犯。

3. 按独立预备罪论处导致处罚程度轻于从属预备罪时,应当如何处理?

37 甲、乙等人为实施大规模杀人的恐怖活动进行了策划,准备了大量燃烧瓶,为参加人员如何对重要建筑物放火正在培训时,被警方查获。无疑,甲、乙等人构成准备实施恐怖活动罪(即独立预备罪),按《刑法》第 120 条之二第 1 款规定的法定刑处

---

11 参见张明楷:《论〈刑法修正案(九)〉关于恐怖犯罪的规定》,载《现代法学》2016 年第 1 期。

罚,最高刑为15年有期徒刑。但是,如果按放火罪的预备犯处罚,若仅是从轻处罚,则可判处10年以上有期徒刑、无期徒刑乃至死刑,处罚明显重于准备实施恐怖活动罪。那么,对此应如何处理为妥呢?笔者认为,这一情形属于独立预备罪(准备实施恐怖活动罪)与从属预备罪(放火罪的预备犯)的想象竞合犯,应从一重罪处断。这就意味着,当从属预备罪的处罚更重时,可按从属预备罪追究刑事责任。

Ⅵ 预备犯的刑事责任

38 《刑法》第22条第2款规定:"对于预备犯,可以比照既遂犯从轻、减轻处罚或者免除处罚。"关于本款的适用,需要注意以下几点:

39 (1)对预备犯原则上要从宽处罚。对于预备犯,"可以"比照既遂犯从轻、减轻处罚或者免除处罚。"可以"一词表明了立法倾向,即在通常情形下,对预备犯要从轻、减轻处罚或者免除处罚。如果对预备犯没有从轻、减轻处罚或者免除处罚,判决书应当写清楚没有从宽的具体理由。

40 (2)比照既遂犯处罚的含义。首先,所比照的既遂犯,是指按照行为人的犯罪意思,犯罪行为如果顺利发展所可能出现的既遂犯,而不是随意想象出来的既遂犯。其次,所谓比照既遂犯处罚,是指根据行为人的犯罪情节所对应的既遂犯的法定刑,在此法定刑的限度内,再适用预备犯"可以比照既遂犯从轻、减轻处罚或者免除处罚"的规定,对行为人确定合适的宣告刑。在实务中,问题有时不会如此简单,因为即使行为人顺利着手实行犯罪,结局也具有不确定性。例如,行为人意图抢劫,伺机作案,其看到甲、乙、丙、丁,甲口袋里有3000元,乙包里有5万元,丙车上有20万元,而丁身无分文;行为人正在物色抢劫目标,尚未决定抢劫谁时即被抓获的,对该抢劫预备应比照《刑法》第263条哪一档法定刑处罚呢?对此,应当区分情形来解决问题:其一,既遂结果若能特定化时,对该预备犯,应按可被特定化的既遂结果所对应的法定刑处罚。当行为人有明确的作案目标时,一般既遂结果都能够被特定化。如上例中行为人已经明确抢劫目标,准备抢劫丙,则应按抢劫20万元所对应的法定刑处罚。因为在明确目标后,行为人客观上具有抢劫20万元的高度可能性,其主观上也有相应的故意(其并非只有抢劫数额较大财物的意思,没有抢劫数额巨大财物的意思),故按照抢劫20万元所对应的法定刑处罚行为人的预备行为是合适的。其二,既遂结果若无法特定化,具有多种结局的可能性的,应按存疑时有利于被告人的处理原则,认定会发生较轻的结果,对预备犯比照既遂犯的最低档法定刑处罚行为人。既遂结果无法被特定化,主要是因为行为人尚未明确作案目标,如上例中行为人尚未明确抢劫谁时,就无法确定可能的抢劫既遂的数额。对此,应当适用《刑法》第263条"三年以上十年以下有期徒刑,并处罚金"这一法定刑,同时适用预备犯的规定进行量刑。

41 (3)预备犯处罚的上下限。从罪刑均衡原则出发,在处罚的上限方面,对预备犯的处罚原则上应当轻于既遂犯。对预备犯不从轻处罚(即按照既遂犯的法定刑处罚)是极为例外的,因为二者对法益的侵犯程度完全不可同日而语。对预备犯的处罚还应轻于情节相同的未遂犯。预备犯与未遂犯侵犯法益的程度不同,前者仅是创设了侵犯法益的危险,后者已经给法益造成了紧迫的危险,故处罚预备犯时,处罚的最上限为不得重于对未遂犯的处罚。在处罚的下限方面,对预备犯的处罚应重于情节相同的预备阶段的中止犯。

(4)从轻、减轻处罚还是免除处罚的确定。如果预备犯造成了一定损害,对其不 42
能免除处罚。有论者指出,《刑法》第 24 条第 2 款对中止犯的处罚和《刑法》第 22 条第 2 款对预备犯的处罚存在不均衡之处,主要表现在司法操作上造成损害的预备阶段的中止犯可能比造成同样损害的预备犯处罚更重;因为只要造成损害,对预备阶段的中止犯按照《刑法》第 24 条第 2 款只能是“减轻处罚”,而对于同样造成损害的预备犯,按照《刑法》第 22 条第 2 款既可能是“从轻、减轻处罚”,也可能是“免除处罚”。[12] 这种看法似乎发现了立法上的破绽,其实不然。这是因为,将对中止犯的处罚作为比较对象,在中止犯造成损害只能减轻处罚的情形下,对造成同样损害的预备犯至多只能减轻处罚,而不能免除处罚,这是理所当然的。因此,在预备犯造成损害的前提下,不能对预备犯免除处罚,只能从轻或者减轻处罚。这样,就为《刑法》第 22 条第 2 款的正确适用提供了明确的思路:对预备犯,仅在没有造成损害时才有免除处罚的可能,已经造成损害的,不能免除处罚,只能从轻或者减轻处罚;当造成的损害相当大时,对预备犯应选择从轻处罚;当造成的损害一般时,对预备犯应选择减轻处罚。这样就彻底解决了对预备犯何时从轻处罚、何时减轻处罚、何时免除处罚的问题。

(5)关于从轻处罚的幅度问题,可参照 2021 年 6 月 16 日发布的最高人民法院、 43
最高人民检察院《关于常见犯罪的量刑指导意见(试行)》“对于未遂犯,综合考虑犯罪行为的实行程度、造成损害的大小、犯罪未得逞的原因等情况,可以比照既遂犯减少基准刑的 50%以下”的规定,预备犯轻于未遂犯,根据当然解释,对预备犯从轻处罚时,起码也应比照既遂犯减少基准刑的 50%以下,减少的幅度甚至可比未遂犯更大。

12　参见袁彬、陈晓军:《预备阶段中止行为应非犯罪化》,载《检察日报》2003 年 11 月 5 日。

第二十三条　犯罪未遂

已经着手实行犯罪，由于犯罪分子意志以外的原因而未得逞的，是犯罪未遂。

对于未遂犯，可以比照既遂犯从轻或者减轻处罚。

文献:赵秉志主编:《刑法争议问题研究》(上卷),河南人民出版社 1996 年版;张明楷:《未遂犯论》,法律出版社 1997 年版;李洁:《犯罪既遂形态研究》,吉林大学出版社 1999 年版;赵秉志主编:《犯罪停止形态适用中的疑难问题研究》,吉林人民出版社 2001 年版;金泽刚:《犯罪既遂的理论与实践》,人民法院出版社 2001 年版;张德友:《不能犯——刑事上的法外空间》,吉林人民出版社 2002 年版;郑军男:《不能未遂犯研究》,中国检察出版社 2005 年版;陈家林:《不能犯初论》,中国人民公安大学出版社 2005 年版;张永江:《未遂犯研究》,法律出版社 2008 年版;赵秉志:《犯罪未遂形态研究》(第 2 版),中国人民大学出版社 2008 年版;王志祥:《犯罪既遂新论》,北京师范大学出版社 2010 年版;苏宏峰:《犯罪未遂基本问题研究》,中国政法大学出版社 2012 年版;王复春:《不能犯未遂的规范论研究》,法律出版社 2018 年版。田幸:《既遂、未遂的分界线在于是否得逞》,载《法学》1982 年第 8 期;张全仁:《试论犯罪的"着手"》,载《河北法学》1983 年第 2 期;伍柳村:《如何认定犯罪的"着手"实施》,载《法学》1983 年第 7 期;力康泰:《关于间接故意犯罪中几个问题的研讨》,载《法学研究》1984 年第 3 期;鲁嵩岳:《关于"不能犯"的几个问题》,载《法学季刊》1984 年第 3 期;张全仁:《论未遂犯的刑事责任》,载《河北法学》1984 年第 5 期;利子平:《"不能犯"质疑》,载《法学季刊》1985 年第 1 期;高格:《对犯罪未遂的比较研究》,载《吉林大学社会科学学报》1985 年第 3 期;赵秉志:《我国刑法中犯罪未遂的处罚原则》,载《法学研究》1985 年第 4 期;赵秉志:《论我国刑法中的能犯未遂与不能犯未遂》,载《法学杂志》1985 年第 4 期;李文燕:《论犯罪未遂中的"着手"》,载《公安大学学报》1986 年第 2 期;赵秉志:《论犯罪分子意志以外的原因》,载《法学研究》1986 年第 3 期;高冬竹:《试论不作为犯罪未遂的构成》,载《求是学刊》1987 年第 6 期;刘之雄:《论犯罪既遂与未遂的区分标准》,载《法学评论》1989 年第 3 期;梁世伟:《试论犯罪既遂》,载《政法学刊》1989 年第 4 期;伍柳村、丁跃雄:《犯罪未遂存在的范围及"犯罪未得逞"探析》,载《四川大学学报(哲学社会科学版)》1990 年第 4 期;段立文:《犯罪"未得逞"含义辨析》,载《法学评论》1991 年第 3 期;冯殿美:《略论故意犯罪的着手》,载《山东法学》1992 年第 3 期;高绍先:《"未得逞"辨析与犯罪未遂的种类划分》,载《现代法学》1993 年第 1 期;顾肖荣:《危险性的判断与不能犯未遂犯》,载《法学研究》1994 年第2期;李居全:《关于犯罪既遂与未遂的探讨》,载《法商研究(中南政法学院学报)》1997年第1期;侯国云:《对传统犯罪既遂定义的异议》,载《法律科学》1997年第3期;鲜铁可、周玉华:《试论危险犯的未遂犯》,载《法学杂志》1998年第6期;刘之雄:《关于故意犯罪既遂标准的再思考》,载《法商研究》1998年第6期;倪培兴:《犯罪未遂与犯罪中止辨析》,载《人民检察》1999年第9期;陈家林:《不能犯新论》,载《国家检察官学院学报》2000年第1期;陈兴良:《未完成罪研究》,载《政法论坛》2000年第3期;陈航:《对新一轮"犯罪既未遂区分标准之争"的梳理与研析》,载《河北法学》2000年第5期;黎宏:《从一案例看未遂犯和不能犯的区别》,载《中国刑事法杂志》2001年第3期;沈秀莉、白咸忠:《犯罪未遂若干问题研究》,载《法学论坛》2001年第6期;赵瑞罡、刘剑军:《关于着手实行犯罪的探讨》,载《山西大学学报(哲学社会科学版)》2002年第3期;聂立泽:《未遂犯刑事责任新论》,载《中山大学学报(社会科学版)》2004年第2期;黎宏:《刑法中的危险及其判断——从未遂犯和不能犯的区别出发》,载《法商研究》2004年第4期;廖万里:《我国刑法中的不能犯界说——以危险判断学说为基准》,载《法商研究》2005年第2期;许国鹏、杜攀:《论不能犯界定及有罪性判断》,载《法律适用》2005年第3期;郑泽善:《论未遂犯与不能犯之区别》,载《中国刑事法杂志》2005年第5期;张永江:《论未遂犯的处罚根据》,载《河北法学》2006年第10期;郑华伟:《犯罪未遂程度区分刍议》,载《人民检察》2006年第12期;何荣功:《论实行行为的危险及其判断》,载《法律科学》2007年第1期;高艳东:《着手理论的消解与可罚行为起点的重构》,载《现代法学》2007年第1期;刘晓山、刘光圣:《不能犯的可罚性判断——印象说之提倡》,载《法学评论》2008年第3期;张平:《论犯罪中止与犯罪未遂的异同及竞合》,载《同济大学学报(社会科学版)》2008年第3期;陈家林:《为我国现行不能犯理论辩护》,载《法律科学》2008年第4期;唐源:《未完成形态对数额犯罪的影响》,载《人民检察》2008年第6期;于志刚:《犯罪停止形态中基本犯与加重犯的关系》,载《中国刑事法杂志》2009年第1期;周铭川:《论实行的着手》,载《中国刑事法杂志》2009年第4期;张云平、庞旭:《不能犯的认定标准研究——以具体危险说与抽象危险说的比较为侧重》,载《中国刑事法杂志》2009年第6期;李希慧、林卫星:《并合主义:犯罪未遂的应然立场》,载《法律科学》2010年第5期;陈璇:《客观的未遂犯处罚根据论之提倡》,载《法学研究》2011年第2期;王强、胡娜:《着手理论的规范学定位与功能》,载《甘肃政法学院学报》2011年第3期;钱叶六:《未遂犯与不能犯之区分》,载《清华法学》2011年第4期;周光权:《区分不能犯和未遂犯的三个维度》,载《清华法学》2011年第4期;许恒达:《论不能未遂——旧客观说的古酒新酿》,载《清华法学》2011年第4期;陈兴良:《不能犯与未遂犯——一个比较法的分析》,载《清华法学》2011年第4期;陈兴良:《客观未遂论的滥觞——一个学术史的考察》,载《法学家》2011年第4期;劳东燕:《论实行的着手与不法的成立根据》,载《中外法学》2011年第6期;郑军男、王茜:《韩国刑法不能犯之探究——以韩国刑法第27条为核心》,载《当代法学》2013年第1期;孙杰:《不能犯中的客观危险及其批判——兼论不能犯中危险的含义》,载《河北法学》2013年第2期;杜文俊:《刑法中的对象应否限于"真的"宜具体分析——兼议对象不能犯是否成立未遂犯》,载《甘肃政法学院学报》2014年第3期;马乐:《未遂犯的处罚与结果要素的重新定位》,载《安徽师范大学学报(人文社会科学版)》2014年第6期;张苏:《不能犯的危险构造与司法判断》,载《法律适用》2014年第9期;梁根林:《未遂犯处罚根据论:嬗变、选择与检验》,载《法律科学》2015年第2期;冀洋:《客观危险说:立场与方法的辨证》,载《清华法学》2015年第4期;黄悦:《从危险概念看不能犯的判断》,载《现代法学》2015年第4期;黄悦:《论未遂犯的着手》,载《东岳论丛》2015年第8期;韩其珍:《不能犯研究——以司法裁判对不能犯的认定为中心的展开》,载《当代法学》2016年第4期;张志钢:《"未遂犯是危险犯"命题否定论》,载《当代法学》2016年第6期;黎宏:《论盗窃罪数额犯的未遂》,载《环球法律评论》2018年第1期;周铭川:《论数额加重犯的未遂犯》,载《交大法学》2018年第3期;何龙:《论不能犯的不可罚性》,载《法律科学》2018年第4期;柏浪涛:《未遂的认定与故意行为危险》,载《中外法学》2018年第4期;聂长建:《不能犯与未遂犯区分标准研究》,载《法商研究》2018年第6期;吕翰岳:《未遂处罚根据的功能性危险论证》,载《中外法学》2019年第6期。

细目录

Ⅰ 主旨

Ⅱ 沿革

Ⅲ 犯罪未遂的处罚根据及其法律特性

一、处罚根据

二、法律特性

Ⅳ 犯罪未遂的成立要件

一、犯罪未遂的客观要件

二、犯罪未遂的主观要件

Ⅴ 不能犯

一、不能犯的原因

二、不能犯的种类

三、不能犯的判断标准

四、不能犯的处理

Ⅵ 未遂犯的刑事责任

一、比照既遂犯处罚

二、"可以"的理解

三、从轻、减轻处罚的适用

四、未遂犯与既遂犯竞合的处理

I　主旨

《刑法》第 23 条对犯罪未遂的概念及其刑事责任作了明确规定。犯罪未遂是指已经着手实行犯罪,由于犯罪分子意志以外的原因而未得逞的犯罪未完成形态。在犯罪未遂中,如何认定着手,如何判断行为存在侵犯法益的具体危险从而区分应受处罚的未遂犯与不可罚的不能犯,如何理解未得逞,始终是刑法理论与司法实务的焦点。只有联系犯罪未遂的法律特性(处罚根据),才能避免形式化地把握犯罪未遂的成立要件。 1

Ⅱ　沿革

对于犯罪未遂的立法,我国曾有过总则规定与处罚以分则明文规定为限相结合的立法例和只设立总则性规定的立法例,立法机关最终选择了后者。1979 年《刑法》第 20 条规定:“已经着手实行犯罪,由于犯罪分子意志以外的原因而未得逞的,是犯罪未遂。对于未遂犯,可以比照既遂犯从轻或者减轻处罚。”在修订 1979 年《刑法》的过程中,虽然学界提出了应当采用总则概括规定与分则具体规定相结合等立法建议[1],但是,基于“原则上没什么问题的,尽量不作修改”的立法指导思想,立法机关未采纳上述立法建议,对 1979 年《刑法》第 20 条未作修改。 2

Ⅲ　犯罪未遂的处罚根据及其法律特性

一、处罚根据

如果分则条文规定的犯罪都是犯罪既遂的情形,那么,行为人在犯罪故意支配下着手实行犯罪,但未能造成既遂结果时,刑法处罚未遂行为的实质根据何在?是因为行为具有侵害法益的客观危险,还是因为行为人主观上有犯罪意思,或者二者兼而有之?认为未遂犯的处罚根据在于发生了法益侵害的客观危险性的,称为客观的未遂论,其中又有形式的客观说与实质的客观说之分。[2] 认为未遂犯的处罚根据在于显示犯罪人的性格危险性的、与法律相敌对的犯罪意思的,称为主观的未遂论。将这两 3

1　参见赵秉志主编:《刑法修改研究综述》,中国人民公安大学出版社 1990 年版,第 154 页。

2　形式的客观说认为,发生构成要件结果的现实危险性或者实现犯罪的现实危险性是未遂犯的处罚根据,是否具有该现实危险应以各刑罚法规规定的构成要件为基准进行形式的判断。实质的客观说则认为,侵犯法益的危险是未遂犯的处罚根据,应从实质上判断是否具有这种危险。其中,行为危险说认为,作为未遂犯处罚根据的危险是“行为的危险”(行为的属性),即行为所具有的侵害法益的危险性;危险结果说认为,作为未遂犯处罚根据的危险是“作为结果的危险”,即行为所造成的危险状态;综合的危险说认为,行为的危险与作为结果的危险是未遂犯的处罚根据,二者同时具备才能成立未遂犯。参见张明楷:《刑法学》(第 6 版),法律出版社 2021 年版,第 436 页。

种未遂论加以调和、折中的,就是折中的未遂论,其认为未遂犯的处罚根据首先是实现犯罪的现实危险性,其次也须考虑行为人的主观内容。[3] 未遂犯的处罚根据(在客观危险与犯罪意思之中,何者是处罚未遂犯的核心)与未遂犯的成立要件(不法与责任同时存在,才能成立未遂犯)是不同的问题;如果混淆二者,就会误认为客观的未遂论或者主观的未遂论违反主客观相统一原则。

4 研究未遂犯的处罚根据,有助于立法者科学地进行未遂犯的刑事立法,有助于司法人员准确判断案件中的行为是否成立犯罪未遂。因此,在德国、日本刑法学中,未遂犯的处罚根据是未遂犯论的核心问题之一,讨论深入,学说众多[4],但我国刑法学以往对此不够重视,并未形成多少学说。

5 我国学界讨论未遂犯处罚根据的传统路径是,在"未遂犯应负刑事责任的依据"[5]或者"未遂犯承担刑事责任的根据"[6]中讨论这一问题。传统看法认为,主客观相统一的刑事责任理论,是未遂犯应负刑事责任的科学依据;未遂行为符合修正的犯罪构成,具备客体、客观、主体、主观四个方面的要件;在犯罪未遂的情况下,行为人主观上具备犯罪故意,客观上实施了严重威胁和侵害犯罪客体的实行行为,有的甚至已经发生了一定的危害结果,其未能完成犯罪是由于行为人意志以外的原因所致,犯罪未遂以其主客观要素的综合而具备了相当严重程度的社会危害性,具备犯罪的特征,这就为刑法处罚犯罪未遂提供了实质根据。[7]

6 未遂犯承担刑事责任的根据在于其符合修正的犯罪构成[8],这种看法充其量仅是解释了认定未遂犯的司法根据,无法回答立法者宣告未遂行为也是犯罪的根据何在的问题。传统观点实际上认为严重的社会危害性是未遂犯的处罚根据。[9] 在实务上,普遍以未遂行为具有严重的社会危害性为由论证其可罚性。如对于以为拐卖的是妇女,实际拐卖的是以男性为主的两性畸形人的案件,"因为行为人的疏忽或者是

---

3 有关未遂犯处罚根据的争论,涉及应受处罚的是行为人还是行为,刑法所应重视的是社会防卫还是国民自由的保障,刑法应采取必罚主义还是采取谦抑主义等刑法学的根本问题,还会影响对未遂犯的具体问题的看法。对此,客观的未遂论与主观的未遂论各有不同的回答。参见张明楷:《刑法的基本立场》(修订版),商务印书馆 2019 年版,第 298—305 页。

4 参见〔德〕克劳斯·罗克辛:《德国刑法学总论》(第 1 卷),王世洲译,法律出版社 2005 年版,第 254—266 页;张明楷:《未遂犯论》,法律出版社 1997 年版,第 30—40 页。

5 参见赵秉志主编:《犯罪停止形态适用中的疑难问题研究》,吉林人民出版社 2001 年版,第 15—21 页;赵秉志:《犯罪未遂形态研究》(第 2 版),中国人民大学出版社 2008 年版,第 50—64 页。

6 参见马克昌主编:《犯罪通论》(第 3 版),武汉大学出版社 1999 年版,第 459—461 页。

7 参见高铭暄主编:《刑法学原理》(第 2 卷),中国人民大学出版社 1993 年版,第 284—285 页;赵秉志:《犯罪未遂形态研究》(第 2 版),中国人民大学出版社 2008 年版,第 56—61 页。

8 参见马克昌主编:《犯罪通论》(第 3 版),武汉大学出版社 1999 年版,第 461 页。

9 参见张永江:《未遂犯研究》,法律出版社 2008 年版,第 57—58 页。

相关知识的欠缺,致使意图实施的行为与其实际实施的行为形似而质异,才未能发生行为所希望的犯罪后果,仍具有社会危害性,不影响拐卖妇女罪的成立,只对犯罪形态产生影响,应以拐卖妇女(未遂)罪追究行为人的刑事责任"[10]。传统观点向来认为,社会危害性是主客观相统一的,既取决于客观危害,也取决于犯罪意思(主观恶性)。这种不区分何种为核心、认为二者同等重要的看法,必然导致处罚未遂犯的根据在客观危害与犯罪意思之间来回游移,从而无法固定重心,最终倒向主观的未遂论。如在贩卖假毒品的案件中,不问行为人可能贩卖真毒品的概率大小,实务上一律认定为贩卖毒品罪未遂。要改变这一现状,就有必要另觅路径讨论未遂犯的处罚根据。

当前,学界部分学者采用德日刑法学的路径讨论未遂犯的处罚根据。其中,有人主张主观的未遂论,认为处罚未遂犯的唯一根据是行为人的主观罪过。[11] 有人主张折中的未遂论,认为我国刑法对未遂犯的处罚是兼顾主客观两个方面,但偏重主观方面。[12] 但相较而言,客观的未遂论在学说上是多数说。在客观的未遂论中,有人认为,未遂犯是具体危险犯,未遂行为具有造成结果发生的危险是其处罚根据之所在(结果危险说)。[13] 有人认为,我国刑法在文字上似乎处罚所有故意犯罪的未遂,但实际上未遂犯的处罚具有例外性,这种例外性说明我国刑法采取了客观的未遂论;虽然我国刑法规定对于未遂犯"可以"从轻或者减轻处罚,但它表明了刑事立法的倾向性意见,即通常应对未遂犯比照既遂犯从轻、减轻处罚,这也排除了主观的未遂论。[14] 有人认为,未遂犯的处罚根据在于,未遂行为具有引起侵害法益结果的具体危险;如果未遂犯的处罚根据在于行为人主观恶性的流露,则没有必要区分未遂犯和预备犯,但我国刑法明确区分未遂犯和预备犯,这表明我国刑法采取的是客观的未遂论。[15] 有人认为,未遂的处罚根据在于行为人的行为具有适合于实现构成要件的危险性,且已经发展至危殆化的状态;这里的危险性是指理性裁判者将自己代入行为人的感官知觉中并据此作出事实理解后判断其行为具有实现构成要件的可能性;这里的危殆化是指在行为的作用范围内已经产生对他人的交互性影响,这种危殆化破坏了举止规范效力的认识基础。[16] 主张客观的未遂论的潜在理由是,"在现代法治国的不法理论框架内,作为主观未遂论之具体表现的计划理论和印象理论均具有不可克服的内在缺陷。主观的未遂犯处罚根据论虽为德国的通说且被立法所采纳,但这不 7

10 最高人民法院刑事审判第一庭编:《刑事审判参考》总第 11 辑(第 77 号),法律出版社 2000 年版,第 13 页。

11 参见梅传强、张有胜:《论未遂犯的处罚依据》,载《政法学刊》2002 年第 5 期。

12 参见张永江:《未遂犯研究》,法律出版社 2008 年版,第 59—63 页。

13 参见陈兴良:《教义刑法学》(第 3 版),中国人民大学出版社 2017 年版,第 626 页。

14 参见张明楷:《刑法学》(第 6 版),法律出版社 2021 年版,第 438 页。

15 参见黎宏:《刑法学总论》(第 2 版),法律出版社 2016 年版,第 241 页。

16 参见吕翰岳:《未遂处罚根据的功能性危险论证》,载《中外法学》2019 年第 6 期。

仅有其特定的历史原因,而且目前正受到日益激烈的批判。从世界范围来看,未遂犯论的客观化已成为刑法学发展的趋势和潮流"[17]。

8 从刑法教义学出发,我国未遂犯的处罚根据应采取何种学说,不能出于单纯的价值宣示,而应有其规范基础。"刑法基本立场上主张何种未遂犯处罚根据论是一回事,根据刑法教义学的逻辑承认何种未遂犯处罚根据论又是另一回事。"[18]对于未遂犯的处罚根据,必须结合我国刑法规定来加以分析。

9 第一,《刑法》第 13 条但书规定,情节显著轻微危害不大的,不认为是犯罪。如果认为但书中"情节显著轻微危害不大"仅指客观方面显著轻微危害不大,则意味着行为是否成立犯罪的核心取决于行为侵犯法益的方式、样态、程度等客观因素,故只能从这些客观因素中寻找未遂犯的处罚根据。如果认为"情节显著轻微危害不大"既包含客观方面显著轻微危害不大,又包含主观方面显著轻微危害不大,那么,除因利他动机等少数情形下可能被认定为主观恶性显著轻微危害不大外,对于通常情形下的盗窃故意、诈骗故意,无法认定为显著轻微危害不大。在实务中,对情节并不严重的盗窃未遂、诈骗未遂,一般不会追究行为人盗窃未遂、诈骗未遂的刑事责任。要解释这一现象,在无法认定盗窃故意、诈骗故意显著轻微危害不大时,就只能认为行为人盗窃、诈骗行为侵犯法益的方式、样态、程度显著轻微危害不大,不构成犯罪,故不成立未遂犯。这同样意味着只能从客观因素中寻找未遂犯的处罚根据。[19]

10 第二,联系《刑法》第 15 条要求危害结果实际发生的规定,《刑法》第 14 条"明知自己的行为会发生危害社会的结果,并且希望或者放任这种结果发生"中的"希望或者放任这种结果发生",明显要求有结果发生的可能性。行为人主观上认为自己的行为会发生危害社会的结果,并且希望或者放任这种结果发生,但客观上没有发生这种结果的可能性的,如没有一技之长且未出过国的小无赖想盗窃大英博物馆的藏品,或者行为人以为诅咒能杀人,每日诅咒被害人死亡的,这些内心想法只能称为白日梦,不属于规范评价意义上的盗窃犯罪故意、杀人犯罪故意。换言之,一种心理态度能否在规范上被评价为犯罪故意,取决于其意图实施的行为在客观上是否具有发生法益侵害结果的可能性。从《刑法》第 14 条出发,既然犯罪意思的成立以行为具有侵犯法益的客观危险为逻辑前提,就应直爽地承认,未遂犯的处罚根据在于行为具有造成法益侵害结果的客观危险(结果危险说)。

---

17 陈璇:《客观的未遂犯处罚根据论之提倡》,载《法学研究》2011 年第 2 期。

18 梁根林:《未遂犯处罚根据论:嬗变、选择与检验》,载《法律科学》2015 年第 2 期。

19 虽然也可认为,对于上述盗窃未遂、诈骗未遂不追究刑事责任,是宽严相济刑事政策的结果。但是,刑事政策不能直接架空刑法条文本身的规定,盗窃未遂、诈骗未遂应否作为未遂犯加以处罚,归根到底只能由刑法本身来决定(即根据是否具备未遂犯的处罚根据来决定)。因此,刑事政策仅是解释为什么不处罚上述盗窃未遂、诈骗未遂的辅助路径,未遂犯的处罚根据才是主要路径,不可以前者取代后者。

第三,从《刑法》第 20 条出发,要成立不法侵害,要求行为具有能使国家、公共利益、本人或者他人的人身、财产和其他权利正在遭受侵害的属性。犯罪行为首先是一个不法侵害行为,因此,作为未遂犯的未遂行为,同样必须具有能使法益正在遭受侵害的客观属性。可见,《刑法》第 20 条也支持客观的未遂论。 11

第四,从《刑法》第 22 条、第 23 条来看,预备犯、未遂犯、既遂犯三者的刑事责任不同。在犯罪意思方面,预备犯、未遂犯、既遂犯并不存在重大差异。如果认为未遂犯的处罚根据在于行为人的犯罪意思,行为具有侵犯法益的客观危险不是处罚未遂犯的核心因素,则预备犯、未遂犯、既遂犯的刑事责任就应相同,但这一结论不符合刑法规定。采取客观的未遂论,有利于解释《刑法》第 22 条、第 23 条关于预备犯、未遂犯刑事责任的规定。 12

第五,根据《刑法》第 24 条的规定,在犯罪过程中,行为人只有自动有效地防止犯罪结果发生的,才成立中止犯。这意味着行为仅在具有发生既遂结果的可能性时,才能被认定为中止犯。中止犯(中止未遂)与未遂犯(障碍未遂)虽然存在不同,但在犯罪没有既遂(未得逞)这一点上是相同的,仅是未能既遂的原因存在区别而已。若能认识到中止犯与未遂犯存在相同之处,同时认识到成立中止犯要求行为具有发生既遂结果的可能性,便意味着成立未遂犯同样要求行为具有发生既遂结果的可能性。客观的未遂论中的结果危险说,有利于解释《刑法》第 24 条的规定。 13

总之,“无论是根据当代刑法的基本立场,还是参照世界范围内未遂犯理论、立法与判例的变迁,抑或从中国当下的法治语境及客观需要出发,客观未遂论较之于主观未遂论,都是更为妥当和可采的未遂犯处罚根据理论”[20]。客观的未遂论要求从行为是否具有侵犯法益的客观危险出发,来解释未遂犯的成立要件。对于刑事司法而言,判断某一行为是否成立未遂犯时,司法人员应将主要精力放在判断行为是否具有侵犯法益的客观危险上,不能仅以行为人具有犯罪意思、对社会很危险为由,便认定其成立未遂犯。 14

二、法律特性

从客观的未遂犯论出发,犯罪未遂的法律特性如下: 15

第一,具有既遂的可能。犯罪未遂的一大特色在于行为人创设或者支配侵犯法益的危险,法益已经处于紧迫的危险之中,犯罪具有既遂的高度可能性。将犯罪未遂理解为已经爆发但由于其他原因未能造成应有损害的风暴,是既形象又合适的,借此可以很好地理解犯罪未遂的法律特性。既然创设侵犯法益的危险达到一定程度的预备行为都是可罚的,犯罪未遂危及法益的危险更大,其就更加具有可罚性。 16

第二,非本人消灭既遂危险。犯罪未遂的另一特色在于虽然其具有造成犯罪既遂的危险,但事实上未能造成犯罪既遂。在已经着手实行但未能造成既遂这一点 17

---

20 梁根林:《未遂犯处罚根据论:嬗变、选择与检验》,载《法律科学》2015 年第 2 期。

上,犯罪未遂与已经着手后的犯罪中止是相同的,但在未能发生既遂结果的原因上,二者存在重大不同:犯罪未遂并非行为人本人消灭了既遂危险,而是由于行为人意志以外的客观障碍导致既遂结果无法发生;犯罪中止则是行为人自动消灭了既遂危险,因而既遂结果无法发生。在犯罪的过程中,最容易控制犯罪过程的人当然是行为人本人,从保护处于危险之中的法益这一角度出发,刑法号召行为人自动消灭既遂危险,即可得到宽大处理;而犯罪未遂的行为人未响应刑法的号召,在从宽的程度上自然低于犯罪中止。

Ⅳ　犯罪未遂的成立要件

18　通说认为,犯罪未遂的成立要件包括:①已经着手实行犯罪;②犯罪未得逞;③犯罪未得逞是由于行为人意志以外的原因。这三个要件主要是对犯罪未遂客观要件的描述。除客观要件外,犯罪未遂还有其主观要件。判断行为是否构成犯罪未遂时,同样应当重视犯罪未遂的主观要件。

一、犯罪未遂的客观要件

(一)已经着手实行犯罪

1.普通情形着手的认定

19　犯罪未遂的每一个成立要件都有其特定机能。在原则上不处罚犯罪预备的国家,行为人是否已经着手实行犯罪,具有限定处罚范围的机能,是罪与非罪的分界线;在处罚犯罪预备的国家,行为人是否已经着手实行犯罪,具有区分犯罪预备与犯罪未遂的机能。因此,准确判断行为人是否已经着手,具有非常重要的刑法意义。

20　通说认为,所谓着手实行犯罪,是指行为人已经开始实施刑法分则规范中具体犯罪构成要件的行为。例如,故意杀人罪中的杀害行为,抢劫罪中侵犯人身的行为和劫取财物的行为等。[21] 这种观点当然是正确的,因为已经开始实施刑法分则规范中具体犯罪构成要件的行为意味着行为人已经开始实施实行行为,既然行为人已经开始实施实行行为,就意味着行为人已经着手。不过,从实践的角度看,通说属于一种能够在纸面上自圆其说,但是在实践中缺乏可操作性的学说。因为通说一方面有循环论证的味道,另一方面提供的仅是一个形式化的判断标准,并未提供实质标准来界定哪些行为属于故意杀人罪中的杀害行为,哪些行为属于抢劫罪中侵犯人身的行为和劫取财物的行为。例如,行为人拿着刀子,在被害人身后 8 米远的地方紧紧跟随被害人,伺机杀人,这是否属于已经实施故意杀人罪中的杀人行为?再如,抢劫犯意图抢劫司机,带着凶器乘坐出租车,是否属于已经实施抢劫罪构成要件的行为?对

---

[21] 参见高铭暄、马克昌主编:《刑法学》(第 9 版),北京大学出版社、高等教育出版社 2019 年版,第 149—150 页。

此,通说试图给出判断方法:预备行为的本质和作用是为分则犯罪构成行为的实行和完成创造便利条件,为其创造现实的可能性;而分则具体犯罪构成中实行行为的本质和作用,则是要直接完成犯罪,要将预备阶段存在的实行和完成犯罪的可能性转变为现实性。然而,哪些行为属于创造完成犯罪的可能性的行为,哪些行为属于将完成犯罪的可能性转变为现实性的行为,二者的实质判断标准是什么,通说依然语焉不详。

通说还可能存在以下两个方面的问题:第一,可能将着手的认定过于提前。例 21
如,在北京的男性给在南京的女性打电话,要求该女子乘坐当日的高铁来北京与其发生性关系,不然日后杀害女性全家。从表面上看,行为人似乎已经开始实施刑法分则具体犯罪构成要件中的行为了——行为人以奸淫为目的,对女性实施了胁迫,按照通说应当认定行为人已经着手实施强奸,但这是不合适的,因为行为人仅是为将来的奸淫制造条件。可见,在类似情形中,通说容易将着手的认定提前。第二,可能将着手的认定过于推后。例如,行为人以强奸为目的,夜间潜入女性房间,正在脱自己的衣服准备上床时,女性醒来,行为人被抓住,在这样的情形下行为人似乎尚未采取暴力、胁迫或者其他手段强奸女性,按照通说就不能认定行为人已经着手实施强奸,但是认定行为人构成犯罪预备是不合适的,因为这已经不是为强奸制造条件,女性被强奸的危险已经迫在眉睫。可见,在类似情形中,通说容易将着手的认定推后。

着手的判断并非易事,还因为人们习惯于将行为人的身体举动与着手紧密地联 22
系在一起。虽然多数案件中的着手可以通过行为人的身体举动来进行判断,然而,着手并不是一个可以进行直观观察的事实判断概念,着手本质上属于需要进行价值判断(是否对法益构成了紧迫的危险)的规范评价概念。多年来,学界一直认为着手属于事实判断概念,所以,对于很多情形中行为人的举止是否属于着手争论不休。例如,行为人为杀害某人,将地雷埋在被害人必经之路后就走了,半小时以后被害人才到,实务上有人认为埋地雷时行为人即属于已经着手杀人,因为这种情形与行为人蹲在那里,用枪瞄准,等待被害人毫无区别。[22] 出现这种观点是容易理解的,因为行为人埋好地雷之后即离开现场,如果认为被害人到达现场时才构成着手杀人,即会出现"行为人已经离开现场,什么也未干,其是如何着手杀人的"这样的问题。之所以出现这样的疑问,是因为人们对着手采取了事实判断,行为人总得在现场实施一定行为才能将其认定为着手。然而,着手的本质是侵犯法益,给法益造成了紧迫的危险。法益是否面临紧迫的危险,需要法官结合案件事实进行规范评价。行为人虽然已经在被害人必经之路上埋好了地雷(暂不考虑是否危害公共安全),但是,被害人半个小时之后才能到达,这意味着埋地雷的行为虽然创设了危及被害人生命、健康的危险,但此时这种危险还不够紧迫,被害人尚未面临即刻的死伤危险,因此,当

---

[22] 参见张军、姜伟、郎胜等:《刑法纵横谈(总则部分)》(增订版),北京大学出版社 2008 年版,第 229 页。

然不能将埋地雷的行为认定为杀人的着手;只有被害人出现在现场附近时,此时被害人的生命、健康才面临紧迫的危险,才应当认定行为人构成故意杀人的着手。关于举枪瞄准、随时准备开枪的行为,如果被害人尚未到达,或者尚未出现在行为人的视野范围内时,这种举枪瞄准被害人必经之路的行为对被害人的生命、健康不能构成紧迫的危险,在本质上同样属于为杀人制造条件的行为,不属于着手杀人。[23]

23 如何认定着手,是各国刑法学共同面临的难题。对此,有主观主义与客观主义两种基本的思路。主观主义的思路是从行为人的主观方面出发来认定着手,如新派刑法学认为,犯罪是行为人危险性格的发现,故行为人意思的危险性或者犯罪意思被发现时就是着手;也有人认为,当行为表示出行为人的犯罪意思没有二义的、不可能取消的确定性时,就是着手。[24] 英美法系虽未采用"着手"的概念,但同样存在未遂起点的问题,其中,犯意确证说认为,当某个行为具有明显的犯罪意图,行为人的犯罪心理可以从这一行为得到确证,这个行为除表明犯罪以外不能作任何其他解释时,就足以构成犯罪未遂。[25] 就理论而言,我国刑法不应采用主观主义的思路,因为与外国原则上不处罚犯罪预备不同,我国刑法原则上处罚犯罪预备(当然,处罚范围需要限缩),犯罪预备同样需要行为人具有确定的犯罪意思。采取主观主义的思路,将导致在我国无法区分犯罪预备与犯罪未遂。

24 客观主义的思路是暂时撇除行为人的犯罪意思,从犯罪的客观方面出发来认定着手。既然犯罪未遂是因为其给刑法所保护的法益创设了紧迫的危险,因而受到刑法的禁止,那么,是否存在着手,当然应从行为人的行为是否给法益造成紧迫的危险[26]来进行客观的判断。行为必须给法益造成了紧迫的危险,才属于着手。所谓紧迫的危险,是指如果任凭事态发展,法益即将遭受侵害。犯罪预备同样给法益创设了一定的危险,但是,犯罪预备所创设的危险是一种并不紧迫的危险,即如果任凭事态发展,法益虽然目前一时还不会遭受侵害,但只要没有出现意外,法益终将遭受侵害。通俗的比方是,犯罪预备所创设的危险犹如慢性病,在慢慢侵蚀病人的健康;而犯罪未遂所创设的危险则犹如急性病,快速摧毁病人的健康。

25 在实务上,司法人员已经在一些案件中开始采用紧迫危险说判断犯罪的着手。如行为人携带凶器乘坐出租车,伺机中途抢劫,但被司机及时发现的,法院认为,"着手"抢劫的认定标准应以出租车司机的人身和财产法益所面临的危险是否具有紧迫

---

[23] 正是因为对着手采取事实判断,而不进行规范的评价,从而导致实行行为与实行的"着手"以及未遂犯的成立之间是何种关系,呈现复杂化局面。

[24] 参见张明楷:《外国刑法纲要》(第3版),法律出版社2020年版,第233页。

[25] 参见储槐植、江溯:《美国刑法》(第4版),北京大学出版社2012年版,第103页。

[26] 刑法上的危险概念,具有多种含义,既可能指主观危险(行为人内心的危险),也可能指客观危险,即造成法益侵害结果的危险。这里的危险是一种客观危险。无论行为人内心多么危险,只要行为在客观上并无侵害法益的危险,就不能认定行为人已经着手实行犯罪。

性来判断,如果犯罪行为人以抢劫为目的乘坐出租车,但还未采取任何暴力、胁迫手段,则法益所面临危险的紧迫性并不明显,就不能认定已经着手抢劫。[27] 至于行为能否给法益造成紧迫的危险,需要联系行为人所采用的手段、方式,行为所指向的具体对象,实施行为的具体时间、地点进行综合判断。2002 年 8 月 12 日 18 时许,被告人刘某在其出租屋内写了 16 封恐吓信,内容为:有人要买你家人一只手,赶快汇 1 万元到指定账户,否则后果自负。8 月 13 日凌晨 4 时 30 分许,刘某携带写好的 16 封恐吓信骑自行车路过某花园住宅区,见该小区门口都有信箱,便将其中的 6 封恐吓信分别投入 6 家住户的信箱,当刘某欲继续投信时,被巡逻的保安员发现,刘某便弃下自行车及剩下的 10 封恐吓信逃离现场。一审法院认定被告人刘某敲诈勒索他人共 16 万元,因其意志以外的原因而未勒索得逞,是犯罪未遂,应比照既遂犯从轻处罚。刘某上诉后,二审法院驳回上诉,维持原判。[28] 从形式上看,刘某已经开始投递恐吓信,似乎属于敲诈勒索的着手,但是,刘某投递恐吓信时为凌晨 4 时 30 分许,此时被害人不可能看到恐吓信进而产生恐惧心理,因此,投递恐吓信的行为尚不能使被害人的财产法益处于被侵害的紧迫危险状态之中,该行为本质上仍属于为敲诈勒索制造条件的预备行为,将被告人认定为敲诈勒索罪的预备犯,才是合适的。

采用紧迫危险说判断犯罪的着手,有助于实务纠偏。实务方面,为了销售假冒注册商标的商品而实施的购买行为,是否属于犯罪的着手,一些判决持肯定态度。[29] 但是,单纯的购买行为在实质上属于为后续销售行为制造条件的行为,购买行为本身并不能对销售假冒注册商标的商品罪的保护法益造成紧迫的危险,故对于为了销售而购买假冒注册商标的商品,尚未来得及销售就案发的,应当认定为销售假冒注册商标的商品罪的犯罪预备。 26

2.特殊情形着手的认定

(1)间接正犯的着手。间接正犯是指从外观上看,行为人本人并未直接实施犯罪,而是操纵、利用他人实施犯罪的情形。如成年人利用儿童在超市盗窃,即属于间接正犯的情形。讨论间接正犯的着手具有实务意义。例如,甲想杀乙,在咖啡中投毒,然后对不知情的服务员说:“请将这杯咖啡端给乙喝。”不料,服务员在端送途中不小心打翻了咖啡。甲是构成故意杀人罪的预备犯还是未遂犯,就取决于如何认定间接正犯的着手。 27

关于间接正犯的着手,存在被利用者标准说与利用者标准说的对立。被利用者标准说认为,朴素地从外观上看,看得见的实行行为是被利用者(工具)实施的,因 28

27　参见最高人民法院刑事审判第一、二、三、四、五庭主办:《刑事审判参考》总第 76 集(第 643 号),法律出版社 2011 年版,第 5—6 页。

28　参见广东省佛山市中级人民法院(2002)佛刑终字第 74 号刑事裁定书。

29　参见最高人民法院刑事审判第一、二、三、四、五庭主办:《刑事审判参考》总第 58 集(第 456 号),法律出版社 2008 年版,第 11—12 页。

此,被利用者的行为的开始时点属于实行的着手。利用者标准说则认为,着手是由于利用者自身的参与才获得了正犯性,间接正犯所实施的行为(即利用媒介的行为),才是间接正犯者的实行行为,因此,利用者的行为的开始的时点,属于间接正犯的着手。

29 被利用者标准说是合理的。利用者的行为与被利用者的行为未必能够一体化,间接正犯能否给法益造成紧迫的危险,归根到底取决于被利用者的行为,因此,被利用者行为的开始,才属于着手。成年人让幼儿去超市偷东西,幼儿走到超市门口看见有玩具,立刻去玩玩具,忘记偷东西一事,后直接回家的,对此应认定间接正犯尚未着手盗窃,仅属于盗窃预备。

30 (2)隔离犯的着手。隔离犯,是指行为人所实施的行为与发生构成要件结果之间存在时间、场所的间隔的情形。例如,通过邮局从上海将有毒食品寄给北京的被害人,企图毒杀被害人,即属于隔离犯。对于隔离犯的着手,存在发送主义与到达主义的争论。发送主义主张,行为人从邮局寄送有毒食品时,即为着手。到达主义认为,被害人收到有毒食品时,才能认定着手。

31 隔离犯本质上是间接正犯的一种,如上例中行为人就是试图利用不知情的邮递员来完成杀人行为。如果间接正犯的着手采取被利用者标准说,那么,在隔离犯中,合乎逻辑的结论就是应当采用到达主义,而不是发送主义。这是因为,一方面,行为人在邮局邮寄有毒食品,即使完成了邮寄手续,也不意味着邮递员立刻开始运送,即被利用者的行为可能尚未开始;另一方面,由于存在地点、时间的间隔,在行为人邮寄有毒食品时,被害人的生命、健康虽然面临着一定的危险,但这种危险尚不紧迫,只有在被害人收到有毒食品时,因为被害人随时可能吃下该食品,此时被害人的生命、健康才面临紧迫的危险,因此,采用到达主义是合适的。

32 (3)原因自由行为的着手。在行为人实施原因行为时(如饮酒、吸毒等)具有责任能力,但是实施结果行为时(如交通肇事、故意杀人等)没有责任能力或者只有限制责任能力(《刑法》第18条第3款),行为人对结果行为是否应当承担刑事责任,专门解决这一问题的是原因自由行为理论。

33 关于原因自由行为的着手,一种观点认为,在具有责任能力的状态下实施原因行为时,属于着手;另一种观点则认为,在无责任能力或者限制责任能力状态下实施结果行为时,属于着手。[30] 第一种观点并不合适,因为行为人实施原因行为时,未必能够给法益造成紧迫的现实危险。例如,行为人原本打算过量饮酒、陷入无责任能力后杀人,但大量饮酒后,醉酒睡着了,在这种情形下,原因行为(饮酒行为)在客观上就不具有侵犯法益的紧迫危险。行为人实施结果行为时,意味着法益面临紧迫的危险,因此,将实施结果行为认定为着手,是妥当的。但是,第二种观点有可能缩小着手的成立范围。在笔者看来,无论是原因行为还是结果行为,若能给法益造成紧迫的危险,都可以构成着手。

---

30 参见张明楷:《外国刑法纲要》(第3版),法律出版社2020年版,第238页。

(4)不真正不作为犯的着手。所谓不真正不作为犯,是指以不作为方式实施那些既可以作为方式也可以不作为方式完成的犯罪。故意杀人罪是典型的不真正不作为犯。关于不真正不作为犯的着手,存在以下学说:第一种观点认为,在行为人(作为义务人)具有作为可能性的最初阶段认定着手,因为对行为人的命令存在于防止结果发生的最初阶段。例如母亲为了让婴儿饿死而首次不喂奶时,就是着手。第二种观点认为,在可以防止结果发生的最后阶段才构成着手,因为保证人只需要在最后防止结果发生即可。第三种观点认为,迟延履行作为义务,给被害人造成直接危险或者使原来的危险增大时,才属于着手。[31] 34

在行为人具有作为可能性的最初阶段认定着手,可能导致着手过于提前,因为母亲为了让婴儿饿死而首次不喂奶时,婴儿此时尚未面临被饿死的紧迫危险,此时的危险主要是母亲想杀害婴儿的主观危险,而不是婴儿即将面临死亡的客观危险。因此,第一种观点并不合适。第二种观点可能导致着手过于推迟,因为按照这种观点,仅在婴儿被饿得奄奄一息时,母亲仍不喂奶才属于故意杀人的着手,这导致对着手的认定过于推后了。笔者赞成第三种观点,即如果行为人不履行义务,法益将会面临紧迫危险时,即属于不真正不作为犯的着手。例如,尽管母亲不喂奶尚未导致婴儿奄奄一息,但是已经致使婴儿相当饥饿,危及婴儿生命、身体健康时,即属于故意杀人的着手。 35

(二)犯罪未得逞

犯罪未得逞这一要件具有区分犯罪未遂与犯罪既遂的机能。对于未得逞的理解,犯罪结果说(犯罪未得逞是指未发生法律规定的犯罪结果)与犯罪目的说(犯罪未得逞是指未能实现行为人的犯罪目的)属于少数说,构成要件齐备说(犯罪构成要件说)属于通说。构成要件齐备说认为,犯罪是否得逞取决于行为人的行为是否齐备了刑法分则具体犯罪构成所规定的犯罪客观要件。 36

通说认为,不同类型的犯罪,其客观构成要件是否齐备的判断标准不同,所以,需要对犯罪进行分类,采取不同标准来判断犯罪是否得逞:一是对结果犯而言,只有发生了法定的犯罪结果,才齐备犯罪客观要件。因此,在结果犯中,未得逞是指法定的犯罪结果没有发生,如在故意伤害罪中,未得逞是指未发生轻伤以上的伤害结果。二是对行为犯而言,只有发生了法定的犯罪行为,才齐备犯罪客观要件。因此,在行为犯中,未得逞是指法定的犯罪行为未能完成,如实施脱逃罪的行为人逃出了监房,但未能越过监狱的警戒线。三是对危险犯而言,只有发生了法定的危险状态,才齐备犯罪客观要件。因此,在危险犯中,未得逞是指没有发生法定的危险状态,如行 37

---

31 参见〔韩〕李在祥:《韩国刑法总论》,〔韩〕韩相敦译,中国人民大学出版社 2005 年版,第 325 页。

为人在油库放火,因火柴受潮而未能擦出火花。[32] 虽然构成要件齐备说属于通说,但是该说存在重大缺陷:

38 第一,犯罪构成学说虽然是犯罪论的核心,但并不意味着运用犯罪构成就能解决犯罪未完成形态的疑难问题,因为犯罪构成本身并不具有区分犯罪形态的机能。通说认为,犯罪构成具有区分罪与非罪、此罪与彼罪、一罪与数罪、重罪与轻罪的作用。[33] 犯罪构成的核心机能是在犯罪的认定上贯彻罪刑法定原则,实现犯罪的定型性和处罚的法定性。犯罪构成从其产生之初,就不具备区分犯罪形态的机能。学说上认为,既遂犯符合的是基本的犯罪构成,未遂犯符合的是修正的犯罪构成,既遂犯与未遂犯在犯罪构成上存在区别。但是,这仅是纸面上的理论,行为人何时符合基本的犯罪构成,何时符合修正的犯罪构成,这并非不言自明。在此意义上,起码就实务而言,犯罪构成并无区分犯罪形态的机能。既然如此,那么,运用构成要件学说处理着手的认定、解释犯罪未得逞,是不可能获得成功的。认定犯罪未完成形态当然离不开犯罪构成学说,因为犯罪未完成形态也属于犯罪,自然符合犯罪构成,但是,在符合犯罪构成的前提下,行为人必须实施哪些构成要件行为才属于着手,这是犯罪构成学说本身无法回答的;同时,齐备了构成要件,也并不意味着法益遭受侵害。因此,采取犯罪构成要件齐备说来处理犯罪得逞与否,是不妥当的。

39 第二,对于分则具体犯罪而言,要求齐备哪些内容,才属于齐备了犯罪客观要件,构成要件齐备说对此一片空白。例如,在盗窃罪中,犯罪客观要件到底是要求行为人控制财物,还是要求被害人对财物失控,才属于具备了盗窃罪的客观构成要件,《刑法》第 264 条并无明文规定,犯罪构成要件齐备说也未提供任何线索。再如,在强奸罪中,行为人是接触了女性的阴部还是已经插入了女性的阴道,才属于齐备了强奸罪的客观构成要件,《刑法》第 236 条并无明文规定,犯罪构成要件齐备说也未提供任何线索。由此可见,构成要件齐备说本质上属于一个形式性的判断标准,并未回答犯罪得逞与否的实质依据是什么。

40 第三,构成要件齐备说在认定犯罪得逞与否时,不考虑法益遭受侵害的情形,是其最大失误。只有在法益遭受侵害的情形下,才属于犯罪既遂,无论是结果犯、行为犯还是危险犯,对此并无本质差别。正因为构成要件齐备说在认定犯罪得逞与否时,不联系保护法益,所以,注定了其只能提供形式化的判断标准。犯罪之所以未遂,是因为行为仅给法益造成了紧迫的危险,但最终未能侵害法益;犯罪之所以既遂,是因为刑法所保护的法益被侵害了。因此,犯罪得逞与否的实质根据就在于刑法所保护的法益是否遭受侵害。有论者指出:“客体是否受到破坏和损害,在考虑既遂

---

[32] 参见高铭暄、马克昌主编:《刑法学》(第 9 版),北京大学出版社、高等教育出版社 2019 年版,第 151 页。

[33] 参见肖中华:《犯罪构成及其关系论》,中国人民大学出版社 2000 年版,第 125—129 页。

与未遂的时候,是一个因素,但不能过分地强调客体的损害,因为客体的损害是无论犯罪预备也好,犯罪未遂也好,犯罪中止也好,客体都受到了损害。因此,客体是否受到损害,不能单独成为既遂未遂的标准,还主要是看这个行为本身的构成要件是否齐备。”[34]这种看法存在问题,无论是犯罪预备、未遂、中止还是犯罪既遂,客体(法益)都会受到损害,然而,客体(法益)受到损害的程度是完全不同的;未注意到在不同的犯罪停止形态下,客体(法益)受损害的程度存在不同,自然就不会从法益是否遭受侵害的角度来理解犯罪得逞与否。

第四,齐备客观构成要件与法益遭受侵害未必是同步的,在齐备客观构成要件的情形下,有时法益未必遭受侵害,因此,采取构成要件齐备说,在一些案件中将会得出一些不合适的结论。例如,行为人虽然入户盗窃或者一年内实施了三次以上的盗窃,但是运气不好,始终未能窃得财物的,按照构成要件齐备说,对行为人应当认定为盗窃罪既遂,因为行为人完全齐备了“入户盗窃”或者“多次盗窃”的构成要件,但是,既然行为人未能窃得财物,被害人没有财产损失,那么,认定行为人构成盗窃罪既遂就是不合适的。 41

第五,只要法益未遭受侵害,那么,无论是结果犯、行为犯还是危险犯,都属于未得逞,三者在这一点上并无本质差别。因此,这种区分不同犯罪类型然后分别判断是否得逞的做法可能是没有必要的,而且会带来实务操作上的麻烦。[35] 以行为犯为例,并非只要行为人实施完毕法定的行为,即齐备了客观构成要件,属于犯罪既遂。例如,行为人发表反动演说,煽动颠覆国家政权,虽然演讲完毕(法定的行为已经实施完毕),但行为人的口音太重,或者听众是一群外国人,没有人听懂行为人在说什么,大家以为行为人是一个疯子,围在一起看热闹。在这种情形下,认定行为人构成煽动颠覆国家政权罪既遂是不合适的。 42

犯罪未得逞具有区分犯罪既遂与犯罪未遂的机能,由此出发,所谓犯罪未得逞,是指行为人意图侵犯的法益未能遭受侵害(法益侵害说)。其一,只有行为人意图侵犯的法益已经实际遭受侵害时,才属于犯罪已得逞;虽然有法益被侵害,但只要不是行为人意图侵犯的法益被侵害,就属于犯罪未得逞。例如,故意杀人时,只要未能剥夺被害人的生命法益,即使被害人的健康法益被严重侵害,也属于故意杀人未得逞。至于行为人意图侵犯的法益是什么,应联系行为人所采用的手段、工具,针对的对象,实施行为的时间、地点,行为是否有节制以及行为人的犯罪计划等资料进行综合判断。其二,行为人意图侵犯的法益是否已经遭受侵害,是一种规范的评价。只要发生了行为人意图侵犯的法益侵害结果,即使实际发生的法益侵害结果与行为人所 43

---

34 张军、姜伟、郎胜等:《刑法纵横谈(总则部分)》(增订版),北京大学出版社 2008 年版,第 243 页。

35 因为司法人员首先需要对犯罪进行是结果犯、行为犯还是危险犯的归类,一旦分类出错,对未得逞的判断便可能出错。

设想的情形不一致,在规范上也应评价为犯罪已得逞。例如,2008 年 12 月 1 日最高人民法院发布的《全国部分法院审理毒品犯罪案件工作座谈会纪要》规定:"已经制造出粗制毒品或者半成品的,以制造毒品罪的既遂论处。购进制造毒品的设备和原材料,开始着手制造毒品,但尚未制造出粗制毒品或者半成品的,以制造毒品罪的未遂论处。"尽管在制造毒品时,行为人追求的是制造出质量较高的毒品,但是,即便制造出的是粗制毒品或者半成品,也具有被他人吸食的可能性,故应评价为行为人制造毒品已经得逞。其三,在不同的犯罪中,法益是否被侵害,需要联系法益本身的特性,进行具体的、个别的判断。在此意义上,抽象地讨论"未得逞"的含义没有重要意义,讨论具体犯罪的既遂标准才具有意义。[36]

44　从实务上看,对于一些犯罪的得逞与否,法院已经开始采用法益侵害说。例如,2005 年 6 月 8 日最高人民法院发布的《关于审理抢劫、抢夺刑事案件适用法律若干问题的意见》中规定:"抢劫罪侵犯的是复杂客体,既侵犯财产权利又侵犯人身权利,具备劫取财物或者造成他人轻伤以上后果两者之一的,均属抢劫既遂;既未劫取财物,又未造成他人人身伤害后果的,属抢劫未遂。"这一规定明显是以抢劫罪的保护法益是否已经遭受侵害来判断抢劫得逞与否的。

(三)犯罪未得逞是由于行为人意志以外的原因

45　行为人意志以外的原因这一要件具有区分犯罪未遂与犯罪中止的机能。在一些疑难案件中,行为人是构成犯罪未遂还是犯罪中止,之所以争论不清,是因为对于行为人意志以外的原因在理解上出现了分歧。

46　对于什么是行为人意志以外的原因,存在不同的理解。一种观点认为,所谓行为人意志以外的原因,是指足以阻止犯罪意志的原因。[37] 另一种观点则认为,未遂犯的本质不在于某种情况是否足以阻碍行为人的犯罪意志,而在于犯罪未得逞是否违背行为人的犯罪意志。[38] 相较而言,后一种观点可能更加通俗易懂。这两种观点有一个共同点,即均是从行为人意志(心理活动)的角度来理解未得逞。对于犯罪是否得逞的理解,当然不能完全无视行为人的心理活动,但是,犯罪是否得逞本质上是一种司法判断,而不是行为人的自我判断。因此,犯罪未得逞是由于行为人意志以外的原因所致主要讨论的不是行为人的意志内容问题,而是如下问题:就规范评价而言,司法人员从事后的立场来看,未能发生既遂结果是否由行为人主动造成的?如果不是行为人主动放弃既遂结果,就属于行为人意志以外的原因导致未得逞。

47　犯罪未能既遂违背了行为人的意志,不是指行为人存在积极的心理活动(即行为人对于犯罪未能既遂明确存在表示反对、否定的心理活动),而是司法人员在事后客

36　参见张明楷:《刑法学》(第 6 版),法律出版社 2021 年版,第 448 页。

37　参见赵秉志:《犯罪未遂形态研究》(第 2 版),中国人民大学出版社 2008 年版,第 138—139 页。

38　参见姜伟:《犯罪形态通论》,法律出版社 1994 年版,第 164 页。

观评价的结果。[39] 虽然在有些犯罪未遂案件中,行为人当场就认识到犯罪无法既遂,因而的确存在懊悔、沮丧甚至不服的心理活动,然而在不少未遂案件中,尤其是在行为实行终了、行为人已经离开犯罪现场后,由于其他原因导致犯罪未能既遂的,"犯罪未能既遂违背了本意"的心理活动根本就不存在,而是法官进行事后评价得出的结论。因此,犯罪未能既遂违背了行为人的意志,并不意味着实际上存在"犯罪未能既遂违背本意"这样一种心理活动,而是司法人员根据案件的所有客观事实所进行的事后判断:只要行为人行为当时并无阻止犯罪既遂的意思,犯罪未能既遂就属于违背了行为人的意志。如果一定要从心理学上把握犯罪未能既遂违背了行为人的意志,那么,这种心理活动属于一种消极的心理活动,即行为人行为当时并无阻止犯罪既遂的意思。

司法人员在判断犯罪未能既遂的原因是否违背行为人本人的意志时,是否违背本意的比较基准是行为时的心理活动,而不是行为人的事后心理活动。例如,行为人杀人完毕,认为被害人必死无疑,便离开了,不料被害人被他人送往医院,因救治及时,得以保全性命,这种情形属于标准的故意杀人未遂。多数行为人事后知道真相,可能遗憾当初未能多刺几刀。但是,少数行为人离开现场后,冷静下来,可能感到后悔,这也是完全可能的,在这种情形下,对于被害人未能死亡,行为人会感到欣喜不已,而不是后悔不已。既然行为人的心理活动是变化的,在事后有可能反对、否定犯罪既遂结果的发生,就不能以行为人事后的心理活动来判断犯罪未能既遂的原因是否违背行为人本人的意志,而只能通过实施犯罪行为时的心理活动来判断。只有犯罪未能既遂与行为人行为时的心理活动相违背,才属于犯罪未能既遂的原因违背了行为人的意志。 48

要判断犯罪未能既遂的原因是否违背行为人的意志,就需要查明行为人行为时的心理内容是什么。要查明行为人行为时的心理内容是极其困难的,所以,犯罪未能既遂的原因是否违背行为人本意的判断极其困难。对此,只能采取刑事推定的方式进行判断。例如,如果行为人在客观上采取了一定的措施来避免犯罪既遂结果的发生,在法律上能够认定行为人为避免既遂结果的发生作出了一定的贡献,就推定结果未发生不违背行为人本意;反之,行为人在客观上并未采取一定措施来避免犯罪既遂结果的发生,在法律上无法作出行为人为避免既遂结果的发生作出了一定贡献的肯定评价,就应当认为结果未发生违背了行为人的本意,属于由于行为人意志以外的原因导致未得逞。 49

从司法实践来看,行为人意志以外的原因主要有两种情形:一是犯罪过程中,行为人明确认识到存在不利于完成犯罪的客观障碍,这种障碍使得行为人无法继续实施犯罪。常见的客观障碍有:犯罪人能力不足,犯罪工具、犯罪方法不具有应有的效能(如盗窃时撬棒无法打开保险柜),被害人激烈反抗或抵制,民众或者警察出手阻止 50

39 所以,"由于行为人意志以外的原因"是成立犯罪未遂的客观要件,而不属于主观要件。

犯罪,自然障碍(如放火时突下大雨),等等。需要指出的是,行为人主观上所认识到的客观障碍与客观实际是否相符,在所不问,因为即使主观认识与客观实际不符,这种错误的认识也足以使得行为人被迫放弃犯罪。例如,行为人入室抢劫时,忽然听到外面有脸盆掉地的声音,误以为被人发现,仓皇而逃,事实上是一只猫打翻了脸盆,行为人属于抢劫未遂。再如,行为人抢劫时,忽然听到警笛声,误以为顺道路过的警察是专门来抓捕自己,便放弃抢劫逃走的,同样属于抢劫未遂。二是行为人并不认为存在不利于完成犯罪的客观障碍,但事实上存在的客观障碍使得犯罪未能得逞。如行为人完成杀人行为后,认为被害人必死无疑而离去,但被害人因得到及时救助而未死亡的,或者行为人在着手犯罪的过程中,因饮酒、吸毒导致自己昏醉而无法继续实施犯罪的,都属于这种情形。

51 在实务上,认定由于行为人意志以外的原因未得逞时,需要有证据予以证明。2010 年 5 月 5 日 16 时许,被告人林某以“湖南鸭子帮”的名义,用特快专递方式寄给被害人温某一封勒索信,向其勒索人民币 6.88 万元,并令其于 5 月 8 日 18 时将上述款项放于某市场门口第二个垃圾桶内,否则 6 月 1 日前给其儿女收尸。温某收到勒索信后报警。5 月 8 日 18 时许,公安机关在南坑市场附近布控,但被告人林某没有到现场取钱。2010 年 5 月 14 日,被告人林某被抓获归案。法院认为,“虽然从现有证据无法排除被告人自动放弃犯罪的可能,但其并没有通过某种有效形式向被害人表达自己放弃犯罪的意思,也没有采取有效手段防止犯罪结果的发生;相反,其对被害人在受到威胁的情况下可能将钱放到其指定垃圾桶位置的发生持放任心态。被害人的财产损害没有实际发生,并非被告人放弃犯罪的缘故,而是因为被害人没有听从的结果。所以,被告人的行为应当认定为犯罪未遂,而非犯罪中止”[40]。法院的判决理由存在问题。在行为人是否自动放弃犯罪这一点上,本案存在事实不清之处。在没有证据证明是意志以外的原因导致行为人未能前来取钱时,司法机关应当努力查清行为人没到现场取钱的原因;如果实在查不清的,应作有利于被告人的认定,认定其是自动放弃犯罪。[41]

二、犯罪未遂的主观要件

52 学界很少研究犯罪未遂的主观要件,这似乎意味着犯罪未遂的故意与犯罪既遂的故意是完全一致的。然而,犯罪未遂的故意有其特殊性,需要专门加以研究。

53 在认识因素方面,犯罪未遂的行为人需要具备如下三重认识:一是认识到自己已

---

40 李晓琦:《敲诈勒索罪犯罪中止与未遂的界定——珠海中院判决林荣培敲诈勒索案》,载《人民法院报》2011 年 3 月 24 日。

41 法院认为被害人有可能将钱放在指定垃圾桶处,行为人对此有放任心态,同时又承认危害结果未发生。按照间接故意犯罪无未遂的通说,应当得出行为人不构成犯罪未遂的结论。如果判决结论成立,就意味着间接故意犯罪也存在犯罪未遂。

经着手开始实行犯罪;二是认识到这么做是为了顺利完成犯罪,发生犯罪既遂结果;三是认识到自己没有为防止既遂结果的发生而采取措施。

行为人虽然具有故意犯罪的意思,客观上也给被害法益造成了紧迫的危险,但是,如果行为人未能认识到自己已经着手实行犯罪的话,就不能成立犯罪未遂。因为即使行为给被害法益造成了紧迫的危险,如果行为人缺乏对着手的认识,就表明其当下只有为实行犯罪制造条件的意思,尚无着手实行故意犯罪的意思,因而,对现实发生的危害结果只能成立过失犯,不构成犯罪未遂。例如,甲意图毒杀邻居,决定将一瓶毒酒送给嗜酒如命的邻居。甲将毒酒放在自家的柜子里,这时邻居突然来访。甲去卫生间方便时,邻居打开柜子发现毒酒正准备饮用时,外面响了一声炸雷,邻居吓了一跳,手中的酒瓶落地摔碎。对此,甲不构成故意杀人的未遂犯,因为甲虽有毒杀邻居的意思,但甲尚未将毒酒送给邻居,在邻居试图饮酒的那一刻,在卫生间的甲并无着手毒杀邻居的故意。因此,即使邻居将毒酒一饮而尽、毒发身亡,甲也只能构成故意杀人罪的预备犯与过失致人死亡罪的想象竞合,而不构成故意杀人罪的未遂犯乃至既遂犯。 54

如果行为人认识到自己已经着手实行犯罪,并且认识到这么做是为了顺利完成犯罪,那么,只要客观上给法益造成了紧迫的危险,即构成犯罪未遂,至于行为人当时是出于直接故意还是间接故意,在所不问。换言之,笔者认为,间接故意同样可以构成犯罪未遂。 55

犯罪未遂是由于行为人意志以外的原因而未能发生犯罪既遂结果,对此在行为人主观方面必须有所反映,即构成犯罪未遂时,行为人必须认识到自己没有为防止既遂结果而采取措施。如果行为人认识到自己会为防止既遂结果而采取措施,其所采取的措施对避免既遂结果的发生具有一定的贡献,就可以认为行为人属于自动避免了既遂结果的发生,应当构成犯罪中止,不构成犯罪未遂。只有行为人认识到自己不会为防止既遂结果而采取措施,那么,对于最终犯罪未得逞,才能说是由于行为人意志以外的原因所致。 56

V 不能犯

一、不能犯的原因

在司法实务中,存在不能犯的问题。例如,被告人胡斌为劫财而杀人后,将被害人韩某的尸体肢解为五块,套上塑料袋后分别装入两只印有“球形门锁”字样的纸箱中,再用编织袋套住并用打包机封住。后胡斌以内装“毒品”为名,唆使被告人张筠筠和张筠峰帮其将两只包裹送往南京。被告人张筠筠、张筠峰按照胡斌的旨意,从余姚市乘出租车驶抵南京,将两只包裹寄存于南京火车站小件寄存处。后因尸体腐烂案发。对被告人张筠筠、张筠峰运输“毒品”的行为应当如何定性,离不开不能犯理论的指导。法院经审理认为,被告人张筠筠、张筠峰所认识到的手段与目的之间的因果联 57

系是真实的、有科学根据的,只是因为被告人一时疏忽致使意欲实施的行为与其实际实施的行为形似而质异,才未能造成运输毒品的结果,故对两名被告人误认尸块为毒品予以运输的行为,应以运输毒品罪(未遂)定罪。[42] 但是,这一结论是否适当,是值得怀疑的。

58 长久以来,起码在传统刑法教科书中,我国刑法学几乎不讨论不能犯。这是由于学界与司法实务较为重视行为人的主观危险,认为不能犯属于未遂犯,因而就失去了区分未遂犯与不能犯的必要。在张筠筠、张筠峰运输"毒品"一案中,法院认为被告人的认识错误不影响犯罪故意的认定,只对其犯罪形态产生影响,故对两名被告人误认尸块为毒品予以运输的行为,应以运输毒品罪(未遂)定罪。这是基于重视行为人的主观危险而得出的结论。倘若进一步追问,既然事实上不存在毒品,二被告人基于运输毒品的意思而运输尸块的行为,客观上是否具有危及毒品管制秩序(或者公众健康)的紧迫危险?若认为这种紧迫危险在客观上并不存在,则认定被告人构成运输毒品罪的未遂,就是不妥的。近年来,从客观的未遂犯论出发,一些学者认为未遂犯与不能犯是罪与非罪的差别,因而其刑法教科书开始用一定的篇幅讨论不能犯。[43]

59 研究不能犯是否具有可罚性的问题,不能脱离各个国家或者地区刑法典的规定。[44]《德国刑法典》第 23 条第 3 款规定,行为人由于重大无知,对犯罪对象和手段产生认识错误,而不可能完成犯罪,法院可免除或者减轻其刑罚。据此,在德国,不能犯是可罚的。对于客观上并无侵犯法益危险性的行为也要按照未遂犯处罚,从教义学出发,注定了德国刑法学只能依据主观的未遂论、采取印象说解释该规定。2005 年,我国台湾地区"刑法"对不能犯的规定作了修改,修订前"刑法"第 26 条后半段规定:"其行为不能发生犯罪之结果,又无危险者,减轻或免除其刑。"修订后"刑法"第 26 条后半段则规定:"行为不能发生犯罪之结果,又无危险者,不罚。"在我国台湾地区,随着"刑法"条文的修改,原来一些具有可罚性的不能犯,不再具有可罚性,对此就只能在客观的未遂论中挑选相应学说加以解释,再无采取主观的未遂论中相关学说的余地。与德国以及我国台湾地区不同,日本刑法典没有不能犯的专门条文,学说上就有极大的发挥空间。在日本,行为人误以为砂糖可杀人,而让他人食用砂糖的,纯粹主观说立足于未遂犯的处罚根据是行为人的反社会性格,主张应以行为人所认识到的事实为基础,行为人觉得有危险时,就成立未遂犯,因为行为人觉得能杀人、有用砂糖杀人的表动,故成立杀人未遂;具体的危险说认为,应以一般人所认识到的事实以及行为人特别认识到的事实为基础,一般人觉得有发生结果的危险的,属于未遂

---

42 参见最高人民法院刑事审判第一庭编:《刑事审判参考》总第 5 辑(第 37 号),法律出版社 1999 年版,第 34—38 页。

43 参见张明楷:《刑法学》(第 6 版),法律出版社 2021 年版,第 454—464 页;周光权:《刑法总论》(第 4 版),中国人民大学出版社 2021 年版,第 298—310 页。

44 参见陈兴良:《不能犯与未遂犯——一个比较法的分析》,载《清华法学》2011 年第 4 期。

犯,因为一般人都认为砂糖没有致人死亡的危险,故行为人属于不能犯,而不是杀人未遂;客观的危险说依据更为客观的事实进行危险的判断,主张应以行为时的所有事实为基础,危险的判断基准是具有科学知识的一般人,既然在科学上砂糖没有致人死亡的属性,故用砂糖杀人构成不能犯。为了划清不能犯与未遂犯的界限,日本刑法教科书一般都在"未遂犯论"一章中专设一节讨论不能犯问题。与日本一样,我国大陆刑法亦无不能犯条文,故而能否处罚不能犯就有很大的讨论空间。

在我国刑法教科书中,以所实施的犯罪行为能否达到犯罪既遂为标准,未遂犯分为能犯未遂与不能犯未遂。[45] 所谓能犯未遂,是指犯罪行为实施完毕能够实现犯罪既遂,但由于行为人意志以外的原因而未得逞的情形。例如,故意杀人后,被害人被他人及时送往医院抢救,得以保全性命的,便属于能犯未遂。所谓不能犯未遂,是指由于所采用的工具、手段不当或者犯罪对象的特殊性,导致犯罪无法既遂的情形。不能犯未遂主要分为工具不能犯与对象不能犯两种。所谓工具不能犯,是指由于采用了无法导致既遂的工具,使得犯罪无法得逞的情形。例如,误以为枪中有子弹而开枪杀人的,便属于工具不能犯。所谓对象不能犯,是指由于犯罪对象的特殊性,而导致无法既遂的情形。例如,误将稻草人当成被害人而开枪的,属于对象不能犯。在这样的逻辑分类之下,工具不能犯与对象不能犯作为不能犯未遂,理所当然都构成犯罪未遂,应当受到刑罚处罚。虽然在多数案件中,由于客观上确实具有危及法益的紧迫危险,这些工具不能犯与对象不能犯能够构成应受刑罚处罚的未遂犯,但是,在有些情形下,由于工具或者对象的特殊性,尽管行为人主观上具有犯罪的意思,但是其所实施的行为客观上根本就不具有侵犯法益的危险,从客观主义的立场来看,这些行为应当是不受刑罚处罚的非罪行为,应当排除出犯罪未遂的范围。然而,我国刑法学以往由于重视行为人主观上的危险性,也将这些情形认定为应受刑罚处罚的犯罪行为,属于犯罪未遂,这显然是不合适的。 60

虽然我国刑法并无处理不能犯的相关条文,但是,还是可以从中寻得一些解决问题的基本线索。其一,《刑法》第 16 条规定:"行为在客观上虽然造成了损害结果,但是不是出于故意或者过失,而是由于不能抗拒或者不能预见的原因所引起的,不是犯罪。"该条规定为不能犯是否具有可罚性提供了基本的规范指引:只有客观上造成了损害结果,即在客观上对法益存在一定程度的威胁或者侵害了法益,行为才能构成犯罪;反之,即使行为人主观上有犯罪的意思,但是,如果客观上不存在侵害法益的危险,行为就不是犯罪,属于不能犯。其二,未遂犯的犯罪行为首先是一个不法侵害行为,而根据《刑法》第 20 条的规定,要成立不法侵害,要求行为在客观上具有侵犯国 61

---

45 "不能犯未遂"与"不能犯"是完全不同的两个概念,前者是可罚的未遂犯罪,后者是不可罚的无罪行为。虽然不能犯未遂中也含有"不能犯"三个字,但是,"不能犯未遂"是一个特定用语,不能将其分拆为"不能犯""未遂"。不注意区分"不能犯未遂"与"不能犯",容易误认为不能犯,是指不能犯未遂。

家、公共利益、本人或者他人的人身、财产和其他权利的属性。这意味着没有该属性的行为不属于不法侵害,不能成立未遂犯。总之,从《刑法》第 16 条、第 20 条的规定出发,并非一切行为人基于犯罪的意思,外形上着手实行了某种行为,但由于行为人意志以外的原因而未得逞的情形,都属于未遂犯;行为人所实施的行为在客观上是否具有侵犯法益的现实的、紧迫的危险,是区分未遂犯与不能犯的标准。

二、不能犯的种类

62 通说认为,不能犯分为三类:

63 第一类是方法不能犯,即行为人具有实现犯罪的意思,但其所采用的方法不可能发生法益侵害结果。例如,行为人让他人饮用硫黄水试图毒杀他人,饮用硫黄水会对胃肠黏膜、呼吸道产生一定伤害,但并不会夺取人的生命,这就是方法不能犯。就单纯的称谓而言,我国一般不使用"方法不能犯"这一概念,而习惯于使用"工具不能犯"或者"手段不能犯"的概念。这里遵从日本刑法学的用语习惯,将"工具不能犯"或者"手段不能犯"中不应作为未遂犯处理的情形,统一称为方法不能犯。

64 第二类是对象不能犯,即行为人具有实现犯罪的意思,但由于所指向的对象并不存在或者具有某种特殊性,因而无法发生法益侵害结果。例如,行为人夜间对着被害人的床开枪,但事实上被害人已于两日前出差,当时家中无人的,即属于对象不能犯。在日本刑法学中,对象不能称为"客体不能",因为"客体不能"是用汉字来书写的,所以翻译成中文时,很多学者进行直译(直接照搬日语汉字),国内便出现了"客体不能"的概念。事实上,应将日语中的"客体"翻译为汉语的"对象",日语中的"客体不能"是指汉语中的"对象不能"。

65 第三类是主体不能犯,即行为人具有实施身份犯的意思,但在实施行为时并不具备特殊身份,因而(作为单独犯)无法成立身份犯的情形。例如,法院传达室的临时聘用人员误以为自己具有国家工作人员的身份,以为他人谋取利益的意思收受他人"贿赂"的,即属于主体不能。在主体不能中,因为行为人欠缺主体身份,故不能构成身份犯,但如果行为符合非身份犯的构成要件的,完全可按非身份犯追究刑事责任。例如,邮局的清洁工误以为自己属于邮政工作人员,私自开拆或者隐匿、毁弃邮件、电报的,因其欠缺特殊身份,属于《刑法》第 253 条私自开拆、隐匿、毁弃邮件、电报罪的不能犯,但其完全符合《刑法》第 252 条的构成要件,应以侵犯通信自由罪(非身份犯)追究其刑事责任。

66 主体不能在本质上属于欠缺犯罪构成主体要件(身份)的问题,这种情形不构成犯罪,一般不会产生争议。经常出现争议的是方法不能与对象不能是否构成未遂犯的问题。

三、不能犯的判断标准

67 无论在大陆法系还是在英美法系,不能犯的判断标准都令人眼花缭乱,无所适从。既然处罚犯罪未遂的根据在于行为创设了侵害法益的紧迫危险,那么,应当从客观方面入手,来看行为本身是否具有侵犯法益的具体危险,以此来区分未遂犯与不能犯,才是合适的。[46] 这方面的学说有具体危险说、客观的危险说以及修正的客观的危险说(假设的盖然性说)等学说。[47]

具体危险说认为,应以行为当时行为人特别认识到的事实以及一般人可能认识到的事实为基础,进行客观的、事后的预测(即站在行为时的角度预测该行为事后会发生何种结果),判断有无发生结果的危险;如果存在具体的危险,成立未遂犯,否则就构成不能犯。具体危险说在日本属于通说。具体危险说认为,危险是否存在应以一般人的感受为准,但这一点一直受到学界的批评,因为一般人感到有危险的情形(如向他人体内注射少量空气,一般人可能感到有危险),依据科学法则来判断未必真的存在危险。 68

客观的危险说认为,行为一开始就没有实现侵害结果的可能性(绝对不能),不具有危险性,成立不能犯;行为自身虽然具有实现侵害结果的可能性,但在特定状况下未能发生侵害结果(相对不能),具有危险性,成立未遂犯。关于认定是绝对不能还是相对不能,应以行为时存在的一切客观情况为基础,事后以科学的因果法则进行判断。赞成客观的危险说的学者很多,但是,对于如何区分绝对不能与相对不能,该说一直没有提出明确的区分标准,因而也受到了学界的批评。 69

笔者基本赞成修正的客观的危险说(假设的盖然性说),即在判断结果发生的可能性时,既要探究未发生结果的原因、情况,同时也要探求存在何种情况变化便可能发生结果,以及这种情况变化具有多大程度的盖然性;仅在并无结果发生的可能性或者结果发生的可能性极低时,才成立不能犯,否则就属于未遂犯。下面对该说进行详细解说。 70

1.判断资料:以哪些事实来判断行为是否具有发生法益侵害结果的可能性?

行为是否具有发生法益侵害结果的危险,完全取决于行为本身,与行为人的主观故意、过失无关。第一,在意外事件情形下,客观上也发生了法益侵害结果,之所以不构成犯罪,并不是因为行为本身毫无客观危险性,而是行为人缺乏犯罪故意、过失。这就表明,即使没有故意与过失,行为也可能是危险的,能够导致法益侵害结果的发生。第二,在行为人具有犯罪念头的情形下,也有可能采取事实上没有任何危险性的手段去犯罪,迷信犯就是如此。由此可见,即使存在犯罪念头,也不能增加、促进客观行为本身的危险性(当然,能够主导"危险"转变为"实害"的快慢进程),行为是否具 71

46 主观主义立场的不能犯理论,仅具有学说史的意义,故这里不再一一介绍相关学说。关于主观主义立场的不能犯理论,参见陈家林:《不能犯初论》,中国人民公安大学出版社,2005年版,第67—68页。

47 参见张明楷:《未遂犯论》,法律出版社1997年版,第234—280页;陈家林:《外国刑法通论》,中国人民公安大学出版社2009年版,第441—449页。

有危险性与行为人的主观认识没有关系,完全取决于行为人客观上所采用的手段、方式。

72 因此,应当以案件中所有的客观事实,尤其是行为人所采用的手段、方式来判断行为是否具有发生法益侵害结果的可能性。当然,这里的客观事实,既包括行为过程中的客观事实,也包括事后所查明的客观事实。

2.判断时点:是在行为时还是在行为后来判断行为是否具有发生法益侵害结果的可能性?

73 如果依据科学法则,进行严密的事后判断,所有的未遂犯未能发生法益侵害结果都是有原因的,都是可以进行合理解释的。亦即,所有未遂犯案件在终局上都不会发生法益侵害结果。这样,所有的未遂犯便会变成不能犯,这并不合适。就像以气象图为基础对昨日实际的天气所作的解释,和前日对昨日所作出的天气预报,二者存在相当的偏离一样,行为时的判断与事后判断是不同的。应当站在行为时的立场,依据案件的客观事实来判断行为是否具有发生法益侵害结果的可能性。

3.判断依据:依据自然科学法则还是一般人的认识来判断行为是否具有发生侵害结果的危险?

74 一个行为是否具有发生法益侵害结果的危险,并不取决于人们的感受,而在于是否符合自然科学的因果法则。危险的判断必须采取科学法则,而不能依据一般人的认识,因为一般人的认识未必符合科学法则。刑事诉讼中的鉴定制度,为从自然科学法则来看行为是否具有发生法益侵害结果的危险,提供了坚实的基础。

75 从科学法则来看,只有具备一定的条件,一个行为才能具有发生某结果的危险。这就意味着,行为是否具有危险性,不能泛泛而论,必须具体地考察其是否满足一定条件。例如,对人开枪,如果泛泛而论,当然属于危及他人生命、健康的危险行为,但是,用射程为 100 米的手枪对着 500 米外的人开枪,如果具体而论,因为不符合枪支的射程条件,自然就不会发生侵犯他人生命、健康法益的结果。但是,如果被害人在 110 米左右,处于枪支射程的边缘,仍有被击中的可能,此时应认定开枪行为仍然具有一定的危险。

4.具体判断

76 (1)根本无危险的情形。例如,行为人计划将毛发烧成灰烬,然后将灰烬投进水里,意图毒杀他人,因为行为人听说毛发烧成灰烬之后有毒。从自然科学来看,毛发的灰烬是无毒的,在这样的投毒案件中,所谓的危险仅存在于行为人的主观设想之中,客观上毫无危害他人的危险。因此,这种情形属于典型的不能犯,不构成未遂犯。毛发案例属于课堂教学设想案例,对此一般不会产生争议。但是,面对与此类似的真实案例,可能就会发生激烈争论。

77 某日凌晨,刘某来到银行,将自己余额为零的储蓄卡塞进自动取款机,一次次按下确认键,企图让自动取款机出错而取出里面的钱,但自动取款机屏幕上反复显示"输入错误,请重新输入"。刘某仍不甘心,拿出一把折叠小剪刀,朝出钞口挖了起来,但几分钟后就被警察抓住。法院以刘某犯盗窃罪(未遂)判决其有期徒刑11年。[48] 这一判决结论值得商榷。使用余额为零的银行卡,寄希望于自动取款机出错来取钱,实乃痴心妄想。自动取款机中的现金放在金属钞箱之中,从钞箱到出钞口有相当一段距离,刘某在并无其他犯罪工具的前提下,用折叠小剪刀挖出钞口来取钞,根本不可行。因此,刘某破坏自动取款机的行为是否构成其他犯罪另当别论,其行为绝对不可能盗得自动取款机中的钞票,故属于盗窃罪的不能犯,而不是未遂犯。

(2)危险程度极低的情形。在行为具有危险的情况下,危险具有程度高低之分,危险程度在极低的情况下,与毫无危险的情形在本质上是一致的,都没有发生侵害结果的可能性,因此,对此同样应按不能犯处理,不构成未遂犯。 78

如果快速给人体静脉注射100毫升空气,会导致人心力衰竭死亡,那么,行为人以为注射10毫升的空气便能致人死亡,便给被害人注射了10毫升空气的,虽然给人体静脉注射空气有一定的危险,但是注射10毫升空气的危险是极低的,不足以发生死亡结果。这种情形构成不能犯。需要注意的是,如果行为人只注射了5毫升空气,由于其他人阻止未能给被害人注入更多空气的,明显属于未遂犯,因为在此情形下,行为人有可能给被害人注射更多的空气,这便具有致人死亡的危险。 79

(3)是否存在发生侵害结果的危险难以判断的情形。在犯罪过程中,总会出现意外因素,其中有些意外因素并不影响犯罪结果的发生,有些意外因素会影响犯罪结果的发生。这些影响犯罪结果的意外因素可以称为"差错"。差错主要有两种情形:其一,被害人方面的因素,如被害人不是适格的被害人(如误将男性当成女性,试图强奸),或者被害人不在现场(如夜间对着被害人的床开枪,凑巧当时被害人不在床上),或者被害人有其他举动(瞄准被害人开枪时,被害人移动了身体),等等。其二,行为人方面的因素,主要是行为人使用了错误的工具或方法,如误以为枪中有子弹而开枪。 80

行为本身具有相当程度的危险,但由于出现差错,导致未发生侵害结果时,构成未遂犯还是构成不能犯,是区分未遂犯与不能犯中最为困难的部分。 81

既然出现了导致结果不能发生的差错,从事后的立场来看,侵害结果就是合乎逻辑地不可能发生的,但是,一概将这些情形认定为不能犯,是不合适的,必须依据一定的标准,将其中部分案件认定为未遂犯、部分案件认定为不能犯。这里的标准当然还得看行为本身客观上是否具有发生侵害结果的危险。 82

那么,在发生差错的情况下,如何判断行为是否具有发生侵害结果的危险?对此,应视出现差错的情形而论。如果行为一般都不会出现差错,差错的出现是很偶然的,那么,尽管侵害结果没有发生,仍应认为行为本身具有发生侵害结果的危险,只是由于差错的出现,导致结果未能发生;相反,如果行为一般都会伴随差错,出现差错的概率很高,那么,既然行为出现差错的概率很高,就应认为行为本身发生侵害结果的 83

48 参见聂长建:《不能犯与未遂犯区分标准研究》,载《法商研究》2018年第6期。

危险较低,此时应评价为不能犯。下面对方法不能与对象不能进行具体说明。

84 其一,方法不能情形的具体判断。关于误将白糖当成砒霜去杀人的行为性质,学界存在激烈争议,通说认为属于未遂犯,但也有学者认为属于不能犯。之所以出现不同的观点,是因为各自预设的场景不同。在白糖与砒霜都放在抽屉的场合,行为人本意是取砒霜,但是误取了白糖,用白糖投毒杀人的,因为一般不会出现差错,即当白糖与砒霜放在一起时,行为人极有可能取得砒霜去杀人。在这种情形下,应认为这种投毒行为客观上具有致人死亡的危险,行为人属于故意杀人的未遂犯。与此完全不同的是,如果抽屉中只有白糖,行为人误以为该白糖是砒霜,用该"砒霜"去杀人的,因为这种情形容易出现差错,即行为人用真的砒霜去杀人的概率在客观上为零,被害人不可能被毒死,该情形下投毒杀人行为并没有致人死亡的客观危险,因而属于不能犯。

85 行为人从警察身上抢下枪支,对着警察开枪,不料警察日前丢失了枪支,因害怕丢了工作未报告,正暗中寻找枪支,随身佩带一把假枪的,抽象而论,用假枪是不能杀人的,但是,在这种情形下行为人一般不会出现差错,因为警察佩带的一般都是真枪,警察佩带假枪的概率极低,这就意味着行为人抢到真枪的概率极高,用真枪开枪杀人的行为客观上具有致人死亡的危险。因此,这种开枪杀人的情形属于故意杀人的未遂犯。与此不同,行为人发现地上有一把枪,捡起枪之后,为了检验该枪是否有杀伤力而对人开枪,这时才发现是一把玩具枪,因为在我国枪支受到严格管制,不容易随便在地上捡到真枪,因此,应当认为这种对人开枪的行为在客观上没有致人死伤的危险性,属于不能犯。

86 行为人制造毒品失败,对此能否认定为犯罪未遂?2006 年,被告人朱海斌纠集倪邦福等三人,商议制造氯胺酮(俗称"K 粉"),以牟取暴利。朱海斌花费 1 万元从武汉"小李"处购得制造 K 粉的原材料氯胺酮碱 500 克,并安排倪邦福等人购买制造 K 粉的其他工具、物品。后朱海斌等人多次制造 K 粉,均以失败告终。2006 年 8 月,朱海斌等人用剩余的部分氯胺酮碱制造出 K 粉 150 克许,因质量不好,有 50 余克被扔弃,其余大部分供自己或送给他人吸食。对于制造 K 粉失败的行为,法院认定被告人构成制造毒品罪未遂。[49] 法院的判决是正确的。从案情看,并非原材料(氯胺酮碱)存在问题以致无法制造出毒品,而是被告人前期制毒技术、工艺存在问题以致无法制造出毒品。既然只要被告人稍微改善制毒技术、工艺即能制造出毒品,其行为客观上就存在破坏毒品管制秩序的高度危险,故被告人不构成不能犯,而是未遂犯。

87 其二,对象不能情形的具体判断。行为人意图报复社会,看见远处好像有人在田间劳作,便连开两枪,后来发现打中的仅是一稻草人。若形式地分析,行为人出于杀人目的开枪,仅由于其意志以外的原因杀人未得逞,故属于杀人未遂。这种分析过于

---

49 参见最高人民法院刑事审判第一、二、三、四、五庭主办:《刑事审判参考》总第 61 集(第 486 号),法律出版社 2008 年版,第 51—55 页。

重视行为人的主观恶性,忽视了对危害行为的实质把握,因为朝着远处田间开枪的行为是否具有致人死亡的危险,不能抽象而论(抽象地说,开枪行为当然是一种危险行为),需要具体考察:若是农忙时分,田间此时一般都有人劳作,则开枪行为有打中他人的危险,一般不会出现差错,差错的出现是偶然的,故可认定该行为属于危害行为,行为人构成杀人未遂;若是农闲时分,此时一般不会有人在田间劳作,事实上田间也没有人,即此时一般都会出现差错,不出现差错是偶然的,则朝田间开枪的行为就如同对天鸣枪一样,没有致人死亡的危险,故行为人并不构成犯罪,没有成立未遂犯的余地。

误以为夜间坐在公园长椅上的长发飘飘的人为女子,将该人按倒在地试图强奸 88
时,发现被害人实为男性的,根据我国的文化,长发飘飘的人一般多为女子,行为人一般不会出现差错,出现差错(误将男人当女人)是偶然的。因此,应当认为该行为具有强奸女性的危险,认定行为人为强奸的未遂犯,是合适的。

深夜对着被害人的床上开枪的,如果被害人当时凑巧上厕所不在床上,因而未被 89
击中的,行为人一般不会出现差错(人们通常此时正在床上睡觉),出现差错是偶然的。因而,应当认为开枪行为具有致人死亡的危险,构成故意杀人的未遂犯。如果被害人不在床上,是因为被害人两日前就已经出差,根本不在家中,这种情形与前面的情形有根本的差别:两种行为的客观危险不同。如果被害人已经出差,那么被枪杀死于床上的概率为零;而在凑巧上厕所的场合,被枪杀的概率极高。这种概率的高低表现在,如果行为人稍微将开枪时间提前或者推后,那么,(凑巧上厕所的)被害人那时仍在床上,就会被打死;而与此不同,稍微将开枪时间提前或者推后,出差的被害人都不会被打死。

与上述例子类似,对着被害人开枪,但凑巧被害人于5分钟前心脏病发作而死亡 90
的,因为不出现差错的概率高(被害人凑巧于5分钟前死亡),行为人有枪杀被害人的较大可能性,因此,应认为开枪行为具有致人死亡的客观危险,行为人构成未遂犯。但是,如果被害人已经在家中死亡两日,行为人对此并不知情,开枪杀"人"的,这与被害人两日前就已经出差的情形一样,应认为开枪行为不具有致人死亡的客观危险,属于不能犯。

四、不能犯的处理

对不能犯不能追究刑事责任,是指对于行为人在犯意支配下"着手"侵犯意图侵 91
犯之法益的行为,由于"着手"行为本身毫无侵犯意图侵犯之法益的客观危险,因而对该"着手"行为不能认定为犯罪,不能追究刑事责任。但是,这并不意味着对不能犯案件在任何情形下都不追究行为人的刑事责任。从能否追究刑事责任的角度看,不能犯案件存在四种类型:

(1)从头至尾均不能追究行为人刑事责任的不能犯案件。这一类型的不能犯案 92
件是指行为人为了犯某罪而准备工具、制造条件的行为在客观上并未创设出侵犯法益的任何危险,因而即使行为人“着手”实行心目中的犯罪,对法益也不可能造成任何危险的情形。例如,甲想杀妻,听村民说某种药草毒性很大可毒死人,甲便以杀人为目的,上山寻找该药草,找到药草后将药草晾晒加工,再制成汤药让病中的妻子服下,但事实上村民完全是胡说,该药草并无任何毒性,对人体健康毫无危险。从全程来看,甲的杀人举止从头至尾均无危及他人生命法益的危险,故成立不能犯。对于这一类型的不能犯案件,不能追究行为人的刑事责任。

93 (2)对“着手”之前的预备行为可以追究预备犯刑事责任的不能犯案件。这一类型的不能犯案件是指行为人为了顺利实行犯罪,准备工具、制造条件的行为本身创设了侵犯法益的危险,但在案件发展过程中,由于出现特定状况,导致行为人着手犯罪时,并无侵犯法益的任何危险。很多国家一般并不处罚预备犯或者处罚预备犯的范围极窄,因而一般不会出现某罪的不能犯同时成立该罪预备犯的现象,但在我国刑法学中,出现同一罪名的预备犯与不能犯是完全可能的。如乙想杀人,购买了枪支(这里暂不讨论乙枪支犯罪的刑事责任),于某夜到独居的被害人家中对着被害人的床开枪,不料被害人已于两日前出差了,或者乙前几天不小心将枪摔了一下,导致枪支出现故障,乙不知情,仍继续开枪,但枪支已经无法射出子弹,这种对床开枪的行为毫无致人死亡的危险,成立故意杀人罪的不能犯。乙的行为成立不能犯,仅是评价了其开枪的行为,对于之前为了杀人而准备枪支的行为尚未进行评价,该预备行为在客观上创设了危及被害人生命法益的危险,成立故意杀人罪的预备犯。可见,对于这一类型的不能犯案件,可以相应犯罪的预备犯追究行为人的刑事责任。

94 (3)对“着手”行为可以追究其他犯罪既遂刑事责任的不能犯案件。这一类型的不能犯案件是指“着手”前的预备行为并无任何侵犯意图侵犯之法益的危险,“着手”行为同样没有侵犯意图侵犯之法益的危险,但侵犯了其他法益的情形。例如,丙试图用硫黄毒杀付某,为此购买了硫黄,并让付某吃下了含有硫黄的食物,结果仅导致付某胃部受伤。在该案中,从购买硫黄到让付某吃下含有硫黄的食物,均无侵犯付某生命法益的危险(因为硫黄无法毒死人),故对购买硫黄等行为不能以故意杀人罪的预备犯追究丙的刑事责任,对让付某吃下含有硫黄的食物不能以故意杀人罪的未遂犯追究丙的刑事责任。不过,丙的行为没有致人死亡的危险,并不意味着行为毫无危险,该行为在客观上存在致人伤害的危险,并现实地造成了付某胃部受伤。因此,丙试图用硫黄毒杀他人的行为,同时成立故意杀人罪的不能犯与故意伤害罪的既遂犯。可见,对于这一类型的不能犯案件,可以其他犯罪的既遂犯追究行为人的刑事责任。

95 (4)“着手”之前的行为成立预备犯、着手之后的行为成立其他犯罪既遂的不能犯案件。这一类型的不能犯案件是指之前的预备行为对于意图侵犯之法益还是创设了危险,但在“着手”实行时,对于意图侵犯之法益而言已经没有任何危险,其他法益却遭受了侵害的情形。例如,丁意图杀死独居的张某,观察张某的生活规律后,购买汽油准备烧死张某。某夜,丁来到张某住处放火,房屋虽被全部烧毁,但张某一日前已去外地旅游,得以躲过一劫。在该案中,丁为了烧死张某而购买汽油等预备行为,客观上有危及张某生命的危险,对此应追究丁故意杀人罪预备犯的刑事责任。由于独居的张某已经外出旅游,丁放火的行为毫无侵犯张某生命法益的危险,对此应认定为故意杀人罪的不能犯。丁的放火行为对于张某的生命法益而言确实没有危险,但是该行为现实地侵犯了张某的财产法益(房屋被烧毁),对此丁应承担故意毁坏财物罪既遂犯的刑事责任。综合该案,丁的行为成立故意杀人罪的预备犯与故意毁坏财物罪的既遂犯,由于整体上只有一个行为,应按想象竞合犯从一重罪处断原则处理该案。可见,对于这一类型的不能犯案件,着手前后的行为均成立犯罪,对此应按想象竞合犯的处理原则追究行为人的刑事责任。

Ⅵ 未遂犯的刑事责任

《刑法》第23条第2款规定:“对于未遂犯,可以比照既遂犯从轻或者减轻处罚。”这是关于未遂犯刑事责任的规定。关于本款的适用,需要注意以下几个问题。 96

一、比照既遂犯处罚

未遂犯比照既遂犯处罚是指适用既遂犯的法定刑,进行从轻或者减轻处罚。就司法实务而言,处罚未遂犯时,法官可采取如下思路:其一,在具有可罚性的前提下,该未遂行为触犯了哪一罪名,应当适用刑法哪一法条?其二,考虑该未遂犯若是犯罪既遂,应当适用哪一档法定刑进行处罚?其三,在应当适用的法定刑(量刑幅度)范围内,确定量刑起点。其四,考虑未遂犯的具体情节,决定是否对被告人从轻、减轻处罚;如果认为有必要,进一步决定是选择从轻处罚还是选择减轻处罚,以此确定基准刑,从而得出宣告刑。这样就完成了“比照既遂犯”处罚的全部流程。由此可见,比照既遂犯处罚是指适用既遂犯的法定刑,在罪刑均衡原则的指导下,完成对未遂犯的合理处罚。 97

既遂犯的法定刑常有数个量刑幅度,对犯罪未遂应当适用哪一量刑幅度进行处罚呢?例如,盗窃未遂应受刑罚处罚时,是选择“数额较大”作为基准刑,还是选择“数额巨大”作为基准刑?再如,行为人意图重伤他人,但所实施的伤害行为未能伤及被害人时,是适用故意伤害罪基本犯的法定刑,还是适用结果加重犯(重伤)的法定刑?“除了有具体目标的盗窃、已经做完具体数目的假账的贪污等情况之外,在许多经济犯罪案件中,行为人的故意的内容是概括的,如果财物尚未到手,很难说他可能会得多少,所以缺乏实在的比较内容,所谓比照既遂犯从轻、减轻处罚,实际在这种情况下是很难适用的,这种情况在处理经济犯罪案件中将会常见。”[50]笔者认为,对犯罪未遂应当适用的量刑幅度,应为未遂犯顺利发展为既遂时所对应的量刑幅度。以抢劫未遂为例,如果抢劫既遂,抢劫可以达到数额巨大时,则对抢劫未遂应当适用抢劫数额巨大的法定刑,然后决定是否从轻或者减轻处罚。 98

---

50 高铭暄、赵秉志编:《新中国刑法立法文献资料总览》(第2版),中国人民公安大学出版社2015年版,第1212页。

二、"可以"的理解

99 "可以"从轻或者减轻处罚是授权性规定,意味着法官根据案件具体情形,从确保具体结论的妥当性出发,有权在"可以"与"可不"中进行选择。"可以"并不意味着法官可随意而为,其中蕴含着立法者的倾向,即一般情况下需要对未遂犯从轻、减轻处罚,仅在特殊情形下,为了确保具体结论的妥当性,才允许法官对未遂犯"可不"从轻、减轻处罚。

100 在刑事判决书中,如果对未遂犯从轻、减轻处罚,直接引用《刑法》第 23 条第 2 款即可,无须阐明理由;但是,如果未从轻处罚,为什么不从轻处罚,判决书应当写清楚具体理由。[51] 唯有如此,才能确保刑法规范的可信性。对未遂犯不从轻处罚的理由只能是,综合全案看,未遂犯的社会危害程度不轻于既遂犯的社会危害程度。在实务上,对于犯罪动机极其卑劣、情节特别恶劣、手段特别残忍,致被害人严重伤害、社会影响极坏的故意杀人未遂案件,能够判处被告人死刑立即执行,而不从轻处罚。[52]

三、从轻、减轻处罚的适用

101 在决定对未遂犯从宽处罚时,实务中最为困难的问题是,对未遂犯何时选择从轻处罚,何时选择减轻处罚。原则上,如果未遂犯并未造成任何损害,则对未遂犯选择减轻处罚的可能性极高;如果未遂犯已经造成损害,选择减轻处罚的余地就大为降低。

102 在决定对未遂犯从轻处罚时,存在从轻的限度问题。2021 年 6 月 16 日最高人民法院、最高人民检察院发布的《关于常见犯罪的量刑指导意见(试行)》中规定:"对于未遂犯,综合考虑犯罪行为的实行程度、造成损害的大小、犯罪未得逞的原因等情况,可以比照既遂犯减少基准刑的 50%以下。"在此限度之内,应考虑犯罪未遂是实行终了的未遂还是未实行终了的未遂,是未造成侵害结果的未遂还是造成侵害结果的未遂,是能犯未遂还是不能犯未遂,从罪刑均衡原则出发,决定相应的从轻幅度。

四、未遂犯与既遂犯竞合的处理

103 在财产犯等犯罪中,可能出现犯罪行为对部分财产已经造成实害、对部分财产尚未造成实害的情形。如被告人王新明通过使用伪造的户口簿、身份证,冒充房主王叶芳(被告人之父)的身份,与被害人徐菁签订房屋买卖合同,商定购房款为人民币 100 万元,已经收取徐菁 30 万元,约定余款过户后支付。在办理房产过户手续时,工作人

---

51 参见张军、姜伟、郎胜等:《刑法纵横谈(总则部分)》(增订版),北京大学出版社 2008 年版,第 243 页。

52 参见最高人民法院刑事审判第一、二、三、四、五庭主办:《刑事审判参考》总第 77 集(第 657 号),法律出版社 2011 年版,第 38—39 页。

员识破了王新明的虚假身份,王新明未能取得余款。二审法院认定王新明合同诈骗30万元既遂,70万元未遂(但可以对该部分减轻处罚)。这就是未遂犯与既遂犯竞合的典型案例。

单纯的未遂犯的刑事责任,相对简单。未遂犯与既遂犯竞合时应当如何处理,就比较复杂。2016年6月30日,最高人民法院在发布的指导案例“王新明合同诈骗案”中指出,在数额犯中,犯罪既遂部分与未遂部分分别对应不同法定刑幅度的,应当先决定对未遂部分是否减轻处罚,确定未遂部分对应的法定刑幅度,再与既遂部分对应的法定刑幅度进行比较,选择适用处罚较重的法定刑幅度,并酌情从重处罚;二者在同一量刑幅度的,以犯罪既遂酌情从重处罚。在学界对此尚未展开充分探讨的前提下,目前可依这一见解处理未遂犯与既遂犯竞合的问题。 104

第二十四条　犯罪中止

在犯罪过程中，自动放弃犯罪或者自动有效地防止犯罪结果发生的，是犯罪中止。

对于中止犯，没有造成损害的，应当免除处罚；造成损害的，应当减轻处罚。

文献：张平：《中止犯论》，中国方正出版社 2005 年版；刘雪梅：《共犯中止研究》，中国人民公安大学出版社 2011 年版；张鹏：《中止犯自动性研究》，法律出版社 2013 年版；袁彬：《准中止犯研究》，中国法制出版社 2015 年版；程红：《中止犯研究》，中国人民公安大学出版社 2015 年版。董鑫：《谈谈我国刑法上的犯罪中止》，载《西南政法学院学报》1981 年第 1 期；龚明礼：《论犯罪中止》，载《宁夏社会科学》1983 年第 3 期；赵秉志：《放弃重复侵害行为应属犯罪中止》，载《法学季刊》1984 年第 1 期；李希慧：《怎样理解犯罪中止的条件》，载《河北法学》1986 年第 1 期；姜伟：《犯罪中止特征的探讨》，载《法律学习与研究》1986 年第 8 期；卢芒：《论犯罪中止成立的时空条件》，载《中南政法学院学报》1987 年第 2 期；姜伟：《犯罪中止特征新探》，载《法学季刊》1987 年第 3 期；杨新培：《论共同犯罪中的犯罪中止》，载《宁夏社会科学》1989 年第 1 期；鲍遂献：《论犯罪中止的自动性》，载《法学杂志》1989 年第 6 期；陈殿福：《犯罪中止的时间条件刍议》，载《法律科学》1990 年第 3 期；邓兴华：《犯罪中止的有效性和真诚性》，载《政治与法律》1990 年第 3 期；吴俊：《犯罪中止的刑事责任问题》，载《吉林大学社会科学学报》1998 年第 3 期；鲜铁可：《危险犯中止的认定与处罚》，载《人民检察》1999 年第 6 期；李侠：《试论犯罪中止与犯罪未遂的本质区别——兼谈犯罪中止的立法本意》，载《中国刑事法杂志》2000 年第 6 期；李兰英、林亚刚：《犯罪中止形态若干争议问题的再探讨》，载《法律科学》2002 年第 5 期；林亚刚：《论犯罪中止的若干争议问题》，载《法学评论》2003 年第 6 期；王志祥：《危险犯实行阶段的中止问题研究》，载《云南大学学报（法学版）》2004 年第 3 期；袁彬、冯景旭：《论我国共同犯罪中止理论及其完善》，载《法律适用》2004 年第 3 期；袁彬、李旭：《中止犯处罚若干问题研究》，载《黑龙江省政法管理干部学院学报》2004 年第 3 期；赵辉：《论间接故意犯罪的中止》，载《中国刑事法杂志》2005 年第 1 期；陈鑫：《危险犯犯罪中止问题初探》，载《中国青年政治学院学报》2005 年第 3 期；刘亚娜、郑伟：《犯罪中止形态若干疑难问题探讨》，载《长白学刊》2005 年第 3 期；谢雄伟：《对中止犯处罚原则中“损害”概念之界定》，载《法学评论》2006 年第 1 期；黄开诚：《关于犯罪中止和中止犯若干问题的再思考》，载《武汉大学学报（哲学社会科学版）》2006 年第 4 期；张平：

《中止犯处罚原则的目的解释》,载《法学》2006年第12期;梁晟源、周伟良:《中止犯减免处罚的根据》,载《中国人民公安大学学报(社会科学版)》2006年第6期;程红:《中止犯有效性认定中的两个疑难问题探析——兼评德、日两国的相关学说》,载《法商研究》2007年第3期;于同志、陈伶俐:《共同犯罪中止新论》,载《人民司法》2007年第7期;张平:《论犯罪中止与犯罪未遂的异同及竞合》,载《同济大学学报(社会科学版)》2008年第3期;李立众:《中止犯减免处罚根据及其意义》,载《法学研究》2008年第4期;王骏:《刑法第24条第2款中的"损害"——解释论与立法论的双重展开》,载《中国刑事法杂志》2009年第5期;刘雪梅:《中止犯减免处罚根据论》,载《求索》2009年第7期;李邦友、魏修臣:《行为犯既遂后"中止"探讨》,载《中国刑事法杂志》2009年第10期;刘雪梅:《实行犯中止的认定》,载《法学杂志》2010年第10期;刘雪梅:《论犯罪中止的"自动性"》,载《求索》2010年第12期;王海涛:《论犯罪中止自动性判断中的三大基本问题》,载《中国刑事法杂志》2011年第4期;王海涛:《因犯罪风险而停止犯罪的犯罪中止之认定》,载《法律适用》2011年第10期;谢望原:《论中止犯减免处罚之根据——以比较刑法为视角》,载《华东政法大学学报》2012年第2期;周铭川:《论法定危险状态出现之后能否成立中止犯》,载《上海交通大学学报(哲学社会科学版)》2012年第3期;韩哲、关振海:《犯罪中止之自动性判断标准》,载《人民检察》2012年第12期;张明楷:《简论部分的中止》,载《法学杂志》2013年第4期;韩哲、关振海:《论中止犯之司法判断》,载《中国青年政治学院学报》2013年第4期;王昭武:《论中止犯的性质及其对成立要件的制约》,载《清华法学》2013年第5期;张明楷:《中止犯中的"造成损害"》,载《中国法学》2013年第5期;陈建桦、杜国伟:《危险犯既遂后中止问题新解》,载《中国刑事法杂志》2013年第6期;李煜:《犯罪中止任意性的判断》,载《中国刑事法杂志》2013年第8期;彭文华:《中止犯自动性的目的限缩》,载《法学家》2014年第5期;张平、韩艳芳:《准中止犯研究》,载《湖北大学学报(哲学社会科学版)》2014年第6期;黄悦、张健一:《论中止犯减免刑罚的根据》,载《武汉理工大学学报(社会科学版)》2015年第3期;庄劲:《犯罪中止自动性之判断——基于积极一般预防的规范性标准》,载《政法论坛》2015年第4期;袁彬:《论中止的真挚性及其立法化》,载《北京师范大学学报(社会科学版)》2015年第4期;张明楷:《中止犯减免处罚的根据》,载《中外法学》2015年第5期;周光权:《论中止自动性判断的规范主观说》,载《法学家》2015年第5期;汪东升:《"既遂"后中止问题研究——兼论对"犯罪结果发生"的理解》,载《中国刑事法杂志》2016年第3期;张明楷:《论放弃重复侵害的行为性质》,载《中外法学》2017年第6期;刘之雄:《中止犯处罚的司法困境与立法完善》,载《法学评论》2018年第1期;陆诗忠:《对"中止犯减免处罚根据"的再追问》,载《当代法学》2018年第4期;曾文科:《论中止犯的减免处罚根据——类型并合说之提倡》,载《烟台大学学报(哲学社会科学版)》2019年第1期。

细目录

Ⅰ 主旨

Ⅱ　沿革
Ⅲ　犯罪中止的法律特性
一、概说
二、刑事政策说之提倡
Ⅳ　犯罪中止的成立要件
一、客观要件:存在消灭既遂危险的中止行为
二、主观要件:存在中止意思
Ⅴ　常见案件的分析指引
Ⅵ　犯罪中止的其他问题
一、加重犯的犯罪中止
二、既有犯罪中止又有犯罪既遂的处理
Ⅶ　中止犯的刑事责任
一、对"损害"的理解
二、"造成损害"的原因

Ⅰ　主旨

1　本条对犯罪中止的概念及其刑事责任作了明确规定。犯罪中止是指在犯罪过程中,行为人自动放弃犯罪或者自动有效地防止犯罪结果发生的犯罪未完成形态。犯罪中止由客观的中止行为与主观的中止意思组成,二者对于犯罪中止的成立而言缺一不可。不过,将着眼点放在中止行为上还是放在中止意思上,将会导致对犯罪中止的不同理解。这一问题与犯罪中止的法律特性密切相关。只有深入讨论犯罪中止的法律特性,才能准确把握犯罪中止的成立要件,从而妥善处理具体案件中犯罪中止的认定问题。

Ⅱ　沿革

2　1979年《刑法》第21条规定:"在犯罪过程中,自动中止犯罪或者自动有效地防止犯罪结果发生的,是犯罪中止。对于中止犯,应当免除或者减轻处罚。"

3　1997年修订刑法时,对上述条文有两处修订。一处是将第1款中"自动中止犯罪"改为"自动放弃犯罪"。原条文中使用"中止"一词,存在同语反复现象,使用"放弃"一词可使文字表述更加确切。另一处修订是修改了第2款,明确了对中止犯何时免除处罚、何时减轻处罚的标准。这是基于罪刑相适应原则的要求,同时考虑到中止犯的人身危险性的大小,中止犯没有造成损害的应当免除处罚,造成损害

的应当减轻处罚。[1]

Ⅲ 犯罪中止的法律特性

一、概说

犯罪中止的法律特性所研究的问题是:第一,犯罪中止具有何种特性,因而需要对其动用刑罚?第二,犯罪中止具有何种特性,因而需要对其进行减免处罚,以致在同等情形下对其的处罚轻于犯罪预备与犯罪未遂? 4

犯罪中止的法律特性是中止犯论的首要问题,因为对法律特性(减免处罚根据)的理解不同,中止犯的要件与适用范围将会不同。[2] 但在我国,长期以来,犯罪中止的法律特性问题似乎不成问题,学界都是在论述"中止犯的刑事责任"部分,三言两语附带解释对中止犯减免处罚的理由。近十年来,学界才开始关注、讨论这一问题。讨论犯罪中止的法律特性,并非一种智力游戏,而是涉及如何理解、把握中止犯的构造,进而影响如何理解中止犯成立要件的问题,故有深入讨论的必要。 5

传统学说从社会危害性理论出发,"无论是从主观因素来看,还是从客观因素来讲,犯罪中止的社会危害性都轻于性质相同的其他故意犯罪停止形态,所以刑法规定对中止犯'应当'免除处罚或者减轻处罚"[3]。"对中止犯减免处罚的法律根据应为行为人的主客观相统一的中止行为使本欲实施到底的犯罪社会危害性大为减少。"[4]这一看法虽然正确,但对于解释中止犯的成立要件并无指导作用。相对而言,更为合理的解释是:"中止犯既然自动放弃犯罪,表明其主观恶性大为减少;没有造成损害,说明客观上对社会没有造成危害,从而应当免除处罚。并且这样做,可以鼓励实施犯罪行为的人悬崖勒马,因而有助于防止犯罪结果发生。"[5] 6

除上述主流学说外,关于中止犯的法律特性,还有以下学说:①罪刑相适应说,认为对中止犯应当减免处罚是罪刑相适应原则的要求。[6] ②主客观相统一说,认为主客观相统一原则是中止犯减免处罚根据的理论基础,应当立足于主客观相统一原则, 7

---

1 参见高铭暄:《中华人民共和国刑法的孕育诞生和发展完善》,北京大学出版社2012年版,第204页。

2 在要件方面,"自动性"的内容以及未发生既遂结果与中止行为之间是否需要因果关系,将会因对中止犯减免处罚根据的理解的不同而不同;在适用范围方面,对于既遂犯能否准用或者类推适用中止犯规定、共犯与中止犯的关系、加重未遂与中止犯的关系,也会因对减免处罚根据理解的差异而不同。参见〔日〕川端博:《刑法总论讲义》(第3版),成文堂2013年版,第491—492页。

3 贾宇主编:《刑法学》,高等教育出版社2019年版,第226页。

4 程红:《中止犯基本问题研究》,中国人民公安大学出版社2007年版,第92—93页。

5 马克昌主编:《犯罪通论》(第3版),武汉大学出版社1999年版,第488页。

6 参见高铭暄主编:《刑法专论》(上编),高等教育出版社2002年版,第308页。

从主观与客观的有机统一上探求中止犯的处罚根据。[7] ③刑事政策价值说,认为追求公平正义的刑事政策价值才是我国中止犯减免处罚的根据;对中止犯减免处罚既能对中止犯网开一面,鼓励其及时悬崖勒马,在犯罪结果出现前放弃继续犯罪或者有效防止犯罪结果的发生,又能对那些造成一定损害后果的行为人保留适当的处罚余地,从而避免放纵犯罪的不公正现象发生。[8] ④刑罚观念说,认为中止犯减免处罚的根据在于报应为主、功利为辅的刑罚观念。[9] ⑤谦抑性说,认为除社会危害性的减少之外,还必须从刑法内部的谦抑性来解释中止犯减免处罚的根据。[10] 但是,无论是预备犯、未遂犯还是既遂犯,都应贯彻罪刑相适应原则,都必须是主客观相统一的,都应体现公平正义,都应考虑报应为主、功利为辅的刑罚观念,都应考虑刑法的谦抑性。因此,以上五种学说其实都无法揭示中止犯所独有的特性。⑥伦理依据说,认为伦理依据是中止犯减免处罚更深层次的理论依据,刑事责任的理论基础不能排除伦理道德。[11] 但是,如果注重伦理依据,就会认为只有出于伦理上可宽宥的动机而中止犯罪的才构成中止犯,这将会大为缩小中止犯的成立范围,不利于鼓励行为人及时停止犯罪从而救助、保护法益这一刑事政策目的的实现。

8 除传统路径外,一些学者还借鉴国外学说来解释我国中止犯的法律特性。在日本刑法学中,关于中止犯法律特性的学说可分为两类:一是政策说,认为在实施中止行为之前,犯罪已经完全成立,故对行为人减免处罚无法从刑法学的角度来说明,只能用刑事政策来解释,即为给犯罪人铺设回头是岸的"金桥",故对中止犯应当减免处罚。二是法律说,认为应在刑法之内寻找中止犯减免处罚的原因。其中,违法减少说认为,中止犯没有造成既遂结果,违法性轻,故应减免处罚;责任减少说认为,中止犯主动放弃犯罪,责任已经减少,故应减免处罚;违法、有责减少说认为,中止犯的违法与责任都减少了,故应减免处罚。日本学界曾将政策说与法律说相对立,现在则认为政策说与法律说从不同角度揭示了中止犯的多重特性,故应将二者结合起来解释中止犯的减免处罚根据(并用说)。[12]

9 对于我国中止犯的法律特性,受日本刑法学的启发,有人认为,首先,对中止犯之所以应当减免其刑,首先是出于刑事政策的考量,其次,与未遂犯乃至预备犯相比,中

---

7 参见梁晟源、周伟良:《中止犯减免处罚的根据》,载《中国人民公安大学学报(社会科学版)》2006 年第 6 期。

8 参见谢望原:《论中止犯减免处罚之根据——以比较刑法为视角》,载《华东政法大学学报》2012 年第 2 期。

9 参见袁彬、李旭:《中止犯处罚若干问题研究》,载《黑龙江省政法管理干部学院学报》2004 年第 3 期。

10 参见程红:《中止犯基本问题研究》,中国人民公安大学出版社 2007 年版,第 91 页以下。

11 参见赵秉志主编:《犯罪总论问题探索》,法律出版社 2003 年版,第 484—485 页。

12 参见张明楷:《未遂犯论》,法律出版社 1997 年版,第 326—352 页。

止犯减少了违法性与责任(政策说+违法、责任减少说的并用说)。[13] 有人认为,在决定中止犯的减免处罚上,起关键作用的还是行为人的主观责任减少;同时,责任减少说难以说明为何对中止犯免除处罚,对此还须从立法者鼓励行为人自动放弃犯罪这一刑事政策的角度加以说明(责任减少说+政策说的并用说)。[14] 有人认为,行为人基于自动性而实施中止行为的,其责任确实有所减轻,考虑到责任是和刑罚密切联系的概念,因责任减少而减免其刑就是合理的;此外,在犯罪达到既遂之前给予行为人奖励,来消除对法益的危险,有助于实现刑罚的预防目的(基于刑罚目的的责任减少说)。[15] 还有人认为,应当借鉴德国刑法学的相关学说,首先讨论中止犯免除处罚的根据,然后讨论为什么对造成损害的中止犯不得免除处罚。对此的回答是,与既遂犯相比,中止犯的违法性与有责性均减少,仅此便能减轻处罚;由于中止犯自动回到合法性的立场,导致特殊预防的必要性丧失,所以对中止犯应当免除处罚(违法减少+责任减少+缺乏特殊预防必要性的并用说)。[16] 联系犯罪的实体(不法与责任)讨论中止犯的法律特性,有助于把握中止犯的成立要件。结合刑事政策或者刑罚目的探究中止犯的法律特性,有助于合理把握中止犯的成立范围。因此,上述学说总体上值得肯定。

二、刑事政策说之提倡

在犯罪的过程中,行为人是侵犯法益之危险的创设者与控制者,如果能够对行为人进行“策反”,使其自我否定,及时控制事态过程从而消灭犯罪既遂危险,无疑是救助、保护法益的最佳方案。为了达到“策反”的目的,诱导行为人及时消灭既遂危险,刑法便对中止犯设立了减免处罚这一“中止有赏”的规定。中止犯减免处罚规定主要是刑事政策的产物(以下简称“刑事政策说”)。 10

(一)强调刑事政策的原因

刑法规定均是出于防止犯罪的刑事政策目的而设立的,在此意义上,犯罪论规定全部具有刑事政策性;刑事政策说若仅指出中止犯规定是出于防止发生既遂结果的目的而设立的,这等于什么也没有说,不会有人头脑如此简单;刑事政策的旨趣是:在通常的犯罪论框架内无法解释中止犯的规定。换言之,在我国,仅以客观危害较轻、主观恶性较小,无法全面解释中止犯减免处罚的根据。 11

首先,无法以客观危害较轻来解释中止犯减免处罚的根据。第一,中止犯减免处罚的比较对象是未遂犯与预备犯,而不是既遂犯。认为中止犯客观危害较轻是将中止犯与既遂犯相比较得出的结论。如果将中止犯与预备犯、未遂犯相比较,则难以得 12

---

13 参见王昭武:《论中止犯的性质及其对成立要件的制约》,载《清华法学》2013 年第 5 期。

14 参见黎宏:《刑法学总论》(第 2 版),法律出版社 2016 年版,第 248 页。

15 参见周光权:《刑法总论》(第 4 版),中国人民大学出版社 2021 年版,第 310—313 页。

16 参见张明楷:《中止犯减免处罚的根据》,载《中外法学》2015 年第 5 期。

出中止犯客观危害较轻的结论。这样,就无法以客观危害较轻来说明中止犯的刑事责任。第二,有时根本就不可能以客观危害较轻来解释中止犯减免处罚的根据。例如,与预备犯相比,中止犯的客观危害更重(因为预备犯尚未着手犯罪,而绝大多数中止犯已经着手,对被害法益多少造成了一定的侵害)[17],可是中止犯的刑事责任却轻于预备犯。[18] 对此,绝不是以中止犯的主观恶性轻于预备犯所能解释的(详见后述),而只能从刑事政策的角度来解释:与预备犯并非本人消灭了既遂危险不同(是行为人意志以外的原因消灭了既遂危险),中止犯是本人消灭了既遂危险,这在刑事政策上是值得鼓励、提倡的,故应减免处罚对行为人进行奖励;为了彰显奖励的属性,刑法对中止犯规定了比预备犯更轻的刑事责任。[19]

13 其次,用主观恶性较小来解释中止犯减免处罚的根据,也存在问题。第一,为什么刑法要将未发生既遂结果作为中止犯的成立要件,这是主观恶性较小无法回答的。刑法将有效地防止既遂结果的发生作为成立中止犯的重要条件,只要发生了既遂结果,无论主观恶性如何减少,都不构成中止犯。这清楚地表明,只有在客观危害不严重时,主观恶性较轻才能起作用。与自动放弃犯罪的主观方面相比,没有发生既遂结果这一客观方面更为重要(至少同等重要)。因此,主观恶性较轻不可能构成中止犯减免处罚根据的核心。第二,即便能够以主观恶性较轻来解释对中止犯的处罚轻于未遂犯[20],也无法以中止犯的主观恶性轻于预备犯,来解释中止犯的处罚轻于预备犯。我国刑法并不认为只要主观恶性轻,即使客观危害重也可承担较轻的刑事责任。例如,行为人虽是被胁迫(尚未丧失期待可能性)实施犯罪,但起了主要作用(如是犯罪的主要实行者),相较于虽是自愿参与犯罪,但起了次要作用(如仅提供了犯罪工具),即使前者的主观恶性轻于后者,处罚也重于后者(因为前者属于主犯,后者只是从犯)。可见,不问客观危害的大小,只要主观恶性较轻,就承担较轻的刑事责任,是不可能的。虽然中止犯的主观恶性轻于预备犯,但是其客观危害重于预备犯,为何立

17　当然,如果将预备阶段的中止犯与预备犯相比较,二者在具有一定程度的侵害法益的危险、未能着手实行犯罪方面是相同的,但此时充其量只能认为二者的客观危害相同,而无法认为中止犯的客观危害轻于预备犯。

18　无论是在1979年《刑法》还是在1997年《刑法》中,预备犯的刑事责任都重于中止犯的刑事责任,因为前者是“可以”从轻、减轻处罚或者免除处罚,而后者是“应当”减轻或者免除处罚,且中止犯不存在从轻处罚的问题。

19　或许有人认为,规定中止犯不负刑事责任,奖励力度更大、效果更好。这在逻辑上是可能的,的确也有不少国家(如德国)不处罚意图所犯之罪的中止犯(若犯罪行为造成其他损害的,应按相应犯罪定罪处罚)。但是,中止行为之前的犯罪所具有的客观危害与主观恶性是客观存在的,尤其是在侵犯了重大法益或者对法益造成了相当程度的损害时,作无罪处理并不合适,所以我国刑法规定对中止犯应当减免处罚,而不是不处罚。

20　在客观危害相同的情况下,中止犯的主观恶性轻于未遂犯,故中止犯的处罚应轻于未遂犯。

法者只重视中止犯的主观恶性轻而无视中止犯的客观危害重，从而对中止犯规定较轻的刑事责任呢？只有刑事政策说才能解释这一现象：为了“策反”行为人、诱导其及时消灭既遂危险，可以不问客观危害的轻重，使行为人承担较轻的刑事责任。

再次，不借助刑事政策，还无法解释以下两个问题：第一，犯罪既遂之后，行为人自动采取补救措施的（如主动返还被盗财物），为什么不能构成中止犯？对此的通常解释是，刑法不承认发生了既遂结果后还可以构成中止犯，或者认为故意犯罪停止形态是一种结局形态，犯罪既遂已经构成结局形态，自然不可能再发展为中止犯。但是，这仅是形式的、表面的解答，仍需要从实质出发回答下列问题：为什么刑法认为发生了既遂结果后就不能构成中止犯，其内在理由是什么？对此，只能从刑事政策上来解释：刑法是为了保护法益、避免既遂结果的发生，才设立了中止犯减免处罚规定；在发生了既遂结果的场合，已经无法实现救助、保护法益的政策目的，当然就没有作为中止犯来对待的必要。第二，甲罪的中止犯，可能同时构成乙罪的既遂犯，此时为什么不能对行为人以乙罪的既遂犯来追究刑事责任？例如，故意杀人致人重伤后，出于悔意及时将被害人送往医院，被害人因而得救的，构成故意杀人罪的中止犯，不能按照既遂的故意伤害罪来处理。此时，为什么不能对行为人按照故意伤害罪既遂、在重伤的范围内甚至按照以特别残忍手段致人重伤造成严重残疾来定罪量刑？“不问伤害事实的理由，只能求之于刑事政策考虑，即通过对中止行为施予恩典，诱导回避重大法益侵害的行为。”[21]作为对中止行为的奖励，此时不追究伤害的责任，才是富有成效的。 14

最后，我国通说也承认刑事政策在中止犯规定中起着重要作用。通说将中止犯与既遂犯相比较，从而得出中止犯客观危害轻、主观恶性小的结论。但是，对中止犯应当从宽到什么程度才是合理的，为什么中止犯的刑事责任能够轻于情形相同的预备犯、未遂犯，仍然是通说需要进一步回答的问题。或许通说意识到了不足，所以同时指出，“对中止犯规定宽大的处理方法，对于鼓励犯罪分子悬崖勒马，促使他不要把犯罪行为进行到底，从而避免给国家和人民利益造成损失，是有积极作用的”[22]。中止犯鼓励犯罪人悬崖勒马、保护法益的特点，正是中止犯法律特性的鲜明体现。因此，应当偏重于刑事政策来探寻中止犯减免处罚的根据。 15

（二）中止犯处罚蕴含着何种刑事政策思想

中止犯是一种行为人自我否定的犯罪，即行为人制造了犯罪可能既遂的危险，又主动消灭了该危险，整个过程如同放火者点火后，又自动浇水灭火、避免了火灾的发生一般。虽然与未遂犯一样没有发生既遂结果，但是与未遂犯不同，在中止的场合，行为人控制着犯罪局面，基于本人意志主动消灭了既遂危险；而未遂场合的行为人则不能如愿控制局面，是行为人意志以外的原因消灭了既遂危险，导致犯罪未得 16

---

21 〔日〕井田良：《刑法总论の理论构造》，成文堂 2005 年版，第 277 页。

22 高铭暄编著：《中华人民共和国刑法的孕育和诞生》，法律出版社 1981 年版，第 47 页。

逞。在犯罪过程中,出现阻止犯罪既遂的偶然因素(如警察的出现、行为人能力低下等)的概率较低。此时,寄希望于行为人自我否定,才是避免法益深度被害的可行之道,因为在犯罪现场,行为人如能摇身一变,放弃继续实行犯罪,就会立刻成为法益的最佳救助者。因此,如何将法益的侵犯者"策反"为法益的保护人,成为立法者殚精竭虑的问题。

17 在已经开始犯罪后(尤其是已经着手后),要求行为人停止犯罪,往往是困难的。只有对行为人进行一定的利益诱导,才有可能诱使行为人放弃犯罪行为的完成。于是,约定如果防止了既遂结果的发生便给予减轻或者免除刑罚这一奖励,是立法者为防止法益侵害结果进行的最后努力。这就是说,在犯罪尚未发生时,立法者通过罪刑的立法宣告来预防犯罪、保护法益;当犯罪正在进行之时,立法者通过减免处罚来诱导行为人放弃继续实行犯罪、避免犯罪升级来保护法益。对中止犯减免处罚的规定,就是出于诱导行为人关键时刻及时自我否定、防止犯罪既遂从而救助、保护法益这一刑事政策目的而设立的。当然,立法者之所以能够采取这一刑事政策,是以行为人客观上消灭了既遂危险(违法性减少)、主观上出于本人意愿(有责性减少)为事实基础的。

(三)重视刑事政策的优点

18 首先,重视刑事政策有助于扭转中止犯的认定重心。我国的犯罪构成理论往往不能严格地坚持先客观、后主观的犯罪考察顺序;并且,与客观要件相比,学界常常更加重视主观要件,这一点在中止犯的认定上体现得非常明显。如我国学界将中止犯的认定重心放在自动性上,认为自动性是中止犯的核心要件。但是,在考察自动性之前,首先应当考察行为人的行为能否被评价为中止行为。采取刑事政策说,便可以自然地实现这一点,因为根据刑事政策说,行为人是否消灭了既遂危险,才是问题的关键。采取刑事政策说,将会实现中止犯判断重心由主观方面向客观方面的转移,对于严密我国的犯罪构成理论具有重要意义。

19 其次,重视刑事政策有助于合理划定中止犯的成立范围。有论者认为,行为人对准被害人的腹部猛刺几刀,在被害人的哀求下,行为人自己开车将被害人送到医院,却告诉医生说自己不是犯罪人,不知道是谁刺伤了被害人的,行为人仅是单纯将被害人送到医院,这种程度的行为尚不属于行为人为防止结果发生进行了真挚的努力,所以不能成立中止犯。[23] 有论者认为,明明自己可以去买解毒药,由于觉得路远,便指使他人去买,尽管同样阻止了被害人死亡结果的发生,但这种情况行为人不具有真挚性,不能成立中止犯。[24] 主张这两个案例不构成中止犯的理由,表面上是因为在客观方面行为人缺乏真挚的努力,其实是认为行为人的主观恶性没有减轻(缺乏

---

[23] 参见陈兴良、周光权:《刑法学的现代展开Ⅰ》(第2版),中国人民大学出版社2015年版,第301页。

[24] 参见程红:《中止犯基本问题研究》,中国人民公安大学出版社2007年版,第266页。

主观的真挚性），这是偏重于主观方面认定中止犯的结果。根据刑事政策说，只要行为人在客观上消灭了犯罪既遂的危险、救助了法益，就值得作为中止犯接受减免处罚的奖励。在上述两个案例中，行为人都成功消灭了既遂危险，有效地防止了犯罪结果的发生，应当构成中止犯。

最后，重视刑事政策有助于准确认定共犯中的中止犯。通说以主观恶性减轻（自动性）作为认定中止犯的核心要件，容易引起部分共犯人既遂后，其他自动放弃继续实行犯罪的共犯人是否构成中止犯的争议。比如，数人共同强奸被害人，被害人苦苦哀求，只有犯罪分子甲见被害人确实可怜，放弃了奸淫行为。甲是否构成中止犯，在我国意见不一。实务中存在着眼于甲主观恶性减轻因而承认构成强奸罪中止犯的见解。但是，在共同犯罪中，法益不但面临来自行为人的危险，而且面临来自其他共犯人的危险；任何一个共犯人侵害法益至既遂时，在规范评价上就应认为法益已遭受侵害，犯罪已经既遂。因此，从刑事政策说出发，只有使法益躲过了所有共犯人魔爪的人，才实现了救助、保护法益的刑事政策目的，才值得作为中止犯接受减免处罚的奖励。在上例中，尽管甲本人放弃了奸淫行为，但甲并没有消灭被害人被其他共犯人奸淫的危险，故从刑事政策说来看，甲放弃奸淫的行为无法构成强奸罪的中止犯，而是既遂犯。[25] 20

Ⅳ 犯罪中止的成立要件

犯罪中止的成立要件为：在客观方面，行为人实施了消灭既遂危险的中止行为，因而没有发生既遂结果；在主观方面，行为人具有中止意思，即认识到是自己消灭了既遂危险。 21

一、客观要件：存在消灭既遂危险的中止行为

（一）存在中止行为

所谓中止行为，是指消灭了犯罪既遂危险的行为。这个定义虽然简单，但是蕴涵着如下内容： 22

（1）消灭既遂的危险，以法益处于危险之中为当然前提。显然，既遂危险只存在于犯罪过程中，因为只有在犯罪过程中，法益才面临被害危险，此时法律才期待行为人实施中止行为来消灭既遂危险。所以，我国刑法明确规定中止犯必须是“在犯罪过程中”——无论是犯罪预备阶段，还是犯罪实行阶段，都属于在犯罪过程中。因此，在犯罪预备阶段，如果预备行为侵犯的法益重大，有追究刑事责任的必要，但后来行为人自动放弃着手实行犯罪的，也能成立中止犯。 23

---

25 强奸罪不是亲手犯（当然，也有人对此予以肯定），试图以强奸罪是亲手犯为由主张甲构成中止犯的看法，难以成立。

24 学界将“在犯罪过程中”理解为“时空性”,并将其作为中止犯的成立要件来对待。但是,刑法作此规定,不过是想表明中止行为的存在范围而已,即没有犯罪既遂危险的地方,就不存在中止行为。[26] 因此,时空性是中止行为本身的构成要素,没有必要将时空性作为中止犯的成立要件之一来对待。

25 (2)只要行为人主动消灭了既遂危险,就属于中止行为。在行为人主动放弃重复侵害的场合,能够认定正是由于行为人放弃重复侵害,从而消灭了既遂危险,故行为人主动放弃重复侵害的行为属于中止行为。只要行为人主动消灭了既遂危险,即使外形上行为人仍在实施犯罪行为,也能成立犯罪中止。例如,被告人王元帅纠集被告人邵文喜共抢得价值 4.2 万元财物后,见被害人杨某昏迷不醒,遂谋划用挖坑掩埋的方法杀人灭口。杨某佯装昏迷,趁王元帅寻找作案工具不在现场之机,哀求邵文喜放其逃走。邵文喜同意掩埋杨时挖浅坑、少埋土,并告知掩埋时将杨某的脸朝下。王元帅返回后,邵文喜未将杨某已清醒的情况告诉王。当日 23 时许,二人将杨某运至某土水渠处。邵文喜挖了一个浅坑,并向王元帅称其一人埋即可,按与杨某的事先约定将杨某掩埋。在王元帅、邵文喜离开后,杨某爬出土坑获救。经鉴定,杨某所受损伤为轻伤。一审法院认为被告人邵文喜属于杀人未遂。二审法院则认为被告人邵文喜的行为构成故意杀人罪的犯罪中止,其理由是,在当时的环境、条件下,邵文喜能够完成杀人犯罪,但其从主观上自动、彻底地打消了原有的杀人灭口意图;因惧怕王元帅,邵文喜未敢当场放被害人逃跑,而是采取浅埋等方法给被害人制造逃脱的机会,其从客观上也未作出致被害人死亡的行为;被害人未死系邵文喜的行为所致,邵文喜有效地防止了犯罪结果的发生,其行为属于自动有效地防止犯罪结果发生的犯罪中止。[27] 二审法院的判决结论是正确的。从外形上看,邵文喜仍在继续实施犯罪行为,但在实质上,邵文喜主动消灭了被害人死亡的既遂危险,故成立犯罪中止。

26 行为人若没有消灭既遂危险,就不属于中止行为。因时机不成熟、条件不具备,暂时放弃犯罪的实施的,由于行为人并没有真正消灭犯罪既遂的危险,仅是推迟了犯罪既遂的危险,故该行为不是中止行为,不能成立中止犯。有论者主张,本次停止犯罪,但保留下次犯罪的意思,也有成立中止犯的余地,如甲为盗窃潜入乙家,发现被害人家里灯火通明就很快离开现场,准备待下次乙家中无人时再来窃取的,成立中止犯。[28] 笔者认为,行为人并未真正消灭使被害人遭受财产损失的既遂危险,仅是推迟了既遂危险而已,故应否认中止犯的成立。

27 成立中止犯,学界要求具有彻底性,即行为人在主观上彻底打消了原来的犯罪意

---

[26] 在并无既遂危险的场合,行为人中止犯罪、符合中止犯其他成立要件的,是否一概否定中止犯的成立,存在探讨的余地。笔者认为,对此可准用《刑法》第 24 条的规定,认定成立中止犯。

[27] 参见最高人民法院刑事审判第一庭、第二庭编:《刑事审判参考》总第 32 辑(第 242 号),法律出版社 2003 年版,第 24—27 页。

[28] 参见周光权:《刑法总论》(第 4 版),中国人民大学出版社 2021 年版,第 320—321 页。

图,在客观上彻底放弃了自认为本可能继续进行的犯罪行为,而且从主客观的统一上行为人也不打算以后再继续实施此项犯罪。[29] 这种对彻底性的理解过于繁琐,其实,对彻底性从客观方面加以理解是完全可能的,即只要行为人真正消灭了犯罪既遂的危险,即具有彻底性。彻底性是对中止行为本身的内在要求,故与时空性一样,彻底性也只是中止行为本身的构成要素,而不是成立中止犯的一个独立要件。

(3)对于既遂危险的消灭,行为人必须具有一定程度的贡献,才属于中止行为。只有行为人为消灭既遂危险作出了一定程度的贡献,才能享受减免处罚的奖励。因此,成立中止犯虽然不要求行为人为防止结果发生作出真挚的努力,但是,在实行行为终了后、既遂结果即将发生的情况下,对于既遂结果的实际未发生,行为人必须具有一定程度的贡献。 28

虽然为消灭危险创造了一定条件,但是,行为人对于危险消灭所起的作用可以忽略不计时,不能认为行为人为消灭危险作出了一定贡献,该行为不属于中止行为。例如,行为人点火之后大喊一声"着火了"即迅速离开的,即使他人听到喊声扑灭火灾,行为人也不属于中止犯。再如,杀人犯离开现场之后,产生悔意,急忙赶回现场,准备把被害人送往医院救治,但是被害人已经被其他人送往医院了,因行为人对消灭既遂危险没有作出任何贡献,故不构成中止犯。 29

(4)只要能够消灭既遂危险即可,不要求行为人必须独力实施中止行为。无论是单独救助法益,还是介入了他人的救助行为来救助法益,只要最终消灭了既遂危险且行为人对此有贡献,即属于中止行为。虽然借助了外力,但是既然防止了既遂结果的发生,实现了救助、保护法益的刑事政策目的,就没有理由否定中止犯的成立。此时,即使外力起了重要作用,也无妨中止犯的成立。行为人是普通人,一般并不具有消灭危险的专业能力(如杀人者不是医生,不可能对受伤者施行手术),如果要求成立中止犯不允许外力起重要作用,那么就是过于苛刻的要求,不利于鼓励行为人救助、保护被害法益。因此,只要行为人为消灭既遂危险作出一定程度的贡献,即使外力具有重要作用,也应当构成中止犯。 30

(5)在共犯中,消灭既遂危险不仅指消灭来自本人的既遂危险,还包括消灭来自其他共犯人的既遂危险。共犯的目标只有一个,即侵害法益达到既遂,至于由哪一个共犯人来侵害法益达到既遂,对于共犯既遂的判断来说并不重要;换言之,在共犯中只要有一人侵害法益至既遂,即应作出共同犯罪已经既遂的规范评价。所以,在共犯中,要成立中止犯,与通常的中止犯相比行为人必须付出更大努力,必须消灭来自所有共犯人的侵害法益至既遂的危险。目前,多数判决已经采纳这一观点。 31

例如,被告人冯某、张烨、施嘉卫等人使用暴力、威胁等手段,强迫曹某(女,21岁)脱光衣服当众小便、洗澡。嗣后,被告人张烨对曹某实施了奸淫行为,在发现曹某有月经后才停止奸淫;被告人施嘉卫见曹某有月经在身,未实施奸淫,而强迫曹某采 32

---

29 参见赵秉志主编:《刑法新教程》(第 4 版),中国人民大学出版社 2012 年版,第 167 页。

用其他方式使其发泄性欲。一审法院认定被告人施嘉卫构成强奸罪的犯罪中止。检察院提起抗诉,认为被告人施嘉卫不属于强奸犯罪中止。二审法院认为,施嘉卫的行为不能认定为强奸犯罪中止,其理由是:“共同犯罪的中止要求在放弃本人的犯罪行为时,还必须有效地制止其他共同犯罪人的犯罪行为,防止犯罪结果的发生;易言之,在共同犯罪的场合,犯罪一经着手,单个的共同犯罪人,仅消极地自动放弃个人的实行行为,但没有积极阻止其他共同犯罪人的犯罪行为,并有效地防止共同犯罪结果发生的,对共同犯罪结果并不断绝因果关系,就不能构成中止犯。”[30]这一裁判结论是妥当的。据此,在共同犯罪中,本人虽然主动放弃进一步实施犯罪行为,或者消极地离开犯罪现场,但并未消灭来自其他共犯人的既遂危险,其行为不构成中止行为,没有成立中止犯的余地;如果其他共犯人犯罪既遂,行为人也构成既遂犯。[31] 即便在预备阶段,共犯人便放弃继续实施犯罪,但只要未阻止其他共犯人使其放弃犯罪或者未能有效防止既遂结果发生的,也不能成立犯罪中止。[32]

33 教唆犯要成立犯罪中止,同样适用上述结论。例如,在黄土保等故意伤害案中,判决就认为:“教唆犯要成立犯罪中止,单其本人主观上消极地放弃犯罪意图,客观上消极地不参与实行犯罪或不予提供事前所承诺的帮助、佣金等还不够,其必须还要对被教唆人实施积极的补救行为,如在被教唆人尚未实行犯罪或者在犯罪结果发生之前,及时有效地通知、说服、制止被教唆人停止犯罪预备或实施犯罪行为,彻底放弃犯罪意图,使之没有发生犯罪结果,方能成立犯罪中止。”[33]

34 (6)何时不作为即可构成中止行为、何时必须实施积极的作为才构成中止行为?通常认为,行为未实行终了,只要不继续实施就不会发生犯罪结果时,中止行为表现为放弃继续实行犯罪行为(不作为);行为实行终了,不采取有效措施就会发生犯罪结果时,中止行为表现为采取积极措施有效地防止犯罪结果的发生(作为)。这种见解将单纯不作为即可构成中止行为、还是积极的作为才能构成中止行为,与实行行为是否终了捆绑在一起进行讨论。应当认为,这种处理方式并不合适。首先,实行行为何时终了,并不是一个容易判断的问题,对此存在主观说、修正的主观说、客观说、因果关系遮断说、折中说等学说。[34] 将中止行为的方式与实行行为是否终了联系在一起,将会增加问题的复杂性。其次,行为是否实行终了与是否会发生既遂结果,不存

---

[30] 最高人民法院刑事审判第一庭、第二庭编:《刑事审判参考》总第20辑(第125号),法律出版社2001年版,第14—20页。

[31] 当然,如果行为人构成共犯的脱离或者共同的解消,就不负既遂犯的刑事责任,仅对脱离之前的参与行为承担相应的刑事责任。

[32] 参见陈兴良、张军、胡云腾主编:《人民法院刑事指导案例裁判要旨通纂》(第2版),北京大学出版社2018年版,第1083—1084页。

[33] 最高人民法院刑事审判第一庭、第二庭编:《刑事审判参考》总第28辑(第199号),法律出版社2003年版,第21—22页。

[34] 参见张明楷:《外国刑法纲要》(第3版),法律出版社2020年版,第252—253页。

在必然的逻辑对应关系:即使行为尚未实行终了,也有可能已经发生既遂结果。如只要有插入行为,即使强奸行为尚未实行终了,也属于强奸既遂;相反,即使行为实行终了,也有可能未发生既遂结果,如让被害人服用了未达致死量的毒药,行为已经实行终了,但不会出现既遂结果。

因此,对于中止行为的方式,必须明确更为实质的基准。“为何作为是必要的,那是因为如果置之不理,将会发生既遂结果;为何不作为就可以了,那是因为即使置之不理也不会发生既遂结果。”[35]所以,在存在既遂危险的前提下,并非取决于实行行为是否终了,而是取决于为避免现实危险作为结果被现实化到底需要作为还是不作为。如果单纯的不作为即能避免既遂危险,则单纯不作为即可;如果不积极切断因果流程就有既遂的危险,当然就需要实施积极的作为。 35

(二)未发生既遂结果

对中止犯减免处罚是为了保护法益、防止既遂结果的发生,因此,未发生既遂结果是中止犯在客观方面的重要要件。行为人努力地试图消灭既遂危险,但并未成功,还是发生了既遂结果的,尽管行为人主观恶性降低了,但是其未能实现立法者通过中止犯制度来保护法益的刑事政策目的,故不能作为中止犯受到减免处罚的奖励。所以,犯罪既遂之后,没有再成立中止犯的余地。 36

所谓未发生既遂结果,是指行为人的行为并未导致既遂结果的产生。换言之,即使发生了法益被侵害的既遂结果,但只要该结果与行为人的行为之间没有因果关系,是其他人的行为导致法益被侵害的既遂结果时,就属于未发生既遂结果。因此,虽然发生了犯罪结果,但是与行为人此前的犯罪行为没有因果关系的,具有成立中止犯的余地。 37

只有当既遂结果的发生与行为人的犯罪行为具有因果关系时,才属于未能防止既遂结果的发生。中止行为已经消灭了既遂危险,但是由于某种原因还是发生了既遂结果的,因为行为人已经作了自我否定,该结果的发生与行为人的犯罪行为没有因果关系,因而不可归责于行为人(缺乏因果关系),此时在法律上仍应对行为人作出“未发生既遂结果”的评价,成立中止犯。例如,甲对乙的食物投毒,乙吃后十分痛苦,甲顿生怜悯之心,开车将乙送往医院,乙夜间死于医院的火灾事故中,应当认定行为人成立中止犯。因为甲将乙送往医院交付医生救治的行为,足以消灭乙死亡的既遂危险,死亡结果的发生与甲的毒杀行为不存在刑法上的因果关系(不是甲的行为导致乙死亡,而是乙被火烧死),故应认为甲的行为属于《刑法》第 24 条“有效地防止犯罪结果发生”,应构成中止犯。在此意义上,笼统地说只要出现了既遂结果就不成立中止犯,是不准确的。 38

既遂结果未发生与中止行为是否必须存在因果关系,存在争议。如果重视中止 39

---

35 〔日〕高桥则夫:《刑法总论》(第 4 版),成文堂 2018 年版,第 421 页。

犯的主观方面,认为自动停止犯罪、主观恶性降低是中止犯的核心,则一般不要求中止行为与既遂结果未发生之间必须存在因果关系。但是,如果对于中止犯的法律特性采取刑事政策说,那么,只有行为人消灭了犯罪既遂的危险时,才值得刑法奖励,故危险的消灭必须是中止行为本身造成的,既遂结果未发生与中止行为之间必须具有因果关系。从《刑法》第 24 条第 1 款"自动有效地防止犯罪结果发生"的文字表述来看,应当认为我国刑法要求既遂结果未发生与中止行为之间存在因果关系。

40 在中止行为与既遂结果未发生之间,最为复杂的问题是,客观上并不存在既遂危险,即使行为人不中止犯罪也不可能既遂时,行为人自动放弃了犯罪的,是否构成中止犯?例如,甲以杀害乙的意思,让乙服用了毒药后,见乙呕吐不已,以为乙将要死亡,此时甲产生悔意,将乙送往医院急救,但实际上毒药不足以致乙死亡的,甲是否属于中止犯?对此,日本刑法学界存在争议。第一种观点认为,在即使没有中止行为也不会发生既遂结果的场合,不存在必须给予特别恩典来促使行为人中止犯罪的必要,因而缺乏认定中止犯的前提,不成立中止犯。[36] 第二种观点认为,为了与毒性达到致死量的场合成立中止犯相均衡,应当构成中止犯。[37] 第三种观点认为,虽然不构成标准的中止犯,但应当准用中止犯的规定。[38]

41 我国学界一般不讨论既遂结果未发生与中止行为之间的因果关系问题,同时对于自动性的认定采取主观说,所以,一般均认为上述情形应当构成中止犯。但是,从刑事政策说的立场来看,既遂危险原本不存在,谈不上是行为人消灭了既遂危险,自然就无法构成中止犯,故不能直接适用《刑法》第 24 条的规定。不过,既遂危险虽然不是行为人消灭的(现实的既遂危险不存在),但是其消灭了假设的危险——如果存在既遂危险,行为人的行为足以消灭该危险——故可以准用中止犯的规定。第一,行为本身并无导致犯罪既遂的危险,是事后进行科学判断的产物。从行为人的立场来看,当时是否有必要采取措施防止结果的发生,行为人并不清楚;为了确保既遂结果不发生,姑且使行为人承担防止结果发生的义务是合理的,因此,不问结果未发生与中止行为之间有无因果关系,对中止行为进行褒奖才是最为理想的。第二,当行为人明确以接受刑法奖励为目的而积极实施消灭危险的中止行为时,如果行为人不能享受减免处罚的奖励,将会使民众对中止犯规定的实效产生怀疑,这反而不利于贯彻中止犯规定。第三,危害较大的行为(如毒性达到致死量)可以成立中止犯,危害较小的行为(如毒性未达致死量)反而不成立中止犯,有失均衡。

42 考虑到以上几点,有些国家和地区的刑法明确规定这种情形可以按照中止犯处理。如《德国刑法典》第 24 条规定:"如果该行为没有中止犯的努力也不能完成

---

36 参见〔日〕山口厚:《刑法总论》(第 3 版),有斐阁 2016 年版,第 298 页。

37 参见〔日〕前田雅英:《刑法总论讲义》(第 6 版),东京大学出版会 2015 年版,第125 页。

38 参见〔日〕大谷实:《刑法讲义总论》(新版第 4 版),成文堂 2012 年版,第 390—391 页。

的，只要行为人主动努力地阻止该行为的完成，即应免除其刑罚。”[39]《奥地利刑法典》第 16 条、我国台湾地区“刑法”第 27 条、我国澳门特区《刑法典》第 23 条均有类似规定。在我国大陆，并不存在类似立法规定，故只能通过解释论，对行为人准用《刑法》第 24 条规定，认定其构成中止犯。换言之，当行为本身并无导致犯罪既遂的危险时，行为人积极采取措施，试图消灭既遂危险的，其实并不符合《刑法》第 24 条的规定，但是基于上述三点考虑，从鼓励行为人救助、保护处于危险之中的法益这一刑事政策的立场出发，通过有利于被告人的类推解释，才允许对行为人适用《刑法》第 24 条，认定其构成中止犯——不是标准的中止犯，而是准中止犯。

二、主观要件：存在中止意思

（一）中止意思的含义

中止意思是成立中止犯的主观必备要件。对中止犯减免处罚是为了诱导行为人对罪行作自我否定以救助、保护法益。中止意思是行为人在主观方面进行自我否定的体现。如果缺乏自我否定的意思，行为人就不可能及时消灭既遂危险；即使行为人偶然地及时消灭了既遂危险（如以为一枪已经打中被害人心脏，便没有继续开枪，其实并没有击中要害），也无法作出“行为人救助、保护了法益”的评价，不能成立中止犯（构成未遂犯）。因此，就刑事政策说而言，中止意思（主观上的自我否定）是成立中止犯所必需的。 43

中止意思，简单地说就是具有消灭犯罪既遂危险的意思，行为人不再追求既遂结果的发生，排斥、反对既遂结果。不过，从司法操作上看，这种意志转变不易认定。当行为人有意识地消灭既遂危险时，足以表明其不再追求既遂结果的发生。与意志因素相比，认识因素相对容易查明。因此，从便于司法操作的角度出发，当行为人认识到自己在消灭既遂危险时，即可认定行为人具有中止意思。 44

刑事政策说并不否认与未遂犯相比，中止犯的主观恶性减少（当然，并未将其作为中止犯减免处罚根据的重点）。那么，中止犯主观恶性的减少体现在哪里呢？限定主观说认为，只有行为人表现出广义的悔悟（悔改、惭愧、同情等）时，才能表明其主观恶性减少。但是，当行为人认识到是自己消灭了既遂危险时，表明行为人对罪行已作了自我否定，主观恶性就已经减少了；如果此时成功地防止了既遂结果的发生，就值得进行减免处罚的奖励。所以，就刑事政策说而言，广义的悔悟对于成立中止犯来说是不必要的。既然具有消灭既遂危险的意思就足以表明行为人主观恶性减少，那么，无论行为人出于何种动机，即不论是真诚悔悟还是惧怕刑罚，只要其对消灭既遂危险存在认识，就具有成立中止犯的余地。 45

因此，中止犯主观要件的核心是：行为人是否认识到自己在消灭既遂危险。虽然既遂危险在客观上是行为人消灭的，但是，当其并未认识到自己在消灭既遂危险，或 46

---

39 徐久生译：《德国刑法典》，北京大学出版社 2019 年版，第 12 页。

者其主观上并无主动消灭既遂危险的意思时,应当认定行为人没有中止意思,欠缺中止犯的主观要件,不能成立中止犯。甲欲杀乙,将乙打倒在地,掐住乙脖子致其深度昏迷。30 分钟后,甲发现乙未死,便举刀刺乙,第一刀刺中乙腹,第二刀扎在乙的皮带上,刺第三刀时刀柄折断。甲长叹"你命太大,整不死你,我服气了",遂将乙送医,乙得以保命。经查,第一刀已致乙重伤。在该案中,甲构成中止犯还是未遂犯,争议甚大。在乙已经重伤、可能死亡的情况下,甲将乙送往医院,避免了乙的死亡,确实可以得出死亡危险是甲消灭的这一结论;但是,甲当时认为乙的命大、无法杀死乙(即甲认为乙不会死亡),其将乙送医是为了减轻乙受伤的痛苦,而不是为了避免乙的死亡(因为甲认为自己杀不死乙);这意味着甲并未认识到自己在消灭乙死亡的危险,并未对自己的杀人罪行进行自我否定。因此,应当认定甲并无中止意思,不具备中止犯的主观要件,故不能构成中止犯。

(二)自动性的地位、机能及其判断

47　中止意思与自动性不是一回事。一方面,中止意思是自动性的前提。只有当行为人具有中止意思时,才能说行为人是"自动"放弃犯罪或"自动"防止了既遂结果的发生。可见,自动性是中止意思的产物,而不是相反,不可以说中止意思来源于自动性。当然,具备自动性时,可以反推行为人存在中止意思。所以,从立法的简明性出发,《刑法》第 24 条仅对自动性作了规定,没有对中止意思作出规定。另一方面,中止意思的存在是行为人作了自我否定的主观体现,是成立中止犯的主观要件,而自动性则表明行为人不是被强制放弃犯罪的,是实施中止行为的前提,二者的功能不同,故不可混淆。

48　在我国,学界一般将自动性作为成立中止犯的核心要件。但是,根据刑事政策说,行为人以消灭危险的意思,消灭了既遂危险的,原则上就成立中止犯;仅在被强制停止犯罪之类的例外场合,才不具备自动性。在此意义上,自动性要件的地位是极其轻微的。笔者采取刑事政策说,注重中止犯的客观方面,自然就会降低自动性在中止犯中的地位。[40] 这有利于在中止犯中贯彻"犯罪的客观方面优先于、重要于主观方面"的犯罪论基本思想。由此出发,"自动性"的主要机能在于为中止行为的可能性提供界限。是否自动中止犯罪,属于行为人的一种心理状态,故一般都是将自动性理解为中止犯的主观要件、作为中止意思的一部分来处理的。不过,对于自动性,也可以将其作为中止行为的前提来加以理解。"行为人可继续实施行为的可能性是一个必不可少的因素,不能说在决定自动中止时,这个因素没有任何意义。"[41] 欲犯而不能时,已经丧失继续实行犯罪的可能性,在客观上已无消灭既遂危险的必要(因为此时

40　提请注意,笔者并不否认自动性对于成立中止犯所具有的重要意义,毕竟,自动性是刑法明文规定的要件。笔者仅是主张适当降低自动性要件的地位而已。

41　〔意〕杜里奥·帕多瓦尼:《意大利刑法学原理》,陈忠林译评,中国人民大学出版社 2004 年版,第 277 页。

既遂危险已经被犯罪所面临的障碍消灭),中止行为也就不存在了;只有在能犯而不欲时,存在着继续实行犯罪的可能性,因而法益面临着被进一步侵害的危险,此时才有消灭既遂危险的必要,才有实施中止行为的余地。由此可见,自动性表面上属于主观要件,其实所涉及的是中止行为的可能性问题,发挥着认定何时存在中止行为的机能。

自动性的判断极其复杂,存在主观说、客观说、客观的主观说(新客观说)、限定主观说(规范的主观说)、主观的价值生活说、犯罪人理性说等学说。[42] 要准确判断行为人是否具有自动性,必须处理好以下三个问题: 49

(1)行为人认识到了哪些事实?一定的心理活动是在一定的客观刺激之下产生的。要明确行为人是否具有自动性,首先必须明确行为人在犯罪过程中到底认识到了哪些事实。这是判断前提。 50

(2)行为人所认识到的客观事实,对行为人产生了什么心理影响?这是判断关键。要查明行为人是否为自动的,必须以行为人所认识到的事实为基础,查明这些事实对其具有何种心理影响:如果这些事实使得行为人认为已经不可能再继续实行犯罪的,则不具有自动性;反之,如果行为人认为这些事实不足以成为犯罪障碍,仍可完成犯罪的,则具有自动性。 51

行为人所认识到的客观事实到底对行为人产生了何种心理影响,当然只能以行为人本人的实际心理体验为准。就此而言,主观说是正确的,即凡是能犯而不欲的,属于自动中止犯罪;欲犯而不能的,属于被迫放弃犯罪。 52

(3)在司法上如何认定行为人的心理活动?主观说之所以没有得到全面肯定,是因为行为人的实际心理活动有时是难以查明的,尤其是在承认沉默权的国家,行为人保持沉默时,查明行为人真实内心世界则更为困难。“汝非罪人,安知罪人之心理?”自动性的判断之争,包括行为人是否具有期待可能性的判断之争等问题,皆是由此产生的。因此,如何准确把握行为人的心理活动,成为问题的重点。正是在这一问题上,学说出现了分歧。 53

无论自动性的认定多么困难,法官都必须判断行为人的心理活动为何,不然将无法断案。那么,法官如何判断行为人的心理活动呢?司法的真相是,法官采取了普通人的平行评价原则:与行为人一样的普通人在认识到同样事实时,会产生何种心理反应?行为人是普通人中的一员,具有普通人的共性。当普通人认为具有继续实行犯罪的可能性时,应当认定行为人也会具有同样的想法,此时可以认定行为人具有自动性;反之,当普通人认为存在犯罪障碍时,行为人也会这么想,此时应认定行为人是被迫放弃犯罪。由此可见,法官以普通人取代了行为人,实际采取的是客观说。 54

主观说(行为人标准说)当然是最为理想的,但是,法官无法深入行为人的灵魂查明行为人的真实内心,不得已才“将心比心”或者“以他人之心度犯人之腹”。这是客 55

42 参见张明楷:《外国刑法纲要》(第3版),法律出版社2020年版,第248—250页。

观说(普通人标准说)得以登场的原因所在。客观说受到了“无视行为人主观心理状态”的批评,但是,这一批评是不公允的。因为如果可以轻松查明行为人的实际心理,哪里还有客观说的存在余地呢？一旦离开了“普通人此时的心理”或“一般经验”这把测量行为人心理活动的标尺,首先,法官将无从认定行为人的心理,最后要么听凭行为人的口供、要么根据法官的直觉来认定行为人的心理;其次,对于法官所认定的行为人之心理,民众也无从判断该认定是否合理。

56　在结论上,客观说与主观说在大多数场合是一致的,因为行为人具有普通人的共性,普通人的想法往往就是行为人的实际想法。当然,二者有时也不一致,即使如此,也不能说法官的判断是错误的,因为,定罪量刑只能以法律所能认定的事实为依据,而不能以虽客观存在但在法律上无法查明的事实为依据。因此,即使行为人供述了自己的心理,法官对此当然不能无视,但也必须判断这种心理是否具有一定的合理性(谁能保证行为人的供述一定真实呢?);当行为人所供述的心理极其反常、令人产生合理怀疑时,法官采取客观说来认定行为人的心理是无可厚非的。

57　综上所述,如果从程序法的角度看,自动性的判断在很大程度上是一个证据问题,即在案件中是否有足够的、令人信服的证据证明行为人是自动放弃了犯罪。如果对自动性的判断有一点程序法观念,则在一个案件中既有部分证据表明行为人是自动放弃犯罪,也有部分证据表明行为人是被迫放弃犯罪,到底是自动性为主还是被迫性为主无法查清的,应按存疑时有利于被告人的原则,认定行为人是自动放弃犯罪。

58　李官容抢劫、故意杀人案是既有自动性也有被迫性的典型案件。被告人李官容预谋抢劫潘某(女,20 岁)后杀人灭口。某日 20 时许,李官容携带绳子、锄头等作案工具,以一同外出游玩为由将潘某骗上车。20 日凌晨,在一大桥附近,李官容停车,用绳子将潘某绑在座位上,抢走潘某提包内的现金 130 余元及手机一部(价值 990 元)、银行卡一张,并逼迫潘某说出银行卡密码。当日 4 时许,李官容用绳子猛勒潘某的脖子致其昏迷,并用绳子将潘某的手脚捆绑后扔到汽车后备箱。在回县城途中,李官容发觉潘某未死,遂打开后备箱,先后用石头砸潘某的头部,用随身携带的小剪刀刺潘某的喉部和手臂,致潘某再次昏迷。当日 6 时多,李官容恐潘某未死,又在某小店购买水果刀一把,将车开到某汽车训练场准备杀害潘某。苏醒后的潘某挣脱绳索,乘李官容上厕所之机,打开汽车后备箱逃至公路上,向过路行人曾某呼救,曾某即用手机报警。李官容见状即追赶潘某,并用水果刀捅刺潘某的腹部,因潘某抵挡且衣服较厚,致刀柄折断而未能得逞。李官容遂以“你的命真大,这样做都弄不死你,我送你去医院”为由劝潘某上车。潘某上车后,李官容又殴打潘某。潘某发现李官容并未开往医院方向,即在一加油站旁从车上跳下向路人呼救。李官容大声说“孩子没了不要紧,我们还年轻,我带你去医院”以搪塞路人,并再次将潘某劝上车。李官容威胁潘某不能报警否则继续杀她,潘某答应后,李官容遂送潘某去医院。途中,潘某要回了被抢的手机、银行卡等物,并打电话叫朋友赶到医院。当日 8 时许,李官容将潘某送入县医院治疗,并借钱支付4000元医疗费。经鉴定,潘某的伤情程度为轻伤。被告人李官容的行为构成杀人未遂还是杀人中止,存在争议。法院经审理认为:被告人李官容在主观上并没有自动放弃杀人的故意,而是在客观上已是白天,路上行人多,潘某有反抗能力,李官容担心路人已报警导致罪行败露的情况下,才被迫停止犯罪,属于犯罪未遂。[43]

对于既具有自动性又具有被迫性的放弃重复侵害行为的行为定性问题,实务上倾向于并非完全自动放弃的重复侵害行为,既有自动性,又有被迫性,以自动性为主的应当认定为犯罪中止,以被迫性为主的则应认定为犯罪未遂。[44] 据此,法院认为,李官容放弃杀人犯罪的被迫性大于自动性,救治被害人的被迫性大于自动性,所以李官容属于故意杀人未遂。但是,判决结论是否合适,存在可推敲之处。 59

其一,并无确凿的证据证明李官容再无继续杀人的机会,恰恰相反,事实表明李官容仍有继续杀人的机会,在本可继续杀人时,未再继续杀人。尽管潘某具有一定的反抗能力,并且也曾向路人求救,但潘某尚未脱离李官容的实际控制,车上有绳子、锄头等凶器,潘某仍处于可能被杀死的危险之中。在潘某上车后,李官容威胁潘某不能报警,表明其完全可以继续实施杀人行为。虽然当时已是白天,过往行人较多,但光天化日之下杀人的行为很多,这些因素不足以导致李官容无法继续杀人。尽管路人已经报警,但是,警察尚未赶到,故也不构成李官容继续杀人的障碍。潘某虽然具有一定的反抗能力,但也不足以成为李官容继续杀人的障碍。在并无继续杀人客观障碍的情形下,李官容将所抢的手机、身份证、银行卡归还潘某,将潘某送往医院。认为李官容救治被害人的被迫性大于自动性是不合适的,毋宁说,李官容救治被害人的自动性大于被迫性。 60

其二,就主观方面而言,李官容认识到自己在消灭既遂危险。虽然李官容说过“你的命真大,这样做都弄不死你,我送你去医院”,但这并不表明李官容真的认为其无法杀死潘某,因为其后李官容又殴打潘某,威胁潘某不能报警否则继续杀她,这说明李官容认为自己可以继续杀人。尤其是潘某在加油站跳下车向路人呼救后,李官容设法再次使潘某回到车上,使得李官容继续杀人的机会大增。至于李官容不再杀人的动机问题,不影响中止犯的成立。以李官容消灭杀人既遂危险的动机是惧怕承担刑事责任为由,否认犯罪中止的成立是不合适的。 61

其三,法院考虑到被告人已实施侵害行为的严重社会危害,以及放弃犯罪的不完全自动性,认定被告人的故意杀人行为构成犯罪未遂。但是,不论李官容之前的杀人行为危害多么巨大,只要在潘某尚未死亡之前,李官容放弃杀人行为,主动消灭潘某死亡的危险,避免了潘某的死亡,就已经响应了救助、保护处于危险之中的法益这 62

---

43 参见福建省上杭县人民法院(2008)杭刑初字第238号刑事判决书。

44 参见最高人民法院刑事审判第一、二、三、四、五庭主办:《刑事审判参考》总第73集(第611号),法律出版社2010年版,第21页。

一刑事政策的号召,应当享受中止犯减免处罚的从宽优待。如果法院能考虑中止犯的法律特性,从犯罪既遂的危险是否系行为人所消灭出发,就能得出被告人成立中止犯的结论。事实上,法院一方面认定被告人构成故意杀人未遂,另一方面仅判处被告人有期徒刑 10 年,剥夺政治权利 2 年,这与故意杀人中止犯的处罚大体相当。既然如此,从鼓励杀人犯在类似案件中放弃杀人行为这一目的出发,宣告被告人构成中止犯更为妥当。

V　常见案件的分析指引

63　下面就常见类型的案件如何认定犯罪中止略作说明。虽然案件形形色色,但只要能够认定既遂危险是行为人主动消灭的,行为人也认识到自己在消灭既遂危险,就能肯定犯罪中止的成立。

64　(1)担心被发觉而放弃犯罪。行为人停止犯罪,在很多场合是担心自己的罪行会被被害人或者第三人发觉,因而难以顺利完成犯罪或者将来要承担刑事责任。在担心被发觉而放弃犯罪的场合,需要区分不同情形来分别处理:如果行为人担心当场被发觉、被害人将会反抗从而无法继续实施犯罪的,属于被迫放弃犯罪,成立犯罪未遂。如果行为人担心当场被发觉,虽无妨自己继续实施犯罪,但被害人日后会报警,自己将会受刑罚处罚的,因为这种当场被发觉不足以成为行为人继续实施犯罪的客观障碍,行为人基于利益权衡而放弃犯罪行为,属于主动消灭犯罪既遂的危险,成立犯罪中止。

65　(2)已被发觉而放弃犯罪。在很多场合中,一旦犯罪被发觉,行为人将难以继续实施犯罪。如实施诈骗、贪污等犯罪时,一旦被发现,犯罪将难以得逞。在实施这些犯罪的过程中,因遭到被害人警告、斥责而放弃犯罪行为的,属于被迫放弃犯罪行为,应成立犯罪未遂。

66　罪行虽然被发觉,但行为人仍可继续实施犯罪,被发觉不足以成为行为人继续实施犯罪的客观障碍时,因被发觉而放弃犯罪行为的,应认定为属于自动放弃犯罪。例如,被告人索某凌晨 1 时从屋顶跳到张某家中,进入张某妻子付某某睡觉的北屋,欲对付某某实施强奸。付某某当场抓住索某,索某即放弃强奸。一审法院认定索某属于强奸罪的未遂犯,被告人上诉后,被改判为犯罪中止。[45] 二审法院的改判是正确的,因为当时屋内并无其他人,即使被妇女发觉,索某仍可继续实施强奸行为,其主动消灭了妇女被奸淫的危险,属于犯罪中止。

67　行为人着手盗窃时,发现第三人盯着自己看,因而停止盗窃的,原则上属于被迫放弃犯罪行为,因为此时第三人有提醒被害人注意的极大可能性,这会成为行为人继续盗窃的客观障碍,因此属于犯罪未遂。

45　参见河南省安阳市中级人民法院(2010)安刑终字第 45 号刑事判决书。

行为人在犯罪过程中,忽然发现自己的犯罪行为被摄像头拍摄下来,而立刻放弃犯罪行为,或者防止了犯罪结果发生的,原则上应当认定为犯罪中止,因为单纯的被摄像并不构成行为人继续犯罪的障碍。但是,如果摄像头的监控者发现犯罪行为后将会在很短时间内出来阻止犯罪(如超市的监控者发现有人盗窃时,将会通知保安在第一时间赶到案发现场阻止犯罪),且行为人对此也知情的,则应认定行为人遇到了犯罪障碍,难以继续实施犯罪,构成犯罪未遂。 68

(3)基于报警而放弃犯罪。在基于报警而放弃犯罪行为的场合,需要视报警行为能否有效阻止犯罪而论:被害人或者其他人已经报警,警方知晓犯罪人的大致地址,一般情形下能够很快赶到的,行为人属于被迫放弃犯罪行为,成立犯罪未遂;但如因地段偏僻或者路途遥远,警方需要相当长的时间才能赶到现场,行为人仍有足够的时间继续实施犯罪,但停止犯罪行为的,属于自动放弃犯罪行为,成立犯罪中止。被害人虽然已经报警,但无法讲清楚被害地址,警方因而难以及时赶到救援时,如果行为人明知被害人未能讲清楚地址,仍放弃犯罪的,在客观上属于主动消灭了犯罪既遂的危险,且主观上认识到自己消灭了犯罪既遂的危险,成立犯罪中止;如果行为人得知被害人已经报警,但不知晓被害人未能讲清楚具体地址,而放弃犯罪的,虽然就客观而论犯罪既遂的危险是行为人消灭的,但行为人主观上对此并无认识,故不能成立中止犯,只能构成未遂犯。被害人并未当场报警,但声称"我认识你,日后一定报警",行为人便放弃犯罪的,因在行为当时并不存在阻止行为人继续实施犯罪的障碍,应当认定行为人主动消灭了犯罪既遂的危险,故成立犯罪中止。 69

在实务上,常常认为因被害人谎称报案而停止实施犯罪,属于因意志以外的原因而未得逞,构成犯罪未遂。这种看法不区分各种具体情形,存在不妥。对于谎称报警的情形,宜按照上述真实报警的不同情形来认定行为人构成犯罪未遂或者犯罪中止。 70

(4)基于第三人赶到现场而放弃犯罪。一般而言,其他人赶到现场出手救助被害人或者阻止行为人犯罪的,会使得行为人难以继续实施犯罪,此时行为人停止犯罪行为的,属于被迫放弃犯罪行为,成立犯罪未遂。 71

但是,赶到现场的第三人并未出手相救,行为人立刻停止犯罪行为的,是自动还是被迫放弃犯罪,有时难以认定。对此,需要考虑行为人与第三人的力量对比、犯罪既遂的难易程度等情况进行综合判断。如果行为人的力量明显强于第三人,且当时行为人容易完成犯罪的,因第三人赶到行为人便停止犯罪行为的,应认定属于主动放弃犯罪。因为在这种情形下,第三人的赶到不足以成为阻止行为人继续实施犯罪的客观障碍,故成立犯罪中止。例如,高某多次要求复婚遭前妻尤某拒绝,遂生杀害尤某之念。某晚,高某见尤某单独一人在房内,乘其不备用电视天线往尤某颈部迅速绕两圈,用力向后勒紧至尤某昏迷。尤某在被勒倒地瞬间大呼救命,隔壁尤某的侄女吴某听见赶来。高某见吴某入房就将勒住被害人的手松开,离开现场,后经鉴定尤某伤情为轻微伤。在这一案件中,高某已致尤某倒地昏迷,第三人吴某出现时尤某已完全 72

丧失反抗能力,即使身为女性的吴某出手救助,也不足以对抗高某,只要高某加大施暴力度继续勒紧尤某,完全有能力、有条件在短时间内置尤某于死地,但在吴某尚未出手救助时,高某就松开了双手,应认定高某属于自动放弃犯罪,成立犯罪中止。[46]

73 第三人赶到现场,知晓行为人在作案,但无法进入现场救援被害人时,行为人停止犯罪行为的,也属于自动放弃犯罪行为,成立犯罪中止。例如,周某(男)与李某婚后感情不和,李某要求离婚,周某不愿离婚,多次找李某遭拒绝,并遭李某的弟弟威胁、殴打。某日下午 3 时许,周某到被害人李某的住处,先将李某的院门从外锁上,然后从煤房的窗户进入院内。周某、李某二人见面发生争吵,周某将被害人李某拽进厨房,将李某摔倒在地,压在李某的身上与李某争吵,并用双手掐李某的颈部。李某反抗呼救时,周某先从口袋内掏出长 1 米的绳子,李某夺下该绳后,周某又掏出一根长 5 米的绳子欲捆绑李某,又被李某夺下。后周某继续用双手掐李某的颈部,当看到李某的脸色发白时,便将手松了一点,双方又继续争吵。后因李某离婚态度坚决,周某便用劲掐李某,并声称要将李某掐死。此时,李某的邻居黎某在院门外敲门,周某听到敲门声,便将掐李某颈部的手松开站了起来,李某手抓绳子起来跑到院门处,周某紧随其后。在院门外,黎某说,"李某的弟弟就要来了",周某就将钥匙从门缝递给门外的黎某,黎某将院门打开,周某离开现场。一审法院认为,周某在实施不法侵害行为时,受到了外界因素的影响,误认为被害人的弟弟带人来阻止其实施犯罪,而停止了不法侵害行为,应以犯罪未遂论。再审时,法院认定周某成立故意杀人罪的中止犯。[47] 应当认为,再审结论是正确的。尽管周某惧怕李某的弟弟,但是,在行为当时,院门紧锁,外人一时无法进入,周某有足够的时间杀人,但其主动消灭了杀人既遂的危险,应当认定为犯罪中止。

74 (5)基于嫌弃、厌恶而放弃犯罪。例如,试图强奸妇女,制服妇女后,发现妇女长相过于普通甚至非常丑陋,因而失去强奸兴趣的,属于犯罪中止还是犯罪未遂,时有争议。基于嫌弃、厌恶之情而放弃犯罪的,不足以否定自动性。虽有嫌弃、厌恶之情,没有继续实施犯罪的必要,但是,行为人是在认识到可继续实施犯罪的情形下而放弃犯罪的,宜认定为属于自动放弃犯罪行为,成立犯罪中止。例如,被告人范某回家途中与某村女孩(13 岁)相遇后,便上前搭话与其同行。当二人行至偏僻处时,范某将女孩抱至路边一菜籽地里将其压倒欲实行奸淫。反抗中,女孩鼻子流血,范某见状即放开女孩逃离现场。鼻子流血本身不足以妨碍范某继续实施强奸罪行,因此,法院认定范某属于强奸的犯罪中止。[48] 这一结论是合适的。

75 (6)基于惊愕、恐惧而放弃犯罪。在犯罪的过程中,由于犯罪的场景超出了行为

46　参见刘礼友:《犯罪未遂与犯罪中止的区别》,载《人民法院报》2002 年 3 月 13 日。

47　参见新疆维吾尔自治区博尔塔拉蒙古自治州中级人民法院(2001)博中刑再终字第 2 号刑事判决书。

48　参见甘肃省天水市中级人民法院(2010)天刑一终字第 41 号刑事裁定书。

人的预期,行为人因而产生惊愕、恐惧而放弃犯罪行为的,除非惊愕、恐惧使得行为人头昏心慌、手足无力因而难以继续实施犯罪,应认定行为人属于自动放弃犯罪行为。因为在短暂的惊愕、恐惧之后,行为人仍有能力继续实施犯罪,此时放弃犯罪行为的,应当成立犯罪中止。

(7)基于目的物障碍而放弃犯罪。行为人没有明确的目标,如盗窃时发现对方只 76
有少量财物,没有兴趣而放弃取得这些财物的,可成立犯罪中止。但是,如果行为人以特定目的物为犯罪对象,存在目的物障碍时,问题就稍微复杂。其一,行为人仅想对特定目的物实施犯罪,对其他目标并无兴趣,出现目的物障碍的,需要区分是否出现目的物的对象错误:①没有出现目的物的对象错误时,成立犯罪未遂。如行为人意图盗窃珍贵文物,该文物在室内,同时室内还有其他财物,行为人潜入室内后,因粗心未能发现该文物,于是离开现场的,即使行为人没有拿走其他财物,也成立犯罪未遂。②出现目的物的对象错误时,成立犯罪中止。如职业杀手举枪瞄准目标正准备开枪时,忽然发现自己出错,瞄准的是其他人,便收起枪支的,由于杀手主动消灭了他人死亡的危险,因此,该情形成立犯罪中止(如杀害目标也在现场附近的,杀手对杀害目标成立杀人未遂)。其二,行为人意图对特定目的物实施犯罪,但并不坚定,亦可对其他类似目标实施犯罪而未实施的,可成立中止犯。如甲意图强奸妇女乙,但乙恰巧有事刚离开宿舍,甲潜入宿舍时只有丙女睡在床上,在甲并未奸淫丙的情形下,甲试图奸淫乙的行为构成强奸未遂,甲并未奸淫丙的行为构成强奸中止,对此应按罪数论原理处理。

(8)发现对方是熟人而放弃犯罪。作案过程中,发现对方是熟人,便放弃犯罪 77
的,虽然行为人有日后被害人会报案的担忧,但是,即使受到刑罚处罚,那也是日后的事情。在作案之时"熟人"这一因素并不能成为行为人继续实施犯罪的障碍,故认定行为人构成犯罪中止较为合适。例如,被告人张某将妇女按翻在地,欲行强奸,不料被妇女认出。妇女说,"你要敢,我就报案",张某遂起身逃走。对于该案,应认定张某属于犯罪中止。

对于熟人,存在熟悉程度之别。夜间实施抢劫行为,在实施暴力但未致人伤害 78
时,发现对方是自己的直系亲属或者关系密切的亲友而放弃犯罪行为的,该如何定性,存在争议。如果认为伦理、道德使得行为人此时难以继续实施抢劫,则应成立犯罪未遂。[49] 笔者认为,伦理、道德确实指引行为人的行为,但是,在犯罪的特殊场景,发现是亲友而一不做二不休是完全可能的,此时行为人主动放弃犯罪行为的,成立犯罪中止更为合适,这样有利于鼓励行为人在此场合及时放弃犯罪行为。在实务上,对着手实行暴力犯罪因遇熟人而放弃犯罪的案件,一般倾向于认定为自动放弃犯罪,构成犯罪中止。[50]

---

49 参见张明楷:《刑法学》(第6版),法律出版社2021年版,第474页。

50 参见刘德权主编:《最高人民法院司法观点集成⑤》(刑事卷),人民法院出版社2010年版,第59页。

79 (9)被害人提供利益而放弃犯罪。在犯罪过程中,被害人为避免自己的某种利益受损,主动给行为人提供其他利益,行为人便放弃犯罪行为的,属于自动放弃犯罪行为,成立犯罪中止。例如,试图暴力奸淫妇女,妇女提出给行为人一笔钱让行为人嫖娼,或者妇女提出愿以其他方式满足行为人性欲,行为人便放弃强奸行为的,因为被害人提供利益的行为不足以成为行为人继续实施犯罪的障碍,因而行为人属于自动放弃强奸行为,就强奸罪成立犯罪中止。

80 (10)因被害人欺骗、恐吓而放弃犯罪。在实施犯罪的过程中,行为人有可能因被被害人欺骗、恐吓而停止犯罪。如被害人对强奸犯谎称自己有性病,强奸犯便放弃奸淫的,这属于自动放弃犯罪还是被迫放弃犯罪,也时有争议。笔者认为,除非欺骗极为逼真,足以吓得一般人放弃犯罪(如妇女拿出一张假的患有性病的体检报告单),否则欺骗通常不足以成为行为人继续实施犯罪的障碍,行为人停止实施犯罪是自我进行利益权衡的结果,仍属于基于本人意愿停止犯罪,可以认定为犯罪中止。

81 例如,被告人刘某欲强行与被害人张某发生性关系,张某极力反抗,刘某便打张某巴掌,对其进行威胁。当刘某欲与张某发生性关系时,张某称自己有心脏病,刘某的行为有可能会导致其死亡,被告人听到被害人所述病情并看到被害人表情痛苦,便没有与被害人发生性关系。法院认定刘某属于强奸罪的中止犯。[51] 这一结论是合适的。

82 被告人许某杀人后,怕罪行败露,又产生杀害死者同伴宣某之念,即将宣某骗至杀人现场附近,掐其脖子并用折叠刀割、戳其脖颈,致宣某轻伤。在宣某哀求并假意允诺与其结婚的情况下,许某将宣某送至医院抢救。有人认为,许某未杀死宣某是宣某的"智斗"行为造成的,认定许某属于犯罪中止是在事实上抹杀了宣某"智斗"行为的客观作用,因此,应认定许某属于故意杀人未遂。[52] 笔者认为,宣某假意允诺与许某结婚,不构成使许某继续杀人的客观障碍,许某属于故意杀人的中止犯。

83 被告人陈某、张某共谋奸淫卓某,晚饭后二被告人用摩托车载卓某回家途中,张某摸卓某的乳房和腿部,陈某摸卓某的腿,均被卓某推开。行至一堤岸处,陈某要张某将摩托车驶到一旁等候,从背后将卓某抱起并将卓某绊倒压在堤岸边,欲强行奸淫。卓某极力反抗,并说若被奸便要自杀,她母亲也会报警。陈某闻言后即停手,把卓某拉起来,与张某将卓某送回县城。公诉机关指控二被告人构成强奸未遂。法院认为,被告人陈某在实施性侵害过程中,夜黑无人,完全有可能、有条件进一步实施犯罪行为,但因惧怕卓某自杀及卓某母亲报警而自动中止了犯罪,停止了对卓某的性侵

51　参见广东省广州市中级人民法院(2008)穗中法刑一初字第354号刑事判决书。

52　参见卢山:《基于被害人哀求而放弃杀人行为应属犯罪中止》,载 https://www.chinacourt.org/article/detail/2009/04/id/354566.shtml,访问时间:2019年12月20日。

害,其行为是犯罪中止。[53] 法院的判决是正确的。

当然,行为人被欺骗后,并未放弃犯罪意图,仅是暂时停止实施犯罪行为,结果被害人乘机逃跑的,行为人属于因意志以外的原因而未得逞,构成犯罪未遂。 84

(11)基于被害人反抗而放弃犯罪。在犯罪过程中,遭到被害人反抗是常见的情形,因遭被害人反抗而放弃犯罪行为的,通常认为行为人是被迫放弃犯罪,构成犯罪未遂。这一结论大致是成立的。不过,虽然被害人有相当程度的反抗,但如果这种反抗不足以压制行为人继续实施犯罪,且行为人对此有认识,因被害人反抗,行为人便放弃犯罪行为的,行为人属于自动放弃犯罪,可认定为犯罪中止。在实务上,因被害人的斥责、劝告以及明显不足以制止犯罪的挣扎、反抗等不利因素导致行为人放弃犯罪的案件,一般倾向于认定行为人属于犯罪中止。[54] 85

例如,被害人许某(女)来到某旅馆,找旅馆经营者被告人汪某,欲取回住宿时遗忘的毛巾。汪某见旅馆无人,在 206 房间内用手卡住许某的脖子,将许某压倒在床上,脱其衣服,欲与许某发生关系。许某极力挣扎反抗,汪某见状遂打了许某一耳光后离开房间。其后,许某离开旅馆报案。经法医鉴定,许某的损伤未达轻微伤。法院认定被告人在实施犯罪过程中自动放弃,是犯罪中止,以强奸罪判处汪某有期徒刑 10 个月。[55] 法院判决成立犯罪中止的结论是正确的,因为此时旅馆并无他人,许某的反抗不足以成为汪某继续实施奸淫行为的障碍。 86

再如,陈某、张某让已喝醉的被害人丁某躺下休息,见丁某已近昏迷,遂欲与其发生性关系。期间,两名被告人不顾丁某的哭喊,张某将丁某的双手按住,与陈某共同对被害人实施猥亵。当张某将丁某的牛仔裤及内裤完全脱下,欲与其发生性关系时,丁某奋力挣扎,双腿踢了压在其身上的陈某。两名被告人见被害人反抗激烈,遂停止对其侵犯。法院认定二被告人成立犯罪中止。[56] 这一判决结论是正确的,因为丁某的反抗不足以成为二被告人强奸妇女的障碍。 87

VI 犯罪中止的其他问题

一、加重犯的犯罪中止

如果承认结果加重犯存在未遂现象,则应承认其也存在犯罪中止问题。例如,行为人意图重伤妇女使其失去反抗能力后进行奸淫,在使用凶器试图重伤妇女的过程中,由于妇女的哀求,行为人放弃伤害行为(仅给妇女造成轻微伤),但仍奸淫了妇女 88

---

53 参见福建省长泰县人民法院(2000)泰刑初字第 117 号刑事判决书。

54 参见刘德权主编:《最高人民法院司法观点集成⑤》(刑事卷),人民法院出版社 2010 年版,第 59 页。

55 参见深圳市宝安区人民法院(2011)深宝法刑初字第 1556 号刑事判决书。

56 参见上海市卢湾区人民法院(2009)卢刑初字第 323 号刑事判决书。

的，行为人构成强奸罪基本犯既遂的同时，由于妇女确实面临了被重伤的紧迫危险，后行为人又主动消灭了重伤既遂的危险，故对"致使被害人重伤"这一加重结果，行为人构成犯罪中止，整体上对行为人应评价为强奸罪结果加重犯的犯罪中止。由于已经造成了妇女被奸淫的损害，对行为人只能减轻处罚，即在 3 年以上 10 年以下有期徒刑之间判处相应的刑罚。

89 与结果加重犯类似，刑法规定了很多加重情节(加重要素)，如与抢劫罪的基本犯相比，抢劫抢险、救灾、救济物资的，法定刑会加重。客观上行为人确实具备了加重情节，但行为人最终又自动消灭了加重情节既遂的危险的，对此应认定为加重犯的犯罪中止。例如，行为人拦下一辆装有抢险、救灾、救济物资的汽车，意图抢劫抢险、救灾、救济物资时，司机对行为人说："你抢走了这些救命物资，很多灾民会饿死的。"行为人便放弃抢劫抢险、救灾、救济物资，只抢走了司机口袋里面的 500 元钱。在此案件中，抢险、救灾、救济物资确实面临着被抢走的高度危险，行为人消灭了抢劫抢险、救灾、救济物资既遂的危险，对此应认定行为人属于抢劫抢险、救灾、救济物资的犯罪中止(由于造成了 500 元钱被抢走的损害，对行为人只能减轻处罚)。

90 较为麻烦的是所谓部分的中止，即行为人在着手实行阶段，自动放弃了已经具备的加重要素而仅完成基本构成要件的情形。如甲以抢劫故意，持枪(显示枪支)对被害人实施胁迫行为，在还没有压制被害人反抗时，实然觉得使用枪支不合适，就自动将枪支抛在 20 多米外，然后对被害人拳打脚踢，进而压制被害人的反抗，强取了财物。对甲是按持枪抢劫的既遂犯处罚，还是按照普通抢劫罪(基本犯)的既遂犯处罚？换言之，对甲的行为能否认定为持枪抢劫的中止犯？如果肯定这种部分的中止，由于持枪抢劫的行为本身没有造成损害，就应免除处罚，故对甲的行为只能认定为普通抢劫罪的既遂犯；如果否定这种部分的中止，则意味着对甲应以持枪抢劫的既遂犯论处。在理论上，有人肯定部分的中止，主张对甲的行为仅以普通抢劫罪的既遂犯论处，因为甲的行为完全符合中止犯的成立条件：其一，甲的行为发生在犯罪过程中，符合中止犯的时间性要件；其二，甲在完全可以继续使用枪支的情况下自动放弃使用枪支，就此而言具有自动性；其三，甲在重罪行为未实行终了的情况下，放弃了继续实施重罪行为，因而存在中止行为；其四，甲的行为虽然发生了普通抢劫罪的结果，但是，没有发生行为人原本所希望的持枪抢劫的结果，或者说，加重犯罪并未既遂。[57] 从中止犯的法律特性出发，笔者赞成这一结论。部分的中止问题是学界尚未予以注意的问题，值得进一步展开深入研究。

二、既有犯罪中止又有犯罪既遂的处理

91 在实务中，可能出现既有犯罪中止又有犯罪既遂的现象，其可分为两种情形：一种情形是，在法律评价上只存在一个犯罪行为，行为具有侵犯数种法益的属性，因

57　参见张明楷：《刑法学》(第 6 版)，法律出版社 2021 年版，第 487—488 页。

而形成此罪犯罪中止与彼罪犯罪既遂的想象竞合犯。例如,故意杀人犯在杀人过程中,自动放弃杀人行为,但造成被害人轻伤的,构成故意杀人罪(中止犯)与故意伤害罪(既遂犯)的想象竞合犯。另一种情形是,在法律评价上,能够评价为存在两个犯罪行为,由于行为侵犯的法益不同,因而出现此罪的犯罪中止与彼罪的犯罪既遂并存的现象。例如,为了杀害被害人,先采取暴力手段非法拘禁被害人,然后在杀害过程中,又基于悔意停止了杀人行为,避免了死亡结果发生的,其手段行为构成非法拘禁罪既遂(该手段行为同时具有故意杀人预备的性质),其目的行为构成故意杀人罪的犯罪中止。

对于上述既有犯罪中止又有犯罪既遂的案件,不能数罪并罚。这是因为,在情形 92
一中,只存在一个行为,对此不可能数罪并罚。而在情形二中,虽然可以认为存在数个行为,但是,前一行为属于行为人意图实施之罪的预备行为,后一行为属于行为人意图实施之罪的实行行为,对于完成意图实施之罪而言,前后两个行为浑然一体、不可分割,基于禁止双重处罚原则,对此不能数罪并罚。如果认为情形二属于牵连犯,则更加容易得出对此只能以一罪论处的结论。[58]

问题在于,出现此罪犯罪中止与彼罪犯罪既遂的竞合时,是一律以犯罪中止追究 93
行为人的刑事责任,还是有时可以按照犯罪既遂追究行为人的刑事责任?对此,有一种看法认为:"一般情况下,应当以一罪的中止犯论处,对构成既遂犯的另一罪可不予追究……另一方面也应当看到,在这种情况下,由于被告人的行为又触犯另一罪名并构成独立犯罪,因此,它与单纯地中止预谋之罪,并未构成其他犯罪的情况,在社会危害程度上,毕竟有所不同。如果不问具体情况,一概以一罪的中止犯论处,这种做法亦有不妥之处。假如在特定案件中(如中止杀人犯罪又构成其他重罪),对被告人以中止犯处理,可能会轻纵犯罪分子,有悖罪刑相适应原则时,也可以不考虑中止犯的情况,直接按另一罪的既遂犯定罪量刑。"[59]

笔者对此持否定意见,认为都应以犯罪中止追究行为人的刑事责任。首先,按另 94
一罪的既遂犯定罪量刑与《刑法》第 24 条第 2 款相冲突。在既有犯罪中止又有犯罪既遂的两种类型中,所出现的犯罪既遂都是中止之前的犯罪行为给其他法益造成实害的情形,属于犯罪中止造成损害的情形。对这种情形该如何处理,《刑法》第 24 条第 2 款已经有明文规定:对造成损害的中止犯,只能减轻处罚。这就意味着对此都应以犯罪中止追究行为人的刑事责任。其次,以犯罪中止追究行为人的刑事责任,有利于鼓励行为人及时中止犯罪,这有利于实现立法者设立犯罪中止的刑事政策目的。

---

58 至于这种既有犯罪中止又有犯罪既遂的情形是否构成牵连犯,人们认识不一。这与人们对牵连犯的理解不同有关。

59 马克昌主编:《犯罪通论》(第 3 版),武汉大学出版社 1999 年版,第 483—484 页。

Ⅶ　中止犯的刑事责任

95　《刑法》第24条第2款规定:"对于中止犯,没有造成损害的,应当免除处罚;造成损害的,应当减轻处罚。"如何把握损害的含义以及造成损害的原因,对于能否准确适用该款规定至关重要。

一、对"损害"的理解

96　如何理解"损害"[60],事关犯罪中止的行为人能否免除处罚这一切身利益。例如,被告人朱高伟与被害人陈某(女,20岁)系租房邻居。2005年8月2日23时许,朱高伟见陈某独自在房内睡觉,遂产生强奸念头。次日凌晨1时许,朱高伟从窗户进入室内,将陈某堵嘴、捆绑后,拖至隔壁自己住处内实施了奸淫。后朱高伟害怕陈报警,便用手掐、毛巾勒其颈部,意图灭口,因发现陈某面部恐怖,心生恐惧,不忍心下手,遂解开被害人手脚上的绳子,逃离现场。对于被告人朱高伟意图杀害陈某的行为,一审法院认为,朱高伟在故意杀人犯罪中,自动放弃犯罪,属犯罪中止,结合朱高伟的犯罪情节及危害程度,应当减轻处罚。二审法院认为,朱高伟在着手实施故意杀人犯罪过程中,自动放弃犯罪构成犯罪中止,其故意杀人行为没有给被害人造成实际损害,故对其故意杀人犯罪应当免除处罚。一审、二审的判决结论之所以不同,就在于对被告人朱高伟的杀人行为是否造成"损害"的理解不同。

97　对于朱高伟强奸、故意杀人案,二审法院总结出的裁判规则是,应从"质"与"量"两个方面理解中止犯中的"损害":在质的方面,损害是指犯罪行为对犯罪对象造成的破坏,根据犯罪对象不同可以分为物质性损害和非物质性损害(如名誉的毁损、人格的损害等);在量的方面,损害是达到严重社会危害程度的后果,而不是一般意义上的损伤,否则就存在刑法对中止犯的评价比既遂犯还要严苛的可能,违背刑法设置中止犯的初衷。[61] 这一裁判规则是合适的。

98　(1)"损害"不能是既遂结果的损害。如果造成了既遂结果的损害,就不构成中止犯,而是既遂犯。因此,中止犯所能造成的损害,一定是行为人所追求的既遂结果之外的其他损害。例如,故意杀人罪的中止犯所能造成的损害只能是死亡结果之外的其他损害,强奸罪的中止犯所能造成的损害只能是性交结果之外的其他损害。

99　(2)"损害"是对法益的实际侵害,不包含对法益造成的危险。中止犯中的损害,是指行为人创设了侵犯法益的危险后,该危险已经实现了,或者说法益已经实际遭受侵害(而不是仅面临紧迫的危险)。行为人仅给法益造成了危险的,不能认定为

60　不论如何理解损害,行为人的行为应被追究刑事责任,损害必须与行为人的行为存在因果关系,行为人对损害必须存在相应的罪过,这是讨论损害的前提。

61　参见最高人民法院刑事审判第一、二、三、四、五庭主办:《刑事审判参考》总第72集(第601号),法律出版社2010年版,第32—35页。

造成了损害。如果损害包含给法益造成的危险,则犯罪中止同样存在侵害法益的危险,一切中止犯都会被认定为造成了损害,再也不存在没有造成损害的情形了。要承认存在没有造成损害的中止犯,就必须将行为给法益造成的危险排除在损害的范围之外,主张损害仅限于对法益的实际侵害。

(3)"损害"不限于有形的物质性损害,还包括无形的非物质性损害。法益本身 100
有多种类型,有些行为对法益的侵害存在有形的实害,如对健康法益的侵犯往往表现为可见的轻伤或者重伤。而有些行为对法益的侵害往往并不存在有形的实害,如在危险驾驶罪中,醉酒驾驶机动车 50 公里,表面上一切如常,没有发生任何危害结果,其实公共安全法益已经遭受侵害,行为人已经造成了损害。理解损害时,不仅要承认物质性损害,而且还要敢于承认无形的非物质性损害。入户盗窃后放弃了盗窃行为的,在确有追究刑事责任必要的前提下,由于住宅的安宁这一法益已被侵害,行为人属于造成了损害的中止犯。如果将损害限定为有形的实害,就容易因被害人并未丧失任何财产,而错误地主张行为人属于没有造成损害的中止犯。例如,某日零时 30 分许,被告人韦某开摩托车载着刚认识的李某(系幼女),在公路上行驶时,产生强奸李某的念头。韦某不顾李某的反抗,强行把李某抱跌在地,用手摸李某的乳房,后用双腿压住李某的双手,将李某的内外裤脱到小腿部位,用手指抠其阴部。由于李某呕吐并说肚子疼,韦某自动中止对李某的侵害。经妇检,被害人处女膜完整。法院认为,被告人欲奸淫不满 14 周岁的幼女,虽构成犯罪中止,但给被害人造成精神上的损害,依法应从重处罚。[62] 中止犯的"损害"包括无形的非物质性损害,韦某抚摸幼女身体的行为完全可以评价为猥亵犯罪既遂,这意味着韦某的行为已经侵害了猥亵儿童罪的法益,故法院认为韦某的中止行为造成了损害,这一结论是妥当的。

(4)"损害"不能过于轻微,过于轻微的损害不属于《刑法》第 24 条第 2 款中的 101
"损害"。以强奸罪为例,中止强奸的行为人,其卡脖子的行为有可能给被害人造成轻微的肉体疼痛(轻微伤)。这种肉体伤害在量上对健康法益的侵害过于轻微,不应认定为中止犯中的"损害"。其一,如果认为这也属于造成损害,则只要行为人对妇女使用了暴力,就再无成立没有造成损害的中止犯的余地,但这并不合适。其二,殴打在我国并不构成犯罪,轻微伤不是刑法所处罚的对象,如果认为卡脖子的肉体疼痛属于造成了损害,就等于变相地处罚殴打,这也不合适。因此,应将过于轻微的结果排除在中止犯的"损害"之外。在上述朱高伟强奸、杀人案中,朱高伟的故意杀人行为仅给被害人造成轻微伤,故不能认定其属于造成了损害的中止犯。据此,二审法院对朱高伟所犯故意杀人罪免除处罚是正确的。

(5)在中止犯中,行为损害了不受刑法保护的其他利益的,不属于造成了损害。 102
中止犯没有造成损害,并不意味着中止犯没有产生任何结果,中止犯完全可能损害了

---

62 参见陈润娥:《强奸案件中犯罪中止造成"损害"的认定》,载 https://www.chinacourt.org/article/detail/2011/08/id/460717.shtml,访问时间:2020 年 1 月 15 日。

不受刑法保护的其他利益,因而也出现了某种结果。不过,既然这些结果超出了刑法的保护范围,就不能将其认定为中止犯造成的损害。被告人何某为敲诈5万元钱财,多次打恐吓电话到包工头陈某家。当时陈某已到外地施工,但是何某仍不罢休,继续打电话进行骚扰,致使陈某家人的正常生活受到严重扰乱,整天惴惴不安,不得安宁。何某后因害怕处罚,在取钱的路上自动放弃取钱行为。法院认为,何某的行为严重扰乱陈某家人的正常生活,已经造成了我国刑法所规定、被人们所感知的危害结果,因此,对何某只能减轻处罚,遂以敲诈勒索罪(中止)判处何某有期徒刑6个月。[63] 这一判决关于损害的认定存在问题。其一,正常生活不属于刑法上的法益,何某的行为确实扰乱了陈某家人的正常生活,但行为损害的是不受刑法保护的其他利益,故不能认定何某的行为造成了损害。其二,何某的行为确实扰乱了陈某家人的正常生活,但这属于个人(不受刑法保护的)利益遭受侵害,不能将此无限拔高为社会公共秩序遭受侵害。法院没有认定何某构成寻衅滋事罪,这意味着法院也不认为寻衅滋事罪的保护法益社会公共秩序遭受了何某的侵害。如果何某的行为并未给刑法所保护的法益造成侵害,则认定何某的行为造成了损害就是不当的。

二、"造成损害"的原因

103　甲在室内释放煤气管道的煤气,意图使乙死于煤气中毒,后又产生悔意,砸毁贵重门窗,冲入室内关掉煤气,避免了乙死亡的,甲无疑构成故意杀人罪的中止犯。但是,甲属于造成了损害的中止犯,还是属于没有造成损害的中止犯(对门窗被砸毁另行评价为故意毁坏财物罪)?这里出现了一个极为重要的问题:中止犯中的"造成损害",是仅限于中止之前的犯罪行为造成的损害,还是包括中止行为(救助处于危险中的法益、避免既遂结果的所有行为)造成的损害?

104　这一问题涉及对中止犯构造的理解。如果采取整体考察的方法,认为中止犯是中止前的犯罪行为与中止行为的一体化,则可认为中止行为本身造成损害的,也属于中止犯中的"造成损害";如果采取分步考察的方法,认为中止前的犯罪行为(行为创设了犯罪可能既遂的危险)与后来的中止行为(行为消灭了犯罪既遂的危险)是两种性质完全不同的行为,则可能主张中止犯造成损害的原因仅限于中止之前的犯罪行为。在学界,有人赞成整体考察法。[64] 但也有人反对整体考察法,认为违法的着手实行(被刑法所禁止)与不违法的中止行为(被刑法所鼓励)具有本质的不同;对中止犯的整体的考察方法,不利于发挥刑法的行为规范的机能,不利于对第三者阻止行为人中止的行为作出合理判断等;因此,中止犯造成的损害仅限于中止之前的犯罪行为所

63　参见狄进:《浅谈如何认定犯罪中止中的损害》,载 https://www.chinacourt.org/article/detail/2003/07/id/67397.shtml,访问时间:2020年1月15日。

64　参见王昭武:《论中止犯的性质及其对成立要件的制约》,载《清华法学》2013年第5期。

造成的损害。[65] 笔者认为,从最大限度发挥中止犯刑事政策效用出发,中止犯造成的损害应包括中止行为本身造成的损害。

第一,之前的犯罪行为与之后的中止行为在性质上确实有所不同,但这并不构成 105
对其进行整体考察的妨碍。之前的犯罪行为是行为人创设侵犯法益的危险、使危险升高的行为,之后的中止行为是行为人降低侵害法益的危险、避免既遂结果的行为。没有前者,就不存在对行为人刑事处罚的问题;没有后者,就不存在对行为人减免处罚的问题。前后两个行为虽然性质不同,但是一个不可分割的整体,犹如正负两极共存于电池上,去掉其中一极电池便不能存在一样,缺少前后任何一个行为,中止犯便不存在了。因此,对中止犯应当进行一体评价。

第二,如同人们能够区分电池的正负极一样,将前后行为一体化,也无妨民众认 106
识到前面的犯罪行为是刑法所禁止的,后面的中止行为是刑法所鼓励的。因此,对中止犯进行整体考察,不存在不利于发挥刑法的行为规范的机能问题。

第三,如果整体考察法无妨刑法行为规范机能的发挥,则对第三者阻止行为人中 107
止犯罪的行为就能作出合理判断。例如,甲实施故意杀人行为,导致被害人重伤后顿生悔悟,正要将被害人送往医院抢救时,路经此地的乙使用暴力阻止甲的抢救行为,导致甲未能完成抢救行为,致使被害人因未能得到及时治疗而亡。即便对此采取整体考察方法,由于乙的行为使甲未能消灭犯罪既遂的危险,死亡结果的出现完全能够归责于乙的故意行为,当然也能追究乙故意杀人罪的刑事责任。

第四,中止行为本身直接造成损害的情形,是客观存在的。通常的中止行为是要 108
么停止继续实施犯罪行为,要么采取某种救助措施避免既遂结果的发生,一般并不具有侵害法益的属性,因而不会造成损害。但是,在某些特殊情形下,要消灭发生既遂结果的危险,就只能采取损害另一法益的方式进行,这样的中止行为必然会造成损害。前述砸毁门窗避免被害人死亡,就是恰当的例子。再如,在深山密林中,行为人以杀人为目的,故意让毒蛇咬了被害人的脚之后,心生悔意,砍断被害人的脚以阻止毒液流向心脏,使得被害人保命的,在这种特定的地点,行为人要中止犯罪,就只能对被害人截肢以保全其生命。在这些案例中,一方面承认行为人构成中止犯,另一方面又不承认中止犯造成了损害,是极不自然的。

综上,无论是中止之前的犯罪行为造成了损害,还是中止行为本身造成了损 109
害,均应认定属于造成损害的中止犯。

65 参见张明楷:《中止犯中的“造成损害”》,载《中国法学》2013 年第 5 期。

第三节　共同犯罪

前　注

文献:李光灿:《论共犯》(第2版),法律出版社1981年版;李光灿、马克昌、罗平:《论共同犯罪》,中国政法大学出版社1987年版;王作富:《中国刑法研究》,中国人民大学出版社1988年版;曾宪信、江任天、朱继良:《犯罪构成论》,武汉大学出版社1988年版;高铭暄主编:《中国刑法学》,中国人民大学出版社1989年版;高铭暄、赵秉志编:《新中国刑法立法文献资料总览》(上),中国人民公安大学出版社1998年版;陈兴良主编:《刑事法评论》(第2卷),中国政法大学出版社1998年版;马克昌主编:《犯罪通论》(第3版),武汉大学出版社1999年版;柯耀程:《变动中的刑法思想》,中国政法大学出版社2003年版;高铭暄主编:《刑法学原理》,中国人民大学出版社2005年版;高铭暄主编:《刑法专论》(第2版),高等教育出版社2006年版;高铭暄、赵秉志编:《中国刑法立法文献资料精选》,法律出版社2007年版;杨金彪:《共犯的处罚根据》,中国人民公安大学出版社2008年版;周光权:《犯罪论体系的改造》,中国法制出版社2009年版;全国人大常委会法制工作委员会刑法室编:《〈中华人民共和国刑法〉条文说明、立法理由及相关规定》,北京大学出版社2009年版;陈洪兵:《共犯论思考》,人民法院出版社2009年版;陈兴良主编:《刑法学》(第2版),复旦大学出版社2009年版;柯耀程:《参与与竞合》,元照出版公司2009年版;陈兴良主编:《刑事法评论》(第25卷),北京大学出版社2009年版;赵秉志主编:《刑法论丛》(第21卷),法律出版社2010年版;江溯:《犯罪参与体系研究——以单一正犯体系为视角》,中国人民公安大学出版社2010年版;付立庆:《犯罪构成理论:比较研究与路径选择》,法律出版社2010年版;何庆仁:《义务犯研究》,中国人民大学出版社2010年版;黄丽勤、周铭川:《共同犯罪研究》,法律出版社2011年版;阮齐林:《刑法学》(第3版),中国政法大学出版社2011年版;高铭暄:《中华人民共和国刑法的孕育诞生和发展完善》,北京大学出版社2012年版;陈泽宪主编:《刑事法前沿》(第6卷),中国人民公安大学出版社2012年版;许富仁:《共犯本质研究》,中国出版集团、世界图书出版广东有限公司2013年版;蔡桂生:《构成要件论》,中国人民大学出版社2015年版;陈兴良主编:《刑法总论精释》(第3版),人民法院出版社2016年版;黎宏:《刑法总论问题思考》(第2版),中国人民大学出版社2016年版;陈兴良:《刑法适用总论(上卷)》(第3版),中国人民大学出版社2017年版;陈兴良:《共同犯罪论》(第3版),中国人民大学出版社2017年版;陈兴良:《教义刑法学》(第3版),中国人民大学出版社2017年版;张明楷:《刑法的基本立场》(修订版),商务印书馆2019年版;张明楷:

《刑法学》(第6版),法律出版社2021年版;周光权:《刑法总论》(第4版),中国人民大学出版社2021年版。杨兴培:《论共同犯罪人的分类依据与立法完善》,载《法律科学》1996年第5期;蒋莺:《新、旧刑法关于主犯处罚原则之比较》,载《法学》1997年第6期;张明楷:《简论共同犯罪的立法完善》,载《政治与法律》1997年第1期;大谷实:《日本刑法中正犯与共犯的区别——与中国刑法中的"共同犯罪"相比照》,王昭武译,载《法学评论》2002年第6期;赵微:《论胁从犯不是法定的独立共犯人》,载《中国刑事法杂志》2005年第2期;李洁:《中日共犯问题比较研究概说》,载《现代法学》2005年第3期;何荣功:《共犯的分类与解释论纲》,载《法学评论》2005年第3期;任海涛:《大陆法系正犯与共犯区分理论评述——兼谈对我国共犯形式客观说之反思》,载《中国刑事法杂志》2006年第3期;郝守才:《共同犯罪人分类模式的比较与优化》,载《现代法学》2007年第5期;金光旭:《日本刑法中的实行行为》,载《中外法学》2008年第2期;朱道华:《共犯本质:一个反思性检讨》,载《西北大学学报(哲学社会科学版)》2008年第2期;任海涛:《单一行为犯之承继共同正犯研究》,载《国家检察官学院学报》2008年第3期;周光权:《违法性判断的基准与行为无价值论——兼论当代中国刑法学的立场问题》,载《中国社会科学》2008年第4期;张明楷:《行为无价值论的疑问——兼与周光权教授商榷》,载《中国社会科学》2009年第1期;阎二鹏:《扩张正犯概念体系的建构——兼评对限制正犯概念的反思性检讨》,载《中国法学》2009年第3期;阎二鹏:《共犯本质论:基于"个人责任"的反思性检讨》,载《刑法论丛》2009年第3期;王志远:《区分制共犯制度模式研究》,载《当代法学》2009年第5期;张明楷:《实质解释论的再提倡》,载《中国法学》2010年第4期;陈兴良:《形式解释论的再宣示》,载《中国法学》2010年第4期;杨金彪:《分工分类与作用分类的同一——重新划分共犯类型的尝试》,载《环球法律评论》2010年第4期;谢望原:《共同犯罪成立范围与共犯转化犯之共犯认定》,载《国家检察官学院学报》2010年第4期;陈毅坚:《预备阶段共同参与行为的性质:以共谋为例》,载《中外法学》2010年第5期;张明楷:《共同犯罪是违法形态》,载《人民检察》2010年第13期;刘艳红:《论正犯理论的客观实质化》,载《中国法学》2011年第4期;钱叶六:《双层区分制下正犯与共犯的区分》,载《法学研究》2012年第1期;何庆仁:《共犯判断的阶层属性》,载《中国刑事法杂志》2012年第7期;丁胜明:《共同犯罪中的区分制立法模式批判——以正犯、实行犯、主犯的关系为视角》,载《中国刑事法杂志》2013年第2期;张开骏:《区分制犯罪参与体系与"规范的形式客观说"正犯标准》,载《法学家》2013年第4期;刘明祥:《主犯正犯化质疑》,载《法学研究》2013年第5期;刘明祥:《论中国特色的犯罪参与体系》,载《中国法学》2013年第6期;钱叶六:《中国犯罪参与体系的性质及其特色——一个比较法的分析》,载《法律科学》2013年第6期;王志远:《德日共犯制度实践思维当中的"主体间"与"单方化"——我国共犯制度思维合理性的域外视角审视》,载《法律科学》2013年第6期;张明楷:《共同犯罪的认定方法》,载《法学研究》2014年第3期;何庆仁:《共犯论中的直接—间接模式之批判——兼及共犯论的方法论基础》,载《法律科学》2014 年第 5 期;姜涛:《事前通谋与共同犯罪成立》,载《中国刑事法杂志》2014 年第 5 期;陈可倩:《德、意、中共同犯罪人认定标准比较研究》,载《法商研究》2015 年第 1 期;钱叶六:《我国犯罪构成体系的阶层化及共同犯罪的认定》,载《法商研究》2015 年第 2 期;王华伟:《中国犯罪参与模式之定位:应然与实然之间的二元区分体系》,载《中国刑事法杂志》2015 年第 2 期;周啸天:《正犯与主犯关系辨正》,载《法学》2016 年第 6 期。

细目录

Ⅰ 主旨
Ⅱ 沿革
Ⅲ 共同犯罪人的分类
一、"以作用分类法为主、以分工分类法为辅"之标准的逻辑困境
二、四分法脱离逻辑困境的新模式
三、主犯与从犯的规范化理解
Ⅳ 区分制与单一制
Ⅴ 限制的行为人概念与扩张的行为人概念
Ⅵ 共同犯罪的本质

Ⅰ 主旨

1 本节主旨在于规范共同犯罪的成立要件、共同犯罪人的类型及其处罚原则。就现象而言,所谓共同犯罪,是指数人协力实施犯罪的情形。共同犯罪"和单个人犯罪相比,在犯罪性质相同情况下,前者比后者具有较大危害性,主要表现在:(1)数人共同作案,能够比单个人造成更大的危害,有些重大犯罪,只有经过多人共同协力才能完成;(2)二人以上共同策划,互相分工,紧密配合,可能更便于犯罪的实行;(3)共同犯罪人可以共同策划,如何互相包庇,毁灭罪迹,便于逃避侦查和打击"[1]。有鉴于此,世界各国刑法大多专辟章节,以更有针对性地规制共同犯罪。另外,共同犯罪形态繁杂,致使其理论构成博大精深,如何在体系与问题之间处理好共同犯罪的诸多难题,各国迄今未有理想的解决方案。

2 在此背景之下,我国《刑法》以第 25—29 条共 5 个条文,分别从共同犯罪的含义、主犯、从犯、胁从犯以及教唆犯五个层面,对共同犯罪进行了具体规范。后文将会表明,我国刑法的规定是相当富有特色的,其中有不少合理的成分。但是,几乎可以想

1 王作富:《中国刑法研究》,中国人民大学出版社 1988 年版,第 239 页。

见的是,如同其他国家的共同犯罪的立法被形容为“迷宫”[2]一样,我国的相关规定在解决部分问题的同时,也难逃“绝望之节”[3]的评述。这并不是学界对立法者的苛责,毋宁说是对共同犯罪立法与共同犯罪理论之不合理性的一种客观描述。换言之,本节的主旨虽然致力于解决共同犯罪的定罪与量刑问题,但在立法、学理与司法实务之间其实存在着相当的张力,如何更好地贯彻该主旨,尚有待于大量具体和深入的研究工作。

Ⅱ 沿革

1979 年《刑法》第 22 条规定:“共同犯罪是指二人以上共同故意犯罪。二人以上共同过失犯罪,不以共同犯罪论处;应当负刑事责任的,按照他们所犯的罪分别处罚。”第 23 条规定:“组织、领导犯罪集团进行犯罪活动的或者在共同犯罪中起主要作用的,是主犯。对于主犯,除本法分则已有规定的以外,应当从重处罚。”第 24 条规定:“在共同犯罪中起次要或者辅助作用的,是从犯。对于从犯,应当比照主犯从轻、减轻处罚或者免除处罚。”第 25 条规定:“对于被胁迫、被诱骗参加犯罪的,应当按照他的犯罪情节,比照从犯减轻处罚或者免除处罚。”第 26 条规定:“教唆他人犯罪的,应当按照他在共同犯罪中所起的作用处罚。教唆不满十八岁的人犯罪的,应当从重处罚。如果被教唆的人没有犯被教唆的罪,对于教唆犯,可以从轻或者减轻处罚。” 3

1997 年修订《刑法》时,共同犯罪一节的内容并没有被推倒重来,仅在以下方面作出调整:其一,增加了犯罪集团的概念。1979 年《刑法》中虽有犯罪集团的名称,却并未对其进行界定,导致理论上出现了较大争议,司法实务中认定也较为混乱,1997 年《刑法》于是明确规定:“三人以上为共同实施犯罪而组成的较为固定的犯罪组织,是犯罪集团。”其二,对主犯的处罚原则进行了重大修改。为了不至于使对主犯与从犯的处罚失去判断的基准,立法者取消了主犯从重处罚的明文规定,而细化为犯罪集团的首要分子和其他主犯,分别按照相应原则进行处理。其三,取消了从犯比照主犯,以及胁从犯比照从犯量刑的规定。主要理由是影响共同犯罪人刑事责任大小的因素除作用大小外,还有各共同犯罪人本身的一些情节,诸如自首、立功、累犯等,这些人身性的情节显然是难以比照的,故而予以删除。其四,删除了胁从犯中“被诱骗”一词。原因是对“被诱骗”如何理解常有歧见,如何认定较难把握,且其也不是胁从犯 4

---

2 西田典之教授在简要分析围绕日本刑法中共犯规定的若干争议后感叹:“围绕这些共犯规定的议论不胜枚举,以致共犯论被比喻为刑法学中的迷宫。”参见〔日〕西田典之:《日本刑法中的共犯规定》,载〔日〕西原春夫主编:《日本刑事法的重要问题》(第 2 卷),金光旭、冯军、张凌等译,法律出版社 2000 年版,第 122 页。

3 陈兴良教授认为,修订后的我国刑法总则第二章中关于“共同犯罪”的第三节为“绝望之节”。参见陈兴良:《历史的误读与逻辑的误导——评关于共同犯罪的修订》,载陈兴良主编:《刑事法评论》(第 2 卷),中国政法大学出版社 1998 年版,第 279 页。

的特征。[4]

5 我国刑法对共同犯罪的规定有如下特征:首先,特别重视依政策处理共同犯罪人的量刑问题。"首恶必办,胁从不问"的轻轻重重刑事政策,一直潜移默化地影响着立法者,如何分化瓦解、区别对待共同犯罪分子,最终成为刑法条文的重要使命。其次,对共同犯罪人的分类具有强烈的实用主义倾向。分工分类法和作用分类法是划分共同犯罪人的两种基本方法,而1979年《刑法》与1997年《刑法》均采取的是以作用分类法为主、以分工分类法为辅的标准,这绝非偶然,而是立法者权衡利弊的结果,即希望能结合两种方法各自的优点,并克服各自的缺陷,显示出立法者具有强烈的实用主义倾向。最后,立法整体较为粗疏。例如缺乏对共犯与身份等的相关规定。共犯与身份问题是刑法教义学中极为复杂的问题,如何处理相当棘手,为解决该问题,德日刑法中都规定有专门条款,但我国刑法并未规定。然而,问题并不会因为立法者视而不见就不会发生,实际上我国司法机关后来不得不一再发布相关司法解释,这正说明了问题的严重性。可以说,我国的立法者虽然重视共同犯罪的量刑,却只是从宏观层面上重视从轻还是从重,对于共犯与身份这样需要更细腻思考和处理的问题,反而语焉不详,立法时的粗疏化可窥一斑。总之,我国刑法中的共同犯罪条款兼具政策导向、实用主义以及粗疏化的特征,必然为刑法教义学的相关研究带来严峻的挑战。

Ⅲ 共同犯罪人的分类

6 我国刑法将共同犯罪人分为主犯、从犯、胁从犯和教唆犯四种,这并非立法者随意为之,而是从中华人民共和国成立之初准备刑法立法时开始,经过长达数十年的激烈讨论、慎重选择的结果。据高铭暄教授介绍,20世纪50年代的起草者就已经明确了要围绕分工分类法和作用分类法两种方法确定共同犯罪人的类型,且讨论过程中前后有过五种大的方案,每种大的方案中又有若干小方案,经过反复比较研究,最终才确定了沿用至今的四分法。起草者认为该四分法比较符合我国的审判实际,能更好地体现党和国家的政策精神。[5] 我国传统的共同犯罪论严格遵循了起草者的上述意志,认为我国共同犯罪人的分类采取的是以作用分类法为主、以分工分类法为辅的标准,是两种分类法的有机统一[6],并一直据此而展开共同犯罪论的理论体系。

---

4 参见高铭暄:《中华人民共和国刑法的孕育诞生和发展完善》,北京大学出版社2012年版,第205—208页。

5 参见高铭暄:《中华人民共和国刑法的孕育诞生和发展完善》,北京大学出版社2012年版,第28—32页。

6 参见高铭暄主编:《刑法学》,法律出版社1982年版,第195页。

一、“以作用分类法为主、以分工分类法为辅”之标准的逻辑困境

但是,传统共同犯罪论按照立法规定展开自己的理论体系时,看上去似乎完全坚守了罪刑法定的立场,却在紧随法条而动时,不知不觉陷入一系列的逻辑困境之中。 7

(1)作用分类法和分工分类法难以真的“有机统一”,而是互相冲突。早在二十多年前张明楷教授就批评指出,上述两种不同的分类方法是不能同时结合采用的,将根据不同标准划分出来的共同犯罪人并列在一起,必然出现一个罪犯同时具有并列的双重身份的混乱现象。[7] 后来在其教科书中,张明楷教授更清楚地说道:“共犯人的分类与其他分类一样,是一种逻辑方法,理当遵循分类的逻辑规则。根据逻辑规则,每一种分类只能根据同一标准,绝不能同时采取两种以上的标准。如果说刑法将共犯人分为四类,将分工标准与作用标准结合起来了,则违反了分类的基本规则。”[8]除非认为我国刑法对共同犯罪人分别采取了分工分类法和作用分类法两种独立的分类法,才可以化解张明楷教授的批评,只是那样一来就再也不能说二者是一主一辅的“统一”了,而且还会出现分工分类法中只有一种类型(即教唆犯)的尴尬局面。因此,实际情况是,在作用分类法和分工分类法交错的我国刑法中,两种分类法之间在逻辑上的紧张关系是显而易见的,以至于连认为“作用分类法与分工分类法不是截然对立的,而是可以得以统一”[9]的陈兴良教授也不得不指出:“分工分类法与作用分类法是两种不同的分类法,分类标准有所不同,两者不能交错。”[10] 8

(2)两种分类法之间的逻辑冲突姑且不论,按作用分类法将共同犯罪人分为主犯、从犯与胁从犯三种类型也是存有疑问的。通常谈及作用程度时,主从之分即为已足,胁从犯位居其中不仅画蛇添足,也破坏分类标准的逻辑一致性,因为“被胁迫参加犯罪”所描述的是参加犯罪的原因[11],与参加者在共同犯罪中的作用并无直接关联。而且,“如果行为人被胁迫……参加犯罪,就认为已具有了胁从犯的性质,但如果行为人参加犯罪后,放手大干,起主要作用,此时该如何确定其共犯地位呢?如果胁从犯参加犯罪后所起的作用必须较小,但这与被胁迫……又有什么内在联系?作用较小势必与作用较大相对而言,此时为何又不能纳入从犯的范围呢?”[12]还有学者进一步从形式逻辑学的层面分析指出,主犯与从犯是一对矛盾关系的概念,二者的外延之和即囊括了全部共同犯罪人,将胁从犯作为依据共同犯罪的作用标准进行分类的产 9

---

7 参见张明楷:《教唆犯不是共犯人中的独立种类》,载《法学研究》1986 年第 3 期。

8 张明楷:《刑法学》(第 2 版),法律出版社 2003 年版,第 339 页。

9 陈兴良:《历史的误读与逻辑的误导——评关于共同犯罪的修订》,载陈兴良主编:《刑事法评论》(第 2 卷),中国政法大学出版社 1998 年版,第 304 页。

10 陈兴良:《刑法适用总论》(上卷),法律出版社 1999 年版,第 528 页。

11 参见张明楷:《简论共同犯罪的立法完善》,载《政治与法律》1997 年第 1 期。

12 杨兴培:《论共同犯罪人的分类依据与立法完善》,载《法律科学》1996 年第 5 期。

物,"违背了逻辑关系的'子项不相容'理论"[13]。故而实难在作用分类法中赋予与作用无必然关联的胁从犯以独立之地位。

10 (3)不只是各分类法之间及其内部冲突不断,作为其上位概念之"共同犯罪"所指为何亦不无疑虑。陈兴良教授分析指出:"如果把这里的犯罪理解为正犯之罪,即刑法分则规定的具体犯罪,则上述共同犯罪的概念就等同于共同正犯的概念而不能在逻辑上涵括共犯。但如果把这里的犯罪理解为包括共犯,则又与教唆犯是教唆他人犯罪的概念相矛盾,因为教唆犯定义中的犯罪显然是不包括教唆犯本身的。"[14]对此,笔者认为,必须认为"共同犯罪"中之"犯罪"系指刑法分则中的犯罪而言,即全体犯罪人作为一个整体触犯了刑法分则所规定之罪名。至于正犯与共犯的分别,则是通过"共同"的内部结构体现出来的,而不是为整起罪行定性的"犯罪"本身。然而,令人困惑的是,我国刑法中"共同"的内部结构系指相互之间存有逻辑冲突的主犯、从犯、胁从犯以及教唆犯而言,并无对应于刑法分则规定的"犯罪"之正犯概念,于是,不得不"在共同犯罪的定罪论述中,采用主犯、从犯等作用分类法的概念,从而出现了逻辑上的混乱"[15],导致共同犯罪概念的属性混沌不清。

二、四分法脱离逻辑困境的新模式

11 在深刻意识到上述逻辑困境之后,学界又发展出一种新的模式,以继续维护四分法在我国刑法中的地位,即主张组织犯、实行犯、教唆犯与帮助犯解决共同犯罪的定罪问题,主犯、从犯与胁从犯则仅仅解决共同犯罪的量刑问题。[16] 该模式的重要贡献在于,困扰传统共同犯罪论的逻辑困境——两种不同分类方法的交错——可以借由分层而得以化解。也就是说,分工分类法解决定罪问题,作用分类法解决量刑问题,二者地位平等,各自独立地起作用,没有互相交错,也不会互相混淆。

12 应该承认,该分层模式的确有助于四分法在逻辑上脱困,但也存在较为严重的问题。其一,分层模式只是学者们的解读,与我国刑法的规定明显有较大出入,否则分工分类法就不会只有教唆犯一种类型为我国刑法所认可。其二,如果彻底贯彻分层模式,则不仅正犯与教唆犯均有成立主犯与从犯之余地,而且帮助犯也应该既可能

---

13 赵微:《论胁从犯不是法定的独立共犯人》,载《中国刑事法杂志》2005 年第 2 期。

14 陈兴良:《教义刑法学》(第 3 版),中国人民大学出版社 2017 年版,第 667 页。

15 陈兴良:《走向共犯的教义学——一个学术史的考察》,载陈兴良主编:《刑事法评论》(第 25 卷),北京大学出版社 2009 年版,第 439 页。

16 参见陈兴良:《历史的误读与逻辑的误导——评关于共同犯罪的修订》,载陈兴良主编:《刑事法评论》(第 2 卷),中国政法大学出版社 1998 年版,第 304—305 页。陈兴良教授的观点随后得到陈家林教授[参见冯军、肖中华主编:《刑法总论》(第 3 版),中国人民大学出版社 2016 年版,第 339 页]、郝守才教授(参见郝守才:《共同犯罪人分类模式的比较与优化》,载《现代法学》2007 年第 5 期)以及钱叶六教授(参见钱叶六:《双层区分制下正犯与共犯的区分》,载《法学研究》2012 年第 1 期)等的赞同,而有成为新的主流观点之趋势。

是从犯,也可能是主犯。然而,主张分层模式的学者却通常认为帮助犯只能是从犯,而不可能是主犯。这与其分层模式是有冲突的,因为原本只应具有定性功能的帮助犯同时也具有了定量功能。主张分层模式的钱叶六教授也发现了这一点,并因此而主张:"帮助行为在共同犯罪中所起的作用在绝大多数情况下是次要作用或者辅助作用,一般应以从犯论处。不过亦有例外,若帮助犯的帮助行为对共同犯罪的实现和完成确实发挥了主要作用或者说提供了重要的原因力,也应肯定主犯的成立。"[17]

分层模式更深层次的问题是,是否作用分类法真的只解决量刑问题(定量),而分工分类法只解决定罪问题(定性)?该传统认知的主要理由是:"以分工为标准的分类,比较客观地反映了共同犯罪人在共同犯罪中从事了什么样的活动,便于对共同犯罪人的行为定罪;但它没有揭示他们在共同犯罪活动中起了什么样的作用,不利于正确解决各自的刑事责任。以作用为标准的分类,比较客观地反映了共同犯罪人在共同犯罪中所起作用的大小,从而反映了他们各自不同的社会危害程度,便于对它们量刑,解决其刑事责任;但它没有反映各共同犯罪人在共同犯罪活动中的分工,对共同犯罪人定罪的一些问题不好解决。"[18]但是笔者认为,对该认知其实大可质疑。 13

首先,作用分类法只解决量刑问题吗?主流观点的理由置重于该分类法以作用之大小为区分标准,便于确定各共同犯罪人的社会危害性程度,因而认为有利于量刑;且刑法对主犯、从犯以及胁从犯均明文规定了程度依次递减的处罚原则,其意旨显然在于如何确定各共同犯罪人的刑事责任。笔者认为,其一,从作用之大小的区分标准中不能得出作用分类法仅解决量刑问题的结论,而必须认为其也是一种定性,因为依据该标准所划分出来的主犯、从犯与胁从犯都不是作为单纯的量刑情节而存在的,而是对共同犯罪人的不同划分,当然涉及对共同犯罪人的定性。其二,从刑法对主犯等的处罚原则中更加得不出主流观点的结论,因为刑法对其他犯罪形态也都配置了一定的量刑原则,如预备犯、未遂犯、中止犯以及教唆犯等,难道可以说它们也都只解决量刑问题吗?其三,立法本身亦提示我们,作用分类法当然也是一种关于犯罪的定性,而不只是关于量刑的定量,这从刑法将它们规定在总则第二章"犯罪"而不是第三章"量刑"中就可以看得很清楚;更明显的是,1997 年修订《刑法》时,将 1979 年《刑法》第 23 条第 2 款的规定 "对于主犯,除本法分则已有规定的以外,应当从重处罚"予以删除,并取消了从犯比照主犯、胁从犯比照从犯处罚的规定,则所有共同犯罪人的处罚基点都与单独犯罪持平,所谓作用分类法解决量刑的看法不是得到彻底推翻吗?尽管学界对此不无批评[19],笔者仍然认为,至少在作用分类法也是一种定性 14

17　钱叶六:《双层区分制下正犯与共犯的区分》,载《法学研究》2012 年第 1 期。

18　高铭暄、马克昌主编:《刑法学》(第 9 版),北京大学出版社、高等教育出版社 2019 年版,第 168 页。

19　参见蒋莺:《新、旧刑法关于主犯处罚原则之比较》,载《法学》1997 年第 6 期。

上,立法的态度是相当明确的。

15 其次,分工分类法只解决定罪问题吗?经由分工标准而划分出的正犯与共犯以分则所规定的构成要件为基础,解决定罪问题之功能自不必言,但认为其无助于解决各共同犯罪人的量刑问题恐失之偏颇。区分制下的正犯与共犯不单有体系论上的不同,亦有价值论上的差异,即正犯在量刑上通常要重于共犯,其中教唆犯基于刑事政策的考量亦可处以正犯之刑。故正犯—共犯体系在定性之同时,当然也起着制约量刑的作用,这从规定了正犯、共犯的各国刑法无不同时确定正犯、教唆犯和帮助犯的处罚原则即可窥一斑。陈兴良教授曾经正确地指出,分工分类法既有定性的一面,又有定量的一面,认为其很好地同时解决了共犯的定罪与量刑,但又认为分工分类法对正犯的量刑问题解决得不够圆满,因为在共同实行犯的情况下,各实行犯在共同犯罪中的作用是有所不同的,而刑法总则关于共同犯罪的规定却未能加以区别,这是一大缺陷。[20] 笔者认为,在圆满地解决了共犯的定罪与量刑之同时,分工分类法也较为圆满地解决了正犯的定罪与量刑,理由有三:其一,各共同正犯的作用可能在自然意义上确有不同,但共同正犯的责任原则是"部分实行全部责任",无论各人作用的大小,都要对全部罪行负责,至于各共同正犯的不法层面的作用程度之差异,完全可以在法定刑幅度内得到充分考虑。其二,根据责任主义的要求,在量刑时确定每个人的具体罪责时,也可以根据各共同正犯的责任之不同,在正犯的刑罚幅度内予以量刑的个别化,不会出现对各共同正犯不加区分的情况。其三,如果因为各实行犯的作用有所不同就要对其加以区分,则各教唆犯、各帮助犯的作用不也是有所不同的吗?如果认为不区分各教唆犯、各帮助犯是圆满的,那么不区分各实行犯就至少也应当是较为圆满的。

16 质言之,作用分类法与分工分类法都是对共同犯罪的界分方法,对犯罪形态的分类总是会同时触及定罪与量刑,因此,和作用分类法既定量又定性一样,分工分类法也是既定性又定量,真正的问题在于:如何理解这里的"性"与"量"?通过对两种分类法的"性"与"量"进行新的目的论解释,是否可以使二者融合在一起?对此随后将有展开,暂不赘述。但是,通过辨明两种分类法均兼具定性与定量之功能,分层模式的合法性基础就不复存在了。

三、主犯与从犯的规范化理解

(一)作用分类法的规范化与分工分类法的实质化

17 我国刑法规定的四种共同犯罪人形态分别属于两种不同的体系,这两种体系分类标准迥异,且各有其"性"与"量",似乎注定我国的共同犯罪理论只能在二者之间纠结。笔者认为,从反思两种体系的分类标准,特别是作用分类法的分类标准入

---

[20] 参见陈兴良:《共同犯罪论》(第3版),中国人民大学出版社2017年版,第155页。

手,可以发现脱困的契机。

根据作用分类法,在共同犯罪中起主要作用的人是主犯,起次要作用的人是从犯。具体把握作用之大小时,一般认为,是根据犯罪人犯意的危害程度和他们的犯罪活动在造成社会危害结果中所占比重的大小来确定的,犯意的危害性大和在社会危害结果中所占比重大的为主犯,犯意的危害性小和在社会危害结果中所占比重小的为从犯。[21] 但是,从自然意义上的危害程度中比较作用之大小,在以规范思考为基础的刑法学理上是尤其站不住脚的。一方面,将主观犯意的危害程度纳入考量范围并不现实,如果不通过客观上的行为表现出来,根本就无法判断主观犯意的程度,如果通过行为表现出来了,则直接判断行为的危害程度即可,一样无关乎主观犯意本身。另一方面,仅仅在自然意义上判断客观作用大小,与行为人在刑法意义上是主犯还是从犯并无必然关联,即客观行为分量的多少与刑法上作用的大小之间不能画等号。在导致构成要件性结果发生的因果链条中,有各种各样的条件贡献着因果力量,客观行为甚至可能由被害人自己或者第三人所具体实施,此时谁起着主要作用之关键显然不在于因果贡献的程度,而在于刑法对行为人行为的规范性评价。这一点在规范思考色彩极为浓厚的不作为犯和身份犯中表现得特别明显。在不作为犯那里,如果各共同犯罪人都是不作为,该怎样衡量各行为人犯意的危害程度和犯罪活动在社会危害结果中所占的比重呢?在身份犯那里,众所周知,无身份者无论犯意再深,无论其犯罪活动在社会危害结果中所占的比重再大,都无法成为主犯,因为在这些犯罪中主犯的资格规范性地和身份联系在一起。[22] 因此,在因果贡献力意义上理解作用标准是不可行的。 18

主犯—从犯体系的作用标准因而存在去自然化与规范化之必要。那么,刑法对行为人行为的规范性评价是以什么为基础的呢?回答是:"对共同犯罪人在共同犯罪中是起主要作用还是次要作用的确定,必须回到起点——刑法分则对各罪构成要件的规定。"[23]也就是说,规范地看,构成要件性行为才是犯罪的核心部分,无论行为人作出多大的因果贡献,只有被评价为实施了作为该核心部分的构成要件性行为的人才能够是主犯,而被评价为加功于他人的构成要件性行为的人则只能是从犯,单纯自然意义上因果贡献力的大小于是丧失了决定意义。而是否"被评价为实施了构成要件性行为"正好与正犯—共犯体系中所理解的正犯与共犯是相对应的,如此一来,我国刑法规定的主犯与从犯在内涵上与正犯、帮助犯有契合的一面。另外,所谓"被评价为实施了构成要件性行为",不能在形式意义上加以理解,而是实质意义上的正犯,即正犯—共犯体系的分工标准亦应当予以实质化。对于共同犯罪来说,构成要件是由多人作为一个整体而实现的,其中哪些人应当被评价为实施了构成要件性行 19

21 参见李光灿:《论共犯》(第2版),法律出版社1981年版,第8页。

22 参见何庆仁:《义务犯研究》,中国人民大学出版社2010年版,第216、226页以下。

23 周光权:《刑法总论》(第4版),中国人民大学出版社2021年版,第373页。

为，视行为人在规范的视野里是否是行为事件的核心人物而定，不能将其局限于亲自实施了构成要件性行为的人，这里再次体现出规范意义对自然意义的克服。就此而言，我国刑法规定的主犯与从犯比以限制的行为人概念为基础的正犯与共犯具有更大的理论张力，只要不将其功能局限于量刑层面，其实可以很好地统合各种正犯与共犯类型。当然，究竟如何区分正犯与共犯，不在本部分讨论范围之内，与本部分有关的是，通过对我国刑法规定的主犯与从犯予以规范化，以及通过对学理上的正犯与共犯予以实质化，正犯、帮助犯就与主犯、从犯合而为一，也为解决我国传统共同犯罪论和新共同犯罪论各自的合法性危机提供了理想的途径。

(二)主犯、从犯与正犯、帮助犯的合一

20 如果上述诠释是可行的，则经由作用标准的规范化与分工标准的实质化，主犯—从犯体系与正犯—共犯体系之间的距离得以拉近，我国共同犯罪理论的种种合法性危机亦可迎刃而解。首先，传统共同犯罪论的全部困境之根源在于混淆了两种不同的分类法，仅从形式上对立法进行论述。如果主犯即正犯、从犯即帮助犯，那么两种分类法的不同即化于无形，所有的逻辑困境亦不复存在。剩下的就只是从解释论上重新理解正犯、共犯判断的阶层属性，以及对《刑法》第 29 条第 2 款作出新的目的论解释，而这并非难事，且如前所述，已为学界部分克服。那么，即使是严格按照法条展开的传统共同犯罪论，规范化之后的主犯、从犯也可以为其打开一扇通往一系列共同犯罪理论的大门。其次，困扰新共同犯罪论的形式合法性危机在于正犯、帮助犯立法之缺失，以及对主犯、从犯和胁从犯的忽视。现在，如果主犯即正犯、从犯即帮助犯，则正犯与帮助犯一举确立了自己在刑法中的地位；通过规范化涵括了正犯、帮助犯的实质后，主犯、从犯和胁从犯亦名正言顺地担负起定性的功能，不再有沦为量刑情节之虞。最后，主犯、从犯的规范化与正犯、共犯的实质化为弥合传统共同犯罪论与新共同犯罪论之间的裂痕提供了极佳的契机。既然主犯即正犯、从犯即帮助犯，则可以认为传统共同犯罪论与新共同犯罪论都是直接以刑法总则第二章第三节为依据的，也都是以正犯—共犯体系为基础的，将二者合而为一于是成为顺理成章之事，一直以来困扰我国共同犯罪理论的出发点上的歧见总算可以归于平息。

Ⅳ 区分制与单一制

21 区分制与单一制是现今共同犯罪理论与立法中两种不同的体系，前者在体系论与价值论上均区分正犯与共犯；后者则相反，将全体参加者都视为行为人，在量刑阶段始考虑各行为人作用之大小。二者的差异并非事物的本质使然，而是刑事政策以及论理上考虑之结果；也不能绝对说何种体系天然就具有合理性，而是各有千秋，亦各有不足。[24] 我国传统的共同犯罪理论一直主张，实行犯、帮助犯等涵括在主犯、从犯与胁

---

24 参见柯耀程：《参与与竞合》，元照出版公司 2009 年版，第 33 页以下。

从犯的法条之中,与《刑法》第29条规定的教唆犯一起构建起区分制的基础,是毋庸多言的事实。[25] 之后,在认识到"分工分类法与作用分类法是两种不同的分类法,分类标准有所不同,两者不能交错"[26]时,学界又发展出一种新的模式,来维护区分制在我国刑法中的地位,即主张组织犯、实行犯、教唆犯与帮助犯解决共同犯罪的定罪问题,主犯、从犯与胁从犯则仅仅解决共同犯罪的量刑问题。[27] 该模式通过分层化解了困扰传统共同犯罪论的逻辑困境——两种不同分类方法的交错;而且,在定罪层面采取区分制,在量刑层面借鉴单一制的立场,看上去就既吸收了区分制与单一制的优点,又摒弃了其各自的缺点。那么,当我们通常在定罪层面言及正犯与共犯时,区分制就重新被坚持。

不过,单一制论者对区分制的上述立法基础提出了质疑,认为"大多数学者是在对我国共同犯罪的立法体系缺乏任何论证的情况下,想当然地认为我国采取的是以德日为代表的二元参与体系"[28]。他们的看法是,把我国共同犯罪的立法模式概括为"区分制"并不妥当,我国刑法中并没有一个明确的实行行为概念,刑法条文也没有正犯与帮助犯的明文规定;即便刑法对教唆犯作了规定,其重点仍然在于解决教唆犯在共同犯罪中的作用问题,而并非关注教唆犯的行为属性问题,且教唆犯在我国是独立可罚的;从犯也不是指限制正犯概念意义上的从属性共犯,而是指处理共同犯罪案件的量刑情节等。[29] 先入为主地认为我国刑法采取了类似于德日刑法的区分制之立场,因此未必是适切的。 22

在此基础之上,倾向于主张单一行为人体系的学者对我国刑法的规定进一步作出了有利于单一行为人体系的解释,认为"我国刑法关于共同犯罪的立法规定在其实质上是与单一制吻合的"[30]。理由在于:一方面,单一制在构成要件层面将所有的参加者皆视为等价的行为人,不作正犯与共犯的实质划分,我国刑法正好也没有区分正犯与共犯;即使按照部分区分制论者的观点,我国刑法区分了正犯与共犯,由于该区分不解决主从犯才可以解决的量刑问题,导致正犯与共犯的不法内涵在价值上并无任何差异,这与强调"正犯的优越性"的区分制也不吻合,实际上仍然是机能的单一制 23

---

25 参见高铭暄:《中华人民共和国刑法的孕育诞生和发展完善》,北京大学出版社2012年版,第32页;马克昌主编:《犯罪通论》(第3版),武汉大学出版社1999年版,第540—541页。

26 陈兴良:《刑法适用总论(上卷)》(第3版),中国人民大学出版社2017年版,第528页。

27 参见陈兴良:《历史的误读与逻辑的误导——评关于共同犯罪的修订》,载陈兴良主编:《刑事法评论》(第2卷),中国政法大学出版社1998年版,第304—305页。

28 江溯:《犯罪参与体系研究——以单一正犯体系为视角》,中国人民公安大学出版社2010年版,第242页。

29 参见刘明祥:《论中国特色的犯罪参与体系》,载《中国法学》2013年第6期;阮齐林:《刑法学》(第3版),中国政法大学出版社2011年版,第168页。

30 阎二鹏:《扩张正犯概念体系的建构——兼评对限制正犯概念的反思性检讨》,载《中国法学》2009年第3期。

的立场。另一方面,单一制在量刑层面根据各参加者自己的不法与罪责,确定其在共同犯罪中的当罚性。我国刑法重视主犯、从犯、胁从犯与教唆犯在共同犯罪中的作用,分别量刑的做法,也相当符合单一制的立法精神。[31]

24 区分制还是单一制,这是一个值得深究的问题。但是,至少在立法层面上,单一制论者关于我国刑法与区分制之关联性的质疑,是可以再质疑的,不能因此断言我国刑法的规定在整体上向单一制倾斜;相反,通过新的目的论解释,同样可以在我国刑法中维持和贯彻区分制的立场。这显然不构成对单一制的重要反驳,毋宁说只是从立法的角度,为区分制与我国刑法之关联保留了单一制论者并不以为然的更大的可能性。解释过程中其实已经隐现出来的问题是,由于区分制与单一制内部各有不同的学说,二者间的对立似乎渐趋模糊。例如后期区分制论者主张的正犯与共犯解决定罪、主犯与从犯解决量刑之观点,和下文将要介绍的机能的单一行为人体系之立场,即区分构成要件问题和量刑问题的看法,就极为接近。这是否说明无论区分制还是单一制的问题远没有那么重要暂且不表,不得不承认的是,如果继续囿于原有的分析框架和话语体系,这场论争很可能以双方都模糊自己本来立场的方式,再次不了了之。笔者认为,区分制与单一制的对立不是是否区分了不同的参与类型,也不是条文的用语本身等形式上的表现,而是植根于其背后的归责理念。如果该理念的基础在传统区分制与单一制下有不同的理解,那么以归责为视角,才能够为考察二者提供更实质的契机。

25 笔者认为,我国刑法规定的是共同归责意义上的区分制,主犯是共同归责的核心人物,从犯是共同归责的边缘人物。理由如下:其一,我国刑法明文规定的是主犯和从犯等,并未使用正犯和共犯的用语,未必需要如同德日共犯教义学一般,紧紧围绕是否实施了构成要件行为来区分二者。从文义上看,只要在共同犯罪中起到主要作用就是主犯,是否亲自实施了构成要件行为或其一部分可能是重要参考指标,但不一定是准则本身。将主犯和从犯理解成共同归责的核心人物和次要人物因此有着充分的可能性。其二,主犯与从犯的分类与共同归责的理念暗相契合。归责意义上的区分制区分的前提是承认所有共同犯罪人首先应当作为整体对构成要件的实现共同负责,在是否要负责这一点上,全体共同犯罪人不分彼此,只是在不法归责的轻重上,才划分出核心人物和边缘人物。主犯与从犯的分类和该前提几乎完全一致,因为所谓主从,既意味着各方行为人是一个整体,否则就无所谓主从了,又意味着在同一个整体内有进一步区分主从的必要。按照共同归责意义上的区分制诠释我国刑法共同犯罪一节的规定,于是近乎无缝对接。

26 可能立法者在制定刑法时,并未有意识地根据共同归责意义上的区分制设计共同犯罪一节的条文,但笔者的分析表明,我国《刑法》第25—29条的规定也许不仅远

31　参见江溯:《犯罪参与体系研究——以单一正犯体系为视角》,中国人民公安大学出版社2010年版,第242页以下。

离单一制,也克服了德日传统区分制的问题,具有天然的优越性。笔者认为,我国刑法学界之所以在区分制还是单一制的问题上争论不休,根源之一在于形式地理解了作用分类法和分工分类法,并分别赋予两种分类法不同的使命,人为地将共同犯罪划分为两种体系,从而不仅要面对传统区分制的困境,也为单一制提供了口实。相反,如果不拘泥于正犯与构成要件的关系,两种分类法的距离并没有那么遥远,经由作用分类法的规范化和分工分类法的实质化,二者完全可以在共同归责的意义上达成一致:对构成要件的整体实现在规范意义上起主要作用的是主犯,否则是从犯。其中所谓主要作用并不局限于实施构成要件行为或其一部分,应根据其在共同归责中的意义份额规范地认定。[32] 那么,借由共同归责的理念,我国刑法规定的主犯与正犯、从犯与帮助犯便不再是异质化的概念,区分制的立场也在我国刑法体系之下得以维持。

V 限制的行为人概念与扩张的行为人概念

作为共犯判断的前提,刑法教义学上历来有限制的行为人概念(restriktiver Täterbegriff)与扩张的行为人概念(extensiver Täterbegriff)之对立。大陆学者在提及二者时,多借鉴日本和我国台湾地区学者的说法,以限制的正犯概念与扩张的正犯概念称之,但 Täter 不同于 Täterschaft,后者仅指正犯,前者却既可指正犯,亦可指共犯,因此称 Täterbegriff 为"正犯概念"而不是"行为人概念",在术语的理解上不无疑虑。而且,"倘若共犯不是行为人,则其根本无由成为刑法评价的对象,毕竟其不是行为主体;另外对于不是行为人之人的处罚,站在法定原则的要求下,不论是刑罚扩张事由的说法,或是独立处罚的说法,都有恣意之嫌,难以符合法定原则之规范"[33]。实际上,这里的行为人概念源于对行为原则的理解,"无行为则无刑法"是一项基本原则,但如何理解刑法分则的构成要件行为,以及如何理解实施了该行为的人,历来就有分歧。 27

就限制的行为人概念而言,其早期的立场在一种非常狭隘的意义上理解正犯,认为正犯必须与具体构成要件的条文紧密结合在一起,直接实现了犯罪的因果惹起才是正犯的决定要素。正犯之外的共犯虽然看似与正犯共同引起了结果之发生,但由于不是直接实现犯罪,只有经由对正犯行为的从属性,才得以确立其可罚性。教唆犯与帮助犯因此是将可罚性扩张至那些按照具体条文原本不是行为人的人,是刑罚扩张事由。准此以论,则正犯与共犯的区分仅在于是否亲自直接实现构成要件一点而已。扩张的行为人概念则认为,按照条件关系意义上的因果法则,所有引起结果的人都是结果发生的等价的原因,因此,引起了符合构成要件的法益侵害的人就应当都是正犯,正犯与共犯之间原本应当是没有差异的,刑法分则的构成要件不是为狭义的正犯而设,而应当涵 28

---

32 参见何庆仁:《我国共犯理论的合法性危机及其克服》,载陈泽宪主编:《刑事法前沿》(第6卷),中国人民公安大学出版社2012年版,第178页以下。

33 柯耀程:《参与与竞合》,元照出版公司2009年版,第6—7页。

括每一种参加形式。换言之,每个参与者(教唆犯与帮助犯)原本都是正犯,只是由于总则的规定,才不得不与正犯分离,总则规定在此意义上即为刑罚限缩事由。[34]

29 两种观念都有其不足之处,限制的行为人概念主要是难以解释间接正犯;而扩张的行为人概念则至少在刑法明文规定的亲手犯、附有特别情状的犯罪以及身份犯(义务犯)中,无相关要素的人是不能被称为正犯的,即便其引起了构成要件的结果之实现,且也须为结果负责。此外,在构成要件的确定性方面,扩张的行为人概念存有更大的疑虑。只有当构成要件指涉的是某种确定的犯罪行为时,才可以发挥其保障机能,而在对犯罪行为的纯粹因果解释中,实际上导致的是构成要件的消解,犯罪行为的确定性于是不再确定,保障机能也就无法有效实现。因此,学界多采限制的行为人概念,"在今天,限制正犯论……是我国刑法学通说"[35]。至于限制的行为人概念之下如何解释间接正犯,学界则提出了各种实质化和规范化的变通路径,"限制的正犯概念虽然面临着间接正犯的难题,但……刑法理论完全可以解决这一难题"[36]。

30 要说明的是,限制的行为人概念和扩张的行为人概念与区分制和单一制并无必然对应关系,扩张的行为人概念从其产生伊始就是为了克服区分制下限制的行为人概念之弊端而被提出的,而不是作为区分制的对立面。换言之,二者是区分制之下的不同方向的思考,都受区分制这一立法模式的制约。毋庸讳言,扩张的行为人概念与单一制在若干理解上具有同质性,甚至可以称其为单一制的催生剂,但毕竟区分制之下的扩张的行为人概念不是单一制本身,不能将二者等同。我国有学者将扩张的行为人概念与单一制相联系,认为扩张的行为人概念对实行行为进行更实质的解读,不从现象上区分正犯与共犯,更符合刑法的目的性,相较于限制的行为人概念更有优势,且我国并未如同德日一样采取区分制,不存在以扩张的行为人概念强行解读区分制立法的难题。[37] 该观点显然混淆了扩张的行为人概念与单一制的关系,单一制与区分制是独立于行为人概念的立法模式,扩张还是限制的行为人概念则依附于区分制,根本没有所谓以扩张的行为人概念解释单一制立法的问题,非要解释也是以单一制自己的行为人概念,而不是削足适履地根据扩张的行为人概念进行解释。在此意义上,支持单一制的江溯副教授认为"刑法上只有两种行为人概念,即限制的行为人概念和单一行为人概念"[38],这至少在捍卫单一制自己的行为人概念方面不无

---

34 关于限制的行为人概念与扩张的行为人概念的历史沿革,参见何庆仁:《共犯判断的阶层属性》,载《中国刑事法杂志》2012年第7期。

35 周光权:《刑法总论》(第4版),中国人民大学出版社2021年版,第337页。

36 张明楷:《刑法学》(第6版),法律出版社2021年版,第509页。

37 参见阎二鹏:《扩张正犯概念体系的建构——兼评对限制正犯概念的反思性检讨》,载《中国法学》2009年第3期。

38 江溯:《犯罪参与体系研究——以单一正犯体系为视角》,中国人民公安大学2010年版,第18页,注释1。

道理。

总之,限制的行为人概念和扩张的行为人概念之所以围绕构成要件性行为产生对立,原因在于构成要件背后是罪刑法定原则的约束。共犯的行为因为通常看上去并不是直接符合构成要件的行为,为了不违反罪刑法定原则,就必须对共犯行为与构成要件的关系加以厘清,只是限制的行为人概念和扩张的行为人概念在厘清时选择了不同的方向而已。那么,究竟应当如何看待构成要件在共同犯罪中的意义呢?笔者认为,共同犯罪场合客观上只有一个共同不法,客观上只有一个构成要件被充足且仅被充足一次,该充足构成要件的行为是一个不可分割的整体,是全体共同犯罪人的共同作品。此一立场有三个层面的含义:首先,只有正犯着手之后,构成要件的不法才得以成立,因此着手之前的共犯行为不是构成要件的不法,所有认为着手前的共犯行为属于构成要件不法的观点,无论独立还是从属、直接还是间接,都是对构成要件不法的误解。其次,构成要件的不法与对该不法的客观归责是不同的问题,正犯着手后构成要件的不法即成立,但该不法是被全体共同犯罪人所共同塑造的,应客观归责于全体共同犯罪人,因为任何一个共同犯罪人的行为,即使是正犯的行为,都不能代表共同犯罪完整的意义表达。最后,共同犯罪人有没有实施构成要件行为或其一部分是不重要的,对共同犯罪的构成要件不法来说,重要的是整体构成要件行为是否着手;对构成要件不法的客观归责而言,重要的是是否表达出了实现构成要件不法的意义。构成要件在共同犯罪中的意义因此一方面与单独犯罪相同,即在成立与否上都以着手为开始,另一方面又与单独犯罪有所不同,即在构成要件不法的归责上表现为共同归责模式。就此而言,限制的行为人概念耽溺于是否实施了构成要件行为或其一部分,的确没有很好地体现共同归责的理念;扩张的行为人概念也没有规范化地理解共同归责的内涵,亦不足取。实际上,二者都是归责理念出现之前关于行为人概念的自然主义的理解,不是根据可归责性规范地判断行为人概念,这就决定了其理解的局限性。 31

VI 共同犯罪的本质

共同犯罪的本质之争,主要围绕数行为人的行为为何成立共同犯罪而展开,主要有犯罪共同说与行为共同说的对立。传统的共同犯罪论一般认为,成立共同犯罪要有共同的犯罪故意与共同的犯罪行为,"共同犯罪必须以同一个犯罪构成为成立的前提"[39],因此大致主张的是完全犯罪共同说的立场。但是,在共同行为人间具有不同的故意或者行为时,例如甲、乙二人分别以杀人和伤害的故意共同攻击被害人的,或者甲为入室行窃的乙望风,乙却在室内当场使用暴力抗拒抓捕的,按照完全犯罪共同说,可能过于缩小共同犯罪的成立范围,导致罪名与刑罚的脱节,进而 32

---

39 曾宪信、江任天、朱继良:《犯罪构成论》,武汉大学出版社 1988 年版,第 160 页。

出现处理上的不均衡。为了克服完全犯罪共同说的问题,以张明楷教授为代表的一些学者开始主张部分犯罪共同说,认为二人以上虽然共同实施了不同的犯罪,但当这些不同的犯罪之间具有重合的性质时,则在重合的限度内成立共同犯罪。[40] 由于其结论更能为人所接受,"'部分犯罪共同说'逐渐流行,有取代'完全犯罪共同说'之势"[41]。

33 但是,之后随着结果无价值论在我国的崛起,故意被视为责任要素成为结果无价值论者的基本共识,要求成立共同犯罪时有共同故意或者故意内容有重合,便显得与结果无价值论无法相容。需要说明的是,部分犯罪共同说与结果无价值论的此一冲突,是以共同犯罪是违法形态为前提的,即共同犯罪成立与否,仅仅属于不法阶层之事,而与罪责无关。[42] 在此背景下,行为共同说开始在我国得到一些学者的提倡。例如,黎宏教授就旗帜鲜明地指出,犯罪共同说的致命缺陷是,忽视了共同犯罪只是一个客观归责原则的事实,在共同犯罪的判断中混入了作为主观责任要素的故意内容,从而将客观归因和主观归责混为一谈了。黎宏教授认为,共同犯罪尽管是数人共同实施同一特定犯罪,但最终受罚仍只是单个参与者,其本质因此应当从数人共同行为实现各自犯罪的行为共同说的角度来加以理解。[43]

34 实务部门一直坚持共同犯罪两人以上均有责任能力、均有共同故意和共同行为的要求,看似坚持的是完全犯罪共同说。例如,在章浩等绑架案中,被告人章浩对被告人王敏谎称:"有人欠债不还,去把其子带来,逼其还债。"王敏误以为章浩绑架被害人是为了索取债务,而不知道章浩是为了向其家人勒索财物。法院认为,王敏虽然与章浩一起互相配合、共同实施了"绑架"被害人的犯罪行为,但由于其主观上认为是为了向被害人的亲属"索取债务",与共同行为人章浩"勒索财物"的主观故意内容不同,二人没有共同的犯罪故意,因此不构成共同绑架犯罪,只能按各自所构成的犯罪分别定罪量刑。[44] 此时,由于两人都参与了客观行为,不存在因果关系方面的问题,分别定罪在结论上至少是可接受的。但是一旦案情复杂,存在诸如因果流程不明、犯罪数额分担方面的疑虑时,根据完全犯罪共同说就难以得出合理结论,实务上于是不得不变换立场。

35 例如,多人共同非法集资但仅有部分人具有非法占有目的的场合,最高人民法院

---

40 参见张明楷:《刑法的基本立场》,中国法制出版社 2002 年版,第 253 页以下。不过张明楷教授从其第 4 版教科书中开始支持行为共同说。参见张明楷:《刑法学》(第 4 版),法律出版社 2011 年版,第 357 页以下。

41 黎宏:《刑法总论问题思考》(第 2 版),中国人民大学出版社 2016 年版,第 419 页。

42 参见张明楷:《共同犯罪是违法形态》,载《人民检察》2010 年第 13 期;何庆仁:《共犯判断的阶层属性》,载《中国刑事法杂志》2012 年第 7 期。

43 参见黎宏:《刑法学总论》(第 2 版),法律出版社 2016 年版,第 263—265 页。

44 参见陈兴良、张军、胡云腾主编:《人民法院刑事指导案例裁判要旨通纂》(第 2 版),北京大学出版社 2018 年版,第 842 页。

《关于审理非法集资刑事案件具体应用法律若干问题的解释》第 7 条第 3 款规定："……行为人部分非法集资行为具有非法占有目的的，对该部分非法集资行为所涉集资款以集资诈骗罪定罪处罚；非法集资共同犯罪中部分行为人具有非法占有目的，其他行为人没有非法占有集资款的共同故意和行为的，对具有非法占有目的的行为人以集资诈骗罪定罪处罚。"2017 年最高人民检察院《关于办理涉互联网金融犯罪案件有关问题座谈会纪要》第 15 条中也规定："……在非法集资犯罪中，有的犯罪嫌疑人具有非法占有的目的，有的则不具有非法占有目的，对此，应当分别认定为集资诈骗罪和非法吸收公众存款罪。"如果最终都对共同非法集资的数额分别成立集资诈骗和非法吸收公众存款罪，就是较为明显的部分犯罪共同说的立场。在犯罪共同说难以贯彻的身份犯的场合，判例则直接改采行为共同说，例如在徐国桢等私分国有资产案中，针对自然人是否可以构成私分国有资产罪的共犯，法院指出，共同犯罪应当是指数人共同实施了构成要件行为，而不是共同实施特定的犯罪，只要行为具有共同性就可以成立共同犯罪，从而根据行为共同说肯定了自然人作为共犯的可罚性。[45] 由此可见，实务界其实在该问题上采取了非常灵活的做法，以追求结论的妥适性，只是如此没有立场以及不顾及说理的一贯性，未必真的妥当。

36 现在，部分犯罪共同说与行为共同说的对立，仍然是我国刑法学界在共同犯罪理论领域的一大分歧。不过行为共同说早已不再从早期自然意义上的行为共同之意义上展开，而是指"引起构成要件结果的行为共同"[46]；现在的部分犯罪共同说则认为："两个行为的构成要件之间有较大范围的重合关系时，就可以判断犯罪具有共同性，共犯的成立就可以得到肯定。"[47]可见通过同时强调构成要件的指导意义，二者几乎已经没有实质区别。也就是说，不同的构成要件之间如果有重要部分重合也可以成立共同犯罪。笔者认为，行为共同说和犯罪共同说的上述理解可能都存在问题。一方面承认是不同的构成要件行为，另一方面却又说它们是共同的，即使重要部分的确共同，似乎也相当勉强，因为整体上原本就是两个不同的构成要件行为。除非如同早期的行为共同说那样，采取自然意义上的行为共同之立场，才可以无矛盾地说二者共同实施了一个行为。所有赋予同一自然行为不同规范意义，又坚持二者在规范上有共同性的理解，因此都存在瑕疵。其实，无论行为共同还是犯罪共同，无非是在客观上确定共同归责的范围，那么只要按照客观归责的标准进行即可，客观上可共同归责于行为人的行为充足了何种构成要件，自然要结合各构成要件的主客观要素另行判断。所以，在归责理论的视野下，考量行为共同说还是犯罪共同说似乎是画蛇添足，而且有混淆共同犯罪是一种客观共同归责形态的重大疑虑，即部分犯罪共同说遮

---

45 参见陈兴良、张军、胡云腾主编：《人民法院刑事指导案例裁判要旨通纂》（第 2 版），北京大学出版社 2018 年版，第 1860 页。

46 张明楷：《刑法学》（第 6 版），法律出版社 2021 年版，第 540 页。

47 周光权：《刑法总论》（第 4 版），中国人民大学出版社 2021 年版，第 333 页。

蔽了共同犯罪的客观归责之面向,而行为共同说则掩盖了共同犯罪的规范性共同归责之面向。笔者坚持以归责理论重新理解共同犯罪,关于共同犯罪的本质,即共同犯罪与单独犯罪的不同,既不在于数人的共同故意或合意,也不在于其因果意义上的共同行为,而应表现为规范性的共同归责构造;在此前提下,共同不法的着手与罪责的个别化等问题,则与单独犯罪一致。

第二十五条　共同犯罪

共同犯罪是指二人以上共同故意犯罪。

二人以上共同过失犯罪，不以共同犯罪论处；应当负刑事责任的，按照他们所犯的罪分别处罚。

文献:李光灿:《论共犯》(第 2 版),法律出版社 1981 年版;李光灿、马克昌、罗平:《论共同犯罪》,中国政法大学出版社 1987 年版;林文肯、茅彭年:《共同犯罪理论与司法实践》,中国政法大学出版社 1987 年版;王作富:《中国刑法研究》,中国人民大学出版社 1988 年版;高铭暄主编:《刑法学原理》(第 2 卷),中国人民大学出版社 1993 年版;姜伟:《犯罪形态通论》,法律出版社 1994 年版;高铭暄等:《西原春夫先生古稀祝贺论文集》,法律出版社、成文堂 1997 年版;马克昌主编:《犯罪通论》(第 3 版),武汉大学出版社 1999 年版;何秉松主编:《刑法教科书(上卷)》(第 6 版),中国法制出版社 2000 年版;肖中华:《犯罪构成及其关系论》,中国人民大学出版社 2000 年版;林亚刚:《犯罪过失研究》,武汉大学出版社 2000 年版;阴建峰、周加海主编:《共同犯罪适用中疑难问题研究》,吉林人民出版社 2001 年版;冯英菊:《共同犯罪的定罪与量刑》,人民法院出版社 2002 年版;马克昌:《比较刑法原理:外国刑法学总论》,武汉大学出版社 2002 年版;马克昌、莫宏宪主编:《中日共同犯罪比较研究》,武汉大学出版社 2003 年版;刘凌梅:《帮助犯研究》,武汉大学出版社 2003 年版;陈家林:《共同正犯研究》,武汉大学出版社 2004 年版;田鹏辉:《片面共犯研究》,中国检察出版社 2005 年版;高铭暄、马克昌主编:《中国刑法解释》(上卷),中国社会科学出版社 2005 年版;吴振兴主编:《犯罪形态研究精要》,法律出版社 2005 年版;刘斯凡:《共犯界限论》,中国人民公安大学出版社 2011 年版;刘德法:《聚众犯罪理论与实务研究》,中国法制出版社 2011 年版;黄丽勤、周铭川:《共同犯罪研究》,法律出版社 2011 年版;肖本山:《共犯过限论》,中国人民公安大学出版社 2011 年版;陈志军:《共同犯罪的理论与实践》,中国人民公安大学出版社 2012 年版;邹兵:《过失共同正犯研究》,人民出版社 2012 年版;黎宏:《刑法学》,法律出版社 2012 年版;陈兴良主编:《刑法总论精释》(第 3 版),人民法院出版社 2016 年版;黎宏:《刑法总论问题思考》(第 2 版),中国人民大学出版社 2016 年版;陈兴良:《刑法适用总论(上卷)》(第 3 版),中国人民大学出版社 2017 年版;陈兴良:《共同犯罪论》(第 3 版),中国人民大学出版社 2017 年版。高格:《关于共同犯罪的几个理论问题的探讨》,载《吉林大学社会科学学报》1982 年第 1 期;伍柳村:《试论教唆犯的二重性》,载《法学研究》1982 年第 1 期;吴文翰:《略谈共犯中的几个问题》,载《法学研究》1982 年第 1 期;徐逸仁:《试析共同犯罪的构成特点和形式》,载《政治与法律》1982 年第 2 期;马克昌:《刑事立法中共同犯罪的历史考察》,载《武汉大学学报(哲学社会科学版)》1983 年第 4 期;马克昌:《略论简单共同犯罪》,载《法学》1983 年第 6 期;朱斌:《“共同犯罪”理论体系示意图》,载《法学》1983 年第 9 期;邓定一:《共谋而未实行,不构成共同犯罪吗?》,载《法学》1984 年第 6 期;马克昌、罗平:《论共同犯罪的概念和要件》,载《政法论坛》1985 年第 4 期;陈兴良:《论我国刑法中的片面共犯》,载《法学研究》1985 年第 1 期;李敏:《论片面合意的共同犯罪》,载《政法论坛》1986 年第 3 期;傅兆龙:《试论法人犯罪中的共同犯罪》,载《中国法学》1986 年第 6 期;汪保康:《论共同犯罪故意的构成条件》,载《政法学刊》1987 年第 4 期;李海东:《共同过失行为的分类及刑事责任》,载《现代法学》1987 年第 4 期;陈兴良:《共同犯罪人分类的比较研究》,载《法律学习与研究》1988 年第 3 期;朱华荣、林建华:《我国法人犯罪的立法及其完善》,载《政法论坛》1988 年第 5 期;陈兴良:《论共同犯罪中的实行过限》,载《法学杂志》1989 年第 6 期;陈兴良:《论共同犯罪立法与司法的完善》,载《法学研究》1989 年第 6 期;钱毅:《我国刑法中不存在片面共犯》,载《中南政法学院学报》1990 年第 4 期;陈兴良:《论共同犯罪的因果关系》,载《法律科学》1991 年第 6 期;陈兴良:《论法人共同犯罪》,载《法学评论》1991 年第 6 期;杨新培:《试论对合犯》,载《法律科学》1992 年第 1 期;张明楷:《关于共犯人分类刑事立法的再思考》,载《中国法学》1993 年第 1 期;侯国云、苗杰:《论共同过失犯罪》,载《法学研究》1993 年第 2 期;李昌林:《论共同过失犯罪》,载《现代法学》1994 年第 3 期;姜伟:《共同过失与共同混合罪过》,载《法学评论》1994 年第 3 期;姜伟:《论共同故意》,载《法商研究》1994 年第 4 期;曲直:《法人犯罪与共同犯罪》,载《法学》1994 年第 11 期;张正新、金泽刚:《论我国刑法中的聚众犯罪》,载《法商研究》1997 年第 5 期;林亚刚:《共谋共同正犯问题研究》,载《法学评论》2001 年第 4 期;陈兴良:《论犯罪的对合关系》,载《法制与社会发展》2001 年第 4 期;何秉松:《黑社会组织(有组织犯罪集团)的概念与特征》,载《中国社会科学》2001 年第 4 期;林亚刚、赵慧:《论片面共犯的理论基础》,载《法学评论》2001 年第 5 期;林亚刚、何荣功:《论承继共同正犯的法律性质及刑事责任》,载《法学家》2002 年第 4 期;张明楷:《共同过失与共同犯罪》,载《吉林大学社会科学学报》2003 年第 2 期;李宇先:《论必要的共同犯罪》,载《中外法学》2004 年第 4 期;侯国云:《论继承性共犯》,载《政法论坛》2006 年第 3 期;黎宏:《“过失共同正犯”质疑》,载《人民检察》2007 年第 14 期;叶良芳:《实行过限之构成及其判定标准》,载《法律科学》2008 年第 1 期;肖本山:《共犯过限与共犯减少》,载《政治与法律》2010 年第 2 期;张明楷:《共犯对正犯故意的从属性之否定》,载《政法论坛》2010 年第 5 期;刘艳红:《共谋共同正犯的理论误区及其原因》,载《法学》2012 年第 11 期;王昭武:《论共谋的射程》,载《中外法学》2013 年第 1 期;王昭武:《实行过限新论——以共谋射程理论为依据》,载《法商研究》2013 年第 3 期;张明楷:《共同犯罪的认定方法》,载《法学研究》2014 年第 3 期。

细目录

Ⅰ 主旨
Ⅱ 沿革
Ⅲ 共同犯罪的概念
Ⅳ 共同犯罪的成立条件
一、"二人以上"
二、共同的犯罪故意
三、共同的犯罪行为
Ⅴ 共同过失犯罪

Ⅰ 主旨

作为共同犯罪一节的第一条,本条主旨在于明确共同犯罪的含义及其范围,为随后的其他法条奠定展开的基础,也为司法实践提供认定共同犯罪的基本准则。我国立法者在刑法总则与分则中均对共同犯罪作出了不少专门规定,司法机关也在一系列司法解释中颁行了若干与共同犯罪有关的条款,《刑法》第 25 条无疑是理解和适用这些规定的共同前提,也是依法与共同犯罪现象作斗争的规范依据。 1

Ⅱ 沿革

关于共同犯罪的含义,我国刑法立法过程中曾提出过多种方案,直到 1963 年《中华人民共和国刑法草案(第 33 稿)》,现行《刑法》第 25 条的内容才得以正式被确立下来,其第 22 条规定:"共同犯罪是指二人以上共同故意犯罪。二人以上共同过失犯罪,不以共同犯罪论处;应当负刑事责任的,按照他们所犯的罪分别处罚。"其内容为之后 1979 年《刑法》第 22 条所完全接受,并在 1997 年修订《刑法》时被完整保留,内容没有作任何修改,只是法条序号顺延为第 25 条。[1] 2

以上立法之形成与变迁的过程表明,给共同犯罪下定义并不是新中国刑法起草者们最初的选择,而是为了更好地同共同犯罪作斗争,在不断探索的过程中集体智慧的结晶。界定共同犯罪的含义与范围时,立法者最开始也没有明确将其限制为共同故意犯罪,限定为共同故意犯罪后,也没有明确将共同过失犯罪排除在外,从正面与反面相结合排除共同过失犯罪,也可以说是一个逐步的过程。实际上,1997 年修订刑法时,有一些刑法修改稿曾经"取消了第 25 条第 2 款的规定,如 1996 年 6 月 24 日 3

1 各草案条款之内容均请参见高铭暄、赵秉志编:《新中国刑法立法文献资料总览》(第 2 版),中国人民公安大学出版社 2015 年版,第 74 页以下。

和1996年8月8日的刑法总则修改稿”[2]。但是立法者基于种种考虑仍然维持了原来的写法,使得共同过失犯罪的理论与实践一直处于与刑法立法的紧张关系之中。

Ⅲ 共同犯罪的概念

4 《刑法》第25条第1款明文规定:“共同犯罪是指二人以上共同故意犯罪。”本款虽然形式上采取了定义的语句结构,其实不具有定义的实质,因为何谓共同犯罪从其表述中得不出应有的答案。“二人以上”仅为共同犯罪的基本前提,“共同故意犯罪”只是排除了共同过失犯罪,共同犯罪所指何为、规定共同犯罪的目的何在等在本款中均无描述,毋宁说“二人以上共同故意犯罪”仅仅非常粗略地勾勒了共同犯罪的范围。这也许是立法者的明智之举,定义在大多数情况下都充满了危险,将共同犯罪这一称谓的理解交给司法实践和学理,能最大限度地弥合法的安定性与现实性之间的冲突。因此关于共同犯罪的概念,需要学理从事物的本质以及目的理性中谨慎寻求。

5 非常遗憾的是,立法者的“留白”并未被学界充分领会,直接引用条款解释共同犯罪的含义往往成为理所当然的选择,致使关于共同犯罪的理解流于形式。笔者认为,“共同犯罪”中的“共同”不是指二人以上共同故意,一如在共同犯罪的本质部分所分析的那样,这里的“共同”既不是指部分犯罪共同,也不是指行为共同,而是指客观归责的共同。“共同犯罪”中的“犯罪”也不是指最终犯罪成立意义上的犯罪,即不法加罪责意义上的犯罪,而是指不法意义上的犯罪,且仅指不法构造中可客观归责的侧面,与行为人的主观心态没有直接关系。就此而言,共同犯罪的概念应理解为客观上可共同归责的共同不法,所谓数人共同协力实现犯罪或者二人以上共同故意犯罪等说法,都只是对共同犯罪现象的描述,而没有触及其规范本质。实际上,像这样只是从形式上理解“共同犯罪”,必然造成且在我国刑法理论与实务中已经造成一系列的混乱,例如不区分不法与罪责、不区分客观归责与主观要素等。总之,概念上的误解难免导致种种教义学上的问题,以至于张明楷教授认为,为了更准确地认定共同犯罪,建议“在刑法理论与司法实践中,可以淡化‘共同犯罪’的概念”。[3]

Ⅳ 共同犯罪的成立条件

6 《刑法》第25条第1款虽没有准确地表述共同犯罪的概念,却为共同犯罪的成立条件指明了方向。历来的主流共同犯罪理论以及司法实践均根据法条用语,为共同犯罪的成立设定了三个条件:二人以上、共同的犯罪故意以及共同的犯罪行为,并据

---

2 高铭暄:《中华人民共和国刑法的孕育诞生和发展完善》,北京大学出版社2012年版,第205页。

3 张明楷:《共同犯罪的认定方法》,载《法学研究》2014年第3期。

此针对每个条件中不成立共同犯罪的情形进行了排除。[4] 但在共同犯罪理论不断推陈出新的时代背景下，这三个条件可能都需要重新被审视。

一、"二人以上"

要成立共同犯罪，行为人的数量必须为二人以上，这是共同犯罪区别于单独犯罪最显而易见的特点。我国传统的共同犯罪理论通常认为，成立共同犯罪以二人以上为要，且这里的"人"既包括自然人也包括法人。[5] 这种对主体复数性的强调并没有问题，问题在于，主流观点进而引申认为，各行为人均须具有责任能力。"一个有刑事责任能力的人与一个没有刑事责任能力的人共同实施危害行为，不构成共同犯罪。"[6] 是否具有责任能力，因此成为共同犯罪的超法规要件。 7

那么，这究竟是理所当然的推论，还是画蛇添足呢？对此不妨从实务中的两个案例略窥一斑。第一个案例是李尧强奸案，案情如下：2000 年 7 月某日中午，被告人李尧伙同未成年人申某某（1986 年 11 月 9 日出生，时龄 13 周岁）将幼女王某（1992 年 5 月 21 日出生）领到香坊区幸福乡东柞村村民张松岭家的玉米地里，轮流对王某实施奸淫。法院认为轮奸仅是一项共同的事实行为，只要行为人具有奸淫的共同认识，并在共同认识的支配下实施了轮流奸淫行为即可，而与是否符合共同犯罪并无必然关系。申某某对王某实施奸淫行为时虽不满 14 周岁，依法不负刑事责任，但不能因此否认其奸淫行为的存在。相反，被告人李尧与申某某对同一幼女轮流实施了奸淫行为，却是客观存在的事实。因此，即使申某某不负刑事责任，亦应认定李尧的行为构成强奸罪，且属于轮奸。[7] 第二个案例是刘某指使其女投毒杀人案，案情如下：被告人刘某因与丈夫金某不和，离家出走。一天，其女（时龄 12 周岁）前来刘某住处，刘某指使其女用家中的鼠药毒杀金某。其女回家后，即将鼠药拌入金某的饭碗中，金某食用后中毒死亡。法院认为，该案被告人刘某唆使不满 14 周岁的人投毒杀人，由于被唆使人不具有刑事责任能力，因此唆使人与被唆使人不能形成共犯关系，被告人刘某非教唆犯，而是"间接正犯"，故对刘某不能直接援引有关教唆犯的条款来处理，而应按其女实行的故意杀人行为定罪处刑。[8] 8

笔者认为，上述两个案例可以很清楚地揭示出传统的四要件论及其对共同犯罪 9

4　参见高铭暄、马克昌主编：《刑法学》（第 9 版），北京大学出版社、高等教育出版社 2019 年版，第 160 页以下。

5　参见高铭暄、马克昌主编：《刑法学》（第 9 版），北京大学出版社、高等教育出版社 2019 年版，第 160 页。

6　马克昌主编：《犯罪通论》（第 3 版），武汉大学出版社 1999 年版，第 505 页。

7　参见最高人民法院刑事审判第一庭、第二庭编：《刑事审判参考》（总第 36 集），法律出版社 2004 年版，第 27 页以下。

8　参见最高人民法院刑事审判第一庭、第二庭编：《刑事审判参考》（总第 16 辑），法律出版社 2001 年版，第 74—75 页。

的理解的根本性缺陷,即缺少位阶观念,没有区分不法与罪责,致使以其为基础的、我国传统的共同犯罪论同样忽略了区分不法与罪责的阶层属性,导致将个别性考察的"罪责"也纳入共同的"不法"范围之内,因而陷入个别与共同的冲突之中,难以自拔。倘若勉强适用四要件论于共同犯罪论领域,导致的后果无非是,一方面,共同犯罪的范围被不当地大大缩小了,以致不能对一些应予刑罚处罚的行为进行处罚。如同李尧强奸案那样,13 周岁的申某某因不具有责任能力而不构成犯罪,致使难以认定李尧的轮奸行为。为了对李尧按轮奸处理,实务上勉为其难地提出了事实行为说,但显然与传统观点不协调。另一方面,间接正犯的范围被不当地扩大了,导致间接正犯理论濒临破产的边缘。一如刘某指使其女投毒杀人案那样,原本只是单纯教唆未成年人"犯罪"的行为却被论以间接正犯。众所周知,间接正犯的实质在于意志支配,然而教唆未成年人犯罪者显然并未都彻底支配了未成年人的意志,一律论以间接正犯,就无限扩大了间接正犯的范围,也破坏了间接正犯的实质之所在。[9] 因此,应当放弃自然人共同犯罪主体的责任能力之要求。

10 在单位犯罪方面,由于单位内部通常人数众多,其与共同犯罪的关系也日渐成为关注的重点,以至于司法机关为此专门作出解释,2000 年最高人民法院《关于审理单位犯罪案件对其直接负责的主管人员和其他直接责任人员是否区分主犯、从犯问题的批复》规定:"在审理单位故意犯罪案件时,对其直接负责的主管人员和其他直接责任人员,可不区分主犯、从犯,按照其在单位犯罪中所起的作用判处刑罚。"关于单位与单位之间的共同犯罪,2001 年最高人民法院印发的《全国法院审理金融犯罪案件工作座谈会纪要》也规定:"两个以上单位以共同故意实施的犯罪,应根据各单位在共同犯罪中的地位、作用大小,确定犯罪单位的主、从犯。"关于单位与自然人的共同犯罪,司法解释也多有规范,如 2002 年最高人民法院、最高人民检察院和海关总署《关于办理走私刑事案件适用法律若干问题的意见》第 20 条规定:"单位和个人共同走私的,单位和个人均应对共同走私所偷逃应缴税额负责。……单位和个人共同走私偷逃应缴税额超过 25 万元且能区分主、从犯的,应当按照刑法关于主、从犯的有关规定,对从犯从轻、减轻或者免除处罚。"二人以上的"人"因此并无自然人还是单位的限制,而是可以任意组合,只要符合共同犯罪的相关条件即可认定为共同犯罪,并适用本节相关条款。

二、共同的犯罪故意

(一)共同的犯罪故意的含义

11 共同犯罪的第二个成立条件是从条文中的"共同故意"演化而来的。《人民法院案例选》指导案例莫叶兵等盗窃、掩饰、隐瞒犯罪所得案非常详细地分析了共同的犯

---

[9] 关于两个案例的进一步分析参见何庆仁:《共犯论领域阶层思考的现实意义》,载《华东政法大学学报》2018 年第 6 期。

罪故意。其认为,共同的犯罪故意是指行为人之间通过意思的传递、反馈而形成的,明知自己是和他人配合共同实施犯罪,并且明知共同的犯罪行为会发生某种危害社会的结果,而希望或者放任这种危害结果发生的心理态度。共同的犯罪故意由共同和犯罪故意两个部分组成:共同是量的要素,是指二人以上具有共同实施犯罪的意图,区别于单独犯罪的罪过和相互之间没有意思联络的同时犯等,体现了其区别于一般的犯罪故意的特殊性;犯罪故意是质的要素,即要求该种犯罪的主观方面是故意而非过失。[10] 学理上对此也多予以认可,并认为"共同犯罪故意是共同构成犯罪的主观要件,是共同犯罪人承担刑事责任的主观基础"[11];"共同犯罪故意使各共同犯罪人的行为在它的支配下成为一个统一整体。因之,要成立共同犯罪,二人以上除了具有共同的犯罪行为外,还必须具有共同的犯罪故意;否则就不可能构成共同犯罪"[12];"参与者知道不是自己一个人在犯罪,而是和其他的参与者互相配合,共同地进行犯罪。同时也知道他们将共同造成什么样的危害结果,并且希望或者放任这种结果发生。通过这样一种主观的认识,即主观上指向的目标的一致性,把参与者的行为紧密地联系在一起"[13]。

(二)共同的犯罪故意的形式

1. 共同的犯罪故意的表现方式

12 主流观点认为,共同的犯罪故意之表现方式具有双重性:在认识因素上,共同犯罪人具有对本人行为的社会危害性,以及对自己和他人共同实施犯罪的双重认识;在意志因素上,共同犯罪人具有希望或者放任本人行为和他人行为会造成的危害社会结果的双重态度。[14] 这是对共同犯罪之成立在主观上最极端的要求,为了满足该双重性要求,各共同犯罪人必须经过充分的犯意沟通,都对要实施的犯罪具有明确和一致的认识,否则稍有不慎就可能危及共同的犯罪故意的认定。对此,实务部门有更为合理的看法,法院在刘岗等金融凭证诈骗案中指出:"各共同犯罪人之间的犯意联络及对危害结果的预见是构成共同犯罪故意的实质性内容,而对危害结果的态度却可以有希望或者放任两种不同形式,也就是说,在共同犯罪故意的认定中,并不要求各共同犯罪人的犯罪故意内容完全一致,也并不要求各共同犯罪人分别独自具备某具体犯罪的主观要件的全部内容,如特定目的等,而只以各共同犯罪人的犯意相互连接,共同形成某一具体犯罪的主观要件整体为满足。"[15]

---

10 参见陈兴良、张军、胡云腾主编:《人民法院刑事指导案例裁判要旨通纂》(第 2 版),北京大学出版社 2018 年版,第 1424 页。

11 陈兴良:《共同犯罪论》(第 3 版),中国人民大学出版社 2017 年版,第 92 页。

12 马克昌主编:《犯罪通论》(第 3 版),武汉大学出版社 1999 年版,第 512 页。

13 王作富:《中国刑法研究》,中国人民大学出版社 1988 年版,第 240 页。

14 参见高铭暄主编:《刑法学原理》(第 2 卷),中国人民大学出版社 1993 年版,第 431 页。

15 陈兴良、张军、胡云腾主编:《人民法院刑事指导案例裁判要旨通纂》(第 2 版),北京大学出版社 2018 年版,第 313 页。

13　另外,达成共同的犯罪故意或行为决意的方式也相对宽松。首先,共同犯罪人既可以通过口头的方式,也可以通过书面的方式形成共同的犯罪故意或行为决意。在信息化的时代,传统的口头与书面方式都应该扩张理解,口头方式不局限于面对面的协商和谋划,电话、视频和语音留言等都属口头方式;书面方式也不再局限于如同书信、电报一样的纸质媒介,电子邮件、QQ、微信等聊天工具都是书面媒介。其次,共同的犯罪故意或行为决意既可以是明示的,也可以是默示的。明示自不必言,默示的方式,如虽不明确表态,但以行动参与的,自然也属于有共同的犯罪故意。最后,形成共同的犯罪故意或者行为决意不以当面沟通为要,通过第三者转达也可以;甚至共同犯罪人之间不需要全部在场沟通,所谓的单线联系的场合,只要知道除了自己,还有其他人和自己一起实施犯罪行为就足够了,是谁如何和自己一起犯罪不必明确知悉。

14　问题是,即使如上述般不断放松对共同的犯罪故意或行为决意的要求,仍然难以应对复杂的共同犯罪现象。虽然大多数共同犯罪可能都是经过充分或者一定的犯意沟通后实施的,但要求共同的犯罪故意必须以双向沟通为前提,完全排斥片面沟通也可以适用共同犯罪的法理,将产生难以令人接受的结论。例如,甲在乙追杀丙时,故意悄悄地将丙绊倒,使乙顺利追上丙并将丙杀死。此时只有甲一人具有共同的犯罪故意或行为决意,而乙对甲的行为并不知情,按双向沟通的理解就不能成立共同犯罪。由于甲本身的行为并不符合杀人的构成要件,否定共同犯罪的话,就很难对其进行处罚,从而会出现处罚上的重大漏洞。[16] 通说于是后退一步,认为不需要共同犯罪人都有共同的犯罪故意或行为决意,只要其中的一人具备就可以了,此即所谓片面共同犯罪。

2.片面的共同犯罪

15　片面的共同犯罪是指仅有部分行为人单方面具有共同犯罪的意思,而其他人对此并不知情的情形。和全面的共同犯罪相比,片面的共同犯罪在客观上并无二致,都表现为数人共同实施了犯罪行为,差别仅在于主观上,片面的共同犯罪中部分行为人欠缺共同的犯罪故意或者共同的行为决意,以为自己是在单独犯罪。此时应否承认有共同的犯罪故意或行为决意者系共同犯罪,关系到对他们能否以及如何处罚。对此,实务上的态度并不统一,以分则中的轮奸为例,在苑建民、李佳等绑架、强奸案中,法院认为,先行实施强奸的李佳不构成轮奸,不影响后续另行实施强奸的苑建民构成轮奸,因为苑建民为李佳实施强奸提供帮助行为,已经构成强奸的共犯,之后又单独实施强奸行为,完全符合轮奸的认定条件。[17] 而在李明明强奸案中,对于非常类似案例,法院认为,李明明未与其他强奸行为人共谋实施后续的强奸行为,其他人强

16　参见陈兴良:《刑法适用总论(上卷)》(第3版),中国人民大学出版社2017年版,第457页。

17　参见陈兴良、张军、胡云腾主编:《人民法院刑事指导案例裁判要旨通纂》(第2版),北京大学出版社2018年版,第813页。

奸完毕后与李明明的行为已无任何关联,因此李明明不构成轮奸。[18]

学理上对此存在一定争议。在强硬坚持共同的犯罪故意的论者看来,共同犯罪的成立条件是二人以上基于共同故意实施了共同犯罪,这是全面的、相互的,如果是片面的故意,与共同犯罪的含义是矛盾的。[19] 至于否定了片面的共同犯罪后,如何处理有共同的犯罪故意者,否定论者倾向于对其以间接正犯处理,理由在于,所谓片面的共同犯罪行为,实质上是利用没有共同犯罪故意的他人的犯罪行为,实现自己的犯罪目的,完全符合间接正犯的成立条件,应直接以刑法分则规定的罪名定罪。[20] 由于传统的间接正犯中被利用者都是无责任能力者或者无故意者等,而片面的共同犯罪中的不知情者是完全的犯罪人,为了弥补此一缺陷,肖中华教授借鉴正犯后正犯理论,认为应当扩充间接正犯的范围,即使被利用者符合犯罪构成,只要利用者和被利用者之间不存在共同犯罪关系,利用者就可以成立间接正犯。[21] 此外,还有不少学者认为,由于我国刑法明文规定了共同故意的要求,现阶段不可能承认片面的共同犯罪,但不妨碍今后可以修改刑法,以便实现对片面共同犯罪的合理处罚。[22] 16

对于否定论者的观点,首先,立法者虽然规定了"共同故意",但在"共同故意"可以有多种理解的情况下,不能径直放弃解释论上的努力。例如,至少可以如同许多肯定论者那样,将共同故意解释为有部分行为人有共同故意即可,没有必要将全面的共同故意作为信条死守不放。有学者尖锐地指出:"根据我国刑法规定及传统共犯理论,似乎自然得出片面共犯不能成立共同犯罪的结论。……这只能表明关于共同犯罪的通说已解决不了司法中的实际问题了。这正是传统理论、通说观点滞后造成的,而非立法本身的矛盾。否认片面共犯成立共同犯罪的观点,是对刑法关于共同犯罪规定的误读,是对事实及法条的表象分析,而非深层探究。"[23]因此,根据我国刑法关于共同犯罪的有关规定和司法实践的客观要求,不能否认我国刑法中存在片面共犯。[24] 毋宁说不僵化地理解法条,不将共同的犯罪故意绝对化,承认片面的共同 17

18 参见陈兴良、张军、胡云腾主编:《人民法院刑事指导案例裁判要旨通纂》(第 2 版),北京大学出版社 2018 年版,第 823 页。

19 参见高格:《关于共同犯罪的几个理论问题的探讨》,载《吉林大学社会科学学报》1982 年第 1 期;高铭暄主编:《新编中国刑法学》,中国人民大学出版社 1998 年版,第 235 页;王仲兴、杨鸿主编:《刑法学》(第 5 版),中山大学出版社 2015 年版,第 87 页;何秉松主编:《刑法教科书》(上卷),中国法制出版社 2000 年版,第 440 页。

20 参见钱毅:《我国刑法中不存在片面共犯》,载《中南政法学院学报》1990 年第 4 期。

21 参见肖中华:《犯罪构成及其关系论》,中国人民大学出版社 2000 年版,第 337 页。

22 参见左坚卫、周加海:《片面共犯问题的理论缺陷与立法建议》,载《云南大学学报(法学版)》2001 年第 2 期;刘凌梅:《帮助犯研究》,武汉大学出版社 2003 年版,第 80 页;聂立泽、苑民丽:《"片面共犯"评析》,载《河南政法管理干部学院学报》2003 年第 6 期。

23 田鹏辉:《片面共犯研究》,中国检察出版社 2005 年版,第 41—42 页。

24 参见陈兴良:《论我国刑法中的片面共犯》,载《法学研究》1985 年第 1 期。

犯罪的可能性是更灵活和实际的选择。

18 肯定论者内部的争议则是,如果肯定片面的共同犯罪,应在多大的范围内肯定。有观点认为,只应该承认片面的帮助犯[25],因为“正犯相互间和教唆者、被教唆者间以双方皆有共同观念为必要,然于正犯不知情而为帮助行为者亦可成立从犯”[26]。有观点认为,只应该承认片面的帮助犯和教唆犯,正犯和组织犯之间欠缺犯意联系即不能成立共同犯罪。[27] 范围最广的第三种观点认为,“组织犯、教唆犯、帮助犯、实行犯都可以在实行犯不知情的情况下,利用实行犯的故意犯罪行为达到自己的犯罪目的”[28]。

19 笔者认为,肯定说内部的分歧是没有意义的。如果认为共同的犯罪故意或行为决意没有必要是全面的,部分人具备即可,那么不分组织犯、实行犯、教唆犯和帮助犯,应该是一体适用的。作为共同犯罪中的参加者之一,无论是谁,只要片面具有了共同的犯罪故意,就可以成立共同犯罪。一方面认为共同的犯罪故意可以是片面的,另一方面又将主体局限于部分行为人,不仅自我矛盾,而且没有透彻地理解片面的共同犯罪之法理。之所以有学者认为教唆犯或者实行犯、组织犯不适格,无非是在放弃帮助犯与正犯之间的犯意联络之同时,又不能彻底割舍教唆犯、实行犯和组织犯与共同的犯罪故意或行为决意的关联。部分物理帮助与共同正犯的界限模糊,心理帮助则与教唆类似,将帮助犯与教唆犯、正犯在犯意联络方面加以区隔实在缺乏根据。

3. 共同的犯罪故意的产生时间

20 共同的犯罪故意在主流观点那里具有重要意义。关于其产生时间,传统刑法理论在共同犯罪的形式中专门区分了两种不同的类型:事前通谋的共同犯罪与事前无通谋的共同犯罪,各种司法解释及司法解释性文件中也规定了大量事前通谋型的共犯条款。2000 年最高人民法院《关于审理伪造货币等案件具体应用法律若干问题的解释》第 1 条第 3 款规定:“行为人制造货币版样或者与他人事前通谋,为他人伪造货币提供版样的,依照刑法第一百七十条的规定定罪处罚。” 2002 年最高人民法院、最高人民检察院、海关总署《关于办理走私刑事案件适用法律若干问题的意见》规定:“如果行为人与走私分子通谋出售上述涉税单证,或者在出卖批文后又以提供印章、向海关伪报保税货物、特定减免税货物等方式帮助买方办理进口通关手续的,对卖方依照刑法第一百五十六条以走私罪共犯定罪处罚。”根据 2003 年最高人民法院、最高人民检察院、公安部、国家烟草专卖局《关于办理假冒伪劣烟草制品等刑事案件适用

---

25 参见李光灿、马克昌、罗平:《论共同犯罪》,中国政法大学出版社 1987 年版,第 38 页。

26 陈子平:《共同正犯与共犯论:继受日本之轨迹及其变迁》,五南图书出版股份有限公司 2000 年版,第 51 页。

27 参见陈兴良:《共同犯罪论》(第 3 版),中国人民大学出版社 2017 年版,第 103 页以下。

28 姜伟:《犯罪形态通论》,法律出版社 1994 年版,第 246 页。

法律问题座谈会纪要》的规定，窝藏、转移非法制售的烟草制品，事前与犯罪分子通谋的，以共同犯罪论处。

要言之，事前通谋的共同犯罪是指各共同犯罪人事前经过共同谋划而产生共同的犯罪故意，之后再按照犯罪计划共同实施犯罪行为的情形；而事前无通谋的共同犯罪则是指各共同犯罪人临时起意，形成共同的犯罪故意，立即实施共同的犯罪行为。判断事前是否有通谋的时间点是共同犯罪的着手，着手前形成共同故意的即属于前者，着手后实行过程中形成共同犯罪故意的则属于后者。区分事前有无通谋的共同犯罪的意义在于，事前有通谋的共同犯罪更为常见，且危害性更为严重，而事前无通谋的共同犯罪则危害性相对较轻。[29] 21

有学者对事前无通谋的共同犯罪之名称提出异议，认为该提法不够科学，因为事前无通谋既包括事中通谋，也包括事后通谋，而事后通谋根本不可能构成共同犯罪，应该将事前无通谋的共同犯罪改称为事中通谋的共同犯罪。[30] 该观点从字面上来看不无道理，但其实意义不大。事前无通谋的共同犯罪之名称已经将中心词限定为共同犯罪，不构成共同犯罪的事后通谋自然被排除在外，在现行刑法的语境下，事前无通谋的共同犯罪和事中通谋的共同犯罪其实是同一概念。当然，事中通谋能更清楚地突显出部分行为人是着手后加入犯罪的，在提示承继的共同犯罪的意义上，更为形象。但通说区分事前有无通谋的共同犯罪之目的并不在于开启对承继的共同犯罪的研讨，而且承继的共同犯罪更多的也是犯罪行为的承继，而不仅是共同故意的承继，所以强调事中通谋并无实益。 22

（三）共同的犯罪故意不成立的若干情形

共同的犯罪故意在主流观点和实务中的重要性还体现在，它是区分共同犯罪与非共同犯罪的重要标准。由于是否具有共同故意在判断上简便易行，该标准甚至有成为决定性标准的倾向。主流教科书一般会在共同犯罪一章中，罗列一系列不构成共同犯罪的情形，而这些情形基本上都是因为欠缺共同故意。以陈兴良教授主编的《刑法总论精释》一书为例，该书定位为司法刑法学，因而极具实用性，其第九章“共同犯罪”第四节的标题为“不成立共同犯罪的情形”，其下共列举了六种不成立共同犯罪的情况：共同过失犯罪、同时犯、一人故意一人过失的行为、前后无关的故意行为、共犯的过剩行为、事前无通谋的行为，并分别列举了若干富有指导性的案例。[31] 23

笔者认为，六种情形成立还是不成立共同犯罪，实质上与共同的犯罪故意无关。事后通谋的行为前已有述，不再赘言。同时犯通常被认为是两个相同故意犯罪行为 24

---

29 参见高铭暄、马克昌主编：《刑法学》（第9版），北京大学出版社、高等教育出版社2019年版，第165页。

30 参见马克昌主编：《犯罪通论》（第3版），武汉大学出版社1999年版，第523页。

31 参见陈兴良主编：《刑法总论精释》（第3版），人民法院出版社2016年版，第523页以下。

的偶然同时发生,但这并不是同时犯的唯一形态,而是为了和共同的故意犯罪相区分而举出的参照形态。所有针对同一法益而同时发生的不必共同归责的犯罪行为都应该是同时犯,和故意还是过失毫无关系,一个故意犯罪和一个过失犯罪也可以是同时犯。同时犯当然不构成共同犯罪,但并非因为其没有共同的犯罪故意,而是由于各自的行为不能被评价为可共同归责的不法构造,是数个平行的单独归责。过失犯究竟能否成立共同犯罪随后另有分析,暂不展开。前后无关的故意行为之所以有可能是共同犯罪,理由在于后行为也可能归责于前行为,前行为实施完毕后才实施故意行为的后行为人自然不必为前行为负责,但后行为客观上未必不能由前行为人负责。例如周光权教授所举的例子,甲强奸丙女后逃离现场,乙后来路过时又强奸了身体虚弱无力反抗的丙,对于后来乙所实施的行为,甲客观上是有因果贡献的,但是由于介入因素的异常性等原因,才客观上不归责于甲。如果甲击昏丙女强奸完后,看到几个小流氓走过来而逃跑,导致丙女又被强奸的,则完全可能客观上可归责,且主观上可能成立间接故意,故而需要为后面的强奸行为(片面?)共同负责。由此可见,重要的仍然是客观归责,至于故意,囿于立法的规定,只要具备就可以了,未必需要共同。共犯的过剩行为则相对复杂一点,需要单独探讨。

25　共同犯罪的过限是指共同犯罪人超越共同的犯罪故意之范围所实施的行为。与其概念有关的称呼,学界有多种不同表述,如实行犯过限、共犯过剩、共同犯罪的偏离、共犯过限等。[32] 不同称呼背后有不同的原因,但相同的是,过限与否的判断标准都求诸主观故意。如果被认定为共同犯罪的过限,其法律效果是过限部分不再是共同犯罪,而只能由过限者自己承担。实务上也采取了同样的观点,2016 年最高人民法院《关于审理抢劫刑事案件适用法律若干问题的指导意见》规定:“两人以上共同实施盗窃、诈骗、抢夺犯罪,其中部分行为人为窝藏赃物、抗拒抓捕或者毁灭罪证而当场使用暴力或者以暴力相威胁的,对于其余行为人是否以抢劫罪共犯论处,主要看其对实施暴力或者以暴力相威胁的行为人是否形成共同犯意、提供帮助。基于一定意思联络,对实施暴力或者以暴力相威胁的行为人提供帮助或实际成为帮凶的,可以抢劫共犯论处。”其中是否形成了共同的犯罪故意显然决定了是否成立共同犯罪的过限,进而决定着未实施暴力者的责任范围。

26　有意思的是,该法律效果并没有得到完全贯彻,尤其是结果加重犯的共同正犯或者教唆犯中,如果共同正犯中一人超出共同伤害的故意范围,或者被教唆的正犯超出共同伤害的范围,导致了致人死亡的加重结果,按理属于共同犯罪的过限,其他共同犯罪人不应负责。[33] 对此,法院在赵纯玉、郭文亮故意伤害案判决中指出,实行行为超出教唆范围的,如果实行行为与所教唆之罪属于同一性质的犯罪,教唆者在事前未提出有效措施防止错误且事后未有效补救的,应视为对实行行为的认可,不构成实行

---

[32] 参见肖本山:《共犯过限论》,中国人民公安大学出版社 2011 年版,第 5 页以下。

[33] 参见吴振兴:《论教唆犯》,吉林人民出版社 1986 年版,第 126 页。

过限,应对实行行为承担刑事责任。该案中,被告人郭文亮的行为构成故意伤害,赵纯玉被教唆实施伤害行为时失手打死被害人的行为则构成故意伤害致人死亡,与郭文亮触犯同一罪名,致人死亡的结果也在故意伤害罪的幅度内,不属于过限,郭文亮也应为此负责。[34]

笔者认为,如果彻底坚持共同的犯罪故意之范围是判断过限与否的标准,结果加重犯的行为明显过限了;如果共同犯罪过限的法律效果是由过限者自行承担,其他共同犯罪人显然不应该为加重结果负责,哪怕是过失责任。实务上不得不大费周章地作出妥协的根源在于,其判断标准与法律效果之间存在裂痕。如前所述,某一行为与结果是否可以归责于行为人,是一种社会性的一般判断,不是由行为人自己的想法决定的。对于共同犯罪的过限而言,实质上仍然是共同客观归责的判断。如果在共同归责的范围之内,就没有过限,全体行为人应当共同在客观上为其负责;如果不在共同归责的范围之内,就过限了,只能由过限者单独负责。关于究竟在不在客观共同归责的范围内之问题,则应按照客观归责判断的基准进行,而不是不相关的共同的犯罪故意。根据主观犯罪故意的范围判定客观共同归责与否的过限之成立,无异于缘木求鱼。这并不是否定故意与过失在犯罪成立上必不可少的重要性,而是区隔出犯罪成立判断的阶层性。客观上可共同归责之后,才有进而判断主观要素之有无的必要性:成立故意的,则具有了故意的不法;成立过失的,则具有了过失的不法。如果欠缺违法阻却事由和责任阻却事由,最终才能判定共同犯罪的成立。对于共同犯罪而言,真正共同的只是客观归责这一小但重要的部分,主观不法要素和责任要素是不需要共同的。 27

三、共同的犯罪行为

共同犯罪的最后一个成立条件是共同的犯罪行为。无行为则无犯罪是刑法铁律之一,不仅单独犯罪如此,共同犯罪也不例外。 28

(一)共同的犯罪行为的含义及其表现

传统观点认为,“所谓共同的犯罪行为,指各行为人的行为都指向同一犯罪,互相联系,互相配合,形成一个统一的犯罪活动整体”[35]。该定义中,“指向同一犯罪”显然是犯罪共同说立场的体现,对此已有专题论述,不再细表。以下分别对各行为人的行为、相互配合性以及统一性进行说明。 29

1. 共同犯罪行为的不同表现方式

共同犯罪中的每一个行为人都必须实施了一定的与犯罪有关的行为。与犯罪有 30

34　参见陈兴良、张军、胡云腾主编:《人民法院刑事指导案例裁判要旨通纂》(第2版),北京大学出版社2018年版,第757页。

35　高铭暄、马克昌主编:《刑法学》(第9版),北京大学出版社、高等教育出版社2019年版,第160页。

关的行为既包括每个人的行为都直接符合分则规定的构成要件,可以单独认定为犯罪行为,也包括若干与分则构成要件不相符合、需要透过一定的法理才与犯罪具有关系的行为,即除了实施实行行为,实施教唆行为和帮助行为也属于实施了共同的犯罪行为。另外,共同的犯罪行为还有一些特殊的表现方式,如我国刑法较为重视的组织行为,除被分则单独规定为犯罪的组织行为之外,如何理解其性质值得探讨;承继的共同犯罪行为在他人着手后才中途加入,如何认定其行为性质纷争较多;共谋的共同犯罪行为仅参与犯罪的谋划,既未引起他人犯意也没有参与实行,仅论以帮助又与其行为贡献不符,因而如何定性颇费周折。在作为与不作为的范畴方面,共同的犯罪行为也没有限制,既可以是共同的作为,也可以是共同的不作为,还可以是作为和不作为的共同犯罪。

2. 共同犯罪行为的相互配合性

31 共同犯罪行为的相互配合性是共同犯罪行为的内在属性。共同正犯之间的行为相互补充,相互联系,共同符合构成要件自不待言;教唆犯与正犯的配合体现在犯意的引起与被引起关系;帮助犯与正犯的相互配合性则在于对正犯行为的促进作用。主流观点往往认为,正犯之间的相互配合性和正犯与共犯的相互配合性有所不同,"对共同正犯不适用在属于教唆和帮助的情况中关键性的从属原则,而是适用对所有的以有意识的和所意愿的共同作用所做出的行为贡献予以直接地相互归责的基本原则"[36]。还要指出的是,相互配合是一种客观意义上的联系,不取决于行为人主观上的想法,只要诸行为方式可以被共同归责,在规范上就是相互配合,而不应该对共同犯罪行为的相互配合属性予以自然主义的理解。在此意义上,所谓相互配合,不过是共同归责的表象而已。

3. 共同犯罪行为的统一性

32 共同犯罪行为的统一性与其相互配合性是相辅相成的,统一性是相互配合后共同犯罪行为的结果形态。在坚持整体共同犯罪行为的统一性上,主流观点比单一制更为可取,但主流观点对统一性的理解仍然存在问题。一方面,主流观点并未意识到共同归责的重要意义,仍然在分别考虑各个共同犯罪行为人的犯罪行为属性,贯彻统一性因此并不彻底;另一方面,统一性最终的落脚点是犯罪共同,而不是可客观归责的不法共同,一如前述,这是对共同犯罪本质的错误理解。共同犯罪行为的统一性是指行为的统一,而不是行为人的统一,否则就有团体责任之嫌。

(二)承继的共同犯罪行为

33 承继的共同犯罪行为是指部分行为人已经着手犯罪的实施但尚未结束前,其他行为人临时决意参与到犯罪行为的共同实施中的情形。对于后加入者是否可以评价为整体行为的共同犯罪人,实务中多持肯定态度,但也有细微差异。在章浩等绑架案

---

36 〔德〕韦塞尔斯:《德国刑法总论》,李昌珂译,法律出版社2008年版,第298页。

中,被告人章浩绑架被害人后,告知章娟实情,并请章娟打电话给被害人的家属勒索钱财。其问题在于,后加入的章娟应当如何处理。法院认为,这属于承继的共同犯罪,后加入者对前行为如有加以利用而继续共同实行犯罪的意思,即应对前行为人的行为负共同的责任。[37] 此时采取的是全面肯定说。而在侯吉辉等抢劫案中,侯吉辉等将被害人暴力伤害致死后,何德权应要求临时加入,共同实施了在被害人家中翻找财物的行为,法院一方面认为被告人何德权的行为经过事中沟通形成了对他人行为及结果的认可,且客观上也实施了积极帮助行为,应与他人以抢劫罪的共同犯罪论处;另一方面也指出,根据罪责自负原则,对于被害人被侯吉辉等先行暴力致死的事实及结果,何德权不应负责。[38]

该问题的解决某种程度上与犯罪共同说与行为共同说之争有一定关系,“对于承继的共同正犯,犯罪共同说和行为共同说同样是有图式化分歧:犯罪共同说从数人一罪的原则出发,在理论上易于肯定承继的共同正犯。行为共同说固守数人数罪的立场,可以将其看作各人各自的犯罪,一般具有否定承继的共同正犯的倾向”[39]。但现在学界的研究大多放弃这种简单图式化的分析模式,而是更具体地进行探讨,主要提出了以下三种观点。 34

肯定说认为,犯罪的实行行为是一个不可分割的整体,后行为人当然要就整体行为成立共同犯罪[40];后行为人利用了先行为人的行为,所以也应对其加入前的行为负责,至于责任的轻重,则可通过对后行为人从轻处罚来体现。[41] 不过,肯定说有过于简单以及违反责任主义之嫌,现在已经受到越来越多的质疑。过于简单体现在,分则构成要件是非常复杂的,例如复合行为犯以及结合犯等,很难说其实行行为是一个不可分割的整体。责任主义则要求故意与实行行为同时存在,而肯定说却要求后行为人为其加入前的行为负责,显然与同时存在原则有冲突。肯定说可能会反驳:后行为人在实施的部分行为中是符合同时存在原则的,且对前行为人的行为也事后知情。而这仍然没有说明对于实行时没有故意的部分为什么也可以归责于后行为人。[42] 35

尽管肯定说存在这样的问题,直接采取否定说的学者并不多见。有学者指出:“后行者不应对共同意思产生之前的率先实施的实行行为及其结果承担刑事责任……先行行为实行时,由于不存在主观上的共同犯罪意思联络,客观上共同行为便 36

---

37 参见陈兴良、张军、胡云腾主编:《人民法院刑事指导案例裁判要旨通纂》(第 2 版),北京大学出版社 2018 年版,第 842 页。

38 参见陈兴良、张军、胡云腾主编:《人民法院刑事指导案例裁判要旨通纂》(第 2 版),北京大学出版社 2018 年版,第 1003 页。

39 何鹏主编:《现代日本刑法专题研究》,吉林大学出版社 1994 年版,第 91 页。

40 参见聂立泽:《承继共犯研究》,载《云南大学学报(法学版)》,2004 年第 3 期。

41 参见侯国云:《论继承性共犯》,载《政法论坛》2006 年第 3 期。

42 参见黎宏:《刑法总论问题思考》(第 2 版),中国人民大学出版社 2016 年版,第 464—465 页。

无法形成,若以共同犯罪论处,有违于共同犯罪的立法初衷。”[43]批判否定说的学者则认为:“否定说重视刑法中的个人责任原则,强调后行行为对先行行为及其结果原因力或支配力的缺失,这是值得肯定的。但认为后行为者却对对象行为无须承担任何责任,则又有违公民的法感情,且将导致司法实践中对某些共同犯罪人无法追究刑事责任。”[44]为此,否定说者提出补充意见,认为先行行为者虽不能成立承继的共同正犯,但并不意味着不追究其刑事责任,对其可按照承继的帮助犯处理,因为帮助犯不需要具备正犯那里必不可少的心理因果性,只要事实上促进了正犯的行为即可。[45]

37 当前我国学者大多采取的是折中说,认为只有在符合一定条件时,承继的共同犯罪才能够成立,但条件各有不同。马克昌教授认为:“当后行者认识先行者的行为的性质和状况,并以共同实行的意思,中途介入先行者的行为,利用先行者的行为所致效果持续存在的情况,单独实行或与先行者共同实行犯罪的,后行者应就整个犯罪成立共同正犯。”[46]陈兴良教授认为:“应区分单一犯与复合犯分别考察。在单一犯中,后行为人虽然是在实施过程中介入的,仍应对全部犯罪承担共同正犯的刑事责任。在结合犯、牵连犯等复合犯的情况下,后行为人如果是在所结合之罪或者所牵连之罪实施完毕以后介入的,则只对其所介入之罪承担共同正犯的刑事责任。”[47]张明楷教授认为:“原则上,后行为人参与的行为性质与前行为人的行为性质相同。……但是,也存在应当否定共同犯罪的情形。”[48]

38 笔者认为,欠缺因果关系因此无法客观归责的行为绝不可能是可共同归责的行为,在归责上没有承继的共同犯罪可言;后行为人与前行为人至多只能就其加入后继续实施的行为部分成立共同犯罪,该部分究竟触犯何种罪名,则应结合具体构成要件进行独立分析。例如最开始所举的抢劫的例子,如果前行为已经致被害人昏迷,则后行为人只能成立盗窃的共同犯罪[49];如果前行为已经压制了被害人的反抗,但被害人仍有意识,则后行为人加入后自己或与前行为人一起对被害人实施的行为,在当时的场景下,极可能被评价为持续性的胁迫行为,所以仍有较大的成立抢劫罪的余地。

---

43 林亚刚、何荣功:《论承继共同正犯的法律性质及刑事责任》,载《法学家》2002 年第 4 期。

44 叶良芳:《实行犯研究》,浙江大学出版社 2008 年版,第 105 页。

45 参见戴波、江溯:《承继的共同正犯研究》,载陈兴良主编:《刑事法评论》(第 14 卷),中国政法大学出版社 2004 年版,第 460 页。

46 马克昌:《比较刑法原理:外国刑法学总论》,武汉大学出版社 2002 年版,第 693—694 页。

47 陈兴良:《本体刑法学》(第 3 版),中国人民大学出版社 2017 年版,第 434 页。

48 张明楷:《刑法学》(第 6 版),法律出版社 2021 年版,第 587 页。

49 强奸罪的场合情况有所不同,如果前行为人致被害人昏迷后,后行为人加入的,仍应成立强奸的共同犯罪,但这并不是要求后行为人为前行为人致被害人昏迷的行为负责的缘故,而是因为根据我国刑法理论与实践,与昏迷的妇女发生性关系也构成强奸罪。

(三)共谋的共同犯罪行为

共谋的共同犯罪行为主要围绕是否承认共谋的共同正犯而展开,主要是源于日本刑法学的探讨。“所谓共谋共同正犯,是指二个以上的人共谋实现一定的犯罪,在共谋者的一部分实行了该犯罪的时候,包括没有参与实行行为的人在内,所有的共谋人都成立共同正犯的情况。”[50]近年来,随着日本刑法学对我国影响日深,共谋的共同犯罪行为逐渐在我国也激起较大反响。共谋的共同犯罪行为究竟应如何定性,日渐成为我国刑法理论与实务上的重要问题。 39

对于日本学者所谓共谋共同正犯的情形,如在有组织、集团性地实施犯罪的场合,身处幕后策划、指挥、命令犯罪者,尽管没有亲自参与犯罪的实行,仍可以说其对犯罪的实现发挥了重要作用,直接符合我国《刑法》第 26 条对于犯罪集团的首要分子的规定,均应按照主犯处罚并无争议。“操纵实行行为者的幕后人物,是犯罪的中心人物,应当作为正犯处理。在实行者的背后筹划犯罪,发出指令,指挥、监督的大人物比实行者无形中起更重要的作用,如果将他们作为教唆犯或者帮助犯处理,难以处以与正犯同样或者更重的刑罚。作为‘主犯’的背后者应当是正犯。”[51]这里需要思考的反而是非首要分子形态的共谋行为如何处理的问题。例如,2008 年最高人民法院、最高人民检察院、公安部、中国证券监督管理委员会《关于整治非法证券活动有关问题的通知》中规定:“非上市公司和中介机构共谋擅自发行股票,构成犯罪的,以擅自发行股票罪的共犯论处。”这里的共谋显然不属于首要分子实施的组织领导指挥行为,虽以“以共犯论处”,但以何种共犯论处却并不明确。 40

笔者认为,共谋的共同犯罪行为只是一种自然主义的概称,如同望风行为等一样,在规范上并无独立意义,所以共谋的共同犯罪行为如何处理,也无法从共谋的共同犯罪行为中得到答案。问题的解决还是要回到立法者的抉择那里,即立法者认为处理共同犯罪现象时,什么在规范上是重要的。在日本,重要的是是否“共同实行”,该标准决定共谋的共同犯罪行为中哪些成立共同正犯,哪些成立教唆犯和帮助犯。在我国,重要的是在共同归责中谁是核心人物,谁是边缘人物,该标准决定了共谋的共同犯罪行为中哪些是主犯,哪些是从犯,哪些是胁从犯,哪些是教唆犯。共谋的共同犯罪行为,也许在自然意义上与组织行为、实行行为、教唆行为和帮助行为等有所不同,应该认真对待,尤其是在有“造意者为首”之法律传统的我国,在有组织犯日益猖獗的今天,重视共谋的共同犯罪行为无疑是有现实意义的。但规范上更现实的是,应当在现有立法框架的范围内处理共谋的共同犯罪行为,这是解决共谋的共同犯罪行为之刑法责任的根本途径。 41

据此,共谋的共同犯罪行为在我国之处理,也有四种可能:(1)在共同归责中起到 42

---

50 〔日〕大谷实:《刑法讲义总论》(新版第 2 版),黎宏译,中国人民大学出版社 2008 年版,第 387 页。

51 陈家林:《共同正犯研究》,武汉大学出版社 2004 年版,第 105 页。

核心作用的,论以主犯。例如,在犯罪集团中起组织、领导和指挥作用的,以及在一般共同犯罪中起策划作用的,虽没有亲自参与实施构成要件行为,但对于构成要件行为的塑造起到了指引性作用,自当论以主犯。(2)如果虽没有对构成要件行为之塑造起到指引性的核心作用,但是共谋行为是在其他人没有最终决意犯罪前,通过出谋划策打消其他人的疑虑或激起其他人的犯意,则有成立教唆犯的余地。(3)如果共谋行为是在其他人已经形成犯意后实施,也没有起到核心作用,例如共谋时协商并不充分,或者协商时共谋人态度消极,对其他人言听计从等,则应按心理的帮助犯即从犯处理。(4)如果实施的共谋行为属于心理的帮助犯,且共谋者又是被胁迫参与共谋,自应以胁从犯论处。

V　共同过失犯罪

43　前文的论述中已经多次提及共同过失犯罪,而且故意犯罪与过失犯罪的共同犯罪关系也与共同过失犯罪有关,在我国《刑法》第 25 条第 2 款明文否定了共同过失犯罪的立法背景下,究竟应该如何认识与处理共同过失犯罪现象,成为一个相当棘手的问题,也成为学理上争论的焦点之一。

44　共同过失犯罪与共同故意犯罪之区别仅在于主观上是故意还是过失,所以所谓共同过失犯罪应是指数人过失地共同协力而实现犯罪的情形。我国学者多认为,共同过失犯罪的现象是普遍存在的。“在现实生活和司法实践中,共同过失犯罪是一个不容忽视、客观存在的社会现象。尤其是在一些分工细密、相互依赖程度日益加深的行业和领域,诸多重大事故的发生并不是简单地由个别人造成的,而是由数人共同过失行为导致了某种构成要件的结果。”[52]即使是否认共同过失犯罪的学者,也认为“共同过失犯是客观存在的一种犯罪形态,是不可否认的,也是不容回避的”[53]。有争议的是,如何处理共同过失犯罪的现象与立法之关系。肯定论者的看法倾向于认为,“基于刑法的规定而否定过失共同犯罪现象是不恰当的。因为这种社会现象并不是以法律是否规定而决定其存在与否”[54]。否定论者则表示,“共同过失犯罪是否成立共同犯罪,与共同过失犯罪现象是否存在,是两个完全不同的问题。前者是一种刑法制度,其存在与否,取决于刑法上是不是具有明文的规定;后者是一种社会现象,对其概括和总结,在犯罪学的研究上或许具有不同寻常的意义,但并不因此就直接说明其是刑法上所规定的一种处罚制度。正如单位盗窃、单位诈骗在实践中经常发生,但大家并不因此就认为其是刑法上的单位犯罪一样。毕竟,这是一个讲求罪刑法定的时代。什么样的行为是共同犯罪,对其该如何处罚,一切都以刑法的规定为准。在法律没有明文规定之前,无论如何不得因某种行为经常发生、

52　邹兵:《过失共同正犯研究》,人民出版社 2012 年版,第 5 页。

53　姜伟:《犯罪形态通论》,法律出版社 1994 年版,第 221 页。

54　林亚刚:《犯罪过失研究》,武汉大学出版社 2000 年版,第 262 页。

社会危害性极大而将其自主地升格为犯罪。在罪刑法定原则之下,这应当是一种基本观念”[55]。

与立法上的明确反对不同,我国刑事司法实践对共同过失犯罪保持了相对温和的态度。关于理由,据高铭暄教授介绍,“在司法实践中,处理共同过失犯罪案件比处理共同故意犯罪案件更难,其中的主要原因在于刑法关于共同过失负责方式的规定不切合实际。实际中发生的共同过失案件,并不是可以明确地将每一个人的行为都划分出来,以确定它们是否要负刑事责任,或者应受何等程度的处罚。对于共同过失案件,也要考虑每个人对危害后果所起的实际作用,在处罚时也要把不同犯罪人进行比较”[56]。质言之,是否承认共同过失犯罪不只是一个立法问题,更是一个司法问题,作为适用法律和以合理解决问题为己任的司法机关,当意识到问题的解决遇到障碍时,保留灵活处理问题的模糊空间几乎是其本能的选择。例如,2000 年发布的最高人民法院《关于审理交通肇事刑事案件具体应用法律若干问题的解释》为了实现对车辆所有人、承包人等的处罚,于第 5 条第 2 款规定:“交通肇事后,单位主管人员、机动车辆所有人、承包人或者乘车人指使肇事人逃逸,致使被害人因得不到救助而死亡的,以交通肇事罪的共犯论处。”然而,交通肇事罪是过失犯罪,以过失犯罪的共犯论处,在不承认共同过失犯罪的大背景下,最高司法机关的解释结论显得相当扎眼,并成为共同过失犯罪肯定论者的依据之一。 45

尽管如此,解释的出台者并不认为自己承认了共同过失犯罪,因为该款所规范的并不是过失的犯罪行为,而是故意犯罪行为。其理由主要有两点:一是故意逃逸行为是交通肇事罪的加重情形之一,虽然罪名还是交通肇事罪,但处罚的实际上是故意的逃逸行为;二是指使者和肇事者显然具有逃逸的共同故意和行为。不难看出,其基本思路是,在作为过失犯的交通肇事罪中,独立出交通肇事逃逸的故意的加重类型,从而有成立共同犯罪的余地。该立场也得到不少学者的支持,储槐植教授认为,该解释第 5 条第 1 款表明此处之逃逸是不作为的故意杀人行为,指使者和肇事者既有共同故意,又有共同行为,当然可以构成共同犯罪。[57] 黎宏教授则指出,这里的逃逸不是量刑情节,而是定罪情节,我国刑法中的交通肇事罪不是单纯的过失犯罪,在某些情形下,是可以由故意构成的,指使肇事者逃逸就是一种故意型的交通肇事罪,不能因为以交通肇事罪的共犯论处,就认为该司法解释承认了共同过失犯罪。[58] 46

但是,由于多数观点认为逃逸人对于死亡结果只能出于过失心态,那么指使者与逃逸者尽管在逃逸上具有共同故意和行为,但对于逃逸致人死亡却都只能是过失,在 47

---

55 黎宏:《“过失共同正犯”质疑》,载《人民检察》2007 年第 14 期。

56 高铭暄:《中华人民共和国刑法的孕育诞生和发展完善》,北京大学出版社 2012 年版,第 205 页。

57 参见储槐植:《读“因逃逸致人死亡”司法解释》,载《人民法院报》2001 年 1 月 23 日。

58 参见黎宏:《“过失共同正犯”质疑》,载《人民检察》2007 年第 14 期。

否认共同过失犯罪的前提下将其以共犯论处,就仍然是自相矛盾的。实际上,类似的矛盾在该司法解释第7条中也有体现,该条规定:“单位主管人员、机动车辆所有人或者机动车辆承包人指使、强令他人违章驾驶造成重大交通事故,具有本解释第二条规定情形之一的,以交通肇事罪定罪处罚。”其中,指使、强令行为虽然是故意的,但对重大交通事故只能是出于过失,否则应该按照故意危害公共安全的相关犯罪处理,司法解释可能正是考虑到这一点,才没有明言指使者和肇事者以共犯论处。那么,在逃逸致人死亡时要求指使者和肇事者以共犯论处就再次说明了其矛盾性。

48 总之,交通肇事罪的该司法解释在用语上给共同过失犯罪提供了可能,但其理由说明不仅对此进行了否认,而且错误地理解了逃逸致人死亡的含义,导致“要做到既否认过失的共同犯罪,又赞成上述司法解释,是比较困难的”[59]之困境。

49 笔者认为,围绕共同过失犯罪的上述争论,应该推进至共同犯罪的本质与共同犯罪的立法之层面,而不能再囿于现象与立法之间有所脱节的关系。犯罪现象固然是刑事法,尤其是犯罪学的重要研究对象,但刑法立法从来不是在犯罪现象的制约下完成的,而是一种立法者基于立法政策的考量,尊重各种犯罪的本质规律,在目的理性的指引下进行的活动。关于共同过失犯罪,也必须结合共同犯罪的本质,才能有合理的思考。

50 在前文关于共同犯罪本质部分的分析中,已经说明犯罪共同说与行为共同说都具有较为浓郁的自然主义色彩,是与归责理论之前的因果关系理论相适应的对共同犯罪本质的理解,即实施了行为就要为结果负责。在现代归责理论兴起之后,共同犯罪的本质应该理解为可共同客观归责的行为,即仅仅与结果之间具有物理和心理的因果关系是不够的,还必须共同制造和实现了法所不允许的风险,仅当结果的实现可以被评价为全体行为人的共同作品时,全体行为人才是共同犯罪。该评价是一种规范性的客观评价,不取决于行为人自己的想法,所以与行为人是故意还是过失实施行为无关。换言之,按照笔者对共同犯罪本质的理解,共同过失犯罪也是共同犯罪,包括过失教唆犯、过失帮助犯以及故意犯罪与过失犯罪的共同犯罪在内,因为它们都共享一个不同于单独犯罪的相同的本质——可以共同客观归责。

51 现在的问题是,我国《刑法》第25条明文规定共同犯罪仅限于共同故意犯罪,对此,学理以及实务一面倒地将共同过失犯罪按照过失单独犯处理,这未必准确地理解了立法。第25条在界定共同犯罪的范围时,其目的并不是要部分颠覆共同犯罪的本质,而仅在于是否要适用本节的主犯、从犯、胁从犯和教唆犯之分类处罚规定,所以才在第2款中否定了共同过失犯罪后,紧接着规定“应当负刑事责任的,按照他们所犯的罪分别处罚”。如果完整地理解第25条,立法者想表达的意思应该是,共同故意犯罪的,区分主犯、从犯等进行处罚;共同过失犯罪的,不区分主犯、从犯等,分别处罚。这里涉及如何理解“共同犯罪”的含义的问题。“共同犯罪”一语有很多层含义,可以

---

59 张明楷:《共同过失与共同犯罪》,载《吉林大学社会科学学报》2003年第2期。

是指作为其本质的共同归责,可以是指作为一种违法形态的共同不法,也可以是指犯罪最终成立意义上的共同犯罪,还可以是指是否有必要区分出主犯、从犯、胁从犯、教唆犯的犯罪形态。笔者认为,我国《刑法》第 25 条中的"共同犯罪"所指的是最后一种,即是否有必要区分出主犯、从犯、胁从犯、教唆犯的共同犯罪形态。立法者清醒地知道,共同犯罪本质统摄下的共同犯罪形态不局限于共同故意犯罪,但基于目的理性的考虑,认为区分主犯、从犯、胁从犯和教唆犯的共同犯罪形态,局限在共同故意犯罪即可;至于共同过失犯罪,虽然也是共同犯罪形态,但没有必要再大费周章地区分出各种类型。由于刑法总则第二章第三节所规定的共同犯罪均指可以区分为主犯、从犯、胁从犯和教唆犯的共同犯罪,所以才在第 25 条开门见山地为共同犯罪下了一个目的性限缩的定义。那么,立法者在第 25 条中就完全没有触及共同犯罪的本质,所有的共同犯罪形态都仍然应该区别于单独犯罪而实行共同归责,只是对于共同过失犯罪,不再如同共同故意犯罪般进一步区分出主犯、从犯、胁从犯和教唆犯,而是类似于单一制在量刑阶段予以个别化处断即可。

笔者引入归责视角后的上述理解既符合语义的要求,又没有违背立法者的目的理性;既维护了共同犯罪的本质,又避免了刑法立法突破自己的极限;既可以化解学理上肯定论与否定论的一系列纷争,又能够弥补实务上错误地将共同过失犯罪按照单独犯罪处理的诸多弊端。总之,归责有两个层次,是否要归责以及如何归责,我国《刑法》第 25 条只是在如何归责上对共同过失犯罪作出了和共同故意犯罪不一样的处理,在是否要归责上,所有的共同犯罪都应依其本质,遵循共同归责的法理。遗憾的是,学界历来的理解都没有区分出归责的两个层次,只看到立法者在如何归责上对共同故意犯罪和共同过失犯罪区别对待,就误以为二者在是否要归责的基本原理上也被一分为二,从而错误地引导司法实践将共同过失犯罪按照单独过失犯的同时犯进行归责,然后又回头推诿说由此造成的不良后果是由于立法者的原因,只能无奈接受。其实,早在二十多年前,侯国云教授就认为,我国刑法并没有否定共同过失犯罪是共同犯罪,包括过失教唆犯和过失帮助犯在内,只是分别处罚而已。[60] 这在结论上与笔者较为接近,只是要明确的是,我国刑法没有否定的是共同过失犯罪具有共同犯罪的本质,对于共同过失犯罪是否也有必要区分出主犯、从犯、胁从犯和教唆犯的共同犯罪,我国刑法是作出了明确否定的。 52

共同犯罪的形式,是指共同犯罪的形成、结构和共同犯罪人之间结合形式的总称。虽然《刑法》第 25 条没有明确规定共同犯罪的形式,但通过分析共同犯罪的各种形式,无疑有助于对共同犯罪本身的理解,因此在本条的最后对此略加介绍和评析,以为补充。 53

我国刑法理论关于共同犯罪形式的划分,有一个发展完善的过程。20 世纪 50 年代曾将共同犯罪分为事前无通谋的共同犯罪、事前有通谋的共同犯罪和犯罪集团 54

60 参见侯国云、苗杰:《论共同过失犯罪》,载《法学研究》1993 年第 2 期。

三种形式。这种分类维持到 1979 年《刑法》颁布后,直至 1982 年出版的统编教材《刑法学》(高铭暄教授主编、法律出版社出版),才对共同犯罪的形式作了较大变动,形成了沿用至今的四类八种分类法。[61]

55 四类八种分类法中,任意的共同犯罪与必要的共同犯罪以共同犯罪能否依据刑法的规定任意形成为标准,可以任意形成的是任意的共同犯罪;依据刑法的规定必须由二人以上才能成立的是必要的共同犯罪,必要的共同犯罪又可以分为对向犯、聚众犯和集团犯三种。事前无通谋的共同犯罪与事前有通谋的共同犯罪以共同故意的形成时间为标准,事前形成共同故意的是事前有通谋的共同犯罪;临时形成共同故意的是事前无通谋的共同犯罪。简单的共同犯罪和复杂的共同犯罪以共同犯罪人之间有无分工为标准,各共同犯罪人之间没有分工,都直接实施构成要件行为的是简单的共同犯罪;各共同犯罪人之间存在实行、教唆和帮助之分工的是复杂的共同犯罪。一般的共同犯罪和特别的共同犯罪以共同犯罪有无组织形式为标准,无特殊组织形式的是一般的共同犯罪;有特殊组织形式的是特别的共同犯罪,即犯罪集团。

56 除了主流观点主张的四类八种分类法,关于共同犯罪的形式其实还有不少争议。早在 20 世纪 80 年代之初,就有学者对采取多元标准划分共同犯罪形式的做法提出质疑,认为应以一元标准,即共同犯罪人组织结合程度的差异,将共同犯罪的形式划分为一般的共同犯罪和犯罪集团两种形式。[62] 张明楷教授曾经从刑法规定的角度,将共同犯罪的形式划分为一般共同犯罪、聚众共同犯罪和集团共同犯罪。[63] 陈兴良教授则主张若以刑法为依据,共同犯罪的形式应划分为结伙犯罪、聚众犯罪和集团犯罪三种。[64] 如果说这三种观点都是采取法定标准,还没有直接冲击到学理上的四类八种分类法,那么不妨再看看马克昌教授的质疑。马克昌教授直接指出,任意的共同犯罪与必要的共同犯罪没有涉及共同犯罪的内部结构或结合方式,是划分共同犯罪种类的标准,但不是划分共同犯罪形式的标准;事前有通谋的共同犯罪与事前无通谋的共同犯罪,也只能划分共同犯罪的种类而无法区分共同犯罪的形式。因此,共同犯罪的形式应当只有简单的共同犯罪与复杂的共同犯罪、一般的共同犯罪和特别的共同犯罪两种分类法。[65] 在各种分类法内部,也有若干不同看法,例如赵秉志教授虽然赞同四类八种分类法,但认为对向犯不应该属于必要的共同犯罪,因为对向犯的各行为之间往往各自独立,谈不上共同犯罪。[66]

---

61 参见高铭暄:《刑法问题研究》,法律出版社 1994 年版,第 180 页。

62 参见林文肯:《共同犯罪形式再研究》,载《争鸣》1982 年第 4 期。

63 参见张明楷:《刑法学》(上),法律出版社 1997 年版,第 286 页以下。

64 参见陈兴良:《刑法适用总论》(上卷),法律出版社 1999 年版,第 490 页以下。

65 参见马克昌主编:《犯罪通论》(第 3 版),武汉大学出版社 1999 年版,第 523 页。

66 参见高铭暄主编:《刑法专论》(上编),高等教育出版社 2002 年版,第 343 页。

笔者认为,根据法定标准或者学理标准划分共同犯罪的形式都没有问题,同一现象当然可以在不同标准下接受不同的审视,所谓一元标准论是没有必要的,甚至提出更多的标准来进行划分也完全可能。马克昌教授从共同犯罪的形式之含义入手,认为共同犯罪的形式不同于共同犯罪的类型,只有与共同犯罪的内部结构或结合方式有关的,才是共同犯罪的形式。这不能说是错误的,因为每个学者都有自己理解概念的既定立场,但反过来也不能因此说主流观点的理解与自己不符就不合适。至少站在主流观点的立场上,任意的共同犯罪与必要的共同犯罪、事前有通谋的共同犯罪与事前无通谋的共同犯罪之划分,是与其所理解的共同犯罪的形式有关系的,而不是毫无关系。赵秉志教授对对向犯属于必要的共同犯罪的反对,源于刑法分则中各种具体规定导致的对向犯中的各方行为人不一定触犯相同的构成要件,或构成要件相同时不一定都犯罪,这的确是客观存在的立法现象,但不应该成为反对对向犯属于必要的共同犯罪的理由。必要的共同犯罪是一种立法现象,也是一种共犯现象,对向犯中即使只有一人犯罪,在行为结构上也以二人以上为必要。必要的共同犯罪中的"必要"并不是指参与者都必须构成犯罪,就如同聚众犯罪和集团犯罪也不一定所有人都必须构成犯罪一样,而是对其行为结构必须由二人以上才能形成的强调。就此而言,对向犯是完全符合的,不应该被排除在必要的共同犯罪范围之外。 57

尽管如此,笔者认为,我国学者针对共同犯罪形式之争论的是是非非中,并没有揭露出问题的真谛。对于共同犯罪的形式而言,真正重要的是,应当明确划分标准的刑法目的是什么,或者说研究共同犯罪的形式的刑法目的是什么。陈兴良教授认为:"研究共同犯罪形式的主要任务,是从理论上对法律所规定的与司法实践中所存在的共同犯罪现象进行概括,从而指导司法实践,服务于司法实践。"[67]如此理解的话,大概也不能对共同犯罪形式的理论有更多的指导意义,因为任何一种共同犯罪的形式,都或多或少地对认识共同犯罪现象,从而对与共同犯罪现象作斗争有所裨益。在笔者看来,刑法学研究共同犯罪的形式的目的,至少应当是一种规范的目的,应当是从是否构成主犯、从犯、胁从犯和教唆犯角度展开的教义学分析,而不是类似于犯罪学研究中那样探讨共同犯罪的表现、原因与对策的事实性的目的。遗憾的是,我国传统共同犯罪理论关于共同犯罪形式的研究,笼罩着较强的自然主义色彩,以至于模糊了刑法学研究的方向。 58

67 陈兴良:《共同犯罪论》(第 3 版),中国人民大学出版社 2017 年版,第 129 页。

第二十六条　主　犯

组织、领导犯罪集团进行犯罪活动的或者在共同犯罪中起主要作用的，是主犯。

三人以上为共同实施犯罪而组成的较为固定的犯罪组织，是犯罪集团。

对组织、领导犯罪集团的首要分子，按照集团所犯的全部罪行处罚。

对于第三款规定以外的主犯，应当按照其所参与的或者组织、指挥的全部犯罪处罚。

文献：李光灿：《论共犯》（第2版），法律出版社1981年版；林文肯、茅彭年：《共同犯罪理论与司法实践》，中国政法大学出版社1987年版；李光灿、马克昌、罗平：《论共同犯罪》，中国政法大学出版社1987年版；林维：《间接正犯研究》，中国政法大学出版社1998年版；马克昌主编：《犯罪通论》（第3版），武汉大学出版社1999年版；冯英菊：《共同犯罪的定罪与量刑》，人民法院出版社2002年版；柯耀程：《变动中的刑法思想》，中国政法大学出版社2003年版；陈家林：《共同正犯研究》，武汉大学出版社2004年版；高铭暄、马克昌主编：《中国刑法解释》（上卷），中国社会科学出版社2005年版；范德繁：《犯罪实行行为论》，中国检察出版社2005年版；高铭暄主编：《刑法专论》（第2版），高等教育出版社2006年版；吴光侠：《主犯论》，中国人民公安大学出版社2007年版；叶良芳：《实行犯研究》，浙江大学出版社2008年版；朴宗根：《正犯论》，法律出版社2009年版；何庆仁：《义务犯研究》，中国人民大学出版社2010年版；江溯：《犯罪参与体系研究：以单一正犯体系为视角》，中国人民公安大学出版社2010年版；高铭暄：《中华人民共和国刑法的孕育诞生和发展完善》，北京大学出版社2012年版；王光明：《共同实行犯研究》，法律出版社2012年版；陈志军：《共同犯罪的理论与实践》，中国人民公安大学出版社2012年版；邹兵：《过失共同正犯研究》，人民出版社2012年版；陈伟强：《共同犯罪刑事责任研究》，清华大学出版社2013年版；阎二鹏：《犯罪参与体系之比较研究与路径选择》，法律出版社2014年版；黎宏：《刑法学总论》（第2版），法律出版社2016年版；陈兴良：《共同犯罪论》（第3版），中国人民大学出版社2017年版；周光权：《刑法总论》（第4版），中国人民大学出版社2021年版；张明楷：《刑法学》（第6版），法律出版社2021年版。吴文翰：《略谈共犯中的几个问题》，载《法学研究》1982年第1期；薛恩勤、李文芳：《略论主犯》，载《电大法学》1984年第2期；齐湘泉：《也谈"首要分子"与"主犯"》，载《电大法学》1984年第5期；王虎华：《谈谈主犯与首要分子的关系》，载《法学》1984年第8期；蒋莺：《新、旧刑法关于主犯处罚原则之比较》，载《法学》1997年第6期；宁东升、贾新征：《试论间接正犯的几个问题》,载《国家检察官学院学报》1999 年第 3 期;石经海:《首要分子与主犯关系新论》,载《现代法学》2000 年第 6 期;何秉松:《黑社会组织(有组织犯罪集团)的概念与特征》,载《中国社会科学》2001 年第 4 期;董邦俊:《刑法中的主犯研究》,载《现代法学》2003 年第 5 期;张明楷:《犯罪集团首要分子的刑事责任》,载《法学》2004 年第 3 期;向朝阳、邹佳铭:《论组织犯及其刑事责任》,载《中国刑事法杂志》2006 年第 4 期;孙勤:《共同犯罪主犯范围辨析》,载《人民检察》2006 年第 5 期;李芳晓:《国外有组织犯罪的概念与特征》,载《国外社会科学》2007 年第 1 期;李小文:《主从犯认定的若干问题研究》,载《上海大学学报(社会科学版)》2008 年第 2 期;吴光侠:《主犯与从犯区分根据论》,载《法学评论》2008 年第 2 期;王俊平:《关于犯罪集团首要分子若干疑难问题探析》,载《郑州大学学报(哲学社会科学版)》2009 年第 1 期;陈毅坚:《正犯的概念及其发展》,载《法学杂志》2010 年第 6 期;周光权:《论正犯的观念》,载《人民检察》2010 年第 7 期;周光权:《造意不为首》,载《人民检察》2010 年第 23 期;黄祥青:《主从犯认定中的事实整理与价值考量》,载《法律适用》2011 年第 12 期;钱叶六:《双层区分制下正犯与共犯的区分》,载《法学研究》2012 年第 1 期;左坚卫:《共同犯罪案件死刑适用标准探疑》,载《国家检察官学院学报》2012 年第 2 期;丁胜明:《共同犯罪中的区分制立法模式批判——以正犯、实行犯、主犯的关系为视角》,载《中国刑事法杂志》2013 年第 2 期;钱叶六:《共犯与正犯关系论》,载《中外法学》2013 年第 4 期;刘明祥:《主犯正犯化质疑》,载《法学研究》2013 年第 5 期;刘明祥:《论中国特色的犯罪参与体系》,载《中国法学》2013 年第 6 期;吴飞飞:《论正犯与共犯的区分——立足于我国刑法规定之检讨》,载《比较法研究》2014 年第 1 期;张明楷:《共同犯罪的认定方法》,载《法学研究》2014 年第 3 期;何庆仁:《归责视野下共同犯罪的区分制与单一制》,载《法学研究》2016 年第 3 期;周啸天:《正犯与主犯关系辨正》,载《法学》2016 年第 6 期。

细目录

Ⅰ　主旨

Ⅱ　沿革

Ⅲ　主犯的概念与类型

　一、主犯的概念

　二、主犯的类型

Ⅳ　犯罪集团

Ⅴ　主犯的判断标准

Ⅵ　主犯的处罚

　一、主犯从重处罚原则的取消

　二、主犯的处罚原则

Ⅰ 主旨

1 本条是共同犯罪一节中内容最充实的一条,旨在明确作为打击重点的主犯之类型与处罚原则。我国刑法对于共同犯罪人采取区分为主犯、从犯、胁从犯和教唆犯的立法例,主犯作为其中的第一种共同犯罪人类型,也是最重要的一种共同犯罪人类型,不仅在共同犯罪中起主要作用,在历来奉行"首恶必办"的刑事政策的我国,也一直是打击的重点对象。为此,立法者在本条第1款就明确了主犯的两种类型,更在第2款中对犯罪集团的含义予以补充揭示,为司法实践准确理解主犯的范围提供了明确指示。在此基础上,本条第3款与第4款则分别对两种主犯根据其具体行为特征与危害程度,规定了不同的处罚原则,形成了针对主犯的较为严密的法律规范。

Ⅱ 沿革

2 1979年《刑法》第23条规定:"组织、领导犯罪集团进行犯罪活动的或者在共同犯罪中起主要作用的,是主犯。对于主犯,除本法分则已有规定的以外,应当从重处罚。"该条对主犯的类型及其处罚原则都作出了较为明确的规定,也鲜明地体现了对共同犯罪人区别对待、首恶必办的精神,应该说对于之后司法实践中处理共同犯罪案件发挥了重要的指导作用。

3 随着司法实践的不断丰富以及理论研究的不断深入,该条也逐渐显露出若干问题。因此,1997年修订《刑法》时,也对其内容进行了较大的修改。其一是新增加了犯罪集团的定义:"三人以上为共同实施犯罪而组成的较为固定的犯罪组织,是犯罪集团。"1979年《刑法》中虽然明确提到了犯罪集团的名称,但没有就其含义作出规定,为了避免理论研究和实务上的纷争,立法者新增了此一内容。其二是对主犯处罚原则作出了重大修改。1979年《刑法》只是笼统地规定,主犯应当从重处罚,但是主犯有不同类型,不同类型的主犯是否采用相同的标准从重,不无疑虑,且主犯从重的基准何在也不明朗。因此,经过反复讨论和修改,立法者最终放弃了主犯从重处罚的一般性规定,而是改采对不同类型的主犯分别适用不同的处罚原则的做法。该调整意味着我国刑法对共同犯罪的立场发生了重大转向,如果说在之前我国刑法只是将主犯、从犯等作为量刑情节,即只解决量刑问题而不解决定性问题,还有所依据,那么之后再如此主张就彻底失去了立法基础,因为主犯已经不再从重处罚,而是按照其所参与的犯罪一般性地进行处罚。陈兴良教授认为,1997年《刑法》删除主犯从重处罚的规定后,"主犯从重处罚不再是法定情节,而只是酌定情节"[1]。这与立法者修改主犯处罚原则的意旨不符,修改之后,对

---

1 陈兴良:《刑法适用总论(上卷)》(第3版),中国人民大学出版社2017年版,第484页。

于主犯只能按照《刑法》第 26 条第 3 款、第 4 款规定的原则进行处罚，不能再将主犯作为一种酌定情节从重处罚。换言之，经过立法的修订，主犯已经从偏重量刑的情节转化为以定性为导向的标准，只能根据其参与的犯罪的行为性质依据分则规定的法定刑幅度定罪处罚，对定性的情节在量刑时重新考虑，即使只是酌定考虑，也是不合理的，有双重评价之嫌。主犯的定性功能甚至已经得到司法解释的认可，最高人民法院《关于审理贪污、职务侵占案件如何认定共同犯罪几个问题的解释》第 3 条指出："公司、企业或者其他单位中，不具有国家工作人员身份的人与国家工作人员勾结，分别利用各自的职务便利，共同将本单位财物非法占为己有的，按照主犯的犯罪性质定罪。"尽管对其结论不无争议，但"将这种主犯的行为，作为决定共同犯罪行为性质的基础，是理所当然的"[2]。

Ⅲ　主犯的概念与类型

《刑法》第 26 条第 1 款规定："组织、领导犯罪集团进行犯罪活动的或者在共同犯罪中起主要作用的，是主犯。"该款以列举的方式，明确了主犯的概念与类型。 4

一、主犯的概念

关于主犯的概念，多数学者直接引用法条的规定，这虽然较好地契合了立法的内容，也较为直观地描述出主犯的基本内涵，但以法条规定的内容作为主犯的概念，仍然存在诸多不妥之处。其一，法条采取的是列举式的立法技术，条文中仅表明了两类行为属于主犯行为，作为应该涵括了该两类行为背后所共通之含义的主犯的概念，如果和立法一样，仅仅停留在现象类型的描述，显然是不合适的。其二，法条列举的两种类型的主犯之间明显有差异，二者究竟是并列关系还是补充关系，不无疑虑。对于主犯的概念，不能在没有厘清该关系的前提下，就直接照搬法条的规定。其三，概念应该是本质特征的归纳总结，是对该范畴最不可或缺的核心意涵的体现。而立法者在第 26 条第 1 款中的描述，尽管已经揭露了主犯的核心意涵，但因其主旨同时要兼顾主犯的类型，致使主犯的核心意涵有所模糊。对于主犯的概念，应该褪去主犯类型的因素，还原主犯概念该有的本来面貌。 5

在法条之外另行给主犯下定义的学者中，有学者认为，主犯是指"在共同犯罪中起主要作用的犯罪分子"[3]。另有学者认为："我国刑法中的主犯是指在任意共同犯罪中起组织、主要或者同等作用的共同犯罪人。"[4]后者主要着重强调了任意共同犯罪的重要性，以及将组织和同等作用纳入主犯的概念之中。笔者认为，其中对任意共 6

2　黎宏：《刑法学总论》（第 2 版），法律出版社 2016 年版，第 287 页。

3　马克昌、杨春洗、吕继贵主编：《刑法学全书》，上海科学技术文献出版社 1993 年版，第 140 页。

4　吴光侠：《主犯论》，中国人民公安大学出版社 2007 年版，第 69 页。

同犯罪的强调是没有必要的。主犯、从犯等都应该属于任意共同犯罪之内的划分,分则型的必要共同犯罪直接依分则定罪量刑即可。因此,对总则中的主犯进行定义时,着重指出任意共同犯罪虽然不能说是画蛇添足,却是没有必要的重复。以组织、主要和同等作用作为主犯的核心意涵,则表明该概念对“主要作用”的认识不够清晰。主要作用是对主犯规范本质的说明,将组织作用和主要作用并列,在逻辑上存在问题[5],因为组织作用并非主要作用之外的一种作用形式,而是主要作用内部的一种表现方式,二者不应并列。所谓“同等作用”也无非是主要作用的重复,主要作用不是一个被具体量化的指标,而是一种抽象的规范评价,只要在共同犯罪中起到主要作用即可,不需要在不同主犯之间分出高低,如果一定要比较,只要比从犯高就可以了,至于主犯内部作用程度如何,不影响主犯的认定。

7 笔者基本上支持第一种观点,主犯是指在共同犯罪中起主要作用的人。“主要作用”是判断是否为主犯的唯一标准,所有关于主犯概念和类型的争议,基本上都是围绕对“主要作用”的不同理解展开的。关于何谓“主要作用”,后文另有分析,兹不赘言。要简单说明的是,“组织、领导犯罪集团进行犯罪活动的”行为,只是表明了组织者、领导者起主要作用的根据,和通过其他行为起到主要作用在规范上是一样的。立法者对于该类型的行为方式予以特别强调的理由,仅仅在于该行为方式或者因为比较典型,或者因为比较复杂等,有强调的必要,而不是说在规范上该类型的主犯起到的是主要作用之外的作用。就此而言,有学者将组织型主犯和起到主要作用的主犯称为特殊主犯和一般主犯[6],在现象类型上可能比较形象,但在规范本质上反而容易让人产生误解,以为组织行为有自己独特的根据而成为主犯。再次强调,主犯的判断标准为是否起到了主要作用,有人因为组织行为成为主犯,有人因为亲自实施构成要件行为成为主犯,有人因为利用他人犯罪成为主犯等,这都是主犯的一般表现形式,至少在主犯是否成立的意义上没有特殊之处可言。而且,组织型主犯不仅在是否成立主犯方面没有自己特殊的标准,在处罚上也和其他主犯是一样的,都只为可归责于自己的行为与结果负责。主流观点一般认为,首要分子要为集团所犯全部罪行负责,比其他主犯处罚更重[7],这是似是而非的说法。根据共同犯罪的一般原理,无论主犯还是从犯,都应该为可归责于自己的全部结果负责[8],如果说首要分子最终处罚更重,那也是因为可归责于他的结果更多,而不是由于立法者已经废除了主犯从重处

---

5 实际上,该论者自己也已经正确地看到,《刑法》第 26 条第 1 款“或者”前的“组织、领导犯罪集团进行犯罪活动的”和“或者”后的“在共同犯罪中起主要作用的”之间不是并列关系,而是包容关系(参见吴光侠:《主犯论》,中国人民公安大学出版社 2007 年版,第 68 页)。

6 参见周振想:《论对犯罪首要分子的认定》,载《中国法制报》1984 年 8 月 20 日。

7 参见马克昌主编:《犯罪通论》(第 3 版),武汉大学出版社 1999 年版,第 569 页。

8 参见陈兴良:《刑法适用总论(上卷)》(第 3 版),中国人民大学出版社 2017 年版,第 483 页。

罚原则的缘故。对此,在后文关于主犯的处罚原则部分将有专门分析,不再赘言。

总之,作为主犯的概念,没有必要突出立法者基于种种考虑而列明的组织型主犯之重要性,只要表明其规范特征是在共同犯罪中起到主要作用即可。为了进一步说明该问题,以下对我国学者有所分歧的主犯之类型进行分析。 8

二、主犯的类型

(一)两分法与三分法的对立

虽然刑法已经列明了两种主犯类型,但学理上对于主犯的类型存在两分法与三分法的对立。两分说认为,应该直接根据刑法将主犯分为犯罪集团的首要分子以及在共同犯罪中起主要作用的其他主犯。但对于其他主犯的范围,两分说一般认为,又可以包括以下三种:其一,在犯罪集团中虽不起组织、指挥作用,但是积极参与犯罪集团的犯罪活动的人,即犯罪集团的骨干分子;其二,聚众共同犯罪中的首要分子或其他在聚众共同犯罪中起主要作用的犯罪分子;其三,在聚众共同犯罪以外的一般共同犯罪中起主要作用的犯罪分子。[9] 三分说则认为,从刑法的规定来看,两分说似乎是无懈可击的,但理解法条的时候,不能采取孤立的态度,而应当联系与之有关的法条,结合我国《刑法》第 97 条对首要分子的规定,以及刑法分则条文的有关规定,主犯应该包括三种类型:集团犯罪中的首要分子、聚众犯罪中的首要分子以及其他在共同犯罪中起主要作用的犯罪分子。其中,第三种其他主犯既可以存在于集团犯罪中,也可能存在于聚众犯罪中,但大多存在于一般共同犯罪之中。[10] 9

首先对三分说将聚众犯罪的首要分子独立为一种主犯类型的形式根据进行分析。三分说认为,可以根据《刑法》第 97 条和分则的规定,增设新的主犯类型,这种体系性思维是完全正确的。如果立法者在刑法中的其他地方规定有新的主犯类型,自然不能视而不见。《刑法》第 97 条的规定是:“本法所称首要分子,是指在犯罪集团或者聚众犯罪中起组织、策划、指挥作用的犯罪分子。”该条和第 26 条第 1 款规定的“组织、领导犯罪集团进行犯罪活动的”相比,的确在犯罪集团之外,也承认了聚众犯罪首要分子的存在。由于首要分子一般都属于主犯,那么视聚众犯罪的首要分子为一种新的主犯类型,似乎是顺理成章之事。但《刑法》第 97 条只是说明了首要分子的范围,是否可以成为确立主犯的根据,不无争议,由于这和下文将要分析的首要分子与主犯的关系有关,暂不深表。 10

实际上,在两分说那里,聚众犯罪的首要分子也被作为主犯论处,只是将其归为其他主犯中的一种而已。而三分说则将聚众犯罪的首要分子独立出来,以更好地突 11

9　参见高铭暄主编:《刑法专论》(第 2 版),高等教育出版社 2006 年版,第 338 页;高铭暄、马克昌主编:《刑法学》(第 9 版),北京大学出版社、高等教育出版社 2019 年版,第 170 页。

10　参见陈兴良:《共同犯罪论》(第 3 版),中国人民大学出版社 2017 年版,第 171—172 页;周光权:《刑法总论》(第 4 版),中国人民大学出版社 2021 年版,第 374 页。

出首要分子的重要地位,也和《刑法》第97条的规定相呼应。所以,如果聚众犯罪的首要分子是主犯,三分说的立场其实是有一定合理性的。因此,二者的分歧进而在于,聚众犯罪的首要分子是因为属于首要分子而成为主犯,还是因为起主要作用而成其为主犯。对此,有两分说论者指出,根据我国刑法的精神,主要作用是指实施实行行为的情况,而刑法分则规定的聚众犯罪中的聚众行为应属实行行为而不是非实行行为的组织行为,即使聚众犯罪的首要分子是主犯,也是因为实行了聚众行为而在共同犯罪中起到了主要作用,而不是因为其是首要分子。[11] 该看法将主要作用等同于实施实行行为,又从分则的特殊规定中看到了非实行行为被实行行为化的后果,可以说不无道理。如果将之贯彻到底,那么其他主犯就类似于形式客观说意义上的正犯,且集团犯罪中被分则独立化的组织行为也不应该依首要分子而成为主犯。

12 笔者认为,两分说与三分说的分歧中,更值得关注的是另两个问题。一是首要分子和主要作用是不是不同的主犯标准。两分说和三分说虽对聚众犯罪的首要分子究竟如何归属有不同意见,但在首要分子不同于其他起主要作用的犯罪分子方面是一致的,似乎首要分子是主要作用之外的标准,甚至是比主要作用更重要的标准。而笔者认为首要分子和主要作用是形式与实质的关系,首要分子同样是因为起到主要作用而成为主犯的。过于强调二者的不同,有模糊主要作用之根本标准的嫌疑。二是必要共同犯罪与主犯的关系。对于必要的共同犯罪而言,无论其是首要分子还是积极参加者或一般参加者,立法者已经在分则具体条文分别规定了具体的处罚方式,不能再回头适用总则中主犯、从犯等的规定。否则,立法者在分则中对聚众犯罪作出特别规定的意旨就完全落空了。在此意义上,将分则中的聚众犯罪的首要分子视为总则中的主犯,是不合适的,更不用说将其作为一种独立的主犯类型。

13 考虑到以上两点,不仅三分说,而且两分说也是值得反思的。如果进一步将两分说与三分说的全部主犯类型都放在一起加以比较,不难看出二者的范围其实是完全一样的。所谓两分说与三分说的对立是一个假议题,差异仅仅在于不同类型的排列组合不尽相同而已。相反,其中真正值得反思的问题,即主要作用的根本地位,以及必要共同犯罪不能区分主犯与从犯,反而没有得到关注,导致主犯类型中纳入了不少不应以主犯论处的选项。聚众犯罪的首要分子是其中一例,在聚众犯罪中其他起到主要作用的犯罪分子也是一例,乃至属于必要共同犯罪的集团犯罪中的首要分子和其他起到主要作用的犯罪分子,也都是不能列入主犯范畴的。主流观点对必要共同犯罪的特殊性认识不足,只看到不同的作用形式,致使其将分则中的独立类型纳入总则规定的主犯中,这是不合理的。

14 因此,主犯的类型只针对任意的共同犯罪而言,在此前提之下,可以简单地按照立法者的提示,分为集团犯罪的首要分子和其他主犯,但是不能因此淡化主要作用的

---

11 参见高铭暄、马克昌主编:《中国刑法解释》(上卷),中国社会科学出版社2005年版,第482页。

统摄意义;也可以从学理上对主犯作出其他的划分。唯独不能在主犯类型的范畴中,纳入必要共同犯罪的内容,否则就逾越了其应有的含义。

（二）主犯与首要分子的关系

上述两分法和三分法的分歧,相当一部分症结在于主犯与首要分子的关系。《刑法》第 97 条对何谓首要分子作出了明确规定,不仅集团犯罪,而且聚众犯罪中起组织、领导作用的犯罪分子,都属于首要分子。仅从字面意思而言,首要分子作为集团犯罪和聚众犯罪的组织者和领导者,无疑属于应予严惩的首恶分子,之所以在首要分子和主犯之间产生概念归属上的分歧,形式上的原因在于《刑法》第 26 条第 1 款以及第 3 款仅规定了集团犯罪的首要分子是主犯,聚众犯罪的首要分子是否是主犯因此成为争议的焦点。 15

早在 20 世纪 80 年代,我国学者就意识到主犯与首要分子的紧张关系,并形成了两种观点的对立。一种观点认为,主犯不都是首要分子,但首要分子都是主犯。基于刑法的规定,主犯不都是首要分子自不待言;立法者在刑法中对首要分子的明文规定也表明,即使是聚众犯罪的首要分子,也应以主犯论处,因为聚众犯罪无疑也是三人以上的共同犯罪。[12] 另一种观点则认为,主犯不一定是首要分子,首要分子也不一定是主犯,因为聚众犯罪不一定都是共同犯罪,在某些特定场合下,聚众犯罪可能只有一个首要分子受处罚,此时就不能说该首要分子是共同犯罪中的主犯。[13] 二者的分歧在于聚众犯罪与共同犯罪的关系,前者认为聚众犯罪都是共同犯罪,所以其首要分子当然都是主犯,而后者则强调聚众犯罪有时不是共同犯罪,认为首要分子都是主犯就过于绝对。 16

现在,认为首要分子不都是主犯的观点成为通说,且理由也和之前大致相同。例如,陈兴良教授将聚众犯罪区分为犯罪的聚众与聚众的犯罪,认为前者属于共同犯罪的聚众犯罪,不仅首要分子构成犯罪,其他参加者也构成犯罪,所以此时首要分子是主犯;而后者是单独犯罪的聚众犯罪,只有首要分子构成犯罪,其他参加者不构成犯罪,在首要分子仅为一人时,就不能称之为主犯。[14] 张明楷教授也认为,对于只处罚首要分子的聚众犯罪,“如果案件中的首要分子只有一人,则仅此一人的行为构成犯罪,无所谓共同犯罪,该首要分子就是正犯,不需要适用刑法第 26 条的规定”[15]。不过,在认为聚众犯罪的首要分子成立主犯之同时,开始有越来越多的学者意识到聚众犯罪必要共同犯罪的属性。张明楷教授指出,对于构成共同犯罪的聚众犯罪,虽可认 17

---

[12] 参见齐湘泉:《也谈“首要分子”与“主犯”》,载《电大法学》1984 年第 5 期。

[13] 参见薛恩勤、李文芳:《略论主犯》,载《电大法学》1984 年第 2 期;王虎华:《谈谈主犯与首要分子的关系》,载《法学》1984 年第 8 期。

[14] 参见陈兴良:《共同犯罪论》(第 3 版),中国人民大学出版社 2017 年版,第 174 页。

[15] 张明楷:《刑法学》(第 6 版),法律出版社 2021 年版,第 609 页。

为首要分子是主犯,但对这种首要分子不能适用刑法总则关于主犯的规定。[16] 马克昌教授认为:“必须明确,聚众犯罪是必要的共同犯罪,聚众犯罪的首要分子是必要的共同犯罪的概念,他只要依照刑法分则条文规定的刑罚处理就可以了,而不必援引总则关于主犯的规定,因为刑法总则中的主犯是任意共同犯罪的概念,两者属于不同的范围。”[17]

18 笔者认为,如果坚持分则中的聚众犯罪属于必要的共同犯罪的立场,就没有承认此类聚众犯罪的首要分子以及其他参加者成立主犯的空间。刑法分则对于全部聚众犯罪都区分了首要分子、积极参加者和其他参加者,且对每种参加者规定了独立的处罚方式,或者只处罚首要分子,或者只处罚首要分子和积极参加者,或者都处罚;只要处罚,立法者都为该种参加者规定了独立的法定刑。对于此类聚众犯罪的参加者而言,只要根据其自身的参加类型,直接适用立法者为其特别设置的法定刑幅度即可,不能再回头适用刑法总则的共同犯罪条款,对每一个参加者重新区分主犯、从犯等予以量刑。对于分则中的聚众犯罪而言,立法者在设置罪状以及法定刑时即已充分考虑了各参加者的类型与轻重,基于特别规范优于一般规范的法理,总则的共同犯罪条款从一开始就被排除了。换言之,立法者对于数人协力实现犯罪的情形,共有两种方式予以区别对待:一种是作为原则的区分为主犯与从犯等,该方法规定在刑法总则中,具有一般的效力。另一种是作为例外的必要共同犯罪,分则中的聚众犯罪采用了区分为首要分子、积极参加者和其他参加者的方案,然后视具体各罪的情况,为每种参加者单独规定处罚方式;该方法规定在刑法分则中,只对具体各罪有效。两种方式都是根据作用标准对参加者的分别处理,如果并用就是按照同一种标准对各参加者评价了两次,从而违反禁止重复评价原则。

19 要强调指出的是,只有属于必要共同犯罪的首要分子才不是主犯,如果不是必要共同犯罪的首要分子,例如聚众杀人或者盗窃集团的首要分子等,则应论以主犯。那么,一律认为犯罪集团的首要分子都是主犯,同样过于武断;准确的表述应当是,只有作为任意共同犯罪的集团犯罪的首要分子,才是主犯。总之,首要分子与主犯的关系,表面上看与《刑法》第 97 条及第 26 条有关,但内在的根据是必要共同犯罪的分则属性。只要是必要共同犯罪,就不能再适用总则的主犯条款,则必要共同犯罪的首要分子就一律不是主犯;与此同时,组织、策划、指挥行为的重要性决定了任意共同犯罪的首要分子一律是主犯。不仅聚众犯罪如此,集团犯罪亦不例外。

Ⅳ 犯罪集团

20 《刑法》第 26 条第 2 款规定:“三人以上为共同实施犯罪而组成的较为固定的犯罪组织,是犯罪集团。”作为共同犯罪中组织最严密的形态,犯罪集团不仅在我国,而

16 参见张明楷:《刑法学》(第 6 版),法律出版社 2021 年版,第 609 页。

17 马克昌主编:《犯罪通论》(第 3 版),武汉大学出版社 1999 年版,第 568 页。

且在国际上也是令人头疼的毒瘤，其威胁国民人身与财产安全，危害社会稳定、经济发展甚至政治民主化的进程，因而历来是刑法关注的重点。各国在与犯罪集团作斗争时，主要有三种方式：一是颁布有关犯罪集团的特别刑法，二是在刑法中对犯罪集团作出特别规定，三是对犯罪集团按照共同犯罪的一般规定处理。[18] 我国刑法采取的是其中较为折中的第二种方式，既在总则和分则中对犯罪集团作出了一系列的特殊规定，以体现对其严厉打击的立场，也维持了刑法的完备。

在 1979 年刑法中，虽然也在共同犯罪一节中提及犯罪集团，但并未给出犯罪集团的定义，导致司法实践和学理上出现了认定上的混乱。为了准确认定犯罪集团，1984 年最高人民法院、最高人民检察院、公安部《关于当前办理集团犯罪案件中具体应用法律的若干问题的解答》第 2 条规定："刑事犯罪集团一般应具备下列基本特征：(1)人数较多(三人以上)，重要成员固定或基本固定。(2)经常纠集在一起进行一种或数种严重的刑事犯罪活动。(3)有明显的首要分子。有的首要分子是在纠集过程中形成的，有的首要分子在纠集开始时就是组织者和领导者。(4)有预谋地实施犯罪活动。(5)不论作案次数多少，对社会造成的危害或其具有的危险性都很严重。"该解释对于统一实务见解起到了重要作用，1997 年修订《刑法》时，立法者基本上采纳了其精神，规定了第 26 条第 2 款。 21

主流观点一般根据第 26 条第 2 款，将犯罪集团的特征概括为以下四点：其一，多数性，即集团犯罪的主体数量至少应有三人以上。1979 年《刑法》施行后，因为欠缺法律的明文规定，曾经有观点认为，两人也可成立犯罪集团，无须三人。[19] 但在当时的司法解释以及 1997 年《刑法》明文规定之后，成立犯罪集团，应以三人以上为要。而且实践中的犯罪集团其成员数量多远超过三人。其二，目的性。犯罪集团以共同实施某一种或某几种犯罪为其目的。该目的不需要是犯罪集团的唯一目的，但至少应是其主要目的之一。例如，黑社会性质组织在欺压残害群众之余，自己也从事正常经营活动，这并不妨碍其属于犯罪集团。其三，固定性。犯罪集团和其他共同犯罪，包括聚众犯罪的重要不同之一即在于，犯罪集团不是一次性的存在，而是为在较长时间内反复多次实施同种或同类犯罪而建立的。其四，组织性。这是犯罪集团最重要的特征，一般共同犯罪包括聚众犯罪，其成员之间多为零散组合的关系，没有较为严密的组织体系和人身依附关系。犯罪集团则不然，在首要分子的组织、领导下，在骨干分子的推动下，在一般参加者的服从下，犯罪集团体现出较强的凝聚力和执行力，首要分子的命令能较好地得到贯彻。 22

但是，刑法规定犯罪集团显然不是为了如同犯罪学研究有组织犯罪一般，围绕犯罪集团的表现方式、形成原因以及对策而展开。相反，刑法界定犯罪集团，是为了在规范上合理有效地追究集团成员的刑事责任。为此，刑法分别对犯罪集团作出了两 23

18　参见李芳晓：《国外有组织犯罪的概念与特征》，载《国外社会科学》2007 年第 1 期。

19　参见吴文翰：《略谈共犯中的几个问题》，载《法学研究》1982 年第 1 期。

种不同的规定方式。一种是在总则共同犯罪一节中对犯罪集团作出定义,并对其成员区分首要分子和一般主犯,为二者分别规定看上去有所不同的量刑原则。另一种是在分则中规定若干必要的共同犯罪,其中又可以分为两种类型:一是为了更进一步地体现对集团犯罪的打击力度,在刑法分则中以独立的构成要件实现法益保护的前置化,将组织、领导和参加相关犯罪组织的行为规定为单独的罪名,且与犯罪集团实施的具体犯罪数罪并罚。二是为了更明确地贯彻区别对待的刑事政策,对犯罪集团实施具体犯罪行为时的首要分子、积极参加者和一般参加者,在分则中各自配置轻重有别的法定刑。应该说,第一种方式原则上仍然是把集团犯罪按照一般共同犯罪处理,其成立要件以及处罚原则需要受到总则条款以及共同犯罪法理的种种束缚;而第二种方式采取特别法规的立法例,立法者有权根据政策需要灵活实现对犯罪集团的严厉打击。所以,第二种方式对犯罪集团的打击力度要远胜于第一种方式,所谓集团犯罪是刑法惩治的重点,也主要是通过第二种方式实现的。

24 有学者对我国刑法同犯罪集团和有组织犯罪作斗争的上述两种方式之关系进行了反思,认为应当在刑法总则中,明确规定有组织犯罪的总体概念、外延及其类型,诸如犯罪集团的概念、特征,黑社会性质组织犯罪的概念、特征,黑社会组织犯罪的概念、特征。尤其应增设黑社会组织犯罪的法条,并规定重于黑社会性质组织犯罪的法定刑,以防止立法的滞后性。只有如此,才能依据总则的原则规定去认定分则规定的具体有组织犯罪,才能使总则与分则的规定协调、统一,才能防止因"法无明文规定"而不能处罚黑社会组织犯罪。[20] 从立法技术的角度而言,该建议已经突破了我国刑法对有组织犯罪的现有调整方式,而类似于要求我国刑法改采特别刑法的立法例,以应对有组织犯罪。这并不是不可行的,在全球反有组织犯罪的时代背景下,甚至有其紧迫性。但是,笔者认为,我国现行刑法的立法例也完全可以适应同有组织犯罪作斗争的需要。我国刑法分则中的相关罪名对有组织犯罪的处罚已经足够前置,且足够严重;至于各种概念、特征和类型上的疑虑,是在总则中规定还是在分则中规定,是由立法者规定还是由司法者规定,其实并没有那么重要。

25 倒是该观点中关于犯罪集团和有组织犯罪的关系值得注意,该观点认为犯罪集团是有组织犯罪的一种,而不是主流观点认为的有组织犯罪是犯罪集团的一种。鉴于有组织犯罪已经成为一个国际性的问题,全球范围内对此已有较好的研究和对策[21],我国今后的立法可以考虑取消犯罪集团的概念,与国际接轨,围绕有组织犯罪展开相关规范。实际上,我国刑法总则中所规定的犯罪集团的量刑原则只是对共同犯罪法理的确认,并无特殊之处,而分则中的犯罪集团基本上都是有组织犯罪。既然如此,还不如直接放弃犯罪集团概念,对于其中的非有组织犯罪,径行依总则中的共

---

[20] 参见冯殿美:《有组织犯罪的几个理论问题》,载《政法论坛》2003 年第 1 期。

[21] 参见何秉松:《黑社会组织(有组织犯罪集团)的概念与特征》,载《中国社会科学》2001 年第 4 期。

同犯罪处理；对于其中的有组织犯罪，则依分则的特殊规定处置。换言之，对有组织犯罪全部采取必要共同犯罪的特殊立法例，以摆脱共同犯罪法理的约束，实现对有组织犯罪的有效打击；而对于非有组织犯罪的共同犯罪行为，则回归至总则的一般条款的原则立场。我国现行刑法总则中所规定的犯罪集团，既可以适用于分则型的必要共同犯罪，又可以适用于总则型的任意共同犯罪，且将组织严密程度和社会危害程度迥异的各种犯罪集团混为一谈，的确有值得反思之处。

除了上述概念和特征方面的问题，犯罪集团在共同犯罪理论中的特殊性，其实仅有首要分子究竟是正犯还是共犯的分歧。与德日区分正犯与共犯不同的是，我国刑法直接对犯罪集团的首要分子单独作出了规定，明确将组织行为作为一种主犯类型，困扰德日刑法学的组织行为之定性问题，在我国因此并不存在。陈兴良教授为此还宣称："在某种意义上说，组织犯这一概念是苏俄及我国刑法关于共犯规定中的唯一亮点。"[22]当然，立法规定虽然在结论上解决了问题，但说理的过程其实仍有待于教义学予以完善。也就是说，尽管组织犯已经被立法者规定为主犯（正犯），但究竟是共同正犯还是间接正犯仍有待释疑。 26

V　主犯的判断标准

立法者为主犯规定的量刑原则与从犯等不同，且两种主犯类型之间，在如何处罚的用语上也不一致，如何判断两种主犯的成立标准，故此具有重要意义。 27

第一种主犯类型，即犯罪集团的首要分子，根据《刑法》第26条的规定，应在犯罪集团成立的基础之上判断其是否实施了组织行为和领导行为。所谓犯罪集团前已有述。所谓组织行为，是指发起成立犯罪集团的行为以及致力于维护集团内部组织稳定性的行为。所谓领导行为，是指策划和指挥犯罪集团的具体犯罪活动的行为。由于法条规定相对明确，对该类主犯的认定标准争议不大。对此，也可以参照分则组织领导型罪名的相关规定。如2009年最高人民法院、最高人民检察院、公安部《办理黑社会性质组织犯罪案件座谈会纪要》指出："组织者、领导者，是指黑社会性质组织的发起者、创建者，或者在组织中实际处于领导地位，对整个组织及其运行、活动起着决策、指挥、协调、管理作用的犯罪分子，既包括通过一定形式产生的有明确职务、称谓的组织者、领导者，也包括在黑社会性质组织中被公认的事实上的组织者、领导者。"2018年最高人民法院、最高人民检察院、公安部、司法部《关于办理黑恶势力犯罪案件若干问题的指导意见》第4条也规定："发起、创建黑社会性质组织，或者对黑社会性质组织进行合并、分立、重组的行为，应当认定为'组织黑社会性质组织'；实际对整个组织的发展、运行、活动进行决策、指挥、协调、管理的行为，应当认定为'领导黑社会性质组织'。黑社会性质组织的组织者、领导者，既包括通过一定形式产生 28

[22] 陈兴良：《教义刑法学》（第3版），中国人民大学出版社2017年版，第670页。

的有明确职务、称谓的组织者、领导者,也包括在黑社会性质组织中被公认的事实上的组织者、领导者。”2010 年最高人民检察院、公安部《关于公安机关管辖的刑事案件立案追诉标准的规定(二)》第 78 条规定:“本条所指的传销活动的组织者、领导者,是指在传销活动中起组织、领导作用的发起人、决策人、操纵人,以及在传销活动中担负策划、指挥、布置、协调等重要职责,或者在传销活动实施中起到关键作用的人员。”

29 相关规定除了如同上面那样明确解释何为组织者、领导者,还对组织者、领导者的具体行为方式有过揭示。2013 年最高人民法院、最高人民检察院、公安部《关于办理组织领导传销活动刑事案件适用法律若干问题的意见》第 2 条规定:“下列人员可以认定为传销活动的组织者、领导者:(一)在传销活动中起发起、策划、操纵作用的人员;(二)在传销活动中承担管理、协调等职责的人员;(三)在传销活动中承担宣传、培训等职责的人员;(四)曾因组织、领导传销活动,受过刑事处罚,或者一年以内因组织、领导传销活动,受过行政处罚,又直接或者间接发展参与传销活动人员在十五人以上,且层级在三级以上的人员;(五)其他对传销活动的实施、传销组织的建立、扩大等起关键作用的人员。”2018 年最高人民法院、最高人民检察院、公安部、司法部《关于办理恐怖活动和极端主义犯罪案件适用法律若干问题的意见》规定:“具有下列情形之一的,应当认定为刑法第一百二十条规定的‘组织、领导恐怖活动组织’,以组织、领导恐怖组织罪定罪处罚:1.发起、建立恐怖活动组织的;2.恐怖活动组织成立后,对组织及其日常运行负责决策、指挥、管理的;3.恐怖活动组织成立后,组织、策划、指挥该组织成员进行恐怖活动的;4.其他组织、领导恐怖活动组织的情形。”虽然这些行为方式是针对具体罪名,但对于司法实务中理解犯罪集团的组织者、领导者无疑具有重要的参照作用。

30 第二种主犯类型,即在共同犯罪中起主要作用的犯罪分子,对其如何理解则因为范围更为广泛,形态更为多样,无论在实务上还是学理上都有较大争议。实务上,不少规定曾经对如何界定主要作用有过说明,但整体上持一种比较模糊和综合判断的标准。例如,2010 年最高人民法院《关于贯彻宽严相济刑事政策的若干意见》第 31 条规定:“对于一般共同犯罪案件,应当充分考虑各被告人在共同犯罪中的地位和作用,以及在主观恶性和人身危险性方面的不同,根据事实和证据能分清主从犯的,都应当认定为主从犯。”2016 年最高人民法院《关于审理抢劫刑事案件适用法律若干问题的指导意见》规定:“审理抢劫共同犯罪案件,应当充分考虑共同犯罪的情节及后果,共同犯罪人在抢劫中的作用以及被告人的主观恶性、人身危险性等情节,做到准确认定主从犯,分清罪责,以责定刑,罚当其罪。”2008 年最高人民法院《全国部分法院审理毒品犯罪案件工作座谈会纪要》指出:“区分主犯和从犯,应当以各共同犯罪人在毒品共同犯罪中的地位和作用为根据。要从犯意提起、具体行为分工、出资和实际分得毒赃多少以及共犯之间相互关系等方面,比较各个共同犯罪人在共同犯罪中的地位和作用。在毒品共同犯罪中,为主出资者、毒品所有者或者起意、策划、纠集、组织、雇佣、指使他人参与犯罪以及其他起主要作用的是主犯……”2010年最高人民法院、最高人民检察院、公安部、司法部《关于依法惩治拐卖妇女儿童犯罪的意见》第23条第1款规定:“对于拐卖妇女、儿童犯罪的共犯,应当根据各被告人在共同犯罪中的分工、地位、作用、参与拐卖的人数、次数,以及分赃数额等,准确区分主从犯。”

综观上述相关规定的立场,首先可以看出不少是对主要作用一语的重复,如反复出现的地位和作用,显然在具体理解上缺乏参照价值。其次,相关规定提及了一系列的参照指标,如主观恶性、人身危险性、情节、后果、犯意提起、具体行为分工、出资、分赃数额、共犯间的相互关系、分工、人数、次数等,这些指标中,有一些是明显不合适的,如主观恶性、人身危险性是判断行为人主观要素和责任大小的根据,与体现客观共同归责的共同犯罪没有直接关系,不能以此作为判断主犯的依据。其他如情节、后果、犯意提起、出资、分赃数额、人数、次数指标则大多只是具有参考意义,而不能直接决定作用大小,例如分赃多少和出资多少,与所起作用的大小之间是不能画等号的,不能因为分赃多和出资多就把一个只是起到了一般作用的人认定为主犯。最后,一些指标如犯意提起、相互关系则存在着把教唆犯拔高为主犯的嫌疑,包括相关规定中列举的起意、策划、纠集、组织、雇佣、指使型主犯,除可以被认为达到间接正犯的意志支配程度的方式之外,也有相当一部分其实只是起到了教唆的作用,实行人自己有充分的意志自由,将这些起意、策划、纠集、组织、雇佣、指使的人一律认定为与直接实施犯罪的主犯相提并论甚至更主要的主犯,可能未必合适。当然,这与主流观点和实务原则上一直将教唆犯按照主犯处罚的成见有直接关系,对此第29条评注中另有分析,不再展开。 31

学理上的状况与实务有较大的相似性,一方面观点并不统一,另一方面标准也并不明确。早期的观点一般认为,在具体把握作用之大小时,是根据犯罪人犯意的危害程度和他们的犯罪活动在造成社会危害结果中所占比重的大小来确定的,犯意的危害性大和在社会危害结果中所占比重大的为主犯,犯意的危害性小和在社会危害结果中所占比重小的为从犯。[23] 该观点秉承主客观相统一的原则,分别强调了主犯主观犯意和客观危害的严重性,但是由于表述较为笼统,基本上是对主要作用一语的重复,致使其可操作性较差。一直到今天,仍有类似的观点认为,认定主犯只能以主客观相统一的主要作用为标准,在共同犯罪中,从主客观两方面来看,对共同故意的形成或者共同行为的实施、共同结果的发生、共同犯罪的完成起主要作用的,就是主犯。[24] 从定义的角度而言,用主要作用定义主要作用,是同义反复;将主要作用贯彻到犯罪发生、发展和完成的各个环节中,也始终没有回答何谓主要作用的问题。虽然该立场只是一种原则性表述,之后该论者其实有进行具体化的工作,但仍然难脱同义 32

23　参见李光灿:《论共犯》(第2版),法律出版社1981年版,第8页。

24　参见吴光侠:《主犯论》,中国人民公安大学出版社2007年版,第188页。

反复的质疑。

33 现在,围绕主要作用之判断,主要有以下三种途径。其一是根据行为类型进行细化分析。例如陈兴良教授认为,犯意的发起者、犯罪的纠集者、指挥者、主要责任者和重要实行者等是起到主要作用的主犯。[25] 其二是根据行为人罪前、罪中和罪后的表现综合判断。例如赵秉志教授认为,是否是主犯,要看行为人在罪前是否主动邀约他人犯罪,是否出谋划策等;在罪中行为人是积极主动地实施犯罪活动还是消极被动地参与实行犯罪,其行为是犯罪结果发生的主要原因还是次要原因等;在罪后行为人是否支配、控制赃款赃物,是否指挥逃跑,是否布置反侦查活动等。[26] 其三是重视主犯的规范性质。例如张明楷教授认为,判断犯罪分子是否起主要作用,一方面要分析犯罪分子实施了哪些具体犯罪行为,对结果的发生起什么作用;另一方面要分析犯罪分子对其他共犯人的支配作用。[27]

34 第一种途径结论非常明确,可操作性较强。不过,该途径仅停留于现象描述而没有触及主要作用的规范标准,导致其仅将主要作用归纳为五种行为方式,可能并不能穷尽主要作用的表现方式;且主要责任者和重要实行者也有同义反复的嫌疑。第二种途径从罪前、罪中和罪后的具体行为中,为主犯圈定了较为丰富的判断素材,但其所列各项指标更多的是主犯的证明方法,且大多仅具有推论的价值,无法排除反证的可能性。用其作为实务中证明主犯的手段之一可能有一定的可行性,但作为学理上的一种主犯的判断标准,是不合格的。第三种途径既提到了行为人的作用方式,也提到了行为人对共同犯罪行为的支配力,可以说为主要作用奠定了一个全新的基础,也为拉近主犯与正犯的距离架起了新的桥梁。众所周知,犯罪支配理论在罗克辛教授的力倡下已经是德国刑法学中区分正犯与共犯的重要原则,以对共同犯罪行为是否具有支配力来区分主犯与否,就和支配了共同犯罪的正犯在相当程度上不谋而合。

35 实际上,在规范意义而不只是自然意义上理解主要作用,一直是我国共同犯罪论中的一种有力主张。“从规范判断角度审视,径直切入共犯人的具体分工情况,通常是正确界定共犯人在共同犯罪中所起作用及其主从犯地位的便捷路径。相反,倘若在复杂共同犯罪中离开了‘犯罪分工’谈论‘所起作用’,则很难想象不会陷入茫然无措或者无休止争论的窘境之中。”[28]所谓规范意义,是指判断行为人所起作用的大小不应以主观恶性的轻重或因果力的大小等自然因素为准,而应看行为人在规范上对于共同犯罪的实现有多大贡献。判断行为人作用大小的规范标准,一如周光权教授

---

25 参见陈兴良:《刑法适用总论(上卷)》(第3版),中国人民大学出版社2017年版,第479页。

26 参见高铭暄主编:《刑法专论》(第2版),高等教育出版社2006年版,第338页。

27 参见张明楷:《刑法学》(第5版),法律出版社2016年版,第450—451页。

28 黄祥青:《主从犯认定中的事实整理与价值考量》,载《法律适用》2011年第12期。

指出的那样,“对共同犯罪人在共同犯罪中是起主要作用还是次要作用的确定,必须回到起点——刑法分则对各罪构成要件的规定”[29]。一言以蔽之,以构成要件为标准判断行为人的作用大小,才真正揭示了主要作用的规范性。例如身份犯的构成要件,对于如何认定有身份者与无身份者的作用有指导意义;又如不作为犯的构成要件,对于判断有义务者起到的是何种作用亦有重要意义。即使是一般犯罪的构成要件,只有从该构成要件的实现究竟是谁的主要作品之角度,才能够独立于自然力地明晰主要作用的内涵。笔者已经在前文中指出,在归责的意义上,作用分类法和分工分类法不是不同的分类标准,经由前者的规范化与后者的实质化,主犯与正犯应当是同一个概念。[30]所以,主犯的判断标准,就与实质化的正犯准则成为同一个问题。

最后要补充说明的是,两种主犯之间通常情况下存在程度差异,即对组织领导犯罪集团的首要分子的处罚一般要比其他在共同犯罪中起主要作用的主犯要重。这里的“重”主要是通过首要分子的归责范围更广来体现,具体罪责的轻重上首要分子未必一定比其他主犯重。2010 年最高人民法院刑三庭《在审理故意杀人、伤害及黑社会性质组织犯罪案件中切实贯彻宽严相济刑事政策》中指出:“还要注意责任范围和责任程度的区别,不能简单认为组织者、领导者就是具体犯罪中责任最重的主犯。对于组织成员实施的黑社会性质组织犯罪,组织者、领导者只是事后知晓,甚至根本不知晓,其就只应负有一般的责任,直接实施的成员无疑应负最重的责任。”而且,无论是首要分子还是其他主犯,如果有多个主犯同时存在,不同主犯之间其实仍然可能存在作用落差。也就是说,虽然他们都起到了主要作用,均属主犯,但仍可有程度差异,这与法定刑大多规定有较为宽泛的幅度也是一致的。2010 年最高人民法院《关于贯彻宽严相济刑事政策的若干意见》第 31 条规定:“有多名主犯的,应当在主犯中进一步区分出罪行最为严重者。”2016 年最高人民法院《关于审理抢劫刑事案件适用法律若干问题的指导意见》中进一步明确了区分不同主犯作用的标准:“一案中有两名以上主犯的,要从犯罪提意、预谋、准备、行为实施、赃物处理等方面区分出罪责最大者和较大者。”2008 年最高人民法院《全国部分法院审理毒品犯罪案件工作座谈会纪要》则指出:“对于共同犯罪中有多个主犯……的,处罚上也应做到区别对待。应当全面考察各主犯……在共同犯罪中实际发挥作用的差别,主观恶性和人身危险性方面的差异,对罪责或者人身危险性更大的主犯……依法判处更重的刑罚。” 36

Ⅵ　主犯的处罚

我国刑法对主犯(正犯)的处罚作出了明文规定,且在 1997 年修订《刑法》时对主犯的处罚原则作了较为重大的调整。但是如何理解“集团所犯的全部罪行”、如何协调主犯处罚原则与责任主义的关系、是否真的取消了主犯从重处罚的规定等都存 37

29　周光权:《刑法总论》(第 4 版),中国人民大学出版社 2021 年版,第 373 页。

30　参见第三节“共同犯罪”部分评注。

在需要进一步明晰的问题。下面对主犯的处罚进行说明。

一、主犯从重处罚原则的取消

38 1979年《刑法》第23条第2款规定:"对于主犯,除本法分则已有规定的以外,应当从重处罚。"1997年修订刑法时,鉴于主犯有不同类型,不同类型的主犯是否采用相同的标准从重,不无疑虑;且主犯从重、从犯从轻的话,对主犯与从犯的处罚就会失去基准。[31] 因此,经过反复讨论和修改,立法者最终放弃了主犯从重处罚的一般性规定,而是改采对不同类型的主犯分别适用不同的处罚原则的做法。此一修订是否真的取消了主犯从重处罚的原则,其实是可以质疑的。有观点认为,修订后的刑法不仅没有取消主犯从重处罚的原则,而且通过扩展主犯负责的范围,对主犯从重处罚已经到极限了,不必也无法再从重了。[32] 但是,在责任主义的约束下,立法者取消主犯从重处罚的规定,即意味着主犯不再是可以单独从重处罚的情节。可能立法者的意图是希望进一步加重对主犯的处罚,但其表述已经在实质上放弃了对主犯从重处罚的原则。[33]

39 遗憾的是,虽然立法者在1997年取消了主犯从重处罚的规定,司法实务却仍然或明或暗地秉持着该理念,在许多场合都对主犯从重处罚。例如,2010年最高人民法院刑一庭《准确把握和正确适用依法从严政策》规定:"对于被告人有法定或酌定从重处罚情节的,如共同犯罪中的主犯、集团犯罪中的组织、策划、指挥者和骨干分子等,要依法从重处罚。"2015年最高人民法院《关于充分发挥审判职能作用切实维护公共安全的若干意见》规定:"既要依法追究直接造成损害的从事生产、作业的责任人员,更要依法从严惩治对生产、作业负有组织、指挥或者管理职责的负责人、管理人、实际控制人、投资人。"2010年最高人民法院、最高人民检察院、公安部、司法部《关于依法严惩危害食品安全犯罪活动的通知》规定:"对于危害食品安全犯罪的……共同犯罪中的主犯……要坚决依法严惩,罪当判处死刑的,要坚决依法判处死刑……" 2010年最高人民法院、最高人民检察院、公安部、司法部《关于依法惩治拐卖妇女儿童犯罪的意见》第28条规定:"对于拐卖妇女儿童犯罪集团的首要分子,情节严重的主犯……依法从重处罚……"2016年最高人民法院、最高人民检察院、公安部《关于办理电信网络诈骗等刑事案件适用法律若干问题的意见》规定:"对犯罪集团中组织、指挥、策划者和骨干分子依法从严惩处。" 1999年最高人民法

---

31 参见高铭暄:《中华人民共和国刑法的孕育诞生和发展完善》,北京大学出版社2012年版,第206—207页。

32 参见周道鸾、单长宗、张泗汉主编:《刑法的修改与适用》,人民法院出版社1997年版,第111页。

33 参见陈兴良:《刑法适用总论(上卷)》(第3版),中国人民大学出版社2017年版,第479页以下。

院、最高人民检察院、公安部《关于办理骗汇、逃汇犯罪案件犯罪联席会议纪要》规定:“对骗购外汇共同犯罪中的主犯,……要从严惩处。”这些对各类主犯从重、从严处罚的规定中,绝大多数都附加了“依法”二字,在主犯从重处罚已成历史的背景下,多少显得有些不合时宜。

二、主犯的处罚原则

《刑法》第 26 条第 3 款规定:“对组织、领导犯罪集团的首要分子,按照集团所犯 40
的全部罪行处罚。”第 4 款规定:“对于第三款规定以外的主犯,应当按照其所参与的或者组织、指挥的全部犯罪处罚。”

其中,比较重要且有争议的是何谓“集团所犯的全部罪行”。对此,不妨参照司法 41
解释性文件对黑社会性质组织实施的违法犯罪活动范围之界定来予以理解执行。2009 年最高人民法院、最高人民检察院、公安部《办理黑社会性质组织犯罪案件座谈会纪要》指出:“‘黑社会性质组织实施的违法犯罪活动’主要包括以下情形:由组织者、领导者直接组织、策划、指挥、参与实施的违法犯罪活动;由组织成员以组织名义实施,并得到组织者、领导者认可或者默许的违法犯罪活动;多名组织成员为逞强争霸、插手纠纷、报复他人、替人行凶、非法敛财而共同实施,并得到组织者、领导者认可或者默许的违法犯罪活动;组织成员为组织争夺势力范围、排除竞争对手、确立强势地位、谋取经济利益、维护非法权威或者按照组织的纪律、惯例、共同遵守的约定而实施的违法犯罪活动;由黑社会性质组织实施的其他违法犯罪活动。”2015 年最高人民法院《全国部分法院审理黑社会性质组织犯罪案件工作座谈会纪要》进一步补充说明:“属于 2009 年《座谈会纪要》规定的五种情形之一的,一般应当认定为黑社会性质组织实施的违法犯罪活动,但确与维护和扩大组织势力、实力、影响、经济基础无任何关联,亦不是按照组织惯例、纪律、活动规约而实施,则应作为组织成员个人的违法犯罪活动处理。组织者、领导者明知组织成员曾多次实施起因、性质类似的违法犯罪活动,但并未明确予以禁止的,如果该类行为对扩大组织影响起到一定作用,可以视为是按照组织惯例实施的违法犯罪活动。”2018 年最高人民法院、最高人民检察院、公安部、司法部《关于办理黑恶势力犯罪案件若干问题的指导意见》则正式规定:“符合以下情形之一的,应当认定为是黑社会性质组织实施的违法犯罪活动:(1)为该组织争夺势力范围、打击竞争对手、形成强势地位、谋取经济利益、树立非法权威、扩大非法影响、寻求非法保护、增强犯罪能力等实施的;(2)按照该组织的纪律规约、组织惯例实施的;(3)组织者、领导者直接组织、策划、指挥、参与实施的;(4)由组织成员以组织名义实施,并得到组织者、领导者认可或者默许的;(5)多名组织成员为逞强争霸、插手纠纷、报复他人、替人行凶、非法敛财而共同实施,并得到组织者、领导者认可或者默许的;(6)其他应当认定为黑社会性质组织实施的。”

以上规定与主流观点的理解大致一致,即“集团所犯的全部罪行”是指集团犯罪 42
故意范围之内的全部罪行,而不是指集团成员所犯的全部罪行;如果集团成员超出集团预谋实施其他犯罪,只能由实施者自己负责。[34] 不过,上述规定以及主流观点均没有言明的关键问题是,是否只有首要分子知道(包括认可或者默许)的集团罪行,才能要求首要分子负责;或者说组织者领导者是否要为自己不知道的集团罪行负责。例如上述 2018 年指导意见的前两项就并未要求得到组织者、领导者的认可和默许,那么在首要分子不知情时是否也应为此类行为担负罪责。笔者认为,刑法中的责任主义原则必须坚守,"集团所犯的全部罪行"中,如果包括首要分子不知情(既未认可也未默许)但仍在集团故意犯罪之内的罪行,就有违反主观责任与个别责任的疑虑。张明楷教授认为,"集团所犯的全部罪行"必须至少是在首要分子总体性和概括性故意范围之内的罪行,如果首要分子对集团犯罪故意内的罪行没有故意的,不能认为是首要分子负责的范围。[35] 对此笔者深表赞同,如果更明确地说,"集团所犯的全部罪行"其实并不是对首要分子处罚范围的扩张;根据犯罪成立理论,首要分子原本就要为其负责的那些罪行,才属于第 26 条第 3 款中的"集团所犯的全部罪行"。那么,在责任主义的制约下,第 3 款和第 4 款就不再是不同的处罚原则,而是异曲同工地规定了所有主犯均只对自己应该负责的部分负责。而这一如陈兴良教授早就指出的那样[36],是由共同犯罪的一般原理内在地决定的,既不是对首要分子等主犯的从重处罚,也不是对所谓两种主犯的不同处罚。当然,这并不意味 2018 年指导意见的前两项规定就是错误的,实际上,该两项内容完全有解释为"默许"或者如张明楷教授所言之总体性和概括性故意的空间,对于无论如何不能归入默许或者总体性、概括性故意范围之内的集团罪行,首要分子不应承担罪责。

---

34 参见高铭暄、马克昌主编:《刑法学》(第 9 版),北京大学出版社、高等教育出版社 2019 年版,第 170 页;高铭暄主编:《刑法专论》(第 2 版),高等教育出版社 2006 年版,第 341 页。

35 参见张明楷:《犯罪集团首要分子的刑事责任》,载《法学》2004 年第 3 期。

36 参见陈兴良:《刑法适用总论(上卷)》(第 3 版),中国人民大学出版社 2017 年版,第 479 页以下。

第二十七条　从　犯

在共同犯罪中起次要或者辅助作用的，是从犯。

对于从犯，应当从轻、减轻处罚或者免除处罚。

文献：李光灿：《论共犯》（第2版），法律出版社1981年版；林文肯、茅彭年：《共同犯罪理论与司法实践》，中国政法大学出版社1987年版；王作富：《中国刑法适用》，中国人民公安大学出版社1987年版；李光灿、马克昌、罗平：《论共同犯罪》，中国政法大学出版社1987年版；叶高峰主编：《共同犯罪理论及其运用》，河南人民出版社1990年版；周道鸾、单长宗、张泗汉主编：《刑法的修改与适用》，人民法院出版社1997年版；马克昌主编：《犯罪通论》（第3版），武汉大学出版社1999年版；阴建峰、周加海主编：《共同犯罪适用中疑难问题研究》，吉林人民出版社2001年版；刘凌梅：《帮助犯研究》，武汉大学出版社2003年版；马克昌、莫洪宪主编：《中日共同犯罪比较研究》，武汉大学出版社2003年版；高铭暄、马克昌主编：《中国刑法解释》（上卷），中国社会科学出版社2005年版；吴振兴主编：《犯罪形态研究精要》，法律出版社2005年版；田鹏辉：《片面共犯研究》，中国检察出版社2005年版；杨金彪：《共犯的处罚根据》，中国人民公安大学出版社2008年版；陈世伟：《论共犯的二重性》，中国检察出版社2008年版；陈洪兵：《中立行为的帮助》，法律出版社2010年版；张伟：《帮助犯研究》，中国政法大学出版社2012年版；江澍：《刑法中的帮助行为》，中国社会科学出版社2013年版；张明楷：《刑法的私塾》，北京大学出版社2014年版；林维主编：《共犯论研究》，北京大学出版社2014年版；钱叶六：《共犯论的基础及其展开》，中国政法大学出版社2014年版；黎宏：《刑法学总论》（第2版），法律出版社2016年版；陈兴良：《共同犯罪论》（第3版），中国人民大学出版社2017年版；林亚刚：《刑法学教义（总论）》（第2版），北京大学出版社2017年版；张明楷：《刑法学》（第6版），法律出版社2021年版；周光权：《刑法总论》（第4版），中国人民大学出版社2021年版。马克昌：《刑事立法中共同犯罪的历史考察》，载《武汉大学学报（哲学社会科学版）》1983年第4期；张明楷：《关于共犯人分类刑事立法的再思考》，载《中国法学》1993年第1期；杨兴培：《论共同犯罪人的分类依据与立法完善》，载《法律科学》1996年第5期；夏勇、罗立新：《论非共犯的帮助犯》，载《法学杂志》2000年第3期；谢彤：《帮助行为可以在共同犯罪中起主要作用》，载《华东政法学院学报》2002年第1期；刘凌梅：《论刑法中的不作为帮助犯》，载《中州学刊》2003年第4期；张光辉：《明代的首犯与从犯》，载《安徽大学学报（哲学社会科学版）》2004年第1期；陈欢水：《论单位从犯及其刑事责任》，载《人民检察》2005年第9期；任海涛：《承继帮助犯研究》，载《中国刑事法杂志》2008 年第 2 期;李小文:《主从犯认定的若干问题研究》,载《上海大学学报(哲学社会科学版)》2008 年第 2 期;吴光侠:《主犯与从犯区分根据论》,载《法学评论》2008 年第 2 期;陈洪兵:《中立的帮助行为》,载《中外法学》2008 年第 6 期;江澍:《刑事政策视域中帮助犯的定位之探讨》,载《求实》2011 年第 2 期;黄祥青:《主从犯认定中的事实整理与价值考量》,载《法律适用》2011 年第 12 期;钱叶六:《双层区分制下正犯与共犯的区分》,载《法学研究》2012 年第 1 期;张伟:《帮助犯概念与范畴的现代展开》,载《现代法学》2012 年第 4 期;张伟:《不作为帮助犯研究》,载《法学论坛》2013 年第 2 期;刘明祥:《主犯正犯化质疑》,载《法学研究》2013 年第 5 期;刘明祥:《论中国特色的犯罪参与体系》,载《中国法学》2013 年第 6 期;何庆仁:《共犯论中的直接—间接模式之批判——兼及共犯论的方法论基础》,载《法律科学》2014 年第 5 期;刘明祥:《论我国刑法不采取共犯从属性说及利弊》,载《中国法学》2015 年第 2 期;温登平:《论帮助犯的因果关系》,载《甘肃政法学院学报》2015 年第 6 期;何庆仁:《归责视野下共同犯罪的区分制与单一制》,载《法学研究》2016 年第 3 期;陈洪兵:《论中立帮助行为的处罚边界》,载《中国法学》2017 年第 1 期;蒋晓云:《论帮助犯的因果关系》,载《长白学刊》2017 年第 1 期;马荣春:《中立帮助行为及其过当》,载《东方法学》2017 年第 2 期。

细目录

Ⅰ 主旨
Ⅱ 沿革
Ⅲ 从犯的含义与类型
一、从犯的含义
二、从犯的两种类型
三、从犯即帮助犯
Ⅳ 从犯的成立要件
一、从犯的客观要件
二、从犯的主观要件
Ⅴ 从犯的处罚
一、我国刑法对从犯的轻处规定
二、从犯轻处的根据
三、从犯的双重轻处

Ⅰ 主旨

1 本条规定了从犯的概念、种类及其处罚原则。在共同犯罪中,相比于主犯,从犯未必是不可或缺的,其不仅所起作用较小,可罚性也不如主犯重。事实上,也有不少共同犯罪没有从犯,例如均系主犯或者只有教唆犯与主犯等。但是,这绝非意味着从犯就没有可罚性和不重要，对于一个具体共同犯罪的共同归责结构而言，只要存在从犯，从犯就在规范上是该结构中不可或缺的环节之一。在主犯与从犯仅有量的差异的理解下，从犯与主犯更是具有相同的行为性质，只是归责份额较主犯为轻而已。而且，为了实现罪刑均衡，贯彻惩办与宽大相结合的刑事政策，在主犯之外，对从犯另行作出单独规定，亦有其必要性。为此，1979 年《刑法》与 1997 年修订后的《刑法》，均专条规定了从犯，以实现对从犯的合理处置。

Ⅱ　沿革

1979 年《刑法》第 24 条规定："在共同犯罪中起次要或者辅助作用的，是从犯。 2
对于从犯，应当比照主犯从轻、减轻或者免除处罚。"

1997 年修订《刑法》时，从犯并未成为修订的重点内容，并且最终修订也不大。 3
但是，在修订过程中，尤其是在学者们的建议稿中，在共同犯罪人的分类问题之名目下，从犯在我国刑法中的命运却险些遭遇翻天覆地的变化。由于当时学界一般认为，1979 年《刑法》对共同犯罪人的分类虽然有利于共同犯罪的量刑，却给共同犯罪的认定带来了不少困难，同时也在某种程度上导致了量刑方面的矛盾，因此，有学者建议废除作用分类法，重新回归中华人民共和国成立之初各草案的正犯与共犯体系的分工分类法；还有学者建议对定罪采取分工分类法，对量刑采取作用分类法。[1] 如果建议被采纳，则从犯在前者那里就将归于消亡，在后者那里重要性也大大降低。不过，立法者仍然坚持了 1979 年《刑法》的分类模式，仅仅对其中的从犯条款删除了"比照主犯"的内容，从犯也因而维持住了自己在刑法中的地位。至于删除"比照主犯"的理由，主要是考虑到影响共同犯罪人刑事责任大小的因素除作用大小外，还有各共同犯罪人本身的一些情节，诸如自首、立功、累犯等，这些人身性的情节显然是难以比照的；且如果主犯死亡或逃亡但从犯归案受审时，对从犯的处罚也不可能发生比照主犯的问题，故而予以删除。[2] 上述两个理由中，第一个理由是合理的，但第二个理由则稍有牵强之处。对于不能同案审理的共同犯罪人，在事实清楚、证据确实充分的前提下，并非完全不可能区分主从，"如果是多名同案犯一并审判，虽有部分同案犯在逃，在不影响判决事实证据充实性的前提下，应当以尽力区分主从犯为取向，以准确界定共犯人的刑事责任为依归"[3]。如果在主犯缺席的审判中能够区分主从，则比照主犯从轻处罚完全是可以想象的。因此，根本性的问题还是，从犯是否需要比照主犯从轻处罚，对此，立法者的回答是不需要。

1　参见高铭暄：《中华人民共和国刑法的孕育诞生和发展完善》，北京大学出版社 2012 年版，第 209 页。

2　参见高铭暄：《中华人民共和国刑法的孕育诞生和发展完善》，北京大学出版社 2012 年版，第 208 页。

3　黄祥青：《主从犯认定中的事实整理与价值考量》，载《法律适用》2011 年第 12 期。

Ⅲ 从犯的含义与类型

一、从犯的含义

4 从本条第1款规定可知,从犯的含义即指在共同犯罪中起次要或者辅助作用的人。然而,何谓次要作用和辅助作用,其内涵并不清晰。对此,立法部门的解读是,所谓次要作用,是指在整个共同犯罪活动中,处于从属于主犯的地位,对主犯的犯罪意图表示赞成、附和、服从,听从主犯的领导、指挥,不参与有关犯罪的决策和谋划;在实施具体犯罪中,在主犯的组织、指挥下进行某一方面的犯罪活动,情节较轻,对整个犯罪结果的发生只起了次要的作用。所谓辅助作用,实际上是帮助犯,其特点是不直接参与具体犯罪行为的实施,在共同犯罪活动中,为完成共同犯罪只起了提供物质和精神帮助的作用,如提供作案工具、为实行犯踩点望风、指示犯罪地点和犯罪对象、消除犯罪障碍等。[4]

5 实务上则由于多偏重于解释主犯以及区分主从犯的具体规则,较少直接解释何为次要和辅助作用者,关于从犯的含义因此首先可以从主犯的反面加以理解,一如前文在第26条评注中已经介绍过的那样。另外,也有部分解释直接对从犯的含义进行过揭示,例如2010年最高人民法院、最高人民检察院、公安部、司法部《关于依法惩治拐卖妇女儿童犯罪的意见》规定:“对于仅提供被拐卖妇女、儿童信息或者相关证明文件,或者进行居间介绍,起辅助或者次要作用,没有获利或者获利较少的,一般可认定为从犯。”2000年最高人民法院《全国法院审理金融犯罪案件工作座谈会纪要》也规定:“直接负责的主管人员,是在单位实施的犯罪中起决定、批准、授意、纵容、指挥等作用的人员,一般是单位的主管负责人,包括法定代表人。其他直接责任人员,是在单位犯罪中具体实施犯罪并起较大作用的人员,既可以是单位的经营管理人员,也可以是单位的职工,包括聘任、雇佣的人员。应当注意的是,在单位犯罪中,对于受单位领导指派或奉命而参与实施了一定犯罪行为的人员,一般不宜作为直接责任人员追究刑事责任。对单位犯罪中的直接负责的主管人员和其他直接责任人员,应根据其在单位犯罪中的地位、作用和犯罪情节,分别处以相应的刑罚,主管人员与直接责任人员,在个案中,不是当然的主、从犯关系,有的案件,主管人员与直接责任人员在实施犯罪行为的主从关系不明显的,可不分主、从犯。”

6 不过,上述解释对从犯内涵的揭示是非常模糊的,有时甚至对同一种从犯的行为方式在不同的背景下有不同解读。例如上文提到的一般可视为从犯的居间介绍行为,2015年最高人民法院《全国法院毒品犯罪审判工作座谈会纪要》就更为明确地规定:“居间介绍者实施为毒品交易主体提供交易信息、介绍交易对象等帮助行为,对促

---

4 参见王爱立主编:《中华人民共和国刑法条文说明、立法理由及相关规定》,北京大学出版社2021年版,第74页;王爱立主编:《中华人民共和国刑法解读》(第5版),中国法制出版社2018年版,第39页。

成交易起次要、辅助作用的,应当认定为从犯;对于以居间介绍者的身份介入毒品交易,但在交易中超越居间介绍者的地位,对交易的发起和达成起重要作用的被告人,可以认定为主犯。”对于受聘任、雇佣、指使者这种实务中非常典型的从犯方式,2008 年最高人民法院《全国部分法院审理毒品犯罪案件工作座谈会纪要》也较为实际地指出:“在毒品共同犯罪中……起次要或者辅助作用的是从犯。受雇佣、受指使实施毒品犯罪的,应根据其在犯罪中实际发挥的作用具体认定为主犯或者从犯。对于确有证据证明在共同犯罪中起次要或者辅助作用的,不能因为其他共同犯罪人未到案而不认定为从犯,甚至将其认定为主犯或者按主犯处罚。”应该说,这些不同处理并不是没有合理的理由,结论也是可以接受的,但是这样就使从犯的含义处于更为相对化的境地,需要从学理角度进一步深入研究。

主流观点也一直认为,次要作用是指次要实行犯,辅助作用则指帮助犯[5],但这只是指出了从犯的如下文即将分析的那样问题重重的两种类型,并未正面回答何谓次要作用和辅助作用。起辅助作用的帮助犯之内涵相对容易理解一点,而何谓起到次要作用的次要实行犯,应该有一个更为明确的评判标准。遗憾的是,主流观点对此一如既往地采取的是一种列举式或者具体化的模糊路径。 7

例如,马克昌教授认为,次要作用表现为在犯罪集团首要分子的领导下从事犯罪活动,但罪恶不够重大或者情节不够严重;或者在一般共同犯罪中直接参加实行犯罪,但所起作用不大,行为没有造成严重的危害后果等。[6] 陈兴良教授指出:“在共同犯罪中起次要作用,通常是指直接参加了实施犯罪的行为,但在整个犯罪活动中起次要作用。例如,在犯罪集团中,听命于首要分子,参与了某些犯罪活动;或者在一般共同犯罪中,参与实施了一部分犯罪活动。一般地说,次要的实行犯罪行较轻、情节不严重、没有直接造成严重后果。”[7]张明楷教授的看法则是,“认定从犯时,要根据行为人在共同犯罪中所处的地位、对共同故意形成的作用、实际参与的程度、具体行为的样态、对结果所起的作用等进行具体分析,判断其是否在共同犯罪中起次要或辅助作用”[8]。 8

笔者认为,首先要指出的是,主流观点内部所列举的诸多选项其实是多有疑虑的。其一,主流观点往往以次要实行犯情节不够严重作为次要作用的指标之一,但是,情节严重与否更多地具有量刑意义,未必与作用程度直接挂钩。共同犯罪是不法阶层的论题,是责任和量刑之前就需要考虑的问题,不能以主要应在量刑时考虑的情节决定从犯的认定。当然,如果这里的情节是指不法阶层的定罪情节,就可以部分回 9

5　参见高铭暄主编:《刑法专论(上编)》(第 2 版),高等教育出版社 2006 年版,第 344 页;马克昌主编:《犯罪通论》(第 3 版),武汉大学出版社 1999 年版,第 571 页以下;陈兴良:《共同犯罪论》(第 3 版),中国人民大学出版社 2017 年版,第 195 页以下等。

6　参见马克昌主编:《犯罪通论》(第 3 版),武汉大学出版社 1999 年版,第 571 页。

7　陈兴良:《共同犯罪论》(第 3 版),中国人民大学出版社 2017 年版,第 195—196 页。

8　张明楷:《刑法学》(第 6 版),法律出版社 2021 年版,第 611 页。

避量刑情节导致的疑虑,却必须面临循环论证的新问题,因为共同犯罪中不法阶层较轻的定罪情节与从犯几乎是同义语。情节较轻因而不适于充实次要作用的内涵。其二,没有直接造成严重后果一般也被认为是次要作用的表征,其问题在于,各参加者在共同犯罪中所起的作用不应该仅根据其自己的行为部分所导致的结果是什么来划分。尤其是在共同归责的视野下,每个人的行为份额不仅是为自己的行为份额负责的基础,也表明了为其他人的行为份额共同负责的根据。直接依各参加者导致的后果的严重程度决定是主要作用还是次要作用,就完全割裂了共同犯罪的共同归责构造。其三,次要作用通常还与主动还是被动实施犯罪的态度联系在一起。该观点很容易让人联想到主观理论的立场,即以行为人主观上对于犯罪结果的意志力强弱等来区分主犯与从犯,倘若果真如此,则恐流于恣意。

10 更重要的是,仅依列举式或具体化的路径,远不足以处理从犯含义之问题。次要作用乃至辅助作用作为从犯的法定内涵,显然不能在学理上仅以列举的方式加以说明。学界之所以仅通过具体化路径说明何谓次要作用,其实与其一直所采取的关于共同犯罪人的分类标准有关。在所谓"以作用分类法为主,以分工分类法为辅"的混合标准之下,组织犯、实行犯、教唆犯和帮助犯与主犯、从犯和胁从犯是两套平行的体系[9],由于帮助犯已经被归于辅助作用之下,组织犯和教唆犯一般又是主犯,所以只好从实行犯中剥离出一部分,作为次要作用的所指。但是,实行犯本身作为一个类别,有其统一的认定准则,非要再将实行犯人为地分为起主要作用和次要作用两部分,是相当困难的,于是最终就只能沦为列举或者具体问题具体分析。关于次要实行犯、帮助犯是否是或者只能是从犯,将在从犯类型部分具体说明。这里要先行指出的是,即使从"以作用分类法为主,以分工分类法为辅"的混合标准出发,也未必能得出次要作用是指次要实行犯的结论。理由在于,主流观点一致认为,教唆犯按其在共同犯罪中所起的作用,也有可能是从犯,若辅助作用仅指帮助犯,而次要作用仅指次要实行犯,被认定为从犯的那些教唆犯应属于哪一种,就在形式上难以定位。这不仅从侧面体现出不正面界定从犯含义而仅列举式地理解从犯含义的不足,也再一次表征了"以作用分类法为主,以分工分类法为辅"的混合标准之欠缺。

二、从犯的两种类型

11 如上所述,我国学者一般根据"次要作用"和"辅助作用"的法条用语,将从犯概括为次要实行犯与帮助犯两种类型。[10] 仅从字面而言,该两种类型并无不妥,甚至相

---

9 关于共同犯罪人的分类标准,参见第三节"共同犯罪"部分评注。

10 参见高铭暄主编:《刑法专论》(第 2 版),高等教育出版社 2006 年版,第 344 页;马克昌主编:《犯罪通论》(第 3 版),武汉大学出版社 1999 年版,第 571 页以下;陈兴良:《共同犯罪论》(第 3 版),中国人民大学出版社 2017 年版,第 195—196 页;黎宏:《刑法学总论》(第 2 版),法律出版社 2016 年版,第 289 页。

当贴切,但如果稍微深入一点,就可以发现其背后的种种难题。

12 就次要实行犯而言,除上文已经指出的从实施了实行行为的人中再区分出主要作用和次要作用之困难外,最主要的问题在于,实施了实行行为的人是否都应当是主犯或曰正犯,而没有再论以从犯的空间。笔者认为,实行行为的重要性不只是存在于其自然意义的外形中,而更多的是因为实行行为将行为人的意义表达从内部状态呈现于外部的规范世界。对于规范意义的表达而言,这是决定性的一步,因此,谁迈出这一步,谁就应当是共同归责中的核心人物或者核心人物之一。迈出这一步的人可能动机各有不同,乃至有难言之隐,但这些都只是行为人自己的事情,分则中相对宽松的法定刑幅度已经足以容纳具体事态上的类似差异;至少对于不法阶层的规范判断来说,不需要考虑责任和量刑时才有必要斟酌的各种情势,实施了实行行为就足以说明其作为核心人物的归责份额。次要实行犯因此是自相矛盾的说法,更没有所谓"次要正犯"[11]。

13 反对意见很可能会以退为进地指出,次要实行犯中的实施实行行为,并不是指实施了实行行为的全部,而是指仅实施了部分实行行为。且不说主流观点一直强调的都只是实施了实行行为,并未如此主张,就算是如此主张,也无助于将次要实行犯论以帮助犯。一方面,实行行为和部分实行行为的区分是非常僵化的,一个完整的实行行为不应自然主义地割裂为数个部分,数个实行行为片段的集合也不等于一个完整的实行行为。在规范意义上,只有构成要件行为是否得以实现的整体判断,不会去孤立地考察各行为人的行为片段,再对其进行综合处理。换言之,刑法中只有实行行为的概念,部分实行行为是一个莫须有的称谓,对部分实行行为再区分主从,不仅无视了整体的实行行为概念及其共同归责结构,而且也无所本,其本质是一种自然主义思考方法的残余。另一方面,也很难说实行阶段的所有行为片段都是实行行为的一部分。着手之后,实行阶段的行为片段形态各异,有的符合实行行为的要求,如用刀砍杀被害人;有的则未必,如抱住被害人以便其他同伙可以砍杀被害人;有的则明显与构成要件的要求不符,如开车在一旁等候以便可以及时将同伙载离现场等。那么,将实行阶段的所有行为片段都视为实行行为的一部分就难言妥适。最终,一个实行阶段的行为片段究竟是正犯还是帮助犯,就不完全取决于是否参与到实行阶段的行为中,而且还与其行为贡献的重要程度有关。那么,被认定为所谓次要实行犯的那些行为片段,也许原本即应直接认定为帮助犯,而不是冠以次要实行犯之名。[12]

14 和次要实行犯内涵不明却几乎没有受到质疑相比,作为从犯的第二种类型,帮助

11　参见林亚刚:《刑法学教义(总论)》(第2版),北京大学出版社2017年版,第510页。

12　有学者以形式客观说和"作用分类法为主,分工分类法为辅"的混合分类法为基础,认为次要实行犯是我国刑法共犯理论的特色之一,具有重要意义(参见张伟:《帮助犯研究》,中国政法大学出版社2012年版,第135页)。但不仅作为其前提的形式客观说和混合分类法本身问题重重,而且该观点仍然没有厘清次要实行犯的矛盾之所在。

犯指向清楚,但是否一律属于从犯,一直以来都不乏反对之声。早在 20 世纪 80 年代,就有学者质疑认为,帮助犯不一定都是从犯,有的帮助犯也可能是主犯,因为帮助犯在共同犯罪中有时也会起到关键作用,例如甲为他人提供炸药以炸毁大桥的行为,就是起到主要作用的帮助行为;且我国刑法避免使用"帮助"而代之以"辅助"一词,也说明了帮助犯未必都是从犯。[13] 对此,主流观点坚持认为:"由于帮助犯在共同犯罪中只是居于辅助性的地位,因此不可能起主要作用,只能是从犯。"[14]陈兴良教授还对否定论者的观点进行了具体的反驳,认为基于以下三点理由,不能认为帮助犯可以是主犯:其一,我国刑法规定的主犯条款中没有帮助犯的容身之所,只能将其归入从犯之列;其二,例如,提供炸药的行为所起的只是辅助作用,否则所有提供犯罪工具的行为人都将成为主犯;其三,立法者使用辅助一语的确是有用意的,但辅助只是表明立法者不仅强调了帮助行为在分工方面的意义,而且还突出了其非主要的含义,能更加确切地指代帮助犯,而不是认为帮助行为也可以起主要作用。[15]

15　如果说早期的争议还停留在语义层面,那么现在仍然坚持帮助犯可以是主犯的观点则更值得认真对待。例如,钱叶六教授基于正犯与共犯的双层区分制,认为"帮助行为在共同犯罪中所起的作用在绝大多数情况下是次要作用或者辅助作用,一般应以从犯论处。不过亦有例外,若帮助犯的帮助行为对共同犯罪的实现和完成确实发挥了主要作用或者说提供了重要的原因力,也应肯定主犯的成立。例如,无业游民甲产生偷盗古墓的念头,邀请曾经参加过某地古墓考古的专家乙参与盗墓。乙不仅参与盗墓方案的制订,而且对甲给予了必要的专业指点,并绘制出古墓内重要文物的位置图,甲因此盗墓成功。本案中,乙作为共谋者,虽未参与盗墓的实行,但由于其对犯罪的实施和完成发挥了重要的作用,因而应以主犯论处。唯有如此,才不至于导致罪刑失衡"[16]。另有学者更宽泛地认为:"正如实行行为可以在共同犯罪中起到主要和次要的作用一样,帮助行为同样可以在共同犯罪或有多人参与的犯罪中起到主要的、同等的和次要的作用。"[17]还有学者类型化地认为,在单一帮助行为起重要作用、实施多处帮助行为和帮助组织犯等三种情况下,帮助犯应该是主犯。[18] 刘明祥教授则基于单一制的立场指出:"我国刑法中的主犯,既可能是实行犯,也可能是教唆犯,甚至还可能是帮助犯;从犯则不仅可能是帮助犯、教唆犯,也还可能是实行犯。"[19]刘明祥教授甚至认为,断绝了将帮助犯作为主犯的可能,反而是采取区分制的主流观

13　参见梁世伟编著:《刑法学教程》,南京大学出版社 1987 年版,第 210 页;林文肯、茅彭年:《共同犯罪理论与司法实践》,中国政法大学出版社 1987 年版,第 84 页。

14　王作富:《中国刑法适用》,中国人民公安大学出版社 1987 年版,第 182 页。

15　参见陈兴良:《共同犯罪论》(第 3 版),中国人民大学出版社 2017 年版,第 196—197 页。

16　钱叶六:《双层区分制下正犯与共犯的区分》,载《法学研究》2012 年第 1 期。

17　江溯:《刑法中的帮助行为》,中国社会科学出版社 2013 年版,第 119—120 页。

18　参见张伟:《帮助犯研究》,中国政法大学出版社 2012 年版,第 132—134 页。

19　刘明祥:《主犯正犯化质疑》,载《法学研究》2013 年第 5 期。

点的弊端之一。[20]

笔者认为,首先,刘明祥教授以单一制为据提倡帮助犯可能是主犯,站在其单一制的立场上是可以维持的说法。如果根本没有必要区分正犯与共犯,每个行为人都是根据自己的行为而受处罚,将帮助犯一律定位于从犯就没有了意义。毋宁说其观点的问题在于其前提,即单一制本身。刘明祥教授的单一制接近于形式的单一制,且不承认共同归责,几乎将共同犯罪按照单独犯罪的同时犯处理,在归责基础上有严重欠缺。而且,认为我国刑法规定的是单一制也流于速断,虽然我国传统观点主张的区分制的确存在诸多问题,但整体而言,我国刑法关于共同犯罪的规定仍然更接近于区分制,而不是单一制。[21] 具体到《刑法》第 27 条的规定,立法者将从犯规定在刑法总则第二章“犯罪”之中,而不是第四章“刑罚的具体运用”中,已经能清楚地表明,我国刑法中的从犯不只是一个单纯的量刑问题。“在共同犯罪中起次要或者辅助作用”也是对共同不法的进一步描述,而不是在叙述法定的量刑情节。另外,若我国刑法规定的真的是单一制,不要说帮助犯有可能是主犯,连区分主犯与从犯都是多余的,因为既然每个人都只根据自己的不法与责任量刑,和其他人的不法与责任没有关系,在量刑时再区分主从,完全是多此一举。所以,单一制固然可以对帮助犯与从犯的紧张关系提出批评,但同时也应该正视自己的基本立场与从犯规定的关系可能更为紧张。其次,早期和现在的以区分制为根据认为帮助犯可以是主犯的观点,并没有实质区别。早期的观点认为帮助犯也可以起到关键作用,所以可以是主犯,其背后的逻辑和双层区分制是一致的,即帮助犯概念只是分工体系下的产物,与作用分类法下的从犯概念之间不是种属关系,而是交叉关系,当其起到主要作用时就应论以主犯。而钱叶六教授的双层区分制也认为,首先根据分工区分是正犯还是共犯,然后根据作用区分是主犯还是从犯;帮助犯在第一层次的区分中落入共犯范畴,但在第二层次的区分中则视其作用既可能是主犯也可能是从犯。仅就逻辑层面而言,应该承认上述少数说的合理性,既然分工分类法和作用分类法是两种不同的分类方法,其子项之间互有交叉就是完全可能的。不过,主流观点认为帮助犯只能起到辅助作用,也是行之有效的立场,即帮助犯虽然在逻辑上可能是主犯,但是鉴于帮助犯只能起到辅助作用,实际上就只能是从犯。如同分工体系中的组织犯逻辑上也可能是作用分类法中的从犯,但实际上因其起到的都是主要作用,故而只能是主犯一样。问题的关键因此是帮助犯究竟能否起到主要作用。对此,正犯理论的发展历程已经清楚地揭示出,随着正犯概念不断规范化与实质化,所谓起主要作用的帮助犯和所谓起次要作用的实行犯一样,都逐渐消解在正犯与构成要件行为的脱钩之中。如果真的在规范上起到主要作用,直接就可以归入主犯或曰正犯之列,一如只是起到次要作用的实行阶段的 16

20 参见刘明祥:《论中国特色的犯罪参与体系》,载《中国法学》2013 年第 6 期。

21 参见何庆仁:《归责视野下共同犯罪的区分制与单一制》,载《法学研究》2016 年第 3 期。

行为片段应以帮助犯论处一样。至少在归责的意义上,帮助犯是共同归责的边缘人物,所以帮助犯在结论上无疑只能是从犯。

17 至于认为帮助犯可以是主犯者所提出的两个案例中,提供了炸药的甲之行为虽然仅属于着手前的提供犯罪工具,没有实施实行行为,故在形式正犯理论下看似帮助犯。但在实质化与规范化的视野下,提供犯罪工具这一行为形式具有何种规范意义是不能一概而论的,必须通过其行为背景与规范的要求具体地认定。对于毁坏大桥而言,炸药是最快速和最有效的工具,提供炸药因此是炸毁大桥行为的重要环节;且炸药是禁止私人持有和任意使用的管制物品,提供此类工具的规范意义自然更为严重,故完全可以直接将其认定为主犯或曰正犯。就此而言,陈兴良教授批评将提供炸药者论以主犯将使从犯不复存在的反驳,可能过于形式化了。钱叶六教授的设例则争议更小,专家乙不仅绘制墓内图纸,而且参与犯罪计划的制订和进行专业指点,其行为近似于共谋的共同正犯行为,在规范意义上构成要件的实现当然是乙的主要作品。钱叶六教授之所以将未分担实行行为之实施的此种行为归为起主要作用的帮助犯,是因为其和陈兴良教授一样坚持形式正犯理论,且提倡双层区分制。笔者认为,双层区分制看似分别吸收了分工分类法和作用分类法的优点,并通过分层而化解了两种不同分类法并存的逻辑困境,但实际上不仅叠床架屋,而且也在形式分工与实质作用的分离中,使二者的弊端无形中更趋放大。鉴于前文对此已多有述评,不再赘述。另外,实施多个帮助行为与帮助组织犯未必都是主犯,在前者那里,帮助行为的数量本身不是主要的衡量标准,而是其行为背后的规范意义之份额;在后者那里,帮助行为的意义份额主要取决于其行为自身,而不是被帮助者的行为。

三、从犯即帮助犯

18 倘若被主流观点视为从犯的次要实行犯在规范视野下其实是主犯或曰正犯,被少数观点视为主犯的主要帮助犯在规范视野下仍应是从犯,那么我国刑法所规定的从犯就与规范意义上的帮助犯完全等同了。换言之,我国刑法中的从犯即帮助犯,帮助犯不仅是从犯,也是从犯的唯一类型。

19 上述解释结论不仅是理论推演的结果,而且在教义学上具有多面向的意义。其一,可以化解分工分类法与作用分类法分离的困境。我国学者关于从犯类型的争议,正是受限于两种分类方法的标准之交叉,笔者提倡分工分类法与作用分类法的合一,将从犯解释为帮助犯,可以弥合两种不同分类法的差异。其二,符合实质化与规范化的当代刑法思潮。在前文关于正犯理论的叙述中已经指出,受刑法教义学的实质化与规范化之影响,正犯理论亦有规范化之必要。根据各行为人行为的规范意义而不是其自然表现判断其是正犯还是共犯,日益变得必要与迫切,这也是笔者将帮助犯理解为从犯之初衷。其三,契合从犯的应有文义。汉语中的“从犯”一词原本就应包含两个层面的含义:一方面以和他人共同归责而犯罪为前提,否则就无所谓从犯与主犯了;另一方面又只是共同归责中的边缘人物,否则就不只是从犯。笔者理解的帮助犯即指共同归责中的边缘人物而言,这与"从犯"的语义完全重合。[22] 其四,能更为彻底地在我国刑法中贯彻区分制的应有立场。将从犯理解为帮助犯之后,主犯与从犯等就在形式上亦不再是量刑情节,而与德日刑法中的正犯、教唆犯和帮助犯的规定完全一致。尽管对此种传统的区分制仍有进一步规范化之必要,通过将从犯规范化为帮助犯后,至少进一步拉远了单一制与我国刑法的距离。

从犯即帮助犯之理解,有一个立法上的障碍,即该如何理解《刑法》第 27 条所规 20
定的"次要作用"和"辅助作用"。传统观点将其分别对应于次要实行犯与帮助犯,虽然在实质上问题重重,但至少在形式上赋予了"次要作用"和"辅助作用"以不同内涵。若认为全部从犯都是帮助犯,"次要作用"和"辅助作用"就需要予以重新诠释。张明楷教授曾经在立法论的意义上认为"次要作用"和"辅助作用"可能是无意义的重复,并建议"关于从犯的规定宜取消其中的起'辅助'作用的规定,即仅规定'在共同犯罪中起次要作用的,是从犯'"[23]。可惜立法者在 1997 年修法时并未采纳。在现有立法之下,笔者认为,即使"次要作用"和"辅助作用"不被解释为次要实行犯和帮助犯,也有足够的解释论空间,赋予其不同含义。一种是分别将"次要作用"和"辅助作用"解释为有形帮助和无形帮助。前者提供了物理性的帮助行为,相较于同样实施了物理性行为的主犯,所起的是次要作用;后者提供的是心理性的帮助,只是对实施了物理性行为的主犯的一种心理辅助,所起的是辅助作用。另一种是将"次要作用"和"辅助作用"分别理解为义务犯的帮助犯和支配犯的帮助犯。[24] 前者场合的无义务者无论是否支配了法益侵害的因果流程,都只能是从犯,故曰次要作用的从犯;后者场合下从犯则只能是法益侵害因果流程的边缘人物,故曰辅助作用的从犯。笔者倾向于采取第一种解释论立场,即起次要作用的有形帮助与起辅助作用的无形帮助,该立场不仅在文义上更为顺畅,也符合帮助犯类型的常用分类方法。

Ⅳ　从犯的成立要件

厘清了从犯的含义和类型之后,从犯或曰帮助犯的成立要件问题随之而来。在 21
实质化与规范化的视野下,从犯(帮助犯)与主犯(正犯)的区分不再是是否实施了或者分担实施了构成要件行为,不再是质的区别,而仅有量的不同。但以上所述都只是基于正犯理论从外部对从犯的解说,通过剖析从犯的成立要件,可以更为具体地展现从犯的内部构造。主流观点一直都是从客观与主观两方面分析帮助犯的成立要件,以下分而述之。

22　教唆犯也可以理解为从犯的一种,但是因为我国刑法另条规定了教唆犯,故而就没有了将教唆犯也理解为从犯的空间。

23　张明楷:《简论共同犯罪的立法完善》,载《政治与法律》1997 年第 1 期。

24　关于义务犯与支配犯正犯原理的不同,参见何庆仁:《义务犯研究》,中国人民大学出版社 2010 年版,第 239 页以下。

一、从犯的客观要件

22 帮助犯的客观要件,即帮助犯客观上必须实施了帮助行为。关于何谓帮助行为及其类型等,传统观点在解释辅助作用时,通常的表述是"所谓辅助作用,指为共同犯罪人实行犯罪创造方便条件,帮助实行犯罪,而不直接参加实行犯罪构成客观要件的行为。辅助可能表现为有形的帮助,如提供犯罪工具,排除实施犯罪的障碍以及事前答应事后窝藏赃物、隐匿罪犯等;也可能表现为无形的帮助,如指点实施犯罪的时机、对象、协助拟定犯罪计划等"[25],但帮助行为的理解方面有更为复杂的问题需要厘清。

(一)帮助行为的含义

23 如前所述,帮助行为的含义与正犯理论是联系在一起的,采取何种正犯理论就会对帮助行为采取相应的理解。我国传统的共同犯罪理论在组织犯、实行犯、教唆犯和帮助犯的分工分类法中始承认帮助犯,且大致是在形式客观理论的立场上理解帮助行为,即帮助行为是实行行为之外的对犯罪起到帮助作用的行为。令人意外的是,即使是采取实质客观理论或者犯罪支配理论的学者,也有不少持类似的立场。例如,周光权教授不赞同形式客观理论,但也认为:"帮助行为必须是实行行为以外的,使他人的实行行为容易实施的行为。"[26]林亚刚教授亦认可应对正犯进行一定程度的实质理解,却一样指出:"根据我国《刑法》的规定,共同犯罪中的帮助行为,限于事前有通谋,并在共同犯罪中只能起'辅助作用'的非实行行为。"[27]在不同的理论背景下,非实行行为以及帮助作用似乎都是确定帮助行为的共同的准则。

24 笔者认为,形式客观理论与实质客观理论、犯罪支配理论所理解的帮助行为看似一致,其实有着非常重要的差异。在形式客观理论之下,实行行为是唯一的标准,帮助作用只是为了区分帮助犯与教唆犯,而不是帮助犯与正犯。而在实质客观理论以及犯罪支配理论之下,正犯与共犯的区别是作用大小以及是否支配了犯罪,虽然实施了实行行为的一定是正犯,但未实施实行行为的未必就不能是正犯。此时,重要的不再是非实行行为,而是帮助作用,理由在于,实行行为是因为符合了主要作用或者支配作用的实质标准才成为正犯,而帮助作用则除了标示出帮助犯与教唆犯的不同,更是帮助犯与正犯相区别的实质特征本身。尽管如此,为了避免误解,也为了维持立场的一致性,笔者认为,实质客观理论和犯罪支配理论的支持者在形式上不应该根据行为人实施的是否是实行行为而说明帮助行为的内涵,只要强调起到帮助作用的就是帮助行为即可,至于实施了实行行为的人不是帮助犯,只是由于实施实行行为就表明行为人所起的不再是帮助作用而已。而形式客观理论的主张,一如前述,耽溺于其形

---

25 高铭暄、马克昌主编:《刑法学》(第9版),北京大学出版社、高等教育出版社2019年版,第171页。

26 周光权:《刑法总论》(第4版),中国人民大学出版社2021年版,第368页。

27 林亚刚:《刑法学教义(总论)》,北京大学出版社2014年版,第510页。

式主义和自然主义的理解方式,并未实质上揭示出帮助行为的应有含义,面对那些起到主要作用的非实行行为,或多或少都会陷入界分时的困境之中。

按照笔者的理解,正犯与共犯不是不同的行为类型,而是不同的归责类型,因此,帮助行为的理解不再孤立地和行为人实施的行为片段之自然属性联系在一起,而是由其行为在规范上所表现出的意义份额决定。作为共同归责的边缘人物,帮助犯所实施的帮助行为,即指教唆行为之外的共同归责中的次要行为方式。归责意义上的帮助行为和形式客观理论之理解的不同在于,构成要件的实现是全体共同犯罪人的共同作品,所谓正犯实施的实行行为客观上也是帮助犯的作品,即共犯与正犯的归责范围是一样的,根本不能以此区分二者。历来以实行行为区分正犯与帮助犯的观点,本质上都仍然是以单独犯罪的思维在思考共同犯罪问题。真正的共同犯罪,即可共同归责的共同不法中,正犯与共犯在是否要归责上是不分彼此的,只有在衡量如何归责时才体现出二者的程度差异。以实行行为作为标准,则不仅撕裂了正犯与共犯共同的归责基础,而且是以一个形式化的基准区分正犯与共犯。笔者的观点和实质客观理论以及犯罪支配理论的区别则是,帮助犯和正犯的量的差异不在于作用大小与支配与否,而是作用和支配背后的意义份额;所谓主要作用以及犯罪支配本身仍然残余着自然主义的影响,尚不足以在规范上奠定共同归责的基础。 25

要补充说明的是,我国学者经常强调帮助行为不同于帮助犯,认为"不能将帮助行为与实行行为的区别等同于帮助犯与共同正犯的区别"[28];"需要分清的是属于从犯的帮助行为,与属于帮助作用的正犯的实行行为,二者并不相同"[29];甚至有学者专门对刑法中类型化的帮助行为进行系统研究,认为"帮助行为作为一种行为类型的出现,应是在行为理论之下对行为类型作出划分的结果"[30],其范围要宽于共同犯罪理论中的帮助行为类型。笔者认为,此类理解中的帮助行为更多的是自然意义上的帮助行为,而不是规范意义上的帮助行为。规范地看,帮助犯实施的行为才是帮助行为,即帮助犯与帮助行为没有必要区分。将除此以外的即使外表上是帮助的行为称为帮助行为,在刑法中是没有意义的。例如,因为作用重大而被评价为正犯的所谓帮助行为以及被分则正犯化的帮助行为等,既然已经不被规范评价为帮助犯,就根本不再是帮助行为;将其统称为帮助行为,反而容易产生概念上的混淆。可能在现象上所有这些行为都具有帮助的外形,但规范已经对这些行为区分不同类型作出了不同评价与处理,且仅将其中一类称之为帮助犯,那么就意味着规范只承认一类帮助行为,其他类型的所谓帮助行为,只能依各自的方式分别论处。 26

(二)帮助行为的方式

上述关于帮助犯之含义的分析较为抽象,实际上,共同归责的边缘人物是通过各 27

28　刘凌梅:《帮助犯研究》,武汉大学出版社 2003 年版,第 82 页。

29　林亚刚:《刑法学教义(总论)》,北京大学出版社 2014 年版,第 523 页。

30　江澍:《刑法中的帮助行为》,中国社会科学出版社 2013 年版,第 9 页。

种具体的行为方式之规范意义体现出来的。中华人民共和国成立之初的刑法草案中也曾经明文列举过帮助行为的方式,1950 年 7 月 25 日《中华人民共和国刑法大纲草案》第 15 条规定:"提示方法供给工具,以及用其他方法便利他人遂行其犯罪者,为帮助犯,得从轻处罚,决定从轻与否,及从轻程度,应审查帮助行为对于犯罪所生之作用及犯罪人之社会危险性。"1954 年 9 月 30 日《中华人民共和国刑法指导原则草案》第 7 条则规定得更明确:"不直接实行犯罪,而用提供犯罪方法、供给犯罪工具、排除犯罪障碍,或者以其他方法帮助别人实行犯罪的人,叫做帮助犯。"之后的草案中还增设了"事前通谋藏匿犯罪分子或者为犯罪分子湮灭、隐匿犯罪证据的,也是帮助犯"的规定。可见立法者曾经认为,最典型的帮助行为方式主要有提供犯罪方法、供给犯罪工具、排除犯罪障碍以及事前通谋藏匿犯罪分子或者为犯罪分子湮灭、隐匿犯罪证据等。

28　学理上的认知大致类似,但相对更有条理,一般将帮助行为划分为有形帮助与无形帮助。前者是指物理性的帮助行为,如提供凶器、场所、资金等物质性工具或者行为期间的体力性工作;后者则指精神性的帮助行为,如鼓励、提供方法和建议、强化犯意等。[31] 二者的区分在于,帮助行为是物理性地作用于被帮助者的外在行为,还是只作用于被帮助者的内在心理。例如,中华人民共和国成立之初的草案中提及的供给犯罪工具、排除犯罪障碍之行为,就是通过可感知的方式,外在地对他人进行了有形帮助;而提供犯罪方法和事前通谋的行为,则仅对被帮助者的内心活动产生影响,没有物理性的外在具体行为,故只是无形帮助。有形的物理帮助和无形的心理帮助仅就行为层面的特性而言,和注重结果层面之特性的物理的因果性和心理的因果性虽然通常是一致的,即物理帮助形成物理的因果性,心理帮助则形成心理的因果性,但也不尽然,对此应具体分析。例如,甲为准备入室行窃的乙提供了撬门工具,但乙因被害人没有锁门,没有使用该工具就盗窃得手的,提供工具的甲实施的是有形的物理帮助行为,但由于并未具体使用,只能就其行为肯定促进犯意的心理的因果性;反之,丙告诉准备盗窃他人汽车的丁盗车方法,丁按照丙的方法顺利盗走他人汽车的,丙实施的是无形的心理帮助行为,但因为该方法被具体实施,丙和最终的结果之间就是物理的因果性。[32]

二、从犯的主观要件

29　我国传统的共同犯罪理论认为,帮助犯主观上必须具有帮助故意,才能构成帮助犯;但是帮助犯不必与正犯之间具有主观上的犯意联络,即使正犯不知情的也可以成立片面的帮助犯。其中,帮助犯的帮助故意之内容包括如下四点:一是认识到自己的行为是帮助他人实行犯罪,而不是自己直接实行犯罪;二是认识到自己所帮助的实行犯有犯罪的故意,并将要或正在实行犯罪;三是认识到自己的帮助行为使实行犯的犯

31　参见黎宏:《刑法学总论》(第 2 版),法律出版社 2016 年版,第 289 页。

32　参见张明楷:《刑法学》(第 6 版),法律出版社 2021 年版,第 568 页。

罪容易实行或者促使其结果发生；四是希望或者放任实行犯所实施的犯罪结果发生。[33] 在此基础上，陈兴良教授还进一步指出，帮助犯在认识与意志因素方面都具有双重的心理状态，即不仅认识到自己是在帮助他人，而且他人的行为将造成一定的危害结果；不仅希望或放任帮助他人，而且希望或放任他人造成一定的危害结果。[34]

30 不过，后来有学者开始借鉴德日刑法教义学的理论，对帮助故意提出不太一样的理解，即所谓双重故意理论。[35] 所谓帮助犯的双重故意，是指帮助犯的帮助故意不仅指向对他人的实行行为提供帮助，而且指向构成要件所保护的法益。据此，如果行为人为他人提供了帮助，却缺乏既遂意识，即所谓虚假帮助的场合，就欠缺帮助故意，故不成立帮助犯。例如，提供一种不合适的堕胎工具，或者因为已经通知了警察而知道他人不可能既遂等。[36] 应该说，传统观点理解的帮助犯的双重心态和德日刑法教义学中的双重故意理论有相当的兼容性，但仍有重要的不同，即是否要求帮助犯有既遂的认识和意志。如果认为未遂也是一种危害结果，虚假帮助在传统观点那里就很可能也是成立帮助故意的；双重故意理论则不会，因为其明确要求帮助者必须有指向既遂结果的认识。

31 上述主张中，片面帮助犯已经在前文片面的共同犯罪部分有过说明[37]，虚假帮助则与未遂的教唆法理相同，将在教唆故意部分进一步分析。关于帮助故意，笔者的基本观点是，帮助行为未必只能出于故意，过失的帮助行为是实际存在的，只是囿于我国刑法的明文规定，过失的帮助犯按照单一制处理，不再区分主犯（正犯）与从犯（帮助犯）而已。对于故意的帮助犯，则应该以双重故意理论为指导，若没有既遂故意，就不能成立帮助犯。但其实这主要不是和帮助故意有关的主观判断问题，而是一个虚假帮助行为是不是可归责的帮助行为的客观判断问题。没有制造和增加法益侵害危险的虚假帮助行为，不是可客观归责的行为，自然也就不能是帮助犯，帮助故意的否定反而是不能客观归责的附带结果。另外，我国有学者不仅认为帮助犯只能出于故意，而且只能出于直接故意，间接故意不能成立帮助犯，否则就会出现间接故意的帮助犯却按直接故意犯罪的帮助犯处理的不合适的结论；对于间接故意的帮助行为，可以增设犯罪促进罪予以处理。[38] 该观点是对共同犯罪主观要素的一种误解，即使在认为主观要素需要具备共同性的主流观点看来，不同的共同犯罪人之间的故意也不必都是直接故意，一个直接故意和一个间接故意完全可以成立共同犯罪，不仅共同正

---

33 参见马克昌主编：《犯罪通论》（第 3 版），武汉大学出版社 1999 年版，第 551 页。

34 参见陈兴良：《共同犯罪论》（第 3 版），中国人民大学出版社 2017 年版，第 119 页。

35 参见刘凌梅：《帮助犯研究》，武汉大学出版社 2003 年版，第 62 页以下；周光权：《刑法总论》（第 3 版），中国人民大学出版社 2016 年版，第 349 页。

36 参见〔德〕罗克辛：《德国刑法学总论》（第 2 卷），王世洲等译，法律出版社 2013 年版，第169 页。

37 参见第 25 条评注。

38 参见刘凌梅：《帮助犯研究》，武汉大学出版社 2003 年版，第 70—71 页。

犯之间可以,帮助犯和正犯之间也不例外。增设犯罪促进罪虽然可以作为兜底条款,避免无法处罚可罚行为的漏洞,但却会对同样的情况区别对待,导致量刑不均衡的结果。

32　帮助故意中另一个需要厘清的问题是,行为人需要对主行为认识到何种程度。实务部门认为:“共同犯罪作为一个犯罪整体,正犯的行为及主观方面决定了犯罪行为的类型,共犯只要明知正犯的行为性质及主观意图并实施了帮助行为,就可以构成正犯所犯之罪。”[39]学理上也认为,帮助犯虽需要明知他人将要实施犯罪,但明知不是确知,对于他人具体要犯的是什么罪以及犯罪的时间、地点等并不要求确切了解,即使不具体了解准备犯什么罪而积极予以帮助的,也应构成帮助犯。[40] 还有学者主张具体分析,如果确实对结果起到帮助作用且符合帮助犯的本意,即使不知道被帮助者实施的是什么犯罪,也可以成立帮助犯。[41] 其中,故意的帮助犯不需要认识到主行为的时间、地点甚至对象和具体方式,笔者表示赞同,但如果连主行为符合的是何种构成要件都不知道,则不能说其有帮助的故意。故意的基准始终是刑法分则规定的构成要件,帮助犯不需要认识到具体不法的主要维度,但至少需要抽象地认知到主行为的构成要件。一如法院在刘岗等金融凭证诈骗案中曾经认为的那样:“对于帮助故意的认定,只要求证明帮助犯明知他人将要实行犯罪,并积极提供帮助、创造便利条件即可,至于有无特定的犯罪目的、犯罪结果是否其所积极追求的,均不影响帮助故意的认定。”[42]其中的犯罪应该是特指某一犯罪,而不是泛指所有可能的罪行。

V　从犯的处罚

33　在总则立法例之下,从犯和主犯适用的是分则中同一条款的法定刑,但在具体处罚时仍应根据总则条款再加以相应调整。大体而言,主犯直接适用分则的法定刑,而从犯则要在分则法定刑的基础上予以一定程度的从轻。

一、我国刑法对从犯的轻处规定

34　我国《刑法》第27条规定,从犯应当从轻、减轻处罚或者免除处罚。该规定有两重含义:其一,我国刑法对从犯采取的是必减制,而不是得减制,司法者在对从犯定罪量刑时,应该一律轻处,不得处以和同案主犯一样的刑罚。其二,我国刑法对从犯轻处的幅度共有从轻处罚、减轻处罚和免除处罚三种;尤其是免除处罚,是其他国家立

39　陈兴良、张军、胡云腾主编:《人民法院刑事指导案例裁判要旨通纂》(第2版),北京大学出版社2018年版,第1405页。

40　参见陈兴良:《共同犯罪论》(第3版),中国人民大学出版社2017年版,第120页。

41　参见叶高峰主编:《共同犯罪理论及其运用》,河南人民出版社1990年版,第64页。

42　陈兴良、张军、胡云腾主编:《人民法院刑事指导案例裁判要旨通纂》(第2版),北京大学出版社2018年版,第313页。

法例中较少出现的轻处方式。至于具体如何判断何时从轻、减轻甚至免除处罚,可参照 2016 年最高人民法院《关于审理抢劫刑事案件适用法律若干问题的指导意见》的规定:"有两名以上从犯的,要在从犯中区分出罪责相对更轻者和较轻者。对从犯的处罚,要根据案件的具体事实、从犯的罪责,确定从轻还是减轻处罚。对具有自首、立功或者未成年人且初次抢劫等情节的从犯,可以依法免除处罚。"从犯轻处的具体幅度根据 2017 年最高人民法院《关于常见犯罪的量刑指导意见》的规定,对于从犯,应当综合考虑其在共同犯罪中的地位、作用等情况,予以从宽处罚,减少基准刑的 20%～50%;犯罪较轻的,减少基准刑的 50%以上或者依法免除处罚。

此外,要补充说明的是,从犯轻处不再需要以主犯为参照。在沿革部分,笔者已 35
经对立法者删除"比照主犯"的做法有所分析,据参与立法工作的学者介绍:"因为通常情况下,共同犯罪中的从犯比主犯的地位、作用和罪行都要轻一些,处罚自然要比主犯轻,这点不言自明。而且,从犯作为共同犯罪人中的一类独立的分类,也应有独立的处罚原则。因此,应当按照从犯在共同犯罪中所处的地位、实际作用和所犯罪行,包括具体犯罪事实、情节与危害后果等,从轻、减轻或者免除处罚,不必规定'比照主犯'如何处罚。"[43]该说明主要提出了从犯是否有独立处罚原则的理由,似乎"比照主犯"之后从犯的处罚原则就不再独立,这是相当形式化的说法。从轻和减轻处罚一定有参照物,不是比照主犯,就是比照其他的规定,是否比照与从犯处罚原则的独立性没有任何关系。笔者认为,对于从犯的处罚而言,重要的不是是否比照主犯处罚,而是被比照的主犯是否要从重处罚。众所周知,1979 年刑法中主犯是要从重处罚的,如果从犯再比照主犯处罚,一定程度上会对从犯的处罚产生不合理的影响。而 1997 年刑法已经取消了主犯从重处罚的规定,主犯只是处以分则规定的通常之刑,那么即使保留从犯比照主犯处罚的规定,也只是比照分则法定刑而轻处。这和废除了从犯比照主犯处罚的规定之后的情形实际上是一样的,因为废除之后从犯同样要根据分则法定刑轻处。不过,鉴于废除之后,主犯与从犯都将比照分则法定刑量刑,不仅有利于维持分则规定的指导意义,也可以统一主犯与从犯的量刑基础,故从形式上而言,废除更为合理。

二、从犯轻处的根据

立法规定的背后,从犯轻处的根据仍然需要探究。我国学者一般认为,相较于起 36
主要作用的主犯,起次要或者辅助作用的从犯,当然应该轻处。[44] 由于区分作用之主从时,我国学界和实务界往往采取一种综合考察的立场,不仅考虑行为的各种客观和

43　周道鸾、单长宗、张泗汉主编:《刑法的修改与适用》,人民法院出版社 1997 年版,第 114 页。

44　参见高铭暄、马克昌主编:《刑法学》(第 9 版),北京大学出版社、高等教育出版社 2019 年版,第 172 页。

主观要素,也考虑各种事前和事后的情节,很难界定从犯轻处的根据究竟是违法还是责任更轻。德国刑法学界的主流观点认为,对帮助犯强制性的减轻处罚,符合帮助犯与正犯之间的比例关系,也体现了帮助犯从属于正犯的意义。[45] 其显然更倾向于认为帮助犯是一种较轻的不法形态,即帮助犯减轻处罚的根据在于帮助犯的不法更轻。不过,黄荣坚教授对帮助犯是特殊的不法形态的观点进行了批判,认为从行为对实害结果的因果关系来看,帮助犯和正犯在不法上没有区别,都是制造利益实害的人为条件。黄荣坚教授还认为,帮助犯减轻处罚的理由在于,行为人面对犯罪决意的垄断者,心理上普遍会自我工具化,丧失自己对于社会规范的思维意识,因此在责任概念上属于期待可能性的降低。[46]

37　笔者认为,帮助犯从轻和减轻处罚的根据是其不法更轻。黄荣坚教授认为帮助犯和正犯在因果关系上没有区别,是合理的看法。不仅在因果关系之有无上,帮助犯与正犯并无二致;且在归责范围方面,帮助犯与正犯亦无不同,即全体共同犯罪人都和构成要件的实现具有因果关系,构成要件的实现也是全体共同犯罪人的共同作品,在此意义上,帮助犯与正犯的确是一样的。但归责除存在有无和范围的面向之外,还有归责程度的面向,在不法层面考察如何归责时,基于罪刑法定的一般预防机能和构成要件的明确性机能,区分出从犯与主犯的不同不法形态,更符合刑法的目的理性,所以立法者才在共同犯罪一节中明确标示出主犯、从犯等共同不法下的不同不法归责类型。[47] 认为帮助犯在心理上往往有自我工具化的倾向,是一种心理学上不能普遍适用的推测;相反,不是将自己视为工具,而是将主犯视为自己的工具,可能更符合帮助犯内心的想法,认为帮助犯规范意识的期待可能性更低因此是一种有待进一步分析的观点。当然,不法归责程度更低,相应的责任也会更低,但这种源于不法内涵差异的责任悬殊,与个体化的期待可能性本身没有直接关系,不能因此就径直推论出从犯的期待可能性比主犯更低。

三、从犯的双重轻处

38　从犯本身就应当轻处,如果从犯或者从犯所帮助的主犯还有某种轻处属性,就可能导致对从犯的双重轻处。这里的轻处属性不是指自首、立功等纯粹量刑意义上的情节,而是和不法相关的行为情节。比较典型的是从犯本身未遂或者中止,或者主犯未遂时,从犯已经是一个轻处情节,未遂和中止也是法定的轻处情节,双重轻处就完全符合刑法的规定。例如,从犯的未遂犯,即帮助行为本身失败了,一般认为是不可

45　参见〔德〕罗克辛:《德国刑法学总论(第2卷)》,王世洲等译,法律出版社2013年版,第173页。

46　参见黄荣坚:《基础刑法学(下)》(第3版),中国人民大学出版社2009年版,第499页。

47　参见何庆仁:《归责视野下共同犯罪的区分制与单一制》,载《法学研究》2016年第3期。

罚的,除非达到了独立可罚的预备行为的程度;未遂犯的从犯,即主犯未遂时的从犯,就应该轻处两次。不过对帮助行为的帮助,或者对教唆行为的帮助等不是可双重轻处的从犯行为,而是对主犯行为的间接帮助,通常认为直接以帮助犯论处,只能轻处一次。

第二十八条　胁从犯

对于被胁迫参加犯罪的，应当按照他的犯罪情节减轻处罚或者免除处罚。

文献:李光灿:《论共犯》(第 2 版),法律出版社 1981 年版;韩延龙、常兆儒编:《中国新民主主义革命时期根据地法制文献选编》(第 3 卷),中国社会科学出版社 1981 年版;林文肯、茅彭年:《共同犯罪理论与司法实践》,中国政法大学出版社 1987 年版;王作富:《中国刑法适用》,中国人民公安大学出版社 1987 年版;李光灿、马克昌、罗平:《论共同犯罪》,中国政法大学出版社 1987 年版;王作富:《中国刑法研究》,中国人民大学出版社 1988 年版;叶高峰主编:《共同犯罪理论及其运用》,河南人民出版社 1990 年版;高铭暄主编:《刑法学原理》(第 2 卷),中国人民大学出版社 1993 年版;周道鸾、单长宗、张泗汉主编:《刑法的修改与适用》,人民法院出版社 1997 年版;赵秉志主编:《新刑法教程》,中国人民大学出版社 1997 年版;马克昌主编:《犯罪通论》(第 3 版),武汉大学出版社 1999 年版;赵秉志主编:《海峡两岸刑法总论比较研究》,中国人民大学出版社 1999 年版;阴建峰、周加海主编:《共同犯罪适用中疑难问题研究》,吉林人民出版社 2001 年版;马克昌、莫洪宪主编:《中日共同犯罪比较研究》,武汉大学出版社 2003 年版;高铭暄、马克昌主编:《中国刑法解释》(上卷),中国社会科学出版社 2005 年版;高铭暄主编:《刑法专论》(第 2 版),高等教育出版社 2006 年版;黄丽勤、周铭川:《共同犯罪研究》,法律出版社 2011 年版;高铭暄:《中华人民共和国刑法的孕育诞生和发展完善》,北京大学出版社 2012 年版;魏汉涛:《刑法从宽事由共同本质的展开》,法律出版社 2012 年版;钱叶六:《共犯论的基础及其展开》,中国政法大学出版社 2014 年版;黎宏:《刑法学总论》(第 2 版),法律出版社 2016 年版;陈兴良:《刑法适用总论(上卷)》(第 3 版),中国人民大学出版社 2017 年版;陈兴良:《共同犯罪论》(第 3 版),中国人民大学出版社 2017 年版;林亚刚:《刑法学教义(总论)》(第 2 版),北京大学出版社 2017 年版;张明楷:《刑法学》(第 6 版),法律出版社 2021 年版;周光权:《刑法总论》(第 4 版),中国人民大学出版社 2021 年版。陈忠槐:《略论胁从犯》,载《法学研究》1986 年第 5 期;陈兴良:《论胁从犯的认定》,载《河北法学》1989 年第 2 期;杨兴培:《论共同犯罪人的分类依据与立法完善》,载《法律科学》1996 年第 5 期;张明楷:《简论共同犯罪的立法完善》,载《政治与法律》1997 年第 1 期;李立众:《略论被迫行为及其借鉴意义》,载《政法论丛》1999 年第 5 期;刘骁军、刘培峰:《论胁从犯的几个问题》,载《中国刑事法杂志》2000 年第 4 期;刘之雄:《胁从犯立法之反思》,载《湖北警官学院学报》2002 年第 2 期;赵微:《论胁从犯不是法定的独立共犯人》,载《中国刑事法杂志》2005 年第 2 期;郑厚勇:

《一个根本不存在的共犯种类——胁从犯——胁从犯刑法依据和政策依据质疑》,载《河北法学》2005年第4期;柳忠卫:《论被迫行为的刑法规制及其体系性地位的重构》,载《中国法学》2010年第2期;柏浪涛:《三阶层犯罪论体系下受胁迫行为的体系性分析》,载《政治与法律》2011年第2期;任海涛:《论胁从犯之应然理论定位》,载《西南交通大学学报(社会科学版)》2011年第4期;钱叶六:《双层区分制下正犯与共犯的区分》,载《法学研究》2012年第1期;阎二鹏:《胁从犯体系定位之困惑与出路——一个中国问题的思索》,载《中国社会科学院研究生院学报》2012年第2期;邢绡红:《韩国刑法中对被胁迫行为的规定及其对中国的启示》,载《延边大学学报(社会科学版)》2012年第3期;刘明祥:《论中国特色的犯罪参与体系》,载《中国法学》2013年第6期;张继钢:《略论废除胁从犯》,载《吉首大学学报(社会科学版)》2013年第6期;李欣:《胁从犯存废论》,载《北方法学》2014年第3期;郑飞、许勇:《被胁迫情节立法的比较研究》,载《河北法学》2014年第8期;刘明祥:《论我国刑法不采取共犯从属性说及利弊》,载《中国法学》2015年第2期;何庆仁:《归责视野下共同犯罪的区分制与单一制》,载《法学研究》2016年第3期;柳忠卫:《中国共同犯罪立法模式的归属与选择——"双层递进式"共犯立法模式的提倡》,载《政法论丛》2017年第2期。

细目录

Ⅰ 主旨
Ⅱ 沿革
Ⅲ 胁从犯的成立要件
一、实施了参加犯罪的行为
二、参加犯罪的原因是被胁迫
三、所起的作用较小
Ⅳ 胁从犯的处罚

Ⅰ 主旨

为贯彻"首恶必办、胁从不问"以及惩办与宽大相结合的刑事政策,本条规定了胁从犯。本条的主旨在于,更为细致地认定被胁迫参加犯罪者的刑事责任。如果没有本条,其实也可以根据从犯的条款实现对胁从犯的处罚,但是立法者基于被胁迫者更小的社会危害性和人身危险性,将其独立出来,并规定了较从犯更为轻微的刑事责任。 1

Ⅱ 沿革

胁从犯是我国刑法特有的立法例。中华人民共和国成立后,"首恶必办、胁从不问"的政策精神成为相关法律的组成内容。1979年《刑法》第25条正式规定:"对于 2

被胁迫、被诱骗参加犯罪的,应当按照他的犯罪情节,比照从犯减轻处罚或者免除处罚。”

3 1997 年修订刑法时对胁从犯仅作了两点修正:(1)删除了“被诱骗”的情形,则被诱骗参加犯罪者将不再能适用胁从犯的条款减轻处罚或者免除处罚。删除的理由为,刑法理论和司法实践对“被诱骗”如何理解,常有歧见,如何认定较难掌握;而且“被诱骗”与“被胁迫”是两个不同的概念,前者不能成为胁从犯的特征。[1](2)删除了“比照从犯”的内容。理由有三:一是胁从犯的场合往往是主犯直接胁迫胁从犯,没有从犯可言,无从比照;二是胁从犯的罪责虽然一般比从犯轻,但个案中胁从犯的罪责不一定比从犯轻;三是胁从犯既然是一种独立的共同犯罪人,就应当有自己独立的处罚原则,不宜“比照从犯”减轻处罚。[2]

Ⅲ 胁从犯的成立要件

4 《刑法》第 28 条仅规定“被胁迫参加犯罪的”是胁从犯,关于其成立要件,学界主要有两要件说和三要件说。例如,陈兴良教授认为,成立胁从犯需要具备两个特征:被胁迫参加犯罪、在共同犯罪中作用比从犯小。[3] 马克昌教授则认为,胁从犯的成立要件有三:行为人参加了犯罪;主观上认识到所参与实施的是危害社会的行为;参加犯罪的原因是受到了胁迫。[4] 二者的分歧有些只是形式上的不同,如三要件说中的主观认识完全可以涵括在两要件说的参加犯罪中;有些则涉及对胁从犯的根本性理解,如胁从犯是否必须起到比从犯更小的作用。以下围绕实质要件,从三个方面对胁从犯加以展开。

一、实施了参加犯罪的行为

5 胁从犯是共同犯罪人中的一员,其行为是共同犯罪行为的一个有机组成部分,按照笔者对共同犯罪是共同归责的共同不法之立场,胁从犯也应该是对构成要件之实现在客观上可共同归责之人。所以,所谓实施了参加犯罪的人,仅仅意味着行为人实施了可将构成要件之实现归责于他的行为。可归责的行为与构成要件行为是两个不同的概念,前者奠定的是归责基础,而后者是刑法不法本身。一个可归责的行为本身未必就是刑法不法,所以胁从犯不必一定要实施构成要件行为或其一部分;一个自然意义上的刑法不法,如果欠缺可归责的基础,不是一个可归责的行为,最终也不能称之为不法。对

1 参见高铭暄:《中华人民共和国刑法的孕育诞生和发展完善》,北京大学出版社 2012 年版,第 208 页。

2 参见周道鸾、单长宗、张泗汉主编:《刑法的修改与适用》,人民法院出版社 1997 年版,第 115 页。

3 参见陈兴良:《共同犯罪论》(第 3 版),中国人民大学出版社 2017 年版,第 209 页。

4 参见马克昌主编:《犯罪通论》(第 3 版),武汉大学出版社 1999 年版,第 575 页。

于胁从犯而言,只要其实施了一个可归责的行为,就足够说明其参加了共同犯罪。

6 但是,我国学者对胁从犯应实施何种行为,才表明其参加了犯罪,存有不同看法。第一种观点认为,胁从犯的行为只可能是帮助行为,不可能是实行行为。[5] 第二种观点认为,参加犯罪并不是只有帮助一种情况,我国刑法规定的胁从犯应以从犯为参照,既然从犯包括次要实行犯和帮助犯两种类型,胁从犯也应该包括被胁迫实施次要实行行为和帮助行为两种类型的胁从犯;但是,被胁迫参加犯罪的人实施了主要实行行为的,就不再是胁从犯,而应以主犯论处,否则就难以做到罪刑均衡。[6] 第三种观点认为,参加犯罪的确不以帮助行为为限,不仅实施次要实行行为,而且实施主要实行行为的人,只要是被胁迫参加犯罪,就符合《刑法》第 28 条之规定。因此,不仅有"胁从犯",还有"胁主犯","胁从犯"这一称谓本身是对第 28 条的错误概括。[7]

7 上述第三种观点其实和下文将要分析的第三点成立要件,即胁从犯的作用程度有关,在此不赘述。第一种观点和第二种观点的分歧则在于,实施了次要实行行为的人,究竟是不是胁从犯。主流观点根据对从犯的理解,采取的是第二种看法。对此,笔者在前文第 27 条评注关于从犯的分析中已经指出,实施实行行为是将共同违反规范的意志外化于行为的决定性一步,因此实施实行行为的人一定是主犯,次要实行犯是一种自相矛盾的说法。如果将次要实行犯理解为分担了构成要件阶段的不重要的部分行为片段,也是不合适的,实行阶段的行为片段并非都是实行行为,更何况实行行为的片段本身就是存疑的说法。从犯中的次要作用和辅助作用不应对应次要实行犯和帮助犯,而是指有形帮助和无形帮助。[8] 那么,再以次要实行犯和帮助犯来指导对胁从犯的理解,就丧失了合理性的基础。在结论上,笔者支持第一种观点,即胁从犯参加犯罪的方式只能是实施帮助行为,因为胁从犯其实是从犯即帮助犯的一种下位概念,是立法者基于刑事政策的考虑而增设的一种亚帮助犯,其行为方式当然只能是帮助行为。只是所谓帮助行为不应继续在自然意义上相对于实行行为加以理解,而是指规范上可共同归责的边缘人物之行为。同样的理念前文已有多次论述,不再展开说明。

8 此外,围绕胁从犯参加共同犯罪的主观方面是否应有所要求,主流观点基于立法者对共同故意的明文规定,多认为胁从犯在主观上应明知自己实施的行为是犯罪行为,在可以选择不实施犯罪的情况下,虽不愿意但仍实施了犯罪行为。[9] 笔者认为,我国刑法总则第二章第三节所规定的共同犯罪是立法者的一种目的性限缩,仅指

---

5 参见张尚鷟编著:《中华人民共和国刑法概论(总则部分)》,法律出版社 1983 年版,第 196 页。

6 参见陈兴良:《共同犯罪论》(第 3 版),中国人民大学出版社 2017 年版,第 209—210 页。

7 参见黄丽勤、周铭川:《共同犯罪研究》,法律出版社 2011 年版,第 200 页以下。

8 参见第 27 条评注。

9 参见高铭暄主编:《刑法专论》(第 2 版),高等教育出版社 2006 年版,第 345 页。

区分制意义上的共同犯罪而言,只要将《刑法》第25条规定的"二人以上共同故意犯罪"解释为共同去故意犯罪,而不是共同故意去犯罪,就可以在我国刑法中贯彻共同故意不是共同犯罪中需要共同的要素之立场。那么,共同归责的数人中,有故意者属于我国刑法总则第二章第三节所规定的共同犯罪,应根据区分制,分别论以主犯或从犯等;无故意的过失者则直接依单一制简化处理,不再区分主从。如此一来,胁从犯作为我国刑法总则第二章第三节所规定的一种共同犯罪人类型,应以故意为限。若欠缺故意,则不能论以第28条规定的胁从犯,而应直接以单一制的共同过失犯罪论处。需要特别说明的是,这并非否定过失的胁从犯的存在,而是囿于立法,只有对出于故意的胁从犯,才有采取区分制,进而论以第28条规定的胁从犯的可能;过失的胁从犯仍然是共同归责的共同犯罪,只是只能依单一制的共同犯罪简化处理,不再区分主从而已。且胁从犯的主犯是故意还是过失对胁从犯本身没有影响,即使他人过失胁迫胁从犯实施了行为,以及他人故意胁迫胁从犯帮助一个过失的犯罪行为,只要胁从犯是故意的,就可以成立第28条意义上的胁从犯。[10]

二、参加犯罪的原因是被胁迫

9 胁从犯之所以参加犯罪,是因为受到了胁迫。关于胁迫的内涵,主流观点主要有以下三点分析[11]:其一,胁迫是指受到暴力或者精神威胁,被迫参加犯罪。胁从犯原本是不愿意参加犯罪的,但为了避免遭受各种现实的危害或者不利而不得不参加犯罪。其二,胁从犯仍然有意志自由,参加犯罪仍然是他自行选择的结果;否则,若因受胁迫而完全丧失自由意志,其身体动静就不再是自己的行为,谈不上参加犯罪,也就不构成胁从犯。其三,胁从犯被胁迫参加犯罪后,可能发生态度的转变,自愿和积极地从事犯罪活动,甚至成为共同犯罪中的骨干分子。对于这种人不能再以胁从犯论处,而应按照其在共同犯罪中所起的实际作用,分别论以主犯或者从犯。

10 应当说,主流观点对胁迫的理解基本上是合理的,既指出了胁迫的内容与性质,也对其持续性提出了要求,对于认定胁从犯具有较好的指导意义。但是,其中仍然有若干似是而非之处。首先,认为胁从犯受到胁迫后"不得不"参加犯罪是对胁从犯的过度解读。"不得不"已经达到了没有选择余地的程度,与第二点分析其实是相冲突的。而且,真的达到"不得不"的程度时,基本上就没有了期待可能性,还对其论以胁从犯,尤其只是减轻处罚的胁从犯时,可能强人所难,有违责任原理。其次,认为受胁迫而丧失意志自由时,受胁迫者的身体动静就不再是自己的行为,也是对刑法中行为理论的误解。如果只是精神上受胁迫,即使没有选择自由,只要仍然是在受胁迫者意志支配下的身体动静,就仍然是自己的行为,阻却犯罪性的理由不是否定行为,而是否定违法性或

---

10 关于共同故意对共同犯罪成立之影响,参见第25条评注。

11 参见高铭暄、马克昌主编:《刑法学》(第9版),北京大学出版社、高等教育出版社2019年版,第172页。

者责任。例如,被人拿枪逼着帮助他人犯罪的,帮助行为仍然是受胁迫者意志支配下的举止,仍然实施了符合构成要件的行为,只是因为紧急避险而阻却违法。最后,胁从犯态度的转变并不是胁从犯特有的问题,对全部共同犯罪人而言,他们都可能因为自己态度的转变以及在此基础之上的行为方式的变更,而成为其他的共同犯罪人类型。例如,主犯完全有空间转换为从犯,从犯也完全可能中途变身为主犯等。

对胁迫的程度,我国学者间有一定的分歧。较早前有学者认为,胁迫必须达到足以使人去犯罪的程度,对于以揭发隐私、劣迹,毁损名誉、人格,以及利用从属关系和求助关系等进行胁迫的,原则上不应当认定为胁从犯。因为这一类胁迫手段强度相对较弱,时间性也并不急迫,被胁迫人完全有条件采取抵制的做法,却或者由于私念,或者由于性格软弱等屈服,这不是对其减免处罚的理由。[12] 陈兴良教授对此进行了批评,认为只要行为人参加犯罪是被胁迫的,且在共同犯罪中起较小的作用,就应当认定为胁从犯;至于胁迫的形式与程度,只对确定胁从犯是减轻处罚还是免除处罚以及减轻的幅度具有意义。[13] 笔者支持陈兴良教授的观点。要求胁迫应达到足以使人去犯罪的程度,其实和所谓要求受胁迫而“不得不”犯罪是类似的立场,是对胁迫提出了过高的要求。其本意可能是为了缩小胁从犯的范围,使减免处罚不至于被滥用,但门槛抬得过高,反而使得胁迫的内涵变得僵化,且违反责任原理。其具体理由,如被胁迫人有条件作出抵制,或者因私念、软弱等不值得轻处等,也值得推敲。立法者规定对胁从犯从宽处理,不是因为其无法抵制胁迫,否则胁从犯根本就不成立犯罪;而是因为胁从犯本意不想犯罪,且所起作用又很小。被胁迫者是否有条件作出抵制因人而异,私念和软弱等行为人的主观动机和性格同样不是立法者关注的重点,不能以如此个人化和主观化的理由界定胁从犯的范围。 11

事实上,胁迫在刑法中是一个影响范围远远超出共同犯罪理论之外的概念。分则中如敲诈勒索罪、抢劫罪、强奸罪等大量的胁迫型犯罪自不待言,在总则中胁迫的影响也不局限于胁从犯,例如紧急避险就可能是基于被胁迫。对此,法院在谭荣财等强奸、抢劫、盗窃案判决中有非常清楚的分析。该案中,蒙某某被他人持刀威胁,要求其和瞿某某性交,否则蒙某某、瞿某某会遭受生命危险。法院认为蒙某某在二人生命受到紧迫威胁的情况下,在没有其他方法避险的情况下不得已侵犯了瞿某某的性权利,属于紧急避险行为,不构成犯罪,不是胁从犯。裁判理由中还明确指出了胁迫型紧急避险与胁从犯的四点区别:危险的紧急性不同、保护的利益不同、行为人丧失意志自由的程度不同以及是否承担刑事责任不同。[14] 究其原因,胁迫能影响刑法评价其实主要是因为其对被胁迫者意志自由的影响,该影响在总则的不同教义学问题中 12

---

12 参见陈忠槐:《略论胁从犯》,载《法学研究》1986 年第 5 期。

13 参见陈兴良:《共同犯罪论》(第 3 版),中国人民大学出版社 2017 年版,第 216 页。

14 参见陈兴良、张军、胡云腾主编:《人民法院刑事指导案例裁判要旨通纂》(第 2 版),北京大学出版社 2018 年版,第 779 页。

以及在分则的不同罪名中有不同的评价,因而相较于重视受胁迫这样的外在现象,更重要的也许是厘清现象背后的教义学原理以及分则中的具体罪名之要求。

13　总之,《刑法》第 28 条规定的“被胁迫”不是刑法教义学中的特殊构造,尽管我国立法者提出了胁从犯的独特共同犯罪人类型,其背后的法理不应有任何特殊之处。事实上,对于胁从犯的成立而言,受胁迫只是起因,立法者真正关注的是,受迫者实施犯罪行为是违背其真实意愿的。如果有人客观上受到了胁迫,但其实内心是愿意犯罪的,不应赋予其胁从犯的法律后果。这一点从 1979 年刑法将被胁迫和被欺骗并列规定在一起可以看得很清楚,众所周知,胁迫和欺骗是意思表示不真实的两种最常见的类型。[15] 在此意义上,1997 年刑法在修订时删除被欺骗,却保留被胁迫,只能说是一种不彻底的修改,因为其既没有彻底地贯彻立法者的旨意(意思表示不够真实地参加犯罪可以轻处),也没有彻底地贯彻理想主义者删除胁从犯规定的意图。

三、所起的作用较小

14　主流观点认为,胁从犯除了是被胁迫参加犯罪,还必须所起作用较小,而且一般情况下比从犯还要小,在个别情况下,也可能等于从犯,否则就不会赋予其比从犯还轻的法律后果。[16] 与其说《刑法》第 28 条并未明文规定胁从犯必须所起作用较小,毋宁说该条件是学界根据立法宗旨而提出的一个不成文条件。其实质理由,除法律后果非常轻微外,主要是因为主犯、从犯、胁从犯在共同犯罪中的作用应呈现一种递减趋势,如果胁从犯在共同犯罪中的作用不是较小,而是较大,甚至等同于主犯,对这样的人仍予以减轻或者免除处罚,显然有悖于我国刑法关于共同犯罪人的分类的立法精神。[17] “要求胁从犯在共同犯罪中起较小作用(未起主要作用)虽不是刑法的明文规定,却是对《刑法》第 26—29 条进行体系解释得出的合理结论。”[18]

15　不过,对于将胁从犯限定为起较小作用乃至比从犯的“次要或辅助作用”还要小

[15] 被欺骗参加犯罪并不意味着没有犯罪故意,在一些细节甚至主要细节上被欺骗,尤其是动机欺骗等,未必会影响行为人的犯罪故意。例如,欺骗他人被害人是十恶不赦之人,让他人为自己的杀人行为提供帮助的,他人就是受欺骗的故意帮助犯。因此,以被欺骗者不明真相、难言犯罪为由,主张废除被欺骗型的共同犯罪人之规定[参见高铭暄主编:《刑法专论》(第 2 版),高等教育出版社 2006 年版,第 345 页],不是一个合适的理由。

[16] 参见高铭暄、马克昌主编:《刑法学》(第 9 版),北京大学出版社、高等教育出版社 2019 年版,第 173 页;陈兴良:《共同犯罪论》(第 3 版),中国人民大学出版社 2017 年版,第 209 页。

[17] 参见陈兴良:《共同犯罪论》(第 3 版),中国人民大学出版社 2017 年版,第 210 页。

[18] 张明楷:《刑法学》(第 6 版),法律出版社 2021 年版,第 611 页。

的作用,学界其实存在相当大的反对声音。反对意见的主要理由如下[19]:其一,第 28 条仅规定了“被胁迫参加犯罪的”人,并未如同第 26 条(主犯)和第 27 条(从犯)乃至第 29 条(教唆犯)那样开宗明义地指明规范对象的名称为胁从犯,毋宁说“胁从犯”是学者们的想当然而已。其二,“被胁迫参加犯罪”是对参加共同犯罪原因的揭示,和作用分类法是完全不同的面向,将“被胁迫参加犯罪”与次要作用甚至更小的作用强行画等号,混淆了不同分类规则的界限,也无法应对实践中被胁迫参加犯罪的主犯。其三,“按照他的犯罪情节减轻或者免除处罚”也只是对被胁迫参加犯罪的人的处罚方式,其中的“犯罪情节”既有可能指向从犯,也有可能指向主犯,本条其实只是对被胁迫参加犯罪者的一种处罚规定而已。其四,就逻辑而言,主犯与从犯就已经穷尽了作用分类法的子项,胁从犯完全不能与主犯和从犯相提并论,堪称一种扭曲的构造物;而且,胁从犯在逻辑上以从犯为前提,如果实际案例中只有胁迫者和被胁迫者,可能出现没有从犯而有胁从犯的困境;若只有一人成立犯罪(例如另一人未达责任年龄)时也无法论以胁从犯。

就体系解释和目的解释而言,笔者支持本条仅针对“胁从犯”,而不包括“胁主犯” 16
的观点,即本条所规范之对象以所起作用较小为前提。反对者的理由中有部分以误解为前提,因而并不足取。例如,认为胁从犯以从犯的存在为前提,没有从犯就没有胁从犯,与从犯和胁从犯之间的关系不符。胁从犯是从犯的一种亚类型,但其成立并不需要依附于一个现实存在的从犯,只要被胁迫参加犯罪者本身所起作用较小,就可以独立于从犯而论以胁从犯。没有主犯就没有从犯是成立的,如同没有主犯就没有胁从犯,这是由处于共同归责之核心人物的主犯的特殊性决定的;从犯并没有该特殊性,所以不能想当然地认为没有从犯就没有胁从犯。在 1997 年修订刑法之前,由于 1979 年刑法要求胁从犯比照从犯减轻处罚,曾有观点认为胁从犯的问题之一即为没有从犯时胁从犯无从比照处罚。[20] 但 1997 年刑法已经删除了“比照从犯”的规定,且即使未删除,“比照处罚”也不以一个现实的从犯为前提,而是比照胁从犯没有胁迫情节时观念上的从犯而处罚。又如,当只有一个人成立犯罪时无法论以胁从犯也是一种误解。共同犯罪的核心是共同归责,共同归责之后,各行为人是否具有故意、过失和责任能力,需要个别地判断。因此,在犯罪成立的意义上,最终只有一个胁从犯是完全可能的,此时主犯并未缺位,只是基于种种原因最终不成立犯罪而已。再如,认为要求作用较小就无法处理起到

---

19 参见刘骁军、刘培峰:《论胁从犯的几个问题》,载《中国刑事法杂志》2000 年第 4 期;刘之雄:《胁从犯立法之反思》,载《湖北警官学院学报》2002 年第 2 期;赵微:《论胁从犯不是法定的独立共犯人》,载《中国刑事法杂志》2005 年第 2 期;郑厚勇:《一个根本不存在的共犯种类——胁从犯——胁从犯刑法依据和政策依据质疑》,载《河北法学》2005 年第 4 期;黄丽勤、周铭川:《共同犯罪研究》,法律出版社 2011 年版,第 200 页以下;阎二鹏:《胁从犯体系定位之困惑与出路——一个中国问题的思索》,载《中国社会科学院研究生院学报》2012 年第 2 期;张继钢:《略论废除胁从犯》,载《吉首大学学报》2013 年第 6 期。

20 参见陈兴良:《刑法适用总论(上卷)》(第 3 版),中国人民大学出版社 2017 年版,第 496 页。

较大作用但也是受胁迫参加犯罪的人,也没有正确地理解胁从犯。被胁迫参加犯罪的起到主要作用的人属于主犯,不是胁从犯,所以不能适用本条减轻或者免除处罚,而应当根据主犯的处罚原则处理。但这并不妨碍"被胁迫"这一情节实质性地发挥作用,若违法、责任因此被阻却或减少,被胁迫的主犯同样可以从轻处罚。

17　反对者的理由中另一些则流于形式,未能切中问题的要害。例如,以法条中未列明"胁从犯"三字为由,以及未明示"必须起较小作用"为据,都是极为表层的理由。[21]对条文的解释不是只根据其用语的文义解释展开的,历史解释、体系解释和目的解释都有助于完整理解条文的含义,揭示出立法者未言明的用意。本条未如第 26 条、第 27 条和第 29 条那样开宗明义地提及胁从犯,即使在形式上充其量也只能说为肯定与否定"必须起较小作用"的观点都留下了解释空间,而不能将之作为否定的根据。再如,反对者一再提及的作用分类与原因分类标准的冲突问题,以及主犯与从犯就穷尽了作用分类法之子项的问题,同样过于看重分类逻辑的形式影响,而对立法的政策性与目的理性重视不足。可能就逻辑而言,主犯与从犯的分类就足够了,再提及原因标准或分工标准都有画蛇添足之嫌,且会导致标准之间的冲突。但是,立法者为了突出某一类型而对其加以单独规定,完全可能是一种目的理性的选择。实际上,刑法中看上去与逻辑认知不尽一致的规定不胜枚举,如本应禁止类推但立法者规定可以类推,所有的拟制规定亦都与事物本来的构造不符。对于立法而言,重要的是效力标准,而不是逻辑标准,仅看到逻辑上的形式冲突,而不去探讨其背后的实质理由,不是思考刑法问题,包括胁从犯是否必须起较小作用之问题的应有态度。

18　真正值得重视的反对理由是,本条所规定的根本就不是一种独立的共同犯罪人,而只是一种量刑情节。"所谓的胁从犯不是作用标准下的共犯人的类型,易言之,被胁迫参与犯罪的人既可能是主犯,亦可能是从犯,究竟是主犯抑或是从犯,应根据其在共同犯罪中所起的作用而定。在确定主、从犯的前提下,应将被胁迫的情节作为减免处罚情节加以考虑。"[22]认为胁从犯不是一种独立的共同犯罪人的看法其来有自,1954 年《中华人民共和国刑法指导原则草案》第 7 条"共同犯罪的刑事责任"就有两种方案,采取分工分类法的方案一明文规定"对于确实是受胁迫或者盲目附和而参加犯罪的人,不适用共犯的规定";采取作用分类法的方案二则指出"对确实是被欺骗或者被胁迫参加共同犯罪的人,应当按照情节给予适当处罚或者免予处罚"。二者的区别主要在于,方案一认为胁从犯不属于共同犯罪人,而根据方案二,胁从犯属于共同犯罪人,且要从宽处罚。[23] 而 1950 年的《中华人民共和国刑法大纲草案》更是根本未在共同

---

[21] 同样正确地指出了该谬误的观点参见阎二鹏:《胁从犯体系定位之困惑与出路——一个中国问题的思索》,载《中国社会科学院研究生院学报》2012 年第 2 期。

[22] 钱叶六:《共犯论的基础及其展开》,中国政法大学出版社 2014 年版,第 71 页;类似的见解也请参见注释 19 中提及的部分文献。

[23] 参见陈兴良:《共同犯罪论》(第 3 版),中国人民大学出版社 2017 年版,第 212 页。

犯罪条款中提及胁从犯，仅在总则第三章“刑罚”部分的第 24 条将“犯罪的实施，系受他人的强暴、胁迫或由于职务上或经济上的从属关系者”规定为轻的犯罪情节。

不过，我国 1979 年刑法和 1997 年刑法均未采取 1954 年刑法指导原则草案方案 19
一的立场（对胁从犯不适用共同犯罪的规定），更未实行 1950 年刑法大纲草案的模式（将胁从犯作为一种单纯的量刑情节），而是在 1954 年刑法指导原则草案方案二的基础上加以微调后采取了将胁从犯视为共同犯罪人之一种类型的立法例。即使不考虑立法沿革和条文编排方面的形式根据，根据笔者的立场，在实质化与规范化的视野下，作用分类法和分工分类法是合而为一的，在采取了区分制的我国刑法中，主犯、从犯、胁从犯和教唆犯也是法定的四种共同犯罪人类型。[24] 除非采取单一制的立场，将主犯、从犯、胁从犯和教唆犯全部视为量刑情节，否则仅将第 28 条视为量刑情节，不认为胁从犯也是一种共同犯罪人，在立场上是相当突兀且难以自洽的。这就涉及认为胁从犯是或者不是一种独立的共同犯罪人意义何在的问题。笔者认为，我国刑法所规定的共同犯罪一节中的共同犯罪仅指可共同归责的区分制意义上共同犯罪而言：如果不可共同归责，则不是共同犯罪；如果虽可共同归责但如同共同过失犯罪那样采取单一制，也不是我国刑法总则第二章第三节所规定之共同犯罪。被胁迫参加犯罪的人，一般都是可共同归责的人，且不会去适用单一制，因此第 28 条当然属于规定了可共同归责之区分制意义上的共同犯罪人的条款，仅将其视为量刑情节是不合适的。

其实就广义而言，主张第 28 条是量刑情节并没有问题，影响刑罚轻重有无的所 20
有要素都是量刑情节。但是教义学上，不同情节的意义是完全不一样的，究竟只是累犯、立功一样的狭义的量刑情节，还是如同未遂、中止等一样由不法和犯行责任决定的量刑情节，必须被澄清。从该主张的表述来看，显然属于后者，不只是第 28 条，共同犯罪一节的所有规定都可以说是一种量刑情节。[25] 唯独否定本条规定的是一种独立的共同犯罪人类型的理由，于是又回到了分类的逻辑标准以及立法者未言明等形式根据之中。笔者认为，在共同犯罪一节中单独规定一种非共同犯罪人的量刑情节不仅在体系上非常突兀，而且在实质上也未能充分体现立法者的政策考量。将第 28 条限缩解释为胁从犯，作为从犯的一种亚类型，则不仅在体系上更顺畅，可以实质性说明为什么被胁迫参加犯罪的人“应当减轻或者免除处罚”，还可以更清晰地宣扬对共同犯罪区别对待的政策[26]，是更值得选择的解释路径。作为结论，仍然应当肯定本

---

24 参见第三节“共同犯罪”部分评注。

25 例如黎宏教授即认为从犯是一个单独的法定从宽处罚情节。参见黎宏：《刑法学总论》（第 2 版），法律出版社 2016 年版，第 295 页。

26 通过量刑情节在结论上虽然也可以区别对待共同犯罪人，但在不法阶层就区分出不同的共同犯罪人类型比在量刑时才考虑处罚的轻重，其一般预防和罪刑法定意义上的效果是完全不可同日而语的。

条应以所起作用较小为前提。当然,笔者也赞同从立法论的角度而言,胁从犯并无独立规定的价值;但在现行立法例下,其背后的目的理性并非难以理解,在第 28 条被废止之前拒绝承认胁从犯,并不可取。

Ⅳ　胁从犯的处罚

21 《刑法》第 28 条规定,对于胁从犯,“应当按照他的犯罪情节减轻处罚或者免除处罚”,轻处的幅度相当之大。这一规定也体现在其他立法和一系列相关规定之中,如 2014 年《反间谍法》第 28 条规定:“在境外受胁迫或者受诱骗参加敌对组织、间谍组织,从事危害中华人民共和国国家安全的活动,及时向中华人民共和国驻外机构如实说明情况,或者入境后直接或者通过所在单位及时向国家安全机关、公安机关如实说明情况,并有悔改表现的,可以不予追究。”2015 年最高人民法院《全国部分法院审理黑社会性质组织犯罪案件工作座谈会纪要》指出:“对于参加黑社会性质组织,没有实施其他违法犯罪活动,或者受蒙蔽、威胁参加黑社会性质组织,情节轻微的,可以不作为犯罪处理。”2017 年最高人民法院、最高人民检察院《关于办理组织、利用邪教组织破坏法律实施等刑事案件适用法律若干问题的解释》第 9 条规定:“组织、利用邪教组织破坏国家法律、行政法规实施,符合本解释第四条规定情形,但行为人能够真诚悔罪,明确表示退出邪教组织、不再从事邪教活动的,可以不起诉或者免予刑事处罚。其中,行为人系受蒙蔽、胁迫参加邪教组织的,可以不作为犯罪处理。”

22 具体而言,胁从犯的处罚原则有三层含义。其一,立法者对胁从犯采取的是必减制,而不是得减制,即“应当”从宽处罚。其二,从宽的幅度非常之大,即“减轻处罚或者免除处罚”。其三,胁从犯具体应减轻处罚还是免除处罚,“应当按照他的犯罪情节”而定。上述三层含义中,如何理解“按照他的犯罪情节”的规定较为模糊。主流观点一般认为,这里的犯罪情节是指胁从犯被胁迫的程度、胁从犯所实施的行为样态、胁从犯在共同犯罪中实际所起作用的大小等。[27] 但也有反对见解认为,“按照他的犯罪情节”是应予删除的废话式规定,因为没有哪个犯罪人不是按照他的犯罪情节适用刑罚的。[28] 笔者认为,反对见解不无道理,《刑法》第 61 条明文规定,对于犯罪分子决定刑罚的时候,应当根据犯罪的事实、犯罪的性质、情节和对于社会的危害程度判处,胁从犯自然不能例外。而且,主流观点所强调的各选项,也不外乎是对第 61 条的重复。但是,无论哪种观点,将这里的犯罪情节与一般的犯罪情节相提并论可能未必合适,本条提及犯罪情节之目的,仅在于指明胁从犯是应当减轻处罚还是免除处

---

[27] 参见张明楷:《刑法学》(第 6 版),法律出版社 2021 年版,第 612 页;周光权:《刑法总论》(第 4 版),中国人民大学出版社 2021 年版,第 377 页;林亚刚:《刑法学教义(总论)》(第 2 版),北京大学出版社 2017 年版,第 515 页等。

[28] 参见黄丽勤、周铭川:《共同犯罪研究》,法律出版社 2011 年版,第 205 页。

罚,而不是指胁从犯最终应如何量刑。就此而言,主流观点和反对见解可能都对这里的犯罪情节理解得过于宽泛了。明确将本条中的犯罪情节加以泛化的反对见解自不必言,主流观点提及的选项其实也相当程度上混淆了胁从犯的成立条件与胁从犯究竟应减轻还是免除处罚的犯罪情节。依笔者之见,这里的犯罪情节既不是决定胁从犯成立与否的犯罪事实,也不是决定胁从犯之量刑的全部犯罪情节,而是仅指法官对成立之后的胁从犯应当裁决减轻还是免除处罚有影响的犯罪情节。由于只要成立胁从犯,至少就应当减轻处罚,所谓"按照他的犯罪情节",于是形同仅需判断胁从犯是否有应当免除处罚的情节即可,没有就属于应当减轻处罚的情形。例如 2017 年最高人民法院、最高人民检察院《关于办理组织、利用邪教组织破坏法律实施等刑事案件适用法律若干问题的解释》第 9 条中,犯罪情节就仅指能够真诚悔罪,明确表示退出邪教组织、不再从事邪教活动而言,而不包括其他犯罪情节。

接下来的问题是,胁从犯"减轻处罚或者免除处罚"的根据何在。对此,学界的看 23
法主要有两种。一种置重于胁从犯的社会危害性与人身危险性更低,认为其在客观上所起作用较小,主观上不是自愿参加犯罪,所以应从宽处罚。[29] 另一种则根据三阶层体系,认为胁从犯系被胁迫参加犯罪,其期待可能性更小或者没有期待可能性,所以责任更小或者被阻却,因而要从宽处罚。[30] 法院在谭荣财等强奸、抢劫、盗窃案中也认为,胁从犯是基于可期待性原理,对被胁迫参加犯罪的行为人只在量刑上予以适当考虑。[31] 两种观点之间除了话语体系的不同,实质上其实大同小异。但话语体系的不同却正好体现出二者之间思维上的差异。前者直接从主客观的现象跳跃到社会危害性和人身危险性的实质化判断,就说理而言略显粗糙;而后者将主客观的现象绳之以不法、责任的判断基准,从现象中判断不法和责任是否减少,再得出胁从犯为何应从宽处罚的结论,推导过程更为规范化。笔者支持以不法和责任技术性地判断刑事责任大小的体系,但认为胁从犯仅因为期待可能性更低而属于责任减免事由则为笔者所不采。胁从犯作为从犯的一种亚类型,在是否可以为构成要件不法归责方面,与其他共同犯罪人是一样的,只是在归责程度上更低而已,将这种归责程度差异前置于不法阶层,更有利于实现罪刑法定原则和一般预防。如果视胁从犯为一种仅影响量刑的责任减免事由,可能忽视了立法者在本节中单独规定胁从犯的用意。

---

29 参见高铭暄、马克昌主编:《刑法学》(第 9 版),北京大学出版社、高等教育出版社 2019 年版,第 173 页;高铭暄主编:《刑法专论》(第 2 版),高等教育出版社 2006 年版,第 346 页;陈兴良:《共同犯罪论》(第 3 版),中国人民大学出版社 2017 年版,第 217—218 页等。

30 参见钱叶六:《共犯论的基础及其展开》,中国政法大学出版社 2014 年版,第 70 页;柳忠卫:《论被迫行为的刑法规制及其体系性地位的重构》,载《中国法学》2010 年第 2 期;魏汉涛:《刑法从宽事由共同本质的展开》,法律出版社 2012 年版,第 99 页以下。

31 参见陈兴良、张军、胡云腾主编:《人民法院刑事指导案例裁判要旨通纂》(第 2 版),北京大学出版社 2018 年版,第 779 页。

第二十九条　教唆犯

教唆他人犯罪的，应当按照他在共同犯罪中所起的作用处罚。 教唆不满十八周岁的人犯罪的，应当从重处罚。

如果被教唆的人没有犯被教唆的罪，对于教唆犯，可以从轻或者减轻处罚。

文献：耿文田：《教唆犯论》，商务印书馆 1935 年版；吴振兴：《论教唆犯》，吉林人民出版社 1986 年版；赵秉志：《犯罪未遂的理论与实践》，中国人民大学出版社 1987 年版；林文肯、茅彭年：《共同犯罪理论与司法实践》，中国政法大学出版社 1987 年版；李光灿、马克昌、罗平：《论共同犯罪》，中国政法大学出版社 1987 年版；叶高峰主编：《共同犯罪理论及其运用》，河南人民出版社 1990 年版；马克昌主编：《犯罪通论》（第 3 版），武汉大学出版社 1999 年版；魏东：《教唆犯研究》，中国人民公安大学出版社 2002 年版；马克昌、莫洪宪主编：《中日共同犯罪比较研究》，武汉大学出版社 2003 年版；高铭暄、马克昌主编：《中国刑法解释》（上卷），中国社会科学出版社 2005 年版；田鹏辉：《片面共犯研究》，中国检察出版社 2005 年版；陈世伟：《论共犯的二重性》，中国检察出版社 2008 年版；杨金彪：《共犯的处罚根据》，中国人民公安大学出版社 2008 年版；黄荣坚：《基础刑法学（上）》（第 3 版），中国人民大学出版社 2009 年版；陈兴良主编：《刑事法评论》（第 25 卷），北京大学出版社 2009 年版；陈伟强：《共同犯罪刑事责任研究》，清华大学出版社 2013 年版；田淼：《共犯的共犯》，中国长安出版社 2013 年版；林维主编：《共犯论研究》，北京大学出版社 2014 年版；钱叶六：《共犯论的基础及其展开》，中国政法大学出版社 2014 年版；黎宏：《刑法学总论》（第 2 版），法律出版社 2016 年版；邓毅丞：《结果加重犯的基本原理与认定规则研究》，法律出版社 2016 年版；陈兴良：《共同犯罪论》（第 3 版），中国人民大学出版社 2017 年版；林亚刚：《刑法学教义（总论）》（第 2 版），北京大学出版社 2017 年版；陈兴良：《教义刑法学》（第 3 版），中国人民大学出版社 2017 年版；周光权：《刑法总论》（第 4 版），中国人民大学出版社 2021 年版；张明楷：《刑法学》（第 6 版），法律出版社 2021 年版。伍柳村：《试论教唆犯的二重性》，载《法学研究》1982 年第 1 期；余淦才：《试论教唆犯的刑事责任》，载《安徽大学学报（哲学社会科学版）》1983 年第 2 期；魏克家：《略论教唆犯》，载《中国政法大学学报》1983 年第 4 期；张国平：《浅析传授犯罪方法罪与教唆罪的区别》，载《人民司法》1984 年第 3 期；肖常纶、应新龙：《谋遣 · 教令 · 教唆 · 造意》，载《法学》1984 年第 3 期；邬名安：《论教唆犯的构成要件及处罚原则》，载《政法论坛》1985 年第 5

期;汪保康:《关于共同犯罪主观方面的几点质疑》,载《政法学刊》1986 年第 2 期;张明楷:《教唆犯不是共犯人中的独立种类》,载《法学研究》1986 年第 3 期;林文肯:《关于教唆犯的几个问题》,载《现代法学》1987 年第 3 期;马克昌:《论教唆犯》,载《法律学习与研究》1987 年第 5 期;李希慧:《试论教唆犯的处罚》,载《中南政法学院学报》1988 年第 4 期;夏诚华:《试论教唆犯的独立性》,载《山东法学》1989 年第 2 期;夏华:《教唆犯新探》,载《政治与法律》1991 年第 4 期;刘佳雁:《海峡两岸刑法中教唆犯理论之比较研讨》,载《台湾研究》1995 年第 2 期;李富友:《论大陆刑法中的陷害教唆与英美刑法中的警察圈套》,载《法学论坛》1996 年第 3 期;卢勤忠:《论教唆罪的设立》,载《现代法学》1996 年第 6 期;章彦威:《"教唆未遂"不应构成犯罪》,载《淮阴师范学院学报(哲学社会科学版)》1997 年第 2 期;方志敏:《析教唆的未遂》,载《人民检察》1998 年第 3 期;刘红梅:《论教唆犯的主体》,载《当代法学》1999 年第 2 期;赵秉志、魏东:《论教唆犯的未遂——兼议新刑法第 29 条第 2 款》,载《法学家》1999 年第 3 期;魏东:《教唆犯概念与成立要件问题研究》,载《中国刑事法杂志》1999 年第 5 期;吴情树、闫铁恒:《对教唆犯的反思与定位》,载《政法论丛》1999 年第 6 期;李向荣:《浅析教唆犯罪的立法缺陷》,载《人民检察》1999 年第 9 期;郝守才:《论未遂教唆与教唆未遂》,载《法商研究》2000 年第 1 期;魏智彬:《教唆犯的概念与成立要件问题研究》,载《社会科学研究》2000 年第 3 期;石英、黄祥青:《论不可罚的教唆行为》,载《法学》2001 年第 4 期;黄祥青:《论不可罚的教唆行为——共犯理论与实践中有待确立的一个新命题》,载《法律适用》2001 年第 9 期;杨晓东、肖怡:《教唆行为应构成独立的"教唆罪"》,载《西南政法大学学报》2002 年第 2 期;李兰英:《论教唆犯的几个问题》,载《现代法学》2003 年第 5 期;郭园园:《论教唆未遂与未遂教唆——以我国〈刑法〉第 29 条第 2 款的解读为中心》,载《现代法学》2003 年第 6 期;何庆仁:《我国刑法中教唆犯的两种涵义》,载《法学研究》2004 年第 5 期;肖吕宝:《教唆犯形式新释》,载《政治与法律》2006 年第 5 期;张永江:《论教唆犯未遂的范围——刑法第 29 条第 2 款的检讨与完善》,载《甘肃政法学院学报》2007 年第 3 期;肖本山:《"教唆未遂"诠释新解——关于体系性解释和目的解释方法的适用》,载《法学评论》2007 年第 5 期;赵微:《论共同犯罪"意思联络"的客观预备性》,载《武汉大学学报(哲学社会科学版)》2007 年第 6 期;王昭武:《论共犯的最小从属性说——日本共犯从属性理论的发展与借鉴》,载《法学》2007 年第 11 期;王志远:《我国教唆犯制度的逻辑困境及其反思》,载《政治与法律》2008 年第 2 期;王钢:《不容许的侦查陷阱对被教唆者刑事责任的影响——德国法视角的分析》,载《清华法学》2009 年第 4 期;张明楷:《共犯对正犯故意的从属性之否定》,载《政法论坛》2010 年第 5 期;朱道华:《教唆犯二重性说之否定——兼论教唆犯的独立性》,载《法学杂志》2010 年第 10 期;周光权:《造意不为首》,载《人民检察》2010 年第 23 期;刘明祥:《"被教唆的人没有犯被教唆的罪"之解释》,载《法学研究》2011 年第 1 期;熊红文:《教唆犯在共同犯罪中作用地位的认定——也谈“造意”不为首》,载《人民检察》2011年第4期;何庆仁:《溯责禁止理论的源流与发展》,载《环球法律评论》2012年第2期;朱道华:《教唆犯二重性说的逻辑困境及其反思》,载《法律科学》2012年第6期;钱叶六:《共犯的实行从属性说之提倡》,载《法学》2012年第11期;周光权:《“被教唆的人没有犯被教唆的罪”之理解——兼与刘明祥教授商榷》,载《法学研究》2013年第4期;张开骏:《共犯从属性理论的体系建构》,载《清华法学》2013年第6期;林维:《真正身份犯之共犯问题展开——实行行为决定论的贯彻》,载《法学家》2013年第6期;蔡桂生:《〈刑法〉第29条第2款的法理分析》,载《法学家》2014年第1期;江溯:《超越共犯独立性与共犯从属性之争——刑法第29条第2款的再解释》,载《苏州大学学报(法学版)》2014年第2期;刘明祥:《再释“被教唆的人没有犯被教唆的罪”——与周光权教授商榷》,载《法学》2014年第12期;付立庆:《犯罪概念的分层含义与阶层犯罪论体系的再宣扬——以“教唆不满十八周岁的人犯罪”的规范理解为切入》,载《法学评论》2015年第2期;刘明祥:《论我国刑法不采取共犯从属性说及利弊》,载《中国法学》2015年第2期;秦雪娜:《共犯的实行从属性说在我国的困境与出路》,载《法学家》2015年第4期;周啸天:《最小从属性说的提倡:以对合法行为的利用为中心》,载《法律科学》2015年第6期。

细目录

Ⅰ 主旨
Ⅱ 沿革
Ⅲ 教唆行为
一、引起的含义
二、“他人”的范围
三、“犯罪意图”的相关问题
Ⅳ 教唆故意
一、教唆故意的基本内涵
二、教唆故意的明确性
三、陷害教唆
Ⅴ 教唆犯的处罚
一、教唆犯处罚的一般原则
二、教唆未满18周岁的人犯罪之处罚
三、被教唆的人没有犯被教唆的罪时教唆犯之处罚

Ⅰ 主旨

1 本条规定了教唆犯的含义及其处罚原则。在以作用分类法为主的指导思想下,立法者特意补充规定一种分工分类法中的子项,体现了其对教唆犯的重视。教唆

犯作为他人犯意的引起者，自古以来就有“造意者为首”的说法，因此一直是刑法重点打击的共同犯罪人之一；即使是在现代各国立法例中，教唆犯也因其对犯罪的催化作用和假他人之手犯罪的幕后者形象[1]，而成为刑法不可或缺的内容。本条既规定了教唆犯的一般处罚原则，又针对被教唆的人没有犯被教唆的罪以及教唆未满 18 周岁的人犯罪之情形，设置了独立的处罚规定，旨在构建起关于教唆犯的严密法网。

Ⅱ 沿革

1979 年《刑法》第 26 条规定：“教唆他人犯罪的，应当按照他在共同犯罪中所起的作用处罚。教唆不满十八岁的人犯罪的，应当从重处罚。如果被教唆的人没有犯被教唆的罪，对于教唆犯，可以从轻或者减轻处罚。”1979 年《刑法》施行不久后，全国人民代表大会就启动了对其的修订工作。但是在修订过程中，教唆犯并不是争议的焦点，其大多是在两种分类法的折冲中进行细微的调整。1997 年《刑法》的本条几乎与 1979 年《刑法》的第 26 条完全一致，仅将“教唆不满十八岁的人犯罪”改为更为规范的“教唆不满十八周岁的人犯罪”。 2

Ⅲ 教唆行为

教唆行为是指引起了他人犯罪意图的行为。实务中，是否引起了他人的犯罪意图是区分教唆行为和传授犯罪方法罪的根本标准。2000 年公安部《关于打击拐卖妇女儿童犯罪适用法律和政策有关问题的意见》规定：“教唆他人实施拐卖妇女、儿童犯罪的，以拐卖妇女、儿童罪的共犯立案侦查。向他人传授拐卖妇女、儿童的犯罪方法的，以传授犯罪方法罪立案侦查。”2015 年中央宣传部、中央网信办、最高人民法院、最高人民检察院、公安部、工业和信息化部、原国家工商行政管理总局、国家邮政局、国家禁毒委办公室《关于加强互联网禁毒工作的意见》规定：“对于利用互联网贩卖毒品，或者在境内非法买卖用于制造毒品的原料、配剂构成犯罪的，分别以贩卖毒品罪、非法买卖制毒物品罪定罪处罚；对于利用互联网发布、传播制造毒品等犯罪的方法、技术、工艺的，以传播犯罪方法罪定罪处罚，被传播者是否接受或者是否以此方法实施了制造毒品等犯罪不影响对本罪的认定；对于开设网站、利用网络通信群组等形式组织他人共同吸毒，构成引诱、教唆、欺骗他人吸毒罪等犯罪的，依法定罪处罚。”其中都指出，没有直接引起他人犯罪意图而只是单纯地传授犯罪方法的行为都被排除在教唆犯之外。 3

一般认为，“引起他人的犯罪意图”是指使没有犯罪意图的人产生犯罪意图。但如何理解“使没有犯罪意图的人产生犯罪意图”，有不少问题值得研究。 4

1 参见陈兴良：《共同犯罪论》(第 3 版)，中国人民大学出版社 2017 年版，第 217—218 页。

一、引起的含义

(一)引起的方法

5 引起的方法没有限制,无论口头、书面还是动作,无论明示还是暗示,只要能使他人产生犯罪意图即可。我国学者曾对引起他人犯罪意图的方法进行过列举。陈兴良教授认为,教唆行为的方法共有劝说、请求、挑拨、刺激、利诱、怂恿、嘱托、胁迫、诱骗、授意等十种方法。[2] 魏东教授则在此基础上进一步将教唆行为的方法概括为五类:煽动型教唆方法、诱骗型教唆方法、劝说型教唆方法、授意型教唆方法和胁迫型教唆方法。[3] 应当肯定,上述归纳总结对于认识教唆行为的外在表现方式是有益的,但其在刑法学中的价值也仅停留于此。一方面,所列举的各种方法仅为相对粗糙的经验总结,未必穷尽了自然意义上所有的教唆方法,且各种方法相互之间的关系和界限极为模糊。例如,劝说、请求和授意显然有极大部分是重叠的,煽动型教唆方法也难免会使用诱骗、劝说和胁迫的手段等。另一方面,刑法学是规范的科学,不是如同犯罪学那样的经验科学,教唆行为的表现方式如何,固然有助于认识教唆行为的规范本质,但绝非其规范本质本身。对于刑法而言,重要的始终是,能够在规范上判断何种行为属于刑法中的教唆行为;至于其方法,并不是刑法关注的重点。对此,陈兴良教授本人也有清醒的认识:"教唆行为除上述十种方法以外,还有其他方法,我们在这里讨论的是一些在司法实践中常见的教唆方法。并且,在这些教唆方法之间往往有着密切的联系,没有截然区分的界限。……我之所以对十种教唆方法分而论之,是为了使我们对教唆行为有一个更为明确、直观的认识,绝不意味着在一个教唆犯罪的案件中只存在其中一种教唆方法。"[4]

6 在各种教唆方法背后隐藏的问题还有,应当特别注意区分教唆犯与间接正犯。教唆犯与间接正犯的行为方法基本是重合的,例如欺骗和胁迫均为其典型手段。其行为的表现方式也极为相似,即都是假他人之手而实现犯罪。学说史上,二者也曾被混为一谈。例如近代学派于共犯理论多采行为共同说及共犯独立性说,认为举凡加功于犯罪事实者,无论直接与间接,其危险性格均已充分体现,故所谓间接正犯根本没有存在的必要,应包含于教唆犯中;按照单一制的主张,教唆犯与间接正犯也没有区分的必要等。笔者亦曾为了反对教唆犯独立性说,将第 29 条第 2 款解释为间接正犯,认为其系广义教唆犯之一种。[5] 尽管如此,教唆犯属于狭义共犯,而间接正犯属于正犯,至少在区分制的体系下,二者之间的界限是不容模糊的。至于具体的区分标准,应结合正犯与共犯之别加以展开,一般以是否有意志支配区分是教唆犯还是间接

---

2 参见陈兴良:《共同犯罪论》(第 3 版),中国人民大学出版社 2017 年版,第 84 页以下。

3 参见魏东:《教唆犯研究》,中国人民公安大学出版社 2002 年版,第 122 页以下。

4 陈兴良:《共同犯罪论》(第 3 版),中国人民大学出版社 2017 年版,第 88 页。

5 参见何庆仁:《我国刑法中教唆犯的两种涵义》,载《法学研究》2004 年第 5 期。

正犯。教唆犯虽然通过各种方法引起了他人的犯罪意图,但他人仍有意志自由以决定是否实施犯罪,法益侵害的因果流程仍然掌控在他人手中,所以教唆犯只是狭义共犯;而间接正犯则是行为事件的核心人物,其经由欺骗和胁迫等方法支配了他人的意志,他人已经无法自由决定是否实施犯罪,法益侵害的因果流程因此掌控在间接正犯的手上。该认识也得到了实务部门的认可,在焦祥根、焦祥林故意杀人案中,《刑事审判参考》中指出:被告人焦祥根虽因缺乏理性判断而被焦祥林利用,但焦祥根具有完全刑事责任能力,其杀人意图系自行产生,意志自由未受到焦祥林的限制,杀人也是为了维护自家经营山场的利益,并不属于焦祥林的工具。因此焦祥林不构成间接正犯。[6]

(二)引起的行为方式

引起他人犯罪意图的行为方式方面,作为是其典型,但是否可以通过不作为的方式引起他人的犯罪意图,以及如果可以,能否称该引起为不作为的教唆行为,在学理上争议较大。我国学者多持否定说,“由于教唆是积极地使对方产生犯罪意图的行为,因此,从语义上讲,不可能存在不作为形式的教唆”[7]。吴振兴教授很早就指出,教唆犯的本质在于制造犯意,这就需要教唆者与被教唆者之间有思想的交流,而通过消极的不作为既不能与他人交流思想,更不能引起他人的犯罪意图。[8] 魏东教授进一步从不作为犯的法理出发,认为不作为犯以行为人负有作为义务为前提,而教唆犯在实施教唆行为之前本身并不存在任何特定的作为义务,因此教唆犯从根本上欠缺不作为犯的基础。[9] 另有学者对不阻止他人产生犯罪意图是否等同于引起他人的犯罪意图提出了质疑,并结合法所不允许的风险视角指出,不作为的教唆行为是否制造了引起他人犯意的法所不允许的风险,是由风险本身决定的,与不作为没有直接关系,不能认为不作为可以成为教唆的行为方式。[10] 7

与此相反,肯定论者则认为,不作为的教唆行为是可能的。其中,一种观点认为,不作为虽难引起他人的犯罪意图,但可以坚定他人的犯罪意图,因此,只要可以引起和坚定他人犯罪意图的一切作为和不作为均可成为教唆的手段。至少在以下两种情况下,可以成立不作为的教唆:一是坚定犯意的教唆;二是施以精神帮助的教唆,即教唆者以不作为方式对他人施以精神上的帮助。[11] 另一种观点则倾向于认为,所有的教唆犯都是不作为犯,因为教唆行为本身并不是犯罪行为,反而是产生教唆犯的作 8

---

6 参见陈兴良、张军、胡云腾主编:《人民法院刑事指导案例裁判要旨通纂》(第 2 版),北京大学出版社 2018 年版,第 632 页。

7 黎宏:《刑法学总论》(第 2 版),法律出版社 2016 年版,第 296 页。

8 参见吴振兴:《论教唆犯》,吉林人民出版社 1986 年版,第 85 页。

9 参见魏东:《教唆犯研究》,中国人民公安大学出版社 2002 年版,第 125 页以下。

10 参见朱道华:《教唆犯研究》,法律出版社 2014 年版,第 157—158 页。

11 参见赵秉志、许成磊:《不作为共犯问题研究》,载《中国刑事法杂志》2008 年第 5 期。

为义务的根据,教唆犯因其教唆行为而成立,同时因其教唆行为而承担排除危险的义务,此时教唆犯不履行该义务的不作为,才是教唆犯的犯罪行为。[12]

9 笔者支持肯定说,但不得不指出的是,否定论与肯定论的上述观点大多流于表面,且充斥着混淆与误解。先分析肯定论者的立论。第一种肯定论一方面肯定只要可以引起他人犯意的一切不作为都可以成为教唆的手段,另一方面又承认不作为难以引起他人的犯罪意图,其列举的类型也均为坚定犯意型,一般的引起犯意型教唆究竟是否可以通过不作为而成立及其实质理由,始终语焉不详。此外,教唆与坚定犯意和心理帮助的界限,在该观点之下也相当模糊。第二种肯定论将教唆行为近乎全部视为不作为犯的先行行为,看似极大地肯定了不作为教唆,其实仍然否定了不作为的教唆,或者说至少是回避了不作为教唆的成立可能性。理由在于,该观点实际上是经由先行行为的途径,将全部作为的教唆行为转化为不作为的教唆行为,而原本争议的不作为的教唆行为并未因此得到回答。按照其推论逻辑,不作为的教唆行为因为未实施劝诱、怂恿等作为行为,可能就无法被视为先行行为,而最终不能被视为该论者所主张的不作为教唆。该观点论理上的问题还有,所谓作为固然可以被视为不作为的先行行为,但在二者重叠共同导致结果时,通常认为应优先适用作为犯而不是不作为犯。此外,将作为的教唆行为转换为不作为教唆后,此时的犯罪行为不再是教唆行为本身,而是未阻止他人的犯罪行为,由于不作为犯原则上都是正犯,这可能使得所有的教唆犯都变为不作为的正犯。[13] 鉴于在帮助犯那里也存在同样的可能性,那么,在该观点之下,教唆犯与帮助犯就失去了存在的意义,区分正犯与共犯在价值论上的优点也随之消失。

10 否定论的主要依据是语意,认为教唆难免要有思想交流和积极的劝诱等行为。这是对语意的一种通常解读,如同杀人的语意通常也是指作为杀人一样。但在规范的视野下,重要的是语意背后的规范要求。就此而言,教唆指涉的应是引起他人的犯罪意图,如同杀人指涉的应是剥夺他人生命。那么,仅以语意为据排斥不作为教唆可能就过于形式化了,正如不能仅以语意为由否认不作为杀人的存在一样。在实质性否定不作为教唆的见解方面,魏东教授提出了教唆行为人没有特定作为义务的论据,此乃对作为义务来源的一种误解。按照形式的四分法,先行行为属于作为义务的来源之一,任何人在实施先行行为之前也不具有特定的作为义务,但若行为人实施了一定的先行行为,创设了某一法所不允许的具体风险,同时也就取得了阻止风险实现的保证人地位和义务。教唆犯也不例外,若行为人实施的某一先行行为创设了引起他人犯意的风险,行为人就有作为义务阻止该风险实现。这和上述第二种肯定论是不一样的,该肯定论错误地将教唆行为本身视为先行行为,而这里是由另一先行行为创设出引起他人犯意的法所不允许的风险,之后行为人不予阻止的行为才是教唆行

---

[12] 参见夏华:《教唆犯新探》,载《政治与法律》1991 年第 4 期。

[13] 参见何庆仁:《义务犯研究》,中国人民大学出版社 2010 年版,第 35—36 页。

为本身。朱道华博士对此批评认为即使先行行为创设了引起他人犯意的风险,不阻止该风险的实现也不能与引起他人犯意相提并论,这只是风险本身的问题,也难言适当,除非彻底在刑法学中否定不作为犯。因为不作为犯的特点就是在有义务时不阻止结果实现,且规范对其的评价和作为是一样的,为什么在教唆犯的场合就要认为不阻止他人产生犯意与引起他人犯意不能相提并论,看不出其理由之所在。至于以风险为由,也是一种并不高明的托辞,不作为和作为都可以创设风险,肯定风险创设理论和否定不作为教唆之间丝毫没有关联。

(三)引起与坚定他人犯意的关系

引起他人犯罪意图的典型表现方式是使没有任何犯罪念头的人想要犯罪。除此以外,还有一种非常可能的情况,即被教唆者已经有了犯罪的想法,但尚未最终确定自己的犯罪意图。此时,如果教唆者介入,以其教唆行为坚定了被教唆者的犯罪意图的,究竟是教唆犯还是帮助犯? 11

早在 20 世纪 80 年代之初,我国学者就对该问题有所争议。教唆犯说认为:"对于犯意尚不坚定的人实施教唆行为,促其坚定犯意,应以教唆犯论处。"[14]帮助犯说则认为:"对于一个已经具有了某种犯意的人,再用言词去激发他,以促其实现犯罪的决心,也不能构成教唆犯。在这里,应以帮助犯论处为宜。"[15]双方的分歧其实在于对前提的理解不同,前者重视被教唆者的犯意尚不坚定,后者则强调被教唆者已经具有了某种犯意。由于所谓犯意尚不坚定的确是一个较为模糊的用语,究竟犯意坚定到何种程度才算最终确定了犯意往往不得而知,使得二者都有一定的成立空间。 12

之后随着教唆犯理论的发展,对该问题的争议也持续在学界发酵。马克昌教授从教唆犯与帮助犯的本质区别出发,认为教唆犯解决的是被教唆者是否实施犯罪的问题,而帮助犯只解决已经决心犯罪的人如何实施犯罪的问题。坚定犯意仍是促使他人实施犯罪,而不是便于他人实施犯罪,自应构成教唆犯而不是帮助犯。[16] 魏东教授同样赞成教唆犯说,"因为教唆犯的本质特征就在于,使那些本无犯意或者犯意不够坚定者具有犯意或者坚定其犯意,并促使其最终实施犯罪"[17]。支持帮助犯说的学者则指出,教唆犯是造意犯,对已有犯意,只是处于犹豫不决、尚未下决心实施犯罪的人进行劝诱、挑拨,使该人举棋不定的犯罪意图变为犯罪决意的行为,不过是在已有犯意的人犯罪之前实施的辅助性行为,并非在造意。[18] 另有学者从犯罪动机的角度认为,犯罪决意是动机与反动机相互斗争的过程,在此一过程中,通过减弱反对动机 13

---

14 魏克家:《略论教唆犯》,载《中国政法大学学报》1983 年第 4 期。

15 华东政法学院刑法教研室:《中华人民共和国刑法总则讲义》,1981 年版,第 116 页。

16 参见马克昌主编:《犯罪通论》(第 3 版),武汉大学出版社 1999 年版,第 558 页。

17 魏东:《教唆犯研究》,中国人民公安大学出版社 2002 年版,第 129 页。

18 参见叶高峰主编:《共同犯罪理论及其运用》,河南人民出版社 1990 年版,第 195 页。

等而强化犯意,也是便于他人实施犯罪的一种表现,对于不是使他人产生犯罪意图而只是坚定其犯意的唆使行为,应论以精神帮助犯。[19]

14 笔者赞同教唆犯说从教唆犯本质的角度提出的立论,帮助犯说的论证明显缺乏说服力。认为坚定犯意不是造意的第一种理由更多的是一种文字游戏和循环论证。因其先设定教唆犯就是造意犯的命题,然后直接指称坚定犯意不是造意,再得出其不属于教唆犯的结论。至于其所提到的实质性理由,即举棋不定的犯罪意图还不是犯罪决意,准确的表述应当是在举棋不定之下,尚谈不上具有了犯罪意图。第二种帮助犯说的理由正确地认识到了犯罪意图是正反动机相互斗争的结果,已经触及了犯意坚定到何种程度才不再可以被教唆的核心问题。但是,该观点的论证过于拘泥于正反动机的此消彼长的关系,从而误以为所有对该关系造成影响的劝说行为都只是为他人实施犯罪提供便利条件。在他人已经坚定犯意的前提下,其说明可能是合理的,无论是进一步强化犯罪动机还是弱化反动机,都是对他人的一种精神性帮助。然而,在他人是否要犯罪尚未最终确定时,通过强化犯罪动机或者弱化反动机,促成他人下定决心犯罪的场合,认为他人的犯罪意图是由劝说者所引起并不为过。从结果上看,对最终促成他人下定决心犯罪的人和对进一步强化他人犯罪决心的人施以同样的处罚也未必合适,毋宁说对前者处以更重的刑罚正是立法者设立教唆犯的意旨之所在。

15 易言之,引起他人犯罪意图既包括从无到有地使他人产生犯罪意图,也包括在他人是否实施犯罪尚未最终决定时坚定他人的犯罪意图。引起强调的只是教唆者的教唆行为是他人的犯罪意图产生的原因,而不是说教唆行为只能是唯一的原因。教唆行为和其他行为(包括被教唆者自己的行为)一起,共同引起被教唆者的犯罪意图,并不影响教唆行为的成立。关于何谓他人的犯罪意图以及犯罪意图应当坚定到何种程度的问题,在下文围绕犯罪意图的分析中会有阐释,仅就引起而言,坚定犯意应属于其方式之一。

二、“他人”的范围

16 教唆行为的对象是他人。长期以来,在共同犯罪的参与者都应当具有责任能力的观念[20]的误导下,主流观点一直认为,这里的他人同样指具有责任能力之人。直到2002年10月在武汉大学召开的21世纪第二次(总第八次)中日刑事法学术讨论会上,经由日本学者的提醒,情况才开始有所改变:在该次会议的研讨过程中,中日学者围绕教唆未满14周岁的人犯罪是否成立间接正犯展开了争论。陈兴良教授等我国学者主张,教唆未满14周岁的人犯任何罪都构成间接正犯,并举了母亲指使未满14周岁的小孩投毒杀人被论以间接正犯的真实案例;高桥则夫教授则追问说,未满14

---

19 参见朱道华:《教唆犯研究》,法律出版社2014年版,第163页。

20 参见第25条评注。

周岁的小孩到底多大年龄了,因为如果未成年人接近 14 周岁而具有是非辨别能力的话,就不能说一切教唆行为都是间接正犯。指示 12 周岁的小孩抢劫的,在日本判例上就是作为共同正犯处理的;如果小孩有很强的自主性,母亲没有很强地支配儿子行为的话,也不能成立间接正犯。[21]

现在,随着不法与责任的区分日渐明晰,已经有越来越多的学者开始否认被教唆者必须是达到法定责任年龄、具有责任能力之人。例如,张明楷教授认为:“教唆对象原则上必须是实际具有责任能力的人,但不必是达到法定年龄的人。换言之,虽然没有达到法定年龄,但事实上具有责任能力的人,也能成为教唆对象。”[22]周光权教授则主张:“被教唆人必须是具有规范意识、可能形成反对动机的人,但不必是达到法定刑事责任年龄、具有完全辨认和控制能力的人。”[23]另外,支持传统观点的学者仍然不少。除高铭暄教授和马克昌教授主编的教科书之外,魏东教授在其博士论文中同样认为,被教唆人必须具有责任能力,相对责任能力者在其具有责任能力的范围也可以成为被教唆者,否则,教唆者就只能论以间接正犯。[24] 陈伟强博士也强调指出,被教唆人必须符合我国刑法规定的犯罪主体条件,即达到刑事责任年龄并具有刑事责任能力,因为对犯罪人进行处罚,以犯罪人主观上具备非难可能性为基础。[25] 17

笔者曾经专门撰文批评过将责任能力纳入共同犯罪考量的观点,指出过其可能在体系上和具体问题上导致的种种谬误[26],于此不再赘述。简言之,共同犯罪本质上是一种可共同归责的共同不法,至于各参与人的责任能力和是否有非难可能性,属于责任判断的范围,需要就各行为人的具体情况单独评价。对于个别性判断的责任而言,是否有责任能力和非难可能性只决定该人本身是否有责任,对其他人的责任是没有影响的;也不能跨越阶层,对共同不法的认定产生影响。关于被教唆者的适格条件,在否定了传统观点所持的责任能力说之后,张明楷教授提出了事实责任能力说,周光权教授则代之以规范意识说。两种观点在都需要进行具体的实质性判断方面是一致且正确的,相较之下,规范意识可能是比事实责任能力更合适的说法[27],事实责任能力容易让人误以为责任能力实际上对共同不法的认定仍有其影响。 18

此外,主流观点还认为,被教唆的他人不仅应当是具备事实责任能力或者规范意识之人,还必须是特定之人。“一般认为,教唆行为的对象,必须是特定的(可以确定 19

21 参见马克昌、莫洪宪主编:《中日共同犯罪比较研究》,武汉大学出版社 2003 年版,第 261 页以下。

22 张明楷:《刑法学》(第 6 版),法律出版社 2021 年版,第 558 页。

23 周光权:《刑法总论》(第 4 版),中国人民大学出版社 2021 年版,第 364 页。

24 参见魏东:《教唆犯研究》,中国人民公安大学出版社 2002 年版,第 128 页。

25 参见陈伟强:《共同犯罪刑事责任研究》,清华大学出版社 2013 年版,第 151—152 页。

26 参见何庆仁:《共犯判断的阶层属性》,载《中国刑事法杂志》2012 年第 7 期。

27 二者未必是不同的标准,更可能的情况是,事实责任能力和规范意识在范围上是一致的,只是措辞不同而已。

被教唆者的具体范围);但特定并不意味着只能对一人教唆,对特定的二人以上实施教唆行为,也能成立教唆犯。如果唆使的对象不特定,则叫'煽动';煽动是比教唆更为缓和的概念。"[28]"如果教唆对象不明确,难以达到诱使他人犯罪的效果,不能成立教唆犯,视刑法分则的规定可能构成'煽动型'犯罪。"[29]"如果行为时针对不特定多数人实施,即使其行为性质是教唆,也不成立教唆犯,而可能构成刑法上以聚众方式构成的犯罪。换言之,当刑法分则已将某种具有教唆性质的行为单独作为某种犯罪,规定了具体法定刑时,则不再构成教唆犯。"[30]

20 笔者赞同被教唆之人应当是特定之人的观点。理由在于,客观上,当被教唆人不特定时,很难确切地引起他人的犯罪意图;即使他人偶然产生了犯罪意图,也很难将其与可以确定引起他人犯意的教唆行为相提并论。主观上,教唆故意具有明确性的要求,不仅教唆内容应当明确,教唆对象也是如此,而指向不特定人的唆使行为达不到教唆故意明确性的要求。教唆犯最终是要按照被教唆之行为的构成要件定罪科刑的,若其客观行为与主观故意均与被教唆的构成要件不尽相符,就不能被论以该构成要件的教唆犯。更准确地说,指向不特定多数人的唆使行为并不足以创设针对相关法益的危险,不能将被唆使者的行为在客观上归责于唆使者。毋宁说此时的直接保护法益是公共安宁,间接地才冲击到具体构成要件的保护法益。这也是立法者对于此类行为多采取分则立法模式的理由,即对于那些虽不能确定引起他人犯意,但有引起他人犯意的较大危险者,或者间接法益极为重要而不可放弃者,另行规定独立的罪名予以规制。此时,立法者是直接规制该类唆使行为本身,而不是将唆使行为依附于其他构成要件进行处罚。

三、"犯罪意图"的相关问题

21 教唆行为的结果是引起了他人的犯罪意图。这里的犯罪意图不是一种或强或弱的念头,而是行为人已经确定了自己将要实施犯罪的最终想法,如果一切正常,犯罪将按计划发生。因此,如果教唆行为只是引起了他人犯罪的念头,但始终没有使他人最终下定决心实施犯罪的,只能成立未遂教唆(没有使他人产生犯罪意图),而不是教唆未遂(他人产生了犯罪意图但实施犯罪时没有既遂)。例如,教唆他人杀人的,他人并未拒绝,但也没有完全同意,而是一直在考虑条件是否成熟,此时尚不能说教唆行为成功了。

22 问题是,犯罪的想法坚定到何种程度时才能说最终确定了犯罪意图。首先,犯罪意图显然不必百分之百地确定,不必达到无论如何也不会改变的程度。极少人实施犯罪时是抱着破釜沉舟的心态,通常情况下,犯罪者总是会意识到犯罪过程中会有各种不确定因素导致犯罪不能顺利完成,且自己将会接受该局面。而且,要求犯罪意图

---

28 张明楷:《刑法学》(第 6 版),法律出版社 2021 年版,第 558 页。

29 周光权:《刑法总论》(第 4 版),中国人民大学出版社 2021 年版,第 364 页。

30 林亚刚:《刑法学教义(总论)》(第 2 版),北京大学出版社 2017 年版,第 519 页。

百分之百确定的话,之后的心理帮助可能就会失去存在的空间,一个百分之百的意图明显是不可能再被强化的。其次,犯罪意图是在行为人的正反动机的此消彼长中确立的,只有在正动机相较于反动机具有明显优势时,才谈得上一个确定的犯罪意图。最后,已经有了一定犯罪想法的人还能否被教唆,也应当采取同样的标准思考,即只要该想法尚未确定,就有可能通过教唆而被确定下来。教唆行为的直接结果并不是制造出他人的犯罪念头,而是使他人产生确定的犯意,坚定犯意因此应当属于教唆行为的一种表现方式。

此外,犯罪意图还是一个动态的过程,不仅行为人形成犯罪意图是正反动机相互斗争的动态过程,而且行为人在形成了犯罪意图后还可能放弃犯罪意图,以及放弃后又重新产生犯罪意图。这给教唆犯的认定带来两方面的问题。其一,如果教唆人完成教唆后,他人已经产生了犯罪意图,但之后又多次反复的,应当如何认定教唆人的行为?对此,应以被教唆者是否着手实施了犯罪为界限,若是在着手之前,无论多少次反复,只要最终放弃了就只能是未遂教唆(教唆的未遂)。若是在着手之后,无论被教唆者最终是否(主动或者被动)放弃,只要犯罪未达既遂,教唆者都构成教唆未遂(未遂的教唆)。其二,被教唆者放弃犯罪意图后,如果教唆者继续教唆的,或者第三人介入重新坚定其犯意的,应当如何处理?笔者认为,第三人以新的行为介入的,应成立新的教唆行为,这与其他坚定犯意的教唆行为性质上是一样的,所不同者仅在于不坚定的犯罪念头是被教唆者自行产生还是由他人产生而已。而教唆者自己以新的行为继续坚定他人已经放弃的犯意的,可以和原来的教唆行为一起,视为一个接续的行为,没有必要评价为两个教唆行为。 23

Ⅳ 教唆故意

除客观上实施引起他人犯意的教唆行为之外,我国刑法还要求教唆犯只能是出于故意,过失引起他人犯意的行为因此不能适用我国《刑法》第 29 条,而仅可依单一制处理。 24

一、教唆故意的基本内涵

关于教唆故意的基本内涵,我国学者多按照犯罪故意的规范构造,从其认识因素与意志因素两方面展开。在认识因素方面,传统刑法理论一般认为,教唆犯需要认识到以下三方面的事实:其一,认识到被教唆的他人是达到刑事责任年龄、具有责任能力的人;其二,认识到他人还没有犯罪故意;其三,预见到自己的教唆行为将引起被教唆人产生实行某种犯罪的故意,并实施该种犯罪。[31] 25

---

[31] 参见高铭暄、马克昌主编:《刑法学》(第 9 版),北京大学出版社、高等教育出版社 2019 年版,第 173—174 页。类似的观点也请参见魏东:《教唆犯研究》,中国人民公安大学出版社 2002 年版,第 141—142 页;朱道华:《教唆犯研究》,法律出版社 2014 年版,第 145—146 页。

26 上述三项认识内容中,第一点是错误的,而第二点则不够准确。被教唆者是否达到责任年龄、具有责任能力与共同犯罪的成立无关,因为共同犯罪是一种不法形态,原则上不受责任的影响。教唆无责任能力者的因此并不都是间接正犯,只有教唆者支配了无责任能力者的意志,且无责任能力者在客观上也要为结果负责时,教唆者才成立间接正犯。若被教唆的行为及其结果根本就不能在客观上归责于无责任能力者(例如教唆 13 岁的人自杀),因欠缺共同归责构造,只能对教唆者依单独归责的单独犯罪处理,考察其是否独立符合分则的相关构成要件。若无责任能力者虽受到教唆,但仍有意志自由(例如教唆 13 岁的小孩杀人),教唆者仍然可能是教唆犯。第二点认识内容则忽略了引起他人犯意除了使毫无犯意的人产生犯意这一最典型的情形,还存在大量坚定他人犯意、教唆改变、教唆加重等特殊情形,尤其是教唆改变和教唆加重,被教唆者毫无疑问已经有了一定的犯罪故意,但这并不妨碍教唆者仍有成立教唆犯的空间。

27 教唆故意的认识因素中真正重要的是第三点,该点其实包含两层含义,即所谓教唆犯的双重故意。“教唆的故意,具有双重的心理状态:在认识因素中,教唆犯不仅认识到自己的教唆行为会使被教唆的人产生犯罪的意图并去实施犯罪,而且认识到被教唆的人的犯罪行为将会造成危害社会的结果。在意志因素中,教唆犯不仅希望或者放任其教唆行为引起被教唆的人的犯罪意图和犯罪行为,而且希望或者放任被教唆的人的犯罪行为发生某种危害社会的结果。”[32]这里的双重故意显然不是指认识因素和意志因素,而是指教唆故意既要指向引起他人犯意,也要指向构成要件行为的实施以及构成要件结果的实现;两者缺一都不可能成立《刑法》第 29 条规定的教唆犯。通常情况下,行为人要么非故意地引起他人犯意且非故意地指向构成要件行为和结果,要么故意地引起他人犯意且故意地指向构成要件行为和结果,但也不排除非故意地引起他人犯意后又故意指向构成要件行为和结果,以及故意地引起他人犯意且非故意地指向构成要件行为和结果。后者与后文将要讨论的陷害教唆有关,在结论上一般认为不构成教唆犯,兹不赘言;前者则可能基于不作为犯的法理,仍有成立教唆犯的可能。由此可见,教唆犯的所谓双重故意中,真正重要的其实是指向构成要件行为和结果的第二重故意;第一重故意在一定程度上是没有意义的,这也符合学理与实务中对犯罪故意应当指向结果的一般性认知。

28 在意志因素方面,现在的主流观点认为,教唆故意既可以出于希望也可以出于放任的心态,即直接故意和间接故意均可。[33] 但有少数学者曾对我国刑法中的教唆故

---

[32] 陈兴良:《共同犯罪论》(第 3 版),中国人民大学出版社 2017 年版,第 112 页。同样的观点参见周光权:《刑法总论》(第 4 版),中国人民大学出版社 2021 年版,第 364 页;林亚刚:《刑法学教义(总论)》(第 2 版),北京大学出版社 2017 年版,第 517 页。

[33] 参见陈兴良:《共同犯罪论》(第 3 版),中国人民大学出版社 2017 年版,第 113 页;张明楷:《刑法学》(第 6 版),法律出版社 2021 年版,第 562 页;黎宏:《刑法学总论》(第 2 版),法律出版社 2016 年版,第 297 页;周光权:《刑法总论》(第 4 版),中国人民大学出版社 2021 年版,第 364 页。

意是否可以出于放任的间接故意有一定的不同看法。一种倾向于彻底否定间接故意的观点认为,教唆犯是出于引起他人犯意的特定目的的犯罪,对结果只能持希望的态度,所以,从理论上讲教唆犯不可能由放任的间接故意构成;且在司法实践中也从未出现过间接故意教唆的情形。[34] 另一种主张部分否定间接故意的观点则认为,《刑法》第 29 条第 1 款规定的教唆犯既可以出于直接故意也可以出于间接故意,但第 29 条第 2 款规定的教唆犯则只能出于直接故意,因为该款规定的是被教唆的人没有犯被教唆的罪也成立教唆犯,与没有未遂犯的间接故意概念不符。[35]

笔者支持主流观点的看法,反对观点的主张大多建立在对间接故意和共同犯罪的错误理解之上。法院在刘岗等金融凭证诈骗案中曾经指出:“各共同犯罪人之间的犯意联络及对危害结果的预见是构成共同犯罪故意的实质性内容,而对危害结果的态度却可以有希望或者放任两种不同形式,也就是说,在共同犯罪故意的认定中,并不要求各共同犯罪人的犯罪故意内容完全一致,也并不要求各共同犯罪人分别独自具备某具体犯罪的主观要件的全部内容,如特定目的等,而只以各共同犯罪人的犯意相互连接,共同形成某一具体犯罪的主观要件整体为满足。”[36]对于教唆故意而言同样如此,只要具有上述认识因素和意志因素就够了,除此以外,是希望还是放任、是否还具有特定的动机或者目的在所不论。例如,在李启红等内幕交易、泄露内幕信息案中,《刑事审判参考》中认为,内幕信息的知情人员建议他人买卖证券,极有可能是内幕交易实施者的犯意提起者、教唆者,建议者和交易者属于内幕交易的共同犯罪,均构成内幕交易罪;无论建议者是否获利,或者建议者自己是否进行内幕交易,其建议行为均构成内幕交易罪。[37] 29

二、教唆故意的明确性

教唆故意中另一个重要的问题是其明确性难题,即教唆者对被教唆的构成要件行为应当具有何种程度的认识,是笼统地说教唆他人犯罪就足够,还是必须巨细靡遗地认识到被教唆行为的所有细节,抑或是处于二者之间的一种状态。如果不出意外地采用折中的观点,那么构成要件行为的哪些要素是无须认识的,哪些又是为教唆故意成立所必不可少的,就亟待厘清。 30

---

34 参见华东政法学院刑法教研室编著:《刑法概论》,浙江人民出版社 1987 年版,第 141 页。

35 参见马克昌主编:《犯罪通论》(第 3 版),武汉大学出版社 1999 年版,第 560 页;魏东:《教唆犯研究》,中国人民公安大学出版社 2002 年版,第 143 页;朱道华:《教唆犯研究》,法律出版社 2014 年版,第 143 页。

36 陈兴良、张军、胡云腾主编:《人民法院刑事指导案例裁判要旨通纂》(第 2 版),北京大学出版社 2018 年版,第 313 页。

37 参见陈兴良、张军、胡云腾主编:《人民法院刑事指导案例裁判要旨通纂》(第 2 版),北京大学出版社 2018 年版,第 257 页。

31 例如,在陈卫国等故意杀人案中,被告人余建华打电话给陈卫国,要陈卫国前来帮自己“教训”被害人,后陈卫国持刀将被害人杀死。浙江省高级人民法院认为,余建华仅要求陈卫国“教训”被害人,没有要求陈卫国携带凶器;在现场斗殴时余建华没有与陈卫国商谋,也不知道陈卫国带着凶器,不能认为余建华有杀人的教唆故意。[38] 在王兴佰等故意伤害案中,同样是教唆他人“教训”被害人,山东省青岛市中级人民法院认为,被告人王兴佰事先未向参与实施伤害者明示不得使用尖刀等锐器,被告人王永央发现被告人韩涛持刀捅刺被害人时也未予以制止,故被告人韩涛的持刀捅刺行为并非实行过限的个人行为。[39] 这两个案例是非常类似的,都是教唆他人“教训”被害人,由于“教训”一语的不明确性,就产生了教唆故意范围的明确性问题。从结论来看,两个案例似乎有所不同,由于案例中的具体细节并不清楚,不能排除结论的不同是由于事实方面的差异导致,所以下面仅结合王兴佰等故意伤害案的裁判理由进行分析。

32 在王兴佰等故意伤害案的裁判理由中,《刑事审判参考》中非常清楚地指出:在司法实践中,对于教唆故意范围的认定,主要看教唆者的教唆内容是否明确,即教唆犯对被教唆人的实行行为有无明确要求;或正面明确要求用什么犯罪手段达到什么犯罪后果,如明确要求用棍棒打断被害人的一条腿;或从反面明确禁止实行犯采用什么手段,不得达到什么犯罪结果等,如在伤害中不得使用工具、不得击打被害人头部、不得将被害人打死等,如果教唆内容明确,则以教唆内容为标准判断实行者的行为是否过限。如果教唆内容不明确,则属于一种盖然的内容,一般情况下不应认定实行行为过限,除非实行行为显而易见地超出教唆内容。[40] 针对该案,法院指出,王兴佰预谋找人教训一下被害人,至于怎么教训,教训到什么程度,并没有特别明确的正面要求;同时,王兴佰事前也没有明确禁止韩涛、王永央等人用什么手段,禁止他们教训被害人达到什么程度的反面要求。所以从被告人王兴佰的教唆内容看属于盖然性教唆。在这种情形下,虽然王兴佰仅向韩涛、王永央等提供了铁管,韩涛系用自己所持的尖刀捅刺被害人,且被害人的死亡结果在一定程度上也确实超出了王兴佰等人的意料,但因其对韩涛的这种行为事前没有明确禁止,教唆者王兴佰仍应对被害人的死亡负责。[41]

33 我国学者对此问题探讨不多,分歧因此也并不严重。周光权教授认为:“由于只

---

38 参见陈兴良、张军、胡云腾主编:《人民法院刑事指导案例裁判要旨通纂》(第2版),北京大学出版社2018年版,第584页。

39 参见陈兴良、张军、胡云腾主编:《人民法院刑事指导案例裁判要旨通纂》(第2版),北京大学出版社2018年版,第722页。

40 参见陈兴良、张军、胡云腾主编:《人民法院刑事指导案例裁判要旨通纂》(第2版),北京大学出版社2018年版,第723页。

41 参见陈兴良、张军、胡云腾主编:《人民法院刑事指导案例裁判要旨通纂》(第2版),北京大学出版社2018年版,第723页。

是抽象地叫他人'去犯罪'并不构成教唆,教唆的故意当中就应当包括教唆犯对于犯罪内容的具体认识,即教唆犯对于与正犯将要实施的犯罪有关的重要构成事实,应当具有相当程度的认识,知道自己是在教唆他人实施杀人、伤害、抢劫或者强奸等行为。当然,教唆犯需要认识所教唆犯罪的重要构成事实,并不要求其认识犯罪的所有细节。"[42]与此有所不同的是,林亚刚教授指出:"教唆之罪并不要求很具体。例如,可以理解为盗窃、抢劫、敲诈勒索,而被教唆者却实施抢劫的;可以理解为侮辱、猥亵、强奸,而被教唆者实施强奸的,司法实践一般是按照被教唆者所实行的具体犯罪而对教唆者定罪。这并非客观归罪,虽然在教唆内容上不很具体,但是希望或放任让人实施犯罪是明确的,应按照被教唆者具体实施的犯罪对教唆者追究责任。但如果教唆的内容根本就不具体,甚至可以理解为不犯罪的,则不能认为是教唆犯。"[43]应该说两位教授在各自教科书中的论述未必是对立的,重要的是是否承认对被教唆的构成要件行为需要认识到其"重要构成事实",以及哪些事实属于这里的"重要构成事实"。非常遗憾的是,对于此一极为重要的问题,我国学者整体而言语焉不详。

34 笔者认为,教唆故意的明确性对教唆犯的成立范围有重要影响,其涉及被教唆行为的具体化及其程度,尤其是时间、地点等个别化要素究竟需要明确到何种程度的问题。由于教唆犯是假他人之手实现犯罪,其规范内涵是可归责地引起了他人犯意,整起犯罪行为仍然支配在正犯之手,教唆犯对于犯罪实施的过程并无决定性的影响力,仅就此而言,要求教唆犯必须确定被教唆行为的时间、地点等个别化要素,就是不适当的。即使是间接正犯,也未必能完全确定被利用行为的个别化要素,遑论教唆犯。另外,单独犯罪的场合,犯罪故意的成立通常也不受时间、地点等个别化要素的影响,对仅仅实施了教唆行为的人的故意提出时间、地点、行为对象等个别化要素的要求,可能是过分之举。

三、陷害教唆

35 教唆故意中受到越来越多关注的另一个问题是所谓陷害教唆(agent provocateur),又称为教唆未遂或者未遂的教唆(不同于《德国刑法典》第 30 条规定的未遂教唆或教唆的未遂),即教唆人故意教唆他人实施一个将止于未遂的构成要件行为。其典型表现形式如意图使他人受刑事追究而故意教唆他人入室盗窃后又及时报警,使他人被警察当场抓获;又如在毒品犯罪等领域较为常见的诱惑侦查、警察圈套或钓鱼执法,打入毒贩内部的卧底或者伪装成买主的警察引诱他人犯罪致其被警察人赃并获等。此类案件表现形式不一,不仅与教唆故意的理解息息相关,也与共犯的处罚根据联系紧密,且与程序法和宪法亦关联颇深,因此受到学理与实务界的广泛关注。

42　周光权:《刑法总论》(第 4 版),中国人民大学出版社 2021 年版,第 364—365 页。

43　林亚刚:《刑法学教义(总论)》(第 2 版),北京大学出版社 2017 年版,第 518 页。

36 我国实务部门通常将陷害教唆的情形称为特情介入的犯罪引诱,2008 年最高人民法院《全国部分法院审理毒品犯罪案件工作座谈会纪要》第六部分专门对特情介入案件的处理问题进行了规范,针对被引诱者作了如下规范:“运用特情侦破毒品案件,是依法打击毒品犯罪的有效手段。对特情介入侦破的毒品案件,要区别不同情形予以分别处理。对已持有毒品待售或者有证据证明已准备实施大宗毒品犯罪者,采取特情贴靠、接洽而破获的案件,不存在犯罪引诱,应当依法处理。行为人本没有实施毒品犯罪的主观意图,而是在特情诱惑和促成下形成犯意,进而实施毒品犯罪的,属于‘犯意引诱’。对因‘犯意引诱’实施毒品犯罪的被告人,根据罪刑相适应原则,应当依法从轻处罚,无论涉案毒品数量多大,都不应判处死刑立即执行。行为人在特情既为其安排上线,又提供下线的双重引诱,即‘双套引诱’下实施毒品犯罪的,处刑时可予以更大幅度的从宽处罚或者依法免予刑事处罚。行为人本来只有实施数量较小的毒品犯罪的故意,在特情引诱下实施了数量较大甚至达到实际掌握的死刑数量标准的毒品犯罪的,属于‘数量引诱’。对因‘数量引诱’实施毒品犯罪的被告人,应当依法从轻处罚,即使毒品数量超过实际掌握的死刑数量标准,一般也不判处死刑立即执行。对不能排除‘犯意引诱’和‘数量引诱’的案件,在考虑是否对被告人判处死刑立即执行时,要留有余地。对被告人受特情间接引诱实施毒品犯罪的,参照上述原则依法处理。”

37 但是对于实施引诱的特情人员,该纪要并未提及,应该是认为理所当然不成立教唆犯。学界则对陷害教唆的特情人员是否成立教唆犯理解不一。吴振兴教授认为,教唆犯只要实施了教唆行为,教唆他人犯罪就已经成立,根本就不存在教唆未遂的问题。[44] 林亚刚教授分析指出,从《刑法》第 29 条第 2 款来看,通说对教唆故意的理解不受被教唆行为的影响,即使被教唆人拒绝教唆也成立教唆犯,所以依通说的观点,既然陷害教唆者已经实施了教唆行为,就应当成立教唆犯。[45] 陈兴良教授另外指出:“在陷害教唆的情况下,陷害是推动行为人唆使他人犯罪的内心起因,属于犯罪动机,并不能由此否认行为人主观上存在教唆故意,也不能否认教唆犯与被教唆的人之间的犯意联系。”[46]肯定的见解也不在少数,有学者认为,陷害教唆者意图使他人受刑事追究,就中断了教唆犯与被教唆的人之间的犯意联系,因而难以成立共同犯罪中的教唆犯。[47] 周光权教授认为,陷害教唆者主观上不包含完成犯罪的意思,其自始就知道犯罪不可能既遂,不是为了实现犯罪的构成要件结果,不能认为其具有教唆故意,因此是不可罚的。[48] 张明楷教授则从不能犯的角度指出,如果被教唆的行为是不

44 参见吴振兴:《论教唆犯》,吉林人民出版社 1986 年版,第 107 页。

45 参见林亚刚:《刑法学教义(总论)》(第 2 版),北京大学出版社 2017 年版,第 517 页。

46 陈兴良:《共同犯罪论》(第 3 版),中国人民大学出版社 2017 年版,第 117 页。

47 参见汪保康:《关于共同犯罪主观方面的几点质疑》,载《政法学刊》1986 年第 2 期。

48 参见周光权:《刑法总论》(第 4 版),中国人民大学出版社 2021 年版,第 365 页。

能犯,教唆者自然不可罚;如果被教唆的是未遂犯,需要判断教唆者是否有教唆犯罪的故意,一般很难否定该故意的存在。[49]

上述争论基本上是围绕教唆故意展开的,笔者基本赞同教唆故意必须指向结果实现的观点,当教唆人有充分根据认为构成要件结果不会发生时,即使其实施了行为,也不能说其具有犯罪故意,实施犯罪引诱的特情人员就是如此。我国《刑法》第12条也明文规定,犯罪故意是指明知道自己的行为会发生危害社会的结果的心态,陷害教唆者显然与此不符。否定说的观点中,前两者并未直面问题,即使采取独立性说,教唆行为可以独立于被教唆的行为而成立犯罪,也不意味着陷害教唆就一律成立教唆犯。因为陷害教唆的场合首先涉及的是教唆故意是否成立的问题,如果如同笔者一样否定教唆故意,按照独立性说显然也不能成立教唆犯。所以陈兴良教授的观点才是真正的反对意见,但遗憾的是,陈兴良教授对陷害教唆的理解更为宽泛,他认为陷害教唆不仅限于被教唆人未遂,被教唆人既遂的也可能是陷害教唆,例如教唆他人盗窃,等其既遂后报警将其抓获。[50] 如果是这样理解陷害教唆,陷害的确只是一种动机,不足以作为一种类型影响故意的认定。相反,若陷害教唆仅针对教唆人明知被教唆人将止于未遂的情形,则陷害动机直接就切断了主观认知与结果之间的纽带,阻却故意就是完全可能的。 38

肯定说的理由中,第一种认为陷害意图就中断了教唆者与被教唆者的意思联系,有违事实,被教唆者正是在教唆者的教唆下才产生了犯意且去实施了相关行为,这是不容否认的。周光权教授的论述与笔者基本一致,要补充说明的是,笔者认为,教唆故意也不完全是对教唆人心理状态的复制,而应以可归责为前提,在此基础之上,只要教唆人认识到构成要件结果在自己所制造的法所不允许的危险范围之内就可以了,不需要指向具体个人和具体流程。张明楷教授提出了富有启发意义的不能犯的新视角,但是该视角更多地对解决被教唆者的刑事责任具有启发意义,即故意实施犯罪行为且有既遂意图,却因为他人的控制如警察的提前设伏等,事先就注定未遂时是不能犯还是未遂犯。而陷害教唆者本人基于事先的安排,早就知道犯罪不会既遂,并因为欠缺既遂意志而不成立故意,在结果确未发生时,反而从以故意为前提的未遂犯与不能犯视角探讨其行为,甚至据此决定其教唆故意是否成立,因此是不合适的。换言之,教唆故意的成立不以教唆他人实施的是不能犯还是未遂犯为前提,而取决于行为人主观上认为自己的行为是否会导致危害社会的结果;不要说未遂犯和不能犯,甚至在由于种种原因结果竟然发生了时,若行为人认为不会发生,仍然要否定故意的成立。总之,教唆故意和不能犯与未遂犯是两个不同的议题,难以以后者决定前者的有无。 39

49 参见张明楷:《刑法学》(第6版),法律出版社2021年版,第526—563页。

50 参见陈兴良:《共同犯罪论》(第3版),中国人民大学出版社2017年版,第115页。

V 教唆犯的处罚

40 我国立法者在轻描淡写何谓教唆犯的同时,却详细规定了教唆犯的处罚方式,可见教唆犯处罚问题的重要性。根据《刑法》第 29 条的规定,教唆犯的处罚在我国共分为三种情况:一种是按照其在共同犯罪中所起的作用处罚;一种是教唆未满 18 周岁的人的,应当从重处罚;一种是被教唆的人没有犯被教唆的罪的,可以从轻或者减轻处罚。

一、教唆犯处罚的一般原则

41 我国刑法规定的教唆犯的处罚原则是按照其在共同犯罪中所起的作用处罚,既可能处以主犯之刑,也可能处以从犯或胁从犯之刑。但是,实务中教唆犯原则上是作为主犯甚至是主犯中的主犯来处罚的。2005 年最高人民法院、最高人民检察院、公安部《关于开展集中打击赌博违法犯罪活动专项行动有关工作的通知》规定:“对具有教唆他人赌博、组织未成年人聚众赌博或者开设赌场吸引未成年人参与赌博以及国家工作人员犯赌博罪等情形的,应当依法从严处理。”2008 年最高人民法院《全国部分法院审理毒品犯罪案件工作座谈会纪要》规定:“对利用、教唆特定人员进行毒品犯罪活动的组织、策划、指挥和教唆者,要依法严厉打击,该判处重刑直至死刑的,坚决依法判处重刑直至死刑。对于被利用、被诱骗参与毒品犯罪的特定人员,可以从宽处理。”2016 年最高人民检察院《关于全面履行检察职能为推进健康中国建设提供有力司法保障的意见》指出:“重点打击、从严惩处在医疗机构进行寻衅滋事、敲诈勒索、扰乱医疗秩序等犯罪行为的职业‘医闹’,专门捏造、寻找、介入他人医患矛盾,故意扩大事态,挑动、教唆他人实施违法犯罪的首要分子和积极参加者,从事非法行医、组织出卖人体器官、非法采供血液违法犯罪活动的游医、假医、‘黑诊所’‘血头’,以及具有幕后组织、网络策划、涉黑涉恶、内外勾结等恶劣情节的犯罪分子或者团伙。对上述重点打击对象,应当依法提出从严处理、不适用缓刑、适用禁止令等量刑建议。”2018 年最高人民法院、最高人民检察院、公安部、司法部《关于办理黑恶势力犯罪案件若干问题的指导意见》第 32 条第 3 款规定:“……煽动、教唆和组织当事人或者其他人员到司法机关或者其他国家机关静坐、举牌、打横幅、喊口号等,扰乱公共秩序、危害公共安全的……司法行政机关应当依照有关规定予以处罚,构成犯罪的,依法追究刑事责任。”其中教唆往往和组织、策划、指挥、挑动、煽动等主犯中最为严重的行为方式相提并论,并沦为从严处理、严厉打击的对象,不得不说在司法机关的印象中,教唆犯不仅原则上是主犯,而且是要重点打击的主犯中的主犯。

42 学理对实务中的上述做法大多也表示认可,“教唆犯是犯意的发起者,没有教唆犯的教唆,就不会有该种犯罪发生,因而教唆犯在共同犯罪中往往起着主要作用,特别是用威胁、强迫、命令等方法的教唆犯,教唆之后又提供重要帮助的,更是如此。所以在审判实践中对共同犯罪中的教唆犯,一般都作为主犯处罚。在少数情况下,教唆犯也可能在共同犯罪中起的作用是次要的,如教唆他人帮助犯罪,在教唆人的威胁下接受教唆然后再去教唆他人犯罪等”[51]。有学者甚至认为,“这种处罚原则较国外的按正犯处罚或依照单独犯处罚的立法例更为科学”[52]。

43 之所以如此,可能与我国长期以来的“造意为首”的法律文化,以及“首恶必办、胁从不问”的刑事政策有关。但是,这些理由看似可以为教唆犯原则上应论以主犯的观点提供依据,实际上禁不住推敲。周光权教授曾经批判性地指出:“在实务中,提起犯意的共同犯罪人大体上没有例外地被作为主犯看待。这种比较绝对化的认识,继承了‘造意为首’的理念,有其法制史上的渊源,但是,这一流行观点值得商榷。如果坚持刑法客观主义的立场,肯定共犯从属性说,并在共同犯罪人作用的评价上采取先客观后主观的逻辑顺序,对于提起犯意的人,十之八九都应该评价为从犯,只有在造意后又着手实行、针对未成年人提起犯意、为犯罪集团或者聚众犯罪造意等并不多见的场合,才有成立主犯的余地。”[53]周光权教授对我国司法实务和主流观点的这一反思是非常具有启发意义的,笔者深表赞同。不过也有观点结合我国历来的传统和其他各国刑法的规定,为“造意为首”进行了针锋相对的辩护,认为教唆犯对犯罪结果其实起着绝对控制的效果,正犯只不过是教唆犯手中的一枚棋子或者工具;从没有教唆犯的教唆就没有正犯的实行这个角度上看,教唆犯不仅自己实现了犯罪意图,还导致正犯也走上犯罪之路,将本无犯意的他人“拉下水”,其危害性比亲自实行犯罪者更大;教唆犯才是教唆共同犯罪的源头,也可以说是犯罪之首,是共同犯罪的灵魂与核心。[54]

44 笔者认为,围绕造意是否为首的上述争议,非常清楚地展现了我国传统刑法理论对教唆犯根深蒂固的误解。在共同犯罪的构造中,教唆犯仅为引起犯意之人,并未实施构成要件行为,也未通过意志支配而成为具体行为事件的核心人物和共同归责的核心人物。如果如同上述观点那样,认为正犯不过是教唆犯的一枚棋子,听命于教唆犯,教唆犯随时可以操控犯罪的进程,对危害结果有着全程控制效果,那这根本就不是教唆犯,而是意志支配型的间接正犯了。只要将形似而实异的教唆犯和间接正犯做一个比较,就可以清楚地看出将教唆犯原则上论以主犯的重大缺陷:二者都是通过他人之手实现犯罪,拥有意志支配的间接正犯不法程度更甚,所以才被提升为正犯,那么没有支配他人意志的教唆犯就绝对不能和正犯相提并论。否则,特意将引起他人犯意中更为严重的部分视为(间接)正犯就完全失去了意义。简言之,教唆犯和间接正犯的落差就是教唆犯和正犯(主犯)之间的落差,承认教唆犯原则上是主犯就

---

51 马克昌主编:《犯罪通论》(第3版),武汉大学出版社1999年版,第561页。

52 朱道华:《教唆犯研究》,法律出版社2014年版,第193页。

53 周光权:《造意不为首》,载《人民检察》2010年第23期。

54 参见熊红文:《教唆犯在共同犯罪中作用地位的认定——也谈“造意”不为首》,载《人民检察》2011年第4期。

相当于承认了所有的教唆犯原则上都是间接正犯,应该不会有人如此认为。[55] 那么,作为造意者中更为轻微的类型,教唆犯无论主观上多么恶劣,无论其源头作用多么明显,其程度都没有办法和通过欺骗、强制等支配了实行人意志的间接正犯等量齐观,因此教唆犯原则上绝不能论以主犯。

二、教唆未满 18 周岁的人犯罪之处罚

45 《刑法》第 29 条第 1 款后段规定:"教唆不满十八周岁的人犯罪的,应当从重处罚。"学界在说明其理由时,有两种进路。传统刑法理论更偏向于从社会危害性和人身危险性的角度,笼统地指出教唆未满 18 周岁的人犯罪程度更为严重。如马克昌教授指出,教唆未满 18 周岁的人犯罪从重处罚,是为了防止教唆犯对青少年的侵蚀,保护他们的健康成长,以及此类教唆犯主观恶性较大,而且造成的危害后果严重。[56] 另一种则偏向于德日刑法教义学的思路,如张明楷教授认为,教唆不满 18 周岁的人犯罪从重处罚,既说明行为人的非难可能性严重,又说明教唆行为本身的腐蚀性大,危害程度严重;此外保护青少年健康成长,也是政策上的理由。两种进路之间并无实质区别,着眼点都是一样的,但鉴于教义学的话语体系,笔者支持从违法、责任和政策的角度说明其从重处罚的理由。

46 与此相关的一个问题是,第 29 条第 1 款的前段与后段是何种关系,二者是分别独立的两个处罚原则,还是说前段才是教唆犯的处罚原则,后段也应该依前段根据教唆犯的作用区分主从后,再从重处罚。在 1979 年《刑法》施行期间,曾经有学者以教唆未满 18 周岁的人犯罪应当从重处罚为由,认为教唆未成年人犯罪就表明其是主犯,所以教唆者只能以主犯论处,且要在主犯的基础之上从重处罚。[57] 但多数观点对此持反对态度,认为教唆未满 18 周岁的人犯罪的,也应该根据其在共同犯罪中所起的作用区分主从,然后在主犯或者从犯、胁从犯的基础之上再从重处罚。[58] 就论理而言,后者更为合理,即后段也应以前段为基础,教唆未成年人犯罪的人也可能仅起到次要作用,一律论以主犯与实际情况不符,也可能对从犯型的教唆犯施以过重的处罚。

47 由于我国刑法对刑事责任年龄的划分有已满 12 周岁未满 14 周岁、已满 14 未满 16 周岁以及已满 16 周岁等多个责任能力程度,此处的"不满十八周岁"应当指哪个

---

55 即使是不区分正犯与共犯的单一制,也会在量刑时实质性地区分没有意志支配的教唆犯和有意志支配的间接正犯。

56 参见高铭暄、马克昌主编:《刑法学》(第 9 版),北京大学出版社、高等教育出版社 2019 年版,第 175 页。

57 参见魏克家:《试论教唆犯的几个问题》,载北京市法学会:《刑法学论集——北京市刑法学研究会首届年会论文选编》,1983 年版,第 144 页。

58 参见陈兴良:《共同犯罪论》(第 3 版),中国人民大学出版社 2017 年版,第 244 页;魏东:《教唆犯研究》,中国人民公安大学出版社 2002 年版,第 267—268 页;朱道华:《教唆犯研究》,法律出版社 2014 年版,第 197—198 页。

或哪些年龄段,可以有不同的理解。一种观点认为,教唆犯的成立以共同犯罪为前提,因此,只有被教唆之人具有相关责任能力时,如教唆已满 16 周岁未满 18 周岁的人犯罪以及教唆已满 14 周岁未满 16 周岁的人犯《刑法》第 17 条第 2 款所规定之罪的,才可以对教唆者从重处罚。教唆未满 14 周岁的人犯罪或者教唆已满 14 周岁未满 16 周岁的人犯《刑法》第 17 条第 2 款规定之罪之外的犯罪的,属于利用无责任能力人的间接正犯,而不是教唆犯。[59] 另一种观点认为,教唆未满 14 周岁的人犯罪或者教唆已满 14 未满 16 周岁的人犯《刑法》第 17 条第 2 款规定之罪之外的犯罪的,虽然理应成立间接正犯,但为了使其有从重处罚的可能性,应将其例外地从间接正犯中分离出来,作为教唆犯从重处罚。[60] 还有一种观点认为,不满 18 周岁包括没有达到法定年龄的人,教唆未达法定年龄的人犯罪未必都成立间接正犯;即使教唆未达法定年龄的人犯罪成立间接正犯,由于间接正犯与教唆犯不是对立关系,间接正犯也完全符合教唆犯的成立条件,对其仍应从重处罚,否则会导致刑法的不协调。[61]

上述观点中的前两种以传统共同犯罪理论为基础,存在两个前文已经多次提及过 48
的重要欠缺。其一,共同犯罪的成立并不以参加者均具有责任能力为前提,未满 18 周岁的人和已满 18 周岁的人可以构成共同犯罪,只是在责任判断上分别考察而已。其二,教唆犯与间接正犯的区分并不在于被教唆者的年龄,而是是否支配了被教唆者的意志,在被教唆者未达法定年龄但具有规范意识的场合,例如教唆 13 周岁的小孩盗窃的,仍有教唆犯成立的余地,而不是一律构成间接正犯。因此,无论是认为这里的未满 18 周岁不应包括未达法定年龄之人的第一种观点,还是认为应该例外地包括的第二种观点,都错误地理解了教唆犯与间接正犯的关系,其立论已属偏颇。第三种观点正确地指出了教唆未达法定年龄者亦可成立教唆犯,但又指出即使对于成立间接正犯的教唆者,也应依本段从重处罚。对此,有一个名义方面的问题需要澄清。也就是说,将间接正犯降格以教唆犯论处而从重处罚时,被从重处罚的是被降格评价为教唆犯的行为部分,而不是间接正犯本身,不能据此说间接正犯本身也可以依本段从重。

三、被教唆的人没有犯被教唆的罪时教唆犯之处罚

我国《刑法》第 29 条第 2 款明文规定:“如果被教唆的人没有犯被教唆的罪,对于 49
教唆犯,可以从轻或者减轻处罚。”此即被不少学者认为的所谓独立教唆犯。[62] 关于

59 参见马克昌主编:《犯罪通论》(第 3 版),武汉大学出版社 1999 年版,第 562—563 页;魏东:《教唆犯研究》,中国人民公安大学出版社 2002 年版,第 268 页。

60 参见吴振兴:《论教唆犯》,吉林人民出版社 1986 年版,第 76 页;朱道华:《教唆犯研究》,法律出版社 2014 年版,第 197—198 页。

61 参见张明楷:《刑法学》(第 6 版),法律出版社 2021 年版,第 612 页。

62 参见吴振兴:《论教唆犯》,吉林人民出版社 1986 年版,第 96 页以下;陈兴良:《共同犯罪论》(第 3 版),中国人民大学出版社 2017 年版,第 223 页以下;魏东:《教唆犯研究》,中国人民公安大学出版社 2002 年版,第 164 页以下;朱道华:《教唆犯研究》,法律出版社 2014 年版,第 20 页以下。

何谓“被教唆的人没有犯被教唆的罪”,立法部门历来的解读是,其包含两种情况:一种是教唆犯的教唆没有对被教唆人起到教唆的作用,被教唆人既没有实施被教唆的犯罪,也没有实施其他犯罪,教唆行为没有造成直接的犯罪后果;另一种是被教唆的人没有犯被教唆的罪,但因为被教唆而犯了其他的犯罪。[63] 实务部门的解释大致类似但有细微差异,例如,在吴学友故意伤害案中,法院指出本款规定的是教唆未遂的处罚,在实践中既可表现为被教唆人没有实施被教唆之罪,也可表现为被教唆人虽实施了被教唆之罪,但由于某种原因未能达到法定后果而未达犯罪程度,还可包括被教唆人犯了其他罪的情形。对于该案,法院认为吴学友雇佣他人重伤被害人,但被教唆人仅致被害人轻微伤,虽在结果上未达到故意伤害罪的程度,但吴学友雇佣他人犯罪的行为已经成立,应单独以故意伤害罪(未遂)追究其相应的刑事责任。[64]

50 学界的传统观点则认为其应包括如下四种情形:一是被教唆人拒绝了教唆犯的教唆;二是被教唆人当时接受了教唆,但随后又打消犯意,没有进行任何犯罪活动;三是被教唆人当时接受了教唆,但实际上他所犯的不是教唆犯所教唆的罪;四是教唆犯对被教唆人进行教唆时,被教唆人已有实施该种犯罪的故意。[65] “所谓被教唆的人没有犯被教唆的罪,主要是以下几种情况:被教唆人拒绝犯教唆之罪;被教唆人虽然当时接受了教唆,但随后又打消了犯罪意图;被教唆人当时接受了教唆,但未犯被教唆的罪,而实施了其他犯罪。由于以上几种情况实际上并未造成危害结果,或者虽然造成了危害结果,但与教唆犯罪的教唆行为没有因果关系,故刑法理论上把它称为教唆的未遂,因为教唆人已经着手实施了教唆行为,但由于意志以外的原因而未得逞,因而刑法规定:‘可以从轻或者减轻处罚’,这与未遂犯的刑事责任也是一致的。”[66]无论何者,都明确将本款界定为独立于正犯而处罚的教唆犯,后者甚至认为教唆人着手实施教唆行为就是具体犯罪的着手,这是典型的共犯独立性的主张。

51 笔者认为,如果如同立法、司法和传统观点认为的那样教唆犯独立可罚,将导致整体刑法立场的倒退和刑法解释的混乱。共犯独立性说大体上是适应于近代学派之

63 参见郎胜主编:《中华人民共和国刑法释义》(第4版),法律出版社2009年版,第34—35页;全国人大常委会法制工作委员会刑法室编:《〈中华人民共和国刑法〉条文说明、立法理由及相关规定》,北京大学出版社2009年版,第42页;王爱立主编:《中华人民共和国刑法解读》(第5版),中国法制出版社2018年版,第41页。

64 参见陈兴良、张军、胡云腾主编:《人民法院刑事指导案例裁判要旨通纂》(第2版),北京大学出版社2018年版,第733页。本案其实不属于典型的独立教唆犯,因为被教唆人已经着手实施,教唆犯由于仅出现轻微伤结果而被论以故意伤害罪的未遂在结论上是合理的,因为教唆犯的未完成形态具有一定的独立性,并不与正犯完全一致。

65 参见高铭暄、马克昌主编:《刑法学》(第9版),北京大学出版社、高等教育出版社2019年版,第175页。

66 刘宪权主编:《刑法学》(第5版),上海人民出版社2020年版,第239页。

主观主义刑法思想的产物,着重于行为人的反社会性格,这与注重法益侵害、客观主义的现代世界刑法思潮背道而驰。我们不能想象,20 世纪末期才予修订,且明显向客观主义倾斜的我国刑法坚持的是 20 世纪中期之前的立场。更严重的是,在区分了正犯与共犯的前提下,又主张共犯独立性说,将致使任何与犯罪结果有因果关系之人皆有成为共犯之虞,则我国《刑法》第 3 条明确承认的罪刑法定原则无异于名存实亡。在解释论上,认为我国《刑法》第 29 条第 2 款明示了共犯独立性亦存在一系列无法克服的难题。黎宏教授曾经对此作过深入批判:第一,与第 29 条第 1 款矛盾。因为第 1 款要求对教唆犯按其在共同犯罪中所起的作用处罚,而被教唆者拒绝教唆等情形下,根本不成立共同犯罪。第二,被教唆者在准备工具阶段即被抓获时,被教唆者无疑属于预备犯,应按预备犯处罚;但根据第 29 条第 2 款的规定,教唆者却必须按照未遂犯处罚,这是不可思议的。第三,在真正的身份犯中,无身份者教唆有身份者时,将出现荒谬的局面。例如,不具有国家工作人员身份的妻子教唆具有国家工作人员身份的丈夫受贿,即使丈夫拒绝的,根据第 29 条第 2 款的规定,妻子也应当单独成立只有国家工作人员才可以单独成立的受贿罪。[67]

面对上述种种基本立场以及解释论上的困局,毋宁说,拒绝承认我国刑法采取了共犯独立性说的立场,乃目的论上的既定之结论,解释论上的努力则在于如何重新理解第 29 条第 2 款,以符合客观主义的当代刑法思潮和《刑法》第 3 条的罪刑法定原则之要求,进而消弭共犯独立性说带来的诸多问题。努力的途径可以有很多,例如,笔者曾主张通过将《刑法》第 29 条第 2 款解释为针对广义教唆犯即间接正犯的规定,消解所谓教唆犯独立性的根据[68];张明楷教授的方案则是,将“被教唆的人没有犯被教唆的罪”解释为“被教唆的人没有犯被教唆的既遂罪”,从而坚守实行从属性的立场。[69] 如何评价各种解释方案的利弊得失另当别论,不能接受的是,面对第 29 条第 2 款,直接放弃解释论的努力而接受共犯独立性说。实际上,将第 29 条第 2 款解释为从属性,从而合理缩小教唆犯的处罚范围以及减轻对教唆犯的处罚程度,是倾向于出罪化的限缩解释,即在有利于行为人时,是可以进行扩张或者限缩解释的。[70] 总之,即使在我国现有的立法例之下,提倡和贯彻从属性说而不是独立性说也是学理上的应有之义。 52

67 参见黎宏:《刑法总论问题思考》(第 2 版),中国人民大学出版社 2016 年版,第 452—453 页。

68 参见何庆仁:《我国刑法中教唆犯的两种涵义》,载《法学研究》2004 年第 5 期。

69 参见张明楷:《论教唆犯的性质》,载陈兴良主编:《刑事法评论》(第 21 卷),北京大学出版社 2007 年版,第 88 页以下。

70 参见陈兴良:《走向学派之争的刑法学》,载《法学研究》2010 年第 1 期。

第四节　单位犯罪

前　注

文献:何秉松主编:《法人犯罪与刑事责任》,中国法制出版社 1991 年版;黎宏:《单位刑事责任论》,清华大学出版社 2001 年版;高铭暄、赵秉志主编:《刑法论丛》(第 9 卷),法律出版社 2005 年版;李文伟:《法人刑事责任比较研究》,中国检察出版社 2006 年版。高铭暄、姜伟:《关于"法人犯罪"的若干问题》,载《中国法学》1986 年第 6 期;赵秉志:《关于法人不应成为犯罪主体的思考》,载《法学研究》1989 年第 5 期;刘生荣:《法人犯罪还是单位犯罪》,载《中国法学》1992 年第 6 期;崔庆森:《刑法规定法人犯罪的构思》,载《法学研究》1996 年第 1 期;张克文:《拟制犯罪和拟制刑事责任——法人犯罪否定论之回归》,载《法学研究》2009 年第 3 期;黄晓亮:《论我国"单位犯罪"概念的摒弃——以域外比较为切入点》,载《政治与法律》2015 年第 3 期。

细目录

Ⅰ　主旨
Ⅱ　沿革
Ⅲ　法人犯罪的缘起
Ⅳ　域外法人犯罪理论中的法人犯罪处罚根据
　一、法人对雇员的不法行为承担替代刑事责任
　二、法人对自身的行为承担刑事责任
　三、法人的组织特性是法人承担刑事责任的依据
Ⅴ　我国单位犯罪理论中的单位犯罪处罚根据
　一、法人作为犯罪主体和刑罚主体应当承担刑事责任
　二、单位行为和单位的组织特性是单位承担刑事责任的根据
　三、规范的双重证明是法人承担刑事责任的根据

Ⅰ　主旨

1　《刑法》分则规定了大量的单位犯罪,其认定和处罚的共同性问题需要在《刑法》总则中作出规定。本节规定了单位犯罪的特征和成立范围,以及单位犯罪的处罚原则。

Ⅱ 沿革

1979 年《刑法》未规定单位犯罪,与 20 世纪 70 年代前我国的经济体制密切相关。当时,我国推行以公有制为主体的计划经济体制,企业既没有独立的经济利益,也没有自主分配经济收益的权利,因而不存在单位犯罪发生的社会条件。 2

20 世纪 80 年代,伴随着我国的计划经济体制逐步向社会主义市场经济体制转变,制约单位犯罪发生的社会条件消失,单位走私、非法经营、逃税和污染环境等案件大量发生,社会危害十分严重。1987 年 1 月 22 日第六届全国人民代表大会常务委员会第十九次会议通过的《海关法》最早规定了单位犯罪,随后出台的多部单行刑事法规也积极仿效。 3

1997 年《刑法》继承了单行刑法和附属刑法关于单位犯罪的规定,在刑法总则第二章“犯罪”之下增加了一节即第四节,专门规定了单位犯罪,并在刑法分则中规定了单位可以构成哪些种类的犯罪及其法定刑,实现了单位犯罪的法典化。 4

Ⅲ 法人犯罪的缘起

近代刑法都是以犯罪的自然人为处罚对象,法人犯罪不被各国刑法所承认。在传统理论上,一般认为,作为一个抽象的概念,法人没有思想,因而不能形成犯罪意思,不能受到处罚。处罚法人犯罪面临着两个理论障碍和两个法律障碍:其一,法人缺乏理解行为的能力和行为意志。没有身体和思想的法人,欠缺实施恶行和承受刑罚的道德能力,既不具有犯罪意思,也不能实施犯罪行为。其二,法人实施犯罪是越权。法人是经法律拟制而被赋予虚拟的人格和虚拟的意志,因而法人行为只能与拟制的规定相一致,必须符合拟制法人的目的。而法律拟制法人的目的不可能包括犯罪,任何法人犯罪都必然是越权的。其三,法人不能被判处监禁或者死刑。死刑是以身体或者生命的存在为前提的,对没有身体或者生命的法人来说,是不可能被执行死刑的。监禁是以剥夺人的身体自由和以之为基础的行动自由为内容的,以身体和生命的存在为条件。而法人没有自然人那样的身体或者生命,因而也不可能被判处监禁刑。其四,法人无法亲自到庭受审。作为虚拟人格的法人不可能亲自出庭受审。这四个方面的障碍成为否定法人刑事责任的基本理由。 5

英国法院最早承认法人犯罪。最早被报道的英国法人犯罪案件是 1819 年 Severn & Wye Railway 铁路公司不作为犯罪案。法人犯罪率先在英国得到承认与当时英国法人的大量增加以及与法人行为的严重危害密切相关。此后,英国的法人刑事责任范围逐渐扩展,直至 20 世纪中期,除了少数几种犯罪不能由法人构成,对于绝大多数的犯罪,法人都承担刑事责任。英国承认法人犯罪并扩展法人刑事责任的范围,对其他国家刑法产生了重要的影响。迄今为止,英美法系国家刑法普遍处罚法人犯罪,大陆法系国家刑法在法人犯罪问题上则存在着分歧,有的国家刑法承认法人犯 6

罪,如法国,也有的国家不承认法人犯罪,如德国。在承认法人犯罪或者单位犯罪的国家,其处罚根据是什么,也是一个长期存在严重争议的重大理论问题。

Ⅳ 域外法人犯罪理论中的法人犯罪处罚根据

7 法人犯罪的处罚以两罚制为原则,既处罚法人,也处罚实施犯罪的法人成员。法人成员具有犯罪能力和受刑能力,应当对自己在业务活动过程中实施的犯罪行为承担刑事责任,对此在理论上不存在争议。有争议的是,法人为何要对法人成员在业务活动过程中实施的犯罪行为承担刑事责任。英美学界较早地开展了理论研究,创立了多种有代表性的理论学说,分别提出了不同的法人犯罪的处罚根据。大体上分为三类。

一、法人对雇员的不法行为承担替代刑事责任

8 依据英国传统普通法,除非自己实施犯罪,委托人不会为代理人的行为承担责任。然而,19 世纪早期,伴随着工业革命的持续发展和英国经济总量的快速增长,英国公司的数量急剧增加,对社会造成的危害也与日俱增,该传统普通法规则受到了挑战。在大型铁路公司等工业企业的生产过程中,经常发生工人死亡或者人身伤害事件,英国社会要求严厉规制法人行为的呼声渐起。依照当时的英国制定法,在建设铁路过程中,如果新建的铁路切断了原来的公路交通线,那么,铁路建设者就必须新建一座桥梁将原来的公路交通线重新连接起来。这是法律规定铁路建设者必须履行的法定作为义务。19 世纪中期,英国法院开始借用民事侵权法中的雇主责任原理,判处法人对雇员在雇佣范围内的犯罪行为承担刑事责任。在 1842 年的 R. v. Birmingham and Gloucester Railway Company 中,伯明翰、格洛斯特铁路公司因无视横跨铁路线的行人和车辆的安全,没有在已经建设的铁路线上修建连接的走廊而受到刑事指控,法院判决伯明翰、格洛斯特铁路公司承担刑事责任,由此确立了法人对不作为犯罪承担严格责任的规则。在 4 年之后的 1846 年 The Queen v. Great North of England Railway Co.中,大英格兰北部铁路公司因为受雇佣的工人在公共道路上开挖了壕沟,破坏了道路而受到刑事起诉,并被判犯罪成立。大英格兰北部铁路公司不服一审判决,以不能判决法人对作为犯罪承担刑事责任为理由提起上诉。德曼(Denman C. J)勋爵明确地驳回了该公司的上诉,并裁定“起诉在公共道路上设立障碍的个人或者公司,并不比起诉没有维修公共道路的个人或者公司更困难。他们都可能因为其作为或者不作为而被判缴纳罚金”。由此,英国法人的刑事责任范围由不作为犯罪扩展到作为犯罪。“德曼勋爵所确立的法人替代刑事责任方案可以从侵权法中的雇主责任原理找到根据。将雇员的侵权责任归责于雇主,可能主要是考虑到被告公司有修复损害的支付能力,政策考量也表明替代责任(vicarious liability)论可

以适用于刑事案件。”[1]一般认为,上述判例的判决提出了替代责任论。依据替代责任论,由于在法人与雇员之间存在着雇佣关系,法人应当对雇员的犯罪行为承担刑事责任。该理论不久就被美国法院所采纳。不过,替代责任论的称谓在美国学界并没有被沿用,而是被表述为作为替代责任的根据——雇主责任(respondeat superior)论。

依据替代责任论判断法人是否负刑事责任,在司法实务中被发现存在着明显的不足:其一,它有时会过于扩大法人犯罪的范围。因为根据替代责任论,只要是雇员在雇佣范围内所实施的犯罪行为,法人就要承担刑事责任。哪怕法人对此没有过错,也不例外。例如,对于雇员违反法人的规章制度在雇佣范围内实施的犯罪,法人也要负刑事责任。其二,它有时会缩小法人犯罪的范围。法人的替代责任是以法人雇员实施犯罪行为为前提条件的,只有查明了雇员实施的犯罪行为,法院才能判决法人对该行为承担刑事责任。即便能够确定某犯罪是由法人雇员所实施的,但是如果在审判中不能认定是法人的哪个雇员具体实施了犯罪行为,法人就不能被判有罪。此时,法人就逃脱了刑事制裁。其三,它忽视了法人的组织特征对法人犯罪的影响。法人雇员承受着来自组织体的巨大压力,法人文化和法人政策以及法人的行为历史,都会严重地影响身处于法人组织体中的雇员对自己行为的认识和判断,这是引发法人雇员犯罪的重要原因。然而,依据替代责任论,仅以雇员的行为为依据追究法人的刑事责任,完全漠视法人的组织体特征在法人犯罪中的重要作用,不仅丧失了正当性,而且还会严重地削弱法人刑事责任制度在法人犯罪上的预防功能。 9

二、法人对自身的行为承担刑事责任

替代责任论论证的是法人对严格责任犯罪承担刑事责任。对于严格责任犯罪,法院判决法人对雇员的犯罪行为承担刑事责任,无须证明犯罪心态。而大部分的犯罪都是要求具备犯意要件的,要判决法人对这些犯罪承担刑事责任,就必须证明法人具有犯意。在 1943 年的 DPP v. Kent & Sussex Contractors Ltd.、R. v. ICR Haulage Co. Ltd.和 Moore v. Bresler Ltd.等三个案件的判决中,英国法院将法人高级职员的心理状态和行为归属于法人,裁定法人具有犯意和危害行为,进而判决法人应当对要求具备犯意要件的犯罪承担刑事责任。一般认为,英国法院在上述判例中创立了同一(identification doctrine)论,论证了法人具有犯意和行为,法人对要求具备犯意要件的犯罪承担自身的刑事责任。 10

所谓同一论是指将一定范围的法人代理人的犯意和危害行为,视为法人的犯意和危害行为,并以此为依据,对法人追究刑事责任的理论。依据同一论,法人犯罪是法人实施的犯罪,法人所负的刑事责任为对自身行为的责任,因而处罚法人符合罪责自负原则。同时,它通过将代表法人个人的犯意和危害行为归属于法人,法人犯罪如同自然人犯罪一样,也有犯意,使得法人刑事责任在外观上符合英国普通法的犯意原则。因 11

1 Jame Gobert and Maurice Punch, Rethinking Corporate Crime, Butterworths, 2003, p. 55.

此,同一论避免了替代责任论存在的责任转嫁和严格责任倾向,具有较明显的理论优势。然而,同一论并非完美无缺,它也受到了多方面的质疑。质疑的理由主要有:其一,理论依据不足。法人作为社会组织体,缺乏心理活动,为何一定范围的法人成员的犯意和危害行为可以归属于法人,理论依据仍不明确。其二,应当将多大范围的法人机关的犯意和危害行为归属于法人,在同一论阵营内也没有达成一致的意见。在理论上,学界提出了多种不同的法人犯意的判断标准,难以达成共识。其三,不太适用于大型企业犯罪。在大型公司的雇员实施严重犯罪的过程中,公司董事很少紧密地接近不法行为,且有时难以查证到代表法人的个人,因而难以判决法人犯罪成立。

三、法人的组织特性是法人承担刑事责任的依据

12　受美国量刑委员会于 1987 年制定《美国量刑指南》、1991 年制定《美国组织体量刑指南》和 21 世纪初期安达信案等系列案件审理的影响,美国学界对法人犯罪的归责根据集中地展开了两轮激烈的论战。在论战过程中,诞生了众多新的法人犯罪归责理论,以组织体责任论最为突出。组织体责任论立足于法人的组织特性,探求法人刑事责任的理论根据。有代表性的组织体责任论主要有法人预防过错(proactive corporate fault)说、法人反应过错(reactive corporate fault)说、法人文化(corporate ethos)说、推定的法人应受惩罚性(constructive corporate culpability)说、三元框架(Three-Prong Framework)说、法人合规计划(compliance program)说和法人共犯(corporate complicity)说等法人犯罪理论。

13　法人预防过错说认为,如果法人没有作出预防法人犯罪的合理努力,就表明法人具有可谴责性,应当承担刑事责任。法人反应过错说认为,法人是否有过错,应当根据犯罪行为发生后,法人对犯罪行为的反应情况进行判断,当法人没有对代表法人的雇员实施的犯罪行为采取令人满意的预防性或纠正性措施时,就认为法人具有过错,应当为之承担刑事责任。法人文化说认为,在法人文化鼓励法人代理人实施犯罪行为时,法人应当承担刑事责任。推定的法人应受惩罚性说认为,应当借助合理的客观标准来认定法人犯意,当存在与心理相关的客观事实时,就可以推定法人具有应受惩罚性,并应当为之承担刑事责任。三元框架说认为,应当依据法人的结构来认定法人故意,而法人的结构包括法人的惯例和政策是否违反法令、能否合理地预见到法人的惯例和政策会引起代理人违反法令,以及代理人的违法行为是否为法人所接受等三个部分。法人合规计划说认为,如果在违法行为发生时,法人已经制定并执行清晰而有效的合规计划,而雇员实施的违法行为违反了该合规计划,就认为法人具有抗辩事由,应当被宣告无罪。法人共犯说认为,实施犯罪行为的经理和雇员是主犯,法人在法人犯罪中扮演着从犯的角色,应当承担从犯的责任。

14　组织体责任论放弃了传统法人犯罪归责原理以自然人为中介的归责方法,以独立于自然人之外的法人固有本质特性,作为法人犯罪处罚的根据,既在研究的方法上具有革命性,又避免了传统法人犯罪归责原理所存在的问题,代表了法人犯罪理论发

展的基本方向。正因为如此,组织体责任论不仅在美国得到了充分的展开,深刻地影响着美国的法人犯罪刑事司法体制,而且还对其他国家的法人犯罪理论和法律实务产生了广泛而深远的影响。但是,在组织体责任论阵营内,不同学说提出的作为处罚根据的法人特性各不相同,分歧十分严重,也极大地限制了理论对实务的指导作用。

V 我国单位犯罪理论中的单位犯罪处罚根据

1997 年修订后的《刑法》在总则第 30 条和第 31 条中增加规定了单位犯罪的特征和处罚原则等,并在许多分则条文中规定了单位犯罪的法定刑,实现了单位犯罪的法典化。20 世纪 80 年代以来,我国学界有许多学者对于单位犯罪进行了深入的研究,分别提出了不同的单位犯罪处罚依据,主要有以下三种。 15

一、法人作为犯罪主体和刑罚主体应当承担刑事责任

何秉松教授提出人格化社会系统责任论以论证法人的刑事责任,他以系统论的理论和方法为依据,认为法人是一个人格化的社会责任系统。在法人犯罪中,实际上是一个犯罪(法人整体犯罪),两个犯罪主体(法人和作为法人构成要素的自然人)和两个刑罚主体(两罚制)或一个刑罚主体(单罚制)。[2] 何秉松教授认为,虽然从整体上看,法人系统整体对其构成要素起着统帅的主导作用,规定着自然人的性能,但是,从法人的内部结构看,法人又是以自然人为中心,依赖并从属于自然人的。[3] “为了有效地遏制法人犯罪,除了必须追究法人整体的刑事责任外,在法人系统内部,对那些在法人犯罪中起重要作用和负有重大责任的法人成员,也要追究刑事责任。”[4]“在这两个犯罪主体的关系上,从整体上看法人起着主导作用,作为法人要素的自然人,处于从属地位,但是如果深入其内部结构,则自然人主体起着主要的决定性的作用,而法人又从属于他。因此,在法人犯罪中,法人主体与自然人主体是相互依存不可分割的。”[5] 16

作为我国最早系统研究法人犯罪的理论,人格化社会系统责任论提出,法人犯罪承担刑事责任的根据在于法人是单位犯罪的犯罪主体和刑罚主体。这种论证思路对于推动我国单位犯罪立法和促进单位犯罪的理论研究,都有着不可替代的作用。但是,它认为,作为一个犯罪行为的法人犯罪却有着两个犯罪主体和两个刑罚主体,除法人是犯罪主体和刑罚主体之外,自然人也是犯罪主体和刑罚主体,这在理论上难以令人信服。另外,该观点与我国单位犯罪的立法规定也不相符合。依据刑法规定,单位犯罪的主体就是单位自身,单位成员并不是犯罪主体。 17

---

2 参见何秉松主编:《法人犯罪与刑事责任》,中国法制出版社 1991 年版,第 485、486 页。

3 参见何秉松主编:《法人犯罪与刑事责任》,中国法制出版社 1991 年版,第 480 页

4 何秉松主编:《法人犯罪与刑事责任》,中国法制出版社 1991 年版,第 485 页。

5 何秉松主编:《法人犯罪与刑事责任》,中国法制出版社 1991 年版,第 481、482 页。

二、单位行为和单位的组织特性是单位承担刑事责任的根据

18 黎宏教授提出,应当以与责任主义相调和的形式重构法人固有的刑事责任论,并提出了组织体刑事责任论,以论证单位刑事责任的正当性。“在考虑单位固有责任的场合,也应当坚持主、客观相统一的原则,从单位客观上是否实施了犯罪行为及主观上是否具有罪过两方面来进行考虑。”[6]第一,“单位必须实施了应当负刑事责任程度的危害社会的行为,这是单位负刑事责任的前提”[7]。单位实施的危害行为首先表现为通过自然人来实施,并且应当以单位成员的行为是否是和单位自身的业务相关的方面为条件来进行考察。[8] 第二,“该单位组成人员的行为必须是单位自身意志的真实体现,它是单位负刑事责任的实质要件”[9]。关于单位自身的意志,从两个方面来判断:一是单位代表或机关成员在业务活动上所作的决定;二是单位的规章制度、目标、政策、激励机制等,它们是单位人格的具体体现之一。[10]

19 组织体刑事责任论以单位具有自身的行为和意志,而单位的意志又来源于单位机关的决定和单位固有的特征为理由,论证单位刑事责任的正当性,具有重要的理论价值。但是,也存在需要进一步研究的问题。该理论认为,单位自身的意志要从单位机关的决定和单位的规章制度等制度性因素、政策两个方面来判断。而为何要由两个方面的因素来判断单位意志,以及当这两个因素在判断单位的意志时发生冲突,又应当如何认定呢?这些问题并没有得到深入的讨论。

三、规范的双重证明是法人承担刑事责任的根据

20 冯军教授认为,“新刑法之所以规定单位犯罪,不是为了谴责单位,而是为了实现规范的双重证明:首先是为了通过法律的外在强制来实现对单位人格同一性的证明;其次是通过缴除单位代表人个体的善良行动根据来保障刑法规范牢不可破的效力”[11]。关于“通过法律的外在强制来实现对单位人格同一性的证明”,冯军教授认为,“因为单位是现代社会中对社会的发展与进步起着最重要推动作用的社会组织体,所以,必须证明单位忠诚于法规范的人格同一性”[12]。通过法律的外在强制来实现对单位人格同一性的证明具有两个原因:“第一个原因是单位与行动相联系的间接

---

6 黎宏:《单位刑事责任论》,清华大学出版社 2001 年版,第 327 页。

7 黎宏:《单位刑事责任论》,清华大学出版社 2001 年版,第 327 页。

8 参见黎宏:《单位刑事责任论》,清华大学出版社 2001 年版,第 327 页。

9 黎宏:《单位刑事责任论》,清华大学出版社 2001 年版,第 328 页。

10 参见黎宏:《单位刑事责任论》,清华大学出版社 2001 年版,第 328、329 页。

11 冯军:《新刑法中的单位犯罪》,载高铭暄、赵秉志主编:《刑法论丛》(第 9 卷),法律出版社 2005 年版,第 72 页。

12 冯军:《新刑法中的单位犯罪》,载高铭暄、赵秉志主编:《刑法论丛》(第 9 卷),法律出版社 2005 年版,第 72 页。

性。第二是单位代表人对单位具有形式的强制性。”[13]关于“通过缴除单位代表人个体的善良行动根据来保障刑法规范牢不可破的效力”，冯军教授认为，所谓单位代表人的善良行动根据是指“为单位谋利”。为了能够避免单位犯罪，“必须有另一种根据证明这种行动根据的非善良性”，“能够证明单位代表人的行动根据其实并不善良，并用一种有效的外在形式缴除它表面的善良意义的，只能是具有法规范含义的措施，即应该在刑法上采取‘将单位代表人违反单位章程、违反法律为单位谋取利益的行为宣布为单位犯罪并使单位被判处刑罚’这种规范措施”[14]。

21 应当认为，规范的双重证明理论从法规范证明的新视角，论证规定处罚单位犯罪的必要性，具有重要的理论价值。但是，仅从法规范证明的角度来论证单位犯罪的可罚性是否充分，则不免存有疑问。

22 我国学者提出的单位犯罪的处罚根据，从不同的视角论证了处罚单位犯罪的正当性。有些观点是对外国理论学说的进一步发展或者演绎，如组织体刑事责任论之于美国的组织体责任论，规范的双重证明理论之于德国雅科布斯教授的规范论。有的观点则是完全的本土化学说，如人格化社会系统责任论。从司法解释规定来看，我国法院在单位犯罪的处罚根据上采取了同一论的立场。依据 2001 年 1 月最高人民法院《全国法院审理金融犯罪案件工作座谈会纪要》的规定，认定单位犯罪的成立条件包括“以单位名义实施犯罪”和“违法所得归单位所有”，而“以单位名义实施犯罪”通常表现为单位负责人决定或者领导集体决定，其实质是将单位负责人或者机关的意思视为单位意思。

---

13 冯军：《新刑法中的单位犯罪》，载高铭暄、赵秉志主编：《刑法论丛》（第 9 卷），法律出版社 2005 年版，第 73 页。

14 冯军：《新刑法中的单位犯罪》，载高铭暄、赵秉志主编：《刑法论丛》（第 9 卷），法律出版社 2005 年版，第 76 页。

第三十条　单位犯罪的特征和成立范围

公司、企业、事业单位、机关、团体实施的危害社会的行为，法律规定为单位犯罪的，应当负刑事责任。

文献：何秉松主编：《法人犯罪与刑事责任》，中国法制出版社1991年版；黎宏：《单位刑事责任论》，清华大学出版社2001年版；王良顺：《单位犯罪论》，中国人民公安大学出版社2008年版；卢林：《公司犯罪论：以中美公司犯罪比较研究为视角》，法律出版社2010年版。马长生、胡凤英：《论新刑法对单位犯罪的规定》，载《政法论坛》1997年第6期；何秉松：《试论我国刑法上的单位犯罪主体》，载《中外法学》1998年第1期；何秉松：《单位（法人）犯罪的概念及其理论根据——兼评刑事连带责任论》，载《法学研究》1998年第2期；周振想：《单位犯罪若干问题研究》，载《华东政法大学学报》1999年第1期；程宗璋：《单位犯罪的整体意志探微》，载《人大研究》1999年第5期；刘骁军：《一个单位犯罪、两个犯罪构成——双罚制理论依据新探》，载《政治与法律》2001年第3期；臧冬斌：《单位犯罪主体范围探讨》，载《法学评论》2001年第6期；熊选国、牛克乾：《试论单位犯罪的主体结构——"新复合主体论"之提倡》，载《法学研究》2003年第4期；牛克乾：《对单位盗窃行为能否定罪——兼论刑法第30条、第31条规定中"单位"的内涵》，载《法学杂志》2003年第4期；李希慧：《论单位犯罪的主体》，载《法学论坛》2004年第2期；董玉庭：《论单位实施非单位犯罪问题》，载《环球法律评论》2006年第6期；马克昌：《"机关"不宜规定为单位犯罪的主体》，载《人民检察》2007年第21期；于志刚：《单位犯罪与自然人犯罪——法条竞合理论的一种解释》，载《政法论坛》2008年第6期；石磊：《单位犯罪意志研究》，载《法商研究》2009年第2期；张克文：《单位盗窃犯罪深究——法人犯罪拟制论的部分展开》，载《政治与法律》2010年第5期；王良顺：《论参与实施纯正自然人犯罪的单位成员的刑事责任》，载《法商研究》2013年第2期；黎宏：《单位犯罪中单位意思的界定》，载《法学》2013年第12期；聂立泽、高猛：《单位犯罪主体的基本特征研究》，载《南都学坛》2016年第4期。

细目录

Ⅰ　主旨

Ⅱ　沿革

Ⅲ　单位犯罪的法律地位

Ⅳ　单位犯罪的成立条件

Ⅴ 作为单位犯罪的成立条件之一:“单位”
一、单位犯罪的主体是单位
二、作为单位犯罪主体的单位的认定
三、单位认定的特殊问题
Ⅵ 作为单位犯罪的成立条件之二:单位罪过
Ⅶ 作为单位犯罪的成立条件之三:单位行为
Ⅷ 单位犯罪的成立范围
Ⅸ 单位成员参与实施纯正自然人犯罪的刑事责任

Ⅰ 主旨

本条是关于单位犯罪的成立条件和负刑事责任范围的规定。既规定了单位犯罪 1
的主体特征和客观特征,也确立了单位犯罪的成立范围,也就是说,只有法律明确规定为单位犯罪的犯罪,才是单位犯罪;凡是法律未明确规定为单位犯罪的犯罪,都不是单位犯罪。

Ⅱ 沿革

1979 年刑法没有规定单位犯罪。最早规定单位犯罪的法律是 1987 年 1 月 22 日 2
颁布的《海关法》,其第 47 条第 4 款规定:“企业事业单位、国家机关、社会团体犯走私罪的,由司法机关对其主管人员和直接责任人员依法追究刑事责任;对该单位判处罚金,判处没收走私货物、物品、走私运输工具和违法所得。”其后,全国人民代表大会常务委员会在多个单行刑法中都明确地规定了单位犯罪,如 1988 年 1 月 21 日全国人民代表大会常务委员会《关于惩治贪污罪贿赂罪的补充规定》第 6 条规定了单位受贿罪、第 9 条规定了单位行贿罪。需要说明的是,这些条款都是关于个罪的特殊性规定,而不是关于单位犯罪的共通性规定。现行《刑法》第 30 条是首次规定单位犯罪的特征和成立范围法定原则的总则性法条。2014 年 4 月 24 日通过了全国人民代表大会常务委员会《关于〈中华人民共和国刑法〉第三十条的解释》,依据该解释的规定,单位实施危害社会的行为,刑法未规定追究单位的刑事责任的,依法追究组织、策划和实施危害社会的行为的人的刑事责任。

Ⅲ 单位犯罪的法律地位

认定单位犯罪以确立单位犯罪的成立条件为前提,而学界对于单位犯罪的成立 3
条件存有严重的理论分歧。单位和自然人都是我国刑法规定的犯罪主体,从犯罪主体的角度,犯罪可划分为单位犯罪和自然人犯罪。对于自然人犯罪的认定,经过一代又一代学者的不断努力和艰难探索,构建起体系化的犯罪构成理论,确立了认定犯罪成立的条件及其结构关系。对于由新型主体实施的单位犯罪,《刑法》第 30 条规定了单位犯罪的特征,或者说规定了单位犯罪成立需要具备的部分条件,但不是全部条件,另一部分条件只有通过对法律的规定进行逻辑分析才会发现。

4 刑法关于单位犯罪成立条件的规定大体上分为四个部分:首先,关于犯罪主体的规定。依据《刑法》第30条的规定,单位犯罪的主体是“公司、企业、事业单位、机关、团体”等单位。其次,关于单位行为的规定。依据《刑法》第30条的规定,单位行为是单位实施的“危害社会的行为”。再次,关于单位的主观方面的规定。刑法分则条文以“单位犯前款罪的”等方式,指明了该单位犯罪具有与自然人犯罪相同的罪过形式,如果前款规定的自然人犯罪是故意犯罪,则后款规定的单位犯罪也是故意犯罪。而且,《刑法》总则中的第14条和第15条分别规定了犯罪故意和犯罪过失的定义,也应当适用于单位犯罪。最后,关于犯罪客体的规定。刑法分则条文针对自然人犯罪,以不同的形式规定了不同犯罪侵害的客体,显然也适用于下一款或者专门的法条规定的单位犯罪。

5 以自然人为预想对象而构建的犯罪构成理论,提供了认定自然人犯罪的条件组成和结构关系,指导着司法人员判断待评价的行为是否成立犯罪。单位犯罪作为后来者,其成立条件与传统的犯罪构成的关系,是认定单位犯罪必须解决的前提问题。对于该问题,法律未作出也不可能作出规定,只能由学界进行深入研究加以解决。

6 单位犯罪的成立条件与传统的犯罪构成的关系,要么是无关联的并列关系,要么是有联系的修正关系。对于该问题,部分学者认为,单位犯罪的认定应当依据单位犯罪的犯罪构成来进行,后者不同于认定自然人犯罪的犯罪构成。有学者将单位犯罪成立的认定标准称为单位犯罪的犯罪构成,并类比自然人犯罪构成,认为单位犯罪的犯罪构成要件包括单位犯罪的客体、客观方面、主体和主观方面。[1] 还有学者在此问题上走得更远,认为在单位犯罪中存在单位与自然人等两个犯罪主体和两个不同的犯罪构成,即单位犯罪的犯罪构成和自然人陷单位于犯罪境地的犯罪构成。[2]

7 大部分学者认为,犯罪构成是统一的犯罪成立条件,单位犯罪与自然人犯罪的成立都是依据犯罪构成来判断的,并不存在两种不同的犯罪构成。有学者指出:“单位犯罪与自然人犯罪只是实施犯罪的主体不同,其他方面没有区别。换言之,单位犯罪并没有与自然人犯罪不同的犯罪构成和犯罪成立条件。”[3] 该观点符合犯罪构成是刑事责任唯一根据的基本原理,维护了犯罪成立条件的统一性,具有积极意义。然而,单位毕竟不同于自然人,单位犯罪的认定不可能无差别地适用犯罪构成。主张自然人犯罪和单位犯罪的认定适用统一的犯罪构成的观点,既没有说明单位犯罪为何能与自然人犯罪一样适用犯罪构成,也没有回答单位犯罪的成立条件与犯罪构成之

---

1 参见黎宏:《单位刑事责任论》,清华大学出版社2001年版,第238页。

2 参见刘晓军:《一个单位犯罪、两个犯罪构成——双罚制理论依据新探》,载《政治与法律》2001年第3期。

3 张明楷:《犯罪论体系的思考》,载《政法论坛》2003年第6期。

间是一种什么性质的关系。

事实上,单位犯罪的成立条件并不是一个孤立的问题,因而不能只是将目光局限于认定的标准之上。对单位犯罪的成立条件与犯罪构成的关系的界定,以明确单位犯罪的法律地位作为理论前提。应当指出的是,不能因为我国刑法既规定了自然人犯罪,又规定了单位犯罪,就简单地认为自然人犯罪和单位犯罪是并列的关系,二者毫不相干。关于自然人犯罪与单位犯罪之间的关系,应当立足于法规范的层面,体系性地作出判断。而刑法关于单位犯罪的规定充分表明,单位犯罪是一种新的犯罪形态。具体地讲,“单位犯罪”被规定于刑法总则第二章“犯罪”的第四节,而该章的前三节分别是第一节“犯罪和刑事责任”、第二节“犯罪的预备、未遂和中止”和第三节“共同犯罪”。第一节“犯罪和刑事责任”规定了犯罪成立与刑事责任的共通性规则,而第二节“犯罪的预备、未遂和中止”和第三节“共同犯罪”则是关于犯罪成立和刑事责任的特殊规则的规定,即犯罪形态的规定。其中,第二节规定的是故意犯罪形态,第三节是关于共同犯罪的规定。而单位犯罪被规定在故意犯罪形态和共同犯罪之后,规定的内容涵盖单位犯罪的主体范围、危害行为和单位犯罪的处罚原则等,也属于犯罪成立和刑事责任的特殊规则。因此,一如故意犯罪形态和共同犯罪,单位犯罪的性质也是犯罪形态。更能说明单位犯罪地位的规定是刑法分则条文。刑法分则条文规定单位犯罪最常见的立法方式是,在某法条的前款规定某种犯罪的构成特征和法定刑后,次款接着规定:“单位犯前款罪的,对单位处以罚金,并对其直接负责的主管人员和其他直接责任人员处以……”该立法方式充分表明了单位犯罪是由一种不同于自然人的犯罪主体所实施的犯罪,除犯罪主体不同于自然人犯罪之外,其他犯罪构成条件与自然人犯罪是完全相同的。只有依据犯罪构成,才能对单位犯罪是否成立作出判断。若离开了犯罪构成,就无法判断单位犯罪是否成立。因此,单位犯罪属于因犯罪主体的特殊性而形成的新的犯罪形态。 8

Ⅳ 单位犯罪的成立条件

作为一种新的犯罪形态,单位犯罪的成立同样必须符合犯罪构成,只不过所符合的犯罪构成是修正的犯罪构成。单位犯罪所适用的修正的犯罪构成,除在犯罪主体上进行了修正之外,其他三个方面的构成要件与基本的犯罪构成完全相同。例如,单位犯罪的成立必须符合犯罪主观要件,当某种犯罪是故意犯罪时,单位实施该种犯罪在主观方面也必须出于故意。由于其他三个方面的构成要件与基本的犯罪构成相同,在单位犯罪的认定上就没有必要作完全相同的重复判断。在总体上讲,单位犯罪的成立条件由两个部分构成:第一,被修正的主体要件。在犯罪主体上,由基本的犯罪构成中的“自然人”修正为“单位”,因而单位是单位犯罪的第一个成立条件。只有单位实施危害行为,才能成立单位犯罪。第二,单位犯罪符合主观要件和客观要件的特殊事实特征。之所以在认定单位犯罪时还要考虑某些事实特征,是因为单位犯罪在符合这两个构成要件时会具有不同于自然人犯罪的事实特征。例如,当某种犯罪 9

是故意时,单位犯罪在主观方面虽然必须是故意的,但是由于犯罪主体的不同,单位犯罪在符合故意时,会有着与自然人犯罪故意不同的表现形式。单位犯罪符合主观要件上的特殊事实特征可称为"单位罪过",而符合客观要件上的特殊事实特征可称为"单位行为"。质言之,单位犯罪的成立条件包括在犯罪主体上修正后的构成要件"单位",以及在符合犯罪主观要件和犯罪客观要件上的事实特征,即"单位罪过"和"单位行为"。依据由单位、单位罪过和单位行为等三个条件所组成的单位犯罪的成立条件,可以判断出单位犯罪是否成立,并划清单位犯罪与自然人犯罪之间的界限。需要说明的是,单位犯罪的成立条件不包括单位犯罪的客体,这是因为,不仅相同性质的单位犯罪的犯罪客体与自然人犯罪完全相同,而且单位犯罪对客体的侵害与自然人犯罪在事实上也没有区别,对划清单位犯罪与自然人犯罪的界限没有意义。

V 作为单位犯罪的成立条件之一:"单位"

一、单位犯罪的主体是单位

10 依据刑法的规定,单位犯罪是"公司、企业、事业单位、机关、团体"等五种不同的单位"实施的危害社会的行为",因而单位犯罪的主体就是单位。但是,单位犯罪的处罚对象却既包括单位,又包括"直接负责的主管人员和其他直接责任人员"或者"直接责任人员",出现了单位犯罪中的犯罪主体与受刑主体之间不相一致的现象,明显不同于自然人犯罪。受此影响,如何看待单位犯罪的主体,尤其是,直接责任人员是否也是单位犯罪的主体,在理论上存有多种不同的观点,众说纷纭。主张单位和直接责任人员都是单位犯罪的主体的观点主要有两个犯罪主体说和双层犯罪主体说,主张直接责任人员是唯一犯罪主体的学说为自然人说,主张单位是唯一的犯罪主体的观点包括旧复合主体说、新复合主体说和单位说,等等。

11 两个犯罪主体说认为,单位犯罪虽是一个犯罪却有两个主体,不仅单位是单位犯罪的主体,而且作为单位整体的构成要素的直接责任人员也是单位犯罪的主体。[4] 双层犯罪主体说认为,单位犯罪具有单位犯罪和单位成员的共同犯罪等双层犯罪机制,单位是作为表层的单位犯罪的主体,而个人则是作为深层的共同犯罪的犯罪主体。[5] 自然人说认为,"在单位犯罪的情况下,真实的行为只有单位内部自然人的行为",单位不是犯罪主体,只有自然人才是单位犯罪的主体。[6] 旧复合主体说认为,作为一种特定的组织形式,单位虽不能脱离自然人而存在,却可以在形式上先于单位成员而构建。单位是以法人或者非法人社会组织为形式、以自然人为内容复合而成的

---

4 参见何秉松:《单位(法人)犯罪的概念及其理论根据——兼评刑事连带责任论》,载《法学研究》1998 年第 2 期。

5 参见卜维义:《法人犯罪及其双层机制与两罚制》,载《经济与法》1991 年第 6 期。

6 参见董玉庭:《论单位实施非单位犯罪问题》,载《环球法律评论》2006 年第 6 期。

特别主体,既不同于单一的主体,也不能看成是两个主体,而是由单位和单位成员这两个具有内在联系的主体合二为一的。二者既可以统一为一个主体,又可以在量刑时一分为二,实行双罚制。在单位犯罪的构成中,复合主体在统一的犯罪构成中是一个主体,但是,在单位犯罪的整体构成与责任人员的个体犯罪构成中,相对区分为两个主体。[7] 新复合主体说认为,单位犯罪主体是由法人或非法人组织与责任人员复合而成的一个整体,表现出来的是一个犯罪构成的主体特征;在单位及其直接责任人员之间、多个责任人员之间却是"复合关系"。在一定条件下,该复合结构还可以分离,表现为直接责任人员相对于单位,在刑事责任上具有独立性。[8] 单位说认为,在单位犯罪中,只有单位才是犯罪主体,单位成员只是单位的构成要素。[9]

主张单位和直接责任人员都是单位犯罪主体的两个犯罪主体说、双层犯罪主体 12
说,都有欠妥当。首先,与现行立法相违背。依据《刑法》第 30 条的规定,实施单位犯罪的主体为公司、企业、事业单位、机关和团体等五种不同类型之一的单位,属于单一主体,具体实施犯罪的单位成员并非单位犯罪的主体。其次,机械地照搬自然人犯罪的犯罪主体与受刑主体同一的原则。作为单位犯罪的主体,单位是一个由多要素组成的社会组织,其内部结构不同于自然人,这也就决定了单位犯罪不可能以相同的方式符合犯罪主体与受刑主体同一的原则。两个犯罪主体说和双层犯罪主体说以单位犯罪的受刑主体包括单位和直接责任人员为理由,反向推导出单位犯罪有两个犯罪主体的结论,并不成立。最后,会动摇共同犯罪理论的基本观念。两个犯罪主体说、双层犯罪主体说认为在单位犯罪中存在着单位和直接责任人员两个主体,无异于将单位犯罪界定为必要的共同犯罪,而这显然是一个不能成立的结论。

主张直接责任人员是唯一的主体的自然人说,显然也是不可取的。既然立法者 13
增设了单位犯罪,就意味着单位犯罪的主体不是自然人,而只能是与自然人相并立的社会组织——单位。更重要的是,自然人说与现行刑法的规定相违背。《刑法》第 30 条的规定表明,只有公司、企业、事业单位、机关和团体才是单位犯罪的主体,而具体实施危害社会行为的单位成员并不是单位犯罪的主体。

在主张只有单位才是单位犯罪主体的学说中,旧复合主体说和新复合主体说也 14
是不妥当的。旧复合主体说试图调和理论争议,将单位犯罪的主体拆分为不同场域,认为在犯罪成立上,就单位犯罪的构成而言,复合主体是单一主体,但是单位和责任人员在单位犯罪的整体构成与责任人员的个体犯罪构成中分别又都是犯罪主体。

7　参见马长生、胡凤英:《论新刑法对单位犯罪的规定》,载《政法论坛》1997 年第 6 期。

8　参见熊选国、牛克乾:《试论单位犯罪的主体结构——"新复合主体论"之提倡》,载《法学研究》2003 年第 4 期。

9　参见李僚义、李恩民:《中国法人犯罪的罪与罚》,中国检察出版社 1996 年版,第 69 页;黎宏:《单位刑事责任论》,清华大学出版社 2001 年版,第 280 页;陈兴良:《本体刑法学》(第 3 版),中国人民大学出版社 2017 年版,第 573 页。

从积极的方面看,旧复合主体说认为单位犯罪的主体是复合性的单位,维持了单位犯罪主体的单一性,符合《刑法》第30条的规定。然而,旧复合主体说将单位犯罪的构成拆分为单位犯罪的整体构成和责任人员的个体犯罪构成等两个犯罪构成,又没有给予充分的论证,因而难以成立。新复合主体说在承继了旧复合主体说积极一面的同时,扬弃了旧复合主体说存在的上述问题,具有重要的理论价值。不足之处在于,它也认为在单位犯罪的处罚上有单位和自然人两个不同的责任主体,但是,对于不是犯罪主体的单位成员为何也要受刑罚处罚,却未提出足够的理由加以论证。

15 主张单位是唯一的犯罪主体的单位说最为合理。虽然单位犯罪主要表现为负有不同职责的单位成员在业务活动过程中实施犯罪行为,但是在法规范意义上,单位犯罪的主体是单位。单位成员作为单位的关键性要素,具体地实施单位犯罪行为,并不能在单位之外,成为与单位相并立的单位犯罪的另一个主体。

二、作为单位犯罪主体的单位的认定

16 单位原本只是一种社会日常生活概念,并非由前置法明确界定的法律术语,刑法也未作出具体的规定。虽然依据刑法的规定,单位包括公司、企业、事业单位、机关和团体,但是这五种单位各自的范围有多大,刑法并未作出进一步的规定,尤其是其中的企业、事业单位,分布于各行各业,形态多样,所有制形态不同,更加难以界定。最高人民法院和最高人民检察院先后制定的司法解释,对于单位犯罪的主体作出了如下四项规定:一是不具有法人资格的独资、私营等公司、企业、事业单位,不是单位犯罪的主体。1999年6月最高人民法院《关于审理单位犯罪案件具体应用法律有关问题的解释》第1条规定:“刑法第三十条规定的公司、企业、事业单位,既包括国有、集体所有的公司、企业、事业单位,也包括依法设立的合资经营、合作经营企业和具有法人资格的独资、私营等公司、企业、事业单位。”二是为进行违法犯罪活动而设立和设立后以实施犯罪为主要活动的公司、企业、事业单位,不是单位犯罪的主体。最高人民法院《关于审理单位犯罪案件具体应用法律有关问题的解释》第2条作出了该规定。三是单位包括单位的分支机构或者内设机构、部门。《全国法院审理金融犯罪案件工作座谈会纪要》第2条第1款第1项规定:“……以单位的分支机构或者内设机构、部门的名义实施犯罪,违法所得亦归分支机构或者内设机构、部门所有的,应认定为单位犯罪。不能因为单位的分支机构或者内设机构、部门没有可供执行罚金的财产,就不将其认定为单位犯罪,而按照个人犯罪处理。”四是单位包括被撤销、注销、吊销营业执照或者宣告破产前的单位。2002年7月最高人民检察院《关于涉嫌犯罪单位被撤销、注销、吊销营业执照或者宣告破产的应如何进行追诉问题的批复》规定:“涉嫌犯罪的单位被撤销、注销、吊销营业执照或者宣告破产的,应当根据刑法关于单位犯罪的相关规定,对实施犯罪行为的该单位直接负责的主管人员和其他直接责任人员追究刑事责任,对该单位不再追诉。”

17 上述第二项至第四项关于单位犯罪主体的规定,实际上分别确立了单位成立的合法性、单位的相对独立性和单位的合法存续性三个基本特征:第一,成立的合法性,包括形式的合法性与实质的合法性。形式上,单位的成立应当符合民事法律或者行政法规所规定的设立条件与设立程序。实质上,单位的成立应当符合社会利益。国家设立单位的目的是促进经济的发展和推动社会的进步,而不可能允许其实施违法犯罪活动。如果是出于实施违法犯罪活动的目的而成立所谓公司等,其实质是犯罪组织,而非合法的单位,而设立后以实施犯罪为主要活动的公司、企业、事业单位也是如此。第二,相对独立性。单位作为一个独立的犯罪主体,至少应当具备相对独立性,即独立或者相对独立于其他单位的属性,主要表现为单位在意志和行为上的独立性或相对独立性,即能够根据单位意志,独立地对外开展活动,并在一定范围内承担由单位行为所带来的法律后果。第三,合法存续性。单位在成立后处于存续状态,并且这种存续的状态是符合法律的规定,也就是说,单位在合法成立后没有破产、被撤销或者解散等。在单位成立之前或者单位被宣告破产、依法撤销或者解散等之后,单位则不能成为犯罪的主体。

只有符合上述单位特征的社会组织,才是刑法中的单位。如果某组织不符合上 18
述的三个特征,就不应当被认定为单位,该组织的行为也不构成单位犯罪,若成立自然人犯罪的,应当以自然人犯罪论处。

在理论上,对于单位的特征存有多种不同的观点。其一,二特征说。有学者认 19
为,单位具有合法性特征和独立性特征。[10] 其二,三特征说。有学者认为,单位需要具备依法成立、合法存在和具有刑事责任能力三个条件[11],或者合法性、组织性和独立性三个特征[12]。其三,四特征说。有学者认为,单位犯罪的主体需要具备依法成立,拥有一定的财产和经费,有自己的名称、组织机构和场所以及刑事责任能力和承担刑事责任能力四个条件[13],或者具有合法性、组织机构性、持久性和刑事责任能力性四个特征等[14]。其四,五特征说。有学者认为单位具备具有一定的物质条件和人员、有自己的组织机构、能够承担一定责任、有一定的独立性和合法性五个特征。[15] 其五,六特征说。有学者认为,单位有六大特征,除了五特征说中的五个特征,还必须是"一定形式的社会组织"[16]。在上述观点中,有的观点不符合单位犯罪的立法目的,如二特征说将独立性作为单位的特征,将单位的分支机构排除在单位犯罪的主体之外,不符合扩大单位犯罪主体范围的立法目的;有的观点有简单地复制自然人

---

10 参见陈泽宪主编:《新刑法单位犯罪的认定与处罚——法人犯罪新论》,中国检察出版社 1997 年版,第 49 页。

11 参见马长生、胡凤英:《论新刑法对单位犯罪的规定》,载《政法论坛》1997 年第 6 期。

12 参见聂立泽、高猛:《单位犯罪主体的基本特征研究》,载《南都学坛》2016 年第 4 期。

13 参见沙君俊:《单位犯罪的定罪与量刑》,人民法院出版社 2002 年版,第 68 页。

14 参见臧冬斌:《单位犯罪主体范围探讨》,载《法学评论》2001 年第 6 期。

15 参见赵秉志主编:《犯罪总论问题探索》,法律出版社 2003 年版,第 167、168 页。

16 李希慧:《论单位犯罪的主体》,载《法学论坛》2004 年第 2 期。

犯罪的责任要素的嫌疑,如三特征说将刑事责任能力列为单位的特征,显然是画蛇添足;其他的观点在一定程度上都有公司的成立条件的意味,未反映刑法规范的特殊性。

三、单位认定的特殊问题

(一)不具有法人资格的独资、私营等公司、企业、事业单位犯罪的性质

20 不具有法人资格的独资、私营等公司、企业、事业单位主要有一人有限责任公司和个人合伙企业等,这些公司、企业只领取营业执照,而没有企业法人营业执照。依据司法解释的规定,以是否具有法人资格为标准,对独资、私营等公司、企业、事业单位进行区分,具有法人资格的独资、私营等公司、企业、事业单位实施犯罪,可以成立单位犯罪,而不具有法人资格的独资、私营等公司、企业、事业单位实施犯罪,只能认定为自然人犯罪予以处罚。

21 在理论上,对于私营企业是否应当成为单位犯罪主体存在激烈的争议。否定说认为,私营企业不能成为单位犯罪的主体。理由是,无论是个体所有制企业还是外商独资企业,本质上都是私人所有的。它们的一切活动,包括犯罪活动,都是为了企业所有者的利益,这与单位犯罪"必须为单位谋利"的特征不符。因此,私营企业的一切行为实质上都是个人行为,其犯罪后应当追究个人的责任。而且,我国刑法规定的单位犯罪的刑罚往往比自然人犯罪的刑罚要轻,如果将私营企业犯罪视为单位犯罪,必然会放纵私营企业主为个人利益实施的犯罪。因此,私营企业不能成为单位犯罪的主体。肯定说认为,任何私营企业都可以成为单位犯罪的主体。其理由为:第一,私营企业也是企业,如果仅仅因为它们是私营企业就否认它们能成为单位犯罪主体,显然违背了法律面前人人平等的原则。从现代企业制度的要求来看,按所有制性质划分企业的做法不甚科学,而且随着经济体制改革的深入,混合所有制的企业增多,这种划分也将越来越难。第二,不少私营企业都具有法人资格,即使是不具有法人资格的独资企业、合伙企业,也都有自己的企业名称,它们不是以投资者名义而是以企业本身的名义对外开展活动,是一个以一定资产为基础的经济单位;它们也不是以个人而是以私营企业的名义参与诉讼。因此,私营企业已取得了不同于个人的独立地位。不能在保护私营企业时将其作为单位看待,而在惩罚时则将其作为个人看待。否则,刑法适用的严肃性、统一性和权威性将不复存在。第三,从刑法的角度看,除个别犯罪要求是特殊主体外,刑法从没有将私营企业排斥在单位犯罪主体之外。因此,依据罪刑法定原则,把私营企业犯罪作为自然人犯罪来处理,缺乏宪法和刑法上的依据。折中说认为,私营企业能否成为单位犯罪主体,应当根据其投资形式与组织形式区别对待。有限责任公司类型的私营企业,应当是单位犯罪的主体,而独资企业与合

伙企业两种类型的企业,不应是单位犯罪的主体。[17]

虽然在司法解释的规制之下,不具有法人资格的独资、私营等公司、企业、事业单位不能成为单位犯罪的主体,但是将这些独资、私营单位排斥在单位犯罪主体之外的法理依据并不明确,有作进一步研究的空间。 22

(二)机关是否应当被规定为单位犯罪的主体

依据《刑法》第30条的规定,机关是单位犯罪的主体之一。但是,对于机关是否应当成为单位犯罪的主体,存在着激烈的理论争议。肯定说认为,国家机关应当被规定为单位犯罪的主体,理由主要有:个别国家机关实施了犯罪行为;国家机关有产生犯罪意思的可能性;为维护法律的权威和尊严,应当处罚犯罪的机关。否定说认为,国家机关不能被规定为单位犯罪的主体,理由主要有:缺乏法理依据,对机关的处罚实际上未予执行,缺乏处罚机关的必要性。限制说则认为,机关应当理解为地方行政机关,中央机关和其他性质的国家机关不包括在单位犯罪的主体之中。[18] 23

根据罪刑法定原则,机关犯罪应当被认定为单位犯罪予以处罚。然而,值得注意的是,受理论争议的影响,我国有些司法机关采取否定说的立场,在处理机关犯罪案件时不起诉和处罚犯罪的机关,而只起诉和处罚实施犯罪的国家机关工作人员。[19] 24

(三)对单位的分支机构或者内设机构、部门实施犯罪的处理

2001年1月最高人民法院《全国法院审理金融犯罪案件工作座谈会纪要》第2条第1款第1项规定:“……以单位的分支机构或者内设机构、部门的名义实施犯罪,违法所得亦归分支机构或者内设机构、部门所有的,应认定为单位犯罪……”该规定肯定了单位的分支机构或者内设机构、部门可以成为单位犯罪的主体,且不能以该机构没有可供执行罚金的财产为理由而否定单位犯罪的成立。该规定确立了处理单位的分支机构或者内设机构、部门犯罪的基本规则:第一,单位的分支机构或者内设机构、部门可以成为单位犯罪的主体;第二,单位的分支机构或者内设机构、部门犯罪成立单位犯罪,必须具备“以单位的分支机构或者内设机构、部门的名义实施犯罪”和“违法所得归单位的分支机构或者内设机构、部门所有”两个条件。 25

17　参见李希慧:《论单位犯罪的主体》,载《法学论坛》2004年第2期。

18　参见马克昌:《“机关”不宜规定为单位犯罪的主体》,载《人民检察》2007年第21期。

19　新疆维吾尔自治区昌吉回族自治州人民检察院对乌鲁木齐铁路运输中级法院涉嫌非法索取、收受贿赂款450余万元提起公诉,并指控原院长涉嫌单位受贿罪、受贿罪、贪污罪;原执行局局长、原办公室财务会计涉嫌单位受贿罪。2006年7月4日,新疆维吾尔自治区昌吉回族自治州中级人民法院公开开庭审理了该案。2006年12月19日,昌吉回族自治州人民检察院变更、补充了起诉书内容,撤销了对乌鲁木齐铁路运输中级法院的指控。2007年2月15日,昌吉回族自治州中级人民法院对此案进行公开宣判,对原院长、原执行局局长、原办公室财务会计判处了刑期长短不同的有期徒刑或者缓刑。参见《新疆乌铁中院原院长获刑15年》,载搜狐新闻(news.sohu.com/20070328/n249036108.shtml),访问时间:2021年12月21日。

26 后来的司法解释也都认可了该规则。2017 年 6 月最高人民检察院《关于办理涉互联网金融犯罪案件有关问题座谈会纪要》对违法所得作了更具体的规定:“对参与涉互联网金融犯罪,但不具有独立法人资格的分支机构,是否追究其刑事责任,可以区分两种情形处理:(1)全部或部分违法所得归分支机构所有并支配,分支机构作为单位犯罪主体追究刑事责任;(2)违法所得完全归分支机构上级单位所有并支配的,不能对分支机构作为单位犯罪主体追究刑事责任,而是应当对分支机构的上级单位(符合单位犯罪主体资格)追究刑事责任。”依据该规定,不具有独立法人资格的分支机构实施犯罪,应当依据违法所得的去向,是归分支机构所有和支配还是归上级单位,分别认定为分支机构犯罪或上级单位犯罪。

(四)村民委员会实施犯罪不以单位犯罪论处

27 作为基层性群众自治组织,依法成立并具有完整组织结构的村民委员会也是农村地区的重要单位。但是,村民委员会不属于刑法规定的公司、企业、事业单位、机关、团体等五种类型单位中的任何一种,因而不能成为单位犯罪的主体。2007 年 3 月发布的公安部《关于村民委员会可否构成单位犯罪主体问题的批复》规定:“对以村民委员会名义实施犯罪的,不应以单位犯罪论,可以依法追究直接负责的主管人员和其他直接责任人员的刑事责任。”该规定明确了“以村民委员会名义实施犯罪”的性质为自然人犯罪。在此之后,未见法律和司法解释对相同的问题作出过不同的规定。与村民委员会相类似的城市中的居民委员会,也应当作同样的对待。

(五)单位犯罪案件的起诉和审理

28 依据 2019 年 12 月《人民检察院刑事诉讼规则》第 342 条和第 343 条的规定,人民检察院在审查移送起诉时,如果认为相关单位涉嫌犯罪但被遗漏,应当制作补充侦查提纲,连同案卷材料一并退回公安机关或者监察机关补充调查,必要时可以自行补充侦查。

29 人民检察院在对职务犯罪案件审查起诉时,如果认为相关单位亦涉嫌犯罪,且单位犯罪事实清楚、证据确实充分,经与监察机关沟通,可以依法对犯罪单位提起公诉。2012 年至 2016 年间,经赵某(某县图书馆原馆长)、徐某某(某县图书馆原副馆长)等人集体讨论决定,某县图书馆通过在书籍采购过程中帐外暗中收受回扣人民币共计 36 万余元,用于发放工作人员福利及支付本单位其他开支;通过虚开购书发票、虚列劳务支出等手段套取财政资金 63 万余元,经赵某、徐某某等人集体讨论决定,将其中的 56 万余元以单位名义集体私分给本单位工作人员;被告人徐某某利用分管采购业务的职务之便,套取财政资金 3.8 万元归个人所有。2018 年 9 月 28 日,县监察委员会调查终结,以赵某涉嫌单位受贿罪、私分国有资产罪移送县人民检察院起诉。检察机关审查认为,应当以单位受贿罪追究某县图书馆的刑事责任。经与监察机关充分沟通,2018 年 11 月 12 日,县人民检察院对某县图书馆以单位受贿罪,对赵某以单位受贿罪、私分国有资产罪提起公诉。2018 年 12 月 12 日,县人民检察院对徐某某以单位受贿罪、私分国有资产罪、贪污罪提起公诉。[20]

依据2020年12月最高人民法院《关于适用〈中华人民共和国刑事诉讼法〉的解释》第340条的规定，对于应当认定为单位犯罪的案件，如果人民检察院只作为自然人犯罪起诉的，人民法院应当建议人民检察院对犯罪单位追加起诉。人民检察院仍以自然人犯罪起诉的，人民法院应当依法审理，按照单位犯罪直接负责的主管人员或者其他直接责任人员追究刑事责任，并援引刑法分则关于追究单位犯罪中直接负责的主管人员和其他直接责任人员刑事责任的条款。 30

依据该解释第344条和第345条的规定，在案件审判期间，如果被告单位被吊销营业执照、宣告破产但尚未完成清算、注销登记的，应当继续审理；如果被告单位被撤销、注销的，对单位犯罪直接负责的主管人员和其他直接责任人员应当继续审理。如果被告单位发生合并、分立的，应当将原单位列为被告单位，并注明合并、分立情况，但是，对被告单位所判处的罚金以其在新单位的财产及收益为限。 31

Ⅵ 作为单位犯罪的成立条件之二：单位罪过

刑法并没有具体地规定单位罪过，司法解释也未对此问题作过具体规定。但是，依据《刑法》第16条的规定，不是出于故意或者过失的行为不是犯罪行为，因而单位犯罪的成立也必须具备犯罪故意或者过失。而且，从刑法分则条文中“单位犯前款罪的”等规定中也可以推论出单位犯罪与自然人犯罪一样，必须具有犯罪故意或者过失。因为，“单位犯前款罪的”的规定不仅表明单位实施了前款规定的自然人实施的犯罪行为，而且表明单位具有前款规定的故意或者过失。因此，单位犯罪的成立不可能没有单位故意或者过失。这也是责任主义的基本要求。 32

然而，对于单位犯罪故意和单位犯罪过失应当如何认定，刑法未作出过明确的规定。在以下两个个罪司法解释性文件中，有些条款的规定隐含了单位犯罪故意的认定规则。2002年7月最高人民法院、最高人民检察院、海关总署《关于办理走私刑事案件适用法律若干问题的意见》第18条第1款规定：“具备下列特征的，可以认定为单位走私犯罪：(1)以单位的名义实施走私犯罪，即由单位集体研究决定，或者由单位的负责人或者被授权的其他人员决定、同意；(2)为单位谋取不正当利益或者违法所得大部分归单位所有。”该规定表明，单位犯罪的成立以“单位的名义”为条件，而“单位的名义”表现为集体研究决定，负责人决定、同意和被授权的人员决定、同意三种不同形式。2017年6月最高人民检察院《关于办理涉互联网金融犯罪案件有关问题座谈会纪要》第21条规定，追究单位互联网金融犯罪的刑事责任应当具备三个条件：“(1)犯罪活动经单位决策实施；(2)单位的员工主要按照单位的决策实施具体犯罪活动；(3)违法所得归单位所有，经单位决策使用，收益亦归单位所有。”该规定表 33

---

20 参见最高人民检察院公布的第二十批指导性案例“浙江省某县图书馆及赵某、徐某某单位受贿、私分国有资产、贪污案”(检例第73号)。

明,单位犯罪活动只有经“单位决策”,才能成立单位犯罪,但是对单位决策的形式没有作明确的限定。上述两个司法解释性文件虽然是针对走私犯罪和涉互联网金融犯罪所作出的专门性规定,但是也反映了我国司法机关在认定单位犯罪上的通常做法,对于理解和把握单位犯罪的成立条件具有重要的参考价值。

34　上述两个司法解释性文件规定的“由单位集体研究决定,或者由单位的负责人或者被授权的其他人员决定、同意”和“经单位决策”,虽然都是单位犯罪的行为要素,但是也表明了单位犯罪是在单位意志的支配下实施的,单位意志是以单位机关的意志为标准的。

35　关于单位意志的表现形式,司法解释性文件没有作出具体的规定。在理论上,存在多种不同的观点。有代表性的观点主要有两类:其一,四种形式说,即认为单位意志表现为单位主要负责人决定、领导集体决定、单位成员或者全体成员决定。[21] 其二,二元说,即认为决策者的犯罪意志和单位制度都体现单位意志。有学者提出,符合单位决策程序的单位领导的意思和单位自身的组织特征都是单位意志的体现。[22] 另有学者提出,基于利益者群体意志对单位决策、制度的选择模式与选择过程,单位意志的形成方式分为基于利益者群体意志的单位决策选择与基于利益者群体意志的单位制度选择。[23]

36　四种形式说既不区分单位机关与普通单位成员在公司、企业权力结构中的不同地位,也无视单位的制度,认为单位主要负责人决定、领导集体决定、单位成员或者全体单位成员决定都是单位意志的体现,即使是违背单位制度的个别领导或者成员的意志,也不能例外,使得单位意志的表现形式泛化,不当地扩大了单位刑事责任的范围,因而并不妥当。二元说认为,单位意志的判断既要考虑单位领导或者机关成员的意思,又要考虑单位的固有特征,使得单位意志的判断不完全依赖于单位机关或者成员,反映了单位犯罪的本质,因而具有合理性。不足之处在于二元说没有阐明,当这两种因素之间发生冲突时,单位意志应当如何判断。

37　我国司法机关认定单位意志虽然在总体上采取了同一论的立场,但是判断标准还不十分明晰,有待于在以后的司法解释中作出明确的宣示,以便统一单位意志的认定标准,增强刑法的安定性和权威性。更重要的是,单位意志的判断应当考虑单位的固有特征。单位的固有特征如同自然人的人格特征,既是发生单位犯罪的重要因素,也对单位意志的形成具有重要的作用,应当成为判断单位意志的重要事实。

---

[21] 参见何秉松主编:《法人犯罪与刑事责任》,中国法制出版社 1991 年版,第 536 页;程宗璋:《单位犯罪的整体意志探微》,载《人大研究》1999 年第 5 期。

[22] 参见黎宏:《单位犯罪中单位意思的界定》,载《法学》2013 年第 12 期。

[23] 参见聂立泽、高猛:《单位犯罪意志的形成机制研究》,载《南都学坛》2015 年第 3 期。

Ⅶ　作为单位犯罪的成立条件之三：单位行为

38 单位是一个机构庞杂、成员众多、分工复杂的社会组织，在单位内发生的行为形形色色，何种行为可以视为单位行为，并不是一个十分明确的问题。依据《刑法》第30条的规定，单位行为是单位实施的“危害社会的行为”。而单位行为是如何实施的，应当如何判断，刑法则没有作进一步的规定。1999年6月最高人民法院《关于审理单位犯罪案件具体应用法律有关问题的解释》第3条规定：“盗用单位名义实施犯罪，违法所得由实施犯罪的个人私分的，依照刑法有关自然人犯罪的规定定罪处罚。”该规定隐含了单位行为的成立条件包括“以单位名义实施犯罪”与“违法所得归单位所有”两个要素。最早正面作出明确规定的司法解释性文件是2001年1月最高人民法院《全国法院审理金融犯罪案件工作座谈会纪要》。该纪要第二部分第1条规定：“……以单位名义实施犯罪，违法所得归单位所有的，是单位犯罪……”随后，其他司法解释性文件进一步重申了该标准并作一定程度的扩张。例如，根据2002年7月最高人民法院、最高人民检察院、海关总署《关于办理走私刑事案件适用法律若干问题的意见》第18条的规定，“以单位的名义实施走私犯罪”包括“集体研究决定，负责人决定、同意和被授权的人员决定、同意”等三种不同的单位决策形式。由于单位决策权通常由单位机关享有，而且，为了避免被举报或者控告，不太可能在全单位范围内对实施犯罪进行全员表决。因此，单位决策基本上都是由单位负责人或者单位机关集体决定。在司法实务上，“‘整体性’的集体意志很少见，单位法定代表人的意志或总经理的意志几乎等同于单位意志，单位决策人员对犯罪的同意、默认、知道，成为认定单位犯罪的主观要件。业务员的行为是否出于单位意志，关键看授权范围”[24]。

39 “以单位名义实施犯罪”与“违法所得归单位所有”表明了单位犯罪的决定形式和违法所得的归属去向，显然只是单位行为的部分要素，而不是全部，单位行为实施的形式，由谁实施，以及如何实施等，都不是这两个因素所能涵盖的。仅依据这两个要素，不可能判断出某个单位成员的行为是否为单位行为，也不可能将单位成员的个人行为与单位行为区分开来。例如，在单位犯罪没有违法所得的场合，依据这两个要素就无从判断。因此，应当在司法解释性文件规定的基础上，依据行为理论进行分析，补充出未被司法解释性文件明确规定但是却隐含在其中的要素。

40 对于如何判断单位行为，在学界存有激烈的理论争议，见仁见智。大体上有三类不同的观点：一是单因素论，认为只要具备某个条件，单位成员的行为就是单位的危害行为。“单位决策机构决策说”“单位名义说”“利益归属说”“法人成员职务活动说”“法人授权说”和“法人意志说”等都是单因素论的主要代表。[25] 二是多因素

24　《单位犯罪研究》课题组：《上海法院系统审理单位犯罪情况调查》，载《华东刑事司法评论》2003年第2期。

25　参见王发岭：《关于法人犯罪几个问题的思考》，载《检察理论研究》1995年第2期。

论,认为单位成员的行为在符合多个条件时,才成立单位行为。多因素论是我国单位犯罪理论中的主流看法。对于应当具备多少个因素,这些因素又是什么,多因素论的阵营中则存有多种不同的主张,不一而足,如“业务关联性与法人意志性说”[26];或者“机关决定、单位名义与法律规定说”[27];或者“机关决定、成员实施、法人名义与营利归属法人说”[28];等等。三是业务行为与单位意志说,认为单位行为的成立条件包括“单位成员在业务范围内的行为”和“必须反映单位意志”。[29]

41 既然司法解释性文件已经对单位行为作出了规定,单位行为的判断就必须以司法解释性文件为依据,并对司法解释性文件进行深入的分析,归纳出单位行为的判断标准。依据司法解释性文件的规定,具备以下三个条件的危害行为,可以被认定为单位行为:

42 (1)单位成员在业务活动过程中实施危害行为。只有单位成员在业务活动过程中所实施的行为才能归属于单位,成为单位行为。这是因为,单位成员在单位中居于不同的岗位,从事不同的业务活动,只有在业务活动过程中实施的行为,才是单位行为的组成部分。单位成员的危害行为既可以是作为,也可以是不作为。如果单位成员实施了与业务毫无关联的行为,即使得到了单位领导的指使,也不成立单位犯罪和归责于单位,而应当认定为自然人犯罪。

43 (2)单位成员的危害行为体现单位意志,即“以单位的名义”。作为法律规定的犯罪主体,单位有着自主的单位意志。只有单位成员在业务活动过程中所实施的行为符合单位意志时,才是单位行为。体现单位意志可以表现为得到了单位负责人的同意,也可以表现为单位机关的集体决定或被授权的其他人员决定、同意等。如果未得到单位负责人或者单位机关的集体许可,单位成员擅自实施了违法行为,也不能归责于单位,不成立单位犯罪。

44 (3)违法所得主要归单位所有。在单位经济犯罪的场合,单位成员实施犯罪行为所获得的财物或者利益,主要归单位占有和支配。违法所得的去向也是判断犯罪行为是单位犯罪还是自然人犯罪的重要依据。

45 依据司法解释的规定,只有符合上述三个条件,单位成员的行为才是单位行为。若不符合该三个条件的全部或者部分,单位成员的行为则只能是个人行为,不能归属于单位。该三个条件是针对存在违法所得的犯罪而言的,对于不存在违法所得的犯罪类型来说,单位行为的成立只需要具备前两个条件即可。

---

26 游伟、尚爱国:《关于法人犯罪刑事责任基础的思考》,载《法学》2003 年第 8 期。

27 周振想:《单位犯罪若干若干问题研究》,载《华东政法学院学报》1999 年第 1 期。

28 李僚义、李恩民:《中国法人犯罪的罪与罚》,中国检察出版社 1996 年版,第 60 页。

29 参见黎宏:《单位刑事责任论》,清华大学出版社 2001 年版,第 257 页。

Ⅷ　单位犯罪的成立范围

依据单位犯罪成立范围的法定原则,刑法分则规定的各种犯罪并不都是单位犯罪,只有法律明确规定了可以由单位构成时,该犯罪才是单位犯罪。若法律没有将某种犯罪规定为单位犯罪,也就意味着该犯罪是纯正自然人犯罪。在刑法没有将某种犯罪设定为单位犯罪时,即便事实上单位实施了该危害行为,也不成立单位犯罪。这里的法律规定应当理解为明确的法律规定,不应当对之作扩大解释。然而,对于哪些法条规定了单位可以成为犯罪的主体,学界的认识并不一致。有的学者认为,单位犯罪的种类有 136 种[30];有的学者则认为有 122 种单位犯罪[31];还有的学者认为单位犯罪有 125 种[32];等等。随着刑法修正案不断出台,单位犯罪种类相应地增多,单位犯罪的成立范围持续扩大。 46

事实上,除刑法分则第九章渎职罪和第十章军人违反职责罪外,我国刑法分则其他各章都涉及单位犯罪,且以第三章破坏社会主义市场经济秩序罪和第六章妨害社会管理秩序罪居多。我国刑法中的单位犯罪可以分为纯正单位犯罪与不纯正单位犯罪两类。从刑法的规定看,不纯正单位犯罪的数量占据单位犯罪的绝大部分,而纯正单位犯罪的数量不多。纯正单位犯罪主要有:违规制造、销售枪支罪,生产、作业安全事故罪,工程重大安全事故罪,教育设施重大安全事故罪,消防责任事故罪,提供虚假财会报告罪,逃汇罪,强迫职工劳动罪,雇用童工从事危重劳动罪,出版歧视、侮辱少数民族作品罪,挪用特定款物罪,非法出售、赠送文物、藏品罪,违反检测操作规定采集、供应血液罪,违反检测操作规定制作、供应血液制品罪,单位受贿罪,单位行贿罪,战时拒绝、故意延误军事订货罪,等等。纯正单位犯罪的处罚,有的实行两罚制,有的实行单罚制,而不纯正单位犯罪的处罚都实行两罚制。 47

一般而论,对实行两罚制的不纯正单位犯罪和纯正单位犯罪归属于单位犯罪,在理论上是没有争议的,有争议的是某些实行单罚制的犯罪是否归属于单位犯罪。有争议的罪名主要有:资助危害国家安全犯罪活动罪,生产、作业安全事故罪,工程重大安全事故罪,教育设施重大安全事故罪,消防责任事故罪,提供虚假财会报告罪,妨害清算罪,强迫职工劳动罪,雇用童工从事危重劳动罪,出版歧视、侮辱少数民族作品罪,挪用特定款物罪,私分国有资产罪,私分罚没财物罪,等等。有学者认为,这些犯罪都属于单位犯罪,有的学者持相反的意见,还有学者则持中间立场,认为只有其中的部分犯罪才属于单位犯罪。 48

30　参见高铭暄、彭凤莲:《论中国刑法中单位犯罪的几个问题》,载顾肖荣主编:《经济刑法》(第 2 辑),上海人民出版社 2004 年版,第 10 页。

31　参见冯军:《新刑法中的单位犯罪》,载高铭暄、赵秉志主编:《刑法论丛》(第 9 卷),法律出版社 2005 年版,第 96 页。

32　参见赵秉志主编:《单位犯罪比较研究》,法律出版社 2004 年版,第 184 页。

49 应当对实行单罚制的犯罪进行具体的分析。妨害清算罪、私分国有资产罪、私分罚没财物罪应当被界定为纯正的自然人犯罪,单位不能构成。首先,妨害清算罪所发生的时间是“公司、企业清算时”,而此时公司和企业已经不同于正常情况下的单位,权利能力和行为能力受到了极大的限制,也可以说,此时的公司和企业已经没有了形成单位意志的能力。因此,在公司、企业清算过程中所发生的损害债权人利益的行为,并不能视为被清算的公司、企业的整体行为,其性质只能是由直接责任人员实施的自然人犯罪。其次,私分国有资产罪、私分罚没财物罪都是国家工作人员私分国有财产的犯罪行为,而对于国有财产,某个国有单位不可能产生单位利益。该两种犯罪既不为单位谋取利益,也不会损害单位利益,因而不可能是单位犯罪。除这三种犯罪之外,上述实行单罚制的其他犯罪都可以由单位构成。这是因为,单位作为社会组织,完全有可能实施这些犯罪而危害社会。

Ⅸ 单位成员参与实施纯正自然人犯罪的刑事责任

50 依据单位犯罪成立范围的法定原则,单位实施纯正自然人犯罪不构成单位犯罪,对此无论学界还是实务界都无人提出异议。但是,是否应当追究参与实施纯正自然人犯罪的单位成员的刑事责任,则存在着严重的争议。

51 最高人民检察院对此一直持肯定的态度。1996 年 1 月 23 日最高人民检察院《关于单位盗窃行为如何处理问题的批复》规定:“单位组织实施盗窃,获取财产归单位所有,数额巨大、情节恶劣的,应对其直接负责的主管人员和其他主要的直接责任人员按盗窃罪依法批捕、起诉。”2002 年,最高人民检察院再次针对同一问题发布的《关于单位有关人员组织实施盗窃行为如何适用法律问题的批复》指出:“单位有关人员为谋取单位利益组织实施盗窃行为,情节严重的,应当依照刑法第二百六十四条的规定以盗窃罪追究直接责任人员的刑事责任。”最高人民检察院针对同一问题所作的两个批复,虽然具体的措辞存在一些细微的区别,但是基本立场上却是高度一致的,都肯定了单位集体盗窃中单位成员的刑事责任。

52 最高人民法院在此问题上的态度却与最高人民检察院不同。2001 年 1 月《全国法院审理金融犯罪案件工作座谈会纪要》规定:“根据刑法第三十条和第一百九十三条的规定,单位不构成贷款诈骗罪。对于单位实施的贷款诈骗行为,不能以贷款诈骗罪定罪处罚,也不能以贷款诈骗罪追究直接负责的主管人员和其他直接责任人员的刑事责任。”该纪要不仅否定了单位实施的集体诈骗贷款的行为构成贷款诈骗罪,而且还明确规定不能以此罪名对参与实施犯罪的单位成员追究刑事责任。

53 我国学界对于在单位实施纯正自然人犯罪的场合,应否追究参与实施纯正自然人犯罪的单位成员的刑事责任,分歧极为严重,观点尖锐对立。归纳起来主要有“肯定说”“否定说”和“折中说”三类观点。持“肯定说”的学者认为,在单位实施纯正自然人犯罪的场合,虽然不能追究单位的刑事责任,但应当追究参与实施纯正自然人犯罪的单位成员的刑事责任。不过,不同学者在论证追究参与实施纯正自然人犯罪的单位成员的刑事责任时所提出的理由各不相同。有的学者将追究单位成员的刑事责任的理由归于单位没有犯罪能力，认为“在单位犯罪的情况下，真实的行为只有单位内部自然人的行为”[33]。有学者从法条竞合的角度，论证处罚参与实施犯罪的单位成员的合理性，认为“规定单位犯罪的特殊条款和规定自然人犯罪的一般条款之间存在着特殊法与一般法的关系……在某一犯罪规定为只能由自然人实施的情况下，应当理解为不存在特殊法的规定，不能对单位整体判处罚金，但是，应当直接适用一般法，对单位内部的直接责任人员按照自然人犯罪的条款来定罪量刑”[34]。还有学者认为，虽然《刑法》第 30 条规定了单位犯罪成立的法定原则，“但是刑法第 30 条并没有禁止追究自然人的刑事责任……直接负责的主管人员和其他直接责任人员承担刑事责任，是因为其行为符合犯罪构成”[35]。

持“否定说”的学者认为，在单位实施纯正自然人犯罪的场合，“既不能违法追究单位的刑事责任，也不能对单位中直接负责的主管人员和其他直接责任人员单独以直观相应的个人共同犯罪论处”[36]。其理由主要有两点：一是对参与实施纯正自然人犯罪的单位成员追究刑事责任违背罪刑法定原则。[37] 二是单位犯罪成立是单位成员负刑事责任的前提。有学者指出：“追究单位直接负责的主管人员和其他直接责任人员的刑事责任，应当以单位构成犯罪为前提条件。”[38]既然单位实施纯正自然人犯罪的行为不成立单位犯罪，那么追究单位成员的刑事责任就于法无据。 54

持“折中说”的学者认为，在原则上，对单位实施纯正自然人犯罪的行为追究有关责任人员的刑事责任，违背了罪刑法定原则。但是，当单位实施作为自然犯的纯正自然人犯罪时，由于社会危害严重，应当追究单位成员的刑事责任。当单位实施作为法定犯的纯正自然人犯罪时，则不能追究单位成员的刑事责任。[39] 55

2014 年 4 月全国人民代表大会常务委员会《关于〈中华人民共和国刑法〉第三十条的解释》规定：“公司、企业、事业单位、机关、团体等单位实施刑法规定的危害社会的行为，刑法分则和其他法律未规定追究单位的刑事责任的，对组织、策划、实施该危害社会行为的人依法追究刑事责任。”该立法解释支持了肯定说的立场，消弭了不同司法解释之间的分歧。依据该立法解释，组织、策划单位实施或者具体实施纯正自 56

---

33 董玉庭：《论单位实施非单位犯罪问题》，载《环球法律评论》2006 年第 6 期。

34 于志刚：《单位犯罪与自然人犯罪——法条竞合理论的一种解释》，载《政法论坛》2008 年第 6 期。

35 张明楷：《法益初论》，中国政法大学出版社 2003 年版，第 367 页。

36 牛克乾：《对单位盗窃行为能否定罪——兼论刑法第 30 条、第 31 条规定中“单位”的内涵》，载《法学杂志》2003 年第 4 期。

37 参见陈兴良：《盗窃罪研究》，载陈兴良主编：《刑事法判解》(第 1 卷)，法律出版社 1999 年版，第 36 页。

38 王涛：《增设贷款诈骗罪单位主体的必要性》，载《中国刑事法杂志》2004 年第 4 期。

39 参见熊选国：《刑事审判中几个疑难问题的探讨》，载《人民司法》2005 年第 1 期。

然人犯罪的单位成员,应当依法追究其刑事责任。然而,该立法解释未具体地指明处罚实施纯正自然人犯罪的单位成员的法理根据。

57 应当承认,刑法设立单位犯罪的目的在于通过将单位增设为处罚对象,以强化对法益的保护,不可能是为实施犯罪的人提供庇护,使之逍遥法外。在单位实施纯正自然人犯罪的场合,法益的安全同样应当受到刑法的保护,在该行为不构成单位犯罪的条件下,实施犯罪的单位成员的刑事责任仍然应当受到追究。在判断路径上,应当以修正的犯罪构成与基本的犯罪构成之间的关系为理论依据。具体地讲,单位实施纯正自然人犯罪的行为,由于超出了法定的单位犯罪的成立范围,因而不符合单位犯罪的修正的犯罪构成,不成立单位犯罪。此时,基于行为人的人数是“二人以上”还是“一人”,单位成员的个人行为还有可能符合适用于判断共同犯罪的修正的犯罪构成或者基本的犯罪构成。在符合上述两种犯罪构成中的任何一种的情况下,都必须对单位成员的个人行为作刑法评价,将其认定为自然人犯罪予以处罚。[40] 当一个单位成员的行为符合基本的犯罪构成时,应当被认定为单独犯罪予以处罚,而当两个以上单位成员的行为符合修正的犯罪构成时,则应当被认定为共同犯罪予以处罚。

---

40 参见王良顺:《论参与实施纯正自然人犯罪的单位成员的刑事责任》,载《法商研究》2013 年第 2 期。

第三十一条　单位犯罪的处罚原则

单位犯罪的，对单位判处罚金，并对其直接负责的主管人员和其他直接责任人员判处刑罚。本法分则和其他法律另有规定的，依照规定。

文献：何秉松主编：《法人犯罪与刑事责任》，中国法制出版社2001年版；黎宏：《单位刑事责任论》，清华大学出版社2001年版；赵秉志主编：《单位犯罪比较研究》，法律出版社2004年版；高铭暄、赵秉志主编：《刑法论丛》（第9卷），法律出版社2005年版；王良顺：《单位犯罪论》，中国人民公安大学出版社2008年版；李翔：《单位犯罪司法实证研究：我国单位犯罪制度的检视与重构》，上海人民出版社2016年版。朱华荣、林建华：《论对法人犯罪的两罚原则》，载《法学研究》1987年第6期；廖斌：《对法人犯罪刑罚适用的设想》，载《现代法学》1996年第5期；陈炜、孙昌军：《试论单位犯罪中责任人的认定与处罚》，载《法学评论》2000年第1期；陈浩然：《单位犯罪与三罚原则》，载《复旦学报（社会科学版）》2001年第2期；吴平：《增设以单位犯罪为适用对象的资格刑刍议》，载《河南警察学院学报》2004年第2期；魏东、章谷雅：《论法人犯罪的犯罪构成与刑罚配置之完善》，载《中国刑事法杂志》2004年第2期；童颖颖：《单位犯罪中"直接负责的主管人员和其他直接责任人员"的认定与处罚》，载《浙江工商大学学报》2004年第4期；朱平：《单位犯罪审理中的前沿问题》，载《法律适用》2004年第11期；杨善良：《单位犯罪中直接负责的主管人员和其他直接责任人员的界定》，载《人民检察》2005年第7期；石磊：《论单位犯罪的直接责任人员》，载《现代法学》2006年第1期；王良顺：《论单位犯罪的处罚原则》，载《中国刑事法杂志》2007年第2期；王良顺：《单位犯罪直接责任人员的刑事责任》，载《法学》2008年第2期；黎宏：《完善我国单位犯罪处罚制度的思考》，载《法商研究》2011年第1期。

细目录

Ⅰ　主旨

Ⅱ　沿革

Ⅲ　单位犯罪的处罚原则

Ⅳ　对单位的处罚

一、对单位判处罚金的裁量

二、上级单位与下属单位共同参与犯罪的处理

三、处罚单位的资格刑立法问题

V 对直接责任人员的处罚
一、直接责任人员的法定刑
二、直接责任人员的认定
三、直接责任人员的处罚原则

I 主旨

1 本条是关于单位犯罪的处罚的规定,规定了单位犯罪的处罚实行以两罚制为主体、以单罚制为补充的混合体制。在两罚制之下,既处罚犯罪的单位,也处罚直接负责的主管人员和其他直接责任人员。在单罚制之下,受处罚的对象为"直接负责的主管人员和其他直接责任人员"或者"直接责任人员"。

II 沿革

2 1979 年刑法没有规定单位犯罪的处罚。最早规定单位犯罪的处罚的法律是 1987 年 1 月 22 日颁布的《海关法》第 47 条第 4 款:"企业事业单位、国家机关、社会团体犯走私罪的,由司法机关对其主管人员和直接责任人员依法追究刑事责任;对该单位判处罚金,判处没收走私货物、物品、走私运输工具和违法所得。"其后,全国人大常委会在多个单行刑法中明确地规定了多种单位犯罪的法定刑,而这些规定都是关于个罪的处罚规定。现行《刑法》第 31 条是第一个规定单位犯罪的处罚原则的总则性法条。

III 单位犯罪的处罚原则

3 总体而言,法人犯罪的处罚制度分为单罚制与两罚制两种不同的类型。所谓两罚制,又称双罚制,是指对法人犯罪既处罚犯罪的法人,又处罚与法人犯罪有关的法人成员。而单罚制又可以分为转嫁制与代罚制。转嫁制是指对于法人犯罪,只处罚法人而不处罚法人成员的制度。代罚制是指对法人犯罪只处罚实施犯罪的自然人,而不处罚法人的制度。从历史的角度来观察,转嫁制和代罚制都是早期法人犯罪的处罚原则,而两罚制则是现代比较成熟的法人犯罪处罚原则。

4 学界普遍认同《刑法》第 31 条规定的是单位犯罪的处罚原则。但是,对于该法条规定的单位犯罪的处罚原则是什么,在理论上存有不同的看法。有代表性的观点主要有:其一,混合制说。这是目前我国刑法理论的通说。该说认为,我国的单位犯罪的处罚实行以两罚制为主体、以单罚制(代罚制)为补充的处罚制度。[1] 其二,两罚制说。有学者认为,我国的单位犯罪的处罚原则就是两罚制,所谓实行单罚制的犯罪其

---

1 参见高铭暄、彭凤莲:《论中国刑法中单位犯罪的几个问题》,载顾肖荣主编:《经济刑法》(第 2 辑),上海人民出版社 2004 年版,第 8 页。

实并不是单位犯罪,而是自然人犯罪。[2] 其三,以三罚制为基础、以单罚制为辅助说。有学者认为,我国的单位犯罪的处罚采用以"以三罚为基础、以单罚为辅助"的综合性制裁原则。因为对自然人的处罚,实际上包括了对单位的主要负责人的处罚和对犯罪行为人的处罚,与对单位的处罚共同构成了对三个不同对象的处罚的三罚制。[3]

上述不同观点的理论分歧集中于两个问题:其一,单罚制是否单位犯罪的处罚原则。有些犯罪的处罚对象为"直接负责的主管人员和其他直接责任人员"或者"直接责任人员",不包括单位,如第 135 条规定的重大劳动安全事故罪。学界对于这类犯罪是不是单位犯罪存有不同的看法。混合制说认为,这类犯罪是实行单罚制的单位犯罪,两罚制说则认为这类犯罪为自然人犯罪。应当认为,单位是否受处罚并不是判断是不是单位犯罪的决定性标准。在作为法人处罚原则之一的代罚制之下,受到处罚的对象就只有法人成员,而不包括法人。既然《刑法》第 31 条规定,单位犯罪的处罚在处罚单位和直接责任人员的同时,还存在着例外,也就意味着在两罚制之外存在其他的处罚制度。刑法分则条文规定的只处罚直接责任人员而不处罚单位的犯罪,大多都是企业、事业单位不履行安全生产等法定作为义务而发生的责任事故犯罪,应当属于单位犯罪。因此,承认单位犯罪的处罚原则包括单罚制,更具合理性。其二,受处罚的两类直接责任人员是否可归类为主要负责人和行为人。作为单位犯罪中受处罚的对象,"直接负责的主管人员和其他直接责任人员"是依据在单位中是否承担管理职责,对责任人员所作的划分。换言之,负有管理职责且又负有直接责任的单位成员为直接负责的主管人员,而不负有管理职责但却负有直接责任的人员则为其他直接责任人员。因此,"直接负责的主管人员和其他直接责任人员"并非依据在单位犯罪中的分工所作的分类,不可能分别等同于"单位的主要负责人"和"犯罪行为人",相应地,单位犯罪的处罚原则也就不可能有所谓的三罚制。应当说,作为通说的混合制说是对我国单位犯罪的处罚原则的正确解读。 5

但是,单位犯罪的处罚应当实行两罚制。单位犯罪的处罚之所以应当实行两罚制,不仅因为它与责任主义相契合,而且因为它有利于实现预防单位犯罪的刑罚目的,因而是一种必要和有效的单位犯罪处罚制度。具体地讲,其一,既处罚犯罪单位,又处罚责任人员,符合责任主义。单位实施了单位犯罪并对于单位犯罪具有罪过,因而犯罪单位受处罚完全符合责任主义,而负有责任的责任人员既具体参与实施了单位犯罪,同时对单位犯罪具有罪过,因而处罚负有责任的责任人员与责任主义也是相一致的。其二,对单位犯罪的责任人员追究刑事责任,惩罚和改造责任人员,威慑有潜在危险性的单位成员,能够起到预防单位成员利用单位危害社会的作用。 6

---

2 参见冯军:《新刑法中的单位犯罪》,载高铭暄、赵秉志主编:《刑法论丛》(第 9 卷),法律出版社 2005 年版,第 122 页。

3 参见陈浩然:《单位犯罪与三罚原则》,载《复旦学报(社会科学版)》2001 年第 2 期。

因为,单位成员毕竟是单位中的支配性因素,它直接决定和具体实现单位行为。只有在处罚犯罪单位的同时,处罚具体实施单位犯罪的责任人员,才能有效地预防单位犯罪。相反,如果不处罚具体实施单位犯罪的责任人员,只对犯罪单位判处财产刑,还有可能被单位的主管人员视为单位经营所必须付出的成本的组成部分,或者通过提高商品的价格,将因被处以财产刑而受到的损失转嫁给消费者。因此,只处罚犯罪单位,不可能起到威慑和惩罚单位犯罪的作用。其三,在追究实施犯罪行为的责任人员的刑事责任的同时,追究犯罪单位的刑事责任,有利于促进单位加强对单位成员的行为的管理和监督。每个单位成员都是单位某个机构中的成员,都负有相应的职责,并且从单位获得经济收入,因而单位成员与单位之间具有组织上的服从关系与分配上的利益关系,使得单位的管理与监督能够对单位成员的行为产生重要的影响。其四,对犯罪单位处以财产刑,可以从经济上剥夺或者削弱单位再犯罪的物质条件。

7 为了有效地预防单位犯罪,应当对实行单罚制的单位犯罪增补处罚单位的规定,对单位犯罪统一地实行两罚制。

Ⅳ 对单位的处罚

8 在实行两罚制的单位犯罪中,既要处罚直接责任人员也要处罚犯罪单位。根据刑法的规定,处罚犯罪单位的法定刑具有两个基本特点:其一,刑罚方法的单一性。刑法规定的处罚犯罪单位的基本立法形式是“对单位判处罚金”,处罚犯罪单位的刑罚方法仅为罚金,没有其他种类的刑罚方法。其二,处罚犯罪单位的罚金主要是无限额制罚金。刑法规定的处罚犯罪单位的罚金类型均为无限额制罚金,只有个别单行刑法规定的罚金为比例制罚金。具体地讲,1998 年 12 月 29 日发布的全国人大常委会《关于惩治骗购外汇、逃汇和非法买卖外汇犯罪的决定》增设了骗购外汇罪和逃汇罪,并规定了对单位判处骗购外汇或者逃汇数额“百分之五以上百分之三十以下罚金”。对单位的处罚还包括以下三个方面的具体问题。

一、对单位判处罚金的裁量

9 一般认为,无限额制罚金的优势在于超强的适应性,能够适应不同类型的犯罪单位和不同危害程度、犯罪情节的单位犯罪。不仅不同单位犯罪的犯罪性质、危害程度和犯罪情节存在差异,而且犯罪单位的类型、行业与规模也不相同,因而要想对处罚单位犯罪的罚金作具体性的规定,显然不具有可行性。但是,对犯罪单位处以无限额制罚金,也存在着因自由裁量权过大而损害量刑公正的潜在风险。

10 依据刑法的规定,制约无限额制罚金裁量的法律制度是罚金的裁量原则。《刑法》第 52 条规定:“判处罚金,应当根据犯罪情节决定罚金数额。”由此可见,罚金裁量只需考虑犯罪的情节。只考虑犯罪情节而进行罚金的裁量,受到了许多学者的质疑。[4] 这是因为,相同数额的罚金对于犯罪情节相同而支付能力不同的犯罪分子来说,对剥夺性痛苦的感受程度显然不同,而对犯罪情节相同、支付能力不同的犯罪分子判处相同数额的罚金,也会影响到预防犯罪的刑罚目的的实现。由于不同单位的支付能力差距通常比个人大,只依据犯罪情节裁量罚金数额所带来的消极影响,在单位犯罪的处罚上会变得更加严重。

2000 年 12 月 13 日发布的最高人民法院《关于适用财产刑若干问题的规定》第 2 11
条第 1 款规定:"人民法院应当根据犯罪情节,如违法所得数额、造成损失的大小等,并综合考虑犯罪分子缴纳罚金的能力,依法判处罚金。刑法没有明确规定罚金数额标准的,罚金的最低数额不能少于一千元。"该规定确立了新的罚金量刑原则,法院裁量罚金既要考虑犯罪情节,也要考虑犯罪分子的缴纳罚金的能力。应当说,新的罚金量刑原则体现了刑罚的惩罚本质,更有利于刑罚目的的实现。然而,该规定的适用对象限于犯罪分子,并不包括犯罪单位。在此条件下,法院在对犯罪单位裁量罚金时,应当依据罪责刑相适应原则,并参照该规定,综合考虑单位犯罪的情节和犯罪单位的支付能力,对犯罪单位合理地裁量罚金的数额。

二、上级单位与下属单位共同参与犯罪的处理

2019 年 1 月 30 日发布的最高人民法院、最高人民检察院、公安部《关于办理非法 12
集资刑事案件若干问题的意见》第 3 条对涉案下属单位参与非法集资的不同情况,作出了不同的处理规定:"上级单位已被认定为单位犯罪,下属单位实施非法集资犯罪活动,且全部或者大部分违法所得归下属单位所有的,对该下属单位也应当认定为单位犯罪。上级单位和下属单位构成共同犯罪的,应当根据犯罪单位的地位、作用,确定犯罪单位的刑事责任。上级单位已被认定为单位犯罪,下属单位实施非法集资犯罪活动,但全部或者大部分违法所得归上级单位所有的,对下属单位不单独认定为单位犯罪。下属单位中涉嫌犯罪的人员,可以作为上级单位的其他直接责任人员依法追究刑事责任。上级单位未被认定为单位犯罪,下属单位被认定为单位犯罪的,对上级单位中组织、策划、实施非法集资犯罪的人员,一般可以与下属单位按照自然人与单位共同犯罪处理。上级单位与下属单位均未被认定为单位犯罪的,一般以上级单位与下属单位中承担组织、领导、管理、协调职责的主管人员和发挥主要作用的人员作为主犯,以其他积极参加非法集资犯罪的人员作为从犯,按照自然人共同犯罪处理。"该规定对于上级单位和下属单位共同参与实施其他性质的单位犯罪的认定,也具有参照适用的意义。

4 参见马克昌主编:《刑罚通论》(第 2 版),武汉大学出版社 1999 年版,第 455 页。

三、处罚单位的资格刑立法问题

13 依据现行刑法的规定,对犯罪单位仅处以罚金,缺乏其他刑罚方法可供选择或者加以补充,对这种处罚方式能否实现公正地惩罚和有效地预防单位犯罪的目标,许多学者持怀疑态度。对于是否应当借鉴对违法单位适用的行政处罚方法,在刑法中增设对犯罪单位适用的资格刑,以及应当增设哪些资格刑,在理论上存在激烈的争议。主要的观点有:其一,否定说。即认为既然在行政法规中已有剥夺内容类似于资格刑的行政处罚,就没有必要在刑法中设置相应的资格刑,以免刑法侵入行政法领域。[5]其二,肯定说。即认为应当借鉴对违法单位适用的行政处罚方法,在刑法中增设对犯罪单位适用的资格刑。而关于应当增设哪些对犯罪单位适用的资格刑,在肯定说内又有多种不同的主张。有人认为,以单位为适用对象的资格刑包括停业整顿、限制从事业务活动和强制撤销[6];单位犯罪中对犯罪单位的处罚方法包括强制整顿、禁止开展某种营业活动、没收财产和强制解散四种[7];有人认为,应当包括提供无偿公益服务、解散法人、剥夺犯罪法人的荣誉称号、禁止犯罪法人从事某项业务活动[8];还有人认为,应当包括剥夺荣誉称号并予以公告、停业整顿、限制业务活动范围和强制解散等[9]。

14 否定说的理由是不充分的。其一,外国刑法运用资格刑惩罚法人的经验,可供借鉴。依据《法国刑法典》第 131 条的规定,对于法人犯罪,对法人除处以罚金外,还可以对法人处以解散法人、禁止从事活动、永久或者 5 年以下关闭企业、永久或者 5 年以下司法监督、永久或者 5 年以下禁止参与公共工程、永久或者 5 年以下禁止公开募集资金等资格刑。其二,行政法中存在行政处罚方法,并不意味着没有必要在刑法中设置相应的资格刑。因为,行政处罚与刑罚是两种性质不同的处罚措施,后者所包含的社会伦理属性与社会政治意义是前者所缺乏的,而后者的严厉性更是前者所不能企及的。如果说已有行政处罚就没有必要在刑法中设置相应的刑罚措施,那么,罚金也没有存在的理由,因为罚款就是常见的行政处罚方法,而罚金和罚款都是无偿向国家缴纳金钱。显然,这种看法是不能成立的,更违反了长期以来人类社会积累下来的应对违法、犯罪行为的社会经验。更重要的是,要在刑事审判中对犯罪单位适用相关的行政处罚措施,还存在着法律上的障碍。因为,根据刑法的规定,只有对于情节轻微的犯罪行为不需要判处刑罚的犯罪人,在作出免除刑事处罚的决定后,法院才能建

---

5 参见赵秉志主编:《新刑法全书》,中国人民公安大学出版社 1997 年版,第 189 页。

6 参见吴平:《增设以单位犯罪为适用对象的资格刑刍议》,载《河南警察学院学报》2004 年第 2 期。

7 参见魏东、章谷雅:《论法人犯罪的犯罪构成与刑罚配置之完善》,载《中国刑事法杂志》2004 年第 2 期。

8 参见廖斌:《对法人犯罪刑罚适用的设想》,载《现代法学》1996 年第 5 期。

9 参见罗庆东:《法人犯罪研究综述》,载《检察理论研究》1994 年第 4 期。

议有关的行政机关予以行政处罚。而对严重社会危害、应当解散犯罪单位或者责令犯罪单位停业整顿的案件来说,法院却没有建议适用行政处罚措施的权力。而且,即便对于很小的一部分犯罪情节轻微的单位犯罪,法院享有建议行政机关对犯罪的单位进行行政处罚的权力,而犯罪单位实际上是否会受到行政处罚,还要取决于行政机关的态度和行为,因而具有不确定性。因此,有必要对犯罪单位增设资格刑。

V 对直接责任人员的处罚

在单位犯罪中受处罚的单位成员,刑法规定为"直接负责的主管人员和其他直接责任人员"或者"直接责任人员"。一般来说,"直接负责的主管人员和其他直接责任人员"主要是被规定在实行两罚制的单位犯罪之中,实行单罚制的单位犯罪的处罚对象主要是"直接责任人员",但也包括少量的"直接负责的主管人员和其他直接责任人员"。其实,"直接负责的主管人员和其他直接责任人员"都是对单位犯罪负直接责任的人员,也属于直接责任人员。"直接负责的主管人员和其他直接责任人员"和"直接责任人员"这两种不同的称谓只是使用的场合有所不同,两者并无实质的区别。本书中的直接责任人员有狭义与广义之分,狭义的直接责任人员是指形式上的直接责任人员,也就是刑法分则条文明确规定的"直接责任人员",广义的直接责任人员则是实质上的直接责任人员,包括狭义的直接责任人员和"直接负责的主管人员和其他直接责任人员"。直接责任人员的处罚包括直接责任人员的法定刑、直接责任人员的认定和直接责任人员的处罚原则等问题。 15

一、直接责任人员的法定刑

单罚制单位犯罪中的直接责任人员的法定刑是由刑法分则条文专门规定的。以重大劳动安全事故罪为例,《刑法》第135条规定:"安全生产设施或者安全生产条件不符合国家规定,因而发生重大伤亡事故或者造成其他严重后果的,对直接负责的主管人员和其他直接责任人员,处三年以下有期徒刑或者拘役;情节特别恶劣的,处三年以上七年以下有期徒刑。"依据该法条,重大劳动安全事故罪中的直接负责的主管人员和其他直接责任人员的法定刑分为两个档次:基本法定刑为"三年以下有期徒刑或者拘役",加重法定刑为"三年以上七年以下有期徒刑"。 16

在实行两罚制的单位犯罪中,直接责任人员的法定刑则较为复杂。大体上分为两种不同的情况:其一,等同于自然人犯罪的处罚。即直接责任人员的法定刑与前条文或者前款规定的自然人犯罪相同。规定该法定刑最为常见的立法方式为"并对直接负责的主管人员和其他直接责任人员,依照前款的规定处罚"。以吸收客户资金不入帐罪为例,依据《刑法》第187条第1款的规定,吸收客户资金不入帐罪的法定刑为"五年以下有期徒刑或者拘役,并处二万元以上二十万元以下罚金;数额特别巨大或者造成特别重大损失的,处五年以上有期徒刑,并处五万元以上五十万元以下罚金"。同条第2款规定:"单位犯前款罪的,对单位判处罚金,并对其直接负责的主管人员和 17

其他直接责任人员,依照前款的规定处罚。"依据该条第2款的规定,单位犯吸收客户资金不入帐罪,处罚直接责任人员的法定刑与自然人犯罪相同。其二,低于自然人犯罪的处罚。有些刑法条款对处罚直接责任人员的法定刑作了专门的规定,刑种或者刑期低于自然人犯罪。以高利转贷罪为例,依据《刑法》第175条第1款的规定,高利转贷罪的基本法定刑为"三年以下有期徒刑或者拘役,并处违法所得一倍以上五倍以下罚金",加重法定刑为"三年以上七年以下有期徒刑,并处违法所得一倍以上五倍以下罚金"。依据同条第2款的规定,单位犯前款罪的,对单位判处罚金,并对直接责任人员"处三年以下有期徒刑或者拘役"。在自然人实施高利转贷罪的场合,法定刑分为基本法定刑和加重法定刑两个法定刑档次,最高刑为7年有期徒刑,并处违法所得1倍以上5倍以下罚金。在单位犯高利转贷罪的场合,处罚直接责任人员的法定刑限于3年以下有期徒刑,且不包括"并处罚金",其严厉程度明显不及自然人犯罪。

18　至于刑法为何对直接责任人员的法定刑作出了不同的规定,尚未有人作过深入研究。从刑法教义学理论看,对直接责任人员的法定刑应当与不同种类犯罪中的直接责任人员的罪责程度密切相关,也就是说,当刑法规定直接责任人员的法定刑低于自然人犯罪时,是因为在这种犯罪中直接责任人员的罪责程度较低,而当刑法规定直接责任人员的法定刑等同于自然人犯罪时,则意味着直接责任人员的罪责程度与自然人犯罪差别不大。

二、直接责任人员的认定

19　对于"直接负责的主管人员和其他直接责任人员"和"直接责任人员",刑法未作出具体的界定。为了统一直接责任人员的认定标准,《全国法院审理金融犯罪案件工作座谈会纪要》作出规定:"直接负责的主管人员,是在单位实施的犯罪中起决定、批准、授意、纵容、指挥等作用的人员,一般是单位的主管负责人,包括法定代表人。其他直接责任人员,是在单位犯罪中具体实施犯罪并起较大作用的人员,既可以是单位的经营管理人员,也可以是单位的职工,包括聘任、雇佣的人员。"该纪要还规定,"在单位犯罪中,对于受单位领导指派或奉命而参与实施了一定犯罪行为的人员,一般不宜作为直接责任人员追究刑事责任"。

20　该纪要的规定揭示了两类直接责任人员的基本属性,对于明确直接责任人员的范围具有重要意义。直接负责的主管人员具有组织犯和主管负责人等两个基本属性,其他直接责任人员则是在单位犯罪中具体实施犯罪并起较大作用,但不具有管理职责的其他单位成员。该纪要的上述规定表明,单位犯罪中的直接责任人员并不等同于实施单位犯罪的人,只是其中的部分单位成员,体现了限缩处罚范围的立法目的。限缩处罚范围具有合理性:首先,是由单位犯罪的特点决定的。每个单位成员作为单位的一分子,与单位犯罪之间,都或多或少、直接或间接地具有某种性质的联系。如果不对责任人员的范围以一定标准加以限制,就可能造成单位犯罪处罚范围的扩大化,对单位秩序和社会秩序造成不良的影响。其次,是刑罚经济性的表现。刑罚的经济性要求在追求刑罚目的的同时,应当节制刑罚不被滥用。对于单位犯罪而言,限制单位犯罪受处罚的责任人员的范围就是降低刑罚的社会成本、落实刑罚经济性的具体体现。因为从受处罚的责任人员的范围来看,只要处罚了直接责任人员,就足以产生惩罚和预防单位犯罪的效果,没有必要将处罚范围扩大到更大范围的单位成员的身上。

但是,该纪要对直接负责的主管人员的界定仍不够明晰,因为对其中的"一般是单位的主管负责人"的规定应当如何理解和判断,并不明确。在理论上,关于直接负责的主管人员的范围则存在着严重的争议,从范围最小的法定代表人,到范围最大的囊括法定代表人、单位主要的负责人、单位的一般的负责人和单位的部门负责人等,都有学者给予支持。[10] 21

依据该纪要的规定,其他直接责任人员具有"具体实施犯罪"和"起较大作用"等两个基本特征,内涵相对较为明确,但是如何具体地判断其他直接责任人员,仍欠缺清晰的标准。对于其他直接责任人员的判断标准,在理论上存有多种不同的观点。[11]理论争议的焦点主要集中于其他直接责任人员实施犯罪的行为方式和所起的作用大小。关于实施犯罪的行为方式,有的学者认为,其他直接责任人员必须是"积极地实施"犯罪;有的学者认为,其他直接责任人员只能是实施实行行为;还有学者认为,其他直接责任人员的行为方式涵盖组织行为和实行行为。关于所起的作用大小,有学者认为必须是"起重要作用",有的学者则未有提及。 22

单位犯罪的直接责任人员的认定,应当以该纪要的规定为依据。但是,由于该纪要的规定采取了列举的方式,并未涵盖全部的范围,因此有必要对该规定作具体的分析,更清楚地划定两类直接责任人员的范围。依据该纪要,直接负责的主管人员和其他直接人员都是身份特征与行为特征的统一。作为身份特征,直接负责的主管人员应当是对单位事务具有管理职权的单位机关成员,而其他直接责任人员则是对单位事务不具有管理职权的单位一般从业人员。作为行为特征,直接负责的主管人员作出了犯罪的决策或者组织、实施单位犯罪,并起较大作用,而其他直接人员应当是指挥或者实施单位犯罪,并起较大作用。简而言之,直接负责的主管人员是指对单位事 23

10　参见黎宏:《单位刑事责任论》,清华大学出版社 2001 年版,第 312 页;陈炜、孙昌军:《试论单位犯罪中责任人的认定与处罚》,载《法学评论》2000 年第 1 期;田宏杰主编:《单位犯罪适用中疑难问题研究》,吉林人民出版社 2001 年版,第 19 页;陈泽宪主编:《新刑法单位犯罪的认定与处罚——法人犯罪新论》,中国检察出版社 1997 年版,第 55、56 页;沙君俊:《单位犯罪的定罪与量刑》,人民法院出版社 2002 年版,第 126 页;石磊:《论单位犯罪的直接责任人员》,载《现代法学》2006 年第 1 期。

11　参见陈炜、孙昌军:《试论单位犯罪中责任人的认定与处罚》,载《法学评论》2000 年第 1 期;刘家琛主编:《新刑法新问题新罪名通释》,人民法院出版社 2002 年版,第 196 页;沙君俊:《单位犯罪的定罪与量刑》,人民法院出版社 2002 年版,第 131 页;杨善良:《单位犯罪中直接负责的主管人员和其他直接责任人员的界定》,载《人民检察》2005 年第 7 期。

务具有决策、指挥、组织或者监督等管理职权,并组织、策划、实施单位犯罪或者对单位犯罪的发生存在着管理、监督失职,并且所起的作用较大的单位机关成员。其他直接责任人员是指在单位犯罪意思的支配下指挥或者实施单位犯罪,并且所起作用较大的单位一般成员。

24 该纪要未对狭义的直接责任人员作出具体的界定。事实上,狭义的直接责任人员依据身份特征和行为特征,也可分为直接负责的主管人员和其他直接责任人员。该直接责任人员的认定,应当依据直接负责的主管人员和其他直接责任人员的身份特征和行为特征进行判断。

三、直接责任人员的处罚原则

25 依据刑法的规定,处罚直接负责的主管人员和其他直接人员适用相同的法定刑,而对这两类不同的直接责任人员应当如何适用法定刑予以处罚,刑法却未作出明确的规定。对于这一问题,司法解释作出了不同的规定。最高人民法院《关于审理单位犯罪案件对其直接负责的主管人员和其他直接责任人员是否区分主犯、从犯问题的批复》规定:“对其直接负责的主管人员和其他直接责任人员,可不区分主犯、从犯,按照其在单位犯罪中所起的作用判处刑罚。”《全国法院审理金融犯罪案件工作座谈会纪要》规定:“对单位犯罪中的直接负责的主管人员和其他直接责任人员,应根据其在单位犯罪中的地位、作用和犯罪情节,分别处以相应的刑罚,主管人员与直接责任人员,在个案中,不是当然的主、从犯关系,有的案件,主管人员与直接责任人员在实施犯罪行为的主从关系不明显的,可不分主、从犯。但具体案件可以分清主、从犯,且不分清主、从犯,在同一法定刑档次、幅度内量刑无法做到罪刑相适应的,应当分清主、从犯,依法处罚。”最高人民法院的上述两个司法解释都规定,直接责任人员不是当然的主、从犯,应当按照其在单位犯罪中的作用或者其他因素判处刑罚。不同的是,对于是否区分为主、从犯,该两个司法解释的规定存在分歧。依据前司法解释的规定,可不区分主、从犯,而后司法解释却规定为可区分主、从犯,且在有必要时应当区分主、从犯。

26 最高人民检察院《关于办理涉互联网金融犯罪案件有关问题座谈会纪要》第 26 条规定:“单位犯罪中,直接负责的主管人员和其他直接责任人员在涉互联网金融犯罪案件中的地位、作用存在明显差别的,可以区分主犯和从犯。对起组织领导作用的总公司的直接负责的主管人员和发挥主要作用的其他直接责任人员,可以认定为全案的主犯,其他人员可以认定为从犯。”最高人民检察院不仅明确支持对直接责任人员区分主、从犯,而且规定了区分主、从犯的基本标准。

27 关于应当如何处罚直接责任人员,在理论上存有多种不同的主张,主要有三类不同的看法:其一,共犯说,认为直接责任人员应当认定为共犯,即区分主、从犯予以处罚。“在单位犯罪的情况下,如果其中有两个以上的自然人是应当负刑事责任的,那么,就应当认定他们是共犯。”[12]其二,共犯否定说,认为不能依照共犯处罚规定来处罚单位犯罪的直接责任人员。有学者指出,单位内部成员参与单位犯罪不是共同犯罪关系,而是作为单位有机整体内部的诸要素相互联系、相互作用的关系,因而不能适用共犯处罚规定。[13] 其三,折中说,认为在一般情况下,单位犯罪的直接责任人员不以共犯论,但是在特殊情况下则应当认定为共犯来处罚。[14]

笔者认为,共犯说并不妥当。这是因为,一方面,刑法没有规定直接责任人员的处罚适用共犯处罚制度,区分为主、从犯;另一方面,单位犯罪与共同犯罪是两种不同性质的犯罪形态,而区分主、从犯属于共同犯罪的处罚制度,不能因为单位犯罪中的直接责任人员多为二人以上,就认为直接责任人员的处罚适用共犯处罚制度。可见,对直接责任人员的处罚适用共犯处罚制度,既没有法律依据也缺乏法理依据。折中说是以承认共犯说为前提的,因而也不成立。共犯否定说准确地反映了单位犯罪与共同犯罪、共犯与直接责任人员之间的本质区别,否定适用共犯处罚制度以处罚直接责任人员,具有合理性,但是却没有提出解决直接责任人员的刑事责任的可行方案。 28

在多个直接责任人员共同实施单位犯罪时,不同的直接责任人员的罪责程度必然存在着差别,应当作出区分。如果不作区分,以分清不同直接责任人员罪责的轻重,人民法院对直接责任人员判处刑罚就会缺乏明确的标准,也不便于接受社会的监督。但是,直接责任人员是在单位意志的支配下共同实施单位犯罪的,其罪责状况毕竟不同于自然人实施的共同犯罪。因此,适用共犯处罚制度追究单位犯罪中直接责任人员的刑事责任,并不是适当的方法。解决直接责任人员的处罚问题,根本途径在于完善立法,对直接负责的主管人员和其他直接责任人员的处罚原则作出具体性的补充规定。[15] 在新的立法未出台之前,对直接责任人员区分主、从犯,以分清不同直接责任人员的罪责程度,具有必要性。但是,应当明确的是,对直接责任人员区分主、从犯判处刑罚,只是临时性地参照共犯处罚制度的做法,并不是解决该问题的成熟方案。 29

---

12 张明楷:《法益初论》,中国政法大学出版社 2003 年版,第 374 页。

13 参见谢望原主编:《台、港、澳刑法与大陆刑法比较研究》,中国人民公安大学出版社 1998 年版,第 254 页;童颖颖:《单位犯罪中“直接负责的主管人员和其他直接责任人员”的认定与处罚》,载《浙江工商大学学报》2004 年第 4 期;朱平:《单位犯罪审理中的前沿问题》,载《法律适用》2004 年第 1 期。

14 参见沙君俊:《单位犯罪的定罪与量刑》,人民法院出版社 2002 年版,第 133 页。

15 参见王良顺:《单位犯罪直接责任人员的刑事责任》,载《法学》2008 年第 2 期。

第三章　刑　罚

前　注

文献：樊凤林主编：《刑罚通论》，中国政法大学出版社1994年版；梁根林：《刑罚结构论》，北京大学出版社1998年版；邱兴隆：《刑罚理性导论——刑罚的正当性原论》，中国政法大学出版社1998年版；邱兴隆、许章润：《刑罚学》，中国政法大学出版社1999年版；谢望原：《刑罚价值论》，中国检察出版社1999年版；马克昌主编：《刑罚通论》（第2版），武汉大学出版社1999年版；黄荣坚：《刑罚的极限》，元照出版公司1999年版；陈兴良主编：《刑种通论》（第2版），中国人民大学出版社2007年版；张小虎：《刑罚论的比较与建构》，群众出版社2010年版；〔意〕贝卡里亚：《论犯罪与刑罚》，黄风译，商务印书馆2018年版。储槐植：《刑罚现代化：刑法修改的价值定向》，载《法学研究》1997年第1期；陈兴良：《刑事政策视野中的刑罚结构调整》，载《法学研究》1998年第6期；张明楷：《新刑法与并合主义》，载《中国社会科学》2000年第1期；邱兴隆：《刑罚个别化否定论》，载《中国法学》2000年第5期；王世洲：《现代刑罚目的理论与中国的选择》，载《法学研究》2003年第3期；马克昌：《“宽严相济”刑事政策与刑罚立法的完善》，载《法商研究》2007年第1期；樊文：《犯罪控制的惩罚主义及其效果》，载《法学研究》2011年第3期；付立庆：《刑罚积极主义立场下的刑法适用解释》，载《中国法学》2013年第4期；陈金林：《刑罚的正当化危机与积极的一般预防》，载《法学评论》2014年第4期；陈兴良：《犯罪范围的扩张与刑罚结构的调整——〈刑法修正案（九）〉述评》，载《法律科学》2016年第4期；王牧：《论刑罚概念：从“本质”到“意义”》，载《当代法学》2018年第2期。

细目录

Ⅰ　主旨
Ⅱ　沿革
Ⅲ　刑罚
　一、刑罚的本质
　二、刑罚的功能和目的
　三、刑罚的正当性
Ⅳ　刑罚权

I　主旨

犯罪是适用刑罚的前提,没有犯罪就没有刑罚。因此,我国刑法总则在第二章规定了"犯罪"之后,紧接着在第三章相应地规定了"刑罚"。然而,犯罪并非必定以刑罚为后果,换言之,刑罚只是犯罪的通常后果,而非犯罪的必然后果。本章主要规定了我国的刑罚体系与种类,同时也特别规定了非刑罚的处罚措施。本章共分为八节,其中,第一节是关于刑罚的种类的总的规定,第二节至第八节则对我国的五种主刑和三种附加刑分别作了具体规定。 1

II　沿革

从 1979 年刑法颁布至今,尽管修法过程中曾经讨论废除管制、拘役的问题,但是,我国的刑种从未改动,而本章的立法变动则主要体现在以下具体内容上:第一,确立了民事赔偿优先原则;第二,增加了关于行政处罚、从业禁止等非刑罚处罚措施的规定;第三,完善了管制的执行方式,增设了"社区矫正""违反禁止令的法律责任"的规定;第四,将拘役的最低期限由 15 日提高为 1 个月;第五,在有期徒刑、无期徒刑的规定中,强调了劳动的强制性和刑罚的目的与功能;第六,修改了死刑的适用标准,死刑核准权在下放后又重新收回最高人民法院统一行使,删除了对未成年人可以判处死缓的规定,在限制适用死刑的对象中增加了已满 75 周岁的老人(但是以特别残忍手段致人死亡的除外),修改了死缓减刑的条件,增设了限制减刑的规定,删除了死刑执行方式的规定;第七,在罚金刑方面,增加了"随时缴纳""缴纳困难时延期缴纳"的规定;第八,在剥夺政治权利方面,明确了适用的对象,规定了被剥夺政治权利的犯罪分子在执行期间的行为规则;第九,在没收财产方面,增加了为犯罪分子及其扶养的家属保留必需的生活费用的规定。 2

III　刑罚

对于"什么是刑罚"这一问题,学术界众说纷纭。例如,有人认为,"刑罚是刑法规定的由国家审判机关依法对犯罪人适用的限制或剥夺其某种权益的最严厉的强制性制裁方法"[1];有人认为,"刑罚是由国家最高权力机关在刑法中制定的赋予'刑罚'名称,用以惩罚实施犯罪行为的人,由法院依法判处、特定机构执行的最严厉的强制方法"[2]。笔者认为,虽然准确表述刑罚的概念也是必要的,但是,正确认识刑罚的本质和功能等问题则更为重要,因此,应当从以下方面深入探讨"刑罚"。 3

1　高铭暄、马克昌主编:《刑法学》(第 9 版),北京大学出版社、高等教育出版社 2019 年版,第 216 页。

2　马克昌主编:《刑罚通论》(第 2 版),武汉大学出版社 1999 年版,第 13 页。

一、刑罚的本质

4　刑罚的本质所涉及的是刑罚的最根本特征。有的观点认为刑罚的本质是刑罚的阶级性[3];有的观点认为刑罚的本质是对犯罪的惩罚性[4];有的观点认为刑罚的本质是惩罚性和教育性的统一[5]。

5　笔者认为,首先,刑罚的本质不是阶级性,因为行政处罚等其他惩罚手段也都体现统治阶级的意志。若认为刑罚的本质是阶级性,那么,将无法区分行政处罚与刑罚。其次,刑罚的本质也不是教育性。刑罚能教育改造犯罪人,能教育国民不实施犯罪,这是刑罚的功能,不是刑罚的本质。训诫、责令具结悔过也可以实现教育的功能,但它们并非刑罚。最后,刑罚的本质应当是对犯罪的严厉惩罚。其严厉性是指一般人会认为刑罚能够给人带来剥夺性痛苦,而不是指犯罪人一定会感受到剥夺性痛苦。正因为刑罚的本质是严厉的惩罚性,所以,它才能实现特定的功能,才会被当作追求一定目的的手段。

二、刑罚的功能和目的

6　刑罚的功能是指刑罚所具有的能力和作用。对此,学者们提出了诸多不同的表述。[6] 刑罚的功能可以归纳为以下四种:第一,特殊预防功能,即通过威慑、教育感化、限制或者消除再犯条件等方式,预防犯罪人再犯罪;第二,一般预防功能,即通过威慑(消极的一般预防)或者强化法忠诚(积极的一般预防),预防社会公众犯罪;第三,安抚补偿功能,即通过惩罚罪犯来安抚被害人及其亲属;第四,公众泄愤功能,即通过惩罚罪犯来缓和社会一般人对犯罪的义愤。

7　功能与目的具有极其紧密的联系。功能是某一事物所具有的积极的客观作用,目的则是人在认识某一事物功能的基础上赋予该事物的目标期待。某一事物只有具备了特定的功能,才有可能被当作实现某一目的的手段。否则,手段与目的就是不相适应的。正是因为刑罚具备了上述四种功能,国家才会将其作为实现某种目的的手段。那么,到底应该如何定位刑罚的目的呢?第一种观点认为,刑罚的目的是回应错误的举止以实现正义。此种观点被称为绝对刑论或者绝对主义。该理论经历了从神意报应,到康德的道德报应,再到黑格尔的法律报应的转变。其中,黑格尔认

3　参见马克昌、杨春洗、吕继贵主编:《刑法学全书》,上海科学技术文献出版社1993年版,第173页。

4　参见马克昌主编:《刑罚通论》(第2版),武汉大学出版社1999年版,第39页。

5　参加高铭暄主编:《刑法学原理》(第3卷),中国人民大学出版社1994年版,第27—29页。

6　具体内容参见张小虎:《刑罚论的比较与建构》(上卷),群众出版社2010年版,第20—22页。

为,犯罪是对法的否定,而刑罚就是法的否定之否定。[7]第二种观点认为,刑罚的目的是预防犯罪。该观点被称为预防刑论或者相对主义。其中,特殊预防论认为,刑罚的目的是使犯罪人以后不再犯罪;消极的一般预防论认为,刑罚的目的是通过对犯罪人实施刑罚来威吓社会公众,使社会公众不敢犯罪;积极的一般预防论认为,刑罚的目的是通过刑罚的执行向社会宣告法规范是有效的,是不可动摇的行为指南,违反规范的举止是不值得效仿的,进而强化公众对法规范的忠诚。[8] 第三种观点认为,刑罚的目的既在于报应又在于预防,该种观点被称为综合刑论或者并合主义。[9]

首先,绝对刑论对"刑罚的目的是什么"这一问题的回答,是不能令人满意的。虽 8
然刑罚的目的也在于追求公平正义,但是,将刑罚的目的定位于追求公平正义,对法官的裁量活动并不具有具体的指导意义。其次,特殊预防论也是不可取的。根据特殊预防论,在犯罪人没有再犯罪危险的情况下(例如,强奸犯已在车祸中丧失了性功能),就会由于缺乏需要实现的刑罚目的,从而不需要对严重的犯罪加以刑罚处罚,这不具有合理性。再次,消极的一般预防论也不具有合理性。一方面,刑罚越严厉,威慑效果越明显,容易导致刑罚的严厉化。另一方面,消极的一般预防论把犯罪人当作"防止他人犯罪的工具",这有损人的尊严。最后,刑罚的目的应当定位于积极的一般预防。犯罪是对规范的违反,刑罚是通过对犯罪的否认来维护法规范的效力。刑罚的目的,就是证明法规范的有效性,就是通过法规范的稳定来实现社会的稳定。如果行为人在犯罪后用自己的行动证明了他重新忠诚于法规范,那么,就不应该对他动用刑罚,因为行为人重新忠诚于法规范的表现已经足以向公众宣告法规范是有效的,是应当被遵循的行为准则。将刑罚的目的定位于积极的一般预防,能更好地使刑罚成为保障社会高效稳定运行的有力手段和促进公民守法的积极力量。

三、刑罚的正当性

刑罚的正当性具体涉及两个层面的问题:第一,从抽象层面上讲,为什么可以对 9
罪犯施加刑罚?第二,从具体层面上讲,对具体犯罪而言,怎样的刑罚才是正当的?

关于第一个问题,存在以下三种观点:第一,报应刑论认为,刑罚是对犯罪的报 10
应,因为有犯罪所以要科处刑罚。第二,目的刑论认为,因为刑罚具有预防犯罪的功能,而预防犯罪对社会是有价值的,所以刑罚是正当的。第三,综合刑论认为,刑罚的正当性既来自报应的正当性,也来自预防犯罪的价值性。[10]

笔者认为,在现代社会,法规范是人们正常交往的根据。遵守法规范,是每一个 11

7　参见〔德〕乌尔斯·金德霍伊泽尔:《刑法总论教科书》(第6版),蔡桂生译,北京大学出版社2015年版,第25页。

8　参见张小虎:《刑罚论的比较与建构》(上卷),群众出版社2010年版,第12页以下。

9　参见林山田:《刑罚学》,台北商务印书馆1983年版,第47—57页。

10　以上观点参见张明楷:《刑法学》(第6版),法律出版社2021年版,第668—673页。

社会成员的责任。每一个社会成员都有权利期待其他社会成员根据法规范去行动,如果这种期待落空了,那么,错误就不在于怀抱这种期待的人,而在于使这种期待落空的人。此时,行为人就具有了"责任","责任"是行为人违反规范的动机形成的可谴责性,而实现"责任"的手段就是刑罚。据此,刑罚的正当性从根本上来自其是实现"责任"的法律手段。当然,预防犯罪的价值性也可以辅助地说明刑罚的正当性。

12 关于第二个问题,存在以下三种观点:第一,在报应刑论中,康德的等量报应认为,刑罚与犯罪必须在损害形态上相等同。黑格尔的等价报应认为,刑罚是对犯罪的否定性评价,刑罚应当与犯罪在内在价值的质与量上相等同。该当报应则认为,刑罚对错误行为的谴责性程度与犯罪行为的应受谴责性程度要保持相当。[11] 第二,目的刑论认为,科处的刑罚应当与犯罪预防的必要性相适应。第三,综合刑论认为,科处的刑罚应当与行为人的责任大小和犯罪预防的必要性相适应,进而又提出幅的理论、点的理论和阶段理论。[12]

13 笔者认为,责任与预防具有共同的本质,它们都是由行为人是否忠诚于法规范、在何种程度上忠诚于法规范所决定的。责任和预防只是同一个事物的不同侧面。行为人曾经是否忠诚于法规范是责任问题,行为人将来是否忠诚于法规范还是责任问题,但是,行为人是否忠诚于法规范也决定了行为人将来是否犯罪,还会影响一般公众今后对法规范的态度,因此,也是预防问题。责任并非固定不变的,行为人可以通过犯行前后的行为来增大或者减少责任;责任也可以随着社会自治机能的变化而改变,社会越是健全,越是不通过追究行为人的责任就能实现规范和社会的稳定,行为人就越是没有责任。

14 《刑法》第5条规定:"刑罚的轻重,应当与犯罪分子所犯罪行和承担的刑事责任相适应。"首先,《刑法》第5条中的"罪行"是指"不法"。所有的不法要素,同时也是责任要素,所有的不法都属于责任构成要件。不法本身就是责任评价的对象。当《刑法》第5条指出刑罚要与"罪行"相适应的时候,它无非是在强调不能脱离"罪行"去谈责任,刑罚要与体现在"罪行"之中的责任相适应。其次,《刑法》第5条中的"刑事责任",既指犯行责任,也指量刑责任。犯行责任是表现在不法之中并与不法相一致的责任,是具有责任的不法,它在法定刑的档次和幅度内确定了基准刑。量刑责任是表现在犯行前后的行为之中,虽然不属于不法的内容但是与规范承认相一致的责任,它确定了处断刑。犯行责任与量刑责任都与规范承认相关,都是责任。

15 只要以规范的有效性、以法忠诚为标准来确定一般预防和特殊预防的必要性,那么,一般预防和特殊预防的必要性就是责任的内容。一个忠诚于法规范的人,就既无特殊预防的必要性,也无一般预防的必要性。对法规范的承认程度、忠诚程度,就表

[11] 参见邱兴隆:《从复仇到该当——报应刑的生命路程》,载《法律科学》2000年第2期。

[12] 关于这些理论的介绍,参见冯军:《刑法中的责任原则——兼与张明楷教授商榷》,载《中外法学》2012年第1期。

明了一般预防和特殊预防的必要性大小。但是,那些与对法规范的忠诚无关的、纯粹事实上的因素,例如,行为人身受重伤,既不能确实判断它对一般预防和特殊预防的影响大小,也可能因为考虑它而使刑罚与责任相抵触,将它们作为量刑因素加以考虑,就可能违反责任主义。当陈兴良教授指出"只有在罪刑均衡这一理论框架下,将社会危害性与人身危险性,从而也就是将刑罚一般化与刑罚个别化统一起来,才能将罪刑均衡建立在更为可靠的逻辑基础之上,达到理论上的圆满与贯通"[13]时,他就是在试图使一般预防与特殊预防"达到内在的统一"。但是,这一正确的学问构想,只有在使规范的有效性和法忠诚成为一般预防与特殊预防的共同目的时才能实现。只有将社会危害性理解为对规范有效性的否认,将人身危险性理解为缺乏对法规范的忠诚,社会危害性和人身危险性才获得了共同的基础,刑罚一般化与刑罚个别化(一般预防与特殊预防)才可能统一起来。

Ⅳ　刑罚权

"刑罚权"与刑罚是密切相关的。刑罚权是指,能够针对犯罪处罚犯罪人的国家权能。其中,只要存在犯罪,国家就可以处罚犯罪人这种抽象意义的刑罚权,被称为一般刑罚权;而当发生具体犯罪时,国家就可以处罚具体犯罪人这种具体意义上的刑罚权,被称为个别刑罚权。[14] 关于刑罚权,主要存在两个需要探讨的问题:一是刑罚权的内容;二是刑罚权的根据。 16

关于刑罚权的内容,主要存在两种观点:第一,四项权能说认为,刑罚权包括制刑权、求刑权、量刑权和行刑权。其中,制刑权是指,国家立法机关在刑事立法中创制刑罚及其适用、执行规则的权力。求刑权是指,对犯罪行为提起刑事诉讼的权力。量刑权是指,法院在认定有罪的前提下对犯罪人决定科处刑罚的权力。行刑权是指,法定机关执行法院对犯罪人所判处的刑罚的权力。[15] 第二,三项权能说认为,刑罚权包括制刑权、量刑权和行刑权。[16] 笔者认为,三项权能说是合理的。刑罚权属于刑事实体权,该权力的行使将直接剥夺犯罪人的个人权利。而求刑权更偏向于程序性权力,它是为刑罚权的正确行使而服务的,故将求刑权纳入刑罚权的范围可能并不严谨。 17

刑罚权的根据所涉及的问题是,国家的刑罚权来自何处? 神权说认为,国家的刑罚权来自神的授予,例如,我国夏代"恭行天罚"的神权法思想。公民自由让渡说认为,人们为了防止秩序的混乱,而割让自己的一部分自由,这些自由的结晶就形成了 18

13　陈兴良:《刑法的价值构造》,中国人民大学出版社 2017 年版,第 517 页。

14　参见〔日〕大塚仁:《刑法概说(总论)》(第 3 版),冯军译,中国人民大学出版社 2003 年版,第 438 页以下。

15　参见邱兴隆、许章润:《刑罚学》,中国政法大学出版社 1999 年版,第 56 页。

16　参见高铭暄、马克昌主编:《刑法学》(第 9 版),北京大学出版社、高等教育出版社 2019 年版,第 402 页。

刑罚权。[17] 国家统治权说认为,刑罚权是国家权力,其根据就在于国家统治权,统治权是刑罚权之源,刑罚权是统治权之流。[18] 我国的刑罚权来自人民。我国《宪法》第28条规定:“国家维护社会秩序,镇压叛国和其他危害国家安全的犯罪活动,制裁危害社会治安、破坏社会主义经济和其他犯罪的活动,惩办和改造犯罪分子。”据此,刑罚权属于国家权力。同时,《宪法》第2条规定,“中华人民共和国的一切权力属于人民”,因此,作为国家权力的刑罚权也来自人民。

---

[17] 参见〔意〕贝卡里亚:《论犯罪与刑罚》,黄风译,商务印书馆2018年版,第10页。

[18] 参见杨春洗、杨敦先、郭自力主编:《中国刑法论》(第5版),北京大学出版社2011年版,第189页。

第一节 刑罚的种类

前 注

文献：樊凤林主编：《刑罚通论》，中国政法大学出版社 1994 年版；梁根林：《刑罚结构论》，北京大学出版社 1998 年版；马克昌主编：《刑罚通论》(第 2 版)，武汉大学出版社 1999 年版；陈兴良主编：《刑种通论》(第 2 版)，中国人民大学出版社 2007 年版；高铭暄、赵秉志主编：《刑罚总论比较研究》，北京大学出版社 2008 年版；张小虎：《刑罚论的比较与重构》，群众出版社 2010 年版；赵秉志主编：《刑罚体系结构的改革与完善》，北京师范大学出版社 2012 年版。

细目录

Ⅰ 主旨
Ⅱ 沿革
Ⅲ 刑罚结构与非刑罚处罚措施的完善
一、刑罚结构的调整
二、非刑罚处罚措施的协调

Ⅰ 主旨

犯罪的法律后果是刑事责任，刑事责任的实现方式包括刑罚、非刑罚处罚措施和单纯有罪宣告。刑罚是实现刑事责任最基本、最主要的方式；非刑罚处罚措施是实现刑事责任非基本、次要的方式，是针对构成犯罪但不需要判处刑罚的人施以的制裁措施，是包含有一定不利后果和负担的实体性措施；单纯有罪宣告是针对构成犯罪的人，既不处以刑罚也不处以非刑罚处罚措施，只是单纯地表明国家的否定评价和谴责。刑罚和非刑罚处罚措施统称为刑事制裁，属于实体性的刑事负担，本节作出了相应的规定；单纯有罪宣告则主要规定在刑事诉讼法中，例如，单纯有罪宣告与其他刑事判决均“一律公开进行”(《刑事诉讼法》第 202 条)，被告人不服的，同样享有上诉权(《刑事诉讼法》第 227 条)和申诉权(《刑事诉讼法》第 252 条)。在诉讼程序中公开宣告行为构成犯罪、行为人是犯罪人，正体现了国家对犯罪行为的否定评价和对行为人的谴责，被告人有罪宣告同样享有上诉和申诉的诉讼权利，进一步证明了这是一种不利的后果，蕴含了刑事责任的实质内容，只是不再需要凭借其他更严厉的具体处罚措施来体现而已。 1

2 本节作为刑法总则第三章"刑罚"的第一节,对实体性刑事制裁措施作出了原则性和概括性的一般规定,据其内容分为两部分:第一部分(第32条至第34条)从宏观上对刑罚的分类、主刑的刑种、附加刑的刑种进行概括规定,构成了刑罚体系的基础。本章其后各节分别对各刑种的概念、内容、期限、适用等作出具体规定,刑法分则具体罪名的法定刑部分进一步规定了具体适用的刑种和刑度。第二部分(第35条至第37条之一)是与刑事责任和刑罚相关的其他措施,包括特别针对外国人的驱逐出境、与犯罪相关的赔偿经济损失及民事优先原则、非刑罚处罚措施的类型,以及作为刑罚附随效果的"从业禁止"。上述措施作为犯罪的后果,因其适用对象(例如,驱逐出境仅适用于外国人)和适用情形(非刑罚处罚只是刑事责任实现的次要方式)较为特殊而在本节作出原则性规定,直接作为刑事司法实践援用的依据,刑法其他部分不再涉及此类措施。

Ⅱ 沿革

3 在1979年刑法中,第三章第一节"刑罚的种类"第27条至第32条规定了刑罚的分类、主刑刑种、附加刑刑种、驱逐出境、赔偿经济损失和非刑罚处罚措施。在针对1979年刑法的历次修改稿中,保留了本节,但对其中的具体条文进行了一定的修改,主要涉及罚金刑的地位、是否规定赔偿经济损失,以及非刑罚处罚措施的定位。在1997年刑法中,本节的位置及名称保持不变,与1979年刑法相比,主要有两处变化:第一,在赔偿经济损失条文后增加一款,确立了民事赔偿优先原则;第二,将非刑罚处罚措施中"由主管部门予以行政处分"修改为"由主管部门予以行政处罚或者行政处分"。《刑法修正案(一)》至《刑法修正案(八)》及《刑法修正案(十)》《刑法修正案(十一)》均不涉及本节的修正,《刑法修正案(九)》在本节中增加了"从业禁止"的相关规定,作为第37条之一。

Ⅲ 刑罚结构与非刑罚处罚措施的完善

4 本节是对实体性刑事制裁措施的宏观规定,既包括刑罚,也包括相对应的非刑罚处罚措施。首先,整体上设计了我国的刑罚体系;其次,概括规定了作为刑事责任次要实行方式的非刑罚处罚措施,该概括规定需要与刑罚体系和其他法律保持协调。

一、刑罚结构的调整

5 所谓刑罚结构,是指各种刑罚方法在刑罚系统中的组合形式。[1] 本节关于刑罚分类和刑种的规定,构建了我国基本的刑罚结构。首先,关于刑罚的分类,立法以适用方法为标准,作出了主刑和附加刑的二元划分。其次,在主刑的范围内,刑种的选

---

1 参见储槐植:《刑事一体化论要》,北京大学出版社2007年版,第54页。

择和确定存在管制、拘役的存废,以及死刑的存废和限制路径之争。最后,在附加刑的范围内,刑种的选择和确定存在没收财产的存废之争,提高罚金地位和扩张资格刑成为共识。未来刑罚结构调整的方向是不断趋向缓和,包括严格限制死刑、调整完善自由刑、扩大适用罚金刑,充分重视非监禁刑。[2] 这一趋势明显体现在《刑法修正案(八)》和《刑法修正案(九)》中。

二、非刑罚处罚措施的协调

刑罚结构的基本样态同样受刑罚与非刑罚处罚措施之间协调程度的影响。[3] 广 6
泛运用非刑罚措施,既体现了刑罚结构轻缓化的趋势,也使得刑罚结构更具有开放性。1979 年《刑法》第 31 条规定了赔偿经济损失,第 32 条规定了训诫、责令具结悔过、赔礼道歉、赔偿损失以及由主管部门予以行政处分。当时的刑法理论认为,非刑罚处罚措施不是刑种,而是刑罚的必要补充,对于衔接、协调各部门法,完善社会主义法制,缩小打击面,扩大教育面,妥善处理案件,预防和减少犯罪具有重要意义。[4] 1997 年《刑法》第 36 条和第 37 条沿用并发展了上述规定。《刑法修正案(九)》在本节增设了第 37 条之一"从业禁止",既重视与刑罚措施的衔接,更强调刑法与其他法律、行政法规的统一,从而实现了刑法的内部和外部协调。

2　参见赵秉志:《当代中国刑罚制度改革论纲》,载《中国法学》2008 年第 3 期。

3　参见苏永生:《变动中的刑罚结构——由〈刑法修正案(九)〉引发的思考》,载《法学论坛》2015 年第 5 期。

4　参见高铭暄主编:《刑法学原理》(第 3 卷),中国人民大学出版社 2005 年版,第 173、174 页。

第三十二条　主刑和附加刑

刑罚分为主刑和附加刑。

文献:樊凤林主编:《刑罚通论》,中国政法大学出版社 1994 年版;梁根林:《刑罚结构论》,北京大学出版社 1998 年版;马克昌主编:《刑罚通论》(第 2 版),武汉大学出版社 1999 年版;陈兴良主编:《刑种通论》(第 2 版),中国人民大学出版社 2007 年版;高铭暄、赵秉志主编:《刑罚总论比较研究》,北京大学出版社 2008 年版;张小虎:《刑罚论的比较与建构》,群众出版社 2010 年版;赵秉志主编:《刑罚体系结构的改革与完善》,北京师范大学出版社 2012 年版;陈兴良:《刑法适用总论(下卷)》(第 3 版),中国人民大学出版社 2017 年版。刘远:《试论法定刑及其分类》,载《河北法学》1994 年第 6 期;陈兴良:《刑种设置的法理分析》,载《中央检察官管理学院学报》1996 年第 4 期;周光权:《法定刑配置模式研究》,载《中国刑事法杂志》1999 年第 4 期;邱兴隆:《从一元到多元:一般预防论的流变》,载《法学评论》2000 年第 5 期;梁根林:《非刑罚化——当代刑法改革的主题》,载《现代法学》2000 年第 6 期;陈兴良:《刑罚目的新论》,载《华东政法学院学报》2001 年第 3 期;刘守芬、汪明亮:《试论罪刑均衡的功能性蕴涵》,载《法制与社会发展》2001 年第 5 期;赵秉志:《当代中国刑罚制度改革论纲》,载《中国法学》2008 年第 3 期;黄晓亮:《论完善我国现行刑罚体系的原则与思路》,载《当代法学》2010 年第 1 期;郑丽萍:《中国刑罚改革的系统性思路与进路》,载《法学评论》2010 年第 6 期;王利荣:《我国刑罚体系结构再协调问题之思考——以〈中华人民共和国刑法修正案(八)〉为分析样本》,载《法商研究》2011 年第 3 期;彭文华:《我国刑罚体系的改革与完善》,载《苏州大学学报(哲学社会科学版)》2015 年第 1 期;苏永生:《变动中的刑罚结构——由〈刑法修正案(九)〉引发的思考》,载《法学论坛》2015 年第 5 期。

细目录

Ⅰ　主旨

Ⅱ　沿革

Ⅲ　刑罚的分类及其适用

　一、主刑的适用方法

　二、附加刑的适用方法

Ⅰ 主旨

本条在立法上对刑罚进行了分类。以各刑种在刑罚体系中的地位以及适用方法为标准,将刑罚分为主刑和附加刑。我国刑法对刑罚作出分类是确立刑罚体系的重要环节。 1

所谓刑罚体系,是指一国刑事立法以有利于发挥刑罚的积极功能、实现刑法目的为指导原则,选择刑种、划分类型,并依一定顺序排列的有机整体。我国的刑罚体系以立法者选择和确定的具体刑种作为基本要素,依据一定的标准将具体刑种分为主刑和附加刑两类,在主刑和附加刑中分别大致按照由轻到重的顺序排列各刑种。可见,刑罚分类是连接具体刑种和整个刑罚体系的桥梁。 2

Ⅱ 沿革

1979 年《刑法》第 27 条规定了"刑罚分为主刑和附加刑";1997 年修订《刑法》第 32 条完全沿用了此规定,至今没有关于本条的立法解释和司法解释。 3

Ⅲ 刑罚的分类及其适用

我国刑法学界主流观点认为,刑罚仅分为主刑和附加刑两类。但是,也有学者提出了不同的分类,认为依据刑法总则第三章第一节的规定,我国刑法中的刑罚分为主刑、附加刑和非刑罚处罚措施。[1] 该分类的理由在于,不应当过度强调刑罚的严厉性,而应当将刑罚的本质视作犯罪行为的法律效果,因此,我国刑法中规定的刑罚,除原来意义上的主刑和附加刑以外,还应当包括非刑罚处罚措施和有罪宣告免除处罚措施。[2] 4

笔者认为,上述分类的差异在于对刑罚本质认识的分歧,将刑罚分为主刑和附加刑的通说观点强调刑罚内在的严厉性,而认为刑罚还包括非刑罚处罚措施和有罪宣告免除处罚措施则是基于犯罪的法律效果体现为刑罚来考量的。但是,犯罪的法律效果对应的应当是刑事责任,而刑事责任的表现形式则包括刑罚、非刑罚处罚措施和定罪免刑。对《刑法》第 32 条作文义解释,无疑刑罚就是分为主刑和附加刑,不再包括其他形式。 5

一、主刑的适用方法

主刑是指主要的、基本的刑罚,其核心在于,只能独立适用,不能附加适用。主刑的具体适用方法是,一个具体的犯罪,只能被判处一个主刑,主刑之上不能再附加其 6

---

1 参见黎宏:《刑法学总论》(第 2 版),法律出版社 2016 年版,第 333 页。

2 参见黎宏:《刑法学总论》(第 2 版),法律出版社 2016 年版,第 330、331 页。

他主刑,即不能对同一个犯罪同时判处两个或者两个以上的主刑。无论是从法定刑还是从宣告刑来看,主刑都是主要的刑罚方法。

二、附加刑的适用方法

7 附加刑是指补充主刑适用的刑罚方法,其核心在于,既可以独立适用,又可以附加适用。附加刑的具体适用方法如下:第一,附加刑可以独立适用,不是必须附加于主刑之上,换言之,对一个具体的犯罪,即使没有判处主刑,也可以单独判处附加刑;第二,附加刑可以附加于主刑适用,即对同一个犯罪,在判处主刑的同时,可以判处附加刑;第三,对同一个犯罪,附加刑无论是独立适用,还是附加于主刑适用,都可以同时适用两种或者两种以上的附加刑。

第三十三条　主刑的种类

主刑的种类如下：

（一）管制；

（二）拘役；

（三）有期徒刑；

（四）无期徒刑；

（五）死刑。

文献：樊凤林主编：《刑罚通论》，中国政法大学出版社 1994 年版；马克昌主编：《刑罚通论》（第 2 版），武汉大学出版社 1999 年版；周光权：《法定刑研究——罪刑均衡的建构与实现》，中国方正出版社 2000 年版；翟中东主编：《刑种适用中的疑难问题研究》，吉林人民出版社 2001 年版；陈兴良主编：《刑种通论》（第 2 版），中国人民大学出版社 2007 年版；高铭暄、赵秉志主编：《刑罚总论比较研究》，北京大学出版社 2008 年版；张小虎：《刑罚论的比较与建构》，群众出版社 2010 年版；敦宁：《自由刑改革的中国路径》，人民出版社 2014 年版；张德军：《中国自由刑制度改革研究》，中国政法大学出版社 2014 年版；陈兴良：《刑法适用总论（下卷）》（第 3 版），中国人民大学出版社 2017 年版。鲍遂献：《论修改和完善我国刑罚制度》，载《中国法学》1989 年第 5 期；张绍谦：《短期自由刑存废之研究》，载《法学评论》1995 年第 5 期；陈兴良：《刑种设置的法理分析》，载《中央检察官管理学院学报》1996 年第 4 期；赵秉志等：《中国刑法修改若干问题研究》，载《法学研究》1996 年第 5 期；陈兴良：《刑事政策视野中的刑罚结构调整》，载《法学研究》1998 年第 6 期；储槐植、梁根林：《论法定刑结构的优化——兼评 97' 刑法典的法定刑结构》，载《中外法学》1999 年第 6 期；陈兴良：《刑罚改革论纲》，载《法学家》2006 年第 1 期；马克昌：《“宽严相济”刑事政策与刑罚立法的完善》，载《法商研究》2007 年第 1 期；张明楷：《死刑的废止不需要终身刑替代》，载《法学研究》2008 年第 2 期；赵秉志：《当代中国刑罚制度改革论纲》，载《中国法学》2008 年第 3 期；王志祥、敦宁：《刑罚配置结构调整论纲》，载《法商研究》2011 年第 1 期；李翔：《论刑法修正与刑罚结构调整》，载《华东政法大学学报》2016 年第 4 期。

细目录

Ⅰ　主旨

Ⅱ　沿革

Ⅲ　主刑刑种的选择和确定

一、管制的存废之争
二、拘役的存废之争
三、死刑的存废之争及其限制

I 主旨

1 本条界定了我国刑罚体系中主刑的具体范围,并且确立了刑种的排列顺序。我国的主刑一共有五种,从轻到重依次为管制、拘役、有期徒刑、无期徒刑、死刑。本条规定了主刑包括这五个刑种,确立了这些刑种在刑罚体系中的地位,其适用方法应当遵循主刑的基本原则,即一个犯罪至多只能判处一个主刑。

II 沿革

2 1979 年《刑法》第 28 条规定:“主刑的种类如下:(一)管制;(二)拘役;(三)有期徒刑;(四)无期徒刑;(五)死刑。”在 1979 年刑法施行期间,关于主刑刑种的争论主要围绕短期自由刑和死刑的存废展开,但是,1997 年修订《刑法》第 33 条完全沿用了 1979 年《刑法》第 28 条的规定,没有作出任何修改,至今尚无关于本条的立法解释和司法解释。

III 主刑刑种的选择和确定

3 主刑刑种的选择及其配置,决定了一国刑罚结构的类型。我国有学者将过去至未来的刑罚结构分为五类:死刑在诸刑罚中占主导地位;死刑和监禁刑共同在诸种刑罚方法中占主导地位;监禁刑在诸种刑罚方法中占主导地位;监禁刑和罚金共同在诸种刑罚方法中占主导地位;监禁替代措施占主导地位。第一类刑罚结构已经成为历史,第五类刑罚结构尚未到来,中间的三类刑罚结构在当今世界均有存在。死刑和监禁刑占主导的刑罚结构被称为重刑结构,监禁刑和罚金占主导的刑罚结构被称为轻刑结构。在监禁刑为主导的刑罚结构中,平均刑期在 3 年以上的属于重刑类,可以称为次重型刑罚结构,平均刑期在 3 年以下的属于轻刑类。[1] 根据上述标准,“我国当前的刑罚结构是以死刑和监禁刑为主导的,因而毫无疑问属于重刑结构”[2]。

4 我国的重刑结构有其深刻的社会历史根源,然而,在轻刑化的世界潮流中,对刑罚结构进行调整,确立一个科学、有效的刑罚体系,是我国刑事立法的一项重大任务,其关键在于对主刑刑种的选择、确定和完善。

5 在 1979 年刑法起草的过程中,主刑中是否增加“监督劳动”作为独立刑种,是否

---

1 参见储槐植:《试论刑罚机制》,载杨敦先、曹子丹主编:《改革开放与刑法发展》,中国检察出版社 1993 年版,第 148 页。

2 陈兴良:《刑事政策视野中的刑罚结构调整》,载《法学研究》1998 年第 6 期。

取消“管制”代之以“劳役”，引起了激烈的争论。此后在1979年刑法实施和修订的过程中，管制、拘役是否保留，有期徒刑、无期徒刑、死刑如何完善等问题，成为理论研究的热点。1997年刑法施行以后，特别是随着《刑法修正案(八)》和《刑法修正案(九)》的颁布，死刑罪名的削减、终身监禁的法律地位等问题引起了广泛的关注。下文以主刑的刑种范围为研究出发点，重点关注管制、拘役、死刑的存废之争，评述终身监禁的法律地位。

一、管制的存废之争

管制限制罪犯的自由，但不予关押，具有明显的轻刑性质，是我国主刑体系中最轻的刑罚。管制的存废，无论是在1979年刑法的起草过程中，还是在1997年修订刑法的研讨过程中，都是争议的焦点之一。 6

在1979年刑法起草的过程中，关于管制的争论主要集中于管制所具有的特定的历史背景，即管制的创设是为了对反革命分子实行区别对待，从而有利于改造历史上有罪行，但罪行不大、不宜判处徒刑的反革命分子。废除论者认为，历史反革命分子已经处理完毕，管制在实践中被滥用，故应当以“劳役”取而代之。但是，立法机关未采纳上述理由，认为“管制是我国法制上的一项创造，是我国长期以来行之有效的方法”[3]，因此，1979年刑法将管制规定为主刑。 7

在修订1979年刑法的过程中，再次对是否保留管制存在较大的争议。此次废除论者最重要的理由是基于司法实践运作，认为管制使用率极低，不具有实际的意义，而大多数学者则基于刑罚结构的合理性，主张继续保留管制。[4] 保留管制的具体理由如下：第一，保留管制适应了世界范围内刑罚体系发展变化的趋势。以财产刑、资格刑、名誉刑代替剥夺自由刑是当代刑罚体系发展的趋势，从而形成和建立一种多层次、多中心的刑罚体系。坚持管制在我国未来刑罚体系中应有的地位，适当扩大管制的适用范围以减少剥夺自由刑的使用，正是大势所趋。第二，保留管制符合刑罚方法发展变化的趋势。刑罚执行开放化是当今世界刑罚方法发展的新趋势，能够充分发挥受刑人在自由刑执行中的主动性。自由刑以改造为目的，其执行既不能简单依靠国家单方面、强制性地实施，也不能单纯要求受刑人无条件地、全面地服从和接受，而应当是双方共同作用的结果。我国刑法中的管制与代表世界刑罚发展趋势的开放性措施，在基本精神上是吻合的，而且，我国的管制吸收群众参与刑罚执行，有利于刑罚功能的发挥。第三，管制属于轻刑，是我国刑罚体系中为数不多的轻刑刑种。管制的存在，有利于优化我国的重刑结构。 8

---

3 高铭暄：《中华人民共和国刑法的孕育诞生和发展完善》，北京大学出版社2012年版，第36、37页。

4 参见周道鸾、单长宗、张泗汉主编：《刑法的修改与适用》，人民法院出版社1997年版，第135页以下。

9　因此,管制在实践中较少适用不是将其废除的充分理由。刑罚结构是一个具有内在逻辑的系统,只有将轻重刑罚合理搭配,才能在较长时期内适应各个阶段各类情况的需要。管制作为一类轻刑在刑罚结构中有其存在的必要性,因而,1997 年刑法仍然保留了管制。

10　在 1997 年刑法的施行过程中,管制的适用率仍然极低,执行内容空洞化,"管而不制"导致其"名存实亡"。2011 年《刑法修正案(八)》将管制的执行予以严格化,增设"禁止令"制度,即人民法院可以根据犯罪情况,"禁止犯罪分子在执行期间从事特定活动,进入特定区域、场所,接触特定的人",改革了执行主体和执行方法,即"对判处管制的犯罪分子,依法实行社区矫正"。有研究者认为,这体现了立法者对我国刑罚结构进行整体调整的意图,为扩大管制等开放性刑罚的适用,消除公众担忧创造了条件。[5]

二、拘役的存废之争

11　拘役是短期剥夺自由的刑罚方法,作为一种较轻缓的主刑,在我国刑法分则中规定得较为普遍,几乎所有情节较轻的犯罪,都规定了此种刑罚。拘役是否应当规定为一个主刑刑种,在中华人民共和国刑事立法史上亦是一个颇具争议的话题。从 1956 年《关于刑事案件的罪名、刑种和量刑幅度的初步总结(初稿)》到 1979 年《刑法(草案)》,对此一直存在相当激烈的争论。[6] 最后根据大多数人的意见,1979 年刑法将拘役规定为主刑。在刑法修订的过程中,再次展开了关于拘役存废的争论,最终决定继续予以沿用。

12　理论界主张废除拘役的学者认为,拘役和世界各国的短期自由刑一样,存在诸多弊端,其实际执行效果在很大程度上违背了立法本意。具体理由如下:第一,拘役的适用率极低。从立法意图看,立法者将拘役作为一种重要而且适用广泛的刑罚方法,然而,司法实践却极少适用。第二,判决前羁押期过长。拘役的刑期很短,而罪犯在判决前被羁押的时间却相对较长,常常导致法院作出判决的当时就得立即释放罪犯,难以发挥拘役的惩罚教育功能。第三,拘役易于导致交叉感染。我国目前对许多犯罪分子没有做到分管分押,导致了不同的犯罪分子和待审人员互相感染。第四,拘役的刑期太短。拘役的刑期为 1 个月以上 6 个月以下,过短的刑期无力应对抗拒改造的行为,严重妨碍了刑罚教育改造功能的实现。第五,对罪行较轻的犯罪人产生严重的消极影响。由于上述缺陷的存在,拘役不但不能充分发挥惩罚威慑和教育改造的效果,反而存在较高的再犯率,因此应当废除拘役。[7]

5　参见李翔:《论刑法修正与刑罚结构调整》,载《华东政法大学学报》2016 年第 4 期。

6　参见李光灿主编:《中华人民共和国刑法论》(上册),吉林人民出版社 1984 年版,第 365 页。

7　参见赵秉志、陈志军:《短期自由刑改革方式比较研究》,载《政法论坛》2003 年第 5 期。

13 主张保留拘役的学者则提出了如下理由：第一，国外废除拘役的立法实践不能简单套用于我国。我国的拘役与国外的拘役在刑期、行刑期间的待遇等方面存在相当多的差别，国外废除拘役并不必然等同于我国也应该废除。第二，拘役与有期徒刑存在实质差异。拘役与有期徒刑在严厉性上具有实质性差异，对于不适于判处有期徒刑，但又必须判刑的情节轻微、人身危险性较小的罪犯，拘役是最适宜的刑种，不能以短期有期徒刑代替拘役。第三，拘役的弊端源自受刑人被置于自由被剥夺的状态。拘役可能加重犯罪人的人身危险性，导致犯罪人自暴自弃，但是，导致这些弊端的原因在于犯罪人被剥夺了自由，可以通过设置拘役的缓刑制度来克服这一弊端。第四，拘役发挥威慑和教育改造作用需要通过有力的执行措施来实现。被判处拘役的罪犯在关押改造中交叉感染、再犯率高等问题，源自拘役执行中的改造教育措施不力，没有严格实行分管分教，这不是拘役本身不可克服的弊病。实践中拘役的适用率低主要是由于审判人员的认识不够深入，也与拘役的执行不够完善有关。因此，拘役应当予以保留。[8]

14 还有学者认为，自由刑刑种单一化是世界刑法改革的潮流。但是，单一化的结果是将自由刑的执行向开放、半开放的方向发展，以利于受刑人“复归社会”。拘役不是代表刑法改革的过去，而是代表了刑法改革的未来。因此，我国刑法中的拘役作为主刑不应当废除，而是需要进一步完善。[9] 有学者提出了具体的立法完善措施，即设立短期自由刑易科非监禁刑制度，具体包括易科罚金、易科社区服务、易科资格刑等。[10]

15 除管制和拘役以外，主刑中的自由刑还包括有期徒刑和无期徒刑，其中，有期徒刑是我国刑罚体系的中心。理论界和实务界关于有期徒刑和无期徒刑作为主刑刑种并无争议，对于这两类刑种的讨论主要集中于具体的适用和完善措施。

三、死刑的存废之争及其限制

16 我国的刑罚结构是以自由刑和死刑为主导的重刑结构，死刑问题是我国刑法学界近年来深入研究和热烈讨论的焦点问题。

（一）死刑存废的争论

17 关于死刑的讨论，首要问题是是否应当废除死刑。持废除论的学者认为，当前中国应当着手废除死刑，并将废止死刑纳入中国的死刑政策；持保留论的学者则认为，当今中国尚不具备完全废止死刑的条件，不应在死刑政策中明确提出废除死刑。[11] 有学者总结了死刑存废之争的三个层面：死刑存废的抽象价值理念之争、死刑存废的刑事政策理论之争，以及刑事司法个案中死刑选择适用之争。因此，打破废除论者和保留论者

8 参见高格：《论进一步完善我国的刑罚制度》，载杨敦先、赵秉志、王勇编：《刑法发展与司法完善》，中国人民公安大学出版社 1989 年版，第 147—148 页。

9 参见陈兴良主编：《刑种通论》（第 2 版），中国人民大学出版社 2007 年版，第 197 页。

10 参见赵秉志：《当代中国刑罚制度改革论纲》，载《中国法学》2008 年第 3 期。

11 参见赵秉志：《当代中国死刑改革争议问题论要》，载《法律科学》2014 年第 1 期。

的长期僵持,需要寻找明确的死刑类型适用标准,并获得公众的认同和支持。[12]

18　目前,我国刑法学界对死刑问题达成了基本共识:“我国目前尚不具备全面废除死刑的条件,但应严格限制死刑的适用,并逐步废止死刑。”[13]严格限制死刑可以从立法和司法两条路径展开,就立法层面而言,主要体现为削减死刑罪名。

(二)限制死刑的立法进路

19　1979 年刑法共计规定 28 个死刑罪名,严格限定在严重危害国家政权、公共安全、公民人身权利和公私财产所有权的犯罪行为。此后,随着经济环境的变化,破坏社会经济秩序的犯罪日益突出,刑事立法对经济犯罪和危害社会治安的犯罪实行从严打击,通过单行刑法将死刑作为法定刑配置到侵犯普遍社会关系的犯罪,导致死刑的适用范围一再扩大。在 1997 年刑法颁布前,我国刑事立法中设置的死刑罪名增加至 71 个,1997 年刑法基本上吸收了此前刑事立法中所有的死刑罪名,设置的死刑罪名达到 68 个之多。

20　随着宽严相济刑事政策的推行和理论界严格限制死刑的呼声一再高涨,我国于 2011 年开始逐步削减死刑罪名。2011 年施行的《刑法修正案(八)》一次性取消了 13 个经济性、非暴力犯罪的死刑罪名[14],这是我国死刑立法史上的转折点,标志着我国的死刑罪名改变了发展方向,从过去的增加转向为开始减少,是“具有十分重大意义的一个事件”[15]。2015 年施行的《刑法修正案(九)》进一步取消了 9 个死刑罪名[16],标志着我国在削减死刑罪名的道路上又迈出了重要的一步。我国以刑法修正案的形式批量削减死刑罪名,主要以经济性、非暴力犯罪的死刑罪名为主,同时包括部分非致命性暴力犯罪,并且,上述犯罪配置的死刑在实践中基本上是备而不用、备而少用。两次刑法修正案推进了死刑罪名的减少,整体上体现了刑罚轻缓的趋向,但是,这些罪名的死刑大多属于司法适用上备而少用甚至不用的虚置条款,所以只是对死刑扩大适用的遏制

12　参见于志刚:《死刑存废之争的三重冲突和解决之路》,载《比较法研究》2014 年第6 期。

13　赵秉志:《当代中国刑罚制度改革论纲》,载《中国法学》2008 年第 3 期。

14　13 个罪名分别是:走私文物罪(第 151 条第 2 款),走私贵重金属罪(第 151 条第 2 款),走私珍贵动物、珍贵动物制品罪(第 151 条第 2 款),走私普通货物、物品罪(第 153 条),票据诈骗罪(第 194 条第 1 款),金融凭证诈骗罪(第 194 条第 2 款),信用证诈骗罪(第 195 条),虚开增值税专用发票、用于骗取出口退税、抵扣税款发票罪(第 205 条),伪造、出售伪造的增值税专用发票罪(第 206 条),盗窃罪(第 264 条),传授犯罪方法罪(第 295 条),盗掘古文化遗址、古墓葬罪(第 328 条第 1 款),盗掘古人类化石、古脊椎动物化石罪(第 328 条第 2 款)。

15　陈兴良:《犯罪范围的扩张与刑罚结构的调整——〈刑法修正案(九)〉述评》,载《法律科学》2016 年第 4 期。

16　9 个罪名分别是:走私武器、弹药罪(第 151 条第 1 款),走私核材料罪(第 151 条第 1 款),走私假币罪(第 151 条第 1 款),伪造货币罪(第 170 条),集资诈骗罪(第 192 条),组织卖淫罪(第 358 条第 1 款),强迫卖淫罪(第 358 条第 1 款),阻碍执行军事职务罪(第 426 条)和战时造谣惑众罪(第 433 条)。

和矫正。[17]

(三)死刑替代措施

21 在大量削减死刑罪名的同时,刑罚结构是否必须作出相应的调整?据此,有学者提出了死刑的替代措施。所谓死刑替代措施,是指在废除了最严重犯罪的死刑以后,在立法上采取的替代死刑的处罚方法。[18] 替代措施可能是对现有刑种进行改造,也可能是对刑罚执行方式作出改革,还可能是新增刑罚处罚方法。第一,现有刑种的改造是指改造无期徒刑,具体方案包括设置不得假释的无期徒刑、减刑后服刑不得少于 25 年的无期徒刑[19]、先予关押期限为 10 年的无期徒刑[20]。第二,刑罚执行方式的改革主要是指设置附赔偿的长期自由刑。[21] 第三,设置新的刑罚措施,即指增设终身监禁。[22] 前两种措施以现有刑种(无期徒刑)为基础,增设终身监禁则可能涉及我国刑罚体系的变革。

22 然而,也有学者对死刑是否需要替代措施提出了质疑,认为这是"一个需要警惕的概念",因为我国刑罚结构并不存在生刑过轻的缺陷,也没有必要以死刑替代措施来削减公众对废除死刑的反对情绪。[23] 有学者明确主张,"在中国削减和废止死刑的过程中,不需要也不应当设立替代死刑的终身刑"[24],只需合理运用现行刑法中规定的死缓制度和无期徒刑即可。

23 在当前的刑事立法中,尽管《刑法修正案(八)》和《刑法修正案(九)》一共削减了近三分之一的死刑罪名,但是,并未使我国的主刑刑种、刑罚体系发生一般性的变化,《刑法》第 33 条保持了关于五类主刑刑种的一般规定。

(四)终身监禁的刑法定位

24 虽然《刑法》第 33 条未作任何修改,但是,《刑法修正案(九)》针对贪污罪、受贿罪增设了终身监禁的相关规定,因此,需要界定终身监禁在我国刑罚体系中的地位。

25 根据《刑法修正案(九)》在《刑法》第 383 条中增加第 4 款:"犯第一款罪(即第 383 条第 1 款关于贪污罪的处罚——笔者注),有第三项规定情形被判处死刑缓期执行的,人民法院根据犯罪情节等情况可以同时决定在其死刑缓期执行二年期满依法减为

---

17 参见赵秉志:《〈刑法修正案(八)(草案)〉热点问题研讨》,载赵秉志主编:《刑法论丛》(第 24 卷),法律出版社 2010 年版,第 26、27 页。

18 参见李希慧:《论死刑的替代措施——以我国刑法立法为基点》,载《河北法学》2008 年第 2 期。

19 参见李希慧:《论死刑的替代措施——以我国刑法立法为基点》,载《河北法学》2008 年第 2 期。

20 参见高铭暄、楼伯坤:《死刑替代位阶上无期徒刑的改良》,载《现代法学》2010 年第6 期。

21 参见高铭暄:《略论中国刑法中的死刑替代措施》,载《河北法学》2008 年第 2 期。

22 参见姜涛:《死刑废除与刑罚制度的立法完善》,载《人民检察》2010 年第 21 期。

23 参见王志祥:《死刑替代措施:一个需要警惕的刑法概念》,载《中国法学》2015 年第1 期。

24 张明楷:《死刑的废止不需要终身刑替代》,载《法学研究》2008 年第 2 期。

无期徒刑后,终身监禁,不得减刑、假释。”同时,根据《刑法》第386条的规定,受贿罪的处罚也适用该款。

26 据此,《刑法修正案(九)》在分则中增设了终身监禁制度,其适用应当注意以下几个问题:第一,适用的罪名。终身监禁只适用于犯贪污罪和受贿罪的犯罪分子,不适用于其他犯罪。第二,适用的刑罚。终身监禁只适用于被判处死缓的犯罪分子,被判处其他刑罚的犯罪分子不得使用。第三,并非必然绝对使用。终身监禁只适用于被判处死刑缓期执行两年期满依法减为无期徒刑的犯罪分子,因此,若犯罪分子在死刑缓期执行的考验期内确有重大立功表现,两年期满以后减为25年有期徒刑的,仍然有获得减刑、假释的可能。可见,犯贪污罪、受贿罪被判处死刑缓期两年执行的犯罪分子,并未被完全堵住提前出狱的出路。

27 对于终身监禁的刑法定位,有学者认为,可以分别从死刑立即执行和死缓的角度来考察,终身监禁既属于部分死刑立即执行的替代性措施,也属于介于死刑与普通死缓之间的刑罚执行方法。“终身监禁不是独立的刑种,只是特定刑种的执行方法之一,但其若适用得当,则其效果类似独立刑种,甚至能够产生与独立刑种相同的作用。”[25]

28 理论界普遍认可,对个别罪名适用终身监禁,作为废除死刑以后的过渡性措施,立法者探索延长无期徒刑的执行期,以协调自由刑体系,是“延长生刑、减少死刑”改革思路的立法尝试。但是,从刑罚体系自身的逻辑上看,创设新的概念易于导致认识的混乱。终身监禁事实上可以通过改变刑期设置、延长无期徒刑实际执行的刑期,同时公正执行减刑、假释来实现。适当提高有期徒刑刑期也有利于有期徒刑与其他刑种,尤其是无期徒刑和死刑之间的合理衔接。[26] 此外,从立法方式看,刑法是具有法律强制力的法律规则,是有机统一的整体,而不是单个规则的生拼硬凑。在总则以外对单独的两个罪名创设刑罚新概念的立法方式,并不科学。[27]

29 综上所述,笔者认为,终身监禁应当被定位为一种仅限于犯贪污罪、受贿罪,并且被判处死缓的犯罪分子适用的特定执行方法,是我国刑法分则中的特殊刑罚执行措施,不具有一般性,不能普遍适用,不是新的刑种,故未改变我国《刑法》总则中主刑的刑种范围。

---

[25] 黄永维、袁登明:《〈刑法修正案(九)〉中的终身监禁研究》,载《法律适用》2016年第3期。

[26] 参见田文昌、颜九红:《简论中国刑罚制度改革》,载《法学杂志》2006年第1期。

[27] 参见李翔:《论刑法修正与刑罚结构调整》,载《华东政法大学学报》2016年第4期。

第三十四条　附加刑的种类

附加刑的种类如下：

（一）罚金；

（二）剥夺政治权利；

（三）没收财产。

附加刑也可以独立适用。

文献：樊凤林主编：《刑罚通论》，中国政法大学出版社 1994 年版；马克昌主编：《刑罚通论》（第 2 版），武汉大学出版社 1999 年版；吴平：《资格刑研究》，中国政法大学出版社 2000 年版；翟中东主编：《刑种适用中疑难问题研究》，吉林人民出版社 2001 年版；陈兴良主编：《刑种通论》（第 2 版），中国人民大学出版社 2007 年版；高铭暄、赵秉志主编：《刑罚总论比较研究》，北京大学出版社 2008 年版；万志鹏：《没收财产刑研究》，法律出版社 2013 年版；陈兴良：《刑法适用总论（下卷）》（第 3 版），中国人民大学出版社 2017 年版。廖增昀：《完善我国刑法中的财产刑》，载《法学研究》1990 年第 3 期；张明楷：《罚金刑若干问题的再思考》，载《中国法学》1991 年第 4 期；李希慧：《资格刑的反思与完善》，载《法学》1995 年第 3 期；陈兴良：《刑种设置的法理分析》，载《中央检察官管理学院学报》1996 年第 4 期；赵秉志等：《中国刑法修改若干问题研究》，载《法学研究》1996 年第 5 期；陈兴良：《刑事政策视野中的刑罚结构调整》，载《法学研究》1998 年第 6 期；杨明好、张薇：《财产刑的适用及执行对策探讨》，载《法学论坛》1999 年第 6 期；储槐植、梁根林：《论法定刑结构的优化——兼评 97' 刑法典的法定刑结构》，载《中外法学》1999 年第 6 期；陈兴良：《刑罚改革论纲》，载《法学家》2006 年第 1 期；高汉成：《罚金刑在近代刑法中的确立——以 1907 年大清刑律草案的相关规定为视点》，载《政法论坛》2007 年第 4 期；赵秉志：《当代中国刑罚制度改革论纲》，载《中国法学》2008 年第 3 期；王志祥、敦宁：《刑罚配置结构调整论纲》，载《法商研究》2011 年第 1 期；张明楷：《论刑法中的没收》，载《法学家》2012 年第 3 期；李翔：《论刑法修正与刑罚结构调整》，载《华东政法大学学报》2016 年第 4 期。

细目录

Ⅰ　主旨

Ⅱ　沿革

一、总体情况

二、剥夺军衔
Ⅲ　附加刑刑种的选择和确定
一、罚金在刑罚体系中的地位
二、剥夺政治权利与资格刑的扩张
三、没收财产的存废之争

Ⅰ　主旨

1　本条界定了我国刑罚体系中附加刑的具体范围,并且规定了适用的方法。本条规定的是具有普遍适用意义的附加刑,共计三种,即罚金、剥夺政治权利和没收财产。从剥夺的权利性质来看,则分别属于财产刑和资格刑。本条明确了附加刑的适用方法,即既可以独立适用,也可以附加适用,对一个犯罪可以同时判处两个或者两个以上的附加刑。

Ⅱ　沿革

一、总体情况

2　1979年《刑法》第29条规定:"附加刑的种类如下:(一)罚金;(二)剥夺政治权利;(三)没收财产。附加刑也可以独立适用。"

3　在1979年刑法施行以后,关于附加刑刑种的讨论主要包括:罚金的地位、没收财产的存废、剥夺政治权利的范围、剥夺特定职业资格的增设,以及剥夺军衔、警衔、勋章的纳入等。但是,1997年《刑法》第34条完全沿用了1979年《刑法》第29条的规定,没有作出任何修改。至今,在刑事实体法领域没有关于本条的立法解释和司法解释。[1]

4　除《刑法》作出的上述明确规定以外,关于附加刑刑种的立法沿革,还需梳理关于"剥夺军衔"的规定。

二、剥夺军衔

5　刑法中的剥夺军衔,与我国军衔制度本身的设立、废止、恢复具有紧密关联。

6　中华人民共和国成立以后,全国人大常委会于1955年2月8日通过的《中国人

1　刑事程序法领域有与本条有关的司法解释,即2008年6月6日发布的最高人民法院《关于刑事第二审判决改变第一审判决认定的罪名后能否加重附加刑的批复》,说明"上诉不加刑原则"同样适用于附加刑,既不能新增附加刑,也不能加重原附加刑。《最高人民法院关于适用〈中华人民共和国刑事诉讼法〉的解释》第401条第(七)项再次予以确认,即(提起上诉的案件中)"原判判处的刑罚不当、应当适用附加刑而没有适用的,不得直接加重刑罚、适用附加刑。原判判处的刑罚畸轻,必须依法改判的,应当在第二审判决、裁定生效后,依照审判监督程序重新审判。"

民解放军军官服役条例》第 22 条规定:“军衔是军官终身的光荣称号,非因犯罪经法院判决,不得剥夺。剥夺尉官、校官的军衔,根据法院判决书,由国防部命令公布;剥夺将官的军衔,根据法院判决书,由国务院命令公布。”尽管当时我国尚无统一的刑法典,但是,该条例将剥夺军衔作为对犯罪军人的一种刑罚措施。1965 年,我国废止了军衔制度,剥夺军衔也就没有了依附的制度前提,故 1979 年刑法和 1981 年全国人大常委会发布的《惩治军人违反职责罪暂行条例》均未涉及剥夺军衔。

1988 年全国人大常委会通过的《中国人民解放军军官军衔条例》决定恢复军衔 7
制度,第 27 条规定:“军官犯罪,被依法判处剥夺政治权利或者三年以上有期徒刑的,由法院判决剥夺其军衔。退役军官犯罪的,依照前款的规定剥夺其军衔。军官犯罪被剥夺军衔,在服刑期满后,需要在军队服役并授予军官军衔的,依照本条例第十六条的规定办理。”[2]

在对 1979 年刑法进行修订的过程中,立法者曾经尝试将剥夺军衔纳入刑法中。 8
1997 年 3 月 6 日下午,第八届全国人大第五次会议代表团分组审议刑法修订草案,有代表针对上述规定指出:“对于军人、警察需要剥夺军衔、警衔的,可以依照《中国人民解放军军官军衔条例》《人民警察警衔条例》的规定执行。”[3] 立法机关采纳了该建议,在正式通过的 1997 年刑法中未对剥夺军衔作出规定。

尽管刑法中未作专门规定,但是,由于《中国人民解放军军官军衔条例》在 1994 9
年修正以后至今依然具有法律效力,根据该条例第 28 条的规定,剥夺军衔应当被视作一类特殊的附加刑,理由如下:第一,剥夺军衔的前提是构成犯罪;第二,剥夺军衔的判决由法院作出;第三,剥夺军衔附加适用于剥夺政治权利或者 3 年以上有期徒刑的情形。

值得注意的是,在刑法修订的数版草案中,剥夺军衔常常与剥夺警衔并列规 10
定,但二者最终的法律地位是不同的,其原因是所依附的法律和相应的制度前提不同。我国警衔制度的依据是全国人大常委会 1992 年 7 月 1 日发布、2009 年修订的《人民警察警衔条例》,该条例第 22 条规定:“人民警察被开除公职的,其警衔相应取消。人民警察犯罪,被依法判处剥夺政治权利或者有期徒刑以上刑罚的,其警衔相应取消。离休、退休的人民警察犯罪的,适用前款的规定。”根据该条规定,对被开除公职和犯罪的警察适用同样的“取消”措施,并且无须经人民法院判决,因而不具有刑罚

2　《中华人民共和国解放军军官军衔条例》于 1994 年 5 月 12 日由第八届全国人民代表大会常务委员会第七次会议作出修正,修正后的条例保留了原条例关于剥夺军衔的规定,只是将顺序调整为第 28 条。

3　薛驹:《第八届全国人民代表大会法律委员会关于〈中华人民共和国刑法(修订草案)〉、〈中华人民共和国国防法(草案)〉和〈中华人民共和国香港特别行政区选举第九届全国人民代表大会代表的办法(草案)〉审议结果的报告(节录)》,载高铭暄、赵秉志编:《新中国刑法立法文献资料总览》(第 2 版),中国人民公安大学出版社 2015 年版,第 777 页。

的性质,只能视作对犯罪警察的一种行政处分。

11 综上所述,我国刑法中的附加刑包括罚金、剥夺政治权利和没收财产。尽管在刑法修订过程中,曾经出现了再增设其他附加刑刑种的建议,但最终未被立法者采纳。《刑法》以外的附加刑仅有剥夺军衔一种,是人民法院针对犯罪军人作出的以剥夺军衔为内容的一种资格刑,其法律依据是 1988 年制定、1994 年修订的《中国人民解放军军官军衔条例》。

Ⅲ　附加刑刑种的选择和确定

12 当前我国刑罚结构发展的趋势,是从以生命刑和自由刑为中心,逐渐转变为以自由刑和财产刑为中心,这意味着财产刑(主要是指罚金)的适用范围将逐渐扩大。关于附加刑刑种范围的选择和确定,主要涉及罚金的地位、剥夺政治权利的范围,以及没收财产的存废。

一、罚金在刑罚体系中的地位

13 罚金是要求犯罪人向国家缴纳一定数额金钱的刑罚方法。罚金具有经济性、可分性、避免交叉感染等优点,在各国刑罚体系中的地位日益提升,适用范围不断扩大。

14 1979 年刑法将罚金规定为附加刑,刑法学界即针对罚金在刑罚体系中的地位展开讨论,形成三种主要观点:第一种观点是主刑论,认为应当改变罚金作为附加刑的地位,将其上升为主刑[4];第二种观点是维持论,认为应当将罚金继续作为附加刑,维持现有的刑罚体系不变[5];第三种观点是取消主刑、附加刑,即刑罚不再分为主刑和附加刑,而是将各具体刑种按照由重到轻的顺序排列。[6] 1979 年刑法修订时,曾经吸收了主刑论的观点,例如,1988 年 12 月 25 日的《刑法总则修改稿》第 28 条就曾经将罚金规定为主刑,但是,在此后的征求意见中,学者和最高司法机关主要考虑了罚金作为附加刑具有适用上的优势,提升罚金地位、扩大适用范围并不必然要将其上升为主刑,因而在 1997 年刑法中维持了罚金作为附加刑的地位。[7]

15 1997 年刑法施行以后,理论界关于罚金刑地位的争论依然延续了上述三类观点。主张将罚金上升为主刑的学者认为,现在将适用方法作为区分主刑和附加刑的标准是不科学的,应当按照服务于刑罚目的作用的大小来区分。只有将罚金上升为主刑,才能更好地发挥罚金的作用,与其服务于刑罚目的作用的大小

---

4 参见李洁:《罚金刑应上升为主刑论》,载《当代法学》1989 年第 3 期。

5 参见廖增昀:《完善我国刑法中的财产刑》,载《法学研究》1990 年第 3 期。

6 参见邓又天、邓修明:《略论罚金刑的地位及其适用》,载《法律科学》1989 年第 4 期。

7 参见高铭暄:《中华人民共和国刑法的孕育诞生和发展完善》,北京大学出版社 2012 年版,第 232 页。

相匹配。[8] 但是,坚持罚金应当作为附加刑的观点更具有说服力:其一,是否重视罚金,并不取决于罚金是主刑还是附加刑;其二,扩大罚金的适用范围,也并非必然通过上升为主刑来实现;其三,罚金上升为主刑只能单独适用,不利于打击犯罪,相反,罚金作为附加刑既能独立适用,又能附加适用,可以灵活适用于轻罪和重罪。[9] 笔者认为,主刑和附加刑的实质区分在于适用方法不同,而非单纯做字面理解,认为主刑即是主要的,附加刑是从刑,是从属的、次要的,罚金扩大适用范围是未来发展趋势,而其作为附加刑既可以独立适用又可以附加适用,更符合这一趋势。

1997 年修订刑法以及迄今为止颁布的一个单行刑法、11 个刑法修正案,均鲜明地体现了不断扩大罚金适用范围的趋势。1997 年刑法分则共有 413 个罪名,其中,有 169 个罪名配置了罚金刑,比例达到 41%,罪名相对集中于"破坏社会主义市场经济秩序罪"和"妨害社会管理秩序罪"两章,这两章共有 144 个罪名配置了罚金刑,在 169 个罪名中所占比例高达 85%。在唯一的单行刑法《关于惩治骗购外汇、逃汇和非法买卖外汇犯罪的决定》中,新增罪名(例如,骗购外汇罪)的法定刑配置中包括罚金。11 个刑法修正案在关于刑罚的修改中,一个显著的特征就是历次修改大多伴随着对罚金刑设置的微调[10],既对现有罪名增设罚金[例如,根据《刑法修正案(八)》第 40 条,在敲诈勒索罪的法定刑中增设罚金],也对新增罪名设置罚金[例如,《刑法修正案(八)》第 37 条新增了组织出卖人体器官罪,其法定刑配置了罚金]。 16

二、剥夺政治权利与资格刑的扩张

在我国刑法的立法进程中,剥夺政治权利作为附加刑的刑种之一并无争议,理论界更多关注的是:刑法中的资格刑除剥夺政治权利、驱逐出境以外,是否还需要进一步扩张。 17

如前所述,在数版刑法修改草案中,曾经规定对判处剥夺政治权利的犯罪人,一并剥夺荣誉、勋章、称号、军衔、警衔,然而,立法机关最终未将上述内容正式纳入刑法。 18

此外,相关部门和专家学者曾经建议增设"剥夺从事特定职业资格",该建议体现于 1995 年 8 月 8 日的《刑法(总则修改稿)》第 30 条,并在 1996 年 6 月 24 日的《刑法(总则修改稿)》中予以保留。但是,此后立法机关考虑到相关行政法规中已经规定了吊销执照、许可证等制裁措施,为了避免重复规定和影响部门法间的协调,1996 年 8 月 8 日《刑法(总则修改稿)》并未将"剥夺从事特定职业资格"作为附加刑刑种之一。此后,仍有专家学者继续呼吁增设该刑罚措施。[11] 19

---

8 参见邓文莉:《罚金刑的地位及配置范围之探讨》,载《法学杂志》2008 年第 5 期。

9 参见张明楷:《罚金刑若干问题的再思考》,载《中国法学》1991 年第 4 期。

10 参见李翔:《论刑法修正与刑罚结构调整》,载《华东政法大学学报》2016 年第 4 期。

11 参见高铭暄:《中华人民共和国刑法的孕育诞生和发展完善》,北京大学出版社 2012 年版,第 240 页。

20 直至2015年《刑法修正案(九)》通过并施行,其第1条增设“剥夺从事特定职业资格”的规定,作为《刑法》第37条之一。但是,该条规定的“剥夺从事特定职业资格”在刑法性质上不是一个独立的刑种,而是被视作一种“预防性措施”,关于该条的评注详见后文。

三、没收财产的存废之争

21 作为附加刑的没收财产,在我国刑法中又被称为“一般没收”,与此对应的“特殊没收”规定于《刑法》第64条,包括没收违禁品、没收供犯罪所用的本人财物、返还被害人的合法财产。

22 虽然没收财产与罚金同属财产刑,但是,与罚金适用范围不断扩大的趋势相反,理论界一直存在废除没收财产的呼声。主张废除没收财产的学者提出了如下理由:第一,没收财产无数额限制;第二,没收犯罪人合法财产不符合刑法发展的潮流;第三,没收财产与罚金可能重叠;第四,没收财产可能导致不公正;第五,没收财产执行较为困难;第六,没收财产违反罪责自负原则。[12]

23 但是,张明楷教授认为,以上废除没收财产的理由是不成立的,没收财产作为我国附加刑体系中的一个刑种,应当继续保留。理由如下:第一,任何刑罚都需要裁量,没收财产也不例外。第二,我国刑法中的没收财产,既可以是全部没收,也可以部分没收。从国外刑法的立法和实务来看,随着毒品犯罪、有组织犯罪的猖獗,近年来,外国刑法也开始扩大没收的范围。第三,一般没收与罚金并不重叠。没收财产针对的是受刑人现有的财物,罚金则是判处一定数额的金钱,可以以受刑人未来的收入进行缴纳。第四,没收财产并不违反“私有财产神圣不可侵犯”。宪法保护公民个人财产不受非法侵犯,人民法院依法作出的没收财产判决不构成“非法”。第五,刑罚的不平等是任何刑种都可能存在的问题。法院判处没收财产时应充分考虑犯罪情节和犯罪人的经济状况,并且,通过公平的执行尽可能地实现平等。第六,没收财产不会过多浪费司法资源。司法机关只需要基本了解和掌握受刑人的财产状况即可,不需要进行特别详细的调查。第七,没收财产不违背罪责自负原则。没收财产时应保留受刑人及其扶养的家属必需的生活费用,不得没收属于犯罪分子家属所有或者应有的财产。[13]

24 笔者认为,所谓废除没收财产的理由均非由该刑种本质上的缺陷所致,反驳的理由更为有力。我国刑法在坚持将没收财产作为附加刑刑种之一的同时,需要进一步完善适用范围和具体执行措施,以保障刑罚目的的实现。

---

12 参见谢望原:《刑法中的没收制度》,载《中国刑事法杂志》2009年第6期;万志鹏:《没收财产刑废止论——从历史考察到现实分析》,载《安徽大学学报(哲学社会科学版)》2008年第5期。

13 参见张明楷:《论刑法中的没收》,载《法学家》2012年第3期。

第三十五条　驱逐出境

对于犯罪的外国人，可以独立适用或者附加适用驱逐出境。

文献:樊凤林主编:《刑罚通论》,中国政法大学出版社 1994 年版;马克昌主编:《刑罚通论》(第 2 版),武汉大学出版社 1999 年版;吴平:《资格刑研究》,中国政法大学出版社 2000 年版;翟中东主编:《刑种适用中疑难问题研究》,吉林人民出版社 2001 年版;陈兴良主编:《刑种通论》(第 2 版),中国人民大学出版社 2007 年版。赵永琛:《论驱逐出境——兼论我国驱逐出境制度的完善》,载《中国人民公安大学学报》1991 年第 4 期;庞仕平:《建议修改和完善我国的驱逐出境制度》,载《法学杂志》1995 年第 1 期;林艺聪:《驱逐出境制度:类型、标准与整合》,载《浙江大学学报(人文社会科学版)》2008 年第 2 期。

细目录

Ⅰ　主旨

Ⅱ　沿革

Ⅲ　驱逐出境的性质、对象和适用

一、驱逐出境的性质

二、驱逐出境的对象:“犯罪的外国人”

三、驱逐出境的适用

Ⅰ　主旨

本条规定了对于犯罪的外国人适用的一类特殊刑种。人民法院在刑事审判中,对于被认定有罪的外国人,在裁量刑罚时,可以依据本条对犯罪人独立判处或者附加判处驱逐出境。因为驱逐出境不具有普遍性,不能普遍适用于一切犯罪人,仅仅适用于犯罪的外国人,所以刑法单列一条加以规定。 1

Ⅱ　沿革

1979 年《刑法》第 30 条规定:“对于犯罪的外国人,可以独立适用或者附加适用驱逐出境。”1997 年《刑法》第 35 条沿用了上述规定。至今,没有关于本条的立法解释和司法解释。与本条有关的规范文件是 1992 年 7 月 31 日最高人民法院、最高人民检察院、公安部、外交部、司法部、财政部发布的《关于强制外国人出境的执行办法 2

的规定》。[1]

Ⅲ 驱逐出境的性质、对象和适用

一、驱逐出境的性质

3 除刑法规定了针对犯罪外国人的驱逐出境以外,我国其他法律中也存在“驱逐出境”的概念及表述。2013 年 7 月 1 日《出境入境管理法》正式施行, 2013 年 9 月 1 日《外国人入境出境管理条例》正式施行。《出境入境管理法》第 81 条第 2 款规定:“外国人违反本法规定,情节严重,尚不构成犯罪的,公安部可以处驱逐出境。公安部的处罚决定为最终决定。”由于上述法律中也存在关于驱逐出境的规定,导致理论界对驱逐出境的法律性质存在争论,主要有如下三种观点:

4 第一种观点是“刑罚说”。该观点将驱逐出境视作一类特殊的刑罚方法,只适用于犯罪的外国人,只能由人民法院在刑事判决中作出决定。根据刑法的规定,驱逐出境既可以独立适用,也可以附加适用,完全符合附加刑的特征,因此,驱逐出境在性质上属于附加刑。[2]

5 第二种观点是“行政处罚说”。该观点将驱逐出境视作一种行政措施,认为刑法规定的主刑和附加刑的刑种范围均未包括驱逐出境,然而,根据我国关于外国人出入境的相关法律规范,公安机关有权决定驱逐出境,因此,驱逐出境既可以由法院判决,也可以由公安机关宣布,只能是一种非刑罚方法。[3]

6 第三种观点是“刑罚和行政处罚双重属性说”。该观点认为,驱逐出境既是一种刑罚方法,也是一种行政处罚。当驱逐出境由人民法院判处时,根据刑法关于其适用方法的规定,可以将驱逐出境视为针对外国人的一类特殊的附加刑。当驱逐出境由公安机关决定并宣布时,是依出入境管理法规作出的,是一种行政处罚措施。因此,驱逐出境不仅是一种刑罚方法,更主要或者更通常的是被作为一种行政强制措施,由国家行政机关命令宣布。[4]

7 笔者认为,“刑罚说”和“行政处罚说”仅仅单方面地依据《刑法》或者《出境入境管理法》对驱逐出境的性质作出单一的判断,未能认识到《刑法》和《出境入境管理法》虽然都使用了“驱逐出境”这一概念,但是,二者具有不同的适用前提和适用机关,因而也具有迥异的法律性质。“刑罚和行政处罚双重属性说”考虑到了《刑法》和《出境入境管理法》关于驱逐出境的规定具有不同的法律性质,但是,“双重属性”并

---

1 该规定第 1 条“适用范围”之第(一)项明确了该规定适用于“依据我国刑法的规定,由人民法院对犯罪的外国人判处独立适用或者附加适用驱逐出境刑罚的”情形。

2 参见冯艳蓉:《驱逐出境是一种刑罚方法》,载《政治与法律》1986 年第 2 期。

3 参见于志:《驱逐出境不属于刑罚》,载《政治与法律》1985 年第 3 期。

4 参见李伟芳、王正超:《驱逐出境仅是一种刑罚吗?》,载《政治与法律》1986 年第 6 期。

不准确,易于使人误认为该措施同时具备不同的法律属性。因此,“正确的表述方法应该是:在我国有两种驱逐出境,一种是作为刑罚的驱逐出境,另一种是作为行政强制措施的驱逐出境”[5]。二者在适用前提、适用主体和适用程序上存在根本差异。《出境入境管理法》修改了驱逐出境的相关法条,明确指出由公安部决定的驱逐出境,适用于“违反本法规定,情节严重,尚不构成犯罪的”外国人,只能是一种行政措施。另外,《反间谍法》第34条、《境外非政府组织境内活动管理法》第50条也规定了作为行政措施的驱逐出境。

因此,《刑法》第35条规定的驱逐出境是针对犯罪的外国人的一类特殊的刑种,其在我国刑罚体系中属于附加刑。 8

二、驱逐出境的对象:“犯罪的外国人”

第一,“外国人”应作广义的理解,是指一切不具有中国国籍的人,既包括具有其他国家国籍的人,也包括无国籍人。 9

第二,对于“犯罪的外国人”,犯罪地是否必须在我国境内存在两种观点。第一种观点认为,犯罪的外国人仅限于在我国境内犯罪的外国人[6];第二种观点认为,犯罪的外国人不仅指在我国境内犯罪的外国人,也包括在我国有居留或者停留资格,在我国境外犯罪但可以受我国刑法管辖的外国人[7]。笔者赞同第二种观点,即将犯罪的外国人理解为“适用我国刑法进行刑事审判的外国人”,通常情况下是指在我国境内犯罪、人民法院依据属地原则适用我国刑法定罪量刑,刑事判决中可以判处驱逐出境的外国人。但是,若外国人在我国境外犯罪,停留或者居留在我国境内时,人民法院依据保护原则或者普遍原则适用我国刑法定罪量刑,刑事判决中也可以包括驱逐出境。 10

第三,外国人所犯之罪不受具体罪种、罪名和主刑轻重的限制。本条对驱逐出境作了一般的原则性规定,刑法分则在具体罪名配置的法定刑均未涉及驱逐出境,因此,理论上外国人犯了任何罪均可以判处驱逐出境,由法官自由裁量。 11

三、驱逐出境的适用

(一)驱逐出境剥夺的权益内容

刑法中的驱逐出境作为一个刑种,其具体内容是一个值得研究的问题。我国的教科书及有关专著均将驱逐出境作为一种资格刑[8],认为驱逐出境正是对外国人在 12

---

5 吴平:《资格刑研究》,中国政法大学出版社2000年版,第288、289页。

6 参见高铭暄主编:《刑法学原理》(第3卷),中国人民大学出版社1994年版,第172页。

7 参见吴平:《资格刑研究》,中国政法大学出版社2000年版,第290页。

8 参见马克昌主编:《刑罚通论》(第2版),武汉大学出版社1999年版,第240页。

中国居留资格的剥夺,符合资格刑的本质属性。[9] 笔者认为,上述观点值得商榷,需要结合《出境入境管理法》的规定进行分析。首先,区分外国人在中国居住本身是合法还是非法的;其次,对于合法居住的外国人,区分其具体资格是停留、居留,还是永久居留;最后,对于非法居住的外国人,则涉及"遣送出境"和"驱逐出境"的选择适用。

1. 对于在中国合法停留、居留、永久居留的外国人,驱逐出境剥夺的是其在中国停留、居留和永久居留的资格

13 《出境入境管理法》第四章"外国人停留居留"第一节"停留居留"对外国人的停留、居留作了相应规定。第 29 条第 1 款规定了"停留",即"外国人所持签证注明的停留期限不超过一百八十日的,持证人凭签证并按照签证注明的停留期限在中国境内停留"。第 30 条规定了"居留","外国人所持签证注明入境后需要办理居留证件的,应当自入境之日起三十日内,向拟居留地县级以上地方人民政府公安机关出入境管理机构申请办理外国人居留证件……外国人工作类居留证件的有效期最短为九十日,最长为五年;非工作类居留证件的有效期最短为一百八十日,最长为五年"。在第四章第二节"永久居留"中,第 47 条第 1 款规定了"对中国经济社会发展作出突出贡献或者符合其他在中国境内永久居留条件的外国人,经本人申请和公安部批准,取得永久居留资格"。

14 因此,外国人在中国境内停留、居留和永久居留的,若因犯罪被判处驱逐出境,所剥夺的是其在中国停留、居留和永久居留的资格。在此种情形下,可以将驱逐出境视为一种资格刑。

2. 对于在我国非法居住的外国人,"遣送出境"和"驱逐出境"选择适用

15 在我国非法居住的外国人,包括非法进入我国境内,以及合法入境但超过停留(居留)期限因而非法滞留两种情形。当非法居住的外国人因实施犯罪行为被定罪判刑时,是否可以判处驱逐出境,是一个值得探讨的问题。《出境入境管理法》第 62 条规定了"遣送出境",若外国人存在不准入境的情形或者非法滞留的,公安机关可以"遣送出境"。如果非法入境或者非法滞留者实施了犯罪行为,产生"遣送出境"与"驱逐出境"的适用选择。若适用"遣送出境",作为一种行政措施具有两个缺陷:其一,对象不适格。"遣送出境"针对的是尚未构成犯罪的外国人。其二,效果不佳。将犯罪人遣送出境,可能导致其犯罪行为不再受到我国的刑事法律制裁。相反,如果适用"驱逐出境",则意味着犯罪人必须接受刑事审判,根据刑事判决直接被驱逐出境,或者先执行完毕其他刑罚以后再执行驱逐出境。显然,由法院进行审判并判处驱逐出境更能体现我国的刑事管辖权,更有利于追究犯罪,也符合《刑法》第 35 条的规定。

16 但是,在此种情形下,就不能得出驱逐出境是一种资格刑的结论。因为资格刑是

[9] 参见陈兴良主编:《刑种通论》(第 2 版),中国人民大学出版社 2007 年版,第 406 页。

以行为人享有或者行使一定的资格为前提的，而非法入境和非法滞留者本身并不具有在我国境内停留的资格。此时，无法将驱逐出境纳入资格刑的范畴。

综上所述，笔者认为，虽然驱逐出境在多数情形下剥夺的是犯罪人在我国境内停留、居留或者永久居留的资格，在剥夺权利的内容方面最接近资格刑。但是，因为驱逐出境同样适用于非法入境或者非法滞留者，所以不能将其一概视为资格刑。换言之，驱逐出境剥夺的权益内容具有多重性，很难以剥夺的权益内容为标准将其纳入某一类具体刑罚，其本质是发挥一种排害功能，即排除犯罪的外国人再次在我国境内犯罪的可能性。 17

（二）驱逐出境的适用方式

我国刑法关于驱逐出境的规定仅体现于总则中，第 35 条是一般的原则性规定，刑法分则罪名的法定刑设置中没有列明驱逐出境。对于犯罪的外国人，“可以”适用驱逐出境，意味着法官在审判外国人犯罪的案件时，享有较大的自由裁量权，由其自行决定是否判处驱逐出境。 18

驱逐出境可以独立适用，也可以附加适用。这两种适用方式，鲜明地体现了其作为附加刑的根本特征。 19

1. 独立适用

独立适用驱逐出境，是指对于犯罪的外国人，不判处任何主刑，仅仅判处驱逐出境。驱逐出境在独立适用时，针对的是犯罪性质和犯罪情节较轻的外国人。较轻的犯罪，通常是指根据刑法分则的规定可以判处管制或者拘役的犯罪。若该外国人实施了此类行为，留在我国境内可能造成危害的，可以基于排害的目的单独适用驱逐出境，无须判处管制和拘役。单独适用驱逐出境，不但能够降低执行其他刑种的成本，而且能够起到较为彻底地预防犯罪的作用。 20

在“管某某、范某某组织他人偷越国境罪”一案中，管某某系中国人，范某某和其余 3 名被告人国籍不明，法院认定管某某构成组织他人偷越国境罪，判处有期徒刑两年，并处罚金 2000 元；范某某构成组织他人偷越国境罪，单处驱逐出境。此外，被组织偷渡的另外 3 名国籍不明的被告人，均构成偷越国境罪，单处驱逐出境。[10] 再如，在“李某某走私普通货物罪”一案中，因“李某某走私入境的香烟在另案中已被如数查缴，未实际流入社会，其归案后如实供述自己的罪行，酌情予以从轻处罚。综合本案的具体情况，可依法对被告人李某某单处驱逐出境”[11]。 21

2. 附加适用

驱逐出境的附加适用，是指对犯罪的外国人，法院除判处主刑或者其他附加刑以外，还附加判处驱逐出境。当驱逐出境被附加适用时，通常针对的是犯罪性质和犯罪情节比较严重的犯罪。驱逐出境并非一概可以附加适用于一切主刑刑种和附加刑刑 22

---

10 参见云南省文山壮族苗族自治州中级人民法院（2019）云 26 刑终 221 号刑事裁定书。

11 参见浙江省金华市中级人民法院（2017）浙 07 刑初 64 号刑事判决书。

种,需要根据刑罚的特性逐一分析:第一,被判处死刑立即执行的犯罪人,因为生命不复存在,故没有附加适用驱逐出境的余地。第二,被判处死刑缓期两年执行和无期徒刑的犯罪人,在判处刑罚时由于剥夺了犯罪人的终身自由,故不能附加驱逐出境,但是,这两类刑罚可能减刑为有期徒刑,但是,减刑裁定只能是对既判刑罚的减轻,不可能再另行增设驱逐出境。第三,被判处管制、拘役、有期徒刑的犯罪人,可以附加驱逐出境,在主刑执行完毕之后即将其驱逐出境。但是,如前所述,被判处管制、拘役的犯罪人犯罪较轻,通常单独适用驱逐出境即可,因此,驱逐出境通常是附加于有期徒刑而适用。第四,对外国犯罪人判处罚金、没收财产并剥夺政治权利的,在执行罚金或者没收财产以后(可能由于行为人不具有支付能力而只能执行部分罚金,甚至完全不能执行),即可以将其驱逐出境。

23　犯罪人被判处有期徒刑的同时附加驱逐出境,是实务中最常见的方式。例如,在最高人民检察院通报的12起服务健康中国建设典型案例中,“上海福喜公司等生产、销售伪劣产品案”既涉及回收食品再生产、过期原料再加工的问题,又涉及外国人和跨国公司犯罪,引起了高度关注。[12] 该案被告人之一,澳大利亚籍人士杨立群被认定构成生产、销售伪劣产品罪,被判处有期徒刑3年,并处罚金人民币10万,驱逐出境。[13] 再如,在“阿丹·奈姆等抢劫案”中,该案10名印度尼西亚籍人士在国际航线上非法登临他国船只,以胁迫、捆绑手段制服船员后劫夺并控制船只,被广东省汕头市中级人民法院认定构成抢劫罪,除判处主刑以外,全部并处驱逐出境。[14]

(三)驱逐出境的执行

24　刑法和刑事诉讼法中均无如何执行驱逐出境的具体规定,详细的执行依据是1992年7月31日最高人民法院、最高人民检察院、公安部、外交部、司法部、财政部发布的《关于强制外国人出境的执行办法的规定》,该规定第1条“适用范围”第(一)项即规定了其适用于“依据我国刑法的规定,由人民法院对犯罪的外国人判处独立适用或者附加适用驱逐出境刑罚的”。根据该规定,驱逐出境的执行主体、执行期限和执行方式如下:

1. 执行主体

25　驱逐出境的执行主体是公安机关,即人民法院或者监狱主管部门向公安机关交付生效裁判文书和执行通知书,由省级公安机关指定具体公安机关予以执行。《关于

12　参见周斌:《最高检通报12起服务健康中国建设典型案例》,载《法制日报》2016年10月22日。

13　参见上海市嘉定区人民法院(2015)嘉刑初字第1698号刑事判决书,二审上海市第三中级人民法院维持了该判决。

14　参见张强、李爱民、彭文城:《阿丹·奈姆等抢劫案[第245号]——刑事普遍管辖权的适用》,载最高人民法院刑事审判第一庭、第二庭编:《刑事审判参考》(总第32辑),法律出版社2003年版,第44、45页。

强制外国人出境的执行办法的规定》第 2 条“执行机关”规定了独立适用和附加适用两种情形：

(1) 对被单独判处驱逐出境的外国人，人民法院将对该受刑人的刑事判决书、执行通知书副本交付所在地省级公安机关，由省级公安机关指定的公安机关执行。 26

(2) 被判处徒刑的外国人，其主刑执行期满后应执行驱逐出境附加刑的，由原羁押监狱的主管部门将该受刑人的原判决书、执行通知书副本或者复印本送交所在地省级公安机关，由省级公安机关指定的公安机关执行。 27

2. 执行时间

执行时间是指公安机关将犯罪的外国人驱逐出境的时间。 28

独立适用驱逐出境的，在判决生效之日即可以执行。考虑到实际的运作流程，《关于强制外国人出境的执行办法的规定》要求人民法院应当自该判决生效之日起 15 日内交付相关法律文书，公安机关根据交付机关确定的期限立即执行。如有特殊情况，需要延期执行的，报省、自治区、直辖市公安厅、局核准。 29

附加适用驱逐出境的，应当在主刑执行完毕以后，再执行驱逐出境。故《关于强制外国人出境的执行办法的规定》要求，在主刑刑期届满的 1 个月前，由原羁押监狱的主管部门交付公安机关，待主刑执行完毕以后即可以执行驱逐出境，公安机关应当根据交付机关确定的期限立即执行。如有特殊情况，需要延期执行的，报省、自治区、直辖市公安厅、局核准。 30

3. 执行方式

驱逐出境是公安机关以强制的方式将犯罪的外国人押解出我国边境。 31

在实际执行中，既可以在我国的国(边)境地区将犯罪的外国人逐出境外，也可以将犯罪的外国人押解上开往国外的国际列车、船舶或者飞机。自该外国人跨出我国边境线或者登上国际列车、船舶、飞机之时起，驱逐出境即告执行完毕。 32

(四) 驱逐出境的期限

驱逐出境的期限，是指犯罪的外国人被执行驱逐出境以后，多长期限以内不得再进入我国境内。我国刑法对此未作出规定，因而存在两种不同的观点：一种观点认为，驱逐出境一旦执行，刑事责任即已完全实现，因而犯罪人即具有了取得我国境内停留的可能性，至于是否批准，由有关行政机关决定；另一种观点则认为，对依法判决驱逐出境的外国人可以同时宣告是否终身驱逐。[15] 33

笔者认为，第一种观点从字面上理解是成立的，但驱逐出境执行以后随即取得了在我国境内停留的可能性，显然违背了驱逐出境制度的初衷，也有损我国法律的尊严。即使行政机关可以不予签发签证，但不予签发签证的决定是行政决定，不是驱逐出境作为判处的刑罚本身具有的内容。第二种观点更能反映出驱逐出境的排害功 34

---

15 参见吴平：《资格刑研究》，中国政法大学出版社 2000 年版，第 286 页。

能,但是,对被判处驱逐出境的犯罪人无论是宣告一定期限内不能入境还是宣告终身不能入境,均没有刑法上的依据,违背了罪刑法定原则。

35 因此,刑法中没有规定对判处驱逐出境的犯罪人多长期限不能入境是一个明显的立法缺陷,即使公安机关对此类犯罪人不予办理签证可以让其事实上不能再在我国停留,也只是实践中的一种处置方式而已。刑法为了弥补这一立法缺陷,可以参考《出境入境管理法》的相关规定。《出境入境管理法》第 81 条第 3 款规定:“被驱逐出境[16]的外国人,自被驱逐出境之日起十年内不准入境。”因此,笔者认为,刑事立法中应当为作为一类刑种的驱逐出境规定不准入境的期限,该期限既可以是绝对确定的,也可以是相对确定的,还可以是终身的。从与行政法的平衡协调来看,最低期限不得低于 10 年。

16　此处的“驱逐出境”,是《出境入境管理法》中规定的一类行政措施,适用于违反《出境入境管理法》规定、情节严重但尚未构成犯罪的人。

第三十六条　赔偿经济损失与民事赔偿优先原则

由于犯罪行为而使被害人遭受经济损失的，对犯罪分子除依法给予刑事处罚外，并应根据情况判处赔偿经济损失。

承担民事赔偿责任的犯罪分子，同时被判处罚金，其财产不足以全部支付的，或者被判处没收财产的，应当先承担对被害人的民事赔偿责任。

文献:樊凤林主编:《刑罚通论》,中国政法大学出版社 1994 年版;马克昌主编:《刑罚通论》(第 2 版),武汉大学出版社 1999 年版;陈兴良主编:《刑种通论》(第 2 版),中国人民大学出版社 2007 年版。朱广华、张清鸿:《简论刑事损害赔偿权》,载《国家检察官学院学报》1994 年第 4 期;张时贵:《中外刑事损害赔偿制度比较》,载《检察理论研究》1996 年第 3 期;王爱华、王学成:《论刑事侵权赔偿责任的法律构成》,载《暨南学报》1996 年第 3 期;黄华生、邢丽莎:《我国刑事损害赔偿制度的回顾与展望》,载《辽宁大学学报(哲学社会科学版)》2015 年第 5 期。

细目录

Ⅰ　主旨

Ⅱ　沿革

Ⅲ　赔偿经济损失的适用

　一、赔偿经济损失的范围

　二、赔偿经济损失的裁量

Ⅳ　民事赔偿优先原则的适用

Ⅰ　主旨

本条规定了犯罪人应当承担赔偿被害人经济损失的民事责任。犯罪行为造成被害人经济损失的,犯罪人除需要承担刑事责任以外,还应当承担民事上的损害赔偿责任。赔偿经济损失作为一种兼具刑事法和民事法双重性质的法律制度,处于刑民交叉的领域。本条还相应地确立了民事优先原则。当犯罪人需要同时赔偿被害人经济损失和执行财产刑时,可能出现其财产不足以全部支付的情形,此时,民事赔偿责任的履行优先于财产刑的执行,其目的在于优先保障被害人获得赔偿的权利。 1

Ⅱ　沿革

在 1979 年刑法制定的过程中,对于犯罪分子是否需要赔偿经济损失这一问 2

题,立法者认为,“这个问题也可以由民法加以规定,但由于当时民法待制定,而实际问题又需要解决,因此,就在第32条(非刑罚处罚措施)之前增设一条,专门解决这个问题。这就是第31条的由来”[1]。故1979年《刑法》第31条规定:“由于犯罪行为而使被害人遭受经济损失的,对犯罪分子除依法给予刑事处分外,并应根据情况判处赔偿经济损失。”此后,部分单行刑法再次确认了赔偿被害人经济损失这一制度。例如,全国人大常委会于1993年7月2日通过的《关于惩治生产、销售伪劣商品犯罪的决定》第12条第2款之规定,全国人大常委会于1994年7月5日通过的《关于惩治侵犯著作权的犯罪的决定》第5条之规定,等等。1997年修订的《刑法》,其第36条第1款基本沿用了1979年《刑法》第31条,只是将原条文中的“刑事处分”修改为“刑事处罚”,使得用语更加准确。

3　民事赔偿优先原则最早规定在全国人大常委会于1995年2月28日通过的《关于惩治违反公司法的犯罪的决定》,其第13条规定:“犯本决定之罪有违法所得的,应当予以没收。犯本决定规定之罪,被没收违法所得,判处罚金、没收财产、承担民事赔偿责任的,其财产不足以支付时,先承担民事赔偿责任。”1997年刑法吸收了该条确立的民事优先原则,就有了本条第2款规定。

4　2021年1月1日《民法典》正式施行,其中第187条规定:“民事主体因同一行为应当承担民事责任、行政责任和刑事责任的,承担行政责任或者刑事责任不影响承担民事责任;民事主体的财产不足以支付的,优先用于承担民事责任。”

5　犯罪人承担赔偿责任可以通过刑事附带民事诉讼程序来实现。最高人民法院2012年12月20日发布的《关于适用〈中华人民共和国刑事诉讼法〉的解释》第137条规定了被害人及其法定代理人、近亲属有权提起附带民事诉讼,受案范围仅限于物质损失。最高人民法院2014年10月30日发布的《关于刑事裁判涉财产部分执行的若干规定》细化了责任承担的具体顺序。被害人积极履行赔偿义务作为酌定量刑情节,在最高人民法院2017年3月9日发布的《关于实施修订后的〈关于常见犯罪的量刑指导意见〉的通知》中予以确认。其第3条第9款规定:“对于积极赔偿被害人经济损失并取得谅解的,综合考虑犯罪性质、赔偿数额、赔偿能力以及认罪、悔罪程度等情况,可以减少基准刑的40%以下;积极赔偿但没有取得谅解的,可以减少基准刑的30%以下……”第3条第10款规定:“对于当事人根据刑事诉讼法……达成刑事和解协议的,综合考虑犯罪性质、赔偿数额、赔礼道歉以及真诚悔罪等情况,可以减少基准刑的50%以下;犯罪较轻的,可以减少基准刑的50%以上或者依法免除处罚。”关于具体赔偿数额的计算,适用最高人民法院2003年12月26日发布的《关于审理人身损害赔偿案件适用法律若干问题的解释》。相关司法解释对未成年犯罪人的赔偿责任作出规定。最高人民法院2006年1月11日发布的《关于审理未成年人刑事案件

1　高铭暄:《中华人民共和国刑法的孕育诞生和发展完善》,北京大学出版社2012年版,第40、41页。

具体应用法律若干问题的解释》第 19 条第 1 款规定:“刑事附带民事案件的未成年被告人有个人财产的,应当由本人承担民事赔偿责任,不足部分由监护人予以赔偿,但单位担任监护人的除外。”

但是,行政机关工作人员在执行职务中致人伤亡构成犯罪的,其赔偿诉讼程序适用行政赔偿诉讼。根据最高人民法院 2002 年 8 月 23 日发布的《关于行政机关工作人员执行职务致人伤亡构成犯罪的赔偿诉讼程序问题的批复》,人民法院应当告知此类犯罪的受害人或其亲属依据《国家赔偿法》的有关规定提起行政赔偿诉讼。 6

此外,还建立了罪犯履行赔偿义务情况与减刑、假释的关联机制。最高人民法院审判委员会 2016 年 9 月 19 日通过、自 2017 年 1 月 1 日起施行的《关于办理减刑、假释案件具体应用法律的规定》第 2 条规定:“对于罪犯符合刑法第七十八条第一款规定‘可以减刑’条件的案件,在办理时应当综合考察罪犯犯罪的性质和具体情节、社会危害程度、原判刑罚及生效裁判中财产性判项的履行情况、交付执行后的一贯表现等因素。”第 27 条规定:“对于生效裁判中有财产性判项,罪犯确有履行能力而不履行或者不全部履行的,不予假释。” 7

Ⅲ　赔偿经济损失的适用

适用本条第 1 款判处犯罪人承担损害赔偿责任时,主要问题在于赔偿的范围和赔偿的裁量。 8

一、赔偿经济损失的范围

广义上,我国的刑事损害赔偿制度在实体法中包括判处赔偿经济损失、责令赔偿损失(《刑法》第 37 条)和责令退赔(《刑法》第 60 条)三类。三者最主要的区别在于适用的前提不同。责令赔偿损失针对的是“定罪免刑”者,早期的刑法草案仅仅规定了此类制度。此后,正是为了解决“定罪判刑”者的赔偿责任,才增加了本条关于判处赔偿经济损失的规定。责令退赔则适用于犯罪分子非法占有、处置被害人财产而对其造成物质损失的情况,通常与侵犯财产权利的犯罪有关。 9

因此,本款“判处赔偿经济损失”,只有在犯罪行为造成经济损失,且犯罪人被定罪判刑的前提下方可适用。首先,犯罪行为给被害人造成了经济损失。无论行为人实施的具体罪名如何,被判处的刑罚种类、幅度如何,只要给被害人造成了经济损失,均可以适用本条。其次,“经济损失”,就是“物质损失”,排除“精神损失”。《刑事诉讼法》规定了实现经济赔偿的途径——刑事附带民事诉讼,即表述为“物质损失”。《刑事诉讼法》第 101 条规定,“被害人由于被告人的犯罪行为而遭受物质损失的,在刑事诉讼过程中,有权提起附带民事诉讼”。最高人民法院《关于适用〈中华人民共和国刑事诉讼法〉的解释》第 175 条进一步明确了物质损失是“因人身权利受到犯罪侵犯或者财物被犯罪分子毁坏而遭受”的,同时,强调了提请诉讼请求“赔偿精神损失”的,人民法院不予受理。 10

11 我国之所以排除精神损害赔偿,主要基于如下两点考虑:一是立法者认为,对犯罪人定罪判刑已经体现了对被害人的精神抚慰,没有必要另行给予精神损害赔偿;二是若将精神损害赔偿纳入附带民事诉讼的范围,会使得案件的审理复杂化,拖延刑事诉讼的进程。但是,理论界和民众均有将精神损害赔偿纳入附带民事诉讼的呼声,司法实践也有所松动。在当前的司法实践中,对于致人死亡的案件,判处带有精神抚慰性质的死亡赔偿金,将之视为财产损失,一定程度上回避了附带民事诉讼不受理精神损害赔偿的规定,尤其是交通肇事类案件,一般会支持死亡赔偿金的诉讼请求。此外,通常会对被害人的误工费、营养费、后续治疗费等物质损失予以从宽认定,从而适当增加赔偿经济损失的数额。[2]

二、赔偿经济损失的裁量

12 人民法院在审理刑事附带民事诉讼时,"根据情况"裁量赔偿经济损失的数额。所谓"情况",主要是指被害人因犯罪遭受的物质损失的客观情况,同时考虑案件的特殊类型、允许犯罪人与被害人一定的意思自治,等等。

13 (1)关于被害人客观上遭受的物质损失的计算,最高人民法院《关于适用〈中华人民共和国刑事诉讼法〉的解释》第 155 条第 2 款予以细化:"犯罪行为造成被害人人身损害的,应当赔偿医疗费、护理费、交通费等为治疗和康复支付的合理费用,以及因误工减少的收入。造成被害人残疾的,还应当赔偿残疾生活辅助具费等费用;造成被害人死亡的,还应当赔偿丧葬费等费用。"

14 (2)考虑某些特定类型案件的特点,常见的有共同犯罪案件中的多人共同承担赔偿责任,交通肇事案件中犯罪人与被害人的过错分担等。例如,最高人民法院《关于适用〈中华人民共和国刑事诉讼法〉的解释》第 192 条第 3 款规定:"驾驶机动车致人伤亡或者造成公私财产重大损失,构成犯罪的,依照《中华人民共和国道路交通安全法》第七十六条的规定确定赔偿责任。"《道路交通安全法》第 76 条确立了损害赔偿责任分担的原则,在构成犯罪判处刑罚并且确定物质损失数额的前提下,若双方均为机动车,被害人一方也有过错的,犯罪人和被害人按过错的比例承担物质损失;若犯罪人一方为机动车驾驶者,被害人一方为非机动车或者行人且有证据证明有过错的,适当减轻犯罪人的赔偿责任。

15 (3)允许犯罪人和被害人自由意志的表达。人民法院审理附带民事诉讼,可以根据自愿、合法的原则进行调解,也允许当事人自行和解。当事人就民事赔偿问题达成调解、和解协议的,赔偿的范围和数额不受限制。在获得被害人承诺的犯罪,被害人仍然可以提起附带民事诉讼,赔偿范围包括死亡赔偿金和残疾赔偿金;取得被害人承

---

2 参见黄华生、邢丽莎:《我国刑事损害赔偿制度的回顾与展望》,载《辽宁大学学报(哲学社会科学版)》2015 年第 5 期。

诺的犯罪案件中,可以适当减轻被告人的附带民事赔偿责任。[3]

例如,"程文岗等故意伤害案"附带民事诉讼部分的裁量,就体现了共同犯罪人赔偿责任分担,以及允许犯罪人与被害人(家属)和解。该案中,程文岗纠集程晓武、周观章等人持械对他人进行殴打,造成一人死亡、一人重伤。该案被害人和被害人家属提起附带民事诉讼。在庭审后,被告人周观章家属与附带民事诉讼原告达成和解协议,一次支付赔偿金 6 万元,附带民事诉讼原告撤回对周观章的附带民事起诉,并自愿放弃对周观章应当承担的民事赔偿份额的请求。法院判决,程文岗犯故意伤害罪,判处无期徒刑;程晓武、周观章犯故意伤害罪,判处有期徒刑 15 年。因原告自愿放弃对被告人周观章的民事赔偿请求,对程文岗、程晓武共同承担的民事赔偿份额酌情按照其责任大小予以酌定,二人需承担 65%的赔偿份额,合计 25110 元。[4] 16

Ⅳ 民事赔偿优先原则的适用

对于犯罪人来说,执行法院判决是其必须履行的义务,无论是刑事责任还是民事责任,其都应当充分履行。因此,一般情况下,犯罪人被判处财产刑和赔偿经济损失的,犯罪人都应当予以履行。但是,犯罪人的财产的数额是有限的,实践中确实存在如下两种情形:其一,犯罪人被同时判处罚金、没收部分财产和赔偿经济损失。此时,犯罪人的财产不足以履行全部义务,应当以其财产优先支付民事损害赔偿,剩余部分支付罚金或者被没收。其二,犯罪人被同时判处没收全部财产和赔偿经济损失。犯罪人需要用其财产履行损害赔偿责任,若财产先行被全部没收,则丧失民事履行能力,此时,民事损害赔偿应当优先支付,支付以后剩余财产才被执行没收。从本质而言,犯罪人赔偿经济损失在于弥补被害人因此遭受的损害,罚金和没收的财产则上缴国库,民事赔偿优先更好地体现了对被害人权利的保障,也更有利于修复被犯罪破坏的社会关系。 17

民事优先在实践中主要体现为执行的优先。最高人民法院《关于适用〈中华人民共和国刑事诉讼法〉的解释》在"执行"部分第 527 条再次确认:"被判处财产刑,同时又承担民事赔偿责任的被执行人,应当先履行民事赔偿责任。"最高人民法院《关于刑事裁判涉财产部分执行的若干规定》第 13 条进一步细化了赔偿的顺序:"被执行人在执行中同时承担刑事责任、民事责任,其财产不足以支付的,按照下列顺序执行:(一)人身损害赔偿中的医疗费用;(二)退赔被害人的损失;(三)其他民事债务;(四)罚金;(五)没收财产。"此外,对于民事赔偿的执行,最高人民法院《关于适用〈中华人民共和国刑事诉讼法〉的解释》第 532 条规定了参照执行的兜底性依据,即"刑 18

3 参见《周凯章等人组织出卖人体器官案[第 1060 号]——在获得被害人承诺的犯罪案件中,如何确定被告人的附带民事赔偿责任》,载最高人民法院刑事审判第一、二、三、四、五庭主办:《刑事审判参考》(总第 102 集),法律出版社 2016 年版,第 44、45 页。

4 参见上海市第一中级人民法院(2006)沪一中刑初字第 180 号刑事判决书。

事裁判涉财产部分、附带民事裁判的执行,刑事诉讼法及有关刑事司法解释没有规定的,参照适用民事执行的有关规定”。《关于刑事裁判涉财产部分执行的若干规定》第16条也作了类似规定。

19 需要注意的是,《刑法》中涉及财产刑执行和民事义务履行的还有第60条规定的“正当债务的偿还”,即“没收财产以前犯罪分子所负的正当债务,需要以没收的财产偿还的,经债权人请求,应当偿还”。该条规定着眼于保护债权人的正当利益,将财产先清偿债务以后再执行没收,一定程度上也是民事责任优先于刑事责任。《关于刑事裁判涉财产部分执行的若干规定》第13条将正当债务偿还的顺序置于赔偿经济损失之后、财产刑执行之前。

第三十七条　免予刑事处罚与非刑罚处罚措施

对于犯罪情节轻微不需要判处刑罚的，可以免予刑事处罚，但是可以根据案件的不同情况，予以训诫或者责令具结悔过、赔礼道歉、赔偿损失，或者由主管部门予以行政处罚或者行政处分。

文献:马克昌主编:《刑罚通论》(第2版),武汉大学出版社1999年版;赵秉志主编:《海峡两岸刑法总论比较研究》,中国人民大学出版社1999年版;陈兴良主编:《刑种通论》(第2版),中国人民大学出版社2007年版。朱俊:《论非刑罚处罚方法》,载《武汉大学学报(哲学社会科学版)》2005年第6期;陈灿平:《非刑罚处罚措施新议》,载《刑法论丛》2008年第3期;周永年、杨兴培、谢杰:《非刑罚处罚方法的现实化路径》,载《法学》2010年第2期;石柏非、陈卫国、闫艳:《非刑罚处罚刑事适用的优化路径》,载《政治与法律》2010年第4期。

细目录

Ⅰ　主旨
Ⅱ　沿革
Ⅲ　免予刑事处罚的特征和事由
Ⅳ　非刑罚处罚措施的性质和类型
　一、非刑罚处罚措施的性质
　二、训诫
　三、责令具结悔过
　四、责令赔礼道歉
　五、责令赔偿损失
　六、建议予以行政处罚或者行政处分

Ⅰ　主旨

本条规定了在定罪的基础上可以免除刑事处罚,并列举了非刑罚处罚措施的类型。行为人的行为构成犯罪的,需要承担相应的刑事责任。刑事责任的表现形式有三种:第一,刑罚。刑罚是刑事责任最主要的、最基本的表现形式。第二,非刑罚处罚措施。非刑罚处罚措施是对免除刑事处罚的行为人施以的替代性措施。第三,单纯宣告有罪。单纯宣告有罪表明国家的否定性评价。本条规定的是刑事责任的第二种表现形式。本条包含两层含义,首先是定罪免刑的构成;其次列举了在定罪免刑的情 1

形下,可以适用的非刑罚措施的具体种类。

Ⅱ 沿革

2 1979年《刑法》第32条规定:“对于犯罪情节轻微不需要判处刑罚的,可以免予刑事处分,但可以根据案件的不同情况,予以训诫或者责令具结悔过、赔礼道歉、赔偿损失,或者由主管部门予以行政处分。”1997年刑法基本上沿用了1979年刑法的规定,仅作出两点修正:(1)将“免予刑事处分”修改为“免予刑事处罚”;(2)增加了“行政处罚”,使非刑罚处理措施的适用前提更加准确,措施的种类更加丰富和合理。

3 当前,没有专门针对本条作出的立法解释和司法解释,但是,在部分司法解释中,明确列举了可以免予刑事处罚的具体情形。例如,最高人民法院于2006年1月11日发布的《关于审理未成人刑事案件具体应用法律若干问题的解释》,其第17条规定了未成年人犯罪可以免予刑事处罚的六类情形;再如,最高人民法院于2010年2月8日发布的《关于贯彻宽严相济刑事政策的若干意见》也规定了可以免予刑事处罚的具体情形,同时指出,“对免予刑事处罚的,应当根据刑法第三十七条规定,做好善后、帮教工作或者交由有关部门进行处理,争取更好的社会效果”。

Ⅲ 免予刑事处罚的特征和事由

4 免予刑事处罚,又称为免除刑事处罚、刑罚的免除,是指法院在对行为人作出有罪判决的同时,宣告免予刑事处罚,即定罪免刑。具体包括两种情形:一种是宣告被告人有罪,但不给予任何处罚,即既不判处刑罚,也不处以非刑事处罚,仅仅单纯作有罪宣告;另一种是判决被告人有罪,免除刑事处罚,但是,处以一定的非刑事处罚。定罪免刑是刑事责任的实现方式之一,但是是次要的、辅助性的实现方式。免除刑罚需要具备特定的量刑情节,这些情节又被称为刑罚免除事由。

5 本条规定的“犯罪情节轻微”是关于刑罚免除事由的概括性规定。刑法总则和分则一共规定了14种具体的刑罚免除事由。其中,有的是硬性刑罚免除事由,例如,《刑法》第24条规定的没有造成损害的中止犯;有的是弹性刑罚免除事由,由法官自由裁量,例如,《刑法》第10条规定的对外国刑事判决的承认。有的是单功能情节,例如,《刑法》第351条规定的收获前自动铲除非法种植的原植物;有的是多功能情节,例如,《刑法》第20条规定的防卫过当。除以上列举的事由以外,《刑法》规定的刑罚免除事由还包括:又聋又哑的人、盲人犯罪(第19条)、紧急避险过当(第21条)、预备犯(第22条)、从犯(第27条)、胁从犯(第28条)、自首(第67条)、重大立功(第68条)、对非国家工作人员行贿的行贿人被追诉前主动交代行贿行为(第164条)、对国家工作人员行贿的行贿人在被追诉前主动交代行贿行为,犯罪较轻、对侦破案件起关键作用,或者有重大立功表现(第390条)、介绍贿赂人在被追诉前主动交代(第392条)。

刑罚免除往往是对犯罪情节进行综合评判后作出。例如,在"董志超、谢文浩破坏生产经营案(南京网络刷单案)"中,被告人董志超为谋取市场竞争优势,雇佣被告人谢文浩,多次以同一账号大量购买北京智齿数汇科技有限公司南京分公司淘宝网店铺的商品,致使该公司店铺被淘宝公司认定为虚假交易刷销量,并被处以搜索降权的处罚。因消费者在数日内无法通过淘宝网搜索栏搜索到北京智齿数汇科技有限公司南京分公司淘宝网店铺的商品,严重影响该公司正常经营。南京市雨花台区人民法院认定二人构成破坏生产经营罪,判处被告人董志超有期徒刑 1 年 6 个月,缓刑 2 年;判处被告人谢文浩有期徒刑 1 年,缓刑 1 年 2 个月。二被告人不服一审判决,上诉至南京市中级人民法院。二审维持了一审对于破坏生产经营罪的认定,撤销一审量刑部分,判处董志超有期徒刑 1 年,缓刑 1 年;谢文浩免予刑事处罚。 6

二审的裁判理由部分说明了对谢文浩免予刑事处罚的依据是犯罪的事实、性质、情节和对社会的危害程度,具体包括认定的被害人经济损失数额较低,谢文浩系从犯、如实供述犯罪行为、积极退赔被害人损失等。[1] 7

Ⅳ　非刑罚处罚措施的性质和类型

一、非刑罚处罚措施的性质

非刑罚处罚措施,是指人民法院对被判处免予刑罚处罚的犯罪人,直接适用或者建议主管部门适用的、刑罚以外的其他实体处罚。 8

关于非刑罚处罚措施的性质,理论界存在争议。通说认为,非刑罚处罚措施是实现刑事责任的一种辅助方式,是刑罚的必要补充或替代措施,"非刑罚化"是现代刑法观念的一次重要变革。[2] 也有观点主张,非刑罚处罚措施也属于一类刑罚(刑种)。持该观点的学者认为,从犯罪行为的法律效果来看,其本质上就是刑罚,因此,刑罚分为主刑、附加刑和非刑罚处罚措施。[3] 还有观点认为,非刑罚处罚措施等同于民事制裁措施和行政制裁措施。[4] 笔者赞同通说的观点,将非刑罚处罚措施视作实现刑事责任的一种辅助方式。首先,非刑罚处罚措施适用的前提是行为构成犯罪,因而其在性质上不能等同于民事制裁或者行政制裁;其次,非刑罚措施适用于被认定有罪但免除刑罚处罚的人。因此,非刑罚处罚措施和刑罚是一种并列、互斥的关系,不能将非刑罚处罚措施归为刑罚的一类,二者应当统一于刑事责任之下,是刑事责任实现的不同方式。 9

1　参见"江苏省南京市雨花台区人民检察院诉董志超、谢文浩破坏生产经营案",载《最高人民法院公报》2018 年第 8 期。

2　参见马克昌主编:《刑罚通论》(第 2 版),武汉大学出版社 1999 年版,第 733 页。

3　参见黎宏:《刑法学》,法律出版社 2012 年版,第 333 页。

4　参见陈兴良主编:《刑种通论》(第 2 版),中国人民大学出版社 2007 年版,第 470 页。

10 法院是有权作出非刑罚措施决定的唯一主体,尽管本条对此未作明确规定,但是,根据无罪推定原则以及《刑事诉讼法》第 12 条规定的“未经人民法院依法判决,对任何人都不得确定有罪”,只能由人民法院在认定行为构成犯罪的基础上,判决免予刑罚处罚,进而决定是否处以非刑罚处罚措施。需要注意的是,人民法院“可以”处以非刑罚处罚,意味着法院享有自由裁量权,既可以决定处以非刑罚处罚,也可以不处以任何处罚,仅单纯作有罪宣告。在审判实践中,非刑罚处罚措施有的当庭处理记录在案,确有必要时会在在判决理由和判项中说明。大多数非刑罚处罚措施由法院决定并执行,但行政处分和行政处罚则属例外。人民法院只能向有关部门发出建议书,建议对犯罪人处以行政处分或者行政处罚,但是,行政处分和行政处罚的具体内容,只能由有权行政机关作出最终决定。

二、训诫

11 本条所称训诫,是指人民法院对犯罪人当庭予以批评或者谴责,并责令其改正的方法。人民法院对犯罪人进行训诫,目的在于表明国家对犯罪人及其行为的谴责和否定评价,促使其认识到自己行为的危害性,并保证不再犯罪。

12 在我国的规范体系中,除本条规定作为非刑罚处罚措施的训诫以外,刑事诉讼法等中也使用了“训诫”一词。例如《刑事诉讼法》第 193 条第 2 款在证人的作证义务中,对拒不出庭或者出庭后拒绝作证的证人规定了“训诫”。此外,《民事诉讼法》《行政诉讼法》《社区矫正法》《反家庭暴力法》《预防未成年人犯罪法》《企业破产法》等法律中也有关于“训诫”的规定。但是,作为非刑罚处罚措施的训诫,以被告人构成犯罪为前提,是承担刑事责任的一种方式,与其他规范中非作为犯罪后果的“训诫”具有质的区别。

13 训诫的形式既可以是口头的,也可以是书面的。在刑事司法实务中,训诫除口头宣告以外,还以书面的方式在适当的范围内公布,强化一般预防和化解矛盾的效果。[5] 之所以不断强化书面训诫的运用,是因为书面训诫能够形成固定的文字材料,更为正式和严肃,可以对犯罪人起到更强的警示作用,可以促进免予刑罚的行为人进行反复自省。

14 训诫的核心内容需要紧密结合谴责与教育。一方面,要对训诫对象说明其犯罪事实、犯罪性质、犯罪原因、社会危害;另一方面,要向训诫对象明确提出改正犯罪行为、避免再犯的方向,或者具体弥补犯罪损害结果的方法。在训诫过程中,通过互动方式让训诫对象当场表态接受训诫内容。

15 训诫也需遵循必要的程序性规范。人民法院应当将训诫的情况详细记明于笔录,并交当事人阅读后签名盖章。口头训诫必须注意形式上的仪式化与严肃性,应当由主持训诫的法官向训诫对象明确指出进入训诫程序,从而避免训诫成为一种非正

5 参见马克昌主编:《刑罚通论》(第 2 版),武汉大学出版社 1999 年版,第 738 页。

式的工作方式。书面训诫则要求具有较为规范统一的表述，应当按照一般法律文书的标准格式进行撰写。

三、责令具结悔过

责令具结悔过，是指人民法院责令犯罪人用书面方式保证悔改，不再犯罪。[6] 责令具结悔过是我国刑法中的一项独创性规定，通过责令犯罪人作出书面保证，使其认识到自己行为的危害性，反思自己的过错，从而督促其改过自新，重新做人。 16

悔过书本质上是一种在自我剖析基础上的内心表白和思想表态，因而不具有统一的适用方式，审判实践中会针对不同犯罪人的行为与人格特点区分情况予以适用，既可以在判决前作出，也可以在判决后作出。第一种是判决前具结悔过，以此作为免予刑罚的前提。即人民法院要求被告人在审判前具结悔过，在宣判时当庭宣读，将之作为免予刑罚处罚的条件，有助于化解被害人的情绪，充分发挥宽严相济刑事司法政策的社会效果，同时保证司法机关从宽处理犯罪的司法权威。第二种是判决后具结悔过。人民法院在作出有罪判决后，要求犯罪人在一定期限内写出不再犯罪的书面保证，责令其保证在今后的社会生活中不再犯罪。 17

在司法实务中，判决后的责令具结悔过记载于判决书中，通常在判项第一项确定罪名、免予刑事处罚的前提下，第二项规定责令被告人具结悔过。例如，在“伍青海故意伤害案”中，被告人伍青海对他人进行殴打造成轻伤二级。因其“犯罪情节较轻，悔罪态度好，从维护家庭和睦及更有利于其未成年子女成长出发”，依法对其免予刑罚处罚。法院判决如下：“一、被告人伍青海犯故意伤害罪，免予刑事处罚。二、责令被告人具结悔过。”[7] 18

在充分保证当事人隐私权、经当事人同意的情况下，司法机关还可以将具结悔过的书面材料印成多份，交给相关单位。特别是在管辖区域内具有一定影响的案件，有必要形成具有警示教育意义的宣传资料，以反省自己、警示他人。 19

四、责令赔礼道歉

责令赔礼道歉，是指人民法院责令犯罪人向被害人当面承认罪错，并表示歉意。责令赔礼道歉与其他非刑罚处罚措施的区别在于，它是将语言性、人身性、刑事处罚性、谴责性整合于一体的刑事责任实现的具体形式。责令赔礼道歉作为具有综合性功能的非刑罚处罚措施置于刑事责任实现的框架内，可以充分发挥弥补及修复受损 20

6 与前述“训诫”的用词类似，《行政诉讼法》中也有关于“责令具结悔过”的规定，但与以犯罪为前提的非刑罚处罚措施具有质的差异。

7 参见广东省东莞市第二人民法院（2018）粤 1972 刑初 2269 号刑事判决书。

社会关系的法律效果。[8]

21 责令赔礼道歉,一方面表明国家对犯罪人行为的否定评价和谴责,另一方面能够平息被害人及社会公众的愤怒和报复情绪,实现犯罪人和被害人之间的和解,起到稳定社会秩序、维护社会和谐的作用。而且,犯罪人在对被害人进行赔礼道歉时,需要对自己的罪过真诚地进行悔悟,因而,能够起到教育、改造、惩戒犯罪人的作用。赔礼道歉的方式由人民法院依据具体情况决定,可以是在宣告有罪判决时要求犯罪人当庭作出,也可以是在判决后召开专门会议要求犯罪人公开道歉。

22 赔礼道歉是语言行为,其语言表达必须达到真诚标准。道歉语言至少应当涵盖以下核心内容:第一,司法机关认定的犯罪事实;第二,个人对犯罪行为及其危害结果的认识;第三,对被害人所承受痛苦的认识;第四,对犯罪行为的悔过以及对被害人的致歉。[9]

五、责令赔偿损失

23 责令赔偿损失,是指人民法院在作出定罪免刑判决的同时,责令被告人给予被害人一定数额金钱的赔偿。责令赔偿损失作为一种非刑罚处罚措施,能够有效避免刑罚的弊端,督促犯罪人积极弥补被害人的损失,使被害人受损的合法权益能够得到及时、有效的恢复,从而平息被害人和社会公众的报复情绪。

24 我国的刑事损害赔偿,包括判处赔偿经济损失(《刑法》第 36 条)、责令赔偿损失(《刑法》第 37 条)和责令退赔(《刑法》第 64 条)。责令退赔针对的是犯罪分子违法所得之物,实践中需要区分的是判处赔偿经济损失和责令赔偿损失。

25 《刑法》第 36 条第 1 款规定:"由于犯罪行为而使被害人遭受经济损失的,对犯罪分子除依法给予刑事处罚外,并应根据情况判处赔偿经济损失。"可见,判处赔偿经济损失与责令赔偿损失具有如下区别:其一,前提不同。前者以对犯罪人判处刑罚为前提,即"又罚又赔";后者则是在犯罪人被依法免除刑罚的前提下,对被害人的损失进行赔偿,即"只赔不罚"。其二,赔偿程序的启动不同。前者需要由被害人提出请求赔偿的民事诉讼,法院根据其请求作出司法判决;后者不以被害人提出赔偿请求为必要条件,无论被害人是否提出赔偿请求,法院都可以主动责令犯罪人赔偿被害人的损失。[10] 其三,赔偿的范围不同。根据最高人民法院 2000 年 12 月 13 日发布的《关于刑事附带民事诉讼范围问题的规定》第 1 条、2002 年 7 月 11 日通过的《关于人民法院是

---

8 参见石柏非、陈卫国、闫艳:《非刑罚处罚刑事适用的优化路径》,载《政治与法律》2010 年第 4 期。

9 参见石柏非、陈卫国、闫艳:《非刑罚处罚刑事适用的优化路径》,载《政治与法律》2010 年第 4 期。

10 参见刘志德、刘树德:《"判处赔偿经济损失"、"责令赔偿损失"及"责令退赔"辨析》,载《法律适用》2005 年第 4 期。

否受理刑事案件被害人提起精神损害赔偿民事诉讼问题的批复》,以及 2021 年 1 月 26 日发布的《关于适用〈中华人民共和国刑事诉讼法〉的解释》第 175 条之规定,判处赔偿经济损失的范围仅限于物质损失,不包括精神损失;责令赔偿损失的范围应当大于判处赔偿经济损失的范围,因为根据语义解释,“损失”既包括物质损失,又包括精神损失。[11]

六、建议予以行政处罚或者行政处分

建议予以行政处罚或者行政处分,是指人民法院向犯罪人的主管部门提出司法建议,建议予以犯罪人一定的行政处罚或者行政处分,具体的处理内容由主管部门确定。 26

根据我国行政法的规定,行政处罚是行政机关对于公民或者法人处以的制裁,包括警告,罚款,没收违法所得,没收非法财物,责令停产停业,暂扣或者吊销许可证、营业执照,行政拘留等;行政处分指国家机关等单位对所属人员进行的处罚,例如,警告、记过、降级、撤职、开除等。行政处罚和行政处分只能由特定的机关或者组织作出,人民法院不具有行政处罚权和行政处分权,不能直接决定行政处罚和行政处分。因此,人民法院只享有建议权,通过司法建议的方式间接适用这两类非刑罚处罚措施。具体程序规定于《公安机关办理刑事案件程序规定》第 298 条:“对人民法院作出无罪或者免除刑事处罚的判决,如果被告人在押,公安机关在收到相应的法律文书后应当立即办理释放手续;对人民法院建议给予行政处理的,应当依照有关规定处理或者移送有关部门。” 27

11　参见刘志德、刘树德:《“判处赔偿经济损失”、“责令赔偿损失”及“责令退赔”辨析》,载《法律适用》2005 年第 4 期。

第三十七条之一　从业禁止

因利用职业便利实施犯罪，或者实施违背职业要求的特定义务的犯罪被判处刑罚的，人民法院可以根据犯罪情况和预防再犯罪的需要，禁止其自刑罚执行完毕之日或者假释之日起从事相关职业，期限为三年至五年。

被禁止从事相关职业的人违反人民法院依照前款规定作出的决定的，由公安机关依法给予处罚；情节严重的，依照本法第三百一十三条的规定定罪处罚。

其他法律、行政法规对其从事相关职业另有禁止或者限制性规定的，从其规定。

文献:马克昌主编:《刑罚通论》(第2版),武汉大学出版社1999年版;陈兴良主编:《刑种通论》(第2版),中国人民大学出版社2007年版;曹波:《刑事职业禁止制度研究》,法律出版社2018年版。李荣:《我国刑罚体系外资格刑的整合》,载《法学论坛》2007年第2期;李荣:《试论我国资格刑的缺陷与完善》,载《河北法学》2007年第7期;时延安:《劳动教养制度的终止与保安处分的法治化》,载《中国法学》2013年第1期;时延安:《保安处分的刑事法律化——论刑法典规定保安性措施的必要性及类型》,载《中国人民大学学报》2013年第2期;时延安:《隐性双轨制:刑法中保安处分的教义学阐释》,载《法学研究》2013年第3期;刘夏:《保安处分视角下的职业禁止研究》,载《政法论丛》2015年第6期;卢建平、孙本雄:《刑法职业禁止令的性质及司法适用探析》,载《法学杂志》2016年第2期;武晓雯:《论〈刑法修正案(九)〉关于职业禁止的规定》,载《政治与法律》2016年第2期。

细目录

Ⅰ　主旨

Ⅱ　沿革

Ⅲ　从业禁止的性质

一、应然的资格刑说

二、保安处分说

三、评论

Ⅳ　从业禁止的适用

一、适用的对象

二、适用的必要性

杨　丹

三、适用的时间
四、适用的主体
五、适用的内容
六、违反从业禁止规定的后果
七、与其他禁止、限制职业措施的关系

I 主旨

本条是《刑法修正案(九)》增设的“从业禁止”制度。针对利用职务便利或者违背职业要求的特定义务、被判处刑罚的人,基于再犯可能性的考虑,禁止其在一定期限内从事相关职业,以期达到预防犯罪的目的。本条规定了从业禁止的概念、期限,违反从业禁止的后果,以及本条与其他法律、行政法规的法条关系。 1

Ⅱ 沿革

自中华人民共和国成立到1979年刑法颁布,均没有涉及剥夺从事特定职业资格的相关规定。在研讨修订1979年刑法的过程中,1995年8月8日的《中华人民共和国刑法(总则修改稿)》第四章“刑罚”之第一节“刑罚的种类”中,第30条“附加刑的种类如下”第三项规定了“剥夺从事特定职业资格”[1],该章第八节“剥夺从事特定职业资格”规定如下:“第五十五条 对于利用所从事的职业进行犯罪,情节严重,并有继续利用其职业进行犯罪可能的,可以独立适用或者附加适用剥夺从事该项职业的资格。”“第五十六条 剥夺从事特定职业资格的期限为一年以上五年以下。”“剥夺从事特定职业资格的刑期,从判决发生法律效力之日起计算;附加适用的,从主刑执行完毕之日或者假释之日起计算。”[2]其后的1996年6月24日的《中华人民共和国刑法(总则修改稿)》继续保留了上述法条。[3] 2

然而,在后来的立法讨论中,“考虑到吊销执照、许可证、责令停业整顿等制裁措施在有关行政法规中已经规定,在刑法中再作规定显得重复多余,而且不利于各部门法之间的协调,有损法律的严肃性”[4],故《中华人民共和国刑法(总则修改稿)》删除了上述“剥夺从事特定职业资格”的内容,因此,正式生效施行的1997年刑法没有规 3

---

1 高铭暄、赵秉志编:《新中国刑法立法文献资料总览》(第2版),中国人民公安大学出版社2015年版,第418页。

2 高铭暄、赵秉志编:《新中国刑法立法文献资料总览》(第2版),中国人民公安大学出版社2015年版,第419、420页。

3 参见高铭暄、赵秉志编:《新中国刑法立法文献资料总览》(第2版),中国人民公安大学出版社2015年版,第445、446页。

4 高铭暄:《中华人民共和国刑法的孕育诞生和发展完善》,北京大学出版社2012年版,第240页。

定“剥夺特定职业资格”。

4 在《刑法修正案(九)(草案)》研讨的初期,立法工作机关提出在刑法中增设资格刑,即对于实施与职务相关的犯罪,被判处有期徒刑以上刑罚的犯罪分子,可以根据犯罪情况,同时禁止其在刑罚执行完毕以后一定期限内从事相关职业或者担任特定职务。但是,后来根据有关方面和专家学者的意见,立法工作机关将从业禁止措施的期限调整为自刑罚执行完毕或者假释之日起计算,从而在属性上将其定位为根据预防犯罪需要适用的措施(预防性措施),而非新的刑罚种类(资格刑)。[5]

5 《刑法修正案(九)(草案)》初次审议稿规定:“因利用职业便利实施犯罪,或者实施违背职业要求的特定义务的犯罪被判处刑罚的,人民法院可以根据犯罪情况和预防再犯罪的需要,禁止其自刑罚执行完毕之日或者假释之日起五年内从事相关职业。”“被禁止从事相关职业的犯罪分子违反人民法院依照前款规定作出的决定的,由公安机关依法给予处罚;情节严重的,依照本法第三百一十三条的规定定罪处罚。”“其他法律、行政法规对其从事相关职业另有禁止或者限制性规定的,从其规定。”

6 《刑法修正案(九)(草案)》第二次审议稿将初次审议稿中从业禁止的期限“五年内”修改为“期限为三年至五年”。《刑法修正案(九)(草案)》第三次审议稿和2015年8月29日最终公布通过稿均沿用了第二次审议稿的规定。

7 关于本条的司法解释,首先涉及其时间效力。最高人民法院《关于〈中华人民共和国刑法修正案(九)〉时间效力问题的解释》第1条规定:“对于2015年10月31以前因利用职务便利实施犯罪,或者实施违背职业要求的特定义务的犯罪的,不适用修正后刑法第三十七条之一第一款的规定。其他法律、行政法规另有规定的,从其规定。”部分具体犯罪的司法解释中也有所涉及。例如,最高人民法院、最高人民检察院《关于办理危害生产安全刑事案件适用法律若干问题的解释》第16条规定:“对于被判处刑罚的犯罪分子,可以根据犯罪情况和预防再犯罪的需要,禁止其自刑罚执行完毕之日或者假释之日起三年至五年内从事与安全生产相关的职业。”最高人民法院、最高人民检察院《关于办理组织考试作弊等刑事案件适用法律若干问题的解释》第12条规定:“对于实施本解释规定的犯罪被判处刑罚的,可以根据犯罪情况和预防再犯罪的需要,依法宣告职业禁止;被判处管制、宣告缓刑的,可以根据犯罪情况,依法宣告禁止令。”

Ⅲ 从业禁止的性质

8 从业禁止作为《刑法修正案(九)》增设的一项制度,明确其性质是准确适用的前提。从立法机关的表述来看,将从业禁止定位为预防性措施,即刑法从预防再犯罪的

---

5 参见喻海松:《刑法的扩张——〈刑法修正案(九)〉及新近刑法立法解释司法适用解读》,人民法院出版社2015年版,第4—6页。

层面,针对已经被定罪判刑的人适用的一种预防性措施,不是新增的刑罚种类。[6] 但是,对于这一预防性措施,能否直接定性为保安处分,存在不同的观点。

一、应然的资格刑说

9 陈兴良教授主张,从业禁止作为预防性措施,既具有预防性,又具有惩罚性,其资格刑的品格是极为明显的,在目前我国刑法体系中将其规定为资格刑最为合适。从业禁止作为资格刑并不存在法律体例上的障碍,因为资格刑在我国刑罚体系中的地位极为特殊,采取的是散在型的立法方式。剥夺政治权利被纳入了刑罚体系,对犯罪的外国人适用的驱逐出境和对犯罪军人适用的剥夺军衔均未被纳入刑罚体系中,因此,同样散在规定的从业禁止可以被视作资格刑的一类。立法机关之所以最终将从业禁止定位为预防性措施,其根本原因在于受全国人大常委会立法权所限。由于全国人大常委会对于增设刑罚种类是否属于其权限范围没有充分的把握,为了避免逾越立法权限,故将从业禁止的定位变更为预防性措施。[7]

10 陈兴良教授明确反对将从业禁止这一预防性措施定位为保安处分,原因有二:其一,从刑法体例上看,保安处分与我国现行刑法体例存在一定的不协调性;其二,从立法权限上看,保安处分入刑涉及刑法的重大调整,最好由全国人民代表大会作出规定。[8]

二、保安处分说

11 多数观点认为,本条规定作为预防性措施,“具有保安处分的性质”[9]、属于“保安处分措施”[10]、或者“应当属于保安处分”[11]。有学者首先引用了立法机关人士的解答,说明本条规定“并非新设刑种”“不是一个刑种的设置”[12],故其性质上非属于刑罚,然后说明本条规定也不是行政处罚,从而得出禁止从事特定职业属于保安处分措施的结论。[13] 这种排除式的论证显然是不充分的,需要依据本条规定的法律特征予

---

6 参见郎胜主编:《中华人民共和国刑法释义》(第6版),法律出版社2015年版,第37页。

7 参见陈兴良:《刑法修正案的立法方式考察》,载《法商研究》2016年第3期。

8 参见陈兴良:《刑法修正案的立法方式考察》,载《法商研究》2016年第3期。

9 车浩:《刑事立法的法教义学反思——基于〈刑法修正案(九)〉的分析》,载《法学》2015年第10期。

10 刘夏:《保安处分视角下的职业禁止研究》,载《政法论丛》2015年第6期。

11 武晓雯:《论〈刑法修正案(九)〉关于职业禁止的规定》,载《政治与法律》2016年第2期。

12 刘茸、李婧:《臧铁伟:“禁止从事相关职业三到五年”不是新刑种》,载人民网(http://npc.people.com.cn/n/2015/0829/c14576-27531225.html),访问时间:2016年6月23日。

13 参见刘夏:《保安处分视角下的职业禁止研究》,载《政法论丛》2015年第6期。

以证立。有学者指出,我国法律中虽然没有保安处分的概念,但是,以2012年修订《刑事诉讼法》时增加的"精神病人的强制医疗程序"为标尺,刑法中基于预防目的和功能设置的措施可以识别为保安处分。[14] 从法律特征上看,保安处分的内容是通过限制、剥夺适用对象的某些权利或者利益来实现特殊预防的功能,保安处分适用的条件是行为人有再次实施犯罪或者严重危害社会的可能,相应规范仅由刑法总则条文来承载,是对行为人危险人格及其程度的评价。[15]

三、评论

12 笔者认为,在区分保安处分与刑罚的界限、确立保安处分自身法律特征的基础上,可以认为从业禁止确实具有保安处分的特性,或者称为保安性措施。但是,基于我国尚无法定概念,不宜将其直接定位为"保安处分"。从立法机关权威人士的解读来看,在否定本条非新设刑种的同时,将其界定为预防性措施,亦可以视为有意识地避免了保安处分的提法。

13 但是,若将从业禁止定位为保安处分,则其在刑法中的位置就颇为尴尬。刑事法律中的其他保安性措施,例如,未成年人的收容教养(《刑法》第17条第4款)、无刑事责任能力精神病人的强制医疗(《刑法》第18条第1款),禁止令(《刑法》第38条第2款、第72条第2款),刑事没收(《刑法》第64条)均散见于刑法中,与其所处的语境具有内在连接。从业禁止制度规定于《刑法》第三章"刑罚"之第一节"刑罚的种类",若将其视为保安处分则显然无法被该章节所容纳。有论者认为,《刑法》第三章第一节中,第37条规定了"非刑罚处罚措施",说明该节下的条文非限于刑罚,而是"与刑罚存在某种联系"[16]。笔者认为,不能据此推出第37条之一也应当归属于该节之下。《刑法》总则第三章第一节"刑罚的种类"第32条至第35条规定了刑罚的分类、主刑的种类、附加刑的种类和对外国人特别适用的驱逐出境,第36条规定了刑罚与赔偿经济损失的关系,第37条是免除刑罚前提下的非刑罚处罚措施,均是围绕"刑罚"来展开的。若将"从业禁止"视为保安处分,则在目前刑罚与保安处分"隐性双轨制"的立法体例中,二者应当是并列而非种属的关系,不宜将本条纳入"刑罚的种类"一节。

14 因此,笔者认为,以"从业禁止"本身的法律特征为根据,结合立法史的考察,对本条在刑法中所处的位置进行体系化的解释,宜将其定位为"刑罚的附随后果"。

14　参见时延安:《隐性双轨制:刑法中保安处分的教义学阐释》,载《法学研究》2013年第3期。

15　参见时延安:《隐性双轨制:刑法中保安处分的教义学阐释》,载《法学研究》2013年第3期。

16　卢建平、孙本雄:《刑法职业禁止令的性质及司法适用探析》,载《法学杂志》2016年第2期。

首先，从法律特征上看，“从业禁止”是一种预防性措施，以行为人刑法为中心，面向未来进行特殊预防。在行为人构成犯罪且判处刑罚以后，根据犯罪情况和预防再犯罪的需要，一并剥夺犯罪人从事特定职业的资格，承载了刑罚报应功能的同时，更凸显了刑罚的预防功能，也有助于实现刑罚个别化的要求。 15

其次，从立法史的考察来看，过去凡涉及“从业禁止”的刑法总则修改建议稿，均是将其作为附加刑规定于“刑罚的种类”一节，《刑法修正案(九)》改变了立法方向，将其作为“预防性措施”单独规定，仍然置于本节。全国人大常委会明确说明“从业禁止”不是新增刑种，却又将其规定于本节的最后一条，既是对罪犯处遇措施通盘的不充分的整体化考量，也是不得已的选择。因此，据此实定法进行体系解释，将“从业禁止”视作“刑罚的附随后果”是最准确、最合理的定位。 16

Ⅳ　从业禁止的适用

一、适用的对象

从业禁止适用于实施了职业相关犯罪且被判处刑罚的人。限定犯罪类型，是因为犯罪人已犯之罪的内容及方式与其将来可能再犯之罪具有极大的关联性；限定被判处刑罚，既表明犯罪已经达到一定的危害性，也是本制度需要“附随于”刑罚的要求。 17

(一)利用职业便利实施犯罪

职业，根据《现代汉语词典》的解释，是指“个人在社会中所从事的作为主要生活来源的工作”[17]。在《中华人民共和国职业分类大典》(以下简称《职业分类大典》)中，职业被界定为“从业人员为获取主要生活来源所从事的社会工作类别”[18]。根据《职业分类大典》，我国的职业分类结构为8个大类、75个中类、434个小类、1481个职业。职业的长期性和作为主要生活来源，是相辅相成的两个特点。有观点认为，职业“不要求是长期、固定的职业，而是包括临时履行某种职责的行为”[19]，该观点一定程度上混淆了“职业”和“职责”的界限，是不可取的。 18

利用职业便利实施的犯罪，是指将职业行为本身作为犯罪的手段，或者将职业作为犯罪的便利条件加以利用，需要将其区别于“利用职务上的便利”。在我国刑法中，贪污贿赂类犯罪的构成要件要素之一是“利用职务上的便利”。“职务”通常指具 19

17　中国社会科学院语言研究所词典编辑室编：《现代汉语词典》(第7版)，商务印书馆2016年版，第1683页。

18　国家职业分类大典修订工作委员会：《中华人民共和国职业分类大典》，中国劳动社会保障出版社、中国人事出版社2015年版，第12页。

19　武晓雯：《论〈刑法修正案(九)〉关于职业禁止的规定》，载《政治与法律》2016年第2期。

有一定管理权的职责,对他人得到或者失去某种利益有制约或者决定作用的工作和地位。在贪污罪中,利用职务上的便利是指利用职务上主管、管理、经营、经手公共财物的权力及便利条件;在受贿罪中,利用职务上的便利是指利用本人职务上主管、负责或者承办某项公共事务的权力及形成的便利条件。

20　区分"利用职业便利"和"利用职务上的便利",关键在于厘清"职业"和"职务"之间的关系。首先,在行为人担任相关机构负责人的情况下,利用"职业便利"等同于"职务便利"。在《职业分类大典》中,第一大类为"党的机关、国家机关、群众团体和社会组织、企事业单位负责人",该职业分类参照我国政治制度与管理体制现状,对具有决策和管理权的社会职业依组织类型、职责范围的层次和业务相似性、工作的复杂程度和所承担的职责大小等进行划分与归类。此处的"负责人"既是一种职业也是一种职务,利用"职业便利"可以等同于"职务便利"。其次,若职业是以一定的专业、技术、服务、劳务活动为内容,不具有管理性,则利用"职业便利"不同于"职务便利"。例如,医生的治疗行为,律师的诉讼代理行为等,属于职业行为而非职务行为。再如,在医院内部,药剂科主任采购医疗器械、药品的行为,则属于职务行为而非职业行为。

21　因此,"职业"和"职务"之间存在交叉关系:在行为人担任机关、团体、社会组织和企事业单位负责人,管理人、财、物的情况下,职业和职务是重合的;除此以外,职业和职务相互分离,职业活动发生在特定领域,运用了特定的知识和技术;职务活动则是体现为非单位负责人从事一定的人、财、物的管理活动。

(二)违背职业要求特定义务的犯罪

22　前述利用职业便利实施犯罪,行为人的主观方面表现为故意;违背职业要求特定义务的犯罪,行为人的主观方面则应当是过失,构成刑法理论中的"业务过失"。

23　业务过失,是指从事业务的人怠于履行业务上的必要注意义务,导致发生了一定的构成要件结果。[20] 日本刑法采取概括规定业务过失罪的立法例,我国刑法则对不同领域的业务过失犯罪进行分散立法,主要规定在刑法分则第二章"危害公共安全罪"中,例如,重大飞行事故罪、铁路运营安全事故罪、工程重大事故罪等。本类犯罪的构成要件要素之一通常表述为"违反规章制度""违反安全管理规定""严重不负责任"等,其核心就是违背了规章制度和管理规定中的职业义务,从另一个角度观之,也印证了违背职业要求义务的犯罪应当限于过失犯罪。

(三)被判处刑罚

24　从业禁止的对象,是犯了罪并且被判处刑罚的人。因此,未构成犯罪(情节显著轻微,或者虽然有严重刑事不法行为但不具备刑事责任能力)的人,以及构成犯罪但免除刑罚处罚的人,应当不属于从业禁止的适用范围。

---

[20] 参见廖正豪:《过失犯论》,三民书局1993年版,第125页。

二、适用的必要性

对于符合对象要求的犯罪人，并非必然就要被禁止从事特定的职业。“预防再犯罪的需要”是决定是否判处从业禁止的实质根据，“犯罪的情况”则是判断是否会再犯罪的主要依据。这体现了“从业禁止”制度的设置初衷。 25

（一）预防再犯罪的需要是实质根据

刑罚既是对已然之罪的惩罚，也追求预防再犯的特殊预防效果，从业禁止针对的是实施了与职业相关的犯罪的行为人，目的在于防止其再次实施与职业相关的犯罪。从业禁止所预防的犯罪的范围，强调与所禁止的职业的关联性，既不仅限于与已实施之罪完全一样的犯罪，也非泛泛地预防一切类型的犯罪，因此，所禁止的职业与其犯罪之前的职业应当具有高度相关性。若行为人已经没有利用相关职业再次犯罪的可能性，则不必再处以从业禁止。 26

（二）犯罪情况是判断是否再犯的主要依据

判断行为人是否可能再次实施相关犯罪，基本依据是已经发生的犯罪的情况。犯罪情况应当从如下四个方面进行考察：首先，犯罪行为本身的情况，即犯罪动机、犯罪手段、犯罪次数、犯罪类别等；其次，犯罪前和犯罪后的情况，即累犯、再犯、自首、立功、被害人赔偿等；再次，犯罪人的个人状况，即犯罪人的身体状况、心理状况、资信记录、受行政处罚、行政处分的情况等；最后，刑罚执行效果的状况，即预测刑罚执行对犯罪人的改造效果，这是着眼于未来的考虑。作出从业禁止的决定是在判处刑罚当时，实际执行从业禁止则始于刑罚执行完毕或者假释之日，在决定和执行之间存在一段刑罚执行期间。因此，作出从业禁止的决定必须充分地预测刑罚的改造效果，即行为人在服刑期间改造的效果和刑罚执行完毕（或者假释）以后再犯的可能性，刑罚的种类、期限、职业的性质等都是重要的参考因素。 27

三、适用的时间

（一）决定从业禁止的时间

本条没有明确规定法院关于从业禁止的决定在何时作出，但是，根据司法惯例、参考类似如管制中的禁止令等措施，从业禁止的宣告时间应当是法院在对犯罪作出判决，定罪量刑的同时决定予以从业禁止。由法院在判决同时决定予以从业禁止，难以实际考察犯罪人的刑罚改造效果，只能是预测性的评估。从业禁止作为一项新设制度，在我国刑法、刑事诉讼法尚未跟进配套规定及程序的情况下，只能由法院在判决书中予以决定。 28

（二）执行从业禁止的起始时间

从业禁止的执行，始于“刑罚执行完毕之日或者假释之日”，需要根据本制度的性质和目的，界定“刑罚”的范围、“假释”条件与从业禁止的关系。 29

30 首先,"刑罚"仅限于主刑而不包括附加刑。从业禁止的目的在于防止犯罪人在恢复人身自由重返社会以后,再次实施相关的职业犯罪,因此,刑罚只限于与人身自由相关的主刑,不包括任何附加刑。

31 其次,"刑罚"仅限于管制、拘役、有期徒刑。管制、拘役、有期徒刑是与人身自由相关且确定期限的刑罚,符合从业禁止自刑罚执行完毕的要求。无期徒刑、死刑缓期两年执行由于判处当时在逻辑上不存在执行完毕,故法院在判决中不宜决定从业禁止。在无期徒刑、死刑缓期两年执行依法减为有期徒刑时,法院可以在减刑裁定中同时决定禁止从事特定职业。此外,死刑立即执行显然不再有从业禁止的必要。

32 最后,"假释"与从业禁止的关系。《刑法》第 81 条规定了假释制度,适用于被判处长期自由刑、执行刑罚一定期间以后"没有再犯罪的危险"的人,而从业禁止的实质条件是"预防再犯罪的需要",对"没有再犯罪的危险"的假释者自假释之日起基于"预防再犯罪的需要"执行从业禁止,在逻辑上是否存在内在矛盾,理论上进行了不同的解释。有学者认为:"只能认为被判处长期自由刑的'利用职业便利实施犯罪''违背职业要求的特定义务'的犯罪人应对其采取更为特殊的犯罪预防手段,以区别于被适用缓刑的此类犯罪人。毕竟被判处长期自由刑的此类犯罪人的人身危险性程度更高,即使裁判时表明'没有再犯罪的危险',也需要适用'职业禁止'予以例外地防范。"[21]另一种观点则在将从业禁止定位为保安处分的前提下,认为"假释的前提是即便不再执行剩余刑罚也不会再有犯罪的危险,换言之,假释时虽然不需要刑罚来预防其再犯罪,但还是有可能需要由保安处分来预防其再犯罪"[22]。笔者认为,上述学者均是在解释论的维度力图阐释假释的条件与执行从业禁止并不冲突,但是,其仅着眼于静态的字面解释,而忽视了动态的刑事司法过程。简言之,法官在裁判时即可以作出从业禁止的决定,与此同时,其无法确定主刑最终将全部执行完毕还是附条件地提前释放(假释),然而不管是哪一种方式,在犯罪人恢复人身自由时都需执行裁判时已经确定的从业禁止。因具有"预防再犯罪的需要"而决定的从业禁止是在裁判时作出的,而"没有再犯罪的危险"而裁定假释是在刑罚执行过程中作出的,判断的时点不同,二者并不矛盾。假释之后的从业禁止能够更有针对性地预防行为人再犯特定类型之罪,也能有效地避免其再犯罪的危险。

四、适用的主体

33 从业禁止的适用主体,是指从业禁止的决定主体和监督主体。人民法院享有从业禁止的决定权,即人民法院在定罪量刑的同时,决定是否对罪犯处以从业禁止。从业禁止作为对公民权利的剥夺和限制、作为刑罚的附随效果,只能由人民法院作出决

---

[21] 陈山:《"职业禁止"中的"刑罚"如何理解》,载《检察日报》2015 年 9 月 7 日。

[22] 武晓雯:《论〈刑法修正案(九)〉关于职业禁止的规定》,载《政治与法律》2016 年第 2 期。

定,属于其刑事审判权的一部分,应当在裁判文书主文部分单独作为一项予以宣告。

公安机关享有从业禁止的监督权,即公安机关对违反从业禁止规定、尚未构成犯罪的行为人,依法处以行政处罚。从业禁止是犯罪人需要承担的消极义务,其不从事特定的职业即可,因而国家无须也无法进行积极的干预。只有在行为人违反禁止性规定而去从事某些职业时,国家才能介入,这是为了切实实现刑罚附随效果的必要保障措施。公安机关被赋予了从业禁止的监督权,当行为人违反从业禁止义务时,公安机关对其处以行政处罚,行政处罚的具体措施需依其违反的程度予以决定。 34

五、适用的内容

法院适用从业禁止,是根据犯罪人已经实施的与职业相关的犯罪的情况,以及预防犯罪人利用特定职业再犯罪的情况,明确地划定禁止行为人从事的职业的范围。从业禁止是对劳动权的限制,不能泛泛地禁止从事一切职业,不能妨碍犯罪人重返社会以后的生存和发展,否则,将背离本制度预防再犯罪的主旨。 35

(一)《职业分类大典》是划定禁止的具体职业类型的依据

《职业分类大典》将职业分为 8 个大类、75 个中类、434 个小类,1481 个细类(细类为具体的职业名称),其是确定禁止的职业的类型和范围的依据。例如,在第二大类"专业技术人员"中,第五个中类是"医疗卫生",其中第一个小类是"临床和口腔医师",其又根据医疗科别分为"内科医师"等 25 个职业。笔者认为,禁止从事职业的范围,既可以具体至某一细类,也可以扩大为某一小类,但是,不能过度泛化至中类和大类。 36

(二)禁止的职业可以是数个或者数类

禁止的职业不限于一个细类或者中类,如果根据犯罪的情况和预防再犯罪的需要,需要禁止犯罪人从事两个及两个以上细类或者小类职业的,法院应当在从业禁止决定中一并列举。对于行为人同时犯数罪,数个罪涉及禁止从事的职业不同的,则最后需要合并决定禁止从事数个(类)职业。 37

六、违反从业禁止规定的后果

(一)行政处罚

公安机关对于违反从业禁止规定但尚不属情节严重的,依法予以行政处罚。本条虽然规定了从业禁止的监督主体和一般违反行为的行政法律责任,但是,对公安机关实施行政处罚根据却泛泛地表述为"依法",未指明所依据的法律的名称及其具体法条。通常,公安机关执法的基本依据是《治安管理处罚法》,然而,目前该法中并无对于违反从业禁止的处罚规定。 38

比较而言,与从业禁止较为相似的是管制中判处的禁止令。《刑法》第 38 条第 4 款规定得非常明确,"违反第二款规定的禁止令的,由公安机关依照《中华人民共和国 39

治安管理处罚法》的规定处罚”。最高人民法院、最高人民检察院、公安部、司法部发布的《关于对判处管制、宣告缓刑的犯罪分子适用禁止令有关问题的规定(试行)》第11条指出,“判处管制的犯罪分子违反禁止令,或者被宣告缓刑的犯罪分子违反禁止令尚不属情节严重的,由负责执行禁止令的社区矫正机构所在地的公安机关依照《中华人民共和国治安管理处罚法》第六十条的规定处罚”。

40 笔者认为,虽然从业禁止与禁止令在对犯罪人行为的限制上具有一定的相似之处,但是,根据权力保留原则,在《治安管理处罚法》对于违反从业禁止的处罚没有任何规定(该法第60条没有兜底性的“其他”表述)的情况下,公安机关无权对违反从业禁止的行为人处以任何行政处罚,本条的规定实际上是“虚置”的。其根本原因在于从业禁止是一项新设制度,相关的配套规定尚未跟进,需要未来修改、制定相关法律法规加以完善。

(二)构成拒不执行判决、裁定罪

41 公民应当尊重法院裁判,履行生效裁判确定的义务。我国《刑法》第313条第1款规定了“对人民法院的判决、裁定有能力执行而拒不执行,情节严重的,处三年以下有期徒刑、拘役或者罚金;情节特别严重的,处三年以上七年以下有期徒刑,并处罚金”。据此,行为人拒不执行从业禁止的决定,仍然从事被禁止的职业,情节严重的,依照拒不执行判决、裁定罪定罪量刑。

42 关于情节严重的认定,可以从违反从业禁止判决的程度、次数,因此受过行政处罚的次数及造成的后果等方面进行判断。违反从业禁止判决,非法从事该职业本身构成犯罪或者利用该职业实施犯罪的,属于“情节严重”,构成拒不执行判决、裁定罪。与此同时,可能产生拒不执行判决、裁定罪与其他犯罪竞合的问题。具体存在以下两种情形:其一,违反从业禁止判决从事一定的职业本身就构成犯罪。此种情形主要存在于有准入资格的特定职业(例如,医师)。此种情形构成想象竞合犯,应当从一重罪处罚。其二,违反禁止性规定从事一定的职业,利用职业便利或者违背职业义务,再次实施犯罪。此种情形构成牵连犯,即拒不遵守从业禁止是手段,利用该职业实施犯罪是目的。牵连犯在法律没有明文规定的情况下,也应当从一重罪处罚。

七、与其他禁止、限制职业措施的关系

43 本条新增了关于从业禁止的一般规定,在此之前,我国亦有其他法律、行政法规已经规定了在特定领域(行业)禁止或者限制从事某些职业,刑法中的一般规定和其他法律、行政法规中的特别规定存在一定的竞合,对于竞合部分的处理遵循特别法优于一般法的处理原则。

(一)其他法律、行政法规中的禁止、限制职业措施

44 根据职业的领域和内容,可以将我国法律、行政法规中禁止从事一定职业的措施分为三类。

第一类是禁止从事一定的公共职业。例如,《公务员法》《人民警察法》《法官法》《检察官法》《驻外外交人员法》均规定了“曾因犯罪受过刑事处罚的”不得担任上述公共职业。此类职业禁止最为严格,不区分犯罪类型,凡是受过刑事处罚即被禁止,并且是终身禁止。 45

第二类是禁止从事特定的高度专业化和技术性的职业。例如,《教师法》《律师法》《注册会计师法》《注册建筑师条例》均规定了较为严格的职业准入资格,条件之一即是要求行为人未因犯罪受过刑事处罚。此类职业禁止可以分为两种情形:第一种情形是未限定犯罪类型,即实施任何犯罪均应被禁止职业,同时设置了禁止的期限为 2 年(《执业医师法》)或者 5 年(《注册会计师法》《注册建筑师条例》);第二种情形是对导致职业禁止的犯罪类型(《律师法》中排除了过失犯罪)乃至于刑罚(《教师法》规定了“受到剥夺政治权利或者故意犯罪受到有期徒刑以上刑事处罚”)有所限定,但是,未设置禁止期限,应视为终身禁止。 46

第三类是禁止从事特定领域的职业,主要存在于商业领域、高风险的金融领域、关系公众重大健康的食品和安全生产领域。例如,《公司法》《证券法》《证券投资基金法》《商业银行法》《保险法》《食品安全法》《安全生产法》等均规定了行为人因实施特定的犯罪且被判处一定刑罚的,不得担任相应领域的负责人、高级管理人员和从业人员。在此类职业禁止中,行为人所犯须是与其职业有关联的特定罪名(贪污、贿赂、破坏社会主义市场经济秩序罪)[23],除《商业银行法》《证券投资基金法》《食品安全法》未作规定以外,其他法律均规定了禁止从业的期限为 5 年。 47

上述散见于各类法律、行政法规中的禁止从事一定职业的措施,其性质属于行政处罚,有学者认为这些措施“无资格刑之名,行资格刑之实”,应当通过在刑法总则和分则中增设相应的规定,“整合刑罚体系外的资格刑”[24]。 48

笔者认为,《刑法修正案(九)》增设了从业禁止的一般规定,虽然不是资格刑,但是,作为刑罚的附随效果,其内容、目的与其他法律、行政法规中的相关规定具有一致性,因而应遵循第 37 条之一第 3 款所提示的“特别法优于一般法”的适用原则。 49

(二)特别法优于一般法的适用前提

如前所述,其他法律、行政法规中规定禁止、限制职业的前提条件是不同的,因此,不能一概认为刑法中的从业禁止是一般法,其他法律、行政法规即为特别法,须作进一步的具体分析。 50

首先,形成一般法与特别法关系的前提是行为人构成犯罪且受到刑事处罚。刑法中的从业禁止作为刑罚的附随效果,其前提当然是犯罪人构成犯罪并受到刑罚处 51

---

23 《证券法》第 103 条第(一)项、《保险法》第 82 条关于禁止担任董事、监事、高级管理人员的规定,其前提是因违法行为或者违纪行为被取消资格,违法行为包括违反刑法的行为,因违法被取消资格通常与其职业相关。

24 李荣:《我国刑罚体系外资格刑的整合》,载《法学论坛》2007 年第 2 期。

罚。其他法律、行政法规中禁止、限制职业的前提条件则广泛得多,除构成犯罪的以外,还包括普通违法行为,乃至于违纪行为,这些行为均可导致行为人被禁止从事一定的职业。行为人因普通违法、违纪行为被禁止从业的,不属于刑法规制的范畴,仅需依据其他法律、行政法规作出决定,不产生竞合问题。

52　其次,在构成犯罪的前提下,通过界定犯罪类型厘清构成一般法与特别法关系的类型。在构成犯罪的前提下,并非必然产生竞合关系,还需进一步考察构成从业禁止前提的犯罪类型,从而厘清刑法与其他法律、行政法规的关系类型。

53　《刑法》中适用从业禁止的犯罪,限定于与职业相关,即利用职业的便利条件或者违背职业要求的特定义务的犯罪,但未作犯罪类型和罪名的限制。在其他法律、行政法规规定的禁止、限制职业的措施中,第一类禁止从事特定的公共职业,对其前提犯罪未作任何限制,刑法中的从业禁止仅限于与职业相关的犯罪,故其他法律、行政法规中的禁止与刑法中的从业禁止是包容与被包容的关系,即《公务员法》《法官法》等规定的禁止从事一定公共职业与《刑法》中的从业禁止,只有在行为人实施了职业相关犯罪的情况下,才产生法律的竞合问题。第二类禁止从事高度专业化、技术性的职业,若未限制犯罪类型(例如,《执业医师法》),则与刑法中的职业相关犯罪形成包容关系,若限定了犯罪类型(例如,《律师法》只限于故意犯罪),则与《刑法》中的职业相关犯罪形成交叉关系,就交叉部分(与职业相关的故意犯罪)形成竞合关系。第三类禁止从事特定领域的职业中,《公司法》《商业银行法》等规定了具体的犯罪类型,《刑法》中从业禁止适用的与职业相关的犯罪的范围更广,通常包括但不限于上述犯罪,因而《公司法》等禁止职业措施与《刑法》中的从业禁止是被包容与包容的关系,在二者的重合部分,即行为人实施了与职业相关的贪污、贿赂、挪用公款、破坏社会主义市场经济秩序罪时,产生了法律适用的竞合问题。

(三)具体适用方式

54　通过上述分析,界定了适用《刑法》第37条之一第3款的情形,当真正产生竞合时,对其他法律、行政法规"从其适用","从其适用"需要从适用主体和适用内容两个方面进行分析。

55　第一,在适用主体上,由法院根据其他法律、行政法规作出禁止、限制从业的决定。尽管本款的"从其规定"指向的是法律、行政法规,但并不意味着相应的措施由行政机关作出,而由法院在刑事裁判中作出决定更为妥当。首先,法院作出该决定是其刑事审判权的一部分,更具权威性和可行性。在《刑法修正案(九)》作出从业禁止的一般规定以前,规范特定职业的法律、行政法规中已经有了相应的禁止、限制从业的措施,显示了这些特定职业的特殊性,更具有通过禁止、限制从业措施预防犯罪的必要性,是行为人犯罪以后需承受的谴责和否定评价的一部分。法院在刑事审判中,除定罪量刑以外,同时将从业禁止作为单独的一项内容予以列明,实践中易于操作。其次,在裁判文书中将从业禁止措施作为单独一项内容进行表述,有利于执行和监督。《刑法》第37条之一第2款规定了违反从业禁止规定的处罚,情节严重的,可以构成拒不执行判决、裁定罪。法院依据其他法律、行政法规作出的禁止、限制从业措施作为裁判文书主文的一项内容单独表述,成为裁判的一部分。若行为人不予遵守情节严重的,则构成拒不执行判决、裁定罪;若由行政机关以行政决定的方式作出的,则不适用该罪。因此,从执行和监督的协调性上看,也更应当由法院进行刑事裁判时一并作出禁止、限制从业的决定。引用法条时,应当先引用《刑法》第 37 条之一,再引用其他法律、行政法规的规定。

第二,在适用内容上,根据其他法律、行政法规的规定决定禁止、限制的职业类型 56
和期限。当《刑法》与其他法律、行政法规之间形成了一般法和特别法的竞合关系时,在制裁内容上应当遵循的特别法优于一般法的原则。首先,在职业类型上,《刑法》中的从业禁止泛指与预防再犯相关的职业,而其他法律、行政法规中对限制、禁止的职业规定得非常具体,例如,禁止担任公务员,法官,律师,执业医师,证券公司董事、监事、高级管理人员等,法院的禁止决定需要明确禁止的职业类型。其次,在禁止期限上,《刑法》中的从业禁止期限是 3 年至 5 年,其他法律、行政法规禁止的期限则不等,通常是 2 年、5 年,还有的是终身。有的法律中未规定禁止的期限,则应当理解为终身禁止。法院的禁止决定不受 3 年至 5 年的期限限制,而应根据其他法律、行政法规明确禁止的具体期限或者终身适用,有禁止期限的,自刑罚执行完毕或者假释之日起开始计算。

第二节　管　制

前　注

文献：赵秉志主编：《刑法修改研究综述》，中国人民公安大学出版社 1990 年版；樊凤林主编：《刑罚通论》，中国政法大学出版社 1994 年版；马克昌主编：《刑罚通论》（第 2 版），武汉大学出版社 1999 年版；周光权：《法定刑研究——罪刑均衡的建构与实现》，中国方正出版社 2000 年版；周伟、李克非主编：《刑事法研究新视角》，中国政法大学出版社 2000 年版；翟中东主编：《刑种适用中疑难问题研究》，吉林人民出版社 2001 年版；吴宗宪等：《非监禁刑研究》，中国人民公安大学出版社 2003 年版；阎少华：《管制刑研究》，吉林人民出版社 2005 年版；高铭暄主编：《刑法学原理（第 3 卷）》，中国人民大学出版社 2005 年版；陈兴良主编：《刑种通论》（第 2 版），中国人民大学出版社 2007 年版；孟庆华：《刑罚适用重点疑点难点问题判解研究》，人民法院出版社 2009 年版；吴宗宪主编：《中国刑罚改革论（上）》，北京师范大学出版社 2011 年版；黄明儒主编：《刑法总则典型疑难问题适用与指导》，中国法制出版社 2011 年版；王耀忠：《非监禁刑研究》，法律出版社 2016 年版；冯军、肖中华主编：《刑法总论》（第 3 版），中国人民大学出版社 2016 年版；陈国庆主编：《中华人民共和国刑法最新释义》，中国人民公安大学出版社 2016 年版；陈兴良：《刑法适用总论（下卷）》（第 3 版），中国人民大学出版社 2017 年版；陈兴良：《规范刑法学》（第 4 版），中国人民大学出版社 2017 年版；邱兴隆：《刑罚理性评论——刑罚的正当性反思》（第 2 版），中国检察出版社 2018 年版；王爱立主编：《中华人民共和国刑法解读》（第 5 版），中国法制出版社 2018 年版；贾宇主编：《刑法学》，高等教育出版社 2019 年版；高铭暄、马克昌主编：《刑法学》（第 9 版），北京大学出版社、高等教育出版社 2019 年版；国务院法制办公室编：《中华人民共和国刑事法律法规规章司法解释大全》（第 6 版），中国法制出版社 2020 年版；中国法制出版社编：《中华人民共和国刑法及司法解释指导案例全书》（第 3 版），中国法制出版社 2021 年版；张明楷：《刑法学》（第 6 版），法律出版社 2021 年版。马克昌：《我国刑法中的管制》，载《法学研究》1980 年第 5 期；孙谕、王波：《也谈管制刑的存废问题》，载《法学与实践》1988 年第 3 期；曹子丹：《试论我国管制刑存在的根据》，载《中国法学》1990 年第 1 期；曹江轮、刘德法：《建议废除我国刑法中的管制刑》，载《中国法学》1990 年第 1 期；江礼华：《浅议管制刑的留存与完善》，载《中国法学》1990 年第 1 期；张绍谦：《论管制刑的存废之争及立法完善》，载《郑州大学学报（哲学社会科学版）》1995 年第 5 期；张绍谦：《短期自由刑存废之研究》，载《法学评论》1995 年第 5 期；张庆方：《管制刑的特点与价值》，载《中央政法管理干部学院学报》1997年第3期;何荣功、段宝平:《不定期刑探讨》,载《中国刑事法杂志》2001年第4期;宋庆德:《论短期自由刑的存废》,载《中央政法管理干部学院学报》2001年第4期。

细目录

Ⅰ 主旨
Ⅱ 沿革
Ⅲ 管制的适用范围
Ⅳ 管制的存废之争
一、管制废止论
二、管制存置论

Ⅰ 主旨

我国现行《刑法》第38条至第41条是关于管制的具体规定。管制是对犯罪分子不予关押,依法实行社区矫正的刑罚方法。作为我国独创的刑种,管制最重要的特征在于限制罪犯的人身自由,属于非监禁刑,因而成为我国刑罚体系中最轻的主刑。管制刑的设置,促进了我国主刑与附加刑的紧密衔接,体现了刑罚结构的科学性、合理性,其开放性的执行方式有利于克服监禁刑容易交叉感染的缺陷,能够更有效地改造犯罪分子,同时也符合非监禁化的国际刑罚改革趋势。随着我国社区矫正制度的进一步完善,管制刑的优越性将得到更加充分的发挥。 1

Ⅱ 沿革

在1979年刑法中,管制刑的内容规定在总则第三章第二节的第33条至第36条。通过对照可以发现,现行刑法基本上延续了1979年刑法关于管制的规定。一方面,从条文数量上看,二者对于管制均设置了四个条文;另一方面,从条文内容上看,四个条文依次规定的内容均为管制的期限与执行机关、被管制罪犯的义务与权利、管制期满解除、管制刑期的计算和折抵。二者的主要区别在于,现行刑法补充了管制刑的内容,并且增加了被管制罪犯应当遵守的规定。 2

Ⅲ 管制的适用范围

管制的适用范围相当广泛。在我国现行刑法中,可以适用管制的犯罪分布于第一章"危害国家安全罪"、第二章"危害公共安全罪"、第三章"破坏社会主义市场经济秩序罪"、第四章"侵犯公民人身权利、民主权利罪"、第五章"侵犯财产罪"、第六章"妨害社会管理秩序罪"和第七章"危害国防利益罪"中。 3

通过对适用管制的具体罪名及其分布情况的考察可以发现,管制的适用要求具 4

备以下三个条件:

5 (1)必须是罪行性质轻微、危害较小的犯罪。根据罪责刑相适应原则,刑罚的轻重应当与犯罪分子所犯罪行和承担的刑事责任相适应。据此,作为我国最轻的主刑,管制只能适用于那些罪行性质较轻、危害不大的犯罪。虽然管制也适用于公认性质最为严重的危害国家安全罪,但只是适用于其中罪行较轻的犯罪,如煽动分裂国家罪、煽动颠覆国家政权罪等。

6 (2)必须是人身危险性较小的犯罪分子。管制是限制自由刑,对犯罪分子实行社区矫正,而不剥夺其人身自由。因此,就要求犯罪分子的人身危险性亦即再犯可能性较小,即使将其直接置于社会中,也不会发生危害社会的情况。这是适用管制的核心条件。

7 (3)必须具备执行管制的可行性。管制作为一种具有开放性和社会性的刑罚,其执行必须依靠司法行政机关、公安机关、基层政府或组织以及群众的参与、帮助。因此,作为决定执行管制的可行性的因素,必须充分考虑相关司法行政机关、公安机关是否具有管束犯罪分子的条件,是否具备健全的基层治保组织、坚实的群众基础以及必要的配套设施,当地的社会治安状况如何等具体情况。

Ⅳ 管制的存废之争

8 虽然最早诞生于民主革命时期的管制刑一直沿用至今,但是,在我国刑法的起草、制定以及修改过程中,关于管制刑的存废问题,一直存在激烈的争论。

一、管制废止论

9 管制废止论认为,管制作为一种主刑,在理论上带来了不少难以解决的问题,在实践中也造成了种种弊端,应当予以废止。[1] 这种观点的主要理由包括以下几个方面:

1.管制刑赖以存在的特定历史条件已不复存在

10 中华人民共和国成立之前,解放区战事频繁,无法建立完备的监管制度与设施,采用管制刑就成为一种权宜之计;而中华人民共和国成立初期对管制刑的沿用,则是因为当时还存在大量既无悔改表现,又无现行犯罪活动的历史反革命分子。现在,我国既非没有健全的监管设施,也无历史反革命分子需要管制,因此,可以认为管制刑赖以存在的历史条件早已消失。

2.管制刑的存在有损刑罚体系的科学性

11 刑罚体系的科学性的重要要求之一,是各刑种在结构上必须轻重衔接、层次分明。按照我国刑法对五种主刑的排列顺序,管制是最轻的主刑。但是,从管制刑刑期

---

1 参见邱兴隆、许章润:《刑罚学》,中国政法大学出版社1999年版,第202页。

与其他自由刑刑期的折算关系来看，管制的严厉程度较拘役更重。本来，拘役的下限和上限分别与行政拘留的上限和有期徒刑的下限相衔接，完全符合刑罚体系科学性的要求；而在拘役与行政拘留之间再插入一个并不比拘役轻的管制刑，则损害了刑罚体系的科学性。

3.管制刑不符合我国当前的国情，已经名存实亡

改革开放以来，我国经济体制改革的不断深化引起农村集体生产方式的解体，跨地区、跨行业的经济流转和人员流动频繁，基层群众组织能力下降。这种新的形势，给管制刑的执行带来了莫大的困难，管制也就成了“不管不制”。正是由于管制刑既不合时宜，也难以执行，致使其在司法实践中很少适用，客观上已经形同虚设。 12

4.管制刑的立法理由和优点值得推敲

首先，管制刑是我国的独创。但是，历史上存在的刑罚是否应予继承，不是取决于它是否独创，而是取决于它是否合时宜。因为，独创的东西未必是合理的，过去合理的东西现在也未必合理。其次，在现阶段，管制罪犯所在单位对其采取开除等行政处分，是无可厚非的，而执行期间“同工同酬”的权利和待遇也难以保障。因此，认为管制刑不影响犯罪人的工作和家庭（经济）生活，是不客观的。[2] 13

5.管制刑的惩罚性较弱

例如，遵纪守法是公民的责任，每个公民都应做到，因而谈不上对罪犯的处罚；结社、集会、游行、示威等权利，也必须经过有关部门批准方可行使；罪犯正常会见客人，执行机关是难以具体控制的，因而也难以起到多大限制作用；只要找到合法的理由，执行机关通常也难以拒绝罪犯外出的请求，这一限制实际也就无多大的约束作用；等等。[3] 14

6.管制刑缺乏必要的强制性

我国刑法未对管制犯不遵守管制规定应当如何处理作出规定。在这种情况下，如果不予处罚，则不足以保障管制内容的执行；如果予以处罚，则缺少法律依据。于是，对管制犯的考察无异于“一纸空文”。[4] 15

二、管制存置论

管制存置论认为，管制刑虽然在立法上存在某些不足和执行中存在某些困难，但就其在我国刑罚体系中的作用来说，仍是不可缺少的一个刑种，因而宜存不宜废。[5] 16

---

2 关于以上四个理由，参见邱兴隆、许章润：《刑罚学》，中国政法大学出版社 1999 年版，第 203 页以下。

3 参见马克昌主编：《刑罚通论》（第 2 版），武汉大学出版社 1999 年版，第 182 页以下。

4 参见马克昌主编：《刑罚通论》（第 2 版），武汉大学出版社 1999 年版，第 185 页以下；何显兵：《社区刑罚研究》，群众出版社 2005 年版，第 339 页以下。

5 参见樊凤林主编：《刑罚通论》，中国政法大学出版社 1994 年版，第 187 页以下。

这种观点的主要理由可以归纳为以下几个方面:

1.管制刑的确立符合我国的国家性质和刑罚目的的要求

17 我国是人民当家作主的社会主义国家,对犯罪分子适用刑罚的目的是通过惩罚和教育改造罪犯,预防犯罪。这种国家性质和刑罚目的决定了我们必须坚持"专门工作与群众路线相结合"的方针,而管制刑正是这一方针在刑罚方法上的具体运用和体现。

2.管制刑的确立符合我国的刑罚体系科学性的要求

18 不剥夺自由而只是限制一定自由的管制刑是对罪行较轻,不必关押,但又要予以一定惩罚的犯罪分子最适宜的手段。这种独特作用是其他刑罚方法无法代替的。认为拘役刑的下限和上限分别与行政拘留和有期徒刑相连,管制刑成为多余的刑种的观点,是不妥当的。因为,刑罚体系是否科学,不能仅从时间这样一个量的联系来考察,而应该注重质与量的结合,从整体把握。

3.管制刑的确立与我国经济体制改革现状并不相悖

19 新的形势不是废除管制刑的理由,管制刑的存在意义和存在条件并未丧失。首先,直接依靠群众的力量监督改造犯罪分子这一管制刑的基本精神没有过时;其次,协助公安机关维护社会治安的基层群众性自治组织,在监督、改造各类犯罪分子,维护社会秩序等方面,是我们积极依靠的力量。只要措施有力、方法得当,对管制刑的执行就完全有条件、有保证;最后,管制刑在司法实践中适用较少的主要原因,在于我们的法律传统和法律意识。[6]

4.管制刑的存在符合刑罚发展的方向

20 管制刑是具有中国特色的不剥夺自由的限制自由刑,符合刑罚的开放性、社会性的发展方向,我国长期的司法实践证明了它具有许多其他方法和刑罚制度所不能替代的优点,它将会在今后同犯罪作斗争中日益发挥其独特的作用。[7]

5.管制犯违反规定应当承担相应的法律责任

21 一方面,根据本条第4款的规定,管制犯违反禁止令的,由公安机关依照《治安管理处罚法》的规定处罚。另一方面,根据《公安机关办理刑事案件程序规定》,被剥夺政治权利的管制犯违反相关考察规定、尚未构成新的犯罪的,公安机关依法可以给予治安管理处罚;管制犯在执行期间又犯新罪的,由犯罪地公安机关立案侦查,追究其刑事责任。[8]

---

6 关于以上三个理由,参见樊凤林主编:《刑罚通论》,中国政法大学出版社1994年版,第187页以下。

7 参见曹子丹:《论管制刑应予保留和完善》,载杨敦先、赵秉志、王勇主编:《刑法发展与司法完善(续编)》,吉林大学出版社1990年版,第39页。

8 参见黄明儒主编:《刑法总则典型疑难问题适用与指导》,中国法制出版社2011年版,第547页。

经过激烈的争论,最后基本达成共识:我国目前不能取消管制,否则将会减损刑罚体系的合理性。随着刑罚轻缓化,管制的重要性与可行性日渐受到重视;而且,由于管制符合当今刑罚开放化的世界性趋势,因而能够经过改造成为一种有效的刑罚方法。最终,立法机关采纳了管制存置论的观点保留了管制刑,同时也汲取了管制废止论提出的合理意见,以刑法修正案的形式不断对其加以补充和完善。 22

第三十八条　管制的期限与执行机关

管制的期限，为三个月以上二年以下。

判处管制，可以根据犯罪情况，同时禁止犯罪分子在执行期间从事特定活动，进入特定区域、场所，接触特定的人。

对判处管制的犯罪分子，依法实行社区矫正。

违反第二款规定的禁止令的，由公安机关依照《中华人民共和国治安管理处罚法》的规定处罚。

文献：赵秉志主编：《刑法修改研究综述》，中国人民公安大学出版社 1990 年版；马克昌主编：《刑罚通论》（第 2 版），武汉大学出版社 1999 年版；高铭暄主编：《刑法学原理（第 3 卷）》，中国人民大学出版社 2005 年版；阎少华：《管制刑研究》，吉林人民出版社 2005 年版；陈兴良主编：《刑种通论》（第 2 版），中国人民大学出版社 2007 年版；高铭暄、陈璐：《〈中华人民共和国刑法修正案（八）〉解读与思考》，中国人民大学出版社 2011 年版；王志祥主编：《〈刑法修正案（八）〉解读与评析》，中国人民公安大学出版社 2012 年版；王平主编：《社区矫正制度研究》，中国政法大学出版社 2014 年版；王耀忠：《非监禁刑研究》，法律出版社 2016 年版；刘艳红主编：《刑法学》（第 2 版），北京大学出版社 2016 年版；陈兴良主编：《刑法学》（第 3 版），复旦大学出版社 2016 年版；曲新久主编：《刑法学》《第 5 版》，中国政法大学出版社 2016 年版；陈国庆主编：《中华人民共和国刑法最新释义》，中国人民公安大学出版社 2016 年版；王爱立主编：《中华人民共和国刑法解读》（第 5 版），中国法制出版社 2018 年版；贾宇主编：《刑法学》，高等教育出版社 2019 年版；高铭暄、马克昌主编：《刑法学》（第 9 版），北京大学出版社、高等教育出版社 2019 年版；刘宪权主编：《刑法学（上）》（第 5 版），上海人民出版社 2020 年版；国务院法制办公室编：《中华人民共和国刑事法律法规规章司法解释大全》（第 6 版），中国法制出版社 2020 年版；中国法制出版社编：《中华人民共和国刑法及司法解释指导案例全书》（第 3 版），中国法制出版社 2021 年版；周光权：《刑法总论》（第 4 版），中国人民大学出版社 2021 年版；张明楷：《刑法学》（第 6 版），法律出版社 2021 年版。马克昌：《我国刑法中的管制》，载《法学研究》1980 年第 5 期；郎胜：《〈刑法修正案（八）〉解读》，载《国家检察官学院学报》2011 年第 2 期；周光权：《〈刑法修正案（八）〉的深度解读》，载《中国司法》2011 年第 5 期；赵秉志：《〈刑法修正案（八）〉宏观问题探讨》，载《法治研究》2011 年第 5 期；魏东：《〈刑法修正案（八）〉若干新规的诠释与适用》，载《法治研究》2011 年第 5 期；谢望原、王波：《论〈刑法修正案（八）〉对刑事处罚制度的完善》，载《法学杂志》2011 年第 6 期；黄太云：

《〈刑法修正案(八)〉解读(一)》,载《人民检察》2011 年第 6 期;王利荣:《新增禁令于管制的理性诠释》,载《当代法学》2013 年第 6 期;李川:《修复、矫治与分控:社区矫正机能三重性辩证及其展开》,载《中国法学》2015 年第 5 期;李洪杰:《刑事禁止令适用状况实证研究》,载《法商研究》2017 年第 4 期;闻志强:《从业禁止刑法规定的理解与适用分析》,载《北方法学》2018 年第 1 期;翟中东:《社区性刑罚的立法与短期监禁刑问题的解决》,载《法学家》2018 年第 2 期。

细目录

Ⅰ 主旨
Ⅱ 沿革
Ⅲ 管制的特征
Ⅳ 管制的执行
一、执行期限
二、执行机关
三、禁止令
四、社区矫正

Ⅰ 主旨

本条是关于管制的刑期、禁止令的内容以及违反禁止令的处罚、管制的执行即实行社区矫正的规定。 1

Ⅱ 沿革

作为我国独创的刑罚方法,管制刑从诞生到确立经历了数十年的演进。[1] 虽然发生过激烈的争论[2],但是立法者最终在刑法中正式将管制规定为我国刑罚体系中的五种主刑之一。1979 年 7 月 1 日,第五届全国人民代表大会第二次会议审议通过了《刑法》。本法第 33 条规定:“管制的期限,为三个月以上二年以下。管制由人民法院判决,由公安机关执行。”这一规定的进步性主要体现为:首先,管制的刑期更加合理,符合其作为最轻的主刑的性质。其次,明确规定管制只能由人民法院判决,公安机关是执行机关。这是对“文化大革命”中滥用管制的教训的总结。最后,扩大了 2

1 关于管制刑的具体演进过程,参见曹子丹:《试论我国管制刑存在的根据》,载《中国法学》1990 年第 1 期;中央档案馆编:《中共中央文件选集》(第 17 册),中共中央党校出版社 1992 年版,第 487 页;公培华:《刑罚论》,青岛海洋大学出版社 1999 年版,第 89 页;高铭暄主编:《刑法学原理(第 3 卷)》,中国人民大学出版社 2005 年版,第 113 页。

2 关于争论的具体内容,参见翟中东主编:《刑种适用中疑难问题研究》,吉林人民出版社 2001 年版,第 287 页以下。

管制的适用范围,使其可以适用于普通的轻微刑事犯罪。[3]

3　改革开放近20年之后,1979年刑法的滞后性突显,管制在这段时期的适用率十分低下,因而在刑法修订过程中再次引发了关于管制存废问题的争论。鉴于管制的积极意义以及世界的刑罚发展潮流,立法者决定保留管制。

4　1997年3月14日,第八届全国人民代表大会第五次会议通过了现行《刑法》。本法第38条规定:"管制的期限,为三个月以上二年以下。被判处管制的犯罪分子,由公安机关执行。"之所以删除旧刑法中"管制由人民法院判决"的规定,是因为经过十余年的践行,人民群众对于管制只能由人民法院判决已经达成共识,毋庸赘言。另外,在适用范围上,修订后的1997年刑法中管制的分布更加广泛,适用罪名数量也大幅增加。

5　然而,从近年来的司法实践来看,一方面,管制的适用存在两个问题:一是社会经济发展削弱了基层管理能力,管制在实际执行中难以落到实处;二是司法机关很少适用管制,使得这一我国刑罚体系中唯一的非监禁刑没有充分发挥应有的作用。另一方面,我国在非监禁刑罚的执行方面展开了积极的探索,即首先在一些地方进行社区矫正的试点工作,在取得显著成效的基础上,又进一步推广至全国试行。鉴于上述两方面的情况,全国人大常委会在2011年2月25日通过的《刑法修正案(八)》第2条中对《刑法》第38条关于管制的规定作出如下修改:"在刑法第三十八条中增加一款作为第二款:'判处管制,可以根据犯罪情况,同时禁止犯罪分子在执行期间从事特定活动,进入特定区域、场所,接触特定的人。'原第二款作为第三款,修改为:'对判处管制的犯罪分子,依法实行社区矫正。'增加一款作为第四款:'违反第二款规定的禁止令的,由公安机关依照《中华人民共和国治安管理处罚法》的规定处罚。'"将禁止令和社区矫正引入刑法,对于管制的完善具有重要意义,是对我国刑罚执行方式的调整和刑罚执行制度的创新。[4]

Ⅲ　管制的特征

6　根据本条规定,可以将管制的特征归纳为以下三个方面:

1.不予关押

7　对犯罪分子不予关押,不剥夺其人身自由,是管制区别于其他自由刑的首要特

3　据统计,1979年刑法中可适用管制的罪名占全部罪名的17.2%。参见吴宗宪等:《非监禁刑研究》,中国人民公安大学出版社2003年版,第467页以下。

4　根据2021年1月26日最高人民法院发布的《关于适用〈中华人民共和国刑事诉讼法〉的解释》第159条的规定,对被判处管制的罪犯,人民法院应当依法确定社区矫正执行地,社区矫正执行地为罪犯的居住地;罪犯在多个地方居住的,可以确定其经常居住地为执行地;罪犯的居住地、经常居住地无法确定或者不适宜执行社区矫正的,应当根据有利于罪犯接受矫正、更好地融入社会的原则,确定执行地。

征。被判处管制的犯罪分子不羁押在特定的场所或者设施内，其仍然在原单位从事工作，在原居住地正常生活，活动基本上是自由的。

2.在一定期限内限制一定自由

作为一种主刑，管制的惩罚性体现为限制犯罪分子的一定自由。根据《刑法》第 39 8
条的规定，限制自由的具体内容是：遵守法律、行政法规，服从监督；未经执行机关批准，不得行使言论、出版、集会、结社、游行、示威自由的权利；按照执行机关规定报告自己的活动情况；遵守执行机关关于会客的规定；离开所居住的市、县或者迁居，应当报经执行机关批准。此外，根据《刑法》第 38 条第 2 款的规定，判处管制，可以根据犯罪情况，同时禁止犯罪分子在执行期间从事特定活动，进入特定区域、场所，接触特定的人。

作为一种有期自由刑，管制对于犯罪分子自由的限制具有一定期限。根据《刑 9
法》第 38 条、第 40 条、第 41 条、第 69 条的规定，管制的期限为 3 个月以上 2 年以下，数罪并罚时不得超过 3 年；管制的刑期从判决执行之日起计算；判决执行以前先行羁押的，羁押 1 日折抵刑期 2 日；管制期满，执行机关应即向本人和其所在单位或者居住地的群众宣布解除管制。

3.实行社区矫正

对被判处管制的犯罪分子“依法实行社区矫正”，是《刑法修正案（八）》对管制的 10
执行内容作出的重要修订。社区矫正作为一种非监禁刑罚执行制度，是指将符合法定条件的罪犯置于社区内，由专门机构在相关社会团体、民间组织和社会志愿者的协助下，在判决、裁定或决定确定的期限内，矫正其犯罪心理和行为恶习，促进其顺利回归社会的非监禁的刑事执行活动。[5] 在刑法中对社区矫正作出规定，充分体现了社会治安综合治理方针和宽严相济刑事政策的基本精神，是我国刑罚执行制度改革的重要成果和关键性措施。除《刑法》外，作为实行社区矫正依据的规范性文件还包括：《刑事诉讼法》《治安管理处罚法》《社区矫正法》《社区矫正实施办法》等。

Ⅳ 管制的执行

一、执行期限

《刑法》第 69 条规定，判决宣告以前一人犯数罪的，管制最高不能超过 3 年。据 11
此，在行为人犯一罪时，管制的期限为 3 个月以上 2 年以下；在数罪并罚时，管制的期限为 3 个月以上 3 年以下。根据 2016 年 11 月 14 日最高人民法院发布的《关于办理

5 参见王爱立主编：《中华人民共和国刑法解读》（第 5 版），中国法制出版社 2018 年版，第 55 页。另外，根据 2019 年 9 月 30 日司法部发布的《社区矫正术语（SF/T 0055—2019）》，社区矫正是指将符合法定条件的罪犯置于社区内，由社区矫正机构在有关部门、社会组织和志愿者的协助下，在判决、裁定或决定确定的期限内，矫正其犯罪心理和行为恶习的非监禁刑罚执行活动。

减刑、假释案件具体应用法律的规定》第16条的规定,被判处管制的罪犯,符合减刑条件的,可以酌情减刑,减刑起始时间可以适当缩短,但实际执行的刑期不能少于原判刑期的二分之一。

二、执行机关

12 《刑法修正案(八)》删除了本条原第2款关于对被判处管制的犯罪"由公安机关执行"的规定。于是,在刑法中,管制的执行机关就处于空白状态。在理论上,关于管制具体由哪一主体来执行的问题存在三种观点:由公安机关执行;由司法行政机关执行;设立一个全新的机构负责执行。[6]

13 既然刑法修正案作出修改,就意味着管制执行权的转移。而且,公安机关承担着繁重的维稳和维护社会治安的职责,又普遍存在警力不足的问题,对其所承担的执行职责无暇顾及,再加上我国经济社会情况变化引起的基层管理能力弱化,如果继续把管制交由其执行,所面临的巨大困难可想而知。相比之下,司法行政机关(社区矫正机构)更适合承担管制的执行工作。一方面,由司法行政机关执行管制符合理论研究的结论。长期以来,在刑事司法职能的分配方面,侦查权、起诉权、审判权和执行权分别由公安、检察、审判和司法行政机关行使。另一方面,由司法行政机关执行管制也符合我国的现实情况。从职能职责的现状来看,我国司法行政机关本身具备刑罚执行职能,具有管理、矫正罪犯的资源和经验,可以满足矫正的技术性、专业性的要求,无须从零做起、另起炉灶。当然,社区矫正是一项综合性很强的工作,需要各有关部门分工配合,并充分动员社会各方面力量,共同做好工作。

14 社区矫正机构作为管制的执行机关的法律依据包括:

15 (1)2011年4月28日最高人民法院、最高人民检察院、公安部、司法部发布的《关于对判处管制、宣告缓刑的犯罪分子适用禁止令有关问题的规定(试行)》第9条规定:"禁止令由司法行政机关指导管理的社区矫正机构负责执行。"

16 (2)2012年1月10日最高人民法院、最高人民检察院、公安部、司法部发布的《社区矫正实施办法》第2条第1款规定:"司法行政机关负责指导管理、组织实施社区矫正工作。"第3条规定:"县级司法行政机关社区矫正机构对社区矫正人员进行监督管理和教育帮助。司法所承担社区矫正日常工作。"

17 (3)2019年12月28日全国人民代表大会常务委员会发布的《社区矫正法》第8条第1款规定:"国务院司法行政部门主管全国的社区矫正工作。县级以上地方人民政府司法行政部门主管本行政区域内的社区矫正工作。"第9条规定:"县级以上地方人民政府根据需要设置社区矫正机构,负责社区矫正工作的具体实施。社区矫正机构的设置和撤销,由县级以上地方人民政府司法行政部门提出意见,按照规定的权限

---

6 参见高铭暄、陈璐:《〈中华人民共和国刑法修正案(八)〉解读与思考》,中国人民大学出版社2011年版,第81页。

和程序审批。司法所根据社区矫正机构的委托,承担社区矫正相关工作。"

三、禁止令

(一)制度概况

禁止令,是指对判处管制的犯罪分子,人民法院根据其犯罪情况,同时禁止其在管制执行期间从事特定活动,进入特定区域、场所,接触特定的人的监管措施。在刑法中增设禁止令制度是《刑法修正案(八)》的一大创举。依法正确适用禁止令,切实保障和强化管制的适用效果,对于进一步切实贯彻宽严相济刑事政策,进一步充分发挥非监禁性刑罚在避免交叉感染、节约司法资源等方面的积极、重要、独特作用,进一步推动社区矫正工作的深入开展,具有十分重要的意义。[7] 18

从属性上看,禁止令是以犯罪分子的人身危险性为依据对其未然之罪进行预防的监管措施,主旨在于强化对犯罪分子的有效监管,促进其教育矫正,防止其再次危害社会。因此,禁止令实质上属于以特殊预防为根据的保安处分。[8] 一般认为,禁止令的特征体现为:一是法定性,即禁止令的作出和适用必须严格按照法律规定、依照法定程序进行。二是预防性,即禁止令是为防止犯罪分子再次犯罪所采取的防范措施。三是针对性,即禁止令是针对犯罪分子的具体犯罪情况所采取的监管措施,符合刑罚个别化原则的要求。四是附属性,即禁止令不能独立适用,需要以犯罪分子被判处管制(或者宣告缓刑)为前提。五是强制性,即禁制令是人民法院对犯罪分子施加的一种强制性义务,是犯罪分子必须遵守的行为规范。六是必要性,即只有在确有必要、确有把握、确有效果的情况下才能考虑对犯罪分子适用禁止令。[9] 19

根据本款规定,人民法院(法官)对于禁止令的适用拥有自由裁量权。法官在决定对管制罪犯适用禁止令时,应当以"犯罪情况"为根据。也就是说,法官必须对犯罪行为、犯罪情节、犯罪性质、犯罪手段等与犯罪行为有关的全部事实,犯罪分子平时的一贯表现、生活环境、犯罪后的悔罪表现等能够体现其人身危险性的一切因素,以及维护社会秩序、保护被害人免遭再次侵害、预防犯罪人再次犯罪的需要等情况作出综合考量。[10] 当然,即使有必要对犯罪人适用禁止令,也不能限制其正常的生活。 20

---

7 参见《最高人民法院、最高人民检察院、公安部、司法部有关负责人就〈关于对判处管制、宣告缓刑的犯罪分子适用禁止令有关问题的规定(试行)〉答记者问》,载《中国司法》2011年第5期。

8 关于禁止令作为保安处分的性质,参见张明楷:《刑法学》(第6版),法律出版社2021年版,第821页。

9 参见王志祥主编:《〈刑法修正案(八)〉解读与评析》,中国人民公安大学出版社2012年版,第132页以下。

10 下文最高人民法院发布的指导案例14号"董某某、宋某某抢劫案"中的判决理由,就体现了法院在适用禁止令时所考虑的具体犯罪情况。

(二)具体内容

21 最高人民法院、最高人民检察院、公安部、司法部 2011 年 4 月 28 日发布的《关于对判处管制、宣告缓刑的犯罪分子适用禁止令有关问题的规定(试行)》,对禁止令的适用问题作出了具体的规定,主要包括以下内容:

22 (1)禁止令的实体内容即禁止事项包括:禁止从事特定活动;禁止进入特定区域、场所;禁止接触特定的人。法官可以根据具体的犯罪情况决定其中的一项或者几项。

23 ①禁止从事的特定活动包括:一是个人为进行违法犯罪活动而设立公司、企业、事业单位或者在设立公司、企业、事业单位后以实施犯罪为主要活动的,禁止设立公司、企业、事业单位;二是实施证券犯罪、贷款犯罪、票据犯罪、信用卡犯罪等金融犯罪的,禁止从事证券交易、申领贷款、使用票据或者申领、使用信用卡等金融活动;三是利用从事特定生产经营活动实施犯罪的,禁止从事相关生产经营活动;四是附带民事赔偿义务未履行完毕,违法所得未追缴、退赔到位,或者罚金尚未足额缴纳的,禁止从事高消费活动;五是其他确有必要禁止从事的活动。

24 ②禁止进入的特定区域、场所包括:一是禁止进入夜总会、酒吧、迪厅、网吧等娱乐场所;二是未经执行机关批准,禁止进入举办大型群众性活动的场所;三是禁止进入中小学校区、幼儿园园区及周边地区,确因本人就学、居住等原因,经执行机关批准的除外;四是其他确有必要禁止进入的区域、场所。

25 ③禁止接触的特定人员包括:一是未经对方同意,禁止接触被害人及其法定代理人、近亲属;二是未经对方同意,禁止接触证人及其法定代理人、近亲属;三是未经对方同意,禁止接触控告人、批评人、举报人及其法定代理人、近亲属;四是禁止接触同案犯;五是禁止接触其他可能遭受其侵害、滋扰的人或者可能诱发其再次危害社会的人。

26 (2)禁止令的期限可以与管制的刑期相同,但是不得少于 3 个月(被判处管制的犯罪分子在判决执行以前先行羁押以致管制执行的期限少于 3 个月的,不受此限);禁止令的执行期限从管制执行之日起计算。

27 (3)人民法院根据犯罪情况宣告禁止令,在犯罪分子被依法减刑时裁定新的禁止令期限;人民检察院在提起公诉时可以提出宣告禁止令的建议,并对社区矫正机构执行禁止令的活动实行监督[11];司法行政机关指导的社区矫正机构负责禁止令的执行;犯罪分子违反禁止令的,由负责执行的社区矫正机构所在地的公安机关依照《治安管理处罚法》的规定处罚。

11　另外,根据 2019 年 12 月 30 日最高人民检察院发布的《人民检察院刑事诉讼规则》第 584、642、643 条的规定,人民检察院认为同级人民法院适用禁止令错误的,应当提出抗诉;人民检察院发现社区矫正机构违反人民法院禁止令的内容批准社区矫正对象进入特定区域或者场所的,或者社区矫正对象违反禁止令而社区矫正机构未依法予以警告、未提请公安机关给予治安管理处罚的,应当依法提出纠正意见。

(三)时间效力

关于禁止令的时间效力,最高人民法院《关于〈中华人民共和国刑法修正案(八)〉时间效力问题的解释》第1条规定,“对于2011年4月30日以前犯罪,依法应当判处管制或者宣告缓刑的,人民法院根据犯罪情况,认为确有必要同时禁止犯罪分子在管制期间或者缓刑考验期内从事特定活动,进入特定区域、场所,接触特定人的,适用修正后刑法第三十八条第二款或者第七十二条第二款的规定。犯罪分子在管制期间或者缓刑考验期内,违反人民法院判决中的禁止令的,适用修正后刑法第三十八条第四款或者第七十七条第二款的规定”。 28

(四)指导案例

2013年1月31日最高人民法院发布了指导案例14号“董某某、宋某某抢劫案”。 29

裁判要点如下:对判处管制或者宣告缓刑的未成年被告人,可以根据其犯罪的具体情况以及禁止事项与所犯罪行的关联程度,对其适用“禁止令”。对于未成年人因上网诱发犯罪的,可以禁止其在一定期限内进入网吧等特定场所。 30

裁判理由如下:考虑到被告人主要是因在网吧上网需要网费而抢劫犯罪;二被告人长期迷恋网络游戏,网吧等场所与其犯罪有密切联系;如果将被告人与引发其犯罪的场所相隔离,有利于家长和社区在缓刑期间对其进行有效管教,预防再次犯罪;被告人犯罪时不满18周岁,平时自我控制能力较差,对其适用禁止令的期限确定为与缓刑考验期相同的3年,有利于其改过自新。因此,依法判决禁止二被告人在缓刑考验期内进入网吧等特定场所。 31

四、社区矫正

自2003年正式开始试点工作以来[12],经过多年的探索,社区矫正取得了良好的法律效果和社会效果,在工作机制、工作方法上也积累了丰富的经验。在此基础上,《刑法修正案(八)》将社区矫正写入刑法,使得社区矫正的实践获得了法律依据。 32

作为一种非监禁刑罚执行方式,社区矫正的特征主要表现为:一是惩罚性,即实行社区矫正的服刑人员的人身自由要受到一定程度的限制,必须服从管理和监督,履行一定的义务。二是社会性,即社区矫正旨在利用社区中的各种力量、资源,为服刑人员提供一个改造的机会和空间;在社区矫正中,服刑人员不会丧失受教育和工作的机会,其能够在社区正常的生活环境中逐步以健康的状态回归社会。三是矫正性,即社区矫正的重点是矫正,通过思想教育、心理矫正、帮助服务等措施,矫正罪犯的犯罪心理与行为恶习,将其改造成守法公民,防止其重新犯罪。 33

根据《社区矫正实施办法》和《社区矫正法》的相关规定,我国社区矫正工作的主 34

12 2003年7月10日最高人民法院、最高人民检察院、公安部、司法部发布《关于开展社区矫正试点工作的通知》,开始在全国范围内推行社区矫正试点工作。

要任务包括以下三项:第一,加强对社区服刑人员的监督管理。严格落实监管制度,防止社区服刑人员脱管、漏管和重新违法犯罪;严格检查考核,及时准确掌握社区服刑人员的改造情况;大力创新管理方式,充分利用现代科技手段,进一步推广信息技术在监管中的应用。第二,加强对社区服刑人员的教育矫正。认真组织开展思想道德、法治、时事政治等教育,帮助社区服刑人员提高道德修养,增强法治观念,自觉遵纪守法;组织开展社区服务,培养社区服刑人员正确的劳动观念,增强社会责任感;大力创新教育方式、方法,实行分类教育和个别教育,普遍开展心理健康教育;建立健全教育矫正质量评估体系,分阶段对社区服刑人员进行评估。第三,加强对社区服刑人员的社会适应性帮扶工作。制定完善并认真落实帮扶政策,协调解决社区服刑人员就业、就学、最低生活保障、临时救助、社会保险等问题;广泛动员企事业单位、社会团体、志愿者等各方面力量,努力形成社会合力,提高帮扶效果。

35　社区矫正制度在刑法中的确立,从刑事立法精神上有力地回应了国际社会行刑社会化的要求,建立了相辅相成的两大矫正体系,进一步促进了刑罚结构的合理化,促进了行刑权的统一,为我国开放式刑事处遇制度开启了良好的开端,是我国法治建设工作中具有里程碑意义的重大事件。

第三十九条　被管制罪犯的义务与权利

被判处管制的犯罪分子，在执行期间，应当遵守下列规定：

（一）遵守法律、行政法规，服从监督；

（二）未经执行机关批准，不得行使言论、出版、集会、结社、游行、示威自由的权利；

（三）按照执行机关规定报告自己的活动情况；

（四）遵守执行机关关于会客的规定；

（五）离开所居住的市、县或者迁居，应当报经执行机关批准。

对于被判处管制的犯罪分子，在劳动中应当同工同酬。

文献：樊凤林主编：《刑罚通论》，中国政法大学出版社 1994 年版；马克昌主编：《刑罚通论》(第 2 版)，武汉大学出版社 1999 年版；翟中东主编：《刑种适用中疑难问题研究》，吉林人民出版社 2001 年版；吴宗宪等：《非监禁刑研究》，中国人民公安大学出版社 2003 年版；阎少华：《管制刑研究》，吉林人民出版社 2005 年版；陈兴良主编：《刑种通论》(第 2 版)，中国人民大学出版社 2007 年版；孟庆华：《刑罚适用重点疑点难点问题判解研究》，人民法院出版社 2009 年版；吴宗宪主编：《中国刑罚改革论》，北京师范大学出版社 2011 年版；王耀忠：《非监禁刑研究》，法律出版社 2016 年版；陈国庆主编：《中华人民共和国刑法最新释义》，中国人民公安大学出版社 2016 年版；陈兴良：《刑法适用总论(下卷)》(第 3 版)，中国人民大学出版社 2017 年；王爱立主编：《中华人民共和国刑法解读》(第 5 版)，中国法制出版社 2018 年版；高铭暄、马克昌主编：《刑法学》(第 9 版)，北京大学出版社、高等教育出版社 2019 年版；贾宇主编：《刑法学》，高等教育出版社 2019 年版；张明楷：《刑法学》(第 6 版)，法律出版社 2021 年版。

细目录

Ⅰ　主旨

Ⅱ　沿革

Ⅲ　管制犯的义务和权利

一、关于管制犯的活动限制

二、关于管制犯的选举权

三、关于管制犯参加劳动的待遇

Ⅰ　主旨

1　本条是关于被判处管制的犯罪分子在执行期间必须遵守的规定和有关劳动报酬的规定,明确了作为主刑之一的管制所具有的区别于其他刑种的内容,即管制犯的义务和权利。

Ⅱ　沿革

2　关于被判处管制的犯罪分子的权利和义务,我国第一部刑法即1979年《刑法》第34条作出规定:"被判处管制的犯罪分子,在执行期间,必须遵守下列规定:(一)遵守法律、法令,服从群众监督,积极参加集体劳动生产或者工作;(二)向执行机关定期报告自己的活动情况;(三)迁居或者外出必须报经执行机关批准。对于被判处管制的犯罪分子,在劳动中应当同工同酬。"

3　1997年修订刑法过程中,立法者对上述内容进行了大幅度的调整和修改,使其变得充实而明确。现行刑法对于管制期间应遵守的规定的修改表现为以下几个方面:第一,将"服从群众监督"改为"服从监督"。将监督的主体限定为"群众"是不合理、不现实的。因为,一般群众难以充分履行监督管制罪犯的刑罚职能,从而造成"不管不制"的现象。现行刑法取消这一限制,意味着扩大了监督的主体范围,增强了管制的刑罚惩罚性。第二,取消了"积极参加集体劳动生产或者工作"的规定。改革开放政策的推行促使我国经济体制发生了巨大的变化,一方面,农村传统意义上的"集体生产"已经不复存在;另一方面,城市中的个体私营经济日渐繁荣。因此,要求处于这些领域中的管制罪犯"积极参加集体劳动生产或者工作"显然是不合时宜的。现行刑法取消这一规定,符合我国当前的经济体制,克服了刑法规定的滞后性。第三,增加了"未经执行机关批准,不得行使言论、出版、集会、结社、游行、示威自由的权利"的规定。针对管制废止论提出的管制缺乏足够的严肃性和惩罚性的问题,立法机关在刑法修订时增设了附条件地禁止管制罪犯行使言论、出版、集会、结社、游行、示威自由的权利的规定,既完善了管制的内容,又由此强化了对管制罪犯的约束和控制,增强了管制的刑罚惩罚性。第四,将"向执行机关定期报告自己的活动情况"改为"按照执行机关规定报告自己的活动情况"。1979年《刑法》将报告的形式限定为"定期报告"过于僵化;而现行刑法取消这一限制,使得报告可以根据执行机关的要求以及管制罪犯的具体情况灵活进行,从而提高了可操作性。第五,增加了限制会客的规定。这一规定也是现行刑法完善管制的内容、提高其刑罚惩罚性的具体表现。鉴于管制对犯罪分子不予关押的特征,要实现刑罚预防犯罪的目的(尤其是特殊预防),就必须尽可能地减少外界不良因素对罪犯的影响,而限制会客则无疑是有效手段之一。第六,将"外出"改为"离开居住的市、县"。"外出"一词的含义过于广泛、模糊,如果将其理解为离开住所,而这也必须经过执行机关批准,就会在实质上违背管制对犯罪分子不予关押的特征;而且,这一表述在实践中还会导致各地执行机关掌握的尺度宽严不一的现象发生。而修改后的“离开居住的市、县”的含义明确,不会产生歧义,既确保了刑法规定的明确性,同时也符合市场经济的规律和要求。

Ⅲ 管制犯的义务和权利

一、关于管制犯的活动限制

根据 1986 年 11 月 8 日最高人民法院、最高人民检察院、公安部、劳动人事部发布的《关于被判处管制、剥夺政治权利和宣告缓刑、假释的犯罪分子能否外出经商等问题的通知》,被判处管制的犯罪分子不能外出经商;如果原所在单位确有特殊情况不能安排工作的,在不影响对其实行监督考察的情况下,经工商管理部门批准,可以在常住户口所在地自谋生计;家在农村的,亦可就地从事或承包一些农副业生产;犯罪分子在被管制期间不能担任国营或集体企事业单位的领导职务。 4

根据 1991 年 9 月 25 日最高人民检察院发布的《关于被判处管制、剥夺政治权利和宣告缓刑、假释的犯罪分子能否担任中外合资、合作经营企业领导职务问题的答复》,犯罪分子在被管制期间也不能担任中外合资、中外合作企业,以及我方与港、澳、台客商合资、合作企业的领导职务。 5

二、关于管制犯的选举权

根据 1984 年 3 月 24 日全国人民代表大会常务会员会法制工作委员会、最高人民法院、最高人民检察院、公安部、司法部、民政部发布的《关于正在服刑的罪犯和被羁押的人的选举权问题的联合通知》,未被判处附加剥夺政治权利的管制犯,经选举委员会和执行机关(即社区矫正机构)的共同决定,可以在原户口所在地参加选举;可以在流动票箱投票,也可以委托有选举权的亲属或者其他选民代为投票。 6

三、关于管制犯参加劳动的待遇

被判处管制的犯罪分子在劳动中应当同工同酬,这是管制区别于其他自由刑的一个重要特征。[1] 所谓“同工同酬”,是指与从事相同工作、相同劳动的人取得同样的报酬,而不是说犯罪分子应当获得与犯罪前同样的报酬。换言之,不得因被判处 7

---

1 有观点认为,同工同酬的规定削弱了管制刑的刑罚属性,建议要求管制犯每月必须到指定地点参加一定时间的无偿的公益劳动(参见阎少华:《管制刑研究》,吉林人民出版社 2005 年版,第 163 页以下)。还有观点指出,同工同酬在现阶段难以保障,管制刑影响犯罪分子家庭经济生活是难以避免的(参见邱兴隆、许章润:《刑罚学》,中国政法大学出版社 1999 年版,第 207 页)。

管制而将犯罪分子与其他从事相同工作的普通公民实行差别对待。在现实中,单位依照规定对犯罪分子给予相应的行政处分或者其他处理,如调动工种、工作、降职、降级、降薪等都是正常的,而调动后应当与其进行的新工作的其他职工同工同酬。[2]

2　参见孟庆华:《刑罚适用重点疑点难点问题判解研究》,人民法院出版社 2009 年版,第 7 页。

第四十条　管制期满解除

被判处管制的犯罪分子，管制期满，执行机关应即向本人和其所在单位或者居住地的群众宣布解除管制。

文献:赵秉志主编:《刑法修改研究综述》,中国人民公安大学出版社 1990 年版;樊凤林主编:《刑罚通论》,中国政法大学出版社 1994 年版;马克昌主编:《刑罚通论》(第 2 版),武汉大学出版社 1999 年版;翟中东主编:《刑种适用中疑难问题研究》,吉林人民出版社 2001 年版;吴宗宪等:《非监禁刑研究》,中国人民公安大学出版社 2003 年版;阎少华:《管制刑研究》,吉林人民出版社 2005 年版;陈兴良主编:《刑种通论》(第 2 版),中国人民大学出版社 2007 年版;吴宗宪主编:《中国刑罚改革论》,北京师范大学出版社 2011 年版;陈国庆主编:《中华人民共和国刑法最新释义》,中国人民公安大学出版社 2016 年版;陈兴良:《刑法适用总论(下卷)》(第 3 版),中国人民大学出版社 2017 年版;王爱立主编:《中华人民共和国刑法解读》(第 5 版),中国法制出版社 2018 年版;贾宇主编:《刑法学》,高等教育出版社 2019 年版;高铭暄、马克昌主编:《刑法学》(第 9 版),北京大学出版社、高等教育出版社 2019 年版;张明楷:《刑法学》(第 6 版),法律出版社 2021 年版。

细目录

Ⅰ　主旨
Ⅱ　沿革
Ⅲ　解除管制

Ⅰ　主旨

本条是为了防止拖延管制期限而对管制罪犯解除管制的条件以及如何解除管制作出的规定。 1

Ⅱ　沿革

我国 1979 年《刑法》第 35 条规定:“被判处管制的犯罪分子,管制期满,执行机关应即向本人和有关的群众宣布解除管制。”修订后的 1997 年《刑法》第 40 条规定:“被判处管制的犯罪分子,管制期满,执行机关应即向本人和其所在单位或者居住地的群众宣布解除管制。”由此可见,我国现行刑法未对有关解除管制的规定进行实质 2

性的修改,只是对宣布解除管制的对象作出更为明确的界定。

Ⅲ 解除管制

3 刑法颁布以前的管制,根据有关文件规定,期满解除必须经过一定的报请审批程序。一般是先由有关单位提出,经过群众讨论,报主管机关批准,然后下达解除管制通知书,在适当的群众会上宣布,手续比较复杂。[1] 自 1979 年刑法颁布以来,解除管制的程序变得简单而明确。本条规定包括以下三层含义:

4 (1)解除管制的前提条件是管制期满,即被判处的管制刑执行完毕。如果管制尚未执行完毕,则不得解除管制。

5 (2)管制期满,执行机关应当立即宣布解除管制,不得拖延。由此即彻底否定了过去管制期限过长,还可以延长管制,管制期满后不宣布解除管制的"管制无期"的现象。[2]

6 (3)管制期满,应即向本人和其所在单位或者居住地的群众宣布解除管制。结合相关规定,还应发给本人《解除管制通知书》,如果附加剥夺政治权利的,应当同时宣布恢复政治权利。

---

1 参见樊凤林主编:《刑罚通论》,中国政法大学出版社 1994 年版,第 183 页以下。

2 参见高铭暄主编:《刑法学原理》(第 3 卷),中国人民大学出版社 2005 年版,第 121 页。

第四十一条　管制刑期的计算和折抵

管制的刑期，从判决执行之日起计算；判决执行以前先行羁押的，羁押一日折抵刑期二日。

文献:赵秉志主编:《刑法修改研究综述》,中国人民公安大学出版社1990年版;翟中东主编:《刑种适用中疑难问题研究》,吉林人民出版社2001年版;吴宗宪等:《非监禁刑研究》,中国人民公安大学出版社2003年版;陈兴良主编:《刑种通论》(第2版),中国人民大学出版社2007年版;陈国庆主编:《中华人民共和国刑法最新释义》,中国人民公安大学出版社2016年版;陈兴良:《刑法适用总论(下卷)》(第3版),中国人民大学出版社2017年版;中国法制出版社编:《中华人民共和国刑法及司法解释指导案例全书》(第2版),中国法制出版社2017年版;王爱立主编:《中华人民共和国刑法解读》(第5版),中国法制出版社2018年版;高铭暄、马克昌主编:《刑法学》(第9版),北京大学出版社、高等教育出版社2019年版;贾宇主编:《刑法学》,高等教育出版社2019年版;张明楷:《刑法学》(第6版),法律出版社2021年版。马克昌:《我国刑法中的管制》,载《法学研究》1980年第5期;顾文虎:《三类特殊情况下的刑期折抵之我见》,载《上海市政法管理干部学院学报(法治论丛)》2000年第6期;罗文胜:《被羁押行为与定罪行为不一时,羁押日期可否折抵刑期?》,载《人民检察》2003年第4期;石经海:《论刑期折抵的若干问题》,载《法律科学》2004年第6期;袁登明:《刑事羁押折抵刑期问题研究》,载《法律适用》2012年第7期。

细目录

Ⅰ　主旨
Ⅱ　沿革
Ⅲ　刑期的计算和折抵
　一、刑期的计算
　二、刑期的折抵

Ⅰ　主旨

本条是关于管制的刑期如何计算以及判决执行以前先行羁押的时间如何折抵刑期的规定。 1

Ⅱ　沿革

2　关于管制的刑期计算和折抵,1997 年《刑法》第 41 条完全沿用了 1979 年《刑法》第 36 条的规定,未作任何修改。相应地,我国《刑事诉讼法》第 76 条规定:“指定居所监视居住的期限应当折抵刑期。被判处管制的,监视居住一日折抵刑期一日;被判处拘役、有期徒刑的,监视居住二日折抵刑期一日。”

3　在司法解释方面,2000 年 2 月 29 日最高人民法院发布的《关于刑事裁判文书中刑期起止日期如何表述问题的批复》指出:“根据刑法第四十一条、第四十四条、第四十七条和《法院刑事诉讼文书样式》(样本)的规定,判处管制、拘役、有期徒刑的,应当在刑事裁判文书中写明刑种、刑期和主刑刑期的起止日期及折抵办法。刑期从判决执行之日起计算。判决执行以前先行羁押的,羁押一日折抵刑期一日(判处管制刑的,羁押一日折抵刑期二日),即自××××年××月××日(羁押之日)起至××××年××月××日止。羁押期间取保候审的,刑期的终止日顺延。”

Ⅲ　刑期的计算和折抵

一、刑期的计算

4　管制的刑期从判决执行之日起计算。刑法之所以如此规定,其目的在于使犯罪分子实际执行的刑期与判决宣告的刑期保持一致。一般而言,根据我国《刑事诉讼法》第 259 条的规定,判决生效之日即为“判决执行之日”。执行机关应当在判决生效当日对犯罪分子执行管制,刑期从当日起计算。但是,现实中也可能出现由于工作衔接或者不可抗力等原因导致判决生效后未立即进行管制的特殊情况,如果仍然从判决生效之日起计算刑期,就会减少实际执行的刑罚。在这个意义上,以“判决执行之日”作为管制刑期计算的起点是合理的。

二、刑期的折抵

5　犯罪分子在判决执行以前被羁押的,羁押 1 日折抵管制 2 日。这一规定的根据在于,先行羁押完全剥夺了犯罪分子的人身自由,而管制则不实行关押,其仅仅是限制犯罪分子的人身自由,二者不具有等价性。刑期折抵是刑法上设置的一种刑事实体救济方式。

6　根据相关司法解释性文件,以下几种情况也应当或者可以折抵管制刑期:

1.在押未决犯保外就医的期间

7　根据 1964 年 5 月 3 日最高人民法院、公安部发布的《关于在押未决犯保外就医期间是否折抵刑期问题的联合批复》,未决犯在保外就医期间,可以折抵刑期。

2.罪犯在逮捕、判刑前被“行政看管”“隔离审查”的日期

8 根据1979年4月27日最高人民法院发布的《关于罪犯在逮捕前被“隔离审查”的日期可否折抵刑期的复函》,“看管”“隔离”1日折抵刑期1日;已经判决而未折抵刑期的,不必补行折抵,可视情适当提前释放。

3.罪犯在判决前被收容审查、行政拘留的日期

9 根据1981年9月17日最高人民法院发布的《关于罪犯在判刑前被公安机关收容审查、行政拘留的日期仍应折抵刑期的复函》,罪犯被收容审查和因同一犯罪行为被行政拘留的,由于实际上被剥夺了人身自由,因而也应当折抵刑期。另外,根据2019年4月9日最高人民法院、最高人民检察院、公安部、司法部发布的《关于办理实施“软暴力”的刑事案件若干问题的意见》第10条的规定,因采用“软暴力”手段而构成寻衅滋事罪或者敲诈勒索罪被追究刑事责任的,行为人先前所受的行政拘留处罚应当折抵刑期。

4.罪犯被羁押的时间

10 根据2002年4月10日最高人民法院发布的《关于撤销缓刑时罪犯在宣告缓刑前羁押的时间能否折抵刑期问题的批复》,对被宣告缓刑的犯罪分子撤销缓刑执行原判刑罚的,对其在宣告缓刑前羁押的时间应当折抵刑期。

11 需要特别注意的是,根据1995年9月13日最高人民法院发布的《关于收容审查决定经行政判决撤销后被收审人又因同一事实被判刑原收审日期应否折抵刑期的答复》,公安机关的收容审查决定经行政判决撤销,被收审人依法获得赔偿后,又因同一事实被法院判处刑罚的,其被收容审查的日期不予折抵刑期。

第三节　拘　役

前　注

文献:张甘妹:《刑事政策》,三民书局 1979 年版;赵秉志主编:《刑法修改研究综述》,中国人民公安大学出版社 1990 年版;马克昌主编:《刑罚通论》(第 2 版),武汉大学出版社 1999 年版;周伟、李克非主编:《刑事法研究新视角》,中国政法大学出版社 2000 年版;马克昌:《比较刑法原理——外国刑法学总论》,武汉大学出版社 2002 年版;高铭暄:《中华人民共和国刑法的孕育诞生和发展完善》(精编本),北京大学出版社 2020 年版;张明楷:《刑法学》(第 6 版),法律出版社 2021 年版。董鑫:《拘役是我国的一项重要刑种》,载《现代法学》1982 年第 1 期;赵廷光:《关于用罚金替代短期自由刑的可行性研究》,载《中外法学》1995 年第 2 期。

细目录

Ⅰ　主旨
Ⅱ　沿革
Ⅲ　拘役的存废
一、关于短期自由刑存废的争议
二、关于拘役存废的争议
Ⅳ　拘役的完善

Ⅰ　主旨

1　本节在我国刑罚体系之中确立拘役的刑种,明确拘役的刑期、执行方式以及拘役刑期的计算与折抵。拘役是典型的短期自由刑,在自由刑中心的刑罚体系之中扮演着重要的角色。相较于在社会上服刑的管制,拘役完全剥夺犯罪人的自由,刑罚更加严厉;相较于有期徒刑较长时间剥夺犯罪人的自由,拘役仅短期剥夺犯罪人的自由,相对宽缓。因而,拘役刑的存在使得整个自由刑中心的刑罚体系更加完整、内容更加丰富。罪刑相均衡原则要求,犯罪与刑罚之间具有均衡性,以实现报应犯罪、预防犯罪的效果;犯罪行为千差万别、犯罪人形形色色,更加丰富的刑罚种类有助于更好地实现这种罪刑相均衡。

Ⅱ　沿革

2　1979 年《刑法》第 37、38、39 条分别规定拘役的期限、拘役的执行以及刑期的计算与折抵。这具备了1997年刑法之中拘役刑的雏形。无论是在整个刑罚体系之中的地位,还是在具体条文的设计上,二者基本上没有太大差别。有一点变化,即1979年《刑法》第37条规定的拘役的期限是“十五日以上六个月以下”,而1997年《刑法》第42条规定的是“一个月以上六个月以下”。值得注意的是,从1979年刑法到1997年刑法,其所规定的拘役刑期折抵均为“判决执行以前先行羁押的,羁押一日折抵刑期一日”,这一点为2018年修订的《刑事诉讼法》第76条规定所突破。其规定:“指定居所监视居住的期限应当折抵刑期。被判处管制的,监视居住一日折抵刑期一日;被判处拘役、有期徒刑的,监视居住二日折抵刑期一日。”换言之,不仅审前羁押可以折抵拘役刑期,审前指定居所监视居住也可以适当折抵拘役刑期。

Ⅲ　拘役的存废

一、关于短期自由刑存废的争议

在我国,有关拘役存废的争议异常激烈。拘役是一种短期自由刑,拘役存废的争议与短期自由刑存废的争议密切关联。 3

在西方国家,短期自由刑的具体含义还存在一定的分歧。作为主要的见解,有认为是3个月以下的自由刑,也有认为是6个月以下的自由刑。总体上看,短期自由刑概念是从剥夺自由的时间较短,从而不能很好地改造犯罪分子,反而会带来一系列的弊端的角度提出来的。然而,关于何种程度刑期的自由刑的效果或者弊端还没有被充分地说明,加之受刑人的个人差异往往较大,具体断定多长多短的刑期为短期自由刑是非常困难的。[1] 不过,在中国刑法学上,将拘役视为一种典型的短期自由刑并没有太大争议。另外,所谓短期自由刑,究竟是指宣告刑还是指执行刑也有争议。从受刑人的实际改善效果来考察,执行刑标准当然是妥当的。但是,执行刑是否属于短期往往难以预料,漏罪、减刑等偶然性因素无法事先判断,因此从指导裁判者适用短期自由刑的角度来看,还是应当采用宣告刑标准判断是否属于短期自由刑。 4

关于短期自由刑的存废问题,在刑法学领域已经争论了上百年。在西方国家刑法理论中,短期自由刑因其符合罪刑等价和刑罚人道主义的思想曾备受推崇。随着实证主义法学派的兴起,短期自由刑的实际社会效果开始受到质疑。刑事人类学派的代表人物龙勃罗梭首先发难,他认为短期自由刑只能使犯罪人之间彼此接触、相互传染恶习,没有足够的时间将其改造好,对短期自由刑主张由监外执行、法庭警告、罚款、监外强制劳动、流放,甚至肉刑、假释等非监禁方法替代。此后,短期自由刑的弊端饱受诟病,主要有以下几点[2]: 5

1　参见马克昌:《比较刑法原理——外国刑法学总论》,武汉大学出版社2002年版,第857页。

2　参见马克昌主编:《刑罚通论》(第2版),武汉大学出版社1999年版,第144—145页。

6 (1)短期自由刑由于时间太短,一方面会导致惩罚功能弱化,不具有刑罚应有的威慑力;另一方面,行政机关没有足够的时间来了解各个罪犯的特点,无法有针对性地对其进行矫正、教育。

7 (2)被适用短期自由刑的犯罪分子,所犯罪行往往较轻,多为偶犯、初犯等,尚有一定的羞耻心,容易改过自新。此类人一旦被关押,就同其他罪犯一样被贴上犯罪分子的标签,容易导致其产生自暴自弃的心理;而且被关押,必然会导致阻断其正常的社会状态,与亲人分离、丢失工作,对其未来的生活产生不利的影响。这些因素的共同作用,使犯罪人很难接受正面教育,反而容易促使其走上犯罪道路。

8 (3)短期自由刑的执行场所大多设施不完善,房舍不足,受刑人往往没有被分类关押,极容易使不同的罪犯之间发生交叉感染,相互交流犯罪经验与技术,强化犯罪意识,提高了犯罪分子的人身危险性,产生出更加危险的累犯。

9 (4)很多国家的刑法(例如奥地利、土耳其、德国等国的刑法)规定了罚金刑可以替代短期自由刑。德国在刑法改革运动中,运用罚金刑代替短期自由刑走得更远,被西方国家誉为典范。[3] 这使得实际受到短期自由刑惩罚的犯罪分子多为经济上处于不利地位的人,有钱人可以通过缴纳罚金来逃避失去自由的痛苦,从而导致了刑法适用上的不平等。

10 (5)短期自由刑需要社会较大的经济支出,以维持对犯罪人正常的严密关押、防范与教育,而被适用短期自由刑的犯罪分子在狱中一般都难以有效地组织劳动,不能给社会创造财富。因此,执行短期自由刑给社会带来沉重的经济负担。

11 但相当多的学者都认为,短期自由刑有其存在的价值,对于轻微犯罪行为进行报应,它是不可或缺的;它可以给犯罪分子以强烈的强制劳动的深刻印象,应以严格的行刑方法以达到防止再犯的目的。[4]

二、关于拘役存废的争议

(一)废除拘役的主张

1. 拘役适用率过低是废除拘役最重要的理由

12 据相关统计,在侵犯财产罪一章中,可以适用拘役的犯罪占该章全部犯罪的93.3%,比例最高;在军人违反职责罪一章中,可以适用拘役的犯罪占该章全部犯罪的46.9%,比例最低。可见,在我国刑法中,拘役在具体罪名的配置上的总体水平是较高的。然而我国审判实践表明,拘役刑的适用率明显偏低。根据最高人民法院公布的司法数据来看,2008 年全国刑事案件生效判决 649941 件,给予刑事处罚共计 989992 人,其中判处拘役的有 73183 人,占比为 7.4%;2009 年全国刑事案件生效判决 644387 件,给予刑事处罚共计 979433 人,其中判处拘役的有 66125 人,占比为 6.8%;2010 年

---

3 参见赵廷光:《关于用罚金替代短期自由刑的可行性研究》,载《中外法学》1995 年第 2 期。

4 参见张甘妹:《刑事政策》,三民书局 1979 年版,第 275 页。

全国刑事案件生效判决656198件，给予刑事处罚共计988463人，其中判处拘役的63848人，占比为6.5%。[5] 2011年，《刑法修正案(八)》通过，增设了危险驾驶罪，这一比例有了较大变化。2011年给予刑事处罚共计1032466人，判处拘役的76683人，占比为7.43%。以后逐年攀升，2016年达到峰值，给予刑事处罚共计1199603人，判处拘役的165161人，占比为13.77%，其后回落。但这并不能改变拘役适用率总体偏低的现实。[6]

2. 短期自由刑的弊端基本上都成为废除拘役的理由

首先，拘役刑期太短，不能取得教育和改造犯罪分子的作用。简单来看，拘役对罪行较轻的初犯、偶犯看起来罪刑相适应，但还要看到，某些初犯、偶犯罪行虽然不重，却有较深的主观恶性，或从小就开始有不良行为，实际上他们有较深的犯罪意识。对这样的初犯、偶犯判处拘役，试图在较短的时间里将他们改造好，几乎没有可能。当然，拘役犯罪分子中确有罪恶较小之人，其在拘役期间一定程度上可以认识到自己的罪行，但却在尚未牢固树立正确的观念之际，刑期已然届满，教育改造功亏一篑。其次，拘役执行的条件差，罪犯之间易相互感染。我国目前没有专门的拘役执行场所，被判处拘役的罪犯都是在看守所执行，这提供了互相感染、互传恶习的机会，在这样的条件下教育和改造拘役犯是不可能的。最后，短期自由刑缺乏威慑力，难以收到一般预防的作用；审前羁押时间过长，会使许多判决一宣布就放人，难以发挥刑罚的功能。[7] 13

(二)保留拘役的主张

1. 废除拘役是不现实的

当前，社会上还存在着大量的轻微犯罪，与这些轻微犯罪的社会危害性相适应的处理方法必然是轻微的刑罚，如果取消拘役，势必使自由刑出现明显的断档，部分轻微犯罪无法找到与之相对应的刑罚，无法满足罪刑相均衡原则的要求。 14

2. 废除拘役是不必要的

拘役虽然有不少弊端，但可以通过刑罚改革予以完善，采取补救措施就能减少负面影响。在国外立法、司法实践中的成功经验可资借鉴。 15

3. 废除拘役是不应该的

短期自由刑有独到的功效，对一些过失犯罪、渎职犯罪等轻微犯罪的确能够很好地起到预防作用。一旦废除，法律对这些犯罪就显得无能为力，不利于预防轻微犯罪。中国刑法中，危险驾驶罪入刑，拘役发挥了明显的威慑作用，大幅度地降低了醉 16

5　参见奈良毅：《论拘役刑的改良》，广西大学2012年硕士学位论文，第6页。

6　参见李松松：《我国拘役刑的完善研究》，大连海事大学2020年硕士学位论文，第7—9页。

7　参见赵秉志主编：《刑法修改研究综述》，中国人民公安大学出版社1990年版，第173—174页。

酒驾驶等危险驾驶犯罪的发生率。因此,取消拘役在我国目前条件下不合时宜。[8]

17 此外,针对理论上有废除拘役由罚金刑替代或者由行政拘留替代的观点,保留拘役论的看法是:罚金不能完全替代拘役,因为这两种刑罚性质各异,拘役有着罚金所无法替代的特点和优势。金钱是身外之物,对犯罪分子的惩罚和教育作用无法与拘役相比,且罚金还有惩罚效果容易转嫁他人、易造成穷人和富人事实上的不平等的缺点。行政拘留不能替代拘役,因为行政拘留和作为刑罚的拘役是两种性质完全不同的处理方法,用行政拘留代替拘役混淆了罪与非罪的界限。[9]

18 笔者赞同保留拘役的观点,认为拘役的诸种弊端在一定程度上可以通过拘役的完善予以克服。首先,拘役在我国有较长的历史传统,在西方也没有哪个国家完全废除了短期自由刑,保留拘役符合社会存续发展的一般规律。其次,重罪重罚、轻罪轻罚,罪刑阶梯的理论要求刑罚的轻重有序与轻重有别的犯罪相匹配,这样才符合罪刑相均衡的原理,废除拘役必将导致刑罚断档,部分轻罪无法找到与之匹配的轻刑,难称公正。最后,拘役的诸种弊端一定程度上可以通过拘役的改善予以克服。例如,针对不同类型拘役犯、拘役犯与未决犯相互传染犯罪恶习的弊端,可以通过设立专门化的关押场所,改善监禁条件,实行严格的分管分押予以克服。荷兰从 20 世纪 60 年代开始,以“三 S”(Short、Sharp、Shock)理论为指导,采取类军事化训练的改造方法,频繁适用短期自由刑且收到了令人瞩目的成效。德国、日本等国也相对稳定地适用着短期自由刑。这说明短期自由刑的弊端是可以加以克服的。因此,我国的拘役刑完全有存在的空间。[10]

Ⅳ 拘役的完善

1. 完善审前羁押制度,充分发挥拘役的刑罚功能

19 《刑法》第 44 条规定:“拘役的刑期,从判决执行之日起计算;判决执行以前先行羁押的,羁押一日折抵刑期一日。”这一规定在很大程度上导致了拘役适用率过低。很多刑事案件包括一些轻微的刑事案件,在侦查、起诉等环节对犯罪嫌疑人都采用了刑事拘留、刑事逮捕等刑事强制措施,造成先行羁押的既成事实。对较轻犯罪,一旦宣告判处拘役,先行羁押期限往往足以折抵拘役刑期,导致人民法院在审理案件时考虑到宣告就要释放这一事实,就转而宣告其他刑罚,这在事实上导致了拘役适用率过低。另外,由于先行羁押,即使宣告了拘役,刑期折抵后,拘役犯基本上不用实际服刑,就要予以释放,拘役的教育、改造功能都无从谈起。因此,对拘役进行改良,就应当完善我国的先行羁押制度。对于可能判处拘役的犯罪分子,一般应采取拘留、逮捕

---

8 参见马克昌主编:《刑罚通论》(第 2 版),武汉大学出版社 1999 年版,第 170—171 页。

9 参见周伟、李克非主编:《刑事法研究新视角》,中国政法大学出版社 2000 年版,第 260—261 页。

10 参见张明楷:《刑法学》(第 6 版),法律出版社 2021 年版,第 691 页。

等以外的其他非羁押性强制措施,审理期间不予关押,作出拘役判决后,收监执行。

2. 严格拘役的宣告,设立宣告犹豫制度

作为短期自由刑,拘役有其固有缺陷,威慑不足,教育、改造功能难以有效发 20
挥,应当尽量减少拘役的实际适用。一方面,把拘役作为一种最后手段,不得已时方能适用,确保拘役只适用于那些危害不大,但又确实有关押必要的罪犯。[11] 另一方面,建立宣告犹豫制度,对可能判处拘役的犯罪人经法院审判确定其构成犯罪,但对其暂不宣告有罪,而在一定期限内交由特定的机关监督考察;特别是对于一些初犯、偶犯、过失犯来说,适用宣告犹豫不仅使他们免受执行拘役所带来的负面影响,而且也能让他们免于被贴上罪犯的标签。[12]

3. 改善拘役条件,实行分管分教

设立专门化的关押场所,尽量避免将拘役犯罪人关押在看守所等非专门化的执 21
行场所,避免已决拘役犯与未决犯之间的混合关押;对不同类型的拘役犯,要采取切实的措施防止犯罪人之间的交叉感染,以便在较短的刑期内,收到较好的改造效果。

4. 扩大缓刑适用范围,增设拘役替代措施[13]

我国刑法规定允许法院对判处拘役、3 年以下有期徒刑的犯罪分子,根据其犯罪 22
情节和悔罪表现,在确认没有再犯罪的危险,对所居住社区没有重大不良影响的,给予缓刑。拟判处拘役的犯罪分子,一般而言,均属于犯罪情节较轻的情形,若满足其他缓刑条件,原则上都应当尽可能地适用缓刑;改造我国刑罚设置,充分发挥其他种类刑罚的替代作用:第一,充分发挥罚金刑的替代效果。各国实践表明,对不少犯罪分子而言,对其判处罚金所能达到的刑罚积极效果与拘役相同,却不具有短期自由刑的弊端。一些国家法律允许法官可根据案件的具体情况,自由决定是否对应处短期自由刑的罪犯易科罚金。[14] 我国刑法目前对罚金刑的适用只限于分则有规定的犯罪,且此时罚金并非完全与拘役并存,因而一定程度上限制了罚金的适用范围,从而也限制了罚金对拘役的替代可能。因此,应允许法官在认为必要时,对所有拘役判决都用罚金予以替代。第二,充分发挥管制的替代效果。管制是我国独创的刑罚方法,既可以发挥刑罚打击犯罪作用,同时又可避免短期自由刑的弊端,并且有利于发挥社会大众对犯罪分子监督、改造的作用。我国刑法没有允许管制对拘役的替代,既限制了管制的广泛适用,又限制了拘役弊端弥补措施的选择。因此,有必要明确规定管制可以替代拘役,由法院酌情决定。第三,增设一些资格刑。有些犯罪的发生与犯罪分子从事一定的专门工作密切相关,往往是由于疏于职守或违反了自身职责规定

---

11 参见马克昌主编:《刑罚通论》(第 2 版),武汉大学出版社 1999 年版,第 171—172 页。

12 参见奈良毅:《论拘役刑的改良》,广西大学 2012 年硕士学位论文,第 20 页。

13 参见马克昌主编:《刑罚通论》(第 2 版),武汉大学出版社 1999 年版,第 172—173 页。

14 参见魏远文:《探究我国短期自由刑的非刑罚化路径——基于实证数据的对比研究》,载《华南理工大学学报(社会科学版)》2008 年第 3 期。

而危害了社会,如交通运输人员与交通肇事罪,工矿企业工作人员与重大责任事故罪等。如果剥夺这些人从事相关工作的资格,不仅对其是一种惩罚,也是一种有效的预防手段。《刑法修正案(九)》第1条规定了《刑法》"三十七条之一"的"从业禁止",部分地实现了此类资格刑的效果,但是,该条仅规定"从业禁止"作为附带措施依附于"刑罚"适用,没有替代拘役的可能性。因此,有必要创设可以替代拘役的资格刑。

第四十二条　拘役的期限

拘役的期限，为一个月以上六个月以下。

文献:全国人大常委会法工委研究室编写组编著:《中华人民共和国刑法释义》,人民出版社 1997 年版;邱兴隆、许章润:《刑罚学》,中国政法大学出版社 1999 年版。岑飒、王文利:《我国拘役刑制度演变》,载《社会科学家》2004 年第 3 期。

细目录

Ⅰ　主旨

Ⅱ　沿革

Ⅲ　拘役的期限

Ⅰ　主旨

本条明确拘役的刑期为 1 个月以上 6 个月以下。 1

Ⅱ　沿革

1979 年刑法确定拘役的最低期限为 15 日,未采纳此前有草案提议的 3 日。主要理由是:第一,时间太短,只够来回走路办手续,实际意义不大,有失法律的严肃性;第二,时间太短,起不到教育、改造的作用。之所以要将拘役的最低期限定为 15 日,主要是考虑到:首先,拘役主要适用于轻微的犯罪,因此起点刑期不能定得过高;其次,治安管理处罚的拘留最高期限为 15 日,作为刑罚的拘役,如果与这个期限衔接起来,可以更明确地区别行政处罚与刑罚。第三,由于拘役的刑期上限应与有期徒刑的下限衔接,因此,1979 年刑法规定的拘役刑期的上限为 6 个月。不过,在数罪并罚时,可以超过 6 个月,最高刑期不能超过 1 年。1997 年刑法修订中,对拘役刑期的下限进行了修订,将 1997 年刑法规定的下限为 15 日改为 1 个月,拘役的上限并没有改变。这样修改是为了同 1996 年修改后的《刑事诉讼法》规定的刑事拘留最长可以延长至 1 个月的规定相衔接,以免出现判刑以前羁押期间长于判刑时间,无法折抵的情况。[1] 2

1　参见全国人大常委会法工委研究室编写组编著:《中华人民共和国刑法释义》,人民出版社 1997 年版,第 55 页。

Ⅲ　拘役的期限

3　拘役刑的刑期为1个月以上6个月以下。根据《刑法》第69条的规定,在进行数罪并罚时,拘役最高不能超过1年。人民法院在对犯罪分子适用刑罚时,根据犯罪分子的犯罪性质、情节、后果和社会危害程度,认为应当对其判处拘役的,就一个罪行而言,应当在1个月以上6个月以下的幅度内确定与犯罪分子犯罪情况相适应的拘役刑期。在没有进行数罪并罚的情况下,对犯罪人判处的拘役刑期,不能超过6个月,在没有减轻处罚情节的前提下也不能低于1个月。

4　拘役的刑期长短与整个刑罚体系的刑期配置有密切的关系。在自由刑为中心的刑罚体系之中,拘役之下是管制,拘役之上是有期徒刑,其成为整个自由刑轻重序列的中间一环。第一,拘役重于管制。《刑法》第38条规定"管制的期限,为三个月以上二年以下"。虽然,管制刑期配置长于拘役,但综合其执行方式来看,管制仍然属于轻于拘役的刑罚。[2] 管制是一种在社会中服刑的半自由刑,犯罪人自由度较大,因而《刑法》第41条规定"判决执行以前先行羁押的,羁押一日折抵刑期二日"。管制总体上是半自由刑,在社会上生活、服刑,尽管其刑期可能长于拘役,甚至按照羁押1日折抵管制2日的方式计算的话仍可能略长于拘役,但其刑罚的强度感仍是低于拘役的。正因为如此,《刑法》第69条规定,当有数罪分别判处管制、拘役的,应当在"拘役执行完毕后",再执行管制。第二,拘役轻于有期徒刑。《刑法》第45条规定有期徒刑的期限一般为"六个月以上十五年以下"。因此,拘役作为短期剥夺自由的刑罚就与有期徒刑形成了区别,有期徒刑起刑即在拘役之上。这样,管制、拘役、有期徒刑以及更重的无期徒刑形成了自由刑轻重序列,能够与实践之中绝大多数轻重有别的犯罪行为形成罪刑阶梯,很好地满足了罪刑相均衡原则的要求。

5　拘役的刑期在数罪并罚的情况下,最长也不能超过1年。但这并不意味着犯罪人数罪并罚实际执行拘役不可能超过1年,因为还存在着在拘役执行期间又犯新罪需要判处拘役的情形。如果在拘役执行期间,又犯新罪需要判处拘役,要"先减后并",扣除已经执行的拘役刑期,再将剩余的拘役刑期与新罪拘役刑期合并,最终实际执行的拘役刑期完全可能超过1年期限的限制。

2　参见张明楷:《刑法学》(第6版),法律出版社2021年版,第691页。

第四十三条　拘役的执行

被判处拘役的犯罪分子，由公安机关就近执行。

在执行期间，被判处拘役的犯罪分子每月可以回家一天至两天；参加劳动的，可以酌量发给报酬。

文献：王顺安：《刑事执行法学通论》，群众出版社2005年版。董鑫：《拘役是我国的一项重要刑种》，载《现代法学》1982年第1期；岑飒、王文利：《我国拘役刑制度演变》，载《社会科学家》2004年第3期；孟庆华：《拘役刑的适用特点探析》，载《河北公安警察职业学院学报》2009年第1期。

细目录

Ⅰ　主旨

Ⅱ　沿革

Ⅲ　拘役的执行

一、拘役的执行主体、场所

二、拘役的执行方式

三、拘役期间的待遇

Ⅰ　主旨

1 本条规定拘役的执行主体与场所、方式以及拘役执行期间犯罪分子的待遇。刑法规定，拘役的执行主体是公安机关，执行方式是就近执行。为更好地实现刑罚目的，彰显刑罚人道，刑法规定，被判处拘役的犯罪分子在执行期间，每月可以回家一天至两天；参加劳动的，可以酌量发给报酬。中国刑法的这些规定，使拘役与管制、有期徒刑不仅有了刑期长短的区分，更有了执行方式与待遇上的区分。

Ⅱ　沿革

2 1979年《刑法》第38条规定："被判处拘役的犯罪分子，由公安机关就近执行。在执行期间，被判处拘役的犯罪分子每月可以回家一天至两天；参加劳动的，可以酌量发给报酬。"1997年修订刑法，对拘役的执行规定未作修改。1979年《刑事诉讼法》第156条规定，对于被判处死刑缓期二年执行、无期徒刑、有期徒刑或者拘役的罪犯，应当由交付执行的人民法院将执行通知书、判决书送达监狱或者其他劳动改造场所执行,并由执行机关通知罪犯家属,1979 年《刑事诉讼法》并没有明确将拘役的执行与有期徒刑、无期徒刑、死缓的执行区别规定。1996 年修正后的《刑事诉讼法》没有再将拘役的执行与有期徒刑、无期徒刑、死缓的执行放在一起规定,而是明确规定"对于被判处拘役的罪犯,由公安机关执行"。对有期徒刑、无期徒刑、死缓罪犯的执行,是由监狱执行,而不是由公安机关执行,新修正的《刑事诉讼法》作了一致的规定。值得注意的是,《刑法修正案(八)》规定,对判处管制、缓刑、假释的犯罪分子应当进行社区矫正,新修正的《刑事诉讼法》除规定对判处管制、缓刑、假释的犯罪分子进行社区矫正外,还同时规定应对暂予监外执行的犯罪分子进行社区矫正,那么,对于判处拘役的暂予监外执行的犯罪分子也就需要进行社区矫正。另外,在 2005 年以前,公安机关就近执行拘役,各地做法不一,有设立拘役所执行拘役的,也有由看守所执行拘役的,等等。2005 年公安部印发了《关于做好撤销拘役所有关工作的通知》,在全国范围内撤销了拘役所,将拘役的执行统一归入了看守所。

Ⅲ 拘役的执行

一、拘役的执行主体、场所

3 拘役的执行机关是公安机关。与本条规定一致,2018 年《刑事诉讼法》第 264 条规定"对判处拘役的罪犯,由公安机关执行"。拘役的执行场所经历了从拘役所到看守所的变化。1979 年颁布现已失效的《关于管制、拘役、缓刑、假释、监外执行、监视居住的具体执行办法的通知》中曾规定,拘役在拘役所执行,没有条件的,可放在就近的监狱或劳改队执行或者看守所内执行。应当说,由拘役所执行拘役是最符合刑法理论要求的,其可以使执行更加专业化,最大限度地避免短期自由刑的弊端。然而,由于缺乏统一的顶层设计,公安机关在就近执行拘役的场所上一直较为混乱。拘役所执行还是看守所执行,各地情况不一,拘役所建设长期得不到重视。2005 年公安部颁布的《关于做好撤销拘役所有关工作的通知》作出了撤销拘役所的决定,"对被判处拘役的罪犯执行刑罚,是法律赋予公安机关的职责和任务。但是,长期以来,拘役所设置极不规范,缺乏执法和管理依据,并且基础设施条件差、安全系数低,影响了拘役刑执行工作的顺利进行。同时,由于被判处拘役罪犯的数量相对较少,单独设置拘役所难以形成关押规模,致使拘役所普遍以关押留所服刑罪犯为主,名不符实。为全面规范对被判处拘役罪犯的刑罚执行工作,公安部决定,撤销拘役所,对于被判处拘役的罪犯,由看守所执行"。这一规定的出台基本上放弃了刑法理论追求拘役行刑场所专门化的理想。不过,公安部注重看守所分类关押,减轻了短期自由刑的弊端带来的危害。《公安机关办理刑事案件程序规定》第 301 条第 2 款明确规定:对被判处拘役的罪犯,由看守所执行。

4 被判处拘役的未成年犯,应当在未成年犯管教所执行刑罚。《刑事诉讼法》第 264 条第 3 款规定:"对未成年犯应当在未成年犯管教所执行刑罚。"这主要是考虑到未成年犯与成年犯相比，有许多不同的特点，他们不成熟，缺乏社会经验，认知能力差，且正处于身心发育时期。因此，不适宜将他们与成年犯放在一起，即使是拘役也是如此。但公安部2013年颁行的《看守所留所执行刑罚罪犯管理办法》作了不同的规定。该办法第2条第2款规定："被判处拘役的成年和未成年罪犯，由看守所执行刑罚。"从法律关系上讲，刑事诉讼法是国家的基本法律，由全国人大制定；该办法仅是部门规章，由公安部制定。该办法对未成年犯拘役执行场所的规定有违上位法，也不符合未成年犯的特殊要求。

二、拘役的执行方式

"就近执行"是刑法明确规定的执行方式。何为"就近执行"，理论上有不同的看 5
法。[1] 第一种观点认为，"就近执行"就是在犯罪分子原工作、居住、生活地域附近进行关押改造。第二种观点认为，"就近执行"就是在犯罪分子工作、居住地的附近执行。第三种观点认为，"就近执行"是指由作出审判的人民法院所在地的公安机关执行。

上述观点，大致可以分为两类：一类是以犯罪分子为中心理解的"就近执行"，如 6
第一、二种观点；另一类是以刑事诉讼为中心理解的"就近执行"。这些观点各有一定的道理。以犯罪分子为中心的观点，考虑了犯罪分子的教育、改造问题，兼顾了拘役可以允许犯罪分子每月回家一天至两天的规定。拘役不同于有期徒刑，是非常典型的短期自由刑，适用于犯罪较轻的犯罪分子，对其关押的强度有别于被判处有期徒刑的犯罪分子。不仅如此，刑法考虑到短期自由刑的弊端，在执行期间允许其回家探望，有助于拘役犯保持与社会的联系，利用家庭、社会关系的力量促使其回归社会。因此，从允许拘役犯每月有一天至两天的回家时间的角度来看，将"就近执行"理解为是犯罪分子原工作、居住、生活地域附近或者工作、居住地就是妥当的。至于具体表述为"原工作、居住、生活地域"或者"工作、居住地"，并无实质上的区别。以刑事诉讼为中心的观点，考虑了刑事司法体制的制度逻辑，有利于刑事诉讼运行、工作衔接。根据《刑事诉讼法》的规定，刑事案件管辖有"地域管辖""级别管辖""指定管辖"等。"地域管辖"决定了绝大多数刑事案件应当在犯罪地的法院进行审判，因此，作出审判的人民法院原则上应当是犯罪发生地。进而，作出审判的人民法院将判决、裁定交付所在地的公安机关执行，就是"就近执行"。同样，依据"级别管辖""指定管辖"作出审判的人民法院将判决、裁定也应交由所在地的公安机关执行。因此，"就近执行"应当按照第二类观点来进行理解。笔者认为，对"就近执行"的理解应当兼顾两种观点，一般地应当理解为是作出生效判决的人民法院所在地公安机关"就近执行"；同时为了将刑法给予犯罪分子的法律待遇兑现，应当适度考虑在犯罪分子家庭所在地"就

1 参见孟庆华：《拘役刑的适用特点探析》，载《河北公安警察职业学院学报》2009年第1期。

近执行”。当遇有生效判决人民法院所在地与犯罪分子家庭所在地发生分离的,可以考虑通过公安机关内部移送机制将犯罪分子移送到家庭所在地“就近执行”。

7 对于被判处拘役的犯罪分子,有下列情形之一的,可以暂予监外执行:一是有严重疾病需要保外就医的;二是怀孕或者正在哺乳自己婴儿的妇女;三是生活不能自理,适用暂予监外执行不致危害社会的。公安机关决定对罪犯暂予监外执行的,应当将暂予监外执行决定书交被暂予监外执行的罪犯和负责监外执行的社区矫正机构,同时抄送同级人民检察院。暂予监外执行的情形消失后,犯罪分子刑期未满的,应当及时收归看守所执行。

8 对被判处拘役的犯罪分子,应当与徒刑一样采取劳动改造、教育训练、监禁管束的方法。[2]《看守所留所执行刑罚罪犯管理办法》第4条规定:“看守所管理罪犯应当坚持惩罚与改造相结合、教育和劳动相结合的原则,将罪犯改造成为守法公民。”在劳动方面,根据我国宪法与刑事法律的规定,凡有劳动能力的拘役犯都应当参加劳动。在劳动形式上,看守所应积极创造条件,使拘役犯能够在所内参加一些手工业、副业等生产劳动;也可以与看守所驻地附近的生产劳动单位(如清洁队、砖瓦厂、建筑工程队、生产队等)联系,促使这些生产劳动单位吸收拘役犯参加一些生产劳动,并委托这些单位对他们进行监督。采用这种方式参加劳动的罪犯,仍在看守所住宿,早出晚归。在教育方面,拘役执行机关应与徒刑执行监狱的教育改造工作一样,在组织罪犯劳动改造的同时,开展系统的思想政治教育、文化知识教育和劳动技能培训,有条件的地方还应采用心理矫治的辅助方法。在监管方面,应采取严格管束与分管分押的方法。拘役犯的刑期普遍很短,因而更应该强化在有限的时间里的惩戒与管束,使其感受到刑罚的威严,自由的可贵。具体执行上,应该尽可能地分类关押,减少短期自由刑的负面影响。不仅应将拘役犯与未决犯分开,也应将不同犯罪类型的拘役犯分开,将其与留在看守所执行余刑的徒刑犯分开,防止交叉感染与相互影响。《看守所留所执行刑罚罪犯管理办法》第43条第2款规定:“有条件的看守所,可以根据罪犯的犯罪类型、刑罚种类、性格特征、心理状况、健康状况、改造表现等,对罪犯实行分别关押和管理。”

三、拘役期间的待遇

9 拘役执行期间犯罪分子有“回家探视”与“获得报酬”的法律待遇。本条第2款明确规定,“被判处拘役的犯罪分子每月可以回家一天至两天;参加劳动的,可以酌量发给报酬”。这两项特殊待遇凸显出拘役与有期徒刑的重要区别。

10 允许拘役犯“回家探视”的目的是“使罪犯感受到家庭的温暖,有利于促使犯罪人改过自新,珍惜自由,不再犯罪”[3]。拘役犯“回家探视”的具体做法是,由罪犯本人

---

2 参见王顺安:《刑事执行法学通论》,群众出版社2005年版,第391页。

3 孟庆华:《拘役刑的适用特点探析》,载《河北公安警察职业学院学报》2009年第1期。

提出申请,管教民警签署意见,经看守所所长审核后,报所属公安机关批准。被判处拘役的外籍罪犯,家庭在中国境内的,当然也可以准许其“回家探视”。家庭不在中国境内的,从刑罚人道的角度出发,可以准许外籍罪犯在境内、在规定的期限内探亲。2001 年公安部《关于对被判处拘役的罪犯在执行期间回家问题的批复》就表示:“在执行期间,被判处拘役的犯罪分子每月可以回家一至两天”……被判处拘役的外国籍罪犯提出回家申请的,由地方级以上公安机关决定,并由决定机关将有关情况报上级公安机关备案。《看守所留所执行刑罚罪犯管理办法》第 55 条就规定:“被判处拘役的外国籍罪犯提出探亲申请的,看守所应当报设区的市一级以上公安机关审批。设区的市一级以上公安机关作出批准决定的,应当报上一级公安机关备案。被判处拘役的外国籍罪犯探亲时,不得出境。”拘役犯“回家探视”并非其权利,需要根据其表现情况以及刑期长短综合衡量。对获批“回家探视”的拘役犯,看守所应当发给回家证明,并告知应当遵守的相关规定。“回家探视”的时间限于每月一天至两天。对于回家路途遥远的,能否集中使用的问题,相关规定有一定的变化。公安部《关于管制、拘役、缓刑、假释、监外执行、监视居住的具体执行办法的通知》规定,拘役犯回家路途较远的,可以累积使用假期。但是,2013 年《看守所留所执行刑罚罪犯管理办法》作出了相反的规定,“罪犯回家时间不能集中使用”。该办法还规定,“不得将刑期末期作为回家时间,变相提前释放罪犯”。进一步的问题是,与后文拘役刑期计算相关的,回家的日期是否算在刑期以内?从刑法的立法精神来看,算在拘役的刑期以内是恰当的。刑法允许拘役犯回家的目的是促使被判处拘役的犯罪分子悔过自新,早日回归社会,没有道理将拘役犯回家的日期从总刑期中扣除。因此,“拘役犯在服刑期间回家的天数,应计算在刑期之内”[4]。

允许拘役犯“获得报酬”的目的也主要在于鼓励犯罪分子积极表现,改过自新,同 11
时在一定程度上体现了保障犯罪分子获取劳动报酬的权益。据此,刑法规定“参加劳动的,可以酌量发给报酬”。明确规定拘役犯的劳动可以适当发给报酬,似乎在此方面的用意是有别于徒刑执行,即徒刑犯不给报酬,拘役犯是给报酬的,拘役犯的待遇优于徒刑犯。实际上,我国《监狱法》第 72 条规定:“监狱对参加劳动的罪犯,应当按照有关规定给予报酬并执行国家有关劳动保护的规定。”因此,相比徒刑犯而言,拘役犯并无任何差别性优待可言,反而处于更加不利地位,因为拘役犯是“可以酌量发给报酬”,而徒刑犯是“应当”给予报酬。轻的刑罚反而较更重的刑罚更加不利,这在逻辑上说不过去。因此,此项规定存在一定的问题,应予以纠正。[5]

---

4 王顺安:《刑事执行法学通论》,群众出版社 2005 年版,第 392 页。

5 参见王顺安:《刑事执行法学通论》,群众出版社 2005 年版,第 391 页。

第四十四条　拘役刑期的计算与折抵

拘役的刑期，从判决执行之日起计算；判决执行以前先行羁押的，羁押一日折抵刑期一日。

文献:翟中东主编:《刑种适用中疑难问题研究》,吉林人民出版社 2001 年版;王顺安:《刑事执行法学通论》,群众出版社 2005 年版。董鑫:《拘役是我国的一项重要刑种》,载《现代法学》1982 年第 1 期;徐智平、夏胜炎:《指定居所监视居住刑期折抵的立法完善》,载《人民检察》2013 年第 19 期。

细目录

Ⅰ　主旨
Ⅱ　沿革
Ⅲ　刑期计算与折抵
一、起算时间
二、刑期折抵

Ⅰ　主旨

1　本条确定拘役刑期计算的起始日期,以及执行以前先行羁押情况下的折抵方法,这对于拘役犯的受刑以及执行机关准确行刑都有重要的意义。规定拘役的起始日期,可以预测拘役的结束日期;规定先行羁押时间折抵拘役刑期,体现了刑罚正义与人道。拘役的刑期起算于判决执行之日,终结于拘役刑期期满之日;判决执行以前曾被先行羁押的,羁押 1 日,折抵拘役刑期 1 日。

Ⅱ　沿革

2　中华人民共和国成立之后,在刑法的起草过程中,拘役的刑期从判决执行之日起计算,判决以前先行羁押的,羁押 1 日折抵刑期 1 日,这在历次草稿的讨论中都是没有争议的。1979 年刑法中的规定刑期计算起始之日及羁押的折抵方式,与 1997 年刑法规定的表述完全一样。2017 年《行政处罚法》第 28 条第 1 款规定:违法行为构成犯罪,人民法院判处拘役或者有期徒刑时,行政机关已经给予当事人行政拘留的,应当依法折抵相应刑期。2018 年《刑事诉讼法》第 76 条规定:"指定居所监视居住的期限应当折抵刑期。被判处管制的,监视居住一日折抵刑期一日;被判处拘役、有期徒刑的,监视居住二日折抵刑期一日。”这开创了我国刑期折抵制度由刑法与刑事诉讼法共同规定的新模式,打破了刑期折抵限于先行羁押的制度传统。

Ⅲ　刑期计算与折抵

一、起算时间

刑法规定,拘役的刑期,从判决执行之日起计算。所谓判决执行之日,是指将拘役犯移交执行主体执行之日。判决执行之日不等于判决生效之日。判决交付执行以生效为前提,判决生效之日并不一定就将生效判决交付执行。一般而言,判决生效之后应当立即将判决交付执行,但考虑到执行环节流转时间客观存在,不能将判决生效之日与判决执行之日相混淆。《刑事诉讼法》第 259 条规定:“判决和裁定在发生法律效力后执行。下列判决和裁定是发生法律效力的判决和裁定:(一)已过法定期限没有上诉、抗诉的判决和裁定;(二)终审的判决和裁定;(三)最高人民法院核准的死刑的判决和高级人民法院核准的死刑缓期二年执行的判决。”据此,拘役刑的执行之日所指的情形有:一审拘役判决未上诉、抗诉,经过上诉、抗诉期间生效之后交付执行之日;二审拘役判决或裁定作出之后交付执行之日。总之,判决生效之日与判决执行之日有一定的区别。 3

2021 年 1 月 26 日最高人民法院发布的《关于适用〈中华人民共和国刑事诉讼法〉的解释》第 511 条规定:“被判处死刑缓期执行、无期徒刑、有期徒刑、拘役的罪犯,第一审人民法院应当在判决、裁定生效后十日以内,将判决书、裁定书、起诉书副本、自诉状复印件、执行通知书、结案登记表送达公安机关、监狱或者其他执行机关。”由于公安机关是拘役的法定执行机关,因此,在现行司法体制下,人民法院将生效的拘役判决、裁定送达看守所的 10 日之内就是拘役执行之日起算的合理期间。 4

二、刑期折抵

刑法规定,对被判处拘役的犯罪分子,在判决执行以前先行羁押的,羁押 1 日折抵刑期 1 日。这一规定充分地体现了刑罚的正义性、人道性。因犯罪行为而采取的先行羁押本身并非刑罚,先行羁押带来的惩罚效果应当折算为刑罚效果。否则的话,就加重了罪犯的受惩罚的程度,从根本上违反了刑罚正义、刑罚人道的要求。 5

根据我国现行法律体系,狭义而言,判决执行以前的“先行羁押”,主要是指被采取刑事拘留、逮捕等剥夺人身自由的刑事强制措施。取保候审、普通的监视居住等不剥夺自由的刑事强制措施,不能折抵刑期。广义而言,判决执行以前的“先行羁押”也包括行政拘留、司法拘留等剥夺人身自由的法律措施,因为针对同一犯罪行为的行政拘留、司法拘留事实上起到了惩罚犯罪的效果,就应当折算为刑罚效果。正因为如此,《行政处罚法》第 35 条第 1 款规定:“违法行为构成犯罪,人民法院判处拘役或者有期徒刑时,行政机关已经给予当事人行政拘留的,应当依法折抵相应刑期。”根据这个规定,行为人已经判处行政拘留的,应当 1 日折抵 1 日,即折抵“相应刑期”。折抵 6

“相应刑期”按照1日折抵1日理解的理由在于:一是对“相应刑期”的当然解释。“相应”在此处即为相当、相等,拘役与拘留虽然性质不同,但处罚强度确是相当的,都属于剥夺人身自由的处罚,既然如此,1日折抵1日就属于折抵“相应刑期”。二是因为历史上的司法解释对这个问题有清楚的规定,例如,最高人民法院1957年发布的《关于行政拘留日期应否折抵刑期等问题的批复》以及1988年发布的《关于行政拘留日期折抵刑期问题的电话答复》均作出了类似的规定。虽然这些规定已被废止,但其处置方案应视为已被《行政处罚法》的上述规定所吸收。值得注意的是,能够折抵刑期的必须是行为人的同一行为,即行为人因同一行为受到过行政拘留,后又因该行为构成犯罪受到了拘役的处罚,方可以折抵“相应刑期”。如果本属于行为人的其他行为,则不能进行折抵。这是“禁止重复评价原则”所决定的。所谓“禁止重复评价原则”是罪数处理的基本原则,旨在防止刑罚的滥用,造成过度的刑法评价。“禁止重复评价原则”不仅适用于刑法领域,也能够运用于行政法领域,这是法律体系的一致性所决定的。因为,对于一个犯罪行为而言,其触犯刑法,往往也是触犯行政法的。这一个行为在应受刑罚处罚性上包含了其在整个公法领域的危害性评价,既然如此,已经受到行政处罚,再对其处以刑罚,就属于过度的处罚。这样看来,如果该行为曾经受到过行政拘留,后又需要判处拘役的,自然应当予以折抵、扣减。如并非同一行为,也不存在着违反上述原理的问题,自然不应当予以折抵。

7　特别值得注意的是,《刑事诉讼法》第76条规定:“指定居所监视居住的期限应当折抵刑期。被判处管制的,监视居住一日折抵刑期一日;被判处拘役、有期徒刑的,监视居住二日折抵刑期一日。”据此,被判处拘役的,被先行“指定居所监视居住”期间应当纳入拘役刑期折抵范畴。具体而言,“指定居所监视居住”2日折抵拘役刑期1日。现在的问题是,这里的“指定居所监视居住”与“先行羁押”的逻辑关系如何?从刑法的角度看,拘役的刑期折抵仅限于本条的“先行羁押”情形,那么就应当将“指定居所监视居住”理解为一种特殊形态的“先行羁押”,只有这样,才会发生刑期折抵问题。但是,从刑法规定“先行羁押的,羁押一日折抵刑期一日”的实际效果来看,“指定居所监视居住”是“二日折抵刑期一日”。折抵效果根本不同。所以,“指定居所监视居住”就不能被视作是刑法意义上的“先行羁押”。事实上,《刑事诉讼法》第76条的规定开创了新的刑期折抵方法,不属于本条规定的刑期折抵方法。“指定居所监视居住”的犯罪嫌疑人、被告人的人身自由受到了极大的限制,将其纳入拘役刑期折抵的考虑范畴是符合刑罚正义、刑罚人道要求的。但是,从刑事法律体系协调性来看,刑法规定犯罪与刑罚,刑事诉讼法规定程序问题,该项规定就略有越位之嫌。因此,有学者建议应当将此规定重新归位纳入《刑法》第三章第44条有关刑期折抵的规定之中。[1]

1　参见徐智平、夏胜炎:《指定居所监视居住刑期折抵的立法完善》,载《人民检察》2013年第19期。

第四节　有期徒刑、无期徒刑

前　注

文献：李贵方：《自由刑比较研究》，吉林人民出版社 1992 年版；陈兴良主编：《宽严相济刑事政策研究》，中国人民大学出版社 2007 年版；高铭暄：《中华人民共和国刑法的孕育诞生和发展完善》，北京大学出版社 2012 年版。刘勇：《现代西方国家刑罚体系中自由刑的地位》，载《国外法学》1986 年第 4 期；张明楷：《外国短期自由刑简论》，载《法学评论》1991 年第 2 期；李贵方：《论西方国家剥夺自由刑的困境》，载《法学评论》1991 年第 6 期；李贵方：《自由刑原理论纲》，载《社会科学战线》1992 年第 1 期；储槐植：《刑罚现代化：刑法修改的价值定向》，载《法学研究》1997 年第 1 期；王平：《监狱历史发展的一般规律及其启示》，载《西北政法学院学报》1997 年第 5 期；衣家奇：《不定期刑现象之思考》，载《法学评论》2005 年第 1 期；郭理蓉：《自由刑政策研究》，载《法学家》2005 年第 2 期；谢望原：《欧陆刑罚改革成就与我国刑罚方法重构》，载《法学家》2006 年第 1 期；周娅：《关于短期自由刑服刑罪犯的调查报告》，载《中国刑事法杂志》2006 年第 6 期；申林：《论我国刑法中各刑种实际刑度之间的不衔接及对策》，载《甘肃政法学院学报》2008 年第 1 期；张洪成：《不定期刑的历史命运》，载《刑法论丛》2008 年第 4 期；张小虎：《宽严相济刑事政策的精髓与我国刑罚体系的补正》，载《江苏社会科学》2019 年第 5 期。

细目录

Ⅰ　主旨
Ⅱ　沿革
Ⅲ　自由刑的分类
Ⅳ　宽严相济刑事政策下我国自由刑的完善

Ⅰ　主旨

有期徒刑是一种剥夺犯罪人一定期限的自由，对其进行教育和劳动改造的刑罚，是自由刑的代表，在我国适用范围最广，是典型的主刑。无期徒刑是一种剥夺犯罪人的终身自由，并对其进行劳动改造和教育的刑罚。两种徒刑虽然适用于罪行性质不同的罪犯，但都以剥夺人身自由为内容。《刑法》第 45—47 条规定了有期徒刑和无期徒刑的期限、执行场所以及有期徒刑的计算和折算问题。 1

Ⅱ 沿革

2 本节的基本内容和规模由1979年刑法确定,1997年刑法仅对之进行个别调整。

3 1979年刑法在总则第三章"刑罚"的第四节通过第40—42条分别规定了有期徒刑的期限、有期徒刑和无期徒刑的执行方法以及有期徒刑刑期的计算。

4 第40条只对有期徒刑的期限作了一般性规定:"有期徒刑的期限,为六个月以上十五年以下。"所以,分则条文中的法定刑,即使没有明确写明上限或者下限,也不能超出第40条规定的范围。第46条和第64条分别规定了在死缓减为有期徒刑、数罪并罚两种情况下,有期徒刑的上限是20年。

5 1979年《刑法》第41条直接采用了刑法草案第33稿的相关规定。[1] 关于有期徒刑的刑期计算和折抵问题,在刑法草案历次草稿中都有着同样的规定,没有变化。

6 关于有期徒刑的刑期,1997年《刑法》第45条基本沿用了1979年《刑法》第40条的规定,但增加了"除本法第五十条、第六十九条规定外"的例外规定,保持与1997年《刑法》第50条和第69条的协调。

7 关于有期徒刑和无期徒刑的执行场所和方式,1997年《刑法》第46条基本采纳1979年《刑法》第41条的规定,但有两处修改:一是将1979年《刑法》第41条中的"其他劳动改造场所"改为"其他执行场所",不仅符合刑罚执行机构的实际情况,也在表述上与监狱这一刑罚执行场所相协调;二是将执行方式改为"凡有劳动能力的,都应当参加劳动,接受教育和改造",强调劳动的强制性,突出教育和改造并重的刑罚目的。

8 至于有期徒刑的刑期计算,1997年《刑法》第47条完全沿用1979年《刑法》第42条的规定,未作任何改动。

Ⅲ 自由刑的分类

9 对当今各国司法实践具有重要意义的刑罚分类方法,是将刑种分为主刑与从刑(或附加刑),而自由刑是主刑中的绝对主力。作为一个已被普遍接受的概念,自由刑其实是一个高度抽象的学术名词,指的是一类刑罚,在各国刑罚体系中均占据重要地位。但自由刑本身有广义和狭义之分。广义的自由刑是指以剥夺或者限制罪犯人身自由为主要内容的刑罚[2],而狭义的自由刑仅仅是指剥夺犯

---

1 参见高铭暄:《中华人民共和国刑法的孕育诞生和发展完善》,北京大学出版社2012年版,第44页。

2 持此观点的有:马克昌主编:《刑罚通论》(第2版),武汉大学出版社1999年版,第125页;〔日〕木村龟二主编:《刑法学词典》,顾肖荣、郑树周等译,上海翻译出版公司1991年版,第418页;李贵方:《自由刑原理论纲》,载《社会科学战线》1992年第1期。

人人身自由的刑罚。[3] 即使自由刑在其历史的起步阶段仅仅局限于剥夺人身自由,但本书采用广义上的自由刑,因为这既能涵盖刑法的相关规定,也不会妨碍在比较法的基础上对自由刑进行研究。

自由刑通过刑罚具有的惩罚功能以及包括矫正、教育和改造在内的复归措施来实现一般预防与特殊预防的刑罚目的,具有重要价值:它不仅是人道刑罚的产物,也是人道刑罚的标志;它不仅能保障罪刑相适应原则尽可能充分地实现,还能保留法官纠错的机会。 10

虽然各国对自由刑的规定不一,但仍然可以按照一定标准对自由刑进行分类。[4] 按照不同标准,广义的自由刑可以分为:剥夺自由刑与限制自由刑,附劳动的自由刑与纯监禁的自由刑。而狭义的自由刑则包括无期自由刑与有期自由刑。有期自由刑又可进一步区分为:定期刑与不定期刑,长期自由刑与短期自由刑。 11

我国《刑法》规定了四种自由刑:管制属于限制自由刑;拘役属于剥夺自由的短期自由刑,自愿参加劳动的罪犯可以获得报酬[5];有期徒刑和无期徒刑属于剥夺自由的附劳动的自由刑、定期刑,有期徒刑可进一步分为长期徒刑与短期自由刑。除管制外,其余三种自由刑都属于广义的监禁刑(即不以纯监禁为目的的自由刑)。 12

Ⅳ 宽严相济刑事政策下我国自由刑的完善

刑事政策是以惩治和预防犯罪为目的,用于指导国家刑事立法、刑事司法和其他与之相关的社会活动的策略、方针和原则。作为目前我国的基本刑事政策,宽严相济的刑事政策最早由原中央政法委书记罗干在 2004 年 12 月中央政法委工作会议上提出,是“惩办与宽大相结合”基本刑事政策在新时期的继承和发展,它与欧美“轻轻重重”的两极化刑事政策极其近似,都有利于实现惩治与教育相结合的目的,有利于刑罚资源的合理、有效配置。宽严相济的刑事政策的内涵是在宽严区别对待的基础上,进行宽严并举和相互救济[6],从刑罚体系的角度来看,强调刑种的科学配置、罪刑匹配以及刑罚适用过程中的轻重衔接、协调有序。 13

在宽严相济政策指导下,我国刑罚体系已经进行多次调整和完善,例如,自由刑 14

---

3 持此观点的有:高仰止:《刑法总则之理论与实用》,五南图书出版股份有限公司 1986 年版,第 453 页;林山田:《刑罚学》,台北商务印书馆 1975 年版,第 181 页;刘勇:《现代西方国家刑罚体系中自由刑的地位》,载《国外法学》1986 年第 4 期。

4 参见马克昌主编:《刑罚通论》(第 2 版),武汉大学出版社 1999 年版,第 136—139 页。

5 1979 年公安部《关于管制、拘役、缓刑、假释、监外执行、监视居住的具体执行办法的通知》第 2 条第(二)项规定,对放在监狱或者劳改队执行拘役的罪犯,都要组织他们参加生产劳动,并酌量发给报酬。但该通知已于 2011 年被废止。

6 参见张小虎:《宽严相济刑事政策的精髓与我国刑罚体系的补正》,载《江苏社会科学》2019 年第 5 期。

的服刑年限被逐渐提高,减刑的门槛也被抬高;无期徒刑的执行方式也发生变化,终身监禁的出现在一定程度上弥合了无期徒刑与死刑之间的鸿沟;等等。但我国刑罚的改革依然受到理论界的极大关注。就自由刑的继续改革和完善而言,有关管制和拘役的内容请详见前文第三章第二节和第三节;针对有期徒刑和无期徒刑的改革完善,主要有以下观点:

1.针对有期徒刑的改革完善的观点

15 即使在2011年《刑法修正案(八)》出台之后,也有学者认为,我国刑法中生刑太轻,死刑太重,只强调"轻轻重重",而忽视相互协调、救济的刑事政策的要求。主张提高有期徒刑以及数罪并罚时有期徒刑上限的观点一直存在,只是在具体年限的确定上有分歧。从有期徒刑与无期徒刑及死缓衔接的角度看,学者们有的认为应分别提高到20年和30年[7];有的主张将有期徒刑的上限提高到25年,数罪并罚时不超过30年,理由是虽然也有不少国家将有期徒刑上限确定在15年左右[8],但这些国家大多已经废除了死刑[9]。而没有废除死刑的国家,如日本,在2004年也将"惩役"和"禁锢"的最高刑期由15年"提高至20年或者加重至30年"[10]。不过,在《刑法修正案(八)》通过之前,也有学者认为,保持有期徒刑的上限为15年,数罪总和刑期超过35年情形下并罚时有期徒刑的上限提高到25年是合理的,理由在于两点:一是15年对于受刑人已有足够的威慑效应;二是因数罪并罚时被判25年的罪犯在被减刑、假释后实际执行的刑期就大于或等于12年半,从而在刑罚强度上也顺利实现与经过完善后的无期徒刑最低执行期限的有机衔接。[11]

16 上述观点都有道理。笔者认为,有期徒刑的继续完善首先需要严格执行减刑、假释制度,其次需要有对有期徒刑受刑人的改造效果进行长期跟踪调查,通过分析刑罚执行的实证数据来进一步论证有期徒刑上限的确定标准。

2.针对无期徒刑的改革完善的观点

17 在《刑法修正案(九)》出台之前,学界已有增设不能减刑、假释的无期徒刑的观点。但有学者反对此种方案,认为这不仅不符合自由刑惩罚与教育功能的实现,也加

---

7 参见郭理蓉:《自由刑政策研究》,载《法学家》2005年第2期。

8 如丹麦的"固定期限监禁"为16年,芬兰的"有期监禁"为12年,德国的"有期自由刑"为15年,冰岛的"有期监禁"为16年,荷兰的"有期监禁"为15年,挪威的"监禁"及"拘留"分别为15年、20年,瑞典的"固定期限监禁"为10年。详见张小虎:《宽严相济刑事政策的精髓与我国刑罚体系的补正》,载《江苏社会科学》2019年第5期。

9 参见赵秉志等译:《现代世界死刑概况》,中国人民大学出版社1992年版,第62、75、81、100、171、178、229页。

10 周东平、薛夷风:《日本刑法有期刑上限的提高及对我国的启示》,载《厦门大学学报(哲学社会科学版)》2009年第3期。

11 参见王志祥、敦宁:《刑罚配置结构调整论纲》,载《法商研究》2011年第1期。

重了我国刑事司法的经济成本;他们认为[12],可以将无期徒刑分为严格无期徒刑和一般无期徒刑两种,前者针对特定罪犯,最低执行期限为20年,而后者的最低执行时间为15年。该观点有一定合理性,如此可以与死缓期满后减为有期徒刑的期限形成等级位阶关系。还有学者认为[13],可以增设无期徒刑的缓刑,缓刑期为2年,2年以后符合法定条件的减为25年以上30年以下有期徒刑,并限制其减刑、假释。为无期徒刑增设缓刑执行制度的建议并非新观点。在新中国刑法起草讨论过程中,就已有这种观点,但并未被采纳,因为"无期徒刑本身也可以减刑,缓刑不缓刑意义不大"[14]。不过,这种为无期徒刑缓刑之后的减刑幅度设定限制的设想,是值得重视的,但时长标准还需要进一步斟酌。

12　参见王志祥、敦宁:《刑罚配置结构调整论纲》,载《法商研究》2011年第1期。

13　参见张小虎:《宽严相济刑事政策的精髓与我国刑罚体系的补正》,载《江苏社会科学》2019年第5期。

14　高铭暄:《中华人民共和国刑法的孕育诞生和发展完善》,北京大学出版社2012年版,第44页。

第四十五条　有期徒刑的期限

有期徒刑的期限，除本法第五十条、第六十九条规定外，为六个月以上十五年以下。

文献:赵秉志主编:《刑法修改研究综述》,中国人民公安大学出版社 1990 年版;李贵方:《自由刑比较研究》,吉林人民出版社 1992 年版;张希坡编:《中华人民共和国刑法史》,中国人民公安大学出版社 1998 年版;马克昌主编:《刑罚通论》(第 2 版),武汉大学出版社 1999 年版;邱兴隆:《刑罚理性评论——刑罚的正当性反思》,中国政法大学出版社 1999 年版;周光权:《法定刑研究——罪刑均衡的建构与实现》,中国方正出版社 2000 年版;邱兴隆:《刑罚的哲理与法理》,法律出版社 2003 年版;白建军:《罪刑均衡实证研究》,法律出版社 2004 年版;陈兴良主编:《刑种通论》(第 2 版),中国人民大学出版社 2007 年版;陈兴良:《宽严相济刑事政策研究》,中国人民大学出版社 2007 年版;高铭暄、赵秉志主编:《刑罚总论比较研究》,北京大学出版社 2008 年版;曲伶俐主编:《刑罚学》,中国民主法制出版社 2009 年版;陈兴良主编:《刑法总论精释》(第 3 版),人民法院出版社 2016 年版;冯军、肖中华:《刑法总论》(第 3 版),中国人民大学出版社 2016 年版;黎宏:《刑法学总论》(第 2 版),法律出版社 2016 年版;李晓明:《刑法学总论》,北京大学出版社 2016 年版;刘宪权主编:《刑法学》(第 4 版),上海人民出版社 2016 年版;齐文远主编:《刑法学》(第 3 版),北京大学出版社 2016 年版;曲新久主编:《刑法学》(第 5 版),中国政法大学出版社 2016 年版;林亚刚:《刑法学教义》(第 2 版),北京大学出版社 2017 年版;陈兴良:《规范刑法学(教学版)》(第 2 版),中国人民大学出版社 2018 年版;高铭暄、马克昌主编:《刑法学》(第 9 版),北京大学出版社、高等教育出版社 2019 年版;张明楷:《刑法学》(第 6 版),法律出版社 2021 年版;周光权:《刑法总论》(第 4 版),中国人民大学出版社 2021 年版。赵秉志等:《中国刑法修改若干问题研究》,载《法学研究》1996 年第 5 期;储槐植:《刑罚现代化:刑法修改的价值定向》,载《法学研究》1997 年第 1 期;何荣功、段宝平:《不定期刑探讨》,载《中国刑事法杂志》2001 年第 4 期;冯亚东:《罪刑关系的反思与重构——兼谈罚金刑在中国现阶段之适用》,载《中国社会科学》2006 年第 5 期;刘守芬、李瑞生:《刑事政策变迁与刑种的改革及完善》,载《河南省政法管理干部学院学报》2008 年第 2 期;马长生、许文辉:《死刑限制视角下的有期徒刑上限提高论——兼论我国重刑体系的冲突及衔接》,载《法学杂志》2010 年第 1 期。

细目录

Ⅰ　主旨

杨　萌

Ⅱ 沿革
Ⅲ 有期徒刑的优点与缺点
一、有期徒刑的突出优点
二、有期徒刑的明显缺点
Ⅳ 有期徒刑的刑期
Ⅴ 刑法分则对有期徒刑的规定
一、有期徒刑的刑度
二、不同刑等的有期徒刑之间的衔接

Ⅰ 主旨

本条规定的是有期徒刑的下限与上限。除数罪并罚和死缓减为有期徒刑等特殊情况外,只要涉及有期徒刑,一罪的法定刑以及宣告刑必须在此幅度之内。 1

Ⅱ 沿革

1979年《刑法》第40条将有期徒刑的期限设定为"六个月以上十五年以下"。这条规定直接采纳了刑法草案第33稿的相关内容,但却舍弃了该稿中"数罪并罚或无期徒刑减为有期徒刑时,刑罚上限为20年"的规定。这一明显缺憾直到1997年得以弥补。1997年修订刑法时,在第45条将有期徒刑的期限明确、严谨地限定为"除本法第五十条、第六十九条规定外,为六个月以上十五年以下"。 2

Ⅲ 有期徒刑的优点与缺点

在刑罚史上,有期徒刑的出现虽然晚于生命刑和身体刑,但仍是历史最悠久的刑种之一[1],目前仍然是我国刑罚体系中的核心刑种,也是我国适用范围最广泛的刑种,可谓是名副其实的主刑。 3

一、有期徒刑的突出优点

1.有期徒刑能最广泛地适应犯罪危害程度的变化

有期徒刑的上、下限分别与无期徒刑和拘役相接,跨度很大,可以适用于轻重不同的犯罪。我国刑法虽然并未在总则中直接将有期徒刑进行分等并与犯罪严重程度挂钩,但刑法理论和司法实务中习惯将有期徒刑分为三档[2]:法定刑为10年以上的是长期徒刑,作为重刑适用于严重犯罪;3年以上不满10年的为中期徒刑,刑期幅度范围较广,适用面也较宽,针对危害居中的犯罪;不满3年的为短期徒刑,适用于危害 4

1 参见马克昌主编:《刑罚通论》(第2版),武汉大学出版社1999年版,第126—127页。

2 参见陈兴良主编:《刑种通论》(第2版),中国人民大学出版社2007年版,第206页。

较小的犯罪行为。[3] 这种广泛的适用性,为其他刑种难以企及。因此,刑法分则规定的法定刑中,除第 133 条之一、第 280 条之一、第 284 条之一第 4 款之外,都有有期徒刑。

2.有期徒刑最能体现罪刑相适应原则的要求[4]

5 有期徒刑所具有的广泛适用性特点既便于立法者为具体犯罪规定相对较宽的法定刑幅度,以适应犯罪危害程度的变化,也便于裁判者根据具体案情,在量刑指导意见的规范范围内,确定宣告的刑期,从而实现重罪重判,轻罪轻判,最大限度地实现宽严相济的刑事政策,并贯彻罪刑相适应原则。

3.有期徒刑有利于对罪犯的教育和改造

6 首先,有期徒刑在一定期限内对罪犯进行关押,剥夺其自由,体现了对犯罪行为的直接否定,从空间和心理上奠定了对罪犯进行教育和改造的基础。其次,有期徒刑既非剥夺罪犯的生命,也非剥夺其终身自由,有助于克服无期徒刑可能给罪犯带来的消极、悲观情绪,有利于罪犯主动、积极地接受教育和改造。最后,对罪犯进行一定期间的关押,也便于执行机关根据罪犯类别、犯罪性质和刑期长短分门别类地对罪犯进行有针对性的教育和改造,以期最大化地优化改造效果。

二、有期徒刑的明显缺点

1.长期徒刑的服刑人员容易出现再社会化障碍

7 被长期关押的罪犯往往经历家庭、工作等方面的影响身份认同的巨大变化,而我国眼下所处的技术快速进步、社会剧烈变革的特殊阶段加重了对罪犯的此种影响。此外,我国目前只有少数监狱设立了出监监狱或者出监监区,在出监教育模式上仍然处于各自摸索的阶段,对即将刑释人员的心理辅导和技能培训并非全部到位。不少罪犯在长期关押、获释出狱后,因为与社会隔离过久,面临基本谋生、社会交往等方面的诸多困难和障碍,甚至可能成为新的社会不稳定因素。

3　对于短期徒刑的划分是否应该坚持以 3 年有期徒刑为标准,学界存在不同看法。有作者基于对司法判例的统计分析,结合 2012 年《刑事诉讼法》第 275 条增设的未成年人犯罪前科封存制度,提出应该以 5 年而非 3 年有期徒刑为标准来划分轻刑等与中刑等,具体参见贾健:《论有期徒刑分等的机能与模式》,载《西部法学评论》2012 年第 2 期。此外,在刑事速裁程序前后两轮试点过程中,适用对象中涉及以徒刑为划分标准的,也从第一轮的小范围的可能判处 1 年以下有期徒刑的罪名,扩大到第二轮的被告人认罪认罚的所有可能判处 3 年以下有期徒刑的罪名,并最终在 2018 年修订《刑事诉讼法》时得到确认,这也是充分考虑了刑法分则规定的轻罪是以法定刑 3 年以下有期徒刑为划分标准的结果。有关规定具体可见 2014 年 6 月全国人大常委会发布的《关于授权最高人民法院、最高人民检察院在部分地区开展刑事案件速裁程序试点工作的决定》和 2016 年 11 月最高人民法院、最高人民检察院、公安部、国家安全部、司法部印发的《关于在部分地区开展刑事案件认罪认罚从宽制度试点工作的办法》。

4　参见马克昌主编:《刑罚通论》(第 2 版),武汉大学出版社 1999 年版,第 157 页。

2.短期徒刑[5]罪犯因为审前羁押折抵刑期等因素影响，关押时间短，不利于对其进行有效教育和改造

8 短期刑罪犯的监禁改造历来是一个难题。特别是刑事判决生效后，剩余刑期在3个月以上不满1年的，2013年1月1日之前是由看守所执行，但是根据2012年修订的《刑事诉讼法》第253条(2018年《刑事诉讼法》第264条第2款)的规定，如今需交付监狱执行。而监狱的奖惩处罚规定往往缺乏对这部分极短期刑犯的有效约束，使得对这部分罪犯的教育改造效果大打折扣。

3.各种罪犯关押在同一所监狱，容易产生犯罪意识的交叉感染，从而增加累犯和再犯的可能性

9 不可否认，监狱里关押的小部分罪犯掌握了常人没有掌握的特殊技能，监狱里也流行"强者"生存的亚文化。即使监狱也有借力打力的管理手段，也无法彻底杜绝罪犯交流犯罪经验和技术，导致罪犯之间交叉传染，理论上增加了累犯和再犯的可能。

10 有期徒刑的上述缺点，有的是内生的、必然的，难以根除，但有的是因有期徒刑执行制度不完善，监狱建设和管理不够发达，以及传统观念、社会配套制度不完善所致。我国已经从轻罪罪犯缓刑制度、社区矫正制度入手来解决有期徒刑执行中存在的部分问题。这必将有助于部分克服有期徒刑的缺点。由此也可见，有期徒刑虽然存在诸多不足，但鲜少有人主张废除有期徒刑。

Ⅳ 有期徒刑的刑期

11 根据《刑法》第45条的规定，针对犯罪分子犯一罪判处有期徒刑，一次只能判处6个月以上15年以下的刑罚。此外，根据《刑法》第50、69条，以及最高人民法院《关于办理减刑、假释案件具体应用法律的补充规定》第3条和第4条的规定，以及最高人民法院《关于办理减刑、假释案件具体应用法律的规定》第12条和第8条的规定，在下列特殊情况下，判处或者裁定减刑后的刑罚可以超过15年，最高不得突破25年：

1.被判处死刑缓期执行的罪犯，在死缓期间确有重大立功表现的，两年缓刑考验期满之后，可以减为有期徒刑25年

12 具体请参见本书第50条评注的有关内容。

---

5 短期徒刑的概念存在争议，分歧体现在两个方面：一是针对的是法定刑、宣告刑还是执行刑；二是短期的标准到底是什么。自从1872年召开第一次国际监狱会议以来，围绕短期标准进行的争议已经持续了一个多世纪，主要有3个月、6个月和1年这三个标准。参见张明楷：《外国短期自由刑简论》，载《法学评论》1991年第2期。由于各国传统文化、情感伦理存在差异，这个标准很难统一。根据我国的刑事立法及实践，将我国的短期自由刑界定为3年以下自由刑(具体包括3年以下有期徒刑和拘役)是合理的，参见陈志军：《短期自由刑若干问题比较研究》，载高铭暄、赵秉志主编：《刑法论丛》(第6卷)，法律出版社2002年版，第428—430页。

2.罪犯因数罪被判有期徒刑，并罚时总和刑期不满35年的，决定执行的刑期不能超过20年；总和刑期在35年以上的，决定执行的刑期不能超过25年

13 具体请参见本书第69条的有关内容。

3.被判无期徒刑的罪犯在满足条件后减为有期徒刑的刑期可以超过20年

14 最高人民法院《关于办理减刑、假释案件具体应用法律的补充规定》第3条规定：被判处无期徒刑，符合减刑条件的，执行4年以上方可减刑。确有悔改表现或者有立功表现的，可以减为23年有期徒刑；确有悔改表现并有立功表现的，可以减为22年以上23年以下有期徒刑；有重大立功表现的，可以减为21年以上22年以下有期徒刑。[6]

4.被判处死缓的罪犯在2年期满之后减为有期徒刑的，可以超过20年

15 根据《刑法》第50条的规定，如果确有重大立功表现，2年期满以后，减为25年有期徒刑。

16 在我国，有关有期徒刑的讨论中，其上限以及数罪并罚时有期徒刑的上限的确定引发的争议较为突出。1997年修订刑法过程中，不少学者都主张，在我国限制死刑适用的背景下应提高有期徒刑的上限，以期完善有期徒刑制度。有的建议提高至20年，数罪并罚及加重处罚的情况下不得超过30年[7]；有的虽然也主张将上限提高到20年，但要求数罪并罚不超过25年[8]。这些意见也在1979年刑法修订过程中受到重视，并在1996年6月24日的刑法总则修改稿中得到一定程度的体现。该稿第41条规定："有期徒刑的期限，为6个月以上20年以下。"第67条规定："有期徒刑数罪并罚不能超过25年。"然而，考虑到有期徒刑刑期的修改工程浩大，出于慎重，刑法总则修改稿第44条又改回1979年《刑法》第40条的规定，直至1997年刑法，上述主张并未被采纳。[9]《刑法修正案（八）》提高了数罪并罚时有期徒刑的上限，虽然在一定程度上弥补了1997年刑法的不足，但围绕是否应该提高单罪有期徒刑上限的讨论仍在继续，主张提高的观点大多是从宽严相济的刑事政策、限制死刑以及有期徒刑与无

6　相较于最高人民法院《关于办理减刑、假释案件具体应用法律的规定》第8条的规定，最高人民法院《关于办理减刑、假释案件具体应用法律的补充规定》第3条的规定更为严厉。最高人民法院《关于办理减刑、假释案件具体应用法律的规定》第8条规定：被判处无期徒刑的罪犯在刑罚执行期间，符合减刑条件的，执行2年以上，可以减刑。减刑幅度为：确有悔改表现或者有立功表现的，可以减为22年有期徒刑；确有悔改表现并有立功表现的，可以减为21年以上22年以下有期徒刑；有重大立功表现的，可以减为20年以上21年以下有期徒刑；确有悔改表现并有重大立功表现的，可以减为19年以上20年以下有期徒刑。

7　参见赵秉志等：《中国刑法修改若干问题研究》，载《法学研究》1996年第5期；最高人民检察院刑法修改研究小组：《关于修法是个重点问题的研究（1996年5月）》，载敬大力主编：《刑法修订要论》，法律出版社1997年版，第310页。

8　参见陈兴良：《刑法适用总论》（下卷），法律出版社1999年版，第194—195页。

9　参见高铭暄：《中华人民共和国刑法的孕育诞生和发展完善》，北京大学出版社2012年版，第224页。

期徒刑合理衔接等角度出发进行论证。[10] 笔者认为,这些观点存在一定的合理性。

V　刑法分则对有期徒刑的规定

17 刑法总则只规定了有期徒刑的幅度。对具体犯罪不同情节的有期徒刑的刑度及有期徒刑不同刑等衔接进行合理规定,则是刑法分则的任务。

一、有期徒刑的刑度

18 由于有期徒刑的幅度很大,如果不在个罪的法定刑中对有期徒刑的刑度进行规定,就会导致法官的自由裁量权过大,造成量刑有失均衡,最终间接违反罪刑法定原则。所以,我国刑法分则不存在“六个月以上十五年以下有期徒刑”的法定刑规定。据统计,刑法分则对有期徒刑刑度的规定方式目前有 15 种:1 年以下、2 年以下、3 年以下、5 年以下、1 年以上 3 年以下、2 年以上 5 年以下、2 年以上 7 年以下、3 年以上 7 年以下、3 年以上 10 年以下、5 年以上 10 年以下、7 年以上 10 年以下、5 年以上、7 年以上、10 年以上、15 年。对这 15 种方式进行梳理,则可进一步将其分为以下四种情形:

1.只规定上限,不规定下限

19 这种情形中,该罪法定刑的上限由刑法分则具体条文确定,下限则由刑法总则第 45 条划定,即 6 个月。此种情形又可具体分为四种方式:第一,1 年以下,如《刑法》第 252 条侵犯通信自由罪的法定刑为 1 年以下有期徒刑或者拘役;第二,2 年以下,如《刑法》第 253 条私自开拆、隐匿、毁弃邮件、电报罪的法定刑为 2 年以下有期徒刑或者拘役;第三,3 年以下,如《刑法》第 133 条交通肇事罪基本情节的法定刑为 3 年以下有期徒刑或者拘役;第四,5 年以下,如《刑法》第 182 条操纵证券、期货市场罪基本情节的法定刑为 5 年以下有期徒刑或者拘役,并处或者单处罚金。

2.只规定下限,不规定上限

20 具体犯罪法定刑的下限由分则条文规定,上限按照《刑法》第 45 条的规定为 15 年。此种情况一般为具体犯罪加重处罚情节对应的法定刑幅度,包括以下三种方式:第一,法定刑为 5 年以上,如《刑法》第 234 条之一组织出卖人体器官罪中,情节严重的,处 5 年以上有期徒刑,并处罚金或者没收财产;第二,法定刑为 7 年以上,如《刑法》第 133 条交通肇事后因逃逸致人死亡的,处 7 年以上有期徒刑,此档为交通肇事罪法定刑中最高一档;第三,法定刑为 10 年以上,如《刑法》第 263 条抢劫罪的加重处罚情节中,只要具备八种法定情形之一,就处 10 年以上有期徒刑、无期徒刑或者死刑,并处罚金或者没收财产,根据案件具体情况,如果决定对被告人适用有期徒刑,则

10　参见马长生、许文辉:《死刑限制视角下的有期徒刑上限提高论——兼论我国重刑体系的冲突及衔接》,载《法学杂志》2010 年第 1 期;陈长均:《有期徒刑上限仍有提升空间》,载《人民检察》2011 年第 9 期;张建华、贾永立:《填补有期徒刑 15 年和无期徒刑间的空当》,载《法律与生活》2014 年第 23 期。

最高不能判处超过 15 年的有期徒刑。

3.同时规定上限和下限

21 此类情形在刑法分则中很普遍,常见组合有:第一,1 年以上 3 年以下,如《刑法》第 322 条偷越国(边)境罪,为参加恐怖活动组织、接受恐怖活动培训或者实施恐怖活动,偷越国(边)境的,处 1 年以上 3 年以下有期徒刑,并处罚金。第二,2 年以上 5 年以下,如《刑法》第 270 条侵占罪,如果数额巨大或者有其他严重情节的,处 2 年以上 5 年以下有期徒刑,并处罚金。第三,2 年以上 7 年以下,如《刑法》第 416 条第 2 款阻碍解救被拐卖、绑架妇女儿童罪的基本法定刑为 2 年以上 7 年以下有期徒刑。第四,3 年以上 7 年以下,此种方式在刑法分则中较为普遍,如《刑法》第 115 条第 2 款规定,过失犯放火罪、决水罪、爆炸罪、投放危险物质罪、以危险方法危害公共安全的,处 3 年以上 7 年以下有期徒刑;第 120 条之四利用极端主义破坏法律实施罪,情节严重的,处 3 年以上 7 年以下有期徒刑;《刑法》第 133 条交通运输肇事罪,交通肇事后逃逸或者有其他特别恶劣情节的,处 3 年以上 7 年以下有期徒刑;等等。第五,3 年以上 10 年以下,如《刑法》第 141 条生产、销售假药罪,对人体健康造成严重危害或者有其他严重情节的,处 3 年以上 10 年以下有期徒刑,并处罚金。第六,5 年以上 10 年以下,如《刑法》第 144 条生产、销售有毒、有害食品罪,对人体健康造成严重危害或者有其他严重情节的,处 5 年以上 10 年以下有期徒刑,并处罚金。第七,7 年以上 10 年以下,如《刑法》第 390 条之一对有影响力的人行贿罪,情节特别严重的,或者使国家利益遭受特别重大损失的,处 7 年以上 10 年以下有期徒刑,并处罚金。

4.将有期徒刑的上限作为法定刑的起点

22 在此情形下,如果对被告判处有期徒刑,则刑期只能是 15 年。现行刑法中仅有两例:一是《刑法》第 140 条生产、销售伪劣产品罪,销售金额 200 万元以上的,处 15 年有期徒刑或者无期徒刑,并处销售金额 50%以上 2 倍以下罚金或者没收财产;二是《刑法》第 347 条走私、贩卖、运输、制造毒品罪,具有法定 5 种情形之一,处 15 年有期徒刑、无期徒刑或者死刑,并处没收财产。

二、不同刑等的有期徒刑之间的衔接

23 1997 年刑法存在着同一犯罪的法定刑中不同情节的犯罪行为所匹配的有期徒刑之间有交叉的个别瑕疵。如 1997 年《刑法》第 383 条规定的贪污罪的四档法定刑中,第二档与第三档法定刑有交叉:个人贪污数额在 5 万元以上不满 10 万元的,处 5 年以上有期徒刑,可以并处没收财产;情节特别严重的,处无期徒刑,并处没收财产。个人贪污数额在 5000 元以上不满 50000 元的,处 1 年以上 7 年以下有期徒刑;情节严重的,处 7 年以上 10 年以下有期徒刑。不过,在总结实践经验的基础上,随着立法技术的不断完善,上述瑕疵已被《刑法修正案(九)》第 44 条消除。根据数额和情节的不同,现行《刑法》第 383 条将贪污罪、受贿罪的法定刑分为三档:3 年以下,3 年以上 10 年以下,10 年以上有期徒刑、无期徒刑直至死刑。因此,我国刑法分则对不同刑种以及有期徒刑的不同刑等已全部采用更加科学、合理的衔接式规定。

第四十六条　有期徒刑与无期徒刑的执行

被判处有期徒刑、无期徒刑的犯罪分子，在监狱或者其他执行场所执行；凡有劳动能力的，都应当参加劳动，接受教育和改造。

文献：马克昌主编:《刑罚通论》(第2版),武汉大学出版社1999年版;邱兴隆:《刑罚理性评论——刑罚的正当性反思》,中国政法大学出版社1999年版;周光权:《法定刑研究——罪刑均衡的建构与实现》,中国方正出版社2000年版;邱兴隆:《刑罚的哲理与法理》,法律出版社2003年版;白建军:《罪刑均衡实证研究》,法律出版社2004年版;吴宗宪:《当代西方监狱学》,法律出版社2005年版;陈兴良主编:《刑种通论》(第2版),中国人民大学出版社2007年版;陈兴良:《宽严相济刑事政策研究》,中国人民大学出版社2007年版;高铭暄、赵秉志主编:《刑罚总论比较研究》,北京大学出版社2008年版;曲伶俐主编:《刑罚学》,中国民主法制出版社2009年版;陈兴良主编:《刑法总论精释》(第3版),人民法院出版社2016年版;冯军、肖中华:《刑法总论》(第3版),中国人民大学出版社2016年版;黎宏:《刑法学总论》(第2版),法律出版社2016年版;王志亮:《刑罚学研究——欧美刑罚观、监狱观的演变》,苏州大学出版社2016年版;高铭暄、马克昌主编:《刑法学》(第9版),北京大学出版社、高等教育出版社2019年版;罗翔:《罗翔讲刑法》,中国政法大学出版社2020年版;张明楷:《刑法学》(第6版),法律出版社2021年版;周光权:《刑法总论》(第4版),中国人民大学出版社2021年版。赵秉志:《略论犯罪主体对刑事责任实现的意义》,载《政法学刊》1988年第2期;何荣功、段宝平:《不定期刑探讨》,载《中国刑事法杂志》2001年第4期;郑鲁宁:《对未成年人犯罪适用无期徒刑问题的探讨》,载《华东政法学院学报》2001年第4期;莫洪宪:《论我国刑法中未成年人的刑事责任》,载《法学论坛》2002年第4期;林亚刚:《论我国未成年人犯罪刑事立法的若干规定》,载《吉林大学社会科学学报》2005年第3期;冯亚东:《罪刑关系的反思与重构——兼谈罚金刑在中国现阶段的适用》,载《中国社会科学》2006年第5期;刘守芬、李瑞生:《刑事政策变迁与刑种的改革及完善》,载《河南省政法管理干部学院学报》2008年第2期;张明楷:《死刑的废止不需要终身刑替代》,载《法学研究》2008年第2期;姚兵、任立军:《论未成年犯罪人无期徒刑之适用》,载《预防青少年犯罪研究》2014年第2期;黄京平:《终身监禁的法律定位与司法适用》,载《北京联合大学学报(人文社会科学版)》2015年第4期;黄云波:《论终身监禁措施之宏观定位与实践适用》,载《刑法论丛》2016年第1期;黄永维、袁登明:《〈刑法修正案(九)〉中的终身监禁研究》,载《法律适用》2016年第3期;黎宏:《终身监禁的法律性质及适用》,载《法商研究》2016

年第3期；胡江：《贪污贿赂罪终身监禁制度的规范解读与理论省思——以〈刑法修正案（九）〉为视角》，载《西南政法大学学报》2016年第6期；刘霜：《终身监禁的法律定位研究》，载《西部法学评论》2017年第1期；张明楷：《终身监禁的性质与适用》，载《现代法学》2017年第3期；张继成：《对增设"终身监禁"条款的法逻辑解读》，载《政法论坛》2019年第3期；刘霜：《终身监禁制度的司法限缩及其路径——以2015—2020年已决案例为样本的分析》，载《法学》2020年第12期。

细目录

Ⅰ　主旨
Ⅱ　沿革
Ⅲ　无期徒刑
　一、无期徒刑的立法沿用
　二、无期徒刑适用对象的主要特点
　三、未成年人犯罪可否适用无期徒刑的问题
　四、无期徒刑在刑法分则中的规定方式
　五、无期徒刑的上限与下限及终身监禁问题
Ⅳ　有期徒刑与无期徒刑的执行
　一、有期徒刑与无期徒刑的执行场所
　二、有期徒刑与无期徒刑的执行内容

Ⅰ　主旨

1　本条规定了有期徒刑与无期徒刑的执行场所与执行方法。因为有期徒刑与无期徒刑在相对较长时间内甚至可能终身剥夺罪犯的人身自由，所以，对执行场所以及对被执行人的待遇和教育改造措施也有特别要求。

Ⅱ　沿革

2　1979年《刑法》第41条规定："被判处有期徒刑、无期徒刑的犯罪分子，在监狱或者其他劳动改造场所执行；凡有劳动能力的，实行劳动改造。"

3　根据1994年《监狱法》第15条的规定，被判处死刑缓期二年执行、无期徒刑、有期徒刑的罪犯都是送交监狱执行刑罚；罪犯在被交付执行刑罚前，剩余刑期在1年以下的，由看守所代为执行。从此，劳动改造管教队成为历史，归入监狱系统，大大扩展了"监狱"的外延。此外，根据1994年《监狱法》第74条的规定，少年犯管教所改名为"未成年犯管教所"。1994年和2012年《监狱法》第3条均规定，监狱对罪犯实行惩罚和改造相结合、教育和劳动相结合的原则。除非因身体或者疾病原因丧失劳动能力，罪犯都要进行劳动改造。

1996年《刑事诉讼法》采纳了1994年《监狱法》的上述规定。 4

1997年《刑法》第46条基本沿用了1979年《刑法》第41条有关有期徒刑和无期徒刑执行的规定，但其不同于后者之处主要在于两点：第一，顺应历史发展和法治观念的进步，将“其他劳动改造场所”改为“其他执行场所”，淡化强迫劳动之意；第二，将“凡有劳动能力的，实行劳动改造”改为“凡有劳动能力的，都应当参加劳动，接受教育和改造”，突出教育与改造并重，注重罪犯的重新社会化效果，体现了我国刑罚观的进步，也有利于我国与国际接轨，增强与国外同行交流，互相学习先进经验。 5

2012年《刑事诉讼法》第253条对看守所代为执行的有期徒刑的上限由原来的1年改为3个月，进一步削弱看守所的刑罚执行职能。这是因为监狱是专门的国家刑罚执行机关，对判处有期徒刑的服刑人员原则上都应当在监狱执行；而看守所的职责主要是为了保障刑事诉讼顺利进行，羁押被逮捕的未被判决的犯罪嫌疑人等。就执行的规范化和法制化而言，在监狱服刑对服刑人员的权利保护无疑更为有利。 6

2012年修订监狱法时，依照《刑事诉讼法》第253条的调整内容，第15条第2款规定：“罪犯在被交付执行刑罚前，剩余刑期在三个月以下的，由看守所代为执行。” 7

Ⅲ 无期徒刑

无期徒刑是剥夺罪犯终身自由的刑罚方法，在我国刑罚体系中，其严厉程度仅次于死刑。 8

一、无期徒刑的立法沿用

我国早在人民民主革命时期，各革命根据地和解放区颁布的政策、法令中就有无期徒刑，例如1941年《晋冀鲁豫边区毒品治罪暂行条例》等法令中都规定无期徒刑。而中华人民共和国成立初期，无期徒刑还是新生政权同反革命分子做斗争的重要武器。中华人民共和国成立之初的刑事法律，如《惩治反革命条例》《惩治贪污条例》《妨害国家货币治罪暂行条例》中都规定有无期徒刑。随着政权的稳定、国家工作重心的转移，我国在20世纪50年代发生过一场关于无期徒刑存废的争论。经过反复讨论，主存论占据上风，立法机关也采纳这种主张。因此，除1950年7月的《刑法大纲草案》中没有规定无期徒刑外，以后所有的刑法草案都规定有无期徒刑，直到它被1979年刑法固定。[1] 1979年刑法在总则的刑罚体系中规定了无期徒刑，同时在刑法分则中规定了近20个罪名可以适用无期徒刑。此后一系列单行刑法不断增加可以适用无期徒刑的罪名。1997年修改刑法的过程中，虽然仍有观点主张废除此刑种[2]，但已无影响力，无期徒刑的适用面大为扩展，由22条增至75条。 9

---

1 详细争论参见马克昌主编：《刑罚通论》（第2版），武汉大学出版社1999年版，第152—153页。

2 参见马克昌主编：《刑罚通论》（第2版），武汉大学出版社1999年版，第153页。

10 截至《刑法修正案(十一)》出台,刑法分则以及单行刑法《关于惩治骗购外汇、逃汇和非法买卖外汇犯罪的决定》中共计有103个罪名的法定刑包含有无期徒刑,分则第一到第十章规定的无期徒刑罪名比例分别是:66.67%、31.48%、30.91%、11.63%、38.46%、8.97%、13.04%、28.57%、0、45.16%,规定了无期徒刑的罪名数分别是:8、17、34、5、5、13、3、4、0、14。

11 由此可见,除了分则第九章渎职罪,其他各章都规定有法定刑含无期徒刑的罪名,占分则罪名总数的比例已经超过1/5。

二、无期徒刑适用对象的主要特点

12 无期徒刑适用于性质和危害相当严重的犯罪,其严厉性仅次于死刑,故而刑法对其适用的犯罪类型和条件进行了较为严格的限制,无期徒刑的适用对象有以下主要特点:

1.法定刑含无期徒刑比例最高的前四类犯罪是危害国家安全罪、军人违反职责罪、贪污贿赂罪和危害公共安全罪

13 这些类罪保护的是重要的国家和集体法益。不过,类罪法定刑包含无期徒刑的比例高,不等于实践中真正适用无期徒刑的比例必定很高。例如,根据某地法院全年判刑情况统计,判处无期徒刑比例最高的是故意杀人罪,占该法院全年所判无期徒刑案件的22.8%;其次分别是盗窃罪、故意伤害(致人重伤)罪和抢劫罪[3],都是关乎个人法益保护的重要罪名。

2.法定刑包含无期徒刑的犯罪大多对情节有特别要求

14 从无期徒刑适用的犯罪情节来看,无期徒刑多是为匹配犯罪的"结果加重犯""情节加重犯""数额加重犯"而设定,只有在个别性质极其严重的犯罪中,无期徒刑才适用于基本犯罪,如《刑法》第121条规定:"以暴力、胁迫或者其他方法劫持航空器的,处十年以上有期徒刑或者无期徒刑;致人重伤、死亡或者使航空器遭受严重破坏的,处死刑。"

3.无期徒刑适用的绝大多数都是故意犯罪

15 过失犯罪的行为人主观上既不希望,也没有放任危害结果发生,主观恶性和人身危险性相对较小,所以不适用无期徒刑。但这也存在例外。如《刑法》第432条规定:"违反保守国家秘密法规,故意或者过失泄露军事秘密,情节严重的,处五年以下有期

3　数据来源于陈兴良主编:《刑种通论》(第2版),中国人民大学出版社2007年版,第201—202页。此外,笔者在裁判文书网上对一审刑事案件进行高级检索,截至2021年5月12日,在搜索出的21662个案件中,判处无期徒刑比例由高到低的罪名分别是走私、贩卖、运输、制造毒品罪(9592件),故意杀人罪(5699件),故意伤害罪(3869件),抢劫罪(694件),诈骗罪(642件),集资诈骗罪(316件),合同诈骗罪(314件),盗窃罪(289件),因此,这个数据也能支持上述观点。

徒刑或者拘役;情节特别严重的,处五年以上十年以下有期徒刑。战时犯前款罪的,处五年以上十年以下有期徒刑;情节特别严重的,处十年以上有期徒刑或者无期徒刑。"这是为了在战时紧急情况下实现对国家利益的特别保护而进行的例外规定。

4.从搭配的刑种来看,无期徒刑大多与死刑被并列规定为选择刑种

无期徒刑除了适用具有相当社会危害性和人身危险性的犯罪,还可以适用于社会危害性十分严重、行为人的人身危险性特别突出,但具有从宽情节的死刑案件。因此,在规定了死刑的同一档次的法定刑中,无期徒刑大多与死刑并列作为可选择刑种。仅有少数条文将无期徒刑与死刑分别规定在不同的法定刑档次中,与不同的情节要求相匹配。例如,《刑法》240 条规定:"拐卖妇女、儿童的,处五年以上十年以下有期徒刑,并处罚金;有下列情形之一的,处十年以上有期徒刑或者无期徒刑,并处罚金或者没收财产;情节特别严重的,处死刑,并处没收财产……"再如,《刑法》第 317 条第 2 款规定:"暴动越狱或者聚众持械劫狱的首要分子和积极参加的,处十年以上有期徒刑或者无期徒刑;情节特别严重的,处死刑;其他参加的,处三年以上十年以下有期徒刑。" 16

当然,无期徒刑还可以作为法定刑中的最高刑。例如,《刑法》第 103 条分裂国家罪,第 126 条违规制造、销售枪支罪,第 142 条生产、销售劣药罪,第 266 条诈骗罪,等等。 17

三、未成年人犯罪可否适用无期徒刑的问题

未成年人犯罪可否适用无期徒刑,学界和实务部门存在着否定说和肯定说之争,分歧主要来源于对《刑法》第 49 条第 1 款和第 17 条第 3 款的不同理解。 18

否定说认为:第一,第 49 条第 1 款规定"犯罪的时候不满十八周岁的人和审判的时候怀孕的妇女,不适用死刑",属于禁止性规范;而第 17 条第 3 款规定,"已满十四周岁不满十八周岁的人犯罪,应当从轻或者减轻处罚"[4],是命令性规范。在对罪该判处死刑的未成年人进行刑事处罚时,这两条法律规范都必须适用。由于刑法明文规定死刑不得适用于未成年犯罪人,因此,不能在死刑基础上从轻或者减轻处罚适用无期徒刑。同时,也不可能在无期徒刑的范围内实现从轻处罚。所以,对未成年人在适用从轻处罚的规定时不可能适用无期徒刑。[5] 第二,根据联合国《儿童权利公约》[6]第 37 条的规定,对未满 18 岁的人所犯罪行不得判以死刑或无释放可能的无期徒刑。因此,根据公约的规定,我国负有对不满 18 周岁的未成年人不得适用无期徒 19

4　此款经 2020 年《刑法修正案(十一)》修订,成为第 17 条第 4 款,具体表述改为"对依照前三款规定追究刑事责任的不满十八周岁的人,应当从轻或者减轻处罚"。

5　参见郑鲁宁:《对未成年人犯罪适用无期徒刑问题的探讨》,载《华东政法学院学报》2001 年第 4 期。

6　我国于 1990 年 8 月 29 日签署该公约,1992 年 4 月 2 日该公约正式对我国生效。

刑的国际义务。[7]

20　而肯定说则认为:第一,《刑法》第 49 条第 1 款关于未成年人不适用死刑的规定,指的是宣告刑,而不是法定刑。因此,无论对成年人犯罪还是未成年人犯罪,法定最高刑是死刑,未成年人犯罪可以在法定刑的基础上从轻或减轻处罚,因此无期徒刑可以成为对未成年人实际判处的最高刑罚。第二,我国虽然没有明文禁止对未成年人适用无期徒刑,但在刑罚执行阶段规定了减刑和假释制度,并且在刑罚执行实践中对未成年人从宽适用,因此对他们适用的无期徒刑不属于联合国《儿童权利公约》规定的"无释放可能的无期徒刑"。[8]

21　肯定说的理解是正确的,最高人民法院对这个问题的态度历来是明确和一致的。如 1991 年最高人民法院研究室《关于已满 14 岁不满 16 岁的人所犯罪行特别严重能否判处无期徒刑问题的电话答复》认为:"根据第四十四条和第十四条第二款规定的精神,已满 14 岁不满 16 岁的人所犯罪行特别严重的,最高刑可以判处无期徒刑。"1995 年最高人民法院《关于办理未成年人刑事案件适用法律的若干问题的解释》[9]第 3 条中规定:"对犯严重破坏社会秩序罪的未成年罪犯,除依法判处无期徒刑、死刑缓期执行的以外,一般不附加判处剥夺政治权利刑。"2016 年最高人民法院《关于审理未成年人刑事案件具体应用法律若干问题的解释》第 13 条规定:"未成年人犯罪只有罪行极其严重的,才可以适用无期徒刑。对已满十四周岁不满十六周岁的人犯罪一般不判处无期徒刑。"

22　不过,也有学者从应然的角度出发,反对将无期徒刑适用于未成年罪犯。[10]

四、无期徒刑在刑法分则中的规定方式

23　综观我国刑法分则的规定,无期徒刑的规定主要有以下几种方式:

24　(1)无期徒刑与 15 年有期徒刑、死刑被规定在一个罪名的一个法定刑幅度内。如第 347 条走私、贩卖、运输、制造毒品罪。

25　(2)无期徒刑与死刑、10 年以上有期徒刑被规定在一个罪名的一个法定刑幅度内。如第 115 条加重情节的放火罪、决水罪、爆炸罪、投放危险物质罪、以危险方法危害公共安全罪,第 232 条故意杀人罪,第 236 条强奸罪等。

26　(3)无期徒刑与死刑被规定在一个罪名的一个法定刑幅度内。如第 239 条犯绑

7　参见林亚刚:《论我国未成年人犯罪刑事立法的若干规定》,载《吉林大学社会科学学报》2005 年第 3 期。

8　参见姚兵、任立军:《论未成年犯罪人无期徒刑之适用》,载《预防青少年犯罪研究》2014 年第 2 期。

9　该解释已于 2006 年 1 月 23 日失效。

10　例如,莫洪宪从刑罚的公正性、经济型、法律的尊严以及功利原则等角度对此提出质疑。参见莫洪宪:《论我国刑法中未成年人的刑事责任》,载《法学论坛》2002 年第 4 期。

架罪,杀害被绑架人的,或者故意伤害被绑架人,致人重伤、死亡的,犯第 382 条贪污罪或第 385 条受贿罪,数额特别巨大,并使国家和人民利益遭受特别重大损失的。

(4)无期徒刑与 15 年有期徒刑被规定在一个罪名的同个法定刑幅度内。如第 140 条生产、销售伪劣产品罪,销售金额在 200 万元以上的。 27

(5)无期徒刑与 10 年以上有期徒刑被规定在一个罪名的一个法定刑幅度内。这种规定方式所占比例较大,如第 103 条分裂国家罪、煽动分裂国家罪,第 121 条劫持航空器罪,第 358 条组织卖淫罪、强迫卖淫罪,第 363 条制作、复制、出版、贩卖、传播淫秽物品牟利罪和为他人提供书号出版淫秽书刊罪等。 28

(6)无期徒刑与 7 年以上有期徒刑被规定在一个罪名的一个法定刑幅度内,共涉及四个法条,如第 143 条生产、销售不符合安全标准的食品罪,第 147 条生产、销售伪劣农药、兽药、化肥、种子罪,第 300 条组织、利用会道门、邪教组织、利用迷信破坏法律实施罪,组织、利用会道门、邪教组织、利用迷信致人死亡罪,第 318 条组织他人偷越国(边)境罪,第 348 条非法持有毒品罪。因为此种规定的法定刑幅度过大,为了合理限制法官的自由裁量权,合理统一量刑结果,具体适用时还有赖于相关规范性文件,如最高人民法院的《关于常见犯罪的量刑指导意见》进行具体指导。 29

五、无期徒刑的上限与下限及终身监禁问题

无期徒刑既然是剥夺罪犯终身自由,也就无所谓上限与下限。不过,根据我国法律规定中存在的赦免制度[11]、《刑法》第 78 条规定的减刑制度以及第 81 条规定的假释制度,被判无期徒刑的罪犯可以被减刑、假释和特赦,因此事实上被判无期徒刑的罪犯很少终身服刑。 30

需要特别注意的是 2015 年《刑法修正案(九)》增加规定的终身监禁制度。[12] 根据《刑法》第 383 条第 4 款和第 386 条的规定,因贪污、受贿数额特别巨大,并使国家和人民利益遭受特别重大损失,被判处死刑缓期执行的,“人民法院根据犯罪情节等情况可以同时决定在其死刑缓期执行二年期满依法减为无期徒刑后,终身监禁,不得减刑、假释”。2016 年 10 月 9 日,全国人大环境与资源保护委员会原副主任委员白恩培因受贿罪成为我国被判处终身监禁第一人。[13] 8 天之后,国家能源局煤炭司原副司 31

---

11 在我国,赦免制度首先是由宪法规定的,但内容经历了变化:我国第一部宪法 1954 年宪法规定的赦免制度包括两种:大赦与特赦,决定权分属全国人大和全国人大常委会,但实践中并未实行过大赦;之后的 1975 年宪法取消了关于特赦的所有规定;1978 年和 1982 年宪法重新规定了特赦制度。所以《刑法》第 65、66 条关于累犯的规定中所涉及的赦免,以及现行《刑事诉讼法》第 16 条关于不追究刑事责任的情形的规定提到的赦免,指的都是特赦。大赦具有同时赦免罪与刑的法律效力,而特赦仅仅是免除特定罪犯的部分或者全部刑罚。

12 有关终身监禁制度的内容,还可参见第 383 条和 386 条评注的相关论述。

13 参见河南省高级人民法院(2016)豫刑核 682442 号刑事裁定书,以及安阳市中级人民法院(2016)豫 05 刑初 18 号刑事判决书。

长魏鹏远成为继白恩培后第二名被判处终身监禁的官员。围绕终身监禁制度的聚讼随之进入白热化状态，终身监禁被不少媒体、社会大众甚至是业内人士等同为“把牢底坐穿”[14]。其实，从体系解释论的角度进行仔细分析就能发现，即使法院在判决时决定“死刑缓期执行二年期满依法减为无期徒刑后，终身监禁，不得减刑、假释”，该罪犯也并非一定面临着把牢底坐穿的命运，因为这里有三个问题需要澄清：其一，死缓期满是否必然只能减为无期徒刑；其二，根据法院裁判，死缓期满减为无期徒刑、终身监禁期间是否绝对不能减刑、假释；其三，死缓期满减为无期徒刑、终身监禁期间是否能暂予监外执行。

32　上述争议涉及终身监禁的性质、适用前提、程序等方面，具体分析如下：

（一）终身监禁制度的法律性质

33　终身监禁并非新的刑种，立法、理论和实务部门对此并无分歧，但在其性质和法律地位的确定上却产生了激烈的争论，大致有中间刑罚说、废除（或者限制）死刑的替代措施说、死刑废止的过渡措施说、特别死缓说、死缓适用的情形说以及特殊执行方式说等。“中间刑罚说”认为，终身监禁是介于死刑立即执行与纯粹（或者普通）死缓执行之间的中间刑罚。[15]“死刑替代说”认为，从立法目的与死刑政策的角度来看，终身监禁有废除死刑或者替代（部分）死刑立即执行的意义或功能。[16]“过渡措施说”认为，终身监禁是在保留死刑与废止死刑之间发挥过渡作用的措施，死刑废止目标实现之时，终身监禁措施也将同时被废止。[17]“死缓适用的情形说”认为，死缓虽然从属于死刑，但并非死刑的执行方式，而是附条件的死刑，终身监禁是死缓适用的一种特殊情形。[18]“特殊执行方式说”可进一步分为两种观点：一是“特别死缓说”，该说认为，终身监禁从本质上看属于死刑，是一种与现有的死缓有别的死刑执行方式[19]；二是“无期徒刑执行措施说”，此说认为终身监禁并非死缓的执行措施，而是仅限于因

---

[14] 相关媒体报道非常多，参见徐盈雁、陈梦琪：《“白恩培们”为何将把牢底坐穿》，载《检察日报》2016年10月10日。刘霜也认为终身监禁是“绝对终身刑”，参见刘霜：《终身监禁的法律定位研究》，载《西部法学评论》2017年第1期。

[15] 例见黄京平：《终身监禁的法律定位与司法适用》，载《北京联合大学学报（人文社会科学版）》2015年第4期；黄永维、袁登明：《〈刑法修正案（九）〉中的终身监禁研究》，载《法律适用》2016年第3期。

[16] 详见徐日丹：《八问“两高”办理贪腐案件新司法解释》，载 http://www.court.gov.cn/zixun-xiangqing-19632.html，访问时间：2017年9月6日；罗翔：《罗翔讲刑法》（理论卷），中国政法大学出版社2020年版，第380页。

[17] 参见黄云波：《论终身监禁措施之宏观定位与实践适用》，载《刑法论丛》2016年第1期。

[18] 参见张明楷：《终身监禁的性质与适用》，载《现代法学》2017年第3期。

[19] 参见黎宏：《终身监禁的法律性质及适用》，载《法商研究》2016年第3期。

死缓减刑后的无期徒刑的执行措施。[20]

暂且不讨论终身监禁的正当化根据[21],笔者认为,有必要将上述观点中的性质与功能之争予以区分。虽然就刑事政策与功能而言,终身监禁制度的出台符合我国死刑政策的发展趋势,满足了死刑立即执行与一般死缓之间的刑罚适当性需要。但从立法论的角度来看,终身监禁是满足特定前提,对特定罪犯适用死缓之后的一种刑罚结果,只要死缓两年期满依法减为无期徒刑之后,就应按照无期徒刑的有关规定予以执行,因此,虽然终身监禁是依附于死缓制度,但其性质无疑是无期徒刑的特别执行方式。 34

(二)死缓期满减刑之后是否必然终身监禁

这个问题要探寻的,其实是死缓的三种结局与终身监禁之间到底存在何种关系。既然《刑法》第 383 条第 4 款规定"死刑缓期执行二年期满依法减为无期徒刑后,终身监禁,不得减刑、假释",这里的"依法"显然指的是《刑法》第 50 条第 1 款关于死缓的法律后果的规定。根据《刑法》第 50 条第 1 款的规定,死缓有三种结局:第一,罪犯在死缓期间故意犯罪,情节恶劣,经最高人民院核准后执行死刑。即使是被法院宣告死缓期满依法减为无期徒刑、终身监禁的罪犯,只要满足这一前提,也不能逃脱被执行死刑的命运,而非是终身监禁。第二,死缓期间没有重大立功表现也没有故意犯罪,二年期满后依法减为无期徒刑,被宣告死缓期满后依法减为无期徒刑的罪犯才会由第二个裁判宣告进入终身监禁执行期。第三,死缓期间有重大立功表现,二年期满之后减为 25 年有期徒刑,即使是被第一个裁判宣告死缓期满后依法减为无期徒刑、终身监禁的罪犯,也不能被剥夺基于重大立功被依法减为 25 年有期徒刑的权利[22],《刑法》第 383 条第 4 款所指的"不得减刑、假释"针对的是被第二个法院裁判宣告死缓期满后减为无期徒刑、进入终身监禁时期的罪犯。 35

由此可以得出两点结论:一是"刑事裁判中就终身监禁所作出的裁判宣告,在裁判生效后并不当然就产生终身监禁的法律后果,亦即并不必然过渡到终身监禁阶 36

---

[20] 参见胡江:《贪污贿赂罪终身监禁制度的规范解读与理论省思——以〈刑法修正案(九)〉为视角》,载《西南政法大学学报》2016 年第 6 期。

[21] 张明楷对终身监禁刑罚的正当化根据持强烈怀疑,详见张明楷:《死刑的废止不需要终身刑替代》,载《法学研究》2008 年第 2 期。胡江认为,终身监禁制度背离了特殊预防和一般预防的刑罚目的,详见胡江:《贪污贿赂罪终身监禁制度的规范解读与理论省思——以〈刑法修正案(九)〉为视角》,载《西南政法大学学报》2016 年第 6 期。

[22] 这个问题上存在明显的肯定与否定两派观点,持肯定观点的有张明楷:《终身监禁的性质与适用》,载《现代法学》2017 年第 3 期;黄永维、袁登明:《〈刑法修正案(九)〉中的终身监禁研究》,载《法律适用》2016 年第 3 期;欧阳本祺:《论〈刑法〉第 383 条之修正》,载《当代法学》2016 年第 1 期。否定观点可参见赵秉志:《终身监禁新规之解读》,载《法制日报》2016 年 10 月 12 日。

段”[23],终身监禁只是死缓期满减刑之后的一种结局;二是死缓期满之后减刑,也可能是因为重大立功被减为25年有期徒刑。

(三)终身监禁期间能否减刑、假释

37 讨论这个问题的前提是,死缓二年期满之后罪犯被依法减为无期徒刑,进入终身监禁阶段。其答案,则涉及被终身监禁的罪犯是否会“把牢底坐穿”。对此,目前有肯定论、否定论和折中论三种不同观点。

38 肯定论目前是少数派,其理由是“《刑法》第383条第4款关于裁量和执行终身监禁的规定,并不是《刑法》第78条规定的例外规定。依据《刑法》第78条的规定,死刑缓期执行罪犯在减为无期徒刑的执行期间有重大立功表现的,可以减为有期徒刑……死刑缓期执行减为无期徒刑后间接减为有期徒刑,使得已经开始执行的终身监禁失去继续执行的法律基础”[24],因此,被终身监禁的罪犯可能因为重大立功被减为有期徒刑。

39 否定论目前在立法、司法和理论界是主流观点,认为“修正后的《刑法》第383条第4款规定‘终身监禁,不得减刑、假释’,就是对第78条减刑制度的排除,是第78条的例外规定”[25],“被适用终身监禁的死缓犯,当其依法减为无期徒刑后不能因重大立功而减为有期徒刑”[26],根据文理解释,“不得减刑、假释”是对“终身监禁”的进一步明确和强调[27]。

40 折中论[28]认为,在《刑法》第383条的规定中,“‘终身监禁’只不过是‘不得减刑、假释’的同位语”,“不得减刑”只能是《刑法》第78条关于“可以减刑”规定的例外规定,却不能针对第78条关于“应当减刑”的规定;“不得假释”是对《刑法》第81条关于“可以假释”规定的例外规定。因此,被宣告终身监禁的罪犯在无期徒刑执行期间也可能因为重大立功而被减刑为有期徒刑。

41 综观上述三种观点可以发现,肯定论与折中论在最终结论上保持一致,但折中论的逻辑更为严密,并且将“不得假释”的解释和应用与“不得减刑”的理解和适用对应,论述更为周密。然而,从文理解释、立法解释和体系解释角度来看,否定论无疑更为合理。因此,被宣告终身监禁的罪犯在无期徒刑执行期间不得被减刑、假释,包括不得因为有重大立功表现而被减刑。

---

23 黄永维、袁登明:《〈刑法修正案(九)〉中的终身监禁研究》,载《法律适用》2016年第3期。

24 黄京平:《终身监禁的法律定位与司法适用》,载《北京联合大学学报(人文社会科学版)》2015年第4期。

25 欧阳本祺:《论〈刑法〉第383条之修正》,载《当代法学》2016年第1期。

26 黄永维、袁登明:《〈刑法修正案(九)〉中的终身监禁研究》,载《法律适用》2016年第3期。

27 参见黄永维、袁登明:《〈刑法修正案(九)〉中的终身监禁研究》,载《法律适用》2016年第3期。

28 参见张明楷:《终身监禁的性质与适用》,载《现代法学》2017年第3期。

（四）终身监禁期间能否暂予监外执行

42 监外执行制度是由《刑事诉讼法》规定的。根据2018年《刑事诉讼法》第265条第1款的规定，对被判处有期徒刑或者拘役的罪犯，有三种法定情形之一的，可以暂予监外执行。根据该条第2款规定，被判处无期徒刑的罪犯，如果是怀孕或者正在哺乳自己婴儿的妇女，可以暂予监外执行。因此，《刑事诉讼法》第265条排除了死缓犯适用暂予监外执行制度的空间。此外，由于也不可能出现死缓两年期满以后还处于哺乳期的女性罪犯，被判处终身监禁的罪犯也就不得适用暂予监外执行。[29]

43 所以，作为无期徒刑的一种特别执行制度，绝对的终身监禁可以代表没有上限与下限的真正的无期徒刑。同时，终身监禁制度依附于死缓制度，是对普通无期徒刑执行制度的一种补充，不应该仅仅由刑法分则加以规定，而应在将来修订刑法时补充规定在《刑法》第50、78、81条中。

Ⅳ 有期徒刑与无期徒刑的执行

一、有期徒刑与无期徒刑的执行场所

44 根据本条规定，被判处有期徒刑、无期徒刑的犯罪分子，在监狱或者其他执行场所执行。执行有期徒刑、无期徒刑的主要场所是监狱，根据罪犯年龄和剩余刑期长短，罪犯还可能在未成年犯管教所或者看守所服刑。被判处有期徒刑、无期徒刑的罪犯如果具有暂予监外执行的情形，就可以不用在监狱内服刑。

（一）监狱

45 根据《刑法》《刑事诉讼法》和《监狱法》的有关规定，被判处有期徒刑、无期徒刑、死刑缓期二年执行的罪犯在监狱内服刑。2012年《监狱法》第2条第1款规定："监狱是国家的刑罚执行机关。"《监狱法》规定的监狱是广义上之用语，包含了未成年犯管教所。从现在的监狱管理体制来看，国家在司法部设立部属的监狱管理局，负责指导全国监狱工作，并直接监管燕城监狱，各省、自治区、直辖市以及新疆生产建设兵团设省级监狱管理局，一般由省级政府的司法厅（局）实行部门管理，负责管理各省的监狱工作，未成年犯管教所由各省级监狱管理局直接管辖。

（二）未成年犯管教所

46 根据2018年《刑事诉讼法》第264条第3款以及2012年《监狱法》第74条的规定，对未成年犯应当在未成年犯管教所执行刑罚。此外，根据《监狱法》第76条的规定，在关押服刑过程中，如果未成年犯年满18周岁时，剩余刑期不超过2年的，仍可以留在未成年犯管教所执行剩余刑期。

---

29 不同观点参见张明楷：《终身监禁的性质与适用》，载《现代法学》2017年第3期。

（三）看守所

47 1996年《刑事诉讼法》第213条第2款以及1994年《监狱法》第15条规定，在被交付执行刑罚前，剩余刑期在1年以下的，由看守所代为执行。但是，2012年《刑事诉讼法》第253条第2款以及2012年《监狱法》第15条对此进行了修改。根据新法的规定，对被判处有期徒刑的罪犯，在被交付执行刑罚前，剩余刑期在3个月以下的，由看守所代为执行。看守所目前仍属公安部管辖，一般都对已决犯和未决犯、成年犯与未成年犯实行分离关押，对患有艾滋病或者有毒瘾的罪犯或者嫌犯实行单独集中关押。

（四）社区矫正机构

48 被判处有期徒刑缓期执行[30]、被裁定假释[31]以及被决定暂予监外执行的罪犯，都是由社区矫正机构来执行。

49 监外执行，是指被判处拘役、有期徒刑和无期徒刑的罪犯，由于其具有不宜收监执行的特殊原因，按照法律规定，由居住地社区矫正机构执行，在监外执行刑罚的一种执行办法。罪犯在监外执行期间，应当计算在刑期以内。当监外执行的原因消失后，如果刑期未满，仍应收监执行；如刑期已满，则应及时释放。

50 关于被判处无期徒刑的罪犯能否暂予监外执行的问题，《监狱法》与《刑事诉讼法》的规定曾经出现过不一致。这是因为2012年修改刑事诉讼法之前，1994年《监狱法》的有关规定是按照1979年《刑事诉讼法》进行制定的，故而与1996年《刑事诉讼法》对于被判处无期徒刑的罪犯能否暂予监外执行的规定不一致。1994年《监狱法》第17条规定："被判处无期徒刑、有期徒刑的罪犯有下列情形之一的，可以暂不收监：（一）有严重疾病需要保外就医的；（二）怀孕或者正在哺乳自己婴儿的妇女。"而1996年《刑事诉讼法》第214条第1款规定："对于被判处有期徒刑或者拘役的罪犯，有下列情形之一的，可以暂予监外执行：（一）有严重疾病需要保外就医的；（二）怀孕或者正在哺乳自己婴儿的妇女。"根据1996年《刑事诉讼法》的规定，被判无期徒刑的罪犯不可能被暂予监外执行。

51 直到两法都于2012年进行修订，无期徒刑的罪犯能否被暂予监外执行的规定才得以统一。2012年《刑事诉讼法》第254条（对应1996年《刑事诉讼法》第214条）第1款第（三）项增加了一种可以暂予监外执行的情形，即被判有期徒刑或者拘役，"生活不能自理，适用暂予监外执行不致危害社会的"，可以暂予监外执行，此外，2012年《刑事诉讼法》第254条增加了第2款，规定："对被判处无期徒刑的罪犯，有前款第二项规定情形的，可以暂予监外执行。"2012年《监狱法》第25条则相应修改为："对于被判处无期徒刑、有期徒刑在监内服刑的罪犯，符合刑事诉讼法规定的监外执行条

---

[30] 具体请见第72—77条评注。

[31] 具体请见第81—86条评注。

件的,可以暂予监外执行。”2018 年《刑事诉讼法》第 265 条沿用了 2012 年《刑事诉讼法》第 254 条的规定。因此,包括死缓依法减为无期徒刑在内的无期徒刑服刑罪犯不能保外就医或因生活不能自理而暂予监外执行。[32]

二、有期徒刑与无期徒刑的执行内容

根据《刑法》《监狱法》和《看守所留所执行刑罚罪犯管理办法》的有关规定,刑罚执行机关对罪犯实行惩罚和改造相结合、教育和劳动相结合的原则,将罪犯改造成为守法公民。具体而言,有期徒刑和无期徒刑的执行内容包括以下几个方面: 52

(一)对罪犯实行严格监管

被判处有期徒刑或者无期徒刑的罪犯,其罪行比较严重或者非常严重,必须受到严格监管,这也是对罪犯进行教育和劳动改造的基础。严格监管不仅包括将罪犯的人身控制在封闭戒严的执行场所,还包括从收监到释放环节的刑务管理,服刑处遇中的监管,警戒、戒具和武器的使用,通信会见,生活卫生,奖惩,对罪犯服刑期间又犯罪的处理,等等。 53

此外,法律不仅规定要对被判有期徒刑和无期徒刑的罪犯进行严格监管,也强调分押分管、文明监管。《监狱法》和《看守所留所执行刑罚罪犯管理办法》都规定,对成年男犯、女犯和未成年犯实行分开关押和管理。监狱根据罪犯的犯罪类型、刑罚种类、刑期、改造表现等情况,对罪犯实行分别关押,采取不同方式管理。有条件的看守所,可以根据罪犯的犯罪类型、刑罚种类、性格特征、心理状况、健康状况、改造表现等,对罪犯实行分别关押和管理。看守所应当根据罪犯的改造表现,对罪犯实行宽严有别的分级处遇。 54

(二)对罪犯实行劳动改造

《刑法》第 46 条和《监狱法》第 69 条都规定,凡是有劳动能力的,都应当参加劳动。《看守所留所执行刑罚罪犯管理办法》第 80 条规定,看守所应当组织罪犯参加劳动,培养劳动技能。这里所说的“有劳动能力的”,是指根据罪犯身体健康状况可以进行劳动。对于年老体迈、有严重疾病,不具有劳动能力的不应再安排其进行劳动。劳动改造的目的是,使罪犯在劳动中认识自己的罪行,改掉好逸恶劳的恶习,养成良好的生活习惯,并学会和掌握基本的生产知识和职业技能,为刑满释放后的就业谋生创造条件。所以,我国的徒刑不同于某些西方国家刑法里单纯剥夺犯罪人自由的监禁刑。[33] 当然,监狱和看守所在组织罪犯劳动时,要参照国家有关劳动工时的规定执 55

32　对此,张明楷有不同观点。他认为,《刑事诉讼法》对此并未有禁止性规定,被判无期徒刑的罪犯符合条件的,仍然享受保外就医或者因生活不能自理而获得暂予监外执行,不仅符合《监狱法》关于保障罪犯权利的规定,也符合刑罚特殊预防的目的。详见张明楷:《终身监禁的性质与适用》,载《现代法学》2017 年第 3 期。

33　参见张明楷:《刑法学》(第 6 版),法律出版社 2021 年版,第 692 页。

行，酌量给予报酬并执行国家有关劳动保护的规定，罪犯享有在法定节日和休息日休息的权利。罪犯在劳动中致伤、致残或者死亡的，由监狱或者看守所参照国家劳动保险的有关规定处理。

(三)对罪犯实行教育改造

56 “教育改造与劳动改造一样，既是改造罪犯的一种手段，又是刑罚执行的基本内容之一。”[34]根据《监狱法》第3条和《看守所留所执行刑罚罪犯管理办法》第4条的规定，监狱工作以及看守所在执行刑罚时的根本宗旨，就是将罪犯改造成为守法公民。相对于强迫性的劳动改造，对罪犯进行教育改造，促使其思想发生转变，仅仅依靠外力强迫是不行的，因此，对罪犯的教育改造是刑罚执行中最困难的内容。

57 “教育”，是指对罪犯进行思想教育、文化教育、职业技术教育，实践中称之为“三科教育”。思想教育，是指对罪犯进行法治、道德、形势、政策、法律等内容的教育；文化教育，是指根据罪犯的不同情况，对其进行扫盲教育、初等教育和中等教育等，鼓励罪犯自学、参加国家举办的高等教育自学考试并取得有关部门对合格者颁发的证书；职业技术教育，是指根据监狱生产和罪犯释放后就业的需要，对罪犯实行职业技术培训，使其掌握一技之长。《监狱法》第66条还规定，罪犯的文化和职业技术教育，应当列入所在地区教育规划。此外，监狱和看守所越来越重视监区文化建设和对罪犯的心理矫治，组织罪犯开展适当的文体活动，创造有益于罪犯身心健康和发展的改造环境。教育改造罪犯，实行因人施教、分类教育、以理服人的原则，采取集体教育与个别教育相结合、狱内教育与社会教育相结合的方法，使罪犯认罪服法，改恶从善，成为守法的公民。

(四)按照法律规定对罪犯进行减刑、假释

58 有期徒刑和无期徒刑的执行过程中，监狱、看守所都要注意对罪犯的奖惩考核。符合减刑条件的，应当及时提请法院裁定减刑；符合假释条件的，应在严格掌握的前提下提请法院裁定假释，以促进罪犯改造的积极性，最终有利于监狱监管秩序的稳定。

34　曲伶俐主编：《刑罚学》，中国民主法制出版社2009年版，第226页。

第四十七条　有期徒刑的刑期计算与折抵

有期徒刑的刑期，从判决执行之日起计算；判决执行以前先行羁押的，羁押一日折抵刑期一日。

文献:马克昌主编:《刑罚通论》(第2版),武汉大学出版社1999年版;邱兴隆:《刑罚理性评论——刑罚的正当性反思》,中国政法大学出版社1999年版;周光权:《法定刑研究——罪刑均衡的建构与实现》,中国方正出版社2000年版;邱兴隆:《刑罚的哲理与法理》,法律出版社2003年版;陈兴良主编:《刑种通论》(第2版),中国人民大学出版社2007年版;高铭暄、赵秉志主编:《刑罚总论比较研究》,北京大学出版社2008年版。石经海:《论刑期折抵的若干问题》,载《法律科学》2004年第6期;冯亚东:《罪刑关系的反思与重构——兼谈罚金刑在中国现阶段的适用》,载《中国社会科学》2006年第5期;石经海:《死缓、无期徒刑减为有期徒刑之刑期折抵》,载《中国刑事法杂志》2008年第1期;石经海:《刑期折抵的理论定位》,载《现代法学》2008年第2期;石经海:《刑期折抵立法比较研究》,载《环球法律评论》2008年第2期;姜瀛:《论刑期折抵的制度逻辑与价值构造》,载《江西警察学院学报》2013年第3期;周鑫、石经海:《死缓、无期徒刑缘何不能刑期折抵》,载《海峡法学》2017年第4期。

细目录

Ⅰ　主旨
Ⅱ　沿革
Ⅲ　有期徒刑的刑期计算和折抵
　一、有期徒刑的刑期计算
　二、先行羁押的刑期折抵

Ⅰ　主旨

本条规定的是有期徒刑的刑期计算和先行羁押的折抵问题。由于无期徒刑剥夺罪犯的终身自由,所以判决确定前的羁押时间既不能折抵刑期,也不能计算在作为减刑、假释前提条件的实际执行刑期之内。因此,刑法只就有期徒刑的刑期计算和折抵问题进行规定。 1

Ⅱ 沿革

2 1997 年《刑法》第 47 条与 1979 年《刑法》第 42 条的规定完全一致。

3 关于有期徒刑的刑期起算标准“判决执行之日”的具体确定方法,《刑法》《刑事诉讼法》以及《监狱法》都未明确规定。2016 年最高人民法院《关于办理减刑、假释案件具体应用法律的规定》第一次正面回应了这个问题,第 40 条规定,“判决执行之日”,是指罪犯实际送交刑罚执行机关之日。对于监狱而言,也就是收监之日。实务中的分歧由此得到部分解决。

4 关于刑期折抵的问题更加复杂具体,中华人民共和国成立后直到 1997 年修订刑法之后,一直有层出不穷的新情况出现,所以最高人民法院曾经颁发了多个司法解释以及司法解释性文件来解决问题。例如,1979 年刑法颁布之前,最高人民法院曾经在 1957 年就“行政拘留日期应否折抵刑期”作出批复,规定“如果被告人被判处刑罚的犯罪行为和以前受行政拘留处分的行为系同一行为,其被拘留的日期,应予折抵刑期;如果被判处刑罚的是另一犯罪行为,则其被拘留的日期当然不应折抵刑期”。但该批复因其内容已被《刑法》《行政处罚法》和相关司法解释替代,而于 2012 年 9 月被废止。但是,因为刑法对先行羁押的具体种类规定不明,1979 年《刑法》颁布乃至 1997 年修订刑法后,最高人民法院还就取保候审期间可否折抵刑期等多个问题作出了几十个专门或者相关的司法解释文件,其中部分已经因为或被刑法或者其他法律替代,或因与现行法律规定矛盾、冲突等被最高人民法院陆续宣布失效。此外,2012 年《刑事诉讼法》第 74 条明确规定,指定居所监视居住的期限应当折抵刑期。

Ⅲ 有期徒刑的刑期计算和折抵

一、有期徒刑的刑期计算

5 本条规定,有期徒刑的刑期,从判决执行之日起计算。不过,此规定只适用于刑罚内容为有期徒刑的判决。

6 类似的刑期起算方法还存在于《刑法》第 41 条(管制)和第 44 条(拘役)中。与此不同,《刑法》第 51、73 条规定,死刑缓期执行的期间以及拘役和有期徒刑的缓刑考验期,从判决确定之日起计算。而无期徒刑的刑期计算起点有不同标准:一个是从判决确定之日起计算,另一个是从判决生效之日起计算。前一个标准可见 2012 年最高人民法院研究室《关于原判有期徒刑的罪犯被再审改判无期徒刑应如何计算实际执行刑期问题的研究意见》,此种情形下无期徒刑的执行期间从再审判决确定之日起计算。后一个标准如 2016 年最高人民法院《关于办理减刑、假释案件具体应用法律的规定》第 23 条第 2 款的规定,被判处无期徒刑的罪犯假释时,刑法中关于实际执行的最低刑期应当从判决生效之日起计算[1];判决生效以前先行羁押的时间不予折抵。由此产生了三个互有关联却有不同内涵的起算标准:判决执行之日、判决确定之日、判决生效之日。

《刑法》和《刑事诉讼法》并未明确这三个标准的具体内容,《刑事诉讼法》第259条也仅仅根据审级以及裁判的内容规定了裁判生效的条件。法律规定的不明确给实务部门带来了诸多困惑。围绕这三个标准的具体确认产生的争议,请参见本书第41、44、51、73条的相关内容。可以确认的是,有期徒刑的执行之日是罪犯实际送交刑罚执行机关之日。 7

另外,在死缓减为有期徒刑和无期徒刑减为有期徒刑的情况下,有期徒刑的计算起点则有特别规定。《刑法》第51条规定:"……死刑缓期执行减为有期徒刑的刑期,从死刑缓期执行期满之日起计算。"《刑法》第80条规定:"无期徒刑减为有期徒刑的刑期,从裁定减刑之日起计算。" 8

二、先行羁押的刑期折抵

在我国,羁押主要是一种基于对被告人所犯罪行的社会危害性及其自身的人身危险性程度的综合考虑而采取逮捕或拘留决定以后,依附于拘留、逮捕措施而存在的剥夺公民人身自由的当然状态,其本身不是一种独立的强制措施。刑期折抵是将先行羁押的时间从其后实际判处的自由刑期中予以扣除的一种刑期确定制度。其立法依据在于,判决作出之前所实施的剥夺或限制人身自由的措施与自由刑具有近似性或者说等值性。其本质则是针对因同一事实在审前被剥夺或者限制人身自由的罪犯权利的"刑事实体救济",否则难免有"一事二罚"的嫌疑。[2] 作为刑罚裁量过程中的重要制度,它不仅可以在保证罪责刑相适应原则下充分体现刑法的公正、权利保障原则和刑法的人性关怀,还可对刑事一体化视野下的程序法与实体法的平衡与衔接起到积极的作用。 9

(一)我国刑期折抵的立法与特点

目前多数国家刑法都规定有刑罚折抵制度,且多以专条规定刑期折抵的基本要素。"例如,德国在刑法典和刑事诉讼法典中,用4个专条、12款的篇幅,分别对刑期 10

---

1 但是,最高人民法院《关于办理减刑、假释案件具体应用法律的规定》多处涉及无期徒刑减刑的规定,用的都是"执行……年",与无期徒刑的假释条件中刑期计算起点的表述不同。比如其第8条规定:"被判处无期徒刑的罪犯在刑罚执行期间,符合减刑条件的,执行二年以上,可以减刑……"笔者向监狱部门了解过,监狱在执行最高人民法院《关于办理减刑、假释案件具体应用法律的规定》时,对于无期徒刑罪犯的减刑和假释,其刑期计算都是采用"收监之日起"。这不仅反映出司法解释规定与实务执行的差距,同时也反映出法律以及司法解释文件的规定需要更加清晰与接地气。

2 参见石经海:《刑期折抵的理论定位》,载《现代法学》2008年第2期。

折抵的折抵本刑(自由刑、罚金刑)、折抵羁押(待审羁押、引渡羁押)、折抵关联性(因同一行为)、折抵原则、折抵比例等作了详尽的规定。法国也在刑法典和刑事诉讼法典中,用6个条款的篇幅,专门规定了刑期折抵的羁押范围、方法、标准、本刑等内容;意大利也在刑法典和刑事诉讼法典中,用2个专条、4款的篇幅,专门规定了刑期折抵的羁押范围、折抵的本刑等内容。"[3]

11 如《德国刑法典》第51条用5款专门规定了刑期折抵问题。其第1款规定:"受审判人由于诉讼前或诉讼中的犯罪而被拘留或被剥夺自由的,折抵为自由刑或罚金刑。如果根据受审判人犯罪后的态度,认为折抵不适当的,法院可命令部分或者全部不能折抵";第4款规定:"以罚金刑抵自由刑或以剥夺自由折抵罚金,剥夺自由1日相当于1单位日额金……";第5款规定:"临时吊销驾驶执照的期间(《德国刑事诉讼法典》第111a条)折抵第44条禁止驾驶的,相应适用第1款的规定……"

12 与上述以德国为代表的专条规定的立法模式相比,我国的刑期折抵制度在立法模式上属分散且附带规定类型。这主要表现在,1997年《刑法》分别在第41条(管制)、第44条(拘役)和第47条(有期徒刑)的后段对刑期折抵的基本标准进行了简单规定。2012年《刑事诉讼法》在第73条之后增加了一条,即第74条,用于规定指定监视居住折抵自由刑的问题,也是属于分散型规定。

13 综观各国关于刑期折抵制度的规定,我国刑期折抵制度具有以下三个特点:第一,折抵的对象或者本刑单一,仅止于管制、拘役和有期徒刑这三种自由刑。而国外的刑罚折抵对象还包括罚金刑和资格刑等。而且,此处的有期徒刑不包括死缓或者无期徒刑依法减为有期徒刑的情形。[4] 第二,折抵的主体仅限于裁判作出前采取的以剥夺或者限制人身自由为内容的强制措施,不包括罚金刑或者资格刑。第三,我国的刑期折抵采取法定主义原则。一旦符合法定的刑期折抵条件,法官必须根据《刑法》第47条的规定进行折抵。换言之,法官无权进行自由裁量,不得根据罪犯在先行羁押期间的态度表现而决定是否折抵以及确定折抵比例。与法定主义相对的是裁定主义(如《德国刑法典》第51条第1款的规定)以及混合主义。世界上仅采法定主义的主要有法国、意大利等国;仅采裁定主义的主要有韩国等国;兼采法定主义和裁定主义的,主要有德国、日本等国。[5]

(二)应该依法折抵有期徒刑的先行羁押

14 《刑法》第47条规定,被判处有期徒刑的犯罪分子,在判决执行前先行羁押的,羁押一日折抵刑期一日。根据我国现行法律法规、司法解释和司法指导文件的规定,先

---

3 石经海:《刑期折抵立法比较研究》,载《环球法律评论》2008年第2期。

4 参见姜瀛:《论刑期折抵的制度逻辑与价值构造》,载《江西警察学院学报》2013年第3期。相反观点请见石经海:《死刑、无期徒刑减为有期徒刑之刑期折抵》,载《中国刑事法杂志》2008年第1期。

5 参见石经海:《刑期折抵立法比较研究》,载《环球法律评论》2008年第2期。

行羁押并非一种独立的强制措施，主要是指依附于拘留、逮捕的剥夺公民人身自由的当然状态，逮捕后除发现不应当追究刑事责任和符合变更强制措施条件的以外，对被逮捕人的羁押期间一般要持续到人民法院判决执行为止。然而，先行羁押并不限于采取上述两种剥夺人身自由的强制措施后的附随结果。先行羁押折抵有期徒刑具体包括如下情形：

15 （1）因同一行为被刑事拘留、逮捕折抵有期徒刑。国家为保障侦查、起诉、审判活动的顺利进行而有权采取的5种刑事强制措施中，拘留和逮捕分别属于限制或者剥夺人身自由的措施。只要被告人因同一行为被先行刑事拘留或逮捕，就应折抵有期徒刑。除此之外，拘传、一般的监视居住和取保候审都不属于先行羁押，其时长不应折抵有期徒刑的刑期。

16 （2）因同一行为被指定居所监视居住折抵有期徒刑。2012年《刑事诉讼法》第74条新增了“指定居所监视居住”这一新的强制措施执行制度。2012年修订《刑事诉讼法》前，学界对该制度的合理性、制度价值存在较大的争议，对2012年《刑事诉讼法》实施后该制度在实践中存在执法标准不统一、适用不规范，规避法律的情形具有普遍性、法律滥用、异化问题突出并伴随侵犯人权的重大风险有诸多批判。立法者充分认识到此种方式对人身自由的影响，考虑到指定居所执行的监视居住实质上是一种变相的羁押，因此在2018年《刑事诉讼法》第76条明确规定“被判处拘役、有期徒刑的，监视居住二日折抵刑期一日”。

17 （3）因同一行为被留置一日，折抵有期徒刑一日。就名称而言，留置最早是《人民警察法》规定的一种行政强制措施。[6]通过《关于在全国各地推开国家监察体制改革试点方案》[7]，留置权才第一次出现在监察体制中。不过，监察委试点中的“留置”与《人民警察法》中的“留置”在内容上指涉不同，它本质上是一种调查措施，在期限上也会长一些。

18 就适用对象和性质而言，留置的前身是“双规”“双指”（或称“两规”“两指”），都是要求特定人员在规定时间、到规定地点交代问题，但二者也有区别。针对违纪党员的“双规”的直接依据是1994年5月实施的《中国共产党纪律检查机关案件检查工作条例》第28条第（三）项的规定，“要求有关人员在规定的时间、地点就案件所涉及的问题作出说明”。从此，“双规”的适用有了内部依据，成为侦破大要案的重要手段。此后，中纪委和中央办公厅先后颁发系列文件，以进一步规范“双规”的执行，保障被执行对象的有关权益。监察部门的“双规”最早见于1990年12月国务院颁布的《行

6　《人民警察法》第9条第2款规定：“对被盘问人的留置时间自带至公安机关之时起不超过二十四小时，在特殊情况下，经县级以上公安机关批准，可以延长至四十八小时，并应当留有盘问记录……”

7　2017年10月29日，中共中央办公厅印发的《关于在全国各地推开国家监察体制改革试点方案》第2条规定，监察委可以采取包括留置在内的多项措施。

政监察条例》，该条例第21条第（五）项规定，监察机关在案件调查中有权“责令有关人员在规定的时间、地点就监察事项涉及的问题作出解释和说明”。该条例于1997年5月9日废止，被《行政监察法》替代。《行政监察法》第20条第（三）项将“双规”改为“双指”，增加了“不得对其实行拘禁或者变相拘禁”的规定。“双规”一般是以纪委的名义，它是一种党内调查手段，适用对象是党员；“双指”则是以监察机关的名义，是一种行政调查手段，适用于所有涉嫌违反行政纪律的人员（不论党员还是非党员），不过在实践中，一般只对非党员进行“双指”，党员一般都适用“双规”。

19　《监察法》出台前，学界对于能否将“双规”“双指”的时间折抵刑期尚存争议。鉴于“双规”“双指”的性质是“党的组织和行政监察机关在确属必要的情况下，对一些重要或复杂的案件所涉及的有重大嫌疑的党员、干部和有关人员进行内部审查的一种措施”[8]，认为不能将“双规”“双指”的时间折抵刑期的观点也是有依据的。不过，在北京市、山西省、浙江省展开的监察体制改革试点期间，已经有法院在裁判文书中明确将在监察委员会调查期间的“留置”（也就是“双指”）时间折抵刑期的内容。[9]

20　2018年3月20日通过的《监察法》第22条正式确认了留置措施的性质。留置是《监察法》出台后最受关注的内容之一，适用于满足条件的涉嫌严重职务违法、职务犯罪的被调查人。鉴于留置对被调查对象人身自由的重大影响，《监察法》第44条第3款规定：“被留置人员涉嫌犯罪移送司法机关后，被依法判处管制、拘役和有期徒刑的，留置一日折抵管制二日，折抵拘役、有期徒刑一日。”由此可见，留置的效果与刑事拘留、逮捕等羁押性强制措施完全相同。但“留置”措施并不属于刑事诉讼中的“强制措施”，被调查人也不属于犯罪嫌疑人，因为《监察法》第47条第1款规定，对监察机关移送的案件，人民检察院依照《刑事诉讼法》对被调查人采取强制措施。

21　（4）因同一行为被行政拘留折抵有期徒刑。行政拘留是指法定的行政机关（专指公安机关）依法对违反行政法律规范的人，在短期内限制人身自由的一种行政处罚。1979年《刑法》颁布之前，最高人民法院曾经在1957年就“行政拘留日期应否折抵刑期”作出批复。该批复因其内容已被《刑法》《行政处罚法》和相关司法解释替代，而于2012年9月被废止。依据《行政处罚法》第35条的规定，违法行为构成犯罪，人民法院判处拘役或有期徒刑时，行政机关已经给予当事人行政拘留的，应当依法折抵相应刑期。

22　（5）因同一行为被司法拘留折抵有期徒刑。司法拘留是人民法院对妨害诉讼或执行的行为人依法采取的强制措施，适用对象既包括民事诉讼参与人，也包括案外人。三大诉讼法虽然都对妨害诉讼、扰乱法庭以及妨碍判决执行的行为及其处罚进

8　尉健行：《论党风廉政建设和反腐败斗争》，中央文献出版社、中国方正出版社2009年版，第426页。

9　详见“张某受贿案”，山西省夏县人民法院（2017）晋0828刑初45号刑事判决书；“卫某某受贿案”，山西省运城市盐湖区人民法院（2017）晋0802刑初222号刑事判决书。

行了规定。但是,对于因同一行为被司法拘留能否折抵有期徒刑的问题,却并未正面回应。不过,几个司法解释以及司法解释性文件却有涉及。最早对此进行明确规定的司法解释是最高人民法院《关于审理拒不执行判决、裁定案件具体应用法律若干问题的解释》,该解释第 8 条规定:“人民法院在执行判决、裁定过程中,对拒不执行判决、裁定情节严重的人,可以先行司法拘留……人民法院依法对拒不执行判决、裁定的人定罪判刑,先行司法拘留的日期应当折抵刑期。”不过,随着最高人民法院解决执行难工作的深入推进,该解释因被 2007 年 8 月最高人民法院、最高人民检察院、公安部发布的《关于依法严肃查处拒不执行判决裁定和暴力抗拒法院执行犯罪行为有关问题的通知》代替而于 2013 年 4 月被最高人民法院正式废止。该通知第 7 条规定,人民法院在执行判决、裁定过程中,对拒不执行判决、裁定情节严重的人,可以先行司法拘留;拒不执行判决、裁定的行为人涉嫌犯罪的,应当将案件依法移送有管辖权的公安机关立案侦查。虽然该通知第 7 条并未如《关于审理拒不执行判决、裁定案件具体应用法律若干问题的解释》第 8 条那样就先行司法拘留能否折抵刑期作出明确规定,而是强调各机关之间的协作与效率,但是,按照法理与体系解释原则,因同一行为被先行司法拘留的日期折抵刑期不仅符合司法拘留剥夺人身自由的性质,也符合对人权保护的法治需要。因此,因同一行为先行司法拘留可以折抵刑期是符合法律规定的。

(6)区际和国际刑事司法协助措施中剥夺自由的措施一般也会折抵刑期。例如,2009 年两岸签订《海峡两岸共同打击犯罪及司法互助协议》,第 6 条和第 11 条分别就人员遣返和罪犯移管问题作出原则性规定。此后,最高人民法院在《关于人民法院办理接收在台湾地区服刑的大陆居民回大陆服刑案件的规定》第 6 条明确规定:“被判刑人被接收回大陆服刑前实际羁押的期间,应当以一日折抵转换后的刑期一日。”再如,2007 年 3 月 28 日生效的《中华人民共和国和澳大利亚关于刑事司法协助的条约》第 12 条第 4 款规定,被移交人在请求方被羁押的期间,应当折抵在被请求方判处的刑期。 23

(7)宣告缓刑前羁押的时间折抵刑期。2002 年最高人民法院在《关于撤销缓刑时罪犯在宣告缓刑前羁押的时间能否折抵刑期问题的批复》中要求,根据《刑法》第 77 条的规定,对被宣告缓刑的犯罪分子撤销缓刑执行原判刑罚的,对其在宣告缓刑前羁押的时间应当折抵刑期。不过,此处的缓刑不包括被判处死刑缓期执行。根据 2016 年最高人民法院《关于办理减刑、假释案件具体应用法律的规定》第 23 条第 3 款的规定,被判处死刑缓期执行的罪犯减为无期徒刑或者有期徒刑后,实际执行 15 年以上,方可假释,该实际执行时间应当从死刑缓期执行期满之日起计算。死刑缓期执行期间不包括在内,判决确定以前先行羁押的时间不予折抵。 24

(8)原判有期徒刑的罪犯经再审改判无期徒刑的,改判前原判确定之日起已经执行的刑期,在决定假释时应当计算为无期徒刑实际执行的刑期。这是由 2012 年最高人民法院研究室《关于原判有期徒刑的罪犯被再审改判无期徒刑应如何计算实际执 25

行刑期问题的研究意见》确定的。

26 (9)被海关扣押的时间折抵刑期。根据最高人民法院 1988 年《关于海关扣留走私罪嫌疑人的时间可否折抵刑期的批复》,人民法院对犯走私罪的被告人作出有期徒刑的刑事判决后,原在海关扣留的时间,扣留一日可以折抵刑期一日。

(三)不应折抵有期徒刑的几种措施或情形

27 下列几种措施或者情形或因已被撤销、或因性质不能折抵有期徒刑,但在实践中经常引起关注,所以予以特别介绍:

28 (1)被监视居住、取保候审的时间不能折抵刑期。(普通的)监视居住与取保候审是仅仅对犯罪嫌疑人或被告人的人身自由进行限制而非剥夺的刑事强制措施,不属于对其进行羁押。因此,最高人民法院先后通过 1978 年《关于保外候审期间可否折抵刑期的批复》、1984 年《关于依法监视居住期间可否折抵刑期问题的批复》,1996 年《关于取保候审、监视居住期间是否折抵刑期问题的答复》、2001 年最高人民法院研究室《关于监视居住期间可否折抵刑期问题的答复》给予了否定回答。不过,尽管这四个解释性文件已分别于 2012 年 8 月和 2013 年 1 月失效,但其内容符合现行《刑法》和《刑事诉讼法》的规定,取保候审和普通的监视居住的日期不能折抵刑期是无异议的。

29 (2)缓刑和假释考验期不能折抵刑期。罪犯在缓刑或者假释考验期限内应遵守的规定仅是对罪犯某些行为予以规范,如遵守法律、行政法规,按规定报告自己的活动情况,遵守关于会客的规定等,罪犯的人身自由并没有受到严格限制,实体权利未被剥夺,根本不同于自由刑或者其他羁押措施。缓刑或者假释罪犯被撤销缓刑或假释的,其已经执行的考验期限不能折抵刑期。

30 (3)收容审查和劳动教养制度因分别被 1996 年《刑事诉讼法》和 2013 年 12 月全国人民代表大会常务委员会《关于废止有关劳动教养法律规定的决定》废除,因而不再存在这两种制度折抵刑期的问题。

第五节　死　刑

前　注

文献：李云龙、沈德咏：《死刑制度比较研究》，中国人民公安大学出版社1992年版；胡云腾：《死刑通论》，中国政法大学出版社1995年版；马克昌主编：《刑罚通论》（第2版），武汉大学出版社1999年版；钊作俊：《死刑限制论》，武汉大学出版社2001年版；陈兴良、胡云腾主编：《中国刑法学年会文集2004年度第一卷：死刑问题研究》（下册），中国人民公安大学出版社2004年版；陈华杰：《论死刑适用的标准》，人民法院出版社2005年版；贾宇主编：《死刑研究》，法律出版社2006年版；赵秉志：《死刑改革探索》，法律出版社2006年版；孙琬钟、应勇主编：《董必武法学思想研究文集》（第7辑），人民法院出版社2008年版；于同志：《热点难点案例判解：刑事类死刑裁量》，法律出版社2009年版。马克昌：《论死刑缓期执行》，载《中国法学》1999年第2期；高铭暄：《我国的死刑立法及其发展趋势》，载《法学杂志》2004年第1期；刘仁文：《死刑政策：全球视野及中国视角》，载《比较法研究》2004年第4期；谢望原：《死刑有限存在论》，载《中外法学》2005年第5期；陈华杰：《把握死刑适用标准的若干思考》，载《人民司法》2007年第1期；梁根林：《死刑案件被刑事和解的十大证伪》，载《法学》2010年第4期；朱苏力：《从药家鑫案看刑罚的殃及效果和罪责自负——纪念〈法学〉复刊30周年·名家论坛（一）》，载《法学》2011年第6期；邱兴隆：《就独生子女免死对苏力教授说不——纪念〈法学〉复刊30周年·名家论坛（五）》，载《法学》2011年第10期；储槐植：《死刑司法控制：完整解读刑法第四十八条》，载《中外法学》2012年第5期；张心向：《死刑案件裁判中非刑法规范因素考量》，载《中外法学》2012年第5期；黎宏：《死缓限制减刑及其适用——以最高人民法院发布的两个指导案例为切入点》，载《法学研究》2013年第5期；劳东燕：《死刑适用标准的体系化构造》，载《法学研究》2015年第1期；夏勇：《死刑立即执行与死刑缓期执行之界限》，载《法治研究》2015年第1期；冯军：《死刑适用的规范论标准》，载《中国法学》2018年第2期。

细目录

Ⅰ　主旨

Ⅱ　沿革

Ⅲ　死刑的存废之争

　一、死刑存废的现状

二、死刑废除论
三、死刑存留论
四、死刑与敌人刑法观

I 主旨

1 死刑具有悠久的历史,其执行方式曾经多种多样并且残酷任意。随着人类文明的进步与发展,死刑不仅不再是主要的刑罚方法,而且其适用条件和执行方式都受到严格限制,在程序上也要经过严格的核准。尽管世界上许多国家已经废除了死刑,但是,在现阶段,刑法理论上尚存在保留死刑与废除死刑的激烈论争,我国实行着不废除死刑但严格限制死刑适用的基本刑事政策。我国刑法总则第 48 条至第 51 条明确规定了死刑的适用条件、执行方式和核准程序等法律制度。这些规定是对我国司法实践经验的总结,符合我国的社会实际,具有基于历史经验的独创性,体现了实践理性,也暗含着遵循世界发展潮流的内在契机。

II 沿革

2 中华人民共和国成立之后,我国对死刑的适用十分谨慎。毛泽东同志多次指出"杀人要少"[1]。因此,自中华人民共和国成立至今,"少杀"政策一直是指导我国死刑适用的重要刑事政策。1979 年刑法从多个方面贯彻了"少杀"政策:其一,将死刑的适用对象限定为罪大恶极的犯罪分子;其二,对犯罪时的未成年人和审判时怀孕的妇女不适用死刑;其三,死刑立即执行的核准权由最高人民法院行使;其四,创设了死刑缓期执行制度。

3 在现行的刑法中,我国的死刑制度具有以下主要内容:(1)在死刑的适用条件上,将 1979 年刑法规定的"罪大恶极"修改为"罪行极其严重";(2)严格限制了死刑缓期执行变更为死刑立即执行的条件,删除了 1979 年刑法中"实行劳动改造,以观后效"的规定;(3)死刑核准权下放后又重新收回最高人民法院统一行使;(4)删除了可以对未成年犯判处死刑缓期执行的规定;(5)在死刑限制适用对象方面,增加规定"审判的时候已满七十五周岁的人,不适用死刑,但以特别残忍手段致人死亡的除外";(6)在刑法分则中进一步削减死刑罪名(死刑罪名现为 46 种),并且从犯罪情节的角度对某些罪名的死刑适用条件作了更加严格的限制;(7)进一步明确了死缓减刑的条件,放宽了死缓减为无期徒刑的条件,但收紧了死缓减为有期徒刑的条件,同时增加了死缓限制减刑的规定。

---

1 《毛泽东选集》(第 5 卷),人民出版社 1977 年版,第 459 页。

Ⅲ　死刑的存废之争

死刑作为文明世界中最严厉、最残酷的惩罚,到底是应该保留还是应该废除,一直是世界范围内争论不休的难题。 4

一、死刑存废的现状

从世界范围来看,截至 2013 年年底,共有 159 个国家和地区废除了死刑。其中,101 个国家完全废除了死刑,即法律中没有规定死刑,例如,英国、德国、法国、意大利、澳大利亚、加拿大、瑞士、奥地利等;7 个国家(包括巴西、以色列、斐济、萨尔瓦多、秘鲁、智利、哈萨克斯坦)废除了对普通犯罪的死刑,保留了对恐怖主义犯罪等特殊犯罪的死刑;51 个国家虽然在立法上保留了死刑,但事实上已经暂停了死刑的适用,例如,韩国、土耳其、缅甸等。然而,保留死刑的国家有 37 个,保留死刑的地区有 2 个。[2] 此外,在世界人口排名前 10 位的国家中,有 8 个保留了死刑;在世界人口排名前 20 位的国家中,有 13 个保留了死刑。虽然从国家和地区的数量上看,保留者远远少于废除者,但是,从人口数量上看,至 2013 年,全球超过 60% 的人口仍然生活在保留死刑的国家和地区之中。[3] 从 1994 年到 2008 年,我国死刑处决的人数是全世界最高的。[4] 5

联合国的统计数据显示,从 1979 年到 1983 年,世界上保留死刑的国家和地区共有 120 个,之后每个统计年度,保留死刑的国家和地区的数量都在减少,直至 2013 年只剩 39 个国家和地区保留了死刑。[5] 由此可见,废除死刑确实是国际趋势和潮流。 6

二、死刑废除论

中外学者从各个方面提出了废除死刑的理由:(1)从消极的一般预防的角度上讲,死刑的威慑力虽然在观念上是强烈的,但只是一时的,刑罚的威慑力在于其延续性而非强烈性,终身劳役刑的威慑效果远远强于死刑。[6] 对于潜在犯罪人来说,谋杀 7

2　参见孙世彦:《从联合国报告和决议看废除死刑的国际现状和趋势》,载《环球法律评论》2015 年第 5 期;〔英〕罗吉尔 · 胡德:《死刑的全球考察》,刘仁文、周振杰译,中国人民公安大学出版社 2005 年版,第 505—511 页。

3　参见孙世彦:《从联合国报告和决议看废除死刑的国际现状和趋势》,载《环球法律评论》2015 年第 5 期。

4　参见孙世彦:《从联合国报告和决议看废除死刑的国际现状和趋势》,载《环球法律评论》2015 年第 5 期。

5　参见孙世彦:《从联合国报告和决议看废除死刑的国际现状和趋势》,载《环球法律评论》2015 年第 5 期。

6　参见〔意〕贝卡里亚:《论犯罪与刑罚》,黄风译,中国法制出版社 2002 年版,第 53 页以下。

的欲望完全可能会超过对死刑的恐惧。[7] 并且,统计资料显示,死刑遏制犯罪的实际效果往往是差强人意的。在我国 1983 年决定实施“严打”后,凶杀、伤害、强奸和严重盗窃(当时这些罪的法定最高刑均为死刑)在刑事案件总数中所占的比例不降反升。从 1984 年至 1991 年,凶杀案平均每年递增 30%,强奸案每年递增近 20%,伤害案每年递增 35%,抢劫案每年递增 80%,严重盗窃案每年递增近 3 倍。[8] 相反,减少死刑适用并没有导致相关犯罪发生率的骤升,反而,犯罪率呈现下降趋势。[9] (2)从死刑误判的角度上讲,任何判决都存在误判的可能,因此,如果误判了死刑,将出现难以弥补、无法纠正的错误。[10] (3)从死刑可能具有的不利后果上讲,一方面,死刑执行的场面是血腥的,会钝化善良的人心,唤起对罪犯的怜悯。[11] 另一方面,死刑会制造亡命之徒,有些犯罪人(尤其是毒品犯罪分子)自知犯了死罪反而会更加肆无忌惮地实施犯罪行为。[12]

8 笔者认为,首先,统计数据的相关性值得怀疑。“严打”期间,死刑适用范围扩大是事实,犯罪率上升也是事实,但是,两个事实之间可能并不具有因果关系。导致犯罪发生的因素很多,不能将犯罪率上升的原因一概归结于死刑的扩大适用。即使死刑不具备实际的威慑效果,死刑所具有的观念上的威慑效果也是不可否认的,而这种观念上的威慑效果有助于教化社会公众遵守法规范,强化公众的法忠诚和法信任。换言之,就积极的一般预防而言,死刑的存在具有价值和意义。其次,以误判为由得出全面废除死刑的结论存在问题。死刑存在误判是事实,但并不是每一个死刑判决都是误判。因此,完全有可能存在一种领域,在该领域中不存在死刑误判的可能。最后,死刑可能具有的不利后果也难以成立。一方面,如果由于死刑执行是残酷血腥的而要废除死刑,那么,当代那些更加血腥暴力的影视作品也应当被销毁。另一方面,罪犯在犯下死罪后的恶劣态度与死刑的存在无关,它主要体现了罪犯敌视法规范的人格态度。存在死罪下的亡命徒,同样也存在死罪下的大善人。[13]

7　参见〔英〕吉米·边沁:《立法理论——刑法典原理》,孙力等译,中国人民公安大学出版社 1993 年版,第 91 页。

8　参见黄太云:《增加死刑能否遏制犯罪》,载《法学家》1994 年第 4 期。

9　参见吴雨豪:《死刑威慑力实证研究——基于死刑复核权收回前后犯罪率的分析》,载《法商研究》2018 年第 4 期。

10　参见〔德〕弗兰茨·冯·李斯特:《德国刑法教科书》,徐久生译,法律出版社 2006 年版,第 414 页以下。

11　参见〔意〕贝卡里亚:《论犯罪与刑罚》,黄风译,中国法制出版社 2002 年版,第 54 页。

12　毒贩持枪与警察拼杀的新闻不绝于耳,参见《今早毒贩持枪拒捕! 事发南昌湖宾东路! 已被抓获!》,载 https://www.sohu.com/a/255459457_393108,访问时间:2019 年 10 月 15 日。

13　例如,郦某在故意杀人后,潜逃期间多次匿名捐款、资助他人,参见《惊! 诸暨这个老板竟是杀人犯! 他常做好事》,载 http://www.sohu.com/a/214874369_163701,访问时间:2019 年 10 月 16 日。

三、死刑存留论

在死刑存留论中，曾经有极少数观点主张死刑扩张论，认为要扩大死刑的适用范围[14]，但是，这种观点目前已经销声匿迹。而广为接受的观点便是死刑限制论，虽然死刑限制论确实看到了死刑制度的不合理之处，但是同时，相关学者也坚信死刑存在具有必要性，所以，其认为就现阶段而言，死刑是不能废止的，但是，应当受到限制。[15] 无疑，死刑限制论符合我国"保留死刑、严格控制死刑"的死刑政策。[16] 至于如何限制死刑适用，学者们提出了各种方案。例如，贝卡里亚认为，如果某人被剥夺自由之后仍然可能危害国家安全或者引发政体动乱，那么，就可以对其适用死刑。[17] 又如，黑格尔认为，在谋杀的场合，必须处以死刑，理由在于，既然被害人的生命是他区别于其他事物而存在的规定性的全部，那么，对谋杀者的惩罚就只能是剥夺他的生命。[18] 9

四、死刑与敌人刑法观

在论及死刑的存废时，人们从同样的视角提出了完全不同的看法。例如，同样是从社会契约论这一视角出发，贝卡里亚认为废除死刑的理由是公民在订立社会契约时没有交出自己的生命权[19]，卢梭则认为保留死刑的理由在于"正是为了不至于成为凶手的牺牲品，所以人们才同意，假如自己做了凶手的话，自己也得死"[20]。再如，同样是从预防犯罪这一视角出发，美国学者扬克基认为死刑具有最大的预防效果[21]，有人则认为死刑没有威吓力[22]，如此等等。 10

为了使死刑问题的讨论具有稳定的基础，为了避免从同样的视角得出完全不同的结论，在讨论死刑问题时，应该从那些无争议的事实出发，并且，应该明确相关的争论所涉及的领域。对于论及死刑的存废而言，误判问题和人道问题是最值得关注的。 11

（一）应该立即废除针对犯罪人的死刑

犯罪人是应受谴责地实施了刑事法律所规定的犯罪行为的人。虽然犯罪人是有 12

14　参见刘远：《试论死刑不应削减的根据——兼评"减少死刑说"》，载《河北法学》1994年第1期。

15　参见谢望原：《死刑有限存在论》，载《中外法学》2005年第5期。

16　最高人民法院强调"严格执行'保留死刑、严格控制死刑'的政策"，参见最高人民法院《关于为构建社会主义和谐社会提供司法保障的若干意见》。

17　参见〔意〕贝卡里亚：《论犯罪与刑罚》，黄风译，中国法制出版社2002年版，第52页以下。

18　参见〔德〕黑格尔：《法哲学原理》，范扬、张企泰译，商务印书馆1961年版，第106页以下。

19　参见〔意〕贝卡里亚：《论犯罪与刑罚》，黄风译，中国法制出版社2002年版，第52页。

20　〔法〕卢梭：《社会契约论》，何兆武译，商务印书馆1980年版，第42页以下。

21　参见邱兴隆、许章润：《刑罚学》，群众出版社1988年版，第166页。

22　参见吴雨豪：《死刑威慑力实证研究——基于死刑复核权收回前后犯罪率的分析》，载《法商研究》2018年第4期。

罪的,但是,在犯罪人的犯罪行为中总是存在一些值得社会宽恕的理由:有的犯罪人基于可以原谅的理由(例如,存在杀父之仇或者夺妻之恨)而杀人,有的犯罪人选择特定的对象(例如,有遗产可供继承的叔父)而杀人。抽象地说,犯罪人的行动表明他基本上愿意遵守实在法的基本规范,只是在一种特别状况中以一种非持久的方式否认着这个社会的部分实在法规范,因此,犯罪人仍然是人类的成员,值得享有人类尊严。现代国家把实施了一般犯罪的行为人视为市民、视为具有人格之人。[23] 犯罪人拥有基本人权,犯罪人也有权利用自己的行动赎回他们的罪恶。其他人应该尊重犯罪人作为市民[24]的权利,犯罪人也应该强化“自己仍然是市民”这种意识,并基于这种强化的意识自觉地“把其他人作为人来尊重”。

13 与犯罪人的犯罪行为相关的因素是大量存在的,其他人也可能具有犯罪人的犯罪因素,例如,可能不止一个人想为被杀的父亲复仇,因奸情被杀的妻子也可能有不止一个情夫,侄子也可能不是唯一的遗产继承人,因此,只要司法活动还不是由全能的神而是由可能犯错的人来进行的,对犯罪人适用死刑,就可能出现对无辜者的误判。无论采取多么谨慎的措施,在针对犯罪人适用死刑的全部判决中,必然存在误判。

14 认为中国目前应该通过减少与严格限制死刑来实现全面废止死刑的支配性见解,既不能合理地说明为什么对享有人类尊严的犯罪人应该适用死刑,也不能合理地说明为什么在必然出现对无辜者的误判时还应该适用死刑。并且,不能合理地说明这种见解所主张的“要在未来全面废止死刑”的终极根据。

15 一种理性的结论应该是:因为犯罪人仍然是人类的成员,值得享有人类尊严,也因为对犯罪人适用死刑容易导致对无辜者误判死刑,所以,对于犯罪人,绝对不能判处死刑,需要立即废除针对犯罪人的死刑。

(二)应该继续保留针对敌人的死刑

16 “人”不是一个纯粹生物学意义上的存在,“人”主要是一个法规范意义上的存在。虽然生命是生命权的物质基础,但是,生命不等于生命权。“生命”主要是一个生物学的概念,在生物学的意义上,可以粗略地把“人”定义为“有血有肉的动物”。“生命权”则主要是一个法学的概念,在法学的意义上,可以粗略地把“人”定义为“具有正当存在根据的人格者”。

17 死刑是剥夺生命权的刑罚。生命权并非绝对的权利,生命权也是可以合法地予以剥夺的。生命权的存在需要两方面的证明:一方面,需要国家的事先证明,国家应当事先保护人的生命权,在人具有法定的参与社会交往的能力之前,国家应当事先把人拟定为具有生命权的存在,并且,通过法律保护(例如,禁止侵犯胎儿的生命)来有

---

23 Vgl. Günther Jakobs, Bürgerstrafrecht und Feindstrafrecht, in Edited by Yu-hisu Hsu, Fundations and limits of Criminal Law and Criminal Procedure-An Anthology in Memory of Professor Fu-Tseng Hung, S. 49.

24 这里的“市民”是“市民社会”意义上的,不是“城市”意义上的。

力地证明这种由国家事先保护的拟定生命权。[25] 另一方面,需要生命个体的事后证明,在人具有法定的参与社会交往的能力之后,人必须通过自己的行为证明自己值得拥有生命权。如果一个被国家事先拟定为具有生命权的人在事后通过自己的行为证明自己不值得拥有生命权,那么,国家就可以在必要的时候剥夺他的生命权。

在现代法治社会里,谁遵守了实在法的基本规范,谁就是具有正当存在根据的人格者,谁就值得拥有生命权;谁虽然有时违反了但是基本上遵守了实在法的基本规范,谁也是具有正当存在根据的人格者,谁也值得拥有生命权;谁从根本上违反了实在法的基本规范,谁就不再是具有正当存在根据的人格者,谁就不值得拥有生命权。 18

在敌人的敌对行为中完全不存在任何值得社会宽恕的理由:一些人出于自己的政治理想而大规模地杀害无辜的平民,一些人纯粹为了满足自己无底的欲望而有组织地杀人、抢劫和强奸,一些人身为高官在享受着厚禄的同时利用职权疯狂地敛财。这些人的行为证明,他们原则性地破坏了社会的实在法规范,他们根本不是社会的成员,而是社会的敌人。 19

当卢梭认为"对罪犯处以死刑,这与其说是把他当作公民,不如说是把他当作敌人"[26]时,他就混淆了罪犯与敌人的界限,罪犯也是享有基本人权的公民,罪犯并不是敌人。但是,他敏锐地认识到存在一种不能视为公民的敌人。雅科布斯教授正确地指出:"原则性的偏离者没有提供人格行动的保障,因此,不能把他作为市民来对待,而是必须作为敌人来征伐。"[27] 20

敌人可能是他的自我世界中的斗士或者英雄,但是,他不是他的行为所破坏的现实社会的成员。敌人本质上不是公民,而是公敌。敌人不应该在现实社会中享有人类尊严,也不拥有现实社会所保障的基本人权,不值得拥有生命权。 21

敌人的敌对行为是对现实社会的极端破坏,那些与敌人的敌对行为相关的因素不是大量存在的,一般的国民和犯罪人并不具有敌人具有的敌对行为因素。在一个基本上是法治国家的国度里,有谁会被法院误判为大规模地杀害了无辜的平民,或者有组织地实施了杀人、抢劫和强奸,或者利用职权疯狂地聚敛了大量的财物呢?敌人的敌对行为中所存在的动机特殊性、行为经常性、手段极端性和后果严重性,就避免了将适用于敌人的死刑适用在无辜者身上。 22

在敌人那里,既不会发生人道问题,也不会发生误判问题。因此,只要一个社会尚未达到不杀死敌人就不足以稳定自己的程度,就必须将敌人杀掉。对于敌人,一切都必须根据敌人刑法来对待,敌人刑法受纯粹的有效性思想的支配。在敌人刑法中 23

25　仅仅在这个"事先拟定"的意义上,生命权是"与生俱来的权利",是"人人固有的权利"。

26　〔法〕卢梭:《社会契约论》,何兆武译,商务印书馆 1980 年版,第 43 页。

27　Vgl. Günther Jakobs, Bürgerstrafrecht und Feindstrafrecht, in Edited by Yu-hisu Hsu, Fundations and limits of Criminal Law and Criminal Procedure - An Anthology in Memory of Professor Fu-Tseng Hung, S. 61.

完全不存在敌人的权利,存在的仅仅是人民的权利。[28] 这不仅仅是说与敌人的殊死搏斗是对人民的最好保护,而且是说即使是在与敌人搏斗时也必须最有效地保护人民的权利,既不能因为要与敌人搏斗就不避免伤及无辜,也不能把值得怀疑者不加证明地当作敌人来对待(也就是说,要禁止"宁可错杀一个无辜者,也不放过一个敌人")。宽容和文明都只适用于市民(包括并未因犯罪行为而丧失市民身份的犯罪人),而不适用于虽然具有生命但是不具有生命权的敌人。在几十个甚至成百上千的市民惨死在公开的敌人的暴行之下的时候,在国家的经济被隐蔽的敌人破坏得面临危机的时候,主张对敌人宽容,就无异于对守法的市民缺乏最起码的忠诚。

24 需要特别强调的是:只有在一种法规范的视角之下,才可能划清犯罪人与敌人的界限,才可能正确地确立动用死刑的逻辑。谁通过行为对实在法的基本规范进行了基本违反,谁就是这个现实世界的敌人。

25 所谓实在法的基本规范,是指现实社会所必不可少的法规范,也就是现实社会中保护生命权、自由权和财产权的法规范。不应该对违反了非基本法规范的人适用死刑。所谓基本违反,是指在没有任何值得社会宽恕的理由下以最极端的形式实施的违反行为。如果一个人因为妻子与人通奸而杀死了妻子和通奸者,那么,因为他的行为多少具有值得社会宽恕的理由,并且,因为他的行为有所节制,就不能说他是基本违反了保护生命的基本法规范。但是,如果一个人因为妻子与人通奸而杀死了妻子和通奸者之后,产生了谋杀兴趣,进而杀死了妻子的父母和通奸者的家人,或者杀死了他所发现的所有与男人通奸的女人和所有与女人通奸的男人,那么,因为他的行为没有任何值得社会宽恕的理由,并且,因为他的行为没有节制,可以说他是基本违反了保护生命的基本法规范。

26 死刑可以并只能适用于敌人,但对敌人并不是必须适用死刑。是否应该对敌人适用死刑,取决于敌人是否仍然具有通过行为从基本上破坏现实社会的基本法规范的危险。例如,如果一个黑社会性质组织的头目在被逮捕后仍然组织着未被逮捕的组织成员的杀人行为,那么,就应该立即处死他。当然,如果一个社会已经达到不处死敌人就足以稳定自己的话,也可以不处死敌人。例如,如果已经逮捕了一个黑社会性质组织的全体成员,那么,就无须处死他们。对于没有被杀掉的敌人,充其量只能像保护动物一样来对待,也就是说,剥夺敌人危害社会的任何可能性。无论如何,为了实现合法的目的,在采取剥夺生命的方法是最有效的手段时,就应该对敌人适用死刑。

27 这个现实世界还存在很多问题,但是,正因为存在问题,它才是人类社会。这个社会是人们生存和发展的基础,它应该得到维护,它必须是安全和有能力自我发展的。人类社会的问题只能在自由和民主的正当程序中加以解决,谁总是破坏人类社会的自由和民主的正当程序,并总是为他每一次破坏的成功而沾沾自喜,谁总是用个人的任意来

---

[28] Vgl. Günther Jakobs, Bürgerstrafrecht und Feindstrafrecht, in Edited by Yu-hisu Hsu, Fundations and limits of Criminal Law and Criminal Procedure-An Anthology in Memory of Professor Fu-Tseng Hung, S. 47f.

建立个人的天堂,谁就或多或少是这个社会的对立者。如果有人基本上遵守着这个社会的基本法规范,只是在一种特别状况中以一种非持久的方式否认着这个社会的部分法规范,还可以视其为犯罪人,还可以尊重他作为市民的(被降低的)权利。但是,谁从基本上否定这个社会,用他的行为(不仅仅是用思想)持续地、顽固地破坏这个社会的基本法规范,谁就是这个社会的敌人。敌人虽然生活在这个社会里,但是,他们其实不属于这个社会,因为他们总是把他们自己的世界看得高于一切,并且,总是用他们的行动毁坏现实世界的基本法规范。那些基于琐碎的原因(例如,失恋或者没有领到工钱)就把自己变成"杀人魔王"者,也是敌人,也必须从这个社会中被排除(在有危险时就处死,在没有危险时就隔离)。那些在战争中临阵倒戈(不是仅仅因为恐惧而在战场上装死或者甚至逃亡)的人,更是敌人,应该被当场处决。[29]

在论及废除死刑的理由时,贝卡里亚的提问是:"人们可以凭借怎样的权利来杀 28
死自己的同类呢?"[30]但是,人们当然也可以进一步地追问:那些实施了最危险犯罪的最凶恶的敌人真的是自己的同类吗?对于那些仍然危险的最凶恶的敌人有什么理由不处以死刑呢?难道真的应该容忍那些仍然危险的最凶恶的敌人残害我们的人民、搞垮我们的国家吗?用宽容和人道对待敌人是这个社会不应享受的奢侈,因为这种奢侈会使这个社会不能存续。当这个社会不再存续的时候,为了重建社会,一场更大规模的流血的敌我战争就会爆发。用敌人刑法对待敌人,或许是阻止这场战争的一个方法。[31]

29　因此,一些原则上废除了死刑的国家给自己保留了关于叛国罪和军事罪适用死刑的例外(参见高铭暄:《刑法问题研究》,法律出版社 1994 年版,第 295 页)。在 1985 年生效的《欧洲人权公约》(第六附加议定书)和 1989 年通过的《公民权利和政治权利国际公约》(第二项选择议定书)中,虽然规定了禁止死刑,但是,也规定在战时或者存在直接战争危险时可以例外地适用死刑。

30　〔意〕贝卡里亚:《论犯罪与刑罚》,黄风译,中国法制出版社 2002 年版,第 52 页。需要强调的是,贝卡里亚并不是一个绝对的死刑废止论者。他认为,基于两种理由可以适用死刑:"第一个理由:某人在被剥夺自由之后仍然有某种联系和某种力量影响着这个国家的安全,或者他的存在可能会在既定的政府体制中引起危险的动乱。再者,当一个国家正在恢复自由的时候,当一个国家的自由已经消失或者陷入无政府状态的时候,这时混乱取代了法律,因而处死某些公民就变得必要了。如果一个举国拥戴的政府,无论对内还是对外,都拥有力量和比力量更有效的舆论作保护,如果在那里发号施令的只是真正的君主,财富买来的只是享受而不是权势,那么,我看不出这个安宁的法律王国有什么必要去消灭一个公民,除非处死他是预防他人犯罪的根本的和唯一的防范手段。这是死刑据以被视为正义和必要刑罚的第二个理由。"(〔意〕贝卡里亚:《论犯罪与刑罚》,黄风译,中国法制出版社 2002 年版,第 52 页以下。)

31　关于中国刑法学者大体上赞成敌人刑法理论的见解,参见何庆仁:《对话敌人刑法》,载《河北法学》2008 年第 7 期;蔡桂生:《敌人刑法的思与辨》,载《中外法学》2010 年第 4 期;熊伟:《敌人刑法:一个反击恐怖犯罪的新视角》,载《山西警官高等专科学校学报》2011 年第 4 期;郭玮:《论敌人刑法理论影响下的我国刑事立法》,载《河南警察学院学报》2017 年第 5 期。关于中国刑法学者否定敌人刑法理论的见解,参见刘仁文:《敌人刑法:一个初步的清理》,载《法律科学》2007 年第 6 期;王莹:《法治国家的洁癖——对话 Jakobs"敌人刑法"理论》,载《中外法学》2011 年第 1 期。

第四十八条　死刑的适用条件、执行方式与核准程序

死刑只适用于罪行极其严重的犯罪分子。对于应当判处死刑的犯罪分子，如果不是必须立即执行的，可以判处死刑同时宣告缓期二年执行。

死刑除依法由最高人民法院判决的以外，都应当报请最高人民法院核准。死刑缓期执行的，可以由高级人民法院判决或者核准。

文献：李云龙、沈德咏：《死刑制度比较研究》，中国人民公安大学出版社 1992 年版；胡云腾：《死刑通论》，中国政法大学出版社 1995 年版；马克昌主编：《刑罚通论》（第 2 版），武汉大学出版社 1999 年版；钊作俊：《死刑限制论》，武汉大学出版社 2001 年版；陈兴良、胡云腾主编：《中国刑法学年会文集 2004 年度第一卷：死刑问题研究》（下册），中国人民公安大学出版社 2004 年版；陈华杰：《论死刑适用的标准》，人民法院出版社 2005 年版；贾宇主编：《死刑研究》，法律出版社 2006 年版；赵秉志：《死刑改革探索》，法律出版社 2006 年版；孙琬钟、应勇主编：《董必武法学思想研究文集》（第 7 辑），人民法院出版社 2008 年版；于同志：《热点难点案例判解：刑事类死刑裁量》，法律出版社 2009 年版。赵秉志等：《中国刑法修改若干问题研究》，载《法学研究》1996 年第 5 期；马克昌：《论死刑缓期执行》，载《中国法学》1999 年第 2 期；陈华杰：《把握死刑适用标准的若干思考》，载《人民司法》2007 年第 1 期；梁根林：《死刑案件被刑事和解的十大证伪》，载《法学》2010 年第 4 期；朱苏力：《从药家鑫案看刑罚的殃及效果和罪责自负——纪念〈法学〉复刊 30 周年·名家论坛（一）》，载《法学》2011 年第 6 期；邱兴隆：《就独生子女免死对苏力教授说不——纪念〈法学〉复刊 30 周年·名家论坛（五）》，载《法学》2011 年第 10 期；王昌学：《死刑执行的立法意志与司法中自首和立功情节的正确适用——兼谈李昌奎案判决质疑、监督和再审》，载《云南大学学报（法学版）》2011 年第 6 期；储槐植：《死刑司法控制：完整解读刑法第四十八条》，载《中外法学》2012 年第 5 期；张心向：《死刑案件裁判中非刑法规范因素考量》，载《中外法学》2012 年第 5 期；黎宏：《死缓限制减刑及其适用——以最高人民法院发布的两个指导案例为切入点》，载《法学研究》2013 年第 5 期；劳东燕：《死刑适用标准的体系化构造》，载《法学研究》2015 年第 1 期；夏勇：《死刑立即执行与死刑缓期执行之界限》，载《法治研究》2015 年第 1 期；冯军：《死刑适用的规范论标准》，载《中国法学》2018 年第 2 期。

细目录

Ⅰ　主旨

Ⅱ 沿革
Ⅲ 死刑的适用条件
一、死刑适用的规范论基础
二、"罪行极其严重"的含义
三、适用死刑的判断步骤
Ⅳ 死刑缓期执行
一、"应当判处死刑的犯罪分子"
二、"不是必须立即执行"
Ⅴ 死刑的核准程序
一、死刑立即执行的核准
二、死刑缓期执行的核准

Ⅰ 主旨

1 刑法在本条中规定了死刑的适用条件、执行方式和核准程序。死刑是剥夺犯罪分子生命的刑罚方法,因此又称"生命刑"。死刑也是所有刑罚方法中最严厉的一种,因此又称"极刑"。我国刑法规定死刑的目的,主要是将一小部分罪行极其严重并且无法挽救的犯罪分子从社会中排除出去,而为大部分罪行极其严重却可以挽救的犯罪分子保留了回归社会的途径。我国《刑法》虽然在第 48 条至第 51 条规定了死刑制度,但是,基于宪法所保障的人类尊严,对死刑的适用进行了极其严格的限制。

Ⅱ 沿革

2 中华人民共和国成立后,党和国家倡导并坚决执行"保留死刑,坚持少杀,防止错杀"的刑事政策。1979 年《刑法》较好地体现了我国一贯坚持的死刑政策。该法第 44 条规定:"犯罪的时候不满十八周岁的人和审判的时候怀孕的妇女,不适用死刑……"该法第 43 条规定:"死刑只适用于罪大恶极的犯罪分子。对于应当判处死刑的犯罪分子,如果不是必须立即执行的,可以判处死刑同时宣告缓期二年执行,实行劳动改造,以观后效。死刑除依法由最高人民法院判决的以外,都应当报请最高人民法院核准……"这样,刑法就在总则中从适用范围、适用对象、执行制度和核准程序上对死刑的适用进行了限制。在该刑法典分则中,涉及死刑的条文共有 13 个、死刑罪名 28 个。因此,无论是从刑法总则还是分则的规定来看,它都体现了保留死刑但限制适用死刑的刑事政策。

3 在 1981 年至 1995 年全国人大常委会制定的特别刑法中增设死刑条文 15 个,增设的死刑罪名达50个。[1] 在这些单行刑法中，死刑被规定为某些罪名的绝对法定刑，例如，在1991年《关于严禁卖淫嫖娼的决定》中，对组织卖淫罪、强迫他人卖淫罪规定“情节特别严重的，处死刑”。不仅如此，1983年全国人大常委会还在《关于修改〈中华人民共和国人民法院组织法〉的决定》中下放了死刑案件的核准权，即规定，“杀人、强奸、抢劫、爆炸以及其他严重危害公共安全和社会治安判处死刑案件的核准权，最高人民法院在必要的时候，得授权省、自治区、直辖市的高级人民法院行使”。

4 在1997年，我国对1979年《刑法》进行了全面修订。一是删除了1979年《刑法》关于“已满十六周岁不满十八周岁的，如果所犯罪行特别严重，可以判处死刑缓期二年执行”的规定，从而彻底遵循了对未成年人不适用死刑的国际公约。二是再次规定“死刑除依法由最高人民法院判决的以外，都应当报请最高人民法院核准”。三是修改了死刑的适用条件，将1979年《刑法》规定的“罪大恶极”改为“罪行极其严重”。对死缓的撤销条件作了更加严格的限制，放宽了死缓的执行条件等，取消了“实行劳动改造，以观后效”的限制。四是在刑法分则中削减死刑罪名。经削减，死刑罪名由原来的近80种[2]减为68种。五是在刑法分则中从犯罪情节的角度对某些罪名的死刑适用条件作了更加严格的限制。

5 1997年刑法颁行后，我国立法机关适应变化了的社会状况，又对死刑制度作了较大幅度的修改和补充。一是对死缓期满减为有期徒刑的规定作了趋严的修改，即将1997年《刑法》第50条规定的“判处死刑缓期执行的，在死刑缓期执行期间，如果没有故意犯罪，二年期满以后，减为无期徒刑；如果确有重大立功表现，二年期满以后，减为十五年以上二十年以下有期徒刑；如果故意犯罪，查证属实的，由最高人民法院核准，执行死刑”，修改为“判处死刑缓期执行的，在死刑缓期执行期间，如果没有故意犯罪，二年期满以后，减为无期徒刑；如果确有重大立功表现，二年期满以后，减为二十五年有期徒刑；如果故意犯罪，情节恶劣的，报请最高人民法院核准后执行死刑；对于故意犯罪未执行死刑的，死刑缓期执行的期间重新计算，并报最高人民法院备案”。二是增设了死缓限制减刑制度，即在1997年《刑法》第50条中，增设第2款，规定“对被判处死刑缓期执行的累犯以及因故意杀人、强奸、抢劫、绑架、放火、爆炸、投放危险物质或者有组织的暴力性犯罪被判处死刑缓期执行的犯罪分子，人民法院根据犯罪情节等情况可以同时决定对其限制减刑”。三是在刑法分则中进一步削减了死刑罪名。经削减，截至2022年，死刑罪名有46种。

---

1 有学者统计，特别刑法共增加死刑罪名53个。参见李云龙、沈德咏：《死刑专论》，中国政法大学出版社1997年版，第85页。这可能是将出现在两个以上特别刑法中的同一或者相似死刑重复计算所致。

2 有学者统计，1979年《刑法》与特别刑法中的死刑罪名有90多种。参见赵秉志等：《中国刑法修改若干问题研究》，载《法学研究》1996年第5期。

Ⅲ 死刑的适用条件

所谓死刑的适用条件，是指适用死刑时必须具备的要件。 6

一、死刑适用的规范论基础

在法治国家里，刑事法官的定罪量刑活动应该完全按照法律的规定来进行，使定罪量刑活动的结论成为事先能够预测、事后可以检验的，否则，就会是没有法律根据的任意司法。我国的死刑适用状况表明，某些刑事法官在以非规范的因素为根据而适用死刑，引起了不良的后果。[3] 刑事法官只有掌握并且运用规范论的立场来适用死刑，才能摆脱我国目前在死刑适用上遇到的困境和消弭产生的乱象。 7

1.在死刑适用中，应当严格区分立法论和解释论，严格根据刑法规定的条件适用死刑

我国刑法总则把死刑明确规定为主刑之一，刑法分则也明确规定可以对 46 种罪名适用死刑。在我国刑法存在关于适用死刑的明确规定的前提下，如果我国的刑事法官仅仅从废除死刑的个人理想、国际潮流或者公众舆论出发，不判处死刑（所谓废除死刑的司法化）[4]，那就不是在解释和适用刑法关于死刑的规定，而是企图自己进行关于死刑的立法。 8

只有当刑事法官针对具体案件作出或者不作出死刑判决的理由是该具体案件中存在或者不存在刑法总则和刑法分则中所规定的死刑适用条件时，才能说刑事法官坚持了规范论的立场。因此，针对具体案件作出或者不作出死刑判决，唯一能够让人信服的理由就是该具体案件中存在或者不存在刑法总则和刑法分则中所规定的死刑适用条件。当然，如果针对具体案件作出的是适用死刑的判决，就必须存在刑法总则和刑法分则中所规定的死刑适用的全部条件；如果针对具体案件作出的是不适用死刑的判决，就仅仅需要存在刑法总则和刑法分则中所规定的不适用死刑的某一条件。但是，总是有学者从超规范的立场出发，根据刑法总则和刑法分则规定之外的因 9

---

3 有学者指出，我国“在死刑案件的裁判过程中由于某种非刑法规范因素方面的原因而导致‘同罪异罚’‘生死两重天’的情形，也时有发生”。参见张心向：《死刑案件裁判中非刑法规范因素考量》，载《中外法学》2012 年第 5 期。

4 梁根林教授认为：“当今世界许多国家正是通过司法裁判拒绝适用死刑而在事实上宣告死刑制度走向灭亡，并最终推动国家立法机关通过立法正式宣告死刑制度消亡。”（梁根林：《死刑案件被刑事和解的十大证伪》，载《法学》2010 年第 4 期。）但是，人们必须仔细分析不同国家通过司法裁判拒绝适用死刑的原因，如果司法裁判拒绝适用死刑的原因是所裁判的案件根本不符合适用死刑的法定条件，那当然是正确的；如果司法裁判拒绝适用死刑的原因是所裁判的案件虽然符合适用死刑的法定条件，却基于裁判者废除死刑的个人信仰等而拒绝适用死刑，那就大可质疑了。

素,提出适用或者不适用死刑的标准。例如,有学者主张,要对双亲健在、自己尚未生育的独生子女免除死刑立即执行的适用[5],即使该独生子女犯下“罪行极其严重”的故意杀人罪,并且不具有不适用死刑的法定条件。尽管我国历史上早已有之的“存留养亲”[6]观念可能是一个从立法上废除死刑的理由[7],但是,无论如何,不能根据这种理由直接对这种独生子女不适用死刑立即执行,因为这样做完全不符合我国现行刑法的规定[8]。

2.关于死刑的适用条件,必须进行符合规范体系的诠释

10 法律是一个自治的体系,既不能用超法律的东西来否定法律,也不能用部分法律条文的规定使法律系统片面化。根据我国《刑法》第 48 条的规定,死刑只适用于罪行极其严重的犯罪分子,但是,这并不是说对罪行极其严重的犯罪分子就一定要适用死刑,必须结合《刑法》第 49 条等的规定来理解死刑的适用条件。《刑法》第 49 条规定:“犯罪的时候不满十八周岁的人和审判的时候怀孕的妇女,不适用死刑。审判的时候已满七十五周岁的人,不适用死刑,但以特别残忍手段致人死亡的除外。”因此,对犯罪时不满 18 周岁的人和审判时怀孕的妇女以及审判时已满 75 周岁并且未以特别残忍手段致人死亡的人,即使其罪行极其严重,也不能适用死刑。

11 问题是,在不具有从轻处罚情节或者减轻处罚情节的通常情形中,除了上述三种人之外,对罪行极其严重的其他犯罪分子是否要一律适用死刑?例如,对触犯了我国刑法的死刑罪名并且不符合上述三种情形之一的外国人,在外国政府进行外交交涉,希望我国的刑事法官不对其适用死刑时,我国负责审判的刑事法官能够不判处其死刑吗?笔者认为,《刑法》第 49 条的规定属于硬性规定,它对罪行极其严重的犯罪分子例外不适用死刑的情形进行了列举式限定。对死刑这一最严重的刑罚,如果立法者在明确规定了适用条件之后又作出例外规定,那么,不适用死刑的情形就仅仅限于例外规定中所指明的事项。也就是说,立法者没有在不适用死刑上赋予刑事法官过大的总则性自由裁量权。因此,对触犯了我国刑法死刑罪名的外国人,如果不属于《刑法》第 49 条规定的三种情形之一,即使外国政府为了使我国负责审判的刑事法官不对其适用死刑而进行了外交交涉,我国负责审判的刑

---

5 参见朱苏力:《从药家鑫案看刑罚的殃及效果和罪责自负——纪念〈法学〉复刊 30 周年 · 名家论坛(一)》,载《法学》2011 年第 6 期。

6 存留养亲,在北魏被作为一种制度正式确定下来,《魏志 · 法例律》记载,“诸犯死罪,若祖父母、父母年七十以上,无成人子孙,旁无期亲者,具状上请。流者鞭笞,留其养亲,终则从流,不在原赦之例。”(沈家本:《历代刑法考》,张全民点校,中国检察出版社 2003 年版,第 38 页。)

7 在已经建立了最低生活保障制度的现代社会,“存留养亲”观念不再是一个从立法上废除死刑的很好理由。

8 关于反对不对这种独生子女适用死刑立即执行的理由,参见邱兴隆:《就独生子女免死对苏力教授说不——纪念〈法学〉复刊 30 周年 · 名家论坛(五)》,载《法学》2011 年第 10 期。

事法官也不能自己作出不判处其死刑的决定,相反,应当作出适用死刑的判决。但是,在执行这种死刑判决就会损害我国外交上的重大利益时,应当启动赦免程序,根据《宪法》第67条第(十八)项的规定,由全国人民代表大会常务委员会作出"特赦"的决定,并根据《宪法》第80条的规定,由国家主席颁发对该外国人不执行死刑的命令。

二、"罪行极其严重"的含义

根据我国《刑法》第48条的规定,"罪行极其严重"是适用死刑的积极条件。应当从规范论的立场出发,阐明"罪行极其严重"的具体内容。 12

(一)应当如何理解"罪行极其严重"中的"罪行"

关于"罪行极其严重"中的"罪行"的含义,我国某些刑法学者的看法值得商榷。 13

一种完全无视刑法修改的见解认为,"罪行极其严重"中的"罪行"是指犯罪行为、后果以及犯罪分子的主观恶性和人身危险性。持这种见解的学者认为,"罪行极其严重也就是俗语所说的罪大恶极,其含义应当从"罪大"与"恶极"两方面加以把握:"罪大"是指犯罪行为及其后果极其严重,给社会造成的损失特别巨大,它体现犯罪的客观实害的一面,是社会对犯罪危害行为和危害后果的一种物质的、客观的评价。"恶极"是指犯罪分子的主观恶性和人身危险性特别大,通常表现为犯罪分子蓄意实施严重罪行、犯罪态度坚决、良知丧尽、不思悔改、极端蔑视法制秩序和社会基本准则等,是社会对犯罪人的一种主观心理评价。作为死刑适用对象,应当是罪大与恶极同时具备,只有其一不能适用死刑[9]。众所周知,1979年《刑法》第43条规定的是"死刑只适用于罪大恶极的犯罪分子",1997年《刑法》第48条将其修改为"死刑只适用于罪行极其严重的犯罪分子"。关于"罪大恶极"的含义,有学者抽象理解为"对国家和人民的利益危害特别严重和情节特别恶劣"[10]。但是,后来有学者具体理解为"犯罪行为及其后果极其严重,给社会造成的损失特别巨大","犯罪分子的主观恶性和人身危险性特别大,通常表现为犯罪分子蓄意实施严重罪行、犯罪态度坚决、良知丧尽、不思悔改、极端蔑视法制秩序和社会基本准则等"[11]。如果说把1979年《刑法》中规定的"罪大恶极"解释为"犯罪行为及其后果极其严重,给社会造成的损失特别巨大","犯罪分子的主观恶性和人身危险性特别大"还具有合理性的话,那么,在1997年《刑法》第48条将"罪大恶极"修改为"罪行极其严重"之后,仍然把"罪行极其严重"的内容解释为"罪大恶极"的内容,则存在规范 14

---

9 参见陈兴良主编:《刑法疏议》,中国人民公安大学出版社1997年版,第138—139页。

10 高铭暄主编:《刑法学》,法律出版社1982年版,第234页。

11 胡云腾:《死刑通论》,中国政法大学出版社1995年版,第213页。

论上的弊病。[12] 把“罪行极其严重”等同于“罪大恶极”,就完全不能说明,为什么1997年《刑法》会在死刑的适用条件上作出明显不同于1979年《刑法》的表述,更不能说明,为什么1997年《刑法》用另一种表述来替代一种内容上意思完全相同但是形式上更通俗易懂的表述,而刑法表述的通俗化本来就是判断刑法规定的明确化的标准之一。

15 另一种不顾刑法体系性的见解认为,“罪行极其严重”中的“罪行”是指犯罪行为的客观危害。持这种见解的学者认为,“罪行极其严重”是对“罪大恶极”的实质改变,“罪大恶极”与“罪行极其严重”的内涵具有显著区别,“罪大恶极”同时强调犯罪行为的客观危害和行为人的主观恶性与人身危险性两方面,“罪行极其严重”则只是强调客观上的犯罪行为极其危害社会的后果这一方面。这种见解认为,1997年《刑法》第48条将“罪行极其严重”规定为死刑的适用条件是有“严重缺陷”的,因此,要对“罪行极其严重”作扩大解释,即解释为“包括行为的客观危害及行为人的主观恶性与人身危险性两个方面”[13]。而作出这种理解的根据仅仅是“语言逻辑规则”[14]。把“罪行极其严重”仅仅理解为“客观上的犯罪行为极其危害社会的后果”“行为的客观危害”,笔者认为,这是不顾刑法体系性的任意解释。只要从刑法的体系性规定出发,就不可能得出“罪行”仅仅是“行为的客观危害”这一结论。根据《刑法》第14条关于“故意犯罪”、第15条关于“过失犯罪”和第16条关于“不可抗力和意外事件”的规定,不具有主观恶性的客观危害根本不是“罪行”。从《刑法》第5条“刑罚的轻重,应当与犯罪分子所犯罪行和承担的刑事责任相适应”这一规定中,也完全不可能得出“罪行”仅仅是“行为的客观危害”的结论,因为“罪行本身的轻重是由犯罪的违法性与有责性决定的”[15]。在《刑法》第113条第1款关于危害国家安全罪的规定中也使用了“罪行”一语[16],如果认为“罪行”是指犯罪行为的客观危害,那么,所有的危害国家安全罪就会缺乏主观要件,这决不会是一种可以接受的结论。而且,扩大解释

---

[12] 有学者指出:在1997年《刑法》第48条将1979年《刑法》第43条规定中的“罪大恶极”修改为“罪行极其严重”之后,仍然以“罪大恶极”来说明“罪行极其严重”,并不妥当(参见黎宏:《死缓限制减刑及其适用——以最高人民法院发布的两个指导案例为切入点》,载《法学研究》2013年第5期);也有学者进而指出:若对“罪行极其严重”的解释仍然完全沿用对“罪大恶极”的解释,就不仅是说立法者在做无用功,而且如此罔顾立法的解释也很难说是一种“解释”,而是解释者自己在“立法”。参见劳东燕:《死刑适用标准的体系化构造》,载《法学研究》2015年第1期。

[13] 赵秉志:《死刑改革探索》,法律出版社2006年版,第33—35页。

[14] 赵秉志:《死刑改革探索》,法律出版社2006年版,第315页。

[15] 张明楷:《责任主义与量刑原理——以点的理论为中心》,载《法学研究》2010年第5期。

[16] 《刑法》第113条第1款规定:“本章上述危害国家安全罪行中,除第一百零三条第二款、第一百零五条、第一百零七条、第一百零九条外,对国家和人民危害特别严重、情节特别恶劣的,可以判处死刑。”

只不过是扩大词语的核心含义，通过扩大解释所得出的结论仍然处于词语的边缘含义之内。既然可以通过扩大解释得出“罪行极其严重”“包括行为的客观危害及行为人的主观恶性与人身危险性两个方面”这一结论，就没有理由说“罪行极其严重”仅仅是指客观上的犯罪行为极其危害社会的后果。但是，在今天，仍然有学者认为，“罪行极其严重”，“应当仅指客观上所引起的危害结果，即行为人所犯罪行客观上对国家和人民的利益危害特别严重、情节特别恶劣，但不包括行为人的主观恶性和人身危险性的内容在内”[17]。认为“罪行”是不包括行为人的主观恶性在内的纯客观的东西，这种观点在今天正在受到批判。劳东燕教授指出，以行为概念为核心来理解“罪行”，并不意味着“罪行”只能被限定于行为客观方面的内容。在行为刑法的框架之下，“罪行”的内容不仅包括行为的客观危害，也包括行为的主观因素。[18] 夏勇教授也认为，“罪行”包括客观危害和主观恶性。只有把“罪行”即犯罪事实理解为主客观因素相结合的事实，才符合我国刑法的规定、理论和实践。[19]

笔者认为，“罪行极其严重”中的“罪行”是指具有违法性和有责性的行为及其结果。“罪行极其严重”是指行为人的犯罪行为及其造成的危害后果在违法性和有责性上都极其严重。在人们还不习惯用三阶层犯罪理论来解释刑法规定时，人们也可以认为，“罪行极其严重”是指犯罪行为的客观危害和行为人的主观恶性都极其严重。高铭暄教授正确地指出，“罪行极其严重”应当理解为犯罪性质和犯罪情节极其严重，而且犯罪分子的主观恶性也极其严重。[20] 有学者认为，“罪行极其严重”，是指犯罪性质特别严重，犯罪行为的后果给国家和人民的利益造成的危害特别严重，犯罪人的主观恶性很深、人身危险性特别严重。[21] 但是，人身危险性是指再犯可能性，可从被告人有无前科、平时表现及悔罪情况等方面综合判断。[22] 人身危险性仅仅是一种未来犯罪的可能性，尚不是已经实施的罪行。虽然人身危险性与刑事责任有关，例如，能够决定刑罚的执行方式，但是，它不属于“罪行”的内容，不影响是否作出判处死 16

17　黎宏：《刑法学总论》（第2版），法律出版社2016年版，第344页。储槐植教授关于“罪行极其严重”的理解存在自我矛盾。他一方面认为，罪过（故意、过失）是“罪行”的必要组成部分，另一方面又认为，“罪大”即“罪行极其严重”指客观罪行很严重，“恶极”指主观恶性很深重。参见储槐植：《死刑司法控制：完整解读刑法第四十八条》，载《中外法学》2012年第5期。只要认为罪过是“罪行”的必要组成部分，就不能认为罪行是不包括主观恶性的客观的东西。

18　参见劳东燕：《死刑适用标准的体系化构造》，载《法学研究》2015年第1期。

19　参见夏勇：《死刑立即执行与死刑缓期执行之界限》，载《法治研究》2015年第1期。

20　参见高铭暄：《中华人民共和国刑法的孕育诞生和发展完善》，北京大学出版社2012年版，第225—226页。

21　参见周道鸾：《正确理解和掌握死刑适用标准，严格控制死刑的适用》，载孙琬钟、应勇主编：《董必武法学思想研究文集》（第7辑），人民法院出版社2008年版，第699页。

22　参见最高人民法院刑三庭2010年4月公布的《在审理故意杀人、伤害及黑社会性质组织犯罪案件中切实贯彻宽严相济刑事政策》第2条第3项中的说明。

刑的决定。[23] 一个客观危害和主观恶性都极其严重的犯罪行为,就是“极其严重的罪行”,在一个具有通常情形的案件中,就应当适用死刑。如果行为人犯下“极其严重的罪行”,却在犯罪中造成了自己再犯可能性的丧失,例如,在故意炸死了多人的犯罪活动中也炸掉了犯罪人自己的手脚,那么,仍然应该对其适用死刑。《刑法》第 49 条第 2 款关于“审判的时候已满 75 周岁的人,不适用死刑,但以特别残忍手段致人死亡的除外”的规定也表明,即使行为人在审判的时候已满 75 周岁,丧失了再犯可能性,也仍然可以适用死刑,否则,就没有理由规定“以特别残忍手段致人死亡的除外”。

(二)应当如何判断“罪行极其严重”中的“极其严重”

17 将“罪行极其严重”中的“极其严重”具体化,是正确适用死刑的关键。

18 有的学者提出了一个具有规范依据、从形式上看完全正确的,但是又因为缺乏规范上的具体化而变得毫无用处的判断标准:“所谓罪行极其严重,是指犯罪人的犯罪行为对国家和人民的利益危害特别严重,情节特别恶劣。”[24]诚然,《刑法》第 113 条规定,在危害国家安全的罪行中,除第 103 条第 2 款规定的煽动分裂国家罪,第 105 条规定的颠覆国家政权罪、煽动颠覆国家政权罪,第 107 条规定的资助危害国家安全犯罪活动罪和第 109 条规定的叛逃罪外,“对国家和人民危害特别严重、情节特别恶劣的,可以判处死刑”。但是,如果一部刑法中规定了死刑,而其中关于死刑适用条件的全部规定仅仅是“对国家和人民危害特别严重、情节特别恶劣”,那么,这种关于死刑的规定就无疑违反了罪刑法定主义所要求的明确性原则。

19 有的学者则提出了一个根本无法确定又极不稳定的判断标准:将全国范围内已知的同类案件进行比较,只有具有“同类犯罪中的最严重犯罪的最严重情节”时,才能考虑死刑的适用。[25] 笔者把这一见解称为“双最标准说”。即使是同类犯罪,也是由很多具有异质情节的犯罪所组成的,例如,在故意捅刀杀人的案件中,有的是被害的人数多,有的是捅刀的次数多,有的是行为人犯罪的次数多,等等,如何能够通过对异质的东西进行比较之后确定某一故意捅刀杀人的犯罪具有“最严重犯罪的最严重情节”呢?况且,如果采用“双最标准说”,那么,很可能出现的不合理情形就是:一个在

23　劳东燕教授指出:“从教义学的角度而言,将人身危险性纳入‘罪行极其严重’的观点并不合理。”关于人身危险性不属于“罪行”的内容的详细论述,参见劳东燕:《死刑适用标准的体系化构造》,载《法学研究》2015 年第 1 期。夏勇教授指出,1997 年《刑法》的表述十分明确,死刑适用的依据是客观危害和主观恶性,不包括人身危险性,参见夏勇:《死刑立即执行与死刑缓期执行之界限》,载《法治研究》2015 年第 1 期。

24　王作富主编:《刑法》(第 5 版),中国人民大学出版社 2011 年版,第 179 页;类似的看法认为,“所谓罪行极其严重,是指犯罪行为对国家和人民的利益危害特别严重,社会危害性极为巨大”[赵秉志主编:《刑法新教程》(第 3 版),中国人民大学出版社 2009 年版,第 272 页]。

25　参见赵秉志:《死刑改革探索》,法律出版社 2006 年版,第 181 页;持同样看法的,参见高铭暄主编:《刑法专论》(第 2 版),高等教育出版社 2006 年版,第 528 页。

前天是杀人最多的案件,会因为昨天出现了杀人更多的案件,而不能在今天判决时对其适用死刑。正如有学者已经指出的:危害程度具有相对性,相对于没杀死人,杀死1个人更严重;相对于杀死1个人,杀死2个人更严重;相对于杀死2个人,杀死10个人更严重;以此类推,并无穷尽。可见,“最严重”实际上是无法确定的。[26] “双最标准说”能够带来的唯一令人欣慰的效果是,把我国每年适用死刑的案件减少到46件之内,因为《刑法》只对46种犯罪规定了死刑的适用。

笔者认为,应该结合刑法分则条文中关于死刑的两种不同规定来判断“罪行极其严重”,从而决定是否适用死刑。 20

第一,要根据行为人的犯罪行为是否符合刑法分则中配置了死刑的条文所描述的罪状来判断其罪行是否可能极其严重。 21

如果刑法分则条文对某种罪状根本没有配置死刑,那么,符合该罪状的行为肯定不是极其严重的罪行。只有刑法分则条文对某种罪状配置了死刑时,符合该罪状的行为才可能是极其严重的罪行。但是,由于绝大多数刑法分则条文在对某种罪状配置死刑的同时,还配置了无期徒刑或者10年以上有期徒刑,因此,当刑法分则条文把死刑作为选择适用的刑罚与某种罪状搭配在一起时,符合该罪状的行为就仅仅可能是极其严重的罪行。 22

第二,要参照刑法分则中把死刑作为绝对确定的法定刑来配置的条文所描述的罪状来判断符合把死刑作为选择适用的刑罚来配置的罪状的行为是否必然极其严重。 23

如果刑法分则条文把死刑作为绝对确定的法定刑与某种罪状搭配在一起,那么,符合该罪状的行为就无疑是极其严重的罪行。对是否符合把死刑作为选择适用的刑罚来配置的罪状的行为而言,与绝对确定的死刑搭配在一起的罪状就是判断它是否必然为极其严重的罪行的指针。这是符合解释规则的,“关于同一来源的段落的规则是:在同一个作者的作品中,含义模糊的表述应该根据他自己的更为清晰的表述来进行解释,哪怕这些作品发表在不同的时期或地点,除非确知他已经改变了自己的看法”[27]。 24

我国刑法分则有3个条文[28]把死刑作为绝对确定的法定刑与罪状搭配在一起。 25

根据《刑法》第121条的规定,以暴力、胁迫或者其他方法劫持航空器,致人重伤、 26

---

26 参见夏勇:《死刑立即执行与死刑缓期执行之界限》,载《法治研究》2015年第1期。

27 〔德〕萨缪尔·普芬道夫:《论人与公民在自然法上的责任》,支振锋译,北京大学出版社2010年版,第130页。

28 1997年《刑法》在第239条中也把死刑规定为绝对确定的法定刑,即“致使被绑架人死亡或者杀害被绑架人的,处死刑,并处没收财产”,但是,2015年8月29日颁布的《刑法修正案(九)》将其修改为“犯前款罪,杀害被绑架人的,或者故意伤害被绑架人,致人重伤、死亡的,处无期徒刑或者死刑,并处没收财产”。

死亡或者使航空器遭受严重破坏的,处死刑。这一条文的罪状描述表明,在危害公共安全的犯罪中,只有故意致人重伤、死亡的,或者造成与《刑法》第 121 条所要求的使航空器遭受严重破坏相同程度的损失的,才属于极其严重的罪行。

27 根据《刑法》第 240 条的规定,拐卖妇女、儿童,情节特别严重的,处死刑,并处没收财产。这一条文的罪状描述表明,在侵犯公民人身权利的犯罪中,只有情节特别严重的,才属于极其严重的罪行。因为根据《刑法》第 240 条的规定,具有"拐卖妇女、儿童集团的首要分子""奸淫被拐卖的妇女的"或者"造成被拐卖的妇女、儿童或者其亲属重伤、死亡或者其他严重后果的"等情形的,要"处十年以上有期徒刑或者无期徒刑,并处罚金或者没收财产",所以,这里的"情节特别严重",可以解释为"拐卖妇女、儿童集团的首要分子""奸淫被拐卖的妇女的""造成被拐卖的妇女、儿童或者其亲属三人以上重伤或者二人以上死亡的"等情形。

28 根据《刑法》第 317 条第 2 款的规定,对暴动越狱或者聚众持械劫狱的首要分子和积极参加者,情节特别严重的,处死刑。这一条文的罪状描述表明,在妨害社会管理秩序罪中,只有暴力危害国家管理人员并具有造成他人重伤、死亡等特别严重情节的,才属于极其严重的罪行。

29 上述 3 个刑法条文关于必须适用死刑的规定,完全应该成为判断把死刑作为选择适用的法定刑来规定的刑法条文中所规定的罪行是否达到极其严重的指针。具体来说,对煽动分裂国家罪、颠覆政权罪、煽动颠覆政权罪、资助危害国家安全犯罪活动罪、叛逃罪,绝对不能适用死刑,因为刑法分则条文没有对这些犯罪配置死刑;对背叛国家罪,武装叛乱、暴乱罪等配置了死刑的危害国家安全罪,只有当行为人在这些犯罪中故意杀害他人的,故意致人重伤、死亡的,或者以暴力、胁迫或者其他方法强取财物并且造成了与航空器遭受严重破坏相同程度的损失的,才应适用死刑;对故意杀人罪,只有杀害了他人,并且情节特别严重的,才应适用死刑;对故意伤害罪,只有致人死亡或者以特别残忍手段致人重伤造成严重残疾,并且情节特别严重的,例如,造成多人重伤的,才应适用死刑;对贪污罪、受贿罪,只有贪污、受贿的数额特别巨大[29]并且直接造成了他人重伤、死亡的,或者使用了暴力、胁迫或者其他方法强取了数额特别巨大的财物,并且造成了与航空器遭受严重破坏相同程度的损失的[30],才应适用死刑,例如,国家工作人员明知是学校危房改造款,却贪污 300 万元以上,导致学校危房因为无钱改造而坍塌,使学生被压死或者被压成重伤的,应该对其适用死刑。当然,国家工作人员以威胁的方法索取他人价值 300 万元以上财物,并且造成了与航空

[29] 根据 2016 年 4 月 18 日最高人民法院、最高人民检察院颁布的《关于办理贪污贿赂刑事案件适用法律若干问题的解释》第 3 条的规定,贪污或者受贿数额在 300 万元以上的,应当认定为"数额特别巨大"。

[30] 所谓"与航空器遭受严重破坏相同程度的损失",不仅是就财物价值的损失而言的,而且是就航空器的损失中必然包含的危及公共安全而言的。

器遭受严重破坏相同程度的损失的，也应对其适用死刑。再如，一个国家药品监督机关的领导，明知某一公司在制造假药，却在收受该公司 300 多万元后，发给该公司药品生产许可证，导致该公司生产的大量假药流通于市，造成了不少人的伤亡，对这一国家药品监督机关的领导就应该适用死刑。但是，如果这个国家药品监督机关的领导，在收受了某一制药公司几千万元后，发给该公司药品生产许可证，并且对该公司进行了严格监管，使该公司生产的药品完全合格，那么，对这一国家药品监督机关的领导就不应该适用死刑。

上述解释，不仅是在实践中可以应用的，而且是在理论上具有说服力的。如果对不同罪名的犯罪适用了相同的刑罚，那么，一定是因为这些犯罪尽管触犯了不同的罪名却在犯罪的质和量上具有相同性。因此，完全应该用《刑法》第 121 条、第 240 条和第 317 条第 2 款规定的必须适用死刑的犯罪的质和量来衡量其他刑法条文规定可以适用死刑的犯罪的质和量，并对这些刑法规定可以适用死刑的犯罪的质和量进行补充。只有经过补充，使其达到与《刑法》第 121 条、第 240 条和第 317 条第 2 款规定的必须适用死刑的犯罪的质和量相同的质和量时，才能对其适用死刑。 30

(三) 应当如何适用从轻、减轻情节

在一个具有通常情形的案件中，如果行为人不属于《刑法》第 49 条规定的“犯罪的时候不满十八周岁的人”“审判的时候怀孕的妇女”和“审判的时候已满七十五周岁”并且没有“以特别残忍手段致人死亡的”这三种情形之一，那么，对“罪行极其严重”的犯罪分子，就应当适用死刑。但是，刑事法官面对的是否需要适用死刑的案件并非仅仅具有通常情形，而是往往具有特殊情形，即在通常情形之外还具有从轻、减轻情节等。 31

如果刑法针对某种极其严重的罪行所配置的相对确定的法定刑中还有死刑之外的刑罚，而行为人又具有必须从轻处罚的情节，例如，行为人是罪行极其严重的共同犯罪中的从犯，那么，就不能对行为人适用死刑，否则，就没有适用刑法关于从轻处罚的规定，因为《刑法》第 27 条第 2 款明确规定，对于从犯，应当从轻、减轻处罚或者免除处罚。 32

困难之处在于，虽然刑法针对某种极其严重的罪行所配置的相对确定的法定刑中还有死刑之外的刑罚，但是行为人仅仅具有可以从轻处罚的情节，例如，行为人犯下极其严重的罪行之后又自首的，应当如何确定是否适用死刑呢？ 33

刑法抽象规定的可以从轻处罚的情节，就其在某一具体案件中的适用结论而言，实际上就表现为应当从轻处罚情节或者不应当从轻处罚情节。对于自首情节，如果刑事法官在某一具体案件中根据它作出了不适用死刑的判决，那么，就等于说这一自首情节是应当从轻处罚的情节；如果刑事法官在某一具体案件中即使考虑了自首情节还是作出了适用死刑的判决，那么，就等于说这一自首情节是不应当从轻处罚的情节。这样，问题又回到：一个刑法抽象规定的可以从轻处罚的情节，如何在某一具体案件中将它作为应当从轻处罚的情节来适用？ 34

35 在以下两种情形中,一个刑法抽象规定的可以从轻处罚的情节,刑事法官应当在具体案件中将它作为应当从轻处罚的情节来适用。

36 第一种情形是,某一具体案件中存在刑法抽象规定的可以从轻处罚的情节,就使该具体案件中的违法性或者有责性明显减少了。例如,在故意杀害了他人的案件中,如果在普通情形中应当判处行为人死刑,那么,在一种被害人具有明显过错的特殊情形中,行为人行为的违法性甚至行为人的有责性就明显减少了。因此,应当把"被害人具有明显过错"作为应当从轻处罚的情节来适用,也就是说,在"被害人具有明显过错"的案件中,不应当判处行为人死刑,而是应当判处无期徒刑或者有期徒刑。

37 第二种情形是,某种刑法抽象规定的可以从轻处罚情节的存在,在某一具体案件中就意味着行为人作出了法规范所期待的贡献。例如,在故意杀害了他人的案件中,如果在普通情形中应当判处行为人死刑,那么,在一种行为人通过自首而作出了法规范期待他作出的贡献时,就应当把"自首"作为应当从轻处罚的情节来适用。法规范之所以把自首规定为从轻处罚的情节,主要是因为期待行为人通过自首来节约司法资源。因此,在一个通常应当判处行为人死刑的故意杀人案中,如果行为人在自己还没有被司法机关发现时就自首的,或者在司法机关虽然已经确定行为人身份却无法随时抓获行为人时就自首的,那么,就不应当判处行为人死刑,而是应当判处无期徒刑或者有期徒刑。在一个通常应当判处行为人死刑的故意杀人案中,司法机关已经确定行为人身份,并且知道行为人在一座不大的山里,于是封闭了这座山的各个路口,正在搜山,饿了几天的行为人在山里又冻又饿,知道自己穷途末路,马上就要被抓获,于是出来自首,企图获得更轻的处罚。这种情形下的自首,对于节约司法资源而言,没有多大意义。在这种自首中,行为人并未作出法规范所期待的贡献。因此,这种自首就是不应当从轻处罚的情节,即使存在这种自首,也仍然应当判处行为人死刑。

三、适用死刑的判断步骤

38 针对一个具体案件,决定是否适用死刑,要经过如下判断步骤来完成:

39 (1)判断行为人的犯罪行为是否符合刑法分则中配置了死刑的条文所描述的罪状。

40 (2)在判断行为人的犯罪行为符合刑法分则中配置了死刑的条文所描述的罪状之后,判断行为人的犯罪行为所造成的社会危害在质和量的严重性上是否达到刑法分则中把死刑作为绝对确定的法定刑来配置的条文所要求的程度。

41 (3)在判断行为人的犯罪行为符合刑法分则中配置着死刑的条文所描述的罪状,并且在质和量的严重性上达到刑法分则中把死刑作为绝对确定的法定刑来配置的条文所要求的程度之后,判断在该具体案件中是否存在《刑法》第 49 条规定的不适用死刑的三种例外情形之一。

42 (4)在判断行为人的犯罪行为符合刑法分则中配置了死刑的条文所描述的罪

状,在质和量的严重性上也达到刑法分则中把死刑作为绝对确定的法定刑来配置的条文所要求的程度,并且在该具体案件中不存在《刑法》第 49 条规定的不适用死刑的例外情形以后,判断在该具体案件中是否存在必须把刑法抽象规定的可以从轻处罚的情节作为应当从轻处罚的情节来适用的情形。

(5)在判断行为人的犯罪行为符合刑法分则中配置了死刑的条文所描述的罪状,在质和量的严重性上也达到刑法分则中把死刑作为绝对确定的法定刑来配置的条文所要求的程度,在该具体案件中不存在《刑法》第 49 条规定的不适用死刑的例外情形,并且不存在必须把刑法抽象规定的可以从轻处罚的情节作为应当从轻处罚的情节来适用的情形以后,就应当作出适用死刑的判决。 43

在上述五个判断步骤中,前四个判断步骤是适用死刑的实质要件的判断步骤,第五个步骤只是一个对结论进行检验意义上的判断步骤。只要在一个判断步骤中得出了与第五个判断步骤中的描述相反的结论,就应当作出不适用死刑的判决。 44

Ⅳ　死刑缓期执行

死刑缓期执行,简称死缓,这是我国独创的死刑执行制度之一。它是指,对于应当判处死刑的犯罪分子判处一定的执行考验期,如果该犯罪分子在考验期内未出现应当执行的情况,则原判死刑就不再执行的一种制度。死缓对于限制死刑的适用具有重要的意义。根据我国刑法的规定,对于应当判处死刑的犯罪分子,如果不是必须立即执行的,可以判处死刑缓期二年执行。这一规定表明,死缓的适用必须具备两个条件:一是行为人属于“应当判处死刑的犯罪分子”,二是死刑“不是必须立即执行”。 45

一、“应当判处死刑的犯罪分子”

“应当判处死刑的犯罪分子”是指实施了极其严重罪行的犯罪分子,即根据刑法的规定具备判处死刑条件的犯罪分子。这是适用死缓的前提条件。如果犯罪分子所犯罪行尚未达到极其严重、罪该处死的程度,则不存在适用死缓的问题。应当注意的是,“应当判处死刑”是罪“该”处死而非罪“可”处死,即犯罪分子所犯的罪行,不是介于可判死刑与可不判死刑之间,也不是勉强可判死刑,而是完全具备了判处死刑的全部主客观条件。死缓是死刑的一种执行方式,不能错误地认为死缓是一种轻于死刑的刑种,从而降低死缓的适用条件。正确地理解这一点,有助于严格控制死缓的适用,避免将应该判处无期徒刑的犯罪分子判处死缓,从而扩大死刑的适用范围。 46

二、“不是必须立即执行”

《刑法》第 48 条第 1 款规定:“……对于应当判处死刑的犯罪分子,如果不是必须立即执行的,可以判处死刑同时宣告缓期二年执行。”根据这一规定,“不是必须立即执行”是作出死刑缓期二年执行判决的唯一标准。与是否应该适用死刑一样,对于是作出死刑立即执行还是死刑缓期二年执行的判决而言,重要的仍然是一种规范论的 47

立场。

（一）传统的见解

48 关于如何认定“不是必须立即执行”，我国的传统见解认为刑法“对这一条件没有明确、具体的规定”[31]，于是，大多数学者都总结我国刑事司法审判工作的经验，认为“具有以下情形之一的，可以视为不是必须立即执行死刑的情况：犯罪分子犯罪后自首、立功或者有其他法定从轻情节的；在共同犯罪中罪行不是最严重的或者与其他同性或同类案件相比较罪行不是最严重的；因被害人的过错而导致犯罪人激愤犯罪的；犯罪人有令人怜悯的情节的；有其他应当留有余地的情况的等等”[32]。

49 关于什么是“有令人怜悯的情节”和“其他应当留有余地的情况”，我国学者又提出了某些具体看法：认为“有令人怜悯的情节”，包括“平时表现较好，犯罪动机不十分恶劣，因偶然原因犯了特别严重罪行”[33]，“罪犯智力发育不健全”[34]，“因婚姻家庭等民间纠纷激化引发的犯罪，被害人及其家属对被告人表示谅解的”[35]，以及“该罪犯罪行虽然极其严重，但民愤尚不特别大”[36]；认为“其他应当留有余地的情况”，是“罪该处死，但缺少直接证据”[37]，或者是“犯罪人有可能为破获其他重大案件、惩治其他犯罪人起到‘活证据’的举足轻重作用”[38]，或者甚至是“可以用做犯罪学和犯罪心理学研究的活材料”[39]。

50 上述传统见解是我国的通说，但是，人们在上述说法中不仅发现不了关于作出死刑缓期二年执行判决的理论，而且会感到混乱。正是上述权威见解，使我国的死缓判决令人惶恐。例如，在共同犯罪中罪行不是最严重的人，可能是从犯，根据《刑法》第27条的规定，应当对从犯予以从轻、减轻处罚或者免除处罚，因此，不应当对从犯适用死刑，又怎能对从犯判处死刑后予以缓期二年执行？再如，对有自首情节的，为什

---

31 周光权：《刑法总论》（第2版），中国人民大学出版社2011年版，第284页。

32 高铭暄、马克昌主编：《刑法学》（第2版），中国法制出版社2007年版，第288页。

33 高铭暄主编：《刑法专论》（第2版），高等教育出版社2006年版，第530页。

34 参见樊凤林主编：《刑罚通论》，中国政法大学出版社1994年版，第165—166页；王作富：《中国刑法研究》，中国人民大学出版社1988年版，第300页。

35 高铭暄主编：《刑法专论》（第2版），高等教育出版社2006年版，第530页。

36 全国人大常委会法制工作委员会刑法室编：《〈中华人民共和国刑法〉条文说明、立法理由及相关规定》，北京大学出版社2009年版，第61页。

37 高铭暄主编：《刑法专论》（第2版），高等教育出版社2006年版，第530页。

38 陈华杰：《把握死刑适用标准的若干思考》，载《人民司法》2007年第1期。陈兴良教授也认为，可以为了“保存活证据”而适用死刑缓期二年执行［参见陈兴良主编：《刑种通论》（第2版），中国人民大学出版社2007年版，第94页］。

39 王勇：《论死刑的限制适用——从死缓平台谈起》，载陈兴良、胡云腾主编：《中国刑法学年会文集2004年度第一卷：死刑问题研究》（下册），中国人民公安大学出版社2004年版，第749页。

么就必须判处死刑缓期二年执行？怎能为了把犯罪人用作犯罪学或者犯罪心理学研究的活材料而判处其死刑缓期二年执行？如此等等，实在令人困惑和忧虑。

51 我国适用死缓制度的刑事司法实践，大体上遵从了通说的上述见解。针对故意杀人、故意伤害案件，最高人民法院1999年10月27日发布的《全国法院维护农村稳定刑事审判工作座谈会纪要》明确指出："对于被害人一方有明显过错或对矛盾激化负有直接责任，或者被告人有法定从轻处罚情节的，一般不应判处死刑立即执行。"针对金融诈骗犯罪，最高人民法院2001年1月21日发布的《全国法院审理金融犯罪案件工作座谈会纪要》明确指出："对于犯罪数额特别巨大，但追缴、退赔后，挽回了损失或者损失不大的，一般不应当判处死刑立即执行……"最高人民法院2011年12月20日发布的《关于发布第一批指导性案例的通知》也指出："因恋爱、婚姻矛盾激化引发的故意杀人案件，被告人犯罪手段残忍，论罪应当判处死刑，但被告人具有坦白悔罪、积极赔偿等从轻处罚情节，同时被害人亲属要求严惩的，人民法院根据案件性质、犯罪情节、危害后果和被告人的主观恶性及人身危险性，可以依法判处被告人死刑，缓期二年执行，同时决定限制减刑，以有效化解社会矛盾，促进社会和谐。"

52 其实，通说的上述见解以及最高人民法院的相关解释中所提及的很多情节（例如，"被害人一方有明显过错或对矛盾激化负有直接责任""被告人有法定从轻处罚情节""因恋爱、婚姻矛盾激化引发"等）都不是决定是否应当适用死缓的情节，而是决定是否应当适用死刑的情节。周道鸾先生正确地指出："对于具有因恋爱、婚姻、家庭、邻里、劳资、山林、水利、土地等民间纠纷激化而杀人的；被害人一方有明显过错或者对矛盾激化负有直接责任的；基于义愤、大义灭亲或者不堪忍受被害人的虐待、迫害而杀人的；犯罪时刚满18周岁、年满70周岁、婴幼儿的母亲犯罪后真诚悔罪的；犯罪前表现良好，犯罪后具有如实交代罪行、积极救助被害人等明显悔改表现的；被告人的行为造成被害方的经济损失，案发后，被告方对被害方进行了适当经济赔偿的；共同犯罪案件中，被告人被抓获后即坦白全部犯罪事实，其坦白的情况对侦破全案，并抓获同案主犯起了重要作用的；虽不属无刑事责任能力或者限制刑事责任能力的人，但存在智力障碍的；共同犯罪案件中，共同犯罪人作用、地位相当，罪责比较分散的；间接故意杀人等可酌定从轻处罚情节的，则应当慎用死刑。"[40]"慎用死刑"，当然首先涉及应否适用死刑的问题，而不是应否适用死缓的问题。马克昌教授也正确地指出，"如果行为具有法定的可以从轻或减轻处罚或者应当减轻或免除处罚的情节，如自首、立功、自首又有重大立功表现，行为人的刑事责任就可以或应当从轻或减轻。在这种情况下，即使罪行极其严重，也可能不适用死刑"[41]。

53 通说的上述见解以及最高人民法院的相关解释在实践中造成了极其不良的后

40 周道鸾：《正确理解和掌握死刑适用标准，严格控制死刑的适用》，载王琬钟、应勇主编：《董必武法学思想研究文集》（第7辑），人民法院出版社2008年版，第701页。

41 马克昌：《论死刑缓期执行》，载《中国法学》1999年第2期。

果,导致对一些根本不是“罪行极其严重”的人错误地适用了死刑。例如,在刘加奎故意杀人案中,被害人马立未再三无理相逼,导致刘加奎以同归于尽的想法杀死了马立未,却被判处死刑,缓期二年执行。[42] 被害人存在明显过错,就表明行为人的罪行并非极其严重。对一个备受欺凌以至于抱同归于尽之心而杀死了欺凌者的人适用死刑,是缺乏公正性的。[43]

54 在传统见解中,还存在一些少数说。一种少数说认为,需要从反面来把握“不是必须立即执行”,符合下述两个条件之一的,应当判处死刑立即执行:(1)如果不立即执行死刑,则无法控制该重大犯罪人对社会造成新的危害;(2)如果不立即执行死刑,则可能引起社会震荡。[44] 笔者认为,根据这种见解,既不能全面把握“不是必须立即执行”,因为还存在其他“必须立即执行”的情形,也不能正确把握“不是必须立即执行”,因为引起社会震荡未必与行为人有直接关联,根据一种与行为人没有直接关联的社会震荡的可能引起,就对行为人立即执行死刑,必然违背责任主义。

55 另一种少数说认为,“所谓‘不是必须立即执行’,可以作出以下原则上的认识:第一,犯罪分子的行为客观危害十分严重,但其主观恶性并不大。第二,犯罪分子虽然主观恶性较大,但其行为的客观危害性并不是特别严重。第三,犯罪分子虽然主观恶性和行为的客观危害都比较大,但其具有从宽处罚情节”[45]。这种割裂客观危害与主观恶性的见解,必然导致死刑的滥用。主观恶性并不大但具有十分严重的客观危害性的行为人,或者客观危害性并不特别严重但具有较大的主观恶性的行为人,都不属于“罪行极其严重”,根本不能对其适用死刑。[46] 持类似看法的学者提出,可以从以下四方面理解“不是必须立即执行”:(1)犯罪危害虽然十分严重,但犯罪人主观恶性不很大,即“罪很大,恶未极”;(2)主观恶性极深,客观危害不是很大的,即“恶已极,罪不很大”;(3)“罪也大,恶也极”,但民愤不是很大,或者这类犯罪是罕见的个别情况,不是非处死不能达到个别预防或者一般预防的刑罚目的的;(4)具有较多的可

---

42 参见陈兴良、张军、胡云腾主编:《人民法院刑事指导案例裁判要旨通纂》,北京大学出版社 2013 年版,第 368—370 页。

43 在与刘加奎故意杀人案的案情相似的阎留普等故意杀人案中,法院认为被害人存在极大过错,仅判处了被告人阎留普有期徒刑 6 年。参见陈兴良、张军、胡云腾主编:《人民法院刑事指导案例裁判要旨通纂》,北京大学出版社 2013 年版,第 365—366 页。在笔者看来,阎留普等故意杀人案的判决更具合理性。

44 参见贾宇主编:《死刑研究》,法律出版社 2006 年版,第 37 页。

45 赵秉志主编:《刑法新教程》(第 3 版),中国人民大学出版社 2009 年版,第 275 页;持同样看法的,有黄京平主编:《刑法学》(第 2 版),中国人民大学出版社 2011 年版,第 168 页。

46 有学者正确地指出,“客观危害虽然特别严重,但只要其主观恶性不大,或者即使犯罪人行为的主观恶性特别恶劣,但只要其客观危害不算特别严重,就不应判处死刑,尤其不应判处死刑立即执行”(参见陈华杰:《论死刑适用的标准》,人民法院出版社 2005 年版,第 35 页),尽管这位学者错误地多写了“尤其不应判处死刑立即执行”。

以从轻情节。[47] 这种看法不仅同样混淆了死刑适用条件与死缓适用条件的界限(对客观危害不是很大的人,怎么能够适用死刑?具有较多的可以从轻处罚情节,又怎么能够适用死刑?),而且,还令人费解,如果因为“犯罪是罕见的个别情况”就适用死刑缓期二年执行的话,那么,对二次世界大战中的甲级战犯、在金水桥炸死多人的恐怖分子,都应该适用死刑缓期二年执行。

(二)学说的转向

由于上述传统见解认为刑法对“不是必须立即执行”没有明确、具体的规定,所以,就仅仅从刑事司法实践经验中找寻了解释它的各种具体根据。但是,这种解释方法缺乏刑法教义学的支撑。尽管刑法教义学也极其重视刑事司法实践的宝贵经验,却绝不会把刑事司法实践经验直接当作解释刑法规定的根据,而是必须把刑事司法实践经验与刑法规范相联系,一种缺乏规范联系的刑事司法实践经验决不会被刑法教义学者视为解释刑法规定的根据,这是因为,刑法教义学始终把刑法规范奉为圭臬。一旦缺乏规范联系,就完全无法保证不会在刑事司法中滥用死刑。 56

正是从刑法教义学的方法出发,我国部分刑法学者在解释“不是必须立即执行”时采取了一种新的方向,即不是从刑事司法实践经验出发,而是从法律规定出发来解释“不是必须立即执行”的具体含义。他们认为,“不是必须立即执行”,是指“由于犯罪人具有某些法律规定的特别情节而不需要立即执行死刑”[48]。于同志博士对此作了更为具体的阐明:“所谓‘不是必须立即执行’的情况,其实质上就是案件现实所具有的从轻处罚情节。并且,在同一案件中,这种从轻处罚情节,是指与‘应当判处死刑’的从重处罚情节同时并存的从轻处罚情节,只不过它的重要性弱于或数量少于前者而已。”[49] 57

上述学说转向,在方法论上是值得称道的,但是,正像采用错误的方法偶尔也会得出正确的结论一样,即使采用正确的方法也并非不会得出错误的结论。从轻处罚情节是一种量刑情节,只影响刑罚的量,不影响刑罚的执行方式。只要某一“案件现实所具有的从轻处罚情节”是必须考虑的,就不能对该案件适用死刑。正是由于某一案件中存在从重处罚情节,它才成为“应当判处死刑”的案件,如果该案件中还并存从轻处罚情节,即使它只不过在重要性上较弱或者数量较少,也不能对该案件适用死刑,因为一个存在应当适用从轻处罚情节的案件根本就不是“罪行极其严重”的死刑案件。 58

认为存在从轻处罚情节,就不需要立即执行死刑,而是需要判处死刑缓期二年执行,是基于对死缓性质的习惯性误解。人们习惯于认为死缓是比死刑更轻的刑罚或 59

---

47 参见钊作俊:《死刑限制论》,武汉大学出版社 2001 年版,第 288 页。

48 王作富主编:《刑法》,中国人民大学出版社 1999 年版,第 260 页;持同样看法的,参见屈学武主编:《刑法总论》,社会科学文献出版社 2004 年版,第 330 页。

49 于同志:《热点难点案例判解:刑事类死刑裁量》,法律出版社 2009 年版,第 8 页。

者认为死缓是死刑中最轻的刑罚,这种看法导致的恶果是对大量不应判处死刑的人判处了死缓。不能由于死缓犯大多实际上未被处死,就认为死缓不是死刑,从而降低死缓的适用标准。判处死刑缓期二年执行,必须以行为人的"罪行极其严重"应当被判处死刑为前提。

(三)可行的路径

60　在刑法教义学的规范论立场上,某一法规范的含义总是必须在与其具有共同本质的法规范的联系中加以诠释。一个规范论的关于"不是必须立即执行"的理解,或许应该依从下面的路径展开:从《刑法》第 50 条第 1 款关于死刑缓期执行期间执行死刑的规定中,推导出"不是必须立即执行"的情形。

61　根据《刑法》第 50 条第 1 款的规定,判处死刑缓期执行的,在死刑缓期执行期间,如果故意犯罪,情节恶劣的,由最高人民法院核准后执行死刑。这一规定表明,对被判处死刑的犯罪分子是否应当立即执行死刑,应该以他是否又实施了情节恶劣的故意犯罪为根据。[50]

62　从积极方面而言,如果应当被判处死刑的犯罪分子确实不存在再次实施情节恶劣的故意犯罪的危险,对他就"不是必须立即执行"死刑,就要对他判处死刑缓期二年执行。犯罪分子确实不存在再次实施情节恶劣的故意犯罪的危险,可以是客观因素造成的,例如,行为人已经年老得只能躺在床上,或者在实施爆炸中炸掉了自己的手脚,因此丧失了再次独自实施情节恶劣的故意犯罪的能力;也可以是主观因素造成的,犯下极其严重罪行的人确实已经悔改,不会再次实施情节恶劣的故意犯罪,例如,行为人与另外三人一起在夜晚的抢劫中故意杀害了其没有认出来的表哥,并在这

50　关于如何理解《刑法》第 50 条第 1 款中的"故意犯罪,情节恶劣的",刑法学界存在不同看法。一种见解认为,《刑法》第 50 条第 1 款中的"故意犯罪,情节恶劣的",是指故意犯罪本身的情节恶劣,并且表明其抗拒改造情节恶劣[参见张明楷:《刑法学》(第 6 版),法律出版社 2021 年版,第 699 页];另一种见解认为,《刑法》第 50 条第 1 款中的"故意犯罪,情节恶劣的",是指故意犯下的罪行,从客观上看,手段残忍,性质恶劣,后果严重,或者造成恶劣的社会影响,具体标准可掌握为被判处死缓的罪犯在死刑缓期执行期间故意犯罪,依据刑法规定应当判处 3 年以上有期徒刑的情形[参见周光权:《刑法总论》(第 4 版),中国人民大学出版社 2021 年版,第 434 页]。笔者认为,《刑法》第 50 条第 1 款中的"故意犯罪,情节恶劣的",是指故意犯罪本身情节恶劣,与"抗拒改造情节恶劣"没有关联。如果行为人实施了应当被判处超过 3 年有期徒刑刑罚的故意犯罪,就属于"故意犯罪,情节恶劣的"情形。即使行为人一直接受改造,并且基于可以宽恕的原因实施了故意犯罪,只要行为人实施的故意犯罪应当被判处超过 3 年有期徒刑的刑罚,例如,一直改造良好的死缓犯人基于义愤杀害了两个因为犯下强奸罪而正在服刑的人,就属于《刑法》第 50 条第 1 款中的"故意犯罪,情节恶劣的"情形。认为《刑法》第 50 条第 1 款中的"故意犯罪,情节恶劣的",不仅要求故意犯罪本身的情节恶劣,而且要求抗拒改造情节恶劣,就会使死缓犯因犯情节恶劣的故意犯罪而被执行死刑又取决于"抗拒改造情节恶劣"这一难以把握的模糊标准,从而降低情节恶劣的故意犯罪本身的规范意义。

一犯罪的实施中发挥了决定性作用,后来发现表嫂因此自杀,表哥3岁的女儿因为无人照顾而流落街头,行为人于是痛心疾首,决心永不犯罪,于是,到公安局投案自首。尽管公安局早已发现是他抢劫杀死了他表哥,为了抓获另外的三个犯罪人,暗地里严密监控着,随时可以抓捕他,然而,行为人对此一无所知,仅仅因为真诚悔改,才到公安局自首。在这个例子里,因为行为人的自首没有满足任何法规范对自首的期待,不能因为他具有自首情节,就对他从轻处罚后不判处死刑,但是,在对他判处死刑后,予以缓期二年执行,是完全正当的,因为他确已悔改,不再具有再次实施情节恶劣的故意犯罪的危险。行为人在犯下极其严重的罪行后,又真诚悔改,积极赔偿被害人损失的,即使对其判处死刑,也应当予以缓期二年执行。

从消极方面而言,如果行为人在犯下某一应当判处死刑的极其严重的罪行之后,又犯下另一情节恶劣的故意犯罪的,对他就“必须立即执行”死刑,而不应当对他判处死刑缓期二年执行。例如,行为人抢劫被害人,致被害人重伤后,又强奸了被害人的,只要应当对行为人抢劫致人重伤的前一犯罪行为判处死刑,就要因为行为人又犯了强奸罪,而判处其死刑立即执行。对这种犯下极其严重罪行后又实施了另一情节恶劣的故意犯罪的无节制的作恶者,完全不需要给他二年的考验期,以便根据他在二年考验期中的不同表现来决定是否执行死刑。基于同样的立场,对组织、策划、实施了多起极其严重犯罪的黑社会老大,也应当对其判处死刑立即执行。但是,如果行为人故意杀死他人后,又重婚的,即使行为人的故意杀人行为本身成立应当被判处死刑的故意杀人罪,却因为行为人的重婚行为最高只能被判处二年以下有期徒刑,不属于情节恶劣的故意犯罪,所以,不应当判处行为人死刑立即执行。 63

上述“积极方面”和“消极方面”,只是针对“不是必须立即执行”死刑的两种类型而言的,它们不是两个互相对立的标准。这就是说,如果应当被判处死刑的犯罪分子确实不存在再次实施情节恶劣的故意犯罪的危险,对他就“不是必须立即执行”死刑,就要对他判处死刑缓期二年执行。但是,只要行为人在犯下某一应当判处死刑的极其严重的罪行之后,又犯下另一情节恶劣的故意犯罪的,对他就“必须立即执行”死刑,而不应当对他判处死刑缓期二年执行,即使他在犯下另一情节恶劣的故意犯罪之后确实不存在再次实施情节恶劣的故意犯罪的危险。 64

可能有学者提出一种反驳:死刑立即执行是针对一罪的刑罚,而不是数罪并罚的结果,因此,不以行为人“又犯下另一情节恶劣的故意犯罪”为条件。但是,以行为人“又犯下另一情节恶劣的故意犯罪”作为适用死刑立即执行的条件之一,并不意味着死刑立即执行是数罪并罚的结果。根据《刑法》第50条第1款的规定,被判处死刑缓期执行的犯罪分子,在死刑缓期执行期间,又实施情节恶劣的故意犯罪的,由最高人民法院核准后,执行死刑。在此,“在死刑缓期执行期间,又实施情节恶劣的故意犯罪”只是执行死刑的条件,而不是对判处了死缓的前罪和在死刑缓期执行期间又犯的后罪进行数罪并罚后决定的死刑立即执行。因此,“又犯下另一情节恶劣的故意犯罪”,只是死刑立即执行的条件,而且是从《刑法》第50条第1款的规定中推导出的条 65

件，是刑法教义学上能够接受的结论。

66 也可能有学者提出另一种反驳：从《刑法》第 50 条第 1 款关于死刑缓期执行期间执行死刑的规定中，无法推导出“行为人在犯下某一应当判处死刑的极其严重的罪行之后，又犯下另一情节恶劣的故意犯罪的，对他就‘必须立即执行’死刑”的结论，因为在《刑法》第 50 条第 1 款的情形中，行为人是在死刑缓期执行期间又实施情节恶劣的故意犯罪才被执行死刑的，不同于行为人在审判之前犯下极其严重的罪行后又实施情节恶劣的故意犯罪的情形。诚然，行为人犯下极其严重的罪行，经过审判，被判处死刑缓期执行，在死刑缓期执行的二年考验期内，又实施情节恶劣的故意犯罪的，就表明行为人没有接受国家机关的法制教育，显现了比审判之前犯下极其严重的罪行后又实施情节恶劣的故意犯罪的人更重的人身危险性。但是，一方面，这种经过国家机关的法制教育后又实施情节恶劣的故意犯罪所显现的人身危险性，即使比审判之前犯下极其严重的罪行后又实施情节恶劣的故意犯罪的人更重，也不能说明审判之前犯下极其严重的罪行后又实施情节恶劣的故意犯罪的人的人身危险性就不重，相反，这两种不同情形所表明的行为人的人身危险性其实没有实质的差异，无须在刑法教义学中特别重视，因为这两种情形中的行为人都在犯下极其严重的罪行后又实施了情节恶劣的故意犯罪，并且，在当今的法治中国，审判之前犯下极其严重的罪行后又实施了情节恶劣的故意犯罪的人所接受的法制教育不会比死缓犯人少很多；另一方面，从我国对虽然犯下极其严重的罪行但是并未在其后又实施情节恶劣的故意犯罪的人也适用了死刑立即执行的现状来看，提倡只对犯下极其严重的罪行后又实施情节恶劣的故意犯罪的人才能适用死刑立即执行，就已经从解释论上缩小了死刑立即执行的范围，无论如何，如果人们真的愿意减少死刑立即执行的数量的话，这是更值得选择的具有法规范依据的解释结论。

67 从刑法教义学的立场出发，行为人先实施情节恶劣的故意犯罪后，又犯下极其严重的罪行的，不能被判处死刑立即执行。例如，行为人实施了盗窃罪之后，又实施了故意杀人罪的，在通常情形中，充其量就只能判处行为人死刑缓期二年执行。但是，行为人实施了故意杀人罪之后，又实施了数额巨大或者有其他严重情节的盗窃罪的，在通常情形中，就应当判处行为人死刑立即执行。这是因为，根据《刑法》第 50 条第 1 款的规定，只有行为人在实施了极其严重的罪行之后，又实施情节恶劣的故意犯罪的，才能对其执行死刑。对此，一种规范论的诠释是，法规范在一个实施情节恶劣的故意犯罪的人又犯下极其严重的罪行之后还可以期待他不再犯罪，作为法共同体的一员生活在社会之中，但是，法规范不能在一个人已经犯下极其严重的罪行之后又实施情节恶劣的故意犯罪时仍然期待他成为法共同体的一员，而是应当将他排除在社会之外。在一个人已经犯下极其严重的罪行之后又实施情节恶劣的故意犯罪时，法规范就由于缺乏一种认知的保障，而无法期待该人仍然作为法共同体的一员生活在社会之中。

68 如果人们接受这种可行的路径，那么，我国的死刑适用标准就与日本的死刑适用标准没有大的区别。日本的死刑相当于我国的死刑立即执行,根据日本的判例,往往是在行为人故意杀人之后又实施情节恶劣的故意犯罪的,才对行为人适用死刑。[51]例如,被告人因为缺钱游玩和购买冬衣,所以想进入某杂货店窃取现金,由于想到会被认识自己的睡在里面的经营杂货店的夫妻发现,决定一旦被发现的话就杀死他们。于是,被告人从纸袋中取出斧头拿在手里,在进去之后,发现 73 岁的男主人翻身,就用手中的斧头用力击打其头部,被男主人 58 岁的妻子发现后,又用斧头击打她的头部。将两人杀害后,被告人取走了 18000 日元的现金和一张存有 305397 日元的存折。针对本案的被告人,日本钏路地方裁判所判处其无期惩役,但是,日本札幌高等裁判所撤销了钏路地方裁判所的判决,改判为死刑,日本最高法院裁判所维持了日本札幌高等裁判所的判决。[52]

有学者认为,依法处决药家鑫,"就既打击极其严重的罪行,又制止社会道德滑落和人性衰退的恶发,扭转了判决前人们对司法公平正义焦虑、担心和不信任情绪,达到了法律效果与社会效果的良好统一"[53]。无论对药家鑫判处死刑立即执行本身是否正当,为了"制止社会道德滑落和人性衰退的恶发"或者"扭转判决前人们对司法公平正义焦虑、担心和不信任情绪",就判处药家鑫死刑立即执行,笔者认为,完全不具有法规范的根据。 69

V 死刑的核准程序

为了确保死刑案件裁判的质量,做到少杀和慎杀,我国《刑法》和《刑事诉讼法》对死刑案件都规定了一个特有的程序,即死刑复核程序。根据死刑复核程序的要求,死刑案件二审终审后,不能马上交付执行,必须报请最高人民法院核准,只有经过核准后的判决,才是生效的判决,才能交付执行。最高人民法院在进行死刑核准时,要对案件进行全面审查,不仅要审查法律适用问题,即判处死刑是否妥当的问题,而且要审查事实问题,即事实是否清楚,证据是否确凿。只有事实清楚、证据确凿、定性准确、判处死刑恰当的,才应核准死刑。死刑复核程序既不是一个独立的审级,也不是二审的一个附属程序,而是一个独立的审核程序,这个程序是死刑案件特有的控制程序。 70

一、死刑立即执行的核准

我国 1979 年《刑法》规定,死刑立即执行除由最高人民法院判决的以外,都必须 71

---

51 参见日本《最高裁判所判例集》第 37 卷第 6 号,第 660—689 页所列举的 37 个被判处死刑的案例。

52 参见日本《最高裁判所判例集》第 37 卷第 6 号,第 682 页。

53 王昌学:《死刑执行的立法意志与司法中自首和立功情节的正确适用——兼谈李昌奎案判决质疑、监督和再审》,载《云南大学学报(法学版)》2011 年第 6 期。

报请最高人民法院核准，死刑缓期执行的，可以由高级人民法院核准。另外，《刑事诉讼法》对死刑案件的核准问题，也作了同样的规定。但是，这一明文规定实际上长期没有得到贯彻实施。为了适应严厉打击犯罪的需要，1983 年 9 月 2 日全国人大常委会在修改后的《人民法院组织法》中规定："死刑案件除由最高人民法院判决的以外，应当报请最高人民法院核准。杀人、强奸、抢劫、爆炸以及其他严重危害公共安全和社会治安判处死刑的案件的核准权，最高人民法院在必要的时候，得授权省、自治区、直辖市的高级人民法院行使。"据此，最高人民法院于 1983 年 9 月 7 日发布的《关于授权高级人民法院核准部分死刑案件的通知》，将杀人、强奸、抢劫、爆炸以及其他严重危害公共安全和社会治安判处死刑的案件的核准权授予高级人民法院和解放军军事法院行使。1991 年 6 月 6 日最高人民法院发布的《关于授权云南省高级人民法院核准部分毒品犯罪死刑案件的通知》、1993 年 8 月 18 日最高人民法院发布的《关于授权广东省高级人民法院核准部分毒品犯罪死刑案件的通知》、1996 年 3 月 19 日最高人民法院发布的《关于授权广西壮族自治区、四川省、甘肃省高级人民法院核准部分毒品犯罪死刑案件的通知》和 1997 年 6 月 23 日最高人民法院发布的《关于授权贵州省高级人民法院核准部分毒品犯罪死刑案件的通知》，分别将部分毒品犯罪的死刑案件[54]的核准权授予云南省、广东省、广西壮族自治区、四川省、甘肃省、贵州省的高级人民法院行使。在现行刑法生效前夕，最高人民法院于 1997 年 9 月 26 日发出《关于授权高级人民法院和解放军军事法院核准部分死刑案件的通知》，其中规定："自一九九七年十月一日修订后的刑法正式实施之日起，除本院判处的死刑案件外，各地对刑法分则第一章规定的危害国家安全罪，第三章规定的破坏社会主义市场经济秩序罪，第八章规定的贪污贿赂罪判处死刑的案件，高级人民法院、解放军军事法院二审或复核同意后，仍应报本院核准。对刑法分则第二章、第四章、第五章、第六章（毒品罪除外）、第七章、第十章规定的犯罪，判处死刑的案件（本院判决的和涉外的除外）的核准权，本院依据《中华人民共和国人民法院组织法》第十三条的规定，仍授权由各省、自治区、直辖市高级人民法院和解放军军事法院行使。但涉港澳台死刑案件在一审宣判前仍须报本院内核。对于毒品犯罪死刑案件，除已获得授权的高级人民法院可以行使部分死刑案件核准权外，其他高级人民法院和解放军军事法院在二审或复核同意后，仍应报本院核准。"以上规定和司法解释使 1979 年《刑法》关于死刑核准权由最高人民法院行使的规定形同虚设。

72　我国现行《刑法》第 48 条第 2 款再次规定："死刑除依法由最高人民法院判决的以外，都应当报请最高人民法院核准。"因此，2006 年 12 月 28 日最高人民法院颁布了《关于统一行使死刑案件核准权有关问题的决定》，根据该决定，自 2007 年 1 月 1 日起，死刑除依法由最高人民法院判决的以外，各高级人民法院和解放军军事法院依法

54　最高人民法院判决的和涉外、涉港澳台的毒品案件的死刑判决的核准权，仍由最高人民法院行使。

判处和裁定的，应当报请最高人民法院核准，从而使死刑复核权重回最高人民法院。

二、死刑缓期执行的核准

我国现行《刑法》第 48 条第 2 款规定："死刑缓期执行的，可以由高级人民法院判 73
决或者核准。"这表明死刑缓期执行可以由高级人民法院判决，也可以由最高人民法院判决。同时结合《刑事诉讼法》第 21 条关于中级人民法院管辖"可能判处无期徒刑、死刑的案件"的规定，可知中级人民法院也可作出死刑缓期执行的判决。但是，死刑缓期执行的核准权只能依法由高级人民法院或者最高人民法院行使，即中级人民法院和高级人民法院判决的死刑缓期执行的案件由高级人民法院核准，最高人民法院判决的死刑缓期执行案件由其自身核准。[55]

55 参见高铭暄、马克昌主编：《中国刑法解释》(上卷)，中国社会科学出版社 2005 年版，第 699 页以下。

第四十九条　不适用死刑的对象

犯罪的时候不满十八周岁的人和审判的时候怀孕的妇女，不适用死刑。

审判的时候已满七十五周岁的人，不适用死刑，但以特别残忍手段致人死亡的除外。

文献:刘宪权、周舟:《特殊群体从宽处罚规定司法适用分析》,载《华东政法大学学报》2011 年第 6 期;车浩:《从李昌奎案看“邻里纠纷”与“手段残忍”的涵义》,载《法学》2011 年第 8 期;周详:《胎儿“生命权的确认”与刑法保护》,载《法学》2012 年第 8 期;冯军:《刑法教义学的立场和方法》,载《中外法学》2014 年第 1 期;邓毅丞、申敏:《被害人承诺中的法益处分权限研究》,载《法律科学》2014 年第 4 期。

细目录

Ⅰ　主旨
Ⅱ　沿革
Ⅲ　犯罪时不满 18 周岁的人不适用死刑
一、“不满十八周岁”的含义
二、“犯罪的时候”的含义
三、“不适用死刑”的含义
Ⅳ　审判时怀孕的妇女不适用死刑
一、“审判的时候”的含义
二、“怀孕的妇女”的含义
三、“不适用死刑”的含义
Ⅴ　审判时已满 75 周岁的人一般不适用死刑
一、“审判的时候”的含义
二、“以特别残忍手段致人死亡”的含义

Ⅰ　主旨

1　本条的主旨在于将犯罪时不满 18 周岁的未成年人、审判时怀孕的妇女和大部分审判时已满 75 周岁的人从死刑的适用对象中排除出去。“对十八岁以下的人所犯的罪,不得判处死刑;对孕妇不得执行死刑”,不仅为联合国《公民权利和政治权利国际公约》第 6 条第 5 款所明文规定,而且也已成为国际社会普遍适用的司法准则。我国刑法有保留地规定“已满七十五周岁的人,不适用死刑”,主要是以刑罚的预防功能为依据对死刑适用进行的目的性限缩,并且也和许多国家的刑法规定相一致。[1]

2 我国刑法规定对犯罪时不满18周岁的人不适用死刑,主要有以下三点理由:①未成年人的身心发育尚未完全成熟,其虽已具备一定的辨认和控制自己行为的能力,但是,相比于成年人,由于缺乏社会阅历和社会经验,其辨认能力和控制能力还比较弱,故对未成年人科处死刑这种最严厉的刑种,并不符合责任原则,有失公平和正义;②对未成年人不适用死刑,是宽严相济刑事政策的要求,是"教育为主、惩罚为辅"原则的要求,是对未成年人罪犯实行"教育、挽救和改造"方针的贯彻;③未成年人的可塑性强,容易接受教育改造,不对其适用死刑,可以让其在刑满释放后服务社会,为社会发展创造积极价值,这不仅能有效地实现特殊预防,而且作为改造成功、重新忠诚于法规范的实例,也有利于实现积极的一般预防。

3 我国刑法规定对审判的时候怀孕的妇女不适用死刑,是人道主义和现代社会文明的要求。刑罚人道主义是刑罚历史发展的文明成果,是当今法治国家刑罚适用的一项基本原则,也是我国宽严相济刑事政策的重要内容之一。刑罚的人道和文明要求对审判时怀孕的妇女不适用死刑。虽然刑法学界的通说认为,胎儿还不属于自然人[2],但是,胎儿毕竟是"未来人",特别是,一个即将出生并且出生后能够存活的胎儿也应该在法律意义上被视为"人",应该享有人的尊严。[3] 胎儿是无辜的,不能因其母亲犯罪而剥夺其权利。不顾及胎儿的利益,对怀孕的妇女科处死刑,是极其不人道、不文明的做法。因此,为避免胎儿受到无辜株连,对审判的时候怀孕的妇女不适用死刑是十分必要的。

4 我国刑法规定对审判的时候已满75周岁的人不适用死刑,但以特别残忍手段致人死亡的除外,主要有以下几点理由:第一,尊敬老人是中华民族的传统美德,对犯罪的老年人的"恤刑"观是儒家仁政思想的体现。早在西周时期,"矜老恤幼"已成为刑法中的一个重要原则,其中"矜老"是指对符合一定年龄要求的老人在犯罪后的处罚上要予以减轻或者免除,并且该原则也为以后的历代律法所沿袭。[4] 虽然传统法制中关于"矜老"的具体规定已经无法适应现代社会的需要,并且也可能与现代法治观念相冲突,但是,"矜老"的基本思想与现代文明和现代刑法仍然是相互兼容的,应当予以传承。第二,与非老年人相比,老年人的辨认能力和控制能力处于不断减弱乃至

---

1 例如,《俄罗斯联邦刑法典》第59条规定:"妇女和法院作出判决时已年满六十五岁的男子,不得判处死刑"(黄道秀译:《俄罗斯联邦刑法典》,北京大学出版社2008年版,第22页);《蒙古国刑法典》第53条第4款规定:"六十岁以上的人不得适用死刑"(徐留成译:《蒙古国刑法典》,北京大学出版社2006年版,第14页)。

2 参见张明楷:《刑法学》(第6版),法律出版社2016年,第1107页。

3 参见周详:《胎儿"生命权的确认"与刑法保护》,载《法学》2012年第8期;冯军:《刑法教义学的立场和方法》,载《中外法学》2014年第1期。

4 参见曾宪义主编:《中国传统法律文化研究》(第2卷),中国人民大学出版社2011年版,第340页。

衰竭的状态,对老年人科处死刑这种最严厉的刑罚有违公平正义。第三,从特殊预防的角度讲,老年人的行为能力较弱,除了极个别难以改造的累犯和惯犯外,老年人再次实施犯罪的可能性较低,其人身危险性要明显低于非老年人,故对老年人适用死刑的必要性不大。第四,从一般预防的角度讲,对老年人适用死刑,既不能起到威吓潜在犯罪分子的作用,也难以得到公众的理解和支持。第五,从责任主义的角度讲,已满 75 周岁的老年人已经接近人类平均寿命,相较于剥夺生命,对老年人判处自由刑也足以满足罪刑均衡的要求。第六,对已满 75 周岁的老年人不适用死刑,符合宽严相济刑事政策的要求,也符合"严格控制和慎重适用死刑"的死刑政策。第七,刑法规定了"以特别残忍手段致人死亡"的例外情形,主要是出于对某些特殊情况的考虑,例如某些体力、智力和精神状况良好的惯犯,虽然已满 75 周岁,但以特别残忍手段致人死亡,并且造成极其恶劣的社会影响的,不适用死刑难以平息社会矛盾,因此需要对其保留适用死刑的可能性。

Ⅱ 沿革

5 1979 年《刑法》第 44 条规定:"犯罪的时候不满十八岁的人和审判的时候怀孕的妇女,不适用死刑。已满十六岁不满十八岁的,如果所犯罪行特别严重,可以判处死刑缓期二年执行。"然而,该条后段的内容遭到强烈的批判。一方面,死刑缓期执行是死刑的一种执行方式,其本质仍属于死刑,故"不适用死刑"应当包括不适用死刑缓期执行,因此,"不适用死刑"和"可以判处死刑缓期二年执行"存在逻辑上的矛盾;另一方面,被判处死缓的未成年人如果抗拒改造、情节恶劣,仍然可能被执行死刑,这表明我国没有彻底贯彻"对未成年人不适用死刑"的精神,违背了国际社会通行的原则。上述强烈的批判导致 1979 年《刑法》第 44 条后段的内容在研究修改 1979 年《刑法》的工作中被反复讨论。1988 年 9 月的《刑法(修改稿)》第 44 条删去了对未成年人可以适用死缓的内容,只保留了 1979 年《刑法》第 44 条前段的规定。但是,1988 年 11 月 16 日的《刑法(修改稿)》第 44 条却又重新肯定了对未成年人可以适用死缓的规定。接着,1996 年 6 月 24 日的《刑法(总则修改稿)》再次删去了对未成年人可以适用死缓的规定。但是,1996 年 8 月 8 日的《刑法(总则修改稿)》又恢复了上述规定。随后,1996 年 8 月 31 日的《刑法(修改草稿)》再次删去了上述规定。然后,1996 年 10 月 10 日的《刑法(修订草案)(征求意见稿)》又恢复了上述规定。如此反复多次后,直至 1996 年 12 月中旬的《刑法(修订草案)》再次删去上述规定,此问题才得出定论,并且 1997 年《刑法》也肯定了该稿的意见。另外,1997 年修订的《刑法》将"不满十八岁"的表述改为"不满十八周岁",其第 49 条规定:"犯罪的时候不满十八周岁的人和审判的时候怀孕的妇女,不适用死刑。"

6 2010 年,全国人大常委会法制工作委员会等有关部门认为,为了更好地体现中国特色社会主义刑法的文明和人道主义精神,促进社会和谐,根据宽严相济的刑事政策,在从严惩处严重犯罪的同时,也应当完善刑法对老年人犯罪从宽处理的规定。[5] 因此,《刑法修正案(八)(草案)》第3条拟决定在《刑法》第49条的基础上,增加"已满七十五周岁的人,不适用死刑"的规定,并拟将《刑法》第49条修改为:"犯罪的时候不满十八周岁的人和审判的时候怀孕的妇女、已满七十五周岁的人,不适用死刑。"但是,在草案审议和征求意见的过程中,有的常委会委员、部门、地方和社会公众提出,对老年人不适用死刑的规定总体上是适当的,但应增加一定的限制条件,以适应实践中的各种复杂情况。[6] 据此,《刑法修正案(八)》的第二次审议稿、第三次审议稿、建议表决稿和最终正式通过的《刑法修正案(八)》均决定在《刑法》第49条中增加一款作为第2款,即"审判的时候已满七十五周岁的人,不适用死刑,但以特别残忍手段致人死亡的除外"。

Ⅲ 犯罪时不满18周岁的人不适用死刑

一、"不满十八周岁"的含义

"周岁"是一个法律概念,不同于日常生活中的"实岁"与"虚岁"概念。根据最高人民法院《关于审理未成年人刑事案件具体应用法律若干问题的解释》第2条的规定,周岁必须按照公历的年、月、日计算,从周岁生日的第二天起算,而不能按照我国民间的"阴历"和"农历"来计算。不满18周岁,是指18周岁生日当天及以前;已满18周岁,是指18周岁生日的第二天及以后。例如,某人出生于2000年6月6日,则从2018年6月7日0时起,他才算已满18周岁,在2018年6月6日23时59分59秒以前,他是不满18周岁的。 7

关于被告人的出生日期,一般以其身份证上记载的出生日期为准。但是,如果按照身份证上的出生日期,被告人已满18周岁,可他却提出其实际年龄不满18周岁,其年龄就不能仅以身份证上的出生日期为准进行计算。为了防止对不满18周岁的人错误地判处死刑,办案人员必须充分查明户口登记簿、医院出生记录等材料,并结合被告人的亲属、邻居等的证人证言,来确定被告人的真实出生日期。另外,如果被告人不讲真实姓名和住址,并且其年龄不明的,根据最高人民检察院《关于"骨龄鉴定"能否作为确定刑事责任年龄证据使用的批复》的规定,可以委托鉴定机构对被告人进行骨龄鉴定或者其他科学鉴定。需要注意的是,骨龄鉴定虽然具有科学性,但也存在一定的误差。考虑到客观误差,笔者认为应当按照下述方法处理:①如果按照负值的最大误差计算,被告人已满18周岁的,则说明被告人真实年龄肯定已满18周 8

---

5 参见全国人大常委会法制工作委员会主任李适时2010年8月23日在十一届全国人大常委会第十六次会议上所作的《关于〈中华人民共和国刑法修正案(八)(草案)〉的说明》。

6 参见全国人大法律委员会副主任委员李适时2010年12月20日在十一届全国人大常委会第十八次会议上所作的《全国人民代表大会法律委员会关于〈中华人民共和国刑法修正案(八)(草案)〉修改情况的汇报》。

岁,故可以对其适用死刑;②如果按照正值的最大误差计算,被告人不满18周岁的,则说明被告人真实年龄肯定不满18周岁,故绝对不能对其适用死刑;③如果按照负值的最大误差计算,被告人不满18周岁,而按照正值的最大误差计算,被告人已满18周岁的,则根据"存疑时有利于被告人"原则,不能对其适用死刑。

二、"犯罪的时候"的含义

9 "犯罪的时候"是指实施犯罪实行行为的时候,而不是指犯罪结果发生的时候或者实施犯罪预备行为的时候,更不是指案发时、立案时、侦查时、起诉时或者审判时。因此,只要被告人在实施犯罪实行行为的当时不满18周岁,即便案发时、立案时、侦查时、起诉时或者审判时其已满18周岁,也不能对其适用死刑。当犯罪行为具有连续或者继续状态时,则应以犯罪行为终了之时为犯罪时。例如,行为人出生于2000年6月6日,其在2018年6月6日23时59分50秒时以杀人故意捅了被害人一刀,并在6月7日0时以后陆续捅了被害人数刀,并致其死亡。在此例中,应当认为行为人在犯罪时已满18周岁。

10 另外,适用本条的前提是行为人具有刑事责任能力。换言之,只有已满12周岁不满14周岁的人,犯故意杀人、故意伤害罪,致人死亡或者以特别残忍手段致人重伤造成严重残疾,情节恶劣,经最高人民法院核准追诉的;已满14周岁不满16周岁的人犯故意杀人、故意伤害致人重伤或者死亡、强奸、抢劫、贩卖毒品、放火、爆炸、投放危险物质罪的;以及已满16周岁不满18周岁的人实施犯罪的,才能适用本条的规定。

三、"不适用死刑"的含义

11 死刑缓期执行并不是独立的刑种,而是死刑的一种执行方式。因此,"不适用死刑"既包括不适用死刑立即执行,也包括不适用死刑缓期执行。换言之,在我国现行刑法体系下,未成年人犯罪的法定最高刑为无期徒刑。

Ⅳ 审判时怀孕的妇女不适用死刑

一、"审判的时候"的含义

12 在理论界,关于"审判的时候"的理解,存在以下三种观点:①"审判的时候"是指从审判前的羁押期间到最终执行的整个诉讼过程[7];②"审判的时候"是指审判前的羁押期间和人民法院审判期间[8];③"审判的时候"是指从被告人被采取强制措施起

---

7 参见陈兴良:《规范刑法学》(第3版),中国人民大学出版社2013年版,第323页。

8 参见高铭暄主编:《刑法学原理》(第3卷),中国人民大学出版社1994年版,第143页;林亚刚:《刑法学教义(总论)》,北京大学出版社2014年版,第588页。

到案件审理结束时止。[9]

13 上述观点之间,存在两点争议:一是“羁押期间”与“被采取强制措施期间”是否相同,应当采纳前者还是后者;二是“审判的时候”是否包括执行期间。

14 关于第一点争议,首先应当研究的是,“羁押期间”与“被采取强制措施期间”是否相同。如果二者相同,则此争议并无意义。事实上,“羁押期间”确实不同于“被采取强制措施期间”。准确地讲,羁押并不是一种刑事强制措施,而是一种人身自由遭受临时性剥夺的状态。从刑法关于先行羁押折抵刑期的规定[10]也可以看出,处于羁押状态的被告人的人身自由不是仅仅受到限制,而是完全被剥夺。但是,刑事强制措施是公安机关、人民检察院和人民法院为了保证刑事诉讼的顺利进行,依法对犯罪嫌疑人、被告人的人身自由进行限制或者剥夺的各种强制性方法,它既包括限制人身自由的措施(具体包括拘传、取保候审和监视居住),也包括剥夺人身自由的措施(具体包括拘留和逮捕)。因此,只有被采取拘留和逮捕措施的人才属于被羁押的人。拘传、取保候审和监视居住期间都不属于羁押期间。可见,在外延上,被采取强制措施期间与羁押期间具有包容关系,前者包括后者。这也可以说明,理论界对于“审判的时候”应当包括羁押期间并不存在争议。并且,这一观点与实务界的观点也不谋而合。最高人民法院研究室于 1991 年 3 月 18 日发布的《关于如何理解“审判的时候怀孕的妇女不适用死刑”问题的电话答复》规定,“在羁押期间已是孕妇的被告人,无论其怀孕是否属于违反国家计划生育政策,也不论其是否自然流产或者经人工流产以及流产后移送起诉或审判期间的长短”,均不适用死刑。1998 年 8 月 7 日发布的最高人民法院《关于对怀孕妇女在羁押期间自然流产审判时是否可以适用死刑问题的批复》中也规定:“怀孕妇女因涉嫌犯罪在羁押期间自然流产后,又因同一事实被起诉、交付审判的,应当视为‘审判的时候怀孕的妇女’,依法不适用死刑。”同时,在《刑事审判参考》案例第 240 号“张怡懿、杨珺故意杀人案”中,法院明确表明:“对‘审判时’应作广义理解,即应是指从犯罪嫌疑人涉嫌犯罪而被羁押时起至人民法院依法作出判决生效时止的刑事诉讼全过程。”[11]

15 那么,需要进一步追问的是,“审判的时候”是否应当包括采取限制人身自由的强制措施期间,即拘传、取保候审和监视居住期间。笔者认为,为了最大限度地贯彻人道主义精神、保护胎儿的利益、保障孕妇的人权和防止司法权的滥用,应当认为“审判

9　参见胡云腾:《死刑通论》,中国政法大学出版社 1995 年版,第 226 页;李云龙、沈德咏:《死刑专论》,中国政法大学出版社 1997 年版,第 88 页。

10　根据《刑法》第 41 条的规定可知,对被判处管制的犯罪分子,“羁押一日折抵刑期二日”;根据《刑法》第 44 条、第 47 条的规定可知,对被判处拘役、有期徒刑的犯罪分子,“羁押一日折抵刑期一日”。

11　最高人民法院刑事审判第一庭、第二庭编:《刑事审判参考》(总第 32 辑),法律出版社 2003 年版,第 13—18 页。

的时候”包括采取限制人身自由的强制措施期间。虽然最高人民法院没有直接肯定此观点,但是,依据其批复与答复,也无法得出其反对此观点的结论。根据罪刑法定原则,加重处罚必须于法有据,但减轻处罚并不要求必须具有法律明文规定的理由,只要其符合立法精神、具有实质合理性、不违反刑法的明文规定即可。这也可以解释为什么《刑法》第 63 条第 2 款规定:“犯罪分子虽然不具有本法规定的减轻处罚情节,但是根据案件的特殊情况,经最高人民法院核准,也可以在法定刑以下判处刑罚。”而且,一定程度上扩大对怀孕的妇女不适用死刑的范围,也符合我国限制死刑适用的刑事政策。相反,如果认为“审判的时候”不包括采取限制人身自由的强制措施期间,则会出现不合理、不公正的现象。例如,司法机关在采取强制措施前,发现犯罪嫌疑人是即将分娩的妇女,为了对其适用死刑,故意不进行拘留和逮捕,而依据《刑事诉讼法》第 74 条的规定,对嫌疑人进行监视居住,待其分娩后移送起诉,致使妇女在审判前并未处于羁押状态,审判时也不属于怀孕的妇女,此时如果认为“审判的时候”不包括采取限制人身自由的强制措施期间,那么,该妇女便不属于审判时怀孕的妇女,进而可以被适用死刑。这种结论不仅事实上令人难以接受,而且也违背了《刑事诉讼法》第 74 条的规范目的。毕竟,《刑事诉讼法》第 74 条本身是保护孕妇和胎儿利益的规定,结果却被用于损害孕妇和胎儿利益。由此可见,认为“审判的时候”不包括采取限制人身自由的强制措施期间的观点,是明显不合理的。因此,认为“审判的时候”包括被采取强制措施期间(羁押期间和采取限制人身自由的强制措施期间),是正当合理的。但是,在适用该观点时,仍有以下具体问题需要注意:

16 (1)被采取强制措施必须是因为可能被判处死刑的犯罪。例如,某妇女因盗窃罪被采取强制措施时是怀孕的妇女,之后检察机关对其酌定不起诉,在其分娩完 1 年后,其在盗窃罪之前所犯的故意杀人案案发。虽然该妇女在盗窃罪中被采取强制措施时是怀孕的妇女,并且故意杀人案发生在盗窃案之前,但是,不能因此认为其在故意杀人案中,也是审判时怀孕的妇女。

17 (2)“审判的时候”不包括解除强制措施后的期间。例如,在一宗离奇杀人案中,公安机关对嫌疑人采取拘留措施时其并未怀孕,之后嫌疑人以伪造的不在场证据而被公安机关释放,在被释放后嫌疑人才怀孕,后又流产,当公安机关掌握了其杀人证据而对其再次采取强制措施时,其并未怀孕。此例中的妇女就不能被视为审判时怀孕的妇女。

18 (3)“审判的时候”包括公安机关、人民检察院和人民法院应当采取强制措施,却在没有合理理由的情况下不采取强制措施的期间。例如,司法机关在采取强制措施前,已经发现犯罪嫌疑人是怀孕的妇女,同时也知道该妇女即将分娩或者即将进行人工流产手术,为了对其适用死刑,故意不采取强制措施而仅仅在暗中监控,待该妇女分娩或者流产后,才采取强制措施。此例中的妇女应当被视为审判时怀孕的妇女。

19 关于第二点争议,最高人民法院并未明确表态,但正如上文所言,减轻处罚无须具有法律明文规定的理由,而只需具有实质合理性即可。考虑到《刑事诉讼法》第 262 条的规定[12],基于刑事一体化的理念与立场,应当认为"审判的时候"还包括执行期间,不仅包括死刑立即执行期间,还包括死刑缓期执行期间。当处于死刑缓期执行期间的妇女被发现怀孕时,应当立即报请最高人民法院依法改判。并且,对于在死刑缓期执行期间怀孕后流产的妇女,应当类推适用羁押期间的相关规定,将其视为"审判的时候"怀孕的妇女。

综上所述,"审判的时候"包括被采取强制措施期间、审判期间和执行期间。[13] 20

二、"怀孕的妇女"的含义

"怀孕的妇女"是指从妊娠开始到妊娠终止怀有胎儿的妇女。出于人道主义精神以及对胎儿利益的保护,即便怀孕的理由违反法律,也属于"怀孕的妇女"。例如,嫌疑人在审判期间引诱或者贿买看守所的警察,让警察与其发生性关系,致其怀孕,该嫌疑人也属于审判时怀孕的妇女,不得对其适用死刑。 21

根据上述最高人民法院的批复与答复的规定,除了"审判的时候"正在怀孕的妇女,"审判的时候"流产或者分娩的妇女也属于"审判的时候怀孕的妇女"。在此种情况中,虽然已经不存在值得保护的胎儿的利益,但是,为了最大限度地保护胎儿的利益——防止他人恶意使孕妇流产、防止司法机关故意待孕妇分娩后再审判、防止孕妇因对死刑的恐惧而自然流产,将"审判的时候"流产或者分娩的妇女视为"审判的时候怀孕的妇女"是十分必要的。 22

三、"不适用死刑"的含义

与对未成年人不适用死刑一样,对审判时怀孕的妇女,既不能适用死刑立即执行,也不能适用死刑缓期执行,更不能待其分娩或者流产后再执行死刑。换言之,在我国现行刑法体系下,对"审判的时候怀孕的妇女"最高只能判处无期徒刑。 23

V 审判时已满 75 周岁的人一般不适用死刑[14]

一、"审判的时候"的含义

郎胜主编的《中华人民共和国刑法释义》一书中提到:"'审判的时候已满七十 24

---

12 《刑事诉讼法》第 262 条第 1 款规定:"下级人民法院接到最高人民法院执行死刑的命令后,应当在七日以内交付执行。但是发现有下列情形之一的,应当停止执行,并且立即报告最高人民法院,由最高人民法院作出裁定:……(三)罪犯正在怀孕。"

13 从严格解释的意义上讲,"审判的时候"应当仅仅被理解为审判期间,故将"审判的时候"解释为"羁押期间和审判期间"或者"羁押期间、审判期间和执行期间"属于类推解释,但由于该解释有利于被告人,有利于保护胎儿的利益,故并不违反罪刑法定原则。

14 关于"已满七十五周岁"和"不适用死刑"的理解,参见上文"Ⅲ 对犯罪时不满 18 周岁的人不适用死刑的理解"中的相关内容。

五周岁的人’,是指按照刑事诉讼法的规定,在人民法院审判的时候被告人是年满七十五周岁的老年人。……在实际适用本款规定时应当注意,只要被告人在人民法院作出判决前,已年满七十五周岁的,就应适用本款规定。”[15]有的学者认为,应将老年人不适用死刑的规定中的“审判的时候”理解为“一审判决确定时”这一时间点,而不能理解为“羁押期间”这一时间段。[16]

25 《刑法》一共两次提到“审判的时候”,除了此处,还有一处是“对审判的时候怀孕的妇女不适用死刑”,所以首先要研究的是,对二者能否作同一解释。笔者对此持否定观点。正如上文所言,在被告人是怀孕的妇女的场合,“审判的时候”包括被采取强制措施期间、审判期间和执行期间。一方面,在被告人是年满75周岁的老年人的情况下,没有必要将“被采取强制措施期间”解释为“审判的时候”。在被告人是怀孕的妇女的情况下,怀孕状态可能因分娩或者流产而随时消失,所以为了更好地保护胎儿的利益、保障孕妇的人权和防止司法权的滥用,将“被采取强制措施期间”扩大解释为“审判的时候”便尤为必要。然而,在论及年龄特征时,一旦某人已满75周岁,那么“已满75周岁”的年龄特征便不会再消失。换言之,如果某人在被采取强制措施期间已满75周岁,那么,其在审判期间也肯定已满75周岁。因此,我们就没有必要再去考察被告人在被采取强制措施期间是否已满75周岁,而直接考察被告人在审判期间是否已满75周岁即可。据此,在被告人是年满75周岁的老年人的情况下,将“被采取强制措施期间”解释为“审判的时候”属于没有任何意义的、超出条文用语核心含义的类推解释,应当禁止。另一方面,在被告人是年满75周岁的老年人的情况下,也不宜将“执行期间”解释为“审判的时候”,这主要是因为法条背后的规范目的不同。对审判时怀孕的妇女不适用死刑,主要是为了保护胎儿的利益,使胎儿免受无辜株连,因此对在执行期间怀孕的妇女,也不能适用死刑;对审判时已满75周岁的人不适

15　郎胜主编:《中华人民共和国刑法释义》(第5版),法律出版社2011年版,第54页以下。

16　参见刘宪权、周舟:《特殊群体从宽处罚规定司法适用分析》,载《华东政法大学学报》2011年第6期。另外,该文作者在文中提出的“怀孕妇女不适用死刑规定中的‘审判的时候’是一个时间段,而老年人不适用死刑的规定中的‘审判的时候’是一个时间点”的观点,是不准确的。这是因为作者在论证时出现了因果失联的错误。作者论证思路如下:第一步,作者发现“已满75周岁的年龄特征不会随着时间推移而消失”的规律;第二步,根据上述规律作者进一步断定,在一审判决确定以前(时间段)所有已满75周岁的人均满足在一审判决确定时(时间点)也为已满75周岁的人;第三步,作者指出,在对被告人于审判时是否已满75周岁进行考察时,其实只需要考察被告人在一审判决确定时是否已满75周岁即可;第四步,作者得出结论,“审判的时候”为一个时间点。作者前三步的论证是毫无问题的,但前三步的论证完全无法得出第四步中的结论。仅仅在某个时间点上考察被告人是否已满75周岁的方法并无问题,但不能仅仅因为可以考察某个时间点,就认为“审判的时候”是一个时间点。这是将考察方法与事物本质相混淆的表现。从本质上讲,“审判的时候”当然是时间段,而不可能是时间点。

用死刑,主要是弘扬"矜老"的传统美德,因此,对执行期间才满75周岁的人没有不适用死刑的特殊理由。毕竟同样是因年龄特征而从宽处理,相比于未成年人犯罪不适用死刑的"犯罪时"基准,老年人犯罪不适用死刑的"审判时"基准已经扩大了老年人不适用死刑的范围。因此,在法条已经将老年人不适用死刑的条件限定为"审判的时候",并且不存在其他正当合理的根据将"执行期间"扩大解释为"审判的时候"的情况下,就不应当认为"审判的时候"包括"执行期间"。

由此可见,对老年人一般不适用死刑的规定中的"审判的时候"仅指审判期间。 26
那么,需要进一步追问的是,何为审判期间?基于刑事一体化的立场,对此问题的解答,必须考虑到我国的刑事诉讼程序。在我国,两审终审制仅仅是就普通案件而言的,对于死刑判决,必须经过特殊的死刑复核程序才能发生法律效力。因此,死刑案件的审判期间就包括一审期间、二审期间和死刑复核期间。据此,只要在判决发生效力以前,即死刑核准以前,被告人已满75周岁,就不能对其适用死刑。另外,即便被告人通过诉讼手段延长审判期间才使自己满足"已满75周岁"的条件,也不能对其适用死刑。虽然这在情理上让人难以接受,但此种情形中的被告人在规范上完全符合不适用死刑的条件,也不违背该条的立法精神,故如此适用并无不当。

二、"以特别残忍手段致人死亡"的含义

郎胜主编的《中华人民共和国刑法释义》一书中提到:"'以特别残忍手段致人死 27
亡'是指犯罪手段令人发指,如以肢解、残酷折磨、毁人容貌等特别残忍的手段致使被害人死亡的。"[17]在《刑事审判参考》案例第830号"胡金亭故意杀人案"中,法院认为,一般手段与特别残忍手段的区别在于二者对善良风俗、伦理底线、人类恻隐心的侵犯程度不同,特别残忍手段的认定要以社会民众一般观念为标准。[18]有的学者基本赞同上述观点[19],但有的学者则提出,"特别残忍手段"规定的目的不是满足大众的伦理观念,而是为了减轻被害人的痛苦,必须以被害人的意愿来衡量手段的残忍性。[20]

那么,究竟应该如何理解"特别残忍手段"呢?"残忍"本身是一个极其主观的概 28
念,"特别残忍手段"的外延因人而异。因此,要规范地理解"特别残忍手段",首先就要确定评价主体或者评价基准。正如上文所言,在此问题上,存在相互对立的两种标准:一是社会一般人标准,二是被害人标准。笔者认为,社会一般人标准是合理的。

---

17 郎胜主编:《中华人民共和国刑法释义》(第5版),法律出版社2011年版,第55页。

18 参见最高人民法院刑事审判第一、二、三、四、五庭主办:《刑事审判参考》(总第90集),法律出版社2013年版,第40—45页。

19 参见周光权:《刑法总论》(第4版),中国人民大学出版社2021年版,第432页;车浩:《从李昌奎案看"邻里纠纷"与"手段残忍"的涵义》,载《法学》2011年第8期。

20 参见邓毅丞、申敏:《被害人承诺中的法益处分权限研究》,载《法律科学》2014年第4期。

《刑法》第234条第2款中段也提到了“特别残忍手段”。该款中段规定:“致人死亡或者以特别残忍手段致人重伤造成严重残疾的,处十年以上有期徒刑、无期徒刑或者死刑。”毋庸置疑,“致人死亡”的结果无价值显然高于“致人重伤造成严重残疾”的结果无价值。但是,二者却规定了相同的法定刑,所以如果要符合罪刑均衡的要求,那么,“特别残忍手段”就必须是用于补强“致人重伤造成严重残疾”的不法程度的、反映行为无价值的要素。既然“特别残忍手段”是反映行为无价值的要素,就必须以社会一般观念来考察行为对善良风俗和伦理道德规范的违反。在这个意义上,对老年人一般不适用死刑的规定中的“特别残忍手段”与《刑法》第234条第2款中的“特别残忍手段”可以作相同理解。但是,在认定的宽严程度上,根据“对老年人慎用死刑”的刑事政策与立法精神的要求,对老年人一般不适用死刑的规定中的“特别残忍手段”的认定要更加严格。

29 关于如何构建具体的认定标准,笔者认为应当综合考虑以下三个因素:①视觉上的冲击感,即行为过程在视觉上极其血腥,让人极其反感、恶心和不适,例如,将人开膛破肚;②身体上的痛苦感,即从社会一般人的角度来看,此种行为手段会给人带来生不如死的痛苦,例如,凌迟手段;③方式上的非长期多发性,即该行为手段并不是长期形成的、多发的手段,只有短期多发或者长期少发的行为手段,才能被认定为特别残忍的手段。

30 关于“致人死亡”,“致”字表明特别残忍手段与死亡结果之间必须具有因果关系。换言之,虽然行为人采取了特别残忍手段,但是如果死亡结果并不是该特别残忍手段导致的,就不属于“以特别残忍手段致人死亡”的情况。另外,特别残忍手段必须导致了他人的死亡,如果仅仅导致他人重伤或者残疾,也不属于“以特别残忍手段致人死亡”的情形。还需要说明的是“致人死亡”的罪过形式。该罪过形式包括故意是没有疑问的。但是,值得研究的是,行为人只想以特别残忍的手段致人重伤,但却过失地导致他人死亡的情形,是否属于“以特别残忍手段致人死亡”?笔者认为,考虑到《刑法修正案(八)》最初的草案并没有“以特别残忍手段致人死亡”的例外条款,而立法机关只是考虑到极其特殊的情况才加入了该例外条款,所以,有必要对该条款进行限缩解释,以更好地符合其规范目的和立法精神,因此,“以特别残忍手段过失致人死亡”的情形,不应当认定为“以特别残忍手段致人死亡”。例如,年迈的老父亲为了给因赌博导致家破人亡的儿子一个沉痛的教训,让儿子不能再赌博,便欲在没有实施麻醉的状态下砍断儿子的十根手指,结果儿子极力挣扎,导致父亲的刀砍断了儿子的大动脉,最后儿子因失血过多抢救无效而死亡。在此例中,因为父亲是过失导致了死亡结果的发生,所以该情形不属于“以特别残忍手段致人死亡”,进而不能对其适用死刑。

第五十条　死缓的法律后果

判处死刑缓期执行的，在死刑缓期执行期间，如果没有故意犯罪，二年期满以后，减为无期徒刑；如果确有重大立功表现，二年期满以后，减为二十五年有期徒刑；如果故意犯罪，情节恶劣的，报请最高人民法院核准后执行死刑；对于故意犯罪未执行死刑的，死刑缓期执行的期间重新计算，并报最高人民法院备案。

对被判处死刑缓期执行的累犯以及因故意杀人、强奸、抢劫、绑架、放火、爆炸、投放危险物质或者有组织的暴力性犯罪被判处死刑缓期执行的犯罪分子，人民法院根据犯罪情节等情况可以同时决定对其限制减刑。

文献:沈德咏主编:《〈刑法修正案(九)〉条文及配套司法解释理解与适用》,人民法院出版社 2015 年版;臧铁伟、李寿伟主编:《〈中华人民共和国刑法修正案(九)〉条文说明、立法理由及相关规定》,北京大学出版社 2016 年版。肖中华:《我国死缓制度的司法适用及相关立法评析》,载《法律科学》1999 年第 6 期;段启俊、曹利民:《论死缓制度的立法完善》,载《法学杂志》2009 年第 12 期;方文军:《死刑缓期执行限制减刑制度的司法适用》,载《法律适用》2011 年第 8 期;时延安:《论死缓犯限制减刑的程序问题——从对〈刑法〉第 50 条第 2 款的法理分析引入》,载《法学》2012 年第 5 期;姜涛:《诠释与完善刑法修正案(八)的限制减刑规定》,载《人民司法》2012 年第 11 期;黎宏:《死缓限制减刑及其适用——以最高人民法院发布的两个指导案例为切入点》,载《法学研究》2013 年第 5 期。

细目录

Ⅰ　主旨
Ⅱ　沿革
Ⅲ　“故意犯罪”和“情节恶劣”的含义
Ⅳ　“重大立功表现”的含义
　一、“重大立功表现”的认定
　二、“重大立功表现”与“故意犯罪,情节恶劣”并存情况的处理
　三、“重大立功表现”与“故意犯罪未执行死刑”并存情况的处理
Ⅴ　“二年期满以后”的含义
Ⅵ　死缓限制减刑
　一、死缓限制减刑的目的

二、死缓限制减刑的性质
三、死缓限制减刑的对象
四、适用死缓限制减刑的实质条件

I 主旨

1 本条的主旨表现为以下三方面:第一,贯彻宽严相济的刑事政策和"少杀"的死刑政策。即使是实施了极其严重罪行被判处死刑的死缓犯,也进行区别对待,只要不是在死缓考验期间"故意犯罪,情节恶劣的",均不得执行死刑;第二,将改造的表现与减刑的幅度相对应,即如果罪犯有重大立功表现,可以减为25年有期徒刑;如果其仅仅消极地未故意犯罪,只能减为无期徒刑;如果故意犯罪,情节不恶劣的,虽然暂时不执行死刑,但死缓执行期间要重新计算,借此来激励犯罪分子认真改造,重新回归社会;第三,贯彻罪责刑相适应原则,强调社会公正的价值。防止死缓犯实际执行期限过短而难以实现特殊预防和一般预防的预防效果,同时防止死缓与死刑立即执行的严厉程度差距太大而打破罪刑的相对均衡。

II 沿革

2 1979年《刑法》第46条规定:"判处死刑缓期执行的,在死刑缓期执行期间,如果确有悔改,二年期满以后,减为无期徒刑;如果确有悔改并有立功表现,二年期满以后,减为十五年以上二十年以下有期徒刑;如果抗拒改造情节恶劣、查证属实的,由最高人民法院裁定或者核准,执行死刑。"

3 从1979年到1997年,对死缓法律后果条文修改的讨论,主要围绕死缓犯减刑和执行死刑的适用条件来展开。1988年9月的《刑法(修改稿)》第46条放宽了死缓减为无期徒刑的适用条件,将"确有悔改"修改为"没有抗拒改造的恶劣表现",其他的不变。随后,1988年11月16日的《刑法(修改稿)》又适当收紧了上述适用条件,将其修改为"如果服从监管,无抗拒改造表现",并放宽了死缓犯执行死刑的适用条件,删去了"情节恶劣"的条件。紧接着,1988年12月25日的《刑法(修改稿)》又将死缓减为无期徒刑的适用条件修改为"如果确有悔改或者服从监管、无抗拒改造表现"。然后,1995年8月8日的《刑法(总则修改稿)》对上述适用条件进行了较大的修改,即,不仅放宽了死缓犯减刑的适用条件,而且还收紧了死缓犯执行死刑的适用条件。其第46条规定:"判处死刑缓期执行的,在死刑缓期执行期间,如果没有抗拒改造的恶劣表现,二年期满以后,减为无期徒刑;如果确有悔改或者有立功表现,二年期满以后,减为十五年以上二十年以下有期徒刑;如果抗拒改造情节恶劣、查证属实的,由最高人民法院裁定或者核准,执行死刑。"鉴于上述适用条件非常抽象、难以把握,1996年6月24日的《刑法(总则修改稿)》便将死缓减为无期徒刑的适用条件修改为"如果没有故意犯罪",将死缓犯执行死刑的适用条件修改为"如果故意犯罪查证属实”,使得该规定更为明确和易于操作。同时,该修改稿将死缓减为有期徒刑的幅度从“十五年以上二十年以下”上调为“二十年以上二十五年以下”,并删去了死缓犯执行死刑由最高人民法院裁定或者核准的规定。但是,1996 年 8 月 8 日的《刑法(总则修改稿)》又将死缓减为有期徒刑的幅度改回为“十五年以上二十年以下”,并重新肯定了死缓犯执行死刑必须由最高人民法院核准。另外,其还将死缓减为有期徒刑的适用条件由“确有悔改或者有立功表现”修改为“有立功表现”。而后,1997 年 1 月 10 日的《刑法(修订草案)》在死缓犯执行死刑的适用条件中加入了“必须执行死刑”的限制条件,但是,1997 年 2 月 17 日的《刑法(修订草案)(修改稿)》却又将此条件删去。之后,1997 年 3 月 1 日的《刑法(修订草案)》将死缓减为有期徒刑的适用条件由“确有立功表现”修改为“确有重大立功表现”。最终,该稿关于死缓法律后果的规定完全被 1997 年《刑法》采纳。

1997 年修订的《刑法》第 50 条规定:“判处死刑缓期执行的,在死刑缓期执行期间,如果没有故意犯罪,二年期满以后,减为无期徒刑;如果确有重大立功表现,二年期满以后,减为十五年以上二十年以下有期徒刑;如果故意犯罪,查证属实的,由最高人民法院核准,执行死刑。” 4

至 2010 年,全国人大常委会法制工作委员会等有关部门认为,根据刑法罪刑相适应的原则,应当严格限制对某些判处死缓的罪行严重的罪犯的减刑,延长其实际服刑期。[1] 因此,《刑法修正案(八)(草案)》第 4 条拟将《刑法》第 50 条修改为:“判处死刑缓期执行的,在死刑缓期执行期间,如果没有故意犯罪,二年期满以后,减为无期徒刑;如果确有重大立功表现,二年期满以后,减为二十年有期徒刑;如果故意犯罪,查证属实的,由最高人民法院核准,执行死刑。对被判处死刑缓期执行的累犯以及因故意杀人、强奸、抢劫、绑架、放火、爆炸、投放危险物质或者有组织的暴力性犯罪被判处死刑缓期执行的犯罪分子,人民法院根据犯罪情节等情况可以同时决定在依照前款规定减为无期徒刑或者二十年有期徒刑后,不得再减刑。”在随后的草案审议和征求意见的过程中,有的常委会委员、部门、地方提出,应当提高死缓减为有期徒刑的刑期,并延长死缓罪犯减刑后的实际执行期间,同时应当将“不得再减刑”修改为“限制减刑”,以利于对罪犯的改造和管理。[2] 5

据此,由《刑法修正案(八)》第 4 条修正的《刑法》第 50 条规定:“判处死刑缓期执行的,在死刑缓期执行期间,如果没有故意犯罪,二年期满以后,减为无期徒刑;如果确有重大立功表现,二年期满以后,减为二十五年有期徒刑;如果故意犯罪,查证属 6

---

1 参见全国人大常委会法制工作委员会主任李适时 2010 年 8 月 23 日在十一届全国人大常委会第十六次会议上所作的《关于〈中华人民共和国刑法修正案(八)(草案)〉的说明》。

2 参见全国人大法律委员会副主任委员李适时 2010 年 12 月 20 日在十一届全国人大常委会第十八次会议上所作的《全国人民代表大会法律委员会关于〈中华人民共和国刑法修正案(八)(草案)〉修改情况的汇报》。

实的,由最高人民法院核准,执行死刑。对被判处死刑缓期执行的累犯以及因故意杀人、强奸、抢劫、绑架、放火、爆炸、投放危险物质或者有组织的暴力性犯罪被判处死刑缓期执行的犯罪分子,人民法院根据犯罪情节等情况可以同时决定对其限制减刑。”

7 之后,党的十八届三中全会提出,“逐步减少适用死刑罪名”,立法部门便拟从“减少适用死刑的罪名”和“提高对死缓罪犯执行死刑的门槛”两方面来体现上述要求。[3] 其中,“提高对死缓罪犯执行死刑的门槛”这一方面,反映在《刑法修正案(九)》第2条对《刑法》第50条的修正上。《刑法修正案(九)》将该条中的“如果故意犯罪,查证属实的,由最高人民法院核准,执行死刑”修改为“如果故意犯罪,情节恶劣的,报请最高人民法院核准后执行死刑;对于故意犯罪未执行死刑的,死刑缓期执行的期间重新计算,并报最高人民法院备案”。

Ⅲ “故意犯罪”和“情节恶劣”的含义

8 “没有故意犯罪”“故意犯罪未执行死刑”与“故意犯罪,情节恶劣”,是“死刑缓期执行减为无期徒刑”“死刑缓期执行的期间重新计算”与“执行死刑”三种死缓法律后果所对应的适用条件。因此,如何协调死缓的三种法律后果及其对应的适用条件,使得法条内部逻辑严密,是本条在理解与适用上的难点问题。

9 在肯定法律条文严密性的前提下,应当认为“死刑缓期执行减为无期徒刑”“死刑缓期执行的期间重新计算”与“执行死刑”这三种法律后果是无缝衔接的,并且其所对应的适用条件也是无缝衔接的。因此,对三者进行合理区分的关键是要找到三者之间的临界点。不难看出,“死刑缓期执行减为无期徒刑”与“死刑缓期执行的期间重新计算”的适用条件的临界点是“是否故意犯罪”,而“死刑缓期执行期间重新计算”与“执行死刑”的适用条件的临界点是“情节是否恶劣”。据此,关键问题有二:一是如何理解故意犯罪;二是如何理解情节恶劣。针对上述问题,主要存在以下两种理论上的解释路径。

10 路径一:“故意犯罪”是指罪过形式为故意的任何犯罪,“情节恶劣”是指综合考虑犯罪情节与改造情节后的总体情节恶劣。这一解释路径不仅为立法机关所采纳[4],而且也

---

[3] 参见全国人大常委会法制工作委员会主任李适时2014年10月27日在十二届全国人大常委会第十一次会议上所作的《关于〈中华人民共和国刑法修正案(九)(草案)〉的说明》。

[4] 参见臧铁伟、李寿伟主编:《〈中华人民共和国刑法修正案(九)〉条文说明、立法理由及相关规定》,北京大学出版社2016年版,第14页以下。该书提到,“‘故意犯罪’,依照《刑法》第14条的规定,是指明知自己的行为会发生危害社会的结果,并且希望或者放任这种结果发生,因而构成犯罪的。不包括过失犯罪。是否构成‘故意犯罪’,具体要看行为人的行为是否符合《刑法》分则关于个罪犯罪构成的要件的规定。……所谓‘故意犯罪’,需要经人民法院审判确定。……所谓‘情节恶劣’,需要结合犯罪的动机、手段、危害、造成的后果等犯罪情节,以及罪犯在缓期执行期间的改造、悔罪表现等综合确定。……‘故意犯罪未执行死刑的’,是指故意犯罪,但不属于情节恶劣,因而不执行死刑的”。

为最高人民法院所采纳。[5] 然而,这一解释路径可能违反罪刑法定原则。从形式上讲,"情节恶劣"仅可能修饰"故意犯罪",而不可能修饰法条中并未出现的"改造情节",故该解释在形式上不符合罪刑法定原则。从实质上讲,在"情节恶劣"中考量改造情节有两种具体方式:①犯罪情节本身未达"情节恶劣"的标准时,罪犯抗拒改造的情节,使总体情节在恶劣程度上得到补强而达到"情节恶劣"的标准;②犯罪情节本身已达"情节恶劣"的标准时,罪犯积极改造的情节,使总体情节在恶劣程度上得到削弱而未达到"情节恶劣"的标准。虽然在第二种方式中,积极改造的情节实际上起到了减轻处罚的作用,属于有利于罪犯的类推解释,在实质上并不违反罪刑法定原则,但是,在第一种方式中,解释者却将抗拒改造的情节与犯罪情节相等同,这显然是不利于罪犯的类推解释,违背了罪刑法定原则。因此,这种具有违反罪刑法定原则嫌疑的解释路径并不可取。上述机关之所以认为"情节恶劣"的认定必须考虑改造情节,是因为其受到立法沿革的影响——"情节恶劣"在 1979 年《刑法》中是修饰"抗拒改造"的。然而,研究立法沿革的意义仅仅在于帮助解释者理解条文的规范目的,以前的立法规定并不是用来遵循的,当然也不能遵循,否则,立法修改便会完全丧失意义。

路径二:"故意犯罪"是指罪过形式为故意的任何犯罪,"情节恶劣"仅指犯罪情 11
节恶劣。我国已有学者采纳此种解释路径。[6] 此种解释路径在方法论上没有问题。其在实质合理性上遇到的主要挑战是,如何为"情节恶劣"建立一种规范的标准。有的学者提出,以故意犯罪是否应当被判处 3 年以上有期徒刑为标准[7];有的学者则提出,以故意犯罪是否应当被判处 5 年以上有期徒刑为标准[8]。这种以宣告刑为标准的观点具有可行性,但是,目前仍存在一个难题,即在没有立法规定的情况下,究竟以几年有期徒刑为准?笔者认为,以是否应当被判处 5 年以上有期徒刑为标准来判断是否属于情节恶劣的故意犯罪,并无法律根据,相反,以是否应当被判处 3 年以上有期徒刑为标准来判断是否属于情节恶劣的故意犯罪,更符合我国刑法的目的,因为在故意杀人罪、故意伤害罪和强奸罪甚至抢劫罪等故意犯罪中,都是以 3 年有期徒刑作为法定刑升格的起点,在这些犯罪中,如果被判处 3 年以上有期徒刑,无疑就表明其犯罪是情节恶劣的。

综上所述,本条中的"故意犯罪"是指罪过形式为故意的任何犯罪,"情节恶劣" 12
是罪行应当被判处 3 年以上有期徒刑的。当罪犯在死刑缓期执行期间故意犯罪,依

---

5 参见沈德咏主编:《〈刑法修正案(九)〉条文及配套司法解释理解与适用》,人民法院出版社 2015 年版,第 31 页以下。该书提到:"对该条规定中的'情节'应作广义理解,亦即应从死缓期间故意犯罪的性质、后果、起因以及罪犯犯罪前后的表现等方面,综合判断该故意犯罪是否属于'情节恶劣',死缓罪犯是否不堪改造。"

6 参见周光权:《刑法总论》(第 4 版),中国人民大学出版社 2021 年版,第 434 页。

7 参见周光权:《刑法总论》(第 4 版),中国人民大学出版社 2021 年版,第 434 页。

8 参见沈德咏主编:《〈刑法修正案(九)〉条文及配套司法解释理解与适用》,人民法院出版社 2015 年版,第 32 页。

法应当判处 3 年以上有期徒刑时,应核准对其执行死刑;当罪犯在死刑缓期执行期间故意犯罪,但依法只应判处 3 年以下有期徒刑时,只能对其继续进行考验,重新计算其死刑缓期执行的期间;当罪犯没有故意犯罪时,二年期满以后,应当减为无期徒刑。另外,故意犯罪必须经过法院审判确认,而不能直接由监狱确定。[9]

Ⅳ “重大立功表现”的含义

一、“重大立功表现”的认定

13 “重大立功表现”是指《刑法》第 78 条第 1 款中所列举的重大立功表现,具体包括以下内容:

14 (1)阻止他人重大犯罪活动的。“阻止”是指阻断了犯罪活动的实施和实现,既可以是通过自己的行为加以阻止,也可以是向有关机关举报,由有关机关加以阻止。根据最高人民法院《关于处理自首和立功具体应用法律若干问题的解释》的规定,“重大犯罪”是指犯罪嫌疑人、被告人可能被判处无期徒刑以上刑罚或者在本省、自治区、直辖市或者全国范围内有较大影响等情形。“阻止”须满足有效性的要求,换言之,罪犯虽然实施了阻止行为,但却没能现实地阻止他人重大犯罪活动的,不能认定为重大立功表现。在考察有效性时,标准可以适当放宽,即只要在一定程度上减轻了犯罪活动造成的危害后果即可,即便未能完全阻止犯罪活动,也应当认定为重大立功表现。

15 (2)检举监狱内外重大犯罪活动,经查证属实的。检举行为必须由罪犯本人向监狱管理部门或者司法机关实施。所检举的犯罪活动必须处于追诉期限以内,且必须有足够的证据证明犯罪事实的存在。至于犯罪嫌疑人是否被抓获,不影响重大立功表现的认定。所检举的犯罪不能是罪犯自己作为同案犯参加的犯罪活动。另外,考虑到《刑法》第 68 条的规定[10],可以认为“提供重要线索,从而得以侦破其他案件”也属于检举类的重大立功表现。例如,罪犯告诉监狱管理部门,其在某处发现了大量 TNT 炸药,有关机关由此破获重大恐怖活动犯罪的,应当认定罪犯具有重大立功表现。但是,如果“提供重要线索”与“侦破案件”之间不具有因果联系,则不能认定罪犯具有重大立功表现。例如,罪犯告诉监狱管理部门,刘某犯有强制猥亵罪,有关机关在侦查过程中意外破获了刘某身负的连环杀人案,在这种情况下,只能认定罪犯具

---

9 最高人民法院《关于适用〈中华人民共和国刑事诉讼法〉的解释》第 497 条第 1 款规定:“被判处死刑缓期执行的罪犯,在死刑缓期执行期间犯罪的,应当由罪犯服刑地的中级人民法院依法审判,所作的判决可以上诉、抗诉。”

10 《刑法》第 68 条规定:“犯罪分子有揭发他人犯罪行为,查证属实的,或者提供重要线索,从而得以侦破其他案件等立功表现的,可以从轻或者减轻处罚;有重大立功表现的,可以减轻或者免除处罚。”

有一般立功表现。

(3)有重大发明创造或者重大技术革新的。发明创造和技术革新对社会发展的作用是非常重大的。具有发明、技术专长的犯罪分子,如果愿意以自己的才能继续为社会做贡献,是值得鼓励和奖励的。根据最高人民法院 2016 年 11 月 14 日发布的《关于办理减刑、假释案件具体应用法律的规定》第 5 条的规定,重大发明创造或者重大技术革新应当是罪犯在刑罚执行期间独立或者为主完成并经国家主管部门确认的发明专利,且不包括实用新型专利和外观设计专利。考虑到处于高速发展阶段的我国对人才的需求较大,并且培养一个科技人才的成本较高,故在认定此类重大立功表现时,标准可以适当放宽。另外,只要罪犯完成了重大发明创造或者重大技术革新,便可认定为重大立功表现,而不要求罪犯必须将发明或者技术无偿地交由国家和社会使用。因此,即便罪犯将发明或者技术交由他的公司或者他人商用,也不妨碍重大立功表现的认定。同时,如果罪犯只是拥有某项重大发明或者技术的专利权,即便他愿意无偿地贡献给国家,也不能认定为重大立功表现,否则无异于"赎刑"制度的复辟。 16

(4)在日常生产、生活中舍己救人的。舍己救人是中华民族的传统美德,犯罪分子如果能够舍己救人,说明他的良知、社会责任感和献身精神已经重新被唤醒,对此种表现应当给予鼓励和奖励。至于罪犯救助的是何人,在所不问。不能认为只有救助了非服刑人员,才属于舍己救人。即便罪犯救助的是即将被执行死刑的罪犯,也应当认定为舍己救人。在认定舍己救人时,必须考虑真挚性和有效性。在真挚性方面,如果罪犯之间相互串通,一人自陷危险,一人进行解救的,或者罪犯故意给他人制造危险,进而解救的,不能认定为舍己救人。在有效性方面,虽然罪犯采取了救助措施,但未能救助成功的,一般不能认定为舍己救人,但是,如果罪犯为救人进行了真挚的努力,甚至付出了很大的自我牺牲,却未能成功救人的,也应认定为舍己救人。法律应当保护舍己救人的真挚行为态度。另外,认定舍己救人的重点在于救人,而不在于舍己。不能认为只有贡献出自己的生命或者使自己遭受重伤以上的伤害才叫"舍己"。只要罪犯在救人的过程中会承受一定的抽象的危险即可,否则,能力强的人去救人可能难以被认定为舍己救人,这是不妥当的。 17

(5)在抗御自然灾害或者排除重大事故中,有突出表现的。"自然灾害"是指火灾、水灾、地震等重大自然灾害。"重大事故"是指自然灾害以外的危及人身、财产安全的事故。参照最高人民法院、最高人民检察院《关于办理危害生产安全刑事案件适用法律若干问题的解释》第 6 条第 1 款的规定[11],可以认为"重大事故"是指,造成死 18

11　最高人民法院、最高人民检察院《关于办理危害生产安全刑事案件适用法律若干问题的解释》第 6 条第 1 款规定:"实施刑法第一百三十二条、第一百三十四条第一款、第一百三十五条、第一百三十五条之一、第一百三十六条、第一百三十九条规定的行为,因而发生安全事故,具有下列情形之一的,应当认定为'造成严重后果'或者'发生重大伤亡事故或者(转下页)

亡1人以上,或者重伤3人以上,或者造成直接经济损失100万元以上的事故。"突出表现"是指在抵御自然灾害或者排除重大事故中,行动积极,表现真挚的,一般要求有效避免了人员伤亡与财产损失。

19 (6)对国家和社会有其他重大贡献的。这一兜底规定弥补了列举式规定的不足,为死缓犯减为25年有期徒刑提供了更多的可能性,也有利于鼓励死缓犯积极主动地戴罪立功。最高人民法院《关于办理减刑、假释案件具体应用法律的规定》第5条规定,"其他重大贡献应当由罪犯在刑罚执行期间独立或者为主完成,并经国家主管部门确认"。

二、"重大立功表现"与"故意犯罪,情节恶劣"并存情况的处理

20 如果罪犯既符合"故意犯罪,情节恶劣"的规定,又符合"重大立功表现"的规定,应当如何处理呢?首先,无争议的是,如果罪犯在死刑缓期执行期间所犯之罪是应当判处死刑立即执行的犯罪,则无须再考虑重大立功表现,而可直接依据后罪对其判处死刑立即执行。但是,当罪犯在死刑缓期执行期间所犯之罪不是应当判处死刑立即执行的犯罪,且罪犯具有重大立功表现时,又该如何处理呢?针对此问题,刑法学界众说纷纭,存在以下三种具有代表性的观点:①结合罪刑法定原则的精神和法条的表述,"故意犯罪,情节恶劣"应当指罪犯没有重大立功表现且故意犯罪情节恶劣的情况,故两者并存时,不应执行死刑,也不宜减为有期徒刑,而应当减为无期徒刑[12];②综合考察重大立功表现给国家和社会带来的利益大小以及故意犯罪的社会危害大小,衡量它们之间的"罪"与"赎罪"因素之比例,并以此作为影响对犯罪人处理结果的根据,具体情况具体分析,从而对犯罪人作出恰当的处理[13];③故意犯罪,情节恶劣的(应被判处3年以上有期徒刑),虽有重大立功表现,仍应依法判决确认后,报请最高人民法院核准,执行死刑[14]。

21 第一种观点在绝对不能执行死刑方面是可取的,但是,在死缓减为无期徒刑方面,说理不足且不够严谨。从现行立法规定出发,即便采取有利于罪犯的类推解释,也没有办法将并存情况解释为"没有故意犯罪",进而按照死缓减为无期徒刑来处理。在刑法对死缓法律后果的适用条件作出明确规定的情况下,解释者不可随意突破刑法的明文规定,否则,无异于解释者在自行造法。第二种观点在方法论上采用了利益衡量的思想,是值得肯定的,但其还保留了执行死刑的可能性,这是不符合立法

(接上页)造成其他严重后果',对相关责任人员,处三年以下有期徒刑或者拘役:(一)造成死亡一人以上,或者重伤三人以上的;(二)造成直接经济损失一百万元以上的;(三)其他造成严重后果或者重大安全事故的情形。"

[12] 参见张明楷:《刑法学》(第6版),法律出版社2021年版,第699页以下。

[13] 参见肖中华:《我国死缓制度的司法适用及相关立法评析》,载《法律科学》1999年第6期。

[14] 参见段启俊、曹利民:《论死缓制度的立法完善》,载《法学杂志》2009年第12期。

精神的。至于第三种观点则比较极端,完全不可取。笔者认为,法条的表述有其内在的逻辑顺序,这种逻辑顺序可以用来补充说明法条没有明确展示的隐含内容。“没有故意犯罪”“重大立功表现”“故意犯罪,情节恶劣”与“故意犯罪未执行死刑”其实并不是平行并列的关系,而是多层级并列的关系。

从正面来讲,由于“重大立功表现”置于“没有故意犯罪”之后,并且“重大立功表现”的减刑幅度要大于“没有故意犯罪”的减刑幅度,这就说明“重大立功表现”建立在“没有故意犯罪”的基础之上。换言之,“重大立功表现”的规定以“没有故意犯罪”为前提,所以“重大立功表现”其实是指没有故意犯罪且有重大立功表现的情形。从反面来讲,如果“重大立功表现”是指,只要有重大立功表现,无论是否故意犯罪,均可减为 25 年有期徒刑,那么,就完全没有必要规定有重大立功表现的罪犯也必须在 2 年考验期满以后才能减刑,而是应当立即减刑。正因为“重大立功表现”的规定以“没有故意犯罪”为前提,才有必要继续对罪犯进行考验至 2 年期满(考察其能否在考验期内不实施故意犯罪)。因此,因“重大立功表现”而在 2 年期满以后减为 25 年有期徒刑,仅适用于没有故意犯罪且有重大立功表现的情形;因“没有故意犯罪”而在 2 年期满以后减为无期徒刑,则是指没有故意犯罪且没有重大立功表现的情形。同时,“故意犯罪”与“没有故意犯罪”是相并列的情形,而“故意犯罪,情节恶劣”与“故意犯罪未执行死刑”则是位于“故意犯罪”之下的并列情形。 22

因此,对于“故意犯罪,情节恶劣”与“重大立功表现”并存情况的处理,主要取决于应当将该种并存情形归属于上述哪种具体情形之中。由于罪犯已经实施了故意犯罪,故不可能再对其按照“没有故意犯罪”条件下的减为无期徒刑或者有期徒刑来处理,而只可能按照“故意犯罪”条件下的执行死刑或者重新计算死刑缓期执行期间来处理。考虑到限制死刑适用的刑事政策和重大立功表现条款的立法精神,可以认为重大立功表现具有直接抵消“情节恶劣”的效力,进而从功能上消除“情节恶劣”的存在。据此,无论罪犯所实施的故意犯罪的情节多恶劣(应当判处死刑立即执行的情况除外),只要罪犯确有重大立功表现,便不能对其执行死刑,而只能重新计算其死刑缓期执行期间,对其继续进行考验。 23

三、“重大立功表现”与“故意犯罪未执行死刑”并存情况的处理

“重大立功表现”与“故意犯罪未执行死刑”并存情况的处理,具体可以分为以下五种: 24

(1)罪犯先故意犯罪,情节不恶劣,在其死刑缓期执行期间重新计算后,再有重大立功表现。对于此种情况,似乎并无疑义。在罪犯重新开始的二年考验期结束后,若无故意犯罪,应当减为 25 年有期徒刑。 25

(2)罪犯先故意犯罪,情节不恶劣,但当时并未被发现,至其重大立功之后,考验期满之前被发现。对于此种情况,如果监狱等机关能及时发现犯罪事实,那么,罪犯会在重新计算的考验期内重大立功,最终减为 25 年有期徒刑。正因为监狱等机关未 26

能及时发现犯罪事实,从而导致重新计算考验期后,重大立功表现的情节事实上仍处于先前的考验期内,而不能在新的考验期内得到减刑。考虑到要求罪犯主动报告犯罪事实并不具有期待可能性,且监狱等机关理应对未能及时发现犯罪事实而负失察责任,同时为了防止监狱等机关出于让有重大立功表现的罪犯无法得到减刑的目的,而故意不对犯罪进行侦查,故对此种情况下的罪犯,应重新计算考验期,重大立功表现应算作新的考验期内的减刑情节,若罪犯在新的考验期内没有故意犯罪,则考验期满后应减为 25 年有期徒刑。

27 (3)罪犯先故意犯罪,情节不恶劣,后有重大立功表现,并且犯罪事实至其死缓减为 25 年有期徒刑后,才被发现。对于此种情况,由于罪犯并不符合减刑的条件,故应当撤销减刑裁定,重新计算死刑缓期执行期间,并且第一个考验期内,故意犯罪之后至先前的考验期满之前的考验时间,要在新的考验期内予以折抵。[15] 至于重大立功表现的情节,则可以参照上述第二种情况进行处理,即将重大立功表现算作新的考验期内的减刑情节。若罪犯在新的考验期内没有故意犯罪,则考验期满后应减为 25 年有期徒刑,并且在第一次减为 25 年有期徒刑后的已服刑时间,要在第二次减为 25 年有期徒刑后的刑期中予以折抵。

28 (4)罪犯先有重大立功表现,之后在考验期内故意犯罪,情节不恶劣,犯罪事实于考验期满以前被发现。正如上文所言,重大立功表现减刑的规定仅适用于没有故意犯罪且有重大立功表现的情形,因此,这种情形仅符合“故意犯罪未执行死刑(情节不恶劣)”的条件,而只能重新计算死刑缓期执行期间,若其在新的考验期内没有故意犯罪,则在 2 年期满以后应减为无期徒刑。至于之前的重大立功表现,可以在减为无期徒刑以后的服刑过程中予以考量,适当增加对其减刑的力度。

29 (5)罪犯先有重大立功表现,之后在考验期内故意犯罪,情节不恶劣,犯罪事实至其死缓减为 25 年有期徒刑之后才被发现。对于此种情况,可以参照上述第四种情况处理,即重新计算死刑缓期执行期间,若其在新的考验期内,没有故意犯罪,则在 2 年期满以后应减为无期徒刑。至于之前的重大立功表现,可以在减为无期徒刑以后的服刑过程中予以考量,适当增加对其减刑的力度。关于此情况下罪犯减为 25 年有期徒刑后的已服刑时间,还要分为两种情形区别对待:第一,若罪犯在新的考验期内又有重大立功表现,考验期满后被减为 25 年有期徒刑的,那么,先前的服刑时间要折抵之后的刑期;第二,若罪犯在新的考验期满后仅仅被减为无期徒刑,那么,先前的服刑

---

15 第一个考验期内,故意犯罪之后至先前的考验期满之前的考验时间,之所以要在新的考验期内予以折抵,是因为在故意犯罪之后至先前的考验期满之前,罪犯并未再故意犯罪,故应当认定在此段时间内,罪犯是考验合格的状态。如果因为故意犯罪没有被发现,考验期没有被重新计算,上述考验合格的时间没有事实地处于新的考验期内,便完全没有考虑上述时间内的考验情况,则可能有变相延长死缓考验期、侵犯罪犯人权的嫌疑。因此,上述时间应当在新的考验期内予以折抵。

时间只能作为今后减刑程序中的情节予以考量，适当增加对其减刑的力度，而不能在无期徒刑减为有期徒刑后再折抵。如此区分的理由和“审判前羁押期间不折抵无期徒刑减为有期徒刑的刑期”的理由相同。

V “二年期满以后”的含义

30 “二年期满以后”仅表明减刑程序发生在二年期满以后，而不意味着死刑缓期执行期间为二年以上。只要二年的考验期满，即便罪犯在死刑缓期执行变更的申请期间故意犯罪，也不能视为在死刑缓期执行期间故意犯罪。

31 在程序上具体何时对死缓犯进行减刑，我国法律没有明文规定。由于死缓犯减刑也属于减刑制度，故可以参照普通减刑制度的程序性规定。我国《监狱法》第 30 条规定：“减刑建议由监狱向人民法院提出，人民法院应当自收到减刑建议书之日起一个月内予以审核裁定；案情复杂或者情况特殊的，可以延长一个月。减刑裁定的副本应当抄送人民检察院。”因此，一般情况下，应在考验期满后的一个月内予以减刑，最长不得超过两个月。总体上，为保证程序公正，不应当无故拖延，及早减刑也有利于鼓励罪犯积极改造。还需注意的是，若罪犯依法被减为 25 年有期徒刑，那么，考验期满至减刑裁定生效之间的时间应当折抵刑期。

32 还有一个需要研究的问题是，对于“故意犯罪，情节恶劣的”是否需要待二年期满以后再执行死刑？有的学者提出：“规定死缓制度的第 48 条告诉人们，死缓是判处死刑同时宣告‘缓期二年执行’，如果没有等到 2 年期满后就执行，是否违反死缓的本质？死缓的宗旨是给犯罪人自新之路，这就要综合考察犯罪人在 2 年缓期执行期间的表现，没有等到 2 年期满就执行死刑，是否有悖死缓的宗旨？……权衡利弊，尤其是为了减少死刑执行，应承认故意犯罪 2 年期满以后再执行死刑的合理性。解释为 2 年期满以后执行死刑，并不只是让犯人多活几天，而是具有减少执行死刑的可能性。……如果认为即使故意犯罪后也要待 2 年期满以后执行死刑，那么，犯人便有可能通过重大立功免除死刑的执行。”[16]笔者认为，因为条文中明确去掉了“二年期满以后”的用语，就与之前使用“二年期满以后”的情形具有明显不同的旨意，因此，从《刑法》第 50 条的表述上看，对于“故意犯罪，情节恶劣”的情形，应当立即报请最高人民法院核准后执行死刑，而无须待 2 年期满以后再报请核准死刑。

VI 死缓限制减刑

一、死缓限制减刑的目的

33 关于死缓限制减刑的目的，存在两种不同观点：①死缓限制减刑是根据罪责刑相

16 张明楷：《刑法学》（第 6 版），法律出版社 2021 年版，第 699 页。

适应原则,为了严格限制对某些被判处死缓的罪行严重的罪犯的减刑,延长其实际服刑期,而作出的从严处罚规定;②死缓限制减刑是为了限制死刑立即执行的适用,而对本应判处死刑立即执行的犯罪分子作出的从宽处罚。立法机关采纳的是第一种观点[17],但是,最高人民法院有关部门和多数学者却采纳了第二种观点[18]。

34 最高人民法院有关部门提出,“死缓限制减刑应当仅适用于判处死刑立即执行偏重,但判处死刑缓期执行不限制减刑又偏轻的罪犯……一部分过去因判处死刑缓期执行仍难以罚当其罪而判处死刑立即执行的,尤其是过去因被害方反应强烈等原因而判处死刑立即执行的,今后依法可以判处死刑缓期执行并限制减刑”[19]。可见,最高人民法院有关部门的逻辑是:①对被告人判处死刑立即执行过重,判处死缓又过轻;②按照《刑法修正案(八)》以前的《刑法》,应当选择对被告人判处死刑立即执行(在被害方反应强烈等因素的作用下);③按照《刑法修正案(八)》的规定,应当对被告人判处死缓并限制减刑;④死缓限制减刑比死刑立即执行轻;⑤死缓限制减刑是从宽处罚的规定。

35 然而,量刑中的责任原则要求,对被告人判处的刑罚绝对不能超过责任(也可以理解为“罪行”或者“有责的不法”)的限度。据此,如果对被告人判处死刑立即执行过重,而判处死刑缓期执行又过轻,那么,就只能对被告人判处死刑缓期执行,而绝对不能判处死刑立即执行,否则,就是侵犯人权。判处死刑缓期执行过轻导致的罪刑不均衡问题,只能通过立法修改来解决(死缓限制减刑条款恰恰是要解决该罪刑不均衡的问题),而不能通过适用过重的死刑立即执行来弥补处罚力度的不足,否则,便是矫枉过正。因此,最高人民法院有关部门在上述第②步中作出的判断,是违背责任原则的、侵犯人权的错误判断,而其以该错误判断为前提所得出的“死缓限制减刑是从宽处罚规定”的结论也是无法成立的。而正确的论证逻辑应当是:①对被告人判处死刑立即执行过重,判处死缓又过轻;②按照《刑法修正案(八)》以前的《刑法》,根据责任原则,应当选择对被告人判处死刑缓期执行;③按照《刑法修正案(八)》的规定,应对被告人判处死缓并限制减刑;④死缓限制减刑比死刑缓期执行重;⑤死缓限制减刑是从严处罚的规定。

36 此外,将死缓限制减刑解读为从宽处罚的规定,会使该规定明显不符合事理。按照最高人民法院有关部门“对被告人判处死刑立即执行过重,判处死缓又过轻时,应

---

17 参见全国人大常委会法制工作委员会主任李适时 2010 年 8 月 23 日在十一届全国人大常委会第十六次会议上所作的《关于〈中华人民共和国刑法修正案(八)(草案)〉的说明》。

18 参见吴光侠、周小霖:《指导案例 4 号〈王志才故意杀人案〉的理解与参照》,载《人民司法》2012 年第 7 期;黎宏:《死缓限制减刑及其适用——以最高人民法院发布的两个指导案例为切入点》,载《法学研究》2013 年第 5 期;劳东燕:《死刑适用标准的体系化构造》,载《法学研究》2015 年第 1 期。

19 吴光侠、周小霖:《指导案例 4 号〈王志才故意杀人案〉的理解与参照》,载《人民司法》2012 年第 7 期。

当选择对被告人判处死刑立即执行”的观点，对犯故意杀人等严重暴力犯罪的被告人，可以对其判处死缓并限制减刑，使其从死刑立即执行中分流出去，符合关于刑法溯及力的“从旧兼从轻”原则。但是，对于犯非严重暴力犯罪的被告人（不构成累犯的情况下），由于其不符合死缓限制减刑对象的条件，而不能对其判处死缓并限制减刑。同时，按照最高人民法院有关部门的上述观点，因为对犯非严重暴力犯罪的被告人判处死刑立即执行过重、判处死缓又过轻，所以应当选择对其判处死刑立即执行。然而，非严重暴力犯罪的危害往往轻于严重暴力犯罪，对较轻的犯罪要适用较重的刑罚，这是令人难以接受的。

综上所述，死缓限制减刑的规范目的是，通过延长部分死缓犯的实际服刑期，来 37
填补“生刑过轻”与“死刑过重”之间存在的处罚漏洞[20]，以强调死缓的严厉性。

另外，关于死缓限制减刑的目的的争论，直接影响到本条款的溯及力问题。若采 38
纳“该款是从严处罚规定”的观点，则该条款不具有溯及力；若采纳“该款是从宽处罚规定”的观点，则该条款具有溯及力。由于最高人民法院采纳的是后一种观点，故其当然地在《关于〈中华人民共和国刑法修正案（八）〉时间效力问题的解释》第 2 条第 2 款中，确认了死缓限制减刑条款的溯及力。[21] 然而，正如上文所言，死缓限制减刑的规定是从严处罚的规定，因此，根据“从旧兼从轻”原则，死缓限制减刑规定是不具有溯及力的。但是，最高人民法院已经出台了具有法律效力的司法解释，那么，在该司法解释还未修改或者废止时，实践中的司法人员如何在不违背该司法解释的前提下，贯彻死缓限制减刑是从严处罚规定的立场呢？笔者对此提供一种法律适用的思路：首先，对 2011 年 4 月 30 日以前犯罪的被告人，判处死缓过轻、判处死刑立即执行过重、判处死缓并限制减刑可以罚当其罪的，虽然可以依照司法解释的规定适用修正后的《刑法》第 50 条第 2 款，但是，由于《刑法》第 50 条第 2 款的表述是“人民法院根据犯罪情节等情况‘可以’（笔者注：而非‘应当’）同时决定对其限制减刑”，故人民法院可以根据《刑法》第 50 条第 2 款的“可以”型条款，对上述被告人一律判处死缓，并且不限制减刑。

总之，对 2011 年 4 月 30 日以前犯罪的被告人，即便对其判处死缓并限制减刑可 39
以罚当其罪，根据罪刑法定原则和责任原则的要求，也只能对其判处死刑缓期二年执行，而绝对不能对其限制减刑。

---

20 因为当对被告人判处死刑立即执行过重，而判处死刑缓期执行过轻时，只能对被告人判处死刑缓期执行，故可以说，死缓限制减刑填补的其实只是“生刑过轻”的处罚漏洞。

21 最高人民法院《关于〈中华人民共和国刑法修正案（八）〉时间效力问题的解释》第 2 条第 2 款规定：“被告人具有累犯情节，或者所犯之罪是故意杀人、强奸、抢劫、绑架、放火、爆炸、投放危险物质或者有组织的暴力性犯罪，罪行极其严重，根据修正前刑法判处死刑缓期执行不能体现罪刑相适应原则，而根据修正后刑法判处死刑缓期执行同时决定限制减刑可以罚当其罪的，适用修正后刑法第五十条第二款的规定。”

二、死缓限制减刑的性质

40　关于死缓限制减刑的性质,有两种对立的观点:①死缓限制减刑是有别于普通死缓的一种新的死刑执行方式;②死缓限制减刑是死刑缓期执行期满后的一种法律后果。立法机关、最高人民法院和多数学者采纳第一种观点[22],少数学者采纳第二种观点[23]。同时,受该争议直接影响的问题是,如何理解《刑法》第 50 条第 2 款中的“同时决定”?若采纳第一种观点,则“同时决定”是指人民法院宣告判处死刑缓期执行的同时决定限制减刑;若采纳第二种观点,则“同时决定”是指二年考验期满后,人民法院依法作出减刑裁定时,同时决定限制减刑。

41　持第二种观点的学者给出的理由可以归纳为以下三点:①《刑法修正案(八)》草案的“不得再减刑”被修改为《刑法修正案(八)》的“限制减刑”,便可说明立法机关在该款中引入了预防的考量,且该条文的设立是基于并合主义的立场而非报应刑论的立场;②对《刑法》第 50 条第 2 款的解释不能脱离该条第 1 款所提供的语境。由于该条第 1 款是关于死缓法律后果的规定,故第 2 款理应作为第 1 款规定的延伸,即死缓限制减刑应作为死缓的一种法律后果;③如果“同时决定”是在死缓宣判时,那么,法院宣告限制减刑只能是概括性地作出裁判,而无法就如何限制减刑作出内容具体的裁判。只有在二年考验期满后,根据犯罪事实和考验期的改造表现,才能作出内容具体的限制减刑的裁判。

42　虽然立法机关、最高人民法院和多数学者采纳第一种观点,然而,上述第二种观点很有可能更符合该条的表述,更能成立。首先,死刑只有立即执行与缓期执行两种执行方式,即使审判人员认为对被告人判处死刑立即执行过重、判处死缓又过轻,也应当选择对其判处死刑缓期执行。在现行刑法对死刑仅仅规定了立即执行与缓期执行两种执行方式的情形下,认为死刑执行方式中还存在比立即执行轻、比缓期执行重的中间执行方式,会得出不利于被告人的结论,是不符合应该严格解释死刑规定的解释原则的;其次,从该条的前后文来看,完全存在把该条中的“犯罪情节等情况”解释为“死缓犯在二年执行期间又具有并非情节恶劣的故意犯罪等情况”,并因此需要在决定对其故意犯罪不执行死刑的同时决定对其限制减刑的空间,这种解释能够避免上述第二种观点所指出的上述第一种观点所具有的诸如不能确定减刑的具体内容、当死缓犯在二年执行期间又具有情节恶劣的故意犯罪时就不得不推翻原死缓限制减

22　参见郎胜主编:《中华人民共和国刑法释义》(第 5 版),法律出版社 2011 年版,第 57 页以下;刘德权主编:《最高人民法院司法观点集成 · 刑事卷①》(第 2 版),人民法院出版社 2014 年版,第 163 页;黎宏:《死缓限制减刑及其适用——以最高人民法院发布的两个指导案例为切入点》,载《法学研究》2013 年第 5 期;劳东燕:《死刑适用标准的体系化构造》,载《法学研究》2015 年第 1 期。

23　参见时延安:《论死缓犯限制减刑的程序问题——从对〈刑法〉第 50 条第 2 款的法理分析引入》,载《法学》2012 年第 5 期。

刑的判决等种种弊端。

综上所述,死缓限制减刑应当解释为“死缓犯在二年执行期间又具有并非情节恶劣的故意犯罪等情况”时的法律后果。 43

三、死缓限制减刑的对象

首先,本条仅适用于被判处死刑缓期执行的犯罪分子。如果犯罪分子被判处的是无期徒刑或者有期徒刑等其他刑罚,便不得适用本条款对其限制减刑。 44

其次,本条仅适用于被判处死刑缓期执行的累犯以及因故意杀人、强奸、抢劫、绑架、放火、爆炸、投放危险物质或者有组织的暴力性犯罪被判处死刑缓期执行的犯罪分子。如果犯罪分子不具有上述九种情形,也不得适用本条款对其限制减刑。关于上述九种情形的具体理解如下: 45

(1)如何理解此款中的“累犯”?刑法中的累犯是指因犯罪受过一定的刑罚处罚,在刑罚执行完毕或者赦免以后,在法定期限内又犯一定之罪的情形,可分为一般累犯和特别累犯。此条款中的累犯则具体是指以下两种情形:第一,因故意犯罪被判处有期徒刑以上刑罚的已满18周岁的犯罪分子,在刑罚执行完毕、赦免或者假释期满以后,在5年内犯下应当判处死刑缓期执行之罪的;第二,危害国家安全犯罪、恐怖活动犯罪、黑社会性质的组织犯罪的犯罪分子,在刑罚执行完毕或者赦免以后,在任何时候再犯上述任一类罪,并应被判处死刑缓期执行的。必须注意的是,累犯的从重处罚是比照不构成累犯者从重处罚,而不是不问犯罪事实,一律判处法定最高刑。[24] 对累犯的从重处罚仍要受到责任刑的限制,必须根据其犯罪事实来决定具体的刑罚。因此,被判处死刑缓期执行的累犯是指第二次犯罪本身应当判处死刑缓期执行的情形,而不能理解为第二次犯罪本身只应判处无期徒刑,结合累犯从重处罚的规定,由无期徒刑加重为死刑后,因符合不是必须立即执行条件,而最终判处死刑缓期执行的情形。 46

(2)如何理解此款中的“故意杀人、强奸、抢劫、绑架、放火、爆炸、投放危险物质”?有的学者认为该款与《刑法》第17条第2款存在同样的问题,即“故意杀人、强奸、抢劫、绑架、放火、爆炸、投放危险物质”指的是具体罪名还是具体犯罪行为?同时,上述学者类推适用全国人大常委会法制工作委员会《关于已满十四周岁不满十六周岁的人承担刑事责任范围问题的答复意见》中的规定,即“刑法第十七条第二款规定的八种犯罪,是指具体犯罪行为而不是具体罪名”,而认为此款中的“故意杀人”等亦指具体犯罪行为。[25] 然而,上述学者的观点是有待商榷的。从解释的方法上 47

---

24 参见陈兴良:《规范刑法学》(第3版),中国人民大学出版社2013年版,第373页。

25 参见黎宏:《死缓限制减刑及其适用——以最高人民法院发布的两个指导案例为切入点》,载《法学研究》2013年第5期;姜涛:《诠释与完善刑法修正案(八)的限制减刑规定》,载《人民司法》2012年第11期。

讲,与将"故意杀人"等解释为具体罪名相比,将其解释为具体犯罪行为会使死缓限制减刑的适用范围增大,故类推适用上述答复意见属于不利于被告人的类推解释,应当禁止。从问题的本质上讲,认为此款与《刑法》第17条第2款存在相同问题的观点可能是错误的。《刑法》第17条第2款之所以存在上述争论,是因为其法条表述为"犯故意杀人……"。"犯"字表明被告人必须在判决书的裁判结果中被认定为犯某种罪,而不能仅在裁判理由中评价其实施了某种行为。[26] 同时,如果将《刑法》第17条第2款中的"故意杀人"等解释为具体罪名,就可能会出现法律适用上的不统一,例如,已满14周岁不满16周岁的人在实施绑架行为中故意杀害他人,有的司法人员可能评价所有行为后认定被告人犯绑架罪,进而认为其不负刑事责任,有的司法人员可能只评价杀人行为后认定被告人犯故意杀人罪,进而认为其应当负刑事责任。基于对上述情况的考虑,全国人大常委会法制工作委员会便以答复意见的形式对此问题作出了规定。然而,在《刑法》第50条第2款中并不存在上述问题,因为该条款的表述是"因故意杀人……被判处死刑缓期执行",而非"犯故意杀人……被判处死刑缓期执行"。"因"字不同于"犯"字,"因"字并不要求罪犯必须被认定为犯故意杀人罪、强奸罪等犯罪才能被限制减刑,"因"字仅仅表明"故意杀人"等必须与判处死刑缓期执行之间具有直接的因果关系,并且这种因果关系必须具有唯一性。具体而言,在行为人通过决水等危险方法致人死亡的场合,能否对行为人判处死缓并限制减刑的关键,不在于判决书认定被告人犯决水罪还是犯故意杀人罪,而在于"故意杀人"与判处死刑缓期执行之间是否具有唯一的直接性关联。只有依据"故意杀人"的情节本身便足以对被告人判处死刑缓期执行的,才能对其限制减刑。[27] 如果仅仅考虑"故意杀人"的情节不足以对被告人判处死刑缓期执行,而综合考虑"决水行为危害公共安全"的情节和"故意杀人"的情节,才能对被告人判处死刑缓期执行的,就不能对其限制减刑。否则,就是在限制减刑问题上评价了法律没有规定的情节,违反了罪刑法定原则,也侵犯了人权。因此,《刑法》第50条第2款中的"故意杀人、强奸、抢劫、绑架、放火、爆炸、投放危险物质",应当被解释为具体罪名。

48　(3)如何理解此款中的"有组织的暴力性犯罪"?对于此问题的解答,重点要研究"有组织"和"暴力性"两个概念。关于"有组织",需要注意以下三点:第一,"有组织的犯罪"不同于"有组织犯罪"。"有组织犯罪"是一个法律专业术语,但是,其定义

---

[26] 从司法实践中判决书的用语即可推知此点,例如山东"全能神"案的判决书在裁判结果中所使用的表述即为"认定被告人张帆犯故意杀人罪,判处死刑",参见山东省烟台市中级人民法院(2014)烟刑一初字第48号刑事判决书。

[27] 对"故意杀人"的情节进行量刑的评价,仍需要一个具体的罪及其法定刑为标准。考虑到只能纯粹地考察故意杀人的情节,因此,此处以"故意杀人罪"为量刑评价的标准,最为恰当。换言之,只有当"故意杀人"的情节本身,依据故意杀人罪的认定标准和法定刑,便足以对被告人判处死刑缓期执行的,才能对被告人限制减刑。

极其混乱,不但国内外定义不同,而且犯罪学与刑法学上的定义也不同。不过,一般来说,从刑事立法的意义上讲,有组织犯罪仅指犯罪集团实施的犯罪和黑社会实施的犯罪两种。[28] 然而,"有组织的犯罪"是一个非专业术语,其核心概念是"犯罪",而非"有组织犯罪",而"有组织的"则是一种描述事实特征的、修饰限制"犯罪"的定语。从这个意义上讲,"有组织的犯罪"的外延宽于"有组织犯罪",只要犯罪体现了一定的有组织性,那么,就可以说该犯罪是"有组织的犯罪"。第二,《刑法》第 50 条第 2 款使用的表述是"有组织的暴力性犯罪",而非"暴力性的有组织犯罪",可见,"有组织的暴力性犯罪"是"有组织的犯罪"与"暴力性犯罪"概念的结合,而不是"有组织犯罪"与"暴力性的犯罪"概念的结合。第三,如何界定"有组织的犯罪"的具体范围?有的学者提出,"有组织的犯罪"应当包含以黑社会性质组织、恐怖活动组织、邪教组织等团体形式实施的有组织犯罪,以及以犯罪集团、犯罪团伙等形式实施的共同犯罪。[29] 最高人民法院的法官提出,"有组织的犯罪"仅包括黑社会性质组织犯罪、恐怖活动犯罪、邪教组织犯罪和恶势力团伙犯罪。[30] 立法机关有关同志认为,"有组织的暴力性犯罪"是指有组织地进行黑社会性质犯罪、恐怖活动犯罪等暴力性犯罪的情形。[31] 笔者认为,"有组织的犯罪"本身的外延过宽,如果采取其本身的含义,那么,"有组织的暴力性犯罪"的范围将非常大,从而导致死缓限制减刑的适用范围也很大,进而使得刑罚过重。因此,有必要对"有组织的犯罪"进行适当的限制解释。参考立法机关有关同志的上述观点,宜将"有组织的犯罪"限制解释为与黑社会性质组织犯罪和恐怖活动犯罪危害程度相当的具有组织特征的犯罪。结合中国的司法实践,宜认为"有组织的犯罪"是指黑社会性质组织犯罪、恐怖活动犯罪、邪教组织犯罪,以及其他与上述犯罪危害程度相当的具有组织特征的犯罪。另外,关于"暴力性",似乎没有太多争议。暴力有多种含义:最广义的暴力,包括不法行使有形力的一切情况,对象可以是人和物;广义的暴力,是指不法对人行使有形力的行为,只要对人的身体施加强烈的物理影响即可,不要求直接对人的身体行使;狭义的暴力,是指对人的身体直接不法行使有形力,但不要求达到足以压制对方反抗的程度;最狭义的暴力,是指对人的身体直接不法行使有形力,并达到足以压制对方反抗的程度。考虑到限制减刑的严厉程度,应当将此处的"暴力"理解为最狭义的暴力。具体而言:第一,对物的暴力不属于此处的"暴力";第二,对人间接行使的暴力不属于此处的"暴力",例如,将被害人囚禁于一个房间后,从另一个房间取财的行为,不属于此处的暴力行为;第三,并不要求暴力必须在事实上能够压制对方反抗,只要从社会一般人的

---

28 参见邓又天、李永升:《试论有组织犯罪的概念及其类型》,载《法学研究》1997 年第 6 期。

29 参见姜涛:《诠释与完善刑法修正案(八)的限制减刑规定》,载《人民司法》2012 年第 11 期。

30 参见方文军:《死刑缓期执行限制减刑制度的司法适用》,载《法律适用》2011 年第 8 期。

31 参见郎胜主编:《中华人民共和国刑法释义》(第 5 版),法律出版社 2011 年版,第 101 页。

角度来看,该暴力足以压制对方反抗即可。同时,为了保证法条内部逻辑的严谨性,此处的"暴力性犯罪"应当是指"故意杀人、强奸、抢劫、绑架、放火、爆炸"以外的暴力性犯罪。综上所述,"有组织的暴力性犯罪"是指以黑社会性质组织、恐怖活动组织、邪教组织等形式实施的,故意杀人、强奸、抢劫、绑架、放火、爆炸罪以外的,对人的身体直接行使足以压制对方反抗的有形物理力量的犯罪。

49 最后,需要注意的是,即便被告人属于死缓限制减刑的对象,也不是必须对其限制减刑,而是要根据其在二年死刑缓期执行期间又实施的情节并不恶劣的故意犯罪的犯罪情节等情况综合考虑后,再决定是否对其限制减刑。

四、适用死缓限制减刑的实质条件

50 适用死缓限制减刑的实质条件是"根据犯罪情节等情况"。对该实质条件的理解是适用死缓限制减刑的关键。要正确理解该实质条件,首先要理顺普通死缓、死缓限制减刑与死刑立即执行在适用上的逻辑顺序关系。有的学者提出:"适用普通死缓的标准是'罪行极其严重',适用死缓限制减刑的标准是'罪行极其严重'+'第 50 条第 2 款所列条件',适用死刑立即执行的标准是'罪行极其严重'+'必须立即执行'……适用死刑时有必要采取'普通死缓→死缓限制减刑→死刑立即执行'的思考顺序,优先考虑普通死缓的适用。"[32]上述观点在贯彻限制死刑适用的刑事政策方面是值得称赞的,但是,其具体结论却值得怀疑。首先,从三种死刑执行方式的适用标准上讲,上述理解可能是有误的。《刑法》第 48 条中的"死刑只适用于罪行极其严重的犯罪分子"与"罪行极其严重的犯罪分子只能适用死刑"是有天壤之别的。《刑法》第 48 条仅能表明"罪行极其严重"是适用死刑的必要非充分条件。换言之,如果说应当对某犯罪分子适用死刑,那么,便可以说该犯罪分子的罪行是极其严重的,但是,如果仅说某犯罪分子的罪行是极其严重的,那么,就不能说对其应当适用死刑。上述学者把"罪行极其严重"作为适用普通死缓的标准,其实就是把"罪行极其严重"作为适用死刑的充分条件,这种观点与刑法条文的表述背道而驰,是难以令人信服的。其次,从适用死刑的思考顺序上讲,上述理解也值得斟酌。正因为上述学者没有正确理解适用死刑的标准,而导致其将死刑适用的逻辑顺序看作一维的递增关系。当然,也有学者认为是一维的递减关系,即"死刑立即执行→死缓限制减刑→普通死缓"[33]。然而,这两种观点都值得商榷。其实,死刑适用的逻辑顺序并不是一维的纯粹递增或者纯粹递减关系,而是二维的局部递增关系。为了更加清晰地论证此观点,以下先要初步阐释适用死刑的标准。

51 正如上文所言,《刑法》第 48 条第 1 款前段已经表明,"罪行极其严重"是适用死

---

[32] 劳东燕:《死刑适用标准的体系化构造》,载《法学研究》2015 年第 1 期。

[33] 黎宏:《死缓限制减刑及其适用——以最高人民法院发布的两个指导案例为切入点》,载《法学研究》2013 年第 5 期。

刑的必要条件。随后,该款后段中的“对于应当判处死刑的犯罪分子”便表明,“应当判处死刑”是适用死刑的另一必要条件。可以认为,“应当判处死刑”是对“罪行极其严重”的进一步限制,可以将其作为“罪行极其严重”的程度要素来把握。紧接着,该款后段中的“如果不是必须立即执行”便表明,“不是必须立即执行”是适用死缓的又一必要条件,“必须立即执行”则是适用死刑立即执行的又一必要条件。而适用死缓限制减刑则还有一必要条件,即《刑法》第 50 条第 2 款所列的条件。因此,适用普通死缓的标准是“罪行极其严重”+“应当判处死刑”+“不是必须立即执行”,适用死刑立即执行的标准是“罪行极其严重”+“应当判处死刑”+“必须立即执行”,适用死缓限制减刑的标准是“罪行极其严重”+“应当判处死刑”+“不是必须立即执行”+“《刑法》第 50 条第 2 款所列条件”[34]。由此得出,“二维局部递增”的死刑适用的逻辑顺序。

具体而言,首先,应当考察罪行是否极其严重,以及是否应当判处死刑。其 52
次,对于应当适用死刑的犯罪分子,要进一步考察其是否必须立即执行。对于必须立即执行的,应当判处死刑立即执行;对于不是必须立即执行的,应当判处普通死缓。最后,在普通死缓的基础上,进一步考察是否符合《刑法》第 50 条第 2 款规定的条件。只有符合《刑法》第 50 条第 2 款所列条件的死缓犯,才能对其限制减刑。

正因为死刑适用的逻辑顺序是“普通死缓与死刑立即执行并列,再由普通死缓到 53
死缓限制减刑”,而不是“死刑立即执行→死缓限制减刑→普通死缓”,所以,适用死缓限制减刑的实质条件“根据犯罪情节等情况”的本质含义是“根据死缓犯在二年执行期间又具有并非情节恶劣的故意犯罪等情况”,而不是根据被判处死缓的犯罪本身的从重情节。对于这一核心命题的具体理解,有以下两点需要特别注意:第一,在考察“罪行极其严重”“是否应当适用死刑”和“是否必须立即执行”时,已经评价过的从重情节和从轻情节,在此处便不能再评价,否则会违背禁止重复评价原则。第二,最高人民法院《关于死刑缓期执行限制减刑案件审理程序若干问题的规定》第 1 条[35]中提到要求考虑罪犯的人身危险性,这一点是非常正确的。人身危险性是一种未来犯罪的可能性,而与已经实施的罪行无关。虽然人身危险性与刑事责任有关,例如,能够决定刑罚的执行方式,但是,它不属于“罪行”的内容,不影响是否作出判处死刑的

34 关于“罪行极其严重”“不是必须立即执行”等死刑适用标准的具体的规范理解,参见冯军:《死刑适用的规范论标准》,载《中国法学》2018 年第 2 期。

35 最高人民法院《关于死刑缓期执行限制减刑案件审理程序若干问题的规定》第 1 条规定:“根据刑法第五十条第二款的规定,对被判处死刑缓期执行的累犯以及因故意杀人、强奸、抢劫、绑架、放火、爆炸、投放危险物质或者有组织的暴力性犯罪被判处死刑缓期执行的犯罪分子,人民法院根据犯罪情节、人身危险性等情况,可以在作出裁判的同时决定对其限制减刑。”

决定。[36] 因此,人身危险性在考察罪行是否极其严重时并未被评价,在此处进行评价并不违反禁止重复评价原则。同时,正如上文所言,死缓限制减刑的目的是“加重生刑”,延长罪犯实际服刑期,加强改造效果,实现刑罚预防的效果。在此处考察罪犯的人身危险性恰恰符合死缓限制减刑的规范目的。

36　参见冯军:《死刑适用的规范论标准》,载《中国法学》2018 年第 2 期。

第五十一条　死缓期间与减为有期徒刑的刑期计算

死刑缓期执行的期间，从判决确定之日起计算。死刑缓期执行减为有期徒刑的刑期，从死刑缓期执行期满之日起计算。

文献：最高人民法院研究室、最高人民检察院研究室、公安部法制局编：《公检法办案指南》(2003年第4辑)，中国人民公安大学出版社2003年版；郎胜主编：《中华人民共和国刑法释义》(第5版)，法律出版社2011年版。

细目录

Ⅰ　主旨
Ⅱ　沿革
Ⅲ　死刑缓期执行的期间
Ⅳ　死缓减为有期徒刑的刑期计算

Ⅰ　主旨

1 本条前段规定的是死刑缓期执行的起算点，即死刑缓期执行的2年从何时开始起算。起算点和死刑缓期执行期间的期限(2年)都确定后，死刑缓期执行的具体期间便可完全确定下来。该期间具有非常重要的意义，直接关系到被判处死缓的罪犯面临的法律后果，甚至关系到罪犯的生与死，因而必须准确确定。该规定的设置主要是为了防止监狱等机关滥用职权，任意延长死缓的考验期，侵犯罪犯的人权。本条后段规定的是死刑缓期执行减为有期徒刑的刑期的起算点，此起算点亦是死刑缓期执行期间的终点。该规定的设置主要是为了防止监狱等机关滥用职权，任意拖延减刑裁定作出的时间，使罪犯实际服刑期无故延长，侵犯罪犯的人权。

Ⅱ　沿革

2 1979年《刑法》第47条规定："死刑缓期执行的期间，从判决确定之日起计算。死刑缓期执行减为有期徒刑的刑期，从裁定减刑之日起计算。"之后，1988年9月的《刑法(修改稿)》第47条在1979年《刑法》的基础上，将"判决确定之日"修改为"判决生效之日"，但是，1988年11月16日的《刑法(修改稿)》第47条又将"判决生效之日"改回为"判决确定之日"。在1988年到1997年的《刑法》修改过程中，对本条的讨论主要是围绕死缓减为有期徒刑的刑期起算点的规定。这是因为当时的法律并没有明确规定裁定减刑程序的期限,并且个案的案情不同也会影响裁定减刑所需要的时间,所以个案的裁定减刑时间差异很大,进而变相地导致同为死缓减为有期徒刑的罪犯,但实际服刑期却因裁定减刑时间的不同而不同,这显然有违公平正义和人权保护原则。因此,1988 年 12 月 25 日的《刑法(修改稿)》第 47 条便将"裁定减刑之日"修改为"二年期满之日"。随后,1995 年 8 月 8 日的《刑法(总则修改稿)》将"二年期满之日"修改为"死刑缓刑期满之日"。然后,1996 年 8 月 31 日的《刑法(修改草稿)》又将"死刑缓刑期满之日"修改为"死刑缓期执行二年期满之日"。接着,1996 年 10 月 10 日的《刑法(修订草案)(征求意见稿)》将"死刑缓期执行二年期满之日"修改为"死刑缓期执行期满之日"。之后,该条文历经数稿均再未修改,并最终完全被 1997 年《刑法》采纳。

3　1997 年 3 月 14 日修订的《刑法》第 51 条规定:"死刑缓期执行的期间,从判决确定之日起计算。死刑缓期执行减为有期徒刑的刑期,从死刑缓期执行期满之日起计算。"

Ⅲ　死刑缓期执行的期间

4　根据现行《刑法》的规定,死刑缓期执行期间,从判决确定之日起推算至二年的最后一日的 24 时止。例如,若判决确定之日为 2018 年 1 月 1 日,那么,死刑缓期执行期间即为 2018 年 1 月 1 日至 2019 年 12 月 31 日 24 时。在 2019 年 12 月 31 日 24 时后,如果罪犯故意犯罪,即使其还未事实地获得减刑,也不得将该犯罪视为在死刑缓期执行期间的故意犯罪。换言之,此故意犯罪不应当影响死刑缓期执行的变更。

5　何为"判决确定之日",仍是一个需要进一步研究的问题。从立法沿革中可以看到,"判决确定之日"曾经被修改为"判决生效之日",之后又被改回。这让人不禁要问:"判决确定之日与判决生效之日是否相同?"立法机关的同志认为,"判决确定之日"即判决生效之日,而不是判决执行之日。[1] 笔者认为上述观点是正确的。"判决确定"意味着判决不会再更改(由审判监督程序改判的除外),可以交付执行,而这与判决生效的内涵完全一致,所以,由"判决确定"替换"判决生效"是合理的。既然如此,为什么刑法不使用"判决生效之日",而使用"判决确定之日"呢?笔者认为,这可能是为了满足刑法用语通俗化的要求。刑法作为国民的行动指南,在用语上理应通俗,能够使一般人易于理解。相比于"判决生效",一般民众可能更加容易通过"判决确定"一词来洞悉法条背后的含义。同时,"判决确定之日"不是判决执行之日。判决确定以后,便可以交付执行,但是,"判决可以交付执行"与"判决实际交付执行"之间仍然可能存在时间间隔,后者要晚于前者。又由于死缓犯在判决前先行羁押的期限不能折抵刑期,因此,如果较晚地起算死缓考验期,就相当于在变相地延长罪犯的羁押期限,不利于保护罪犯的人权。据此,死刑缓期执行期间的起算点应当为判决确

1　参见郎胜主编:《中华人民共和国刑法释义》(第 5 版),法律出版社 2011 年版,第 58 页。

定之日(判决生效之日),而不是判决执行之日。

然而,“判决生效之日”仍是一个需要进一步明晰的概念。首先要解释的是何为此处的“判决”。毋庸置疑,在我国,死刑判决必须经过特殊的死刑复核程序才能发生法律效力。因此,“判决生效之日”中的“判决”并不是指中级人民法院或者高级人民法院关于死刑缓期执行的一审判决,而是指死刑缓期执行的核准判决(或者裁定),具体可以分为:①高级人民法院的二审判决;②高级人民法院的核准裁定;③报请核准的死刑立即执行案件由最高人民法院改判为死缓的改判判决。其次要解释的是何为此处的“生效之日”。2004 年最高人民法院《关于刑事案件终审判决和裁定何时发生法律效力问题的批复》中规定:“根据《中华人民共和国刑事诉讼法》第一百六十三条、第一百九十五条和第二百零八条规定的精神,终审的判决和裁定自宣告之日起发生法律效力。”据此,“判决生效之日”即为“判决宣告之日”。关于“判决宣告之日”,需要注意的是,判决宣告之日并不一定是判决书尾部的日期。如果是当庭宣判的,那么,判决宣告之日与判决书尾部的日期是一致的;但是,如果是定期或者委托宣判的,那么,判决书尾部的日期是签发判决书之日,而不是判决宣告之日。[2] 6

综上所述,死刑缓期执行期间的起算点是死刑缓期执行的核准判决(或者裁定)的宣告之日。自死刑缓期执行的核准判决(或者裁定)的宣告之日起,即便罪犯事实上还未送监执行,死刑缓期执行期间也已经开始计算。换言之,判决确定以后至送监执行之前的时间,也要计算在 2 年考验期内。但是,罪犯在死缓判决生效前先行羁押的时间不能折抵死缓的考验期,因为规定 2 年的考验期就是为了考察服刑者在这 2 年内的改造表现,如果将先行羁押的时间计算在考验期之内,就减少了考验时间,在某些长期羁押的案件中甚至会丧失考验时间,从而使刑法关于死缓考验期的规定失去意义。 7

另外,对于在死刑缓期执行期间因故意犯罪未执行死刑的罪犯,新的死刑缓期执行期间的计算也应当适用本条规定,即新的死刑缓期执行期间的起算点为罪犯在之前的考验期内故意犯罪的生效判决(或者裁定)的宣告之日。 8

Ⅳ 死缓减为有期徒刑的刑期计算

死刑缓期执行减为有期徒刑的刑期的起算点,就是死刑缓期执行期间的终点,即从死刑缓期执行的核准判决(或者裁定)的宣告之日向后推算至二年的最后一日的 24 时。 9

如果减刑裁定是在死刑缓期执行期满以后才作出或者生效的,那么,死刑缓期执行期满之日至裁定减刑之日之间的时间,应当折抵有期徒刑的刑期。但是,如上所述,罪犯在死缓判决生效前先行羁押的时间不能折抵有期徒刑的刑期。 10

---

2 参见最高人民法院办公厅编:《法院刑事诉讼文书样式(样本)》(增补本),人民法院出版社 2003 年版,第 28 页。

第六节 罚 金

前 注

文献:孙力:《罚金刑研究》,中国人民公安大学出版社 1995 年版。马克昌:《略论罚金刑》,载《现代法学》1981 年第 3 期;何鹏:《资产阶级国家罚金刑的改革》,载《国外法学》1984 年第 4 期;周晖国:《论罚金刑》,载《中国法学》1985 年第 4 期;张旭:《罚金刑刍议》,载《河北法学》1987 年第 3 期;熊选国:《论罚金刑的立法完善》,载《政治与法律》1989 年第 4 期;李本:《修改罚金刑的困惑》,载《法学》1990 年第 4 期;钟书峰:《论我国罚金刑的特点及立法的完善》,载《现代法学》1993 年第 5 期;杨方泉:《市场经济条件下应重视罚金刑的作用》,载《现代法学》1995 年第 1 期;鲜铁可:《论我国刑法中罚金刑的立法完善》,载《法商研究(中南政法学院学报)》1995 年第 6 期;阮齐林:《论财产刑的正当理由及其立法完善》,载《中国法学》1997 年第 1 期;齐文远、王安异:《试论罚金刑的效率》,载《法学杂志》1998 年第 4 期;冯亚东:《罪刑关系的反思与重构——兼谈罚金刑在中国现阶段之适用》,载《中国社会科学》2006 年第 5 期;季金华、徐骏:《20 世纪罚金刑的兴盛机理与制度化发展趋势》,载《南京师大学报(社会科学版)》2007 年第 6 期;邓文莉:《罚金刑的地位及配置范围之探讨》,载《法学杂志》2008 年第 5 期;王烁:《通过财产实现身体控制:罚金刑的主刑化》,载《中南大学学报(社会科学版)》2019 年第 5 期。

1 罚金,是法院判处犯罪分子向国家缴纳一定数额的金钱的刑罚方法。罚金刑,作为一种较为轻缓的刑罚,克服了短期自由刑的弊端,单处时不会引起犯罪人的“交叉感染”;而且,通过剥夺犯罪人的部分金钱,使其失去一定的物质基础,可以剥夺犯罪人的再犯能力,兼有一般预防和特殊预防的功效。正因如此,进入 20 世纪以后,罚金刑在刑罚体系中的地位逐渐上升,“世界各国大多将罚金规定为主刑或者既可作为主刑又可作为附加刑”[1]。而且,从罚金刑在全部刑罚中所占的比率来看,“可以说,在观念上自由刑是刑罚体系的中心,在实际运用上罚金刑是刑罚体系的中心”[2]。

2 我国 1979 年《刑法》将罚金刑确定为附加刑的一种,并对罚金刑的适用作出了比较系统的规定。但是,由于 1979 年《刑法》规定适用罚金刑的条文和罪名较少,加之受制于当时的观念,实践中罚金刑的适用率极低。在 20 世纪 80 年代末 90 年代

---

1 陈兴良:《财产刑的比较研究》,载《政法学刊》1991 年第 2 期。

2 张明楷:《外国刑法纲要》,清华大学出版社 1999 年版,第 391 页以下。

初,随着我国改革开放的不断推进和经济社会的快速发展,理论界与实务界对罚金刑的认识不断加深。在修订 1979 年《刑法》的讨论中,关于罚金刑的立法地位问题,主要出现了三种观点。第一种观点认为,罚金刑应上升为主刑,主要理由是:随着政治和经济体制改革的不断深入,罚金刑已经具备了作为主刑的条件;而且,罚金刑只有作为主刑,才能充分发挥作用。[3] 第二种观点认为,毋需将罚金刑上升为主刑,应当保持罚金刑的附加刑地位,主要理由是:是否重视罚金刑的立法与适用,并不取决于罚金刑是主刑还是附加刑;扩大罚金刑的适用范围,也不是将罚金刑上升为主刑的理由;将罚金刑上升为主刑后,如果认为主刑与主刑不能同时适用,则明显不利于打击犯罪。[4] 第三种观点认为,我国刑罚应取消主刑与附加刑之分,刑罚体系的排列仍然采取由轻到重的方式,同时规定罚金、没收财产和剥夺政治权利这三种刑罚既可单处,也可并处,这样一来就提高了罚金刑的地位,没有导致原有主刑地位的降低,不会影响不同刑种的衔接。[5]

1997 年全面修订《刑法》时,受制于当时的观念,立法机关并未采纳上述罚金刑 3
应上升为主刑,以及取消主刑与附加刑之分这两种主张,而是沿用了 1979 年《刑法》的规定,罚金刑仍被规定为附加刑的一种。[6] 但是,为了顺应刑罚轻缓化的趋势,彰显人道主义理念,修订后的 1997 年《刑法》明显增加了罚金刑的适用条款,扩大了罚金刑的适用范围。其中,《刑法》第 52 条和第 53 条对罚金刑的适用作出了原则性规定,具体而言:其一,《刑法》第 52 条规定了罚金数额的判处根据,即无论刑法分则规定何种数额裁量模式,最终判处的罚金数额都应当根据犯罪情节来决定。其二,《刑法》第 53 条规定了罚金缴纳的具体方式,即犯罪人可以一次缴纳或分期缴纳,期满不缴纳或不能全部缴纳的,法院还可以强制缴纳或随时追缴;犯罪人由于遭遇不能抗拒的灾祸等原因缴纳确有困难的,法院可裁定延期缴纳、酌情减少或者免除。

3　参见李洁:《罚金刑应上升为主刑论》,载《当代法学》1989 年第 3 期。

4　参见张明楷:《罚金刑若干问题的再思考》,载《中国法学》1991 年第 4 期。

5　参见邓又天、邓修明:《略论罚金刑的地位及其适用》,载《法律科学》1989 年第 4 期。

6　需要指出的是,我国 1997 年《刑法》施行后,认为罚金刑应上升为主刑的呼声并未消亡,反而日渐强烈。例如,高铭暄教授就曾指出,随着经济、社会的发展,社会主义市场经济体制的完善,我国罚金刑地位的提高势属必然。将罚金刑提升为主刑,可以使我国的刑罚体系结构整体上发生变化,从而逐步改变我国目前以自由刑、生命刑为中心的刑罚体系,逐步确立以自由刑、财产刑为中心,生命刑为例外的刑罚体系,这有利于我国刑罚体系向轻缓化、人道化方向发展,有利于更好地体现和贯彻宽严相济的精神(参见高铭暄、孙晓:《宽严相济刑事政策与罚金刑改革》,载《法学论坛》2009 年第 2 期)。

第五十二条　决定罚金数额的根据

判处罚金，应当根据犯罪情节决定罚金数额。

文献：孙力：《罚金刑研究》，中国人民公安大学出版社 1995 年版；马登民、徐安住：《财产刑研究》，中国检察出版社 2004 年版；邵维国：《罚金刑论》，吉林人民出版社 2004 年版。马克昌：《罚金刑比较研究》，载《法学研究资料》1981 年第 1 期；何鹏：《资产阶级国家罚金刑的改革》，载《国外法学》1984 年第 4 期；赵国强：《关于完善我国罚金刑适用范围的研究》，载《法律学习与研究》1989 年第 2 期；杜发全：《试论我国罚金刑数额确定方法的立法化》，载《法律科学》1989 年第 2 期；廖增昀：《完善我国刑法中的财产刑》，载《法学研究》1990 年第 3 期；刘生荣、于新：《罚金刑的比较研究》，载《法学评论》1992 年第 5 期；钟书峰：《论我国罚金刑的特点及立法的完善》，载《现代法学》1993 年第 5 期；廖东明、朱华：《关于完善罚金刑的构想》，载《法学评论》1996 年第 3 期；房清侠：《罚金刑的立法思考》，载《河南社会科学》1997 年第 2 期；邸瑛琪：《罚金刑在新刑法中的设置分析》，载《法学论坛》1997 年第 2 期；郝守才：《罚金刑种类的比较研究》，载《河南大学学报（社科版）》1998 年第 1 期；万选才：《罚金刑数额的确定》，载《人民司法》1998 年第 1 期；林辉：《论罚金刑的适用》，载《政法论坛》1998 年第 2 期；韩轶：《对必并制罚金刑立法的思考》，载《法商研究（中南政法学院学报）》2000 年第 5 期；李洁：《罚金刑适用若干问题研究》，载《吉林大学社会科学学报》2000 年第 5 期；李洁：《罚金刑之数额规定研究》，载《吉林大学社会科学学报》2002 年第 1 期；汪红飞：《罚金刑适用范围之立法评析》，载《中国刑事法杂志》2002 年第 4 期；阮齐林：《再论财产刑的正当理由及其改革》，载《法学家》2006 年第 1 期；官厚军：《刍议我国罚金刑之完善》，载《法学论坛》2006 年第 4 期；邓文莉：《罚金刑配置模式之研究》，载《法学评论》2008 年第 4 期；利子平、李春华：《论我国单位犯罪罚金刑数额立法之缺陷及完善》，载《南昌大学学报（人文社会科学版）》2008 年第 5 期；王志祥、韩雪：《论得并科罚金制中罚金的适用》，载《学习论坛》2013 年第 4 期；叶良芳：《理性选择理论视角下经济犯罪罚金数额的确定》，载《中国刑事法杂志》2013 年第 5 期；曾文科：《浮动罚金刑数额的承担模式研究》，载《法律适用》2015 年第 2 期；陈伟、王昌立：《罚金刑的立法趋势与适用立场——以〈刑法修正案（九）〉为中心的审视》，载《河南财经政法大学学报》2017 年第 6 期。

细目录

Ⅰ　主旨

王剑波

Ⅱ 沿革
Ⅲ 罚金刑的适用方式
一、罚金刑适用方式的立法模式
二、我国刑法中罚金刑的适用方式
Ⅳ 罚金数额的确定
一、确定罚金数额的立法模式
二、我国刑法中罚金数额的确定

Ⅰ 主旨

本条是对法院判处罚金刑时，如何决定罚金数额的规定。根据本条规定，无论刑法分则中配置了罚金刑的各个罪名采用何种数额立法形式，最终判处的具体罚金数额都应当根据犯罪情节来决定。犯罪情节，是指犯罪构成要件事实之外的其他能够影响犯罪社会危害程度及犯罪人人身危险大小的各种具体事实情况。[1] 犯罪情节包括犯罪时间、犯罪地点、犯罪手段、犯罪对象和犯罪后果等各方面的情况。正因为犯罪情节能够反映出行为的客观社会危害程度，以及行为人的主观恶性和人身危险性程度，所以，全面掌握犯罪情节对判处罚金刑以及罚金数额的决定，都具有非常重要的意义。总之，根据犯罪情节决定罚金数额，体现了罪责刑相适应的刑法基本原则。 1

Ⅱ 沿革

(1)我国1979年《刑法》第48条规定："判处罚金，应当根据犯罪情节决定罚金数额。"1997年修订的《刑法》第52条沿用了这一规定，而未作任何修改。然而，在修订研拟过程中，对于1979年《刑法》的上述规定，有实务部门提出，其过于笼统，给审判工作带来不少困难，还容易造成决定罚金数额的随意性。因此建议将本条修改为："判处罚金，应当根据犯罪的性质、情节和犯罪人的实际经济情况，决定罚金数额。"以此作为原则，再在分则中根据不同犯罪的性质、情节规定罚金的具体数额。在最初的《刑法》修改稿中，立法工作机关曾一度采纳了上述主张。如1988年12月25日的《刑法(修改稿)》第48条即规定："判处罚金，应该根据犯罪情节和犯罪分子的经济情况，决定罚金数额。"但是，基于对多种原因的考虑，立法工作机关在之后的一系列刑法修订稿、修订草案中均维持了1979年《刑法》第48条的规定，没有再作任何修订的尝试，并最终获得通过。[2] 2

---

1 参见高铭暄、马克昌主编：《刑法学》(第9版)，北京大学出版社、高等教育出版社2019年版，第248页。

2 参见高铭暄：《中华人民共和国刑法的孕育诞生和发展完善》，北京大学出版社2012年版，第232页以下。

3 (2)1997年《刑法》颁行后,最高司法机关曾以座谈会纪要的形式重申了犯罪情节是确定罚金数额的唯一根据,但在之后的相关司法解释中却又改变了上述立场。具体而言,1999年10月27日最高人民法院发布的《全国法院维护农村稳定刑事审判工作座谈会纪要》指出:“凡法律规定并处罚金或者没收财产的,均应当依法并处,被告人的执行能力不能作为是否判处财产刑的依据。确实无法执行或不能执行的,可以依法执行终结或者减免。……对于法律规定有罚金刑的犯罪,罚金的具体数额应根据犯罪的情节确定。”然而,2000年12月13日公布的最高人民法院《关于适用财产刑若干问题的规定》第2条第1款前半段却规定,“人民法院应当根据犯罪情节,如违法所得数额、造成损失的大小等,并综合考虑犯罪分子缴纳罚金的能力,依法判处罚金”。最高司法机关之所以作出上述规定,主要是基于以下考虑:“从司法实践中的情况看,如果仅简单地根据犯罪情节确定罚金数额,往往难以有效地惩戒犯罪分子,充分发挥罚金刑的作用。一部分犯罪分子因能轻松缴纳罚金,而感受不到财产刑对其经济上的惩戒作用;一部分罪犯因没有财产无力缴纳罚金,导致罚金刑的判决成为‘空判’,对人民法院判决的权威性和严肃性造成不良影响。为此,《规定》第2条规定,在对犯罪分子判处罚金刑时,除了要考虑犯罪情节外,还应当综合考虑犯罪分子缴纳罚金的能力,确定判处罚金的数额,以维护人民法院判决的严肃性,使财产刑发挥其应有的刑罚效果。”[3] 2006年1月11日最高人民法院发布的《关于审理未成年人刑事案件具体应用法律若干问题的解释》第15条第2款前半段规定:“对未成年罪犯判处罚金刑时,应当依法从轻或者减轻判处,并根据犯罪情节,综合考虑其缴纳罚金的能力,确定罚金数额。”

Ⅲ 罚金刑的适用方式

一、罚金刑适用方式的立法模式

4 罚金刑的适用方式,是指刑法规定的对具体罪行配置罚金刑的方式。从世界各国刑事立法例来看,罚金刑的适用方式主要有:单科罚金制、并科罚金制、选科罚金制和复合罚金制等,具体而言:

5 (1)单科罚金制,是指对某种犯罪刑法只规定罚金刑而没有规定其他刑罚种类,法院在量刑时只能适用罚金刑的立法形式。单科罚金制在刑法条文中的表述形式一般是:“犯××罪,处××罚金。”

6 (2)并科罚金制,是指对某种犯罪刑法同时规定罚金刑和自由刑或其他刑罚种类两种或两种以上,法院在量刑时可以或者必须将罚金刑和其他刑罚种类并科的立法形式。并科罚金制又可以分为两种类型:一是必并科罚金制,即刑法规定判处自由刑

[3] 李兵:《〈关于适用财产刑若干问题的规定〉的理解与适用》,载《人民司法》2001年第2期。

或其他刑罚种类时必须同时科处罚金,法院在量刑时没有选择自由的立法形式。必并科罚金制在刑法条文中的表述形式一般是:“犯××罪,处××刑,并处××罚金。”二是得并科罚金制,即刑法规定对于判处自由刑或其他刑罚种类时是否要同时科处罚金,法院在量刑时可以根据案情自行决定的立法形式。得并科罚金制在刑法条文中的表述形式一般是:“犯××罪,处××刑,可以并处××罚金。”

7 (3)选科罚金制,是指对某种犯罪刑法既规定了自由刑或其他刑罚种类,也规定了罚金刑,法院在量刑时只能择一适用而不能同时适用的立法形式。选科罚金制在刑法条文中的表述形式一般是:“犯××罪,处××刑或者罚金。”选科罚金制又可以分为两种类型:一是选科罚金刑与自由刑;二是选科罚金刑与自由刑以外的其他刑种。

8 (4)复合罚金制,是指对某种犯罪刑法同时规定了单科、并科、选科等两种或两种以上的罚金刑适用方式,法院在量刑时可以根据案情决定如何适用的立法形式。复合罚金制在刑法条文中的表述形式一般是:“犯××罪,处××刑,并处或者单处罚金。”通常情况下,复合罚金制的结果是单处罚金或者并处罚金,即罚金既可以附加适用,也可以独立适用。换言之,判处罚金刑是肯定的,至于是否判处自由刑或其他刑种,由法院根据案情自行决定。

二、我国刑法中罚金刑的适用方式

9 (1)我国1979年《刑法》规定了得并科罚金制、选科罚金制和复合罚金制三种适用方式,这些规定全部集中在破坏社会主义经济秩序罪、侵犯财产罪和妨害社会管理秩序罪三章规定的犯罪之中,具体而言:①得并科罚金制。例如,1979年《刑法》第123条规定:“伪造支票、股票或者其他有价证券的,处七年以下有期徒刑,可以并处罚金。”②选科罚金制。例如,1979年《刑法》第129条规定:“违反保护水产资源法规,在禁渔区、禁渔期或者使用禁用的工具、方法捕捞水产品,情节严重的,处二年以下有期徒刑、拘役或者罚金。”③复合罚金制。例如,1979年《刑法》第128条规定:“违反保护森林法规,盗伐、滥伐森林或者其他林木,情节严重的,处三年以下有期徒刑或者拘役,可以并处或者单处罚金。”1979年《刑法》颁行后,全国人大常委会先后制定通过了24部单行刑法,其中大部分都规定了罚金刑,而且在罚金刑的适用方式上有了新的突破,增加了必并科罚金制的规定。例如,1988年1月21日全国人大常委会通过的《关于惩治走私罪的补充规定》第3条规定:“以牟利或者传播为目的,走私淫秽的影片、录像带、录音带、图片、书刊或者其他淫秽物品的,处3年以上10年以下有期徒刑,并处罚金……”

10 (2)我国1997年《刑法》规定了以必并科和复合罚金制为主、得并科和选科罚金制为辅的罚金刑适用方式,这些规定分布在除危害国家安全罪、渎职罪和军人违反职责罪三章犯罪之外的其他各章犯罪中,具体而言:①必并科罚金制。例如,1997年《刑法》第137条规定:“建设单位、设计单位、施工单位、工程监理单位违反国家规定,降低工程质量标准,造成重大安全事故的,对直接责任人员,处五年以下有期徒刑或者拘役,并处罚金……”②得并科罚金制。例如,1997 年《刑法》第 325 条第 1 款规定:“违反文物保护法规,将收藏的国家禁止出口的珍贵文物私自出售或者私自赠送给外国人的,处五年以下有期徒刑或者拘役,可以并处罚金。”③选科罚金制。例如,1997 年《刑法》第 275 条规定:“故意毁坏公私财物,数额较大或者有其他严重情节的,处三年以下有期徒刑、拘役或者罚金……”④复合罚金制。例如,1997 年《刑法》第 172 条规定:“明知是伪造的货币而持有、使用,数额较大的,处三年以下有期徒刑或者拘役,并处或者单处一万元以上十万元以下罚金……”1997 年《刑法》颁行后,全国人大常委会先后制定通过了 1 部单行刑法和 11 个《刑法修正案》,但在罚金刑的适用方式上并未有新的变化。

11 (3)司法解释对实践中如何适用罚金刑做出了详细规定。1999 年《全国法院维护农村稳定刑事审判工作座谈会纪要》指出:“对法律规定主刑有死刑、无期徒刑和有期徒刑,同时并处没收财产或罚金的,如决定判处死刑,只能并处没收财产;判处无期徒刑的,可以并处没收财产,也可以并处罚金;判处有期徒刑的,只能并处罚金。……对自由刑与罚金刑均可选择适用的案件,如盗窃罪,在决定刑罚时,既要避免以罚金刑代替自由刑,又要克服机械执法只判处自由刑的倾向。对于可执行财产刑且罪行又不严重的初犯、偶犯、从犯等,可单处罚金刑。……被告人犯数罪的,应避免判处罚金刑的同时,判处没收部分财产。对于判处没收全部财产,同时判处罚金刑的,应决定执行没收全部财产,不再执行罚金刑。”2000 年最高人民法院《关于适用财产刑若干问题的规定》第 1 条规定:“刑法规定‘并处’没收财产或者罚金的犯罪,人民法院在对犯罪分子判处主刑的同时,必须依法判处相应的财产刑;刑法规定‘可以并处’没收财产或者罚金的犯罪,人民法院应当根据案件具体情况及犯罪分子的财产状况,决定是否适用财产刑。”该规定第 4 条规定:“犯罪情节较轻,适用单处罚金不致再危害社会并具有下列情形之一的,可以依法单处罚金:(一)偶犯或者初犯;(二)自首或者有立功表现的;(三)犯罪时不满十八周岁的;(四)犯罪预备、中止或者未遂的;(五)被胁迫参加犯罪的;(六)全部退赃并有悔罪表现的;(七)其他可以依法单处罚金的情形。”2006 年最高人民法院《关于审理未成年人刑事案件具体应用法律若干问题的解释》第 15 条第 1 款规定:“对未成年罪犯实施刑法规定的‘并处’没收财产或者罚金的犯罪,应当依法判处相应的财产刑;对未成年罪犯实施刑法规定的‘可以并处’没收财产或者罚金的犯罪,一般不判处财产刑。”

Ⅳ 罚金数额的确定

一、确定罚金数额的立法模式

12 罚金刑数额的立法模式,是指刑法规定的对具体罪行配置罚金数额的方式。从世界各国刑事立法例来看,罚金数额的立法形式主要有:无限额罚金制、限额罚金制、倍比罚金制和日额罚金制等，具体而言：

(1)无限额罚金制，是指刑法仅规定判处罚金，至于具体的罚金数额，则由法院根据犯罪情节、犯罪分子的经济情况等因素自由裁量的立法形式。无限额罚金制在刑法条文中的表述形式一般是："……处罚金""……并处或者单处罚金"等。无限额罚金制的优势在于：不易受到经济变化、通货膨胀等因素的影响，便于法院根据实际案情判处更加符合犯罪预防需要的罚金数额，这在一定程度上更有利于罪刑相适应的实现。但是，无限额罚金制对罚金数额没有任何限制，这在性质上属于一种不确定的法定刑，一定程度上与罪刑法定原则的明确性要求相悖，容易导致法官滥用自由裁量权，进而影响罪刑均衡的实现。因而，无限额罚金制已被大多数国家的刑事立法摒弃。 13

(2)限额罚金制，是指刑法规定了判处罚金的数额幅度，至于具体的罚金数额，则由法院根据犯罪情节、犯罪分子的经济情况等因素在数额幅度内自由裁量的立法形式。限额罚金制在刑法条文中的表述形式一般是："……处×元以上×元以下罚金""……并处或者单处×元以上×元以下罚金"等。限额罚金制的优势在于：通过规定罚金的数额幅度，赋予了法官在特定幅度内的自由裁量权，既符合刑罚个别化的需要，又符合罪刑法定原则的明确性要求，有利于罪刑均衡的实现。因而，尽管罚金数额相对确定的限额罚金制不可避免地会受到经济变化、通货膨胀等因素的影响，但相较于无限额罚金制，其仍然是一种较为理想的罚金数额立法形式，为大多数国家的刑事立法所采用。从各国刑法典的具体规定来看，限额罚金制有三种立法例：一是由刑法典总则规定罚金的限额；二是由刑法典分则规定罚金的限额；三是由刑法典总则和分则共同规定罚金的限额。 14

(3)倍比罚金制，是指刑法规定以某个涉罪数额为基数，并以该基数的一定倍数或比例作为罚金的上、下限额，至于具体的罚金数额，则由法院根据犯罪情节、犯罪分子的经济情况等因素在限额幅度内自由裁量的立法形式。倍比罚金制在刑法条文中的表述形式一般是："……处×数额百分之×以上百分之×以下罚金""……并处或者单处×数额百分之×以上百分之×以下罚金"等。倍比罚金制的优势在于：通过一定倍数或比例的涉罪数额来确定罚金的限额幅度，这属于相对确定的法定刑，便于法官行使自由裁量权；同时，以涉罪数额为基准来确定罚金数额，又不易受到经济变化、通货膨胀等因素的影响，因此其兼具无限额罚金制和限额罚金制的优势。但是，倍比罚金制以某个涉罪数额为基准，会导致其适用范围有限，即一般只适用于贪利性犯罪，还可能导致判处的罚金数额超出犯罪分子的支付能力，进而影响到罚金刑的执行。因而，目前采用倍比罚金制的国家并不多。从各国刑法典的具体规定来看，倍比罚金制有三种立法例：一是比例罚金制，即根据某种涉罪数额的一定比例确定具体的罚金数额；二是倍数罚金制，即根据某种涉罪数额的一定倍数确定具体的罚金数额；三是比例和倍数混合罚金制，即根据某种涉罪数额的一定比例和倍数确定具体的罚金数额。 15

16 (4)日额罚金制,是指按罪行确定的应完纳罚金的日数,以及犯罪分子经济状况确定的每日应缴纳的数额,逐日缴付罚金的立法形式。日额罚金刑中的罚金额的量定,分为两个阶段:在第一阶段,根据对犯罪行为的评价确定缴纳罚金的天数。在这里不考虑行为人的经济能力,行为相同即确定相同日数。在第二阶段,根据行为人的经济能力决定每日应缴纳的罚金数额。经济能力强的,每日应缴纳的罚金数额要多一些;反之,经济能力差的,每日应缴纳的罚金数额要少一些。[4] 日额罚金制的优势在于:根据罪行确定完纳罚金的日数,遵守了罪刑相适应原则;根据犯罪分子经济状况确定每日应缴纳的数额,体现了刑罚的个别化;逐日缴付罚金,能更好地实现罚金刑惩罚与预防犯罪的效果。但是,日额罚金制"针对所有的事件调查被告人的资力将延长诉讼时间,并在共犯之资力相差较大时进行公正量刑也很困难"[5]。

二、我国刑法中罚金数额的确定

17 (1)我国1979年《刑法》对具体的罚金数额没有明确规定,无论是并科还是选科罚金全部采用了无限额罚金制,例如,该法第117条规定:"违反金融、外汇、金银、工商管理法规,投机倒把,情节严重的,处三年以下有期徒刑或者拘役,可以并处、单处罚金或者没收财产。"1979年《刑法》颁行后,全国人大常委会制定通过的多部单行刑法规定具体罚金数额的方式有了很大改进,相继增加了限额罚金制和倍比罚金制的规定。例如,1991年9月4日全国人大常委会通过的《关于严惩拐卖、绑架妇女、儿童的犯罪分子的决定》增设了限额罚金制,即第1条规定:"拐卖妇女、儿童的,处五年以上十年以下有期徒刑,并处一万元以下罚金。"又如,1992年9月4日全国人大常委会通过的《关于惩治偷税、抗税犯罪的补充规定》增设了倍比罚金制,即第1条规定,"偷税数额占应纳税额的百分之十以上并且偷税数额在一万元以上的,或者因偷税被税务机关给予二次行政处罚又偷税的,处三年以下有期徒刑或者拘役,并处偷税数额五倍以下的罚金"。

18 (2)我国1997年《刑法》在保留1979年《刑法》规定的无限额罚金制的基础上,吸收了单行刑法增加的罚金数额规定方式,形成了以无限额罚金制为主、限额罚金制和倍比罚金制为补充的罚金刑数额立法形式。1997年《刑法》颁行后,全国人大常委会先后制定通过的1部单行刑法和11个《刑法修正案》基本沿用了上述罚金刑数额规定方式。以下详言之:

19 第一,无限额罚金制。《刑法》分则在配置罚金刑的罪名中,大多数都采用了无限额罚金制。一方面,就自然人犯罪而言,无论是并科还是选科罚金,多数都规定了无限额罚金制,如第165条。另一方面,就单位犯罪而言,除少数罪名规定了倍比罚金

---

4 参见马克昌:《比较刑法原理:外国刑法学总论》,武汉大学出版社2002年版,第875页以下。

5 马克昌主编:《刑罚通论》(第2版),武汉大学出版社1999年版,第206页。

制，其他罪名均规定了无限额罚金制，如第396条。

第二，限额罚金制。《刑法》分则对限额罚金制的规定集中在第三章破坏社会主义市场经济秩序罪中，主要采用限定罚金数额上限和下限的方式规定了5个幅度的限额罚金制，即1万元以上5万元以下（如第209条）、1万元以上10万元以下（如第172条）、2万元以上20万元以下（如第162条）、3万元以上30万元以下（如第185条之一）和5万元以上50万元以下（如第171条）。③倍比罚金制。《刑法》分则对倍比罚金制的规定同样集中在第三章破坏社会主义市场经济秩序罪中，主要采用比例罚金制、倍数罚金制和混合罚金制的方式规定了不同的幅度。具体而言：一是主要规定了4个幅度的比例罚金制，即1%以上5%以下（如第158条）、2%以上10%以下（如第159条）、5%以上20%以下（如第228条）和5%以上30%以下（如第190条）。二是主要规定了1个幅度的倍数罚金制，即1倍以上5倍以下（如第202条）。三是主要规定了2个幅度的比例和倍数混合罚金制，即50%以上2倍以下（如第140条）、20%以上1倍以下（如第160条）。 20

（3）虽然相关刑事立法中无限额罚金制并没有上限和下限的规定，但司法解释却对无限额罚金制的下限作了明确规定。2000年最高人民法院《关于适用财产刑若干问题的规定》第2条第1款后半段规定："刑法没有明确规定罚金数额标准的，罚金的最低数额不能少于一千元。"该条第2款规定："对未成年人犯罪应当从轻或者减轻判处罚金，但罚金的最低数额不能少于五百元。"2006年最高人民法院《关于审理未成年人刑事案件具体应用法律若干问题的解释》第15条第2款后半段规定，"罚金的最低数额不得少于五百元人民币"。另外，还有司法解释对个别配置无限额罚金刑罪名的罚金限额作出了规定。例如，现行《刑法》第264条规定："盗窃公私财物，数额较大的，或者多次盗窃、入户盗窃、携带凶器盗窃、扒窃的，处三年以下有期徒刑、拘役或者管制，并处或者单处罚金；数额巨大或者有其他严重情节的，处三年以上十年以下有期徒刑，并处罚金；数额特别巨大或者有其他特别严重情节的，处十年以上有期徒刑或者无期徒刑，并处罚金或者没收财产。"可见，现行《刑法》对盗窃罪规定的是无限额罚金制。但是，2013年4月2日最高人民法院、最高人民检察院《关于办理盗窃刑事案件适用法律若干问题的解释》却规定了判处盗窃罪罚金的上、下限额，该解释第14条规定："因犯盗窃罪，依法判处罚金刑的，应当在一千元以上盗窃数额的二倍以下判处罚金；没有盗窃数额或者盗窃数额无法计算的，应当在一千元以上十万元以下判处罚金。" 21

第五十三条　罚金的缴纳

罚金在判决指定的期限内一次或者分期缴纳。期满不缴纳的，强制缴纳。对于不能全部缴纳罚金的，人民法院在任何时候发现被执行人有可以执行的财产，应当随时追缴。

由于遭遇不能抗拒的灾祸等原因缴纳确实有困难的，经人民法院裁定，可以延期缴纳、酌情减少或者免除。

文献:朱和庆、赵秉志主编:《财产刑执行的调查与研究》,人民法院出版社2007年版;王琼:《罚金刑实证研究》,法律出版社2009年版;王启江:《罚金刑执行研究》,法律出版社2012年版;王志祥主编:《财产刑适用的理论与实务》,中国人民公安大学出版社2012年版;王鑫磊、任继鸿、刘凯:《我国罚金刑执行制度的反思与重构》,吉林人民出版社2018年版。王明立:《关于罚金刑执行的几个问题》,载《政法论坛》1990年第5期;李贵方:《罚金易科自由刑比较研究》,载《中国法学》1992年第1期;赵廷光:《关于用罚金替代短期自由刑的可行性研究》,载《中外法学》1995年第2期;公培华:《罚金刑易科之我见》,载《中外法学》1996年第5期;于天敏、万选才:《论罚金的判决与执行》,载《法学家》1998年第4期;朱旭伟:《罚金执行难的成因和对策》,载《现代法学》1998年第4期;李兵:《〈关于适用财产刑若干问题的规定〉的理解与适用》,载《人民司法》2001年第2期;周光富:《罚金刑执行难之克服》,载《政治与法律》2003年第6期;俞静尧:《论罚金刑的执行》,载《法律适用》2004年第7期;翟中东、孙霞:《试评我国刑法罚金刑执行减免之规定》,载《河南司法警官职业学院学报》2006年第2期;韩玉胜、沈玉忠:《财产刑执行完善路径之探寻》,载《政法论丛》2009年第1期;蔡超、徐丽莉:《罚金刑适用中存在的问题及解决》,载《国家检察官学院学报》2010年第6期;刘涛、刘树德:《〈关于财产刑执行问题的若干规定〉的理解与适用》,载《人民司法》2010年第9期;曾军、师亮亮:《对法院预收罚金进行法律监督的分析与展开》,载《中国刑事法杂志》2011年第4期;董瑞兴:《罚金刑执行体制的完善》,载《人民检察》2011年第5期;史丹如:《罚金刑执行的改革问题探究》,载《中国人民公安大学学报(社会科学版)》2012年第6期;王衍松、吴优:《罚金刑适用研究——高适用率与低实执率之二律背反》,载《中国刑事法杂志》2013年第6期;高永明:《罚金刑的基底性批判——罚金刑执行难的另一种解读》,载《河北法学》2014年第10期;刘贵祥、闫燕:《〈关于刑事裁判涉财产部分执行的若干规定〉的理解与适用》,载《人民司法》2015年第1期;马永强:《罚金易科自由刑制度的思与辨——兼论罚金执行问题的中国语境》,载《中山大学法律评论》2016年第3期;贾长森:《罚金刑执行检察监督难题破解》,载《人民检察》2017 年第 21 期;李天发、王恒勤:《德国罚金刑执行及其对我国的启示》,载《人民检察》2018 年第 7 期。

细目录

Ⅰ 主旨
Ⅱ 沿革
Ⅲ 罚金刑的执行方式
一、罚金刑执行方式的立法模式
二、我国刑法中罚金刑的执行方式
Ⅳ 解决罚金刑执行难的对策

Ⅰ 主旨

1 本条是对判处罚金刑后如何缴纳罚金的规定。为了确保罚金刑的执行,本条用两款规定了不同情况下的罚金缴纳方式。第 1 款是关于如何缴纳罚金和追缴罚金的规定。根据本款的规定,罚金在判决指定的期限内,犯罪分子可以一次缴纳或分期缴纳,期满不缴纳或不能全部缴纳的,人民法院还可以强制缴纳或随时追缴。赋予人民法院强制缴纳和随时追缴的权力,有利于罚金刑的顺利执行。第 2 款是关于如何延期缴纳和减免缴纳罚金的规定。根据本款的规定,犯罪分子由于遭遇不能抗拒的灾祸等原因缴纳罚金确实有困难的,经人民法院裁定,可以延期缴纳、酌情减少或者免除。由罚金刑自身的特点决定,犯罪分子在遭遇不能抗拒的灾祸而确实有困难时,对其判处的罚金往往难以得到实际执行。此时,延期缴纳或减免缴纳罚金,既不会影响罚金刑教育和惩戒功能的发挥,还在事实上维护了法律的权威和尊严。

Ⅱ 沿革

2 (1)我国 1979 年《刑法》第 49 条规定:“罚金在判决指定的期限内一次或者分期缴纳。期满不缴纳的,强制缴纳。如果由于遭遇不能抗拒的灾祸缴纳确实有困难的,可以酌情减少或者免除。”1979 年《刑事诉讼法》第 160 条规定:“被判处罚金的罪犯,期满不缴纳的,人民法院应当强制缴纳;如果由于遭遇不能抗拒的灾祸缴纳确实有困难的,可以裁定减少或者免除。”由此可知,当时的刑事实体法和程序法只是规定了一次缴纳、分期缴纳、强制缴纳和减免缴纳,而并没有规定随时追缴这种威慑力更强和延期缴纳这种灵活性更高的罚金刑缴纳方式。但在司法实践中,人民法院在执行罚金刑时,不少犯罪分子采用各种手段转移、隐匿财产,逃避承担罚金刑,而我国的刑事法律中又欠缺罚金刑易科自由刑等保障罚金刑执行的相关制度,由此,在一些案件中出现了罚金刑执行难,空判率高,影响司法权威的情况。

3 (2)为了确保罚金刑的执行,1997 年修订《刑法》增设了罚金刑的随时追缴制度,即在第 53 条规定:"罚金在判决指定的期限内一次或者分期缴纳。期满不缴纳的,强制缴纳。对于不能全部缴纳罚金的,人民法院在任何时候发现被执行人有可以执行的财产,应当随时追缴。如果由于遭遇不能抗拒的灾祸缴纳确实有困难的,可以酌情减少或者免除。"2015 年《刑法修正案(九)》又增设了罚金刑的延期缴纳制度,即现行《刑法》第 53 条第 1 款规定:"罚金在判决指定的期限内一次或者分期缴纳。期满不缴纳的,强制缴纳。对于不能全部缴纳罚金的,人民法院在任何时候发现被执行人有可以执行的财产,应当随时追缴。"《刑法》第 53 条第 2 款规定:"由于遭遇不能抗拒的灾祸等原因缴纳确实有困难的,经人民法院裁定,可以延期缴纳、酌情减少或者免除。"2018 年修正的《刑事诉讼法》第 271 条规定了基本上与现行《刑法》相一致的罚金刑缴纳方式。另外,需要指出的是,不但现行的刑事实体法增设了罚金刑的随时追缴和延期缴纳制度,现行的刑事程序法也作出了相应的规定。详言之,尽管 1996 年《刑事诉讼法》第 219 条和 2012 年《刑事诉讼法》第 260 条均沿用了 1979 年《刑事诉讼法》第 160 条的规定,未作任何修改,但 2018 年《刑事诉讼法》第 271 条却规定:"被判处罚金的罪犯,期满不缴纳的,人民法院应当强制缴纳;如果由于遭遇不能抗拒的灾祸等原因缴纳确实有困难的,经人民法院裁定,可以延期缴纳、酌情减少或者免除。"

4 (3)有司法解释对 1997 年《刑法》第 53 条规定的罚金执行方式作出了详细的注释。其一,关于"判决指定的期限"的规定。2000 年 12 月 13 日发布的最高人民法院《关于适用财产刑若干问题的规定》第 5 条规定:"刑法第五十三条规定的'判决指定的期限'应当在判决书中予以确定;'判决指定的期限'应为从判决发生法律效力第二日起最长不超过三个月。"其二,关于延期和减免缴纳的规定。2000 年最高人民法院《关于适用财产刑若干问题的规定》第 6 条规定:"刑法第五十三条规定的'由于遭遇不能抗拒的灾祸缴纳确实有困难的',主要是指因遭受火灾、水灾、地震等灾祸而丧失财产;罪犯因重病、伤残等而丧失劳动能力,或者需要罪犯抚养的近亲属患有重病,需支付巨额医药费等,确实没有财产可供执行的情形。具有刑法第五十三条规定'可以酌情减少或者免除'事由的,由罪犯本人、亲属或者犯罪单位向负责执行的人民法院提出书面申请,并提供相应的证明材料。人民法院审查以后,根据实际情况,裁定减少或者免除应当缴纳的罚金数额。"2012 年 12 月 20 日发布的最高人民法院《关于适用〈中华人民共和国刑事诉讼法〉的解释》第 446 条规定:"因遭遇不能抗拒的灾祸缴纳罚金确有困难,被执行人申请减少或者免除罚金的,应当提交相关证明材料。人民法院应当在收到申请后一个月内作出裁定。符合法定减免条件的,应当准许;不符合条件的,驳回申请。"2020 年 12 月 7 日发布的最高人民法院《关于适用〈中华人民共和国刑事诉讼法〉的解释》[1]第 524 条规定:"因遭遇不能抗拒的灾祸等原因缴纳

---

1 2020 年最高人民法院《关于适用〈中华人民共和国刑事诉讼法〉的解释》第 655 条规定,本解释自 2021 年 3 月 1 日起施行,最高人民法院 2012 年 12 月 20 日发布的《关于适用〈中华人民共和国刑事诉讼法〉的解释》(法释〔2012〕21 号)同时废止。

罚金确有困难,被执行人申请延期缴纳、酌情减少或者免除罚金的,应当提交相关证明材料。人民法院应当在收到申请后一个月以内作出裁定。符合法定条件的,应当准许;不符合条件的,驳回申请。”其三,关于强制和随时追缴的规定。2000 年 12 月 13 日发布的最高人民法院《关于适用财产刑若干问题的规定》第 11 条规定:“自判决指定的期限届满第二日起,人民法院对于没有法定减免事由不缴纳罚金的,应当强制其缴纳。对于隐藏、转移、变卖、损毁已被扣押、冻结财产情节严重的,依照刑法第三百一十四条的规定追究刑事责任。”2010 年 2 月 10 日发布的最高人民法院《关于财产刑执行问题的若干规定》第 3 条第 1 款规定:“对罚金的执行,被执行人在判决、裁定确定的期限内未足额缴纳的,人民法院应当在期满后强制缴纳。”该规定第 4 条规定:“人民法院应当依法对被执行人的财产状况进行调查,发现有可供执行的财产,需要查封、扣押、冻结的,应当及时采取查封、扣押、冻结等强制执行措施。”该规定第 8 条第 2 款规定:“被执行人没有全部缴纳罚金的,人民法院在任何时候发现被执行人有可供执行的财产,应当随时追缴。”2014 年 10 月 30 日发布的最高人民法院《关于刑事裁判涉财产部分执行的若干规定》[2] 第 4 条规定:“人民法院刑事审判中可能判处被告人财产刑、责令退赔的,刑事审判部门应当依法对被告人的财产状况进行调查;发现可能隐匿、转移财产的,应当及时查封、扣押、冻结其相应财产。”2012 年 12 月 20 日发布的最高人民法院《关于适用〈中华人民共和国刑事诉讼法〉的解释》第 439 条第 1 款规定:“罚金在判决规定的期限内一次或者分期缴纳。期满无故不缴纳或者未足额缴纳的,人民法院应当强制缴纳。经强制缴纳仍不能全部缴纳的,在任何时候,包括主刑执行完毕后,发现被执行人有可供执行的财产的,应当追缴。”2020 年 12 月 7 日发布的最高人民法院《关于适用〈中华人民共和国刑事诉讼法〉的解释》第 523 条第 1 款则完全沿用了前述 2012 年的规定。

(4)有司法解释明确规定了罚金刑执行时民事赔偿与偿还正当债务优先,以及 5
应保留生活必需费用。其一,关于民事赔偿与偿还正当债务优先的规定。2010 年 2 月 10 日发布的最高人民法院《关于财产刑执行问题的若干规定》第 6 条规定:“被判处罚金或者没收财产,同时又承担刑事附带民事诉讼赔偿责任的被执行人,应当先履行对被害人的民事赔偿责任。判处财产刑之前被执行人所负正当债务,应当偿还的,经债权人请求,先行予以偿还。”2014 年 10 月 30 日发布的最高人民法院《关于刑事裁判涉财产部分执行的若干规定》第 13 条第 1 款规定:“被执行人在执行中同时承担刑事责任、民事责任,其财产不足以支付的,按照下列顺序执行:(一)人身损害赔偿中的医疗费用;(二)退赔被害人的损失;(三)其他民事债

2　根据 2015 年 1 月 12 日发布的最高人民法院《关于废止部分司法解释和司法解释性质文件(第十一批)的决定》的规定,2010 年 2 月 10 日发布的最高人民法院《关于财产刑执行问题的若干规定》(法释〔2010〕4 号)已被 2014 年 10 月 30 日发布的最高人民法院《关于刑事裁判涉财产部分执行的若干规定》(法释〔2014〕13 号)代替。

务;(四)罚金;(五)没收财产。债权人对执行标的依法享有优先受偿权,其主张优先受偿的,人民法院应当在前款第(一)项规定的医疗费用受偿后,予以支持。”2012年12月20日发布的最高人民法院《关于适用〈中华人民共和国刑事诉讼法〉的解释》第441条规定:“被判处财产刑,同时又承担附带民事赔偿责任的被执行人,应当先履行民事赔偿责任。判处财产刑之前被执行人所负正当债务,需要以被执行的财产偿还的,经债权人请求,应当偿还。”2020年12月7日发布的最高人民法院《关于适用〈中华人民共和国刑事诉讼法〉的解释》第527条则完全沿用了前述2012年司法解释的规定。其二,关于保留生活必需费用的规定。2014年10月30日发布的最高人民法院《关于刑事裁判涉财产部分执行的若干规定》第9条第2款规定:“执行没收财产或罚金刑,应当参照被扶养人住所地政府公布的上年度当地居民最低生活费标准,保留被执行人及其所扶养家属的生活必需费用。”2020年12月7日发布的最高人民法院《关于适用〈中华人民共和国刑事诉讼法〉的解释》第526条规定:“执行财产刑,应当参照被扶养人住所地政府公布的上年度当地居民最低生活费标准,保留被执行人及其所扶养人的生活必需费用。”

6 (5)有司法解释明确规定了罚金刑的执行机关和执行期限。其一,关于执行机关的规定。2000年12月13日发布的最高人民法院《关于适用财产刑若干问题的规定》第10条规定:“财产刑由第一审人民法院执行。犯罪分子的财产在异地的,第一审人民法院可以委托财产所在地人民法院代为执行。”2010年12月10日发布的最高人民法院《关于财产刑执行问题的若干规定》第1条规定:“财产刑由第一审人民法院负责裁判执行的机构执行。被执行的财产在异地的,第一审人民法院可以委托财产所在地的同级人民法院代为执行。”2014年10月30日发布的最高人民法院《关于刑事裁判涉财产部分执行的若干规定》第2条规定:“刑事裁判涉财产部分,由第一审人民法院执行。第一审人民法院可以委托财产所在地的同级人民法院执行。”2012年12月20日发布的最高人民法院《关于适用〈中华人民共和国刑事诉讼法〉的解释》第438条规定:“财产刑和附带民事裁判由第一审人民法院负责裁判执行的机构执行。”该解释第442条第1款规定:“被执行人或者被执行财产在外地的,可以委托当地人民法院执行。”2020年12月7日发布的最高人民法院《关于适用〈中华人民共和国刑事诉讼法〉的解释》第522条规定:“刑事裁判涉财产部分和附带民事裁判应当由人民法院执行的,由第一审人民法院负责裁判执行的机构执行。”该解释第530条规定:“被执行财产在外地的,第一审人民法院可以委托财产所在地的同级人民法院执行。”其二,关于执行期限的规定。2014年10月30日发布的最高人民法院《关于刑事裁判涉财产部分执行的若干规定》第3条规定:“人民法院办理刑事裁判涉财产部分执行案件的期限为六个月。有特殊情况需要延长的,经本院院长批准,可以延长。”

Ⅲ 罚金刑的执行方式

一、罚金刑执行方式的立法模式

罚金刑的执行方式,是指刑法规定的犯罪人缴纳罚金的具体方式。从世界各国的刑事立法例来看,罚金刑的执行方式主要有[3]: 7

(1)一次或者分期缴纳,是指根据犯罪人的经济状况,法院在判处罚金时可以分别决定采取一次缴纳或者分期缴纳的方式。所谓一次缴纳,是指在判决指定的期限内一次缴纳完全部罚金,这只能对经济状况好的犯罪人采用。所谓分期缴纳,是指在判决指定的期限内,分多次缴纳罚金,这可以对经济状况较差但具备缴纳能力的犯罪人采用。 8

(2)延期缴纳,是指犯罪人在法律规定的期限内或者法院判决确定的期限内不能缴纳罚金时,法院根据情况可以允许延长一定的期限缴纳。延期缴纳罚金被视为解决罚金刑执行难的一种有效方式。 9

(3)暂缓缴纳,是指犯罪人确因一时无资力可缴纳罚金,法院允许暂不执行罚金刑,一旦有资力时则立即缴纳罚金。暂缓缴纳不同于延期缴纳,因为延期缴纳的,有明确的缴纳期限,而在暂缓缴纳的情况下,什么时候缴纳罚金,则以犯罪人的经济状况是否好转、是否有承受能力为转移。 10

(4)强制缴纳,是指在确定缴纳罚金的期限届满时,犯罪人有缴纳罚金的能力而故意不缴纳,法院或者其他执行机关采取强制措施迫使其缴纳。强制缴纳是保证罚金刑得以执行的不可或缺的方式,因而在各国的刑法中一般都有明确规定。 11

(5)罚金易科自由刑,是指犯罪人不能缴纳罚金时,以自由刑替代罚金。目前,许多国家的刑法典中规定了罚金易科自由刑制度,作为补救罚金刑未能执行的最后手段。 12

(6)罚金刑的缓刑,是指法院基于一定条件,对宣告判处罚金的犯罪分子,在一定期间内暂缓其罚金刑的执行,缓刑期间内没有发生撤销缓刑的情况时,其罚金的宣告失去效力的一种制度。 13

二、我国刑法中罚金刑的执行方式

(1)一次或者分期缴纳。这是我国罚金刑执行中最常用的一种方式。根据现行《刑法》第 53 条和相关司法解释的规定,罚金应当在判决指定的期限内一次或 14

3 参见马克昌主编:《刑罚通论》(第 2 版),武汉大学出版社 1999 年版,第 600 页以下;赵秉志主编:《刑罚总论问题探索》,法律出版社 2003 年版,第 267 页以下。

者分期缴纳完毕。[4] 具体而言,法院判处罚金并确定具体数额的同时:①应当明确到底是一次缴纳还是分期缴纳。一般而言,罚金数额不大或者虽然较大,但缴纳并不困难的,可以要求一次缴纳;罚金数额较大且犯罪分子支付能力有限,而难以一次缴纳的,可以决定分期缴纳。②应当指定一次缴纳或分期缴纳的期限。所谓"判决指定的期限",应为从判决发生法律效力第 2 日起最长不超过 3 个月。具体期限的确定,可由法院根据犯罪分子的经济情况等因素在上述最长期限内灵活掌握。

15 (2)强制缴纳。这是我国罚金刑执行中最有力的一种方式。根据现行《刑法》第 53 条和相关司法解释的规定,罚金应当在判决指定的期限内缴纳完毕,期满不缴纳的,强制缴纳。具体而言,强制犯罪分子缴纳罚金必须符合以下条件:①犯罪分子在期限届满后没有缴纳或者没有足额缴纳罚金,这是适用强制缴纳的前提条件。②犯罪分子有缴纳能力而拒不缴纳,这是适用强制缴纳的实质条件。③只能对被判处罚金刑的犯罪分子而不能对其他人适用,这是适用强制缴纳的对象条件。此外,强制缴纳的方式主要包括:查封、拍卖犯罪分子的财产,冻结、扣划犯罪分子的存款,扣留、收缴犯罪分子的工资或者其他收入等。

16 (3)随时追缴,这是我国罚金刑执行中特有的一种方式。根据现行《刑法》第 53 条和相关司法解释的规定,对于不能全部缴纳罚金的,人民法院在任何时候发现被执行人有可以执行的财产,应当随时追缴。[5] 具体而言,适用随时追缴罚金的条件有:①犯罪分子没有缴纳或者没有足额缴纳罚金,经强制缴纳仍不能全部缴纳的,这是适用随时追缴的前提条件。②没有缴纳罚金往往是由于犯罪分子转移、隐匿财产,而不是由于遭遇不能抗拒的灾祸所造成的,这是适用随时追缴的实质条件。③人民法院在任何时候,包括主刑执行完毕后,发现犯罪分子有可供执行的财产的,应当随时追缴,这是适用随时追缴的时间条件。

17 (4)延期或者减免缴纳。根据现行《刑法》第 53 条和相关司法解释的规定,犯罪分子由于遭遇不能抗拒的灾祸等原因缴纳确实有困难的,经人民法院裁定,可以延期

4　有学者认为,采取一次缴纳有两个缺陷:一是犯罪人往往难以一次缴纳,造成执行难;二是一次缴纳时,罚金刑作用于犯罪人的时间短,其短时间内缴纳完以后,受刑观念便消失,这不利于对犯罪人的教育、改造。分期缴纳则能克服这两个缺陷,即容易执行,且作用于犯罪人的时间长,有利于教育、改造犯罪人。参见张明楷:《罚金刑若干问题的再思考》,载《中国法学》1991 年第 4 期。

5　有学者认为,随时追缴制能充分发挥罚金刑的剥夺功能和威慑功能,同时维护判决的严肃性,是解决罚金刑执行难问题的有力武器。但随时追缴制有一个重要弊端,即不利于犯罪人重新开始生活和再社会化。因此,应通过建立罚金刑行刑时效制度,对随时追缴制规定一个最长执行期限,以利于犯罪分子顺利改过自新、回归社会、正常生活。参见刘叶静:《应完善罚金刑随时追缴制》,载《法学杂志》1999 年第 1 期;左坚卫、阴建峰:《论我国罚金刑执行制度的完善》,载《四川警官高等专科学校学报》2006 年第 4 期;王琼:《罚金刑实证研究》,法律出版社 2009 年版,第 406 页。

缴纳、酌情减少或者免除。[6] 具体而言,适用延期或者减免缴纳罚金的条件有:①犯罪分子遭遇不能抗拒的灾祸等原因,这是适用延期或者减免缴纳的前提条件。所谓"不能抗拒的灾祸等原因",主要是指因遭受火灾、水灾、地震等灾祸而丧失财产;罪犯因重病、伤残等而丧失劳动能力;需要罪犯扶养的近亲属患有重病,需支付巨额医药费等。②缴纳原判决确定的罚金确实有困难,这是适用延期或者减免缴纳的实质条件。③需经人民法院裁定,这是适用延期或者减免缴纳的程序条件。首先,由罪犯本人、亲属或者犯罪单位向负责执行的人民法院提出书面申请,并提供相应的证明材料。其次,人民法院应当在收到申请后 1 个月内作出裁定。最后,人民法院审查以后,根据实际情况,裁定延长缴纳罚金的期限,以及减少或者免除应当缴纳的罚金数额。具体延长多长时间,减免多少数额,由人民法院根据犯罪分子的犯罪情节和经济状况等因素自行确定。

Ⅳ 解决罚金刑执行难的对策

目前,虽然现行《刑法》第 53 条规定了罚金刑的强制缴纳与随时追缴制度,但司法实践中罚金刑执行难的问题仍然广泛存在,罚金刑空判现象十分突出。造成罚金刑执行难的原因是多方面的,既有立法上对罚金刑适用方式的规定不合理的原因,也有司法上罚金刑的判决不符合实际的原因,还有犯罪分子自身不愿缴纳、不能缴纳的原因。面对罚金刑执行难问题,我国理论界和实务界提出了多种解决方案: 18

(1)建议减少甚至完全摒弃必并科罚金制。为了扩大罚金刑的适用范围,顺应刑罚轻缓化的趋势,我国 1997 年《刑法》建立了以必并科罚金制为主的罚金刑适用方式。但是,不少学者认为,我国的经济社会发展和人民的物质生活水平决定了罚金刑的适用范围不能与发达国家相比,必并科罚金制的广泛存在常使司法活动面临两难选择:要么不并处,这属于违法判决;要么并处,但很多犯罪分子身无分文、无金可罚,这直接导致罚金刑判决虚置,影响法律的尊严。因而,建议现行刑事立法中增加得并科罚金制的规定,而相应地减少甚至完全摒弃必并科罚金制的规定。[7] 从我国罚金刑的司法实践来看,以必并科罚金制为主的适用方式在客观上确实扩大了罚金 19

6 有学者认为,除了遭遇不能抗拒的灾祸可以减免罚金,对没有遭遇这种灾祸,但经过努力且具有明显的悔改表现的行为人,也可以实行减免制度。这同样有利于罪犯的悔过自新,避免去执行不可能执行、没必要执行的罚金刑。参见张明楷:《罚金刑若干问题的再思考》,载《中国法学》1991 年第 4 期。

7 参见姜国旺、王晨:《罚金刑:困境与出路》,载《人民司法》1999 年第 7 期;韩轶:《对必并制罚金刑立法的思考》,载《法商研究(中南政法学院学报)》2000 年第 5 期;李希慧:《罚金刑执行难的原因与对策》,载《湖北警官学院学报》2007 年第 6 期;刘明祥:《论解决罚金刑执行难题的立法途径》,载《法学家》2009 年第 2 期。

刑的适用范围,但将罚金刑和自由刑必并科适用的情形大量存在,甚至对法定刑为10年以上有期徒刑、无期徒刑或者死刑的也规定了必并科罚金,其结果是:一方面,难以避免短期自由刑的弊端,不但无法实现刑罚的轻缓化,甚至有导致刑罚过重之虞;另一方面,不可避免地导致罚金刑"空判"现象大量存在,不仅无法实现刑罚惩罚和预防犯罪的目的,而且严重损害了司法的权威和公信力。因而,减少甚至完全摒弃必并科罚金制,建立以得并科罚金制为主的罚金刑适用方式,是值得尝试的。

20 (2)建议设立罚金刑易科制度。在1997年《刑法》修订过程中,有人主张规定对于被判处罚金的犯罪分子经强制执行仍不缴纳罚金的,可以易服劳役或者劳动。立法机关曾一度采纳了这一建议,在1995年8月8日的《刑法(总则修改稿)》第49条中增加了罚金易科劳役的内容,即"罚金在判决指定的期限内一次或者分期缴纳。期满不缴纳的,强制缴纳,或者责令具以劳动代替。劳动的时间由人民法院决定,最长不得超过二年。如果由于遭遇不能抗拒的灾祸缴纳确实有困难的,可以酌情减少或者免除。"后来,立法机关考虑我国刑法规定的罚金刑执行措施,实无创设罚金易科制度的必要,就又取消了罚金易科劳役的内容,而以"随时追缴"的内容取代。[8] 1997年《刑法》通过后,仍不少学者认为,罚金刑易科制度是针对执行难问题的一个行之有效的解决方案,对于有支付能力而恶意逃避缴纳者,易科自由刑制度将是一种既具公正性又不失高效的措施;对于确实无力缴纳罚金的犯罪人,易科劳役既可以避免使罚金刑落空,又能在开放的劳动环境中使罪犯得到教育和改造。[9] 对于有能力缴纳而恶意逃避缴纳罚金的犯罪分子,设置罚金易科自由刑制度,能够严厉打击恶意逃避罚金刑执行的行为,有其合理性。但是,对于无力缴纳罚金的犯罪分子,仅因其"没钱"就让其服劳役,显然有失公平,难以令人信服,也有违罚金刑设立的初衷和目的。因而,对于罚金刑易科制度,可以有选择地吸收。

21 (3)建议设立罚金刑缓刑制度。罚金刑缓刑制度,是指对判处罚金的罪犯,在其具备一定条件的前提下,在一定期间暂缓罚金刑的执行,缓刑期内没有发生法定撤销缓刑的事由,则不再执行原判罚金的一种刑罚制度。[10] 刑法典中明确规定罚金刑缓刑制度的国家有日本、法国、意大利、西班牙等。我国现行《刑法》并未规定该项制度,但有不少学者认为,引入该项制度在客观上会缓解罚金刑执行难问题,因为不少犯罪分子经济状况较差,根本无力缴纳罚金,如果对其判处罚金的同时宣告缓刑,则

---

8 参见高铭暄:《中华人民共和国刑法的孕育诞生和发展完善》,北京大学出版社2012年版,第233页以下。

9 参见林亚刚、周娅:《罚金刑易科制度探析》,载《法制与社会发展》2002年第1期;曹绍锐:《论罚金易科制度的可行性》,载《河南省政法管理干部学院学报》2004年第5期;王博:《罚金刑易科制度研究》,载《政法学刊》2010年第4期;孙艺飞:《罚金刑易科制度初探》,载《人民司法》2011年第17期。

10 参见马登民、徐安住:《财产刑研究》,中国检察出版社2004年版,第130页。

他们便可以以善行换得罚金的不执行,从而也就变相地解决了罚金刑执行难的问题;而且,这也有助于对犯罪分子的教育和改造,有利于实现刑罚惩治与预防犯罪的目的。[11] 但是,对于无力缴纳罚金的犯罪分子,我国现行《刑法》第53条已经规定了罚金刑的减免制度,是否有必要再设立罚金缓刑制度,有待进一步论证。

(4)建议设立预交罚金制度。预交罚金,是指法院在作出罚金刑判决前通知被告人提前缴纳罚金,被告人为了能够获得从轻处罚而在宣判前主动向法院缴纳罚金的做法。从司法实践来看,预交罚金已经成为解决“罚金刑空判”问题的一种行之有效的方法,被各地法院广泛采用。对此,不少学者认为,预交罚金欠缺明确的法律依据,而且是“以罚代刑”,违反了罪责自负、无罪推定等诸多刑事实体法和程序法的基本原则。[12] 但是,也有学者认为,应当支持预交罚金的做法,主要理由如下[13]:一方面,预交罚金在法律或政策上有明确依据,即1999年最高人民法院发布的《全国法院维护农村稳定刑事审判工作座谈会纪要》指出:“对于应当并处罚金刑的犯罪,如被告人能积极缴纳罚金,认罪态度较好,且判处的罚金数量较大,自由刑可适当从轻,或考虑宣告缓刑。这符合罪刑相适应原则,因为罚金刑也是刑罚。”另一方面,预交罚金在本质或性质上有正当根据。预交罚金的实质是罚金刑的保证金,是被告人与代表国家的法院之间形成的担保法律关系,与民法中的一般保证金并无本质区别,因而,预交罚金并不是“以罚代刑”,也并不违反罪责自负、无罪推定等原则。综上,预交罚金的做法是否正当,有待进一步论证。 22

---

11 参见周应德、周海林:《试论罚金刑的缓刑》,载《现代法学》1998年第3期;钱叶六:《论中国罚金刑的改革与完善——以探寻罚金刑执行难之解决方案为视角》,载《法学论坛》2006年第4期;常沛:《构建罚金刑缓刑制度》,载《湖北社会科学》2008年第2期;王启江:《罚金刑执行研究》,法律出版社2012年版,第175页。

12 参见一啸:《罚金岂能“预缴”》,载《人民检察》1999年第11期;彭云森、龚平:《被告人预交罚金有弊无利》,载《检察实践》2000年第6期;吴平:《预交罚金的做法不可取》,载《法学杂志》2000年第6期;徐莉、黄祥坤:《主动预交罚金不宜酌情从轻处罚》,载《人民检察》2005年第10期;吴常青:《对“预交罚金”做法的反思》,载《法学》2010年第3期;董文辉:《论我国司法实务中的预交罚金》,载《江苏警官学院学报》2011年第5期。

13 参见王雨田:《罚金刑的实证分析——兼论预交罚金的合理性》,载朱和庆、赵秉志主编:《财产刑执行的调查与研究》,人民法院出版社2007年版,第285页;肖建国、黄忠顺:《“预交罚金”的法律定性研究》,载《北京科技大学学报(社会科学版)》2008年第3期;周爱军:《预交罚金:从“潜规则”到中国模式》,载《山东审判》2010年第2期。

第七节　剥夺政治权利

前　注

文献:马克昌主编:《刑罚通论》(第2版),武汉大学出版社1999年版;吴平:《资格刑研究》,中国政法大学出版社2000年版;高铭暄:《中华人民共和国刑法的孕育诞生和发展完善》,北京大学出版社2012年版。马松建:《论剥夺政治权利刑的完善》,载《河南师范大学学报(哲学社会科学版)》2003年第1期;刘飞宇:《对于刑法中剥夺政治权利的宪法学思考》,载《法学家》2005年第1期;江国华:《论"四项基本权利"及其刑罚向度》,载《武汉大学学报(哲学社会科学版)》2013年第6期;王堃:《剥夺政治权利刑的宪法学反思与改良》,载《武汉与法律》2016年第6期。

1　中外各国刑法虽然均规定了资格刑,但不同国家刑法有关资格刑内容的规定并不完全相同。在我国,剥夺政治权利作为一种资格刑,主要以剥夺犯罪分子参加国家管理和政治活动的资格为内容。作为一种附加刑,剥夺政治权利既可附加于主刑适用,亦可独立于主刑适用。我国现行《刑法》第三章第七节专门规定了剥夺政治权利,其中第54条至第58条分别规定了剥夺政治权利的内容、期限、适用以及剥夺政治权利的刑期计算、效力与执行等。

2　政治权利是公民的四项基本权利之一,是立宪国家公民基本权利体系的基本内核。[1] 法国的《人权宣言》将公民的基本权利视为"自然的、不可剥夺的和神圣"的权利,《美国宪法第一修正案》规定:"国会不得制定下列法律:……削减人民言论或出版自由……"上述规定似乎意味着公民的基本权利是先于宪法而存在,宪法仅是为了公民的基本权利而生,公民的基本权利更是不可削减或剥夺的,即便是作为根本大法的宪法也是不能规定剥夺公民的基本权利的。[2] 同时考虑到剥夺政治权利刑执行困难、执行后意义不大的现实情况,更兼之其内容存在难以摆脱的违宪嫌疑,我国学界也有主张完全废止剥夺政治权利刑的声音。[3] 但是,考虑到中西方法治文化尤其是

1　参见江国华:《论"四项基本权利"及其刑罚向度》,载《武汉大学学报(哲学社会科学版)》2013年第6期。

2　参见刘飞宇:《对于刑法中剥夺政治权利的宪法学思考》,载《法学家》2005年第1期。

3　参见王堃:《剥夺政治权利刑的宪法学反思与改良》,载《政治与法律》2016年第6期。

宪法性文件的差异性,同时立足我国《宪法》第 51 条有关"中华人民共和国公民在行使自由和权利的时候,不得损害国家的、社会的、集体的利益和其他公民的合法的自由和权利"的规定,应当认为我国《宪法》在确认或者说赋予公民基本政治权利的同时,对基本政治权利的行使也是有限制的。这被我国刑法学界通说视为《刑法》第 54 条剥夺政治权利刑的宪法性根据。[4] 事实上,即便在西方法治国家,公民的基本权利也并非完全不受法律约束,比如,生命权是公民的基本权利,但即便在今天相当一部分西方法治国家,死刑的适用也并未被完全禁止,更不能说是违法、违宪的;《德国基本法》第 11 条在规定公民"迁徙自由"的同时也有所限制,"所有德国人在联邦领土内享有迁徙自由的权利;由于缺乏足够的生活基础,将给社会公共利益带来负担时,或者联邦、州的生存或自由民主的基本秩序面临危险时……或为保护青少年以防堕落或为预防犯罪活动有必要时,可通过法律或依据法律对迁徙自由权予以限制。"我国《宪法》第 36 条、第 40 条规定也蕴含类似旨趣。这就意味着宪法在确认或赋予公民基本权利的同时,考虑到国家的安全、社会的安宁以及其他公民基本权利的保障,有必要在《宪法》中对公民基本权利的行使予以相应限制,在极其特殊的情况下,甚至可以予以剥夺,通过宪法授权其他法律来实现上述限制或剥夺效果是可能的。就此而言,为了预防部分犯罪分子危害国家安全、社会公共安全和实施其他严重侵害社会秩序、侵犯他人民主政治权利的行为,以及对实施该类不法行为的犯罪分子予以政治上的否定性评价,剥夺或限制其参与国家管理和政治生活的某些资格,是剥夺政治权利刑得以正当化的实质根据。[5]

整体来看,我国刑法中资格刑的立法存在一定缺陷。剥夺政治权利作为一种刑 3
罚方法,就其内容而言,政治色彩稍显浓厚,种类过于单一,适用过度机械,使得其作为一种资格刑的作用得不到充分有效地发挥,为此,确实有必要改造我国刑法中资格刑的内容。具体来说,首先,根据我国刑法规定,犯罪主体不仅包括自然人犯罪主体,而且包含单位犯罪主体,故有必要将资格刑改造为适用于单位的资格刑和适用于自然人的资格刑两大类;其次,就资格刑的内容而言,笔者以为,适用于单位犯罪主体的资格刑可考虑包括:停业整顿、限制或禁止从事特定业务活动以及强制撤销;适用于自然人犯罪主体的资格刑应包括:剥夺选举权和被选举权,剥夺担任公职的权利,禁止从事特定职业或活动的资格,剥夺军衔,剥夺享有的国家勋章、奖章和荣誉称号,剥夺领受政府抚恤金的权利,驱逐出境;最后,实行资格刑的分立制。所谓资格刑

4 参见高铭暄:《中华人民共和国刑法的孕育诞生和发展完善》,北京大学出版社 2012 年版,第 235 页。

5 参见马克昌主编:《刑法》,高等教育出版社 2007 年版,第 234 页。

的分立制,是指将资格刑的内容分别规定,彼此独立,可根据犯罪性质和犯罪人的情况选择适用。[6]

---

6 有学者主张,应将剥夺政治权利这一政治性很强的刑种改造为"剥夺资格刑",具体内容可包括:剥夺选举权和被选举权,剥夺担任特定职务的资格,剥夺从事特定职业的资格,剥夺一定的荣誉,剥夺军衔,驱逐出境。参见张瑞幸、管应时:《重建我国刑法中资格刑体系的构想》,载《宁夏社会科学》1993 年第 4 期。有学者建议,通过废除、合并剥夺政治权利的一些不合理内容,把剥夺政治权利改称为剥夺公权,其内容包括:剥夺选举权和被选举权,剥夺担任公职的权利。参见马松建:《论剥夺政治权利刑的完善》,载《河南师范大学学报(哲学社会科学版)》2003 年第 1 期。有学者则主张应从以下三方面完善我国资格刑的内容:其一,增加一些新的资格刑内容,包括剥夺以下权利:一是选举权和被选举权,二是担任公职权,三是亲权和其他民事权,四是特定职业权,五是荣誉权,六是居留权。其二,合并《刑法》第 54 条第(三)项和第(四)项规定,概括为"担任公职的权利"。其三,实行资格刑的分立制。参见马克昌主编:《刑罚通论》(第 2 版),武汉大学出版社 1999 年版,第 241 页以下。有学者建言,应依据资格刑适用的对象,将其改造为适用于法人的资格刑和适用于自然人的资格刑。前者包括:停业整顿、限制从事业务活动和强制撤销。后者包括:限制公权、剥夺从事特定职业的资格、剥夺军衔、驱逐出境。参见吴平:《资格刑研究》,中国政法大学出版社 2000 年版,第 311 页。

第五十四条　剥夺政治权利的含义

剥夺政治权利是剥夺下列权利：

（一）选举权和被选举权；

（二）言论、出版、集会、结社、游行、示威自由的权利；

（三）担任国家机关职务的权利；

（四）担任国有公司、企业、事业单位和人民团体领导职务的权利。

文献：马克昌主编：《刑罚通论》（第2版），武汉大学出版社1999年版；吴平：《资格刑研究》，中国政法大学出版社2000年版；何秉松主编：《刑法教科书》，中国法制出版2000年版；刘家琛主编：《刑法总则及配套规定新解新释》，人民法院出版社2000年版；陈兴良主编：《刑种通论》（第2版），中国人民大学出版社2007年版；高铭暄、赵秉志主编：《刑罚总论比较研究》，北京大学出版社2008年版；高铭暄：《中华人民共和国刑法的孕育诞生和发展完善》，北京大学出版社2012年版；王作富主编：《刑法分则实务研究》（第5版），中国方正出版社2013年版。马松建：《论剥夺政治权利刑的完善》，载《河南师范大学学报（哲学社会科学版）》2003年第1期；李小萍：《剥夺政治权利"溢出性使用"的限度——以〈教师法〉为例》，载《法学杂志》2012年第12期。

细目录

Ⅰ　主旨

Ⅱ　沿革

Ⅲ　剥夺政治权利的内容

一、剥夺选举权和被选举权

二、剥夺言论、出版、集会、结社、游行、示威自由的权利

三、剥夺担任国家机关职务的权利

四、剥夺担任国有公司、企业、事业单位和人民团体领导职务的权利

Ⅳ　剥夺政治权利的附随后果

Ⅰ　主旨

本条是有关剥夺政治权利内容的规定。剥夺政治权利是人民法院依法判处剥夺犯罪分子参加管理国家和一定社会政治生活的权利的刑罚方法。政治权利属于公民的基本权利，剥夺政治权利作为一种刑罚方法，意味着国家对实施了犯罪行为的部分犯罪分子在政治上的谴责与否定；不仅如此，剥夺部分犯罪分子的政治权利，也旨在 1

避免该类犯罪分子将来继续滥用其政治权利实施相关犯罪,具有特别预防的意义。作为一种附加刑,剥夺政治权利的设置亦符合并合主义这一刑罚正当化根据的基本要求。剥夺政治权利作为一种刑罚方法,与国民的基本权益紧密相关,明确剥夺政治权利的具体内容,是正确适用剥夺政治权利的前提与基础。

2 剥夺政治权利中的"选举权和被选举权"应仅限于选举或被选举为各级人民代表大会代表等公职的权利,而不包括选举或被选举为公司、企业或一般社会团体领导人的权利;剥夺政治权利浓厚的政治色彩决定了有必要将《刑法》第 54 条第(二)项所列六项自由限定在政治性权利与自由之内;被剥夺政治权利的犯罪分子虽然丧失了在国家机关中担任职务的资格,但并不影响其在国家机关中从事劳务活动;剥夺政治权利仅限于剥夺担任国有公司、企业、事业单位和人民团体领导职务的权利,但并未剥夺其在上述组织中从事非领导职务的其他工作的权利。因被判处剥夺政治权利的犯罪分子,还会因此在社会生活的诸多方面受到限制,有些限制有一定期限,而有些则是永久性的。

Ⅱ　沿革

3 从历史沿革上看,剥夺政治权利又称"褫夺公权"。在我国,剥夺政治权利曾经在较长一段时间内既可以作为一种刑罚方法适用于犯罪分子,也可以作为一种对敌专政措施适用于敌对阶级分子。1979 年《刑法》第三章第七节专门规定了剥夺政治权利,明确将剥夺政治权利作为一种刑罚方法,仅适用于犯罪分子。1979 年《刑法》第 50 条明确规定:"剥夺政治权利是剥夺下列权利:(一)选举权和被选举权;(二)宪法第四十五条规定的各种权利;(三)担任国家机关职务的权利;(四)担任企业、事业单位和人民团体领导职务的权利。"围绕 1979 年《刑法》第 50 条适用中存在的问题,相关部门还曾颁布过专门解释。其中,最高人民法院、最高人民检察院、公安部、劳动人事部于 1986 年 11 月 8 日发布的《关于被判处管制、剥夺政治权利和宣告缓刑、假释的犯罪分子能否外出经商等问题的通知》中规定,"被剥夺政治权利和宣告缓刑的犯罪分子,按现行规定,属于允许经商范围之内的,如外出经商,需事先经公安机关允许""犯罪分子在被管制、剥夺政治权利、缓刑、假释期间,不能担任国营或集体企事业单位的领导职务"。1991 年 9 月 25 日发布的最高人民检察院《关于被判处管制、剥夺政治权利和宣告缓刑、假释的犯罪分子能否担任中外合资、合作经营企业领导职务问题的答复》中进一步指出,被判处管制、剥夺政治权利、缓刑、假释的犯罪分子不能担任领导职务的原则,可适用于中外合资、中外合作企业(包括我方与港、澳、台商合资、合作企业)。整体来看,与此前较为混乱的适用局面相比较,1979 年《刑法》有关剥夺政治权利的规定明显规范化、科学化,实践中也很好地发挥了资格刑的积极功效。但也不得不承认,1979 年《刑法》第 50 条有关剥夺政治权利内容的规定仍旧存在诸多问题。1978 年《宪法》第 45 条规定:"公民有言论、通信、出版、集会、结社、游行、示威、罢工的自由,有运用'大鸣、大放、大辩论、大字报'的权利。"上述有关剥夺政治权利的部分内容,或者不甚合理,或者不合时宜。随着 1982 年《宪法》的公布,其

第 45 条已然不再是有关公民自由的规定,这就使得刑法与宪法的相关规定在衔接上存在明显的错位与矛盾。

4 为适应新的社会发展变化的需要,也为使刑法与宪法的相关规定保持一致,1997 年修订的《刑法》第 54 条进一步明确并规范了剥夺政治权利的内容:“剥夺政治权利是剥夺下列权利:(一)选举权和被选举权;(二)言论、出版、集会、结社、游行、示威自由的权利;(三)担任国家机关职务的权利;(四)担任国有公司、企业、事业单位和人民团体领导职务的权利。”此后,《刑法》虽历经多次修正,但有关剥夺政治权利的内容均未有过变动。

Ⅲ 剥夺政治权利的内容

一、剥夺选举权和被选举权

5 所谓“选举权”,是指《选举法》所规定的,公民可以参加选举活动,按照本人的自由意志投票选举人民代表等职务的权利,即参加投票选举的权利。“被选举权”,是指根据《选举法》的规定,公民可以被提名为人民代表等职务的候选人,当选为人民代表等职务的权利。选举权和被选举权是公民的一项基本政治权利,是公民参与国家管理的必要前提和有效途径。对实施了犯罪行为的部分犯罪分子依法剥夺政治权利,意味着该犯罪分子不再享有选举权和被选举权。

6 本条中的选举权和被选举权具有很强的政治属性,且与公民参与国家政治活动的权利紧密相关,故此处的选举权和被选举权应仅限于选举或被选举为各级人民代表大会代表等公职的权利。因此,选举或被选举为公司、企业或一般社会团体领导人的权利并不在被剥夺之列;因村民委员会委员亦不同于各级人民代表大会代表,故本条中所剥夺之选举权和被选举权并不包括选举或被选举为村民委员会委员的权利。《村民委员会组织法》第 13 条虽然明文规定“依照法律被剥夺政治权利的人除外”,但在笔者看来,应将此处之丧失选举或被选举为村民委员会委员的权利理解为剥夺政治权利的附随效果。

二、剥夺言论、出版、集会、结社、游行、示威自由的权利

7 我国《宪法》第 35 条规定:“中华人民共和国公民有言论、出版、集会、结社、游行、示威的自由。”所谓言论自由,指公民以言语表达意思的自由;出版自由,指公民以文字、音像、绘画等形式出版作品,向社会表达思想的自由;集会自由,指公民聚集于公共场所发表意见、表达意愿的自由;结社自由,指公民为一定宗旨组成某种社会组织的自由;游行自由,指公民于道路或其他公共场所列队行进、表达意愿的自由;示威自由,指公民在公共场所以集会、游行、静坐等方式,表达抗议或支持等共同意愿的自由。上述六项自由是宪法赋予公民的最基本也是最重要的政治自由,是公民参与政治活动和国家管理的最主要的途径与方式。被依法剥夺政治权利的犯罪分子,即丧

失了上述六项基本的政治自由。

8 在我国刑法学界,围绕应否将上述六项自由限定在政治性自由范围内,形成了截然对立的两种意见。一种意见认为,至于言论、出版、集会、结社、游行、示威自由的含义,不能从广义上解释,而只能从狭义上理解为限于'政治性'的范围之内。[1] 另一种意见则倾向于认为,上述六项自由不应限定在"政治性"范围以内。[2] 从教义学角度出发,对《刑法》第54条第(二)项规定进行限缩解释是合理的,也是有必要的。首先,剥夺政治权利系人民法院代表国家对实施了特定犯罪或者被判处特定刑罚的犯罪分子进行政治上严正的否定性评价,因此,剥夺政治权利作为一种附加刑具有浓厚的政治色彩,这一点决定了有必要将本条所列举的六项自由限定在政治性权利与自由之内;其次,从《刑法》第54条第(二)项与上位法即《宪法》第35条的衔接关系上看,即便认为《宪法》第35条规定了公民的六项基本权利与自由不仅限于公民参加政治活动和参与国家政治事务的管理,而且包括发表非政治性言论或参加与政治无涉的集会或结社活动,但基于刑法上剥夺政治权利的政治属性以及上位法与下位法之间的关联性,对《刑法》第54条第(二)项规定进行限缩解释,即将上述六项自由限定在政治性自由范围内,在方法论上也完全可以;最后,从保障和尊重人权角度看,剥夺言论等自由也不宜泛化,不能因为犯罪分子被剥夺了政治权利就不允许其表达思想,禁止其发表任何类型的作品。诚如所言,对社会有益的学术性、科技性及建设性的言论,不仅不能限制,相反应予以保护和鼓励。[3] 但是,若立足立法论,有必要反思上述争论:从理论层面虽可将上述六种自由区分为政治性和非政治性两类,但实践中这种区分无疑是困难的甚至无法操作的;不仅如此,《宪法》第34条虽明确规定选举权和被选举权可依法被剥夺,但《宪法》第35条有关公民的言论、出版、集会等六大基本自由的规定中并未明确规定其可被依法予以剥夺。在此背景下,《刑法》规定剥夺犯罪分子的六项基本自由,有欠妥当;尤为甚者,《宪法》规定的言论、出版、集会、结社、游行、示威自由这些公民基本的政治权利没有必要也不应该作为刑罚的内容适用于犯罪人。剥夺上述基本政治权利在世界范围内既无先例又显严酷,更无法真正实现。[4] 因此,从立法论层面看,我们主张剥夺政治权利的内容中不应包括《宪法》第35条规定的上述六种自由。

三、剥夺担任国家机关职务的权利

9 国家机关是指统治阶级为实现阶级统治目的、执行国家职能而建立的正式的权

---

1 参见马克昌主编:《刑罚通论》(第2版),武汉大学出版社1999年版,第231页。

2 参见刘家琛主编:《刑法总则及配套规定新解新释》,人民法院出版社2000年版,第531页以下。

3 参见马克昌主编:《刑罚通论》(第2版),武汉大学出版社1999年版,第231页。

4 参见吴平:《论剥夺政治权利的性质的定位》,载《浙江师范大学学报(社会科学版)》2002年第1期。

力性的组织系统。在我国,国家机关包括国家各级权力机关、行政机关、司法机关、军事机关以及中国共产党和中国人民政治协商会议的各级机关。担任国家机关职务是指依照法律规定,在国家机关中从事组织、领导、监督和管理公共事务的地位与资格。因国家机关使命神圣、国家机关职务关系公共事务,所涉面尤为广泛,为有效保护国家与社会利益,被剥夺政治权利的犯罪分子当然不能代表国家对公共事务进行管理。需要说明的是,担任国家机关职务即意味着在国家机关中从事公务,而这一点正是国家工作人员的基本特征。因此,完全可以在国家工作人员的意义上理解担任国家机关职务的人。易言之,剥夺担任国家机关职务的权利,即是剥夺其担任"国家工作人员"的权利。公务的管理性决定了它不同于劳务。劳务是指劳动者进行劳动生产和提供劳动服务,劳动者不享有社会公共事务管理权。[5] 就此而言,被剥夺政治权利的犯罪分子虽丧失了担任国家机关职务的资格,但并不是说被剥夺了政治权利的犯罪分子不能在国家机关中从事劳务活动,如担任锅炉工、打字员、炊事员等。

四、剥夺担任国有公司、企业、事业单位和人民团体领导职务的权利

国有公司、企业是指国家所有的公司、企业。事业单位是指国家为了社会公益目的,由国家机关举办或者其他组织利用国有资产举办的,从事教育、科技、文化、卫生等活动的社会服务组织。人民团体,是指各级工商联、青联、工会、妇联等人民群众团体。国有公司、企业、事业单位和人民团体由国家投资组建或由财政拨款开支,以实现国家利益或增进社会公益为目的,是国家对社会进行有效管理的重要组成部分。在上述组织中担任领导职务,意味着行为人实际上参与了国家对社会公共事务的管理活动,故担任上述组织中领导职务的资格被纳入剥夺政治权利的范围。 10

随着市场经济改革的逐步深化,完全由国家投资兴办的公司、企业比重正逐步下降;相对地,混合所有制公司、企业的比例正逐步上升。对此,有学者建议,有必要将本条中的"国有"解释为"国家所有、控制或支配",继而认为国有公司、企业也应包括国家控股的混合所有制公司、企业。[6] 该解释有其合理之处,但充其量只能是一种立法建议,毕竟国有公司、企业与国家控股的混合所有制公司、企业存在重大区别,故上述解释在现行法框架内恐有违反罪刑法定原则之嫌。关于如何厘定本条中的"领导职务",笔者以为,领导职务不应仅限于在国有公司、企业、事业单位、人民团体中担任最高层领导职务,而且应包括在上述组织中的中层以及基层领导职务。需要特别指出的是,剥夺政治权利仅限于剥夺担任国有公司、企业、事业单位和人民团体领导职务的权利,而并不禁止被剥夺政治权利的犯罪分子在上述组织中从事非领导职务的其他工作的权利。 11

5 参见王作富主编:《刑法分则实务研究》,中国方正出版社 2001 年版,第 1692 页。

6 参见何秉松主编:《刑法教科书》,中国法制出版 2000 年版,第 1120 页。

Ⅳ 剥夺政治权利的附随后果

12 被判处剥夺政治权利的犯罪分子,还会因此在社会生活的诸多方面受到限制,有些限制有一定期限,而有些则是永久性的。具体来说,因剥夺政治权利导致在一定期限内于其他社会生活事务方面受限制者包括:①根据《公司法》第 146 条第 2 款的规定,因犯罪被剥夺政治权利,执行期满未逾 5 年的,不得担任公司的董事、监事、高级管理人员;②根据《医师法》第 16 条、第 17 条的规定,医师因受刑事处罚,卫生行政部门应当注销注册,废止医师执业证书;医师因受刑事处罚,自刑罚(包括剥夺政治权利)执行完毕之日起至申请注册之日至不满 2 年的不予注册医师;③根据《注册会计师法》第 13 条第 1 款第(二)项的规定,已取得注册会计师证书的人员,受刑事处罚的,由准予注册的注册会计师协会撤销注册,收回注册会计师证书;与此同时,根据该法第 10 条第(二)项的规定,因受刑事处罚,自刑罚执行完毕之日起至申请注册之日止不满 5 年的,受理申请的注册会计师协会不予注册。

13 因剥夺政治权利而永久受限的事项包括:①根据《兵役法》第 5 条第 3 款的规定,“依照法律被剥夺政治权利的公民,不得服兵役”;②根据《教师法》第 14 条的规定,“受到剥夺政治权利或者故意犯罪受到有期徒刑以上刑事处罚的,不能取得教师资格;已经取得教师资格的,丧失教师资格”;③根据《商业银行法》第 27 条第 1 款的规定,因犯罪被剥夺政治权利的人员,不得担任商业银行的董事、高级管理人员;④根据《证券交易所管理办法》第 34 条第 2 款第(一)项的规定,因犯罪被剥夺政治权利,不得招聘为证券交易所从业人员,不得担任证券交易所理事、监事、高级管理人员;⑤根据《公务员法》第 26 条规定,曾因犯罪受过刑事处罚(包括剥夺政治权利)的不得录用为公务员;⑥根据《检察官法》第 13 条、《法官法》第 13 条的规定,曾因犯罪受过刑事处罚(包括剥夺政治权利)的不得担任法官或检察官职务;一经发现,即便在岗的,也必得撤销任命;⑦根据《律师法》第 7 条、第 49 条第 2 款的规定,因故意犯罪受过刑事处罚(包括剥夺政治权利)的,不予颁发律师执业证书;律师因故意犯罪而受到刑事处罚的,由省、自治区、直辖市人民政府司法行政部门吊销其律师执业证书。

14 上述因剥夺政治权利而产生的诸多限制,均非剥夺政治权利本身的内容,而系其附随效果,有学者将其称为剥夺政治权利的“溢出性使用”。[7] 无疑剥夺政治权利过度的溢出性使用,其合理性确实值得反思。

---

7 参见李小萍:《剥夺政治权利“溢出性使用”的限度——以〈教师法〉为例》,载《法学杂志》2012 年第 12 期。

第五十五条　剥夺政治权利的期限

剥夺政治权利的期限，除本法第五十七条规定外，为一年以上五年以下。

判处管制附加剥夺政治权利的，剥夺政治权利的期限与管制的期限相等，同时执行。

文献:陈兴良:《刑法适用总论》,法律出版社 1999 年版;包雯、翟海峰、王涛:《刑法总论专题研究》,人民法院出版社 2003 年版;高铭暄、马克昌主编:《中国刑法解释》(上卷),中国社会科学出版社 2005 年版;全国人大常委会法制工作委员会刑法室编著:《中华人民共和国刑法解读》(第 4 版),中国法制出版社 2015 年版。李希慧:《资格刑的反思与完善》,载《法学》1995 年第 3 期;陈贵荣:《关于剥夺政治权利刑罚的适用和执行的法律思考》,载《犯罪研究》2003 年第 3 期;孟庆华:《剥夺政治权利的刑期若干适用问题探讨》,载《河北法学》2009 年第 11 期;何丽娜:《附加剥夺政治权利的具体适用问题探讨》,载《华南理工大学学报(社会科学版)》2015 年第 5 期。

细目录

Ⅰ　主旨

Ⅱ　沿革

Ⅲ　剥夺政治权利的期限

一、判处有期徒刑、拘役而附加适用或者单独适用剥夺政治权利的期限

二、判处管制附加剥夺政治权利的期限

三、判处死刑、无期徒刑附加剥夺政治权利的期限

四、死刑缓期执行减为有期徒刑或者无期徒刑减为有期徒刑时附加剥夺政治权利的期限

Ⅰ　主旨

剥夺政治权利以剥夺犯罪分子参加管理国家和一定社会政治生活的资格为内容,其本质是一种负担与痛苦。为了贯彻罪刑法定原则,也为了保护犯罪人的基本权益,有必要就剥夺政治权利的期限问题作出明确规定。在裁量剥夺政治权利的期限时,固然要符合《刑法》第 55 条有关剥夺政治权利的期限的明文规定,但也要结合所判处的主刑的刑期长短来考虑剥夺政治权利的期限。从更为实质的意义上看,有必要根据犯罪的性质、危害程度以及情节轻重,并考虑犯罪预防的必要性来具体裁断剥夺政治权利的期限。判处管制附加剥夺政治权利的场合,“同时执行”意味着剥夺政 1

治权利在管制开始执行时就一同执行,当罪犯管制期满解除管制时,其政治权利也同时恢复。因此,由于刑期折抵而使管制的实际执行日期缩短时,剥夺政治权利的日期也相应缩短。

Ⅱ 沿革

2 1979年《刑法》颁布以前,法律虽然规定了剥夺政治权利,但并未规定剥夺政治权利的期限,这一问题在实践中最终由最高人民法院通过司法解释的方式解决。[1]这种情况一直持续到1979年《刑法》颁布,其中,该法第51条明确规定:"剥夺政治权利的期限,除本法第五十三条规定外,为一年以上五年以下。判处管制附加剥夺政治权利的,剥夺政治权利的期限与管制的期限相等,同时执行。"1997年修订后的《刑法》与1979年《刑法》有关剥夺政治权利期限的规定除却因刑法条文增加而将"除本法第五十三条规定外"修订为"除本法第五十七条规定外",其他规定与表述完全一致。

Ⅲ 剥夺政治权利的期限

3 根据我国《刑法》第55条有关剥夺政治权利期限的规定,剥夺政治权利的期限因所判处刑罚的差异分为四种情形:

一、判处有期徒刑、拘役而附加适用或者单独适用剥夺政治权利的期限

4 根据《刑法》第55条第1款规定,当剥夺政治权利附加适用于被判处有期徒刑、拘役的犯罪分子或者单独适用时,剥夺政治权利的期限为1年以上5年以下。在此,剥夺政治权利的期限实行定期剥夺制。与终身剥夺制不同,在定期剥夺制情形下,法院在宣告判决前尚需进一步确定剥夺政治权利的具体期限。一般来说,对犯罪分子判处剥夺政治权利的时候,应当根据犯罪性质、危害程度以及情节轻重,决定剥夺政治权利的期限。由于剥夺政治权利在此附加于主刑适用,故剥夺政治权利的期限基本由主刑的刑期决定,且应与主刑刑期的长短相适应。当然,立足犯罪预防的目的,在确定剥夺政治权利期限时,除应考虑已然之罪的性质、危害程度之外,还应特别考量犯罪分子将来继续利用政治权利进行犯罪的可能性的大小。[2]

---

1 如1958年4月9日发布的最高人民法院《关于剥夺政治权利的若干问题的函》中"关于判处管制的罪犯,其剥夺政治权利期间从何时起算的问题",批复指出,"如果是只判处管制的,其剥夺政治权利期间,应从判决发生法律效力之日起算,管制和剥夺政治权利同时执行;如果是判处管制同时又附加判处剥夺政治权利若干年的,则所判处的剥夺政治权利期间,应从管制的刑罚执行完毕之日起算"。

2 参见马克昌主编:《刑罚通论》(第2版),武汉大学出版社1999年版,第466页。

二、判处管制附加剥夺政治权利的期限

5 根据《刑法》第55条第2款的规定，判处管制附加剥夺政治权利的期限与管制的期限相等，同时执行。所谓“剥夺政治权利的期限与管制的期限相等”，是指在判处管制的同时附加剥夺政治权利的，判处管制的期限与判处附加剥夺政治权利的期限长短完全相同。有争议的是，如何理解此处的“同时执行”？对此，有两种不同意见：“有始有终说”认为，“同时执行”，是指剥夺政治权利的刑罚不是要等管制期满后再执行，而应在管制开始执行时就一同执行，当罪犯管制期满解除管制时，政治权利也同时恢复。[3] 易言之，剥夺政治权利的刑期与管制的刑期同时起算，管制刑由于刑期的折抵而使其实际执行的日期缩短时，剥夺政治权利的日期也随之缩短。[4] “有始无终说”则认为，同时执行是指同时开始，但不一定同时结束，即管制期满解除管制，政治权利不一定同时恢复。[5] 比较而言，笔者认为，“有始有终说”比较合理，唯有坚持管制与剥夺政治权利同时开始、同时结束，才能够贯彻落实《刑法》第55条第2款规定的“剥夺政治权利的期限与管制的期限相等”；反之，如果遵从“有始无终说”，就会出现管制期满后，继续执行剥夺政治权利剩余期限的局面，这明显违反了《刑法》第55条第2款有关剥夺政治权利期限的规定。

三、判处死刑、无期徒刑附加剥夺政治权利的期限

6 《刑法》第57条第1款规定：“对于被判处死刑、无期徒刑的犯罪分子，应当剥夺政治权利终身。”易言之，对于被判处死刑、无期徒刑的犯罪分子，在剥夺其政治权利的期限问题上，我国刑法实行终身剥夺制。关于其具体内容，在第57条评注详细展开。

四、死刑缓期执行减为有期徒刑或者无期徒刑减为有期徒刑时附加剥夺政治权利的期限

7 《刑法》第57第2款规定：“在死刑缓期执行减为有期徒刑或者无期徒刑减为有期徒刑的时候，应当把附加剥夺政治权利的期限改为三年以上十年以下。”被判处死刑缓期执行或无期徒刑的犯罪分子，在刑罚执行过程中符合相关条件时，可由死刑缓期执行减为有期徒刑，或者由无期徒刑减为有期徒刑。此时，考虑到主刑的变更，尤其是罪犯在刑罚执行期间的表现情况，从特别预防的角度看，有必要将附加剥夺政治权利的期限由原来的终身剥夺制调整为定期剥夺制。

---

3 全国人大常委会法制工作委员会刑法室编著：《中华人民共和国刑法解读》（第4版），中国法制出版社2015年版，第76页。

4 参见郎胜主编：《〈中华人民共和国刑法〉释解》，群众出版社1997年版，第54页。

5 参见段孝刚：《论剥夺政治权利刑的不确定性》，载《福建公安高等专科学校学报》2006年第3期。

第五十六条　剥夺政治权利的附加、独立适用

对于危害国家安全的犯罪分子应当附加剥夺政治权利；对于故意杀人、强奸、放火、爆炸、投毒、抢劫等严重破坏社会秩序的犯罪分子，可以附加剥夺政治权利。

独立适用剥夺政治权利的，依照本法分则的规定。

文献：赵秉志：《犯罪主体论》，中国人民大学出版社1989年版；刘家琛主编：《新刑法条文释义》，人民法院出版社1997年版；高铭暄、赵秉志编：《新中国刑法立法文献资料总览》(中)，中国人民公安大学出版社1998年版；翟中东主编：《刑种适用中疑难问题研究》，吉林人民出版社2001年版；高铭暄、赵秉志主编：《刑罚总论比较研究》，北京大学出版社2008年版。魏厚成、罗明举：《对未成年犯罪分子附加剥夺政治权利的初步意见》，载《法学评论》1985年第5期；王志军：《关于剥夺政治权利的几个问题》，载《法学评论》1986年第3期。

细目录

Ⅰ　主旨
Ⅱ　沿革
Ⅲ　剥夺政治权利的适用
一、剥夺政治权利的适用方式
二、剥夺政治权利的适用对象

Ⅰ　主旨

1　剥夺政治权利作为一种附加刑，既可以附加于主刑适用，也可以独立于主刑适用。根据我国《刑法》第56条的规定，对于危害国家安全的犯罪分子，必须附加适用剥夺政治权利；对于故意杀人、强奸、放火、爆炸、投放危险物质、抢劫等严重破坏社会秩序的犯罪分子，基于立法的倾向性规定，司法者通常也应当对实施上述严重破坏社会秩序的犯罪分子附加剥夺政治权利。考虑到我国刑法中剥夺政治权利与其他刑种并列且均排在最后，因此，独立适用剥夺政治权利仅适用于行为已经构成犯罪需要判处刑罚但情节相对较轻的情形。

2　考虑到未成年罪犯的特殊性，除刑法规定"应当"附加剥夺政治权利，对未成年罪犯一般不判处附加剥夺政治权利；根据法律规定，即便要对未成年罪犯必须判处附加剥夺政治权利的，也应当依法从轻判处。但立足立法论，笔者主张，在未来《刑法》修

张　伟

订过程中，应增设对未成年罪犯不适用剥夺政治权利的特别规定。未成年人由于生理、心理都尚未发育成熟，可塑性强，容易受人教唆、引诱或者受不良社会环境的影响而走上犯罪道路，同时，未成年罪犯又具有容易教育改造的特点。因此，对犯罪的未成年人适用剥夺政治权利具有严重的社会非难性，不利于其回归社会，更与我国对未成年人实行特殊保护的政策不相符。[1]

Ⅱ 沿革

1.《刑法》的沿革

在1979年《刑法》颁布前，在相关的条例以及司法解释中，也有关于剥夺政治权利适用方面的规定，但整体来看既不统一，也难言规范。有鉴于此，1979年《刑法》第52条专门就剥夺政治权利的适用问题作了明确规定："对于反革命分子应当附加剥夺政治权利；对于严重破坏社会秩序的犯罪分子，在必要的时候，也可以附加剥夺政治权利。" 3

1997年《刑法》第56条在1979年《刑法》第52条的基础上作了进一步修订与完善。其中，将"对于反革命分子应当附加剥夺政治权利"修订为"对于危害国家安全的犯罪分子应当附加剥夺政治权利"，将"对于严重破坏社会秩序的犯罪分子，在必要的时候，也可以附加剥夺政治权利"进一步明确为"对于故意杀人、强奸、放火、爆炸、投毒、抢劫等严重破坏社会秩序的犯罪分子，可以附加剥夺政治权利"，实现了刑法用语的规范化与刑事立法的明确性。此外，针对1979年《刑法》没有对独立适用剥夺政治权利规定的问题，增加一款规定："独立适用剥夺政治权利的，依照本法分则的规定。" 4

2. 相关司法解释

在1979年《刑法》适用过程中，最高人民法院曾围绕《刑法》第52条作出过相应批复与司法解释，主要解决的是未成年犯能否附加剥夺政治权利问题。最高人民法院研究室于1985年8月16日发布的在《关于对未成年犯能否附加剥夺政治权利问题的电话答复》中指出，"刑法第五十二条、五十三条规定，对反革命分子和被判处死刑、无期徒刑的犯罪分子，应当附加剥夺政治权利。这个规定也适用于未满18岁的反革命分子和被判处死缓、无期徒刑的犯罪分子，即也应该依法附加剥夺政治权利。但在对未满18岁的反革命分子决定剥夺政治权利的期限时，应根据刑法第十四条第三款的规定，从轻或者减轻处罚，除反革命分子和被判处死刑、无期徒刑的犯罪分子外，对于严重破坏社会秩序的犯罪分子，刑法第五十二条规定，在必要的时候，也可以附加剥夺政治权利。这个规定也适用于不满18岁犯有严重破坏社会秩序的犯罪分子。但是，在决定是否对其附加剥夺政治权利和剥夺的期限时，都要按照刑法第十 5

1 参见马克昌主编：《刑罚通论》（第2版），武汉大学出版社1999年版，第463页以下。

四条第三款'应当从轻或者减轻'的原则从严掌握,一般可以不附加剥夺政治权利"。此后,1995年5月2日发布的最高人民法院《关于办理未成年人刑事案件适用法律的若干问题的解释》中秉承前述批复的基本精神,规定:"对犯严重破坏社会秩序罪的未成年罪犯,除依法判处无期徒刑、死刑缓期执行的以外,一般不附加判处剥夺政治权利刑。对于未成年罪犯,不应单独适用剥夺政治权利刑。"上述司法解释随着2006年1月11日发布的最高人民法院《关于审理未成年人刑事案件具体应用法律若干问题的解释》的施行而失效,但该司法解释第14条仍秉承前述司法解释有关未成年犯适用剥夺政治权利的基本立场,明确规定:"除刑法规定'应当'附加剥夺政治权利外,对未成年罪犯一般不判处附加剥夺政治权利。如果对未成年罪犯判处附加剥夺政治权利的,应当依法从轻判处。对实施被指控犯罪时未成年、审判时已成年的罪犯判处附加剥夺政治权利,适用前款的规定。"此外,在1997年《刑法》施行后,最高人民法院于1997年12月31日发布的《关于对故意伤害、盗窃等严重破坏社会秩序的犯罪分子能否附加剥夺政治权利问题的批复》中指出:"根据刑法第五十六条规定,对于故意杀人、强奸、放火、爆炸、投毒、抢劫等严重破坏社会秩序的犯罪分子,可以附加剥夺政治权利。对故意伤害、盗窃等其他严重破坏社会秩序的犯罪,犯罪分子主观恶性较深、犯罪情节恶劣、罪行严重的,也可以依法附加剥夺政治权利。"

Ⅲ 剥夺政治权利的适用

一、剥夺政治权利的适用方式

(一)附加适用剥夺政治权利

6 根据《刑法》第56条的规定,因适用对象的差异,我国刑法中的剥夺政治权利有两种适用方式:附加适用和独立适用。所谓附加适用,是指在对犯罪分子判处主刑的同时附加剥夺政治权利终身或一定期限;独立适用则是指对犯罪分子不判处主刑而仅对其适用一定期限的剥夺政治权利。一般认为,当剥夺政治权利附加于主刑适用时,通常是作为一种比较严厉的刑罚而适用于重罪;比较而言,独立适用剥夺政治权利,则意味着其作为一种不剥夺人身自由的轻刑适用于较轻的犯罪。[2] 剥夺政治权利附加于主刑适用时,根据其适用对象的差异即适用对象被判处的主刑及所犯罪行的性质不同,分为"应当"剥夺政治权利和"可以"剥夺政治权利两种情形。

(二)独立适用剥夺政治权利

7 独立适用剥夺政治权利时,应严格依照《刑法》分则相关规定进行。具体来说,立足罪刑法定原则,只有当刑法分则相关犯罪的法定刑中明确规定了可以单处剥夺政

2 参见陈兴良主编:《刑种通论》(第2版),中国人民大学出版社2007年版,第397页以下。

治权利时,才有可能对相关犯罪分子独立适用剥夺政治权利;反之,如果刑法分则条文中没有规定可以独立适用剥夺政治权利,则不能对相应犯罪分子独立适用剥夺政治权利;与此同时,根据我国《刑法》分则相关条文规定的特点,可以独立适用剥夺政治权利的犯罪中,在其法定刑的配置上,剥夺政治权利均是与有期徒刑、拘役、管制并列的供选择的刑罚方法,即作为一种授权性的立法,要求司法者在适用刑罚时立足罪责刑相适应原则,考虑独立适用剥夺政治权利的实质合理性。

二、剥夺政治权利的适用对象

如上所述,剥夺政治权利的适用方式与适用对象紧密关联,适用对象的不同决定了适用方式的差异。因此,有必要就不同情形下剥夺政治权利的适用对象分别加以研讨。 8

(一)附加适用剥夺政治权利的对象

根据刑法规定,附加剥夺政治权利的适用方式分为:“应当”剥夺政治权利和“可以”剥夺政治权利两种,且其适用对象也迥然有别。 9

1.“应当”剥夺政治权利的对象

根据《刑法》第56、57条的规定,应当剥夺政治权利的对象包括实施危害国家安全犯罪的犯罪分子和被判处死刑、无期徒刑的犯罪分子。在此,主要讨论《刑法》第56条规定的应当剥夺政治权利的对象——危害国家安全的犯罪分子,即实施了《刑法》分则第一章危害国家安全犯罪的犯罪人。危害国家安全罪是一类罪名,包括《刑法》分则第一章所规定的12种犯罪。对实施危害国家安全犯罪的行为人一律剥夺其政治权利,其立法背景与立法理由在于,危害国家安全的犯罪分子实施危害国家主权、领土完整和安全,分裂国家,颠覆人民民主专政的政权和社会主义制度的行为,其性质决定了对他们除单独适用剥夺政治权利的情况外,不论判处何种刑罚,都应当附加剥夺政治权利。[3] 由于此处之应当剥夺政治权利作为附加刑适用,意味着实施了危害国家安全的犯罪分子必须被判处了某种主刑。易言之,如果相关犯罪分子没有被判处主刑,剥夺政治权利就不可能被附加适用。 10

在此,对实施了危害国家安全犯罪行为的中国公民,在对其判处主刑的同时附加剥夺政治权利,没有问题。稍存异议的是,外国人在我国领域内或者在国外实施针对我国国家安全犯罪的,在判处其主刑的同时,能否附加剥夺政治权利?对此,刑法理论上存在肯定说与否定说的对立。否定说是目前理论上的通说[4],也是司法实践中的通行做法。现在看来,否定说的意见还值得进一步商榷。对实施危害国家安全犯罪的外国人能否适用剥夺政治权利,很大程度上取决于剥夺政治权利的内容。外国 11

3 参见全国人大常委会法制工作委员会刑法室编著:《中华人民共和国刑法解读》(第4版),中国法制出版社2015年版,第77页。

4 参见陈兴良主编:《刑种通论》(第2版),中国人民大学出版社2007年版,第398页。

人在我国当然不享有宪法赋予我国公民的选举权和被选举权,但是剥夺政治权利的内容并不仅限于选举权和被选举权,还包括言论、出版、集会、结社、游行、示威自由的权利、担任国有公司、企业、事业单位和人民团体领导职务的权利等。《集会游行示威法》第 34 条第 1 款明确规定:"外国人在中国境内举行集会、游行、示威,适用本法规定。"这无疑表明,外国人在我国也享有集会、游行、示威的权利。就此而言,针对实施了危害国家安全犯罪的外国人,剥夺其政治权利并非没有意义。事实上,随着我国经济体制改革不断深入、对外交流合作日益加强,外国人受聘在我国国家机关担任一定职务或者在国有公司、企业、事业单位、人民团体担任顾问、经理、厂长等领导职务也屡见不鲜。因此,不论是立足平等适用法律,还是基于预防再犯的考虑,均有必要肯定对实施危害国家安全犯罪的外国人适用剥夺政治权利。

2. "可以"剥夺政治权利的对象

12 根据《刑法》第 56 条第 1 款的规定,对于故意杀人、强奸、放火、爆炸、投毒、抢劫等严重破坏社会秩序的犯罪分子,可以附加剥夺政治权利。其立法理由在于,对于严重侵犯人身安全和危害公共安全的犯罪,必要时,在判处主刑的同时附加剥夺政治权利也是罪刑相适应原则的要求,有利于充分发挥刑罚的惩罚和教育作用。[5] 与"应当"剥夺政治权利的规定不同,"可以"附加剥夺政治权利属于授权性立法,由人民法院在审判过程中根据案件的具体情况酌定裁量。至于其可以适用的对象,立法者以示例加概括的方式作了规定,包括但不限于故意杀人、强奸、放火、爆炸、投毒、抢劫六种犯罪。易言之,剥夺政治权利除可以适用于实施了上述六种严重犯罪行为的犯罪分子以外,还可适用于与上述六种犯罪严重程度相当的其他种类的犯罪行为。

13 1997 年 12 月 31 日发布的最高人民法院《关于对故意伤害、盗窃等严重破坏社会秩序的犯罪分子能否附加剥夺政治权利问题的批复》中指出:"根据刑法第五十六条规定,对于故意杀人、强奸、放火、爆炸、投毒、抢劫等严重破坏社会秩序的犯罪分子,可以附加剥夺政治权利。对故意伤害、盗窃等其他严重破坏社会秩序的犯罪,犯罪分子主观恶性较深、犯罪情节恶劣、罪行严重的,也可以依法附加剥夺政治权利。"此外,2017 年 2 月 1 日起施行的《关于办理组织、利用邪教组织破坏法律实施等刑事案件适用法律若干问题的解释》第 14 条明确规定:"对于犯组织、利用邪教组织破坏法律实施罪、组织、利用邪教组织致人重伤、死亡罪,严重破坏社会秩序的犯罪分子,根据刑法第五十六条的规定,可以附加剥夺政治权利。"在笔者看来,《刑法》第 56 条第 1 款规定的可以适用附加剥夺政治权利的对象范围是比较模糊的,这也决定了其适用范围是极具弹性的。今后司法实践中,类似的解释、批复或许还将出现。诚如所言,事实上指望刑法与司法解释将严重破坏社会秩序的犯罪的范围完全予以明确化也是不现实的。因为可列入该类犯罪范围的罪名在数量上相当可观,采取一一列

---

5 参见全国人大常委会法制工作委员会刑法室编著:《中华人民共和国刑法解读》(第 4 版),中国法制出版社 2015 年版,第 77 页。

举的方式将是十分烦琐的,并不可取。[6] 因此,笔者以为,《刑法》第 56 条第 1 款“可以”适用附加剥夺政治权利的对象范围,只能根据刑法解释的一般原理,在司法实践过程中结合具体案件的不同情况分别考量,不仅应考察已然之罪的性质及其危害程度,而且要科学评估犯罪分子是否可能利用其资格继续实施犯罪。对此,实践中做法不一,有的认为被判处 10 年以上有期徒刑或 5 年以上 10 年以下有期徒刑的犯罪分子,都可以附加剥夺政治权利。对于累犯,即使不属于上述范围,但是由于其社会危害性大,必要时也可以附加剥夺政治权利。[7] 有的地方对于严重破坏社会秩序的犯罪分子附加剥夺政治权利的,对所判处的主刑则控制在 10 年以上。[8] 笔者认为,《刑法》第 56 条第 1 款规定的可以附加剥夺政治权利的范围虽然相对比较模糊,但也不宜过度泛化,从解释论的角度看也并非无迹可寻。立法者以示例的方式进行了列举,因此,就其他可以适用附加剥夺政治权利的犯罪而言,其在犯罪性质上应当与故意杀人、强奸、放火、爆炸等犯罪相当,即侵犯人身安全和危害公共安全的犯罪,在危害程度上也必须达到严重破坏社会秩序的要求。就此而言,笔者更倾向于前述后一种做法。

此外,曾经存在争议的问题是,对未成年罪犯可否适用剥夺政治权利?对此,学界存在下述三种代表性的观点:第一种意见是全面肯定论,认为犯罪的未成年人,尽管在判决时未满 18 周岁,不享有宪法规定的大部分政治权利,但大多数被判处有期徒刑以上,尤其是被判处 10 年以上刑罚的,在服刑期内已达成年,如不予剥夺政治权利,既不利于同他们的斗争,也不利于对他们进行改造。[9] 第二种观点是全面否定论,主张对未成年犯罪分子不应适用剥夺政治权利,因为剥夺未成年人的政治权利不符合我国刑罚的目的。况且,剥夺政治权利是以罪犯实际上享有政治权利为前提的,而未成年罪犯实际上尚未享有宪法规定的政治权利,剥夺其本来就不享有的权利,也无实际意义。[10] 第三种观点是折中论,其代表性主张是,对未成年犯罪人能否适用剥夺政治权利,应当区分单独适用与附加适用两种情况。对未成年犯罪人,一般不宜单独适用剥夺政治权利。对未成年犯罪人应当依法有限制地附加剥夺政治权利。具体来说,被判处死刑缓期执行的未成年人以及被判处无期徒刑的未成年人,应当附加剥夺政治权利终身;对犯罪时未成年的反革命罪犯,不论其判处何种主刑,都应当附加剥夺政治权利;对犯有严重破坏社会秩序罪的未成年犯罪分子,也可以视需要附加剥夺政治 14

6 参见高铭暄、赵秉志编:《新中国刑法立法文献资料总览》(中),中国人民公安大学出版社 1998 年版,第 1555 页。

7 参见刘家琛主编:《新刑法条文释义》,人民法院出版社 1997 年版,第 219 页。

8 参见翟中东主编:《刑种适用中疑难问题研究》,吉林人民出版社 2001 年版,第 436 页。

9 参见魏厚成、罗明举:《对未成年犯罪分子附加剥夺政治权利的初步意见》,载《法学评论》1985 年第 5 期。

10 参见王志军:《关于剥夺政治权利的几个问题》,载《法学评论》1986 年第 3 期。

权利。[11]如前所述,围绕对犯罪的未成年人可否适用剥夺政治权利,不论在1979年《刑法》施行时期,抑或于1997年《刑法》颁布之后,最高人民法院均出台过相关司法解释,最新且有效的司法解释是2006年1月11日最高人民法院发布的《关于审理未成年人刑事案件具体应用法律若干问题的解释》,该解释第14条规定:"除刑法规定'应当'附加剥夺政治权利外,对未成年罪犯一般不判处附加剥夺政治权利。如果对未成年罪犯判处附加剥夺政治权利的,应当依法从轻判处。对实施被指控犯罪时未成年、审判时已成年的罪犯判处附加剥夺政治权利,适用前款的规定。"上述解释既坚持了刑法的原则性规定,也考虑了对未成年罪犯教育为主、惩罚为辅的刑事政策,很好地实现了原则性与灵活性、一般性与特殊性的结合。

(二)独立适用剥夺政治权利的对象

15 如前所述,根据我国《刑法》分则相关条文规定的特点,独立适用剥夺政治权利的犯罪,在法定刑配置上,剥夺政治权利均是与有期徒刑、拘役、管制并列的供选择的刑罚方法。可以独立适用剥夺政治权利的《刑法》条文主要分布在危害国家安全罪、危害公共安全罪以及侵犯公民人身权利、民主权利罪、妨害社会管理秩序罪、危害国防利益罪等章。可以独立剥夺政治权利通常适用于符合相关重罪的减轻构成要件的情形,或者符合相关轻罪的基本构成要件的情形,前者如《刑法》第105条颠覆国家政权罪条文的后段——"对其他参加的,处三年以下有期徒刑、拘役、管制或者剥夺政治权利",后者如《刑法》第299条侮辱国旗、国徽、国歌罪的法定刑配置。鉴于剥夺政治权利与其他刑种并列且排在最后,因此,独立适用剥夺政治权利意味着相关行为已经构成犯罪,且确实需要判处刑罚,但考虑到犯罪的具体事实尤其是各种从轻情节,又没有必要判处较重的刑罚,或者说仅独立判处剥夺政治权利便足以实现罪刑相适应的要求。

11　参见赵秉志:《犯罪主体论》,中国人民大学出版社1989年版,第142页以下。

第五十七条　对死刑、无期徒刑罪犯剥夺政治权利的适用

对于被判处死刑、无期徒刑的犯罪分子，应当剥夺政治权利终身。

在死刑缓期执行减为有期徒刑或者无期徒刑减为有期徒刑的时候，应当把附加剥夺政治权利的期限改为三年以上十年以下。

文献：何显兵：《社区刑罚研究》，群众出版社2005年版；王洪清：《附加刑研究——经济刑法视角下的刑罚适用与改革路径》，上海社会科学院出版社2009年版；黎宏：《刑法学》（第2版），法律出版社2016年版；高铭暄、马克昌主编：《刑法学》（第9版），北京大学出版社、高等教育出版社2019年版。张令杰：《谈剥夺政治权利》，载《法学研究》1981年第6期；褚耿芳：《剥夺政治权利的法律适用问题研究》，载《河南省政法管理干部学院学报》2006年第4期。

细目录

Ⅰ　主旨

Ⅱ　沿革

Ⅲ　剥夺政治权利终身

Ⅳ　死缓、无期徒刑减为有期徒刑时剥夺政治权利的期限

Ⅰ　主旨

考虑到被判处死刑与无期徒刑的犯罪分子其犯罪事实与犯罪情节通常非常严重，因此，对其在判处上述主刑的同时，有必要通过剥夺政治权利在政治上予以严正的否定评价。对包括死刑立即执行在内的上述两类犯罪分子剥夺政治权利终身，同时也是为了避免犯罪分子在遇特赦的情况下继续享有政治权利，预防其再次犯罪，以及防止被判处死刑或无期徒刑的犯罪分子在生命终结后其生前的政治性著述由他人继续出版、发行。 1

被判处死刑与无期徒刑的犯罪分子尚有减刑的可能。因此，原本附加于主刑判处的剥夺政治权利也有必要随之变更。对此，《刑法》第57条第2款规定，在死刑缓期执行减为有期徒刑或者无期徒刑减为有期徒刑的时候，剥夺政治权利的期限应该由终身改为3年以上10年以下。上述剥夺政治权利刑期的变更确实起到了刑罚减轻的效果，但尚不属于法定减刑的范畴。在剥夺政治权利的期限变更过程中，在具体裁量剥夺政治权利的期限时，应主要以变更后的主刑的刑期长短为参照。 2

Ⅱ 沿革

1.《刑法》相关规定及历次修订

3 1979年《刑法》第53条规定:“对于被判处死刑、无期徒刑的犯罪分子,应当剥夺政治权利终身。在死刑缓期执行减为有期徒刑或者无期徒刑减为有期徒刑的时候,应当把附加剥夺政治权利的期限改为三年以上十年以下。”1997年《刑法》第57条有关死刑、无期徒刑罪犯剥夺政治权利期限的规定与1979年《刑法》第53条的规定完全一致,内容上未作任何修改。为什么规定减为“3年以上10年以下”,而不是一般的“1年以上5年以下”? 这是考虑到这些犯罪分子都犯了极严重的罪行(死刑之罪或无期徒刑之罪),本来是剥夺政治权利终身,与其他被剥夺政治权利的罪犯有很大不同,如果减刑时一下子把剥夺政治权利的期限减到1年以上5年以下,就显示不出这种重大区别。因此在刑度上需要保持一个距离,以示区别对待。[1]

2.相关司法解释

4 在1979年《刑法》颁布前,最高人民法院曾于1957年8月27日发布的《关于剥夺政治权利的刑罚可否减刑问题的复函》中指出:“对于判处死刑缓刑或无期徒刑并剥夺政治权利终身的罪犯,在减为有期徒刑时,也可以将剥夺政治权利终身减为剥夺政治权利若干年。对于判处死刑缓刑并剥夺政治权利终身的罪犯,在减为无期徒刑时,不发生缩短剥夺政治权利期限的问题。因对于判处无期徒刑的罪犯,也是剥夺政治权利终身。对于判处死刑缓刑和无期徒刑并剥夺政治权利终身的罪犯,在减为有期徒刑时,裁定对剥夺政治权利部分未加裁定的,可提请原批准减刑的人民法院考虑解决。”1979年《刑法》颁布后,最高人民法院于1989年2月14日发布的《全国法院减刑、假释工作座谈会纪要》中规定,“由死缓减为无期徒刑的,附加剥夺政治权利终身不变;由死缓、无期徒刑减为有期徒刑的,应当把附加剥夺政治权利的期限改为三年以上十年以下”。

Ⅲ 剥夺政治权利终身

5 《刑法》第57条第1款规定,“对于被判处死刑、无期徒刑的犯罪分子,应当剥夺政治权利终身。”由此可知,对于被判处死刑或无期徒刑的犯罪分子,必须无条件剥夺其政治权利,而无须再特别考虑其犯罪的性质以及将来利用政治权利继续从事犯罪活动的可能等情况;在此,剥夺政治权利的期限实行终身剥夺制,即终身剥夺犯罪人一定的资格。所谓剥夺政治权利终身,是指剥夺罪犯从判决生效之时起,到罪犯死亡之时止这一段时间的政治权利。因此,剥夺政治权利终身与无期徒刑的剥夺自由终

---

1 参见高铭暄:《中华人民共和国刑法的孕育诞生和发展完善》,北京大学出版社2012年版,第50页。

身的期限相等,同时执行,与死刑同时执行完毕。[2] 一般认为,之所以对被判处死刑、无期徒刑的犯罪分子应当剥夺政治权利终身,主要基于以下考虑:①对被判处死刑、无期徒刑的犯罪分子应当给予政治上的彻底否定评价。②防止死刑罪犯遇赦、无期徒刑罪犯假释后利用政治权利再次犯罪。③有利于处理与罪犯有关的某些民事法律关系。[3] “在政治权利中包括出版权,被判处死刑或者无期徒刑的犯罪分子,可能有的以前出版过著作,如果对其不附加剥夺政治权利终身,那么就意味着他们还享有出版权,即使他们的生命或终身自由被剥夺,但他们的亲属还有可能代其行使出版权。对这些罪犯的政治权利予以终身剥夺,就可以避免他们的亲属代行这种权利的情况。”[4]

学理上对判处死刑缓期执行与无期徒刑附加剥夺政治权利终身一般没有异议。6
目前,稍存争议的是,对于被判处死刑立即执行的犯罪分子是否需要剥夺政治权利终身。对此,我国刑法学界通说持肯定意见。否定意见则认为,对于被判处死刑立即执行的罪犯不需要附加剥夺政治权利。理由在于:“终身”就是指一个人从出生到死亡的整个期间,死刑犯被执行死刑后,生命已经终结,即无发生剥夺政治权利之可能;刑事责任应当在罪犯生命终结时终结,但是对死刑犯剥夺政治权利终身将使刑事责任永无终结;罪犯生命终结之后,民事权利能力终止,已难以成为刑罚执行的对象。[5] 此外,有学者还指出,对于已经被执行死刑的罪犯继续执行刑罚,不仅在刑罚理论上造成一系列不可解释的矛盾,而且使得刑罚显得过于残酷。[6] 笔者以为,否定论的理由值得商榷:其一,否定论忽视了死刑立即执行也需要一个过程,在此过程中死刑犯存在被赦免的可能。如果罪犯被判处死刑立即执行但又未宣告剥夺政治权利终身,在遇赦的情况下,就意味着该类犯罪分子仍然继续享有政治权利,这不仅不公平,而且不利于预防再犯。其二,剥夺政治权利作为一种刑罚方法在适用过程中有其特殊性:一方面罪犯被判处死刑立即执行无疑意味着其罪大恶极,对该类犯罪分子在判处主刑的同时附加剥夺政治权利终身,显示了国家对该类犯罪分子在政治上的彻底否定,这种否定的社会意义并不会因犯罪分子的死亡消弭于无形。申言之,既然对该类犯罪分子已经剥夺了其生前的言论、出版等自由,在其生命终结之后,也当然应予以禁止。这并非刑罚残酷,而是基于刑罚运用的常理。另一方面,犯罪分子被执行死刑之后,其生前发表的政治性著述可能由他人代为继续出版,否定论的学者恰恰忽略了这一点。既然被判处死刑的犯罪分子在政治上已然被彻底否定,理当禁止其生

2　参见张令杰:《谈剥夺政治权利》,载《法学研究》1981 年第 6 期。

3　参见高铭暄、马克昌主编:《刑法学》,中国法制出版社 2007 年版,第 293 页;陈兴良主编:《刑种通论》(第 2 版),中国人民大学出版社 2007 年版,第 399 页。

4　高铭暄、马克昌主编:《刑法学》(第 7 版),北京大学出版社、高等教育出版社 2016 年版,第 243 页。

5　参见吴平:《资格刑研究》,中国政法大学出版社 2000 年版,第 193 页以下。

6　参见何显兵:《社区刑罚研究》,群众出版社 2005 年版,第 392 页以下。

命终结后其政治性的著述继续出版发行。综上所述,笔者赞成我国通说观点。

Ⅳ 死缓、无期徒刑减为有期徒刑时剥夺政治权利的期限

7 《刑法》第57条第2款规定,“在死刑缓期执行减为有期徒刑或者无期徒刑减为有期徒刑的时候,应当把附加剥夺政治权利的期限改为三年以上十年以下。”有关本款规定的性质,学理上存在两种不同意见:一种意见认为,附加剥夺政治权利也可以适用减刑,本款正是有关附加剥夺政治权利减刑的规定。[7] 我国审判实践中也一般肯定附加剥夺政治权利可以适用减刑。另一种意见认为,刑法对减刑制度的适用对象仅限定在被判处管制、拘役、有期徒刑、无期徒刑的犯罪分子,并没有包括附加刑的规定,故而附加刑(包括附加剥夺政治权利)不能适用减刑。[8] 因此,应该认为我国《刑法》第57条第2款实际上是有关剥夺政治权利变更的规定。

8 适用《刑法》第57条第2款确实起到了减少、缩短剥夺政治权利期限的效果,这一点与减刑制度在效果上具有一致性;就其适用的实质条件来看,不论是剥夺政治权利由终身剥夺制改为定期剥夺制,还是死刑缓期执行减为有期徒刑或者无期徒刑减为有期徒刑,基本上都以犯罪分子有悔改表现或立功表现为必要。就此而言,《刑法》第57条第2款与《刑法》第78条有关减刑的规定有其相似之处。但是,也应该看到,《刑法》第78条有关减刑的适用条件中并没有包括剥夺政治权利刑的规定,如果认为死刑缓期执行减为有期徒刑或者无期徒刑减为有期徒刑时,附加剥夺政治权利的变更适用减刑的相关规定,无疑于法无据;不仅如此,《刑法》第57条第2款与第78条分处《刑法》总则不同章节,立法旨趣截然不同:一个有关“剥夺政治权利的适用”,另一个则系减刑的“适用条件与限度”,这也决定了上述两个规定属性不同。因此,笔者更倾向于认为,《刑法》第57条第2款是有关剥夺政治权利变更的规定。考证该条的立法理由,一般认为,附加剥夺政治权利的刑期,应当根据犯罪的性质、危害程度以及情节轻重决定,应与所判处的主刑轻重相适应。因此,当主刑由死刑缓期执行减为有期徒刑或者无期徒刑减为有期徒刑的时候,应当相应地将附加剥夺政治权利的期限缩短。[9] 据此,笔者以为,当剥夺政治权利的期限由剥夺终身变更为3年以上10年以下时,在裁量过程中,应当主要以变更后的主刑的刑期长短为参照,确定剥夺政治权利的具体期限。

---

7 参见褚耿芳:《剥夺政治权利的法律适用问题研究》,载《河南省政法管理干部学院学报》2006年第4期;王洪清:《附加刑研究——经济刑法视角下的刑罚适用与改革路径》,上海社会科学院出版社2009年版,第206页。

8 参见陈兴良:《减刑适用论(一)》,载《黑龙江省政法管理干部学院学报》1999年第1期。

9 参见全国人大常委会法制工作委员会刑法室编著:《中华人民共和国刑法解读》(第4版),中国法制出版社2015年版,第78页。

第五十八条　剥夺政治权利的刑期计算、效力与执行

附加剥夺政治权利的刑期，从徒刑、拘役执行完毕之日或者从假释之日起计算；剥夺政治权利的效力当然施用于主刑执行期间。

被剥夺政治权利的犯罪分子，在执行期间，应当遵守法律、行政法规和国务院公安部门有关监督管理的规定，服从监督；不得行使本法第五十四条规定的各项权利。

文献：高铭暄、马克昌主编：《中国刑法解释》（上卷），中国社会科学出版社2005年版；高铭暄、赵秉志主编：《刑罚总论比较研究》，北京大学出版社2008年版；高铭暄：《中华人民共和国刑法的孕育诞生和发展完善》，北京大学出版社2012年版；张明楷：《刑法学》（第6版），法律出版社2021年版。陈鹏忠：《浅议缓刑附加剥夺政治权利刑期的计算》，载《浙江省政法管理干部学院学报》2001年第6期；吴平：《对缓刑犯适用剥夺政治权利问题探讨》，载《甘肃政法学院学报》2003年第1期。

细目录

Ⅰ　主旨
Ⅱ　沿革
Ⅲ　剥夺政治权利的刑期计算
一、独立适用剥夺政治权利的刑期计算
二、附加剥夺政治权利的刑期计算
Ⅳ　剥夺政治权利的效力
Ⅴ　剥夺政治权利的执行
一、剥夺政治权利的执行机关
二、剥夺政治权利期间犯罪分子应遵守的规定
Ⅵ　政治权利的恢复

Ⅰ　主旨

犯罪分子被判处附加剥夺政治权利的，其刑期计算不仅是一个技术操作问题，更 1
关涉犯罪分子的基本权利，有必要予以明确；附加剥夺政治权利刑期的计算虽从徒刑、拘役执行完毕之日或者假释之日起开始起算，但根据剥夺政治权利的设置初衷，应该认为其效力当然及于主刑执行期间；独立适用剥夺政治权利时，刑期应从判决执行之日起计算；被宣告缓刑的犯罪分子同时被附加剥夺政治权利的，附加剥夺政

治权利的刑期从刑罚确定之日起计算;被判处无期徒刑后在刑罚执行期间获假释并顺利通过假释考验期的,剥夺政治权利至此视为已经执行完毕。

2 对被判处刑罚但没有剥夺政治权利的犯罪分子,国家应依法保障其应有的基本政治自由,如选举权等。对于被判处剥夺政治权利的犯罪分子,由公安机关执行;公安机关应明确告知被剥夺政治权利的犯罪分子,在剥夺政治权利期间其应当遵守的具体规定以及违反相关规定的法律后果。考虑到犯罪分子回归社会的需要以及避免社会再次遭受犯罪侵害的双重视角,有必要构建有我国特色的前科消灭制度。

Ⅱ 沿革

3 1979年《刑法》颁布前,针对剥夺政治权利的刑期计算、效力与执行等问题,最高人民法院曾以司法解释的形式予以明确过。1979年《刑法》第51条第2款对管制附加剥夺政治权利刑期与执行作了如下规定:"判处管制附加剥夺政治权利的,剥夺政治权利的期限与管制的期限相等,同时执行。"1979年《刑法》第54条规定了剥夺政治权利的刑期计算与效力:"附加剥夺政治权利的刑期,从徒刑、拘役执行完毕之日或者从假释之日起计算;剥夺政治权利的效力当然施用于主刑执行期间。"

4 1997年《刑法》在秉承1979年《刑法》第54条内容的基础上,考虑到1979年《刑法》对剥夺政治权利的执行尚未作出明确规定,使得法律对被剥夺政治权利的犯罪分子在刑罚执行期间缺乏应有的约束,不利于充分发挥剥夺政治权利的刑罚效果。对此,1997年《刑法》在第58条第1款规定了与1979年《刑法》第54条完全相同的内容的同时,增设了第2款,对被剥夺政治权利期间应当遵守的条件进一步作出规定。[1] 故此,现行《刑法》第58条有两款,其中第1款规定:"附加剥夺政治权利的刑期,从徒刑、拘役执行完毕之日或者从假释之日起计算;剥夺政治权利的效力当然施用于主刑执行期间。"第2款规定:"被剥夺政治权利的犯罪分子,在执行期间,应当遵守法律、行政法规和国务院公安部门有关监督管理的规定,服从监督;不得行使本法第五十四条规定的各项权利。"

Ⅲ 剥夺政治权利的刑期计算

一、独立适用剥夺政治权利的刑期计算

5 我国刑法并未专门就独立适用剥夺政治权利的刑期计算问题作出明确规定。对此,有学者认为,单处剥夺政治权利的,应从判决确定之日起执行。[2] 有学者则认为,按照执行判决的一般原则,应当从判决执行之日起计算,即从对犯罪分子实际执

---

1 参见陈兴良:《刑法适用总论》(下卷),法律出版社1999年版,第275页。

2 参见马克昌主编:《刑罚通论》(第2版),武汉大学出版社1999年版,第576页。

行剥夺政治权利之日起开始计算。[3] 从操作流程来看,人民法院对构成犯罪的刑事被告人单独判处剥夺政治权利后,应将生效的判决书副本和执行通知书一并及时送达执行地的县级公安机关和人民检察院。执行地的县级公安机关对相关法律文书和手续审核无误后,方能执行判决。对判处剥夺政治权利的罪犯的监督管理,通常由县市公安局、城市公安分局指定罪犯居住地的公安派出所具体负责,罪犯居住地街道居民委员会、村民委员会或者原所在单位协助进行监督。申言之,从实践操作层面来看,在单独判处剥夺政治权利的情况下,判决生效之日与判决执行之日并不一致,通常存在一定时间间隔。在此,如认为单独剥夺政治权利的刑期计算始于判决生效之日,则在判决生效之日与判决执行之日不一致时,无疑会导致剥夺政治权利刑期计算的提前,而事实上,该时间段内剥夺政治权利是谈不上被具体执行的,这也意味着实际执行剥夺政治权利的刑期的缩短。因此,笔者认为,单独判处剥夺政治权利的刑期计算应始于判决执行之日。

二、附加剥夺政治权利的刑期计算

附加剥夺政治权利的刑期计算因主刑种类的差异而有所区别。 6

(一)判处管制附加剥夺政治权利的刑期计算

《刑法》第 55 条第 2 款规定:"判处管制附加剥夺政治权利的,剥夺政治权利的期限与管制的期限相等,同时执行。"据此,当剥夺政治权利附加于管制适用时,其刑期与管制刑期相等;又因判处管制附加剥夺政治权利时,管制与剥夺政治权利刑同时执行,故而剥夺政治权利的刑期也应从管制执行之日起计算。 7

(二)判处有期徒刑、拘役附加剥夺政治权利的刑期计算

根据《刑法》第 58 条第 1 款的规定,判处有期徒刑、拘役附加剥夺政治权利的,剥夺政治权利的刑期从徒刑、拘役执行完毕之日或者从假释之日起计算。虽然剥夺政治权利的效力当然施用于主刑执行期间,但主刑执行期间并非剥夺政治权利的执行期间,故而不应计入剥夺政治权利的刑期。据此,实际剥夺政治权利的期限为主刑执行期间与判决确定的剥夺政治权利的刑期之和。 8

(三)死刑缓期执行、无期徒刑减为有期徒刑时附加剥夺政治权利的刑期计算

根据《刑法》第 57 条第 2 款的规定,在死刑缓期执行减为有期徒刑或者无期徒刑减为有期徒刑时,附加剥夺政治权利的期限改为 3 年以上 10 年以下。在此,附加剥夺政治权利的刑期当从裁定减刑后的有期徒刑执行完毕之日或者假释之日起计算。有期徒刑执行期间,犯罪分子当然也不享有政治权利。 9

---

3 参见高铭暄、马克昌主编:《中国刑法解释》(上卷),中国社会科学出版社 2005 年版,第 740 页。

(四)与附加剥夺政治权利刑期计算密切相关的特殊问题

10 (1)根据刑法规定,被判处无期徒刑的犯罪分子满足相关条件被假释后,在10年假释考验期内,如果没有撤销假释的情形,假释考验期满,就认为原判刑罚执行完毕。但此处之"原判刑罚执行完毕"是否也包括剥夺政治权利执行完毕?对此,笔者持肯定意见。剥夺政治权利附加于主刑即无期徒刑适用,是原判刑罚的一部分。既然立法已经明确规定"原判刑罚执行完毕",这就不仅意味着原判主刑即无期徒刑已经被视为执行完毕,而且也意味着附加执行的剥夺政治权利亦被视为执行完毕。其实,被假释的无期徒刑的犯罪分子,假释并不影响剥夺政治权利的继续执行,其在假释期间仍然不享有被剥夺的政治权利,而且剥夺政治权利的效力原本就及于无期徒刑执行期间。

11 (2)被宣告缓刑的犯罪分子同时被判处附加剥夺政治权利的,附加剥夺政治权利的刑期如何计算?对此,有学者认为,剥夺政治权利宜从判决确定之日起执行,并从执行之日起计算剥夺政治权利的刑期[4],可谓之"判决确定之日说"。有学者则认为,附加剥夺政治权利的刑期应以刑罚执行完毕之日起计算[5],可谓之"刑罚执行完毕说"。如果认为剥夺政治权利的刑期应从刑罚执行完毕之日起计算,则在缓刑犯没有出现《刑法》第77条规定的情形时,原判刑罚即不再执行,则根本无所谓刑罚执行完毕之说;若出现《刑法》第77条规定的情形时,剥夺政治权利的刑期虽可从刑罚执行完毕之日起计算,但又存在剥夺政治权利的效力是否及于缓刑考验期的问题。如肯定剥夺政治权利的效力及于缓刑考验期,无疑等于增加了剥夺政治权利的期限,于法无据;如若在缓刑考验期满后或出现《刑法》第77条规定的情形而执行原判刑罚时再执行剥夺政治权利刑,则等于让剥夺政治权利的判决"闲置"了一个缓刑期间,也等于给剥夺政治权利缓刑,这样做同样也于法无据。[6] 因此,对"刑罚执行完毕说"应予否定。比较而言,"刑罚确定之日说"较为合理,即认为剥夺政治权利的刑期应从判决确定之日起执行,并从缓刑执行之日起计算剥夺政治权利的刑期。详言之,在未出现《刑法》第77条规定之情形时,附加剥夺政治权利的效力及于缓刑考验期间;如果附加剥夺政治权利的刑期长于缓刑考验期,则缓刑考验期满后,仍应继续执行剩余的附加剥夺政治权利的刑期;如果附加剥夺政治权利的刑期短于缓刑考验期,则犯罪分子在附加剥夺政治权利刑期执行完毕后的缓刑考验期内,仍享有政治权利;当出现《刑法》第77条规定的情形时,无论此时剥夺政治权利的刑期是否届满,主刑执行期间仍

---

4 参见吴平:《对缓刑犯适用剥夺政治权利问题探讨》,载《甘肃政法学院学报》2003年第1期。

5 参见孟庆华:《剥夺政治权利的刑期若干适用问题探讨》,载《河北法学》2009年第11期。

6 参见吴平:《对缓刑犯适用剥夺政治权利问题探讨》,载《甘肃政法学院学报》2003年第1期。

应附加剥夺政治权利。在主刑执行期满后是否附加剥夺政治权利，则视主刑执行前附加剥夺政治权利的刑期是否届满而定。如果主刑执行之前附加剥夺政治权利的刑期已经届满，则主刑执行完毕之后不再执行附加剥夺政治权利；如果主刑执行之前附加剥夺政治权利的刑期尚未届满，则主刑执行完毕之后继续执行剩余的附加剥夺政治权利的刑期。[7] 需要特别说明的是，"刑罚确定之日说"在解释论上虽相对合理，但也不得不承认，该说其实也存在"于法无据"的困扰。因此，笔者建议，最高人民法院有必要就此问题以司法解释的形式予以明确，以便于实践中相关案件的妥善处理。

Ⅳ　剥夺政治权利的效力

根据《刑法》第58条第1款的规定，"剥夺政治权利的效力当然施用于主刑执行期间"，上述规定意味着剥夺政治权利附加于主刑适用时，在主刑执行期间，犯罪分子当然不享有政治权利。 12

与此相关的一个问题是，如果判处有期徒刑、拘役而没有附加剥夺政治权利，在有期徒刑、拘役执行期间犯罪分子有没有政治权利？《刑法》虽没有明确规定，但这个问题在《刑法》修订过程中也曾被反复讨论：有的人认为既然犯罪分子没有被剥夺政治权利，他就有政治权利，并主张在服刑期间可以行使其能够行使的某种政治权利（如选举权等）；但更多人则认为其应该停止行使政治权利，理由是人身自由都被剥夺了，还能行使什么政治权利？因此，主张被判处有期徒刑、拘役而没有剥夺政治权利的犯罪分子，在刑罚执行期间应当停止行使政治权利。但最终考虑到如此规定容易给实际工作带来困难，带来工作上的被动，因此没有被采纳。[8] 13

剥夺政治权利作为一种刑罚方法，只有当人民法院依法予以判处时，相关犯罪的行为人才因此依法承受其不利后果。换句话说，没有被剥夺政治权利的犯罪分子，其依旧是享有宪法赋予的包括选举权、被选举权在内的基本政治自由的。事实上，1983年3月5日发布的全国人大常委会《关于县级以下人民代表大会代表直接选举的若干规定》第5条即明确规定，"被判处有期徒刑、拘役、管制而没有附加剥夺政治权利的"，准予行使选举权利。当然，因为被判处有期徒刑等刑罚并在特定场所服刑，故犯罪分子在享有上述政治自由的时候难免受到一定的约束或限制，必要的时候也需要一定的支持与协助。对此，根据1984年3月24日全国人大常委会法制工作委员会、最高人民法院、最高人民检察院、公安部、司法部、民政部联合发布的《关于正在服刑的罪犯和被羁押的人的选举权问题的联合通知》第5条规定："对准予行使选举权利的被羁押的人和正在服刑的罪犯，经选举委员会和执行羁押、监禁的机关共同决 14

7　参见陈鹏忠：《浅议缓刑附加剥夺政治权利刑期的计算》，载《浙江省政法管理干部学院学报》2001年第6期。

8　参见高铭暄：《中华人民共和国刑法的孕育诞生和发展完善》，北京大学出版社2012年版，第51—52页。

定,可以在原户口所在地参加选举,也可以在劳改场所参加选举;可以在流动票箱投票,也可以委托有选举权的亲属或者其他选民代为投票。"

V　剥夺政治权利的执行

一、剥夺政治权利的执行机关

15　根据《刑事诉讼法》第270条的规定,对于被判处剥夺政治权利的犯罪分子,由公安机关执行。实践中,对剥夺政治权利的犯罪分子的监督考察一般由犯罪分子居住地的公安派出所具体负责,犯罪分子居住地街道居民委员会、村民委员会或者原所在单位协助监督。

二、剥夺政治权利期间犯罪分子应遵守的规定

16　由于被执行剥夺政治权利的犯罪分子要在社会接受刑罚执行,而犯罪分子居住地街道居民委员会、村民委员会或原所在单位将协助公安机关对犯罪分子进行监督,故负责执行剥夺政治权利的公安机关在执行剥夺政治权利时,有必要先向犯罪分子及其所在单位、居住地基层组织宣布其犯罪事实、被剥夺政治权利的期限,以及犯罪分子在执行期间应当遵守的规定,以确保剥夺政治权利得到正确、有效执行。

17　根据《刑法》第58条第2款的规定,被剥夺政治权利的犯罪分子,在刑罚执行期间,首先,应当遵守法律、行政法规和国务院公安部门有关监督管理的规定,服从监督;其次,不得行使《刑法》第54条规定的各项权利。根据公安部于2020年7月4日修正并通过的《公安机关办理刑事案件程序规定》第312条的规定,被剥夺政治权利的罪犯在执行期间,不得组织或者参加集会、游行、示威、结社活动;不得出版、制作、发行书籍、音像制品;不得接受采访,发表演说;不得在境内外发表有损国家荣誉、利益或者其他具有社会危害性的言论。其中,"不得在境内外发表、出版、发行有损国家荣誉、利益或者其他具有社会危害性的言论"中的"其他"主要包括召开新闻发布会和向境内外发表文章等方式。

18　被剥夺政治权利的犯罪分子在刑罚执行期间违反相关规定的,轻者会被予以行政处罚;严重且构成犯罪时,依法应追究其刑事责任。对此,根据2020年修正的《公安机关办理刑事案件程序规定》第313条的规定,被剥夺政治权利的罪犯,在执行剥夺政治权利期间违反相关规定,尚未构成新的犯罪的,公安机关依法可以给予治安管理处罚。根据《治安管理处罚法》第60条规定,被依法剥夺政治权利的犯罪分子,在执行期间,有违反法律、行政法规和国务院有关部门的监督管理规定的行为,尚未构成犯罪的,处5日以上10日以下拘留,并处200元以上500元以下罚款。若违规行为构成犯罪的,则依法追究其刑事责任。

Ⅵ 政治权利的恢复

被剥夺政治权利的犯罪分子,刑罚执行期满,公安机关应书面通知本人及其所在单位、居住地基层组织。由于刑期届满,原本因剥夺政治权利而不能行使的相关权利如选举权和被选举权当然恢复。有学者将政治权利因刑期届满而恢复称为"复权"[9],但政治权利因刑期届满而恢复与国外刑法理论上通常所说的复权制度似乎不宜等同。国外刑法理论上的复权多是在前科消灭的意义上的,也就是说,考虑到犯罪分子在刑罚执行终了后,因犯罪而被判处刑罚这一事实仍然存在,且严重影响其回归社会,因此,为了使有罪宣告以及由此产生的不利益也随之消灭,有必要在法律上规定或理论上研究复权制度。因此,当被剥夺政治权利的犯罪分子刑罚执行期满时,只是先前因犯罪被剥夺的政治权利当然获得恢复,而并非前科消灭。 19

目前,由于我国刑法中尚未确立前科消灭制度,犯罪分子虽因刑期届满可继续行使原本被剥夺的政治权利,但犯罪分子曾因犯罪或被剥夺政治权利而在民法或行政法上产生的后遗效果并不因此而消除。如前所述,有些限制有一定期限,有些限制则是终身的。前者如因犯罪被剥夺政治权利,执行期满未逾 5 年的,不得担任公司的董事、监事、高级管理人员;后者如曾被剥夺政治权利的,终身不能取得教师资格;已经取得的,其资格随之丧失。但立足犯罪分子回归社会的需要以及避免社会再次遭受犯罪侵害的双重视角,有必要构建有我国特色的前科消灭制度。 20

---

9 参见高铭暄、马克昌主编:《中国刑法解释》(上卷),中国社会科学出版社 2005 年版,第 741 页。

第八节　没收财产

前　注

文献：樊凤林主编：《刑罚通论》，中国政法大学出版社 1994 年版；马克昌主编：《刑罚通论》（第 2 版），武汉大学出版社 1999 年；公培华：《刑罚论》，青岛海洋大学出版社 1999 年版；马登民、徐安住：《财产刑研究》，中国检察出版社 2004 年版；陈兴良主编：《刑种通论》（第 2 版），中国人民大学出版社 2007 年版；姚贝：《没收财产刑研究》，中国政法大学出版社 2011 年版；万志鹏：《没收财产刑研究》，法律出版社 2013 年版。洪道德：《财产刑异议》，载《政法论坛》1989 年第 6 期；阮齐林：《论财产刑的正当性理由及其立法完善》，载《中国法学》1997 年第 1 期；李洁：《论一般没收财产刑应予废止》，载《法制与社会发展》2002 年第 3 期；阮齐林：《再论财产刑的正当理由及其改革》，载《法学家》2006 年第 1 期；万志鹏：《没收财产刑废止论——从历史考察到现实分析》，载《安徽大学学报（哲学社会科学版）》2008 年第 5 期；谢望原：《刑法中的没收制度》，载《中国刑事法杂志》2009 年第 6 期；张明楷：《论刑法中的没收》，载《法学家》2012 年第 3 期；江国华：《论"四项基本权利"及其刑罚向度》，载《武汉大学学报（哲学社会科学版）》2013 年第 6 期；郑伟、王业权：《以没收财产偿还犯罪分子所负债务问题研究》，载《绵阳师范学院学报》2016 年第 1 期；时延安：《论没收财产刑的废除》，载《南都学坛》2017 年第 3 期；胡婧：《论宪法禁止没收罪犯全部财产的正当性》，载《北方法学》2017 年第 5 期；张宏博、武天义：《没收财产刑适用的困境与出路探析——以 200 份没收财产刑裁判文书为研究样本》，载《中国检察官》2018 年第 9 期。刘仁文、时方：《论没收财产刑的改革》，载《人民法院报》2020 年 1 月 2 日。

1　纵览世界各国的刑事立法，在信奉私有财产神圣不可侵犯的西方国家中没收财产刑已经日渐退出刑罚体系，如英、美、法、德、日等仅存特别没收之规定。与我国刑罚体系相仿保留没收财产刑的国家已为数不多，如保加利亚、越南、蒙古国等国。2003 年，俄罗斯在学术界与社会力量的双重推动下最终废除了没收财产刑。[1] 我国关于没收财产刑的存废之争由来已久，从 1997 年《刑法》修改之前至今，刑法学界关于没收财产刑的存废大体形成了"主存论""主废论"和"改良论"三种观点。

2　"主存论"学者认为，没收财产刑的存在具有正当性和现实性。其基本理由如下：

1　参见姚贝、杨广大：《一般没收与特别没收的区分及运用》，载《人民司法》2011 年第 11 期。

①没收财产刑是惩治贪利型犯罪的有效方法。从经济上剥夺犯罪分子的“收益”通常能够对贪财图利型犯罪带来良好的防制效果。②没收财产刑作为惩治严重犯罪的补充措施,能够有效调节刑罚的轻重。对部分严重的犯罪即使科处死刑或者无期徒刑,仍不足以体现对其否定评价的严厉性,附加没收财产可以保障刑罚的轻重与犯罪分子的罪行相称。③没收财产刑具有较强的经济收益。没收财产刑的本质是无偿地变公民私有财产为国有财产的刑罚方法,能有效增加国家的财政收入。④没收财产刑误判易纠。较之于生命刑与自由刑,没收财产刑造成的苦痛限于财产范围,因此能够通过返还或补偿等途径予以纠正,不至于导致无可挽回的灾难性后果。[2]

与“主存论”截然对立的“主废论”者主张,刑罚体系中应当完全废除没收财产 3
刑。其基本理由如下:①没收财产刑的可操作性程度低。1997 年全面修订《刑法》时,立法者大幅增加了财产刑在《刑法》分则中的权重,但从总体上来讲,目前财产刑的适用状况不尽如人意,集中表现为财产刑的执行难问题。[3] 刑事司法实践中适用没收财产刑的范围极为有限,而且没收财产刑与罚金刑、特定物没收追缴处分之间替换适用现象严重。[4] ②没收财产刑导致刑罚适用上存在差异。“没收财产刑的不平等,并不在于穷人和富人在被剥夺财产时因数量多寡悬殊而产生的强烈的不平衡感,而在于对于社会危害程度相同的罪行,判处没收财产刑时有的没收得多,有的没收得少,这是由每个社会成员所拥有的私人财产数量的差异所造成的没收财产刑的固有缺陷。”[5] ③没收财产刑可能导致株连。“没收财产是在软弱者头上定价,它使无辜者也忍受着罪犯的刑罚。”[6] 虽然立法者意图努力防止没收财产刑可能衍生的损害犯罪人家庭成员或其他共有人财产的恶果,但也只是理想化的愿望,刑事司法实务中仍然存在牵连无辜的可能。④没收财产刑有碍于犯罪人的再社会化。“国家不仅因为有犯罪而处罚,而且要为了没有犯罪而处罚。”[7] 没收财产刑几乎完全剥夺了犯罪分子赖以生存的物质生活资料,使其丧失了谋生所需要的资本,因而有碍于其再社会化。“更大胆地说,因为它强化了理应尽可能消除的敌对情绪与复仇精神。”[8] ⑤现行刑罚体系中没收财产刑不具备不可替代性。“在惩治效果方面,罚金刑完全可以实现

2　参见陈兴良主编:《刑种通论》,人民法院出版社 1993 年版,第 400 页以下;樊凤林主编:《刑罚通论》,中国政法大学出版社 1994 年版,第 234 页以下。

3　参见赵秉志:《当代中国刑罚制度改革论纲》,载《中国法学》2008 年第 3 期。

4　参见阮齐林:《北京市朝阳区检察院 1999 年度公诉案件量刑的分析研究》,载《政法论坛》2001 年第 1 期。

5　万志鹏:《没收财产刑废止论——从历史考察到现实分析》,载《安徽大学学报(哲学社会科学版)》2008 年第 5 期。

6　〔意〕贝卡里亚:《论犯罪与刑罚》,黄风译,中国法制出版社 2005 年版,第 66 页。

7　张明楷:《刑法的基本立场》,中国法制出版社 2002 年版,第 28 页。

8　〔英〕吉米·边沁:《立法理论——刑法典原理》,孙力等译,中国人民公安大学出版社 1993 年版,第 73 页。

没收财产刑的惩治效果。”[9]刑事司法实践中,法院关于没收财产刑的判决通常呈现为货币的形式,存在没收财产刑沦为变相罚金刑之嫌。[10]

4 此外,部分学者从合宪性及刑罚理性的视角进一步阐释了反对没收财产刑的主张。没收财产刑在合宪性方面主要受到以下质疑。首先,有学者认为“没收财产与宪法所确认的财产权存在本质冲突”[11]。“如果说由于犯罪分子犯了罪,因此他的原有的合法财产就变成了非法的财产,那是不符合法律规定的,退一步讲,即便如此,也不能适用罚金刑和没收财产刑,因为非法财产并不是罚金刑和没收财产刑的对象;如果说由于犯罪分子犯了罪,因而就可以对他的合法财产予以剥夺,那就很难说这样做是正确理解和执行了现行《宪法》第 13 条第 1 款的内容……此外,倘若是对判处死刑的犯罪分子并处罚金或者没收财产,那就不仅剥夺了犯罪分子的合法财产权,而且还妨碍了犯罪分子亲属对犯罪分子个人所拥有的合法财产的继承权的实现。”[12]其次,有学者对没收财产刑的平等性也提出质疑。法律面前人人平等的宪法原则完全排斥因财产的多寡不均导致的法律适用上的不平等,不论如何适用罚金刑与没收财产刑都将会造成赎刑的特权现象,因此,应当完全将罚金与没收财产刑弃之不用。[13] 对“同样的罪行一律处以等量的罚金是不正当的,片面追求实质平等,过分剥夺犯罪分子合法积累的与犯罪无关财产也是不正当的。”[14]再次,有学者从刑事立法与刑事司法的宏观层面质疑了没收财产刑的合宪性,认为没收财产刑背离了明确性原则、比例原则、正当程序原则。[15] 最后,有学者专门针对没收全部财产进行了分析,认为其剥夺了财产的合法继承权、具有酷刑性质、损害个人尊严,应当被宪法禁止。[16]

5 没收财产刑还受到违背刑罚理性的质疑。我国刑法学界普遍认可刑罚既具有报应的内涵,也发挥预防的功能。设置没收财产刑的正当理由当然包括对已然罪责的报应和保护社会免受犯罪侵害的犯罪预防。[17] 但没收财产刑并未能实现刑罚的报应与预防的均衡,而是建立在“轻赎罪重预防”的观念之上。刑罚理性要求“只能就其已犯下的罪行作出判决,而不应当还有一个为预防这个犯罪分子再去犯罪而适用的刑罚,即在对犯罪分子判处的刑罚当中,不能有一部分是基于犯罪分子的已犯下的罪

---

9 刘仁文、时方:《论没收财产刑的改革》,载《人民法院报》2020 年 1 月 2 日。

10 参见万志鹏:《没收财产刑的司法困境与出路》,载《湘潭大学学报(哲学社会科学版)》2009 年第 5 期。

11 时延安:《论没收财产刑的废除》,载《南都学坛》2017 年第 3 期。

12 洪道德:《财产刑异议》,载《政法论坛》1989 年第 6 期。

13 参见洪道德:《财产刑异议》,载《政法论坛》1989 年第 6 期。

14 阮齐林:《论财产刑的正当理由及其立法完善》,载《中国法学》1997 年第 1 期。

15 参见欧爱民:《我国刑事没收的宪法学透视》,载《湘潭大学学报(哲学社会科学版)》2009 年第 5 期;詹红星:《没收财产刑的宪法维度》,载《韶关学院学报》2013 年第 11 期。

16 参见胡婧:《论宪法禁止没收罪犯全部财产的正当性》,载《北方法学》2017 年第 5 期。

17 参见阮齐林:《论财产刑的正当理由及其立法完善》,载《中国法学》1997 年第 1 期。

行,另一部分是基于对该犯罪分子潜在危险性的预防”[18]。倾向于预防功能的没收财产刑本质上是一种对犯罪分子过量报应的刑罚方法,同时得到了刑罚工具理性的推崇。但是,刑罚工具理性的价值无法从根本上补足刑罚目的理性缺陷,不能简单地以效用与效益评价刑罚的正当性。“尽管这些刑罚带来好处,但它们并不总是正义的……伺机以待的暴政以暂时的利益和某些显贵的幸福为诱饵,却不顾无数不幸者的绝望和眼泪,立法者如果不想使暴政有机可乘,就不能容忍有机可图的非正义。”[19]

目前,刑法学界几乎没有学者持纯粹的“主存论”,而多主张在保留没收财产刑作为一种刑罚方法的前提下进行部分改良,形成“改良论”或“限制论”。持“改良论”的学者倡导刑事立法中的没收财产刑应当在尊重公民合法私有财产权基础上保持克制,禁止擅夺或者滥蚀宪法所维护的利益。[20] 同时提出从以下方面予以“改良”:首先,要构建功能互补的刑事财产责任体系,减少罚金刑与没收财产刑、没收犯罪物品与没收财产刑的功能重叠。其次,严格限制没收财产刑的适用范围。随着《刑法》的修改,没收财产刑呈现扩张趋势,尽管刑事立法对没收财产刑持高度审慎的态度,但仍然存有明显的不足,应当进一步规范没收财产刑的适用范围:①取消贪利型犯罪中没收财产刑的规定,保留罚金刑。没收财产刑并不具备剥夺犯罪收益的功能,而报应已然罪责与预防未然之罪的功能完全可以由罚金刑实现,此外,罚金刑较之没收财产刑而言具有较强的弹性,能有效调节刑罚的轻重。②修改危害国家安全罪中没收财产刑适用的“一刀切”的规定,取消《刑法》第 113 条关于危害国家安全罪全部“可以并处没收财产刑”的规定,将没收财产刑规定于具体罪名之后。③规定没收财产刑只能附加适用于侵害国家利益或重大公共利益的严重犯罪,即可能判处无期徒刑、死刑的危害国家安全的犯罪、危害公共安全的犯罪及妨害社会管理秩序罪。[21] 6

现行《刑法》肯定了没收财产刑在刑罚体系中的地位,但立法从允许没收的财产范围、与其他债务偿付的顺序等方面限制了没收财产刑的扩张,压缩没收财产刑适用中的自由裁量权,从而防止公权力对私权利的侵蚀,实现尊重和保障人权的目的。 7

---

18 洪道德:《财产刑异议》,载《政法论坛》1989 年第 6 期。

19 〔意〕贝卡里亚:《论犯罪与刑罚》,黄风译,中国法制出版社 2005 年版,第 66 页。

20 参见江国华:《论“四项基本权利”及其刑罚向度》,载《武汉大学学报(哲学社会科学版)》2013 年第 6 期。

21 参见杨彩霞:《没收财产刑的困境与出路》,载《华东政法学院学报》2001 年第 4 期。

第五十九条　没收财产的范围

没收财产是没收犯罪分子个人所有财产的一部或者全部。没收全部财产的，应当对犯罪分子个人及其扶养的家属保留必需的生活费用。

在判处没收财产的时候，不得没收属于犯罪分子家属所有或者应有的财产。

文献：马克昌主编：《刑罚通论》(第2版)，武汉大学出版社1999年版。黄自强、王成祥：《没收财产刑适用对象之立法评析》，载《广西社会科学》2003年第5期；谢望原、肖怡：《中国刑法中的"没收"及其缺憾与完善》，载《法学论坛》2006年第4期；万志鹏：《没收财产刑的司法困境与出路》，载《湘潭大学学报(哲学社会科学版)》2009年第5期；张明楷：《论刑法中的没收》，载《法学家》2012年第3期；江国华：《论"四项基本权利"及其刑罚向度》，载《武汉大学学报(哲学社会科学版)》2013年第6期；时延安：《论没收财产刑的废除》，载《南都学坛》2017年第3期；胡婧：《论宪法禁止没收罪犯全部财产的正当性》，载《北方法学》2017年第5期；张宏博、武天义：《没收财产刑适用的困境与出路探析——以200份没收财产刑裁判文书为研究样本》，载《中国检察官》2018年第9期。刘仁文、时方：《论没收财产刑的改革》，载《人民法院报》2020年1月2日。

细目录

Ⅰ　主旨

Ⅱ　沿革

Ⅲ　没收财产刑的概念

一、没收财产刑与罚金刑

二、没收财产刑与特别没收

Ⅳ　没收财产刑的适用规则及分布

一、适用规则

二、刑法分则中没收财产刑的分布

Ⅴ　未成年人与没收财产刑的适用

Ⅵ　没收财产刑中的"财产"

一、财产的形态

二、财产的权属

三、财产范围划定的时间节点

刘　荣

四、承担刑事责任的财产
Ⅶ 没收财产刑的执行

Ⅰ 主旨

本条为没收财产刑中允许没收财产的范围之规定，从积极与消极两个层面限定了没收财产刑中允许没收财产的范围，贯彻了罪责自负、不株连家属的原则，以期通过增加犯罪成本实现犯罪预防之目的，同时也能实现保障人权的刑法机能。 1

Ⅱ 沿革

1979 年《刑法》第 55 条第 1 款规定："没收财产是没收犯罪分子个人所有财产的一部或者全部。"该条第 2 款规定："在判处没收财产的时候，不得没收属于犯罪分子家属所有或者应有的财产。"1997 年《刑法》第 59 条在完全沿用前述规定的基础上增加了保留生活费用的规定，即在 1979 年《刑法》第 55 条第 1 款后增加了"没收全部财产的，应当对犯罪分子个人及其扶养的家属保留必需的生活费用"的内容作为该款的后段。[1] 新增内容是基于刑罚人道主义精神的考量，避免不当牵连和造成不必要的社会负担和困难。 2

Ⅲ 没收财产刑的概念

现行刑罚体系中的没收财产刑指将犯罪分子个人所有的一部或者全部财产强制无偿收归国有的一种刑罚方法，有别于《刑法》第 52 条、第 53 条规定的罚金刑，也不同于第 64 条规定的特别没收。 3

一、没收财产刑与罚金刑

没收财产与罚金均属财产刑，现行《刑法》中许多罪名将没收财产与罚金作为选择适用的两种附加刑，但二者差别显著：①适用方式不同。没收财产刑作为一种附加刑，虽在理论上存在独立适用的可能性，但现行《刑法》仅规定其附加于主刑适用的情形；同样作为附加刑的罚金刑，则既可附加适用，亦可独立适用。此外，罚金刑可以采取分期、减免等灵活的执行方式，而没收财产只能一次性完全执行，无分期缴纳或减免等变通的空间。②适用的罪名不同。没收财产刑通常限用于危害国家安全类的犯罪或者情节严重的贪利犯罪；罚金刑适用的范围则更宽泛，情节较轻的贪利犯罪也可科处罚金刑。③具体内容不同。二者均以剥夺犯罪分子的财产为内容，但没收财产刑既可以没收犯罪分子个人财产的一部，也可以没收全部，既可以没收现金，也可以 4

---

1 参见高铭暄：《中华人民共和国刑法的孕育诞生和发展完善》，北京大学出版社 2012 年版，第 241 页。

没收财物,并且均应当在判决书中载明所没收的财产的名称、数量等详细内容[2];罚金刑则为缴纳一定数额的金钱。

5　没收财产刑与罚金刑之间的关系始终受到刑法学界的关注,也是当代中国刑罚制度改革必须面临的问题之一。通说认为,现行《刑法》第 34 条规定了呈阶梯状的、轻重有序的附加刑体系,故而位于末端的没收财产刑当然重于罚金刑[3],同时,也承认罚金刑能够剥夺犯罪分子的预期收益,而没收财产刑的上限只能囿于犯罪分子现实保有的个人全部财产。因此,单纯以犯罪分子承担的财产负累而言,刑事司法实务中可能会存在罚金刑要重于没收财产刑的执行效果。针对通说的主张,有学者认为,通说既坚持没收财产刑重于罚金刑,又肯认罚金刑完全可以超越犯罪分子的个人财产状况,逻辑上无法自洽,进而主张没收财产刑与罚金刑的轻重事实上取决于犯罪分子现有的财产状况,不可一概而论。[4] 但若理论上刑种的轻重顺位不明,极易导致司法实践中财产刑适用互替、随意,甚或其中一种刑罚被空置。针对以上两种观点的不足,有学者提出在坚持没收财产刑重于罚金刑的前提下,主张罚金刑的适用也应当以犯罪分子现有的财产状况为限,科处的罚金刑不能超出犯罪分子个人的全部财产。[5]

6　2000 年 12 月 19 日施行的最高人民法院《关于适用财产刑若干问题的规定》明确了财产刑的具体适用方式及裁量依据,并为数罪中同时科处罚金和没收财产刑的执行提供了规则。该规定第 1 条规定:“刑法规定‘并处’没收财产或者罚金的犯罪,人民法院在对犯罪分子判处主刑的同时,必须依法判处相应的财产刑;刑法规定‘可以并处’没收财产或者罚金的犯罪,人民法院应当根据案件具体情况及犯罪分子的财产状况,决定是否适用财产刑。”该规定第 3 条规定:“依法对犯罪分子所犯数罪分别判处罚金的,应当实行并罚,将所判处的罚金数额相加,执行总和数额。一人犯数罪依法同时并处罚金和没收财产的,应当合并执行;但并处没收全部财产的,只执行没收财产刑。”

二、没收财产刑与特别没收

7　除了作为附加刑的没收财产刑之外,现行《刑法》第 64 条还明确规定了“犯罪分子违法所得的一切财物,应当予以追缴或者责令退赔”。理论上称前者为一般没

2　最高人民法院《关于刑事裁判涉财产部分执行的若干规定》第 6 条第 2 款规定:“判处没收部分财产的,应当明确没收的具体财物或者金额。”

3　参见高铭暄、马克昌主编:《刑法学》(第 9 版),北京大学出版社、高等教育出版社 2019 年版,第 226 页。

4　参见张明楷:《论刑法中的没收》,载《法学家》2012 年第 3 期。

5　参见邢曼媛:《论我国刑法中的没收财产刑》,载《山西高等学校社会科学学报》2000 年第 8 期。

收，指“剥夺犯罪人的合法财产所有权，将犯罪人的合法所有的财物收归国有”；后者为特别没收，又称为特殊没收、限制没收或没收犯罪物品，指“将与犯罪有密切关系的特定财物收归国有”。二者虽手段相同，但仍存在显著差异：①刑法属性不同。一般没收属于刑罚方法之一，与罚金刑共同构成了作为附加刑的财产刑体系。特别没收的刑法性质，刑法学界尚存巨大争议，有学者以对象为标准将特别没收的性质予以区分，“犯罪所涉及的违禁品，是国家法律所禁止个人非法所有的物品，当然应予以没收，这是一种行政强制措施。供犯罪使用的财物，具有诉讼证据的作用，没收这些财物是刑事诉讼的需要”[6]；有学者则认为，特别没收的适用不以行为人具有责任为前提，当属保安处分[7]。尽管特别没收的性质尚无定论，但理论界对其为非刑罚方法并无争议。②适用的内容不同。一般没收以犯罪成立为前提，以犯罪分子个人所有的合法财产为界限，具体执行没收财产刑时应为犯罪分子个人及其扶养的家属保留必需的生活费用。特别没收以与犯罪密切关联的财物为对象，具体可细分为违禁品、供犯罪所用的本人财物、违法所得的财物。③功能不同。一般没收作为刑罚方法，以剥夺犯罪分子个人的合法财产为内容，或有报应赎罪的功能，或有预防犯罪的功能，因此应以刑法明文规定可以科处没收财产刑的罪名为限。适用于犯罪关联物的特别没收旨在取缔不法状态，故而能够广泛适用于刑法中的全部罪名。

Ⅳ 没收财产刑的适用规则及分布

一、适用规则

如前所述，没收财产刑作为一种特殊的附加刑，目前刑事实务中只存在附加于主刑适用一种情况。在附加适用中，《刑法》分则存在大量选择适用没收财产刑或罚金刑的罪名，理论上将没收财产刑适用的立法模式细分为单一必并制、复合必并制、复合得并制。 8

(1)单一必并制。《刑法》分则规定对某罪名判处主刑时，有且只能搭配没收财产刑一种财产刑，未留有裁量空间。如《刑法》第120条(组织、领导恐怖组织罪)规定，“组织、领导恐怖活动组织的，处十年以上有期徒刑或者无期徒刑，并处没收财产”。 9

(2)复合必并制。《刑法》分则规定对某罪名判处主刑时，必须同时从没收财产刑或者罚金刑中择一附加适用。如《刑法》第140条(生产、销售伪劣产品罪)规定：“生产者、销售者在产品中掺杂、掺假，以假充真，以次充好或者以不合格产品冒充合 10

---

6 高铭暄、马克昌主编：《刑法学》(第9版)，北京大学出版社、高等教育出版社2019年版，第241页。

7 参见张明楷：《论刑法中的没收》，载《法学家》2012年第3期；谢望原：《刑法中的没收制度》，载《中国刑事法杂志》2009年第6期。

格产品……销售金额二百万元以上的,处十五年有期徒刑或者无期徒刑,并处销售金额百分之五十以上二倍以下罚金或者没收财产。”

11 (3)复合得并制。《刑法》分则规定对某罪名判处主刑时,可以根据案件的具体情况或者没收财产刑与罚金刑择一附加适用,或者二者均不适用。如《刑法》第 294 条第 1 款(组织、领导、参加黑社会性质组织罪)规定:“组织、领导黑社会性质的组织的,处七年以上有期徒刑,并处没收财产;积极参加的,处三年以上七年以下有期徒刑,可以并处罚金或者没收财产;其他参加的,处三年以下有期徒刑、拘役、管制或者剥夺政治权利,可以并处罚金。”

二、刑法分则中没收财产刑的分布

(一)没收财产刑的罪名分布状况

12 1979 年《刑法》分则中配置没收财产刑的条文仅有 22 个[8],此后,配置没收财产刑的罪名数呈现明显的增加趋势。2015 年 8 月 29 日通过的《刑法修正案(九)》在两方面对没收财产刑的适用进行了调整:其一,增加了组织、领导、参加恐怖活动组织罪,组织、利用会道门、邪教组织、利用迷信破坏法律实施罪,走私、贩卖、运输、制造毒品罪中没收财产刑的规定;其二,新增的部分罪名中本身包含了没收财产刑,即准备实施恐怖活动罪,宣扬恐怖主义、极端主义、煽动实施恐怖活动罪,利用极端主义破坏法律实施罪。2020 年 12 月 26 日通过的《刑法修正案(十一)》以罚金刑取代了职务侵占罪、非国家工作人员受贿罪的没收财产刑。现行《刑法》配置没收财产刑的罪名分布为:第一章“危害国家安全罪”中的全部(共 12 个)罪名、第二章“危害公共安全罪”中的 5 个罪名、第三章“破坏社会主义市场经济秩序罪”中的 37 个罪名、第四章“侵犯公民人身权利、民主权利罪”中的 3 个罪名、第五章“侵犯财产罪”中的 4 个罪名、第六章“妨害社会管理秩序罪”中的 13 个罪名、第八章“贪污贿赂犯罪”中的 3 个罪名,共计 77 个罪名。

13 从没收财产刑在现行《刑法》分则各章的分布来看,没收财产刑大致可见于两类犯罪:一类是贪利型犯罪,如经济犯罪、财产犯罪和部分职务犯罪;另一类是以财产为必要手段的犯罪,如危害国家安全型犯罪以及经济资助型犯罪。前者附加没收财产刑侧重于体现惩罚功能,后者则侧重于预防功能。

(二)没收财产刑附加适用时主刑的刑罚档次

14 总体而言,《刑法》分则第一章“危害国家安全罪”相较于其他犯罪的社会危害性大,故此章的全部罪名不区分量刑档次均可以适用没收财产刑。除“危害国家安全罪”之外的其他配置了没收财产刑的罪名,绝大多数仅在基本刑以外的量刑档配置了

8 参见黄自强、王成祥:《没收财产刑适用对象之立法评析》,载《广西社会科学》2003 年第 5 期。

没收财产刑，只有 2 个罪名的基本刑中配置了没收财产刑，即组织、领导恐怖活动组织罪和组织、领导黑社会性质组织罪。从法定刑的角度分析《刑法》规定可以附加没收财产刑的主刑幅度可以发现：附加没收财产刑的主刑起刑点至少为 3 年以上有期徒刑；绝大多数附加没收财产刑的主刑起刑点为 10 年以上有期徒刑。刑事立法除通过量刑档次规范没收财产刑的适用外，通常还从“情节”与“数额”两方面限制没收财产刑的适用，如“情节严重”“情节特别严重”“后果特别严重”“遭受特别重大损失的”“数额巨大”“数额特别巨大”“数量巨大”“数量特别巨大”等。因此，没收财产刑通常适用于严重的犯罪。

V 未成年人与没收财产刑的适用

15 未成年罪犯作为特殊的犯罪群体能否适用没收财产刑的问题尚存争议。肯定论者以现行《刑法》的规定为出发点，主张为了保证刑罚体系的完整性，对未成年罪犯与成年罪犯应当无差别地适用没收财产刑。毕竟，无论《刑法》还是司法解释均无明文规定对未成年人可以不适用没收财产刑。否定论者认为，刑事司法实践中，未成年人普遍不具备独立的生活来源，适用财产刑或致使刑罚完全空置，或将财产负担转嫁给未成年人的监护人。为避免因追求刑罚形式上的平等，而导致没收财产刑适用中未成年罪犯与成年罪犯的实质差异，对未成年人应例外性地一律不适用没收财产刑，以符合《联合国少年司法最低限度标准规则》的理念。[9]

16 然而，刑事司法实践对未成年人适用没收财产刑的问题实际上采取了限制的态度。一方面，对未成年人不适用没收财产刑于法无据，现行《刑法》中规定财产刑的适用主体为单位与已满 14 周岁的人。最高人民法院《关于办理未成年人刑事案件适用法律若干问题的解释》只明确规定对未成年罪犯“一般不附加判处剥夺政治权利刑”，尚未颁布关于没收财产刑的限制性规定。另一方面，“刑事审判实践中，对未成年被告人适用财产刑的刑事案件极为罕见”[10]。事实上，未成年人通常不具有个人财产，其主要的经济来源往往是其监护人。此外，已满 14 周岁不满 16 周岁的未成年人承担刑事责任的犯罪中，仅有抢劫罪与贩卖毒品罪配置了没收财产刑；《刑法》分则中配置没收财产刑的全部罪名中采用单一必并制的罪名也较少。而在处理未成年人犯罪的刑事司法实践中，若严格贯彻与成年人同样的量刑标准适用没收财产刑，极易导致没收财产刑虚置，减损刑罚的威慑力和刑事司法的公信力。因此，在刑事立法中没收财产刑普遍适用得并制与选科制的前提下，刑事司法中严格限制对未成年人适用没收财产刑，既与国际社会奉行的加强对未成年人的特殊保护理念相称，也体现了刑事法治对未成年罪犯坚持“教育、感化、挽救”的方针。

---

9 参见於贤淑：《对未成年人犯罪适用财产刑的法律思考》，载《福建政法干部管理学院学报》2009 年第 4 期。

10 陈建明：《对未成年被告人适用财产刑的再思考》，载《人民司法》1998 年第 8 期。

Ⅵ　没收财产刑中的“财产”

17　《刑法》第59条第1款从积极与消极两个层面概括了没收财产刑中的“财产”范围:就积极方面而言,犯罪分子因犯罪行为被没收的财产为且仅能为其个人所有财产的一部或者全部,这圈定了财产范围的“上限”;就消极方面而言,鉴于刑罚人道主义的考量,应当为犯罪分子个人及其扶养的家属保留必要的生活费用,划定了财产范围的“底线”。[11] 此外,对《刑法》第59条第2款应当理解为注意性规定,“属于犯罪分子家属所有或者应有的财产”当然排除在犯罪分子个人所有的财产的范围之外。事实上,犯罪分子的财产状况纷繁复杂,加之刑法中关于财产的处置方式也盘根错节,准确厘定没收财产刑中“财产”的范围应当综合考量以下几方面:

一、财产的形态

18　《刑法》第92条规定:“本法所称公民私人所有的财产,是指下列财产:(一)公民的合法收入、储蓄、房屋和其他生活资料;(二)依法归个人、家庭所有的生产资料;(三)个体户和私营企业的合法财产;(四)依法归个人所有的股份、股票、债券和其他财产。”可见,刑法中财产的形态并不限于传统观念中的有形物,还包括部分财产性利益。但没收财产刑中可被执行的财产是否应当涵盖全部的财产性利益?有学者从财产刑的本质出发,将没收财产刑中的“财产”抽象为一组“权利”,并认为没收财产刑是“对一个公民拥有财产资格的剥夺”。[12] 但是,直接将“财产”抽象为“权利”,并将全部的财产性利益作为可供执行的对象,有无视财产刑与资格刑区别之嫌。此外,实践中对某些财产性利益的没收并不具备可操作性。债权等财产性利益具有相对性,享受权利的主体与承担义务的主体为存在信赖关系的特定双方,强行实现债权的转让可能使得没收财产刑“不经济”,也可能破坏固有的市场经济秩序。因此,对没收财产中“财产”的解释,一方面,应结合《刑法》第92条第(四)项的规定,不能将犯罪分子个人的财产性利益完全排除于所没收的财产之外;另一方面,也不宜背离没收财产刑的本质,将“财产”范围扩大至所有包含财产内容的权利。没收财产刑本质上为一种无偿地变私有财产为国有财产的刑罚方法,而不是直接取代犯罪分子的债权人主体地位,因此可供执行的财产本身应当具有可以转移占有的特性。任何财产权,如所有权、用益物权、担保物权、债权、股权等,只能被剥夺而不能被没收。可以作为没收对象的财产性利益,应仅限于与《刑法》第92条规定的股份、股票、债券等同样具有

11　最高人民法院《关于刑事裁判涉财产部分执行的若干规定》第9条第2款规定:“执行没收财产或罚金刑,应当参照被扶养人住所地政府公布的上年度当地居民最低生活费标准,保留被执行人及其所扶养家属的生活必需费用。”

12　参见万志鹏、黄晓斌:《论没收财产刑中的“财产”》,载《中国刑事法杂志》2011年第4期。

及时变现性的财产性利益,并且该部分财产性利益可以现实转化为可转移占有的财产时,如有形的财物或者等量的货币,才能被没收。

二、财产的权属

19 《刑法》第59条第1款明文规定,“没收财产是没收犯罪分子个人所有财产的一部或者全部”,此处“个人所有财产”既非从定量上限定财产的多寡,亦非简单地从定性上限定为财产的所有权。“个人所有”指称了一种财产的权属关系,除以所有权为典型的物权关系外,还当然涵盖部分债权关系、股权关系等。为了满足市场经济“物尽其用”的要求,财产关系变得日益错综复杂,财产共有的现象司空见惯。刑罚的正当化本质上排斥刑罚方法的牵连性,因此,没收财产刑的适用应当注意区分共有财产中个人财产的份额。但以意思自治为价值追求的民事法律充分尊重共同财产分割时双方的约定,这可能导致作为财产共有人的犯罪分子恶意减损个人财产。为了权衡财产处分的自由与财产刑的效能,应当充分尊重共有人事前达成的善意的财产分割协议,完全排斥共有人为了规避法律而事前或事后达成的恶意处分财产的约定。当共有人之间没有约定或约定无效时,可以依据个人财产占共有财产的权重确定财产份额,或者平均分割财产。

20 现代社会中,个人财产与家庭财产之间的关系较为复杂。《刑法》第59条第2款以注意性规定强调了“在判处没收财产的时候,不得没收属于犯罪分子家属所有或者应有的财产”。通常而言,夫妻共有财产的分割只能在婚姻关系终止时方可进行,但是目前仍无从夫妻财产中划分个人财产的法律依据,没收夫妻共有财产中属于犯罪分子个人所有的财产份额便遇到了困境。可以明确的是,具体划定夫妻共同财产中犯罪分子个人财产的份额时,应当排除适用约定的方法,防止犯罪分子恶意减损个人财产份额,逃避没收财产刑的执行。

三、财产范围划定的时间节点

21 现行《刑法》并未从时间上限定没收财产刑中“财产”的范围,但犯罪分子个人财产的多寡并非固定不变的,财产范围划定的时间节点的先后在某种程度上决定了没收财产刑适用对象的财产总额,也关系着刑法自由保障机能的实现。

22 (1)没收财产刑中的“财产”只能是犯罪分子个人现实所有的财产。刑法学界通说认为,没收财产刑不能超越犯罪分子现实保有的个人财产的总额。但也有学者认为,鉴于财产状况的复杂性,把犯罪分子将来取得的财产一概排除于所要没收的财产之外的观点可能有待商榷。犯罪分子将来取得的财产既可以是将来可能取得的财产,也可以是将来必然取得的财产;既可以是完全由将来的劳动等取得的财产,也可以是基于现有财产取得的预期收益。

23 (2)应当以刑事裁判生效时被执行人合法所有的财产为执行的对象。关于没收财产刑中划定财产范围的时间点,有学者主张以犯罪时作为标准,有学者主张以诉讼时作为标准,后者又可以具体分为以审判时作为标准和以没收财产刑执行时作为标准。理论界普遍赞同第一种观点,认为应当以犯罪时为时间节点界定财产的范围。这一方面符合刑法中罪责刑相适应的基本原则。罪责刑相适应原则要求刑罚的轻重应当与犯罪分子所犯的罪行和承担的刑事责任相适应。没收财产刑本质上作为一种刑罚,理应与犯罪分子的刑事责任相称。另一方面符合刑罚的正当化要求。"奠基于报应之上的剥夺功能"强调刑罚的质与量应当与罪行对价,以诉讼时的财产状况作为犯罪分子承担刑罚的根据必然导致对合法行为的报应。刑事司法实践则以刑事裁判生效时为标准,最高人民法院《关于刑事裁判涉财产部分执行的若干规定》第 9 条第 1 款规定:"判处没收财产的,应当执行刑事裁判生效时被执行人合法所有的财产。"

四、承担刑事责任的财产

24 现行法律体系中,刑法作为"第二次法",只有行为违反"第一次法"达到值得科处刑罚的程度才予以介入,因此,刑事责任与民事责任、行政责任经常存在竞合。犯罪分子个人所有的全部财产,不仅作为承担刑事责任的基础,也作为承担民事责任与行政责任的来源。与刑法作为"第二次法"的性质相应,没收财产刑适用时的财产内容应当排除承担民事与行政财产责任的部分。首先,《刑法》第 60 条明确规定了正当债务优位,即"没收财产以前犯罪分子所负的正当债务,需要以没收的财产偿还的,经债权人请求,应当偿还"。最高人民法院《关于刑事裁判涉财产部分执行的若干规定》第 13 条第 1 款明确规定了财产不足时的执行顺序,即"被执行人在执行中同时承担刑事责任、民事责任,其财产不足以支付的,按照下列顺序执行:(一)人身损害赔偿中的医疗费用;(二)退赔被害人的损失;(三)其他民事债务;(四)罚金;(五)没收财产"。其次,行政责任优位,没收财产刑中财产的范围不能够包括应当承担行政财产责任的份额,如因骗取出口退税罪、虚开增值税专用发票用于出口退税罪中适用没收财产刑的,应当先允许税务机关追缴税款。此外,若行为人因同一犯罪行为已经承担过行政财产责任,为了避免双重危险,适用没收部分财产刑时应当考虑先前的行政财产责任,适当予以减少。

Ⅶ 没收财产刑的执行

25 根据《刑事诉讼法》第 272 条的规定,没收财产刑由人民法院执行,在必要的时候,可以会同公安机关执行。最高人民法院《关于适用财产刑若干问题的规定》第 9 条规定:"人民法院认为依法应当判处被告人财产刑的,可以在案件审理过程中,决定扣押或者冻结被告人的财产。"该规定第 11 条第 2 款规定:"对于隐藏、转移、变卖、损毁已被扣押、冻结财产情节严重的,依照刑法第三百一十四条的规定追究刑事责任。"

26 对于被告人对一审判处财产刑不服提出上诉,但在二审期间死亡的,案件终止审理后,可否对被告人判处财产刑?根据《刑事诉讼法》第16条第(五)项的规定,被告人在案件审理期间死亡的,不再追究刑事责任。这里的不再追究刑事责任,包括主刑和附加刑,但其实施犯罪过程中的违法所得应予追缴(参见秦学荣抢劫、流氓、诈骗、侵占案)。《刑事诉讼法》第16条第(五)项规定的主体是"被告人",可以广泛地理解为包括"上诉人",因此,二审终审审理,上诉人不再被判处和执行没收财产刑。

第六十条　正当债务的偿还

没收财产以前犯罪分子所负的正当债务，需要以没收的财产偿还的，经债权人请求，应当偿还。

文献:华东政法学院法律系编:《法学新问题研究》,上海社会科学院出版社 1998 年版;公培华:《刑罚论》,青岛海洋大学出版社 1999 年版;陈兴良主编:《刑种通论》(第 2 版),中国人民大学出版社 2007 年版。王飞跃、贺永坚:《没收财产刑中"财产"的时间限定》,载《中南大学学报(社会科学版)》2006 年第 3 期;何显兵:《论没收财产刑的改革与完善——以绵阳市最近三年司法统计数据为例》,载《中国刑事法杂志》2011 年第 1 期;张明楷:《论刑法中的没收》,载《法学家》2012 年第 3 期;常杰:《"没收财产以前犯罪分子所负的正当债务"应界定合理时间点》,载《人民检察》2013 年第 8 期;郑伟、王业权:《以没收财产偿还犯罪分子所负债务问题研究》,载《绵阳师范学院学报》2016 年第 1 期。

细目录

Ⅰ　主旨
Ⅱ　沿革
Ⅲ　正当债务偿还的条件
一、债务的正当性
二、正当债务产生的时间
三、债权人的范围
四、需要以没收的财产偿还的判断

Ⅰ　主旨

1　本条确立了当没收财产刑与被告人的债务发生冲突时,有条件地适用正当债务优位原则,以期既能保障债权人的合法利益,又能避免被告人恶意利用债务逃避财产刑,旨在实现罪责自负的同时,保证公民与国家之间的利益平衡和部门法之间的统一。

Ⅱ　沿革

2　1979 年《刑法》第 56 条规定:"查封财产以前犯罪分子所负的正当债务,需要以没收的财产偿还的，经债权人请求，由人民法院裁定。”1997 年《刑法》第 60 条从两个方面对 1979 年《刑法》第 56 条进行了修正，一是将债务形成的时间由“查封财产以前”改为“没收财产以前”，明确了财产未被查封也可以适用本条，以及财产被查封后至人民法院的判决或者裁定生效前形成的正当债务也应以没收的财产予以偿还；二是将“由人民法院裁定”修改为“应当偿还”，强调了偿还的绝对性。

Ⅲ 正当债务偿还的条件

根据《刑法》第 60 条，以没收财产偿还债务需要同时具备五个条件：①前提条件——债务必须是正当债务，所谓正当债务即债务的产生合法、债务真实有效；②时间条件——必须是被告人在其财产被没收以前所负的债务，司法解释进一步明确为被告人在没收财产的判决生效前所负的债务；③实质条件——该债务需要以没收的财产来偿还，法院应对以没收财产偿还债务的必要性予以实质审查；④程序条件——必须经债权人提出请求，债权是一种请求权，未经债权人请求不能以没收的财产偿还；⑤限度条件——必须在没收的财产限度内偿还。 3

一、债务的正当性

根据《刑法》第 60 条规定被告人须对债权人负有“正当债务”，2000 年最高人民法院《关于适用财产刑若干问题的规定》第 7 条规定：“刑法第六十条规定的‘没收财产以前犯罪分子所负的正当债务’，是指犯罪分子在判决生效前所负他人的合法债务。”该司法解释将“正当债务”解释为“合法债务”。一般认为，该条的“正当”应当指债务内容上具有合法性和真实性，即排除非法行为产生的债务、违反公序良俗的债务、为逃避没收财产刑虚构的债务；这里的“债务”，适用民法上关于债权债务关系的规定，合同、侵权行为、不当得利和无因管理均可产生债务。 4

本条之“正当债务”是否包括判决生效以前未届清偿期的正当债务？有学者认为，在债务尚未到期的情况下，债务人具有期限利益，可以对债权人行使抗辩权，此时被告人虽因犯罪被判处没收财产，但并不因此而必然导致在清偿期届满之时完全丧失偿债能力，不能直接成为债权提前实现的理由。[1] 该观点固然符合民法上债务履行的原理，但是在被告人被判处死刑、无期徒刑或长期自由刑，并处没收全部财产的情况下，债务因判决生效前未届清偿期而不能以没收财产偿还，而清偿期届满之时，债务人还在服刑甚至已经死亡，其财产已经被没收，此时债权几无实现之可能，债权人的正当债权实际无法实现，这与本条的立法主旨相悖。并且，《刑法》第 60 条及其相关司法解释也未对可以没收财产偿还的债务附加已届清偿期的限制。因此，适用《刑法》第 60 条时将债务已届清偿期作为限定正当债务的条件于法无据，正当债务 5

---

1 参见郑伟、王业权：《以没收财产偿还犯罪分子所负债务问题研究》，载《绵阳师范学院学报》2016 年第 1 期。

是否能优先偿还应当对“需要以没收财产偿还”进行实质审查。

6　此外,法院判定“正当债务”,需要依据确认债权债务的法律文书还是能够证明债权债务存在的相关证据即可？关于该问题目前尚无相关解释和统一认识。上海市高级人民法院通过的《关于刑事判决中财产刑及财产部分执行的若干意见》(2012 年 1 月 16 日修正)第 29 条第 1 款规定:“财产刑、没收供犯罪使用财产上缴国库事项的执行过程中,被执行人的债权人可向人民法院申请以该事项的执行标的物偿还其正当债务。”第 2 款规定:“债权人提出申请时,应当提交书面申请及确认其债权的生效法律文书。”上海市高级人民法院的这种以民事或其他法律程序的确认作为认定“正当债务”依据的做法是否恰当,以及如何在“正当债务”的认定中实现刑法与其他部门法的统一,有待进一步研究。

二、正当债务产生的时间

7　为了避免被告人故意编造虚假的债权债务,转移财产,逃避没收财产刑的执行,《刑法》第 60 条规定被告人所负正当债务的发生时间应当是没收财产以前,理论上对于“没收财产以前”有三种解释:一种观点认为,正当债务应当发生在被告人被采取强制措施以前[2];另一种观点则认为,正当债务应当发生在判决生效以前[3];此外,还有观点认为,正当债务应当发生在执行没收财产以前[4]。2010 年最高人民法院《关于适用财产刑若干问题的规定》第 7 条采纳了第二种观点,将“没收财产以前”具体解释为“判决生效前”。尽管从文义解释出发,“没收财产以前”既可以解释为“没收财产判决生效以前”也可以解释为“执行没收财产以前”,但若解释为“执行没收财产以前”,则被告人或者其家属很可能在被判处没收财产后至执行没收财产前,故意制造高额债务、进行奢侈消费,达到转移财产以致没收财产刑落空的目的,存在被利用的漏洞;若将“没收财产以前”解释为“被告人被采取强制措施之前”,虽然能防止被告人恶意制造债务,但无法实现被告人在被采取强制措施后到法院作出没收财产判决之前这段时间内,善意第三人与被告人及其家属发生的正当债权,不利于债权人合法利益的保护。司法解释以没收财产的生效判决为界点更为恰当,因为生效判决之前没收财产刑具有不确定性和不能对抗第三人的效力,正当债务的债权人没有理由承担因没收财产刑造成债务不能履行的后果;而判决生效以后债权人仍与被告人发生债权债务关系的,理应自担风险,无以没收财产受偿的权利。

2　参见常杰:《“没收财产以前犯罪分子所负的正当债务”应界定合理时间点》,载《人民检察》2013 年第 8 期。

3　参见郑伟、王业权:《以没收财产偿还犯罪分子所负债务问题研究》,载《绵阳师范学院学报》2016 年第 1 期。

4　参见何显兵:《论没收财产刑的改革与完善——以绵阳市最近三年司法统计数据为例》,载《中国刑事法杂志》2011 年第 1 期。

三、债权人的范围

8 关于本条债权人的范围，需要明确两个问题：一是这里的债权人不仅包括个人和单位，而且包括国家，如被告人欠缴税款的情形。二是受害人是否包含在债权人之列？关键看被告人对受害人除本次犯罪应承担的赔偿债务外是否还负有其他正当债务。第一种情况，被告人只对受害人负有基于本案产生的偿付责任，《刑法》第36条第2款对这种情况作出了规定："承担民事赔偿责任的犯罪分子，同时被判处罚金，其财产不足以全部支付的，或者被判处没收财产的，应当先承担对被害人的民事赔偿责任。"受害人民事赔偿优先，同样，基于本案产生的行政偿付责任也应当先于没收财产追缴。第二种情况，被告人对受害人除本案产生的民事赔偿之外仍负有其他正当债务，该债务与被害人基于本案的民事赔偿非同因债务，则该债务与被告人对其他一般债权人的债务具有同等地位，可以请求法院以没收的财产偿还。

四、需要以没收的财产偿还的判断

9 "需要以没收的财产偿还"是以没收财产偿还债务的实质条件。本条旨在解决没收财产刑与其他法律责任矛盾时，财产责任的履行顺序。"需要以没收的财产偿还"即是两种法律责任矛盾的现实体现，司法实践对偿还必要性应当予以实质审查，通常两种情况下债务需要以没收财产偿还。一种情况是，被告人所付的正当债务已届清偿期，没收财产刑执行后，债务无法清偿。但即便被告人被判处没收全部财产，也不能直接认定"需要以没收的财产偿还"，如若被告人的债务设有连带责任保证，则该债务未必需要以没收财产偿还；反之亦然，如果被告人被判处没收部分财产，未被没收的财产也可能不足以支付判决以前的正当债务，则债务仍需要以没收的财产偿还。另一种情况是，被告人所付正当债务未届清偿期，但被判处没收财产后，直接导致债务到期后无法偿还，则需要以没收财产偿还。此种情况，虽然债务未届清偿期，理论上债务并非必然不能清偿，但实际上债务到期能被履行的可能性极小，尤其是被告人被判处死刑、无期徒刑和长期自由刑，并处没收全部财产的情况，此时执行没收财产刑会引起债务面临不能偿还的现实危险，即可判断该债务需要以没收财产偿还。

第四章　刑罚的具体运用

前　注

文献：马克昌主编：《刑罚通论》（第2版），武汉大学出版社1999年版；赵秉志主编：《刑罚总论问题探索》，法律出版社2003年版；高铭暄、赵秉志主编：《刑罚总论比较研究》，北京大学出版社2008年版；张小虎：《刑罚论的比较与建构》，群众出版社2010年版；周光权主编：《刑法历次修正案权威解读》，中国人民大学出版社2011年版；高铭暄：《中华人民共和国刑法的孕育诞生和发展完善》，北京大学出版社2012年版；臧铁伟主编：《中华人民共和国刑法修正案（九）解读》，中国法制出版社2015年版；赵秉志主编：《中华人民共和国刑法修正案（九）理解与适用》，中国法制出版社2016年版；陈兴良：《刑法适用总论（下卷）》（第3版），中国人民大学出版社2017年版；高铭暄、马克昌主编：《刑法学》（第9版），北京大学出版社、高等教育出版社2019年版；贾宇主编：《刑法学》，高等教育出版社2019年版；张明楷：《刑法学》（第6版），法律出版社2021年版；王作富、黄京平主编：《刑法》（第7版），中国人民大学出版社2021年版。周光权：《量刑基准研究》，载《中国法学》1999年第5期；白建军：《量刑基准实证研究》，载《法学研究》2008年第1期；林维：《论量刑情节的适用和基准刑的确定》，载《法学家》2010年第2期；周光权：《量刑程序改革的实体法支撑》，载《法学家》2010年第2期；张明楷：《责任主义与量刑原理——以点的理论为中心》，载《法学研究》2010年第5期；周光权：《论量刑上的禁止不利评价原则》，载《政治与法律》2013年第1期；赵书鸿：《论刑罚裁量的简洁化——量刑活动的经验性研究结论》，载《中外法学》2014年第6期；张明楷：《论犯罪后的态度对量刑的影响》，载《法学杂志》2015年第2期；白建军：《犯罪圈与刑法修正的结构控制》，载《中国法学》2017年第5期。

细目录

Ⅰ　刑罚运用制度的沿革
Ⅱ　刑罚运用制度的概念
Ⅲ　刑罚运用制度的特征
　一、刑罚运用的主体是有关司法机关
　二、刑罚运用的对象是具体的犯罪人
　三、刑罚运用的内容是决定刑罚的判决及执行
Ⅳ　刑罚运用制度的意义

I 刑罚运用制度的沿革

刑罚的具体运用问题,在 1979 年《刑法》第 57 条至第 78 条中作了明确规定,这些规定共分为八节,分别为量刑、累犯、自首、数罪并罚、缓刑、减刑、假释、时效刑罚运用制度。此后,立法机关又制定了一些新的法律,对 1979 年《刑法》的相关规定作了补充。例如 1994 年 12 月 29 日通过的《监狱法》第 29 条对减刑条件进一步作了明确:被判处无期徒刑、有期徒刑的罪犯,在服刑期间确有悔改或者立功表现的,根据监狱考核的结果,可以减刑。有下列重大立功表现之一的,应当减刑:①阻止他人重大犯罪活动的;②检举监狱内外重大犯罪活动,经查证属实的;③有发明创造或者重大技术革新的;④在日常生产、生活中舍己救人的;⑤在抗御自然灾害或者排除重大事故中,有突出表现的;⑥对国家和社会有其他重大贡献的。 1

1997 年《刑法》第 61 条至第 89 条基本维持了 1979 年《刑法》关于刑罚具体运用的规定,即仍然将刑罚运用制度分为量刑、累犯、自首、数罪并罚、缓刑、减刑、假释、时效八节。修改幅度较大的部分是:其一,对(狭义的)量刑中的特殊减轻作了较大限制。1979 年《刑法》第 59 条第 2 款规定,犯罪分子虽然不具有本法规定的减轻处罚情节,如果根据案件的具体情况,判处法定刑的最低刑还是过重的,经人民法院审判委员会决定,也可以在法定刑以下判处刑罚。1997 年《刑法》第 63 条第 2 款将其修改为,犯罪分子虽然不具有本法规定的减轻处罚情节,但是根据案件的特殊情况,经最高人民法院核准,也可以在法定刑以下判处刑罚。其二,放宽了累犯的成立条件。1979 年《刑法》第 61 条规定,被判处有期徒刑以上刑罚的犯罪分子,刑罚执行完毕或者赦免以后,在 3 年以内再犯应当判处有期徒刑以上刑罚之罪的,是累犯。1997 年《刑法》将累犯成立的时间限制条件放宽至 5 年。其三,明确了自首的概念,增设了特殊自首、立功制度。1997 年《刑法》第 67 条规定,犯罪以后自动投案,如实供述自己的罪行的,是自首。被采取强制措施的犯罪嫌疑人、被告人和正在服刑的罪犯,如实供述司法机关还未掌握的本人其他罪行的,以自首论。第 68 条规定,犯罪分子有揭发他人犯罪行为,查证属实的,或者提供重要线索,从而得以侦破其他案件等立功表现的,可以从轻或者减轻处罚;有重大立功表现的,可以减轻或者免除处罚。其四,增设了必须减刑的规定。1997 年《刑法》第 78 条吸收了《监狱法》第 29 条的内容,对必须减刑的六种情形作了明确规定。其五,对假释的适用作了特别限制。1997 年《刑法》第 81 条规定,对累犯以及因杀人、爆炸、抢劫、强奸、绑架等暴力性犯罪被判处 10 年以上有期徒刑、无期徒刑的犯罪分子,不得假释。其六,增设了追诉时效期限无限延长的规定。1997 年《刑法》第 88 条规定,在人民检察院、公安机关、国家安全机关立案侦查或者在人民法院受理案件以后,逃避侦查或者审判的,不受追诉期限的限制。被害人在追诉期限内提出控告,人民法院、人民检察院、公安机关应当立案而不予立案的,不受追诉期限的限制。 2

1997 年立法机关在对《刑法》进行全面修订时,主要集中于分则罪名的增减和构 3

成要件、法定刑的修改,虽对刑罚制度也有一些修改,但大的变动不多。全国人大常委会决定以“修正案”的方式修改、补充《刑法》始于1999年,经过多方讨论,1999年10月18日,全国人大常委会委员长会议同意采取修正案的方式修改《刑法》。随着我国第一部刑法修正案的产生,此后的《刑法》修改延续该种形式,分别以刑法修正案(二)、(三)、(四)、(五)、(六)、(七)、(八)、(九)、(十)、(十一)为序,逐步确立了刑法修正案作为刑法修改的基本方向,即“凡是需要增加犯罪类型与修改法定刑的,不管犯罪的性质及其与其他法律的关系如何,一概以修正案的方式对刑法典进行修改;基本上不再有附属刑法;除了一个单行刑法外,没有(不)再制定单行刑法”[1]。

4 前七次刑法修正案,均未涉及刑罚基本制度,2011年2月25日第十一届全国人大常委会第十九次会议通过的《刑法修正案(八)》则打破了这一惯例。《刑法修正案(八)》共50条,除第50条规定修正案的施行日期外,其余49个条文全部是对《刑法》的修改补充。在这49个条文中,有19条事关总则,其他30条则是针对分则个罪条文的修改。如有的学者所指出的,在这30个条文中,又有10个条文涉及取消死刑罪名,表面上看是对分则个罪法定刑的修改,实质上属于“调整死刑与无期徒刑、有期徒刑之间的结构关系”的刑罚结构问题。[2]

5 总体来看,《刑法修正案(八)》对刑罚运用制度修改幅度较大的部分主要包括:其一,对死刑罪名进行了大幅减少。此前的《刑法》中,规定可以适用死刑的罪名共有68个,此次修正一举削减了13个罪名[3]的死刑,减少了将近20%的死刑罪名。其二,对死缓制度作出了重大修改。《刑法修正案(八)》第4条全面提高了死缓的严厉程度,不仅限缩了减刑空间,而且提高了实际执行期限。其三,对无期徒刑的执行制度进一步完善。《刑法修正案(八)》第15、16条规定,被判处无期徒刑的犯罪分子,减刑后实际执行的刑期不能少于13年;同时,被判处无期徒刑的犯罪分子,刑罚执行13年以上方可假释。其四,对数罪并罚进行了修正。《刑法修正案(八)》第10条在原有条文基础上补充,有期徒刑总和刑期不满35年的,数罪并罚最高刑期不能超过20年,有期徒刑总和刑期在35年以上的,最高不能超过25年。其五,对管制、缓刑和假释进一步明确。《刑法修正案(八)》第2条对《刑法》第38条除了增加对管制犯罪人实行社区矫正的内容,还增加了禁止犯罪分子在管制执行期间从事特定活动,进入特定区域、场所,接触特定的人的规定。《刑法修正案(八)》第11条规定了

---

1 张明楷:《刑事立法的发展方向》,载《中国法学》2006年第4期。

2 参见刘艳红:《刑法修正案(八)的三大特点——与前七部刑法修正案相比较》,载《法学论坛》2011年第3期。

3 这13个罪名分别是:走私文物罪,走私贵重金属罪,走私珍贵动物、珍贵动物制品罪,走私普通货物、物品罪,票据诈骗罪,金融凭证诈骗罪,信用证诈骗罪,虚开增值税专用发票、用于骗取出口退税、抵扣税款发票罪,伪造、出售伪造的增值税专用发票罪,盗窃罪,传授犯罪方法罪,盗掘古文化遗址、古墓葬罪,盗掘古人类化石、古脊椎动物化石罪。

适用缓刑须考虑"犯罪情节较轻""有悔罪表现"和"没有再犯罪的危险"。《刑法修正案(八)》第16条对假释条件和假释的限制进行了明确。其六,对"减轻处罚"的含义进行了明确。《刑法修正案(八)》第5条规定,本法规定有数个量刑幅度的,应当在法定量刑幅度的下一个量刑幅度内判处刑罚。其七,对累犯的范围进行了扩大。《刑法修正案(八)》第7条扩大了累犯的范围,将恐怖活动犯罪和黑社会性质组织犯罪也包括在内。其八,新增了"社区矫正"执行方式。《刑法修正案(八)》首次在法律中规定社区矫正,将管制、缓刑和假释的犯罪分子都纳入社区矫正的对象。其九,新增了"坦白"为法定从宽情节。《刑法修正案(八)》第8条将《刑法》第67条增加一款规定:"犯罪嫌疑人虽不具有前两款规定的自首情节,但是如实供述自己罪行的,可以从轻处罚;因其如实供述自己罪行,避免特别严重后果发生的,可以减轻处罚。"其十,对老年人和未成年人刑罚作出了特别规定。《刑法修正案(八)》第1条在《刑法》第17条之后增加一条,作为第17条之一规定:"已满七十五周岁的人故意犯罪的,可以从轻或者减轻处罚;过失犯罪的,应当从轻或减轻处罚。"第3条规定,在《刑法》第49条中增加一款作为第2款:"审判的时候已满七十五周岁的人,不适用死刑,但以特别残忍手段致人死亡的除外。"《刑法修正案(八)》对未成年人犯罪也作出了特别规定,不满18周岁的犯罪人不构成累犯;未成年人符合缓刑条件的,应当缓刑;相对免除了未成年犯罪人的前科报告义务。

2015年8月29日,第十二届全国人大常委会第十六次会议通过的《刑法修正案(九)》以52条的篇幅对我国《刑法》进行了大规模的修改,通过预防性措施——从业禁止的增设、死刑缓期执行条件的修正、罚金刑执行方式的变革、数罪并罚制度的完善,继《刑法修正案(八)》之后再次对刑法运用制度相关内容进行修改或补充,并废除了9个罪名的死刑。具体包括:其一,进一步减少死刑罪名。《刑法修正案(九)》在《刑法修正案(八)》的基础上,又削减了9个罪名[4]的死刑,至此,我国《刑法》中仍保留有46个死刑罪名。其二,增加了禁止从事相关职业的预防性措施的规定。《刑法修正案(九)》第1条新增《刑法》第37条之一从业禁止的规定,这将更利于法益的保护与犯罪的预防。其三,提高了死缓犯执行死刑的门槛。《刑法修正案(九)》第2条将死缓犯执行门槛由"故意犯罪"提高至"故意犯罪,情节恶劣的",同时增设了死刑缓期执行期间重新计算制度,规定"对于故意犯罪未执行死刑的,死刑缓期执行的期间重新计算,并报最高人民法院备案"。其四,修改了如何缴纳罚金的规定。《刑法修正案(九)》第3条将可以减免罚金的情形由"遭遇不能抗拒的灾祸"修改为"遭遇不能抗拒的灾祸等原因",增加了可以延期缴纳的规定,增加处置的程序性规定,即必须"经人民法院裁定"。其五,修改了不同种自由刑的数罪并罚原则。《刑法修正案(九)》第4条规定,在《刑法》第69条中增加一款作为第2款:"数罪中有判处有期徒 6

4 这9个罪名分别是:走私武器、弹药罪,走私核材料罪,走私假币罪,伪造货币罪,集资诈骗罪,组织卖淫罪,强迫卖淫罪,阻碍执行军事职务罪,战时造谣惑众罪。

刑和拘役的,执行有期徒刑。数罪中有判处有期徒刑和管制,或者拘役和管制的,有期徒刑、拘役执行完毕后,管制仍须执行。”

7 2017 年 11 月 4 日,第十二届全国人民代表大会常务委员会第三十次会议通过的《刑法修正案(十)》确定了侮辱国歌罪,这是该修正案中唯一新增的罪名,且没有其他新增或修改条文。

8 2020 年 12 月 26 日,第十三届全国人民代表大会常务委员会第二十四次会议通过的《刑法修正案(十一)》新增了若干轻罪,对总则中未成年人承担刑事责任的年龄进行了微调,但未对刑罚制度进行修改。

Ⅱ 刑罚运用制度的概念

9 刑罚运用,是指司法机关对犯罪人裁量刑罚和执行刑罚的活动。由此可见,刑罚运用总体上包括量刑和行刑两个方面。刑罚运用制度就是对量刑和行刑的具体规定。量刑,又称刑罚量定或刑罚裁量,存在狭义与广义两种理解。从狭义上讲,刑罚的量定就是法官对特定的行为者宣告科以特定的刑罚;从广义上讲,则包含着该特定刑罚的选择决定过程的“刑罚适用”的整个过程。[5] 通说认为,量刑不仅指宣告刑的确定,而且指刑罚量定的整个过程。因此,在一般情况下,应从广义上理解量刑。在这个意义上,我国刑法中的量刑,是指人民法院在定罪的基础上衡量犯罪行为的社会危害程度和犯罪人的人身危险性大小,依法决定对犯罪分子是否判处刑罚、选择何种刑种以及刑度加以宣告的审判活动。在量刑时,必须考虑各种法定和酌定的量刑情节,尤其要考虑累犯、自首、立功、数罪并罚等情况。行刑,是指将人民法院对具体犯罪人确定的刑罚付诸实施的过程,包括缓刑、减刑、假释等内容。

10 作为判决活动,量刑在刑事诉讼中并不是任何案件的处理都必经的阶段。只有当审判机关依照特定的法律程序对刑事案件的事实认定完毕,排除了被告人无罪的可能性,而得出其构成犯罪并应当承担刑事责任的肯定性结论,如何以刑罚手段惩罚犯罪的问题已不容置疑地存在时,量刑的进行才是不可避免的。由于在整个刑事诉讼中,量刑只是在“审”完成之后才可能出现的一种活动,它与另一种可能出现的后续活动即对被告人作无罪的判决,虽然都属于“判”的活动过程,但却表现为两种不同内容的活动。因此,就概念而言,量刑这一活动与无罪判决的活动是不同的。量刑并不能与“判”直接等同,它作为被包含于“判”之中的一种特定的活动,有着自己特定的含义。刑罚执行则是使刑罚制度发挥实际效能的必要措施,其重要性是不言而喻的。

11 在刑罚执行阶段,监狱等刑罚执行机关根据罪犯的改造情况,可以决定对犯罪人减刑、假释,从而使其早日回归社会,这对刑罚目的的实现也是十分重要的。

---

5 参见〔日〕曾根威彦:《量刑基准》,载〔日〕西原春夫主编:《日本刑事法的形成与特色——日本法学家论日本刑事法》,李海东等译,法律出版社、日本成文堂 1997 年版,第 139 页。

Ⅲ 刑罚运用制度的特征

刑罚运用(刑罚裁量、刑罚执行)作为一种特殊的认识活动,具有以下特征。 12

一、刑罚运用的主体是有关司法机关

刑罚裁量的主体是人民法院。刑罚裁量是实现国家刑罚权的重要活动,属于刑事审判权的范畴。刑事审判权是与侦查权、检察权(主要是追诉权)既相联系又相区别的一个范畴。一般来说,侦查权由公安机关行使,检察权由检察机关行使,而审判权则由作为国家审判机关的法院行使。三机关分工负责,互相配合,互相制约,保证刑事诉讼活动准确有效地进行。为了保证人民法院正确履行其审判职能,我国《宪法》《人民法院组织法》以及《刑事诉讼法》均明确规定:人民法院依照法律规定独立行使审判权,不受行政机关、社会团体和个人的干涉。因此,刑罚裁量是人民法院特有的专属权力,具有排他性,其他任何机关(包括侦查、检察机关)、社会团体和个人均不得干涉,否则有使国家刑罚权被滥用的危险。 13

当然,强调人民法院是刑罚裁量的唯一主体,并不意味着其他机关、社会团体和个人不能对刑罚裁量产生任何影响。事实上,从我国有关法律规定和司法实践情况看,侦查机关与检察机关都不同程度地参与刑罚裁量活动,这主要体现在这些机关利用起诉意见书和起诉书提出法律适用意见。检察机关提起的抗诉更可能导致对刑罚裁量结果的修正。此外,刑法学专家学者对案件进行论证、讨论的意见、建议也可能对人民法院作出刑罚裁量结论产生影响。但是,上述影响作用绝不意味着是对刑罚裁量权的行使,因为有权最终决定刑罚裁量的机关仍然只能是人民法院。只有人民法院在其生效判决或裁定书中对刑罚裁量的确定,才是最终有效的刑罚裁量结论。树立刑罚裁量权专属法院的观点,对于避免在司法实践中或多或少存在的某些机关、团体、个人非法干涉人民法院的刑罚裁量活动,甚至公、检、法在联合办案过程中共同商量“刑罚裁量”现象的发生,保证刑罚裁量的正确性、统一性,保障我国法制建设的健康发展都是大有裨益的。 14

量刑权由法官享有,这是量刑概念的应有之义。但是,在许多国家,检察官在提起公诉时有权提出量刑建议,以给法官准确量刑提供参考性意见。[6] 我国刑事诉讼法学界对此也有一些探讨[7],相关的建议也是十分合理的,值得在实践中探索和推广,此不赘述。不过,笔者认为,赋予检察官量刑建议权固然重要,但这只是问题的一个方面。另一方面,如果检察官享有量刑建议权,法官享有量刑裁决权,而被告人完全沦为量刑客体,在量刑问题上没有任何发言权,对保障个人权利也并不妥当,所 15

6 参见陈岚:《西方国家的量刑建议制度及其比较》,载《法学评论》2008 年第 1 期。

7 参见朱孝清:《论量刑建议》,载《中国法学》2010 年第 3 期;樊崇义、杜邈:《检察量刑建议程序之建构》,载《国家检察官学院学报》2009 年第 5 期。

以,与检察官的量刑建议权相对应,被告人应当享有“量刑答辩权”,这是目前被忽略的一个问题。[8]

16 量刑答辩是指在刑事案件的庭审中,让被告人对如何量刑提出自己的看法,并可以和公诉人进行辩论。与量刑建议权一样,量刑答辩权也不是量刑权,但是与量刑权的正确行使紧密相关。量刑答辩权的存在表明:在刑事程序面前,被告人与公诉人的法律地位是平等的,他们在犯罪事实是否存在、如何实现惩罚才合理等方面都可以自由辩论、“平等竞争”。被告人与公诉人就该如何量刑进行辩论,充分阐述各自的理由,就如同开了一个“量刑听证会”,除使量刑幅度会更接近公平、公正外,也会因为判决的得出建立在被告与公诉人都进行了充分阐述,以及对其中合理部分予以吸纳的基础上,而可以使得被告人与公诉人对量刑结论的不满大为减少,从而使上诉与抗诉行为的发生率降低,这样就能提高审判效率、节约司法资源。对审判人员来说,进行“量刑答辩”是准确量刑的基础,因为辩论能使更多问题暴露出来,对审判人员会有所启发,这样有利于他们更好地居中观察、思考、作出判决。当然,“量刑答辩权”概念的提出更多地是为了保障被告人的合法权益。一方面,被告人的知情权需要保障,被告人有权利知晓判处具体刑罚的理由;另一方面,被告人的辩护权也应当得到保障。既然公诉人有起诉权与量刑建议权,相应地,就应给予被告人对等的辩护权与“量刑答辩权”。否则权利朝一边倾侧,司法公正性就没有保证。只有保障包括被告人在内的所有人的合法权益,才能最大限度地确保司法公正。因为任何人都可以为自己进行辩护,其合理要求应该得到尊重;同时,任何人都有要求所受惩罚与所犯罪行相当的权利。需要指出的是,虽然量刑权专属于人民法院,但也不是任何法院都可以不受限制地裁量刑罚,例如,基层法院便不能判处无期徒刑和死刑。

17 刑罚执行的主体是法律规定的刑罚执行机关,在我国主要包括以下三个机关:一是监狱。监狱是我国主要的行刑机关,负责有期徒刑、无期徒刑和死刑缓期二年执行刑罚的执行。二是公安机关。公安机关负责管制、拘役、一年以下或余刑在一年以下不便送往监狱执行的有期徒刑、剥夺政治权利刑罚的执行。此外,公安机关还负责缓刑和假释的考察。三是人民法院。人民法院负责罚金、没收财产以及死刑立即执行刑罚的执行。对于没收财产,人民法院在必要时也可会同公安机关执行;对于死刑立即执行,人民法院在没有条件执行时,也可以交付公安机关执行。

二、刑罚运用的对象是具体的犯罪人

18 刑罚裁量的对象是被确定有罪的犯罪人。刑罚裁量是在构成犯罪的基础上,进一步解决是否判处刑罚、判处何种刑罚以及判处多重的刑罚的问题。因此,只有行为已经构成犯罪的人才是刑罚裁量的对象。

---

8 少数学者开始意识到此问题,参见陈瑞华:《论量刑建议》,载《政法论坛》2011 年第 2 期;韩轶:《论被害人量刑建议权的实现》,载《法学评论》2017 年第 1 期。

刑罚执行的对象是被人民法院判决、裁定有罪并被判处刑罚的罪犯。对于未决犯以及未犯罪的人不得执行刑罚。刑罚执行是定罪、量刑之后的刑事执法活动,刑罚执行机关在任何情况之下都不能在定罪量刑之前对任何人执行刑罚。 19

三、刑罚运用的内容是决定刑罚的判决及执行

刑罚裁量有对个罪的刑罚裁量与对数罪的刑罚裁量之区分。对个罪的刑罚裁量无非产生两种可能:判刑或者免刑。如果决定判刑的,必须确定判处什么性质的刑罚,该刑罚如果有轻重之分的,还应进一步确定判处何种分量的刑罚。同时,判处的刑罚还存在是立即执行还是暂缓执行的问题,这也必须由人民法院在判处刑罚时一并决定;如果决定免刑的,虽然还存在是否适用非刑罚处罚方法的问题,但这已经与刑罚裁量的本质相去甚远。对于数罪的刑罚裁量,则需要考虑在对个罪量刑的基础上,把数个宣告刑合并为执行刑(数罪并罚)。 20

因此,刑罚裁量作为一种刑事司法活动,主要包括以下内容: 21

(1)决定是否对犯罪人判处刑罚。量刑的基础是行为人的行为构成犯罪。而犯罪的基本特征之一是行为应当受到刑罚处罚,即行为具有应受刑罚处罚性。对于绝大多数犯罪人而言,其被判处刑罚是其行为必然产生的后果。但是,我国刑法规定有多种免除刑罚的情节,对于具有某种情节的罪犯应当或者可以免除刑罚处罚。所以,量刑首先要解决是否有必要对犯罪人判处刑罚的问题。 22

(2)决定对犯罪人判处何种刑罚和多重的刑罚。我国刑法所规定的法定刑多为相对确定的法定刑,不仅有较大的量刑幅度,而且相当数量的法定刑规定了两种以上的主刑或者两种以上的主刑和附加刑,可供司法人员选择的余地很大。在这种情况下,量刑活动就必须决定具体应判处的主刑刑种及刑罚的轻重程度,以及是否判处附加刑。 23

(3)决定对犯罪人所判处的刑罚是否立即执行。对绝大多数犯罪人而言,所判刑罚一旦产生法律效力就应当立即交付执行。但是我国刑法规定了缓刑制度,在符合法定条件的情况下,对犯罪人所判处的刑罚可以暂缓执行。因此,在刑罚裁量中,自然包括决定所判处的刑罚是否立即执行的内容。 24

(4)将数个宣告刑合并为执行刑。在一人犯数罪的情况下,刑罚裁量还包括将因犯数罪而判处的刑罚依照数罪并罚的原则合并为执行刑,从而宣告执行刑的问题。 25

刑罚执行的主要内容是将刑事判决、裁定所判处的刑罚交付执行,但同时也包括根据犯罪人服刑期间的具体表现和特殊情况,对其予以减刑、假释、暂予监外执行等一系列的惩罚、教育和改造活动。主要包括以下内容: 26

其一,刑罚实现。被告人被判决有罪并处以一定刑罚的,就存在刑罚执行问题。刑罚的实现,涉及主刑和附加刑的执行,对此,在刑罚种类部分已经有详细讨论,此不赘述。 27

其二,执行变更。刑罚执行是刑罚适用活动的重要组成部分,它与量刑具有衔接 28

性。在量刑阶段确定的刑罚可能在行刑阶段发生变更,因此,执行变更是行刑的内容之一。所谓执行变更,主要是指在行刑过程中,随着受刑人的人身危险性的消减,相应地减缩刑期、变更刑种或者改变执行的方式、场所等。我国刑法规定的减刑制度、假释制度、暂予监外执行等,都涉及刑罚执行的变更,属于行刑的范畴。

29 其三,社区矫正。社区矫正是一种不使罪犯与社会隔离并利用社区资源教育、改造罪犯的方法,是所有在社区环境中管理、教育罪犯方式的总称。根据《刑法修正案(八)》的规定,社区矫正的对象主要包括被判处管制、宣告缓刑和被假释的犯罪分子。

Ⅳ 刑罚运用制度的意义

30 刑罚运用活动在刑事司法活动中发挥着积极作用,其地位极其重要,具体表现为:

31 (1)刑罚裁量、执行是刑法基本原则得以实现的根本保证。法无明文规定不为罪,法无明文规定不处罚,这是罪刑法定的基本含义。罪刑法定从思想萌芽、学说形成到成为法律原则,历经数个世纪的演变过程,现已被世界上绝大多数国家刑法所确认。在罪刑法定原则内部,由于绝对罪刑法定难以操作,因此多数国家都坚持相对罪刑法定原则。根据罪刑法定的原则,哪些行为是犯罪,应当处以什么样的刑罚,均应以法律事先明文规定为限。但是法律对犯罪所规定的法定刑一般都有一定的幅度,而不是绝对确定的,所以罪刑法定的相对性主要体现在刑的相对性上。但是,“徒法不足以自行”,罪刑法定的实现离不开司法裁量、执行活动尤其是量刑活动。通过量刑活动,不仅决定对犯罪人是否判刑,而且在决定判刑后还必须进一步确定刑之轻重,并确保刑罚能够实际执行,从而使法律规定的相对法定刑幅度变成确定的刑罚宣告,最终使抽象的罪刑法定变成现实的罪刑法定。

32 罪刑均衡原则是现代刑法的另一项基本原则,其要求刑罚与犯罪相称,重罪重罚、轻罪轻罚,罚当其罪。由于犯罪的复杂性,刑事立法一般只能规定相对确定的法定刑幅度,而不能规定绝对确定的刑罚与之相对应,所以罪刑均衡的最后实现还有赖于刑事司法。对于具体犯罪,只有在对案件全部量刑情节进行全面考察、综合分析的基础上确定是否判处刑罚、判处多重的刑罚之后,才算真正做到了罪刑均衡。量刑适当与否是衡量罪刑均衡是否真正实现的唯一标准。而在刑罚执行阶段,根据犯罪人个人的悔罪情况适当缩短刑期,甚至附条件提前释放,都是与罪刑均衡原则的精神实质相符合的。

33 (2)刑罚运用是刑事诉讼活动的基本环节。刑事诉讼活动可以分为制定刑罚、裁量刑罚与执行刑罚三个前后相连的环节。制定刑罚,是指立法者在刑法中确立静态的刑罚体系;裁量刑罚即确定刑罚,从而使静态的刑罚变为“现实”的刑罚;执行刑罚,是保证审判机关确定的刑罚最终得以实现的活动。在上述三个环节中,制定刑罚是量刑的前提,没有前者就没有后者;量刑则是使立法得以实现的中心环节,没有量刑,再好的刑罚规定也形同虚设,得不到实施。同时,量刑又是行刑的先决条件,行刑是量刑的自然延伸和逻辑结果,没有量刑也就没有行刑。因此,在刑事诉讼活动的诸环节中,量刑居于承前启后的核心地位。从具体的刑事诉讼过程看,量刑与定罪属于审判阶段的活动,它们与此前的侦查、起诉及此后的执行构成刑事诉讼的全过程。在这一过程中,侦查、起诉乃至定罪都是为了在查清事实的情况下确认犯罪是否存在。但是确认犯罪之存在与否并非司法机关的最终目的,司法机关证实犯罪之目的是确定对该犯罪是否需要给予惩罚,以及给予何种惩罚。因此,量刑是认定犯罪的归宿点。同时,量刑之后如判处刑罚的,还存在刑罚执行的问题。量刑的适当与否,对执行刑罚有着决定性意义。如果量刑错误,实际执行刑罚必然会导致诸多不良后果。因此,量刑是否准确,直接关系整个刑事诉讼过程能否顺利完成。在量刑准确的前提下,还须严格依据刑法的规定执行刑罚,以保证刑事司法活动的质量。

(3)正确运用刑罚对刑罚目的的实现具有促进作用。制定刑罚、量刑与行刑都是 34
特殊预防与一般预防的刑罚目的得以实现的手段,其中正确量刑所起的促进作用最为明显。制定刑罚具有对事不对人的特点,使其仅仅是实现一般预防的前提条件,对特殊预防不具有直接意义。而量刑则对特殊预防的实现具有重要意义,刑罚本身所具有的剥夺、感化、威慑、鉴别等功能通过量刑均开始发挥作用,从而促使犯罪人以后不能、不敢或不愿再实施犯罪。如果刑罚对犯罪的严厉和无情在犯罪人看来仅仅是法典中的抽象概念,而非其真实的痛苦体验,那么,再次犯罪对他来说仍然具有诱惑力,特殊预防也就不可能实现。当然,要保证特殊预防有效实现,量刑必须适当。因为恰当的刑罚能减轻犯罪者的自责感,使其由于犯罪所造成的情绪紧张得到缓和,恢复原有的心理平衡,因而在执行刑罚投入教育改造的过程中,能够以正常人的心理状态反思自己的罪行。相反,如果量刑不当,则必然影响特殊预防的实现。

此外,量刑对于刑罚一般预防效果的实现也会起到巩固和强化作用。刑罚的 35
一般预防效果,表现为对特定的犯罪人处以刑罚而使社会上的“潜在犯罪人”受到威慑和警戒,使犯罪的受害人得到安抚和补偿,并且使一切守法公民获得鼓励,从而保证整个社会在法律秩序中的稳定。虽然刑罚的制定已经能够使刑罚的一般预防效果在一定程度上得以实现,公众可以从法律对犯罪和刑罚的规定中获得对罪刑关系的认知,从这个角度看,刑罚一般预防效果的实现,始自制定刑罚。然而,刑法中确立刑罚与现实中实施刑罚毕竟是有距离的,这种距离会影响一般预防效果的实现:如果公众对于刑罚所给予的威慑、警戒、安抚、补偿和鼓励的认知仅仅来自于刑法,那么,这种认知必然是表面的、模糊的、抽象的,因而也是不牢固的。只有通过量刑和行刑等一系列活动,将刑法上的刑罚转换为在现实中实施的刑罚,才会形成对社会公众心理的强大冲击力,使人们的认知从犯罪人受到刑罚处罚的实例中得到强化,从而使刑罚一般预防的效果更为明显。

第一节　量　刑

前　注

文献：高铭暄：《中华人民共和国刑法的孕育诞生和发展完善》，北京大学出版社2012年版；陈兴良主编：《刑法总论精释》（第3版），人民法院出版社2016年版；陈兴良：《刑法适用总论（下卷）》（第3版），中国人民大学出版社2017年版；贾宇主编：《刑法学》，高等教育出版社2019年版；高铭暄、马克昌主编：《刑法学》（第9版），北京大学出版社、高等教育出版社2019年版；张明楷：《刑法学》（第6版），法律出版社2021年版；周光权：《刑法总论》（第4版），中国人民大学出版社2021年版。周光权：《量刑情节冲突及其解决的争议问题研究》，载《中外法学》1999年第4期；周光权：《量刑基准研究》，载《中国法学》1999年第5期；张明楷：《结果与量刑——结果责任、双重评价、间接处罚之禁止》，载《清华大学学报（哲学社会科学版）》2004年第6期；高铭暄：《宽严相济刑事政策与酌定量刑情节的适用》，载《法学杂志》2007年第1期；白建军：《量刑基准实证研究》，载《法学研究》2008年第1期；林维：《论量刑情节的适用和基准刑的确定》，载《法学家》2010年第2期；李翔：《论我国刑法中的减轻处罚——兼评修正后〈刑法〉第63条第1款》，载《中国刑事法杂志》2012年第9期；周光权：《论量刑上的禁止不利评价原则》，载《政治与法律》2013年第1期；张明楷：《论减轻处罚与免除处罚》，载《人民检察》2015年第7期。

细目录

Ⅰ　主旨
Ⅱ　沿革
Ⅲ　量刑原则
Ⅳ　从重、从轻处罚
Ⅴ　减轻处罚
Ⅵ　涉罪款物的处置

Ⅰ　主旨

1　定罪与量刑是人民法院刑事审判活动中两个紧密相连的重要部分。定罪是量刑的必要前提，量刑是定罪的必然归宿。没有定罪，量刑无从谈起；定罪不准，量刑必然不当。前者运用的是犯罪构成理论，后者适用的是量刑原则和量刑规则。准确定罪,适当量刑,是正确适用刑法的必然要求。刑法规定量刑原则的目的即在于确保正确量刑。所以量刑的一般原则,是指人民法院在法定刑的范围内或基础上,决定对犯罪分子是否适用刑罚以及处罚轻重的指导思想和准则。人民法院代表国家行使刑罚裁量权,在对犯罪分子决定刑罚时,只有量刑适当,做到罚当其罪、罪刑均衡,才能准确实现刑罚目的,维护刑法的权威。

量刑情节是在犯罪成立后才加以考虑的事实情况,既包括犯罪实施过程中体现 2
行为社会危害性程度的主、客观事实,也包括反映犯罪人的人身危险性大小的事实。其中,从重处罚情节、从轻处罚情节分散规定在刑法不同条文中,因此需要制定指导这些量刑情节适用的抽象规定,以体现刑法规定的缜密和保障司法实践的统一。刑法在多处对减轻处罚情节作了规定,但这些规定较为分散,同样需要有一个指导原则来对如何适用具体的减轻处罚情节进行说明。另外,与犯罪有关的财物,包括赃物、犯罪工具等,这些财物有些应当返还被害人,有的应当予以没收,如何处置这些财物,关系重大,也需要刑法对此作出明确规定。

Ⅱ　沿革

1979 年《刑法》第四章第一节以四个条文的篇幅规定了量刑原则问题,具体包括 3
量刑的一般原则(第 57 条),犯罪分子具有从重处罚和从轻处罚情节时的量刑原则(第 58 条),犯罪分子具有减轻处罚情节时的量刑原则(第 59 条),违法所得的追缴和犯罪物的没收(第 60 条)。

1997 年《刑法》第四章第一节延续了 1979 年《刑法》的结构安排,同样以四个条 4
文的篇幅,规定了量刑的一般原则(第 61 条),犯罪分子具有从重处罚和从轻处罚情节时的量刑原则(第 62 条),犯罪分子具有减轻处罚情节时的量刑原则(第 63 条),追缴违法所得、没收违禁品和供犯罪所用的本人财物(第 64 条)。

在内容上,1997 年《刑法》第 63 条、第 64 条相对于 1979 年《刑法》第 59 条、第 60 5
条有所改动。

Ⅲ　量刑原则

量刑作为司法裁量活动,必须遵循一定的原则、标准或思路,否则便可能成为 6
一种无方向、不规范的活动。关于量刑原则,首先需要对它的概念进行界定。但作为前提,需要明确两个问题:量刑原则和刑罚目的是何关系?量刑原则与法律适用的基本原则、刑法的基本原则之间是何关系?明确了这两点,就可以对我国刑法中量刑原则的概念进行界定。

坚持量刑均衡原则对于保证正确量刑具有重要意义。要坚持量刑均衡原则,必 7
须注意全面考察案件事实,充分掌握影响量刑轻重的情节,具体分析,综合评判量刑情节,以得出正确的量刑结论。

Ⅳ 从重、从轻处罚

8 量刑情节是在犯罪成立后才加以考虑的事实情况,包括犯罪实施过程中体现行为社会危害程度的主、客观事实,也包括反映犯罪人的人身危险性大小的事实。量刑情节具有哪些特征以及该如何分类,需要予以明确。任何量刑情节的存在都可能对量刑结论产生重大影响,因此,讨论量刑情节的适用具有重大意义,这又具体包括了多功能情节的适用以及可以型情节的适用。量刑情节冲突时如何处理,也是需要重点明确的内容。

9 从重处罚情节、从轻处罚情节包括两方面的含义:一是在几个法定主刑中选择较重或较轻的刑种;二是在法定量刑幅度内判处较长或较短的刑期。由于我国刑法所规定的法定刑幅度往往跨度很大,如何合理制约法官的从重处罚、从轻处罚裁量权,也是一个重要的问题,为此,有必要先讨论与量刑情节适用有关的刑格问题。

10 从重处罚与从轻处罚是刑法所规定的一种量刑制度,即在法定刑幅度以内调整量刑之轻重以得出宣告刑。所以,从重处罚与从轻处罚都与法定刑幅度裁量有关。这需要明确从重处罚与从轻处罚的总原则,还需要对"法定刑限度"这一概念进行分析。要区分不同性质的情节,做到禁止重复评价,必须坚持罪刑法定原则。

Ⅴ 减轻处罚

11 减轻处罚,是指对已经成立的犯罪,因其具有某种特定之原因而使法定刑降格。减轻处罚有法定减轻与特殊减轻之分。当某个罪名存在数个量刑幅度,减轻处罚时,应当在法定量刑幅度的下一个量刑幅度内判处刑罚。减轻处罚不是无限制地减轻,在对犯罪分子判处低于法定最低刑的刑罚时,要综合分析全案情况,适当确定减轻的幅度,不能离开罪行的社会危害性来决定减轻处罚,否则就有悖于立法精神。在此,需要进一步讨论减轻处罚的程度问题。

12 《刑法》第63条第2款规定:"犯罪分子虽然不具有本法规定的减轻处罚情节,但是根据案件的特殊情况,经最高人民法院核准,也可以在法定刑以下判处刑罚。"这里的"案件的特殊情况",指的就是一种酌定减轻情节。此种酌定减轻需要遵守特定程序,这便是我国的特别减轻制度。关于酌定减轻情节的特征、在量刑中的作用以及具体的分类都需要进一步予以明确。

Ⅵ 涉罪款物的处置

13 对犯罪分子违法所得的一切财物,应当予以追缴或者责令退赔。违法所得的一切财物是指犯罪的自然人或单位因其非法行为所获取的财物。犯罪分子多次实施同种行为,有的构成犯罪,有的只是一般违法行为,其非法获得的所有财物都属于违法所得财物,都在追缴之列。对违禁品和供犯罪所用的本人财物,应当予以没收。违禁品是法律明确禁止个人持有或严禁生产、引进的物品,如枪支、弹药、淫秽物品、毒品等物品。犯罪分子非法持有这些物品时,可用以危害社会,因而应依法予以没收,将之分别交送有关主管机关处置,以消除社会隐患,保障社会安全。

第六十一条　量刑的一般原则

对于犯罪分子决定刑罚的时候，应当根据犯罪的事实、犯罪的性质、情节和对于社会的危害程度，依照本法的有关规定判处。

文献：周振想：《刑罚适用论》，法律出版社 1990 年版；马克昌主编：《刑罚通论》（第 2 版），武汉大学出版社 1999 年版；高铭暄、赵秉志主编：《刑罚总论比较研究》，北京大学出版社 2008 年版；张小虎：《刑罚论的比较与建构》，群众出版社 2010 年版；高铭暄：《中华人民共和国刑法的孕育诞生和发展完善》，北京大学出版社 2012 年版；李冠煜：《量刑基准的研究——以责任和预防的关系为中心》，中国社会科学出版社 2014 年版；张明楷：《责任刑与预防刑》，北京大学出版社 2015 年版；陈兴良主编：《刑法总论精释》（第 3 版），人民法院出版社 2016 年版；陈兴良：《刑法适用总论（下卷）》（第 3 版），中国人民大学出版社 2017 年版；高铭暄、马克昌主编：《刑法学》（第 9 版），北京大学出版社、高等教育出版社 2019 年版；周光权：《刑法客观主义与方法论》（第 2 版），法律出版社 2020 年版；王作富、黄京平主编：《刑法》（第 7 版），中国人民大学出版社 2021 年版；周光权：《刑法总论》（第 4 版），中国人民大学出版社 2021 年版。周光权：《量刑基准研究》，载《中国法学》1999 年第 5 期；胡学相：《论我国刑法中量刑原则的重构》，载《法学评论》2005 年第 1 期；赵廷光：《论量刑原则与量刑公正——关于修改完善我国量刑原则的立法建议》，载《法学家》2007 年第 4 期；周光权：《量刑程序改革的实体法支撑》，载《法学家》2010 年第 2 期；周光权：《论量刑上的禁止不利评价原则》，载《政治与法律》2013 年第 1 期。

细目录

Ⅰ　主旨

Ⅱ　沿革

Ⅲ　量刑原则

一、量刑原则的概念

二、罪刑均衡原则

三、刑罚个别化原则

四、责任刑与预防刑

五、量刑实践的应有走向

六、其他需要讨论的问题

I 主旨

1 量刑和定罪是整个审判工作中的两个环节。所谓量刑,是指审判机关在查明犯罪事实,认定犯罪性质的基础上,依法对犯罪人裁量刑罚的审判活动。[1] 在以往的司法实践中,存在重定罪、轻量刑的现象,这是一种错误的倾向,因为定罪过程不能取代量刑活动,定罪准确并不能必然产生量刑恰当的结果。[2] 司法实践中有时存在犯罪性质认定准确,但是量刑畸轻畸重甚至错误适用死刑的现象,这不仅会使定罪过程前功尽弃,而且严重违背罪刑相适应的刑法原则。所以,正确量刑和准确定罪一样重要。

2 刑法规定量刑原则的目的即在于确保正确量刑。人民法院代表国家行使刑罚裁量权,在对犯罪分子决定刑罚时,只有量刑适当,做到罚当其罪、罪刑均衡,才能准确实现刑罚目的,维护刑法的权威。

II 沿革

3 本条对 1979 年《刑法》第 57 条的相关规定未作修改。在 1979 年《刑法》制定过程中,针对量刑一般原则,立法者曾经提出量刑时应当“参照犯罪分子的个人情况、认罪的老实态度和对犯罪的悔改态度”。但后来对此未作规定,理由是这些情况在量刑工作中适当加以掌握就行了,不必在条文上明确规定,规定上去,容易产生副作用:第一,不顾犯罪事实本身怎样,片面强调犯罪后的态度,势必导致量刑上的偏颇。第二,片面强调认罪和悔改态度,易使被告人产生顾虑,不敢充分行使辩护权,这对弄清事实没有什么好处。第三,“犯罪分子的个人情况”,易使人理解为包括出身和地位,出身好、地位高就从轻处罚,出身贫贱、地位不高就从重处罚,这势必违反在法律面前人人平等的原则。[3] 这一思维模式主导着 1979 年《刑法》和 1997 年《刑法》对量刑原则的确立。

III 量刑原则

4 量刑原则,又称为量刑基准,具有极其重要的意义。具体而言,它解决什么样的事项应作为考虑的对象,应根据何种原则来进行刑罚的量定。[4]

---

1 参见张明楷:《刑法学》(第 6 版),法律出版社 2021 年版,第 713 页。

2 参见陈瑞华:《定罪与量刑的程序分离——中国刑事审判制度改革的另一种思路》,载《法学》2008 年第 6 期。

3 参见高铭暄:《中华人民共和国刑法的孕育诞生和发展完善》,北京大学出版社 2012 年版,第 55 页。

4 参见〔日〕曾根威彦:《量刑基准》,载〔日〕西原春夫主编:《日本刑事法的形成与特色——日本法学家论日本刑事法》,李海东等译,法律出版社、日本成文堂 1997 年版,第 140 页。

一、量刑原则的概念

对量刑原则的界定,需要明确两个问题:一方面,量刑原则和刑罚目的是何关系? 5
从实现刑罚目的的角度看,量刑是服务于刑罚目的并使之得以具体实现的重要环节,因而量刑的运作必须接受刑罚目的的指导,定罪与量刑是以刑罚目的为依循的一体运作。[5] 但是,刑罚目的作为国家确立、适用刑罚所追求的客观结果的集中概括,具有高度的抽象性。它对于量刑及其他刑罚适用环节所能起到的指导作用,主要表现在为它们指明运行的基本方向和总体上必须遵循的规范。而量刑作为一个具体化的司法实践活动,不仅需要明确运行的基本方向和总体规范,还需要明确能够反映基本方向和总体规范的具体规范,并以此作为指导。否则,对审判机关而言,如何在对具体的犯罪人裁量决定刑罚的过程中,实现刑罚目的所要求的特殊预防和一般预防,仍然难以把握,同时也难以保证具体的量刑活动不偏离正确的轨道。犹如人们要依靠具体路标的实际导向,才能到达最终目的地一样,要在量刑中不偏离刑罚目的所确定的基本方向和总体规范,就必须遵循具体准则的指导和规范。量刑原则在量刑活动中的重要性就在于此。另一方面,量刑原则与法律适用的基本原则、刑法的基本原则之间是何关系? 应该说,法律适用的基本原则、刑法的基本原则、量刑原则是处于三个不同层次的原则,它们之间的关系是:上一层次的原则统率下一层次的原则,下一层次的原则反映上一层次的原则。因此,法律的基本原则、刑法的基本原则尽管在量刑时也应当被遵循,但它们本身并不是量刑原则。例如,刑法上的罪刑法定原则和刑事诉讼法上的程序法定原则为量刑规范化改革提供了基本的理论依据,但它们并非量刑原则。[6] 如果把它们看作量刑原则,实际上降低了它们对法律适用或刑法的指导意义。

明确了这两点,就可以对我国刑法中量刑原则的概念进行界定。量刑原则,即量 6
刑的一般原则,是指人民法院在法定刑范围内或基础上,决定对犯罪分子是否适用刑罚以及处罚轻重的指导思想和准则。[7]

对量刑原则的概括,必须考虑量刑活动自身的特点:量刑是根据刑法所规定的法 7
定刑,结合犯罪事实和情节对犯罪人确定刑罚。所以,刑罚个别化是量刑的题中之意。可以说,刑罚个别化主要是在量刑阶段实现的,而且基本上是在裁量预防刑时实现的。[8] 但是个别化必须受一定标准的制约,不能漫无边际,制约个别化的就是犯罪的性质及其社会危害程度。这样,量刑原则就可以概括为罪刑均衡原则、刑罚个别化原则两项。

---

5 参见姜涛:《量刑公正与刑法目的解释》,载《法学家》2012 年第 4 期。

6 参见熊秋红:《中国量刑改革:理论、规范与经验》,载《法学家》2011 年第 5 期。

7 参见马克昌主编:《刑罚通论》(第 2 版),武汉大学出版社 1999 年版,第 260 页。

8 参见张明楷:《论预防刑的裁量》,载《现代法学》2015 年第 1 期。

二、罪刑均衡原则

8　罪刑均衡原则强调,量刑时必须使刑罚和国家试图处罚的具体犯罪相均衡,罪重则重判,罪轻则轻判。[9] 至于如何把握罪的轻重,则必须考虑犯罪的质和量。

9　行为具有相当程度的社会危害性,是犯罪区别于其他社会现象的本质特征,因而也是一切犯罪的本质特征,社会危害性是犯罪的质和量的集中体现。所以,在量刑时,首先应该考虑的就是犯罪的性质和社会危害程度。对此,有学者指出,社会关系的性质是一个质的范畴。在确定社会关系的性质时,犯罪的方式和动机,罪过的形式、加重责任要件、受法律保护的社会关系的重要性,都是有意义的。例如,严重损害他人健康就比故意伤害致人轻伤性质严重。社会危害的程度是一个量的范畴,并且取决于许多情节的总和。为了确定犯罪的社会危害程度,重要的是要确定犯罪人在实施犯罪中的作用,如果犯罪是由集团实施的,则重要的是每个共同犯罪人参与犯罪的程度。[10] 因此,犯罪的社会危害性越大,罪越重,反之则罪轻。而刑与罪的对应,实质上就是对犯罪人所适用的刑罚轻重与犯罪社会危害性大小相适应。

10　在量刑时如何准确判断犯罪的社会危害性大小是一个比较复杂的问题。一般来讲,下列因素是对社会危害性有重要影响、且在量刑时必须对其认真地加以考虑的:①危害行为侵犯的社会关系的性质;②行为的性质、方法、手段;③行为的危害结果;④犯罪对象情况;⑤犯罪人的动机、目的等主观情况;⑥犯罪人的责任能力、身份;⑦行为的时间、地点等。在这里,需要重点讨论以下几方面的问题。

11　(1)犯罪对象。犯罪行为直接作用于人或者物,具体的人是社会关系的体现者,具体的物则是社会关系的物质表现,当它们作为犯罪对象时,其自身的不同状况必然直接影响社会关系的性质以及社会关系受侵害的程度,从而影响犯罪的社会危害性大小。所以,侵犯生命、身体的犯罪重于侵犯财产的犯罪,侵犯价值重大的财产的犯罪重于侵犯价值轻微的财产的犯罪。

12　(2)犯罪的时间、地点、手段。一切犯罪都是在一定时间和空间内采用一定手段实施的。在法律有明文规定的情况下,特定的时间、地点或手段是构成某种犯罪的客观方面的必要内容,直接影响罪的确定;而时间、地点和手段未被明文规定为犯罪构成要件的内容时,则会对犯罪的社会危害程度发生影响,而成为量刑时必须考虑的因素。[11] 就犯罪的时间、地点而言,同一种犯罪,在不同地点、不同时间实施,对社会公众所产生的心理压力以及由此产生的社会影响是有差异的;它们所反映出的犯罪人对法律的蔑视态度和向社会挑战的强硬程度也不尽相同。例如,犯罪人在光天化日

---

[9] 参见刘守芬、汪明亮:《试论罪刑均衡系统》,载《法商研究》2002 年第 1 期。

[10] 参见俄罗斯联邦总检察院编:《俄罗斯联邦刑法典释义》(上册),黄道秀译,中国政法大学出版社 2000 年版,第 146 页。

[11] 参见周光权:《刑法总论》(第 3 版),中国人民大学出版社 2016 年版,第 424 页。

之下、在公共场所强奸妇女，对社会心理、社会秩序所造成的恶劣影响以及所反映出的犯罪人主观恶性程度，决定了其社会危害性显然要比选择深夜在僻静处实施强奸行为大得多，这些情节都必然对量刑产生影响。

（3）犯罪的损害后果。犯罪的损害后果作为犯罪行为对客体所造成的侵害结果之客观体现，其严重与否，直接反映着客体的受侵害程度，因而成为具体反映犯罪社会危害性大小的重要依据。犯罪的损害后果有有形与无形、物质与非物质之分。对有形的、可估量的物质损害，一般以可测定的损害大小、数量多少和程度的深浅来确定损害后果的严重与否；对无形的、难以估量的非物质性损害，则根据损害性质或影响来确定损害后果的严重与否。[12] 此外，对间接危害后果，在量刑时也必须加以考虑，例如，强奸导致妇女羞愧难当，上吊自杀的，妇女自杀这一间接后果就影响量刑。有学者针对这种情况，提出了“缓和的结果归属”（或“缓和的客观归责”）概念，认为其是在通常的结果归属、严格的结果归属之外的第三种结果归属类型。将他人自杀死亡的结果归属于行为人的引起行为，就是典型的缓和的结果归属。“缓和”具体表现在两方面：一是结果归属的条件缓和，亦即基本上只要具备一定的条件关系，就将结果归属于行为人的行为，让行为人对结果负责；二是结果归属后的刑事责任追究相对缓和，亦即行为人对结果所承担的刑事责任一般轻于基于通常的结果归属所承担的刑事责任。按照这种观点，缓和的结果归属在当下有其存在的理由，具有中国特色，部分缓和的结果归属现象可予以维持，但需从构成要件的行为、因果关系、主观责任方面对缓和的结果归属现象进行适当限制，并禁止基于缓和的结果归属对行为人适用加重的法定刑。[13] 13

（4）犯罪人的主观因素。犯罪人的主观因素对社会危害性也有影响：①罪过对于犯罪社会危害性大小的影响。一般来说，犯罪人出于故意实施的犯罪，其社会危害性显著大于出于过失的犯罪。而在故意犯罪中，直接故意犯罪的社会危害性则大于间接故意犯罪；犯罪人有预谋的犯罪完成犯罪的可能性较大，因而其社会危害性也比无预谋的突发性犯罪要大。②犯罪目的对犯罪社会危害性大小的影响。例如，同是盗窃未遂案件，甲犯罪人为非法占有数额巨大或特别巨大的公私财物而实施盗窃，乙犯罪人为非法占有数额较大的公私财物而实施盗窃，两相比较，前者的社会危害性大于后者也是无疑的。③犯罪动机对犯罪的社会危害性大小的影响。一般来说，出于恶劣动机的犯罪，由于反映出犯罪人主观恶性程度较深，因而其社会危害性显然大于出于一般动机的犯罪。例如，为购买毒品而盗窃比为母亲治病而盗窃更值得谴责。又如，谋财害命杀人比激情杀人更应该受到谴责。 14

---

12 参见周光权：《刑法总论》（第 3 版），中国人民大学出版社 2016 年版，第 424 页。

13 参见张明楷：《论缓和的结果归属》，载《中国法学》2019 年第 3 期。

三、刑罚个别化原则

15 刑罚个别化原则的理论依据在于:由于不同的犯罪人具有不同的情况,每个人犯罪的原因存在差异,为了使社会免受具有犯罪性格和倾向的人所侵害,也为了消除、改正这些人的犯罪倾向,就不应当只以其犯罪行为的外部表现和客观危害来确定刑罚,还应当兼及个人的反社会倾向即人身危险性。基于此,对犯罪人施加刑罚时必须具体地、个别化地考量。[14]

16 作为量刑原则的刑罚个别化原则,其基本含义是指量刑时应当根据犯罪人的人身危险性大小,在法定刑幅度内或以法定刑为基础确定适当的刑罚。由此可见,人身危险性是刑罚个别化原则中的基本概念。人身危险性实质上是犯罪人未来再实施危害行为的可能性,对这种可能性进行预测,只能从其过去的言行进行考察、分析。不管是犯罪人的性格、气质、文化、婚姻、经济状况,还是年龄、工作经历甚至是世界观,都只有在言行中体现出来,才具有评价意义,也只有如此,才能使人身危险性的考察具有客观性、现实可操作性。至于何种言行表现为多大的人身危险性,仍离不开一般人的生活经验。通过各种实例的比较借鉴,按照社会一般观念,对犯罪人的某种个人情况评价为某一程度的人身危险性是具有相当合理性的。

17 刑罚个别化的实现取决于诸多因素。在审理案件时研究犯罪人的身份对处刑具有重要意义。因为刑罚的目的除恢复社会公正外,还包括改造被判刑人和预防其实施新的犯罪。法院既应该仔细研究犯罪人的生物学特点,又应该仔细研究其社会特点。总的来说,犯罪人的性别、年龄、健康状况、犯罪前后以及犯罪过程中的各种表现都对量刑有影响。下面略作分析:

18 (1)犯罪人的人身基本情况,即犯罪人的年龄、心理特征(含个人性格、气质等)、生理状况、受教育程度、职业状况、生活经历、经济收入、婚姻家庭状况等人身基本情况。尽管这些因素多是表象的,但与犯罪人的人身危险性大小有一定联系。例如,未成年犯再犯可能性较小,流窜作案、无固定收入的财产犯罪者和道德情感欠缺的性犯罪者人身危险性较大,这些情况就对量刑有影响。

19 (2)罪中情节。即存在于犯罪实施过程中的、该种犯罪构成事实以外的主客观事实。作为量刑情节的犯罪事实,主要有如下主、客观情况:犯罪人在共同犯罪中的地位和作用,危害行为方式,危害结果数量,犯罪对象的特点,犯罪时间、地点和手段的差异;行为人的年龄、责任能力状况,故意或过失的形式,特定的目的和动机,对违法性的认识程度;犯罪的预备、未遂和中止。例如,以中止犯和未遂犯相比较,虽然两者均属故意犯罪停止形态,但前者是因自动放弃犯罪或自动有效地防止犯罪结果的发生,未完成犯罪是其意志使然,行为人具有相当程度的悔悟心理,其再犯的可能性较

---

[14] 参见陈兴良主编:《刑法总论精释(下)》(第3版),人民法院出版社2016年版,第785页。

小;而后者是因其意志以外的原因使犯罪未得逞,并非其意志使然,故对犯罪并无任何悔悟可言,所以其再犯的可能性较大。

20 (3)罪前、罪后情节,即存在于现实犯罪实施前后,但同犯罪行为没有必然联系的主客观事实情况。罪前情节主要指犯罪前的一贯表现、累犯、再犯、前科以及犯罪的起因等。罪后情节则包括两类:一类是悔悟表现,包括投案自首、积极揭发、戴罪立功或坦白交待等;与此相反的另一类是抗拒表现,如犯罪后畏罪潜逃、抗拒逮捕、拒绝认罪或推脱罪责等。它们都反映了行为人是否有所悔悟、接受还是抗拒刑罚惩罚与改造以及是否与公权力机关合作的心理态度,其对量刑的影响力是不可忽略的。

四、责任刑与预防刑

21 最高人民法院自2004年开始推行量刑规范化改革,至今将近18年。2008年制定了最初的量刑指导意见,经过试点,2010年制定了《人民法院量刑指导意见(试行)》,并在全国法院全面试行。2013年在总结经验、修改完善的基础上,制定了最高人民法院《关于常见犯罪的量刑指导意见》,并从2014年起正式实施。2017年又作了进一步修改完善。期间,2017年制定最高人民法院《关于常见犯罪的量刑指导意见(二)(试行)》,开展扩大罪名和刑种试点工作,增加危险驾驶罪等八种罪名,同时将罚金、缓刑的适用纳入规范范围。随后,最高人民法院、最高人民检察院联合对《关于常见犯罪的量刑指导意见》进行了修订,于2021年7月1日实施最高人民法院、最高人民检察院《关于常见犯罪的量刑指导意见(试行)》,并在全国人民法院、人民检察院一体实施。应当说,司法机关对推动量刑规范化做了很多值得肯定的努力,但是,如何实现量刑的科学、合理,避免量刑失衡,仍然是实践中亟待解决的难题。因此,在与量刑原则有关联的意义上,需要讨论责任刑与预防刑的区分及其适用问题。

(一)量刑失衡现象客观存在

22 近年来,很多司法案件因量刑不公,引起了社会的广泛争议,比如许霆案、吴英案、曾成杰案、大学生"掏鸟窝"被判有期徒刑10年案、青少年网购假枪被判无期案,等等。这些让老百姓感到明显存在量刑问题的案件,在很大程度上损害了司法的公信力。长期以来,我国司法在量刑的理念和立法上有如下特点:立法上和司法上一直趋重的趋势基本没有大的改变;长期缺乏统一标准、同案不同判的情形总体上没有大的改变;法官综合平衡量刑情节、科学量刑的能力没有质的提高;对法官量刑裁量权的实质制约总体上是比较缺乏的。

23 如果归纳一下量刑不公的案件,一般具有以下特点:①对足以影响量刑的情节没有作综合、全面的评价。我国几乎所有财产犯罪和经济犯罪、职务犯罪,在量刑上都和数额挂钩,对数额之外的情节重视不够。②受舆论影响大,"不杀不足以平民愤"的逻辑影响量刑,司法上对舆论的抵抗力弱。③受被害人影响大。凡是被害人一方不能得到赔偿,或者有能力上访、反复找司法机关的案件,判刑均趋重。④在共犯的量刑上不均衡。在有的案件中,对从犯比主犯判得还重。例如,甲(28岁)组织乙(17

岁)等多人贩卖淫秽物品谋利,给乙等人按照销售额发工资,后该团伙成员乙等人被抓获,甲逃跑。司法机关先对乙判刑,3年后对甲判刑,由于是不同的合议庭审理,判决出来后发现,甲是老板、成年人,对其量刑比对犯罪作用小、未成年的乙的量刑还轻。这就是典型的量刑不均衡。类似情形很多。

24 导致我国量刑不公和不均衡问题的原因很多,主要有:①经济犯罪案件中的地方保护和干预;②严打思维和杀人偿命的观念;③法官综合素质尤其是综合平衡、准确判断量刑情节的能力不高;④被害人对诉讼的不当强力参与;⑤其他财物追缴方面的考虑,例如,赃款不能追缴,罚金交不上来,都可能导致一定程度的重判;⑥伦理考虑;被告人的行为如果属于破坏社会风尚的犯罪(如组织卖淫),或者被告人属于屡教不改的人,量刑都重;⑦律师介入,有的案件,法官想快速开庭结案,被告人的律师竭尽全力为被告人争取(申请非法证据排除、指控办案机关刑讯逼供、开庭时“寸土必争”),引来法官的不满,也可能导致判刑偏重,这等于是将对律师的不满发泄到被告人身上,最终使得有律师参与辩护的案件比没有律师参与辩护的对被告人判得还重。

(二)目前量刑规范化改革仍有完善空间

25 如前所述,最高人民法院试图通过司法解释来规范量刑活动,取得了一定积极效果。然而,这些司法解释并没有厘清量刑的关键问题,进而影响对实践的指导作用。例如,根据2021年7月1日实施的最高人民法院、最高人民检察院《关于常见犯罪的量刑指导意见(试行)》规定的量刑步骤,首先应当根据基本犯罪构成事实在相应的法定刑幅度内确定量刑起点;随后应当根据其他影响犯罪构成的犯罪数额、犯罪次数、犯罪后果等犯罪事实,在量刑起点的基础上增加刑罚量确定基准刑;最后应当根据量刑情节调节基准刑,并综合考虑全案情况,依法确定宣告刑。按照上述逻辑以及其关于个罪量刑的有关规定,在累犯甲为报仇而持械聚众伤害他人至轻伤一级的案件中,第一步,要确定起点刑为6个月至1年6个月;第二步,对刑期进行第一次调节,确定基准刑:持械、聚众,增加4个月至8个月,刑期升高至10个月至2年2个月;第三步,对刑期进行第二次调节:累犯,增加刑期1年。这样对甲就应该在1年10个月至3年2个月之间处刑,而由于聚众斗殴罪第一档法定刑的最高刑为3年有期徒刑,所以“顶格判刑”就很容易实现。这样处理的问题在于:

26 (1)根据“基本犯罪构成事实”在相应的法定刑幅度内确定量刑起点的说法本身就存在疑问。例如,对结果加重犯的量刑,就不是按照“基本犯罪构成事实”在相应的法定刑幅度内确定量刑起点的。比如,故意伤害致人重伤的量刑起点本来就是根据加重犯的事实确定的,起点就是3年以上有期徒刑。此外,在既遂犯与未遂犯并存时的量刑起点,也未必与基本犯罪构成事实有关。

27 (2)“根据其他影响犯罪构成的犯罪数额、犯罪次数、犯罪后果等犯罪事实,在量刑起点的基础上增加刑罚量确定基准刑”的说法也经不起推敲。例如,故意伤害的残忍手段不影响犯罪构成,犯罪动机也不影响犯罪构成;再比如,因为饥寒交迫而抢劫的,刚满16周岁盗窃的,很多事实都不影响犯罪构成,但对量刑有影响。而手段残忍的事实，与因饥寒交迫而抢劫、行为人不满16周岁等事实比较起来，其对量刑的功能明显是不同的。此外，根据不同的犯罪事实"增加刑罚量"的说法也有更多的问题。

(3)"根据量刑情节调节基准刑，并综合考虑全案情况，依法确定宣告刑"的说法并不明确。按照这一量刑指导意见，对自首、累犯、认罪认罚等都要在这一环节考虑，但是，这些情节究竟是向下调节还是向上调节刑罚，以及在向上调节时是否应受到限制，如何限制量刑趋重等问题，都并不明确。此外，侦查程序的瑕疵、对非法证据虽不能排除但存在疑虑的，都能够影响量刑，但笼统地将其归为"全案情况"加以考虑的处理方式，就显得较为粗略。 28

(4)最高司法机关推动的量刑改革措施，其最大问题在于：没有区分犯罪情节(影响责任刑的情节)和其他情节(影响预防刑的情节)，没有区分责任刑和预防刑，从而使得案件中一旦出现很多不利于被告人的影响预防刑的情节(如累犯、抗拒抓捕、拒不认罪悔罪、没有能力退赃等)时，刑期就可以不当地往上累加，给人一种量刑"上不封顶"的感觉。 29

这种刑期可以一直累加、上不封顶的量刑逻辑导致近年来所推行的量刑规范化改革的影响有限。自2010年起，我国司法机关开启了量刑规范化和量刑程序化改革，对量刑问题有了一定的程序保障，逐步建立起公开的控辩对抗程序，在裁判文书中也有了比以前略显详尽的说理。但是，改革的步伐以及取得的效果尚不尽如人意。 30

不少人倾向于认为，考虑到当下我国的司法水平，应该把最高人民法院关于量刑的指导性规范更加做实做细，而不应赋予法官过大的自由裁量权。对这一观点，还是有质疑空间的，理由在于：①量刑规范再细，总有一个限度；②在国外，许多国家的量刑幅度比我国还要大，但量刑失衡问题却不如我国突出；③在实践中，大致相同的案件量刑情节可能差异很大，制定太细的规则捆住法官手脚，剥夺其裁量权，未必能够实现个案公正；④所谓的把量刑规范做细，放到财产罪和经济犯罪里，最后又会变成数额决定量刑(比如，被告人多偷他人财物5千元，就多判1年)，这仍然是在原来的老路上兜圈子；⑤最为重要的问题是，在最高人民法院关于量刑改革的一系列规范性文件(以及司法实务)中，缺乏将责任和预防分开的观念，对责任刑和预防刑各自的功能也缺乏基本认识，从而导致量刑时"眉毛胡子一把抓"，出现量刑偏重或失衡的现象，无法达到推进量刑程序改革的初衷。 31

因此，就量刑而言，区分量刑过程中哪些是具有决定意义、需要优先考虑的事实和情节，哪些是仅起调节作用的事实和情节，并以此建立相应的量刑方法论，就显得非常重要。 32

(三)解决之道：区分责任刑和预防刑

1.量刑的回顾性与前瞻性

在确定刑罚的时候，要先确定责任刑，这种责任刑的考虑和报应主义的关联极其密切。客观的违法加上主观的责任等于量刑意义上的责任，由此确定的责任刑就是量刑上最重要的或者第一层次要考虑的刑罚量。这就是说，量刑上首先要分析的是： 33

针对被告人所做的客观上违法的事情,被告人究竟有多大责任,评价的是事情本身导致被告人应负多大责任,客观违法性成为决定责任刑最为关键的因素。在确定责任刑时,除了考虑客观违法之外,还需要考虑行为人的主观责任。这一结论和责任主义的要求相一致。责任主义是指根据行为人不法事实的危害大小,确定行为人的被谴责可能性。作为量刑基准的责任,一方面是对不法的责任(行为责任),另一方面也包含由各种表明非难可能性的因素(不管其是否属于成立犯罪所必需的责任要素,如动机)所形成的罪责程度。责任主义不仅决定能否科刑,还决定了刑罚的程度和分量,责任刑受制于责任主义。《德国刑法典》第 46 条第 1 款规定的"行为人的罪责是量刑的基础",说的也就是这个意思。

34　在此基础上再来说预防刑。如果说责任刑是向后看的、回顾性的,被告人过去干的事导致他要承担责任,针对他过去做的事情判多重的刑,这是一个回顾性的思考,这个刑期要确定下来。预防刑则是向前看的:就被告人犯罪前后的表现或再犯可能性来讲,为了防止其将来再犯罪,判得重一点好还是轻一点好?因此,预防刑是前瞻性的评估。按照责任主义的要求,犯罪人是因为其过去所犯的罪行,而不是单纯因为其思想、人格品性而受到处罚,由此裁定是责任刑。在此基础上,再考虑犯罪人的特殊情况,对责任刑进行适度微调,这是预防刑。《日本改正刑法草案》(1974 年)第 48 条规定,刑罚必须对应于行为人的责任加以量定。在适用刑罚时,必须考虑犯罪人的年龄、性格、经历和环境、犯罪的动机、方法、结果及对社会的影响、犯罪后犯人的态度及其他情况,必须有利于对犯罪的抑制和犯罪人的改恶从善及新生。这就是同时强调了责任刑和预防刑。对任何一个案件的量刑而言,都必须同时考虑责任刑和预防刑,确保二者的有机统一。

35　因此,量刑实际上是两种判断的综合:根据被告人的违法行为以及犯罪当时的主观要素等,回顾性地向后看,确定一个刑期;然后根据个人的危险性向前看。但是,责任刑和预防刑对量刑的影响力不是等量齐观的。

36　按照刑法客观主义的立场,在定罪上必须先违法后责任,先客观后主观,违法要素、客观构成要件绝对重要,应当优先判断。把这一理念贯彻到刑罚裁量中,就转化为:在量刑时,必须确定被告人的客观违法对量刑的决定性影响,在此基础上再考虑确定被告人犯罪时的责任,根据客观违法和主观责任裁量出一个责任刑。只有在责任刑确定之后,才能考虑预防刑。责任刑是决定性的,对被告人判得轻还是判得重,从根本上看是由被告人的违法行为决定的,由此确定的刑期是刑罚的上限,在这个限度内才能考虑预防刑,从而对责任刑进行调节。所以,责任刑是上限,预防刑是调节的量刑程序在实务中必须确立。

37　需要指出的是,前述意义上的责任刑概念在很大程度上借用了犯罪论中的责任概念。但有学者指出,无论是理解责任的基础,还是判断责任的依据,量刑领域的责任并未由此就获得一个确定性的内涵。事实上,受刑罚目的的影响,量刑领域的责任是从可比较性和量上,对犯罪论中的不法和有责进行了功能性调整和差异化处理。

因此,量刑责任是一个具有更广泛内涵的功能性概念。这主要体现在从可比较性和量上,量刑责任对各种情节进行了严重程度的阶层性判断,从而使国家动用轻重不同的刑罚成为可能,与此同时,量刑责任在一定程度上融合了不同的刑罚预防目的,从而满足了责任刑法中对预防必要性的考虑。

2.责任刑的确定[15]

责任刑,是根据与犯罪紧密关联的情节("犯情")所裁量出的刑罚。这些情节,主要包括犯罪的动机、方法、结果及对社会的影响、行为的样态、受害程度、犯罪的起因、共犯关系、参与程度等。[16] 犯罪的社会影响、媒体的报道等,与责任无关,不能成为裁定责任刑的理由。 38

(1)确定影响责任刑的违法事实。首先,要考虑犯罪结果是否重大(如杀害伤害多人、强奸致人自杀、盗窃数额巨大、贪污救灾款等)。其次,应当考虑行为形态的恶劣性、凶器是否事先准备、凶器种类,比如说凶器是否属于枪支或者管制刀具等,这些事实会影响刑法轻重。对被害人攻击的具体样态,杀人手段是否残忍,是否多次实施,行为属于作为还是不作为,这些都对量刑有重大影响。实践中对不作为犯通常判得比作为犯要轻;犯罪的计划是不是周密这样一些事实,也是违法的事实,是足以影响量刑的客观事实。最后,要分析与犯罪接近的客观事实,这也会影响责任刑。比如,犯罪人和被害人的关系、纠纷发生的原因经过、共犯的关系、犯罪加工的程度(例如,在营利性犯罪中,行为人是经不住诱惑而参加犯罪,还是主动参与共谋)等,也会影响对违法事实的判断,从而影响责任刑。 39

在确定责任刑时,需要考虑禁止重复评价原则。一个情节一旦成为定罪情节,在定罪时发挥过作用,就不能再作为量刑情节使用。所以,量刑情节一定是定罪情节之外的事实,尤其是对量刑影响很大的后果或者数额,也一定是犯罪构成要件之外的结果、数额。 40

比如说,被告人到被害人家里偷出现金 800 元。被告人成立入户盗窃。此时,入户盗窃就成为定罪的事实,司法上就不能在量刑的时候说被告人属于入户盗窃,所以要给他定盗窃罪,同时,在量刑的时候又说入户盗窃比一般盗窃性质要严重,所以要判得重一点,这样思考是存在问题的。所以,一个入户盗窃的事实,在定罪和量刑时不能同时使用。又如,在交通肇事罪中,被告人因为肇事后逃逸而被法院认定应负主要责任,进而才认定犯罪成立的,该逃逸情节就不能再成为量刑情节。还比如,故意伤害罪是不是达到轻伤以上的后果,这是一个决定犯罪成立与否的事实。在这个后果之外,比如说被害人重伤二级,这个时候的具体伤情程度是决定法定刑高低的重要因素,这个事实是构成事实之外的。因为只要达到被害人轻伤这个条件,故意伤害罪的构成要件就符合,然后具体的伤情在轻伤之上有升高的事实就成为量刑的事实。 41

---

15 参见赵书鸿:《论作为功能性概念的量刑责任》,载《中外法学》2017 年第 4 期。

16 参见张明楷:《责任刑与预防刑》,北京大学出版社 2015 年版,第 275 页以下。

42 (2)影响责任刑的罪责事实。包括被告人的年龄(例如,被告人刚满14周岁零1天杀人的,已满14周岁这一事实成为定罪事实,但仅仅超过1天的情节成为减轻责任刑的情节)、精神状况、故意的形态(对间接故意一般判的刑罚比直接故意轻)、违法性认识可能性高低、期待可能性的有无等。

43 需要指出的是,在量刑理论上,围绕着责任刑的裁量问题,存在着"点的理论"和"幅的理论"的争议。其争议焦点是,责任刑究竟是一个确定的点(点的理论),还是有一个幅度(幅的理论)?是在责任刑的点周围或者点之下考虑预防犯罪的目的,还是在责任刑的幅度之内考虑预防犯罪的目的?"点的理论"主张,由于不法与对不法的责任都具有特定的、确定的内容,所以在客观上存在与责任相适应的确定的刑罚(点),法官主观上也能够认识到这种确定的刑罚;法官只能在责任刑的点之下(而非点的周围)考虑预防犯罪的需要;当然,在具有减轻处罚情节的场合,法官也能够在点之下低于法定刑考虑预防犯罪的需要。由此,如果按照"点的理论",就很可能会认可确定型量刑建议。

44 "幅的理论"主张,量刑的具体基准从本质上看具有一定幅度。无论对量刑基准如何把握,从各个具体案件中试图运用类似于数学方程式那样的东西去导出科学的、绝对正确的、唯一的刑罚量是不可能的。[17] "幅的理论"的基本考虑是:①法益被侵害的具体情形从事后看都是确定的,但量刑是对违法和罪责事实进行价值评价。客观事实本身和量刑时对事实的评价是两回事,责任刑有幅度就很正常。在故意杀人的场合,不作为杀人、共犯杀人等的不法,都是评价的概念,它们都对量刑有影响,法官必须基于其正义感觉寻找责任刑。此时,考虑行为的实质违法和社会的"处罚感情",责任刑就一定是在实践中摸索出的"幅度"而不可能是点,量刑就是在责任刑的上、下限之间反复"试错"。②责任刑中的狭义责任论是道义责任论。基于自由意志,行为人存在故意或过失,与此相关的道义报应理论必须考虑被告人的谴责可能性大小等相关因素,这些都会影响量刑幅度。责任刑与对意思决定进行非难的程度相当即可,而非必须精确到唯一确定的程度。③量刑要考虑公众的社会心理,责任刑应当能够反映理性国民所能够接纳的社会心理。责任刑的量需要有足够空间,以接纳社会中不同的价值观、文化观,责任刑作为犯罪处罚正当化的外在表现,必须表现为国民能够接受的幅度,"幅"的存在就理所当然。承认责任刑有幅度,法官对刑期有调控空间的量刑理论考虑了公众的社会心理,也给予了刑罚预防功能得以实现的机会。[18] ④认为存在事实上可以被判断的点,是对法学作为科学的迷思,是实证主义而非理性主义的产物。对此,井田良指出,责任刑的确定,是受价值判断影响很大的操

---

17 参见〔日〕松本时夫:《量刑的实务与今后的课题》,载《现代刑事法》2001年第3卷第1号。

18 参见〔日〕井田良:《变革时代的理论刑法学》,庆应义塾大学出版会2007年版,第221页。

作,在结论不可能是唯一的这一点上,与法条的解释方法相同。法条文义有“可能主张的一定幅度”,在日常用语可能的含义范围内解释结论都是合理的,多个解释结论并存也是可能的,主要看谁讲得有道理。抢劫罪的责任刑是 3 年 6 个月还是 3 年 10 个月,不能说哪一个结论绝对正确,“点的理论”和思考责任刑的逻辑不符。前田雅英教授也明确指出,虽然不能恣意地进行量刑的判断,但特别是在裁判员制度之下,过度强调“寻求一个不变动的、正确的点”,这一思想很危险。尤其在量刑论中必须重视吸收对应于社会变化的国民规范意识的变化,从而推导出妥当结论的“幅”。[19] 当然,说责任刑不是一个点,并不否定法官最终量刑的确定性。随着社会的发展,国民规范意识也会发生变化,为回应这种变化,考虑行为责任导出妥当的量刑的“幅”,再考虑预防效果对量刑予以调节,最终能够得出一个确定的宣告刑,即最终量刑是没有幅度的。但是,检察官在提出量刑建议时确定一个点,而且总是要求法官照单全收,这和量刑原理之间是存在抵触的。

基于责任刑的“幅的理论”就应该认为,刑罚轻重到何种程度才与责任相当,是很 45
难精确地确定的。责任刑存在一个相当大的范围和空间,其上下限都与行为责任相对应,对被告人的量刑只要是在责任刑的幅度内进行决定的,就是符合罪刑相适应原则的。从这一前提出发,检察官提出精准的量刑建议,并要求法官必须接受确定于某一特定“点”的刑期,可能与量刑原理之间存在抵触之处。

3.预防刑的裁量

预防刑,是根据与犯罪人紧密关联的情节所裁量决定的刑罚。这些情节包括: 46
①犯罪人的属性,包括犯罪人的年龄、经历(前科、累犯等)、性格(常习性)、一贯表现[20]和生活环境等。②犯罪后的态度[21],如自首、立功以及是否认罪认罚(反省、悔罪与赔礼道歉),虽然认罪认罚不属于法定量刑情节,但表明了行为人回归社会的愿望,在裁量预防刑时必须予以重视。犯罪后试图销毁现场痕迹和证据的,可以称为预防刑的情节。事后积极退赃、赔偿损失与积极挽回损失的行为,家庭及社会能否接纳其回归,被害人一方的原谅,是减少预防刑的情节。

根据责任主义的要求,刑罚不能超过犯行即犯罪时的罪责,所以,犯罪前后的情 47
节不能作为超过责任刑的理由,而只能在责任刑的限度内进行量刑调节。

区分责任刑和预防刑,意义重大,既有助于实现刑法客观主义,也能够实现量刑 48

19　参见〔日〕前田雅英:《刑法总论讲义》,曾文科译,北京大学出版社 2017 年版,第 366 页。

20　良好的一贯表现,如果能说明行为人再犯罪的可能性小的,当然成为减少预防刑的情节;不良的一贯表现对预防刑的影响应当控制在很小的范围内,否则会导致“间接处罚”。

21　德国通说认为,犯罪后的态度不是独立评价的对象,是评价行为时行为人责任程度的非独立评价资料(参见〔日〕城下裕二:《量刑基准に关する一试验》,载《刑法杂志》1996 年第 1 期)。但是,被告人是否坦白、悔罪、和解、退赃与责任刑中的罪责无关,应该将其视作影响(特别)预防刑的情节。

思考的层次性:客观的罪行和主观罪责的轻重,足以影响责任刑,在极大程度上左右量刑的最终结局;特殊预防必要性的大小,能够影响预防刑。两个量刑环节各自的功能和影响力并不相同,在司法上不能因为罪行重,就认为特殊预防必要性大;也不能因为特殊预防必要性大,便断定罪行重。

五、量刑实践的应有走向

49 虽然量刑理论和实务之间存在着一定共识,但不同话语体系确实存在自说自话的特点[22],如何寻求更多共识,对目前的各种量刑思路进行适度整合,发展出具有理论意蕴且实践上简便易行的量刑规则,是未来需要认真考虑的。

50 有人主张,在法官量刑时,必须查清一切与量刑有关的事实和情节,将每一个量刑情节都纳入量刑考虑的范围,只有这样才能实现量刑公正,同时对于统一司法行为,提高司法公信力和权威具有重大的现实意义。[23] 但是,在查清一切与量刑有关的事实和情节之后才能量刑,这是不现实的。实务上的量刑应当是一个简洁化的过程,其绕不开的只是以下内容:一方面,哪些因素是量刑时必须考虑、绝对不能忽略的;另一方面,哪些情节在量刑时应当优先判断,哪些应当推迟判断,量刑思考的位阶性是什么。

51 因此,未来的量刑理论一定是功能性、实践型的,有必要将报应和预防的理念、责任刑和预防刑的思考逻辑很好地融合起来,并使用司法上易于理解的话语进行提炼和表述,进而发展出“实践型”的量刑理论。是否直接采取责任刑和预防刑的表述,倒是不那么要紧,因为责任刑和预防刑的对立统一,是以构成要件该当性、违法性和有责性的三阶层犯罪论体系完全被接受为前提的。但是,在我国当下,三阶层论和四要件说各有一部分赞成者,使用更容易被接受的术语建构量刑理论,是“改革成本”最小的进路之一,这有助于达成共识,推进量刑理论研究的深入。

52 对此,大体可以将前述影响责任刑的情节(犯罪情节)如犯罪结果、行为形态、犯罪计划、犯罪起因、被告人的年龄、精神状况等,称作“犯罪的过程性情节”;将影响预防刑的情节(其他情节)如被告人的前科、性格、犯罪后的态度、是否认罪认罚等,称作“犯罪人的个别性情节”,并确定前者的优先性、决定性地位。换言之,犯罪的过程性情节,是与犯罪行为紧密关联、在实施犯罪过程中形成的情节;犯罪人的个别性情节,是指除了犯罪的“过程性情节”之外,与一般预防或特别预防有关,以及其他无法还原为预防的“基于刑事政策目的”的情节,它们都与犯罪人紧密关联。犯罪的过程性情节和犯罪人的个别性情节在判断逻辑上具有位阶性。前者对刑罚有决定性作用,后者只是在一定范围内调节刑期,对其的判断是第二顺序的。据此,可以得出以

---

[22] 关于我国量刑领域的三套话语系统,可参见周光权:《量刑的实践及其未来走向》,载《中外法学》2020 年第 5 期。

[23] 参见唐亚南:《刑事审判中对量刑情节裁量的规范完善》,载《贵州民族大学学报(哲学社会科学版)》2015 年第 4 期。

下的量刑步骤。

首先,审查案件事实,总结存在的量刑情节,在此基础上梳理出哪些属于犯罪过程性情节;哪些属于犯罪人的个别性情节。换言之,司法人员在量刑时,应当根据不同量刑情节在性质和功能上的差异,从一开始就将情节归类,然后再去确定它们对于量刑的影响力,不能对不同性质的从重或从轻量刑情节"眉毛胡子一把抓"。 53

其次,根据犯罪过程性情节,确定责任刑的基本幅度,将其作为刑罚的大致框架或者上限。量刑时被告人有多个情节的,其刑期也只能在与违法的分量有关联的意义上影响责任刑,从而决定刑罚上限。换言之,被告人的刑期一定有一个"天花板",不可以往上无限累加。 54

最后,根据犯罪人的个别情节,在责任刑的框架内对预防刑进行调整,确定最终的宣告刑。犯罪人的个别性情节既然是个别化的,就应该是量刑时需要例外考虑的,而不是决定刑罚的一般性因素,其能够在刑罚上限范围内上下调节由犯罪的过程性情节所推导出来的责任刑,从而对最终的宣告刑给予一定程度的影响。 55

六、其他需要讨论的问题

(1)刑罚个别化原则与罪刑均衡原则之间,不是对立、相互排斥的关系,而是相互融合、相互补充的关系,它们是对犯罪人决定刑罚的两个切入点。当然,这两个角度存在主次之分。要使所决定的刑罚轻重与犯罪的社会危害性大小相适应,罪刑均衡原则应当是首先和主要考虑的。因为犯罪的成立是对犯罪人决定判处刑罚的前提和基础,作为已然事实的社会危害性,具有客观性,将罪刑作为量刑活动的基准符合刑法客观主义立场。犯罪的社会危害性应当成为判处刑罚轻重的主导性和决定性因素。犯罪人的人身危险性虽然毫无疑问地对于判处刑罚轻重起着重要的影响作用,但却不具有主导性和决定性意义;并且犯罪人的人身危险性是潜在事实,带有主观预测,如果以此作为量刑基准容易造成量刑的随意性,甚至滑向罪刑擅断的深渊。我国刑法坚持客观主义立场,客观主义更注重犯罪的社会危害性,因此,相对于罪刑均衡,量刑个别化应当是次要考虑的方面。这种以罪刑均衡为主,以量刑个别化为辅的主次位置是不应颠倒的,否则,就是本末倒置。需要强调的是,在罪刑均衡原则之外,还特别吸收刑罚个别化原则的合理内核,是为了坚持并合主义的刑罚基本立场,即既考虑刑罚的报应,又考虑犯罪的个别预防(特殊预防)。有的学者注意区分以社会危害性为根据的刑罚个别化与以犯罪人的人身危险性为根据的刑罚个别化,并在此基础上认为理论发展的"落脚点"应为"现代理性的刑罚个别化"。这种刑罚个别化理论兼以社会危害性和人身危险性为根据,克服了仅以其中一种作为根据的不足,但这不过是表述上的差异,其强调并合主义的刑罚立场是一致的。[24] 56

24 参见石经海:《从极端到理性:刑罚个别化的进化及其当代意义》,载《中外法学》2010年第6期。

57　(2)关于量刑与形势相适应是否属于刑罚裁量原则的问题,一直有争议。在1979年《刑法》制定过程中,有人认为,“形势是定罪量刑的重要根据,离开形势就不可能理解为什么对同一行为在不同地区和不同的时间作不同的处理,因而他们主张在量刑原则的条文中增加‘形势’的内容。但另一些同志不同意这个看法,认为形势本身并不是量刑的根据,量刑的根据乃是犯罪的性质、情节和对于社会的危害程度等。不过在评定行为的社会危害程度时要适当考虑‘形势’的因素,如平时与战时,前线与后方,发案率上升与下降,治安秩序良好与混乱,等等。把‘形势’作为评定行为社会危害程度时的一个因素加以考虑,同把‘形势’直接作为量刑的根据,这无论在概念上或提法上都是不一样的。我们不能像过去搞运动时那样强调所谓‘紧跟形势,配合中心’而要坚持以事实为根据,以法律为准绳,强调严格依法办事……经过讨论,没有采纳把‘形势’列入量刑原则的条文的意见”[25]。迄今为止,刑法学界在这个问题上虽然还有争论,但学者们原则上反对把与形势保持一致当成量刑原则。根据形势确定量刑起点,一方面会导致预防刑超出责任刑的限制,进而违反责任主义;另一方面会使消极的一般预防目的对量刑产生不应有的影响,侵害被告人的尊严。[26]

58　(3)除了表现犯罪客观危害性以及犯罪人主观恶性的“犯罪的事实、犯罪的性质、情节和对于社会的危害程度”这些因素外,是否还有其他原因能够影响量刑?按照目前通行的观点,容易得出否定的结论。但是,这可能过于绝对。例如《俄罗斯联邦刑法典》第60条就在“量刑原则”中提出了一项新的原则,即在量刑时必须要考虑被认定有罪的人的“家庭生活条件”。“这时应该注意到,这一情况对犯罪人可能是有利的(父母年迈,犯罪人是家庭中的唯一供养人,多子女父亲,单身母亲养育子女等等),也可能是不利的(犯罪人经常酗酒和在家庭里打架,虐待家庭成员等)。”[27]在中国刑事司法的量刑实务中,也应当考虑罪犯“家庭生活条件”这方面的因素。

59　(4)援引法定刑的适用。如何适用援引法定刑,在理论和实务上存在激烈争议。我国立法对援引法定刑的规定相对特殊。例如,《刑法》第180条第1款规定:“证券、期货交易内幕信息的知情人员或者非法获取证券、期货交易内幕信息的人员,在涉及证券的发行,证券、期货交易或者其他对证券、期货交易价格有重大影响的信息尚未公开前,买入或者卖出该证券,或者从事与该内幕信息有关的期货交易,或者泄露该信息,或者明示、暗示他人从事上述交易活动,情节严重的,处五年以下有期徒刑或者拘役,并处或者单处违法所得一倍以上五倍以下罚金;情节特别严重的,处五年以上十年以下有期徒刑,并处违法所得一倍以上五倍以下罚金。”该条第4款规定:“证券

25　高铭暄:《中华人民共和国刑法的孕育诞生和发展完善》,北京大学出版社2012年版,第54页。

26　参见张明楷:《犯罪常态与量刑起点》,载《法学评论》2015年第2期。

27　俄罗斯联邦总检察院编:《俄罗斯联邦刑法典释义》(上册),黄道秀译,中国政法大学出版社2000年版,第147页。

交易所、期货交易所、证券公司、期货经纪公司、基金管理公司、商业银行、保险公司等金融机构的从业人员以及有关监管部门或者行业协会的工作人员,利用因职务便利获取的内幕信息以外的其他未公开的信息,违反规定,从事与该信息相关的证券、期货交易活动,或者明示、暗示他人从事相关交易活动,情节严重的,依照第一款的规定处罚。”由此带来的问题是,《刑法》第 180 条第 4 款规定“情节严重的,依照第一款的规定处罚”,是指全部依照第 1 款“情节严重”和“情节特别严重”两个量刑档次处罚,还是仅有“情节严重”一个量刑档次?即是全部援引还是部分援引?这是困扰司法界的一个争议问题。[28]

例如,在“马乐利用未公开信息交易案”中,被告人马乐利用担任某投资基金经理 60
的职务便利,利用未公开信息从事证券交易活动,累计成交额人民币 10 亿余元,非法获利人民币 1900 余万元。对于本案,一、二审法院判处马乐有期徒刑 3 年、缓刑 5 年,后检察机关提起抗诉。2015 年 12 月 11 日,最高人民法院对最高人民检察院提起抗诉的马乐利用未公开信息交易案作出再审终审判决,认定马乐利用未公开信息交易犯罪情节特别严重,鉴于其有自首、积极退赃等从轻、减轻情节,改判马乐有期徒刑 3 年。[29] 对于本案,原审判决的主要理由是,利用未公开信息交易罪是情节犯,“情节严重”是入罪标准,但同时也是量刑依据,该罪只有一个量刑标准即情节严重。情节严重和情节特别严重是并列关系,把“情节严重”理解为包含情节严重和情节特别严重两档,会出现刑法语义的混乱,从而违反罪刑法定原则。

但是,上述一、二审法院的主张是不合理的。法定刑的援引必须是全面援引,而 61
非仅援引最低一档法定刑。因此,对触犯《刑法》第 180 条第 4 款规定的犯罪分子,应当根据其犯罪情节引用第 1 款的情节严重或情节特别严重两个量刑档次。主要理由是:①《刑法》第 180 条第 1 款中情节严重既是内幕交易罪、泄露内幕信息罪的犯罪构成要件(表示该罪是情节犯),又是适用第一档法定刑(处 5 年以下有期徒刑或拘役)的前提。第 4 款利用未公开信息交易罪采用了同条援引前款法定刑的立法技术,其前段关于犯罪构成的规定与第 1 款相同,在描述完行为方式后,规定情节严重为犯罪构成要件,明确了该罪情节犯的属性,排除将情节未达到严重程度的行为作为处罚对象。[30] 因此,这里的“情节严重”主要起的是限定处罚范围的提示作用,并不能认为其对情节特别严重情形的量刑问题也同时进行了规范。②《刑法》第 180 条第 4 款在其处罚规定中,明确规定“依照第一款的规定处罚”,而未使用“依照第一款中‘情节严重’的量刑规定处罚”的表述,因此,《刑法》第 180 条第 4 款援引的应当是第 1 款的全部量刑规定。③从立法技术上看,《刑法》第 180 条第 4 款的表述方式有特

---

28 存在相同适用难题的规定还有很多,包括《刑法》第 168 条第 1 款、第 2 款,第 285 条第 2 款、第 3 款,第 286 条前三款,第 300 条第 1 款、第 2 款,等等。

29 参见最高人民法院(2015)刑抗字第 1 号刑事判决书。

30 参见张明楷:《论援引法定刑的适用》,载《人民法院报》2014 年 11 月 12 日。

殊考虑。《刑法》第180条第4款规定,利用未公开信息进行交易,“情节严重的,依照第一款的规定处罚”,而未分别就情节严重、情节特别严重作出处刑规定,该表述方式有助于减少法条的重复表述,使法条更简洁,富有美感,不至于太烦琐、冗长。换言之,在《刑法》分则条文规定援引法定刑时,只要就基本构成要件作出表述即可,没有必要同时规定基本构成要件与加重处罚规定,否则就无法达到减少法条表述的目的。④利用未公开信息交易罪之所以要视情形全面援引内幕交易、泄露内幕信息罪的两档法定刑,是因为两罪的客观危害和主观恶性都相当。两罪的主要差别仅在于信息范围不同,但其通过信息的未公开性和价格影响性获利的本质相同,均严重破坏金融管理秩序,损害公众投资利益。《刑法》将两罪放在第180条中分两款予以规定,亦是对两罪违法和责任程度相当的确认,因此,具备援引的基础,如果只截取“情节严重”部分的法定刑进行援引,势必违反罪刑相适应原则,使规范保护目的落空。⑤法官应当如何对待量刑建议。“采纳量刑建议体现了裁判方在合法范围内对‘诉讼合意’的尊重和认可,是认罪协商制度有效运行的基础。”[31]这样的结论是以量刑建议绝对科学合理为前提的。但是,如果实务上对于量刑情节的功能认识不当,量刑建议从根本上看值得商榷时,仍然要求法官接受该量刑建议可能是强人所难。

62　首先,缺乏量刑理念指引的量刑建议可能出错。量刑建议精准化,需要以量刑实体公正为价值基础和实现根据。[32]《刑法》第61条并未对不同情节的功能、评价过程等予以明确。刑罚是在表达对犯罪的观念性反应,行为罪责使得刑罚的执行合法化,并决定了刑罚的轻重。因此,如果不能准确寻找量刑基准,无法明确与责任刑有关的犯罪过程性情节对刑罚上限的根本约束,司法上不认同“即便存在累犯、犯罪后潜逃、拒不认罪以及退赃等情节,其刑期也不能一直向上累加”这一基本逻辑,量刑的分析思路就可能出错,刑期通常就会偏重,量刑建议结论自然也就有问题,说理势必不充分。离开实体法,仅仅从程序法上讨论量刑建议问题就会成为无本之木、无源之水,量刑建议的合理化也会面临实体根据上的重大挑战。

63　其次,在量刑建议中不宜夸大认罪认罚的功能。是否认罪认罚只是犯罪后的情节,属于“犯罪人的个别性情节”,其只具有在责任刑上下限范围内进行“微调”的效力,对于量刑的功能是有限的。假定甲和乙的所有犯罪情节都相同,甲自首后认罪认罚,乙拒不认罪,对甲可以在责任刑幅度的下限乃至法定刑之下的范围内量刑,对乙在接近于责任刑上限的范围内判刑。由此可见,对量刑有根本性制约的是违法、责任或者“犯罪的过程性情节”,即便甲认罪认罚,对其的从宽处理仍然是有限度的;即便乙拒不认罪认罚,对其也不能判刑太重,更不能逾越责任刑的幅度上限判刑。对于认罪认罚情节的功能定位不准,量刑建议难言妥当。但是,在当下的实践中,多数案件

---

[31] 卞建林:《认罪认罚从宽制度赋予量刑建议全新内容》,载《检察日报》2019年7月29日。

[32] 参见石经海:《量刑建议精准化的实体路径》,载《中国刑事法杂志》2020年第2期。

都存在不当扩大认罪认罚情节的量刑影响力的疑问。

再次,量刑权是法官的自由裁判权,这一权力不可能由检察官分享。从政策的角度看,法官将量刑建议所确定的刑期往下调整是可以的。在我国刑事司法中,检察官提出量刑建议时承担客观义务。受制于刑事追诉的立场,不可避免地带有一定偏向性,更多地考虑国家社会利益和被害方的需求,更多地关注从重处罚的量刑情节,从而倾向于提出幅度更高的量刑建议。而法院的立场相对中立,在庭审中掌握的量刑信息更为完整,更能兼顾各方的利益和诉求,所以一般会在控方建议的偏重量刑幅度内就低量刑,甚至在建议的幅度以下量刑,"高求低判"的情形远远多于"低求高判"。同时,法院在量刑时无疑会考虑到被告人的诉求,特别是其上诉的可能性,因而在控方建议的量刑幅度内就低判刑,有利于消除被告人的对抗情绪,增强审判的可接受性,避免上诉审。[33] 一般认为,根据刑事诉讼法的人权保障精神,尤其是保障被追诉者人权的原则,法院在量刑建议之下适用刑罚是可以接受的,但在量刑建议的刑期之上进行判决就构成违法,属于判决确有错误,检察机关应当进行抗诉。这样一来,对《刑事诉讼法》第 201 条"一般应当采纳"的理解,就主要体现在没有法律规定的事由时,法院不得在量刑建议的建议刑期之上进行量刑。[34] 应当说,法官对量刑建议可以朝着处罚更轻的方向进行变更,但是,也不排除在特殊情况下"向上"变更。例如,如果量刑建议中对共犯等情节并未考虑,法官也可以在量刑建议的基础上向上调整刑期。这是因为共犯参与情节是客观存在的,是指控的犯罪事实中已经包含了的内容,法官对于量刑建议中并未评价的首要分子进行评价、对主犯从重处罚等内容进行确认,并将其作为影响责任刑的"犯罪的过程性情节"看待,从而裁量刑罚,并无不妥。 64

最后,律师对量刑建议的异议应当作为量刑的参考。责任刑本身是一个幅度而不是一个点,精准量刑建议缺乏理论根据;责任刑与预防刑的确定涉及价值判断,这些都决定了量刑需要法官、检察官和被告人反复商讨。《刑事诉讼法》第 201 条第 2 款规定:"人民法院经审理认为量刑建议明显不当,或者被告人、辩护人对量刑建议提出异议的,人民检察院可以调整量刑建议。人民检察院不调整量刑建议或者调整量刑建议后仍然明显不当的,人民法院应当依法作出判决。"据此,有权提出量刑建议的异议的主体包括被告人和辩护人。但是在实务中,被告人提出异议的情况是比较少的,因为认罪认罚当然包括被告人对量刑建议的认可,同意检察机关的量刑建议是被告人认罚的必备核心内容,[35]而律师基于其对法律的理解,对量刑建议发表不同于被告人的意见则是可能的,尤其是审判环节介入诉讼的律师提出异议的概率明显大于被告人自己提出异议的情形。在实践中,有的时候量刑会沦为检察官的"一言堂",被 65

33 参见陈瑞华:《论量刑建议》,载《政法论坛》2011 年第 2 期。

34 参见郭烁:《控辩主导下的"一般应当":量刑建议的效力转型》,载《国家检察官学院学报》2020 年第 3 期。

35 参见孙长永:《认罪认罚从宽制度的基本内涵》,载《中国法学》2019 年第 3 期。

告人及其辩护人反对的机会很少。甚至不排除有个别检察官为了迅速结案,对不了解案卷材料也得不到律师有效指导的在押嫌疑人采用威胁、引诱、欺骗等非法方法,促使其选择认罪认罚。也有些时候权利告知程序走过场,值班律师帮助不到位,被告人存在认识模糊、草率认罪认罚的情形,签署具结书后又反悔,甚至到宣判后又上诉,使得制度效果落空。如果按诉讼诚信原则剥夺其上诉权、加重处罚又过于严苛,案件处理相当被动。[36] 所以针对这些现象,律师的量刑建议异议会对公正量刑影响很大,律师提出异议,人民检察院不调整量刑建议的,即便量刑建议并非“明显不当”,但当法官要求检察机关调整量刑建议而后者不调整的,法官也可以直接作出判决,不受量刑建议是否明显不当的限制。《刑事诉讼法》第 201 条第 2 款将辩护人对量刑建议提出异议与量刑建议明显不当并列作为法官可以不采纳检察院量刑建议的情形之一,这实际上是为法院行使量刑裁判权提供了制度支撑,为法官依职权变更量刑建议提供了法律依据。这样说来,只要法官想对量刑建议进行调整,就有机会在其对检察机关的量刑建议有疑问的场合,在认真考虑被告人、辩护人对量刑建议的看法,尤其是在辩护人提出异议且言之成理的情况下,对量刑建议予以改变。

36　参见樊崇义、何东青:《刑事诉讼模式转型下的速裁程序》,载《国家检察官学院学报》2020 年第 3 期。

第六十二条　从重处罚与从轻处罚

犯罪分子具有本法规定的从重处罚、从轻处罚情节的，应当在法定刑的限度以内判处刑罚。

文献:郑伟:《重罪轻罪研究》,中国政法大学出版社 1998 年版;马克昌主编:《刑罚通论》(第 2 版),武汉大学出版社 1999 年版;周光权:《法定刑研究——罪刑均衡的建构与实现》,中国方正出版社 2000 年版;陈兴良主编:《刑法总论精释》(第 3 版),人民法院出版社 2016 年版;陈兴良:《刑法适用总论(下卷)》(第 3 版),中国人民大学出版社 2017 年版;周光权:《刑法总论》(第 4 版),中国人民大学出版社 2021 年版。周光权:《量刑情节冲突及其解决的争议问题研究》,载《中外法学》1999 年第 4 期;高铭暄:《宽严相济刑事政策与酌定量刑情节的适用》,载《法学杂志》2007 年第 1 期;林维:《论量刑情节的适用和基准刑的确定》,载《法学家》2010 年第 2 期;王瑞君:《如何规范地识别量刑情节——以实务中量刑情节的泛化和功利化为背景》,载《政治与法律》2014 年第 9 期。

细目录

Ⅰ　主旨
Ⅱ　沿革
Ⅲ　量刑情节
　一、概念及特征
　二、量刑情节的分类
　三、量刑情节的适用
　四、量刑情节冲突的处理
Ⅳ　从重处罚情节、从轻处罚情节的适用

Ⅰ　主旨

任何犯罪都包含一系列事实情况,它们大多数都反映行为的社会危害性和行为人的人身危险性,对于认定行为的性质以及行为人应当承担的刑事责任具有特殊意义,因而成为必须予以考察认定的犯罪情节。其中,对于犯罪成立具有决定性影响的事实情况,乃是定罪情节。例如,行为人达到负刑事责任的年龄,具有刑事责任能力,主观上具有犯罪故意或过失,客观上实施了一定的危害社会行为,并且由此产生了一定的危害后果,以及犯罪人的特定身份,犯罪的特定对象、目的、时间、地点和方 1

法等事实情况,都是成立特定犯罪所不可缺少的,因而均属于定罪情节。

2 除此之外,还有一种情节,用来解决量刑轻重问题。它们对定罪可能没有意义,但可以从不同角度反映犯罪人在不同情况下其犯罪的社会危害性或犯罪人的人身危险性大小。例如,就绝大多数犯罪而言,犯罪人出于何种动机、采用何种手段、选择何种对象来实施犯罪行为,在一般情况下并不影响罪之成立。但是,如果犯罪人出于贪财动机,采用狡猾或残忍的手段,则明显地反映了其犯罪的社会危害性远较激于义愤的故意杀人、"大义灭亲"的故意杀人更为严重,对于此类事实情况,就必须在量刑时予以考虑。这些能够反映犯罪社会危害性或罪犯人身危险性大小,并影响量刑轻重的事实情况,即为量刑情节。所以,讨论量刑情节,对于准确量刑,具有重要意义。

3 从重处罚情节、从轻处罚情节分散规定在刑法不同条文中,因此需要制定指导这些量刑情节适用的抽象规定,以体现刑法规定的缜密和保障司法实践的统一。

Ⅱ　沿革

4 1979 年《刑法》对从重、从轻处罚情节作了规定,1997 年《刑法》对相关规定予以保留。

5 在 1979 年《刑法》中,并无加重处罚的规定。但是,到了 1980 年代初,《刑法》中仅规定从重处罚未规定加重处罚的格局被打破。1981 年 6 月 10 日全国人大常委会《关于处理逃跑或者重新犯罪的劳改犯和劳教人员的决定》规定,劳改犯逃跑后又犯罪的;劳教人员、劳改罪犯对检举人、被害人和有关的司法工作人员以及制止违法犯罪行为的干部、群众行凶报复的,应当从重或者加重处罚。如何加重处罚?根据有关解释:所谓加重处罚,"不是可以无限制地加重,而是罪加一等,即在法定最高刑以上一格判处"。我国 1997 年《刑法》未再规定加重处罚。

Ⅲ　量刑情节

一、概念及特征

6 量刑情节是在犯罪成立后才加以考虑的事实情况,它是不同于定罪事实的刑法学范畴。据此,可以给量刑情节下这样一个定义:量刑情节是指由法律规定或认可的,在定罪事实以外,能够体现犯罪行为社会危害性程度和犯罪人的人身危险性大小,进而在决定是否处刑以及处刑轻重时必须予以考虑的各种具体事实情况。

7 量刑情节包括犯罪实施过程中体现行为社会危害程度的主、客观事实,也包括反映犯罪人的人身危险性大小的事实。如我国刑法规定对累犯从重处罚、对自首立功者从轻、减轻或者免除处罚,原因即在于其具有不同于一般犯罪人的人身危险性。所以,在量刑时考虑犯罪人的人身危险性大小也是刑罚目的的必然要求。换言之,体现社会危害性和人身危险性的事实情况都能成为量刑情节。不过,需要注意的是,把量刑情节局限于犯罪行为的客观方面或主观方面的具体表现并不可取,但也不能认为可能影响量刑的一切事实情况都可以成为量刑情节。如审判人员的刑罚价值观念等情况,虽然在客观上确实可能影响量刑,但其既与犯罪行为无关,也与犯罪人无关,因而不属于量刑情节的范围。量刑情节具有以下特征:

(1)客观性。量刑情节是一种事实形态,而不是主观臆断的东西,所以是一种客观存在。换言之,量刑情节的客观性是指它随犯罪的实施而产生,并不以人们的意志为转移地存在于案件之中。这些客观存在的量刑情节不仅包括那些容易被感知的事实情况,如犯罪手段的残暴与否、犯罪后果的轻重等,同时还包括那些难以为人所感知的主观性量刑情节,如犯罪的动机、目的、犯罪后的态度等。这里需要注意,主观性量刑情节虽然是无形的,但它们仍然是一种客观存在,并且可以通过对案件的分析来认定和评价,即客观的判断基础和判断标准是始终存在的,因此,主观性量刑情节与量刑情节的客观性之间并不矛盾。肯定量刑情节的客观性,就要求法官在量刑时,要从实际出发,结合案件全部事实状况,实事求是地认识和把握一切对量刑有影响的情节,不能以量刑情节不可捉摸为借口而主观臆断地进行量刑。 8

(2)法定性。量刑情节中法定情节是刑法明确规定的,而酌定情节反映了刑法的基本精神,从广义上讲,它们都具有法定性,这也体现了罪刑法定主义和罪刑均衡原则的必然要求。考虑到犯罪情况极为复杂,立法者不可能把各种不同的犯罪情节非常详细地全部列举出来,并据此规定相对应的确定法定刑,又不能把量刑事由完全交由法官自由决定,因而具体规定或认可量刑情节,从而使刑罚确定既能适应复杂的犯罪情况,又有章可循,避免刑之擅断。所以,这里的"法定性"既应包括法律明确、具体规定,也应包括法律予以认可。只要是符合立法精神而成为量刑情节的事实情况,都不失其法定性。这也是由我国特定的立法状况所决定的。如果否认量刑情节的法定性,那么何种事实情况可以成为量刑情节必然缺乏一个确定的标准,极易造成法官自由裁量权过大,导致量刑时畸轻畸重,最终破坏法制的统一和尊严。 9

(3)关联性。量刑情节必须与具体案件有关,而且是能够体现犯罪行为的社会危害程度和犯罪人的人身危险性大小的事实情况,这是量刑情节的本质特征。在具体犯罪中,与案件有关的事实情况纷繁复杂,但并非所有的事实情况都属于量刑情节。是否反映了一定程度的社会危害性和人身危险性,是立法者是否把该事实情况规定和认可为量刑情节的决定性因素。同时,把量刑情节限制为与犯罪行为和犯罪人相联系的事实情况,也是罪责自负、反对株连原则的基本要求。 10

另外,需要注意的是,量刑情节虽然与案件事实有关联,但它和案件事实关系的密切程度远低于定罪情节。也就是说,量刑情节只是刑法中情节的一种,其并不能决定社会危害性和人身危险性的有无,而是在犯罪成立后才对量刑起作用的情节,所以,体现社会危害性和人身危险性的大小,是量刑情节与定罪情节的重要区别之一。在具体的司法实践中,如果某一情节在定罪时已被评价而对犯罪成立与否起过作用 11

了,则不能再作为量刑情节,否则就犯了“一事两头沾”的错误,违反了禁止重复评价原则。当然,作为犯罪构成要件的基本事实的情况更不能作为量刑情节加以适用,否则,定罪和量刑的区分就会失去意义。如在以特定目的为犯罪成立条件之一的犯罪中,犯罪目的便不是量刑情节;而在不以特定目的为犯罪成立条件的犯罪中,犯罪目的才可能作为量刑情节发挥作用。

二、量刑情节的分类

12 根据不同的标准,可以对量刑情节作不同分类:

13 (1)法定情节与酌定情节。这是以刑法有无明确规定对量刑情节所作的区分。法定情节,即刑法明文规定的各种应当或可以从轻、减轻和免除处罚以及从重处罚的量刑情节。它不仅包括《刑法》总则明文规定的对犯罪普遍适用的情节,如对未成年人罪犯应当从轻或减轻处罚,对防卫过当或避险过当构成犯罪的应当减轻或者免除处罚,对自首犯可以从轻、减轻或者免除处罚,累犯应当从重处罚等,也包括《刑法》分则明文规定的对特定犯罪适用的情节,如奸淫不满 14 周岁幼女的,从重处罚,轮奸的,从重处罚等。酌定情节,又称裁判情节,即刑法虽未明文规定,但实践中认可,并由审判机关具体掌握、酌情适用的量刑情节。这些情节虽非法定情节,但它们同样反映着犯罪的社会危害性或犯罪人的人身危险性大小,对于犯罪人刑事责任的确定同样具有重要影响。

14 (2)从宽情节与从严情节。这是以量刑情节对量刑轻重的影响为标准进行的划分。从宽情节,是指对犯罪人的量刑发生从宽影响,可能对其采用较轻的刑种或者适用较轻的刑度的情节;从严情节,是指对犯罪人的量刑发生从严影响,其可能因此被判处重刑的情节。实际上,从严情节完全等同于从重情节。量刑情节的这种分类,有助于法官区别量刑情节的不同功能,避免量刑畸轻畸重。

15 (3)刚性情节与柔性情节。这是以法律是否就量刑情节的功能和效力作了确定性规定进行的划分。刚性情节,是指刑法明文规定应当从宽或从严处罚的情节,实际上即法定情节中的应当型情节。刚性情节的特点在于刑法就其功能和效力都作了硬性规定,法官只能依法适用,没有自由斟酌选择的余地。柔性情节,是指法律没有就效力和功能作硬性规定的量刑情节,它包括法定情节中的可以型情节以及酌定情节。其中前者的效力不确定,后者则是效力和功能都不确定。把量刑情节作此划分,可以使法官明确其量刑自由裁量权的范围、大小,使其既能发挥主观能动性,又不至于超越法律赋予的权限进行量刑。

16 (4)罪前、罪中和罪后情节。罪前情节是指犯罪行为实施前就已经存在、足以影响行为人的人身危险性状况,进而影响量刑的情节。如犯罪人的一贯表现、有无前科、是否惯犯或累犯等。罪中情节是指定罪事实以外、与犯罪行为密切相关并可能影响行为社会危害性和犯罪人人身危险性状况的具体事实特征,如一般犯罪中的犯罪动机、行为侵害的对象、行为造成的损害结果、防卫过当、避险过当等。罪中量刑情节不仅影响行为人的人身危险性状况,而且影响行为社会危害的程度。行为的社会危害程度是量刑的前提和基础,也是量刑的主要依据,因此,罪中量刑情节便是一种最为重要,并被广为使用的量刑情节。罪后情节,是指犯罪行为实施终了以后,犯罪人对已经实施完毕的犯罪所持的态度,如是否自首、坦白、毁灭罪证、订立攻守同盟等。罪后量刑情节主要影响行为人的人身危险性状况,例如,犯罪以后自首的,行为的社会危害性状况不会因为犯罪人的自首而发生任何变化,但及时自首表明犯罪人的人身危险性已经减小,其在较短时间复归社会已经有了一个良好的基础。

三、量刑情节的适用

任何量刑情节的存在都可能对量刑结论产生重大影响,所以,讨论量刑情节的适用具有重大意义。 17

(一)多功能情节的适用

在法定情节中,量刑情节的功能可能各不相同,所以有单功能情节和多功能情节之分。 18

单功能情节,是指法律规定对量刑的影响只具有单一性的情节。如主犯应当从重处罚,即属于单功能情节。如果某一案件存在单功能情节,该情节对量刑的影响就只产生一种可能性。与此相对,多功能情节,则是指法律规定对量刑的影响具有两种或两种以上功能的情节,如法律规定,对预备犯可以比照既遂犯从轻、减轻或者免除处罚,预备犯即属于多功能情节。多功能情节的特点在于其对量刑的影响具有多种可能性,在具体案件中,法官需要选择其影响量刑的功能。在我国刑法规定的量刑情节中,从宽性法定情节都属于多功能情节,从严性法定情节只有从重情节,所以都是单功能情节。 19

单功能情节影响量刑之功能没有可选择性,司法实践中比较容易掌握,对其适用不会存在多大问题,相对来说,多功能情节的适用则具有相当的复杂性。由于多功能情节对量刑的影响存在多种可能性,而在对一个案件进行具体量刑时,同一情节又不可能同时对量刑产生两种以上的影响。因此,对多功能情节的适用必须解决孰主孰从的问题,不先进行功能取舍,多功能情节的适用是无法进行的。那么,在具体量刑时,要准确选择多功能情节的功能,应考虑以下三个因素: 20

(1)具体案情所反映的罪行轻重。需要指出的是,这里的罪行是指对应于某一具体法定刑幅度的犯罪。一般来说,罪行比较严重的,在从宽情节中选择其较小的从宽功能,即一般是从轻,至多是减轻,但不应免除处罚。反之,对于罪行不甚严重甚至比较轻微的案件,则应选择较大的从宽功能,即减轻或免除处罚,而不应是从轻。 21

罪行的轻重之所以影响对多功能情节功能的选择,是因为在暂不考虑该多功能情节的情况下,罪行的轻重决定了量刑轻重:罪行越严重,判刑便愈接近或者等同于法定刑幅度上限。当案件具有从宽性多功能情节时,选择减轻尤其是免除处罚功能便有过分强调某一情节的作用之嫌,导致性质相同或者近似的犯罪仅因某一情节的 22

有无而在量刑上相差悬殊,从而有违罪刑均衡原则。反之,罪行愈轻,其宣告刑愈应接近法定刑幅度的下限。当案件具有从宽性多功能情节时,只采用从轻功能很难体现出该情节对量刑的影响,甚至使该情节的存在变得毫无意义,因而应选择减轻或免刑功能。

23 (2)多功能情节本身的轻重。这里的多功能情节本身之轻重,是指该情节所体现的社会危害性或人身危险性程度之轻重。从司法实践看,不同性质的多功能情节对量刑的影响当然不完全一样,即使同种类型的多功能情节因其具体情况不同对量刑的影响也是有所不同的。一般来说,情节本身较轻的,应选择较小的从严功能或较大的从宽功能;情节本身较重的,则应考虑选择较大的从严功能或较小的从宽功能。例如,同是犯罪时未成年,一人快满 18 周岁,一人未满 16 周岁,一般对前者仅从轻处罚而对后者则应减轻处罚。

24 多功能情节的不同情况之所以影响对其功能的取舍,是因为法律规定的多功能情节所体现的社会危害性或人身危险性程度只是相对的,而非绝对的,这也是立法对其规定了多种功能的原因所在。在裁量具体刑罚时,只有考虑量刑情节所反映出的社会危害性和人身危险性程度选择其功能,才能与立法精神相吻合。据此,如果从宽性多功能情节在具体案件中所反映的社会危害性或人身危险性较小,则一般应选择较大的从宽功能,反之,则应选择较小的从宽功能。

25 (3)法律确定的适用顺序。通过比较分析可以发现,我国刑法对多功能情节的量刑影响功能所确定的顺序是不完全相同的。如《刑法》第 10 条规定:“凡在中华人民共和国领域外犯罪,依照本法应当追究刑事责任的,虽然经过外国审判,仍然可以依照本法追究,但是在外国已经受过刑罚处罚的,可以免除或者减轻处罚。”第 27 条第 2 款规定:“对于从犯,应当从轻、减轻处罚或者免除处罚。”刑法对不同的多功能情节之功能规定不同的顺序并非随意为之,而是反映了立法者一定的意图。具体来说,在多功能情节中,有时首先要考虑从轻处罚功能,有的以减轻处罚功能为主,有的则以免除处罚功能为主。在选择具体功能时,对这种立法意图应予以考虑。在多功能情节具体情况较为一般,案件反映之罪行不明显偏重也不明显偏轻时,刑法明文规定的顺序对功能的选择具有决定性意义。

26 由此可见,对多功能情节功能的取舍,虽然赋予了法官一定的自由裁量权,但这种自由裁量权是受案件客观事实情况及法律规定限制的。在多功能情节的适用上,必须注意考虑上述三个因素,以有效防止法官滥用其自由裁量权。

(二)“可以”型情节的适用

27 “可以”型情节是与“应当”型情节相对应的法定情节。“应当”型情节影响量刑的效力具有必然性,法官在适用时只需认定这种情节是否存在,因而操作较为简单;“可以”型情节对量刑的影响只具有或然性或者柔性,法官除需确认这种情节的存在与否外,还要进一步考虑其影响量刑的效力,所以具有一定的复杂性。

28 对于“可以”型情节的适用,法律规定“可以”从轻、从重,究竟是否需要从轻、从重,由法官根据案件的具体情况来决定。不过,法律规定“可以”是有明显倾向性的,也就是说,除个别特殊情况外,原则上都应遵从。

四、量刑情节冲突的处理

量刑情节冲突主要表现为趋轻情节和趋重情节之间的冲突。在司法实践中,趋重情节与趋轻情节相冲突的最主要表现形式是从重与从轻情节冲突。至于从重与从轻、减轻情节冲突的也较为常见。以此为前提,可以将量刑情节冲突的概念揭示为:同一案件中对量刑起从宽作用和从严作用的情节共存并在功能上相互抵触的情形。我国刑法学界对如何在量刑情节冲突的情况下选择适用法定刑提出了三种方案[1],具体内容是: 29

一是综合判断说,该说又包括两种观点:①整体综合判断说,即传统意义上的量刑的“估堆法”:在轻重情节并存的情况下,要全面考虑案件的各种情节,通过综合分析来决定刑罚的轻重,而不能一对一互相抵销。即一般地说,对于既有从重情节又有从轻情节的犯罪分子,要综合分析案件的各种情节,全面考虑来决定刑罚的轻重,而不能仅根据其中某一情节来判处刑罚,对于既有可以从轻,又可以减轻,甚至可以免除处罚情节的犯罪分子,究竟是从轻还是减轻或者免除处罚,也应当根据案件的具体情况,进行综合分析,全面考察,适当量刑。[2] ②分别综合判断说。认为应先根据所有从严处罚的情节确定一个拟判的刑罚,然后再综合考虑从宽处罚的情况,将拟判的刑罚适当降低以求得宣告刑。[3] 还有的学者提出,在情节冲突的情况下,如果一个犯罪人同时具有增加责任刑与减少责任刑的情节时,不能采用简单折抵的办法,而应当考虑不同情节的地位与作用分别适用各种量刑情节。[4] 30

二是抵销说。此说认为可以用抵销的方法解决量刑情节的冲突,而反对用一种情节来排除另一种情节的适用。该说又可分为绝对抵销说和相对抵销说两种观点:①绝对抵销说认为,趋重情节和趋轻情节同时具备的应根据各情节所表示的轻重系数进行折抵。当冲突的两个情节所代表的量刑轻重的系数对等时,两冲突情节可互相抵销,刑罚总量不增不减;当冲突的两个情节与量刑轻重的系数非对等时,将两者相抵后剩余的部分作为适用的结果。②相对抵销说认为,如果各种冲突的量刑情节对量刑的作用有主从优劣之分时,首先应按先后顺序进行。如共存一个加重情节和 31

---

1 我国有学者认为理论界总共提出了整体综合判断说、绝对抵销说、抵销及排斥结合说、相对抵销说、优势情节适用说、分别综合判断说共六种方案,这种分类在逻辑上不甚周延,但具有一定的启发性。参见陈航:《量刑情节的冲突问题研究》,载《法学研究》1995 年第 5 期。

2 参见高铭暄主编:《新编中国刑法学》,中国人民大学出版社 1998 年版,第 372 页。

3 参见高铭暄、赵秉志主编:《刑罚总论比较研究》,北京大学出版社 2008 年版,第 187 页。

4 参见张明楷:《刑法学》(第 6 版),法律出版社 2021 年版,第 745 页。

从轻情节,应先加重,然后在加重的刑罚幅度内再考虑从轻。所以,在司法实务中应当确立确然(应当)情节优先于或然(可以)情节、法定情节优先于酌定情节、适应量刑公正性的情节优先于适应量刑目的性的情节、适应个别预防目的性的情节优先于适应一般预防目的性的情节的处理方案的地位。至于冲突情节的抵销,则只有在量刑情节的功能完全对应且无明显的主从优劣之分(如从重与从轻、加重与减轻之间)时才能进行。[5]

32 三是优势情节适用说。该说认为,对冲突的情节简单地适用排除或抵销的方法都是不妥当的。当轻重情节兼具时,应按应当情节优于可以情节、罪中情节优于罪前情节或罪后情节、应当从宽情节优于应当从严情节、法定量刑情节优于酌定量刑情节的原则处理。[6] 至于这种"优于"是指适用顺序上的优先(比如,是否先适用应当情节,然后以此为基础再适用可以情节),还是指适用上的排斥(比如,仅适用应当情节、而不适用可以情节),学者们未作进一步的分析。

33 理论上的分歧一方面凸现了这一问题的复杂性,另一方面也给司法实务出了个难题。在理论上谁也不能说服谁的时候,似乎无论如何选择都有道理,这使得在此问题上的刑事案件的实质处理结果存在不小的差异:有的司法人员用一种情节来排斥另一种情节的适用,有的办案人员则将相互冲突的轻重情节进行折抵。即使同样采取排斥法或抵销法的,其做法亦不尽一致:有的用趋重情节来排斥趋轻情节,有的却反其道而行之;有的用罪中情节排斥罪前情节和罪后情节;有的用量刑公正性情节来排斥刑罚目的性情节;等等。司法操作上的亟待规范要求理论上对量刑情节冲突的解决提出较为合理的方案。

34 上述诸种解决情节冲突时法定刑适用难题的学理方案各有优劣,需要我们对它们的缺陷作出恰当的评价,以此为进一步的研究奠定基础。

35 第一,关于综合判断说。整体综合判断说主张在轻重情节并存时,要全面考虑案件的各种情节,通过综合分析来决定刑罚的轻重,但由于对怎样分析、如何综合没有明示,因此缺乏具体的标准,缺乏可操作性,最终导致司法实务中各行其是。而分别综合判断说也存在诸多不足,殊不足取。一方面,作为综合判断说的一种,此说尽管提出应对从严情节和从宽情节分别判断,但怎样综合,如何分析,则语焉不详。另一方面,此说认为首先考虑从严处罚的所有情节,并据此确定一个拟判的刑罚,然后在此基础上再综合考虑各种从宽处罚的情节,将拟判的刑罚往下降一些。换言之,在任何情况下,趋严的情节都是优先的主要情节,这显然有失偏颇,也不利于司法机关合理地量刑。

36 第二,关于优势情节适用说,该说主张的应当情节优于可以情节、法定量刑情节

---

5 参见邱兴隆、许章润:《刑罚学》,群众出版社 1988 年版,第 415 页。

6 参见高铭暄、赵秉志主编:《刑罚总论比较研究》,北京大学出版社 2008 年版,第 188 页。

优于酌定量刑情节、罪中情节优于罪前情节和罪后情节等观点都有一定的合理性[7],但是,该说所主张的“优于”的真正含义是什么,颇值得思量。如果此说所谓的“优于”仅仅意味着在处理冲突问题时要突出主要情节的作用,那么绝对抵销说本足以解决问题。所以该说有多大的存在价值,需要进一步推敲。

第三,关于抵销说。抵销说内部有绝对抵销说和相对抵销说之别,它们之间并无绝对的排斥关系。但绝对抵销的涵括力似乎更大。所以,有的学者主张,在发生情节冲突的情况下,只按各冲突的量刑情节所反映的趋轻、趋重系数来折抵,剩余的系数则为在基础刑或基本刑期(量刑基准)之上的增减幅度;只要在确定各情节的轻重系数时充分考虑其主从作用即可,而无须再按量刑情节的优劣主从排列先后次序适用。[8] 笔者认为,相比较而言,这种观点的合理成分较多,所以为理论界的许多人所赞成。但是它亦受到一些诘难。对此,有必要从理论上进一步澄清,以确立绝对抵销说在刑法学中的理论地位。 37

抵销说是否有把复杂问题简单化的嫌疑?抵销说在量刑实践中使用最多,很有影响。所以实务部门针对量刑情节冲突的难题明确要求:“有同向情节的,可以递增或递减,有冲突情节的,可以互相折抵,这些原则最好能在法律上明确下来。”[9]但是,抵销法是否过于简单化,是否只能适用于从宽和从严这两个逆向量刑情节对量刑的依据所起的作用相等或相同的这种简单情节?笔者认为并不是如此。 38

抵销法的基本含义是同一案件中存在对量刑起从宽作用和从严作用的情节时,将其相互抵销,即“一个加重情节和一个减轻或免除情节相抵销,一个从重情节和一个从轻情节可以相抵”[10]。这种抵销既适用于两个冲突情节对法定刑轻、重选择的影响力绝对相等的情形,也适用于两种逆向情节对量刑的价值不相等的情形。有的学者认为,当两种冲突情节的价值不等时不能抵销。其理由是,首先在从宽处罚的情节中,多为可以情节,而在从严处罚的情节中,基本上都是应当情节,而“可以”与“应当”在法律上的效力是不相等的,所以,可以情节与应当情节对量刑的影响或作用是不相等的,因此,在大多数情况下,从宽情节不能与从严情节相抵销。其次,从宽情节包括三种情形,即从轻处罚、减轻处罚和免除处罚,而从严情节除了两种特定的加重情节以外,都是从重情节。如果说从轻情节尚能与从重情节相匹敌从而抵销的话,那么,减轻和免除情节则与从重情节在对量刑的影响与作用上并不是同一个等级或同一档次的,所以,笼统地将从宽情节与从严情节相抵销是不可取的。最后,即使在同一个案件中,一个是从轻情节,另一个是从重情节,二者对量刑的影响与作用大多数 39

---

7 参见胡学相:《量刑的基本理论研究》,武汉大学出版社 1998 年版,第 207 页。

8 参见陈航:《量刑情节冲突问题研究》,载《法学研究》1995 年第 5 期。

9 赵秉志主编:《刑法修改研究综述》,中国人民公安大学出版社 1990 年版,第 481 页。

10 赵廷光主编:《中国刑法原理》,武汉大学出版社 1992 年版,第 58 页。

情况下也是不一样的,所以不能简单使用抵销法。[11] 这种观点值得商榷。笔者也承认各种从宽、从严情节确有各自不同质的内容,但是它们所要达到的最直接的功用(对刑罚量施加影响)却是相同的,所以冲突的情节的作用力可以在量刑时用统一的、大致的正负数字表现出来。对此,有的学者正确地指出:“无论其分量大小如何,在具体案件中审判人员均应将情节赋予一定的从轻或从重量。一旦表现为数量关系,则当然可以相抵销或相加减。”[12]

40 在此,附带讨论一下近年来比较热门的“电脑量刑”问题。关于“电脑量刑”,学界存在意见分歧。有学者充分认可“电脑量刑”的积极意义,认为其不仅能够提高审判效率,而且“电脑量刑”过程的公开性和控辩双方的参与性体现了程序公正,标准的统一纠正了法官自由裁量权过大的现象。[13] 这一问题在当前的人工智能背景下得到了更多学者的关注,可以说,正是人工智能在法学领域的兴起,使得“电脑量刑”在这一“机缘”下又被寄予了更大期待。[14] 然而,对此也存在诸多质疑观点。[15] 有学者指出,量刑真正要解决的不是如何量化刑期,而是如何通过对影响刑罚的因素进行综合考量与平衡,最后得出对犯罪人最适当的刑罚,如此复杂的综合平衡过程是电脑这样的程式化机器所无法承担的。[16] 笔者并不赞成有的学者提出的用“电脑量刑专家系统”对某一情节人为地指定一个指数进行简单的运算,因为这种从重或从轻指数是脱离具体案情的抽象数值,既无法证实其合理性又缺乏法律依据。大数据和人工智能只能起司法辅助作用,其对当下以及未来司法操作的影响,需要审慎对待。首先,司法活动永远是进行价值判断,即使是最简单的案子,也需要价值判断。价值判断就需要作出选择,而人工智能作选择的时候是基于计算的基础,虽然可以运用超强的计算能力去模仿人,但是令其来作价值判断,局限性是显而易见的。其次,在当下开发司法人工智能系统,会使企业面临一些现实问题。真正的困难就是基础数据都未必那么可靠,以此为基础,人工智能分析出的就可能是过去存疑的问题。再次,法律开发者和法律人的对接永远存在一个不可克服的巨大困难,这种沟壑只能缩小不可能填平。最后,如果人工智能使用的局限性不确定,那么就可能背离司法的初衷。人工智

---

[11] 参见胡学相:《量刑的基本理论研究》,武汉大学出版社 1998 年版,第 198 页。

[12] 莫开勤:《量刑导论》,中国人民大学 1997 年博士论文,第 81 页。

[13] 参见蔡鹤:《推动实现司法改革目标的一个技术性手段——电脑量刑》,载《社会科学研究》2009 年第 1 期。

[14] 参见周尚君、伍茜:《人工智能司法决策的可能与限度》,载《华东政法大学学报》2019 年第 1 期;张富利、郑海山:《大数据时代人工智能辅助量刑的定位、前景及风险防控》,载《广西社会科学》2019 年第 1 期。

[15] 参见左卫民:《从通用化走向专门化:反思中国司法人工智能的运用》,载《法学论坛》2020 年第 2 期;倪震:《量刑改革时代人工智能泛化之批判》,载《人民论坛 · 学术前沿》2020 年第 7 期;刘艳红:《人工智能法学研究的反智化批判》,载《东方法学》2019 年第 5 期。

[16] 参见虞平:《量刑与刑的量化——兼论“电脑量刑”》,载《法学家》2007 年第 2 期。

能可能使法官面临不同的判断标准,最后使得司法责任落空。对法官而言,要避免对“电脑量刑”过度的路径依赖。换言之,法官要独立进行判断,在此基础上作出自己的判决。

Ⅳ 从重处罚情节、从轻处罚情节的适用

从重处罚情节、从轻处罚情节包括两方面的含义:一是在几个法定主刑中选择较重或较轻的刑种;二是在法定量刑幅度内判处较长或较短的刑期。由于我国刑法所规定的法定刑幅度往往跨度很大,如何合理制约法官的从重处罚、从轻处罚裁量权,就是一个重要的问题。 41

对于从重和从轻处罚在法定刑限度以内如何具体操作存在一定争议:第一种观点认为,从重处罚是指在法定刑的平均刑期以上考虑应当判处的刑罚,从轻处罚是指在法定刑的平均刑期以下考虑应当判处的刑罚。[17] 第二种观点认为,从重处罚就是在法定刑范围内适用较重的刑种或者较长的刑期,从轻处罚就是在法定刑范围内适用较轻的刑种或者较短的刑期。[18] 第三种观点认为,从重处罚是指与同类事实的犯罪相比具有从重情节时,在法定范围内适用较重的刑罚;从轻处罚是指与同类事实的犯罪相比具有从轻情节时,在法定刑范围内适用较轻的刑罚。[19] 第四种观点认为,从重处罚是指在法定刑幅度内选择比没有这个情节的类似犯罪相对重一些的刑种或刑期;从轻处罚是指在法定刑幅度内选择比没有这个情节的类似犯罪相对轻一些的刑种或刑期。[20] 比较而言,第四种观点更为可取。 42

从重、从轻处罚都不能超越法定刑的限度,这里以从重处罚为例略作分析。所谓从重处罚应当是相对于案件本身不具备从重情节而言的,所以它应当以某一特定的对象(量刑基准)为参照物,离开此参照物,就无法体现对具体犯罪处罚的宽严,也就无从反映从重处罚的要求。以不具有从重的某一具体犯罪的情节为基础,科学地裁量应该判处的刑罚,然后在此基础上,根据案件的从重情节,适当提高刑罚的幅度,显然有其合理性:一方面,通过与本案不具备从重处罚情节时相比较,量化了立法意图。应当从重处罚的情节,其社会危害和人身危险性必定较大,刑法将其罪状表述出来,并规定了从重的处罚方法,就是为了体现重罪重罚的精神;另一方面,操作起来具有可行性。从重处罚的情节只是诸多量刑情节的一个方面,对量刑起决定作用的还是行为人基本的犯罪行为、危害结果以及所体现出来的社会危害性和人身危险性。 43

---

17 参见李光灿主编:《中华人民共和国刑法论》(上册),吉林人民出版社 1984 年版,第 544 页。

18 参见张穹主编:《刑法适用手册》(上),中国人民公安大学出版社 1997 年版,第 287 页。

19 参见马克昌主编:《刑罚通论》(第 2 版),武汉大学出版社 1999 年版,第 340 页。

20 参见陈兴良主编:《刑法总论精释(下)》(第 3 版),人民法院出版社 2016 年版,第 801—802 页。

所以法官在量刑过程中,可以先撇开从重情节处断,然后以此为基础,再根据从重情节适当增加刑罚,可以较好地做到罪刑均衡。

44 明确了从重处罚与从轻处罚的总原则以后,还要对"法定刑限度"这一概念进行分析。我国对少数犯罪只规定了单一刑种与一个法定刑幅度,此时该幅度即为法定刑限度,具有单一性和对应性;但是在多数情况下,立法者在确定法定刑时,总是将其划分为几个档次,使之有两个或三个法定刑幅度。此时,对"法定刑限度"的理解就不能限定于整个条文的法定刑范围,而是指与具体案件情节(犯罪事实)相适应的法定刑幅度内。[21] 循此思路先确定法定刑限度,然后在此幅度内再考虑从重或者从轻,这才是正确的操作步骤。

45 前已述及,由于在我国刑法中并无狭义上的刑格划分,所以对从重处罚、从轻处罚的司法裁量往往缺乏有效制约。如果前面关于刑格设置的立法建议被采纳,那么从重处罚、从轻处罚都将有章可循。此时的从重处罚,是指宣告刑根据量刑基准上升一"格";而从轻处罚是指在量刑基准的下一格适用法定刑。例如盗窃公私财物数额巨大的,刑法规定处3年以上10年以下有期徒刑。甲盗窃20万元,假设对盗窃类似数额财物无从重、从轻情节的行为应处7年有期徒刑(量刑基准),那么,当甲有从重情节(如系累犯)时,对其处刑可依量刑基准上升1格,即可处10年有期徒刑;如甲有自首等从轻情节时,对其处刑则可在量刑基准点之下一格判刑,处5年有期徒刑。这样从重、从轻处罚中的从重到何种程度、从轻到何种程度都有章可循。当然,问题的关键仍然在于要预先在《刑法》总则中设立关于刑格的规定。

46 必须指出,在适用从重处罚和从轻处罚时应当特别注意避免重复评价。这里以从重处罚作一分析。"从重处罚"情节与"情节严重"情节存在某种程度的竞合。需要从重处罚的,往往是因为情节严重,只有情节严重,才导致结果的从重处罚。但严格来讲,"从重处罚"与"情节严重"又是完全不同的两个法律术语,在处罚时,不能就同一行为在法律上作出重复评价。

47 "情节严重"的情节在刑法上的功能主要有三个:第一,作为犯罪构成要件的情节严重的情节[22];第二,影响量刑幅度变化的严重情节,如《刑法》第274条规定,敲诈勒索,数额较大的,处3年以下有期徒刑。具备严重情节的,则处3年以上10年以下有期徒刑;第三,作为量刑综合考虑情节之一的严重情节。刑法对第一、二种情况作了明确的规定,第三种情况则表现在案件之中,属于酌定情节的一种。

48 要区分上述几类不同性质的情节,做到禁止重复评价,必须坚持罪刑法定原则。例如《刑法》第109条第1款的叛逃罪,量刑幅度有两个:5年以下有期徒刑、拘役、管

---

[21] 参见王作富:《中国刑法研究》,中国人民大学出版社1988年版,第318页;陈兴良:《刑法适用总论(下卷)》(第3版),中国人民大学出版社2017年版,第285页。

[22] 参见张明楷:《论刑法分则中作为构成要件的"情节严重"》,载《法商研究》1995年第1期。

制或者剥夺政治权利和 5 年以上 10 年以下有期徒刑(情节严重的)。假设甲系掌握国家秘密的国家工作人员,犯叛逃罪的,依照该条第 2 款的规定应从重处罚。在对甲量刑时,就只能按从重处罚的原则进行,而不能以“情节严重”再重复量刑。排除《刑法》所明文表述的三十余种从重处罚的情节,属于其他情节严重的,则应按照其在《刑法》条文中的相应功能进行处罚,而不能再成为从重处罚的事由。

第六十三条　减轻处罚

犯罪分子具有本法规定的减轻处罚情节的，应当在法定刑以下判处刑罚；本法规定有数个量刑幅度的，应当在法定量刑幅度的下一个量刑幅度内判处刑罚。

犯罪分子虽然不具有本法规定的减轻处罚情节，但是根据案件的特殊情况，经最高人民法院核准，也可以在法定刑以下判处刑罚。

文献：周光权：《法定刑研究——罪刑均衡的建构与实现》，中国方正出版社 2000 年版；周光权主编：《刑法历次修正案权威解读》，中国人民大学出版社 2011 年版；高铭暄：《中华人民共和国刑法的孕育诞生和发展完善》，北京大学出版社 2012 年版；陈兴良主编：《刑法总论精释》（第 3 版），人民法院出版社 2016 年版；陈兴良：《刑法适用总论（下卷）》（第 3 版），中国人民大学出版社 2017 年版；周光权：《刑法总论》（第 4 版），中国人民大学出版社 2021 年版。卢勤忠：《论酌定减轻处罚情节的法定化》，载《法律科学》1996 年第 4 期；冯卫国：《论酌定减轻处罚制度及其完善》，载《政治与法律》2009 年第 2 期；王志祥、袁宏山：《减轻处罚制度立法再完善之探讨——以〈中华人民共和国刑法修正案（八）〉为分析样本》，载《法商研究》2012 年第 1 期；李翔：《论我国刑法中的减轻处罚——兼评修正后〈刑法〉第 63 条第 1 款》，载《中国刑事法杂志》2012 年第 9 期；张明楷：《论减轻处罚与免除处罚》，载《人民检察》2015 年第 7 期。

细目录

Ⅰ　主旨
Ⅱ　沿革
Ⅲ　减轻处罚情节
Ⅳ　特别减轻制度

Ⅰ　主旨

1　刑法在多处对减轻处罚情节作了规定，但这些规定较为分散，需要有一个指导原则来对如何适用具体的减轻处罚情节进行说明，本条即属此类规定；此外，在有的案件中，犯罪人自身具有极其特殊的一些情况，即使对其判处法定最低刑仍然显得较重的，可以经特定程序决定减轻处罚，在法定刑以下判处刑罚，这就是显示刑法灵活性的特别减轻制度。

Ⅱ 沿革

本条对 1979 年《刑法》相关条文进行了修改,1979 年《刑法》第 59 条第 2 款规定:“犯罪分子虽然不具有本法规定的减轻处罚情节,如果根据案件的具体情况,判处法定刑的最低刑还是过重的,经人民法院审判委员会决定,也可以在法定刑以下判处刑罚。”但是,在实际执行刑罚过程中,由于对判处法定最低刑还是过重的情况没有具体标准,各地法院掌握的界限也极不统一,随意性较大,任何一级法院包括基层法院的审判委员会都有权决定是否适用特别减轻制度,而在审判委员会制度不是特别健全的情况下,为一些审判人员执法不严甚至徇私舞弊、贪赃枉法留下了可乘之机。因此,适用酌定减轻处罚的规定必须有严格的程序,以杜绝不良影响的产生和流弊的出现。 2

1997 年《刑法》对 1979 年《刑法》作了进一步修订:一是将“根据案件的具体情况”修改为“根据案件的特殊情况”,因为每个案件都有具体情况,具体适用时不好把握,而且本款的立法初衷主要是满足实践中的特殊情况,如政治、外交、国防等情况。二是删去“判处法定刑的最低刑还是过重”的内容,这主要是考虑到判断“判处法定刑的最低刑还是过重”的具体标准不明确,司法实践中随意性较大,容易造成执法不严。[1] 三是将“经人民法院审判委员会决定”修改为“经最高人民法院核准”。一方面,使人民法院仍然享有裁量减轻处罚的权力,以实现我国刑事政策原则性和灵活性相统一的原则;另一方面,裁量减轻处罚的门槛大大提高,即必须严格遵照法定程序,报经最高人民法院核准,由最高人民法院来统一把握案件是否属于虽无法定减轻处罚情节但判处法定刑仍过重的情形,案件是否有特殊情况,这样就可能最大限度地避免裁量减轻处罚权分散行使所带来的种种弊端,不致宽纵犯罪分子,减损人民法院判决的公正性与严肃性。此外需要注意的是,1997 年 9 月 25 日发布的最高人民法院《关于适用刑法时间效力规定若干问题的解释》第 2 条规定:“犯罪分子 1997 年 9 月 30 日以前犯罪,不具有法定减轻处罚情节,但是根据案件的具体情况需要在法定刑以下判处刑罚的,适用修订前的刑法第五十九条第二款的规定。”这意味着,对于在 1997 年 9 月 30 日之前实施的犯罪行为,即使被告人不具有减轻情节,各级人民法院审判委员会仍有裁量减轻处罚的权限。 3

1997 年《刑法》颁行后,通过司法实践的检验,第 63 条第 1 款的规定暴露出了过于原则的缺陷,《刑法修正案(八)》对其进行了修订。本次修订增加了“本法规定有数个量刑幅度的,应当在法定量刑幅度的下一个量刑幅度内判处刑罚”这一规定。这种增补主要是考虑了原减轻处罚规定没有明确一个问题:能否跨越量刑幅度减轻处罚。 4

1　参见高铭暄:《中华人民共和国刑法的孕育诞生和发展完善》,北京大学出版社 2012 年版,第 245 页。

5 对于这个问题,刑法理论上曾经有过争议。如果某个罪名有多个法定刑幅度,如何确定法定最低刑?罪名说认为,法定刑是某个罪名的整个量刑幅度,不论某罪有几个量刑幅度,减轻处罚都是指在整个法定刑的最低限度以下判处刑罚。幅度说强调,从我国《刑法》分则条文来看,某些罪只规定了一个量刑幅度,有些罪根据不同情况规定了两个或三个量刑幅度,对于后一种犯罪来说,减轻处罚不是低于整个条文中的最低刑,而是低于与具体犯罪情况相适应的那一量刑幅度的最低刑。[2] 罪名说的最大缺陷在于违反了罪刑均衡原则。1997 年《刑法》第 63 条第 1 款规定:"犯罪分子具有本法规定的减轻处罚情节的,应当在法定刑以下判处刑罚。"这是指犯罪分子具有法定减轻处罚情节时,应当在没有法定减轻处罚情节时也即正常情况下对应的法定刑幅度以下判处刑罚,而不是在整个量刑幅度的最低刑以下判处刑罚。为了消除这种误解或争议,《刑法修正案(八)》对此便作了明确规定。

Ⅲ 减轻处罚情节

6 减轻处罚,是指对已经成立的犯罪,因其具有某种特定之原因而使法定刑降格。减轻处罚有法定减轻与特殊减轻之分。

7 当某个罪名存在数个量刑幅度,减轻处罚时,应当在正常对应的量刑幅度的下一个量刑幅度内判处刑罚。例如,《刑法》第 234 条第 1 款规定:"故意伤害他人身体的,处三年以下有期徒刑、拘役或者管制。"如果某个犯罪分子触犯故意伤害罪,应判处 3 年以下有期徒刑,但是由于存在法定减轻处罚情节,应对其减轻处罚,此时应在"三年以下有期徒刑"这个量刑幅度的下一个量刑幅度"拘役"(1 个月至 6 个月)内判处刑罚,而不能在"拘役"的下一个量刑幅度"管制"(3 个月至 2 年)内判处刑罚,更不能判处比管制还要轻的附加刑。

8 有必要指出,减轻处罚不是无限制地减轻,在对犯罪分子判处低于法定最低刑的刑罚时,要综合分析全案情况,适当确定减轻的幅度,不能离开犯罪行为的社会危害性来决定减轻处罚,否则就有悖于立法精神。至于减轻处罚减到何种程度,曾存在争议,主要有三种观点:①减轻处罚既包括刑期的减轻,也包括刑种的减轻,还可以减到免除处罚;②减轻处罚既包括刑种的减轻,也包括刑期的减轻,但不能减到免除处罚;③减轻处罚只能是刑期的减轻,而不包括刑种的减轻。[3]

9 上述第二种观点是合理的。第一种观点认为减轻处罚包括免予刑罚处罚,这显然不妥。因为这使两种处罚相互混淆,减轻处罚失去了其存在的意义。在某些情况下,具有减轻处罚的情节之所以免予处罚,不是适用减轻处罚的情节的结果,而是整个案件的情节较轻,符合《刑法》第 37 条的规定,因而免予刑事处罚,或者说减轻处罚

---

2 参见陈兴良:《刑法哲学》(第 6 版),中国人民大学出版社 2017 年版,第 791—792 页。

3 参见陈兴良:《刑法适用总论(下卷)》(第 3 版),中国人民大学出版社 2017 年版,第 287—288 页。

与免除处罚的情形在同一案件中重合了,不能理解为前者包括后者。第三种观点缺乏法律根据。在法定最低刑以下判处,对低到什么程度法律未加限制,这与加重处罚之受到一格的限制是有所不同的。如果对犯罪人适用的刑种虽然不是与法定最低刑同一刑种,但其严厉程度比后者低,则不能否认适用这一刑种同样具有减轻处罚的意义。将减轻处罚限制在对刑期减短的范围内,实际上否认了刑种之间的轻重差异。因此,减轻处罚既可以适用比法定最低刑之刑期更短的刑期,也可以适用比法定最低刑更为宽和的刑种,但无论如何不能减到免予处罚。

而经《刑法修正案(八)》修订后的《刑法》第 63 条第 1 款使用的是"量刑幅度",这也充分表明减轻处罚可以减为更轻的刑种。法定最低刑为 3 年以下有期徒刑时,减轻处罚可以减为拘役。法定最低刑为拘役时,减轻处罚可以减为管制。问题是法定最低刑为管制时,减轻处罚能否减为附加刑? 由于减轻处罚是指低于法定最低刑判处刑罚,所以此时只能选择附加刑。 10

减轻处罚是依法对犯罪分子判处低于法定最低刑的刑罚。由于《刑法》第 99 条规定:"本法所称以上、以下、以内,包括本数。"所以,对本条中"在法定刑以下"如何理解就是一个需要研究的问题。这里的"在法定刑以下"应解释为"低于法定最低刑",而不能理解为包括法定最低刑。如果理解为"包括法定最低刑",那么就会出现这样的矛盾:从轻处罚是在法定刑以内判处刑罚,即在法定最高刑以下、法定最低刑以上,自然包括法定最低刑。如果对某罪犯恰好判处法定最低刑,则对其究竟是从轻处罚还是减轻处罚便没有区别了。减轻处罚的具体表现既可以是判处法定刑中未规定的刑种,如法定最低刑为有期徒刑,可以减轻判处为拘役;又可以是判处低于最低刑的刑期,如最低刑为 5 年有期徒刑时,可以判处罪犯 3 年有期徒刑。 11

另外,根据 2012 年 5 月 30 日最高人民法院研究室《关于如何理解"在法定刑以下判处刑罚"问题的答复》,《刑法》第 63 条第 1 款规定的"在法定刑以下判处刑罚",是指在法定量刑幅度的最低刑以下判处刑罚。《刑法》分则中规定的"处十年以上有期徒刑、无期徒刑或者死刑",是一个量刑幅度,而不是"十年以上有期徒刑""无期徒刑"和"死刑"三个量刑幅度。 12

Ⅳ 特别减轻制度

本条第 2 款的"案件的特殊情况",指的就是一种酌定情节。此种酌定减轻需要遵守特定程序,这便是我国的特别减轻制度。 13

酌定情节,是指法律对其具体内容及其功能未作明确规定,根据立法精神,从审判实践经验中总结出来的,依具体情况对量刑轻重产生影响的量刑情节。其具有以下两个特征:①法律未明确规定其具体内容。酌定,即斟酌然后确定,与法律明确规定是相对应的。法定情节都是确定的,每一种具体的法定情节都有其特定含义。如预备犯、累犯、自首、犯罪时未成年等都属于法定情节,它们在我国刑法中都被明确赋予了特定含义,对其理解或认定不会发生原则上的分歧。而酌定情节则不同,它包含 14

的范围极为广泛,法律不可能也无必要把各种具体的酌定情节一一列举出来。②影响量刑功能之不确定性。法定情节影响量刑之功能都是确定的,例如,具备未遂犯这一法定情节的,就可以对其比照既遂犯从轻或者减轻处罚。由于法律不可能对各种具体酌定情况一一列举规定出来,自然也就不可能事先规定具体的酌定情节对量刑的影响到底是从宽还是从严。即使在具体案件中,具体的酌定情节已能大致确定之时,如何从宽或者如何从严也还得由法官来把握。

15 酌定情节在量刑中的作用是不可忽略的。作为反映一定的社会危害性或人身危险性的客观存在,酌定情节是量刑时必须予以认定、考虑的。在有的案件中,可能不存在法定情节,却不可能不存在任何酌定情节。即使存在法定情节,法定情节也只能变更一定的法定量刑幅度或修正案件的基准刑,而不能决定案件的具体基准刑,基准刑是以案件的酌定情节为根据确定的。在对行为的社会危害性和行为人的人身危险性发生影响的程度上,某些酌定情节,如犯罪动机、积极退赃、挽回损失等,甚至远远超过某些法定情节。由此可见,酌定情节是任何具体案件中都存在的、必不可少的情节,其对量刑起重要作用。

16 一般认为,酌定情节可以归纳以下几类:①犯罪动机。犯罪动机不同,反映犯罪分子的主观恶性不同。一般地说,犯罪动机卑鄙、恶劣的,其主观恶性大,社会危害程度大及改造的难度也大,处刑应重些。②犯罪手段。犯罪手段残酷的程度不同,反映出犯罪人是否具有犯罪经验和对社会的仇视程度,说明其行为的社会危害程度也有所不同。③犯罪的时间、地点等当时的环境和条件。相同类型的犯罪,在不同的政治、经济形势和社会治安情况下发生,所造成的社会危害大不相同。比如在自然灾害时,抢劫、盗窃、抢夺救灾物资的犯罪,其社会危害程度比平时的一般犯罪要大。对于这些因素在量刑时必须考虑,以斟酌刑罚的轻重。④犯罪侵害的对象。侵害对象的具体情况不同,其社会危害性也有差异。如挪用救灾、救济款物比挪用一般的公款危害更大,因此处刑轻重也应有所不同。⑤犯罪所造成的损害结果。作为非构成要件的损害结果的大小是量刑轻重的重要根据。这里的损害结果包括直接的、有形的结果(如对被害人造成的物质损害)和间接的、无形的损害(如行为对社会的危害和恶劣影响等),它们虽然对定罪没有影响,但是,其能够直接表明犯罪行为对刑法所保护的社会关系所造成的损害程度,因而是重要的酌定情节。例如,同是侵占他人数额较大财物的犯罪,有的接近数额巨大,但有的只是刚刚超过数额较大的标准,而有的则因侵占他人财物导致被害人生活困难而自杀身亡。结果的不同,显然对刑罚的轻重有重要的影响。至于通常所说的“民愤”,则可以看作公众对犯罪行为所造成的危害的反应程度,在量刑时也可以作为酌定情节加以考虑。⑥犯罪人的个人情况和一贯表现。量刑的依据,主要是犯罪的事实、性质、情节和对社会的危害程度,但也可以参考犯罪人的个人情况和一贯表现,这些情况和表现是与犯罪有关的思想和行为的表现,而不是犯罪人的个人出身情况、职业甚至政治面貌等。除法律有规定的累犯、犯罪集团的首要分子等以外,上述表现和情况,也从一个侧面反映出犯罪人的人身危险性大小，是量刑时应当斟酌考虑的事实情况。⑦犯罪人犯罪后的态度。除法定情节以外，行为人是否积极实施挽救行为以防止结果的发生；是否积极退赃，是否主动赔偿损失，是否坦白交代罪行等，均能表明其悔罪程度大小、主观恶性如何，对此情节在量刑时应当适当加以考虑。

本条第 2 款所规定的特别减轻制度所涉及的酌定量刑情节，应当都是对被告人有利的从宽处罚情节。至于具有哪些酌定从宽处罚情节才属于刑法所规定的“案件的特殊情况”，则是需要研究的问题。事实上，案件是否具有“特殊情况”，仍然应当在综合考察特定案件中的犯罪动机，犯罪的手段，犯罪的时间、地点，犯罪侵害的对象，犯罪造成的损害结果，犯罪分子的一贯表现，犯罪后的态度等因素的基础上确定。那么，有的案件即使不涉及外交或政治，但可能仍然属于有特殊性情况，从理论上看仍然有对犯罪人予以减轻处罚的余地。例如，盗窃数额巨大，本应在 3 年以上 10 年以下的法定刑幅度内处刑，但是，犯罪人如果是在他人唆使下实施犯罪，在非法取得他人财物的当时即被抓获，所盗物品全部被追回，犯罪后坦白交待犯罪事实，有认罪悔罪表现的，均表明犯罪行为的社会危害性和罪犯的人身危险性较轻。这些案件事实都应当作为酌定量刑情节考虑。人民法院在没有任何法定量刑情节的情况下，基于上述酌定减轻处罚情节的案件事实，适用《刑法》第 63 条第 2 款的规定，可以对犯罪人予以减轻处罚，只是在程序上必须经最高人民法院核准。 17

正是由于特别减轻须报经最高人民法院核准，使得刑法关于本制度的规定在实践中使用率较低。一方面，下级法院审理的案件，欲对犯罪人予以特别减轻的，须层层上报，直至最高人民法院，程序上较为繁琐，案件的审理可能旷日持久；另一方面，地方法院对上报到最高人民法院的案件，是否能核准特别减轻，没有把握，所以轻易不会启动特别减轻制度。改变这种局面的较好办法是最高人民法院定期公布一些经其核准适用特别减轻制度的案例，使下级法院对哪些情形可以适用刑法的相关规定做到心中有数，在案件确有特殊情况时能积极上报，启动特别减轻程序，以免使特别减轻的条件过分严格，使该制度名存实亡；同时又不至于在案件只具有通常的酌定从宽情节时滥报，徒增最高审判机关的负担。因此，在以司法机关为主体推动的指导性案例“制度建设”之外，还应该重视指导性案例的自生、自发过程，承认存在一种“自发秩序”，即“从司法实践中发现提炼判例”的路径。在这个意义上的案例研究，应审视如何通过个案法律解释适用而逐渐形成具有事实上的效力的“判例”，使定罪量刑理论通过系列个案得以丰富发展。反过来，又可以期待能够以这样的案例研究去促进法律共同体内围绕判例形成讨论沟通，刺激司法实践中更加有意识地尝试相关制度的构建及发展。[4] 18

4 参见周光权：《刑事案例指导制度：难题与前景》，载《中外法学》2013 年第 3 期。

19　关于特别减轻制度,比较有代表性的案件是“许霆案”[5]。许霆案曾引起社会广泛关注,学者和社会大众都参与到本案讨论中,并且分歧很大。本案一审法院认定被告人许霆构成盗窃罪,判处无期徒刑。一审宣判后,被告人许霆不服,提起上诉,后本案发回一审法院重审。一审法院重审认为,许霆盗窃金融机构,数额特别巨大,依法本应适用“无期徒刑或者死刑,并处没收财产”的刑罚。但考虑到许霆是在发现银行自动柜员机出现异常后产生犯意,采用持卡方式窃取,且案发具有一定偶然性,主观恶性尚不是很大,根据具体犯罪事实、犯罪情节和对于社会的危害程度,对许霆可在法定刑以下判处刑罚,故仅以盗窃罪判处有期徒刑 5 年。宣判后,许霆提起上诉,二审法院驳回上诉,维持原判。

20　关于许霆案的定罪,学界存在四种不同的观点:①构成盗窃罪,其中又存在认定为盗窃金融机构还是普通盗窃的争议[6];②构成诈骗罪(或信用卡诈骗罪)[7];③构成侵占罪[8];④可通过民事法律规范等加以调整,未必需要发动刑罚处罚[9]。有学者对上述不同观点进行逐一分析,最终认定许霆的行为属于盗窃金融机构。[10] 许霆的行为构成盗窃罪,从我国目前的刑法理论来分析,应该是正确的判断。关键是如果依照普通盗窃“数额特别巨大”的标准来看,许霆的量刑可能畸重。所以本案最棘手的问题还在于准确量刑,针对一审作出的无期徒刑判决,学者们普遍认为刑罚过重,但针对如何改判为 5 年有期徒刑又存在争议。从最初的无期徒刑减为 5 年有期徒刑,这种巨大调整如果不给予充分合理的解释,会损害刑罚裁量活动的严肃性和稳定性。[11] 笔者认为,许霆案按照现在的教义学完全可以解释得很清楚,定罪原本不应该存在争议(ATM 机内的财产权归属、改变占有的窃取行为的确定都没有疑问),至于量刑合理化的问题,按照《刑法》第 63 条第 2 款“特别减轻”的规定完全可以妥善解决。[12]

5　关于本案案情的详细介绍,参见陈兴良主编:《刑法总论精释(下)》(第 3 版),人民法院出版社 2016 年版,第 805—806 页。

6　参见陈兴良:《利用柜员机故障恶意取款行为之定性研究》,载《中外法学》2009 年第 1 期。

7　参见谢望原:《无情的法律与理性的解释》,载《法制日报》2008 年 1 月 20 日;刘明祥:《在 ATM 机上恶意取款的定性分析》,载《检察日报》2008 年 1 月 8 日。

8　参见高艳东:《从盗窃到侵占:许霆案的法理与规范分析》,载《中外法学》2008 年第 3 期。

9　参见张军:《刑法当谦抑》,载《检察日报》2008 年 4 月 24 日。

10　参见张明楷:《许霆案的刑法学分析》,载《中外法学》2009 年第 1 期。

11　参见陈兴良主编:《刑法总论精释(下)》(第 3 版),人民法院出版社 2016 年版,第 806 页。

12　参见周光权:《过渡型刑法学的主要贡献与发展前景》,载《法学家》2018 年第 6 期。

第六十四条　涉罪款物的处置

犯罪分子违法所得的一切财物，应当予以追缴或者责令退赔；对被害人的合法财产，应当及时返还；违禁品和供犯罪所用的本人财物，应当予以没收。没收的财物和罚金，一律上缴国库，不得挪用和自行处理。

文献:胡康生、李福成主编:《中华人民共和国刑法释义》,法律出版社 1997 年版;高铭暄:《中华人民共和国刑法的孕育诞生和发展完善》,北京大学出版社 2012 年版;陈兴良主编:《刑法总论精释》(第 3 版),人民法院出版社 2016 年版。肖中华、李章岐:《赃物犯罪若干问题研究》,载《上海政法学院学报》2006 年第 5 期;李江海、曹浩俊:《论赃款赃物》,载《理论界》2007 年第 10 期;杨金彪:《赃物罪中犯罪所得物赃物性质的丧失》,载《中国刑事法杂志》2008 年第 3 期;黄风:《等值没收及可追缴资产评估规则探析》,载《比较法研究》2015 年第 5 期。

细目录

Ⅰ　主旨

Ⅱ　沿革

Ⅲ　涉罪款物的处置方法

一、追缴和责令退赔

二、没收

Ⅰ　主旨

1 与犯罪有关的财物,包括赃物、犯罪工具等。这些财物有的应当返还被害人,有的应当予以没收,如何处置这些财物,涉及能否有效切断赃物流向的问题,更涉及对被害人、犯罪人、国家的财产上利益的确定问题,事关重大。所以,在《刑法》中对此作出明确规定,是有积极意义的。

Ⅱ　沿革

2 本条对 1979 年《刑法》相关条文作了两点补充。1979 年《刑法》第 60 条规定:"犯罪分子违法所得的一切财物,应当予以追缴或者责令退赔;违禁品和供犯罪所用的本人财物,应当予以没收。"此后,财政部于 1986 年 12 月发布了《罚没财物和追回赃款赃物管理办法》,其第 6 条规定:"各种罚没财物以及追回的赃款、赃物,任何部门、单位和个人,都不得挪用、调换、压价私分或变相私分。”第7条第2项规定:“原属个人合法财物,单位的党费、团费……均发还原主。”该办法还规定了对罚没物资和应上缴国库的赃物的处理原则等。在这些规定的基础上,本条补充了如下内容:①对被害人的合法财物,应当及时返还。在实践中,尽管在多数情况下,司法机关都将追缴的犯罪分子违法所得中被害人的合法财产返还给了原主,但也存在司法机关侵占、使用、擅自处分被害人合法财产的情况。而刑法作如此规定,既可以促使司法机关增强责任感,也有助于加强对被害人合法财产权益的保护,使受到侵害的财产关系得以恢复,以维护社会的稳定。②没收的财物和罚金,一律上缴国库,不得挪用和自行处理。没收的财物和罚金,都属应当收归国有的财产,任何单位、个人都无权私自处理,而应当一律上缴国库,由国家统一支配。实践中,存在将应上缴国库的没收财物和罚金挪用和自行处理的现象。这种置国家利益于不顾、谋求小集体乃至个人非法利益的做法,为法所不容,应当严格按照刑法的规定予以杜绝。

Ⅲ　涉罪款物的处置方法

一、追缴和责令退赔

3　对犯罪分子违法所得的一切财物,应当予以追缴或者责令退赔。违法所得的一切财物是指犯罪的自然人或单位因其危害行为所获取的财物。[1] 犯罪分子多次实施同种行为,有的构成犯罪,有的只是一般违法行为,其非法获得的所有财物都属于这里的违法所得财物,都在追缴之列。

4　犯罪分子因其犯罪所得的财物可分为两种:①非法占有的公私财物,如抢劫、盗窃、诈骗、侵占、贪污、受贿、挪用等所得的财物,犯罪分子本无权占有,其取得显然没有合法根据。赃款赃物尚在的,应当予以追缴;原物已被处置或者消耗、灭失的,应当责令按其价值退赔,决不能因为要追究犯罪分子的刑事责任而免除其退赃、退赔的责任,不能使其在经济上获得不应得的利益,否则,贪利型财产犯罪、职务犯罪和经济犯罪都无法有效禁绝。对所追缴的赃款、赃物或其退赔的款物,应首先查明是否存在被害人(包括自然人和单位),以确保公私财物物归原主,使被侵害的财产关系得以恢复。只有在无法确认被害人的场合,才依法上缴国库。②非法侵占的属于国家应有的税收、利润或者属于全社会的财富,如走私、生产销售伪劣商品、非法经营等所获得的财物。对这些财物犯罪分子也无权占有,应当将之追缴、上缴国库,以减少国家和社会的损失。

5　犯罪分子违法所得财物中,有被害人合法财产的,应当及时返还。犯罪人是成年人,犯罪所得由自己挥霍、无法追缴的,应责令退赔或返还财物给被害人,其家属并无

1　参见陈兴良主编:《刑法总论精释(下)》(第3版),人民法院出版社2016年版,第807页。

代为退赔的义务。但在其家庭共有财产中,在属于犯罪人个人应有的部分范围内,应责令其家属退赔。犯罪人违法所得的一部分用于家庭日常生活,对这部分违法所得,犯罪人和其家属均有退赔义务。犯罪人确无退赔能力,但其亲属应犯罪人的请求,或者主动提出并征得犯罪人同意,自愿代犯罪人退赔部分或者全部违法所得的,法院也可以根据具体情况考虑接收其退赔款项。在根据被害人的财产损失评估犯罪所得的数额时,切忌简单行事,需要本着公平、合理的原则进行具体分析和认定。对可追缴资产的甄别、认定和估算应当自刑事扣押、冻结或查封措施采用之时开始。[2]

有关追缴的具体操作问题,在实务中应当依照 2014 年 10 月 30 日发布的最高人民法院《关于刑事裁判涉财产部分执行的若干规定》的相关规定办理。其中,值得特别关注的问题是: 6

一是受让赃款、赃物的第三人是否可以主张善意取得。根据最高人民法院《关于刑事裁判涉财产部分执行的若干规定》第 11 条的规定,被执行人将刑事裁判认定为赃款赃物的涉案财物用于清偿债务、转让或者设置其他权利负担,第三人善意取得涉案财物的,执行程序中不予追缴,作为原所有人的被害人对该涉案财物主张权利的,人民法院应当告知其通过诉讼程序处理。在以下四种场合,人民法院应予追缴:①第三人明知是涉案财物而接受的;②第三人无偿或者以明显低于市场的价格取得涉案财物的;③第三人通过非法债务清偿或者违法犯罪活动取得涉案财物的;④第三人通过其他恶意方式取得涉案财物的。 7

二是关于贪污贿赂案件赃款赃物的追缴问题。2016 年 4 月 18 日发布的最高人民法院、最高人民检察院《关于办理贪污贿赂刑事案件适用法律若干问题的解释》第 18 条规定:“贪污贿赂犯罪分子违法所得的一切财物,应当依照刑法第六十四条的规定予以追缴或者责令退赔,对被害人的合法财产应当及时返还。对尚未追缴到案或者尚未足额退赔的违法所得,应当继续追缴或者责令退赔。”该条后段确立了对贪污贿赂案件赃款赃物“不设时限,一追到底、永不清零,随时发现随时追缴”的处理原则,[3] 旨在进一步防止犯罪分子藏匿、转移赃款赃物,杜绝“因罪致富”等不正常情况的出现。 8

二、没收

对违禁品和供犯罪所用的本人财物,应当予以没收。违禁品是法律明确禁止个人持有或严禁生产、引进的物品,如枪支、弹药、淫秽物品、毒品等物品。犯罪分子非法持有、使用这些物品时,会危害社会,因而应依法予以没收,将之分别交送有关主管 9

---

2 参见黄风:《等值没收及可追缴资产评估规则探析》,载《比较法研究》2015 年第 5 期。

3 参见裴显鼎等:《〈关于办理贪污贿赂刑事案件适用法律若干问题的解释〉的理解与适用》,载《人民司法》2016 年第 19 期。

机关处置,以消除社会隐患,保障社会安全。需要注意的是,对违禁品,不管属于谁所有,法律规定都应予没收,不得返还。

10　供犯罪所用的财物,如杀人用的凶器,供抢劫、盗窃用的工具、车辆,用于制造假钞、淫秽物品的机械等。因这些物品被用来危害社会、进行犯罪,一般都成为证明犯罪事实存在的重要证据。如果这些财物为犯罪分子所有,应当予以没收,先作为随案移送的物证保存,待案件审结后无须再保留时,再按有关规定处理;如果是合法借用的、擅自使用的或者非法占有的公私财物,财物所有人不知是供犯罪使用的,也应当予以返还,一般不应没收。但是依照《刑事诉讼法》的规定,司法机关有权将这些财物作为证据予以扣押,待案件审结后,再发还财物所有人。当决定没收犯罪分子的全部财产时,应当为犯罪分子个人及其扶养的家属保留必要的生活费用。这是人道主义的要求,也是维护社会稳定的需要。[4] 对上述同犯罪有关的财物的处理,应当分别载入判决书主文,并在判决生效后予以执行。但依据《刑事诉讼法》第 141 条、第 196 条的规定,人民法院可先予追缴或扣押。

11　对没收的理解,还需要注意两点:①对犯罪所得的追缴,对违禁品和犯罪工具的没收,与作为刑种的没收财产、罚金以及作为非刑罚处理方法的赔偿损失,在性质、法律依据、财物范围、财物来源及财物去向等方面都有所不同,不能混为一谈,而应细加区分。②“没收的财物和罚金,一律上缴国库,不得挪用和自行处理。”此处“没收的财物”包括追缴或责令退赔的犯罪所得扣除返还被害人合法财产后的部分、违禁品、犯罪工具。对于没收的财产和罚金,任何单位和个人都不得挪用和处理,尤其不得编造各种名义支出和使用,而必须全部上缴国库。

12　赃款赃物的追缴情况能否作为量刑情节予以考虑?2009 年 3 月 12 日发布的最高人民法院、最高人民检察院《关于办理职务犯罪案件认定自首、立功等量刑情节若干问题的意见》对此作了规定:“贪污案件中赃款赃物全部或者大部分追缴的,一般应当考虑从轻处罚。受贿案件中赃款赃物全部或者大部分追缴的,视具体情况可以酌定从轻处罚。犯罪分子及其亲友主动退赃或者在办案机关追缴赃款赃物过程中积极配合的,在量刑时应当与办案机关查办案件过程中依职权追缴赃款赃物的有所区别。职务犯罪案件立案后,犯罪分子及其亲友自行挽回的经济损失,司法机关或者犯罪分子所在单位及其上级主管部门挽回的经济损失,或者因客观原因减少的经济损失,不予扣减,但可以作为酌情从轻处罚的情节。”由于赃款赃物的返还情况可以体现犯罪人的悔罪心理和再犯可能性的减小,因此,赃款赃物的追缴情况需要作为量刑情节予以考虑。

---

[4] 参见高铭暄、马克昌主编:《刑法学》(第 9 版),北京大学出版社、高等教育出版社 2019 年版,第 242 页。

第二节 累 犯

前 注

文献:高铭暄主编:《刑法学原理》(第 3 卷),中国人民大学出版社 1994 年版;马克昌主编:《刑罚通论》(第 2 版),武汉大学出版社 1999 年版;赵秉志主编:《刑罚总论问题探索》,法律出版社 2003 年版;高铭暄、赵秉志主编:《刑罚总论比较研究》,北京大学出版社 2008 年版;张小虎:《刑罚论的比较与建构》,群众出版社 2010 年版;周光权主编:《刑法历次修正案权威解读》,中国人民大学出版社 2011 年版;高铭暄:《中华人民共和国刑法的孕育诞生和发展完善》,北京大学出版社 2012 年版;陈兴良主编:《刑法总论精释》(第 3 版),人民法院出版社 2016 年版;陈兴良:《刑法适用总论(下卷)》(第 3 版),中国人民大学出版社 2017 年版;贾宇主编:《刑法学》,高等教育出版社 2019 年版;周光权:《刑法总论》(第 4 版),中国人民大学出版社 2021 年版。苏彩霞:《累犯制度设立根据之探究》,载《中国法学》2002 年第 5 期;于志刚:《论累犯制度的立法完善》,载《国家检察官学院学报》2003 年第 2 期;苏彩霞:《累犯法律后果比较研究——兼论我国累犯刑事处遇之检讨》,载《法学评论》2003 年第 3 期;韩轶:《我国累犯制度立法之完善》,载《法商研究》2006 年第 3 期;于改之、吴玉萍:《单位累犯否定新论》,载《法学评论》2007 年第 2 期;熊建明:《累犯通说的反省与批判》,载《环球法律评论》2011 年第 3 期。

细目录

Ⅰ 主旨
Ⅱ 沿革
Ⅲ 本节的重要问题

Ⅰ 主旨

犯罪人在一定时间以内又犯性质比较严重的罪行,表明其人身危险性很大,只有对其判处较重的刑罚,才能有效地实施惩罚和改造,最终达到预防犯罪的目的。这就是刑法确立累犯制度的理由所在。 1

Ⅱ 沿革

1979 年《刑法》第四章第二节关于累犯的规定由两个条文组成,即一般累犯(第 2

61 条)和特别累犯(第 62 条)。

3 1997 年《刑法》第四章第二节沿袭了这一体例,同样以两个条文的篇幅,对一般累犯(第 65 条)和特别累犯(第 66 条)作出了规定,但对于两种累犯的成立条件,均有所调整。

Ⅲ 本节的重要问题

4 《刑法》第 65 条、第 66 条分别对一般累犯和特别累犯作了规定。一般累犯,是指因故意犯罪被判处有期徒刑以上刑罚且已满 18 周岁的犯罪分子,在刑罚执行完毕或者赦免以后,在 5 年内故意再犯应当判处有期徒刑以上刑罚之罪的情形。从主观上看,一般累犯所成立的前后之罪都必须是故意犯罪。累犯必须是已满 18 周岁的人。一般累犯的刑度条件是指构成累犯的前后两罪在刑罚上的要求。按照刑法规定,构成一般累犯的前罪被判处的刑罚和后罪应当判处的刑罚均须为有期徒刑以上的刑罚,如果前罪所判处的刑罚和后罪应当判处的刑罚均低于有期徒刑,或者其中之一低于有期徒刑,均不构成一般累犯。构成一般累犯的时间条件是后罪发生在前罪刑罚执行完毕或赦免以后 5 年以内。关于累犯的处罚,虽然各国的规定不同,但其基本精神却是一致的,即对累犯从重处罚。特别累犯的成立条件与一般累犯的成立条件差别很大,需要仔细分析。

第六十五条　一般累犯

被判处有期徒刑以上刑罚的犯罪分子，刑罚执行完毕或者赦免以后，在五年以内再犯应当判处有期徒刑以上刑罚之罪的，是累犯，应当从重处罚，但是过失犯罪和不满十八周岁的人犯罪的除外。

前款规定的期限，对于被假释的犯罪分子，从假释期满之日起计算。

文献:高铭暄主编:《刑法学原理》(第3卷),中国人民大学出版社1994年版;马克昌主编:《刑罚通论》(第2版),武汉大学出版社1999年版;赵秉志主编:《刑罚总论问题探索》,法律出版社2003年版;高铭暄、赵秉志主编:《刑罚总论比较研究》,北京大学出版社2008年版;张小虎:《刑罚论的比较与建构》,群众出版社2010年版;周光权主编:《刑法历次修正案权威解读》,中国人民大学出版社2011年版;高铭暄:《中华人民共和国刑法的孕育诞生和发展完善》,北京大学出版社2012年版;陈兴良主编:《刑法总论精释》(第3版),人民法院出版社2016年版;陈兴良:《刑法适用总论(下卷)》(第3版),中国人民大学出版社2017年版;周光权:《刑法总论》(第4版),中国人民大学出版社2021年版。苏彩霞:《累犯制度设立根据之探究》,载《中国法学》2002年第5期;于志刚:《论累犯制度的立法完善》,载《国家检察官学院学报》2003年第2期;苏彩霞:《累犯法律后果比较研究——兼论我国累犯刑事处遇之检讨》,载《法学评论》2003年第3期;韩轶:《我国累犯制度立法之完善》,载《法商研究》2006年第3期;于改之、吴玉萍:《单位累犯否定新论》,载《法学评论》2007年第2期;熊建明:《累犯通说的反省与批判》,载《环球法律评论》2011年第3期。

细目录

Ⅰ　主旨

Ⅱ　沿革

Ⅲ　累犯的概念

Ⅳ　一般累犯的成立条件

Ⅴ　与累犯的成立条件有关的特殊问题

Ⅵ　累犯的处罚

一、累犯从重处罚的理解

二、数罪累犯的处罚

I 主旨

1 累犯是犯罪人在一定时间以内又犯性质比较严重的罪行,表明其人身危险性很大,只有对其判处较重的刑罚,才能有效地实施惩罚和改造,最终达到预防犯罪的目的,这就是设立累犯制度的立法初衷所在。

II 沿革

2 1997年《刑法》之所以将累犯成立的时间条件由3年以内改为5年以内,主要是基于以下考虑:第一,有关调查研究表明,尽管犯罪人在刑罚执行完毕或赦免后3年内重新犯罪的比例最高,但是在3年以后重新犯罪的仍占相当比例,因而有必要延长累犯构成期限,对曾经犯罪者给予较长时间的考验,以体现刑法对人身危险性较大者予以特别对待的思想。第二,适当延长构成累犯的期间,有利于积极巩固教育改造成果,使刑满释放人员时时检点自己,不敢再次以身试法。在经过相当长时间的威慑与自我约束之后,促使其养成守法的习惯。第三,多数国家刑法对成立累犯的时间距离规定较长,至少5年,实践证明这种期限规定是富有成效的。[1]

3 《刑法修正案(八)》将《刑法》第65条第1款进行了修改,在但书规定里增加了"不满十八周岁的人犯罪的除外"。这种修正主要考虑到对未成年犯罪应从宽处理,原因在于:①责任能力的影响。责任能力的状况会影响刑事责任的承担。未成年人身心发育不十分成熟,辨认控制能力比成年人要差一些,其非难可能性低于犯罪的成年人,相应的刑事责任也应当有所减轻。《刑法》第17条第3款规定:"已满十四周岁不满十八周岁的人犯罪,应当从轻或者减轻处罚。"刑法理论也将这一时期称为减轻责任时期。②刑罚根据的考虑。刑罚的根据有报应和预防。对未成年人犯罪施加刑罚应着重考虑特殊预防而非报应。未成年人心智尚未成熟,可塑性较强,比较容易接受改造,应当给予更多的改造机会。从这一点出发,对未成年人犯罪不宜从重处罚。③宽严相济的刑事政策。2010年2月8日发布的最高人民法院《关于贯彻宽严相济刑事政策的若干意见》第20条提出:"对于未成年人犯罪,在具体考虑其实施犯罪的动机和目的、犯罪性质、情节和社会危害程度的同时,还要充分考虑其是否属于初犯,归案后是否悔罪,以及个人成长经历和一贯表现等因素,坚持'教育为主、惩罚为辅'的原则和'教育、感化、挽救'的方针进行处理。对于偶尔盗窃、抢夺、诈骗,数额刚达到较大的标准,案发后能如实交代并积极退赃的,可以认定为情节显著轻微,不作为犯罪处理。对于罪行较轻的,可以依法适当多适用缓刑或者判处管制、单处罚金等非监禁刑;依法可免予刑事处罚的,应当免予刑事处罚。对于犯罪情节严重的未成年人,也应当依照刑法第十七条第三款的规定予以从轻或者减轻处罚。对于

---

1 参见张明楷:《外国刑法纲要》(第3版),法律出版社2020年版,第367页。

已满十四周岁不满十六周岁的未成年犯罪人,一般不判处无期徒刑。"这表明,对未成年犯罪从宽处理也是宽严相济刑事政策的具体体现。④累犯制度的根据。累犯制度的设立根据是犯罪人无视曾经受罚的体验而再次犯罪,由此表明其人身危险性很大,因此应当从重处罚。但是对这一结论应当具体分析,不能一概而论,不能认为只要再次犯罪就应当从重处罚。未成年人再次犯罪,从再次犯罪这个角度看其人身危险性较大,但是从未成年人这个特征看其人身危险性比成年人犯罪要低一些,因此综合考虑,不宜对未成年人犯罪从重处罚。

在累犯制度修正之后,需要按照从旧兼从轻的原则处理累犯认定问题。根据 1997 年 9 月 25 日发布的最高人民法院《关于适用刑法时间效力规定若干问题的解释》第 3 条、2011 年 4 月 25 日发布的最高人民法院《关于〈中华人民共和国刑法修正案(八)〉时间效力问题的解释》第 3 条的规定,关于一般累犯溯及力问题的认定,遵循以下规则: 4

其一,在 1997 年 9 月 30 日以前又犯应当判处有期徒刑以上刑罚之罪的,是否构成累犯,适用 1979 年《刑法》第 61 条的规定;在 1997 年 10 月 1 日以后又犯应当判处有期徒刑以上刑罚之罪的,是否构成累犯,适用 1997 年《刑法》第 65 条的规定。 5

其二,被判处有期徒刑以上刑罚,刑罚执行完毕或者赦免以后,在 2011 年 4 月 30 日以前再犯应当判处有期徒刑以上刑罚之罪的,是否构成累犯,适用《刑法修正案(八)》修正前的规定;但是,前罪实施时不满 18 周岁的,是否构成累犯,适用《刑法修正案(八)》修正后的规定。 6

Ⅲ 累犯的概念

累犯是指因犯罪而受过一定的刑罚处罚,在刑罚执行完毕或者赦免以后,在法定期限内又犯一定之罪的罪犯。 7

刑法上的累犯概念,经历了一个从注重犯罪特征到注重犯罪人特征的转变。我国学者指出:由于在不同的历史时期,各国刑事政策以及刑罚适用所依据的理论不同,因而刑法上规定的累犯制度不尽相同,累犯概念的法律界定有别。归纳起来,存在行为中心论和行为人中心论两种累犯概念。[2] 刑法上累犯的最初概念,注重的是犯罪行为的特征。这种累犯概念,是以刑事古典学派的客观主义作为其理论基础的。此后,随着刑事实证学派的兴起,开始了从犯罪行为向犯罪人的转变,由此出现了以犯罪人的人身危险性为重点的累犯概念。现代刑法上的累犯,更多地强调犯罪人的人身特征,将累犯视为人身危险性较大的一种特殊犯罪人类型。 8

Ⅳ 一般累犯的成立条件

一般累犯,是指因故意犯罪被判处有期徒刑以上刑罚且已满 18 周岁的犯罪分 9

---

2 参见马克昌主编:《刑罚通论》(第 2 版),武汉大学出版社 1999 年版,第 402—403 页。

子,在刑罚执行完毕或者赦免以后,在 5 年内故意再犯应当判处有期徒刑以上刑罚之罪的情形。

1. 主观条件

10 从主观上看,一般累犯所成立的前后之罪都必须是故意犯罪。我国刑法明确将过失犯罪排除在一般累犯成立范围之外,这主要是因为:一方面,从社会危害性上看,故意犯罪的社会危害性明显大于过失犯罪。故意犯罪是行为人明知故犯,对危害社会结果持一种希望或者放任的心理状态,因而故意犯罪行为人的主观恶性较深。过失犯罪行为人是“不意误犯”,对于危害社会的结果是应当预见而没有预见或者有所预见、轻信可以避免而未能避免,因而过失犯罪行为人的主观恶性较小。累犯是一种主观恶性较深的犯罪类型,将其主观罪过形式限制在故意犯罪更能反映这种犯罪类型的特殊本质。另一方面,从人身危险性角度看,故意犯罪也大于过失犯罪,因为在故意犯罪的情况下,行为人对于危害社会结果是希望或者放任其发生的,因而犯罪人再次犯罪的可能性极大。在重新犯罪者中,故意犯的比例相当大,而过失犯的比例极小。因为过失犯在犯罪以后行为人往往追悔莫及,犯罪结果的发生完全违背其本意,因而在一般情况下往往能够吸取教训。累犯是一种犯罪人人身危险性较大的类型,将其限于故意犯罪显然更为合理。此外,还有一个重要因素也明显在立法者的考虑之中:刑法中的犯罪绝大多数是故意犯罪。相比较而言,过失犯罪仅占少数。在这种情况下,将累犯成立的主观条件限于故意犯罪,并不会影响对累犯的惩处。

2. 责任年龄条件

11 累犯必须是已满 18 周岁的人。第一次犯罪时行为人未满 18 周岁,第二次犯罪时亦未满 18 周岁的,不成立累犯;第一次犯罪时未满 18 周岁,第二次犯罪时已满 18 周岁的,也不成立累犯。这一规定主要考虑的是:只要行为人犯第一个罪时未满 18 周岁,其认识能力和控制能力就都远低于成年人,其非难可能性相对也较低,法律上给予其特别照顾——视为不满 18 周岁时的犯罪不存在,其再犯罪的,无论其犯后罪时是否已满 18 周岁,均不作为累犯处理。根据有利于被告人的类推可以允许的法理,不满 18 周岁的人,既不构成《刑法》第 66 条规定的特别累犯[3],也不构成《刑法》第 356 条规定的毒品犯罪的再犯。最高人民检察院在指导性案例裁判要旨中,也重申了“未成年人犯罪不构成累犯”这一规则。[4]

3. 刑度条件

12 一般累犯的刑度条件是指构成累犯的前后两罪在刑罚上的要求。按照刑法规定,构成一般累犯的前罪被判处的刑罚和后罪应当判处的刑罚均须为有期徒刑以上的刑罚,如果前罪所判处的刑罚和后罪应当判处的刑罚均低于有期徒刑,或者其中之

3 对于不满 18 周岁的人不构成特别累犯的详细论证,可参见王爱立主编:《中华人民共和国刑法条文说明、立法理由及相关规定》,北京大学出版社 2021 年版,第 188 页。

4 参见最高人民检察院第五批指导性案例“张某、沈某某等七人抢劫案”(检例第 19 号)。

一低于有期徒刑,均不构成一般累犯。具体而言,如果前罪被判处的刑罚是拘役、管制或者被单独判处某种附加刑,后罪虽然是应当判处有期徒刑以上刑罚的,也不构成一般累犯;反之,虽然前罪被判处有期徒刑以上刑罚,而后罪却应当判处拘役、管制或者单处附加刑,同样也不能构成一般累犯。其中,所谓被判处有期徒刑以上刑罚,是指人民法院对前罪最后确定的宣告刑是有期徒刑以上刑罚,包括被判处有期徒刑、无期徒刑和死刑缓期二年执行。所谓应当判处有期徒刑以上刑罚,是指所犯后罪根据事实和法律规定,实际上应当判处有期徒刑以上刑罚,包括实际上应当判处有期徒刑、无期徒刑和死刑,而不是指该罪的法定刑中包括有期徒刑。因为《刑法》分则所规定的每一罪刑单位的法定刑包含有期徒刑,如果将应当判处有期徒刑以上刑罚之罪,理解为所犯之罪构成累犯的范围,必将人为扩大累犯的成立条件,即前罪被判处有期徒刑以上刑罚的,只要再犯罪都成了累犯,这显然不符合我国刑法设立累犯制度的基本精神。总之,构成累犯的刑度条件表明,犯罪人实施的前罪和后罪必须是较为严重、严重或特别严重的刑事犯罪。

4. 时间条件

构成一般累犯的时间条件是后罪发生在前罪刑罚执行完毕或赦免以后 5 年以内。 13

所谓刑罚执行完毕,是指主刑执行完毕,不包括附加刑在内。主刑执行完毕 5 年 14
内又犯罪,即使附加刑未执行完毕,仍构成累犯,主要理由是:一方面,刑罚执行完毕后又犯罪,说明行为人主观恶性较大,而犯罪分子的主观恶性是否得到改造,只有在刑罚执行完毕以后才能证明。附加刑是一种不剥夺自由的刑罚,即使附加刑执行完毕,也难以衡量罪犯改造的效果。另一方面,把附加刑的执行包括在“刑罚执行完毕”之内,在实践中可能会导致不合理的局面,例如被判处罚金的罪犯,经济状况好的,对罚金刑通常先执行完毕,其成立累犯的可能性就小于缴纳罚金滞后者,这样累犯的认定就和物质条件有关联,而没有充分考虑犯罪人被改造的实际情况。

所谓赦免,是指国家以政令的形式,免除或者减轻犯罪人的罪责或者刑罚的一种 15
制度。赦免制度通常由宪法加以规定,一般不在刑法中规定。赦免的具体时间和对象由国家元首或最高国家权力机关以政令形式颁布,在我国由最高人民法院执行。在刑法理论上,根据赦免的具体表现形式的不同,通常把赦免分为大赦和特赦两种:大赦是指国家元首或者国家最高权力机关,对某一范围内的罪犯一律予以赦免的制度。大赦的效力很大,它不仅免除刑罚的执行,而且使犯罪也归于消灭。经过大赦之人,其刑事责任完全归于消灭。尚未追诉的,不再追诉;已经追诉的,撤销追诉,已受罪刑宣告的,宣告归于无效,不再执行。特赦是指国家元首或者最高国家权力机关对已受罪刑宣告的特定犯罪人免除其全部或部分刑罚的制度。[5] 我国 1954 年《宪法》

---

5 特赦与大赦的主要区别在于:①特赦的对象是特定的;而大赦对象是不特定的。②特赦仅赦刑而不赦罪;大赦既赦刑又赦罪。③特赦后再犯罪则有可能构成累犯;而大赦后行为人再犯罪没有累犯问题。④特赦往往公布被赦人的名单;大赦一般不公布被赦人的名单。

曾有大赦和特赦的规定,但大赦没有实行过。后来的几部宪法没有再规定大赦,都只规定了特赦。因此,《刑法》第 65 条和第 66 条所说的“赦免”都是指特赦。

16 刑法以刑罚执行完毕或赦免后 5 年内再犯罪作为构成累犯的时间界限。如果后罪发生在前罪的刑罚执行期间,自然不构成累犯,而应适用数罪并罚;如果后罪发生在前罪的刑罚执行完毕或者赦免 5 年以后,也不构成累犯。

V 与累犯的成立条件有关的特殊问题

17 (1)假释以后 5 年内又犯罪的,是否一律成立累犯?对此,应当区别情况考虑:被假释的犯罪分子,如果在假释考验期内又犯新罪的,不构成累犯,而应在撤销假释之后,适用数罪并罚。因为假释考验期未满,就不能视为原判刑罚已经执行完毕,就不符合成立累犯的基本条件。被假释的犯罪分子,如果在假释考验期满后 5 年以内又犯新罪的,则构成累犯,因为假释考验期满就认为原判刑罚已经执行完毕,此时再犯罪的,自然应成立累犯,所以本条第 2 款规定,对于被假释的犯罪分子成立累犯的期限,应从假释期满之日起计算。当然,被假释的犯罪分子,如果在假释考验期满 5 年以后再犯罪的,因为已经超过了累犯成立的时间限制条件,同样不构成累犯。

18 (2)被宣告缓刑后又犯罪的,是否成立累犯?缓刑以后又犯罪,有两种情况:一是在缓刑考验期间又犯新罪,对于此种情形,我国《刑法》第 77 条明确规定应当撤销缓刑,对新犯的罪作出判决,把前罪和后罪所判处的刑罚,依照《刑法》第 69 条关于数罪并罚的规定,决定执行的刑罚。因此,在这种情况,根本就谈不上是否成立累犯的问题。二是在缓刑考验期满以后,在 5 年以内又故意犯应当判处有期徒刑以上刑罚之罪的,是否构成累犯?对此,在我国刑法学界曾存在肯定论和否定论两种观点:肯定论认为,这种情况应该成立累犯,理由在于:①缓刑考验期满,并不意味着原判刑罚不再执行,而是原判刑罚执行完毕。缓刑是一种执行刑罚的制度,对被宣告缓刑的犯罪分子在缓刑考验期内由公安机关考察,如果没有出现撤销缓刑的事由,原判刑罚就不再执行;如果再犯新罪、被发现有漏罪、违反缓刑监督管理规定,则应撤销缓刑,执行刑罚。由此可见,缓刑是附条件地执行原判刑罚,不再执行原判刑罚的决定性条件是没有出现足以撤销缓刑的事由。这种附条件地不再执行原判刑罚,绝不意味着被判处缓刑的犯罪分子没有受刑,缓刑考验期满不再执行原判刑罚只不过是执行刑罚的一种特殊方式而已。②从刑法规定的累犯成立条件中关于“前罪刑罚执行完毕”的方式看,并没有对前罪刑罚执行完毕的方法加以限制,因此,要判断前罪刑罚是否执行完毕,不是以刑罚是否实际被执行作为唯一的标准,采用其他依照法律规定进行的特殊刑罚执行方法,认为在特定条件下不再执行前罪原判刑罚的,都应该认为是刑罚执行完毕。换言之,前罪的刑罚无论是实际执行,还是宣告缓刑或者假释,前罪刑罚没有全部实际执行或只执行一部分而被免除,都认为是“前罪刑罚执行完毕”。③从我国刑罚的目的看,认为缓刑期满后再犯新罪不能构成累犯的观点,是与刑罚目的相违背的。我国刑罚的目的是预防犯罪,而刑法中之所以设立累犯制度,对累犯从重处罚,就是为了实现特殊预防的刑罚目的。对于被判处缓刑的犯罪分子,虽然在缓刑考验期内没有犯罪,但在考验期满后,仍不思悔改,又犯新罪,应该认为是有前科的犯罪分子,如果符合累犯的成立条件,就应该按照累犯从重处罚。如果对缓刑期满再犯新罪的人不认定为累犯,就会放纵犯罪分子,使其得不到应有惩罚。[6]

否定论认为,缓刑考验期满以后再犯罪的,不能构成累犯,主要理由是:①根据我国刑法规定,在缓刑考验期限内没有再犯新罪,缓刑考验期满,原判刑罚就“不再执行”,而非原判刑罚“执行完毕”。既然前罪刑罚没有执行,那就缺少构成累犯的一个必要条件,即前罪刑罚必须执行完毕或者赦免。在这种情况下,当然不能构成累犯。②以假释期满后再犯新罪可以构成累犯为由,得出缓刑期满以后再犯新罪也可以构成累犯的结论,并不妥当。按照《刑法》第 85 条的规定,假释考验期满,“就认为原判刑罚已经执行完毕”,而按照《刑法》第 76 条的规定,缓刑考验期满,“原判的刑罚就不再执行”,二者存在重大区别,所以,假释期满后再犯新罪可以构成累犯,但缓刑期满以后再犯新罪的,不构成累犯。③累犯的成立要求前后罪都是该当有期徒刑以上刑罚的、性质比较严重的犯罪。而缓刑犯之所以被宣告缓刑,是因其犯罪情节较轻,有一定悔罪表现,不致再危害社会。这与被判处有期徒刑以上刑罚并且被实际执行的犯罪分子相比,在犯罪程度上毕竟存在差别,不能等同。缓刑期满后再犯罪,虽然不能构成累犯,但是不等于对其不能从重处罚。在对新罪量刑时,司法机关完全可以充分考虑其被宣告缓刑但不思悔改等具体情节,根据罪刑均衡原则对犯罪分子给予应有的处罚。 19

否定论的合理性是显而易见的。因为缓刑是附条件地不执行原判刑罚的制度。如果被判处缓刑的人遵守缓刑考验规定,则原判刑罚不再执行,但犯罪依然存在,这是一种刑罚执行犹豫主义。它不同于犯罪宣告犹豫主义,即一旦满足法定条件,不仅原判刑罚不再执行,而且犯罪也不成立。严格来说,缓刑考验与本条所规定的刑罚执行并不相同,它只是缓刑的执行。缓刑之执行虽然也属于刑罚的具体运用,但与刑罚执行不同,刑罚执行重点强调刑罚被实际得到执行。累犯的成立以前罪刑罚执行完毕为条件,缓刑犯符合法定条件的原判罚不再执行,自然谈不上刑罚实际执行完毕的问题,所以缓刑考验期满以后,在 5 年以内又故意犯罪的,不符合累犯的成立条件。 20

(3)前罪已受外国刑罚处罚,在刑罚执行完毕或赦免后又犯罪的,可否按中国刑法认定为累犯?对此,我国刑法未作明确规定,刑法理论界存在不同的认识。有论者认为,刑法规定的刑罚执行完毕,是指我国的有罪判决和对应的刑罚实际执行完毕;我国刑法原则上不承认外国法院的审判,因而,行为人在外国被宣告有期徒刑以上刑罚,并实际投入执行,以后又在我国犯罪的,不能认为具有构成累犯的条件。 21

但是,多数说认为,对此问题不可一概而论,应作具体分析。如果行为人在国外实施的行为,并未触犯我国刑法,虽然经过外国审判并实际执行刑罚,也不能作为构成累 22

---

6 参见高铭暄主编:《新中国刑法学研究综述(1949—1985)》,河南人民出版社 1986 年版,第 449—451 页。

犯的条件;如果行为人受外国刑罚处罚并执行刑罚之罪,依照我国刑法规定也应负刑事责任的,我国可以承认其已被执行刑罚,如前罪是故意犯罪并被判处、执行有期徒刑以上刑罚,即可作为构成累犯的条件,在前罪刑罚执行完毕或者赦免后5年内再实施故意犯罪的,应当作为累犯处理。同样,外国人于我国犯新罪时,我国法院也应该考虑外国人受到刑罚处罚的事实,如果符合我国刑法规定的累犯条件,就应以累犯论处。

23 (4)第一次犯罪时行为人未满18周岁,第二次犯罪时行为人已满18周岁,应否视为累犯,从重处罚?肯定论认为,行为人在第二次犯罪时已满18周岁,那么无论从刑事责任角度,还是从保护未成年人的角度看,都不能再享受对未成年人犯罪从宽处理的待遇,因此属于累犯,应从重处罚。然而,这种看法是孤立地看待累犯制度,存在偏颇问题。所谓累犯,是指两次犯罪,也即前罪之后再次犯罪。虽然累犯是就第二次犯罪而言,是对第二次犯罪从重处罚,但这是以第一次犯罪为基础而评价的结果。因此,不能脱离第一次犯罪而孤立地评价第二次犯罪。两次犯罪在犯罪性质和严重程度上都应保持一致,才能累计评价,才能视为累犯。《刑法修正案(八)》第6条修改《刑法》第65条规定,"但是过失犯罪和不满十八周岁的人犯罪的除外",这是从排除的角度限制了累犯的成立条件。其一,前后两次犯罪都应是故意犯罪,而不包括过失犯罪。其二,前后两次犯罪都应是已满18周岁的人犯罪,而不包括不满18周岁的人犯罪。因此,第一次犯罪时行为人未满18周岁,第二次犯罪时行为人已满18周岁,不应视为累犯。需注意的是,对第二次犯罪虽然不能视为累犯,但由于此时行为人已满18周岁,故不能根据《刑法》第17条第3款规定享受法定从轻或减轻处罚的待遇。

24 (5)再犯和累犯的关系如何处理?《刑法》第356条规定:"因走私、贩卖、运输、制造、非法持有毒品罪被判过刑,又犯本节规定之罪的,从重处罚。"这里的本节之罪是指《刑法》分则第六章第七节走私、贩卖、运输、制造毒品罪的所有犯罪。这就是刑法关于再犯的特殊规定。从形式上看,再犯与累犯都导致从重处罚的法律后果,但再犯的前、后罪有特殊要求:前罪仅限于走私、制造、贩卖、运输、非法持有毒品罪5种犯罪,后罪的范围是《刑法》分则第六章第七节所有的毒品犯罪。此外,对后罪发生时间,前、后罪的刑度都没有要求,这与特别累犯非常类似。

25 关于再犯与累犯在适用上的关系,实务上通常的做法是对依法同时构成再犯和累犯的被告人,适用《刑法》第356条规定的再犯条款从重处罚,不援引刑法关于累犯的条款。但是,对此也不能绝对化,因为《刑法》第74条规定,对于累犯,不适用缓刑;第81条第2款规定,对于累犯不得假释。如果一律适用再犯制度,就可以对同时符合累犯条件的再犯适用缓刑和假释,这会造成法律适用上的不公平。因此,犯罪人同时构成累犯和再犯的,原则上再犯规定是特别规定,应优先适用《刑法》第356条关于再犯的规定对罪犯从重处罚,不再适用总则中的累犯条款。但如果要对再犯宣告缓刑、假释的,仍应受《刑法》第74条、第81条第2款的限制,对同时构成累犯和再犯的犯罪人,不应适用缓刑和假释,此时应在累犯和再犯规定之间选择适用累犯的规定,以确保罪刑相适应原则得到贯彻。

VI 累犯的处罚

关于累犯的处罚,各国刑法有以下几种立法例:①加重本刑,指在后罪基础上加重刑罚,即延长有期徒刑的刑期或增加罚金数额。②加倍本刑,指在后罪法定最高刑期的基础上加倍处罚。③变更本刑,指将后罪法定刑的刑种提高为更重的刑种,例如将有期徒刑上升为无期徒刑。④并科主义,指刑罚与保安处分并科。由于累犯的人身危险性大,仅加重刑罚不足以消除其人身危险性。因此,以适用刑罚对其过去恶行予以谴责,以保安处分预防未然犯罪。⑤代替主义,指以保安处分代替自由刑。⑥不定期刑,指对累犯宣告判处刑罚,但不确定其具体刑期,或仅确定刑期的上限或下限,由执行机关依照犯罪人在服刑中的表现最终确定执行的刑期。[7] 虽然各国的规定不同,但其基本精神却是一致的,即对累犯从重处罚。 26

一、累犯从重处罚的理解

对累犯从重处罚的根据在于:与初犯相比,累犯的人身危险性较大。如有的学者认为,犯罪人在一定时间内又犯性质比较严重的罪行,表明其人身危险性更大、主观恶性更强,依据罪刑相适应和刑罚个别化原则,应当对其判处较重的刑罚,才能有效地实施惩罚和改造,最终达到预防犯罪的目的。这就是刑法确立累犯制度的理由所在。[8] 还有的学者更为明确地指出:累犯从重处罚的根据只能是人身危险性,而不是社会危害性。因为社会危害性是已然的犯罪的属性,而人身危险性是未然的犯罪的趋势。前者属于量刑的报应根据,后者属于量刑的预防根据,二者应该严加区分。例如,甲、乙共犯社会危害性相同的杀人罪,但甲在 2 年前曾犯被判处有期徒刑以上刑罚之罪,是累犯,对甲自然应依法从重处罚。由此可见,累犯从重处罚的根据只能是人身危险性。[9] 不过,也有学者认为,对累犯之所以要从重处罚,其主观恶性较深、人身危险性较大固然是主要原因,但并非唯一的原因,累犯所造成的社会危害性大于初犯,也是对累犯从重处罚的一个重要依据,具体表现在:累犯往往会耗费国家司法机关在侦破案件、进行审判和改造罪犯方面更多的人力物力;累犯的出现会削弱国家法律的权威,影响国家法律和刑罚在公民中的威信;累犯的行为对社会心理秩序和对公民个人心理秩序具有较大的破坏性。所以,根据罪刑相适应原则和刑罚个别化原则,对累犯处以重于初犯的刑罚是理所当然的。[10] 不过,两相比较,将人身危险性而 27

---

7 参见马克昌主编:《刑罚通论》(第 2 版),武汉大学出版社 1999 年版,第 417—419 页。

8 参见高铭暄、马克昌主编:《刑法学》(第 9 版),北京大学出版社、高等教育出版社 2019 年版,第 256 页。

9 参见陈兴良:《刑法哲学》(第 6 版),中国人民大学出版社 2017 年版,第 802 页。

10 参见马克昌、杨春洗、吕继贵主编:《刑法学全书》,上海科学技术文献出版社 1993 年版,第 213 页。

不是社会危害性作为累犯从重处罚的根据的观点,可能更具合理性,把累犯处罚与社会危害性概念挂钩,多少有些牵强附会。

28 我国刑法对累犯处罚亦规定了从重原则。在具体适用该原则时,应当注意:一方面,必须从重,即无论对一般累犯还是特别累犯,都应当从重处罚。另一方面,从重有限度。从重是指对累犯在法定刑幅度内,对其判处相对较重的刑罚。所以从重处罚必须在法定刑幅度内掌握。同时,对于累犯应当比照不构成累犯的初犯或其他犯罪人从重处罚,具体而言,就是当累犯所实施的犯罪行为与某一不构成累犯者实施的犯罪行为在性质、情节、社会危害程度等方面基本相似的条件下,应当以不构成累犯者应判处的刑罚为参照系,再予以从重处罚。虽然我国刑法并未明文规定对于累犯应当比照不构成累犯者从重处罚,但基于刑法设置累犯制度的宗旨和累犯制度的基本精神,这样理解累犯从重处罚原则,就准确把握了解决累犯刑事责任的基本立法精神。在司法实践中,决定对累犯进行处罚的时候,先不考虑其累犯情节,按其所犯罪行在法定刑幅度内大体确定一个与之相当的刑罚,然后在此基础上,根据累犯情节在法定刑限度内适当增加刑罚的处罚分量。

二、数罪累犯的处罚

29 累犯有一罪累犯和数罪累犯之分,前者是指行为人在前罪刑罚执行完毕或者赦免以后再犯一罪而构成的累犯,后者是指在前罪刑罚执行完毕或者赦免以后再犯数罪,而此数罪中至少一罪符合累犯条件。

30 对数罪累犯因涉及数罪并罚问题,究竟如何体现从重处罚原则,法律无明文规定,理论上对此也存在争议。第一种观点是“整体从重处罚说”。该说认为,对数罪累犯采取从重并罚的方法,即先对数个后罪分别处以正常刑罚,再按《刑法》第 69 条的规定从重并罚。第二种观点是“分别从重处罚说”,主张对数罪累犯采取分别从重处罚的方法,即在累犯所犯的数罪中,只对符合累犯条件的犯罪(即累犯之罪)进行从重处罚,对不符合累犯条件的犯罪仍然处以正常刑罚,然后按数罪并罚原则决定执行的刑罚。

31 应该说,第二种观点更为合理,主要理由是:累犯作为一种特殊的犯罪人身份,是以一定的行为特征为前提的,离开了行为特征就无法理解其身份特征。数罪累犯不仅与一罪累犯在人身危险性上有差别,而且不同的数罪累犯之间人身危险性程度也不相同,对数罪累犯从重处罚也应当反映这种差别。而按照“分别从重处罚”的观点,只对累犯之罪从重处罚,对非累犯之罪不从重处罚,就能够较好地反映这种差别。同时,还需要注意,累犯是从重处罚的法定情节,只能影响和决定符合累犯条件的后罪的量刑,而不能及于其他的犯罪。否则,就可能不适当地加重不属于累犯的其他犯罪的刑事责任,如后罪中有一罪为过失犯罪的,也对其采用从重处罚,就意味着对过失犯罪加重了刑罚,实质上就是修改了刑法所规定的累犯成立的条件。

第六十六条　特别累犯

危害国家安全犯罪、恐怖活动犯罪、黑社会性质的组织犯罪的犯罪分子，在刑罚执行完毕或者赦免以后，在任何时候再犯上述任一类罪的，都以累犯论处。

文献:周光权主编:《刑法历次修正案权威解读》,中国人民大学出版社 2011 年版;高铭暄:《中华人民共和国刑法的孕育诞生和发展完善》,北京大学出版社 2012 年版;陈兴良主编:《刑法总论精释》(第 3 版),人民法院出版社 2016 年版;陈兴良:《刑法适用总论(下卷)》(第 3 版),中国人民大学出版社 2017 年版;周光权:《刑法总论》(第 4 版),中国人民大学出版社 2021 年版。苏彩霞:《累犯制度设立根据之探究》,载《中国法学》2002 年第 5 期;于志刚:《论累犯制度的立法完善》,载《国家检察官学院学报》2003 年第 2 期;苏彩霞:《累犯法律后果比较研究——兼论我国累犯刑事处遇之检讨》,载《法学评论》2003 年第 3 期;韩轶:《我国累犯制度立法之完善》,载《法商研究》2006 年第 3 期;熊建明:《累犯通说的反省与批判》,载《环球法律评论》2011 年第 3 期。

细目录

Ⅰ　主旨
Ⅱ　沿革
Ⅲ　特别累犯的成立条件

Ⅰ　主旨

特别累犯,是指因犯危害国家安全犯罪、恐怖活动犯罪、黑社会性质的组织犯罪受过刑罚处罚,在刑罚执行完毕或者赦免以后,在任何时候再犯上述任一类罪的情形。我国刑法对特别累犯的规定,体现了刑法对危害国家安全犯罪、恐怖活动犯罪、黑社会性质的组织犯罪从严惩处的精神。 1

Ⅱ　沿革

1997 年《刑法》对 1979 年《刑法》相关条文略作了修改,1979 年《刑法》第 62 条规定:“刑罚执行完毕或者赦免以后的反革命分子,在任何时候再犯反革命罪的,都以累犯论处。”由于 1997 年修订后的《刑法》分则第一章已经将反革命罪改为危害国家 2

安全罪,为与其他条文相协调,本条将“反革命”代之以“危害国家安全”,对 1979 年《刑法》第 62 条仅在行文表述上略作变动,特别累犯的成立条件等基本立法精神仍被保留下来。

3 1997 年修订《刑法》第 66 条的原条文是:“危害国家安全的犯罪分子在刑罚执行完毕或者赦免以后,在任何时候再犯危害国家安全罪的,都以累犯论处。”《刑法修正案(八)》扩大了特别累犯的范围,在犯罪种类上增加了恐怖活动犯罪、黑社会性质的组织犯罪的犯罪分子。这种修正主要是为了加大对恐怖活动犯罪、黑社会性质组织犯罪的惩处力度。

4 自从“9·11”事件后,恐怖活动成为全人类的威胁。我国签署了《打击恐怖主义、分裂主义和极端主义上海公约》,加入了《制止核恐怖主义的国际公约》。为了惩治恐怖活动犯罪,保障国家和人民生命、财产安全,维护社会秩序,2001 年我国颁布了《刑法修正案(三)》。但是随着形势的发展,我国收到“东突”恐怖势力、“藏独”恐怖势力、邪教恐怖势力越来越现实的威胁,必须加大打击恐怖活动犯罪的力度,因此有必要将其纳入特别累犯的范围。

5 2009 年 12 月 9 日,最高人民法院、最高人民检察院、公安部《办理黑社会性质组织犯罪案件座谈会纪要》指出:在我国,黑社会性质组织犯罪仍处于活跃期,犯罪的破坏性不断加大,犯罪分子逃避法律制裁的行为方式不断变换,向政治领域的渗透日益明显,对人民群众的生命、财产安全,对经济、社会生活秩序和基层政权建设都构成了严重威胁。因此,严厉打击黑社会性质组织犯罪,遏制并最大限度地减少黑社会性质组织犯罪案件的发生,是当前乃至今后相当长一个时期政法机关的重要任务。正是基于这一需要,《刑法修正案(八)》将黑社会性质组织犯罪纳入特别累犯的范围,予以从重处罚。

Ⅲ 特别累犯的成立条件

6 (1)罪质条件。前罪与后罪均必须是危害国家安全犯罪、恐怖活动犯罪、黑社会性质的组织犯罪。①危害国家安全犯罪的范围是《刑法》分则第一章“危害国家安全罪”所有罪名。②恐怖活动犯罪的范围。《刑法》直接规定恐怖活动的罪名有:组织、领导、参加恐怖组织罪(第 120 条),帮助恐怖活动罪(第 120 条之一),准备实施恐怖活动罪(第 120 条之二),宣扬恐怖主义、极端主义、煽动实施恐怖活动罪(第 120 条之三),利用极端主义破坏法律实施罪(第 120 条之四),强制穿戴宣扬恐怖主义、极端主义服饰、标志罪(第 120 条之五),非法持有宣扬恐怖主义、极端主义物品罪(第 120 条之六)。但是第 66 条中的“恐怖活动犯罪”并不仅指这两个罪名,还包括恐怖组织实施的各种犯罪,例如杀人、爆炸、绑架等犯罪。③黑社会性质组织犯罪的范围。我国刑法直接规定黑社会性质组织犯罪的罪名有:组织、领导、参加黑社会性质组织罪(第 294 条第 1 款),入境发展黑社会组织罪(第 294 条第 2 款),包庇、纵容黑社会性质组织罪(第 294 条第 3 款)。但是第 66 条中的“黑社会性质的组织犯罪”并不仅指这三个罪名,还包括黑社会性质组织实施的各种犯罪。实施的犯罪中不仅包括杀人、爆炸、绑架等暴力性犯罪,也包括其他非暴力性犯罪,例如,洗钱罪、寻衅滋事罪等。

值得注意的问题是,《刑法》第66条规定,犯危害国家安全犯罪、恐怖活动犯罪、黑社会性质的组织犯罪,在刑罚执行完毕或者赦免以后,在任何时候再犯上述"任一类罪"的,都以累犯论处。这表明,特别累犯的前罪可以是三类犯罪中的任何一类,后罪也可以是三类犯罪中的任何一类,不要求保持一致,不要求后罪的种类与前罪相同。换言之,如果行为人前罪是恐怖活动犯罪,后罪是黑社会性质的组织犯罪,也可以构成特别累犯。这实际上在很大程度上扩大了特别累犯的成立范围。 7

(2)主观条件。前罪和后罪都必须为故意犯罪,因为危害国家安全犯罪、恐怖活动犯罪、黑社会性质的组织犯罪均只能由故意构成,不存在过失犯罪的问题。 8

(3)刑度条件。前罪被判处的刑罚和后罪应判处的刑罚的种类及轻重不受限制。即使前后两罪或者其中一罪应判处管制、拘役甚至单处附加刑,也不影响特别累犯的构成。 9

(4)时间条件。后罪可以发生在前罪刑罚执行完毕或者赦免后的任何时候,不受两罪相隔时间长短的限制。 10

第三节　自首和立功

前　注

文献:马克昌主编:《刑罚通论》(第2版),武汉大学出版社1999年版;陈兴良:《刑法适用总论(下卷)》(第2版),中国人民大学出版社2006年版;张小虎:《刑罚论的比较与建构》,群众出版社2010年版;周光权主编:《刑法历次修正案权威解读》,中国人民大学出版社2011年版;高铭暄:《中华人民共和国刑法的孕育诞生和发展完善》,北京大学出版社2012年版;陈兴良主编:《刑法总论精释》(第3版),人民法院出版社2016年版;高铭暄、马克昌主编:《刑法学》(第9版),北京大学出版社、高等教育出版社2019年版;贾宇主编:《刑法学》,高等教育出版社2019年版;周光权:《刑法总论》(第4版),中国人民大学出版社2021年版。黄曙:《"以自首论"的司法认定》,载《中国刑事法杂志》2000年第2期;林亚刚:《自首、立功若干规定的理念及反思》,载《法学评论》2005年第6期;高铭暄、彭凤莲:《论立功的成立条件》,载《北京师范大学学报(社会科学版)》2006年第5期;卢勤忠:《单位立功的若干疑难问题研究》,载《法学评论》2007年第2期;蔡永彤:《功利与公正之间:立功制度的价值取向及其改造》,载《政治与法律》2008年第8期;张明楷:《论交通肇事罪的自首》,载《清华法学》2010年第3期;王宇展、黄伯青:《"坦白从宽"入律之法理研究与实践操作》,载《政治与法律》2012年第2期;徐科雷:《刑法立功制度若干问题刍议》,载《中国刑事法杂志》2012年第3期;孙建保:《"坦白"入刑:规范之外的思考》,载《法律适用》2013年第12期。

细目录

Ⅰ　主旨
Ⅱ　沿革
Ⅲ　自首与坦白
Ⅳ　立功

Ⅰ　主旨

1　本节对自首、坦白和立功这三种法定从宽情节作出了规定。

2　自首,是指犯罪嫌疑人出于自己的意志而主动将自己交付国家追诉,表现出犯罪嫌疑人所具有的接受国家审查和裁判的自觉性。[1] 自首的本质在于犯罪分子悔罪,自动供述其犯罪事实并承担相应法律后果,这在一定程度上表明其人身危险性的减小,此时将自首作为刑法中一项重要的量刑制度,以体现宽严相济的刑事政策,就是必要的。[2] 正确适用自首制度,一方面可以鼓励和引导犯罪嫌疑人主动投案,改过自新;另一方面可以尽可能地降低司法成本,提高破案效率,有效地实现刑罚目的。

坦白,是指犯罪分子被动归案之后,如实供述自己罪行的行为。成立坦白的核心条件是如实供述自己的罪行,对此需要具体分析,对其与自首的区别亦需要仔细辨明。 3

立功,是犯罪分子犯罪之后,为争取宽大处理而主动实施的揭露犯罪、协助司法机关查证犯罪、惩罚犯罪等行为的情形。立功有一般立功和重大立功的区别,它们对量刑有着重大影响。 4

Ⅱ 沿革

1979 年《刑法》第四章第三节仅以一个条文(第 63 条)的篇幅规定了自首的处罚原则:"犯罪以后自首的,可以从轻处罚。其中,犯罪较轻的,可以减轻或者免除处罚;犯罪较重的,如果有立功表现,也可以减轻或者免除处罚。"据此,1979 年《刑法》中的自首以从轻处罚为原则,在此基础上,犯罪较轻的可以减轻或者免除处罚;犯罪较重的,仅在有立功表现时,才可以例外地减轻或免除处罚。这也意味着,此时立功并不属于独立的法定从宽情节,而是附属于自首规定中而对犯罪分子的量刑发生作用。[3] 5

1997 年《刑法》第四章第三节在对自首制度作了进一步完善(第 67 条)的同时,将立功制度单独成条写入《刑法》(第 68 条),立功正式成为独立的法定从宽情节。 6

2011 年《刑法修正案(八)》第 8 条则将刑事政策中存在已久、实践中一直作为酌定从宽情节的坦白法定化,作为修正后的《刑法》第 67 条第 3 款,使得坦白上升为法定从宽情节,从而为司法机关,特别是法院量刑适用坦白情节提供法律依据,同时也为犯罪嫌疑人、被告人架起一座回头是岸的"金桥"。 7

Ⅲ 自首与坦白

自首,是犯罪嫌疑人出于自己的意志而主动将自己交付国家追诉,表现出犯罪嫌疑人所具有的接受国家审查和裁判的自觉性。[4] 我国刑法在坚持罪刑均衡原则的前 8

---

1 参见贾宇主编:《刑法学》,高等教育出版社 2019 年版,第 338 页。

2 我国学者对自首本质的讨论,可参见陈兴良:《刑法适用总论(下卷)》(第 3 版),中国人民大学出版社 2017 年版,第 437—438 页。

3 类似的规定也出现在 1979 年《刑法》第 46 条(死缓)、第 71 条(减刑)中。

4 参见贾宇主编:《刑法学》,高等教育出版社 2019 年版,第 338 页。

提下,充分考虑刑罚个别化原则,设立自首制度。

Ⅳ 立功

9 立功是指犯罪分子揭发他人的犯罪行为,查证属实的,或者提供重要线索,从而得以侦破其他案件的行为。立功的主体是犯罪分子,即被采取强制措施的犯罪嫌疑人、被告人和正在服刑的罪犯。立功有一般立功和重大立功的区别,它们对量刑有重大影响。

第六十七条　自首与坦白

犯罪以后自动投案，如实供述自己的罪行的，是自首。 对于自首的犯罪分子，可以从轻或者减轻处罚。 其中，犯罪较轻的，可以免除处罚。

被采取强制措施的犯罪嫌疑人、被告人和正在服刑的罪犯，如实供述司法机关还未掌握的本人其他罪行的，以自首论。

犯罪嫌疑人虽不具有前两款规定的自首情节，但是如实供述自己罪行的，可以从轻处罚；因其如实供述自己罪行，避免特别严重后果发生的，可以减轻处罚。

文献:马克昌主编:《刑罚通论》(第 2 版),武汉大学出版社 1999 年版;赵秉志主编:《刑罚总论问题探索》,法律出版社 2002 年版;高铭暄、赵秉志主编:《刑罚总论比较研究》,北京大学出版社 2008 年版;张小虎:《刑罚论的比较与建构》,群众出版社 2010 年版;周光权主编:《刑法历次修正案权威解读》,中国人民大学出版社 2011 年版;高铭暄:《中华人民共和国刑法的孕育诞生和发展完善》,北京大学出版社 2012 年版;陈兴良主编:《刑法总论精释》(第 3 版),人民法院出版社 2016 年版;陈兴良:《刑法适用总论(下卷)》(第 3 版),中国人民大学出版社 2017 年版;高铭暄、马克昌主编:《刑法学》(第 9 版),北京大学出版社、高等教育出版社 2019 年版;周光权:《刑法总论》(第 4 版),中国人民大学出版社 2021 年版。黄曙:《"以自首论"的司法认定》,载《中国刑事法杂志》2000 年第 1 期;林亚刚:《自首、立功若干规定的理念及反思》,载《法学评论》2005 年第 6 期;张明楷:《论交通肇事罪的自首》,载《清华法学》2010 年第 3 期;王宇展、黄伯青:《"坦白从宽"入律之法理研究与实践操作》,载《政治与法律》2012 年第 2 期;孙建保:《"坦白"入刑:规范之外的思考》,载《法律适用》2013 年第 12 期。

细目录

Ⅰ　主旨
Ⅱ　沿革
Ⅲ　自首的概念
Ⅳ　一般自首的成立条件
　一、自动投案
　二、如实供述罪行
Ⅴ　特别自首的成立条件

Ⅵ 自首认定的特殊问题
一、共犯与自首
二、数罪的自首
三、过失犯罪的自首
四、单位犯罪的自首
五、职务犯罪的自首
Ⅶ 自首的处理
Ⅷ 坦白的概念
Ⅸ 坦白的认定
一、坦白的成立条件
二、坦白与自首的区别
Ⅹ 坦白的处理

Ⅰ 主旨

1 我国刑法设置的自首制度及所确立的对自首犯从宽处罚的原则,对于分化、瓦解犯罪势力,迅速侦破刑事案件,感召犯罪分子主动投案,激励犯罪分子改过自新,减少社会不安定因素,及时打击和预防犯罪具有积极意义。

Ⅱ 沿革

2 本条对1979年《刑法》相关条文进行了较大修改。在1997年《刑法》修改过程中,经讨论认为,1979年《刑法》未对自首的概念进行界定,无疑是立法上的缺陷,导致司法操作中缺乏认定自首的权威标准。因而本条在吸收有关司法解释合理内容的基础上明确规定:犯罪以后自动投案,如实供述自己的罪行的,是自首。自首概念法律化,既有利于法律适用的统一,使执法人员在实践中对自首的认定做到有法可依,又有利于鼓励和引导犯罪分子自首,发挥自首制度在打击犯罪、分化犯罪势力方面的应有功能。

3 自首的实质是犯罪人愿意接受刑罚处罚;犯罪人的这种意愿不因其人身自由受到限制而受影响。犯罪分子在被羁押或服刑期间认罪、悔罪是一种特殊形式的自首,法律应予认可并对其主动交代的罪行从宽处罚。基于以上理由,本条第2款增加了这样的规定:“被采取强制措施的犯罪嫌疑人、被告人和正在服刑的罪犯,如实供述司法机关还未掌握的本人其他罪行的,以自首论。”如此一来,在刑法中创立了特别自首制度。

4 为了更好地体现和落实自首从宽这一刑事政策,鼓励犯罪分子自首,进而更好地查处犯罪,本条对自首作了较宽大的处刑规定,将“犯罪以后自首的,可以从轻处罚”,改为“可以从轻或者减轻处罚”,把对“其中,犯罪较轻的,可以减轻或者免除处罚”,改为“可以免除处罚”。因刑法已将立功制度作为一项刑罚裁量制度单独规定,故本条仅对自首作出规定,而未对立功再行规定。至此,对于所有的自首犯,无论罪重罪轻、有无立功表现,都可以从轻或者减轻处罚,其中,犯罪较轻的,可以免除处罚。

根据 1997 年 9 月 25 日发布的最高人民法院《关于适用刑法时间效力规定若干问题的解释》第 4 条的规定,1997 年 9 月 30 日以前被采取强制措施的犯罪嫌疑人、被告人或者 1997 年 9 月 30 日以前犯罪,1997 年 10 月 1 日以后仍在服刑的罪犯,如实供述司法机关还未掌握的本人其他罪行的,适用 1997 年《刑法》第 67 条第 2 款中特别自首的规定。 5

在制定 1979 年《刑法》的过程中,曾对是否有必要规定坦白进行了讨论。基于“自首是坦白中比较好的情况”这一认识和“坦白从宽”的政策精神,有观点主张坦白也要在刑法中有所反映,还有观点认为应当将本节标题改为“自首、坦白”。但经过讨论,认为坦白和自首存在较大差距,不能将其与自首相提并论;而且如果将坦白规定为法定从轻处罚情节,还可能导致部分司法人员利用坦白作为诱供、套供的手段,故最终没有将坦白规定到 1979 年《刑法》中,而是作为犯罪分子犯罪后态度较好的一种表现来把握。[1] 6

修订 1979 年《刑法》期间,有观点主张未来的刑法典应吸收 1984 年最高人民法院、最高人民检察院、公安部《关于当前处理自首和有关问题具体应用法律的解答》中关于坦白的规定[2],立法机关一度采纳了这一建议,将其写入 1988 年 9 月的刑法修改稿中。但后续考虑到坦白不是一个法律术语,而且理论和实践中对坦白条件的分歧比较大,对坦白和自首的区分未达成一致意见,故在 1995 年 8 月 8 日的刑法总则修改稿中删去了关于坦白的规定,实践中仍将坦白作为酌定从宽情节处理。[3] 7

《刑法修正案(八)》在《刑法》第 67 条中增加一款,将坦白规定为法定从宽处罚情节,即:“犯罪嫌疑人虽不具有前两款规定的自首情节,但是如实供述自己罪行的,可以从轻处罚;因其如实供述自己罪行,避免特别严重后果发生的,可以减轻处罚。”该规定主要有以下考虑:首先,坦白表明犯罪分子有心悔悟,说明其人身危险性有所降低。其次,犯罪分子坦白有利于侦查机关更顺利地结案,有利于节约司法资源,有时甚至能够及时避免特别严重后果的发生。再次,坦白从宽一直是我国的刑事 8

1 参见高铭暄:《中华人民共和国刑法的孕育诞生和发展完善》,北京大学出版社 2012 年版,第 63 页。

2 即“坦白通常是指犯罪行为已被有关组织或者司法机关发觉、怀疑,而对犯罪分子进行询问、传讯,或者采取强制措施后,犯罪分子如实供认这些罪行的行为。对于罪犯确能坦白其罪行的,依照刑法第五十七条的规定,视坦白程序,可以酌情从宽处理。”

3 参见高铭暄:《中华人民共和国刑法的孕育诞生和发展完善》,北京大学出版社 2012 年版,第 155—156 页。

政策,将该项刑事政策上升为刑法规定,有利于侦查机关开展讯问工作,尽最大可能减少刑讯逼供的发生。最后,司法实务以及有关司法解释历来都认可对坦白应酌情从宽处罚的原则,立法只是将司法惯例成文化。

9 根据 2011 年 4 月 25 日发布的最高人民法院《关于〈中华人民共和国刑法修正案(八)〉时间效力问题的解释》第 4 条的规定,2011 年 4 月 30 日以前犯罪,虽不具有自首情节,但是如实供述自己罪行的,适用修正后《刑法》第 67 条第 3 款的规定,认定为坦白。

Ⅲ 自首的概念

10 自首,是指犯罪以后自动投案,如实供述自己罪行的行为,或者被采取强制措施的犯罪嫌疑人、被告人和正在服刑的罪犯,如实供述司法机关还未掌握的本人其他罪行的行为。

11 由此可见,自首可以分为以下两种类型:一是一般自首。一般自首是指犯罪分子犯罪以后自动投案,如实供述自己罪行的行为。在一般自首中,强调的是自动投案,即主动将自己置于司法机关控制之下。二是特别自首。特别自首又称为准自首,是指被采取强制措施的犯罪嫌疑人、被告人和正在服刑的罪犯,如实供述司法机关还未掌握的本人其他罪行的行为。特别自首区别于一般自首的主要特征在于:特别自首不具备一般自首的自动投案特征。因为在特别自首的情况下,行为人已经被采取强制措施或者正在服刑,已经丧失了人身自由,不可能向司法机关投案。但行为人如实供述司法机关还未掌握的其他罪行,就这一罪行而言,实际上就是将自己交付司法机关处置。因此,特别自首虽然不具备自动投案的形式特征,但却符合投案的实质内容。因此,法律规定对于这种情况也以自首论。

12 无论是一般自首还是特别自首,都具备以下特征:首先,自首是一种犯罪后的表现。自首都发生在犯罪以后,在通常情况下是犯罪人的一种悔罪表现。犯罪人在犯罪以后的态度,属于罪后情节,在法官确定对犯罪人的处罚时,具有一定的参考价值。有些犯罪人在犯罪以后不思悔改,采用种种方式试图逃避法律制裁,甚至再次犯罪;有些犯罪人在犯罪以后能够主动坦白交代自己的罪行;还有些犯罪人在犯罪以后能够自动投案自首。这些犯罪后的表现足以反映犯罪人的人身危险性程度,因而是量刑时应当考虑的因素。由此可见,自首是犯罪人的一种积极悔罪表现,能够对量刑发挥较大的影响。如果犯罪以后行为人虽然内心悔罪,但并未投案的,仍然不能成立自首。其次,自首是一种犯罪人类型特征。自首的犯罪人,在刑法理论上往往称为自首犯,这是与累犯相对应的一种犯罪人类型。累犯是从重处罚的理由之一,是人身危险性较大的特殊犯罪人类型;而自首犯是犯罪人中人身危险性较小的一类犯罪人,对其应当根据《刑法》规定予以从宽处罚。最后,自首是一种从宽处罚的刑罚制度。对犯罪人判处刑罚,目的不仅在于报应,实现刑罚正义,而且在于预防,实现刑罚效益。因此,对于自首的犯罪人,根据其犯罪事实及情节,法律规定可以予以从宽处罚。

IV 一般自首的成立条件

一、自动投案

13 根据1998年4月17日发布的最高人民法院《关于处理自首和立功具体应用法律若干问题的解释》第1条的规定，自动投案，是指犯罪事实或者犯罪嫌疑人未被司法机关发觉，或者虽被发觉，但犯罪嫌疑人尚未受到讯问、未被采取强制措施时，主动、直接向公安机关、人民检察院或者人民法院投案。对此，可以从以下几个方面加以把握。

（一）投案时间

14 投案行为必须发生在犯罪人尚未归案之前，这是对自动投案的时间限定。投案行为通常发生在犯罪分子犯罪之后、犯罪事实未被司法机关发觉以前[4]；或者犯罪事实虽然已被司法机关发觉，但犯罪人尚未被发觉以前；或者犯罪事实和犯罪分子均已被发觉，而司法机关尚未对犯罪分子进行讯问或者采取强制措施以前。此外，犯罪分子的罪行尚未被司法机关发觉，仅因形迹可疑被有关组织、部门询问、教育后，自动投案[5]；经查实犯罪分子确已准备去投案，或者正在去投案的途中，被公安机关逮捕的，也应视为自动投案。至于犯罪后被群众扭送归案的，或被公安机关逮捕归案的，或在追捕过程中走投无路当场被捕的，或经司法机关传讯、采取强制措施后归案的，均不能认为自动投案。

15 对于在犯罪事实和犯罪人均已被发觉，犯罪人逃跑以后被司法机关通缉的情况下自动归案的，是否视为自动投案而成立自首，我国刑法学界存在争论：第一种观点认为，这种情况不能认为是自动投案，更不能视为自首。因为如果认定其是自首，无异于鼓励犯罪分子逃跑。例如，两个犯罪人共同作案后，一个逃跑，一个没有逃跑而被捕。逃跑的犯罪人自动投案，按照自首予以从轻处罚；没有逃跑的反而不能受到从轻处罚，这实质上是鼓励犯罪分子逃跑，会造成处罚上的不公平。第二种观点认为，对于犯罪人逃跑后被通缉时自动归案的，是否成立自首不能一概而论。在司法机关采取强制措施之前、发出通缉令之后，犯罪人自动归案并交代自己罪行的，视为自首。在司法机关采取强制措施后，犯罪人逃跑，于被通缉时自动归案的，不能视为自首。第三种观点认为，犯罪以后逃跑、处于被通缉之中的犯罪人自动归案的，应一律

---

4 所以，在犯罪行为实施完毕，犯罪分子尚未离开现场，即被巡逻的警察怀疑而遭盘问的场合，犯罪分子如实交代犯罪事实的，可以成立自首。因为行为人在犯罪现场仅遭盘问，表明犯罪事实尚未被发觉、行为人仅仅是被怀疑实施了犯罪。

5 犯罪人仅因形迹可疑被盘问后，主动交代了犯罪事实的，是自动投案，但有关部门、司法机关在其身上、随身携带的物品、驾乘的交通工具等处发现与犯罪有关的物品的，不能认定为自动投案。

视为自首。[6]

16　笔者认为,对于犯罪人逃跑后被通缉时自动归案的,应当视为自首。因为法律设置自首制度的立法初衷是给犯罪人一条悔过自新的出路,通过自首而获得宽大处理,这不仅对犯罪人有利,而且使刑事案件得以及时破获,对司法机关同样有利。有关司法解释也肯定了这一点,例如,最高人民法院《关于处理自首和立功具体应用法律若干问题的解释》第1条第(一)项就规定,犯罪后逃跑,在被通缉、追捕过程中,主动投案的,应当视为自动投案。

(二)投案对象

17　投案对象是指犯罪分子必须自动投向有关机关与有关个人。这里的有关机关,主要是指司法机关,也包括其他非司法机关,例如犯罪人所在单位、城乡基层组织等。因为自首的本质是主动将自己交付司法机关处置,向司法机关以外的其他机关投案,最终也将移送给司法机关处置,符合自首特征,应以自首论处。投案对象除有关机关以外,还可以是有关个人。这里的个人,法律和司法解释都未作限制,包括有关单位负责人、被害人等。

(三)投案方式

18　投案方式是指以何种形式向有关机关或者个人投案的问题。应当指出,法律上对于投案方式并无限制。因此,无论以何种方式投案都应视为自首。投案方式,一般可以分为以下几种:一是亲首。亲首是指犯罪人在犯罪以后亲自向有关机关或有关个人投案自首。亲首是投案自首的一般形式,绝大部分案件的犯罪人都是亲首。当然,在亲首的情况下,并不排除犯罪人利用电话、传真、信件、电子邮件等通信方式向有关机关投案,要求司法机关尽快派员将自己捕获归案。二是代首。代首是指犯罪人在犯罪以后,具有投案自首的诚意,但由于种种原因不能亲自前往司法机关,而明确委托他人代为投案。代首的特点是委托他人代替自己向司法机关投案。之所以委托他人去投案,往往存在某种客观原因,例如,犯罪人因病、因伤,犯罪人为将被害人送往医院抢救而无暇亲赴司法机关投案,犯罪人为排除犯罪所造成的物质损害而无法及时自动投案等,只得委托他人代为投案。三是送首。并非出于犯罪嫌疑人主动,而是经亲友规劝、陪同投案的;公安机关通知犯罪嫌疑人的亲友,或者亲友主动报案后,将犯罪嫌疑人送去投案的,也应当视为自动投案。这里的"并非出于犯罪嫌疑人主动",不是指即使犯罪嫌疑人毫无投案意愿而被强制投案也视为自动投案,而是指犯罪嫌疑人的投案意愿不是自发产生的,而是经亲友规劝产生的。也就是说,该规定没有改变自首的基本要件,只是一种提示性规定。之所以需要提示,是因为在亲友送首的情形下,犯罪人的投案意愿不容易确定。但犯罪嫌疑人强烈反抗的,就不能认为其具有投案意愿,因此,犯罪嫌疑人被亲友采用捆绑等手段送到司法机关,或者在

6　参见马克昌主编:《刑罚通论》(第2版),武汉大学出版社1999年版,第377页。

亲友带领侦查人员前来抓捕时犯罪嫌疑人有拒捕行为,即便如实供认犯罪事实,也不能认定为自动投案,但可以参照法律对自首的有关规定酌情从轻处罚。四是陪首。陪首是指犯罪人犯罪以后,在他人的陪同下投案自首。这里的他人,一般是指朋友、邻居、同学、同事、单位领导等。在陪首的情况下,犯罪人也是到司法机关去投案,但与亲首的不同之处在于,他不是一个人前去投案,而是在他人的陪同下前去投案。五是首服。首服是指犯罪人在实施了告诉才处理的犯罪以后,向有告诉权的人告知自己的犯罪事实,并同意其告知司法机关的情形。

实务中还可能出现的情形是,行为人犯罪后自动投案,但不表明自己是作案人,也没有逃离,在警察询问时交代了自己的罪行,这种情形能否认定为如实供述?对此,2010 年 12 月 22 日发布的最高人民法院《关于处理自首和立功若干具体问题的意见》中规定,“犯罪后主动报案,虽未表明自己是作案人,但没有逃离现场,在司法机关询问时交代自己罪行的”,可以视为自动投案。此外,明知他人报案而在现场等待,抓捕时无拒捕行为,且事后如实供认犯罪事实的,应当视为自动投案。 19

(四)投案意愿

投案必须是自动的,即犯罪分子的归案,并不是由违背其本意的原因所造成的,而是“出于本人的意志”。从这一要求出发,对于那些在犯罪后被抓获、强行扭送公安机关而归案的犯罪分子,即使如实交代自己的罪行,也不能认定为自首。把握犯罪分子归案行为的自动性,需要注意:首先,自动投案的动机是多种多样的,有的出于真诚悔罪,有的慑于法律的威严,有的为了争取宽大处理,有的潜逃在外生活无着落,有的经亲友规劝而醒悟,等等。但不同的动机,都不影响归案行为的自动性。其次,投案自动性并不要求犯罪分子完全基于自己的意志选择。是否属于“出于本人的意志”,应从设立自首制度的宗旨的角度作广义的解释,凡是到有关机关或向有关人员投案,而又不明显抗拒控制或处理的,都可以认定为自动投案。换言之,在一些特殊情况下,投案的自动性也是不容否认的。例如,在治安拘留期间,主动交代司法机关尚未掌握的他种罪行的,相当于自动投案,也应视为自首。此外,对于那些并非主动甚至在某种程度上带有一定的被迫性,而在亲友规劝、陪同下,或者由亲友主动送交投案的,均应认为具有“自动性”,不能因为犯罪分子本人并不悔罪,而投案又是迫于亲友的压力所为,就否定其自动投案的性质。因为这些情况下所发生的归案行为,虽然在一定程度上有别于典型的自动归案,但如果离开犯罪人本人的意志则是难以实现或根本不可能实现的。所以,在本质上,这些归案行为仍是基于犯罪人的意志而发生的。 20

比较复杂的问题是:有的亲友事先并没有对犯罪分子进行规劝、教育,但揣测该犯罪分子不愿自动投案,从而在报案后直接强行将其捆绑或押送归案的,可否认定为自动投案?在这种情况下,关键要考察犯罪分子本人在被押送归案过程中及在投案后的态度表现。如果犯罪分子在整个过程中均无明显的抗拒行为,就可以考虑认定为自动投案。但也有学者认为,犯罪分子被亲友采用捆绑等手段送到司法机关,或者 21

在亲友带领侦查人员前来抓捕时无拒捕行为,并如实供认犯罪事实的,不能认定为自动投案。[7] 不过,在司法实践中,该类情况还是倾向于被认定为自首。例如,犯罪分子作案后其亲属及时报警,并看守着熟睡的犯罪分子防止其外逃,当公安人员赶到时,其亲属又带领公安人员到犯罪分子睡觉处将其抓获,犯罪分子归案后亦如实供述了犯罪事实,法院认定为自首。[8] 在该案中,犯罪分子熟睡后,虽不能证明其愿意投案,但也不能证明其反对投案,其亲属将其控制并带领公安人员将其抓获,法院认为不属于强制送去投案。按此观点,除非犯罪分子明确拒绝并强烈反抗投案,且被强制到案后拒不如实供述犯罪事实的,才排除自动投案,不构成自首。

(五)投案彻底性

22 投案彻底性是指犯罪分子投案后必须将自己自愿置于司法机关的控制之下,接受审查和裁判。审查,主要是指公安机关、检察机关和人民法院针对刑事案件而进行的审理、查明证据等诉讼活动;裁判,是指人民法院在审查的基础上对犯罪人定罪量刑所作的判决和裁定。犯罪分子自动投案、如实交代自己的犯罪事实后,必须听候、接受司法机关的侦查、起诉和审判,不能逃避司法追究,才能最终成立自首。犯罪分子将自己的人身置于司法机关的现实控制之下,是其悔罪的具体表现,也是国家对其从宽处理的重要根据。犯罪人归案之后,无论是在刑事诉讼的侦查阶段、起诉阶段还是审判阶段,逃避司法机关现实控制的,都是不接受国家审查、裁判的行为,不能成立自动投案。在认定投案彻底性这一条件时,需要注意三个方面的问题:

23 (1)犯罪人自动投案并交代罪行后隐匿、脱逃的,或者自动投案并交代罪行后又推翻供述、意图逃避制裁的,或者委托他人代为自首而本人拒不到案的,等等,都属于拒不接受国家审查和裁判的行为,不能认定为自动投案。

24 司法实践中,有的犯罪嫌疑人自动投案后逃跑,后又出于悔罪或其他原因再次自动投案。对于这种情况可否认定为自首?不少学者认为,这种情况属于犯罪人自动投案后一直逃避审查和裁判的情形,所以不成立自首。但是,这种观点值得商榷。如果犯罪嫌疑人逃跑后再次自动投案,又自愿受司法机关控制的,理应视为自动投案,只要其如实供述自己的罪行,应认定为自首。做这样的处理,符合自首制度的设立宗旨,也有利于最大限度地促使犯罪嫌疑人悔过自新。

25 不过,有两点需要注意:首先,司法解释要求自动投案必须在"归案之前",犯罪嫌疑人自动投案后逃跑,后又再次自动投案的,前一次"自动投案"由于并无接受司法拘束的意思,实际上应视为没有归案,即使被采取强制措施,但由于犯罪人脱逃,与未采取强制措施没有区别。如此解释,才能将犯罪嫌疑人再次自动投案的行为解释为被动"归案之前"主动实施的悔罪行为。其次,对于有逃跑行为的犯罪嫌疑人也认定为

---

7 参见张明楷:《刑法学》(第6版),法律出版社2021年版,第735页。

8 参见最高人民法院刑事审判第一、二、三、四、五庭主办:《中国刑事审判指导案例1》,法律出版社2017年版,第305—307页。

自首,要注意量刑上的平衡。自动投案后,一直接受司法机关控制的犯罪嫌疑人自然应成立自首,犯罪嫌疑人自动投案后逃跑,又再次自动投案的也成立自首,但是对于有逃跑行为和没有逃跑行为的自首犯,在决定是否从宽处罚和如何从宽处罚时,必须区别对待。

(2)犯罪分子自动投案并如实交代罪行后,为自己进行辩护,或者提出上诉,或者补充或更正某些事实的,都属于正当行使法律赋予被告人的权利,应当允许,不能视为拒不接受国家审查和裁判。 26

(3)在司法实践中,有的犯罪人匿名将赃物送回司法机关或原所有权人、占有权人处,或者用电话、书信等方式匿名向司法机关报案或指出赃物所在。此类行为并没有将行为人自身置于司法机关的有效控制之下,没有接受国家审查和裁判的诚意,因而不能成立自首。但这种主动交出赃物的行为,是悔罪的表现之一,在处理时可以考虑适当从宽。 27

二、如实供述罪行

根据最高人民法院《关于处理自首和立功具体应用法律若干问题的解释》第 1 条第(二)项的规定,"如实供述自己的罪行,是指犯罪嫌疑人自动投案后,如实交代自己的主要犯罪事实"。犯罪分子自动投案之后,只有如实供述自己的罪行,才足以证明其悔罪,为司法机关追诉其所犯罪行提供客观依据,使追究犯罪人刑事责任的刑事诉讼活动得以顺利进行。因此,如实供述自己的罪行是自首成立的重要条件。把握自首成立的这一条件,须注意以下几个问题。 28

(一)如实

投案人的供述必须如实。如实是指犯罪人对自己犯罪事实的表述与自己的记忆及客观存在的犯罪事实相一致。通说一般强调犯罪人的供述与客观事实相一致,但是这可能有失偏颇。实践中,犯罪人自动投案,出于真诚悔悟的动机,对案件主要事实进行陈述,但是其供述与案件客观事实有重大出入,是否属于"如实"供述?应该说,在行为人按照自己的记忆进行供述,而其记忆与客观事实有冲突时,只要犯罪人基于真诚悔悟的动机进行交代,就应当承认供述的"如实性"。所以,这里的"如实"供述,首先是指供述符合犯罪人的记忆(主观说),其次才是符合案件客观事实(客观说),一味地坚持客观说可能有悖于自首制度设立的初衷。当然,供述与犯罪人的记忆和客观事实相一致不是绝对的等同或者同一,而只能是近似或者相似。由于主客观条件的限制,犯罪人在供述自己罪行的时候不可能保证所作供述与犯罪所有细节都相同,只要其所供述的罪行与客观存在的基本犯罪事实相一致,就可以视为如实供述。 29

在实践中,存在犯罪嫌疑人一方面自动投案,另一方面又认为自己的行为不是犯罪,在司法机关面前拒不认罪的情形。比如,犯罪嫌疑人认为自己的杀人行为属于紧急避险,但又向司法机关自动投案,交代自己的"避险"行为,同时在接受讯问时坚持 30

自己的行为是合法的杀人行为;犯罪嫌疑人在有关领导找其谈话过程中承认自己有经济问题,但不认为自己是贪污犯罪。对于这种情况能否认定为自首,实务中产生了一些争论。有观点认为,既然犯罪嫌疑人拒不认罪,表明其不是“如实供述罪行”,所以不能将其认定为自首。[9]

31 上述观点值得商榷。首先,法律要求犯罪人“如实供述罪行”实际上是要求其如实供述“案件事实”,至于对案件的定性,与犯罪人是否自己承认犯罪无关,也与行为人对法律的认识错误无关,犯罪人对自己行为如何进行法律评价在自首的认定中不需要考虑。换言之,自首的成立,不以犯罪嫌疑人承认自己的行为成立犯罪为前提,实际上只要犯罪嫌疑人按照自己的记忆如实供述了自己的犯罪事实就已足够,某一行为是否构成犯罪,是需要司法机关在充分考虑案件事实和证据的基础上进行判断的复杂问题。其次,在认定是否如实供述的时候,应当注意对如实供述与合理辩解加以区分。如实供述是指将本人所犯罪行客观地予以陈述;而自我辩解则是在客观陈述自己罪行的基础上,对本人承担责任的轻重进行解释。合理辩解是犯罪人的诉讼权利,不能因为犯罪人进行了自我辩解而否定其供述的如实性。所以,只要如实供述罪行,即使作自己开脱罪责的辩解也不能否认其自首的成立。2004 年 3 月 26 日发布的最高人民法院《关于被告人对行为性质的辩解是否影响自首成立问题的批复》亦指出,根据《刑法》第 67 条第 1 款和最高人民法院《关于处理自首和立功具体应用法律若干问题的解释》第 1 条的规定,犯罪以后自动投案,如实供述自己的罪行的,是自首。被告人对行为性质的辩解不影响自首的成立。据此,犯罪人如实交代盗窃事实,但是又辩解自己的行为属于“饥寒起盗心”,缺乏期待可能性,因而不能作为犯罪处理;或者如实交代抢劫事实,又坚持把犯罪性质说成是抢夺的,都应当成立自首。

(二)供述

32 供述是指交代、陈述自己的罪行,也就是通常所说的坦白。关于坦白,在刑法理论上存在广义与狭义之分。广义上的坦白指主动交代司法机关尚未掌握的罪行,因而这里的坦白包括自首。可以说,自首是坦白的最高形式。狭义上的坦白是指除自首以外如实供述司法机关尚未掌握的罪行。由此可见,自首包括坦白的内容,是投案以后的坦白。

33 在刑事审判程序中,犯罪嫌疑人如实供述后又翻供是较为常见的情形。最高人民法院《关于处理自首和立功具体应用法律若干问题的解释》规定:“犯罪嫌疑人自动投案并如实供述自己的罪行后又翻供的,不能认定为自首;但在一审判决前又能如实供述的,应当认定为自首。”如此规定,是为了有效发挥自首制度的作用,敦促犯罪嫌疑人悔罪自新、积极配合司法机关的诉讼活动。在理解和适用这一规定时,必须注意,对于犯罪嫌疑人如实供述的罪行有无翻供、是否认定为自首,考察的时段必须是

---

9 参见最高人民法院刑事审判第一、二、三、四、五庭主办:《中国刑事审判指导案例 1》,法律出版社 2017 年版,第 304—305 页。

“一审判决前”。实践中,有的犯罪嫌疑人在一审期间先是如实供述了自己的罪行,后又翻供,且上诉后还是坚持翻供的,这种情况不能认定为自首。[10] 例如,被告人在侦查阶段后期推翻了其之前已经供认的故意杀人行为的主要犯罪事实,且在一审判决前仍然坚持该翻供,法院认定其未能如实交代主要犯罪事实,不构成自首。[11] 不过,犯罪嫌疑人在一审期间如实供述了罪行,或者一审期间虽有翻供,但在一审判决之前最终还是如实供述了罪行,应当认定为自首。在这种情况下,即便后来进入二审程序,该被告人又翻供的,也应当认定为自首,只是在对被告人量刑时将其翻供行为作为从重情节酌情予以考虑。

理论上,也有人认为,对上诉后又重新如实供述罪行的,仍以认定为自首为妥。 34
因为我国刑事审判采取两审终审制,在二审裁判生效之前,诉讼程序仍在进行,对犯罪嫌疑人、被告人的责任科处,仍处于未确定状态。犯罪嫌疑人毕竟最初如实供述了罪行,尽管期间又有翻供,但只要在判决确定之前转而如实供述罪行的,完全符合自首的条件。这种观点也有一定的道理,值得最高司法机关考虑。

(三)罪行

在自首的情况下,犯罪人自动投案以后应当如实供述自己的罪行。那么,如何理 35
解这里的罪行呢？这里的罪行是指犯罪事实。所谓犯罪事实,是指客观存在的犯罪实际情况的总和,既包括故意犯罪,也包括过失犯罪。当然,某一具体罪行的范围应当以犯罪人的所知为限,是与犯罪人记忆相一致的犯罪主要事实,只要这一事实足以使司法机关查明犯罪真相就可以成立自首。

通说认为,“如实供述自己的罪行”必须是按照实际情况彻底交代自己所实施的 36
全部罪行。当然,如果由于主客观因素的影响,犯罪嫌疑人只能如实交代自己的主要或基本的犯罪事实,也应视为是如实供述罪行。如果犯罪嫌疑人在交代犯罪的过程中推诿罪责、保全自己、意图逃避制裁,或者歪曲罪质、隐瞒情节、企图蒙混过关,或者掩盖真相、避重就轻、试图减轻罪责,等等,均属未如实供述罪行,不能成立自首。

需要明确的问题是:交代主要犯罪事实,但对影响量刑的情节有所隐瞒的,仍然 37
成立自首。这应当说是显而易见的道理,但是,司法实践中对此还存在模糊认识。例如,比较有代表性的案件是余金平案,自首的认定与否是本案关键问题之一。该案的基本事实是,被告人余金平酒驾撞人致死后离开现场。在该案中,关于交通肇事罪的认定并无争议,但对其中的某些事实部分,即被告人余金平在事故发生时是否意识到撞了人,对此,检察院和法院存在意见分歧。一审法院认为,鉴于被告人余金平自动投案,到案后如实供述犯罪事实,可认定为自首,依法减轻处罚。二审法院否定自首的成立,主要理由是被告人“未能如实供述主要犯罪事实”。具体而言,二审法院认

10 参见张明楷:《刑法学》(第6版),法律出版社2021年版,第736页。

11 参见最高人民法院刑事审判第一、二、三、四、五庭主办:《中国刑事审判指导案例1》,法律出版社2017年版,第390—393页。

为,在交通肇事案件中,主要犯罪事实包括交通事故的具体过程、事故原因及犯罪对象等方面事实。对于驾驶机动车肇事致人死亡的案件而言,行为人在事故发生时驾车撞击的是人还是物属于关键性的主要犯罪事实,而被告人在投案后未对酒后驾车撞人进行如实供述。因此,关于自首的认定,焦点问题是被告人是否如实供述自己的罪行,即被告人自动投案后,是否如实交代自己的主要犯罪事实。

38 二审法院之所以得出否定性结论,是因为对交通肇事案件的主要犯罪事实作了界定,即“交通事故的具体过程、事故原因及犯罪对象等方面事实”。在此基础上,得出行为人在事故发生时驾车撞击的是人还是物属于关键性的主要犯罪事实。对于此种界定,有学者提出异议,认为其不适当、不合理地限缩了交通肇事案件犯罪嫌疑人自首认定的范围。就自首的本意而言,是犯罪嫌疑人或者被告人向司法机关主动投案,承认自己存在违法行为,侵害了特定的对象;同时对因果过程进行基本的、如实的叙述,不作歪曲和变更。若要求行为人将细节和要素都很详尽地说明,可能对行为人要求过高。[12] 而且,根据余金平的一审供述,不至于对基本犯罪事实和加重情节事实的认定造成障碍,因此不能否定其已供述“主要犯罪事实”。[13] 因此,本案是存在认定为自首的可能的。

39 有学者为了平衡这种状况,提出了“基本犯自首”的概念,即承认基本犯(肇事)但否认加重构成犯(逃逸)的罪行,属于没有如实供述全部的主要犯罪事实,不是一个完整的、全面的自首,可称之为“基本犯自首”。按照该主张,对于基本犯自首,仍应给予“成立自首”的法律评价。但是,与全面自首相比,应从严把握从宽幅度,可以从轻但不能减轻处罚。[14] 该观点的问题意识值得肯定,但可能在类似问题的处理上将问题复杂化了,一旦重新建构自首概念,不仅会带来认定上的混乱,而且在《刑法》分则罪名中,“基本犯”和“加重犯”未必能截然区分,提出“基本犯自首”的现实意义就会大打折扣。

40 再如,犯罪分子以前曾经犯罪,被判处有期徒刑以上刑罚,在刑罚执行完毕后 5 年内又故意犯罪,但仅因形迹可疑,在被司法人员盘问时如实交代犯罪事实,但未供述真实姓名及前科情况,司法机关无法确认其以前犯罪的事实,可能影响司法机关对累犯的认定的,能否认定为如实供述罪行并成立自首?

41 有部分实务部门人士认为,被告人未如实供述姓名及前科情况,说明其坦白态度不好,不属于主动供述司法机关未掌握的犯罪事实,不应认定为自首。其理由是:《刑事诉讼法》第 160 条第 2 款规定:“犯罪嫌疑人不讲真实姓名、住址,身份不明的,应当

---

12 参见黄晓亮:《余金平自首认定问题分析》,载 https://www.sohu.com/a/393419674_751940,访问时间:2020 年 6 月 8 日。

13 参见龙宗智:《余金平交通肇事案法理重述》,载《中国法律评论》2020 年第 3 期。

14 参见车浩:《基本犯自首、认罪认罚的合指控性与抗诉求刑轻重不明》,载 https://new.qq.com/rain/a/20200422A0NT3Q00,访问时间:2020 年 4 月 26 日。

对其身份进行调查,侦查羁押期限自查清其身份之日起计算,但是不得停止对其犯罪行为的侦查取证。对于犯罪事实清楚,证据确实、充分,确实无法查明其身份的,也可以按其自报的姓名起诉、审判。”这为处理真实身份不明的被告人提供了法律依据。故被告人以其自报的姓名如实供述其犯罪事实,接受司法机关的审查并负相应的刑事责任,同样可以予以定罪和量刑。被告人虽在司法机关未掌握其犯罪事实、仅被盘问之时,即供述其犯罪事实,但这里的特殊之处在于被告人曾经犯罪被判处有期徒刑,而且其在交代个人自然情况时,未交代真实姓名,而是冒用他人姓名,这一情节可能影响对被告人累犯的认定,从而影响到对被告人这一次犯罪的量刑,无法体现对累犯从重的刑事处罚原则。被告人隐瞒真实姓名及前科情况这一情节,说明其具有侥幸心理,不想真诚接受司法机关的处罚。所以对被告人隐瞒真实身份及前科的情节,应认定为不是如实交代犯罪事实,对被告人不能认定为自首。

该观点从表面上看比较合理,但是缺乏法律依据,没有很好地理解刑法设立自首 42
制度的基本精神。设立自首制度的初衷,是鼓励犯罪分子主动向司法机关交代主要犯罪事实,而不是全部事实,以便为司法机关开展活动奠定基础。犯罪分子的自首,往往只是启动司法程序的前提,自首者的行为是否符合犯罪构成、证实犯罪的相应证据是否充分,需要司法机关在接受自首以后开展大量的调查核实工作。同时,还需要注意,犯罪人在因形迹可疑被盘查的场合,如实供述自己刚刚实施完毕、被司法机关怀疑的事实的,就属于“如实供述自己的罪行”,就此次供述的事实而言,成立自首应当没有疑问。换言之,犯罪分子此次实施了强奸罪,只要其就该罪主要犯罪事实如实供述的,就应当成立自首,即使其以前实施过杀人、抢劫等罪还未交代,也不影响司法机关认定行为人就强奸罪而言成立自首。那种要求自首者必须交代所有犯罪事实、情节(例如前科情况),甚至交代与犯罪无关的事实(例如其真实姓名、住址等)的观点,人为地为自首的成立设置了障碍,并不可取。所以,犯罪分子未如实供述姓名及前科情况,但主动供述司法机关未掌握的本次犯罪主要事实,且在交代犯罪过程中,就正在交代的罪行而言,不推诿罪责、歪曲罪质、隐瞒情节的,也不掩盖真相、避重就轻、试图减轻罪责的,就属于如实供述罪行,应当认定为自首。当然,对隐瞒前科事实,足以影响司法机关对累犯成立的判断的,即使犯罪分子有自首情节,在处理时也可以不从轻或者减轻处罚。

对此,最高人民法院《关于处理自首和立功若干具体问题的意见》规定:“除供述 43
自己的主要犯罪事实外,还应包括姓名、年龄、职业、住址、前科等情况。犯罪嫌疑人供述的身份等情况与真实情况虽有差别,但不影响定罪量刑的,应认定为如实供述自己的罪行。犯罪嫌疑人自动投案后隐瞒自己的真实身份等情况,影响对其定罪量刑的,不能认定为如实供述自己的罪行。”

V 特别自首的成立条件

特别自首是指被采取强制措施的犯罪嫌疑人、被告人和正在服刑的罪犯如实供 44

述司法机关尚未掌握的本人其他罪行的行为。

45 犯罪嫌疑人、被告人被采取强制措施是指司法机关对犯罪嫌疑人、被告人所采取的拘传、取保候审、监视居住、拘留、逮捕等措施。犯罪嫌疑人被采取强制措施,不等于犯罪人处于“在押状态”,犯罪嫌疑人只是被取保候审、监视居住,但是没有在押的,仍然属于“被采取强制措施”。[15] 如果犯罪嫌疑人未被采取强制措施,而主动投案、向司法机关供述自己被指控的罪行以外的犯罪事实并接受审判的,对后罪可成立一般自首。罪犯正在服刑是指其被人民法院判决有罪并实际投入执行场所执行刑罚。正在服刑的罪犯是已决犯,其范围包括被判处管制、拘役、有期徒刑、无期徒刑、死刑缓期二年执行的罪犯。罪犯正在被执行管制刑,单处或者并处罚金、剥夺政治权利、没收财产等附加刑的,也属于“正在服刑”,其如实供述司法机关尚未掌握的本人其他罪行的,也成立自首。被假释的犯罪分子和被宣告缓刑的犯罪分子,不属于正在服刑的罪犯,因为假释和减刑是附条件地提前释放和不执行刑罚,罪犯在假释考验期和缓刑考验期,不能认为是在服刑。所以,对假释和缓刑期间的罪犯,主动交代司法机关尚未掌握的本人其他罪行的,不成立特别自首,而属于一般自首。

46 一般自首与特别自首在形式上的区别即是否自动投案,也即犯罪人是否自觉地投入刑事诉讼活动中,接受司法机关的控制和处理。从形式上看,自动投案是以犯罪分子具有人身自由为前提的,而已被采取强制措施的犯罪嫌疑人、被告人及正在服刑的罪犯,其人身自由已受到司法机关的控制,自动投案的问题便无从谈起。但从自首的本质特征来看,即仅就犯罪人自愿悔罪,愿意承担法律后果这一点来看,犯罪人向司法机关交代尚未被掌握的其他犯罪行为,对于后罪来讲,也属于一定意义上的自动投案。此外,在一般自首中,如实供述自己的罪行,该罪行即使已被司法机关掌握,犯罪人只要如实交代,亦可成立自首。但在特别自首中,犯罪人必须如实交代司法机关尚未掌握的自己其他罪行,才能成立自首。

47 如何理解特别自首中的司法机关还未掌握的“本人其他罪行”？第一种观点认为,“本人其他罪行”是指犯罪分子本人的、与司法机关掌握的犯罪在性质上并不相同的犯罪。第二种观点认为,这里的其他罪行,既包括与被指控的犯罪性质不同的异种罪行,也包括与被指控的犯罪性质相同的同种罪行。第三种观点认为,在审判过程中,特别自首的本人其他罪行是指司法机关还未掌握的异种罪行;在服刑过程中,特别自首的本人其他罪行既包括异种罪行,也包括同种罪行。最高人民法院《关于处理自首和立功具体应用法律若干问题的解释》赞同上述第一种观点,即把特别自首限于供述不同种类的罪行。该司法解释第 2 条规定:“根据刑法第六十七条第二款的规定,被采取强制措施的犯罪嫌疑人、被告人和已宣判的罪犯,如实供述司法机关尚未掌握的罪行,与司法机关已掌握的或者判决确定的罪行属不同种罪行的,以自首论。”第 4 条规定:“被采取强制措施的犯罪嫌疑人、被告人和已宣判的罪犯,如实供述司法

---

[15] 参见张明楷:《刑法学》(第 6 版),法律出版社 2021 年版,第 737 页。

机关尚未掌握的罪行,与司法机关已掌握的或者判决确定的罪行属同种罪行的,可以酌情从轻处罚;如实供述的同种罪行较重的,一般应当从轻处罚。”对于供述同种罪行的,司法解释没有明确是否以自首论处,但规定了从轻处罚。应该说,该规定是可取的,但如果把已宣判的罪犯供述同种漏罪作为自首处理,可能更为合理。

需要讨论的是,如何理解特别自首中的司法机关“还未掌握”某种罪行的问题。 48
对于“还未掌握”,严格理解就是没有发觉或发现有相关犯罪线索和犯罪事实。有学者据此认为,还未掌握应是指司法机关“一无所知”,即对已因前罪而受审案犯的其他罪行完全不知晓。如果司法机关掌握了一定的线索或者证据,即使这些证据尚不足以完全证明案犯构成犯罪,也应认定为司法机关已经掌握主要犯罪事实。[16] 这一观点可能有悖于刑法设立特别自首制度的初衷,值得商榷。特别自首制度的设立是为了给犯罪人留一条退路,使其获得改过自新的机会,所以,只要司法机关对主要犯罪事实没有掌握,就属于“还未掌握”。即使司法机关已经掌握与新的案件有关的线索或者部分次要事实,但只要还未掌握犯罪主要事实的,也属于“还未掌握”。犯罪人交代的事实与司法机关掌握或认定的事实不同,而且就犯罪的主要事实进行了供述,就应成立特别自首。如果对司法机关仅仅掌握了一定的线索或者证据,凭这些证据尚不足以完全证明案犯构成犯罪的情形,也认定为司法机关已经掌握,从而否定特别自首的成立,就会人为地为犯罪人自首设置障碍,也使很多刑事案件的破获成为不可能。因为司法机关只掌握了并不能完全证明案犯构成犯罪的线索或其他次要事实,如果罪犯不进一步主动交代,仍然无法对其定罪量刑。因此,《刑法》第 67 条第 2 款规定的被采取强制措施的犯罪嫌疑人、被告人和正在服刑的罪犯,如实供述司法机关还未掌握的本人其他“罪行”,是指主要犯罪事实。无论从立法精神、自首制度的本质还是司法效果考虑,都不应当把这里的司法机关“还未掌握”理解为司法机关一无所知,而只能将其解释为司法机关对足以证明行为人构成犯罪的主要事实还没有掌握。

VI 自首认定的特殊问题

一、共犯与自首

共同犯罪人自首时所应供述的自己罪行的范围,必须与其在共同犯罪中所起的 49
作用和具体分工相适应。其中,主犯中的首要分子必须供述的罪行,应包括其组织、领导、策划、指挥作用所及或支配下的全部罪行;其他主犯必须交代的罪行,应包括其在首要分子的组织、领导、策划、指挥作用的支配下,单独实施的共同犯罪的罪行以及与其他共同犯罪人共同实施的犯罪行为。从犯中次要的实行犯必须供述的罪行,应

---

16 参见黄曙:《“以自首论”的司法认定》,载《中国刑事法杂志》2000 年第 2 期。

包括犯罪分子自己实施的犯罪,以及与自己共同实施犯罪的主犯和胁从犯的犯罪行为;从犯中的帮助犯必须供述的罪行,包括自己单独实施的犯罪帮助行为,以及自己所帮助的实行犯的犯罪行为。胁从犯应供述的罪行,包括自己在被胁迫、被诱骗情况下实施的犯罪,以及自己所知道的胁迫、诱骗其犯罪的胁迫人、诱骗人所实施的犯罪行为。教唆犯应供述的罪行,包括自己的教唆行为,以及其所了解的被教唆人在产生犯罪意图之后实施的犯罪行为。此外,还需要注意的是,共犯交代属于共同犯罪的事实属于自首,如果揭发同案犯共同犯罪以外的其他罪行,经查证属实的,是立功行为,而不是自首。

二、数罪的自首

50 投案以后如实供述自己的罪行,在犯罪人犯有数罪的情况下,如实供述所犯数罪,所犯数罪都应以自首论处,对此并无异议。如果只供述其中一罪或者一部分罪行,如何认定自首呢?对此,应分为同种数罪与异种数罪分别讨论:首先,同种数罪。同种数罪是指多次实施性质相同的犯罪。在犯有同种数罪的情况下,犯罪人只供述了其中部分犯罪的,是否认定为自首?对此,我国学者认为应当区分不应并罚的数罪与应并罚的数罪,对前者不认定为自首,而对后者认定为自首。不过,也有相当一部分学者认为,对同种数罪,无论并罚还是不并罚,对于如实供述部分,都应当视为自首。其次,异种数罪。异种数罪是指行为人实施的性质不同的数个犯罪。犯罪人只对所犯各种数罪中的一罪作了供述,其自首效力是否及于未自首之罪?对此,我国刑法学界存在以下两种观点:第一种观点认为,自首效力不及于他罪;第二种观点认为,重罪自首的效力及于轻罪。[17] 通说认为,自首的效力应止于如实供述之罪而不及于他罪,即犯有数罪的犯罪嫌疑人仅如实供述所犯数罪中部分犯罪的,只对如实供述部分犯罪的行为,认定为自首。[18]

三、过失犯罪的自首

51 过失犯罪的自首问题,关键涉及过失犯罪能否成立自首。在我国刑法学界,有人以过失犯罪的犯罪事实和犯罪人容易被发现为主要理由,主张刑法所规定的自首从宽制度不适用于过失犯罪,自首对于过失犯罪没有实际意义。这种观点于法无据。我国《刑法》第 67 条并未对可以成立自首的犯罪予以任何限制,也就是说,《刑法》分则规定的所有犯罪均未被排除在可以成立自首的范围之外。所以,行为人在实施过失犯罪之后,只要其行为符合自首成立的三个条件,就应认定为自首。在这里,需要特别讨论的是交通肇事罪的自首。

---

17 参见张小虎:《刑罚论的比较与建构》,群众出版社 2010 年版,第 478 页。

18 参见高铭暄、马克昌主编:《刑法学》(第 9 版),北京大学出版社、高等教育出版社 2019 年版,第 264 页。

交通肇事后逃逸,在公安机关侦查阶段主动投案、交代罪行的,应认定为自首,人们对此没有异议。但对于行为人肇事后没有逃跑,主动到公安机关投案,如实交代罪行的,能否认定为自首情节,则争议较大。一种意见认为,根据《道路交通安全法》第70条第1款的规定,车辆驾驶人应当立即停车抢救受伤人员,并迅速报告执勤的交通警察或者公安机关交通管理部门。鉴于法律对肇事者赋予了强制性的报告义务,因此,即使肇事者没有逃逸,主动到公安机关投案,也不能视为自首,只能视为肇事者履行了法定义务。[19] 另一种意见认为,在交通肇事案件中,无论犯罪人逃逸还是未逃逸,案发后主动到公安机关投案,如实供述自己的罪行的,均应认定为自首。但是,在具体处理时,对肇事者逃逸后又归案的自首,和没有逃逸直接归案的自首,在处理上应该有所区别,对未逃逸者可以考虑从宽处罚,对逃逸者可以不从宽处罚或者缩小从宽幅度。[20] 52

应该说,第二种观点更为合理,对于鼓励肇事者及时归案、配合司法机关处理案件、及时赔偿被害人损失等都有积极意义。此外,对逃逸后又归案者认定为自首,对认罪态度较好的未逃逸者反而不认定为自首,有时会带来处罚上的不合理,也会使刑法无法得到公众的认同。对此,最高人民法院《关于处理自首和立功若干具体问题的意见》规定:"交通肇事后保护现场、抢救伤者,并向公安机关报告的,应认定为自动投案,构成自首的,因上述行为同时系犯罪嫌疑人的法定义务,对其是否从宽、从宽幅度要适当从严掌握。交通肇事逃逸后自动投案,如实供述自己罪行的,应认定为自首,但应依法以较重法定刑为基准,视情决定对其是否从宽处罚以及从宽处罚的幅度。" 53

四、单位犯罪的自首

除对自然人可以适用自首外,对单位也能适用自首。一方面,单位可以具有投案意图。单位犯罪后,其法定代表人或直接责任人员出于愧疚、减轻罪责和恐惧等心理,产生投案意图,把自己的意图通过特定方式如开会研究等上升为单位的意志,并由单位决定向有关机关投案,从而可实现投案的意图。另一方面,在客观上,单位也可自动投案,如实供述自己的罪行。单位的投案是先由其决策机构作出决定,再向有关机关投案。在实践中,主要有两种情形:法定代表人自动投案;单位向司法机关或其他有关单位投送加盖其公章、承认其犯罪的书面材料。 54

单位自首的对象为犯罪嫌疑人、被告人。在侦查阶段,犯罪单位也被称为犯罪嫌疑人;在起诉和审判阶段,犯罪单位也被称为被告人或被告单位,所以,我国刑法并没 55

---

19 参见陈荣飞:《交通肇事后报警并保护事故现场的行为不应认定为自首》,载《甘肃政法学院学报》2010年第2期。

20 参见陈兴良:《刑法适用总论(下卷)》(第3版),中国人民大学出版社2017年版,第468页。

有明确自首的被告人、犯罪嫌疑人只能是自然人,更没有排斥、否定单位自首的存在。此外,《刑法》第31条规定,单位犯罪的,对单位判处罚金,并对其直接负责的主管人员和其他直接责任人员判处刑罚。因此,对于构成自首的犯罪单位,可直接通过减少罚金数额或对其主管人员和其他责任人员从轻、减轻处罚,来实现自首从宽的刑罚裁量原则。

五、职务犯罪的自首

56　2009年3月12日最高人民法院、最高人民检察院《关于办理职务犯罪案件认定自首、立功等量刑情节若干问题的意见》对办理贪污、受贿、渎职等职务犯罪案件如何认定自首作出了明确规定。具体而言:犯罪事实已被掌握,犯罪分子已被发觉,犯罪分子没有自动投案,在办案机关调查谈话、讯问、采取调查措施或者强制措施期间,犯罪分子如实交代办案机关掌握的线索所针对的事实的,不能认定为自首。这里办案机关的举措,不仅包括讯问和强制措施,也包括调查谈话和其他调查措施。其中的调查谈话,包括纪检监察机关对犯罪分子的调查谈话。其中的调查措施,包括纪检监察机关对犯罪分子采取的"双规""双指"措施。具有以下情形之一的,以自首论:第一,犯罪分子如实交代办案机关未掌握的罪行,且与办案机关已掌握的罪行属不同种罪行的;第二,办案机关所掌握的线索针对的犯罪事实不成立,在此范围外犯罪分子交代同种罪行的。

Ⅶ　自首的处理

57　自首是从宽处理的理由之一,这主要是因为自首行为表明犯罪人的人身危险性降低。一方面,自首的犯罪分子,自愿将自身置于司法机关的控制之下,放弃了人身自由,脱离了社会,并可能因此被处以自由刑,丧失了在社会上再犯新罪的可能。另一方面,自首的犯罪人,多数有悔改之心,愿意承担法律后果,在一定程度上反映了他们抱有弃恶向善的决心,加之司法机关对之的鼓励、教育,返归社会后重新犯罪的可能性就很小。

58　自首从宽是各国刑法的通例。但在如何从宽处理上又存在以下两种不同的立法例:绝对从宽原则,即对于自首犯,不问自首罪行的轻重、是否出于悔罪等,一概予以从宽处罚;相对从宽原则,即对于自首犯,原则上予以从宽处理,但在个别情况下也可以不予从宽处理。是否从宽处理,由法官根据案件情节裁量确定。我国刑法根据犯罪轻重对自首犯采取相对从宽处罚原则。

59　根据《刑法》第67条的规定,犯罪后自首,无论罪行轻重都可以从轻或者减轻处罚。但对于极少数罪行特别严重、情节特别恶劣的犯罪分子,也可以不从轻或减轻处罚。对此,最高人民法院《关于处理自首和立功若干具体问题的意见》明确指出:"虽然具有自首或者立功情节,但犯罪情节特别恶劣、犯罪后果特别严重、被告人主观恶性深、人身危险性大,或者在犯罪前即为规避法律、逃避处罚而准备自首、立功的,可以不从宽处罚。”

对犯有较轻罪行,又自首的犯罪分子,可以免除处罚。犯罪是否较轻,应当根据犯罪的事实、性质、情节和危害后果加以综合评析。对于犯罪较轻者,究竟是否免除处罚,应根据案件的具体情况加以确定,一般而言,首先要考虑罪行较轻的程度,其次考虑自首的具体情节,如投案时间、投案动机、客观条件、交代程度等。 60

此外,在司法实践中还应注意,在共同犯罪案件中,对于自首的共同犯罪人,应考虑从宽处罚;对于未自首的共同犯罪人,不能按自首犯予以从宽处罚。在特别自首中,犯罪人对其所供述的司法机关尚未掌握的本人其他罪行成立自首,而不是对全案成立自首,此时,对从宽处罚的幅度更应谨慎把握。 61

Ⅷ 坦白的概念

坦白,是指犯罪分子被动归案之后,如实供述自己罪行的行为。例如,贪污、贿赂犯罪的嫌疑人被办案机关采取调查谈话、讯问及调查措施或者强制措施期间,如实交代办案机关掌握的线索所针对的事实的,不能认定为自首,但属于坦白。 62

Ⅸ 坦白的认定

一、坦白的成立条件

坦白的成立条件是犯罪分子如实供述自己的罪行。如实供述,意味着行为人按照自己的记忆供述自己的犯罪行为,而不是作虚假供述。如实供述的内容,除自己的主要犯罪事实外,还应包括姓名、年龄、职业、住址、前科等情况。犯罪嫌疑人在交代罪行的过程中隐瞒主要事实或关键情节,掩盖真相,企图蒙混过关,属于未如实供述罪行,不能成立坦白;犯罪嫌疑人如实供述自己的罪行后,又翻供的,也不能认定为坦白。 63

二、坦白与自首的区别

坦白与自首的相同之处为:一是均以行为人实施了犯罪行为为前提;二是犯罪人在归案之后都是如实交代自己的犯罪事实;三是犯罪人都有接受国家审查和裁判的行为;四是都是从宽处罚情节。然而,自首与坦白之间的区别更为重要。一般自首与坦白的区别在于,一般自首是犯罪人自动投案后,如实供述自己的罪行;坦白是犯罪人被动归案后如实供述自己的罪行。特别自首与坦白的区别在于,特别自首是如实供述司法机关尚未掌握的本人其他罪行,坦白是如实供述司法机关已经掌握的本人罪行。实际上,自首与坦白所反映出的罪犯人身危险性程度不同,自首者的人身危险性相对较低,坦白者的人身危险性相对较高。 64

X　坦白的处理

65　根据《刑法》第 67 条第 3 款的规定,犯罪嫌疑人有坦白情节的,可以从轻处罚;因坦白避免特别严重后果发生的,可以减轻处罚。这表明,如果是普通坦白,可以从轻处罚。因坦白而避免特别严重后果发生的,可以减轻处罚。对此存在两项条件:第一,避免特别严重后果发生。例如,被害人被及时抢救、犯严重犯罪的犯罪人被及时抓获、赃物及时起获、避免了重大财产损失等。第二,避免特别严重后果发生与坦白要具有因果关系。这是指因为犯罪人的坦白而避免了特别严重后果发生,否则不能减轻处罚。由此可见,即使将坦白视为法定从宽处罚情节,其从宽程度通常也要低于自首。

第六十八条　立　功

犯罪分子有揭发他人犯罪行为，查证属实的，或者提供重要线索，从而得以侦破其他案件等立功表现的，可以从轻或者减轻处罚；有重大立功表现的，可以减轻或者免除处罚。

文献:马克昌主编:《刑罚通论》(第2版),武汉大学出版社1999年版;张小虎:《刑罚论的比较与建构》,群众出版社2010年版;周光权主编:《刑法历次修正案权威解读》,中国人民大学出版社2011年版;高铭暄:《中华人民共和国刑法的孕育诞生和发展完善》,北京大学出版社2012年版;陈兴良主编:《刑法总论精释》(第3版),人民法院出版社2016年版;高铭暄、马克昌主编:《刑法学》(第9版),北京大学出版社、高等教育出版社2019年版;周光权:《刑法总论》(第4版),中国人民大学出版社2021年版。林亚刚:《自首、立功若干规定的理念及反思》,载《法学评论》2005年第6期;高铭暄、彭凤莲:《论立功的成立条件》,载《北京师范大学学报(社会科学版)》2006年第5期;卢勤忠:《单位立功的若干疑难问题研究》,载《法学评论》2007年第2期;蔡永彤:《功利与公正之间:立功制度的价值取向及其改造》,载《政治与法律》2008年第8期;徐科雷:《刑法立功制度若干问题刍议》,载《中国刑事法杂志》2012年第3期。

细目录

Ⅰ　主旨
Ⅱ　沿革
Ⅲ　立功的概念
Ⅳ　立功的成立条件
　一、揭发犯罪型立功
　二、提供重要线索型立功
　三、其他成立立功的情形
　四、单位犯罪的立功问题
Ⅴ　立功的处理

Ⅰ　主旨

我国刑法所确立的立功制度和对立功犯从宽处罚的原则,具有重大的意义:一方面,这一制度可以激励犯罪分子改过自新,重新做人,使其能以较为积极的态度协助司法机关工作,提高司法机关办案效率;另一方面,这一制度可以有效地瓦解犯罪势 1

力,促使其他犯罪分子主动归案,减少因犯罪而对社会造成的不安定。

Ⅱ　沿革

2　1979年《刑法》未对立功作出独立和完整的规定,只是间接涉及立功的内容。在1979年《刑法》第63条中,立功情节的考虑,是以犯罪分子自首为前提的,此时立功作为从宽量刑情节所适用的范围较窄,司法实践面临何为立功、对有立功情节的犯罪分子应当如何处罚等问题时,难免出现争议。

3　为更好地体现和执行立功从宽这一刑事政策,鼓励犯罪分子立功,以利于及时查处犯罪,1984年最高人民法院、最高人民检察院、公安部《关于当前处理自首和有关问题具体应用法律的解答》第4条、1990年全国人民代表大会常务委员会《关于禁毒的决定》第14条、1993年《国家安全法》第24条均规定了立功制度,这些规定总结了司法实践经验,为立功单独成条写入刑法奠定了实践基础。[1]

4　1997年《刑法》第68条将立功从宽制度作为独立的量刑情节予以法定化,并对什么是立功、立功的表现形式以及如何处罚作出明确规定,便于司法机关具体操作。同时,对一般立功和重大立功规定了不同的处罚原则,不仅有利于鼓励犯罪人立大功,争取更宽大的处理,也有利于更有力地打击各类犯罪。[2]

5　1997年《刑法》第68条原条文是:"犯罪分子有揭发他人犯罪行为,查证属实的,或者提供重要线索,从而得以侦破其他案件等立功表现的,可以从轻或者减轻处罚;有重大立功表现的,可以减轻或者免除处罚。犯罪后自首又有重大立功表现的,应当减轻或者免除处罚。"2011年《刑法修正案(八)》删去了原条文第2款,主要是考虑到"应当减轻或者免除处罚"的规定过于轻纵宽缓,有违罪刑均衡原则。

6　首先,犯罪分子只有自首,"可以从轻或者减轻处罚。其中,犯罪较轻的,可以免除处罚"。犯罪分子只有立功,"可以从轻或者减轻处罚;有重大立功表现的,可以减轻或者免除处罚"。对自首又有重大立功的,"应当减轻或者免除处罚",这意味着,自首的"可以从轻或者减轻处罚",加上重大立功的"可以减轻或者免除处罚"就等于"应当减轻或者免除处罚"。这种换算不符合罪刑均衡原则。"应当"型的从宽情节与"可以"型的从宽情节的性质和程度均不同,前者比后者要宽缓许多,前者是必须从宽处罚,后者是根据具体情形,可以从宽处罚也可以不从宽处罚。二者并不存在两个"可以"型从宽情节加起来就等于一个"应当"型从宽情节的对价关系。简言之,从两个"可以"的理由并不能得出一个"应当"的理由。

7　其次,立功有普通立功和重大立功之别,自首也有轻罪自首和重罪自首的区别。

1　参见高铭暄:《中华人民共和国刑法的孕育诞生和发展完善》,北京大学出版社2012年版,第256—258页。

2　参见王爱立主编:《中华人民共和国刑法条文说明、立法理由及相关规定》,北京大学出版社2021年版,第200页。

《刑法》第 67 条第 1 款规定,对自首“可以从轻或者减轻处罚。其中,犯罪较轻的,可以免除处罚”。可以看出,轻罪的自首的待遇要优于重罪的自首。而原第 68 条第 2 款规定对自首又有重大立功的,应当减轻或者免除处罚。其中,对立功的要求是重大立功,而对自首没有要求是轻罪自首。实务中,如果犯罪人所犯罪行极其严重,但因有自首和重大立功,就应当对其减轻或者免除处罚,这样的处理结论不符合罪刑均衡原则,也难以为普通国民所接受。

最后,根据罪刑均衡原则,对犯罪分子判处刑罚时主要考虑其罪行的社会危害性和其本人的人身危险性。其中,社会危害性是量刑基准,人身危险性起到调节作用。自首和立功从宽处罚的根据主要是人身危险性降低。因此,对自首和立功在量刑中的影响不能过高评估。何况,当前实务中在认定立功时存在许多不规范、滥用的现象,一些犯罪分子通过违法手段谋取立功。在这种形势下对立功过于奖励,既不符合量刑的主要根据,也有损量刑工作的权威性。 8

根据 2011 年 4 月 25 日发布的最高人民法院《关于〈中华人民共和国刑法修正案(八)〉时间效力问题的解释》第 5 条的规定,2011 年 4 月 30 日以前的犯罪,犯罪后自首又有重大立功表现的,适用修正前《刑法》第 68 条第 2 款的规定。 9

Ⅲ　立功的概念

立功的主体是犯罪分子,即被采取强制措施的犯罪嫌疑人、被告人和正在服刑的罪犯。既然立功的主体是犯罪分子,那么,犯罪分子的亲属根据犯罪分子提供的线索协助公安机关抓获其他案件的犯罪分子的,不能视为犯罪分子有立功表现。这里的犯罪分子分为两类:一类是未决犯,包括犯罪嫌疑人和被告人;另一类是已决犯,主要是指在服刑期间的罪犯。这两类犯罪分子都是立功的主体,都有立功的机会。当然,由于身处不同环境,立功的机会是不一样的。例如,正在服刑的罪犯可以通过抢险救灾而立功,犯罪嫌疑人、被告人往往很难以抢险救灾而立功,且这两类人立功的意义也不同。未决犯的立功对于裁决时的量刑有影响,已决犯的立功对于服刑期间的减刑有影响。[3] 10

立功分为一般立功和重大立功,立功对量刑有重大影响。 11

一般立功,就是本条中所说的有“立功表现”,根据 1998 年 4 月 17 日发布的最高人民法院《关于处理自首和立功具体应用法律若干问题的解释》第 5 条的规定,这些情形大致包括:犯罪分子到案后有检举、揭发他人犯罪行为,包括共同犯罪案件中的犯罪分子揭发同案犯共同犯罪以外的其他犯罪,经查证属实的;提供侦破其他案件的重要线索,经查证属实的;阻止他人犯罪活动的;协助司法机关抓捕其他犯罪嫌疑人(包括同案犯)的;具有其他有利于国家和社会的突出表现的;等等。 12

3　参见陈兴良主编:《刑法总论精释》(第 3 版),人民法院出版社 2016 年版,第 850 页。

13　根据 1998 年 4 月 17 日发布的最高人民法院《关于处理自首和立功具体应用法律若干问题的解释》第 7 条的规定,重大立功,是指犯罪分子有检举、揭发他人重大犯罪行为,经查证属实的;提供侦破其他重大案件的重要线索,经查证属实的;阻止他人重大犯罪活动的;协助司法机关抓捕其他重大犯罪嫌疑人(包括同案犯)的;对国家和社会有其他重大贡献等表现的;等等。与重大立功有关的“重大犯罪”“重大案件”“重大犯罪嫌疑人”的标准,一般是指犯罪嫌疑人、被告人可能被判处无期徒刑以上刑罚或者案件在本省、自治区、直辖市或者全国范围内有较大影响等情形。

14　其中,根据最高人民法院、最高人民检察院《关于办理职务犯罪案件认定自首、立功等量刑情节若干问题的意见》的规定,犯罪分子检举、揭发的他人犯罪,提供侦破其他案件的重要线索,阻止他人的犯罪活动,或者协助司法机关抓捕的其他犯罪嫌疑人,犯罪嫌疑人、被告人依法可能被判处无期徒刑以上刑罚的,应当认定为有重大立功表现。其中,可能被判处无期徒刑以上刑罚,是指根据犯罪行为的事实、情节可能判处无期徒刑以上刑罚。案件已经判决的,以实际判处的刑罚为准。但是,根据犯罪行为的事实、情节应当判处无期徒刑以上刑罚,因被判刑人有法定情节经依法从轻、减轻处罚后判处有期徒刑的,应当认定为重大立功。

Ⅳ　立功的成立条件

15　立功的具体表现形式多种多样。由于本条明确将立功分为揭发犯罪的立功和提供重要线索的立功两种情形,所以这里主要讨论这两种立功的成立条件。

一、揭发犯罪型立功

(一)揭发犯罪型立功的一般成立条件

16　(1)犯罪分子所揭发的是他人的罪行。这一条件可以从两个方面来把握:

17　首先,犯罪分子所揭发的罪行须为他人所犯之罪行。如果犯罪分子供述自己的犯罪事实,即使该犯罪事实尚未被司法机关所掌握,亦不构成立功,但可能成立自首。在共犯人之间的共同故意不相同的场合,超出共同故意的犯罪与共同故意的犯罪在性质上没有相似性,在犯罪发展过程中没有因果关联性的,揭发者可能成立立功(例如,共谋诈骗者之一在现场实施强奸的,他人对强奸犯的揭发可以构成立功);反之,则难以认定为立功(例如,明知与他人没有债权债务关系而教唆他人扣押人质索取债务的,构成非法拘禁罪的犯罪嫌疑人对绑架罪犯的揭发不能成立立功;共谋“教训”他人,有伤害故意者对杀人犯的揭发也不能成立立功;共谋盗窃中,其中一人在现场使用暴力抗拒抓捕的,抢劫犯对盗窃犯的揭发也难以认定为立功)。在参与双方都会受到处罚的对向犯(例如行贿罪、受贿罪)中,揭发他人的犯罪事实属于如实供述自己犯罪事实的当然组成部分,是揭发者本人成立自首或者坦白的必要条件,此情节不能使用两次(禁止重复评价),因此,难以再成立立功。例如,甲因为犯故意杀人罪被抓获,在审讯过程中,甲交代了自己向乙行贿 50 万元的事实。对行贿罪而言,甲成立自首,其不能因为"揭发"乙对应的受贿行为再成立立功。但在仅处罚某一方的对向犯中,揭发者可能成立立功(例如,因抢劫被采取强制措施的犯罪嫌疑人检举他人贩卖淫秽物品犯罪的,可以成立立功)。

其次,犯罪分子所揭发的是"犯罪行为"。揭发他人的一般违法行为或不道德行为,不构成立功;揭发他人的犯罪行为,事后查明他人当时未成年或不具有责任能力的,揭发者仍应成立立功;揭发他人的犯罪行为,但他人在行为时并没有故意或过失,而是意外事件造成的,揭发者仍应成立立功;揭发他人的犯罪行为,但是该行为未达到刑法处罚所需的情节严重、严重后果、数额较大等条件,不影响立功的成立;揭发他人的犯罪行为,但是该犯罪行为已超过追诉时效的,不影响立功的成立。 18

(2)揭发的内容必须能够得到证实。所谓得到证实,一般是指经司法机关查证,犯罪分子所揭发的人确实实施了其被揭发的罪行。 19

(3)揭发行为与其他犯罪分子受刑事追诉之间具有因果关系。所谓因果关系是指,由于立功者的揭发,而使其他犯罪分子被捕获或被证实有罪,也即犯罪分子的揭发行为在查证犯罪、打击犯罪的活动中起了实质性作用。如果其他犯罪分子虽被捕获并被证实有罪,但与揭发行为并无关系,而是由司法机关通过侦查获得或是立功者以外的其他人得知线索后提前向司法机关揭发的,揭发者不构成立功。 20

以上三个条件缺一不可。只有揭发行为而无司法机关的查证,或揭发的问题已被司法机关所掌握,或犯罪分子揭发的内容无法查证,均不能构成立功。 21

(二)揭发他人犯罪,但该犯罪最终未移送司法机关处理,揭发者是否可以认定为立功

例如,犯罪分子在交代自己的犯罪事实后向检察机关揭发他人收受财物的事实。根据有关规定,检察机关将此情况转告纪检部门。纪检部门根据被揭发人的受贿数额、情节、全部退还受贿款的表现,对其给予纪律处分,没有移送司法机关处理。关于犯罪分子的揭发行为能否构成立功,肯定说认为,犯罪分子的行为构成立功。理由是,未移送司法机关处理并不影响对该行为的定性,只要揭发的事实经查证属实,且根据刑法规定,被揭发人的受贿数额已达到犯罪标准,依法应追究其刑事责任,犯罪分子就可以构成立功。否定说认为,揭发行为不构成立功。理由是,我国法律规定未经人民法院依法判决,不能确定任何人有罪。根据这一原则,由于被揭发人的行为未经法院确认为有罪,因此不能认定其受贿行为就是犯罪。由于被犯罪分子揭发的行为不是犯罪,因此揭发行为不能认定为立功。[4] 22

相对于否定说,肯定说似乎更为可取。一方面,刑法设立立功制度的初衷是鼓励犯罪分子检举、揭发他人的犯罪行为,以节约司法成本,有效惩罚犯罪;另一方面,本 23

---

4 参见陈兴良主编:《刑法总论精释》(第 3 版),人民法院出版社 2016 年版,第 856 页。

条对揭发他人犯罪行为构成立功的条件,规定为"查证属实"。查证属实,不等于被揭发的行为被法院最终确定为有罪,只要事实意义上的(而非评价意义上的)"犯罪行为"存在即可。

(三)犯罪嫌疑人在被羁押期间,接受司法机关委托,执行监管任务时检举他人的犯罪行为能否认定为立功

24 司法实践中可能出现这样的情况:在看守所内部,公安机关为便于管理所有被羁押者,往往指定某一犯罪嫌疑人为特定监室的"号长"或担任一定职务,对其他犯罪嫌疑人进行监管。该号长或担任一定职务者在执行职务过程中,获知他人未被发觉的罪行,并向司法机关检举的,是否属于立功? 对此,实务界存在争议。

25 理论上多数说认为,应具体情形具体分析:首先,如果被检举的行为是检举者在执行其职责过程中,其他被监管人向其汇报,然后检举人向司法机关汇报的,不应认定为立功。因为,被委托承担一定监管职责的犯罪嫌疑人负有将其监管范围内的其他犯罪嫌疑人的举动向看守所如实汇报的义务。在其他被监管者主动向其坦白或检举犯罪行为时,其必须如实向司法机关汇报。在此过程中,负有一定监管职责的犯罪嫌疑人本身不存在自己的意思表示,而只是看守所监管职能的延伸,起"传声筒"或"监视器"的作用。因此,对此行为不应认定为立功,但可以将此作为酌定情节,在量刑时予以考虑。其次,如果被检举的犯罪线索或犯罪行为是检举者在日常作息中无意获知或有意探知后,向司法机关揭发的,则可以认定为立功。因为负有一定监管职责的犯罪嫌疑人经看守所指定为"号长"或担任其他职务,其在执行职责过程中,主要义务是对其他被监管人进行日常管理,包括维护监室秩序、传达并执行监所决定等,但主动揭发犯罪并不属于其义务范畴,换言之,犯罪嫌疑人主动揭发犯罪,是超越其义务的行为。因此,对犯罪嫌疑人无意中获知或有意探询犯罪线索并向司法机关汇报的,认定为立功,是对犯罪嫌疑人的奖励措施,符合立功制度设立的初衷。

二、提供重要线索型立功

26 一般而言,提供重要线索成立立功的条件如下:

27 (1)必须有提供重要线索的行为。重要线索,是指据以侦破其他刑事案件的线索。其他刑事案件包括一般刑事案件和重大刑事案件。如果根据提供的线索不能侦破其他刑事案件,即说明犯罪分子所提供线索具有虚假性或次要性,因而不能构成立功。

28 (2)客观上必须侦破了其他刑事案件。如果犯罪分子虽提供了线索,但并不能使其他刑事案件得以侦破,或由于犯罪分子在逃长期不能破案,则无法认定为立功。即便提供的线索属实,但因为种种原因,未能抓捕犯罪嫌疑人,则行为人不构成立功。这是因为,立功能够作为从宽情节,要求具有有效性结果。

29 (3)提供重要线索的行为与案件得以侦破这一结果之间具有因果关系。如果犯罪分子所提供的线索已为司法机关所掌握,并以此使案件得以侦破,则不能构成

立功。

关于“线索”的来源,最高人民法院、最高人民检察院《关于办理职务犯罪案件认定自首、立功等量刑情节若干问题的意见》规定,犯罪分子提供下列情形的线索、材料,不能认定为立功:①本人通过非法手段或者非法途径获取的;②本人因原担任的查禁犯罪等职务获取的;③他人违反监管规定向犯罪分子提供的;④负有查禁犯罪活动职责的国家机关工作人员或者其他国家工作人员利用职务便利提供的。 30

最高人民法院《关于处理自首和立功若干具体问题的意见》规定:“犯罪分子通过贿买、暴力、胁迫等非法手段,或者被羁押后与律师、亲友会见过程中违反监管规定,获取他人犯罪线索并‘检举揭发’的,不能认定为有立功表现。犯罪分子将本人以往查办犯罪职务活动中掌握的,或者从负有查办犯罪、监管职责的国家工作人员处获取的他人犯罪线索予以检举揭发的,不能认定为有立功表现。犯罪分子亲友为使犯罪分子‘立功’,向司法机关提供他人犯罪线索、协助抓捕犯罪嫌疑人的,不能认定为犯罪分子有立功表现。” 31

三、其他成立立功的情形

对于立功的表现形式,立法上采取了列举和概括相结合的方法。根据立法精神和相关司法解释的规定,下列情形也属于立功: 32

(1)犯罪分子阻止他人的犯罪活动的。这种情况一般发生在羁押场所或者监狱内。犯罪分子为制止他人的犯罪活动,协助司法机关维护劳动改造场所的秩序,承担了一定的风险,这是以实际行动证明其有悔改的诚意,所以应属于立功。 33

(2)犯罪分子协助司法机关缉捕其他犯罪嫌疑人,包括同案犯的。最高人民法院《关于处理自首和立功若干具体问题的意见》规定:犯罪分子具有下列行为之一,使司法机关抓获其他犯罪嫌疑人的,属于“协助司法机关抓捕其他犯罪嫌疑人”:①按照司法机关的安排,以打电话、发信息等方式将其他犯罪嫌疑人(包括同案犯)约至指定地点的;②按照司法机关的安排,当场指认、辨认其他犯罪嫌疑人(包括同案犯)的;③带领侦查人员抓获其他犯罪嫌疑人(包括同案犯)的;④提供司法机关尚未掌握的其他案件犯罪嫌疑人的联络方式、藏匿地址的。需要注意的是,对于协助司法机关抓捕同案犯的认定,需要严格限定。对于犯罪分子提供同案犯姓名、住址、体貌特征等基本情况,或者提供犯罪前、犯罪中掌握、使用的同案犯联络方式、藏匿地址,司法机关据此抓捕同案犯的,不能认定为协助司法机关抓捕同案犯。 34

(3)犯罪分子有其他有利于国家和社会的突出表现的,如有重要的发明创造,对提高生产、促进建设有利;积极抢险救灾,减少或防止了国家损失,保护了他人的安全;等等。 35

四、单位犯罪的立功问题

单位犯罪的立功是相对于自然人犯罪的立功制度而言的,是指犯罪单位和有关 36

责任人员在刑事诉讼中检举、揭发本单位罪行以外的其他罪行,或者协助司法机关缉捕罪犯,或者实施其他对社会有益的行为,从而对该犯罪单位和有关责任人员从轻、减轻或者免除处罚的量刑制度。确立单位犯罪的立功制度,鼓励单位检举、揭发其他罪行、提供破案线索和协助缉捕案犯,有助于消除社会隐患,有利于节约刑事司法资源,也为犯罪单位和有关责任人员提供了一个将功补过的机会。对有立功表现的犯罪单位和有关责任人员给予从轻、减轻或者免除处罚必然直接促进犯罪单位和有关责任人员悔罪自新,加速改造,因此,单位犯罪的立功制度符合刑罚目的。

37 单位立功行为包括:①犯罪单位检举、揭发本单位并未参与,而由其他单位或自然人直接实施的罪行,经查证属实。但是,犯罪单位检举、揭发的自然人或其他单位的犯罪,是与本单位共同实施的犯罪时,仍属于共犯如实供述自己的罪行,不能成立立功。②犯罪单位向司法机关提供侦破其他案件的重要线索。犯罪单位提供的线索如果是人所共知的事实,不能帮助公安机关破获案件,不构成立功。③犯罪单位协助司法机关缉捕本单位有关责任人员、自然人共犯或其他单位共犯的直接责任人员。

V　立功的处理

38 立功是从宽处理的理由之一。立功从宽处罚的主要根据在于其在一定程度上反映出犯罪分子人身危险性的降低。犯罪分子敢于协助司法机关同犯罪行为作斗争,说明其内心尚存良知,反映出对已犯罪行不同程度上的悔悟,对犯罪在一定程度上的憎恶,由此也或多或少地预示着其再犯可能性的降低。

39 至于立功后的具体从宽幅度,《刑法》第 68 条规定,犯罪分子有立功表现的,可以从轻或者减轻处罚。有重大立功表现的,可以减轻或者免除处罚。在具体决定是否从轻、减轻或者免除处罚以及从轻、减轻处罚的幅度时,应当根据犯罪的事实、性质、情节和对社会的危害程度,结合立功表现所起作用的大小、所破获案件的罪行轻重、所抓获犯罪嫌疑人可能判处的法定刑以及立功的时机等具体情节加以考虑。

第四节　数罪并罚

前　注

文献:马克昌主编:《刑罚通论》(第 2 版),武汉大学出版社 1999 年版;周光权主编:《刑法历次修正案权威解读》,中国人民大学出版社 2011 年版;高铭暄:《中华人民共和国刑法的孕育诞生和发展完善》,北京大学出版社 2012 年版;利子平、蒋帛婷:《新中国刑法的立法源流与展望》,知识产权出版社 2015 年版;陈兴良主编:《刑法总论精释》(第 3 版),人民法院出版社 2016 年版;陈兴良:《刑法适用总论(下卷)》(第 3 版),中国人民大学出版社 2017 年版;高铭暄、马克昌主编:《刑法学》(第 9 版),北京大学出版社、高等教育出版社 2019 年版;贾宇主编:《刑法学》,高等教育出版社 2019 年版;周光权:《刑法总论》(第 4 版),中国人民大学出版社 2021 年版。侯国云:《数罪并罚具体方法的错误与矫正》,载《中国政法大学学报》2008 年第 4 期;刘志伟:《数罪并罚若干争议问题研讨》,载《法学杂志》2009 年第 4 期;张明楷:《论同种数罪的并罚》,载《法学》2011 年第 1 期;张明楷:《数罪并罚的新问题——〈刑法修正案(九)〉第 4 条的适用》,载《法学评论》2016 年第 2 期。

细目录

Ⅰ　主旨
Ⅱ　沿革
Ⅲ　本节的重要问题

Ⅰ　主旨

数罪并罚是一项重要的量刑制度,其实质在于依据一定的准则,解决行为人因犯数罪而被判处的数个宣告刑与刑罚执行之间的关系。正确适用数罪并罚制度,有利于改造罪犯,实现刑罚目的。发现漏罪并罚的时间是在判决宣告以后,刑罚执行完毕以前,这是发现漏罪的并罚与普通数罪并罚的根本区别之所在,所以,应当对发现漏罪的并罚确定专门的适用规则。被判刑的犯罪分子在刑罚执行期间所实施的新罪,比在其他情况下实施的犯罪具有更大的社会危害性,前罪被判处刑罚的事实和刑罚执行过程中的各种惩罚、教育措施未能对其产生预防再犯的效用。通过给予再犯新罪者更为严厉的惩罚,旨在更好地实现刑罚的特殊预防目的。 1

Ⅱ 沿革

2 1979 年《刑法》第四章第四节规定了数罪并罚的三种不同情况,即判决宣告前一人犯数罪均已被发觉的数罪并罚(第 64 条),判决宣告后又发现余罪的数罪并罚(第 65 条),以及判决宣告后刑罚没有执行完毕前又犯新罪的数罪并罚(第 66 条)。1997 年《刑法》第四章第四节保持了这一体例,仅对本节条文的少量文字表述、标点符号进行了调整。

3 在 1979 年《刑法》制定过程中,有部门曾提出在本节中规定罪数的认定标准及种类。[1] 如 1979 年《刑法》第 22 稿第 71 条至第 73 条分别规定了数罪中的一罪被赦免、想象竞合与牵连犯、连续犯这三种情形下的处理方式,但这三个条文最终都被未被写入 1979 年《刑法》中。理由是:首先,"数罪中有赦免"的这种情形和我国 1959 年以来颁布的特赦令不符,后者都是赦免某些罪犯而不是某项罪;其次,想象竞合和牵连犯不发生数罪并罚是可以理解的,不规定也不会发生问题;最后,何谓连续犯中的"连续行为"认识上不太一致,由学理来解释更加灵活。[2] 在 1988 年研拟修订刑法的过程中,想象竞合、连续犯、牵连犯亦一度被写入刑法修订稿本,但是后来考虑到理论和实践对想象竞合、连续犯、牵连犯的概念及条件的认识分歧较大,纳入立法的时间还不成熟,于是在此后的 1995 年 8 月 8 日刑法总则修改稿中删除了上述规定。[3] 至今为止,立法者尚未在刑法总则中对罪数问题进行规定。[4]

Ⅲ 本节的重要问题

4 数罪并罚,是指人民法院对犯罪人在法定期限内所犯数罪分别定罪量刑以后,依照法律所规定的并罚原则和并罚规则(包括刑期计算方法)决定应当执行的刑罚的制度。

5 数罪并罚原则是数罪并罚制度的核心或灵魂,各国所采用的数罪并罚原则主要有哪些,我国采取的是哪种原则,需要进一步明确。普通数罪是指判决宣告以前发现的数罪,对于这种数罪的并罚,是数罪并罚的典型形态,具体应如何处理,也需要予以具体分析。刑罚未执行完毕以前发现漏罪的合并处罚,应该遵守什么规则,以及存在的其他疑问,需要得到解决。司法实践中,适用《刑法》第 71 条规定的先减后并原则进行并罚,哪些问题需要特别注意,同样需要予以明确。

---

1 之所以出现这种考虑,是因为在我国改革开放之初的刑法理论中,罪数并非单独的章节,而是在刑罚论的数罪并罚部分讨论。对我国罪数理论演进史的详细梳理,可参见陈兴良:《从罪数论到竞合论——一个学术史的考察》,载《现代法学》2011 年第 3 期。

2 参见高铭暄:《中华人民共和国刑法的孕育诞生和发展完善》,北京大学出版社 2012 年版,第 66 页。

3 参见高铭暄:《中华人民共和国刑法的孕育诞生和发展完善》,北京大学出版社 2012 年版,第 262—263 页。

4 对刑法分则中涉及罪数问题的条文的梳理,可参见王彦强:《"从一重处断"竞合条款的理解与适用——兼谈我国竞合(罪数)体系的构建》,载《比较法研究》2017 年第 6 期。

第六十九条　判决宣告前一人犯数罪的并罚

判决宣告以前一人犯数罪的，除判处死刑和无期徒刑的以外，应当在总和刑期以下、数刑中最高刑期以上，酌情决定执行的刑期，但是管制最高不能超过三年，拘役最高不能超过一年，有期徒刑总和刑期不满三十五年的，最高不能超过二十年，总和刑期在三十五年以上的，最高不能超过二十五年。

数罪中有判处有期徒刑和拘役的，执行有期徒刑。 数罪中有判处有期徒刑和管制，或者拘役和管制的，有期徒刑、拘役执行完毕后，管制仍须执行。

数罪中有判处附加刑的，附加刑仍须执行，其中附加刑种类相同的，合并执行，种类不同的，分别执行。

文献：高铭暄主编：《新中国刑法学研究综述（1949—1985）》，河南人民出版社1986年版；马克昌主编：《刑罚通论》（第2版），武汉大学出版社1999年版；周光权主编：《刑法历次修正案权威解读》，中国人民大学出版社2011年版；高铭暄：《中华人民共和国刑法的孕育诞生和发展完善》，北京大学出版社2012年版；利子平、蒋帛婷：《新中国刑法的立法源流与展望》，知识产权出版社2015年版；周光权：《刑法总论》（第3版），中国人民大学出版社2016年版；陈兴良主编：《刑法总论精释》（第3版），人民法院出版社2016年版；陈兴良：《刑法适用总论（下卷）》（第3版），中国人民大学出版社2017年版；高铭暄、马克昌主编：《刑法学》（第9版），北京大学出版社、高等教育出版社2019年版。侯国云：《数罪并罚具体方法的错误与矫正》，载《中国政法大学学报》2008年第4期；刘志伟：《数罪并罚若干争议问题研讨》，载《法学杂志》2009年第4期；张明楷：《论同种数罪的并罚》，载《法学》2011年第1期；张明楷：《数罪并罚的新问题——〈刑法修正案（九）〉第4条的适用》，载《法学评论》2016年第2期。

细目录

Ⅰ　主旨
Ⅱ　沿革
Ⅲ　数罪并罚的特征
Ⅳ　数罪并罚的一般原则
　一、数罪并罚原则概述
　二、我国的数罪并罚原则
Ⅴ　我国刑法中普通数罪的并罚

一、普通数罪并罚的独特性

二、普通数罪并罚需要注意的问题

I 主旨

1 罪刑相适应原则的基本要求是一罪一罚,数罪并罚。所以,数罪并罚制度的实质在于依据一定的准则,解决行为人在因犯数罪而被判处的数个宣告刑与刑罚执行之间的关系。数罪并罚是一项重要的量刑制度,各国刑法对此都有明确规定,正确适用数罪并罚制度,可以使犯罪人得到应得的惩罚,有利于改造罪犯,实现刑罚目的;也便于审判人员对一人犯数罪进行正确处理,对准确量刑有着决定性影响。

II 沿革

2 本条是从 1979 年《刑法》第 64 条的规定直接移植过来的,并经《刑法修正案(八)》第 10 条和《刑法修正案(九)》第 4 条修正。1979 年《刑法》第 64 条原条文为:"判决宣告以前一人犯数罪的,除判处死刑和无期徒刑的以外,应当在总和刑期以下、数刑中最高刑期以上,酌情决定执行的刑期;但是管制最高不能超过三年,拘役最高不能超过一年,有期徒刑最高不能超过二十年。如果数罪中有判处附加刑的,附加刑仍须执行。"该条确立的以限制加重原则为主、以吸收原则和并科原则为补充的折中原则是我国数罪并罚制度的核心。这一立足于我国国情和刑事法律状况的数罪并罚原则,不仅有利于充分发挥刑法所规定的各种刑罚方法的整体作用,而且使各种具体的数罪并罚原则最大限度地趋利除害、扬长避短,并形成最优化的统一功能。因而以折中原则为核心的数罪并罚制度是科学的,对于确保我国刑罚目的的实现和各个刑种作用的发挥也是十分有效的。由此,在修订后的 1997 年《刑法》中,将其作为第 69 条予以保留。

3 《刑法修正案(八)》对本条的修改主要有两点:一是对有期徒刑的数罪并罚作了重大改动,将以前的"有期徒刑最高不能超过二十年"改为两种情形:"有期徒刑总和刑期不满三十五年的,最高不能超过二十年,总和刑期在三十五年以上的,最高不能超过二十五年。"二是对附加刑的数罪并罚进行了明确规定:"附加刑种类相同的,合并执行,种类不同的,分别执行。"

4 对有期徒刑数罪并罚的修正,主要是为了解决"死刑过重、生刑过轻"的问题,因此,有必要将有期徒刑数罪并罚的上限适当上调。这样做也为进一步减少死刑做了必要铺垫。至于将有期徒刑数罪并罚的上限提高至多少年才算适当,存在争议。有人建议提至 25 年,有人建议提至 30 年。最后立法采取了 25 年,主要是考虑到两点:第一,有期徒刑数罪并罚原来的上限是 20 年,一下子增至 30 年,跨度过大。第二,判处有期徒刑 30 年,与我国无期徒刑的实际执行刑期已经非常接近,甚至比实务中有些判处无期徒刑的实际执行刑期还要长。这无异于变相增加了无期徒刑的适用,与刑罚从刑种、刑度上逐步轻缓的大趋势相左。同时,为了防止产生这种弊端,通过立法技术进行了适当限制。具体而言分为两种情形:总和刑期在 35 年以下的,维持 20 年的上限不变;总和刑期在 35 年以上的,将上限提至 25 年。[1]

数罪中分别判处有期徒刑、拘役或者管制应如何并罚的问题,刑法没有明文规定,对此,《刑法修正案(九)》第 4 条在第 69 条中增加一款作为第 2 款,规定:“数罪中有判处有期徒刑和拘役的,执行有期徒刑。数罪中有判处有期徒刑和管制,或者拘役和管制的,有期徒刑、拘役执行完毕后,管制仍须执行。” 5

根据 2011 年 4 月 25 日发布的最高人民法院《关于〈中华人民共和国刑法修正案(八)〉时间效力问题的解释》第 6 条的规定:“2011 年 4 月 30 日以前一人犯数罪,应当数罪并罚的,适用修正前刑法第六十九条的规定;2011 年 4 月 30 日前后一人犯数罪,其中一罪发生在 2011 年 5 月 1 日以后的,适用修正后刑法第六十九条的规定。” 6

根据 2015 年 10 月 29 日发布的最高人民法院《关于〈中华人民共和国刑法修正案(九)〉时间效力问题的解释》第 3 条的规定:“对于 2015 年 10 月 31 日以前一人犯数罪,数罪中有判处有期徒刑和拘役,有期徒刑和管制,或者拘役和管制,予以数罪并罚的,适用修正后刑法第六十九条第二款的规定。” 7

Ⅲ 数罪并罚的特征

依照我国《刑法》的规定,数罪并罚具有以下特征: 8

(1)一人犯数罪。这是适用数罪并罚的前提。所谓数罪,一般是指实质上的数罪或独立的数罪,其必须是一个行为人所为,就犯罪形态和罪过形式而言,一个人所犯数罪,既可以是故意犯罪,也可以是过失犯罪,既可以以单独犯形式为之,也可以以共犯形式为之;既可以表现为犯罪的既遂形态,也可以表现为犯罪的未完成形态(犯罪预备、犯罪未遂和犯罪中止)。 9

至于何谓应予并罚的数罪或实质数罪,我国刑法未明确规定。目前,在我国刑法学上基本确定了以犯罪构成为标准划分一罪与数罪界限的理论地位。据此,一行为在刑法上规定为一罪或处理时作为一罪的情形,包括结合犯、继续犯、结果加重犯、想象竞合犯等;数行为处理时作为一罪的情形,包括连续犯、牵连犯、吸收犯等,一般不属于数罪的范畴,除法律有特别规定的以外,没有数罪并罚的可能。 10

(2)所犯数罪发生在法定期限内。此为适用数罪并罚的时间条件,即只有当刑罚执行完毕以前发现犯罪人犯有数罪的,才能适用数罪并罚。我国刑法中关于不同法律条件下适用数罪并罚的具体规则强调以刑罚执行完毕之时作为适用数罪并罚的最后时限,即对刑罚未执行完毕以前所犯数罪均予以并罚,同时对于在不同的刑事法律关系发展阶段内实施或发现的数罪,采用不尽一致的并罚规则,以体现区别对待原 11

---

1 参见周光权主编:《刑法历次修正案权威解读》,中国人民大学出版社 2011 年版,第 322 页。

则。这充分反映出,对于在不同时期犯有数罪,并因此表现出不同社会危害性和人身危险性的罪犯,法律对其予以谴责的程度也有所差别。换言之,我国刑法对于在刑罚执行完毕之前所犯数罪均实行并罚,这是我国刑法中罪刑相适应原则和宽严相济刑事政策在刑罚适用中的具体体现。

12　根据我国刑法规定,从时间上可以把数罪并罚分为以下几种情形:一是判决宣告以前一人犯数罪的并罚,这是最常见的数罪并罚的情况,后文称其为“普通数罪的并罚”。在这种情况下,由于判决均未宣告,因此,应当对所犯数罪分别定罪量刑以后,主要按照限制加重的数罪并罚原则,决定应当执行的刑罚。二是判决宣告以后,刑罚执行完毕以前,发现被判刑的犯罪分子在判决宣告以前还有其他罪行没有判决的并罚。在这种情况下,有一个罪已经判决并且已经执行了部分刑罚,因而只需对新发现的漏罪作出判决,把前后两个判决所确定的刑罚,依照“先并后减”的刑期计算方法实行并罚。三是判决宣告以后,刑罚执行完毕以前,被判刑的犯罪分子又犯罪的并罚。在这种情况下,有一个罪已经判决并且已经执行了部分刑罚,因而只需对新犯的罪行作出判决,把前罪没有执行完毕的刑罚和后罪所判处的刑罚,依照“先减后并”的刑期计算方法实行并罚。四是被宣告缓刑的犯罪分子,在缓刑考验期限内再犯新罪或者发现判决宣告以前还有其他罪没有判决的并罚。在这种情况下,应当撤销缓刑,对新犯的罪行或者发现的漏罪进行判决,把前罪和后罪所判处的刑罚实行并罚。五是被假释的犯罪分子,在假释考验期限内,发现其在判决宣告以前还有其他罪行没有判决或者又犯新罪的并罚。在这种情况下,应当撤销假释,对新犯的罪行或者新发现的漏罪作出判决,把前罪没有执行的刑罚和后罪所判处的刑罚实行并罚。在适用数罪并罚的时候,必须严格掌握所犯数罪的时间条件。如果是在刑罚执行完毕或者赦免以后再犯新罪的,就不实行并罚。对于后罪,当作再犯处理;如果符合累犯条件的,根据累犯从重处罚原则进行处理。因为在这种情况下,前罪由于已经执行完毕或者赦免,因而不是现实的犯罪,而成为前科,即使犯罪人再次犯罪,也不与已经执行完毕或者赦免的犯罪实行并罚。

13　(3)依法确定刑罚。此为适用数罪并罚的程序规则和实际操作准则,换言之,这是人民法院在确定行为人于法定期限内犯有数罪的事实基础上,在对犯罪人所犯数罪合并处罚的过程中,必须遵守的基本规则。数罪并罚如果不是依法进行,而是由法官任意行事,就会使数罪并罚制度形同虚设,导致执行刑期的计算错误,给刑事诉讼的顺利开展设置障碍,最终使罪刑相适应等刑法基本原则遭受破坏。

14　要坚持依法确定刑罚,法官就应当注意:一是必须对罪犯所犯数罪依法逐一分别确定罪名并裁量、宣告其刑罚。在此过程中,应当依法确定犯罪行为发生的时间,以及应予并罚的数罪属性,即并罚之数罪是仅指异种数罪,还是包括同种数罪。二是应根据适用于不同刑种的并罚原则,即吸收原则、限制加重原则和并科原则,以及不同条件下的并罚规则、刑罚计算方法将各罪的宣告刑合并决定应当执行的刑罚。

Ⅳ 数罪并罚的一般原则

一、数罪并罚原则概述

数罪并罚原则,是数罪并罚制度的核心或灵魂,它一方面体现出一国刑法所奉行的刑事政策的性质和特征,另一方面从根本上制约着该国数罪并罚制度的具体内容及其适用效果。各国所采用的数罪并罚原则,主要有以下四种: 15

(一)并科原则

并科原则,亦称相加原则、累加原则或合并原则等,是指将一人所犯数罪而被法官分别宣告的各罪刑罚直接相加、合并执行的合并处罚准则。并科原则源于"有罪必罚""一罪一刑""数罪数罚"的古老观念。 16

并科原则在某种程度上是报应刑主义或报应论刑罚思想的产物,其貌似公允,但实际弊端甚多。如对有期自由刑而言,采用直接相加的方法决定执行的刑罚期限,往往超过犯罪人的生命极限,与无期徒刑的效果并无二致,已丧失有期徒刑的意义。在一些国家,犯罪人被判处上百年有期徒刑的实例不可胜数。再如,数罪中若有被判处死刑或无期徒刑者,则受刑种性质的限制,根本无法采用直接相加的并科规则并予以执行;并且,逐一执行所判数个无期徒刑或死刑,事实上也不可能。因而仅有少数国家采用这一原则。而且,单纯采用并科原则的立法例甚为鲜见。某些采用并科原则的国家只得规定例外情形作为适用并科原则的补充规定,其要旨为:当刑罚属性不允许实行并科原则时,则科处性质更重的刑罚。例如,将数个有期徒刑合并为无期徒刑或者将数个无期徒刑合并为死刑。显然,这种处置方法也不尽合理。 17

因此,并科原则实际上既难以执行,且无必要,亦过于严酷,有悖当代刑罚制度的基本原则和精神。西方国家中主张采用并科原则但又力主限制其弊端的学者,针对数罪之刑直接相加、不加限制地合并执行的主张和法律规定,提出了数罪并科以后再对数刑相加的总和刑期略作减轻,或者对合并执行的刑罚最高限度作适当限制的改进意见。显然,这种试图修正并科原则偏颇之处的主张,并不能根本消除该原则的缺陷。 18

(二)吸收原则

吸收原则,是指对一人所犯数罪采用重罪刑罚吸收轻罪刑罚的处罚准则。换言之,是由最重宣告刑吸收其他较轻的宣告刑,仅以最重罪的宣告刑或者已宣告的最重刑罚作为执行刑罚。其要旨为,首先对数罪分别定罪量刑,而以宣告刑为准,确定数罪中各罪所被判处刑罚的轻重,选择其中最重的刑罚作为应执行的刑罚,其余较轻的刑罚(轻罪之刑)被吸收,不予执行。需要注意的是,刑的吸收与罪的吸收有本质上的不同,应当加以区分:罪的吸收,又称重罪吸收轻罪,是指以法定刑为准确定数罪中的重罪与轻罪,然后仅对数罪中法定刑最重的一罪判处刑罚,法定刑较轻的其他数罪不 19

予判刑。简言之,只是按照数罪中最重之罪的法定刑判处刑罚,即通常所说的"从一重罪处断"。刑的吸收,又称为重刑吸收轻刑,是指首先对数罪分别定罪量刑,而以宣告刑为准,确定数罪中各罪所判处刑罚的轻重,选择其中最重的刑罚作为应当执行的刑罚,其余较轻的刑罚被吸收,不再执行。

20　在以上两种吸收情形中,罪之吸收是牵连犯、吸收犯等犯罪形态中采用的定罪方法,通常涉及一罪与数罪的区分。由于采取重罪吸收轻罪的吸收原则,因而只定一罪,不以数罪论处。因而,罪的吸收并不是数罪并罚的原则,作为数罪并罚原则的只能是刑的吸收,即在所犯数罪分别定罪量刑的基础上,重刑吸收轻刑。即使为了简便,在实行刑之吸收原则的情况下,仅以重罪处刑,轻罪不再处刑,也与重罪吸收轻罪不同。重罪吸收轻罪是定罪原则,是罪之吸收。由于轻罪被吸收,轻罪之刑当然也被吸收。重刑吸收轻刑是量刑原则,它的前提是存在数罪,刑虽然被吸收了,但罪的存在不可否认。

21　吸收原则虽然适用颇为便利,尤其对于死刑、无期徒刑等刑种的并罚较为适宜,但若普遍采用,即也适用于其他刑种(如有期徒刑、财产刑等),则弊端明显。一是违背罪刑相适应的刑法基本原则,有重罪轻罚之嫌。因为,在绝对采用该原则实行数罪并罚的情况下,犯数罪者和犯一重罪者被判处的刑罚相同。二是导致刑罚的个别威慑和一般威慑功能丧失,不利于刑罚的特殊预防和一般预防效果的实现。因为,在犯数罪和犯一重罪承担相同刑事责任的情况下,无疑等于鼓励犯罪人或潜在犯罪人实施一重罪之后,去实施更多同等或较轻的罪。所以当今仅有少数国家单纯采用吸收原则。

(三)限制加重原则

22　限制加重原则,亦称限制并科原则,是指以一人所犯数罪中法定的最重刑罚为基础,再在一定限度内对其予以加重作为执行刑罚的合并处罚准则。采用该原则的具体限制加重方法,主要有两种类型:一是依数罪中最重犯罪的法定刑加重处罚。即以法定刑为准确定数罪中的最重犯罪(法定刑最高的犯罪),再就法定刑最重刑罚加重处罚并作为执行的刑罚。二是依数罪中被判决宣告的最重刑罚加重处罚。即在对数罪分别定罪量刑的基础上,以宣告刑为准确定其中最重的刑罚,再就宣告的最高刑罚加重处罚作为最终执行的刑罚。此类限制加重的通常做法是,在数刑中最高刑期以上、总和刑期以下,决定执行的刑罚,同时在刑法中规定应执行的刑罚不能超过的最高限度。

23　限制加重原则既克服了并科原则和吸收原则或失之于严酷且不便具体适用,或失之于宽纵而不足以惩罚犯罪的弊端,又使数罪并罚制度贯彻了有罪必罚和罪刑相适应的原则,也采取了较为灵活、合乎情理的合并处罚方式,因此,限制加重的做法是数罪并罚原则的一大进步。不过,该原则并非完美无缺,它虽然可以有效地适用于对有期自由刑等刑种的合并处罚,但对于死刑、无期徒刑却根本无法采用,因而不能将其普遍适用于各种刑罚。

(四)折中原则

折中原则,是指根据各种刑罚方法的性质、特点,分别采用吸收原则、并科原则和限制加重原则。在一般情况下,采用以下并罚的方法:一是对于判处数个死刑、数个无期徒刑或数刑中有一个死刑或无期徒刑的,采取吸收原则,只宣告一个死刑或无期徒刑,其他刑罚均被死刑或无期徒刑所吸收。因为死刑意味着对犯罪人生命的剥夺,人的生命一经剥夺,其肉体自然消灭,其他刑罚方法不可能再执行,因而将其他刑罚予以吸收。无期徒刑是终身剥夺犯罪人的自由,因此,判处无期徒刑以后,其他自由刑亦已无执行之可能,因而将其他刑罚予以吸收。二是对于其他有刑期、数额限制的刑罚,采取限制加重原则。因为在这些情况下,合并执行,刑罚失之过重;采吸收原则,则刑罚失之过轻。三是对于判处主刑与附加刑,两者可以同时执行的,一般采用并科原则。折中原则由于吸纳了各种数罪并罚原则的优点,能够适用于各种不同的情况,因而受到各国的青睐,被广泛采用。 24

二、我国的数罪并罚原则

我国刑法在数罪并罚问题上确立了以限制加重为主,以吸收原则和并科原则为补充的折中原则。其具有以下特点: 25

(1)兼采吸收原则、限制加重原则、并科原则。 26

(2)均无普遍适用效力,每一原则仅适用于特定的刑种。即依照刑法的严格规定,吸收原则只适用于死刑和无期徒刑,限制加重原则只适用于有期徒刑、管制和拘役三种有期自由刑,并科原则只适用于附加刑。但数罪中判有附加刑时,其实际合并处罚,有一定的特殊性。 27

(3)限制加重原则居于主导地位,吸收原则和并科原则处于辅助或次要地位。 28

数罪并罚原则的上述特点,是由我国刑罚体系的特点和各刑种的实际适用情况所决定的:一方面,我国刑法确立了以自由刑为主的刑罚体系,其中主刑的种类有死刑、无期徒刑、有期徒刑、拘役、管制五种,吸收原则仅适用于死刑、无期徒刑两种主刑;限制加重原则适用于三种主刑,即有期徒刑、拘役和管制。显然,仅就数罪并罚原则的刑种适用范围而言,限制加重原则的适用范围要比吸收原则的适用范围更为广泛,所以,折中原则是在限制加重原则的基础上建立的。另一方面,虽然我国刑法规定可以适用死刑和无期徒刑的犯罪,在全部法定罪名中占有相当比重,但就我国刑事审判的实际状况而言,被判处有期自由刑即有期徒刑、拘役和管制的犯罪,其数量大大超过了被判处死刑和无期徒刑的犯罪。审判实践决定了在三种不同的数罪并罚原则中,适用数量最多、范围最广的依然是限制加重原则。这足以表明,在我国数罪并罚原则体系中,限制加重原则居于事实上的主导地位。 29

V 我国刑法中普通数罪的并罚

一、普通数罪并罚的独特性

30 普通数罪是指判决宣告以前发现的数罪,对于这种数罪的并罚,是数罪并罚的典型形态,我国的数罪并罚原则,就是根据这种情况确定的。判决宣告以前一人犯数罪的合并处罚规则,较之刑罚未执行完毕以前发现漏罪和刑罚执行期间再犯新罪的合并处罚规则,更有其独特性。

31 (1)必须是判决宣告以前一行为人犯有数罪,而且所发现的数罪原则上限于异种数罪,仅在个别情况下包括同种数罪。换言之,此种条件下合并处罚的数罪之性质,原则上应是不同的,而刑罚执行完毕以前发现漏罪和刑罚执行期间再犯新罪的,无论其与前罪性质是否一致,都应实行并罚。

32 (2)必须在判决宣告以前发现行为人所犯数罪。行为人虽然犯有数罪,但在判决宣告以前只发现其中一罪,其他罪行是在刑罚执行期间发现的,则不属于此种类型的数罪并罚,而是属于刑罚未执行完毕以前发现漏罪的数罪并罚。与此相关,判决宣告以前发现的数罪,必须是尚未被追究并符合追诉条件。如果行为人的某一犯罪已被追究刑事责任,包括被免予刑事处分或者所判刑罚已执行完毕,或者不具备追诉条件,如已过追诉时效期限或者告诉才处理的犯罪没有告诉或者撤回告诉的,都不属于数罪并罚的范畴,只能依各自情形进行处理。

33 (3)必须在对数罪分别定罪量刑的基础上,将对数罪分别宣告的数个刑罚,按照刑法所确立的数罪并罚原则决定执行的刑罚,其特点为将同一个判决中的数个宣告刑合并决定执行的刑罚。判决中决定执行的刑罚,是构成数罪的犯罪人实际承担的法律后果,而作为执行刑基础的各罪宣告刑,只是对行为人所犯数罪各自所作的法律评价。刑罚未执行完毕以前发现漏罪和刑罚执行期间又犯新罪的合并处罚,是按照刑法所确定的数罪并罚原则,将两个判决所判处的刑罚合并决定执行的刑罚。

34 (4)判决宣告以前一人犯数罪的合并处罚规则,是三类不同法律条件下数罪并罚规则中的基准规则,其他两类规则即刑罚未执行完毕以前发现漏罪和刑罚执行期间再犯新罪的合并处罚规则,是对这一基准规则的必要补充或修正,它们相互之间的关系是一般与特殊的关系。

二、普通数罪并罚需要注意的问题

(一)数罪并罚中的死刑

35 判决宣告的数个主刑中有数个死刑,或最高刑为死刑的,采用吸收原则,仅应决定执行一个死刑,而不得决定执行两个以上死刑或其他主刑。死刑作为最严厉的刑罚方法,既是剥夺犯罪分子再犯能力、实现特殊预防目的的最彻底手段,也是威慑不稳定分子、实现一般预防目的的最有力武器。死刑的本质决定了:首先,当判决宣告的数个主刑均为死刑或有两个以上死刑时,决定执行一个死刑即已达到适用死刑的目的,且因罪犯生命已被剥夺而无再次执行死刑的前提,故无再执行死刑的必要和可能;否则,不仅有悖于刑罚目的,而且违背刑罚适用的人道主义原则。其次,当判决宣告的数个主刑中既有死刑也有其他主刑时,先执行死刑就无再执行其他主刑的必要和可能;若先执行无期徒刑或有期自由刑等其他主刑,再执行死刑,则不仅主次倒置、轻重失宜,而且违背对一罪犯只能决定执行一个主刑的刑罚原则。所以,当数罪中宣告几个死刑或最高刑为死刑时,采用吸收原则合并处罚,只决定执行一个死刑的做法,既合乎情理,亦科学完善。

(二)数罪并罚中的无期徒刑

判决宣告的数个主刑中有数个无期徒刑或最高刑为无期徒刑的,采用吸收原则,只应决定执行一个无期徒刑,而不得决定执行两个以上的无期徒刑,或者将两个以上的无期徒刑合并升格执行死刑,或者决定执行其他主刑。无期徒刑作为终身剥夺罪犯人身自由的刑罚,是严厉性仅次于死刑的刑种和最为严厉的自由刑。无期徒刑与剥夺罪犯生命的死刑存在质的差别,与有期自由刑存在量的不可比性,因而相互不能折算。据此,首先,当判决宣告的数个主刑均为无期徒刑或有两个以上无期徒刑时,依吸收原则只决定执行一个无期徒刑的结果,便已完全排斥了再执行若干无期徒刑的可能性和必要性。而将两个以上无期徒刑合并升格为死刑的做法,也因生与死之间存在着根本界限和违背刑罚人道主义的原则,为我国刑法所不取。其次,当判决宣告的数个刑罚中最高刑为无期徒刑,其他主刑为有期自由刑时,先执行无期徒刑,便根本否定了再执行其他有期自由刑的前提;先执行有期自由刑再执行无期徒刑,则必然违反对于一个罪犯只能决定执行一个主刑的刑罚适用规则。因而,当数罪中宣告几个无期徒刑或最高刑为无期徒刑时,唯有采用吸收原则合并处罚,只决定执行一个无期徒刑,才是最为合理的处置方法。 36

(三)数罪并罚中的自由刑

1. 限制加重原则

根据《刑法》第 69 条的规定,具体的限制加重规则为:第一,判决宣告的数个主刑均为有期徒刑的,应当在总和刑期以下、数刑中最高刑期以上,酌情决定执行的刑期;如果有期徒刑总和刑期不满 35 年的,最高不能超过 20 年,总和刑期在 35 年以上的,最高不能超过 25 年。第二,判决宣告的数个主刑均为拘役的,应当在总和刑期以下、数刑中最高刑期以上,酌情决定执行的刑期,但是最高不能超过 1 年。第三,判决宣告的数个主刑均为管制的,应当在总和刑期以下、数刑中最高刑期以上,酌情决定执行的刑期,但是最高不能超过 3 年。 37

由此可见,我国刑法规定的限制加重原则的特点就在于:其一,采取双重的限制加重措施,即在数个同种有期自由刑的总和刑期未超过该种自由刑的法定最高期限 38

时,受总和刑期的限制;在数个同种有期自由刑之总和刑期超过该种自由刑的法定最高期限时,受法定数罪并罚最高执行刑期的限制,即管制最高不能超过 3 年,拘役最高不能超过 1 年,有期徒刑最高不能超过 20 年或 25 年。其二,合并处罚时决定执行的刑期或最低执行刑期,必须在所判数刑中的最高刑期以上,而且可以超过各种有期自由刑的法定最高期限,即管制可以超过 2 年,拘役可以超过 6 个月,有期徒刑可以超过 15 年。

2. 需要注意的两个问题

39 (1)根据《刑法》第 69 条第 1 款的规定,对于有期自由刑适用限制加重原则合并处罚,“应当在总和刑期以下、数刑中最高刑期以上,酌情决定执行的刑期”。该款中“以下”“以上”是否应当包括总和刑期和最高刑期的本数在内?依据《刑法》第 99 条的规定,以上、以下、以内都包括本数,因此,在适用限制加重原则决定执行的刑期时,无论是决定以数刑的最高刑还是以数刑的总和刑期作为执行的刑期,都是法律所允许的。例如,一人犯两罪,其中强奸罪被判处 8 年有期徒刑,抢劫罪被判处 9 年有期徒刑。在这种情况下,根据我国刑法规定,应当在数刑中最高刑期 9 年以上、总和刑期 17 年以下酌情决定执行的刑期。那么,对犯罪分子决定执行 9 年或者 17 年有期徒刑都符合刑法规定。但是,如此理解,明显违背了立法本意,使得限制加重原则无异于吸收原则或并科原则。因此,“总和刑期以下、数刑中最高刑期以上”的规定不宜包括其本数在内,决定执行的刑期不能与总和刑期或数刑中最高刑期相同。

40 (2)不同种自由刑如何合并?对此,刑法并无明确规定,在刑法理论上歧义甚多。[2] 第一种主张是换算说,认为应先把管制和拘役折算成有期徒刑,比例是 2 日管制折抵 1 日有期徒刑,1 日拘役折抵 1 日有期徒刑,然后按照限制加重原则,在总和刑期以下、数刑中最高刑期以上,决定执行的刑罚。第二种主张是并科说,即数罪中有多种自由刑,除死刑和无期徒刑以外,一律以同时宣告执行多种自由刑的并科方式解决。第三种主张是吸收说,认为对于数罪中同时判处有期徒刑、拘役或者管制,或管制期间又犯新罪被判处拘役或者有期徒刑的,在决定执行刑罚时,可以采取重刑吸收轻刑的办法,只决定执行有期徒刑。这样并罚既体现了法律的严肃性,又符合并罚的原则,且简便易行。第四种主张是分别说,认为可以根据案件的具体情况采取不同的方法:有的可以采取重刑吸收轻刑的方法,如一人犯两罪,分别被判处 5 年有期徒刑和 1 个月拘役,可以执行 5 年有期徒刑;有的可以采取执行完有期徒刑以后,再执行拘役和管制的方法,如一人犯两罪,分别判处有期徒刑 1 年和管制 2 年,可以执行有期徒刑 1 年后再执行管制 2 年。究竟采取哪一种方法,要依据罪刑相适应的原则来决定。对于采取重刑吸收轻刑原则不致轻纵罪犯的,即可采此方法,否则就应当并科处理。第五种主张是按比例分别执行部分刑期说,认为对于不同种有期自由刑,应从

---

2 参见陈兴良主编:《刑法总论精释》(第 3 版),人民法院出版社 2016 年版,第 878—879 页。

重到轻分别予以执行,但并非分别执行不同种有期自由刑的全部刑期,而是分别执行不同种有期自由刑的一定比例的部分刑期。例如,犯罪人因犯故意伤害罪被判处有期徒刑 1 年,因犯盗窃罪被判处管制 1 年。并罚的方法是,先执行 1 年有期徒刑的一定比例的部分刑期,再执行 1 年管制的一定比例的部分刑期。当然,不同刑种在并罚时的执行比例最好由刑法明确加以规定。第六种主张是有限制酌情(或酌量)分别执行说,认为对于不同种有期自由刑,仍应采用体现限制加重原则的方法予以并罚,即在不同种有期自由刑的总和刑期以下、数刑中最高刑期以上,酌情决定执行的刑罚,其结果是或仅执行其中一种最高刑的刑期,或酌情分别执行不同种自由刑。例如,犯罪人犯甲罪被宣告有期徒刑 3 年,犯乙罪被宣告管制 2 年,其总和刑期为有期徒刑 3 年加管制 2 年,最高刑为有期徒刑 3 年。因此,可以决定执行有期徒刑 3 年加管制 2 年,又可以仅决定执行有期徒刑 3 年,也可以在总和刑期以下、数刑中最高刑期以上,决定执行有期徒刑 3 年加管制 1 年或 6 个月等。

上述各种主张,从总体上看,换算说有其合理性,有期徒刑和拘役的差异基本上也可以忽略,因此,对拘役和有期徒刑的并罚理论上可以相互折算,即 1 日拘役折算 1 日有期徒刑,然后按照限制加重原则并罚。但《刑法修正案(九)》第 4 条规定,数罪中有判处有期徒刑和拘役的,执行有期徒刑。立法上采用了吸收原则,但该规定与“数罪中有判处有期徒刑和管制,或者拘役和管制的,有期徒刑、拘役执行完毕后,管制仍须执行”的规定相比较,在处罚上似乎并不平衡,在逻辑上也存在一定问题。 41

(四)数罪并罚中的附加刑

数罪中有判处附加刑的,采用并科原则,附加刑仍须执行。我国刑法规定的各种附加刑的具体性质、内容迥然不同。但其共同属性为,既能附加于主刑适用,又能独立适用。因此,数罪中被判处的附加刑不能被主刑所吸收,无论判决确定执行的主刑种类如何,均应适用并科原则,将所宣告的一个和数个性质各异的附加刑作为应执行的刑罚,即无论决定执行的刑罚为死刑、无期徒刑、有期徒刑、拘役还是管制,如同时判处罚金、剥夺政治权利、没收财产等附加刑的,主刑与附加刑的合并处罚适用并科原则,附加刑仍须执行,基本的理由在于,主刑与附加刑的性质不同,不妨碍其并科。可能有人提出疑问,当数罪中有被判处死刑、无期徒刑和长期徒刑时,附加判处罚金刑应受限制且不能并科,否则,罚金刑无法执行。这一担忧大可不必,因为按照我国《刑法》的规定,审判机关对犯罪分子依法适用罚金刑并裁定罚金数额时,不仅要根据犯罪分子的犯罪情节,还要客观地考虑犯罪分子对罚金数额的实际负担能力。依据这一原则决定适用的罚金刑,一般在判决后可以立即执行,即由犯罪分子在指定的期限内一次缴纳,而不致在主刑执行完毕之后再行缴纳。所以,即使是被判处死刑、无期徒刑或较长有期徒刑者,其生前或主刑执行完毕之前有负担能力的,都不影响罚金刑的执行。 42

在对数罪中的罚金刑进行并罚时,还有一个需要讨论的问题:对多个附加刑,如何并罚? 43

1. 异种附加刑的并罚

44 根据《刑法》第69条第3款的规定,附加刑种类相同的,合并执行,种类不同的,分别执行。例如,剥夺政治权利与罚金、没收财产,由于性质不同,故应当并科执行。但是,由于罚金与没收财产都属于财产刑,虽然种类不同,但性质相同,因此不能一概并科执行,而应具体分析。2000年12月13日发布的最高人民法院《关于适用财产刑若干问题的规定》第3条第2款规定:“一人犯数罪依法同时并处罚金和没收财产的,应当合并执行;但并处没收全部财产的,只执行没收财产刑。”之所以对判处罚金和没收全部财产采取吸收原则,是因为如果判处没收全部财产,犯罪分子就不可能还有财产用于支付罚金。

2. 同种附加刑的并罚

45 根据《刑法》第69条第3款的规定,附加刑种类相同的,合并执行。对此应根据具体的附加刑作具体解读。

46 《关于适用财产刑若干问题的规定》第3条第1款规定:“依法对犯罪分子所犯数罪分别判处罚金的,应当实行并罚,将所判处的罚金数额相加,执行总和数额。”这意味着,对数个罚金的并罚原则上采取并科原则。不过执行总和数额应当受到一定的限制,即不应超过犯罪人的犯罪情节所决定的及其实际经济负担能力所承受的数额。

47 对数个没收财产的并罚,不能一概而论,如果两个罪行均被判处没收部分财产,可采取并科原则。如果一个罪行被判处没收全部财产,另一罪行被判处没收部分财产,应采取吸收原则,只执行没收全部财产。

48 对数个剥夺政治权利的并罚较为复杂,如果数个剥夺政治权利中没有剥夺政治权利终身的,可采取限制加重原则,在最高剥夺期限以上、总和剥夺期限以下,决定执行的期限。例如,甲构成三个犯罪,分别被判处附加剥夺政治权利1年、2年和3年,此时可在3年以上、6年以下决定执行的期限。如果数个剥夺政治权利中有剥夺政治权利终身的,则采取吸收原则,只执行剥夺政治权利终身。

49 《刑法》第58条第1款中规定,“剥夺政治权利的效力当然施用于主刑执行期间”。据此,被判处有期徒刑、拘役附加剥夺政治权利的罪犯,在主刑执行期间当然不享有政治权利。被判处有期徒刑、拘役但未附加剥夺政治权利的罪犯,在主刑执行期间应享有政治权利。问题是,数个有期徒刑中,有的附加了剥夺政治权利,有的没有附加,如何执行剥夺政治权利?

50 例如,孙某因盗窃罪被判处有期徒刑3年,因犯诈骗罪被判处有期徒刑9年并附加剥夺政治权利2年,因犯抢劫罪被判处有期徒刑15年并附加剥夺政治权利4年,数罪并罚决定执行有期徒刑18年,附加剥夺政治权利6年。在这18年里如何执行剥夺政治权利?

51 实务中常见的做法是,在执行有期徒刑的18年中全部剥夺罪犯的政治权利。但这种做法造成了没有附加剥夺政治权利的犯罪,受到了附加剥夺政治权利的惩罚,违反了罪刑相适应原则。

合理的做法是,首先,计算出附加剥夺政治权利的主刑与未附加剥夺政治权利的主刑在刑期上的比例。其次,根据该比例将执行刑期进行分割,划分出附加剥夺政治权利的主刑刑期和未附加剥夺政治权利的主刑刑期。最后,先执行未附加剥夺政治权利的主刑,此时不剥夺罪犯的政治权利,再执行附加剥夺政治权利的主刑,此时剥夺罪犯的政治权利。主刑执行完毕,接着开始执行剥夺政治权利。以上述案例为例,3(年):9(年):15(年)=1:3:5。依此比例,在18年里,未附加剥夺政治权利的有期徒刑刑期应是2年,附加剥夺政治权利的有期徒刑刑期应是16年。然后,先执行未附加剥夺政治权利的2年有期徒刑,再执行剥夺政治权利的16年有期徒刑。有期徒刑执行完毕后再开始执行剥夺政治权利6年。有观点认为,先执行未剥夺政治权利的刑期,后执行剥夺政治权利的刑期,给予罪犯的权利是从多到少。这完全不符合罪犯改造的一般规律,不仅从理论上无法解释,在实务上也将带来不利的后果,严重打击罪犯认真改造的积极性。[3] 其实这种担心是不必要的。由于实务中大多数有期徒刑在后期都会被适用减刑,因此将未附加剥夺政治权利的刑期放在前期,将附加剥夺政治权利的刑期放在后期,实际上有利于罪犯,不会打击罪犯改造的积极性。何况有期徒刑执行完毕后仍要执行剥夺政治权利,显而易见,采取先不剥夺后剥夺的做法,比先剥夺、再不剥夺、最后又剥夺的做法要合理。 52

(五)同种数罪的并罚问题

在讨论普通数罪的并罚时,还必须涉及同种数罪能否并罚这一问题。对于判决宣告以前一人所犯的同种数罪是否并罚,在我国刑法理论中存在三种观点: 53

第一种观点认为同种数罪无须并罚,因为:首先,从中华人民共和国成立以来制定的有关刑事法律、法令来看,数罪并罚都是针对异种数罪,而不是同种数罪。在司法实践中,也采纳了对同种数罪不并罚而按一罪处罚的做法。其次,我国刑法分则的大部分条文对于犯同种罪的,因犯罪数额、情节、后果等的不同,都规定了轻重不同的量刑幅度。如在符合基本犯罪构成的前提下,大多把数额巨大、数额特别巨大、情节严重、情节特别严重、情节恶劣等作为加重法定刑的条件而明确加以规定,而且这种规定的量刑幅度相当大,这就完全可以将同种数罪的问题容纳进去从而有效解决处罚问题,没有必要实行数罪并罚。假如一个人多次犯同一性质的罪,这本身就是法定刑升格的条件。在这种情况下,直接依照有关的条文定罪量刑,既有法律依据,又完全可以做到罪刑均衡,没有必要实行并罚。少数条文虽然只规定了单一的量刑幅度,但这些条文一般是关于较轻犯罪的规定,基本上也是符合罪刑均衡要求的。再次,一人犯同种数罪和一人犯异种数罪,按不同的数额、情节、后果来量刑,对同种数罪不并罚,对异种数罪并罚,比较好掌握,轻重也比较恰当。否则有可能出现有罪不罚、重罪轻判或轻罪重判。最后,刑法理论认为,对吸收犯、牵连犯、持续犯、连续犯、 54

3 参见吴平:《数个有期徒刑、拘役部分附加剥夺政治权利并罚后的执行问题探讨》,载《行政与法》2004年第4期。

惯犯等,不适用数罪并罚。这是因为吸收犯、牵连犯等都属于实施数个行为、触犯数个罪名而成立一罪的情形。连续犯、持续犯、惯犯都属于犯有同种数罪,依照我国刑法规定都按一罪从重处罚或处以较重的法定刑。此外,从司法操作上来说,对同种数罪实行并罚,多次引用同一法律条文,定同一罪名,一次又一次地量刑,势必造成繁琐,因而没有必要实行并罚。[4]

55 第二种观点认为,同种数罪应当并罚,主要理由如下:首先,从立法上说,一般认为刑法分则是以一人犯一个既遂犯罪为标本的。因此,某一犯罪的法定刑,是根据一罪的社会危害性程度来设置的。对同种数罪实行并罚,就可以在犯两个相同之罪的情况下,通过数罪并罚最终达到罪刑均衡的效果。如果对同种数罪不实行并罚,在设置某一犯罪的法定刑时,不仅要考虑一罪的社会危害性程度,还要考虑犯数个相同之罪的社会危害性程度,因而势必需要提高法定最高刑,其结果只能是人为地提高刑法分则中各罪的法定刑,创制出一部重刑化的刑法典。其次,从司法上说,同种数罪不实行并罚,按照情节严重或者情节特别严重处理,实质上是一种很困难的办法,难以使量刑精确化。只有对同种数罪实行并罚,使罪与罚相对应,才能实现罪刑均衡。在这种情况下,即使增加一些司法上的繁琐性,也是必要的。[5]

56 第三种观点认为,同种数罪是否并罚,不能一概而论,应当坚持原则性和灵活性相结合的原则。对同种数罪原则上不并罚,在该罪法定刑限度内解决处罚问题。因为刑法中多数条文有两个以上量刑幅度,在这个幅度内从重处罚不会重罪轻判,而且比较简便。但是,如果某种罪只有一个量刑幅度,对同种数罪不并罚就不能体现数罪从重的原则时,为了弥补量刑过轻的缺陷,在法律没有禁止并罚的前提下,也可以实行并罚,以便有限制地加重犯罪分子的刑罚,更好地体现罪刑相适应原则。[6]

57 第三种观点是目前的通说[7],其合理性也是显而易见的,即在罪刑相适应原则的指导下,以适用刑罚的效果为准决定是否进行并罚,在一般情况下或者实际处罚结果符合罪刑相适应原则的条件下,对于同种数罪不必并罚,只按一罪的从重或者加重构成情节处罚即可;在罚不当罪,可能轻纵犯罪的情况下,对于同种数罪应当进行并罚。

---

4 参见郭自力主编:《中国刑法论》(第 6 版),北京大学出版社 2016 年版,第 177—178 页;陈兴良:《刑法适用总论(下卷)》(第 3 版),中国人民大学出版社 2017 年版,第 494—495 页。

5 参见陈兴良:《本体刑法学》(第 3 版),中国人民大学出版社 2017 年版,第 638 页。

6 参见王作富:《中国刑法研究》,中国人民大学出版社 1988 年版,第 341 页;张明楷:《刑法学》(第 5 版),法律出版社 2016 年版,第 603—604 页。

7 参见高铭暄、赵秉志编:《新中国刑法学研究历程》,中国方正出版社 1999 年版,第 65 页。

第七十条　发现漏罪的并罚

判决宣告以后，刑罚执行完毕以前，发现被判刑的犯罪分子在判决宣告以前还有其他罪没有判决的，应当对新发现的罪作出判决，把前后两个判决所判处的刑罚，依照本法第六十九条的规定，决定执行的刑罚。已经执行的刑期，应当计算在新判决决定的刑期以内。

文献：马克昌主编：《刑罚通论》（第2版），武汉大学出版社1999年版；高铭暄：《中华人民共和国刑法的孕育诞生和发展完善》，北京大学出版社2012年版；利子平、蒋帛婷：《新中国刑法的立法源流与展望》，知识产权出版社2015年版；陈兴良主编：《刑法总论精释》（第3版），人民法院出版社2016年版；陈兴良：《刑法适用总论（下卷）》（第3版），中国人民大学出版社2017年版；高铭暄、马克昌主编：《刑法学》（第9版），北京大学出版社、高等教育出版社2019年版；周光权：《刑法总论》（第4版），中国人民大学出版社2021年版。刘志伟：《数罪并罚若干争议问题研讨》，载《刑法杂志》2009年第4期；张明楷：《论同种数罪的并罚》，载《法学》2011年第1期；张明楷：《数罪并罚的新问题——〈刑法修正案（九）〉第4条的适用》，载《法学评论》2016年第2期。

细目录

Ⅰ　主旨
Ⅱ　沿革
Ⅲ　先并后减的并罚原则
　一、一般规则
　二、特殊问题

Ⅰ　主旨

发现漏罪并罚的时间是在判决宣告以后刑罚执行完毕以前，这也正是发现漏罪的并罚与普通数罪并罚的根本区别之所在，所以，应当对发现漏罪的并罚确定专门的适用规则。 1

Ⅱ　沿革

本条是在1979年《刑法》第65条规定的基础上修改而来的，只是对个别文字作 2

了两处修改:一是将原条文中的"刑罚还没有执行完毕以前"修改为"刑罚执行完毕以前";二是将原条文中的"第六十四条"相应修改为1997年《刑法》的"第六十九条"。

Ⅲ 先并后减的并罚原则

一、一般规则

3 根据《刑法》第70条的规定,刑罚执行完毕以前发现漏罪的并罚,必须遵守如下规则:第一,必须在判决宣告以后,刑罚执行完毕以前发现漏罪。这里的漏罪是指被判刑的犯罪分子在判决宣告以前实施的并未判决的罪。如果漏罪被发现的时间不是在判决宣告以后至刑罚执行完毕以前的期限内,而是在刑罚执行完毕之后,或者所发现的罪行并非在判决宣告之前实施的,而是在刑罚执行期间实施的,则均不得适用本条规定的合并处罚规则。第二,对于新发现的漏罪,无论是同种罪还是异种罪,都应当单独作出判决。此种条件下的合并处罚结果,可能重于判决宣告以前一人犯数罪的合并处罚结果。第三,应当把前后两个判决所判处的刑罚,即前罪所判处的刑罚与漏罪所判处的刑罚,按照相应的数罪并罚原则,决定执行刑罚。在这种情况下,合并处罚与判决宣告以前一人犯数罪的合并处罚不同的是,后者是将同一判决中的数个宣告刑合并而决定执行的刑罚,前者是将两个判决所判处的刑罚合并而决定执行的刑罚。第四,在计算刑期时,应当将已经执行的刑期计算在新判决确定的刑期之内。换言之,前一判决已经执行的刑期,应当从前后两个判决所判处的刑罚合并而决定执行的刑期中扣除。此种计算刑期的方法,一般称为"先并后减"。例如,甲犯贪污罪,判处有期徒刑12年,在刑罚执行5年以后,发现他在判决宣告以前,还犯有受贿罪没有处理。这时应当对新发现的受贿罪作出判决,如果可判处有期徒刑7年,则应在12年以上19年以下决定执行的刑期。假设决定执行的刑期为16年,应将已经执行的5年计算在16年之内,也就是说,甲只需再执行11年刑期。

二、特殊问题

1. 在数罪并罚以后刑罚执行期间,又发现犯罪分子在判决宣告以前犯有一罪的,应当如何并罚?

4 对此,我国刑法学界存在以下两种观点:第一种观点认为,应当对漏罪所判处的刑罚与原判决决定执行的刑罚,依照相应原则决定执行的刑罚。这种观点的主要论据为:前一判决即原来所作的数罪并罚判决,是已经发生法律效力的判决,如果对漏罪所判处的刑罚不与原判决决定执行的刑罚并罚,而与原判决所决定的数罪的刑罚即多个宣告刑并罚,就意味着推翻前一判决和否定前一判决已发生的法律效力,从而势必影响刑事判决的严肃性。此种观点可称为执行刑说。第二种观点认为,应当对漏罪所判处的刑罚与原判决所认定的数罪的刑罚即数个宣告刑,依据相应原则决定执行的刑罚。其主要论据为：判决宣告以前发现数罪的并罚与刑罚未执行完毕之前发现漏罪的并罚，只是并罚的时间不同，所采用的原则和结果都应当是相同的，所实际执行的刑罚也应当相同。因此，只有把原判数罪的刑罚（宣告刑）与漏罪的刑罚并罚，才更符合立法精神。主张这种观点的学者，目前在理论上占少数。该种观点可称为宣告刑说。[1]

在以上两种观点中，就当前讨论的结果而言，理论上绝大多数学者主张执行刑 5
说。[2] 的确，相比较而言，第一种观点的合理性更为明显，也更有法律依据，因为《刑法》第70条规定，发现漏罪的并罚，应当把前后两个判决所判处的刑罚，依照《刑法》第69条的规定决定执行的刑罚。这里的前罪判决的刑罚，在犯有数罪的情况下，是指数罪各自被判处的刑罚。这里的前罪决定的刑罚，在犯有数罪的情况下，是指对数罪合并处理所最终判处的刑罚。因此，应当把前罪（包括数罪）的判决视为一个已经发生法律效力的判决，在数罪并罚的时候，并不是撤销原判决，而是将原判决与后判决依照并罚原则进行合并处罚。

2. 行为人犯有一罪并被判处刑罚，在执行期间又发现其在判决宣告以前犯有数罪的，应当如何并罚？

对此，我国刑法学界也存在不同观点：第一种观点认为，应当先对新发现的数个 6
漏罪分别定罪量刑并合并处罚后，再把对前罪所判处的刑罚与对新发现的数个漏罪并罚后的刑罚，依照《刑法》第69条的规定决定执行的刑罚。第二种观点认为，应当对新发现的数个漏罪分别定罪量刑，然后将各自判处的刑罚与前罪所判处的刑罚，依照《刑法》第69条的规定决定执行的刑罚。[3] 在以上两种观点中，第二种观点更为可取。这种情形虽然与第一种情形相类似，但又存在区别。这种区别在于：前一种情形中数罪的判决是已经发生法律效力的判决；后一种情形中数罪的判决尚未发生法律效力，因而可以与前罪判决实行数罪并罚，而不是将新发现的数个漏罪并罚以后再与先前的判决实行数罪并罚。

3. 判决宣告以后、尚未交付执行之前发现漏罪的，应如何并罚？

判决业已宣告，但在尚未交付执行之前，发现被判刑的犯罪人还有其他罪行漏 7
判，是否适用《刑法》第70条的规定予以并罚，理论上也存在争议。解决此问题的关键在于：已宣告的判决是否发生法律效力。即应以宣告判决发生法律效力与否为标准，来决定是否适用《刑法》第70条的规定进行数罪并罚。具体而言，对于这种条件下发现的漏罪，可以分为以下两种情况处理：首先，当判决已宣告但尚未发生法律效力之前发现漏罪的，不能适用《刑法》第70条的规定进行数罪并罚。因为根据我国

---

1 参见陈兴良主编：《刑法全书》，中国人民公安大学出版社1997年版，第395页。

2 参见陈兴良：《刑法适用总论（下卷）》（第3版），中国人民大学出版社2017年版，第511—512页。

3 参见赵秉志主编：《刑罚总论问题探索》，法律出版社2002年版，第490页。

《刑事诉讼法》第 259 条第 1 款的规定,判决和裁定在发生法律效力后执行。发生法律效力的刑事判决和裁定,包括:已过法定期限没有上诉、抗诉的判决和裁定;终审的判决和裁定;最高人民法院核准的死刑判决。其中,与数罪并罚有关的最为常见的情形是,第一审人民法院宣告判决之后,被告人提出上诉或者人民检察院提出抗诉,在第二审人民法院审理期间,发现原审被告人在一审判决宣告以前还有其他罪没有判决。在这种情况下,依据《刑事诉讼法》第 236 条第 1 款第(三)项的规定,第二审人民法院可以在查清事实后改判;也可以裁定撤销原判,发回原审人民法院重新审判。这样做的法律效果为:如果确认漏判之罪与原判之罪的性质不同,属于异种数罪,应当按照《刑法》第 69 条的规定并罚,而不适用《刑法》第 70 条的规定;若确认漏判之罪与原判之罪性质相同,属于同种数罪,则一般不实行数罪并罚,而应以重新认定的犯罪事实为根据依法作出改判或判决。其次,当宣告判决发生法律效力之后但尚未实际交付执行之前,发现被判刑的犯罪分子还有其他罪行漏判的,应当适用《刑法》第 70 条的规定实行数罪并罚。换言之,自刑事判决和裁定发生法律效力至其实际执行或交付执行的期间内,发现被判刑的犯罪分子在判决宣告以前还有其他罪没有判决的,应当按照《刑法》第 70 条的规定实行数罪并罚。因为刑事诉讼中的执行,是指司法机关将已经发生法律效力的判决、裁定所确定的刑罚等内容付诸实施所进行的活动。而已生效的刑事判决、裁定所确定的刑罚,并非均能在刑事判决和裁定发生法律效力之时即刻实际交付执行,其中可能需要完成一定步骤,即在将所判刑罚实际交付执行之前存在着发现被判刑人有漏判之罪的可能性。

4. 缓刑考验期间发现漏罪的如何并罚?

8 根据《刑法》第 77 条第 1 款的规定,在缓刑考验期限内,发现被宣告缓刑的犯罪分子,在判决宣告以前还有其他罪没有判决的,应当撤销缓刑,对新发现的罪作出判决,把前罪和后罪所判处的刑罚,依照《刑法》第 69 条的规定决定执行的刑罚。如果必须判处实刑,则应撤销对前罪所宣告的缓刑,已经执行的缓刑考验期,不予折抵刑期;但是判决执行以前先行羁押的日期应当予以折抵刑期;如果仍符合缓刑条件,仍可宣告缓刑,已经执行的缓刑考验期,应当计算在新决定的缓刑考验期内。

5. 在刑罚执行中,依法对犯罪分子减刑后,又发现犯罪分子还有其他漏罪未判决的,应如何计算并罚期限?

9 例如,甲因犯抢劫罪于 1993 年 5 月被判处有期徒刑 12 年。1998 年 5 月被依法裁定减刑 2 年。1998 年 7 月司法机关又发现甲于 1992 年还犯有盗窃罪未判决,经审查认为,盗窃罪应判处有期徒刑 15 年。对甲进行数罪并罚时,如何计算刑期,有两种解决办法:一是认为应先在甲原判 12 年刑期中减去 2 年,然后与后判决 15 年刑期合并,决定执行 20 年刑期。减去已执行的 5 年,甲还须执行 15 年刑期。二是认为应先将甲前罪所判 12 年刑期和后罪所判 15 年刑期合并,对其决定执行刑期 20 年。由于甲被依法减刑 2 年,即只需执行 18 年,减去已执行的 5 年,甲还需执行 13 年刑期。

10 应该说,第二种刑期计算方法更为合理。数罪并罚中的“先减后并”“先并后减”

的“减”除将已执行的刑期减去以外，还应当将减刑的刑期也减去。虽然减刑的刑期不是已实际执行的刑期，但依法减刑的刑期已不必再执行，应视为已执行的刑期，故在处理上应与已执行刑期按相同方法处理。对罪犯执行刑罚，并不是刑罚唯一追求的效果。执行刑罚只是教育、改造罪犯的一种手段，教育、改造罪犯才是刑罚的真正目的和追求的效果。从减刑的目的和效果看，对罪犯给予减刑，是对其以往的悔罪和立功表现的肯定，有利于促使罪犯改造，悔过自新。所以，在刑罚执行中，依法对犯罪分子减刑后，又发现犯罪分子还有其他罪未判决的，应先将原判刑期与后罪所判刑期按照限制加重原则并罚，再减去已执行刑期和减刑刑期，从而确定犯罪分子还须服刑期限。

有关司法解释也在一定程度上支持前述第二种观点。2016 年 11 月 14 日发布的 11
最高人民法院《关于办理减刑、假释案件具体应用法律的规定》第 34 条至第 37 条对此作出了明确规定：第一，罪犯被裁定减刑后，刑罚执行期间因发现漏罪而数罪并罚的，原减刑裁定自动失效。如漏罪系罪犯主动交代的，对其原减去的刑期，由执行机关报请有管辖权的人民法院重新作出减刑裁定，予以确认；如漏罪系有关机关发现或者他人检举揭发的，由执行机关报请有管辖权的人民法院，在原减刑裁定减去的刑期总和之内，酌情重新裁定。第二，被判处死刑缓期执行的罪犯，在死刑缓期执行期内被发现漏罪，依据《刑法》第 70 条的规定数罪并罚，决定执行死刑缓期执行的，死刑缓期执行期间自新判决确定之日起计算，已经执行的死刑缓期执行期间计入新判决的死刑缓期执行期间内，但漏罪被判处死刑缓期执行的除外。第三，被判处死刑缓期执行的罪犯，在死刑缓期执行期满后被发现漏罪，依据《刑法》第 70 条的规定数罪并罚，决定执行死刑缓期执行的，交付执行时对罪犯实际执行无期徒刑，死缓考验期不再执行，但漏罪被判处死刑缓期执行的除外。在无期徒刑减为有期徒刑时，前罪死刑缓期执行减为无期徒刑之日起至新判决生效之日止已经实际执行的刑期，应当计算在减刑裁定决定执行的刑期以内。第四，被判处无期徒刑的罪犯在减为有期徒刑后因发现漏罪，依据《刑法》第 70 条的规定数罪并罚，决定执行无期徒刑的，前罪无期徒刑生效之日起至新判决生效之日止已经实际执行的刑期，应当在新判决的无期徒刑减为有期徒刑时，在减刑裁定决定执行的刑期内扣减。无期徒刑罪犯减为有期徒刑后因发现漏罪判处 3 年有期徒刑以下刑罚，数罪并罚决定执行无期徒刑的，在新判决生效后执行 1 年以上，符合减刑条件的，可以减为有期徒刑。

6. 假释期间发现漏罪的如何并罚？

根据《刑法》第 86 条第 2 款的规定，在假释考验期限内，发现被假释的犯罪分子 12
在判决宣告以前还有其他罪没有判决的，应当撤销假释，依照《刑法》第 70 条的规定实行数罪并罚。

第七十一条　再犯新罪的并罚

判决宣告以后，刑罚执行完毕以前，被判刑的犯罪分子又犯罪的，应当对新犯的罪作出判决，把前罪没有执行的刑罚和后罪所判处的刑罚，依照本法第六十九条的规定，决定执行的刑罚。

文献:马克昌主编:《刑罚通论》(第2版),武汉大学出版社1999年版;高铭暄:《中华人民共和国刑法的孕育诞生和发展完善》,北京大学出版社2012年版;利子平、蒋帛婷:《新中国刑法的立法源流与展望》,知识产权出版社2015年版;陈兴良主编:《刑法总论精释》(第3版),人民法院出版社2016年版;陈兴良:《刑法适用总论(下卷)》(第3版),中国人民大学出版社2017年版;高铭暄、马克昌主编:《刑法学》(第9版),北京大学出版社、高等教育出版社2019年版;周光权:《刑法总论》(第4版),中国人民大学出版社2021年版。刘志伟:《数罪并罚若干争议问题研讨》,载《刑法杂志》2009年第4期;张明楷:《论同种数罪的并罚》,载《法学》2011年第1期;张明楷:《数罪并罚的新问题——〈刑法修正案(九)〉第4条的适用》,载《法学评论》2016年第2期。

细目录

Ⅰ　主旨
Ⅱ　沿革
Ⅲ　先减后并的并罚原则

Ⅰ　主旨

1　被判刑的犯罪分子在刑罚执行期间所实施的新罪,具有比在其他情况下实施的犯罪更大的社会危害性,同时也表明犯罪分子的主观恶性较深、人身危险性较大,前罪被判处刑罚的事实和刑罚执行过程中的各种惩罚、教育措施未能对其产生改过迁善、预防再犯的效用。因而,应当采用与“先并后减”有所区别的并罚方法,通过给予再犯新罪者更为严厉的惩罚,为实现刑罚的特殊预防目的创造条件,为贯彻罪刑相适应原则提供制度保障。

Ⅱ　沿革

2　本条是在1979年《刑法》第66条规定的基础上修改而来的,只是对个别文字作了两处修改:一是将原条文中的"刑罚还没有执行完毕以前"修改为"刑罚执行完毕以前";二是将原条文中的"第六十四条"相应修改为1997年《刑法》的"第六十九条"。

Ⅲ 先减后并的并罚原则

判决宣告以后,刑罚执行完毕以前,被判刑的犯罪分子又犯新罪的,无论其与前罪是否属于同种罪,均应将前罪没有执行的刑罚和后罪所判处的刑罚,依照刑法规定的相应原则,决定执行的刑罚。即首先应从前罪判决决定执行的刑罚中减去已经执行的刑罚,然后将前罪未执行的刑罚与后罪所判处的刑罚并罚。该种计算刑期的方法,理论上一般概括为"先减后并"。由于在刑罚执行期间再犯新罪的条件下实行并罚的范围包括同种数罪,且本条规定了可能给予犯罪者较重惩罚的刑期计算方法,所以,再犯新罪并罚的先减后并方法与发现漏罪并罚的先并后减方法相比较,在以下三种情况下,给予犯罪人的处罚更为严厉:首先,在后罪所判处的刑期比前罪尚未执行的刑期长的情况下,决定执行刑罚的最低期限,先减后并比先并后减的方法决定执行刑罚的最低期限有所提高。其次,在前罪与后罪都被判处的总和刑期,超过数罪并罚法定最高刑期限制的情况下,采用先减后并的方法,犯罪人实际执行的刑期将会超过数罪并罚法定最高刑期的限制。最后,犯罪人在刑罚执行期间所犯新罪的时间距离前罪所判刑罚执行完毕的期限越近,或者犯罪人再犯新罪时前罪所判刑罚的剩余刑期越少,数罪并罚决定执行刑罚的最低期限以及实际执行的刑期的最低限度就越高。由此可见,先减后并与先并后减这两种并罚方法,在一定条件下,并罚的结果前者重于后者。对再犯新罪的并罚之所以采取更为严厉的并罚方法,主要是因为犯罪人在服刑期间不思悔改再犯新罪,其人身危险性大于发现判决宣告以前的漏罪的情形。 3

对在刑罚执行期间既发现漏罪又犯有新罪时,如何并罚?我国刑法对此没有明文规定,学术界存在以下几种观点[1]:第一种观点认为,应先对新发现的漏罪作出判决,与原判刑罚按照限制加重原则,确定应执行的刑罚。然后对新犯之罪作出判决,再与前两个判决所决定的刑罚中尚未执行的刑罚并罚,决定应执行的刑罚。第二种观点认为,应先对漏罪和新犯之罪分别定罪量刑,将两罪所判处的刑罚,按照限制加重原则,酌情决定执行的刑罚。然后以此判决作为一个新判决,与原判决所判处的刑罚并罚,酌情决定应执行的刑罚,再减去已执行的刑期,从而确定应继续执行的刑期。第三种观点认为,应先对漏罪和新犯之罪分别判刑,然后把原判刑罚和漏罪所判处的刑罚,按照限制加重原则,酌情决定执行的刑罚,再减去原判刑罚中已执行的刑期,即为应继续执行的刑期。第四种观点认为,应先对漏罪和新罪分别判刑,然后 4

---

1 参见高铭暄主编:《新中国刑法学研究综述(1949—1985)》,河南人民出版社1986年版,第498—499页。

将新罪所判处的刑罚与原判刑罚,按照先减后并的方法并罚,酌情决定执行的刑罚,再将此刑罚作为一个新判决,与漏罪所判处的刑罚,按照限制加重原则,酌情决定执行的刑罚,即为应继续执行的刑期。在上述几种观点中,通说是第一种观点,即先将漏罪与前罪实行先并后减,再将新罪与先并后减酌情决定的刑罚实行先减后并,由此决定应继续执行的刑期。

5　详言之,其具体确定过程分为三个阶段:首先,对漏判之罪和新犯之罪分别定罪量刑;其次,按照《刑法》第 70 条规定的"先并后减"方法,将对漏罪所判处的刑罚与前一判决所判处的刑罚进行并罚,决定执行的刑罚;最后,依照《刑法》第 71 条规定的"先减后并"方法,将对新犯之罪所判处的刑罚与前罪(即原判之罪与漏罪)没有执行的刑罚进行并罚,决定执行的刑罚,由此便得到整个数罪并罚的最后结果。例如,罪犯因犯盗窃罪被判处有期徒刑 7 年,执行 3 年后又犯故意杀人罪并同时发现漏判的强奸罪。首先,对漏判之强奸罪和新犯之杀人罪,分别判处有期徒刑 10 年和有期徒刑 11 年;其次,将对漏罪所判处的有期徒刑 10 年与前一判决所判处的有期徒刑 7 年并罚,决定执行有期徒刑 15 年;最后,将对新犯之罪所判处的有期徒刑 11 年与前罪没有执行的刑罚有期徒刑 12 年并罚,决定执行有期徒刑 19 年。最后决定执行的有期徒刑 19 年,就是整个数罪并罚的结果,加上已经执行的有期徒刑 3 年,该罪犯实际执行的刑期为 22 年。尽管从形式上看,这种并罚方法不够简便,略显繁琐,但它确为严格执行法律规定,兼顾"先并后减"和"先减后并"两种数罪并罚方法的较为可取的合理做法。

6　实践中还可能出现一种情况,即被告人在主刑执行完毕,在附加刑剥夺政治权利执行期间又犯新罪。对此,2009 年 5 月 25 日发布的最高人民法院《关于在执行附加刑剥夺政治权利期间犯新罪应如何处理的批复》指出:"一、对判处有期徒刑并处剥夺政治权利的罪犯,主刑已执行完毕,在执行附加刑剥夺政治权利期间又犯新罪,如果所犯新罪无须附加剥夺政治权利的,依照刑法第七十一条的规定数罪并罚。二、前罪尚未执行完毕的附加刑剥夺政治权利的刑期从新罪的主刑有期徒刑执行之日起停止计算,并依照刑法第五十八条规定从新罪的主刑有期徒刑执行完毕之日或者假释之日起继续计算;附加刑剥夺政治权利的效力施用于新罪的主刑执行期间。三、对判处有期徒刑的罪犯,主刑已执行完毕,在执行附加刑剥夺政治权利期间又犯新罪,如果所犯新罪也剥夺政治权利的,依照刑法第五十五条、第五十七条、第七十一条的规定并罚。"

7　例如,在王斌盗窃案中,被告人 2003 年 2 月因犯抢劫罪、盗窃罪被判处有期徒刑 18 年,剥夺政治权利 5 年,并处罚金人民币 7000 元,2014 年 11 月 8 日刑满释放。2016 年 12 月因犯盗窃罪被判处有期徒刑 1 年 3 个月,并处罚金人民币 2000 元,2017 年 12 月 15 日刑满释放,2018 年 2 月 17 日又因犯盗窃罪,被判处拘役 6 个月,并处罚金人民币 2000 元。新罪审理期间,法院发现 2016 年的前罪是在 2003 年的前罪主刑执行完毕,附加刑剥夺政治权利执行期间发生的,但 2016 年的前罪判决并未对其

2003 年前罪判决尚未执行完毕的剥夺政治权利予以并罚，故于 2018 年 11 月 28 日通过再审将 2016 年 12 月的判决改判为有期徒刑 1 年 3 个月，剥夺政治权利 2 年 2 个月 10 日，并处罚金人民币 2000 元。随后在另一判决中，将其与 2018 年的新罪并罚，最终决定执行拘役 6 个月，剥夺政治权利 2 年 7 个月 19 日，并处罚金人民币 2000 元。[2] 本案的特殊之处在于它不仅涉及主刑执行完毕，在附加刑剥夺政治权利执行期间又犯新罪时的并罚，还涉及前罪判决因漏判附加剥夺政治权利被再审纠正的，数罪并罚时剩余剥夺政治权利刑期应如何计算的问题。对此应当明确的是：首先，根据《刑法》第 58 条和最高人民法院《关于在执行附加刑剥夺政治权利期间犯新罪应如何处理的批复》的规定，在剥夺政治权利执行期间犯新罪，主刑执行期间应停止计算剥夺政治权利刑期，且主刑执行期间不计入剥夺政治权利的刑期。据此，尽管本案中被告人被判处拘役 6 个月，且在作出新罪判决时其已被羁押 6 个月，无须继续执行拘役，但其被羁押的 6 个月应当视为"主刑执行期间"，不能计入剥夺政治权利的刑期。其次，由于被告人犯新罪时，2016 年的前罪尚未被改判，故不能认为被告人属于"在附加剥夺政治权利期间犯新罪"，此时并罚的对象不是 2016 年前罪判决中的附加刑，而是 2003 年前罪判决中尚未执行完毕的剥夺政治权利。换言之，2016 年的前罪判决遗漏并罚剥夺政治权利，并不直接导致其 2003 年前罪判决中的附加刑剥夺政治权利执行中断，2003 年前罪判决中的附加剥夺政治权利实际上仍在继续执行。最后，由于作出再审判决时，本案尚未判决，被告人因本案被羁押的期间不能视为执行主刑，而应计入剥夺政治权利执行刑期；而在本案判决时，其被羁押的 6 个月已经折抵为主刑，剥夺政治权利的效力当然施用于此，此时不应再将该期间计入剥夺政治权利的刑期。因此本案最终并罚的尚未执行完毕的剥夺政治权利刑期，要长于再审改判确认的剥夺政治权利刑期。[3]

此外，在刑罚执行期间，犯罪分子被减刑，此后又犯新罪的，应先在原判刑期内减 8
去已经执行的刑期和减刑刑期，然后将剩余刑期与新罪所判决的刑期按限制加重原则并罚，确定罪犯还须服刑的期限。

---

2 参见上海市虹口区人民法院(2018)沪 0109 刑初 533 号刑事判决书。

3 参见《[第 1418 号]王斌盗窃案——前罪判决因漏判附加剥夺政治权利被再审纠正的，数罪并罚时剩余剥夺政治权利刑期应如何计算》，载最高人民法院刑事审判第一、二、三、四、五庭编：《刑事审判参考》(总第 128 辑)，人民法院出版社 2021 年版，第 26—29 页。

第五节　缓　刑

前　注

文献：赵秉志主编：《刑罚总论问题探索》，法律出版社 2002 年版；高铭暄、赵秉志主编：《刑罚总论比较研究》，北京大学出版社 2008 年版；张小虎：《刑罚论的比较与建构》，群众出版社 2010 年版；周光权主编：《刑法历次修正案权威解读》，中国人民大学出版社 2011 年版；陈兴良主编：《刑法总论精释》(第 3 版)，人民法院出版社 2016 年版；陈兴良：《刑法适用总论(下卷)》(第 3 版)，中国人民大学出版社 2017 年版；高铭暄、马克昌主编：《刑法学》(第 9 版)，北京大学出版社、高等教育出版社 2019 年版；贾宇主编：《刑法学》，高等教育出版社 2019 年版；周光权：《刑法总论》(第 4 版)，中国人民大学出版社 2021 年版。胡学相：《完善我国缓刑制度的立法构想与司法对策》，载《现代法学》2004 年第 2 期；刘守芬、丁鹏：《现代缓刑类型与中国的选择》，载《现代法学》2005 年第 6 期；王伟：《缓刑制度的实践与思考》，载《河北法学》2006 年第 7 期；郝川、王利荣：《再谈社区矫正制度方案的调整——以〈刑法修正案(八)〉的公布实施为视角》，载《社会科学战线》2011 年第 4 期；赖正直：《细化缓刑适用条件的若干思考——〈刑法修正案(八)〉对缓刑适用条件的修改及其展开》，载《时代法学》2011 年第 5 期；李川：《修复、矫治与分控：社区矫正机能三重性辩证及其展开》，载《中国法学》2015 年第 5 期。

细目录

Ⅰ　主旨
Ⅱ　沿革
Ⅲ　本节的重要问题

Ⅰ　主旨

1　缓刑是指对犯罪人判处刑罚，但在一定时间内暂缓执行的制度。一方面，它能很好地体现对犯罪分子的惩罚，以实现国家对犯罪分子的否定性评价；另一方面，又能充分体现国家对犯罪分子的宽大，对贯彻宽严相济刑事政策具有现实意义。缓刑的考验期，是缓刑制度的重要组成部分。设立考验期的目的，在于考察被判缓刑的人是否接受改造、弃旧图新，以使缓刑制度发挥积极的效用。法院在宣告缓刑的同时，应当确定适当的考验期。确定缓刑考验期长短的基本原则应当是既能激发缓刑犯改造的积极性，又能满足对其教育和考察的需要。

对累犯适用缓刑，既不利于维护社会的安全，也不利于改造犯罪人，因此，我国刑法将累犯排除在缓刑适用对象范围之外，这也是与累犯从重处罚的规定相一致的。犯罪集团的首要分子也不适用缓刑，这主要是为了加大对犯罪集团的惩罚力度。当今的恐怖活动犯罪和黑社会性质组织犯罪大多以犯罪集团的形式作案，首要分子的人身危险性和再犯可能性很高，不符合适用缓刑的实质条件。 2

缓刑考察是指在开放的社会上对缓刑犯进行教育改造，根据其在缓刑考验期间是否具有悔改表现，从而决定原判刑罚是否执行，其对于缓刑的适用具有重要意义。刑法设置缓刑考验期的目的是对缓刑犯进行实际考验，以判断其能否在离开监狱等刑罚执行场所的情况下可以弃旧从新，不致再危害社会，从而决定是否再执行原判刑罚。缓刑是附条件地不执行原判刑罚。但是，当所附条件被违反时，就需要有法律上的处置措施来应对缓刑犯。我国刑法与世界上多数国家的刑法规定一样，强调缓刑犯在缓刑考察期间违反有关规定的，应撤销缓刑，执行原判刑罚。 3

Ⅱ　沿革

1979 年《刑法》第四章第五节以 4 个条文的篇幅规定了缓刑制度，具体内容分别为缓刑适用的原则和条件（第 67 条）；缓刑考验期限（第 68 条）；缓刑的限制（第 69 条）；缓刑考验期限内的考察和撤销缓刑的条件（第 70 条）。 4

1997 年《刑法》第四章第五节中的缓刑制度则包含 6 个条文，具体内容分别为缓刑的适用条件（第 72 条）；缓刑考验期限（第 73 条）；缓刑的限制（第 74 条）；缓刑考察内容（第 75 条）；对缓刑犯的社区矫正（第 76 条）；缓刑的撤销（第 77 条）。 5

1997 年《刑法》实施后，2011 年《刑法修正案（八）》对《刑法》第 72 条、第 74 条、第 76 条、第 77 条作了进一步的调整和完善。 6

Ⅲ　本节的重要问题

缓刑是我国刑法中的一项重要刑罚制度，是惩办与宽大相结合、惩罚与教育相结合的刑事政策的集中表现。其意义体现在：第一，缓刑有助于避免短期自由刑的弊端，最优化地发挥刑罚功能；第二，缓刑有助于更好地实现刑罚目的，刑罚的重要目的之一是预防犯罪人重新犯罪；第三，缓刑是实现刑罚社会化的重要制度保障。 7

缓刑是附条件暂缓执行原判刑罚的制度，其适用必须符合一定条件。缓刑考验期的确定以及从何时开始起算，需要予以明确。对累犯不适用缓刑，那么对再犯是否也不能适用缓刑，也是需要思考的问题。被宣告缓刑的犯罪分子，必须遵守相应的规定。社区矫正的主要任务：一是加强对社区服刑人员的教育矫正；二是加强对社区服刑人员的监督管理；三是加强对社区服刑人员的帮困扶助。缓刑的法律后果涉及缓刑考验期满，原来宣告的罪刑是否还有效的问题。合理确定撤销缓刑的条件，是保证缓刑制度得以运作所不可缺少的环节之一，所以撤销缓刑的条件，应该宽严适度。 8

第七十二条　缓刑的条件

对于被判处拘役、三年以下有期徒刑的犯罪分子，同时符合下列条件的，可以宣告缓刑，对其中不满十八周岁的人、怀孕的妇女和已满七十五周岁的人，应当宣告缓刑：

（一）犯罪情节较轻；

（二）有悔罪表现；

（三）没有再犯罪的危险；

（四）宣告缓刑对所居住社区没有重大不良影响。

宣告缓刑，可以根据犯罪情况，同时禁止犯罪分子在缓刑考验期限内从事特定活动，进入特定区域、场所，接触特定的人。

被宣告缓刑的犯罪分子，如果被判处附加刑，附加刑仍须执行。

文献:赵秉志主编:《刑罚总论问题探索》,法律出版社 2002 年版;高铭暄、赵秉志主编:《刑罚总论比较研究》,北京大学出版社 2008 年版;张小虎:《刑罚论的比较与建构》,群众出版社 2010 年版;周光权主编:《刑法历次修正案权威解读》,中国人民大学出版社 2011 年版;陈兴良主编:《刑法总论精释》(第 3 版),人民法院出版社 2016 年版;陈兴良:《刑法适用总论(下卷)》(第 3 版),中国人民大学出版社 2017 年版;高铭暄、马克昌主编:《刑法学》(第 9 版),北京大学出版社、高等教育出版社 2019 年版;周光权:《刑法总论》(第 4 版),中国人民大学出版社 2021 年版。胡学相:《完善我国缓刑制度的立法构想与司法对策》,载《现代法学》2004 年第 2 期;刘守芬、丁鹏:《现代缓刑类型与中国的选择》,载《现代法学》2005 年第 6 期;王伟:《缓刑制度的实践与思考》,载《河北法学》2006 年第 7 期;赖正直:《细化缓刑适用条件的若干思考——〈刑法修正案(八)〉对缓刑适用条件的修改及其展开》,载《时代法学》2011 年第 5 期。

细目录

Ⅰ　主旨
Ⅱ　沿革
Ⅲ　缓刑的概念
Ⅳ　缓刑的条件
　一、对象条件
　二、实质条件

三、禁止条件

V 禁止令

I 主旨

1 应受刑罚惩罚性是犯罪的基本特征。犯罪分子实施犯罪行为，给国家和人民利益造成损害，触犯了刑律，为了使国家和人民利益免受非法行为的侵害，为了维护刑法的严肃性，原则上对犯罪分子都应给予刑事处罚。但对犯罪分子适用刑罚，既不是为了报复，也不是为了恐吓，而是通过惩罚，教育和改造犯罪分子，最终实现预防犯罪的目的。而缓刑的特点是在判处刑罚的同时宣告暂缓执行，但又在一定期限内保持刑罚执行的可能性；如果被宣告缓刑的犯罪分子在一定期限内遵守相关规定，原判刑罚就不再执行。所以，缓刑是对犯罪分子在惩罚的前提下宽大处理的一种刑罚制度。

II 沿革

2 1979年《刑法》第67条规定："对于被判处拘役、三年以下有期徒刑的犯罪分子，根据犯罪分子的犯罪情节和悔罪表现，认为适用缓刑确实不致再危害社会的，可以宣告缓刑。被宣告缓刑的犯罪分子，如果被判处附加刑，附加刑仍须执行。"1997年《刑法》第72条对上述规定只有个别字词上的调整："对于被判处拘役、三年以下有期徒刑的犯罪分子，根据犯罪分子的犯罪情节和悔罪表现，适用缓刑确实不致再危害社会的，可以宣告缓刑。被宣告缓刑的犯罪分子，如果被判处附加刑，附加刑仍须执行。"

3 1997年《刑法》施行后，为进一步明确缓刑适用的条件，有针对性地对被宣告缓刑的犯罪分子进行必要的行为约束，《刑法修正案（八）》第11条对上述规定进行了修改，主要有三点：一是明确规定了适用缓刑的具体条件；二是规定可以同时作出禁止令；三是对符合条件的未成年人、怀孕的妇女及已满75周岁的人应当宣告缓刑。如此修改的主要考虑是：

4 首先，以往适用缓刑的实质条件过于模糊，导致适用缓刑过于随意。《刑法修正案（八）》出台以前，缓刑的适用条件是"根据犯罪分子的犯罪情节和悔罪表现，适用缓刑确实不致再危害社会"，这种表述过于模糊，不具有可操作性，导致司法实务中在适用缓刑时过于主观随意，有些地方甚至存在滥用的现象，认为只要"被判处三年以下有期徒刑"的，就可以适用缓刑。这种做法严重违背了缓刑制度的设立宗旨，必须予以纠正，基于此《刑法修正案（八）》对缓刑的适用条件进行了详细的规定。

5 其次，缓刑犯应遵守的义务不够具体。《刑法》第75条对缓刑犯应遵守的义务作了专门规定，但这些规定在实务中存在一些问题：一是关于缓刑犯从事活动的问题，只规定了一种事后报告义务。由于当前社会生活多元化，生活方式越来越多样化，社会控制结构越来越薄弱，如果仍然一味采取事后审查的方式不足以有效防止罪犯人身危险性的扩散。因此,有必要在事后报告的基础上增加例外的禁止性义务,要求缓刑犯不得从事特定活动。二是关于缓刑犯从事活动的区域、场所,仅仅规定离开所居住的市、县区域范围内,过于宽泛。基于同样的道理,也有必要在此基础上增加例外的禁止性义务,要求缓刑犯不得进入特定区域、场所。三是关于缓刑犯会客的问题,仅仅规定"遵守考察机关关于会客的规定",这种规定过于空泛。由于当前人员流动过大,社会关系网络复杂,有必要具体划定缓刑犯不得接触的特定人的范围,这样才有利于教育改造缓刑犯。

6 最后,对未成年人、怀孕的妇女及已满75周岁的人应从宽处理。根据《刑法》第72条第1款的规定,对符合缓刑条件的犯罪分子,只是"可以宣告缓刑",而对符合缓刑条件的未成年人、怀孕的妇女及已满75周岁的人,"应当宣告缓刑"。这种规定主要是考虑以下因素:未成年人和老年人的责任能力较低,应从宽处罚;对未成年人犯罪应以教育矫正为主,如果关进监狱执行短期自由刑,容易在监狱里交叉感染,不利于教育矫正;孕妇和老年人的刑罚适应能力较差,应当尽量通过不予关押的方式执行刑罚。

Ⅲ 缓刑的概念

7 缓刑的基本特点是:判处刑罚,同时宣告暂缓执行,但又在一定期限内保持执行的可能性。缓刑只适用于罪行较轻、社会危害性和人身危险性较小,具有悔罪表现,认为暂缓执行刑罚不致再危害社会的犯罪分子。

8 我国刑法除规定了一般缓刑制度外,还规定了特殊缓刑制度,即战时缓刑制度。根据《刑法》第449条的规定,战时缓刑是指在战时,对被判处3年以下有期徒刑,但没有现实危险、宣告缓刑的犯罪军人,允许其戴罪立功,确有立功表现时,可以撤销原判刑罚,不以犯罪论处的制度。战时缓刑制度适用于特定时间和特定对象,其法律效果与一般缓刑制度也有所不同:可以撤销原判刑罚,不以犯罪论处。

9 缓刑是我国刑法中的一项重要刑罚制度,是宽严相济刑事政策的集中表现。缓刑不仅具有刑事政策上的根据,而且还具有刑法理论上的根据。缓刑是刑罚个别化的产物。在刑事古典学派的思想中,没有缓刑存在的余地。因为刑事古典学派的多数学者坚持报应主义,认为刑罚是对犯罪的报应。每种犯罪的刑罚都是由法律事先规定的,符合等量或等质的报应要求。犯罪一旦发生,法官就应将法律上规定的刑罚落实到犯罪人身上。刑罚一旦宣布,任何人都不能改变。在刑事实证学派的思想日益发展起来以后,刑事古典学派的将犯罪与刑罚之间的报应关系绝对化原则才受到了挑战。刑事实证学派主张对犯罪人进行分类,根据各种不同的情况实施适当的处理措施,区别对待,由此形成刑罚个别化观念。据此,才有可能对于那些犯罪轻微,具有改造可能者,适用缓刑,以使其得到更好的矫正,确保其更容易复归社会。设立缓刑制度的宗旨在于:为了唤起被告人的规范意识而起到特殊预防的效果,对其只加以责任非难,没有必要再施加作为责任非难的现实发现形式的刑罚。[1]

Ⅳ 缓刑的条件

一、对象条件

10 一般缓刑的对象是被判处拘役或者3年以下有期徒刑的犯罪分子。缓刑附条件不执行原判刑罚的特点,决定了缓刑的适用对象只能是罪行较轻的犯罪分子。而罪行的轻重是与犯罪人被判处的刑罚轻重相适应的。这里的"3年以下有期徒刑",是指宣告刑而不是指法定刑。犯罪分子所犯之罪的法定刑虽然是3年以上有期徒刑,但其具有减轻处罚情节,宣告刑为3年以下有期徒刑的,也可以适用缓刑。

11 我国刑法之所以将缓刑的适用对象规定为被判处拘役或3年以下有期徒刑的犯罪分子,是因为这些犯罪分子罪行较轻,社会危害性较小。相反,被判处超过3年有期徒刑的犯罪分子因其罪行较重,社会危害性较大,而未被列为缓刑适用的对象。立法者已经考虑到:如果对犯罪较为严重的犯罪分子也适用缓刑,既不符合刑罚的报应要求,使罪恶重大者得不到相应惩罚,也难以实现刑罚目的。至于罪行相对更轻的被判处管制的犯罪分子,由管制刑的特点即对犯罪人不予关押,仅限制其一定自由所决定,故无适用缓刑之必要。

12 从司法实践看,缓刑较多地适用于盗窃、故意伤害、销赃、贪污贿赂等犯罪[2],以及责任事故、失火、玩忽职守、交通肇事等过失犯罪。当然,对情节较轻的故意犯罪,如遗弃罪、重婚罪、虐待罪、侵犯公民通信自由罪、破坏选举罪等,也较多地适用缓刑。所以,在缓刑犯中,青少年犯、初犯、偶犯占有相当大的比例。

13 对强奸、抢劫等严重刑事犯罪,一般不宜适用缓刑,但宣告刑为3年以下有期徒刑,适用缓刑确实不致再危害社会的,也可以适用缓刑,但必须严格掌握;对犯罪动机并不卑劣的罪犯,以及因防卫过当、避险过当而触犯刑法者,可以考虑适用缓刑;对预备犯、中止犯、未遂犯,能认罪服法未造成损害结果或损害结果较小的,可考虑适用缓

---

1 参见〔日〕野村稔:《刑法总论》,全理其、何力译,法律出版社2001年版,第492页。

2 在过去的很长时期内,个别地方在对贪污贿赂犯罪案件的处理上,执法不够严格,对犯罪分子该判"实刑"却从轻判处了缓刑,在一定程度上影响了反腐败斗争的深入开展。适用缓刑过多,不符合法律的规定,也放纵了犯罪,挫伤了人民群众反腐败的积极性。缓刑只适用于被判处拘役、3年以下有期徒刑的犯罪分子,而贪污贿赂犯罪的危害往往相当严重,广大人民群众深恶痛绝,依法严惩腐败分子是民心所向。人民法院在适用缓刑时,应当严格掌握对贪污贿赂罪犯适用缓刑的条件,对贪污贿赂罪犯应该判实刑的尽量判实刑,减少缓刑率,而不可滥用缓刑制度。为此,2012年8月8日发布的最高人民法院、最高人民检察院《关于办理职务犯罪案件严格适用缓刑、免予刑事处罚若干问题的意见》对职务犯罪的缓刑适用作出了详尽规定,在一定程度上起到了"纠偏"的作用。

刑。对于初犯、偶犯、少年犯,在符合其他条件的情况下,可考虑适用缓刑;对有犯罪前科的人,要慎用缓刑;对常习犯、职业犯和具有犯罪倾向的人,不能适用缓刑。不过,需要防止的一种不良倾向是,对符合缓刑宣告条件者也不判处缓刑。虽然与假释制度相比,缓刑的适用率较高,但是总体而言,我国的缓刑适用率还是较低,没有充分发挥缓刑制度应有的作用,所以,学者们很早就提出,应当依法多判处缓刑,要改变应当判处缓刑而判处实刑的局面。[3] 2006 年 1 月 11 日发布的最高人民法院《关于审理未成年人刑事案件具体应用法律若干问题的解释》第 16 条亦规定,对于未成年罪犯,如果符合《刑法》第 72 条第 1 款规定的缓刑适用条件的,可以宣告缓刑;如果同时具备初次犯罪,积极退赃或赔偿被害人经济损失,具备监护、帮教条件三者之一,对其适用缓刑确实不致再危害社会的,应当宣告缓刑。此外,《刑法》第 74 条对缓刑的对象条件作了限制性规定,即对累犯和犯罪集团的首要分子不适用缓刑。

14　在缓刑成立的对象条件方面,还有两个问题需要讨论。

1. 数罪并罚情况下能否适用缓刑?

15　肯定论认为,数罪并罚后决定执行有期徒刑 3 年的,犯罪分子就应属于被判处有期徒刑 3 年的情形,如果根据其犯罪情节和悔罪表现,认为适用缓刑不致再危害社会的,当然可以宣告缓刑。否定论则主张,一人犯有数罪,说明其社会危害性较大,将其放归社会后是否不再危害社会难以确定,因此对按照数罪并罚原则处理的人,不应适用缓刑。折中说认为,对数罪并罚的犯罪分子是否适用缓刑,不可一概而论,应当区别情况对待:第一种情况是,被判处有期徒刑的犯罪分子,数罪总和刑期必须在 3 年以下时,才能考虑是否适用缓刑。数罪并罚制度中决定执行的刑期和缓刑制度中被判处的刑期是两个不同的概念,不能把按数罪并罚原则决定执行的刑期当作缓刑中的被判处的刑期而适用缓刑。第二种情况是,对于数罪犯罪情节较轻,犯罪人真诚悔改不致再危害社会,所判数罪的总和刑期又在 3 年以下的,可以适用缓刑,刑法对犯有数罪的犯罪分子是否适用缓刑,没有作出另外的限制性规定。[4]

16　1998 年 9 月 17 日最高人民检察院法律政策研究室《关于对数罪并罚决定执行刑期为三年以下有期徒刑的犯罪分子能否适用缓刑问题的复函》中明确支持肯定说。

2. 对附加判处剥夺政治权利者是否可以适用缓刑?

17　我国刑法关于缓刑适用对象的规定,只是限于被判处拘役或者 3 年以下有期徒刑的犯罪分子,但对于被适用附加刑者没有作出限制。在我国刑法学界,对于主刑被判处拘役或者 3 年以下有期徒刑而附加刑为罚金者,可以适用缓刑没有争议。没收财产刑对严重犯罪才适用,被判处拘役或者 3 年以下有期徒刑的犯罪分子除危害国

---

[3] 参见高铭暄、赵秉志编:《新中国刑法学研究历程》,中国方正出版社 1999 年版,第 503 页。

[4] 参见高铭暄主编:《新中国刑法科学简史》,中国人民公安大学出版社 1993 年版,第 178 页。

家安全罪中的少数犯罪以外，一般情况下不存在附加判处没收财产的问题。但对于附加剥夺政治权利的犯罪分子可否适用缓刑，在刑法理论上存在以下两种观点：第一种观点认为，对没有被判处附加剥夺政治权利的犯罪分子，才能适用缓刑。被剥夺政治权利的犯罪分子，不能适用缓刑。因为凡是以剥夺政治权利作为附加刑的，都属于严重破坏社会秩序的犯罪行为。对这种犯罪人适用缓刑，就形成了罪和刑不相适应的矛盾，这样不仅不能有效地惩罚犯罪，维护社会秩序，而且背离刑法规定缓刑制度的宗旨。[5] 第二种观点认为，对被剥夺政治权利者不适用缓刑的主张与刑法规定相悖。我国刑法在规定缓刑适用的对象时，并未将附加剥夺政治权利的犯罪分子排除在外。相反，刑法还明确规定“被宣告缓刑的犯罪分子，如果被判处附加刑，附加刑仍须执行”。其中的“附加刑”，无疑包括剥夺政治权利在内。将附加剥夺政治权利的犯罪人排除在缓刑适用对象之外，实质上与我国刑法的立法精神相冲突。[6] 在以上两种观点中，第二种观点显然更为妥当。

二、实质条件

在理解缓刑适用的实质条件时，应当注意以下四个方面的问题： 18

(1)犯罪情节。与缓刑适用有关的犯罪情节是指说明犯罪的各种事实情况。说 19
明犯罪主体方面的事实有年龄、精神状态、智力发展水平、认识能力、意志能力、特定身份、一贯表现等；主观方面的事实有犯罪故意、犯罪过失、犯罪的动机、目的等；客观方面的事实有行为方式、犯罪手段、犯罪对象、犯罪结果、犯罪时间、犯罪地点等。以上无论属于主体、主观还是客观方面的犯罪情节，都从不同侧面、不同程度上反映着犯罪的社会危害性，体现着犯罪分子的主观恶性。决定是否适用缓刑，要对以上犯罪情节进行客观、整体的评析，力求准确地认识犯罪分子的人身危险性程度，严格依法用刑。我国刑法之所以将犯罪情节作为判断适用缓刑是否会再危害社会的客观依据，正是由于犯罪情节从不同角度反映着犯罪性质、犯罪的社会危害程度及犯罪分子的危险性。

(2)悔罪表现。悔罪表现是指犯罪人对自己所犯罪行有所悔悟的具体表现。悔 20
罪表现属于犯罪后的态度，因而是人身危险性程度的反映。应当指出，悔罪虽然是犯罪人对本人所犯罪行的一种认识与悔悟，属于主观的范畴，但这种对犯罪的悔悟又必须见诸行动，应当通过各种具体行动表现出来，因而在一定意义上又是客观可见的。对悔罪表现，主要应当从以下几个方面考察：第一，认罪态度。犯罪分子的认罪态度较好，在符合其他条件的情况下，可考虑适用缓刑。第二，犯罪中止。在大多数情况下，中止犯都是在进行犯罪时能幡然悔悟，自动放弃犯罪，避免危害结果的发生，因而

5 参见李光灿主编：《中华人民共和国刑法论》(上册)，吉林人民出版社 1984 年版，第 644—645、655 页。

6 参见周振想：《刑罚适用论》，法律出版社 1990 年版，第 349 页。

一般都具备悔罪表现,应尽可能考虑适用缓刑。第三,投案自首。投案自首是犯罪以后的一种悔罪表现,除量刑时应当依法予以从轻或者减轻处罚以外,在符合其他条件的情况下,也应当考虑适用缓刑。第四,立功表现。犯罪分子具有立功表现,表明其具有悔过自新的实际行动,如果符合其他条件的,应当考虑适用缓刑。第五,坦白交代。我国一贯坚持坦白从宽的刑事政策,对于那些认罪坦白态度好的,在符合法律规定的其他条件的情况下,应当考虑适用缓刑。第六,积极抢救被害人。在某些犯罪中,案发以后犯罪人对被害人积极抢救、赔偿损失,这就表明犯罪分子有悔罪表现,在符合其他条件的情况下,可考虑适用缓刑。第七,积极退赃。积极退赃,以减少其犯罪行为所造成的损失,表明犯罪分子具有悔罪表现,在符合其他条件的情况下,也可考虑适用缓刑。[7]

21 (3)没有再犯罪的危险。没有再犯罪的危险是基于犯罪情节和悔罪表现而作出的一种推断,是由犯罪情节轻、悔罪表现好所推导出来的实质条件。

22 需要讨论的问题是,在适用缓刑的当时,犯罪分子犯罪情节较轻,有明显的悔罪表现,但是在缓刑考验期内实施了危害社会行为的,能否认为原来的缓刑决定不正确?对此,通说认为,只要在判决时对罪犯作出适用缓刑不致再危害社会的判断有根据,审判人员没有故意歪曲事实,也不存在徇私舞弊等情形,就不能由此否定缓刑适用的正确性。[8] 否则,就会使司法人员畏手畏脚,人为地为缓刑适用设置门槛。

23 (4)宣告缓刑对所居住社区没有重大不良影响。该条件的设定是基于政策理由。值得注意的是,宣告缓刑对所居住社区是否具有重大不良影响,需要根据社区环境(包括犯罪人家庭环境),联系犯罪人所犯之罪与社区环境的关系,进行客观判断。只要适合在所居住的社区实行社区矫正的,就应认为符合该条件。不能以社区部分居民反对缓刑为由,认定宣告缓刑对所居住社区有重大不良影响。[9]

三、禁止条件

24 对于累犯和犯罪集团的首要分子,不适用缓刑,主要原因是累犯和犯罪集团的首要分子的人身危险性较大,适用缓刑难以防止其再犯。

V 禁止令

25 根据《刑法》第72条第2款的规定,对犯罪分子宣告缓刑,可以根据犯罪情况,同时禁止犯罪分子在缓刑考验期限内从事特定活动,进入特定区域、场所,接触特定的人。法院在适用禁止令时,应当根据犯罪分子的犯罪原因、犯罪性质、犯罪手段、犯罪

---

7 参见陈兴良:《刑法适用总论(下卷)》(第3版),中国人民大学出版社2017年版,第541—542页。

8 参见高铭暄主编:《刑法学原理》(第3卷),中国人民大学出版社1994年版,第463页。

9 参见张明楷:《刑法学》(第6版),法律出版社2021年版,第790页。

后的悔罪表现、个人一贯表现等情况,充分考虑与犯罪分子所犯罪行的关联程度,有针对性地决定禁止其在缓刑考验期限内"从事特定活动,进入特定区域、场所,接触特定的人"中的一项或者几项内容。

禁止令的期限,既可以与缓刑考验的期限相同,也可以短于缓刑考验的期限。但 26
是宣告缓刑的,禁止令的期限不得少于 2 个月。禁止令的执行期限,从缓刑执行之日起计算。被宣告缓刑的犯罪分子违反禁止令尚未达到情节严重程度的,由负责执行禁止令的社区矫正机构所在地的公安机关依照《治安管理处罚法》第 60 条的规定处罚。被宣告缓刑的犯罪分子违反禁止令,情节严重的,应当撤销缓刑,执行原判刑罚。原作出缓刑裁判的人民法院应当自收到当地社区矫正机构提出的撤销缓刑建议书之日起 1 个月内依法作出裁定。人民法院撤销缓刑的裁定一经作出,立即生效。

根据 2011 年 4 月 25 日发布的最高人民法院《关于〈中华人民共和国刑法修正案 27
(八)〉时间效力问题的解释》第 1 条第 1 款的规定,对于 2011 年 4 月 30 日以前犯罪,依法应当宣告缓刑的,人民法院根据犯罪情况,认为确有必要同时禁止犯罪分子在缓刑考验期内从事特定活动,进入特定区域、场所,接触特定人的,适用修正后《刑法》第 72 条第 2 款的规定。据此,对于 2011 年 4 月 30 日之前的犯罪,人民法院在《刑法修正案(八)》实施后宣告缓刑的,可以同时适用禁止令。

第七十三条　缓刑考验期

拘役的缓刑考验期限为原判刑期以上一年以下，但是不能少于二个月。

有期徒刑的缓刑考验期限为原判刑期以上五年以下，但是不能少于一年。

缓刑考验期限，从判决确定之日起计算。

文献:马克昌主编:《刑罚通论》(第 2 版),武汉大学出版社 1999 年版;赵秉志主编:《刑罚总论问题探索》,法律出版社 2002 年版;高铭暄、赵秉志主编:《刑罚总论比较研究》,北京大学出版社 2008 年版;张小虎:《刑罚论的比较与建构》,群众出版社 2010 年版;陈兴良主编:《刑法总论精释》(第 3 版),人民法院出版社 2016 年版;陈兴良:《刑法适用总论(下卷)》(第 3 版),中国人民大学出版社 2017 年版;高铭暄、马克昌主编:《刑法学》(第 9 版),北京大学出版社、高等教育出版社 2019 年版;周光权:《刑法总论》(第 4 版),中国人民大学出版社 2021 年版。胡学相:《完善我国缓刑制度的立法构想与司法对策》,载《现代法学》2004 年第 2 期;刘守芬、丁鹏:《现代缓刑类型与中国的选择》,载《现代法学》2005 年第 6 期;王伟:《缓刑制度的实践与思考》,载《河北法学》2006 年第 7 期。

细目录

Ⅰ　主旨

Ⅱ　沿革

Ⅲ　缓刑考验期限的适用

一、缓刑考验期的确定

二、缓刑考验期的起算

Ⅰ　主旨

1　缓刑作为附条件不执行原判刑罚的一种制度,必须对被宣告缓刑的犯罪分子规定一个缓刑考验期,对被宣告缓刑的犯罪分子进行考察。只有通过对犯罪分子进行一段时间的考察,才能决定是否撤销缓刑、是否对犯罪分子执行原判刑罚。缓刑考验期必须由法官根据犯罪分子的人身危险性及其所犯之罪的社会危害性确定。考察期限过长,会给犯罪分子造成较大的精神压力,不利于其自身的改造;考察期限过短,则不利于发挥刑罚执行可能性所带来的督促作用,也不利于确定缓刑犯是否不再危害社会,有失缓刑制度的严肃性。

Ⅱ 沿革

1979 年《刑法》将缓刑考验期限确定为原判刑期以上,拘役为 1 年以下但是不能少于 1 个月,有期徒刑为 5 年以下但是不能少于 1 年。长期的实践证明,如此确立缓刑考验期限是较为合理的,所以修订后的刑法大致保留了 1979 年《刑法》的相关规定,唯一的变化是将拘役缓刑考验期限的底限由原来的 1 个月改为 2 个月,这是因为《刑法》第 42 条对拘役的起刑点由 1979 年《刑法》的 15 日相应提高为 1 个月。 2

Ⅲ 缓刑考验期限的适用

一、缓刑考验期的确定

无论是拘役还是有期徒刑,缓刑考验期都应该依据被缓刑者的罪行和主观恶性的大小去确定,即一方面必须考虑被缓刑者的原判刑期,另一方面也必须注意犯罪者的悔罪程度及其个人情况,从而才能酌情裁定缓刑考验期的长短。由此可见,确定缓刑考验期,首先应该以原判刑期为依据,以此为起点,但也要考虑犯罪者的悔罪程度和个人情况,比如对于非初犯者且悔罪态度又较差的,其缓刑考验期应确定得较长。在实践中,对拘役适用缓刑的案件基本没有,因此其缓刑考验期无从谈起;就有期徒刑而言,判处有期徒刑 3 年,宣告缓刑 4 年是多数做法。 3

二、缓刑考验期的起算

缓刑考验期限,从判决确定之日起计算。根据这一规定,判决前羁押的期间不能折抵计算在缓刑考验期限之内。如何理解这里的“判决确定”? 通说认为,这里的判决确定,是指判决发生法律效力。如果一审判决宣告后,没有上诉或者抗诉的,缓刑考验期从上诉或者抗诉期满之日起计算。如果提出上诉或者抗诉后,二审维持原判的,则应从二审判决确定之日起计算。 4

第七十四条　缓刑的限制

对于累犯和犯罪集团的首要分子，不适用缓刑。

文献:赵秉志主编:《刑罚总论问题探索》,法律出版社 2002 年版;周光权主编:《刑法历次修正案权威解读》,中国人民大学出版社 2011 年版;陈兴良主编:《刑法总论精释》(第 3 版),人民法院出版社 2016 年版;周光权:《刑法总论》(第 4 版),中国人民大学出版社 2021 年版。胡学相:《完善我国缓刑制度的立法构想与司法对策》,载《现代法学》2004 年第 2 期;刘守芬、丁鹏:《现代缓刑类型与中国的选择》,载《现代法学》2005 年第 6 期;王伟:《缓刑制度的实践与思考》,载《河北法学》2006 年第 7 期。

细目录

Ⅰ　主旨
Ⅱ　沿革
Ⅲ　不适用缓刑的理解

Ⅰ　主旨

1　累犯虽已受过刑罚处罚,经过服刑期间的教育、改造,但在获得自由后 5 年内又犯应当判处有期徒刑以上刑罚之罪,表明其并未接受教训,不能认真改造思想,进而说明其人身危险性较大,故不宜适用缓刑。

Ⅱ　沿革

2　1979 年《刑法》第 69 条规定,对于反革命犯和累犯,不适用缓刑。1997 年《刑法》第 74 条删除了对于"反革命犯"不适用缓刑的规定。这一修改主要是基于以下两个方面的考虑:第一,1997 年《刑法》对 1979 年《刑法》进行了重大修改,条文的内容发生了变化,为保证立法上的协调、统一,必须对缓刑对象作出修改。如 1997 年《刑法》取消了"反革命犯"这一概念,将《刑法》分则第一章的罪名由"反革命罪"改为"危害国家安全罪"。第二,1979 年《刑法》将实施危害国家安全行为者排除于缓刑适用的对象范围之外,与立法当时的社会形势、国内状况相关。而随着社会的发展变化,原有的缓刑制度存在某些与犯罪作斗争的实际需要相脱节之处。危害国家安全的行为是以推翻人民民主专政的政权和社会主义制度为目的,是危害中华人民共和国国家安全的罪行。从性质上来讲，危害国家安全犯罪是最为严重的犯罪，但据此认为对危害国家安全的所有罪犯都不适用缓刑，则显得过于绝对，还需要结合适用缓刑的具体条件来判断。危害国家安全罪虽然是性质最为严重的一类犯罪，但犯罪的性质严重仅是决定罪行严重的因素之一。罪行是否严重，除考虑犯罪性质之外，还需考虑其他方面的因素。只有在综合考虑犯罪各种因素的基础上，才能最后确定罪行是否严重。实际上，我国刑法规定的危害国家安全犯罪，有些性质较轻。从危害国家安全的罪犯的情况来看，虽然大部分罪犯的立场难以改变，其仇视社会主义制度的态度是顽固的，留在社会上难以保证其不再危害社会。但从司法实践来看，也确有一些人实施了危害国家安全罪后，认识到自己的罪行对国家和人民利益的危害性，因而产生一定悔罪之心，并以实际行动如主动投案自首、揭发检举其他犯罪分子等来表达其痛改前非、重新做人的决心。将这类危害国家安全的罪犯放在社会上，一般来说，其不会再实施犯罪、危害社会。因而对那些符合适用缓刑条件的危害国家安全的罪犯适用缓刑，自属当然。正是基于上述理由，修订后的刑法取消了对危害国家安全的犯罪分子不适用缓刑的规定。

1997 年《刑法》施行后，鉴于犯罪集团的首要分子具有极高的人身危险性和再犯可能性，不符合缓刑适用的实质条件，因此，《刑法修正案（八）》第 12 条增加了“犯罪集团的首要分子，不适用缓刑”的规定。 3

Ⅲ　不适用缓刑的理解

累犯不适用缓刑，是指对累犯绝对不适用缓刑，法官对此没有自由裁量权，即使后罪社会危害性较小，判处的有期徒刑较轻，也不能作缓刑宣告，因为此时应当重点考虑的是犯罪人过去曾经犯罪，在一定期限内又再次犯罪的事实，即其人身危险性程度极高，如果对其适用缓刑，会与缓刑制度设立的初衷相抵牾。 4

对再犯是否适用缓刑不能一概而论。如果再犯的前后两罪中，其中一罪是过失犯罪或者两罪皆为过失犯罪，或者前后两罪间隔期限较长，如 7 年、10 年以上等，那么就可以考虑对其适用缓刑。因为在此情况下，前后罪并无必然联系。仅因犯罪分子曾有前科而论定其留在社会上会再度危害社会、祸害公众是武断的，不能以理服人。如果犯罪人的前后罪时间仅间隔 5 年多，而且性质相似，虽然不构成累犯，但实际上与累犯相似，原则上不宜适用缓刑。 5

另外，对犯罪集团的首要分子也不适用缓刑。 6

第七十五条　缓刑考察内容

被宣告缓刑的犯罪分子，应当遵守下列规定：

（一）遵守法律、行政法规，服从监督；

（二）按照考察机关的规定报告自己的活动情况；

（三）遵守考察机关关于会客的规定；

（四）离开所居住的市、县或者迁居，应当报经考察机关批准。

文献：赵秉志主编：《刑罚总论问题探索》，法律出版社 2002 年版；张小虎：《刑罚论的比较与建构》，群众出版社 2010 年版；陈兴良主编：《刑法总论精释》（第 3 版），人民法院出版社 2016 年版；陈兴良：《刑法适用总论（下卷）》（第 3 版），中国人民大学出版社 2017 年版；高铭暄、马克昌主编：《刑法学》（第 9 版），北京大学出版社、高等教育出版社 2019 年版；周光权：《刑法总论》（第 4 版），中国人民大学出版社 2021 年版。胡学相：《完善我国缓刑制度的立法构想与司法对策》，载《现代法学》2004 年第 2 期；刘守芬、丁鹏：《现代缓刑类型与中国的选择》，载《现代法学》2005 年第 6 期；王伟：《缓刑制度的实践与思考》，载《河北法学》2006 年第 7 期。

细目录

Ⅰ　主旨
Ⅱ　沿革
Ⅲ　缓刑考察内容的理解

Ⅰ　主旨

1　缓刑考察是指在开放的社会上对缓刑犯进行教育改造，根据其在缓刑考验期间是否有悔改表现，从而决定原判刑罚是否执行。在一定意义上说，缓刑的考察就是缓刑的执行，而考察内容的确定是缓刑“执行”的核心问题，其对于缓刑的适用具有重要意义。

Ⅱ　沿革

2　1979 年《刑法》对缓刑犯的考察标准并未作出明确规定，这就使对缓刑犯的考察工作既无明确统一的原则，更无具体的实施规程，反映了刑法对缓刑犯的考察标准的规定尚不完善。在刑法修改过程中，大多数学者认为，对被判处缓刑的犯罪分子在缓刑期间应当遵守的事项有必要作出明确规定,使其行为受到约束并以此作为考察的标准。少数学者则认为,对于缓刑犯在缓刑期间应遵守的事项,刑法可不作规定,而由执行机关作出具体规定。[1] 立法机关采纳了第一种观点,规定了缓刑犯在缓刑期间应当遵守的事项,对缓刑考验期间犯罪分子的行为规则与义务予以明确,由此,既使缓刑犯的行为受到应有约束,促使其悔过自新,又对缓刑考察工作的评价有一个客观的标准。这一规定无疑是我国缓刑制度走向完善化、成熟化的表现,在与犯罪现象作斗争过程中必将发挥积极的作用。

Ⅲ 缓刑考察内容的理解

被宣告缓刑的犯罪分子,必须遵守如下规定: 3

(1)遵守法律、行政法规,服从监督。缓刑犯是否不再危害社会的一个重要标志便是其是否能够严格遵守法律、行政法规。 4

(2)按照考察机关的规定报告自己的活动情况。这些情况包括犯罪分子的生活情况、工作情况、学习情况,等等。这一义务,缓刑犯必须切实履行,一方面,可使考察机关了解其状况,受到考察机关的帮助、教育;另一方面,又会使缓刑犯时时提醒自己的罪犯身份,保证其认真接受改造。 5

(3)遵守考察机关关于会客的规定。 6

(4)离开所居住的市、县或者迁居,应当报经考察机关批准。 7

---

1 参见樊凤林主编:《刑罚通论》,中国政法大学出版社 1994 年版,第 549 页。

第七十六条　对缓刑犯的社区矫正、缓刑考验合格

被宣告缓刑的犯罪分子，在缓刑考验期限内，依法实行社区矫正，如果没有本法第七十七条规定的情形，缓刑考验期满，原判的刑罚就不再执行，并公开予以宣告。

文献:周光权主编:《刑法历次修正案权威解读》,中国人民大学出版社 2011 年版。王顺安:《社区矫正的法律问题》,载《政法论坛》2004 年第 3 期;郝川、王利荣:《再谈社区矫正制度方案的调整——以〈刑法修正案(八)〉的公布实施为视角》,载《社会科学战线》2011 年第 4 期;李川:《修复、矫治与分控:社区矫正机能三重性辩证及其展开》,载《中国法学》2015 年第 5 期。

细目录

Ⅰ　主旨
Ⅱ　沿革
Ⅲ　对缓刑犯的社区矫正
Ⅳ　缓刑考验期满

Ⅰ　主旨

1　刑法设置缓刑考验期的目的是对缓刑犯进行实际考验,以判断其能否在离开监狱等刑罚执行场所的情况下可以弃旧从新,不致再危害社会,从而决定是否再执行原判刑罚。因而必须确定相应的机构对缓刑犯进行考察,切实认清缓刑犯在考验期限内的行为、态度,而社区矫正制度经过积极探索已经积累了一定经验,相对完善。当然,对严格遵守刑法规定的缓刑犯,在缓刑考验期满时,也应当明确缓刑的法律后果。

Ⅱ　沿革

2　1979 年《刑法》第 70 条规定,被宣告缓刑的犯罪分子,在缓刑考验期限内,由公安机关交所在单位或者基层组织予以考察。1997 年《刑法》第 76 条也明确规定缓刑由公安机关考察。《刑法修正案(八)》对本条进行了修改,改变了缓刑的考察主体,从原来的由公安机关考察改为实行社区矫正。2019 年 12 月 28 日,第十三届全国人大常委会第十五次会议通过《社区矫正法》,明确规定将缓刑犯作为社区矫正对

象,从而与本条规定相衔接。

对缓刑考验期满的法律效果,修改前后的刑法作了相同的规定。 3

Ⅲ 对缓刑犯的社区矫正

根据《社区矫正法》第 2 条第 1 款的规定,对被判处管制、宣告缓刑、假释和暂予监外执行的罪犯,依法实行社区矫正。有关缓刑犯社区矫正的决定和接收、监督管理、教育帮扶、解除和终止等内容,请参见《社区矫正法》以及《刑法》第 38 条中对管制犯依法实行社区矫正的评注。 4

Ⅳ 缓刑考验期满

缓刑犯在缓刑考验期内,如果没有再犯新罪,也未发现以前有漏罪,也未违反有关监督管理规定的,缓刑考验期满,原判的刑罚就不再执行,但有罪宣告仍然存在。 5

第七十七条　缓刑的撤销

被宣告缓刑的犯罪分子，在缓刑考验期限内犯新罪或者发现判决宣告以前还有其他罪没有判决的，应当撤销缓刑，对新犯的罪或者新发现的罪作出判决，把前罪和后罪所判处的刑罚，依照本法第六十九条的规定，决定执行的刑罚。

被宣告缓刑的犯罪分子，在缓刑考验期限内，违反法律、行政法规或者国务院有关部门关于缓刑的监督管理规定，或者违反人民法院判决中的禁止令，情节严重的，应当撤销缓刑，执行原判刑罚。

文献:高铭暄、赵秉志主编:《刑罚总论比较研究》,北京大学出版社 2008 年版;张小虎:《刑罚论的比较与建构》,群众出版社 2010 年版;周光权主编:《刑法历次修正案权威解读》,中国人民大学出版社 2011 年版;陈兴良主编:《刑法总论精释》(第 3 版),人民法院出版社 2016 年版;高铭暄、马克昌主编:《刑法学》(第 9 版),北京大学出版社、高等教育出版社 2019 年版。胡学相:《完善我国缓刑制度的立法构想与司法对策》,载《现代法学》2004 年第 2 期;刘守芬、丁鹏:《现代缓刑类型与中国的选择》,载《现代法学》2005 年第 6 期;王伟:《缓刑制度的实践与思考》,载《河北法学》2006 年第 7 期。

细目录

Ⅰ　主旨
Ⅱ　沿革
Ⅲ　缓刑撤销的条件

Ⅰ　主旨

1　缓刑是附条件地不执行原判刑罚。当所附条件被违反时,就需要有法律上的处置措施来应对缓刑犯。我国刑法强调缓刑犯在缓刑考验期内,违反有关规定的,应撤销缓刑,执行原判刑罚。

Ⅱ　沿革

2　1979 年《刑法》第 70 条对撤销缓刑的条件作了规定:被宣告缓刑的犯罪分子,在缓刑考验期限内,如果再犯新罪,撤销缓刑,把前罪和后罪所判处的刑罚,依照数罪并罚原则,决定执行的刑罚。由此可见,“再犯新罪”是 1979 年《刑法》所规定的撤销缓刑的唯一条件。而在发现犯罪分子尚有漏罪的情况下,人民法院决定对犯罪分子适用缓刑,从一定程度上讲,有违缓刑制度设立的初衷,轻纵了犯罪分子,不利于缓刑制度在教育改造犯罪分子过程中发挥其应有功效。

1997 年《刑法》第 77 条规定:“被宣告缓刑的犯罪分子,在缓刑考验期限内犯新罪或者发现判决宣告以前还有其他罪没有判决的,应当撤销缓刑,对新犯的罪或者新发现的罪作出判决,把前罪和后罪所判处的刑罚,依照本法第六十九条的规定,决定执行的刑罚。被宣告缓刑的犯罪分子,在缓刑考验期限内,违反法律、行政法规或者国务院公安部门有关缓刑的监督管理规定,情节严重的,应当撤销缓刑,执行原判刑罚。” 3

《刑法修正案(八)》第 14 条对《刑法》第 77 条第 2 款作了相应修改和补充:一是将“公安部门”改为“有关部门”;二是增加了“违反人民法院判决中的禁止令”的情形。这种增补是为了呼应《刑法修正案(八)》对《刑法》第 72 条的修正。《刑法修正案(八)》在《刑法》第 72 条增设了第 2 款:“宣告缓刑,可以根据犯罪情况,同时禁止犯罪分子在缓刑考验期限内从事特定活动,进入特定区域、场所,接触特定的人。”对缓刑犯规定了禁止令。如果违反这些禁止令,就会被撤销缓刑。 4

根据 2011 年 4 月 25 日发布的最高人民法院《关于〈中华人民共和国刑法修正案(八)〉时间效力问题的解释》第 1 条第 2 款的规定,犯罪分子在缓刑考验期内,违反人民法院判决中的禁止令的,适用修正后《刑法》第 77 条第 2 款的规定。 5

Ⅲ 缓刑撤销的条件

缓刑乃是依一定条件而延缓刑之执行或刑之宣告,所以当违反这种条件时,缓刑宣告就应予以撤销。我国刑法对缓刑撤销条件作了明确规定: 6

(1)再犯新罪。这里的再犯新罪,是指根据所犯罪行应当判处刑罚的新罪,既指故意犯罪,也指过失犯罪;既包括同种罪,也包括不同种罪;既可以是较重之罪,也可以是较轻之罪,只要这些犯罪行为是在缓刑考验期限内实施的,都应撤销缓刑。此外,缓刑犯在考验期限内又犯新罪,但在缓刑考验期满后才被发现,应否撤销缓刑?被宣告缓刑的犯罪分子不执行原判刑罚,是以在缓刑考验期限内不再犯罪为条件的,如果罪犯在缓刑考验期限内又犯新罪,即使该犯罪是在考验期满后才发现,只要尚未超过追诉时效期限,就应当撤销缓刑。首先,新犯之罪是在考验期满后发现的,并不能改变缓刑犯在考验期限内又犯新罪的事实。其次,考验期限内又犯新罪是法律规定的撤销缓刑的条件,但这并不意味着新罪必须在考验期限内被发现。最后,再犯的新罪是在缓刑考验期内被发现,还是在考验期满后被发现,都与缓刑犯是否遵守缓刑考验规定、是否得到有效改造无关。新罪在考验期满后才被发现,不能说明缓刑犯已被教育改造为新人。 7

(2)发现漏罪。被宣告缓刑的犯罪分子,在缓刑考验期限内,发现判决宣告前还 8

有其他罪没有判决的,应当撤销缓刑,对新发现的罪作出判决,把前罪和后罪所判处的刑罚,依照《刑法》第 69 条的规定,决定执行的刑罚。因为缓刑犯隐瞒其罪行,说明其并非真心悔罪,不应当享受宽大处理的待遇,理应撤销缓刑;而且,从立法精神和刑事政策上考虑,如不撤销缓刑,无异于鼓励犯罪分子隐瞒罪行,从而也就难以收到适用缓刑所预期的效果。在发现漏罪的情况下,已经进行的缓刑考验期限,不能折抵刑期。

9 (3)违反相关规定。根据《刑法》第 77 条第 2 款的规定,被宣告缓刑的犯罪分子,在缓刑考验期限内,违反法律、行政法规或者国务院有关部门关于缓刑的监督管理规定,或者违反人民法院判决中的禁止令,情节严重的,应当撤销缓刑,执行原判刑罚。在实践中,要正确适用这一规定,就需要注意:不能因缓刑犯有轻微违法行为,就宣告撤销其缓刑,而应当判断其违法行为是否属于情节严重。至于"情节严重"与否,要综合分析,全面考察,对一般违法行为中不同的情况加以区分,判断其是否属于"严重"之列。

10 最高人民法院于 2002 年 4 月 10 日发布的《关于撤销缓刑时罪犯在宣告缓刑前羁押的时间能否折抵刑期问题的批复》明确指出,对被宣告缓刑的犯罪分子撤销缓刑执行原判刑罚的,对其在宣告缓刑前羁押的时间应当折抵刑期。

11 最高人民法院于 2021 年 1 月 26 日发布的《关于适用〈中华人民共和国刑事诉讼法〉的解释》第 543 条第 1 款规定:"人民法院收到社区矫正机构的撤销缓刑建议书后,经审查,确认罪犯在缓刑考验期限内具有下列情形之一的,应当作出撤销缓刑的裁定:(一)违反禁止令,情节严重的;(二)无正当理由不按规定时间报到或者接受社区矫正期间脱离监管,超过一个月的;(三)因违反监督管理规定受到治安管理处罚,仍不改正的;(四)受到执行机关二次警告,仍不改正的;(五)违反法律、行政法规和监督管理规定,情节严重的其他情形。"

第六节　减　刑

前　注

文献:高铭暄、赵秉志主编:《刑罚总论比较研究》,北京大学出版社 2008 年版;张小虎:《刑罚论的比较与建构》,群众出版社 2010 年版;周光权主编:《刑法历次修正案权威解读》,中国人民大学出版社 2011 年版;贾宇主编:《刑法学》,高等教育出版社 2019 年版。陈永生:《中国减刑、假释程序之检讨》,载《法商研究》2007 年第 2 期;王志祥:《我国减刑、假释制度改革路径前瞻》,载《法商研究》2009 年第 6 期;张亚平:《减刑、假释的目的反思与制度变革》,载《现代法学》2015 年第 6 期;李勤:《减刑假释制度的适用:积分制的缺陷及其完善》,载《政法论坛》2017 年第 2 期。

细目录

Ⅰ　主旨

Ⅱ　沿革

Ⅲ　本节的重要问题

Ⅰ　主旨

在我国刑法中确立和贯彻减刑制度有重大意义,体现了我国宽严相济的刑事政策。在我国,一切危害国家和人民利益的犯罪行为都要受到刑罚的制裁。但是,犯罪人经过服刑改造,确有悔改或立功表现的,都可以得到减刑的宽大处理。这对于巩固改造成果,加速犯罪分子改造,实现刑罚目的有积极作用。 1

Ⅱ　沿革

1979 年《刑法》第四章第六节以 2 个条文的篇幅规定了减刑制度,但未规定减刑的程序。其中,1979 年《刑法》第 71 条规定了减刑的适用条件和限度;第 72 条则规定:“无期徒刑减为有期徒刑的刑期,从裁定减刑之日起计算。” 2

1997 年《刑法》第四章第六节包含 3 个条文。其中,1997 年《刑法》第 78 条对减刑的适用条件和限度作了调整和完善;第 79 条对减刑的程序作了规定;第 80 条则与 1979 年《刑法》第 72 条完全一致。 3

2012 年最高人民法院发布了《关于办理减刑、假释案件具体应用法律若干问题的规定》,为司法实践中正确适用减刑制度提供了具体操作标准。2016 年最高人民 4

法院又发布了《关于办理减刑、假释案件具体应用法律的规定》,对减刑实质条件中"确有悔改表现""立功表现""重大立功表现"的认定进一步提供了标准,并对哪些特殊犯罪不能认定为"确有悔改表现"作了例外规定;对减刑幅度、减刑起始时间和间隔时间等的规定比《关于办理减刑、假释案件具体应用法律若干问题的规定》更为细致。《关于办理减刑、假释案件具体应用法律若干问题的规定》关于减刑、假释的实体性规定已为《关于办理减刑、假释案件具体应用法律的规定》所涵盖,且后者的规定更加详细、明确,后者已经完全替代前者。

5 2019 年最高人民法院发布了《关于办理减刑、假释案件具体应用法律的补充规定》,明确指出,其适用对象为《刑法修正案(九)》施行后,依照《刑法》分则第八章贪污贿赂罪判处刑罚的原具有国家工作人员身份的罪犯。因此,《关于办理减刑、假释案件具体应用法律的补充规定》是作为《关于办理减刑、假释案件具体应用法律的规定》(即现行司法解释)的补充性规定而下发的,并非废止现行司法解释。《关于办理减刑、假释案件具体应用法律的补充规定》第 7 条规定,"此前发布的司法解释与本规定不一致的,以本规定为准",是指在对上述贪污贿赂罪犯予以减刑、假释时,现行司法解释相应条款和补充规定相冲突的,适用补充规定,不再适用现行司法解释的相应条款,否则仍适用现行司法解释的规定。但对上述贪污贿赂罪犯以外的其他罪犯予以减刑、假释时,仍适用现行司法解释的规定。

6 2021 年 12 月 1 日,最高人民法院、最高人民检察院、公安部、司法部联合发布了《关于加强减刑、假释案件实质化审理的意见》,明确减刑、假释案件实质化审理应当坚持全面依法审查、坚持主客观改造表现并重、坚持严格审查证据材料、坚持区别对待,并从实体和程序两方面对减刑的审查作了严格规范。

Ⅲ 本节的重要问题

7 在当前的刑事司法中,准确掌握减刑适用条件,依法适用减刑制度,显得特别重要。此外,非经法定程序不得减刑,减刑的程序如何适用也是重要问题,这包括对罪犯的考察、提出减刑意见、裁定等内容。

第七十八条　减刑的适用条件与限度

被判处管制、拘役、有期徒刑、无期徒刑的犯罪分子，在执行期间，如果认真遵守监规，接受教育改造，确有悔改表现的，或者有立功表现的，可以减刑；有下列重大立功表现之一的，应当减刑：

（一）阻止他人重大犯罪活动的；

（二）检举监狱内外重大犯罪活动，经查证属实的；

（三）有发明创造或者重大技术革新的；

（四）在日常生产、生活中舍己救人的；

（五）在抗御自然灾害或者排除重大事故中，有突出表现的；

（六）对国家和社会有其他重大贡献的。

减刑以后实际执行的刑期不能少于下列期限：

（一）判处管制、拘役、有期徒刑的，不能少于原判刑期的二分之一；

（二）判处无期徒刑的，不能少于十三年；

（三）人民法院依照本法第五十条第二款规定限制减刑的死刑缓期执行的犯罪分子，缓期执行期满后依法减为无期徒刑的，不能少于二十五年，缓期执行期满后依法减为二十五年有期徒刑的，不能少于二十年。

文献：高铭暄、赵秉志主编：《刑罚总论比较研究》，北京大学出版社 2008 年版；张小虎：《刑罚论的比较与建构》，群众出版社 2010 年版；周光权主编：《刑法历次修正案权威解读》，中国人民大学出版社 2011 年版。陈永生：《中国减刑、假释程序之检讨》，载《法商研究》2007 年第 2 期；王志祥：《我国减刑、假释制度改革路径前瞻》，载《法商研究》2009 年第 6 期；张亚平：《减刑、假释的目的反思与制度变革》，载《现代法学》2015 年第 6 期；李勤：《减刑假释制度的适用：积分制的缺陷及其完善》，载《政法论坛》2017 年第 2 期。

细目录

Ⅰ　主旨

Ⅱ　沿革

Ⅲ　减刑的概念

Ⅳ　减刑的条件

　一、对象条件

　二、实质条件

三、限度条件
V　需要注意的问题
一、减刑的起始时间
二、减刑幅度
三、减刑的间隔
四、对未成年、老年等罪犯的减刑

I　主旨

1 犯罪人在刑罚执行期间的表现各不相同,有些犯罪人在服刑期间能够真诚地接受教育和改造,确有悔改表现,甚至有立功表现。这说明他们的人身危险性已经降低,根据这种情况,给予适当减刑,可以鼓励这些犯罪分子继续加速改造,并且对其他犯罪人的改造也能够起到积极的促进作用。这对于贯彻宽严相济刑事政策,化消极因素为积极因素,实现刑罚目的,具有重要意义。

Ⅱ　沿革

2 1979 年《刑法》第 71 条规定:"被判处管制、拘役、有期徒刑、无期徒刑的犯罪分子,在执行期间,如果确有悔改或者立功表现,可以减刑。但是经过一次或者几次减刑以后实际执行的刑期,判处管制、拘役、有期徒刑的,不能少于原判刑期的二分之一;判处无期徒刑的,不能少于十年。"在实际执行过程中,较为突出的问题是如何把握"确有悔改"或"立功表现"。由于对这一减刑实质条件的理解不同,在减刑的把握上便出现了偏差,乃至出现了一些错误的做法。为正确执行法律,贯彻刑法设立减刑制度的精神,最高人民法院先后作过几次涉及减刑问题的司法解释。1989 年 2 月 14 日发布的《全国法院减刑、假释工作座谈会纪要》、1991 年 10 月 10 日发布的《关于办理减刑、假释案件具体应用法律若干问题的规定》都指出,对于确有悔改表现,应从四个方面把握:认罪服法;一贯遵守罪犯改造行为规范;积极参加政治、文化、技术学习;积极参加劳动,爱护公物,完成劳动任务。只有同时具备这四个方面的条件,才能认为罪犯确有悔改表现。应该说,司法解释如此理解、把握"确有悔改"表现是符合法律精神的。因此,1997 年刑法修改过程中,在 1979 年《刑法》第 71 条"如果确有悔改或者立功表现"中的"确有悔改"前增加了"认真遵守监规、接受教育改造"的内容,以此作为对确有悔改或立功表现的限定,在把握标准上作了进一步阐释,使对确有悔改或立功表现的理解有了一个较为明确的方向。

3 1997 年《刑法》第 78 条规定:"被判处管制、拘役、有期徒刑、无期徒刑的犯罪分子,在执行期间,如果认真遵守监规,接受教育改造,确有悔改表现的,或者有立功表现的,可以减刑;有下列重大立功表现之一的,应当减刑:(一)阻止他人重大犯罪活动的;(二)检举监狱内外重大犯罪活动,经查证属实的;(三)有发明创造或者重大技术革新的;(四)在日常生产、生活中舍己救人的;(五)在抗御自然灾害或者排除重大事故中,有突出表现的;(六)对国家和社会有其他重大贡献的。减刑以后实际执行的刑期,判处管制、拘役、有期徒刑的,不能少于原判刑期的二分之一;判处无期徒刑的,不能少于十年。"

《刑法修正案(八)》对《刑法》第78条第2款进行了修改:(1)将无期徒刑实际执行期限的底线从10年提高至13年;(2)规定限制减刑的死刑缓期执行的犯罪分子,减为无期徒刑的,不能少于25年,减为25年有期徒刑的,不能少于20年。将无期徒刑实际执行期限的底线从10年提高至13年,主要是为了解决我国"生刑过重"及与有期徒刑协调的问题。无期徒刑通过减刑后如果实际执行期限只有10年,会与数罪并罚的有期徒刑期限不协调。数罪并罚时有期徒刑总和刑期不满35年的,最高刑期可以是20年,总和刑期超过35年的,最高刑期可以是25年。20年的有期徒刑即使减刑,也要实际执行10年,25年的有期徒刑即使减刑,也要实际执行12年零6个月。而无期徒刑经过减刑如果实际执行期限只有10年,会导致无期徒刑比有期徒刑处罚还轻的不合理现象,这不符合罪刑法定原则。为此,《刑法修正案(八)》将无期徒刑减刑后实际执行期限提高至13年,是妥当的。 4

同时,《刑法修正案(八)》第4条在1997年《刑法》第50条增加一款作为第2款:"对被判处死刑缓期执行的累犯以及因故意杀人、强奸、抢劫、绑架、放火、爆炸、投放危险物质或者有组织的暴力性犯罪被判处死刑缓期执行的犯罪分子,人民法院根据犯罪情节等情况可以同时决定对其限制减刑。"作为配套措施,《刑法修正案(八)》第15条在《刑法》第78条第2款中增加"人民法院依照本法第五十条第二款规定限制减刑的死刑缓期执行的犯罪分子,缓期执行期满后依法减为无期徒刑的,不能少于二十五年,缓期执行期满后依法减为二十五年有期徒刑的,不能少于二十年"的规定,以此来限制对特殊死缓犯的减刑。 5

2011年4月25日发布的最高人民法院《关于〈中华人民共和国刑法修正案(八)〉时间效力问题的解释》第7条规定,2011年4月30日以前犯罪,被判处无期徒刑的罪犯,减刑以后或者假释前实际执行的刑期,适用修正前《刑法》第78条第2款、第81条第1款的规定。 6

Ⅲ　减刑的概念

减刑,是指对于被判处管制、拘役、有期徒刑和无期徒刑的犯罪分子,在刑罚执行期间,由于确有悔改或者立功表现,因而将其原判刑罚予以适当减轻的一种刑罚执行制度。减轻原判刑罚有两层含义:一是将原判较重的刑种减为较轻的刑种,如把无期徒刑减为有期徒刑,但有期徒刑不能减为拘役或者管制;二是将原判较长的刑期减为较短的刑期,即将有期徒刑、拘役、管制的刑期缩短。从减刑制度的概念不难看出,减刑制度较之其他刑罚制度具有以下显著特点: 7

(1)减刑只能适用于被判处管制、拘役、有期徒刑、无期徒刑的犯罪分子。减刑的适用只有刑罚种类的限制,而无犯罪性质的限制。因而,犯罪人不论触犯何种罪 8

名,只要依法被判处的是管制、拘役、有期徒刑或无期徒刑中的任何一种刑罚,都可以依法适用减刑。

9 (2)减刑只能在特定时间适用,即在判决确定以后刑罚执行完毕以前的过程中。在判决尚未确定以前,无法断定是否要对犯罪人适用刑罚和适用什么样的刑罚。既然谈不上刑罚的执行,自然就无从讨论减刑问题。判处的刑罚执行完毕以后,罪犯已被释放,获得了人身自由,当然也不存在减刑问题。

10 (3)减刑只是减轻原判刑罚。减刑在执行后果上与改判有相似之处,都使犯罪人实际执行的刑期与原判刑罚不一致,换言之,犯罪人被依法减刑后,对其只能按减刑后确定的刑期执行,而不再执行原判刑罚。减刑和改判也有本质区别,改判是在原判决认定事实或法律适用确实发生错误的情况下,人民法院依照审判监督程序撤销原判决,并依据案件事实和法律作出新判决。新作出的判决无论是有罪判决还是无罪判决,都是对原判决的否定。减刑则不同,它是在肯定原判决认定事实和适用法律正确的基础上,对原判刑期的适当缩减。

11 本条规定的“一般减刑”制度不同于死缓减刑,死缓减刑是被判处死刑缓期执行的犯罪分子,在死缓考验期间没有故意犯罪,而予以减刑的制度,它是死缓制度的重要内容之一。虽然一般减刑与死缓减刑都有对原判刑罚予以减轻的内容,但两者存在重大区别:从适用对象上看,前者可适用于所有被剥夺及部分限制自由的罪犯,而后者仅限于被判处死刑而又不是必须立即执行的犯罪人;从考察时间上看,前者没有明确的时间限制,而后者必须是 2 年;从性质上看,前者带有奖励的性质,它是对罪犯改造效果的积极评定,后者却不具有这种性质,仅仅是使罪犯获得被改造的机会,免除从肉体上被消灭的极刑,主要考察罪犯是否在 2 年考验期内有故意犯罪,较之一般减刑制度的适用条件要求要低。

12 减刑和减轻处罚也是两个完全不同的概念。减轻处罚是人民法院在量刑时,对具有减轻处罚情节的犯罪分子,依法判处其低于法定刑的刑罚;而减刑是人民法院在监狱等刑罚执行机关减刑建议的基础上,根据罪犯在服刑期间的表现,依法适当减轻其原判刑罚的制度。所以,减刑制度是刑罚执行过程中因为犯罪分子有悔改和立功表现而缩短原判刑罚的制度,属于行刑的范畴。而减轻处罚是人民法院的一种刑罚裁量活动,主要针对那些具有减轻处罚情节的犯罪分子适用,属于量刑的范畴。

Ⅳ 减刑的条件

一、对象条件

13 减刑的对象条件是犯罪分子被判处管制、拘役、有期徒刑、无期徒刑。它表明减刑的范围,仅受刑罚种类的限制,只要是被判处管制、拘役、有期徒刑、无期徒刑这四种刑罚之一的犯罪分子,无论其犯罪行为是故意犯罪还是过失犯罪,是重罪还是轻罪,是危害国家安全罪还是其他刑事犯罪,只要具备了法定减刑条件,都可以减刑。

14 《刑法》第 50 条第 2 款对减刑的对象条件进行了限制。该款规定对被判处死刑缓期执行的累犯以及因故意杀人、强奸、抢劫、绑架、放火、爆炸、投放危险物质或者有组织的暴力性犯罪被判处死刑缓期执行的犯罪分子,人民法院根据犯罪情节等情况可以同时决定对其限制减刑。这主要是考虑到以往我国刑法对减刑未作次数限制,有些死缓犯被减为无期徒刑或有期徒刑后,在执行刑期过程中被不断减刑,最后实际执行的刑期被过于缩短。按照最高人民法院《关于办理减刑、假释案件具体应用法律的规定》第 12 条的规定,对被判处死刑缓期执行罪犯经过一次或几次减刑后,其实际执行的刑期不得少于 15 年(不含死刑缓期执行期间)。该规定有助于落实《刑法》第 50 条第 2 款限制减刑的精神。在实践中,对《刑法》第 50 条第 2 款的适用要注意两个问题:第一,该款规定,对故意杀人、强奸、抢劫、绑架、放火、爆炸、投放危险物质或者有组织的暴力性犯罪的死缓犯可以限制减刑。这里的故意杀人、强奸、抢劫、绑架、放火、爆炸、投放危险物质共七种犯罪并不要求以暴力手段实施,而有组织犯罪要求以暴力手段实施。第二,刑法规定的是"限制减刑"而非"不得减刑",所以对这些严重的死缓犯是可以减刑的,只是应当有所限制。

15 此外,根据 2016 年 11 月 14 日发布的最高人民法院《关于办理减刑、假释案件具体应用法律的规定》第 18 条的规定,被判处拘役或者 3 年以下有期徒刑,并宣告缓刑的罪犯,一般不适用减刑,在缓刑考验期内有重大立功表现的,可以参照刑法第 78 的规定予以减刑,同时应当依法缩减其缓刑考验期。缩减后,拘役的缓刑考验期限不得少于 2 个月,有期徒刑的缓刑考验期限不得少于 1 年。据此,对于缓刑罪犯,原则上仅在有重大立功表现的情形下,方可适用减刑,且在减刑后,缓刑考验期也应有所缩减。指导性案例则进一步指出,人民法院对没有重大立功表现的缓刑罪犯裁定减刑的,属于适用法律错误,此时人民检察院应当依法提出纠正意见。人民法院裁定维持原减刑裁定的,人民检察院应当继续予以监督。[1]

二、实质条件

16 减刑的实质条件,因减刑的种类不同而有所区别。

17 "可以"减刑的实质条件,是犯罪分子在刑罚执行期间认真遵守法律法规及监规,接受教育和改造,确有悔改表现或者有立功表现。根据 2016 年 9 月 19 日发布的最高人民法院《关于办理减刑、假释案件具体应用法律的规定》第 3 条的规定,犯罪分子同时具备以下四个条件的,应当认为确有悔改表现:第一,认罪悔罪;第二,认真遵守法律法规及监规,接受教育改造;第三,积极参加思想、文化、职业技术教育;第四,积极参加劳动,努力完成劳动任务。对职务犯罪、破坏金融管理秩序和金融诈骗犯罪、组织(领导、参加、包庇、纵容)黑社会性质组织犯罪等罪犯,不积极退赃、协助追

---

1 参见最高人民检察院第十九批指导性案例"宣告缓刑罪犯蔡某等 12 人减刑监督案"(检例第 70 号)。

缴赃款赃物、赔偿损失,或者服刑期间利用个人影响力和社会关系等不正当手段意图获得减刑、假释的,不认定其"确有悔改表现"。

18　最高人民法院《关于办理减刑、假释案件具体应用法律的规定》第4条第1款规定:"具有下列情形之一的,可以认定为有'立功表现':(一)阻止他人实施犯罪活动的;(二)检举、揭发监狱内外犯罪活动,或者提供重要的破案线索,经查证属实的;(三)协助司法机关抓捕其他犯罪嫌疑人的;(四)在生产、科研中进行技术革新,成绩突出的;(五)在抗御自然灾害或者排除重大事故中,表现积极的;(六)对国家和社会有其他较大贡献的。"

19　"应当"减刑的实质条件,是犯罪分子在刑罚执行期间有重大立功表现。最高人民法院《关于办理减刑、假释案件具体应用法律的规定》第5条第1款规定:"具有下列情形之一的,应当认定为有'重大立功表现':(一)阻止他人实施重大犯罪活动的;(二)检举监狱内外重大犯罪活动,经查证属实的;(三)协助司法机关抓捕其他重大犯罪嫌疑人的;(四)有发明创造或者重大技术革新的;(五)在日常生产、生活中舍己救人的;(六)在抗御自然灾害或者排除重大事故中,有突出表现的;(七)对国家和社会有其他重大贡献的。"

20　需要注意的是,《关于加强减刑、假释案件实质化审理的意见》指出,前述"较大贡献"或者"重大贡献",应当理解为对国家、社会具有积极影响,而非仅对个别人员、单位有贡献和帮助。对于罪犯在警示教育活动中现身说法的,不认定罪犯具有立功或者重大立功表现。

三、限度条件

21　根据《刑法》第78条第2款的规定,减刑以后实际执行的刑期,判处管制、拘役、有期徒刑的,不能少于原判刑期的1/2;判处无期徒刑的,不能少于13年;人民法院依照《刑法》第50条第2款规定限制减刑的死刑缓期执行的犯罪分子,缓期执行期满后依法减为无期徒刑的,不能少于25年,缓期执行期满后依法减为25年有期徒刑的,不能少于20年。从这一规定可以看出,减刑的形式有两种:一是刑种的变更,例如,将无期徒刑减为有期徒刑;二是刑期的变更,例如,有期徒刑本身刑期的缩短。但是这些刑期的变更都要受到一定的限制,例如,无期徒刑的限制是不能少于13年;限制减刑的死刑缓期执行的犯罪分子,缓期执行期满后依法减为无期徒刑的,不能少于25年,缓期执行期满后依法减为25年有期徒刑的,不能少于20年;其他情形下采用的是比例制,即实际执行的刑期不能少于原判刑期的1/2。减刑限度的比例制,使原判刑期与实际执行的刑期成一定的比例关系,体现了刑罚的公正性。

V　需要注意的问题

一、减刑的起始时间

22　减刑的前提条件是罪犯在刑罚执行期间确有悔改或立功表现。而罪犯是否具有减刑所需要的悔改或立功表现,须经一定的时间才能判定,这就决定了罪犯只有在服刑一段时间以后才能对其考虑适用减刑。但是,减刑制度设立的目的是鼓励犯罪人积极改造,悔过自新,由此决定对服刑的犯罪人予以减刑的时间又不宜拖得过长,否则难以达到减刑制度设立的目的。因为在犯罪人服刑若干年后仍不对其考虑适用减刑,会使其感到减刑无望,丧失争取减刑的信心,从而影响减刑作用的发挥。那么,罪犯服刑多长时间后才能减刑?《关于办理减刑、假释案件具体应用法律的规定》第6条第1款规定:“被判处有期徒刑的罪犯减刑起始时间为:不满五年有期徒刑的,应当执行一年以上方可减刑;五年以上不满十年有期徒刑的,应当执行一年六个月以上方可减刑;十年以上有期徒刑的,应当执行二年以上方可减刑。有期徒刑减刑的起始时间自判决执行之日起计算。”第21条第1款规定:“被判处有期徒刑、无期徒刑的罪犯在刑罚执行期间又故意犯罪,新罪被判处有期徒刑的,自新罪判决确定之日起三年内不予减刑;新罪被判处无期徒刑的,自新罪判决确定之日起四年内不予减刑。”此外,针对《刑法》分则第八章贪污贿赂犯罪,《关于办理减刑、假释案件具体应用法律的补充规定》第2条第1款规定:“被判处十年以上有期徒刑,符合减刑条件的,执行三年以上方可减刑;被判处不满十年有期徒刑,符合减刑条件的,执行二年以上方可减刑。”第3条第1款规定:“被判处无期徒刑,符合减刑条件的,执行四年以上方可减刑。”第4条第1款规定:“被判处死刑缓期执行的,减为无期徒刑后,符合减刑条件的,执行四年以上方可减刑。”第5条规定:“罪犯有重大立功表现的,减刑时可以不受上述起始时间和间隔时间的限制。”

二、减刑幅度

减刑虽然有总量限制,但每次减刑还应当控制在一个合理的幅度内,否则一次减 23
刑幅度过大,不利于对服刑罪犯的教育和改造。《关于办理减刑、假释案件具体应用法律的规定》第6条第2款规定:“确有悔改表现或者有立功表现的,一次减刑不超过九个月有期徒刑;确有悔改表现并有立功表现的,一次减刑不超过一年有期徒刑;有重大立功表现的,一次减刑不超过一年六个月有期徒刑;确有悔改表现并有重大立功表现的,一次减刑不超过二年有期徒刑。”第8条第1款规定:“被判处无期徒刑的罪犯在刑罚执行期间,符合减刑条件的,执行二年以上,可以减刑。减刑幅度为:确有悔改表现或者有立功表现的,可以减为二十二年有期徒刑;确有悔改表现并有立功表现的,可以减为二十一年以上二十二年以下有期徒刑;有重大立功表现的,可以减为二十年以上二十一年以下有期徒刑;确有悔改表现并有重大立功表现的,可以减为十九年以上二十年以下有期徒刑。无期徒刑罪犯减为有期徒刑后再减刑时,减刑幅度依照本规定第六条的规定执行。两次减刑间隔时间不得少于二年。” 此外,针对刑法分则第八章贪污贿赂犯罪,《关于办理减刑、假释案件具体应用法律的补充规定》第2条第2款规定:“确有悔改表现或者有立功表现的,一次减刑不超过六个月有期徒刑;确有悔改表现并有立功表现的,一次减刑不超过九个月有期徒刑;有重大立功表现的,一次减刑不超过一年有期徒刑。"第3条第2款规定:"确有悔改表现或者有立功表现的,可以减为二十三年有期徒刑;确有悔改表现并有立功表现的,可以减为二十二年以上二十三年以下有期徒刑;有重大立功表现的,可以减为二十一年以上二十二年以下有期徒刑。"第4条第2款规定:"确有悔改表现或者有立功表现的,可以减为二十五年有期徒刑;确有悔改表现并有立功表现的,可以减为二十四年六个月以上二十五年以下有期徒刑;有重大立功表现的,可以减为二十四年以上二十四年六个月以下有期徒刑。"

三、减刑的间隔

24 减刑的间隔是指对同一犯罪分子前后两次减刑的时间距离。对于同一犯罪分子,前后两次减刑之间应有一定的时间间隔,以便考察犯罪分子在前次减刑后是否又有悔改或者立功表现。如果同一犯罪分子在短期内刑期缩短过快,有可能产生负面效果。根据《关于办理减刑、假释案件具体应用法律的规定》第6条、第7条、第9条等的规定,减刑的间隔时间为:第一,被判处不满10年有期徒刑的罪犯,两次减刑间隔时间不得少于1年;被判处10年以上有期徒刑的罪犯,两次减刑间隔时间不得少于1年6个月。第二,对符合减刑条件的职务犯罪罪犯,破坏金融管理秩序和金融诈骗犯罪罪犯,组织、领导、参加、包庇、纵容黑社会性质组织犯罪罪犯,危害国家安全犯罪罪犯,恐怖活动犯罪罪犯,毒品犯罪集团的首要分子及毒品再犯,累犯,确有履行能力而不履行或者不全部履行生效裁判中财产性判项的罪犯,被判处10年以下有期徒刑的,执行2年以上方可减刑,减刑幅度应当从严掌握,一次减刑不超过1年有期徒刑,两次减刑之间应当间隔1年以上。对被判处10年以上有期徒刑的前述罪犯,以及因故意杀人、强奸、抢劫、绑架、放火、爆炸、投放危险物质或者有组织的暴力性犯罪被判处10年以上有期徒刑的罪犯,数罪并罚且其中两罪以上被判处10年以上有期徒刑的罪犯,执行2年以上方可减刑,减刑幅度应当从严掌握,一次减刑不超过1年有期徒刑,两次减刑之间应当间隔1年6个月以上。第三,对被判处无期徒刑的职务犯罪罪犯,破坏金融管理秩序和金融诈骗犯罪罪犯,组织、领导、参加、包庇、纵容黑社会性质组织犯罪罪犯,危害国家安全犯罪罪犯,恐怖活动犯罪罪犯,毒品犯罪集团的首要分子及毒品再犯,累犯以及因故意杀人、强奸、抢劫、绑架、放火、爆炸、投放危险物质或者有组织的暴力性犯罪的罪犯,确有履行能力而不履行或者不全部履行生效裁判中财产性判项的罪犯,数罪并罚被判处无期徒刑的罪犯,符合减刑条件的,执行3年以上方可减刑,减刑幅度应当从严掌握,减刑后的刑期最低不得少于20年有期徒刑;减为有期徒刑后再减刑时,减刑幅度从严掌握,一次不超过1年有期徒刑,两次减刑之间应当间隔2年以上。第四,被判处死刑缓期执行的罪犯减为无期徒刑后,符合减刑条件的,执行3年以上方可减刑。减刑幅度为:确有悔改表现或者有立功表现的,可以减为25年有期徒刑;确有悔改表现并有立功表现的,可以减为24年以上25年以下有期徒刑;有重大立功表现的,可以减为23年以上24年以下有期徒刑;确有悔改表现并有重大立功表现的,可以减为22年以上23年以下有期徒刑。第五,对被判处死刑缓期执行的职务犯罪罪犯,破坏金融管理秩序和金融诈骗犯罪罪犯,组织、领导、参加、包庇、纵容黑社会性质组织犯罪罪犯,危害国家安全犯罪罪犯,恐怖活动犯罪罪犯,毒品犯罪集团的首要分子及毒品再犯,累犯以及因故意杀人、强奸、抢劫、绑架、放火、爆炸、投放危险物质或者有组织的暴力性犯罪的罪犯,确有履行能力而不履行或者不全部履行生效裁判中财产性判项的罪犯,数罪并罚被判处死刑缓期执行的罪犯,减为无期徒刑后,符合减刑条件的,执行3年以上方可减刑,一般减为25年有期徒刑,有立功表现或者重大立功表现的,可以减为23年以上25年以下有期徒刑;减为有期徒刑后再减刑时,减刑幅度从严掌握,一次不超过1年有期徒刑,两次减刑之间应当间隔2年以上。

此外,针对《刑法》分则第八章贪污贿赂犯罪,《关于办理减刑、假释案件具体应用法律的补充规定》第2条第3款规定:"被判处十年以上有期徒刑的,两次减刑之间应当间隔二年以上;被判处不满十年有期徒刑的,两次减刑之间应当间隔一年六个月以上。"第3条第3款规定:"无期徒刑减为有期徒刑后再减刑时,减刑幅度比照本规定第二条的规定执行。两次减刑之间应当间隔二年以上。"第4条第3款规定:"减为有期徒刑后再减刑时,减刑幅度比照本规定第二条的规定执行。两次减刑之间应当间隔二年以上。"第5条规定:"罪犯有重大立功表现的,减刑时可以不受上述起始时间和间隔时间的限制。" 25

四、对未成年、老年等罪犯的减刑

为贯彻宽严相济的刑事政策,对于未成年、老年等罪犯的减刑,可以根据案件具体情况,依法予以适度从宽。 26

对于未成年罪犯,《关于办理减刑、假释案件具体应用法律的规定》第19条指出,对在报请减刑前的服刑期间不满18周岁,且所犯罪行不属于累犯以及因故意杀人、强奸、抢劫、绑架、放火、爆炸、投放危险物质或者有组织的暴力性犯罪被判处10年以上有期徒刑、无期徒刑的罪犯,认罪悔罪,遵守法律法规及监规,积极参加学习、劳动,应当视为确有悔改表现,对其减刑时,减刑幅度可以适当放宽,或者减刑起始时间、间隔时间可以适当缩短,但放宽的幅度和缩短的时间不得超过相应幅度、时间的三分之一。 27

此外,根据《关于办理减刑、假释案件具体应用法律的规定》第20条的规定,对于老年罪犯、患严重疾病罪犯或者身体残疾罪犯减刑时,应当主要考察其认罪悔罪的实际表现。对基本丧失劳动能力,生活难以自理的上述罪犯减刑时,减刑幅度可以适当放宽,或者减刑起始时间、间隔时间可以适当缩短,但放宽的幅度和缩短的时间不得超过本规定中相应幅度、时间的三分之一。 28

第七十九条　减刑程序

对于犯罪分子的减刑，由执行机关向中级以上人民法院提出减刑建议书。人民法院应当组成合议庭进行审理，对确有悔改或者立功事实的，裁定予以减刑。非经法定程序不得减刑。

文献：陈永生：《中国减刑、假释程序之检讨》，载《法商研究》2007年第2期；王志祥：《我国减刑、假释制度改革路径前瞻》，载《法商研究》2009年第6期；张亚平：《减刑、假释的目的反思与制度变革》，载《现代法学》2015年第6期；李勤：《减刑假释制度的适用：积分制的缺陷及其完善》，载《政法论坛》2017年第2期。

细目录

Ⅰ　主旨
Ⅱ　沿革
Ⅲ　减刑程序的适用

Ⅰ　主旨

1　减刑程序涉及减刑权及其行使过程两个方面的问题。减刑权是指减刑裁量权。关于减刑权的归属，在刑法理论上存在异议，有学者认为，只有行刑机关了解受刑人的情况，罪犯是否“确有悔改或者立功表现”，行刑机关最有发言权，因此主张行刑机关应当享有减刑权。[1] 尽管这一观点并非毫无道理，有的国家刑法的确将减刑权赋予刑罚执行机关，但在我国，减刑涉及刑罚变更，即对原判刑罚的减轻，其应当属于审判权的范畴。因此，减刑权仍由法院行使是比较妥当的做法。由于行刑机关是对受刑人进行教育改造的直接实施者，其自然应当具有减刑建议权，以此制约法院的减刑权。应该说，这一权力分立机制具有其合理性，而减刑权的合理配置直接决定了减刑程序的公正性。

Ⅱ　沿革

2　1979年《刑法》关于减刑的规定中，没有审理程序的内容，具体的操作程序是由《刑事诉讼法》和最高人民法院制定的司法解释来规定的。1997年《刑法》部分采纳

1　参见樊凤林主编：《刑罚通论》，中国政法大学出版社1994年版，第559页。

了这些建议,对减刑程序作了较为严格的规定,将减刑案件的管辖权收归中级以上人民法院。

Ⅲ 减刑程序的适用

根据本条及《刑事诉讼法》第 273 条第 2 款、第 274 条的规定,减刑程序的适用主要包括以下三个环节: 3

首先,对罪犯的考察。这是决定对罪犯予以减刑的基础性工作。对罪犯可以减刑的实质要件是其在刑罚执行期间认真遵守法律法规及监规,接受教育改造,确有悔改或者立功表现。而要认定罪犯是否具备该实质条件,就必须由刑罚执行机关对罪犯在刑罚执行期间的思想、行为进行认真考察,才能得出正确的结论,从而对正确适用减刑创造条件。 4

其次,提出减刑建议。监狱以及其他刑罚执行机关通过罪犯在执行刑罚期间的表现进行考察后,如果认为罪犯在服刑期间确实具备适用减刑的条件,可以在征求人民检察院意见后,将有关材料一并移送人民法院,由法院裁定减刑。具体程序应当适用 2014 年 10 月 11 日发布的司法部《监狱提请减刑假释工作程序规定》。 5

最后,审理和裁定。中级以上人民法院收到执行机关移送的材料后,应当依法进行审理,并作出是否适用减刑的裁定。具体程序应当适用 2021 年 1 月 26 日发布的最高人民法院《关于适用〈中华人民共和国刑事诉讼法〉的解释》及 2014 年 4 月 23 日发布的最高人民法院《关于减刑、假释案件审理程序的规定》。 6

此外,人民检察院应当依照 2014 年 8 月 1 日发布的最高人民检察院《人民检察院办理减刑、假释案件规定》的要求,对减刑案件的提请、审理、裁定等活动是否合法实行法律监督。 7

前述过程中,人民法院、人民检察院、刑罚执行机关均应贯彻落实《关于加强减刑、假释案件实质化审理的意见》中的规定,坚持各司其职、分工负责、相互配合、相互制约的原则,不断加强沟通协作,确保减刑案件实质化审理公正、高效开展。 8

第八十条　无期徒刑减刑的刑期起算

无期徒刑减为有期徒刑的刑期，从裁定减刑之日起计算。

文献：陈永生：《中国减刑、假释程序之检讨》，载《法商研究》2007 年第 2 期；王志祥：《我国减刑、假释制度改革路径前瞻》，载《法商研究》2009 年第 6 期；张亚平：《减刑、假释的目的反思与制度变革》，载《现代法学》2015 年第 6 期；李勤：《减刑假释制度的适用：积分制的缺陷及其完善》，载《政法论坛》2017 年第 2 期。

细目录

Ⅰ　主旨
Ⅱ　沿革
Ⅲ　适用

Ⅰ　主旨

1　对无期徒刑减为有期徒刑的，刑期计算应当有特别的标准，即从裁定减刑之日起计算，而不能包括裁定减刑以前已经执行的刑期。这主要是基于两点考虑：

2　第一，由于犯罪分子所犯罪行严重，不对其判处无期徒刑就难以做到罪刑相适应。但犯罪分子在刑罚执行期间，又确有悔改或立功表现，因而将其原判刑罚予以适当减轻，由无期徒刑减为有期徒刑，是宽严相济刑事政策在刑罚执行过程中的具体体现。宽严相济刑事政策在落实中须做到该宽则宽，当严则严。就无期徒刑犯罪分子而言，犯罪分子被判处无期徒刑是对其所犯之罪的惩办，而在刑罚执行过程中适用减刑则是对犯罪分子的宽大。犯罪分子被减为有期徒刑的前提是原判刑罚为无期徒刑，这个前提在任何情况下都不应当被忽略。无期徒刑意味着对犯罪分子自由的终身剥夺。而减为有期徒刑，已体现了法律的宽宥。正因为如此，被判处无期徒刑的犯罪分子在被裁定减刑之前已经执行的刑期不能计算在减为有期徒刑的刑期之内。

3　第二，被判处无期徒刑的犯罪分子，不经过较长时期的教育改造，难以考察其是否真诚悔改，其主观恶性是否确实已经减小乃至消灭。所以，裁定减刑之前已经执行的刑期不计算在裁定减刑之后的刑期之内，也是对被判处无期徒刑的犯罪分子进行考察的需要。

Ⅱ　沿革

4　本条对 1979 年《刑法》相关条文未作修改。由于无期徒刑减为有期徒刑是刑种的变更,因而对被判处无期徒刑的犯罪分子减刑后刑期的计算不同于对被判处管制、拘役、有期徒刑的犯罪分子减刑后刑期的计算,后者减刑是以有确定的刑期为基础的,前者则没有确定的刑期,故发生减刑后刑期起算不同的问题。1979 年《刑法》第 72 条对此所作的规定是科学、合理的,因而在修订后的刑法中,予以保留。

Ⅲ 适用

对于原判无期徒刑减为有期徒刑的,刑期自裁定减刑之日起计算,已经执行的刑 5
期,不能计入减为有期徒刑以后的刑期之内。

第七节　假　释

前　注

文献:高铭暄、赵秉志主编:《刑罚总论比较研究》,北京大学出版社 2008 年版;张小虎:《刑罚论的比较与建构》,群众出版社 2010 年版;周光权主编:《刑法历次修正案权威解读》,中国人民大学出版社 2011 年版;贾宇主编:《刑法学》,高等教育出版社 2019 年版。柳忠卫:《假释本质研究——兼论假释权的性质及归属》,载《中国法学》2004 年第 5 期;陈永生:《中国减刑、假释程序之检讨》,载《法商研究》2007 年第 2 期;王志祥:《我国减刑、假释制度改革路径前瞻》,载《法商研究》2009 年第 6 期;张亚平:《减刑、假释的目的反思与制度变革》,载《现代法学》2015 年第 6 期;李勤:《减刑假释制度的适用:积分制的缺陷及其完善》,载《政法论坛》2017 年第 2 期。

细目录

Ⅰ　主旨
Ⅱ　沿革
Ⅲ　本节的重要问题

Ⅰ　主旨

1　假释是我国刑法规定的一项重要刑罚制度。正确适用假释,把那些经过一定服刑期间,改造效果较好,确有悔改表现,没有必要继续关押教育的罪犯放在社会上改造,使之早日回归社会,有利于化消极因素为积极因素,鼓励犯罪分子积极、广泛地参与社会生活。

2　对犯罪分子适用假释,是在通过对其在刑罚执行期间的表现进行认真考察后,认为其确有悔改表现的基础上进行的。其中,首要任务是确定假释考验的具体内容。假释是对犯罪分子附条件地予以提前释放,被宣告假释的犯罪分子在考验期限内必须遵守相应规定。被假释的犯罪分子,在考验期限内必须对其进行考验,绝不能放任自流。只有经过实践检验,证实犯罪分子在假释考验期限内没有再犯罪的危险的,才能认为原判刑罚已经执行完毕。所以,在刑法上明确规定假释监督主体、假释考验期满的法律效果,具有重要意义。

Ⅱ　沿革

1979 年《刑法》第四章第七节以 3 个条文的篇幅规定了减刑制度，分别为假释的对象和条件（第 73 条）；假释考验期限（第 74 条）；假释考验期限内的监督和撤销假释的条件（第 75 条），未规定假释的程序。 3

1997 年《刑法》第四章第七节将假释制度扩充到 6 个条文。其中，第 81 条规定了假释适用条件；第 82 条规定了假释程序；第 83 条规定了假释考验期限；第 84 条规定了假释考验的内容；第 85 条规定了假释监督主体和假释的法律后果；第 86 条规定了假释的撤销。 4

Ⅲ　本节的重要问题

假释的适用需满足一定的条件，准确掌握假释适用条件，依法适用假释制度，显得十分重要。适用假释程序包括提出假释建议、审查材料、裁定假释三个步骤。假释考验期的适用、假释考验的内容、假释监督主体及其法律后果、假释的撤销事由等，也需要进一步予以明确。 5

第八十一条　假释适用条件

被判处有期徒刑的犯罪分子，执行原判刑期二分之一以上，被判处无期徒刑的犯罪分子，实际执行十三年以上，如果认真遵守监规，接受教育改造，确有悔改表现，没有再犯罪的危险的，可以假释。如果有特殊情况，经最高人民法院核准，可以不受上述执行刑期的限制。

对累犯以及因故意杀人、强奸、抢劫、绑架、放火、爆炸、投放危险物质或者有组织的暴力性犯罪被判处十年以上有期徒刑、无期徒刑的犯罪分子，不得假释。

对犯罪分子决定假释时，应当考虑其假释后对所居住社区的影响。

文献:张明楷:《刑法的基础观念》,中国检察出版社 1995 年版;马克昌主编:《刑罚通论》(第 2 版),武汉大学出版社 1999 年版;高铭暄、赵秉志主编:《刑罚总论比较研究》,北京大学出版社 2008 年版;周光权主编:《刑法历次修正案权威解读》,中国人民大学出版社 2011 年版。柳忠卫:《假释本质研究——兼论假释权的性质及归属》,载《中国法学》2004 年第 5 期;陈永生:《中国减刑、假释程序之检讨》,载《法商研究》2007 年第 2 期;王志祥:《我国减刑、假释制度改革路径前瞻》,载《法商研究》2009 年第 6 期;张亚平:《减刑、假释的目的反思与制度变革》,载《现代法学》2015 年第 6 期;李勤:《减刑假释制度的适用:积分制的缺陷及其完善》,载《政法论坛》2017 年第 2 期。

细目录

Ⅰ　主旨
Ⅱ　沿革
Ⅲ　假释的概念
Ⅳ　假释的条件
　一、对象条件
　二、限制条件
　三、实质条件

Ⅰ　主旨

1　由于假释制度的适用事关国家法律尊严和罪犯的人身自由,所以,对罪犯的假释必须慎重，应严格按照法律规定的条件适用假释，既不能对不符合假释适用条件的罪犯适用假释，也不能对符合假释适用条件的罪犯拒绝适用假释。[1] 从这个意义上讲，如何掌握假释条件是假释制度适用中的核心问题。

Ⅱ 沿革

1979年《刑法》第73条规定："被判处有期徒刑的犯罪分子，执行原判刑期二分之一以上，被判处无期徒刑的犯罪分子，实际执行十年以上，如果确有悔改表现，不致再危害社会，可以假释。如果有特殊情节，可以不受上述执行刑期的限制。"在1997年刑法修改过程中，对被判处无期徒刑的犯罪分子应否作为假释的对象，存在争论，主要有以下两种观点：第一种观点认为，为了防止不应被假释的罪犯被假释，避免一些被假释后的犯罪分子重新犯罪，主张将刑法原来关于被判处无期徒刑的犯罪分子，实际执行10年以上可以假释的规定删去。因为被判处无期徒刑的犯罪分子都是罪行特别严重的犯罪分子，对社会危害大。第二种观点认为，对被判处无期徒刑的犯罪分子不适用假释，不符合教育与改造相结合的政策，也不利于对犯罪分子的改造。假释的实质条件是罪犯确有悔改表现，不致再危害社会。因此，不论是被判处有期徒刑还是无期徒刑的罪犯，只要具备这一条件，在经过一定时间的刑罚执行后，都可以假释，为体现罪刑相适应原则，刑法可适当延长无期徒刑的犯罪分子假释必须实际执行的刑期。[2] 立法者原则上采纳了第二种观点。 2

此外，在1997年刑法修改过程中，多数学者认为1979年《刑法》第73条中"如果有特殊情节，可以不受上述执行刑期的限制"这一规定弊多利少，在实际执行中，容易导致适用假释过滥的现象发生，不利于维护人民法院判决的稳定性、严肃性，将之删除，更利于假释工作的准确性与正规化。被判处有期徒刑、无期徒刑的犯罪分子应在服满法定刑期以后，才可被考虑适用假释。因为对有期徒刑犯、无期徒刑犯是否确有悔改表现、不致再危害社会的认定，是一项非常复杂的工作；有期徒刑犯、无期徒刑犯也只有在经过较长时间的教育改造后，才能保证其树立与社会合作的态度。立法者对此也有明确的认识，所以在修订后的刑法中规定为"如果有特殊情况，经最高人民法院核准，可以不受上述执行刑期的限制"。从而将缩短执行刑期适用假释的决定权收归最高人民法院享有。 3

与1979年《刑法》相比，1997年修订的《刑法》还增加了一款内容，对适用假释的对象范围作了限制，即对累犯以及因杀人、爆炸、抢劫、强奸、绑架等暴力性犯罪被判处10年以上有期徒刑、无期徒刑的犯罪分子，不得假释。 4

---

1 在我国刑事司法实践中，存在着假释适用率过低、只对老幼病残犯进行假释的弊端。修订后的刑法对假释条件规定得更为严格，实践中被假释者占在押犯总数的比例长期低于5%。所以，正确掌握假释条件，对应该假释者予以假释，是刑法适用中需要解决的一个问题。

2 参见周道鸾等主编：《刑法的修改与适用》，人民法院出版社1997年版，第222页。

5 1997年《刑法》第81条原条文为:“被判处有期徒刑的犯罪分子,执行原判刑期二分之一以上,被判处无期徒刑的犯罪分子,实际执行十年以上,如果认真遵守监规,接受教育改造,确有悔改表现,假释后不致再危害社会的,可以假释。如果有特殊情况,经最高人民法院核准,可以不受上述执行刑期的限制。对累犯以及因杀人、爆炸、抢劫、强奸、绑架等暴力性犯罪被判处十年以上有期徒刑、无期徒刑的犯罪分子,不得假释。”《刑法修正案(八)》对该条有四处改动:一是将无期徒刑假释的条件“实际执行十年以上”改为“实际执行十三年以上”;二是将假释的实质条件之一“假释后不致再危害社会”改为“没有再犯罪的危险”;三是增加一项适用假释的条件:“对犯罪分子决定假释时,应当考虑其假释后对所居住社区的影响”;四是将禁止假释的对象“因杀人、爆炸、抢劫、强奸、绑架等暴力性犯罪被判处十年以上有期徒刑、无期徒刑的犯罪分子”改为“因故意杀人、强奸、抢劫、绑架、放火、爆炸、投放危险物质或者有组织的暴力性犯罪被判处十年以上有期徒刑、无期徒刑的犯罪分子”。如此修改的主要考虑是:

6 (1)将无期徒刑假释的条件“实际执行十年以上”改为“实际执行十三年以上”,主要是为了与新的有期徒刑的规定相协调。经《刑法修正案(八)》修正,数罪并罚时的有期徒刑最高刑期可以是20年或25年,执行1/2以上才能假释,也即需要执行10年或12年6个月才能假释,而如果无期徒刑实际执行10年以上就可以假释,明显与有期徒刑不协调,违反了罪刑相适应原则。因此,有必要将无期徒刑假释的条件提高至实际执行13年以上。

7 (2)将假释的实质条件之一“假释后不致再危害社会”改为“没有再犯罪的危险”,主要是考虑法律用语的精确性。“不致再危害社会”的说法过于模糊、难以操作。在《刑法修正案(八)》出台之前,1997年10月29日最高人民法院发布的《关于办理减刑、假释案件具体应用法律若干问题的规定》第10条规定:“刑法第八十一条第一款规定的‘不致再危害社会’,是指罪犯在刑罚执行期间一贯表现好,确已具备本规定第一条第(一)项所列情形,不致违法、重新犯罪的,或者是老年、身体有残疾(不含自伤致残),并丧失作案能力的。”通过这一解释可以看出,“不致再危害社会”的含义就是指不具有再犯可能性,而再犯可能性是个比较规范的表述、因此将“不致再危害社会”改为“没有再犯罪的危险”,既有助于人们把握假释的实质条件,也有利于用语的规范化、准确化。

8 (3)增加一项适用假释的条件,即“假释后对所居住社区的影响”,是进一步细化“没有再犯罪的危险”。如何判断犯罪分子“没有再犯罪的危险”,应看其对社会有无危险性,具体而言就是看其对所居住社区有没有危险性。

9 (4)将禁止假释的对象“因杀人、爆炸、抢劫、强奸、绑架等暴力性犯罪被判处十年以上有期徒刑、无期徒刑的犯罪分子”改为“因故意杀人、强奸、抢劫、绑架、放火、爆炸、投放危险物质或者有组织的暴力性犯罪被判处十年以上有期徒刑、无期徒刑的犯罪分子”。改动主要体现在两点:一是增加了“放火”“投放危险物质”“有组织的暴力性犯罪”三种犯罪。增加这三种犯罪,完善了禁止假释的对象,因为这三种犯罪的行为人的人身危险性和再犯可能性都很大。二是对各项犯罪进行了新的排序。故意杀人、强奸属于人身犯罪,抢劫属于财产犯罪,绑架既侵犯人身往往也会侵犯财产,放火、爆炸、投放危险物质属于危害公共安全犯罪。这样的排序更加清晰明了。

1997 年 9 月 25 日发布的最高人民法院《关于适用刑法时间效力规定若干问题的解释》第 7 条规定,1997 年 9 月 30 日以前犯罪,1997 年 10 月 1 日以后仍在服刑的犯罪分子,因特殊情况,需要不受执行刑期限制假释的,适用 1997 年《刑法》第 81 条第 1 款的规定,报经最高人民法院核准。第 8 条规定,1997 年 9 月 30 日以前犯罪,1997 年 10 月 1 日以后仍在服刑的累犯以及因杀人、爆炸、抢劫、强奸、绑架等暴力性犯罪被判处 10 年以上有期徒刑、无期徒刑的犯罪分子,适用 1979 年《刑法》第 73 条的规定,可以假释。 10

2011 年 4 月 25 日发布的最高人民法院《关于〈中华人民共和国刑法修正案(八)〉时间效力问题的解释》第 7 条规定,2011 年 4 月 30 日以前犯罪,被判处无期徒刑的罪犯,减刑以后或者假释前实际执行的刑期,适用修正前《刑法》第 78 条第 2 款、第 81 条第 1 款的规定。第 8 条规定,2011 年 4 月 30 日以前犯罪,因具有累犯情节或者系故意杀人、强奸、抢劫、绑架、放火、爆炸、投放危险物质或者有组织的暴力性犯罪并被判处 10 年以上有期徒刑、无期徒刑的犯罪分子,2011 年 5 月 1 日以后仍在服刑的,能否假释,适用修正前《刑法》第 81 条第 2 款的规定;2011 年 4 月 30 日以前犯罪,因其他暴力性犯罪被判处 10 年以上有期徒刑、无期徒刑的犯罪分子,2011 年 5 月 1 日以后仍在服刑的,能否假释,适用修正后《刑法》第 81 条第 2 款、第 3 款的规定。 11

2016 年 11 月 14 日最高人民法院发布的《关于办理减刑、假释案件具体应用法律的规定》对假释的时间限制、对象条件、实际操作等作出了十分详尽的规定。此外,针对刑法分则第八章贪污贿赂犯罪,最高人民法院《关于办理减刑、假释案件具体应用法律的补充规定》第 1 条规定:“对拒不认罪悔罪的,或者确有履行能力而不履行或者不全部履行生效裁判中财产性判项的,不予假释,一般不予减刑。”第 6 条规定:“对本规定所指贪污贿赂罪犯适用假释时,应当从严掌握。” 12

Ⅲ 假释的概念

假释,一般而言,是指因自由刑而被收监的人,在收监执行期间届满之前,根据有关司法机关的决定而暂时释放的制度。我国刑法中的假释是指被判处有期徒刑、无期徒刑的犯罪分子,在执行一定刑期以后,如果认真遵守监规,接受教育改造,确有悔改表现,没有再犯罪的危险的,可以附条件地予以提前释放的行刑制度。假释具有以下特征: 13

(1)假释以原判刑罚执行一定期限为前提。假释是特定条件下的提前释放,因此,必然以执行一定期限的刑罚为前提。只有在执行了一定期限的刑罚以后,才能对受刑人在服刑期间的表现作出评价,从而决定是否可以提前释放。 14

15 (2)假释以受刑人在服刑期间有悔改表现,没有再犯罪的危险为根据。一般情况下,受刑人被判处刑罚以后,其所判处的刑罚应当完全执行,只有在刑满之时才能释放。但如果受刑人在服刑期间有悔罪表现,表明受刑人的人身危险性已经消除,在这种情况下,继续执行剩余的刑罚既浪费司法资源,也无助于刑罚目的的实现,为此,就产生了假释的问题。由此可见,假释是对受刑人的一种奖励措施。最高人民法院《关于办理减刑、假释案件具体应用法律的规定》第 22 条规定,办理假释案件,认定"没有再犯罪的危险",除符合《刑法》第 81 条规定的情形外,还应当根据犯罪的具体情节、原判刑罚情况,在刑罚执行中的一贯表现,罪犯的年龄、身体状况、性格特征,假释后生活来源以及监管条件等因素综合考虑。

16 (3)假释期满以受刑人在考验期限内有良好表现为条件。假释期满、罪犯在真正意义上被释放是附有一定条件的,即在假释考验期限内未发生撤销假释的法定事由。因此,假释虽然是释放的一种情形,但与一般情况下的刑满释放是完全不同的。从形式上看,假释与刑满释放都是解除监禁,恢复受刑人的人身自由,但在性质上存在区别:刑满释放是因为刑罚执行完毕,是一种无条件的释放,不存在再执行的问题;而假释是有条件的提前释放,还存在着收监执行残余刑罚的可能性。

17 (4)假释必须经过一定的程序。

Ⅳ　假释的条件

一、对象条件

18 假释的适用对象是被判处有期徒刑或无期徒刑的犯罪分子。刑法作如此规定,是由假释制度的本质特征所决定的。假释制度区别于其他刑罚执行制度的本质特征在于:对在押的罪犯附条件地提前释放,主要是为了弥补长期关押对服刑罪犯带来的消极影响,鼓励犯罪分子积极改造,因而适用于被长期关押的罪犯。

19 需要注意的是,并不是对任何被判处有期徒刑或无期徒刑的犯罪分子都可以假释。本条但书规定,对累犯以及因故意杀人、强奸、抢劫、绑架、放火、爆炸、投放危险物质或者有组织的暴力性犯罪被判处 10 年以上有期徒刑、无期徒刑的犯罪分子,不得假释。即凡是对累犯,无论其被判处有期徒刑还是无期徒刑,都不存在被假释的可能性,也不能先减刑再假释。这是因为累犯具有较大的再犯可能性,对之适用假释,放归社会改造,极易使社会再次受到危害。故意杀人、强奸、抢劫、绑架、放火、爆炸、投放危险物质或者有组织的暴力性犯罪对社会危害极大,一直是刑法打击的重点。而犯罪分子因犯上述之罪中的一罪被判处 10 年以上有期徒刑、无期徒刑的,说明其主观恶性之深,人身危险性之大,因而不能适用假释。即便在被减为有期徒刑后,也不能被假释。在数罪并罚的场合,如果数罪中只有一罪是上述严重暴力性犯罪,且该罪刑罚低于 10 年有期徒刑的,即使总刑期在 10 年以上,也可以对其假释;若数罪中有一罪是上述严重暴力性犯罪且刑期高于 10 年的,不得适用假释;若其中有两罪是上述严重暴力性犯罪,即使单罪刑期在 10 年以下,但并罚刑期在 10 年以上的,也不能适用假释。基于"举轻以明重"的考虑,《关于办理减刑、假释案件具体应用法律的规定》第 25 条第 2 款指出,对累犯以及因故意杀人、强奸、抢劫、绑架、放火、爆炸、投放危险物质或者有组织的暴力性犯罪被判处死刑缓期执行的罪犯,被减为无期徒刑、有期徒刑后,也不得假释。

最高人民法院《关于办理减刑、假释案件具体应用法律的规定》第 26 条第 1 款规定:"对下列罪犯适用假释时可以依法从宽掌握:(一)过失犯罪的罪犯、中止犯罪的罪犯、被胁迫参加犯罪的罪犯;(二)因防卫过当或者紧急避险过当而被判处有期徒刑以上刑罚的罪犯;(三)犯罪时未满十八周岁的罪犯;(四)基本丧失劳动能力、生活难以自理,假释后生活确有着落的老年罪犯、患严重疾病罪犯或者身体残疾罪犯;(五)服刑期间改造表现特别突出的罪犯;(六)具有其他可以从宽假释情形的罪犯。"针对贪污贿赂犯罪,最高人民法院《关于办理减刑、假释案件具体应用法律的补充规定》第 1 条规定,对拒不认罪悔罪的,或者确有履行能力而不履行或者不全部履行生效裁判中财产性判项的,不予假释。第 6 条规定,对贪污贿赂罪犯适用假释时,应当从严掌握。 20

二、限制条件

罪犯必须在执行一定刑期后,才能对其适用假释。具体而言,对于被判处有期徒刑的犯罪分子,必须执行原判刑期的 1/2 以上,才能适用假释;对于被判处无期徒刑的犯罪分子,实际执行 13 年以上才能适用假释。对此,《关于办理减刑、假释案件具体应用法律的规定》第 23 条指出,执行原判刑期的 1/2 的时间,应当从判决执行之日起计算,判决执行以前先行羁押的,羁押一日折抵刑期一日;被判处无期徒刑的罪犯假释时的实际执行刑期,应当从判决生效之日起计算。判决生效以前先行羁押的时间不予折抵,对于被判处死刑缓期执行的罪犯减为无期徒刑或者有期徒刑后,实际执行 15 年以上,方可假释,该实际执行时间应当从死刑缓期执行期满之日起计算。死刑缓期执行期间不包括在内,判决确定以前先行羁押的时间不予折抵。 21

本条同时规定:"如果有特殊情况,经最高人民法院核准,可以不受上述执行刑期的限制。"也即,被判处有期徒刑或者无期徒刑的罪犯,有特殊情况的,只要经最高人民法院核准,即使未服满要求的刑期,也可以适用假释。之所以这样规定,是因为罪犯本身及其改造情况相当复杂,需要将原则性和灵活性结合起来,以便刑罚执行机关根据案件具体情况加以掌握和运用。显然,突破执行刑期假释属于极其例外的情形,此时适用假释的条件,要比一般的假释案件更加严格,且必须报请最高人民法院核准,以防止有的司法机关滥用假释。《关于办理减刑、假释案件具体应用法律的规定》第 24 条亦将"特殊情况"限制为有国家政治、国防、外交等方面特殊需要的情况。 22

此外,根据《关于办理减刑、假释案件具体应用法律的规定》第 28 条的规定,罪犯减刑后又假释的,间隔时间不得少于 1 年;对一次减去 1 年以上有期徒刑后,决定假 23

释的,间隔时间不得少于 1 年 6 个月。罪犯减刑后余刑不足 2 年,决定假释的,可以适当缩短间隔时间。

三、实质条件

24 在我国刑法中,假释的实质条件是犯罪分子认真遵守监规,接受教育改造,确有悔改表现,假释后没有再犯罪的危险。

25 确有悔改表现,是指犯罪分子在服刑过程中,经过劳动改造和政治思想教育,认识到自己危害了国家和人民的利益,由衷地表示追悔,并有决心改恶从善的态度和行动。确有悔改表现,与适用减刑时的悔改表现的要求基本相同,主要是指罪犯认罪服法,承认犯罪事实,服从法院的判决,深挖犯罪思想根源,自觉改造思想、拥护人民民主专政和社会主义制度,增强法制观念,提高文化素质,钻研科学技术;积极参加劳动,爱护公物,完成或超额完成生产劳动任务,养成劳动习惯。同时,对罪犯在执行刑罚期间确有立功表现的亦应视为确有悔改表现。由此可见,悔改表现是服刑罪犯经过教育改造以后人身危险性减弱的表征,必须通过客观上的一系列实际行动表现出来。

26 没有再犯罪的危险,是指在确有悔改表现的基础上,人身危险性基本消除,再犯可能性也已消除,假释后对所居住社区不会产生不良影响。对于老年、身体残疾(不含自伤致残)、患严重疾病罪犯,并丧失作案能力的,如果毫无悔改之心,只是因为老弱病残而丧失作案能力的,也不能假释。因为在假释的实质要件中,确有悔改表现和没有再犯罪的危险必须同时具备。

27 《关于办理减刑、假释案件具体应用法律的规定》第 26 条第 2 款指出:“罪犯既符合法定减刑条件,又符合法定假释条件的,可以优先适用假释。”尽管如此,司法机关较为普遍的心态是:与其适用假释,不如适用减刑。在实践中,减刑适用率相对而言比较高,有的省达到 30%,而假释适用率不超过 5%,落差如此之大,主要是因为假释条件的要求比较高,司法机关决定适用假释时存在一定风险。适用假释的条件中规定犯罪人必须没有再犯罪的危险,而对再犯罪的危险的判断是十分困难的。司法机关根据犯罪人的表现及其个人情况预测其回归社会以后没有再犯罪的危险,但是这种预测不是随时都可靠,罪犯被假释以后仍然可能再犯罪。而减刑的条件中并无“没有再犯罪的危险”的表述,只根据犯罪人有无悔改或者立功表现来决定是否适用减刑,即使犯罪人在服完减刑后的刑期,附条件提前释放以后又犯罪的,也不能说当初的减刑决定是错误的,原作出减刑决定的机关对罪犯新犯的罪行不需要承担任何责任。此外,虽然减刑、假释都有鼓励犯罪人积极改过自新的作用,但是,从作用上看,减刑大于假释。对同一个犯罪人而言,假释只能适用一次,而且必须是在有期徒刑执行 1/2 刑期、无期徒刑执行 13 年以后,犯罪人在此时间内必须一直表现良好,方可获得假释。所以,对许多犯罪人而言,假释要求高、条件严、时间长、适用率低。相反,减刑的适用对犯罪人有更大的吸引力,对同一犯罪人每次减刑的幅度不大,但可以多次减刑,可以持续不断地鼓励犯罪人,其社会效果也相应地比假释制度要好。

第八十二条　假释程序

对于犯罪分子的假释，依照本法第七十九条规定的程序进行。非经法定程序不得假释。

文献:高铭暄、赵秉志主编:《刑罚总论比较研究》,北京大学出版社 2008 年版。柳忠卫:《假释本质研究——兼论假释权的性质及归属》,载《中国法学》2004 年第 5 期;陈永生:《中国减刑、假释程序之检讨》,载《法商研究》2007 年第 2 期;王志祥:《我国减刑、假释制度改革路径前瞻》,载《法商研究》2009 年第 6 期;张亚平:《减刑、假释的目的反思与制度变革》,载《现代法学》2015 年第 6 期;李勤:《减刑假释制度的适用:积分制的缺陷及其完善》,载《政法论坛》2017 年第 2 期。

细目录

Ⅰ　主旨
Ⅱ　沿革
Ⅲ　假释程序的适用

Ⅰ　主旨

1 假释在我国属于一种奖励手段,其适用是一种例外情形,因而将假释权归属于法院,具有其合理性。

2 在明确假释裁量权主体后,在刑法中对假释程序作出规定也是非常必要的,因为既要发挥假释制度在促进犯罪分子努力改造方面所应有的积极作用,又要维护人民法院判决执行的严肃性,防止滥用假释、宽纵犯罪分子的现象发生,这就要求假释工作要提高质量,而提高假释工作质量的一个非常重要的方面,就是严格地依法定程序决定假释事宜。

Ⅱ　沿革

3 1979 年《刑法》对假释程序未作规定。1996 年修正的《刑事诉讼法》第 221 条第 2 款规定:“被判处管制、拘役、有期徒刑或者无期徒刑的罪犯,在执行期间确有悔改或者立功表现,应当依法予以减刑、假释的时候,由执行机关提出建议书,提请人民法院审核裁定。”1994 年《监狱法》第 32 条规定:“被判处无期徒刑、有期徒刑的罪犯,符合法律规定的假释条件的,由监狱根据考核结果向人民法院提出假释建议,人民法院应当自收到假释建议书之日起一个月内予以审核裁定……”为进一步完善假释制度,在1997年刑法修改过程中,有学者指出,如刑法对减刑案件审理程序作了具体规定,也必须对假释相应作出规定;从办理假释案件的实际操作上看,无论是假释还是减刑,都是先由执行机关根据罪犯在服刑中的表现提出建议,再由人民法院依法审理,因此在具体程序上,应与办理减刑案件的规定相一致。[1] 1997年修订后的刑法采纳了这些观点。

Ⅲ 假释程序的适用

4 对于犯罪分子的假释,由执行机关向中级以上人民法院提出假释建议书,人民法院应当组成合议庭进行审理,对确有悔改表现,没有再犯罪的危险的,裁定予以假释。所以,假释的程序包括提出假释建议、审查材料、裁定假释三个步骤。

5 (1)提出假释建议。监狱或其他刑罚执行机关在对罪犯进行教育和改造的过程中,通过考察,认为有罪犯符合假释的条件时,应当及时制作提请假释意见书,其中应写明罪犯在服刑期间的表现,尤其是罪犯的悔改表现以及认为没有再犯罪的危险的理由,然后将提请假释意见书连同其他有关材料一起提交有关机关。

6 (2)审查材料。中级以上人民法院受理假释案件后,应审查执行机关申报的材料、手续是否齐备,认为材料不齐或手续不全的,应当及时通知执行机关补齐或退回补充调查。认为材料、手续齐备的,人民法院应组成合议庭进行审理。

7 (3)裁定假释。人民法院在审理假释案件时,要认真审查罪犯确有悔改的具体事实和表现以及认为没有再犯罪的危险的理由。对重要案件,应当深入监狱等刑罚执行机关认真核实。经审理,认为罪犯符合假释条件的,应当制作假释裁定书。

8 假释程序和减刑程序具有较大重合。在假释案件中,人民法院、人民检察院、刑罚执行机关应当在2021年1月26日发布的最高人民法院《关于适用〈中华人民共和国刑事诉讼法〉的解释》相关规定的基础上,分别根据2014年4月23日发布的最高人民法院《关于减刑、假释案件审理程序的规定》、2014年8月1日发布的最高人民检察院《人民检察院办理减刑、假释案件规定》以及2014年10月11日发布的司法部《监狱提请减刑假释工作程序规定》适用具体的程序。同时贯彻落实好《关于加强减刑、假释案件实质化审理的意见》中的要求。

---

1 参见周道鸾等主编:《刑法的修改与适用》,人民法院出版社1997年版,第223页。

第八十三条　假释考验期限

有期徒刑的假释考验期限，为没有执行完毕的刑期；无期徒刑的假释考验期限为十年。

假释考验期限，从假释之日起算。

文献:柳忠卫:《假释本质研究——兼论假释权的性质及归属》,载《中国法学》2004 年第 5 期;陈永生:《中国减刑、假释程序之检讨》,载《法商研究》2007 年第 2 期;王志祥:《我国减刑、假释制度改革路径前瞻》,载《法商研究》2009 年第 6 期;张亚平:《减刑、假释的目的反思与制度变革》,载《现代法学》2015 年第 6 期。

细目录

Ⅰ　主旨

Ⅱ　沿革

Ⅲ　假释考验期的适用

Ⅰ　主旨

对犯罪分子适用假释,是通过对其在刑罚执行期间的表现进行认真考察后,在其确有悔改表现的基础上进行的。“确有悔改表现”是对犯罪分子在刑罚执行期间改造情况的肯定评价,而“没有再犯罪的危险”则是根据犯罪分子的确有悔改表现所作出的一种推定。这种推定是否准确,尚需时间予以检验。因此,为防止被假释的犯罪分子在返归社会后可能出现的反复,就必须给其以一定的法律强制约束,这就是刑法明文规定的假释考验期。犯罪分子的假释考验期限因原判刑罚及执行情况的不同而有所差别,但是假释考验期限的起算时间不应当有区别。 1

Ⅱ　沿革

本条对 1979 年刑法相关条文未作修改。假释是对正在服刑改造的犯罪分子附条件地予以提前释放,这种提前释放并不意味着刑罚已经执行完毕,而是在刑罚执行期间将犯罪分子放在社会上进行改造、考验。因而正确地确定假释考验期,成为刑罚执行的重要环节。犯罪分子只有不违反假释所附的条件,在考验期满后,才能被认为刑罚已经执行完毕。1979 年《刑法》第 74 条对假释考验期的规定是在充分考虑犯罪分子原判刑期不同的情况下作出的,是符合实际需要的。 2

Ⅲ 假释考验期的适用

3 (1)法定考验期限。被判处有期徒刑的犯罪分子,其假释考验期为没有执行完毕的刑期,所以剩余刑期的不同决定了假释考验期的长短。被判处无期徒刑的犯罪分子,其假释考验期限为 10 年。

4 (2)假释考验期的起算。本条第 2 款规定,假释考验期限,从假释之日起计算。“假释之日”,是指根据人民法院的裁定对罪犯办理完假释手续,正式将其释放之日。

第八十四条　假释考验的内容

被宣告假释的犯罪分子，应当遵守下列规定：

（一）遵守法律、行政法规，服从监督；

（二）按照监督机关的规定报告自己的活动情况；

（三）遵守监督机关关于会客的规定；

（四）离开所居住的市、县或者迁居，应当报经监督机关批准。

文献：柳忠卫：《假释本质研究——兼论假释权的性质及归属》，载《中国法学》2004年第5期；陈永生：《中国减刑、假释程序之检讨》，载《法商研究》2007年第2期；王志祥：《我国减刑、假释制度改革路径前瞻》，载《法商研究》2009年第6期。

细目录

Ⅰ　主旨

Ⅱ　沿革

Ⅲ　对假释考验内容的理解

Ⅰ　主旨

在司法机关对罪犯进行教育和改造，认为其确有悔改表现，没有再犯罪的危险而对其适用假释后，个别被假释的罪犯在特定条件下，经不住种种诱惑，或者在社会生活中不履行自己的注意义务，仍可能“旧病复发”，重新犯罪。正是由于被宣告假释的罪犯在假释期间存在上述复杂情况，所以对处于假释考验期内的罪犯绝不能放任自流，听之任之。相反，仍应对其加强监督和考察，促使其自我约束，自我改造，真正达到弃恶从善，重新做人的改造目的。为此，就必须对假释考验期内的罪犯进行考验，其中首要的任务是确定假释考验的具体内容。 1

Ⅱ　沿革

对被宣告假释的罪犯进行何种监督考察的问题在1979年《刑法》中没有规定，相关的司法解释也未作说明，从而使考察机构对假释犯缺乏具体的客观评价标准。这种状况不能不说是致使一些考察机构无所适从、放弃考察职责，从而使假释考察流于形式、效果不佳的原因之一。针对这种不正常状况，不少学者建议在刑法中应明确规定假释监督考察内容，有人甚至拟出了罪犯在假释考验期限内应当遵守的事项。这 2

些建议在 1997 年《刑法》修订过程中受到了立法机关的重视。修订后刑法的相应规定,一方面,可使假释犯明确其自由的限度,自觉接受法律的拘束,巩固改造成果;另一方面,对假释犯的考察也可以有一个客观的依据,有利于假释监督考察工作的顺利进行,防止对假释犯的考察监督因无明确标准而失之过宽或失之过严等情况的发生。

Ⅲ 对假释考验内容的理解

3 被宣告假释的犯罪分子,必须遵守以下规定:

4 (1)遵守法律、行政法规,服从监督。这是对被宣告假释的犯罪分子的守法要求。守法是每个普通公民的义务,没有任何人可以不顾法律的约束任意行事。对于假释犯来说,更应遵守法律和行政法规。不仅如此,假释犯还应当随时接受公安机关的监督。所以,假释犯的守法与普通公民的自愿守法有些不同,假释犯的守法是被监督之下的守法。

5 (2)按照监督机关的规定报告自己的活动情况。这是对被宣告假释的犯罪分子日常活动义务的规定,这表明假释犯的自由受到一定的限制,其必须按照公安机关的规定,定期或不定期地报告自己的活动情况。这里的活动情况包括思想活动情况、自我改造情况和遵纪守法情况等。被宣告假释者必须履行其报告义务,以便于公安机关及时掌握假释犯的情况,从而有效地对其实施监督。

6 (3)遵守监督机关关于会客的规定。会客是人们在社会生活中相互往来的形式之一。假释犯的会客之所以要受到监督,主要是防止其与社会上的违法犯罪分子往来,以致又走上重新犯罪的道路。因此,这里的“客”,主要是指违法犯罪分子,或者明显可能对假释犯自我改造产生不良影响的人,其范围不能无限扩大,例如将假释犯的近亲属作为“客”,禁止其会见,就不太妥当,会对假释犯的自由限制过多,反而不利于其自我改造。

7 (4)离开所居住的市、县或者迁居,应当报经监督机关批准。这是对假释犯外出或者迁居的限制。假释犯确实需要离开所居住的市、县或者迁居的,报经公安机关批准,有正当理由的可以同意,没有正当理由的(如申请外出经商)则不予批准。未经监督机关批准,被宣告假释的犯罪分子不得离开所居住的市、县或者迁居。

第八十五条　假释监督主体、假释法律后果

被假释的犯罪分子，在假释考验期限内，依法实行社区矫正，如果没有本法第八十六条规定的情形，假释考验期满，就认为原判刑罚已经执行完毕，并公开予以宣告。

文献：周光权主编：《刑法历次修正案权威解读》，中国人民大学出版社 2011 年版。柳忠卫：《假释本质研究——兼论假释权的性质及归属》，载《中国法学》2004 年第 5 期；陈永生：《中国减刑、假释程序之检讨》，载《法商研究》2007 年第 2 期；王志祥：《我国减刑、假释制度改革路径前瞻》，载《法商研究》2009 年第 6 期；张亚平：《减刑、假释的目的反思与制度变革》，载《现代法学》2015 年第 6 期；李勤：《减刑假释制度的适用：积分制的缺陷及其完善》，载《政法论坛》2017 年第 2 期。

细目录

Ⅰ　主旨
Ⅱ　沿革
Ⅲ　假释监督主体
Ⅳ　假释法律后果

Ⅰ　主旨

由于被假释的犯罪分子在监狱等刑罚执行场所服刑改造期间，被认定为确有悔改表现，因而推定其假释后没有再犯罪的危险。但是，被宣告假释的犯罪分子是否确实没有再犯罪的危险，犯罪分子的悔改表现是否真实，还必须经过时间检验。因此，在被假释的犯罪分子离开刑罚执行场所后的考验期限内，必须对其进行考验，绝不能放任自流。只有经过实践检验，证实犯罪分子在假释考验期限内没有再犯罪危险的，才能认为原判刑罚已经执行完毕。所以，在刑法上明确规定假释监督主体、假释考验期满的法律效果，具有重要意义。 1

Ⅱ　沿革

本条对 1979 年《刑法》相关条文作了修改、补充。1979 年《刑法》第 75 条规定："被假释的犯罪分子，在假释考验期限内，由公安机关予以监督，如果没有再犯新罪，就认为原判刑罚已经执行完毕；如果再犯新罪，撤销假释，把前罪没有执行的刑罚 2

和后罪所判处的刑罚,依照本法第六十四条的规定,决定执行的刑罚。”1997 年修订后的《刑法》对该条内容进行了分解,将其分别规定于两个条文之中。《刑法修正案(八)》主要是改变了假释的执行方式,将“由公安机关予以监督”改为“依法实行社区矫正”。

Ⅲ　假释监督主体

3　根据《刑法修正案(八)》对第 85 条的修改,假释的监督主体是社区矫正机构。根据《社区矫正法》第 2 条第 1 款的规定,对被判处管制、宣告缓刑、假释和暂予监外执行的罪犯,依法实行社区矫正。有关假释犯社区矫正的决定和接收、监督管理、教育帮扶、解除和终止等内容,请参见《社区矫正法》以及本书关于《刑法》第 38 条对管制犯依法实行社区矫正的论述。

Ⅳ　假释法律后果

4　社区矫正机构通过对假释考验期限内犯罪分子具体表现的监督考察,认为该罪犯能够积极改造,既没有再犯新罪或发现有以前未判的漏罪,也没有其他较为严重的违法行为,那么,在假释考验期满时,就应当认为罪犯原判的刑罚已执行完毕,其法律效果与刑满释放完全相同。

第八十六条　假释的撤销

被假释的犯罪分子，在假释考验期限内犯新罪，应当撤销假释，依照本法第七十一条的规定实行数罪并罚。

在假释考验期限内，发现被假释的犯罪分子在判决宣告以前还有其他罪没有判决的，应当撤销假释，依照本法第七十条的规定实行数罪并罚。

被假释的犯罪分子，在假释考验期限内，有违反法律、行政法规或者国务院有关部门关于假释的监督管理规定的行为，尚未构成新的犯罪的，应当依照法定程序撤销假释，收监执行未执行完毕的刑罚。

文献:柳忠卫:《假释本质研究——兼论假释权的性质及归属》,载《中国法学》2004 年第 5 期;陈永生:《中国减刑、假释程序之检讨》,载《法商研究》2007 年第 2 期;王志祥:《我国减刑、假释制度改革路径前瞻》,载《法商研究》2009 年第 6 期;张亚平:《减刑、假释的目的反思与制度变革》,载《现代法学》2015 年第 6 期。

细目录

Ⅰ　主旨
Ⅱ　沿革
Ⅲ　假释撤销事由
　一、再犯新罪
　二、发现漏罪
　三、违反监督管理规定
Ⅳ　假释撤销的程序
Ⅴ　假释撤销的后果

Ⅰ　主旨

假释是对犯罪分子附条件地予以提前释放,所以,被宣告假释的犯罪分子在考验期间必须遵守相应规定。如果违反这些规定,就面临撤销假释、重新收监执行的问题。在出现法定事由时,如不撤销假释,一方面可能使罪犯得以留在社会上继续为害,另一方面刑法通过设立假释制度来实现刑罚目的的设想也会落空。 1

Ⅱ　沿革

本条对 1979 年《刑法》相关条文进行了补充、修改。1979 年《刑法》第 75 条规 2

定，被假释的犯罪分子，在假释考验期限内，如果再犯新罪，撤销假释，把前罪没有执行的刑罚和后罪所判处的刑罚，依照数罪并罚原则，决定执行的刑罚。因此，撤销假释的条件是唯一的，即重新犯罪。1997 年《刑法》丰富了假释撤销的相关内容。

3 根据 1997 年 9 月 25 日发布的最高人民法院《关于适用刑法时间效力规定若干问题的解释》第 9 条的规定，1997 年 9 月 30 日以前被假释的犯罪分子，在 1997 年 10 月 1 日以后的假释考验期内，又犯新罪、被发现漏罪或者违反法律、行政法规或者国务院公安部门有关假释的监督管理规定的，适用 1997 年《刑法》第 86 条的规定，撤销假释。

4 《刑法修正案(八)》将原来的“国务院公安部门”改为“国务院有关部门”，这是因为根据修正后的《刑法》第 85 条的规定，假释的执行方式已经由“公安机关予以监督”改为“依法实行社区矫正”，依此，管理部门也相应地作出改变。

Ⅲ　假释撤销事由

一、再犯新罪

5 被假释的犯罪分子在考验期限内犯新罪，是指其重新实施具有一定社会危害性、依法应受刑罚处罚的行为，其中包括情节轻微的犯罪行为。

6 如果在假释考验期满以后才发现假释犯在考验期限内又犯新罪的，应如何处理？对此，刑法未作规定。但在司法实践中，在假释考验期满后，发现被假释的犯罪分子在假释考验期限内犯有新罪的，只要所犯新罪未超过追诉时效，仍应当撤销假释，将前罪没有执行的刑罚和新罪所判处的刑罚按照刑法关于数罪并罚的规定，决定执行的刑罚。

二、发现漏罪

7 判决宣告前的漏罪无论是故意犯罪，还是过失犯罪，无论是较重的犯罪，还是较轻的犯罪，无论是与已被判刑之罪是同种之罪，还是异种之罪，无论是一罪还是数罪，只要是在假释考验期限内被发现的，都应当撤销假释，数罪并罚。但未被发现的漏罪已过追诉时效的，则不应当撤销假释，实行数罪并罚。此外，漏罪如果是在假释考验期满后才被发现的，也不应当再撤销假释，实行数罪并罚。本条第 2 款规定，发现漏罪的时间必须是“在假释考验期限内”，符合此条件才能撤销假释，数罪并罚。

三、违反监督管理规定

8 在假释考验期限内，犯罪分子有违反法律、行政法规或者国务院有关部门关于假释的监督管理规定的行为，尚未构成新的犯罪的，应当依照法定程序撤销假释，收监执行未执行完毕的刑罚。但是，在具体适用《刑法》第 86 条第 3 款的规定时，要注意假释考验期内罪犯改造的复杂情况，对犯罪分子的违法行为也应当进行综合分析。

对行为性质的确定要从与犯罪行为的比较来进行,即虽未触犯刑法,但也接近犯罪行为,一般来说,应撤销假释。如果假释犯违反法律规定较为轻微,可以考虑不撤销假释。此外,如果被假释的犯罪分子因严重违反行政法规而被治安拘留,当然应该撤销假释,对被假释的犯罪分子的治安拘留期限也不能折抵其尚未执行完毕的刑期。

Ⅳ 假释撤销的程序

在再犯新罪、发现漏罪的场合,应当撤销缓刑、假释的,应当根据《关于适用〈中华人民共和国刑事诉讼法〉的解释》第542条的规定,由审判新罪的人民法院撤销原判决、裁定宣告的缓刑、假释,并书面通知原审人民法院和执行机关。 9

在罪犯违反监督管理规定的场合,根据《关于适用〈中华人民共和国刑事诉讼法〉的解释》第543条第2款的规定,人民法院收到社区矫正机构的撤销假释建议书后,经审查,确认罪犯在假释考验期限内无正当理由不按规定时间报到或者接受社区矫正期间脱离监管,超过1个月的,或者受到执行机关二次警告,仍不改正的,或者有其他违反监督管理规定的行为,尚未构成新的犯罪的,应当作出撤销假释的裁定。 10

根据《关于适用〈中华人民共和国刑事诉讼法〉的解释》第544条的规定,被提请撤销假释的罪犯可能逃跑或者可能发生社会危险,社区矫正机构在提出撤销假释建议的同时,提请人民法院决定对其予以逮捕的,人民法院应当在48小时以内作出是否逮捕的决定。决定逮捕的,由公安机关执行。逮捕后的羁押期限不得超过30日。 11

Ⅴ 假释撤销的后果

根据《关于适用〈中华人民共和国刑事诉讼法〉的解释》第545条的规定,人民法院应当在收到社区矫正机构的撤销缓刑、假释建议书后30日以内作出裁定。撤销缓刑、假释的裁定一经作出,立即生效。人民法院应当将撤销缓刑、假释裁定书送达社区矫正机构和公安机关,并抄送人民检察院,由公安机关将罪犯送交执行。执行以前被逮捕的,羁押1日折抵刑期1日。 12

罪犯在逃的场合,根据2016年11月14日发布的最高人民法院《关于办理减刑、假释案件具体应用法律的规定》第29条第2款的规定,人民法院作出的撤销假释裁定书可以作为对罪犯进行追捕的依据。 13

此外,《关于办理减刑、假释案件具体应用法律的规定》第30条第1款规定,依照《刑法》第86条被撤销假释的罪犯,一般不得再假释。但在因发现漏罪被撤销假释的场合,如果罪犯对漏罪曾作如实供述但原判未予认定,或者漏罪系其自首,符合假释条件的,可以再假释;第30条第2款规定:“被撤销假释的罪犯,收监后符合减刑条件的,可以减刑,但减刑起始时间自收监之日起计算。” 14

第八节 时 效

前 注

文献:高铭暄、赵秉志主编:《刑罚总论比较研究》,北京大学出版社 2008 年版;张小虎:《刑罚论的比较与建构》,群众出版社 2010 年版;贾宇主编:《刑法学》,高等教育出版社 2019 年版。王志坤:《论"不受追诉期限的限制"》,载《国家检察官学院学报》2014 年第 6 期;曲新久:《追诉时效制度若干问题研究》,载《人民检察》2014 年第 17 期;陈洪兵:《追诉时效的正当性根据及其适用》,载《法治研究》2016 年第 1 期;王登辉:《追诉时效延长抑或终止——〈刑法〉第 88 条之教义学解释及其展开》,载《当代法学》2016 年第 2 期;王钢:《刑事追诉时效制度的体系性诠释》,载《法学家》2021 年第 4 期。

细目录

Ⅰ 主旨
Ⅱ 沿革
Ⅲ 本节的重要问题

Ⅰ 主旨

1 时效,是指经过一定期限,对犯罪不得再行追诉或者对原判刑罚不得再执行的一项制度,是刑罚消灭事由之一。我国刑法只对时效制度这一刑罚消灭事由作了规定。时效分为追诉时效和行刑时效两种。追诉时效,是指依法对犯罪分子追究刑事责任的有效期限。在法定期限内,司法机关有权追究犯罪分子的刑事责任。行刑时效,是指法律规定对被判处刑罚的犯罪分子执行刑罚的有效期限,即判处刑罚而未执行,但超过法定执行期限的刑罚就不得再执行。我国刑法只规定了追诉时效而未规定行刑时效。这是因为中华人民共和国成立以来,审判机关判处刑罚而未予执行的现象极少发生,规定行刑时效缺乏现实意义。相反,不规定行刑时效,更有利于同犯罪作斗争。例如,犯罪分子在判决宣告以后刑罚开始执行以前,由于多种原因刑罚不能即时执行的,司法机关无论何时将其缉获,都仍应执行原判刑罚。

Ⅱ 沿革

2 1979 年《刑法》第四章第八节以 3 个条文的篇幅规定了时效制度,分别为追诉时效期限(第 76 条);追诉期限的延长(第 77 条);追诉期限的计算(第 78 条)。

1997 年《刑法》第四章第八节维持了 1979 年《刑法》的体例，仅在第对 88 条对追诉期限的延长作了调整。 3

Ⅲ　本节的重要问题

经过法定追诉时效期限的，不得再对犯罪人进行追诉，已经追诉的，应撤销案件，不起诉或终止审判。对追诉时效期限予以明确，是时效制度非常重要的内容。此外，规范追诉期限延长的事由，同样具有十分重要的意义。追诉期限的一般起算标准、连续犯和继续犯追诉期限的计算、追诉期限的中断等问题也需要重点予以分析。 4

第八十七条　追诉时效期限

犯罪经过下列期限不再追诉：

（一）法定最高刑为不满五年有期徒刑的，经过五年；

（二）法定最高刑为五年以上不满十年有期徒刑的，经过十年；

（三）法定最高刑为十年以上有期徒刑的，经过十五年；

（四）法定最高刑为无期徒刑、死刑的，经过二十年。如果二十年以后认为必须追诉的，须报请最高人民检察院核准。

文献：高铭暄主编：《刑法学原理》（第3卷），中国人民大学出版社1994年版；高铭暄、赵秉志主编：《刑罚总论比较研究》，北京大学出版社2008年版。曲新久：《追诉时效制度若干问题研究》，载《人民检察》2014年第17期；陈洪兵：《追诉时效的正当性根据及其适用》，载《法治研究》2016年第1期；王志坤：《论“不受追诉期限的限制”》，载《国家检察官学院学报》2014年第6期；史卫忠等：《核准追诉中的若干实务问题考察》，载《人民检察》2016年第10期；王志祥：《“南医大女生被害案”的追诉时效问题研究》，载《法商研究》2020年第4期；王钢：《刑事追诉时效制度的体系性诠释》，载《法学家》2021年第4期。

细目录

Ⅰ　主旨
Ⅱ　沿革
Ⅲ　时效的意义
Ⅳ　追诉时效期限
一、“法定最高刑”的理解
二、共犯的追诉期限
三、最高人民检察院的核准问题

Ⅰ　主旨

1　时效是刑罚消灭事由之一。刑罚消灭是指由于法定的或者事实的原因，致使国家对犯罪人的刑罚权归于消灭。刑罚消灭是对刑罚权的一种限制，它表明刑罚权不是无限的，而是具有一定限制的。基于法定或者事实的原因，刑罚权可能会归于消灭。刑罚消灭具有以下几个特征：

2　（1）刑罚消灭以行为构成犯罪为前提。“无犯罪则无刑罚”，这是刑法学上的通识。那么,有犯罪是否必然有刑罚?在一般情况下是如此,在某些特殊情况下则未必尽然。刑罚消灭就是有犯罪而无刑罚的特殊情形之一,因此,只有在行为构成犯罪的情况下,才有刑罚消灭可言。在这个意义上说,行为构成犯罪乃是刑罚消灭的必要前提。

(2)刑罚消灭以刑罚权的消灭为内容。刑罚消灭实际上是刑罚权的消灭。因 3
此,刑罚权的消灭是刑罚消灭的基本内容。在刑法理论上,刑罚权消灭存在广义说与狭义说之争。广义说认为,刑罚权消灭既包括刑罚请求权消灭,也包括刑罚执行权消灭。狭义说认为,刑罚权消灭仅指刑罚执行权消灭,而不包括刑罚请求权消灭。

通说认为,对刑罚权消灭应从广义上理解,包括刑罚请求权消灭和刑罚执行权消 4
灭。刑罚请求权的消灭使得事实上发生的犯罪不再被追究刑事责任,因而定罪权、量刑权同时消灭,后者只是前者的后果,自然也就不存在刑罚执行的问题。刑罚执行权的消灭使得已经判处的刑罚不再实际执行,所以,也是刑罚消灭的重要内容。

(3)刑罚消灭以一定事由的出现为根据。刑罚消灭是刑罚权归于消灭的一种结 5
果,这种结果是由一定事由引起的,没有这种事由的存在,就不发生刑罚消灭的问题。因此,一定的事由是刑罚消灭的根据。刑罚消灭事由可以分为两种情形:一是法定事由,即法律明文规定的刑罚消灭原因,例如时效、赦免等。二是事实事由,即客观上使刑罚自然消灭的原因,例如犯罪人死亡、刑罚执行完毕等。[1] 这些事由主要涉及追诉时效完成,自诉案件无人告诉或撤回告诉,犯罪后、起诉或判决前法律废止其刑的,大赦、特赦、前科消灭等。我国刑法只对时效制度这一刑罚消灭事由作了规定。

Ⅱ 沿革

本条对 1979 年《刑法》相关条文未作修改。该追诉时效期限的规定,做到了宽严 6
适中、原则性与灵活性的统一,符合同犯罪现象作斗争的实际需要,经过实践证明,该规定是较为合理、科学的。因此,在修订后的 1997 年《刑法》中,对原条文的内容予以保留。

Ⅲ 时效的意义

在刑法中规定时效制度主要是出于以下考虑: 7

(1)从犯罪人角度来看,一旦时效经过,即推定犯罪人已经改邪归正,而失去再行 8
追诉或行刑的意义。一个人犯罪后,经过一定的期间虽然未被追诉或未被执行刑罚,但其并没有再犯新罪,以此可以推断其已悔改,不致再危害社会。在这种情况下,对其施用刑罚难以收到预期效果。犯罪人在经过一定期限未犯新罪的情况下,如果国家不对其进行追诉或执行刑罚,其可能感念国家刑事政策的宽大,弃恶从善,成

1 参见陈兴良:《本体刑法学》(第 3 版),中国人民大学出版社 2017 年版,第 691 页。

为守法公民。如果对其仍进行追诉或执行刑罚,那么,就会引起抵触情绪,导致犯罪分子拒不接受审判或改造,刑罚目的就难以实现。事实业已证明:对犯罪惩办越快,警戒作用越大。反之,在犯罪行为对社会的危害性已经消失的情况下,再对犯罪分子进行追诉,就很难收到预期的警戒和教育效果,甚至会丧失公众对司法活动的认同感。

9 (2)从司法审判的角度看,犯罪案件发生后,由于经过一定的期限没有追诉、审理,随着时间的推移和环境的变迁,各种证据可能发生变化或者散失,某些反映案件真实情况的材料不易收集,一些了解案情的人也因下落不明、死亡等原因不能准确提供案件的有关情况,侦查、起诉和审判就不可能顺利进行,更不可能使案件得到正确审理。这样,根据刑罚经济原则,还不如设立时效制度,让刑罚权归于消灭,使司法机关从难以查清的积案中摆脱出来,集中力量办理现行案件。同时,设立时效制度,也可以促使司法机关抓住时机,积极破案,提高工作效率,力争在时效期限内对犯罪分子进行追诉。

10 (3)从社会角度来看,犯罪发生后经过一定时期,因犯罪而遭到破坏的某些方面的社会秩序以及因犯罪而引起的公众心理失衡状态已得到恢复,在这种情况下,如重翻旧案,往往会积怨重提,容易出现新的不安定因素,不利于社会秩序稳定。尤其是在一些轻微的刑事案件中,犯罪的社会危害性较低,而且经过了较长时间没有提起诉讼,有的经过调解或时过境迁,犯罪人和被害人之间的隔阂已经消除,重归于好,在刑法中设立时效制度,就可以继续稳定这种良好的社会关系。

Ⅳ 追诉时效期限

11 我国刑法将时效期限分为以下四个档次:第一,法定最高刑为不满5年有期徒刑的,经过5年;第二,法定最高刑为5年以上不满10年有期徒刑的,经过10年;第三,法定最高刑为10年以上有期徒刑的,经过15年;第四,法定最高刑为无期徒刑、死刑的,经过20年。此外,我国刑法还有一个例外规定,即如果20年以后认为必须追诉的,须报请最高人民检察院核准。

一、"法定最高刑"的理解

12 本条中的"法定最高刑",是指行为人的具体犯罪行为所对应条款的最高刑,而不是所犯罪行相应条文中规定的某罪的法定最高刑,只有这样,才能很好地贯彻罪刑相适应的刑法基本原则。我国刑法根据犯罪情节轻重或者犯罪数额大小,对同一犯罪规定了不同的量刑幅度,这些量刑幅度具有刑法上的独立意义。犯罪分子所犯罪行较轻,在确定追诉期限时与之对应的法定刑幅度就应当限定在轻刑范围内;反之,法定最高刑就应相应较高。而使轻罪对应较长的追诉期限的做法,将人为地使某些人受到不公正的司法处遇,因此,应当按照相应犯罪所适用的量刑幅度的法定最高刑确立追诉期限。

我国刑法分则对各种犯罪法定最高刑的规定有三种方式,在不同情况下,应当依照以下原则确定追诉期限:其一,在有的条文中,只规定一个量刑幅度,即应以该条的法定最高刑确定追诉期限。例如,根据《刑法》第 246 条的规定,侮辱罪和诽谤罪的法定刑是 3 年以下有期徒刑、拘役、管制或者剥夺政治权利。因此,侮辱罪、诽谤罪的法定最高刑不满 5 年,其追诉期限应为 5 年。其二,有些条文规定有两个以上不同的量刑幅度,即应按照与其罪行相对应的量刑幅度的法定最高刑确定追诉期限。例如,根据《刑法》第 234 条的规定,故意伤害罪有三个量刑幅度:致人轻伤的,法定最高刑为 3 年有期徒刑,其追诉期限为 5 年;致人重伤的,法定最高刑 10 年,则其追诉期限为 15 年;致人死亡的,法定最高刑为死刑,则其追诉期限为 20 年。其三,对于规定两种以上主刑的,应以最重主刑为标准确定追诉期限。例如,《刑法》第 121 条规定,以暴力、胁迫或者其他方法劫持航空器的,处 10 年以上有期徒刑或者无期徒刑。该条就涉及两种主刑,此时,即应以最重主刑——无期徒刑为标准将劫持航空器罪的追诉期限确定为 20 年。 13

二、共犯的追诉期限

在共同犯罪中,虽然犯罪是共同的,但是各共犯人的责任是个别的。追诉期限是关于是否追究刑事责任的制度,在共同犯罪中确定追诉期限时,根据责任原则和宽严相济刑事政策的要求,应当针对不同的共同犯罪人分别予以判断。例如,甲、乙共同伤害丙,但被害人丙的死亡结果主要由乙的伤害行为所致时,对甲和乙的追诉期限应当分别判断。由于对致人死亡的乙可能判处死刑,其追诉期限就是 20 年。 14

此外,根据最高人民检察院指导性案例裁判要旨,对于 1997 年 9 月 30 日以前实施的共同犯罪,已被司法机关采取强制措施的犯罪嫌疑人逃避侦查或者审判的,不受追诉期限限制。司法机关在追诉期限内未发现或者未采取强制措施的犯罪嫌疑人,应当受追诉期限限制。[2] 15

三、最高人民检察院的核准问题

根据本条的规定,法定最高刑为无期徒刑、死刑的,经过 20 年,如果 20 年以后认为必须追诉的,须报请最高人民检察院核准。对此,2012 年 8 月 21 日发布的最高人民检察院《关于办理核准追诉案件若干问题的规定》确立了严格依法、从严控制的原则。换言之,追诉期限超过 20 年层报最高人民检察院核准的案件,未必一定能够获得核准。 16

《关于办理核准追诉案件若干问题的规定》第 4 条指出:“须报请最高人民检察院核准追诉的案件在核准之前,侦查机关可以依法对犯罪嫌疑人采取强制措施。侦查机关报请核准追诉并提请逮捕犯罪嫌疑人,人民检察院经审查认为必须追诉而且 17

2 参见最高人民检察院第六批指导性案例“蔡金星、陈国辉等(抢劫)不核准追诉案”(检例第 23 号)。

符合法定逮捕条件的,可以依法批准逮捕,同时要求侦查机关在报请核准追诉期间不停止对案件的侦查。未经最高人民检察院核准,不得对案件提起公诉。"据此,最高人民检察院核准是人民检察院提起公诉的必要条件,但最高人民检察院核准期间,侦查机关可以正常开展侦查活动,并依法对犯罪嫌疑人采取强制措施。

18 根据《关于办理核准追诉案件若干问题的规定》第 5 条的规定,报请核准追诉的案件应当同时符合下列条件:(1)有证据证明存在犯罪事实,且犯罪事实是犯罪嫌疑人实施的;(2)涉嫌犯罪的行为应当适用的法定量刑幅度的最高刑为无期徒刑或者死刑的;(3)涉嫌犯罪的性质、情节和后果特别严重,虽然已过 20 年追诉期限,但社会危害性和影响依然存在,不追诉会严重影响社会稳定或者产生其他严重后果,而必须追诉的;(4)犯罪嫌疑人能够及时到案接受追诉的。据此,对于法定最高刑为无期徒刑、死刑的案件,经过 20 年的,应以不核准追诉为原则,核准追诉为例外。这样一来,才能提醒侦查机关及时对已经发生的案件立案查处,也有助于节省司法资源,维护刑事法律的权威和社会秩序的稳定。[3]

19 2015 年 7 月 9 日最高人民检察院发布的第六批指导性案例对核准追诉的标准作了进一步明确[4],从其裁判要旨中可以看出判断是否应当核准追诉,核心在于认定犯罪在经过 20 年追诉期限后,社会危害性和影响依然存在,不追诉会严重影响社会稳定或者产生其他严重后果。在此过程中,应当参考以下因素:(1)涉嫌犯罪是严重危害社会治安的犯罪,还是因婚姻家庭等民间矛盾激化引发的犯罪;(2)涉嫌犯罪是否情节恶劣、后果严重;(3)犯罪在案发地造成的恶劣影响是否已消失,犯罪破坏的社会秩序是否已明显恢复;(4)犯罪嫌疑人犯罪后是否积极逃避侦查;(5)犯罪嫌疑人是否有明显悔罪表现,或通过赔礼道歉、赔偿损失等获得被害方谅解;(6)案发地群众、基层组织是否强烈要求追究犯罪嫌疑人刑事责任。

20 根据《关于办理核准追诉案件若干问题的规定》第 11 条的规定:"最高人民检察院决定核准追诉的案件,最初受理案件的人民检察院应当监督侦查机关及时开展侦查取证。最高人民检察院决定不予核准追诉,侦查机关未及时撤销案件的,同级人民检察院应当予以监督纠正。犯罪嫌疑人在押的,应当立即释放。"

---

3 参见史卫忠等:《核准追诉中的若干实务问题考察》,载《人民检察》2016 年第 10 期。

4 其中检例第 20 号、第 21 号涉及最高人民检察院核准追诉的情形;检例第 22 号、第 23 号涉及最高人民检察院未核准追诉的情形。

第八十八条　追诉期限的延长

在人民检察院、公安机关、国家安全机关立案侦查或者在人民法院受理案件以后，逃避侦查或者审判的，不受追诉期限的限制。

被害人在追诉期限内提出控告，人民法院、人民检察院、公安机关应当立案而不予立案的，不受追诉期限的限制。

文献:张小虎:《刑罚论的比较与建构》,群众出版社 2010 年版。曲新久:《追诉时效制度若干问题研究》,载《人民检察》2014 年第 17 期;陈洪兵:《追诉时效的正当性根据及其适用》,载《法治研究》2016 年第 1 期;王登辉:《追诉时效延长抑或终止——〈刑法〉第 88 条之教义学解释及其展开》,载《当代法学》2016 年第 2 期;王志坤:《论"不受追诉期限的限制"》,载《国家检察官学院学报》2014 年第 6 期;史卫忠等:《核准追诉中的若干实务问题考察》,载《人民检察》2016 年第 10 期;王志祥:《"南医大女生被害案"的追诉时效问题研究》,载《法商研究》2020 年第 4 期;王钢:《刑事追诉时效制度的体系性诠释》,载《法学家》2021 年第 4 期。

细目录

Ⅰ　主旨
Ⅱ　沿革
Ⅲ　追诉期限延长的事由
　一、逃避侦查或审判
　二、司法机关应立案而不立案

Ⅰ　主旨

追诉时效的延长是指追诉时效进行期间,因发生法定事由,导致追诉时效永久性延长,允许超过时效期限进行追诉的制度。在我国刑法中,追诉时效延长的法律效果是在发生法定事由的情形下,追诉时效无限延长,即不受追诉时效的限制。[1] 1

1　关于追诉时效的延长是否受到限制,有两种立法例:第一种是追诉时效延长的时间有一定的限制,例如仅延长一倍;第二种是追诉时效延长的时间没有限制,可以永久延长。参见高铭暄主编:《刑法学原理》(第 3 卷),中国人民大学出版社 1994 年版,第 660 页。

Ⅱ 沿革

2 本条对1979年《刑法》相关条文进行了补充、修改。1979年《刑法》第77条规定:“在人民法院、人民检察院、公安机关采取强制措施以后,逃避侦查或者审判的,不受追诉期限的限制。”1992年4月9日最高人民检察院发布的《关于刑法第七十七条有关采取强制措施的规定应如何适用的批复》规定,《刑法》第77条有关在人民法院、人民检察院,公安机关采取强制措施以后,逃避侦查或者审判的,不受追诉期限的限制的规定,既适用于已经执行强制措施后逃避侦查或者审判的,也适用于人民法院、人民检察院、公安机关决定(批准)采取强制措施后,由于犯罪分子逃避而无法执行,以及犯罪分子在逃,经决定(批准)逮捕并发布通缉令后拒不到案的,人民检察院对符合上述情况的犯罪分子,应当依法追诉。

3 为加大对犯罪的打击力度,不宽纵违法犯罪分子,使其得到应有的刑事制裁,在修订后的刑法中,将“采取强制措施以后,逃避侦查或者审判的”修改为“立案侦查或者在人民法院受理案件以后,逃避侦查或者审判的”,从而对时效延长的条件范围进行了扩大。在国家安全机关设立之前,对危害国家安全的刑事案件由公安机关负责侦查。但在国家安全机关设立之后,由其负责对这一部分刑事案件的侦查。1996年《刑事诉讼法》第4条规定:“国家安全机关依照法律规定,办理危害国家安全的刑事案件,行使与公安机关相同的职权。”因此本条增加了与国家安全机关司法活动有关的规定。

4 此外,本条增设了第2款的内容,即:“被害人在追诉期限内提出控告,人民法院、人民检察院、公安机关应当立案而不予立案的,不受追诉期限的限制。”增加这一规定,其出发点是为了保护被害人的合法权益,因为在被害人已及时提出控告的情况下,如由于国家追诉机关的失职造成超过追诉时效而不能对犯罪人进行追诉,从被害人角度来讲是不公平的。当然,刑法的规定从根本上看是为了更好地实现刑法设立追诉时效制度的目的,使追诉时效制度更加完善,使本应及时受到追诉的犯罪分子不能以追诉时效已过为借口而逃脱法律制裁,同时,也是为了避免有些司法工作人员利用时效制度包庇、纵容犯罪分子,以及防止因司法工作人员玩忽职守而使犯罪分子逃脱法律制裁现象的发生。

5 由于本条和1979年《刑法》第77条所规定的追诉时效延长事由并不相同,因此,在近年来的实践中,出现了本条的部分规定是否有溯及力的争议。例如,被告人甲1994年1月故意伤害乙,致乙重伤后逃匿,乙的家属自1995年起每年都向公安机关提出控告,但有关部门直至2015年1月才将甲抓获归案。本案中甲所犯罪行的法定最高刑为10年,追诉期最长15年,按理说在2009年1月之后,甲才被抓获,对其就不能再追诉,且1979年《刑法》第77条仅规定,在人民法院、人民检察院、公安机关采取强制措施以后,逃避侦查或者审判的,不受追诉期限的限制。但甲不属于被采取强制措施之后逃避侦查和审判的情形。那么,能否以被害人家属一直在提出控告为由，适用本条的规定？如果依照本条规定对甲进行追诉，最终效果则是将不利于被告人的惩罚规定溯及既往，按照罪刑法定原则中禁止溯及既往的要求，不能对甲适用本条规定，在2009年1月之后再对其进行追诉。

上述观点，其实和1997年9月25日发布的最高人民法院《关于适用刑法时间效力规定若干问题的解释》第1条的精神相一致。该条明确指出："对于行为人1997年9月30日以前实施的犯罪行为，在人民检察院、公安机关、国家安全机关立案侦查或者在人民法院受理案件以后，行为人逃避侦查或者审判，超过追诉期限或者被害人在追诉期限内提出控告，人民法院、人民检察院、公安机关应当立案而不予立案，超过追诉期限的，是否追究行为人的刑事责任，适用修订前的刑法第七十七条的规定。"据此，可以得出如下结论： 6

其一，对于行为人1997年9月30日以前实施的犯罪行为，在人民法院、人民检察院、公安机关"采取强制措施"以后，逃避侦查或者审判的，在修订后的刑法实施之后的任何时间被抓获的，都不受追诉期限的限制。 7

其二，对于行为人1997年9月30日以前实施的犯罪行为，在人民检察院、公安机关、国家安全机关立案侦查或者在人民法院受理案件以后、行为人被采取强制措施之前，逃避侦查或者审判，超过追诉期限的，按照1997年《刑法》第77条的规定就不能再追诉。例如，甲乙共同于1994年9月24日伤害丙，且是乙的行为导致丙死亡。甲乙犯罪后逃往外地。1994年10月8日侦查机关对本案办理了立案侦查手续，但是并未对故意伤害致人死亡的乙采取追逃措施。2020年9月23日甲被公安机关抓获，但对乙仍无法进行追诉。在本案中，公安机关虽然在1994年10月8日办理了立案侦查手续，但是其在追诉期限内并未对乙采取任何强制措施，因此，该案并不满足追诉期限延长的前提条件。乙在追诉期限内并未再犯任何犯罪，因此其追诉期限应当自犯罪之日(即1994年9月24日)起计算，自该日起至公安机关2020年9月23日抓获甲共计26年，显然超过了追诉期限。 8

其三，对于行为人1997年9月30日以前实施的犯罪行为，被害人在追诉期限内提出控告，人民法院、人民检察院、公安机关应当立案而不予立案，超过追诉期限的，按照1997年《刑法》第77条的规定，也不能再追诉。 9

Ⅲ 追诉期限延长的事由

一、逃避侦查或审判

1. 如何理解立案侦查、受理案件的含义

刑事诉讼的立案是公检法机关对自己发现的案件材料及控告、举报和自首等材料，依法审查并决定是否作为刑事案件进行侦查或审判的诉讼活动。立案是刑事诉讼的开始，是刑事诉讼的一个独立阶段，每一个需要侦查或者审判的刑事案件，首先都必须经过立案程序。司法机关对于报案、控告、举报和自首的材料，都应当接受。 10

但接受不等于立案,接受机关只有在对这些材料进行审查后,才能确定是否应当立案。司法机关决定立案,必须具备两个条件:第一,有犯罪事实,即必须存在已构成犯罪的事实,各种主观猜测不能作为犯罪事实;不构成犯罪的不能立案。第二,需要追究刑事责任,即需要对实施犯罪行为的人定罪处刑。依法不应追究或不需要追究刑事责任的,不应立案。

11 侦查是公安机关、人民检察院在办案过程中,依照法律规定进行的专门调查工作和采取的有关强制性措施。侦查也是一种调查,但它既不同于行政调查和一般的社会调查,也不同于其他诉讼调查,如法院在审理案件过程中的庭外核实调查等。侦查是一种具有法定内容和形式的刑事诉讼活动,其目的是同犯罪行为作斗争,同时也保障无罪的人不受刑事追究。

12 需要讨论的是,本条中的"立案侦查"是仅指立案,还是指立案并侦查?一般来讲,立案和侦查总是连续的,将立案侦查理解为立案也未尝不可。但严格意义上应理解为立案并侦查,理由是:首先,从法条来看,犯罪人逃避侦查是时效无限延长的适用条件之一,而要成立逃避侦查,必先要有追诉机关侦查。其次,从时效无限延长制度的立法目的来看,设立该制度主要是为了惩罚那些在司法机关已开始对其犯罪进行追诉的情况下,犯罪人藐视司法、对抗司法的行为。如果追诉机关在立案后长期不进行任何侦查工作,可视为其已放弃追诉,在这种情况下,造成法律规定的原时效期限超过,就不应归责于犯罪人,不能适用时效无限延长制度。

13 受理案件是指人民法院接受自诉案件的起诉,决定依法进行审理的活动。自诉案件中的被害人有权向人民法院直接起诉。被害人死亡或者丧失行为能力的,被害人的法定代理人、近亲属也有权向人民法院起诉。人民法院认为确有犯罪事实存在并应当追究刑事责任的,应当依法受理。

14 在人民检察院、公安机关、国家安全机关立案侦查或者在人民法院受理案件以后,无论犯罪分子是否被发现或被采取强制措施,也无论犯罪分子逃避司法追究的状态持续多久,司法机关都可以对其进行追诉,而不受追诉期限的限制。

15 在共同犯罪的场合,犯罪行为被发现,公安机关对全案进行立案侦查,共犯者之一被抓获并定罪处刑的,其他共犯人逃避侦查或者审判的,亦不受追诉期限的限制。

2. 如何认识"逃避侦查或者审判"

16 "逃避侦查或者审判"以犯罪分子实施了逃避侦查或审判的行为为前提。至于犯罪分子是否被发现或被追捕、被采取强制措施,犯罪分子逃避司法追究的状态持续多久,都不影响追诉时效的延长。"逃避"应当界定为一种积极、主动对抗司法的行为。逃避侦查或审判行为的界限应该以犯罪人的行为是否使公安机关、检察机关、人民法院的诉讼活动无法进行为标准。逃避侦查或审判在实践中的具体表现为:犯罪后畏罪潜逃或者隐藏的;在司法机关立案之后畏罪潜逃或者隐藏的;在司法机关对其采取强制措施后逃跑或者隐藏的;在自诉案件中,人民法院通知其应诉后逃跑或者隐藏的;等等。

当然,犯罪分子犯罪之后,正常外出经商、务工,并不隐瞒姓名,也未隐瞒新居住地地址的,不应以逃避侦查或审判论处。犯罪分子犯罪之后,没有逃跑、隐匿,仍然在原居住地生活,由于司法机关自身能力的限制或工作方法问题,在立案之后长时间难以破案,直到追诉时效经过之后才侦破案件的,也不能按逃避侦查或审判论处,不能追究行为人的刑事责任。此外,司法机关虽已立案侦查,但未对犯罪人进行过任何调查询问,最终时效期限超过,在这种情况下,犯罪人只是未主动向司法机关自首,没有采取积极的逃避行为,也不能按逃避侦查或审判论处。此外,司法机关虽已立案侦查,但未对犯罪人进行过任何调查讯问,最终时效期限届满的,因犯罪人只是未主动向司法机关自首,没有采取积极的逃避行为,也不能按逃避侦查或审判论处。 17

二、司法机关应立案而不立案

本条第 2 款规定,被害人在追诉期限内提出控告,人民法院、人民检察院、公安机关应当立案而不予立案的,不受追诉期限的限制。要准确适用这一规定,应当把握: 18

(1)不管是法律规定必须由公诉机关公诉,还是应当由自诉人自诉的案件,适用追诉时效无限延长制度的前提,必须有被害人的控告在先,并且控告必须在追诉期限内提出。如何理解“被害人”和“控告”的对象?根据我国刑法规定,因被害人告诉而延长追诉时效,是基于保护被害人合法权益的考虑。但在有些情况下(如伤亡、疾病、被告人胁迫等),被害人不能告诉,由其近亲属或监护人代其告诉,也应该视为被害人告诉。对“控告”范围的理解,学者之间还有争论,主要有两种观点:一种观点认为,对“控告”一词应作狭义解释,限定为被害人自诉。因为公诉案件,控方是国家,国家有权处分自己对被告人的控诉权,被害人陈述(控告)只能算是立案资料来源之一,司法机关有义务去查清是否有犯罪事实,是否应当追究刑事责任,但仅仅凭被害人陈述来确定是否应立案,显然是不现实的。司法机关也没有绝对的义务根据被害人的控告要求进行立案,而是根据自己掌握的材料判断是否达到立案的标准,再确定是否立案。反过来,所有可能提起公诉的犯罪都应立案。而受害人一般都提出控告,如果司法机关不能立案,是否说这些人的追诉时效都应延长,如果再加上已立案追诉案件,我国刑法中规定追诉时效制度的必要性就完全丧失了;同时,无限扩大“控告”的范围,对犯罪人来说也是不公平的。另一种观点认为,对控告应作广义理解,这样才能保证司法机关更好地追究犯罪分子,更好地保护被害人的合法权益。两种观点相比较,笔者更赞成第一种观点,因为公诉案件的审判目的,固然有保护受害人权益的侧面,但它更突出的功能是维护国家的统治秩序,既然司法机关认为还不符合立案的条件而不予立案,则说明它处分了国家的控诉权,而不是被害人的控诉权。故“控告”的范围只能限定为自诉范围。 19

此外,控告必须在犯罪嫌疑人、被告人明确的情况下进行,如果被害人不知道犯罪嫌疑人、被告人是谁,不能适用本款规定,被害人的行为只属于报案而非控告。控 20

告既可以用书面形式,也可以口头提出。

21 (2)如何理解司法机关"应当立案而不予立案"?立案是有一定的根据和标准的,控告必须经过司法审查,由司法人员确信有犯罪事实需要追究犯罪人刑事责任,才能立案。而司法工作人员能否形成这种确信又没有确定的标准,因而对"应当立案"的理解差异很大,但确定应当立案的标准又较为重要,因为这直接关系到行为人的刑事责任问题。应当立案而不予立案,是指有证据证明有犯罪事实并且需要追究犯罪人刑事责任,按《刑事诉讼法》规定的标准应当立案而未予立案。司法实践中,必须考察案件的具体情况,确定应立案的标准:如果在追诉期限内,被害人控告后司法机关先未立案而后又立案的,由于仍在追诉期内,司法机关仍可对犯罪人的犯罪行为进行追诉,因而与本条规定的适用无关。如果在追诉期限内,司法机关在被害人控告后不予立案,而在追诉期限过后又立案的,则说明在追诉期内不立案是错误的,该案在追诉期内,应立案而未立案,则根据本条规定必须延长追诉时效,司法机关仍可以对犯罪人进行追诉。换言之,被害人在追诉期限内提出控告,人民法院、人民检察院、公安机关应当立案而不予立案的,不管犯罪人是否有逃跑情形,也不管过了多长期限,都不影响追诉机关对其进行追诉。[2]

---

[2] 但是,这种立法模式是否有悖于时效制度的旨趣还值得研究。如果犯罪人在犯罪后一直没有逃避,而在原居所正常工作生活、遵纪守法,没有对抗追诉,由于追诉机关自身的原因导致法律规定的追诉期限已过,但犯罪人仍然面临无限期随时可能被追诉的境地,这对犯罪人来说有失公允。

第八十九条　追诉期限的计算

追诉期限从犯罪之日起计算；犯罪行为有连续或者继续状态的，从犯罪行为终了之日起计算。

在追诉期限以内又犯罪的，前罪追诉的期限从犯后罪之日起计算。

文献：王志坤：《论“不受追诉期限的限制”》，载《国家检察官学院学报》2014年第6期；曲新久：《追诉时效制度若干问题研究》，载《人民检察》2014年第17期；陈洪兵：《追诉时效的正当性根据及其适用》，载《法治研究》2016年第1期；王钢：《刑事追诉时效制度的体系性诠释》，载《法学家》2021年第4期。

细目录

Ⅰ　主旨
Ⅱ　沿革
Ⅲ　追诉期限起算方法
　一、追诉期限的一般起算标准
　二、连续犯、继续犯追诉期限的计算
　三、追诉期限的中断

Ⅰ　主旨

追诉时效决定了追诉权只能在法定有效期间内行使，超过法定有效期限，追诉权即告丧失。相应的，犯罪分子所应承担的向司法机关供述自己罪行，接受司法机关依法进行的侦查、起诉、审判的义务就消灭了。法定的追诉时效从何时起算，直接关系到行使追诉权的有效时限，对于确定某一犯罪是否超过了追诉时效具有重要意义，因而是追诉时效制度的重要内容之一。 1

Ⅱ　沿革

本条对1979年《刑法》的相关规定未作修改。 2

Ⅲ　追诉期限起算方法

一、追诉期限的一般起算标准

追诉期限的计算标准原则上是“从犯罪之日起计算”。我国刑法学界对“犯罪之 3

日”存在多种理解,有的认为是指犯罪成立之日,有的认为是犯罪行为实施之日;也有的认为是犯罪行为发生之日;还有的认为是犯罪行为完成之日;更有的认为是犯罪行为停止之日。[1] 一般认为,判断犯罪是否成立,其核心是认定符合犯罪构成要件的行为是否成立,因此,确定犯罪的追诉时效起点是离不开犯罪行为的,否则就违背了罪刑法定原则的宗旨。同时,犯罪又是复杂多样的,各种犯罪构成所要求的条件又是千差万别的,不能仅仅考虑犯罪行为而不考虑各种犯罪具体的构成要件来认定犯罪,因此,确定犯罪追诉时效的起点应以犯罪行为为中心,同时顾及其他特殊情况,以上几种观点或强调行为或强调结果,都有失偏颇。特别是“犯罪之日”即指犯罪结果发生之日这种观点,虽然在一定程度上能够解决追诉时效的起点问题,具有工具上的有效性,但在内涵上偏离刑罚的宗旨,因而值得商榷。

4 根据以上观点,在确定我国不同种类和不同形态的犯罪的“犯罪之日”时,要根据犯罪构成的差异,采取以下几种方法:其一,行为犯以及以某种危害结果的发生为既遂构成所必需的犯罪,其犯罪成立之日为犯罪行为实施之日。其二,危险犯的犯罪成立之日为实施危害行为之日。其三,预备犯的犯罪成立之日为预备行为实施之日。其四,中止犯的犯罪之日,应分别情况予以确定:如果是在着手实行犯罪后中止犯罪以犯罪行为施行之日作为犯罪成立之日;如在预备阶段中止犯罪,则预备犯罪行为之日为犯罪之日。其五,共同犯罪的犯罪之日,为共同实施的犯罪成立之日。

5 关于结果犯追诉期限的起算标准问题,存在以下两种观点:第一种观点是认为,结果犯应当从犯罪行为发生之日开始计算追诉时效。理由是:所谓犯罪之日,是指犯罪行为发生的时期。第二种观点认为,法律既然以犯罪结果发生作为构成要件,理应以犯罪结果发生之日为犯罪完成之日,也即应将构成犯罪既遂之日作为追诉期限开始计算的起始时间。[2] 通说认为,对于结果犯,原则上应以犯罪行为实施之日作为犯罪之日,但是在一些特殊情况下,需要有特别的认定标准,例如过失犯,如果行为时与结果发生时存在间隔的,该种情况以结果发生作为犯罪成立前提,如果结果未发生,其行为不能认为是犯罪。换言之,只有结果发生时才是犯罪之日,此时应当以行为构成犯罪时,也就是结果发生时作为追诉时效的起算时间。[3]

6 关于隔隙犯追诉期限的起算标准问题,刑法理论上存在行为主义、结果主义和行为结果主义的争论。行为主义认为在犯罪行为与犯罪结果发生在不同时间的情况下,应以犯罪行为发生的时间作为犯罪之日。结果主义认为不能以犯罪行为而应以

---

1 参见高铭暄、马克昌主编:《刑法学》(第9版),北京大学出版社、高等教育出版社2019年版,第303页。

2 参见赵秉志主编:《刑罚总论问题探索》,法律出版社2002年版,第573页。

3 类似观点可参见王爱立主编:《中华人民共和国刑法条文说明、立法理由及相关规定》,北京大学出版社2021年版,第268页。此外,2003年11月13日最高人民法院发布的《全国法院审理经济犯罪案件工作座谈会纪要》针对玩忽职守罪的追诉时效也持相同的观点。

犯罪结果发生的时间作为犯罪之日。行为结果主义,又称折中主义,认为行为时间与结果的发生时间都是犯罪之日。[4] 我国刑法理论对隔隙犯的犯罪时间一般采行为主义,因此,对于隔隙犯来说,应该以其行为实施之日而不是以结果发生之时作为追诉期限的起算时间。

二、连续犯、继续犯追诉期限的计算

行为有连续或继续状态的,从犯罪行为终了之日起计算,这是根据连续犯和继续犯的犯罪特点确定的。 7

连续犯是基于同一犯罪故意,连续实施数个同种犯罪行为的一种犯罪形态。连续犯就其实施的数次行为分开来看,每个行为都可以单独构成犯罪,并且其每个行为之间在时间上也有间断,即行为人并不是自第一次行为开始实施到最后一次行为实施终了这一段时间内都处于犯罪状态。但由于连续犯是出于同一犯罪故意,所犯的是同种罪行,所以应从最后一次行为实施终了之日起计算其追诉期限是合理的。 8

继续犯是指犯罪行为在一定时间内处于继续状态,对继续犯的追诉期限应从持续状态结束之日起开始计算。法律之所以规定对继续犯的追诉期限应从犯罪行为终了之日起计算,是因为继续犯是出于一个犯罪故意,实施一个犯罪行为,触犯一个罪名,是一罪而非数罪,并且在一定时间内犯罪行为一直处于持续不断的状态。 9

根据最高人民法院 2003 年 9 月 22 日发布的《关于挪用公款犯罪如何计算追诉期限问题的批复》,挪用公款归个人使用,进行非法活动的,或者挪用公款数额较大、进行营利活动的,犯罪的追诉期限从挪用行为实施完毕之日起计算;挪用公款数额较大、超过 3 个月未还的,犯罪的追诉期限从挪用公款罪成立之日起计算。挪用公款行为有连续状态的,犯罪的追诉期限应当从最后一次挪用行为实施完毕之日或者犯罪成立之日起计算。 10

三、追诉期限的中断

在追诉期限以内又犯罪的,前罪追诉的期限从犯后罪之日起计算。这是我国刑法关于追诉时效中断的规定。 11

追诉时效中断,是指在追诉时效进行期间,因发生法律规定的事由,使已经经过的时效期间归于失效,追诉期限从法律规定事由发生之日起重新开始计算的制度。时效中断制度是为了防止犯罪人利用时效制度逃避罪责,继续实施新的犯罪而设立的。 12

本条规定追诉时效中断的法定事由是“又犯罪”即重新犯罪,至于新罪是重罪还是轻罪、是故意犯罪还是过失犯罪,应受何种处罚等,均在所不问;即便犯罪人的新、旧两罪被发现时,新罪已过追诉时效,前罪追诉的期限也应从犯后罪之日起计算。作 13

---

4 参见陈兴良:《刑法哲学》(第 6 版),中国人民大学出版社 2017 年版,第 332—333 页。

出如此解释的理由是:(1)犯罪分子在追诉期限内再犯新罪,说明其主观恶性深、人身危险性大,怙恶不悛,不思悔改。若不采取时效中断的措施,在客观上会助长犯罪分子的侥幸心理,对预防犯罪、减少犯罪不利。追诉时效制度的确立,虽然主要是对有追诉权的机关在行使追诉权时进行一定限制,但对犯罪分子不能没有约束,更不能成为犯罪分子用来逃避法律制裁的"避风港",因而在追诉时效制度中,还需要有时效中断及时效延长的规定以降低对司法机关追诉权的过度限制。(2)在刑法上作如此规定,即是法律向犯罪分子明示:犯罪后如果在追诉期限内能遵守法律,不重新犯罪,追诉期限届满后可以不受追诉,这对犯罪分子自身是有利的;反之,则时效中断,原罪的追诉时效要重新起算,已经经过的时效期间作废,这对犯罪分子来说则是不利的。这样一来,追诉时效中断的规定便显示出了其约束功能。如果犯罪分子能从本身利害出发,在追诉期限内不再犯新罪,安分守己,遵纪守法,那么其刑事责任将会随着追诉期限的届满而告消灭,其将不再受到司法机关的追诉。这不仅于其个人有利,对社会也是有利的。(3)在追诉期限内又犯罪,即便新罪已经过了追诉期限,但行为人客观上再次实施危害行为的事实仍然存在,说明其并未受到"自然"惩罚,并无悔罪意识,对其前罪重新计算追诉期限就是合适的。

14 犯罪分子必须是在追诉期限内又犯罪的,前罪追诉的期限才从犯后罪之日起计算,即在一人先后犯罪均未受追诉的情况下,后罪是在前罪追诉期限内犯的,前罪的追诉时效要从犯后罪之日起重新计算,已经经过的时效期间作废。如果一人先后犯两个以上之罪,均未受追诉,但犯后罪时前罪的追诉期限已经完成,司法机关已无权对前罪进行追诉,也就谈不上适用时效中断规定的问题。

15 在共同犯罪的场合,由共同犯罪的特殊性即二人以上共同故意实施犯罪所决定,对共同犯罪的各行为人的追诉期限应自共同实施的犯罪成立之日起计算,无论是对实行犯还是对非实行犯,均以此为原则,计算追诉期限。但是,如果共同实施的犯罪行为,有连续或者继续状态的,从犯罪行为终了之日起计算。二人以上共同故意犯罪后,共犯中的某些人在追诉期限内又单独实施犯罪的,对其以前的共同犯罪行为的追诉期限,从犯后罪之日起重新计算,但对其他共同犯罪人的追诉期限不产生影响。

第五章　其他规定

前　注

本章规定主要是对一些刑法术语进行解释或者限定,对一些刑法用语进行说明。这些内容在刑法总则有关章节中无法被涵盖,因此刑法特设“其他规定”一章,用以阐释刑法专门术语与用语的含义。专门术语的解释包括:公共财产及其范围、公民私人所有的财产及其范围、国家工作人员的含义及其范围、司法工作人员的含义及其范围、重伤的含义及其范围、违反国家规定的含义、首要分子的含义等;刑法的特殊用语包括:刑法适用的“以上”“以下”“以内”的界定标准、前科报告制度规定、告诉才处理的理解、总则的效力与分则的关系等,另外还规定了民族自治地方对刑法规定的变通规定的制定及其程序等。

第九十条　民族自治地方刑法适用的变通

民族自治地方不能全部适用本法规定的，可以由自治区或者省的人民代表大会根据当地民族的政治、经济、文化的特点和本法规定的基本原则，制定变通或者补充的规定，报请全国人民代表大会常务委员会批准施行。

文献：严军兴、肖胜喜主编：《新刑法释义》，中共中央党校出版社 1997 年版；刘家琛主编：《新刑法条文释义》，人民法院出版社 2004 年版；郎胜主编：《中华人民共和国刑法释义》（第 6 版），法律出版社 2015 年版；刘志伟、田旭编著：《案例刑法》，法律出版社 2019 年版；张明楷：《刑法学》（第 6 版），法律出版社 2021 年版。夏黎阳：《论少数民族公民刑事犯罪案件中刑法及“两少一宽”政策的适用》，载《中南民族学院学报（人文社会科学版）》2001 年第 2 期；王培英：《析刑法对民族区域自治地方立法变通权的规定》，载《法学杂志》2001 年第 3 期。

细目录

Ⅰ　主旨
Ⅱ　沿革
Ⅲ　本条适用
　一、一般规则
　二、“两少一宽”刑事政策

Ⅰ　主旨

1　刑法规定本条的目的在于对民族自治地方因政治、经济、文化的差异而不能适用刑法的某些规定时，授权民族自治地方所在的自治区、省的人民代表大会制定刑法的变通或补充的规定，在坚持刑法基本原则的基础上，又充分照顾民族自治地方的特殊性。所谓刑法的变通或补充规定，是指对刑法的有关具体规定进行修改（包括具体犯罪是否规定、具体犯罪的构成要件是否修改，等等）。

Ⅱ　沿革

2　1979 年《刑法》第 80 条规定：“民族自治地方不能全部适用本法规定的，可以由自治区或者省的国家权力机关根据当地民族的政治、经济、文化的特点和本法规定的基本原则，制定变通或者补充的规定，报请全国人民代表大会常务委员会批准施行。”

1997年《刑法》继承了这一规定，仅作了个别字词的调整。

Ⅲ 本条适用

一、一般规则

《宪法》第116条规定："民族自治地方的人民代表大会有权依照当地民族的政治、经济和文化特点，制定自治条例和单行条例。自治区的自治条例和单行条例，报全国人民代表大会常务委员会批准后生效。自治州、自治县的自治条例和单行条例，报省或者自治区的人民代表大会常务委员会批准后生效，并报全国人民代表大会常务委员会备案。"这是我国《刑法》第90条制定的宪法根据，《刑法》第90条是宪法规定的民族平等和民族自治原则及保护少数民族公民利益在刑法上的体现。 3

根据本条规定，民族自治地方可以根据本地区少数民族的习惯，无法全部适用刑法规定，或者适用刑法规定有困难的，可以制定单行条例，修改刑法相关内容，作为变通适用刑法措施。为了保障这个变通规定措施不至于破坏刑事法治精神，对少数民族自治地方制定的变通或者补充规定设置了特别程序，由省级（自治区、直辖市）的人民代表大会通过后，报请全国人大常委会批准后施行。适用本条规定，应严格按照以下条件进行。 4

（1）不能全部适用刑法规定的少数民族地区，只能是因为政治、经济、文化的原因与全国大多数地区差别太大，适用刑法的统一规定显有困难，且实行了民族自治制度的民族自治地区，即自治区、自治州、自治县。其中有些自治州、自治县设立在省、直辖市内，也有的设立在自治区内。在省内设立自治州、自治县主要是西部地区的一些省，如四川省、云南省、贵州省、青海省等，在直辖市内设立民族自治县的有重庆市。这些民族自治地方，民族间具有不同的习俗、习惯，形成不同的伦理道德观念，规范着生活在不同地域的民族的公民，这些不同的习俗、习惯系长期以来的历史原因形成的，如果这些习俗、习惯与现有刑法规范直接冲突，刑法应当考虑在这些民族地区的变通适用，以尊重受这些特殊的习俗、习惯规范的少数民族，只要不违反刑法的基本原则。当然，这种冲突的大小是应否制定刑法变通或者补充规定的标准。只有在"不能全部适用本法规定的"情况下，即刑法的现有规定无法适用于这些民族自治地方时才能制定变通或者补充规定。如果冲突不大，就不必制定变通规定或者补充规定，可以在司法上采取"两少一宽"的刑事政策进行处理，即对少数民族犯罪分子实行"少捕少杀"和"一般从宽"的刑事政策。 5

（2）由民族自治地方所在的省、自治区根据民族自治地方的习俗、习惯的具体情况，决定是否有必要制定变通适用刑法的规定或刑法的补充规定。如果民族自治地方的习俗、习惯不会与刑法发生较大的冲突，尽量不制定变通适用刑法的规定或刑法的补充规定。如果民族自治地方的习俗、习惯与全国的情况差异太大，必须制定变通适用刑法的规定或刑法的补充规定，应当由民族自治地方所在的省、自治区的人民代 6

表大会制定变通适用刑法的规定或刑法的补充规定,报请全国人民代表大会常务委员会批准施行。

7 (3)省、自治区的人民代表大会只能根据辖区的民族自治地方的政治、经济、文化的特殊情况制定变通或者补充规定,并不得与刑法的基本原则相抵触。虽然我国是一个统一的多民族国家,但又是一个单一制国家,国家维护宪法、法律的统一。刑法的基本原则是统率刑法立法、适用的灵魂,因此,国家必须维护刑法基本原则的一致性。民族自治地方制定的变通规定与补充规定不能与刑法的基本原则相冲突。

8 为了保证省、自治区为辖区民族自治地方制定的变通或者补充规定不与刑法的基本原则相冲突,刑法明确规定,省、自治区制定的变通或者补充规定需报请全国人民代表大会常务委员会批准施行。全国人民代表大会常务委员会是刑法的立法解释机关,享有对刑法进行立法解释与修改刑法的权力,因此由全国人民代表大会常务委员会批准施行民族自治地方制定刑法的变通或补充规定是必要的,以确保刑事法制在刑法基本原则范围内是统一的。

二、"两少一宽"刑事政策

9 从实践中看,各省、自治区为辖区民族自治地方制定刑法的变通规定或者补充规定较少。因为随着现代教育的普及、交通设施的发达,民族间的融合超过历史上任何时期。民族间的交流频繁,促进了民族自治地方的政治、经济、文化的发展。但是理论与实务界的学者认为对少数民族公民犯罪案件适用"两少一宽"的刑事政策是必要的。这个政策对促进民族自治地方的政治稳定、社会发展和民族团结也是十分必要的。所谓"两少一宽"的刑事政策,是指对少数民族犯罪分子实行"少捕少杀"和"一般从宽"的刑事政策。在处理相关案件时,应该在以下几个方面具体贯彻"两少一宽"的刑事政策。

10 (1)依法处理草场、山林、水源等纠纷,以消除隔阂和促进民族团结为前提,调解教育为主,打击为辅。具体说来,对发生的大规模纷争与械斗,应首先依靠党委和政府以及当地民族上层人士进行疏导。待事态平息以后,从打击少数、教育大多数出发,对引发事态的首要分子、幕后策划者以及直接致人死亡、重伤的极少数人依法惩办,而对其他参与者进行教育,帮助其树立法制观念,一般不追究刑事责任。

11 (2)注意考虑少数民族公民的文化差异和生活习惯,慎重处理杀人、伤害案件,即把因民族习俗特点引起的杀人、伤害案件与蓄谋图财害命案件相区别,注意对主观恶性比较小的杀人罪犯实行"少杀"政策,对伤害罪犯实行"少捕"政策;对因民族传统风俗引发的斗殴轻伤案件,多采用疏导的方法。被告人能接受教育,悔罪态度诚恳,主动赔偿损失,并取得被害人及其亲属谅解的,一般不追究刑事责任;对被害人及其家属坚决要求处理的,应依法追究,但可以从宽。

12 (3)尊重少数民族风俗,慎重处理奸情案件。例如,如果行为人所属的民族有早婚习俗,对与不满14周岁幼女结婚或者共同生活的行为,一般不按照强奸罪论处;对有抢婚习俗的少数民族公民，按照抢婚习俗强行与女方成婚的，且女方无异议的，一般也不按照强奸罪论处；对少数民族男女之间发生的性行为或特殊的求爱行为，不轻易按照强奸罪或者强制猥亵、侮辱妇女罪论处；等等。

（4）根据少数民族生产、生活方式的特点，正确处理枪支弹药案件。少数民族因 13
生产、生活方式的原因（如打猎、放牧、防兽、护林等）和传统习俗，许多家庭都有枪支。这些枪支弹药有的是通过非法途径获得的，有的是私自改装的。对一般非法购买少量枪支弹药用以狩猎、放牧、防兽、护林等，或者私自制造等用于生产生活中，可一般不按犯罪论处。

（5）考虑少数民族地区的经济、生活状况，慎重处理盗伐、滥伐林木案件。由于 14
一些少数民族聚居的地方地处林区，有靠山吃山的习惯，个别地方仍有刀耕火种、毁林开荒的原始耕作的生产方式和成年后分家砍树盖房的风俗。对于这种因生活所需的砍伐行为，一般不按照犯罪追究刑事责任。

（6）慎重处理少数民族公民妨害婚姻家庭方面的犯罪案件。由于受传统风俗的 15
影响，一些少数民族过去有一夫多妻、一妻多夫、包办婚姻的习俗，因此在处理这些少数民族公民的重婚、暴力干涉婚姻自由、虐待、遗弃等犯罪案件时，要考虑是否涉及该民族的生活习惯和传统习俗的因素。如果涉及该民族的生活习惯和传统习俗，即使构成刑法有关重婚、暴力干涉婚姻自由、虐待、遗弃等犯罪，也要根据具体情况具体分析，一般不定罪；即使定罪，也要考虑从轻或者减轻处理。[1]

1　参见夏黎阳：《论少数民族公民刑事犯罪案件中刑法及“两少一宽”政策的适用》，载《中南民族学院学报（人文社会科学版）》2001年第2期。

第九十一条　公共财产的含义与范围

本法所称公共财产，是指下列财产：

（一）国有财产；

（二）劳动群众集体所有的财产；

（三）用于扶贫和其他公益事业的社会捐助或者专项基金的财产。

在国家机关、国有公司、企业、集体企业和人民团体管理、使用或者运输中的私人财产，以公共财产论。

文献：严军兴、肖胜喜主编：《新刑法释义》，中共中央党校出版社 1997 年版；刘家琛主编：《新刑法条文释义》，人民法院出版社 2004 年版；郎胜主编：《中华人民共和国刑法释义》（第 6 版），法律出版社 2015 年版；刘志伟、田旭编著：《案例刑法》，法律出版社 2019 年版；张明楷：《刑法学》（第 6 版），法律出版社 2021 年版。

细目录

Ⅰ　主旨

Ⅱ　沿革

Ⅲ　理解与适用

一、公共财产

二、准公共财产

Ⅰ　主旨

1　本条规定的主要目的是界定公共财产的范围。我国刑法是社会主义刑法，其重要的特点在于以保护公有制财产为主要任务，而体现公有制财产的内容是公共财产。历次刑法文件或者刑法草案均明确规定了公共财产的范围，以利于司法实践准确地打击侵害公共财产的犯罪行为。

Ⅱ　沿革

2　1979 年《刑法》第 81 条规定："本法所说的公共财产是指下列财产：（一）全民所有的财产；（二）劳动群众集体所有的财产。在国家、人民公社、合作社、合营企业和人民团体管理、使用或者运输中的私人财产，以公共财产论。"1997 年《刑法》保留了该内容，并将"全民所有的财产"修改为"国有财产"；明确"用于扶贫和其他公益事业的社会捐助或者专项基金的财产”是公共财产；将“国家、人民公社、合作社、合营企业”修改为“国家机关、国有公司、企业、集体企业”。

Ⅲ　理解与适用

3 我国刑法的重要特点在于将公共财产作为其特别保护的内容之一。公共财产是指所有权归国家或者劳动群众集体组织所享有的财产。公共财产是与私人所有的财产——私有财产相对的概念。刑法规定了公共财产的概念和范围，同时还规定了视为公共财产的准公共财产。

一、公共财产

（一）国有财产

4 国有财产是指财产的所有权归国家所有，即全体人民享有对这种财产的占有、使用、收益和处分的权利。国有财产是国家得以生存、国家机器正常运转的物质保障，是全民所有制在法律上的体现。我国宪法保证了国有财产的法律地位：“国有经济，即社会主义全民所有制经济，是国民经济中的主导力量。国家保障国有经济的巩固和发展。”因此国有财产对国民经济建设具有极其重要的作用。国有财产通常由以下财产所组成：

5 （1）国家所有的矿藏、水流、森林、山岭、草原、荒地、滩涂等自然资源。国家所有的这些资源是国家得以对国家经济建设具有举足轻重支配地位的基本条件。我国《宪法》第 9 条第 1 款明确规定：“矿藏、水流、森林、山岭、草原、荒地、滩涂等自然资源，都属于国家所有，即全民所有；由法律规定属于集体所有的森林和山岭、草原、荒地、滩涂除外。”《宪法》的上述规定明确表明，矿藏、水流、森林、山岭、草原、荒地、滩涂等资源基本上都属于国家所有，法律规定属于集体所有的极少数的森林和山岭、草原、荒地、滩涂属于集体所有。国家所有的上述自然资源，可以由国家所有的企业开采，也可以依法律与契约由非国家所有的企业开采，但是上述自然资源的权属仍然是国家。

6 （2）国家所有的公共设施。这些公共设施基本上是国家投资修建的基础设施，例如道路，桥梁，港口，水利工程，海洋运输设施（如远洋运输用的轮船、输油管道等），邮电通信设施，广播电视设施，供电、供水、供气的管线设施等。

7 （3）国家机关与国有企业、事业单位占有的单位财产。这些单位的财产，是由国家根据这些单位的发展情况拨付的经费形成的，是这些单位得以运转、发展的物质保障。

8 （4）国家所有的文化、教育、科学技术、医药卫生、体育等事业单位及其设施、文物古迹、风景旅游设施、自然保护区等财产，也是公共财产。

9 （5）国家的货币发行基金、外汇储备、黄金储备以及股票等有价证券，这些财产是国家通过金融职能产生的财产,也是公共财产。

10 (6)军事设施。军事设施是国家为了巩固国防,通过财政拨款建立的设施,是国有财产,当然也是公共财产。

11 (7)国家在国外的财产,如我国设立在国外的使领馆设施、办事机构及其设施,我国在国外投资的企业、事业单位等财产,是国有财产,当然也是公共财产。

12 (8)国家投资或举办、设立的其他单位的财产。国家根据社会发展和需要,投资、举办或者设立的一切单位的财产都是公共财产。

13 国家所有但是禁止私人持有的违禁品,例如枪支、弹药、火箭、核材料等,应该认为是国家财产。只是对这些国家财产的刑法保护不是体现在侵犯财产罪的规定中,而是规定在其他犯罪中。

14 我国国家所有的公共财产的产生途径与来源因不同历史时期具有不同的特点。中华人民共和国成立初期,国家通过没收旧政府的各种财产,如官僚资本、旧政府的政府资产;赎买的民族工商业企业资产;改造各种非社会主义资本为社会主义公有制的一切资本等。也就是说,在中华人民共和国成立之初,主要是通过社会主义革命和社会主义改造这种途径取得公共财产。中华人民共和国成立以后,通过社会主义建设,即通过国家投资设立各种各样的企业、事业单位,这些单位通过自身的生产而产生财产,国家通过税收、接受赠与、继承、征收、征用、征购、收取罚没款等途径取得财产等。随着社会主义市场经济体制的实行,今天的国家财产范围更为广泛,也更为丰富,特别是国有公司、企业在海内外开拓市场,形成了各种形态的资产,如企业股权、各种外汇存款、大型机场、高速公路、高速铁路、军事设备设施等。

(二)劳动群众集体所有的财产

15 劳动群众集体所有的财产是指劳动群众集体经济组织——集体所有制企业对劳动群众通过入股而形成的企业所享有的企业财产。集体所有制企业是指财产属于本企业劳动群众集体所有,实行自主经营、民主管理、独立核算、自负盈亏,共同劳动,并以按劳分配为主的社会主义经济组织。[1] 劳动群众集体经济组织都是集体所有制企业。劳动群众集体经济组织对其财产所享有的财产所有权,为我国宪法、法律所确认和保护。《民法典》第265条第1款规定:“集体所有的财产受法律保护,禁止任何组织或者个人侵占、哄抢、私分、破坏。”目前,我国劳动群众集体所有的财产包括:

16 (1)区域性群众集体组织的财产。这类群众集体组织是由乡镇以下的农民群体所组成的以一定地域为单位所形成的基层组织,如农村的村民委员会等组织。例如依照宪法和民法典的规定,农村集体经济组织享有对其所属的土地、森林、山岭、草原、滩涂、水面等自然资源的所有权。

17 (2)城市(镇)的联合经济组织的财产。根据《城镇集体所有制企业条例》的规

---

1 参见凌相权、马骏驹主编:《中国社会主义经济组织法律问题研究》,武汉出版社1992年版,第278页。

定,城镇集体企业的联合经济组织也是集体所有权的权利主体。而城市的联合经济组织主要是城市的街道举办的企业组织,城镇的联合经济组织主要是城镇举办的企业组织。目前这类集体经济组织在激烈的市场竞争中逐渐萎缩,或者通过持股的方式与其他组织组成股份制企业。

(3)合作社组织的财产。这是由劳动群众通过投资入股的方式建立的集体经济组织形式,包括 20 世纪 50 年代建立的农村供销合作社组织、农村信用合作社组织,以及各个时期由城镇待业人员和农村村民集资建立的各种合作性质的集体企业。合作社组织积累的财产归合作社组织集体所有,其成员对入股的股份享有所有权,实行按劳分配与按股分红的分配形式。 18

(4)国家机关和全民所有制企业、事业单位内部的集体企业的财产。这类集体企业是在国家机关、全民所有制企业、事业单位扶持下设立的,一般称劳动服务公司,主要从事为机关、单位内部干部、职工生活服务等各项业务,具有消费合作社的性质,有的大中型全民所有制企业,为解决职工子女就业的问题,也设立了一些为本企业生产服务的集体企业组织。这类集体经济组织对其积累的资产享有所有权,全民所有制单位所给予的资金在司法实践中作为贷款或者投资的股份来看待。 19

(5)社会团体的财产。社会团体是人民群众根据宪法所赋予的集会、结社自由自愿组织起来的从事非经济活动的群众性组织。社会团体对其合法取得的财产,如会员缴纳的会费,接受政府、企业事业单位以及个人捐赠的财产,从事有偿服务取得的收入,对历史遗留(如宗教团体的庙宇等)财产等享有所有权。 20

(三)用于扶贫和其他公益事业的社会捐助或者专项基金的财产

这类财产原本不属于公共财产,只是由于捐助人或者支持社会公益事业的人或者单位捐助给需要的人而成为公共财产。它具体包括: 21

(1)用于扶贫的资金。扶贫资金有的来源于国家财产或集体财产,有的来源于社会各界个人与单位的捐助,还有的来源于国际慈善机构的捐助,不管这些财物的来源如何,只要捐助的目的是扶贫,这些财物就必须用于扶贫事业。这些财产应当属于公共财产。 22

(2)用于其他公益事业的社会捐助,指用于扶贫以外的社会捐助,包括用于体育事业、教育事业(如希望工程等)等的财产。社会捐助的财产只有在捐助人或者捐助单位将捐助的财产转移财产权以后才能认为是公共财产,未完成财产权转移的财产只能认为是捐助人或者捐助单位的财产。 23

(3)用于专项基金的财产。国家为了扶持某个事业,设置了一系列专项基金,如科学研究基金、公益助学基金、残疾人基金等,这些财产有的来源于国家财政的拨款,有的来源于国际友人的赞助,或者社会个人或者单位的赞助等,不管这些财产的来源如何,一旦进入基金会而成为基金资产,就应当是公共财产。 24

二、准公共财产

25　刑法规定的准公共财产,是指在国家机关、国有公司、企业、集体企业和人民团体管理、使用或者运输中的私人财产。刑法规定这种财产以“公共财产”论。这里规定的“私人财产”,必须限于在国家机关、国有公司、企业、集体企业和人民团体管理、使用或者运输中的私人财产。因此在实践中应注意以下问题:

1. 管理、使用、运输中的私人财产的主体必须限于刑法规定的机构

26　刑法规定的机构是:

27　(1)国家机关。例如,国家机关基于调查违法犯罪行为而扣押的公民个人的交通工具,在扣押调查期间,即使是公民个人的财产,因处于国家机关的管理控制之下,应当视为公共财产。

28　(2)国有公司、企业。国有公司、企业管理、运输、使用公民个人的财产,主要是公民个人投资国有公司或企业,委托国有公司或企业运输、管理的财产,租赁给国有公司、企业的财产等。这些财产一旦处于国有公司、企业的管理、运输、使用之下,都应当视为公共财产。

29　(3)集体企业。主要是公民通过投资集体企业而成为股东,委托集体管理、运输公民个人的财产,租赁给集体使用的公民个人的财产等。这些财产由于处于集体企业的管理、运输、使用之下,与集体自身的财产一样,应当视为公共财产。

30　(4)人民团体。这里仅限于人民团体,不包括社会团体。人民团体是指若干成员为了共同的目的而自愿组成的,经过政府核准登记并由政府拨付财政经费的各种社会组织。人民团体的财产系财政拨款,应当属于公共财产,但是人民团体管理、使用、运输中的私人财产,应当视为公共财产。

2.只有在上述单位管理、运输、使用中的个人财产才能视为公共财产

31　所谓管理,是指基于单位的职务、职责、对公民个人财产进行管理的行为;所谓运输是指基于公民的委托、单位的租赁等原因而运输公民个人财产的行为;所谓使用,是指单位基于租赁、委托等原因而使用公民个人财产的行为。上述行为的判定,必须是基于单位的行为才能认为是上述单位管理、运输、使用公民个人财产的行为,否则不能够判定为上述单位的管理、运输、使用行为。

32　准公共财产虽然在刑法规定上被视为公共财产,但毕竟不是公共财产,因此准公共财产在刑法理论与实践意义上与公共财产有一定的差异。例如:被公务机关扣押的私人汽车是准公共财产,汽车的所有人采取秘密手段将自己的汽车“窃取”回来,如果仅仅是为了逃避公务机关的处罚,而不是向公务机关索赔,则不构成盗窃罪,因为行为人采取秘密手段“窃取”自己的汽车,不具有非法占有他人财产的目的,仅仅是为了逃避公务机关的处罚而已。但是如果行为人采取秘密手段窃取的是公务机关的汽车,一般推定行为人具有非法占有的目的,构成盗窃罪。除非行为人能够提供不具有非法占有目的的证据,才可以排除构成盗窃罪。

从以上分析可以看出,准公共财产虽然在刑法规定上被视为公共财产,但是毕竟不是公共财产,因为这种财产的所有权不属于公共机构,只是使用权或者占有权属于公共机构,所有权属于财产的所有人,如果财产的所有人采取社会观念能够接受的方法行使财产的所有权,即使该财产处在国家机关、国有公司、企业、集体企业和人民团体管理、运输或者使用中,也未必侵犯了上述机构的有关财产权,也不一定构成有关的财产犯罪。因此准公共财产与公共财产在刑法理论与实践意义上有一些差异,这是应该注意的。 33

刑法区别公共财产与私有财产,在部分犯罪中有其意义,但是在司法实践中,涉及公私财产争议的,更多的是财产属性,如司法实践有将"正在使用的油气或者油气设备"当作盗窃对象;盗窃毒品,将毒品作为"财产"而定盗窃罪;盗接的他人的通信线路和复制的他人的电信号码也被认为具有财产属性等。因此对财产属性的规定与理解对于当前司法实践也具有重要意义。 34

第九十二条　公民私人所有的财产范围

本法所称公民私人所有的财产，是指下列财产：

（一）公民的合法收入、储蓄、房屋和其他生活资料；

（二）依法归个人、家庭所有的生产资料；

（三）个体户和私营企业的合法财产；

（四）依法归个人所有的股份、股票、债券和其他财产。

文献：严军兴、肖胜喜主编：《新刑法释义》，中共中央党校出版社 1997 年版；刘家琛主编：《新刑法条文释义》，人民法院出版社 2004 年版；郎胜主编：《中华人民共和国刑法释义》（第 6 版），法律出版社 2015 年版；刘志伟、田旭编著：《案例刑法》，法律出版社 2019 年版；张明楷：《刑法学》（第 6 版），法律出版社 2021 年版。

细目录

Ⅰ　主旨
Ⅱ　沿革
Ⅲ　理解与适用
一、公民的合法收入、储蓄、房屋和其他生活资料
二、依法归个人、家庭所有的生产资料
三、个体户和私营企业的合法财产
四、依法归个人所有的股份、股票、债券和其他财产

Ⅰ　主旨

1　本条是关于私有财产的范围的界定。我国刑法是社会主义刑法，保护公民的根本利益也是其重要内容。保护公民的根本利益，既包括公民的人身权益，也包括公民的财产权益。要保护公民的财产权益，首先必须界定公民的个人财产的范围。

Ⅱ　沿革

2　1979 年《刑法》对公民个人财产范围的规定在第 82 条："本法所说的公民私人所有的合法财产是指下列财产：（一）公民的合法收入、储蓄、房屋和其他生活资料；（二）依法归个人、家庭所有或者使用的自留地、自留畜、自留树等生产资料。"随着我国经济体制改革的深化，实行社会主义市场经济政策，个体经济、私营经济得到蓬勃

发展,涌现出了一些先富裕起来的个体经营户、个体工商户、私营企业主,部分国家工作人员,如科技工作者、教育工作者允许兼职,因而人们的收入开始呈现多元化,股息分红、股票、债券等个人财产形态突破了以前刑法规定的公民个人财产的范围。因此,1997 年修订的《刑法》对个人的财产范围作了扩大规定,将个体户、私营企业的合法财产和依法归公民个人所有的股份、股票、债券等财产都规定为公民个人所有的财产。

Ⅲ 理解与适用

公民私人所有的财产,是指公民私人享有所有权的财产。所谓公民私人财产所有权,又称为公民个人财产所有权,是指公民个人对其财产所享有的占有、使用、收益和处分的权利。从我国关于公共财产与公民个人财产的立法沿革可以看出,在“一大二公”的年代,公民个人的财产所有权往往被忽视,受重视的是公共财产的所有权。今天,刑法具体规定公民私人财产的所有权,与我国现在的经济体制及经济结构相适应。我们现阶段既要发展公有制经济,又要发展私有制经济,同时还要发展混合所有制经济,各种经济成分都是国民经济的重要内容,都需要刑法予以保护。因此,刑法明确规定私人财产的范围,并将私人财产纳入刑法关于各种侵犯财产罪的对象,表明刑法对私人财产的保护。刑法对公民个人财产的范围的规定如下: 3

一、公民的合法收入、储蓄、房屋和其他生活资料

生活资料是公民赖以生存的物质基础,吃、穿、住、行,几乎没有一样能够离开生活资料。将公民的生活资料纳入公民的私人财产范围,体现刑法对公民基本权益的保护。 4

(一)合法收入

合法收入是指公民在法律许可的范围内,用自己的劳动或者其他方法所取得的货币或实物。具体包括以下几个方面: 5

(1)公民通过脑力劳动、体力劳动所取得的工资、奖金、报酬、稿酬、退休金等,也包括公民合法取得的兼职收入,如科技工作者利用业余时间为他人设计、咨询等取得的报酬,教师利用业余时间所从事的教学工作、举办的讲座报告等取得的报酬。总之,这些报酬只要是合法的,都是公民的合法收入。 6

(2)农民通过承包土地、森林、山岭、草原、荒地、滩涂、水面以及经营自留地、自留山、从事家庭农副业、畜牧业等取得的收入。 7

(3)个体劳动者从事个体经营所取得的经营收入。 8

(4)公民取得的其他合法收入。随着社会主义市场经济的深化,公民取得合法财产的途径更加多样化,例如公民通过出租自己的房屋、土地、汽车等取得租金,通过买卖取得的财产,通过赠予、继承取得的财产等。还有通过投资取得的股权收益,通过 9

购买公司股票、债券等获得的资产收益等。

(二)储蓄

10 储蓄是指公民将自己通过收入所取得的货币存入银行或者信用社。关于储蓄是否可作为财产本身,是一个值得研究的问题。公民将自己通过收入所取得的货币存入银行或者信用社等金融机构,就与这些金融机构建立了储蓄合同关系,存款人本人丧失了对自己货币的所有权而取得了债权,即有按照合同规定取款的权利。可见,储蓄的货币本身仅仅是存款人债权的标的,而不是体现公民个人的所有权的财产。在刑法理论上,将体现公民储蓄存款的债权凭证——存单视为财产权凭证,作为侵犯财产权益犯罪的对象。因此刑法将储蓄视为公民私人所有的财产本身是值得研究的。

(三)房屋

11 公民个人所有的房屋,是公民生存的必要物质基础。公民个人所有的房屋,不论是自住、出租,还是用于经营,其所有权均应受国家法律保护。公民取得房屋的方式,主要是自己购买、自己建修、通过工作而取得单位的福利房,不管哪种情况,只要取得了房屋的产权手续,都是公民合法的房屋。我国房屋的权属的取得,以登记为限。但是没有登记的在建房屋仍然存在权属问题,只是这种房产权利没有登记,应作为一般合法财产看待,按照民法关于一般财产的权利确定方式确定在建房屋的所有权人。

(四)其他生活资料

12 随着物质的丰富,公民收入的增加,除了刑法列举的公民所有的上述财产外,公民所有的生活资料的范围更加广泛。因此,刑法无法列举的其他生活资料主要包括以下几类:

13 (1)公民日常生活用品,主要指公民所有的直接用于本人及家庭成员的衣、食、住、行以及文化娱乐性的消费财产,如公民自己穿的衣服、所吃的食品、所使用的家具和电器、家庭日用品、交通工具、娱乐用品等。

14 (2)文物、古玩、图书资料等。文物是指具有历史、艺术、文化、科学价值的物品。古玩是指具有历史、珍藏价值的物品。这些文物、古玩,仅限于公民个人所有的物品。公民个人所有的这些物品,应当是公民个人所有的财产。图书资料是指公民所有的书籍、图片、卡片、录音录像资料、电脑数据资料、动植物标本等。公民所有的这些图书资料应当属于公民个人所有的财产。

15 (3)森林。《森林法》第 20 条第 2、3 款规定:“农村居民在房前屋后、自留地、自留山种植的林木,归个人所有。城镇居民在自有房屋的庭院内种植的林木,归个人所有。集体或者个人承包国家所有和集体所有的宜林荒山荒地荒滩营造的林木,归承包的集体或者个人所有;合同另有约定的从其约定。”《森林法》的规定确定了公民个人对林木的所有权。只要公民对林木享有所有权,则该林木为公民的个人财产。

16 (4)牲畜、水生物。公民从事家庭副业而养殖的鸡、鸭、鹅等家禽,养殖的鱼、虾等水生物，饲养的牲畜等，都是公民的个人财产。

二、依法归个人、家庭所有的生产资料

17 生产资料是指用于工业、矿业、水上水下作业、高空作业、农业等领域的机械设备、工具、房地产、农药、种子、肥料、交通运输工具等。依法归公民个人、家庭所有的生产资料，是指法律允许公民个人、家庭所有的生产资料。生产资料是国家企业进行建设的重要工具和条件。在"一大二公"的年代，国家不允许公民以个人名义开企业，因此绝大部分工业用的生产资料是不允许公民所有的，只允许农民拥有从事农业所需的生产资料。随着经济体制改革的深化，公民个人拥有的生产资料的范围更加多样化。特别是《个人独资企业法》颁布实施后，个人独资企业在一段时间得到了较大的发展，个人拥有生产资料的内容更加丰富，范围更多。

三、个体户和私营企业的合法财产

18 个体户是指个人或家庭占有一定的生产资料，并以个人及其家庭成员的劳动为基础，独立从事生产经营活动的一种经济形式，主要指分散在城乡的个体手工业者经营小型手工业、零售业、餐饮业、服务业、修理业和运输业等的小商、小贩。我国《宪法》(1982 年)规定，在法律规定范围内的城乡劳动者个体经济，是社会主义公有制经济的补充。国家保护个体经济的合法的权利和利益。个体户依法经营，其合法财产受国家法律保护。个体户的财产，包括自有的店铺、生产工具、原材料、运输工具等。

19 私营企业是指私人投资的公司企业。私营企业财产是非公有制企业的财产，是新时代社会主义经济制度的组成部分。2013 年 11 月 12 日中国共产党第十八届中央委员会第三次全体会议通过的《中共中央关于全面深化改革若干重大问题的决定》中指出："公有制为主体、多种所有制经济共同发展的基本经济制度，是中国特色社会主义制度的重要支柱，也是社会主义市场经济体制的根基。公有制经济和非公有制经济都是社会主义市场经济的重要组成部分，都是我国经济社会发展的重要基础。必须毫不动摇巩固和发展公有制经济，坚持公有制主体地位，发挥国有经济主导作用，不断增强国有经济活力、控制力、影响力。必须毫不动摇鼓励、支持、引导非公有制经济发展，激发非公有制经济活力和创造力。"为此，《宪法》第 11 条明确规定："在法律规定范围内的个体经济、私营经济等非公有制经济，是社会主义市场经济的重要组成部分。国家保护个体经济、私营经济等非公有制经济的合法权利和利益……"私营企业取得了很大的发展，在发展社会主义市场经济，解决就业方面发挥了巨大的作用。私营企业财产包括私营企业的厂房、机器设备、交通运输工具、工程器械等有形财产，也包括商业秘密等无形财产。

20 个体户与私营企业这两种经济成分对我国企业的资本积累、解决就业、发展经济、丰富市场，起到了积极的作用。个体户与私营企业是合法的经济组织形态，其合法权利与利益应该受到法律的保护，特别是其合法的财产。

四、依法归个人所有的股份、股票、债券和其他财产

21 股票是指股份有限责任公司签发的证明股东所持股份的凭证,它表示其股东按其持有的股份享受权益和承担义务。股份是股票持有人在股份有限责任公司或有限责任公司享有的股东权益,即享有按股分红的权益。股份的确定以行为人持有股票(对于股份有限责任公司而言)或者证明自己是股份的所有人(对于有限责任公司而言)为限。债券是指政府金融机构、公司、企业发行的向债券的认购单位或个人出具的承诺到期还本付息的债务凭证。债券持有人即债权人可以定期收取利息,到期收回本金。根据发行主体的不同,债券可以分为政府债券、金融债券、公司债券等。其他财产如基金受益凭证和认股权证等。

22 以上股票、债券、基金受益凭证、认股权证等属于有价证券。有价证券是证明其具有经济价值内容的财产权凭证。法律上承认并保护公民拥有这些有价证券,有利于促进我国证券市场及股份制企业的发展。

23 随着经济社会的发展,公民个人财产的范围、数量与形态更加丰富、繁多。如房产、汽车、网络虚拟财产、数字资产等,只要具有经济价值和经济属性,都是公民个人财产。

第九十三条　国家工作人员

本法所称国家工作人员，是指国家机关中从事公务的人员。

国有公司、企业、事业单位、人民团体中从事公务的人员和国家机关、国有公司、企业、事业单位委派到非国有公司、企业、事业单位、社会团体从事公务的人员，以及其他依照法律从事公务的人员，以国家工作人员论。

文献：严军兴、肖胜喜主编：《新刑法释义》，中共中央党校出版社1997年版；刘家琛主编：《新刑法条文释义》，人民法院出版社2004年版；郎胜主编：《中华人民共和国刑法释义》（第6版），法律出版社2015年版；刘志伟、田旭编著：《案例刑法》，法律出版社2019年版；张明楷：《刑法学》（第6版），法律出版社2021年版。贾宇、舒洪水：《论刑法中的"国有公司"及"受委派从事公务的人员"之认定》，载《法学评论》2002年第3期；姜涛：《刑法中国家工作人员定义的个别化解释》，载《清华法学》2019年第1期；徐岱、李方超：《"国家工作人员"认定范围的再解释》，载《法学》2019年第5期。

细目录

Ⅰ　主旨
Ⅱ　沿革
Ⅲ　理解与适用
一、国家机关工作人员
二、准国家工作人员

Ⅰ　主旨

本条规定旨在界定国家工作人员的概念与范围。国家工作人员是构成贪污、受贿、渎职等犯罪的主体。因此，刑法上规定清晰的国家工作人员的概念是司法实践中准确认定贪污、受贿、渎职犯罪的罪与非罪的界限。 1

Ⅱ　沿革

1979年《刑法》第83条规定："本法所说的国家工作人员是指一切国家机关、企业、事业单位和其他依照法律从事公务的人员。"1988年1月由全国人民代表大会常务委员会通过的《关于惩治贪污罪贿赂罪的补充规定》区分了国家工作人员、集体经 2

济组织的工作人员或者其他经手管理公共财物的人员(贪污罪主体)、其他从事公务的人员(受贿罪主体)等。这样贪污罪与受贿罪的主体在刑法上显得更加具体化。随着国家经济体制的改革与深化,政企分离,加之国家所有制与集体所有的以单一经济成分的企业为主体的经济模式逐渐让位于多元化的经济成分的企业,这给对国家工作人员的界定带来了巨大的困难。1997年《刑法》根据转型时期的特殊情况重新对国家工作人员的概念作了规定,在第93条规定:"本法所称国家工作人,是指国家机关中从事公务的人员。国有公司、企业、事业单位、人民团体中从事公务的人员和国家机关、国有公司、企业、事业单位委派到非国有公司、企业、事业单位、社会团体从事公务的人员,以及其他依照法律从事公务的人员,以国家工作人员论。"

Ⅲ 理解与适用

3 根据刑法规定,国家工作人员被区分为两种情况:一是国家机关工作人员,即在国家机关中从事公务的人员;二是依照国家工作人员论的"国有公司、企业、事业单位、人民团体中从事公务的人员和国家机关、国有公司、企业、事业单位委派到非国有公司、企业、事业单位、社会团体从事公务的人员,以及其他依照法律从事公务的人员"。前者是国家机关工作人员,是标准的国家工作人员;后者在理论上被认为是"准国家工作人员"。国家机关工作人员是刑法渎职罪一章的犯罪主体。国家机关工作人员以外的国家工作人员不是渎职罪一章的犯罪主体。

一、国家机关工作人员

4 国家机关工作人员是指在国家机关中从事公务的人员。要正确理解国家机关工作人员,必须搞清楚国家机关的含义与范围,以及如何理解从事公务。

(一)国家机关的含义与范围

5 国家机关是指行使国家权力或者管理国家事务、具有法定职责、具有法定国家机关编制的机关。一般认为,国家机关包括国家各级权力机关、国家各级司法机关、国家各级行政机关、国家各级军事机关等。国家机关具有以下特征:

6 (1)依法行使国家权力或者管理国家事务。国家机关之所以是国家机关,就在于其具有的这些职能。依法行使国家权力,是国家赋予这些国家机关的权力,也是国家要求其履行的职责。行使国家权力,包括行使国家的立法权、审判权、检察权、军事权、行政管理权等。管理国家事务,是指对国家的各种事务按照社会发展、国家的需要进行管理的活动。行使国家权力与管理国家事务不是矛盾对立的,而是互相联系、互有交叉的,例如行使行政管理权是通过管理国家的行政事务来实现的,行使审判权是通过司法机关管理国家的审判事务来实现的,等等。依法行使国家权力或者管理国家事务是国家机关的根本职能,也是国家机关区别于其他社会组织的根本标志。国家行使权力或管理国家事务,主要是通过颁布具有普遍约束力的强制性规范来约束一国公民或企业、事业单位,发布行政命令,发布具有法律效力的判决书、裁决书,发布军事命令等。

(2)具有法定职责。国家机关行使国家权力或者管理事务,是通过法律规定的权限或职责进行的,也就是说国家机关的一切权力来自法律的规定。 7

(3)具有法定的国家机关的编制。国家设立国家机关,不仅有法律的根据,更应纳入国家机关的编制,这种编制不仅确立了国家机关本身的存在以及国家机关的地位、工作人员的数量,还确定了国家机关的经费数量等。当然这种法定并非一定以国家法律的形式出现,往往在上级中国共产党机关发布的文件中规定。 8

根据以上分析,我国的各级人民代表大会及其常务委员会、各级行政机关、司法机关、军事机关是国家机关,没有疑义。 9

(二)以下组织是否为国家机关

(1)中国共产党的机关。有学者认为,中国共产党的机关不宜列为国家机关,主要理由:一是宪法规定的国家机关中没有中国共产党的机关,宪法仅仅规定了各级人民代表大会及其常务委员会、国务院及各部委、地方各级行政机关、中央军事委员会、各级审判机关、各级检察机关等,没有规定中国共产党的各级机关。二是从性质上看,尽管中国共产党是执政党,在我国的政治、经济、生活各个领域发挥着重要的领导作用,但其性质是一个政党,不属于国家机关。三是从执政程序上看,中国共产党大都是通过向国家权力机关及政府机关提出建议的程序与方式来实现党对各项工作的领导的,这种建议是否被采纳,要看有关权力机关的最后决策,以及政府机关的首脑的最终决定。四是从党的领导发挥的实际作用来看,采取的大多是通过派遣党的骨干力量到权力机关、行政机关、司法机关以及军事机关任职的办法,来实现党的具体领导,这种发挥领导的实际作用方式决定着党的机关不是国家机关。五是从执政的实际内容及法律的规定与操作性上看,由于具体的执政内容不是由党的自身机关实现的,而是通过具体的权力机关、行政机关、司法机关及军队来实现的,即所谓的"党政分开",故其不应负具体的执政责任。[1] 10

但是另有学者认为,中国共产党的各级组织是否属于国家机关,不能简单地根据宪法中明确中国共产党是国家的领导力量,或者宪法中将国家机关与各政党并列的规定,就笼统地得出肯定或否定的结论,而是要根据每个组织是否实质具有国家机关的职能,即实际享有的国家管理权限进行具体情况具体分析。因为根据宪法和有关法律的规定,领导国家和国家武装力量的是中国共产党的中央军事委员会,实行党委领导下的行政负责制的各级地方政府、各级各类国家机关中中国共产党的委员会,当然是国家(的领导)机关。这些中国共产党的委员会不仅具有领导中央或地方各级国家机关履行国家管理权的职能,直接决定国家机关内部的机构设置、人事安排,并且 11

1 参见李晓明:《我国刑法中"国家工作人员"再研究》,2001年中国刑法学年会交流论文。

往往与国家机关一起共同颁布对非党员具有强制性约束力的行政规范。但是,在非国家机关中的中国共产党的各级组织,由于其领导或所在的单位本身不具有管理国家事务的权能,因此不是国家机关。[2] 例如企业、事业单位、人民团体、社会团体中的中国共产党的各级组织,就不具有国家机关的特性。

12 (2)各级中国人民政治协商会议各级委员会机关。我国宪法"国家机构"一章未将中国人民政治协商会议各级委员会纳入国家机关。有学者认为,中国人民政治协商会议各级委员会不是国家机关。[3] 也有学者认为,中国人民政治协商会议各级委员会是我国具有广泛代表性的爱国统一战线组织,从严格意义上讲,它不是国家机关,但由于人民政治协商会议主要担负政治协商和民主监督的职能,它同国家机关的活动有着十分密切的联系,可以直接左右或影响其他机关的决策与活动。所以,人民政治协商会议可以算作国家机关。[4] 笔者认为,中国人民政治协商会议各级委员会的情况比较复杂。但是,从上述国家机关的几个特征来看,我国的各级政协机关的确拥有一定的权力,特别是对有关机关的监督职能,其影响力仅次于人民代表大会的监督,远远高于人民群众的监督和社会团体的监督。国家又将其纳入国家机关编制。因此,将中国人民政治协商会议各级委员会作为国家机关是有道理的。当然我们承认政协机关为国家机关,并不是说所有的政协机关工作人员都是国家机关工作人员,这要看是否从事公务。正如各级人民代表大会及其常务委员会一样,其是国家的立法与法律监督机关,但是人民代表大会及其常务委员会的工作人员并非国家工作人员,包括一些人大常委会的委员也不是国家工作人员,但是这些都不影响各级人民代表大会及其常务委员会是国家机关。

13 (3)农村的村民委员会和城市的居民委员会。一般认为,农村的村民委员会和城市的居民委员会不属于国家机关,尽管我国宪法将它们规定在"国家机构"一章中,但是同时明确规定了它们的性质属于"基层群众性自治组织"[5]。再者,它们也没有被纳入国家机关的编制。

14 虽然农村的村民委员会和城市的居民委员会不是国家机关,其工作人员也不是国家机关工作人员,但是随着我国城镇建设和社会主义新农村建设逐步深入推进,村民委员会、居民委员会等基层组织协助人民政府管理社会发挥着越来越重要的作用。实践中,对村民委员会、居民委员会等基层组织人员协助人民政府从事行政管理工作

---

2 参见陈忠林:《关于我国刑法中的"国家机关工作人员"的界定》,2001 年中国刑法学年会交流论文。

3 参见李晓明:《我国刑法中"国家工作人员"再研究》,2001 年中国刑法学年会交流论文。

4 转引自杜发全、裴王建:《渎职罪主体范围界定》,2001 年中国刑法学年会交流论文。

5 参见陈忠林:《关于我国刑法中的"国家机关工作人员"的界定》,2001 年中国刑法学年会交流论文。

时，滥用职权、玩忽职守构成犯罪的，应当依照刑法关于渎职罪的规定追究刑事责任。这类主体被视为工作机关工作人员。[6]

（三）在国家机关中“从事公务”

在国家机关中工作并非一定是国家机关工作人员，国家机关工作人员必须是在 15
国家机关中“从事公务”，这里的“公务”，仅限于国家机关的“公务”。所谓“从事公务”，是指依法履行法定职责的职务行为以及其他办理国家或集体事务的行为。这种公务表现为对内对外两个职能。首先是对外，即国家机关及其工作人员对机关外的人员行使国家赋予的管理权力的活动，如立法、司法、行政管理活动等。其次是对内，即国家机关为保证对外履行管理职能所必需的国家机关的内部管理活动，如对机关内部人、财、物的管理活动，上下级或同级国家机关的协调活动等。[7] 在国家机关中从事的“公务”，应与“劳务”区分开来。区别的标准主要看所从事的是管理性的工作还是劳动性的搬运、打字、勤杂等事务性的工作，当然这种判断还要考虑国家机关的性质、管理职责、权力性质、其公务所涉及的内容等来判断。例如，税务机关的具体工作是对税款的征收，具体从事收税的收银员、出纳等人的工作仍然具有公务的性质，而不是劳务。

需要特别指出的是，在国家机关中从事公务，是指国家机关的工作人员行使的是 16
国家赋予的国家权力、管理国家或社会事务的职能活动，是履行法定职责的活动，与该人是否国家机关的在编人员没有多大关系。因为在实践中，有的国家机关在行使国家权力、管理国家或社会事务、履行法定职责的活动时，往往聘请一些临时的工作人员进行，如工商行政管理机关有时聘请临时的市场协管员管理某个集市的工商管理规费的征收，税务机关聘请临时的协税人员帮助税务机关征收税款等。具体而言，在“国家机关中从事公务的人员”除在各级国家机关组织内部从事国家的管理活动的人员外，还应当包括以下人员：

（1）国家机关委派到非国家机关代表委派的国家机关行使国家权力或国家管理 17
职能的工作人员。如“由国务院派出，对国务院负责，代表国家对国有重点大型企业的国有资产保值增值状况实施监督”的国有重点大型企业监事会成员[8]；国务院向国有重点大型企业派出的稽查特派员等。

（2）依照法律在有关国家机关内履行国家机关的职能，但是未被纳入国家机关编 18
制的人员。如不在编的各级人大代表及其常委会委员、政协委员、各级人民法院的陪审员等。但是受国家机关聘请的不履行管理职能的咨询性专家（如顾问、参事、咨询员等）所从事的咨询行为，不属于从事公务的行为。

---

6 参见最高人民检察院指导性案例第5号“陈某、林某、李甲滥用职权案”。

7 参见陈忠林：《关于我国刑法中的“国家机关工作人员”的界定》，2001年中国刑法学年会交流论文。

8 参见《国有企业监事会暂行条例》第2条第1款。

19　(3)国家机关在现行法律法规、政策的许可范围内,聘请的临时代行国家机关职能的人员,如工商行政管理机关根据需要聘请的管理某个集市的工商管理规费的征收的临时的市场协管员,税务机关聘请的帮助税务机关征收税款的临时的协税人员,未被公安机关正式录用而受委托履行监管职责的人员、狱医[9]等。[10]

二、准国家工作人员

(一)国有公司、企业、事业单位、人民团体中从事公务的人员

1. 国有公司、企业、事业单位、人民团体

20　公司是指依照公司法的规定设立的有限责任公司、股份有限责任公司。国有公司是指国家投资、股权全部属于国家的公司。国有企业是指由国家或国家授权投资的部门投资的“依法自主经营、自负盈亏、独立核算的社会主义商品生产和经营单位”。企业的财产属于国有,国家依照所有权与经营权相分离的原则授予企业经营,企业对国家授予的财产享有占有、使用、收益、处分的权利。由于刑法将国有公司、企业并列,国有企业应当是指财产完全属于国有的从事生产、经营或者服务活动的非公司化的经济组织。

21　国有事业单位是指受国家机关领导,不实行经济核算,所需经费由国家划拨或者通过服务而不以营利为目的收取一定经费的单位,如医院、学校、科研机构、体育、新闻、广播、出版单位等。需要说明的是,有的国有事业单位在国家机关授权的情况下,行使部分国家机关的职权,如高等学校招生工作、学位授予工作,被授权的医院审核需要公费医疗的项目,等等。对于从事受国家机关委托从事国家机关的职责活动的人员,究竟是国家工作人员还是准国家工作人员,是一个值得研究的问题。

22　人民团体是指根据一定的章程,由若干成员自愿设立,经政府有关部门批准登记并由政府划拨经费的各种党派、群体、组织,如我国各个民主党派、各级共青团组织、各级妇联组织、各级残疾人联合会组织、各级工会组织等。人民团体与社会团体的区别在于社会团体依据一定的章程成立,不由中央和地方政府划拨经费,或争取少量的政府资助,主要依靠自筹经费(如收取会员的会费等)运作。

2. 在国有公司、企业、事业单位、人民团体中从事公务的人员

23　这里的“从事公务”,与国家工作人员在国家机关中从事的公务不同,是指从事单位的管理性工作,因为这些单位原则上不对社会行使管理权力,而开展自己的经营活动、事业活动,即使与其他单位(除主管的国家机关外)发生关系,也是平等地开展交

9　参见最高人民法院于2000年9月19日发布的《关于未被公安机关正式录用的人员、狱医能否构成失职致使在押人员脱逃罪主体问题的批复》。

10　参见陈忠林:《关于我国刑法中的“国家机关工作人员”的界定》,2001年中国刑法学年会交流论文。

易活动或进行工作联系，只是有些事业单位取得主管机关授权后，可以行使授权机关授予的部分管理权限，此时事业单位中从事公务的人员从事的公务不是本单位的公务。因此这些单位的公务，只能是这些单位的管理性工作。

国有公司、企业的管理工作包括公司的行政管理、经销管理、工程管理、项目管理、财务管理、人力资源管理等；国有事业单位的管理主要包括行政管理、组织管理、业务管理、项目管理、财务管理等；人民团体的管理主要包括经费管理、财务管理、业务管理等。只有从事管理性工作的人员才能认为是从事单位的公务的人员。 24

（二）国家机关、国有公司、企业、事业单位委派到非国有公司、企业、事业单位、社会团体从事公务的人员

1. 委派的含义

委派是指委任或派遣，即自上而下派人担任一定的职务或进行管理工作。这里的委派包括两种情况：一是被委派的人员原来就是国家机关、国有公司、企业、事业单位中从事公务的人员，这种委派往往以颁发任命决定的方式，然后由接受委派的企业、事业单位聘请为单位职工或领导；有的以组织建议的方式，然后再由非国有的企业、事业单位聘请为单位领导或职工。二是被委派的人员原来虽然是国家机关、国有公司、企业、事业单位的人员，但不是从事公务的人员。这类人员虽然原来不是从事公务的人员，但是一旦被有关国家机关、国有公司、企业、事业单位委派，代表国家机关、国有公司、企业、事业单位履行职责，到非国有公司、企业、事业单位、社会团体任职或者被聘任为管理人员，以国家工作人员论。不管哪种情况下的委派，必须符合以下条件： 25

（1）委派的主体是特定的，即委派的主体须是国家机关、国有公司、企业、事业单位，且必须是以单位的名义进行委派，而不是仅仅基于个人之间的关系。中国共产党的组织（包括国有企业、事业单位的组织）以组织的名义任命，也是委派。前面已经分析了中央和地方的中国共产党组织以及国家机关的中国共产党组织属于国家机关，国有企业、事业单位的中国共产党组织领导该国有企业、事业单位，属于该单位委派。 26

（2）委派的内容须以书面文件表现，如果是口头委派，属于无效的委派。 27

（3）委派关系具有行政的隶属性。委派关系成立后，委派人与受委派人之间即形成了一种行政上的隶属关系，也就是说，受委派人要接受委派人的领导、监督、管理，两者之间是领导与被领导、服从与被服从、管理与被管理的关系。 28

（4）委派目的的特定性。委派的目的是使被委派者到被委派的单位代表委派的国家机关、国有公司、国有企业、事业单位从事公务活动，即从事领导、监督、管理活动，而不是直接从事生产、劳动、服务等。[11] 29

---

11 参见贾宇、舒洪水：《论刑法中的“国有公司”及“受委派从事公务的人员”之认定》，载《法学评论》2002 年第 3 期。

2. 从事公务

30 受委派到非国有公司、企业、事业单位、社会团体从事公务。这里的公务，对于非国有公司、企业、事业单位、社会团体而言，仍然是指这些单位的管理活动。可以作与上述国有公司、企业、事业单位、人民团体中从事公务活动相同的理解。

(三)其他依照法律从事公务的人员

31 其他依照法律从事公务的人员，是指除前述的国家工作人员、准国家工作人员以外的，依照法律的规定从事公务的人员。由于我国目前处于转型时期，国家机关的职能也处于发展变化过程中，国家机关与国有企业、事业单位的关系也在发展变化中，因此，国家工作人员的范围也会处于不断地变化中，为了弥补刑法列举规定的不足，作了这样一个兜底条款的规定，这样便于立法或司法机关根据发展、变化的情况对国家工作人员范围作出合理的补充规定或解释。例如，在 1997 年 10 月 1 日刑法实施后，司法实践遇到的与此有关的问题便是村民委员会等基层群众性自治组织的管理人员能否被视为国家工作人员的问题。最高人民法院于 1999 年 6 月 18 日通过的《关于村民小组组长利用职务便利非法占有公共财物行为如何定性问题的批复》中，将村民小组组长利用职务上的便利，非法占有村民小组集体的财物，数额较大的行为认定为职务侵占罪，实际上是将村民小组组长认定为公司、企业或其他单位的人员，没有认定为国家工作人员。因为村民小组是集体企业。这样的理解对于司法机关来讲是有道理的，但是从村民小组组长行使的权力来讲，有些确实是公务活动。基于这一实际情况，2000 年 4 月 29 日，全国人大常委会通过了《关于〈中华人民共和国刑法〉第九十三条第二款的解释》，明确在七种情况下村民委员会等村基层组织人员属于《刑法》第 93 条第 2 款规定的“其他依照法律从事公务的人员”；同时，该解释还规定如果村民委员会等村基层组织人员在从事上述规定的公务时，利用职务上的便利，非法占有公共财物、挪用公款、索取他人财物或者非法收受他人财物，构成犯罪的，按照行为所符合的构成要件，分别按照《刑法》第 382 条和第 383 条规定的贪污罪、第 384 条规定的挪用公款罪、第 385 条和第 386 条规定的受贿罪定罪处罚。

32 以上仅仅是村民委员会等村基层组织的有关管理人员的刑法适用问题。那么如何从理论与实践的角度来理解“其他依照法律从事公务的人员”呢？笔者认为，在确定“依照法律从事公务的人员”时，应注意以下问题：“从事的公务”必须有法律根据，而不是没有法律根据，更不是非法的所谓的“公务”。当然这里的法律不一定局限于全国性的法律，行政规章或行政命令也可以。例如，某国家机关以单位制定的文件规定某人从事具体的公务，可以认为是受该国家机关的委托从事公务，有法律的根据。至于对公务的理解，可以参照前面的阐释。

33 严格地讲，准国家工作人员有些不应当属于国家工作人员的范畴，由于我国的政治体制与经济体制改革还未完全到位，处于转型时期，将一些特殊的人员以“国家工作人员”论，具有一定的合理性。当然随着我国政治体制与经济体制改革的深化，一些准国家工作人员将不会再按照国家工作人员论。

准国家工作人员是以国家工作人员论的一些特殊的人员，因此，它在刑法上的意义与国家工作人员相比存在着一定的差异。刑法规定的贪污罪、受贿罪，国家工作人员与准国家工作人员均可构成。但是对于以侵害国家机关正常活动为客体的大部分渎职犯罪而言，只有国家机关工作人员才能构成，准国家工作人员不能成为这些渎职犯罪的主体。 34

随着《监察法》的出台，对国家公职人员的概念进行了规定。因此有学者建议，用监察法上的国家公职人员取代刑法上的“国家工作人员”。笔者认为，由于监察法规范的对象宽于刑法惩治的对象（监察法有些对象只受党纪政纪处分，不受刑罚惩罚），因此，监察法上的国家公职人员概念暂时无法取代刑法上的国家工作人员概念。 35

第九十四条　司法工作人员

本法所称司法工作人员，是指有侦查、检察、审判、监管职责的工作人员。

文献：严军兴、肖胜喜主编：《新刑法释义》，中共中央党校出版社 1997 年版；刘家琛主编：《新刑法条文释义》，人民法院出版社 2004 年版；郎胜主编：《中华人民共和国刑法释义》（第 6 版），法律出版社 2015 年版；刘志伟、田旭编著：《案例刑法》，法律出版社 2019 年版；张明楷：《刑法学》（第 6 版），法律出版社 2021 年版。

细目录

Ⅰ　主旨
Ⅱ　沿革
Ⅲ　理解与适用
一、负有侦查职责的司法工作人员
二、负有检察职责的司法工作人员
三、负有审判职责的司法工作人员
四、负有监管职责的司法工作人员

Ⅰ　主旨

1　本条旨在界定司法工作人员的概念与范围。司法工作人员是构成《刑法》第 399 条规定的徇私枉法罪，民事、行政枉法裁判罪；第 400 条规定的私放在押人员罪、失职致使在押人员脱逃罪；第 401 条规定的徇私舞弊减刑、假释、暂予监外执行罪等犯罪的主体。明确规定司法机关工作人员的概念与范围是准确认定这些犯罪的重要条件。

Ⅱ　沿革

2　1979 年《刑法》第 84 条规定："本法所说的司法工作人员是指有侦讯、检察、审判、监管人犯职务的人员。"1997 年《刑法》将"侦讯"改为"侦查"，将"监管人犯"改为"监管"，将"职务"改为"职责"，将"人员"改为"工作人员"。这样形成了我国现行《刑法》规定的"司法工作人员"的概念。

Ⅲ 理解与适用

司法工作人员本是国家机关工作人员,由于刑法分则规定的一些涉及司法工作人员的犯罪明确规定这些犯罪的主体是司法工作人员,因此,刑法在总则的附则部分特别规定司法工作人员的概念。根据刑法的规定,司法工作人员是指有侦查、检察、审判、监管职责的工作人员。从我国的司法体制来看,司法工作人员应当是指在人民法院、人民检察院、国家安全机关、公安机关、司法行政机关等机关执行侦查、检察、审判、监管职责的工作人员。司法工作人员应当包括以下工作人员: 3

一、负有侦查职责的司法工作人员

根据《刑事诉讼法》的规定,负有侦查职责的机关有公安机关(包括国家安全机关)、检察机关,这些机关的司法工作人员有权依照《刑事诉讼法》的规定行使侦查权。公安机关承担了大多数犯罪案件的侦查工作,即除了刑事诉讼法规定由检察机关侦查的涉及国家工作人员职务犯罪等案件外,其他公诉案件的侦查工作均由公安机关进行。在司法实践中,行使公安机关侦查职权的除公安机关外,还有对危害国家安全的犯罪案件行使侦查权的国家安全机关,对军队中的现役军人犯罪案件行使侦查权的军队保卫部门。公安机关除设立在行政机关内部的公安机关外,还包括重要的企业设立的公安机关,如林业公安机关、铁道公安机关、交通公安机关等,也包括设立在高等院校等大型事业单位内的公安机关(以上有的单位或部门的公安机关已经纳入当地地方政府所属的公安机关编制进行管理)。 4

侦查工作是指:第一,进行刑事案件的专门调查工作。刑事案件的调查工作涉及公民的人身安全和自由,涉及人格、名誉等权利,因此刑事案件的调查工作是一项非常重要的工作。调查工作包括收集犯罪证据、查明犯罪事实、确定犯罪嫌疑人、制止和预防犯罪。第二,在进行犯罪案件的侦查时所采取的强制措施。根据《刑事诉讼法》的规定,刑事诉讼中的强制措施包括对犯罪嫌疑人的拘传、取保候审、监视居住、拘留和逮捕等措施,以及依法进行的搜查、检查、扣押、通缉以及追缴赃款赃物等措施。 5

二、负有检察职责的司法工作人员

负有检察职责的司法机关,根据我国《宪法》《人民检察院组织法》《刑事诉讼法》的规定,只能是行使检察权的各级人民检察院。检察权是我国国家权力的重要组成部分,其核心内容是实行法律监督,保障宪法和国家法律的实施,维护社会主义法律的统一和尊严。但是检察职责不限于对部分国家机关的活动实行法律监督,还包括对国家机关工作人员对犯罪案件的刑事侦查职责,对需要逮捕的刑事案件批准逮捕的职责,对需要提起公诉的犯罪案件进行起诉或者决定不起诉的职责,对人民法院的审判活动行使审判监督职责等。检察职责包括以下内容: 6

7 (1)人民检察院对执行司法职能的有关国家机关的活动实行法律监督。具体说包括对以下国家机关的活动是否合法实行法律监督:第一,公安机关对刑事案件的侦查活动,对缓刑、管制和拘役、剥夺政治权利等刑罚或刑罚性措施的执行活动;第二,对人民法院的审判活动实行法律监督;第三,对人民法院的刑事判决在认定事实和适用法律有错误的时候,有权提起抗诉;第四,对监狱机关执行刑罚(包括有期徒刑和无期徒刑、死刑缓期二年执行)的活动实行监督。

8 (2)人民检察院对需要逮捕的刑事案件批准逮捕。根据《刑事诉讼法》的规定,公安机关在刑事案件的侦查过程中需要提请逮捕的,需报请同级人民检察院批准;人民检察院对于自己侦查的刑事犯罪案件,应当由本院决定逮捕。总之,需要逮捕的刑事案件的批准职责归属于人民检察院。

9 (3)人民检察院对公诉案件的起诉职责。根据《刑事诉讼法》的规定,人民检察院对于应当提起公诉的案件,首先应当审查起诉,对于符合起诉条件的刑事案件,应当提起公诉,对于不构成犯罪的刑事案件、由于证据不足等不符合起诉条件的刑事案件,应当作出不起诉的决定。总之,除自诉案件由有关当事人提起诉讼外,所有公诉案件的起诉职责都由人民检察院行使。

10 (4)对民事、行政审判和执行活动实行法律监督,并有权对已经作出裁决的民事、行政案件在认定事实和适用法律确有错误的时候提起抗诉。

三、负有审判职责的司法工作人员

11 根据我国《宪法》《人民法院组织法》《刑事诉讼法》的规定,人民法院是唯一对刑事、民事、行政案件具有审判职责的机关,其他任何机关、个人、团体都无权行使审判权。审判权是重要的司法权力,它最终决定诉讼结果,决定当事人的目的是否能够达到,决定刑事案件中的被告人是否构成犯罪、是否应受到刑罚惩处、如何惩处等。最终能否实现法律的公正、维护社会的稳定等,都与审判是否符合法律的规定密切相关。

四、负有监管职责的司法工作人员

12 所谓监管职责,是指依法对刑事案件的犯罪嫌疑人进行羁押,对构成犯罪并被判处有期徒刑、无期徒刑、死刑缓期二年执行的罪犯进行改造活动等职责。由于这些职责直接剥夺公民的人身自由,因此这种监管必须依法进行,只能够针对那些符合监管条件的行为人,否则就是非法剥夺他人的人身自由。

13 以上职责是国家依照法律的规定赋予有关国家机关行使的权力,这些权力的行使、如何行使,均有法律规定,如果有关国家机关及其工作人员行使不当,必然侵害公民的人身权利和自由,必然损害国家司法机关的形象,必然损害法律的严肃性。为了保障国家的侦查、检察、审判、监管职责的正确实施,国家制定了大量的法律规范,规范有关国家司法机关正确履行上述职责。刑法则从禁止规范的角度,对司法工作人员滥用自己的权力，或者不正确履行上述职责，侵害了公民的合法权利，损害了国家的利益的一些构成渎职犯罪的行为进行了规定，以保证这些职责的正确履行，维护司法机关的公正形象。

以上只是分析了哪些是刑法规定的履行侦查职责、检察职责、审判职责、监管职责的司法工作人员。只有在上述机关工作，并履行上述职责的工作人员才能认为是司法工作人员，不是履行上述职责的工作人员，即使在上述机关工作，也不能够认为是司法工作人员。例如，在上述机关中从事后勤工作的人员，如财务会计人员、行政管理人员（服装配备、机动车的配备等）、卫生工作人员等，其工作内容与上述职责无关，这些人员不是司法工作人员，这是没有任何疑义的。 14

但是以下人员不在司法机关工作，却依法受有关司法机关聘请，从事上述有关职责，是否为司法工作人员，在实践和理论上存在争议。 15

（1）司法机关内部的司法技术人员或者受司法机关聘请的从事司法鉴定工作的司法技术人员。这些人员包括公安、检察、法院等司法机关内部司法鉴定人员或者受这些机关聘请的法医人员、毒品含量分析的技术人员、剧毒物质含量分析的化工人员等专业技术人员。这些人员应否被视为司法工作人员，在理论与实践中都有不同的看法。1996 年 6 月 4 日最高人民检察院发布的《关于办理徇私舞弊犯罪案件适用法律若干问题的解释》规定，司法机关专业技术人员在办案中故意提供虚假材料和意见，或者故意作虚假鉴定，严重影响刑事追诉活动的，依照《刑法》（1979 年）第 188 条规定的司法工作人员徇私舞弊罪追究刑事责任。但是理论上则认为，司法机关的技术人员提供的虚假材料和意见，或者作的虚假鉴定只是司法审判人员认定的证据来源之一，并非定案的根据。无论是司法技术人员提供的材料和意见，还是他们提供的鉴定结论，都必须经过司法审判人员的最终审查判断，并决定是否采纳。因此，将司法技术人员作为司法工作人员看待，没有把握司法工作人员的公务性质所具有的对案件处理的较大的决定权。笔者认为后一种观点是有道理的。 16

同时，刑法关于伪证罪的规定印证了后一种观点的正确性。《刑法》第 305 条明确规定，“在刑事诉讼中，证人、鉴定人、记录人、翻译人对与案件有重要关系的情节，故意作虚假的证明、鉴定、记录、翻译，意图陷害他人或者隐匿罪证的”，按照伪证罪处理，而不是按照《刑法》第 399 条规定的徇私枉法罪处理。 17

（2）关于人民陪审员能否成为司法工作人员的问题。关于这个问题，主要争议在于，人民陪审员在刑事审判活动中故意违背事实和法律作枉法裁判的，能否按照《刑法》第 399 条规定的徇私枉法罪处理。对此问题的回答，也有两种对立的观点：一是否定说，即认为人民陪审员是由人民法院邀请或聘请的，只是临时性地参加审判活动，并且具有不固定性，并非司法工作人员。而且，在实践中，就目前的情况来看，人民陪审员在人民法院的审判活动中并不起重要作用，对案件的处理没有决定性的影响。二是肯定说，即认为人民陪审员可以构成本罪。理由是，《刑法》第 94 条规定，司法工作人员是指有侦查、检察、审判、监管职责的工作人员，这里的“职责”，并非“职 18

务”,也就是说,这里的“司法工作人员”不仅包括公安机关、安全机关、检察机关、审判机关、监狱管理机关中负有侦查、检察、审判、监管职责的工作人员,还包括其他依法负有侦查、检察、审判、监管职责的人员,如参加案件侦查的单位保卫人员、治安联防队员、人民法院聘请的陪审员,以及监狱机关聘请的从事监管职责的非在职人员等。[1]

19 根据《刑事诉讼法》的规定,人民陪审员在人民法院执行职务,与审判员有同等的权利,即在决定案件的审判结果这一问题上,无论是审判员还是陪审员,都享有同等的权利,陪审员不是给审判员作“陪”的,而是与审判员一道同等地行使审判权利。根据权利与义务相一致原则,陪审员在审判案件中故意违背事实和歪曲法律,作枉法裁判的,应当与审判员一样,构成徇私枉法罪。因此,陪审员在履行审判职责时,也应当是司法工作人员。

---

1 参见王作富主编:《刑法分则实务研究》,中国方正出版社 2001 年版,第 1855—1856 页。

第九十五条　重　伤

本法所称重伤，是指有下列情形之一的伤害：

（一）使人肢体残废或者毁人容貌的；

（二）使人丧失听觉、视觉或者其他器官机能的；

（三）其他对于人身健康有重大伤害的。

文献：严军兴、肖胜喜主编：《新刑法释义》，中共中央党校出版社 1997 年版；刘家琛主编：《新刑法条文释义》，人民法院出版社 2004 年版；郎胜主编：《中华人民共和国刑法释义》（第 6 版），法律出版社 2015 年版；张明楷：《刑法学》（第 5 版），法律出版社 2016 年版；刘志伟、田旭编著：《案例刑法》，法律出版社 2019 年版。

细目录

Ⅰ　主旨

Ⅱ　沿革

Ⅲ　理解与适用

Ⅰ　主旨

本条系刑法对重伤的概念和范围的规定。我国刑法对伤害罪按照伤害行为造成的不同结果设置了不同的处罚幅度，造成重伤结果的，处罚较重，造成轻伤害结果的，处罚较轻。因此对于什么是重伤、轻伤，如何认定，对犯罪人量刑差别较大。准确认定重伤、轻伤结果，具有重要的实践意义。 1

Ⅱ　沿革

1979 年《刑法》第 85 条规定："本法所说的重伤是指有下列情形之一的伤害：（一）使人肢体残废或者毁人容貌的；（二）使人丧失听觉、视觉或者其他器官机能的；（三）其他对于人身健康有重大伤害的。"1997 年《刑法》对重伤的规定基本承袭了这一规定。 2

Ⅲ　理解与适用

刑法规定了像故意伤害罪、强奸致人重伤死亡、抢劫致人重伤死亡等以结果作为构成犯罪的既遂形态或者加重形态的情况。在故意伤害罪中，伤害的结果如果是重 3

伤的,则为故意伤害致人重伤的加重伤害形态,适用故意致人重伤害的法定刑(处3年以上10年以下有期徒刑);如果是轻伤害结果的,则是故意伤害的普通犯罪形态,适用轻伤害形态的法定刑(处3年以下有期徒刑、拘役或者管制)。因此,在故意伤害案件中,伤害的结果不同,适用的法定刑差别较大,故意伤害致轻伤害结果的法定刑较轻,致重伤害的法定较重。

4　在强奸罪、抢劫罪中,由于强奸罪、抢劫罪都是暴力犯罪,致人重伤死亡是基本犯罪常常引发的加重结果,所以在没有出现加重结果的情况下,适用基本犯罪的法定刑(3年以上10年以下有期徒刑);如果出现重伤死亡的结果(加重结果),则适用加重法定刑(10年以上有期徒刑、无期徒刑或者死刑),因而重伤结果在加重犯罪形态适用的条件之一。

5　重伤害结果的法定刑重,主要是基于重伤害结果给受害人带来的痛苦远远大于一般的轻伤害,特别是造成残疾的重伤害结果,给受害人将带来一生的痛苦和生活不便。重伤行为的危险性(行为样态)也比一般伤害行为大得多,也就是说实施危险性很大的伤害行为一般会致人重伤,设置较重的刑罚处罚也是从行为的危险性的角度思考的。

6　刑法本条规定的重伤害包括以下内容:

7　一是使人肢体残废或者毁人容貌的。“肢体残废”是指由各种致伤因素导致肢体器官缺失,或者肢体器官虽然存在,但是其无法发挥其功能。

8　二是使人丧失听觉、视觉或者其他器官机能的。

9　三是其他对于人身健康有重大伤害的。

10　《人体损伤程度鉴定标准》规定了重伤害的具体判断标准,这里就不一一赘述了。

第九十六条　违反国家规定

本法所称违反国家规定，是指违反全国人民代表大会及其常务委员会制定的法律和决定，国务院制定的行政法规、规定的行政措施、发布的决定和命令。

文献：曹子丹、侯国云主编：《中华人民共和国刑法精解》，中国政法大学出版社1997年版；严军兴、肖胜喜主编：《新刑法释义》，中共中央党校出版社1997年版；刘家琛主编：《新刑法条文释义》，人民法院出版社2004年版；胡康生、郎胜主编：《中华人民共和国刑法释义》（第2版），法律出版社2004年版；郎胜主编：《中华人民共和国刑法释义》（第6版），法律出版社2015年版。

细目录

Ⅰ　主旨
Ⅱ　沿革
Ⅲ　条文理解

Ⅰ　主旨

1 本条旨在对刑法分则条文中规定的“违反国家规定”作出解释。由于刑法分则规定的行政犯（又称法定犯）的构成往往使用“违反国家规定”作为这些犯罪的构成要件，因此在处理这类案件时，要求司法工作人员查明行为人违反国家规定的内容是必要的。

Ⅱ　沿革

2 刑法在总则中规定违反国家规定，始于1997年3月14日修订的刑法。1979年刑法及以前的刑法历次草案稿均未在总则中规定“违反国家规定”的专条，只是在分则具体条文中规定“违反……规定”。如1979年《刑法》第三章“破坏社会主义经济秩序罪”第116条规定的走私罪的“违反海关法规”、第117条规定的投机倒把罪的“违反金融、外汇、金银、工商管理法规”、第127条规定的假冒注册商标罪的“违反商标管理法规”等，特别是第128条规定的盗伐、滥伐林木罪的“违反保护森林法规”、第129条规定的非法捕捞水产品罪的“违反保护水产资源法规”、第130条规定的破坏狩猎罪的“违反狩猎法规”等，在司法实践中如何理解与运用，存在很大的争议。因为这些法规,在国家层面有的有规定,有的没有规定,有的是国务院行政部门规定的规章,有的是国务院部门授权的其他事业单位规定的规则,甚至有的是地方政府或者政府部门的规章,国家层面没有规定,在这些领域坚持违反的国家规定必须是国家层面的法规(行政法规),在实践中行不通。当然这种状况是因为1979年《刑法》制定实施初期,国家行政法制还不健全,国家层面的规定非常欠缺,所以出现争议是难免的。随着行政法制的健全发展,到1997年《刑法》全面修订时,提出了对"违反国家规定"需要在总则中明确规定,避免司法实践中出现过大的争议,统一裁判尺度。因此1997年3月修订通过的《刑法》第96条首次在总则中规定"本法所称违反国家规定,是指违反全国人民代表大会及其常务委员会制定的法律和决定,国务院制定的行政法规、规定的行政措施、发布的决定和命令"。

Ⅲ 条文理解

3 根据《刑法》的规定,"违反国家规定"包括两个方面的内容:

1. 违反全国人民代表大会及其常务委员会的制定的法律和决定

4 全国人民代表大会及其常务委员会制定的法律和决定,对全体公民以及团体、政党或其他党派等各种组织均具有一体遵循的效力,任何个人和组织不得违反,因此,违反全国人民代表大会及其常务委员会制定的法律和决定必然属于违反国家规定。全国人民代表大会及其常务委员会制定的法律和决定,系对于国家社会生活、政治生活中的重大事项作出的规定,因此,违反国家的这些法律、法规,是对国家重要的法律法规的违反。全国人民代表大会及其常务委员会制定的法律,具体包括我国的宪法、刑法、民法、经济法、行政法等重要的实体法律和刑事诉讼法、民事诉讼法、行政诉讼法等程序法,以及全国人民代表大会及其常务委员会制定的规范国家机构的各种组织法。此外,全国人民代表大会及其常务委员会根据需要,对上述法律进行修改、解释也是上述法律的组成部分。

5 全国人民代表大会及其常务委员会制定的决定,是指全国人民代表大会及其常务委员会制定的具有法律效力的决定。如全国人民代表大会常务委员会制定的《关于惩治骗购外汇、逃汇和非法买卖外汇犯罪的决定》《关于惩治破坏金融秩序犯罪的决定》等,这些决定往往是对现有的有关法律的补充、修改,有些是新的决定。

2. 违反国务院制定的行政法规、规定的行政措施、发布的决定和命令

6 行政法规是国务院在其职权范围内制定的有关国家最高行政管理活动的规范性文件,其效力低于宪法和法律。作为国家最高权力机关的执行机关,国务院为了履行国家最高行政管理职责,在日常的执行和指挥活动中,经常有必要发布一些规范性文件,这些规范性文件常常以行政性的规定、决定、命令等形式发布。国务院规定的行政措施是指国务院针对具体事项作出的处理办法,通常以行政法规或者国务院制定文件的形式加以规定。以国务院办公厅名义制定的文件,符合以下条件的,亦应视为刑法中的"国家规定":第一,有明确的法律依据或者同相关行政法规不相抵触;第

二，经国务院常务会议讨论通过或者经国务院批准；第三，在国务院公报上公开发布。根据我国宪法的规定，国务院有权根据宪法和法律，规定行政措施，制定行政法规，发布决定和命令。国务院发布的规范性的决定、命令，是贯彻法律法规的具体体现。

国务院制定的行政法规、规定的行政措施、发布的决定和命令，对全体公民以及 7
企业、事业单位、社会团体等组织具有一体遵循的效力，因此，违反国务院制定的行政法规、规定的行政措施、发布的决定和命令，即是违反了国家规定。需要说明的是，由国务院所属的有关部门制定，但是以国务院的名义发布的规范性行政措施、决定和命令，仍然是国务院规定的行政措施、发布的决定和命令，违反这些规定，仍然应当判定为违反国家规定。

尽管刑法对违反国家规定作了上述明确的规定，但是在司法实践中，有些下级法 8
院在审理案件时会突破上述规定的限定内容，将国务院有关部门规章甚至地方性法规限定的内容作为"违反国家规定"来认定。为此，最高人民法院于 2011 年 4 月发布了《关于准确理解和适用刑法中"国家规定"的有关问题的通知》，该《通知》第 2 条明确规定，"对于违反地方性法规、部门规章的行为，不得认定为'违反国家规定'"，同时明确规定对被告人的行为是否"违反国家规定"存在争议的，应当作为法律适用问题，逐级向最高人民法院请示。该通知解决了下级法院在审判适用"违反国家规定"的案件时，确需突破《刑法》第 96 条规定的国家规定的范围时，应作为法律适用问题，逐级上报最高人民法院批准，确保最高人民法院统一法律适用。

总之，只有违反全国人民代表大会及其常务委员会制定的法律和决定，违反国务 9
院制定的行政法规、规定的行政措施、发布的决定和命令，才能被判定为违反国家规定。

第九十七条　首要分子

本法所称首要分子，是指在犯罪集团或者聚众犯罪中起组织、策划、指挥作用的犯罪分子。

文献：严军兴、肖胜喜主编：《新刑法释义》，中共中央党校出版社 1997 年版；马克昌主编：《犯罪通论》（第 3 版），武汉大学出版社 1999 年版；刘家琛主编：《新刑法条文释义》，人民法院出版社 2004 年版；郎胜主编：《中华人民共和国刑法释义》（第 6 版），法律出版社 2015 年版；刘志伟、田旭编著：《案例刑法》，法律出版社 2019 年版；张明楷：《刑法学》（第 6 版），法律出版社 2021 年版。

细目录

Ⅰ　主旨
Ⅱ　沿革
Ⅲ　条文理解
　一、犯罪集团中的首要分子
　二、聚众犯罪中的首要分子

Ⅰ　主旨

1　本条旨在界定刑法中的首要分子的概念。认定首要分子在刑法中有两个意义：其一，犯罪集团中的首要分子。对犯罪集团中首要分子的认定，可以有效地打击犯罪集团中的有生力量，瓦解犯罪集团，准确地对犯罪集团的首要分子定罪量刑。其二，聚众犯罪中的首要分子，是指刑法分则中规定的首要分子。在聚众犯罪中，有些首要分子是这些犯罪的处罚要件，有些首要分子是这些犯罪适用最高法定刑的要件。因此，准确认定聚众犯罪中的首要分子，是正确适用刑法，认定犯罪或正确量刑的重要条件。

Ⅱ　沿革

2　1979 年《刑法》第 86 条规定："本法所说的首要分子是指在犯罪集团或者聚众犯罪中起组织、策划、指挥作用的犯罪分子。"1997 年《刑法》第 97 条对上述内容只作了字词调整，这样形成了今天现行刑法关于首要分子概念的规定。

Ⅲ 条文理解

3 我国刑法多处使用首要分子的概念，例如在“共同犯罪”一章规定主犯的概念时，规定了犯罪集团的概念，同时还规定了“对组织、领导犯罪集团的首要分子，按照集团所犯的全部罪行处罚”。因此我国刑法将首要分子作为主犯的一种，特别规定了承担责任的范围。此外，刑法在规定具体犯罪时，也规定了对首要分子处以最重的法定刑，或者对首要分子进行处罚，对非首要分子不予处罚，如《刑法》第 103 条、第 291 条、第 292 条。根据本条规定，首要分子，是指在犯罪集团或者聚众犯罪中起组织、策划、指挥作用的犯罪分子，包括以下两种情况。

一、犯罪集团中的首要分子

（一）犯罪集团

4 犯罪集团中的首要分子，是指在犯罪集团中起组织、策划、指挥作用的人。要正确理解犯罪集团中的首要分子，必须正确理解犯罪集团的概念。根据《刑法》第 26 条第 2 款的规定，犯罪集团具有以下特征：

5 （1）人数较多（由 3 人以上组成），重要成员基本固定。因为犯罪集团是以共同实施犯罪而成立的犯罪组织，因此只有成员比较固定，才能表明集团的稳定性。

6 （2）具有一定的组织性。所谓组织性，是指成员之间存在着领导与被领导的关系，即有首要分子和一般犯罪成员。首要分子指挥、组织、领导一般成员。

7 （3）具有共同实施某种犯罪的目的。刑法明确规定共同犯罪是三人以上“为共同实施”犯罪而组成的较为固定的犯罪组织，即以共同实施某种或某几种犯罪为目的。如果不是以共同实施犯罪为目的，而是基于追求低级趣味或出于封建习俗而结合在一起，或者基于某种反动的思想或落后的思想结合在一起，则不能够认为是犯罪集团。[1] 当然这种共同犯罪的目的可能在组织成立之前或成立的过程中形成，也可能在组织成立以后形成，此前的组织不能够认为是犯罪集团，共同犯罪的目的形成后，这种组织就变成了犯罪集团。

8 （4）具有相当程度的稳固性。犯罪集团是以实施某种或某几种犯罪为目的形成的犯罪组织，表明成员的组成不仅具有组织性，更具有长期从事犯罪的目的性，特别是犯罪集团中的骨干分子具有这样的目的性：要长期从事犯罪，必须稳定犯罪组织。当然，这种稳固性是相对的，只要不是实施一次犯罪就解散并打算长期实施犯罪，就可以认定其具有稳固性。

（二）首要分子

9 首要分子是指在犯罪集团中起组织、领导、指挥作用的人。所谓组织作用，是指

---

1 参见马克昌主编：《犯罪通论》（第 3 版），武汉大学出版社 1999 年版，第 530 页。

对犯罪集团成员的组织作用,即将犯罪集团成员稳定在这个组织体之下,围绕犯罪目的进行活动;所谓领导作用,是指对其他一般集团犯罪成员的领导,包括对犯罪行为实施的领导,也包括对成员发展与否的领导;所谓指挥作用,是指对具体犯罪行为的指挥、策划,如犯罪工具的筹集、使用,人员的安排等。首要分子不仅担负着具体犯罪之实行的组织、领导、指挥,还担负着对犯罪集团成员的发展、对犯罪集团的日常运作、犯罪以后的反侦查措施的运用等工作的组织、领导、指挥,是犯罪集团的核心,历来是我国刑法打击的重点。《刑法》第 26 条第 3 款明确规定:“对组织、领导犯罪集团的首要分子,按照集团所犯的全部罪行处罚。”

(三)特定的犯罪集团

10　此外,我国刑法分则也规定了犯罪集团,这些犯罪集团主要包括以下情况:

11　(1)《刑法》第 120 条规定的恐怖组织、第 294 条规定的黑社会性质组织等犯罪组织。这种犯罪组织是一种特殊的犯罪集团,其组织性、稳固性较好,参与人员众多,为了打击这种特殊的犯罪组织,刑法规定只要组织、领导、参加或积极参加上述组织的人员都构成犯罪并追究刑事责任,不以上述组织具体实施其组织预谋、策划的犯罪为必要,如果组织成员实施了组织预谋、策划的具体犯罪,则对组织、领导、参加或积极参加上述组织的人员按照组织、领导、参加或积极参加上述组织罪与组织实施的具体犯罪数罪并罚。在上述犯罪组织实施了刑法规定的其他具体犯罪时,除了对组织、领导、参加有关的犯罪组织活动罪进行定罪量刑以外,还存在着对实施的具体犯罪的定罪与量刑。在对实施的具体犯罪进行定罪与量刑时,也需要对这种犯罪集团的首要分子进行认定,对首要分子也要“按照集团所犯的全部罪行处罚”。

12　(2)组织他人卖淫的集团、组织他人偷越国(边)境的犯罪集团等,在这些犯罪集团中,刑法根据集团中各个行为人的具体行为的不同设立不同的构成要件,设立不同的罪名,设置不同的法定刑,不按照普通犯罪集团的处理方式进行处理。如刑法在规定组织他人偷越国(边)境犯罪集团中,根据犯罪集团中的行为人的不同行为规定了组织他人偷越国(边)境罪,运送他人偷越国(边)境罪,提供伪造、变造的出入境证件罪,出售出入境证件罪,偷越国(边)境罪等,每个犯罪都有自己的法定刑。在规定组织卖淫集团的犯罪中,刑法根据行为人在卖淫集团中的行为的不同设立了组织卖淫罪,强迫卖淫罪,协助组织卖淫罪,引诱、容留、介绍卖淫罪等犯罪,设置了不同的法定刑。其中,对组织他人卖淫的集团首要分子,按照组织卖淫罪处罚;对组织他人偷越国(边)境的犯罪集团首要分子,按照组织他人偷越国(边)境罪处罚。当然,对这些首要分子进行认定时,也要求其对整个犯罪集团所犯的全部罪行承担刑事责任。

13　(3)分裂国家的犯罪集团或犯罪组织。刑法根据这些犯罪集团中行为人所起作用的不同,对首要分子、积极参加的人、其他积极参加的人设立了不同的法定刑,在适用刑法时,必须根据各行为人在分裂国家的犯罪集团中所起作用的大小不同,确定为首要分子、积极参加的人、其他参加的人,然后分别适用不同的法定刑幅度,对于首要分子认定罪行时,也存在按照集团所犯的全部罪行处罚的情形。

二、聚众犯罪中的首要分子

(一)聚众犯罪

14 我国刑法规定的聚众犯罪有聚众扰乱社会秩序罪(《刑法》第 290 条第 1 款),聚众冲击国家机关罪(《刑法》第 290 条第 2 款)、聚众扰乱公共场所秩序、交通秩序罪(《刑法》第 291 条),聚众斗殴罪(《刑法》第 292 条)等。可见聚众犯罪属于刑法分则规定的一些特殊的犯罪。聚众犯罪是指在首要分子的组织、策划、指挥下,聚集特定的或者不特定的多数人同时同地参加某种违法犯罪活动。[2] 聚众犯罪具有以下特点:

15 (1)聚众犯罪首先表现为为首的首要分子纠集、聚集特定多数人或者不特定的多数人参与违法犯罪活动。"聚众"是聚众犯罪成立的前提条件。如何理解"聚众",司法实践中的理解是 3 人以上为"众",刑法理论中也是 3 人以上为"众"。问题是 3 人以上是否包括聚众的首要分子本人在内,对此存在着对立的观点。[3] 肯定说认为,聚众犯罪的聚众应是 3 人以上的参加者,纠集的 3 人以上应包括首要分子和积极参加者;否定说认为,聚众是指聚集多人,多人应为 3 人以上,而且不应包括纠集者本人在内。[4] 笔者认为,聚众犯罪的聚众的确应理解为 3 人以上,但是这 3 人应该包括首要分子在内,即所有参与聚众犯罪的人数应在 3 人以上,而不是排除首要分子以外还需要 3 人以上。这是因为,犯罪集团的成立也要求 3 人以上,包括首要分子在内,犯罪集团的组织性、人员固定性远远胜于聚众犯罪,相反在犯罪参与人数的认定上却要求犯罪集团少于聚众犯罪,这是不公正的。聚众犯罪的聚众,是首要分子纠集其他积极参加的人或其他一般参加的人进行违法犯罪活动。刑法惩罚的主要是犯罪集团的首要分子,而刑法分则规定对部分聚众犯罪的首要分子以外的人不予处罚,因此认定聚众犯罪所要求的人数时排除首要分子,这是不合理的。

16 需要说明的是,在聚众犯罪中,首要分子与积极参加者、一般参加者之间没有犯罪集团那种稳固性、组织性,仅仅是临时纠合在一起实施违法犯罪,事前也没有预谋实施某种具体犯罪。这是聚众犯罪与犯罪集团相区别的重要特点。

17 (2)聚众犯罪往往不处罚一般的参与实施违法的人员,这是聚众犯罪区别犯罪集团的主要特点。

18 例如,《刑法》第 290 条规定的聚众扰乱社会秩序罪、聚众冲击国家机关罪,只处罚首要分子和积极参加者,对一般参加者不予处罚;《刑法》第 291 条规定的聚众扰乱公共场所秩序、交通秩序罪,仅处罚首要分子,对其他积极参加者、一般参加者均不予处罚;《刑法》第 292 条第 1 款规定的聚众斗殴罪,刑法规定仅处罚首要分子、积极参

---

2 参见张正新、金泽刚:《论我国刑法中的聚众犯罪》,载《法商研究》1997 年第 5 期。

3 参见王作富主编:《刑法分则实务研究》,中国方正出版社 2001 年版,第1264 页。

4 参见王作富主编:《刑法分则实务研究》,中国方正出版社 2001 年版,第 1264 页。

加者,对一般参加者不予处罚。这是因为,聚众犯罪往往是首要分子临时纠集对社会、政府具有不满情绪的人员参与违法犯罪活动,甚至有些参与人员对其中的情况并不知情,主要是首要分子的纠集行为对社会造成危害,因此刑法重点打击首要分子。确实危害严重的,对于积极参加者也予以必要的刑罚处罚。

19 聚众犯罪是刑法分则规定的一种特殊的共同犯罪,刑法理论上称为"必要的共犯"。这种共同犯罪原则上不适用刑法总则关于共同犯罪的规定,不区分主犯、从犯等,刑法分则规定,对首要分子,直接按照刑法规定的符合首要分子的条件认定为首要分子,适用对首要分子的刑罚;对于积极参加者,适用对积极参加者的刑罚。

(二)首要分子与共同犯罪中主犯的关系

20 (1)犯罪集团中的首要分子是主犯。我国刑法中的主犯是《刑法》总则第二章第三节规定的共同犯罪的犯罪人分类中的一种。《刑法》总则第二章第三节规定的共同犯罪是任意的共同犯罪。这种共同犯罪中的主犯是指"组织、领导犯罪集团进行犯罪活动或者在共同犯罪中起主要作用的"人员。根据以上对首要分子的分析,这种主犯在犯罪集团中起组织、领导、指挥作用,同时又是首要分子,即只有在犯罪集团中起组织、领导、指挥作用的首要分子才是主犯,其他首要分子不一定是主犯。另外,刑法分则规定的一些特殊的犯罪集团,如恐怖组织、黑社会性质组织等犯罪组织,也存在首要分子同时是主犯的情形。

21 (2)聚众犯罪的首要分子不可能是主犯,因为聚众犯罪属于必要的共同犯罪,首要分子的刑罚幅度已由刑法分则作了明确规定,不存在适用主犯的规定情形。

第九十八条　告诉才处理

本法所称告诉才处理，是指被害人告诉才处理。如果被害人因受强制、威吓无法告诉的，人民检察院和被害人的近亲属也可以告诉。

文献：严军兴、肖胜喜主编：《新刑法释义》，中共中央党校出版社 1997 年版；刘家琛主编：《新刑法条文释义》，人民法院出版社 2004 年版；郎胜主编：《中华人民共和国刑法释义》（第 6 版），法律出版社 2015 年版；刘志伟、田旭编著：《案例刑法》，法律出版社 2019 年版；张明楷：《刑法学》（第 6 版），法律出版社 2021 年版。

细目录

Ⅰ　主旨
Ⅱ　沿革
Ⅲ　条文理解

Ⅰ　主旨

1 本条规定告诉才处理的案件如何进行告诉。告诉才处理的案件，原则上是由被害人进行告诉。如果被害人因受强制、威吓无法告诉的，人民检察院和被害人的近亲属也可以告诉。

Ⅱ　沿革

2 1979 年《刑法》第 87 条规定："本法所说的告诉才处理，是指被害人告诉才处理。如果被害人因受强制、威吓无法告诉的，人民检察院和被害人的近亲属也可以告诉。"1997 年《刑法》仅将"本法所说……"修改为"本法所称……"，其余没有作任何改动。

Ⅲ　条文理解

3 告诉才处理，是指由被害人告诉才进行处理，即只有被害人向人民法院起诉，人民法院才能审理；没有被害人的起诉，人民法院则不能审理。我国刑法设立的告诉才处理的犯罪有第 246 条规定的侮辱罪、诽谤罪，第 257 条第 1 款规定的暴力干涉婚姻自由罪，第 260 条规定的虐待罪，第 270 条规定的侵占罪，等等。这些犯罪在刑法理论上被称为"亲告罪"。对于亲告罪，刑法明确规定原则上由被害人告诉才能由人民法院审理。被害人是指犯罪行为的受害人。被害人在遭受犯罪行为侵害以后，有权要求国家有关机关对加害人进行惩罚。国家有关机关也有责任主动对侵害受害人利益的犯罪行为进行追诉。但由于亲告罪所侵害的权利比较轻微,刑法规定对亲告罪是否告诉,取决于受害人自己的决定。而且有的亲告罪的被害人与加害人之间具有亲属关系,被害人只要求加害人停止其实施的侵害行为,并不希望司法机关对加害人追究刑事责任。因此,刑法赋予被害人享有直接向人民法院起诉的权利,由被害人自己权衡是否向人民法院起诉,是否由人民法院追究加害人的刑事责任。对于这类案件,即使加害人的行为构成犯罪,原则上没有被害人的告诉,人民法院及其他司法机关也不能主动进行追诉。

4 上述原则的适用有例外,如被害人无法告诉的。《刑法》第 98 条在规定了告诉才处理是指被害人告诉才处理后,接着规定如果被害人因受强制、威吓无法告诉的,人民检察院和被害人的近亲属也可以告诉。另外《刑法》第 260 条规定的虐待罪中规定,“告诉的才处理,但被害人没有能力告诉,或者因受到强制、威吓无法告诉的除外”。所谓被害人受强制、威吓,是指被害人因为加害人对被害人采取暴力、胁迫等方式,阻止被害人向有关机关告诉、控告,当然这种暴力、胁迫的内容,不一定要求达到构成抢劫、强奸等犯罪所需要的暴力、胁迫的程度,只要足以使被害人无法向有关机关告诉、起诉即可;被害人没有能力告诉,既包括被害人客观上无法告诉,如被害人被犯罪人关押、禁闭,也包括主观上无法告诉,如被害人没有表达能力,智力低下等。关于被害人的近亲属告诉,其范围应根据《刑事诉讼法》第 108 条第(六)项确定,即包括夫、妻、父、母、子、女、同胞兄弟姐妹。如果被害人无法告诉,由人民检察院起诉,则该案件进入公诉程序,按照公诉案件的诉讼程序进行审理;如果被害人无法告诉由被害人的近亲属起诉,该案件仍然属于自诉案件,人民法院对于被害人的近亲属起诉的案件应该按照自诉程序进行审理。

5 此外,《刑法》第 246 条规定了犯侮辱罪、诽谤罪且严重危害社会秩序和国家利益的情况。刑法作这一规定的目的在于:第一,如果有人出于个人不满,侮辱或者诽谤了党和国家的领导人以及外国使节、外国元首等,为免这些人不便亲自告诉,可由司法机关主动进行追究,以维护其名誉和人格。[1] 第二,防止侮辱行为引起被害人精神失常甚至自杀等严重后果,导致被害人无法告诉或失去告诉的能力。[2] 以上两种情况,由检察机关行使公诉权,对于维护被害人的权益、国家利益和我国与有关国家的关系是必要的。

---

1 参见王作富主编:《刑法分则实务研究》,中国方正出版社 2001 年版,第 984 页。

2 参见王作富主编:《刑法分则实务研究》,中国方正出版社 2001 年版,第 984 页。

第九十九条　关于以上、以下、以内的规定

本法所称以上、以下、以内，包括本数。

文献：曹子丹、侯国云主编：《中华人民共和国刑法精解》，中国政法大学出版社1997年版；严军兴、肖胜喜主编：《新刑法释义》，中共中央党校出版社1997年版；王作富主编：《刑法分则实务研究》，中国方正出版社2001年版；刘家琛主编：《新刑法条文释义》，人民法院出版社2004年版；胡康生、郎胜主编：《中华人民共和国刑法释义》（第2版），法律出版社2004年版。

细目录

Ⅰ　主旨
Ⅱ　沿革
Ⅲ　条文理解
一、刑法总则对共同犯罪主体人数的规定
二、刑法总则对刑期的主要规定
三、刑法分则对数额的规定

Ⅰ　主旨

本条规定是对“以上、以下、以内”的理解，其目的便于司法操作，不致引起不必要的争论。 1

Ⅱ　沿革

1979年《刑法》第88条规定：“本法所说的以上、以下、以内，都连本数在内。” 2
1997年《刑法》只是将“都连本数在内”修改为“包括本数”。

Ⅲ　条文理解

刑法在规定法定刑幅度、罚金数额、犯罪对象的数额、犯罪行为的次数等涉及数 3
额的规定上，往往使用以上、以下、以内等术语，为了便于理解和司法操作，刑法设专条对这些术语进行解释，以避免引起误解。《刑法》明确规定，以上、以下、以内所规定的数额均包括本数。例如，《刑法》规定“共同犯罪是指二人以上共同故意犯罪”中的二人以上，包括二人在内。因此，二人共同故意犯罪也能够成立共同犯罪。再如，刑法规定管制的刑期为3个月以上2年以下，司法机关对犯罪人需要判处管制刑的，可

以判处 3 个月或者 2 年管制,也可以在 3 个月以上 2 年以下确定一个刑期进行判决。我国刑法涉及数额的规定有以下几种情况。

一、刑法总则对共同犯罪主体人数的规定

4 (1)共同犯罪的定义:共同犯罪是指二人以上共同故意犯罪(《刑法》第 25 条第 1 款)。

5 (2)犯罪集团的定义:犯罪集团是指三人以上为共同实施犯罪而组成的较为固定的犯罪组织(《刑法》第 26 条第 2 款)。

二、刑法总则对刑期的主要规定

6 刑法总则对刑期的主要规定如:第一,管制的刑期为 3 个月以上 2 年以下;第二,拘役的刑期为 1 个月以上 6 个月以下;第三,有期徒刑的刑期为 6 个月以上 15 年以下;第四,剥夺政治权利的刑期为 1 年以上 5 年以下;第五,缓刑的刑期为原判刑期以上 5 年以下;第六,减刑以后实际执行的刑期,判处管制、拘役、有期徒刑的,不能少于原判刑期的 1/2;第七,假释的刑期,被判处有期徒刑的犯罪分子,执行原判刑期1/2以上,被判处无期徒刑的犯罪分子,实际执行 13 年以上,如果符合假释的其他条件的,可以假释(经最高人民法院核准的可以不受上述期限的限制)。

三、刑法分则对数额的规定

7 (1)刑法分则对犯罪构成要件规定的数额。这些数额主要有:第一,构成生产、销售伪劣产品罪的销售金额是 5 万元以上不满 20 万元。第二,犯罪主体的数额,如构成强奸罪中的轮奸情节的,是 2 人以上轮奸妇女或幼女的。第三,犯罪对象的数额,如构成拐卖妇女、儿童情节特别严重处死刑并处没收财产的情节之一是“拐卖妇女、儿童三人以上的”;非法持有毒品罪中,非法持有鸦片 1 000 克以上、海洛因或者甲基苯丙胺 50 克以上……处 7 年以上有期徒刑或者无期徒刑,并处罚金。

8 (2)刑法分则规定的刑期数额,如故意杀人的,处死刑、无期徒刑或者 10 年以上有期徒刑;情节较轻的,处 3 年以上 10 年以下有期徒刑。

9 (3)刑法分则规定的罚金数额。第一,规定上下限数额的。例如,构成信用卡诈骗罪,数额较大的,处 5 年以下有期徒刑或者拘役,并处 2 万元以上 20 万元以下罚金;数额巨大或者有其他严重情节的,处 5 年以上 10 年以下有期徒刑,并处 5 万元以上 50 万元以下罚金;数额特别巨大或者有其他特别严重情节的,处 10 年以上有期徒刑或者无期徒刑,并处 5 万元以上 50 万元以下罚金或者没收财产。第二,规定比例罚金的。规定比例罚金的有两种情况:一是规定百分比的,如犯生产、销售伪劣产品罪的,除判处主刑外,并处销售金额 50%以上两倍以下罚金;二是规定倍比的,如犯偷税罪,除判处主刑外,并处 1 倍以上 5 倍以下罚金。

10 在理解上述规定涉及的“以上、以下、以内”的数额时,包括本数的仅限于涉及“以上、以下、以内”的数额,凡是涉及“不满”的数额,不包括本数在内,这是应当注意的。

第一百条　前科报告制度

依法受过刑事处罚的人，在入伍、就业的时候，应当如实向有关单位报告自己曾受过刑事处罚，不得隐瞒。

犯罪的时候不满十八周岁被判处五年有期徒刑以下刑罚的人，免除前款规定的报告义务。

文献:严军兴、肖胜喜主编:《新刑法释义》,中共中央党校出版社 1997 年版;刘家琛主编:《新刑法条文释义》,人民法院出版社 2004 年版;张军主编:《刑法修正案(八)条文及配套司法解释理解与适用》,人民法院出版社 2011 年版;郎胜主编:《中华人民共和国刑法释义》(第 6 版),法律出版社 2015 年版;刘志伟、田旭编著:《案例刑法》,法律出版社 2019 年版;张明楷:《刑法学》(第 6 版),法律出版社 2021 年版。

细目录

Ⅰ　主旨
Ⅱ　沿革
Ⅲ　条文理解
一、前科报告义务
二、未成年人犯罪的免除报告义务

Ⅰ　主旨

本条是关于前科报告制度的规定。根据该条规定,受过刑事处罚的人,即有前科的人,在入伍、就业时不得向有关单位隐瞒,必须如实报告自己曾经受过刑事处罚的事实。,但是对于未成年人(不满 18 周岁),如果被判处的刑罚为 5 年以下有期徒刑的,不需要报告(刑法免除其报告义务)。 1

Ⅱ　沿革

1979 年《刑法》未规定受过刑事处罚,在入伍、就业的时候需要报告的制度。1997 年《刑法》第 100 条新设立了前科报告制度:“依法受过刑事处罚的人,在入伍、就业的时候,应当如实向有关单位报告自己曾受过刑事处罚,不得隐瞒。”《刑法修正案(八)》在《刑法》第 100 条增加一款作为第 2 款,规定:“犯罪的时候不满十八周岁被判处五年有期徒刑以下刑罚的人,免除前款规定的报告义务。”本条的修改是立法 2

机关根据全国人大代表的建议和有关部门的意见,为了贯彻宽严相济刑事政策,从对未成年人从宽处理的角度作出的,这样规定充分体现了我国对未成年犯实行教育为主,惩罚为辅,重在教育、挽救和改造的方针。

Ⅲ 条文理解

一、前科报告义务

3 刑事处罚,是指人民法院以国家的名义对构成犯罪的行为人适用的刑罚处罚。刑事处罚从本质上讲,是指通过对犯罪人进行刑事处罚,使罪犯的利益或者权益被不同程度的剥夺,进而使犯罪人感受到刑事处罚的痛苦,从痛苦中感受到不能犯罪,从而达到预防犯罪的目的。所谓刑事处罚,根据我国刑法的规定,是指受到刑罚处罚,包括受到主刑或者附加刑的处罚。因此,当行为人在被人民法院宣告为构成犯罪以后:被判处有期徒刑、无期徒刑、拘役、管制的;被判处3年以下有期徒刑,而被宣告缓刑的;被判处附加刑的,都应该认为受过刑事处罚。但是,人民法院对行为人仅仅宣告构成犯罪,未判处任何刑罚,则不能认为是受过刑事处罚。前者在入伍、就业的时候需要报告自己受过的刑事处罚及其处罚的内容;后者因属于未受过刑事处罚的对象,因此在入伍、就业的时候不需要报告自己被追究过刑事责任的情况。

4 受过刑事处罚的人只有在入伍、就业的时候才报告自己受过刑事处罚及其处罚的内容的情况。如果不是入伍、就业,则不适用这个规定,不能要求他人无端地报告自己以前受过刑事处罚的情况。例如旅游、参观、住宿宾馆等。入伍是指参加我国的现役部队,如中国人民解放军、武装警察部队等;就业是指从事一项固定的职业,既包括到国有企业、事业单位、国家机关工作,也包括到非国有单位工作,只要是固定的职业,就应该执行这个制度。在申请公司、企业登记时,应该向主管的工商行政管理机关如实报告自己受过刑事处罚的情况。

5 报告的内容,应该是自己曾经受过刑事处罚,如向参军的部队、就业的单位提供自己受过刑事处罚并被执行的判决书、裁定书,或者不提交上述法律文书,也应如实报告自己受过的刑事处罚的内容,这些内容包括自己被执行的判决书、裁定书的内容,具体说应包括被判处或者执行的主刑或者附加刑、刑罚的内容、刑期的期限、罚金的数额等。刑法要求报告人应该如实报告自己受过的刑事处罚的内容,不得有虚假、伪造的事实,或者将一审的判决书、裁定书的内容进行报告,隐瞒二审的判决书、裁定书的内容,进行虚假的报告。

6 需要说明的是,本条仅规定了依法受过刑事处罚的人,在入伍、就业的时候应当如实向有关单位报告自己曾经受过刑事处罚,并不得隐瞒;但是违反这个规定的法律责任如何,刑法没有规定。应该说要将该规定落到实处,尚需有关法规规定违反本条规定的法律责任。

二、未成年人犯罪的免除报告义务

未成年人犯罪免除报告义务的适用有两个条件：一是被免除前科报告义务的主体是犯罪时已满14周岁不满18周岁的人。不满18周岁的人，无论什么职业，只要犯罪时不满18周岁，就符合本条年龄的要求。二是被判处5年以下有期徒刑，包括判处实刑而适用缓刑，以及判处拘役、管制或者免于刑罚处罚等。 7

需要注意的是，行为人年满18周岁前后实施的数个行为，构成一罪或者数罪，不能适用本条第2款的规定。这是因为，行为人连续实施数个行为构成一罪的，犯罪数额累计计算，无法对其18周岁前的犯罪行为单独评价，而是综合全部犯罪行为和情节进行评价并定罪量刑，在程序上实行一并审理，最后宣布判决。如果数个行为构成数罪，在理论上对18周岁前施行的行为可以免除报告义务，但是实践中无法操作。因为数罪是一并审理、一并判决，量刑是依据数罪并罚规定作出的，在同一份判决中，免除一部分报告义务，没有可操作性。 8

按照《刑事诉讼法》的规定，免除未成年人犯罪报告义务的，犯罪记录予以封存，任何单位不得随意查询（司法机关及有关机关依法查询的除外，但应保密）。 9

第一百零一条　总则规范的适用

本法总则适用于其他有刑罚规定的法律，但是其他法律有特别规定的除外。

文献:严军兴、肖胜喜主编:《新刑法释义》,中共中央党校出版社 1997 年版;刘家琛主编:《新刑法条文释义》,人民法院出版社 2004 年版;郎胜主编:《中华人民共和国刑法释义》(第 6 版),法律出版社 2015 年版;刘志伟、田旭编著:《案例刑法》,法律出版社 2019 年版;张明楷:《刑法学》(第 6 版),法律出版社 2021 年版。夏黎阳:《论少数民族公民刑事犯罪案件中刑法及“两少一宽”政策的适用》,载《中南民族学院学报(人文社会科学版)》2011 的第 2 期;王培英:《析刑法对民族区域自治地方立法变通权的规定》,载《法学杂志》2001 年第 3 期。

细目录

Ⅰ　主旨
Ⅱ　沿革
Ⅲ　条文理解:刑法及其渊源

Ⅰ　主旨

1　本条是关于刑法总则规范的适用问题的规定。按照本条的规定,刑法总则规范原则上应当适用于所有涉及刑罚规定的法律,除非该刑罚法规有特别的规定,即规定排除刑法总则规范,或者有与刑法总则规范相抵触的规定。

Ⅱ　沿革

2　1979 年《刑法》第 89 条规定:“本法总则适用于其他有刑罚规定的法律、法令,但是其他法律有特别规定的除外。” 1997 年《刑法》删除了“法令”二字。因为,涉及刑法或者刑罚内容的法规不可能以“法令”的形式颁布,只能是法律或者以法律的形式颁布的“决定”。

Ⅲ　条文理解:刑法及其渊源

3　要理解本条规定,有必要了解刑法及其渊源。刑法是指规定犯罪与犯罪的法律效果的刑罚的法律。刑法有广义的刑法与狭义的刑法,前者是指只要规定了犯罪或者犯罪的法律效果的一切法律规范都是刑法;后者则是指系统规定犯罪与刑罚且在名称上使用“刑法”的刑法典,如《法国刑法典》《韩国刑法典》,也有的虽然未使用刑法典,但是使用“刑法”一词,如《中华人民共和国刑法》也是狭义上的刑法。因此广义的刑法不仅包括狭义的刑法典,而且包括单行刑法、非刑事法律(主要是指经济法、行政法)的刑罚制裁规范。广义的刑法都是刑事司法的实体法。从这个意义上讲,刑法的渊源包括以下内容:

(1)刑法典,是指系统规定犯罪与刑罚的法典。如我国现行的 1997 年 10 月 1 日施行的《刑法》即是这个意义上的刑法典。 4

刑法典分为总则与分则两大部分。总则主要是对犯罪与刑罚的一般规定,分则是关于具体犯罪的构成要件[1]、法定刑幅度等。刑法总则的规定指导刑法分则的适用,例如刑法总则关于犯罪的未完成形态、共同犯罪形态、一罪的特殊形态、犯罪的故意与过失、刑事责任年龄、刑事责任能力、刑罚种类、刑罚的刑期及最高限和最低限、刑罚适用制度、刑罚执行制度、刑罚时效制度等规定,对刑法分则或具有分则性内容的单行刑法、非刑事法律中的刑罚制裁性规范,均具有指导作用。 5

(2)单行刑法,有的著作称为特别刑法,是指由全国人民代表大会及其常务委员会通过的对刑法的修改、补充规定,以法律的形式颁布的刑法性文件。所谓修改,是指对刑法的现行规定进行修改;所谓补充,是指对现行刑法没有规定的犯罪行为,或者没有规定的刑法制度作出新的规定。无论是修改或者补充,必须以法律的形式颁布,才是单行刑法。从实践来看,单行刑法主要是对现行刑法规定的犯罪的构成要件、法定刑幅度等内容进行修改,或者对现行刑法没有规定的犯罪进行新的规定,基本上属于分则的内容,即是完善刑法分则的规定。因此,刑法总则关于犯罪与刑罚的一般规定应当对这些分则性的单行刑法具有指导作用。当然,有个别单行刑法补充规定刑法制度的情况,如 1990 年由全国人民代表大会常务委员会通过的《关于禁毒的决定》规定了毒品犯罪的再犯制度,可以说是对刑法制度的补充规定。在这种情况下,特别法优于普通法,单行刑法关于刑法特别制度的补充规定优先适用。 6

自 1979 年刑法颁布至 1997 年 10 月,由全国人民代表大会及其常务委员会通过的单行刑法有 23 个(参见第 452 条),这 23 个单行刑法规定的犯罪内容基本上为 1997 年 10 月施行的刑法所吸收。1997 年《刑法》施行后至今,全国人民代表大会及其常务委员会通过了 11 个刑法修正案及 1998 年 12 月 29 日全国人民代表大会常务委员会通过的《关于惩治骗购外汇、逃汇和非法买卖外汇犯罪的决定》。 7

(3)非刑事法律中的刑罚制裁性规范。非刑事法律中的刑罚制裁性规范,有的著作称为附属刑法,是指经济法律、行政法律等法律中规定的具有刑罚内容的条款。称附属刑法,是由于这些刑罚罚则附属于行政法、经济法、民事法等法律法规。例如, 8

1 有的国家或地区的刑法分则还要规定具体犯罪的罪名。我国刑法分则没有规定具体犯罪的罪名,具体犯罪的罪名基本上是最高人民法院以司法解释的形式确定。

《商标法》第67条第1、2款规定:“未经商标注册人许可,在同一种商品上使用与其注册商标相同的商标,构成犯罪的,除赔偿被侵权人的损失外,依法追究刑事责任。伪造、擅自制造他人注册商标标识或者销售伪造、擅自制造的注册商标标识,构成犯罪的,除赔偿被侵权人的损失外,依法追究刑事责任。”非刑事法律中的刑罚罚则仍然是规定或者补充规定刑法分则规定的具体犯罪的构成要件等内容,仍然属于分则性的内容,应该受刑法总则关于犯罪与刑罚的一般规定的指导。

9　本条规定,本法总则适用于其他有刑罚规定的法律,但是其他法律有特别规定的除外。按照这个规定,刑法总则关于犯罪与刑罚的一般规定的内容,不仅适用于刑法分则关于具体犯罪的规定,而且适用于具有分则性内容的“其他有刑罚规定的法律”,即包括单行刑法和非刑事法律中的刑罚罚则,除非这些单行刑法与具有刑罚罚则的非刑法法律本身作了与刑法总则不同的规定。

中国刑法评注

（全三卷）

冯军 梁根林 黎宏

主 编

COMMENTARY ON CHINESE
CRIMINAL LAW
中国刑法
评注
第2卷
分则 第102条—第276条之一

冯军 梁根林 黎宏 主 编

北京大学出版社
PEKING UNIVERSITY PRESS

主编简介

冯　军

中国人民大学法学院教授，博士生导师，中国人民大学刑事法律科学研究中心中德刑法学研究所所长，洪堡学者。湖北财经学院法学学士(1984)、中南政法学院法学硕士(1987)、中国人民大学法学博士(1994)。

梁根林

北京大学法学院教授，博士生导师，中国刑法学研究会副会长，中德刑法学者联合会(CDSV)中方召集人，最高人民检察院专家咨询委员。北京大学法学学士(1984)、北京大学法学硕士(1987)、北京大学法学博士(1997)。

黎　宏

清华大学法学院教授，博士生导师，中国刑法学研究会副会长，北京市法学会副会长。武汉大学法学学士(1988)、法学博士(1996)，日本同志社大学法学硕士(1995)、法学博士(1999)。

本书作者

（按撰写顺序排序）

冯　军　中国人民大学

陈兴良　北京大学

赵书鸿　北京师范大学

谭　淦　西南政法大学

陈家林　武汉大学

戴民杰　浙江省人民检察院

时延安　中国人民大学

陈于思　中国人民大学

陈　璇　中国人民大学

李立众　中国人民大学

何庆仁　中国社会科学院大学

王良顺　中南财经政法大学

杨　丹　暨南大学

毛乃纯　郑州大学

陈　山　四川师范大学

杨　萌　暨南大学

王剑波　首都经济贸易大学

张　伟　华东师范大学

刘　荣　海南大学

周光权　清华大学

李邦友　中央财经大学

李　洁　吉林大学

王志远　中国政法大学

黎　宏　清华大学

杜治晗　华中科技大学

于改之　上海交通大学

钱叶六　华东师范大学

邓毅丞　华南师范大学

周啸天　山东大学

李志恒　清华大学

张明楷　清华大学

程　红　中南财经政法大学

刘明祥　中国人民大学

梁根林　北京大学

江　溯　北京大学

柏浪涛　华东师范大学

王华伟　北京大学

陈银珠　安徽师范大学

田宏杰　中国人民大学

肖　鹏　北京理工大学

阮柏云　宁波银行股份有限公司

宋建军　海关总署

阎二鹏　海南大学

付玉明　西北政法大学

侯艳芳　华东政法大学

何荣功　武汉大学

徐凌波　南京大学

王芳凯　中国社会科学院大学

阴建峰　北京师范大学

刘艳红　中国政法大学

梁云宝　东南大学

储陈城　安徽大学

欧阳本祺　东南大学
钱小平　东南大学
李　川　东南大学
王　俊　苏州大学
冀　洋　东南大学
夏　伟　中国政法大学
黄明儒　湘潭大学
杜　宣　南京市人民检察院

魏　超　苏州大学
杨志琼　东南大学
刘建利　东南大学
劳东燕　清华大学
谭　堃　西北政法大学
马　乐　大连海事大学
王彦强　南京师范大学
夏　勇　中南财经政法大学

序

在北京大学出版社特别是蒋浩副总编辑的精心组织策划下，在陈兴良、张明楷等著名学者的鼎力支持下，由我们三位联合近七十位活跃在当今中国刑法学界一线的学者撰写的《中国刑法评注》一书即将出版，这实在是一件令人欣喜且感慨万千的事情。

众所周知，刑法评注书是学习、研究和运用刑法不可缺少的工具，它是沟通刑法立法和刑法司法的桥梁，是刑法教义学的重要组成部分。在成文刑法的规定相对完备、学术文献卷帙浩繁的德国、日本，都出版了小型、中型和大型的刑法评注书。我国刑法学者也有这方面的尝试，例如，李立众博士编写的《刑法一本通》和喻海松博士编写的《实务刑法评注》就是如此，但是，中型和大型的刑法评注书却付诸阙如。从此意义上讲，由中国学者自 2015 年 4 月至今，历经七年反复修改，呕心沥血，终于完成的三卷本、共六百余万字的《中国刑法评注》，可以说在一定程度上填补了我国中型刑法评注书的空白。

本书对我国刑法的规定进行了逐条解释和评论，内容包括前注、条文、文献、细目录和正文五个部分。前注部分阐述了刑法各则、各章和各节的意义、作用和共同问题；条文部分原文引用了刑法条文；文献部分收录了公开出版的重要著作、发表的文章及其出处；细目录部分列举了正文内容的名目；正文部分揭示相关条文的主旨，阐述其历史沿革，说明相关的司法解释，阐释相关的典型司法判例，论证有关具体问题的解决方案。

本书的目标是，既在总结我国刑法实践活动的基础上解释刑法规定的含义，又运用刑法教义学的方法评析各种刑法学说和刑法判例，既展现我国当今刑法立法、刑法司法和刑法理论的大致样貌，又体现各位作者基本的刑法理念和见解。简言之，本书的重点是解释和评析。因此，在某些问题上，本书作者对我国刑法立法、刑法司法和刑法理论的通说见解，表达不同意见，是并不奇怪的事情。我们知道，在一个充满不确定性的世界里，刑法立法、刑法司法和刑法理论

都不可能一成不变。我们作为这个时代的亲历者和见证人,有义务、有责任为我国刑法应有的未来状态贡献我们的智识和洞见。

在组织本书撰写的过程中,我们也遇到了一些体例上的困难。我国当今刑法学的现状是,既存在犯罪论体系中“四要件论”与“三阶层论”的对峙,又存在“犯罪客体”与“法益”及“犯罪主观方面”与“罪责”等含义类似但用词不同的混杂。这种局面,虽然可以说是刑法学中学术自由、百花齐放的体现,但不可否认的是,其也给我们的刑法教学和学术交流造成了某种程度的障碍。尽管如此,在本书中,我们既没有对我国的犯罪论体系作出抉择,也没有统一“犯罪客体”与“法益”及“犯罪主观方面”与“罪责”等术语的使用。我们认为,就我国刑法学界目前的研究状况而言,既无法得出必须建构统一的犯罪论体系的结论,也无法得出必须使用统一的各种刑法术语的结论。因此,在涉及犯罪论体系的选择和相似刑法术语的使用时,我们采用了“客体”或“法益”及“主观方面”或“罪责”“罪过”的处理方式。虽说这种做法是尊重学术自由和承认现实学术生态的无奈之举,但我们还是要为这种用语的前后不一甚至某些论述上的叠床架屋请求大家谅解。

本书完成过程中,得到了许多人的帮助。除在我国当今的学术评价体系之下,不计名利,纯粹本着学者的良心和使命,无怨无悔地为本书撰稿,做出贡献的各位作者之外,还有本书的责任编辑王建君、陈晓洁、孙嘉阳女士及编务赵臣臣先生、北京宁启律师事务所主任汤宁先生、河南韬涵律师事务所主任陈宁女士和内蒙古蒙益律师事务所主任田永伟先生。他们的支持为本书主编在启动本工程时提供了信心。另外,本书的出版还得到了国家出版基金的资助。在此也谨向国家出版基金管理委员会以及推荐我们申请该基金的人民教育家高铭暄教授、著名刑法学家储槐植教授表示诚挚的谢意。

万事开头难。我们希望本书的出版能够促进我国刑法理论的完善和刑法实践的发展,也期待本书能够成为我国刑法学者撰写大型刑法评注书的重要参考,更祈盼本书能够在刑法学界同仁的关怀和各位读者的指导下,持续更新、长期存在。

冯军　梁根林　黎宏

2022 年 10 月 6 日

详　目

第一编　总　则

第一章　刑法的任务、基本原则和适用范围

第一条　立法目的与根据 …………………… 0015

第二条　刑法的任务 ………………………… 0029

第三条　罪刑法定原则 ……………………… 0044

第四条　适用法律人人平等原则 ………… 0054

第五条　罪刑相适应原则 ………………… 0060

第六条　属地管辖 ………………………… 0076

第七条　属人管辖 ………………………… 0093

第八条　保护管辖 ………………………… 0110

第九条　普遍管辖 ………………………… 0124

第十条　域外刑事判决的消极承认 ……… 0138

第十一条　外交豁免 ……………………… 0152

第十二条　刑法的溯及力 ………………… 0166

第二章　犯　罪

第一节　犯罪和刑事责任

第十三条　犯罪概念 ……………………… 0205

第十四条　故意犯罪 ……………………… 0238

第十五条　过失犯罪 ……………………… 0246

第十六条　不可抗力与意外事件 ………… 0253

第十七条　关于刑事责任年龄的规定 …… 0255

第十七条之一　年龄对老年人责任能力的影响 … 0263

第十八条　关于精神病人和醉酒人的刑事责任能力的规定 …………………… 0267

第十九条　聋哑人、盲人的刑事责任 ………… 0274

第二十条　正当防卫 …… 0277
第二十一条　紧急避险 …… 0310
第二节　犯罪的预备、未遂和中止
第二十二条　犯罪预备 …… 0346
第二十三条　犯罪未遂 …… 0358
第二十四条　犯罪中止 …… 0390
第三节　共同犯罪
第二十五条　共同犯罪 …… 0441
第二十六条　主　犯 …… 0464
第二十七条　从　犯 …… 0483
第二十八条　胁从犯 …… 0502
第二十九条　教唆犯 …… 0514
第四节　单位犯罪
第三十条　单位犯罪的特征和成立范围 …… 0546
第三十一条　单位犯罪的处罚原则 …… 0565

第三章　刑　罚
第一节　刑罚的种类
第三十二条　主刑和附加刑 …… 0586
第三十三条　主刑的种类 …… 0589
第三十四条　附加刑的种类 …… 0597
第三十五条　驱逐出境 …… 0603
第三十六条　赔偿经济损失与民事赔偿优先原则 …… 0611
第三十七条　免予刑事处罚与非刑罚处罚措施 …… 0617
第三十七条之一　从业禁止 …… 0624
第二节　管　制
第三十八条　管制的期限与执行机关 …… 0644
第三十九条　被管制罪犯的义务与权利 …… 0653
第四十条　管制期满解除 …… 0657
第四十一条　管制刑期的计算和折抵 …… 0659
第三节　拘　役
第四十二条　拘役的期限 …… 0669
第四十三条　拘役的执行 …… 0671
第四十四条　拘役刑期的计算与折抵 …… 0676
第四节　有期徒刑、无期徒刑
第四十五条　有期徒刑的期限 …… 0684

第四十六条 有期徒刑与无期徒刑的执行 …… 0691
第四十七条 有期徒刑的刑期计算与折抵 …… 0705
第五节 死 刑
第四十八条 死刑的适用条件、执行方式与核准程序 …… 0722
第四十九条 不适用死刑的对象 …… 0746
第五十条 死缓的法律后果 …… 0757
第五十一条 死缓期间与减为有期徒刑的刑期计算 …… 0777
第六节 罚 金
第五十二条 决定罚金数额的根据 …… 0782
第五十三条 罚金的缴纳 …… 0790
第七节 剥夺政治权利
第五十四条 剥夺政治权利的含义 …… 0803
第五十五条 剥夺政治权利的期限 …… 0809
第五十六条 剥夺政治权利的附加、独立适用 …… 0812
第五十七条 对死刑、无期徒刑罪犯剥夺政治权利的适用 …… 0819
第五十八条 剥夺政治权利的刑期计算、效力与执行 …… 0823
第八节 没收财产
第五十九条 没收财产的范围 …… 0834
第六十条 正当债务的偿还 …… 0844

第四章 刑罚的具体运用
第一节 量 刑
第六十一条 量刑的一般原则 …… 0861
第六十二条 从重处罚与从轻处罚 …… 0881
第六十三条 减轻处罚 …… 0894
第六十四条 涉罪款物的处置 …… 0901
第二节 累 犯
第六十五条 一般累犯 …… 0907
第六十六条 特别累犯 …… 0917
第三节 自首和立功
第六十七条 自首与坦白 …… 0923
第六十八条 立 功 …… 0943
第四节 数罪并罚
第六十九条 判决宣告前一人犯数罪的并罚 …… 0953
第七十条 发现漏罪的并罚 …… 0967
第七十一条 再犯新罪的并罚 …… 0972

第五节　缓　刑
第七十二条　缓刑的条件 …… 0978
第七十三条　缓刑考验期 …… 0986
第七十四条　缓刑的限制 …… 0988
第七十五条　缓刑考察内容 …… 0990
第七十六条　对缓刑犯的社区矫正、缓刑考验合格 …… 0992
第七十七条　缓刑的撤销 …… 0994
第六节　减　刑
第七十八条　减刑的适用条件与限度 …… 0999
第七十九条　减刑程序 …… 1008
第八十条　无期徒刑减刑的刑期起算 …… 1010
第七节　假　释
第八十一条　假释适用条件 …… 1014
第八十二条　假释程序 …… 1021
第八十三条　假释考验期限 …… 1023
第八十四条　假释考验的内容 …… 1025
第八十五条　假释监督主体、假释法律后果 …… 1027
第八十六条　假释的撤销 …… 1029
第八节　时　效
第八十七条　追诉时效期限 …… 1034
第八十八条　追诉期限的延长 …… 1039
第八十九条　追诉期限的计算 …… 1045
第五章　其他规定
第九十条　民族自治地方刑法适用的变通 …… 1050
第九十一条　公共财产的含义与范围 …… 1054
第九十二条　公民私人所有的财产范围 …… 1060
第九十三条　国家工作人员 …… 1065
第九十四条　司法工作人员 …… 1074
第九十五条　重　伤 …… 1079
第九十六条　违反国家规定 …… 1081
第九十七条　首要分子 …… 1084
第九十八条　告诉才处理 …… 1089
第九十九条　关于以上、以下、以内的规定 …… 1091
第一百条　前科报告制度 …… 1093
第一百零一条　总则规范的适用 …… 1096

第二编　分　则

第一章　危害国家安全罪

第一百零二条　背叛国家罪 …… 1106
第一百零三条　分裂国家罪;煽动分裂国家罪 …… 1110
第一百零四条　武装叛乱、暴乱罪 …… 1118
第一百零五条　颠覆国家政权罪;煽动颠覆国家政权罪 …… 1123
第一百零六条　与境外勾结的从重处罚规定 …… 1129
第一百零七条　资助危害国家安全犯罪活动罪 …… 1131
第一百零八条　投敌叛变罪 …… 1135
第一百零九条　叛逃罪 …… 1139
第一百一十条　间谍罪 …… 1144
第一百一十一条　为境外窃取、刺探、收买、非法提供国家秘密、情报罪 …… 1150
第一百一十二条　资敌罪 …… 1155
第一百一十三条　本章之罪死刑、没收财产的适用 …… 1159

第二章　危害公共安全罪

第一百一十四条　放火罪;决水罪;爆炸罪;投放危险物质罪;以危险方法危害公共安全罪 …… 1173
第一百一十五条　放火罪;决水罪;爆炸罪;投放危险物质罪;以危险方法危害公共安全罪;失火罪;过失决水罪;过失爆炸罪;过失投放危险物质罪;过失以危险方法危害公共安全罪 …… 1190
第一百一十六条　破坏交通工具罪 …… 1198
第一百一十七条　破坏交通设施罪 …… 1203
第一百一十八条　破坏电力设备罪;破坏易燃易爆设备罪 …… 1208
第一百一十九条　破坏交通工具罪;破坏交通设施罪;破坏电力设备罪;破坏易燃易爆设备罪;过失损坏交通工具罪;过失损坏交通设施罪;过失损坏电力设备罪;过失损坏易燃易爆设备罪 …… 1214
第一百二十条　组织、领导、参加恐怖组织罪 …… 1220
第一百二十条之一　帮助恐怖活动罪 …… 1227
第一百二十条之二　准备实施恐怖活动罪 …… 1232
第一百二十条之三　宣扬恐怖主义、极端主义、煽动实施恐怖活动罪 …… 1237
第一百二十条之四　利用极端主义破坏法律实施罪 …… 1242

第一百二十条之五　强制穿戴宣扬恐怖主义、极端主义服饰、标志罪 …… 1248
第一百二十条之六　非法持有宣扬恐怖主义、极端主义物品罪 …… 1253
第一百二十一条　劫持航空器罪 …… 1258
第一百二十二条　劫持船只、汽车罪 …… 1264
第一百二十三条　暴力危及飞行安全罪 …… 1268
第一百二十四条　破坏广播电视设施、公用电信设施罪;过失损坏广播电视设施、公用电信设施罪 …… 1272
第一百二十五条　非法制造、买卖、运输、邮寄、储存枪支、弹药爆炸物罪;非法制造、买卖、运输、储存危险物质罪 …… 1279
第一百二十六条　违规制造、销售枪支罪 …… 1288
第一百二十七条　盗窃、抢夺枪支、弹药、爆炸物、危险物质罪;抢劫枪支、弹药、爆炸物、危险物质罪 …… 1292
第一百二十八条　非法持有、私藏枪支、弹药罪;非法出租、出借枪支罪 …… 1297
第一百二十九条　丢失枪支不报罪 …… 1303
第一百三十条　非法携带枪支、弹药、管制刀具、危险物品危及公共安全罪 …… 1307
第一百三十一条　重大飞行事故罪 …… 1312
第一百三十二条　铁路运营安全事故罪 …… 1315
第一百三十三条　交通肇事罪 …… 1318
第一百三十三条之一　危险驾驶罪 …… 1327
第一百三十三条之二　妨害安全驾驶罪 …… 1333
第一百三十四条　重大责任事故罪;强令、组织他人违章冒险作业罪 …… 1340
第一百三十四条之一　危险作业罪 …… 1348
第一百三十五条　重大劳动安全事故罪 …… 1352
第一百三十五条之一　大型群众性活动重大安全事故罪 …… 1357
第一百三十六条　危险物品肇事罪 …… 1360
第一百三十七条　工程重大安全事故罪 …… 1365
第一百三十八条　教育设施重大安全事故罪 …… 1369
第一百三十九条　消防责任事故罪 …… 1372
第一百三十九条之一　不报、谎报安全事故罪 …… 1376

第三章　破坏社会主义市场经济秩序罪
第一节　生产、销售伪劣商品罪
第一百四十条　生产、销售伪劣产品罪 …… 1391
第一百四十一条　生产、销售、提供假药罪 …… 1401

第一百四十二条 生产、销售、提供劣药罪 …… 1411
第一百四十二条之一 妨害药品管理罪 …… 1418
第一百四十三条 生产、销售不符合安全标准的食品罪 …… 1424
第一百四十四条 生产、销售有毒、有害食品罪 …… 1431
第一百四十五条 生产、销售不符合标准的医用器材罪 …… 1440
第一百四十六条 生产、销售不符合安全标准的产品罪 …… 1447
第一百四十七条 生产、销售伪劣农药、兽药、化肥、种子罪 …… 1453
第一百四十八条 生产、销售不符合卫生标准的化妆品罪 …… 1459
第一百四十九条 对生产、销售伪劣商品行为的法条适用 …… 1464
第一百五十条 单位犯本节之罪的处罚 …… 1466

第二节 走私罪

第一百五十一条 走私武器、弹药罪;走私核材料罪;走私假币罪;走私文物罪;走私贵重金属罪;走私珍贵动物、珍贵动物制品罪;走私国家禁止进出口的货物、物品罪 …… 1469
第一百五十二条 走私淫秽物品罪;走私废物罪 …… 1477
第一百五十三条 走私普通货物、物品罪 …… 1482
第一百五十四条 后续性走私 …… 1487
第一百五十五条 准走私 …… 1489
第一百五十六条 走私共同犯罪 …… 1491
第一百五十七条 对武装掩护走私及以暴力、威胁方法抗拒缉私的处罚 …… 1493

第三节 妨害对公司、企业的管理秩序罪

第一百五十八条 虚报注册资本罪 …… 1499
第一百五十九条 虚假出资、抽逃出资罪 …… 1504
第一百六十条 欺诈发行证券罪 …… 1509
第一百六十一条 违规披露、不披露重要信息罪 …… 1515
第一百六十二条 妨害清算罪 …… 1521
第一百六十二条之一 隐匿、故意销毁会计凭证、会计帐簿、财务会计报告罪 …… 1526
第一百六十二条之二 虚假破产罪 …… 1530
第一百六十三条 非国家工作人员受贿罪 …… 1534
第一百六十四条 对非国家工作人员行贿罪;对外国公职人员、国际公共组织官员行贿罪 …… 1541
第一百六十五条 非法经营同类营业罪 …… 1545
第一百六十六条 为亲友非法牟利罪 …… 1548

第一百六十七条　签订、履行合同失职被骗罪 …… 1552
第一百六十八条　国有公司、企业、事业单位人员失职罪;国有公司、企业、事业单位人员滥用职权罪 …… 1555
第一百六十九条　徇私舞弊低价折股、出售国有资产罪 …… 1559
第一百六十九条之一　背信损害上市公司利益罪 …… 1562
第四节　破坏金融管理秩序罪
第一百七十条　伪造货币罪 …… 1568
第一百七十一条　出售、购买、运输假币罪;金融工作人员购买假币、以假币换取货币罪 …… 1572
第一百七十二条　持有、使用假币罪 …… 1577
第一百七十三条　变造货币罪 …… 1581
第一百七十四条　擅自设立金融机构罪;伪造、变造、转让金融机构经营许可证、批准文件罪 …… 1584
第一百七十五条　高利转贷罪 …… 1589
第一百七十五条之一　骗取贷款、票据承兑、金融票证罪 …… 1592
第一百七十六条　非法吸收公众存款罪 …… 1597
第一百七十七条　伪造、变造金融票证罪 …… 1603
第一百七十七条之一　妨害信用卡管理罪;窃取、收买、非法提供信用卡信息罪 …… 1607
第一百七十八条　伪造、变造国家有价证券罪;伪造、变造股票、公司、企业债券罪 …… 1611
第一百七十九条　擅自发行股票、公司、企业债券罪 …… 1615
第一百八十条　内幕交易、泄露内幕信息罪;利用未公开信息交易罪 …… 1619
第一百八十一条　编造并传播证券、期货交易虚假信息罪;诱骗投资者买卖证券、期货合约罪 …… 1625
第一百八十二条　操纵证券、期货市场罪 …… 1629
第一百八十三条　职务侵占罪、贪污罪例示规定 …… 1634
第一百八十四条　非国家工作人员受贿罪、受贿罪例示规定 …… 1636
第一百八十五条　挪用资金罪、挪用公款罪例示规定 …… 1638
第一百八十五条之一　背信运用受托财产罪;违法运用资金罪 …… 1640
第一百八十六条　违法发放贷款罪 …… 1643
第一百八十七条　吸收客户资金不入帐罪 …… 1647
第一百八十八条　违规出具金融票证罪 …… 1650
第一百八十九条　对违法票据承兑、付款、保证罪 …… 1653
第一百九十条　逃汇罪 …… 1657

第一百九十一条 洗钱罪 …… 1662
第五节 金融诈骗罪
第一百九十二条 集资诈骗罪 …… 1673
第一百九十三条 贷款诈骗罪 …… 1681
第一百九十四条 票据诈骗罪;金融凭证诈骗罪 …… 1690
第一百九十五条 信用证诈骗罪 …… 1705
第一百九十六条 信用卡诈骗罪 …… 1713
第一百九十七条 有价证券诈骗罪 …… 1723
第一百九十八条 保险诈骗罪 …… 1730
第一百九十九条 根据《刑法修正案(九)》删去本条内容 …… 1745
第二百条 单位犯本节之罪的处罚 …… 1746
第六节 危害税收征管罪
第二百零一条 逃税罪 …… 1751
第二百零二条 抗税罪 …… 1762
第二百零三条 逃避追缴欠税罪 …… 1768
第二百零四条 骗取出口退税罪 …… 1773
第二百零五条 虚开增值税专用发票、用于骗取出口退税、抵扣税款发票罪 …… 1780
第二百零五条之一 虚开发票罪 …… 1793
第二百零六条 伪造、出售伪造的增值税专用发票罪 …… 1797
第二百零七条 非法出售增值税专用发票罪 …… 1802
第二百零八条 非法购买增值税专用发票、购买伪造的增值税专用发票罪 …… 1806
第二百零九条 非法制造、出售非法制造的用于骗取出口退税、抵扣税款发票罪;非法制造、出售非法制造的发票罪;非法出售用于骗取出口退税、抵扣税款发票罪;非法出售发票罪 …… 1810
第二百一十条 盗窃、骗取增值税专用发票或者其他相关发票的处罚的规定 …… 1816
第二百一十条之一 持有伪造的发票罪 …… 1818
第二百一十一条 单位犯危害税收征管罪的处罚规定 …… 1821
第二百一十二条 优先追缴税款、出口退税款 …… 1822
第七节 侵犯知识产权罪
第二百一十三条 假冒注册商标罪 …… 1827
第二百一十四条 销售假冒注册商标的商品罪 …… 1836
第二百一十五条 非法制造、销售非法制造的注册商标标识罪 …… 1842

第二百一十六条　假冒专利罪 …… 1849
第二百一十七条　侵犯著作权罪 …… 1853
第二百一十八条　销售侵权复制品罪 …… 1866
第二百一十九条　侵犯商业秘密罪 …… 1870
第二百一十九条之一　为境外窃取、刺探、收买、非法提供商业秘密罪 …… 1880
第二百二十条　单位犯罪 …… 1884
第八节　扰乱市场秩序罪
第二百二十一条　损害商业信誉、商品声誉罪 …… 1888
第二百二十二条　虚假广告罪 …… 1897
第二百二十三条　串通投标罪 …… 1905
第二百二十四条　合同诈骗罪 …… 1909
第二百二十四条之一　组织、领导传销活动罪 …… 1916
第二百二十五条　非法经营罪 …… 1921
第二百二十六条　强迫交易罪 …… 1927
第二百二十七条　伪造、倒卖伪造的有价票证罪;倒卖车票、船票罪 …… 1938
第二百二十八条　非法转让、倒卖土地使用权罪 …… 1956
第二百二十九条　提供虚假证明文件罪;出具证明文件重大失实罪 …… 1965
第二百三十条　逃避商检罪 …… 1979
第二百三十一条　单位犯扰乱市场秩序罪的处罚规定 …… 1986

第四章　侵犯公民人身权利、民主权利罪
第二百三十二条　故意杀人罪 …… 1997
第二百三十三条　过失致人死亡罪 …… 2023
第二百三十四条　故意伤害罪 …… 2032
第二百三十四条之一　组织出卖人体器官罪 …… 2054
第二百三十五条　过失致人重伤罪 …… 2069
第二百三十六条　强奸罪 …… 2073
第二百三十六条之一　负有照护职责人员性侵罪 …… 2109
第二百三十七条　强制猥亵、侮辱罪;猥亵儿童罪 …… 2120
第二百三十八条　非法拘禁罪 …… 2139
第二百三十九条　绑架罪 …… 2153
第二百四十条　拐卖妇女、儿童罪 …… 2174
第二百四十一条　收买被拐卖的妇女、儿童罪 …… 2195
第二百四十二条　聚众阻碍解救被收买的妇女、儿童罪 …… 2203

第二百四十三条 诬告陷害罪 …… 2208
第二百四十四条 强迫劳动罪 …… 2219
第二百四十四条之一 雇用童工从事危重劳动罪 …… 2226
第二百四十五条 非法搜查罪;非法侵入住宅罪 …… 2232
第二百四十六条 侮辱罪;诽谤罪 …… 2243
第二百四十七条 刑讯逼供罪;暴力取证罪 …… 2259
第二百四十八条 虐待被监管人罪 …… 2272
第二百四十九条 煽动民族仇恨、民族歧视罪 …… 2279
第二百五十条 出版歧视、侮辱少数民族作品罪 …… 2283
第二百五十一条 非法剥夺公民宗教信仰自由罪;侵犯少数民族风俗习惯罪 …… 2289
第二百五十二条 侵犯通信自由罪 …… 2298
第二百五十三条 私自开拆、隐匿、毁弃邮件、电报罪 …… 2304
第二百五十三条之一 侵犯公民个人信息罪 …… 2311
第二百五十四条 报复陷害罪 …… 2323
第二百五十五条 打击报复会计、统计人员罪 …… 2330
第二百五十六条 破坏选举罪 …… 2335
第二百五十七条 暴力干涉婚姻自由罪 …… 2342
第二百五十八条 重婚罪 …… 2348
第二百五十九条 破坏军婚罪 …… 2360
第二百六十条 虐待罪 …… 2366
第二百六十条之一 虐待被监护、看护人罪 …… 2372
第二百六十一条 遗弃罪 …… 2378
第二百六十二条 拐骗儿童罪 …… 2386
第二百六十二条之一 组织残疾人、儿童乞讨罪 …… 2391
第二百六十二条之二 组织未成年人进行违反治安管理活动罪 …… 2396

第五章 侵犯财产罪

第二百六十三条 抢劫罪 …… 2420
第二百六十四条 盗窃罪 …… 2465
第二百六十五条 盗窃罪(特别规定) …… 2499
第二百六十六条 诈骗罪 …… 2502
第二百六十七条 抢夺罪 …… 2533
第二百六十八条 聚众哄抢罪 …… 2546
第二百六十九条 事后抢劫罪 …… 2555
第二百七十条 侵占罪 …… 2569

第二百七十一条　职务侵占罪 …… 2605
第二百七十二条　挪用资金罪 …… 2618
第二百七十三条　挪用特定款物罪 …… 2632
第二百七十四条　敲诈勒索罪 …… 2642
第二百七十五条　故意毁坏财物罪 …… 2658
第二百七十六条　破坏生产经营罪 …… 2671
第二百七十六条之一　拒不支付劳动报酬罪 …… 2680

第六章　妨害社会管理秩序罪
第一节　扰乱公共秩序罪
第二百七十七条　妨害公务罪;袭警罪 …… 2708
第二百七十八条　煽动暴力抗拒法律实施罪 …… 2725
第二百七十九条　招摇撞骗罪 …… 2730
第二百八十条　伪造、变造、买卖国家机关公文、证件、印章罪;盗窃、抢夺、毁灭国家机关公文、证件、印章罪;伪造公司、企业、事业单位、人民团体印章罪;伪造、变造、买卖身份证件罪 …… 2738
第二百八十条之一　使用虚假身份证件、盗用身份证件罪 …… 2758
第二百八十条之二　冒名顶替罪 …… 2763
第二百八十一条　非法生产、买卖警用装备罪 …… 2769
第二百八十二条　非法获取国家秘密罪;非法持有国家绝密、机密文件、资料、物品罪 …… 2772
第二百八十三条　非法生产、销售专用间谍器材、窃听、窃照专用器材罪 …… 2778
第二百八十四条　非法使用窃听、窃照专用器材罪 …… 2781
第二百八十四条之一　组织考试作弊罪;非法出售、提供试题、答案罪;代替考试罪 …… 2785
第二百八十五条　非法侵入计算机信息系统罪;非法获取计算机信息系统数据、非法控制计算机信息系统罪;提供侵入、非法控制计算机信息系统的程序、工具罪 …… 2796
第二百八十六条　破坏计算机信息系统罪 …… 2816
第二百八十六条之一　拒不履行信息网络安全管理义务罪 …… 2826
第二百八十七条　利用计算机实施有关犯罪的规定 …… 2840
第二百八十七条之一　非法利用信息网络罪 …… 2847
第二百八十七条之二　帮助信息网络犯罪活动罪 …… 2856
第二百八十八条　扰乱无线电通讯管理秩序罪 …… 2865

第二百八十九条　故意伤害罪;故意杀人罪;抢劫罪 …… 2871
第二百九十条　聚众扰乱社会秩序罪;聚众冲击国家机关罪;扰乱国家机关工作秩序罪;组织、资助非法聚集罪 …… 2878
第二百九十一条　聚众扰乱公共场所秩序、交通秩序罪 …… 2885
第二百九十一条之一　投放虚假危险物质罪;编造、故意传播虚假恐怖信息罪;编造、故意传播虚假信息罪 …… 2890
第二百九十一条之二　高空抛物罪 …… 2899
第二百九十二条　聚众斗殴罪 …… 2903
第二百九十三条　寻衅滋事罪 …… 2911
第二百九十三条之一　催收非法债务罪 …… 2919
第二百九十四条　组织、领导、参加黑社会性质组织罪;入境发展黑社会组织罪;包庇、纵容黑社会性质组织罪 …… 2923
第二百九十五条　传授犯罪方法罪 …… 2941
第二百九十六条　非法集会、游行、示威罪 …… 2945
第二百九十七条　非法携带武器、管制刀具、爆炸物参加集会、游行、示威罪 …… 2948
第二百九十八条　破坏集会、游行、示威罪 …… 2951
第二百九十九条　侮辱国旗、国徽、国歌罪 …… 2954
第二百九十九条之一　侵害英雄烈士名誉、荣誉罪 …… 2958
第三百条　组织、利用会道门、邪教组织、利用迷信破坏法律实施罪;组织、利用会道门、邪教组织、利用迷信致人重伤、死亡罪 …… 2962
第三百零一条　聚众淫乱罪;引诱未成年人聚众淫乱罪 …… 2969
第三百零二条　盗窃、侮辱、故意毁坏尸体、尸骨、骨灰罪 …… 2973
第三百零三条　赌博罪;开设赌场罪;组织参与国(境)外赌博罪 … 2976
第三百零四条　故意延误投递邮件罪 …… 2986
第二节　妨害司法罪
第三百零五条　伪证罪 …… 2994
第三百零六条　辩护人、诉讼代理人毁灭证据、伪造证据、妨害作证罪 …… 3006
第三百零七条　妨害作证罪;帮助毁灭、伪造证据罪 …… 3023
第三百零七条之一　虚假诉讼罪 …… 3038
第三百零八条　打击报复证人罪 …… 3055
第三百零八条之一　泄露不应公开的案件信息罪;披露、报道不应公开的案件信息罪 …… 3069
第三百零九条　扰乱法庭秩序罪 …… 3079

第三百一十条　窝藏、包庇罪 …… 3086
第三百一十一条　拒绝提供间谍犯罪、恐怖主义犯罪、极端主义犯罪证据罪 …… 3107
第三百一十二条　掩饰、隐瞒犯罪所得、犯罪所得收益罪 …… 3114
第三百一十三条　拒不执行判决、裁定罪 …… 3143
第三百一十四条　非法处置查封、扣押、冻结的财产罪 …… 3154
第三百一十五条　破坏监管秩序罪 …… 3160
第三百一十六条　脱逃罪;劫夺被押解人员罪 …… 3164
第三百一十七条　组织越狱罪;暴动越狱罪;聚众持械劫狱罪 …… 3172
第三节　妨害国(边)境管理罪
第三百一十八条　组织他人偷越国(边)境罪 …… 3187
第三百一十九条　骗取出境证件罪 …… 3192
第三百二十条　提供伪造、变造的出入境证件罪;出售出入境证件罪 …… 3199
第三百二十一条　运送他人偷越国(边)境罪 …… 3204
第三百二十二条　偷越国(边)境罪 …… 3210
第三百二十三条　破坏界碑、界桩罪;破坏永久性测量标志罪 …… 3218
第四节　妨害文物管理罪
第三百二十四条　故意损毁文物罪;故意损毁名胜古迹罪;过失损毁文物罪 …… 3228
第三百二十五条　非法向外国人出售、赠送珍贵文物罪 …… 3235
第三百二十六条　倒卖文物罪 …… 3239
第三百二十七条　非法出售、私赠文物藏品罪 …… 3244
第三百二十八条　盗掘古文化遗址、古墓葬罪;盗掘古人类化石、古脊椎动物化石罪 …… 3249
第三百二十九条　抢夺、窃取国有档案罪;擅自出卖、转让国有档案罪 …… 3257
第五节　危害公共卫生罪
第三百三十条　妨害传染病防治罪 …… 3267
第三百三十一条　传染病菌种、毒种扩散罪 …… 3273
第三百三十二条　妨害国境卫生检疫罪 …… 3278
第三百三十三条　非法组织卖血罪;强迫卖血罪 …… 3282
第三百三十四条　非法采集、供应血液、制作、供应血液制品罪;采集、供应血液、制作、供应血液制品事故罪 …… 3286
第三百三十四条之一　非法采集人类遗传资源、走私人类遗传资源材料罪 …… 3293

第三百三十五条 医疗事故罪 …… 3298
第三百三十六条 非法行医罪;非法进行节育手术罪 …… 3301
第三百三十六条之一 非法植入基因编辑、克隆胚胎罪 …… 3310
第三百三十七条 妨害动植物防疫、检疫罪 …… 3314
第六节 破坏环境资源保护罪
第三百三十八条 污染环境罪 …… 3323
第三百三十九条 非法处置进口的固体废物罪;擅自进口固体废物罪 …… 3330
第三百四十条 非法捕捞水产品罪 …… 3334
第三百四十一条 危害珍贵、濒危野生动物罪;非法狩猎罪;非法猎捕、收购、运输、出售陆生野生动物罪 …… 3338
第三百四十二条 非法占用农用地罪 …… 3345
第三百四十二条之一 破坏自然保护地罪 …… 3349
第三百四十三条 非法采矿罪;破坏性采矿罪 …… 3351
第三百四十四条 危害国家重点保护植物罪 …… 3356
第三百四十四条之一 非法引进、释放、丢弃外来入侵物种罪 …… 3359
第三百四十五条 盗伐林木罪;滥伐林木罪;非法收购、运输盗伐、滥伐的林木罪 …… 3361
第三百四十六条 破坏环境资源保护罪的单位犯罪 …… 3367
第七节 走私、贩卖、运输、制造毒品罪
第三百四十七条 走私、贩卖、运输、制造毒品罪 …… 3373
第三百四十八条 非法持有毒品罪 …… 3398
第三百四十九条 包庇毒品犯罪分子罪;窝藏、转移、隐瞒毒品、毒赃罪 …… 3406
第三百五十条 非法生产、买卖、运输制毒物品、走私制毒物品罪 …… 3412
第三百五十一条 非法种植毒品原植物罪 …… 3418
第三百五十二条 非法买卖、运输、携带、持有毒品原植物种子、幼苗罪 …… 3422
第三百五十三条 引诱、教唆、欺骗他人吸毒罪;强迫他人吸毒罪 …… 3425
第三百五十四条 容留他人吸毒罪 …… 3428
第三百五十五条 非法提供麻醉药品、精神药品罪 …… 3432
第三百五十五条之一 妨害兴奋剂管理罪 …… 3436
第三百五十六条 毒品犯罪的再犯 …… 3440
第三百五十七条 毒品的范围及毒品数量的计算 …… 3444

第八节　组织、强迫、引诱、容留、介绍卖淫罪
第三百五十八条　组织卖淫罪;强迫卖淫罪;协助组织卖淫罪 ……… 3456
第三百五十九条　引诱、容留、介绍卖淫罪;引诱幼女卖淫罪 ……… 3470
第三百六十条　传播性病罪 ……… 3478
第三百六十一条　特定人员组织卖淫罪,强迫卖淫罪,引诱、容留、介绍卖淫罪,引诱幼女卖淫罪的注意规定 ……… 3482
第三百六十二条　特定人员窝藏、包庇卖淫、嫖娼的注意规定 ……… 3484
第九节　制作、贩卖、传播淫秽物品罪
第三百六十三条　制作、复制、出版、贩卖、传播淫秽物品牟利罪;为他人提供书号出版淫秽书刊罪 ……… 3489
第三百六十四条　传播淫秽物品罪;组织播放淫秽音像制品罪 ……… 3505
第三百六十五条　组织淫秽表演罪 ……… 3513
第三百六十六条　单位犯本节规定之罪的处罚 ……… 3517
第三百六十七条　淫秽物品的范围 ……… 3519

第七章　危害国防利益罪
第三百六十八条　阻碍军人执行职务罪;阻碍军事行动罪 ……… 3532
第三百六十九条　破坏武器装备、军事设施、军事通信罪;过失损坏武器装备、军事设施、军事通信罪 ……… 3544
第三百七十条　故意提供不合格武器装备、军事设施罪;过失提供不合格武器装备、军事设施罪 ……… 3553
第三百七十一条　聚众冲击军事禁区罪;聚众扰乱军事管理区秩序罪 ……… 3560
第三百七十二条　冒充军人招摇撞骗罪 ……… 3569
第三百七十三条　煽动军人逃离部队罪;雇用逃离部队军人罪 ……… 3577
第三百七十四条　接送不合格兵员罪 ……… 3583
第三百七十五条　伪造、变造、买卖武装部队公文、证件、印章罪;盗窃、抢夺武装部队公文、证件、印章罪;非法生产、买卖武装部队制式服装罪;伪造、盗窃、买卖、非法提供、非法使用武装部队专用标志罪 ……… 3588
第三百七十六条　战时拒绝、逃避征召、军事训练罪;战时拒绝、逃避服役罪 ……… 3601
第三百七十七条　战时故意提供虚假敌情罪 ……… 3606
第三百七十八条　战时造谣扰乱军心罪 ……… 3610
第三百七十九条　战时窝藏逃离部队军人罪 ……… 3614
第三百八十条　战时拒绝、故意延误军事订货罪 ……… 3617

第三百八十一条 战时拒绝军事征收、征用罪 …… 3620

第八章 贪污贿赂罪

第三百八十二条 贪污罪 …… 3632
第三百八十三条 贪污罪的处罚 …… 3665
第三百八十四条 挪用公款罪 …… 3669
第三百八十五条 受贿罪 …… 3738
第三百八十六条 受贿罪的处罚 …… 3828
第三百八十七条 单位受贿罪 …… 3849
第三百八十八条 受贿罪 …… 3870
第三百八十八条之一 利用影响力受贿罪 …… 3882
第三百八十九条 行贿罪 …… 3914
第三百九十条 行贿罪的处罚规定;关联行贿罪 …… 3960
第三百九十条之一 对有影响力的人行贿罪 …… 3966
第三百九十一条 对单位行贿罪 …… 3976
第三百九十二条 介绍贿赂罪 …… 4013
第三百九十三条 单位行贿罪 …… 4055
第三百九十四条 贪污罪的特别规定 …… 4085
第三百九十五条 巨额财产来源不明罪;隐瞒境外存款罪 …… 4092
第三百九十六条 私分国有资产罪;私分罚没财物罪 …… 4125

第九章 渎职罪

第三百九十七条 滥用职权罪;玩忽职守罪 …… 4164
第三百九十八条 故意泄露国家秘密罪;过失泄露国家秘密罪 …… 4215
第三百九十九条 徇私枉法罪;民事、行政枉法裁判罪;执行判决、裁定失职罪;执行判决、裁定滥用职权罪 …… 4231
第三百九十九条之一 枉法仲裁罪 …… 4262
第四百条 私放在押人员罪;失职致使在押人员脱逃罪 …… 4269
第四百零一条 徇私舞弊减刑、假释、暂予监外执行罪 …… 4277
第四百零二条 徇私舞弊不移交刑事案件罪 …… 4283
第四百零三条 滥用管理公司、证券职权罪 …… 4288
第四百零四条 徇私舞弊不征、少征税款罪 …… 4292
第四百零五条 徇私舞弊发售发票、抵扣税款、出口退税罪;违法提供出口退税凭证罪 …… 4296
第四百零六条 国家机关工作人员签订、履行合同失职被骗罪 …… 4301
第四百零七条 违法发放林木采伐许可证罪 …… 4305

第四百零八条 环境监管失职罪 …… 4310
第四百零八条之一 食品、药品监管渎职罪 …… 4314
第四百零九条 传染病防治失职罪 …… 4324
第四百一十条 非法批准征收、征用、占用土地罪;非法低价出让国有土地使用权罪 …… 4331
第四百一十一条 放纵走私罪 …… 4342
第四百一十二条 商检徇私舞弊罪;商检失职罪 …… 4350
第四百一十三条 动植物检疫徇私舞弊罪;动植物检疫失职罪 …… 4360
第四百一十四条 放纵制售伪劣商品犯罪行为罪 …… 4369
第四百一十五条 办理偷越国(边)境人员出入境证件罪;放行偷越国(边)境人员罪 …… 4377
第四百一十六条 不解救被拐卖、绑架妇女、儿童罪;阻碍解救被拐卖、绑架妇女、儿童罪 …… 4385
第四百一十七条 帮助犯罪分子逃避处罚罪 …… 4395
第四百一十八条 招收公务员、学生徇私舞弊罪 …… 4404
第四百一十九条 失职造成珍贵文物损毁、流失罪 …… 4411

第十章 军人违反职责罪

第四百二十条 军人违反职责罪的概念 …… 4430
第四百二十一条 战时违抗命令罪 …… 4434
第四百二十二条 隐瞒、谎报军情罪;拒传、假传军令罪 …… 4453
第四百二十三条 投降罪 …… 4465
第四百二十四条 战时临阵脱逃罪 …… 4471
第四百二十五条 擅离、玩忽军事职守罪 …… 4476
第四百二十六条 阻碍执行军事职务罪 …… 4483
第四百二十七条 指使部属违反职责罪 …… 4490
第四百二十八条 违令作战消极罪 …… 4496
第四百二十九条 拒不救援友邻部队罪 …… 4502
第四百三十条 军人叛逃罪 …… 4509
第四百三十一条 非法获取军事秘密罪;为境外窃取、刺探、收买、非法提供军事秘密罪 …… 4516
第四百三十二条 故意泄露军事秘密罪;过失泄露军事秘密罪 …… 4528
第四百三十三条 战时造谣惑众罪 …… 4537
第四百三十四条 战时自伤罪 …… 4542
第四百三十五条 逃离部队罪 …… 4548
第四百三十六条 武器装备肇事罪 …… 4554

第四百三十七条　擅自改变武器装备编配用途罪 …… 4560
第四百三十八条　盗窃、抢夺武器装备、军用物资罪 …… 4565
第四百三十九条　非法出卖、转让武器装备罪 …… 4570
第四百四十条　遗弃武器装备罪 …… 4575
第四百四十一条　遗失武器装备罪 …… 4580
第四百四十二条　擅自出卖、转让军队房地产罪 …… 4585
第四百四十三条　虐待部属罪 …… 4589
第四百四十四条　遗弃伤病军人罪 …… 4595
第四百四十五条　战时拒不救治伤病军人罪 …… 4599
第四百四十六条　战时残害居民、掠夺居民财物罪 …… 4605
第四百四十七条　私放俘虏罪 …… 4611
第四百四十八条　虐待俘虏罪 …… 4615
第四百四十九条　战时缓刑 …… 4619
第四百五十条　军人违反职责罪的主体 …… 4628
第四百五十一条　战　时 …… 4633

附　则

第四百五十二条　刑法施行时间、废止以前的单行刑法、保留的以前的单行刑法 …… 4637

第二编　分　则

前　注

文献:张明楷:《刑法分则的解释原理》(第2版),中国人民大学出版社2011年版;黎宏:《刑法学》,法律出版社2012年版;赵秉志主编:《刑法新教程》(第4版),中国人民大学出版社2012年版;曲新久主编:《刑法学》(第5版),中国政法大学出版社2016年版;高铭暄、马克昌主编:《刑法学》(第9版),北京大学出版社、高等教育出版社2019年版;贾宇主编:《刑法学》,高等教育出版社2019年版;周光权:《刑法各论》(第4版),中国人民大学出版社2021年版;张明楷:《刑法学》(第6版),法律出版社2021年版。

细目录

Ⅰ　主旨
Ⅱ　沿革
Ⅲ　刑法分则解释的基本原理
Ⅳ　注意规定与法律拟制

Ⅰ　主旨

刑法“分则”编是与第一编总则相对应的立法设定。比较而言,刑法总则设定了犯罪与刑罚的一般性规则,而分则是对各个具体犯罪的规定,即规定具体个罪的构成要件、刑罚以及与个罪相关的与犯罪形态、刑罚科处等有关的事项。一般而言,对分则规定的理解和适用需要遵循总则规定的指导,这就是刑法总则对刑法分则的指导作用;但是如果分则规定相对于总则规定属于特别规定,那么应当排斥总则规定的作用。比如《刑法》第358条第4款规定了协助组织卖淫罪,因该条之规定,协助组织他人卖淫的就不以共犯而是以正犯论处。至于总则规定和分则特别规定之间的关系,是指导与被指导,还是特别排斥普通,需要根据法条逻辑和规范设定目的具体分析。 1

根据保护法益的性质和特征,分则分为十章,每一章规定一类犯罪,顺序依次为:危害国家安全罪,危害公共安全罪,破坏社会主义市场经济秩序罪,侵犯公民人身权利、民主权利罪,侵犯财产罪,妨害社会管理秩序罪,危害国防利益罪,贪污贿赂罪,渎职罪,军人违反职责罪。经过数次修改刑法后,依据最高人民法院《关于执行〈中华人 2

民共和国刑法〉确定罪名的规定》及其7个补充规定,共有483个罪名。刑法分则的条文通常由罪状与法定刑构成,罪状是对各个犯罪具体内容和适用条件的表述,法定刑则是指具体犯罪所适用的刑罚种类与幅度。

Ⅱ 沿革

3 1997年第八届全国人民代表大会第五次会议修订了1979年《刑法》,并公布修订后的《刑法》于1997年10月1日正式实施。此次修订,对分则规定予以了完善,主要体现在以下两个方面:

4 一是突出加强对社会主义市场经济秩序的保护。1997年《刑法》以专章规定了"破坏社会主义市场经济秩序罪",其中包括生产、销售伪劣商品罪,走私罪,妨害对公司企业的管理秩序罪,破坏金融管理秩序罪,金融诈骗罪,危害税收征管罪,侵犯知识产权罪和扰乱市场秩序罪等,增设了上百个新罪名,有力地保护了社会主义市场经济秩序,具有重要意义。

5 二是严密了刑事法网,进一步完备了刑法分则体系。这主要体现在规定了组织、领导或参加黑社会组织犯罪,境外黑社会组织到内地发展成员罪,包庇纵容黑社会性质的组织罪等黑社会组织犯罪;规定了劫持航空器罪,危害航空安全罪,组织、领导或参加恐怖组织罪,洗钱罪等国际犯罪;规定了危害国家安全罪,危害国防利益罪等国事犯罪;规定了违反传染病防治规定罪,违反检疫规定罪,非法行医罪等卫生犯罪;规定了非法扣押、拘禁人质强迫还债罪等人身犯罪;增加了一些具体的渎职犯罪行为,完善了贿赂犯罪之规定等,使刑法分则的条文从原来的103条扩增到350条,罪名更趋完备。[1]

6 1998年全国人民代表大会常务委员会《关于惩治骗购外汇、逃汇和非法买卖外汇犯罪的决定》对骗购外汇、逃汇和非法买卖外汇的犯罪行为予以了明确规定,并对《刑法》第190条进行了修改。

7 1999年《中华人民共和国刑法修正案》规定了虚开增值税专用发票罪,出售伪造的增值税专用发票罪,非法出售增值税专用发票罪,徇私舞弊造成破产、亏损罪,伪造、变造、转让金融机构许可证罪等,主要是对第三章"破坏社会主义市场经济秩序罪"相关罪名予以了完善。

8 2001年《中华人民共和国刑法修正案(二)》主要对非法占用耕地罪的罪状予以了修改完善。

9 2001年《中华人民共和国刑法修正案(三)》主要对第二章"危害公共安全罪"、洗钱罪等罪状予以了完善,并增设了投放虚假危险物质罪,编造、故意传播虚假恐怖信息罪。

---

1 参见陈曾侠:《修订完善刑法 促进依法治国》,载《探求》1997年第4期。

2002 年《中华人民共和国刑法修正案(四)》主要对生产、销售不符合标准的医用器材罪,走私废物罪,非法采伐、毁坏国家重点保护植物罪,盗伐林木罪等罪状予以了完善,增设了雇佣童工从事危重劳动罪。 10

2005 年《中华人民共和国刑法修正案(五)》增加了妨害信用卡管理罪,过失损坏武器装备、军事设施、军事通信罪,并对信用卡诈骗罪等罪状予以了完善。 11

2006 年《中华人民共和国刑法修正案(六)》对重大责任事故罪,重大劳动安全事故罪,违规披露、不披露重要信息罪等罪状予以了完善,并增加了大型群众性活动重大安全事故罪,不报、谎报安全事故罪,虚假破产罪,背信损害上市公司利益罪,骗取贷款、票据承兑、金融票证罪,背信运用受托财产罪等。 12

2009 年《中华人民共和国刑法修正案(七)》增加了利用影响力受贿罪,利用未公开信息交易罪,组织、领导传销活动罪,出售、非法提供公民个人信息罪,组织未成年人进行违反治安管理活动罪,非法获取计算机信息系统数据、非法控制计算机信息系统罪,提供侵入、非法控制计算机信息系统程序、工具罪,并对逃税罪等罪状予以了完善。 13

2011 年《中华人民共和国刑法修正案(八)》适当减少了适用死刑的罪名,主要对黑社会性质组织犯罪,敲诈勒索罪,强迫交易罪,寻衅滋事罪,生产、销售假药罪,盗窃罪,重大环境污染事故罪等罪名予以了修改完善,增加了危险驾驶罪等。 14

2015 年《中华人民共和国刑法修正案(九)》主要进一步减少了适用死刑的罪名,加大了对恐怖主义、极端主义犯罪的惩治力度,完善了惩处网络犯罪的相关规定,对强制猥亵、侮辱妇女罪,猥亵儿童罪,收买被拐卖妇女、儿童罪等侵犯公民人身权利犯罪予以了完善,加大了对腐败犯罪的惩治力度,进一步完善了惩治扰乱社会秩序犯罪的规定,增加了组织考试作弊罪,虚假诉讼罪等罪名。 15

2017 年《中华人民共和国刑法修正案(十)》主要针对侮辱国歌行为的刑事责任予以了规定。 16

2020 年《中华人民共和国刑法修正案(十一)》加大了对性侵未成年人犯罪的惩治力度,修改了妨害传染病防治罪、洗钱罪、集资诈骗罪、侵犯著作权罪等罪名,增设了负有照护职责人员性侵犯罪,妨害安全驾驶罪,高空抛物罪,袭警罪,冒名顶替罪,侵害英雄烈士名誉、荣誉罪,非法采集人类遗传资源、走私人类遗传资源材料罪,非法植入基因编辑、克隆胚胎罪,非法引进、释放、丢弃外来入侵物种罪,为境外窃取、刺探、收买、非法提供商业秘密罪等。 17

Ⅲ　刑法分则解释的基本原理

明确性原则不仅是罪刑法定原则的实质侧面,也是实行法治的基本原则。进入法典时代后,法律的"明确性"就一直受到人们的尊崇并为立法者所追求,被看作"良法"的形式要件之一。边沁、富勒、拉兹、菲尼斯等法治论者关于法治要素的论述,均将"明确性"作为法治不可或缺的重要一维。但由于语言本身的模糊性,加之立法者 18

视野和能力的局限性,决定了任何一部刑法典都无法涵盖不断变化的社会生活。因此,对刑法分则条文的解释就显得格外重要。在罪刑法定这一基本原则之下,对于应该持何种方法论和基本立场进行解释,学界存在着已经持续了十年之久的形式解释论与实质解释论之争。从一定意义上来讲,学术争鸣推动了我国刑法学理论的繁荣,与此同时,也不难发现两种解释论在争论过程中逐渐形成了许多"共识性"的结论,强调形式解释与实质解释在很多方面具有统一性,目的都是为了得出既合法又合理的适用结论。例如,二者都特别强调罪刑法定原则作为现代刑法的基本原则,因此,在对刑法条文进行解释时,不应脱离刑法条文的"可能文义"范围,而是应以刑法文本为核心探求刑法条文用语的真实含义。二者立场的差别实际上是源于观察角度的不同,最终目的都是为了得出既合法又合理的司法适用论断,因此,形式与实质并非决然对立而是可以兼容的。[2] 实际上,无论持哪种解释论立场,或采取何种解释方法,在对刑法分则条文进行评注时,应当注意两点:

19 (1)恪守罪刑法定原则。《刑法》第3条明确规定:"法律明文规定为犯罪行为的,依照法律定罪处刑;法律没有明文规定为犯罪行为的,不得定罪处刑。"这一规定标志着罪刑法定原则正式成为指导我国刑事司法实践的一项基本原则,所以刑法的解释必须对立法保持充分的尊重和谦抑,也就是对刑法文本保持尊重。从这一点来讲,要求解释者应立足于刑法条文的"可能含义"范围,坚守刑法条文的文义底线,尊重刑法条文的内在价值,不能超越刑法条文含义的有效射程,否则得出的结论就好似脱离法律文本这一"缰绳"的"野马",既不能有效地打击犯罪,也无法保障人权。简言之,无论采用何种解释立场或方法,都应保证法的安定性,避免随意出入罪,确保每个法律条文符合公众对行为结果的合理预期。

20 (2)遵从大众正义直观。刑事法律运行所追求的最终目标之一,便是公正定罪和量刑。也许有学者认为这一目标具有理论上的抽象性和模糊性,属于价值层面的问题,不宜作为认识的客体。尽管无法逻辑地将"公正"这一价值充分展现出来,但这并不影响在司法实践中应当尽可能寻求保障公正定罪的途径,以无限接近公正。[3] 而实现这一目标的最佳途径,就是探求客观存在于社会一般观念中的判断标准,以保证刑法适用的结果符合常识、常理和常情。遵从大众的正义直观具有促进刑法的规范性犯罪控制力量的功利主义价值,唯有如此,才能真正实现"良法善治"。

Ⅳ 注意规定与法律拟制

21 在刑法分则中,有些条款并未独立设定罪状,只是对其他条文部分内容的重复,这种在刑法分则已经作出基本规定的情况下,旨在提示司法适用者注意适用的规范条文,被刑法学者称为"注意规定"。除此之外,有的条款将本来不符合某种犯罪构

---

2 参见杨兴培:《刑法实质解释论与形式解释论的透析和批评》,载《法学家》2013年第1期。

3 参见李洁、王志远:《公正定罪实现论纲》,载《吉林大学社会科学学报》2006年第3期。

成要件的行为按照该罪处理,旨在实现实质的合理性和避免重复,这便是“法律拟制”。例如《刑法》第 269 条规定,犯盗窃、诈骗、抢夺罪,为窝藏赃物、抗拒抓捕或者毁灭罪证而当场使用暴力或者以暴力相威胁的,依照本法第 263 条规定的抢劫罪定罪处罚。准确理解注意规定和法律拟制,有助于精准适用刑法分则条文。而二者的区分是当前司法实务和刑法理论的疑难问题。张明楷教授主张二者的区分应当从以下方面入手:①是否存在设立注意规定的必要性?②是否存在作出法律拟制的理由?③某条款的内容与基本条款的内容是否相同?④某一条款规定的行为与基本条款规定的犯罪行为,在法益侵害上是否具有重大区别?⑤条款内容是否具有特殊内容?同时,认为分则关于“明知”的规定,大多属于注意规定。[4] 对此,周铭川博士逐一提出了质疑:①注意规定本就是对其他条文内容的重复,并未对犯罪的构成要件形成实质影响,也不会对行为的定性和量刑产生影响,因此,注意规定本就是可有可无,对其必要性的判断也就失去了意义;②对于是否处罚某行为和适用何种罪名,起决定作用的是对行为可罚性及构成要件理论的理解,因此,法律拟制的合理性判断也就无法起到界定作用;③除了明显可以区分的条文外,判定内容是否相同将陷入循环论证的窘境;④借助法益侵害上的区别判断刑法条文的性质,不符合立法实际;⑤法律拟制仅是指法律适用效果的拟制,而非事实的拟制。[5] 笔者认为,二者的区分事实上并不复杂,实际上,上述论者对注意规定和法律拟制的概念和特征的界定不存在本质差别,在大部分情形下所得出的结论是相同的。例如《刑法》第 247 条规定,司法工作人员对犯罪嫌疑人、被告人实行刑讯逼供或者使用暴力逼取证人证言的,处 3 年以下有期徒刑或者拘役。致人伤残、死亡的,依照第 234 条规定的故意伤害罪、第 232 条规定的故意杀人罪定罪从重处罚。依此规定,行为人实行刑讯逼供或者使用暴力逼取证人证言的,只要发生了致人伤亡的危害结果,就应当适用故意伤害罪或故意杀人罪条文规定进行处罚,这一规定并未改变上述两个罪名的基本构成要件,只是将与故意伤害罪、故意杀人罪具有相同或相似法益侵害性的行为,赋予了适用以上两个罪名的法律效果,显然,这一规定属于法律拟制规定。因此,只要正确把握法律拟制的概念和本质特征,就能够清晰分辨某一条文究竟是注意规定还是法律拟制,从而正确适用刑法分则条文。

4　参见张明楷:《刑法学》(第 6 版),法律出版社 2021 年版,第 866—868 页。

5　参见周铭川:《论刑法中的注意规定》,载《东北大学学报(社会科学版)》2016 年第 5 期。

第一章　危害国家安全罪

前　注

文献：于志刚主编：《危害国家安全罪》，中国人民公安大学出版社1999年版；王世洲等编：《危害国家安全罪研究》，中国检察出版社2012年版；赵秉志主编：《危害国家安全罪暨相关犯罪的法律适用》，中国法制出版社2016年版；周光权：《刑法各论》（第4版），中国人民大学出版社2021年版。刘远：《论危害国家安全罪的立法特点和立法思想》，载《河北法学》1998年第6期；欧锦雄：《危害国家安全罪的立法缺陷及其重构》，载《南京大学法律评论》2001年第2期；王世洲：《危害国家安全罪的信条学考察》，载《中国刑事法杂志》2012年第8期。

细目录

Ⅰ　主旨
Ⅱ　沿革
Ⅲ　处罚
Ⅳ　与相关法律的衔接

Ⅰ　主旨

1　本章罪是以国家安全作为保护法益的犯罪。根据体系性解释方法，这里的“国家安全”与“公共安全”并非同一概念，也并不是泛指国家利益（包括国家经济利益等），同时排除了国防利益，而是特指国家的政治利益，包括国家的内部安全与外部安全。国家的内部安全是指国家规定的特定政权的稳固，国家的外部安全是指国家的主权、领土完整与安全。因此，国家安全关系到国家的存立，对一个国家来说，是最重要的法益。

Ⅱ　沿革

2　本类罪在1979年《刑法》中规定为反革命罪，具体罪名包括：背叛祖国罪，阴谋颠覆政府罪，阴谋分裂国家罪，策动叛变罪，策动叛乱罪，投敌叛变罪，持械聚众叛乱罪，聚众劫狱罪，组织越狱罪，间谍罪，特务罪，资敌罪，反革命集团罪，利用封建迷信进行反革命活动罪，组织、利用会道门进行反革命活动罪，反革命宣传煽动罪，反革命破坏罪，反革命杀人、伤人罪。1988年9月5日通过的全国人民代表大会常务委员会

《关于惩治泄露国家秘密犯罪的补充规定》增加窃取、刺探、收买、非法提供国家秘密罪的罪名。1997 年修订《刑法》时,将反革命罪改为危害国家安全罪,取消了反革命目的的成罪要求。危害国家安全罪是类罪,由内乱性的犯罪与外患性的犯罪构成,包括 12 个具体罪名,即:背叛国家罪,分裂国家罪,煽动分裂国家罪,武装叛乱、暴乱罪,颠覆国家政权罪,煽动颠覆国家政权罪,资助危害国家安全犯罪活动罪,投敌叛变罪,叛逃罪,间谍罪,为境外窃取、刺探、收买、非法提供国家秘密、情报罪,资敌罪。《刑法修正案(八)》对《刑法》第 107 条"资助危害国家安全犯罪活动罪"进行了修订,取消了对资助对象的限制;同时对第 109 条"叛逃罪"加以修订,删除了第 1 款中的"危害中华人民共和国国家安全的",将第 2 款中的"掌握国家秘密的国家工作人员犯前款罪的"修改为"掌握国家秘密的国家工作人员叛逃境外或者在境外叛逃的"。

Ⅲ 处罚

由于本类罪的严重性,其刑罚必然严厉。12 个罪名中有 7 个可以判处死刑。同 3
时,对犯本章规定之罪的,应当附加剥夺政治权利(《刑法》第 56 条),可以并处没收财产(《刑法》第 113 条)。

Ⅳ 与相关法律的衔接

《国家安全法》第 13 条第 2 款规定,任何个人和组织违反本法和有关法律,不履 4
行维护国家安全义务或者从事危害国家安全活动的,依法追究法律责任。根据《国家安全法》第 2 条的规定,国家安全是指国家政权、主权、统一和领土完整、人民福祉、经济社会可持续发展和国家其他重大利益相对处于没有危险和不受内外威胁的状态,以及保障持续安全状态的能力。因此,这里的"国家安全"显然要比本章保护的法益宽泛得多。

第一百零二条　背叛国家罪

勾结外国，危害中华人民共和国的主权、领土完整和安全的，处无期徒刑或者十年以上有期徒刑。

与境外机构、组织、个人相勾结，犯前款罪的，依照前款的规定处罚。

文献：于志刚主编：《危害国家安全罪》，中国人民公安大学出版社1999年版；谢望原、赫兴旺主编：《刑法分论》（第2版），中国人民大学出版社2011年版；马克昌主编：《百罪通论》（上卷），北京大学出版社2014年版；阮齐林：《中国刑法各罪论》，中国政法大学出版社2016年版。钊作俊：《论背叛国家罪及其认定》，载《广西政法管理干部学院学报》2002年第4期；赵秉志、时延安：《略论中国内地刑法中的危害国家安全罪——以港、澳特别行政区基本法第二十三条为视野》，载《河南省政法管理干部学院学报》2003年第1期。

细目录

Ⅰ　主旨
Ⅱ　沿革
Ⅲ　客体
Ⅳ　对象
Ⅴ　背叛国家的行为
Ⅵ　主体
Ⅶ　故意
Ⅷ　停止形态
Ⅸ　与非罪的界限
Ⅹ　处罚

Ⅰ　主旨

1　刑法规定背叛国家罪的目的在于保护国家安全。国家安全是指中华人民共和国的主权、领土完整与安全，国家的统一，人民民主专政的国家政权及社会主义制度的安全。由于该条规定的是对国家之背叛型的犯罪，所以保护的重点是国家的外部安全，即国家的主权、领土完整与安全。背叛国家罪由于其侵犯中华人民共和国的国家主权、领土完整与安全，是危害国家安全犯罪中最为严重、最为危险的一种犯罪，故我国刑法将其规定在本章之首。

Ⅱ 沿革

1950年7月25日的《中华人民共和国刑法大纲(草案)》第37条(背叛祖国)规定:企图破坏国家领土主权之完整,背叛祖国,而协助敌人,或投奔敌方者,处死刑。1951年发布的《中华人民共和国惩治反革命条例》第3条规定:"勾结帝国主义背叛祖国者,处死刑或无期徒刑。"其后,1979年《刑法》在分则第一章第91条,以反革命罪的罪名之一规定此罪,但继续使用"背叛祖国罪"这一罪名:"勾结外国,阴谋危害祖国的主权、领土完整和安全的,处无期徒刑或者十年以上有期徒刑。"1997年《刑法》将反革命罪改为危害国家安全罪,将该罪规定在该类罪之首,并对罪状作了完善,删去"阴谋"二字,避免了该罪只限于策划、准备阶段的误解;将"祖国"改为"中华人民共和国"。 2

Ⅲ 客体

本罪是刑法条文明确规定了犯罪客体的犯罪[1],明确规定本罪是危害中华人民共和国的主权、领土完整和安全的犯罪。 3

Ⅳ 对象

本罪没有特定行为对象。从法条规定来看,本罪不要求指向特定的行为对象;同时,本罪作为危害国家安全的犯罪,只要开始实施法定的行为,就应进行惩罚,不要求以特定行为对象的改变来说明达到应受惩罚的程度,因而在将对象界定为构成要件行为所要求的、行为直接指向的具体人或物[2]的前提下,本罪是没有行为对象的犯罪。[3] 4

Ⅴ 背叛国家的行为

依据法条的规定,本罪的行为,是指勾结外国,危害中华人民共和国的主权、领土完整和安全的行为,以及与境外机构、组织、个人相勾结,危害中华人民共和国的主权、领土完整和安全的行为。[4] 从法条语言的逻辑结构分析,勾结外国或者勾结境外 5

---

1 在我国刑法中,犯罪客体一般是通过罪名所在的章或节以及具体罪之条文的规定分析出来的,分则条文明确规定犯罪客体的情况比较少见。本罪就是少数例外之一。

2 参见李洁:《犯罪对象研究》,中国政法大学出版社1998年版,第76页。

3 参见黎宏:《刑法学》,法律出版社2012年版,第417页。

4 关于《刑法》第102条第1款与第2款是规定了一个罪名还是两个罪名,有值得研究之处,但由于最高人民法院与最高人民检察院关于罪名的相关规定均将其作为一个罪名,因而笔者在这里也将其作为一个罪名来对待。

机构、组织、个人,是对行为的规定,即勾结行为;而危害中华人民共和国的主权、领土完整和安全的,是对勾结行为之性质的限定,即其勾结的行为具有危害国家安全的性质,若其勾结不是为了危害国家安全,而是为了其他意图,如走私或贩卖毒品,其勾结行为就不符合本罪之法定行为的要求,不成立本罪。依此理解,行为罪只要有勾结行为,其犯罪即告成立,不要求以进一步的行为作为犯罪成立的必要条件。就该行为的规定,对以下问题需要进行界定:

1. 关于勾结的对象

6 《刑法》第102条第1款规定的勾结对象是外国,第2款规定的勾结对象是境外机构、组织、个人。对作为勾结对象之"外国"的理解,主要涉及两方面问题:一是从外延来说,涉及"勾结外国"之具体的勾结对象是仅指外国的政府、政党以及政治集团或社会势力,还是也包括与外国官方机构、组织无关的纯粹以个人身份出现的人。对此,狭义说将勾结的对象限定于外国的政府、政党以及政治集团或社会势力;广义说则将勾结的对象范围放宽到与外国官方机构、组织无关的纯粹以个人身份出现的人。[5] 二是从内涵来说,涉及是否要求社会集团、社会势力及其个人具有敌对性或对我国怀有敌意。笔者认为,就其外延,应采广义说;就其内涵,则不宜要求敌对性或敌意的限制。外延采广义说的理由在于,《刑法》第102条第2款对"境外"的勾结对象包括个人,而对外国的勾结对象排除个人会造成立法的不协调;更重要的是,对外国的勾结即便是与外国政府、政党等组织或机构相勾结,也往往是与其中的具体个人联系,而如何区分该个人是组织的代表还是单纯的个人在一些情况下相当困难,为了使立法具有可操作性,应包括单纯个人为宜。关于内涵不作敌意等限制的理由在于,判断外国政府、政党、势力或个人对我国的态度不但困难,而且敏感,将其作为犯罪的成立条件未必合适。关于本条第2款中与境外机构、组织、个人勾结之"境外"的范围,在有第1款规定的"外国"相对照,且对外国作广义理解的前提下,境外的范围应仅限于我国港澳台地区。

2. 关于勾结的方式

7 《现代汉语词典》关于勾结的语义解释为:为了进行不正当的活动暗中互相串通、结合。[6] 至于勾结的具体方式,可以多种多样,如物理性的直接接触、电信往来、网上联系等。就联系的提起方式来说,是主动与对方联系还是回应对方的联系,就是否勾结成功来说,是双方达成一定的合意之勾结还是未达成一定的合意(在行为人主动提起的联系方式中)之勾结,都不影响本罪成立所要求的勾结行为方式的满足。

Ⅵ 主体

8 由于本罪的实质在于公民违反对国家的忠诚义务,其行为是对中华人民共和国

---

5 参见马克昌主编:《百罪通论》(上卷),北京大学出版社2014年版,第3页。

6 参见中国社会科学院语言研究所词典编辑室编:《现代汉语词典》(第2版),商务印书馆1983年版,第390页。

的背信行为,因而只有具有刑事责任能力的中国公民才可以成为本罪的主体,因而其主体属于身份犯。需要注意,虽然外国人和无国籍人不能构成本罪的实行犯,但不影响其成立共犯。

Ⅶ 故意

本罪的罪过形式为故意,这在理论上没有异议。但对故意的类型却存在争议。 9
笔者主张该罪的故意是直接故意,不包括间接故意。即便是有学者提出的认为属于间接故意之背叛国家——即企图另立伪政权,写信给国外敌对势力寻求支持,敌对势力愿意支持就积极准备,否则就作罢的情况[7]——也是希望危害结果发生的意志而不是放任。因为行为人另立伪政权的行为是否继续,取决于外国的敌对势力是否支持,如果得不到支持,其行为根本无法进行,明知不可为而不为的态度,不是实施行为并对结果的放任,而是不得不放弃无望行为的实施,与故意中的意志态度无关。

Ⅷ 停止形态

依据法条对本罪的语言表述,可以认为本罪是举动犯,即只要有了法定的与外国 10
或境外勾结的行为之实施就成立犯罪的既遂,因而无未遂存在的余地。由于本罪以勾结行为作为实行行为,在实行行为之前,为勾结做准备的行为有存在的理论可能性,因而不排除有成立预备犯以及预备阶段中止犯的可能性。当然,这样的行为是否可罚,尤其是中止的情况是否构成犯罪,需要对具体情况进行综合分析。

Ⅸ 与非罪的界限

由于本罪属于最严重的犯罪,一般情况下,只要行为实施,就具有可罚性,因而难 11
以存在因为情节显著轻微危害不大而不构成犯罪的情况。不过行为在形式上与勾结外国或境外的行为相同或相似,但不具有明显的危害国家安全的性质,也应该认为不构成犯罪。

Ⅹ 处罚

依据《刑法》第 102 条、第 113 条的规定,本罪在危害特别严重或情节特别恶劣时 12
可以判处死刑,其他情况只能判处 10 年以上有期徒刑或无期徒刑。由于本罪法定刑很重,法定最低刑是 10 年有期徒刑,因而对本罪的认定应特别慎重。依据《刑法》第 56 条第 1 款的规定,犯本罪的,应当附加剥夺政治权利。

---

7 参见于志刚主编:《危害国家安全罪》,中国人民公安大学出版社 1999 年版,第 80 页。

第一百零三条　分裂国家罪；煽动分裂国家罪

组织、策划、实施分裂国家、破坏国家统一的，对首要分子或者罪行重大的，处无期徒刑或者十年以上有期徒刑；对积极参加的，处三年以上十年以下有期徒刑；对其他参加的，处三年以下有期徒刑、拘役、管制或者剥夺政治权利。

煽动分裂国家、破坏国家统一的，处五年以下有期徒刑、拘役、管制或者剥夺政治权利；首要分子或者罪行重大的，处五年以上有期徒刑。

文献：于志刚主编：《危害国家安全罪》，中国人民公安大学出版社 1999 年版；赵秉志主编：《刑法论丛》（第 20 卷），法律出版社 2009 年版；谢望原、赫兴旺主编：《刑法分论》（第 2 版），中国人民大学出版社 2011 年版；马克昌：《百罪通论》，北京大学出版社 2014 年版。魏东、郭理蓉：《关于煽动型犯罪的几个问题》，载《云南法学》1999 年第 1 期；叶小琴：《略论煽动分裂国家罪》，载《华中农业大学学报（社会科学版）》2006 年第 3 期；肖建飞、史亚杰：《分裂国家罪的罪状、行为类型与罪数形态》，载《黑龙江省政法管理干部学院学报》2014 年第 2 期。

细目录

Ⅰ　主旨
Ⅱ　沿革
Ⅲ　客体
Ⅳ　对象
Ⅴ　行为
　一、分裂国家罪的行为
　二、煽动分裂国家罪的行为
Ⅵ　主体
Ⅶ　故意
　一、分裂国家罪的故意
　二、煽动分裂国家罪的故意
Ⅷ　停止形态
　一、分裂国家罪的停止形态
　二、煽动分裂国家罪的停止形态

Ⅸ 共犯
Ⅹ 罪数
Ⅺ 与非罪的界限
一、分裂国家罪与非罪的界限
二、煽动分裂国家罪与非罪的界限
Ⅻ 与他罪的区别
一、分裂国家罪与背叛国家罪的区别
二、煽动分裂国家罪与分裂国家罪的区别
XIII 处罚

Ⅰ 主旨

本罪属于关涉国家存在的内乱型犯罪。我国刑法关于分裂国家罪和煽动分裂国家罪的规定经历了一个历史发展过程。近年来,各种形式的分裂国家犯罪活动和煽动分裂国家犯罪活动在全国范围内时有发生,对该罪的惩治面临着严峻的形势。因此,了解本条的立法概况,研究其特征及其司法认定,有重大现实意义。 1

Ⅱ 沿革

分裂国家罪首次在立法上规定是在1979年《刑法》第92条。该条将分裂国家与颠覆政府并列规定在一个条文中。1997年《刑法》对此进行了调整,用独立的条文规定本罪,并删除了罪状描述中的"阴谋"一词;在罚则设定方面,对"首要分子或者罪行重大的""积极参加的""其他参加的"区别对待,分为三个罪刑等级。 2

将宣传煽动性行为规定为犯罪在我国自古有之。[1] 煽动分裂国家罪的直接来源是1979年《刑法》第102条规定的反革命宣传煽动罪。该条将所有的反革命宣传煽动行为,无论煽动分裂国家、颠覆政权,还是煽动其他的反革命行为,均规定为一个罪名。1997年《刑法》对此进行了调整,将"煽动型"犯罪与性质相同的"实施型"犯罪[2]规定在一个条文中,但用不同的款规定为独立罪名,使煽动型犯罪独立,因而本罪是被独立出来的新罪名。 3

Ⅲ 客体

本条规定之罪的直接客体是国家的统一。统一是指由部分连接而成的整体;国 4

1 最早记载于《礼记·王制》。参见张晋藩主编:《中国法制史》,群众出版社1991年版,第52页。

2 这是在特别意义上使用实施概念,一般的实施,应该是实行行为的实施,但危害国家安全罪中的一些犯罪已经将预备性的行为提升为实行行为,因而这里所说的实施,是指法定的分裂国家罪的实行行为。

家的统一,就应该是由国家的所有部分连接而成的整体。从国际法的角度来看,国家由定居的居民、确定的领土、政权组织、主权构成。保护国家的统一,也就是具体对构成国家要素的完整性与统一性的保护,不容破坏,并将破坏行为规定为犯罪。本条罪属内乱型犯罪。

Ⅳ 对象

5 分裂国家罪是没有特定行为对象的犯罪。从法条规定来看,该罪不要求指向特定的行为对象;同时,该罪作为危害国家安全的犯罪,只要开始实施法定的行为,就应进行惩罚,不要求以特定的行为对象的改变来说明该罪达到应受刑罚处罚的程度,因而该罪是没有行为对象的犯罪。

6 煽动分裂国家罪的行为对象是人,因为只有人才可以接受煽动,从而对国家安全造成威胁。该罪是对不特定的人或多数人进行的,针对特定少数对象进行的以分裂国家为内容的怂恿、鼓动等,构成分裂国家罪的教唆犯。[3]

Ⅴ 行为

一、分裂国家罪的行为

(一)行为之内容

7 分裂国家行为之内容,是分裂国家,破坏国家统一。分裂国家的具体内容至少有以下几个方面:其一,另立中央政府。中国是一个统一的国家,其中央政府只能有一个;如果在合法的中央政府之外再设立中央政府,就是分裂国家。其二,另立其他国家,是指将国家的一部分领土分裂出去,另立国家的行为。其三,拒绝中央政府的领导。国家统一的标志之一,是其中央政府对地方政府领导的有效性,如果地方政府拒绝中央政府的领导,无论是采取建立地方割据政府,还是虽未明确宣布建立地方割据政府,但明确拒绝中央政府之权力对该地区的有效性,都是分裂国家的行为。其四,其他分裂国家的行为。

(二)行为之形式

8 依据法律规定,分裂国家行为之形式,包括组织行为、策划行为、实施行为。所谓组织,一般认为是对人员的组织,即勾结、纠集多人进行活动或成立相应的组织[4];也有学者认为对此应作广义理解,不但包括召集人员,也包括筹集物资。[5] 笔者赞同对

---

3 参见周光权:《刑法各论》(第4版),中国人民大学出版社2021年版,第608页。

4 参见高铭暄主编:《新编中国刑法学》(上册),中国人民大学出版社1998年版,第493页。

5 参见于志刚主编:《危害国家安全罪》,中国人民公安大学出版社1999年版,第108页。

此作广义理解。因为从组织一词的含义来看,其基本含义是指安排分散的人或事物,使其具有一定的系统性或整体性[6],包含着对物的组织。对本罪来说,组织行为与策划行为一起,是分裂国家的预备性行为,如果对组织行为作狭义理解,仅限定为对人员的组织,则具有预备性的对物的筹集等行为就会被排除在该罪的行为之外,不能作为该罪处理,这未必合适;因为对物资的筹集等行为,也是预备性行为的重要部分。所谓策划,是指对分裂国家进行筹划的行为,如制订计划、方案等属于策划行为。组织行为与策划行为在该罪中未必能够完全分开,如为了组织人员而进行的谋划,是组织过程中的策划,而为了策划拉拢人员的行为,是策划过程中的组织,两者往往交织在一起,难以划分,因而将其理解为事实上的预备行为同时也是法律上的实行行为,是实事求是的。应该说,本罪设定属于预备行为实行行为化的立法现象。

二、煽动分裂国家罪的行为

煽动分裂国家,是指以各种方式引起他人实施分裂国家、破坏国家统一的行为。 9
行为的具体样态是多种多样的。既可以通过造谣、诽谤的形式进行,也可以通过劝说、引诱的方式进行;既可以是公开进行,如在大庭广众之下进行分裂国家的演讲、鼓动,也可以是秘密进行,如暗中串联、秘密集会等。无论以何种具体的方式,只要是对人进行的以分裂国家为内容的煽动,就符合该罪的行为要求。该罪是行为犯,不以造成犯罪客体的侵害作为成罪的条件,也不以被煽动者产生犯罪意图或者着手实施分裂国家行为作为成罪的条件,只要实施了煽动行为,就满足了该罪的犯罪构成全部要件。针对当前信息化时代的特点,2000 年 12 月 28 日通过的全国人大常委会《关于维护互联网安全的决定》规定,利用互联网造谣、诽谤或者发表、传播其他有害信息,煽动颠覆国家政权、推翻社会主义制度,或者煽动分裂国家、破坏国家统一,构成犯罪的,依照刑法有关规定追究刑事责任。

Ⅵ 主体

本罪的主体为一般主体,无论是中国人还是外国人或无国籍人,均可以成为本罪 10
的主体。

Ⅶ 故意

一、分裂国家罪的故意

本罪的主观罪过形式为故意,过失不能构成本罪。本罪是以组织、策划、实施分 11

6 参见中国社会科学院语言研究所词典编辑室编:《现代汉语词典》(第 2 版),商务印书馆 1983 年版,第 1546 页。

裂国家、破坏国家统一为必要条件的行为犯,不以发生分裂国家、破坏国家统一的危害结果为犯罪成立的要件。因此,只要行为人在主观上认识到自己的行为是分裂国家、破坏国家统一,并且积极组织、策划、实施的,或者明知是境外的机构、组织、个人而与之勾结,组织、策划、实施分裂国家、破坏国家统一的,即构成本罪的故意。至于行为人对分裂国家、破坏国家统一的危害国家安全的结果是持希望还是放任的态度,并不影响本罪直接故意的成立。易言之,本罪的故意内容只能是对组织、策划、实施分裂国家、破坏国家统一行为的故意,而不是对分裂国家、破坏国家统一结果的故意。

二、煽动分裂国家罪的故意

12 本罪的罪过形式为故意,其故意的内容是:明知自己的煽动行为会发生国家被分裂的结果,并希望或放任这种结果发生的心理态度。

Ⅷ 停止形态

一、分裂国家罪的停止形态

13 从法条规定来看,该罪属于举动犯,只要着手实施法定的行为,犯罪即为既遂,无犯罪未遂存在的余地。同时,由于立法已经将预备性的行为如组织、策划行为提升为实行行为,因而事实上的预备行为在本罪中已经是法定的实行行为,所以该罪也不存在预备与中止的犯罪形态,即该罪只有既遂一种停止形态,而无未完成形态存在的余地。

二、煽动分裂国家罪的停止形态

14 本罪属于行为犯,只要实施了煽动行为,不要求危害结果的发生,就可以认定为既遂,这是由刑法条文所分析出来的逻辑结论,对此理论界无争议。也正因为如此,该罪也就不存在未遂,只要实施行为,该罪即成立既遂。问题在于该罪是否存在不能犯以及是否存在犯罪的预备形态。

15 有论者认为,行为人对不懂外语的人用外语煽动仅构成(不能犯)未遂。[7] 不能犯是指具体的行为不可能对保护客体造成侵害的行为,但其行为类型一般是具有侵害客体之可能的。也就是说,不能犯的行为是对客体不具有具体的危险性但具有抽象的危险性的行为[8],如果连抽象的危险也不存在就没有将其作为犯罪的可能与必要。而将抽象的危险犯作为犯罪处理,立法意图似应是为了对法益的周全保护,对有

---

7 参见马克昌主编:《犯罪通论》(第3版),武汉大学出版社1999年版,第499页。

8 关于笔者对具体的危险与抽象的危险的划分,参见李洁:《犯罪既遂形态研究》,吉林大学出版社1999年版,第224—239页。

故意而因为认识错误导致不能犯的行为人不因为具体危险的不存在而不做处理。既然将煽动分裂国家罪规定为行为犯,就说明立法者为了对特殊利益的特殊保护,将对法益具有抽象的、非直接威胁的行为都作为既遂来处理,这是规定行为犯的立法意图。那么,在此前提下,将已经实施了法定行为,只是对保护客体不可能造成侵害的具体行为作为未遂处理就未必符合以上立法意图。因此,笔者认为将其作为既遂比较合适。也就是说,对于行为犯来说,即使是不能犯,也应该以行为的实施作为既遂的标准,而不是以法益受到实在的威胁作为既遂的标准。

关于预备形态问题。本罪的特殊性在于,其实行行为不是直接可以对法益造成侵害的行为,不可能现实地侵害客体。所以,该罪不可能造成对法益的侵害,但法律毕竟规定了实行行为的样态,即煽动行为;如果在实施煽动行为之前,为煽动行为做准备的行为,相对于法定的实行行为来说,属于预备性的行为。当然,其预备形态是否可罚,司法是否作为犯罪处理,应该根据具体情况解决。 16

Ⅸ　共犯

分裂国家罪是必要的共同犯罪。犯罪主体包括首要分子、罪行重大者、积极参加者和其他参加者。由于必要共同犯罪情况下不同共犯人的刑事责任是由分则条文直接规定的,所以不必要适用刑法总则对不同共犯者刑事责任原则的规定。煽动分裂国家罪本身属于犯罪参与行为的实行行为化规定,对于共同实行煽动行为的实施者,可按照《刑法》第103条第2款的规定予以处罚;但是对于教唆、帮助他人实施煽动分裂国家者,则应理解为立法者未将其列入处罚范围为宜。 17

Ⅹ　罪数

如果行为人实施了煽动分裂国家的行为,在被煽动者产生了实施分裂国家行为意图后,又与被煽动者一同实施分裂国家行为的,就涉及罪数问题。一般认为,这种情况下,行为人的行为符合吸收犯的特征,按照吸收犯之重行为吸收轻行为的原则,以分裂国家罪定罪处罚。[9] 1998年12月17日公布的最高人民法院《关于审理非法出版物刑事案件具体应用法律若干问题的解释》第1条规定,“明知出版物中载有煽动分裂国家、破坏国家统一或者煽动颠覆国家政权、推翻社会主义制度的内容,而予以出版、印刷、复制、发行、传播的”,以煽动分裂国家罪和煽动颠覆国家政权罪定罪处罚;2003年5月14日公布的最高人民法院、最高人民检察院《关于办理妨害预防、控制突发传染病疫情等灾害的刑事案件具体应用法律若干问题的解释》第10条第2款规定,“利用突发传染病疫情等灾害,制造、传播谣言,煽动分裂国家、破坏国家统 18

9　参见于志刚主编:《危害国家安全罪》,中国人民公安大学出版社1999年版,第139—140页。

一的”,以煽动分裂国家罪定罪处罚。

19 2017年1月25日公布的最高人民法院、最高人民检察院《关于办理组织、利用邪教组织破坏法律实施等刑事案件适用法律若干问题的解释》第10条规定:“组织、利用邪教组织破坏国家法律、行政法规实施过程中,又有煽动分裂国家、煽动颠覆国家政权或者侮辱、诽谤他人等犯罪行为的,依照数罪并罚的规定定罪处罚。”

20 2020年2月6日公布的最高人民法院、最高人民检察院、公安部、司法部《关于依法惩治妨害新型冠状病毒感染肺炎疫情防控违法犯罪的意见》第2条第6款规定,“利用新型冠状病毒感染肺炎疫情,制造、传播谣言,煽动分裂国家、破坏国家统一,或者煽动颠覆国家政权、推翻社会主义制度的,依照刑法第一百零三条第二款、第一百零五条第二款的规定,以煽动分裂国家罪或者煽动颠覆国家政权罪定罪处罚。”

XI 与非罪的界限

一、分裂国家罪与非罪的界限

21 在我国刑法规定的各类犯罪中,本罪属于最重之罪序列,为了表明该罪行为的严重,立法将之规定为举动犯,即只要行为人着手分裂国家的组织、策划与实施,就成立犯罪;一般情况下,不存在因情节轻微而不成立犯罪的问题。但是,由于该罪属于故意犯罪且属必要共犯,非罪问题因此而生。一是一般参加的行为人虽然参与实施了一定的行为,但如果行为人对该行为的分裂国家的实际性质缺乏认识,就会由于缺少犯罪的故意而不构成犯罪。二是在参加人数众多时,如果属于被裹胁的群众或一般参加但所起作用甚小,不值得用刑罚处罚的,也存在因情节显著轻微危害不大不构成犯罪的情况。

二、煽动分裂国家罪与非罪的界限

22 本罪与非罪的界限,重点是与没有分裂国家故意的行为的界限。在社会生活中,可能会出现由于对国家的民族政策等不满的原因,而发表一些不利于国家统一的言论,客观上也可能会对他人的思想产生一定的影响,甚至可能使他人产生分裂国家政权的故意。但只要发表意见者主观上不具有分裂国家的故意,即使行为在客观上与本罪的客观行为有相似之处,也不能认为构成本罪,这是主客观相统一原则的要求。

XII 与他罪的区别

一、分裂国家罪与背叛国家罪的区别

23 一般说来,两罪是容易区分的,它们分别属于内乱型犯罪与外患型犯罪,因而其

犯罪的客体、客观要件、故意内容均不相同。但在行为人勾结境外机构、组织和人员,共同进行分裂国家行为时,如何处理值得研究。若从理论上分析,该种情况属于牵连犯,目的行为是分裂国家的行为,手段行为是勾结外国这种背叛国家的行为,应按从一重处断的原则处理。

二、煽动分裂国家罪与分裂国家罪的区别

两罪的客体相同,主体基本相同,主观故意相同,因而容易混淆。笔者认为,如果 24
行为人是为了组织人员而进行煽动,其行为就具有分裂国家罪之法定的组织行为的性质,应该认定为分裂国家罪;组织之后又亲自参与实施分裂国家行为的,按照吸收犯的原则,当然也是分裂国家罪;如果自己没有实施分裂国家行为的意图,只是希望或放任自己的行为引起他人实施分裂国家行为的,是煽动分裂国家罪;如果行为人以煽动的故意实施煽动行为,之后又产生了参与实施的故意,参与了实施行为,应该属于吸收犯,其煽动行为被实施行为吸收,也只成立分裂国家罪。

XIII 处罚

犯分裂国家罪,对首要分子和罪行重大的,处无期徒刑或 10 年以上有期徒刑。 25
积极参加的,处 3 年以上 10 年以下有期徒刑。对其他参加的,处 3 年以下有期徒刑、拘役、管制或者剥夺政治权利。如果对国家和人民危害特别严重、情节特别恶劣,可以判处死刑。对于死刑的适用,应该仅限于首要分子与罪行重大的,对于积极参加者与一般参加者不应适用死刑。

犯煽动分裂国家罪,一般情况下,处 5 年以下有期徒刑、拘役、管制或者剥夺政治 26
权利;首要分子或者罪行重大的,处 5 年以上有期徒刑。

依据《刑法》第 113 条第 2 款的规定,犯本条规定的两罪的可以并处没收财产。 27
依据《刑法》第 56 条第 1 款的规定,犯本条两罪者,应当附加剥夺政治权利。

第一百零四条　武装叛乱、暴乱罪

组织、策划、实施武装叛乱或者武装暴乱的，对首要分子或者罪行重大的，处无期徒刑或者十年以上有期徒刑；对积极参加的，处三年以上十年以下有期徒刑；对其他参加的，处三年以下有期徒刑、拘役、管制或者剥夺政治权利。

策动、胁迫、勾引、收买国家机关工作人员、武装部队人员、人民警察、民兵进行武装叛乱或者武装暴乱的，依照前款的规定从重处罚。

文献：陈兴良：《刑法疏议》，中国人民公安大学出版社 1997 年版；于志刚主编：《危害国家安全罪》，中国人民公安大学出版社 1999 年版；孙国祥主编：《刑法学》，科学出版社 2008 年版；黎宏：《刑法学》，法律出版社 2012 年版；马克昌：《百罪通论》，北京大学出版社 2014 年版；周光权：《刑法各论》（第 4 版），中国人民大学出版社 2021 年版。

细目录

Ⅰ　主旨
Ⅱ　沿革
Ⅲ　客体
Ⅳ　对象
Ⅴ　行为
　一、叛乱、暴乱行为之内容
　二、叛乱、暴乱行为之方式
Ⅵ　主体
Ⅶ　故意
Ⅷ　既遂
Ⅸ　共犯
Ⅹ　与他罪的区别
Ⅺ　处罚

Ⅰ　主旨

1　随着我国经济的不断发展，科技越来越发达，人民生活水平也不断得到提升，但还是有犯罪分子甚至是犯罪集团做着危害人民安全以及国家安全的事情。武装性的叛乱和暴乱一旦发生，将严重影响人们的生活和社会的稳定，武装叛乱、暴乱罪作为规制此种严重犯罪行为的罪名,在震慑犯罪、维护国家长治久安方面起着重要的作用。

Ⅱ 沿革

武装叛乱、暴乱罪罪名是 1997 年《刑法》规定的,但其具体内容却有相当长的历史。早在民主革命时期,革命根据地政权制定的法律就有相关规定。1951 年发布的《惩治反革命条例》有相关的规定;1979 年《刑法》关于叛乱、暴乱犯罪有多条涉及,包括第 93 条、第 95 条、第 98 条;1997 年《刑法》在吸收上述内容的基础上,根据现实的需要规定了该罪名,并将“投敌叛变或者叛乱”“持械聚众叛乱”的行为类型表述修改为“武装叛乱或者武装暴乱”,此外还对组织、策划、实施武装叛乱或者武装暴乱的行为作了单独规定。 2

Ⅲ 客体

本罪的客体是中华人民共和国的国家安全。一般情况下,该罪的客体是国家的内部安全,即我国人民民主专政的政权和社会主义制度,但也不排除侵害国家外部安全的可能性,即通过武装叛乱或暴乱的形式分裂国家,在此情况下,其客体就可以是国家的外部安全。 3

Ⅳ 对象

本罪的对象[1]范围较广。在不同的行为中其对象也不同。第 1 款规定的叛乱、暴乱的行为对象,不但可以是行为直接指向的人,也可以是某机关、团体、部门或机关团体、部门的建筑、设施等,只要是叛乱、暴乱行为的直接指向,就可以成为本罪的行为对象。第 2 款行为之对象具有法定性,即法条规定的国家机关工作人员、武装部队人员、人民警察和民兵。 4

Ⅴ 行为

依据《刑法》第 104 条、第 106 条的规定,本罪的行为从内容来看,是武装叛乱、暴乱的行为;从方式来看,是组织、策划、实施的行为。 5

一、叛乱、暴乱行为之内容

该罪的行为内容是叛乱与暴乱。所谓叛乱,是指为了背叛而制造混乱,突出的是 6

---

1 关于刑法中的对象,一般可以有两种:一是犯罪对象,即犯罪客体的表现形式;另一种是行为对象,即行为的直接指向。此处所说的对象是指行为对象。

背叛的性质,即对国家或人民民主专政[2]的政权的背叛,具体是指以投靠境外组织或者境外敌对势力为背景,或者意图投靠境外组织或境外敌对势力,而采取反叛国家和政府的行为。[3] 所谓暴乱,是指以暴力制造混乱,突出一个"暴"字,详言之,是指制造暴力事件从而引发动乱。[4] 无论是暴乱还是叛乱,都强调一个"乱"字,即使用打、砸、抢、烧、杀等暴力手段制造骚乱。按照本罪的相关规定,不论是叛乱还是暴乱,都必须以武装的方式实施,不是以武装的方式叛乱或暴乱,就不能构成武装叛乱、暴乱罪。所谓武装,是指用武器来装备。[5] 就本罪来说,武装是就整个事件来说的,而不是就参与行为的个别人来说的,因而并不要求所有的参与人员均使用武器。就叛乱与暴乱的规模来说,由于该罪是以国家安全为犯罪客体的,要求能够对国家安全造成威胁,但一般要求聚众或者聚集多人。

二、叛乱、暴乱行为之方式

7 本罪的行为方式包括组织、策划与实施。所谓组织,基本含义是指"安排分散的人或事物使其具有一定的系统性或整体性"[6];包含着对人与物的组织,是指为了一定的目的,将一定数量的人按照一定的形式集合起来,使这些人具有一定的整体性,并对这一特定的整体进行操纵、控制、指挥或者领导的行为。依据本条第2款的规定,就对人员的组织行为而言,包括对国家机关工作人员、武装部队人员、人民警察和民兵的策动、胁迫、勾引和收买行为。策动,是指对法定对象的策划鼓动;胁迫,是指对其的威胁强迫,产生精神上的强制;勾引,是指引诱他人或与他人相互串通或结合;收买,是指用金钱或其他好处笼络人,使受利用。策划,是对武装叛乱、暴乱进行筹划的行为,如制订计划、方案等就属于策划行为。组织行为与策划行为在本罪中未必能够完全分开,如为了组织人员而进行的谋划,是组织过程中的策划,而为了策划拉拢人员的行为,是策划过程中的组织,两者往往交织在一起,难以划分。实施,是指实施具体的叛乱、暴乱行为。在实施行为中,既可以是参与实行行为,也可以是实施帮助行为,还可以是实行过程中的教唆行为。也就是说,由于武装叛乱、暴乱行为一般是多人共同实施的,因而,参与行为者之行为的具体分担可以是多种多样的。无论承担何种行为,只要可以作为武装叛乱、暴乱之总体行为的构成部分,就可以认为是实施行为。

2　参见全国人大常委会法制工作委员会刑法室编著:《〈中华人民共和国刑法〉释义及实用指南》,中国民主法制出版社2016年版,第114页。

3　参见马克昌:《百罪通论》,北京大学出版社2014年版,第7页。

4　参见黎宏:《刑法学》,法律出版社2012年版,第419页。

5　参见中国社会科学院语言研究所词典编辑室编:《现代汉语词典》(第2版),商务印书馆1983年版,第1219页。

6　中国社会科学院语言研究所词典编辑室编:《现代汉语词典》(第2版),商务印书馆1983年版,第1546页。

Ⅵ 主体

依据《刑法》第 17 条、第 104 条的规定,本罪主体为一般主体,即年满 16 周岁,具有刑事责任能力的人。具体而言,武装暴乱罪的主体可以包括中国公民、外国人和无国籍人;但实施武装叛乱的主体只能是中国公民。 8

Ⅶ 故意

从刑法条文的规定可以看出,本罪不可能是过失,因而属故意犯罪,兼有直接故意与间接故意。 9

Ⅷ 既遂

依据法条的规定,行为人只要着手实施法定的行为之一,就构成既遂,因而该罪为举动犯,即只要实施了组织、策划、实施中的一种行为,就认为是既遂,即从客观角度观察属于预备性的行为已经依据法律提升为实行行为,且行为一经着手就达到既遂。因而该罪无未完成形态,只有既遂一种形态。当然,该罪的既遂不是以客体受到现实的侵害或现实的威胁为既遂的标准,而是以行为的着手为既遂的标准。 10

Ⅸ 共犯

从规定本罪的法条语言表述分析,可以认为本罪属于必要共犯。对于必要共犯,应当直接依据刑法分则条文的规定处理,不再适用刑法总则关于共同犯罪的规定。 11

Ⅹ 与他罪的区别

武装叛乱、暴乱罪与背叛国家罪、分裂国家罪的区别在一般情况下是明显的。但在行为人以投靠国内外的敌对势力为目的时,会发生法规竞合或想象竞合的情况。在此情况下,应依据法规竞合的法条选择原则与想象竞合的定罪原则解决行为人的刑事责任问题。 12

在武装叛乱、暴乱行为中出现杀伤人员情况时,会发生该罪与杀人罪、伤害罪的法规竞合,应依据法规竞合的法条选择原则处理。 13

Ⅺ 处罚

本条第 1 款对不同的参加者规定了不同的法定刑。对首要分子和罪行重大的,处无期徒刑或 10 年以上有期徒刑。其中的首要分子,指武装叛乱、暴乱总体行为的组织者、领导者;罪行重大的,是指在武装叛乱、暴乱行为中起重要作用者,包括主 14

要的实行者、教唆者等。对积极参加的,处 3 年以上 10 年以下有期徒刑。对积极参加者的认定,应结合主观意志是否坚定、客观行为是否积极、参加的程度深浅、所起作用大小等情况综合考虑确定。其他参加的,处 3 年以下有期徒刑、拘役、管制或者剥夺政治权利。其他参加者的确定,可以与积极参加者结合进行,不宜认定为积极参加者,又不属于不构成犯罪的,可以作为一般参加者。

15 依据本条第 2 款的规定,对于策动、胁迫、勾引、收买国家机关工作人员、武装部队人员、人民警察、民兵进行武装叛乱或者武装暴乱的,应当依据行为人所起的作用确定其是首要分子、积极参加者还是一般参加者,在不同的法定刑幅度内从重处罚。

16 依《刑法》第 113 条第 1 款的规定,犯本罪,如果对国家和人民危害特别严重、情节特别恶劣的,可以判处死刑。对此条的适用,应该仅限于首要分子与罪行重大的,对于积极参加者与一般参加者不应适用死刑,因为不可能出现需要判处死刑又不能认定为首要分子或者罪行重大的情况。依据《刑法》第 113 条第 2 款的规定,犯本罪的可以并处没收财产;依据《刑法》第 56 条第 1 款的规定,犯本罪者,应当附加剥夺政治权利。

第一百零五条　颠覆国家政权罪；煽动颠覆国家政权罪

组织、策划、实施颠覆国家政权、推翻社会主义制度的，对首要分子或者罪行重大的，处无期徒刑或者十年以上有期徒刑；对积极参加的，处三年以上十年以下有期徒刑；对其他参加的，处三年以下有期徒刑、拘役、管制或者剥夺政治权利。

以造谣、诽谤或者其他方式煽动颠覆国家政权、推翻社会主义制度的，处五年以下有期徒刑、拘役、管制或者剥夺政治权利；首要分子或者罪行重大的，处五年以上有期徒刑。

文献：陈兴良：《刑法疏议》，中国人民公安大学出版社 1997 年版；高铭暄、赵秉志主编：《中国刑法立法文献资料精选》，法律出版社 2007 年版；黎宏：《刑法学》，法律出版社 2012 年版；马克昌：《百罪通论》，北京大学出版社 2014 年版。唐煜枫、王明辉：《刑法中言论的行为性辨析——以言论自由的界限为视角》，载《法学评论》2006 年第 3 期；柳忠卫：《刑事政策视野中犯罪未完成形态立法模式的理性建构》，载《法学家》2012 年第 3 期。

细目录

Ⅰ　主旨
Ⅱ　沿革
Ⅲ　客体
Ⅳ　对象
Ⅴ　行为
　一、颠覆国家政权罪的行为
　二、煽动颠覆国家政权罪的行为
Ⅵ　主体
Ⅶ　故意
Ⅷ　共犯
Ⅸ　与他罪的区别
　一、颠覆国家政权罪与他罪的区别
　二、煽动颠覆国家政权罪与他罪的区别
Ⅹ　处罚

I 主旨

1 社会主义制度是我国的根本制度,它决定了我国国家政权的组织形式,任何企图以各种手段颠覆国家政权、推翻社会主义制度的行为,都是对我国国家安全的严重危害,都必须受到法律的严厉制裁。

II 沿革

2 颠覆国家政权罪在1979年《刑法》中就有规定,即第92条规定的阴谋颠覆政府罪,经修正成为本法规定的颠覆国家政权罪。修改后的条文将原刑法规定的“颠覆政府”修改为“颠覆国家政权、推翻社会主义制度”,删除了“阴谋”二字,规定了组织、策划、实施颠覆国家政权的具体行为,从而使对犯罪行为的规定更加具体、明确;同时区别首要分子、罪行重大的,积极参加的和一般参加的,分别规定不同刑罚,更加体现了罪刑相适应。

3 煽动颠覆国家政权罪的直接来源是1979年《刑法》第102条规定的反革命宣传煽动罪,该条将所有的反革命宣传煽动行为,包括煽动分裂国家、颠覆政权和煽动其他的反革命行为都包含于一个罪名当中。1997年《刑法》对此进行了调整,将煽动实施颠覆国家政权犯罪与直接的颠覆国家政权犯罪规定在一个条文中,但用不同的款规定为不同的罪名,使煽动型犯罪独立成罪。

III 客体

4 本条之罪的犯罪客体是人民民主专政的国家政权和社会主义制度,这是我国对内安全的最重要的内容,因而该罪的客体属于国家的内部安全。

IV 对象

5 颠覆国家政权罪的行为就行为内容来说是颠覆国家政权的行为,其行为的形式是法定的组织、策划、实施行为,因而依据行为的方式不同,其对象也不相同。如组织行为的对象一般是被组织的人员;实施行为的对象依据不同的具体行为内容可以有不同的行为对象,可以是各级权力机关、司法机关、军事机关等在内的整个政权,也可以指中央人民政府和地方人民政府,既可以是我国人民民主政权的整体,也可以是中央和地方的某一个政权机关。[1]

6 煽动颠覆国家政权罪的对象是人,因为只有人才可以接受煽动。无论是从事实层面还是从教唆犯的理论层面,该罪的煽动行为都应当是针对不特定的人或多数人

---

1 参见黎宏:《刑法学》,法律出版社2012年版,第420页。

进行的。

V 行为

一、颠覆国家政权罪的行为

(一)行为内容

该罪的行为内容是颠覆国家政权与推翻社会主义制度。所谓颠覆,意指颠倒、倒翻、倾败,引申有灭亡之意[2];所谓推翻,其意与颠覆大致相同,都是使人民民主专政的政权与社会主义制度不存在。至于所采取的手段,法条未作限制,也就是不管采取何种手段,是暴力推翻还是和平演变,是公开的还是阴谋的,是针对中央政权还是针对地方政权,只要其行为是要达到使国家政权的性质发生改变的目的,就可以认为是颠覆或推翻的行为。 7

(二)行为方式

依据本条第1款的规定,该罪的行为方式包括组织、策划与实施。所谓组织,既包括对人的组织安排,也包括对物的组织安排。所谓策划,是对颠覆国家政权进行筹划的行为,如制订计划、方案等就属于策划行为。组织行为与策划行为在该罪中未必能够完全分开,如为了组织人员而进行的谋划,是组织过程中的策划,而为了策划拉拢人员的行为,是策划过程中的组织,两者往往交织在一起,难以划分。因而将其理解为事实上的预备行为同时也是法律上的实行行为,是实事求是的。所谓实施,是指实施具体的颠覆国家政权的行为。在实施行为中,既可以是参与实行行为,也可以是实施帮助行为,还可以是实行过程中的教唆行为。也就是说,由于颠覆国家政权行为一般是多人共同实施的,因而参与行为者之行为的具体分担可以是多种多样的,无论是承担何种行为,只要可以作为颠覆国家政权之总体行为的构成部分,就可以认为是实施行为。 8

二、煽动颠覆国家政权罪的行为

该罪的行为就是煽动,即怂恿、鼓动他人去实施颠覆国家政权的行为。其特点是不以自己的行为直接达到颠覆国家政权的结果,而是以煽动行为意图使被煽动者产生犯罪意图,并实施颠覆国家政权的行为,从而达到颠覆国家政权的结果。 9

煽动颠覆国家政权行为的具体样态可以是多种多样的。法律规定的行为样态是造谣、诽谤和其他方式。造谣,是指散布没有根据的传闻或虚构的话[3];诽谤,是指故 10

2 参见辞海编辑委员会编:《辞海》(缩印本),上海辞书出版社1990年版,第2084页。

3 参见辞海编辑委员会编:《辞海》(缩印本),上海辞书出版社1990年版,第458、1186页。

意捏造事实并加以散布,损害他人人格,破坏他人名誉的行为[4];其他方式是指造谣、诽谤之外可能引起他人对国家政权和社会主义制度产生怀疑,因而产生颠覆国家政权意图的一切行为,如通过劝说、引诱就属于其他方式。根据 1998 年 12 月 17 日公布的最高人民法院《关于审理非法出版物刑事案件具体应用法律若干问题的解释》第 1 条、2003 年 5 月 14 日公布的最高人民法院、最高人民检察院《关于办理妨害预防、控制突发传染病疫情等灾害的刑事案件具体应用法律若干问题的解释》第 10 条第 2 款的规定,明知出版物中载有煽动颠覆国家政权、推翻社会主义制度的内容而予以出版、印刷、复制、发行、传播的;利用突发传染病疫情等灾害,制造、传播谣言,煽动颠覆国家政权、推翻社会主义制度的,也可以构成煽动颠覆国家政权罪。

11 煽动行为既可以是公开进行的,如在大庭广众之下进行颠覆国家政权的演讲、鼓动,也可以是秘密进行的,如暗中串联、秘密集会,无论以何种具体的方式,只要是对人进行的以颠覆国家政权为内容的煽动,就符合该罪的行为要求。

12 针对当前信息化时代的特点,2000 年 12 月 28 日通过的全国人大常委会《关于维护互联网安全的决定》规定,利用互联网造谣、诽谤或者发表、传播其他有害信息,煽动颠覆国家政权、推翻社会主义制度,或者煽动分裂国家、破坏国家统一的行为,构成犯罪的,依照刑法有关规定追究刑事责任。

Ⅵ 主体

13 法条对本条之罪的主体未作任何限定,因而本罪的主体是一般主体,即年满 16 周岁,具有刑事责任能力的人均可成为本罪的主体。传统理论一般认为,本罪的主体主要是窃据国家要职和具有一定社会地位、影响的人物。[5] 但是随着当前社会文化发展,尤其是信息传播手段的突飞猛进,对该罪主体的把握不应再有这种观念性的限制。

Ⅶ 故意

14 本罪罪过是故意,即明知自己的颠覆或煽动行为会发生颠覆国家政权的结果,并希望或放任这种结果发生。

Ⅷ 共犯

15 从法条的语言表述,可以认为颠覆国家政权罪属于必要共犯。对于必要共犯,应当直接依据刑法分则条文的规定处理,不再适用刑法总则关于共同犯罪的规定。

---

4 参见辞海编辑委员会编:《辞海》(缩印本),上海辞书出版社 1990 年版,第 452 页。

5 参见高铭暄主编:《新编中国刑法学》(上册),中国人民大学出版社 1998 年版,第 499 页。

Ⅸ 与他罪的区别

一、颠覆国家政权罪与他罪的区别

1.与分裂国家罪的区别

一般情况下,两罪的行为内容不同,容易区分。但在以颠覆地方政权为开始的情况下,就可能存在着与分裂国家行为形式与具体内容基本相同的情况。在此情况下,行为人主观上的故意内容,即行为人是将政权的性质改变还是将部分地区分裂出去,还是存在区别的,据此可区分两罪。 16

2.与武装叛乱、暴乱罪的区别

在以暴乱形式颠覆国家政权时,就可能存在与武装叛乱、暴乱罪的界限问题。在此情况下,行为人是否具有颠覆国家政权的故意对区分两罪具有重要作用。 17

二、煽动颠覆国家政权罪与他罪的区别

主要是与颠覆国家政权罪的区别。两罪的客体相同,主体基本相同,主观故意相同,因而容易混淆。笔者认为,如果行为人是为了组织人员而进行煽动,应该认定为颠覆国家政权罪,即自己也是为了实施颠覆国家政权的行为而通过煽动的形式组织人员的;如果行为人自己没有实施颠覆国家政权行为的意图,只是希望或放任自己的行为引起他人实施颠覆国家政权行为的,是煽动颠覆国家政权罪。如果行为人是为了组织人员而实施煽动,其行为就具有颠覆国家政权罪之法定的组织行为的性质,组织之后又实施的,当然属于一个颠覆国家政权的行为,只能构成一罪。如果行为人以煽动的故意实施煽动行为之后又产生了参与实施的故意,并参与了实施行为,应该属于吸收犯,其煽动颠覆国家政权的行为被颠覆国家政权的行为吸收,只成立颠覆国家政权罪。 18

Ⅹ 处罚

对犯颠覆国家政权罪的犯罪分子,根据犯罪的事实、性质、情节严重程度等,本条第1款对不同参加者规定了不同的法定刑。首要分子和罪行重大的,处无期徒刑或10年以上有期徒刑;积极参加的,处3年以上10年以下有期徒刑;其他参加的,处3年以下有期徒刑、拘役、管制或者剥夺政治权利。 19

犯煽动颠覆国家政权罪的,依据本条第2款的规定,处5年以下有期徒刑、拘役、管制或者剥夺政治权利;首要分子或者罪行重大的,处5年以上有期徒刑。所说的首要分子是指组织煽动颠覆国家政权罪的犯罪集团或者聚众进行煽动活动的组织者、策划者;所说的罪行重大的,是指共同犯罪中罪行重大者和单独实施该罪之行为其罪行重大者。 20

21 依据《刑法》第 106 条的规定,与境外机构、组织、个人相勾结,实施本条之罪的,按该条的规定从重处罚;依据《刑法》第 56 条第 1 款的规定,对犯本条规定之罪者,应当附加剥夺政治权利;依据《刑法》第 113 条第 2 款的规定,犯本条之罪的,可以并处没收财产。

第一百零六条　与境外勾结的从重处罚规定

与境外机构、组织、个人相勾结，实施本章第一百零三条、第一百零四条、第一百零五条规定之罪的，依照各该条的规定从重处罚。

文献：于志刚主编：《危害国家安全罪》，中国人民公安大学出版社 1999 年版；刘家琛：《刑法及司法解释条文释义》，人民法院出版社 2009 年版；张明楷：《刑法分则的解释原理》（第 2 版），中国人民大学出版社 2011 年版；黎宏：《刑法学》，法律出版社 2012 年版；张述元：《刑法条文理解适用与司法实务全书》，中国法制出版社 2018 年版；何帆：《刑法注释书》，中国民主法制出版社 2019 年版。

细目录

Ⅰ　主旨
Ⅱ　沿革
Ⅲ　对本条的理解

Ⅰ　主旨

分裂国家、颠覆国家政权、武装叛乱、暴乱行为，是严重的危害国家安全的行为。 1
如果中国人勾结境外力量实施该类行为，其社会危害性更大。因此本条的规范目的，是为了从严惩治勾结境外机构、组织和个人进行分裂国家、颠覆国家政权、武装叛乱、暴乱的行为。

Ⅱ　沿革

1979 年《刑法》无此规定。全国人大常委会法工委 1996 年 12 月 20 日的修订案 2
开始有此规定，但与 1997 年最终修订的《刑法》中本条涵盖的罪名有所不同，除目前 5 个罪名外，还有背叛国家罪。从 1997 年 2 月 17 日的修订草案开始，将背叛国家罪排除在外。

Ⅲ　对本条的理解

依据本条规定，与境外机构、组织、个人相勾结，实施本章第 103 条、第 104 条、第 3
105 条规定之罪的，依照各该条的规定从重处罚。这里的关键问题是条文中的境外是否包含国外。从语言的可能性来说，有两种：一种是包含国外，因为国外属于境外是顺理成章的;另一种是境外不包含国外,其意义相当于《刑法》第 102 条第 2 款规定的境外。笔者赞同前者,理由有二:一是本条规定与第 102 条第 2 款的语境不同,第 102 条第 2 款中的境外是在第 1 款规定了国外的前提下规定的,其含义自然排除了国外,而第 106 条的规定无此语境,难以当然地理解为排除国外;二是若排除国外,就会使第 106 条的规定很大程度上失去意义,同时也违反了基本事理。如果说与港澳台地区的机构、组织、个人相勾结实施本条所涵盖之罪行应当受到从重处罚,比之更为严重的与国外机构、组织、个人相勾结本应当受到更严厉的处罚,却不在从重处罚之列,这显然不合情理。将本条中之境外理解为包含国外,显然更符合立法意图。

第一百零七条　资助危害国家安全犯罪活动罪

境内外机构、组织或者个人资助实施本章第一百零二条、第一百零三条、第一百零四条、第一百零五条规定之罪的，对直接责任人员，处五年以下有期徒刑、拘役、管制或者剥夺政治权利；情节严重的，处五年以上有期徒刑。

文献:陈兴良:《刑法疏议》,中国人民公安大学出版社 1997 年版;黎宏:《刑法学》,法律出版社 2012 年版;马克昌:《百罪通论》,北京大学出版社 2014 年版;全国人大常委会法制工作委员会刑法室编著:《〈中华人民共和国刑法〉释义及实用指南》,中国民主法制出版社 2016 年版。陈毅坚、孟莉莉:《"共犯正犯化"立法模式正当性评析》,载《中山大学法律评论》2010 年第 2 期;王新:《零适用的审判现状:审视资助恐怖活动罪的适用》,载《政治与法律》2012 年第 7 期。

细目录

Ⅰ　主旨
Ⅱ　沿革
Ⅲ　客体
Ⅳ　对象
Ⅴ　行为
Ⅵ　主体
Ⅶ　故意
Ⅷ　共犯
Ⅸ　与非罪的界限
Ⅹ　处罚

Ⅰ　主旨

刑法规定资助危害国家安全犯罪活动罪的目的在于更为周延地保护国家安全。 1
为了实现此目的,有必要将自然人或单位实施的帮助行为作为独立罪名予以规定,以使该类行为不致逃脱法律的制裁。

Ⅱ　沿革

本条之罪是 1997 年《刑法》设定的罪名。此前,1993 年 2 月通过的《国家安全 2

法》第23条作了与该条类似的规定:“境外机构、组织、个人实施或者指使、资助他人实施,或者境内组织、个人与境外机构、组织、个人相勾结实施危害中华人民共和国国家安全的行为,构成犯罪的,依法追究刑事责任。”作为刑法规范的1997年《刑法》第107条是对该罪名的首次规定。2011年2月25日全国人大常委会通过的《刑法修正案(八)》第20条对《刑法》第107条进行了修改,删除了对资助对象的限制性规定。

Ⅲ　客体

3　本罪的客体是国家安全。由于该罪是对其他危害国家安全犯罪的资助行为[1],因而其犯罪客体的具体内容应该依赖于具体的被资助行为的性质。依法条规定,该罪行为人资助的是背叛国家罪,分裂国家罪,煽动分裂国家罪,武装叛乱、暴乱罪,颠覆国家政权罪,煽动颠覆国家政权罪,所涉及的既有外患型的犯罪,也有内乱型的犯罪。因此,总体而言,本罪客体包括全部国家安全的内容。

Ⅳ　对象

4　1997年《刑法》第107条规定本罪的行为对象是境内组织或个人,《刑法修正案(八)》删除了这一限制。这就意味着本罪的资助对象不仅包括境内组织和个人,也包括境外组织和个人;更意味着只要对《刑法》第102条、第103条、第104条、第105条所涉及各罪的适格犯罪主体进行资助,均可以构成本罪。

Ⅴ　行为

5　本罪的行为是资助特定的危害国家安全犯罪活动,其法定的行为方式是资助。认识资助危害国家安全犯罪活动罪的客观行为,主要应把握几点:

1. 资助的犯罪之范围

6　本条明确规定所资助的对象是第102条、第103条、第104条、第105条所规定之罪的行为人,即实施背叛国家罪,分裂国家罪,煽动分裂国家罪,武装叛乱、暴乱罪,颠覆国家政权罪,煽动颠覆国家政权罪的行为人。因而,如果资助的不是上述危害国家安全的犯罪,就不能构成本罪。

2. 资助的方式

7　资助,依其文字的含义,是指用财物帮助[2],即提供、供给金钱或者物资上的供给和帮助。[3] 其具体内容是多种多样的。既可以是提供金钱、物资,也可以是提供场

1　参见黎宏:《刑法学》,法律出版社2012年版,第421页。

2　参见中国社会科学院语言研究所词典编辑室编:《现代汉语词典》(第2版),商务印书馆1983年版,第1529页。

3　参见全国人大常委会法制工作委员会刑法室编著:《〈中华人民共和国刑法〉释义及实用指南》,中国民主法制出版社2016年版,第119页。

所,无论属于何种具体的方式,只要是进行物质性的帮助,就可以认为是资助行为。至于资助是资助者主动资助,还是受到请求而资助,是对实施危害国家安全犯罪活动的组织和个人进行资助,还是对有关组织和个人实施的危害国家安全犯罪活动进行资助,均不影响本罪的成立。

3. 资助的时间

在被资助的行为实施之前或实施中予以资助,属于可以成立本罪的资助时间,在理论上没有争议。关于在被资助的行为实施之后予以资助的行为可否被认为是本罪的行为,有学者认为可以,笔者对此也持肯定态度。理由是,法律的规定并未要求资助行为与被资助行为的实施具有因果关系,只是规定了资助行为,当然也可以在被资助者的危害国家安全行为实施之后进行资助。 8

Ⅵ 主体

依据法条规定,本罪的主体是境内外机构、组织或者个人,既可以是自然人,也可以是单位。即使是单位犯本罪,也只处罚直接责任人员而不处罚单位,属于《刑法》第31条规定的不适用双罚制的单位犯罪之一。 9

Ⅶ 故意

本罪的罪过形式为故意,即明知所资助的是实施法定六种危害国家安全犯罪行为的机构、组织或个人,出于对危害国家安全的结果的希望或放任态度,仍然实施资助行为。本罪以法定危害行为的实施而不以发生危害国家安全的结果为犯罪成立的要件,因此行为人只要认识到是危害国家安全的犯罪行为而进行资助的,即具备本罪的故意内容。至于行为人所资助的行为是否使国家安全受到现实危害、其对危害结果的发生是持希望还是放任的态度,并不影响本罪直接故意的成立。 10

Ⅷ 共犯

资助法定六种危害国家安全犯罪活动的行为本质上属于相关危害国家安全犯罪的帮助犯,符合刑法总则关于共同犯罪的规定,即资助者实际上属于所资助之犯罪的帮助犯,属于共同犯罪中的从犯。但由于刑法已经将资助行为规定为独立的罪名,这种分则的单独规定,说明立法者为了达到对该类帮助者的特殊处理的目的,将其规定为独立的犯罪,因而一般情况下应排除总则关于共同犯罪的适用,直接按刑法分则的规定处理,定法定的独立罪名。以资助之外的形式,如提供信息等,帮助上述危害国家安全犯罪活动,仍应认定为共犯。资助法定六种犯罪之外危害国家安全犯罪活动,也只能按照共犯处理。 11

Ⅸ 与非罪的界限

12 依据法条规定,构成本罪不仅需要有资助行为,而且要求主观上有故意。由于资助是指物质上的有形帮助,因而如果行为人只是实施了精神上的帮助,就不构成本罪。同样,虽客观上有帮助行为,但主观上不具有故意,也不构成本罪。

Ⅹ 处罚

13 依据本条规定,犯本罪的,对直接责任人员,处5年以下有期徒刑、拘役、管制或者剥夺政治权利;情节严重的,处5年以上有期徒刑。依据《刑法》第113条第2款的规定,犯本罪可以并处没收财产;依据《刑法》第56条第1款的规定,犯本罪的,应当附加剥夺政治权利。

第一百零八条　投敌叛变罪

投敌叛变的，处三年以上十年以下有期徒刑；情节严重或者带领武装部队人员、人民警察、民兵投敌叛变的，处十年以上有期徒刑或者无期徒刑。

文献：陈兴良：《刑法疏议》，中国人民公安大学出版社 1997 年版；李洁：《犯罪既遂形态研究》，吉林大学出版社 1999 年版；吴振兴：《罪数形态论》，中国检察出版社 2006 年版；黎宏：《刑法学》，法律出版社 2012 年版；马克昌：《百罪通论》，北京大学出版社 2014 年版。刘宪权：《我国刑法理论上的牵连犯问题研究》，载《政法论坛》2001 年第 1 期；李希慧、童伟华：《论行为犯的构造》，载《法律科学》2002 年第 6 期；刘之雄：《刑罚根据完整化上的犯罪分类——侵害犯、危险犯、结果犯、行为犯的关系论纲》，载《中国法学》2005 年第 5 期。

细目录

Ⅰ　主旨
Ⅱ　沿革
Ⅲ　客体
Ⅳ　行为
Ⅴ　主体
Ⅵ　故意
Ⅶ　既遂与未完成形态
Ⅷ　罪数
Ⅸ　与非罪的界限
Ⅹ　与他罪的区别
Ⅺ　处罚

Ⅰ　主旨

刑法规定投敌叛变罪的目的，在于惩治投敌叛变行为，以保护我国政权的稳定与国家利益不受侵害。 1

Ⅱ　沿革

中华人民共和国成立之后，1951 年发布的《惩治反革命条例》第 4 条规定："策 2

动、勾引、收买公职人员、武装部队或民兵进行叛变,其首要分子或率队叛变者,处死刑或无期徒刑。其他参与策动、勾引、收买或叛变者,处十年以下有期徒刑;其情节重大者,加重处刑。”1979 年《刑法》将其作为反革命罪的一种规定在第 94 条,该条第 1 款规定:“投敌叛变的,处三年以上十年以下有期徒刑;情节严重的或者率众投敌叛变的,处十年以上有期徒刑或者无期徒刑。”第 2 款规定:“率领武装部队、人民警察、民兵投敌叛变的,处无期徒刑或者十年以上有期徒刑。”1997 年《刑法》在上述规定的基础上删除了率众投敌叛变的规定,实践中将其作为情节严重的一种情形。

Ⅲ 客体

3 本罪作为危害国家安全罪的罪名之一,其犯罪客体是国家安全。由于其所投之敌既可以是国内之敌,也可以是国外之敌,投敌之后既可以是危害国家的内部安全,也可以是危害国家的外部安全,因而其犯罪客体是国家安全的全体。

Ⅳ 行为

4 本罪的行为是投敌叛变。投,有投入、投奔之意。[1] 敌,是指对立方。立法以国家以及特定性质的政权为立法主体,反映其特定的意志和利益,因而这里所说的敌,应该是指与我国敌对的国家或者与人民民主专政的国家政权和社会主义制度相对立的国内外的机构、组织或人员。叛,是指背离、背叛。[2] 变,有改变、变化之意。如果将其结合起来,投敌叛变的含义,应该是指行为人背叛国家或人民民主专政的政权与社会主义制度,投入或投奔国内外的敌对势力或者投奔或投入敌国的情况。只有“投”而没有“叛”,不构成本罪。该行为一般发生在战前或者是交战期间,其最根本的特征就是背叛本国,投奔敌方。具体表现为中国公民背叛祖国,投奔敌方,采取敌对的行动;在被敌方俘虏后投降敌方,为敌方效劳,出卖祖国和同志;或者是将防地、防线的军事设施、武器装备等交付敌方,向敌方投降;等等。[3] 至于投敌叛变之后是否实施危害国家安全的行为,不是该行为的必然要求。

Ⅴ 主体

5 本罪的主体为特殊主体,即只能由中国公民构成,外国人或无国籍人不能单独成为本罪的主体。但在共同犯罪中,外国人或无国籍人可以成为该罪的共犯。

---

1 参见辞海编辑委员会编:《辞海》(缩印本),上海辞书出版社 1990 年版,第 762 页。

2 参见黎宏:《刑法学》,法律出版社 2012 年版,第 422 页。

3 参见全国人大常委会法制工作委员会刑法室编著:《〈中华人民共和国刑法〉释义及实用指南》,中国民主法制出版社 2016 年版,第 119 页。

Ⅵ 故意

规定本罪的法条的语言表述难以包含过失，因而本罪的主观罪过形式为故意。 6
本罪以法定危害行为的实施而不以发生危害国家安全的结果为犯罪成立的要件，只要行为人在主观上认识到自己的行为是在投敌叛变而积极实施的，即齐备本罪的故意内容。至于行为人对投敌叛变所导致的国家安全受到现实危害的结果的发生是持希望还是放任态度，并不影响本罪故意的成立。易言之，本罪的故意内容只能是对投敌叛变行为的故意，而不是对危害国家安全的结果的故意。至于行为人实施该行为的动机如何，是为了与敌方共同进一步实施危害国家安全的行为，还是为了在国外定居或者为了钱财等，均不影响本罪的成立。

Ⅶ 既遂与未完成形态

从法条的语言表述可以认为，本罪属于行为犯，即以行为的实施作为既遂的条 7
件。行为的完成就是行为人投入了敌方，或者以语言或者行为表明了已经投入敌人的营垒。如果行为人已经开始实施投敌叛变的行为，但尚未投入敌方就停止的，就会存在犯罪的未完成形态。如果投敌叛变行为因为意志以外的原因被迫停止，属于犯罪的未遂。若投敌叛变行为因意志以内的原因停止的，属于犯罪的中止。同时该罪也存在预备犯的可能性，即为了投敌叛变而准备工具、制造条件，因意志以外的原因而停止的，属于犯罪预备。

Ⅷ 罪数

本罪的罪数问题，主要表现在两个方面：①行为人投敌叛变行为实施之后，再实 8
施其他可以构成危害国家安全的犯罪行为，其行为是构成一罪还是数罪。对此笔者认为，如果行为人是以投入敌对营垒之后实施危害国家安全犯罪为目的，行为人所实施的行为所构成之罪与投敌叛变罪属于牵连犯，应按牵连犯的处理原则解决行为人的刑事责任问题；如果行为时不具有这样明确的目的，其后的行为应该作为独立的犯罪，与投敌叛变罪构成数罪。②行为人在实施投敌叛变行为之前，为了得到对方的信任或者其他的目的而实施危害国家安全的犯罪行为，如收集情报等，其行为是否构成数罪。对此应认为是牵连犯，因为手段行为是为了投敌叛变成功而进行的，符合牵连犯的构成要求。

Ⅸ 与非罪的界限

本罪与非罪的区别，应特别注意两种情况：一是误入敌方控制区的情况，因行为 9
人主观上没有犯罪的故意，不能认为构成本罪。二是被捕或被俘，放弃反抗，但并未加入敌方的，属于一般的变节行为，不能构成本罪。

X 与他罪的区别

10 主要是与背叛国家罪的区别。两罪在客观行为上可能会发生形式上的重合,如当背叛国家罪的行为以进入敌人营垒的方式进行时,其行为就与投敌叛变罪的行为发生形式上的重合。在此情况下,区分的关键是行为人的故意内容是仅使自己成为敌方的一员,还是与敌方勾结危害国家的主权、领土完整与安全。若是前者,构成投敌叛变罪;若是后者,构成背叛国家罪。

XI 处罚

11 依据本条规定,投敌叛变的,处 3 年以上 10 年以下有期徒刑;情节严重或者带领武装部队人员、人民警察、民兵投敌叛变的,处 10 年以上有期徒刑或者无期徒刑。依《刑法》第 113 条第 1 款的规定,犯本罪,如果对国家和人民危害特别严重、情节特别恶劣的,可以判处死刑;依《刑法》第 113 条第 2 款的规定,犯本罪的可以并处没收财产;依《刑法》第 56 条第 1 款的规定,犯本罪者,应当附加剥夺政治权利。

第一百零九条　叛逃罪

国家机关工作人员在履行公务期间，擅离岗位，叛逃境外或者在境外叛逃的，处五年以下有期徒刑、拘役、管制或者剥夺政治权利；情节严重的，处五年以上十年以下有期徒刑。

掌握国家秘密的国家工作人员叛逃境外或者在境外叛逃，依照前款的规定从重处罚。

文献：陈兴良：《刑法疏议》，中国人民公安大学出版社 1997 年版；胡云腾：《刑法条文案例精解》，法律出版社 2007 年版；黎宏：《刑法学》，法律出版社 2012 年版；马克昌：《百罪通论》，北京大学出版社 2014 年版；阮齐林：《中国刑法各罪论》，中国政法大学出版社 2016 年版；张明楷：《刑法学》（第 6 版），法律出版社 2021 年版。李洁：《叛逃罪法条解释与评析》，载《江苏警官学院学报》2003 年第 6 期；石经海、熊亚文：《困境与出路：叛逃罪司法适用新论》，载《甘肃政法学院学报》2015 年第 1 期。

细目录

Ⅰ　主旨
Ⅱ　沿革
Ⅲ　客体
Ⅳ　对象
Ⅴ　行为
Ⅵ　主体
Ⅶ　故意
Ⅷ　既遂与未完成形态
Ⅸ　罪数
Ⅹ　与他罪的区别
Ⅺ　处罚

Ⅰ　主旨

叛逃罪是指国家机关工作人员在履行公务期间，叛逃境外或者在境外叛逃，危害中华人民共和国国家安全的行为。刑法规定叛逃罪的规范目的在于对国家安全进行提前保护。 1

Ⅱ　沿革

2　本罪是1997年《刑法》新规定的罪名,该法第109条规定:“国家机关工作人员在履行公务期间,擅离岗位,叛逃境外或者在境外叛逃,危害中华人民共和国国家安全的,处五年以下有期徒刑、拘役、管制或者剥夺政治权利;情节严重的,处五年以上十年以下有期徒刑。掌握国家秘密的国家工作人员犯前款罪的,依照前款的规定从重处罚。”2011年2月25日全国人大常委会通过的《刑法修正案(八)》删除了原条文第1款中国家机关工作人员叛逃成立犯罪所需要的“危害中华人民共和国国家安全”这一条件;对于掌握国家秘密的国家工作人员叛逃的,删除了在履行公务期间擅离岗位的成罪条件。

Ⅲ　客体

3　本罪的客体是国家安全。由于叛逃行为具体可以给国家安全带来何种性质的威胁具有一定的不确定性,行为人的地位、掌握的国家秘密的性质不同,其对国家安全的不同部分造成的威胁也不同,因而该罪的犯罪客体,既可以是国家的外部安全,也可以是国家的内部安全。

Ⅳ　对象

4　在实施叛逃行为过程中,行为并不一定改变特定的对象,因而本罪无行为对象。

Ⅴ　行为

5　《刑法》第109条第1款与第2款分别涉及两类不同的犯罪主体,一是“国家机关工作人员”,二是“掌握国家秘密的国家工作人员”,而且针对这两类不同主体设定了不同的行为要件。鉴于第2款的行为要件是在第1款基础上降低要求而成,因此笔者首先重点阐述第1款的行为要件,然后对照阐述第2款的行为要件。本条针对国家机关工作人员成立叛逃罪所设定的行为要件,是国家机关工作人员在履行公务期间,擅离岗位,叛逃境外或者在境外叛逃的行为。

6　(1)叛逃行为发生在履行公务期间。依据法条的规定,履行公务期间,是叛逃行为的法定时间条件,如果不是在履行公务期间叛逃,其行为就不构成叛逃罪。国家机关工作人员或者掌握国家秘密的国家工作人员,一经法定程序任用,除非经法定程序解除或停止其职务,都应当认为是处于履行公务期间。

7　(2)行为人必须是擅离岗位。擅离岗位,是指未经允许或未得到批准而离开自己的工作岗位。基于与履行公务之理解的相同理由,对擅离岗位也应作广义理解,即只要行为人未被解职,擅离岗位的,就符合了法定的要求。至于擅离岗位的具体方式,可以是多种多样的,既可以是未经批准而从自己的岗位离开,也可以是经批准在一定时间内允许离开岗位，但超过该时间仍未归岗的情况，如得到允许休假两周，出国旅游，期间叛逃的情况即属之；既可以是不经批准而离岗，也可以是用虚构事实或隐瞒真相的方式骗取一段时间内离岗的允许，在此期间叛逃[1]，如骗得一段时间离境的批准，在国外叛逃的情况即属之。

（3）客观上实施了叛逃行为。叛逃行为，依法条的规定是指叛逃境外或者在境外叛逃，这是本罪行为的基本内容；对之的解释，直接关系到本罪的成罪基本规格。对叛逃是否要求投靠境外的组织或机构有不同理解。一种观点认为，投靠境外的组织或机构是叛逃不可缺少的内容，如果行为人没有投靠境外的组织或机构，其行为就不能构成叛逃罪。另一种观点认为，叛逃是将自己置身于境外[2]，并无特殊的投靠境外的机构或组织的要求。另外，对叛逃之"叛"的理解亦有争议，是仅指背叛对国家的忠诚义务，还是站到国家的对立面的叛变？笔者赞成叛逃不要求投靠境外的组织或机构，对"叛"的理解，赞成是对国家的叛离，背叛对国家的忠诚义务的观点。理由如下：①从叛逃的语义来看，叛，是指背叛、背离[3]；逃，具有逃走、逃避、脱离之意[4]；叛逃的含义，既可以包括叛变，投入对立面的情况，也可以包括背离忠诚义务而逃避、逃离的情况。也就是说，两种解释均符合语言的内涵。将叛逃限定为投靠境外的机构或组织还是理解为不包括投靠境外的组织或机构，要看规定此罪的立法意图。笔者认为，设立本罪主要是为了防范身居高位或者掌握重大国家秘密的国家工作人员逃至境外，这些行为本身就对国家安全造成了一定的甚至是重大的威胁，具有危害国家安全的性质。[5] 而且，由于本罪是特殊主体的犯罪，即只有国家机关工作人员和掌握国家秘密的国家工作人员才可以成为本罪的主体，如果不是为了前述意图，就没有必要作此主体上的限制。因此，将叛逃仅理解为投靠境外的机构或组织，未必符合立法意图。②将投靠境外的机构或组织作为行为要求之一，不仅无助于立法意图的实现，还会造成司法认定上的障碍。要求投靠境外的机构或组织，提高了入罪标准，不利于国家安全的维护。造成司法障碍，是指对境外机构或组织的界定存在困难。如果对机构或组织不作任何限定，任何机构和组织都包括，也就失去了实际意义。如果限定为"敌对"的组织或机构，何为"敌对"难以把握，而且还可能引发其他系列问题。综上，叛逃的行为应该是指背叛或背离祖国，逃往境外或者在境外逃跑的行为。 8

（4）关于叛逃境外或者在境外叛逃之"境外"的理解。由于境外所要解决的是具 9

---

1 在此种情况下，不能认为行为人是正当离岗，因为其离岗的批准是骗取的，不是批准者的真实意思表示，不能认为这种批准是有效的，其行为属于擅离岗位。

2 参见赵秉志主编：《中国刑法案例与学理研究 · 分则篇（一）》，法律出版社 2001 年版，第 54 页。

3 参见辞海编辑委员会编：《辞海》（缩印本），上海辞书出版社 1990 年版，第 106 页。

4 参见辞海编辑委员会编：《辞海》（缩印本），上海辞书出版社 1990 年版，第 1183 页。

5 参见赵秉志主编：《中国刑法案例与学理研究 · 分则篇（一）》，法律出版社 2001 年版，第 54 页。

有主体资格的人叛逃到哪里其行为才可以具有危害国家安全的性质,因而这里所说的境外不应仅从物理意义上来理解。笔者赞同将本罪所要求的境外理解为“政治空间”的观点,即境外是指我国的国家主权不能及于的空间,包括外国、外国驻中国的使领馆等。[6]

10 《刑法》第109条第2款针对掌握国家秘密的国家工作人员,降低成立叛逃罪的行为要求,不要求“履行公务期间,擅离岗位”,只要叛逃境外或者在境外叛逃,即可以成立犯罪。

Ⅵ 主体

11 本罪的主体为特殊主体,即国家机关工作人员以及掌握国家秘密的国家工作人员。其中国家机关工作人员应当以从事公务为限。在中国共产党和中国人民政治协商会议的各级机关中从事公务的人员,也属于国家机关工作人员。掌握国家秘密的国家工作人员包括两类:一类是国家机关工作人员中掌握国家秘密的人员;另一类是《刑法》第93条第2款规定的“以国家工作人员论”的人员中掌握国家秘密的人员。

Ⅶ 故意

12 规定本罪的法条的语言表述难以包含过失,因而本罪的主观罪过形式为故意。其故意的内容,依据法律对客体、行为等的规定,可以认为是明知自己的行为属于叛逃境外或者在境外叛逃,仍然持希望或者放任的心理态度。至于行为人的动机如何,是出于对国家的仇恨,还是为了在国外定居或者为了得到钱财等,均不影响本罪的成立。

Ⅷ 既遂与未完成形态

13 本罪属于行为犯[7],只要行为人实施了叛逃行为,就构成犯罪,不要求行为完成,也不要求实害结果的发生[8],但行为的完成应该是本罪的既遂标志,即以行为人已经逃到境外作为该罪的既遂标准。如果行为人已经开始实施叛逃行为,由于意志以外的原因而未逃出的,应为未遂。

---

6 参见赵秉志主编:《中国刑法案例与学理研究·分则篇(一)》,法律出版社2001年版,第54页。

7 参见李洁:《犯罪既遂形态研究》,吉林大学出版社1999年版,第51—61页。

8 这里的实害结果是与行为结果不同的概念。依据结果对犯罪客体的关系,可以将行为结果划分为实害结果与危险结果。

Ⅸ 罪数

如果符合本罪主体资格的行为人以到境外与相关的机构、组织或个人勾结,实施更严重的危害国家安全的活动为目的,在履行公务期间,叛逃境外或者在境外叛逃的,应该成立叛逃罪与其他危害国家安全罪的牵连犯;如果行为人叛逃后,另产生实施其他危害国家安全罪的故意,如出卖国家情报等,属于数罪,应实行数罪并罚。 14

Ⅹ 与他罪的区别

与本罪容易发生混淆的主要是投敌叛变罪。两罪犯罪客体相同,都是国家安全;犯罪主体部分相同,都可以由国家工作人员构成;犯罪罪过形式都是故意犯罪,都不是目的犯;犯罪客观要件的行为有部分交叉,如叛逃境外或者在境外叛逃的行为也可以是投敌叛变行为的具体行为方式。但两罪的区别也是明显的,根本区别在于行为人是否具有投入敌人营垒的故意与行为,有此故意与行为的是投敌叛变罪;无此故意与行为又符合叛逃罪的犯罪构成的属于叛逃罪。 15

Ⅺ 处罚

依据本条规定,犯叛逃罪的,处 5 年以下有期徒刑、拘役、管制或者剥夺政治权利;情节严重的,处 5 年以上 10 年以下有期徒刑。依《刑法》第 56 条第 1 款的规定,对于犯本罪者,应当附加剥夺政治权利;依第 113 条第 2 款的规定,犯本罪的可以并处没收财产。 16

本条第 2 款规定“从重情节”:掌握国家秘密的国家工作人员叛逃境外或者在境外叛逃的,依照前款的规定从重处罚。 17

第一百一十条 间谍罪

有下列间谍行为之一，危害国家安全的，处十年以上有期徒刑或者无期徒刑；情节较轻的，处三年以上十年以下有期徒刑：

（一）参加间谍组织或者接受间谍组织及其代理人的任务的；

（二）为敌人指示轰击目标的。

文献：黎宏：《刑法学》，法律出版社 2012 年版；马克昌：《百罪通论》，北京大学出版社 2014 年版；陈兴良：《刑法各论精释》，人民法院出版社 2015 年版；曲新久主编：《刑法学》（第 5 版），中国政法大学出版社 2016 年版。章强明、郭林将：《由"力拓案"反思经济间谍罪》，载《国家检察官学院学报》2009 年第 5 期；曹亚伟：《论经济间谍的双重法律性质及其法律界定》，载《政治与法律》2015 年第 9 期；李永升、胡胜：《论间谍罪的司法误区及立法完善》，载《江西警察学院学报》2017 年第 4 期。

细目录

Ⅰ 主旨

Ⅱ 沿革

Ⅲ 客体

Ⅳ 行为

Ⅴ 主体

Ⅵ 故意

Ⅶ 既遂与未完成形态

一、本罪的既遂

二、本罪的未遂形态

Ⅷ 共犯

Ⅸ 罪数

Ⅹ 与非罪的界限

Ⅺ 与他罪的区别

Ⅻ 处罚

Ⅰ 主旨

1 在危害国家安全犯罪中，间谍罪是最为常见、多发的犯罪。随着科学技术的进步和发展，很多间谍行为相比之前有着更高的隐蔽性，并且可以更快、更准确地传递国家秘密以及军事情报,对国家安全的危害性更大。因此,正确理解和适用刑法对于间谍罪的规定,对于规制现实犯罪问题,维护国家安全具有重要意义。

Ⅱ 沿革

1951 年公布的《惩治反革命条例》第 6 条详细规定了间谍罪:"进行下列间谍或资敌行为之一者,处死刑或无期徒刑;其情节较轻者处五年以上徒刑:(一)为国内外敌人窃取、刺探国家机密或供给情报者;(二)为敌机、敌舰指示轰击目标者;(三)为国内外敌人供给武器军火或其他军用物资者。"1979 年《刑法》将间谍与资敌行为规定在一个条文中,其第 97 条规定:"进行下列间谍或者资敌行为之一的,处十年以上有期徒刑或者无期徒刑;情节较轻的,处三年以上十年以下有期徒刑:(一)为敌人窃取、刺探、提供情报的;(二)供给敌人武器军火或者其他军用物资的;(三)参加特务、间谍组织或者接受敌人派遣任务的。"1997 年《刑法》在总结间谍罪立法经验的基础上,对上述规定进行了若干修改,形成了现行刑法对间谍罪的规定:将为境外的机构、组织、人员窃取、刺探、提供国家秘密的行为的和资敌行为分别规定在第 111 条和第 112 条,使本条仅限于间谍罪;不再使用特务概念,而是将其包容于间谍概念当中;将原第 100 条反革命破坏罪中的"为敌人指示轰击目标"纳入本条。2014 年 11 月通过的《反间谍法》对间谍行为等进行了更为具体的规定,可以作为理解本罪成立条件的重要参照。 2

Ⅲ 客体

本罪的客体是国家安全,包括对内安全与对外安全。 3

Ⅳ 行为

依据法条的规定,法定的间谍行为有三种。其中第(一)项中规定了两种行为[1],即参加间谍组织和接受间谍组织及其代理人的任务,第(二)项规定了一种行为,即为敌人指示轰击目标。由于立法规定采取的是并列而择一的方式,因而行为人只要实施了其中的一种行为,就可以认为满足了该罪对客观行为的要求。 4

(1)参加间谍组织的行为。首先需要明确间谍组织的含义。间谍,是指潜入敌地,刺探情报,伺机返报的人。[2] 间谍组织,也就是间谍的组织,是为了收集情报或秘密而组成的组织。一般说来,由于情报、秘密的类型多种多样,因而间谍组织也就有可能是为了收集某种或某几种情报而组成的间谍组织,如经济间谍组织,也可 5

---

1 由于法条规定"有下列间谍行为之一"就构成间谍罪,而且第(一)项所规定的两种行为以"或者"连接,可以认为所提出的两种行为具有择一的性质。

2 参见辞海编辑委员会编:《辞海》(缩印本),上海辞书出版社 1990 年版,第 989 页。

以是为了收集不特定类型的情报而组成的间谍组织。本罪由于是危害国家安全的犯罪,所说的间谍组织应该是为了危害我国国家安全而收集与我国国家安全相关的各类情报的组织,一般是外国政府或境外敌对势力针对我国建立的间谍组织。参加间谍组织,是通过一定的程序正式加入间谍组织,从而成为间谍组织成员的行为。只要正式进入加入程序,对其行为就可以认为是着手;正式加入间谍组织,是行为的完成。

6 (2)接受间谍组织及其代理人的任务。依该规定,任务的委任者是间谍组织及其代理人。间谍组织的代理人,是指受间谍组织或其成员的指使、委托、资助,进行或者授意、指使他人进行危害中华人民共和国国家安全的活动的人。间谍组织和间谍组织代理人由国家安全部确认。任务的接受者从委任者处接受任务的行为是本项行为的基本内容,即只要接受了任务,就已经满足了该规定的行为要件,不以实际实施间谍活动为必要。即使未参加间谍组织,只要实施了接受任务的行为,也构成间谍罪。

7 (3)为敌人指示轰击目标。这里的敌人,应该是与我国的人民民主专政的社会主义制度相对立,要侵害我国国家安全的人。无论这里所说的敌人是一个国家、一个机构或一个组织,都可以成为该行为的服务对象。指示轰击目标,是具体的行为内容。在现代社会,轰击的形式具有多样性,如飞机轰炸、直接的火力轰击这种比较传统的形式,或导弹轰击这种带有现代特征的形式等;只要是轰击,无论使用何种武器,均可成立该行为。由于轰击的形式多样,也导致指示目标的形式多样,既包括直接在被轰击目标所在地点发布信号等传统的形式,也包括提供被轰击目标的地域坐标,甚至通过卫星等高科技手段指示目标的形式,无论手段如何,只要已经指示了轰击目标,就符合该行为的要求。

V 主体

8 本罪的主体为一般主体,既可以是中国人,也可以是外国人或无国籍人。

Ⅵ 故意

9 规定本罪的法条的语言表述难以包含过失,因而本罪的主观罪过形式为故意。[3]故意的内容,依据对客体、行为等的规定,可以认为是明知自己的行为具有危害国家安全性质的行为,仍然希望或者放任危害国家安全结果发生的心理态度。至于行为人实施该行为的动机如何,不影响本罪的成立。

---

3 参见黎宏:《刑法学》,法律出版社 2012 年版,第 425 页。

Ⅶ 既遂与未完成形态

一、本罪的既遂

从法条的语言表述可以认为,本罪不要求造成特定的行为结果作为既遂的标准,因而不是结果犯。法条的语言表述只有对行为的规定,而且行为应该有一定的过程,因而也不是举动犯,而是行为犯,以法定行为的实施完毕作为既遂的标准。对于该罪法律规定了三种行为,其既遂的具体标准也不同。参加间谍组织行为,以加入间谍组织、成为间谍组织的成员为既遂;接受间谍组织或其代理人的任务的行为以接受(即表明自己同意实施该行为)为既遂;为敌人指示轰击目标的行为,以将轰击目标的相关信息以一定的形式传达到被指示者或相关人员或机构为既遂。如果在行为过程中,由于各种原因未能达到既遂的程度,就有成立未完成形态的可能。 10

二、本罪的未遂形态

如果行为人已经着手实施法定的行为,在达到既遂之前,由于意志以外的原因而停止,就可能存在未遂。一般说来,参加间谍组织行为与为敌人指示轰击目标行为,由于其具有明显的过程,因而在行为过程中被迫停止之情况的存在是明显的,存在未遂也一般被接受。对于接受间谍组织或其代理人的任务之行为,一般不存在未遂,但在间谍组织或其代理人与行为人之间就具体任务之代价进行讨价还价的过程中,可能由于意志以外的原因而停止的情况,这时成立未遂。 11

Ⅷ 共犯

本罪有成立共同犯罪的可能性,如两人以上合意共同申请加入某间谍组织,或共同接受间谍组织的派遣任务,或共同实施为敌人指示轰击目标的行为,就可以成立共同犯罪。需要指出,在本罪的不同行为方式下,其共同犯罪的认定有不同之处。在参加间谍组织行为中,参加者与间谍组织的具体受理人员不能认为是共同犯罪;但在接受派遣任务和为敌人指示轰击目标的情况下,派遣者与接受者、轰击行为的组织者与指示目标者之间,可以成立共同犯罪。[4] 12

Ⅸ 罪数

本罪的罪数问题,主要是行为人参加间谍组织之后,接受间谍组织分配的任务并实施的,或者接受间谍组织或其代理人的任务后进而实施的,是构成一罪还是构成数罪的问题。有观点认为,参加间谍组织或者接受间谍组织或其代理人的任务,就有可 13

4 本观点的前提,是在间谍组织中所实施的一切该组织计划的行为,均构成间谍罪。

能实施其他危害国家安全的行为,如果这些活动是在间谍组织的指令范围内,则以间谍罪一罪论处即可。[5] 笔者赞同此观点,理由是:第一,我国刑法虽然将间谍罪的行为规定为参加间谍组织、接受间谍组织或其代理人的任务、为敌人指示轰击目标三种行为,而这三种行为都不包含实施间谍组织派遣任务的行为,但参加间谍组织后或接受任务后实施该行为,应该是间谍行为的表现,是参加间谍组织或接受任务后必然实施的行为,是参加间谍组织或接受派遣任务行为的延伸,将其作为间谍行为不是没有可能性。第二,从我国刑法对间谍罪的刑罚规定来看,该罪的法定最高刑为死刑,法定最低刑为3年有期徒刑,间谍罪的这种刑罚设定一般情况下可以适用于该种情况,作为一罪处理不会出现罚不当罪。同时,所实施的被派遣的行为毕竟可以构成单独的犯罪,这是事实,因而也就存在法规竞合关系;在此情况下,判断所实施的行为与参加间谍组织行为或接受任务的行为哪种行为是重罪,按法规竞合的原则处理就是理所当然的。

X 与非罪的界限

14 本罪与非罪的区别,主要是行为人虽然客观上具有在间谍组织中工作的实际,但如果其所实施的不是间谍行为,如做勤杂工作,或者在客观上属于间谍行为的构成部分,但行为人主观上不知情,不知道其行为是为间谍行为提供帮助,如不知情的司机为间谍行为的实施提供交通工具,不能认为是间谍行为,不构成本罪。

XI 与他罪的区别

15 本罪与其他危害国家安全罪之界限有可能不太清晰。以与背叛国家罪的区别为例。背叛国家罪法定的行为方式是勾结外国进行,而间谍罪也可以是参加境外的间谍组织,存在着与间谍组织的勾结,这就使两罪的行为具有了一定的相似之处。两罪的根本区别在于,背叛国家罪是以危害国家的主权、领土完整与安全为行为目标的,而间谍罪未必以此为目标。如果行为人参加间谍组织的目的,就是要间谍组织为自己的背叛国家行为提供帮助,或者行为人以为敌人指示轰击目标的方式实施背叛国家的行为,其行为属于法规竞合,应按法规竞合的原则处理。其实,不仅是背叛国家罪,其他的如分裂国家罪、颠覆国家政权罪、投敌叛变罪等也是如此。如果行为人为了分裂国家或颠覆国家政权而加入间谍组织并意图利用间谍组织为自己的犯罪提供便利,也可以构成与间谍罪的法规竞合;如果行为人明知是与我国为敌的间谍组织,为了为其效力而加入,该行为就具有了投敌叛变与参加间谍组织的双重性质,属于法规竞合。

---

[5] 参见熊选国主编:《刑法罪名疑难问题精析》,人民法院出版社2007年版,第46页。

Ⅻ 处罚

依据本条规定,实施法定的间谍行为之一,危害国家安全的,处 10 年以上有期徒刑或者无期徒刑;情节较轻的,处 3 年以上 10 年以下有期徒刑。所说的情节较轻,应该结合行为人的行为程度、所造成的对国家安全的危害程度、行为方式、行为人的主观动机等情况综合认定。依《刑法》第 113 条第 1 款的规定,犯本罪,如果对国家和人民危害特别严重、情节特别恶劣,可以判处死刑。这里的要求是危害特别严重和情节特别恶劣同时存在才可以适用死刑,说明刑法对间谍罪的死刑适用持特别慎重的态度。依《刑法》第 113 条第 2 款的规定,犯本罪的,可以并处没收财产;依第 56 条第 1 款的规定,犯本罪的,应当附加剥夺政治权利。 16

第一百一十一条　为境外窃取、刺探、收买、非法提供国家秘密、情报罪

为境外的机构、组织、人员窃取、刺探、收买、非法提供国家秘密或者情报的，处五年以上十年以下有期徒刑；情节特别严重的，处十年以上有期徒刑或者无期徒刑；情节较轻的，处五年以下有期徒刑、拘役、管制或者剥夺政治权利。

文献：高铭暄主编：《新编中国刑法学》(上册)，中国人民大学出版社 1998 年版；于志刚主编：《危害国家安全罪》，中国人民公安大学出版社 1999 年版；胡云腾：《刑法条文案例精解》，法律出版社 2007 年版；黎宏：《刑法学》，法律出版社 2012 年版；周道鸾、张军主编：《刑法罪名精释》(第 4 版)，人民法院出版社 2013 年版；马克昌：《百罪通论》，北京大学出版社 2014 年版；何帆：《刑法注释书》，中国民主法制出版社 2019 年版。

细目录

Ⅰ　主旨
Ⅱ　沿革
Ⅲ　客体
Ⅳ　对象
Ⅴ　行为
Ⅵ　结果
Ⅶ　主体
Ⅷ　故意
Ⅸ　既遂与未完成形态
Ⅹ　与他罪的区别
Ⅺ　处罚

Ⅰ　主旨

1　为境外的机构、组织、人员窃取、刺探、收买、非法提供国家秘密、情报的行为，并不是在任何情况下都可以直接对国家安全造成现实的威胁，一般是对国家安全造成一定的间接且局部的影响，因而可以说本罪是为了对国家安全更周全的保护而设

定的。

Ⅱ　沿革

为敌人收集情报的行为，在中华人民共和国成立以后的相关法律乃至 1979 年《刑法》中，均是以间谍罪处罚的。1988 年 9 月 5 日公布的全国人大常委会《关于惩治泄露国家秘密犯罪的补充规定》，设立了为境外的机构、组织、人员窃取、刺探、收买、非法提供国家秘密罪，规定："为境外的机构、组织、人员窃取、刺探、收买、非法提供国家秘密的，处五年以上十年以下有期徒刑；情节较轻的，处五年以下有期徒刑、拘役或者剥夺政治权利；情节特别严重的，处十年以上有期徒刑、无期徒刑或者死刑，并处剥夺政治权利。"[1] 1997 年《刑法》将上述内容纳入危害国家安全罪并作了修改，成为本罪。所涉及的修改主要是增加了"窃取、刺探、收买、非法提供情报"的行为。 2

Ⅲ　客体

本罪规定在危害国家安全罪一章，该罪的客体是国家安全。由于该罪属于情报性的犯罪，对国家安全造成的侵害往往不是现实侵害而只是危险，而且一般是抽象的、间接的危险。 3

Ⅳ　对象

本罪的行为对象是国家秘密和情报。 4

(1)关于国家秘密。"国家秘密"应参照《保守国家秘密法》第 2 条、第 9 条规定予以确定。一般而言，国家秘密，是指关系国家安全和利益，依照法定程序确定，在一定时间内只限一定范围的人员知悉的事项。根据《保守国家秘密法》第 9 条的规定，国家秘密具体包括：第一，国家事务重大决策中的秘密事项；第二，国防建设和武装力量活动中的秘密事项；第三，外交和外事活动中的秘密事项以及对外承担保密义务的保密事项；第四，国民经济和社会发展中的秘密事项；第五，科学技术中的秘密事项；第六，维护国家安全活动和追查刑事犯罪中的秘密事项；第七，经国家保密行政管理部门确定的其他秘密事项。另外，政党的秘密事项中符合《保守国家秘密法》第 9 条第 1 款规定的，属于国家秘密。当然，并不是这里所有的国家秘密均可以成为本罪的行为对象，只有在这种对象事关国家安全时，才可以成为本罪的对象。 5

(2)关于情报。所谓情报，是指关于某方面情况的最新信息和报告，多带有秘密性质。2001 年 1 月 17 日发布的最高人民法院《关于审理为境外窃取、刺探、收买、非法提供国家秘密、情报案件具体应用法律若干问题的解释》第 1 条第 2 款将情报界定为"关系国家安全和利益、尚未公开或者依照有关规定不应公开的事项"。需要特别 6

1　高铭暄主编：《新编中国刑法学》(上册)，中国人民大学出版社 1998 年版，第 506 页。

指出的是,情报作为本罪的行为对象,其内容也必须与国家的安全相关,若与国家的安全无关,就不能成为本罪的对象。同时,2001 年 8 月 22 日公布的最高人民法院、国家保密局《关于执行〈关于审理为境外窃取、刺探、收买、非法提供国家秘密、情报案件具体应用法律若干问题的解释〉有关问题的通知》指出,人民法院审理为境外窃取、刺探、收买、非法提供国家秘密、情报案件,需要对有关事项是否属于情报进行鉴定的,由国家保密工作部门或者省、自治区、直辖市保密工作部门鉴定。

V 行为

7 依据本条规定,本罪的行为是为境外的机构、组织或个人窃取、刺探、收买、非法提供国家秘密、情报的行为。

1. 本罪行为的具体方式

8 依据法条规定,本罪法定的行为方式有窃取、刺探、收买、非法提供四种。窃取,是指以盗窃手段获取国家秘密或情报[2];刺探,是指以侦察、打听的方式获取国家秘密或情报;收买,是指以某种利益与掌握秘密或情报的人进行交换,可以用来交换的利益具有广泛性,只要是可以用来交换的东西,无论是金钱、财物还是其他的利益,均可以成为收买的手段;非法提供,是指已经知悉了国家秘密或情报的人,违反国家有关保密法规的规定,将秘密或情报提供给他人的行为。非法提供的秘密或情报,既可以是通过自己的职务或工作性质而合法得到的,也可以是通过非法的手段得到的,无论其秘密或情报的得到方式是否合法,若提供给他人就是非法提供。

2. 行为人服务的相对方

9 依据法条规定,行为人窃取、刺探、收买、非法提供国家秘密或情报的相对方只能是境外的机构、组织和个人。这里的境外是指我国的国家主权不能及于的空间,包括外国、外国驻中国的使领馆等。至于境外的机构、组织、个人的性质,是否间谍组织或间谍组织的代理人,是官方还是非官方的机构或组织,个人是某机构或组织的代表还是不隶属于任何机构或组织,境外机构、组织是否在境内设立分支机构,相关个人是否居住在境内,均不影响本罪的成立。

VI 结果

10 本罪的行为结果是行为改变行为对象即秘密或情报所形成的结果,即国家秘密事项被行为人非法获取或由行为人非法提供给境外的机构、组织或个人所形成的状态。本罪既遂是要求行为结果的出现,如果行为人已经开始实施窃取、刺探、收买、非法提供的行为,但因故并未导致行为结果的发生,就不能认为已经满足了全部犯罪客观要件的要求,不能达到犯罪的既遂。

---

2 参见周光权:《刑法各论》(第 4 版),中国人民大学出版社 2021 年版,第 613 页。

Ⅶ　主体

11 本罪的主体是一般主体，只要具有刑事责任能力的自然人均可以成为本罪的主体。以单位犯罪的形式实施本罪所禁止的行为，不成立单位犯罪，只能以共同犯罪的规定处罚相关的自然人。

Ⅷ　故意

12 本罪的法条的语言表述难以包含过失，因而本罪的主观罪过形式为故意。故意的内容，依据对客体、行为等的规定，可以认为是明知自己的窃取、刺探、收买、非法提供国家秘密或情报的行为具有危害国家安全的性质，仍然希望或者放任危害国家安全结果发生的心理态度。至于行为人实施该行为的动机如何不影响本罪的成立。

13 最高人民法院《关于审理为境外窃取、刺探、收买、非法提供国家秘密、情报案件具体应用法律若干问题的解释》第5条规定，行为人知道或者应当知道没有标明密级的事项关系国家安全和利益，而为境外窃取、刺探、收买、非法提供的，依照《刑法》第111条的规定以为境外窃取、刺探、收买、非法提供国家秘密罪定罪处罚。该规定表明，行为人在为境外窃取、刺探、收买、非法提供没有标明密级的事项时，并不要求对该事项关系到国家安全和利益有认识，只要应当认识到就可以认为具有主观罪过，而应当认识只是认识义务，不是现实的认识，因而该司法解释表明该罪在特定情况下也可以由过失构成。这样的解释是否符合立法意图是值得研究的。

Ⅸ　既遂与未完成形态

14 该罪属于结果犯的危险犯，其既遂的标志是结果的出现，如果窃取、刺探、收买的行为未达到非法获得国家秘密或者为境外的机构、组织、个人获知的程度，其行为就不能认为是既遂。如未达到既遂，也就有成立未完成形态的可能，因意志以外的原因而未完成的，是犯罪的未遂；因意志以内的原因而未完成的，是犯罪的中止。至于中止行为是否可罚，不宜一概而论，应该考虑具体案件的情况分别处理。

Ⅹ　与他罪的区别

1. 本罪与间谍罪的界限

15 在境外的机构、组织、人员属于间谍组织或间谍组织的代理人，行为人也知道对方是间谍组织或间谍组织的代理人，而接受其任务，为其窃取、刺探、收买、非法提供国家秘密或情报时，其行为是构成本罪还是间谍罪？对此，笔者认为，此种情况下应成立间谍罪与本罪的法条竞合，且属于交叉竞合，应按照法条竞合的重法处断原则，按照两罪中处罚更重的罪名定罪处罚。

2. 本罪与故意泄露国家秘密罪的界限

16 根据最高人民法院《关于审理为境外窃取、刺探、收买、非法提供国家秘密、情报案件具体应用法律若干问题的解释》第6条的规定,通过互联网将国家秘密或者情报非法发送给境外的机构、组织和个人的,构成为境外窃取、刺探、收买、非法提供国家秘密、情报罪;不具有本罪故意,但在明知有危险的情况下,仍将国家秘密通过互联网予以发布,情节严重的,构成故意泄露国家秘密罪。

XI　处罚

17 依据本条规定,为境外的机构、组织、人员窃取、刺探、收买、非法提供国家秘密或者情报的,处5年以上10年以下有期徒刑;情节特别严重的,处10年以上有期徒刑或者无期徒刑;情节较轻的,处5年以下有期徒刑、拘役、管制或者剥夺政治权利。这里需要注意,只有情节特别严重的,才可以判处10年以上有期徒刑或者无期徒刑,如果只是情节严重,就属于本罪的基本犯,不能加重刑罚。

18 依据《刑法》第113条第1款的规定,犯本罪,如果对国家和人民危害特别严重、情节特别恶劣,可以判处死刑。这里的要求是危害特别严重和情节特别恶劣同时存在才可以适用死刑。依《刑法》第113条第2款的规定,犯本罪的可以并处没收财产;依第56条第1款的规定,对于犯本罪者,应当附加剥夺政治权利。

19 关于具体的刑罚标准,依据最高人民法院《关于审理为境外窃取、刺探、收买、非法提供国家秘密、情报案件具体应用法律若干问题的解释》第2条的规定,具有下列情形之一的,属于规定的"情节特别严重":为境外窃取、刺探、收买、非法提供绝密级国家秘密的;为境外窃取、刺探、收买、非法提供三项以上机密级国家秘密的;为境外窃取、刺探、收买、非法提供国家秘密或者情报,对国家安全和利益造成其他特别严重损害的。实施前款行为,对国家和人民危害特别严重、情节特别恶劣的,可以判处死刑,并处没收财产。依据第3条的规定,具有下列情形之一的,处5年以上10年以下有期徒刑,可以并处没收财产:为境外窃取、刺探、收买、非法提供机密级国家秘密的;为境外窃取、刺探、收买、非法提供三项以上秘密级国家秘密的;为境外窃取、刺探、收买、非法提供国家秘密或者情报,对国家安全和利益造成其他严重损害的。

第一百一十二条　资敌罪

战时供给敌人武器装备、军用物资资敌的，处十年以上有期徒刑或者无期徒刑；情节较轻的，处三年以上十年以下有期徒刑。

文献：于志刚主编：《危害国家安全罪》，中国人民公安大学出版社 1999 年版；王世洲等编：《危害国家安全罪研究》，中国检察出版社 2012 年版；周道鸾、张军主编：《刑法罪名精释》（第 4 版），人民法院出版社 2013 年版；阮齐林：《中国刑法各罪论》，中国政法大学出版社 2016 年版；周光权：《刑法各论》（第 4 版），中国人民大学出版社 2021 年版。

细目录

Ⅰ　主旨
Ⅱ　沿革
Ⅲ　客体
Ⅳ　对象
Ⅴ　行为
Ⅵ　结果
Ⅶ　主体
Ⅷ　故意
Ⅸ　既遂与未完成形态
Ⅹ　与非罪的界限
Ⅺ　与他罪的区别
Ⅻ　处罚

Ⅰ　主旨

1 刑法规定资敌罪的目的在于保护国家安全。战时资敌行为增强敌人的力量，对我国的安全有显著的威胁，故规定此罪。

Ⅱ　沿革

2 1951 年发布的《惩治反革命条例》将间谍与资敌行为规定在一个条文；1979 年《刑法》第 97 条也是如此，该条规定："进行下列间谍或者资敌行为之一的，处十年以上有期徒刑或者无期徒刑;情节较轻的,处三年以上十年以下有期徒刑:(一)为敌人窃取、刺探、提供情报的;(二)供给敌人武器军火或者其他军用物资的;(三)参加特务、间谍组织或者接受敌人派遣任务的。"1997 年《刑法》将间谍罪与资敌罪分别予以规定。

Ⅲ 客体

3 本罪规定在危害国家安全罪一章,因而本罪的客体为国家安全。本罪的行为是资助敌人,因而其行为所危害国家安全的内容,也依所资之敌的行为性质而定,因而本罪既可能危害国家的外部安全,也可能危害国家的内部安全。

Ⅳ 对象

4 本罪法定的行为对象是武器装备和军用物资。武器装备,是指直接用于杀伤敌人的武器和军事装备,如传统的枪炮、弹药、车船,现代的如飞机、原子武器、化学武器以及各种用于侦察、通信、工程、防化等的军事装备。军用物资,是指武器装备以外的用于军事上的物资,如被服、食粮、油料、药品、器材、运输工具等,只要用于军事需要的物资就具有军用物资的性质。

Ⅴ 行为

5 依据法条规定,本罪的行为是战时将武器装备或者军用物资供给敌人的行为。因此其构成要素有三:第一,战时,即行为的时间条件是战时,非战时不能构成本罪,如果构成其他犯罪,按照其他犯罪处理。根据《刑法》第 451 条的规定,战时,是指国家宣布进入战争状态、部队受领作战任务或者遭敌突然袭击时。部队执行戒严任务或者处置突发性暴力事件时,以战时论。第二,提供武器装备或军用物资的行为,是指将武器装备或军用物资以一定的方式提供给敌人,其行为方式可以是多种多样的,包括公开的或秘密的,直接提供或通过他人转提供,有偿提供或无偿提供,国内提供或跨国境提供等。第三,提供的相对方是敌人。由于本罪是战时的犯罪,因而其敌人就是战争的相对方,不论对方是国内的还是国外的,也无论此前与我国的关系如何(与他国战争的场合)或者属于何种势力,只要是战争的相对方,就具有了敌人的性质。

Ⅵ 结果

6 本罪的结果是将武器装备或军用物资送至敌人可以控制的地点,敌人控制了该对象。如果行为人虽然实施了资敌的行为,但尚未达到敌人控制所资助对象的程度,其行为结果就是没有发生,不能认为是犯罪的既遂。

Ⅶ 主体

本罪的主体是中国公民,外国人或无国籍人教唆或帮助中国公民实施该行为的,可以成立共同犯罪。 7

Ⅷ 故意

规定本罪的法条的语言表述难以包含过失,因而本罪的主观罪过形式为故意。故意的内容,依据对客体、行为等的规定,可以认为明知自己的资敌行为具有危害国家安全的性质,仍然希望或者放任危害国家安全结果发生的心理态度。至于行为人实施该行为的动机如何不影响本罪的成立。由于本罪是具有法定的行为对象与行为相对方的犯罪,因而行为人认识的内容应该包含对行为对象与行为相对方的认识,如果行为人没有认识到其行为对象是武器装备或军用物资,不能认为其主观上具有犯本罪的故意。 8

Ⅸ 既遂与未完成形态

由于本罪是要求行为结果的犯罪,因而本罪属于结果犯,其既遂的标志应该是行为结果的发生。如果由于意志以外的原因而导致行为结果未出现的,就存在成立未遂的可能。 9

Ⅹ 与非罪的界限

关于罪与非罪的界限,应注意三点:第一,明显存在情节显著轻微危害不大的情况,如行为人为敌对方个别饥饿的士兵提供少量的食品,为个别受伤的士兵提供少量的药品,不宜按本罪处理[1];第二,行为对象是否合格,如果不属于武器装备或军用物资,因行为对象不合格,也就难以成立本罪;第三,行为人对行为对象是否具有认识,如果行为对象是合格的,但行为人对此没有认识,就因缺乏犯罪故意而不成立本罪。 10

Ⅺ 与他罪的区别

本罪与资助危害国家安全犯罪活动罪在一般情况下容易区分。需要注意的是,如果资助危害国家安全犯罪活动罪资助的是背叛国家罪、颠覆国家政权罪、分裂国家罪等,在已经进入战时的情况下,以提供武器装备和军用物资的方式进行资助的行为,是构成本罪还是构成资助危害国家安全犯罪活动罪?笔者认为,在这种情况 11

---

1 参见于志刚主编:《危害国家安全罪》,中国人民公安大学出版社 1999 年版,第 397 页。

下,行为人的行为属于法规竞合,应按特别法优于普通法的原则[2],按本罪处理。因为从两罪的构成特征来看,无论是主体、行为对象、行为相对方、行为时间等,本罪均具有特殊性,应该认为规定本罪之法条属于特别法。但是如果适用本条处罚较轻时,应按资助危害国家安全犯罪活动罪定罪量刑。

XII　处罚

12　依据本条规定,战时供给敌人武器装备、军用物资资敌的,处 10 年以上有期徒刑或者无期徒刑;情节较轻的,处 3 年以上 10 年以下有期徒刑。依据《刑法》第 113 条第 1 款的规定,犯本罪,如果对国家和人民危害特别严重、情节特别恶劣的,可以判处死刑;依第 113 条第 2 款的规定,犯本罪的,可以并处没收财产;依第 56 条第 1 款的规定,犯本罪的,应当附加剥夺政治权利。

2　一般认为,法规竞合的法条选择原则,是以特别法优于普通法为一般原则。参见高铭暄主编:《新编中国刑法学》(上册),中国人民大学出版社 1998 年版,第 487—496 页。

第一百一十三条　本章之罪死刑、没收财产的适用

本章上述危害国家安全罪行中，除第一百零三条第二款、第一百零五条、第一百零七条、第一百零九条外，对国家和人民危害特别严重、情节特别恶劣的，可以判处死刑。

犯本章之罪的，可以并处没收财产。

文献：王爱立主编：《中华人民共和国刑法解读》，中国法制出版社 2018 年版；张明楷：《刑法学》（第 6 版），法律出版社 2021 年版。

细目录

Ⅰ　主旨

Ⅱ　沿革

Ⅲ　对本条的理解

Ⅰ　主旨

本条是对危害国家安全罪之死刑与没收财产刑的规定。 1

Ⅱ　沿革

本条内容在 1979 年《刑法》第 103 条、第 104 条已有规定，1997 年《刑法》对原规定进行修改后，形成本条。其修订主要涉及两个方面：一是将原刑法中的两个条文合并为一条；二是根据惩治危害国家安全犯罪的需要和罪刑法定原则，对适用死刑的犯罪作了个别调整。 2

Ⅲ　对本条的理解

依据本条的规定，犯危害国家安全罪，除煽动分裂国家罪、颠覆国家政权罪、煽动颠覆国家政权罪、资助危害国家安全犯罪活动罪、叛逃罪不可以判处死刑外，其他犯罪，即背叛国家罪，分裂国家罪，武装叛乱、暴乱罪，投敌叛变罪，间谍罪，可以判处死刑。 3

其死刑的适用条件，必须是“危害特别严重、情节特别恶劣”。关于两者是需要同时具备还是择一关系，笔者认为需要同时具备，而不是择一关系，否则不能判处死刑。就情节和危害两者在刑法中的意涵而言，这里的“危害”是对行为结果的描述，而“情 4

节”是比结果范围更为广泛的综合概念,可以包括结果在内。以此为基础进行分析,如果将上述“危害特别严重”和“情节特别恶劣”作择一理解,就会形成逻辑上的不周延:综合性的情节恶劣程度评价与单一的结果严重程度评价被置于同一个应受谴责程度之上。因此,宜将本条规定的死刑适用条件理解为“危害特别严重+(结果之外的其他)情节特别恶劣”。

5 依据本条第2款的规定,犯危害国家安全罪的可以并处没收财产。该款属于授权规范而不是命令规范,是否没收财产,由立法委之于司法机关裁量。

第二章 危害公共安全罪

前 注

文献:叶高峰主编:《危害公共安全罪的定罪与量刑》,人民法院出版社 2000 年版;刘志伟主编:《危害公共安全犯罪疑难问题司法对策》,吉林人民出版社 2001 年版;林亚刚:《危害公共安全罪新论》,武汉大学出版社 2001 年版;鲍遂献、雷东生:《危害公共安全罪》,中国人民公安大学出版社 2003 年版。国全、世友:《危害公共安全罪同其他刑事犯罪的区别》,载《法学》1984 年第 6 期;武彪:《危害公共安全者的法律责任》,载《法学》1985 年第 2 期;赵秉志等:《中国刑法修改若干问题研究》,载《法学研究》1996 年第 5 期;喻伟、蒋羽扬:《论新刑法典对危害公共安全罪的修订》,载《法学评论》1997 年第 4 期;孙军工:《关于危害公共安全罪的修改》,载《人民司法》1997 年第 5 期;苏哲:《危害公共安全罪》,载《江苏公安专科学校学报》1999 年第 4 期;林亚刚、赵晓雯:《议危害公共安全罪的概念》,载《甘肃政法学院学报》2000 年第 2 期;李立丰、梁雪冰:《重新解读危害公共安全罪中的"不特定性"》,载《当代法学》2003 年第 9 期;陈洪兵:《公共危险犯的未完成形态》,载《国家检察官学院学报》2008 年第 1 期;何洋:《试论刑法中"公共安全"的涵义》,载《河北法学》2012 年第 3 期;吴贵森:《刑法上"公共"概念之辨析》,载《法学评论》2013 年第 1 期;王立志:《人身安全是危害公共安全罪的必备要素——以刘襄瘦肉精案切入》,载《政法论坛》2013 年第 5 期;邹兵建:《论刑法公共安全的多元性》,载《中国刑事法杂志》2013 年第 12 期;刘志伟:《〈刑法修正案(九)〉的犯罪化立法问题》,载《华东政法大学学报》2016 年第 2 期;程云欣:《论危害公共安全罪中公共安全的界限》,载《黑龙江省政法管理干部学院学报》2016 年第 4 期;旷琛:《刑法中公共安全的涵义和认定标准》,载《江西警察学院学报》2017 年第 1 期;张明楷:《高空抛物案的刑法学分析》,载《法学评论》2020 年第 3 期;王秀梅、司伟攀:《涉疫情以危险方法危害公共安全罪的研析》,载《法律适用》2020 年第 5 期。

细目录

Ⅰ 主旨
Ⅱ 沿革
Ⅲ 公共安全的含义
Ⅳ 危害公共安全罪的行为和结果
Ⅴ 危害公共安全罪的主体

Ⅵ 危害公共安全罪的故意和过失

Ⅰ 主旨

1 本章共37个条文,58个罪名,是有关危害公共安全罪的专门规定。危害公共安全罪,是指故意或过失实施危害或者足以危害不特定或多数人的生命、健康或重大公私财产安全的行为,是仅次于危害国家安全罪的、社会危害性非常严重的一类犯罪。这类犯罪一经实施,往往造成或者可能造成不特定或多数人的伤亡和重大公私财产的毁损,严重影响社会的安宁和稳定,因此,历来是我国刑法打击的重点。

Ⅱ 沿革

2 我国1979年《刑法》分则编第二章第105条至第115条规定了危害公共安全罪,1997年公布实施的现行刑法同样在分则编第二章规定了危害公共安全罪。同1979年《刑法》相比,现行刑法中有关危害公共安全罪的规定主要有以下不同:一是增加了组织、领导、参加恐怖组织罪;二是集中规定了妨害枪支管理方面的犯罪,除原有的罪名之外,增加了依法被指定、确定的枪支制造企业、销售企业违规制造、销售枪支罪,非法出租、出借枪支罪以及依法配备公务用枪的人员丢失枪支不及时报告造成严重后果的犯罪和非法携带枪支、弹药、管制刀具或者爆炸性、易燃性、放射性、腐蚀性物品,进入公共场所或者公共交通工具,危及公共安全的犯罪;三是在破坏交通安全犯罪方面,增加了劫持航空器罪,劫持船只、汽车罪和在航空器上使用暴力危及飞行安全罪;四是在交通事故犯罪方面,增加了重大飞行事故罪和铁路运营安全事故罪,并对原交通肇事罪作了较大的修改;五是增加了重大劳动安全事故、工程重大安全事故、教育设施重大安全事故、消防责任事故等重大责任事故方面的犯罪;六是对原刑法中部分危害公共安全罪的犯罪对象作了修改补充,如将破坏交通工具罪中的"飞机"改为"航空器",将破坏易燃易爆设备罪中的"煤气设备"改为"燃气设备",将破坏通信设施罪扩大为广播电视设施和公用电信设施,将有关枪支弹药方面的犯罪对象扩大到包含"爆炸物"在内。

3 2001年12月29日第九届全国人民代表大会常务委员会第二十五次会议通过的《刑法修正案(三)》针对当时国内外使用毒害性、放射性、传染病病原体等物质的犯罪多发,组织、参加恐怖组织犯罪频繁出现的情况,对刑法中有关危害公共安全的犯罪进行了较大幅度的修改:一是对《刑法》第114条、第115条的内容进行修改,增加了有关投放毒害性、放射性、传染病病原体等危险物质危害公共安全犯罪的内容;二是对《刑法》第120条进行修改,增设了帮助恐怖活动罪,并将组织、领导恐怖活动组织的行为和积极参加的行为分开,对前者规定了较重的法定刑;三是对《刑法》第125条进行修改,增加了非法制造、买卖、运输、储存毒害性、放射性、传染病病原体等物质的犯罪;四是对《刑法》第127条进行修改,增设了盗窃、抢夺、抢劫毒害性、放射性、传染病病原体等危险物质等的犯罪。

此后,我国国内的危害公共安全犯罪呈现发案频繁、案情复杂、形式多样等特 4
点,全国人大及其常委会对刑法中的危害公共安全犯罪进行了数次修订,主要集中在以下三个领域:一是劳动生产、群众性活动过程中的安全事项领域。2006 年 6 月 29 日第十届全国人民代表大会常务委员会第二十二次会议通过的《刑法修正案(六)》第 1 条、第 2 条分别对《刑法》第 134 条、第 135 条进行了修订,《刑法修正案(六)》第 3 条、第 4 条分别增设了《刑法》第 135 条之一、第 139 条之一两个条文。二是道路交通安全领域。2011 年 2 月 25 日第十一届全国人民代表大会常务委员会第十九次会议通过了《刑法修正案(八)》,在第 22 条增设了《刑法》第 133 条之一(危险驾驶罪),将社会生活中频发的醉酒驾驶机动车、在公共道路上驾驶机动车追逐竞驶的行为规定为犯罪。其后,2015 年 8 月 29 日第十二届全国人民代表大会常务委员会第十六次会议通过的《刑法修正案(九)》第 8 条对《刑法》第 133 条之一进行了修订,在第 1 款中增设第(三)、(四)项,新增第 2 款机动车所有人、管理人的刑事责任内容,将原第 2 款修改为第 3 款。三是恐怖主义活动犯罪领域。《刑法修正案(九)》将大量帮助性质的、个人独立的恐怖主义活动规定为犯罪,对《刑法》第 120 条及相关条文进行了大规模修订,其第 5 条在第 120 条本条中增设财产刑;第 6 条在第 120 条之一(帮助恐怖活动罪)原第 1 款中增设了"资助恐怖活动培训"的规定,并新增第 2 款"为恐怖活动组织、实施恐怖活动或者恐怖活动培训招募、运送人员的,依照前款的规定处罚",原第 2 款单位犯该罪的规定调整为第 3 款;第 7 条还增设了第 120 条之二、第 120 条之三、第 120 条之四、第 120 条之五、第 120 条之六 5 个新条文。2020 年 12 月 26 日第十三届全国人民代表大会常务委员会第二十四次会议通过的《刑法修正案(十一)》对本章的条文进行了三处修订:增设了第 133 条之二,对妨害公共交通工具驾驶安全的犯罪进行了规定;对第 134 条第二款进行了修订,将明知存在重大隐患而不排除的情形纳入处罚范围;增加第 134 条之一,对几种社会生活中较为突出的危险作业情形进行了规定。通过上述修改,使我国刑法中有关危害公共安全犯罪的法律规定更加完善、缜密。

Ⅲ 公共安全的含义

本章所规定的犯罪所侵犯的客体是公共安全。何谓公共安全,在我国刑法学界 5
主要有三种观点。第一种观点认为,所谓公共安全是指不特定多数人生命健康、财产安全、重大公私财产安全和其他公共利益的安全;或者说是不特定多数人的生命、健康、重大公私财产以及其他重大公共利益的安全。[1] 第二种观点认为,公共安全是指多数人的生命和财产安全,包括不特定多数人和特定多数人,或者说不区分特定还是

1 参见高铭暄、马克昌主编:《刑法学》(下编),中国法制出版社 1999 年版,第 609 页;何秉松主编:《刑法教科书》(下卷),中国法制出版社 2000 年版,第 670 页。

不特定。[2] 第三种观点认为,公共安全是指不特定或者多数人的生命、健康或者财产安全。[3]

6 第三种观点更合理,理由在于:第一,“不特定多数”意味着作为危害公共安全罪的犯罪对象受到双重限制,不仅是“不特定”而且还必须是“多数”,这样,特定的多数人的生命、健康或财产的安全,以及不特定少数人的生命、健康或财产的安全,都不是“公共安全”,这就缩小了危害公共安全罪的范围,事实上也与司法实践不相符合。例如,有些违反交通规则造成事故的行为只是危害了不特定的少数人的生命、健康或者财产的安全,但司法机关仍然将其认定为交通肇事罪。第二,刑法上所规定的危害公共安全犯罪,实际上是将生命、身体、财产等个人的合法权益抽象为社会利益作为保护对象,故应当重视其社会性,即应当重视量的“多数”。换言之,“多数”是公共安全这一概念的核心,“少数”的场合应当排除在外。但是,“不特定的”意味着随时有向“多数”发展的现实可能性,会使社会一般成员感到危险。因此,不特定或者多数人的生命、健康、财产的安全,就是公共安全。[4] 第三,从现行刑法的规定来看,对人的生命、财产的保护,立法者不仅规定有危害公共安全罪,而且还规定有故意杀人罪、故意伤害罪、故意毁坏财物罪,等等。很明显,立法者将特定个人或者少数人的生命、财产安全用规定故意杀人罪、故意伤害罪和故意毁坏财物罪的方式来加以保护,将多数人和不特定人的利益用规定危害公共安全罪的方式来加以保护。这是因为,将多数人的利益和少数人的利益相比,立法者必须更加关注多数人的利益,往往将侵害多数人的人身、财产安全的行为作为构成犯罪的起点提前,并规定较高的法定刑。这样,从立法本意来看,公共安全是指不特定或者多数人的人身、财产的安全。[5] 按照上述理解,公共安全是指不特定或者多数人的生命、健康或者财产的安全;其中,多数人的生命、健康和财产的安全,既包括特定的多数人的生命、健康或者财产的安全,也包括不特定多数人的生命、健康或者财产的安全。

7 说危害公共安全罪的客体是指不特定或多数人的生命、健康、财产的安全,是就该种犯罪实际造成和可能造成的危害后果的严重性和广泛性而言的。也就是说,危害公共安全的每种犯罪行为,不论行为人主观上是否意识到,都能够在一定条件下造成众多人员的伤亡和公私财产的严重破坏。如在人口稠密的居民住宅区放火,可能使数以亿计的财产化为灰烬,成千上万的人无家可归,成百上千的人葬身火海;在公

---

2 参见刘志伟主编:《危害公共安全犯罪疑难问题司法对策》,吉林人民出版社 2001 年版,第 60 页。

3 参见高铭暄、马克昌主编:《刑法学》(第 9 版),北京大学出版社、高等教育出版社 2019 年版,第 329 页;张明楷:《刑法学》(第 6 版),法律出版社 2021 年版,第 879 页。

4 参见张明楷:《刑法学》(第 6 版),法律出版社 2021 年版,第 879 页。

5 参见刘志伟主编:《危害公共安全犯罪疑难问题司法对策》,吉林人民出版社 2001 年版,第 60 页。

共场所引燃爆炸物可能造成大量伤亡；偷割电话线，破坏通信设施会使不计其数的用户的通信受阻。这就是将这类犯罪列为危险性最大的普通刑事犯罪的根本原因。

危害不特定或多数人的生命、健康或重大财产的安全，是就危害公共安全罪的客观属性而言的。但是，这并不意味着此类犯罪在主观上不可能指向特定的对象，事实上，许多犯罪分子在实施这类犯罪行为时，主观上有明确的目标或对象，只是由于行为在客观上可能危害不特定或多数人的生命、健康和财产的安全，所以构成危害公共安全罪。反之，有的犯罪分子虽然主观上没有选择特定的侵害对象，但其行为客观上不可能危及不特定或多数人的人身或重大财产的安全，也不能以危害公共安全罪论处。可见，侵害对象在主观上的不特定性并不是危害公共安全罪的必备特征。同时，说危害公共安全的行为具有上述客观属性，也并不意味着任何危害公共安全的行为都必然造成多人伤亡和重大财产损失的实际后果。有的交通肇事行为只撞死一人，有的放火犯纵火之后，被他人及时发现扑灭，未酿成灾，但上述行为仍分别构成交通肇事罪和放火罪。因为这些犯罪虽未造成不特定或多数人的生命、健康或公私财产的严重损害，但从实施该行为的环境和条件来看，完全有可能造成严重后果，符合危害公共安全罪的客观属性。 8

客观上危及不特定或多数人的人身和财产安全，是危害公共安全罪区别于其他各类犯罪的本质特征。从危害结果上看，这类犯罪与侵犯人身权利罪、侵犯财产罪都会造成人身伤亡和财产毁损。区分前者与后者的关键在于，行为人的行为有无造成不特定或多数人的伤亡和重大财产损失的客观危险性。如果行为指向的是特定的个人或财物，犯罪分子能够有效地控制其损害的范围，不可能造成不特定或多数人伤亡或者公私财产的广泛损失，即不足以危害公共安全的，一般不以危害公共安全罪论处。相反，即便行为人主观上是为追求某种特定犯罪目的，客观上针对某一个、某几个特定的人或某项财产实施了某种危害行为，结果却危及到不特定或多数人的生命、健康或财产上的利益的时候，就是危害公共安全犯罪。 9

Ⅳ 危害公共安全罪的行为和结果

本罪在客观方面表现为实施了危害不特定或者多数人的生命、健康以及重大公私财产安全的行为。 10

1. 行为形式

危害公共安全是普通刑事犯罪中危害性最大的一类，这是由此类行为本身所具有的客观属性以及行为所指向的对象决定的。现行刑法中所规定的危害公共安全的危害行为，有的是极度危险的行为，如放火、决水、爆炸、投放危险物质、故意以危险方法危害公共安全、失火、过失决水、过失爆炸、过失投放危险物质等行为；这些行为本身极具危险性，一经实施就有可能造成难以预料和控制的后果。有的是对特定对象进行破坏的行为，如故意或过失破坏交通工具、交通设施、易燃易爆设备、电力设备、通信设施等设施设备的行为等，上述设施设备都是和人们生活息息相关而又比较危 11

险的物品,一旦遭受破坏,就可能危害不特定或多数人的生命、健康和重大公私财产的安全。有的是在特定的环境条件下所实施的破坏行为,如在厂矿的生产、作业过程中违反规章制度所导致的人员死伤或财产损失,在交通运输过程中违反交通规则发生的重大事故,在生产、储存、运输、使用危险物品的过程中,违章操作,造成严重后果的行为;由于是在生产、作业过程中所引发的事故,因此,其后果往往比在日常生活中导致事故的后果要严重得多。

12 虽然上述危害公共安全的行为表现形式各异,但总的来说,不外乎两种形式,即作为和不作为。前者如组织、领导、参加恐怖组织,帮助恐怖活动,劫持航空器,劫持船只、汽车等行为,是行为人以积极主动的身体动作实施法律所禁止的某种危害公共安全的行为。法律规定以这种行为方式构成的犯罪就是所谓的作为犯。后者如丢失枪支不报的行为、工矿企业以及事业单位的直接责任人员不采取措施消除劳动安全设施方面的隐患的行为,等等,是行为人不以积极的身体动作实施法律要求应当实施的某种防止危害公共安全的结果出现的行为。法律规定以这种行为方式构成的犯罪就是所谓的不作为犯。除上述两种情况之外,现行刑法规定的某些危害公共安全犯罪,如放火罪、决水罪、爆炸罪、投放危险物质罪、破坏交通工具罪等,既可以作为方式实施,也可以不作为方式实施。这种法律规定既可以作为方式实施又可以不作为方式实施的犯罪,在以不作为方式实施的时候,就是不真正不作为犯。成立不真正不作为犯,行为人除必须具有特定的作为义务之外,一般认为该不作为的手段还必须与作为形式具有同等价值,即二者在社会危害性上可以同等评价。

2.危害结果

13 从现行刑法关于危害公共安全罪的危害结果的规定来看,可以分为以下两种类型:

14 (1)实害结果。即行为人不仅要实施刑法分则规定的某种危害公共安全的行为,而且必须造成人员死伤或公私财产损失的实际损害结果,才能构成该种犯罪的情况,如失火罪、过失决水罪、过失爆炸罪、过失投放危险物质罪、过失以危险方法危害公共安全罪、重大飞行事故罪、铁路营运安全事故罪、交通肇事罪、重大责任事故罪等,都必须发生了实际的损害结果才能构成犯罪。

15 必须注意的是,不能将某些结果加重犯的规定,误认为是实害犯的规定。如《刑法》第115条第1款规定,放火、决水、爆炸、投放危险物质或者以其他危险方法致人重伤、死亡或者使公私财产遭受重大损失的,处10年以上有期徒刑、无期徒刑或者死刑。从这一条文的规定内容来看,似乎成立该条文所规定的犯罪必须产生实际损害结果,否则就不成立犯罪。实际上并非如此。《刑法》第115条第1款并没有单独规定某一种犯罪,而是对第114条中所规定的有关放火等诸种犯罪的处罚的补充。换句话说,《刑法》第114条规定了放火等犯罪的基本的犯罪构成及其刑事责任,在发生了第114条所规定的基本犯罪构成要件结果以外的加重结果时,就按照《刑法》第115条的规定处罚。这实际上就是结果加重犯的情况。这种规定是为了使刑法内容简洁而在立法技术上作的一些处理。类似情况还有《刑法》第 119 条、第 121 条、第 122 条、第 123 条、第 124 条第 1 款等条文的后半部分。

(2)危险结果。即刑法分则中作为某种犯罪的构成要件而规定的危害公共安全的危险状态,如放火罪、决水罪、爆炸罪、投放危险物质罪、破坏交通工具罪、破坏交通设施罪等。法律明文规定,只有“危害公共安全”或者“足以使……发生倾覆、毁坏危险”时,才能构成犯罪。这种以发生危害公共安全的危险作为构成要件的犯罪,就是刑法理论上所谓的危险犯。有些危害公共安全犯罪的社会危害性特别大,一旦实施,就会造成难以预计或难以控制的危害结果,我国刑法为了体现对这种犯罪的防范和打击,明文规定故意实施上述危害公共安全的行为,即便没有造成实际的损害结果,只是有造成该种实害结果的危险状态的,也构成犯罪。 16

刑法理论的通说认为,危害公共安全罪中的危险结果可以分为具体危险和抽象危险。但是,其具体含义如何,见解则不一致。一种观点认为,所谓具体危险是指作为某种犯罪的构成要件而被明确地规定出来的危险;抽象危险则是没有被作为构成要件明确地加以规定,而是行为本身所具有的侵害合法利益的危险。[6] 另一种观点首先将危险限定在法律明文规定的范围之内,认为符合构成要件的行为一经在特定地点或针对特定对象实施,就认为具有一般危险,如行为人只要在工厂、矿山、住宅等特定地点实施放火、爆炸等行为,就具有危害公共安全的危险,这就是抽象危险;而具体危险是指危险内容已由法律具体加以规定,需要依法认定,如破坏交通工具罪、破坏交通设施罪中的“足以使火车、汽车、电车、船只、航空器发生倾覆、毁坏”的危险,便是具体危险。[7] 17

按照上述前一种观点,所谓具体危险就是被刑法作为构成要件要素而规定出来的危险,因此,不仅破坏交通工具罪、破坏交通设施罪中危险是具体危险,连放火罪、决水罪、爆炸罪、投放危险物质罪、以危险方法危害公共安全罪等中的危险即“危害公共安全”,也属于具体危险,因此,上述犯罪就是具体危险犯;相反,非法制造、买卖、运输、邮寄、储存枪支、弹药、爆炸物的行为,尽管也是具有危害公共安全的性质的行为,但这种犯罪不以产生某种危险为犯罪构成要件,因此,该种行为是抽象危险犯。但如果贯彻这种观点,则组织、领导、参加恐怖组织罪,非法持有、私藏枪支、弹药罪,丢失枪支不报罪等具有危害公共安全的危险但在法律上没有明文规定出来的行为都成为抽象危险犯,抽象危险犯和刑法中只要实施一定行为即构成犯罪的行为犯就没有区别。因此,上述关于抽象危险和具体危险的理解,显然具有将刑法理论上所谓的抽象危险犯的范围无限扩大之虞。 18

按照后一种见解,在危害公共安全的犯罪中,破坏交通工具罪、破坏交通设施罪中的危险,因为是要根据案件的具体情况进行判断之后才能得出结论的危险,因此是具体危险;而放火罪、决水罪、爆炸罪、投放危险物质罪、以危险方法危害公共安全罪 19

---

6 参见张明楷:《刑法学》(第 6 版),法律出版社 2021 年版,第 214—215 页。

7 参见马克昌主编:《犯罪通论》(第 3 版),武汉大学出版社 1999 年版,第 201—202 页。

等中的危险即"危害公共安全",是伴随上述危害行为而必然出现的危险状态,因此属于抽象危险。但是,在我国刑法中,放火、决水、爆炸、投放危险物质等犯罪,是不是抽象危险犯,是否只要实施了上述行为就马上构成犯罪,尚有可商榷之处。就司法实践来看,即便是在工厂、矿场、港口、河流、水源等特定地点实施放火、决水、爆炸、投放危险物质等行为,是否一定就发生危害公共安全的危险,也必须根据各方面的情况具体分析,才能得出结论。例如,在矿场放火烧毁自家房屋,没有也不会对邻居财产造成危险的,无论如何不构成放火罪。同样,为了灌溉自家田地,在河边的堤坝上挖了一个缺口引水,但并没有而且也不可能危及河边村庄安全的行为,一般也是不作为决水罪处理的。因为,上述行为尽管是在矿场、河流这种特定地点实施的,但就当时当地的具体情况来看,并没有危害不特定或多数人的生命、健康或者重大公私财产的具体危险。同时,就现行刑法的规定来看,《刑法》第 114 条在规定实施放火、决水、爆炸、投放危险物质等之后,还专门规定了"危害公共安全"的要件,其用意也是极为明显的,即仅仅有在上述地点或者对上述对象实施放火、决水、爆炸、投放危险物质等行为还不够,还必须是上述行为危害了公共安全,否则,就不符合本罪的犯罪构成要件。因此,上述后一种见解关于抽象危险和具体危险的概括,虽然可以避免将抽象危险犯的范围扩大化的弊端,但不符合现行刑法的规定,也不符合司法实践的实际情况,因而难以在理论上将具体危险和抽象危险区分开来。

20 笔者认为,危险犯和实害犯的区分,是从刑法对于具体犯罪的犯罪构成要件进行规定的角度来进行的,因此,某种犯罪到底是不是危险犯,也必须从刑法的规定出发进行探讨。换句话说,危险犯及其构成要件的危险结果,是由分则条文明文加以规定的,不能任意扩大;同时,某一行为所引起的危害结果是否存在,其判断都是具体的,不可能是抽象的,只不过有的危险判断比较容易,而有的则需要经过仔细分析才行。放火、爆炸等行为并不是在任何时候、任何地点都有危害公共安全的危险,而要根据行为实施的环境、侵害对象等特点进行分析,才能得出肯定与否的结论。相反,破坏交通工具、交通设施等行为是否具有法定的危险,除考虑破坏的部位、程度以及对象本身是否处在使用状态等之外,还应联系有关安全法规进行考虑,必要时还要聘请安全技术专家作出鉴定。从这种意义上来讲,在危害公共安全罪中,是否存在某种法定危险状态,必须根据案件的具体情况来分析判断,而不可能存在符合构成要件的行为一经实施,就认为存在一般危险状态的情况。换句话说,在危害公共安全罪中,不存在不需要经过具体判断的抽象危险犯。[8]

21 实际上,前述所谓的抽象危险犯,可以根据我国刑法学中所谓的行为犯,即以实施一定的危害行为为构成要件的犯罪形态来加以说明。就危害公共安全的犯罪而言,其是指行为人只要实施了刑法分则规定的危害公共安全的行为,不论是否发生危

---

8 参见熊选国:《论危险犯》,载《中南政法学院学报》1992 年第 2 期;马松建、史卫忠:《刑法理论与司法认定问题研究》,中国检察出版社 2001 年版,第 225 页。

害公共安全的危险结果,均构成犯罪的情况。《刑法》第 120 条规定的组织、领导、参加恐怖组织罪,第 125 条规定的非法制造、买卖、运输、邮寄、储存枪支、弹药、爆炸物罪,第 127 条规定的盗窃、抢夺枪支、弹药、爆炸物罪以及抢劫枪支、弹药、爆炸物、危险物质罪,第 128 条规定的非法持有、私藏枪支、弹药罪等,就属于此。行为犯,从表面上看,是对违反法律规范的行为进行处罚,有"站在国家主义的立场上,过分强调法律的权威性,而忽视个人的人权保障问题"[9]之嫌。但实际上,处罚行为犯,其根据在于该"行为的潜在危险",即为了侵害或威胁一定的合法权益而有目的地进行该种意思活动的人所具有的危险,它具有导致具体危险结果的性质。[10] 例如,恐怖组织和枪支、弹药、爆炸物本身就是具有威胁公共安全性质的组织或物品,因此,领导、组织、参加恐怖组织活动或非法持有、私藏枪支、弹药、爆炸物的,必然会间接地危及刑法所保护的公共安全。从这种意义上讲,行为犯虽然不像危险犯一样,以造成某种危险为犯罪构成要件,但是,该行为本身却潜在地或间接地对公共安全具有危险,因此,成为刑法的处罚对象。需要注意的是,这种危险是作为该种行为本身所具有的危险,而不是作为成立危险犯所必须具备的危险;后者是危害行为所产生的危险状态。

V 危害公共安全罪的主体

1.一般情形

危害公共安全罪的犯罪主体多数是一般主体,少数是特殊主体。特殊主体,包括国家工作人员和其他业务上、职务上负有特定义务的人员。例如,铁路运营安全事故罪的主体只能由铁路职工构成;丢失枪支不报罪的主体只能由依法配备公务用枪的人员构成;重大责任事故罪的主体,主要是由企业、事业单位中直接从事生产作业或者负有组织、指挥或管理职责的人员构成;教育设施重大安全事故罪的主体只能由对校舍或者教育教学设施负有直接管理责任的人员构成;等等。单位可以成为违规制造、销售枪支罪,工程重大安全事故罪,非法制造、买卖、运输、邮寄、储存枪支、弹药、爆炸物罪,非法制造、买卖、运输、储存危险物质罪,非法出租、出借枪支罪,资助恐怖活动罪等犯罪的犯罪主体,但是,刑法规定只处罚直接责任人员。 22

2.相对负刑事责任年龄阶段的人犯本章罪的特殊情形

已满 12 周岁不满 16 周岁的人犯决水、破坏交通工具或者以其他危险方法危害公共安全的犯罪,造成他人死亡或者致人重伤的场合,该如何处理?这一问题与《刑法》第 17 条第 2 款、第 3 款的规定有关。 23

《刑法》第 17 条第 2 款规定:"已满十四周岁不满十六周岁的人,犯故意杀人、故意伤害致人重伤或者死亡、强奸、抢劫、贩卖毒品、放火、爆炸、投放危险物质罪的,应当负刑事责任。"第 17 条第 3 款规定:"已满十二周岁不满十四周岁的人,犯故意杀 24

[9] 参见鲜铁可:《新刑法中的危险犯》,中国检察出版社 1998 年版,第 102 页。

[10] 参见〔日〕山口厚:《危险犯研究》,东京大学出版会 1982 年版,第 222 页。

人、故意伤害罪,致人死亡或者以特别残忍手段致人重伤造成严重残疾,情节恶劣,经最高人民检察院核准追诉的,应当负刑事责任。”

25 从上述两款规定的内容来看,在危害公共安全罪方面,已满 14 周岁不满 16 周岁的人似乎只在犯放火罪、爆炸罪、投放危险物质罪的时候,才承担刑事责任,而犯其他危害公共安全犯罪,一概不承担刑事责任;而已满 12 周岁不满 14 周岁的人则只有在犯故意杀人罪、故意伤害罪时才承担刑事责任,犯危害公共安全罪则不承担刑事责任。

26 上述见解将《刑法》第 17 条第 2 款和第 3 款所规定的“犯……罪”等表述内容,理解为刑法所规定的相应具体罪名。这种理解表面上完全合乎罪刑法定原则,但却会造成刑法适用上的不公平、不公正。就《刑法》第 17 条第 2 款的规定而言,同样是已满 14 周岁不满 16 周岁的人故意实施犯罪造成他人死亡或重伤,对于单纯实施故意杀人等八种犯罪的情形要追究刑事责任,而对于以决水、破坏交通工具等危害公共安全的方法杀人的,尽管也会造成死亡或重伤的结果,却仅仅因为其在形式上采用了故意杀人罪以外的形式来实施,就不追究其刑事责任,这显然是不公平的。实际上,在以决水、破坏交通工具或者以危害公共安全的其他危险方法杀人的时候,其社会危害性往往比单纯的杀人犯罪大得多。从客观方面来看,决水、破坏交通工具等危害公共安全的犯罪,在致人死亡或者重伤的场合,除造成人身伤亡之外,还往往伴随有财产上的损失和社会秩序的混乱。在主观上,采用决水、破坏交通工具或者其他危害公共安全的手段实施杀人等犯罪的行为人,在同为追求剥夺他人生命的犯罪目的这一点上,很难说主观恶性有何差别。但是,为什么对社会危害性较小的犯罪要追究刑事责任,而对于社会危害性较大或者至少不相上下的犯罪却不追究刑事责任呢?这显然是于理无据。同理,就《刑法》第 17 条第 3 款的规定而言,已满12 周岁不满 14 周岁的行为人,使用放火、爆炸、决水、投放危险物质等方法造成他人死亡、残疾,且情节恶劣,如果不以故意杀人罪、故意伤害罪论罪处刑,同样会造成刑法适用的不公平,形成处罚漏洞。

27 另有一种理解认为,《刑法》第 17 条第 2 款和第 3 款规定的“犯……罪”,不是特指相应的具体罪名,也包括以其他罪名定罪处罚但含有故意杀人等八种行为的犯罪。这样既可以符合立法者确定相对负刑事责任范围的指导思想,也可以避免上一种理解的片面和不公平。但缺陷在于:其很可能背离立法者将未成年人相对负刑事责任的范围控制在极小的范围之内的意图。现行《刑法》第 17 条第 2 款的规定来源于 1979 年《刑法》第 14 条第 2 款的规定。1979 年《刑法》第 14 条第 2 款对未成年人相对负刑事责任的范围在明确列举为杀人、重伤、抢劫、放火、惯窃罪五种犯罪之后,又以“其他严重破坏社会秩序罪”作为兜底。在适用过程中,为满足司法实践的需要,最高司法机关根据立法者的指导思想和《刑法》第 14 条第 2 款的逻辑,又将绑架罪,走私、贩卖、运输、制造毒品罪,破坏交通工具罪,破坏交通设施罪,破坏电力、煤气设备罪,破坏易燃易爆设备罪,爆炸罪,投毒罪等解释进已满 14 周岁不满 16 周岁的人负刑事责任的犯罪范围。而 1997 年《刑法》第 17 条第 2 款将未成年人相对负刑事责任的范围限定为故意杀人等八种犯罪,其目的就是为了将未成年人承担刑事责任的范围限定在一个较小的范围之内,同时也是为了对不断扩张的解释内容进行明确。因此,如果将现行《刑法》第 17 条第 2 款和第 3 款所列举的故意杀人、故意伤害等内容理解为“行为”而非“罪名”,则决水罪,以危险方法危害公共安全罪,破坏交通工具罪,破坏交通设施罪,破坏电力设备罪,破坏易燃易爆设备罪,劫持航空器罪,劫持船只、汽车罪,抢劫枪支、弹药、爆炸物罪等能够造成死亡或重伤结果的危害公共安全犯罪,都要包括在该条款所规定的八种犯罪之内。这实际上就是对立法修订宗旨的背离,重新回到了 1979 年《刑法》的老路上。

有鉴于此,目前多数学者认为,已满 14 周岁不满 16 周岁的人,无论单纯犯故意杀人罪等八种犯罪,还是犯含有故意杀人等八种行为的其他犯罪,都应负刑事责任,但这两种情况都应以故意杀人罪等八种罪名定罪量刑。按照这种理解,已满 14 周岁不满 16 周岁的人犯以下危害公共安全的犯罪,应当相应地按《刑法》第 17 条第 2 款规定的故意杀人罪等法定的犯罪定罪处罚。这些犯罪有:决水罪,以危险方法危害公共安全罪,破坏交通工具罪,破坏交通设施罪,破坏电力设备罪,破坏易燃易爆设备罪,劫持航空器罪,劫持船只、汽车罪,抢劫枪支、弹药、爆炸物罪。这些犯罪,其社会危害性与《刑法》第 17 条第 2 款规定的故意杀人、故意伤害致人重伤或死亡、爆炸、抢劫犯罪大致相当。虽然以故意杀人、故意伤害致人重伤或者死亡、爆炸、抢劫定罪不能完全反映出案件的整体性质,但由于这些行为包含了故意杀人、故意伤害、抢劫等基本犯罪,所以,这样处理似乎是没有选择的选择。[11] 同理,已满 12 周岁未满 14 周岁的未成年人实施放火、爆炸、决水、投放危险物质等行为造成他人死亡、残疾且情节恶劣,也应当以故意杀人罪、故意伤害罪定罪处刑。 28

该问题另可参见本书关于《刑法》第 17 条的相关评注。 29

Ⅵ 危害公共安全罪的故意和过失

危害公共安全罪的主观方面有的是故意,有的是过失。其中,有些犯罪只能出自故意,包括直接故意和间接故意,即行为人在主观上明知自己的行为会造成不特定或多数人的伤亡或重大财产损失的危害结果,希望或放任这种危害结果发生,如劫持航空器罪,抢劫枪支、弹药、爆炸物罪等就属如此。行为人故意实施危害公共安全犯罪的动机和目的可能是多种多样的,如报复泄愤、毁灭罪迹、为进行其他犯罪做准备,等等。但是,行为人的动机和目的不影响这类犯罪的成立。有些危害公共安全的犯罪只能出于过失,包括疏忽大意的过失和过于自信的过失,即行为人在主观上对其行为所造成的危害公共安全的结果,应当预见因疏忽大意而没有预见,或者已经预见但轻信能够避免,以致发生了该种危害结果,如交通肇事罪、铁路营运安全事故罪、重大劳 30

---

11 参见刘志伟主编:《危害公共安全犯罪疑难问题司法对策》,吉林人民出版社 2001 年版,第 3—9 页。

动安全事故罪等。刑法规定的过失犯罪,除集中在侵犯公民人身权利罪、渎职罪等类犯罪外,绝大多数分布在危害公共安全罪这一章中。在以处罚故意犯罪为原则、处罚过失犯罪为例外的刑法原则之下,可见我国刑法对于危害公共安全犯罪的过失犯罪的重视程度。

31 在认定危害公共安全罪的主观要件的时候,必须注意两个问题:

32 (1)行为人在实施故意危害公共安全罪中的危险犯的时候,除对自己的行为本身要有认识之外,对"足以危害公共安全"或"足以使……发生倾覆、毁坏危险"等因素也必须具有认识,即故意实施危险犯的时候,行为人的认识因素包括两个方面,对行为本身的认识和对行为可能造成的危险结果的认识。具体危险犯的场合,行为人是否必须要对危害公共安全的结果有认识,我国刑法学说向来持肯定态度,认为只有在明知自己的某种危害行为会危害公共安全,而希望或者放任这种结果发生时,才成立该罪的故意。换句话说,在具体危险犯中,行为人不仅要对自己行为的性质有认识,还必须对该行为在客观上所具有的后果有认识。具体来说,在放火罪中,行为人除对自己的放火行为会使对象物燃烧的事实要有认识,还必须认识到该燃烧会危害公共安全;如果行为人仅仅只认识到前者,而没有认识到后者即会危害公共安全,就不能说具有本罪所要求的故意。

33 (2)在危害公共安全的犯罪中,有相当一部分是违反某一方面的规章制度而造成严重后果,成立犯罪的情况。在这种情况下,行为人对于违反规章制度往往是明知故犯,即持故意态度,但是,对于发生严重后果则持否定态度,即没有预料到会发生该种严重后果,或轻信可以避免该种后果。在这种情况下,该种犯罪在犯罪构成上到底是以故意为要件还是以过失为要件,其判断具有一定困难,并因此而导致了一些学说上的混乱。笔者认为,在这种情况下,可以根据刑法对于该种犯罪的处罚即法定刑的轻重为参考依据进行判断。如《刑法》第 134 条第 1 款规定的重大责任事故罪,就其行为外观来看,是生产人员在生产作业过程中违反规章制度。仅此而论,显然有故意犯罪之可能性。但是,刑法对重大责任事故罪规定的法定刑是两个档次:发生重大伤亡事故或者造成其他严重后果的,处 3 年以下有期徒刑或者拘役;情节特别恶劣的,处 3 年以上 7 年以下有期徒刑。即便发生重大伤亡事故,最高也只判处 3 年有期徒刑;即便情节特别恶劣,也只判处 7 年有期徒刑。我国刑法对过失犯罪的法定刑通常规定为"3 年以上 7 年以下有期徒刑;情节较轻的,处 3 年以下有期徒刑",由此推断,上述类型的犯罪在主观要件上无论如何不可能是出于故意。这种根据法定刑来推断是故意犯罪还是过失犯罪的方法还可以应用于一些以违反规章制度为前提的故意犯罪。

第一百一十四条　放火罪；决水罪；爆炸罪；投放危险物质罪；以危险方法危害公共安全罪

放火、决水、爆炸以及投放毒害性、放射性、传染病病原体等物质或者以其他危险方法危害公共安全，尚未造成严重后果的，处三年以上十年以下有期徒刑。

文献：高格：《关于以其他危险方法危害公共安全的犯罪》，载《河北法学》1987年第5期；熊选国：《论危险犯》，载《中南政法学院学报》1992年第2期；陈兴良等：《刑法修改中的若干主要问题》，载《政治与法律》1997年第1期；喻伟、蒋羽扬：《论新刑法典对危害公共安全罪的修订》，载《法学评论》1997年第4期；张明楷：《论以危险方法杀人案件的性质》，载《中国法学》1999年第6期；吴月秋：《对不作为犯罪的思考》，载《现代法学》2000年第4期；叶高峰、彭文华：《危险犯研究》，载《郑州大学学报(社会科学版)》2000年第6期；周振晓：《也论以危险方法杀人案件的定性》，载《政法论坛》2001年第2期；钊作俊：《投放危险物质罪两个争议问题之重解》，载《甘肃政法学院学报》2003年第1期；高艳东：《谨慎判定"以危险方法危害公共安全罪"的危险相当性——兼析具体危险犯的可罚性标准》，载《中国刑事法杂志》2006年第5期；冯江菊：《以危险方法危害公共安全罪中"危险方法"之界定》，载《中国海洋大学学报(社会科学版)》2009年第1期；孙万怀：《以危险方法危害公共安全罪何以成为口袋罪》，载《现代法学》2010年第5期；郑泽善：《放火罪的处罚根据》，载《北方法学》2012年第1期；张明楷：《论以危险方法危害公共安全罪——扩大适用的成因与限制适用的规则》，载《国家检察官学院学报》2012年第4期；高铭暄、陈冉：《生产、销售伪劣商品可否构成"以危险方法危害公共安全罪"》，载《法学》2012年第10期；高翼飞、高爽：《以危险方法危害公共安全罪之"危险性相当性"的具体判断》，载《中国检察官》2012年第14期；陈兴良：《口袋罪的法教义学分析：以以危险方法危害公共安全罪为例》，载《政治与法律》2013年第3期；劳东燕：《以危险方法危害公共安全罪的解释学研究》，载《政治与法律》2013年第3期；陈晨：《以危险方法危害公共安全罪中危险方法的"二元制"判断》，载《国家检察官学院学报》2014年第4期；徐光华：《公众舆论与以危险方法危害公共安全罪的扩张适用》，载《法学家》2014年第5期；付晓雅：《以危险方法危害公共安全罪的形态辨析》，载《法学》2014年第10期；黑静洁：《刑法明确性原则的实践观察及反思——以"以危险方法危害公共安全罪"为例》，载《江苏警官学院学报》2015年第3期；骆天纬、石聚航：《以危险方法危害公共安全罪的司法认定规则》,载《南昌大学学报(人文社会科学版)》2015 年第 6 期;黄丽勤:《论"足以危害公共安全"的实行行为属性》,载《同济大学学报(社会科学版)》2015 年第 6 期;党静:《以危险方法危害公共安全案件定性问题研究》,载《法学杂志》2015 年第 8 期;樊建民:《以危险方法危害公共安全罪过度适用检讨》,载《法商研究》2016 年第 4 期;王安异:《对刑法兜底条款的解释》,载《环球法律评论》2016 年第 5 期;贾占旭:《论污染环境罪与投放危险物质罪的竞合关系——从冲突的典型案例看错误的司法解释》,载《政治与法律》2016 年第 6 期;江溯:《以危险方法危害公共安全罪认定规则研究》,载《中国法学》2021 年第 4 期。

细目录

Ⅰ　主旨
Ⅱ　沿革
Ⅲ　客体
Ⅳ　对象
Ⅴ　行为
Ⅵ　主体
Ⅶ　罪过
Ⅷ　既遂与未遂
Ⅸ　与非罪的界限及与他罪的区别
Ⅹ　处罚

Ⅰ　主旨

1　放火、决水、爆炸、投放危险物质等以危险方法危害公共安全的犯罪是社会危害性非常严重的犯罪,也是历史比较悠久的犯罪,属于典型的违背伦理道德的自然犯,在国外刑法中也被称为"公共危险犯"。这类犯罪行为一经实施,往往能够造成不特定或者多数人的伤亡和重大公私财产的损失,从而严重破坏社会正常的生产、工作、生活秩序。因此,刑法将这五种社会危害性相当的严重危害公共安全的犯罪放在一起,对其进行打击。

Ⅱ　沿革

2　1979 年《刑法》第 105 条规定:"放火、决水、爆炸或者以其他危险方法破坏工厂、矿场、油田、港口、河流、水源、仓库、住宅、森林、农场、谷场、牧场、重要管道、公共建筑物或者其他公私财产,危害公共安全,尚未造成严重后果的,处三年以上十年以下有期徒刑。"该条存在一个突出的问题,就是未对实践中常见多发的投放危险物质的行为作出规定。1979 年《刑法》仅在第 106 条对致人重伤、死亡或者使公私财产遭受重大损失的投毒行为作出了专门规定,而并未在第105条对尚未造成严重后果的投毒行为作出专门规定,以致司法机关在对尚未造成严重后果的投毒行为适用刑法时常常出现混乱。针对上述情况,1997年修改刑法的时候,对1979年《刑法》第105条作了进一步的修改,在刑法分则第二章危害公共安全罪第114条中明确规定:"放火、决水、爆炸、投毒或者以其他危险方法破坏工厂、矿场、油田、港口、河流、水源、仓库、住宅、森林、农场、谷场、牧场、重要管道、公共建筑物或者其他公私财产,危害公共安全,尚未造成严重后果的,处三年以上十年以下有期徒刑。"也就是说,将尚未造成严重后果但危害公共安全的投毒行为与放火、决水、爆炸、以其他危险方法危害公共安全等行为并列规定,从而使刑法的规定更加科学、完整。2001年12月29日第九届全国人民代表大会常务委员会第二十五次会议通过的《刑法修正案(三)》又对本条作了重大修改,除了将投放放射性、传染病病原体等物质的行为也作为投放危险物质罪的内容之外,对有关放火罪等的条款进行了修改,删除了对犯罪对象的列举。通过本次修改,不仅使我国刑法中有关放火等犯罪的危险犯的规定更加完整、科学,也使其用语更加简明扼要。

Ⅲ 客体

本条规定的犯罪所侵害的客体是公共安全,即不特定或多数人的生命、健康或重大公私财产的安全。这是由本条所规定的犯罪的危害公共安全性质,主要是由犯罪方法的危险性所决定的。放火罪以纵火为手段,火具有蔓延燃烧的特点,放火行为一经实施,不仅可能烧毁特定财物,而且也可能蔓延燃烧其他财物,对周围不特定或多数人的生命、健康和重大公私财产造成严重威胁,并造成公众心理上的不安。与放火罪一样,决水罪也是借助自然力量造成严重破坏作用的行为。水利设施一旦遭到破坏,顷刻之间就可能使无数良田、村庄、城镇被淹,大量的财物遭受损毁,甚至造成不特定的多数人死亡。因此,制造水患,危害不特定或者多数人的生命、身体或者财产安全的决水罪也历来是刑法打击的重点犯罪之一。爆炸罪是利用爆炸物在爆炸瞬间释放出来的巨大能量达到犯罪目的的犯罪形式,它不仅严重危害不特定多数人的生命、健康和重大公私财产的安全,而且严重破坏社会治安秩序,造成社会动荡、混乱和不安,是我国刑法打击的重点。投放危险物质罪是利用所投放的毒害性、放射性、传染病病原体等有毒有害物质本身的特性而对不特定或者多数人的生命、身体、财产等造成侵害的犯罪,对公民的生命、健康和公私财产的危害极大,也是刑法打击的重点犯罪。 3

另外,犯罪是一种复杂的社会现象,社会上发生的犯罪形式千差万别。现行刑法规定的放火罪、决水罪、爆炸罪、投放危险物质罪只是以危险方法危害公共安全罪中最为常见的、具有代表性的犯罪形式。现实中,还有许多其他不常见的危害公共安全的危险犯罪,刑法不可能也没有必要将所有的危害公共安全的危险方法一一列举。因此,现行《刑法》第114条和第115条除对常见的四种危害公共安全的危险行为明 4

确列举之外,对其他没有被列举出来但在社会危害性上与上述四种行为相类似的危险行为,以“其他危险方法”概括性地加以规定。“以危险方法危害公共安全罪”的客体也是公共安全,即不特定或多数人的生命、健康或者重大公私财产的安全。从理论上讲,这种犯罪侵犯的对象,既可以是人,也可以是公私财物,还可以是二者兼而有之。但是,从司法实践的实际情况来看,其侵犯对象主要是不特定或多数人的人身。因此,在确定案件性质时,容易与侵犯公民人身权利罪相混淆。事实上,这两类犯罪具有明显的区别:以危险方法危害公共安全罪侵犯的对象是不特定或多数人的生命、健康,而侵犯公民人身权利罪侵犯的对象只能是特定的某个人或某几个人。掌握了这一点,就比较容易将以危险方法危害公共安全罪和一般的侵犯公民人身权利犯罪区分开来。如出于泄愤报复的动机驾车撞向特定个人,致他人死伤的行为是故意杀人罪或故意伤害罪,但是,驾车在繁华街道上或人员密集的场所横冲直撞,造成不特定或多数人死伤的,就是危害公共安全的行为,而不是危害特定对象的犯罪行为。

Ⅳ 对象

1.一般意义

5 我国1979年《刑法》和现行刑法原本都列举了放火等罪的侵害对象,即工厂、矿场、油田、港口、河流、水源、仓库、住宅、森林、农场、谷场、牧场、重要管道、公共建筑物或者其他公私财产。《刑法修正案(三)》删除了对上述对象的列举性规定,而直接规定为放火、决水、爆炸、投放危险物质、以其他危险方法危害公共安全,这样,任何放火、决水、爆炸、投放危险物质、以其他危险方法危害公共安全的行为,不管对象如何,只要危害公共安全,都能构成本罪。

2.自己的财物

6 放火、爆炸或者以其他危险方法毁坏自己所有的财物能否构成本条所规定的犯罪,刑法没有明文规定。从刑法理论上来讲,毁坏自己财物的行为属于处分自己的利益的行为,不应该构成犯罪。但是,本条所规定的放火等罪不完全是财产犯罪,而是危害公共安全的犯罪,即便行为人破坏的是自己的财物,但只要该行为危及不特定或多数人的人身和财产的安全,原则上仍然应当构成本条所规定的犯罪。

3.“独门独户”的房屋

7 对周围没有其他建筑物的房屋实施放火、决水、爆炸等行为的,应如何定性也存在分歧。这种分歧在放火烧毁独门独户的房屋的场合尤为明显。理论上有三种观点:第一种观点认为,放火焚烧独门独户住宅,一般也应构成放火罪。因为住宅是人们日常生活中最基本的生活条件,凡是有人居住的房屋,就不仅仅是个人的生命和财产安全的问题。第二种观点认为,对放火焚烧独门独户住宅的案件要具体分析,一般情况下,住宅不仅供多人居住,而且同时也是公民财产比较集中的地方,因此,焚烧住宅必然要危害到不特定多数人的生命或财产的安全,应以放火罪论处;但如果焚烧某独门独户住宅,确实不会危及公共安全时,则可以毁坏财产罪论处,焚烧致人死亡的,应按故意杀人罪科刑。第三种观点认为,放火烧毁单家独屋一般不构成放火罪。理由是:放火烧毁单家独屋,有时危害的虽是一家数口的人身和财产安全,但从一定意义上讲,仍然属于特定的、单一的对象,危害和影响具有一定的局限性,犯罪分子对危害结果的大小一般可以预料和控制。这与放火焚烧住宅区的房屋,对公共安全造成或者足以造成的危害不能等量齐观。

认定这种案件的关键是要掌握危害公共安全罪的本质特征,而不能只看纵火者主观上有无确定的侵害对象。这种案件虽然指向的对象是"独门独户",但通过对行为实施的环境、侵害对象的特点进行全面分析,只要能确定放火行为具有造成不特定或多数人伤亡和财产受损的现实危险性,就应定为放火罪。[1] 从这种意义上讲,上述第二种观点较为妥当。对于决水淹没或者炸毁独门独户房屋等行为,也可以作同样处理。 8

V　行为

本条所规定的犯罪在客观上的共同特征是,使用极为危险的方法危害公共安全。但是,在具体的手段上,根据犯罪的不同又各有其特点。以下分别叙述。 9

1. 放火罪的行为

放火罪在客观上表现为放火焚烧公私财物,危害公共安全。所谓放火,亦称纵火,是指故意使用引火物或者其他方法使财物燃烧的行为。放火行为的方式多种多样,既可以是作为的方式,也可以是不作为的方式。 10

作为形式的放火行为必须具备三个条件:一是要有火种,即引燃物;二是要有目的物,即要焚烧的财物;三是需火种与目的物相接触。在这三个条件已经具备的情况下,行为人使火种开始燃烧,就是放火行为的实行;目的物一旦着火,即使将火种撤离或者扑灭,目的物仍可独立继续燃烧,放火行为就视为实行终了。 11

不作为形式的放火,是在法律上具有防火义务的人,故意不履行其义务,导致火灾的行为。通常见解认为,不作为形式的放火的成立,必须具备三个条件:一是行为人具有防止已经发生的火灾的法律上的义务。这种义务不限于法律上的明文规定,包括行为人的职务或业务上的义务。另外,行为人的先行行为也能成为其作为义务的来源,如行为人在宾馆的房间内抽烟,不慎使床单着火,此时行为人就负有扑灭火花防止发生火灾的义务。二是行为人有能力履行其特定的法律义务。三是存在行为人客观上没有履行其义务,导致发生火灾的事实。 12

不过,刑法所规定的放火罪通常是以作为的形式实施的,因此,要成立放火罪的不作为犯,行为人不履行义务的行为不能仅在形式上符合上述三个条件,还必须情节极为恶劣,达到在一般人看来应该与作为形式的放火行为受到同等处罚的程度。具有防火 13

1　参见马克昌等主编:《百罪通论》(上卷),北京大学出版社 2014 年版,第 39 页。

义务的人单纯的不履行义务,并不必然构成放火罪。如消防队员因为恐惧而从火灾现场逃走的行为,一般只能构成渎职犯罪而不构成放火罪,正如医生因为怕自己被感染而置正在发作的传染病病人于不顾的行为,可能构成医疗事故罪,但并不必然构成故意杀人罪。那么,什么样的不履行防火义务的行为可以视为放火行为呢?这要根据具体情况具体分析。例如,行为人由于自己的行为不慎引起火灾,现场只有行为人一人,不可能依靠其他人来灭火,而行为人当时扑灭火灾也并不为难,但行为人竟然没有采取措施灭火,造成火灾的,就可以认为行为人的行为构成不作为形式的放火罪。

14 与不作为形式的放火行为相似的还有妨害救火的行为。妨害救火的行为是指在发生火灾或即将发生火灾之际,隐匿或者损坏救火用具,或者以其他方法妨害救火的行为。这种情况在日本刑法中被单独规定为妨害救火罪,包括损坏放水用胶皮管、破坏灭火栓、妨害消防车出发到达现场、妨害消防人员的活动等情况。我国刑法中没有规定这一罪名,但现实生活中则完全有可能发生这种情况。笔者认为,这种行为实际上不仅是积极利用已经存在的某种危险即已经发生的火灾来实现自己的犯罪,而且还积极地消除能够扑灭火灾、抑止危险的条件(如同在他人接受抢救时破坏维持生命的抢救设备),这与行为人积极主动地引起某种危险即实施放火行为在社会危害性的评价上没有什么差别,因此,可以根据具体事实认定为放火罪。

15 由于放火罪对社会公共安全具有严重的社会危害性,所以我国刑法规定,只要行为人实施了足以危害公共安全的放火行为,无论是否造成严重后果,均构成放火罪。换句话说,只要实施了放火行为,即使没有造成实际的危害后果,但足以危害公共安全的,也构成放火罪;如果造成了实际的危害结果,则作为结果加重犯,适用较高的量刑幅度。

2.决水罪的行为

16 本罪在客观上表现为行为人实施危害公共安全的决水行为。所谓决水,就是使受到控制的水体能量释放出来,超出人们的支配,使其到处泛滥;决水行为既可以是作为,也可以是不作为。前者如炸毁堤坝、堵塞水道、破坏水闸、破坏防洪设施等;后者如洪水来临时,水库管理人员不及时开闸泄洪,致使水库大坝决口,危害不特定或多数人的生命、身体或重大财产安全。需要注意的是,在洪水来临之际,隐匿或损坏防洪用具或以其他方法妨害防洪的,这种情况是利用先前已经存在的某种危险来实现自己目的的行为,与积极主动引起洪水泛滥的行为可以同等看待,应当视为决水罪。

17 决水的手段是多种多样的,如使用各种机械挖掘、用爆炸的方法破坏或者徒手破坏。无论采用何种手段,都不影响本罪的成立。值得注意的是,用爆炸的方法破坏水利设施该如何定罪的问题。一般认为,在这种情况下,仍然应该认定为决水罪。因为,爆炸罪是利用炸药爆炸所产生的力量来危害不特定多数人的生命、健康或重大公私财产安全的行为,决水罪本质上是利用水的作用来危害不特定多数人的生命、健康或重大公私财产安全的行为。利用爆炸的方法炸毁水利设施,决水危害公共安全的行为,实质上是利用水的作用,而不是利用炸药爆炸所产生的力量来危害公共安全,所以,该行为应认定为决水罪。[2]

3.爆炸罪的行为

爆炸罪在客观上表现为行为人引发爆炸物,危害公共安全。爆炸的具体手段多种多样,可以使用炸弹、手榴弹、地雷、炸药包、雷管进行爆炸,可以使用其他各种固体、液体、气体易爆物品进行爆炸,还可以使用各种自制的简易爆炸装置如爆炸罐、爆炸瓶,或者使用技术手段使一些危险设备发生爆炸,等等。实施爆炸行为的场所,主要是人员密集的公共场所、居民区、财物集中以及重要的建筑物等与公共安全密切相关的特定场所。尽管实施爆炸的方法各不相同,但不外乎作为和不作为两种基本方式。采取各种积极方法引燃爆炸物,引发爆炸,即为作为的方式;负有特定义务的人,在爆炸物即将爆炸、公共安全受到紧迫威胁的情况下,有能力排除该爆炸物并消除危险,但拒不排除,以致发生爆炸造成危害公共安全的严重结果的,就构成不作为的爆炸罪。 18

构成爆炸罪,爆炸行为客观上必须达到危害公共安全的程度。如果爆炸行为针对的是特定的个人或特定的财物,危害的只是而且只能是某个人的生命、健康或财产的安全,则只应构成故意杀人罪、故意伤害罪或故意毁坏财物罪。例如,出于盗窃的目的,炸死较大数量的鱼,将其偷走,未引起严重后果的,应定为盗窃罪;如果不顾人畜安危,向堤坝、其他公共设施附近的水库投掷大量炸药,严重危害公共安全,致人重伤、死亡或者使公私财产遭受重大损失的,应当定为爆炸罪。 19

行为人出于杀人目的而对特定对象实施爆炸行为,结果不仅造成该特定对象的死亡,而且也危害了其他人的生命、健康或者公私财产的安全的时候,就是爆炸罪和故意杀人罪的竞合,从一重进行处罚。 20

4.投放危险物质罪的行为

本罪在客观上表现为投放毒害性、放射性、传染病病原体等物质,危害公共安全。所谓毒害性物质,是指含有能在短期内致人及禽畜伤亡的毒质的有机物或者无机物,如砒霜、剧毒农药等有毒气体、有毒液体与有毒固体。鸦片、大麻、吗啡等虽然也是有毒物质,但由于其不能在短期内造成大面积的危害结果,所以不在本罪的范围之内。所谓放射性物质,是指通过原子核裂变时产生的射线发生伤害作用的物质,包括镭、铀、钴等放射性化学元素。所谓传染病病原体,是指能够使人体健康受到某种损害以致发生生命危险的致病性微生物,如细菌、病毒、寄生虫等。投放毒物等的方式不限,归纳起来主要有以下三种:一是将上述物质放于供不特定的或多数人饮用的食品或饮料中;二是将上述物质投放于供人、畜等使用的河流、池塘、水井等中;三是释放上述物质,如将有毒气体在一定场所释放出来。但必须注意的是,投放毒害性物质等是投放危险物质罪的犯罪手段,并非一切用投放危险物质手段作案的都构成投放 21

2 参见王作富主编:《刑法分则实务研究》(第4版),中国方正出版社2010年版,第67页。

危险物质罪。投放危险物质行为必须危害公共安全,即由于投放危险物质已经造成或者可能造成不特定多数人重伤、死亡或者公私财产的重大损失,否则,就不构成投放危险物质罪。

5.以危险方法危害公共安全罪的行为

22 本罪在客观上表现为行为人实施了用危险方法危害公共安全的行为。所谓危险方法,是指放火、决水、爆炸、投放危险物质之外的,但与上述危险方法相当的危害公共安全的危险方法,具体来说,包括两层含义:第一,是指放火、决水、爆炸、投放危险物质以外的危险方法;第二,是与放火、决水、爆炸、投放危险物质的危险性相当的足以危害公共安全的方法,即这种危险方法同放火、决水、爆炸、投放危险物质一样,一经实施就有可能危及不特定或多数人的生命、健康或者大量公私财产的安全。司法实践中,其他危险方法具体表现为以下几种情况:私设电网、驾车撞人、向公共场所人群开枪、使用放射性物质、破坏矿井下的通风设施,以及医务人员制作或输送病害血液等。

23 上述行为的共同之处是与放火、决水、爆炸、投放危险物质一样,一旦实施就足以造成不特定或多数人的生命、健康或重大财产的损失。有一种观点认为,如果行为人使用的方法不足以当即危害不特定多数人的生命、健康或造成重大公私财产的损失,而是数次实施造成数个危害结果,就不能构成本罪。例如,在公共场所用小刀将不特定多数人的脸划伤,由于用刀划脸的行为本身不具有造成不特定多数人受伤的危险性,只是被告人多次作案造成不特定多数人受伤而已,因此不能视为以危险方法危害公共安全的行为。在以不特定且多数人的生命、健康或重大财产安全为危害公共安全罪的侵害客体的前提下,这种观点应当说是没有问题的。但是,如果认为危害公共安全罪的犯罪客体是不特定或多数人的生命、健康或财产安全,上述观点就显得理由不够充足。应当认为,如果行为人使用的方法不足以一次就能危害不特定或者多数人的生命、健康或造成重大公私财产损失,而是需要行为人数次实施危害行为才能造成不特定或多数人个别的危害结果,就难以认为该方法具有与放火、决水、爆炸、投放危险物质相当的危险性质,从而不构成以危险方法危害公共安全罪。相应地,如果行为人所实施的行为虽然能够一次性损害不特定或多数人的生命、健康或公私财产安全,却不具有与放火、爆炸、决水、投放危险物质相当程度的危险,也难以将该行为认定为以危险方法危害公共安全罪。例如,司法实践中曾经出现将生产销售“瘦肉精”的行为以以危险方法危害公共安全罪定罪的案例,理由在于,人类食用超过盐酸克仑特罗残留限量的肉类制品后,有急性中毒的危险,根据个人的体质、免疫力、食用量的差异,急性中毒的症状亦有轻重之别,患有心律失常、高血压、青光眼、糖尿病、甲亢、前列腺肥大等疾病的患者更容易产生急性中毒症状,严重者甚至死亡。[3] 既然盐

3　参见冀天福:《研制生产销售“瘦肉精”构成以危险方法危害公共安全罪》,载《人民法院报》2011年9月8日;刘襄等人以危险方法危害公共安全案,河南省焦作市中级人民法院(2011)焦刑二初字第9号刑事判决书。

酸克仑特罗致人死亡或身体健康严重损害是因人而异的,就难以认为具有与放火、爆炸、决水、投放危险物质相当的、无差别的严重危险性,不属于以危险方法危害公共安全罪所指的危险行为。根据最高人民检察院公布的指导性案例(检例第14号)“孙建亮等人生产、销售有毒、有害食品案”,明知盐酸克仑特罗是国家禁止在饲料和动物饮用水中使用的药品,而用以养殖供人食用的动物并出售的,应当认定为生产、销售有毒、有害食品罪;明知盐酸克仑特罗是国家禁止在饲料和动物饮用水中使用的药品,而买卖和代买盐酸克仑特罗片,供他人用以养殖供人食用的动物的,应当认定为生产、销售有毒、有害食品罪的共犯。[4] 检例第14号的认定结论是更为合理的,以危险方法危害公共安全罪的危险方法应当在方法、程度等各方面均具有与放火、爆炸、决水、投放危险物质相当的危险性质。再者,若生产、销售盐酸克伦特罗超标的食品果真具有与放火、爆炸、决水等行为相当的危险性,也应该将上述行为作为投放危险物质罪而非以危险方法危害公共安全罪处理才更合适。

值得注意的是,《刑法》并没有描述或概括以危险方法危害公共安全罪的实行行为 24
的自然特征、行为结构、行为方式,[5]而是直接以“其他危险方法”作为罪状,这是我国《刑法》中的唯一特例,正因如此,以危险方法危害公共安全罪一直无法摆脱“口袋罪”的嫌疑。[6] 近年来,最高人民法院、最高人民检察院针对发生在公共场所或公共领域的安全事件,连续发布相应司法解释指导下级司法机关合理适用以危险方法危害公共安全罪,[7]但是,这种针对个别现象发布的司法解释没有提供能够普遍适用的认定标准,是否足以遏制以危险方法危害公共安全罪在司法实践中日益口袋化的趋势,是否能够打消刑法学界对以危险方法危害公共安全罪沦为口袋罪的疑虑,不无疑问。[8] 事实上,司法实践对于以危险方法危害公共安全罪的认定也确实趋向严厉。以2003年5月14日最高人民法院、最高人民检察院发布的《关于办理妨害预防、控制突发传染病疫情等灾害的刑事案件具体应用法律若干问题的解释》和2020年2月6日最高人民

4　详见2014年2月20日最高人民检察院《关于印发第四批指导性案例的通知》。

5　张明楷:《论以危险方法危害公共安全罪——扩大适用的成因与限制适用的规则》,载《国家检察官学院学报》2012年第4期。

6　高铭暄、赵秉志编著:《新中国刑法学研究60年》,中国人民大学出版社2009年版,第175页。

7　例如,2003年5月14日最高人民法院、最高人民检察院《关于办理妨害预防、控制突发传染病疫情等灾害的刑事案件具体应用法律若干问题的解释》;2009年9月11日最高人民法院《关于印发醉酒驾车犯罪法律适用问题指导意见及相关典型案例的通知》;2019年10月21日最高人民法院《关于依法妥善审理高空抛物、坠物案件的意见》;2020年2月6日最高人民法院、最高人民检察院、公安部、司法部《关于依法惩治妨害新型冠状病毒感染肺炎疫情防控违法犯罪的意见》;2020年3月16日最高人民法院、最高人民检察院、公安部《关于办理涉窨井盖相关刑事案件的指导意见》。

8　江溯:《以危险方法危害公共安全罪认定规则研究》,载《中国法学》2021年第4期。

法院、最高人民检察院、公安部、司法部发布的《关于依法惩治妨害新型冠状病毒感染肺炎疫情防控违法犯罪的意见》为例。《关于办理妨害预防、控制突发传染病疫情等灾害的刑事案件具体应用法律若干问题的解释》第1条第1款规定:"故意传播突发传染病病原体,危害公共安全的,依照《刑法》第一百一十四条、第一百一十五条第一款的规定,按照以危险方法危害公共安全罪定罪处罚。"第1条第2款规定:"患有突发传染病或者疑似突发传染病而拒绝接受检疫、强制隔离或者治疗,过失造成传染病传播,情节严重,危害公共安全的,依照刑法第一百一十五条第二款的规定,按照过失以危险方法危害公共安全罪定罪处罚。"《关于依法惩治妨害新型冠状病毒感染肺炎疫情防控违法犯罪的意见》则规定,已经确诊或疑似感染新型冠状病毒感染肺炎的人,拒绝隔离治疗或者隔离期未满擅自脱离隔离治疗,进入公共场所或者公共交通工具,危害公共安全的,以以危险方法危害公共安全罪定罪处罚。由于过失以危险方法危害公共安全罪要求客观上发生了致人重伤、死亡或者公私财产遭受重大损失的结果,而第114条的以危险方法危害公共安全罪无此要求,所以《关于依法惩治妨害新型冠状病毒感染肺炎疫情防控违法犯罪的意见》并不仅是对行为人的罪过形式认定更为严厉,实际上对"危险方法"的认定也更为严厉。在疫情防控的特殊时期,疫情防控机制尚在摸索阶段,新型冠状病毒的传染力强大,治疗方案也不成熟,确诊病例或疑似病例擅自活动极易造成疫情蔓延和严重后果,因此《关于依法惩治妨害新型冠状病毒感染肺炎疫情防控违法犯罪的意见》的严厉态度是一种必要的防控策略。但是,要避免以危险方法危害公共安全罪成为堵截刑法分则没有明文规定又具有危害公共安全性质的行为的工具,如何调适以危险方法危害公共安全罪在司法实践中的认定规则,值得进一步研究。

Ⅵ　主体

25　本条规定的放火、爆炸、决水、投放危险物质等犯罪的犯罪主体是一般主体,年满16周岁、具有辨认和控制自己行为能力的自然人均可构成。由于放火罪、爆炸罪、投放危险物质罪是严重危害公共安全的犯罪,社会危害性极大,所以《刑法》第17条第2款规定,已满14周岁不满16周岁的人犯上述三种犯罪的,应当负刑事责任。另外,在已满14周岁不满16周岁的行为人以决水、使用危害公共安全的危险方法犯故意杀人等根据《刑法》第17条第2款的规定应当承担刑事责任的犯罪时,虽然不构成决水罪等,但是可以故意杀人罪对其定罪处罚。已满12周岁不满14周岁的行为人以放火、爆炸、决水、投放危险物质等方法实施故意杀人、故意伤害等行为,造成他人死亡或严重残疾,情节恶劣的,并不成立本条所规定的犯罪,而是以故意杀人罪、故意伤害罪定罪处罚。

Ⅶ　罪过

26　本条所规定的犯罪在主观上必须出于故意,包括直接故意和间接故意,即行为人明知其实施的放火、决水、爆炸、投放危险物质、以危险方法危害公共安全的行为会发生危害公共安全的结果,并且希望或者放任该种结果发生。实施犯罪的动机是多种多样的,有的为嫁祸于人、陷害他人而放火,有的为报私仇而放火,等等。动机如何,不影响本罪的构成。

Ⅷ　既遂与未遂

1.放火罪的既遂与未遂

刑法理论认为,放火行为烧毁目的物,危害公共安全时,就是放火罪的既遂。但什么是“烧毁”则众说纷纭。“独立燃烧说”认为,把点火物接触对象物,使对象物达到独立燃烧状态时,就是烧毁,成立既遂。“效用丧失说”认为,由于火力的作用使对象物的重要部分消失,使其本来用途丧失的时候,就是烧毁。“燃烧说”认为,在目的物的主要部分开始燃烧的时候,就是烧毁。“毁弃说”认为,火力使目的物达到故意毁坏财物罪的毁坏程度之时,就是烧毁。上述见解的分歧来自对放火罪性质的不同认识。“独立燃烧说”着重强调放火罪的危害公共安全的一面,“效用丧失说”则着重考虑由于火的力量造成了目的物效用上的毁损这种财产损害的一面。主张放火罪是财产犯罪的学者认为,“独立燃烧说”忽略了放火罪的财产犯罪性质的一面,在理论上是不充分的;而主张放火罪是公共危险犯的学者认为,放火行为即便没有达到使目的物丧失效用的程度,通常也会具有公共危险性,而“效用丧失说”显然没有考虑到这一点。 27

根据我国刑法对放火罪的规定,笔者认为,放火罪的既遂与未遂的区分标准,采用独立燃烧说比较妥当:第一,在我国放火罪是被规定在危害公共安全罪之中的,重视的是其危害公共安全的性质,因此,采用独立燃烧说与放火罪的这种特征是相适应的。第二,放火罪的对象主要是建筑物,一方面,我国的建筑物一般是采用砖木结构、砖混结构或钢筋混凝土结构,这种建筑结构决定了其独立燃烧需要一定的时间;另一方面,其用途的丧失并不容易,所以,采用独立燃烧说比较合适。第三,采用独立燃烧说有利于鼓励犯罪分子中止行为。由于我国的建筑物结构决定了放火行为从点火开始到独立燃烧为止,中间必须经过一段时间。在这段时间内,犯罪分子随时都可以自愿放弃犯罪,成立中止犯。这样,有可能将犯罪的损害结果降低到最低程度。[9] 按照独立燃烧说的观点,放火罪的既遂与未遂的区分,应当以放火对象(目的物)是否能够独立燃烧为标准。行为人在点燃目的物之后,将火种或点火物撤离目的物,如目的物仍能继续燃烧,表明放火行为已经足以危害公共安全,就成立既遂。如果行为人正要点火,或只是把点火物点燃,或点火物虽与目的物接触但目的物并未燃烧,或目的物刚一被点着,由于主客观方面的原因如被雨水浇熄,致使目的物未能独立燃烧的,都属于放火罪的未遂。 28

9　参见张明楷:《刑法学》(第6版),法律出版社2021年版,第886—887页。

2.决水罪的既遂与未遂

29 我国刑法对于决水罪是否处罚未遂形态没有作明文规定。但刑法理论上的通常观点认为,决水罪也有既遂与未遂之分。理由在于:第一,理论上的根据。按照通说,所谓"未得逞"是指未达既遂。因此,对于某一犯罪有没有既未遂,就看行为有没有可能在"着手"以后、既遂以前停顿下来。在决水犯罪的场合,行为人从着手实施决水行为开始到法定的危害公共安全的危险状态的出现之间是存在时间过程的,在这段时间内,行为人完全有可能停止行为,因此,决水罪也存在未遂形态。第二,实践上的根据。现实生活中存在决水罪未遂的情况。如甲出于对集体的不满,欲挖开集体水库的大坝报复群众,但在正挖掘而没有挖开导致水流出来的时候被抓获。此时甲正在挖掘,很显然已经开始着手决水罪的实行行为,但大坝没有被挖开,也没有水流出来,这种情况就是决水罪的未遂。[10]

30 笔者认为,某种犯罪是否要处罚其未遂形态,取决于该罪所保护的合法利益的重要程度。决水罪所保护的合法利益是公共安全,即不特定或多数人的生命、健康或重大财产安全,是攸关多数人的生命、健康和社会安宁的重大利益,理应受到刑法的重点保护,即便是尚未达到既遂状态的决水行为也应当予以处罚;同时,决水罪是具体危险犯,从行为人开始实施破坏水利设施的行为到法定的危害公共安全的危险状态的形成之间,尚有一个过程,其间犯罪完全有可能因为行为人意志以外的原因而停顿下来,因此,处罚决水罪的未遂形态是完全可以的。

31 关于决水罪的既未遂的区分标准,理论上有不同学说。"物质毁损说"以财物受水的浸害或冲击而毁损为决水罪的既遂;"效用灭失说"以财物受水浸害或冲击而效用灭失为决水罪的既遂;"物件浸没说"以财物被水淹没为决水罪的既遂;"公共危险说"则以决水行为足以危害不特定人的生命、健康或重大公私财产安全为决水罪的既遂。因为我国刑法规定的决水罪是危害公共安全的犯罪,因此,我国学者一般主张公共危险说,它以决水之后水流开始流动、冲溢为决水罪的既遂标准,即能够危害不特定多数人生命、健康或重大公私财产安全的水流,已被决水人决开而开始流动、冲溢。至于有多少水开始流动、冲溢,水流能否被他人截流,不影响决水罪既遂的成立。这是因为,水流有巨大的冲刷力,决水口可在很短时间内被水流冲刷并迅速扩大,水势瞬间就会失控,对公共安全造成严重威胁。当然,如果决水行为着手实行以后,法定的危险状态并未出现,就应属于决水罪的未遂。例如,行为人刚开始挖掘堤坝或者破坏其他水利设施,或者破坏活动正在进行中,但由于意志以外的原因还未达到被决之水开始流动、冲溢的程度就被迫停止,是决水罪的未遂而不是既遂。

3. 爆炸罪的既遂与未遂

32 刑法理论通说认为,考察现实发生的爆炸行为是既遂状态还是未遂状态,应当以

---

[10] 参见王作富主编:《刑法分则实务研究》(第4版),中国方正出版社2010年版,第70页。

法定构成要件是否齐备为标准。只要行为人实施了爆炸行为,危害了公共安全,即使尚未造成严重后果,也具备了构成爆炸罪的全部要件,属于爆炸罪既遂。如果爆炸行为造成他人重伤、死亡或者公私财产重大损失的严重后果,则成立爆炸罪的结果加重犯,符合《刑法》第 115 条第 1 款的规定,应适用该条规定的较重的法定刑。

犯罪未遂分为实行终了的未遂和未实行终了的未遂,对于爆炸罪来说,是否也存在上述两种未遂,理论上有不同看法。通常见解认为,从立法精神来看,不存在实行终了的未遂。因为爆炸行为已经实行终了,在一定条件下足以危害不特定或多数人的生命、健康和重大公私财产的安全,无论是否引起严重后果,都是既遂。爆炸罪未遂只能发生在爆炸行为尚未实行终了的阶段,比如刚着手引爆,或者在引爆过程中被人发现夺下炸药,使爆炸未能得逞,这种情况属于未实行终了的未遂。[11] 这种观点值得商榷。刑法理论一般认为,所谓未实行终了的未遂,是指行为人已经着手实行某一犯罪的危害行为,但由于意志以外的原因而未能将其认为实现犯罪意图所必要的行为实行完毕,以致未得逞的情况;所谓实行终了的未遂,是指行为人已经着手实行某一犯罪的危害行为,并且自认为已经将实现该罪所必要的行为实行完毕,但由于意志以外的原因而未能得逞的情况。因此,考察某种未遂行为是实行终了的未遂还是未实行终了的未遂,要注意以下两点:一是行为人意图实行的行为是否实行终了;二是某种犯罪的法定结果是否已经出现。就爆炸罪而言,由于其不仅仅以实施爆炸,而且还以危害公共安全为构成要件,因此,在行为人意图实施的爆炸行为实行终了以后,而法定的危害公共安全的状态未能出现的情况是完全可能存在的,在这种场合,就有可能成为实行终了的未遂。如行为人在电影院的座位下放置了定时炸弹,但由于起爆装置出现故障而最终没有发生爆炸的情况就是如此。另外,行为人已经将手榴弹扔向人群,但是由于火药受潮而未能爆炸的情况,也可以看作实行终了的未遂。如果否认爆炸罪有实行终了的未遂形态,则上述情况只能认定为《刑法》第 114 条规定的爆炸罪的既遂形态。 33

4. 投放危险物质罪的既遂与未遂

关于投放危险物质罪的既遂和未遂的区分标准,在现行刑法通过之前,曾经有不同看法。现在一般认为,应以法定构成要件齐备与否为标准,而不能以致人死伤的实际结果是否发生或者行为人的目的是否实现为标准。只要行为人实施的投放危险物质行为造成了法定的危险状态的出现,即对不特定多数人的生命、健康或者重大公私财产的安全造成了直接、现实的严重威胁,即使尚未造成严重后果,也构成投放危险物质罪的既遂。如果投放危险物质行为造成致人重伤、死亡或重大财产损失的严重后果,则成立该罪的结果加重犯,按照《刑法》第 115 条第 1 款规定的法定刑予以处罚。 34

关于本罪是否存在实行终了的未遂,理论上也有不同看法。通说认为,投放危险 35

---

11 参见马克昌、杨春冼、吕继贵主编:《刑法学全书》,上海科学技术文献出版社 1993 年版,第 259 页;刘家琛主编:《新刑法条文释义(新编本)》(上),人民法院出版社 2001 年版,第 439 页。

物质罪不存在实行终了的未遂。[12] 笔者认为,与爆炸罪一样,投放危险物质罪也可能出现实行终了的投毒未遂形态。如出于实施本罪的故意,将危险物质投放或混入与众人使用的水源相通的小溪之中,在溪水尚未流入众人使用的水源即被发现的情形,就是投放危险物质罪的实行终了的未遂形态。同样,已经将危险物质投放水中,但由于该物质存放时间太久已经失效或者投放剂量不够,没有达到危害公共安全的程度时,也构成犯罪未遂。

Ⅸ 与非罪的界限及与他罪的区别

1. 罪与非罪的界限

36 按照刑法规定,实施放火、决水、爆炸、投放危险物质、以危险方法危害公共安全的行为必须达到危害公共安全的程度,否则不构成本条所规定的犯罪。那么如何判断实施上述行为是否达到了危害公共安全的程度呢?对此,在刑法理论上主要有以下几种不同见解。"一般危险说"以放火、决水等罪是抽象危险犯为前提,认为本条所规定的犯罪中所谓的危险是一般危险而不是特别的危险,因此,符合构成要件的放火、决水等行为一经在特定地点或对特定对象实行,便认为存在一般危险状态,即成立本罪的既遂,而无须再对危险状态作进一步的判断。[13] "具体判断说"虽然也认为放火、决水、爆炸等罪是抽象危险犯,但又认为"一般危险说"的见解"过于简单,因而是不科学不可靠的",并以放火罪为例,说明"一般危险说"会"混淆犯罪未遂与犯罪既遂的界限"[14]。"具体危险说"认为,从放火、决水、爆炸等行为的对象和当时的环境看,如果该行为不足以危害公共安全,则不构成上述犯罪。例如,行为人实施了放火行为,但将火势有效地控制在较小的范围之内,没有也不可能危害不特定或多数人的生命、健康或者重大公私财产安全的,就不构成放火罪。[15]

37 "一般危险说"以本条规定之罪属于抽象危险犯为前提而展开讨论,前面已经说明,《刑法》第114条所规定的犯罪不是抽象危险犯,因此,该种见解自然难以得出正确的结论。"具体判断说"虽然主张放火、决水、爆炸等行为是否危害了公共安全必须根据行为当时的具体情况进行分析,但是它又认为放火、决水、爆炸等犯罪属于理论上"只要实施了某种行为或者在特定地点针对特定对象实施,就必然存在一般危险"的抽象危险犯,这种推论岂不是前后矛盾?"具体危险说"认为《刑法》第114条中所规定的行为是否危害了公共安全不能一概而论,应当根据上述行为的对象和当时的环境来判断。由于这种见解符合现行刑法规定放火、决水、爆炸等罪的宗旨,也合乎司法实践中

---

12 参见叶高峰主编:《危害公共安全罪的定罪与量刑》,人民法院出版社2000年版,第124页。

13 参见马克昌主编:《犯罪通论》(第3版),武汉大学出版社1999年版,第201页。

14 叶高峰主编:《危害公共安全罪的定罪与量刑》,人民法院出版社2000年版,第42页。

15 参见周道鸾、张军主编:《刑法罪名精释》(第4版),人民法院出版社2013年版,第74页。

的一般做法,对于理解《刑法》第114条中的"危害公共安全"具有借鉴意义。

2.与他罪的区别

38 (1)放火罪与故意杀人罪、故意毁坏财物罪的区别。从现实情况来看,放火罪与故意杀人罪和故意毁坏财物罪的区别是极为明显的。前者侵犯的客体是公共安全,即不特定或者多数人的生命、健康和重大公私财产的安全,后者侵犯的客体是特定公民的生命和财产权利。因此,通常见解认为,在行为人实施的放火行为造成他人死亡或者重大公私财产毁损的时候,到底是构成放火罪还是故意杀人罪或者故意毁坏财物罪,关键是看放火行为是否足以危害公共安全。如果放火行为指向特定的对象,并不足以危害公共安全,就只能以故意杀人罪或故意毁坏财物罪处理;如果放火行为虽然指向特定的对象,但足以危害不特定或多数人的生命或重大公私财产的安全,则应以放火罪论处。[16] 还有一种见解认为,考虑到以放火的方法杀人,不仅侵害特定人的生命权利,而且在客观上还会危及不特定或多数人的人身安全和重大公私财产的安全,比一般故意杀人罪更危险,作为危害公共安全的放火罪进行处罚更能显示出这种杀人行为的特殊危险性。[17] 我国司法实践也倾向于支持上述观点的处理思路。例如,2017年1月25日最高人民法院、最高人民检察院《关于办理组织、利用邪教组织破坏法律实施等刑事案件适用法律若干问题的解释》第12条规定:"邪教组织人员以自焚、自爆或者其他危险方法危害公共安全的,依照刑法第一百一十四条、第一百一十五条的规定,以放火罪、爆炸罪、以危险方法危害公共安全罪等定罪处罚。"在我国自杀虽然不构成故意杀人罪,但上述司法解释所处理的正是以放火、爆炸等方法针对特定个人实施侵害的同时还危及不特定或多数人的人身安全的问题,该规定具有参考意义及代表性。

39 近年来,有一种观点认为,以放火的方法故意杀害特定的个人或毁坏特定的公私财物,同时危害或者足以危害公共安全的,是一个放火行为同时触犯两个罪名,属于理论上的想象竞合犯。在放火罪与故意毁坏财物罪相竞合的情况下,由于放火罪的法定刑远远高于故意毁坏财物罪的法定刑,因此,按照"一行为触犯数罪名的,从一重处罚"的原则,应当按放火罪处理。在放火罪与故意杀人罪竞合的情况下,只要具有杀人故意并且实施了足以剥夺他人生命的行为,不管是否危害公共安全,均应认定为故意杀人罪。理由如下:仅从杀人罪和放火罪的法定刑的上限和下限的比较来看,的确难以判定孰为重罪孰为轻罪。但是如果从刑法对这两种犯罪的排列顺序以及法定刑的排列情况的规定来看,很难说放火罪就一定重于故意杀人罪。首先,尽管从总体上看,刑法将危害公共安全罪置于侵犯公民人身权利、民主权利罪之前,但是,在刑法

[16] 参见高铭暄、马克昌主编:《刑法学》(第9版),北京大学出版社、高等教育出版社2019年版,第332页。

[17] 参见鲍遂献、雷东生:《危害公共安全罪》,中国人民公安大学出版社2003年版,第23页。

总则中却有多处规定(如第 17 条第 2 款、第 56 条第 1 款、第 81 条第 2 款)将故意杀人罪排列在各罪之首,而将放火罪放在故意杀人罪之后,这表明现行刑法还是视故意杀人罪为最严重的犯罪。其次,从法定刑的排列顺序来看,《刑法》第 115 条对放火、爆炸等罪的结果加重犯所规定的法定刑是"十年以上有期徒刑、无期徒刑或者死刑";第 232 条对故意杀人罪的基本犯所规定的法定刑是"死刑、无期徒刑或者十年以上有期徒刑"。行为成立故意杀人罪的时候,首先要考虑适用死刑,而后考虑其他刑罚,但在放火等致人重伤、死亡的时候,首先考虑适用 10 年以上有期徒刑。从罪刑关系的角度来看,杀人罪的基本形式的刑罚幅度相当于放火、爆炸等犯罪的加重刑罚幅度。这表明,从整体上看,在刑法的整个体系中,对故意杀人罪的处罚重于放火、爆炸等犯罪。另外,尽管放火罪和故意杀人罪在法定刑的幅度上相同,但是在故意杀人罪的场合,只要有一个杀人行为,就可以适用死刑;而在放火罪的场合,除了放火行为之外,该行为还必须造成致人死亡等后果,才有可能适用死刑。由此可以看出,就法定刑(而不是行为本身的恶劣性质)而言,放火罪并不一定重于杀人罪。因此,从"从一重处罚"的立场出发,对出于杀人目的的放火行为应认定为故意杀人罪,而不是危害公共安全的放火罪。[18]

40　笔者认为,上述分析有其道理。从行为本身的客观属性来讲,放火行为可能比一般杀人行为更加危险,但是从刑法评价的角度来看,故意杀人罪却是比放火罪处罚更为严厉的犯罪。因此,在将以放火手段杀人同时危害公共安全的行为看作放火罪和杀人罪的想象竞合犯,从"从一重处罚"原则出发,认定为故意杀人罪,或许能够对出于杀人目的的放火行为予以更为妥当的处罚。

41　但必须注意的是,得出上述结论是一种无可奈何的选择。实际上,将故意杀人罪评价为比任何形式的放火罪都更为严重的犯罪,是我国刑法关于放火罪等犯罪规定的一大缺陷。在放火危害公共安全,造成他人死亡的情况下,在刑罚规定上首先考虑 10 年有期徒刑,而在不具有危害公共安全性质的故意杀人罪的场合,在刑罚规定上首先考虑死刑,这明显不符合罪责刑相适应原则。造成这种局面的原因是我国刑法在放火等犯罪的立法技术上存在缺陷。日本刑法规定,对有人居住的建筑物放火的刑罚规定为死刑、无期徒刑和 5 年以上有期徒刑,杀人罪的法定刑则为死刑、无期徒刑和 3 年以上有期徒刑。对有人居住的建筑物放火所受处罚要重于故意杀人罪,因此,在杀人行为和对有人居住的建筑物等放火行为竞合的时候,根本不存在按杀人罪定罪处罚的情况。

42　顺便说一下,行为人实施故意杀人行为后,为湮灭罪迹而放火,危及公共安全的,则应定为故意杀人罪和放火罪,实行数罪并罚。

43　(2)爆炸罪、投放危险物质罪、以危险方法危害公共安全罪与以爆炸、投放危险物质等方法实施的故意杀人罪的区别。通常情况下,爆炸罪、投放危险物质罪、以危

---

[18] 参见张明楷:《论以危险方法杀人案件的性质》,载《中国法学》1999 年第 6 期。

险方法危害公共安全罪和故意杀人罪之间的区别是容易判断的。一是客体不同。爆炸罪、投放危险物质罪、以危险方法危害公共安全罪侵犯的客体是公共安全,即不特定或者多数人的生命、健康或者重大财产的安全;而故意杀人罪侵犯的是特定公民的人身权利,并不危害公共安全。二是客观方面表现不同。爆炸罪、投放危险物质罪、以危险方法危害公共安全罪是行为人故意引发爆炸装置制造爆炸或者故意投放危险物质,或者实施与放火、决水、爆炸、投放危险物质等行为具有相当的社会危害性,足以造成不特定或者多数人的伤亡或者重大公私财产损害的行为,所造成的严重后果具有难以预料、难以控制的性质;而故意杀人罪的实施方式则比较多样。

但是,在行为人以爆炸、投放危险物质、以危害公共安全的危险方法实施故意杀人的情况下,则存在难以区分的情况。这种情况,常常是行为人出于杀人意图,放任其所采取的爆炸、投放危险物质等行为产生危及公共安全并侵害他人生命权的结果,同时触犯爆炸罪、投放危险物质罪和故意杀人罪。在这种情况下,由于行为人以故意杀人罪的故意,实施了爆炸、投放危险物质的行为,结果触犯了爆炸罪、投放危险物质罪和故意杀人罪等不同罪名,属于刑法理论上所谓的想象竞合犯。对于想象竞合犯,按照“从一重处罚”原则,可以在故意杀人罪和爆炸罪、投放危险物质罪、以危险方法危害公共安全罪之间择一重罪论处。根据《刑法》第 232 条有关故意杀人罪的规定,故意杀人的,其法定刑为“死刑、无期徒刑或者十年以上有期徒刑”,只有在“情节较轻的”情况下,才“处三年以上十年以下有期徒刑”。换句话说,故意杀人的,通常情况下,考虑死刑、无期徒刑或者 10 年以上有期徒刑。而按照《刑法》第 114 条的规定,爆炸罪、投放危险物质罪、以危险方法危害公共安全罪在没有“造成严重后果的”情况下,只能在“三年以上十年以下”的幅度之间选择处罚刑期。因此,可以说,在爆炸、投放危险物质尚未造成严重后果的情况下,其处罚通常比故意杀人罪的法定刑要轻,属于轻罪。因此,在以爆炸、投放危险物质等手段杀人,尚未造成严重后果的情况下,对于情节极为恶劣的情况,可以故意杀人罪定罪处罚。 44

X　处罚

依照《刑法》第 114 条的规定,实施危害公共安全的放火行为,尚未造成严重后果的,处 3 年以上 10 年以下有期徒刑。其中,第 114 条中所谓“尚未造成严重后果”,包括两种情况:一是放火行为没有造成任何实际损害后果;二是放火行为造成了一定的实际损害后果,但并不严重。在这两种情况之下,只能根据《刑法》第 114 条的法定刑处罚。当放火行为造成他人重伤、死亡或者使公私财产遭受重大损失时,应适用《刑法》第 115 条第 1 款的规定进行处罚。 45

第一百一十五条　放火罪；决水罪；爆炸罪；投放危险物质罪；以危险方法危害公共安全罪；失火罪；过失决水罪；过失爆炸罪；过失投放危险物质罪；过失以危险方法危害公共安全罪

放火、决水、爆炸以及投放毒害性、放射性、传染病病原体等物质或者以其他危险方法致人重伤、死亡或者使公私财产遭受重大损失的，处十年以上有期徒刑、无期徒刑或者死刑。

过失犯前款罪的，处三年以上七年以下有期徒刑；情节较轻的，处三年以下有期徒刑或者拘役。

文献：鲍遂献、雷东生：《危害公共安全罪》，中国人民公安大学出版社 2003 年版。覃祖文：《论以危险方法危害公共安全过失犯罪客体界定》，载《学术论坛》2000 年第 4 期；陈鹏展：《我国刑法中“致人死亡”立法的评价和完善》，载《青海社会科学》2004 年第 6 期；何倩：《论我国火灾事故类犯罪的构成和认定》，载《西南民族大学学报（人文社会科学版）》2007 年第 8 期；金泽刚、颜毅：《为何同案不同判——由“盐城水污染案”、“亿鑫化工重大污染案”引发的思考》，载《上海交通大学学报（哲学社会科学版）》2011 年第 2 期；吴献萍：《我国水污染犯罪刑法适用的困境及其解决途径——以盐城水污染案为视角》，载《河北法学》2011 年第 11 期；贾占旭：《论污染环境罪与投放危险物质罪的竞合关系——从冲突的典型案例看错误的司法解释》，载《政治与法律》2016 年第 6 期。

细目录

Ⅰ　主旨
Ⅱ　沿革
Ⅲ　客体
Ⅳ　行为与结果
Ⅴ　罪过
Ⅵ　主体
Ⅶ　与他罪的区别
Ⅷ　处罚

Ⅰ　主旨

本条对放火、决水、爆炸、投放危险物质等以危险方法危害公共安全并且造成了严重后果,以及过失实施上述犯罪的行为如何处罚作了规定。与没有造成严重后果的放火、决水等以危险方法危害公共安全的犯罪相比,规定了更重的法定刑,这是符合罪刑相适应的基本原则的。另外,对于造成严重后果的放火、决水、爆炸等以危险方法危害公共安全的行为,有必要追究相应的过失犯罪的刑事责任。根据《刑法》第15条第2款"过失犯罪,法律有规定的才负刑事责任"的精神,也需要在具体的分则条文中作出明确规定。 1

Ⅱ　沿革

1979年《刑法》第106条规定:"放火、决水、爆炸、投毒或者以其他危险方法致人重伤、死亡或者使公私财产遭受重大损失的,处十年以上有期徒刑、无期徒刑或者死刑。过失犯前款罪的,处七年以下有期徒刑或者拘役。"1997年《刑法》基本上维持了上述有关内容。针对现实生活中除投放毒害性物质的犯罪以外,投放放射性、传染病病原体等物质危害公共安全的情况已经出现,而且将来有可能增加的趋势,《刑法修正案(三)》对现行《刑法》第114条、第115条中的有关规定作了修改,除删除对放火、决水、爆炸、投毒、以危险方法危害公共安全等罪的犯罪对象的列举之外,还将投毒罪修改为"投放危险物质罪"。 2

Ⅲ　客体

本条所规定的犯罪的客体是公共安全,即不特定或多数人的生命、健康或重大公私财产的安全。 3

Ⅳ　行为与结果

本条所规定的犯罪,包含两种类型:一种是《刑法》第114条中规定的放火罪、决水罪、爆炸罪、投放危险物质罪以及以危险方法危害公共安全罪的结果加重犯;另一种是失火罪、过失决水罪、过失爆炸罪、过失投放危险物质罪以及过失以危险方法危害公共安全罪。这两款中规定的犯罪在都必须发生"致人重伤、死亡或者使公私财产遭受重大损失"的严重后果这一点上具有相同之处。 4

1. 本条第1款规定的犯罪的行为和结果

本条第1款规定的是放火罪、决水罪、爆炸罪、投放危险物质罪、以危险方法危害公共安全罪的结果加重犯。所谓结果加重犯,又称加重结果犯,指刑法上规定的一个犯罪行为,由于造成了严重结果而加重其法定刑的情况。结果加重犯罪具有以下特征:首先,必须有基本的犯罪存在,具基本的犯罪构成,这是法定刑加重的基础;其 5

次,必须发生基本犯罪构成结果以外的加重结果,这是加重法定刑的客观根据;再次,发生的加重结果必须以行为人所能预见的结果为限,这是加重法定刑的主观根据;最后,必须有法律上的明文规定,这是罪刑法定原则的基本要求。我国现行刑法中所规定的结果加重犯有三种类型:第一,基本犯是故意犯,对于加重结果持过失态度;第二,基本犯是故意犯,对于加重结果持故意态度;第三,基本犯是过失犯,对于加重结果持过失态度。本条规定的各种犯罪的结果加重犯属于上述第二种类型。根据结合结果加重犯的特征,结合《刑法》第 114 条规定的各种危险犯的内容,可以看出,本条第 1 款规定的各种结果加重犯具有以下特点。

6 (1)基本犯是《刑法》第 114 条规定的各种危险犯。行为人着手实施的放火、决水、爆炸、投放危险物质、以危险方法危害公共安全行为,已经使对象物或目的物处于燃烧、出水、引爆、中毒等状态,足以危及不特定或者多数人的生命、健康或者重大财产的安全,即完全符合了第 114 条的构成要件,成立该条所规定的各种危险犯。如果这种危险状态继续发展,出现了致人重伤、死亡或者使公私财产遭受了重大损失,则成立第 114 条所规定的犯罪的结果加重犯,即本条第 1 款所规定的犯罪。

7 (2)发生了"致人重伤、死亡或者使公私财产遭受重大损失"的结果。本条中规定的是与第 114 条所规定的放火罪、决水罪、爆炸罪、投放危险物质罪、以危险方法危害公共安全罪的危险犯相对应的实害犯,因此,成立本条所规定的犯罪,除必须实施《刑法》第 114 条所规定的放火、决水、爆炸、投放危险物质、以危险方法危害公共安全的行为之外,还必须造成"致人重伤、死亡或者使公私财产造成重大损失"的实际结果。

8 (3)基本犯必须是故意犯。如果行为人主观上出于过失,过失地实施了上述行为,致人重伤、死亡或者使公私财产遭受重大损失,则成立本条第 2 款所规定的过失犯罪,而不成立第 1 款所规定的放火等危险犯的结果加重犯。

2. 本条第 2 款规定的犯罪的行为和结果

9 (1)失火罪的行为和结果。失火罪在客观方面表现为引起火灾,造成严重后果,危害公共安全。第一,行为人必须具有引起火灾的行为。失火一般发生在日常生活中,如吸烟入睡引起火灾,取暖做饭不慎引起火灾。做饭不照看炉火,安装炉灶、烟筒不合防火规则,在森林中烧荒或者生火取暖不小心引起火灾,造成重大损失的,都构成失火罪。如果在工作中严重不负责任或擅离职守,或者在生产中违章作业或强令他人违章作业而引起火灾,则分别构成玩忽职守罪或者重大责任事故罪。第二,必须造成严重后果,即必须发生致人重伤、死亡或者重大财产损失的后果。仅有失火行为,未引起危害后果,或者危害后果不严重的,不构成失火罪。失火行为虽然在一定程度上对公共安全造成了威胁,但没有造成严重后果的,也不构成失火罪。

10 (2)过失决水罪的行为和结果。过失决水罪在客观上表现为行为人过失决水,水患危害公共安全,致人重伤、死亡或者使公私财产遭受重大损失。第一,行为人必须实施引起水灾的行为,即使受控制的水的自然力量释放出来,超出人们的支配,泛滥成灾的行为。这种行为多发生在日常生活中,由于行为人不注意而引起。但如果是具有防洪责任的国家机关工作人员,在工作中擅离职守或严重不负责任,引起水灾,致人重伤、死亡或者使公私财产遭受重大损失,就是玩忽职守罪,而不构成过失决水罪。第二,构成本罪必须是已经造成严重后果,即致人重伤、死亡或者使公私财产遭受重大损失。如果仅有过失行为,但造成的后果不严重,或者根本没有造成严重后果,则不构成本罪。

(3)过失爆炸罪的行为和结果。过失爆炸罪的客观要件为,引起爆炸,造成不特定或多数人重伤、死亡和重大公私财产的损失。第一,行为人必须具有引起爆炸的行为,引起爆炸的行为具体表现形式很多,共同特点都是由于行为人在日常生活中不注意安全而引起爆炸,如在堆放易爆物品的仓库中乱扔烟头,或将易爆物品违规放置等。另外,如果行为人在生产、储存、运输、使用危险品过程中,违反危险物品管理规定而引起爆炸,造成严重后果,则应以危险物品肇事罪论处。第二,必须在客观上已经造成严重危害结果。如果没有发生危害结果,以及造成的结果尚未达到致人重伤、死亡或者使公私财产遭受重大损失的程度,都不能构成本罪。 11

(4)过失投放危险物质罪的行为和结果。过失投放危险物质罪在客观方面表现为过失投放危险物质,危害公共安全,造成严重后果的行为。第一,行为人实施了过失投放危险物质的行为,行为方式没有限制,通常是行为人在日常生活中不注意而引起的,如未将喷过敌敌畏的蔬菜冲洗干净就拿到集市上出卖,致使多人中毒;误将毒药投入饲料中,致使大量牲畜食用后中毒死亡;将装过农药的口袋或瓶子又用来装食品出售,致使多人中毒;误将农药当作食用油炒菜让他人食用,致使多人中毒。第二,必须造成严重后果,即造成不特定或多数人的重伤、死亡或者使公私财产遭受重大损失。如果致人中毒的过失行为并不危害不特定或多数人的生命、健康或者重大公私财产的安全,如误将砒霜当作砂糖给特定人食用,造成他人死亡,由于并未危及不特定或多数人的生命、健康或公私财产的安全,所以不应该认定为过失投放危险物质罪,而应该认定为过失致人死亡罪。 12

(5)过失以危险方法危害公共安全罪的行为和结果。本罪在客观上表现为,行为人过失实施失火、过失决水、过失爆炸、过失投放危险物质以外的其他危险方法,危害公共安全,致人重伤、死亡或者使公私财产遭受重大损失的行为。具体来说:第一,行为人必须实施了失火、过失决水、过失爆炸、过失投放危险物质以外的危害公共安全的行为。这里的其他危险方法的表现形式法律上没有进行限定,在实践中可以是多种多样的。但是,从罪刑法定的角度来看,对其范围也不能无限地扩大,将各种不符合标准的行为都包括进来。一般认为,本罪中的其他危险方法,是指失火、过失决水、过失爆炸、过失投放危险物质行为以外但在社会危险性上与之相当的对公共安全造成危害的方法。第二,行为人实施的其他危险方法必须造成了危害公共安全的严重后果,即造成了不特定或多数人的重伤、死亡和公私财产的重大损失。如果没有造成严重后果或者造成的危害后果尚未达到上述严重程度,就不构成本罪。 13

V 罪过

14 本条第1款所规定的放火罪、决水罪、爆炸罪、投放危险物质罪以及以危险方法危害公共安全罪在主观上必须出于故意,其具体内容,参见前述第114条评注相关内容。

15 本条第2款所规定的失火罪、过失决水罪、过失爆炸罪、过失投放危险物质罪以及过失以危险方法危害公共安全罪在主观上必须是过失。既可以是疏忽大意的过失,即行为人应当预见到自己的点火、决水等行为可能引起火灾、水患等致人重伤、死亡或者使公私财产遭受重大损失的后果,因为疏忽大意没有预见;也可以出于过于自信的过失,即行为人已经预见到自己的点火、决水等行为可能引起火灾、水患等致人重伤、死亡或者使公私财产遭受重大损失的后果,因为轻信能够避免,结果引发上述后果的心理态度。必须注意的是,这里的"疏忽大意""轻信能够避免",是指行为人对于引起致人重伤、死亡或公私财产重大损失的心理态度,而不是对导致严重后果的失火、决水、爆炸、投放危险物质等行为自身的心理态度。实践中,有的行为人对于导致火灾的行为明知故犯,如明知特定区域禁止吸烟却故意违章吸烟,结果引起火灾。在这种情况下,行为人主观上不希望发生火灾,或有充分的理由相信不会发生火灾,发生火灾的结果确实出乎行为人的意料。但是,如果行为人在禁止吸烟的场所故意违反规章制度吸烟,希望或放任发生火灾,就不是失火罪,而是出于直接故意或间接故意的放火罪。

16 在本条第2款所规定过失危害公共安全犯罪的主观要件的认定上,要注意日常生活中的过失向犯罪故意转化的情况。如某人在仓库吸烟时无意中将未熄灭的烟头扔到了易燃物品上,当即起火。这时,行为人本应采取措施避免火灾的发生,但是,他却漠不关心,任火势蔓延,酿成火灾。行为人最初只是无意中引燃易燃物品,并不具有放火的故意,其行为也没有立即造成严重后果,此时可以构成失火罪。但是,当时只有行为人在起火现场,而且行为人也容易扑灭火情,避免火灾,行为人却放任不管,听任火势蔓延。这时行为人的一般生活上的过失就转化成刑法上的间接故意,应当构成不作为形式的放火罪而不是失火罪。

VI 主体

17 放火罪、爆炸罪、投放危险物质罪的主体是已满14周岁的自然人;已满14周岁不满16周岁的自然人在采用决水、以危害公共安全的危险方法杀害或者伤害他人的时候,也可以故意杀人罪或故意伤害罪定罪处罚;已满12周岁不满14周岁的自然人使用放火、决水、爆炸、投放危险物质等危害公共安全的危险方法杀害或者伤害他人,造成他人死亡或严重残疾,情节恶劣的,可以按照故意杀人罪或故意伤害罪定罪处罚。失火罪、过失决水罪、过失爆炸罪、过失投放危险物质罪以及过失以危险方法危害公共安全罪的犯罪主体是一般主体,已满16周岁、具有辨认和控制自己行为能力的自然人都能构成本罪。

Ⅶ 与他罪的区别

1. 失火罪与放火罪的区别

失火罪与放火罪在客观上都表现为与火灾有关的危害公共安全的行为,都危害了社会的公共安全,但二者之间还是有明显区别的:第一,客观上,失火罪必须造成致人重伤、死亡或者使公私财产遭受重大损失的后果才能构成;放火罪则不以发生上述严重后果为法定要件,只要实施足以危害公共安全的放火行为就能成立。如果发生致人重伤、死亡或者使公私财产遭受重大损失的后果,则成立结果加重犯,适用比较重的法定刑。第二,犯罪主体上,二者对主体刑事责任年龄的要求有所不同。失火罪的主体必须是已满16周岁的人,而放火罪的主体是已满14周岁的人。第三,主观罪过的形式不同。放火罪由故意构成,失火罪则出于过失。第四,放火罪有既遂、未遂之分;失火罪以发生严重后果为法定要件,不存在犯罪未遂问题。 18

2. 过失决水罪与决水罪的区别

过失决水罪与决水罪的主要区别在于:第一,客观上不同。过失决水罪通常是由于行为人的不慎而引起的,而且要造成法定的严重后果,即致人重伤、死亡或者使公私财产遭受重大损失,才能构成犯罪;决水罪则是行为人积极主动的行为所导致的,而且只要故意实施了危害公共安全的决水行为,无论是否出现严重后果,都构成犯罪。第二,主观上不同。故意决水罪的主观要件为故意,过失决水罪的主观要件为过失。第三,犯罪形态上不同。决水罪有既遂、未遂之分,过失决水罪不可能出现未遂形态。 19

3. 过失爆炸罪与爆炸罪的区别

过失爆炸罪与爆炸罪侵害的客体都是公共安全,使用的方式都是爆炸,故具有相似之处。但是二者的区别也是极为明显的:第一,客观上不同。过失爆炸罪以发生了不特定多数人的重伤、死亡或者公私财产遭受重大损失为必要;爆炸罪则只要故意实施爆炸行为足以危害公共安全,无论是否造成严重后果,均可构成犯罪。第二,主观要件不同。过失爆炸罪是出于过失,而故意爆炸罪则是出于故意。第三,主体要件不同。爆炸罪行为人年满14周岁就开始负刑事责任,而过失爆炸罪行为人必须年满16周岁。第四,犯罪形态上不同。爆炸罪有既遂、未遂之分,过失爆炸罪只有在发生严重后果的情况下才能构成,因此,不可能有既未遂之分。 20

4. 过失投放危险物质罪和投放危险物质罪的区别

过失投放危险物质罪和投放危险物质罪在犯罪手段和犯罪客体上具有相似之处,但二者之间的区别还是极为明显的:第一,投放危险物质罪是故意犯罪,而过失投放危险物质罪是过失犯罪,二者对危害结果的态度是不同的,前者对危害结果的发生持希望或放任态度,而后者对危害结果的发生持否定态度。第二,过失投放危险物质 21

罪以在客观上造成法定的严重后果为犯罪构成要件,没有造成他人重伤、死亡或使公私财产遭受重大损失的,不构成犯罪;而投放危险物质罪只要有危害公共安全的投放危险物质的行为,不论是否造成严重后果,都应作为犯罪处理。第三,投放危险物质罪有既未遂之分;而过失投放危险物质罪则只有既遂形式,没有未遂形式,或者说未遂形式不构成犯罪。

5. 过失以危险方法危害公共安全罪和以危险方法危害公共安全罪的区别

22 过失以危险方法危害公共安全罪和以危险方法危害公共安全罪在客观上都表现为使用其他危险方法危害公共安全。但是二者之间的区别还是比较明显的:在客观上,前者必须发生致人重伤、死亡或者使公私财产遭受重大损失的严重后果,才构成犯罪;后者则只要有实施危害公共安全的行为,即使尚未造成严重后果,也构成犯罪。在主观上,前者是出于过失,后者则是出于故意。在实践中,对于以非法架设电网的危险方法危害公共安全致人死亡的案件,到底是认定为故意犯罪还是过失犯罪,存在争论。笔者认为,对于这种情况,应当结合行为当时所存在的各种条件具体分析。在行为人对于私设电网可能发生的严重后果作了各种防护和避免措施(如设立明显标记、发布警告说明等)的时候,表明行为人确实不希望发生危害结果,设立电网仅仅是为了起到防盗等警戒作用。此时可以认为,行为人采取了一定的防止危害结果发生的措施,或者说当时确实存在防止危害结果发生的主客观条件,只是这些条件被高估,才使得危害结果未能避免。因此,在仍然发生了致人死亡等严重后果的场合,可以认定为过失犯罪。但是在行为人明知私设电网可能造成不特定人死伤的结果,却没有采取任何防止措施的场合下,虽说行为人可能也并不希望该种结果发生,但却没有采取任何避免结果发生的措施,而是心存侥幸任其发生,据此可以判明,此时危害结果即便发生也不违背行为人的意愿,即行为人对危害结果的发生持放任态度,可以认定为故意犯罪。

6. 过失以危险方法危害公共安全罪和过失致人死亡罪的区别

23 区分过失以危险方法危害公共安全罪和过失致人死亡罪的关键在于,前者危害不特定或多数人的生命、健康和重大公私财产的安全,而后者侵害的是特定的人的生命、健康。如某人在出门旅游期间,为防小偷入室盗窃,在已经上锁的大门后私设电网,将前来行窃的小偷电死,该案到底是成立过失以危险方法危害公共安全罪还是过失致人死亡罪,存在争议。笔者认为,因为行为人不是在公共场所,或者是人们容易接触到的场所设立电网,而是在自己家里设立电网,因此,这种行为不足以对公共安全造成危害,不构成过失以危险方法危害公共安全罪。另外,私人住宅受到法律的特殊保护,刑法上专门规定有非法侵入住宅罪。因此,在小偷非法进入他人住宅的时候,就可以看作已经着手实施不法侵害行为,行为人私设电网的行为可以看作正当防卫行为,即便是明显超过了防卫限度,造成了不应有的结果,但这也不过是防卫过当而已,最多构成过失致人死亡罪。

24 相反,为了防止自家农田里的农作物被盗而私设电网,致使前来偷盗的小偷死亡的情形该如何认定呢？笔者认为,法律对于自留地和住宅的保护程度是不一样的,现行刑法中没有规定非法侵入自留地罪;同时,到他人的自留地里偷吃水果、西红柿等农产品的情况比较常见,如此,则行为人在自留地里私设电网,就可以说足以危害不特定或多数人的生命、健康安全。因此,在这种情况下,行为人的行为至少构成过失以危险方法危害公共安全罪。

Ⅷ　处罚

《刑法》第 115 条第 1 款规定,放火,决水,爆炸,投放毒害性、放射性、传染病病原 25
体等物质或者以其他危险方法致人重伤、死亡或者使公私财产遭受重大损失的,处 10 年以上有期徒刑、无期徒刑或者死刑。

《刑法》第 115 条第 2 款规定,过失犯前款罪的,处 3 年以上 7 年以下有期徒刑; 26
情节较轻的,处 3 年以下有期徒刑或者拘役。结合《刑法》第 115 条第 1 款、第 2 款的精神,并不是所有的失火行为都要追究行为人的刑事责任,只有致人重伤、死亡或者使公私财产遭受重大损失的,才构成失火罪。尽管有失火行为,但是失火行为只是致人轻伤或者造成较小的财产损失,就不应作为失火罪处理。另外,行为人的行为尽管构成失火罪,但是,如果“情节较轻”的话,可以在“三年以下有期徒刑或者拘役”的幅度内量刑。何谓“情节较轻”,法律没有明文规定,一般认为可以从行为人是否是未成年人、其一贯表现和犯罪后的态度以及造成损害的具体情况等方面来考虑。

第一百一十六条　破坏交通工具罪

破坏火车、汽车、电车、船只、航空器，足以使火车、汽车、电车、船只、航空器发生倾覆、毁坏危险，尚未造成严重后果的，处三年以上十年以下有期徒刑。

文献:王国庆:《浅谈破坏交通工具罪的几个问题》,载《法学评论》1989 年第 4 期;刘宁书:《破坏铁路交通工具、设备犯罪的一些法律问题》,载《政治与法律》1989 年第 6 期;吕继贵:《谈破坏交通工具罪的侵犯对象》,载《政治与法律》1991 年第 5 期;陈跃辉、陈德日:《重嚼"鸡肋"条款——破坏交通工具罪传统阐释的质疑》,载《广西政法管理干部学院学报》2001 年第 1 期;苏彩霞:《危险犯及其相关概念之辨析:兼评刑法分则第 116 条与第 119 条第 1 款之关系》,载《法学评论》2001 年第 3 期;闻志强:《破坏交通工具罪中"交通工具"的认定标准》,载《江西警察学院学报》2013 年第 5 期;张莉琼、朱颖慧:《擅开应急舱门行为定性与相关刑法完善研究》,载《甘肃政法学院学报》2017 年第 3 期。

细目录

Ⅰ　主旨
Ⅱ　沿革
Ⅲ　客体
Ⅳ　行为
Ⅴ　主体
Ⅵ　罪过
Ⅶ　既遂与未遂
Ⅷ　与他罪的区别

Ⅰ　主旨

1 破坏交通工具罪,是指故意破坏火车、汽车、电车、船只、航空器,足以使火车、汽车、电车、船只、航空器发生倾覆、毁坏危险,危害公共安全的行为。现代社会中,交通事业迅猛发展,飞机、火车、轮船等现代交通工具在为人们生活提供方便的同时,由于其具有运载量大、速度快、易于失控等特点,因此,也给社会带来了众多巨大的危险源。针对火车、轮船等现代交通手段的破坏行为一经实施,就会给人们的生命健康、公私财产、正常生活秩序带来难以估量的巨大损失。交通运输关系到国计民生,交通运输的阻滞、中断,将直接影响国家经济建设和人民群众的生产、生活。火车、汽车、电车、船只、航空器是现代交通运输的重要组成部分,现代社会正是通过火车、汽车、电车、船只、航空器等交通工具实现货物、旅客的空间转移,确保其安全,是刑法的重要任务之一。因此,对破坏交通工具的行为必须严厉打击。

Ⅱ 沿革

破坏交通工具罪历来是我国刑法惩治的重点犯罪之一。1979 年《刑法》第 107 条规定:"破坏火车、汽车、电车、船只、飞机,足以使火车、汽车、电车、船只、飞机发生倾覆、毁坏危险,尚未造成严重后果的,处三年以上十年以下有期徒刑。"现行刑法考虑到随着现代科学技术的进步和世界经济的迅猛发展,飞机不再是从事空中交通运输的唯一工具,更多更先进的空中交通工具已经出现或将来会出现,因此,将"飞机"修改为"航空器",在其他方面则没有变动。一般认为,现行刑法关于本罪的规定扩大了其适用范围,更加科学合理。 2

Ⅲ 客体

破坏交通工具罪侵犯的客体是交通运输安全。交通运输安全,是社会公共安全的一个部分。交通运输工具是不特定多数人或物的载体,具有机动性强、运行速度快而且运载能力大等特点。而且从这些交通工具本身的属性来讲,其自身的价值也比较高,制造过程中耗资巨大。因此,它们一旦遭到破坏,就有可能带来难以估量、难以控制的巨大经济损失或不特定人员的重大伤亡,直接危及社会的公共安全。因此,刑法将破坏交通工具罪作为危害公共安全的犯罪予以规定。 3

破坏交通工具罪的犯罪对象是交通工具。作为本罪的犯罪对象,必须符合以下条件: 4

(1)破坏交通工具罪的对象是火车、汽车、电车、船只、航空器。从《刑法》第 116 条的规定来看,立法上对交通工具的种类进行了列举,没有使用"其他""等"这些概括性的词语。因此,根据罪刑法定原则的要求,不允许将上述之外的交通工具包括进来。但是,对上述交通工具进行合理的解释还是必要的。如大型农用拖拉机,如果用作交通工具,其和小轿车、大卡车等有完全相同或极为近似的性能和用途,对其进行破坏也有危及公共安全的可能和后果。因此,对上述交通工具中的"汽车"可以作扩大解释,使其包括大型拖拉机在内。破坏兽力车、手推车、自行车、小型农用拖拉机、摩托车等简单的交通工具的行为,一般来说不具有发生危害公共安全的后果,故不应作为本罪的犯罪对象。 5

(2)必须是正在使用中的交通工具。因为只有针对正在使用中的交通工具进行破坏,才会发生足以使火车、汽车、电车、船只、航空器发生倾覆、毁坏的危险,产生危害公共安全的后果,而对不在使用状态中的交通工具进行破坏,是不会造成上述后果 6

的。"正在使用中"包括已经交付随时准备使用和正在使用两种情况。

Ⅳ 行为

7 (1)行为人必须实施破坏行为,即人为地通过外力作用,损害交通工具的整体或重要部件的正常功能,影响交通运输安全的行为。一般认为,这种破坏行为一般应具有技术专业性和毁损隐蔽性的特征,即行为人根据自己对交通工具的性能和有关知识的掌握,采取秘密破坏的手段,给交通工具留下不易被人察觉的隐患,从而达到使交通工具倾覆、毁坏的目的。因此,所谓"破坏",必须针对交通工具中与交通运输安全直接相关的部位,如交通工具的制动装置、操作驾驶系统、油路等进行。如果行为人破坏了交通工具内的照明灯具、座椅、门窗玻璃、卫生洁具、备用轮胎等,因为这些部位并不决定交通工具自身的运行安全,不会使交通工具发生倾覆、毁坏的危险,所以,称不上是本罪中的破坏行为。

8 另外,必须注意的是《刑法》第121条、第122条规定了劫持航空器罪和劫持船只、汽车罪,但是对于劫持火车、电车的行为该如何处理则没有规定。笔者认为,从实质上看,劫持火车、电车的行为也足以使火车、电车发生倾覆、毁坏危险,所以,应当将劫持火车、电车的行为视为本罪的破坏行为。

9 (2)破坏行为必须足以使交通工具发生倾覆、毁坏危险,或者已经造成严重后果。所谓"足以造成",是指行为人实施的破坏行为达到了使交通工具倾覆、毁坏的危险程度。所谓"倾覆",是指车辆倾倒、船只翻船、航空器坠毁等;所谓"毁坏",是使交通工具的性能丧失,功能受到影响,不能行驶或不能正常行驶乃至报废的情况。如果破坏行为实际上已经造成了严重后果,即已经造成了交通工具倾覆、毁坏的后果,则成立本罪的结果加重犯,而不另外成立新的犯罪。行为人窃取上述交通工具的零部件且数额较大或者多次窃取,但不可能发生上述危险的,只能认定为盗窃罪。在具体案件中,破坏行为是否足以造成交通工具倾覆、毁坏危险,应根据破坏手段、破坏部位以及破坏程度等情况综合认定。

10 必须注意的是,本罪中所谓的危险,是"足以使交通工具发生倾覆、毁坏"程度的危险,它和放火罪等危险犯中所谓的"危害公共安全"程度的危险不同。刑法学上所谓的"危险",在理论上有各种观点,但总的来说,大致可以分为两种:一种是一般人所认识的危险,以具有通常的认识能力的一般人的认识作为判断基础,以一般人的经验为判断依据,判别某种行为是否具有法定的危险,大致相当于通常所说的抽象的危险;另一种是专家所认识的危险,以具有通常的认识能力的一般人的认识作为判断基础,以具有某项专门知识的专家的判断为依据,判别某一行为是否具有法定的危险,大致相当于通常所说的具体的危险。前已述及,我国刑法中不存在具体危险犯和抽象危险犯的区分,法条中所有的危险都是具体的危险,必须经过具体的判断。但是,在具体判断的对象和程度上,根据法律规定的不同,应该有所区别。笔者认为,放火罪等中的危险判断,倾向于一般人所认识的危险,即就当时的具体情况来看,具有通常的判断能力的一般人感觉到危险,就可以说具有危险;而本罪等中的危险判断,应当倾向于专家所认识的危险,即一般人感觉到危险还不够,必须是专家根据其专业知识也认为具有危险才行。

V 主体

11 本罪的主体为一般主体,因此,年满 16 周岁、具有辨认和控制自己行为能力的自然人均能成为本罪的主体。按照《刑法》第 17 条第 2 款和第 3 款的规定,已满 12 周岁未满 16 周岁的人不能成为本罪的主体。但是,出于杀人、伤害的目的,已满 12 周岁不满 16 周岁的自然人使用破坏交通工具的手段,造成或足以造成他人死亡、重伤或严重残疾等结果的,可以按照故意杀人罪定罪、故意伤害罪处罚。

VI 罪过

12 本罪在主观方面必须是出于故意,包括直接故意和间接故意,即行为人明知其破坏行为足以造成交通工具倾覆、毁坏的危险,并希望或放任这种危险的发生。犯罪动机多种多样,如出于泄愤报复、嫁祸于人等,不影响本罪的成立。即便是出于贪利动机而窃取了交通工具上的重要部件,只要足以使交通工具发生倾覆、毁坏危险,也应认定为破坏交通工具罪。

VII 既遂与未遂

13 关于破坏交通工具罪是否存在未遂,理论界存在不同的看法:一种意见认为本罪不存在犯罪未遂情况。因为,破坏交通工具罪是危险犯,不但要求行为人实施了破坏行为,而且要求这种破坏行为必须对交通工具造成现实的危险,才能构成该罪。如果实施了破坏行为,但不可能出现危及公共安全的现实危险性,就不能构成破坏交通工具罪。反之,只要着手实施破坏行为,而且出现了足以使交通工具发生倾覆、毁坏的现实危险性,就成为《刑法》第 116 条规定的犯罪的既遂形态,因而也就不存在未遂的问题。另一种意见认为本罪存在犯罪未遂的情况。因为,根据《刑法》第 116 条的规定,本罪是以行为造成交通工具倾覆、毁坏的危险状态作为既遂的标志,通常行为实行终了才会产生这种实际危险状态。如果行为人虽然已着手对交通工具进行破坏,但尚不足以造成交通工具倾覆、毁坏的实际危险状态,就构成本罪的未遂。比如行为人刚着手破坏汽车的刹车系统,还未来得及剪断汽车的刹车管即被当场抓获,就应按破坏交通工具罪未遂处理。[1]

14 笔者认为,破坏交通工具罪是通过对正在使用中的交通工具的关键部位进行破

---

1 参见鲜铁可:《新刑法中的危险犯》,中国检察出版社 1998 年版,第 193 页;马克昌主编:《百罪通论》(上卷),北京大学出版社 2014 年版,第 60 页。

坏,达到危害不特定多数人的生命、健康和重大财产损失后果的犯罪,是社会危害性极为严重的一类犯罪,必须严厉惩治,即便对其未遂形态也必须予以处罚。同时,从《刑法》第116条的规定可以看出,破坏交通工具罪,只有在出现了危害公共安全的危险状态时,才能完全具备该罪的构成要件,达到既遂状态;只是着手实施了破坏交通工具的行为,但没有达到危害公共安全程度时,就是没有齐备破坏交通工具罪的构成要件的行为,没有达到该罪的既遂状态。因此,破坏交通工具罪是存在犯罪未遂形态的。现实中,犯罪人正在破坏汽车的刹车系统时即被阻止、被抓获,或是将汽车的油路管误认为刹车系统而加以破坏,或者正在实施破坏的过程中,周围不断有人来来往往,犯罪人被迫停止破坏行为是常有的情况。这些时候,行为人的破坏行为虽然还没有达到足以使交通工具发生倾覆、毁坏危险的程度,但是如果听任行为人的行为继续发展,就会足以使交通工具发生倾覆、毁坏危险,因此,应当作为犯罪未遂处理。

Ⅷ　与他罪的区别

15　破坏交通工具罪与放火罪、爆炸罪,由于其犯罪对象不同,一般来说并不难以区分。但是,在行为人以放火、爆炸的形式破坏交通工具时,究竟是构成放火罪、爆炸罪还是构成破坏交通工具罪,就成为问题。

16　通常见解认为,我国刑法是将正在使用的交通工具作为特殊对象加以保护的,其意在保护交通运输的安全顺利进行。因此,无论行为人采取何种方法破坏交通工具,只要足以使交通工具发生倾覆、毁坏危险的,都构成破坏交通工具罪。当然,如果行为人仅以放火、爆炸方法破坏尚未交付使用的交通工具,危害或足以危害交通安全的,则应以放火罪、爆炸罪论处。[2] 笔者同意上述见解。但要注意的是,行为人以放火、爆炸方法破坏尚未交付使用的交通工具,不足以危害交通安全的,则应以故意毁坏财物罪论处。

2　参见鲍遂献、雷东生:《危害公共安全罪》,中国人民公安大学出版社2003年版,第111页。

第一百一十七条　破坏交通设施罪

破坏轨道、桥梁、隧道、公路、机场、航道、灯塔、标志或者进行其他破坏活动，足以使火车、汽车、电车、船只、航空器发生倾覆、毁坏危险，尚未造成严重后果的，处三年以上十年以下有期徒刑。

文献：叶高峰主编：《危害公共安全罪的定罪与量刑》，人民法院出版社2000年版；刘志伟主编：《危害公共安全犯罪疑难问题司法对策》，吉林人民出版社2001年版；鲍遂献、雷东生：《危害公共安全罪》，中国人民公安大学出版社2003年版。毛晓玲：《略论刑法第一百一十七条的适用》，载《人民检察》1998年第10期；吴乾辉：《铁路运输领域破坏交通设施罪有关问题的研究》，载《行政与法》2011年第3期；王伟：《超载超限毁损桥梁类案的法律适用》，载《中国检察官》2012年第20期；徐英荣：《破坏交通设施罪严重后果的判断》，载《人民司法》2016年第17期。

细目录

Ⅰ　主旨
Ⅱ　沿革
Ⅲ　客体
Ⅳ　行为与结果
Ⅴ　主体
Ⅵ　罪过
Ⅶ　既遂与未遂

Ⅰ　主旨

破坏交通设施罪，是指故意破坏轨道、桥梁、隧道、公路、机场、航道、灯塔、标志或者进行其他破坏活动，足以使火车、汽车、电车、船只、航空器发生倾覆、毁坏的危险或者造成严重后果的行为。 1

交通运输的安全，除要有性能良好、运行正常的交通工具外，还必须有用来保障交通工具正常运行的交通设施，否则就难以保证交通运输的安全畅通。特别是随着我国经济的不断发展，交通运输日趋繁忙，我国交通设施的负荷也越来越重。为了保证交通运输准点、安全、可靠，一方面，要不断加大基础设施建设，新建、扩建公路、隧道、轨道、机场等交通设施；另一方面，也要求加强对交通设施的日常维修和养护。交通设施直接关系到交通工具的运营安全，一旦遭到破坏，就会严重威胁交通运输的正 2

常进行,给国家和人民利益造成重大损失。轨道、桥梁、隧道、公路、机场、航道等交通设施和火车、汽车、电车、船只、航空器一样,是现代社会交通运输的重要组成部分,也是现代社会的重要基础设施,对其破坏同样可能危及不特定多数人的生命、财产安全。因此,我国刑法将破坏交通设施的行为作为犯罪予以处罚。

Ⅱ 沿革

3 破坏交通设施方面的犯罪历来是我国刑法规定的内容之一。1979 年《刑法》第 108 条规定:"破坏轨道、桥梁、隧道、公路、机场、航道、灯塔、标志或者进行其他破坏活动,足以使火车、汽车、电车、船只、飞机发生倾覆、毁坏危险,尚未造成严重后果的,处三年以上十年以下有期徒刑。"现行刑法对于本罪的规定,除将"飞机"改为"航空器"之外,完全吸收了 1979 年《刑法》所规定的内容。

Ⅲ 客体

4 本罪侵害的客体是交通运输安全。本罪直接破坏的是刑法列举的轨道、桥梁、隧道、公路、机场、航道、灯塔、标志等保证交通工具安全行驶的各种交通设备。这些正在使用中的交通设备直接关系着行车、航行和飞行安全,是交通运输安全和顺利进行的重要保证。破坏这些设备有可能使交通工具发生倾覆、毁坏危险,从而造成不特定多数人人身伤亡或公私财产的巨大损失,严重危害交通运输安全。

5 本罪的犯罪对象是正在使用中的交通设施。如果破坏的不是正在使用中的交通设施(如正在施工、修理、储存中或废置不用的交通设施),或者与交通运输安全无关的设施(如候机楼、候车室的生活设备),因其对交通运输安全没有直接威胁,故不构成本罪,根据案件具体情况,可以定为故意毁坏公私财物罪或盗窃罪等。

Ⅳ 行为与结果

6 本罪在客观方面表现为破坏轨道、桥梁、隧道、公路、机场、航道、灯塔、标志或者进行其他破坏活动,足以使火车、汽车、电车、船只、航空器发生倾覆、毁坏危险或者造成严重后果。

7 (1)行为人必须具有破坏交通设施的行为。这种破坏行为要使交通设施本身遭受整体毁坏或使交通设施失去应有的功效,包括以下几种情况:一是毁损交通设施的重要部件或基础,如拆卸铁轨、破坏路基、拔去枕木、毁损标志、熄灭灯塔上的灯光、淤塞航道、挖坑掘穴等;二是在交通设施上设置障碍物,如在铁轨上放置能使火车脱轨的器物、在公路上设置路障、盗拆城市道路上的排水井盖等;三是改变交通设施的正常位置或状态等,这种行为虽然不直接破坏交通设施,但该行为足以使交通工具发生倾覆、毁坏,因此,也可以看作破坏活动。

8 (2)破坏的对象必须是正在使用中的交通设施。所谓"正在使用中的交通设施”,是指交通设施已经交付使用或者处于使用状态之中,而不是正在建设或正在修理且未交付使用的交通设施或已经废弃不用的交通设施。现实生活中,交通设施是多种多样的,一般来说,轨道包括正轨、便轨;桥梁包括铁桥、钢筋混凝土桥、土桥、木桥等;灯塔包括海道或河道上使用的各种动力或燃料燃点的灯塔;隧道包括火车、电车、汽车通过的或供地下运输的各种隧道,如地铁等;航道是指供船只通过的主航道;机场包括军用、民用或供各种航空器起落升降的大小机场;公路是指各种专供汽车、无轨电车使用的公路;标志包括铁路上的各种信号灯、指示标、海道或河道上的航标、公路上的路标、交通信号灯和机场的风向标等。如何确定“公路”的范围,理论上还有不同的看法。笔者认为,凡是可供汽车(包括大型拖拉机)、电车通过的道路均应认为是公路。

(3)破坏行为必须足以使火车、汽车、电车、船只或者航空器发生倾覆、毁坏危 9
险,实际上,倾覆、毁坏结果并不是本罪的构成要件,而只是本罪的法定刑升格的要件。所谓“倾覆”,是指汽车、电车翻车,火车出轨,船只翻沉,飞机坠落等;所谓“毁坏”,是指烧毁、炸毁、坠毁,或者造成其他无法修复的严重破坏,失去交通功能。某种行为是否足以使交通工具发生倾覆、毁坏危险,可以从两个方面进行考察:第一,看所使用的方法,如果行为人采取爆炸、放火、拆毁的方法破坏交通设施,就可以说足以使交通工具发生倾覆、毁坏的危险。第二,看破坏的部位,如挖掉路轨、枕木,卸去轨道之间的连接件等,这些破坏交通设施重要部位的行为直接关系到交通工具的行驶安全,足以使交通工具发生倾覆、毁坏的危险。但要注意的是,和破坏交通工具罪一样,本罪中的危险不是一般意义上的危险,而是“足以使交通工具发生倾覆、毁坏”程度的危险。因此,在危险的判定上,其具体程度要比放火等危险犯的危险程度高。在本罪中的危险的判定上,更大程度上要考虑科学意义上的危险,而不是一般人感觉意义上的危险。如甲为打一把刀片,将一根拖拉机链轴用细铁丝捆绑在铁轨上,企图借助火车的力量,将钢片压扁。当火车通过之后,甲发现放置的链轴没有了,怕造成严重后果,即到派出所报告,谎称发现他人在铁路上放置障碍物。经查证系甲所为。经有关铁路部门鉴定,在铁路上放置拖拉机链轴,如果链轴固定,车轮能上去,就有造成火车脱轨和倾覆的危险。甲用细铁线捆绑链轴,而不是从链轴两端的孔穿过,且细铁丝捆绑得不牢固,加之链轴是平头的,引导轮撞上易掉,因此没有造成列车脱轨的危险。[1] 该案就是根据专家的科学判断,认为该行为没有导致火车倾覆的危险,而不是根据一般人的认识来判断是否具有危险。

本罪的破坏行为既可以是作为也可以是不作为。当交通设施遭到破坏或面临被 10
破坏的危险,行为人负有消除危险的义务却没有履行该义务的,也构成本罪。此处的作为义务,可以来自法律明文规定或职务上的要求,也可以是行为人先行行为引起的

---

1 案例详情参见李光灿主编:《中华人民共和国刑法论》(下册),吉林人民出版社 1984 年版,第 151 页。

义务。即使行为人的合法行为使某种合法权益处于危险状态的,行为人也负有采取积极救助措施消除该危险状态的作为义务,若行为人不履行这一义务,构成不作为犯罪。例如,在王仁兴破坏交通设施案中,被告人王仁兴实施紧急避险行为,解开航标船钢缆绳,该紧急避险行为即是先行行为,该先行行为在消除其自身危险的同时又造成了对交通安全设施的破坏,从而使其他船舶航行处于危险状态,此时该先行行为就引起了被告人王仁兴在其正当权益得以保全的情况下,负有采取积极措施消除危险状态的作为义务。在紧急避险结束后,王仁兴有义务采取积极措施消除危险,其有条件能够履行而不履行,即构成不作为的破坏交通设施罪。[2]

V 主体

11 本罪的主体是一般主体,因此,已满 16 周岁、具有辨认和控制自己行为能力的自然人都可构成本罪的主体。已满 12 周岁不满 16 周岁的自然人出于杀人、伤害的目的而破坏交通设施,导致他人死亡、严重残疾或重伤的场合,可以按照故意杀人罪、故意伤害罪对其定罪处罚。

VI 罪过

12 本罪在主观上出于故意,包括直接故意和间接故意,即明知自己破坏交通设施的行为会发生使交通工具倾覆或者毁坏的危害结果,并且希望或者放任这种结果的发生。犯罪动机多种多样,如出于报复泄愤、图谋陷害、嫁祸于人、贪财图利等,这些不同的个人动机对构成本罪并无影响。但是,出于贪财图利动机窃取交通设施的关键部件,足以使交通工具发生倾覆或毁坏危险的,也成立本罪,而不构成盗窃罪。

VII 既遂与未遂

13 根据《刑法》第 117 条的规定,本罪只有在破坏交通设施的行为达到"足以使火车、汽车、电车、船只、航空器发生倾覆、毁坏危险"时,才成立既遂,即本罪是危险犯,其犯罪既遂并不要求必须造成交通工具倾覆、毁坏的实际结果,而是以具备法定的客观危险状态为标志。因此,在行为人已经开始对交通设施进行破坏,由于意志以外的原因而被迫停止行为的继续,危险状态并未合乎规律地出现时,就应认定为破坏交通设施罪的未遂。这种未遂可以发生在破坏行为实施终了以后,也可以发生在破坏行为正在进行之中。但是,无论发生在破坏行为实施终了之前还是之后,一旦出现了足以使交通工具发生倾覆、毁坏的危险状态,就成为破坏交通工具罪的既遂犯,应按既遂对待。是否达到了足以使交通工具发生倾覆、毁坏危险,应当综合考虑行为时各方面的情况,从一般人的认识角度来判定。如在铁轨上放一块大石头,从一般的抽

---

2 参见重庆市第一中级人民法院(2004)渝一中刑终字第 183 号刑事判决书。

象的意义上来讲,这种行为自身就具有足以使火车出轨的危险的行为,成为犯罪的既遂。但是,该铁路是一条备用线,鲜有火车通过,而且经常有巡道工来往检查,容易发现该处障碍。因此,从这些方面来看,就很难说上述行为具有足以使火车发生倾覆、毁坏的危险,不应该成立本罪的既遂。

第一百一十八条　破坏电力设备罪；破坏易燃易爆设备罪

破坏电力、燃气或者其他易燃易爆设备，危害公共安全，尚未造成严重后果的，处三年以上十年以下有期徒刑。

文献：詹高尔：《对破坏电力设备犯罪的调查分析》，载《政法学刊》1987年第1期；李新生：《试论破坏电力设备案件的审理与防范》，载《河南公安学刊》1998年第5期；徐国平：《盗窃"使用中"的电力设备并不当然危害公共安全》，载《人民检察》2007年第16期；姬文清、王方顺：《采用破坏性手段盗窃正在使用的油气设备中油气行为的定性》，载《人民司法》2009年第22期；彭飞荣：《破坏电力设备罪中的疑难问题研究》，载《法学杂志》2010年第6期；田欢忠、肖晓、赖善明：《盗用燃气类违法犯罪的司法认定与应对》，载《西南石油大学学报（社会科学版）》2011年第2期；金懿、何维：《破坏易燃易爆设备罪的司法适用》，载《中国检察官》2014年第24期。

细目录

Ⅰ　主旨
Ⅱ　沿革
Ⅲ　客体
Ⅳ　行为
Ⅴ　主体
Ⅵ　罪过
Ⅶ　与他罪的区别
　一、破坏电力设备罪、破坏易燃易爆设备罪与放火罪、爆炸罪的区别
　二、破坏电力设备罪、破坏易燃易爆设备罪与盗窃罪的区别
Ⅷ　处罚

Ⅰ　主旨

1　破坏电力设备罪，是指故意破坏电力设备，危害公共安全，尚未造成严重后果或者已经造成严重后果的行为。在现代社会，电力、天然气等物资是关系到工农业生产和社会生活的重要能源，用于输送、使用电力、天然气等能源的设备已经得到越来越普及的应用，已经渗透到社会生活的各个角落，在经济建设和群众的日常生活中起着异乎寻常的重要作用，而且其本身也有着固有的重大危险性，稍微处理使用不当，就会发生难以预测、难以控制的危害公共安全的后果。对它们进行破坏，不仅可能使电

力、天然气等能源的来源中断,严重影响工农业生产和广大人民的日常生活,而且容易引起漏电、爆炸、火灾,从而危害不特定或多数人的生命、健康和重大公私财产的安全。因此,刑法对破坏电力设备及易燃易爆设备,具有较大社会危害性的行为,设专条予以处罚。

Ⅱ　沿革

1979年《刑法》第109条规定:"破坏电力、煤气或者其他易燃易爆设备,危害公 2
共安全,尚未造成严重后果的,处三年以上十年以下有期徒刑。"第110条第1款规定:"破坏……电力煤气设备、易燃易爆设备造成严重后果的,处十年以上有期徒刑、无期徒刑或者死刑。"现行刑法完全吸收了1979年《刑法》的有关内容,只是将"煤气"修改为"燃气"。

本条规定是概括为一个罪还是两个罪在刑法理论上有不同看法。1979年《刑 3
法》中规定的同样的内容被概括为"破坏易燃易爆设备罪"一个罪名,现行刑法颁布之后,有的学者还是坚持同样的见解。1997年12月16日公布的最高人民法院《关于执行〈中华人民共和国刑法〉确定罪名的规定》将《刑法》第118条和第119条第1款解释为破坏电力设备罪和破坏易燃易爆设备罪两个罪名。

Ⅲ　客体

本罪侵害的客体是公共安全,即不特定或多数人的生命、健康和重大公私财产安 4
全。破坏电力设备和易燃易爆设备不仅会使运输、储存、使用电力、天然气等能源的设备本身受到损坏,丧失其功能,而且往往伴随有火灾、爆炸事故的发生,造成不特定或多数人的伤亡和重大公私财产的损失。因此,本罪保护的客体不仅仅是电力设备和易燃易爆设备本身所体现出来的财产利益,而是更广泛意义上的社会的公共安全。

本罪的犯罪对象是正在使用中的电力设备和其他易燃易爆设备。所谓电力设 5
备,是指发电、变电、输电、供电设备等,如用于火力发电的锅炉、汽轮机、燃气机;用于水力发电的水轮机、压力水管、调压井;用于变电的变压器;用于供电的调控装置;用于输电的高压线路等。电力设备的种类繁多,凡是与发电、变电、供电、输电安全有关的设备都应认为是电力设备。所谓易燃易爆设备,一般认为,是指天然气等燃气设备及其他易燃易爆设备。燃气设备包括供气系统的燃气发生装置、燃气净化设备、燃气输送设备等。其他易燃易爆设备包括上述设备之外的一切易于燃烧、爆炸的设备,如油井、油库、石油天然气输送管道、易燃易爆的化工装置等。

所谓正在使用中,是指已经经过验收,处于已经交付使用或者已投入使用的状 6
态。本罪是危害公共安全的犯罪,只有破坏正在使用中的易燃易爆设备,才可能造成动力来源中断(如断气等),可能引起爆炸、火灾,从而威胁不特定或多数人的生命、健康和公私财产的安全。因此,处于生产过程中的电力设备和未交付、投入使用的电力设备以及报废、废置不用的电力设备,不是本罪中所谓的电力设备,行为人对其进行破坏的,不构成破坏电力设备罪;同理,如果破坏的是正在制造中的或库存的易燃易爆设备,或者破坏正在使用的易燃易爆设备的与公共安全无关的部位,不危及公共安全,则不构成本罪,视具体情况可以定为故意毁坏财物罪。

Ⅳ 行为

1. 破坏电力设备罪的行为

7 本罪在客观上表现为破坏正在使用中的电力设备,危害公共安全。首先,必须具有破坏行为。破坏的手段、方法多种多样,可以表现为作为,如放火、拆卸或者损坏电力设备的重要部件,往机器设备中投放杂物等;也可以表现为不作为,如值班人员发现漏电可能导致火灾、爆炸,却故意不及时检修,以致引起火灾等,就属于此。其次,破坏行为足以危害公共安全。认定行为人的行为是否足以危害公共安全,必须根据破坏的对象、破坏的部位和破坏的方法以及破坏损害的程度来综合分析判断。如果行为人的破坏行为不足以危害公共安全,如破坏电力设备中的辅助性设备,尚不至于损坏电力设备,造成危害公共安全的结果的,就不构成本罪。破坏电力设备,只要达到危害公共安全的程度,就成立本罪的既遂。造成严重后果不是本罪的成立条件,而是加重法定刑的条件。

8 现实生活中,出于盗窃目的的偷割电线的案件时有发生。对于这类案件,可按以下原则处理:第一,尚未安装完毕的农用低压照明电线路,不属于正在使用中的电力设备。行为人即使盗走其中架设好的部分电线,也不致对公共安全造成危害,其行为应以盗窃定性。第二,已经通电使用,只是由于枯水季节或电力不足等原因,而暂停供电的线路,仍应认为是正在使用的线路。行为人偷割这类线路中的电线,如果构成犯罪,应按破坏电力设备罪追究刑事责任。第三,对偷割已经安装完毕但还未供电的电力线路的行为,应分别不同情况处理。如果偷割的是未正式交付电力部门使用的线路,应按盗窃罪处理;如果行为人明知线路已交付电力部门使用而偷割电线的,应认定为破坏电力设备罪。

2. 破坏易燃易爆设备罪的行为

9 首先,必须具有破坏行为。破坏行为的方式没有限制,可以是作为的手段,也可以是不作为的手段。前者如用放火、爆炸、拆毁或者其他方式破坏易燃易爆设备的重要零部件等;后者如管线修理工发现煤气管道破损,有发生火灾、爆炸事故的危险而置之不理,结果导致煤气泄漏,发生重大爆炸事故的情况。其次,破坏行为必须足以危害公共安全。是否足以危害公共安全,必须根据破坏的具体对象、破坏的具体部件、行为人采取的破坏方法等各方面的情况综合判断。如果破坏行为轻微或者破坏次要的零部件,不足以毁坏易燃易爆设备,则不构成本罪。

Ⅴ 主体

破坏电力设备罪和破坏易燃易爆设备罪的主体是一般主体,因此,凡是年满16 10
周岁、具有辨认和控制自己行为能力的自然人均可成为两罪的主体。

Ⅵ 罪过

破坏电力设备罪和破坏易燃易爆设备罪的罪过是故意,包括直接故意和间接故 11
意。前者是指行为人明知自己的破坏电力设备和易燃易爆设备的行为会发生危害公共安全的结果,而希望发生该种结果的心理态度;后者是指行为人明知自己的破坏电力设备和易燃易爆设备的行为可能发生危害公共安全的结果,而放任该种结果发生的心理态度。行为人实施本条规定的犯罪的动机可能是多种多样的,如泄愤报复、嫁祸于人、贪财图利等。行为人的这些动机对于构成本条规定的犯罪没有影响,即便行为人出于贪财的动机而偷割了正在使用中的电线,也构成破坏电力设备罪,而不构成盗窃罪。

Ⅶ 与他罪的区别

一、破坏电力设备罪、破坏易燃易爆设备罪与放火罪、爆炸罪的区别

行为人用放火、爆炸的方法破坏电力设备的时候,如何定罪,则要具体分析。如 12
果行为人使用放火、爆炸的方法破坏电力设备,且破坏范围控制在破坏电力设备范围之内,则构成破坏电力设备罪。行为人使用放火、爆炸方法的目的虽然是破坏电力设备,但是所造成的严重后果却超出了破坏电力设备的范围,而且危及不特定或多数人的生命、健康和重大财产安全,这种情况就不宜以破坏电力设备罪论处,而应该以放火罪、爆炸罪论处。

行为人使用放火、爆炸的方法破坏易燃易爆设备的时候,该如何定罪,也要具体 13
分析。如果行为人使用放火、爆炸的方法破坏易燃易爆设备,且破坏范围控制在破坏易燃易爆设备范围之内,则构成破坏易燃易爆设备罪。行为人使用放火、爆炸方法的目的虽然是破坏易燃易爆设备,但是所造成的严重后果却超出了破坏易燃易爆设备的范围,而且危及不特定或多数人的生命、健康和重大财产安全,这种情况就不宜以破坏易燃易爆设备罪论处,而应该以放火罪、爆炸罪论处。

二、破坏电力设备罪、破坏易燃易爆设备罪与盗窃罪的区别

由于电力设备、易燃易爆设备及各自的零部件都具有较高的经济价值,在现实生 14
活中经常成为盗窃犯罪的作案目标。行为人采用破坏性手段盗窃电力、油气、电力设备、易燃易爆设备时,应当如何定罪?2007年1月15日发布的最高人民法院、最高人

民检察院《关于办理盗窃油气、破坏油气设备等刑事案件具体应用法律若干问题的解释》第1条规定:“在实施盗窃油气等行为过程中,采用切割、打孔、撬砸、拆卸、开关等手段破坏正在使用的油气设备的,属于刑法第一百一十八条规定的‘破坏燃气或者其他易燃易爆设备’的行为;危害公共安全,尚未造成严重后果的,依照刑法第一百一十八条的规定处罚。”也就是说,采用破坏性手段盗窃易燃易爆设备的,也属于破坏燃气或其他易燃易爆设备的行为,但需要该行为对公共安全造成了危险,才能以《刑法》第118条的规定进行处罚。至于何为此处要求的“危害公共安全”,2018年9月28日发布的最高人民法院、最高人民检察院、公安部《关于办理盗窃油气、破坏油气设备等刑事案件适用法律若干问题的意见》第1条规定:“在实施盗窃油气等行为过程中,破坏正在使用的油气设备,具有下列情形之一的,应当认定为刑法第一百一十八条规定的‘危害公共安全’:(一)采用切割、打孔、撬砸、拆卸手段的,但是明显未危害公共安全的除外;(二)采用开、关等手段,足以引发火灾、爆炸等危险的。”由此可以看出,行为人对油气等易燃易爆设备实施切割、钻孔穿透、拆卸、开关等破坏性行为,一般都会对公共安全造成危险,符合《刑法》第118条的规定。

15　2007年8月15日发布的最高人民法院《关于审理破坏电力设备刑事案件具体应用法律若干问题的解释》第3条规定:“盗窃电力设备,危害公共安全,但不构成盗窃罪的,以破坏电力设备罪定罪处罚;同时构成盗窃罪和破坏电力设备罪的,依照刑法处罚较重的规定定罪处罚。盗窃电力设备,没有危及公共安全,但应当追究刑事责任的,可以根据案件的不同情况,按照盗窃罪等犯罪处理。”也就是说,采用破坏性手段盗窃电力设备,也需要行为对公共安全产生了危险。

Ⅷ　处罚

16　根据《刑法》第118条的规定,破坏电力设备,危害公共安全,尚未造成严重后果的,处3年以上10年以下有期徒刑。根据《刑法》第119条第1款的规定,破坏电力设备,造成严重后果的,处10年以上有期徒刑、无期徒刑或者死刑。

17　需要说明的是本罪与其他罪竞合时的处断。司法实践中,行为人以非法占有为目的盗剪正在使用中的电线电缆等案件高发,此类情形系一行为触犯两罪名,属于想象竞合犯,应当择一重罪处断。想象竞合犯涉及的两个罪名的法定刑相同的,应当通过比较两种犯罪的社会危害性及犯罪行为本身的性质确定罪名的轻重。以盗窃罪和破坏电力设备罪而言,破坏电力设备罪属于危害公共安全的犯罪,其所侵犯的客体不仅包括财产权,而且涵盖不特定或多数人的人身、财产安全,无疑罪责更重,依照罪责刑相适应原则,即便量刑相当也应该以破坏电力设备罪追究其刑事责任。而且破坏电力设备罪是行为犯,不论犯罪数额多少、是否出现危害结果都依法追究行为人的刑事责任。因此,刑法对于破坏电力设备行为的制裁一般比盗窃行为严厉,除非能够证明盗割电线的行为没有对公共安全造成危害,否则当破坏电力设备罪与盗窃罪发生竞合时,如果相对应的法定刑幅度相当,还是应当以破坏电力设备罪依法追究行为人的刑事责任。例如,在冯留民破坏电力设备、盗窃案中,被告人冯留民伙同他人盗剪正在使用中的光铝线,其行为同时触犯了《刑法》第 118 条规定的破坏电力设备罪和《刑法》第 264 条规定的盗窃罪,产生了破坏电力设备罪与盗窃罪的想象竞合问题。最终,司法机关认为,被告人冯留民明知被盗剪的光铝线是正在使用中的电力设备,仍然以非法占有为目的而予以剪断并销赃,其主观上对于光铝线本身是持非法占有的直接故意,但是对于因盗剪行为对社会公共安全所造成的危害其是持间接故意的心态;在犯罪客体方面,累计 6.7 公里的正在使用中的光铝线被盗,给当地居民的生产、生活安全所带来的危害绝不是光铝线 2 万余元的价值能够衡量的。因此,在被告人冯留民的行为同时符合破坏电力设备罪与盗窃罪的犯罪构成,量刑幅度均为 3～10 年有期徒刑时,从准确评价其行为的社会危害角度出发,依照破坏电力设备罪对其定罪处罚无疑是比较合适的。[1]

1 参见北京市第二中级人民法院(2007)京二中刑终字第 1784 号刑事判决书。

第一百一十九条　破坏交通工具罪；破坏交通设施罪；破坏电力设备罪；破坏易燃易爆设备罪；过失损坏交通工具罪；过失损坏交通设施罪；过失损坏电力设备罪；过失损坏易燃易爆设备罪

破坏交通工具、交通设施、电力设备、燃气设备、易燃易爆设备，造成严重后果的，处十年以上有期徒刑、无期徒刑或者死刑。

过失犯前款罪的，处三年以上七年以下有期徒刑；情节较轻的，处三年以下有期徒刑或者拘役。

文献：李新生：《试论破坏电力设备案件的审理与防范》，载《河南公安学刊》1998年第5期；毛晓玲：《略论刑法第一百一十七条的适用》，载《人民检察》1998年第10期；徐国平：《盗窃“使用中”的电力设备并不当然危害公共安全》，载《人民检察》2007年第16期；姬文清、王方顺：《采用破坏性手段盗窃正在使用的油气设备中油气行为的定性》，载《人民司法》2009年第22期；彭飞荣：《破坏电力设备罪中的疑难问题研究》，载《法学杂志》2010年第6期；田欢忠、肖晓、赖善明：《盗用燃气类违法犯罪的司法认定与应对》，载《西南石油大学学报（社会科学版）》2011年第2期；王伟：《超载超限毁损桥梁类案的法律适用》，载《中国检察官》2012年第20期；金懿、何维：《破坏易燃易爆设备罪的司法适用》，载《中国检察官》2014年第24期。

细目录

Ⅰ　主旨
Ⅱ　沿革
Ⅲ　客体
Ⅳ　行为与结果
Ⅴ　主体
Ⅵ　罪过
Ⅶ　与他罪的区别
　一、过失损坏交通工具罪与破坏交通工具罪的区别
　二、过失损坏交通设施罪与破坏交通设施罪的区别
　三、过失损坏电力设备罪与破坏电力设备罪的区别
　四、过失损坏易燃易爆设备罪与破坏易燃易爆设备罪的区别

Ⅷ 处罚

Ⅰ 主旨

交通工具、交通设施、电力设备、易燃易爆设备是现代社会重要的基础设施,是社会生活中不可缺少的重要组成部分,因此刑法针对交通工具、交通设施、电力设备、易燃易爆设备实施的危害公共安全的犯罪行为采取了危险犯的立法模式,只要具有发生危害结果的危险就构成犯罪。本条对于实施上述犯罪并造成了严重后果的情形规定了较重的法定刑。此外,鉴于这类犯罪造成了严重后果,具有严重的社会危害性,还需要追究相应的过失犯罪的刑事责任。根据《刑法》第 15 条第 2 款“过失犯罪,法律有规定的才负刑事责任”的精神,也需要在具体的分则条文中作出明确规定。 1

Ⅱ 沿革

有关故意和过失破坏交通工具、交通设施的犯罪历来都在我国刑法重点打击的犯罪之列,而且在规定方式上,历来将破坏交通工具等故意犯罪的结果加重犯与过失犯罪放在一起加以规定。1979 年《刑法》第 110 条规定:“破坏交通工具、交通设备、电力煤气设备、易燃易爆设备造成严重后果的,处十年以上有期徒刑、无期徒刑或者死刑。过失犯前款罪的,处七年以下有期徒刑或者拘役。”现行《刑法》第 119 条基本上吸收了 1979 年《刑法》的有关内容,只是将犯罪对象中的“煤气”改为“燃气”,并将法定刑由“七年以下有期徒刑或者拘役”修改为“处三年以上七年以下有期徒刑;情节较轻的,处三年以下有期徒刑或者拘役”,限制了过于宽泛的自由裁量空间,使得量刑幅度更有区分度,有利于实现罪责刑相适应。 2

Ⅲ 客体

本罪侵害的客体是公共安全,具体内容参见前述《刑法》第 116 条、第 117 条、第 118 条等条文的相关内容。侵害的对象是火车、汽车、电车、船只、航空器等交通工具,轨道、桥梁、隧道、公路、机场、航道、灯塔、标志等交通设施,以及电力设备、易燃易爆设备。 3

Ⅳ 行为与结果

1.本条故意犯罪的行为和结果

本条第 1 款中规定的犯罪是《刑法》第 116 条规定的破坏交通工具罪、第 117 条规定的破坏交通设施罪、第 118 条规定的破坏电力设备罪和破坏易燃易爆设备罪的实害犯。其具体行为和对象,参见前述相关内容。其中,所谓“造成严重后果”,是指致人重伤、死亡或者使公私财产遭受重大损失。就破坏交通工具、交通设施而言,如使交通工具互撞、颠覆、起火、爆炸、车毁人亡,等等;就破坏电力设备、易燃易爆设备 4

而言,如破坏上述设备,造成直接财产损失的,造成有关公司、企业等单位长时间停产停业,等等。

2. 本条过失犯罪的行为和结果

5 (1)过失损坏交通工具罪的行为和结果。本罪在客观上表现为过失损坏正在使用中的火车、汽车、电车、船只、航空器,造成严重后果的行为。首先,必须具有过失损坏火车、汽车、电车、船只、航空器的行为。通常表现为行为人不谨慎,无意中造成交通工具的损坏。如趁司机不在,随意摆弄汽车,无意中将刹车弄坏等。交通运输人员在驾驶交通工具过程中违反规章制度,过失引起交通工具倾覆或毁坏,造成严重后果的,应按交通肇事罪论处,而不构成本罪。其次,损害的对象是正在使用中的交通工具。因为,只有过失损坏正在使用中的交通工具,才会造成危害交通运输安全的严重后果。而过失损坏库存的、废弃的或者是正在组装、修理中的交通工具的,则不构成本罪。最后,必须造成严重后果,即致使火车、汽车、电车、船只、航空器发生倾覆、毁坏,致人重伤、死亡或者使公私财产遭受重大损失。

6 (2)过失损坏交通设施罪的行为和结果。本罪在客观上表现为实施损坏轨道、桥梁、隧道、公路、机场、航道、灯塔、标志等交通设施,危害公共安全,造成严重后果的行为。首先,必须具有损坏交通设施的行为。一般认为,这种行为通常发生在日常生活和工作中,行为人由于缺乏谨慎所致。其次,损害的对象必须是正在使用中的交通设施。因为,只有损害正在使用中的交通设施才有可能危害交通运输安全,造成严重后果,如果损坏的不是正在使用而是正在生产或修理而未交付使用或者废弃不用的交通设施,则不成立本罪。最后,必须造成严重后果,即造成火车、汽车、电车、船只、航空器倾覆、毁坏,致人重伤、死亡或者使公私财产遭受重大损失。

7 (3)过失损坏电力设备罪的行为和结果。本罪在客观上表现为过失损坏电力设备,危害公共安全,造成严重后果的行为。首先,必须具有损坏电力设备的行为,即行为人在日常生活和工作中,由于自己行为不慎,损坏了电力设备。其次,损坏的对象必须是正在使用中的电力设备。因为,只有损坏正在使用中的电力设备,才会造成危害公共安全的严重后果。如果损坏的是库存的、被废弃的、正在组装或修理中的电力设备,则不成立本罪。最后,必须造成严重后果,即致人重伤、死亡,使公私财产受到重大损失,或者使公共生产、生活秩序受到严重破坏。

8 (4)过失损坏易燃易爆设备罪的行为和结果。本罪在客观上表现为过失损坏易燃易爆设备,危害公共安全,造成严重后果的行为。首先,必须具有损坏易燃易爆设备的行为。损坏和破坏不同,一般是指在日常生活或工作中,由于不注意、不谨慎而实施了有害于易燃易爆设备的行为。如在施工过程中,不小心将燃气管道挖开,导致燃气泄漏,造成重大经济损失。其次,必须是损坏了正在使用中的燃气设备或其他易燃易爆设备。如果是库存的、废弃的、正在生产或修理中的设备,则不成为本罪的犯罪对象。最后,损坏行为必须造成严重后果,即致人重伤、死亡或者使公私财产遭受重大损失。

V　主体

破坏交通工具罪、破坏交通设施罪、破坏电力设备罪、破坏易燃易爆设备罪、过失损坏交通工具罪、过失损坏交通设施罪、过失损坏电力设备罪、过失损坏易燃易爆设备罪的主体都是一般主体,因此,已满16周岁、具有辨认和控制自己行为能力的自然人都可以成为本罪的主体。 9

Ⅵ　罪过

破坏交通工具罪、破坏交通设施罪、破坏电力设备罪、破坏易燃易爆设备罪的罪过都是故意,具体内容请参见第116条、第117条、第118条的相关内容。 10

过失损坏交通工具罪、过失损坏交通设施罪、过失损坏电力设备罪、过失损坏易燃易爆设备罪在主观上都是过失,既可以是疏忽大意的过失,也可以是过于自信的过失。过失的具体内容表现为行为人应当预见自己的行为可能导致火车、汽车、电车、船只、航空器发生倾覆、毁坏的危险,或者可能导致轨道、桥梁、隧道、公路、机场、航道、灯塔、标志、电力设备、易燃易爆设备等设施的毁坏,由此可能造成他人重伤、死亡或者公私财产重大损失的后果,但由于疏忽大意而没有预见或者虽然已经预见但轻信能够避免,以致发生了该种结果的心理态度。与其他过失犯罪一样,这里的"疏忽大意"和"过于自信"都是针对发生严重后果而言的,而不是针对行为人不慎引起严重后果的行为而言的。就后者来说,行为人完全可能是明知故犯,但不能因此而认定本罪是故意犯罪。 11

Ⅶ　与他罪的区别

一、过失损坏交通工具罪与破坏交通工具罪的区别

过失损坏交通工具罪和破坏交通工具罪都是以特定的交通工具为行为对象,危害交通运输安全的犯罪。但是,二者的区别也是很明显的:一是主观罪过不同。前者是过失犯罪,行为人对危害后果的发生应当预见而没有预见或虽已预见但轻信能够避免,以致发生了严重后果,行为人对该后果的发生持否定态度;后者则是行为人明知其行为会发生严重后果而希望或放任该种结果的发生,行为人对该后果的发生持肯定态度。二是对危害结果的要求不同。前者将发生严重后果作为构成犯罪的法定要件,如果实施了破坏交通工具的损害行为但没有发生严重后果,则不构成犯罪;后者只要故意实施破坏交通工具的行为,足以使交通工具发生倾覆、毁坏的危险,无论是否造成严重后果,都构成破坏交通工具罪。三是危害行为方面也有所不同。前者往往是行为人无意中损坏了交通工具,后者则是行为人积极主动地破坏交通工具。 12

二、过失损坏交通设施罪与破坏交通设施罪的区别

13 过失损坏交通设施罪与破坏交通设施罪的主要区别表现在以下三个方面:一是主观罪过不同。前者行为人在主观上应当预见自己的损坏交通设施的行为会发生交通工具倾覆或毁坏的严重后果而没有预见,或者已经预见而轻信能够避免,行为人对严重后果的发生持否定态度;后者行为人在主观上明知自己的损坏交通设施的行为会发生交通工具倾覆或毁坏的严重后果而希望或放任这种结果发生,行为人对危害结果的发生持肯定态度。二是对危害结果的要求不同。前者只有在发生了交通工具倾覆、毁坏的严重后果时才成立;后者则不要求发生实际的损害结果,只要有足以使交通工具发生倾覆或毁坏的危险就能成立。三是在危害行为方面也有所不同。前者的危害行为往往是在日常生活中行为人不慎实施的,行为本身的危险程度较低;后者的危害行为往往是行为人有意识的积极行为,行为本身的危险程度较高。

三、过失损坏电力设备罪与破坏电力设备罪的区别

14 过失损坏电力设备罪与破坏电力设备罪的主要区别表现在以下三个方面:一是主观罪过不同。前者行为人在主观上应当预见自己的损坏电力设备的行为会发生致人重伤、死亡或者使公私财产遭受重大损失的严重后果而没有预见,或者已经预见而轻信能够避免,行为人对严重后果的发生持否定态度;后者行为人在主观上明知自己的损坏电力设备的行为会发生致人重伤、死亡或者使公私财产遭受重大损失而希望或放任这种结果的发生,行为人对危害结果的发生持肯定态度。二是对危害结果的要求不同。前者只有在发生了致人重伤、死亡或者使公私财产遭受重大损失的严重后果时才成立;后者则不要求发生实际的损害结果,只要足以危害公共安全就能成立。三是在危害行为方面也有所不同。前者的危害行为往往是在日常生活中行为人不慎实施的,行为本身的危险程度较低;后者的危害行为往往是行为人有意识的积极行为,行为本身的危险程度较高。

四、过失损坏易燃易爆设备罪与破坏易燃易爆设备罪的区别

15 过失损坏易燃易爆设备罪与破坏易燃易爆设备罪的主要区别表现在以下三个方面:一是罪过不同。前者行为人在主观上应当预见自己的损坏易燃易爆设备的行为会发生致人重伤、死亡或者使公私财产遭受重大损失的严重后果而没有预见,或者已经预见而轻信能够避免,行为人对严重后果的发生持否定态度;而后者行为人在主观上明知自己的损坏易燃易爆设备的行为会发生致人重伤、死亡或者使公私财产遭受重大损失而希望或放任这种结果的发生,行为人对危害结果的发生持肯定态度。二是对危害结果的要求不同。前者只有在发生了致人重伤、死亡或者使公私财产遭受重大损失的严重后果时才成立;后者则不要求发生实际的损害结果,只要足以危害公共安全就能成立。三是在危害行为方面也有所不同。前者的危害行为往往是在日

常生活中行为人不慎实施的,行为本身的危险程度较低;而后者的危害行为往往是行为人有意识的积极行为,行为本身的危险程度较高。

Ⅷ　处罚

根据《刑法》第 119 条第 1 款的规定,破坏交通工具、交通设施、电力设备、燃气设备、易燃易爆设备,造成严重后果的,处 10 年以上有期徒刑、无期徒刑或者死刑。对于本条中的"严重后果",可以参考 2007 年 1 月 15 日发布的最高人民法院、最高人民检察院《关于办理盗窃油气、破坏油气设备等刑事案件具体应用法律若干问题的解释》、2007 年 8 月 15 日发布的最高人民法院《关于审理破坏电力设备刑事案件具体应用法律若干问题的解释》的相关规定。 16

根据《刑法》第 119 条第 2 款的规定,过失犯本条第 1 款规定之罪的,处 3 年以上 7 年以下有期徒刑;情节较轻的,处 3 年以下有期徒刑或者拘役。这里的"情节较轻",一般而言是指行为人属于已满 16 周岁不满 18 周岁的未成年人,或者是限制刑事责任能力的精神病人,或又聋又哑的人、盲人;也可以是指犯罪发生后行为人采取措施防止结果扩大,或者行为人一贯表现良好、认罪态度真诚;具有自首、立功情节;或者属于防卫过当、避险过当;等等。 17

第一百二十条　组织、领导、参加恐怖组织罪

组织、领导恐怖活动组织的，处十年以上有期徒刑或者无期徒刑，并处没收财产；积极参加的，处三年以上十年以下有期徒刑，并处罚金；其他参加的，处三年以下有期徒刑、拘役、管制或者剥夺政治权利，可以并处罚金。

犯前款罪并实施杀人、爆炸、绑架等犯罪的，依照数罪并罚的规定处罚。

文献：钊作俊：《试论组织、领导、参加恐怖活动组织罪》，载《法学评论》1998年第1期；陈家林：《"恐怖活动组织"界定问题初探》，载《法律科学》1998年第2期；王德育：《"恐怖活动组织"概念初探》，载《现代法学》2000年第3期；刘凌梅：《国际反恐怖犯罪与我国刑事立法》，载《法学评论》2001年第2期；张小虎：《反恐怖活动的刑法立法分析》，载《法学评论》2002年第5期；史振郭：《论恐怖活动犯罪的认定及其处罚——兼论我国刑法修正案(三)之适用》，载《中国刑事法杂志》2002年第6期；陈忠林、张有胜：《恐怖主义犯罪论略》，载《政法论丛》2002年第6期；童伟华：《恐怖主义犯罪论纲》，载《石油大学学报(社会科学版)》2003年第1期；李运文：《关于恐怖主义定义误区与缺失的思考》，载《国际政治研究》2003年第2期；莫洪宪、王明星：《我国对恐怖主义犯罪的刑法控制及立法完善》，载《法商研究》2003年第6期；田宏杰：《恐怖主义犯罪的界定》，载《法律科学》2003年第6期；叶海辉：《对恐怖主义犯罪客体的研究》，载《法学杂志》2003年第6期；李宇：《国际恐怖主义犯罪与我国刑法的修改》，载《当代法学》2003年第8期；夏勇、王焰：《我国学界对恐怖主义犯罪定义研究的综述》，载《法商研究》2004年第1期；林亚刚、何荣功：《论恐怖主义犯罪的内涵》，载《江西公安专科学校学报》2004年第1期；史振郭、江钦辉：《资助恐怖活动罪的法源与特征分析》，载《中国刑事法杂志》2004年第1期；喻义东：《论恐怖主义犯罪在刑法分则中的地位》，载《法学》2005年第2期；莫洪宪：《略论我国的金融反恐》，载《法学评论》2005年第5期；于志刚：《恐怖活动犯罪中资助行为之内涵——从国际社会立法差异性角度进行的分析》，载《云南大学学报(法学版)》2006年第2期；刘佑生：《恐怖主义的伦理特征——以邪教恐怖主义为例》，载《湖南社会科学》2006年第3期；喻义东：《恐怖主义犯罪目的之辨正》，载《湖南社会科学》2006年第3期；李希慧、徐立：《恐怖主义的概念、特征及反恐立法完善》，载《人民检察》2006年第3期；罗艺、马建刚：《关于我国恐怖主义犯罪立法与完善的法理浅析》，载《甘肃政法成人教育学院学报》2006年第3期；张宗亮：《反恐立法之价值取向——以人权保障为视角》，载《东岳论丛》2006年第4期；于志刚：《恐怖活动犯罪中资助行为入罪化的价值取向——与传统洗钱罪的冲突与整合》，载《中国检察官》2006年第6期；赵秉志、杜

邈:《中国惩治恐怖主义犯罪的刑事司法对策》,载《北京师范大学学报(社会科学版)》2008年第5期;刘华:《论恐怖主义犯罪的特征和要件》,载《犯罪研究》2009年第1期;刘涛:《恐怖主义的定义与发展新趋势——兼论恐怖组织与有组织犯罪的合作》,载《犯罪研究》2011年第5期;程绍燕:《试论恐怖主义犯罪》,载《法学杂志》2011年第7期;王剑波:《全面反恐公约视野下"恐怖主义"的概念及其发展》,载《中国刑事法杂志》2011年第11期;杨辉解:《个体恐怖犯罪概念辨析》,载《中国人民公安大学学报(社会科学版)》2012年第3期;王新:《零适用的审判现状:审视资助恐怖活动罪的适用》,载《政治与法律》2012年第7期;赵秉志、杜邈:《我国惩治恐怖活动犯罪制度细化的合理性分析》,载《法学》2012年第12期;程红、郭一蓉:《恐怖主义犯罪的界定》,载《云南大学学报(法学版)》2014年第5期;王利宾:《反恐怖犯罪刑事法完善研究——兼论反恐怖系统化立法》,载《政治与法律》2014年第10期;高巍:《暴恐犯罪的刑法规制》,载《法学杂志》2014年第11期;刘仁文:《恐怖主义与刑法规范》,载《中国法律评论》2015年第2期;皮勇、杨淼鑫:《论煽动恐怖活动的犯罪化——兼评〈刑法修正案(九)(草案)〉相关条款》,载《法律科学》2015年第3期;黎宏:《〈刑法修正案(九)〉中有关恐怖主义、极端主义犯罪的刑事立法——从如何限缩抽象危险犯的成立范围立场出发》,载《苏州大学学报(哲学社会科学版)》2015年第6期;谢望原、张宝:《〈刑法修正案(九)〉的亮点与不足》,载《苏州大学学报(哲学社会科学版)》2015年第6期;骆群:《对〈刑法修正案(九)〉中几个条文的商讨》,载《苏州大学学报(哲学社会科学版)》2015年第6期;谢望原、简琨益:《论恐怖组织犯罪中的正犯责任——基于共犯二元论立场的思考》,载《人民检察》2015年第15期;梅传强:《我国反恐刑事立法的检讨与完善——兼评〈刑法修正案(九)〉相关涉恐条款》,载《现代法学》2016年第1期;石聚航:《〈刑法修正案(九)〉关于涉恐犯罪规定的学理置评》,载《江西警察学院学报》2016年第1期;刘志伟:《〈刑法修正案(九)〉的犯罪化立法问题》,载《华东政法大学学报》2016年第2期;赵秉志、杜邈:《中国反恐刑法的新进展及其思考——〈刑法修正案(九)〉相关内容评述》,载《山东社会科学》2016年第3期;何荣功:《"预防性"反恐刑事立法思考》,载《中国法学》2016年第3期;曾赟:《论独狼恐怖主义犯罪的构成要素》,载《政法论坛》2016年第5期;王政勋、徐丹丹:《恐怖主义的概念分析》,载《法律科学》2016年第5期;赵军:《法治语境下极端主义犯罪治理定量研究》,载《中国法学》2016年第6期;杜邈:《强制穿戴宣扬恐怖主义、极端主义服饰、标志罪的司法认定》,载《西部法学评论》2016年第6期;王红:《对"持有"犯罪化的批判——兼评〈刑法修正案(九)〉新增的非法持有宣扬恐怖主义、极端主义物品罪》,载《湖北经济学院学报(人文社会科学版)》2016年第7期;王良顺:《宣扬极端主义罪的基本构成要素与司法适用探析》,载《法学杂志》2016年第10期;杜磊:《法益侵害视角下持有型犯罪的重释——兼析非法持有宣扬恐怖主义、极端主义物品罪的合理性》,载《政治与法律》2017年第1期;赵秉志、牛忠志:《〈反恐怖主义法〉与反恐刑法衔接不足之探讨》,载《法学杂志》2017年第2期;王胜华:《"预备行为实行化"立法的正当性根据——基于刑法第120条"准备实施恐怖活动罪"的考察》,载《石河子大学学报(哲学社会科学版)》2017年第3期;王璇子:《恐怖主义、极端主义及其之间的关系》,载《天中学刊》2017年第3期。

细目录

Ⅰ 主旨
Ⅱ 沿革
Ⅲ 客体
Ⅳ 行为
Ⅴ 主体
Ⅵ 罪过
Ⅶ 既遂与未遂
Ⅷ 罪数
Ⅸ 与他罪的区别
Ⅹ 处罚

Ⅰ 主旨

1 恐怖活动组织,是指实施暴力犯罪,给社会制造恐怖气氛和不安定因素,以达到某种特定的政治目的或其他目的的组织。恐怖主义是人类社会的公害。根据《海牙公约》(1970年)、《蒙特利尔公约》(1971年)、《反对劫持人质国际公约》(1979年)、《消除国际恐怖主义措施宣言》(1994年),以及《补充1994年〈消除国际恐怖主义措施宣言〉的宣言》(1996年)等一系列旨在防止和打击恐怖主义的国际公约和区域性公约,各缔约国应承担不起诉就引渡的义务,对犯有恐怖主义活动的组织或人员要进行严惩,并明确规定应鼓励国家间联合打击恐怖犯罪。

2 组织、领导恐怖活动组织进行恐怖活动的犯罪具有极大的社会危害性,对于社会稳定、公民人身财产安全都有极大的破坏力,为此,1997年《刑法》规定了组织、领导、参加恐怖组织罪,并规定了相应的刑罚。近年来,受国外恐怖主义的不断渗透和我国"三股势力"活动日益猖獗的影响,我国恐怖主义犯罪多发频发,破坏程度和影响范围空前扩大,已经成为严重危害我国经济社会稳定和人民群众生命财产安全的最严重犯罪。基于这种严峻形势,我国立法机关根据预防恐怖主义犯罪的需要,进一步完善恐怖主义犯罪的规定,加大恐怖主义犯罪的打击力度。

Ⅱ 沿革

3 《刑法》第120条及相关条文是现行刑法所规定的罪名群,1979年《刑法》以及以往历次的刑法草案中都没有规定。1997年修订通过的《刑法》第120条规定:"组织、领导和积极参加恐怖活动组织的,处三年以上十年以下有期徒刑;其他参加的,处三年以下有期徒刑、拘役或者管制。犯前款罪并实施杀人、爆炸、绑架等犯罪的,依照数罪并罚的规定处罚。”但是,由于该条规定比较笼统,而且对有些常见多发的行为如资助恐怖活动的行为没有规定,因此,2001 年 12 月 29 日通过的《刑法修正案(三)》对有关组织、领导、参加恐怖组织罪的条款进行了修改和补充。2015 年 8 月 29 日通过的《刑法修正案(九)》在《刑法》第 120 条中增设财产刑,对组织、领导恐怖活动组织的,增加规定“并处没收财产”;对积极参加的,增加规定“并处罚金”;对其他参加的,增加规定“可以并处罚金”。

Ⅲ 客体

本罪侵犯的客体是公共安全,也即不特定或者多数人的生命、健康和重大公私财产安全。我国学者认为,任何恐怖活动组织都以实施恐怖活动为内容,而恐怖活动通常都表现为爆炸、暗杀、绑架、劫机、投毒等犯罪活动。这些活动有以下四个方面的共同特征:第一,犯罪手段都具有相当的暴力性和破坏性,一旦得逞,往往造成人身伤亡和财产损失的严重结果。第二,犯罪对象的不特定性,即犯罪分子实施恐怖活动往往并不是由于和某个被害人个人有利害冲突,也不是为了从被害人处立即获得某种可见的利益,而往往把被害人当作某一方面的代表,通过侵害个人,达到侵害某一群体甚至国家的效果。因此,恐怖活动针对的犯罪对象通常并不一定确定,只要能够满足恐怖活动的最终愿望,任何对象都可以成为恐怖活动攻击的目标。这就使恐怖犯罪侵害的对象往往具有不特定性、随意性。第三,犯罪危害范围的广泛性。恐怖活动者一般都有长期的犯罪目的和打算,因而其犯罪活动持续时间往往比较长,犯罪次数多,侵害对象广,这就大大增强了恐怖活动危害范围的广泛性。第四,犯罪目标价值大。为了最大限度地达到恐怖效果,犯罪分子在犯罪之前通常都要精心挑选攻击目标,尽量寻找那些能以最小的代价,达到最大恐怖效果的目标进行攻击。因此,有的选择外交机构、外交代表,有的选择闹市区或繁华地段、公众场所,有的选择国家重要领导人,等等。以上几点,决定了恐怖活动的危害是相当大的,能使不特定或多数人的生命健康受到危害,重大财产受到损失,并且在一定地区形成恐怖气氛,严重降低人民群众的安全感。[1] 因此,组织、领导、参加以实施恐怖活动为目的的恐怖组织,当然就会对公共安全构成严重威胁。因此,本罪的客体不是一般的社会秩序,而是公共安全。 4

Ⅳ 行为

本罪在客观上表现为实施了组织、领导、参加恐怖活动组织的行为。具体而 5

1 参见叶高峰主编:《危害公共安全罪的定罪与量刑》,人民法院出版社 2000 年版,第 214 页。

言,表现为以下两个方面:

6 (1)组织、领导、参加的必须是恐怖活动组织。依照《反恐怖主义法》第3条第2款的规定:"本法所称恐怖活动,是指恐怖主义性质的下列行为:(一)组织、策划、准备实施、实施造成或者意图造成人员伤亡、重大财产损失、公共设施损坏、社会秩序混乱等严重社会危害的活动的;(二)宣扬恐怖主义,煽动实施恐怖活动,或者非法持有宣扬恐怖主义的物品,强制他人在公共场所穿戴宣扬恐怖主义的服饰、标志的;(三)组织、领导、参加恐怖活动组织的;(四)为恐怖活动组织、恐怖活动人员、实施恐怖活动或者恐怖活动培训提供信息、资金、物资、劳务、技术、场所等支持、协助、便利的;(五)其他恐怖活动。"恐怖活动组织一般具有以下特点:第一,在人员规模上,至少是三人,这是恐怖活动组织在人数上的最低限度。第二,在结构上,必须具有稳定的组织形式。主要成员基本固定,有明显的首要分子;内部具有成文或不成文的纪律或规则,对各个成员的行为进行约束;成员之间分工合作,各司其职,成为一个严密的整体。第三,在目的上,恐怖活动组织一般具有特定目的,如政治目的、恐吓、要挟社会的目的等。恐怖活动组织通过实施恐怖行为在社会与公众中制造恐怖气氛,由此来影响公众情绪,干预国家大政方针,挑起社会冲突和争端,破坏国家之间的友好合作关系,发泄对国家和社会的不满。第四,在手段上,往往是经过精心筹备策划,在重要时间、地点或针对重要的对象,采用暗杀、绑架、爆炸、纵火、恐吓等方式实施。因此,恐怖活动组织与一般的犯罪集团或其他共犯形式具有明显的不同。

7 (2)有组织、领导、参加恐怖活动组织的行为。所谓组织,是指鼓动、召集若干人建立或者组织专门从事恐怖活动的比较稳定的组织或者集团;所谓领导,是指在恐怖活动组织中起策划、指挥、决定作用的行为;所谓积极参加,是指主动自觉地加入其中,或者多次参加恐怖组织实施的活动,或者在为数不多的活动中起到重要作用;所谓其他参加,是指被胁迫或者被诱惑加入恐怖活动组织,但没有起到重要作用。行为人实施组织、领导、参加行为之一的,便成立本罪;是否已经开始实施恐怖活动,不影响本罪的成立。

V　主体

8 本罪的主体是一般主体,因此,年满16周岁、具有辨认和控制自己行为能力的自然人,都能成为本罪的主体。

VI　罪过

9 本罪的罪过是故意,即明知是实施恐怖活动的组织而组织、领导或者加入其中。对是否"明知"的认定,应当结合案件具体情况,坚持重证据,重调查研究,以行为人实施的客观行为为基础,结合其一贯表现,具体行为、程度、手段、事后态度,以及年龄、认知和受教育程度、所从事的职业等综合判断。曾因实施暴力恐怖、宗教极端违法犯罪行为受到行政、刑事处罚、免予刑事处罚,或者被责令改正后又实施的,应当认定为明知。其他共同犯罪嫌疑人、被告人或者其他知情人供认、指证,行为人不承认其主观上"明知",但又不能作出合理解释的,依据其行为本身和认知程度,足以认定其确实"明知"或者应当"明知"的,应当认定为明知。因此,因上当受骗或者不明真相而加入恐怖组织的,不能成立本罪,但加入其中发现事实真相之后拒不退出的,属于"参加"。

Ⅶ　既遂与未遂

按照刑法的规定,行为人只要具有组织、领导、参加恐怖组织的行为即构成犯罪,因此,本罪是行为犯或者说是举动犯。所谓行为犯或举动犯,是法律规定只需要实施一定行为就构成犯罪的情况,不存在既未遂之分。从理论上讲,组织、领导、参加恐怖组织,是为实施恐怖活动做准备,处于整个犯罪的预备阶段。但是,如前所述,恐怖组织是一种极为危险的组织,一旦成立,就会以杀人、爆炸、绑架等暴力方式或其他非暴力方式实施恐怖活动,制造耸人听闻的恐怖事件,营造恐怖气氛。因此,为有利于打击和防范这种犯罪,刑法将组织、领导、参加恐怖组织这种预备性质的行为规定为实行行为,行为人只要着手实施上述行为就成立犯罪,所以,本罪不存在犯罪未遂问题。 10

Ⅷ　罪数

本罪属于选择性罪名,故组织、领导、参加恐怖组织罪的行为人只要实施上述三种行为之一,就构成本罪。如果行为人实施了两种或两种以上的行为,如既组织恐怖活动组织又领导了恐怖活动组织,也只构成一罪,而不实行数罪并罚。但是,如果行为人在组织、领导、参加恐怖活动组织之后,又实施了杀人、爆炸、绑架等犯罪的,则应按本罪与行为人实施的其他犯罪实行数罪并罚。 11

Ⅸ　与他罪的区别

从犯罪构成要件上来讲,本罪与分裂国家罪,颠覆国家政权罪的差别是很明显的。分裂国家、颠覆国家政权不一定要成立恐怖活动组织,采用恐怖手段;而实施恐怖活动并不一定都是为了分裂国家或颠覆国家政权。但问题是,现实生活中发生的多数恐怖主义犯罪案件,通常是意图通过制造恐怖活动达到分裂国家、颠覆国家政权等深层目的。特别是当前的恐怖活动组织,多数从事制造民族分裂活动,政治色彩非常明显。因此,当恐怖活动组织的活动围绕分裂国家或颠覆国家政权而展开时,其行为性质的认定就显得格外困难。 12

一般而言,尽管目前发现的恐怖活动组织的活动不少是以分裂国家或颠覆国家政权为目的的,但是,除少数恐怖活动确实具有直接威胁国家完整和政权安全的性质 13

以外,多数恐怖活动组织只是将分裂国家、颠覆国家政权作为自己的远景目标,而非现实目的。他们成立恐怖活动组织的现实目的是在当地制造恐怖气氛,扰乱社会秩序,给政府制造麻烦。因此,这些具体行为本身在客观上一般不具有分裂国家、破坏国家统一或颠覆国家政权的性质。对于其中的组织、领导、参加者,一般应以组织、领导、参加恐怖活动组织罪定罪处罚。当然,行为人组织、领导、参加恐怖活动组织的行为又确实构成分裂国家、颠覆国家政权罪时,从理论上说,是一行为触犯数罪名的问题,成立想象竞合犯,按照从一重处罚的原则处理。由于分裂国家罪、颠覆国家政权罪的法定刑重于组织、领导、参加恐怖组织罪,因此,对于这种想象竞合犯,应当按照分裂国家罪或者颠覆国家政权罪处罚。

X　处罚

14　依照《刑法》第 120 条的规定,组织、领导恐怖活动组织的,处 10 年以上有期徒刑或者无期徒刑,并处没收财产;积极参加的,处 3 年以上 10 年以下有期徒刑,并处罚金;其他参加的,处 3 年以下有期徒刑、拘役、管制或者剥夺政治权利,可以并处罚金。犯前款罪并实施杀人、爆炸、绑架等犯罪的,依照数罪并罚的规定处罚。本罪中之所以规定财产刑,主要是针对各种恐怖组织需要大量资金维持其生存的现实,规定财产刑,就能剥夺恐怖组织的再生能力,使得被铲除的恐怖组织很难死灰复燃。

15　按照 2015 年 9 月 16 日最高人民法院《关于充分发挥审判职能作用切实维护公共安全的若干意见》的规定,对暴力恐怖犯罪活动,要坚持严打方针不动摇,对首要分子、骨干成员、罪行重大者,该判处重刑乃至死刑的应当依法判处;要立足打早打小打苗头,对已经构成犯罪的一律依法追究刑事责任,对因被及时发现、采取预防措施而没有造成实际损害的暴恐分子,只要符合犯罪构成要件的,应依法重判的也要依法重判;要注意区别对待,对自动投案、检举揭发,特别是主动交代、协助抓捕幕后指使者的,要体现政策依法从宽处理。要通过依法裁判,树立法治威严,坚决打掉暴恐分子的嚣张气焰,有效维护人民权益和社会安宁。

第一百二十条之一　帮助恐怖活动罪

资助恐怖活动组织、实施恐怖活动的个人的，或者资助恐怖活动培训的，处五年以下有期徒刑、拘役、管制或者剥夺政治权利，并处罚金；情节严重的，处五年以上有期徒刑，并处罚金或者没收财产。

为恐怖活动组织、实施恐怖活动或者恐怖活动培训招募、运送人员的，依照前款的规定处罚。

单位犯前两款罪的，对单位判处罚金，并对其直接负责的主管人员和其他直接责任人员，依照第一款的规定处罚。

文献：钊作俊：《试论组织、领导、参加恐怖活动组织罪》，载《法学评论》1998 年第 1 期；陈家林：《"恐怖活动组织"界定问题初探》，载《法律科学》1998 年第 2 期；王德育：《"恐怖活动组织"概念初探》，载《现代法学》2000 年第 3 期；刘凌梅：《国际反恐怖犯罪与我国刑事立法》，载《法学评论》2001 年第 2 期；张小虎：《反恐怖活动的刑法立法分析》，载《法学评论》2002 年第 5 期；史振郭：《论恐怖活动犯罪的认定及其处罚——兼论我国刑法修正案(三)之适用》，载《中国刑事法杂志》2002 年第 6 期；陈忠林、张有胜：《恐怖主义犯罪论略》，载《政法论丛》2002 年第 6 期；童伟华：《恐怖主义犯罪论纲》，载《石油大学学报(社会科学版)》2003 年第 1 期；李运文：《关于恐怖主义定义误区与缺失的思考》，载《国际政治研究》2003 年第 2 期；莫洪宪、王明星：《我国对恐怖主义犯罪的刑法控制及立法完善》，载《法商研究》2003 年第 6 期；田宏杰：《恐怖主义犯罪的界定》，载《法律科学》2003 年第 6 期；叶海辉：《对恐怖主义犯罪客体的研究》，载《法学杂志》2003 年第 6 期；李宇：《国际恐怖主义犯罪与我国刑法的修改》，载《当代法学》2003 年第 8 期；夏勇、王焰：《我国学界对恐怖主义犯罪定义研究的综述》，载《法商研究》2004 年第 1 期；林亚刚、何荣功：《论恐怖主义犯罪的内涵》，载《江西公安专科学校学报》2004 年第 1 期；史振郭、江钦辉：《资助恐怖活动罪的法源与特征分析》，载《中国刑事法杂志》2004 年第 1 期；喻义东：《论恐怖主义犯罪在刑法分则中的地位》，载《法学》2005 年第 2 期；莫洪宪：《略论我国的金融反恐》，载《法学评论》2005 年第 5 期；于志刚：《恐怖活动犯罪中资助行为之内涵——从国际社会立法差异性角度进行的分析》，载《云南大学学报(法学版)》2006 年第 2 期；刘佑生：《恐怖主义的伦理特征——以邪教恐怖主义为例》，载《湖南社会科学》2006 年第 3 期；喻义东：《恐怖主义犯罪目的之辨正》，载《湖南社会科学》2006 年第 3 期；李希慧、徐立：《恐怖主义的概念、特征及反恐立法完善》，载《人民检察》2006 年第 3 期；罗艺、马建刚：《关于我国恐怖主义犯罪立法与完善的法理浅析》，载《甘肃政法成人教育学院学报》2006年第3期;张宗亮:《反恐立法之价值取向——以人权保障为视角》,载《东岳论丛》2006年第4期;于志刚:《恐怖活动犯罪中资助行为入罪化的价值取向——与传统洗钱罪的冲突与整合》,载《中国检察官》2006年第6期;赵秉志、杜邈:《中国惩治恐怖主义犯罪的刑事司法对策》,载《北京师范大学学报(社会科学版)》2008年第5期;刘华:《论恐怖主义犯罪的特征和要件》,载《犯罪研究》2009年第1期;刘涛:《恐怖主义的定义与发展新趋势——兼论恐怖组织与有组织犯罪的合作》,载《犯罪研究》2011年第5期;程绍燕:《试论恐怖主义犯罪》,载《法学杂志》2011年第7期;王剑波:《全面反恐公约视野下"恐怖主义"的概念及其发展》,载《中国刑事法杂志》2011年第11期;杨辉解:《个体恐怖犯罪概念辨析》,载《中国人民公安大学学报(社会科学版)》2012年第3期;班克庆:《浅议煽动恐怖活动罪》,载《云南行政学院学报》2012年第3期;王新:《零适用的审判现状:审视资助恐怖活动罪的适用》,载《政治与法律》2012年第7期;赵秉志、杜邈:《我国惩治恐怖活动犯罪制度细化的合理性分析》,载《法学》2012年第12期;程红、郭一蓉:《恐怖主义犯罪的界定》,载《云南大学学报(法学版)》2014年第5期;王利宾:《反恐怖犯罪刑事法完善研究——兼论反恐怖系统化立法》,载《政治与法律》2014年第10期;高巍:《暴恐犯罪的刑法规制》,载《法学杂志》2014年第11期;刘仁文:《恐怖主义与刑法规范》,载《中国法律评论》2015年第2期;皮勇、杨淼鑫:《论煽动恐怖活动的犯罪化——兼评〈刑法修正案(九)(草案)〉相关条款》,载《法律科学》2015年第3期;黎宏:《〈刑法修正案(九)〉中有关恐怖主义、极端主义犯罪的刑事立法——从如何限缩抽象危险犯的成立范围立场出发》,载《苏州大学学报(哲学社会科学版)》2015年第6期;谢望原、张宝:《〈刑法修正案(九)〉的亮点与不足》,载《苏州大学学报(哲学社会科学版)》2015年第6期;骆群:《对〈刑法修正案(九)〉中几个条文的商讨》,载《苏州大学学报(哲学社会科学版)》2015年第6期;谢望原、简琨益:《论恐怖组织犯罪中的正犯责任——基于共犯二元论立场的思考》,载《人民检察》2015年第15期;梅传强:《我国反恐刑事立法的检讨与完善——兼评〈刑法修正案(九)〉相关涉恐条款》,载《现代法学》2016年第1期;石聚航:《〈刑法修正案(九)〉关于涉恐犯罪规定的学理置评》,载《江西警察学院学报》2016年第1期;刘志伟:《〈刑法修正案(九)〉的犯罪化立法问题》,载《华东政法大学学报》2016年第2期;赵秉志、杜邈:《中国反恐刑法的新进展及其思考——〈刑法修正案(九)〉相关内容评述》,载《山东社会科学》2016年第3期;何荣功:《"预防性"反恐刑事立法思考》,载《中国法学》2016年第3期;曾赟:《论独狼恐怖主义犯罪的构成要素》,载《政法论坛》2016年第5期;王政勋、徐丹丹:《恐怖主义的概念分析》,载《法律科学》2016年第5期;赵军:《法治语境下极端主义犯罪治理定量研究》,载《中国法学》2016年第6期;杜邈:《强制穿戴宣扬恐怖主义、极端主义服饰、标志罪的司法认定》,载《西部法学评论》2016年第6期;王红:《对"持有"犯罪化的批判——兼评〈刑法修正案(九)〉新增的非法持有宣扬恐怖主义、极端主义物品罪》,载《湖北经济学院学报(人文社会科学版)》2016年第7期;王良顺:

《宣扬极端主义罪的基本构成要素与司法适用探析》,载《法学杂志》2016年第10期;杜磊:《法益侵害视角下持有型犯罪的重释——兼析非法持有宣扬恐怖主义、极端主义物品罪的合理性》,载《政治与法律》2017年第1期;赵秉志、牛忠志:《〈反恐怖主义法〉与反恐刑法衔接不足之探讨》,载《法学杂志》2017年第2期;王胜华:《"预备行为实行化"立法的正当性根据——基于刑法第120条"准备实施恐怖活动罪"的考察》,载《石河子大学学报(哲学社会科学版)》2017年第3期;王璇子:《恐怖主义、极端主义及其之间的关系》,载《天中学刊》2017年第3期。

细目录

Ⅰ 主旨
Ⅱ 沿革
Ⅲ 客体
Ⅳ 行为
Ⅴ 主体
Ⅵ 罪过
Ⅶ 本罪与共同犯罪
Ⅷ 处罚

Ⅰ 主旨

切断恐怖活动组织生存的经济来源,将资助恐怖活动组织或者实施恐怖活动的个人的行为规定为犯罪予以惩处,已成为同恐怖犯罪活动作斗争的一个重要环节。为此,联合国安理会于2001年9月29日通过了第1373号决议,要求各国将为恐怖活动提供或者筹集资金的行为规定为犯罪。资助恐怖活动培训与资助恐怖活动组织、实施恐怖活动的个人都属于恐怖主义行为,具有同等程度的危害。同时,在司法实践中,资助恐怖活动组织、实施恐怖活动或者恐怖活动培训的形式很多,除在资金、物质上提供支持外,还有一些人虽然没有出钱出物,但提供了招募、运送人员等服务,这些行为实质上也属于"资助"行为。从反恐怖主义斗争的形势看,恐怖活动培训及对其资助的行为越来越猖獗,需要予以严厉惩处。 1

Ⅱ 沿革

1979年《刑法》以及1997年修订的《刑法》均没有关于资助恐怖组织的犯罪的条款。本条是《刑法修正案(三)》增加的规定。2015年8月29日通过的《刑法修正案(九)》又对本条作了三处修改:一是在第1款的罪状中增加"资助恐怖活动培训的"表述,将资助恐怖活动培训的行为明确纳入本罪。二是增加了一款,作为第2款,规定:"为恐怖活动组织、实施恐怖活动或者恐怖活动培训招募、运送人员的,依照前款 2

的规定处罚。”三是将原第2款改为第3款,并对其作了相应的文字修改。

Ⅲ 客体

3 本罪的客体是公共安全,即不特定或多数人的生命、健康和公私财产的安全。具体内容,参见前述。

Ⅳ 行为

4 本罪在客观上表现为以金钱、财物等资助恐怖活动组织、实施恐怖活动的个人,或者资助恐怖活动培训,或者为恐怖活动组织、实施恐怖活动或者恐怖活动培训招募、运送人员。具体而言,首先,必须有资助以及其他帮助行为。所谓资助,是指提供场所、经费、物资等方面的支持和帮助。资助只能以有形的物质性利益进行,即只能是提供经费、活动场所、训练基地、各种宣传通信设备设施等。通过收取宗教课税募捐,为暴力恐怖、宗教极端犯罪活动筹集经费的,以相应犯罪的共同犯罪定罪处罚;构成本罪的,以本罪定罪处罚。资助恐怖活动培训,是指对特定人员有组织地传授有关恐怖主义的知识、技能、信念等,使其在精神和肉体上适合恐怖活动的需要。这一规定意味着,虽然没有资助具体实施恐怖活动的个人,但资助了培训恐怖活动的机构,同样构成该罪,而不论该培训机构培训的人员是否实施了恐怖活动。为恐怖活动组织、实施恐怖活动或者恐怖活动培训招募、运送人员中的“招募”是指征召、募集,“运送”是指利用交通工具进行空间位置上的转移。这一规定,扩大了本罪的处罚范围,意味着即便不是以资金、财物、资源等物质形式进行帮助,而是以培训招募、运送人员为恐怖活动组织、实施恐怖活动或者恐怖活动培训提供方便的,也能构成本罪。其次,资助或者帮助的对象主要是恐怖活动组织或者实施恐怖活动的个人。所谓恐怖活动组织,是指三人以上为实施恐怖活动而组成的犯罪组织,即三人以上,出于政治目的或恐吓、要挟社会的目的,为实施恐怖活动而结成的具有一定稳定性的犯罪组织。所谓实施恐怖活动的个人,是指实施恐怖活动的人和恐怖活动组织的成员,出于政治目的或恐吓、要挟社会的目的而实施杀人、放火、爆炸、绑架等恐怖活动的自然人,包括预谋实施、准备实施和实际实施恐怖活动的个人。

5 由于本罪实际上是相当于将共同犯罪中帮助行为独立成罪的情形,因此,在这种类型的犯罪的认定上,作为其前提,必须已经存在被帮助的正犯(实行犯),即实施恐怖活动的组织和个人,否则不能成立本罪。

Ⅴ 主体

6 本罪的主体既可以是自然人,也可以是单位。在自然人的场合,就是年满16周岁、具有辨认和控制自己行为能力的自然人。应当注意的是,本罪的主体必须是恐怖活动组织之外的其他人,不能是所资助的恐怖活动组织的成员。恐怖活动组织的成员对自身所在的组织提供物质帮助的,只能看作组织、领导或积极参加恐怖活动组织的行为,而不是其他的提供资助的行为。

Ⅵ　罪过

本罪的罪过是故意。明知是恐怖活动组织或者实施恐怖活动的人员而为其提供经费,或者提供器材、设备、交通工具、武器装备等物质条件,或者提供场所以及其他物质便利的,以本罪定罪处罚。根据2018年3月16日公布的最高人民法院、最高人民检察院、公安部、司法部《关于办理恐怖活动和极端主义犯罪案件适用法律若干问题的意见》的规定,帮助恐怖活动罪的主观故意,应当根据案件具体情况,结合行为人的具体行为、认知能力、一贯表现和职业等综合认定。 7

Ⅶ　本罪与共同犯罪

在本罪的认定上,要注意本罪与组织、领导、参加恐怖组织罪的共犯的关系。给恐怖活动组织或实施恐怖活动的个人提供物质帮助的资助恐怖活动行为,构成组织、领导、参加恐怖组织罪的共犯,准确地说,就是帮助犯的性质。但由于恐怖犯罪社会危害性极大,因此,《刑法修正案(三)》将这种帮助或者资助恐怖活动组织或实施恐怖活动的个人的行为单独规定,并规定了独立的法定刑,将其从帮助行为升格为实行行为,从而使原本属于帮助行为的行为,由于刑法分则的规定而成为一种具体犯罪,这样,资助恐怖活动组织或实施恐怖活动的个人的帮助行为就不再是组织、领导、参加恐怖组织罪的共犯,而是刑法中所规定的独立的帮助恐怖活动罪。 8

需要注意的是,行为人明知是恐怖活动犯罪所得及其产生的收益,为掩饰、隐瞒其来源和性质,而提供资金账户,协助将财产转换为现金、金融票据、有价证券,通过转账或者其他结算方式协助资金转移,协助将资金汇往境外的,以洗钱罪定罪处罚;事先通谋的,以相关恐怖活动犯罪的共同犯罪论处。 9

Ⅷ　处罚

依照《刑法》第120条之一的规定,犯本罪的,处5年以下有期徒刑、拘役、管制或者剥夺政治权利,并处罚金;情节严重的,处5年以上有期徒刑,并处罚金或者没收财产。单位犯前款罪的,对单位判处罚金,并对其直接负责的主管人员和其他直接责任人员,依照自然人犯本罪的规定处罚。 10

第一百二十条之二　准备实施恐怖活动罪

有下列情形之一的，处五年以下有期徒刑、拘役、管制或者剥夺政治权利，并处罚金；情节严重的，处五年以上有期徒刑，并处罚金或者没收财产：

（一）为实施恐怖活动准备凶器、危险物品或者其他工具的；

（二）组织恐怖活动培训或者积极参加恐怖活动培训的；

（三）为实施恐怖活动与境外恐怖活动组织或者人员联络的；

（四）为实施恐怖活动进行策划或者其他准备的。

有前款行为，同时构成其他犯罪的，依照处罚较重的规定定罪处罚。

文献：钊作俊：《试论组织、领导、参加恐怖活动组织罪》，载《法学评论》1998 年第 1 期；陈家林：《"恐怖活动组织"界定问题初探》，载《法律科学》1998 年第 2 期；王德育：《"恐怖活动组织"概念初探》，载《现代法学》2000 年第 3 期；刘凌梅：《国际反恐怖犯罪与我国刑事立法》，载《法学评论》2001 年第 2 期；张小虎：《反恐怖活动的刑法立法分析》，载《法学评论》2002 年第 5 期；史振郭：《论恐怖活动犯罪的认定及其处罚——兼论我国刑法修正案（三）之适用》，载《中国刑事法杂志》2002 年第 6 期；陈忠林、张有胜：《恐怖主义犯罪论略》，载《政法论丛》2002 年第 6 期；童伟华：《恐怖主义犯罪论纲》，载《石油大学学报（社会科学版）》2003 年第 1 期；李运文：《关于恐怖主义定义误区与缺失的思考》，载《国际政治研究》2003 年第 2 期；莫洪宪、王明星：《我国对恐怖主义犯罪的刑法控制及立法完善》，载《法商研究》2003 年第 6 期；田宏杰：《恐怖主义犯罪的界定》，载《法律科学》2003 年第 6 期；叶海辉：《对恐怖主义犯罪客体的研究》，载《法学杂志》2003 年第 6 期；李宇：《国际恐怖主义犯罪与我国刑法的修改》，载《当代法学》2003 年第 8 期；夏勇、王焰：《我国学界对恐怖主义犯罪定义研究的综述》，载《法商研究》2004 年第 1 期；林亚刚、何荣功：《论恐怖主义犯罪的内涵》，载《江西公安专科学校学报》2004 年第 1 期；史振郭、江钦辉：《资助恐怖活动罪的法源与特征分析》，载《中国刑事法杂志》2004 年第 1 期；喻义东：《论恐怖主义犯罪在刑法分则中的地位》，载《法学》2005 年第 2 期；莫洪宪：《略论我国的金融反恐》，载《法学评论》2005 年第 5 期；于志刚：《恐怖活动犯罪中资助行为之内涵——从国际社会立法差异性角度进行的分析》，载《云南大学学报（法学版）》2006 年第 2 期；刘佑生：《恐怖主义的伦理特征——以邪教恐怖主义为例》，载《湖南社会科学》2006 年第 3 期；喻义东：《恐怖主义犯罪目的之辨正》，载《湖南社会科学》2006 年第 3 期；李希慧、徐立：《恐怖主义的概念、特征及反恐立法完善》，载《人民检察》2006 年第 3 期；罗艺、马建刚：《关于我国恐怖主义犯罪立法与完善的法理浅析》，载《甘肃政法成人教育学院学报》2006 年第 3 期；张宗亮：《反恐立法之价值取向——以人权保障为视角》，载《东岳论丛》2006 年第 4 期；于志刚：《恐怖活动犯罪中资助行为入罪化的价值取向——与传统洗钱罪的冲突与整合》，载《中国检察官》2006 年第 6 期；赵秉志、杜邈：《中国惩治恐怖主义犯罪的刑事司法对策》，载《北京师范大学学报（社会科学版）》2008 年第 5 期；刘华：《论恐怖主义犯罪的特征和要件》，载《犯罪研究》2009 年第 1 期；刘涛：《恐怖主义的定义与发展新趋势——兼论恐怖组织与有组织犯罪的合作》，载《犯罪研究》2011 年第 5 期；程绍燕：《试论恐怖主义犯罪》，载《法学杂志》2011 年第 7 期；王剑波：《全面反恐公约视野下"恐怖主义"的概念及其发展》，载《中国刑事法杂志》2011 年第 11 期；杨辉解：《个体恐怖犯罪概念辨析》，载《中国人民公安大学学报（社会科学版）》2012 年第 3 期；班克庆：《浅议煽动恐怖活动罪》，载《云南行政学院学报》2012 年第 3 期；王新：《零适用的审判现状：审视资助恐怖活动罪的适用》，载《政治与法律》2012 年第 7 期；赵秉志、杜邈：《我国惩治恐怖活动犯罪制度细化的合理性分析》，载《法学》2012 年第 12 期；程红、郭一蓉：《恐怖主义犯罪的界定》，载《云南大学学报（法学版）》2014 年第 5 期；王利宾：《反恐怖犯罪刑事法完善研究——兼论反恐怖系统化立法》，载《政治与法律》2014 年第 10 期；高巍：《暴恐犯罪的刑法规制》，载《法学杂志》2014 年第 11 期；刘仁文：《恐怖主义与刑法规范》，载《中国法律评论》2015 年第 2 期；皮勇、杨淼鑫：《论煽动恐怖活动的犯罪化——兼评〈刑法修正案（九）（草案）〉相关条款》，载《法律科学》2015 年第 3 期；黎宏：《〈刑法修正案（九）〉中有关恐怖主义、极端主义犯罪的刑事立法——从如何限缩抽象危险犯的成立范围立场出发》，载《苏州大学学报（哲学社会科学版）》2015 年第 6 期；谢望原、张宝：《〈刑法修正案（九）〉的亮点与不足》，载《苏州大学学报（哲学社会科学版）》2015 年第 6 期；骆群：《对〈刑法修正案（九）〉中几个条文的商讨》，载《苏州大学学报（哲学社会科学版）》2015 年第 6 期；谢望原、简琨益：《论恐怖组织犯罪中的正犯责任——基于共犯二元论立场的思考》，载《人民检察》2015 年第 15 期；梅传强：《我国反恐刑事立法的检讨与完善——兼评〈刑法修正案（九）〉相关涉恐条款》，载《现代法学》2016 年第 1 期；石聚航：《〈刑法修正案（九）〉关于涉恐犯罪规定的学理置评》，载《江西警察学院学报》2016 年第 1 期；刘志伟：《〈刑法修正案（九）〉的犯罪化立法问题》，载《华东政法大学学报》2016 年第 2 期；赵秉志、杜邈：《中国反恐刑法的新进展及其思考——〈刑法修正案（九）〉相关内容评述》，载《山东社会科学》2016 年第 3 期；何荣功：《"预防性"反恐刑事立法思考》，载《中国法学》2016 年第 3 期；曾赟：《论独狼恐怖主义犯罪的构成要素》，载《政法论坛》2016 年第 5 期；王政勋、徐丹丹：《恐怖主义的概念分析》，载《法律科学》2016 年第 5 期；赵军：《法治语境下极端主义犯罪治理定量研究》，载《中国法学》2016 年第 6 期；杜邈：《强制穿戴宣扬恐怖主义、极端主义服饰、标志罪的司法认定》，载《西部法学评论》2016 年第 6 期；王红：《对"持有"犯罪化的批判——兼评〈刑法修正案（九）〉新增的非法持有宣扬恐怖主义、极端主义物品罪》，载《湖北经济学院学报（人文社会科学版）》2016 年第 7 期；王良顺：

《宣扬极端主义罪的基本构成要素与司法适用探析》,载《法学杂志》2016年第10期;杜磊:《法益侵害视角下持有型犯罪的重释——兼析非法持有宣扬恐怖主义、极端主义物品罪的合理性》,载《政治与法律》2017年第1期;赵秉志、牛忠志:《〈反恐怖主义法〉与反恐刑法衔接不足之探讨》,载《法学杂志》2017年第2期;王胜华:《"预备行为实行化"立法的正当性根据——基于刑法第120条"准备实施恐怖活动罪"的考察》,载《石河子大学学报(哲学社会科学版)》2017年第3期;王璇子:《恐怖主义、极端主义及其之间的关系》,载《天中学刊》2017年第3期。

细目录

Ⅰ　主旨
Ⅱ　沿革
Ⅲ　客体
Ⅳ　行为
Ⅴ　主体
Ⅵ　罪过
Ⅶ　处罚

Ⅰ　主旨

1　治理恐怖主义,必须坚持综合施策,标本兼治,实行防范为主、惩防结合和先发制敌、保持主动的原则。恐怖主义活动的一个重要特点是,恐怖事件一旦发生,就会给国家和公共安全、社会稳定、公民人身财产安全造成极大的破坏,引起严重的社会恐慌甚至社会秩序混乱。因此,在暴力恐怖活动发生后再进行应对处置,消除其造成的破坏和恐慌,国家和社会所投入的人力、物力等资源,往往比提前做好安全防范、情报信息工作,提前发现并将恐怖活动消灭在萌芽之前要大得多。近年来,发生在我国的暴力恐怖犯罪出现了一些新情况、新特点,比如,实践中出现的"独狼式"恐怖活动人员,或者临时结伙准备实施恐怖活动的团伙,由于没有明确的组织形式,因此很难认定为恐怖活动组织。对于他们为实施恐怖活动而进行的预备、培训、与境外恐怖活动组织联络、进行策划等准备工作,很难按照组织、领导、参加恐怖组织罪进行处理。同时,由于他们还没有实施具体的恐怖活动,也很难按照某个具体犯罪的预备行为予以处罚,即使已经准备实施具体的恐怖活动了,按照预备犯的规定予以处罚,处罚力度也偏轻。恐怖活动分子往往主观恶性极大,从发挥刑法防卫社会的功能,有利于有效惩罚、威慑和预防,保护社会不受犯罪侵害这一刑事政策出发,有必要贯彻"打小打早"的原则。因此,应当根据罪责刑相适应原则,将恐怖活动人员在实施具体的暴力恐怖袭击之前所进行的与实施恐怖活动有密切关联的准备、培训、勾连、策划等行为直接入罪,予以严厉的刑事处罚,而不是等到恐怖活动分子在实施暴力恐怖活动,造成特别严重的社会危害之后才予以严惩。

Ⅱ 沿革

1979年《刑法》、1997年《刑法》以及2001年通过的《刑法修正案(三)》均没有本条相关内容的规定。2015年8月29日通过的《刑法修正案(九)》新增本条作为第120条之二。 2

Ⅲ 客体

本罪的客体是公共安全,即不特定或多数人的生命、健康和公私财产的安全。具体内容,参见前述。 3

Ⅳ 行为

本罪所规制的行为是为实施恐怖活动准备凶器、危险物品或者其他工具,组织恐怖活动培训或者积极参加恐怖活动培训,为实施恐怖活动与境外恐怖活动组织或者人员联络的,为实施恐怖活动进行策划或者其他准备的行为。客观上表现为: 4

(1)为实施恐怖活动准备凶器、危险物品或者其他工具。所谓凶器,是指枪支、爆炸物、管制刀具等国家禁止个人携带的器械,其他为实施犯罪而足以危害他人人身安全的器械;所谓危险物品,是指可能明显地危害人身健康、安全或对财产造成损害的物品或物质,具体而言,是指易燃易爆物品、危险化学品、放射性物品等能够危及人身安全和财产安全的物品;所谓其他工具,是指在危险性上与上述凶器以及危险物品相当的物品。所谓准备,是为了实施恐怖活动而制造、购买、收集、持有凶器、危险物品或其他工具等。需要注意的是,持有上述物品并不一定能够构成本罪,只有在出于特定目的,即为实施恐怖活动而准备上述物品时,才能作为本罪处理。 5

(2)组织恐怖活动培训或者积极参加恐怖活动培训。所谓组织,是指鼓动、召集若干人开展或者从事恐怖活动的培训;所谓积极参加,是指热心、主动,表明行为人对参与恐怖活动培训的态度,如自愿多次参加培训,或者偶尔参加但在其中起着重要作用等。组织或者积极参加所指向的对象是恐怖活动培训。所谓恐怖活动培训,是指向受训者灌输有关恐怖活动的意识形态、提高受训者的体能以及掌握武器的技能,使其在精神和肉体上适合恐怖活动的需要。 6

(3)为实施恐怖活动与境外恐怖活动组织或者人员联络。所谓境外恐怖活动组织,是指我国国(边)境以外的国家或者地区的恐怖活动组织及其在我国境内的分支机构。判断一个恐怖活动组织是否为境外恐怖活动组织,并非只看其地理位置是否在我国境内,还要考虑这一组织的主要活动范围,所谓的总部设在何处,主要成员经常身处何处等。境外恐怖活动人员,是指不隶属于任何境外恐怖活动组织的外国公民或者无国籍人。联络,是指与境外恐怖活动组织或人员取得联通关系,如见面、打电话、写信等。由于本罪处罚的是犯罪预备,因此,对联络应作严格限定,仅限于"内 7

容与实施恐怖活动有直接关系”的联络。

8 (4)为实施恐怖活动进行策划或者其他准备。所谓为实施恐怖活动进行策划,是指为了日后的恐怖活动能够顺利进行而进行商量、安排、计划等。其他准备,是指为实施恐怖活动而进行其他的事先安排,如踩点、事先演练、在道路上或者建筑物内设置障碍或者排除障碍等。

9 本罪实际上是将为将来准备实施的恐怖活动做准备的行为即犯罪预备行为,作为独立犯罪进行处罚,是所谓将“保护法益前置织密反恐法网”的典型体现。成立这种类型的犯罪,一方面,行为人主观上必须有“实施恐怖活动”的目的,这种目的不限于为自己将来实施恐怖活动做准备,也可以是为他人将来实施恐怖活动做准备;另一方面,客观上必须实施了上述法定的预备行为。由于从侵害法益的角度来看,刑法以处罚既遂犯为原则,以处罚未遂犯为例外,因此,处罚预备犯应当是例外的例外,原则上仅限于刑法有明文规定的场合。在以法律明文规定以外的方式为犯罪提供准备的,不能构成本罪的预备犯。在为他人实施恐怖活动而准备凶器、危险物品或者其他工具,即便他人最终没有使用的场合,也可能构成本罪。因为,为实施恐怖活动而准备凶器、危险物品本身就已经具有危害公共安全的抽象危险,不要求该凶器最终被实际用于实施恐怖活动。

Ⅴ 主体

10 本罪的主体是一般主体,凡是年满16周岁、具有辨认和控制自己行为能力的自然人,均可成为本罪的适格主体。

Ⅵ 罪过

11 本罪的罪过是故意。要求行为人主观上是为了实施恐怖活动准备凶器、危险物品或者其他工具,并且明确知道上述物品的属性;为了实施恐怖活动而组织人员培训,或者明知是恐怖活动培训而积极参加;为了实施恐怖活动而与境外恐怖活动组织或者人员联络;为了实施恐怖活动进行策划或者其他准备活动。

Ⅶ 处罚

12 由于本罪是将各种恐怖主义犯罪的预备行为单独作为一个罪名独立出来从重处罚,实践中很可能出现行为人在被抓获时已经着手实施其他恐怖犯罪的情况,因此,《刑法》第120条之二第2款规定,有前款行为,同时构成其他犯罪的,依照处罚较重的规定定罪处罚。这是有关预备行为被实行行为所吸收,仅按吸收后的一罪处理的吸收犯规定的体现。

第一百二十条之三　宣扬恐怖主义、极端主义、煽动实施恐怖活动罪

以制作、散发宣扬恐怖主义、极端主义的图书、音频视频资料或者其他物品，或者通过讲授、发布信息等方式宣扬恐怖主义、极端主义的，或者煽动实施恐怖活动的，处五年以下有期徒刑、拘役、管制或者剥夺政治权利，并处罚金；情节严重的，处五年以上有期徒刑，并处罚金或者没收财产。

文献：钊作俊：《试论组织、领导、参加恐怖活动组织罪》，载《法学评论》1998年第1期；陈家林：《“恐怖活动组织”界定问题初探》，载《法律科学》1998年第2期；王德育：《“恐怖活动组织”概念初探》，载《现代法学》2000年第3期；刘凌梅：《国际反恐怖犯罪与我国刑事立法》，载《法学评论》2001年第2期；张小虎：《反恐怖活动的刑法立法分析》，载《法学评论》2002年第5期；史振郭：《论恐怖活动犯罪的认定及其处罚——兼论我国刑法修正案(三)之适用》，载《中国刑事法杂志》2002年第6期；陈忠林、张有胜：《恐怖主义犯罪论略》，载《政法论丛》2002年第6期；童伟华：《恐怖主义犯罪论纲》，载《石油大学学报(社会科学版)》2003年第1期；李运文：《关于恐怖主义定义误区与缺失的思考》，载《国际政治研究》2003年第2期；莫洪宪、王明星：《我国对恐怖主义犯罪的刑法控制及立法完善》，载《法商研究》2003年第6期；田宏杰：《恐怖主义犯罪的界定》，载《法律科学》2003年第6期；叶海辉：《对恐怖主义犯罪客体的研究》，载《法学杂志》2003年第6期；李宇：《国际恐怖主义犯罪与我国刑法的修改》，载《当代法学》2003年第8期；夏勇、王焰：《我国学界对恐怖主义犯罪定义研究的综述》，载《法商研究》2004年第1期；林亚刚、何荣功：《论恐怖主义犯罪的内涵》，载《江西公安专科学校学报》2004年第1期；史振郭、江钦辉：《资助恐怖活动罪的法源与特征分析》，载《中国刑事法杂志》2004年第1期；喻义东：《论恐怖主义犯罪在刑法分则中的地位》，载《法学》2005年第2期；莫洪宪：《略论我国的金融反恐》，载《法学评论》2005年第5期；于志刚：《恐怖活动犯罪中资助行为之内涵——从国际社会立法差异性角度进行的分析》，载《云南大学学报(法学版)》2006年第2期；刘佑生：《恐怖主义的伦理特征——以邪教恐怖主义为例》，载《湖南社会科学》2006年第3期；喻义东：《恐怖主义犯罪目的之辨正》，载《湖南社会科学》2006年第3期；李希慧、徐立：《恐怖主义的概念、特征及反恐立法完善》，载《人民检察》2006年第3期；罗艺、马建刚：《关于我国恐怖主义犯罪立法与完善的法理浅析》，载《甘肃政法成人教育学院学报》2006年第3期；张宗亮：《反恐立法之价值取向——以人权保障为视

角》,载《东岳论丛》2006 年第 4 期;于志刚:《恐怖活动犯罪中资助行为入罪化的价值取向——与传统洗钱罪的冲突与整合》,载《中国检察官》2006 年第 6 期;赵秉志、杜邈:《中国惩治恐怖主义犯罪的刑事司法对策》,载《北京师范大学学报(社会科学版)》2008 年第 5 期;刘华:《论恐怖主义犯罪的特征和要件》,载《犯罪研究》2009 年第 1 期;刘涛:《恐怖主义的定义与发展新趋势——兼论恐怖组织与有组织犯罪的合作》,载《犯罪研究》2011 年第 5 期;程绍燕:《试论恐怖主义犯罪》,载《法学杂志》2011 年第 7 期;王剑波:《全面反恐公约视野下"恐怖主义"的概念及其发展》,载《中国刑事法杂志》2011 年第 11 期;杨辉解:《个体恐怖犯罪概念辨析》,载《中国人民公安大学学报(社会科学版)》2012 年第 3 期;班克庆:《浅议煽动恐怖活动罪》,载《云南行政学院学报》2012 年第 3 期;王新:《零适用的审判现状:审视资助恐怖活动罪的适用》,载《政治与法律》2012 年第 7 期;赵秉志、杜邈:《我国惩治恐怖活动犯罪制度细化的合理性分析》,载《法学》2012 年第 12 期;程红、郭一蓉:《恐怖主义犯罪的界定》,载《云南大学学报(法学版)》2014 年第 5 期;王利宾:《反恐怖犯罪刑事法完善研究——兼论反恐怖系统化立法》,载《政治与法律》2014 年第 10 期;高巍:《暴恐犯罪的刑法规制》,载《法学杂志》2014 年第 11 期;刘仁文:《恐怖主义与刑法规范》,载《中国法律评论》2015 年第 2 期;皮勇、杨淼鑫:《论煽动恐怖活动的犯罪化——兼评〈刑法修正案(九)(草案)〉相关条款》,载《法律科学》2015 年第 3 期;黎宏:《〈刑法修正案(九)〉中有关恐怖主义、极端主义犯罪的刑事立法——从如何限缩抽象危险犯的成立范围立场出发》,载《苏州大学学报(哲学社会科学版)》2015 年第 6 期;谢望原、张宝:《〈刑法修正案(九)〉的亮点与不足》,载《苏州大学学报(哲学社会科学版)》2015 年第 6 期;骆群:《对〈刑法修正案(九)〉中几个条文的商讨》,载《苏州大学学报(哲学社会科学版)》2015 年第 6 期;谢望原、简琨益:《论恐怖组织犯罪中的正犯责任——基于共犯二元论立场的思考》,载《人民检察》2015 年第 15 期;梅传强:《我国反恐刑事立法的检讨与完善——兼评〈刑法修正案(九)〉相关涉恐条款》,载《现代法学》2016 年第 1 期;石聚航:《〈刑法修正案(九)〉关于涉恐犯罪规定的学理置评》,载《江西警察学院学报》2016 年第 1 期;刘志伟:《〈刑法修正案(九)〉的犯罪化立法问题》,载《华东政法大学学报》2016 年第 2 期;赵秉志、杜邈:《中国反恐刑法的新进展及其思考——〈刑法修正案(九)〉相关内容评述》,载《山东社会科学》2016 年第 3 期;何荣功:《"预防性"反恐刑事立法思考》,载《中国法学》2016 年第 3 期;曾赟:《论独狼恐怖主义犯罪的构成要素》,载《政法论坛》2016 年第 5 期;王政勋、徐丹丹:《恐怖主义的概念分析》,载《法律科学》2016 年第 5 期;赵军:《法治语境下极端主义犯罪治理定量研究》,载《中国法学》2016 年第 6 期;杜邈:《强制穿戴宣扬恐怖主义、极端主义服饰、标志罪的司法认定》,载《西部法学评论》2016 年第 6 期;王红:《对"持有"犯罪化的批判——兼评〈刑法修正案(九)〉新增的非法持有宣扬恐怖主义、极端主义物品罪》,载《湖北经济学院学报(人文社会科学版)》2016 年第 7 期;王良顺:《宣扬极端主义罪的基本构成要素与司法适用探析》,载《法学杂志》2016 年第 10 期;

杜磊:《法益侵害视角下持有型犯罪的重释——兼析非法持有宣扬恐怖主义、极端主义物品罪的合理性》,载《政治与法律》2017年第1期;赵秉志、牛忠志:《〈反恐怖主义法〉与反恐刑法衔接不足之探讨》,载《法学杂志》2017年第2期;王胜华:《"预备行为实行化"立法的正当性根据——基于刑法第120条"准备实施恐怖活动罪"的考察》,载《石河子大学学报(哲学社会科学版)》2017年第3期;王璇子:《恐怖主义、极端主义及其之间的关系》,载《天中学刊》2017年第3期。

细目录

Ⅰ 主旨
Ⅱ 沿革
Ⅲ 客体
Ⅳ 行为
Ⅴ 主体
Ⅵ 罪过
Ⅶ 处罚

Ⅰ 主旨

恐怖主义、极端主义的观念、主张和意识形态,是恐怖活动、极端主义行为的思想基础,也是其滋生的土壤和得以蔓延的催化剂。恐怖活动组织和恐怖活动人员除直接通过暴力恐怖事件制造社会恐慌,对国家、社会施加压力外,还通过各种方式大肆宣扬恐怖主义、极端主义,煽动实施恐怖活动,实现其对他人思想的影响、异化和控制,从而培植恐怖主义、极端主义的新生力量,扩大恐怖主义、极端主义的影响,并极力蛊惑社会公众,争取得到支持和同情,具有十分严重的社会危害。目前,在国际范围内已经形成共识,即不仅暴力恐怖活动是严重的犯罪行为,宣扬恐怖主义、极端主义,煽动实施恐怖活动,为他人实施恐怖活动、极端主义行为制造"犯意"的行为,同样也是严重的犯罪行为,也应当受到严厉的惩罚。 1

我国的恐怖活动犯罪有其特殊的"生态环境",表现为"境外有种子、境内有土壤、网上有市场"。恐怖主义、分裂主义和极端主义以各种方式散布恐怖主义、极端主义思想,境外恐怖活动组织也不断向我国境内渗透,进行宣传、煽动,影响和控制信教群众,扶植境内民族分裂、宗教极端和暴力恐怖活动分子。在我国部分地区发生的暴力恐怖犯罪案件中,恐怖活动人员几乎都是受过恐怖主义、极端主义思想"洗脑"的人员。即使是"独狼式""自杀式"的恐怖袭击人员,很多也是在通过各种渠道获取的暴力恐怖音频视频的煽惑下完成"自教育"和"洗脑"的。因此,切断恐怖主义、极端主义传播的渠道,防止个人接触到恐怖主义、极端主义思想,从根源上防范恐怖主义、极端主义活动的发生,在反恐怖主义工作中居于十分重要的地位。 2

Ⅱ 沿革

3 1979年《刑法》、1997年《刑法》均没有本条相关内容的规定。2015年8月29日通过的《刑法修正案(九)》新增本条作为第120条之三。

Ⅲ 客体

4 本罪的客体是公共安全,即不特定或多数人的生命、健康和公私财产的安全。具体内容,参见前述。

Ⅳ 行为

5 本罪所规制的行为是以制作、散发宣扬恐怖主义、极端主义的图书、音频视频资料或者其他物品,或者通过讲授、发布信息等方式宣扬恐怖主义、极端主义,或者煽动实施恐怖活动的行为。

6 本罪客观上表现为,以制作、散发宣扬恐怖主义、极端主义的图书、音频视频资料或者其他物品,或者通过讲授、发布信息等方式宣扬恐怖主义、极端主义,或者煽动实施恐怖活动。其中,恐怖主义,是指通过暴力、破坏、恐吓等手段,制造社会恐慌、危害公共安全、侵犯人身财产,或者胁迫国家机关、国际组织,以实现其政治、意识形态等目的的主张和行为;极端主义,是指歪曲宗教教义和宣扬宗教极端,以及其他崇尚暴力、仇视社会、反对人类等极端的思想、言论和行为。制作,是指编写、出版、印刷、复制载有恐怖主义、极端主义思想内容的图书、音频视频资料或者其他物品;散发,是指通过发行、散发,或者以邮寄、网络发帖、短信、微信、电子邮件等方式发送、转载,使特定或不特定的他人接触到恐怖主义、极端主义信息的行为。图书、音频视频资料或者其他物品,包括图书、报纸、期刊、音像制品、电子出版物,载有恐怖主义、极端主义思想内容的传单、图片、标语等,在手机、移动存储介质、电子阅读器、网络上展示的图片、文稿、音频、视频、音像制品,以及带有恐怖主义、极端主义标记、符号、文字、图像的服饰、纪念品、生活用品等。讲授,是指为宣讲对象讲解、传授恐怖主义、极端主义思想、观念、主张。讲授可以当面进行,也可以通过电话、音频、视频进行,讲授对象可以是特定的,也可以是不特定的。发布信息,是面向特定或者不特定的人,通过手机短信、电子邮件等方式公布特定消息。需要注意的是,实施制作、散发恐怖主义、极端主义的图书、音频视频资料或者其他物品的行为,是宣扬恐怖主义、极端主义的重要环节,因此,只是实施了制作、寄递、出售等行为,也要按照本罪处理。如企业明知是宣扬恐怖主义、极端主义的图书、音频视频资料仍然制作、印刷的,快递公司明知是宣扬恐怖主义、极端主义的图书、音频视频资料仍然寄递的,书店明知是宣扬恐怖主义、极端主义的图书、音频视频资料仍然出售的,网络平台明知是宣扬恐怖主义、极端主义的图书、音频视频资料仍然登于网页的,同样可以构成本罪。这里的宣扬,是指广泛宣布、传播,通过媒体等媒介公布恐怖主义、极端主义的理念、行径;煽动,是指以口头、书面、视频音频等方式对不特定的他人进行鼓动、宣传,让其实施恐怖活动的行为。

本罪中的诸种行为类型既不是有关恐怖主义、极端主义犯罪的共犯类型,也不是其预备类型,而仅仅是在特定的时空环境下,具有让人感到恐惧不安,基于社会防卫的需要而规定出来的犯罪类型,属于现代风险社会中的抽象危险犯的典型。因此,煽动等行为不要求达到引起他人实际实施暴恐犯罪的程度,只要其所宣扬的内容足以让一般人对其生命、身体、财产的安全感到不安即可。 7

V 主体

本罪的主体是一般主体,凡是年满 16 周岁、具有辨认和控制自己行为能力的自然人,均可成为本罪的适格主体。 8

VI 罪过

本罪的罪过是故意。要求行为人明知是宣扬恐怖主义、极端主义的图书、音频视频资料或者其他物品,却仍然予以制作、散发,或者主观上明知是恐怖主义、极端主义的言论仍然通过讲授、发布信息等方式宣扬,或者直接煽动他人实施恐怖活动。此处所谓的"明知是恐怖主义、极端主义",不需要行为人对恐怖主义、极端主义的概念内涵及内容定义有完整、精确的认识,也不需要行为人对自己的言行是否属于恐怖主义、极端主义活动有正确的归类认识,只需要行为人认识到自己的言行在一般人看来属于严重危害公共安全、制造社会恐慌、制造民族对立、制造极端宗教情绪的内容即为已足。 9

VII 处罚

按照《刑法》第 123 条之三的规定,犯本罪的,处 5 年以下有期徒刑、拘役、管制或者剥夺政治权利,并处罚金;情节严重的,处 5 年以上有期徒刑,并处罚金或者没收财产。 10

第一百二十条之四　利用极端主义破坏法律实施罪

利用极端主义煽动、胁迫群众破坏国家法律确立的婚姻、司法、教育、社会管理等制度实施的，处三年以下有期徒刑、拘役或者管制，并处罚金；情节严重的，处三年以上七年以下有期徒刑，并处罚金；情节特别严重的，处七年以上有期徒刑，并处罚金或者没收财产。

文献：钊作俊：《试论组织、领导、参加恐怖活动组织罪》，载《法学评论》1998年第1期；陈家林：《"恐怖活动组织"界定问题初探》，载《法律科学》1998年第2期；王德育：《"恐怖活动组织"概念初探》，载《现代法学》2000年第3期；刘凌梅：《国际反恐怖犯罪与我国刑事立法》，载《法学评论》2001年第2期；张小虎：《反恐怖活动的刑法立法分析》，载《法学评论》2002年第5期；史振郭：《论恐怖活动犯罪的认定及其处罚——兼论我国刑法修正案(三)之适用》，载《中国刑事法杂志》2002年第6期；陈忠林、张有胜：《恐怖主义犯罪论略》，载《政法论丛》2002年第6期；童伟华：《恐怖主义犯罪论纲》，载《石油大学学报(社会科学版)》2003年第1期；李运文：《关于恐怖主义定义误区与缺失的思考》，载《国际政治研究》2003年第2期；莫洪宪、王明星：《我国对恐怖主义犯罪的刑法控制及立法完善》，载《法商研究》2003年第6期；田宏杰：《恐怖主义犯罪的界定》，载《法律科学》2003年第6期；叶海辉：《对恐怖主义犯罪客体的研究》，载《法学杂志》2003年第6期；李宇：《国际恐怖主义犯罪与我国刑法的修改》，载《当代法学》2003年第8期；夏勇、王焰：《我国学界对恐怖主义犯罪定义研究的综述》，载《法商研究》2004年第1期；林亚刚、何荣功：《论恐怖主义犯罪的内涵》，载《江西公安专科学校学报》2004年第1期；史振郭、江钦辉：《资助恐怖活动罪的法源与特征分析》，载《中国刑事法杂志》2004年第1期；喻义东：《论恐怖主义犯罪在刑法分则中的地位》，载《法学》2005年第2期；莫洪宪：《略论我国的金融反恐》，载《法学评论》2005年第5期；于志刚：《恐怖活动犯罪中资助行为之内涵——从国际社会立法差异性角度进行的分析》，载《云南大学学报(法学版)》2006年第2期；刘佑生：《恐怖主义的伦理特征——以邪教恐怖主义为例》，载《湖南社会科学》2006年第3期；喻义东：《恐怖主义犯罪目的之辨正》，载《湖南社会科学》2006年第3期；李希慧、徐立：《恐怖主义的概念、特征及反恐立法完善》，载《人民检察》2006年第3期；罗艺、马建刚：《关于我国恐怖主义犯罪立法与完善的法理浅析》，载《甘肃政法成人教育学院学报》2006年第3期；张宗亮：《反恐立法之价值取向——以人权保障为视角》，载《东岳论丛》2006年第4期；于志刚：《恐怖活动犯罪中资助行为入罪化的价值取向——与传统洗钱罪的冲突与整合》，载《中国检察官》2006年第6期；赵秉志、杜邈:《中国惩治恐怖主义犯罪的刑事司法对策》,载《北京师范大学学报(社会科学版)》2008年第5期;刘华:《论恐怖主义犯罪的特征和要件》,载《犯罪研究》2009年第1期;刘涛:《恐怖主义的定义与发展新趋势——兼论恐怖组织与有组织犯罪的合作》,载《犯罪研究》2011年第5期;程绍燕:《试论恐怖主义犯罪》,载《法学杂志》2011年第7期;王剑波:《全面反恐公约视野下"恐怖主义"的概念及其发展》,载《中国刑事法杂志》2011年第11期;杨辉解:《个体恐怖犯罪概念辨析》,载《中国人民公安大学学报(社会科学版)》2012年第3期;班克庆:《浅议煽动恐怖活动罪》,载《云南行政学院学报》2012年第3期;王新:《零适用的审判现状:审视资助恐怖活动罪的适用》,载《政治与法律》2012年第7期;赵秉志、杜邈:《我国惩治恐怖活动犯罪制度细化的合理性分析》,载《法学》2012年第12期;程红、郭一蓉:《恐怖主义犯罪的界定》,载《云南大学学报(法学版)》2014年第5期;王利宾:《反恐怖犯罪刑事法完善研究——兼论反恐怖系统化立法》,载《政治与法律》2014年第10期;高巍:《暴恐犯罪的刑法规制》,载《法学杂志》2014年第11期;刘仁文:《恐怖主义与刑法规范》,载《中国法律评论》2015年第2期;皮勇、杨淼鑫:《论煽动恐怖活动的犯罪化——兼评〈刑法修正案(九)(草案)〉相关条款》,载《法律科学》2015年第3期;黎宏:《〈刑法修正案(九)〉中有关恐怖主义、极端主义犯罪的刑事立法——从如何限缩抽象危险犯的成立范围立场出发》,载《苏州大学学报(哲学社会科学版)》2015年第6期;谢望原、张宝:《〈刑法修正案(九)〉的亮点与不足》,载《苏州大学学报(哲学社会科学版)》2015年第6期;骆群:《对〈刑法修正案(九)〉中几个条文的商讨》,载《苏州大学学报(哲学社会科学版)》2015年第6期;谢望原、简琨益:《论恐怖组织犯罪中的正犯责任——基于共犯二元论立场的思考》,载《人民检察》2015年第15期;梅传强:《我国反恐刑事立法的检讨与完善——兼评〈刑法修正案(九)〉相关涉恐条款》,载《现代法学》2016年第1期;石聚航:《〈刑法修正案(九)〉关于涉恐犯罪规定的学理置评》,载《江西警察学院学报》2016年第1期;刘志伟:《〈刑法修正案(九)〉的犯罪化立法问题》,载《华东政法大学学报》2016年第2期;赵秉志、杜邈:《中国反恐刑法的新进展及其思考——〈刑法修正案(九)〉相关内容评述》,载《山东社会科学》2016年第3期;何荣功:《"预防性"反恐刑事立法思考》,载《中国法学》2016年第3期;曾赟:《论独狼恐怖主义犯罪的构成要素》,载《政法论坛》2016年第5期;王政勋、徐丹丹:《恐怖主义的概念分析》,载《法律科学》2016年第5期;赵军:《法治语境下极端主义犯罪治理定量研究》,载《中国法学》2016年第6期;杜邈:《强制穿戴宣扬恐怖主义、极端主义服饰、标志罪的司法认定》,载《西部法学评论》2016年第6期;王红:《对"持有"犯罪化的批判——兼评〈刑法修正案(九)〉新增的非法持有宣扬恐怖主义、极端主义物品罪》,载《湖北经济学院学报(人文社会科学版)》2016年第7期;王良顺:《宣扬极端主义罪的基本构成要素与司法适用探析》,载《法学杂志》2016年第10期;杜磊:《法益侵害视角下持有型犯罪的重释——兼析非法持有宣扬恐怖主义、极端主义物品罪的合理性》,载《政治与法律》2017年第1期;赵秉志、牛忠志:《〈反恐怖主义法〉与反恐刑法衔接不足之探讨》,载《法学杂志》2017年第2期;王胜华:《“预备行为实行化”立法的正当性根据——基于刑法第120条“准备实施恐怖活动罪”的考察》,载《石河子大学学报(哲学社会科学版)》2017年第3期;王璇子:《恐怖主义、极端主义及其之间的关系》,载《天中学刊》2017年第3期。

细目录

Ⅰ 主旨
Ⅱ 沿革
Ⅲ 客体
Ⅳ 行为
Ⅴ 主体
Ⅵ 罪过
Ⅶ 处罚

Ⅰ 主旨

1 极端主义通过歪曲宗教教义或者其他方法煽动仇恨、煽动歧视、鼓吹暴力,是恐怖主义的思想基础。极端主义的危害是多方面的。极端主义既可以蛊惑和驱使实施恐怖活动,也可以挑动不同宗教、民族、群体之间的敌视和对抗,在人们心中引起恐慌甚至恐惧,进而会破坏国家的社会管理秩序,对人们的正常生活甚至国家安全、政权稳定造成很大的危害。禁止利用宗教、民族等极端主义干预国家管理,干涉教育、政治,在世界范围内已经形成重要的趋势,是世界各国与恐怖主义、极端主义作斗争的一个重要领域。

2 以极端主义为思想基础,以分裂主义为目的,以暴力恐怖袭击为表现形式,是我国当前恐怖主义的重要特征。近些年来,除极端主义引发的恐怖活动外,在我国一些地区也出现了不少利用极端主义干扰他人正常生产、生活,破坏国家对社会的管理,破坏法律制度实施的行为。国家法律确立的婚姻、司法、教育、社会管理等方面的制度,涉及社会的基本生活,是国家对社会进行管理的基本形式和内容。我国宪法和法律保障公民的宗教信仰自由,保障各民族平等、共同发展和共同繁荣,尊重各民族的风俗习惯,并为保障这些权利制定了相应的法律制度。尊重宗教信仰自由和民族风俗习惯,与遵守国家法律制度本身是一致的。但很多极端主义分子歪曲宗教教义或者民族风俗习惯,假借宗教信仰或者民族风俗习惯等煽动歧视、煽动仇恨,崇尚、鼓吹、挑动暴力,本身就与宗教信仰自由和民族风俗习惯背道而驰,是对国家相关法律制度的破坏。虽然他们在进行煽动、胁迫时经常打着维护宗教教义或者民族风俗习惯的旗号,但其背后的真实目的是要煽动歧视、煽动仇恨,崇尚、鼓吹、挑动暴力,煽动、胁迫人们对政府管理活动的抵制甚至对抗,蛊惑人们不遵守国家法律确立的婚姻、司法、教育、社会管理等制度,制造国家对社会管理的真空,引起社会秩序的混乱。

对于利用极端主义煽动、胁迫群众破坏国家法律确立的婚姻、司法、教育、社会管理等制度实施的行为,必须予以严厉打击。

Ⅱ 沿革

1979 年《刑法》、1997 年《刑法》均没有本条相关内容的规定,《刑法修正案(九)》新增本条作为第 120 条之四。 3

Ⅲ 客体

本罪的客体是公共安全,即不特定或多数人的生命、健康和公私财产的安全。本罪的直接危害,是破坏国家法律规定的管理制度,使国家法律确定的婚姻、司法、教育、社会管理等制度得不到有效实施。但是,更为根本的危害还在于,这一行为还会使被煽动、胁迫的特定对象产生认识混乱或者恐惧心理,损害其个人的合法权益,进而危及公共利益。因此,本罪不以被煽动、胁迫者实施破坏国家法律制度的具体行为为必要条件,也就是不以国家的法律制度为客体,只要行为人实施了煽动、胁迫的行为,就已经构成本罪。 4

Ⅳ 行为

本罪所规制的行为是利用极端主义煽动、胁迫群众破坏国家法律确立的婚姻、司法、教育、社会管理等制度实施的行为。只有利用极端主义实施本条规定的煽动、胁迫行为的,才构成本罪。这里所说的"极端主义",是指通过歪曲宗教教义或者其他方法煽动仇恨、煽动歧视,崇尚暴力的思想和主张,以及以此为思想基础而实施的行为,经常表现为对其他文化、观念、族群等的完全歧视和排斥。在日常生活中,极端主义的具体形式多种多样,有的打着宗教的旗号,歪曲宗教教义,强制他人信仰宗教或者不信仰宗教,歧视信仰其他宗教或者不信仰宗教的人,破坏宪法规定的宗教信仰自由制度的实施;也有的披着民族传统、风俗习惯的外衣,打着"保护民族文化"的招牌,煽动群众仇恨与其民族、风俗习惯不同的群体,主张民族隔离,煽动抗拒现有法律秩序等。需要说明的是,"利用极端主义"是构成本罪的一个要件,其作用主要体现在:第一,对于煽动、胁迫他人破坏国家法律制度实施但没有利用极端主义的,应当根据具体情况分别处理;第二,对于组织、利用会道门、邪教组织或者利用迷信破坏国家法律、行政法规实施,构成犯罪的,依照《刑法》第 300 条第 1 款的规定定罪处罚。此外,对于有些人因为狭隘思想或者愚昧等原因,错误理解宗教教义、民族风俗习惯,并进而破坏国家法律确立的制度实施的,如果构成犯罪,可以按照刑法的其他规定定罪处罚。 5

本罪的行为方式包括"煽动"与"胁迫"两种。其中"煽动"是指,运用言语针对不特定的多数人进行鼓动、怂恿。实践中,这种煽动经常表现为无中生有,编造不存在 6

的事情,或者通过造谣、诽谤对事实进行严重歪曲,或者通过对被煽动对象的情绪进行挑拨,使被煽动者丧失对事实的正常感受和判断能力,丧失对自己行为的理性控制,从而从事违法犯罪行为,达到破坏国家法律制度实施的目的。其中的“威胁”,是指用暴力、胁迫或者其他手段对不特定的他人进行心理上的强制。胁迫的方式可以通过暴力手段,也可以通过言语威胁或者对被胁迫者的利益进行限制、剥夺等方式。实践中,还出现以关爱朋友、亲情等为借口,或者以孤立、排斥等方法施加压力的情况。虽然被胁迫者仍然具有一定的意志自由,能够理解自己的行为是违法行为,主观上也不愿意实施这些行为,但由于受到精神的强制而处于恐惧状态之下,因而不得已按照胁迫者的要求行事。总之,“煽动”和“胁迫”的方式和内容多种多样,例如,强迫他人将子女送往非法开设的“经文学校”,不准去国家正式开设的九年制义务教育学校;禁止民众购买特定商品,强迫企业、学校、单位更改上下班时间和工作内容,以服从做礼拜的时间安排;强迫他人按照“宗教仪式”结婚、离婚,不准他人去国家民政部门进行结婚、离婚登记;鼓吹一夫多妻;将国家的计划生育政策说成是灭绝种族政策等,就是其体现。

7 本来,破坏国家法律确立的“婚姻、司法、教育、社会管理等制度”实施的行为和危害公共安全罪毫不相干,这一点从“煽动暴力抗拒法律实施罪”(《刑法》第 278 条)被规定在刑法分则第六章“妨害社会管理秩序罪”的第一节“扰乱公共秩序罪”就能看出。但既然刑法对利用极端主义破坏法律实施作了特殊规定,就可以说这里的“煽动、胁迫”群众破坏法律实施的行为,并非达到一般扰乱公共秩序的程度,而必须达到威胁“公共安全”即不特定或者多数人的生命、身体或财产安全的程度。刑法之所以作这样的特殊规定,主要考虑到我国一些地区目前存在“极端主义”借用宗教名义,歪曲宗教教义,以暗杀、爆炸、暴乱等反人类的残暴手段进行暴力恐怖活动,危及不特定或者多数人的生命、身体或财产安全。脱离这种暴力背景的宗教极端主义、撇开我国某些地区特定的时空环境,即便是煽动、胁迫群众破坏国家法律确立的婚姻、司法、教育、社会管理等制度的实施,但不至于让不特定或多数人产生生命、身体、财产上的不安的场合,要慎用这一罪名。

V 主体

8 本罪的主体是一般主体,凡是年满 16 周岁、具有辨认和控制自己行为能力的自然人,均可成为本罪的适格主体。

VI 罪过

9 本罪的罪过是故意,首先要求行为人明知自己用以煽惑他人、强迫他人接受的主张含有极端主义的内容,并蓄意挑动他人破坏法律制度的实施。同样,此处所谓的“明知是极端主义”,不需要行为人对极端主义的概念内涵及内容定义有完整、精确的认识,也不需要行为人对自己的言行是否属于极端主义活动有正确的归类认识,只需要行为人认识到自己的言行在一般人看来属于十分偏激的制造民族对立、制造宗教排斥情绪、含有极端激进之暴力倾向等内容即为已足。行为人也不需要明确知道自己煽动他人对抗法律实施的行为破坏了哪一项具体制度,只需要有类似于"与国家的要求对着干"这样的认识即可。本罪中煽动、胁迫的目的,是破坏国家法律制度的实施。

Ⅶ 处罚

按照《刑法》第120条之四的规定,犯本罪的,处3年以下有期徒刑、拘役或者管 10
制,并处罚金;情节严重的,处3年以上7年以下有期徒刑,并处罚金;情节特别严重的,处7年以上有期徒刑,并处罚金或者没收财产。

第一百二十条之五　强制穿戴宣扬恐怖主义、极端主义服饰、标志罪

以暴力、胁迫等方式强制他人在公共场所穿着、佩戴宣扬恐怖主义、极端主义服饰、标志的，处三年以下有期徒刑、拘役或者管制，并处罚金。

文献：钊作俊:《试论组织、领导、参加恐怖活动组织罪》,载《法学评论》1998 年第 1 期;陈家林:《"恐怖活动组织"界定问题初探》,载《法律科学》1998 年第 2 期;王德育:《"恐怖活动组织"概念初探》,载《现代法学》2000 年第 3 期;刘凌梅:《国际反恐怖犯罪与我国刑事立法》,载《法学评论》2001 年第 2 期;张小虎:《反恐怖活动的刑法立法分析》,载《法学评论》2002 年第 5 期;史振郭:《论恐怖活动犯罪的认定及其处罚——兼论我国刑法修正案(三)之适用》,载《中国刑事法杂志》2002 年第 6 期;陈忠林、张有胜:《恐怖主义犯罪论略》,载《政法论丛》2002 年第 6 期;童伟华:《恐怖主义犯罪论纲》,载《石油大学学报(社会科学版)》2003 年第 1 期;李运文:《关于恐怖主义定义误区与缺失的思考》,载《国际政治研究》2003 年第 2 期;莫洪宪、王明星:《我国对恐怖主义犯罪的刑法控制及立法完善》,载《法商研究》2003 年第 6 期;田宏杰:《恐怖主义犯罪的界定》,载《法律科学》2003 年第 6 期;叶海辉:《对恐怖主义犯罪客体的研究》,载《法学杂志》2003 年第 6 期;李宇:《国际恐怖主义犯罪与我国刑法的修改》,载《当代法学》2003 年第 8 期;夏勇、王焰:《我国学界对恐怖主义犯罪定义研究的综述》,载《法商研究》2004 年第 1 期;林亚刚、何荣功:《论恐怖主义犯罪的内涵》,载《江西公安专科学校学报》2004 年第 1 期;史振郭、江钦辉:《资助恐怖活动罪的法源与特征分析》,载《中国刑事法杂志》2004 年第 1 期;喻义东:《论恐怖主义犯罪在刑法分则中的地位》,载《法学》2005 年第 2 期;莫洪宪:《略论我国的金融反恐》,载《法学评论》2005 年第 5 期;于志刚:《恐怖活动犯罪中资助行为之内涵——从国际社会立法差异性角度进行的分析》,载《云南大学学报(法学版)》2006 年第 2 期;刘佑生:《恐怖主义的伦理特征——以邪教恐怖主义为例》,载《湖南社会科学》2006 年第 3 期;喻义东:《恐怖主义犯罪目的之辨正》,载《湖南社会科学》2006 年第 3 期;李希慧、徐立:《恐怖主义的概念、特征及反恐立法完善》,载《人民检察》2006 年第 3 期;罗艺、马建刚:《关于我国恐怖主义犯罪立法与完善的法理浅析》,载《甘肃政法成人教育学院学报》2006 年第 3 期;张宗亮:《反恐立法之价值取向——以人权保障为视角》,载《东岳论丛》2006 年第 4 期;于志刚:《恐怖活动犯罪中资助行为入罪化的价值取向——与传统洗钱罪的冲突与整合》,载《中国检察官》2006 年第 6 期;赵秉志、杜

邈:《中国惩治恐怖主义犯罪的刑事司法对策》,载《北京师范大学学报(社会科学版)》2008 年第 5 期;刘华:《论恐怖主义犯罪的特征和要件》,载《犯罪研究》2009 年第 1 期;刘涛:《恐怖主义的定义与发展新趋势——兼论恐怖组织与有组织犯罪的合作》,载《犯罪研究》2011 年第 5 期;程绍燕:《试论恐怖主义犯罪》,载《法学杂志》2011 年第 7 期;王剑波:《全面反恐公约视野下"恐怖主义"的概念及其发展》,载《中国刑事法杂志》2011 年第 11 期;杨辉解:《个体恐怖犯罪概念辨析》,载《中国人民公安大学学报(社会科学版)》2012 年第 3 期;班克庆:《浅议煽动恐怖活动罪》,载《云南行政学院学报》2012 年第 3 期;王新:《零适用的审判现状:审视资助恐怖活动罪的适用》,载《政治与法律》2012 年第 7 期;赵秉志、杜邈:《我国惩治恐怖活动犯罪制度细化的合理性分析》,载《法学》2012 年第 12 期;程红、郭一蓉:《恐怖主义犯罪的界定》,载《云南大学学报(法学版)》2014 年第 5 期;王利宾:《反恐怖犯罪刑事法完善研究——兼论反恐怖系统化立法》,载《政治与法律》2014 年第 10 期;高巍:《暴恐犯罪的刑法规制》,载《法学杂志》2014 年第 11 期;刘仁文:《恐怖主义与刑法规范》,载《中国法律评论》2015 年第 2 期;皮勇、杨淼鑫:《论煽动恐怖活动的犯罪化——兼评〈刑法修正案(九)(草案)〉相关条款》,载《法律科学》2015 年第 3 期;黎宏:《〈刑法修正案(九)〉中有关恐怖主义、极端主义犯罪的刑事立法——从如何限缩抽象危险犯的成立范围立场出发》,载《苏州大学学报(哲学社会科学版)》2015 年第 6 期;谢望原、张宝:《〈刑法修正案(九)〉的亮点与不足》,载《苏州大学学报(哲学社会科学版)》2015 年第 6 期;骆群:《对〈刑法修正案(九)〉中几个条文的商讨》,载《苏州大学学报(哲学社会科学版)》2015 年第 6 期;谢望原、简琨益:《论恐怖组织犯罪中的正犯责任——基于共犯二元论立场的思考》,载《人民检察》2015 年第 15 期;梅传强:《我国反恐刑事立法的检讨与完善——兼评〈刑法修正案(九)〉相关涉恐条款》,载《现代法学》2016 年第 1 期;石聚航:《〈刑法修正案(九)〉关于涉恐犯罪规定的学理置评》,载《江西警察学院学报》2016 年第 1 期;刘志伟:《〈刑法修正案(九)〉的犯罪化立法问题》,载《华东政法大学学报》2016 年第 2 期;赵秉志、杜邈:《中国反恐刑法的新进展及其思考——〈刑法修正案(九)〉相关内容评述》,载《山东社会科学》2016 年第 3 期;何荣功:《"预防性"反恐刑事立法思考》,载《中国法学》2016 年第 3 期;曾赟:《论独狼恐怖主义犯罪的构成要素》,载《政法论坛》2016 年第 5 期;王政勋、徐丹丹:《恐怖主义的概念分析》,载《法律科学》2016 年第 5 期;赵军:《法治语境下极端主义犯罪治理定量研究》,载《中国法学》2016 年第 6 期;杜邈:《强制穿戴宣扬恐怖主义、极端主义服饰、标志罪的司法认定》,载《西部法学评论》2016 年第 6 期;王红:《对"持有"犯罪化的批判——兼评〈刑法修正案(九)〉新增的非法持有宣扬恐怖主义、极端主义物品罪》,载《湖北经济学院学报(人文社会科学版)》2016 年第 7 期;王良顺:《宣扬极端主义罪的基本构成要素与司法适用探析》,载《法学杂志》2016 年第 10 期;杜磊:《法益侵害视角下持有型犯罪的重释——兼析非法持有宣扬恐怖主义、极端主义物品罪的合理性》,载《政治与法律》2017 年第 1 期;赵秉志、牛忠志:《〈反恐怖主义法〉与反恐刑法衔接不足之探讨》,载《法学杂志》2017 年第 2 期;王胜华:《“预备行为实行化”立法的正当性根据——基于刑法第 120 条“准备实施恐怖活动罪”的考察》,载《石河子大学学报(哲学社会科学版)》2017 年第 3 期;王璇子:《恐怖主义、极端主义及其之间的关系》,载《天中学刊》2017 年第 3 期。

细目录

Ⅰ 主旨
Ⅱ 沿革
Ⅲ 客体
Ⅳ 行为
Ⅴ 主体
Ⅵ 罪过
Ⅶ 处罚

Ⅰ 主旨

1 国际反恐经验显示,一些恐怖主义、极端主义势力为彰显其恐怖主义、极端主义思想,强制要求组织成员及他人穿着、佩戴某些特定服饰和标志。一段时期以来,恐怖主义、极端主义思潮在我国部分地区传播蔓延的问题比较严重,一个突出的现象就是很多人在公共场所穿着、佩戴宣扬恐怖主义、极端主义服饰、标志;部分地区甚至出现恐怖主义、极端主义势力以暴力、胁迫等方式强制他人穿着、佩戴宣扬恐怖主义、极端主义的服饰、标志,营造恐怖主义、极端主义氛围的现象。被胁迫、蛊惑而穿着、佩戴宣扬恐怖主义、极端主义服饰、标志的群众往往因此而无法参加正常的工作以及其他文化、体育活动,给生产、生活带来极大不便,且产生极大的精神压抑。这种现象的存在,形成一种不正常的社会氛围,扰乱了正常的社会秩序,对有效清除恐怖主义、极端主义思想观念,防范和打击恐怖主义、极端主义犯罪分子带来了障碍。由此可见,穿着、佩戴宣扬恐怖主义、极端主义服饰、标志的行为本身就具有一定的社会危害性,而恐怖主义、极端主义分子以暴力、胁迫等方式强制他人穿着、佩戴宣扬恐怖主义、极端主义的服饰、标志的行为,社会危害性尤为严重。这种行为,不仅在社会上营造了恐怖主义、极端主义氛围,还直接侵犯了被害人的人身权利和正常的宗教信仰自由,必须予以严厉打击,以防止其扩散、蔓延,维护人民群众的合法权利。

Ⅱ 沿革

2 1979 年《刑法》、1997 年《刑法》均没有本条相关内容的规定,《刑法修正案(九)》新增本条作为第 120 条之五。

Ⅲ　客体

本罪的客体是公共安全,即不特定或多数人的生命、健康和公私财产的安全。此外,本罪直接危害的是受到强制、胁迫而不得已穿戴上述服饰、标志的被害人之行动自由、意志自由等人身权利。因此,本罪的客体是复杂客体。 3

Ⅳ　行为

本罪所规制的行为是以暴力、胁迫等方式强制他人在公共场所穿着、佩戴宣扬恐怖主义、极端主义服饰、标志的行为。其中,强制,就是以某种无形或者有形的力量对人进行约束,主要采用暴力、胁迫等方式;暴力,就是对人实施殴打、捆绑、禁闭等有形的侵害,包括对他人吐口水、拿刀子划破衣服、向人扔石头等行为在内;胁迫,是指对被害人进行精神上的强制,不要求以暴力为手段,咒骂他人下地狱或者进行恐吓式的质问也包括在内。强制的内容,是要求他人在公共场所"穿戴恐怖主义、极端主义服饰、标志"。所谓"宣扬恐怖主义、极端主义服饰、标志",是指服饰上或者标志中包含有恐怖主义、极端主义的一些元素,如符号、旗帜、徽记、文字、口号、标语、图形等,其共同特点是,使人容易联想到极端主义、恐怖主义,从而产生恐惧心理。实践中比较普遍的情形是穿着类似恐怖活动组织统一着装的衣物,穿着印有恐怖主义、极端主义符号、旗帜等标志的衣物,佩戴恐怖活动组织标志或者恐怖主义、极端主义标志,留有象征恐怖主义、极端主义的特定发型等。穿着衣服、佩戴服饰和个人的喜好有关,纯属个人自由。如果强迫他人的行为构成犯罪,也只是构成侵犯个人人身权的犯罪,这一点从侵犯少数民族风俗习惯罪(《刑法》第 251 条)被规定在刑法分则第四章"侵犯公民人身权利、民主权利罪"中就可以看出。但是,从实践情况看,恐怖主义、极端主义势力通过强制他人在公共场所穿着、佩戴宣扬恐怖主义、极端主义服饰、标志等手段,在社会上强化了人们的身份差别意识,用异类的标识或者身份符号,刻意地制造出隔膜和距离感,以达到其渲染恐怖主义、极端主义氛围甚至宣扬恐怖主义、极端主义的目的,社会危害是很大的。现实生活已经完全证明了,在我国某些特定地区的特定时期,穿着宣扬恐怖主义、极端主义服饰确实已经成为危害公共安全的暴力犯罪分子的常用标志,穿着这种特定服饰、标志的人出现在公共场合,足以引起公众的恐慌和不安,这种恐怖主义、极端主义的强势、压抑氛围,以及由此引起的某一地区民众的普遍恐慌和不安感,足以被评价为刑法上公共安全的抽象危险。所以,强迫他人在公共场所穿着、佩戴宣扬恐怖主义、极端主义服饰、标志的时候,这种强制行为就已经超出了干涉他人个人自由的限度,而成为危害公共安全的行为。 4

Ⅴ　主体

本罪的主体是一般主体,凡是年满 16 周岁、具有辨认和控制自己行为能力的自 5

然人,均可成为本罪的适格主体。

Ⅵ　罪过

6 本罪的罪过是故意,要求行为人明知自己强迫他人穿戴的物品、服饰含有极端主义、恐怖主义的内容。同样,此处的"明知"是指极端主义、恐怖主义,参见前述第120条之二、之三、之四条文的相关内容。

Ⅶ　处罚

7 按照《刑法》第120条之五的规定,犯本罪的,处3年以下有期徒刑、拘役或者管制,并处罚金。

第一百二十条之六　非法持有宣扬恐怖主义、极端主义物品罪

明知是宣扬恐怖主义、极端主义的图书、音频视频资料或者其他物品而非法持有，情节严重的，处三年以下有期徒刑、拘役或者管制，并处或者单处罚金。

文献：钊作俊：《试论组织、领导、参加恐怖活动组织罪》，载《法学评论》1998 年第 1 期；陈家林：《"恐怖活动组织"界定问题初探》，载《法律科学》1998 年第 2 期；王德育：《"恐怖活动组织"概念初探》，载《现代法学》2000 年第 3 期；刘凌梅：《国际反恐怖犯罪与我国刑事立法》，载《法学评论》2001 年第 2 期；张小虎：《反恐怖活动的刑法立法分析》，载《法学评论》2002 年第 5 期；史振郭：《论恐怖活动犯罪的认定及其处罚——兼论我国刑法修正案（三）之适用》，载《中国刑事法杂志》2002 年第 6 期；陈忠林、张有胜：《恐怖主义犯罪论略》，载《政法论丛》2002 年第 6 期；童伟华：《恐怖主义犯罪论纲》，载《石油大学学报（社会科学版）》2003 年第 1 期；李运文：《关于恐怖主义定义误区与缺失的思考》，载《国际政治研究》2003 年第 2 期；莫洪宪、王明星：《我国对恐怖主义犯罪的刑法控制及立法完善》，载《法商研究》2003 年第 6 期；田宏杰：《恐怖主义犯罪的界定》，载《法律科学》2003 年第 6 期；叶海辉：《对恐怖主义犯罪客体的研究》，载《法学杂志》2003 年第 6 期；李宇：《国际恐怖主义犯罪与我国刑法的修改》，载《当代法学》2003 年第 8 期；夏勇、王焰：《我国学界对恐怖主义犯罪定义研究的综述》，载《法商研究》2004 年第 1 期；林亚刚、何荣功：《论恐怖主义犯罪的内涵》，载《江西公安专科学校学报》2004 年第 1 期；史振郭、江钦辉：《资助恐怖活动罪的法源与特征分析》，载《中国刑事法杂志》2004 年第 1 期；喻义东：《论恐怖主义犯罪在刑法分则中的地位》，载《法学》2005 年第 2 期；莫洪宪：《略论我国的金融反恐》，载《法学评论》2005 年第 5 期；于志刚：《恐怖活动犯罪中资助行为之内涵——从国际社会立法差异性角度进行的分析》，载《云南大学学报（法学版）》2006 年第 2 期；刘佑生：《恐怖主义的伦理特征——以邪教恐怖主义为例》，载《湖南社会科学》2006 年第 3 期；喻义东：《恐怖主义犯罪目的之辨正》，载《湖南社会科学》2006 年第 3 期；李希慧、徐立：《恐怖主义的概念、特征及反恐立法完善》，载《人民检察》2006 年第 3 期；罗艺、马建刚：《关于我国恐怖主义犯罪立法与完善的法理浅析》，载《甘肃政法成人教育学院学报》2006 年第 3 期；张宗亮：《反恐立法之价值取向——以人权保障为视角》，载《东岳论丛》2006 年第 4 期；于志刚：《恐怖活动犯罪中资助行为入罪化的价值取向——与传统洗钱罪的冲突与整合》，载《中国检察官》2006 年第 6 期；赵秉志、杜邈：《中国惩治恐怖主义犯罪的刑事司法对策》，载《北京师范大学学报（社会科学

版)》2008年第5期;刘华:《论恐怖主义犯罪的特征和要件》,载《犯罪研究》2009年第1期;刘涛:《恐怖主义的定义与发展新趋势——兼论恐怖组织与有组织犯罪的合作》,载《犯罪研究》2011年第5期;程绍燕:《试论恐怖主义犯罪》,载《法学杂志》2011年第7期;王剑波:《全面反恐公约视野下"恐怖主义"的概念及其发展》,载《中国刑事法杂志》2011年第11期;杨辉解:《个体恐怖犯罪概念辨析》,载《中国人民公安大学学报(社会科学版)》2012年第3期;班克庆:《浅议煽动恐怖活动罪》,载《云南行政学院学报》2012年第3期;王新:《零适用的审判现状:审视资助恐怖活动罪的适用》,载《政治与法律》2012年第7期;赵秉志、杜邈:《我国惩治恐怖活动犯罪制度细化的合理性分析》,载《法学》2012年第12期;程红、郭一蓉:《恐怖主义犯罪的界定》,载《云南大学学报(法学版)》2014年第5期;王利宾:《反恐怖犯罪刑事法完善研究——兼论反恐怖系统化立法》,载《政治与法律》2014年第10期;高巍:《暴恐犯罪的刑法规制》,载《法学杂志》2014年第11期;刘仁文:《恐怖主义与刑法规范》,载《中国法律评论》2015年第2期;皮勇、杨淼鑫:《论煽动恐怖活动的犯罪化——兼评〈刑法修正案(九)(草案)〉相关条款》,载《法律科学》2015年第3期;黎宏:《〈刑法修正案(九)〉中有关恐怖主义、极端主义犯罪的刑事立法——从如何限缩抽象危险犯的成立范围立场出发》,载《苏州大学学报(哲学社会科学版)》2015年第6期;谢望原、张宝:《〈刑法修正案(九)〉的亮点与不足》,载《苏州大学学报(哲学社会科学版)》2015年第6期;骆群:《对〈刑法修正案(九)〉中几个条文的商讨》,载《苏州大学学报(哲学社会科学版)》2015年第6期;谢望原、简琨益:《论恐怖组织犯罪中的正犯责任——基于共犯二元论立场的思考》,载《人民检察》2015年第15期;梅传强:《我国反恐刑事立法的检讨与完善——兼评〈刑法修正案(九)〉相关涉恐条款》,载《现代法学》2016年第1期;石聚航:《〈刑法修正案(九)〉关于涉恐犯罪规定的学理置评》,载《江西警察学院学报》2016年第1期;刘志伟:《〈刑法修正案(九)〉的犯罪化立法问题》,载《华东政法大学学报》2016年第2期;赵秉志、杜邈:《中国反恐刑法的新进展及其思考——〈刑法修正案(九)〉相关内容评述》,载《山东社会科学》2016年第3期;何荣功:《"预防性"反恐刑事立法思考》,载《中国法学》2016年第3期;曾赟:《论独狼恐怖主义犯罪的构成要素》,载《政法论坛》2016年第5期;王政勋、徐丹丹:《恐怖主义的概念分析》,载《法律科学》2016年第5期;赵军:《法治语境下极端主义犯罪治理定量研究》,载《中国法学》2016年第6期;杜邈:《强制穿戴宣扬恐怖主义、极端主义服饰、标志罪的司法认定》,载《西部法学评论》2016年第6期;王红:《对"持有"犯罪化的批判——兼评〈刑法修正案(九)〉新增的非法持有宣扬恐怖主义、极端主义物品罪》,载《湖北经济学院学报(人文社会科学版)》2016年第7期;王良顺:《宣扬极端主义罪的基本构成要素与司法适用探析》,载《法学杂志》2016年第10期;杜磊:《法益侵害视角下持有型犯罪的重释——兼析非法持有宣扬恐怖主义、极端主义物品罪的合理性》,载《政治与法律》2017年第1期;赵秉志、牛忠志:《〈反恐怖主义法〉与反恐刑法衔接不足之探讨》,载《法学杂志》2017年第2期;王胜华:《"预备行为实行化"立法的正当性根据——基于刑法第 120 条"准备实施恐怖活动罪"的考察》,载《石河子大学学报(哲学社会科学版)》2017 年第 3 期;王璇子:《恐怖主义、极端主义及其之间的关系》,载《天中学刊》2017 年第 3 期。

细目录

Ⅰ 主旨
Ⅱ 沿革
Ⅲ 客体
Ⅳ 行为
Ⅴ 主体
Ⅵ 罪过
Ⅶ 处罚

Ⅰ 主旨

恐怖主义、极端主义的观念、主张和意识形态,是恐怖活动、极端主义行为的思想基础和滋生土壤。从司法实践的经验来看,宣扬恐怖主义、极端主义的图书、音频视频资料或者其他物品的危害性极大。近年来破获的大量恐怖案件中,恐怖分子大多通过收听、观看、阅读恐怖活动组织发布的恐怖主义、极端主义音频视频、图书等资料,然后受蛊惑、蒙骗,被恐怖主义、极端主义思想"洗脑",逐步成为极端主义狂热分子,进而发展成为实施暴力恐怖活动的恐怖主义犯罪分子。恐怖主义、极端主义宣传品的传播、蔓延,已经成为我国恐怖袭击多发的重要诱因。同时,在司法实践中经常发现有些行为人非法持有大量的宣扬恐怖主义、极端主义的图书、音频视频资料或者其他物品,但难以查明这些人是否存在制作、散发的行为。但是,这种非法持有的状态,随时都有可能转化成散发、传播等行为,如果对这类行为不予以惩治,就难以遏制宣扬恐怖主义、极端主义,煽动实施恐怖活动的犯罪势头。 1

Ⅱ 沿革

1979 年《刑法》、1997 年《刑法》均没有本条相关内容的规定,《刑法修正案(九)》新增本条作为第 120 条之六。 2

Ⅲ 客体

本罪的客体是公共安全,即不特定或多数人的生命、健康和公私财产的安全。 3

Ⅳ 行为

本罪所规制的行为是明知是宣扬恐怖主义、极端主义的图书、音频视频资料或者 4

其他物品而非法持有,情节严重的行为。

5 基于严密法网、防患于未然的考虑,我国刑法中规定了不少持有型犯罪,如持有、使用假币罪,持有伪造的发票罪,非法持有、私藏枪支、弹药罪,非法持有毒品罪,非法持有国家绝密、机密文件、资料、物品罪。之所以这么规定,是因为作为持有对象的上述物品本身就具有侵害或者威胁刑法所保护的各种法益的属性,如枪支、弹药本身就是凶器,假币本身就可以破坏国家的金融秩序,因此,它们属于法律、法规禁止个人持有或者非法持有的物品,即违禁品。但"宣扬恐怖主义、极端主义的图书、音频视频资料或者其他物品"并不具有上述违禁品的性质,其只能通过对他人的思想、观念产生影响,然后通过受影响的他人而危害法益,换言之,其对具体保护法益的危险,比上述持有型犯罪更为抽象、更为间接。也正因如此,与一般的持有型犯罪不同,现行刑法规定,成立本罪,有"情节严重"的要求。一般是指数量众多或者内容恶劣等。对于是否属于"情节严重",可以根据所持有的恐怖主义、极端主义宣传品的数量多少,所包含的内容的严重程度,曾经因类似行为受到处罚的情况,以及其事后的态度等因素作出认定。对于因为好奇或者思想认识不清楚,非法持有少量的恐怖主义、极端主义宣传品,没有其他的恐怖主义、极端主义违法行为,经发现后及时销毁、删除的,不作为犯罪追究。

V　主体

6 本罪的主体是一般主体,凡是年满16周岁、具有辨认和控制自己行为能力的自然人,均可成为本罪的适格主体。

VI　罪过

7 本罪的罪过是故意,即行为人明知是宣扬恐怖主义、极端主义的图书、音频视频资料或者其他物品而非法持有的,才能构成本罪。这里所说的"明知",是指知道或者应当知道。对是否"明知"的认定,应当结合案件具体情况,坚持重证据,重调查研究,以行为人实施的客观行为为基础,结合其一贯表现,具体行为、程度、手段、事后态度,以及年龄、认知和受教育程度、所从事的职业等综合判断。例如,曾因实施暴力恐怖、宗教极端违法犯罪行为受到行政、刑事处罚或免予刑事处罚,或者被责令改正后又实施相应持有行为的;在执法人员检查时,有逃跑、丢弃携带物品或者逃避、抗拒检查等行为,在其携带、藏匿或者丢弃的物品中查获宣扬恐怖主义、极端主义的物品的;采用伪装、隐匿、暗语、手势、代号等隐蔽方式制作散发、持有宣扬恐怖主义、极端主义的物品的;以虚假身份、地址或者其他虚假方式办理托运、寄递手续,在托运、寄递的物品中查获宣扬恐怖主义、极端主义的物品的;其他共同犯罪嫌疑人、被告人或者其他知情人供认、指证,行为人不承认其主观上"明知",但又不能作出合理解释的,依据其行为本身和认知程度,足以认定其确实"明知"或者应当"明知"的;等等,都应当认定为“明知”。需要补充强调的是，根据行为外观判断是否“明知”，一般需要行为人不能作出合理解释，如有证据证明行为人确属被蒙骗的，应当予以排除。

Ⅶ 处罚

按照《刑法》第 120 条之六的规定，犯本罪的，处 3 年以下有期徒刑、拘役或者管制，并处或者单处罚金。 8

第一百二十一条　劫持航空器罪

以暴力、胁迫或者其他方法劫持航空器的，处十年以上有期徒刑或者无期徒刑；致人重伤、死亡或者使航空器遭受严重破坏的，处死刑。

文献：刘仁文：《论危害国际航空罪》，载《法律科学》1998 年第 1 期；杜澎：《试论劫持航空器罪》，载《法学家》1998 年第 2 期；陈晓明：《国际与国内法下劫持航空器罪若干问题比较研究》，载《厦门大学法律评论》2001 年第 1 期；谢望原、刘艳红：《论劫持航空器罪及其惩治》，载《法制与社会发展》2003 年第 1 期；钊作俊：《论劫持航空器罪的几个问题》，载《法学评论》2003 年第 2 期；竹怀军：《劫持航空器罪若干疑难问题研究》，载《河北法学》2004 年第 12 期；梅文珏、邝少明：《论国际刑法中的劫持航空器罪》，载《湖南社会科学》2005 年第 5 期；许凌洁：《我国民航劫机犯罪特征及原因研究——兼析我国劫机犯罪预测》，载《西南民族大学学报(人文社科版)》2007 年第 11 期；王剑波：《惩治危害国际航空安全犯罪问题研究》，载《河南师范大学学报(哲学社会科学版)》2008 年第 1 期；王琼：《论我国刑法与反劫持航空器国际公约的协调》，载《法学杂志》2008 年第 1 期；高智华：《打击危害国际民航安全非法行为的国际公约与我国刑法相关规定的完善》，载《河北法学》2009 年第 1 期；孙运梁：《危害航空安全犯罪的惩治及其立法完善》，载《北京航空航天大学学报(社会科学版)》2010 年第 1 期；郝秀辉：《中国航空刑法问题研究述评——中国航空法学 30 年研究综述(二)》，载《北京航空航天大学学报(社会科学版)》2010 年第 3 期；付强：《论危害国际航空安全犯罪》，载《华东政法大学学报》2011 年第 3 期；杨惠、张莉琼：《国际航空犯罪之威胁罪研究——兼论与我国刑法的衔接》，载《河北法学》2013 年第 1 期；刘晓山：《论〈国际航空安保公约〉非法运输类犯罪及其与我国刑法之衔接》，载《武汉大学学报(哲学社会科学版)》2015 年第 3 期；孙运梁、石少敏：《比较视野下惩治航空安全犯罪的立法完善》，载《北京航空航天大学学报(社会科学版)》2015 年第 5 期；代承：《〈国际航空安保公约〉新发展下的劫持航空器罪》，载《国家检察官学院学报》2015 年第 6 期。

细目录

Ⅰ　主旨
Ⅱ　沿革
Ⅲ　客体
Ⅳ　行为
Ⅴ　主体

Ⅵ　罪过

Ⅶ　既遂的标准

Ⅷ　与他罪的区别

Ⅸ　处罚

Ⅰ　主旨

劫持航空器罪,是指以暴力、胁迫或者其他方法劫持航空器的行为。 1

随着航空事业的发展,劫持航空器的犯罪时有发生。由于航空器自身的速度快、 2
装载量大、高速运行于空中、造价昂贵等特点和性能,决定了航空器的运行状况和广大乘客的生命、健康和重大公私财产安全之间的紧密关系,一旦遭到劫持,造成事故,后果不堪设想。因此,反对劫持航空器,保护航空运输安全就成为国际社会共同关心的问题。在联合国以及国际民航组织和世界各国的共同努力下,先后制定了三个关于反对空中劫持航空器的国际公约,即 1963 年 9 月 14 日签订的《关于在航空器内的犯罪和其他某些行为的公约》(以下简称《东京公约》)、1970 年 12 月 16 日通过的《关于制止非法劫持航空器的公约》(以下简称《海牙公约》)、1971 年 9 月 23 日签订的《关于制止危害民用航空安全的非法行为的公约》(以下简称《蒙特利尔公约》)。这三个公约对于危害民用航空安全的行为作了比较明确具体的规定,同时对于各国联手打击这类犯罪应承担的义务也作了明确的规定,对于预防和惩治这类犯罪起到了重要作用。我国于 1978 年加入了《东京公约》,1980 年加入了《海牙公约》和《蒙特利尔公约》。

Ⅱ　沿革

我国 1979 年《刑法》将劫持航空器的行为作为反革命罪行进行处理,其第 100 条 3
第(三)项规定,以反革命为目的,劫持船舰、飞机、火车、电车、汽车的,处无期徒刑或者 10 年以上有期徒刑;情节较轻的,处 3 年以上 10 年以下有期徒刑。但是,现实中所发生的劫机犯罪的目的十分复杂,并不一定都是出于反革命目的;同时,反革命破坏罪是一个政治色彩较浓厚的概念,在劫机成功,罪犯逃到国外,我国根据司法主权原则,向罪犯所在国提出引渡罪犯回国受审的时候,容易引起误解。因此,将劫机行为规定为反革命破坏罪并不合适。鉴于上述情况,1992 年 12 月 28 日第七届全国人大常委会第二十九次会议通过了《关于惩治劫持航空器犯罪分子的决定》,在我国刑法中首次增加了劫持航空器罪这一罪名,将 1979 年《刑法》规定修改为:“以暴力、胁迫或者其他方法劫持航空器的,处十年以上有期徒刑或者无期徒刑;致人重伤、死亡或者使航空器遭受严重破坏或者情节特别严重的,处死刑;情节较轻的,处五年以上十年以下有期徒刑。”1997 年《刑法》吸收了上述决定的内容,在危害公共安全罪中规定了劫持航空器罪,并在此基础上作了两处修改:一是删去了“情节特别严重的”规定,对于判处死刑的法定情节,只限定在“致人重伤、死亡或者使航空器遭受严重破坏”这三种情况;二是删去了“情节较轻的”规定。

Ⅲ　客体

4　本罪的犯罪客体是航空运输安全。劫持航空器的犯罪不仅危及航空器上的机组人员、所载乘客的人身和财产的安全,而且由于航空器被劫持,很可能造成航空器的爆炸或失事,危及航空器的安全甚至地面建筑、设施和人员的安全。

Ⅳ　行为

5　本罪在客观上表现为,以暴力、胁迫或者其他方法劫持正在使用或者正在飞行中的航空器。

6　(1)必须使用暴力、胁迫或者其他方法进行劫持。所谓“暴力”,是指对航空器上的人员,包括乘客、机组人员实施殴打、伤害、捆绑、杀害等行为;所谓“胁迫”,是指以破坏航空器、杀害人质等相威胁,对航空器上的人员进行精神恐吓和强制;所谓“其他方法”,是指如使用干扰、麻醉等暴力、胁迫方法以外的足以造成航空器内的人员不能反抗、不敢反抗、不知反抗的各种方法;所谓“劫持”,是指行为人按照自己的意志,强行控制航空器的行为,包括变更航空器既定的飞行线路和降落地点。劫持行为必须发生在航空器之内,航空器之外的人教唆或者帮助航空器之内的人实施劫持行为的,构成本罪的共犯。

7　(2)劫持的对象是航空器。航空器,是指在空间航行的多种航空工具,包括飞机、飞艇、热气球、宇宙飞船等在内。至于航空器是本国的还是外国的,在所不问。根据1944年在芝加哥签订的《国际民用航空公约》的规定,航空器可分为国家航空器和民用航空器。凡用于军事、海关或者警察部门的航空器,是国家航空器。国家航空器以外的航空器是民用航空器,主要指以载运乘客、货物、邮件等公共航空运输业务为宗旨的有人驾驶的航空器。我国参加的三个国际公约,即《东京公约》《海牙公约》和《蒙特利尔公约》,均明文规定,本公约所规定的犯罪行为,都只涉及对民用航空器的侵犯上。因此,刑法所规定的劫持航空器罪,其对象是否包括国家航空器,存有争议。肯定意见认为,本罪侵犯的对象是航空器,至于航空器是民用的还是供军事、海关、警察等使用的,都不影响本罪的成立。因为,尽管根据有关国际公约的规定,劫持航空器犯罪中的航空器仅限于民用航空器,但不能完全根据国际刑法来解释国内刑法;国内刑法也没有对航空器作出任何限定;劫持供军事、海关、警察等使用的国家航空器的犯罪行为也可能发生,应依法惩治。[1] 否定意见认为,本罪所侵犯的对象应当是民用航空器,而不是国家航空器。因为,刑法关于劫持航空器的规定,从某种意义上

1　参见张明楷:《刑法学》(第6版),法律出版社2021年版,第909页。

讲,是中国承担的严厉制裁劫持民用航空器犯罪的国际义务,是有关国际公约在国内法中的体现,二者的基本精神应当是一致的。[2] 笔者同意前一种观点。我国刑法中规定劫持航空器罪,并不完全是因为我国加入了上述三个国际公约,而是考虑到我国现实中已经出现的劫持航空器的情形,因此,完全根据国际公约的规定来解释我国刑法的规定,理由并不充分;另外,否定意见认为对劫持供军事、海关、警察等使用的国家航空器的行为应当根据劫持航空器罪以外的刑法条款来定罪判刑,但是,现行刑法中实在难以找出其他适用该种行为的条款。

(3)劫持的必须是正在使用或者飞行中的航空器。根据《蒙特利尔公约》的规 8
定,从地面人员或机组为某一特定飞行而对航空器进行飞行前的准备时起,直到降落后24小时止,该航空器被认为是"正在使用中"。根据《海牙公约》的规定,航空器从装载完毕,机舱外部各门均已关闭时起,直到打开任一机舱门以便卸载时为止,都应该认为是在飞行中;航空器迫降时,在主管当局接管对该航空器及其所载人员和财产的责任前,应被认为仍"在飞行中"。

Ⅴ 主体

本罪是一般主体,已满16周岁、具有辨认和控制自己行为能力的自然人都可以 9
成为本罪的主体。已满14周岁、未满16周岁的人使用故意杀人或者故意致人重伤的暴力手段劫持航空器的,虽然不能构成本罪,但是,可以以故意杀人罪或者故意伤害罪追究其刑事责任。由于劫持航空器罪是一种国际恐怖犯罪,因此,不论是中国公民、外国公民还是无国籍人,都可构成,其中包括机组人员。

Ⅵ 罪过

本罪在主观上是出于故意,即行为人明知自己非法劫持航空器的行为严重威胁 10
航空安全而实施该种行为。本罪对于犯罪动机没有要求,无论出于何种动机,即便是以所谓政治避难为借口而实施的劫机行为,也构成本罪。

Ⅶ 既遂的标准

关于本罪的既遂标准,刑法理论上有不同观点。第一种观点认为,行为人一旦着 11
手实施劫持行为,无论持续时间长短,无论把航空器劫持到什么位置,都是犯罪既遂,不存在犯罪未遂的情况。第二种观点认为,只有将航空器劫持到罪犯指定的地点,才成立犯罪的既遂,否则就是犯罪未遂。第三种观点认为,本罪既遂的标准是行为人已经将航空器劫持出境,尚未劫持出境的,就是犯罪未遂。第四种观点认为,行

---

2 参见王作富主编:《刑法分则实务研究》(第4版),中国方正出版社2010年版,第121—122页。

为人着手实施劫持行为之后,如果已经实际控制了航空器的运行,就是既遂;如果尚未控制航空器的,就构成本罪的未遂。[3]

12 笔者认为,劫持航空器罪在客观方面由使用暴力、胁迫或者其他方法和劫持航空器这两个行为组成,行为人在着手实施暴力、胁迫等行为后,由于意志以外的原因而没有能够实际控制航空器的情况是完全可能存在的。因此,上述第一种观点,即主张劫持航空器罪是行为犯,只要行为人实施了劫持航空器的行为,就构成本罪的既遂,不存在未遂的见解是不妥的。上述第二种和第三种观点都是以地点作为本罪是否达到既遂的标准,这两种见解的缺陷也是显而易见的。劫持航空器罪属于危害公共安全的犯罪,而行为人的行为是否危害了公共安全与航空器是否离开国境并没有关系,在行为人实际控制了正在飞行中的航空器的场合,即便航空器没有离开国境,也现实地危害了公共安全,达到了应认定为既遂的程度;同时,并不是所有的劫持航空器的行为都是为了外逃,按照上述标准的话,不以外逃为目的的劫持航空器的行为,即便已经造成了机毁人亡的后果,也不存在既遂的问题,这显然是不可想象的。第四种观点以行为人实际控制了航空器作为本罪既遂标准是合理的,该观点也符合有关国际公约的精神。《海牙公约》第 1 条明确规定,在飞行中的航空器内的任何人,如果用暴力或者暴力相威胁,或用任何其他恐吓方式,非法劫持或者控制该航空器,都构成该公约所规定的非法劫持航空器罪。

Ⅷ　与他罪的区别

13 航空器属于交通工具的一种,破坏交通工具罪的犯罪对象中也包括正在使用中的航空器,因此,当犯罪分子针对正在使用中的航空器使用暴力劫持,严重影响航空安全时,应当构成何罪就成为问题。一般来说,两罪之间的区别主要有二:一是犯罪目的不同。本罪的目的是将飞机劫持到指定的地点,破坏交通工具罪的目的则是使飞机倾覆、毁坏。二是客观行为方式不同。本罪是公然采用对乘客或机组人员实施暴力、胁迫或其他方法劫持正在使用中的航空器;破坏交通工具罪通常是采用秘密手段对正在使用中的飞机进行破坏。但是,劫持航空器的犯罪分子在使用暴力劫持航空器的过程中,即便使航空器本身遭到破坏,足以造成航空器倾覆、毁坏危险,或者已经造成了该种严重后果的时候,也仍应当按照劫持航空器罪处理。刑法对劫持航空器罪规定了相当严厉的刑罚,足以对上述行为进行适当的处罚。

Ⅸ　处罚

14 根据《刑法》第 121 条的规定,以暴力、胁迫或者其他方法劫持航空器的,处 10 年

3　参见王作富主编:《刑法分则实务研究》(第 4 版),中国方正出版社 2010 年版,第 124—125 页。

以上有期徒刑或者无期徒刑;致人重伤、死亡或者使航空器遭受严重破坏的,处死刑。其中,“致人重伤、死亡”,是指犯罪分子在劫持航空器过程中,使用的暴力等犯罪手段,直接导致机上人员重伤、死亡,包括打死、打伤旅客、机组人员,或者在航空器因被劫持而出现异常情况,在迫降时,造成上述人员或地面人员死伤的情况。所谓“使航空器遭受严重破坏的”,是指劫持行为造成航空器自身遭受严重破坏,包括航空器上的重要设施遭受严重破坏、运载的货物等遭受严重损失的情况。

第一百二十二条　劫持船只、汽车罪

以暴力、胁迫或者其他方法劫持船只、汽车的，处五年以上十年以下有期徒刑；造成严重后果的，处十年以上有期徒刑或者无期徒刑。

文献:林虹、林凤:《我国刑法应当增加劫持交通工具罪》,载《现代法学》1984年第4期;屈学武:《劫持车船罪释析》,载《人民检察》1997年第6期。

细目录

Ⅰ　主旨
Ⅱ　沿革
Ⅲ　客体
Ⅳ　行为
Ⅴ　主体
Ⅵ　罪过
Ⅶ　与他罪的区别
Ⅷ　处罚

Ⅰ　主旨

1　劫持船只、汽车罪,是指使用暴力、胁迫或者其他方法劫持船只、汽车,危害公共安全的行为。船只、汽车是我国社会中被用于交通运输的两种主要交通工具,具有装载量大、速度快、机动灵活等特点。这使得船只、汽车在运行中具有较大的危险性,一旦在运行中出现异常情况,很容易造成惨重后果。另外,船只、汽车不受固定轨道约束,可任意操作行驶,因此,容易成为犯罪分子劫持的对象。而当犯罪分子使用暴力、胁迫手段劫持船只、汽车时,往往因为操作失控,导致倾覆、沉没,或驶入危险线路,与其他交通工具相撞,造成车毁人亡的后果。因此,严厉惩治劫持船只、汽车的犯罪行为,对维护人民的生命、财产安全和船只、汽车的正常运营安全,维护社会治安秩序,具有十分重要的意义。

Ⅱ　沿革

2　1979年《刑法》第100条第(三)项规定,出于反革命目的,“劫持舰船、飞机、火车、电车、汽车的”行为属于“反革命破坏罪”中的一种,处无期徒刑或10年以上有期徒刑;情节较轻的,处 3 年以上 10 年以下有期徒刑。1979 年修订的刑法对出于其他目的劫持交通工具的行为没有规定。但是,现实生活中所发生的劫持交通工具的行为绝大多数不是出于反革命目的,同时,由于反革命罪政治色彩浓厚,往往给引渡劫持交通工具后逃到国外的犯罪分子回国受审造成不必要的麻烦。针对这一现实问题,1992 年全国人大常委会通过的《关于惩治劫持航空器犯罪分子的决定》中规定了作为危害公共安全罪的劫持航空器罪,但是,劫持其他交通工具的行为仍然属于“反革命破坏罪”。为了从根本上解决对劫持交通工具行为的处罚问题,1997 年修订刑法时,将这类劫持行为也作了专条规定,与劫持航空器的行为一起,共同纳入“危害公共安全罪”一章。

Ⅲ 客体

本罪的客体是不特定或多数人的生命、健康和重大公私财产的安全,即公共安全。作为其犯罪对象的船只、汽车都是大型的现代化的交通运输工具,与公共安全密切相关,使用暴力劫持,有可能危害公共安全。 3

Ⅳ 行为

本罪在客观上表现为以暴力、胁迫或者其他方法劫持船只、汽车。 4

首先,必须使用暴力、胁迫或者其他方法进行劫持。所谓使用暴力劫持船只、汽车,是指对船只、汽车上的人员,特别是驾驶人员、售票人员,实施捆绑、殴打、伤害等行为,迫使操纵船只、汽车的人服从行为人或行为人自己亲自控制船只、汽车。从本罪的最高法定刑为无期徒刑来看,本罪中的“暴力”,不应该包括故意杀人的情况。如果行为人以故意杀人的暴力手段劫持船只、汽车的,就是故意杀人罪和本罪的牵连犯,按照“从一重处罚”原则,应当以故意杀人罪定罪处罚。所谓使用胁迫手段劫持船只、汽车,是指对乘务人员施以精神恐吓或强制,使驾驶、操纵人员不敢反抗,听任其指挥或自己亲自操纵。所谓使用其他方法劫持船只、汽车,是指采用暴力、胁迫方法以外的与暴力、胁迫相当的方法,如使用麻醉药品致驾驶人员、操作人员昏迷,使驾驶人员处于不能反抗或不知反抗的状态。所谓劫持,是指强行控制船只、汽车,包括使船只、汽车的操纵者按照行为人的意志驾驶船只、汽车和由行为人自己驾驶船只、汽车两种情况。 5

其次,劫持的必须是正在使用中的船只、汽车,包括正在行驶和停放在码头、车站等待用、准备随时执行运输任务的船只、汽车。这里的船只,是指较大型的用于交通运输的机动或非机动船只,钓鱼、捕鱼用的小舢板、小渔舟等一般不包括在内。汽车是指机动车辆,包括以内燃机、柴油机、电机等机械为动力的车辆,不包括非机动车辆和机动的小型车辆,如两轮摩托车、三轮的残疾人用车等。电车、火车这两种交通工具因为都有固定的行驶轨道,难以被劫持;加之现实生活中劫持火车、电车的情况 6

十分罕见,因此,劫持电车、火车的不构成本罪,但可以以危险方法危害公共安全罪论处。

7 劫持船只、汽车罪是行为犯,只要行为人实施了以暴力、胁迫或者其他方法劫持船只、汽车的行为,就构成劫持船只、汽车罪,而不论是否发生危害后果,也不论行为人的目的是否已经达到。但是,在行为人着手实施劫持船只、汽车行为时,由于行为人意志以外的原因而未能实际控制该船只、汽车时,劫持行为未能完成,只能构成劫持船只、汽车罪的未遂。

V 主体

8 劫持船只、汽车罪的主体是一般主体,即已满 16 周岁、具有辨认和控制自己行为能力的自然人都可以成为本罪的适格主体。已满 12 周岁、不满 16 周岁的人使用故意杀人、故意伤害的暴力手段劫持船只、汽车,致人死亡、严重残疾或重伤的,不能构成本罪,但可以以故意杀人罪、故意伤害罪定罪处罚。

VI 罪过

9 本罪在主观上只能是出于故意,即行为人认识到通过使用暴力、胁迫或其他方法,强行控制船只、汽车的运行,以达到控制船只、汽车的目的。犯罪动机不影响本罪的成立。

VII 与他罪的区别

10 本罪与破坏交通工具罪的区别表现在以下方面:首先,二者的手段不同。劫持船只、汽车罪往往是对乘务人员、司机或乘客实施暴力或以暴力相威胁,来达到控制船只、汽车的效果;破坏交通工具罪往往是对船只、汽车本身等进行破坏。其次,犯罪对象不同。劫持船只、汽车罪的对象只限于船只、汽车;破坏交通工具罪的犯罪对象除船只、汽车之外,还包括火车、电车、航空器。最后,犯罪的主观方面不同。劫持船只、汽车罪也可能对汽车造成破坏,但行为人的主观目的是劫夺和控制船只、汽车;破坏交通工具罪的行为人是通过破坏船只、汽车等交通工具而使其倾覆或毁坏。

VIII 处罚

11 依照《刑法》第 122 条的规定,犯本罪的,处 5 年以上 10 年以下有期徒刑;造成严重后果的,处 10 年以上有期徒刑或者无期徒刑。所谓造成严重后果,一般是指在以暴力、胁迫或其他方法劫持船只、汽车过程中,致人重伤、死亡的(但故意杀人的除外);劫持过程中,导致汽车、船只被毁坏,部分或者全部丧失效用的;或者在劫持过程中,由于违章操作而造成重大交通事故的;等等。

12 但是,在本罪的处罚中,有一个问题必须注意,即在劫持船只、汽车的过程中,即便造成船只沉没或者汽车翻车，造成不特定或者多数人重伤、死亡或者重大财产损失的严重后果，其最高法定刑也只能是无期徒刑，而在其他造成不特定或者多数人重伤、死亡或者重大财产损失的犯罪，如放火、爆炸、决水、投放危险物质、以危险方法危害公共安全、破坏交通工具、破坏交通设施等犯罪的场合，其最高法定刑都是死刑；同时，船只、汽车等都是大型快速的现代交通工具，一旦犯罪分子采用暴力、胁迫等手段劫持船只、汽车，就可能造成不特定或者多数人的生命、健康危险以及重大财产损失，因此，劫持船只、汽车罪和劫持航空器罪一样，是非常严重的危害公共安全的犯罪。现行刑法对于劫持航空器罪规定，“致人重伤、死亡或者使航空器遭受严重破坏的，处死刑”；而本罪即便在发生致人死亡的严重后果的场合，也只能判处无期徒刑，这显然是罪刑不相适应的。

上述问题可以按照法条竞合来解决。正在使用中的船只、汽车具有装载量大、速 13
度快等特点，这使得劫持船只、汽车行为本身就具有了较大的危险性，一旦在运行中遇到意外情况，就会发生不堪设想的后果，因此，以暴力、胁迫手段劫持船只、汽车，本质上与以放火、爆炸等以危险方法严重危害公共安全的行为类似。可以说，规定劫持船只、汽车罪的《刑法》第 122 条和规定以危险方法危害公共安全罪的《刑法》第 115 条存在特殊法条和普通法条之间的法条竞合关系，即劫持船只、汽车的行为同时符合《刑法》第 115 条和第 122 条的规定。既然如此，那么，按照法条竞合的适用原则，在通常情况即劫持船只、汽车的行为没有造成不特定或多数人重伤、死亡或者重大公私财产毁坏的情况下，只能严格按照特殊法优于普通法的原则，按照《刑法》第 122 条规定的劫持船只、汽车罪定罪量刑；但是，在劫持船只、汽车的行为造成不特定或多数人的重伤、死亡或者重大公私财产的毁坏，按照劫持船只、汽车罪定罪处罚难以评价其社会危害，也不足以实现罪刑相适应原则的时候，就可以按照“重法优于轻法”的原则，适用《刑法》第 115 条的规定，以以危险方法危害公共安全罪定罪量刑，从而解决上述罪刑不相适应的问题。

第一百二十三条　暴力危及飞行安全罪

对飞行中的航空器上的人员使用暴力，危及飞行安全，尚未造成严重后果的，处五年以下有期徒刑或者拘役；造成严重后果的，处五年以上有期徒刑。

文献:杨小思:《试论武力攻击民用航空器的法律问题》,载《法律学习与研究》1987年第5期;刘仁文:《论危害国际航空罪》,载《法律科学》1998年第1期;杜澎:《试论劫持航空器罪》,载《法学家》1998年第2期;张小虎:《暴力危及飞行安全罪之理论剖析》,载《犯罪研究》2002年第4期;周铭川、黄丽勤:《暴力危及飞行安全罪》,载《河南公安高等专科学校学报》2006年第1期;王剑波:《惩治危害国际航空安全犯罪问题研究》,载《河南师范大学学报(哲学社会科学版)》2008年第1期;高智华:《打击危害国际民航安全非法行为的国际公约与我国刑法相关规定的完善》,载《河北法学》2009年第1期;孙运梁:《危害航空安全犯罪的惩治及其立法完善》,载《北京航空航天大学学报(社会科学版)》2010年第1期;郝秀辉:《中国航空刑法问题研究述评——中国航空法学30年研究综述(二)》,载《北京航空航天大学学报(社会科学版)》2010年第3期;付强:《论危害国际航空安全犯罪》,载《华东政法大学学报》2011年第3期;杨惠、张莉琼:《国际航空犯罪之威胁罪研究——兼论与我国刑法的衔接》,载《河北法学》2013年第1期;刘晓山:《论〈国际航空安保公约〉非法运输类犯罪及其与我国刑法之衔接》,载《武汉大学学报(哲学社会科学版)》2015年第3期;刘耀彬:《暴力危及飞行安全罪探析》,载《南京航空航天大学学报(社会科学版)》2015年第4期;孙运梁、石少敏:《比较视野下惩治航空安全犯罪的立法完善》,载《北京航空航天大学学报(社会科学版)》2015年第5期;代承:《〈国际航空安保公约〉新发展下的劫持航空器罪》,载《国家检察官学院学报》2015年第6期。

细目录

Ⅰ　主旨
Ⅱ　沿革
Ⅲ　客体
Ⅳ　行为
Ⅴ　主体
Ⅵ　罪过
Ⅶ　与他罪的区别
Ⅷ　处罚

I 主旨

1 众所周知,航空器处于飞行状态时,一旦出现飞行异常,操作失去控制,就会造成机毁人亡的后果。在引起操作异常的人为因素中,除劫持行为外,还有其他一些行为,包括对飞行中的航空器上的人员即机组人员和乘客施加暴力,都会影响航空器的正常操作和飞行。因此,暴力侵袭航空人员的行为也是一种极为严重的犯罪。1971年签订的《蒙特利尔公约》第1条中明确规定,对飞行中的航空器内的人使用暴力,如该行为将会危及该航空器的安全,就构成危害民用航空安全的犯罪。这表明了国际社会对此种犯罪的高度重视,对维护民航安全具有十分重要的意义。

Ⅱ 沿革

2 我国1979年《刑法》没有专门规定暴力危及飞行安全的犯罪。1992年通过的《关于惩治劫持航空器犯罪分子的决定》中,增设了劫持航空器罪,但是,并没有将对飞行中的航空器内的人员使用暴力,危及飞行安全的行为规定为犯罪。1995年通过的《民用航空法》第192条规定,"对飞行中的民用航空器上的人员使用暴力,危及飞行安全"的,依照1979年《刑法》第105条、第106条规定的有关以放火、决水、爆炸、投毒以及其他危险方法危害公共安全罪追究刑事责任,初步解决了暴力危及飞行安全的定罪量刑问题。1997年《刑法》吸收了《民用航空法》的有关规定,在危害公共安全罪中增设"暴力危及飞行安全罪",使对飞行中的航空器上的人员使用暴力,危及飞行安全的行为成为一种独立的犯罪。

Ⅲ 客体

3 本罪侵犯的客体是航空器的飞行安全。对飞行中的航空器上的人员使用暴力,不仅危及被害人的人身安全,更主要的是危及航空器自身的安全。由于飞行中的航空器速度极快,难以操纵,而且装载有人员或货物,一旦出现危险,不仅使航空器本身遭受毁坏,还会造成航空器上所载人员、货物甚至地面上人员、财产的巨大损失。因此,暴力危及飞行安全的行为是一种社会危害性极大的危害公共安全的犯罪。

Ⅳ 行为

4 本罪在客观上表现为对正在飞行中的航空器上的人员使用暴力,危及飞行安全的行为。首先,行为人必须使用了暴力侵害,危及飞行安全。所谓"暴力",是指对机上人员,即驾驶人员、乘务人员和乘客实施捆绑、殴打等暴力行为。乘客或机组人员之间的互殴行为也是暴力行为。但是,从本罪的法定刑来看,这里的暴力,不应包括以特别残忍的手段致人重伤造成残疾和故意杀人的情况在内。因为,本罪的最高法定刑为15年有期徒刑,而故意杀人罪、致人死亡的故意伤害罪、以特别残忍手段致人重伤或严重残疾的故意伤害罪,这三者的最高法定刑均为死刑,因此,在行为人以特别残忍的伤害行为或杀人行为作为手段危及飞行安全的时候,如果只按暴力危及飞行安全罪定罪处罚,显然罚不当罪。其次,行为人必须针对正在飞行中的航空器上的人员使用暴力侵害。只有针对这种特定的对象使用暴力,才可能危及飞行安全。至于什么是"飞行中",理论上存在争议。一种观点认为,所谓"飞行中",就是《蒙特利尔公约》中所说的,航空器从装载完毕、机舱外部各门均已关闭时起,直至打开任一机舱门以便卸载时为止,应被认为是在飞行中;航空器强迫降落时,在主管当局接管该航空器及其所载人员和财产的责任前,应被认为仍在飞行中。[1] 另一种观点认为,本罪中的"飞行中"不宜严格按照《蒙特利尔公约》的规定来掌握,而应按照《东京公约》的规定来掌握,即飞行中是指"航空器从其开动马力起飞到着陆冲程完毕"[2]。笔者认为,后一种观点是比较可取的。因为暴力危及飞行安全罪,主要是通过对机上的人员使用暴力而可能使航空器的飞行发生异常,危害公共安全。因此,在航空器仅装载完毕,机舱外部各门均已关闭,但航空器尚未正式启动运行之前,或者降落后虽然未打开任一机舱门以便卸载,但是航空器确实已经降落地面,在地面滑行的情况下,如果行为人对机上的机组人员或乘客实施暴力的,就不可能危及飞行安全,难以构成本罪。最后,必须危及飞行安全,即实施上述行为必须达到危及飞行安全的程度,有使飞行中的航空器坠毁的现实危险性。乘客之间发生争吵,即便带有轻微的暴力冲突,只要不足以危害航空器的飞行安全,就不构成本罪。

V 主体

5 本罪的主体是一般主体,因此,已满 16 周岁、具有辨认和控制自己行为能力的自然人都能成为本罪的适格主体。

VI 罪过

6 本罪的罪过为故意,即行为人明知自己对飞行中的航空器上的人员使用暴力,会危及飞行安全,并且希望或者放任这种结果发生。行为人实施本罪的动机可能多种多样,但对本罪的成立没有影响。

VII 与他罪的区别

7 (1)本罪与劫持航空器罪的主要区别:一是二者的主观内容不同。劫持航空器罪

---

1 参见鲍遂献、雷东生:《危害公共安全罪》,中国人民公安大学出版社 2003 年版,第 205 页。

2 全国人大常委会法制工作委员会刑法室编著:《中华人民共和国刑法释义》,法律出版社 1997 年版,第 137 页。

的行为人对机上人员使用暴力的目的在于实际控制航空器,暴力危及飞行安全罪的行为人则没有这一目的。二是客观表现不同。劫持航空器罪的行为人是在正在使用中(包括停机待用状态)或者正在飞行中的航空器上,对机组人员和乘客使用暴力、胁迫或者其他手段,劫夺和控制航空器;暴力危及飞行安全罪只要求行为人在正在飞行中的航空器上,对机组人员或其他乘客实施暴力行为即可。三是构成犯罪的要求不同。暴力危及飞行安全罪中的行为人所实施的暴力行为必须达到危害公共安全的程度;劫持航空器罪的行为人只要实施了劫持行为即构成犯罪。当然,行为人出于劫持航空器的目的,对正在飞行中的航空器上的人员如驾驶员使用暴力,危及飞行安全的,则是一行为同时触犯劫持航空器罪和暴力危及飞行安全罪两个罪名的情况,成立想象竞合犯。在这种情况下,按照从一重处罚原则,以劫持航空器罪论处。

(2)本罪与破坏交通工具罪的区别。行为人以造成航空器毁坏为目的而故意对 8
航空器上的人员(主要是机组人员)使用暴力,直接导致航空器坠毁的严重后果的,行为同时触犯了本罪与破坏交通工具罪,应当选择较重的破坏交通工具罪处罚。

(3)对在航空器上同其他人员如乘客等发生争吵,使用暴力,但不足以危害飞行 9
安全的,不构成本罪,视情况可以故意伤害罪或者寻衅滋事罪处理。

Ⅷ　处罚

根据《刑法》第123条的规定,对飞行中的航空器上的人员使用暴力,危及飞行安 10
全,尚未造成严重后果的,处5年以下有期徒刑或者拘役;造成严重后果的,处5年以上有期徒刑。这里所谓"造成严重后果",包括暴力致人重伤(不包括以特别残忍的手段致人重伤造成严重残疾的情况),造成航空器严重毁损、坠落或者使公私财物遭受重大损失,致使发生重大飞行事故、发生人员死伤或其他重大损失等情况在内。

第一百二十四条　破坏广播电视设施、公用电信设施罪；过失损坏广播电视设施、公用电信设施罪

破坏广播电视设施、公用电信设施，危害公共安全的，处三年以上七年以下有期徒刑；造成严重后果的，处七年以上有期徒刑。

过失犯前款罪的，处三年以上七年以下有期徒刑；情节较轻的，处三年以下有期徒刑或者拘役。

文献：戴承欢、黄书建：《破坏广播电视设施罪构罪标准探讨——以选择性罪名的内涵为视角》，载《齐鲁师范学院学报》2012 年第 1 期；李璟钰、田凯音：《对破坏广播电视设施罪中"破坏"之解释路径的反思——兼对实质解释论的审慎思考》，载《商丘师范学院学报》2015 年第 10 期。

细目录

Ⅰ　主旨
Ⅱ　沿革
Ⅲ　客体
Ⅳ　行为
Ⅴ　主体
Ⅵ　罪过
Ⅶ　与他罪的区别
一、本条规定的过失犯罪与故意犯罪的区别
二、破坏广播电视设施、公用电信设施罪与盗窃罪的区别
三、破坏广播电视设施、公用电信设施罪与破坏交通工具罪、破坏交通设施罪的区别
四、破坏广播电视设施、公用电信设施罪与放火罪、爆炸罪的区别
Ⅷ　处罚

Ⅰ　主旨

1　破坏广播电视设施、公用电信设施罪，是指故意破坏广播电视设施、公用电信设施，危害公共安全的行为。随着科技的迅猛发展，广播电视、电信事业在社会政治、经济、文化等领域所发挥的作用越来越重要，除能够起到传播信息的作用之外，在某些

特定情况下,如发生突发事件时、国家进入战争状态时等非常时刻,还能起到向公众通报情况、稳定秩序、疏导群众的作用。因此,破坏广播电视设施、公用电信设施罪虽然不像其他危害公共安全犯罪那样,可以直接造成不特定或多数人的伤亡或重大公私财产的损失,但是,广播电视设施的破坏,公用通信系统的中断,会使国家政治、经济、文化、社会生活的某些方面在一定程度上陷入紊乱,同样会给人民的生命财产、公共事业带来严重后果。因此,将破坏广播电视设施、公用电信设施的行为单独定罪,是维护公共安全的重要举措。

Ⅱ 沿革

1979 年《刑法》第 111 条规定:"破坏广播电台、电报、电话或者其他通讯设备,危害公共安全的,处七年以下有期徒刑或者拘役;造成严重后果的,处七年以上有期徒刑。过失犯前款罪的,处七年以下有期徒刑或者拘役。"1997 年《刑法》根据各种电信设施日新月异的要求和电视等大众传媒广泛普及的现状,将"广播电台、电报、电话或者其他通讯设备"概括为"广播电视设施、公用电信设施",使本罪的处罚范围更加具有针对性,合乎我国的实际情况。 2

Ⅲ 客体

本罪的客体是传播、通信方面的公共安全。广播电视设施、公用电信设施是传播、通信设施,是人们进行联络、传递信息的重要渠道,一旦受到破坏,就会给国家的政治、经济、文化、社会生活等方面带来难以估量的损失。 3

本罪侵害的对象是广播电视设施、公用电信设施,具体来说,包括电视台的发射与接收电视图像的设备、邮电部门的收发报的机器设备、公共电话的交换设备、卫星通信设备、广播电台的发射与接收电波的设备,电信网络的计算机系统和基站,等等。城乡有线广播电视设施能否作为本罪的对象,学者间有不同看法。一种意见认为,城乡有线广播电视属于局部传播通信设施,对其破坏只能在一定范围内对一定地区的宣传及信息传递造成影响,不足以危害公共安全,因此,破坏城乡有线广播电视设施的行为不宜认定为本罪,对情节严重的,可以认定为毁坏公私财物罪。另一种意见则认为,城乡有线广播电视设施属于广播电视设施,对其破坏仅以故意毁坏公私财物罪论处,势必会轻纵罪犯,体现不出我国刑法对通信设施的特殊保护。因此,对于破坏城乡有线广播电视设施的行为,应以破坏广播电视设施、公用电信设施罪论处。笔者主张后一种意见。在有线广播电视日益普及的现在,对其破坏同样会造成广播、联络的中断,影响不特定或多数人的收视、收听效果,危害公共安全;同时,《刑法》第 124 条对于广播电视设施的类型并没有作特别限定,理解为包括城乡有线广播电视设施在内并非不可。另外,破坏或盗窃电话单机的行为是否构成本罪,也有不同意见。少数人认为,电话单机属于通信设施之一,对电话单机实施破坏,应认定为本罪。但 4

是,多数人认为,本罪侵害的客体是与传播、通信相关的公共安全,电话单机虽然属于通信设备,但对其破坏不足以造成对公共安全的威胁,因而电话单机不是本罪的对象,破坏电话单机的行为不构成本罪。笔者同意后一种见解。

Ⅳ　行为

1.破坏广播电视设施、公用电信设施罪的行为

5　本罪在客观上表现为破坏广播电视设施、公用电信设施,危害公共安全。首先,行为人必须具有破坏行为。这种破坏行为表现形式多样,一般可以概括为以下两种形式:一是有形的破坏,也就是使广播电视设施、公用电信设施受到物理上的毁坏,如拆毁或损毁重要部件、砸毁机器设备、割断电线等;二是无形的破坏,表现为使广播电视设施、公用电信设施丧失应有的性能,或者干扰广播电视设施、公用电信设施的功能,例如,利用计算机病毒破坏、干扰电信网计算机信息系统,删除、修改、增加电信网计算机信息系统中存储、处理或者传输的数据和应用程序[1],非法占用频率[2],以及设置、使用"伪基站"设备干扰公用电信网络信号[3]等。盗窃广播电视设施、公用电信设施的行为也是一种破坏行为,属于一行为同时触犯盗窃罪和破坏广播电视设施、公用电信设施罪。其次,破坏的对象必须是正在使用中的广播电视设施、公用电信设施。因为只有正在使用中的广播电视设施、公用电信设施被破坏,才有可能使不特定或多数人的收视、通信等受到影响,从而发生危害公共安全的结果。如果行为人只破坏了尚未投入使用或者正在检修过程中的广播电视设施、公用电信设施的,虽然也造成了公共财产的破坏,但不至于发生影响不特定或多数人正常收视、通信的后果,因此,不构成破坏广播电视设施、公用电信设施罪。最后,破坏行为必须危害了公共安全。是否危害了公共安全,可以从破坏手段、破坏的部位以及破坏的程度等方面综合分析,全面判断。如果仅仅是对上述广播电视设施、公用电信设施的零部件进行破坏,不足以危害公共安全的,就不构成本罪。

2.过失损坏广播电视设施、公用电信设施罪的行为

6　本罪在客观上表现为过失损坏广播电视设施、公用电信设施,造成严重后果的行为。首先,行为人必须具有过失损坏广播电视设施、公用电信设施的行为。这种行为一般是在日常生活或者工作中,由于不注意、疏忽大意引起的。如在农田建设、修建公路、挖沟开渠的过程中,不小心挖开地下电缆或其他通信设备,阻断通信等。同故

1　详见 2004 年 12 月 30 日最高人民法院《关于审理破坏公用电信设施刑事案件具体应用法律若干问题的解释》第 1 条。

2　详见 2011 年 6 月 7 日最高人民法院《关于审理破坏广播电视设施等刑事案件具体应用法律若干问题的解释》第 1 条。

3　详见 2014 年 3 月 14 日最高人民法院、最高人民检察院、公安部、国家安全部《关于依法办理非法生产销售使用"伪基站"设备案件的意见》。

意实施的破坏行为相比,其危险程度较低。其次,必须造成了严重后果。《刑法》第124条第1款规定了破坏广播电视设施、公用电信设施危害公共安全(尚未造成严重后果)与造成严重后果两种情况,第2款规定的是"过失犯前款罪的"情形,从这种规定的关系上看,似乎过失损坏广播电视设施、公用电信设施的行为,无论是否造成严重后果均构成犯罪。但是,绝大多数人认为,首先,从《刑法》第15条以及刑法分则有关过失犯罪的规定来看,过失犯罪的成立都要求造成严重后果。其次,与过失破坏交通设施等犯罪相比,过失损坏广播电视设施、公用电信设施的行为由于不会直接造成不特定或多数人的伤亡或重大公私财产的损失,所以其社会危害性相对要小一些,但前者都要求造成严重后果时才构成犯罪,后者就更应当以造成严重后果为构成要件。最后,如果对过失损坏广播电视设施、公用电信设施尚未造成严重后果的也予以处罚,则其法定刑和破坏广播电视设施、公用通信设施行为的法定刑相同,这显然是不合适的。因此,对《刑法》第124条第2款规定的"过失犯前款罪的",应理解为仅仅指的是第1款中的第二种情况,即造成严重后果的情形。[4]

V　主体

本罪的犯罪主体为一般主体,因此,已满16周岁、具有辨认和控制自己行为能力的自然人均可成为本罪的适格主体。 7

VI　罪过

1.破坏广播电视设施、公用电信设施罪的罪过

本罪的罪过形式是故意,即行为人明知自己的行为会发生广播电视设施、公用电信设施受到破坏,影响公众通信安全的后果,却希望或放任这种后果发生的心理态度。 8

2.过失损坏广播电视设施、公用电信设施罪的罪过

本罪在主观上只能由过失构成,包括过于自信的过失和疏忽大意的过失,其具体内容是行为人应当预见自己的行为可能破坏广播电视设施、公用通信设施,危害公共安全的结果,但由于疏忽大意而没有预见或者已经预见但轻信能够避免的心理态度。 9

VII　与他罪的区别

一、本条规定的过失犯罪与故意犯罪的区别

本条规定的过失犯罪与故意犯罪的主要区别有三。一是实行行为不同。前者是过失损坏行为,一般表现为在日常生活或者工作中,由于不注意或疏忽大意而实施无 10

4　参见张明楷:《刑法学》(第6版),法律出版社2021年版,第900页。

意识的行为;后者是积极的有意识的破坏行为,二者在危险程度上有差别。二是结果上要求不同。前者成立犯罪,以损坏行为造成严重后果为构成要件;后者则没有这一要求,行为人只要有破坏广播电视设施、公用电信设施的行为,即便没有造成严重后果,也可能构成犯罪。三是主观上不同。前者出于过失,后者出于故意。

二、破坏广播电视设施、公用电信设施罪与盗窃罪的区别

11 通常情况下两罪容易区分。在行为人盗窃库存的或者正在生产、维修中的通信器材的情形下,此类行为只能侵害财产所有权,并不危害电信方面的公共安全,应当以盗窃罪论处。但如果行为人盗窃的是正在使用中的广播电视设施、公用电信设施,如偷割正在使用中的电话线、电缆线、偷砍电线杆,由于该行为不仅破坏了公私财产所有权,而且还会危害电信方面的安全,因此,对该行为应该如何定性,需要具体分析。在行为人盗窃广播电视设施、公用电信设施价值数额不大,但是危害了公共安全的场合,由于该行为不构成盗窃罪,所以,只能以破坏广播电视设施、公用电信设施罪定罪处罚;在行为人盗窃数额较大的广播电视设施、公用电信设施,危害公共安全的场合,由于该行为既构成破坏广播电视设施、公用电信设施罪,又构成盗窃罪,所以是刑法理论上所说的一行为触犯数罪名的想象竞合犯,应该按照从一重处罚原则处理。2004 年 12 月 30 日最高人民法院《关于审理破坏公用电信设施刑事案件具体应用法律若干问题的解释》第 3 条规定:"故意破坏正在使用的公用电信设施尚未危害公共安全,或者故意毁坏尚未投入使用的公用电信设施,造成财产损失,构成犯罪的,依照刑法第二百七十五条规定,以故意毁坏财物罪定罪处罚。盗窃公用电信设施价值数额不大,但是构成危害公共安全犯罪的,依照刑法第一百二十四条的规定罪处罚;盗窃公用电信设施同时构成盗窃罪和破坏公用电信设施罪的,依照处罚较重的规定定罪处罚。"

三、破坏广播电视设施、公用电信设施罪与破坏交通工具罪、破坏交通设施罪的区别

12 在广播电视设施、公用电信设施成为交通工具、交通设施的一部分(如铁路沿线设置的专用通信装置、民航飞机上装置的无线电台等)的场合,破坏该种广播电视设施、公用电信设施的行为,实际上是破坏交通工具、交通设施,危害公共安全的行为,所以,应当以破坏交通工具罪和破坏交通设施罪定罪处罚。

四、破坏广播电视设施、公用电信设施罪与放火罪、爆炸罪的区别

13 实践中,还存在以爆炸、放火的方式破坏广播电视设施、公用电信设施的情形。如果该爆炸、放火行为仅仅破坏了广播电视设施、公用电信设施,就只构成破坏广播电视设施、公用电信设施罪;如果该行为既破坏了广播电视设施、公用电信设施,还造成不特定或多数人伤亡和财产损失,就是破坏广播电视设施、公用电信设施罪与爆炸

罪、放火罪的想象竞合犯,按照从一重处罚原则,应当以爆炸罪或者放火罪处理。

Ⅷ 处罚

《刑法》第124条第1款规定,破坏广播电视设施、公用电信设施,危害公共安全的,处3年以上7年以下有期徒刑;造成严重后果的,处7年以上有期徒刑。第124条第2款规定,过失犯前款罪的,处3年以上七年以下有期徒刑;情节较轻的,处3年以下有期徒刑或者拘役。 14

根据2004年12月30日最高人民法院《关于审理破坏公用电信设施刑事案件具体应用法律若干问题的解释》第1条和2011年6月7日最高人民法院《关于审理破坏广播电视设施等刑事案件具体应用法律若干问题的解释》第1条的规定,具有下列情形之一的,属于《刑法》第124条规定的"危害公共安全":造成救灾、抢险、防汛和灾害预警等重大公共信息无法发布的;造成火警、匪警、医疗急救、交通事故报警、救灾、抢险、防汛等通信中断或者严重障碍,并因此贻误救助、救治、救灾、抢险等,致使人员死亡1人、重伤3人以上或者造成财产损失30万元以上;造成2000以上不满1万用户通信中断1小时以上,或者1万以上用户通信中断不满1小时的;在一个本地网范围内,网间通信全阻、关口局至某一局向全部中断或网间某一业务全部中断不满2小时或者直接影响范围不满5万(用户×小时)的;造成网间通信严重障碍,一日内累计2小时以上不满12小时的;造成县级、地市(设区的市)级广播电视台中直接关系节目播出的设施无法使用,信号无法播出的;造成省级以上广播电视传输网内的设施无法使用,地市(设区的市)级广播电视传输网内的设施无法使用3小时以上,县级广播电视传输网内的设施无法使用12小时以上,信号无法传输的。在司法实践中,可以参照上述司法解释明文规定的情形,从破坏行为的性质、严重程度,传播、通信中断的时间长短、影响范围以及造成的直接损失等方面综合认定其他"危害公共安全"的情形。 15

此外,根据最高人民法院《关于审理破坏公用电信设施刑事案件具体应用法律若干问题的解释》第2条和最高人民法院《关于审理破坏广播电视设施等刑事案件具体应用法律若干问题的解释》第2条的规定,具有以下情形之一的,属于《刑法》第124条规定的"危害公共安全":造成救灾、抢险、防汛和灾害预警等重大公共信息无法发布,并因此贻误排除险情或者疏导群众,致使1人以上死亡、3人以上重伤或者造成财产损失50万元以上,或者引起严重社会恐慌、社会秩序混乱的;造成火警、匪警、医疗急救、交通事故报警、救灾、抢险、防汛等通信中断或者严重障碍,并因此贻误救助、救治、救灾、抢险等,致使人员死亡2人以上、重伤6人以上或者造成财产损失60万元以上的;造成1万以上用户通信中断1小时以上的;在一个本地网范围内,网间通信全阻、关口局至某一局向全部中断或网间某一业务全部中断2小时以上或者直接影响范围5万(用户×小时)以上的;造成网间通信严重障碍,一日内累计12小时以上的;造成省级以上广播电视台中直接关系节目播出的设施无法使用,信号无法播出 16

的;造成省级以上广播电视传输网内的设施无法使用3小时以上,地市(设区的市)级广播电视传输网内的设施无法使用12小时以上,县级广播电视传输网内的设施无法使用48小时以上,信号无法传输的。同理,司法实践可以参照上述司法解释的明文规定,从直接经济损失、通信中断时长、通信中断范围广狭、社会秩序或政治影响等方面综合认定其他“严重后果”。

17 至于《刑法》第124条第2款规定的“情节较轻”,司法解释没有明确举例说明,理论上一般认为是指行为人在犯罪前或犯罪后积极采取措施减少损失,或者主动自首,或损坏的只是一般的电信设施,如此等等。最高人民法院《关于审理破坏广播电视设施等刑事案件具体应用法律若干问题的解释》第3条第2款则特别规定,过失损坏广播电视设施构成犯罪,主动向有关有关部门报告,积极赔偿损失或者修复被损坏设施的,可以酌情从宽处罚。

第一百二十五条　非法制造、买卖、运输、邮寄、储存枪支、弹药爆炸物罪；非法制造、买卖、运输、储存危险物质罪

非法制造、买卖、运输、邮寄、储存枪支、弹药、爆炸物的，处三年以上十年以下有期徒刑；情节严重的，处十年以上有期徒刑、无期徒刑或者死刑。

非法制造、买卖、运输、储存毒害性、放射性、传染病病原体等物质，危害公共安全的，依照前款的规定处罚。

单位犯前两款罪的，对单位判处罚金，并对其直接负责的主管人员和其他直接责任人员，依照第一款的规定处罚。

文献:陈顺烈:《爆炸物与犯罪之研究》,载《法学研究》1985 年第 4 期;陈寿安、张卫平:《涉枪犯罪增多及遏制》,载《人民公安》1996 年第 14 期;彭毅:《完善枪支、弹药、爆炸物犯罪案件司法解释的几点建议》,载《国家检察官学院学报》2000 年第 3 期;刘振华、曹云清:《完善〈刑法〉对涉枪犯罪的制刑的思考》,载《广西政法管理干部学院学报》2001 年第 S1 期;刘志伟:《危险物品肇事罪若干疑难问题新探》,载《山东公安专科学校学报》2001 年第 2 期;王少俊、熊进军:《试论〈刑法〉第 125 条"情节严重"的判断标准》,载《当代法学》2002 年第 10 期;汪永乐:《〈关于办理非法制造、买卖、运输、储存毒鼠强等禁用剧毒化学品刑事案件具体应用法律若干问题的解释〉的理解与适用》,载《人民检察》2003 年第 10 期;周海洋:《〈关于修改《关于审理非法制造、买卖、运输枪支、弹药、爆炸物等刑事案件具体应用法律若干问题的解释》的决定〉的理解与适用》,载《人民司法》2010 年第 1 期;孙万怀:《买卖毒害性化学品的对象性质——以刑法解释的协调性原则为视角》,载《法学杂志》2013 年第 1 期。

细目录

Ⅰ　主旨
Ⅱ　沿革
Ⅲ　客体
Ⅳ　行为
Ⅴ　主体
Ⅵ　罪过
Ⅶ　处罚

I 主旨

1 枪支、弹药、爆炸物是杀伤力很强的危险物品,如果管理不当,会给国家和人民利益造成严重危害,给社会治安带来极大隐患。因此,国家对枪支、弹药、爆炸物等进行严格管理,对违反管理规定,擅自制造、买卖、运输、邮寄、储存上述物品的行为进行刑事制裁十分必要。同样,具有毒害性、放射性、传染病病原体等物质具有巨大的杀伤力与破坏力,如果保管不当,就会给不特定或多数人的生命、健康和公私财产造成巨大损害,甚至给人类的生存安全造成极大的威胁。我国在1987年制定了《核材料管理条例》,明文规定禁止非法买卖和运输核材料;之后我国又加入了《核材料实物保护公约》,承担打击和惩治非法获取核材料的国际义务。总之,严惩上述犯罪,既是维护公共安全的现实需要,也是我国不容推卸的国际义务。

II 沿革

2 我国历来重视对涉枪、涉爆犯罪的打击。1979年《刑法》第112条规定:“非法制造、买卖、运输枪支、弹药的,或者盗窃、抢夺国家机关、军警人员、民兵的枪支、弹药的,处七年以下有期徒刑;情节严重的,处七年以上有期徒刑或者无期徒刑。”1983年全国人大常委会通过《关于严惩严重危害社会治安的犯罪分子的决定》,修改了1979年《刑法》的有关内容:一是在犯罪对象上增加了“爆炸物”;二是提高上述犯罪行为的法定刑,即对于非法制造、买卖、运输或者盗窃、抢夺枪支、弹药、爆炸物,情节特别严重的,或者造成严重后果的犯罪分子,可以在刑法规定的最高刑以上处刑,直至判处死刑。1997年修订的《刑法》在总结近十几年来司法实践经验的基础上,对以往的有关枪支、弹药、爆炸物的犯罪进行了全面的完善和总结,其后《刑法修正案(三)》对相关内容又作了进一步修改。现行刑法中的有关内容与1979年《刑法》相比有以下不同:①行为方式不同,即现行刑法增加了“邮寄”和“储存”两种行为;②犯罪对象不同,现行刑法中“爆炸物”也是犯罪对象;③犯罪主体不同,按照现行刑法的规定,单位也可以成为本罪的犯罪主体;④法定刑不同,现行刑法中本罪的法定刑要高于1979年《刑法》。

3 1997年修订的《刑法》第125条第2款规定,非法买卖、运输核材料的,依照前款的规定处罚。《刑法修正案(三)》对现行刑法的上述规定作了大幅度修改:关于本罪的对象,除核材料之外,还将毒害性、放射性、传染病病原体等物质也包括在内;关于本罪的行为,除非法买卖、运输之外,还增加了非法制造、储存这两种行为,从而使本罪能更好地应对现实中发生的各种各样的危害公共安全的危险物质的犯罪。

III 客体

4 本罪侵犯的客体是复杂客体,包括公共安全和国家对于枪支、弹药、爆炸物以及毒害性、放射性、传染病病原体等危险物品的管理制度。上述物品一旦被犯罪分子所掌握,就可能危及不特定或多数人的生命、健康和公私财产的安全,给公共安全留下隐患。为了维护公共安全,国家对于上述物品必须进行统一管理。任何单位和个人制造、买卖、运输、储存上述物品,都必须遵守国家的有关规定。我国政府非常重视对枪支、弹药和爆炸物的管理,1984 年发布的《民用爆炸物品管理条例》及 1981 年发布的《枪支管理办法》等有关法律法规,对枪支、弹药、爆炸物实行国家管制,并对枪支、弹药、爆炸物的制造、买卖、运输、使用等实行严格管理。因此,非法制造、买卖、运输、邮寄、储存枪支、弹药、爆炸物的行为,不仅由于枪支、弹药、爆炸物的巨大破坏力和杀伤力而危及公共安全,而且还破坏了国家有关枪支、弹药、爆炸物的管理制度。对于放射性的核物质、有毒有害的危险物品,我国也制定了非常严格的储存、使用规则。因此,擅自制造、买卖、运输、储存上述物品,不仅有可能造成不特定或多数人的重伤、死亡和重大公私财产的损失,危害公共安全,而且还危害了国家有关上述危险物品的管理制度。

关于本条所规定的犯罪对象,可以分为两种情况: 5

1.非法制造、买卖、运输、邮寄、储存枪支、弹药、爆炸物罪的对象

本罪的对象是枪支、弹药和爆炸物。由于法律无法穷尽规定枪支、弹药和爆炸物 6
的种类和范围,司法实践对其范围的理解也时时出现疑难和分歧。[1] 狭义说认为,从立法原意来看,此处的枪支、弹药、爆炸物应该是指作为军火的枪支、弹药、爆炸物,不包括民用的气枪、猎枪、火药枪,更不包括鞭炮、烟花爆竹在内。广义说认为,从危害社会公共安全的角度出发,《枪支管理法》中规定的各种民用枪支、弹药,《民用爆炸物品管理条例》中规定的各种民用爆炸物,都是本罪中的枪支、弹药、爆炸物。但

1　除《枪支管理法》《民用爆炸物品管理条例》等法律法规之外,最高人民法院、最高人民检察院、公安部等司法机关和相关部门也多次出台司法解释、司法文件对枪支、弹药、爆炸物的种类和范围进行说明。例如:2002 年 9 月 30 日国务院办公厅《关于进一步加强民用爆炸物品安全管理的通知》,2002 年 6 月 7 日公安部《关于对彩弹枪按照枪支进行管理的通知》,2003 年 9 月 4 日最高人民法院、最高人民检察院《关于办理非法制造、买卖、运输、储存毒鼠强等禁用剧毒化学品刑事案件具体应用法律若干问题的解释》,2004 年 11 月 3 日最高人民检察院法律政策研究室《关于非法制造、买卖、运输、储存以火药为动力发射弹药的大口径武器的行为如何适用法律问题的答复》,2006 年 5 月 25 日公安部《关于涉弩违法犯罪行为的处理及性能鉴定问题的批复》,2006 年 10 月 11 日公安部《关于对以气体等为动力发射金属弹丸或者其他物质的仿真枪认定问题的批复》,2010 年 12 月 7 日公安部《公安机关涉案枪支弹药性能鉴定工作规定》,2011 年 9 月 22 日公安部《关于对空包弹管理有关问题的批复》,2012 年 9 月 6 日最高人民法院、最高人民检察院、公安部、国家安全监管总局《关于依法加强对涉嫌犯罪的非法生产经营烟花爆竹行为刑事责任追究的通知》,2014 年 3 月 6 日公安部《关于枪支主要零部件管理有关问题的批复》,2018 年 5 月 7 日最高人民法院、最高人民检察院、公安部《关于依法收缴非法枪支弹药爆炸物品严厉打击枪爆违法犯罪的通告》。

是,大多数意见主张折中说,认为本罪侵害的客体是公共安全,无论是军用枪支、弹药、爆炸物还是民用枪支、弹药、爆炸物,只要在效力、性能上可以达到侵害公共安全的效果,就可以将其列入本类犯罪的犯罪对象之内。

7　一般而言,所谓“枪支”,是指《枪支管理法》第46条规定的,以火药或者压缩气体为动力,利用管状器具发射金属弹丸或者其他物质,足以致人伤亡或者丧失知觉的各种枪支,包括军用的手枪、步枪、冲锋枪和机枪,射击运动用的各种枪支,狩猎用的有膛线枪、霰弹枪、火药枪,麻醉动物用的注射枪,乃至部分游戏所用的彩弹枪、仿真枪也可能包括在内。总之,能够以压缩气体为动力发射各种材质的弹丸,且枪口比动能大于等于1.8焦耳每平方厘米的各式管状器具装置,均有可能成为“枪支”。[2] 需要注意的是,弓弩等运动器材虽然具有杀伤能力,但结构和性能不符合《枪支管理法》对枪支的定义;与之相反,虽然在日常用语中“火炮”与“枪支”具有不同的意义、指代不同的装置,但从结构、原理、性能来说,多数“火炮”都是“以火药或压缩气体为动力发射金属弹丸或其他物质且足以致人伤亡或丧失知觉的管状器具”,只是口径较大而已,因此最高人民检察院法律政策研究室认为,对于非法制造、买卖、运输、储存以火药为动力发射弹药的大口径武器的行为,应当以非法制造、买卖、运输、储存枪支罪追究刑事责任。[3] 笔者认为,日常用语中的“火炮”的确能够纳入《枪支管理法》对“枪支”的定义范围,在《刑法》既没有使用日常用语明确区分“枪支”和“火炮”又没有明确定义“枪支”的情况下,最高人民检察院法律政策研究室的上述意见是正确的。此外,从相关司法解释和司法文件来看,“枪支”并不要求一定是已经制造完毕的成套成品,非法制造、买卖、运输、邮寄、储存成套的枪支零部件乃至不成套的主要零部件的,也可以构成非法制造、买卖、运输、邮寄、储存枪支罪。[4] 所谓弹药,是指用于上述“枪支”的各类弹丸或其他物质,制式或非制式在所不问,根据2011年9月22日公安部《关于对空包弹管理有关问题的批复》的规定,即使是无弹头的特种枪弹,由于其极易改制且发射时枪口冲击波在一定距离内仍能对人员造成伤害,也属于本罪所规制的“弹药”。

8　关于爆炸物的范围,也可以从上述角度来理解。一般认为,爆炸物包括军用爆炸物和民用爆炸物,前者包括各种手榴弹、地雷、炸弹、爆破筒等,后者主要指炸药和雷管。根据《民用爆炸物品管理条例》第2条的规定,民用爆炸物品的范围相当广泛,具

---

[2] 参见2018年5月7日最高人民法院、最高人民检察院、公安部《关于依法收缴非法枪支弹药爆炸物品严厉打击枪爆违法犯罪的通告》第8条。

[3] 参见2004年11月3日最高人民检察院法律政策研究室《关于非法制造、买卖、运输、储存以火药为动力发射弹药的大口径武器的行为如何适用法律问题的答复》。

[4] 参见2009年11月16日最高人民法院《关于审理非法制造、买卖、运输枪支、弹药、爆炸物等刑事案件具体应用法律若干问题的解释》第7条;2010年12月7日公安部《公安机关涉案枪支弹药性能鉴定工作规定》;2014年3月6日公安部《关于枪支主要零部件管理有关问题的批复》规定;2018年5月7日最高人民法院、最高人民检察院、公安部《关于依法收缴非法枪支弹药爆炸物品严厉打击枪爆违法犯罪的通告》。

体分为三类：一类是爆破器材，包括各种炸药、雷管、导火索、导爆索、非电导爆系统，起爆药和爆破剂；二类是黑火药、烟火剂、民用信号弹和烟花爆竹；三类是公安部认为需要管理的其他爆炸物品。上述爆炸物品并不都是本罪中所说的爆炸物。通常认为，作为非法制造、买卖、运输、邮寄、储存爆炸物罪中的爆炸物，必须是能够达到危害公共安全程度的物品，其爆炸、杀伤力应当比较大。因此，烟花爆竹等一般娱乐用品不应包括在本罪的爆炸物之内。根据 2012 年 9 月 6 日最高人民法院、最高人民检察院、公安部、国家安全监管总局《关于依法加强对涉嫌犯罪的非法生产经营烟花爆竹行为刑事责任追究的通知》的规定，非法生产、经营烟花爆竹及相关行为涉及非法制造、买卖、运输、邮寄、储存黑火药、烟火药时，构成非法制造、买卖、运输、邮寄、储存爆炸物罪的，依照《刑法》第 125 条的规定定罪处罚。由此可见，本罪的“爆炸物”具有相当程度的危险性要求。

2.非法制造、买卖、运输、储存危险物质罪的对象

本罪的犯罪对象是毒害性、放射性、传染病病原体等物质。所谓“毒害性”物质，是指对有机体发生化学或物理化学作用，损害机体，引起功能障碍、疾病甚至死亡的物质，如酚、氰、有机氯、有机磷等。所谓“放射性”物质，是指在不受外界温度、压力等条件的影响之下，能自发地放射出射线，致人和其他生物伤亡的物质。大自然中有天然放射性物质，现在还有人工生产的放射性物质，主要有铀-235、铀-233、钚-239、锂-6、氚的材料和制品。所谓“传染病病原体”物质，是指可能引起传染病传播的微生物和寄生虫的总称，主要包括病菌、寄生虫和病毒三类。 9

IV　行为

1.非法制造、买卖、运输、邮寄、储存枪支、弹药、爆炸物罪的行为

本罪在客观上表现为非法制造、买卖、运输、邮寄、储存枪支、弹药、爆炸物。 10

所谓非法制造枪支、弹药、爆炸物，是指未经国家有关部门批准，私自制造枪支、弹药、爆炸物的行为，包括非法设计制造、买零件或原料组装、改装、修复以及将不成套的零部件加工处理之后拼装成枪支、弹药、爆炸物等。非法制造既可以是用机器成批生产，也可以是手工制作；既可以是新加工，也可以是以旧有的枪支、弹药、爆炸物为基础进行加工。所谓非法买卖枪支、弹药、爆炸物，是指非法出卖枪支、弹药、爆炸物，或者私自购买枪支、弹药、爆炸物。在司法实践中，非法买卖是指违反法律和国家主管部门规定，未经有关主管部门批准许可，擅自购买或出售相关物品，并不需要兼有买进和卖出的行为。[5] 非法买卖可以金钱为交换条件，也可以实物为交换条件。所谓非法运输枪支、弹药、爆炸物，是指未经国家有关部门批准，擅自将枪支、弹药、爆炸物进行地点上的转移，但是，这种转移仅限于我国境内，不包括非法移送上述物品 11

5　参见 2013 年 1 月 31 日最高人民法院《关于发布第四批指导性案例的通知》，指导案例 13 号“王召成等非法买卖、储存危险物质案”。

进出国(边)境的行为。所谓非法邮寄,是指违反国家邮电部门的管理规定,以邮件形式寄递或在邮件中夹带枪支、弹药、爆炸物。所谓非法储存枪支、弹药、爆炸物,是指违反国家有关规定,擅自保留、存放枪支、弹药、爆炸物。

12 本罪是行为犯。最高人民法院《关于审理非法制造、买卖、运输枪支、弹药、爆炸物等刑事案件具体应用法律若干问题的解释》第1条第1款规定:"个人或者单位非法制造、买卖、运输、邮寄、储存枪支、弹药、爆炸物,具有下列情形之一的,依照刑法第一百二十五条第一款的规定以非法制造、买卖、运输、邮寄、储存枪支、弹药、爆炸物罪定罪处罚:(一)非法制造、买卖、运输、邮寄、储存军用枪支一支以上的;(二)非法制造、买卖、运输、邮寄、储存以火药为动力发射枪弹的非军用枪支一支以上或者以压缩气体等为动力的其他非军用枪支二支以上的;(三)非法制造、买卖、运输、邮寄、储存军用子弹十发以上、气枪铅弹五百发以上或者其他非军用子弹一百发以上的;(四)非法制造、买卖、运输、邮寄、储存手榴弹一枚以上的;(五)非法制造、买卖、运输、邮寄、储存爆炸装置的;(六)非法制造、买卖、运输、邮寄、储存炸药、发射药、黑火药一千克以上或者烟火药三千克以上、雷管三十枚以上或者导火索、导爆索三十米以上的;(七)具有生产爆炸物品资格的单位不按照规定的品种制造,或者具有销售、使用爆炸物品资格的单位超过限额买卖炸药、发射药、黑火药十千克以上或者烟火药三十千克以上、雷管三百枚以上或者导火索、导爆索三百米以上的;(八)多次非法制造、买卖、运输、邮寄、储存弹药、爆炸物的;(九)虽未达到上述最低数量标准,但具有造成严重后果等其他恶劣情节的。"

13 本罪属于选择性罪名,行为人只要实施了非法制造、买卖、运输、邮寄、储存枪支、弹药、爆炸物行为之一的,即可构成本罪。如果非法制造枪支、弹药、爆炸物之后,又自己运输和贩卖的,只构成非法制造、运输、买卖枪支、弹药、爆炸物一罪,不实行数罪并罚。介绍买卖枪支、弹药、爆炸物的,以买卖枪支、弹药、爆炸物罪的共犯论处。

2.非法制造、买卖、运输、储存危险物质罪的行为

14 本罪在客观上必须是非法制造、买卖、运输、储存毒害性、放射性、传染病病原体等物质,危害公共安全。首先,必须有非法制造、买卖、运输、储存毒害性、放射性、传染病病原体等物质的行为。所谓非法制造,是指未经国家有关机关批准,私自提炼、合成或培养毒害性、放射性、传染病病原体等物质;所谓非法买卖,是指未经国家有关部门批准,擅自购买或者销售毒害性、放射性、传染病病原体等物质,非法买卖既可以金钱为交换条件,也可以实物为交换条件;所谓非法运输,是指未经国家有关部门批准,将上述危险物品进行地点上的转移,但是这种转移仅限于我国境内,不包括非法运输上述物品进出国(边)境的行为;所谓非法储存,是指违反国家有关规定,擅自存放和保管上述物品的行为。其次,必须危害公共安全,即非法制造、买卖、运输、储存毒害性、放射性、传染病病原体等物质的行为必须达到危害公共安全的程度,才能构成犯罪;是否达到了危害公共安全的程度,必须根据具体情况来进行分析。

V 主体

本条所规定的犯罪的主体为一般主体,已满16周岁、具有辨认和控制自己行为能力的自然人都可以成为本条所规定的犯罪之主体。另外,根据《刑法》第125条第3款的规定,单位也能成为本罪的犯罪主体。单位非法从事制造、买卖、运输、邮寄、储存枪支、弹药、爆炸物的活动,或者从事非法制造、买卖、运输、储存危险物质的活动的,对其直接负责的主管人员和其他直接责任人员,以本罪论处。 15

Ⅵ 罪过

本罪在主观上是故意,即行为人明知是枪支、弹药、爆炸物而故意非法制造、买卖、运输、邮寄、储存,或者明知是毒害性、放射性、传染病病原体等物质而故意非法制造、买卖、运输、储存。行为人实施本罪的动机可能多种多样,如贪图营利、实施其他犯罪等,但均不影响成立本罪。卖方虚构事实、隐瞒真相,将假枪支、弹药、爆炸物、危险物品等作为真实的物品予以出卖,骗取财物,而买方上当受骗、非法购买的,卖方因为主观上具有骗取财物的故意,客观上实施了虚构事实的欺骗行为,因此对其应当以诈骗罪处罚;买方主观上具有非法购买上述违禁物品的故意,客观上也实施了购买行为,只是由于行为人认识上的错误而上当受骗,因此,对买方应当以非法买卖枪支、弹药、爆炸物罪(未遂)或者以非法买卖危险物质罪(未遂)定罪处罚。 16

Ⅶ 处罚

根据《刑法》第125条第1款的规定,犯非法制造、买卖、运输、邮寄、储存枪支、弹药、爆炸物罪的,处3年以上10年以下有期徒刑;情节严重的,处10年以上有期徒刑、无期徒刑或者死刑。另外,单位犯本罪的,对单位判处罚金,并对其直接负责的主管人员和其他直接责任人员,依照上述法定刑处罚。根据《刑法》第125条第2款的规定,非法制造、买卖、运输、储存毒害性、放射性、传染病病原体等物质,危害公共安全的,处3年以上10年以下有期徒刑;情节严重的,处10年以上有期徒刑、无期徒刑或者死刑。单位犯本罪的,对单位判处罚金,并对其直接负责的主管人员和其他直接责任人员,依照上述规定处罚。 17

按照2009年11月16日最高人民法院《关于审理非法制造、买卖、运输枪支、弹药、爆炸物等刑事案件具体应用法律若干问题的解释》第2条的规定,非法制造、买卖、运输、邮寄、储存枪支、弹药、爆炸物罪中所谓"情节严重",包括如下情形:①非法制造、买卖、运输、邮寄、储存军用枪支5支以上的;非法制造、买卖、运输、邮寄、储存以火药为动力发射枪弹的非军用枪支5支以上或者以压缩气体等为动力的其他非军用枪支10支以上的;非法制造、买卖、运输、邮寄、储存军用子弹50发以上、气枪铅弹2500发以上或者其他非军用子弹500发以上的;非法制造、买卖、运输、邮寄、储存炸 18

药、发射药、黑火药 5 千克以上或者烟火药 15 千克以上、雷管 150 枚以上或者导火索、导爆索 150 米以上的;具有生产爆炸物品资格的单位不按照规定的品种制造,或者具有销售、使用爆炸物品资格的单位超过限额买卖炸药、发射药、黑火药 50 千克以上或者烟火药 150 千克以上、雷管 1500 枚以上或者导火索、导爆索 1500 米以上的。②非法制造、买卖、运输、邮寄、储存手榴弹 3 枚以上的。③非法制造、买卖、运输、邮寄、储存爆炸装置,危害严重的。④达到前述成立本罪的最低数量标准,并具有造成严重后果等其他恶劣情节的。

19 就非法制造、买卖、运输、储存危险物质罪而言,所谓"情节严重",一般是指多次非法制造、买卖、运输、储存上述危险物质的;非法制造、买卖、运输、储存上述危险物质数量较大的;非法制造、买卖、运输、储存上述危险物质的犯罪集团的主犯;非法制造、买卖、运输、储存上述危险物质造成致人死伤或者公私财产重大损失等严重后果的;等等。按照 2003 年 9 月 4 日最高人民法院、最高人民检察院《关于办理非法制造、买卖、运输、储存毒鼠强等禁用剧毒化学品刑事案件具体应用法律若干问题的解释》第 2 条的规定,非法制造、买卖、运输、储存毒鼠强等禁用剧毒化学品,具有下列情形之一的,属于"情节严重":非法制造、买卖、运输、储存原粉、原液、制剂 500 克以上,或者饵料 20 千克以上的;在非法制造、买卖、运输、储存过程中致 3 人以上重伤、死亡,或者造成公私财产损失 20 万元以上的;非法制造、买卖、运输、储存原粉、原液、制剂 50 克以上不满 500 克,或者饵料 2 千克以上不满 20 千克,并具有其他严重情节的。

20 值得注意的是,无论是非法制造、买卖、运输、邮寄、储存枪支、弹药、爆炸物罪还是非法制造、买卖、运输、储存危险物质罪,《刑法》第 125 条对其成罪条件都没有附加数额、数量、情节之类的要求,因此两罪的定罪量刑的标准较为严格。在司法实践中发现,对于某些因生产、生活所需的非法制造、买卖、运输爆炸物或危险物质的行为,如果一律以犯罪论处,过于严苛,还给当地人民群众的生产生活造成不便。有鉴于此,司法机关对《刑法》第 125 条的司法适用在刑事政策上进行调整。2003 年 9 月 4 日最高人民法院、最高人民检察院《关于办理非法制造、买卖、运输、储存毒鼠强等禁用剧毒化学品刑事案件应用法律若干问题的解释》第 5 条规定:"本解释施行以前,确因生产、生活需要而非法制造、买卖、运输、储存毒鼠强等禁用剧毒化学品饲料自用,没有造成严重社会危害的,可以依照刑法第十三条的规定,不作为犯罪处理。" 2009 年 11 月 16 日最高人民法院《关于审理非法制造、买卖、运输枪支、弹药、爆炸物等刑事案件具体应用法律若干问题的解释》第 9 条第 1 款规定:"因筑路、建房、打井、整修宅基地和土地等正常生产、生活需要,以及因从事合法的生产经营活动而非法制造、买卖、运输、邮寄、储存爆炸物,数量达到本解释第一条规定标准,没有造成严重社会危害,并确有悔改表现的,可依法从轻处罚;情节轻微的,可以免除处罚。"

21 此外,正如前文所述,由于法律无法穷尽规定枪支的种类和范围,《枪支管理法》以结构、动力、枪口比动能为核心要素界定了枪支的范围,而司法实践又必须援引《枪支管理法》的上述界定填补《刑法》的规定，这就造成刑事司法实践中将一些客观上符合《枪支管理法》的要求，而社会大众危险感较低的涉枪案件都作为犯罪处理，引起大众舆论对司法实践的质疑。有鉴于此，司法机关对于涉枪案件的定罪量刑问题也进行了相应调整。根据2018年3月8日最高人民法院、最高人民检察院《关于涉以压缩气体为动力的枪支、气枪铅弹刑事案件定罪量刑问题的批复》的规定，对于非法制造、买卖、运输、邮寄、储存、持有、私藏、走私以压缩气体为动力且枪口比动能较低的枪支的行为，在决定是否追究刑事责任以及如何裁量刑罚时，不仅应当考虑涉案枪支的数量，而且应当充分考虑涉案枪支的外观、材质、发射物、购买场所和渠道、价格、用途、致伤力大小、是否易于通过改制提升致伤力，以及行为人的主观认知、动机目的、一贯表现、违法所得、是否规避调查等情节，综合评估社会危害性，坚持主客观相统一，确保罪责刑相适应。同理，对于非法制造、买卖、运输、邮寄、储存、持有、私藏、走私气枪铅弹(用铅、铅合金或者其他金属加工的气枪弹)的行为，在决定是否追究刑事责任以及如何裁量刑罚时，应当综合考虑气枪铅弹的数量、用途以及行为人的动机目的、一贯表现、违法所得、是否规避调查等情节，综合评估社会危害性，确保罪责刑相适应。

第一百二十六条　违规制造、销售枪支罪

依法被指定、确定的枪支制造企业、销售企业，违反枪支管理规定，有下列行为之一的，对单位判处罚金，并对其直接负责的主管人员和其他直接责任人员，处五年以下有期徒刑；情节严重的，处五年以上十年以下有期徒刑；情节特别严重的，处十年以上有期徒刑或者无期徒刑：

（一）以非法销售为目的，超过限额或者不按照规定的品种制造、配售枪支的；

（二）以非法销售为目的，制造无号、重号、假号的枪支的；

（三）非法销售枪支或者在境内销售为出口制造的枪支的。

文献：陈顺烈：《爆炸物与犯罪之研究》，载《法学研究》1985 年第 4 期；陈寿安、张卫平：《涉枪犯罪增多及遏制》，载《人民公安》1996 年第 14 期；彭毅：《完善枪支、弹药、爆炸物犯罪案件司法解释的几点建议》，载《国家检察官学院学报》2000 年第 3 期；刘振华、曹云清：《完善〈刑法〉对涉枪犯罪的制刑的思考》，载《广西政法管理干部学院学报》2001 年第 S1 期；刘志伟：《危险物品肇事罪若干疑难问题新探》，载《山东公安专科学校学报》2001 年第 2 期；王少俊、熊进军：《试论〈刑法〉第 125 条“情节严重”的判断标准》，载《当代法学》2002 年第 10 期；汪永乐：《〈关于办理非法制造、买卖、运输、储存毒鼠强等禁用剧毒化学品刑事案件具体应用法律若干问题的解释〉的理解与适用》，载《人民检察》2003 年第 10 期；周海洋：《〈关于修改《关于审理非法制造、买卖、运输枪支、弹药、爆炸物等刑事案件具体应用法律若干问题的解释》的决定〉的理解与适用》，载《人民司法》2010 年第 1 期；孙万怀：《买卖毒害性化学品的对象性质——以刑法解释的协调性原则为视角》，载《法学杂志》2013 年第 1 期。

细目录

Ⅰ　主旨

Ⅱ　沿革

Ⅲ　客体

Ⅳ　行为

Ⅴ　主体

Ⅵ　罪过

Ⅶ　处罚

Ⅰ 主旨

违规制造、销售枪支罪,是指依法被指定、确定的枪支制造企业、销售企业,违反枪支管理规定,制造、销售枪支的行为。枪支作为一种危险性极大的物品,其制造、销售的主体资格均由国家有关部门严格审批。被指定、确定的枪支制造、销售企业,理应严格遵守国家关于枪支管理的法规,在有关机关的监督之下,严格按照规定的数量、品种、型号生产、销售枪支,不得擅自违反。违反国家的有关规定,擅自制造、销售枪支,使枪支流入社会,会严重危害不特定或多数人的生命、健康和重大公私财产安全,并对社会治安构成重大威胁。为了加强对枪支生产和销售的管理,保护社会的公共安全,刑法规定了本罪。 1

Ⅱ 沿革

我国 1979 年《刑法》第 112 条规定:"非法制造、买卖、运输枪支、弹药的,或者盗窃、抢夺国家机关、军警人员、民兵的枪支、弹药的,处七年以下有期徒刑;情节严重的,处七年以上有期徒刑或者无期徒刑。"1979 年《刑法》第 112 条规定的是自然人非法制造、买卖、运输、盗窃、抢夺枪支、弹药的犯罪,因此,将其适用于企业的违法制造、销售枪支罪的时候,显然会出现种种不必要的困难。1996 年 7 月 5 日通过的《枪支管理法》第 40 条规定:"依法被指定、确定的枪支制造企业、销售企业,违反本法规定,有下列行为之一的,对单位判处罚金,并对其直接负责的主管人员和其他直接责任人员依照刑法第一百一十二条的规定追究刑事责任……(一)超过限额或者不按照规定的品种制造、配售枪支的;(二)制造无号、重号、假号的枪支的;(三)私自销售枪支或者在境内销售为出口制造的枪支的。"这一规定对于惩治企业违规制造、销售枪支的犯罪起到了极大的作用。1997 年《刑法》将上述《枪支管理法》的规定稍作修改后加以吸收。 2

Ⅲ 客体

本罪侵犯的客体是复杂客体,即公共安全和国家对枪支制造、销售的管理制度。枪支是具有极强杀伤力的物品,其威力远非刀枪棍棒所能比拟,一旦任其泛滥,所带来的后果肯定是非常严重的。因此,我国政府对于枪支一向采取严厉措施进行管制,包括枪支的生产和销售也是如此。《枪支管理法》第 3 条第 1 款规定,国家严格管制枪支,禁止任何单位或者个人违反法律规定制造、买卖枪支。国家对枪支的制造、销售实行特别许可制度,即指定、确定一些符合条件的企业作为枪支的定点制造、销售企业。但是,依法被指定、确定的企业在生产、销售枪支的过程中,也必须严格遵守有关法律规定,否则就构成犯罪,要予以严惩。因此,违规制造、销售枪支的行为不仅危害了公共安全,而且还违反了有关枪支管理的制度。本罪的犯罪对象是枪支,包括各种公务用枪和民用枪支。 3

Ⅳ 行为

4 本罪在客观上表现为违反枪支管理规定,制造、销售枪支的行为。具体来说,可以分为以下三类:第一,“以非法销售为目的,超过限额或者不按照规定的品种制造、配售枪支”,主要是指枪支制造企业、销售企业以非法出售枪支获取非法利润为目的,超过国家有关主管部门下达的生产或者配售枪支的数量指标或者任务,或者枪支制造企业未按照国家规定的技术标准生产枪支或者枪支销售企业未按照国家规定的品种、型号配售枪支,而擅自制造、配售枪支的行为。第二,“制造无号、重号、假号的枪支”。根据《枪支管理法》的规定,必须在民用枪支指定部位铸印制造厂的厂名、枪种代码和国务院公安部门统一编制的枪支序号。所谓“无号”枪支,是指在制造的枪支上没有铸印枪种代码和枪支序号;所谓“重号”枪支,是指枪支上铸印的枪种代码和枪支序号与其他枪支重复;所谓“假号”枪支,是指在制造的枪支上所铸印的序号不是由国务院公安部门确定并统一编制的枪支序号。行为人实施上述行为,是为了逃避有关部门对枪支制造的管理和监督。第三,“非法销售枪支或者在境内销售为出口制造的枪支”,主要是指非法向不具有配枪资格的单位或者个人销售枪支,或者将为出口制造的枪支在境内销售牟利。

5 本罪是行为犯。按照最高人民法院《关于审理非法制造、买卖、运输枪支、弹药、爆炸物等刑事案件具体应用法律若干问题的解释》第3条第1款的规定,行为人只要实施了下列行为之一,即构成本罪,不要求造成某种危害公共安全的结果:①违规制造枪支5支以上的;②违规销售枪支2支以上的;③虽未达到上述最低数量标准,但具有造成严重后果等其他恶劣情节的。

Ⅴ 主体

6 本罪的主体只能是单位,即依法被指定、确定的枪支制造、销售企业。具体来说,是指以下企业:①国家指定的制造公务用枪的企业;②由国务院有关部门依照本部门的实际需要依法提出后,由公安部门确定的制造民用枪支的企业;③公安机关依法确定的配售民用枪支的企业。

Ⅵ 罪过

7 本罪在主观上必须是出于故意,并且具有营利的目的。具体而言,即企业明知其制造、销售枪支的行为违反了国家枪支管理法规而故意为之。至于营利目的是否达到,或者营利数额多少,不影响本罪的成立。

Ⅶ 处罚

8 依照《刑法》第126条的规定,犯违规制造、销售枪支罪的,对单位判处罚金,并对其直接负责的主管人员和其他直接责任人员，处 5 年以下有期徒刑；情节严重的，处 5 年以上 10 年以下有期徒刑；情节特别严重的，处 10 年以上有期徒刑或者无期徒刑。根据最高人民法院《关于审理非法制造、买卖、运输枪支、弹药、爆炸物等刑事案件具体应用法律若干问题的解释》第 3 条第 2 款的规定，所谓“情节严重”，是指违规制造枪支 20 支以上的；违规销售枪支 10 支以上的；达到成立本罪所要求的最低数量标准，并具有造成严重后果等其他恶劣情节的。该解释第 3 条第 3 款规定，所谓“情节特别严重”，是指违规制造枪支 50 支以上的；违规销售枪支 30 支以上的；达到前述成立“情节严重”所要求的最低数量标准，并具有造成严重后果等其他恶劣情节的。

本罪实行“两罚制”，即对构成犯罪的单位判处罚金，同时还应以本罪追究其直接 9
负责的主管人员和其他直接责任人员的刑事责任。

第一百二十七条　盗窃、抢夺枪支、弹药、爆炸物、危险物质罪；抢劫枪支、弹药、爆炸物、危险物质罪

盗窃、抢夺枪支、弹药、爆炸物的，或者盗窃、抢夺毒害性、放射性、传染病病原体等物质，危害公共安全的，处三年以上十年以下有期徒刑；情节严重的，处十年以上有期徒刑、无期徒刑或者死刑。

抢劫枪支、弹药、爆炸物的，或者抢劫毒害性、放射性、传染病病原体等物质，危害公共安全的，或者盗窃、抢夺国家机关、军警人员、民兵的枪支、弹药、爆炸物的，处十年以上有期徒刑、无期徒刑或者死刑。

文献：陈寿安、张卫平：《涉枪犯罪增多及遏制》，载《人民公安》1996年第4期；邱利军、廖慧兰：《误盗枪支弹药并隐匿应如何定性》，载《人民公安》1996年第22期；张新江：《误盗枪支弹药究竟应如何定性——与邱利军、廖慧兰同志商榷》，载《人民检察》1997年第5期；公新民、李云龙：《抢劫罪加重犯几种情形认定初探》，载《江西社会科学》1999年第11期；彭辅顺：《小议抢劫枪支、弹药、爆炸物罪的主体》，载《人民检察》2000年第2期；彭毅：《完善枪支、弹药、爆炸物犯罪案件司法解释的几点建议》，载《国家检察官学院学报》2000年第3期；竹怀军、陈国申：《抢劫枪支、弹药、爆炸物罪若干疑难问题探究》，载《韶关学院学报》2001年第7期；安文录、陈洪兵：《论盗窃特殊对象的认定和处理》，载《山西省政法管理干部学院学报》2003年第3期；储硕、粟昌德：《刑法应增设转化型抢劫枪支、弹药、爆炸物、危险物质罪条款》，载《检察实践》2003年第3期；王文华：《论〈制止核恐怖行为国际公约〉与我国相关立法的协调》，载《河南大学学报（社会科学版）》2016年第3期。

细目录

Ⅰ　主旨
Ⅱ　沿革
Ⅲ　客体
Ⅳ　行为
Ⅴ　主体
Ⅵ　罪过
Ⅶ　处罚

Ⅰ 主旨

枪支、弹药、爆炸物以及毒害性、放射性、传染病病原体等物质因其自身的特性,具有很强的杀伤力和破坏力,一旦落在犯罪分子手中,就可能成为他们的犯罪工具,给国家和人民利益造成严重危害,给社会治安带来极大隐患。国家对枪支、弹药、爆炸物等进行严格管理,对毒害性、放射性、传染病病原体等物质也有严格的使用、保管制度,刑法对擅自制造、买卖、运输、邮寄、储存上述物品的行为都会予以严厉的刑事制裁。盗窃、抢夺、抢劫行为本身就是一种破坏性的犯罪行为,即使是盗窃、抢夺、抢劫一般财物也是刑法严厉打击的犯罪行为,更何况行为人的行为目标是危及公共安全的枪支、弹药、爆炸物、危险物质。因此,无论是从严格管理枪支、弹药、爆炸物、危险物质,以保障公共安全的角度来说,还是从禁止盗窃、抢夺、抢劫等犯罪的角度来看,制定本罪十分必要。 1

Ⅱ 沿革

1979 年《刑法》第 112 条规定:"……盗窃、抢夺国家机关、军警人员、民兵的枪支、弹药的,处七年以下有期徒刑;情节严重的,处七年以上有期徒刑或者无期徒刑。"1979 年《刑法》所规定的犯罪对象仅限于国家机关、军警人员、民兵的枪支、弹药,对于上述人员以外的人的枪支、弹药进行盗窃、抢夺的,不构成本罪;同时,犯罪对象中也不包括爆炸物在内。1983 年全国人大常委会通过的《关于严惩严重危害社会治安的犯罪分子的决定》对 1979 年《刑法》中的有关内容进行了修改补充,明确将"爆炸物"列为本罪的犯罪对象,同时规定盗窃、抢夺枪支、弹药、爆炸物,情节特别严重的,或者造成严重后果的,可以判处死刑。1997 年修订的《刑法》在继承以往规定的基础上,将盗窃、抢夺一般人掌握的枪支、弹药、爆炸物的行为和盗窃、抢夺国家机关、军警人员、民兵掌握的枪支、弹药、爆炸物的行为区别开来,并分别规定了不同的法定刑,对于前者,一般情况下,处 3 年以上 10 年以下有期徒刑;情节严重的,处 10 年以上有期徒刑、无期徒刑或者死刑。而对于后者,则是判处 10 年以上有期徒刑、无期徒刑或者死刑。可见,在现行刑法下,对盗窃、抢夺国家机关、军警人员、民兵的枪支、弹药、爆炸物的行为的处罚比盗窃、抢夺一般人的枪支、弹药、爆炸物的行为的处罚要重得多。同时,考虑到毒害性、放射性、传染病病原体等危险物质极易对公共安全造成损害,需要严厉打击盗窃、抢夺、抢劫毒害性、放射性、传染病病原体等物质的犯罪,因此,2001 年 12 月 29 日通过的《刑法修正案(三)》将毒害性、放射性、传染病病原体等危险物质,与枪支、弹药、爆炸物并列,规定在本罪的犯罪对象中。 2

相比之下,抢劫枪支、弹药、爆炸物、危险物质罪则是一个比较新的罪名。1979 年《刑法》没有规定该罪名。因此,过去在司法实践中,对于抢劫枪支、弹药、爆炸物的行为,处理并不一致,有些认定为抢劫罪,有些认定为抢夺枪支、弹药、爆炸物罪。但 3

是,这样的处理有时候明显与罪刑法定原则不符,有时候则不能全面评价抢劫枪支、弹药、爆炸物等行为的社会危害性:抢劫枪支、弹药、爆炸物的行为既不是抢劫普通财物可以比拟的,也不是抢夺行为可以涵盖的。有鉴于此,1997 年修订刑法时增设了抢劫枪支、弹药、爆炸物罪。此后,2001 年 12 月 29 日通过的《刑法修正案(三)》第 6 条在将毒害性、放射性等危险物质作为盗窃、抢夺的对象予以规定时,也将其纳入本罪的范围。

Ⅲ　客体

4　本罪侵犯的是复杂客体,即公共安全和国家对于枪支、弹药、爆炸物以及毒害性、放射性、传染病病原体等危险物质的管理制度。枪支、弹药、爆炸物以及毒害性、放射性、传染病病原体等危险物质是极具杀伤力、破坏力的危险物品,直接威胁到广大人民群众的生命、财产安全和社会公共秩序的稳定,在我国,对于上述物品规定了极为严格的管理制度,严禁私人非法拥有。因此,行为人通过盗窃、抢夺、抢劫的违法手段,获得枪支、弹药、爆炸物以及毒害性、放射性、传染病病原体等危险物质的,不仅潜在地对社会公共安全构成威胁,同时也直接破坏了我国对于上述物品的管理制度。本罪的犯罪对象是枪支、弹药、爆炸物以及毒害性、放射性、传染病病原体等危险物质。

Ⅳ　行为

1.盗窃、抢夺枪支、弹药、爆炸物、危险物质罪的行为

5　本罪在客观上表现为盗窃、抢夺枪支、弹药、爆炸物、危险物质的行为。所谓"盗窃"就是秘密窃取,就本罪而言,是指行为人采取自认为不使枪支、弹药、爆炸物、危险物质的所有人或保管人发觉的方法,将枪支、弹药、爆炸物、危险物质据为己有。所谓"抢夺",是指乘人不备,公然夺取,就本罪而言,是指乘枪支、弹药、爆炸物、危险物质的所有人、保管人没有注意和防备,公开夺取枪支、弹药、爆炸物、危险物质的行为。

6　本罪是针对枪支、弹药、爆炸物、危险物质而实施的犯罪,和普通盗窃罪、抢夺罪不一样,在构成要件上没有"数额较大"的要求,但在司法实践中,还是有一定的数量或情节要求的。根据最高人民法院《关于审理非法制造、买卖、运输枪支、弹药、爆炸物等刑事案件具体应用法律若干问题的解释》第 4 条的规定:"盗窃、抢夺枪支、弹药、爆炸物,具有下列情形之一的,依照刑法第一百二十七条第一款的规定,以盗窃、抢夺枪支、弹药、爆炸物罪定罪处罚:(一)盗窃、抢夺以火药为动力的发射枪弹非军用枪支一支以上或者以压缩气体等为动力的其他非军用枪支二支以上的;(二)盗窃、抢夺军用子弹十发以上、气枪铅弹五百发以上或者其他非军用子弹一百发以上的;(三)盗窃、抢夺爆炸装置的;(四)盗窃、抢夺炸药、发射药、黑火药一千克以上或者烟火药三千克以上、雷管三十枚以上或者导火索、导爆索三十米以上的;(五)虽未达到上述

最低数量标准,但具有造成严重后果等其他恶劣情节的。”

本罪是行为犯,没有必须达到危害公共安全程度的要求;同时,盗窃、抢夺枪支、弹药、爆炸物、危险物质罪是选择性罪名,不要求行为人同时实施了盗窃、抢夺行为,也不要求其同时盗窃或抢夺了枪支、弹药、爆炸物、危险物质。行为人只要实施了盗窃、抢夺这两种行为之一,或盗窃、抢夺枪支、弹药、爆炸物、危险物质中的一种,就构成本罪;行为人同时实施了盗窃、抢夺枪支、弹药、爆炸物、危险物质中的数种的,也只构成一罪,而不构成数罪。 7

2.抢劫枪支、弹药、爆炸物、危险物质罪的行为

本罪在客观上表现为以暴力、胁迫或者其他方法,当场强行劫取枪支、弹药、爆炸物、危险物质。其中,暴力、胁迫或者其他方法是手段行为,当场劫取枪支、弹药、爆炸物、危险物质是目的行为。所谓“暴力”,就是对枪支、弹药、爆炸物、危险物质的持有人或保管人的身体实施殴打、捆绑、伤害、杀死等行为,使其不能反抗;所谓“胁迫”,就是对枪支、弹药、爆炸物、危险物质的持有人或保管人以当场立即实施暴力相威胁,实施精神上的强制,使其产生恐惧心理,不敢反抗;所谓“其他方法”,就是暴力、胁迫之外的,使被害人丧失反抗能力或者不知反抗的方法,如采用药物、酒精将他人麻醉,陷入无意识状态等。行为人利用上述手段获取枪支、弹药、爆炸物、危险物质的情形,包括两种情况:一是行为人自己当场直接从被害人手中夺取、取走枪支、弹药、爆炸物、危险物质;二是迫使被害人当场交付枪支、弹药、爆炸物、危险物质。 8

本罪是行为犯,只要行为人实施了上述行为,就构成犯罪,而不需要造成危害公共安全的危险状态。 9

V　主体

本罪的犯罪主体是一般主体,已满 16 周岁、具有辨认和控制自己行为能力的自然人都可成为本罪的适格主体。 10

已满 14 周岁不满 16 周岁的人能否成为本罪的犯罪主体,理论界有不同的看法。一种观点认为,本罪的犯罪主体只能是已满 16 周岁的人[1];另一种观点认为,抢劫枪支、弹药、爆炸物、危险物质罪与抢劫罪,实际上是特殊法与普通法的关系,而且抢劫枪支、弹药、爆炸物、危险物质的行为,比抢劫普通财物的行为的社会危害性更大,因此,和抢劫罪中的情况一样,已满 14 周岁不满 16 周岁的人也可以成为本罪的犯罪主体。[2] 从法条之间的相互关系来看,抢劫枪支、弹药、爆炸物、危险物质罪与抢劫罪之间显然是特殊法与普通法的关系,而且如前所述,在现行刑法对本罪作出规定之前,抢劫枪支、弹药、爆炸物的行为一般按照抢劫罪处理,这样比按照抢夺枪支、弹药、 11

1　参见刘家琛主编:《新刑法条文释义》,人民法院出版社 1997 年版,第 499 页。

2　参见最高人民检察院刑事检察厅编:《最新刑法释义与适用指南》,中国检察出版社 1997 年版,第 177 页;张明楷:《刑法学》(第 6 版),法律出版社 2021 年版,第 408 页。

爆炸物罪处理更符合罪刑法定原则。既然如此,说明司法实践中也接受本罪是抢劫罪的特别法条。既然已满 14 周岁不满 16 周岁的人能够成为抢劫罪的犯罪主体,自然也可以成为抢劫枪支、弹药、爆炸物、危险物质罪的犯罪主体。

Ⅵ 罪过

1.盗窃、抢夺枪支、弹药、爆炸物、危险物质罪的罪过

12 本罪在主观上只能出于故意,即行为人明知是枪支、弹药、爆炸物以及放射性、毒害性、传染病病原体等危险物质而盗窃或抢夺。行为人没有这种认识的,不能成立本罪。实践中存在行为人出于盗窃或抢夺普通财物的目的但实际上窃取或夺取了枪支、弹药、爆炸物、危险物质的情况。这种案件中,由于行为人没有窃取或抢夺枪支、弹药、爆炸物、危险物质的故意,因此,不能成立本罪,只能成立盗窃罪或抢夺罪。如果行为人盗窃、抢夺得逞后,发现是枪支、弹药而继续隐匿不交的,则构成私藏枪支、弹药罪。

2.抢劫枪支、弹药、爆炸物、危险物质罪的罪过

13 本罪在主观上必须出于故意,即行为人明知是枪支、弹药、爆炸物、危险物质而以暴力、胁迫或其他手段强行劫取。行为人对于枪支、弹药、爆炸物、危险物质没有认识,如以为是普通财物而实施了抢劫行为的,不能成立本罪。行为人出于抢劫枪支、弹药、爆炸物、危险物质的目的而实施抢劫行为,但由于认识上的错误,只劫取到了普通财物的,只能构成本罪的未遂形态。

Ⅶ 处罚

14 根据《刑法》第 127 条第 1 款的规定,盗窃、抢夺枪支、弹药、爆炸物的,或者盗窃、抢夺毒害性、放射性、传染病病原体等物质,危害公共安全的,处 3 年以上 10 年以下有期徒刑;情节严重的,处 10 年以上有期徒刑、无期徒刑或者死刑。按照 2009 年 11 月 16 日最高人民法院《关于审理非法制造、买卖、运输枪支、弹药、爆炸物等刑事案件具体应用法律若干问题的解释》第 4 条第 2 款的规定,所谓 “情节严重”是指以下几种情形:①盗窃、抢夺以火药为动力的发射枪弹非军用枪支 5 支以上或者以压缩气体等为动力的其他非军用枪支 10 支以上;盗窃、抢夺军用子弹 50 发以上、气枪铅弹 2500 发以上或者其他非军用子弹 500 发以上;盗窃、抢夺炸药、发射药、黑火药 5000 克以上或者烟火药 15000 克以上、雷管 150 枚以上或者导火索、导爆索 150 米以上。②盗窃、抢夺军用枪支的。③盗窃、抢夺手榴弹的。④盗窃、抢夺爆炸装置,危害严重的。⑤达到前述成立本罪所要求的最低数量标准,并具有造成严重后果等其他恶劣情节的。另外,《刑法》第 127 条第 2 款规定,盗窃、抢夺国家机关、军警人员、民兵的枪支、弹药、爆炸物的,处 10 年以上有期徒刑、无期徒刑或者死刑。

15 对于抢劫枪支、弹药、爆炸物的,或者抢劫毒害性、放射性、传染病病原体等物质,危害公共安全的,处 10 年以上有期徒刑、无期徒刑或者死刑。

第一百二十八条　非法持有、私藏枪支、弹药罪；非法出租、出借枪支罪

违反枪支管理规定，非法持有、私藏枪支、弹药的，处三年以下有期徒刑、拘役或者管制；情节严重的，处三年以上七年以下有期徒刑。

依法配备公务用枪的人员，非法出租、出借枪支的，依照前款的规定处罚。

依法配置枪支的人员，非法出租、出借枪支，造成严重后果的，依照第一款的规定处罚。

单位犯第二款、第三款罪的，对单位判处罚金，并对其直接负责的主管人员和其他直接责任人员，依照第一款的规定处罚。

文献：叶良芳、荣俊德：《论刑法中的持有行为的归属》，载《人民检察》1999 年第 2 期；龙洋：《非法持有型犯罪问题的研究》，载《中外法学》1999 年第 3 期；朴宗根：《论我国新刑法中的持有型犯罪》，载《延边大学学报（社会科学版）》2000 年第 3 期；刘振华、曹云清：《完善〈刑法〉对涉枪犯罪的制刑的思考》，载《广西政法管理干部学院学报》2001 年第 S1 期；邓国良、曹云清：《略论涉枪犯罪》，载《江西公安专科学校学报》2001 年第 3 期；蒋兰香：《非法储存、持有、私藏枪支、弹药罪辨析——兼评最高人民法院司法解释》，载《湖南省政法管理干部学院学报》2002 年第 6 期；杨忠民：《非法持有枪支、弹药罪的适用问题探讨》，载《中国人民公安大学学报（社会科学版）》2004 年第 3 期；张峰：《非法持有枪支、弹药罪的若干问题研究》，载《河南司法警官职业学院学报》2007 年第 1 期；张健一、成权：《对非法持有、私藏枪支、弹药罪的理解》，载《山西省政法管理干部学院学报》2009 年第 3 期；黄大威：《非法持有、私藏枪支、弹药罪的规范缺陷与完善》，载《北方法学》2009 年第 6 期；李民、吴万群：《非法持有、私藏枪支、弹药罪中"数量"的认定——兼论刑法解释的标准》，载《河南科技大学学报（社会科学版）》2014 年第 5 期。

细目录

Ⅰ　主旨
Ⅱ　沿革
Ⅲ　客体
Ⅳ　行为

Ⅴ　主体
Ⅵ　罪过
Ⅶ　与他罪的区别
一、非法持有、私藏枪支、弹药罪和非法制造、买卖、运输、邮寄、储存枪支、弹药、爆炸物罪的区别
二、非法出租、出借枪支罪与非法买卖枪支罪的区别
Ⅷ　处罚

Ⅰ　主旨

1　我国禁止任何个人非法持有、私藏枪支、弹药。但现实生活中存在无持枪资格的人通过购买、租借等方式持有通过非法制造、走私等渠道流入社会的枪支,以及合法配置、配备枪支的个人或单位出于各种原因违法出租、出借枪支等情形。本条所规定的非法持有、私藏枪支、弹药罪和非法出租、出借枪支罪,就是为了惩罚违反枪支、弹药管理规定,明知是枪支、弹药而非法持有、私藏的行为,以及依法配备公务用枪的人员和依法配置枪支的人员,非法出租、出借枪支的行为而制定的。

Ⅱ　沿革

2　1979年《刑法》在"妨害社会管理秩序罪"一章第163条规定了"私藏枪支、弹药罪",即"违反枪支管理规定,私藏枪支、弹药,拒不交出的,处两年以下有期徒刑或者拘役"。1997年修订的《刑法》鉴于许多社会治安问题与枪支、弹药有关,要根治社会治安的顽疾,就必须大力加强对枪支、弹药的管理和对这方面犯罪的管理,因而在1979年《刑法》和《枪支管理法》有关规定的基础上,根据当前的社会治安形势,保留了"私藏枪支、弹药"犯罪的规定,同时,取消了"拒不交出"的要件,放宽了成立条件;同时,增加了"非法持有"枪支、弹药的犯罪行为,从而形成了现行刑法中的有关"非法持有、私藏枪支、弹药罪"的规定。

3　1979年《刑法》并没有规定非法出租、出借枪支罪。1996年施行的《枪支管理法》第43条规定:"违反枪支管理规定,出租、出借公务用枪的,比照刑法第一百八十七条的规定处罚。单位有前款行为的,对其直接负责的主管人员和其他直接责任人员依照前款规定处罚。配置民用枪支的单位,违反枪支管理规定,出租、出借枪支,造成严重后果或者有其他严重情节的,对其直接负责的主管人员和其他直接责任人员比照刑法第一百八十七条的规定处罚。配置民用枪支的个人,违反枪支管理规定,出租、出借枪支,造成严重后果的,比照刑法第一百六十三条的规定处罚……"该规定首次以附属刑法的形式将非法出租、出借枪支的行为入罪。但是,1979年《刑法》第187条是有关玩忽职守罪的规定,第163条是有关私藏枪支、弹药罪的规定;枪支犯罪有其特定的内涵,在社会危害性方面不同于玩忽职守罪,前者主要是危害公共

安全,后者主要是侵害国家机关的正常管理活动,以类推立法的形式对非法出租、出借枪支的行为按玩忽职守罪定罪处罚,难以做到罪刑相适应。至于对配置民用枪支的个人非法出租、出借枪支的行为按照私藏枪支、弹药罪处罚,虽然罪刑相当,但很不严谨,不符合罪刑法定原则的要求。因此,1997 年《刑法》将上述《枪支管理法》中的内容加以吸收,规定了非法出租、出借枪支罪。

Ⅲ　客体

本罪的客体是复杂客体,即公共安全和国家对枪支、弹药的管理制度。枪支、弹药是杀伤力极大的危险物品,一旦落入犯罪分子手中,就会对不特定或多数人的生命安全或重大公私财产形成威胁,严重危害社会的正常秩序,我国历来对于枪支、弹药采取严厉控制的政策,在各有关法律中明文规定,禁止任何单位和个人非法持有、私藏枪支、弹药。因此,非法持有、私藏枪支、弹药以及非法出租、出借枪支的行为,不仅侵害了社会的公共安全,而且侵害了国家有关枪支、弹药的管理制度。本罪的犯罪对象是枪支、弹药。 4

Ⅳ　行为

1.非法持有、私藏枪支、弹药罪的行为

本罪在客观上表现为非法持有、私藏枪支、弹药的行为。所谓非法持有,是指不符合配备、配置枪支、弹药条件的人员,违反枪支管理法律、法规的规定,擅自持有枪支、弹药的行为,包括替他人非法保管枪支、弹药的行为。所谓非法私藏,是指依法配备、配置枪支、弹药的人员,在配备、配置枪支、弹药的条件消除后,违反枪支管理法律、法规的规定,私自藏匿所配备、配置的枪支、弹药且拒不交出的行为。私藏与非法持有的区别在于,前者是指具有合法配备、配置枪支、弹药条件的人,在该条件消除之后,私自藏匿所配备、配置的枪支、弹药且拒不交出的行为;后者是指完全不具有配备、配置枪支、弹药条件的人员擅自持有枪支、弹药的行为。枪支、弹药的来源没有限制,可以是他人赠与的,也可以是偶尔拾得的。但是,将抢劫、盗窃、抢夺来的枪支、弹药予以藏匿或拒不交出的,非法制造枪支、弹药之后又予以私藏的,属于吸收犯,应以抢劫枪支、弹药罪或盗窃、抢夺枪支、弹药罪,或非法制造枪支、弹药罪论处,不另成立新罪。 5

从刑法规定上看,本罪似乎是行为犯,只要实施了构成要件规定的行为就构成本罪,没有其他情节上的要求。但是,在司法实践中,还是有一定的数量或情节要求的。根据最高人民法院《关于审理非法制造、买卖、运输枪支、弹药、爆炸物等刑事案件具体应用法律若干问题的解释》第 5 条第 1 款的规定,具有下列情形之一的,才能以非法持有、私藏枪支、弹药罪定罪处罚:①非法持有、私藏军用枪支一支的;②非法持有、私藏以火药为动力发射枪弹的非军用枪支一支或者以压缩气体等为动力的其他非军 6

用枪支2支以上的;③非法持有、私藏军用子弹20发以上,气枪铅弹1000发以上或者其他非军用子弹200发以上的;④非法持有、私藏手榴弹一枚以上的;⑤非法持有、私藏的手榴弹造成人员伤亡、财产损失的。

7 非法持有、私藏枪支、弹药罪是选择性罪名,行为人只要实施了其中一项行为或者涉及其中一个犯罪对象,就构成本罪。

2.非法出租、出借枪支罪的行为

8 本罪在客观上表现为两种情况:一种是依法配备公务用枪的人员,违反枪支管理规定,出租、出借枪支的行为。只要行为人将配备的公务用枪出租、出借,即构成本罪,而不论是否发生严重后果。另一种是依法配置枪支的人员,违反枪支管理规定,出租、出借枪支,造成严重后果的行为。在这种情况下,行为人只有因出租、出借枪支的行为造成了严重后果,才构成本罪。所谓"出租",是指有偿地让不具备配备或配置枪支资格的单位或人员在一定时间内暂时使用枪支。如果是永久性地让他人使用,则是非法买卖枪支。所谓"出借",是指在一段时间内,无偿地将枪支交给他人使用。非法将枪支赠与他人,是永久性地将枪支提供给他人使用的行为,也可以看作非法出借枪支的行为。将枪支用作借债质押物,使枪支处于他人的非法控制、使用之下,也是一种非法出借枪支的形式。[1] 依法配置枪支的人员非法出租、出借配置用枪所造成的严重后果,一般是指因出租、出借枪支造成人员轻伤以上的伤亡事故,或者因出租、出借枪支造成枪支丢失、被盗、被抢,或者出租、出借的枪支被他人用于违法犯罪活动,如此等等。[2] 非法出租、出借配置用枪,未造成严重后果的,不构成犯罪,属一般违法行为,依照《枪支管理法》第43条的规定,由公安机关对个人或单位负有直接责任的主管人员和其他直接责任人员处15日以下拘留,可以并处5000元以下罚款,并对出租、出借的枪支予以没收。

V 主体

1.非法持有、私藏枪支、弹药罪的主体

9 本罪的主体是一般主体,因此,已满16周岁、具有辨认和控制自己行为能力的自然人都可以成为本罪的适格主体。

2.非法出租、出借枪支罪的主体

10 本罪的主体是特殊主体,即依法配备公务用枪的人员或依法配置用枪的人员(自然人)和单位。公务用枪,主要是指各种军用枪支,包括手枪、机枪、冲锋枪等。所谓依法配备公务用枪的人员,根据《枪支管理法》的规定,主要是指公安机关、国家安全

---

1 1998年11月3日最高人民检察院《关于将公务用枪用作借债质押的行为如何适用法律问题的批复》。

2 参见2008年6月25日最高人民检察院、公安部《关于公安机关管辖的刑事案件立案追诉标准的规定(一)》第5条。

机关、监狱、劳动教养机关的人民警察,人民法院的司法警察,人民检察院的司法警察和担负案件侦查任务的检察人员,海关的缉私人员,以及在依法履行职责时确有必要使用枪支的人员,可以配备公务用枪。另外,国家重要的军工、金融、仓储、科研等单位的专职守护、押运人员在执行守护、押运任务时确有必要使用枪支的,可以配备公务用枪。所谓依法配置枪支的人员,根据《枪支管理法》的规定,是指经省级人民政府体育行政主管部门批准,可以配置射击运动枪支的营业性射击场;经省级以上人民政府林业行政主管部门批准,可以配置猎枪的狩猎场;因业务需要,可以配置猎枪、麻醉注射枪的野生动物保护、饲养、科研单位以及牧区、猎区依法申请配置猎枪的牧民、猎户等。

Ⅵ　罪过

非法持有、私藏枪支、弹药罪和非法出租、出借枪支罪在主观上是出于故意。就非法持有、私藏枪支、弹药罪而言,行为人明知是枪支、弹药而非法持有、私藏。过失即应当预见到是枪支、弹药而没有预见,结果持有、私藏了枪支、弹药的场合,不成立本罪。行为人非法持有、私藏枪支、弹药的动机如何,不影响本罪的成立。就非法出租、出借枪支罪而言,行为人明知依法配备、配置的枪支不能出租、出借而予以出租、出借。出租、出借的主观意图是租给或借给他人用于非犯罪活动。如果明知他人租借枪支是为了实施抢劫、杀人等犯罪,则应按有关犯罪的共同犯罪处理,而不能按本罪定罪处罚。 11

Ⅶ　与他罪的区别

一、非法持有、私藏枪支、弹药罪和非法制造、买卖、运输、邮寄、储存枪支、弹药、爆炸物罪的区别

一般场合,这两种犯罪是比较容易区分的。但是,在行为人储存枪支、弹药的场合,因二者都有保存、储藏枪支、弹药的行为,因此,该如何区别二者就成为问题。一般认为,这两种行为的区分只能从行为对象的量上来考虑,即大量保存、储藏枪支、弹药的行为是储存,而少量保存、储藏枪支、弹药的行为是非法持有或私藏。此外,从犯罪主体来看,本罪的犯罪主体只能是自然人,而非法储存枪支、弹药罪的犯罪主体可以是单位;从客观方面来看,本罪是一种独立的犯罪行为,而非法储存枪支、弹药罪是与非法制造、买卖、运输、邮寄枪支、弹药相关联的行为;从法定刑来看,本罪的最高刑为7年有期徒刑,而非法储存枪支、弹药罪的最高刑为死刑。[3] 至于大量和少量的区分标准,有待于司法机关的解释。 12

3　参见张明楷:《刑法学》(第6版),法律出版社2021年版,第917页。

二、非法出租、出借枪支罪与非法买卖枪支罪的区别

13 两者的区别在于:①客观方面不同。前者是在一段时间内将依法配备的公务用枪、依法配置的民用枪支有偿出租、无偿出借给他人或者单位暂时使用,不转移枪支的所有权,行为人在一段时间后可要求收回所租、所借枪支;后者是行为人非法有偿购买或出售枪支给他人,转移枪支的所有权。②犯罪主体不同。前者的主体为特殊主体,即只能是依法配备公务用枪的人员或单位和依法配置民用枪支的人员和单位;后者的犯罪主体是一般主体。

Ⅷ　处罚

14 根据《刑法》第128条第1款的规定,犯非法持有、私藏枪支、弹药罪的,处3年以下有期徒刑、拘役或者管制;情节严重的,处3年以上7年以下有期徒刑。按照最高人民法院《关于审理非法制造、买卖、运输枪支、弹药、爆炸物等刑事案件具体应用法律若干问题的解释》的规定,"情节严重"是指:①非法持有、私藏军用枪支2支以上的;②非法持有、私藏以火药为动力发射枪弹的非军用枪支2支以上或者以压缩气体等为动力的其他非军用枪支5支以上的;③非法持有、私藏军用子弹100发以上,气枪铅弹5000发以上或者其他非军用子弹1000发以上的;④非法持有、私藏手榴弹3枚以上的;⑤达到成立本罪所规定的最低数量标准,并具有造成严重后果等其他恶劣情节的。

15 按照《刑法》第128条第2款、第3款的规定,犯非法出租、出借枪支罪的,处3年以下有期徒刑、拘役或者管制;情节严重的,处3年以上7年以下有期徒刑。依照《刑法》第128条第4款的规定,单位犯本罪的,对单位判处罚金,并对其直接负责的主管人员或者其他直接责任人员,处3年以下有期徒刑、拘役或者管制;情节严重的,处3年以上7年以下有期徒刑。

第一百二十九条　丢失枪支不报罪

依法配备公务用枪的人员，丢失枪支不及时报告，造成严重后果的，处三年以下有期徒刑或者拘役。

文献:赵秉志主编:《刑法论丛》(第43卷),法律出版社2015年版。王化春:《丢失枪支不报罪》,载《中国刑事法杂志》1997年第6期;金泽刚:《若干个罪的罪过性质问题研究——兼论犯罪故意的含义》,载《中国刑事法杂志》1998年第6期;张明楷:《"客观的超过要素"概念之提倡》,载《法学研究》1999年第3期;王充:《试论我国刑法第129条中的"严重后果"》,载《中国刑事法杂志》2000年第1期;史振郭:《丢失枪支罪的认定及其立法完善》,载《福建公安高等专科学校学报》2000年第6期;姜自和、朱云三:《论丢失枪支不报罪》,载《法学论坛》2001年第3期;陈建清:《关于丢失枪支不报罪的法律思考》,载《河北法学》2001年第5期;徐立、韩光军:《丢失枪支不报罪罪过形式的认定》,载《河北法学》2004年第7期;陆诗忠:《新论丢失枪支不报罪的主观罪过》,载《政法论丛》2005年第1期;随庆军:《丢失枪支不报罪的立法缺陷与完善》,载《河北法学》2005年第3期;韩哲:《关于丢失枪支不报罪主观罪过形式的探讨》,载《法学评论》2005年第5期;王安异、毛卉:《我国刑法中的复杂罪过研究》,载《法学评论》2005年第6期;张明楷:《罪过形式的确定——刑法第15条第2款"法律有规定"的含义》,载《法学研究》2006年第3期;周光权:《论主要罪过》,载《现代法学》2007年第2期;王昭振:《也论"客观的超过要素"概念——兼评复合罪过理论与严格责任理论》,载《刑法论丛》2007年第2期;江宜怀:《丢失枪支不报罪客观方面的法理分析》,载《郑州大学学报(哲学社会科学版)》2008年第2期;魏建文:《论主客观相统一原则在犯罪论中的贯彻——兼论丢失枪支不报罪的犯罪构成》,载《法学杂志》2012年第4期;柏浪涛:《构成要件符合性与客观处罚条件的判断》,载《法学研究》2012年第6期;肖中华:《论丢失枪支不报罪的认定》,载《法治研究》2013年第1期。

细目录

Ⅰ　主旨
Ⅱ　沿革
Ⅲ　客体
Ⅳ　行为
Ⅴ　主体

Ⅵ 罪过
Ⅶ 处罚

Ⅰ 主旨

1 虽然我国实行严格的枪支管制,但是涉枪类犯罪案件仍然屡见不鲜。分析犯罪分子所使用的枪支来源渠道,有相当一部分是因为一些依法配备公务用枪的单位和个人对枪支疏忽管理,丢失之后欺瞒、不及时上报而导致枪支流入犯罪分子手中。丢失枪支不报的行为是严重违反法律规定,不履行法律义务的行为,本身就对公共安全构成了潜在的威胁,因丢失枪支不报而造成严重后果的,必须予以严惩。本条处罚依法配备公务用枪的人员,丢失枪支后不报告,发生严重后果的行为。

Ⅱ 沿革

2 1979 年《刑法》没有规定丢失枪支不报罪。1996 年施行的《枪支管理法》第 44 条中规定,枪支被盗、被抢或者丢失,不及时报告,构成犯罪的,依法追究刑事责任。但是,这一规定在刑法中并没有相应的内容,无法明确应该依照什么法律追究刑事责任、追究什么样的刑事责任。有鉴于此,1997 年修订《刑法》增补了丢失枪支不报罪。

Ⅲ 客体

3 本罪侵害的是复杂客体,即公共安全和国家对枪支的管理制度。枪支特别是公务用枪具有较强的杀伤力,一旦散失到社会上,就会对公共安全和社会治安秩序造成很大的威胁,因此,依法配备公务用枪的人员丢失枪支不及时报告的行为,不仅危害了公共安全,而且也侵害了国家对于枪支的管理制度。本罪的犯罪对象是公务用枪。

Ⅳ 行为

4 本罪在客观上表现为依法配备公务用枪的人员,丢失枪支不及时报告,因而造成严重后果。①必须具有丢失枪支的行为。其中,“枪支”是指依法配备的公务用枪支;“丢失枪支”,包括枪支被盗、被抢或者遗失等情形。②必须没有及时报告。所谓及时报告是指发现枪支丢失的情况之后,立即向有关部门如实报告。丢失枪支之后根本就没有报告,或者过了很久之后才报告的,都属于不及时报告。③必须造成了严重后果。所谓造成了严重后果,是指丢失的枪支被他人利用,实施了严重的犯罪行为,或者造成了工作上的重大损失等。

5 本罪有一个争议问题,即造成严重后果和不及时报告之间是否必须具有刑法上的因果关系。关于这一点,有两种不同意见:一种意见认为,严重后果必须是由于行为人的不及时报告所引起的[1];另一种意见认为,即使行为人及时报告枪支丢失情况,也不能保证找回枪支,更不能保证不发生严重后果,因此,两者之间并不要求具有因果关系。[2] 笔者认为后一种意见更为可取,即便及时报告枪支丢失情况,还是存在能否找回枪支的问题,并不能保证一定不会发生危害公共安全的严重后果。换句话说,不及时报告并不一定是造成严重后果的原因。总之,与造成严重后果之间有因果关系的是"丢失枪支"行为,而不是"不及时报告"行为。

Ⅴ 主体

6 本罪的主体是特殊主体,只有依法配备公务用枪的人员才能构成。具体内容,参见前述非法出租、出借枪支罪中的有关叙述。因此,依法配备民用枪支的个人丢失枪支不及时报告的,不构成本罪;同样,单位丢失枪支不及时报告的,也不构成本罪。

Ⅵ 罪过

7 关于本罪的主观要件即行为人对于所引起的"造成严重后果"持何种心理态度,理论上存在不同看法。一种观点认为,本罪的主观要件是过失,即行为人明知丢失枪支而不及时报告可能造成严重后果,由于疏忽大意而没有预见或者虽然已经预见但轻信能够避免。这种过失,是行为人对所造成的严重后果的心理态度,但行为人对违反枪支管理规定,丢失枪支不及时报告则是故意的。[3] 过失说认为,本罪的重点在于谴责行为人对于丢失枪支造成严重后果所持的心理态度。另一种观点认为,本罪的主观要件是故意,即行为人明知枪支丢失但不及时报告。如果不知道枪支丢失而没有报告的,不构成本罪。行为人对于枪支的丢失,可能是出于过失,但不及时报告却是出于故意。[4] 故意说认为,本罪重点在于谴责行为人丢失枪支之后本应及时报告而不报告时所持的心理态度。

8 从我国现行刑法有关枪支、弹药、爆炸物犯罪的规定的整体情况来看,故意说更为妥当一些。我国刑法中有关枪支、弹药、爆炸物的犯罪都是行为犯。因为枪支、弹药、爆炸物是杀伤力极强的危险物品,国家从制造、买卖、邮寄、运输、储存等各个方面对其实行严格管制,绝不允许有任何松懈。在犯罪构成的规定上,形式上只要有违反规定的行为就构成犯罪(只有极个别例外),而没有要求"造成严重后果"或"情节严重"的条件。因此,在对丢失枪支不报罪的认定上,也应当考虑到我国刑法中有关枪

1　参见陈兴良主编:《罪名指南(上册)》(第2版),中国人民大学出版社2008年版,第171页;周光权:《刑法各论》(第4版),中国人民大学出版社2021年版,第212—213页。

2　参见鲍遂献、雷东生:《危害公共安全罪》,中国人民公安大学出版社2003年版,第314页;马克昌主编:《百罪通论》(上卷),北京大学出版社2014年版,第100页。

3　参见马克昌主编:《百罪通论》(上卷),北京大学出版社2014年版,第101—102页。

4　参见刘家琛主编:《新刑法条文释义》,人民法院出版社2001年版,第525页。

支犯罪规定的这一特点，即本罪之所以受到处罚，是因为行为人具有在丢失枪支之后应当及时报告的义务而没有履行报告义务的违法行为。另外，过失说认为，本罪的法定刑为“三年以下有期徒刑或者拘役”，从这种较低的法定刑的配置来看，本罪应当是过失犯罪而不是故意犯罪。[5] 但是，由于“严重后果”是他人的行为引起的，对行为人规定较轻的法定刑也并无不可；同时，丢失枪支不及时报告的行为并不必然导致严重后果，也有可能尽管行为人丢失枪支后没有及时报告，却并没有造成任何后果。因此，正像故意违反枪支管理规定，故意非法持有枪支、弹药的行为必须“处三年以下有期徒刑、拘役或者管制”一样，对丢失枪支故意不报的行为规定“三年以下有期徒刑或者拘役”也是可以的。

Ⅶ　处罚

9　根据《刑法》第129条的规定，依法配备公务用枪的人员丢失枪支不及时报告，造成严重后果的，处3年以下有期徒刑或者拘役。所谓严重后果，是指枪支落入犯罪分子之手，成为犯罪工具；或者隐瞒真相、不及时报告情节恶劣的；等等。

5　参见郭立新、黄明儒主编：《刑法分则适用典型疑难问题新释新解》(第2版)，中国检察出版社2010年版，第25页。

第一百三十条　非法携带枪支、弹药、管制刀具、危险物品危及公共安全罪

非法携带枪支、弹药、管制刀具或者爆炸性、易燃性、放射性、毒害性、腐蚀性物品，进入公共场所或者公共交通工具，危及公共安全，情节严重的，处三年以下有期徒刑、拘役或者管制。

文献:唐世月、谢家友:《论持有型犯罪》,载《法律科学》1995年第4期;叶良芳、荣俊德:《论刑法中的持有行为的归属》,载《人民检察》1999年第2期;龙洋:《非法持有型犯罪问题的研究》,载《中外法学》1999年第3期;朴宗根:《论我国新刑法中的持有型犯罪》,载《延边大学学报(社会科学版)》2000年第3期;彭毅:《完善枪支、弹药、爆炸物犯罪案件司法解释的几点建议》,载《国家检察官学院学报》2000年第3期;卢纯根:《析刑法第128条、第130条之适用》,载《上海市政法管理干部学院学报》2000年第4期;刘振华、曹云清:《完善〈刑法〉对涉枪犯罪的制刑的思考》,载《广西政法管理干部学院学报》2001年第S1期;邓国良、曹云清:《略论涉枪犯罪》,载《江西公安专科学校学报》2001年第3期。

细目录

Ⅰ　主旨
Ⅱ　沿革
Ⅲ　客体
Ⅳ　行为
Ⅴ　主体
Ⅵ　罪过
Ⅶ　与他罪的区别
　一、本罪与非法持有枪支、弹药罪的区别
　二、本罪与失火罪、过失爆炸罪的区别
Ⅷ　处罚

Ⅰ　主旨

非法携带枪支、弹药、管制刀具、危险物品危及公共安全罪,是指非法携带枪支、弹药、管制刀具或者爆炸性、易燃性、放射性、毒害性、腐蚀性物品进入公共场所或者 1

公共交通工具,危害公共安全,情节严重的行为。枪支、弹药、管制刀具或者爆炸性、易燃性、放射性、毒害性、腐蚀性物品是高度危险、能够对不特定或多数人的生命、健康和重大公私财产安全产生危险的物质,因此,国家历来对上述物品采取严格管制的态度,制定了一系列的规章制度。其中内容之一,就是禁止携带上述物品进入公共场所或公共交通工具。

Ⅱ 沿革

2 1979 年《刑法》并没有规定这一罪名。1991 年施行的《铁路法》第 60 条规定,携带危险品进站上车,非法托运危险品及携带炸药、雷管、枪支、子弹、管制刀具进站上车的,比照 1979 年《刑法》第 163 条的规定追究刑事责任。由于《铁路法》的规定只是着眼于铁路运输安全和铁路治安问题,因而不可能从整个社会治安的宏观角度对各种类似情况都作出规定;同时,该条文在内容上也有类推适用之嫌,因此,从刑事法律的角度来看,这一规定有偏颇之处。鉴于这种情况,1997 年修订的《刑法》增设了本罪。

Ⅲ 客体

3 本罪的客体是公共安全和国家对管制物品、危险物品的管理制度。非法携带枪支、弹药、管制刀具、危险物品进入公共场所或者公共交通工具,就会给公共安全留下隐患,一旦发生危险,就会发生致人重伤、死亡或者使重大公私财产遭受损失的结果,为此,国家对枪支、弹药、管制刀具以及爆炸性、易燃性、放射性、毒害性、腐蚀性物品,在使用、保管、运输、储存等方面都规定了严格的管理制度,以防止上述物品因管理不善而危害社会。因此,携带上述物品进入公共场所或者公共交通工具,既危害了公共安全,又违反了国家对上述物品的管理制度。

4 本罪的犯罪对象是枪支、弹药、管制刀具或者爆炸性、易燃性、放射性、毒害性、腐蚀性物品。关于枪支、弹药、爆炸物的具体含义,可参见第 125 条相关评注。所谓管制刀具,包括匕首、三棱刀、带有自锁装置的弹簧刀以及其他类似的单刃、双刃、三棱尖刀等;所谓易燃性物品,是指容易自燃或燃烧的物品,如汽油、酒精、液化气、氢气、煤气、油漆等;所谓毒害性物品,是指对人体和生物具有毒害的物品,如敌敌畏、敌杀死等;所谓腐蚀性物品,是指对人体和生物能起到腐蚀作用的物品,如硫酸、盐酸、硝酸等。

Ⅳ 行为

5 本罪在客观上具有以下特征:

6 (1)非法携带的必须是枪支、弹药、管制刀具或者爆炸性、易燃性、放射性、毒害性、腐蚀性物品。这是对犯罪对象的要求。携带其他物品进入公共场所或者公共交通工具的,因为不可能危及公共安全,所以不能成立本罪。

(2)非法携带上述物品进入的必须是公共场所或者公共交通工具。这是对犯罪地点的要求。行为人非法携带上述物品,如果没有进入公共场所或者公共交通工具,不成立本罪。所谓公共场所,是指供公众休息、活动、休闲、游玩的场所,如公共活动的中心场所、体育场所、文化娱乐场所、风景旅游场所、商业服务场所、交通场所等;所谓公共交通工具,是指大型的载人的运输工具,如公共汽车、电车、地铁列车、火车、旅游客车、出租汽车、索道缆车、飞机、轮船等。个人专用、军用的各种交通工具,不属于公共交通工具的范畴。 7

(3)携带上述物品进入公共场所或者公共交通工具,必须达到危害公共安全,情节严重的程度。这是有关犯罪情节的要求。一般来说,携带上述物品进入公共场所或者公共交通工具,就威胁到了不特定或多数人的生命、健康和重大公私财产的安全,即对公共安全造成了危险。但是,仅此还不够,还必须达到"情节严重"的程度。所谓情节严重,根据 2008 年 6 月 25 日发布的最高人民检察院、公安部《关于公安机关管辖的刑事案件立案追诉标准的规定(一)》第 7 条的规定,是指以下情形:①携带枪支一支以上或者手榴弹、炸弹、地雷、手雷等具有杀伤性弹药一枚以上的;②携带爆炸装置一套以上的;③携带炸药、发射药、黑火药 500 克以上或者烟火药 1000 克以上、雷管 20 枚以上或者导火索、导爆索 20 米以上,或者虽未达到上述数量标准,但拒不交出的;④携带的弹药、爆炸物在公共场所或者公共交通工具上发生爆炸或者燃烧,尚未造成严重后果的;⑤携带管制刀具 20 把以上,或者虽未达到上述数量标准,但拒不交出,或者用来进行违法活动,尚未构成其他犯罪的;⑥携带的爆炸性、易燃性、放射性、毒害性、腐蚀性物品在公共场所或者公共交通工具上发生泄漏、遗洒,尚未造成严重后果的;⑦其他情节严重的情形。 8

对非法携带管制刀具危及公共安全的行为,仍可参照最高人民法院 1993 年 10 月 11 日发布的《关于执行〈中华人民共和国铁路法〉中刑事罚则若干问题的解释》中的有关规定理解执行。该解释中规定,"非法携带管制刀具二十把以上或者虽未达到规定的数量标准,但在车站或者列车上进行违法活动时使用,尚未构成其他犯罪的",可以构成本罪。行为人携带管制刀具虽未达到规定的数量标准,但拒不交出的,也可以追究刑事责任;如果刚达到规定的数量标准,但行为人进站上车后,能主动、全部交出的,也可不以犯罪论处。 9

V　主体

本罪主体是一般主体,因此,年满 16 周岁、具有辨认和控制自己行为能力的人都可以成为本罪的适格主体。 10

VI　罪过

关于本罪的罪过,学术界有不同意见。有的认为,本罪主观方面是过失,包括疏 11

忽大意的过失和过于自信的过失;有的则认为,本罪在主观上必须是出于故意,即行为人明知是枪支、弹药、管制刀具而非法携带;有的则认为,本罪在主观方面比较复杂,就非法携带枪支、弹药、管制刀具或者危险物品而言,行为人表现为故意,而对于可能造成的危害公共安全的后果而言,则只能为过失。[1] 从非法携带枪支、弹药、管制刀具或者危险物品本身来看,行为人主观上只能表现为故意,而对于所造成的严重后果而言,则主观上一般表现为过失。但是,由于本罪并未要求造成"严重后果",而是规定"情节严重"的就构成犯罪,换句话说,本罪主要是对行为人非法携带枪支、弹药、管制刀具、危险物品的行为进行谴责,而不是对其结果进行谴责。因此,笔者认为,本罪主观方面只能由故意构成,过失不能构成本罪。

Ⅶ 与他罪的区别

一、本罪与非法持有枪支、弹药罪的区别

12 二者在犯罪对象、犯罪主体以及情节要求方面均有较大不同,然而从行为方式而言,非法携带是非法持有的表现方式之一,因此,非法持有枪支、弹药当然包括非法携带枪支、弹药。但是,按照《刑法》第 130 条的规定,非法携带枪支、弹药进入公共场所或者公共交通工具,必须危及公共安全并且情节严重,才构成犯罪;而按照《刑法》第 128 条第 1 款的规定,只要非法持有枪支、弹药的,就可以构成犯罪,如果情节严重,则构成重罪,应当适用更高一个档次的刑罚。一般来说,非法携带枪支、弹药并进入公共场所或者公共交通工具的行为,其社会危害性要高于单纯的非法持有枪支、弹药行为,但是,法条对后者规定的法定刑却要高于前者。因此,就出现了这样的问题:不具备配用枪支、弹药资格的人,携带其非法持有的枪支、弹药进入公共场所或者公共交通工具,并因此而危及公共安全,达到情节严重的程度的,究竟是按《刑法》第 130 条的规定以非法携带枪支、弹药危及公共安全罪定罪,还是按照《刑法》第 128 条第 1 款的规定以非法持有枪支、弹药罪定罪?这一问题是由《刑法》第 128 条第 1 款与第 130 条之间属于法条竞合关系而产生的,因此,必须按照法条竞合的处理原则,在通常情况下按"特别法优于普通法"的原则处理,在特别法规定的法定刑低于普通法所规定的法定刑时适用"重法优于轻法"的原则来处理。在《刑法》第 128 条第 1 款和第 130 条之间,前者是普通法,后者是特别法。不具有配用枪支、弹药资格的人携带枪支、弹药进入公共场所或者公共交通工具,危及公共安全,情节严重的行为,由于其具有非法持有枪支、弹药和携带枪支、弹药进入公共场所或者公共交通工具危及公共安全且情节严重两个犯罪行为,因此,单以《刑法》第 130 条所规定的非法携带枪支、弹药危及公共安全罪对其定罪处罚,显然不足以对该行为的社会危害性进行评价,此

1　参见叶高峰主编:《危害公共安全罪的定罪与量刑》,人民法院出版社 2000 年版,第 351 页。

时可以按照"重法优于轻法"的原则,对其适用《刑法》第 128 条第 1 款的重罪条款,以非法持有枪支、弹药罪对其定罪,在"三年以上七年以下有期徒刑"的范围内进行处罚。

二、本罪与失火罪、过失爆炸罪的区别

本罪是危险犯,其成立不要求发生实际的危害结果,只要出现危害公共安全的危险,情节严重即可;而失火罪、过失爆炸罪是实害犯,只有在造成不特定或者多数人重伤、伤亡或者重大财产损失的场合才能成立。因此,在行为人非法携带易燃易爆物品进入公共场所或者公共交通工具,并发生失火、爆炸等重大事故,造成严重后果的,只要查明行为人确实没有造成严重后果的故意,就应当看作本罪和失火罪、过失爆炸罪的想象竞合犯,按照从一重处罚的原则,以失火罪或者过失爆炸罪处理。 13

Ⅷ　处罚

根据《刑法》第 130 条的规定,犯本罪的,处 3 年以下有期徒刑、拘役或者管制。 14

第一百三十一条　重大飞行事故罪

航空人员违反规章制度，致使发生重大飞行事故，造成严重后果的，处三年以下有期徒刑或者拘役；造成飞机坠毁或者人员死亡的，处三年以上七年以下有期徒刑。

文献:荣晓红:《简析危害航空安全犯罪》,载《法学论丛》1997 年第 2 期;贺元骅:《论重大飞行责任事故罪》,载《中国民航飞行学院学报》1999 年第 4 期;曲伶俐:《重大飞行事故罪几个问题质疑》,载《政法论丛》1999 年第 6 期;杨惠:《重大飞行事故罪的构成特征与思考》,载《中国刑事法杂志》2002 年第 5 期;王铁军、刘超捷:《安全生产犯罪的刑罚调整与罪名设置》,载《人民检察》2014 年第 23 期;许凌洁、刁伟民:《重大飞行事故罪的立法缺陷及其完善》,载《北京理工大学学报(社会科学版)》2015 年第 6 期。

细目录

Ⅰ　主旨
Ⅱ　沿革
Ⅲ　客体
Ⅳ　行为
Ⅴ　主体
Ⅵ　罪过
Ⅶ　处罚

Ⅰ　主旨

1　航空运输是近代科技发展的产物,具有空中飞行、快捷迅速的特点,也极具风险,哪怕是极小的失误也会发生飞行事故,导致惨重结果。航空运输对从业人员提出了极为严格的注意要求,不能有任何疏忽。随着我国民航运输事业的发展,航班、航线不断增加。航空事业的扩大,需要有大批合格的具有责任心的航空人员,同时,对于航空人员也应从法律上提出更为严格的要求。

Ⅱ　沿革

2　1979 年《刑法》没有规定本罪。1995 年 10 月 30 日通过的《民用航空法》专门规定了航空人员从事民用航空活动应当遵守的规章制度,并在第 199 条规定:“航空人员玩忽职守,或者违反规章制度,导致发生重大飞行事故,造成严重后果的,分别依照、比照刑法第一百八十七条或者第一百一十四条的规定追究刑事责任。”对于航空人员玩忽职守或者违反规章制度的行为分别按照玩忽职守罪和重大责任事故罪处理。1997 年修订的《刑法》在吸收《民用航空法》规定的基础上,规定了本罪,并在罪状中删除了“玩忽职守”的情节。

Ⅲ 客体

本罪侵害的客体是民航运输安全。由于民航运输事业是一个具有危险性的行业,一旦某一环节发生故障,就会直接威胁飞行安全,直接关系到航空器所运载的不特定的多数人的生命、健康和公私财产的安全;航空器坠毁还可能使地面人员的生命、健康和重大公私财产遭受损失。因此,航空运输人员违反规章制度,无疑妨害了民用航空安全的管理制度,侵犯了不特定或多数人的生命、健康和重大公私财产的安全。 3

Ⅳ 行为

本罪在客观上表现为航空人员违反规章制度,致使发生重大飞行事故,造成严重后果。其中,“违反规章制度”,是指违反民用航空管理、安全飞行的各项制度,如航空器的飞行时限、执勤时限的规定,航线、飞行高度的规定,航空器的维修、操作空域、运输、安全飞行的规定等。关于“重大飞行事故,造成严重后果”的意义,理论上存在分歧:一种观点认为,是指在航空飞行过程中发生的航空器严重毁坏、破损或者造成人身伤亡的事件等[1];另一种观点认为,根据民航飞行事故的划分标准,是指造成人员死亡 39 人以下,或者飞机失踪,该机机上人员在 39 人以下,或者飞机迫降到无法运出的地方。[2] 从《刑法》第 131 条规定“造成飞机坠毁或者人员死亡的”场合,要处以较“造成严重后果”更重的刑罚这一点来看,上述后一种理解显然是有问题的。因此,本条中所谓的“重大飞行事故,造成严重后果”的意义,不应根据民航飞行事故的划分标准来确定,而应根据刑法有关法定刑的规定幅度来判断。在航空器飞行过程中发生的航空器破坏、毁损或者人员伤亡,以及货物毁坏造成严重损失的,都可以看作造成了严重后果的重大飞行事故。 4

---

1 参见胡康生、李福成主编:《中华人民共和国刑法释义》,法律出版社 1997 年版,第 149 页。

2 参见曾芳文、段启俊主编:《个罪法定情节研究与适用》,人民法院出版社 2002 年版,第 115 页。

V 主体

5 本罪的主体是特殊主体,即“航空人员”,因此,只有从事民用航空活动的空勤人员和地面人员,包括驾驶人员、飞行机械人员、乘务员、航空器维修人员、航空调度人员以及电台通信人员等才能成为本罪的主体。

VI 罪过

6 本罪的罪过为过失,包括疏忽大意的过失和过于自信的过失。即行为人应当预见自己的违反规章制度的行为可能发生重大飞行事故,造成严重后果,但由于疏忽大意而没有预见,或者虽然已经预见但轻信能够避免,以致发生了该种结果。但是,在行为人违反规章制度,故意追求该种危害结果发生的时候,就构成破坏交通工具罪或破坏交通设施罪。

VII 处罚

7 根据《刑法》第131条的规定,犯重大飞行事故罪的,处3年以下有期徒刑或者拘役;造成飞机坠毁或者人员死亡的,处3年以上7年以下有期徒刑。

第一百三十二条　铁路运营安全事故罪

铁路职工违反规章制度，致使发生铁路运营安全事故，造成严重后果的，处三年以下有期徒刑或者拘役；造成特别严重后果的，处三年以上七年以下有期徒刑。

文献:杨群:《铁路运营安全事故罪若干问题探讨》,载《南方冶金学院学报》2001年第6期;刘华:《对铁路运营安全事故罪的分析和思考》,载《山西省政法管理干部学院学报》2004年第4期;张有辰、张铮:《铁路运营安全事故罪的几点思考》,载《铁道警官高等专科学校学报》2005年第2期;万志鹏:《论铁路运营安全事故罪》,载《西南交通大学学报(社会科学版)》2009年第1期;陈佳、邓君韬:《从监督过失理论再谈"4·28"胶济铁路事故判决》,载《经济研究导刊》2012年第25期;邓君韬:《铁路事故监管责任研究——兼谈大部制改革对铁路检察实务的影响》,载《河北法学》2014年第6期;王铁军、刘超捷:《安全生产犯罪的刑罚调整与罪名设置》,载《人民检察》2014年第23期。

细目录

Ⅰ　主旨
Ⅱ　沿革
Ⅲ　客体
Ⅳ　行为
Ⅴ　主体
Ⅵ　罪过
Ⅶ　处罚

Ⅰ　主旨

铁路是国民经济发展的大动脉。铁路运输具有运行速度快、运载量大等特点,同时也具有重大风险,稍有疏忽就可能酿成灾祸,造成人员伤亡和财产损失。因此,铁路运输对从业人员有着极高的注意义务要求。本罪对铁路职工违反规章制度,玩忽职守,致使发生铁路营运安全事故的行为加以处罚,以加强保障铁路运输安全。 1

Ⅱ　沿革

2　1979 年《刑法》没有规定这一罪名。1990 年 9 月 7 日通过的《铁路法》第 71 条规定:铁路职工玩忽职守、违反规章制度造成铁路运营事故的,滥用职权、利用办理运输业务之便谋取私利的,给予行政处分;情节严重、构成犯罪的,依照刑法有关规定追究刑事责任。1997 年修订刑法将铁路职工违反规章制度,致使发生铁路运营安全事故,造成严重后果的行为单独定罪,并规定了相应的法定刑。

Ⅲ　客体

3　本罪侵犯的客体是铁路运输安全。铁路是国民经济的大动脉,担负着全国最大比重的旅客和货物运输任务。由于铁路运输具有运载量大、高速等特点,一旦发生事故,后果不堪设想。因此,本罪侵犯的客体是与人民群众的生命、健康和重大公私财产有关的铁路运输安全。

Ⅳ　行为

4　本罪在客观上表现为违反规章制度,致使发生铁路运营安全事故,造成严重后果。首先,行为人必须违反规章制度。所谓"违反规章制度",是指违反了有关铁路运营安全的各种规章制度,包括交通法规、技术操作规程、运输管理工作制度等。例如,不按规定检修铁路运营设备,擅离职守、不及时扳道,不及时发出信号等。其次,必须发生铁路运营安全事故,造成严重后果。所谓"铁路运营安全事故",是指在铁路运输过程中发生的火车倾覆、出轨、撞车、爆炸等造成人员伤亡、机车毁坏以及致使公私财产遭受重大损失的严重事件。根据本条的规定,发生铁路运营安全事故,只有造成严重后果的场合才构成犯罪。所谓"严重后果",根据 2015 年 12 月 14 日最高人民法院、最高人民检察院《关于办理危害生产安全刑事案件适用法律若干问题的解释》第 6 条第 1 款的规定,实施《刑法》第 132 条规定的行为,具有以下情形之一的,应当认定为"造成严重后果":造成死亡 1 人以上或重伤 3 人以上,造成直接经济损失 100 万元以上,以及造成其他严重后果或者重大安全事故的情形。

Ⅴ　主体

5　本罪的犯罪主体是特殊主体,即铁路职工,因此,只有和铁路运营业务以及保证铁路运营安全有直接关系的人员,包括具体操纵机车的司机,其他操纵铁路运营设备的扳道员、挂钩员,领导、指挥列车运营活动的调度员,和铁路运输安全有关的信号员、巡道工等才能成为本罪的适格主体。

Ⅵ 罪过

本罪的罪过只能是出于过失,包括疏忽大意的过失和过于自信的过失,即行为人应当预见自己违反规章制度的行为可能发生铁路运营安全事故,造成严重后果,但由于疏忽大意而没有预见或者虽然已经预见但轻信能够避免。如果行为人对违反规章制度所引起的铁路运营安全事故持积极追求或放任的肯定态度,则构成破坏交通工具罪或破坏交通设施罪。 6

Ⅶ 处罚

根据《刑法》第 132 条的规定,犯铁路运营安全事故罪的,处 3 年以下有期徒刑或者拘役;造成特别严重后果的,处 3 年以上 7 年以下有期徒刑。根据 2015 年 12 月 14 日最高人民法院、最高人民检察院《关于办理危害生产安全刑事案件适用法律若干问题的解释》第 7 条的规定,实施《刑法》第 132 条规定的行为,具有下列情形之一的,处 3 年以上 7 年以下有期徒刑:造成死亡 3 人以上或者重伤 10 人以上,负事故主要责任的,造成直接经济损失 500 万元以上,负事故主要责任的,以及其他造成特别严重后果,情节特别恶劣或者后果特别严重的情形。 7

第一百三十三条　交通肇事罪

违反交通运输管理法规，因而发生重大事故，致人重伤、死亡或者使公私财产遭受重大损失的，处三年以下有期徒刑或者拘役；交通运输肇事后逃逸或者有其他特别恶劣情节的，处三年以上七年以下有期徒刑；因逃逸致人死亡的，处七年以上有期徒刑。

文献：黄祥青：《浅析新刑法中的交通肇事罪》，载《政治与法律》1998 年第 4 期；李洁：《析交通肇事罪的罪过形式》，载《人民检察》1998 年第 11 期；蒋小燕：《试析交通肇事罪的主观方面》，载《华中科技大学学报(社会科学版)》2001 年第 2 期；王玉珏：《信赖原则在中日交通肇事罪中适用之比较》，载《法学》2002 年第 3 期；王广基：《析交通肇事后逃逸行为》，载《人民司法》2002 年第 4 期；杨忠民：《刑事责任与民事责任不可转换——对一项司法解释的质疑》，载《法学研究》2002 年第 4 期；侯国云：《交通肇事罪司法解释缺陷分析》，载《法学》2002 年第 7 期；侯国云：《有关交通肇事罪的几个疑难问题》，载《中国法学》2003 年第 1 期；侯国云：《论交通肇事后"因逃逸致人死亡"》，载《政治与法律》2003 年第 1 期；黎宏：《论交通肇事罪的若干问题——以最高人民法院有关司法解释为中心》，载《法律科学》2003 年第 4 期；冯金银：《交通肇事罪认定中的几个问题》，载《政法论坛》2004 年第 4 期；石晓芳、许道敏：《指使、强令他人违章驾驶的刑事责任问题——对期待可能性理论的重新理解》，载《人民检察》2004 年第 5 期；刘东根：《论刑事责任与民事责任的转换——兼对法释[2000]33 号相关规定的评述》，载《中国刑事法杂志》2004 年第 6 期；喻贵英：《交通肇事罪中四种"逃逸"行为之认定》，载《法律科学》2005 年第 1 期；刘志伟：《道路交通安全法在完善刑法方面应当有所作为》，载《法学家》2005 年第 1 期；黄伟明：《交通肇事罪构成中结果标准的数量因素分析》，载《法学杂志》2005 年第 2 期；刘淑莲：《交通肇事逃逸行为的性质》，载《法学杂志》2005 年第 2 期；林维：《不真正不作为犯的量刑问题研究——以交通肇事中的故意杀人罪为切入点》，载《法商研究》2005 年第 3 期；黄河：《论"交通运输肇事后逃逸"的罪名化》，载《政治与法律》2005 年第 4 期；周光权：《指使交通肇事者逃逸应当以窝藏罪定性》，载《人民检察》2005 年第 14 期；周铭川：《结果加重犯争议问题探究》，载《中国刑事法杂志》2007 年第 5 期；楼伯坤：《对刑法第 133 条"逃逸"的逻辑解释——以加重犯为视角》，载《河北法学》2008 年第 1 期；陈洪兵：《指使交通肇事者逃逸构成遗弃罪或者故意杀人罪的教唆犯——兼质疑周光权老师提出的"窝藏罪"说》，载《政治与法律》2008 年第 5 期；张送智、麻侃：《阻止他人救助被害人的该当何罪》，载《政治与法律》2008 年第 6 期；孟静、刘锋：《简析交通肇事罪的共同犯罪问题》,载《中国政法大学学报》2009年第4期;李运才:《交通肇事后隐匿、遗弃被害人的罪名分析——对"交通肇事罪司法解释"第六条的质疑》,载《中国刑事法杂志》2009年第5期;吴云:《交通肇事罪认定若干问题研究》,载《政治与法律》2009年第8期;于志刚、田刚:《交通肇事罪中"自首"的存在空间辨析——对于"行政义务"和"双重评价"观点之否定》,载《人民检察》2009年第23期;王俊梅:《关于交通肇事罪的几个问题的探讨——由成都醉驾者孙伟铭案引起的》,载《法学杂志》2010年S1期;冯亚东、李侠:《对交通肇事罪"逃逸"条款的解析》,载《中国刑事法杂志》2010年第2期;张明楷:《论交通肇事罪的自首》,载《清华法学》2010年第3期;潘星丞:《交通肇事故意论——以波普尔"试错法"为分析范式》,载《东方法学》2010年第4期;陈洪兵:《交通肇事罪中两个"逃逸"含义的新解读》,载《烟台大学学报(哲学社会科学版)》2011年第1期;孟庆华、赵继刚:《交通肇事后报警不能认定为自首论辨析——兼评浙江高院的〈关于审理交通肇事刑事案件若干意见〉》,载《法学杂志》2011年第1期;赵星、潘铁伟:《交通肇事罪共犯问题研究》,载《甘肃社会科学》2011年第6期;谭滨、赵宁、瞿勇:《我国刑法分则中空白罪状的解释规则探讨——兼以交通肇事罪中的责任认定为例分析》,载《政治与法律》2012年第1期;马凤春:《交通肇事罪也可以是故意犯罪》,载《政法论丛》2012年第3期;刘源、杨诚:《交通肇事罪共犯问题辨析》,载《法学》2012年第4期;张卫彬、叶兰君:《交通肇事罪中的责任认定》,载《法学》2012年第11期;陈珊珊:《过失共同正犯理论之质疑——兼及交通肇事罪的相关规定》,载《法学评论》2013年第2期;李朝晖:《论交通肇事罪的实行行为》,载《法学》2014年第3期;万尚庆、常明明:《论交通肇事罪中的责任认定》,载《法学杂志》2014年第10期;黄伟明:《"交通肇事后逃逸"的行为性解释——以质疑规范目的解释为切入点》,载《法学》2015年第5期;蔡仙:《反思交通肇事罪认定的结果责任》,载《政治与法律》2016年第11期;邓红梅:《我国交通刑法立法模式的选择:独立还是依附》,载《河北法学》2017年第4期。

细目录

Ⅰ 主旨
Ⅱ 沿革
Ⅲ 客体
Ⅳ 行为与结果
Ⅴ 主体
Ⅵ 罪过
Ⅶ 与非罪的界限
Ⅷ 与他罪的区别
一、本罪与过失损坏交通工具罪、过失损坏交通设施罪的区别
二、本罪与利用交通工具故意杀人、故意伤害的犯罪的区别

三、本罪与以驾车撞人的危险方法危害公共安全罪的区别
Ⅸ　处罚

Ⅰ　主旨

1　交通肇事罪,是指违反交通运输管理法规而发生重大事故,致人重伤、死亡或者使公私财产遭受重大损失的行为。交通肇事罪是日常生活中常见多发的犯罪,每年给国家和人民群众的生命财产造成的损失是触目惊心的。刑法将违反交通运输管理法规造成严重后果的行为规定为犯罪,以求遏制重大交通事故的发生。

Ⅱ　沿革

2　交通肇事罪历来是我国刑法重点防治的过失犯罪之一。1979 年《刑法》第 113 条规定:“从事交通运输的人员违反规章制度,因而发生重大事故,致人重伤、死亡或者使公私财产遭受重大损失的,处三年以下有期徒刑或者拘役;情节特别恶劣的,处三年以上七年以下有期徒刑。非交通运输人员犯前款罪的,依照前款规定处罚。”现行刑法对 1979 年《刑法》的规定作了进一步修改:一是提高了刑期,最高法定刑由 7 年改为 15 年,同时将原条文规定的法定刑幅度由两个改为三个;二是将犯罪情节具体化,对交通肇事后逃逸以及逃逸致人死亡的刑罚作了特别规定;三是将犯罪主体规定为一般主体,并删除了第 2 款关于非交通运输人员犯交通肇事罪的规定。

Ⅲ　客体

3　本罪侵害的客体是交通运输安全。交通运输是指与一定的交通工具和交通设备相联系的各种交通运输,其特点是与广大人民群众的生命、财产安全紧密相连,一旦发生交通事故,必定会危及不特定或多数人的生命、健康或造成重大公私财产的毁损。因此,本罪在本质上是危害公共安全的犯罪。本来,交通运输安全包括铁路、公路、水上和空中交通运输安全,但是,由于现行刑法中增设了铁路运营安全事故罪和重大飞行事故罪,因此在本罪中主要指公路和水上交通运输安全。

Ⅳ　行为与结果

4　本罪在客观上表现为在交通运输活动过程中违反交通运输管理法规,因而发生重大事故,致人重伤、死亡或者使公私财产遭受重大损失。

5　(1)必须发生在交通运输活动过程中。所谓交通运输活动,泛指一切交通法规所调整的交通运输活动,但由于现行刑法中增设了铁路运营安全事故罪和重大飞行事故罪,因此,本罪中所说的交通运输活动主要指公路和水上交通运输活动。对于是否在交通运输活动过程中,可从时间和场所两个方面加以判断。从时间上判断,交通运输工具必须在行驶过程中。所谓“行驶”,不限于车辆正在行驶或者船舶正在航行之

中,还包括发动之后上路之前、停靠之后熄火之前。换言之,车辆或者船舶从开始行驶到停驶或者停泊为止,都是在交通运输过程中。停放在停车场的车辆或者停靠在码头的船舶,如因外力原因致其发生与人员或者财物的碰撞并致人员伤亡或者财物损毁的,不成立本罪。但是,停放在公路上的车辆,即便不在行驶过程中,也是在交通运输活动过程中。如在停车排除故障时,由于未在来车方向设置警告标志,结果造成一人死亡、两车损坏的严重后果的场合,构成交通肇事罪。从场所上判断,交通事故必须发生在公共交通管理范围之内,这一点对于判断是否在交通运输活动过程中极为重要。如就陆地上所发生的交通事故而言,只有发生在公路、城市街道和胡同里巷以及公共广场、公共停车场等供车辆、行人通行的地方的事故,才能被认定为本罪;而在所谓"非道路"即根据《道路交通安全法》实行公共交通管理以外的非公用性质的道路和地点,如厂矿、农场、林场自建的不通行社会车辆的专用道路和用于田间耕作、供农机具行走的机耕路以及机关、学校、单位大院、火车站、汽车站、货场、渡口、封闭式住宅小区内的大楼和楼群前后幢之外的大路上发生的交通事故,由于不在公共交通管理范围内,不可能构成本罪。

(2)必须违反交通运输管理法规。所谓交通运输管理法规,是指保证交通运输正常进行的有关规章制度,具体来说,就是指《道路交通安全法》《道路交通安全法实施条例》和其他有关法律规章等。 6

(3)必须发生重大事故,致人重伤、死亡或者使公私财产遭受重大损失。根据2000年11月15日发布的最高人民法院《关于审理交通肇事刑事案件具体应用法律若干问题的解释》第2条的规定,违反交通运输管理法规,造成死亡1人或者重伤3人以上,负事故全部或者主要责任的;死亡3人以上,负事故同等责任的;造成公共财产或者他人财产直接损失,负事故全部或者主要责任,无能力赔偿数额在30万元以上的,就可认定为"重大事故"。另外,交通肇事致1人以上重伤,负事故全部或者主要责任,并具有下列情形之一的,以交通肇事罪定罪处罚:①酒后、吸食毒品后驾驶机动车辆的;②无驾驶资格驾驶机动车辆的;③明知是安全装置不全或者安全机件失灵的机动车辆而驾驶的;④明知是无牌证或者已报废的机动车辆而驾驶的;⑤严重超载驾驶的;⑥为逃避法律追究逃离事故现场的。 7

(4)违反交通运输管理法规和发生重大事故之间必须具有因果关系,即前行为足以导致后果的关系。行为人虽有违章行为,但该违章行为和交通事故之间无相当因果关系的,不负交通事故责任。如行为人虽是无照驾驶,但是,在因被害人闯红灯而致死的场合,就可以说该无照驾驶行为和被害人之死之间没有相当因果关系,不应认定行为人具有责任。同样,行为人明知他人没有驾驶执照,而违章将车辆和驾驶执照交给他人,让他人驾驶,引起重大事故的场合,行为人的行为和重大事故之间也不具有相当因果关系。因为,行为人违反交通管理法规,将车辆交给没有驾驶执照的人驾驶,只是为肇事后果的发生提供了一个条件,结果是由无照驾驶者引起的。 8

V 主体

9 本罪的主体是一般主体,年满16周岁、具有辨认和控制自己行为能力的自然人,包括直接从事交通运输的人员和非交通运输人员均能成为本罪的适格主体。所谓交通运输人员,是指车辆、船舶的驾驶人员等从事公路交通运输、水上交通运输的人员,以及内河航运线上的灯塔看守员、引水员、交通监理员等对上述交通运输的正常、安全运行负有职责的人员。因为刑法已对航空人员、铁路职工违反规章制度,致使发生重大飞行事故、铁路运营安全事故的情况已经作了专门规定,所以本罪的主体不包括上述两种人员。但是,航空人员、铁路职工以外的人员造成重大飞行事故或铁路运营安全事故的,也成立本罪。所谓非交通运输人员,是指不以从事交通运输为业务,但进行正常交通运输的人员。如没有合法手续,但被借调或受委托临时从事交通运输的人、驾车上班的医生等。上述人员在正常的交通运输过程中肇事,达到一定程度的,均构成本罪。从事交通运输以外的人如一般行人或者骑自行车的人等在公共交通场所,违反交通规则,造成严重后果的,也成立交通肇事罪。

10 根据有关司法解释的规定,在偷开汽车的过程中因过失撞死、撞伤他人或者撞坏车辆的人,成立交通肇事罪。根据最高人民法院《关于审理交通肇事刑事案件具体应用法律若干问题的解释》的规定,单位主管人员、机动车辆所有人或者机动车辆承包人指使、强令他人违章驾驶造成重大交通事故的,也成立本罪。但在适用这个规定时必须注意,单位主管人员、机动车辆所有人或者机动车辆承包人的指使、强令行为和他人的违章引起严重后果的行为之间必须具有相当因果关系。如车主指使他人使用无牌照的货车超载矿石,在行驶过程中,他人因占道行驶,引起重大交通事故的场合,因为结果是他人的违章行为即占道行驶引起的,而不是车主指使超载的行为引起的,车主指使的内容与危害结果之间没有相当因果关系,因此,车主不构成交通肇事罪。交通肇事后,单位主管人员、机动车辆所有人、承包人或者乘车人指使肇事人逃逸,致使被害人因得不到救助而死亡的,以交通肇事罪的共犯论处。

Ⅵ 罪过

11 本罪的罪过只能出于过失,包括疏忽大意的过失和过于自信的过失,即行为人应当预见自己的行为可能发生致人重伤、死亡或者使公私财产遭受重大损失的严重后果,但由于疏忽大意而没有预见,或者已经预见而轻信能够避免,以致发生严重后果的心理态度。和其他过失犯罪一样,这里所说的过失,是就行为人对所造成的严重后果而言的,但是对于违反交通规则的行为则可能是明知故犯。如果行为人对交通肇事的严重后果是持故意态度,则不能按本罪处理,而应该按照行为人所追求的结果,分别按有关规定处理。

Ⅶ 与非罪的界限

行为人虽然违反交通运输管理法规,但并没有造成重大交通事故的,或者在事故发生的原因上,行为人对事故不应负全部或主要责任的,不能认定为交通肇事罪。构成交通肇事罪必须发生重大事故,致人重伤、死亡或者使公私财产遭受重大损失,并且行为人对该后果的发生承担全部或主要责任。根据最高人民法院《关于审理交通肇事刑事案件具体应用法律若干问题的解释》第 2 条的规定,违反交通运输管理法规,造成死亡 1 人或重伤 3 人以上,负事故全部或者主要责任的;死亡 3 人以上,负事故同等责任的;造成公共财产或者他人财产直接损失,负事故全部或者主要责任,无能力赔偿数额在 30 万元以上的,才能认定为交通肇事罪。另外,交通肇事致 1 人以上重伤,负事故全部或者主要责任,并且具有下列情形之一的,以交通肇事罪定罪处罚:①酒后、吸食毒品后驾驶车辆的;②无驾驶资格驾驶机动车辆的;③明知是安全装置不全或者安全机件失灵的机动车辆而驾驶的;④明知是无牌证或者已报废的机动车辆而驾驶的;⑤严重超载驾驶的;⑥为逃避法律追究逃离事故现场的。 12

Ⅷ 与他罪的区别

一、本罪与过失损坏交通工具罪、过失损坏交通设施罪的区别

前者是行为人违反交通运输管理法规而造成严重后果的行为;后者则是过失损坏交通工具或者交通设施的行为,与交通管理法规没有任何关系。另外,交通肇事罪必须发生在交通运输活动过程中或者与正在进行的交通运输有直接的关系,而过失损坏交通工具罪、过失损坏交通设施罪则没有这方面的限制。 13

二、本罪与利用交通工具故意杀人、故意伤害的犯罪的区别

区分二者的关键在于,在交通肇事罪中,行为人对于致人重伤、死亡结果的发生,表现为过失的心理态度;而在利用交通工具故意杀人或故意伤害的犯罪中,行为人对于结果的发生则表现为故意的心理态度。 14

三、本罪与以驾车撞人的危险方法危害公共安全罪的区别

二者的区别主要体现在两个方面:一是主观方面不同。交通肇事罪在主观上表现为过失,而以驾车撞人的危险方法危害公共安全罪在主观上表现为故意。二是客观方面不同。交通肇事罪在客观上要求行为人的违章行为必须造成法定的严重后果才构成犯罪,而以驾车撞人的危险方法危害公共安全罪在客观上并不要求造成实际的严重后果。 15

IX　处罚

16 根据《刑法》第133条的规定,违反交通运输管理法规,因而发生重大事故,致人重伤、死亡或者使公私财产遭受重大损失的,处3年以下有期徒刑或者拘役;交通运输肇事后逃逸或者有其他特别恶劣情节的,处3年以上7年以下有期徒刑;因逃逸致人死亡的,处7年以上有期徒刑。根据刑法的上述规定,对于交通肇事罪的处罚,必须区分以下三个量刑档次:

17 第一个量刑档次是"发生重大事故,致人重伤、死亡或者使公私财产遭受重大损失的,处三年以下有期徒刑或者拘役"。所谓"重大事故",参见前述最高人民法院《关于审理交通肇事刑事案件具体应用法律若干问题的解释》的相关内容。

18 第二个量刑档次是"交通运输肇事后逃逸或者有其他特别恶劣情节的,处三年以上七年以下有期徒刑"。何谓"交通运输肇事后逃逸",理论上主要有两种观点:一种观点认为,在发生交通事故后,为逃避法律追究而逃跑的行为[1],强调行为人逃逸的主观目的在于逃避法律追究。按照这种观点,逃逸行为并不限于交通肇事的当场,只要是为了逃避法律制裁而逃逸的,即使行为人把被害人送到医院后为了逃避法律制裁而逃走的,或者在交通肇事后主动报警等候交警到场勘查,在取保候审阶段又逃离事发城市的,也构成"逃逸"。另一种观点认为,逃逸行为主要是指行为人在交通肇事后的当场以及与当场紧密相关的时空(包括时空的延续)逃逸,从而延误了被害人得到救助的宝贵时间。[2]

19 一方面,从《刑法》第133条关于"因逃逸致人死亡的,处七年以上有期徒刑"的规定来看,之所以将交通运输肇事后逃逸作为加重处罚情节,主要是考虑到被害人的生命安全,即避免被害人因为行为人的逃逸而延误治疗,目的是促使行为人积极地救助被害人,而不只是为了督促肇事者主动接受法律的追究。同时,犯罪后逃避法律制裁也是人之常情,不能成为加重犯罪人的刑罚的理由,因此,将"交通运输肇事后逃逸"理解为"为逃避法律追究而逃跑的行为"显然是不妥的。另一方面,《道路交通安全法》第70条第1款规定,在道路上发生交通事故,车辆驾驶人应当立即停车,保护现场;造成人身伤亡的,车辆驾驶人应当立即抢救伤员,并迅速报告值勤的交通警察或者公安机关交通管理部门。发生交通事故后,如果行为人逃逸,不仅受伤的被害人无法得到抢救,而且案发现场也无法得到有效保护,责任也无法分清。从此意义上看,将"逃逸"仅仅看作不救助被害人也是不全面的。因此,对"逃逸"正确的理解应当是,"发生交通事故后,不积极履行以抢救被害人为核心的各种义务的行为"。行为人主观上"逃避法律追究"的动机并不是指逃避法律处罚,而是逃避履行法定的各种义务。

1　参见最高人民法院《关于审理交通肇事刑事案件具体应用法律若干问题的解释》第3条。

2　参见侯国云:《交通肇事罪司法解释缺陷分析》,载《法学》2002年第7期。

如此说来,行为人在交通肇事后,将被害人送往医院进行抢救之后离开的场合,即便行为人有逃避法律追究的目的,但因为没有耽误对被害人的抢救,不能认定为交通肇事后“逃逸”;在交通肇事后主动报警等候交警到场勘查,在取保候审阶段逃离事发城市的,不构成交通肇事后“逃逸”;交通肇事后,拖着被害人去医院抢救,而未能履行保护现场职责的,不构成交通肇事后“逃逸”;交通肇事后未逃离现场,而是抢救伤者,但找人“顶包”隐瞒自己肇事者真实身份的,也不构成“逃逸”,只是找人“顶包”的行为可能构成伪证罪。相反,行为人在交通肇事之后并没有驾车逃走,而是躲在离事故发生地不远的地方观察现场的场合,即便行为人肇事之后没有逃逸,但由于其没有履行救助被害人的义务,仍然要构成交通肇事后“逃逸”。 20

按照最高人民法院《关于审理交通肇事刑事案件具体应用法律若干问题的解释》第 4 条的规定,“有其他特别恶劣情节”是指:①死亡 2 人以上或者重伤 5 人以上,负事故全部或者主要责任的;②死亡 6 人以上,负事故同等责任的;③造成公共财产或者他人财产直接损失,负事故全部或者主要责任,无能力赔偿数额在 60 万元以上的。 21

在这里,需要注意以下问题:一是不能直接将公安交通管理部门出具的交通事故责任认定书作为认定交通肇事罪的依据。由于司法解释将事故责任的大小与交通肇事罪的成立捆绑在一起,实践中,只要公安机关交通管理部门认定行为人承担事故的主要或者全部责任,司法部门通常会将其作为定案依据考虑,但这种做法有问题。《刑事诉讼法》第 50 条第 3 款规定,证据必须经过查证属实,才能作为定案的根据。交通事故责任认定书承载了证据的功能,其能否作为定案依据,必须经过审查核实,看其是否反映案件客观事实,而不能将其直接作为交通肇事案件的定案依据。如在交通肇事后逃逸的场合,按照《道路交通安全法实施条例》第 92 条第 1 款的规定,行为人要负全部责任。按照最高人民法院《关于审理交通肇事刑事案件具体应用法律若干问题的解释》第 4 条第(一)项的规定,死亡 2 人以上或者重伤 5 人以上,且负事故全部责任的场合,行为人就构成交通肇事罪。但这种理解有一个很大的漏洞,其难以排除由于被害人的过错而导致死伤结果,行为人仅仅是因为恐惧或者其他原因而逃逸的可能性。实际上,公安机关交通管理部门的责任认定的理念是顺利处理交通事故和提高行政效率,与行为人只能对自己的行为所导致的后果承担个人责任,而不能因为他人的行为承担连带责任的理念大不相同。因此,在依据责任大小确定是否成立交通肇事罪时,一定要审查该责任与事故结果之间是否具有因果关系,而不能将其直接作为交通肇事案件的定案依据。二是有关事故“同等责任”的理解。在多人交通肇事的情况下,道路交通事故认定中的“同等责任”与刑法中交通肇事的“同等责任”并非同一概念,需要根据具体案情,对行为人的具体责任形态重新进行认定。如甲与乙斗气开车,在马路上追逐竞驶,结果碰撞翻车,翻滚至路边,致使人行道上正常行走的 7 名行人身亡,即使公安机关交通管理部门根据行为对事故发生的作用以及过错的严重程度,确定甲、乙二人对此次事故承担同等责任,也不能机械地套用最高人民法院《关于审理交通肇事刑事案件具体应用法律若干问题的解释》第 2 条 22

第1款的规定,认定为“死亡三人以上,负事故同等责任的”,对甲、乙二人在3年以下刑期内量刑。这是因为,上述司法解释中的“同等责任”是指加害方与受害方之间的责任分配,而公安机关交通管理部门依据《道路交通事故处理程序规定》中“因两方或者两方以上当事人的过错发生道路交通事故的,根据其行为对事故发生的作用以及过错的严重程度,分别承担主要责任、同等责任和次要责任……一方当事人故意造成道路交通事故的,他方无责任”的规定所认定的“同等责任”,包括对数个加害人之间的责任分配在内。

23 第三个量刑档次是“因逃逸致人死亡的,处七年以上有期徒刑”。所谓“逃逸”,是指发生交通事故后,不积极履行以抢救被害人为核心的各种义务的行为。在适用本条款的时候,必须注意,“逃逸”和“致人死亡”之间必须具有相当因果关系,否则就不能适用本规定。具体来说,第一,在有足够的证据证明,在交通肇事的当时,被害人已经身负不可抢救的重伤,即便事后逃逸的行为人当时没有逃离现场,而是立即对被害人进行救助,也仍会无济于事的场合,因为该死亡结果并不是逃逸行为造成的,所以,不能适用“因逃逸致人死亡”条款,只能依照第二档“事后逃逸”条款对行为人进行处罚。第二,在行为人逃逸之后,由于介入了其他人的行为而导致被害人死亡的,或者介入了不能看作行为人的逃逸情节的行为(如行为人逃走之后,怕被害人被人发现,暴露自己的罪迹,于是又返回将被害人轧死)的时候,由于先前的肇事行为所引起的重伤和他人死亡之间的因果关系被切断,所以,这种场合下也不能适用本条款。

24 关于本罪的量刑,根据2021年6月16日最高人民法院、最高人民检察院《关于常见犯罪的量刑指导意见(试行)》的规定:“1.构成交通肇事罪的,根据下列情形在相应的幅度内确定量刑起点:(1)致人重伤、死亡或者使公私财产遭受重大损失的,在二年以下有期徒刑、拘役幅度内确定量刑起点。(2)交通运输肇事后逃逸或者有其他特别恶劣情节的,在三年至五年有期徒刑幅度内确定量刑起点。(3)因逃逸致一人死亡的,在七年至十年有期徒刑幅度内确定量刑起点。2.在量刑起点的基础上,可以根据事故责任、致人重伤、死亡的人数或者财产损失的数额以及逃逸等其他影响犯罪构成的犯罪事实增加刑罚量,确定基准刑。3.构成交通肇事罪的,综合考虑事故责任、危害后果、赔偿谅解等犯罪事实、量刑情节,以及被告人的主观恶性、人身危险性、认罪悔罪等因素,决定缓刑的适用。”

第一百三十三条之一　危险驾驶罪

在道路上驾驶机动车，有下列情形之一的，处拘役，并处罚金：

（一）追逐竞驶，情节恶劣的；

（二）醉酒驾驶机动车的；

（三）从事校车业务或者旅客运输，严重超过额定乘员载客，或者严重超过规定时速行驶的；

（四）违反危险化学品安全管理规定运输危险化学品，危及公共安全的。

机动车所有人、管理人对前款第三项、第四项行为负有直接责任的，依照前款的规定处罚。

有前两款行为，同时构成其他犯罪的，依照处罚较重的规定定罪处罚。

文献：肖中华、王海桥：《危险驾驶犯罪行为的刑法界定》，载《法学论坛》2009年第6期；李凯：《醉酒驾车肇事案件定性问题之思考》，载《法商研究》2009年第6期；汪明亮：《严惩"酒驾"肇事犯罪观念之反思》，载《法商研究》2009年第6期；张明楷：《危险驾驶的刑事责任》，载《吉林大学社会科学学报》2009年第6期；孙国祥、黄星：《醉酒驾车之刑事法规制进路分析》，载《法学论坛》2009年第6期；刘宪权：《处理高危驾车肇事案件的应然标准》，载《法学》2009年第9期；刘明祥：《有必要增设危险驾驶致人死伤罪》，载《法学》2009年第9期；梅传强、胡江：《危险驾驶行为入罪的分类分析》，载《法学》2009年第9期；万国海：《从原因自由行为理论辨析醉酒肇事的行为性质》，载《法学》2009年第9期；赵秉志、张磊：《"酒驾"危害行为的刑法立法对策》，载《法学杂志》2009年第12期；苏宏峰：《醉酒驾驶行为的罪责研究》，载《江西社会科学》2009年第12期；曾琳：《酒后驾车构成以危险方法危害公共安全罪的情形和死刑适用——以黎景全、孙伟铭醉酒驾车案为视角》，载《人民司法》2009年第21期；戴有举：《危险驾驶罪初论——对〈中华人民共和国刑法修正案（八）（草案）〉第22条之解读》，载《中国刑事法杂志》2011年第1期；张兵：《风险时代的风险刑法——以〈刑法修正案（八）草案〉增设"危险驾驶罪"为视角》，载《甘肃政法学院学报》2011年第1期；叶良芳：《危险驾驶罪的立法证成和规范构造》，载《法学》2011年第2期；王政勋：《危险驾驶罪的理论错位与现实危险》，载《法学论坛》2011年第3期；张磊：《危险驾驶入罪评析——以〈刑法修正案（八）（草案）〉为视角》，载《法学杂志》2011年第3期；黄娜、刘东根：《论危险驾驶罪的理解与适用》，载《中国人民公安大学学报（社会科学版）》2011年第3期；潘庸鲁、朱婷婷：《对危险驾驶罪理解与适用之初探》，载《东方法学》2011年第4期；冯军：《论〈刑法〉第133条之1的规范目的及其适用》,载《中国法学》2011 年第 5 期;欧阳本祺:《危险驾驶行为入罪的刑事政策分析》,载《法商研究》2011 年第 5 期;申纯:《危险驾驶罪立法解读》,载《时代法学》2011 年第 5 期;赵绘宇、纪翔虎:《对于危险驾驶行为适用“但书”条款并无不当》,载《法学》2011 年第 7 期;王志祥、敦宁:《危险驾驶罪探析》,载《中国刑事法杂志》2011 年第 7 期;赵秉志、赵远:《危险驾驶罪研析与思考》,载《政治与法律》2011 年第 8 期;曲新久:《危险驾驶罪的构成要件及其问题》,载《河北学刊》2012 年第 1 期;段丽:《可能发生的实害——“醉驾”准确定性的关键》,载《中北大学学报(社会科学版)》2012 年第 3 期;任博、廖斌:《醉酒驾车行为刑法适用之解读》,载《河北法学》2012 年第 4 期;张明楷:《危险驾驶罪的基本问题——与冯军教授商榷》,载《政法论坛》2012 年第 6 期;管彦杰、聂慧苹:《对醉酒驾车之新增刑法规定的质问和解释》,载《河北法学》2012 年第 8 期;刘宪权、周舟:《危险驾驶罪主观方面的刑法分析》,载《东方法学》2013 年第 1 期;王静思:《醉驾的主观罪过探析》,载《湖南科技大学学报(社会科学版)》2013 年第 2 期;黄继坤:《论醉酒驾驶中的主观有责性问题——兼与冯军教授商榷》,载《法学》2013 年第 3 期;谢望原、何龙:《醉驾型危险驾驶罪若干问题探究》,载《法商研究》2013 年第 4 期;李翔:《危险驾驶罪主观方面新论》,载《法商研究》2013 年第 6 期;张克文:《危险驾驶罪的客观不法与主观罪责》,载《环球法律评论》2013 年第 6 期;张克文:《也论危险驾驶罪的基本问题——与冯军、张明楷两位教授商榷》,载《当代法学》2014 年第 1 期;杨玉明:《醉驾在实践中引发的刑事难题及探讨》,载《宁夏社会科学》2014 年第 2 期;张爱晓:《危险驾驶罪与相关犯罪的界限与竞合——以危险驾驶罪的性质为视角》,载《河北法学》2014 年第 3 期;付晓雅:《危险驾驶罪的主观要件研究》,载《当代法学》2014 年第 5 期;李冠煜:《再论危险驾驶罪的客观方面——超前立法观、实质解释论、类型思维法之运用》,载《北方法学》2014 年第 6 期;郭纹静:《醉驾入刑的理性规制》,载《法学杂志》2014 年第 9 期;喻贵英:《醉酒驾驶是否一律构成犯罪之探》,载《法治研究》2014 年第 10 期;彭文华:《危险驾驶行为入罪的必要性与可行性——以〈刑法修正案(九)〉的相关规定为视角》,载《法学论坛》2015 年第 5 期;宋保振:《教义学立场下刑法目的解释的效力与规则——兼对“追逐竞驶型”危险驾驶罪认定的反思》,载《中南大学学报(社会科学版)》2015 年第 6 期;张鹏飞、李兵:《〈张某某、金某危险驾驶案〉的理解与参照——危险驾驶罪中“追逐竞驶”“情节恶劣”的认定》,载《人民司法》2015 年第 18 期;王可可:《醉驾致多人死亡的定罪量刑》,载《人民司法》2015 年第 20 期;汪合新:《交通要道上故意驾车互撞行为如何定性》,载《中国检察官》2015 年第 22 期;宋保振:《疑难裁判中目的解释的效力扩展与规则约制——以“指导案例 32 号”为切入点》,载《甘肃政法学院学报》2016 年第 1 期;刘志伟:《〈刑法修正案(九)〉的犯罪化立法问题》,载《华东政法大学学报》2016 年第 2 期;邓红梅:《我国交通刑法立法模式的选择:独立还是依附》,载《河北法学》2017 年第 4 期;王晓晓:《行政不法与刑事不法衔接问题探析——以危险驾驶罪新增行为类型为视角》,载《太原理工大学学报(社会科学版)》2017 年第 6 期;叶小琴:《“毒驾”情节对案件定罪影响的定量分析》,载《中国刑事法杂志》2019 年第 1 期;李鑫:《“醉驾”出罪理由的教义学形塑》,载《西部法学评论》2020 年第 4 期;梁云宝:《我国应建立与高发型微罪惩处相配套的前科消灭制度》,载《政法论坛》2021 年第 4 期;梁云宝:《积极刑法观视野下微罪扩张的后果及应对》,载《政治与法律》2021 年第 7 期;周光权:《论刑事一体化视角的危险驾驶罪》,载《政治与法律》2022 年第 1 期;李翔:《论微罪体系的构建——以醉酒驾驶型危险驾驶罪研究为切入点》,载《政治与法律》2022 年第 1 期。

细目录

Ⅰ　主旨
Ⅱ　沿革
Ⅲ　客体
Ⅳ　行为
Ⅴ　主体
Ⅵ　罪过
Ⅶ　与他罪的关系
　一、本罪与交通肇事罪的关系
　二、本罪与以危险方法危害公共安全罪的关系
Ⅷ　处罚

Ⅰ　主旨

1 随着经济发展和人们生活水平的提高,汽车逐渐成为重要的代步工具,特别是在一些经济发达、人口密集的城市,汽车的保有量正在逐年提高。相伴而生的是违法驾驶行为及其所致的交通事故频发,特别是醉酒驾车、追逐飙车、超载行驶、违规运输等行为,因其具有高度危险性,极易造成恶性事故,引起了社会的广泛关注。为了保障道路交通安全,打击威胁公共安全的危险驾驶行为,刑法规定本罪。

Ⅱ　沿革

2 中华人民共和国成立以后的历次刑法草案、刑法典均未规定本罪。2011 年 2 月 25 日第十一届全国人民代表大会常务委员会第十九次会议通过了《刑法修正案(八)》,其第 22 条规定,在《刑法》第 133 条后增加一条,作为第 133 条之一,也就是本条的危险驾驶罪,包括醉酒驾驶和追逐竞驶两种危险驾驶行为。2015 年 8 月 29 日第十二届全国人民代表大会常务委员会第十六次会议通过了《刑法修正案(九)》,对《刑法》第 133 条之一进行了修改,增加规定了严重超员超速行驶、违规运输化学品等新类型的危险驾驶行为。

Ⅲ　客体

3　本罪侵害的客体是交通运输安全。具体内容可参见前文第133条交通肇事罪之评注。

Ⅳ　行为

4　本罪在客观上表现为在道路上驾驶机动车辆追逐竞驶,情节恶劣;在道路上醉酒驾驶机动车;从事校车业务或者旅客运输,严重超过额定乘员载客,或者严重超过规定时速行驶;违反危险化学品安全管理规定运输危险化学品,危及公共安全。具体而言,包括以下内容:

5　(1)在道路上驾驶机动车辆追逐竞驶,情节恶劣。其中,所谓"道路",根据《道路交通安全法》的规定,是指公路、城市道路和虽在单位管辖范围但允许社会机动车通行的地方,包括广场、公共停车场等用于公众通行的场所。所谓"机动车",是指以动力装置驱动或者牵引,上道路行驶的供人员乘用或者用于运送物品以及进行工程专项作业的轮式车辆。机动车的类型包括大型客车、牵引车、城市公交车、中型客车、大型货车、小型汽车、低速载货汽车、三轮汽车等。摩托车显然属于法律意义上的机动车,"醉驾"摩托车也触犯刑法,同样构成危险驾驶罪。所谓"追逐竞驶",就是平常所说的"飙车",具体包括在道路上进行汽车驾驶的"计时赛",或者若干车辆在同时行进当中相互追逐等;既包括超过限定时速的追逐竞驶,也包括没有超过限定时速的追逐竞驶。仅有一辆车在道路上狂奔的飙车行为,也包括在内。按照相关指导性案例[1],机动车驾驶人员出于竞技、追求刺激、斗气或者其他动机,在道路上曲折穿行、快速追赶行驶的,属于"追逐竞驶"。追逐竞驶,按照本条规定,只有"情节恶劣的"才能构成犯罪。至于是否情节恶劣,应综合行为所造成的危害结果来加以认定。如造成严重的交通堵塞、致人轻伤、一定数额的公私财产的损失等,都将影响到本罪的成立。追逐竞驶虽未造成人员伤亡或者财产损失,但综合考虑超速、闯红灯、强行超车、抗拒交通执法等严重违反道路交通安全法的行为,足以威胁他人生命、财产安全的,属于"情节恶劣"[2]。

6　(2)在道路上醉酒驾驶机动车。所谓"醉酒",根据国家质量监督检验检疫总局、国家标准化管理委员会2004年5月31日发布实施的《车辆驾驶人员血液、呼气酒精含量阈值与检验》的规定,是指车辆驾驶人员血液中的酒精含量大于或者等

1　参见2014年12月18日发布的最高人民法院《关于发布第八批指导性案例的通知》,指导案例32号"张某某、金某危险驾驶案"。

2　参见2014年12月18日发布的最高人民法院《关于发布第八批指导性案例的通知》,指导案例32号"张某某、金某危险驾驶案"。

于 80mg/100ml。血液酒精含量检验鉴定意见是认定犯罪嫌疑人是否醉酒的依据。犯罪嫌疑人经呼气酒精含量检验达到醉酒标准,在抽取血样之前脱逃的,可以以呼气酒精含量检验结果作为认定其醉酒的依据。犯罪嫌疑人在公安机关依法检查时,为逃避法律追究,在呼气酒精含量检验或者抽取血样前又饮酒,经检验其血液酒精含量达到醉酒标准的,应当认定为醉酒。[3] 司法实践中,是否醉酒驾驶的认定标准仅此一项,没有综合考虑个人的身高、体重、健康状况、平时的酒量、醉酒的表现等因素。

(3)从事校车业务或者旅客运输,严重超过额定乘员载客,或者严重超过规定时 7
速行驶。所谓“从事校车业务或者旅客运输”中的校车,主要是指中小学的校车,同时也包括高等院校的校车。与其他业务相比,校车运输的对象主要是学生,有必要予以特殊保护。而“旅客运输”,主要是针对长途汽车的旅客运输和旅行社从事的旅客运输,具有人数多、路途远的特点,因此,安全驾驶的要求更高。根据《道路交通安全法》的规定,所谓严重超过额定乘员载客,是指超过车辆核定的载客人数 20%以上。所谓超过规定时速行驶,是指超过机动车行驶的时速要求 50%以上。

(4)违反危险化学品安全管理规定运输危险化学品,危及公共安全。所谓“违反 8
危险化学品安全管理规定”,是指违反国务院公布的《危险化学品安全管理条例》对“运输安全”有详细规定。所谓“危险化学品”,是指具有毒害、腐蚀、爆炸、燃烧、助燃等性质,对人体、设施、环境具有危害的剧毒化学品和其他化学品。所谓“危及公共安全”,是指对不特定多数人的生命、健康、财产有危险。因此,即便违反规定运输危险化学品,但不危及公共安全的,也不构成本罪。

V 主体

本罪的主体是特殊主体,即机动车驾驶人。根据《刑法》第 133 条之一第 2 款的 9
规定,机动车所有人、管理人在负有直接责任的条件下,也能成为本罪的主体。

Ⅵ 罪过

本罪的罪过为故意,包括间接故意。因此,行为人醉酒之后经过一夜的休息,自 10
以为已经恢复正常状态而驾车,结果血液中的酒精含量仍然达到醉酒程度的,也还是醉酒驾车。即本罪中,不要求行为人准确认识到自己血液中的酒精含量,只要行为人对自己的醉酒大体上有认识,即意识到自己可能仍处于醉酒状态而驾驶机动车,那么主观上就能认定故意。

---

3 参见 2013 年 12 月 18 日发布的最高人民法院、最高人民检察院、公安部《关于办理醉酒驾驶机动车刑事案件适用法律若干问题的意见》第 6 条。

Ⅶ 与他罪的关系

一、本罪与交通肇事罪的关系

11 二者之间属于基本犯与结果加重犯的关系。因为,危险驾驶本质上是作为交通肇事罪前提的“违反交通运输管理法规”的行为,但刑法将其单独作为犯罪规定,并且在引起了超出构成要件之外的严重结果时,要加重其法定刑,完全符合结果加重犯的成立条件。因此,在行为人实施了《刑法》第133条之一规定的行为的场合,就可以构成本罪,但是,在实施该行为引起“重大事故,致人重伤、死亡或者使公私财产遭受重大损失的”后果时,就要作为交通肇事罪处理。此时,尽管行为人在实施危险驾驶行为时,主观上持故意态度,但对所造成的严重后果,应当是持过失态度。

二、本罪与以危险方法危害公共安全罪的关系

12 危险驾驶罪中,行为人对于自己行为所可能造成的结果只能是过失态度,而不可能是故意态度;但在以危险方法危害公共安全罪的场合,行为人对于所引起的结果,至少抱有放任的间接故意。因此,行为人明知酒后驾车违法、醉酒驾车会危害公共安全,却无视法律醉酒驾车,特别是在肇事后继续驾车冲撞,造成重大伤亡,说明行为人主观上对持续发生的危害结果持放任态度,具有危害公共安全的故意,对醉酒驾车造成重大伤亡的情形,应以以危险方法危害公共安全罪论处。[4]

Ⅷ 处罚

13 依照《刑法》第133条之一的规定,犯本罪的,处拘役,并处罚金。有前款行为,同时构成其他犯罪的,依照处罚较重的规定定罪处罚。根据2021年7月1日最高人民法院、最高人民检察院《关于常见犯罪的量刑指导意见》(试行)第四部分之(二)的规定:“1.构成危险驾驶罪的,依法在一个月至六个月拘役幅度内确定宣告刑。2.构成危险驾驶罪的,根据危险驾驶行为、实际损害后果等犯罪情节,综合考虑被告人缴纳罚金的能力决定罚金数额。3.构成危险驾驶罪的,综合考虑危险驾驶行为危害后果等犯罪事实、量刑情节,以及被告人主观恶性、人身危险性、认罪悔罪表现等因素,决定缓刑的适用。”

---

4 参见2009年9月11日最高人民法院《关于印发醉酒驾车犯罪法律适用问题指导意见及相关典型案例的通知》。

第一百三十三条之二　妨害安全驾驶罪

对行驶中的公共交通工具的驾驶人员使用暴力或者抢控驾驶操纵装置，干扰公共交通工具正常行驶，危及公共安全的，处一年以下有期徒刑、拘役或者管制，并处或者单处罚金。

前款规定的驾驶人员在行驶的公共交通工具上擅离职守，与他人互殴或者殴打他人，危及公共安全的，依照前款的规定处罚。

有前两款行为，同时构成其他犯罪的，依照处罚较重的规定定罪处罚。

文献：张素敏、王士超：《妨害安全驾驶行为的刑法定性分析——以重庆公交坠江事件为视角》，载《武汉交通职业学院学报》2019年第1期；陈琦：《刑法视域下抢公交车方向盘行为之定性——兼及"重庆公交车坠江事件"司乘冲突类案件的实证研究》，载《广西政法管理干部学院学报》2019年第4期；何鑫：《妨害安全驾驶行为的罪名适用——兼论妨害安全驾驶罪的条文增设》，载《上海公安学院学报》2019年第4期；王庆：《妨害安全驾驶罪论略》，载《阜阳职业技术学院学报》2019年第4期；赵俊甫：《〈关于依法惩治妨害公共交通工具安全驾驶违法犯罪行为的指导意见〉的理解与适用》，载《人民司法》2019年第7期；赵俊甫：《妨害公交车安全驾驶行为的定罪与处罚》，载《人民司法》2019年第8期；梁通：《关于妨害安全驾驶行为入罪问题的谦抑性分析》，载《阜阳职业技术学院学报》2020年第1期；邓红梅、吴航帆：《妨害公共交通工具驾驶案件的司法适用现状、问题与路径指引》，载《法律适用》2020年第2期；余丽、陈志军：《对妨害公共交通工具安全驾驶行为的刑法规制研究》，载《公安学研究》2020年第4期；祝澜澜：《妨害安全驾驶行为定性的司法现状检视》，载《湖北第二师范学院学报》2020年第6期；苏轲：《论妨害安全驾驶犯罪的刑事治理效度——以公交车司乘冲突型以危险方法危害公共安全罪为引例》，载《人民论坛·学术前沿》2020年第7期；梅传强、胡雅岚：《妨害公共交通工具安全驾驶罪的理解与适用》，载《苏州大学学报（哲学社会科学版）》2021年第1期；夏朗：《妨害安全驾驶罪构成要件的教义学解读》，载《广西大学学报（哲学社会科学版）》2021年第3期；夏朗：《妨害安全驾驶罪结果与行为的实质标准及危险犯类型——与以危险方法危害公共安全罪对照》，载《中南民族大学学报（人文社会科学版）》2022年第1期。

细目录

Ⅰ　主旨

Ⅱ　沿革

Ⅲ　客体
Ⅳ　行为
Ⅴ　主体
Ⅵ　罪过
Ⅶ　与他罪的区别
一、本罪与以危险方法危害公共安全罪的区别
二、本罪与交通肇事罪的区别
Ⅷ　处罚

Ⅰ　主旨

1　公共交通是近代城市的一项重要成就,发达、便捷、安全、有序的公共交通已经是现代城市不可或缺的公共生活基础。我国的城市化进程正在日益提速,全国各地大中小城市的公共交通系统均趋向成熟和复杂:一方面是公共交通的基础设施建设如火如荼,隧道、桥梁、BRT 等快速通道等日益普及,另一方面是公共交通的承载量显著增加,地铁、轻轨、有轨电车、大型公共汽车等各种公共交通工具都以提高速度、提高承载量为追求目标。当前,现代城市的公共交通已经成为一个具有内生风险的独立系统:大载客量的公共交通工具运行在高速、交错、封闭、悬空的道路系统中,一旦发生危险,即有可能造成重大伤亡,且难以及时获得救援;加之现代城市交通的车流量、人流量巨大,公共交通系统内部发生的风险还极易向外输出。例如,2013 年 6 月 7 日 18 时 20 分左右,福建省厦门市一辆公共汽车行驶在该市 BRT 快 1B 线道路上时,遭车内乘客纵火,至当日 18 时 45 分火势扑灭,25 分钟内造成车内 47 人死亡、34 人受伤。再如,2018 年 10 月 28 日 10 时 08 分,重庆市万州区一辆公交车行驶经过万州长江二桥时,因车上乘客与司机激烈争执互殴致使车辆失控,撞上一辆正常行驶的小轿车后坠入长江,沉车于 2018 年 10 月 31 日 23 时 28 分被打捞出水,车上 15 名司乘人员死亡 13 人、失联 2 人。

2　发生在公共交通工具内部的司乘人员纠纷极大地干扰了公共交通工具的安全行驶,对公共交通工具内外的公共安全都会造成危险,是不可忽视的一类危险行为。根据 2018 年 11 月司法大数据专题报告《公交车司乘冲突引发刑事案件分析》显示,2016 年 1 月 1 日至 2018 年 10 月 31 日期间,全国各级人民法院一审审结的公交车司乘冲突刑事案件共 223 件。对于某些严重危害公共交通安全、引发严重后果的妨害安全驾驶行为,实践中主要以危险方法危害公共安全罪、故意伤害罪、寻衅滋事罪、交通肇事罪等追究刑事责任。2019 年 1 月 8 日最高人民法院、最高人民检察院、公安部联合发布的《关于依法惩治妨害公共交通工具安全驾驶违法犯罪行为的指导意见》第 1 条规定,乘客在公共交通工具行驶过程中,抢夺方向盘、变速杆等操纵装置,殴打、拉拽驾驶人员,或者有其他妨害安全驾驶行为,危害公共安全,或者驾驶人员在公共交通工具行驶过程中,与乘客发生纷争后违规操作或者擅离职守,与乘客厮打、互

毁,危害公共安全,尚未造成严重后果的,依照《刑法》第 114 条的规定,以以危险方法危害公共安全罪定罪处罚;致人重伤、死亡或者使公私财产遭受重大损失的,依照《刑法》第 115 条第 1 款的规定,以以危险方法危害公共安全罪定罪处罚。但是,以《刑法》第 114 条、第 115 条处罚妨害公共交通工具安全行驶的行为并不符合罪责刑相适应原则:第一,妨害安全驾驶行为与放火、爆炸、决水、投放危险物质等行为相比,直接威胁的是公共交通工具内部人员和财产的安全,尽管公共交通工具内部人员具有"不特定"或"多数人"的流动性、密集性等要素,但仍然相对"特定",缺少了放火、爆炸、决水、投放危险物质等行为所具有的随时向不特定多数人蔓延的危险性[1],以《刑法》第 114 条、第 115 条进行处罚并不恰当。第二,从公共交通系统的要素比较来看,直接破坏火车、汽车、电车、船只、航空器等公共交通工具,或者直接破坏轨道、桥梁、隧道、公路、机场、灯塔等公共交通设施,尚未造成严重后果的,都必须足以使公共交通工具发生倾覆、毁坏危险,才能按照《刑法》第 116 条、第 117 条的规定处以 3 年以上 10 年以下有期徒刑;相比之下,公共交通工具内部司乘人员妨害安全驾驶行为的破坏性、危险性显然不如前述两种破坏行为,如果妨害行为并未造成严重后果,一般也并不具有导致公共交通工具倾覆、毁坏的危险,如果按照《刑法》第 114 条的规定处以 3 年以上 10 年以下有期徒刑的刑罚,显得轻重失衡。第三,《治安管理处罚法》第 23 条规定,扰乱公共汽车、电车、火车、船舶、航空器或其他公共交通工具上的秩序的,处警告或者 200 元以下罚款,情节较重的,处 5 日以上 10 日以下拘留,可以并处 500 元以下罚款;如果《刑法》对扰乱公共交通工具内部秩序、妨害安全驾驶的行为直接处以 3 年以上 10 年以下有期徒刑,跨度太大,不同性质的法律责任难以衔接。因此,《刑法》专门增设妨害安全驾驶罪,对该行为处以一年以下有期徒刑、拘役或者管制,并处或者单处罚金,同时规定了竞合情况下从重处刑,不仅使得不同情形的妨害安全驾驶行为可以罚当其罪,而且实现刑罚与治安处罚之间的顺畅衔接。这样在立法上既可以预防妨害安全驾驶犯罪,又可充分实现罪责刑相适应原则。

Ⅱ　沿革

中华人民共和国成立以后的历次刑法草案、刑法均未规定本罪。2020 年 12 月 3
26 日第十三届全国人民代表大会常务委员会第二十四次会议通过了《刑法修正案(十一)》,在《刑法》第 133 条后增加一条,作为第 133 条之二,也就是本条的妨害安全驾驶罪。

Ⅲ　客体

本罪侵害的客体是交通运输领域的公共安全,包括公共交通工具内部不特定或 4

1　参见张明楷:《高空抛物案的刑法学分析》,载《法学评论》2020 年第 3 期。

多数人的人身财产安全,以及公共交通工具外部空间不特定或多数人的人身财产安全。

Ⅳ　行为

5　本罪在客观上有两种行为:一是在公共交通工具行驶过程中对驾驶人员使用暴力或者抢控驾驶操纵装置,危及公共安全;二是公共交通工具的驾驶人员在公共交通工具行驶过程中擅离职守,与他人互殴或殴打他人,危及公共安全。具体而言,包括以下内容:

6　(1)对行驶中的公共交通工具的驾驶人员使用暴力或者抢控驾驶操纵装置,危及公共安全。①干扰行为发生的场所,主要是火车、地铁、轻轨、有轨电车、公共汽车、公路客运车、客运轮渡、大中型出租车等大中型公共交通工具上。对公共航空器的驾驶人员使用暴力或抢控操纵装置的,需要区分情形进行讨论:对驾驶人员使用暴力的,除构成妨害安全驾驶罪之外,还构成《刑法》第 123 条规定的暴力危及飞行安全罪,根据 133 条之二第 3 款的规定,应当以处罚更重的暴力危及飞行安全罪定罪处罚;如果不对飞行器内的任何人员使用暴力,而是抢控操纵装置(如乱按按钮等),除构成妨害安全驾驶罪之外,只能视情形构成以危险方法危害公共安全罪。乘坐小型出租汽车等小型公共交通工具的人对驾驶人员使用暴力或者抢控操纵装置的是否构成本罪,值得思考。一方面,小型公共交通工具内的人员有限,其内部空间的安全难以称为公共安全;另一方面,对小型公共交通工具的驾驶人员使用暴力或者抢控操纵装置,也会使该公共交通工具失去控制,对公共交通工具外部空间的公共安全之危害不下于大中型公共交通工具。如果认为对小型公共交通工具的驾驶人员使用暴力或者抢控操纵装置可以构成本罪,又会造成定罪的困境和悖论。例如,乘坐小型出租汽车的乘客对出租车司机使用暴力或抢夺方向盘、手刹如果构成妨害安全驾驶罪,那么乘坐与出租车相同型号的家用小汽车的妻子在丈夫开车时打骂丈夫或抢夺方向盘、手刹的,因不符合“公共交通工具”的条文规定而无法构成妨害安全驾驶罪,只能考虑无罪或成立交通肇事罪、以危险方法危害公共安全罪等重罪。然而,一旦认为对家用小汽车的驾驶人员使用暴力或抢控操纵装置可以构成交通肇事罪、以危险方法危害公共安全罪,设置妨害安全驾驶罪的必要性也就有疑问了。②干扰行为必须发生在公共交通工具行驶过程中。对驾驶人员使用暴力或抢控操纵装置主要威胁的是公共交通工具的平稳行驶,在公共交通工具到站停靠期间、等待红灯停驶期间或是交通拥堵停驶期间,对驾驶人员使用暴力或抢控操纵装置的,一般不具有危及公共安全的危险性,但也不能一概而论。例如,在等待红灯期间或道路拥堵期间车辆只是处于制动状态而未熄火,前后车辆、人流密集,行为人使用暴力或抢控操纵装置破坏车辆制动状态的,仍然会危及公共安全。③干扰行为针对的对象必须包括公共交通工具的驾驶人员和操纵装置,以此来干扰、抢夺公共交通工具的操纵权。殴打公共交通工具内的售票员、乘警、其他乘客的,或者破坏公共交通工具内的行李架、座椅、挡风玻璃等,与公共交通工具的操纵并无直接关联,不影响公共交通工具的平稳行驶。④干扰行为是暴力和争夺行为。“暴力”应当限于针对驾驶人员的生理施加影响的情形,不包括针对驾驶人员的心理施加影响的辱骂、咒骂、胁迫、恐吓、撒泼纠缠等情形。暴力的内容宜扩大解释为能够引起他人生理不适、扰乱他人身体安宁的作用力,并不限于对身体施加的伤害性的有形物理力。既可以是造成疼痛感的伤害性暴力,如拳打脚踢,也可以是带来瘙痒感的作用力,如突然搔挠驾驶人员的颈窝、腰部;既可以是力度较大的动作,如猛击狠扯,也可以是力度轻微的举止,如向驾驶人员吐痰;既可以是直接作用于身体的有形物理力,如抓、挠、踢、打、抠、摸、抱,坐在驾驶人员怀中不起,也可以是直接作用于感官刺激的有形力或无形力,如对驾驶人员释放瓦斯、氨气等刺激性气体或泼洒热水、胡椒、石灰等物品;既可以是带来持续不适感的行为,也可以是突然、短暂地扰乱他人身体安宁状态的行为,如突然在驾驶人员耳旁大喝一声使其受到巨大惊吓。[2] 对于抢控驾驶操纵装置的争夺行为也宜进行扩大解释,除通过直接接触驾驶操纵装置来争夺操纵权之外,还可以是通过破坏、干扰、遮断驾驶操纵装置的条件来阻扰、干涉他人操纵公共交通工具,实现自己操纵公共交通工具的目的。前者的典型情形例如用手抓方向盘或手刹、将身体扑在方向盘上、用长柄雨伞插入方向盘中,等等;后者的典型情形如用手、身体、雨伞遮在驾驶人员的视线前方使其无法操作,等等。成立妨害安全驾驶罪不要求行为人的暴力和争夺行为实际控制了公共交通工具,如果暴力和争夺行为达到压制驾驶人员的反抗、掌握公共交通工具的操纵权的程度,则同时构成《刑法》第 121 条规定的劫持航空器罪或第 122 条规定的劫持船只、汽车罪。⑤行为人的行为已经显著干扰公共交通工具的正常行驶,危及公共安全。也就是说,行为人的行为足以导致公共交通工具不能安全行驶,随时可能失控,发生倾覆、冲撞等事故。是否足以影响公共交通工具的正常行驶,要结合行为当时的时空、道路、车辆状况等具体条件进行具体分析。例如,长途客运汽车在地广人稀、一望无际的戈壁、草原道路上行驶,车上人员轻微拉拽驾驶人员或轻微触碰方向盘的,对公共安全并没有明显威胁,可以不作为犯罪处理,但当车辆行驶在曲折的盘山公路,或者船只航行在水文状况复杂的峡谷时,轻微拉拽驾驶人员或轻微触碰操纵装置都会干扰公共交通工具的正常行驶,危及公共安全。

(2)公共交通工具的驾驶人员在公共交通工具行驶过程中擅离职守,与他人互殴 7
或殴打他人,危及公共安全。驾驶人员妨害安全驾驶的行为也发生在行驶的公共交通工具上,这是构成本款规定犯罪的时空条件,何为“行驶过程中的公共交通工具”,前文已经详述。所谓驾驶人员“擅离职守”,主要是指驾驶人员未采取任何安全措施控制公共交通工具,或放弃对公共交通工具的控制,例如在行驶过程中双手放开方向盘、径直离开驾驶位置等。所谓“互殴或者殴打他人”,是指驾驶人员与他人你来我往地打斗或者单方面袭击他人。值得研究的是,如果驾驶人员是在面对他人的暴

---

2 参见王钢:《德国判例刑法(分则)》,北京大学出版社 2016 年版。

力袭击等不法侵害时奋起反击与他人打成一团,是否仍然构成妨害安全驾驶罪?笔者认为,即使驾驶人员是为了排除他人对安全驾驶的干扰、保护公共安全而实施的反击行为,也只能认为其具备正当防卫的起因条件;当驾驶人员未采取任何安全措施控制公共交通工具而开始反击时,反而是将其本欲保护的公共安全纳入了打击范围,等于针对公共安全实施了更为危险的打击,明显超过了必要限度,难以成立正当防卫。也就是说,本款规定的"互殴",包括驾驶人员在未采取安全措施控制车辆时实施的反击行为。"擅离职守"与"互殴或者殴打他人"都以驾驶人员未采取安全措施控制车辆为前提:当驾驶人员面对他人的辱骂、暴力或抢控时,采取"打不还手骂不还口""你想开就给你开"的态度,未采取安全措施就擅自放弃控制公共交通工具的,就属于妨害安全驾驶的行为;当驾驶人员采取安全措施控制公共交通工具后,与他人互殴或殴打他人的,也不会妨害安全驾驶。实施本款规定的行为,同样需要达到足以影响公共交通工具的平稳行驶,危及公共安全的程度。

Ⅴ　主体

8　本罪的主体具有一定的特殊性。触犯本条第2款的,只能是驾驶公共交通工具的驾驶人员。值得思考的是,"对行驶中的公共交通工具的驾驶人员使用暴力或者抢控驾驶操纵装置"的行为,是否只能由公共交通工具内部的人员实施?比如,行为人手持长竹竿在道路旁埋伏,遇到开窗驾驶的司机便用长竹竿向其捅扎,或者将鞭炮丢进车内,或者用高压水枪向驾驶人员喷射,等等,是否能够成立本条规定的妨害安全驾驶罪?刑法既然已经将发生在公共交通工具内部的攻击驾驶人员的行为规定为犯罪,发生于公共交通工具外部的类似攻击行为就不宜作为无罪处理;如果认为,类似的行为应当构成交通肇事罪或寻衅滋事罪而不构成妨害安全驾驶罪,由于交通肇事罪、寻衅滋事罪的法定最高刑要高于妨害安全驾驶罪,那么就需要解释,为何在公共交通工具外部攻击驾驶人员的处罚要重于在公共交通工具内部攻击驾驶人员?事实上,仅有部分车外攻击情形在相对速度的作用下具有高于车内攻击的危险性,绝大部分情形下车内攻击对安全行驶更具危险性。因此,笔者倾向于认为,"对行驶中的公共交通工具的驾驶人员使用暴力或者抢控驾驶操纵装置"的行为主体,不限于公共交通工具的内部人员。

Ⅵ　罪过

9　本罪的罪过为故意,包括间接故意。驾驶任何交通工具都需要集中精神,这是妇孺皆知的生活常识。因此,当行为人对行驶中的公共交通工具的驾驶人员使用暴力或抢控操纵装置时,或者驾驶人员未采取安全措施控制车辆便与他人争斗时,对由此而引起的危险具有明确的认识,便具有本罪的故意。

Ⅶ 与他罪的区别

一、本罪与以危险方法危害公共安全罪的区别

在《刑法修正案(十一)》新增妨害安全驾驶罪之前,对于部分妨害安全驾驶的犯罪,根据《刑法》第 114 条的规定以以危险方法危害公共安全罪进行处罚。本罪与以危险方法危害公共安全罪都是危害公共安全的犯罪,但是以危险方法危害公共安全罪,在行为的危险性质上具有与放火、爆炸、决水、投放危险物质相类似的,可以随时迅速向不特定多数人蔓延的现实危险和具体危险;而妨害公共交通工具安全驾驶的行为则不具有这样的具体危险。如果行为人的妨害公共交通工具安全驾驶的行为使得公共安全面临紧迫的危险,极有可能造成重大人员伤亡事故或重大财产损失,可以按照以危险方法危害公共安全罪追究刑事责任。 10

二、本罪与交通肇事罪的区别

本罪与交通肇事罪都是旨在保护交通运输领域的公共安全的犯罪。公共交通工具的驾驶人员在交通工具行驶过程中擅离职守或与他人打斗的行为,以及他人干扰驾驶人员正常驾驶的行为,都是违反交通安全管理法规的行为。妨害安全驾驶罪与交通肇事罪的区别主要在于,交通肇事罪必须发生了致人重伤、死亡或重大财产损失的严重事故,而本罪的成立无须发生严重事故;交通肇事罪中,行为人对于严重事故的发生是过失,而妨害安全驾驶罪中,行为人对于所产生的公共安全则是故意。 11

Ⅷ 处罚

依照《刑法》第 133 条之二的规定,犯本罪的,处 1 年以下有期徒刑、拘役或者管制,并处或单处罚金。有前两款行为,同时构成其他犯罪的,依照处罚较重的规定定罪处罚。 12

第一百三十四条　重大责任事故罪；强令、组织他人违章冒险作业罪

在生产、作业中违反有关安全管理的规定，因而发生重大伤亡事故或者造成其他严重后果的，处三年以下有期徒刑或者拘役；情节特别恶劣的，处三年以上七年以下有期徒刑。

强令他人违章冒险作业，或者明知存在重大事故隐患而不排除，仍冒险组织作业，因而发生重大伤亡事故或者造成其他严重后果的，处五年以下有期徒刑或者拘役；情节特别恶劣的，处五年以上有期徒刑。

文献：刘海波：《试论重大责任事故罪》，载《北京政法学院学报》1980 年第 3 期；李文超：《重大责任事故罪与交通肇事罪的区别》，载《劳动保护》1986 年第 6 期；李肇逸：《如何正确处理重大责任事故罪》，载《法学》1986 年第 9 期；何泉生：《工矿企事业单位过失引起的火灾应如何定罪》，载《当代法学》1987 年第 3 期；蒲全方：《关于重大责任事故罪的几个问题》，载《中国法学》1988 年第 1 期；张金龙：《论重大责任事故罪的主体》，载《中国法学》1988 年第 5 期；张金龙：《论重大责任事故罪的主观心理状态》，载《求是学刊》1991 年第 3 期；赵晓等：《重大责任事故罪与消防责任事故罪的认定与区分》，载《河南消防》2001 年第 11 期；刘守芬、申柳华：《重大责任事故罪罪过形式研究》，载《法学论坛》2006 年第 1 期；刘守芬、申柳华：《重大责任事故罪法定刑配置研究》，载《河南大学学报(社会科学版)》2006 年第 4 期；巫修社：《反思与重构：重大劳动安全事故罪的客观方面》，载《河南师范大学学报(哲学社会科学版)》2006 年第 5 期；刘艳红：《〈中华人民共和国刑法修正案(六)〉之解读》，载《法商研究》2006 年第 6 期；刘哲、田美妍：《论重大责任事故罪在“强令”情况下的“责任范围”》，载《中国青年政治学院学报》2007 年第 3 期；黎宏：《重大责任事故罪相关问题探析》，载《北方法学》2008 年第 5 期；谢治东、郭竹梅：《关于重大责任事故罪若干问题之检讨——以〈刑法修正案(六)〉为视角》，载《法学杂志》2009 年第 6 期；陈忠林、刘柳：《对重大责任事故罪的法律思考》，载《法学杂志》2014 年第 2 期；樊华中：《重大责任事故罪的处置难点及突围》，载《法学》2014 年第 4 期；杨绪峰：《安全生产犯罪立法的体系性反思——以〈刑法修正案(十一)〉的相关修改为契机》，载《法学》2021 年第 3 期；杨绪峰：《强令、组织他人违章冒险作业罪的司法误识与纠偏》，载《政治与法律》2022 年第 2 期。

细目录

Ⅰ　主旨
Ⅱ　沿革
Ⅲ　客体
Ⅳ　行为与结果
Ⅴ　主体
Ⅵ　罪过
Ⅶ　认定重大责任事故罪应当注意的问题
Ⅷ　处罚

Ⅰ　主旨

重大事故是一种多发性的灾害,它给企业的安全生产带来威胁,给国家、集体和个人造成严重的经济损失和人身伤害。这类事故的发生呈逐年上升趋势,严重影响着国家的经济建设。我国刑法历来明确将失职渎职、违反操作规程,导致重大刑事责任事故发生的行为规定为犯罪,为安全生产、预防和减少重大责任事故的发生提供法律保证。 1

Ⅱ　沿革

1979 年《刑法》第 114 条规定了重大责任事故罪:"工厂、矿山、林场、建筑企业或者其他企业、事业单位的职工,由于不服管理、违反规章制度,或者强令工人违章冒险作业,因而发生重大伤亡事故,造成严重后果的,处三年以下有期徒刑或者拘役;情节特别恶劣的,处三年以上七年以下有期徒刑。"1997 年修订刑法时,基本吸收了 1979 年《刑法》的规定,除将"发生重大伤亡事故,造成严重后果的"规定由并列形式改为选择形式即"发生重大伤亡事故或者造成其他严重后果的"以外,没有作其他改动。2006 年 6 月 29 日,第十届全国人民代表大会常务委员会第二十二次会议通过了《刑法修正案(六)》,对《刑法》第 134 条进行了修改。2020 年 12 月 26 日第十三届全国人民代表大会常务委员会第二十四次会议通过的《刑法修正案(十一)》对《刑法》第 134 条第 2 款进行了修正,增加了有关"明知存在重大事故隐患而不排除,仍冒险组织作业"的规定。 2

Ⅲ　客体

本罪的客体是生产、作业的安全。众所周知,现代生产,愈来愈表现为协作、有序的状态,从而形成了各行各业的生产系统化;同时,生产活动往往具有一定的危险性,如果管理不慎,某个环节出现问题,不仅会危及操作者个人的人身安全,影响整个 3

企业、事业单位的生产活动,而且还会造成与该生产活动有关的不特定或多数人的伤亡和重大公私财产的损失。因此,国家制定了大量有关安全生产的规章制度,以保障生产的安全进行。遵守这些规章制度,保障生产安全,是企业、事业单位管理的基本要求,也是提高企业、事业单位的生产、作业效率的基本前提。违反上述制度,就会给正常的生产安全带来隐患和威胁,严重的会给国家和人民利益造成不可挽回的损失。

Ⅳ 行为与结果

1.重大责任事故罪的行为和结果

4 本罪客观上表现为在生产和作业过程中违反有关安全管理的规定,因而发生重大伤亡事故,造成严重后果。

5 (1)必须有在生产、作业活动过程中,违反有关安全管理规定的行为。所谓安全管理规定,是指和保障生产作业安全有关的劳动纪律、操作规程和劳动保护法规,如《安全生产法》《劳动法》《特种设备安全监察条例》等法律、法规中对有关安全生产的规定。如不按设计要求盲目蛮干,值班时擅离职守,在禁火区使用明火作业,擅自移动写有"危险禁止"标记的机器、开关、信号等,就属如此。另外,实践中,很多企业的责任人员或者管理人员在生产、作业过程中,为了减少成本,有意雇用一些没有技术资格的操作工,或者对手下工人的违章作业行为不闻不问,这实际上就是一种"违反安全规定"的行为,造成严重后果的,可以直接根据《刑法》第134条第1款的规定,作为重大责任事故罪处理。

6 (2)必须发生重大伤亡事故或者造成其他严重后果。根据2015年12月14日发布的最高人民法院、最高人民检察院《关于办理危害生产安全刑事案件适用法律若干问题的解释》第6条第1款的规定,具有下列情形之一的,应当认定为"发生重大伤亡事故或者造成其他严重后果":①造成死亡1人以上,或者重伤3人以上的;②造成直接经济损失100万元以上的;③其他造成严重后果或者重大安全事故的情形。

2.强令、组织他人违章冒险作业罪的行为和结果

7 本罪客观上表现为在生产作业中违反有关安全管理的规定,强令他人违章冒险作业,或者明知存在重大事故隐患而不排除,仍组织他人冒险作业,因而发生重大伤亡事故或者造成其他严重后果。具体而言,包括以下内容:

8 (1)必须有在生产作业过程中违反安全管理的规定,强令他人违章冒险作业的行为。所谓"强令",就是命令,表现为他人不愿听从,但在指挥、管理人员利用职权强迫服从的情况下,不得不违章作业。违章作业并非出于作业者本人的意愿,因此,不能追究作业者的刑事责任,只能追究指挥、管理人员的刑事责任。"强令"不能机械地理解为说话态度强硬或者大声命令等外在表现,强令者也不一定必须身处生产、作业的现场。只要强令者所发出的信息内容所产生的影响,达到了使工人不得不违心地继续生产、作业的心理强制程度,就足以认定。例如,工人如果拒绝服从,就会面临扣工资、被辞退等后果,从而不得不继续生产。按照最高人民法院、最高人民检察院《关于

办理危害生产安全刑事案件适用法律若干问题的解释》第5条的规定,明知存在事故隐患、继续作业存在危险,仍然违反有关安全管理的规定,实施下列行为之一的,应当认定为“强令他人违章冒险作业”:利用组织、指挥、管理职权,强制他人违章作业的;采取威逼、胁迫、恐吓等手段,强制他人违章作业的;故意掩盖事故隐患,组织他人违章作业的;其他强令他人违章作业的行为。值得注意的是,组织、指挥、管理生产、作业的人故意掩盖事故隐患,具有隐瞒真相的欺骗性质,与利用职权强迫、命令他人的情形存在差别,因此,上述司法解释的规定具有拟制规定的性质。当然,无论是强迫他人服从指令冒险作业,还是欺骗他人使其服从指令冒险作业,二者都违背了直接从事生产、作业的人员的意志,也都严重危及生产、作业的安全,所以将“故意掩盖事故隐患,组织他人违章作业”按照“强令他人违章作业”进行处罚亦不为过。

(2)在生产作业过程中,明知存在重大事故隐患而不排除,仍组织他人冒险作业。 9
从直观上看,“明知存在重大事故隐患而不排除”的情形可能多种多样。例如,重大事故隐患仅为组织、指挥、管理生产、作业的人员所知晓,组织、指挥、管理人员故意掩盖、隐瞒重大事故隐患,欺骗他人违章冒险作业;或者重大事故隐患已经为组织、指挥、管理人员与一线生产、作业人员共同知晓,组织、指挥、管理人员采取强令、利诱等方式组织他人违章冒险作业;或者重大事故隐患已经为组织、指挥、管理人员与一线生产、作业人员共同知晓,所有人员心照不宣继续违章作业,组织、指挥、管理人员对事故隐患采取听之任之的态度,不予排除;等等。由此可见,“明知存在重大事故隐患而不排除,仍冒险组织作业”的情形要广于“强令他人违章冒险作业”。《刑法修正案(十一)》明确将“明知存在重大事故隐患而不排除,仍冒险组织作业”与“强令违章冒险作业”并列规定,既严密了对生产、作业安全的刑法保护,又彰显了罪刑法定主义。在“明知存在重大事故隐患而不排除,仍冒险组织作业”的具体适用上,需要注意以下几点。一是组织、指挥、管理人员必须明知存在重大事故隐患,如果组织、指挥、管理人员对重大事故隐患并不知晓,即使其强令他人继续作业,也难以称为“强令违章冒险作业”或“组织冒险作业”。二是组织、指挥、管理人员没有排除重大事故隐患是非难的重点。如果组织、指挥、管理人员在知晓重大事故隐患后采取了排除措施,但在后续生产、作业过程中排除措施失效,组织、指挥、管理人员不承担本罪的刑事责任。相反,组织、指挥、管理人员没有直接针对事故隐患采取排除措施,而是采取其他保护手段的,也应该考虑追究其刑事责任。例如,明知矿坑内瓦斯抽排设施不能满足安全生产需要,仍不加强抽排,只是增设救援设施的,也不能排除本罪的成立可能。此外,如果重大事故隐患为生产、指挥、管理人员与生产、作业人员共同知晓,生产、作业人员自发冒险作业,生产、指挥、管理人员虽然没有组织行为,但是没有排除重大事故隐患的,也不能排除本罪的成立可能。三是生产、指挥、管理人员必须在存在“重大事故隐患”的条件下组织“冒险”作业。这里需要强调的是,现代生产本身就具有一定的危险性,本罪所称的“隐患”是危及生产、作业之环境与人员的“事故隐患”,而非生产、作业本身就具有的“安全隐患”。例如,化工厂在生产作业过程中,既存在操作不当、器材劣质造成爆炸、毒气泄漏事故的危险,也存在长期接触原材料造成生产、作业人员身体机能受损的危险,本罪的“重大事故隐患”当指前一种。“重大事故隐患”必须是“隐患”能够引发重大的事故,而生产、作业人员所冒之“险”亦必须是该“重大事故”之“险”,二者应当具有同一性。

10　(3)必须发生了重大伤亡事故或者造成了其他严重后果。根据最高人民法院、最高人民检察院《关于办理危害生产安全刑事案件适用法律若干问题的解释》第 6 条第 1 款的规定,具有下列情形之一的,应当认定为“发生重大伤亡事故或者造成其他严重后果”:①造成死亡 1 人以上,或者重伤 3 人以上的;②造成直接经济损失 100 万元以上的;③其他造成严重后果或者重大安全事故的情形。上述重大伤亡事故或严重后果的发生,必须与强令冒险作业或组织冒险作业之间具有刑法上的因果关系。

V　主体

1.重大责任事故罪的主体

11　本罪的主体是一般主体,任何人只要是在生产、作业过程中违反安全管理规定的,均可以成为本罪的主体。根据最高人民法院、最高人民检察院《关于办理危害生产安全刑事案件适用法律若干问题的解释》第 1 条的规定,本罪的犯罪主体,包括对生产、作业负有组织、指挥或者管理职责的负责人、管理人员、实际控制人、投资人等人员,以及直接从事生产、作业的人员。

12　值得注意的是,重大责任事故往往涉案人员众多,引发事故的因果关系复杂,在具体案件中需要准确认定相关涉案人员的刑事责任。最高人民检察院在检例第 97 号“夏某某等人重大责任事故案”的“指导意义”部分指出:“危害生产安全案件往往多因一果,涉案人员较多,既有直接从事生产、作业的人员,又有投资人、实际控制人等,还可能涉及相关负有监管职责的国家工作人员。投资人、实际控制人等一般并非现场作业人员,确定其行为与事故后果之间是否存在刑法意义上的因果关系是个难点。如果投资人、实际控制人等实施了未取得经营资质和安全生产许可证、未制定安全生产管理规定或规章制度、不提供安全生产条件和必要设施等不履行安全监管职责的行为,在此情况下进行生产、作业,导致发生重大伤亡事故或者造成其他严重后果的,不论事故发生是否介入第三人违规行为或者其他因素,均不影响认定其行为与事故后果之间存在刑法上的因果关系,应当依法追究其刑事责任。对发案单位的生产、作业负有安全监管、查处等职责的国家工作人员,不履行或者不正确履行工作职责,致使发案单位违规生产、作业或者危险状态下生产、作业,发生重大安全事故的,其行为也是造成危害结果发生的重要原因,应以渎职犯罪追究其刑事责任。”[1]

1　参见 2021 年 1 月 20 日最高人民检察院《关于印发最高人民检察院第二十五批指导性案例的通知》。

2.强令、组织他人违章冒险作业罪的主体

本罪的主体是一般主体,根据最高人民法院、最高人民检察院《关于办理危害生产安全刑事案件适用法律若干问题的解释》第2条的规定,包括对生产、作业负有组织、指挥或者管理职责的负责人、管理人员、实际控制人、投资人等人员。从实践来看,实施强令行为的主体,必须和他人在同一单位,不可能是主管该单位的上级国家机关工作人员。需要注意的是,在现实生活中,只具有普通工人身份的师傅经常可以命令或者要求徒弟从事某种冒险活动,因此,这里的强令者既可以是单位中从事生产、作业指挥、管理的人员,也可以是和被强令者处于相同地位的一般工人,不一定要求具有领导人身份。 13

Ⅵ　罪过

重大责任事故罪与强令、组织他人违章冒险作业罪的罪过都是过失,即行为人没有预见到其在生产、作业中违反有关安全管理规定的行为会引起重大伤亡事故或者造成其他严重后果,行为人没有预见到其强令、组织他人违章冒险作业的行为会发生重大伤亡事故或者造成其他严重后果。需要注意的是,组织、指挥、管理人员"明知存在重大事故隐患而不排除"的,其对重大事故隐患必须明知,而"不排除"重大事故隐患,其对"重大事故隐患"的存在能够是听之任之的姑息态度,但对于"重大事故发生"则不可以是听之任之的间接故意。至于行为人在客观上"不排除重大事故隐患",还能否认为行为人主观上对重大事故或严重后果的发生持否定态度,则有待司法实践的检验。 14

Ⅶ　认定重大责任事故罪应当注意的问题

在本罪的认定中,应当注意以下两个问题: 15

(1)区分本罪与失火罪、过失爆炸罪等过失危害公共安全罪的界限。二者最主要的区别在于,前者发生在生产、作业过程中,并与生产、作业活动直接相关;后者则多发生在日常生活中,即便发生在生产、作业过程中,作为其原因的违章行为与生产、作业活动也没有直接联系。因此,如果行为人在生产、作业过程中,由于违反安全生产等方面的规章制度而引起了火灾或爆炸事故,则是重大责任事故罪;反之,则是失火罪或过失爆炸罪。 16

(2)正确把握本罪与交通肇事罪的关系。一般情况下,本罪与交通肇事罪是容易区分的。根据2000年11月15日发布的最高人民法院《关于审理交通肇事刑事案件具体应用法律若干问题的解释》第8条的规定,对这种情况,应当根据不同情况,区别对待:在公共交通管理范围内,因违反交通运输管理法规,发生重大事故的,应认定为交通肇事罪;在公共交通管理范围外,驾驶机动车辆或者使用其他交通工具致人伤亡或者致使公共财产或者他人财产遭受重大损失的,应分别根据具体情况,按重大责任 17

事故罪或其他犯罪处理。也就是根据事故是否发生在公共交通领域来决定适用的罪名。

18 不过,重大责任事故罪所规制的是发生于生产、作业中的事故,着眼于事故发生的时间条件,交通肇事罪所规制的是发生于道路交通领域的事故,着眼于事故发生的空间条件;能够成立重大责任事故罪的主体角色复杂,而能够成立交通肇事罪的主体角色相对单纯;无论是在客观要件还是主观要件上,两罪都存在既可供区别又可以交叉的条件。最高人民检察院在检例第97号“夏某某等人重大责任事故案”的“指导意义”部分指出:“对于从事营运活动的交通运输组织来说,航道、公路既是公共交通领域,也是其生产经营场所,‘交通运输法规’同时亦属于交通运输组织的‘安全管理的规定’,交通运输活动的负责人、投资人、驾驶人员等违反有关规定导致在航道、公路上发生交通事故,造成人员伤亡或财产损失的,可能同时触犯交通肇事罪与重大责任事故罪。鉴于两罪前两档法定刑均为七年以下有期徒刑(交通肇事罪有因逃逸致人死亡判处七年以上有期徒刑的第三档法定刑),要综合考虑行为人对交通运输活动是否负有安全管理职责、对事故发生是否负有直接责任、所实施行为违反的主要是交通运输法规还是其他安全管理的法规等,准确选择适用罪名。具有营运性质的交通运输活动中,行为人既违反交通运输法规,也违反其他安全管理规定(如未取得安全许可证、经营资质、不配备安全设施等),发生重大事故的,由于该类运输活动主要是一种生产经营活动,并非单纯的交通运输行为,为全面准确评价行为人的行为,一般可按照重大责任事故罪认定。交通运输活动的负责人、投资人等负有安全监管职责的人员违反有关安全管理规定,造成重大事故发生,应认定为重大责任事故罪;驾驶人员等一线运输人员违反交通运输法规造成事故发生的,应认定为交通肇事罪。”[2]要言之,在具体个案中,既要注意重大责任事故罪和交通肇事罪是否成立想象竞合,又要充分、全面、准确地评价行为人的行为,做到准确适用罪名,确保罪责刑相适应。

Ⅷ 处罚

19 依照《刑法》第134条第1款的规定,在生产、作业中违反有关安全管理的规定,因而发生重大伤亡事故或者造成其他严重后果的,处3年以下有期徒刑或者拘役;情节特别恶劣的,处3年以上7年以下有期徒刑。其中“情节特别恶劣”,根据最高人民法院、最高人民检察院《关于办理危害生产安全刑事案件适用法律若干问题的解释》第7条第1款的规定,是指具有下列情形之一:①造成死亡3人以上或者重伤10人以上,负事故主要责任的;②造成直接经济损失500万元以上,负事故主要责任的;③其他造成特别严重后果、情节特别恶劣或者后果特别严重的情形。依照该解释

2 参见2021年1月20日最高人民检察院《关于印发最高人民检察院第二十五批指导性案例的通知》。

第 12 条、第 13 条的规定,实施《刑法》第 134 条第 1 款规定的犯罪行为,具有下列情形之一的,从重处罚:①未依法取得安全许可证件或者安全许可证件过期、被暂扣、吊销、注销后从事生产经营活动的;②关闭、破坏必要的安全监控和报警设备的;③已经发现事故隐患,经有关部门或者个人提出后,仍不采取措施的;④一年内曾因危害生产安全违法犯罪活动受过行政处罚或者刑事处罚的;⑤采取弄虚作假、行贿等手段,故意逃避、阻挠负有安全监督管理职责的部门实施监督检查的;⑥安全事故发生后转移财产意图逃避承担责任的;⑦其他从重处罚的情形。实施前述第⑤项规定的行为,同时构成《刑法》第 389 条规定的犯罪的,依照数罪并罚的规定处罚。在安全事故发生后积极组织、参与事故抢救,或者积极配合调查、主动赔偿损失的,可以酌情从轻处罚。

20 依照《刑法》第 134 条第 2 款的规定,强令他人违章冒险作业,因而发生重大伤亡事故或者造成其他严重后果的,处 5 年以下有期徒刑或者拘役;情节特别恶劣的,处 5 年以上有期徒刑。其中的“情节特别恶劣”,根据最高人民法院、最高人民检察院《关于办理危害生产安全刑事案件适用法律若干问题的解释》第 7 条第 1 款的规定,是指具有下列情形之一:①造成死亡 3 人以上或者重伤 10 人以上,负事故主要责任的;②造成直接经济损失 500 万元以上,负事故主要责任的;③其他造成特别严重后果、情节特别恶劣或者后果特别严重的情形。依照该解释第 12 条、第 13 条的规定, 实施《刑法》第 134 条第 2 款规定的犯罪行为,具有下列情形之一的,从重处罚:①未依法取得安全许可证件或者安全许可证件过期、被暂扣、吊销、注销后从事生产经营活动的;②关闭、破坏必要的安全监控和报警设备的;③已经发现事故隐患,经有关部门或者个人提出后,仍不采取措施的;④一年内曾因危害生产安全违法犯罪活动受过行政处罚或者刑事处罚的;⑤采取弄虚作假、行贿等手段,故意逃避、阻挠负有安全监督管理职责的部门实施监督检查的;⑥安全事故发生后转移财产意图逃避承担责任的;⑦其他从重处罚的情形。实施前述第⑤项规定的行为,同时构成《刑法》第 389 条规定的犯罪的,依照数罪并罚的规定处罚。在安全事故发生后积极组织、参与事故抢救,或者积极配合调查、主动赔偿损失的,可以酌情从轻处罚。

21 此外,根据最高人民法院、最高人民检察院《关于办理危害生产安全刑事案件适用法律若干问题的解释》第 16 条的规定,对于实施危害生产安全犯罪适用缓刑的犯罪分子,可以根据犯罪情况,禁止其在缓刑考验期限内从事与安全生产相关联的特定活动;对于被判处刑罚的犯罪分子,可以根据犯罪情况和预防再犯罪的需要,禁止其自刑罚执行完毕之日或者假释之日起 3 年至 5 年内从事与安全生产相关的职业。

第一百三十四条之一　危险作业罪

在生产、作业中违反有关安全管理的规定，有下列情形之一，具有发生重大伤亡事故或者其他严重后果的现实危险的，处一年以下有期徒刑、拘役或者管制：

（一）关闭、破坏直接关系生产安全的监控、报警、防护、救生设备、设施，或者篡改、隐瞒、销毁其相关数据、信息的；

（二）因存在重大事故隐患被依法责令停产停业、停止施工、停止使用有关设备、设施、场所或者立即采取排除危险的整改措施，而拒不执行的；

（三）涉及安全生产的事项未经依法批准或者许可，擅自从事矿山开采、金属冶炼、建筑施工，以及危险物品生产、经营、储存等高度危险的生产作业活动的。

文献：李燕霞：《遏制安全生产责任事故的司法保障——最高人民法院、最高人民检察院〈关于办理危害生产安全刑事案件适用法律若干问题的解释〉解读》，载《中国水运》2016年第1期。詹瑜璞、刘笑、尹少辉等：《我国危险作业犯罪立法的几个问题》，载《中国应急管理报》2020年6月27日。

细目录

Ⅰ　主旨
Ⅱ　沿革
Ⅲ　客体
Ⅳ　行为
Ⅴ　主体
Ⅵ　罪过
Ⅶ　认定本罪应当注意的问题
Ⅷ　处罚

Ⅰ　主旨

1 重大安全生产事故不仅给企业的安全生产带来威胁，也给国家、集体和个人造成严重的经济损失和人身伤害。近年来我国生产安全形势总体平稳，但重特大事故仍时有发生，每次发生都给人民生命财产造成特别重大的损失，例如，2015年8月12日天津港瑞海公司危险品爆炸事故案、2019年3月21日江苏响水特大爆炸事故案,等等。总结这些重大事故带来的惨痛教训,对尚未发生严重后果但具有导致重大事故发生现实危险的重大隐患,必须防微杜渐,刑法应当提前介入。2016年中共中央、国务院发布的《关于推进安全生产领域改革发展的意见》提出,应当将生产经营过程中极易导致重大生产安全事故的违法行为列入刑法调整范围。本罪就是试图将重大安全生产事故遏止在"重大隐患"阶段而增设的新罪名。

Ⅱ 沿革

2020年12月26日第十三届全国人民代表大会常务委员会第二十四次会议通过的《刑法修正案(十一)》在《刑法》第134条之后增加了本条规定,作为第134条之一。 2

Ⅲ 客体

本罪的客体是生产、作业的安全,具体内容已在第134条的评注中予以阐述,兹不赘述。 3

Ⅳ 行为

本罪在客观上较为复杂,根据法条的明文规定,主要有以下三种行为: 4

(1)在生产、作业中违反有关安全管理的规定,关闭、破坏直接关系生产安全的监控、报警、防护、救生设备、设施,或者篡改、隐瞒、销毁其相关数据、信息,具有发生重大伤亡事故或其他严重后果的现实危险。生产作业场所的监控、报警设备,是生产安全事故的预警设备,而生产作业场所的防护、救生设备设施在事故发生后就是生产作业人员的救命稻草;按照生产安全管理的规定,生产单位必须实时监控生产作业场所的安全生产条件,其监控、报警、防护、救生设备必须配备齐全、达到一定数量且能正常运行。在生产作业过程中,为了逃避监管、降低成本、追赶进度、推卸责任,关闭、破坏上述设施,或者篡改、隐瞒、销毁有关安全生产环境的数据、信息,完全就是为了追求利润而置生产作业人员的安危于不顾。例如,2009年河南平顶山新华四矿瓦斯爆炸事故,就是矿方故意将瓦斯监测仪探头放置在窗口通风处,将报警仪电线剪断,使预警设备完全失灵,放任危险产生和积聚。这里需要注意的是,关闭、破坏的"设备、设施"应当"直接关系生产安全",也就是设备、设施的功能是直接检测安全环境数据、信息,关闭、破坏这些设备、设施后就无法感知生产作业环境的安全信息,为安全生产事故的发生埋下重大隐患。至于哪些设备或设施是"直接关系生产安全"的,应当结合各行业的安全生产标准进行全面、严格的审查,此处不好一概而论。此外,值得讨论的是,条文只规定了"关闭、破坏"直接关系生产安全的设备、设施,没有规定"不安装"直接关系生产安全的设施、设备,那么,能否认为"不安装"的行为就不可罚 5

呢？按照当然解释,既然安装了设备、设施后再予以关闭、破坏都构成犯罪,那么完全不安装更应该构成犯罪;从经验常识来看,如果只有破坏、关闭已安装的设备、设施才能形成安全生产的重大隐患构成本罪,那么不安装设备、设施就不会形成重大隐患,永远不会构成本罪。因此,只有将“不安装”直接关系生产安全的设备、设施也纳入本罪的处罚范围才是合理的。如果认为“关闭、破坏”不限于物理上积极的关闭、破坏,而是包括功能上的排除、阙如、不使用,那么“不安装”这种消极意义的行为也能包含在“关闭、破坏”的意涵内。需要强调的是,不安装、关闭、破坏直接关系生产安全的监控、报警、防护、救生设备、设施,或者篡改、隐瞒、销毁其相关数据、信息的行为,必须已经出现了可能发生安全事故的现实危险,才能构成本罪;至于如何判断是否出现了“现实危险”,应当结合安全生产标准进行判断。

6 (2)因存在重大事故隐患被依法责令停产停业、停止施工、停止使用有关设备、设施、场所或者立即采取排除危险的整改措施,行为人拒不执行,具有发生重大伤亡事故或其他严重结果的现实危险。这一种情形有三个必备条件:第一,存在重大事故隐患,这是一项概括性的事实前提,“重大事故隐患”具有明确的国家标准和行业标准可资认定,至于造成重大事故隐患的原因则在所不问。第二,经监管部门依法责令整改,这既要求重大事故隐患确实存在,也要求监管部门依照安全生产法律法规等规定予以前置处罚,属于限制处罚范围的条件。第三,组织生产作业者不采取排除危险的整改措施,这里的拒不整改不限于完全置若罔闻,也可以是不按要求整改到位或者边整改边继续生产作业。同样,实施本项行为也需要已经出现了可能发生安全事故的现实危险。

7 (3)行为人在涉及安全生产的事项未经依法批准或者许可的情况下,擅自从事矿山开采、金属冶炼、建筑施工,以及危险物品生产、经营、储存等高度危险的生产作业活动,具有发生重大伤亡事故或其他严重结果的现实危险。依据《安全生产法》《矿山安全法》《危险化学品安全管理条例》等法律法规的规定,从事矿山开采、金属冶炼、建筑施工、危险物品等行业的生产经营活动,应当依法取得有关安全生产的批准。本项规定列举的这些行业是具有高度危险性的行业,即使是在手工业时代也有一些约定俗成的行业规范来保障生产作业安全,进入大工业生产时代之后,这些行业对安全生产的要求更加严格,不具备法定要求的安全生产条件贸然进行生产作业活动,极易导致重大事故发生。当然,本项规定不是处罚单纯违反行政许可要求的行为,同样也要求具有发生安全事故的现实危险。

V 主体

8 本罪的主体是组织、指挥、管理以及从事生产作业的人。具体范围,可以参考第134条评注的有关内容。

Ⅵ 罪过

本罪属于故意犯罪。行为人实施关闭、破坏直接关系生产安全的设备、设施,或者篡改、隐瞒、销毁其相关数据、信息的行为,只能是故意;而对整改要求置若罔闻拒不执行,以及无视安全生产的许可要求擅自生产作业,只能是"明知故犯"。行为人对实施本条规定的行为具有故意,对于"现实危险"也要求明知,但不能对重大伤亡事故或其他严重结果具有希望或放任的态度,否则可能构成以危险方法危害公共安全罪等其他犯罪。 9

Ⅶ 认定本罪应当注意的问题

本罪与重大责任事故罪虽然都有"违反有关安全管理的规定"这一前提要求,但是重大责任事故罪要求实际发生了重大伤亡事故或者造成其他严重后果,而本罪旨在排除重大事故隐患,只要求具有发生重大伤亡事故或者造成其他严重后果的现实危险;重大责任事故罪要求行为人对重大伤亡事故或其他严重后果的发生持过失态度,本罪要求行为人对"现实危险"持故意态度。在行为人对重大事故隐患及现实危险的存在均有故意的情况下,如果发生了重大伤亡事故或其他严重后果,究竟为重大责任事故罪还是危险作业罪,需要在司法实践中具体认定。此外,如果行为人在实施本条规定的三种行为的同时,强令生产作业人员冒着现实存在的危险违章作业,结果发生重大伤亡事故或其他严重后果的,两种行为之间具有事件发展的前后关系,可以按照吸收犯的原理进行处理。 10

Ⅷ 处罚

依照《刑法》第 134 条之一的规定,犯本条规定之罪的,处 1 年以下有期徒刑、拘役或者管制。 11

第一百三十五条　重大劳动安全事故罪

安全生产设施或者安全生产条件不符合国家规定，因而发生重大伤亡事故或者造成其他严重后果的，对直接负责的主管人员和其他直接责任人员，处三年以下有期徒刑或者拘役；情节特别恶劣的，处三年以上七年以下有期徒刑。

文献:冯彦君:《重大劳动安全事故罪若干问题探析》,载《国家检察官学院学报》2001年第2期;左坚卫、刘志伟:《重大劳动安全事故罪若干疑难问题探讨》,载《法学论坛》2002年第1期;白平则:《重大劳动安全事故罪罪过形式探讨》,载《山西省政法管理干部学院学报》2005年第4期;黄丽勤、周铭川:《重大劳动安全事故罪若干问题探讨》,载《兰州学刊》2005年第5期;刘超捷:《我国矿山劳动安全立法初论》,载《河北法学》2005年第9期;王瑞丽:《论重大劳动安全事故罪之主体特征》,载《武汉大学学报(哲学社会科学版)》2009年第4期。

细目录

Ⅰ　主旨
Ⅱ　沿革
Ⅲ　客体
Ⅳ　行为与结果
Ⅴ　主体
Ⅵ　罪过
Ⅶ　本罪的司法认定
Ⅷ　处罚

Ⅰ　主旨

1　《劳动法》第3条第1款规定,劳动者享有平等就业、选择职业、休息休假、享受社会保险和福利的权利,同时也享有获得劳动安全卫生保护的权利。企业、事业单位特别是这些单位的有关责任人员,对落实劳动法中有关劳动安全的规定,保障劳动者的生命、健康以及公私财产的安全,负有义不容辞的责任。用人单位置劳动者的生命、健康于不顾,对事故隐患不及时排除,在劳动安全设施不符合国家规定的情况下,强行生产,致使劳动事故发生,侵害了劳动者的人身权利。针对这种情况,有必要运用刑法武器,同侵害劳动安全的行为作坚决的斗争,以保护劳动者的生命、健康和重大公私财产的安全。

Ⅱ 沿革

1979年《刑法》只有重大责任事故罪的规定,而没有设立本罪。对于失职造成重大劳动安全事故构成犯罪的行为,一般以玩忽职守罪论处。本罪是根据1994年7月5日第八届全国人大常委会第八次会议通过的《劳动法》第92条的内容增加的规定。《劳动法》第92条规定:"用人单位的劳动安全设施和劳动卫生条件不符合国家规定或者未向劳动者提供必要的劳动防护用品和劳动保护设施……对事故隐患不采取措施,致使发生重大事故,造成劳动者生命和财产损失的,对责任人员比照刑法第一百八十七条的规定追究刑事责任。"即对违反劳动安全法规造成重大劳动安全事故的行为比照玩忽职守罪追究刑事责任。1997年《刑法》考虑到重大劳动安全犯罪的特殊性及其严重的社会危害性,将这种行为从原刑法规定的玩忽职守罪中分离出来,单独规定一条纳入危害公共安全犯罪中,以加强对劳动者安全的保护。2006年6月29日,第十届全国人民代表大会常务委员会第二十二次会议通过的《刑法修正案(六)》对本条进行了进一步的修改,扩大了本条的适用范围,对全部劳动者一体保护,也精练了条文的表述。 2

Ⅲ 客体

本罪侵害的客体是企业、事业单位的劳动安全,即工厂、矿山、林场、建筑企业或者其他企业、事业单位劳动者的生命、健康以及公私财产的安全。 3

Ⅳ 行为与结果

本罪在客观上表现为,生产、作业单位的安全生产设施或者安全生产条件不符合国家规定,因而发生重大伤亡事故或者造成其他严重后果。 4

首先,必须是生产、作业单位的安全生产设施或者安全生产条件不符合国家规定。所谓安全生产设施,是指依照规定在有关生产经营单位配备的用于保护劳动者人身安全和健康、符合国家标准的各种设施、设备以及用品;所谓安全生产条件,是指安全生产所需的设备、设施、场所、环境等方面的条件。 5

其次,必须发生重大伤亡事故或者造成其他严重后果。所谓发生重大伤亡事故或者造成其他严重后果,根据最高人民法院、最高人民检察院《关于办理危害生产安全刑事案件适用法律若干问题的解释》第6条第1款的规定,是指下列情形之一:①造成死亡1人以上,或者重伤3人以上的;②造成直接经济损失100万元以上的;③其他造成严重后果或者重大安全事故的情形。至于事故发生之前是否有人提出过事故隐患,是否经过有关单位采取措施,都不影响本罪的成立。 6

V　主体

7　本罪的主体为特殊主体，即企业、事业单位中对安全生产设施和安全生产条件负有管理监督职责的直接负责的主管人员和其他直接责任人员。所谓“直接负责的主管人员和其他直接责任人员”，根据最高人民法院、最高人民检察院《关于办理危害生产安全刑事案件适用法律若干问题的解释》第3条的规定，是指对安全生产设施或者安全生产条件不符合国家规定负有直接责任的生产经营单位负责人、管理人员、实际控制人、投资人，以及其他对安全生产设施或者安全生产条件负有管理、维护职责的人员。在矿山生产作业领域，根据2007年2月28日最高人民法院、最高人民检察院曾发布《关于办理危害矿山生产安全刑事案件具体应用法律若干问题的解释》，该解释第3条对直接负责的主管人员和其他直接责任人员予以明确，即矿山生产经营单位负责人、管理人员、实际控制人、投资人，以及对安全生产设施或者安全生产条件负有管理、维护职责的电工、瓦斯检查工等人员。该司法解释虽已失效，但上述规定仍可供参考。

VI　罪过

8　本罪的罪过是过失，包括疏忽大意的过失和过于自信的过失，即行为人应当预见到自己不采取措施消除事故隐患的行为可能导致重大伤亡事故或者造成其他严重后果，因为疏忽大意而没有预见，或者已经预见但轻信能够避免，以致发生了该种结果的心理态度。故意不能构成本罪。故意是就行为人的行为所发生的严重后果而言的。实践中，行为人对于违反劳动安全法规，不采取措施消除事故隐患往往是明知故犯，但是，这仅是就违反法规行为自身而言的。由于本罪是结果犯，以发生重大伤亡事故或者造成其他严重后果为构成要件，因此，本罪的主观方面的内容取决于行为人对于犯罪结果的态度。从本罪即便造成特别严重的后果也只能处以7年有期徒刑的规定来看，立法者显然是将本罪作为过失犯罪看待的。

VII　本罪的司法认定

9　应当划清罪与非罪的界限。本罪属于结果犯，行为人对事故隐患虽然没有采取预防或者补救措施，但也没有发生劳动安全事故，或者只是发生了较轻的劳动安全事故的，也不构成本罪。

10　在本罪的认定中，应当注意本罪与重大责任事故罪的关系。重大责任事故罪与重大劳动安全事故罪的主体均为生产经营活动的从业者，法定最高刑均为7年以下有期徒刑。重大责任事故罪与重大劳动安全事故罪两罪的差异主要在于行为特征不同，重大责任事故罪是行为人“在生产、作业中违反有关安全管理的规定”；重大劳动安全事故罪是生产经营单位的“安全生产设施或者安全生产条件不符合国家规定”。

重大劳动安全事故罪是行为人在明知企业、事业单位的安全生产设施或者安全生产条件不符合国家规定的情况下,不采取措施消除劳动安全设施事故隐患;而重大责任事故罪是在生产、作业过程中,违反有关安全管理的规定,因而发生重大伤亡事故或者造成其他严重后果的行为。

实践中,区分二者的困难在于,当两罪的主体和行为存在交叉时该如何定罪,即在安全生产设施或者安全生产条件存在事故隐患的前提下,行为人既对劳动安全生产设施或者安全生产条件负有管理责任,又在生产、作业过程中违反安全管理规定违章生产、作业,导致发生重大伤亡事故或者造成其他严重后果的,应当如何处理?最高人民检察院在检例第94号"余某某等人重大劳动安全事故、重大责任事故案"的"指导意义"部分指出:"实践中,安全生产事故发生的原因如果仅为生产、作业中违反有关安全管理的规定,或者仅为提供的安全生产设施或条件不符合国家规定,罪名较易确定;如果事故发生系上述两方面混合因素所致,两罪则会出现竞合,此时,应当根据相关涉案人员的工作职责和具体行为来认定其罪名。具体而言,对企业安全生产负有责任的人员,在生产、作业过程中违反安全管理规定的,应认定为重大责任事故罪;对企业安全生产设施或者安全生产条件不符合国家规定负有责任的人员,应认定为重大劳动安全事故罪;如果行为人的行为同时包括在生产、作业中违反有关安全管理的规定和提供安全生产设施或条件不符合国家规定,为全面评价其行为,应认定为重大责任事故罪。"[1]最高人民检察院的上述意见具有合理性。行为人在明知生产设施或者安全生产条件存在事故隐患的前提下,又在生产、作业过程中违反安全管理规定违章生产、作业,可以评价为一个行为触犯重大伤亡事故罪和重大劳动安全事故罪,也造成了数个不同的法益侵害结果,应属于想象竞合,以一罪处断。又由于两罪的法定刑完全一致,因此,必须根据事故发生的原因和涉案人员的行为意义来确定构成何罪才能妥当、全面。 11

Ⅷ 处罚

依照《刑法》第135条的规定,犯本罪的,对直接负责的主管人员和其他直接责任人员,处3年以下有期徒刑或者拘役;情节特别恶劣的,处3年以上7年以下有期徒刑。根据最高人民法院、最高人民检察院《关于办理危害生产安全刑事案件适用法律若干问题的解释》第7条第1款的规定,所谓"情节特别恶劣",是指具有下列情形之一:①造成死亡3人以上或者重伤10人以上,负事故主要责任的;②造成直接经济损失500万元以上,负事故主要责任的;③其他造成特别严重后果、情节特别恶劣或者后果特别严重的情形。依照该解释第12条、第13条的规定,实施《刑法》第135条规定的犯罪行为,具有下列情形之一的,从重处罚:①未依法取得安全许可证件或者安 12

1 参见2021年1月20日最高人民检察院《关于印发最高人民检察院第二十五批指导性案例的通知》。

全许可证件过期、被暂扣、吊销、注销后从事生产经营活动的;②关闭、破坏必要的安全监控和报警设备的;③已经发现事故隐患,经有关部门或者个人提出后,仍不采取措施的;④一年内曾因危害生产安全违法犯罪活动受过行政处罚或者刑事处罚的;⑤采取弄虚作假、行贿等手段,故意逃避、阻挠负有安全监督管理职责的部门实施监督检查的;⑥安全事故发生后转移财产意图逃避承担责任的;⑦其他从重处罚的情形。实施前述第⑤项规定的行为,同时构成《刑法》第389条规定的犯罪的,依照数罪并罚的规定处罚。在安全事故发生后积极组织、参与事故抢救,或者积极配合调查、主动赔偿损失的,可以酌情从轻处罚。

13 此外,根据最高人民法院、最高人民检察院《关于办理危害生产安全刑事案件适用法律若干问题的解释》第16条的规定,对于实施危害生产安全犯罪适用缓刑的犯罪分子,可以根据犯罪情况,禁止其在缓刑考验期限内从事与安全生产相关联的特定活动;对于被判处刑罚的犯罪分子,可以根据犯罪情况和预防再犯罪的需要,禁止其自刑罚执行完毕之日或者假释之日起3年至5年内从事与安全生产相关的职业。

第一百三十五条之一　大型群众性活动重大安全事故罪

举办大型群众性活动违反安全管理规定，因而发生重大伤亡事故或者造成其他严重后果的，对直接负责的主管人员和其他直接责任人员，处三年以下有期徒刑或者拘役；情节特别恶劣的，处三年以上七年以下有期徒刑。

文献：孟庆华、赵军：《〈刑法修正案(六)〉的理解与适用——举办大型群众性活动重大责任事故罪适用解读》，载《中国检察官》2006 年第 10 期；刘明祥：《〈刑法修正案(六)〉对安全事故犯罪的修改与补充》，载《人民检察》2006 年第 21 期；史丹如：《聚焦重大责任事故型犯罪之修正》，载《中国人民公安大学学报(社会科学版)》2007 年第 5 期；彭新林：《大型群众性活动重大安全事故罪主体疑难问题探讨》，载《天津市政法管理干部学院学报》2008 年第 4 期；刘延军：《体育赛事风险管理若干问题研究》，载《山东体育科技》2015 年第 2 期；李春勇：《我国大型群众性活动安全管理法治化进程的阶段与特点》，载《中国人民公安大学学报(社会科学版)》2016 年第 5 期。

细目录

Ⅰ　主旨
Ⅱ　沿革
Ⅲ　客体
Ⅳ　行为与结果
Ⅴ　主体
Ⅵ　罪过
Ⅶ　处罚

Ⅰ　主旨

随着国家经济发展和人民生活水平的逐步提高，各类群众性文化体育活动广泛开展，但由于一些主办方人员缺乏法律意识和安全意识，不遵守有关的管理规定，或者安全监督不规范，致使一些地方在举办大型群众性活动时发生了重特大安全事故，给人民群众的生命和财产造成重大损失。为维护社会稳定，保障人民群众的生命财产安全，刑法对举办大型群众性活动违反安全管理规定，因而发生重大伤亡事故或者造成其他严重后果的行为，明确规定要追究刑事责任。 1

Ⅱ 沿革

2 我国1979年《刑法》、1997年《刑法》都没有规定针对举办大型群众性活动造成严重后果的犯罪。本条为2006年6月29日第十届全国人民代表大会常务委员会第二十二次会议通过的《刑法修正案(六)》所增设。

Ⅲ 客体

3 本罪的客体是大型群众性活动中,参与活动的不特定多数人的人身安全和财产安全,以及大型群众性活动的组织秩序。

Ⅳ 行为与结果

4 本罪在客观上表现为举办大型群众性活动违反安全管理规定,因而发生重大伤亡事故或者造成其他严重后果。其中,"大型群众性活动",是指以广泛且不特定的社会成员为对象、以一定规模的主题活动为内容、以较大面积的场地为活动空间的社会活动。"违反安全管理规定",是指没有按照国家有关安全管理的法律法规做好安全防护或者施救处理工作或者其他违反安全管理规定的行为。实践中,大型群众性活动的承办人和相关责任人"违反安全管理规定"的行为一般表现为以下几个方面:①未经公安机关或者公安部门批准,擅自举办大型群众性活动或者擅自变更大型群众性活动的时间、地点、内容或者擅自扩大大型群众性活动的举办规模;②对安全设施的管理责任落实不到位,分工不明确;③在大型群众性活动中,发生安全事故后安全责任人不立即启动紧急救援预案或者不立即向公安机关报案,导致事故进一步扩大,造成更多的人员伤亡或者财产损失;等等。根据最高人民法院、最高人民检察院《关于办理危害生产安全刑事案件适用法律若干问题的解释》第6条第1款的规定,"发生重大伤亡事故或者造成其他严重后果",是指下列情形之一:①造成死亡1人以上,或者重伤3人以上的;②造成直接经济损失100万元以上的;③其他造成严重后果或者重大安全事故的情形。

Ⅴ 主体

5 本罪的主体是特殊主体,即对举办大型群众性活动直接负责的主管人员和其他直接责任人员。

Ⅵ 罪过

6 本罪的罪过是过失,即行为人应当预见举办大型群众性活动违反安全管理规定可能发生重大责任事故,因为疏忽大意而没有预见,或者已经预见但轻信可以避免。

Ⅶ 处罚

依照《刑法》第135条之一的规定,犯本罪的,对直接负责的主管人员和其他直接责任人员,处3年以下有期徒刑或者拘役;情节特别恶劣的,处3年以上7年以下有期徒刑。根据最高人民法院、最高人民检察院《关于办理危害生产安全刑事案件适用法律若干问题的解释》第7条第1款的规定,所谓“情节特别恶劣”,是指具有下列情形之一:①造成死亡3人以上或者重伤10人以上,负事故主要责任的;②造成直接经济损失500万元以上,负事故主要责任的;③其他造成特别严重后果、情节特别恶劣或者后果特别严重的情形。依照该解释第12条、第13条的规定,实施《刑法》第135条之一规定的犯罪行为,具有下列情形之一的,从重处罚:①未依法取得安全许可证件或者安全许可证件过期、被暂扣、吊销、注销后从事生产经营活动的;②关闭、破坏必要的安全监控和报警设备的;③已经发现事故隐患,经有关部门或者个人提出后,仍不采取措施的;④一年内曾因危害生产安全违法犯罪活动受过行政处罚或者刑事处罚的;⑤采取弄虚作假、行贿等手段,故意逃避、阻挠负有安全监督管理职责的部门实施监督检查的;⑥安全事故发生后转移财产意图逃避承担责任的;⑦其他从重处罚的情形。实施前述第⑤项规定的行为,同时构成《刑法》第389条规定的犯罪的,依照数罪并罚的规定处罚。在安全事故发生后积极组织、参与事故抢救,或者积极配合调查、主动赔偿损失的,可以酌情从轻处罚。 7

此外,根据最高人民法院、最高人民检察院《关于办理危害生产安全刑事案件适用法律若干问题的解释》第16条的规定,对于实施危害生产安全犯罪适用缓刑的犯罪分子,可以根据犯罪情况,禁止其在缓刑考验期限内从事与安全生产相关联的特定活动;对于被判处刑罚的犯罪分子,可以根据犯罪情况和预防再犯罪的需要,禁止其自刑罚执行完毕之日或者假释之日起3年至5年内从事与安全生产相关的职业。 8

第一百三十六条　危险物品肇事罪

违反爆炸性、易燃性、放射性、毒害性、腐蚀性物品的管理规定，在生产、储存、运输、使用中发生重大事故，造成严重后果的，处三年以下有期徒刑或者拘役；后果特别严重的，处三年以上七年以下有期徒刑。

文献:李文超:《谈谈违反危险物品管理规定肇事罪》,载《劳动保护》1986 年第 2 期;刘志伟:《危险物品肇事罪若干疑难问题新探》,载《山东公安专科学校学报》2001 年第 2 期。

细目录

Ⅰ　主旨
Ⅱ　沿革
Ⅲ　客体
Ⅳ　行为与结果
Ⅴ　主体
Ⅵ　罪过
Ⅶ　认定本罪应当注意的问题
Ⅷ　处罚

Ⅰ　主旨

1　危险物品肇事罪,是指违反爆炸性、易燃性、放射性、毒害性、腐蚀性物品的管理规定,在生产、储存、运输、使用中发生重大事故,造成严重后果的行为。爆炸性、易燃性、放射性、毒害性、腐蚀性物品从其本身的物理、化学特性上看即具有很大的危险性,在一定条件下能引起燃烧、爆炸和导致人体中毒、灼伤、死亡等事故的发生。因此,国家有关主管部门对危险物品的生产、储存、运输、使用有严格的管理规定,违反这些规定很可能造成巨大的人身财产损失。本条规定的内容属于执行职务过程中的职务过失犯罪,系根据《刑法》第 15 条第 2 款"过失犯罪,法律有规定的才负刑事责任"的精神,而在分则条文中作出的具体明确规定。

Ⅱ　沿革

2　我国刑事立法一向重视对危险物品犯罪的规定。1979 年《刑法》第 115 条规定:

“违反爆炸性、易燃性、放射性、毒害性、腐蚀性物品的管理规定,在生产、储存、运输、使用中发生重大事故,造成严重后果的,处三年以下有期徒刑或者拘役;后果特别严重的,处三年以上七年以下有期徒刑。”1997 年修订的《刑法》完全继承了 1979 年《刑法》的规定。

Ⅲ 客体

本罪侵害的客体是社会的公共安全。爆炸性、易燃性、毒害性、腐蚀性物品都属于危险物品,这些物品同公共安全有着密切联系,使用、管理不当,就会发生重大事故,危害不特定或多数人的生命、健康和公私财产安全。本罪的犯罪对象是爆炸性、易燃性、放射性、毒害性、腐蚀性物品。所谓爆炸性物品,包括各种起爆器材(如雷管、导火索等)、起爆药和各种炸药;易燃性物品,是指汽油、液化石油气、酒精、香蕉水、胶片等;放射性物品,是指通过原子核衰变时放出的射线发生伤害作用的物质,如镭、铀、钴、钚等;所谓毒害性物品,是指敌敌畏、敌百虫、砒霜等有毒物品;所谓腐蚀性物品,是指硫酸、硝酸、盐酸等。 3

Ⅳ 行为与结果

本罪在客观上表现为违反爆炸性、易燃性、放射性、毒害性、腐蚀性物品的管理规定,在生产、储存、运输、使用上述物品的过程中发生重大事故,造成严重后果的行为。 4

首先,必须违反爆炸性、易燃性、放射性、毒害性、腐蚀性物品的管理规定。如前所述,爆炸性、易燃性、放射性、毒害性、腐蚀性物品都具有一定的危险性,因此,有关部门制定了一系列的规定对其进行管制,如《民用爆炸物品安全和管理条例》《危险化学品安全管理条例》《放射性同位素与射线装置安全和防护条例》《核材料管理条例》《民用核设施安全监督管理条例》《医疗用毒性药品管理办法》《农药安全使用规定》等,违反这些规定是构成本罪的前提条件。不是违反上述规定的行为,即便造成了严重后果,也不构成本罪。 5

其次,违反上述危险物品管理规定的行为必须发生在生产、储存、运输、使用上述危险物品的过程中。在不同环节,违反危险物品管理规定的行为表现形式是不同的。如在生产方面,主要表现为不按规定要求设置相应的通风、防火、防爆、防毒、监测、报警、降温、防潮、防静电、隔离操作等安全设施;在储存方面,主要表现为不按规定设专人管理,不设置相应的防爆、防压、防火、灭火、报警、调温、防护栏等安全设施;在运输方面,主要表现为客货混装不按规定分运、分卸,不按规定限速行驶,无专人看管等;在使用方面,主要表现为不按规定的剂量、范围、方法使用等。如果不是发生在上述过程中,而是在与生产、储存、运输、使用活动无关的其他场合,即便造成了严重后果,也不构成本罪。 6

最后,必须发生重大事故,造成严重后果。所谓发生重大事故,造成严重后果, 7

一般认为,主要是指发生火灾、爆炸、中毒等事故,造成人员伤亡或者使公私财产遭受重大损失。至于具体标准,法律没有明文规定,目前也没有统一的司法解释。一般认为,可以参考 1987 年 8 月 12 日发布的最高人民法院、最高人民检察院《关于严格依法处理道路交通肇事案件的通知》的精神进行掌握,即人身伤亡标准可掌握在“死亡一人或重伤三人以上”,公私财产的直接损失标准可掌握在 3 万元以上。[1] 笔者认为,因为受爆炸性、易燃性、放射性、腐蚀性物品本身的性质所决定,在其生产等过程中一旦发生事故,所造成的危害是交通肇事罪所不可比拟的,因此,以交通肇事罪中的“发生重大事故”来类比本罪中的“发生重大事故”,显然是不合适的。实际上,就本罪中“重大事故”而言,最高人民法院在 1993 年 10 月 11 日发布的《关于执行〈中华人民共和国铁路法〉中刑事罚则若干问题的解释》第一部分之(二)的规定可以作为参考。该解释是针对《铁路法》第 60 条第 1 款“违反本法规定,携带危险品进站上车或者以非危险品品名托运危险品,导致发生重大事故的,依照刑法第一百一十五条(即 1979 年《刑法》中的‘重大责任事故罪’——笔者注)的规定追究刑事责任”的规定而作出的。该解释明确指出,在因非法携带具有爆炸、易燃、放射、毒害、腐蚀等性质危险品,在运输、装卸和储存、保管过程中,发生爆炸、燃烧、泄漏事件,致人重伤 1 人以上;致人轻伤 3 人以上;造成直接经济损失 1 万元以上;或者造成暂时中断铁路行车等严重后果的时候,就是造成“重大事故”;在有致人死亡或者其他特别严重后果的时候,就是“后果特别严重”。

Ⅴ 主体

8 本罪的主体是一般主体,因此,年满 16 周岁、具有辨认和控制自己行为能力的自然人均可成为本罪的适格主体。从司法实践的情况来看,犯本罪的主要是从事生产、储存、运输、使用爆炸性、易燃性、放射性、毒害性、腐蚀性物品的职工。

Ⅵ 罪过

9 本罪的罪过是过失,包括疏忽大意的过失和过于自信的过失,是对于行为人因违反危险物品管理规定的行为所造成的危险后果而言的。行为人对违反危险物品管理规定本身,则完全可能是持故意态度。

Ⅶ 认定本罪应当注意的问题

10 首先,要划清本罪与重大责任事故罪和强令、组织他人违章冒险作业罪的界限。一般认为,二者的不同主要在于:一是客观要件有所不同。前者表现为违反危

1 参见叶高峰主编:《危害公共安全罪的定罪与量刑》,人民法院出版社 2000 年版,第 435 页;鲍遂献、雷东生:《危害公共安全罪》,中国人民公安大学出版社 2003 年版,第 372 页。

险物品管理规定,在生产、储存、运输、使用特定危险物品过程中,发生重大事故,造成严重后果的行为;后者表现为在生产、作业过程中,不服管理,违反规章制度,或者强令、组织工人违章冒险作业,因而发生重大伤亡事故或者造成其他严重后果等。二是主体不同。前者是一般主体,实践中多是从事生产、储存、运输、使用危险物品的职工;后者是特殊主体,即工厂、矿山、林场、建筑企业或者其他企业、事业单位的职工。但是,生产特定危险物品的企业的职工不服管理,违反规章制度,或者管理人员强令、组织工人违章冒险作业的行为,实际上也是违反危险物品管理规定的行为。在这种情况下,存在本罪的法条和重大责任事故罪的法条之间的竞合问题。由于现行刑法将在生产、储存、运输、使用特定危险物品过程中发生事故的行为单独规定出来,因此,属于特别法条。根据处理法条竞合场合的特别法优于普通法的原则,在行为人的行为既符合本罪的规定,又符合重大责任事故罪规定的场合,对行为人应按本罪处罚。

其次,要划清本罪和非法制造、买卖、运输、邮寄、储存枪支、弹药、爆炸物罪的界限。二者虽然在客观上都有运输爆炸物的行为,但仍存在区别。第一,前者运输爆炸物是合法的行为,只是在运输过程中违反危险物品管理规定,导致发生事故;后者运输爆炸物则是违反法律规定的犯罪行为。第二,前者为过失犯罪,后者为故意犯罪。第三,前者实施的运输爆炸物的行为必须造成了严重后果才能构成犯罪;而非法运输爆炸物的行为,只要一经实施,即构成犯罪,不要求实际发生严重后果。 11

Ⅷ　处罚

依照《刑法》第 136 条的规定,犯本罪的,处 3 年以下有期徒刑或者拘役;后果特别严重的,处 3 年以上 7 年以下有期徒刑。根据最高人民法院、最高人民检察院《关于办理危害生产安全刑事案件适用法律若干问题的解释》第 7 条第 1 款的规定,所谓“后果特别严重”,是指具有下列情形之一:①造成死亡 3 人以上或者重伤 10 人以上,负事故主要责任的;②造成直接经济损失 500 万元以上,负事故主要责任的;③其他造成特别严重后果、情节特别恶劣或者后果特别严重的情形。根据该解释第 12 条、第 13 条的规定,实施《刑法》第 136 条规定的犯罪行为,具有下列情形之一的,从重处罚:①未依法取得安全许可证件或者安全许可证件过期、被暂扣、吊销、注销后从事生产经营活动的;②关闭、破坏必要的安全监控和报警设备的;③已经发现事故隐患,经有关部门或者个人提出后,仍不采取措施的;④一年内曾因危害生产安全违法犯罪活动受过行政处罚或者刑事处罚的;⑤采取弄虚作假、行贿等手段,故意逃避、阻挠负有安全监督管理职责的部门实施监督检查的;⑥安全事故发生后转移财产意图逃避承担责任的;⑦其他从重处罚的情形。实施前述第⑤项规定的行为,同时构成《刑法》第 389 条规定的犯罪的,依照数罪并罚的规定处罚。在安全事故发生后积极组织、参与事故抢救,或者积极配合调查、主动赔偿损失的,可以酌情从轻处罚。 12

13 此外,根据最高人民法院、最高人民检察院《关于办理危害生产安全刑事案件适用法律若干问题的解释》第16条的规定,对于实施危害生产安全犯罪适用缓刑的犯罪分子,可以根据犯罪情况,禁止其在缓刑考验期限内从事与安全生产相关联的特定活动;对于被判处刑罚的犯罪分子,可以根据犯罪情况和预防再犯罪的需要,禁止其自刑罚执行完毕之日或者假释之日起3年至5年内从事与安全生产相关的职业。

第一百三十七条　工程重大安全事故罪

建筑单位、设计单位、施工单位、工程监理单位违反国家规定，降低工程质量标准，造成重大安全事故的，对直接责任人员，处五年以下有期徒刑或者拘役，并处罚金；后果特别严重的，处五年以上十年以下有期徒刑，并处罚金。

文献:钟晓航、郎立新:《立法有缺陷“豆腐渣”工程逃之夭夭——“工程重大安全事故罪”在立法上的缺陷》,载《中国律师》2000 年第 4 期;毕志强:《工程重大安全事故罪之探析》,载《国家检察官学院学报》2001 年第 4 期;刘志伟、王晶:《工程重大安全事故罪构成要件中的疑难问题》,载《中国刑事法杂志》2001 年第 6 期;沈新康、曹坚:《论工程重大安全事故罪的若干疑难问题》,载《华东政法学院学报》2004 年第 1 期;邓君韬:《隔时过失犯追诉时效之起算探讨——从 5·12 震后重大工程质量问题切入》,载《中国刑事法杂志》2009 年第 2 期;孟庆鹏、刘飞:《工程重大安全事故罪的主体范围探析》,载《沈阳建筑大学学报(社会科学版)》2010 年第 1 期;曲新久:《从“身份”到行为——工程重大安全事故罪的一个解释问题》,载《人民检察》2011 年第 17 期。

细目录

Ⅰ　主旨
Ⅱ　沿革
Ⅲ　客体
Ⅳ　行为与结果
Ⅴ　主体
Ⅵ　罪过
Ⅶ　与他罪的区别
Ⅷ　处罚

Ⅰ　主旨

工程重大安全事故罪,是指建设单位、设计单位、施工单位、工程监理单位违反国家规定,降低工程质量标准,造成重大安全事故的行为。工程项目事关人民生命、财产安全,在建筑过程中如有偷工减料、降低工程质量标准或者使用不合格的建筑材料,就会导致楼房倒塌、桥梁断裂、铁路坍塌等重大事故,使人民的生命安全和公私财 1

产遭受重大损失,严重危害公共安全。为此,刑法将该行为规定为犯罪。

Ⅱ　沿革

2　1979 年《刑法》以及其他单行法规中都没有规定本罪,本罪是 1997 年修订刑法时新设的罪名。

Ⅲ　客体

3　本罪侵犯的客体是国家对建筑工程的管理制度和社会的公共安全。每一项建筑工程的成果都与人们的生活、工作密切相关,不符合工程质量标准的建筑对人们的生命、健康和财产安全是极大的危险,一旦发生倒塌、断裂等事故,不仅会给国家、集体和个人带来巨大的经济损失,还会严重危害广大人民群众的人身和财产安全。

Ⅳ　行为与结果

4　本罪在客观上表现为违反国家规定,降低工程质量标准,造成重大安全事故的行为。

5　首先,必须具有违反国家规定,降低工程质量的行为。所谓违反国家规定,是指违反国家有关建筑工程质量监督管理方面的法律规定。建设单位的违规行为主要有两种情况:一是要求设计单位或者施工单位压缩工程造价或增加建房的层数,从而降低工程质量;二是提供不合格的建筑材料、构配件和设备,强迫施工单位使用,从而造成工程质量下降。设计单位的违规行为主要表现为不按质量标准进行设计。施工单位的违规行为主要表现为三种情况:一是在施工中偷工减料,故意使用不合格的建筑材料、构配件和设备;二是不按设计图纸施工;三是不按施工技术标准施工。工程监理单位的违规行为主要表现为对工程质量不严格把关或者对发现的建筑工程质量安全隐患不及时指出,疏于监督。

6　其次,必须造成重大安全事故。所谓重大安全事故,通常认为,是指因工程质量下降,导致建筑工程坍塌,致人重伤、死亡或者造成重大经济损失的情况。关于重大事故的标准,按照 1989 年 11 月 30 日最高人民检察院印发的《人民检察院直接受理的侵犯公民民主权利人身权利和渎职案件立案标准的规定》的规定,一般是指死亡 1 人以上,或者致人重伤 3 人以上;或者直接经济损失在 5 万元以上的;直接经济损失虽然不足规定数额,但是情节严重,使生产、工作受到重大损失的,也可以认定为重大事故。

Ⅴ　主体

7　本罪的主体是特殊主体,即建设单位、设计单位、施工单位、工程监理单位。所谓“建设单位”是指建筑物的所有人或者使用人;所谓“设计单位”是指专门承担对建筑工程进行勘察设计任务的单位；所谓“施工单位”是指根据建设单位的要求和设计单位的要求，承担具体施工任务的单位；所谓“工程监理单位”是指对建筑工程进行监督管理，以保证质量、安全的单位。其他单位不能成为本罪的主体。

Ⅵ 罪过

本罪的罪过是过失，即建设单位、设计单位、施工单位、工程监理单位的直接责任人员应当预见到违反国家规定，降低工程质量会发生严重后果，但由于疏忽大意没有预见或已经预见但轻信能够避免以致发生了严重后果的心理态度。换句话说，这里所说的过失，是就行为人对其所造成的危害结果的心理态度而言的，行为人对于违反国家规定，则完全可能是明知故犯。 8

Ⅶ 与他罪的区别

要注意本罪与重大责任事故罪和强令、组织他人违章冒险作业罪的区别。二者的主要区别在于：一是犯罪主体不同。前者的主体是建设单位、设计单位、施工单位、工程监理单位，属于单位犯罪；后者的主体是企业、事业单位的职工，属于自然人犯罪。二是客观方面的表现不同。前者是因降低工程质量标准而造成重大安全事故，工程质量与事故之间具有密不可分的联系；后者则表现为不服从管理，违反规章制度，或者强令、组织他人违章冒险作业而造成的事故，事故的发生与工程质量本身无关。 9

Ⅷ 处罚

依照《刑法》第 137 条的规定，犯本罪的，对直接责任人员，处 5 年以下有期徒刑或者拘役，并处罚金；后果特别严重的，处 5 年以上 10 年以下有期徒刑，并处罚金。根据最高人民法院、最高人民检察院《关于办理危害生产安全刑事案件适用法律若干问题的解释》第 7 条第 1 款的规定，所谓后果特别严重，是指具有下列情形之一：①造成死亡 3 人以上或者重伤 10 人以上，负事故主要责任的；②造成直接经济损失 500 万元以上，负事故主要责任的；③其他造成特别严重后果、情节特别恶劣或者后果特别严重的情形。依照该解释第 12 条、第 13 条规定，实施《刑法》第 137 条规定的犯罪行为，具有下列情形之一的，从重处罚：①未依法取得安全许可证件或者安全许可证件过期、被暂扣、吊销、注销后从事生产经营活动的；②关闭、破坏必要的安全监控和报警设备的；③已经发现事故隐患，经有关部门或者个人提出后，仍不采取措施的；④一年内曾因危害生产安全违法犯罪活动受过行政处罚或者刑事处罚的；⑤采取弄虚作假、行贿等手段，故意逃避、阻挠负有安全监督管理职责的部门实施监督检查的；⑥安全事故发生后转移财产意图逃避承担责任的；⑦其他从重处罚的情形。实施前述第⑤项规定的行为，同时构成《刑法》第 389 条规定的犯罪的，依照数罪并罚的规定 10

处罚。在安全事故发生后积极组织、参与事故抢救,或者积极配合调查、主动赔偿损失的,可以酌情从轻处罚。

11 最高人民法院、最高人民检察院《关于办理危害生产安全刑事案件适用法律若干问题的解释》第16条还规定,对于实施危害生产安全犯罪适用缓刑的犯罪分子,可以根据犯罪情况,禁止其在缓刑考验期限内从事与安全生产相关联的特定活动;对于被判处刑罚的犯罪分子,可以根据犯罪情况和预防再犯罪的需要,禁止其自刑罚执行完毕之日或者假释之日起3年至5年内从事与安全生产相关的职业。

第一百三十八条　教育设施重大安全事故罪

明知校舍或者教育教学设施有危险，而不采取措施或者不及时报告，致使发生重大伤亡事故的，对直接责任人员，处三年以下有期徒刑或者拘役；后果特别严重的，处三年以上七年以下有期徒刑。

文献：苏哲：《教育设施重大安全事故罪》，载《江苏公安专科学校学报》1999年第1期；赵秉志、刘志伟：《教育设施重大安全事故罪客观要件中的疑难问题研讨》，载《法商研究》2001年第1期；卢苇扬：《教育设施重大安全事故罪的构成与防范》，载《江西教育科研》2002年Z1期；刘志伟、李晖：《教育设施重大安全事故罪的主体及其主观方面探讨》，载《山东公安专科学校学报》2002年第1期；刘霞：《教育设施重大安全事故罪之解读——一个实证的分析》，载《长沙大学学报》2006年第4期；刘昂、滕键：《教育设施重大安全事故罪之认定》，载《人民检察》2008年第15期；周芳：《论教育设施重大安全事故罪的注意义务——兼论该罪犯罪圈的合理界定》，载《思想战线》2015年第4期。

细目录

Ⅰ　主旨
Ⅱ　沿革
Ⅲ　客体
Ⅳ　行为与结果
Ⅴ　主体
Ⅵ　罪过
Ⅶ　处罚

Ⅰ　主旨

教育设施重大安全事故罪，是指明知校舍或者教育教学设施有危险，而不采取措施或者不及时报告，致使发生重大伤亡事故的行为。校舍是教育活动的空间载体，一旦发生事故，很容易造成师生重大伤亡。这就要求学校领导及其他责任人员，采取措施，履行义务，保证师生安全。不顾师生安危、玩忽职守的行为，严重危害教学安全和广大师生的生命健康，理应受到严惩。 1

Ⅱ　沿革

2　1979年《刑法》没有规定这一罪名。1995年3月18日通过的《教育法》第73条规定,明知校舍或者教育教学设施有危险,而不采取措施,造成人员伤亡或者重大财产损失的,对直接负责的主管人员和其他直接责任人员,依法追究刑事责任。但是,这一规定尚不够明确,没有说明应当依照刑法的哪条规定来追究刑事责任。1997年《刑法》在适当吸收、补充教育法上述规定的基础上,规定了本罪。

Ⅲ　客体

3　本罪的客体是教育教学安全。教育教学安全也是公共安全的一部分,涉及不特定或者多数人的生命、健康和重大公私财产的安全。校舍和教育教学设施是师生进行日常生活、开展教学活动的场所和工具,一旦发生危险,就会使公共财产及不特定或多数人的人身遭受损害,影响正常的教学秩序和公共安全。为了保障正常教学秩序和教学安全,学校员工必须经常注意检查校舍、教育教学设施的使用情况,并对发现的问题及时采取防止措施或及时向上报告。

Ⅳ　行为与结果

4　本罪在客观上表现为明知校舍或者教育教学设施有危险,而不采取措施或者不及时报告,致使发生重大伤亡事故的行为。具体来说,包括以下三个方面的要素:首先,行为人明知校舍或者教育教学设施有倒塌、毁坏等危险。所谓"明知",就是知道或应当知道。在判断行为人是否"应当知道"的时候,应当以校舍或者教育教学设施的具体情况为标准,以一般人的认识程度为标准,结合行为人的认识能力进行判断。如果只有专家才能认识到某校舍或教育教学设施具有倒塌危险,而一般人根本不可能认识到这一点,就不能断定行为人"应当知道"。所谓"校舍",是指各类学校及教育机构的教室、教学楼、行政办公室、图书馆、宿舍等。所谓"教育教学设施",是指用于教育教学的各种设施、设备,如实验室、实验设备、体育器械等。其次,不采取措施或不及时报告,即行为人在知道校舍或者教育教学设施存在倒塌、毁坏的危险之后,有义务组织力量,对危险校舍或设施进行维修改造,或者及时报告当地政府和教育行政部门,防止事故发生,而行为人却没有履行这一职责。因此,本罪是不作为犯。最后,致使发生重大伤亡事故,即行为人由于没有采取措施或没有及时报告而导致人员伤亡的后果。所谓重大伤亡事故,根据有关规定和司法实践的经验,一般认为,是指死亡1人以上,或者重伤3人以上。

Ⅴ　主体

5　本罪的主体是特殊主体,即对校舍或者教育教学设施负有管理、维修义务的直接人员,包括学校领导、负责学校后勤维修工作的职工等。各级人民政府中分管教育的领导和有关教育行政部门的领导,在接到有关人员的报告之后,不采取任何措施,以致出现重大伤亡事故的,也属于“明知校舍或者教育教学设施有危险,而不采取措施”的情况,对该领导人员应以本罪追究其刑事责任。

Ⅵ 罪过

本罪的罪过为过失。由于行为人对校舍或教育教学设施存在危险的事实有认 6
识,因此,本罪在主观上只能是出于过于自信的过失,即已经预见到自己的对具有危险的校舍或者教育教学设施不采取措施或者不及时报告的行为,有可能发生重大伤亡事故的后果,却轻信能够避免,以致发生了该种结果的心理态度。如果行为人主观上对发生重大伤亡事故的结果持希望或放任的态度,则不能以本罪处罚。

Ⅶ 处罚

根据《刑法》第 138 条的规定,犯本罪的,对直接责任人员,处 3 年以下有期徒刑 7
或者拘役;后果特别严重的,处 3 年以上 7 年以下有期徒刑。根据 2015 年 12 月 14 日最高人民法院、最高人民检察院《关于办理危害生产安全刑事案件适用法律若干问题的解释》第 6 条第 4 款的规定,实施《刑法》第 138 条规定的行为,因而发生安全事故,造成 1 人以上死亡或者 3 人以上重伤的,或者造成直接经济损失 100 万元以上的,应当认定为“发生重大伤亡事故”,对直接责任人员,处 3 年以下有期徒刑或者拘役。该解释第 7 条第 4 款进一步明确,实施《刑法》第 138 条规定的行为,因而发生安全事故,造成 3 人以上死亡或 10 人以上重伤,且负事故主要责任的,或者造成 1 人以上死亡或者 3 人以上重伤,同时造成直接经济损失 500 万元以上并负事故主要责任的,或者造成 1 人以上死亡或者 3 人以上重伤,同时造成恶劣社会影响的,对直接责任人员,处 3 年以上 7 年以下有期徒刑。

第一百三十九条　消防责任事故罪

违反消防管理法规，经消防监督机构通知采取改正措施而拒绝执行，造成严重后果的，对直接责任人员，处三年以下有期徒刑或者拘役；后果特别严重的，处三年以上七年以下有期徒刑。

文献:吴元智:《办理失火案和消防责任事故案应注意的几个问题》,载《云南消防》2000年第6期;于慎鸿、王永亮:《关于消防责任事故罪的思考》,载《河南消防》2001年第12期;孙蓉:《浅析消防责任事故罪的构成与认定》,载《西南民族学院学报(哲学社会科学版)》2003年第5期;孟庆华、王瑛杰:《消防责任事故罪构成要件探讨》,载《武警学院学报》2005年第6期;叶青锐:《消防责任事故罪立法缺陷探讨》,载《河南社会科学》2009年第5期;林亚刚、任彦君:《论消防责任事故罪的若干问题》,载《公民与法(法学版)》2009年第6期;吴林生:《消防责任事故罪与相邻事故犯罪之区别和竞合问题》,载《中国检察官》2010年第3期;白凤领、洪卫栋:《消防责任事故罪客观要件辨析》,载《武警学院学报》2010年第12期;贺江波:《消防责任事故罪与相邻事故犯罪之区别与界定》,载《武警学院学报》2011年第4期;刘茂华:《消防责任事故罪主观方面分析》,载《武警学院学报》2016年第7期。

细目录

Ⅰ　主旨
Ⅱ　沿革
Ⅲ　客体
Ⅳ　行为与结果
Ⅴ　主体
Ⅵ　罪过
Ⅶ　与他罪的区别
Ⅷ　处罚

Ⅰ　主旨

1　消防责任事故罪,是指违反消防管理法规,经消防监督机构通知采取改正措施而拒绝执行,造成严重后果的行为。在现代城镇中,重大火灾时有发生,使人民的生命和公私财产遭受不应有的损失。诱发火灾的一条重要原因就是不遵守消防部门的规定和指示,忽视防火要求。因此,为了落实有关防止火灾的规定和制度,保障人民群众的生命、财产安全,立法机关便在刑法中增设了消防责任事故罪,以刑罚的手段对违反消防制度、造成严重后果的行为进行制裁。

Ⅱ 沿革

1979 年《刑法》没有规定本罪。全国人大常委会于 1984 年 5 月 13 日公布的《消防条例》第 30 条明确规定:“违反本条例规定,经消防监督机构通知采取改正措施而拒绝执行……造成火灾的,对有关责任人员依法追究刑事责任……”但是,一般认为,这条规定的内容比较笼统,难以把握。针对这种情况,1997 年《刑法》在前述有关内容的基础上,规定了消防责任事故罪。 2

Ⅲ 客体

本罪的客体是国家的消防监督制度和公共安全。随着城市建设的迅猛发展,加强防火设施的建设,保证生产用火、生活用火安全的消防监督制度便显得十分重要。为此,我国专门制定了《消防法》《消防监督程序规定》等法律法规,对消防工作领导机构、工作程序和要求等都作了明确的规定,并要求每个单位和公民都必须严格遵守消防法规,认真搞好消防工作,及时消除火灾隐患。消防责任事故罪就是违反消防法规,造成严重后果的行为,因此,本罪侵害的直接客体是国家的消防监督制度。通过强化消防监督制度,为公共安全提供可靠的保障。 3

Ⅳ 行为与结果

本罪在客观上表现为违反消防管理法规,经消防监督机构通知采取改正措施而拒绝执行,造成严重后果的行为。具体而言包括以下三个方面的内容:首先,具有违反消防管理法规的行为,即有违反《消防法》《消防监督程序规定》《高层居民住宅楼防火管理规则》等法律法规的行为。其次,经消防监督机构通知采取改正措施而拒绝执行。所谓消防监督机构,是指根据有关法律、法规建立的专门负责消防监督检查工作的机构,如消防局等。消防机构在组织防火检查中,对发现的问题应当提出改进意见,发现重大火灾隐患,应当及时向有关部门、单位发出《火险隐患整改通知书》,有关单位、部门必须立即采取措施,消除火灾隐患。因此,如果行为人只是违反了消防管理法规,而没有接到过消防监督机构采取改正措施的通知书,则即便发生了严重火灾,也不构成本罪。最后,必须造成严重后果,即发生火灾,造成人员重伤、死亡或者使公私财产遭受重大损失。关于本罪中严重后果的认定标准,法律没有明文规定,目前也没有相应的司法解释,一般认为,与工程重大安全事故罪的场合一样,是指死亡 1 人以上,或者重伤 3 人以上;或者造成的直接经济损失在 5 万元以上;或者直接经济损失虽然不足 5 万元,但是情节严重,使生产、工作受到重大损失的场合。 4

V 主体

5 本罪的主体是一般主体,即已满16周岁、具有辨认和控制自己行为能力的自然人。实践中通常是负有防火安全职责的单位负责人。

VI 罪过

6 本罪的罪过为过失,这里所说的过失,是就行为人对其所造成的危害结果的心理态度而言的。但是,就违反消防管理法规,拒绝执行消防监督机构通知采取改正措施的行为而言,行为人完全可能是明知故犯。因此,本罪中所说的过失,是指行为人已经预见到自己违反消防管理法规的行为会造成严重后果,但由于轻信能够避免以致发生该种结果的心理态度。

VII 与他罪的区别

7 应当划清本罪和失火罪的界限。二者的区别主要在于:一是犯罪主体不同。前者的主体主要是企业、事业单位中负有防火安全职责的单位负责人;后者则是一般人。二是客观表现形式不同。前者是行为人违反消防管理法规,经消防监督机构通知采取改正措施而拒绝执行,造成严重后果的行为;后者则是过失引起火灾,造成严重后果的行为。但是,如果过失引起火灾具有前者的特征,即拒绝采取改正措施而导致火灾的情形,就应按本罪处理。

VIII 处罚

8 依照《刑法》第139条的规定,犯本罪的,对直接责任人员,处3年以下有期徒刑或者拘役;后果特别严重的,处3年以上7年以下有期徒刑。根据最高人民法院、最高人民检察院《关于办理危害生产安全刑事案件适用法律若干问题的解释》第7条第1款规定,所谓后果特别严重,是指具有下列情形之一:①造成死亡3人以上或者重伤10人以上,负事故主要责任的;②造成直接经济损失500万元以上,负事故主要责任的;③其他造成特别严重后果、情节特别恶劣或者后果特别严重的情形。依照该司法解释第12条、第13条的规定,实施《刑法》第139条规定的犯罪行为,具有下列情形之一的,从重处罚:①未依法取得安全许可证件或者安全许可证件过期、被暂扣、吊销、注销后从事生产经营活动的;②关闭、破坏必要的安全监控和报警设备的;③已经发现事故隐患,经有关部门或者个人提出后,仍不采取措施的;④一年内曾因危害生产安全违法犯罪活动受过行政处罚或者刑事处罚的;⑤采取弄虚作假、行贿等手段,故意逃避、阻挠负有安全监督管理职责的部门实施监督检查的;⑥安全事故发生后转移财产意图逃避承担责任的;⑦其他从重处罚的情形。实施前述第⑤项规定的行为,同时构成《刑法》第389条规定的犯罪的,依照数罪并罚的规定处罚。在安全事故发生后积极组织、参与事故抢救,或者积极配合调查、主动赔偿损失的,可以酌情从轻处罚。

此外,根据最高人民法院、最高人民检察院《关于办理危害生产安全刑事案件适用法律若干问题的解释》第16条的规定,对于实施危害生产安全犯罪适用缓刑的犯罪分子,可以根据犯罪情况,禁止其在缓刑考验期限内从事与安全生产相关联的特定活动;对于被判处刑罚的犯罪分子,可以根据犯罪情况和预防再犯罪的需要,禁止其自刑罚执行完毕之日或者假释之日起3年至5年内从事与安全生产相关的职业。 9

第一百三十九条之一　不报、谎报安全事故罪

在安全事故发生后，负有报告职责的人员不报或者谎报事故情况，贻误事故抢救，情节严重的，处三年以下有期徒刑或者拘役；情节特别严重的，处三年以上七年以下有期徒刑。

文献：刘志伟、侯庆奇：《不报、谎报安全事故罪立法的研析》，载《中国刑事法杂志》2007年第6期；彭辅顺：《关于不报、谎报安全事故罪的几点思考》，载《东北大学学报(社会科学版)》2008年第5期；刘雪梅：《不报、谎报安全事故罪研究》，载《中南林业科技大学学报(社会科学版)》2008年第6期；孙宝民、李环宇：《不报谎报安全事故罪疑难问题探析》，载《人民检察》2008年第21期；高秀东：《不报、谎报安全事故罪的共犯研究》，载《中国刑事法杂志》2009年第5期。

细目录

Ⅰ　主旨
Ⅱ　沿革
Ⅲ　客体
Ⅳ　行为
Ⅴ　主体
Ⅵ　罪过
Ⅶ　处罚

Ⅰ　主旨

1　随着我国经济的迅猛发展，生产领域的安全生产事故频频发生，一些生产经营单位无视国家法律，无视政府监管，无视劳动者的生命安全，违反有关安全管理的规定进行生产、作业，有的根本不具备基本的安全生产条件、安全生产设施，导致安全生产事故屡屡发生。更有甚者，一些事故单位的负责人和对安全事故负有监督管理职责的人员，在事故发生后，出于种种个人私利的考虑，弄虚作假、隐瞒不报或者谎报事故情况，使得本来可以避免的人员伤亡、财产损失未能避免，造成损失进一步扩大。为了严惩这种无视生命的行为，刑法将其规定为犯罪予以刑罚处罚。

Ⅱ　沿革

2　1979年《刑法》和1997年《刑法》均未规定本罪。本条是2006年6月29日第

十届全国人民代表大会常务委员会第二十二次会议通过的《刑法修正案(六)》新增加的规定。

Ⅲ 客体

本罪的客体是国家的安全事故监督制度、安全事故救济制度和与之有关的公共安全。在安全事故发生之后,及时、有效、全力地救援是将事故的损失降至最低所必须具备的条件。为此,我国专门制定了《安全生产法》等法律法规,对事故的等级及上报、救援制度都作了非常严密的规定。行为人如果出于私利,不报、谎报安全事故,不仅破坏了国家的安全事故监督制度、安全事故救援制度,而且将安全事故中的受害者置于得不到及时、有效、全力救援的危险境地。 3

Ⅳ 行为

本罪在客观上表现为,在安全事故发生后,负有报告职责的人员不报或者谎报事故情况,贻误事故抢救,情节严重。具体而言,包括以下内容: 4

首先,必须是在安全事故发生之后,这是成立本罪的前提条件。安全事故虽已发生,但已失去抢救时机,不可能对事故中的人员或财产施救,避免损害的进一步扩大,就不能认定为本罪。这里的"安全事故"没有限定,除了生产、作业安全事故,大型群众性活动安全事故,工程安全事故,劳动安全事故,危险品安全事故,教育设施安全事故,消防安全事故等外,还应包括食品安全事故、药品安全事故、公共卫生安全事故和重大环境污染事故等其他安全事故。 5

其次,必须是不报或者谎报事故情况。所谓"不报",是指安全事故发生后,根本不向上级有关部门报告事故情况,或者故意隐瞒事故情况不报告。所谓"谎报",是指安全事故发生后,向上级有关部门报告了事故情况,但没有如实报告,既包括报告安全事故情况不真实,如对人员伤亡或财产损失的报告不真实等,也包括报告事故情况不全面,即故意隐瞒安全事故部分情况不报告。只报告了安全事故的部分情况而没有报告事故的全部情况应属于谎报,而不属于不报。上述"不报"和"谎报"两种行为,只要具备其中之一,即可构成本罪。报告的内容具体包括:事故发生单位概况,事故发生的时间、地点以及事故现场情况,事故的简要经过,事故已经造成或者可能造成的伤亡人数(包括下落不明的人数)和初步估计的经济损失,已经采取的措施,其他应当报告的情况。 6

再次,必须贻误了事故抢救。贻误事故抢救是指安全事故发生后,还可以对事故进行抢救,避免事故后果进一步扩大,但因不报或者谎报事故情况,失去了有效抢救时机,导致事故后果的进一步扩大。当然,不报或者谎报事故情况的行为与贻误事故抢救之间必须具有相当因果关系。如果贻误事故抢救不是由于有关责任人员不报或者谎报事故情况引起的,而是由于有关负责人漠不关心或抢救不当、抢救不力等原因 7

导致的,则不构成本罪。谎报行为与贻误事故抢救之间的因果关系得到司法机关的格外重视。最高人民检察院在检例第96号“黄某某等人重大责任事故、谎报安全事故案”中特别指出:“只有谎报事故的行为造成贻误事故抢救的后果,即造成事故后果扩大或致使不能及时有效开展事故抢救,才可能构成本罪。如果事故已经完成抢救,或者没有抢救时机(危害结果不可能加重或扩大),则不构成本罪。”[1]

8 最后,必须情节严重。参照最高人民法院、最高人民检察院《关于办理危害生产安全刑事案件适用法律若干问题的解释》第8条第1款的规定,具有以下情节的,可以视为“情节严重”:①导致事故后果扩大,增加死亡1人以上,或者增加重伤3人以上,或者增加直接经济损失100万元以上的。②实施下列行为之一,致使不能及时有效开展事故抢救的:第一,决定不报、迟报、谎报事故情况或者指使、串通有关人员不报、迟报、谎报事故情况的;第二,在事故抢救期间擅离职守或者逃匿的;第三,伪造、破坏事故现场,或者转移、藏匿、毁灭遇难人员尸体,或者转移、藏匿受伤人员的;第四,毁灭、伪造、隐匿与事故有关的图纸、记录、计算机数据等资料以及其他证据的。③其他情节严重的情形。

Ⅴ 主体

9 本罪的主体是特殊主体,即“负有报告职责的人员”。根据最高人民法院、最高人民检察院《关于办理危害生产安全刑事案件适用法律若干问题的解释》第4条的规定,负有报告职责的人员,是指负有组织、指挥或者管理职责的负责人、管理人员、实际控制人、投资人,以及其他负有报告职责的人员。

Ⅵ 罪过

10 本罪的罪过为故意,即安全事故发生之后,负有报告职责的人员明知不报或者谎报事故实情的行为会贻误抢救时机,仍然希望或者放任这一结果的发生。

Ⅶ 处罚

11 依照《刑法》第139条之一的规定,犯本罪的,处3年以下有期徒刑或者拘役;情节特别严重的,处3年以上7年以下有期徒刑。根据最高人民法院、最高人民检察院《关于办理危害生产安全刑事案件适用法律若干问题的解释》第8条第2款的规定,“情节特别严重”是指具有下列情形之一:①导致事故后果扩大,增加死亡3人以上,或者增加重伤10人以上,或者增加直接经济损失500万元以上的;②采用暴力、胁迫、命令等方式阻止他人报告事故情况,导致事故后果扩大的;③其他情节特别严

1　参见2021年1月20日最高人民检察院《关于印发最高人民检察院第二十五批指导性案例的通知》。

重的情形。根据该司法解释第9条、第10条的规定,在安全事故发生后,与负有报告职责的人员串通,不报或者谎报事故情况,贻误事故抢救,情节严重的,以本罪的共犯论处。在安全事故发生后,直接负责的主管人员和其他直接责任人员故意阻挠开展抢救,导致人员死亡或者重伤,或者为了逃避法律追究,对被害人进行隐藏、遗弃,致使被害人因无法得到救助而死亡或者重度残疾的,分别依照《刑法》第232条、第234条的规定,以故意杀人罪或者故意伤害罪定罪处罚。

依照最高人民法院、最高人民检察院《关于办理危害生产安全刑事案件适用法律若干问题的解释》第12条、第13条的规定,实施《刑法》第139条之一规定的犯罪行为,具有下列情形之一的,从重处罚:①未依法取得安全许可证件或者安全许可证件过期、被暂扣、吊销、注销后从事生产经营活动的;②关闭、破坏必要的安全监控和报警设备的;③已经发现事故隐患,经有关部门或者个人提出后,仍不采取措施的;④一年内曾因危害生产安全违法犯罪活动受过行政处罚或者刑事处罚的;⑤采取弄虚作假、行贿等手段,故意逃避、阻挠负有安全监督管理职责的部门实施监督检查的;⑥安全事故发生后转移财产意图逃避承担责任的;⑦其他从重处罚的情形。实施前述第⑤项规定的行为,同时构成《刑法》第389条规定的犯罪的,依照数罪并罚的规定处罚。在安全事故发生后积极组织、参与事故抢救,或者积极配合调查、主动赔偿损失的,可以酌情从轻处罚。 12

此外,根据最高人民法院、最高人民检察院《关于办理危害生产安全刑事案件适用法律若干问题的解释》第16条的规定,对于实施危害生产安全犯罪适用缓刑的犯罪分子,可以根据犯罪情况,禁止其在缓刑考验期限内从事与安全生产相关联的特定活动;对于被判处刑罚的犯罪分子,可以根据犯罪情况和预防再犯罪的需要,禁止其自刑罚执行完毕之日或者假释之日起3年至5年内从事与安全生产相关的职业。 13

第三章　破坏社会主义市场经济秩序罪

前　注

文献:马克昌主编:《经济犯罪新论》,武汉大学出版社 1998 年版;陈正云主编:《经济犯罪的理论与司法适用》,中国方正出版社 1998 年版;宋晓峰主编:《金融犯罪的界限与认定处理》,中国方正出版社 1998 年版;黄京平主编:《破坏市场经济秩序罪研究》,中国人民大学出版社 1999 年版;高铭暄主编:《新型经济犯罪研究》,中国方正出版社 2000 年版;赵秉志主编:《新千年刑法热点问题研究与适用》,中国检察出版社 2001 年版;张明楷:《诈骗罪与金融诈骗罪研究》,清华大学出版社 2006 年版;陈兴良主编:《罪名指南》(第 2 版),中国人民大学出版社 2008 年版;全国人大常委会法制工作委员会刑法室编:《〈中华人民共和国刑法〉条文说明、立法理由及相关规定》,北京大学出版社 2009 年版;赵秉志主编:《刑法学各论研究述评(1978—2008)》,北京师范大学出版社 2009 年版;周光权主编:《刑法历次修正案权威解读》,中国人民大学出版社 2011 年版;张明楷:《刑法分则的解释原理》(第 2 版),中国人民大学出版社 2011 年版;高铭暄:《中华人民共和国刑法的孕育诞生和发展完善》,北京大学出版社 2012 年版;王作富主编:《刑法分则实务研究》(第 5 版),中国方正出版社 2013 年版;马克昌主编:《百罪通论》(上卷),北京大学出版社 2014 年版;赵秉志主编:《防治金融欺诈——基于刑事一体化的研究》,中国法制出版社 2014 年版;陈兴良主编:《刑法各论精释》(下),人民法院出版社 2015 年版;张军主编:《刑法[分则]及配套规定新释新解》,人民法院出版社 2016 年版。刘仁文、刘淼:《破坏社会主义市场经济秩序罪若干问题探讨》,载《中国法学》1997 年第 4 期;张国轩:《经济犯罪、商业犯罪、财产犯罪的罪刑关系研究》,载《政治与法律》2003 年第 2 期;陈洪兵:《试析经济犯罪中的法规竞合》,载《政治与法律》2003 年第 2 期;吕途、杨贺男:《破坏社会主义市场经济秩序罪之罪名梳理与划分》,载《政治与法律》2009 年第 8 期;顾肖荣、陈玲:《必须防范金融刑事立法的过度扩张》,载《法学》2011 年第 6 期。

细目录

Ⅰ　主旨
Ⅱ　沿革
Ⅲ　构成特征

Ⅰ　主旨

1　刑法规定本章的犯罪,是为了保护社会主义市场经济秩序。《宪法》第 15 条规定:“国家实行社会主义市场经济。国家加强经济立法,完善宏观调控。国家依法禁止任何组织或者个人扰乱社会经济秩序。”本章就是对社会主义市场经济秩序刑法保护的具体体现。从本章各节的设置来看,社会主义市场经济秩序主要包括商品的生产、流通秩序,对外贸易秩序,对公司、企业的管理秩序,税收征管秩序以及市场活动秩序,等等。

Ⅱ 沿革

本章共 110 个罪名(含骗购外汇罪),是关于破坏社会主义市场经济秩序罪的专门规定。破坏社会主义市场经济秩序罪,是指违反国家财政经济管理法规,干扰国家对市场经济的管理活动,破坏社会主义市场经济秩序,情节严重的行为。 2

1979 年《刑法》在分则的第三章,以“破坏社会主义经济秩序罪”为罪名,用 15 个条文规定了 13 种具体犯罪,基本上满足了当时司法实践的需要。但此后,随着经济体制改革及其不断深化,经济领域的犯罪日益猖獗,新型经济犯罪不断涌现,并愈加复杂化。为适应惩治与防范各种经济犯罪的需要,立法机关自 1982 年至 1995 年先后颁布了多部惩治经济犯罪的单行刑法,其中包括:1982 年 3 月 8 日第五届全国人民代表大会常务委员会第二十二次会议通过的《关于严惩严重破坏经济的罪犯的决定》;1988 年 1 月 21 日第六届全国人民代表大会常务委员会第二十四次会议通过的《关于惩治走私罪的补充规定》;1992 年 9 月 4 日第七届全国人民代表大会常务委员会第二十七次会议通过的《关于惩治偷税、抗税犯罪的补充规定》;1993 年 2 月 22 日第七届全国人民代表大会常务委员会第三十次会议通过的《关于惩治假冒注册商标犯罪的补充规定》;1993 年 7 月 2 日第八届全国人民代表大会常务委员会第二次会议通过的《关于惩治生产、销售伪劣商品犯罪的决定》;1994 年 7 月 5 日第八届全国人民代表大会常务委员会第八次会议通过的《关于惩治侵犯著作权的犯罪的决定》;1995 年 2 月 28 日第八届全国人民代表大会常务委员会第十二次会议通过的《关于惩治违反公司法的犯罪的决定》;1995 年 6 月 30 日第八届全国人民代表大会常务委员会第十四次会议通过的《关于惩治破坏金融秩序犯罪的决定》;1995 年 10 月 30 日第八届全国人民代表大会常务委员会第十六次会议通过的《关于惩治虚开、伪造和非法出售增值税专用发票犯罪的决定》。同时,还在许多经济法规中设置了一系列刑事责任条款(附属刑法规范),使惩治经济犯罪的刑事法律日臻完备,惩治经济犯罪的法网亦日益严密。1997 年《刑法》在对 1979 年《刑法》分则第三章“破坏社会主义经济秩序罪”及其后颁行的一系列单行刑法和附属刑法规范进行全面整理的基础上,根据司法实践的需要,在分则的第三章设置了“破坏社会主义市场经济秩序罪”。从立法内容来看,该章对 1979 年《刑法》规定的投机倒把罪进行了分解;取消了伪造、倒卖计划供应票证罪;将破坏集体生产罪(调整后为破坏生产经营罪)、挪用特定款物罪移入“侵犯财产罪”一章;将盗伐、滥伐林木罪,非法捕捞水产品罪,非法狩猎罪移入“妨害社会管理秩序罪”一章;吸收了《关于惩治走私罪的补充规定》《关于惩治生产、销售 3

伪劣商品犯罪的决定》《关于惩治侵犯著作权的犯罪的决定》《关于惩治违反公司法的犯罪的决定》《关于惩治破坏金融秩序犯罪的决定》《关于惩治虚开、伪造和非法出售增值税专用发票犯罪的决定》,以及《反不正当竞争法》《广告法》《进出口商品检验法》等法律中的特别刑法规范;新增设了诸如证券交易方面的犯罪、损害商业信誉或商品声誉等扰乱市场秩序方面的犯罪等若干新罪种。为科学地对各具体犯罪进行排列,便于司法运用,修改后的破坏社会主义市场经济秩序罪在章下又分设了八节具体的类罪,依次为生产、销售伪劣商品罪,主要依据《关于惩治生产、销售伪劣商品犯罪的决定》修订而成;走私罪,系以《关于惩治走私罪的补充规定》为基础修订而成;妨害对公司、企业的管理秩序罪,是在《关于惩治违反公司法的犯罪的决定》的基础上修改、补充而成的;破坏金融管理秩序罪,是依据《关于惩治破坏金融秩序犯罪的决定》修订而成的;金融诈骗罪,是对《关于惩治破坏金融秩序犯罪的决定》加以吸收、修订而成的;危害税收征管罪,是在《关于惩治偷税、抗税犯罪的补充规定》和《关于惩治虚开、伪造和非法出售增值税专用发票犯罪的决定》有关立法内容的基础上修订而成的;侵犯知识产权罪,是在吸收《关于惩治假冒注册商标犯罪的补充规定》《关于惩治侵犯著作权的犯罪的决定》以及《专利法》有关内容的基础上修订而成的;扰乱市场秩序罪,是在吸收《反不正当竞争法》《广告法》《进出口商品检验法》等法律中的附属刑法规范以及分解投机倒把罪的基础上,增设若干新罪修订而成的。

4 1997 年《刑法》对于破坏社会主义市场经济秩序罪的规定总体而言是比较完备的,对于维护社会主义市场经济秩序发挥了重要作用。但是,由于社会正处于转型期,加之刑事立法欠缺一定的前瞻性,因而,1997 年《刑法》施行后,针对日益猖獗的骗购外汇、非法买卖外汇等严重侵犯国家外汇管理制度的行为,1998 年 12 月 29 日第九届全国人大常委会第六次会议通过了《关于惩治骗购外汇、逃汇和非法买卖外汇犯罪的决定》,对刑法作了补充和修改。内容大致如下:增设了骗购外汇罪,并对该罪的牵连犯、共犯及单位犯罪等问题予以明确规定;对于买卖伪造、变造的海关签发的报关单、进口证明、外汇管理部门核准件等凭证和单据或者国家机关的其他公文、证件、印章的,依照 1997 年《刑法》第 280 条的规定定罪处罚;对《刑法》第 190 条所规定的逃汇罪予以修改,将该罪的主体扩大至所有公司、企业或者其他单位,并将该罪由情节犯改为数额犯,将该罪的罚金刑数额明确化,并变更了该罪原有的刑罚幅度和法定刑;将非法买卖外汇的行为明确规定为非法经营罪的行为方式之一;对于海关、外汇管理部门以及金融机构、从事对外贸易经营活动的公司、企业或者其他单位的工作人员与骗购外汇或者逃汇的行为人通谋,为其提供购买外汇的有关凭证或者其他便利的,或者明知是伪造、变造的凭证和单据而售汇、付汇的,明确规定以共犯论,并依照本决定从重处罚;对于海关、外汇管理部门的工作人员严重不负责任,造成大量外汇被骗购或者逃汇,致使国家利益遭受重大损失的行为,应依照《刑法》第 397 条的规定定罪处罚;对于金融机构、从事对外贸易经营活动的公司、企业的工作人员严重不负责任,造成大量外汇被骗购或者逃汇,致使国家利益遭受重大损失的行为,应依照《刑法》第167条的规定定罪处罚。

5 为了进一步惩治严重破坏社会主义市场经济秩序的犯罪，全国人大常委会还先后通过了一些刑法修正案，主要包括：

6 1999年12月25日通过的《刑法修正案》对刑法作了以下修改补充：明确将“隐匿或者故意销毁依法应当保存的会计凭证、会计账簿、财务会计报告”的行为规定在《刑法》第162条后，作为第162条之一，并规定了该罪的单位犯罪问题；对《刑法》第168条、第174条、第180条、第181条、第182条、第185条进行了修改；对《刑法》第225条的内容进行了补充，增加了第3项，即“未经国家有关主管部门批准，非法经营证券、期货或者保险业务的”。

7 2001年12月29日通过的《刑法修正案(三)》将《刑法》第191条修改为：“明知是毒品犯罪、黑社会性质的组织犯罪、恐怖活动犯罪、走私犯罪的违法所得及其产生的收益，为掩饰、隐瞒其来源和性质，有下列行为之一的，没收实施以上犯罪的违法所得及其产生的收益，处五年以下有期徒刑或者拘役，并处或者单处洗钱数额百分之五以上百分之二十以下罚金；情节严重的，处五年以上十年以下有期徒刑，并处洗钱数额百分之五以上百分之二十以下罚金：(一)提供资金帐户的；(二)协助将财产转换为现金或者金融票据的；(三)通过转帐或者其他结算方式协助资金转移的；(四)协助将资金汇往境外的；(五)以其他方法掩饰、隐瞒犯罪的违法所得及其收益的来源和性质的。单位犯前款罪的，对单位判处罚金，并对其直接负责的主管人员和其他直接责任人员，处五年以下有期徒刑或者拘役；情节严重的，处五年以上十年以下有期徒刑。”

8 2002年12月28日通过的《刑法修正案(四)》对《刑法》第145条、第152条和第155条进行了修改补充。将生产、销售不符合标准的医用器材罪修改为危险犯；增加了走私废物罪；等等。

9 2005年2月28日通过的《刑法修正案(五)》增加了第177条之一，增设了妨害信用卡管理罪，窃取、收买、非法提供信用卡信息罪；同时对《刑法》第196条第1款规定的信用卡诈骗罪的罪状作了修改，增加了“使用以虚假的身份证明骗领的信用卡的”行为类型。

10 2006年6月29日通过的《刑法修正案(六)》主要涉及妨害对公司、企业的管理秩序罪、破坏金融管理秩序罪。具体而言：①增加新的罪名，包括：虚假破产罪(第162条之二)，背信损害上市公司利益罪(第169条之一)，骗取贷款、票据承兑、金融凭证罪(175条之一)，背信运用受托财产罪、违法运用资金罪(第185条之一)；②完善了违规披露、不披露重要信息罪(第161条)，非国家工作人员受贿罪(第163条)，对非国家工作人员行贿罪(第164条第1款)，操纵证券、期货市场罪(第182条)，违法发放贷款罪(第186条)，吸收客户资金不入账罪(第187条)，违规出具金融票证罪(第188条)以及洗钱罪(第191条)等罪名的规定。完善方式主要包括扩张犯罪主体的范围；扩张行为方式；将部分犯罪由结果犯变为情节犯；为部分犯罪增加兜底条款。

11 2009年2月28日通过的《刑法修正案(七)》完善了《刑法》第151条第3款(走私国家禁止进出口的货物、物品罪)、第180条第1款(内幕交易、泄露内幕信息罪)、第201条(逃税罪)、第225条(非法经营罪)等规定的罪名,并且增加180条第4款(利用未公开信息交易罪)、第224条之一(组织、领导传销活动罪)。其中,第151条主要通过扩张犯罪对象的方式完善罪名(将走私犯罪的对象扩至"走私珍稀植物及其制品等国家禁止进出口的其他货物、物品");第180条主要通过扩张行为方式完善罪名(将内幕交易、泄露内幕信息罪的行为方式扩张为"明示、暗示他人从事上述交易活动");第201条主要通过概括性立法的方式完善逃税罪的罪状的表述、多次逃税未经处理的逃税数额计算方式,以及对特定情形下不追究刑事责任的规定;第225条增加了非法经营罪的行为方式("非法从事资金支付结算业务的")。

12 2011年2月25日通过的《刑法修正案(八)》对《刑法》第141条(生产、销售假药罪)、第143条(生产、销售不符合安全标准的食品罪)、第144条(生产、销售有毒、有害食品罪)、第151条第2款(走私文物罪,走私贵重金属罪,走私珍贵动物、珍贵动物制品罪)、第153条(走私普通货物、物品罪)、第157条(武装掩护走私的处罚)、第164条(对非国家工作人员行贿罪,对外国公职人员、国际公共组织官员行贿罪)、第199条(部分金融诈骗罪的死刑规定)、第200条(单位犯金融诈骗罪的处罚规定)、第205条(虚开增值税专用发票、用于骗取出口退税、抵扣税款发票罪)、第206条(伪造、出售伪造的增值税专用发票罪)、第226条(强迫交易罪)等的罪状和刑罚作了修改完善,并且增加了第205条之一(虚开发票罪)、第210条之一(持有伪造的发票罪)。除了严密相关犯罪的法网外,特别值得提及的是,此次刑法修正案废除了走私文物罪,走私贵重金属罪,走私珍贵动物、珍贵动物制品罪(第151条第2款),票据诈骗罪,金融凭证诈骗罪,信用证诈骗罪(第199条),虚开增值税专用发票、用于骗取出口退税、抵扣税款发票罪(第205条),伪造、出售伪造的增值税专用发票罪(第206条)等罪名的死刑规定。

13 2015年8月29日通过的《刑法修正案(九)》对本章的修正主要是,废除了走私武器、弹药罪,走私核材料罪,走私假币罪(第151条第1款),伪造货币罪(第170条),集资诈骗罪(第199条)的死刑规定,并且对非国家工作人员行贿罪(第164条第1款)数额较大的情形增加了"并处罚金"的规定,修改了伪造货币罪(第170条)罚金刑的规定。

14 2020年12月26日通过的《刑法修正案(十一)》对本章内容作了大幅修正,修改了第141条(生产、销售、提供假药罪)、第142条(生产、销售、提供劣药罪)、第160条(欺诈发行证券罪)、第161条(违规披露、不披露重要信息罪)、第163条第1款(非国家工作人员受贿罪)、第175条之一第1款(骗取贷款、票据承兑、金融票证罪)、第176条(非法吸收公众存款罪)、第182条第1款(操纵证券、期货市场罪)、第191条(洗钱罪)、第192条(集资诈骗罪)、第200条(单位犯金融诈骗罪的处罚规定)、第213条(假冒注册商标罪)、第214条(销售假冒注册商标的商品罪)、第215条(非法制造、销售非法制造的注册商标标识罪)、第217条(侵犯著作权罪)、第218条(销售侵权复制品罪)、第219条(侵犯商业秘密罪)、第220条(单位犯侵犯知识产权罪的处罚规定)、第229条(提供虚假证明文件罪、出具证明文件重大失实罪)的罪状和刑罚;新增了第142条之一(妨害药品管理罪),第219条之一(为境外窃取、刺探、收买、非法提供商业秘密罪)。

Ⅲ 构成特征

破坏社会主义市场经济秩序罪侵犯的客体是社会主义市场经济秩序。所谓秩序,是指有条理,不混乱的情况。[1] 秩序的形成往往有赖于一定的规则,即一定的制度,由于制度被遵守而形成一定的秩序。 15

破坏社会主义市场经济秩序罪的行为方式,表现为违反国家市场经济管理法规,采用各种行为方式干扰国家对市场经济的管理活动,破坏社会主义市场经济秩序,使国民经济遭受严重损害的行为。在行为的表现形式上,本类罪大多数表现为作为,如生产、销售伪劣产品罪,抗税罪,虚报注册资本罪,等等;但少数犯罪也可以表现为不作为的形式,如偷税罪,签订、履行合同失职被骗罪,等等。在犯罪成立形态上,大多数犯罪的构成须以情节严重、犯罪数额较大、后果严重或造成重大损失为要件,原则上行为人一经实施法定行为,不论其数额或情节如何,均成立犯罪。立法作这样的规定,主要是考虑到这些行为本身社会危害性较大。基于此,这些犯罪一般可以分别称为“行为犯”或者“危险犯”。 16

破坏社会主义市场经济秩序罪的主体,既可以是自然人,也可以是单位,并且本章所规定的大多数犯罪均可由单位构成。就自然人主体而言,本章犯罪多数由一般主体构成,但少数犯罪必须由特殊主体才能构成,如逃税罪,内幕交易、泄露内幕信息罪,保险诈骗罪,非法经营同类营业罪,提供虚假证明文件罪,串通投标罪,违规出具金融票证罪,违法发放贷款罪等。就单位主体而言,刑法规定的单位犯罪总计160个左右,破坏社会主义市场经济秩序罪中就占到了一半以上。 17

破坏社会主义市场经济秩序罪在主观方面,绝大多数犯罪都出于故意,并且一般具有非法占有、非法营利或者谋取其他非法利益的目的(但除非刑法条文有明确规定,行为人的目的如何不影响犯罪的成立)。但少数犯罪也可由过失构成。从各节来看,生产、销售伪劣商品罪,走私罪,金融诈骗罪,危害税收征管罪,侵犯知识产权罪各节中所有犯罪均由故意构成,过失不可能成立这些犯罪;妨害对公司、企业的管理秩序罪,破坏金融管理秩序罪和扰乱市场秩序罪三节中有少数犯罪,可以由过失构成,如签订、履行合同失职被骗罪,国有公司、企业、事业单位人员失职罪,国有公司、企业、事业单位人员滥用职权罪,违规出具金融票证罪,出具证明文件重大失实罪,等等。 18

---

1 参见中国社会科学院语言研究所词典编辑室编:《现代汉语词典》(第7版),商务印书馆2016年版,第1691页。

第一节　生产、销售伪劣商品罪

前　注

文献:马克昌、丁慕英主编:《刑法的修改与完善》,人民法院出版社 1995 年版;马克昌主编:《经济犯罪新论》,武汉大学出版社 1998 年版;陈正云、刘福谦:《生产销售伪劣商品罪的认定与处理》,中国检察出版社 1998 年版;黄京平主编:《破坏市场经济秩序罪研究》,中国人民大学出版社 1999 年版;熊选国主编:《生产、销售伪劣商品罪》,中国人民公安大学出版社 1999 年版;高铭暄主编:《新型经济犯罪研究》,中国方正出版社 2000 年版;史卫忠主编:《生产销售伪劣商品犯罪的定罪与量刑》,人民法院出版社 2000 年版;龚培华、肖中华:《刑法疑难争议问题与司法对策》,中国检察出版社 2002 年版;熊选国、任卫华主编:《刑法罪名适用指南——生产销售伪劣商品罪》,中国人民公安大学出版社 2007 年版;陈兴良主编:《罪名指南》(第 2 版),中国人民大学出版社 2008 年版;涂龙科编:《生产、销售伪劣商品罪专题整理》,中国人民公安大学出版社 2010 年版;高铭暄:《中华人民共和国刑法的孕育诞生和发展完善》,北京大学出版社 2012 年版;王作富主编:《刑法分则实务研究》(第 5 版),中国方正出版社 2013 年版;马克昌主编:《百罪通论》(上卷),北京大学出版社 2014 年版;陈兴良主编:《刑法各论精释》(下),人民法院出版社 2015 年版。张泗汉、钟安惠:《生产、销售假冒、伪劣商品犯罪的刑事立法研究》,载《法学》1993 年第 2 期;高晓莹:《论假冒注册商标罪与生产销售伪劣商品罪的界限》,载《中国刑事法杂志》2000 年第 2 期;童伟华:《数额犯若干问题研究》,载《华侨大学学报(人文社会科学版)》2001 年第 4 期;赵秉志:《论制售假冒伪劣商品犯罪的刑法抗制》,载《河南省政法管理干部学院学报》2002 年第 2 期;王红斌:《生产、销售伪劣商品犯罪的数额界定》,载《华东刑事司法评论》2003 年第 2 期;胡云腾、刘科:《知识产权刑事司法解释若干问题研究》,载《中国法学》2004 年第 6 期;于改之、包雯:《生产、销售伪劣商品犯罪若干问题研究》,载《河北法学》2005 年第 11 期;王志祥:《数额犯基本问题研究》,载《中国刑事法杂志》2007 年第 2 期;聂慧苹:《生产、销售伪劣产品犯罪中金额问题的研究》,载《政治与法律》2010 年第 11 期;陈洪兵:《生产、销售伪劣商品罪的法益及其展开》,载《政治与法律》2011 年第 3 期;高铭暄、陈冉:《生产、销售伪劣商品可否构成"以危险方法危害公共安全罪"》,载《法学》2012 年第 10 期;秦雪娜:《生产、销售伪劣商品罪的重要问题探析》,载《法治研究》2012 年第 11 期;陈洪兵:《生产、销售伪劣商品罪立法模式研究》,载《南通大学学报(社会科学版)》2018 年第 3 期。

细目录

Ⅰ 主旨
Ⅱ 沿革
Ⅲ 构成特征

Ⅰ 主旨

刑法规定本节的犯罪,在于保护商品正常的生产、流通秩序。其中的商品主要包括药品、食品、医用器材、农药、兽药、化肥、种子、化妆品等。 1

Ⅱ 沿革

囿于当时法制废弛和计划经济体制的背景,1979 年《刑法》关于惩治生产、销售伪劣商品罪的规定较为粗放和简单,法律规定也不太明确和全面。主要有以下几条: 2

(1)《刑法》第 117 条和第 118 条关于投机倒把罪的规定。第 117 条规定:“违反金融、外汇、金银、工商管理法规,投机倒把,情节严重的,处三年以下有期徒刑或者拘役,可以并处、单处罚金或者没收财产。”第 118 条规定:“以走私、投机倒把为常业的,走私、投机倒把数额巨大的或者走私、投机倒把集团的首要分子,处三年以上十年以下有期徒刑,可以并处没收财产。”1982 年 3 月 8 日第五届全国人民代表大会常务委员会第二十二次会议通过的《关于严惩严重破坏经济的罪犯的决定》第 1 条对 1979 年《刑法》第 118 条进行了补充,规定:情节特别严重的,处 10 年以上有期徒刑、无期徒刑或者死刑,可以并处没收财产。国家工作人员利用职务犯该条罪,情节特别严重的,应从重处罚。至于上述规定中的“投机倒把”,最高人民法院、最高人民检察院 1985 年 7 月 18 日联合发布的《关于当前办理经济犯罪案件中具体应用法律的若干问题的解答(试行)》明确指出,“在生产、流通中,以次顶好、以少顶多、以假充真、掺杂使假”为投机倒把的表现形式之一。由于《刑法》第 117 条、第 118 条采取的是空白罪状,所以,行政法规的相应规定就是判断行为是否构成投机倒把罪的法律依据。如国务院 1987 年 9 月 17 日发布的《投机倒把行政处罚暂行条例》第 3 条规定,“以牟取非法利润为目的,违反国家法规和政策,扰乱社会主义经济秩序的”,“制造、推销冒牌商品、假商品、劣质商品,坑害消费者、或者掺杂使假,偷工减料情节严重的”,都是投机倒把的表现形式。 3

(2)《刑法》第 164 条关于制造、贩卖假药罪的规定。该条规定:“以营利为目的,制造、贩卖假药危害人民健康的,处二年以下有期徒刑、拘役或者管制,可以并处或者单处罚金;造成严重后果的,处二年以上七年以下有期徒刑,可以并处罚金。”该条可视为 1979 年《刑法》关于生产、销售特种伪劣商品犯罪的规定。 4

(3)《刑法》第 105 条、第 106 条关于部分危害公共安全犯罪的规定。第 105 条规 5

定:“放火、决水、爆炸或者以其他危险方法破坏工厂、矿场、油田、港口、河流、水源、仓库、住宅、森林、农场、谷场、重要管道、公共建筑物或者其他公私财产,危害公共安全,尚未造成严重后果的,处三年以上十年以下有期徒刑。”第 106 条规定:“放火、决水、爆炸、投毒或者以其他危险方法致人重伤、死亡或者使公私财产遭受重大损失的,处十年以上有期徒刑、无期徒刑或者死刑。过失犯前款罪的,处七年以下有期徒刑或者拘役。”司法实践中,对于因生产、销售伪劣商品危及公共安全而构成犯罪的,即依上述规定定罪量刑。此外,1982 年 11 月 19 日第五届全国人民代表大会常务委员会第二十五次会议通过的《食品卫生法(试行)》第 41 条明确规定:“违反本法,造成严重食物中毒事故或者其他严重食源性疾患,致人死亡或者致人残疾因而丧失劳动能力的,根据不同情节,对直接责任人员分别依照中华人民共和国刑法第一百八十七条、第一百一十四条或者第一百六十四条的规定,追究刑事责任……”因此,对于部分过失生产、销售伪劣商品危害公共安全的犯罪,也可以适用 1979 年《刑法》第 114 条的规定:“工厂、矿山、林场、建筑企业或者其他企业、事业单位的职工,由于不服管理、违反规章制度,或者强令工人违章冒险作业,因而发生重大伤亡事故,造成严重后果的,处三年以下有期徒刑或者拘役;情节特别恶劣的,处三年以上七年以下有期徒刑。”

6　(4)《刑法》第 187 条关于玩忽职守罪的规定。该条规定:“国家工作人员由于玩忽职守,致使公共财产、国家和人民利益遭受重大损失的,处五年以下有期徒刑或者拘役。”对于玩忽职守生产、销售伪劣商品的行为构成犯罪的,即可适用该条规定。

7　由于 1979 年《刑法》本身的立法背景和立法方式的局限,已不能有效遏制生产、销售伪劣商品的犯罪活动。因此,为适应经济发展的需要,全国人民代表大会常务委员会先后在一系列非刑事法律中以附属刑法规范的形式对各种生产、销售伪劣商品的犯罪行为如何定罪量刑作了提示性、照应性或补充性规定。其内容主要有:①《食品卫生法(试行)》第 41 条的规定。②《计量法》(1985 年)第 28 条、第 29 条的规定。第 28 条规定:“制造、销售、使用以欺骗消费者为目的的计量器具的,没收计量器具和违法所得,处以罚款;情节严重的,并对个人或者单位直接责任人员按诈骗罪或者投机倒把罪追究刑事责任。”第 29 条规定:“违反本法规定,制造、修理、销售的计量器具不合格,造成人身伤亡或者重大财产损失的,比照《刑法》第一百八十七条的规定,对个人或者单位直接责任人员追究刑事责任。”③《药品管理法》(1984 年)第 51 条第 2 款的规定:“对生产、销售劣药,危害人民健康,造成严重后果的个人或者单位直接责任人员,比照《刑法》第一百六十四条的规定追究刑事责任。”④《进出口商品检验法》(1989 年)第 26 条的规定:“违反本法规定,对列入《种类表》的其他法律、行政法规规定必须经商检机构检验的进口商品未报经检验而擅自销售或者使用的,对列入《种类表》的和其他法律、行政法规规定必须经商检机构检验的出口商品未报经检验合格而擅自出口的,由商检机构处以罚款;情节严重,造成重大经济损失的,对直接责任人员比照刑法第一百八十七条的规定追究刑事责任。违反本法第十七条的规定,对经商检机构抽查检验不合格的出口商品擅自出口的,依照前款的规定处罚。”

但是,随着经济体制改革的不断深化,20 世纪 80 年代末以来,在市场经济的冲击下,一部分企业和个人利欲熏心,利用国家法律、制度和管理上的漏洞,大肆生产、销售伪劣商品,并愈演愈烈。为此,国务院办公厅于 1989 年 6 月 27 日发布了《转发国家技术监督局关于严厉惩处经销伪劣商品责任者意见的通知》,国务院于 1989 年 9 月 3 日发布《关于严厉打击在商品中掺杂使假的通知》、于 1992 年 7 月 2 日发布了《关于严厉打击生产和经销假冒伪劣商品违法行为的通知》。以三个通知为契机,开始了全国范围的声势浩大的打假活动。为配合打假斗争,最高人民法院于 1992 年 8 月 3 日发出了《关于严厉打击生产和经销假冒伪劣商品的犯罪活动的通知》,该通知对生产、销售伪劣商品的犯罪行为如何适用法律作出了规定。 8

尽管如此,惩治生产、销售伪劣商品犯罪的法律不完善的问题仍然十分突出,如投机倒把罪过于笼统,不利于准确打击犯罪;惩治生产、销售伪劣商品犯罪的各法条之间法定刑不够协调;惩治生产、销售伪劣商品犯罪的刑法规范不集中、统一;等等。因此,完善惩治生产、销售伪劣商品犯罪的法律规定势在必行。在此情形下,1993 年 7 月 2 日第八届全国人民代表大会常务委员会第二次会议通过了《关于惩治生产、销售伪劣商品犯罪的决定》,该决定通过分解投机倒把罪,整合、吸收 1979 年《刑法》和其他非刑事法律附属刑法规范中关于生产、销售伪劣商品犯罪行为刑事责任的规定,增加了关于单位犯罪并实行两罚制的规定,调整法定刑,较好地克服了原有法律规定的前述缺陷,为准确、有效地打击生产、销售伪劣商品的犯罪活动提供了有力的法律武器。 9

1997 年《刑法》在保持法律连续性和稳定性的基础上,对《关于惩治生产、销售伪劣商品犯罪的决定》进行了修改,在分则第三章第一节设置了生产、销售伪劣商品罪。修改的主要内容有:①完善了生产、销售某些特定伪劣商品罪的罪状。如增加了关于生产、销售不符合卫生标准的食品罪危险犯的规定,增加了销售明知掺入有毒、有害的非食品原料的食品的犯罪的规定。②将“违法所得”修改为“销售金额”。《关于惩治生产、销售伪劣商品犯罪的决定》中将“违法所得”作为定罪量刑的标准,但含义不明。虽然最高人民法院曾于 1995 年 7 月 5 日作出《关于审理生产、销售伪劣产品刑事案件如何认定“违法所得数额”的批复》,明确“违法所得数额”是指生产、销售伪劣产品获利的数额。但是,计算非法获利的数额是否应扣除成本仍有争议。1997 年《刑法》以销售金额取代违法所得,不仅有利于避免产生歧义,同时也增强了可操作性。③统一了定罪量刑标准和处罚原则,如统一以销售金额作为定罪量刑的标准、对单位犯罪一律实行两罚制,等等。 10

1997 年《刑法》施行后,为进一步打击生产、销售伪劣商品的行为,全国人大常委会于 2002 年 12 月 28 日通过了《刑法修正案(四)》,将《刑法》第 145 条生产、销售不符合标准的医用器材罪修改规定为危险犯。 11

此后,全国人大常委会于 2011 年 2 月 25 日通过了《刑法修正案(八)》,对生产、 12

销售假药罪,生产、销售不符合安全标准的食品罪,生产、销售有毒、有害食品罪等部分条文又进行了修订。在罪状上,修正案将《刑法》第 141 条生产、销售假药罪修改为抽象危险犯(行为犯),将《刑法》第 143 条生产、销售不符合安全标准的食品罪的罪状修改为"生产、销售不符合食品安全标准的食品"。此外,修改了三个罪名的罚金刑的适用和确定方式,并且在法定刑的升格条件中都增加了"或者有其他严重情节"的兜底条款。

13 2020 年 12 月 26 日通过的《刑法修正案(十一)》对本节内容也作了修正:修改了第 141 条(生产、销售、提供假药罪)和第 142 条(生产、销售、提供劣药罪),分别删去了原第 141 条第 2 款和原第 142 条第 2 款中关于假药、劣药的定义,并分别在第 141 条和第 142 条中增加了关于药品使用单位的人员明知是假药、劣药而提供给他人使用行为的规定;新增了第 142 条之一(妨害药品管理罪)。

Ⅲ 构成特征

14 生产、销售伪劣商品罪一节主要有如下特征:①生产、销售伪劣商品罪的客体应是国家对商品质量的管理秩序以及不特定人的人身安全。生产、销售伪劣商品罪的犯罪对象,是伪劣产品(或伪劣商品)。②生产、销售伪劣商品罪的行为方式只能是积极的作为,消极的不作为无法构成生产、销售行为。[1] ③生产、销售伪劣商品罪的主体只能是"生产者、销售者"。这里的生产者、销售者,既可以是自然人,也可以是单位。所谓"生产者",既包括产品的制造者,也包括产品的加工者;"销售者"则既包括批量销售者,也包括零散销售者,还包括产品生产的直接销售者。至于生产者、销售者是否取得了有关产品的生产许可证或营业执照,则在所不问。因此,这里的"生产者、销售者",既可以是合法的生产者、销售者,也可以是非法的生产者、销售者,如无生产、销售资格的自然人或单位。④生产、销售伪劣商品罪的主观方面只能是故意。行为人明知自己在生产、销售的产品中掺杂、掺假,以假充真、以次充好或者以不合格产品冒充合格产品的行为会发生破坏社会主义市场经济秩序,侵害用户、消费者合法权益的结果,并且希望或者放任这种结果的发生。获取非法利润的目的不是犯罪成立的必要条件。

1 参见高铭暄等主编:《经济犯罪和侵犯人身权利犯罪研究》,中国人民公安大学出版社 1995 年版,第 36 页。

第一百四十条　生产、销售伪劣产品罪

生产者、销售者在产品中掺杂、掺假，以假充真，以次充好或者以不合格产品冒充合格产品，销售金额五万元以上不满二十万元的，处二年以下有期徒刑或者拘役，并处或者单处销售金额百分之五十以上二倍以下罚金；销售金额二十万元以上不满五十万元的，处二年以上七年以下有期徒刑，并处销售金额百分之五十以上二倍以下罚金；销售金额五十万元以上不满二百万元的，处七年以上有期徒刑，并处销售金额百分之五十以上二倍以下罚金；销售金额二百万元以上的，处十五年有期徒刑或者无期徒刑，并处销售金额百分之五十以上二倍以下罚金或者没收财产。

文献：马克昌、丁慕英主编：《刑法的修改与完善》，人民法院出版社 1995 年版；马克昌主编：《经济犯罪新论》，武汉大学出版社 1998 年版；陈正云、刘福谦：《生产销售伪劣商品罪的认定与处理》，中国检察出版社 1998 年版；黄京平主编：《破坏市场经济秩序罪研究》，中国人民大学出版社 1999 年版；熊选国主编：《生产、销售伪劣商品罪》，中国人民公安大学出版社 1999 年版；马俊驹主编：《清华法律评论》（第 2 辑），清华大学出版社 1999 年版；高铭暄主编：《新型经济犯罪研究》，中国方正出版社 2000 年版；史卫忠主编：《生产销售伪劣商品犯罪的定罪与量刑》，人民法院出版社 2000 年版；熊选国、任卫华主编：《刑法罪名适用指南——生产销售伪劣商品罪》，中国人民公安大学出版社 2007 年版；陈兴良主编：《罪名指南》（第 2 版），中国人民大学出版社 2008 年版；涂龙科编：《生产、销售伪劣商品罪专题整理》，中国人民公安大学出版社 2010 年版；王作富主编：《刑法分则实务研究》》（第 5 版），中国方正出版社 2013 年版；马克昌主编：《百罪通论》（上卷），北京大学出版社 2014 年版；陈兴良主编：《刑法各论精释》（下），人民法院出版社 2015 年版。朱连关、成秀芹：《关于生产、销售伪劣产品罪的几个法律问题》，载《经济与法》1996 年第 3 期；孙昌军、陈炜：《新刑法对生产、销售伪劣商品罪的修改与适用》，载《现代法学》1998 年第 1 期；曲新久：《生产、销售伪劣产品罪的既遂、未遂与预备形态》，载《人民检察》1998 年第 10 期；谢望原：《论生产、销售伪劣产品罪的销售金额》，载《中国刑事法杂志》1999 年第 3 期；高晓莹：《论假冒注册商标罪与生产销售伪劣商品罪的界限》，载《中国刑事法杂志》2000 年第 2 期；童伟华：《数额犯若干问题研究》，载《华侨大学学报（人文社会科学版）》2001 年第 4 期；王红斌：《生产、销售伪劣商品犯罪的数额界定》，载《华东刑事司法评论》2003 年第 2 期；胡云腾、刘科：《知识产权刑事司法解释若干问题研究》，载《中国法学》2004 年第 6 期；于改之、包雯：《生产、销售伪劣商品犯罪若干问题研

究》,载《河北法学》2005 年第 11 期;王志祥:《数额犯基本问题研究》,载《中国刑事法杂志》2007 年第 2 期;聂慧苹:《生产、销售伪劣产品犯罪中金额问题的研究》,载《政治与法律》2010 年第 11 期;陈洪兵:《生产、销售伪劣商品罪的法益及其展开》,载《政治与法律》2011 年第 3 期;高铭暄、陈冉:《生产、销售伪劣商品可否构成"以危险方法危害公共安全罪"》,载《法学》2012 年第 10 期;秦雪娜:《生产、销售伪劣商品罪的重要问题探析》,载《法治研究》2012 年第 11 期;张驰:《论生产、销售伪劣产品罪与〈食品安全法〉之衔接——福喜事件若干问题钩沉》,载《中国刑事法杂志》2017 年第 3 期;路军:《"生产、销售伪劣产品罪"实行行为类型新释》,载《法商研究》2018 年第 2 期;陈洪兵:《生产、销售伪劣商品罪立法模式研究》,载《南通大学学报(社会科学版)》2018 年第 3 期。

细目录

Ⅰ 主旨
Ⅱ 沿革
Ⅲ 客体
Ⅳ 对象
Ⅴ 行为
Ⅵ 结果
Ⅶ 主体
Ⅷ 故意
Ⅸ 既遂与未完成形态
Ⅹ 共犯
Ⅺ 罪数
Ⅻ 与非罪的界限
XIII 与他罪的区别
一、与诈骗罪的区别
二、与假冒注册商标罪、销售假冒注册商标的商品罪的区别
三、与生产、销售伪劣药品、食品、化妆品、医用器材、农药、兽药、种子、化肥等特定种类的伪劣产品犯罪的区别
XIV 处罚

Ⅰ 主旨

1 刑法设定生产、销售伪劣产品罪的立法目的,在于通过对生产、销售伪劣产品行为的刑法规制,维护正常的生产流通秩序,保护消费者的合法权益。

Ⅱ 沿革

1979年《刑法》没有本罪的规定,但在第105条和第117条分别规定了以其他危险方法危害公共安全罪和投机倒把罪,故对该种犯罪行为一般按这两种罪名来处理。为了惩治生产、销售伪劣商品的犯罪,保障公民的人身财产安全,保护用户、消费者的合法权益,维护社会经济秩序,1993年7月2日第八届全国人民代表大会常务委员会第二次会议通过了《关于惩治生产、销售伪劣商品犯罪的决定》,设立了生产、销售伪劣产品罪。该决定第1条规定:“生产者、销售者在产品中掺杂、掺假,以假充真,以次充好或者以不合格产品冒充合格产品,违法所得数额二万元以上不满十万元的,处二年以下有期徒刑或者拘役,可以并处罚金,情节较轻的,可以给予行政处罚;违法所得数额十万元以上不满三十万元的,处二年以上七年以下有期徒刑,并处罚金;违法所得数额三十万元以上不满一百万元的,处七年以上有期徒刑,并处罚金或者没收财产;违法所得数额一百万元以上的,处十五年有期徒刑或者无期徒刑,并处没收财产。”从该条规定来看,“违法所得数额”是生产、销售伪劣产品罪重要的定罪量刑标准。那么,如何认定“违法所得数额”?1995年7月5日发布的最高人民法院《关于审理生产、销售伪劣产品刑事案件如何认定“违法所得数额”的批复》中指出,“违法所得数额”是指生产、销售伪劣产品获利的数额。但是,以行为人之“违法所得数额”多少而论罪并没有彻底坚持法益侵害说;而且由于违法所得数额往往无法确定,并不利于对生产、销售伪劣产品行为的打击。因此,从严格坚持法益侵害的立场出发,修改《关于惩治生产、销售伪劣商品犯罪的决定》已势在必行。1997年《刑法》第140条明确将“销售金额”作为生产、销售伪劣产品罪定罪量刑的标准,同时将《关于惩治生产、销售伪劣商品犯罪的决定》中的定罪数额“违法所得数额二万元”修改为“销售金额五万元”,其他量刑数额标准也作了相应提高。 2

Ⅲ 客体

本罪侵犯的客体是复杂客体,即国家对产品质量的监督管理秩序和消费者的合法权益。为了对生产、销售的产品的质量进行监督管理,维护正常的生产、流通秩序,保护消费者的合法权益,国家颁布了一系列法律法规,如1985年《计量法》、1986年《工业产品质量责任条例》、1988年《标准化法》和1993年《产品质量法》等。这些法律法规对生产者、销售者的产品质量的监督管理、责任和义务、损害赔偿、法律责任等进行了全面、系统的规定,形成了一套完整的产品质量监督管理制度。生产、销售伪劣产品罪,既严重扰乱了国家对生产、销售产品质量的监督管理秩序,同时还严重损害了企业和广大消费者的合法权益。本罪的客体,即设定本罪所要保护的法益,就是由产品质量法等法律法规的实行而形成的有条不紊的秩序。也有学者认为,本罪 3

的客体应是国家对产品质量的监督管理制度。[1] 但是,制度是要求大家共同遵守的办事规程或行动准则[2],如果将犯罪客体理解为刑法所保护而为犯罪行为所侵犯的社会关系或社会利益,那么,对制度的侵害就应该是改变制度本身。所以,制度不应是客体,只有制度被遵守所形成的秩序才是犯罪的客体。

Ⅳ 对象

4 本罪的犯罪对象是伪劣产品,即发生在生产、销售领域中的质量低劣、不合格或者丧失使用价值的商品,包括伪产品与劣产品两类。其中,伪产品主要是指“以假充真”的产品;劣产品是指掺杂掺假、以次充好的产品及冒充合格产品的不合格产品。这里的“产品”,应指经过加工、制作,用于销售的产品。不管是工业产品还是农业产品,不管是生活用品还是生产资料,也不管是会危害人身、财产安全的产品还是不会危害人身、财产安全的产品,都可能包含在本罪的伪劣产品之中。通说基于行政从属性的考虑,认为此处的产品应仅限于《产品质量法》规定的产品,建筑物、国家禁止流通的物品等不属于生产、销售伪劣产品罪的对象。

Ⅴ 行为

5 根据《刑法》第140条的规定,生产、销售伪劣产品的行为是指生产者、销售者在产品中掺杂、掺假,以假充真,以次充好或者以不合格产品冒充合格产品,销售金额在5万元以上的行为。概括起来,主要有四种表现形式:①掺杂、掺假,是指在生产、销售的产品中掺入杂质或者异物,致使产品质量不符合国家法律法规或者产品明示的质量标准规定的质量要求,降低、失去应有使用性能,借以增加产品的重量、体积、数量等行为。例如,在磷肥中掺入颜色相同的泥土、在煤炭中掺进煤矸石、在油菜籽中掺入沙子,等等。②以假充真,是指以不具有某种使用性能的产品冒充具有该种使用性能的产品的行为,即以伪造的产品冒充真产品,如销售、生产的产品名称与实际不符,或者原材料名称、产品所含成分与产品的实际名称、成分不符。例如,用甲醇兑水冒充白酒、用人造革冒充皮革,等等。③以次充好,是指以低等级、低档次产品冒充高等级、高档次产品,或者以残次、废旧零配件组合、拼装后冒充正品或者新产品的行为。例如,以人工养殖的人参冒充天然人参等。④以不合格产品冒充合格产品。“不合格产品”,是指不符合《产品质量法》第26条第2款规定的质量要求的产品。这里是指以不符合质量标准的产品假冒符合质量标准的产品。关于判断产品是否合格的标准有四种:一是强制性标准,即国家颁行的特定商品的标准;二是行业性标准,又称

1 参见陈兴良主编:《罪名指南》(第2版),中国人民大学出版社2008年版,第218页。

2 参见中国社会科学院语言研究所词典编辑室编:《现代汉语词典》(第7版),商务印书馆2016年版,第1689页。

推荐标准,即国家有关部门推荐,企业自愿采用的标准;三是企业标准,即企业自己规定的产品质量标准;四是社会通行标准,即在没有强制性标准、行业性标准、企业标准的情况下,按照社会上通行的标准来衡量,按此标准来衡量产品是否合格比较复杂,一般需要聘请专家鉴定。不符合上述四个标准的产品即为不符合质量标准的不合格产品。前述四种行为并不绝对分立,在实践中可能交叉重合,不论是实施其中一种行为,还是同时实施多种行为,皆只以生产、销售伪劣产品罪一罪论处。此外,构成本罪,还必须要求销售金额达到 5 万元以上,此处之销售金额是指生产者、销售者生产、销售伪劣产品没有扣除成本、税款等的所有违法收入。

也有观点认为,生产、销售伪劣产品只有掺杂、掺假,以假充真,以次充好三种表现形式,"以不合格产品冒充合格产品"只不过是这三种行为方式的法律特征。[3] 这种理解方式会导致处罚范围的不当缩小。因为,合格与否要有具体的标准,在不存在国家标准和行业标准的情况下,很容易导致即使掺杂、掺假,以假充真,以次充好的伪劣产品,也因特定标准的不存在,而不能被认为是伪劣产品。 6

Ⅵ 结果

本罪是数额犯。最高人民检察院、公安部《关于公安机关管辖的刑事案件立案追诉标准的规定(一)》第 16 条第 1 款规定:"生产者、销售者在产品中掺杂、掺假,以假充真,以次充好或者以不合格产品冒充合格产品,涉嫌下列情形之一的,应予立案追诉:(一)伪劣产品销售金额五万元以上的;(二)伪劣产品尚未销售,货值金额十五万元以上的;(三)伪劣产品销售金额不满五万元,但将已销售金额乘以三倍后,与尚未销售的伪劣产品货值金额合计十五万元以上的。"因此,对于相应数额均不满足这三种情形的,不能成立本罪。 7

Ⅶ 主体

本罪的主体必须是生产者和销售者。生产者,既包括产品的制造者,也包括产品的加工者;销售者,既包括批量销售者,也包括零散销售者,还包括产品生产的直接销售者。至于生产者、销售者是否合法,则不影响本罪的成立。因此,本罪的主体实际上就是一般主体,即凡是达到刑事责任年龄、具有刑事责任能力的自然人都可以构成本罪。另根据《刑法》第 150 条之规定,单位也可以构成本罪。也有学者认为,本罪主体属于特殊主体[4],但是这不意味着本罪是身份犯,因为一般自然人与单位都可能成 8

---

3 参见曲新久:《论生产、销售伪劣产品罪的几个问题》,载《人民检察》2016 年第 3 期。

4 参见黄京平主编:《破坏市场经济秩序罪研究》,中国人民大学出版社 1999 年版,第 91 页。

为生产者或者销售者。[5]

Ⅷ 故意

9 从法条的语言表述看,可以认为本罪只能由故意构成,过失不构成本罪。其故意的内容是行为人明知生产或者销售伪劣产品的行为会破坏产品质量监督管理制度、危害广大消费者的合法权益,仍然希望或放任这种结果发生的心理态度。从法律规定看,牟取非法利润是行为者的犯罪动机,但并不是本罪的主观条件,不应将其作为构成要件之一的目的。过失行为,如生产者不知原材料有假或者不符合质量标准而生产,销售者误以伪劣产品为合格产品而销售,均不构成本罪。如何认定行为人的"明知",应以行为人的年龄、智力因素为基础,综合当时其他因素而予以全面分析,不能轻信犯罪嫌疑人或被告人的口供。

Ⅸ 既遂与未完成形态

10 对于本罪的未完成形态,有学者认为,销售金额 5 万元是决定本罪成立与否的标准,即只有销售金额在 5 万元以上的,才能构成犯罪,销售金额不足 5 万元的,不能认为是犯罪。[6] 既然销售金额不足 5 万元不认为是犯罪,当然也就不存在既未遂的区分问题。也有学者认为,本罪属于数额犯,而数额犯是情节犯的一种。对于情节犯,刑法学界的通说认为不存在未遂形态,因为法定的情节要件既是构成这类犯罪的必备要件,也是其构成要件齐备的标志。[7] 因此,本罪不存在未遂形态,更不存在实行阶段的中止,犯罪预备完全可以适用《刑法》第 13 条"情节显著轻微危害不大的,不认为是犯罪"的规定。总之,就本罪而言,实际上只有是否构成犯罪的问题,而未完成形态的预备、未遂和中止或者不存在,或者不认为是犯罪,或者不可罚。据此,可以认为本罪只有一种形态,即完成形态的犯罪,无任何未完成的停止形态。[8]

11 但是,也有学者认为,该类犯罪存在着犯罪既遂与未遂的区分以及犯罪的预备形态。行为人生产、销售伪劣产品,实际销售金额 5 万元以上的,构成生产、销售伪劣产品罪,属于既遂;生产者已经生产出伪劣产品或正在生产伪劣产品,或者销售者已经购进伪劣产品正在销售,销售金额可以达到 5 万元以上,但实际销售金额尚不足 5 万元即被查获的,应以犯罪未遂论处,而不能认为不构成犯罪;为生产、销售伪劣产品准备犯罪工具、制造条件的,如购进金额为 5 万元以上的伪劣产品尚未开始销售的,以

---

5 参见张明楷:《刑法学》(第 6 版),法律出版社 2021 年版,第 944 页。

6 参见张明楷:《刑法学》(第 6 版),法律出版社 2021 年版,第 946 页。

7 参见高铭暄主编:《刑法学原理》(第 2 卷),中国人民大学出版社 1993 年版,第 275—276 页。

8 参见黄京平主编:《破坏市场经济秩序罪研究》,中国人民大学出版社 1999 年版,第 114—115 页。

预备论。[9]

最高人民法院、最高人民检察院《关于办理生产、销售伪劣商品刑事案件具体应用法律若干问题的解释》第 2 条第 2 款规定,伪劣产品尚未销售,货值金额达到《刑法》第 140 条规定的销售金额 3 倍以上的,以生产、销售伪劣产品罪(未遂)定罪处罚。2010 年 3 月 2 日最高人民法院、最高人民检察院发布的《关于办理非法生产、销售烟草专卖品等刑事案件具体应用法律若干问题的解释》第 2 条第 1 款规定,伪劣卷烟、雪茄烟等烟草专卖品尚未销售,货值金额达到《刑法》第 140 条规定的销售金额定罪起点数额标准的 3 倍以上的,或者销售金额未达到 5 万元,但与未销售货值金额合计达到 15 万元以上的,以生产、销售伪劣产品罪(未遂)定罪处罚。据此,司法解释明确肯定了本罪的既遂与未遂形态。 12

X 共犯

本罪属任意共犯。本罪的共犯既可以是自然人之间的共犯、单位之间的共犯,也可以是自然人与单位之间的共犯。根据最高人民法院、最高人民检察院《关于办理生产、销售伪劣商品刑事案件具体应用法律若干问题的解释》第 9 条的规定,知道或者应当知道他人实施生产、销售伪劣商品犯罪,而为其提供贷款、资金、账号、发票、证明、许可证件,或者提供生产、经营场所或者运输、仓储、保管、邮寄等便利条件,或者提供制假生产技术的,以生产、销售伪劣产品罪的共犯论处。 13

XI 罪数

对于生产、销售伪劣产品罪的罪数区分,应当按照区分一罪与数罪的标准来解决。需要注意的是,本罪是选择性罪名,因此,从理论上说,如果行为人只生产伪劣产品的,构成生产伪劣产品罪;只销售伪劣产品的,构成销售伪劣产品罪;既生产又销售伪劣产品的,构成生产、销售伪劣产品罪,不实行数罪并罚。 14

此外,由于本罪的伪劣产品是属概念,其外延涵盖了第 141 条至第 148 条规定的特定伪劣产品,因此,《刑法》第 140 条的规定与第 141 条至第 148 条各条之间形成了法条竞合关系。在适用法律上,应首先适用特别法条即第 141 条至第 148 条的规定,排除第 140 条的适用。但是,根据《刑法》第 149 条的规定,如果生产、销售《刑法》第 141 条至第 148 条所列产品,不构成各该条规定的犯罪,但是销售金额在 5 万元以上的,依照本罪处罚。如果生产、销售《刑法》第 141 条至第 148 条所列产品,构成各该条规定的犯罪,同时又构成本罪的,依照处罚较重的法条处罚,不实行数罪并罚。 15

---

9 参见曲新久:《生产、销售伪劣产品罪的既遂、未遂与预备形态》,载《人民检察》1998 年第 10 期。

XII 与非罪的界限

16 生产、销售伪劣产品罪与非罪的界限主要表现在三个方面:第一,行为人生产、销售的对象是否符合生产、销售伪劣产品罪中"产品"的含义,比较有争议的问题是,建筑工程是否属于"产品"?[10] 只有符合本罪"产品"的含义,才能构成本罪。第二,行为人生产、销售伪劣产品金额的大小是否满足相关条件,即伪劣产品销售金额在 5 万元以上,或者伪劣产品尚未销售,货值金额 15 万元以上,或者伪劣产品销售金额不满 5 万元,但将已销售金额乘以 3 倍后,与尚未销售的伪劣产品货值金额合计 15 万元以上。[11] 只有数额满足上述任一情形才能构成本罪。第三,行为人主观上是否出于故意,即行为人是否明知是伪劣产品而予以生产、销售。如果生产者并不知道所使用的原材料有假或者不符合标准而予以生产,销售者不知其所销售的产品是伪劣产品而予以销售,都不能构成本罪。

XIII 与他罪的区别

一、与诈骗罪的区别

17 依照《刑法》第 266 条的规定,诈骗罪是指以非法占有为目的,用虚构事实或者隐瞒真相的方法,骗取数额较大的公私财物的行为。诈骗罪与生产、销售伪劣产品罪皆具有欺诈性,都侵犯了他人的经济或财产权益等。一般而言,生产、销售伪劣产品罪属于交易型犯罪,诈骗罪则属于非交易型犯罪。二者区别主要表现在以下几个方面:①犯罪目的不同。构成生产、销售伪劣产品罪者,虽然常常以获取非法利润为目的,但其不是目的犯;而诈骗罪是以非法占有为目的。②侵犯的客体不同。生产、销售伪劣产品罪侵犯的客体是国家对产品质量的监督管理制度以及消费者的合法权益;而诈骗罪所侵犯的客体是公私财产所有权。③欺骗手段的性质不同。生产、销售伪劣产品罪的目的是获取非法利润,此目的决定掺杂、掺假、以假充真、以次充好、以不合格产品冒充合格产品的过程中,必定有次货、假货或不合格货物存在;而诈骗罪中往往没有所说的货物,或者货物与其所说的价值相差极大,比如用价格极低的玻璃瓶灌自来水冒充白酒出售等,行为人完全是以交易活动的形式,无偿非法占有他人财物。④在行为构造上不同。诈骗罪需要对方陷入认识错误并处分自己的财产;生产、销售伪劣产品罪则只需要有生产、销售行为即可。

---

[10] 参见徐强:《认定生产、销售伪劣产品罪的几个问题》,载《检察日报》2017 年 7 月 19 日。

[11] 参见最高人民检察院、公安部《关于公安机关管辖的刑事案件立案追诉标准的规定(一)》第 16 条第 1 款。

二、与假冒注册商标罪、销售假冒注册商标的商品罪的区别

《刑法》第 213 条和第 214 条分别规定了假冒注册商标罪和销售假冒注册商标的商品罪。依照《刑法》第 213 条的规定,假冒注册商标罪,是指未经注册商标所有人许可,在同一种商品、服务上使用与其注册商标相同的商标,情节严重的行为。另根据《刑法》第 214 条的规定,销售假冒注册商标的商品罪,是指销售明知是假冒注册商标的商品,违法所得数额较大或者有其他严重情节的行为。这三种犯罪都属于破坏社会主义市场经济秩序的犯罪,在实际生活中,"假冒"和"伪劣"往往交织在一起,犯罪分子为了能够顺利地销售伪劣产品,往往冒用名牌产品的注册商标;而假冒商标,或者销售假冒注册商标的商品,往往也是将自己生产的质量较差的商品冒充他人质量较好或者信誉较好的商品,实质上也是一种以次充好的行为。但三者也有区别,主要表现在以下几个方面:①犯罪的直接客体不同。假冒注册商标罪与销售假冒注册商标的商品罪的直接客体是他人的注册商标专用权;而生产、销售伪劣产品罪的直接客体是产品质量监督管理制度。②犯罪对象不同。生产、销售伪劣产品罪的犯罪对象是伪劣产品,即质量低劣不合格的产品;而假冒注册商标罪、销售假冒注册商标的商品罪的犯罪对象是他人的注册商标。从性质上看,可能该商品本身就是伪劣产品,也可能该产品的性能是合格的,对后者只能定假冒注册商标罪,或销售假冒注册商标的商品罪。③行为方式及内容不同。假冒注册商标罪的行为方式是未经注册商标所有人许可,在同一种商品、服务上使用与其注册商标相同的商标;销售假冒注册商标的商品罪之行为方式是明知是假冒他人注册商标的商品而予以销售,违法所得数额较大的行为;生产、销售伪劣产品罪的行为方式是在产品中掺杂、掺假,以假充真,以次充好或者以不合格产品冒充合格产品的行为。当行为人以伪劣产品假冒他人有注册商标的产品进行生产、销售时,属于想象竞合犯,应择一重罪处罚。在"陈建明等销售伪劣产品案"[12]中,被告人陈建明等六人共同分工协作,制售假冒的劣质卷烟,涉及"三五""万宝路""红塔山""中华"等多个品牌。法院认为,在本案中,被告人陈建明等人为了牟取非法利益,大量销售假冒的卷烟,销售数额特别巨大,既严重侵犯了他人的注册商标专用权和国家的商标管理制度,又侵犯了国家的产品质量管理制度和消费者的合法权益。其行为同时触犯了《刑法》第 140 条和第 214 条的规定,既构成销售伪劣产品罪,又构成销售假冒注册商标的商品罪。综合本案的事实,陈建明等人的行为应以较重犯罪的处罚条款定罪量刑,即以销售伪劣产品罪对被告人陈建明等人定罪处罚。 18

---

12 参见最高人民法院刑事审判第一庭、第二庭编:《刑事审判参考》总第 19 辑(第 115 号),法律出版社 2001 年版。

三、与生产、销售伪劣药品、食品、化妆品、医用器材、农药、兽药、种子、化肥等特定种类的伪劣产品犯罪的区别

19 生产、销售伪劣产品罪与本节规定的其他生产、销售特定种类的伪劣产品罪同属破坏社会主义市场经济秩序犯罪,并具有一般和特殊的关系,但二者之间也存在一些区别:①犯罪客体不同。生产、销售伪劣产品罪的客体为国家对商品的监督管理秩序和广大消费者的合法权益,而有的生产、销售特定种类的伪劣产品罪如生产、销售、提供假药罪的客体还包括人民群众的生命健康权利。②犯罪对象不同。生产、销售特定种类的伪劣产品罪的对象只能是各条所规定的特定的产品,而生产、销售伪劣产品罪的犯罪对象是一切产品。③构成要件的结果不同。构成生产、销售伪劣产品罪销售金额必须是5万元以上,而生产、销售特定种类的伪劣产品罪对于销售数额没有要求,有的犯罪如生产、销售不符合安全标准的产品罪要求造成严重的实害后果,有的犯罪如妨害药品管理罪要求造成具体的危险,有的犯罪既不要求造成严重的实害后果,也不要求造成具体的危险,只要实施了生产、销售行为,即可构成犯罪既遂,如生产、销售、提供假药罪和生产、销售有毒、有害食品罪。

XIV 处罚

20 《刑法》第140条为生产、销售伪劣产品罪规定了四个幅度的法定刑:犯本罪,销售金额5万元以上不满20万元的,处2年以下有期徒刑或者拘役,并处或者单处销售金额50%以上2倍以下罚金;销售金额20万元以上不满50万元的,处2年以上7年以下有期徒刑,并处销售金额50%以上2倍以下罚金;销售金额50万元以上不满200万元的,处7年以上有期徒刑,并处销售金额50%以上2倍以下罚金;销售金额200万元以上的,处15年有期徒刑或者无期徒刑,并处销售金额50%以上2倍以下罚金或者没收财产。

21 《刑法》第150条还对单位犯本罪作了规定:单位犯生产、销售伪劣产品罪的,对单位判处罚金,并对其直接负责的主管人员和其他直接责任人员,依照自然人犯罪的规定处罚。

22 根据最高人民法院、最高人民检察院《关于办理生产、销售伪劣商品刑事案件具体应用法律若干问题的解释》第11条、第12条的规定,实施《刑法》第140条规定的犯罪,又以暴力、威胁方法抗拒查处,构成其他犯罪的,依照数罪并罚的规定处罚。国家机关工作人员参与生产、销售伪劣商品犯罪的,从重处罚。

第一百四十一条　生产、销售、提供假药罪

生产、销售假药的，处三年以下有期徒刑或者拘役，并处罚金；对人体健康造成严重危害或者有其他严重情节的，处三年以上十年以下有期徒刑，并处罚金；致人死亡或者有其他特别严重情节的，处十年以上有期徒刑、无期徒刑或者死刑，并处罚金或者没收财产。

药品使用单位的人员明知是假药而提供给他人使用的，依照前款的规定处罚。

文献：陈正云、刘福谦：《生产销售伪劣商品罪的认定与处理》，中国检察出版社1998年版；黄京平主编：《破坏市场经济秩序罪研究》，中国人民大学出版社1999年版；熊选国主编：《生产、销售伪劣商品罪》，中国人民公安大学出版社1999年版；高铭暄主编：《新型经济犯罪研究》，中国方正出版社2000年版；史卫忠主编：《生产销售伪劣商品犯罪的定罪与量刑》，人民法院出版社2000年版；熊选国、任卫华主编：《刑法罪名适用指南——生产销售伪劣商品罪》，中国人民公安大学出版社2007年版；陈兴良主编：《罪名指南》(第2版)，中国人民大学出版社2008年版；涂龙科编：《生产、销售伪劣商品罪专题整理》，中国人民公安大学出版社2010年版；王作富主编：《刑法分则实务研究》(第5版)，中国方正出版社2013年版；马克昌主编：《百罪通论》(上卷)，北京大学出版社2014年版；陈兴良主编：《刑法各论精释》(下)，人民法院出版社2015年版。曲新久：《生产、销售伪劣产品罪的既遂、未遂与预备形态》，载《人民检察》1998年第10期；刘吉恩：《论生产、销售假药罪司法适用中的几个问题》，载《中国刑事法杂志》2000年第2期；郭立新：《论生产销售伪劣产品罪的几个争议问题》，载《法学评论》2001年第1期；徐雅飒：《试论生产销售假药罪的犯罪对象》，载《中州大学学报》2010年第4期；刘晓莉：《降低入罪门槛的当代价值探究——以〈刑法修正案(八)草案〉对生产销售假药罪的修正为视角》，载《政治与法律》2011年第1期；陈晓钟、戚庚生：《生产、销售假药罪主观上明知及相关难点的司法认定》，载《人民司法》2012年第8期；王玉珏：《生产、销售假药罪的司法认定》，载《人民检察》2012年第19期；孔祥参、刘芳：《论销售假药罪的重刑化倾向及其司法消解》，载《政治与法律》2013年第8期；时方：《生产、销售假药罪法益侵害的规范解释——主次法益价值冲突时的实质判断》，载《政治与法律》2015年第5期；孙万怀：《生产、销售假药行为刑事违法性之评估》，载《法学家》2017年第2期；张学永：《生产、销售假药罪的刑法教义学检讨》，载《中国人民公安大学学报(社会科学版)》2018年第3期；张伟珂：《论销售假药罪司法认定的解释规则》，载《中国人民公安大学学报(社会科学版)》2019

年第4期;冯军:《非法提供假药、劣药犯罪的罪名确定与罪状解读》,载《法治研究》2021年第2期;杜宇:《〈刑法修正案(十一)〉中药品犯罪修订之得失》,载《法学》2021年第3期;陈冉:《法秩序统一视野下危害药品安全犯罪的刑事责任重构》,载《中州学刊》2021年第4期。

细目录

Ⅰ　主旨
Ⅱ　沿革
Ⅲ　客体
Ⅳ　对象
Ⅴ　行为
Ⅵ　结果
Ⅶ　主体
Ⅷ　故意
Ⅸ　既遂与未完成形态
Ⅹ　共犯
Ⅺ　罪数
Ⅻ　与非罪的界限
XIII　与他罪的区别
一、与制造、贩卖毒品罪的区别
二、与投放危险物质罪以及以危险方法危害公共安全罪的区别
XIV　处罚

Ⅰ　主旨

1　刑法设定生产、销售、提供假药罪的立法目的,在于通过对生产、销售、提供假药行为的刑法规制,维护国家药品管理秩序,保护人民群众的生命、健康权利。

Ⅱ　沿革

2　1979年《刑法》没有本罪的规定,但对制售假药的行为规定了制造、贩卖假药罪。根据1979年《刑法》第164条的规定,所谓制造、贩卖假药罪,是指以营利为目的,制造、贩卖假药,危害人民健康的行为。为了进一步打击生产、销售伪劣商品犯罪,保护人民生命和身体健康,1993年7月2日第八届全国人大常委会第二次会议通过的《关于惩治生产、销售伪劣商品犯罪的决定》第2条中规定了生产、销售假药罪,取代了1979年《刑法》第164条的规定,并相应地将法定最高刑7年有期徒刑上升为死刑。1997年《刑法》第141条吸纳了决定关于该罪的具体规定,设置了生产、销售假药罪

这一罪名,同时相应地完善了处罚种类和处罚标准:一是将“违法所得”改为“销售金额”;二是将无限额罚金改为倍比罚金。2011 年 2 月 25 日通过的《刑法修正案(八)》对该罪作出了一些修改:在该罪的成立要件中删除了“足以严重危害人体健康的”规定,使该罪成为抽象危险犯;删除了法定刑中的“单处”罚金、“销售金额百分之五十以上两倍以下罚金”的规定;在两档法定刑升格条件中分别增加了“或者有其他严重情节的”“或者有其他特别严重情节的”兜底性条款规定。2020 年 12 月 26 日通过的《刑法修正案(十一)》对本罪又作了修订:删除了原第 2 款“本条所称假药,是指依照《中华人民共和国药品管理法》的规定属于假药和按假药处理的药品、非药品”的规定,新增了“药品使用单位的人员明知是假药而提供给他人使用的,依照前款的规定处罚”的规定作为第 2 款。

Ⅲ 客体

本罪侵犯的客体为复杂客体,即国家对药品生产、销售的管理秩序和不特定人 3
的生命、健康权利。本罪的客体,即设定本罪所要保护的法益,就是由《药品管理法》等法律法规的实行而形成的有条不紊的状况。也有学者认为本罪的直接客体应是药品生产、销售的管理制度。[1] 这是不准确的。如果将犯罪客体理解为刑法所保护而为犯罪行为所侵犯的社会关系或社会利益,那么,对制度的侵害就应该是改变制度本身,所以,制度不应是客体,只有制度的被遵守所形成的秩序才是犯罪的客体。

Ⅳ 对象

本罪的犯罪对象为假药。对于假药的界定,根据《刑法》第 141 条原第 2 款的规 4
定:“本条所称假药,是指依照《中华人民共和国药品管理法》的规定属于假药和按假药处理的药品、非药品。”曾引起广泛关注的“药神案”中,行为人陆勇从印度购买以及帮助其他癌症患者购买的十余种抗癌药品中,有三种药品经益阳市食品药品监督管理局鉴定系未经我国批准进口的药品。由于当时《刑法》第 141 条第 2 款关于假药的定义还未删除,根据《药品管理法》(2015 年修正)第 48 条第 3 款第(五)项的规定,该案中的药品属于本罪“假药”的范畴。后来,检察院认为陆勇的行为不属于销售行为因而不构成销售假药罪。[2] 2019 年《药品管理法》修订时删除了按假药处理的情形。考虑到要与新修订的《药品管理法》做好衔接,同时考虑到行政法律、法规的修改比较频繁,《刑法修正案(十一)》将该款删除。但是,对于本罪中假药的界定,一般仍

---

1 参见陈兴良主编:《罪名指南》(第 2 版),中国人民大学出版社 2008 年版,第 224 页;马克昌主编:《百罪通论》(上卷),北京大学出版社 2014 年版,第 185 页。

2 参见湖南省沅江市人民检察院沅检公刑不诉〔2015〕1 号不起诉决定书。

应当依照《药品管理法》的规定。[3] 根据《药品管理法》第 98 条第 2 款的规定,有下列情形之一的,为假药:药品所含成份与国家药品标准规定的成份不符;以非药品冒充药品或者以他种药品冒充此种药品;变质的药品;药品所标明的适应症或者功能主治超出规定范围。

5 上述药品都限于用于人体的药品与非药品,如果生产、销售假农药、假兽药则不构成本罪。但是,实践中的为了谋取不法利益,将本来不能用于人体的兽药提供给人使用,也属于本罪中的假药。[4] 因为,可以认为此种情形属于"药品所含成份与国家药品标准规定的成份不符"或者"以他种药品冒充此种药品"的情形。[5]

6 如果对于依据《药品管理法》第 98 条第 2 款认定假药,或者是否属于第 98 条第 2 款第(二)项规定的假药存在争议,根据最高人民法院、最高人民检察院《关于办理危害药品安全刑事案件适用法律若干问题的解释》第 19 条第 2 款的规定,"应当由省级以上药品监督管理部门设置或者确定的药品检验机构进行检验,出具质量检验结论。司法机关根据认定意见、检验结论,结合其他证据作出认定"。

V 行为

7 依据《刑法》第 141 条的规定,本罪客观上表现为,违反国家药品管理法律法规,生产、销售假药的行为,以及药品使用单位的人员明知是假药而提供给他人使用的行为。

8 生产假药表现为一切以生产、销售、提供假药为目的,合成、精制、提取、储存、加工炮制药品原料,或者在将药品原料、辅料、包装材料制成成品过程中,进行配料、混合、制剂、储存、包装的行为。[6]

9 销售假药的行为包括一切向不特定多数人有偿提供假药的行为(有偿转让不限于获取金钱,也可能是获取其他利益),至于销售的方式、时间、对象则在所不问。根据最高人民法院、最高人民检察院《关于办理危害药品安全刑事案件适用法律若干问题的解释》第 6 条第 2 款的规定,药品使用单位及其工作人员明知是假药而有偿提供给他人使用的,应当认定为销售假药。

10 根据本条第 2 款的规定,药品使用单位的人员明知是假药而提供给他人使用

3 参见许永安主编:《中华人民共和国刑法修正案(十一)解读》,中国法制出版社 2021 年版,第 50—51 页。

4 参见马克昌主编:《百罪通论》(上卷),北京大学出版社 2014 年版,第 185 页;张明楷:《刑法学》(第 6 版),法律出版社 2021 年版,第 949 页。

5 当然,如果认定属于后者,必须以"以他种药品冒充此种药品"中的"他种"药品不限于用于人体的药品为前提。

6 参见最高人民法院、最高人民检察院《关于办理危害药品安全刑事案件适用法律若干问题的解释》第 6 条第 1 款。

的,同样构成本罪。根据《药品管理法》第 119 条的规定,药品使用单位使用假药、劣药的,按照销售假药、零售劣药的规定处罚。为了与《药品管理法》做好衔接,同时考虑到药品使用单位的人员明知是假药而提供给他人使用的行为严重危害人民群众生命和身体健康,影响职业公信,具有严重的社会危害性,《刑法修正案(十一)》新增了本款规定,将对生产销售假药的刑事处罚延伸到了使用环节。药品使用单位人员,一般是指医院、疾病预防控制中心、防疫站、乡镇卫生院等单位的人员。这里的"提供给他人使用",不仅包括明知是假药而有偿销售给他人的行为,还包括无偿提供给他人使用的行为。[7]

Ⅵ 结果

1997 年《刑法》规定犯罪的成立需要生产、销售假药的行为"足以严重危害人体健康"。《刑法修正案(八)》删除了"足以严重危害人体健康"的规定,该罪的成立并不需要出现"足以严重危害人体健康"的具体危险结果或者实害结果,只要行为人实施了生产、销售假药的行为即构成该罪。如果确实"对人体健康造成严重危害或者有其他严重情节的""致人死亡或者有其他特别严重情节的",则属于法定刑的升格条件。根据最高人民法院、最高人民检察院《关于办理危害药品安全刑事案件适用法律若干问题的解释》第 2 条、第 3 条、第 4 条的规定: 11

"对人体健康造成严重危害"指:①造成轻伤或者重伤的;②造成轻度残疾或者中度残疾的;③造成器官组织损伤导致一般功能障碍或者严重功能障碍的;④其他对人体健康造成严重危害的情形。 12

"其他严重情节"指:①引发较大突发公共卫生事件的。②生产、销售、提供假药的金额 20 万元以上不满 50 万元的。③生产、销售、提供假药的金额 10 元以上不满 20 万元,并具有下列情形之一的:涉案药品以孕产妇、儿童或者危重病人为主要使用对象的;涉案药品属于麻醉药品、精神药品、医疗用毒性药品、放射性药品、生物制品,或者以药品类易制毒化学品冒充其他药品的;涉案药品属于注射剂药品、急救药品的;涉案药品系用于应对自然灾害、事故灾难、公共卫生事件、社会安全事件等突发事件的;药品使用单位及其工作人员生产、销售假药的;其他应当酌情从重处罚的情形。④根据生产、销售、提供的时间、数量、假药种类、对人体健康危害程度等,应当认定为情节严重的。 13

"其他特别严重情节"指:①致人重度残疾以上的。②造成 3 人以上重伤、中度残疾或者器官组织损伤导致严重功能障碍的。③造成 5 人以上轻度残疾或者器官组织损伤导致一般功能障碍的。④造成 10 人以上轻伤的。⑤引发重大、特别重大突发公共卫生事件的。⑥生产、销售、提供假药的金额 50 万元以上的。⑦生产、销售、提供 14

7 参见许永安主编:《中华人民共和国刑法修正案(十一)解读》,中国法制出版社 2021 年版,第 54—55 页。

假药的金额20万元以上不满50万元,并具有下列情形之一的:涉案药品以孕产妇、儿童或者危重病人为主要使用对象的;涉案药品属于麻醉药品、精神药品、医疗用毒性药品、放射性药品、生物制品,或者以药品类易制毒化学品冒充其他药品的;涉案药品属于注射剂药品、急救药品的;涉案药品系用于应对自然灾害、事故灾难、公共卫生事件、社会安全事件等突发事件的;药品使用单位及其工作人员生产、销售假药的;其他应当酌情从重处罚的情形。⑧根据生产、销售、提供的时间、数量、假药种类、对人体健康危害程度等,应当认定为情节特别严重的。

Ⅶ 主体

15 刑法未对该罪的主体作直接规定,依据法条对该罪刑事责任的规定,该罪的主体应为生产者和销售者。生产者、销售者既包括自然人,也包括单位。值得注意的是,本条第2款的主体需为药品使用单位的人员。

Ⅷ 故意

16 本罪在主观上只能是故意。对于生产者而言,明知自己生产药品违反国家药品管理制度和国家药品标准而故意生产;对于销售者而言,明知自己销售的是国家禁止销售的假药,而故意卖给他人;对于药品使用单位的人员而言,则是明知自己使用的是假药而故意提供给他人使用。在确认行为人是否具有故意时,应该坚持主客观相统一的原则。被告人的供述虽然是重要的但不是唯一的依据,特别是在缺少被告人供述的情形下,要综合考虑药品来源渠道、销售者的资质、销售价格的合理性、被告人的资质,等等,综合作出判断。[8] 此外,行为人实施该罪一般是出于营利的目的。但是,营利目的不是构成本罪的必要条件,行为人如果出于营利以外的其他目的而生产、销售假药的,仍可能构成本罪。过失不构成本罪。但过失生产、销售假药的,并且严重危害人身健康的,则可能构成过失以危险方法危害公共安全罪。[9]

Ⅸ 既遂与未完成形态

17 本罪是一种抽象危险犯。对于抽象危险犯是否具有未遂形态,不可一概而论,应结合具体罪名的构成要件判断。就该罪而言,生产或者销售都是一个行为过程,其目的都是生产出假药或者销售出假药,在此过程中,随时都可能因为意志以外的原因而未能得逞。因此,在理论上,应该承认具有未遂形态。例如,行为人正要生产或者销售假药时即被发现。

---

8 参见陈晓钟、戚庚生:《生产、销售假药罪主观上明知及相关难点的司法认定》,载《人民司法》2012年第8期。

9 参见马克昌主编:《百罪通论》(上卷),北京大学出版社2014年版,第189页。

X　共犯

生产、销售、提供假药犯罪完全可能由二人以上共同故意实施,对于该罪的共同犯罪,应当根据刑法总则关于共同犯罪的成立条件以及生产、销售假药犯罪的构成要件予以认定。根据最高人民法院、最高人民检察院《关于办理生产、销售伪劣商品刑事案件具体应用法律若干问题的解释》第 9 条的规定,知道或者应当知道他人实施生产、销售假药犯罪,而为其提供贷款、资金、帐号、发票、证明、许可证件,或者提供生产、经营场所或者运输、仓储、保管、邮寄等便利条件,或者提供制假生产技术的,以生产、销售假药犯罪的共犯论处。而 2022 年 3 月 3 日发布的最高人民法院、最高人民检察院《关于办理危害药品安全刑事案件适用法律若干问题的解释》第 9 条,除囊括以上规定外,还进一步将提供销售渠道等便利条件,提供生产技术或者原料、辅料、包装材料、标签、说明书,以及提供广告宣传等帮助行为认定为生产、销售假药犯罪的共犯。 18

XI　罪数

对于生产、销售、提供假药罪的罪数区分,应当按照关于区分一罪与数罪的标准解决。所要注意的是,本罪和《刑法》第 140 条所规定的生产、销售伪劣产品罪的关系。《刑法》第 140 条的规定与第 141 条形成了法条竞合关系。在适用法律上,应首先适用特别法条即第 141 条的规定,排除第 140 条的适用。即如果生产、销售《刑法》第 141 条所规定的假药,不构成该条规定的犯罪,但是,销售金额在 5 万元以上的,按照《刑法》第 140 条规定的生产、销售伪劣产品罪论处。如果同时符合第 140 条和第 141 条的规定,则应依“重法优于轻法”的原则,依照处罚较重的法条处罚,不实行数罪并罚。实施生产、销售假药罪,同时构成生产、销售伪劣产品、侵犯知识产权、非法经营、非法行医、非法采供血等犯罪的,依照处罚较重的规定定罪处罚。实施生产、销售假药的行为,又以暴力、威胁方法抗拒查处,构成其他犯罪的,依照数罪并罚的规定处罚。[10] 19

XII　与非罪的界限

本罪是抽象危险犯,原则上,只要行为人实施了生产、销售假药或者提供假药给他人使用的行为即构成犯罪。因此,认定是否成立本罪之时,行为对象是否是假药至关重要。对于假药而言,并不要求具有足以严重危害人体健康的危险。在区分是否假药之时,还需注意“非药品”和“非药品冒充假药”的情形。这主要涉及非药品“冒 20

10　参见最高人民法院、最高人民检察院《关于办理生产、销售伪劣商品刑事案件具体应用法律若干问题的解释》第 11 条。

充药品的外在特征,即在非药品的包装、标签、说明书或者宣传材料上表明适应症或者功能主治、用法和用量,或者口头宣称其适应症或者功能主治、用法与用量”[11]。对此,我国有学者指出,“人参蜂王浆、太阳神口服液之类的营养品不是药品,而是食品之一种”[12]。2021 年 12 月 30 日发布的最高人民法院、最高人民检察院《关于办理危害食品安全刑事案件适用法律若干问题的解释》第 11 条第 3 款规定,在保健食品或者其他食品中非法添加国家禁用药物等有毒、有害的非食品原料的,以生产、销售有毒、有害食品罪定罪处罚。可见,司法实践也是将此类保健品视为食品。这种观点值得赞同。

XIII 与他罪的区别

一、与制造、贩卖毒品罪的区别

21 根据《刑法》第 347 条的规定,制造、贩卖毒品罪,是指违反国家毒品管理法规,制造、贩卖毒品的行为。在实践中,一些物品既具有医疗药用价值又具有麻醉药品作用,行为人在生产、销售上述具有双重作用的物品时,往往对两种犯罪难以区分。区分两罪的关键是看行为人生产、销售的此类物品的使用目的即用途是什么。如果行为人生产、销售用于医疗目的的伪劣药品,即使这些药品具有麻醉药品性质,也应以生产、销售假药罪论处。如果行为人生产、销售非医疗目的使用的麻醉药品或精神药品,即使这些药品也具有某些药用医疗价值,也应以制造、贩卖毒品罪处理。但若是以假麻醉药品、假精神药品来冒充真药品出售,则按诈骗罪处理为宜。

二、与投放危险物质罪以及以危险方法危害公共安全罪的区别

22 《刑法》第 114 条、第 115 条第 1 款规定了投放危险物质罪、以危险方法危害公共安全罪。根据《刑法》第 114 条、第 115 条第 1 款的规定,以危险方法危害公共安全罪,是指使用除放火、决水、爆炸以外的其他方法,造成不特定多数人的伤亡或者公私财产重大损失,危害公共安全的行为。生产、销售假药,既破坏了国家药品管理秩序,又危害了不特定多数人的生命、健康权利,从某种意义上讲,也属于《刑法》第 114 条、第 115 条第 1 款所规定的“以危险方法危害公共安全罪”的范畴,因此,这两种犯罪与本罪在犯罪客体与行为方式方面有一定的共同性。但是,由于刑法已对其作了单独规定,就有必要注意其区别:①犯罪目的不同。本罪行为人主观上一般具有牟利目的,即为了牟取暴利,明知其生产、销售的是假药而予以生产、销售,至于是否给人体健康、生命安全造成严重危害后果则不在行为人所追求的直接故意范围之内,或属过失心理,或属间接故意心理。如果行为人生产、销售假药,目的就是对他人的生命、

---

[11] 徐雅飒:《试论生产销售假药罪的犯罪对象》,载《中州大学学报》2010 年第 4 期。

[12] 黎宏:《刑法学各论》(第 2 版),法律出版社 2016 年版,第 82 页。

健康、财产安全造成损害进而危害公共安全的，应认定为以危险方法危害公共安全罪。②客体不同。本罪侵犯的客体为复杂客体，即药品管理秩序和人民群众的生命、身体健康；投放危险物质罪、以危险方法危害公共安全罪侵犯的客体为单一客体，即公共安全。③主体不同。本罪的主体既包括自然人也包括单位；而投放危险物质罪、以危险方法危害公共安全罪的主体仅限于自然人。在王桂平以危险方法危害公共安全、销售伪劣产品、虚报注册资本案[13]中，被告人王桂平在明知二甘醇不能作为药用的情况下，以 15000 元的价格将 1 吨二甘醇冒充药用丙二醇销售给黑龙江省齐齐哈尔第二制药有限公司，并伪造了产品合格证。后广东省中山大学第三附属医院购得用该假冒药用丙二醇制得的注射液临床使用，导致 15 名患者出现急性肾衰竭、病情加重，其中 14 名患者死亡。本案中，首先被告人王桂平的行为构成销售假药罪的法律依据不足。药用丙二醇是药品辅料，根据药品管理法的规定，辅料是指生产药品和调配处方时所用的赋形剂和附加剂，与药品有别，故不宜按销售假药罪处理。同时被告人王桂平知道二甘醇被用于加工药品后，会危害他人身体健康，但为了谋取非法利益，却放任危害结果的发生，应当认定具有实施危险方法危害公共安全罪的间接故意。被告人王桂平的行为符合以危险方法危害公共安全罪的构成要件，应当以以危险方法危害公共安全罪定罪处罚。

XIV 处罚

《刑法》第 141 条为生产、销售、提供假药罪规定了三个幅度的法定刑：①犯本罪的，处 3 年以下有期徒刑或者拘役，并处罚金；②对人体健康造成严重危害或者有其他严重情节的，处 3 年以上 10 年以下有期徒刑，并处罚金；③致人死亡或者有其他特别严重情节的，处 10 年以上有期徒刑、无期徒刑或者死刑，并处罚金或者没收财产。关于法定刑升格条件的具体内容参见本条“结果”部分。关于并处罚金的数额，“一般应当在生产、销售、提供的药品金额二倍以上；共同犯罪的，对各共同犯罪人合计判处的罚金一般应当在生产、销售、提供的药品金额二倍以上”。[14]。 23

此外，最高人民法院、最高人民检察院《关于办理危害药品安全刑事案件适用法律若干问题的解释》第 1 条、第 16 条第 1 款、第 17 条还对该罪的刑罚裁量和适用作了如下具体规定： 24

根据第 1 条的规定，生产、销售、提供假药，具有下列情形之一的，应当酌情从重处罚：涉案药品以孕产妇、儿童或者危重病人为主要使用对象的；涉案药品属于麻醉药品、精神药品、医疗用毒性药品、放射性药品、生物制品，或者以药品类易制毒化学 25

---

13 参见王桂平以危险方法危害公共安全、销售伪劣产品、虚报注册资本案，载《最高人民法院公报》2009 年第 1 期。

14 最高人民法院、最高人民检察院《关于办理危害药品安全刑事案件适用法律若干问题的解释》第 15 条。

品冒充其他药品的;涉案药品属于注射剂药品、急救药品的;涉案药品系用于应对自然灾害、事故灾难、公共卫生事件、社会安全事件等突发事件的;药品使用单位及其工作人员生产、销售假药的;其他应当酌情从重处罚的情形。

26　第16条第1款规定,对于犯本罪的犯罪分子,应当依照刑法规定的条件,严格缓刑、免予刑事处罚的适用。对于被判处刑罚的,可以根据犯罪情况和预防再犯罪的需要,依法宣告职业禁止或者禁止令。《药品管理法》等法律、行政法规另有规定的,从其规定。

27　第17条规定,单位犯本罪的,对单位判处罚金,并对直接负责的主管人员和其他直接责任人员,依照本解释规定的自然人犯罪的定罪量刑标准处罚。单位犯罪的,对被告单位及其直接负责的主管人员、其他直接责任人员合计判处的罚金一般应当在生产、销售、提供的药品金额二倍以上。

28　同时,根据2015年9月16日发布的最高人民法院《关于充分发挥审判职能作用切实维护公共安全的若干意见》第10条的规定,要充分认识此类犯罪的严重社会危害,严格缓刑、免刑等非监禁刑的适用。要采取有效措施依法追缴违法犯罪所得,充分适用财产刑,坚决让犯罪分子在经济上无利可图、得不偿失。要依法适用禁止令,有效防范犯罪分子再次危害社会。

第一百四十二条　生产、销售、提供劣药罪

生产、销售劣药，对人体健康造成严重危害的，处三年以上十年以下有期徒刑，并处罚金；后果特别严重的，处十年以上有期徒刑或者无期徒刑，并处罚金或者没收财产。

药品使用单位的人员明知是劣药而提供给他人使用的，依照前款的规定处罚。

文献:陈正云、刘福谦:《生产销售伪劣商品罪的认定与处理》,中国检察出版社1998年版;黄京平主编:《破坏市场经济秩序罪研究》,中国人民大学出版社1999年版;许发民、翟中东主编:《伪劣商品犯罪及相近易混淆犯罪认定处理》,中国方正出版社1999年版;高铭暄主编:《新型经济犯罪研究》,中国方正出版社2000年版;史卫忠主编:《生产销售伪劣商品犯罪的定罪与量刑》,人民法院出版社2000年版;熊选国、任卫华主编:《刑法罪名适用指南——生产销售伪劣商品罪》,中国人民公安大学出版社2007年版;陈兴良主编:《罪名指南》(第2版),中国人民大学出版社2008年版;涂龙科编:《生产、销售伪劣商品罪专题整理》,中国人民公安大学出版社2010年版;王作富主编:《刑法分则实务研究》(第5版),中国方正出版社2013年版;马克昌主编:《百罪通论》(上卷),北京大学出版社2014年版;陈兴良主编:《刑法各论精释》(下),人民法院出版社2015年版。郭立新:《论生产销售伪劣产品罪的几个争议问题》,载《法学评论》2001年第1期;冯军:《非法提供假药、劣药犯罪的罪名确定与罪状解读》,载《法治研究》2021年第2期;杜宇:《〈刑法修正案(十一)〉中药品犯罪修订之得失》,载《法学》2021年第3期;陈冉:《法秩序统一视野下危害药品安全犯罪的刑事责任重构》,载《中州学刊》2021年第4期。

细目录

Ⅰ　主旨
Ⅱ　沿革
Ⅲ　客体
Ⅳ　对象
Ⅴ　行为
Ⅵ　结果
Ⅶ　主体
Ⅷ　故意

Ⅸ　既遂与未完成形态
Ⅹ　共犯
Ⅺ　罪数
Ⅻ　与非罪的界限
XIII　与他罪的区别
一、与生产、销售、提供假药罪的区别
二、与制造、贩卖毒品罪的区别
XIV　处罚

Ⅰ　主旨

1　刑法设定生产、销售、提供劣药罪的立法目的,在于通过对生产、销售、提供劣药行为的刑法规制,维护国家药品管理秩序,保护人民群众的生命、健康权利。

Ⅱ　沿革

2　我国1979年《刑法》没有关于本罪的规定,但1984年《药品管理法》曾有涉及。该法第51条第2款规定:对生产、销售劣药,危害人民健康,造成严重后果的个人或者单位直接责任人员,比照1979年《刑法》第164条制造、贩卖假药罪的规定追究刑事责任。为进一步惩治生产、销售劣药的行为,维护市场经济秩序,保护公民生命和身体健康权利,1993年7月2日第八届全国人大常委会第二次会议通过了《关于惩治生产、销售伪劣商品犯罪的决定》,在第2条第2款中规定了生产、销售劣药罪。1997年《刑法》第142条吸纳了该规定,设立了生产、销售劣药罪,但对其进行了修改:一是将"违法所得"改为"销售金额";二是将无限额罚金改为倍比罚金。2020年12月26日通过的《刑法修正案(十一)》又对本条进行了修改:一是将倍比罚金改为无限额罚金;二是删去了原第2款"本条所称劣药,是指依照《药品管理法》的规定属于劣药的药品"的规定;三是新增了对"药品使用单位的人员明知是劣药而提供给他人使用"情形的规定。

Ⅲ　客体

3　本罪侵犯的客体为复杂客体,即国家对药品生产、销售的管理秩序和不特定人的生命、健康权利。前者即《药品管理法》等法律法规的实行而形成的有条不紊的状况;后者即不特定人的生命和身体健康。也有学者认为本罪的客体应是禁止生产、销售的药品管理制度[1],这是不妥当的。制度不应是客体,只有制度被遵守所形成的秩序

1　参见黄京平主编:《破坏市场经济秩序罪研究》,中国人民大学出版社1999年版,第137页。

才是犯罪的客体。

Ⅳ 对象

对于劣药的界定，根据《刑法》第 142 条原第 2 款的规定：“本条所称劣药，是指依照《中华人民共和国药品管理法》的规定属于劣药的药品。”2019 年《药品管理法》修订时对劣药的范围进行了调整。考虑到与新修订的《药品管理法》做好衔接，同时考虑到行政法律、法规的修改比较频繁，《刑法修正案（十一）》将该款删除。但是，对于本罪中劣药的界定，一般仍应当依照《药品管理法》的规定。[2] 根据《药品管理法》第 98 条第 3 款的规定，劣药包括以下情形：①药品成份的含量不符合国家药品标准；②被污染的药品；③未标明或者更改有效期的药品；④未注明或者更改产品批号的药品；⑤超过有效期的药品；⑥擅自添加防腐剂、辅料的药品；⑦其他不符合药品标准的药品。 4

Ⅴ 行为

依据《刑法》第 142 条第 1 款的规定，生产、销售劣药的行为指违反国家药品管理法规，生产、销售劣药，对人体健康造成严重危害的行为；根据该条第 2 款的规定，药品使用单位的人员明知是劣药而提供给他人使用的，也依照生产、销售劣药罪处罚。由于劣药比假药的危害性小，故生产、销售劣药对人体健康造成严重危害的，才构成犯罪的既遂，所以本罪是结果犯。 5

本罪主要发生在生产和销售两个领域，行为人只要实施生产或销售行为之一的，即可构成本罪。生产劣药表现为一切以生产、销售、提供劣药为目的，合成、精制、提取、储存、加工炮制药品原料，或者在将药品原料、辅料、包装材料制成成品过程中，进行配料、混合、制剂、储存、包装的行为。[3] 销售劣药的行为包括一切向不特定多数人有偿提供劣药的行为（有偿转让不限于获取金钱，也可能是获取其他利益），至于销售的方式、时间、对象则在所不问。 6

《刑法修正案（十一）》增加了对“药品使用单位的人员明知是劣药而提供给他人使用”行为的规定。根据最高人民法院、最高人民检察院《关于办理危害药品安全刑事案件适用法律若干问题的解释》第 6 条第 2 款的规定，药品使用单位及其工作人员明知是劣药而有偿提供给他人使用的，应当认定为销售劣药的行为。这也与《药品管理法》第 119 条关于“药品使用单位使用假药、劣药的，按照销售假药、零售劣药的规 7

---

2 参见许永安主编：《中华人民共和国刑法修正案（十一）解读》，中国法制出版社 2021 年版，第 57—58 页。

3 参见最高人民法院、最高人民检察院《关于办理危害药品安全刑事案件适用法律若干问题的解释》第 6 条第 1 款。

定处罚”的规定相吻合。对于实践中存在的捐赠、义诊等活动中将劣药无偿提供给他人使用的,也应当适用此款的规定。[4]

Ⅵ　结果

8　由于《刑法》第142条规定的生产、销售、提供劣药对人体健康造成严重危害的,才构成犯罪的既遂,所以本罪属于结果犯。即本罪既遂形态的成立,不仅要求生产、销售劣药的行为,同时还必须发生“对人体健康造成严重危害的”法定犯罪结果;如不发生该结果,不成立该罪的既遂形态。生产、销售劣药的行为后果特别严重,则是法定刑升格的条件。根据最高人民法院、最高人民检察院《关于办理危害药品安全刑事案件适用法律若干问题的解释》第2条、第5条第2款的规定,“对人体健康造成严重危害”是指:造成轻伤或者重伤的;造成轻度残疾或者中度残疾的;造成器官组织损伤导致一般功能障碍或者严重功能障碍的;其他对人体健康造成严重危害的情形。“后果特别严重”是指:致人死亡的;致人重度残疾以上的;造成3人以上重伤、中度残疾或者器官组织损伤导致严重功能障碍的;造成5人以上轻度残疾或者器官组织损伤导致一般功能障碍的;造成10人以上轻伤的;引发重大、特别重大突发公共卫生事件的。

Ⅶ　主体

9　本罪的主体是生产者、销售者以及药品使用单位的人员。因此,本罪既可由自然人构成,也可由单位构成。就自然人而言,凡是达到刑事责任年龄、具有刑事责任能力的人均可以成为本罪的主体。根据《刑法》第150条的规定,单位也可以成为本罪的主体。

Ⅷ　故意

10　从法条的表述看,可以认为本罪只能由故意构成,过失不构成本罪。其故意的内容是行为人明知自己生产、销售劣药或提供劣药给他人使用的行为会发生破坏国家药品管理秩序、侵害人体健康的结果,并且希望或者放任这种结果的发生。本罪行为人在主观上一般也具有牟利的目的,但其不是构成生产、销售、提供劣药罪的必要条件。

Ⅸ　既遂与未完成形态

11　由于《刑法》第142条规定“对人体健康造成严重危害”是构成本罪的必要条

4　参见许永安主编:《中华人民共和国刑法修正案(十一)解读》,中国法制出版社2021年版,第58页。

件,故本罪属于一种结果犯。既然为结果犯,故从理论上来说,就存在预备、未遂和中止等犯罪未完成形态;并且鉴于本罪完成形态的最低法定刑为 3 年有期徒刑,因此,对于本罪的未完成形态一般应予以处罚。

X 共犯

生产、销售、提供劣药罪完全可能由二人以上共同故意实施,对于该罪的共同犯罪,应当根据《刑法》总则关于共同犯罪的成立条件以及生产、销售劣药罪的构成要件予以认定。根据最高人民法院、最高人民检察院《关于办理生产、销售伪劣商品刑事案件具体应用法律若干问题的解释》第 9 条的规定,知道或者应当知道他人实施生产、销售劣药罪,而为其提供贷款、资金、帐号、发票、证明、许可证件,或者提供生产、经营场所或者运输、仓储、保管、邮寄等便利条件,或者提供制假生产技术的,以生产、销售劣药罪的共犯论处。而 2022 年 3 月 3 日发布的最高人民法院、最高人民检察院《关于办理危害药品安全刑事案件适用法律若干问题的解释》第 9 条还进一步将提供销售渠道等便利条件,提供生产技术或者原料、辅料、包装材料、标签、说明书,以及提供广告宣传等帮助行为的都认定为生产、销售、提供劣药罪的共犯。 12

XI 罪数

对于生产、销售、提供劣药罪的罪数区分,应当按照关于区分一罪与数罪的标准解决。所要注意的是,本罪和《刑法》第 140 条所规定的生产、销售伪劣产品罪的关系。《刑法》第 140 条的规定与第 142 条形成了法条竞合关系。在适用法律上,应首先适用特别法条即第 142 条的规定,排除第 140 条的适用,即如果生产、销售《刑法》第 142 条所规定的劣药,不构成该条规定的犯罪,但是销售金额在 5 万元以上的,依照生产、销售伪劣产品罪处罚;如果生产、销售《刑法》第 142 条所规定的劣药,构成该条规定的生产、销售劣药罪,同时又构成生产、销售伪劣产品罪的,依照处罚较重的法条处罚,不实行数罪并罚。实施生产、销售劣药犯罪,同时构成生产、销售伪劣产品、侵犯知识产权、非法经营、非法行医、非法采供血等犯罪的,依照处罚较重的规定定罪处罚。实施生产、销售劣药的行为,又以暴力、威胁方法抗拒查处,构成其他犯罪的,依照数罪并罚的规定处罚。[5] 13

XII 与非罪的界限

要划清生产、销售、提供劣药罪与非罪的界限,必须注意以下几个方面:行为对象是否属于劣药;行为人对"对人体健康造成严重危害"的实害结果是否有认识;"对人 14

5 参见最高人民法院、最高人民检察院《关于办理生产、销售伪劣商品刑事案件具体应用法律若干问题的解释》第 11 条。

体健康造成严重危害”的结果是否已发生;行为人生产、销售劣药的行为是否出于故意。如果行为人对上述情形之一持“否”,则不能构成本罪。这里的“对人体健康造成严重危害”,主要是指被害人因服用劣药而延误治疗,致使病情加重造成重伤、死亡等严重后果(具体参见本条“结果”部分)。如果行为人生产、销售劣药的行为并未对人体健康造成严重危害,且销售金额不足 5 万元的,可作为一种违法行为,由工商管理、卫生行政等部门给予没收劣药、罚款、吊销营业执照等行政处罚。

XIII 与他罪的区别

一、与生产、销售、提供假药罪的区别

15 依照《刑法》第 141 条的规定,生产、销售、提供假药罪,是指生产者、销售者违反国家药品管理法规,非法生产、销售假药,或者药品使用单位的人员明知是假药而提供给他人使用的行为。生产、销售、提供劣药罪与生产、销售、提供假药罪的区别主要表现在:①犯罪对象不同。生产、销售、提供劣药罪的对象是劣药;生产、销售、提供假药罪的对象是假药。②犯罪形态不同。生产、销售、提供劣药罪是结果犯,即只有对人体健康已经造成严重危害的,才构成犯罪,如果虽有危害但并不严重的,则不构成犯罪;生产、销售、提供假药罪是抽象的危险犯,即生产、销售、提供假药即可构成犯罪,不必要求造成具体的危险或者实际危害结果。但若致人死亡或者对人体健康造成了其他特别严重危害后果的,则按结果加重犯处理。③行为人对结果的认识不同。生产、销售、提供劣药罪要求行为人认识到实害结果;生产、销售、提供假药罪则只要求行为人认识到自己生产、销售或者提供的是假药即可。在行为人对假药与劣药发生认识错误的情况下,应在主客观统一的范围内,确定罪名。[6]

二、与制造、贩卖毒品罪的区别

16 根据《刑法》第 347 条的规定,制造、贩卖毒品罪,是指违反国家毒品管理法规,制造、贩卖毒品的行为。在实践中,有一些物品既具有医疗药用价值,又具有麻醉药品作用,行为人在生产、销售上述具有双重作用的物品时,区分的关键是看行为人生产、销售的此类物品的使用目的即用途是什么。如果行为人生产、销售用于医疗目的的劣药,即使这些药品具有麻醉毒药性质,也应以生产、销售劣药罪论处;如果行为人生产、销售非医疗目的的劣质麻醉药品或精神药品,即使这些药品也具有某些药用医疗价值,也应以制造、贩卖毒品罪处理。

XIV 处罚

17 《刑法》第 142 条为生产、销售、提供劣药罪规定了两个幅度的法定刑:犯本罪,对

---

6 参见张明楷:《市场经济下的经济犯罪与对策》,中国检察出版社 1995 年版,第 68 页。

人体健康造成严重危害的,处 3 年以上 10 年以下有期徒刑,并处罚金;后果特别严重的,处 10 年以上有期徒刑或者无期徒刑,并处罚金或者没收财产。单位犯本罪的,对单位判处罚金,并对直接负责的主管人员和其他直接责任人员,依照自然人犯本罪的定罪量刑标准处罚。

此外,最高人民法院、最高人民检察院《关于办理危害药品安全刑事案件适用法律若干问题的解释》第 5 条第 1 款、第 16 条第 1 款、第 17 条,还对该罪的刑罚裁量和适用作了如下具体规定: 18

根据第 5 条的规定,生产、销售、提供劣药,具有下列情形之一的,应当酌情从重处罚:涉案药品以孕产妇、儿童或者危重病人为主要使用对象的;涉案药品属于麻醉药品、精神药品、医疗用毒性药品、放射性药品、生物制品,或者以药品类易制毒化学品冒充其他药品的;涉案药品属于注射剂药品、急救药品的;涉案药品系用于应对自然灾害、事故灾难、公共卫生事件、社会安全事件等突发事件的;药品使用单位及其工作人员生产、销售假药的;其他应当酌情从重处罚的情形。 19

第 16 条第 1 款规定,对于犯本罪的犯罪分子,应当依照刑法规定的条件,严格缓刑、免予刑事处罚的适用。对于被判处刑罚的,可以根据犯罪情况和预防再犯罪的需要,依法宣告职业禁止或者禁止令。《药品管理法》等法律、行政法规另有规定的,从其规定。 20

第 17 条规定,单位犯本罪的,对单位判处罚金,并对直接负责的主管人员和其他直接责任人员,依照本解释规定的自然人犯罪的定罪量刑标准处罚。单位犯罪的,对被告单位及其直接负责的主管人员、其他直接责任人员合计判处的罚金一般应当在生产、销售、提供的药品金额二倍以上。 21

第一百四十二条之一　妨害药品管理罪

违反药品管理法规，有下列情形之一，足以严重危害人体健康的，处三年以下有期徒刑或者拘役，并处或者单处罚金；对人体健康造成严重危害或者有其他严重情节的，处三年以上七年以下有期徒刑，并处罚金：

（一）生产、销售国务院药品监督管理部门禁止使用的药品的；

（二）未取得药品相关批准证明文件生产、进口药品或者明知是上述药品而销售的；

（三）药品申请注册中提供虚假的证明、数据、资料、样品或者采取其他欺骗手段的；

（四）编造生产、检验记录的。

有前款行为，同时又构成本法第一百四十一条、第一百四十二条规定之罪或者其他犯罪的，依照处罚较重的规定定罪处罚。

文献：陈正云、刘福谦：《生产销售伪劣商品罪的认定与处理》，中国检察出版社1998年版；黄京平主编：《破坏市场经济秩序罪研究》，中国人民大学出版社1999年版；熊选国主编：《生产、销售伪劣商品罪》，中国人民公安大学出版社1999年版；史卫忠主编：《生产销售伪劣商品犯罪的定罪与量刑》，人民法院出版社2000年版；熊选国、任卫华主编：《刑法罪名适用指南——生产销售伪劣商品罪》，中国人民公安大学出版社2007年版；涂龙科编：《生产、销售伪劣商品罪专题整理》，中国人民公安大学出版社2010年版；许永安主编：《中华人民共和国刑法修正案（十一）解读》，中国法制出版社2021年版。于冲：《药品犯罪的法益分立：监管秩序从生产销售假药罪的剥离与独立化保护》，载《青海社会科学》2020年第2期；冯军：《非法提供假药、劣药犯罪的罪名确定与罪状解读》，载《法治研究》2021年第2期；杜宇：《〈刑法修正案（十一）〉中药品犯罪修订之得失》，载《法学》2021年第3期；陈冉：《法秩序统一视野下危害药品安全犯罪的刑事责任重构》，载《中州学刊》2021年第4期。

细目录

Ⅰ　主旨
Ⅱ　沿革
Ⅲ　客体
Ⅳ　对象
Ⅴ　行为

Ⅵ　结果
Ⅶ　主体
Ⅷ　故意
Ⅸ　既遂与未完成形态
Ⅹ　共犯
Ⅺ　罪数
Ⅻ　与非罪的界限
ⅩⅢ　与他罪的区别
ⅩⅣ　处罚

Ⅰ　主旨

刑法设定妨害药品管理罪的立法目的,在于通过对妨害药品管理秩序行为的刑法规制,维护国家药品管理秩序,保护人民群众的生命、健康权利。 1

Ⅱ　沿革

本条是2020年12月26日通过的《刑法修正案(十一)》新增加的规定。2019年《药品管理法》修订时,主要按照药品的功效,对假药、劣药的范围进行了重新调整,删除了按照假药、劣药论处的情形。《刑法修正案(十一)》也相应对《刑法》第141条、第142条进行了修正。由于药品与人民群众的生命健康息息相关,实践中除了生产、销售假药、劣药的行为以外,还有一些其他的违反药品管理秩序的行为,严重危害了国家药品管理秩序和人民群众的生命健康安全,因此《刑法修正案(十一)》增设了本罪。 2

Ⅲ　客体

本罪侵犯的客体为复杂客体,即国家药品管理秩序和不特定人的生命、健康权利。药品关乎人民群众的生命健康安全,药品的申请注册、生产、销售、进口以及检验等都需要严格依照《药品管理法》《药品生产质量管理规范》《药品经营质量管理规范》等药品管理法律规范。生产、销售国务院药品监督管理部门禁止使用的药品,或者未取得药品相关批准证明文件生产、进口药品或者明知是上述药品而销售,或者在药品申请注册中提供虚假的证明、数据、资料、样品或者采取其他欺骗手段,以及编造药品生产、检验记录的行为,不仅侵害了不特定人的生命、健康,也侵害了国家药品管理秩序。 3

Ⅳ　对象

本罪的对象,包括国务院药品监督管理部门禁止使用的药品,未取得药品相关批 4

准证明文件生产、进口的药品,虚假的药品申请注册证明、数据、资料、样品,药品生产、检验记录等。其中,国务院药品监督管理部门禁止使用的药品以及未取得药品相关批准证明文件生产、进口的药品,在2019年《药品管理法》修订之前,按照2015年修正的《药品管理法》第48条第2款的规定,都属于按照假药论处的情形。

V　行为

5　本罪共有以下四种行为类型:①生产、销售国务院药品监督管理部门禁止使用的药品。这里主要是指国家药品监督管理局规定的禁止使用的药品。②未取得药品相关批准证明文件生产、进口药品或者明知是上述药品而销售。以上两种行为在2019年《药品管理法》修订以前,根据《刑法》第141条的规定,是按照生产、销售假药罪认定。③在药品申请注册中提供虚假的证明、数据、资料、样品或者采取其他欺骗手段。④编造药品生产、检验记录的。由于本条明确规定了上述四种行为方式,对于这四种行为以外的其他行为,即使违反了药品管理法规,也不能构成本罪。

VI　结果

6　刑法将本罪设定为具体危险犯,犯罪的成立需要妨害药品管理秩序的行为"足以严重危害人体健康"。如果行为对人体健康造成严重危害或者有其他严重情节的,则构成法定刑升格的条件。最高人民法院、最高人民检察院《关于办理危害药品安全刑事案件适用法律若干问题的解释》第7条第1款、第8条第1款及第2款对"足以严重危害人体健康""对人体健康造成严重危害""有其他严重情节"分别予以了明确。

7　"足以严重危害人体健康"是指:生产、销售国务院药品监督管理部门禁止使用的药品,综合生产、销售的时间、数量、禁止使用原因等情节,认为具有严重危害人体健康的现实危险的;未取得药品相关批准证明文件生产药品或者明知是上述药品而销售,涉案药品以孕产妇、儿童或者危重病人为主要使用对象;或者属于麻醉药品、精神药品、医疗用毒性药品、放射性药品、生物制品,或者以药品类易制毒化学品冒充其他药品;或者涉案药品属于注射剂药品、急救药品的。未取得药品相关批准证明文件生产药品或者明知是上述药品而销售,涉案药品的适应症、功能主治或者成分不明的。未取得药品相关批准证明文件生产药品或者明知是上述药品而销售,涉案药品没有国家药品标准,且无核准的药品质量标准,但检出化学药成分的。未取得药品相关批准证明文件进口药品或者明知是上述药品而销售,涉案药品在境外也未合法上市的。在药物非临床研究或者药物临床试验过程中故意使用虚假试验用药品,或者瞒报与药物临床试验用药品相关的严重不良事件的。故意损毁原始药物非临床研究数据或者药物临床试验数据,或者编造受试动物信息、受试者信息、主要试验过程记录、研究数据、检测数据等药物非临床研究数据或者药物临床试验数据,影响药品的安全性、有效性和质量可控性的。编造生产、检验记录,影响药品的安全性、有效性和质量可控性的。其他足以严重危害人体健康的情形。

“对人体健康造成严重危害”是指:造成轻伤或者重伤的;造成轻度残疾或者中度残疾的;造成器官组织损伤导致一般功能障碍或者严重功能障碍的;其他对人体健康造成严重危害的情形。 8

“有其他严重情节”是指:生产、销售国务院药品监督管理部门禁止使用的药品,生产、销售的金额50万元以上的;未取得药品相关批准证明文件生产、进口药品或者明知是上述药品而销售,生产、销售的金额50万元以上的;药品申请注册中提供虚假的证明、数据、资料、样品或者采取其他欺骗手段,造成严重后果的;编造生产、检验记录,造成严重后果的;造成恶劣社会影响或者具有其他严重情节的情形。 9

Ⅶ 主体

刑法未对本罪的主体作特别规定,依据《刑法》第150条的规定,本罪的主体既包括自然人,也包括单位。 10

Ⅷ 故意

本罪在主观上只能是故意,过失不构成本罪。 11

Ⅸ 既遂与未完成形态

本罪是一种具体的危险犯,具体的危险犯仍然存在着预备、未遂和中止的情形。行为人希望发生危害人体健康的结果或者危险而开始实施本条规定的四种妨害药品管理秩序的行为,由于行为人意志以外的原因,不仅危害人体健康的结果没有发生,而且足以危害人体健康的危险也没有出现,应构成本罪的未遂。行为人在行为过程中自动停止犯罪并有效解除危险状态的,构成本罪的中止犯。 12

Ⅹ 共犯

本罪完全可能由二人以上共同故意实施,对于本罪的共同犯罪,应当根据《刑法》总则关于共同犯罪的成立条件以及本罪的构成要件予以认定。根据最高人民法院、最高人民检察院《关于办理生产、销售伪劣商品刑事案件具体应用法律若干问题的解释》第9条的规定,知道或者应当知道他人实施本罪的行为,而为其提供贷款、资金、帐号、发票、证明、许可证件,或者提供生产、经营场所或者运输、仓储、保管、邮寄等便利条件,或者提供制假生产技术的,以本罪的共犯论处。另外,根据最高人民法院、最高人民检察院《关于办理危害药品安全刑事案件适用法律若干问题的解释》第9条的规定,明知他人实施妨害药品管理的行为,有下列情形之一的,以共同犯罪论处:提供资金、贷款、账号、发票、证明、许可证件的;提供生产、经营场所、设备或者运输、储存、保管、邮寄、销售渠道等便利条件的;提供生产技术或者原料、辅料、包装材料、标签、 13

说明书的;提供虚假药物非临床研究报告、药物临床试验报告及相关材料的;提供广告宣传的;提供其他帮助的。

Ⅺ 罪数

14 根据本条第2款的规定:"有前款行为,同时又构成本法第一百四十一条、第一百四十二条规定之罪或者其他犯罪的,依照处罚较重的规定定罪处罚。"在实施本罪规定的四种行为时,可能又会同时构成生产、销售、提供假药罪,生产、销售、提供劣药罪,生产、销售伪劣产品罪,提供虚假证明文件罪,假冒注册商标罪等犯罪,此时按照处罚较重的规定定罪处罚。同时,根据《刑法》第149条的规定,生产、销售国务院药品监督管理部门禁止使用的药品,或者未取得药品相关批准证明文件生产、进口药品或者明知是上述药品而销售,不构成本罪,但是销售金额在5万元以上的,按照生产、销售伪劣产品罪定罪处罚。

Ⅻ 与非罪的界限

15 依据法条规定,本罪的成立需要法定的行为、对象、情节以及故意,如果缺少其中一项,就会因不符合犯罪构成而不成立本罪。所以,应特别注意从以下几个方面区分本罪与非罪的界限:①行为人实施的是否是本条明确规定的四种行为;②行为是否具有足以严重危害人体健康的危险;③行为人对"足以严重危害人体健康"是否有认识;④行为人是否出于故意。

XIII 与他罪的区别

16 本罪与生产、销售、提供假药罪和生产、销售、提供劣药罪都属于妨害国家药品管理秩序的犯罪,三者的主要区别是:①犯罪对象不同。生产、销售、提供假药罪的犯罪对象是假药;生产、销售、提供劣药罪的犯罪对象是劣药;本罪的犯罪对象是国务院药品监督管理部门禁止使用的药品以及未取得药品相关批准证明文件生产、进口的药品。②行为方式不同。生产、销售、提供假药罪和生产、销售、提供劣药罪的行为方式主要是生产、销售行为,以及药品使用单位的人员提供给他人使用的行为;本罪的行为方式除生产、销售行为以外,还包括在药品申请注册中提供虚假的证明、数据、资料、样品等其他欺骗行为,以及编造药品生产、检验记录的行为。③犯罪形态不同。生产、销售、提供假药罪是抽象的危险犯,即生产、销售假药的,或者药品使用单位的人员明知是假药而提供给他人使用的,即可构成犯罪,不要求造成具体的危险或者实际危害结果;生产、销售、提供劣药罪是结果犯,生产、销售、提供劣药的行为必须对人体健康造成严重危害结果的,才能成立犯罪既遂;本罪是具体的危险犯,不要求产生对人体健康造成严重危害的实际后果,只要存在足以严重危害人体健康的危险,即可构成本罪的既遂。

XIV 处罚

本罪规定了两个幅度的法定刑：犯本罪的，处 3 年以下有期徒刑或者拘役，并处或者单处罚金；对人体健康造成严重危害或者有其他严重情节的，处 3 年以上 7 年以下有期徒刑，并处罚金。 17

另外，根据本条第 2 款的规定，犯本罪，同时又构成《刑法》第 141 条、第 142 条规定之罪或者其他犯罪的，依照处罚较重的规定定罪处罚。 18

第一百四十三条　生产、销售不符合安全标准的食品罪

生产、销售不符合食品安全标准的食品，足以造成严重食物中毒事故或者其他严重食源性疾病的，处三年以下有期徒刑或者拘役，并处罚金；对人体健康造成严重危害或者有其他严重情节的，处三年以上七年以下有期徒刑，并处罚金；后果特别严重的，处七年以上有期徒刑或者无期徒刑，并处罚金或者没收财产。

文献：陈正云、刘福谦：《生产销售伪劣商品罪的认定与处理》，中国检察出版社1998年版；黄京平主编：《破坏市场经济秩序罪研究》，中国人民大学出版社1999年版；高铭暄主编：《新型经济犯罪研究》，中国方正出版社2000年版；史卫忠主编：《生产销售伪劣商品犯罪的定罪与量刑》，人民法院出版社2000年版；熊选国、任卫华主编：《刑法罪名适用指南——生产销售伪劣商品罪》，中国人民公安大学出版社2007年版；陈兴良主编：《罪名指南》（第2版），中国人民大学出版社2008年版；涂龙科编：《生产、销售伪劣商品罪专题整理》，中国人民公安大学出版社2010年版；王作富主编：《刑法分则实务研究》（第5版），中国方正出版社2013年版。赵辉、褚程程：《论生产、销售不符合卫生标准的食品罪之完善——以〈刑法〉与〈食品安全法〉之衔接为视角》，载《政治与法律》2010年第12期；陈洪兵、齐舒：《重新诠释生产、销售不符合安全标准的食品罪》，载《东北大学学报（社会科学版）》2012年第4期；郑明玮：《食品安全犯罪定罪论》，载《中国刑事法杂志》2013年第11期；胡胜友、陈广计：《危害食品安全犯罪的实证研究》，载《中国刑事法杂志》2014年第3期；魏东：《论生产、销售不符合安全标准的食品罪之客观方面要件——基于刑法解释的保守性立场之分析研讨》，载《法治研究》2014年第9期；舒洪水：《食品安全犯罪刑事政策：梳理、反思与重构》，载《法学评论》2017年第1期；罗开卷：《论食品生产经营中非法添加行为的刑事责任》，载《法律适用》2018年第11期；范雪珂：《危害食品安全罪：法益与立法完善》，载《政治与法律》2019年第6期。

细目录

Ⅰ　主旨
Ⅱ　沿革
Ⅲ　客体
Ⅳ　对象
Ⅴ　行为

Ⅵ　结果
Ⅶ　主体
Ⅷ　故意
Ⅸ　既遂与未完成形态
Ⅹ　共犯
Ⅺ　罪数
Ⅻ　与非罪的界限
XIII　与他罪的区别
XIV　处罚

Ⅰ　主旨

刑法设定生产、销售不符合安全标准的食品罪的立法目的，在于通过对生产、销售不符合安全标准的食品行为的刑法规制，维护国家食品安全管理秩序，保护人民群众的生命、健康安全。 1

Ⅱ　沿革

1979年《刑法》没有本罪的规定，但1982年通过的《食品卫生法（试行）》第41条曾对此作过规定，对于违反《食品卫生法》的规定，造成严重食物中毒事故或者其他严重食源性疾患，致人死亡或者致人伤残因而丧失劳动能力的，对直接责任人员分别按玩忽职守罪、重大责任事故罪或制造、贩卖假药罪追究刑事责任。为进一步惩治生产、销售不符合安全标准的食品的行为，维护市场经济秩序，保护公民的生命和身体健康，1993年7月2日第八届全国人大常委会第二次会议通过《关于惩治生产、销售伪劣商品犯罪的决定》，在第3条第1款规定了生产、销售不符合卫生标准的食品罪，即生产、销售不符合卫生标准的食品，造成严重食物中毒事故或者其他严重食源性疾患，对人体健康造成严重危害的行为。可见，《关于惩治生产、销售伪劣商品犯罪的决定》中规定的生产、销售不符合卫生标准的食品罪属于实害犯。1997年《刑法》吸纳了《关于惩治生产、销售伪劣商品犯罪的决定》关于本罪的具体规定，但作了部分修改，即将《关于惩治生产、销售伪劣商品犯罪的决定》中的实害犯修改为危险犯、实害犯和结果加重犯三种情形，从而加大了对此种犯罪的惩治力度。 2

2011年2月25日通过的《刑法修正案（八）》将该罪的成立要件中的“不符合卫生标准的食品”修改为“不符合食品安全标准的食品”；将“足以造成严重食物中毒事故或者其他严重食源性疾患的”修改为“足以造成严重食物中毒事故或者其他严重食源性疾病的”；删除了基本犯中“单处罚金”“销售金额百分之五十以上二倍以下罚金”的规定；在法定刑升格条件中增加了“或者有其他严重情节的”兜底性规定。 3

Ⅲ　客体

4　本罪的犯罪客体是国家对食品卫生的监督管理秩序和不特定人的生命和身体健康,同时也扰乱了市场经济秩序。也有学者认为,本罪的客体应是国家的食品卫生管理制度。[1] 制度,是要求大家共同遵守的办事规程或行动准则[2],如果将犯罪客体理解为刑法所保护而为犯罪行为所侵犯的社会关系或社会利益,那么,对制度的侵害就应该是改变制度本身,所以,制度不应是客体,只有制度被遵守所形成的秩序才是犯罪的客体。

Ⅳ　对象

5　本罪的犯罪对象是不符合安全标准的食品。所谓"食品",是指各种供人食用或者饮用的成品和原料以及按传统既是食品又是药品的物品,但是不包括以治疗为目的的物品。不符合安全标准的食品,是指不符合《食品安全法》规定的食品安全标准的食品,但生产、销售有毒、有害食品的不成立本罪。根据《食品安全法》第 34 条的规定,下列食品为不符合安全标准的食品:①用非食品原料生产的食品或者添加食品添加剂以外的化学物质和其他可能危害人体健康物质的食品,或者用回收食品作为原料生产的食品;②致病性微生物,农药残留、兽药残留、生物毒素、重金属等污染物质以及其他危害人体健康的物质含量超过食品安全标准限量的食品、食品添加剂、食品相关产品;③用超过保质期的食品原料、食品添加剂生产的食品、食品添加剂;④超范围、超限量使用食品添加剂的食品;⑤营养成分不符合食品安全标准的专供婴幼儿和其他特定人群的主辅食品;⑥腐败变质、油脂酸败、霉变生虫、污秽不洁、混有异物、掺假掺杂或者感官性状异常的食品、食品添加剂;⑦病死、毒死或者死因不明的禽、畜、兽、水产动物肉类及其制品;⑧未按规定进行检疫或者检疫不合格的肉类,或者未经检验或者检验不合格的肉类制品;⑨被包装材料、容器、运输工具等污染的食品、食品添加剂;⑩标注虚假生产日期、保质期或者超过保质期的食品、食品添加剂;⑪无标签的预包装食品、食品添加剂;⑫国家为防病等特殊需要明令禁止生产经营的食品;⑬其他不符合法律、法规或者食品安全标准的食品、食品添加剂、食品相关产品。

Ⅴ　行为

6　生产、销售不符合安全标准的食品的行为,表现为违反国家食品安全管理法律法规,生产、销售不符合食品安全标准的食品,足以造成严重食物中毒事故或者其他严重食源性疾病的行为。从《刑法》第 143 条规定的犯罪形态来看,本罪可分为以下

1　参见陈兴良主编:《罪名指南》(第 2 版),中国人民大学出版社 2008 年版,第 231 页。

2　参见中国社会科学院语言研究所词典编辑室编:《现代汉语词典》(第 7 版),商务印书馆 2016 年版,第 1689 页。

四种形态:①危险犯,即生产、销售不符合食品安全标准的食品,足以造成严重食物中毒事故或者其他严重食源性疾病的情形。这是本罪最基本的形态。也就是说,生产者只要生产了不符合食品安全标准的食品,不管该食品是否卖出,或者是否已经对人体健康造成危害;销售者只要销售了不符合食品安全标准的食品,不管是否已经对人体健康造成危害,只要行为人生产、销售的不符合食品安全标准的食品足以造成严重食物中毒事故或者其他严重食源性疾病的,即可构成本罪。②实害犯,即生产、销售不符合食品安全标准的食品,对人体健康造成了严重危害的情形。③情节犯,主要指生产、销售金额大,生产、销售时间长,等等。④结果加重犯,即生产、销售不符合食品安全标准的食品,后果特别严重的情形。

根据最高人民法院、最高人民检察院《关于办理危害食品安全刑事案件适用法律若干问题的解释》第 1 条、第 2 条、第 3 条、第 4 条的规定,生产、销售不符合食品安全标准的食品,含有严重超出标准限量的致病性微生物、农药残留、兽药残留、重金属、污染物质以及其他严重危害人体健康的物质的;属于病死、死因不明或者检验检疫不合格的畜、禽、兽、水产动物肉类及其制品的;属于国家为防控疾病等特殊需要明令禁止生产、销售的;特殊医学用途配方食品、专供婴幼儿的主辅食品营养成分严重不符合食品安全标准的;其他足以造成严重食物中毒事故或者严重食源性疾病的情形,应认定为“足以造成严重食物中毒事故或者其他严重食源性疾病”。生产、销售不符合食品安全标准的食品被食用后,造成轻伤以上伤害的;造成轻度残疾或者中度残疾的;造成器官组织损伤导致一般功能障碍或者严重功能障碍的;造成 10 人以上严重食物中毒或者其他严重食源性疾病的;其他对人体健康造成严重危害的情形,应认定为“对人体健康造成严重危害”。生产、销售不符合食品安全标准的食品,生产、销售金额 20 万元以上的;生产、销售金额 10 万元以上不满 20 万元,不符合食品安全标准的食品数量较大或者生产、销售持续时间 6 个月的;生产、销售金额 10 万元以上不满 20 万元,属于特殊医学配方食品、专供婴幼儿的主辅食品的;生产、销售金额 10 万元以上不满 20 万元,且在中小学校园、托幼机构、养老机构及周边面向未成年人、老年人销售的;生产、销售金额 10 万元以上不满 20 万元,曾因危害食品安全犯罪受过刑事处罚或者二年内因危害食品安全违法行为受过行政处罚的;其他情节严重的情形,应认定为具有“其他严重情节”。发生了致人死亡的;造成重度残疾以上的;造成 3 人以上重伤、中度残疾或者器官组织损伤导致严重功能障碍的;造成 10 人以上轻伤、5 人以上轻度残疾或者器官组织损伤导致一般功能障碍的;造成 30 人以上严重食物中毒或者其他严重食源性疾病的;其他特别严重的后果,应当认定为“后果特别严重”。 7

VI 结果

由于《刑法》第 143 条明文规定只要生产、销售不符合食品安全标准的食品的行为“足以造成严重食物中毒事故或者其他严重食源性疾病”即可构成本罪,所以本罪是一种具体的危险犯,不要求现实性的危害结果。即行为人只要生产了足以造成严 8

重食物中毒事故或者其他严重食源性疾病的不符合食品安全标准的食品,无论这种食品是否卖出,或者行为人只要销售了足以造成严重食物中毒事故或者其他严重食源性疾病的食品,无论购买者是否已经食用,均构成犯罪;如果已经对人体健康造成了严重危害或者具有其他严重情节,则构成该罪的实害犯或者情节加重犯;如果后果特别严重的,则构成该罪的结果加重犯,对其应判处较重的刑罚。

Ⅶ 主体

9 本罪的主体是生产者、销售者。根据《刑法》第 150 条的规定,自然人、单位都可以成为本罪的主体。

Ⅷ 故意

10 从法条的表述看,本罪只能由故意构成,即行为人明知生产、销售不符合食品安全标准的食品,足以造成严重食物中毒事故或者其他严重食源性疾病而仍予以生产、销售,希望或者放任这种危害结果的发生。过失不构成本罪。

Ⅸ 既遂与未完成形态

11 本罪是一种具体的危险犯,具体的危险犯仍然存在着预备、未遂和中止的情形。行为人希望发生危害人体健康的结果或者希望发生危害人体健康的危险而开始实施生产或销售不符合食品安全标准的食品的行为时,由于行为人意志以外的原因,不仅危害人体健康的结果没有发生,而且足以造成严重食物中毒事故或者其他严重食源性疾病的危险也没有出现,应构成生产、销售不符合安全标准的食品罪的未遂犯;当行为人在生产、销售不符合食品安全标准的食品的过程中,自动停止犯罪并自动有效地解除这种危险状态的,构成本罪的中止犯。因此,生产、销售不符合安全标准的食品的行为是否具有造成严重食物中毒事故或者其他严重食源性疾病的危险,主要应就其所生产、销售的不符合食品安全标准的食品是否存在危险作出判断,只要行为人生产的食品存在着“足以造成严重食物中毒事故或者其他严重食源性疾病”的危险,就应当认为其行为构成犯罪,而且属于既遂。行为人所生产的食品不存在“足以造成严重食物中毒事故或者其他严重食源性疾病”的危险,且行为人主观上出于间接故意心理的,不以犯罪论处。

Ⅹ 共犯

12 生产、销售不符合安全标准的食品罪完全可能由两人以上共同故意实施,对于该罪的共同犯罪,应当根据刑法总则关于共同犯罪的成立条件以及生产、销售不符合安全标准的食品罪的构成要件予以认定。根据最高人民法院、最高人民检察院《关于办理危害食品安全刑事案件适用法律若干问题的解释》第 14 条的规定,明知他人生产、销售不符合安全标准的食品或者有毒、有害食品,提供资金、贷款、账号、发票、证明、许可证件的;提供生产、经营场所或者运输、贮存、保管、邮寄、销售渠道等便利条件的;提供生产技术或者食品原料、食品添加剂、食品相关产品或者有毒、有害的非食品原料的;提供广告宣传的;提供其他帮助行为的,以生产、销售不符合安全标准的食品罪的共犯论处。据此,如果两人以上均已满 16 周岁,并且具有辨认控制能力,共同故意生产、销售不符合食品安全标准的食品的,不管该行为是"足以造成严重食物中毒事故或者其他严重食源性疾病",还是"对人体健康造成严重危害",抑或"后果特别严重",都成立生产、销售不符合安全标准的食品罪的共犯。但是,本罪不属于必要共同犯罪,而属于任意共同犯罪。并且本罪的共犯既可以是自然人之间的共犯、单位之间的共犯,也可以是自然人与单位之间的共犯。

XI 罪数

对于生产、销售不符合安全标准的食品罪的罪数区分,应当按照关于区分一罪与数罪的标准来解决。所要注意的是,本罪和《刑法》第 140 条规定的生产、销售伪劣产品罪的关系。《刑法》第 140 条与第 143 条形成了法条竞合关系。在适用法律上,应首先适用特别法条即第 143 条的规定,排除第 140 条的适用,即如果生产、销售《刑法》第 143 条所规定的不符合食品安全标准的食品,不构成该条规定的犯罪,但是销售金额在 5 万元以上的,依照生产、销售伪劣产品罪处罚;如果生产、销售《刑法》第 143 条所规定的不符合食品安全标准的食品,构成该条规定的生产、销售不符合安全标准的食品罪,同时又构成生产、销售伪劣产品罪的,依照处罚较重的法条处罚,不实行数罪并罚。 13

XII 与非罪的界限

要划清生产、销售不符合安全标准的食品罪与非罪的界限,必须注意以下几个问题:犯罪对象是否为不符合安全标准的食品;不符合安全标准的食品是否"足以造成严重食物中毒事故或者其他严重食源性疾病";行为人对"足以造成严重食物中毒事故或者其他严重食源性疾病"是否有认识;行为人对生产、销售不符合安全标准的食品的行为是否出于故意;等等。关于不符合安全标准的食品是否"足以造成严重食物中毒事故或者其他严重食源性疾病"的判断标准,参见该条"行为"的注释。此外,要注意查清行为人销售不符合安全标准的食品的金额是否达到 5 万元以上。如果行为人所生产、销售的不符合安全标准的食品虽未达到足以造成严重食物中毒事故或其他严重食源性疾病的程度,但销售金额在 5 万元以上的,可依《刑法》第 140 条规定的生产、销售伪劣产品罪定罪处罚。 14

XIII 与他罪的区别

依照《刑法》第 134 条第 1 款的规定,重大责任事故罪是指在生产、作业中违反有 15

关安全管理的规定,因而发生重大伤亡事故或者造成其他严重后果的行为。生产、销售不符合安全标准的食品罪与重大责任事故罪在某些方面有相似之处,但也有区别。其区别主要表现在:①客体不同。重大责任事故罪侵犯的客体是社会的公共安全;而生产、销售不符合安全标准的食品罪侵犯的客体是国家对食品卫生的监督管理秩序和不特定的公民的人身健康安全,同时也扰乱了社会主义市场经济秩序。②行为不同。重大责任事故罪在客观方面表现为行为人在生产、作业过程中违反有关安全管理的规定发生重大伤亡事故或者造成其他严重后果的行为,并且往往会造成生产的停顿;而生产、销售不符合安全标准的食品罪在客观方面表现为生产、销售足以造成严重食物中毒事故或者其他严重食源性疾病的行为,但一般不会造成生产的停顿。③主体不同。重大责任事故罪的主体是自然人;生产、销售不符合安全标准的食品罪的主体既可以是自然人,也可以是单位。④罪过心理不同。重大责任事故罪在主观上表现为过失,但行为人违反规章则属故意;生产、销售不符合安全标准的食品罪在主观上则是故意,并且一般具有营利的目的。

XIV 处罚

16 《刑法》第 143 条对生产、销售不符合安全标准的食品罪规定了三个量刑幅度:①生产、销售不符合食品安全标准的食品足以造成严重食物中毒事故或者其他严重食源性疾病的,处 3 年以下有期徒刑或者拘役,并处罚金;②对人体健康造成严重危害或者有其他严重情节的,处 3 年以上 7 年以下有期徒刑,并处罚金;③后果特别严重的,处 7 年以上有期徒刑或者无期徒刑,并处罚金或者没收财产。关于定罪和法定刑升格条件的具体内涵,参见本条“行为”的注释。最高人民法院、最高人民检察院《关于办理危害食品安全刑事案件适用法律若干问题的解释》第 21 条规定:“犯生产、销售不符合安全标准的食品罪,生产、销售有毒、有害食品罪,一般应当依法判处生产、销售金额二倍以上的罚金。共同犯罪的,对各共同犯罪人合计判处的罚金一般应当在生产、销售金额的二倍以上。”最高人民法院、最高人民检察院《关于办理危害食品安全刑事案件适用法律若干问题的解释》第 23 条规定,单位犯生产、销售不符合安全标准的食品罪的,对单位判处罚金,并对直接负责的主管人员和其他直接责任人员,依照本解释规定的定罪量刑标准处罚。

17 值得注意的是,对判决宣告以前的同种数罪不实行数罪并罚而按一罪从重处罚。因此,对于行为人之行为数次构成本罪且每一次犯罪均属于同一幅度法定刑的,应按该幅度法定刑从重处罚;对于行为人之行为数次构成本罪并存在不同幅度法定刑的,则按其中幅度最高的法定刑从重处罚。

18 此外,根据最高人民法院、最高人民检察院《关于办理生产、销售伪劣商品刑事案件具体应用法律若干问题的解释》第 11 条、第 12 条的规定,实施《刑法》第 143 条规定的犯罪,又以暴力、威胁方法抗拒查处,构成其他犯罪的,依照数罪并罚的规定处罚。国家机关工作人员参与生产、销售不符合安全标准的食品犯罪的,从重处罚。

第一百四十四条　生产、销售有毒、有害食品罪

在生产、销售的食品中掺入有毒、有害的非食品原料的，或者销售明知掺有有毒、有害的非食品原料的食品的，处五年以下有期徒刑，并处罚金；对人体健康造成严重危害或者有其他严重情节的，处五年以上十年以下有期徒刑，并处罚金；致人死亡或者有其他特别严重情节的，依照本法第一百四十一条的规定处罚。

文献:陈正云、刘福谦:《生产销售伪劣商品罪的认定与处理》,中国检察出版社1998年版;黄京平主编:《破坏市场经济秩序罪研究》,中国人民大学出版社1999年版;许发民、翟中东主编:《伪劣商品犯罪及相近易混淆犯罪认定处理》,中国方正出版社1999年版;高铭暄主编:《新型经济犯罪研究》,中国方正出版社2000年版;史卫忠主编:《生产销售伪劣商品犯罪的定罪与量刑》,人民法院出版社2000年版;熊选国、任卫华主编:《刑法罪名适用指南——生产销售伪劣商品罪》,中国人民公安大学出版社2007年版;陈兴良主编:《罪名指南》(第2版),中国人民大学出版社2008年版;涂龙科编:《生产、销售伪劣商品罪专题整理》,中国人民公安大学出版社2010年版;王作富主编:《刑法分则实务研究》(第5版),中国方正出版社2013年版;马克昌主编:《百罪通论》(上卷),北京大学出版社2014年版;陈兴良主编:《刑法各论精释》(下),人民法院出版社2015年版。方明:《略论生产、销售有毒、有害食品罪》,载《法商研究》1994年第2期;许桂敏:《罪与罚的嬗变:生产、销售有毒、有害食品罪》,载《法学杂志》2011年第12期;孙建保:《生产、销售有毒、有害食品罪司法认定解析》,载《政治与法律》2012年第2期;舒洪水:《生产、销售有毒、有害食品罪中"明知"的认定》,载《法学》2013年第8期;张伟珂:《刑法中"有毒有害的非食品原料"的渊源、认定及适用》,载《刑法论丛》2017年第2期;李梁:《生产、销售有毒、有害食品罪基本犯既遂形态研究》,载《法商研究》2018年第6期;左袖阳:《论生产、销售有毒、有害食品罪的有害含义的界定》,载《中国人民公安大学学报(社会科学版)》2019年第2期。

细目录

Ⅰ　主旨
Ⅱ　沿革
Ⅲ　客体
Ⅳ　对象
Ⅴ　行为

Ⅵ　结果
Ⅶ　主体
Ⅷ　故意
Ⅸ　既遂与未完成形态
Ⅹ　共犯
Ⅺ　罪数
Ⅻ　与非罪的界限
XIII　与他罪的区别
一、与生产、销售不符合安全标准的食品罪的区别
二、与投放危险物质罪的区别
XIV　处罚

Ⅰ　主旨

1 《刑法》设定生产、销售有毒、有害食品罪的立法目的，在于通过对生产、销售有毒、有害的食品行为的刑法规制，维护国家食品安全管理秩序，保护人民群众的生命、健康安全。

Ⅱ　沿革

2 1979 年《刑法》没有本罪的规定。此后的特别刑法，即 1993 年 7 月 2 日通过的全国人大常委会《关于惩治生产、销售伪劣商品犯罪的决定》第 3 条第 2 款中规定了生产、销售有毒、有害食品罪。1997 年《刑法》将《关于惩治生产、销售伪劣商品犯罪的决定》的规定吸收修改为刑法的具体规定，从而以法典的形式正式规定了生产、销售有毒、有害食品罪。前后相比，明显的修改有两处：一是将定罪标准由违法所得改为销售金额；二是将无限额罚金制改为倍比罚金制。修改后该罪的规定更合理、更科学，更有利于司法操作。2011 年 2 月 25 日通过的《刑法修正案(八)》将罪状中的“造成严重食物中毒事故或者其他严重食源性疾患，对人体健康造成严重危害”，修改为“对人体健康造成严重危害或者有其他严重情节”；将倍比罚金制修改为无限额罚金制，取消了基本犯中的单处罚金规定；并将“对人体健康造成特别严重危害”修改为“有其他特别严重情节”。

Ⅲ　客体

3 本罪侵犯的客体是国家对食品安全的监督管理秩序和不特定人的生命、健康安全。也有学者认为，本罪的客体应是国家的食品卫生管理制度[1]，这是不妥当的。对

1　参见陈兴良主编：《罪名指南》(第 2 版)，中国人民大学出版社 2008 年版，第 235 页。

制度的侵害应该是改变制度本身,而犯本罪并不是对制度本身的改变,所以,制度不应是犯罪的客体,只有制度被遵守所形成的秩序才是犯罪的客体。

Ⅳ 对象

4 本罪的犯罪对象为掺有有毒、有害的非食品原料的食品。"有毒、有害"泛指危害人的身体健康或生命安全。根据最高人民法院、最高人民检察院《关于办理危害食品安全刑事案件适用法律若干问题的解释》第 9 条的规定,下列物质应当认定为"有毒、有害的非食品原料":①因危害人体健康,被法律、法规禁止在食品生产经营活动中添加、使用的物质;②因危害人体健康,被国务院有关部门列入《食品中可能违法添加的非食用物质名单》《保健食品中可能非法添加的物质名单》和国务院有关部门公告的禁用农药、《食品动物中禁止使用的药品及其他化合物清单》等名单上的物质;③其他有毒、有害的物质。

Ⅴ 行为

5 根据《刑法》第 144 条的规定,该行为表现为违反食品安全管理法律法规,在生产、销售的食品中掺入有毒、有害的非食品原料,或者销售明知掺有有毒、有害的非食品原料的食品的行为。从本罪的法条表述来看,该行为具体表现为两种:一是行为人在生产、销售的食品中掺入有毒、有害的非食品原料的行为。如果掺入的是食品原料,只是由于污染、变质或者过量而产生了毒性的,不能构成本罪。关于"掺入"的理解,学界存在争议。有观点认为,"掺入"不仅包括将有毒、有害的非食品原料加入到生产、销售的食品中,而且包括把这些有毒、有害的非食品原料直接当作食品或者食品原料出售。[2] 然而,这种解释有类推解释的嫌疑。[3] 二是行为人明知是掺有有毒、有害的非食品原料的食品而予以销售,即行为人虽然未实施掺入有毒、有害非食品原料的行为,但明知是有毒、有害的食品而仍予以销售。非食品原料是否有毒、有害难以确定时,"司法机关可以依据鉴定意见、检验报告、地市级以上相关行政主管部门组织出具的书面意见,结合其他证据作出认定。必要时,专门性问题由省级以上相关行政主管部门组织出具书面意见"[4]。

6 从犯罪形态上看,本罪为行为犯,即只要行为人实施了在生产、销售的食品中掺入有毒、有害的非食品原料或者明知是掺有有毒、有害的非食品原料的食品而予以销售的,即可构成犯罪既遂,至于行为是否造成了严重危害后果,不影响犯罪的成立。

---

2 参见刘明祥主编:《假冒伪劣商品犯罪研究》,武汉大学出版社 2000 年版,第 178 页。

3 参见王作富主编:《刑法分则实务研究》(第 5 版),中国方正出版社 2013 年版,第 205 页。

4 最高人民法院、最高人民检察院《关于办理危害食品安全刑事案件适用法律若干问题的解释》第 24 条。

当然,如果行为人因在生产、销售的食品中掺入有毒、有害的非食品原料,或者销售明知掺有有毒、有害的非食品原料的食品,而对人体健康造成严重危害或者有其他严重情节,或者致人死亡或者有其他特别严重情节的,则分别构成该罪的实害犯和结果加重犯,加重其法定刑。

7　此外,根据最高人民法院、最高人民检察院《关于办理非法生产、销售、使用禁止在饲料和动物饮用水中使用的药品等刑事案件具体应用法律若干问题的解释》的规定,使用盐酸克仑特罗等禁止在饲料和动物饮用水中使用的药品或者含有该类药品的饲料养殖供人食用的动物,或者销售明知是使用该类药品或者含有该类药品的饲料养殖的供人食用的动物的,依照《刑法》第 144 条的规定,以生产、销售有毒、有害食品罪追究刑事责任。明知是使用盐酸克仑特罗等禁止在饲料和动物饮用水中使用的药品或者含有该类药品的饲料养殖的供人食用的动物,而提供屠宰等加工服务,或者销售其制品的,依照《刑法》第 144 条的规定,以生产、销售有毒、有害食品罪追究刑事责任。实施上述解释规定的行为,同时触犯刑法规定的两种以上犯罪的,依照处罚较重的规定追究刑事责任。最高人民法院、最高人民检察院、公安部《关于依法严惩"地沟油"犯罪活动的通知》指出,利用"地沟油"生产"食用油"的,依照生产有毒、有害食品罪追究刑事责任;明知是利用"地沟油"生产的"食用油"而予以销售的,依照销售有毒、有害食品罪追究刑事责任。

8　最高人民法院、最高人民检察院《关于办理危害食品安全刑事案件适用法律若干问题的解释》第 11 条规定,在食品生产、销售、运输、贮存等过程中,掺入有毒、有害的非食品原料,或者使用有毒、有害的非食品原料生产食品的,以生产、销售有毒、有害食品罪定罪处罚。在食用农产品种植、养殖、销售、运输、贮存等过程中,使用禁用农药、食品动物中禁止使用的药品及其他有毒、有害的非食品原料,以生产、销售有毒、有害食品罪定罪处罚。在保健食品或者其他食品中非法添加国家禁用药物等有毒、有害的非食品原料的,以生产、销售有毒、有害食品罪定罪处罚。

9　最高人民法院《关于审理走私、非法经营、非法使用兴奋剂刑事案件适用法律若干问题的解释》第 5 条规定,生产、销售含有兴奋剂目录所列物质的食品,符合《刑法》第 143 条、第 144 条规定的,以生产、销售不符合安全标准的食品罪和生产、销售有毒、有害食品罪定罪处罚。

Ⅵ　结果

10　依据《刑法》第 144 条的规定,行为人只要实施了违反食品管理法律法规,在生产、销售的食品中掺入有毒、有害的非食品原料,或者销售明知掺有有毒、有害的非食品原料的食品的行为,即可构成本罪,现实性危害结果的发生与否不影响本罪的成立,所以本罪是行为犯。但即使是行为犯,也可能产生现实性的危害结果。生产、销售有毒、有害食品行为的现实性危害结果是多种多样的,但根据我国刑法规定,该行为之结果分为两种:一是"对人体造成严重危害或者有其他严重情节";二是"致人死亡或者有其他特别严重情节”。关于“对人体造成严重危害或者有其他严重情节”“其他特别严重情节”的含义,最高人民法院、最高人民检察院《关于办理危害食品安全刑事案件适用法律若干问题的解释》第 6 条、第 7 条和第 8 条作了规定:①造成轻伤以上伤害的;②造成轻度残疾或者中度残疾的;③造成器官组织损伤导致一般功能障碍或者严重功能障碍的;④造成 10 人以上严重食物中毒或者其他严重食源性疾病的;⑤其他对人体健康造成严重危害的情形,应认定为“对人体健康造成严重危害”。①生产、销售金额 20 万元以上不满 50 万元的;②生产、销售金额 10 万元以上不满 20 万元,有毒、有害食品数量较大或者生产、销售持续时间 6 个月以上的;③生产、销售金额 10 万元以上不满 20 万元,属于特殊医学用途配方食品、专供婴幼儿的主辅食品的;④生产、销售金额 10 万元以上不满 20 万元,且在中小学校园、托幼机构、养老机构及周边面向未成年人、老年人销售的;⑤生产、销售金额 10 万元以上不满 20 万元,曾因危害食品安全犯罪受过刑事处罚或者二年内因危害食品安全违法行为受过行政处罚的;⑥有毒、有害的非食品原料毒害性强或者含量高的;⑦其他情节严重的情形,应当认定为“其他严重情节”。①生产、销售金额 50 万元以上;②造成重度残疾以上的;③造成 3 人以上重伤、中度残疾或者器官组织损伤导致严重功能障碍的;④造成 10 人以上轻伤、5 人以上轻度残疾或者器官组织损伤导致一般功能障碍的;⑤造成 30 人以上严重食物中毒或者其他严重食源性疾病的;⑥其他特别严重的后果,应当认定为有“其他特别严重情节”。

Ⅶ 主体

本罪的主体是一般主体,即凡是达到刑事责任年龄、具有刑事责任能力的自然人 11
都可以构成本罪。此外,单位也可以构成本罪。

Ⅷ 故意

本罪只能由故意构成。其故意内容为,行为人明知是有毒、有害的非食品原料而 12
掺入自己所生产、销售的食品中,或者明知是掺有有毒、有害的非食品原料的食品而予以销售。关于明知的具体认定,最高人民法院、最高人民检察院、公安部《关于依法严惩“地沟油”犯罪活动的通知》规定,认定是否“明知”,应当结合犯罪嫌疑人、被告人的认知能力,犯罪嫌疑人、被告人及其同案人的供述和辩解,证人证言,产品质量,进货渠道及进货价格、销售渠道及销售价格等主、客观因素予以综合判断。虽无法查明“食用油”是否利用“地沟油”生产、加工,但犯罪嫌疑人、被告人明知该“食用油”来源可疑而予以销售的,应分情形处理:经鉴定,检出有毒、有害成分的,依照《刑法》第 144 条规定的销售有毒、有害食品罪追究刑事责任;属于不符合食品安全标准的食品的,依照《刑法》第 143 条规定的销售不符合安全标准的食品罪追究刑事责任;属于以假充真、以次充好、以不合格产品冒充合格产品或者假冒注册商标,构成犯罪的,依照《刑法》第 140 条规定的销售伪劣产品罪或者第 213 条规定的假冒注册商标罪、第 214 条规定的销售假冒注册商标的商品罪追究刑事责任。

13 生产、销售有毒、有害食品对人体健康造成严重危害或者有其他严重情节的,以及致人死亡或者有其他特别严重情节的结果加重犯的场合,不要求生产、销售者对加重结果具有故意,但要求有过失。行为人实施本罪一般是出于非法营利的目的,但营利目的不是构成本罪的必备要件。

Ⅸ 既遂与未完成形态

14 如前所述,本罪为行为犯。那么,行为犯是否存在犯罪的预备、未遂和中止等未完成形态?要进一步研究该问题必然涉及刑法理论上行为犯之既遂与未遂的区分标准。对于该区分标准,刑法理论上一直存在争论。第一种观点认为,“对于行为犯而言,只要实施了刑法分则所规定的某种危害行为,就构成既遂”[5];第二种观点认为,“行为犯即以行为的完成作为既遂标志的犯罪”[6];第三种观点认为,行为犯与结果犯的区别在于行为终了与结果发生之间是否具有时间上的间隔,如果有则是结果犯,如果没有则是行为犯。[7] 据此,同结果犯一样,行为犯的既遂同样要求出现相应的法益侵害结果。笔者认为第三种观点相对合理。因为任何行为至少具有造成危害结果的危险性时,才可能成立犯罪,刑法并不处罚单纯不服从法律的行为[8]。当然,由于在行为犯的场合,行为实施终了结果就同时发生,说行为实施终了就是既遂(更确切地说应是“行为实施终了即构成犯罪”)也未尝不可。但既然要区分既遂与未遂,就应以该行为是否发生了行为人所追求的、行为性质所决定的犯罪结果为标准。以此为根据,本罪的既遂应以发生破坏市场经济秩序、对人体健康造成严重危害或者其他严重结果的危险为具备完整犯罪构成的标准。

Ⅹ 共犯

15 根据最高人民法院、最高人民检察院《关于办理危害食品安全刑事案件适用法律若干问题的解释》第 14 条的规定,明知他人生产、销售有毒、有害食品,提供资金、贷款、账号、发票、证明、许可证件的;提供生产、经营场所或者运输、贮存、保管、邮寄、销售渠道等便利条件的;提供生产技术或者食品原料、食品添加剂、食品相关产品或者有毒、有害的非食品原料的;提供广告宣传的;提供其他帮助行为的,以生产、销售有毒、有害食品罪的共犯论处。此外,涉及“地沟油”问题之时,明知他人生产、销售利用

---

5 高铭暄主编:《中国刑法学》,中国人民大学出版社 1989 年版,第 168 页。

6 黄京平主编:《破坏市场经济秩序罪研究》,中国人民大学出版社 1999 年版,第 146 页。

7 参见张明楷:《刑法学》(第 6 版),法律出版社 2021 年版,第 216 页。

8 参见张明楷:《刑法学》(第 6 版),法律出版社 2021 年版,第 145 页。

"地沟油"生产的"食用油",而为其掏捞、加工、贩运"地沟油"(或者提供贷款、资金、账号、发票、证明、许可证件,或者提供技术、生产、经营场所、运输、仓储、保管等便利条件的),也依照生产、销售有毒、有害食品罪的共犯论处。[9] 2008 年 6 月 25 日发布的最高人民检察院、公安部《关于公安机关管辖的刑事案件立案追诉标准的规定(一)》第 20 条第 3 款规定,明知是使用盐酸克仑特罗等禁止在饲料和动物饮用水中使用的药品或者含有该类药品的饲料养殖的供人食用的动物,而提供屠宰等加工服务,或者销售其制品的,应予立案追诉。其中,"提供屠宰加工服务"是该罪的帮助行为。

XI 罪数

对于生产、销售有毒、有害食品罪的罪数区分,应当按照关于区分一罪与数罪的标准来解决。所要注意的是,本罪和《刑法》第 140 条规定的生产、销售伪劣产品罪的关系。《刑法》第 140 条与第 144 条形成了法条竞合关系。在适用法律时,应首先适用特别法条即第 144 条的规定,排除第 140 条的适用,即如果生产、销售《刑法》第 144 条所规定的有毒、有害食品,不构成该条规定的犯罪,但是销售金额在 5 万元以上的,依照生产、销售伪劣产品罪处罚;如果生产销售《刑法》第 144 条规定的有毒、有害食品,同时销售金额也在 5 万元以上的,则既构成生产、销售有毒、有害食品罪,同时又构成生产、销售伪劣产品罪,此时,应依照处罚较重的法条处罚,不实行数罪并罚。 16

此外,根据最高人民法院、最高人民检察院《关于办理非法生产、销售、使用禁止在饲料和动物饮用水中使用的药品等刑事案件具体应用法律若干问题的解释》,实施本解释规定的行为,同时触犯刑法规定的两种以上犯罪的,依照处罚较重的规定追究刑事责任,而不实行数罪并罚。 17

XII 与非罪的界限

要划清与非罪的界限,要注意以下几点:①行为人的行为是否属于掺入行为。有观点认为,"掺入"不仅包括将有毒、有害的非食品原料加入到生产、销售的食品中,而且包括把这些有毒、有害的非食品原料直接当作食品或者食品原料出售。[10] 然而,这种解释有类推解释的嫌疑。[11] ②行为人掺入的是否是有毒、有害的非食品原料。在实践中存在问题的是,掺入已经变质的有毒、有害的"食品"原料应该如何处理。有观 18

---

9 参见最高人民法院、最高人民检察院、公安部《关于依法严惩"地沟油"犯罪活动的通知》第二部分(五)。

10 参见刘明祥主编:《假冒伪劣商品犯罪研究》,武汉大学出版社 2000 年版,第 178 页。

11 参见王作富主编:《刑法分则实务研究》(第 5 版),中国方正出版社 2013 年版,第 205 页。

点认为,即使是有毒、有害的食品原料也不属于“非食品原料”,从而不构成本罪。[12]笔者认为,食品本身应该满足可供人食用的要求。既然是有毒、有害的变质“食品”,业已不能满足食品的这一要求,将之归为非食品原料类,未尝不可。③行为情节是否显著轻微、危害不大。尽管《刑法》第144条规定本罪属于行为犯,行为人只要实施生产、销售有毒、有害食品的行为即构成本罪,但如果情节显著轻微危害不大的,依据《刑法》第13条的规定,则不应以犯罪论处。

XIII 与他罪的区别

一、与生产、销售不符合安全标准的食品罪的区别

19 根据《刑法》第143条的规定,生产、销售不符合安全标准的食品罪,是指违反国家食品安全管理法规,生产、销售不符合食品安全标准的食品,足以造成严重食物中毒事故或者其他严重食源性疾病的行为。生产、销售不符合安全标准的食品罪与生产、销售有毒、有害食品罪之间存在法条竞合关系。两者的区别主要表现在以下几个方面:①对结果的要求不同。生产、销售不符合安全标准的食品罪是具体的危险犯,要求行为人生产、销售的不符合食品安全标准的食品必须“足以造成严重食物中毒事故或者其他严重食源性疾病的”,才可构成犯罪,但不要求实际出现这种危害后果。若对人体健康造成严重危害或者后果特别严重的,则属于该罪法定刑升格的情节;而生产、销售有毒、有害食品罪是行为犯,即只要在生产、销售的食品中掺入有毒、有害的非食品原料的,或者销售明知掺有有毒、有害的非食品原料的食品,就可以构成犯罪,不必要求发生任何实害结果。作为一种抽象的危险犯,本罪也不要求有发生危害结果的具体危险,但若对人体健康造成其他特别严重危害的,则属于该罪法定刑升格的情节。②行为方式不同。生产、销售不符合安全标准的食品罪中的生产是指制造、加工、采集的行为,销售是指一切有偿转让的行为;生产、销售有毒、有害食品罪中的生产、销售是指在生产、销售的食品中掺入有毒、有害的非食品原料,或者销售明知掺有有毒、有害的非食品原料的行为。③生产、销售的食品性质不同。生产、销售不符合安全标准的食品罪中,生产、销售的是没有掺入有毒、有害的非食品原料但不符合食品安全标准的食品;生产、销售有毒、有害食品罪中,生产、销售的是掺入有毒、有害的非食品原料的食品。在“林烈群、何华平等销售有害食品案”[13]中,被告人林烈群多年经营工业用猪油,明知工业用猪油是一种工业原料而非食用猪油,被人食用后会危害人体健康,却为了牟取暴利,将大量工业用猪油冒充食用猪油批发给何华平等

---

[12] 参见刘明祥主编:《假冒伪劣商品犯罪研究》,武汉大学出版社2000年版,第177页;王作富主编:《刑法分则实务研究》(第5版),中国方正出版社2013年版,第204页。

[13] 参见最高人民法院刑事审判第一庭、第二庭编:《刑事审判参考》总第15辑(第91号),法律出版社2001年版。

人销售，致使 3 人死亡，1000 余人中毒，构成销售有害食品罪。被告人何华平、黄华香、吴赣池、罗伟华、黄俊海没有认识到其销售的是有毒食品，但其销售没有食品卫生检验合格证的猪油，造成严重后果，构成《刑法》第 143 条规定的罪名。

二、与投放危险物质罪的区别

依照《刑法》第 114 条和第 115 条第 1 款的规定，投放危险物质罪，是指故意投放危险物质，危害公共安全的行为。投放危险物质罪与生产、销售有毒、有害食品罪的区别主要表现在：①犯罪客体不同。投放危险物质罪的客体为公共安全；生产、销售有毒、有害食品罪的犯罪客体为国家对食品安全的监督管理秩序和不特定人的生命及身体健康。②主体不同。投放危险物质罪的主体一般是自然人，单位不构成本罪的主体；而生产、销售有毒、有害食品罪的主体，除自然人外，单位也可以构成。③罪过心理不同。投放危险物质罪的目的是造成不特定人的伤亡；而生产、销售有毒、有害食品罪一般具有获取非法利润的目的。行为人在生产、销售的食品中掺入有毒、有害的非食品原料虽然是明知的，但行为人并不追求致人伤亡的危害后果发生。反之，如果行为人生产、销售有毒、有害食品的目的是对他人的生命、健康安全造成损害，则应认定为投放危险物质罪。④行为方式不同。投放危险物质罪的行为方式多样；生产、销售有毒、有害食品罪的行为方式比较单一。 20

XIV 处罚

《刑法》第 144 条对本罪规定了三个幅度的法定刑：犯本罪的，处 5 年以下有期徒刑，并处罚金；对人体健康造成严重危害或者有其他严重情节的，处 5 年以上 10 年以下有期徒刑，并处罚金；致人死亡或者有其他特别严重情节的，依照本法第 141 条的规定处罚，即处 10 年以上有期徒刑、无期徒刑或者死刑，并处罚金或者没收财产。关于法定刑升格条件的具体理解参见本条“结果”的注释。单位犯本罪的，对单位判处罚金，并对其直接负责的主管人员和其他直接责任人员，依照自然人犯本罪的规定处罚。根据最高人民法院、最高人民检察院《关于办理生产、销售伪劣商品刑事案件具体应用法律若干问题的解释》第 11 条、第 12 条的规定，实施《刑法》第 144 条规定的犯罪，又以暴力、威胁方法抗拒查处，构成其他犯罪的，依照数罪并罚的规定处罚。国家机关工作人员参与生产、销售有毒、有害食品犯罪的，从重处罚。 21

第一百四十五条　生产、销售不符合标准的医用器材罪

生产不符合保障人体健康的国家标准、行业标准的医疗器械、医用卫生材料，或者销售明知是不符合保障人体健康的国家标准、行业标准的医疗器械、医用卫生材料，足以严重危害人体健康的，处三年以下有期徒刑或者拘役，并处销售金额百分之五十以上二倍以下罚金；对人体健康造成严重危害的，处三年以上十年以下有期徒刑，并处销售金额百分之五十以上二倍以下罚金；后果特别严重的，处十年以上有期徒刑或者无期徒刑，并处销售金额百分之五十以上二倍以下罚金或者没收财产。

文献：陈正云、刘福谦：《生产销售伪劣商品罪的认定与处理》，中国检察出版社1998年版；陈正云主编：《经济犯罪的刑法理论与司法适用》，中国方正出版社1998年版；黄京平主编：《破坏市场经济秩序罪研究》，中国人民大学出版社1999年版；高铭暄主编：《新型经济犯罪研究》，中国方正出版社2000年版；史卫忠主编：《生产销售伪劣商品犯罪的定罪与量刑》，人民法院出版社2000年版；熊选国、任卫华主编：《刑法罪名适用指南——生产销售伪劣商品罪》，中国人民公安大学出版社2007年版；陈兴良主编：《罪名指南》(第2版)，中国人民大学出版社2008年版；涂龙科编：《生产、销售伪劣商品罪专题整理》，中国人民公安大学出版社2010年版；王作富主编：《刑法分则实务研究》(第5版)，中国方正出版社2013年版；马克昌主编：《百罪通论》(上卷)，北京大学出版社2014年版；陈兴良主编：《刑法各论精释》(下)，人民法院出版社2015年版。

细目录

Ⅰ　主旨
Ⅱ　沿革
Ⅲ　客体
Ⅳ　对象
Ⅴ　行为
Ⅵ　结果
Ⅶ　主体
Ⅷ　故意
Ⅸ　既遂与未完成形态
Ⅹ　共犯

Ⅺ 罪数
Ⅻ 与非罪的界限
ⅩⅢ 与他罪的区别
ⅩⅣ 处罚

Ⅰ 主旨

《刑法》设定生产、销售不符合标准的医用器材罪的立法目的,在于通过对生产、销售不符合标准的医用器材行为的刑法规制,维护国家对医疗器械、医用卫生材料的管理秩序,保护不特定人的生命、健康安全。 1

Ⅱ 沿革

我国1979年《刑法》没有本罪的规定。1993年7月2日通过的全国人大常委会《关于惩治生产、销售伪劣商品犯罪的决定》第4条规定了生产、销售不符合标准的医用器材罪。1997年《刑法》第145条吸纳了该决定关于本罪的规定,并将"违法所得"改为"销售金额",将无限额罚金制改为倍比罚金制。 2

1997年《刑法》施行后,为进一步打击生产、销售不符合标准的医用器材行为,全国人大常委会于2002年12月28日通过了《刑法修正案(四)》。对该条进行了修改,最重要的修改是将原条文中的"对人体健康造成严重危害的"改为"足以严重危害人体健康的",由此本罪由原来的结果犯变为具体危险犯。 3

Ⅲ 客体

本罪侵犯的客体是国家对医疗器械、医用卫生材料的管理秩序和不特定人的生命、健康安全,同时也扰乱了社会主义市场经济秩序。 4

Ⅳ 对象

本罪的对象是不符合保障人体健康的国家标准、行业标准的医疗器械、医用卫生材料。所谓"医疗器械",是指用于诊断、治疗、预防人的疾病、调节人体生理功能或者代替人体器官的仪器、设备、装置、器具、植入物、材料及其相关物品。所谓"医用卫生材料",是指用于诊断、治疗、预防人的疾病,调节人的生理功能的辅助材料,如纱布、药棉等。"国家标准",是指国务院标准化行政主管部门制定的、在全国范围内的统一技术要求;"行业标准",是指对于没有国家标准的产品,由国务院有关行政主管部门制定的、在全国某个行业范围内的统一技术要求。另外,根据最高人民法院、最高人民检察院《关于办理生产、销售伪劣商品刑事案件具体应用法律若干问题的解释》第6条第5款的规定,没有国家标准、行业标准的医疗器械,注册产品标准可视为"保障人体健康的行业标准"。《产品质量法》(2018年修正)第13条第1款规定:"可能 5

危及人体健康和人身、财产安全的工业产品,必须符合保障人体健康和人身、财产安全的国家标准、行业标准;未制定国家标准、行业标准的,必须符合保障人体健康和人身、财产安全的要求。”我国也有学者指出:“没有国家标准、行业标准和企业标准的,对可能危及人体健康和人身、财产安全的工业产品必须符合保障人体健康和人身、财产安全的要求。如果不符合该要求,即为不符合标准的产品。”[1]原则上,《产品质量法》的规定是妥当的:首先,《产品质量法》的效力高于司法解释;其次,《产品质量法》的要求更符合保障人体健康的需要。

V　行为

6　生产、销售不符合标准的医用器材的行为表现为,生产、销售不符合保障人体健康的国家标准、行业标准的医疗器械、医用卫生材料,足以严重危害人体健康的行为。本罪主要发生在生产、销售两个领域:一是生产不符合保障人体健康的国家标准、行业标准的医疗器械、医用卫生材料,足以严重危害人体健康的;二是销售明知是不符合保障人体健康的国家标准、行业标准的医疗器械、医用卫生材料,足以严重危害人体健康的。可见,就犯罪形态而言,本罪是危险犯,即构成本罪的既遂,只要行为人的生产、销售行为足以严重危害人体健康即可;如果行为人的生产、销售行为已对人体健康造成严重危害,则构成本罪的实害犯;如果行为人生产、销售的不符合标准的医用器材不足以危害人体健康,则不构成本罪的既遂。根据2008年6月25日发布的最高人民检察院、公安部《关于公安机关管辖的刑事案件立案追诉标准的规定(一)》第21条第1款的规定,生产不符合保障人体健康的国家标准、行业标准的医疗器械、医用卫生材料,或者销售明知是不符合保障人体健康的国家标准、行业标准的医疗器械、医用卫生材料,涉嫌下列情形之一的,应予立案追诉:进入人体的医疗器械的材料中含有超过标准的有毒有害物质的;进入人体的医疗器械的有效性指标不符合标准要求,导致治疗、替代、调节、补偿功能部分或者全部丧失,可能造成贻误诊治或者人体严重损伤的;用于诊断、监护、治疗的有源医疗器械的安全指标不符合强制性标准要求,可能对人体构成伤害或者潜在危害的;用于诊断、监护、治疗的有源医疗器械的主要性能指标不合格,可能造成贻误诊治或者人体严重损伤的;未经批准,擅自增加功能或者适用范围,可能造成贻误诊治或者人体严重损伤的;其他足以严重危害人体健康或者对人体健康造成严重危害的情形。以上立案标准可以作为认定“足以严重危害人体健康”的参考标准。

7　此外,根据最高人民法院、最高人民检察院《关于办理生产、销售伪劣商品刑事案件具体应用法律若干问题的解释》第6条第4款的规定,医疗机构或者个人,知道或者应当知道是不符合保障人体健康的国家标准、行业标准的医疗器械、医用卫生材料

---

[1] 王作富主编:《刑法分则实务研究》(第5版),中国方正出版社2013年版,第211页。

而购买、使用，对人体健康造成严重危害的，以销售不符合标准的医用器材罪定罪处罚。然而，该款规定存在以下问题：首先，如果认定医疗机构的购买、使用行为是正犯行为的话，可能违背罪刑法定原则，因为，“购买”“使用”的含义同“生产”“销售”存在明显区别；其次，如果认为购买与使用是共犯行为的话，可能违背间接处罚禁止，因为，《刑法》第145条仅处罚生产、销售不符合标准的医用器材行为，并不处罚购买行为；最后，本罪的主观方面只能是故意，而犯罪故意的认识不应包括应当知道。

Ⅵ 结果

由于刑法明文规定只要生产、销售不符合标准的医用器材“足以严重危害人体健康”即可成罪。如果行为已“对人体健康造成严重危害”或者造成的“后果特别严重”，则升格法定刑。那么，如何认定“对人体健康造成严重危害”以及“后果特别严重”？最高人民法院、最高人民检察院《关于办理生产、销售伪劣商品刑事案件具体应用法律若干问题的解释》第6条第1、2款规定，生产、销售不符合标准的医疗器械、医用卫生材料，致人轻伤或者其他严重后果的，应认定为《刑法》第145条规定的“对人体健康造成严重危害”。生产、销售不符合标准的医疗器械、医用卫生材料，造成感染病毒性肝炎等难以治愈的疾病、1人以上重伤、3人以上轻伤或者其他严重后果的，应认定为“后果特别严重”。 8

Ⅶ 主体

刑法条文未对该罪主体作出直接规定，依据法条对该罪刑事责任的规定，该罪的主体是生产者、销售者，而生产者、销售者既包括自然人，也包括单位。就自然人而言，凡是达到刑事责任年龄、具有刑事责任能力的自然人都可以构成本罪。 9

Ⅷ 故意

本罪只能由故意构成，过失不构成本罪。其故意内容为，行为人明知是不符合保障人体健康的国家标准、行业标准的医疗器械、医用卫生材料而故意生产或销售，明知自己生产、销售不符合标准的医用器材的行为足以危害人体健康，并且希望或放任危害结果发生的心理态度。行为人实施本罪一般是出于非法营利的目的，但营利目的及营利的多少不是构成本罪的必备要件。但是，根据最高人民法院、最高人民检察院《关于办理生产、销售伪劣商品刑事案件具体应用法律若干问题的解释》第6条第4款的规定，显然认为“明知”的内容包括了“应当知道”。最高人民检察院、公安部《关于公安机关管辖的刑事案件立案追诉标准的规定(一)》第21条第2款也规定，医疗机构或者个人知道或者应当知道是不符合保障人体健康的国家标准、行业标准的医疗器械、医用卫生材料而购买并有偿使用的，视为本条规定的“销售”。如果将此处的明知的内容解释为包括应当知道的话，很显然违背了罪刑法定原则的要求。 10

因此,此处的"应当知道"应当解释为推定行为人知道。[2]

Ⅸ 既遂与未完成形态

11 由于刑法明文规定"足以严重危害人体健康"是构成本罪的必要条件,故本罪属于一种危险犯,其既遂不要求产生实害后果,只要产生足以严重危害人体健康的危险状态即为既遂。

Ⅹ 共犯

12 生产、销售不符合标准的医用器材罪完全可能由二人以上共同故意实施,对于该罪的共同犯罪,应当根据刑法总则关于共同犯罪的成立条件以及生产、销售不符合标准的医用器材罪的构成要件予以认定。根据最高人民法院、最高人民检察院《关于办理生产、销售伪劣商品刑事案件具体应用法律若干问题的解释》第9条的规定,知道或者应当知道他人实施生产、销售不符合标准的医用器材犯罪,而为其提供贷款、资金、账号、发票、证明、许可证件,或者提供生产、经营场所或者运输、仓储、保管、邮寄等便利条件,或者提供制假生产技术的,应以生产、销售不符合标准的医用器材罪的共犯论处。但本罪不属于必要共同犯罪,而属于任意共同犯罪。并且,本罪的共犯既可以是自然人之间的共犯、单位之间的共犯,也可以是自然人与单位之间的共犯。该司法解释存在的问题是将该罪的主观要件扩大到"应当知道"。只有将"应当知道"解释为法律推定并允许反驳,才可能避免违背罪刑法定原则的质疑。

Ⅺ 罪数

13 对于生产、销售不符合标准的医用器材罪的罪数区分,应当按照关于区分一罪与数罪的标准来解决。所要注意的是,本罪和《刑法》第140条规定的生产、销售伪劣产品罪的关系。《刑法》第140条与第145条形成了法条竞合关系。在适用法律上,应首先适用特别法条即第145条的规定,排除第140条的适用,即如果生产、销售《刑法》第145条规定的不符合标准的医用器材,不构成该条规定的犯罪,但是销售金额在5万元以上的,依照生产、销售伪劣产品罪处罚;如果生产、销售《刑法》第145条规定的不符合标准的医用器材,构成该条规定的生产、销售不符合标准的医用器材罪,同时又构成生产、销售伪劣产品罪的,依照处罚较重的法条处罚,不实行数罪并罚。

Ⅻ 与非罪的界限

14 依据法条的规定,本罪的成立需要法定的行为、危害结果以及故意,缺少其中的

---

2 相同意见,参见张明楷:《刑法学》(第6版),法律出版社2021年版,第957页。

任何一项,就会因不符合犯罪构成而不成立犯罪。因此,要划清本罪与非罪的界限,必须注意:行为人主观上是否出于故意;行为人生产、销售不符合标准的医用器材是否足以严重危害人体健康;行为人对“足以严重危害人体健康”的危险是否有认识;医用器材是否符合国家标准和行业标准;等等。

XIII 与他罪的区别

根据《刑法》第 114 条和第 115 条第 1 款的规定,以危险方法危害公共安全罪,是 15
指使用与放火、决水、爆炸、投毒等危险性相当的其他危险方法,危害公共安全的行为。以危险方法危害公共安全罪与生产、销售不符合标准的医用器材罪既有共性,也有区别。其区别表现为:①客体不同。以危险方法危害公共安全罪的客体是公共安全;而生产、销售不符合标准的医用器材罪的客体是复杂客体,主要客体是国家对医用器材的管理秩序,次要客体是不特定人的生命、健康安全。②罪过心理不同。以危险方法危害公共安全罪在主观方面表现为故意,一般不具有营利的目的;生产、销售不符合标准的医用器材罪在主观方面也是故意,但一般具有营利的目的。如果行为人以对人体健康造成严重危害后果为目的而去生产、销售不符合标准的医用器材的,则应定以危险方法危害公共安全罪。③主体不同。以危险方法危害公共安全罪的主体只能是自然人,而不包括单位;而生产、销售不符合标准的医用器材罪的主体既包括自然人,也包括单位。

XIV 处罚

根据刑法的规定,本罪有三个量刑幅度:生产不符合保障人体健康的国家标准、 16
行业标准的医疗器械、医用卫生材料,或者销售明知是不符合保障人体健康的国家标准、行业标准的医疗器械、医用卫生材料,足以严重危害人体健康的,处 3 年以下有期徒刑或者拘役,并处销售金额 50% 以上 2 倍以下罚金;对人体健康造成严重危害的,处 3 年以上 10 年以下有期徒刑,并处销售金额 50%以上 2 倍以下罚金;后果特别严重的,处 10 年以上有期徒刑或者无期徒刑,并处销售金额 50%以上 2 倍以下罚金或者没收财产。

此外,根据最高人民法院、最高人民检察院《关于办理生产、销售伪劣商品刑事案 17
件具体应用法律若干问题的解释》第 11 条、第 12 条的规定,实施《刑法》第 145 条规定的犯罪,又以暴力、威胁方法抗拒查处,构成其他犯罪的,依照数罪并罚的规定处罚。国家机关工作人员参与生产、销售不符合标准的医用器材犯罪的,从重处罚。根据 2003 年 5 月 14 日发布的最高人民法院、最高人民检察院《关于办理妨害预防、控制突发传染病疫情等灾害的刑事案件具体应用法律若干问题的解释》第 3 条的规定,在预防、控制突发传染病疫情等灾害期间,生产用于防治传染病的不符合保障人体健康的国家标准、行业标准的医疗器械、医用卫生材料,或者销售明知是用于防治传染病的不符合保障人体健康的国家标准、行业标准的医疗器械、医用卫生材料,不具有防护、救治功能,足以严重危害人体健康的,依照《刑法》第145条的规定,以生产、销售不符合标准的医用器材罪定罪,依法从重处罚。医疗机构或者个人,知道或者应当知道系前款规定的不符合保障人体健康的国家标准、行业标准的医疗器械、医用卫生材料而购买并有偿使用的,以销售不符合标准的医用器材罪定罪,依法从重处罚。

第一百四十六条　生产、销售不符合安全标准的产品罪

生产不符合保障人身、财产安全的国家标准、行业标准的电器、压力容器、易燃易爆产品或者其他不符合保障人身、财产安全的国家标准、行业标准的产品，或者销售明知是以上不符合保障人身、财产安全的国家标准、行业标准的产品，造成严重后果的，处五年以下有期徒刑，并处销售金额百分之五十以上二倍以下罚金；后果特别严重的，处五年以上有期徒刑，并处销售金额百分之五十以上二倍以下罚金。

文献:陈正云主编:《经济犯罪的刑法理论与司法适用》,中国方正出版社 1998 年版;黄京平主编:《破坏市场经济秩序罪研究》,中国人民大学出版社 1999 年版;高铭暄主编:《新型经济犯罪研究》,中国方正出版社 2000 年版;史卫忠主编:《生产销售伪劣商品犯罪的定罪与量刑》,人民法院出版社 2000 年版;熊选国、任卫华主编:《刑法罪名适用指南——生产销售伪劣商品罪》,中国人民公安大学出版社 2007 年版;陈兴良主编:《罪名指南》(第 2 版),中国人民大学出版社 2008 年版;涂龙科编:《生产、销售伪劣商品罪专题整理》,中国人民公安大学出版社 2010 年版;王作富主编:《刑法分则实务研究》(第 5 版),中国方正出版社 2013 年版;马克昌主编:《百罪通论》(上卷),北京大学出版社 2014 年版;陈兴良主编:《刑法各论精释》(下),人民法院出版社 2015 年版。

细目录

Ⅰ　主旨
Ⅱ　沿革
Ⅲ　客体
Ⅳ　对象
Ⅴ　行为
Ⅵ　结果
Ⅶ　主体
Ⅷ　故意
Ⅸ　既遂与未完成形态
Ⅹ　共犯
Ⅺ　罪数
Ⅻ　与非罪的界限

XIII　与他罪的区别
一、与生产、销售伪劣产品罪的区别
二、与过失爆炸罪、失火罪的区别
XIV　处罚

I　主旨

1　刑法设定生产、销售不符合安全标准的产品罪的立法目的,在于通过对生产、销售不符合安全标准的产品行为的刑法规制,维护国家产品质量管理秩序,保护不特定人的生命、健康安全。

II　沿革

2　1979年《刑法》没有本罪的规定。1986年7月30日国家经济委员会等八个部委联合发布的《部分国产家用电器"三包"规定》,规定因产品质量问题给用户造成人身伤亡或经济损失的,生产企业应负责赔偿实际经济损失;情节严重的,由企业主管机关对企业负责人和直接责任者给予行政处分,触犯刑律的,由司法机关追究刑事责任。1982年,国务院发布《锅炉压力容器安全监察暂行条例》,规定对严重违反锅炉、压力容器安全法规,造成重大损失的责任人员,要追究行政责任、经济责任直至刑事责任。1984年,国务院发布《民用爆炸物品管理条例》,对民用爆炸物品的管理作出了严格的规定。尽管国家对电器、锅炉、压力容器、易燃易爆产品规定了严格的安全标准,但在实际生活中,由于产品不符合安全标准而造成人身伤亡或财产损失的事件经常发生,后果严重。为进一步规范国家产品质量管理秩序,保护公民身体健康安全,1993年7月2日全国人大常委会发布了《关于惩治生产、销售伪劣商品犯罪的决定》在第5条以特别刑法的形式规定了生产、销售不符合安全标准的产品罪。1997年《刑法》第146条吸纳了上述决定关于本罪的具体规定,并作了两处修改:一是将违法所得改为销售金额;二是将无限额罚金制改为倍比罚金制,从而使该罪的规定更具有合理性、科学性和可操作性。

III　客体

3　本罪侵犯的客体是国家对电器、压力容器、易燃易爆产品和其他产品的质量安全监督管理秩序和不特定人的人身、财产安全。

IV　对象

4　本罪的对象是不符合保障人身、财产安全的国家标准、行业标准的电器、压力容器、易燃易爆产品或者其他产品。所谓"电器",是指各种工业用电器和家用电器,如电动机、电路开关、照明灯具、电视机、电冰箱、吸尘器、收录机、电饭锅、电热水器、CD

机、组合音响、电话机等各种电信、电力器材；所谓“压力容器”，是指承受与表面垂直作用力的高压容器，如氧气瓶、高压锅、压力机、压力继电器、锅炉等；所谓“易燃易爆产品”，是指容易燃烧和爆炸的物品，如烟花爆竹、雷管、民用炸药、液化气瓶等；所谓“其他产品”，是指除上述电器、压力容器、易燃易爆产品以外的，需要符合保障人身、财产安全的国家标准、行业标准的产品，如汽水瓶、啤酒瓶等，这些产品若不符合安全标准，往往也会给消费者的人体、财产安全带来危害。

V 行为

5 生产、销售不符合安全标准的产品的行为，是指违反国家产品质量管理法规，生产不符合保障人身、财产安全的国家标准、行业标准的电器、压力容器、易燃易爆产品或者其他不符合保障人身、财产安全的国家标准、行业标准的产品，或者销售明知是以上不符合保障人身、财产安全的国家标准、行业标准的产品，并且造成严重后果的行为。所谓“造成严重后果”既包括对人体的损害又包括对财产的损毁。本罪发生在生产、销售两个领域。

VI 结果

6 本罪属于结果犯，即本罪的既遂要求“造成严重后果”。如果“后果特别严重的”，则属于本罪法定刑升格的条件。对于“造成严重后果”的界定，可以参照最高人民检察院、公安部《关于公安机关管辖的刑事案件立案追诉标准的规定(一)》第 22 条规定的三种情形：造成人员重伤或者死亡的；造成直接经济损失 10 万元以上的；其他造成严重后果的情形。对于“后果特别严重”的具体标准，还有待法律或者司法解释明确。

VII 主体

7 刑法条文未对该罪主体作出直接规定，依据法条对该罪刑事责任的规定，该罪的主体是一般主体，即凡是达到刑事责任年龄、具有刑事责任能力的自然人都可以构成本罪。另根据《刑法》第 150 条的规定，单位也可以构成本罪。

VIII 故意

8 本罪只能由故意构成，过失不构成本罪。其故意内容为，行为人明知是不符合安全标准的产品而故意生产或销售，明知自己生产、销售不符合安全标准的产品的行为会造成严重后果，并且希望或放任危害结果发生的心理态度。行为人实施本罪一般是出于牟取非法利润的目的，但营利目的及营利的多少不是构成本罪的必备要件。

Ⅸ　既遂与未完成形态

9　由于《刑法》第146条明文规定“造成严重后果”是构成本罪的必要条件,故本罪属于一种结果犯。既为结果犯,从理论上来说就存在着预备、未遂和中止等犯罪的未完成形态。

Ⅹ　共犯

10　生产、销售不符合安全标准的产品罪完全可能由二人以上共同故意实施,对于该罪的共同犯罪,应当根据刑法总则关于共同犯罪的成立条件以及生产、销售不符合安全标准的产品罪的构成要件予以认定。根据最高人民法院、最高人民检察院《关于办理生产、销售伪劣商品刑事案件具体应用法律若干问题的解释》第9条的规定,知道或者应当知道他人实施生产、销售不符合安全标准的产品犯罪,而为其提供贷款、资金、账号、发票、证明、许可证件,或者提供生产、经营场所或者运输、仓储、保管、邮寄等便利条件,或者提供制假生产技术的,应以生产、销售不符合安全标准的产品罪的共犯论处。但本罪不属于必要共同犯罪,而是属于任意共同犯罪。本罪的共犯既可以是自然人之间的共犯、单位之间的共犯,也可以是自然人与单位之间的共犯。

Ⅺ　罪数

11　对于生产、销售不符合安全标准的产品罪的罪数区分,应当按照关于区分一罪与数罪的标准来解决。所要注意的是,本罪和《刑法》第140条规定的生产、销售伪劣产品罪的关系。《刑法》第140条与第146条形成了法条竞合关系。在适用法律上,应首先适用特别法条即第146条的规定,排除第140条的适用,即如果生产、销售《刑法》第146条规定的不符合安全标准的产品,不构成该条规定的犯罪,但是销售金额在5万元以上的,依照生产、销售伪劣产品罪处罚;如果生产、销售《刑法》第146条规定的不符合安全标准的产品,构成该条规定的生产、销售不符合安全标准的产品罪,同时又构成生产、销售伪劣产品罪的,依照处罚较重的法条处罚,不实行数罪并罚。

Ⅻ　与非罪的界限

12　依据法条的规定,本罪的成立需要法定的行为、危害结果以及故意,缺少其中的任何一项,就会因不符合犯罪构成而不成立犯罪。因此,要划清本罪与非罪的界限,必须注意:行为人主观上是否出于故意;行为人生产、销售不符合安全标准的产品的行为是否给消费者造成了人身、财产安全的严重后果;行为人对该“严重后果”是否有认识;该产品是否为不符合安全标准的产品;等等。

XIII 与他罪的区别

一、与生产、销售伪劣产品罪的区别

根据《刑法》第140条的规定,生产、销售伪劣产品罪,是指生产者、销售者违反国家产品质量管理法规,在产品中掺杂、掺假,以假充真,以次充好或者以不合格产品冒充合格产品,销售金额在5万元以上的行为。从严格意义上讲,不符合安全标准的电器、压力容器、易燃易爆等产品实质上也是伪劣产品,当行为人生产、销售不符合安全标准的伪劣产品时,就与生产、销售伪劣产品罪竞合,不易区别。根据《刑法》第149条的规定,两罪的区别主要表现在犯罪客体、犯罪对象以及犯罪构成的必要条件三个方面。如果行为人的行为同时构成两罪,应按法定刑重的罪定罪量刑。具体而言,如果行为人生产、销售的是不符合安全标准的电器、压力容器、易燃易爆等特定伪劣产品,且对人身、财产安全造成严重后果的,应定生产、销售不符合安全标准的产品罪;如果行为人虽然生产、销售的是不符合安全标准的电器、压力容器、易燃易爆等特定伪劣产品,但并未对人身、财产安全造成严重后果,而销售金额却在5万元以上的,应定生产、销售伪劣产品罪;如果行为人生产、销售不符合安全标准的电器、压力容器、易燃易爆等产品,既对人身、财产安全造成了严重后果,销售金额又在5万元以上的,按照重罪优于轻罪的原则,定生产、销售伪劣产品罪。 13

在"刘泽均、王远凯等生产、销售不符合安全标准的产品案"[1]中,刘泽均等四被告人(单位)的行为是构成生产、销售不符合安全标准的产品罪还是生产、销售伪劣产品罪是该案的主要争议。两罪在犯罪构成上有以下相同和不同之处:①主观方面均为故意,但故意内容不同。在本案中,刘泽均等人在承揽虹桥主拱钢管加工、供货业务中,明知钢管构件用于虹桥主体部分,涉及人的生命、财产安全,却不按照国家标准、行业标准加工生产;在明知主拱钢管没有合格证、质量保证书的情况下,将主拱钢管销往需方;在得知产品不合格时,竟串通起来弄虚作假,使产品用于虹桥主体,给虹桥主体留下严重质量隐患,具备了生产、销售不符合安全标准的产品罪的主观构成要件。②犯罪对象虽然都是伪劣产品,但从刑法意义上讲两者却有不同。在本案中,用于虹桥主体的主拱钢管并不是普通产品,涉及人身、财产安全,其不符合特定的安全标准,造成严重后果,构成犯罪的,应当依照《刑法》第146条的规定定罪处罚。③客观上均实施了生产、销售伪劣产品的行为,但定罪的标准和依据不同。构成生产、销售不符合安全标准的产品罪,不仅要求行为人要有生产、销售不符合保障人身、财产安全的国家标准、行业标准的产品的行为,还要造成严重后果;而生产、销售伪劣产品罪没有以上要求,只要生产、销售伪劣产品的金额在5万元以上即可构成,不要求造 14

1　参见最高人民法院刑事审判第一庭编:《刑事审判参考》总第7辑(第47号),法律出版社2000年版。

成严重后果。而在本案中,虹桥垮塌事故致使40人死亡、14人受伤,直接经济损失达600余万元,无疑已造成严重后果。因此刘泽均等人构成生产、销售不符合安全标准的产品罪。

二、与过失爆炸罪、失火罪的区别

15 根据《刑法》第115条第2款的规定,过失爆炸罪,是指过失引起爆炸,致人重伤、死亡或者使公私财产遭受重大损失的行为;失火罪,是指由于过失而引起火灾,造成严重后果,危害公共安全的行为。两罪与生产、销售不符合安全标准的产品罪在危害后果方面有某些相似之处,易于混淆。其区别主要表现为:①客体不同。过失爆炸罪、失火罪侵犯的客体为单一客体,即公共安全;而本罪侵犯的客体为复杂客体,即国家对产品质量的监督管理秩序和不特定人的人身、财产安全。②主体不同。过失爆炸罪、失火罪的主体只能是达到刑事责任年龄并具有刑事责任能力的自然人,单位不能构成此罪;而本罪的主体既可以是自然人,也可以是单位。③罪过心理不同。过失爆炸罪、失火罪,在主观上只能是过失;而本罪在主观上只能是故意。④因果关系不同。在过失爆炸罪和失火罪中,产品质量的好坏不是造成严重后果的原因,原因在于行为人自身的行为;而本罪中,不符合安全标准的产品则是造成严重后果的原因。⑤法定刑的轻重不同。过失爆炸罪和失火罪的法定最高刑为7年有期徒刑;而本罪的法定最高刑为15年有期徒刑。

XIV 处罚

16 《刑法》第146条对本罪规定了两个幅度的法定刑:①犯本罪的,处5年以下有期徒刑,并处销售金额50%以上2倍以下罚金;②后果特别严重的,处5年以上有期徒刑,并处销售金额50%以上2倍以下罚金。

17 另外,根据《刑法》第150条的规定,单位犯生产、销售不符合安全标准的产品罪的,对单位判处罚金,并对其直接负责的主管人员和其他直接责任人员,依照自然人犯本罪的规定定罪处罚。

18 根据最高人民法院、最高人民检察院《关于办理生产、销售伪劣商品刑事案件具体应用法律若干问题的解释》第11条、第12条的规定,实施《刑法》第146条规定的犯罪,又以暴力、威胁方法抗拒查处,构成其他犯罪的,依照数罪并罚的规定处罚。国家机关工作人员参与生产、销售不符合安全标准的产品犯罪的,从重处罚。

第一百四十七条　生产、销售伪劣农药、兽药、化肥、种子罪

生产假农药、假兽药、假化肥，销售明知是假的或者失去使用效能的农药、兽药、化肥、种子，或者生产者、销售者以不合格的农药、兽药、化肥、种子冒充合格的农药、兽药、化肥、种子，使生产遭受较大损失的，处三年以下有期徒刑或者拘役，并处或者单处销售金额百分之五十以上二倍以下罚金；使生产遭受重大损失的，处三年以上七年以下有期徒刑，并处销售金额百分之五十以上二倍以下罚金；使生产遭受特别重大损失的，处七年以上有期徒刑或者无期徒刑，并处销售金额百分之五十以上二倍以下罚金或者没收财产。

文献：陈正云主编：《经济犯罪的刑法理论与司法适用》，中国方正出版社 1998 年版；黄京平主编：《破坏市场经济秩序罪研究》，中国人民大学出版社 1999 年版；高铭暄主编：《新型经济犯罪研究》，中国方正出版社 2000 年版；史卫忠主编：《生产销售伪劣商品犯罪的定罪与量刑》，人民法院出版社 2000 年版；熊选国、任卫华主编：《刑法罪名适用指南——生产销售伪劣商品罪》，中国人民公安大学出版社 2007 年版；陈兴良主编：《罪名指南》（第 2 版），中国人民大学出版社 2008 年版；涂龙科编：《生产、销售伪劣商品罪专题整理》，中国人民公安大学出版社 2010 年版；王作富主编：《刑法分则实务研究》（第 5 版），中国方正出版社 2013 年版；马克昌主编：《百罪通论》（上卷），北京大学出版社 2014 年版；陈兴良主编：《刑法各论精释》（下），人民法院出版社 2015 年版。

细目录

Ⅰ　主旨
Ⅱ　沿革
Ⅲ　客体
Ⅳ　对象
Ⅴ　行为
Ⅵ　结果
Ⅶ　主体
Ⅷ　故意
Ⅸ　既遂与未完成形态
Ⅹ　共犯
Ⅺ　罪数

Ⅻ　与非罪的界限
XIII　与他罪的区别
一、与破坏生产经营罪的区别
二、与诈骗罪的区别
XIV　处罚

Ⅰ　主旨

1　刑法设定生产、销售伪劣农药、兽药、化肥、种子罪的立法目的,在于通过对生产、销售伪劣农药、兽药、化肥、种子行为的刑法规制,维护国家对农用生产资料市场的监督管理秩序,保护农业生产安全。

Ⅱ　沿革

2　1979年《刑法》没有本罪的规定。1987年11月国家经济委员会等六部委联合发布的《关于加强市场管理,坚决制止和取缔生产、经销假劣化肥的暂行规定》对磷肥、小型复混肥生产实行生产许可证制度。1989年1月13日发布的国务院办公厅《关于加强农药管理严厉打击制造、销售假劣农药活动的通知》对农药生产实行登记制度,未经批准登记的农药,不得生产、销售和使用,凡是已登记过的农药,一律实行生产许可证制度,并且规定对农药销售实行专营。另外,国务院还先后发布了《兽药管理条例》(1987年)和《种子管理条例》(1989年)。为了进一步维护国家对农用生产资料的监督管理秩序,保护农业生产安全,保障农民利益,1993年7月2日全国人大常委会通过了《关于惩治生产、销售伪劣商品犯罪的决定》,以特别刑法的形式规定了生产、销售伪劣农药、兽药、化肥、种子罪。1997年《刑法》第147条吸纳了上述决定第6条的规定,并作了两处修改:一是将违法所得改为销售金额;二是将附加刑的无限额罚金制改为倍比罚金制,从而使该罪的规定更具有科学性、合理性和可操作性。

Ⅲ　客体

3　本罪侵犯的客体是国家对农用生产资料市场的监督管理秩序和广大农民或者其他使用者的合法利益。

Ⅳ　对象

4　本罪的犯罪对象为伪劣的农药、兽药、化肥、种子。“农药”,一般是指用于防治病、虫、草、鼠害的农用化学药品。“兽药”,是指用于预防、治疗、诊断畜禽等动物疾病,有目的地调节其生理机能并规定作用、用途、用法和用量的兽用物质(含饲料药物添加剂),包括:血清、菌苗、诊断液等生物制品,兽用的中药材、中成药、化学原料及其制剂、抗生素、生化药品、放射性药品。“化肥”,一般是指以水、空气、矿物等为原料，经过化学反应或者机械加工制成的肥料，如氮肥、磷肥、钾肥和微量元素化肥等。“种子”，是指用于农业、林业生产的籽粒、果实、根、苗、茎、芽等繁殖材料。

V 行为

根据《刑法》第 147 条的规定，生产、销售伪劣农药、兽药、化肥、种子的行为表现为违反国家产品质量管理法规，实施生产假农药、假兽药、假化肥，销售明知是假的或者失去使用效能的农药、兽药、化肥、种子，或者生产者、销售者以不合格的农药、兽药、化肥、种子冒充合格的农药、兽药、化肥、种子三种行为之一，并且使生产遭受较大损失的行为。此处的“假农药、假兽药、假化肥”，是指农药、兽药、化肥所含成分与国家标准、行业标准不符合或者以非农药、非兽药、非化肥冒充农药、兽药、化肥。“失去使用效能的农药、兽药、化肥、种子”，是指因为过期、受潮、腐烂、变质等原因失去了原有功能和使用效能，已丧失了使用价值的农药、兽药、化肥、种子。“不合格的农药、兽药、化肥、种子”，是指农药、兽药、化肥、种子不具备应有的使用性能或者没有达到应当达到的质量标准。 5

VI 结果

依据《刑法》第 147 条的规定，本罪是结果犯，即生产、销售伪劣农药、兽药、化肥、种子的行为必须使生产遭受较大损失的，才构成本罪的既遂；如不发生该结果，即使有法定的行为，也不能认为满足该罪法定构成要件的要求，不成立该罪的既遂。如果行为人生产、销售伪劣农药、兽药、化肥、种子的行为使生产遭受重大损失或者特别重大损失，则法定刑升格。何谓“较大损失”“重大损失”以及“特别重大损失”？根据最高人民法院、最高人民检察院《关于办理生产、销售伪劣商品刑事案件具体应用法律若干问题的解释》第 7 条的规定，生产、销售伪劣农药、兽药、化肥、种子罪中“使生产遭受较大损失”，一般以 2 万元为起点；“重大损失”，一般以 10 万元为起点；“特别重大损失”，一般以 50 万元为起点。根据最高人民检察院、公安部《关于公安机关管辖的刑事案件立案追诉标准的规定(一)》第 23 条的规定，“使生产遭受损失二万元以上的”和“其他使生产遭受较大损失的情形”，可以视为对“使生产遭受较大损失”的解释。 6

VII 主体

刑法未对该罪主体作出直接规定，依据法条对该罪刑事责任的规定，该罪的主体是一般主体，即凡是达到刑事责任年龄、具有刑事责任能力的自然人都可以构成本罪。另根据《刑法》第 150 条的规定，单位也可以构成本罪。 7

Ⅷ 故意

8 本罪只能由故意构成,过失不构成本罪。其故意内容为,行为人明知是伪劣农药、兽药、化肥、种子而故意生产或销售,明知自己生产、销售伪劣农药、兽药、化肥、种子的行为会使生产遭受较大损失,并且希望或放任这种结果发生的心理态度。行为人实施本罪一般是出于牟取非法利润的目的,但营利目的及营利的多少不是构成本罪的必备要件。

Ⅸ 既遂与未完成形态

9 《刑法》第 147 条明文规定"使生产遭受较大损失"是构成本罪的必要条件,故本罪属于结果犯。既为结果犯,从理论上来说就存在着预备、未遂和中止等犯罪的未完成形态。

Ⅹ 共犯

10 生产、销售伪劣农药、兽药、化肥、种子罪完全可能由二人以上共同故意实施,对于该罪的共同犯罪,应当根据刑法总则关于共同犯罪的成立条件以及生产、销售伪劣农药、兽药、化肥、种子罪的构成要件予以认定。根据最高人民法院、最高人民检察院《关于办理生产、销售伪劣商品刑事案件具体应用法律若干问题的解释》第 9 条的规定,知道或者应当知道他人实施生产、销售伪劣农药、兽药、化肥、种子犯罪,而为其提供贷款、资金、账号、发票、证明、许可证件,或者提供生产、经营场所或者运输、仓储、保管、邮寄等便利条件,或者提供制假生产技术的,应以生产、销售伪劣农药、兽药、化肥、种子罪的共犯论处。但本罪不属于必要共同犯罪,而属于任意共同犯罪。本罪的共犯既可以是自然人之间的共犯、单位之间的共犯,也可以是自然人与单位之间的共犯。

Ⅺ 罪数

11 对于生产、销售伪劣农药、兽药、化肥、种子罪的罪数区分,应当按照关于区分一罪与数罪的标准来解决。所要注意的是,本罪和《刑法》第 140 条规定的生产、销售伪劣产品罪的关系。《刑法》第 140 条与第 147 条形成了法条竞合关系。在适用法律上,应首先适用特别法条即第 147 条的规定,排除第 140 条的适用,即如果生产、销售《刑法》第 147 条规定的伪劣农药、兽药、化肥、种子,不构成该条规定的犯罪,但是销售金额在 5 万元以上的,依照生产、销售伪劣产品罪处罚;如果生产、销售《刑法》第 147 条规定的伪劣农药、兽药、化肥、种子,构成该条规定的生产、销售伪劣农药、兽药、化肥、种子罪,同时又构成生产、销售伪劣产品罪的,依照处罚较重的法条处罚,不实行数罪并罚。

XII　与非罪的界限

依据法条的规定,本罪的成立需要法定的行为、危害结果以及故意,缺少其中的任何一项,就会因不符合犯罪构成而不成立本罪。因此,要划清本罪与非罪的界限,必须注意:行为人主观上是否出于故意;行为人是否有生产、销售伪劣农药、兽药、化肥、种子的行为;该行为是否发生“使生产遭受较大损失”的结果;行为人对该“较大损失”的危害结果是否有认识;该农药、兽药、化肥、种子是否为法律规定的伪劣产品;等等。 12

XIII　与他罪的区别

一、与破坏生产经营罪的区别

根据《刑法》第276条的规定,破坏生产经营罪,是指出于泄愤报复或者其他个人目的,毁坏机器设备、残害耕畜或者以其他方法破坏生产经营的行为。破坏生产经营罪与生产、销售伪劣农药、兽药、化肥、种子罪在行为方式、侵犯的客体、危害后果等方面有相似之处,其区别主要表现在:①犯罪主体不同。破坏生产经营罪的主体只能是自然人;而生产、销售伪劣农药、兽药、化肥、种子罪的主体既可以是自然人,也可以是单位。②罪过心理不同。破坏生产经营罪对破坏生产是直接故意,并且主要是出于泄愤报复或者其他个人目的;而生产、销售伪劣农药、兽药、化肥、种子罪对给生产造成的损失只能是间接故意,其犯罪目的是牟取非法利润。③行为方式不同。破坏生产经营罪的行为方式广泛,主要以毁坏机器设备、残害耕畜或者以其他方法为常用手段;生产、销售伪劣农药、兽药、化肥、种子罪的行为方式则较单一,主要采取制假、售假、以假充真的手段。④类罪归属不同。破坏生产经营罪,在类罪名上归属侵犯财产罪;生产、销售伪劣农药、兽药、化肥、种子罪,在类罪名上则归属破坏社会主义市场经济秩序罪。⑤犯罪客体不同。破坏生产经营罪的客体为公私财产权以及生产经营活动的安全;生产、销售伪劣农药、兽药、化肥、种子罪的客体为国家对农用生产资料市场的监督管理秩序、农业生产安全,以及广大农民和其他使用者的合法权益。 13

二、与诈骗罪的区别

依照《刑法》第266条的规定,诈骗罪是指以非法占有为目的,用虚构事实或者隐瞒真相的方法,骗取数额较大的公私财物的行为。生产、销售伪劣农药、兽药、化肥、种子而坑害、蒙骗农民和其他使用者的行为,与诈骗罪中虚构事实、隐瞒真相的手段极为相似。两罪的区别主要表现在:①犯罪主体不同。诈骗罪的犯罪主体只能是自然人;而生产、销售伪劣农药、兽药、化肥、种子罪的主体,既包括自然人,也包括单位。②罪过心理不同。诈骗罪在主观上是故意,犯罪目的是非法占有公私财物;而生产、 14

销售伪劣农药、兽药、化肥、种子罪在主观上虽然同属故意,但主观目的一般是获取非法利润。③行为方式不同。诈骗罪的行为方式表现为用虚构事实或隐瞒真相的方法,骗取数额较大的公私财物的行为;而生产、销售伪劣农药、兽药、化肥、种子罪的行为表现为三种情况:一是生产假农药、假兽药、假化肥,使生产遭受较大损失;二是销售明知是假的或者失去使用效能的农药、兽药、化肥、种子,使生产遭受较大损失的行为;三是以不合格的农药、兽药、化肥、种子冒充合格的农药、兽药、化肥、种子,使生产遭受较大损失的行为。④犯罪形态不一样。诈骗罪属于数额犯,即只有骗取公私财物数额较大的,才可以构成犯罪;而生产、销售伪劣农药、兽药、化肥、种子罪属于结果犯,即只有使生产遭受较大损失后果的,才构成此罪。⑤客体不同。诈骗罪的犯罪客体为公私财产所有权;生产、销售伪劣农药、兽药、化肥、种子罪的犯罪客体为国家对农用生产资料市场的监督管理秩序、农业生产安全,以及广大农民和其他使用者的合法权益。

XIV 处罚

15 《刑法》第 147 条对本罪规定了三个幅度的法定刑:犯本罪,使生产遭受较大损失的,处 3 年以下有期徒刑或者拘役,并处或者单处销售金额 50%以上 2 倍以下罚金;使生产遭受重大损失的,处 3 年以上 7 年以下有期徒刑,并处销售金额 50%以上 2 倍以下罚金;使生产遭受特别重大损失的,处 7 年以上有期徒刑或者无期徒刑,并处销售金额 50%以上 2 倍以下罚金或者没收财产。

16 此外,根据《刑法》第 150 条的规定,单位犯本罪的,对单位判处罚金,并对其直接负责的主管人员和其他直接责任人员,依照自然人犯本罪的规定进行处罚。

17 根据最高人民法院、最高人民检察院《关于办理生产、销售伪劣商品刑事案件具体应用法律若干问题的解释》第 11 条、第 12 条的规定,实施《刑法》第 147 条规定的犯罪,又以暴力、威胁方法抗拒查处,构成其他犯罪的,依照数罪并罚的规定处罚。国家机关工作人员参与生产、销售伪劣农药、兽药、化肥、种子犯罪的,从重处罚。

第一百四十八条　生产、销售不符合卫生标准的化妆品罪

生产不符合卫生标准的化妆品，或者销售明知是不符合卫生标准的化妆品，造成严重后果的，处三年以下有期徒刑或者拘役，并处或者单处销售金额百分之五十以上二倍以下罚金。

文献:马克昌、丁慕英主编:《刑法的修改与完善》,人民法院出版社 1995 年版;周振想主编:《中国新刑法释论与罪案》(上册),中国方正出版社 1997 年版;马克昌主编:《经济犯罪新论》,武汉大学出版社 1998 年版;陈正云、刘福谦:《生产销售伪劣商品罪的认定与处理》,中国检察出版社 1998 年版;陈正云主编:《经济犯罪的刑法理论与司法适用》,中国方正出版社 1998 年版;马克昌主编:《犯罪通论》(第 3 版),武汉大学出版社 1999 年版;黄京平主编:《破坏市场经济秩序罪研究》,中国人民大学出版社 1999 年版;熊选国主编:《生产、销售伪劣商品罪》,中国人民公安大学出版社 1999 年版;高铭暄主编:《新型经济犯罪研究》,中国方正出版社 2000 年版;史卫忠主编:《生产销售伪劣商品犯罪的定罪与量刑》,人民法院出版社 2000 年版;熊选国、任卫华主编:《刑法罪名适用指南——生产销售伪劣商品罪》,中国人民公安大学出版社 2007 年版;陈兴良主编:《罪名指南》(第 2 版),中国人民大学出版社 2008 年版;涂龙科编:《生产、销售伪劣商品罪专题整理》,中国人民公安大学出版社 2010 年版;王作富主编:《刑法分则实务研究》(第 5 版),中国方正出版社 2013 年版;马克昌主编:《百罪通论》(上卷),北京大学出版社 2014 年版;陈兴良主编:《刑法各论精释》(下),人民法院出版社 2015 年版。

细目录

Ⅰ　主旨
Ⅱ　沿革
Ⅲ　客体
Ⅳ　对象
Ⅴ　行为
Ⅵ　结果
Ⅶ　主体
Ⅷ　故意
Ⅸ　既遂与未完成形态
Ⅹ　共犯

Ⅺ 罪数
Ⅻ 与非罪的界限
ⅩⅢ 处罚

Ⅰ 主旨

1 刑法设定生产、销售不符合卫生标准的化妆品罪的立法目的,在于通过对生产、销售不符合卫生标准的化妆品行为的刑法规制,维护国家对化妆品生产、销售的监督管理秩序,保护广大消费者的合法权益。

Ⅱ 沿革

2 1979 年《刑法》没有本罪的规定。1989 年 11 月 13 日经国务院批准卫生部发布了《化妆品卫生监督条例》对化妆品的概念、卫生标准、从业人员、原料辅料、上市销售、广告宣传、行政处罚等均作了详细规定。同时还规定,对违反本条例造成人体损伤或者发生中毒事故的,有直接责任的生产企业和经营单位或者个人应负损害赔偿责任。对造成严重后果,构成犯罪的,由司法机关依法追究刑事责任。为进一步规制该行为,维护国家对化妆品生产、销售的监督管理秩序,保障消费者合法权益,1993 年 7 月 2 日全国人大常委会通过了《关于惩治生产、销售伪劣商品犯罪的决定》,以特别刑法的形式规定了生产、销售不符合卫生标准的化妆品罪。1997 年《刑法》第 148 条吸纳了上述决定第 7 条和第 12 条的具体规定,并作了两处修改:一是将"违法所得"改为"销售金额";二是将附加刑的无限额罚金制改为倍比罚金制,从而使该罪的规定更完善、更合理和更具有可操作性。

Ⅲ 客体

3 本罪侵犯的客体是国家对化妆品生产、销售的监督管理秩序和广大消费者的合法权益。本罪的客体,即设定本罪所要保护的法益,就是由《化妆品卫生监督条例》等法规的实行而形成的有条不紊的状况。也有学者认为,本罪的客体应是国家对化妆品生产、销售的管理制度[1],这是不妥当的。犯罪客体是指刑法所保护而为犯罪行为所侵犯的社会关系或社会利益,而对制度的侵害应该是改变制度本身,所以,制度不应是犯罪的客体,只有制度被遵守所形成的秩序才是犯罪的客体。

Ⅳ 对象

4 本罪的犯罪对象是不符合卫生标准的化妆品。根据《化妆品监督管理条例》第 3

---

1 参见陈兴良主编:《罪名指南》(第 2 版),中国人民大学出版社 2008 年版,第 252 页。

条的规定,条例所称化妆品,是指以涂擦、喷洒或者其他类似方法,施用于皮肤、毛发、指甲、口唇等人体表面,以清洁、保护、美化、修饰为目的的日用化学工业产品。

V 行为

依据《刑法》第148条的规定,生产、销售不符合卫生标准的化妆品的行为表现为违反国家产品质量管理法规,生产不符合卫生标准的化妆品,或者销售明知是不符合卫生标准的化妆品,并且造成严重后果的行为。本罪发生于生产和销售两个领域,行为人有生产或者销售两种行为之一,且造成严重后果的,即构成本罪。 5

Ⅵ 结果

从《刑法》第148条的规定看,本罪属于结果犯,即行为人生产、销售不符合卫生标准的化妆品的行为,只有"造成严重后果的"才构成犯罪的既遂。如不发生该结果,即使有法定的行为,也不能认为满足该罪法定构成要件的要求,不成立本罪的既遂形态。最高人民检察院、公安部《关于公安机关管辖的刑事案件立案追诉标准的规定(一)》第24条规定,实施生产、销售不符合卫生标准的化妆品的行为,造成他人容貌毁损或者皮肤严重损伤的;造成他人器官组织损伤导致严重功能障碍的;致使他人精神失常或者自杀、自残造成重伤、死亡的;其他造成严重后果的情形,应予立案追诉。该规定可以视为对"造成严重后果"的解释。 6

Ⅶ 主体

刑法条文未对该罪主体作出直接规定,依据法条对该罪刑事责任的规定,该罪的主体是生产者、销售者。根据《刑法》第150条的规定,生产者、销售者既包括自然人,也包括单位。就自然人而言,凡是达到刑事责任年龄、具有刑事责任能力的人都可以构成本罪。 7

Ⅷ 故意

本罪只能由故意构成,过失不构成本罪。其故意内容为,行为人明知是不符合卫生标准的化妆品而故意生产或销售,明知自己生产、销售不符合卫生标准的化妆品的行为会造成严重后果,并且希望或放任这种结果发生的心理态度。行为人实施本罪一般是出于牟取非法利润的目的,但营利目的及营利的多少不是构成本罪的必备要件。 8

Ⅸ 既遂与未完成形态

由于《刑法》第148条明文规定"造成严重后果"是构成本罪的必要条件,故本罪 9

属于结果犯。“在以法定的危害结果的发生作为犯罪既遂标志的犯罪中,应当以法定的危害结果实际上已经发生,来区别犯罪的既遂和未遂。”[2]因此,本罪的既遂应以发生“严重后果”为既遂;如果行为人已经着手实施生产、销售不符合卫生标准的化妆品的行为,由于行为人意志以外的原因,而没有得逞的,成立本罪的未遂;为生产、销售不符合卫生标准的化妆品的行为准备工具,制造条件的,属于本罪的预备;在生产、销售不符合卫生标准的化妆品的犯罪过程中,行为人自动停止犯罪,或者自动有效地防止犯罪结果发生的,是本罪的犯罪中止。

X 共犯

10 生产、销售不符合卫生标准的化妆品罪完全可能由二人以上共同故意实施,对于该罪的共同犯罪,应当根据刑法总则关于共同犯罪的成立条件以及生产、销售不符合卫生标准的化妆品罪的构成要件予以认定。根据最高人民法院、最高人民检察院《关于办理生产、销售伪劣商品刑事案件具体应用法律若干问题的解释》第 9 条的规定,知道或者应当知道他人实施生产、销售不符合卫生标准的化妆品犯罪,而为其提供贷款、资金、账号、发票、证明、许可证件,或者提供生产、经营场所或者运输、仓储、保管、邮寄等便利条件,或者提供制假生产技术的,应以生产、销售不符合卫生标准的化妆品罪的共犯论处。但本罪不属于必要共同犯罪,而属于任意共同犯罪。本罪的共犯既可以是自然人之间的共犯、单位之间的共犯,也可以是自然人与单位之间的共犯。

XI 罪数

11 对于生产、销售不符合卫生标准的化妆品罪的罪数区分,应当按照关于区分一罪与数罪的标准来解决。所要注意的是,本罪和《刑法》第 140 条规定的生产、销售伪劣产品罪的关系。《刑法》第 140 条与第 148 条形成了法条竞合关系。在适用法律上,应首先适用特别法条即第 148 条的规定,排除第 140 条的适用,即如果生产、销售《刑法》第 148 条规定的不符合卫生标准的化妆品,不构成该条规定的犯罪,但是销售金额在 5 万元以上的,依照生产、销售伪劣产品罪处罚;如果生产销售《刑法》第 148 条规定的不符合卫生标准的化妆品,构成该条规定的生产、销售不符合卫生标准的化妆品罪,同时又构成生产、销售伪劣产品罪的,依照处罚较重的法条处罚,不实行数罪并罚。

XII 与非罪的界限

12 依据法条的规定,本罪的成立需要法定的行为、危害结果以及故意,缺少其中的

---

2 马克昌主编:《犯罪通论》(第 3 版),武汉大学出版社 1999 年版,第 496 页。

任何一项,就会因不符合犯罪构成而不成立犯罪。因此,要划清本罪与非罪的界限,必须注意:行为人主观上是否出于故意;行为人生产、销售不符合卫生标准的化妆品的行为是否给消费者"造成严重后果";行为人对该"严重后果"是否有认识;该产品是否为不符合卫生标准的化妆品;等等。此外,要注意分清严重后果的责任归属。如果行为人生产、销售的是符合卫生标准的合格化妆品,只是由于消费者在使用过程中不按照说明书上所规定的使用方法和安全剂量使用,因而造成了严重后果的,则不应追究化妆品生产者或销售者的刑事责任。

XIII 处罚

根据本条规定,生产不符合卫生标准的化妆品,或者销售明知是不符合卫生标准的化妆品,造成严重后果的,处 3 年以下有期徒刑或者拘役,并处或者单处销售金额 50%以上 2 倍以下罚金。另外,根据《刑法》第 150 条的规定,单位犯本罪的,对单位判处罚金,并对其直接负责的主管人员和其他直接责任人员,依照自然人犯本罪的规定处罚。 13

根据最高人民法院、最高人民检察院《关于办理生产、销售伪劣商品刑事案件具体应用法律若干问题的解释》第 11 条、第 12 条的规定,实施《刑法》第 148 条规定的犯罪,又以暴力、威胁方法抗拒查处,构成其他犯罪的,依照数罪并罚的规定处罚。国家机关工作人员参与生产、销售不符合卫生标准的化妆品犯罪的,从重处罚。 14

第一百四十九条　对生产、销售伪劣商品行为的法条适用

生产、销售本节第一百四十一条至第一百四十八条所列产品，不构成各该条规定的犯罪，但是销售金额在五万元以上的，依照本节第一百四十条的规定定罪处罚。

生产、销售本节第一百四十一条至第一百四十八条所列产品，构成各该条规定的犯罪，同时又构成本节第一百四十条规定之罪的，依照处罚较重的规定定罪处罚。

细目录

Ⅰ　主旨
Ⅱ　沿革
Ⅲ　本条的具体适用

Ⅰ　主旨

1　本条是关于本节犯罪的认定与处罚的特别规定。

Ⅱ　沿革

2　1979年《刑法》对本条未作规定。1993年7月2日第八届全国人民代表大会常务委员会第二次会议通过的《关于惩治生产、销售伪劣商品犯罪的决定》第8条对此作了补充规定。根据该条第1款的规定:“生产、销售本决定第二条至第七条所列产品,不构成各该条规定的犯罪,但是违法所得数额在二万元以上的,依照本决定第一条的规定处罚。”第2款规定:“生产、销售本决定第二条至第七条所列产品,构成各该条规定的犯罪,同时又构成本决定第一条规定的犯罪的,依照处刑较重的规定处罚。”1997年《刑法》对上述内容进行修改后予以吸收:一是对本罪罚金刑的数额作了具体规定;二是将原决定规定的数额标准由“违法所得数额在二万元以上的”调整为“销售金额在五万元以上的”。

Ⅲ　本条的具体适用

3　本条第1款是关于本节犯罪的认定。《刑法》第141条至第148条规定的都是生产、销售特定伪劣产品的犯罪,根据该款规定,生产、销售特定伪劣产品,但并不符合《刑法》第141条至第148条规定的犯罪的构成要件,如果销售金额在5万元以上

的,则依照《刑法》第 140 条的规定认定为生产、销售伪劣产品罪。所谓“生产、销售本节第一百四十一条至第一百四十八条所列产品,不构成各该条规定的犯罪”,是指行为人虽然生产、销售了《刑法》第 141 条至第 148 条所列的特定伪劣产品,却没有发生各该条所规定的危害结果或具体危险。在这种情况下,如果销售金额达到了 5 万元,则认定为《刑法》第 140 条所规定的生产、销售伪劣产品罪。但是,由于《刑法》第 141 条规定的生产、销售、提供假药罪和第 144 条规定的生产、销售有毒、有害食品罪属于一种抽象的危险犯,不要求发生具体危险,更不要求发生危害结果,故意生产、销售、提供假药或者生产、销售有毒、有害食品的,不可能因为没有发生具体危险或危害结果,而适用《刑法》第 140 条认定为生产、销售伪劣产品罪。[1] 所以,此处不能不说是一个立法缺漏。

该条第 2 款是关于法条竞合原则的特别规定。《刑法》第 140 条是关于生产、销售伪劣商品犯罪的普通法条,第 141 条至第 148 条是关于生产、销售伪劣商品犯罪的特别法条。一般情形下,发生法条竞合时应按特别法优于普通法的原则处理。但若一概适用该原则,就可能会导致处理本节犯罪时出现罪刑不均衡的现象,于是立法者规定了重法优于轻法的原则,即在行为符合《刑法》第 141 条至第 148 条规定的某种犯罪的构成要件,构成各该条规定的特定伪劣产品的犯罪,同时又符合《刑法》第 140 条规定的犯罪构成要件,构成该条规定的生产、销售伪劣产品罪时,通过考虑犯罪的情节与可能适用的法定刑,选择处罚较重的规定作为定罪量刑的依据。[2] 在“李云平销售伪劣种子案”[3]中,涉及生产、销售伪劣产品罪与生产、销售伪劣种子罪如何区分。种子也是一种产品,生产、销售伪劣种子金额在 5 万元以上的,当然可以构成生产、销售伪劣产品罪。在本案中,被告人李云平销售金额达 31 万余元,并造成玉米种植户大面积减产,直接经济损失达 300 多万元,应当认定为“使生产造成特别重大损失”。被告人的行为同时触犯了《刑法》第 140 条和第 147 条的规定,依据《刑法》第 149 条第 2 款的规定,“依照处罚较重的规定定罪处罚”,最终被告人被认定为销售伪劣种子罪。 4

2001 年 5 月 21 日发布的最高人民法院《关于审理生产、销售伪劣商品刑事案件有关鉴定问题的通知》第 3 条规定,经鉴定确系伪劣商品,被告人的行为既构成生产、销售伪劣产品罪,又构成生产、销售假药罪或者生产、销售不符合安全标准的食品罪,或者同时构成侵犯知识产权、非法经营等其他犯罪的,根据《刑法》第 149 条第 2 款和《关于办理生产、销售伪劣商品刑事案件具体应用法律若干问题的解释》第 10 条的规定,应当依照处罚较重的规定定罪处罚。 5

---

1 参见张明楷:《刑法学》(第 6 版),法律出版社 2021 年版,第 959 页。

2 参见张明楷:《刑法学》(第 6 版),法律出版社 2021 年版,第 960 页。

3 参见最高人民法院刑事审判第一庭、第二庭编:《刑事审判参考》总第 17 辑(第 106 号),法律出版社 2001 年版。

第一百五十条　单位犯本节之罪的处罚

单位犯本节第一百四十条至第一百四十八条规定之罪的，对单位判处罚金，并对其直接负责的主管人员和其他直接责任人员，依照各该条的规定处罚。

细目录

Ⅰ　主旨
Ⅱ　沿革

Ⅰ　主旨

1 本条是对单位犯本节之罪处罚的进一步明确。根据《刑法》第 31 条的规定:“单位犯罪的,对单位判处罚金,并对其直接负责的主管人员和其他直接责任人员判处刑罚。本法分则和其他法律另有规定的,依照规定。”根据本条的规定,当单位犯本节第 140 条至第 148 条之罪时,对单位判处罚金,并对其直接负责的主管人员和其他直接责任人员,依照各该条关于自然人的处罚规定进行处罚。

Ⅱ　沿革

2 1979 年《刑法》对本条未作规定。1993 年 7 月 2 日第八届全国人民代表大会常务委员会第二次会议通过的《关于惩治生产、销售伪劣商品犯罪的决定》第 9 条对此作了补充规定。根据该条第 1 款的规定:“企业事业单位犯本决定第二条至第七条罪的,对单位判处罚金,并对直接负责的主管人员和其他直接责任人员依照各该条的规定追究刑事责任。”第 2 款规定:“企业事业单位犯本决定第一条罪的,对单位判处罚金,情节恶劣的,并对直接负责的主管人员和其他直接责任人员依照本决定第一条的规定追究刑事责任。”1997 年《刑法》对该条的规定进行修改后予以采纳,成为当前的条文。

第二节 走私罪

前 注

文献:阮齐林:《刑法学》(第3版),中国政法大学出版社2011年版;王作富主编:《刑法分则实务研究》(第5版),中国方正出版社2013年版;黎宏:《刑法学各论》(第2版),法律出版社2016年版。

细目录

Ⅰ 主旨

Ⅱ 行为

Ⅲ 分类

Ⅳ 进出口与走私

Ⅰ 主旨

走私罪并非一个具体罪名,而是走私这一类犯罪的统称,包括11个罪名。根据 1
走私的对象,可以分为两类:一是《刑法》第151条、第152条规定的走私国家禁止进出口货物、物品的犯罪,具体包括走私武器、弹药罪,走私核材料罪,走私假币罪,走私文物罪,走私贵重金属罪,走私珍贵动物、珍贵动物制品罪,走私国家禁止进出口的货物、物品罪,走私淫秽物品罪,走私废物罪及《刑法》第347条规定的走私毒品罪10个罪名。二是《刑法》第153条规定的走私普通货物、物品罪。[1] 走私犯罪违反我国对

---

1 最高立法机关、司法机关先后发布多个立法解释、司法解释及规范性文件,为正确适用走私罪名,依法惩治走私犯罪提供了具体的依据。主要有:1998年8月28日最高人民法院《关于审理骗购外汇、非法买卖外汇刑事案件具体应用法律若干问题的解释》,2000年10月16日最高人民检察院《关于擅自销售进料加工保税货物的行为法律适用问题的解释》,2002年7月8日最高人民法院、最高人民检察院、海关总署《关于办理走私刑事案件适用法律若干问题的意见》,2005年12月29日全国人大常委会《关于〈中华人民共和国刑法〉有关文物的规定适用于具有科学价值的古脊椎动物化石、古人类化石的解释》,最高人民法院、最高人民检察院2014年8月12日《关于办理走私刑事案件适用法律若干问题的解释》,最高人民法院、最高人民检察院2015年12月30日《关于办理妨害文物管理等刑事案件适用法律若干问题的解释》,2018年3月8日最高人民法院、最高人民检察院《关于涉以压缩气体为动力的枪支、气枪铅弹刑事案件定罪量刑问题的批复》,最高人民法院2019年11月18日《关于审理走私、非法经营、非法使用兴奋剂刑事案件适用法律若干问题的解释》,等等。

外贸易管理制度,不仅会影响国家财政收入,而且冲击国内市场,阻碍民族工商业的发展,甚至危害国家主权。特别是一些违禁、有害物品的入境还会危及人民群众的身体健康和公共安全,影响社会的安定。为此,我国刑法专门将相关走私犯罪列入破坏社会主义市场经济秩序犯罪予以打击。走私罪侵犯的客体是对外贸易管理制度,具体是指一个国家对进出口物品的控制、管理和监督制度。对外贸易管理制度包括以下内容:对进出口货物、物品根据其与国计民生关系的大小,实行准许、限制或者禁止进口的制度;对进出口的非贸易性物品,根据其种类和特点,实现限进、限出、限量、限值的管理秩序;对外汇等实行集中管理,对金银实行有限制的经营制度;对进出口的应税货物、物品实行征收关税的制度。

Ⅱ 行为

2 走私,是指违反海关法规,逃避海关监管,运输、携带、邮寄禁止进出境或者限制进出境的货物、物品进出国(边)境的行为。其中,“违反海关法规”,指违反我国《海关法》及其他相关法律、法规。“逃避海关监管”,指在未设海关的国(边)境线上运输、携带货物进出国(边)境,或者虽然经过海关,但以伪装、藏匿、谎报等方法,蒙骗海关检查人员,偷运、偷带、偷寄货物、物品过关的行为。运输,是指用船舶、车辆、航空器等交通工具运出或者运进。携带,是指随身携带或夹带进出境。邮寄,是指通过邮递的方式邮出或者邮进。

Ⅲ 分类

3 根据走私的对象,走私犯罪可以分为两类:一是《刑法》第 151 条、第 152 条规定的走私国家禁止进出口货物、物品的犯罪,包括 10 个罪名。二是《刑法》第 153 条规定的走私普通货物、物品罪。二者之间是基本条款和补充条款的关系,即走私《刑法》第 151 条、第 152 条规定的(禁止进出口)货物、物品的,依据基本条款定罪处罚,排斥适用《刑法》第 153 条;如果走私《刑法》第 151 条、第 152 条规定之外的(普通)货物、物品,偷逃税额较大的,应适用《刑法》第 153 条的规定,以走私普通货物、物品罪处罚。但也有例外情形,如走私废物又偷逃应缴税额,同时构成走私废物罪和走私普通货物、物品罪的,择一重罪处罚。

Ⅳ 进出口与走私

4 走私是“进口”还是“出口”一般不影响定性。但也有例外,走私贵重金属、走私文物限于走私“出口”。如果是走私进口,仍属于走私普通货物、物品的性质。构成犯罪的,依照走私普通货物、物品罪定罪处罚。

第一百五十一条　走私武器、弹药罪；走私核材料罪；走私假币罪；走私文物罪；走私贵重金属罪；走私珍贵动物、珍贵动物制品罪；走私国家禁止进出口的货物、物品罪

走私武器、弹药、核材料或者伪造的货币的，处七年以上有期徒刑，并处罚金或者没收财产；情节特别严重的，处无期徒刑，并处没收财产；情节较轻的，处三年以上七年以下有期徒刑，并处罚金。

走私国家禁止出口的文物、黄金、白银和其他贵重金属或者国家禁止进出口的珍贵动物及其制品的，处五年以上十年以下有期徒刑，并处罚金；情节特别严重的，处十年以上有期徒刑或者无期徒刑，并处没收财产；情节较轻的，处五年以下有期徒刑，并处罚金。

走私珍稀植物及其制品等国家禁止进出口的其他货物、物品的，处五年以下有期徒刑或者拘役，并处或者单处罚金；情节严重的，处五年以上有期徒刑，并处罚金。

单位犯本条规定之罪的，对单位判处罚金，并对其直接负责的主管人员和其他直接责任人员，依照本条各款的规定处罚。

文献:阮齐林:《刑法学》(第3版),中国政法大学出版社2011年版;高铭暄:《中华人民共和国刑法的孕育诞生和发展完善》,北京大学出版社2012年版;王作富主编:《刑法分则实务研究》(第5版),中国方正出版社2013年版;黎宏:《刑法学各论》(第2版),法律出版社2016年版;张军主编:《刑法[分则]及配套规定新释新解》(第9版),人民法院出版社2016年版;周光权:《刑法各论》(第4版),中国人民大学出版社2021年版;张明楷:《刑法学》(第6版),法律出版社2021年版。

细目录

Ⅰ　主旨
Ⅱ　沿革
Ⅲ　客体
Ⅳ　对象
Ⅴ　行为
Ⅵ　主体
Ⅶ　罪过

Ⅷ 与他罪的区别
一、走私武器、弹药罪与非法制造、买卖、运输、邮寄、储存枪支、弹药、爆炸物罪的区别
二、走私假币罪与出售、购买、运输假币罪的区别
三、走私文物罪与非法向外国人出售、赠送珍贵文物罪的区别
四、走私贵重金属罪与走私普通货物、物品罪的区别
五、走私珍贵动物、珍贵动物制品罪与危害珍贵、濒危野生动物罪的区别
Ⅸ 罪数
Ⅹ 处罚

Ⅰ 主旨

1 刑法规定上述走私犯罪,旨在惩治和打击走私相关违禁物品的猖獗活动,保证经济秩序和社会秩序的平稳运行。

Ⅱ 沿革

2 1979年《刑法》只是笼统地对走私罪作了规定。其第116条规定:“违反海关法规,进行走私,情节严重的,除按照海关法规没收走私物品并且可以罚款外,处三年以下有期徒刑或者拘役,可以并处没收财产。”第118条规定:“以走私、投机倒把为常业的,走私、投机倒把数额巨大的或者走私、投机倒把的首要分子,处三年以上十年以下有期徒刑,可以并处没收财产。”第119条规定:“国家工作人员利用职务上的便利,犯走私、投机倒把罪的,从重处罚。”另外,其第173条规定了盗运珍贵文物出口罪。

3 1979年《刑法》颁行后,鉴于走私犯罪活动猖獗,危害严重,1982年3月8日通过的全国人民代表大会常务委员会《关于严惩严重破坏经济的罪犯的决定》,增加了关于情节特别严重走私罪及盗运珍贵文物出口罪的处罚规定,并且法定最高刑被提高到死刑。1988年1月21日通过的全国人民代表大会常务委员会《关于惩治走私罪的补充规定》,以走私的对象为标准将走私罪的罪名进行了细化,具体规定了走私毒品罪,走私武器、弹药罪,走私假币罪,走私文物罪,走私珍贵动物、珍贵动物制品罪,走私贵重金属罪,走私淫秽物品罪七种犯罪。

4 1997年《刑法》在全国人民代表大会常务委员会《关于惩治走私罪的补充规定》第1条、第2条的基础上对走私罪进行了较大幅度的修订。①将走私毒品罪与其他毒品犯罪一起安排在“妨害社会管理秩序罪”一章中;②增加规定了走私核材料罪;③增设走私国家禁止出口的珍稀植物及其制品的规定;④取消了1979年《刑法》第173条规定的盗运珍贵文物出口罪;⑤对具有特别严重情形的走私犯罪的处刑单设条款即《刑法》第151条第4款,这主要是出于技术上的考虑。“单设条款的好处在于:第一,可以减少死刑条文的数量;第二,可以简化条文。因为全国人民代表大会常

务委员会《关于惩治走私罪的补充规定》第 1 条和第 2 条规定的犯罪均有‘情节特别严重的,处无期徒刑或者死刑,并处没收财产’的规定,单设一款规定,就可以简化条文表述。”[1]

考虑到国家禁止进出口的货物、物品的范围会随着社会经济形势的发展变化而需要不断调整,《刑法修正案(七)》对《刑法》第 151 条第 3 款的罪状作了概括式的描述和调整:“走私珍稀植物及其制品等国家禁止进出口的其他货物、物品的……”这样一来就将《刑法》第 151 条第 1 款、第 2 款规定之外的所有其他国家禁止进出口的货物、物品都纳入刑法的保护范围。 5

之后,基于贯彻国家严格控制死刑刑事政策的要求,2011 年 5 月 1 日施行的《刑法修正案(八)》废除了走私文物罪、走私贵重金属罪和走私珍贵动物、珍贵动物制品罪的死刑。2015 年 11 月 1 日施行的《刑法修正案(九)》进一步将走私武器、弹药罪及走私核材料罪、走私假币罪的死刑予以废除,从而彻底废除了走私犯罪的死刑。 6

Ⅲ　客体

本条规定的犯罪所侵犯的客体是国家对外贸易制度及对违禁品的进出口监管制度。 7

Ⅳ　对象

本条依据走私对象的不同规定了七种犯罪。所涉犯罪的具体对象涉及国家禁止进出口的武器、弹药、核材料、伪造的货币、文物、贵重金属、珍贵动物、珍贵动物制品以及珍稀植物、珍稀植物制品等货物、物品。 8

武器、弹药,一般是指军用武器、弹药,包括军用舰船、飞机、战车、枪、炮、弹药、炸药、地雷、手榴弹等,但也包括具有杀伤力或者破坏力的非军用武器、弹药的枪支、弹药。武器、弹药的具体种类,应参照《海关进出口税则》及《禁止进出境物品表》的有关规定确定。 9

核材料,包括核燃料、核燃料产物、核聚变材料等。其具体范围应根据我国 1989 年加入的《核材料实物保护公约》和 2006 年修订的《核出口管制条例》的规定加以确定。 10

伪造的货币,包括伪造的人民币和伪造的境外货币。伪造的货币不同于变造的货币,用在真币上进行挖补、剪贴、涂改等手段变造出来的货币,不能作为本罪的犯罪 11

1　高铭暄:《中华人民共和国刑法的孕育诞生和发展完善》,北京大学出版社 2012 年版,第 357 页。

对象。[2]

12 贵重金属,是指包括黄金、白银以及与金、银同等重要的铱、铂、钯、铑、钛等国家禁止出口的贵重金属及其制品。

13 文物,是指具有文明价值内涵的历史古物。根据我国《文物保护法》第 2 条第 1 款、第 2 款的规定,文物具体包括:①具有历史、艺术、科学价值的古文化遗址、古墓葬、古建筑、石窟寺和石刻、壁画;②与重大历史事件、革命运动或者著名人物有关的以及具有重要纪念意义、教育意义或者史料价值的近代现代重要史迹、实物、代表性建筑;③历史上各时代珍贵的艺术品、工艺美术品;④历史上各时代重要的文献资料以及具有历史、艺术、科学价值的手稿和图书资料等;⑤反映历史上各时代、各民族社会制度、社会生产、社会生活的代表性实物。文物认定的标准和办法由国务院文物行政部门制定,报国务院批准。需要注意的是,作为走私对象的文物并非上述所有文物,只是国家禁止进出口的文物,即具有重要历史、艺术、科学价值的珍贵文物及其他国家禁止出境的文物。另外,根据 2014 年 8 月 12 日发布的最高人民法院、最高人民检察院《关于办理走私刑事案件适用法律若干问题的解释》第 12 条第 2 款的规定,走私具有科学价值的古脊椎动物化石、古人类化石,构成犯罪的,以走私文物罪定罪处罚。在"蓑口义则走私文物案"[3]中,被告人未向海关申报携带视同国家二级文物的古脊椎动物化石一件和视同国家三级文物的古脊椎动物化石一件的行为已构成走私文物罪。在"朱丽清走私国家禁止出口的物品案"[4]中,被告人朱丽清逃避海关监管,走私珍稀古生物化石(白垩纪古脊椎鸟类化石)出境,其行为构成走私国家禁止出口的物品罪。

14 珍贵动物,是指国家重点保护的珍贵、稀有陆生、水生野生动物,即列入《国家重点保护野生动物名录》中的国家一、二级保护野生动物和列入《濒危野生动植物种国际贸易公约》附录Ⅰ、附录Ⅱ中的野生动物以及驯养繁殖的上述物种。珍贵动物制品,是指上述珍贵动物的皮、毛、骨等制成品。

15 珍稀植物,包括列入《国家重点保护野生植物名录》《国家重点保护野生药材物种名录》《国家珍贵树种名录》中的国家一、二级保护野生植物、国家重点保护的野生药材、珍贵树木,《濒危野生动植物种国际贸易公约》附录Ⅰ、附录Ⅱ中的野生植物,以及人工培育的上述植物。珍稀植物制品,是指利用珍稀植物加工制作的标本、观赏用品、实用品等物品。国家禁止进出口的其他货物、物品,是指武器、弹药、核材料、假

2 参见莫开勤、颜茂昆主编:《走私犯罪》,中国人民公安大学出版社 1999 年版,第 103 页。

3 参见最高人民法院刑事审判第一、二、三、四、五庭主办:《刑事审判参考》总第 53 集(第 416 号),法律出版社 2007 年版,第 7—18 页。

4 参见最高人民法院刑事审判第一、二、三、四、五庭主办:《刑事审判参考》总第 84 集(第 744 号),法律出版社 2012 年版,第 1—4 页。

币、文物、贵重金属、珍贵动物及其制品、珍稀植物及其制品以外的、被列入国家禁止进出口货物目录或者法律规定禁止进出口的货物、物品,如来自疫区的动植物及其制品、古脊椎动物化石、古人类化石以外的有科学研究价值的古生物化石(无脊椎动物化石、古植物化石)等。

V　行为

实施逃避海关监管,走私国家禁止进出口的武器、弹药、核材料、伪造的货币、文 16
物、贵重金属、珍贵动物、珍贵动物制品以及珍稀植物、珍稀植物制品等货物、物品。实践中,主要包括以下几种表现形式:①绕关走私,即在未设海关的地点,非法运输、携带上述对象物进出境。②瞒关走私,即虽通过海关,但采用隐匿、伪装、假报、夹带等欺骗性手段,逃避海关监管、检查,将上述对象物非法运输、携带、邮寄进出境。③间接走私,即直接向走私人非法收购上述国家禁止走私进境的对象物,或者在内海、领海、界湖、界河运输、收购、贩卖上述对象物。

Ⅵ　主体

本条规定的犯罪主体是一般主体,包括单位和自然人。 17

Ⅶ　罪过

本条规定的犯罪只能由故意构成,即行为人明知是(包括可能明知是)国家禁止 18
进出口的上述物品而走私。过失不构成本罪。

在"岑张耀等走私珍贵动物、马忠明非法收购珍贵野生动物、赵应明等非法运输 19
珍贵野生动物案"[5]中,行为人具有走私的故意,但对走私的具体对象认识不明确如何定罪处罚?根据2002年7月8日发布的最高人民法院、最高人民检察院、海关总署《关于办理走私刑事案件适用法律若干问题的意见》第6条的规定,走私犯罪嫌疑人主观上具有走私犯罪故意,但对其走私的具体对象不明确的,不影响走私犯罪构成,应当根据实际的走私对象定罪处罚。但是,确有证据证明行为人因受蒙骗而对走私对象发生认识错误的,可以从轻处罚。本案中,相关证据足以认定被告人岑张耀、吴峥、张浩、钱文斌、俞仲权、朱前卫主观上具有走私的犯罪故意,又有鉴定报告证实他们走私的确系国家二级重点保护动物猎隼,因此能够认定各被告人的行为构成走私珍贵动物罪。虽然有的被告人称他们不知道走私对象"鸟"就是国家明令禁止出口的二级重点保护动物猎隼,但因各被告人已认识到走私对象是"鸟""信鸽""鹰"等一类动物,因此他们对走私对象有一个模糊的认识范围,而实际走私对象"猎隼"并没

5　参见最高人民法院刑事审判第一、二、三、四、五庭主办:《刑事审判参考》总第73集(第616号),法律出版社2010年版,第52—64页。

有超出各被告人的这个认识范围,即被告人对走私"猎隼"在主观上持容认态度,故对走私的具体对象认识不明确,并不影响对他们以走私珍贵动物罪定罪处罚。当然,其中被告人朱前卫经查确实在主观上存在部分受蒙骗而对走私对象发生认识错误的情节,依法对其可以从轻处罚。

Ⅷ　与他罪的区别

一、走私武器、弹药罪与非法制造、买卖、运输、邮寄、储存枪支、弹药、爆炸物罪的区别

20 非法制造、买卖、运输、邮寄、储存枪支、弹药、爆炸物罪,是指违反法律规定,非法制造、买卖、运输、邮寄、储存枪支、弹药、爆炸物的行为。两罪的区别表现在:①犯罪客体不同。走私武器、弹药罪侵犯的客体是国家对武器、弹药禁止进出口的监管秩序;而非法制造、买卖、运输、邮寄、储存枪支、弹药、爆炸物的客体是公共安全和国家对枪支、弹药、爆炸物的管理制度。②行为对象不同。走私武器、弹药罪的对象是武器、弹药;而非法制造、买卖、运输、邮寄、储存枪支、弹药、爆炸物罪的对象是枪支、弹药、爆炸物。③客观方面表现不同。走私武器、弹药罪在客观上表现为违反海关法规,逃避海关监管,非法运输、携带、邮寄武器、弹药进出国(边)境的行为,此类行为一般跨越国(边)境,即使是以本罪论处的准走私行为,也与进出国(边)境直接相关;而非法制造、买卖、运输、邮寄、储存枪支、弹药、爆炸物罪则不涉及这一点,具体表现为违反法律规定,非法制造、买卖、运输、邮寄、储存枪支、弹药、爆炸物的行为。

二、走私假币罪与出售、购买、运输假币罪的区别

21 出售、购买、运输假币罪,是指明知是伪造的货币而予以出售、购买或者运输,数额较大的行为。两罪的区别表现在:①犯罪客体不同。走私假币罪侵犯的客体是国家禁止假币进出口的监管秩序;而出售、购买、运输假币罪侵犯的客体是国家货币管理制度。②客观方面表现不同。走私假币罪在客观方面表现为违反海关法规,逃避海关监管,非法运输、携带、邮寄伪造的货币进出境的行为;而出售、购买、运输假币罪在客观方面表现为在我国境内出售、购买、运输伪造货币的行为。③犯罪主体不同。走私假币罪的犯罪主体既可以是自然人,也可以是单位;而出售、购买、运输假币罪的犯罪主体只能是自然人。④主观故意内容不同。在准走私假币行为中,如果是在境内直接向走私人非法收购伪造的货币,进而出售、运输的,必须要求行为人主观上明知其所购买的伪造的货币是走私而来的。否则,应对行为人以购买假币罪论处。

三、走私文物罪与非法向外国人出售、赠送珍贵文物罪的区别

22 非法向外国人出售、赠送珍贵文物罪,是指违反文物保护法规,将收藏的国家禁

止出口的珍贵文物私自出售和私自赠送给外国人的行为。两罪的区别表现在：①犯罪客体不完全相同。走私文物罪侵犯的客体是国家关于禁止文物出口的监管秩序；而非法向外国人出售、赠送珍贵文物罪的客体是国家对文物的保护和管理制度。②客观方面不同。走私文物罪的客观方面表现为违反海关法规，逃避海关监管，非法运输、携带、邮寄国家禁止出口的文物出境的行为，这种行为一般涉及跨越国（边）境的问题；而非法向外国人出售、赠送珍贵文物罪在客观上表现为私自出售或私自赠送珍贵文物给外国人的行为，这种行为发生在我国境内，因此不存在违反海关法规、逃避海关监管的问题。③犯罪对象不尽相同。走私文物罪的犯罪对象是国家禁止出口的文物；而非法向外国人出售、赠送珍贵文物罪的犯罪对象是珍贵文物，其范围相对窄一些。

四、走私贵重金属罪与走私普通货物、物品罪的区别

两罪的区别主要表现在：国家禁止贵重金属出口，而不禁止进口，因此，将境外贵重金属运输、携带、邮寄进境的，不成立走私贵重金属罪。但如果偷逃关税较大即10万元以上的，应以走私普通货物、物品罪定罪处罚。 23

五、走私珍贵动物、珍贵动物制品罪与危害珍贵、濒危野生动物罪的区别

两罪的主要区别表现在：①犯罪客体不同。走私珍贵动物、珍贵动物制品罪的客体是国家禁止珍贵动物及其制品进出口的监管制度；危害珍贵、濒危野生动物罪的客体是国家对珍贵、濒危野生动物及其制品的管理制度。②客观方面表现不同。走私珍贵动物、珍贵动物制品罪在客观上表现为违反海关法规，逃避海关监管，非法运输、携带、邮寄国家禁止进出口的珍贵动物及其制品进出境的行为；危害珍贵、濒危野生动物罪在客观上表现为违反野生动物保护法规，未经有关主管部门批准，非法收购、运输、出售国家重点保护的珍贵、濒危野生动物及其制品的行为。③行为对象不尽相同。走私珍贵动物、珍贵动物制品罪的对象是国家禁止进出口的珍贵动物及其制品；危害珍贵、濒危野生动物罪的对象是国家重点保护的珍贵、濒危野生动物及其制品。 24

IX　罪数

伪造货币又走私出境的，应视不同情形作不同处理。如果先是基于伪造货币的故意伪造了货币，之后又基于走私的故意走私该伪造的货币的，应以伪造货币罪和走私假币罪数罪并罚。如果基于走私伪造的货币的目的而伪造货币的，应认定为牵连犯，从一重罪处断。 25

盗窃文物后又走私出境的，应视不同情形作不同处理。如果先是基于盗窃文物的故意盗窃了文物，之后又基于走私的故意走私该文物的，应以盗窃罪和走私文物罪数罪并罚。如果基于走私文物的目的而盗窃文物的，应认定为牵连犯，从一重罪 26

处断。

27 国家工作人员利用职务之便占有文物后,又将文物走私出境的,亦应视不同情形作不同处理。如果国家工作人员先是基于非法占有为目的贪污了文物,之后又基于走私的故意走私该文物的,应以贪污罪和走私文物罪数罪并罚。如果国家工作人员基于走私文物的故意而利用职务之便占有文物,尔后又走私该文物的,应认定为牵连犯,从一重罪处断。

X 处罚

28 依据《刑法》第 151 条的规定,犯走私武器、弹药罪,走私核材料罪,走私假币罪的,处 7 年以上有期徒刑,并处罚金或者没收财产;情节特别严重的,处无期徒刑,并处没收财产;情节较轻的,处 3 年以上 7 年以下有期徒刑,并处罚金。

29 犯走私文物罪,走私贵重金属罪,走私珍贵动物、珍贵动物制品罪,处 5 年以上 10 年以下有期徒刑,并处罚金;情节特别严重的,处 10 年以上有期徒刑或者无期徒刑,并处没收财产;情节较轻的,处 5 年以下有期徒刑,并处罚金。

30 犯走私国家禁止进出口的货物、物品罪,处 5 年以下有期徒刑或者拘役,并处或者单处罚金;情节严重的,处 5 年以上有期徒刑,并处罚金。

31 单位犯本条规定之罪的,对单位判处罚金,并对其直接负责的主管人员和其他直接责任人员,依照本条各款的规定处罚。

第一百五十二条　走私淫秽物品罪；走私废物罪

以牟利或者传播为目的，走私淫秽的影片、录像带、录音带、图片、书刊或者其他淫秽物品的，处三年以上十年以下有期徒刑，并处罚金；情节严重的，处十年以上有期徒刑或者无期徒刑，并处罚金或者没收财产；情节较轻的，处三年以下有期徒刑、拘役或者管制，并处罚金。

逃避海关监管将境外固体废物、液态废物和气态废物运输进境，情节严重的，处五年以下有期徒刑，并处或者单处罚金；情节特别严重的，处五年以上有期徒刑，并处罚金。

单位犯前两款罪的，对单位判处罚金，并对其直接负责的主管人员和其他直接责任人员，依照前两款的规定处罚。

文献：阮齐林：《刑法学》（第3版），中国政法大学出版社2011年版；高铭暄：《中华人民共和国刑法的孕育诞生和发展完善》，北京大学出版社2012年版；王作富主编：《刑法分则实务研究》（第5版），中国方正出版社2013年版；黎宏：《刑法学各论》（第2版），法律出版社2016年版；张军主编：《刑法［分则］及配套规定新释新解》（第9版），人民法院出版社2016年版；周光权：《刑法各论》（第4版），中国人民大学出版社2021年版；张明楷：《刑法学》（第6版），法律出版社2021年版。

细目录

Ⅰ　主旨
Ⅱ　沿革
Ⅲ　客体
Ⅳ　对象
Ⅴ　行为
Ⅵ　主体
Ⅶ　罪过
Ⅷ　目的
Ⅸ　罪数
Ⅹ　处罚

Ⅰ　主旨

刑法设定走私淫秽物品罪旨在防止淫秽物品的传播和蔓延，从而净化社会风 1

气,维护社会治安秩序的稳定;刑法设立走私废物罪旨在防止废物被运进我国境内,以保护我国的环境安全和民众生活安全。

Ⅱ 沿革

2 走私淫秽物品罪的规定,主要源自1988年1月21日通过的全国人民代表大会常务委员会《关于惩治走私罪的补充规定》和1990年12月28日通过的全国人民代表大会常务委员会《关于惩治走私、制作、贩卖、传播淫秽物品的犯罪分子的决定》。全国人民代表大会常务委员会《关于惩治走私罪的补充规定》第3条规定:以牟利或者传播为目的,走私淫秽的影片、录像带、录音带、图片、书刊或者其他淫秽物品的,处3年以上10年以下有期徒刑,并处罚金;情节严重的,处10年以上有期徒刑或者无期徒刑,并处罚金或者没收财产;情节较轻的,处3年以下有期徒刑或者拘役,并处罚金。第5条第1款规定:企业事业单位、机关、团体走私本规定第1条至第3条规定的货物、物品的,判处罚金,并对其直接负责的主管人员和其他直接责任人员,依照本规定对个人犯走私罪的规定处罚。全国人民代表大会常务委员会《惩治走私、制作、贩卖、传播淫秽物品的犯罪分子的决定》第1条规定:以牟利或者传播为目的,走私淫秽物品的,依照全国人民代表大会常务委员会《关于惩治走私罪的补充规定》处罚。不是为了牟利、传播、携带、邮寄少量淫秽物品进出境的,依照《海关法》的有关规定处罚。

3 1997年《刑法》修订时,对该罪的立法基本上沿袭了全国人民代表大会常务委员会《关于惩治走私罪的补充规定》的上述规定,只是对该罪情节较轻的情形增加了管制刑;另外,1997年《刑法》基于对走私罪的单位犯罪规定技术调整的需要,将全国人民代表大会常务委员会《关于惩治走私罪的补充规定》中单位犯罪的规定吸纳到《刑法》第152条中。

4 走私废物罪的规定源自1997年《刑法》。根据该法第155条第(三)项的规定,逃避海关监管将境外固体废物运输进境的,以走私罪论处。《刑法修正案(四)》对1997年《刑法》第152条进行了修改,即将第155条第(三)项的内容移入第152条作为第2款(第152条原第2款单位犯罪的规定相应地变为第3款),增加了将液态废物和气态废物运输进境的内容,新设了走私废物罪,并规定了独立的法定刑。

Ⅲ 客体

5 走私淫秽物品罪的犯罪客体是国家禁止淫秽物品进出境的监管秩序。

6 走私废物罪的犯罪客体是国家禁止境外废物进境的监管秩序。

Ⅳ 对象

7 走私淫秽物品罪的对象是淫秽物品。关于淫秽物品的界定,《刑法》第367条规定:"本法所称淫秽物品,是指具体描绘性行为或者露骨宣扬色情的诲淫性的书刊、影片、录像带、录音带、图片及其他淫秽物品。有关人体生理、医学知识的科学著作不是淫秽物品。包含有色情内容的有艺术价值的文学、艺术作品不视为淫秽物品。"

走私废物罪的对象是境外的固体废物、液态废物和气态废物。 8

V 行为

走私淫秽物品罪在客观上表现为违反海关法规,以藏匿、伪装、假报、夹带等手段逃避海关监管,运输、携带、邮寄淫秽物品进出国(边)境的行为。直接向走私人非法收购走私进境的淫秽物品,或者在内海、领海、界湖、界河运输、收购、贩卖淫秽物品的,也以走私论处。 9

走私废物罪在客观上表现为逃避海关监管,将境外固体废物、液态废物和气态废物运输进境,情节严重的行为。 10

Ⅵ 主体

本条规定的犯罪主体是一般主体,包括自然人和单位。 11

Ⅶ 罪过

走私淫秽物品罪在主观上表现为故意,即行为人明知是淫秽物品而走私;走私废物罪在主观上表现为故意,即行为人明知是境外废物而仍然予以走私进境。行为人通常具有转嫁环境污染风险、逃避支付废物安全和无害化处理费用或者牟取不法利益等动机。动机如何不影响犯罪的成立,如"程瑞洁等走私废物案"[1]。 12

(1)行为人基于概括故意而实施走私犯罪的,应当根据实际查获的物品性质来定罪。概括故意是一种不确定的故意。在概括故意犯罪中,发生行为人预见或应当预见范围内的各种犯罪后果均不违背其意志,故可以根据实际发生的后果定罪处罚。如果行为人基于概括故意实施走私犯罪,虽不明知所走私物品的具体种类,但因走私这些物品均不违背其意志,故仍应当根据实际走私的物品性质定罪处罚。对此,最高人民法院、最高人民检察院、海关总署《关于办理走私刑事案件适用法律若干问题的意见》第6条规定:"走私犯罪嫌疑人主观上具有走私犯罪故意,但对其走私的具体对象不明确的,不影响走私犯罪构成,应当根据实际的走私对象定罪处罚。但是,确有证据证明行为人因受蒙骗而对走私对象发生认识错误的,可以从轻处罚。"这里的"受蒙骗"不影响犯罪成立,是因为行为人有走私犯罪的故意,且对走私的物品性质持概括故意。如果行为人对走私物品的性质有明确认识,并基于这种认识而实施走私犯 13

1 参见最高人民法院刑事审判第一、二、三、四、五庭主办:《刑事审判参考》总第86集(第773号),法律出版社2013年版,第6—10页。

罪的,则不适用本规定。

14 (2)行为人在走私的普通货物、物品中藏匿刑法规定的特殊货物、物品的,以实际走私的货物、物品定罪处罚;构成数罪的,应予并罚。2006 年出台的最高人民法院《关于审理走私刑事案件具体应用法律若干问题的解释(二)》第 5 条规定:"对在走私的普通货物、物品或者废物中藏匿刑法第一百五十一条、第一百五十二条、第三百四十七条、第三百五十条规定的货物、物品,构成犯罪的,以实际走私的货物、物品定罪处罚;构成数罪的,实行数罪并罚。"根据上述规定,行为人在走私的普通货物、物品中藏匿武器、弹药、核材料、假币、文物、淫秽物品、毒品、制毒物品等刑法专门规定的货物、物品,由于行为人对特殊货物、物品的"藏匿"行为通常是明知的,故可以按照实际查获的货物、物品定罪处罚。如果走私普通货物、物品的行为本身也构成犯罪的,则予以数罪并罚。

15 (3)行为人受他人雇用实施走私犯罪,且知道走私货物、物品的性质,但因受蒙骗而不知走私的货物、物品中混有其他特殊货物、物品的,应当根据其主观上认识的走私货物、物品的性质来定罪处罚。这是因为,一方面,行为人并非基于概括故意实施走私犯罪,而是知道所走私货物、物品的具体性质;另一方面,行为人并未直接在走私的货物、物品中藏匿某种特殊货物、物品,所查获的特殊货物、物品系他人藏匿,行为人并不知情。这种情况理论上称为"抽象的事实认识错误",应当根据行为人主观认识的犯罪对象的性质定罪处罚。如果根据实际查获的货物、物品定罪处罚,则违背了主客观相统一的定罪原则,属于客观归罪。具体到程瑞洁等走私废物案,由于程瑞洁等 11 名被告人仅有走私废旧电器的故意,并不知道走私的废旧电器中混有全新电器等普通货物,主观上没有走私普通货物的故意。根据主客观相统一的定罪原则,程瑞洁等被告人的行为只构成走私废物罪,而不构成走私普通货物罪。对于在走私的废旧电器中混有全新电器这一事实,量刑时可以作为一个量刑情节酌情予以从重处罚。

Ⅷ 目的

16 走私淫秽物品罪在主观上还要求行为人具有牟利或者传播的目的。行为人是否具有牟利或者传播目的,可通过走私淫秽物品的数量、次数进行判断。至于"牟利"或者"传播"目的是否实现,不影响本罪的成立。走私少量淫秽物品为了自用或者携带淫秽物品并不知情的,不成立本罪。行为人大量走私淫秽物品,显然超出了自用的范围,可以认定具有牟利或者传播的目的。

Ⅸ 罪数

17 走私淫秽物品罪常常会与相关的淫秽物品犯罪行为交织在一起,因而其罪数形态较为复杂。

18 (1)行为人为了通过走私淫秽物品牟利而制作、复制、购买淫秽物品的,属于刑法理论上的牵连犯,应择一重罪处断。

(2)行为人出于牟利或者传播目的将淫秽物品走私进境后,又销售、传播该淫秽物品的,对行为人只能定走私淫秽物品罪一罪。后续的销售、传播淫秽物品的行为系事后不可罚行为,不作为犯罪处理。 19

(3)行为人走私淫秽物品进境前并无牟利或者传播目的,但在走私进境后产生牟利或者传播目的,并销售、传播淫秽物品的,应成立贩卖、传播淫秽物品牟利罪或传播淫秽物品罪。 20

X 处罚

犯走私淫秽物品罪的,处 3 年以上 10 年以下有期徒刑,并处罚金;情节严重的,处 10 年以上有期徒刑或者无期徒刑,并处罚金或者没收财产;情节较轻的,处 3 年以下有期徒刑、拘役或者管制,并处罚金。 21

犯走私废物罪的,处 5 年以下有期徒刑,并处或者单处罚金;情节特别严重的,处 5 年以上有期徒刑,并处罚金。 22

单位犯走私淫秽物品罪和走私废物罪的,对单位判处罚金,并对其直接负责的主管人员和其他直接责任人员,依照上述规定处罚。 23

第一百五十三条　走私普通货物、物品罪

走私本法第一百五十一条、第一百五十二条、第三百四十七条规定以外的货物、物品的，根据情节轻重，分别依照下列规定处罚：

（一）走私货物、物品偷逃应缴税额较大或者一年内曾因走私被给予二次行政处罚后又走私的，处三年以下有期徒刑或者拘役，并处偷逃应缴税额一倍以上五倍以下罚金。

（二）走私货物、物品偷逃应缴税额巨大或者有其他严重情节的，处三年以上十年以下有期徒刑，并处偷逃应缴税额一倍以上五倍以下罚金。

（三）走私货物、物品偷逃应缴税额特别巨大或者有其他特别严重情节的，处十年以上有期徒刑或者无期徒刑，并处偷逃应缴税额一倍以上五倍以下罚金或者没收财产。

单位犯前款罪的，对单位判处罚金，并对其直接负责的主管人员和其他直接责任人员，处三年以下有期徒刑或者拘役；情节严重的，处三年以上十年以下有期徒刑；情节特别严重的，处十年以上有期徒刑。

对多次走私未经处理的，按照累计走私货物、物品的偷逃应缴税额处罚。

文献：阮齐林：《刑法学》（第3版），中国政法大学出版社2011年版；高铭暄：《中华人民共和国刑法的孕育诞生和发展完善》，北京大学出版社2012年版；王作富主编：《刑法分则实务研究》（第5版），中国方正出版社2013年版；黎宏：《刑法学各论》（第2版），法律出版社2016年版；张军主编：《刑法[分则]及配套规定新释新解》（第9版），人民法院出版社2016年版；周光权：《刑法各论》（第4版），中国人民大学出版社2021年版；张明楷：《刑法学》（第6版），法律出版社2021年版。

细目录

Ⅰ　主旨
Ⅱ　沿革
Ⅲ　客体
Ⅳ　对象
Ⅴ　行为
Ⅵ　罪过
Ⅶ　与非罪的界限
Ⅷ　与他罪的区别

Ⅸ 处罚

Ⅰ 主旨

刑法设定走私普通货物、物品罪的立法目的,在于规制走私普通货物、物品行为,维护我国对外经济贸易制度,保障经济秩序的平稳运行。 1

Ⅱ 沿革

本条原系全国人民代表大会常务委员会《关于惩治走私罪的补充规定》第 4 条、第 5 条的规定。该规定第 4 条规定:"走私本规定第一条至第三条规定以外的货物、物品的,根据情节轻重,分别依照下列规定处罚:(1)走私货物、物品价额在 50 万元以上的,处 10 年以上有期徒刑或者无期徒刑,并处罚金或者没收财产;情节特别严重的,处死刑,并处没收财产。(2)走私货物、物品价额在 15 万元以上不满 50 万元的,处 7 年以上有期徒刑,并处罚金或者没收财产;情节特别严重的,处无期徒刑,并处没收财产。(3)走私货物、物品价额在 5 万元以上不满 15 万元的,处 3 年以上 10 年以下有期徒刑,并处罚金。(4)走私货物、物品价额在 2 万元以上不满 5 万元的,处 3 年以下有期徒刑或者拘役,并处罚金;情节较轻的,或者价额不满 2 万元的,由海关没收走私货物、物品和违法所得,可以并处罚款。二人以上共同走私的,按照个人走私货物、物品的价额及其在犯罪中的作用,分别处罚。对走私集团的首要分子,按照集团走私货物、物品的总价额处罚;对其他共同走私犯罪中的主犯,情节严重的,按照共同走私货物、物品的总价额处罚。对多次走私未经处理的,按照累计走私货物、物品的价额处罚。"第 5 条规定:"企业事业单位、机关、团体走私本规定第一条至第三条规定的货物、物品的,判处罚金,并对其直接负责的主管人员和其他直接责任人员,依照本规定对个人犯走私罪的规定处罚。企业事业单位、机关、团体走私本规定第一条至第三条规定以外的货物、物品,价额在 30 万元以上的,判处罚金,并对其直接负责的主管人员和其他直接责任人员,处 5 年以下有期徒刑或者拘役;情节特别严重,使国家利益遭受重大损失的,处 5 年以上 10 年以下有期徒刑;价额不满 30 万元的,由海关没收走私货物、物品和违法所得,可以并处罚款,对其直接负责的主管人员和其他直接责任人员,由其所在单位或者上级主管机关酌情给予行政处分。企业事业单位、机关、团体走私,违法所得归私人所有的,或者以企业事业单位、机关、团体的名义进行走私,共同分取违法所得的,依照本规定对个人犯走私罪的规定处罚。" 2

1997 年《刑法》修改时,对该条作了重大修改,主要体现在[1]:第一,考虑到走私普通货物、物品罪的危害程度主要体现在行为人偷逃关税的数额大小上,而不在于走私 3

---

1 参见高铭暄:《中华人民共和国刑法的孕育诞生和发展完善》,北京大学出版社 2012 年版,第 360—363 页。

的货物、物品的价额,所以,1997 年《刑法》修改了本罪的定罪量刑依据,即将走私货物、物品的价额修改为走私货物、物品偷逃应缴税额。第二,在罚金的模式上,将无限额罚金改为倍比罚金,即改为"偷逃应缴税额一倍以上五倍以下",这样便于司法操作。第三,将原先规定的四个档次的法定刑修改为三个档次,并调整了法定刑。同时将本罪第一档法定刑中明确规定的死刑情节修改成援引法定刑,即"情节特别严重的,依照本法第一百五十一条第四款的规定处罚"。第四,修改全国人民代表大会常务委员会《关于惩治走私罪的补充规定》第 5 条第 2 款关于单位犯罪的规定。具体表现在:①将单位犯罪的主体由"企业事业单位、机关、团体"统称为"单位";②取消了对单位追究刑事责任涉案金额起点的规定。第五,考虑到刑法总则已对共同犯罪人的处罚作了原则性的规定,因此 1997 年《刑法》删除了全国人民代表大会常务委员会《关于惩治走私罪的补充规定》第 4 条第 2 款有关共同走私犯罪的处罚性规定。

4 《刑法修正案(八)》对走私普通货物、物品罪的修改主要表现在:定罪量刑依据由 1997 年《刑法》规定的具体数额模式改为概括模式,即"应缴税额较大""应缴税额巨大""应缴税额特别巨大",同时将一年内曾因走私被给予二次行政处罚后又走私的、其他严重情节、其他特别严重情节与前述的概括数额标准相并列,作为定罪量刑的选择性依据。

Ⅲ 客体

5 本罪所侵犯的客体是国家的关税管理秩序。

Ⅳ 对象

6 本罪的行为对象是普通货物、物品,即《刑法》第 151 条规定的武器、弹药、核材料、伪造的货币、国家禁止出口的文物、国家禁止出口的贵重金属、国家禁止进出口的珍贵动物及其制品、珍稀植物及其制品等禁止进出口的其他货物、物品,第 152 条规定的淫秽物品、国家禁止进口的废物,第 347 条规定的毒品之外的货物、物品。具体包括两类:①国家限制进出口的货物、物品,如烟、酒、外币及有价证券、贵重中药材及其成药、电视机、电冰箱、个人电脑、汽车、摩托车等。对这些货物、物品的进出口,国家予以一定的限制,实行进出口配额或者许可证制度。②应缴纳关税的货物、物品。对于这类货物、物品,国家并不禁止或者限制进出口,但会根据国民经济发展和社会发展的需要,通过征收关税对其需求进行适当调节,对这类物品偷逃应缴税额的,构成本罪。[2]

---

2 对于贵重金属、文物,国家只是禁止出口,但不限制进口。因而走私贵重金属、文物入境,构成犯罪的,成立走私普通货物、物品罪。

V 行为

本罪的实行行为表现为走私普通货物、物品,情节严重的行为。具体包括以下方式:①绕关走私。未经国务院或国务院授权的部门批准,不经过设立海关的地点,非法运输、携带依法应缴纳关税的货物、物品进出国(边)境的。②瞒关走私。虽然通过设立海关的地点进出国(边)境,但采取隐瞒、伪装、假报、藏匿、夹带等欺骗手段逃避海关监管、检查,非法盗运、偷带或者非法邮寄依法应当缴纳关税的货物、物品的。③准走私(间接走私)。直接向走私人非法收购走私进口的国家非禁止进口的货物、物品;或者在内海、领海、界湖、界河运输、收购、贩卖国家限制进出口货物、物品,没有合法证明的。 7

VI 罪过

本罪在主观上表现为故意,过失不能构成本罪。由于不了解海关法规,或者由于疏忽大意而该报未报或漏报、错报应缴关税等,均不具有本罪的故意。另外,本罪的成立并不要求具有牟利目的。 8

VII 与非罪的界限

根据刑法规定,成立本罪要求偷逃应缴税额较大或者一年内曾因走私被给予二次行政处罚后又走私。“应缴税额”,包括进出口货物、物品应当缴纳的进出口关税和进口环节海关代征税的税额。“偷逃应缴税额较大”,是指偷逃应缴税额在 10 万元以上不满 50 万元。 9

VIII 与他罪的区别

本罪的某些走私行为(变相走私、准走私)与非法经营罪容易混淆。变相走私,是指擅自出售保税货物,非法出售特定减税、免税货物、物品。准走私,是指直接向走私人非法收购走私进口的国家非禁止进口的货物、物品,或者在内海、领海、界湖、界河运输、收购、贩卖国家限制进出口货物、物品,没有合法证明的。两者的界限在于,凡不是直接实施上述变相走私行为、准走私行为,而间接销售走私物品、特许减免税物品,没有合法证明的,即我们通常所说的贩卖私货的行为,应认定为非法经营行为,情节严重的构成非法经营罪,而不按走私罪处理。 10

IX 处罚

根据《刑法》第 153 条第 1 款的规定,犯走私普通货物、物品罪的,处 3 年以下有期徒刑或者拘役,并处偷逃应缴税额 1 倍以上 5 倍以下罚金;走私货物、物品偷逃应 11

缴税额数额巨大或者有其他严重情节的,处 3 年以上 10 年以下有期徒刑,并处偷逃应缴税额 1 倍以上 5 倍以下罚金;走私货物、物品偷逃应缴税额特别巨大或者有其他特别严重情节的,处 10 年以上有期徒刑或者无期徒刑,并处偷逃应缴税额 1 倍以上 5 倍以下罚金或者没收财产。

12 单位犯本罪的,对单位判处罚金,并对其直接负责的主管人员和其他直接责任人员,处 3 年以下有期徒刑或者拘役;情节严重的,处 3 年以上 10 年以下有期徒刑;情节特别严重的,处 10 年以上有期徒刑。

13 根据《刑法》第 153 条第 3 款的规定,"多次走私未经处理",是指走私未受到行政机关或者司法机关处理的,如果走私行为受到某一机关处理,不管是行政处罚或是刑事处罚,就不属于未经处理之列。根据该款规定,对多次走私未经处理的,按照累计走私货物、物品的偷逃应缴税额处罚。

第一百五十四条　后续性走私

下列走私行为，根据本节规定构成犯罪的，依照本法第一百五十三条的规定定罪处罚：

（一）未经海关许可并且未补缴应缴税额，擅自将批准进口的来料加工、来件装配、补偿贸易的原材料、零件、制成品、设备等保税货物，在境内销售牟利的；

（二）未经海关许可并且未补缴应缴税额，擅自将特定减税、免税进口的货物、物品，在境内销售牟利的。

文献：阮齐林：《刑法学》（第3版），中国政法大学出版社2011年版；高铭暄：《中华人民共和国刑法的孕育诞生和发展完善》，北京大学出版社2012年版；王作富主编：《刑法分则实务研究》（第5版），中国方正出版社2013年版；黎宏：《刑法学各论》（第2版），法律出版社2016年版；张军主编：《刑法［分则］及配套规定新释新解》（第9版），人民法院出版社2016年版；周光权：《刑法各论》（第4版），中国人民大学出版社2021年版；张明楷：《刑法学》（第6版），法律出版社2021年版。

细目录

Ⅰ　主旨

Ⅱ　沿革

Ⅲ　对象

Ⅳ　目的

Ⅰ　主旨

本条是关于后续性走私（变相走私）行为及其处罚的规定。保税货物经海关批准未办理纳税手续进境，在境内储存、加工、装配后复运出境，海关根据实际加工出口的数量免征进口税，但不允许采取隐瞒、欺骗的方法擅自在境内销售。如果在国内市场销售，需要经过海关批准并补缴应缴税额。国家对特定地区、特定企业或者有特定用途的进出口货物，可以减征或者免征关税，不得移作他用。未经海关许可并且未补缴应缴税额，擅自在境内销售保税货物或者特定的减税、免税的进口货物的行为，虽然进境时合法，但进境后的处理非法，实际上也是偷逃了关税，是一种变相的走私行为。正因为如此，《刑法》第154条专门对变相走私保税货物或特定减免税货物犯罪作出规定。 1

Ⅱ　沿革

2　本条内容最先为全国人民代表大会常务委员会《关于惩治走私罪的补充规定》第6条所规定:“下列走私行为,根据本规定构成犯罪的,依照第四条、第五条的规定处罚:(1)未经海关许可并且未补缴关税,擅自将批准进口的来料加工、来件装配、补偿贸易的原材料、零件、制成品、设备等保税货物,在境内销售牟利的。(2)假借捐赠名义进口货物、物品的,或者未经海关许可并且未补缴关税,擅自将捐赠进口的货物、物品或者其他特定减税、免税进口的货物、物品,在境内销售牟利的。前款所列走私行为,走私数额较小,不构成犯罪的,由海关没收走私货物、物品和违法所得,可以并处罚款。”

3　1997年《刑法》对全国人民代表大会常务委员会《关于惩治走私罪的补充规定》第6条进行了修改,表现在:①删除了全国人民代表大会常务委员会《关于惩治走私罪的补充规定》第6条第2款有关行政处罚的规定及以捐赠为名实为走私的规定。②将原规定中的“未补缴关税”进一步明确为“未补缴应缴税额”。

Ⅲ　对象

4　本条规定的犯罪的对象是“保税货物”和“特定减税、免税进口的货物、物品”。保税货物未按一般货物办理进口和纳税手续,因此,保税货物必须以原状或加工后产品复运出境、外销。在未办理货物进口和纳税手续的情况下,不得在境内销售牟利,否则,就是走私。“特定减税、免税进口的货物、物品”,是指法律规定可以减征或者免征关税的经济特区等特定地区进出口的货物、中外合资经营企业、中外合作经营企业、外资企业等特定企业进出口的货物,有特定用途的进出口货物,用于公益事业的捐赠物资等。这类货物、物品只能用于特定地区、特定企业或者特定用途。如果擅自在国内销售牟利,必须经过海关核准并补缴应纳税额,否则即是走私。

Ⅳ　目的

5　对于后续性走私行为适用走私普通货物、物品罪时应注意,除要求行为人主观上具有故意,还必须以牟利为目的,否则不构成走私普通货物、物品罪。

第一百五十五条　准走私

下列行为，以走私罪论处，依照本节的有关规定处罚：

（一）直接向走私人非法收购国家禁止进口物品的，或者直接向走私人非法收购走私进口的其他货物、物品，数额较大的；

（二）在内海、领海、界河、界湖运输、收购、贩卖国家禁止进出口物品的，或者运输、收购、贩卖国家限制进出口货物、物品，数额较大，没有合法证明的。

文献：高铭暄：《中华人民共和国刑法的孕育诞生和发展完善》，北京大学出版社2012年版；张军主编：《刑法[分则]及配套规定新释新解》（第9版），人民法院出版社2016年版。

细目录

Ⅰ　主旨
Ⅱ　沿革
Ⅲ　定性

Ⅰ　主旨

1 本条是关于准走私（间接走私）行为及其处罚的规定。准走私行为，是指不属于直接进出国（边）境的走私行为，而是一种间接走私行为，是走私行为的延续。如直接向走私人非法收购国家禁止进出口物品的，或者直接向走私人非法收购走私进口的其他货物、物品，数额较大的，在内海、领海、界河、界湖运输、收购、贩卖国家禁止进出口物品的，等等。这些行为虽然没有逃避海关监管，且都发生在我国境内，但该行为与走私行为直接牵连，为走私入境的货物提供了销售渠道或者为走私出口的货物提供了货源，成为走私罪的一个重要环节，同样危害了我国的对外贸易制度及对禁止、限制进出口物品的监管制度，因而《刑法》第155条作出了“以走私罪论处”的规定。如此规定，对于打击走私犯罪具有重要的意义。

Ⅱ　沿革

2 准走私并非立法上的术语，而是对“以走私罪论处”行为的一种概括。准走私行为最先规定在全国人民代表大会常务委员会《关于惩治走私罪的补充规定》第7

条,该条规定:“下列行为,以走私罪论处,依照本规定的有关规定处罚:(1)直接向走私人非法收购国家禁止进口物品的,或者直接向走私人非法收购走私进口的其他货物、物品,数额较大的。(2)在内海、领海运输、收购、贩卖国家禁止进出口物品的,或者运输、收购、贩卖国家限制进出口货物、物品,数额较大,没有合法证明的。前款所列走私行为,走私数额较小,不构成犯罪的,由海关没收走私货物、物品和违法所得,可以并处罚款。”

3 1997年刑法删除了全国人民代表大会常务委员会《关于惩治走私罪的补充规定》第7条第3款的规定,增加规定“逃避海关监管将境外固体废物运输进境的”作为准走私的第三种行为类型,并规定在第155条第(三)项中。

4 《刑法修正案(四)》对《刑法》第155条作了两方面的修正:一是对本条第(三)项走私固体废物的规定进行了修订,将对象扩大到液态废物、气态废物,并移入《刑法》第152条第2款,独立设立走私废物罪;二是在本条第(二)项“内海、领海”之后增加“界河、界湖”。如此一来,《刑法》第155条的规定为:“下列行为,以走私罪论处,依照本节的有关规定处罚:(一)直接向走私人非法收购国家禁止进口物品的,或者直接向走私人非法收购走私进口的其他货物、物品,数额较大的;(二)在内海、领海、界河、界湖运输、收购、贩卖国家禁止进出口物品的,或者运输、收购、贩卖国家限制进出口货物、物品,数额较大,没有合法证明的。”

Ⅲ 定性

5 根据最高人民法院、最高人民检察院《关于办理走私刑事案件适用法律若干问题的解释》第20条第1款的规定,直接向走私人非法收购走私进口的货物、物品,在内海、领海、界河、界湖运输、收购、贩卖国家禁止进出口的物品,或者没有合法证明,在内海、领海、界河、界湖运输、收购、贩卖国家限制进出口的货物、物品,构成犯罪的,应当按照走私货物、物品的种类,分别依照《刑法》第151条、第152条、第153条、第347条、第350条的规定定罪处罚。根据该规定,对于准走私的行为,应依其运输、收购、贩卖的货物、物品的性质分别定罪,如非法收购假币的,认定为走私假币罪;非法收购普通货物、物品,构成犯罪的,认定为走私普通货物、物品罪。

第一百五十六条　走私共同犯罪

与走私罪犯通谋，为其提供贷款、资金、帐号、发票、证明，或者为其提供运输、保管、邮寄或者其他方便的，以走私罪的共犯论处。

文献：高铭暄：《中华人民共和国刑法的孕育诞生和发展完善》，北京大学出版社 2012 年版；王作富主编：《刑法分则实务研究》（第 5 版），中国方正出版社 2013 年版；张军主编：《刑法［分则］及配套规定新释新解》（第 9 版），人民法院出版社 2016 年版；王爱立主编：《中华人民共和国刑法释义》，法律出版社 2021 年版。

细目录

Ⅰ　主旨
Ⅱ　沿革
Ⅲ　共犯

Ⅰ　主旨

本条是关于走私犯罪的共犯规定，属于提示性规定。 1

Ⅱ　沿革

本条规定源自全国人民代表大会常务委员会《关于惩治走私罪的补充规定》第 8 条的规定。 2

Ⅲ　共犯

本条规定了以走私罪的共犯论处的情形。从行为人参与犯罪的类型来看，属于帮助犯。从帮助者在共同犯罪中所起的作用来看，一般是辅助作用，属于从犯。根据《刑法》第 27 条的规定，对于从犯，应当从轻、减轻处罚或者免除处罚。对行为人要以走私罪的共犯论处，应当具备以下条件： 3

（1）客观上，在走私犯罪活动中，行为人为实施共同走私犯罪创造条件，提供方便，协助走私犯罪活动的实行，具体表现为“提供贷款、资金、帐号、发票、证明，或者为其提供运输、保管、邮寄或者其他方便”等行为。“提供贷款、资金”，是指金融机构等单位或者个人，提供贷款、资金给走私分子从事犯罪活动；提供“帐号”，是指行为人将本人或者单位在银行或者金融机构中设立的帐号提供给走私犯罪分子，使其在走私 4

犯罪活动中使用;提供"发票",是指为走私犯罪分子提供可作为记帐、纳税、报销等凭据的写有售出商品名称、数量、价格、金额、日期等内容的发货票或者空白发票等;提供"证明",是指非法为走私犯罪分子提供运输、收购、贩卖走私货物、物品所需要的有关证明,如进出口许可证、商检证明等;提供"运输"方便,是指为犯罪分子走私货物、物品提供各种运输工具;提供"保管"方便,是指为走私犯罪分子存放走私货物、物品提供仓库、场所或者代为保管等;提供"邮寄"方便,是指海关、邮电工作人员明知他人邮寄的物品是国家禁止进出口的物品,或者是超过国家规定的进出境限额的物品而准予邮寄的行为;提供"其他方便",是指除上述所列情形以外的其他各种帮助,如为犯罪分子传递重要信息等。

5 (2)主观上,行为人必须具有为走私罪犯实施走私提供帮助的故意。"与走私罪犯通谋",是指事前、事中与走私罪犯共同商议,制订走私计划以及进行走私分工等活动。事前或者事中无通谋的,不能以走私罪的共犯论处。例如,在走私罪犯实施的走私行为完成后,为其提供资金、帐号或提供运输、保管、邮寄便利的,不成立帮助犯,但有可能构成掩饰、隐瞒犯罪所得、犯罪所得收益罪或者洗钱罪。

6 根据 2002 年 7 月 8 日最高人民法院、最高人民检察院、海关总署《办理走私刑事案件适用法律若干问题的意见》第 15 条的规定,通谋是指犯罪行为人之间事先或者事中形成的共同的走私故意。下列情形可以认定为通谋:①对明知他人从事走私活动而同意为其提供贷款、资金、帐号、发票、证明、海关单证,提供运输、保管、邮寄或者其他方便的。②多次为同一走私犯罪分子的走私行为提供前述帮助的。

第一百五十七条　对武装掩护走私及以暴力、威胁方法抗拒缉私的处罚

武装掩护走私的，依照本法第一百五十一条第一款的规定从重处罚。

以暴力、威胁方法抗拒缉私的，以走私罪和本法第二百七十七条规定的阻碍国家机关工作人员依法执行职务罪，依照数罪并罚的规定处罚。

文献：黎宏：《刑法学各论》（第2版），法律出版社2016年版；张军主编：《刑法[分则]及配套规定新释新解》（第9版），人民法院出版社2016年版；张明楷：《刑法学》（第6版），法律出版社2021年版。

细目录

Ⅰ　主旨

Ⅱ　沿革

Ⅲ　行为

Ⅳ　罪数

Ⅴ　处罚

Ⅰ　主旨

本条规定旨在明确武装掩护走私及以暴力、威胁方法抗拒缉私行为的定性及处罚。 1

Ⅱ　沿革

本条源自全国人民代表大会常务委员会《关于惩治走私罪的补充规定》第10条的规定："武装掩护走私的，依照本规定第一条的规定从重处罚。以暴力、威胁方法抗拒缉私的，以走私罪和刑法第一百五十七条规定的阻碍国家工作人员依法执行职务罪，依照数罪并罚的规定处罚。" 2

立法机关对上述法条涉及的被援引法条的序号进行了相应的调整，并将之移入1997年《刑法》第157条中，规定："武装掩护走私的，依照本法第一百五十一条第一款、第四款的规定从重处罚。以暴力、威胁方法抗拒缉私的，以走私罪和本法第二百七十七条规定的阻碍国家机关工作人员依法执行职务罪，依照数罪并罚的规定处罚。" 3

4 《刑法修正案(八)》废除了《刑法》第151条第4款,因而《刑法》第157条第1款被相应地修改为:"武装掩护走私的,依照本法第一百五十一条第一款的规定从重处罚"。

Ⅲ 行为

5 所谓武装掩护走私,是指行为人以武器装备或者组织武装力量,为走私行为进行保护、护送、掩护的行为。对于武装掩护走私的认定,应注意以下几点:①行为人必须具有武装掩护走私的故意。有些走私案件中,行为人虽然携有武器装备,但其目的并非为了掩护其走私,而仅仅是为了走私武器进境。对此,不宜认定为武装掩护走私。但是,行为人携带武器时虽然不存在武装掩护走私的故意,但在遇到缉私时,使用武器抗拒缉私的,应认定为武装掩护走私。②武装掩护走私,只要携带武器即可,而不要求实际使用武器。③武装掩护走私并非独立的罪名,而是各种走私犯罪的一种法定从重处罚情节。对于武装掩护走私的行为,应根据具体走私货物、物品的性质定罪。但在刑罚的适用上,不论实施何种性质的走私犯罪,只要有武装掩护走私的行为,都应按照《刑法》第151条第1款的规定从重处罚。但是,刑法有特别规定的除外。如对于武装掩护走私、贩卖、运输、制造毒品的,应当根据《刑法》第347条第2款的规定处罚,而不是适用本条的规定进行处罚。[1] "武装",应根据人员数量、武器性质、组织程度等多方面因素综合考虑。既可以是一个人,也可以是多个人;既可以是携带枪、炮等具有杀伤力的兵器,也可以是携带刀、棍等杀伤力相对较小的兵器;既可以是组织化程度高的团体,也可以是组织化程度不高的零散人员;一个人携带杀伤力较强的武器当然可以称为"武装";组织化程度较高的多人携带威胁性较小的武器也可以称为"武装"。但是,如果人数较少,组织化程度又不高,携带的又是杀伤力较弱的刀、棍等,则不宜认定为"武装"。

6 所谓以暴力、威胁方法抗拒缉私,是指走私犯罪人以暴力、威胁的方法抗拒海关、边防缉私人员依法对进出境的货物、物品进行监管、检查的行为。"暴力",是指使用殴打、捆绑等有形力对正在依法执行缉私任务的缉私人员实行打击或者身体强制;"威胁",是指以杀害、伤害、毁坏财产、破坏名誉、揭露隐私等相恐吓,对缉私人员实行精神强制,以使其心理上产生恐惧感。

Ⅳ 罪数

7 行为人武装掩护走私并使用武器的,应视具体情形做不同处理:①如果行为人的走私行为已构成犯罪的,则应当以走私罪和因其使用武器所构成的其他犯罪并罚。如在遇有缉私人员检查时,公然动用武器相威胁,抗拒检查的,应以走私罪和妨害公

1 参见黎宏:《刑法学各论》(第2版),法律出版社2016年版,第107页。

务罪数罪并罚;使用武器将检查人员重伤或者杀害的,应以走私罪和故意杀人罪或者故意伤害罪数罪并罚。②如果行为人的走私行为尚未达到走私犯罪构成标准的,应以其使用武器所构成的犯罪一罪论处。

行为人以暴力、威胁方法抗拒缉私的,应视具体情形做不同处理:如果行为人的 8
走私行为已经构成犯罪,同时又有使用暴力、威胁手段抗拒缉私的,应以走私罪和阻碍国家机关工作人员依法执行职务罪数罪并罚;如果行为人以暴力、威胁手段抗拒缉私,但走私行为尚不构成犯罪的,则只能按阻碍国家机关工作人员依法执行职务罪处理。

V　处罚

武装掩护走私的,应根据具体走私货物、物品的性质定罪。但是,在处罚上,应依 9
照《刑法》第 151 条的规定从重处罚。

对以暴力、威胁方法抗拒缉私的,以走私罪和《刑法》第 277 条规定的阻碍国家机 10
关工作人员依法执行职务罪,依照数罪并罚的规定处罚。

第三节 妨害对公司、企业的管理秩序罪

前 注

文献:高铭暄主编:《新型经济犯罪研究》,中国方正出版社 2000 年版;魏东主编:《妨害对公司、企业的管理秩序罪:立案追诉标准与司法认定实务》,中国人民公安大学出版社 2010 年版;谢望原、赫兴旺主编:《刑法分论》(第 3 版),中国人民大学出版社 2016 年版;顾肖荣:《经济刑法论衡》,北京大学出版社 2017 年版。林亚刚:《论妨害公司、企业管理秩序、侵犯公司、企业利益犯罪的若干共性问题》,载《法学评论》2007 年第 6 期。

细目录

Ⅰ 主旨
Ⅱ 沿革
Ⅲ 构成特征
Ⅳ 公司、企业、事业单位的界定

Ⅰ 主旨

1 本节罪是以国家对公司、企业的管理秩序为保护法益的犯罪。这种秩序主要包括公司、企业设立、登记与组织机构的制度,公司、企业经营方面的制度,公司、企业人员岗位连接的制度。在行为方式上,本节内容具体体现为违反公司、企业的管理规定,妨害对公司、企业管理秩序并且情节严重的行为。

Ⅱ 沿革

2 1979 年《刑法》中并无妨害公司、企业管理秩序罪的规定。1993 年我国制定了《公司法》,其中规定了违反公司法的相关刑事法律责任。1995 年 2 月 28 日通过的全国人民代表大会常务委员会《关于惩治违反公司法的犯罪的决定》,设立了如下罪名:虚报注册资本罪;虚假出资、抽逃出资罪;虚假发行股票、债券罪;虚假财务会计报告罪;妨害清算罪;提供虚假证明文件罪;擅自发行股票、债券罪;公司、企业人员受贿罪;侵占罪;挪用资金罪。1997 年《刑法》在上述规定的基础上,进行了修订,并将妨害公司、企业管理秩序罪作为刑法分则第三章的一节予以规定,基本上建构起了妨害公司、企业的管理秩序类罪的总体框架。

3 其后,全国人大常委会以刑法立法解释和刑法修正案的形式,在此基础上进行了

一定的完善和修改。1999 年 12 月 25 日发布的《刑法修正案》增设“隐匿、故意销毁会计凭证、会计账簿、财务会计报告罪”;对原《刑法》第 168 条规定的犯罪主体和罪状等均进行了修订,显著增加了该条所包含的罪名数量。2006 年 6 月 29 日发布的《刑法修正案(六)》增设“虚假破产罪”“背信损害上市公司利益罪”;将原《刑法》第 161 条“违规披露、不披露重要信息罪”的罪状描述修改为:依法负有信息披露义务的公司、企业向股东和社会公众提供虚假的或者隐瞒重要事实的财务会计报告,或者对依法应当披露的其他重要信息不按照规定披露,严重损害股东或者其他人利益,或者有其他严重情节的;将原《刑法》第 163 条“非国家工作人员受贿罪”的主体范围从“公司、企业的工作人员”扩大至“公司、企业或者其他单位的工作人员”;将原《刑法》第 164 条“对非国家工作人员行贿罪”的对象扩大至包括其他单位工作人员。2011 年 2 月 25 日发布的《刑法修正案(八)》在第 164 条“对非国家工作人员行贿罪”增加了第 2 款,增设了“对外国公职人员、国际公共组织官员行贿罪”。2015 年 8 月 29 日发布的《刑法修正案(九)》对犯第 164 条规定之罪,数额较大的增设了“并处罚金”的规定。2014 年 4 月 24 日通过的全国人民代表大会常务委员会《关于〈中华人民共和国刑法〉第一百五十八条、第一百五十九条的解释》规定,《刑法》第 158 条、第 159 条仅适用于依法实行注册资本实缴登记制的公司。2020 年 12 月 26 日通过的《刑法修正案(十一)》加大了对金融犯罪的惩治力度,修订了第 160 条、第 161 条、第 163 条。将欺诈发行股票、债券罪修订为欺诈发行证券罪,完善了该罪的条文表述,保持与《证券法》的有效衔接,同时提高了欺诈发行证券的刑罚惩治力度,强化了对控股股东、实际控制人等“关键少数”的刑事责任追究;修订了违规披露、不披露重要信息罪,调整了相关责任人员的刑期上限,明确将控股股东、实际控制人实施或组织、指使实施信息披露造假以及控股股东、实际控制人隐瞒相关事项导致公司披露虚假信息等行为纳入刑法规制范围[1];修订了非国家工作人员受贿罪,提高了法定刑以及修改了该罪的刑罚档次配置。

Ⅲ 构成特征

本节罪的客体是国家对公司、企业的管理秩序。这种秩序由维系公司、企业秩序 4
的一系列制度构成,包括公司、企业设立、登记与组织机构的制度,公司、企业经营方面的制度,公司、企业人员岗位连接的制度等。行为人如果违反相关制度,就会对公司、企业的管理秩序造成破坏。

本节罪的行为是妨害公司、企业管理秩序的行为,具体是指违反公司、企业的管 5
理规定,妨害对公司、企业的管理秩序并且情节严重的行为。情节严重在不同的犯罪中有不同的表现形式,如“数额较大”“情节严重”“后果严重”“严重损害股东或者其

1 参见赵秉志主编:《〈刑法修正案(十一)〉理解与适用》,中国人民大学出版社 2021 年版,第 112—113 页。

他人利益”等不同的规定方式。

6 本节罪的不同各罪对主体有不同的要求,有的只能由自然人构成,如非国家工作人员受贿罪;有的只能由单位构成,如妨害清算罪;有的既可以由自然人构成也可以由单位构成,如对非国家工作人员行贿罪。

7 本节罪多数由故意构成,也有由过失构成的犯罪,如国有公司、企业、事业单位人员失职罪。

Ⅳ 公司、企业、事业单位的界定

8 正确界定本章所规定的公司、企业、事业单位的范围和性质,是准确适用法律的前提。根据《公司法》第3条的规定,公司是指拥有独立财产、享有财权、以其全部财产对公司债务承担责任的企业法人,进一步可以划分为有限责任公司和股份有限公司。至于企业的定义,在我国学界尚有一定争论,但通过现有立法规定,可以归纳出企业不仅包括公司,还包括合伙企业、个人独资企业等组织形式。理论上一般认为,本章所指的公司、企业是指从事经营性活动,具有法人资格的经营性组织。根据《事业单位登记管理暂行条例实施细则》第4条的规定,事业单位,是指国家为了社会公益目的,由国家机关举办或者其他组织利用国有资产举办的,从事教育、科研、文化、卫生……活动的社会服务组织。从上述规定可以看出,事业单位有以下两点特征:一是不以营利为目的;二是由国家机关举办或利用国有资产举办。

第一百五十八条　虚报注册资本罪

申请公司登记使用虚假证明文件或者采取其他欺诈手段虚报注册资本，欺骗公司登记主管部门，取得公司登记，虚报注册资本数额巨大、后果严重或者有其他严重情节的，处三年以下有期徒刑或者拘役，并处或者单处虚报注册资本金额百分之一以上百分之五以下罚金。

单位犯前款罪的，对单位判处罚金，并对其直接负责的主管人员和其他直接责任人员，处三年以下有期徒刑或者拘役。

文献：马克昌主编：《经济犯罪新论》，武汉大学出版社1998年版；孙力主编：《妨害对公司、企业的管理秩序罪》，中国人民公安大学出版社1999年版；郭立新、黄明儒主编：《刑法分则适用典型疑难问题新释新解》，中国检察出版社2006年版；魏东主编：《妨害对公司、企业的管理秩序罪：立案追诉标准与司法认定实务》，中国人民公安大学出版社2010年版；黎宏：《刑法学》，法律出版社2012年版。周洪波、单民：《论虚报注册资本罪的司法认定》，载《政治与法律》2004年第3期；肖中华、徐藩：《公司资本制度变革中的刑法保障》，载《国家检察官学院学报》2012年第5期；卢建平、司冰岩：《顾雏军等人虚报注册资本一案的法律适用及法理分析》，载《中国法律评论》2019年第3期。张明楷：《顾雏军等虚报注册资本案的刑法适用分析》，载《检察日报》2019年4月11日。

细目录

Ⅰ　主旨
Ⅱ　沿革
Ⅲ　客体
Ⅳ　对象
Ⅴ　行为
Ⅵ　主体
Ⅶ　故意
Ⅷ　既遂与未完成形态
Ⅸ　与非罪的界限
Ⅹ　处罚

I 主旨

1 刑法设立虚报注册资本罪的规范目的,在于通过对虚报注册资本,骗取公司登记行为的刑法规制,实现国家对公司的有效管理,进而使国家的经济运行秩序得到有效的维护。

II 沿革

2 1979年《刑法》没有关于本罪的规定。1993年我国制定了《公司法》,其中规定了违反公司法的相关刑事法律责任,包括构成犯罪的要依法追究刑事责任。为了惩治违反公司法规定的行为,1995年2月28日通过了全国人民代表大会常务委员会《关于惩治违反公司法的犯罪的决定》,在该规定中,设立了虚报注册资本罪。1997年《刑法》吸纳上述决定关于此罪的规定,设立了虚报注册资本罪,并增设了罚金刑的规定。2013年12月,为鼓励市场主体的创业积极性、创业活力,全国人大常委会修改《公司法》,将一般公司的注册资本实缴登记制改为认缴登记制,降低了公司设立的门槛。这一修改使得本罪对于实行认缴登记制的公司不再适用。这一原则在全国人民代表大会常务委员会《关于〈中华人民共和国刑法〉第一百五十八条、第一百五十九条的解释》中得到了确认。

III 客体

3 本罪的客体是公司登记管理秩序,具体而言是有关公司设立的注册资本管理秩序。

IV 对象

4 本罪的行为对象是公司登记。依据法条的规定,本罪的行为人的目的是骗取公司登记,并以骗取公司登记作为本罪的成立条件。因此,如果行为人的行为不是骗取公司登记而是为了得到其他的东西,就会因为行为对象不合格而不构成本罪。

V 行为

5 虚报注册资本的行为,是指申请公司登记使用虚假证明文件或者采取其他欺诈手段虚报注册资本,欺骗公司登记主管部门,取得公司登记,虚报注册资本数额巨大、后果严重或者有其他严重情节的行为。[1] 依据法条语言表述的逻辑关系,可以认为本罪的行为具有以下四个方面的内容:

---

1 参见黎宏:《刑法学》,法律出版社2012年版,第516页。

1. 使用虚假证明文件或者采取其他欺诈手段虚报注册资本

本罪的行为要素之一是虚报注册资本的行为，这是本罪的手段行为。注册资本是公司从事经营活动的物质基础，表明公司能够对外独立承担责任的能力。这里所说的虚报，是指在注册时作虚假的申报，既可以是无注册资本而报有注册资本，也可以是将少的注册资本报成多的注册资本。虚报的手段，依法律规定是使用虚假证明文件或其他欺诈手段。虚假的证明文件，是指法定证明文件虚假。证明文件，是指《公司法》以及《公司登记管理条例》规定的，申请公司登记必须出具的文件。只要有出具虚假证明文件的行为就可以认定为符合法条的规定。至于虚假证明文件的来源，既可以是伪造上述证明文件，也可以是在真的文件上进行篡改，使之具有虚假性；既可以是自己伪造、篡改，也可以是让他人为自己伪造或篡改。其他欺骗手段，是指出具虚假证明文件之外的，可能达到虚报注册资本目的的任何手段。例如，行为人用虚构事实或隐瞒真相的方法骗取真实的证明文件就属于该种情况。在该种情况下，其证明文件是依据合法的程序并由合法的主体制作的，在法律效力上该文件是"真实"的，但其取得证明文件的手段是欺骗手段，因而其内容是不真实的。 6

2. 欺骗公司登记主管部门，取得公司登记

本罪的行为要素之二是欺骗公司登记主管部门，取得公司登记，这是本罪的目的行为。行为人为了骗取公司登记，通过使用虚假证明文件或者采取其他欺诈手段虚报注册资本，以达到骗取公司登记的目的。 7

最高人民法院《刑事审判参考》案例第 127 号"薛玉泉虚报注册资本案"的要旨认为，行为人未将公款的实际控制权转移，而以单位临时账户的银行进账单作为个人公司的注册资本进行验资、骗取公司登记的行为，不构成挪用公款罪，构成虚报注册资本罪；虚报注册资本罪是否成立，应以是否取得公司登记结果为标准。 8

最高人民法院《刑事审判参考》案例第 774 号"卜毅冰虚报注册资本案"的要旨认为，在公司设立登记过程中，未交付货币，采用他人垫资的欺诈方式骗取验资证明，进而取得公司登记，后又抽逃出资的行为，构成虚报注册资本罪。 9

3. 虚报注册资本数额巨大、后果严重或者有其他严重情节

对作为本罪成立之量定条件的虚报注册资本"数额巨大、后果严重或者有其他严重情节"的理解，可以按照 2022 年 4 月 6 日公布的最高人民检察院、公安部《关于公安机关管辖的刑事案件立案追诉标准的规定(二)》第 3 条的规定予以确定，即以下情形可以视为符合本罪成立的量定条件：①法定注册资本最低限额在 600 万元以下，虚报数额占其应缴出资数额 60%以上的。②法定注册资本最低限额超过 600 万元，虚报数额占其应缴出资数额 30%以上的。③造成投资者或者其他债权人直接经济损失累计数额在 50 万元以上的。④虽未达上述数额标准，但具有下列情形之一的：2 年内因虚报注册资本受过 2 次以上行政处罚，又虚报注册资本的；向公司登记主管人员行贿的；为进行违法活动而注册的。⑤其他后果严重或者有其他严重情节的情形。 10

11 在管桦虚报注册资本案中,乌鲁木齐市中级人民法院认为被告人管桦使用虚假的资信证明虚报注册资本100万元,骗取公司登记,虚报的注册资本数额巨大。管桦在骗取公司登记后,不仅不在核定的经营范围内开展经营活动,反而利用公司账户"倒账",为其他公司注入虚假的资本提供便利,破坏国家对工商、金融活动进行的监控、管理,后果严重。管桦的行为已触犯全国人民代表大会常务委员会《关于惩治违反公司法的犯罪的决定》第1条的规定,构成虚报注册资本罪,依照《刑法》第12条的规定,应当依照《刑法》第158条的规定惩处。[2] 该判决在二审审判中也得到了维持。

4. 在申请公司登记期间

12 依据法条的规定,该罪的行为时间,是申请公司登记期间。如果不是在此期间,就不成立本罪。由于变更公司登记是公司登记的一种特殊形式[3],因而变更公司登记期间也属于公司登记期间。

Ⅵ 主体

13 刑法条文未对本罪的主体作出直接规定。依据法条对该罪刑事责任的规定,该罪的主体既可以是自然人,也可以是单位。由于该罪惩罚的是以虚报注册资本的手段骗取公司登记的行为,因而其主体是实施虚报注册资本骗取公司登记行为的人,也可以称为申请人。由于公司一般是由多个自然人或单位共同申请的,因而,其申请人应该是所有的出资人,而不是具体申请程序的执行人。[4] 因为申请程序的执行人既可以是申请人的一部分,也可以是非申请人(在委托代理人的情况下),非申请人不能成为本罪的主体(共同犯罪另当别论)是自然的,就是作为申请人一部分的申请程序的执行人,也不一定就是具体的虚假出资者或弄虚作假者。因而将作为本罪主体的申请人理解为申请程序的执行人[5]是不妥的。同时,在申请人为多人(多个自然人、多个单位或多个自然人与单位)时,既可以是多人共同实施骗取公司登记,也可以是其中的部分人弄虚作假,骗取公司登记,此时,犯罪主体只是故意实施此行为的人,而未故意实施此行为的人不能作为本罪的主体。

14 需要注意的是,根据《公司法》和全国人民代表大会常务委员会《关于〈中华人民共和国刑法〉第一百五十八条、第一百五十九条的解释》的规定,仅在申请金融机构、具有准金融机构性质的企业、募集设立的股份有限公司、直销公司、对外劳务合作企

---

2 参见《最高人民法院公报》2000年第4期。

3 参见孙力主编:《妨害对公司、企业的管理秩序罪》,中国人民公安大学出版社1999年版,第29页。

4 这里所说的申请程序的执行人,是指接受委托而具体办理申请公司登记程序的人,既可以是全部申请人,也可以是申请人的一部分,还可以是申请人委托的代理人。

5 参见孙力主编:《妨害对公司、企业的管理秩序罪》,中国人民公安大学出版社1999年版,第35页。

业、劳务派遣企业等法律、行政法规、国务院另有规定的公司登记的场合,行为人未遵守实缴登记制关于注册资本最低限额以及缴足出资额的期限等规定的,才可能成立本罪。

Ⅶ 故意

本罪只能由故意构成,过失不构成本罪。故意的内容是行为人明知自己的虚报注册资本骗取公司登记的行为会发生破坏公司登记管理秩序的结果,仍然希望或放任这种结果发生的心理态度,其行为目的是骗取公司登记。 15

Ⅷ 既遂与未完成形态

本罪为结果犯,因而存在着未遂的可能,即当行为人已经开始实施虚报注册资本的行为,但尚未取得公司登记而因故停止时,就不能认为是该罪的既遂。但关于本罪的未遂是否可罚,则另当别论。由于该罪同时是情节犯,没有法定的情节出现就不能认为构成犯罪,而未骗取公司登记的行为又很难出现法定的资本数额巨大、后果严重或者有其他严重情节的情况,因而本罪一般不存在未完成形态。 16

Ⅸ 与非罪的界限

依据法条规定,本罪的成立需要法定的行为、结果和情节以及故意,如果缺少其中的一项,就会因不符合犯罪构成而不成立本罪。需要说明的是,行为人先虚报注册资本骗取公司登记,之后通过各种方法拥有了足够的资金,这种先“虚”后“实”的情况是否构成犯罪。由于犯罪的认定是依据行为时行为是否符合犯罪构成,而不是依据行为后的情况,因而一般说来,该种情况不影响定罪。当然,这种情况作为情节之一,可以在量刑时予以考虑,在行为处于罪与非罪的临界点时,也可以作为决定行为是否构成非罪的因素。 17

Ⅹ 处罚

依据本条规定,犯本罪的,处3年以下有期徒刑或者拘役,并处或者单处虚报注册资本金额1%以上5%以下罚金。单位犯前款罪的,对单位判处罚金,并对其直接负责的主管人员和其他直接责任人员,处3年以下有期徒刑或者拘役。 18

第一百五十九条　虚假出资、抽逃出资罪

公司发起人、股东违反公司法的规定未交付货币、实物或者未转移财产权，虚假出资，或者在公司成立后又抽逃其出资，数额巨大、后果严重或者有其他严重情节的，处五年以下有期徒刑或者拘役，并处或者单处虚假出资金额或者抽逃出资金额百分之二以上百分之十以下罚金。

单位犯前款罪的，对单位判处罚金，并对其直接负责的主管人员和其他直接责任人员，处五年以下有期徒刑或者拘役。

文献:郭立新、黄明儒主编:《刑法分则适用典型疑难问题新释新解》,中国检察出版社2006年版;魏东主编:《妨害对公司、企业的管理秩序罪:立案追诉标准与司法认定实务》,中国人民公安大学出版社2010年版;周光权:《刑法各论》(第4版),中国人民大学出版社2021年版。孙力:《虚假出资、抽逃出资罪研究》,载《法学家》2000年第5期;肖中华、徐藩:《公司资本制度变革中的刑法保障》,载《国家检察官学院学报》2012年第5期;卢建平:《公司注册门槛降低对刑法的挑战——兼论市场经济格局中的刑法谦抑》,载《法治研究》2014年第1期;赵旭东:《认缴资本制下的股东有限责任——兼论虚报资本、虚假出资和抽逃出资行为的认定》,载《法律适用》2014年第11期。

细目录

Ⅰ　主旨
Ⅱ　沿革
Ⅲ　客体
Ⅳ　行为
Ⅴ　主体
Ⅵ　故意
Ⅶ　既遂与未完成形态
Ⅷ　与非罪的界限
Ⅸ　与他罪的区别
Ⅹ　处罚

Ⅰ　主旨

1　本罪的设立,是为了保护国家设立公司的出资管理秩序,进而保护国家经济运行

秩序,保护公司、发起人、股东以及债权人的利益。

Ⅱ 沿革

1979 年《刑法》没有关于本罪的规定。1993 年我国制定了《公司法》,其中规定了违反公司法的法律责任,其中规定,构成犯罪的要依法追究刑事责任。1995 年 2 月 28 日通过了全国人民代表大会常务委员会《关于惩治违反公司法的犯罪的决定》,在该规定中规定了本罪:"公司发起人、股东违反公司法的规定未交付货币、实物或者未转移财产权,虚假出资,或者在公司成立后又抽逃其出资,数额巨大、后果严重或者有其他严重情节的,处五年以下有期徒刑或者拘役,可以并处虚假出资金额或者抽逃出资金额百分之十以下罚金。单位犯前款罪的,对单位判处虚假出资金额或者抽逃出资金额百分之十以下罚金,并对直接负责的主管人员和其他直接责任人员,依照前款的规定,处五年以下有期徒刑或者拘役。"1997 年《刑法》吸纳了该决定的有关规定,设立了虚假出资、抽逃出资罪。2013 年 12 月,为鼓励市场主体的创业积极性、创业活力,全国人民代表大会常务委员会修改《公司法》,将一般公司的注册资本实缴登记制改为认缴登记制,降低了公司设立的门槛。这一修改使得本罪对于实行认缴登记制的公司不再适用。这一原则在全国人民代表大会常务委员会《关于〈中华人民共和国刑法〉第一百五十八条、第一百五十九条的解释》中得到了确认。 2

Ⅲ 客体

本罪的客体是国家设立公司的出资管理秩序。 3

Ⅳ 行为

依据法条的规定,该罪的行为可以分为以下几个要素[1]: 4

1. 违反公司法的规定

违反公司法的规定,是本罪行为构成犯罪的前提,主要是指违反公司法对公司资本所确立的资本确定、资本维持、资本不变等原则。 5

2. 具有虚假出资、抽逃出资的行为

虚假出资,是指未交付货币、实物或者未转移财产权,却以弄虚作假的方式造成出资的假象的行为。其行为包括两个方面的内容:一方面是未交付货币、实物或者未转移财产权。未交付货币、实物,是指对依据公司章程中规定的应认缴的出资额,即货币或实物全部或部分未予交付的情况;未转移财产权,是指出资人以实物、土地使用权、工业产权等特定财产作为出资时,未办理财产权变更登记手续,使该财产并未变更为公司财产。另一方面是以弄虚作假的方式造成已经出资的假象。如果行为人 6

1　参见周光权:《刑法各论》(第 4 版),中国人民大学出版社 2021 年版,第 265—266 页。

只是未交付货币、实物或者未转移财产权,但未造成已经出资的假象,就不构成本罪的行为,因为这种情况是未出资而不是虚假出资。虚假出资的手段可以多种多样,如伪造货币的划拨手续、对物品或无形资产高估作价、对物品少交多报、办理虚假的财产权转移手续等,均可以成为虚假出资的方式。抽逃出资,是指公司成立后将自己出资额的一部分或全部从公司转移出来的行为。关于抽逃出资的行为是发生在公司成立之初还是公司已经运营一段时间,不影响该行为的成立。抽逃的方式,法律未作限制,只要是抽逃了出资,就符合本行为的要求。

3. 数额巨大、后果严重或者有其他严重情节

7 虚假出资、抽逃出资,必须数额巨大、后果严重或者有其他严重情节才能构成本罪。根据2022年4月6日公布的最高人民检察院、公安部《关于公安机关管辖的刑事案件立案追诉标准的规定(二)》第4条的规定,满足以下情形之一的,应当予以立案追诉:①法定注册资本最低限额在600万元以下,虚假出资、抽逃出资数额占其应缴出资数额60%以上的。②法定注册资本最低限额超过600万元,虚假出资、抽逃出资数额占其应缴出资数额30%以上的。③造成公司、股东、债权人的直接经济损失累计数额在50万元以上的。④虽未达上述数额标准,但具有下列情形之一的:致使公司资不抵债或者无法正常经营的;向公司登记主管人员行贿的;公司发起人、股东合谋虚假出资、抽逃出资的;2年内因虚假出资、抽逃出资受过2次以上行政处罚,又虚假出资、抽逃出资的;利用虚假出资、抽逃出资所得资金进行违法活动的。⑤其他后果严重或者有其他严重情节的情形。

4. 虚假出资、抽逃出资的时间

8 虚假出资发生在申请公司登记期间,而抽逃出资发生在取得公司登记之后,如果行为人先出资,在公司登记之前以某种方法抽逃出资,不能认为是抽逃出资,如果抽逃者采取弄虚作假的方式先出资后抽逃,造成已经出资的假象,可以构成虚假出资行为。

9 在宗惠娟抽逃出资、合同诈骗案中,江苏省常州市中级人民法院经审理认为,被告人宗惠娟作为常州裕丰典当有限公司的发起人和唯一的实际股东,为了达到设立公司的目的,以借款方式筹集了应缴纳的资金作为出资,待公司注册成立后,又撤回已投入的资金,偿还其私人借款,数额巨大,其行为构成抽逃出资罪。[2]

V 主体

10 本罪的主体是依法应实行注册资本实缴登记制的公司的发起人和股东。这里的公司发起人和股东既可以是自然人,也可以是单位。

---

2 参见江苏省常州市中级人民法院(2008)苏刑二终字第41号刑事判决书。

Ⅵ 故意

本罪只能由故意构成,过失不构成本罪。故意的内容是行为人明知自己的虚假出资或抽逃出资行为会发生破坏公司出资管理秩序的结果,仍然希望或放任这种结果发生的心理态度。行为人动机如何不影响本罪的成立。 11

Ⅶ 既遂与未完成形态

本罪的行为是虚假出资和抽逃出资,一般说来,抽逃出资的,只要已经将出资成功抽逃,就可以认为是该罪的既遂。对于虚假出资罪而言,笔者认为,既然该罪的客体是国家对公司出资的管理秩序,那么,能够对其造成侵害的行为就是虚假出资行为骗过了公司登记部门的审查,取得了公司登记,此时才可以认为对客体造成了侵害。因而,如果行为人虽然实施了弄虚作假的行为,甚至骗过了公司申请登记程序的执行人,只要未取得公司登记,就不能认为实际上已经骗过了公司登记机关,不能认为是既遂。 12

Ⅷ 与非罪的界限

一是要区分出资违约与虚假出资的界限。其根本区别在于,不出资的行为是否采取弄虚作假,造成出资假象的方式进行,如果采取该种方式,属于虚假出资;非此则为出资违约,应承担违约责任。二是要区分转让出资、利润分配与抽逃出资的界限。依据《公司法》的规定,股东有在符合规则的情况下转让出资的权利,有在股东中分配利润的权利。转让出资,只是出资人的转换,不会造成公司资金的减少,不属于抽逃出资;分配利润,在营利的情况下是股东的政策收益,但在无利润甚至亏损的情况下,以分配利润的名义抽逃出资,属于可以构成犯罪的抽逃出资行为,是否构成犯罪,还要看是否符合抽逃出资罪的全部构成条件。值得关注的是,虽然实行注册资本认缴登记制的公司的股东或发起人虚报注册资本、虚假出资、抽逃出资的行为不被评价为犯罪,但其行为如果同时构成挪用资金罪等其他罪名的,应以其他实际构成的罪名定罪处罚。这一点也在法院的判决中得到了体现。 13

Ⅸ 与他罪的区别

本罪的罪间界限主要是与虚报注册资本罪的界限问题。本罪的虚假出资情况与虚报注册资本罪有可能会发生行为的重合,因为虚报注册资本是采取弄虚作假的方式在注册资本申报时以少报多,以无报有;虚假出资也可以采取弄虚作假的形式以少报多,以无报有的方式进行。在这种情况下,其行为可以符合两个罪的构成要求,因而是想象竞合犯,应按想象竞合犯的原则处理。 14

X 处罚

15 依据本条规定,犯本罪的,处5年以下有期徒刑或者拘役,并处或者单处虚假出资金额或抽逃出资金额2%以上10%以下罚金。单位犯前款罪的,对单位判处罚金,并对其直接负责的主管人员和其他直接责任人员,处5年以下有期徒刑或者拘役。

第一百六十条　欺诈发行证券罪

在招股说明书、认股书、公司、企业债券募集办法等发行文件中隐瞒重要事实或者编造重大虚假内容，发行股票或者公司、企业债券、存托凭证或者国务院依法认定的其他证券，数额巨大、后果严重或者有其他严重情节的，处五年以下有期徒刑或者拘役，并处或者单处罚金；数额特别巨大、后果特别严重或者有其他特别严重情节的，处五年以上有期徒刑，并处罚金。

控股股东、实际控制人组织、指使实施前款行为的，处五年以下有期徒刑或者拘役，并处或者单处非法募集资金金额百分之二十以上一倍以下罚金；数额特别巨大、后果特别严重或者有其他特别严重情节的，处五年以上有期徒刑，并处非法募集资金金额百分之二十以上一倍以下罚金。

单位犯前两款罪的，对单位判处非法募集资金金额百分之二十以上一倍以下罚金，并对其直接负责的主管人员和其他直接责任人员，依照第一款的规定处罚。

文献：莫洪宪主编：《证券犯罪理论与侦查实务研究》，中国方正出版社 2006 年版；李扬主编：《中国金融发展报告（2007）》，社会科学文献出版社 2007 年版；黎宏：《刑法学》，法律出版社 2012 年版；魏东、白宗钊主编：《非法集资犯罪司法审判与刑法解释》，法律出版社 2013 年版；周光权：《刑法各论》（第 4 版），中国人民大学出版社 2021 年版；张明楷：《刑法学》（第 6 版），法律出版社 2021 年版。赵秉志、徐文文：《论我国编造、传播虚假信息的刑法规制》，载《当代法学》2014 年第 5 期；高巍：《欺诈发行股票、债券罪的危险犯性质与解释路径》，载《政治与法律》2018 年第 4 期。

细目录

Ⅰ　主旨
Ⅱ　沿革
Ⅲ　客体
Ⅳ　对象
Ⅴ　行为
Ⅵ　主体
Ⅶ　故意
Ⅷ　既遂与未完成形态
Ⅸ　共犯

Ⅹ 罪数

Ⅺ 处罚

Ⅰ 主旨

1 刑法规定本罪,是为了通过惩罚欺诈发行公司股票、债券的行为,以保护公司、企业管理秩序和市场秩序的正常运行。

Ⅱ 沿革

2 1979年《刑法》没有关于本罪的规定。1993年我国制定了《公司法》,规定了违反公司法的法律责任,其中规定,构成犯罪的依法追究刑事责任。为了惩治违反《公司法》的犯罪,1995年2月28日通过了全国人民代表大会常务委员会《关于惩治违反公司法的犯罪的决定》,该决定第3条对本罪作了规定:“制作虚假的招股说明书、认股书、公司债券募集办法发行股票或者公司债券,数额巨大、后果严重或者有其他严重情节的,处五年以下有期徒刑或者拘役,可以并处非法募集资金金额百分之五以下罚金。单位犯前款罪的,对单位判处非法募集资金金额百分之五以下罚金,并对直接负责的主管人员和其他直接责任人员,依照前款的规定,处五年以下有期徒刑或者拘役。”1997年《刑法》在上述规定的基础上进行修改,设立了欺诈发行公司股票、债券罪。

3 为了与新修订的《证券法》相衔接,加大对欺诈发行行为的惩治力度,2020年《刑法修正案(十一)》对本条作出修改。其一,增加了“等发行文件”的规定,扩充了发行文件的类型;其二,增加了“存托凭证或者国务院依法认定的其他凭证”的规定;其三,对控股股东、实际控制人组织、指使实施的欺诈发行行为予以专门规定;其四,增设一档量刑标准,将本罪法定最高刑提高至15年有期徒刑;其五,完善了有关罚金刑的规定,区分一般主体和控股股东等主体实施欺诈发行行为的罚金刑规定;其六,修改完善了单位犯罪情形的规定。

Ⅲ 客体

4 本罪的犯罪客体是国家关于公司、企业发行股票、债券、存托凭证、国务院依法认定的其他证券的管理秩序。[1] 发行股票、债券、存托凭证等证券,是一个国家合理配置资本市场,聚集社会游资,促进经济发展的重要措施,对市场经济秩序的运行具有积极作用。当然,股票或债券的发行只有依据一定的规则进行,其作用才可以是积极

1 有著述将其表述为国家关于公司、企业发行股票、债券的管理制度[参见高铭暄主编:《新编中国刑法学》(下),中国人民大学出版社1998年版,第591页],但制度不能成为犯罪客体,具体理由见本书对虚报注册资本罪的论述。

的。我国《公司法》《证券法》《首次公开发行股票并上市管理办法》《企业债券管理条例》等相关法律法规对股票和债券、存托凭证等证券的发行资格与条件作了规定,并对公司或企业发行办法等应该公开的事项作了规定,以保证投资主体对发行股票或债券、存托凭证等证券的公司、企业之情况的知情权。这样一些法律法规规定的实行所形成的秩序,就是本罪的立法目的之所在,也是本罪的保护客体。

Ⅳ 对象

本罪的行为对象是股票或者公司、企业债券、存托凭证或者国务院依法认定的其他证券。股票,是公司签发的证明股东所持股份的凭证;公司、企业债券是指公司或企业依照法定程序发行的,约定在一定期限内还本付息的有价证券;存托凭证是指由存托人签发、以境外证券为基础在中国境内发行、代表境外基础证券权益的证券;国务院依法认定的其他证券,由国务院依法予以认定。 5

Ⅴ 行为

本罪的法定行为是在招股说明书、认股书、公司、企业债券募集办法等发行文件中隐瞒重要事实或者编造重大虚假内容,发行股票或者公司、企业债券、存托凭证或国务院依法认定的其他证券,数额巨大、后果严重或者有其他严重情节的行为。依据法条逻辑,本罪的行为应从三个方面进行解释。 6

(1)在招股说明书、认股书、公司、企业债券募集办法等发行文件中隐瞒重要事实或者编造重大虚假内容。①行为人欺诈的方式是在招股说明书、认股书、公司、企业债券募集办法等发行文件中作不实记载。依据《公司法》等相关法律的规定,向社会公开募集股份、债券,必须公告招股说明书,并制作认股书、公告或公布债券募集办法。招股说明书,是指由公司发起人或公司制作,用以表达募集股份意思并载明有关股票发行、认股人的权利和义务、发起人情况等信息的文件。认股书,是指认股人在认股时所签署的表示认购一定数额的股份的承诺性文件。公司、企业债券募集办法,是指由发行公司、企业债券的公司、企业制作,用以表达公司、企业举债并载明公司、企业债券发行和认购事项的文件。"等发行文件",是指在证券发行过程中与"招股说明书、认股书、公司、企业债券募集办法"具有相同重要性的发行文件,如《公开发行证券的公司信息披露内容与格式准则第 37 号——创业板上市公司发行证券申请文件》(2020 年修订)中规定的发行人关于本次证券发行的申请报告、发行人关于本次发行方案的论证分析报告、监事会对募集说明书真实性、准确性、完整性的审核意见等载有发行股票、债券等证券的关键内容和信息,是与招股说明书、认股书等发行文件具有同等重要性的文件。②在招股说明书、认股书、公司、企业债券募集办法等发行文件中进行了隐瞒重要事实或者编造重大虚假内容的记载。隐瞒,是指对公司或企业应该在上述文件中记载的事项而予以隐瞒,不作记载;虚构,是指将不存在的 7

事实予以记载。同时,这种隐瞒或者虚构的事实或内容必须是重大的。所谓的重大,是指对于说明公司或企业的状况或对于股票、债券的权利义务关系有重要影响的事实,其具体内容,应该依据具体情况确定。

8 (2)实施了发行具有隐瞒重要事实或者编造重大虚假内容记载之内容的股票或者公司、企业债券、存托凭证、国务院依法认定的其他证券的行为。这是法定的本罪的实行行为,只有实施了发行行为,才可以成立本罪。如果行为人只实施了在招股说明书、认股书、公司、企业债券募集办法等发行文件中进行了隐瞒重要事实或者编造重大虚假内容记载的行为,但并未进行到发行股票或公司、企业债券、存托凭证或者国务院依法认定的其他证券的阶段,还不能认为本罪的实行行为实施完毕。

9 (3)具有数额巨大、后果严重或具有其他严重情节的事实。本罪属于情节犯,只有欺诈发行证券罪数额巨大、后果严重或具有其他严重情节的,才构成本罪。根据2022年4月6日公布的最高人民检察院、公安部《关于公安机关管辖的刑事案件立案追诉标准的规定(二)》第5条之规定,涉嫌以下情形之一的,应予立案追诉:①非法募集资金金额在1000万元以上的。②虚增或者虚减资产达到当期资产总额30%以上的。③虚增或者虚减营业收入达到当期营业收入总额30%以上的。④虚增或者虚减利润达到当期利润总额30%以上的。⑤隐瞒或者编造的重大诉讼、仲裁、担保、关联交易或者其他重大事项所涉及的数额或者连续12个月的累计数额达到最近一期披露的净资产50%以上的。⑥造成投资者直接经济损失数额累计在100万元以上的。⑦为欺诈发行证券而伪造、变造国家机关公文、有效证明文件或者相关凭证、单据的。⑧为欺诈发行证券向负有金融监督管理职责的单位或者人员行贿的。⑨募集的资金全部或者主要用于违法犯罪活动的。⑩其他后果严重或者有其他严重情节的情形。

Ⅵ 主体

10 本罪的主体是股票、债券、存托凭证等证券的发行者。一般来说,股票、债券、存托凭证等证券的发行者多为单位,但由于在以募集的方式设立股份有限公司时,根据公司法的规定,其股票的发行者是公司的发起人,发起人既可以是单位,也可以是自然人。

11 本条第2款规定了对控股股东、实际控制人组织、指使实施欺诈发行行为的定罪处罚。控股股东是指其持有的股份占公司股本总额50%以上,或者虽不足50%,但是所持有股份的表决权足以对股东大会决议产生重大影响的股东;实际控制人,是指虽不是公司股东,但是通过投资、协议或其他安排,能够实际支配公司的人。本款实际是对共同犯罪人刑事责任的明确规定。实践中,控股股东、实际控制人往往是欺诈发行行为的罪魁祸首和实际受益人,其中符合刑法总则关于共同犯罪中主犯、首要分子规定的人员,应同时按照主犯、首要分子的刑事责任予以处罚。

Ⅶ 故意

从法条的语言表述,可以认为本罪只能由故意构成,过失不构成本罪。其故意的内容是行为人明知自己的欺诈发行股票、公司债券、存托凭证等证券的行为会破坏国家关于公司、企业发行股票、债券、存托凭证等证券的管理秩序,仍然希望或放任这种结果发生的心理态度。行为人的动机如何不影响本罪的成立。 12

Ⅷ 既遂与未完成形态

由于本罪是破坏国家关于公司、企业发行股票、债券、存托凭证等证券的管理秩序的犯罪,既遂的标准就应该是已经对该秩序造成了现实的侵害。而秩序的侵害是非物质性的犯罪结果[2],一般不具有特定的标志,因而其既遂标志,应该从是否具有法定的可以说明其秩序受侵害的事实进行分析。由于本罪对国家关于公司、企业发行股票、债券、存托凭证等证券的管理秩序的现实侵害,一般以股票、债券、存托凭证等证券发行出去作为标志,因而这也是该罪的既遂标志。 13

Ⅸ 共犯

本罪属任意共犯。值得注意的是,本罪的共犯既可以是自然人之间的共犯、单位之间的共犯,也可以是自然人与单位之间的共犯。同时,由于在自然人作为本罪之犯罪主体时,一般很难有独自一人欺诈发行股票的情况,因而自然人构成本罪以共犯为主要形式。中介组织人员与股票、债券的发行人相互通谋,在招股说明书中作虚假的审计、会计、法律服务报告,帮助他人欺诈发行股票、债券的,即构成本罪的共犯。 14

Ⅹ 罪数

需要实缴注册资本才能取得公司登记的金融性公司,虚报注册资金骗取公司登记,或者隐瞒虚假出资的事实发行股票、债券的,同时构成虚报注册资本罪、虚假出资罪和本罪,应当成立想象竞合犯,从一重罪处断。[3] 15

Ⅺ 处罚

依据本条的规定,犯本罪的,处 5 年以下有期徒刑或者拘役,并处或者单处罚金;数额特别巨大、后果特别严重或者有其他特别严重情节的,处 5 年以上有期徒刑,并 16

---

2 关于物质性结果与非物质性结果问题,参见李洁:《犯罪结果论》,吉林大学出版社 1994 年版,第 79—92 页。

3 参见周光权:《刑法各论》(第 4 版),中国人民大学出版社 2021 年版,第 267 页。

处罚金,本罪是可以单处罚金的犯罪,是否单处罚金,要同时考虑行为的社会危害性程度和再犯可能性。

17　罚金的数额应根据行为人在案件中具体发挥的作用灵活确定,以做到罪责刑相适应。

18　控股股东、实际控制人组织、指使实施本罪行为的,处 5 年以下有期徒刑或者拘役,并处或者单处非法募集资金金额 20%以上 1 倍以下罚金;数额特别巨大、后果特别严重或者有其他特别严重情节的,处 5 年以上有期徒刑,并处非法募集资金金额 20%以上 1 倍以下罚金。考虑控股股东、实际控制人一般是犯罪的实质获益方,应承担欺诈发行行为的主要责任和经济刑罚,因而对其适用倍比罚金制。

19　单位犯前两款罪的,对单位判处非法募集资金金额 20%以上 1 倍以下罚金,并对其直接负责的主管人员和其他直接责任人员,依照第 1 款的规定处罚。

第一百六十一条　违规披露、不披露重要信息罪

依法负有信息披露义务的公司、企业向股东和社会公众提供虚假的或者隐瞒重要事实的财务会计报告，或者对依法应当披露的其他重要信息不按照规定披露，严重损害股东或者其他人利益，或者有其他严重情节的，对其直接负责的主管人员和其他直接责任人员，处五年以下有期徒刑或者拘役，并处或者单处罚金；情节特别严重的，处五年以上十年以下有期徒刑，并处罚金。

前款规定的公司、企业的控股股东、实际控制人实施或者组织、指使实施前款行为的，或者隐瞒相关事项导致前款规定的情形发生的，依照前款的规定处罚。

犯前款罪的控股股东、实际控制人是单位的，对单位判处罚金，并对其直接负责的主管人员和其他直接责任人员，依照第一款的规定处罚。

文献:齐斌:《证券市场信息披露法律监管》,法律出版社 2000 年版;郭立新、黄明儒主编:《刑法分则适用典型疑难问题新释新解》,中国检察出版社 2006 年版;黎宏:《刑法学》,法律出版社 2012 年版;周光权:《刑法各论》(第 4 版),中国人民大学出版社 2021 年版。沈洪涛:《公司特征与公司社会责任信息披露——来自我国上市公司的经验证据》,载《会计研究》2007 年第 3 期;顾肖荣:《近期证券市场的主要涉罪问题》,载《法学》2007 年第 6 期;赵秉志、徒文文:《论我国编造、传播虚假信息的刑法规制》,载《当代法学》2014 年第 5 期。

细目录

Ⅰ　主旨
Ⅱ　沿革
Ⅲ　客体
Ⅳ　对象
Ⅴ　客观要件
Ⅵ　主体
Ⅶ　主观要件
Ⅷ　共犯
Ⅸ　罪数
Ⅹ　处罚

I 主旨

1 随着我国经济的不断发展,我国公司、企业的信息披露制度从无到有,已经形成一套基本完善的信息披露制度,对维护市场秩序、保护广大投资者利益发挥了积极作用。规定本罪的目的,是为了惩治提供虚假的或者隐瞒重要事实的财务会计报告,或者对依法应当披露的其他重要信息不按照规定披露,严重损害股东或者其他人利益,或者有其他严重情节的行为,从而规范公司、企业的行为,降低投资人的投资风险,保护社会主义市场经济秩序中的公司、企业的管理秩序。

II 沿革

2 本条之罪在1979年《刑法》中没有规定。1995年2月28日通过了全国人民代表大会常务委员会《关于惩治违反公司法的犯罪的决定》,其第4条规定了本条之罪。1997年《刑法》将该规定予以修正和吸收,明确规定:“公司向股东和社会公众提供虚假的或者隐瞒重要事实的财务会计报告,严重损害股东或者其他人利益的,对其直接负责的主管人员和其他直接责任人员,处三年以下有期徒刑或者拘役,并处或者单处二万元以上二十万元以下罚金。”2006年《刑法修正案(六)》在原有立法基础上扩展了本条之罪:将犯罪主体扩大到依法负有信息披露义务的公司、企业;将行为方式扩大到不按照规定披露重要信息;增设了“有其他严重情节”的定罪标准。2007年10月25日颁布的最高人民法院、最高人民检察院《关于执行〈中华人民共和国刑法〉确定罪名的补充规定(三)》将本条之罪罪名确定为“违规披露、不披露重要信息罪”。

3 为了保障以信息披露为核心的注册制改革顺利实施,加大对信息违规披露、不披露行为的惩治力度,精确惩处“幕后”的控股股东、实际控制人,2020年《刑法修正案(十一)》对本条作出修改。其一,增加本条第2款、第3款的规定,惩处控股股东、实际控制人实施或者组织、指使实施违规披露或者不披露重要信息的行为;其二,提高本罪的法定刑,将原规定的“三年以下有期徒刑或者拘役,并处或者单处二万元以上二十万元以下罚金”修改为两档法定量刑标准,第一档刑罚为“处五年以下有期徒刑或者拘役,并处或者单处罚金”;第二档刑罚为“处五年以上十年以下有期徒刑,并处罚金”。

III 客体

4 本罪的客体是股东或他人的利益以及公司、企业的信用管理秩序。《刑法修正案(六)》出台以前,由于本罪行为只涉及提供虚假的或者隐瞒重要事实的公司财务会计报告,所以一般认为本罪的客体是股东或他人的利益以及国家有关公司财会的管理秩序。但是在《刑法修正案(六)》出台后,本罪的主体和行为都有一定程度的扩展,如果认为本罪仅仅侵犯了公司财会的管理秩序,显然不符合本罪的实际情况。市场经济条件下，为了保证交易安全、投资安全，公司、企业必须提供包括财务会计报告在内的真实、可信的重要信息。国家相关法规明确规定了公司、企业必须提供真实、可信的重要信息，以维护市场经济的正常运行。

Ⅳ 对象

财务会计报告，是指由公司、企业的业务部门或者公司委托的其他会计、审计机构，按照国家规定于每一年度终了时制作的反映公司财务状况和经营成果的文件，具体包括资产负债表、损益表、财务状况变动表、财务情况说明书、利益分配表。本罪的行为对象之二是依法应当披露的其他重要信息，是指公司、企业依法应当披露的除财务会计报告之外的可能影响股东和其他人利益的重要信息。这些信息不仅包括《证券法》《公司法》《银行业监督管理法》《证券投资基金法》以及行政法规对于应当披露的信息事项的规定，而且包括国务院证券监督管理机构依照《证券法》《公司法》的授权对披露信息事项的具体规定。公司、企业没有提供虚假的或者隐瞒重要事实的财务会计报告，或者没有不按照规定披露其他重要信息的，不构成本罪。 5

在余蒂妮等违规披露、不披露重要信息案中，李某甲与被告人余蒂妮等虚构华信泰公司已代付股改业绩承诺款 384528450 元的事实，并在临时报告、半年报中披露。后为掩盖上述虚假事实，利用 1000 万元循环转帐，虚构购买 37 张承兑汇票的事实，并在 2011 年年报中披露；2012 年至 2014 年期间多次虚构将上述银行承兑汇票进行贴现、票据置换和支付预估款等交易，根据李某甲提供的相关置换来的虚假银行承兑汇票进行记帐，制作博元公司的虚假财务报表，致使 2012 年至 2014 年半年报、年报不属实。另外，还违规不披露公司实际控制人还有李某甲以及青禧公司也是李某甲控制下的关联公司等信息。法院认为本案基本事实就是相关被告人基于完成股权分置改革方案、实现股票上市流通的目的，虚构财务报表并予以违规披露的犯罪事实，应以违规披露、不披露重要信息罪追究相关被告人的责任。[1] 6

Ⅴ 客观要件

依据刑法规定，本条第 1 款规定的客观要件表现为依法负有信息披露义务的公司、企业向股东和社会公众提供虚假的或者隐瞒重要事实的财务会计报告，或者对依法应当披露的其他重要信息不按照规定披露，严重损害股东或者其他人利益，或者有其他严重情节的行为。 7

(1)本罪行为的前提是公司、企业负有信息披露义务。没有信息披露义务的公司、企业不可能实施本罪行为。公众性的公司(如上市公司)对社会公众和股东有重要信息的披露义务；非公众性公司和企业仅对股东(对于企业而言，严格意义上讲，应 8

1 参见广东省珠海市中级人民法院(2016)粤 04 刑初 131 号刑事判决书。

当是“投资人”而非“股东”)有重要信息的披露义务。

9 (2)实施了向股东和社会公众提供虚假的或者隐瞒重要事实的财会报告之行为,或者实施了不按规定向股东和社会公众披露其他重要信息的行为。所说股东,包括有限责任公司的股东和股份有限公司的股东以及企业的投资人,他们是公司、企业资本的出资者或股份的持有者;社会公众是指股东以外的公民,他们作为潜在的股东,虚假的或者隐瞒重要事实的财务会计报告以及不按规定提供的其他重要信息,会影响他们投资的决策,给他们的利益带来损害或威胁。虚假的或者隐瞒了重要事实的财务会计报告,是指在财务会计报告中弄虚作假,虚报不存在的事实,或者隐瞒存在的事实。同时,无论是虚报还是隐瞒,都必须是重要事实。不按规定披露,不仅包括不披露、披露不真实、不全面,还包括披露不及时以及披露程序不当。

10 (3)其行为严重损害股东或者其他人利益,或者有其他严重情节。如果公司、企业向股东和社会公众提供虚假的或者隐瞒重要事实的财务会计报告或不按规定向股东和社会公众披露其他重要信息,但并未严重损害股东或其他社会公众的利益或者没有其他严重情节的,其行为一般不构成犯罪。所说的“严重损害股东或者其他人利益”“其他严重情节”,应该结合虚构之事实或隐瞒之事实的性质、所造成的社会影响、对股东或其他人的利益的损害或威胁的程度等情况进行综合分析。根据 2022 年 4 月 6 日公布的最高人民检察院、公安部《关于公安机关管辖的刑事案件立案追诉标准的规定(二)》第 6 条的规定,“严重损害股东或者其他人利益”和“其他严重情节”应指:①造成股东、债权人或者其他人直接经济损失数额累计在 100 万元以上的。②虚增或者虚减资产达到当期披露的资产总额 30%以上的。③虚增或者虚减营业收入达到当期披露的营业收入总额 30%以上的。④虚增或者虚减利润达到当期披露的利润总额 30%以上的。⑤未按照规定披露的重大诉讼、仲裁、担保、关联交易或者其他重大事项所涉及的数额或者连续 12 个月的累计数额达到最近一期披露的净资产 50%以上的。⑥致使不符合发行条件的公司、企业骗取发行核准或者注册并且上市交易的。⑦致使公司、企业发行的股票或者公司、企业债券、存托凭证或者国务院依法认定的其他证券被终止上市交易的。⑧在公司财务会计报告中将亏损披露为盈利,或者将盈利披露为亏损的。⑨多次提供虚假的或者隐瞒重要事实的财务会计报告,或者多次对依法应当披露的其他重要信息不按照规定披露的。⑩其他严重损害股东、债权人或者其他人利益,或者有其他严重情节的情形。

11 本条第 2 款、第 3 款规定的行为的客观要件表现为公司、企业的控股股东、实际控制人实施或者组织、指使实施违规披露、不披露重要信息,严重损害股东或者其他人利益,或者有其他严重情节。一般来说本款规定包括以下三种情形:其一,公司、企业的控股股东、实际控制人直接实施不按照规定披露重要信息构成犯罪。如控股股东、实际控制人控制公司印章和信息披露渠道,绕开股东大会、董事会等法定机构,直接以公司名义实施披露虚假信息的情形。其二,公司、企业的控股股东、实际控制人组织、指使实施不按照规定披露重要信息构成犯罪。一般表现为控股股东、实际控制人基于自身的实际影响或支配力，组织、指使其他信息披露义务人不按照规定披露重要信息。其三，公司、企业的控股股东、实际控制人隐瞒相关事项导致公司、企业违规披露或者不披露重要信息构成犯罪。包括控股股东、实际控制人隐瞒自身应当披露的重要信息，导致公司、企业违规披露或者不披露重要信息构成犯罪和控股股东、实际控制人利用自身实际权力，隐瞒其掌握的部分公司、企业关键信息，导致公司、企业违规披露或者不披露重要信息构成犯罪。

Ⅵ 主体

本条第 1 款规定的主体是特殊主体，即依法负有信息披露义务的公司、企业。本条第 1 款规定的是纯正的单位犯罪，自然人不能构成本罪。通常主要是指上市公司和发行人、发行债券的公司或企业等，承担刑事责任的直接负责的主管人员和其他直接责任人员，既包括对公司财务会计报告的真实性、可靠性负有直接责任的公司董事长、董事、总经理、经理、监事，还包括直接参与虚假财务会计报告制作的工作人员。 12

本条第 2 款、第 3 款规定的行为的主体是公司、企业的控股股东、实际控制人，既可以是自然人，也可以是单位。其中，控股股东，是指其持有的股份占公司股本总额 50%以上，或者虽不足 50%，但是所持有股份的表决权足以对股东大会决议产生重大影响的股东；实际控制人，是指虽不是公司股东，但是通过投资、协议或其他安排，能够实际支配公司的人。 13

Ⅶ 主观要件

本条第 1 款规定的犯罪只能由故意构成，且是直接故意，过失不构成本罪。其故意的内容是明知违规披露、不披露财务会计报告及其他重要信息的行为会破坏公司、企业的信用管理秩序，仍然希望这种结果发生。 14

本条第 2 款规定的行为只能由故意构成。其故意内容是行为人明知自己实施或者组织、指使公司、企业实施违规披露、不披露重要信息的行为会破坏公司、企业的信用管理秩序，或者明知自己隐瞒相关事项的行为会导致公司、企业违规披露或者不披露重要信息，从而破坏公司、企业的信用管理秩序，仍然希望这种结果的发生。 15

Ⅷ 共犯

本条第 1 款规定的是纯正的单位犯罪，但如果自然人教唆或者帮助单位实施第 1 款行为的，单位与作为教唆者或帮助者的自然人可以成立共同犯罪。如果教唆、帮助单位实施违规披露行为的自然人是公司、企业的控股股东、实际控制人，且其行为符合本条第 2 款的规定，则按照本条第 2 款的规定定罪处罚。 16

Ⅸ　罪数

17 在实施本罪过程中,如果行为主体用伪造公文、证件或印章的方法实施该行为,可以构成牵连犯,依照牵连犯的处断原则处理。

Ⅹ　处罚

18 依据本条第 1 款的规定,公司、企业违反本款规定构成犯罪的,对其直接负责的主管人员和其他直接责任人员,处 5 年以下有期徒刑或者拘役,并处或者单处罚金;情节特别严重的,处 5 年以上 10 年以下有期徒刑,并处罚金。"情节特别严重"的具体内容,可以由司法机关通过司法解释进一步细化。需要注意的是,由于本款规定了处罚直接负责的主管人员和其他直接责任人员的单罚制,说明符合第 1 款规定的情形不适用《刑法》第 31 条规定的双罚制,不处罚单位。

19 依据本条第 2 款、第 3 款的规定,公司、企业的控股股东、实际控制人实施或者组织、指使实施第 1 款行为的,或者隐瞒相关事项导致第 1 款规定的情形发生的,依照第 1 款的规定处罚,即对其直接负责的主管人员和其他直接责任人员,处 5 年以下有期徒刑或者拘役,并处或者单处罚金;情节特别严重的,处 5 年以上 10 年以下有期徒刑,并处罚金。控股股东、实际控制人是单位的,对单位判处罚金,并对其直接负责的主管人员和其他直接责任人员,依照第 1 款的规定处罚。即当单位身份的公司、企业的控股股东、实际控制人构成本罪的,实行双罚制。

第一百六十二条　妨害清算罪

公司、企业进行清算时，隐匿财产，对资产负债表或者财产清单作虚伪记载或者在未清偿债务前分配公司、企业财产，严重损害债权人或者其他人利益的，对其直接负责的主管人员和其他直接责任人员，处五年以下有期徒刑或者拘役，并处或者单处二万元以上二十万元以下罚金。

文献:黎宏:《刑法学》,法律出版社2012年版;周光权:《刑法各论》(第4版),中国人民大学出版社2021年版。刘镇强:《妨害清算罪疑难问题探讨》,载《法律科学》2001年第1期;任素贤:《妨害清算罪立法分析与司法认定》,载《犯罪研究》2003年第2期;李玉文:《妨害清算罪立法的实然缺憾与应然选择》,载《政治与法律》2006年第6期;李翔:《破产犯罪与破产法的协调及立法完善》,载《人民检察》2007年第21期;潘家永:《虚假破产罪探析——兼论破产犯罪的相关问题》,载《政法论坛》2008年第2期。

细目录

Ⅰ　主旨
Ⅱ　沿革
Ⅲ　客体
Ⅳ　行为
Ⅴ　主体
Ⅵ　故意
Ⅶ　既遂与未遂
Ⅷ　共犯
Ⅸ　与非罪的界限
Ⅹ　与他罪的区别
Ⅺ　处罚

Ⅰ　主旨

本罪的立法目的,是为了通过该规定,惩治公司、企业进行清算时隐匿财产,对资产负债表或者财产清单作虚伪记载或者在未清偿公司、企业债务前分配公司、企业财产,侵害股东或其他人利益的行为,从而规范公司、企业的清算行为,保护社会主义市场经济中的公司、企业管理秩序。 1

Ⅱ 沿革

2 本罪在1979年《刑法》中没有规定。随着我国市场经济的发展需要,1986年《企业破产法》、1993年《公司法》对公司、企业在清算中的无效行为和违规行为作了详尽的规定,并规定了对违反规定者的行政处罚,同时提出,对构成犯罪的依法追究刑事责任。1995年2月28日通过了全国人民代表大会常务委员会《关于惩治违反公司法的犯罪的决定》,其中第5条规定了妨害清算罪:"公司进行清算时,隐匿财产,对资产负债表或者财产清单作虚伪记载或者在未清偿债务前分配公司财产,严重损害债权人或者其他人利益的,对直接负责的主管人员和其他直接责任人员,处五年以下有期徒刑或者拘役,可以并处二十万元以下罚金。"1997年《刑法》将上述规定进行修改后予以吸收。

Ⅲ 客体

3 本罪的犯罪客体是股东或其他人利益和国家关于公司、企业清算的管理秩序。

Ⅳ 行为

4 本罪在客观上表现为公司、企业进行清算时,隐匿财产,对资产负债表或者财产清单作虚伪记载或者在未清偿债务前分配公司、企业财产,严重损害债权人或者其他人利益的行为。所谓清算,是指公司、企业解散后,清理资产,处理未了结的各种法律关系和现存的业务,清缴所欠税款,清理债权债务,处分剩余财产的过程。[1] 具体而言,本罪的行为应该具有以下内容:

1. 行为的时间是公司、企业清算时

5 一般情况下,清算时应该理解为公司、企业的清算已经开始,尚未结束的过程中,开始之前或结束之后的行为不能构成本罪。但由于设定本罪的立法意图是为了保护国家关于公司、企业清算的管理秩序,从而使债权人以及其他人的利益不受侵害。因而,如果行为人在具体的清算过程开始之前,为了逃避清偿债务等目的而事前处理公司、企业财产,从而使清算难以达到公正的情况,也应该在刑法的禁止之列。因此,法条所规定的清算时,不宜作过于机械的理解,只要行为人是为了与清算相关的理由处理财产的行为,都可以认为是清算时。也就是说,一般情况下,清算时应该从公司或企业决定解散,成立清算组开始,但在此之前的准备解散公司或企业,尚未开始具体的清算程序时而进行的处理财产的行为,在符合其他成立条件的情况下,也可以认为构成本罪。

2. 具有法定的妨害清算的行为

6 依据本条的规定,妨害清算行为是指隐匿财产,对资产负债表或者财产清单作虚

1 参见周光权:《刑法各论》(第4版),中国人民大学出版社2021年版,第269页。

伪记载或者在未清偿债务前分配公司、企业财产,严重损害债权人或者其他人利益的情况。具体说是两种行为方式:一种是隐匿财产,同时对资产负债表或者财产清单作虚伪记载的行为;另一种是未清偿债务前分配公司、企业财产。两种行为均要求具有严重损害债权人或者其他人利益的性质,若不具有这样的性质,其行为就不属于本罪的犯罪行为。

通说认为,严重损害债权人利益,是指债权人本应得到偿还的巨额债权无法得到偿还;严重损害其他人利益,是指债权人以外的其他人利益受到严重损害,主要为长期拖欠的职工工资、劳动保险费用、国家巨额税款等得不到偿还[2];同时最高人民检察院、公安部《关于公安机关管辖的刑事案件立案追诉标准的规定(二)》对严重损害债权人或其他人利益的行为作了明确规定,但理论界对该标准的理解尚未达成一致意见。有学者指出,只要行为人有《关于公安机关管辖的刑事案件立案追诉标准的规定(二)》中规定的行为,实质上就充足了本罪的客观方面要件,从而将本罪从以造成实害为定罪前提的结果犯改为以行为的危险性为处罚依据的行为犯。比如,《关于公安机关管辖的刑事案件立案追诉标准的规定(二)》中规定,"隐匿财产价值在五十万元以上的"可以理解为,只要隐匿财产的数额达到 50 万元以上,而不问实际是否造成了 50 万元的损失,就认为行为人充足了本罪的客观方面要件。有学者则持相反论点,认为应当坚守本罪的结果犯性质,行为本身所具有的危险性只有实质转化为实际的损失,造成相应数额的损害结果才能认为满足了本罪的客观要件,即"隐匿财产价值在五十万元以上的"中的"五十万元"应当是指实际造成损失的数额,笔者认为,追诉标准并不是定罪标准,而是侦查机关启动司法程序的立案标准,该标准之所以设立了行为涉及的数额及行为造成的实际损害数额两个并存的条件,旨在将可能涉及本罪的行为均纳入侦查圈。然而,行为涉及的数额显然大于无法清偿的数额,若以前者论会不当加重行为人的责任。所以,笔者认为追诉标准不能作为判断严重损害后果的标准,还是应当从通说出发,坚持以实际损失论,判断行为人是否严重损害债权人或者其他人利益。 7

V 主体

本罪的主体是特殊主体,是纯正的单位犯罪,自然人不能构成本罪。依据法条的规定,该罪主体的范围包括公司和企业,公司、企业以外的单位不具有本罪的主体资格。 8

VI 故意

本罪只能由故意构成,过失不构成本罪。故意的内容是行为人明知自己隐匿财 9

2 参见任素贤:《妨害清算罪立法分析与司法认定》,载《犯罪研究》2003 年第 2 期。

产,对资产负债表或者财产清单作虚伪记载或者在未清偿债务前分配公司、企业财产之行为会发生破坏国家有关公司、企业清算的管理秩序,侵害或者威胁债权人或其他人的利益,仍然希望或放任这种结果发生的心理态度。

Ⅶ　既遂与未遂

10 由于本罪属于行为犯,因而只要法定的行为出现,就达到既遂;同时,由于本罪属于行为情节犯,因而只要不具有法定的行为情节,即不具有严重损害债权人或者其他人利益的性质,就不构成本罪,因而本罪不存在未完成形态。

Ⅷ　共犯

11 本罪的共同犯罪问题具有一定的特殊性。由于作为本罪的行为时间,法律明确规定是“清算时”,因而只有清算过程中符合法定行为要求的行为才可以成为本罪中的行为。而清算过程一般是以清算组的组成为标志,因而具体的清算行为包括制作资产负债表、财产清单等,均是由清算组进行的。由于清算有不同的种类,不同种类的清算中清算组的人员不同,其与公司、企业之间的关系也不同,由此产生本罪共同犯罪的特殊性。在普通清算中,清算组是由公司或企业人员组成,因而其行为一般可以代表公司或企业,清算组的行为也就可以认为是公司或企业的行为,其共同犯罪问题与一般犯罪基本相同。人民法院受理并主持所进行的清算,清算组的人员并非均为公司或企业的人员;同时依行政程序进行的清算,是由有关主管机关组织股东、有关机关及有关专业人员成立清算组进行的,清算组的成员也不均是公司或企业的人员,因而清算组的行为并不是公司的行为,其所代表的也不仅是公司的利益。在这种情况下,清算组如果实施了法定的妨害清算的行为,就不能直接将其视为公司或企业的行为,而本罪的法定主体只能是公司或企业,于是其共同犯罪问题就应该给予特别关注。

12 在第一种清算中,由于清算组是由公司或企业的人员组成的,其行为一般可以认为是代表被清算的公司或企业的,其妨害清算的行为可以直接构成公司或企业的行为。在后两种清算中,清算组不是公司或企业的代表,因而清算组的行为不能直接视为公司的行为。如果清算组的行为符合法定行为要求,但由于其主体不合格,不能认为清算组构成本罪。在这种情况下,如果清算组依据被清算公司或企业的意志实施行为,公司或企业可以成为间接正犯,同时清算组的行为人与公司可以成为共同犯罪。

Ⅸ　与非罪的界限

13 依据法律规定,妨害清算行为只有严重损害债权人或者其他人的合法利益时才构成犯罪,如果其行为没有侵害债权人或者其他人的利益,或者损害没有达到严重的程度,其行为就不能构成犯罪。关于严重损失的界定,应当参照 2022 年 4 月 6 日公布的最高人民检察院、公安部《关于公安机关管辖的刑事案件立案追诉标准的规定(二)》第 7 条的规定,根据该条规定,涉嫌以下情况之一的,应予立案追诉:①隐匿财产价值在 50 万元以上的。②对资产负债表或者财产清单作虚伪记载涉及金额在 50 万元以上的。③在未清偿债务前分配公司、企业财产价值在 50 万元以上的。④造成债权人或者其他直接经济损失数额累计在 10 万元以上的。⑤虽未达到上述数额标准,但应清偿的职工的工资、社会保险费用和法定补偿金得不到及时清偿,造成恶劣社会影响的。⑥其他严重损害债权人或者其他人利益的情形。

X 与他罪的区别

本罪和贪污罪在主体和客观要件方面均有不同。本罪是单位犯罪,贪污罪则不是,另外本罪的客体是国有公司、企业管理制度以及债权人或其他人的合法权益。在李德成等妨害清算、相王公司等逃税案[3]中,安徽省淮北市相山区人民法院认为淮北啤酒厂在进行破产清算时,被告人李德成、韩新田、周桂云、胡长艳作为淮北啤酒厂的厂长、副厂长、财务科科长经共谋后,对啤酒厂资产评估报告进行虚伪记载,隐匿财产,严重损害了债权人的利益,被告人李德成、韩新田系直接负责的主管人员,被告人周桂云、胡长艳系直接责任人员,四被告人行为均已构成妨害清算罪。因四被告人对隐匿的 68 万元并没有私分,而是经集体讨论,以单位名义直接用于相王公司的业务支出及支付为收回 68 万元而花费的相关诉讼费用上,该行为应属单位行为,不符合贪污罪的构成要件。另外,贪污罪侵犯的客体有两个,一是公共财物,二是国家工作人员职务行为的廉洁性;而妨害清算罪侵犯的客体是国有公司、企业管理制度以及债权人或其他人的合法权益,本案中,四被告人的行为侵犯的客体符合该规定,故公诉机关指控四被告人的行为构成贪污罪罪名不成立,不予支持,依法应变更为妨害清算罪。 14

XI 处罚

依据本条规定,犯本罪的,对其直接负责的主管人员和其他直接责任人员,处 5 年以下有期徒刑或者拘役,并处或者单处 2 万元以上 20 万元以下罚金。也就是说,本罪是单位犯罪但不实行双罚制,而只处罚直接负责的主管人员和其他直接责任人员。在这里,直接负责的主管人员,不是指被清算单位的分管财会的负责人,而是指对妨害清算行为负有领导责任的人员,该人员既可以是公司或企业负责财会工作的分管领导,也可以是该单位的主要负责人或者其他人员;所说的其他直接责任人员,是指参与妨害清算行为的直接负责的主管人员之外的人员。对于不同的人员,依据其在妨害清算行为中所起的作用而裁量刑罚。 15

3 参见安徽省淮北市相山区人民法院(2009)相刑初字第 070 号刑事判决书。

第一百六十二条之一　隐匿、故意销毁会计凭证、会计帐簿、财务会计报告罪

隐匿或者故意销毁依法应当保存的会计凭证、会计帐簿、财务会计报告，情节严重的，处五年以下有期徒刑或者拘役，并处或者单处二万元以上二十万元以下罚金。

单位犯前款罪的，对单位判处罚金，并对其直接负责的主管人员和其他直接责任人员，依照前款的规定处罚。

文献：魏东主编：《妨害对公司、企业的管理秩序罪：立案追诉标准与司法认定实务》，中国人民公安大学出版社 2010 年版；黎宏：《刑法学》，法律出版社 2012 年版；曲新久主编：《刑法学》（第 5 版），中国政法大学出版社 2016 年版；谢望原、赫兴旺主编：《刑法分论》（第 3 版），中国人民大学出版社 2016 年版；周光权：《刑法各论》（第 4 版），中国人民大学出版社 2021 年版。

细目录

Ⅰ　主旨
Ⅱ　沿革
Ⅲ　客体
Ⅳ　对象
Ⅴ　行为
Ⅵ　主体
Ⅶ　故意
Ⅷ　既遂与未遂
Ⅸ　罪数
Ⅹ　与非罪的界限
Ⅺ　处罚

Ⅰ　主旨

1　规定本条之罪的目的，是为了通过该规定，惩治隐匿或者故意销毁依法应当保存的会计凭证、会计账簿、财务会计报告，情节严重的行为，从而规范公司行为，保护社会主义市场经济中的公司管理秩序。

Ⅱ　沿革

1979 年《刑法》与 1997 年《刑法》均无该罪的规定。鉴于近年来出现的通过隐匿或者故意销毁依法应当保存的会计凭证、会计账簿、财务会计报告行为破坏公司管理秩序的情况时有发生,如任由其发展,将严重影响国家宏观经济调控,也将妨碍到司法机关监督检查、追究经济犯罪的工作,因此 1999 年 12 月 25 日全国人大常务委员会通过的《刑法修正案》增设了此罪名。 2

Ⅲ　客体

本罪的客体是公司、企业的财务管理秩序。由于该罪规定在妨害对公司、企业的管理秩序罪一节中,其客体应属于公司、企业管理秩序的内容;由于其所涉及的是会计资料,是重要的财务信息,因而将其界定为财务管理秩序比较合适。 3

Ⅳ　对象

本罪的对象是会计资料,具体包括会计凭证、会计账簿、财务会计报告。所谓会计凭证,是指反映公司、企业经营往来业务收入、借贷与支出的一切票证单据,具体包括:款项和有价证券的收发;财务收发、增减和使用;债权债务的发生和结算;资本、基金的增减;收入、支出、费用、成本的计算;财务成果的计算和处理;需要办理会计手续,进行会计核算的其他事项。所谓会计账簿,是指以经过审核的会计凭证为根据,全面反映公司、企业经营活动和财务状况的账册、簿记登记或记录,包括总章、明细账、日记账和其他辅助性账簿。所谓财务会计报告,是指根据审核的会计账簿记录和有关资料编制的,全面、系统反映公司、企业经营活动和财务状况的文字报告。 4

Ⅴ　行为

本罪的行为是指对本罪的对象进行隐匿或故意销毁的行为。所谓隐匿,是指对本罪对象进行藏匿,使之不被发现。有著述认为,隐匿包括拒不提供、拒不说明或假供假说等,笔者认为对此应具体分析。隐匿当然会有拒不提供、拒不说明或假供假说相伴,若提供或说明就不存在隐匿的问题。但只是拒不提供,未必可以认定为本罪的行为。本罪的行为的基本内涵,应该是将会计资料放到不应放置的地点,又拒不提供、拒不说明或假供假说的情况;如果并未将其放到不应放置的地点,只是拒不提供、拒不说明或假供假说,不应构成本罪。所谓销毁,是指使该资料不存在或者使其记载难以辨认。因为规定本罪的目的是通过惩罚该行为而使公司、企业的财务管理秩序得到有效的保护,因而销毁应该注重该资料所表明的信息是否存在而不是信息的载体是否存在,因而即使信息的载体仍然存在,但其所记载的信息已经无法辨认,也应 5

认为符合本罪行为的要求。最高人民法院《刑事审判参考》案例第 1206 号"林垦、金敏隐匿会计凭证、会计账簿、财务会计报告,非法持有枪支、弹药案"的要旨认为,未实施对抗监管部门监督检查的"隐匿"行为不构成隐匿会计凭证、会计账簿、财务会计报告罪。

Ⅵ 主体

6 法条对本罪的主体未作特别要求,但由于本罪是妨害对公司、企业管理秩序的犯罪,因而其主体应该是公司或企业的工作人员,而且一般是与公司或企业的财务会计工作相关的人员或领导,其他人由于其工作性质很难实施该罪的行为。该罪的主体既可以是自然人,也可以是单位。

Ⅶ 故意

7 本罪只能由故意构成,过失不成立本罪。

Ⅷ 既遂与未遂

8 本罪有法定的行为对象,并以行为对象被成功隐匿[1]或销毁作为既遂的标志的犯罪,如果已经开始对行为对象进行隐匿或销毁,尚未完成即被制止,就存在未遂的可能。

Ⅸ 罪数

9 如果行为人为了妨害清算而隐匿或销毁会计资料,就存在本罪与妨害清算罪的关系问题。在此情况下,属于本罪与妨害清算罪的牵连犯,应按从一重罪处断原则处理。

Ⅹ 与非罪的界限

10 本罪属于情节犯,以情节严重作为成罪的条件。最高人民检察院、公安部《关于公安机关管辖的刑事案件立案追诉标准的规定(二)》第 8 条规定,涉嫌以下情形之一的,应予立案追诉:①隐匿、故意销毁会计凭证、会计账簿、财务会计报告涉及金额在 50 万元以上的;②依法应当向司法机关、行政机关、有关主管部门等提供而隐匿、故意销毁或者拒不交出会计凭证、会计账簿、财务会计报告的;③其他情节严重的情形。如果不符合司法解释所列举的事项,就不构成犯罪。

---

1 这里所说的成功隐匿,不是指不能被找到,而是其隐匿行为已经完成,行为对象已经脱离了其应该放置的地点。

XI　处罚

依据本条规定,犯本罪的,处5年以下有期徒刑或者拘役,并处或者单处2万元以上20万元以下罚金。单位犯前款罪的,对单位判处罚金,并对其直接负责的主管人员和其他直接责任人员,依照前款的规定处罚。 11

第一百六十二条之二　虚假破产罪

公司、企业通过隐匿财产、承担虚构的债务或者以其他方法转移、处分财产，实施虚假破产，严重损害债权人或者其他人利益的，对其直接负责的主管人员和其他直接责任人员，处五年以下有期徒刑或者拘役，并处或者单处二万元以上二十万元以下罚金。

文献:刘德法、肖本山:《虚假破产罪若干问题的认定》,载《中国检察官》2007年第9期;康均心、杜辉:《虚假破产罪若干问题研究——以刑法与破产法的协调为视角》,载《人民检察》2007年第16期;潘家永:《虚假破产罪探析——兼论破产犯罪的相关问题》,载《政法论坛》2008年第2期;行江、朱俊卿:《破产犯罪中的客观处罚条件研究》,载《政治与法律》2009年第11期;丁慧敏:《偏颇清偿可构成虚假破产罪》,载《政治与法律》2010年第7期;贺丹:《论虚假破产罪中的"实施虚假破产"》,载《政治与法律》2011年第10期。

细目录

Ⅰ　主旨
Ⅱ　沿革
Ⅲ　客体
Ⅳ　行为
Ⅴ　主体
Ⅵ　故意
Ⅶ　既遂与未遂
Ⅷ　与非罪的界限
Ⅸ　处罚

Ⅰ　主旨

1　破产制度是现代市场经济的重要制度。于企业而言,破产有利于其安全退出市场从而不至于长期困于资不抵债而扭亏无望的泥淖之中;于社会而言,有利于重整资源配置和调整产业结构,同时可以最大限度地保护债权人的利益。破产行为有利于市场新陈代谢,保持活力,是市场经济发展的大势所趋,但是以各种手段人为制造出来的破产却不是正常的经济行为,在《企业破产法》已经对其加以规制的情况下,刑法作为保障法也应予以回应,从破产前这一时间节点强势介入,从而有效保护债权人以及其他经济主体的合法权益,维护市场正常的经济管理秩序。

Ⅱ 沿革

对于虚假破产以致损害债权人和其他人利益的法律规制最早可以追溯到 1986 年《企业破产法(试行)》,其中第 41 条、第 42 条明确规定破产企业中的特定人员具有刑事主体资格,可以承担相应的刑事责任,但是这一规定并未在 1979 年《刑法》中得到坚持和贯彻。刑法中破产类犯罪的空白不仅是刑法本身的缺憾,也导致《企业破产法(试行)》与《刑法》存在一定程度的冲突和脱节,不利于法秩序的统一。1997 年《刑法》增设妨害清算罪,将企业申请破产后转移、隐匿财产的行为纳入犯罪圈,然而关于申请破产前、申请破产期间行为人的虚假行为的规定仍然是中空地带。2006 年通过的《刑法修正案(六)》新增第 162 条之二虚假破产罪,与同年通过的《企业破产法》形成保障法与前置法的衔接,与刑法中规定的妨害清算罪,会计凭证类犯罪,国有公司、企业、事业单位人员渎职类犯罪,徇私舞弊低价折股、出售国有资产罪有机协调、相互统一,对于破产犯罪的全过程予以严密监测和准确打击。 2

Ⅲ 客体

对于本罪的客体有破产管理秩序说、社会经济利益说,社会主义市场经济说和国家机关正常活动说多种看法。笔者认为,将本罪的客体理解为以债权人财产法益为主,以超个人的社会法益(市场经济秩序)为辅的复杂客体更为合理。首先这一理解与前置法《企业破产法》保护债权人财产权利与维护市场经济秩序的核心目的相契合,体现了刑法作为保障法的应有之义。个人法益是社会法益的前提,两者虽有机统一,在不同法条中却有不同体现与侧重,在个人法益为显性客体时,动辄以侵害社会法益为由启动刑法,一方面不利于保护个人合法权益,不符合现代刑法的精神,另一方面由于社会法益自身较个人法益更为抽象模糊,也不利于对犯罪的精准打击。同时国家机关活动本身是为经济管理秩序服务的,虚假破产罪置于经济犯罪中,从根本上就有别于管理秩序,故国家机关正常活动说并不妥当。 3

Ⅳ 行为

虚假破产罪的客观要件包含两个行为内容,即转移、处分财产的行为和实施虚假破产的行为。前者为手段行为,后者为目的行为,在探究虚假破产罪的行为构造时,需要对这两种行为本身以及两者之间的连接状态一一加以剖析。 4

1. 如何认定“转移、处分财产”

不同于《企业破产法》的具体列举,刑法采用“具体列举+抽象概括”的方式对本罪的行为方式加以规定。具体而言表现为隐匿财产、虚构债务和其他转移、处分行为。第一,隐匿财产,指债务人在破产期间对本应用于清偿债务的资产隐瞒不报或转 5

移隐藏的行为。隐匿的对象包括动产与不动产、财产与财产性利益等存在经济价值或交换价值的资金或其他物品。同时若企业的资金、设备、货物本应用于清偿债务,但债务人不履行说明、提示义务,反而采用不作为的方式对上述资产进行隐瞒的,该行为属于隐匿财产的行为。若债务人通过物理转移或权属转移的作为方式,将企业的资产由一方转移到不为人知的另一方,则该行为属于转移隐藏的行为。第二,承担虚构债务的行为。行为人虚假地承担不应承担的债务,包括"无中生有"和"由小变大"两种情形。[1] 第三,其他转移、处分行为。作为本罪的兜底条款,应当遵循同类解释规则,即其他转移、处分行为应当达到前两种具体列举行为的危害程度,能够产生严重损害债权人及相关人利益的危害结果。

2. 如何解读"实施虚假破产"与"转移、处分财产"两者的关系

6 通说认为,"实施虚假破产"是指公司、企业在未发生破产原因的情况下,通过抽逃、隐匿或转移财产等手段,虚构伪造破产原因,申请宣告破产,以逃避债权人的追索,从而侵占他人财产的行为。这里的虚假破产,是指企业未达到破产界限,伪造破产原因,申请破产,而非真实破产且"实施虚假破产"与"转移、处分财产"之间存在因果关系,然此种理解受到了较多学者的质疑,主要体现在三个方面:第一,不应当将本罪认定为单位犯罪,这实际上混淆了单位犯罪和单位实施的犯罪两个概念,且不利于追究"非为单位谋利"下的犯罪,将本罪认为是自然人犯罪更为合适。第二,虚假破产罪中"破产"的成立,既包括正式的破产程序的启动,也包括公司、企业出现不能清偿到期债务的破产状态以及破产程序因出现法定情形而被宣告终结的情形。在破产程序启动方面,如属于债务人申请破产的情况,破产申请行为构成破产程序的启动;在债权人申请破产的情况下,破产受理行为构成破产程序的启动。第三,实施虚假破产,对债权人和其他人权利的危害性和刑事可罚性不是基于行为人适用破产程序或者出现破产状态的虚假基础而产生的。因此,虚假破产罪中犯罪客观方面的重点在于行为人实施的非法财产处置行为,这种财产处置行为既可以包括公司、企业以集体意志主动为之,亦应当包括行为人控制公司、企业为之。在犯罪客观方面,不需要证明非法处置财产行为与公司、企业破产状态的出现之间存在因果关系。[2] 对于以上三点质疑,笔者持赞成态度,此处碍于篇幅所限,不便展开,暂以通说为准。

V 主体

7 通说认为本罪为纯正的单位犯罪,可以由任何公司、企业构成。具备法人资格的全民所有制企业、集体企业、联营企业和私人企业都符合。[3]

---

1 参见刘德法、肖本山:《虚假破产罪若干问题的认定》,载《中国检察官》2007 年第 9 期。
2 参见贺丹:《论虚假破产罪中的"实施虚假破产"》,载《政治与法律》2011 年第 10 期。
3 学界现在也有不同声音,认为应当将本罪理解为自然人犯罪。

Ⅵ 故意

从法条表述可以认为本罪只能由故意构成,过失不构成本罪。故意的内容是行为人明知自己转移、处分财产,进行虚假破产的行为会严重损害债权人和其他人的利益,却仍然希望或者放任这种危害后果的发生。此处的故意包括直接故意和间接故意两种形态。 8

Ⅶ 既遂与未遂

本罪是结果犯,以债权人和其他人的利益遭受严重侵害为犯罪既遂的标志,如果法定的危害结果并没有如期发生,则存在构成犯罪未完成形态的空间。但是此种危害结果并不以法院实际宣布公司破产为前提。在实践中,如果公司、企业实施了"转移、处分"行为,但并未成功进入破产程序,只要造成财产无法追回的后果,最终严重损害了债权人或者其他人的利益,都应当认为犯罪既遂。 9

Ⅷ 与非罪的界限

根据最高人民检察院、公安部《关于公安机关管辖的刑事案件立案追诉标准的规定(二)》第9条的规定,公司、企业通过隐匿财产、承担虚构的债务或者以其他方法转移、处分财产,实施虚假破产,涉嫌下列情形之一的,应予立案追诉:①隐匿财产价值在50万元以上的;②承担虚构的债务涉及金额在50万元以上的;③以其他方法转移、处分财产价值在50万元以上的;④造成债权人或者其他人直接经济损失数额累计在10万元以上的;⑤虽未达到上述数额标准,但应清偿的职工的工资、社会保险费用和法定补偿金得不到及时清偿,造成恶劣社会影响的;⑥其他严重损害债权人或者其他人利益的情形。如果不符合司法解释所列举的事项,不构成犯罪。 10

Ⅸ 处罚

依据本条规定,犯本罪的,对其直接负责的主管人员和其他直接责任人员,处5年以下有期徒刑或者拘役,并处或者单处2万元以上20万元以下罚金。本罪是单位犯罪但不实行双罚制,只处罚直接负责的主管人员和其他直接责任人员。 11

第一百六十三条　非国家工作人员受贿罪

公司、企业或者其他单位的工作人员，利用职务上的便利，索取他人财物或者非法收受他人财物，为他人谋取利益，数额较大的，处三年以下有期徒刑或者拘役，并处罚金；数额巨大或者有其他严重情节的，处三年以上十年以下有期徒刑，并处罚金；数额特别巨大或者有其他特别严重情节的，处十年以上有期徒刑或者无期徒刑，并处罚金。

公司、企业或者其他单位的工作人员在经济往来中，利用职务上的便利，违反国家规定，收受各种名义的回扣、手续费，归个人所有的，依照前款的规定处罚。

国有公司、企业或者其他国有单位中从事公务的人员和国有公司、企业或者其他国有单位委派到非国有公司、企业以及其他单位从事公务的人员有前两款行为的，依照本法第三百八十五条、第三百八十六条的规定定罪处罚。

文献:马克昌主编:《经济犯罪新论》,武汉大学出版社 1998 年版;陈兴良主编:《刑事法判解》,法律出版社 2001 年版;黎宏:《刑法学》,法律出版社 2012 年版;马克昌:《百罪通论》,北京大学出版社 2014 年版;周光权:《刑法各论》(第 4 版),中国人民大学出版社 2021 年版;张明楷:《刑法学》(第 6 版),法律出版社 2021 年版。姜伟、侯亚辉:《共同受贿犯罪若干问题探讨》,载《中国刑事法杂志》2002 年第 2 期;李怀胜:《非国家工作人员受贿犯罪的刑事政策之省思》,载《中国刑事法杂志》2013 年第 1 期。

细目录

Ⅰ　主旨
Ⅱ　沿革
Ⅲ　客体
Ⅳ　对象
Ⅴ　行为
Ⅵ　主体
Ⅶ　故意
Ⅷ　既遂与未遂
Ⅸ　与非罪的界限
Ⅹ　共犯与身份

XI 处罚

I 主旨

本条之罪的设定目的,是为了保护公司、企业或其他单位不受其从业人员亵渎职务损害公司、企业或者其他单位的利益的行为之侵害,从而维护公司、企业或者其他单位的正常管理秩序,防控商业贿赂行为,保障其他经济主体参与市场竞争的平等机会。 1

II 沿革

1979 年《刑法》没有关于本条之罪的规定。1995 年通过的全国人民代表大会常务委员会《关于惩治违反公司法的犯罪的决定》第 9 条首次直接规定了本条之罪:公司董事、监事或者职工利用职务上的便利,索取或者收受贿赂,数额较大的,处 5 年以下有期徒刑或者拘役;数额巨大的,处 5 年以上有期徒刑,可以并处没收财产。第 14 条规定:有限责任公司、股份有限公司以外的企业职工有本决定规定的犯罪行为的,适用本决定。1997 年修改刑法时,将本条之罪正式纳入刑法中(罪名确定为"公司、企业人员受贿罪"),《刑法修正案(六)》将犯罪主体进一步扩展到"其他单位的工作人员"。2020 年《刑法修正案(十一)》对本条作了进一步修改:其一,提高了本条规定的非国家工作人员受贿罪的法定刑,将最高法定刑提高至无期徒刑,并增加罚金刑;其二,调整了刑罚档次配置,将本条设置为三档法定刑,并在第二档、第三档的量刑标准中的数额之外增加情节,使非国家工作人员受贿罪法定刑总体上与贪污受贿罪的规定平衡。 2

III 客体

本罪的客体是公司、企业或者其他单位的工作人员职务行为的廉洁性。贿赂犯罪的本质在于权钱交易,所谓职务行为的廉洁性是指法律、法规所要求的上述人员依法认真履行自身的职责,不能以职权为交换条件谋取私利。非国家工作人员的职务廉洁性是公司、企业或其他单位正常管理秩序的基本要求。 3

IV 对象

本罪的行为对象是财物。关于财物的内容,包括以货币或能够直接表现财产数额的证券如国库券、股票、信用卡等,以及具有财产价值的物品。提供服务、安排旅游、免费提供住房、设定债权、免除债务等财产性利益的,虽然本身不是财物,但不能简单地将收受财产性利益排除在本罪之外。毕竟"只是对方支付财物的方式有所不 4

同而已”[1]。这一观点也被司法实务部门认可。[2] 至于不属于财产性利益的机会等,如职务升迁、迁户口、升学就业、安排工作等,一般认为不属于本罪的对象。

V　行为

5 依据法条的规定,本罪的行为是指利用职务上的便利,索取他人财物或者非法收受他人财物,为他人谋取利益,数额较大的行为。

1. 利用职务上的便利

6 职务上的便利是指由于职务而使行为方便、顺利,没有阻碍。由于本罪的行为是索取或者收受贿赂,要使索取或收受贿赂的行为因为自己的职务而变得没有阻碍,是行为人的职务对于对方利益存在着制约关系。无论这种制约是直接的制约还是间接的制约,均不影响职务便利的性质。直接制约,是指自己的职务可以直接制约他人利益的是否得到;间接制约,是指自己的职务不能直接制约他人利益的是否得到,但其职务可以直接制约其他工作人员的利益,而其他工作人员的职务可以直接制约他人的利益。如果行为人没有利用职务上的制约关系,而是因为同乡、同学、朋友或者在一起工作形成同事关系,为请托人求情,就不能认为是利用职务之便。

2. 索取或者非法收受他人财物

7 索取他人财物,是指主动索要对方的财物;而非法收受他人财物,是指接受对方主动给予的财物。索取与收受的区别,主要在于行贿与受贿的首先提起者不同。一般情况下,索取贿赂反映出行为人的主观恶性比较严重,是社会危害性比较严重的行为方式。关于索取的方式,是明示还是暗示,是直接还是间接,不影响索贿行为的成立。

3. 为他人谋取利益

8 (1)为他人谋取利益是收受型受贿罪所需要的法定成立条件还是收受型与索取型受贿罪均需要具备的法定条件?学界有不同的观点。有学者认为,不管是索取他人财物还是收受他人财物,都必须为他人谋取利益[3];也有著述认为,为他人谋取利益是收受型受贿罪的必备条件[4]。从法条语言的逻辑结构来看,法条将“利用职务上的便利”“索取他人财物或者非法收受他人财物”“为他人谋取利益”“数额较大”之间,均用逗号隔开,在一般情况下,将其理解为并列关系是符合语言逻辑的。与《刑法》第 385 条规定的受贿罪相比,其语言表述明显不同。《刑法》第 385 条第 1 款规定:国家工作人员利用职务上的便利,索取他人财物的,或者非法收受他人财物,为他

1　高铭暄主编:《刑法专论》(下编),高等教育出版社 2002 年版,第 816 页。

2　参见最高人民法院刑事审判第一、二、三、四、五庭主办:《刑事审判参考》总第 68 集(第 562 号),法律出版社 2009 年版。

3　参见张明楷:《刑法学》(第 6 版),法律出版社 2021 年版,第 1592 页。

4　参见马克昌主编:《经济犯罪新论》,武汉大学出版社 1998 年版,第 193 页。

人谋取利益的,是受贿罪。很明显,该法条以“……的”与“……的”的句式,表明索取贿赂与收受贿赂两种不同的受贿罪的行为方式其成立的条件有不同。而《刑法》第163条未采取这样的句式,而是用了一种明显的并列的句式,说明本罪在索取与收受两种情况下的成立条件是相同的。从其合理性的角度进行分析,索取贿赂与收受贿赂之行为虽然一般情况下可以表明行为人的主观恶性有一定的区别,但这种区别不是绝对的,有些情况下,收受型受贿行为人的主观恶性未必小于索取型受贿;即使存在一定的区别,但在整个受贿罪的社会危害性的表现上,其作用也是有限的,难以达到成立条件的程度。因此,从不同类型的受贿罪之成立条件平衡的角度考虑问题,将为他人谋取利益作为索取与收受两种不同类型之受贿罪的成立条件实质上也是具有合理性的。

(2)为他人谋取利益是客观要件还是主观要件?主观说认为,为他人谋取利益是主观要件的内容,是行贿人与受贿人之间货币与权力互相交换达成的默契,是主观要件中的犯罪动机[5];客观说认为,为他人谋取利益是客观要件的内容,是对行为的规定,并认为只是收受型受贿罪成立犯罪必须具备的行为要求[6]。从法条规定的文义,从其语言的逻辑结构来考虑问题,应该将为他人谋取利益解释为客观要件的行为要素之一。理由是:其一,从我国刑法分则对犯罪主观故意或目的等犯罪意图的规定方式来看,一般是将其规定在行为之前,如《刑法》第363条规定的“以牟利为目的”,《刑法》第239条规定的“以勒索财物为目的”,都属于这种情况。其二,从“为他人谋取利益”的语言表述进行分析,也应该是客观的行为要件,因为语句中的“谋取利益”的描述,应该是指行为,而“为他人”则是对得到利益的对象的规定,总合起来,其语句的应有内涵应该是以他人为获利对象而实施谋取利益的行为,是对行为的规定。 9

由以上分析可以认为,为他人谋取利益的语言表述,应该是犯罪构成客观要件的内容,是对犯罪行为的规定,而不是犯罪主观要件的内容。 10

(3)承诺为他人谋取利益的行为可否理解为他人谋取利益的行为。虽然承诺为他人谋取利益也是行为,但却不是为他人谋取利益的行为。所说的承诺是行为,是因为承诺是将主观意识表现于外的身体活动;所说的不是为他人谋取利益的行为,是因为对于谋利行为来说,承诺不是其构成部分,它只是一种为他人谋取利益的意思表示,而意思表示的行为与实行行为在刑法中具有不同的意义。但是需要注意的是,依据最高人民法院、最高人民检察院《关于办理贪污贿赂刑事案件适用法律若干问题的解释》第13条的规定,承诺为他人谋取利益也应当认定为“为他人谋取利益”。 11

(4)从具体内容上讲,为他人谋利,不论是正当利益还是不正当利益,不影响本罪的成立。 12

根据2008年11月20日发布的最高人民法院、最高人民检察院《关于办理商业 13

5 参见陈兴良主编:《刑事法判解》(第3卷),法律出版社2001年版,第39—41页。

6 参见高铭暄主编:《新编中国刑法学》,中国人民大学出版社1998年版,第981页。

贿赂刑事案件适用法律若干问题的意见》的相关规定,医疗机构中的非国家工作人员,在药品、医疗器械、医用卫生材料等医药产品采购活动中,利用职务上的便利,索取销售方财物,或者非法收受销售方财物,为销售方谋取利益,数额较大的,构成本罪;医疗机构中的医务人员,利用开处方的职务便利,以各种名义非法收受药品、医疗器械、医用卫生材料等医药产品销售方财物,为后者谋取利益的,也应当以本罪定罪量刑;学校和其他教育机构中的非国家工作人员,在教材、教具、校服或者其他物品的采购等活动中,利用职务上的便利,索取销售方财物,或者非法收受销售方财物,为销售方谋取利益的,也应当适用本罪;学校和其他教育机构中的教师,利用教学活动的职务便利,以各种名义非法收受教材、教具、校服或者其他物品销售方财物,为教材、教具、校服或者其他物品销售方谋取利益的,也构成本罪。

4. 情节要素

14 构成本罪不但需要有法定行为,还要有法定情节。本罪的法定情节包括"数额较大""数额巨大或者有其他严重情节""数额特别巨大或者有其他特别严重情节",具体的数额和情节标准可由司法机关根据实际情况确定。依据最高人民检察院、公安部《关于公安机关管辖的刑事案件立案追诉标准的规定(二)》第 10 条的规定,非国家工作人员受贿,数额在 3 万元以上的,应予立案追诉,具体数额应当以实际支付的资费为准。收受银行卡的,不论受贿人是否实际取出或者消费,卡内的存款数额一般应全额认定为受贿数额。使用银行卡透支的,如果由给予银行卡的一方承担还款责任,透支数额也应当认定为受贿数额。在最高人民法院、最高人民检察院《关于办理贪污贿赂刑事案件适用法律若干问题的解释》中,则将本罪"数额较大"的数额规定为 6 万元人民币,"数额巨大"的数额标准规定为 100 万元人民币。至于"其他严重情节""数额特别巨大或者有其他特别严重情节"的具体数额和情节标准,目前尚无具体的司法解释。未来制定有关司法解释时,可参考最高人民法院、最高人民检察院《关于办理贪污贿赂刑事案件适用法律若干问题的解释》中关于贪污贿赂犯罪中的相关数额和情节标准制定。

15 另外,利用职务上的便利收受各种名义的回扣、手续费,归个人所有的行为也是本罪的行为方式之一。回扣,是指经手采购或者代卖主招徕顾客的人向卖主索取的佣金,实际上是从买主支付的价款中扣出的,所以叫回扣,也叫回佣。手续费,是指对所办事项的程序收取的一定费用。各种名义的回扣或手续费,是指收取的这种财物不一定直接称为回扣或手续费,而是以其他的各种名义,如顾问费、信息费、提成费、辛苦费、公关费、劳务费、好处费、误餐费、交通费等。所收的回扣或手续费归个人所有,是成立本罪的必要条件。

Ⅵ　主体

16 本罪的主体为特殊主体,即公司、企业或者其他单位的非国家工作人员。依据本条第 3 款的规定,具有国家工作人员身份(包括《刑法》第 93 条列举的以国家工作人员论的人员)的公司、企业或者其他单位的工作人员实施该条所规定的行为的,构成受贿罪,因而本罪的主体是不具有国家工作人员身份的公司、企业或者其他单位的工作人员。这里的其他单位,既包括事业单位、社会团体、村民委员会、居民委员会、村民小组等常设性的组织,也包括为组织体育赛事、文艺演出或者其他正当活动而成立的组委会、筹委会、工程承包队等非常设性的组织。这里的公司、企业或者其他单位的工作人员,包括国有公司、企业以及其他国有单位中的非国家工作人员。

实务中的疑难多集中在对非国家工作人员的认定上。2003 年 11 月 13 日发布的《全国法院审理经济犯罪案件工作座谈会纪要》对国家工作人员的含义进行了阐明,并强调了“从事公务”要件的内容。国家工作人员之外的人员则是非国家工作人员。二者的区别除职务的外观,主要体现在“从事公务”上。上述纪要中规定,“从事公务,是指代表国家机关、国有公司、企业、事业单位、人民团体等履行组织、领导、监督、管理等职责。公务主要表现为与职权相联系的公共事务以及监督、管理国有财产的职务活动”。在实际案件的处理过程中,也往往通过对“从事公务”的实质判断来认定非国家工作人员,基于不可回避的模糊用语和千变万化的社会现实,这或许会是实务人员要面对的长久疑难。最高人民法院刑事审判参考案例第 935 号“陈凯旋受贿案”的要旨认为,仅具有受国有单位委托的形式特征,但无“从事公务”这一认定国家工作人员的实质内容的,不能认定为国家工作人员。 17

最高人民法院《刑事审判参考》案例第 959 号“宋涛非国家工作人员受贿案”的要旨认为,在国有控股、参股公司等国家出资企业中,国家工作人员的认定,需具备负有管理、监督国有资产职责的组织批准或决定的形式要件,还需要其所从事的工作具有代表性和公务性两大特征。 18

最高人民法院《刑事审判参考》案例第 1207 号“周根强、朱江华非国家工作人员受贿案”的要旨认为,受国有公司的委托管理相关事务的主体因为并非直接接受国家机关的委托而不属于国家机关工作人员和国家工作人员的范畴。 19

Ⅶ 故意

公司、企业或者其他单位的工作人员受贿罪属于故意犯罪。该罪的故意内容是行为人明知索取、收受的财物是自己职务行为的对价,仍然索取、收受财物的行为。 20

Ⅷ 既遂与未遂

本罪有成立未遂的可能性,即由于意志以外的原因,使已经约定的贿赂未能到手的情况,属于犯罪未遂。本罪的犯罪客体是公司、企业人员职务行为的廉洁性,因而一般说来,只要行为人具有索取、收受、约定贿赂等行为之一的,其廉洁性已经不复存在,犯罪客体已经受到侵害,就应该认为是既遂,因而我国刑法的这种规定是否科学合理是值得研究的。 21

IX 与非罪的界限

22 贿赂与馈赠的界限。依据最高人民法院、最高人民检察院《关于办理商业贿赂刑事案件适用法律若干问题的意见》第10条的规定,区分贿赂与馈赠要结合几个因素综合判断:①发生财物往来的背景,如双方是否存在亲友关系及历史上交往的情形和程度;②往来财物的价值;③财物往来的缘由、时机和方式,提供财物方对于接受方有无职务上的请托;④接受方是否利用职务上的便利为提供方谋取利益。

23 贿赂与合法收入的界限。判断因素主要有二:①行为人是否付出了劳务;②行为人是否利用了职务便利。行为人若付出了没有利用职务便利的劳务,其所得财物一般不应认为是受贿所得,但同时也要依据所得财物的数额等因素综合判断。

X 共犯与身份

24 依据最高人民法院、最高人民检察院《关于办理商业贿赂刑事案件适用法律若干问题的意见》第11条的规定,非国家工作人员与国家工作人员通谋,共同收受他人财物,构成共同犯罪的,根据双方利用职务便利的具体情形分别定罪追究刑事责任:①利用国家工作人员的职务便利为他人谋取利益的,以受贿罪追究刑事责任;②利用非国家工作人员的职务便利为他人谋取利益的,以非国家工作人员受贿罪追究刑事责任;③分别利用各自的职务便利为他人谋取利益的,按照主犯的犯罪性质追究刑事责任,不能分清主从犯的,可以受贿罪追究刑事责任。

XI 处罚

25 依据《刑法》第163条的规定,犯本罪,数额较大的,处3年以下有期徒刑或者拘役,并处罚金;数额巨大或者有其他严重情节的,处3年以上10年以下有期徒刑,并处罚金;数额特别巨大或者有其他特别严重情节的,处10年以上有期徒刑或者无期徒刑,并处罚金。

第一百六十四条　对非国家工作人员行贿罪；对外国公职人员、国际公共组织官员行贿罪

为谋取不正当利益，给予公司、企业或者其他单位的工作人员以财物，数额较大的，处三年以下有期徒刑或者拘役，并处罚金；数额巨大的，处三年以上十年以下有期徒刑，并处罚金。

为谋取不正当商业利益，给予外国公职人员或者国际公共组织以财物的，依照前款的规定处罚。

单位犯前两款罪的，对单位判处罚金，并对其直接负责的主管人员和其他直接责任人员，依照第一款的规定处罚。

行贿人在被追诉前主动交待行贿行为的，可以减轻处罚或者免除处罚。

文献：程宝库：《商业贿赂：社会危害及其治理对策》，法律出版社 2006 年版；黎宏：《刑法学》，法律出版社 2012 年版；周光权：《刑法各论》（第 4 版），中国人民大学出版社 2021 年版。王振川：《关于治理商业贿赂的若干问题》，载《中国法学》2006 年第 4 期；卢勤忠：《〈刑法修正案（六）〉视野下我国商业贿赂犯罪的立法完善》，载《华东政法学院学报》2006 年第 5 期；张明楷：《商业贿赂、回扣及相关条款的法律性质》，载《法律适用》2006 年第 9 期；韩成军：《对非国家工作人员行贿罪探析》，载《学术界》2011 年第 5 期。

细目录

Ⅰ　主旨
Ⅱ　沿革
Ⅲ　客体
Ⅳ　对象
Ⅴ　行为
Ⅵ　主体
Ⅶ　主观要素
Ⅷ　既遂与未遂
Ⅸ　与非罪的界限
Ⅹ　处罚

Ⅰ　主旨

1　本条之罪的设定目的,是为了保护公司、企业或其他单位的工作人员不受行贿者的收买,保护公司、企业或者其他单位的管理秩序,使公司、企业或其他单位的利益和其他市场参与人的利益不受侵害。

Ⅱ　沿革

2　本条第1款之罪的前身"对公司、企业人员行贿罪"最早出现在1997年刑法中。2006年6月29日通过的《刑法修正案(六)》将原来"对公司、企业人员行贿罪"的行贿行为指向的人的范围进一步扩大到"其他单位的工作人员"。

3　2011年2月25日通过的《刑法修正案(八)》第29条在《刑法》第164条增设第2款"对外国公职人员、国际公共组织官员行贿罪",同时将原条文中的第2款和第3款修改为第3款和第4款,贯彻了《联合国反腐败公约》的要求。2015年8月29日通过的《刑法修正案(九)》第10条对《刑法》第164条第1款规定的数额较大的情形,增设了"并处罚金"的规定,增强了惩罚行贿犯罪的力度,使犯罪分子在受到人身处罚的同时,在经济上也得不到好处。

Ⅲ　客体

4　行贿与受贿属于对向犯,对向犯属必要的共犯的一种,指两人以上的行为人,其行为对应存在的情况。因此对非国家工作人员行贿罪的犯罪客体与非国家工作人员受贿罪的犯罪客体相同,是公司、企业或者其他单位的工作人员职务行为的廉洁性。

5　对外国公职人员、国际公共组织官员行贿罪的犯罪客体应当解读为外国公职人员、国际公共组织官员职务行为的廉洁性。

Ⅳ　对象

6　无论是对非国家工作人员行贿罪还是对外国公职人员、国际公共组织官员行贿罪,行为人的行贿行为对象是财物。[1] 本罪属于贿赂类犯罪,此类犯罪的对象均为财物,财物的内涵也是一致的。同前所述,财物一般包括货币或能够直接表现财产数额的证券如国库券、股票、信用卡等,以及具有财产价值的物品。提供服务、安排旅游、免费提供住房、设定债权、免除债务等财产性利益,虽然本身不是财物,但不能简单地将财产性利益排除在行为对象之外,毕竟只是"支付财物的方式有所不同而已"[2]。这一观点也是实务中的主流观点。

1　参见周光权:《刑法各论》(第4版),中国人民大学出版社2021年版,第276页。

2　高铭暄主编:《刑法专论》(下编),高等教育出版社2002年版,第816页。

V　行为

(1)对非国家工作人员行贿罪的行为。依据法条,本罪的行为是给予非国家工作人员以财物,数额较大的行为。具体包括以下几个方面的内容:①给予非国家工作人员以财物。给予应当理解为实际的给付,如果只是给予的表示或关于给予的约定,不能认为实施了本罪的行为。②数额较大。构成本罪不但需要有法定的行为,还要有法定的情节,才能够满足客观的成罪要求。依据最高人民法院、最高人民检察院《关于办理贪污贿赂刑事案件适用法律若干问题的解释》第 11 条第 3 款的规定,本罪“数额较大”的数额起点为行贿罪的数额标准规定的两倍,即 6 万元人民币。 7

(2)对外国公职人员、国际公共组织官员行贿罪的行为。本罪的行为是给予外国公职人员或者国际公共组织官员以财物的行为。该行为在《联合国反腐败公约》第 16 条中有所涉及。我国刑法认为本罪的成立也要求给予的财物数额较大。笔者认为,本罪的“数额较大”也应参照最高人民法院、最高人民检察院《关于办理贪污贿赂刑事案件适用法律若干问题的解释》第 11 条第 3 款的规定执行。 8

Ⅵ　主体

依据本条第 3 款的规定,犯罪的主体也可以是单位,即无论自然人还是单位,均可以构成本条规定之罪。 9

Ⅶ　主观要素

本条涉及的两个罪名均属于故意犯罪,并且本罪的构成要件中有主观目的要素。但需要提及的是,主观目的要素不属于故意的内容。 10

1. 故意内容

故意的内容是犯罪客观要素的主观投射,因此本条规定之罪的故意的认识因素有二:一是对方的身份是非国家工作人员或外国公职人员、国际公共组织官员;二是行为人用财物交换对方的职务便利。意志因素则是在有上述认识的情形下仍希望用财物交换对方的职务便利。 11

2. 谋取不正当利益的目的

对该要素的理解,需要注意对“不正当利益”的解释。不正当利益的确定标准,是以利益本身之于欲得利益者,从静态的角度观察来确定利益的性质,还是从动态的角度观察,以欲得利益者之谋求利益的手段是否正当来确定利益的性质?对此问题存在争议。有主张以手段的是否正当来确定利益的性质,即以不正当手段取得的利益,无论利益本身是否违法,均属于不正当利益。1999 年 3 月 4 日发布的最高人民法院、最高人民检察院《关于在办理受贿犯罪大要案的同时要严肃查处严重行贿犯罪分子的通知》第 2 条规定,“‘谋取不正当利益’是指谋取违反法律、法规、国家政策和国务院各部门规章规定的利益,以及要求国家工作人员或者有关单位提供违反法律、法规、国家政策和国务院各部门规章规定的帮助或者方便条件”。最高人民法院、最高 12

人民检察院《关于办理商业贿赂刑事案件适用法律若干问题的意见》承袭了上述通知的规定,同时也扩大了贿赂对象的范围:"'谋取不正当利益',是指行贿人谋取违反法律、法规、规章或者政策规定的利益,或者要求对方违反法律、法规、规章、政策、行业规范的规定提供帮助或者方便条件。"其中的后一种情况不是对利益本身的性质的规定,而是对取得手段的规定。由此,实务中将利益本身的性质和取得利益的手段均作为利益正当与否的判断依据。但也有学者对这种认定方式抱有疑问,认为只有利益本身的性质才是判断利益是否正当的依据。但这种观点并未取得实务界的认同,理论界也未就此问题达成一致。对"对外国公职人员、国际公共组织官员行贿罪"中"不正当商业利益"的理解,也应当把握上述原则,不过在利益的性质上较之对非国家工作人员行贿罪稍窄,仅限于商业领域。

Ⅷ 既遂与未遂

13 本条规定的两个犯罪均有成立未遂的可能性,即由于意志以外的原因,使财物未能送出的情况,属于犯罪未遂。

Ⅸ 与非罪的界限

14 本条规定之罪与非罪的界限,主要应当注意以下两点:

15 (1)贿赂与馈赠的界限。依据最高人民法院、最高人民检察院《关于办理商业贿赂刑事案件适用法律若干问题的意见》第10条的规定,区分贿赂与馈赠要结合以下因素综合判断:①发生财物往来的背景,如双方是否存在亲友关系及历史上交往的情形和程度;②往来财物的价值;③财物往来的缘由、时机和方式,提供方对于接受方有无职务上的请托;④接受方是否利用职务上的便利为提供方谋取利益。

16 (2)贿赂与合法收入的界限。判断因素主要有二:①行为人是否付出了劳务;②行为人是否利用了职务便利。行为人若付出了没有利用职务便利的劳务,其所得财物一般不应认为是受贿所得,但同时也要依据所得财物的数额等因素综合判断。

Ⅹ 处罚

17 依据《刑法》第164条的规定,自然人犯本罪,数额较大的,处3年以下有期徒刑或者拘役,并处罚金;数额巨大的,处3年以上10年以下有期徒刑,并处罚金。需要注意的是,本罪的罚金是必须并科,只要数额巨大,就必须判处罚金。单位犯本罪的,对单位判处罚金,并对其直接负责的主管人员和其他直接责任人员,依照第1款的规定处罚,即数额较大的,处3年以下有期徒刑或者拘役,并处罚金;数额巨大的,处3年以上10年以下有期徒刑,并处罚金。行贿人在被追诉前主动交待行贿行为的,可以减轻处罚或者免除处罚,至于是减轻还是免除,依据司法裁量决定。

第一百六十五条　非法经营同类营业罪

国有公司、企业的董事、经理利用职务便利，自己经营或者为他人经营与其所任职公司、企业同类的营业，获取非法利益，数额巨大的，处三年以下有期徒刑或者拘役，并处或者单处罚金；数额特别巨大的，处三年以上七年以下有期徒刑，并处罚金。

文献：黎宏：《刑法学》，法律出版社2012年版；周光权：《刑法各论》（第4版），中国人民大学出版社2021年版。曾月英：《非法经营同类营业罪的几个问题》，载《中国刑事法杂志》1998年第1期；刘志远、蔡双喜：《非法经营同类营业罪适用问题辨析》，载《人民检察》2002年第12期；卢建平、李有星：《非法经营同类营业罪研究》，载《河南省政法管理干部学院学报》2004年第1期；罗开卷：《论非法经营同类营业罪的认定及其与近似犯罪的界限》，载《政治与法律》2009年第5期；凌霄：《虚增交易环节侵害国有单位应得利益构成贪污罪》，载《人民司法》2018年第35期。

细目录

Ⅰ　主旨
Ⅱ　沿革
Ⅲ　客体
Ⅳ　行为
Ⅴ　主体
Ⅵ　故意
Ⅶ　共犯
Ⅷ　处罚

Ⅰ　主旨

规定本罪的目的，是为了禁止国有公司、企业的负责人为个人利益而违背职责、背信，侵害公司、企业的利益，从而使国有资产得到有效的保护，保护公平的市场竞争秩序，也有助于遏制国有公司、企业董事、经理借助表面上合法的形式，将国有利益输送转移到其个人或者其亲友经营的其他同类营业公司、企业，损公肥私、非法攫取利益的行为。 1

Ⅱ 沿革

2 本罪是 1997 年刑法新增加的罪名,1979 年刑法中并无相关规定。

Ⅲ 客体

3 本罪的客体是国家对公司、企业的管理秩序。《公司法》明确规定,公司的董事、高级管理人员不得自营或者为他人经营与所任职公司同类的业务,由此形成相应的管理秩序。

Ⅳ 行为

4 本罪的行为是指行为人利用职务便利,自己经营或者为他人经营与其所任职公司、企业同类的营业,获取非法利益,数额巨大的行为。

5 (1)利用职务便利,是指国有公司、企业的董事、经理利用了因其职务而具有的掌管材料或物资,了解市场,知悉计划,掌握技术秘密或经营秘密,具有购销决定权等便利条件。

6 (2)自己经营或者为他人经营与其所任职公司、企业同类的营业。第一,需要对"同类营业"作出解释。首先,需要明确同类营业是指所任职公司或企业与自己经营或为他人经营的公司或企业的经营范围完全相同还是部分相同。对此,笔者认为,经营范围有重叠内容,即部分相同即可。其次,需要明确同类营业是从静态观察角度理解为只要公司或企业的经营范围具有同类的内容,还是从动态观察角度理解为一定时期内的具体经营事项有同类的内容。对此,笔者认为,同类营业的内涵应该是两者均可。比较所任职公司或企业与自己经营或为他人经营的公司或企业的经营范围,也比较一定时期内的具体经营事项是否有同类的内容。如果为自己或为他人所经营的业务在所任职的公司或企业的经营范围内,在相应的时间内没有进行具体的经营,但有抽象的经营行为也不影响行为的成立。第二,需要对为自己经营和为他人经营作出解释。为自己经营,是指经营所得归自己所有或部分归自己所有的情况;为他人经营,是指被雇佣从事经营活动而获取报酬的情况。无论哪种,均符合法定的要求。行为人无论是实施全部的经营行为,还是参与经营行为的一部分,均可以认为符合法定的经营行为的要求。

7 (3)获取非法利益,数额巨大。只要是利用职务上的便利进行竞业经营所获取的利益,对于行为人来说均是非法利益。数额巨大的确定,属于司法裁量权的范围,2022 年 2 月国家监委印发了《关于办理国有企业管理人员渎职犯罪案件适用法律若干问题的意见》,规定由国家监委会同最高人民法院、最高人民检察院出台新的追诉标准,2022 年 4 月 6 日最高人民检察院、公安部联合发布的《关于公安机关管辖的刑事案件立案追诉标准的规定(二)》删除了非法经营同类营业罪的追诉情形案件的适用,在新追诉标准出台前,可依据原《关于公安机关管辖的刑事案件立案追诉标准的规定(二)》第 12 条的规定,数额巨大的起点为 10 万元。

V　主体

本罪为特殊主体的犯罪,法定的主体是国有公司、企业的董事和经理。国有公司、企业,是指国家独资的公司、企业,不包括国家参股的混合制公司或企业,即使是由国有资本绝对控股,也不能因此改变财产混合所有制的性质。董事,是指董事会的成员和未设董事会的有限责任公司的执行董事。经理,是指公司中负责日常经营管理的人员和非公司的实行厂长负责制的国有企业中的厂长或经理,副经理或副厂长不具有本罪的主体资格。最高人民法院《刑事审判参考》案例第 187 号"杨文康非法经营同类营业案"的要旨认为,国有公司、企业的部门经理等中层管理人员,一般不构成非法经营同类营业罪的主体。 8

VI　故意

本罪的罪过形态是故意。其中,认识的内容为:①自己的身份与职务;②经营的系与自己担任职务的公司、企业相同的营业;③经营过程中利用了职务便利。意志因素为,在明知上述内容的基础上仍意图经营同类营业谋取利益(追求的意志);或明知上述情形存在而不以为意(放任的意志)。 9

VII　共犯

指使、策划国有公司的董事、经理利用职务上的便利开展同类经营活动的,可以成立本罪的共犯,单纯接受国有公司的董事、经理提供的便利开展同类业务,不成立共犯。[1] 10

VIII　处罚

犯本罪的,非法获利数额巨大的,处 3 年以下有期徒刑或者拘役,并处或者单处罚金;数额特别巨大的,处 3 年以上 7 年以下有期徒刑,并处罚金。 11

依据法条规定,基本犯与加重犯的区别在于非法获利数额的不同,至于数额巨大与数额特别巨大的判断,是依司法裁量权解决的。另外需要注意的是,犯本罪,其所裁判的刑罚必须有罚金,或者是单处,即属于第一罪刑阶段的行为可以单处罚金,或者并处罚金,而在第二罪刑阶段,必须并处罚金,这也是本罪刑罚的一个特点。 12

1　参见周光权:《刑法各论》(第 4 版),中国人民大学出版社 2021 年版,第 277 页。

第一百六十六条　为亲友非法牟利罪

国有公司、企业、事业单位的工作人员，利用职务便利，有下列情形之一，使国家利益遭受重大损失的，处三年以下有期徒刑或者拘役，并处或者单处罚金；致使国家利益遭受特别重大损失的，处三年以上七年以下有期徒刑，并处罚金：

（一）将本单位的盈利业务交由自己的亲友进行经营的；

（二）以明显高于市场的价格向自己的亲友经营管理的单位采购商品或者以明显低于市场的价格向自己的亲友经营管理的单位销售商品的；

（三）向自己的亲友经营管理的单位采购不合格商品的。

文献：孙力主编：《妨害对公司、企业的管理秩序罪》，中国人民公安大学出版社1999年版；黎宏：《刑法学》，法律出版社2012年版；周光权：《刑法各论》（第4版），中国人民大学出版社2021年版。李希慧：《论为亲友非法牟利罪》，载《河南省政法管理干部学院学报》2001年第5期；孙国祥：《为亲友非法牟利罪若干问题研究》，载《河南司法警官职业学院学报》2003年第4期；黄祥青：《略论贪污罪与近似职务犯罪的界限》，载《政治与法律》2004年第1期；吴平：《为亲友非法牟利罪中的"亲友"如何界定》，载《人民检察》2006年第9期；鲜铁可、谭庆之：《为亲友非法牟利罪中的两个疑难问题》，载《中国检察官》2011年第8期。

细目录

Ⅰ　主旨
Ⅱ　沿革
Ⅲ　客体
Ⅳ　行为
Ⅴ　结果
Ⅵ　主体
Ⅶ　故意
Ⅷ　既遂与未遂
Ⅸ　共犯
Ⅹ　罪数
Ⅺ　处罚

Ⅰ 主旨

规定本罪的目的,是为了禁止国有公司、企业、事业单位的工作人员,为了个人利益而违背职责、背信,侵害公司、企业、事业单位的利益,从而使国有资产得到有效的保护。 1

Ⅱ 沿革

本罪是1997年刑法新增加的罪名。 2

Ⅲ 客体

本罪是简单客体,具体而言是国家利益。行为人利用职务便利为亲友非法牟利,侵犯了其所供职的国有公司、企业、事业单位所承载的国家利益。 3

Ⅳ 行为

本罪的行为是指利用职务便利,将本单位的盈利业务交由自己的亲友进行经营;或者以明显高于市场的价格向自己的亲友经营管理的单位采购商品或者以明显低于市场的价格向自己的亲友经营管理的单位销售商品的;或者向自己的亲友经营管理的单位采购不合格商品的行为。以上法定的三种行为,是具有选择关系的行为规定,只要实施其中一种行为,就构成本罪。 4

(1)关于利用职务便利。利用职务便利,是指行为人利用其在国有公司、企业、事业单位所具有的职权或地位形成的经营上或管理上的便利条件。行为人既可以是自己直接实施法条规定的行为,也可以是指使、命令自己可以依职务制约的本单位的他人实施具体的行为,无论是哪种情况,都不影响本罪之利用职务便利的性质。 5

(2)关于为亲友牟利的具体行为,有三种表现形式[1]:第一,将本单位的盈利业务交由自己的亲友进行经营。盈利业务的确定,一方面,应有时间限制,即将行为人将业务交由亲友经营的时点作为判断的时间;另一方面,应以该国有单位的具体状况作为判断的具体依据。如果依据这两方面进行判断,具有很明显的盈利的可能性,就可以认为属于盈利业务。对本单位的盈利业务之"本单位"的界定,疑难之处在于相关业务是否属于本单位业务的判断标准。一般来说,如果本单位已经与业务的相对方以一定的形式达成协议,该业务属于本单位的业务没有疑问,问题是在尚无这样的协议的情况下,如何进行判断。有学者认为,可以采用以下判断标准:①业务的相关信息已经传达到单位,包括传达到行为人本人而行为人有义务报告本单位;②行为人知道的该项业务信息是其在履行职务过程中获得的;③本单位未向业务的相对方作过不接受 6

1 参见周光权:《刑法各论》(第4版),中国人民大学出版社2021年版,第278页。

的表示,或者已经超过相对方规定的给予承诺的有效期限;④无明显障碍表明本单位将不接受该营业或不能接受该营业。[2] 当然,在标准③的情况下,如果行为人是单位的主要负责人或主管人员,以单位的名义向业务的相对方作出拒绝的表示,同时将此业务推荐给自己的亲友经营,而这种拒绝并不符合本单位的利益时,该业务也可以认为归属于本单位。关于"亲友",指亲戚与朋友,这里所说的亲友不需要特别认定,范围很广。第二,以明显高于市场的价格向自己的亲友经营管理的单位采购商品或者以明显低于市场的价格向自己的亲友经营管理的单位销售商品。市场价格,指同样的商品在市场上的平均价格;自己的亲友经营管理的单位,指亲友系单位的产权所有者,包括拥有单位的全部股份或部分股份或者是单位的主要管理者。第三,向自己的亲友经营管理的单位采购不合格的商品。产品合格与否的认定,应依据《产品质量法》的规定判断。

V 结果

7 本罪的结果是国家利益的重大损失,包括已有利益的损失与应得利益的不能实现。这里所说的国家利益是具有一般意义的国家利益,而不是指受害单位,只要国家利益整体受损就意味着这里的国家利益受损。

VI 主体

8 本罪的主体为特殊主体,即国有公司、企业、事业单位的工作人员。2005 年 8 月 1 日发布的最高人民法院《关于如何认定国有控股、参股股份有限公司中的国有公司、企业人员的解释》的规定,国有公司、企业委派到国有控股、参股公司从事公务的人员,以国有公司、企业人员论。

VII 故意

9 本罪是故意犯罪,即行为人明知自己利用职务便利,将本单位的盈利业务交由自己的亲友进行经营;或者以明显高于市场的价格向自己的亲友经营管理的单位采购商品或者以明显低于市场的价格向自己的亲友经营管理的单位销售商品;或者向自己的亲友经营管理的单位采购不合格商品的行为,而仍然实施该行为的心理态度。

VIII 既遂与未遂

10 本罪属于结果犯[3],且是可以由直接故意构成的犯罪, 因而存在因为意志以外的

---

2 参见孙力主编:《妨害对公司、企业的管理秩序罪》,中国人民公安大学出版社 1999 年版,第 247 页。

3 此处的结果犯是行为结果犯,在行为结果犯中依据是否对保护客体造成了现(转下页)

原因而未得逞的可能。至于结果未出现时是否可罚,需要依据实际的案件情况处理。

Ⅸ　共犯

行为人的亲友教唆其实施本罪的行为,或者故意帮助行为人实施行为的,可以成立共同犯罪。当然,如果亲友所起的作用很小,不值得用刑罚惩罚,也可以不按共同犯罪处理。 11

Ⅹ　罪数

在以下三种情况下,存在着罪数问题:①当国有公司、企业的董事、经理为亲友经营与本公司、企业相同的营业,又实施本罪之行为的,其行为既构成本罪,也构成非法经营同类营业罪,应实行数罪并罚[4];②如果行为人明知其亲友经营的是走私货物,仍然以明显高于市场的价格购进的,其行为既符合本罪的犯罪构成,也符合走私罪的犯罪构成,属于想象竞合犯,应从一重罪处断;③行为人与生产、销售伪劣产品的亲友事前通谋,采购其销售的伪劣产品的,构成本罪和销售伪劣产品罪(共犯)的想象竞合犯。 12

Ⅺ　处罚

犯本罪,使国家利益遭受重大损失的,处3年以下有期徒刑或者拘役,并处或者单处罚金;致使国家利益遭受特别重大损失的,处3年以上7年以下有期徒刑,并处罚金。由于2022年4月69日最高人民检察院、公安部联合发布的《关于公安机关管辖的刑事案件立案追诉标准的规定(二)》删除了为亲友非法牟利罪的追诉情形案件的适用,且并未出台新的追诉标准,因此对本罪的追诉标准可依据原《关于公安机关管辖的刑事案件立案追诉标准的规定(二)》第13条规定,即具有下列情形之一的,应予追诉,处3年以下有期徒刑或者拘役,并处或者单处罚金:①造成国家直接经济损失数额在10万元以上的;②使其亲友非法获利数额在20万元以上的;③造成有关单位破产,停业、停产6个月以上,或者被吊销许可证和营业执照,责令关闭、撤销、解散的;④其他致使国家利益遭受重大损失的情形。 13

(接上页)实侵害而划分为危险犯与实害犯,同时坚持刑法分则条文所规定的犯罪构成是犯罪的既遂形态的犯罪构成,符合分则条文规定的全部构成要件的是犯罪的既遂,不符合分则条文规定的全部构成要件的,不成立既遂,但有成立未完成形态的可能性。参见李洁:《犯罪既遂形态研究》,吉林大学出版社1999年版,第61、62—68页。

4　有学者认为,这种情况不应实行数罪并罚,而应按一罪处罚。参见孙力主编:《妨害对公司、企业的管理秩序罪》,中国人民公安大学出版社1999年版,第257页。

第一百六十七条　签订、履行合同失职被骗罪

国有公司、企业、事业单位直接负责的主管人员，在签订、履行合同过程中，因严重不负责任被诈骗，致使国家利益遭受重大损失的，处三年以下有期徒刑或者拘役；致使国家利益遭受特别重大损失的，处三年以上七年以下有期徒刑。

文献:黄京平主编:《破坏市场经济秩序罪研究》,中国人民大学出版社 1999 年版;姜黎艳、聂立泽主编:《玩忽职守犯罪的认定与处理》,人民法院出版社 2004 年版;冯波、刘澹如:《妨害对公司、企业的管理秩序罪认定与疑难问题解析》,中国人民公安大学出版社 2009 年版;黎宏:《刑法学》,法律出版社 2012 年版;周光权:《刑法各论》(第 4 版),中国人民大学出版社 2021 年版。刘仁文、刘淼:《破坏社会主义市场经济秩序罪若干问题探讨》,载《中国法学》1997 年第 4 期;李书兆:《国家机关工作人员签订、履行合同失职被骗罪的认定》,载《人民检察》1998 年第 1 期。

细目录

Ⅰ　主旨
Ⅱ　沿革
Ⅲ　客体
Ⅳ　行为
Ⅴ　结果
Ⅵ　主体
Ⅶ　过失
Ⅷ　处罚

Ⅰ　主旨

1　规定本罪的目的,是为了保护国有公司、企业、事业单位不受其从业人员亵渎职务进而损害公司、企业利益之行为的侵害,保护公司、企业的管理秩序。

Ⅱ　沿革

2　本罪是从玩忽职守罪分离出来的罪名。1979 年刑法中对本罪没有规定,但 1979 年《刑法》第 187 条规定:国家工作人员由于玩忽职守,致使公共财产、国家和人民利

益遭受重大损失的,处5年以下有期徒刑或者拘役。依据1979年《刑法》第83条的规定,国家工作人员是指一切国家机关、企业、事业单位和其他依照法律从事公务的人员。1997年刑法将其规定为独立的罪名。由于有的金融机构、从事对外贸易经营活动的公司、企业的工作人员严重不负责任,造成大量外汇被骗购或者逃汇,致使国家利益遭受重大损失的情况时有发生,在1998年12月29日第九届全国人民代表大会常务委员会第六次会议通过的全国人大常委会《关于惩治骗购外汇、逃汇和非法买卖外汇犯罪的决定》中,将该种情况也作为本罪的具体行为方式之一,按本罪处理。

Ⅲ 客体

本罪是简单客体,具体而言是国家利益。 3

Ⅳ 行为

依据《刑法》第167条和全国人大常委会《关于惩治骗购外汇、逃汇和非法买卖外汇犯罪的决定》第7条的规定,本罪的行为是指在签订、履行合同过程中,因严重不负责任被骗,或者金融机构、从事对外贸易经营活动的公司、企业的工作人员严重不负责任,造成大量外汇被骗购或者逃汇,致使国家利益遭受重大损失的行为。本罪的行为可以分为两个类型:一是一般的签订、履行合同失职被骗的行为;二是发生在金融、外贸领域的失职被骗购外汇或者逃汇的行为。 4

(1)在签订、履行合同过程中或金融、对外贸易经营活动中,这是本罪行为的时间,若在其他时间被诈骗的,不成立本罪。 5

(2)因严重不负责任被骗,该行为具有三个要素:①存在欺骗行为,具体指对方故意以欺诈的手段签订合同或者签订合同后恶意不履行或不完全履行合同的欺骗行为,对方的行为涉嫌诈骗犯罪,但构成本罪不需要法院判决对方构成诈骗犯罪。②严重不负责任,是指被骗的国有公司、企业、事业单位的工作人员有能力履行而没有履行或者没有完全履行其职务行为。③严重不负责任的行为与被诈骗结果之间具有因果关系,如果被诈骗的结果与严重不负责任的行为之间不具有因果关系,就不符合"因严重不负责任被诈骗"的法定行为要求,不成立本罪的行为。最高人民法院《刑事审判参考》案例第270号"高原、梁汉钊信用证诈骗,签订、履行合同失职被骗案"的理由认为,本罪中的"诈骗"行为指犯罪行为,不能将一般民事欺诈行为理解为诈骗,但是,在认定时,无须以合同相对方已被人民法院以诈骗类犯罪定罪为前提,只需要在程序上认定对方已涉嫌诈骗类犯罪即可。 6

Ⅴ 结果

本罪属结果犯,其结果是法定的国家利益的重大损失。由于2022年4月6日最高人民检察院、公安部联合发布的《关于公安机关管辖的刑事案件立案追诉标准的规 7

定(二)》删除了签订、履行合同失职被骗罪的追诉情形案件的适用,且并未出台新的追诉标准,因此本罪结果要素中的"重大损失"可依据原《关于公安机关管辖的刑事案件立案追诉标准的规定(二)》第14条的规定,即,重大损失是指造成国家直接经济损失数额在50万元以上;造成有关单位破产,停业、停产6个月以上,或者被吊销许可证和营业执照、责令关闭、撤销、解散;其他致使国家利益遭受重大损失的情形。对于金融机构、从事对外贸易经营活动的公司、企业的工作人员严重不负责任,造成100万美元以上外汇被骗购或者逃汇1000万美元以上的,也应视为这里的重大损失。关于直接经济损失,是指与行为有直接因果关系而造成的财产毁损、减少的实际价值。

Ⅵ　主体

8　本罪的主体为特殊主体,即国有公司、企业、事业单位直接负责的主管人员和金融机构、从事对外贸易经营活动的公司、企业的工作人员。直接负责的主管人员,是指单位中对签订、履行合同之事务具有分管、决定、实施职责的人员,包括公司、企事业单位的法人代表、分管领导以及依据单位的职权分工可以实施该行为的人员;金融机构、从事对外贸易经营活动的公司、企业的工作人员,只要求从事的是经营管理活动,无其他要求。但构成本罪的主体还有一个不成文的条件,即行为人需具有法定或者职务上的避免国家利益受损失的义务。[1] 最高人民法院《关于如何认定国有控股、参股股份有限公司中的国有公司、企业人员的解释》规定,国有公司、企业委派到国有控股、参股公司从事公务的人员,以国有公司、企业人员论。

Ⅶ　过失

9　本罪是因行为人严重不负责任而导致结果的发生,因而其主观罪过形式是过失,即应当预见到自己的行为会发生危害社会的结果,但因疏忽大意而没有预见,或者已经预见而轻信能够避免的心理态度。

Ⅷ　处罚

10　犯本罪,致使国家利益遭受重大损失的,处3年以下有期徒刑或者拘役;致使国家利益遭受特别重大损失的,处3年以上7年以下有期徒刑。关于特别重大损失的确定标准,由司法机关裁量。

1　参见最高人民法院刑事审判第一庭、第二庭编:《刑事审判参考》总第35集(第270号),法律出版社2004年版。

第一百六十八条　国有公司、企业、事业单位人员失职罪；国有公司、企业、事业单位人员滥用职权罪

国有公司、企业的工作人员，由于严重不负责任或者滥用职权，造成国有公司、企业破产或者严重损失，致使国家利益遭受重大损失的，处三年以下有期徒刑或者拘役；致使国家利益遭受特别重大损失的，处三年以上七年以下有期徒刑。

国有事业单位的工作人员有前款行为，致使国家利益遭受重大损失的，依照前款的规定处罚。

国有公司、企业、事业单位的工作人员，徇私舞弊，犯前两款罪的，依照第一款的规定从重处罚。

文献：韩耀元：《渎职罪的定罪与量刑》，人民法院出版社2000年版；蒋勇主编：《破坏社会主义市场经济秩序罪》，法律出版社2000年版；《最高人民检察院关于渎职侵权犯罪案件立案标准的规定》，中国法制出版社2006年版；张阳主编：《国家工作人员失职犯罪界限与定罪量刑研究》，中国方正出版社2010年版；黎宏：《刑法学》，法律出版社2012年版；周光权：《刑法各论》（第4版），中国人民大学出版社2021年版。王志远：《论我国刑法各罪设定上的"过度类型化"》，载《法学评论》2018年第2期。倪亮、陶菁：《"国有公司、企业、事业单位人员滥用职权罪"犯罪主体要件探析》，载《人民公安报》2017年6月5日。

细目录

Ⅰ　主旨
Ⅱ　沿革
Ⅲ　客体
Ⅳ　行为
Ⅴ　结果
Ⅵ　主体
Ⅶ　罪过
Ⅷ　罪数
Ⅸ　处罚

Ⅰ 主旨

1 本条罪的设定,是为了防止国有公司、企业、事业单位从业人员亵渎职务,损害公司、企业利益,保护公司、企业的管理秩序。

Ⅱ 沿革

2 本条罪是从玩忽职守罪分离出来的罪名。1979 年刑法中没有关于本条罪的相关规定。但 1979 年《刑法》第 187 条规定,国家工作人员由于玩忽职守,致使公共财产、国家和人民利益遭受重大损失的,处 5 年以下有期徒刑或者拘役。依据 1979 年《刑法》第 83 条的规定,国家工作人员是指一切国家机关、企业、事业单位和其他依照法律从事公务的人员。在 1997 年刑法中,将其规定为徇私舞弊造成破产、亏损罪。1999 年 12 月 25 日全国人大常委会通过的《刑法修正案》,对《刑法》第 168 条进行了重大修改,形成本条所规定的罪名。

Ⅲ 客体

3 本条罪是简单客体,具体而言是国家利益。

Ⅳ 行为

4 本条罪的行为是指国有公司、企业、事业单位的工作人员,严重不负责任或者滥用职权的行为。[1] 严重不负责任,是指行为人不履行或不认真履行自己的职责,包括草率从事、敷衍塞责、盲目蛮干、擅离职守等各种行为形式,可以是作为,也可以是不作为,而且这种不负责任达到了严重的程度。滥用职权,是指行为人不正当地行使自己的职权,可以是非法地行使自己的职权,也可以是超越职权范围而行使自己的职权。

5 2010 年 11 月 26 日发布的最高人民法院、最高人民检察院《关于办理国家出资企业中职务犯罪案件具体应用法律若干问题的意见》第 4 条规定,国家出资企业中的国家工作人员在公司、企业改制或者国有资产处置过程中严重不负责任或者滥用职权,致使国家利益遭受重大损失的,以国有公司、企业人员失职罪或者国有公司、企业人员滥用职权罪定罪处罚……因实施第 1 款、第 2 款行为收受贿赂,同时构成《刑法》第 385 条规定的受贿罪的,依照处罚较重的规定定罪处罚。

Ⅴ 结果

6 本罪的结果是国家利益遭受重大损失。2022 年 4 月 6 日最高人民检察院、公安

1 参见黎宏:《刑法学》,法律出版社 2012 年版,第 532 页。

部联合发布的《关于公安机关管辖的刑事案件立案追诉标准的规定(二)》未规定国有公司、企业、事业单位人员失职罪和国有公司、企业、事业单位人员滥用职权罪的追诉情形,且未出台新的补充规定,所以对国有公司、企业、事业单位人员失职罪和国有公司、企业、事业单位人员滥用职权罪的追诉情形可参照原《关于公安机关管辖的刑事案件立案追诉标准的规定(二)》第 15 条和第 16 条的规定。第 15 条规定国有公司、企业、事业单位的工作人员严重不负责任,涉嫌以下情形之一的,应予立案追诉:①造成国家直接经济损失数额在 50 万元以上的;②造成有关单位破产,停业、停产 1 年以上,或者被吊销许可证和营业执照、责令关闭、撤销、解散的;③其他致使国家利益遭受重大损失的情形。第 16 条规定国有公司、企业、事业单位的工作人员,滥用职权,涉嫌以下情形之一的,应予立案追诉:①造成国家直接经济损失数额在 30 万元以上的;②造成有关单位破产,停业、停产 6 个月以上,或者被吊销许可证和营业执照、责令关闭、撤销、解散的;③其他致使国家利益遭受重大损失的情形。

Ⅵ　主体

本条罪的主体为特殊主体,即国有公司、企业、事业单位的工作人员。2000 年 4 月 28 日通过的最高人民法院《关于审理扰乱电信市场管理秩序案件具体应用法律若干问题的解释》第 6 条规定:国有电信企业的工作人员,由于严重不负责任或者滥用职权,造成国有电信企业破产或者严重损失,致使国家利益遭受重大损失的,依照《刑法》第 168 条的规定定罪处罚。 7

2002 年 9 月 23 日发布的最高人民检察院研究室《关于中国农业发展银行及其分支机构的工作人员法律适用问题的答复》明确,中国农业发展银行及其分支机构的工作人员严重不负责任或者滥用职权,构成犯罪的,应当依照《刑法》第 168 条的规定追究刑事责任。 8

2003 年 5 月 14 日发布的最高人民法院、最高人民检察院《关于办理妨害预防、控制突发传染病疫情等灾害的刑事案件具体应用法律若干问题的解释》第 4 条规定:国有公司、企业、事业单位的工作人员,在预防、控制突发传染病疫情等灾害的工作中,由于严重不负责任或者滥用职权,造成国有公司、企业破产或者严重损失,致使国家利益遭受重大损失的,依照《刑法》第 168 条的规定,以国有公司、企业、事业单位人员失职罪或者国有公司、企业、事业单位人员滥用职权罪定罪处罚。 9

最高人民法院《关于如何认定国有控股、参股股份有限公司中的国有公司、企业人员的解释》规定,国有公司、企业委派到国有控股、参股公司从事公务的人员,以国有公司、企业人员论。 10

Ⅶ　罪过

依据本条的语言表述,对严重不负责任之行为的主观心态,主要是过失,而对滥 11

用职权之行为的主观心态,则主要是故意,至于对法定之结果,即造成国有公司、企业破产或者严重损失,致使国家利益遭受重大损失的主观心态,则既可以是过失,也可以是故意。因此本条罪既可以由过失构成,也可以由故意构成。一般而言,严重不负责任属过失犯罪,而滥用职权属故意犯罪。

Ⅷ　罪数

12　在本条罪中,如果行为人在签订、履行合同过程中,因严重不负责任被诈骗,并因此导致本条罪所要求的法定结果,其行为既构成本条罪,也构成《刑法》第 167 条规定的签订、履行合同失职被骗罪,属于想象竞合,应按照从一重处断的原则处理。行为人实施本条罪而收受贿赂的,也属于想象竞合,按照本条罪和受贿类犯罪中处罚较重的罪名定罪处罚。

13　实务见解认为,应采取数罪并罚的做法。2016 年 4 月 18 日最高人民法院、最高人民检察院《关于办理贪污贿赂刑事案件适用法律若干问题的解释》第 17 条规定,国家工作人员利用职务上的便利,收受他人财物,为他人谋取利益,同时构成受贿罪和刑法分则第三章第三节、第九章规定的渎职犯罪的,除刑法另有规定外,以受贿罪和渎职罪数罪并罚。

Ⅸ　处罚

14　实施本条罪,造成国有公司、企业破产或者严重损失,致使国家利益遭受重大损失的,处 3 年以下有期徒刑或者拘役;致使国家利益遭受特别重大损失的,处 3 年以上 7 年以下有期徒刑。关于适用第二罪刑阶段法定刑的条件,即“致使国家利益遭受特别重大损失的”具体内容,应由司法裁量确定。徇私舞弊犯本条罪的,从重处罚,其从重的幅度,依行为总体的危害性决定。

第一百六十九条　徇私舞弊低价折股、出售国有资产罪

国有公司、企业或者其上级主管部门直接负责的主管人员，徇私舞弊，将国有资产低价折股或者低价出售，致使国家利益遭受重大损失的，处三年以下有期徒刑或者拘役；致使国家利益遭受特别重大损失的，处三年以上七年以下有期徒刑。

文献:高铭暄主编:《新型经济犯罪研究》,中国方正出版社 2000 年版;黎宏:《刑法学》,法律出版社 2012 年版;周光权:《刑法各论》(第 4 版),中国人民大学出版社 2021 年版。黄祥青:《略论贪污罪与近似职务犯罪的界限》,载《政治与法律》2004 年第 1 期;安文录:《刑法第 169 条立法问题研究——以〈公司法〉、〈刑法〉最新修订为视角》,载《政治与法律》2007 年第 1 期;黄国盛:《以交易形式损害本单位利益行为性质辨析》,载《中国刑事法杂志》2014 年第 2 期。

细目录

Ⅰ　主旨
Ⅱ　沿革
Ⅲ　客体
Ⅳ　对象
Ⅴ　行为
Ⅵ　主体
Ⅶ　主观要素
Ⅷ　与他罪的区别
Ⅸ　罪数
Ⅹ　处罚

Ⅰ　主旨

本罪的设定,是为了禁止国有公司、企业的工作人员徇私舞弊,损害公司、企业利益之行为,保护公司、企业的管理秩序。 1

Ⅱ　沿革

本罪是 1997 年刑法新设立的罪名。作为立法禁止的行为,其内容最早规定在 2

《公司法》中。《公司法》(1993 年)第 213 条规定:违反本法规定,将国有资产低价折股、低价出售或者无偿分给个人的,对直接负责的主管人员和其他直接责任人员依法给予行政处分。构成犯罪的,依法追究刑事责任。1997 年刑法依据保护公司管理秩序、保护国有财产不受侵害的需要,设定本罪。

Ⅲ 客体

3 本罪的客体是简单客体,其内容是国有公司、企业财产的国家所有权。[1]

Ⅳ 对象

4 本罪的对象是国有公司、企业的国有资产。企业国有资产,是指国家以各种形式对企业投资和投资收益形成的财产,以及依据法律、行政法规认定的企业国有财产。其具体的表现形式多样。

Ⅴ 行为

5 本罪的行为是徇私舞弊将国有资产低价折股或者低价出售的行为。

6 (1)徇私舞弊。徇私,是指为了私情或者私利;舞弊,是指弄虚作假。徇私舞弊,是指为了私情或者私利而弄虚作假的行为。此规定说明,成立本罪的行为必须是故意弄虚作假的舞弊行为,而且是为了私情或私利。

7 (2)将国有资产低价折股或者低价出售。低价折股,是指将国有公司、企业的有形财产、无形财产、土地使用权等以低于其真实价值的价格折合为出资股份的行为。低价出售,是指在出卖国有资产时以低于其实际价值的价格将其出卖的行为。[2] 具体行为方式具有多样性。

Ⅵ 主体

8 本罪的主体是特殊主体,即法定的国有公司、企业或者其上级主管部门直接负责的主管人员。只要其实际担任该职务即具有主体资格,至于其任职渠道,并不影响本罪的成立。最高人民法院《关于如何认定国有控股、参股股份有限公司中的国有公司、企业人员的解释》规定,国有公司、企业委派到国有控股、参股公司从事公务的人员,以国有公司、企业人员论。

---

1 参见周光权:《刑法各论》(第 3 版),中国人民大学出版社 2016 年版,第 244 页。

2 参见孙力主编:《妨害对公司、企业的管理秩序罪》,中国人民公安大学出版社 1999 年版,第 309 页。

Ⅶ 主观要素

本罪只能由故意构成,即行为人明知自己徇私舞弊,将国有资产低价折股或低价出售,仍希望或放任的心理态度。同时,本罪的成立还必须具有徇私的动机,这是在故意内容之外的主观要素。 9

Ⅷ 与他罪的区别

本罪与国有公司、企业、事业单位人员失职罪和国有公司、企业、事业单位人员滥用职权罪的客体均包含国有公司、企业的管理秩序,而且均要求造成国家利益的重大损失,因而有混淆的可能。二者的区别主要是其行为方式不同,本罪的行为要求是法定的、具体的,必须是低价折股或低价出售的行为,如果不是因为该行为而导致的损失,就不能以本罪定罪。因此,可以说本罪与国有公司、企业、事业单位人员失职罪和国有公司、企业、事业单位人员滥用职权罪存在交叉关系。 10

Ⅸ 罪数

实践中,如果国有公司、企业或者其上级主管部门直接负责的主管人员因索取、收受好处费、回扣,而将国有资产低价折股或低价出售的,应数罪并罚。 11

Ⅹ 处罚

国有公司、企业或者其上级主管部门直接负责的主管人员,徇私舞弊,将国有资产低价折股或者低价出售,致使国家利益遭受重大损失的,处 3 年以下有期徒刑或者拘役;致使国家利益遭受特别重大损失的,处 3 年以上 7 年以下有期徒刑。2022 年 4 月 6 日最高人民检察院、公安部联合发布的《关于公安机关管辖的刑事案件立案追诉标准的规定(二)》未规定徇私舞弊低价折股、出售国有资产罪的追诉情形,且未出台新的补充规定,因此可依据原《关于公安机关管辖的刑事案件立案追诉标准的规定(二)》第 17 的规定,实施本罪行为,涉嫌以下情形的,应当予以立案追诉:①造成国家直接经济损失数额在 30 万元以上的;②造成有关单位破产,停业、停产 6 个月以上,或者被吊销许可证和营业执照、责令关闭、撤销、解散的;③其他致使国家利益遭受重大损失的情形。 12

第一百六十九条之一　背信损害上市公司利益罪

上市公司的董事、监事、高级管理人员违背对公司的忠实义务，利用职务便利，操纵上市公司从事下列行为之一，致使上市公司利益遭受重大损失的，处三年以下有期徒刑或者拘役，并处或者单处罚金；致使上市公司利益遭受特别重大损失的，处三年以上七年以下有期徒刑，并处罚金：

（一）无偿向其他单位或者个人提供资金、商品、服务或者其他资产的；

（二）以明显不公平的条件，提供或者接受资金、商品、服务或者其他资产的；

（三）向明显不具有清偿能力的单位或者个人提供资金、商品、服务或者其他资产的；

（四）为明显不具有清偿能力的单位或者个人提供担保，或者无正当理由为其他单位或者个人提供担保的；

（五）无正当理由放弃债权、承担债务的；

（六）采用其他方式损害上市公司利益的。

上市公司的控股股东或者实际控制人，指使上市公司董事、监事、高级管理人员实施前款行为的，依照前款的规定处罚。

犯前款罪的上市公司的控股股东或者实际控制人是单位的，对单位判处罚金，并对其直接负责的主管人员和其他直接责任人员，依照第一款的规定处罚。

文献:高铭暄主编:《新型经济犯罪研究》,中国方正出版社 2000 年版;黎宏:《刑法学》,法律出版社 2012 年版;周光权:《刑法各论》(第 4 版),中国人民大学出版社 2021 年版。顾肖荣:《论我国刑法中的背信类犯罪及其立法完善》,载《社会科学》2008 年第 10 期;王鹏祥:《背信损害上市公司利益罪的理解与适用》,载《河北法学》2008 年第 11 期;杜文俊、陈玲:《我国背信犯罪本质之研讨》,载《上海政法学院学报(法治论丛)》2011 年第 2 期;谢焱:《背信罪的法益研究》,载《政治与法律》2016 年第 1 期;李军:《背信损害上市公司利益罪中"违背对公司忠实义务"的认定》,载《政治与法律》2016 年第 7 期。

细目录

Ⅰ　主旨
Ⅱ　沿革
Ⅲ　客体
Ⅳ　行为
Ⅴ　主体
Ⅵ　主观要素
Ⅶ　法条关系
Ⅷ　处罚

Ⅰ　主旨

本罪的设定,是为了禁止上市公司的董事、监事、高级管理人员违背其对公司的忠实义务,损害公司、企业利益之行为,以保护上市公司的财产。 1

Ⅱ　沿革

本罪由《刑法修正案(六)》增设。1997 年《刑法》第 168 条、第 169 条规定了损害国有公司、企业的利益的犯罪,而上市公司都是股份有限责任公司,不是国有公司,刑法原对损害上市公司利益的行为没有规定为犯罪。司法实践中,有些上市公司的董事、监事、高级管理人员违背对公司的忠实义务,利用职务便利,操控上市公司,无偿占有上市公司的财产或者以明显不公平的交易损害上市公司的利益,致使上市公司利益遭受重大损失。《证券法》(2005 年修订)第 231 条明确规定,违反本法规定,构成犯罪的,依法追究刑事责任。为了使刑法与证券法相衔接,保护上市公司的合法利益,规定本罪。[1] 2

Ⅲ　客体

本罪的客体是简单客体,其内容是上市公司的财产权。[2] 3

Ⅳ　行为

本罪的行为是违背对公司的忠实义务的特定行为。具体行为方式有六种:①无偿向其他单位或者个人提供资金、商品、服务或者其他资产的;②以明显不公平的条件,提供或者接受资金、商品、服务或者其他资产的;③向明显不具有清偿能力的单位或者个人提供资金、商品、服务或者其他资产的;④为明显不具有清偿能力的单位或 4

1　参见周其华:《刑法修正案与配套规定罪名精解》,中国检察出版社 2017 年版,第 206 页。

2　参见周光权:《刑法各论》(第 3 版),中国人民大学出版社 2016 年版,第 244 页。

者个人提供担保,或者无正当理由为其他单位或者个人提供担保的;⑤无正当理由放弃债权、承担债务的;⑥采用其他方式损害上市公司利益的。

V　主体

5　本罪的主体是特殊主体,即上市公司的董事、监事、高级管理人员,以及上市公司的控股股东或者实际控制人。同时,如果上市公司的控股股东或实际控制人是单位的,也可构成本罪。

VI　主观要素

6　本罪只能由故意构成,即行为人明知自己违背了忠实义务,实施特定行为,仍希望或放任的心理态度。

VII　法条关系

7　由于上市公司只是公司的一个特征,上市公司中也有国有企业,上市公司中的董事、监事、高级管理人员也可能是国家工作人员,因此,本罪会与贪污犯罪、挪用犯罪、贿赂犯罪、渎职犯罪等犯罪存在交叉竞合关系。

VIII　处罚

8　依据《刑法》第169条之一的规定,本罪行为致使上市公司利益遭受重大损失的,处3年以下有期徒刑或者拘役,并处或者单处罚金;致使上市公司利益遭受特别重大损失的,处3年以上7年以下有期徒刑,并处罚金。

9　依据2022年4月6日最高人民检察院、公安部联合发布的《关于公安机关管辖的刑事案件立案追诉标准的规定(二)》第13条的规定,上市公司的董事、监事、高级管理人员违背对公司的忠实义务,利用职务便利,操纵上市公司从事损害上市公司利益的行为,以及上市公司的控股股东或者实际控制人,致使上市公司董事、监事、高级管理人员实施损害上市公司利益的行为,涉嫌下列情形之一的,应予立案追诉:①无偿向其他单位或者个人提供资金、商品、服务或者其他资产,致使上市公司直接经济损失数额在150万元以上的;②以明显不公平的条件,提供或者接受资金、商品、服务或者其他资产,致使上市公司直接经济损失数额在150万元以上的;③向明显不具有清偿能力的单位或者个人提供资金、商品、服务或者其他资产,致使上市公司直接经济损失数额在150万元以上的;④向明显不具有清偿能力的单位或者个人提供担保,或者无正当理由为其他单位或者个人提供担保,致使上市公司直接经济损失数额在150万元以上的;⑤无正当理由放弃债权、承担债务,致使上市公司直接经济损失数额在150万元以上的;⑥致使公司、企业发行的股票或者公司、企业债券、存托凭证或者国务院依法认定的其他证券被终止上市交易的;⑦其他致使上市公司利益遭受重大损失的情形。

第四节　破坏金融管理秩序罪

前　注

文献：张军主编：《破坏金融管理秩序罪》，中国人民公安大学出版社 2003 年版；祝铭山主编：《破坏金融管理秩序罪》，中国法制出版社 2004 年版；熊选国、任卫华主编：《刑法罪名适用指南——破坏金融管理秩序罪》，中国人民公安大学出版社 2007 年版；黄晓亮、许成磊：《破坏金融管理秩序罪立案追诉标准与司法认定实务》，中国人民公安大学出版社 2010 年版；黎宏：《刑法学》，法律出版社 2012 年版；周光权：《刑法各论》(第 4 版)，中国人民大学出版社 2021 年版；张明楷：《刑法学》(第 6 版)，法律出版社 2021 年版。黄晓亮：《破坏金融管理秩序罪追诉标准问题研究》，载《政治与法律》2010 年第 3 期。

细目录

Ⅰ　主旨
Ⅱ　沿革
Ⅲ　构成特征
Ⅳ　金融机构的界定

Ⅰ　主旨

本节罪是以国家的金融管理秩序作为保护法益的犯罪。这种金融管理秩序又可以细分为金融业的合法有效运转，金融体制的安全与稳定，币值、汇率、物价的稳定等。在行为方式上，本节罪既可以由作为构成，也可以由不作为构成，具体的行为方式具有多样性。 1

Ⅱ　沿革

中华人民共和国成立之后的很长一段时期，我国对破坏金融秩序犯罪的规定主要是有关货币的犯罪。1951 年颁布了《妨害国家货币治罪暂行条例》，其中规定的犯罪行为包括：以反革命为目的伪造、变造国家货币，或贩运、行使伪造、变造国家货币；意图营利而伪造国家货币；意图营利而变造国家货币；意图营利而贩运、行使伪造、变造国家货币；以散布流言或用其他方法破坏国家货币信用；收受后察觉为伪造、变造的国家货币，明知不报而继续行使。1979 年刑法规定了伪造国家货币罪、贩运伪造的国家货币罪、伪造有价证券罪，另外，在其他一些犯罪中也具有涉及货币管理的内 2

容,如走私罪中有走私伪造的国家货币的内容,投机倒把罪中有违反金融秩序的内容。

3 改革开放之后,全国人大常委会以特别刑法的形式对刑法中破坏金融管理秩序类的犯罪进行了多次补充:1982 年 3 月 8 日通过的《关于严惩严重破坏经济的罪犯的决定》、1988 年 1 月 21 日通过的《关于惩治走私罪的补充规定》、1995 年 2 月 28 日通过的《关于惩治违反公司法的犯罪的决定》中,对有关金融犯罪的处罚予以加重,即将走私罪、投机倒把罪的法定最高刑提高到死刑,同时增设了套汇罪、非法募集资金罪等新罪名。1995 年 6 月 30 日全国人大常委会通过了《关于惩治破坏金融秩序犯罪的决定》,该决定除对刑法关于伪造货币、贩运伪造的货币等罪名进行修改外,又增加了许多新罪名,为 1997 年刑法关于金融犯罪的修订打下了基础。

4 根据 1997 年最高人民法院《关于执行〈中华人民共和国刑法〉确定罪名的规定》、1997 年最高人民法院《关于适用刑法分则规定的犯罪的罪名的意见》,1997 年刑法在破坏金融管理秩序罪一节设立罪名 22 个。其后,1998 年 12 月 29 日第九届全国人民代表大会常务委员会第六次会议通过《关于惩治骗购外汇、逃汇和非法买卖外汇犯罪的决定》,修订了逃汇罪,增加了骗购外汇罪;1999 年 12 月 25 日通过的《刑法修正案》对《刑法》第 174 条、第 180 条、第 181 条、第 185 条进行了修正;2001 年 12 月 29 日通过的《刑法修正案(三)》对《刑法》第 191 条进行了修正;2005 年 2 月 28 日通过的《刑法修正案(五)》增设了第 177 条之一;2006 年 6 月 29 日通过的《刑法修正案(六)》对《刑法》第 182 条、第 186 条、第 187 条、第 188 条、第 191 条进行了修正,增设了第 175 条之一、第 185 条之一;2009 年 2 月 28 日通过的《刑法修正案(七)》对《刑法》第 180 条进行了第二次修改;2015 年 8 月 29 日通过的《刑法修正案(九)》对《刑法》第 170 条进行了修改,删除了该条的死刑设定,并对罚金刑的设定进行了修改。2020 年 12 月 26 日通过的《刑法修正案(十一)》修订了第 175 条之一、第 176 条、第 182 条、第 191 条。具体来说,修订了骗取贷款、票据承兑、金融凭证罪,删去了原有规定的“其他严重情节”,规定为“造成重大损失”;修订了非法吸收公共存款罪,调整了该罪的法定刑档次,由两档增加为三档,同时取消了各量刑档次中对罚金具体数额的规定,增加了在“提起公诉前积极退赃退赔,减少损害结果发生的,可以从轻或者减轻处罚”;修订了操纵证券、期货市场罪,完善了该罪的罪状表述,同时将“虚假申报操纵”“蛊惑交易操纵”“抢帽子交易操纵”三种行为明确规定为本罪的犯罪构成行为,增设“其他方法”的兜底条款以应对新型操纵证券、期货市场的行为;修订了洗钱罪,删除了洗钱罪关于客观行为方式中“明知”和“协助”等术语,改变了洗钱罪只能由他犯构成的限制性框架,将自洗钱纳入洗钱罪的打击范围,在罚金刑上,《刑法修正案(十一)》也取消了洗钱罪的限额罚金制。[1]

---

1 参见赵秉志主编:《〈刑法修正案(十一)〉理解与适用》,中国人民大学出版社 2021 年版,第 114—115 页。

Ⅲ 构成特征

本节罪的犯罪客体是国家的金融管理秩序，具体包括金融业的合法有效运转，金融体制的安全与稳定，币值、汇率、物价的稳定等。本节罪的行为既可以表现为作为，也可以表现为不作为。具体的行为方式具有多样性。关于本节罪的犯罪主体，不同的犯罪有不同的规定，既有自然人主体，也有单位主体；既有一般主体的犯罪，也有特殊主体的犯罪。本节罪全部是故意犯罪，过失不构成本节罪。 5

Ⅳ 金融机构的界定

本节罪属于典型的法定犯，在定罪过程中，应当参照相应的金融管理法规。本节罪涉及不同金融主体的犯罪行为，因此，如何正确认识金融机构的范围至关重要。根据我国金融管理的法律体系，金融机构是指从事金融服务业的金融中介机构，既包括银行类金融机构，也包括非银行金融机构，这类机构主要是指保险公司、证券公司、信托投资公司、基金管理公司，以及经过中国人民银行或其他金融监管部门批准设立的典当行、小额贷款公司、担保公司、金融消费公司等。 6

第一百七十条　伪造货币罪

伪造货币的，处三年以上十年以下有期徒刑，并处罚金；有下列情形之一的，处十年以上有期徒刑或者无期徒刑，并处罚金或者没收财产：

（一）伪造货币集团的首要分子；

（二）伪造货币数额特别巨大的；

（三）有其他特别严重情节的。

文献：杨敦先、张成法主编：《刑法的修改与适用》，中国人民公安大学出版社1997年版；胡康生、李福成主编：《中华人民共和国刑法释义》，法律出版社1997年版；薛瑞麟主编：《金融犯罪再研究》，中国政法大学出版社2007年版；黎宏：《刑法学》，法律出版社2012年版；张明楷：《刑法学》（第6版），法律出版社2021年版。薛瑞麟：《论伪造货币罪》，载《政法论坛》1999年第6期；付立庆：《非法定目的犯的甄别与定位——以伪造货币罪为中心》，载《法学评论》2007年第1期；刘为波：《伪造货币罪的法律适用问题》，载《刑事法判解》2013年第2期；高铭暄、王红：《数字货币时代我国货币犯罪的前瞻性刑法思考》，载《刑法论丛》2019年第2期。

细目录

Ⅰ　主旨
Ⅱ　沿革
Ⅲ　客体
Ⅳ　对象
Ⅴ　行为
Ⅵ　主体
Ⅶ　故意
Ⅷ　既遂与未遂
Ⅸ　共犯
Ⅹ　罪数
Ⅺ　处罚

Ⅰ　主旨

1　货币作为商品的一般等价物，在国民经济和人民群众的生活中具有重大的作用，其中承载的信用保障了货币的正常使用。任何一个国家都对货币的制作和发行实行中央控制,用国家信用担保货币价值。伪造的货币会稀释货币总量,使国家信用受到损害,最终导致货币价值失稳,从而影响国家宏观经济。本罪旨在保护货币背后的国家信用不受损害。

Ⅱ 沿革

2 1979年《刑法》第122条规定:“伪造国家货币或者贩运伪造的国家货币的,处三年以上七年以下有期徒刑,可以并处罚金或者没收财产。犯前款罪的首要分子或者情节特别严重的,处七年以上有期徒刑或者无期徒刑,可以并处没收财产。”全国人大常委会于1995年6月30日通过的《关于惩治破坏金融秩序犯罪的决定》对1979年刑法有关伪造国家货币罪的规定作了较大幅度的修改:一是提高了法定刑,将法定最高刑从无期徒刑提高到死刑,并将附加刑罚金的抽象规定改为明确规定罚金的下限和上限;二是明确将伪造外币纳入本罪的范围。1997年修订的刑法基本保留了上述决定中有关伪造货币罪的内容,只对情节特别严重的伪造货币行为增加了并处罚金的规定。《刑法修正案(九)》删除了死刑的规定,并将“五万元以上五十万元以下罚金”修改为无限额罚金。

Ⅲ 客体

3 关于本罪侵犯的直接客体,学界认识不一。[1] 分歧集中在两个方面:一是本罪的客体是简单客体还是复杂客体;二是本罪的客体是国家的货币管理制度、管理秩序还是国家对法定货币的垄断发行权,公私财产所有权是否本罪的客体。笔者认为本罪的客体为简单客体,其内容是国家的货币管理秩序。

Ⅳ 对象

4 本罪的犯罪对象为货币。货币是指正在流通的货币,包括人民币(含普通纪念币、贵金属纪念币),我国港澳台地区的货币及其他国家的法定货币。2010年10月20日发布的最高人民法院《关于审理伪造货币等案件具体应用法律若干问题的解释(二)》第3条第1款规定:“以正在流通的境外货币为对象的假币犯罪,依照刑法第一百七十条至第一百七十三条的规定定罪处罚。”

1 认为本罪客体为复杂客体的,如刘为波认为本罪客体是货币发行权和货币发行信用,参见刘为波:《伪造货币罪的法律适用问题》,载《刑事法判解》2013年第2期;认为本罪是简单客体犯罪的,如阮齐林认为本罪客体为国家对货币的管理秩序,参见阮齐林:《中国刑法各罪论》,中国政法大学出版社2016年版,第110页。

Ⅴ 行为

5 本罪行为是伪造货币的行为。[2] 所谓伪造货币,是指按照真货币的式样、票面、图案、颜色、质地、防伪技术等,用描绘、复印、影印、机器印刷等方法,制作假货币。一般说来,伪造货币应当在外观或形式上能够达到与真货币基本相似的程度,足以以假乱真,使普通人误认为是真货币。[3] 伪造货币,如果数额很小,其行为的社会危害性不大,不构成犯罪。最高人民检察院、公安部《关于公安机关管辖的刑事案件立案追诉标准的规定(二)》第 14 条规定,伪造货币,涉嫌以下情形之一的,应予立案追诉:①总面额在 2000 元以上或者币量在 200 张(枚)以上的;②总面额在 1000 元以上或者币量在 100 张(枚)以上,两年内因伪造货币受过行政处罚,又伪造货币的;③制造货币版样或者为他人伪造货币提供版样的;④其他伪造货币应予追究刑事责任的情形。

Ⅵ 主体

6 本罪的主体为一般主体,凡年满 16 周岁,具备刑事责任能力的自然人均可成为本罪的主体,包括中国人和外国人。依据法律的规定,单位不能成为本罪的主体。

Ⅶ 故意

7 本罪的罪过形式只能是故意,不论是直接故意还是间接故意均可构成本罪。本罪虽然未明确规定目的,但由于本罪的犯罪客体是国家的货币管理秩序,如果不具有流通意图,只是为了观赏或收藏而伪造货币就不可能侵害本罪的客体。

Ⅷ 既遂与未遂

8 关于本罪的既遂标准,由于存在构罪情节的规定,本罪的既遂需要符合构罪情节的要求。如果行为人已经着手实施伪造货币的行为,由于意志以外的原因而未能符合构罪情节的,构成未遂。《全国法院审理金融犯罪案件工作座谈会纪要》明确,由于假币犯罪是一种严重破坏金融管理秩序的犯罪,因而“只要行为人实施了伪造行为,不论是否完成全部印制工序,即构成伪造货币罪;对于尚未制造出成品,无法计算伪造、销售假币面额的,或者制造、销售用于伪造货币的版样的,不认定犯罪数额,依据犯罪情节决定刑罚”。笔者认为,这一规定从犯罪构成的层面规定了本罪的行为犯性质,进而承认了未遂犯的存在。实践中的未遂案件常见于伪造假币但未完成全部

---

[2] 参见周光权:《刑法各论》(第 4 版),中国人民大学出版社 2021 年版,第 286 页。

[3] 参见马克昌主编:《经济犯罪新论》,武汉大学出版社 1998 年版,第 236 页。

工序的情形。[4]

Ⅸ 共犯

司法实践中,贩卖伪造的货币的犯罪分子可能直接从伪造货币的犯罪人手中购买假币,在这种情况下,就存在着伪造货币的共同犯罪与非共同犯罪的界限问题。如果购买者与伪造者事前有通谋,应该按伪造货币罪的共同犯罪论处[5];如果双方没有事前通谋,则可以分别定罪,即对伪造者以伪造货币罪定罪处罚,对购买者按购买假币罪定罪处罚。 9

Ⅹ 罪数

行为人伪造货币的目的通常是为了出售或使用,以获取非法经济利益。因此,在伪造货币之后,通常还会继续实施其他相关行为,如出售、使用、运输,等等。由于后几种行为又触犯其他罪名,因而产生罪数问题。根据《刑法》第171条第3款的规定,伪造货币并出售或者运输伪造货币的,依照伪造货币罪定罪从重处罚,而不是实行数罪并罚。 10

Ⅺ 处罚

犯本罪的,处3年以上10年以下有期徒刑,并处罚金;有下列情形之一的,处10年以上有期徒刑或者无期徒刑,并处罚金或者没收财产:伪造货币集团的首要分子;伪造货币数额特别巨大的;有其他特别严重情节的。依据最高人民法院《关于审理伪造货币等案件具体应用法律若干问题的解释》第1条第2款的规定,伪造货币的总面额在3万元以上的,属于"伪造货币数额特别巨大"。其他特别严重情节,应在综合考虑行为之总体社会危害性程度的基础上,依据司法裁量权确定。最高人民法院《刑事审判参考》案例第23号"杨吉茂伪造货币案"的要旨认为,本罪中的"其他特别严重情节"实践中一般包括:①以暴力抗拒检查、拘留、逮捕,情节严重的;②以机械印刷的方法伪造货币的;③金融、财政工作人员利用工作之便伪造货币的;④因伪造货币受过刑罚处罚后,又实施伪造货币行为的;⑤伪造货币投放市场后,严重扰乱社会秩序的。 11

---

4 如李钦伪造货币案,参见广东省高级人民法院(2017)粤刑终1522号刑事判决书。

5 如路向阳等伪造货币案,参见重庆市高级人民法院(2018)渝刑终69号刑事裁定书。

第一百七十一条 出售、购买、运输假币罪；金融工作人员购买假币、以假币换取货币罪

出售、购买伪造的货币或者明知是伪造的货币而运输，数额较大的，处三年以下有期徒刑或者拘役，并处二万元以上二十万元以下罚金；数额巨大的，处三年以上十年以下有期徒刑，并处五万元以上五十万元以下罚金；数额特别巨大的，处十年以上有期徒刑或者无期徒刑，并处五万元以上五十万元以下罚金或者没收财产。

银行或者其他金融机构的工作人员购买伪造的货币或者利用职务上的便利，以伪造的货币换取货币的，处三年以上十年以下有期徒刑，并处二万元以上二十万元以下罚金；数额巨大或者有其他严重情节的，处十年以上有期徒刑或者无期徒刑，并处二万元以上二十万元以下罚金或者没收财产；情节较轻的，处三年以下有期徒刑或者拘役，并处或者单处一万元以上十万元以下罚金。

伪造货币并出售或者运输伪造的货币的，依照本法第一百七十条的规定定罪从重处罚。

文献：李洁主编：《刑法学》(第2版)，中国人民大学出版社2014年版；张明楷：《刑法学》(第6版)，法律出版社2021年版。田立文、夏汉清：《认定假币犯罪的几个问题》，载《人民司法》2001年第6期；郑丽萍：《妨害货币管理犯罪若干问题研究》，载《法学家》2002年第4期；郑丽萍：《金融工作人员购买假币、以假币换取货币罪疑难问题研究》，载《法学评论》2004年第1期；杜文俊：《货币犯罪的法律适用探析》，载《政治与法律》2011年第4期。

细目录

Ⅰ 主旨
Ⅱ 沿革
Ⅲ 客体
Ⅳ 对象
Ⅴ 行为
Ⅵ 主体
Ⅶ 故意
Ⅷ 既遂与未遂

Ⅸ　共犯
Ⅹ　罪数
Ⅺ　处罚

Ⅰ　主旨

非法出售、购买、运输假币行为是使假币进入流通的过程,侵害了国家对货币的发行、控制权,有害于国家的经济秩序。为惩治该行为,保护国家的货币管理秩序而专设本罪。 1

Ⅱ　沿革

1979年刑法没有将出售、购买伪造的货币的行为定义为犯罪。全国人大常委会《关于惩治破坏金融秩序犯罪的决定》第2条将出售、购买、运输假币的行为均规定为犯罪。1997年《刑法》第171条第1款除了将出售、购买伪造的货币,数额特别巨大的附加刑由上述决定所规定的"并处没收财产"改为"并处五万元以上五十万元以下罚金或者没收财产",其余均是对《关于惩治破坏金融秩序犯罪的决定》第2条规定的移植。 2

1979年刑法没有规定金融工作人员购买假币、以假币换取货币罪,《关于惩治破坏金融秩序犯罪的决定》将其作为独立的犯罪,该决定第2条第2款规定:"银行或者其他金融机构的工作人员购买伪造的货币或者利用职务上的便利,以伪造的货币换取货币的,处三年以上十年以下有期徒刑,并处二万元以上二十万元以下罚金;数额巨大或者有其他严重情节的,处十年以上有期徒刑或者无期徒刑,并处没收财产;情节较轻的,处三年以下有期徒刑或者拘役,并处或者单处一万元以上十万元以下罚金。"1997年《刑法》第171条第2款除了将"数额巨大或者有其他严重情节"的附加刑由"并处没收财产"改为"并处二万元以上二十万元以下罚金或者没收财产",其他均沿用了决定第2条第2款的规定。 3

Ⅲ　客体

本条所规定之两个犯罪的客体是国家的货币管理秩序。[1]《中国人民银行法》第19条规定:禁止出售、购买伪造的人民币,禁止运输伪造的人民币。因此,出售、购买、运输假币的行为侵犯了国家的货币管理秩序。 4

1　本罪的客体与伪造货币罪的客体具有同一性,因而其客体争议也具有相同性。具体的争议内容可参见伪造货币罪的客体争议。

Ⅳ 对象

5 本条所规定之罪的犯罪对象是人民币和境外货币。[2] 其行为对象是伪造的人民币和外币,但不包括变造的人民币和外币。

Ⅴ 行为

1. 出售、购买、运输假币罪的行为

6 本罪的行为表现为出售、购买、运输数量较大的伪造的货币。出售,是指将本人持有的伪造的货币用于商品交易,既可以是假币与真币之间的交易,也可以是实物与假币之间的交易。购买,是指换取他人持有的伪造的货币。运输,是指将伪造的货币从一地运送至另外一地的行为,运输的方式则并未限定。关于构罪数额,依据最高人民法院《关于审理伪造货币等案件具体应用法律若干问题的解释》第 3 条规定,出售、购买假币或者明知是假币而运输,总面额在 4000 元以上不满 5 万元的,属于"数额较大";总面额在 5 万元以上不满 20 万元的,属于"数额巨大";总面额在 20 万元以上的,属于"数额特别巨大"。本罪是选择性罪名,只要实施了三种行为中的任一行为,就构成本罪。当然,如果就同一的伪造的货币实施了其中的两种或三种行为,也只构成一罪。

2. 金融工作人员购买假币、以假币换取货币罪的行为

7 本罪的实行行为是行为人购买伪造的货币或利用职务上的便利换取货币的行为。购买,是指将他人持有的伪造的货币予以收购的行为。利用职务上的便利,是指利用本人因职务而经手、管理货币的便利条件。以伪造的货币换取货币,是指将自己持有的伪造的货币与金融机构的货币互换的行为,可以是为自己换取,也可以是为别人换取。上述两种行为,只要行为人实施其中一种即可构成该罪。

Ⅵ 主体

8 出售、购买、运输假币罪的主体为一般主体,即年满 16 周岁,具有刑事责任能力的自然人都可以构成本罪的主体。

9 金融工作人员购买假币、以假币换取货币罪的主体是特殊主体,即只能由银行和其他金融机构工作人员构成。银行工作人员,包括各级中国人民银行、各级商业银行的工作人员。其他金融机构的工作人员,是指经中国人民银行批准成立,在我国境内注册的信托投资公司、融资租赁公司、财务公司、证券公司、保险公司以及其他金融机构的工作人员。

---

[2] 参见高铭暄、马克昌主编:《刑法学》(第 9 版),北京大学出版社、高等教育出版社 2019 年版,第 393 页。

Ⅶ 故意

本条所规定之罪的罪过形式为故意,即行为人明知是伪造的货币而予以出售、购买、运输或用于换取货币。如果行为人不知道是伪造的货币而予以运输,或者收购伪造的货币是为了收藏或其他好奇心,并非为了使之进入流通,则不能构成犯罪。[3] 10

Ⅷ 既遂与未遂

本条所规定之罪属行为犯,只要法定行为实施完毕,即可以达到既遂。如果行为人因意志以外的原因而未能使行为实施完毕的,有成立未遂的可能性,但具体情况下未遂是否可罚,由司法机关裁量。实践中比较常见的购买假币罪未遂的情形是,意图购买假币,但购得了其他物[4];较常见的出售假币罪未遂的情形是,意图出售假币,但未被售出就被查获。[5] 11

Ⅸ 共犯

在行为人出售假币的情况下,出于"流通目的"而购买假币者的行为与之形成必要的共犯关系,但是不必要适用刑法总则关于共同犯罪的相关规定,对于出售假币者认定成立出售假币罪,而购买假币者认定成立购买假币罪,分别定罪处罚即可。可以适当考虑在整个事件中出售者与购买者所起作用的大小,以实现量刑的妥当。 12

Ⅹ 罪数

1. 出售、购买、运输假币罪的罪数

行为人伪造货币的目的通常是为了出售或使用,以获取非法经济利益。因此,在伪造货币之后,通常还会继续实施其他相关行为,如出售、运输,等等。由于后几种行为又触犯其他罪名,因而产生罪数问题。根据《刑法》第171条第3款的规定,伪造货币并出售或者运输伪造的货币的,依照伪造货币罪定罪从重处罚,而不实行数罪并罚,即认为伪造行为可以吸收出售、使用等后续行为。 13

2. 金融工作人员购买假币、以假币换取货币罪的罪数

司法实践中,本罪涉及罪数问题主要有以下两种情况:第一,金融机构工作人员购买假币后,又利用职务上的便利将其换成真币的情况,此种情况属于牵连犯,应按 14

---

3 参见马克昌主编:《经济犯罪新论》,武汉大学出版社1998年版,第240页。

4 如宛江风购买假币案,参见合肥市中级人民法院(2018)皖01刑终309号刑事裁定书;柏有秀购买假币案,参见昆明市中级人民法院(2017)云01刑终926号刑事判决书。

5 如潘昌军等出售假币案,参见绵阳市中级人民法院(2017)川07刑终115号刑事判决书。

牵连犯之从一重罪处断原则,按伪造货币罪一罪定罪处罚。针对金融机构工作人员购买假币的行为作特别规定并提高法定刑,是因为他们的身份决定了他们随时有可能将假币调换成真币,从而使国家与公民的利益受到损害。第二,金融工作人员先行购买了伪造的货币,然后又利用职务上的便利将其换为同种币量的货币的情况,虽然其行为也符合《刑法》第 171 条第 1 款规定的购买伪造的货币罪之犯罪构成,但由于本条已经将该种情况直接规定为本罪的行为,应该按金融工作人员购买假币、以假币换取货币罪一罪定罪处罚。

XI　处罚

15　根据本条第 1 款的规定,出售、购买、运输伪造的货币,数额较大的,处 3 年以下有期徒刑或者拘役,并处 2 万元以上 20 万元以下罚金;数额巨大的,处 3 年以上 10 年以下有期徒刑,并处 5 万元以上 50 万元以下罚金;数额特别巨大的,处 10 年以上有期徒刑或者无期徒刑,并处 5 万元以上 50 万元以下罚金或者没收财产。

16　根据本条第 2 款的规定,犯金融工作人员购买假币、以假币换取货币罪的,处 3 年以上 10 年以下有期徒刑,并处 2 万元以上 20 万元以下罚金;数额巨大或者有其他严重情节的,处 10 年以上有期徒刑或者无期徒刑,并处 2 万元以上 20 万元以下罚金或者没收财产;情节较轻的,处 3 年以下有期徒刑或者拘役,并处或者单处 1 万元以上 10 万元以下罚金。

17　依据本条第 3 款的规定,伪造货币并出售或者运输伪造的货币的,依照《刑法》第 170 条的规定定罪从重处罚,而不以本罪定罪处罚。

18　最高人民法院《关于审理伪造货币等案件具体应用法律若干问题的解释》第 3 条规定,出售、购买假币或者明知是假币而运输,总面额在 4000 元以上不满 5 万元的,属于"数额较大";总面额在 5 万元以上不满 20 万元的,属于"数额巨大";总面额在 20 万元以上的,属于"数额特别巨大"。《关于审理伪造货币等案件具体应用法律若干问题的解释》第 4 条规定,银行或者其他金融机构的工作人员购买假币或者利用职务上的便利,以假币换取货币,总面额在 4000 元以上不满 5 万元或者币量在 400 张(枚)以上不足 5000 张(枚)的,处 3 年以上 10 年以下有期徒刑,并处 2 万元以上 20 万元以下罚金;总面额在 5 万元以上或者币量在 5000(枚)以上或者有其他严重情节的,处 10 年以上有期徒刑或者无期徒刑,并处 2 万元以上 20 万元以下罚金或者没收财产;总面额不满人民币 4000 元或者币量不足 400 张(枚)或者具有其他情节较轻情形的,处 3 年以下有期徒刑或者拘役,并处或者单处 1 万元以上 10 万元以下罚金。

第一百七十二条　持有、使用假币罪

明知是伪造的货币而持有、使用，数额较大的，处三年以下有期徒刑或者拘役，并处或者单处一万元以上十万元以下罚金；数额巨大的，处三年以上十年以下有期徒刑，并处二万元以上二十万元以下罚金；数额特别巨大的，处十年以上有期徒刑，并处五万元以上五十万元以下罚金或者没收财产。

文献:黎宏:《刑法学》,法律出版社 2012 年版;谢望原、赫兴旺主编:《刑法分论》(第 3 版),中国人民大学出版社 2016 年版;周光权:《刑法各论》(第 4 版),中国人民大学出版社 2021 年版。薛瑞麟:《论持有、使用假币罪》,载《中国法学》1999 年第 4 期;田宏杰、王政光:《使用假币罪比较研究》,载《甘肃政法学院学报》2002 年第 6 期;陈兴良:《在 ATM 机上存假币取真币的行为构成盗窃罪》,载《中国审判》2009 年第 6 期;张明楷:《使用假币罪与相关犯罪的关系》,载《政治与法律》2012 年第 6 期;杜文俊:《论使用假币罪与相关犯罪的关系——兼与陈兴良、张明楷二位教授商榷》,载《法学》2015 年第 5 期。

细目录

Ⅰ　主旨
Ⅱ　沿革
Ⅲ　客体
Ⅳ　对象
Ⅴ　行为
Ⅵ　主体
Ⅶ　故意
Ⅷ　罪数
Ⅸ　处罚

Ⅰ　主旨

1 本条规定是参照了一些国家的相关立法以及根据我国的实际情况,为了保护国家货币管理秩序,惩治持有、使用假币行为而专设的罪名。本条罪属于选择性罪名,可以根据具体的行为情况分别适用“持有假币罪”“使用假币罪”和“持有、使用假币罪”。

Ⅱ　沿革

2 使用假币罪作为独立的罪名,始见于1951年《妨害国家货币治罪暂行条例》,其中第6条规定:“凡误收伪造、变造货币,在收受后查觉为伪造、变造者,应即报告所在地中国人民银行或公安机关,其明知不报而仍继续行使者,视其情节轻重,处1年以下劳役,或酌处罚金,或予以教育。”1979年刑法未将其规定为犯罪。持有假币行为作为一种犯罪在立法上的经历却简单得多。无论是《妨害国家货币治罪暂行条例》还是1979年刑法都未将其纳入犯罪之列。将这两种行为明确规定为犯罪见于1995年全国人大常委会《关于惩治破坏金融秩序犯罪的决定》,该决定第4条规定:“明知是伪造的货币而持有、使用,数额较大的,处三年以下有期徒刑或者拘役,并处一万元以上十万元以下罚金;数额巨大的,处三年以上十年以下有期徒刑,并处二万元以上二十万元以下罚金;数额特别巨大的,处十年以上有期徒刑,并处五万元以上五十万元以下罚金或者没收财产。”该条规定把持有、使用假币罪作为选择的一罪加以规定。1997年刑法基本保留了上述决定第4条的规定,其变化是在本罪第一档法定刑中增补了“单处罚金”。

Ⅲ　客体

3 本罪的犯罪客体是国家的货币流通管理制度,具体内容和伪造货币罪等货币类犯罪的内容一致。

Ⅳ　对象

4 本罪的行为对象是伪造的货币。2010年11月3日起施行的最高人民法院《关于审理伪造货币等案件具体应用法律若干问题的解释(二)》第1条第1款规定,仿照真货币的图案、形状、色彩等特征非法制造假币,冒充真币的行为,应当认定为《刑法》第170条规定的“伪造货币”。关于伪造货币的范围,由于本罪的保护客体与伪造货币罪相同,因而其范围也应该相同,即正在流通的货币,包括人民币(含普通纪念币、贵金属纪念币),我国港澳台地区的货币及其他国家的法定货币。

Ⅴ　行为

5 本罪的客观要件表现为持有、使用伪造的货币,数额较大的行为。

6 (1)关于持有。一般认为“持有”是“事实上的支配和控制”。无论行为人是藏匿还是携带,只要其对假币有事实上的支配和控制,即可认为是持有。

7 (2)关于使用。使用也是本罪的一种行为方式,既可以单独实行,也可以与持有结合在一起实行。如果是前者则构成使用假币罪,如果是后者则成立持有、使用假币罪。所谓使用假币,是指行为人把伪造的货币当作真实的货币加以流通。至于使用的方法,则是多种多样的。如用假币购买商品、将假币存入银行、用假币清偿债务、将假币换成其他货币、将假币用作提供保证金等。

(3)关于数额较大。持有、使用伪造的货币只有数额较大的才构成本罪。关于数额较大的标准,依据最高人民法院《关于审理伪造货币等案件具体应用法律若干问题的解释》第5条的规定,明知是假币而持有、使用,总面额在4000元以上不满5万元的,属于数额较大。这里的入罪量定标准不同于立案追诉标准,最高人民检察院、公安部《关于公安机关管辖的刑事案件立案追诉标准的规定(二)》第17条规定:明知是伪造的货币而持有、使用,总面额在4000元以上或者币量在400张(枚)以上的,应予立案追诉。最高人民法院《刑事审判参考》案例第188号"张顺发持有、使用假币案"的要旨认为,"使用"数额应包括准备使用而尚未使用的假币数额。 8

Ⅵ 主体

本罪的主体为一般主体,凡年满16周岁,具有刑事责任能力的自然人均能构成本罪的主体。 9

Ⅶ 故意

本罪的罪过形式为故意,即行为人明知是伪造的货币而持有、使用。这里,明知是区分罪与非罪的重要界限。[1] 10

Ⅷ 罪数

行为人所持有或使用的伪造的货币具有的特定的来源与去向,涉及本罪与其他相关罪名的罪数问题。一般来说,如果行为人持有、使用假币的来源为自己伪造或购买的,或者行为人持有假币的目的是出售、运输,构成牵连犯,按从一重处断原则处罚。根据相关司法解释的规定,行为人出售、运输假币构成犯罪,同时有使用假币行为的,按照《刑法》第171条和第172条的规定,数罪并罚。 11

如果行为人持有的假币是盗窃或抢劫、抢夺来的,也涉及罪数问题。现实中,专门以假币为对象进行盗窃、抢夺的不多。通常是盗窃、抢夺的货币中夹杂假币或者把假币误认为真币而进行盗窃、抢夺,并引发了持有、使用假币的行为。这些情况比较复杂,需要具体问题具体分析。如果盗窃、抢夺的货币中夹杂假币,并且真币数额较大、假币数额较少,在这种情况下,持有、使用假币的行为不构成犯罪,可按盗窃、抢夺罪论处;如果盗窃、抢夺的假币数额较大、真币数额较少,且行为人明知其可能为假币,不构成盗窃、抢夺罪的,可按持有、使用假币罪论处。如果把假币误认为真币而进行盗窃、抢夺,对盗窃、抢夺来说,是不能犯未遂,而由此行为导致的对假币的持有与 12

---

1 参见黎宏:《刑法学》,法律出版社2012年版,第539页。

使用,应分别不同情况处理:如果盗窃或抢夺后认识到是假币仍然持有或使用的,与盗窃或抢夺构成牵连犯;若不知为假币的,其持有或使用行为不构成犯罪。

IX 处罚

13 根据《刑法》第 172 条的规定,持有、使用伪造的货币,数额较大的,处 3 年以下有期徒刑或者拘役,并处或者单处 1 万元以上 10 万元以下罚金;数额巨大的,处 3 年以上 10 年以下有期徒刑,并处 2 万元以上 20 万元以下罚金;数额特别巨大的,处 10 年以上有期徒刑,并处 5 万元以上 50 万元以下罚金或者没收财产。

14 关于数额较大、数额巨大、数额特别巨大的标准,参照最高人民法院《关于审理伪造货币等案件具体应用法律若干问题的解释》第 5 条的规定。

第一百七十三条　变造货币罪

变造货币，数额较大的，处三年以下有期徒刑或者拘役，并处或者单处一万元以上十万元以下罚金；数额巨大的，处三年以上十年以下有期徒刑，并处二万元以上二十万元以下罚金。

文献:谢望原、赫兴旺主编:《刑法分论》(第3版),中国人民大学出版社2016年版;周光权:《刑法各论》(第4版),中国人民大学出版社2021年版;张明楷:《刑法学》(第6版),法律出版社2021年版。刘明祥:《论妨害货币犯罪的立法完善》,载《法学》1995年第1期;刘守芬:《关于妨害货币犯罪的研究》,载《中外法学》1995年第6期;刘艳红:《货币犯罪若干问题研究》,载《法商研究》1997年第3期;朱德才:《货币犯罪比较研究》,载《政治与法律》2006年第3期;高铭暄、王红:《数字货币时代我国货币犯罪的前瞻性刑法思考》,载《刑法论丛》2019年第2期。

细目录

Ⅰ　主旨
Ⅱ　沿革
Ⅲ　客体
Ⅳ　对象
Ⅴ　行为
Ⅵ　主体
Ⅶ　故意
Ⅷ　既遂与未遂
Ⅸ　与非罪的界限
Ⅹ　与他罪的区别
Ⅺ　处罚

Ⅰ　主旨

不同于“无中生有”的伪造货币行为,变造货币是改变票面面额或者增加票张数量的行为,但对于货币流通的国家管理秩序而言,其危害也并未因为行为的不同而有所减少。本罪的设定,就是为了严密货币流通国家管理秩序的刑法保护法网,实现对妨害货币管理秩序犯罪的全面遏制。 1

Ⅱ 沿革

2 1951 年颁布的《妨害国家货币治罪暂行条例》中，规定了有关变造国家货币的犯罪，而 1979 年刑法没有规定变造国家货币罪。中国人民银行《关于变造国家货币按伪造国家货币治罪的函》明确提出对变造国家货币构成刑事犯罪的，依照伪造国家货币罪处理的做法。1994 年 9 月 8 日通过的最高人民法院《关于办理伪造国家货币、贩运伪造的国家货币、走私伪造的货币犯罪案件具体应用法律的若干问题的解释》也规定，对国家货币采用剪贴、挖补、揭层、涂改等方法加工处理，使国家货币改变形态、升值的变造国家货币行为，以伪造国家货币罪论处。全国人大常委会在《关于惩治破坏金融秩序犯罪的决定》第 5 条规定了变造货币罪。1997 年《刑法》第 173 条继续规定了变造货币罪，其内容也基本沿用了上述决定的规定。

Ⅲ 客体

3 本罪的客体是国家的货币管理秩序。

Ⅳ 对象

4 本罪的行为对象是货币，既包括我国货币，也包括外币。其外币的范围，与伪造货币罪相同。[1]

Ⅴ 行为

5 本罪的客观要件表现为变造货币，数额较大的行为。根据 2010 年 10 月 20 日发布的最高人民法院《关于审理伪造货币等案件具体应用法律若干问题的解释(二)》第 1 条第 2 款的规定，对真币采用剪贴、挖补、揭层、涂改、移位、重印等方法加工处理，改变真币形态、价值的行为，应当认定为变造货币。同时本罪的成立还要求变造的数额较大。关于变造的结果，有相当多的学者认为，变造后会使货币数量增多，数额增大。也有学者认为不应局限于此，而是指使真币变成面值、含量不同的货币。还有学者认为，变造一般是将货币面值增加，但减少金属货币的金属含量的行为，也应认定为变造。[2] 笔者赞同第三种观点。

Ⅵ 主体

6 本罪的主体是一般主体，即年满 16 周岁，具有刑事责任能力的自然人皆可构成。

---

1 参见高铭暄、马克昌主编:《刑法学》(第 9 版)，北京大学出版社、高等教育出版社 2019 年版，第 396 页。

2 参见宣炳昭主编:《刑法各罪的法理与实用》，中国政法大学出版社 2002 年版，第 92 页。

Ⅶ 故意

本罪的罪过形式为故意。如果行为人变造货币不是为了流通,情节显著轻微危害不大的,根据《刑法》第13条但书的规定不认为是犯罪。 7

Ⅷ 既遂与未遂

本罪的既遂与否,取决于变造是否成功。如果变造成功为既遂;如果变造尚未成功,但为变造数量很大的货币而进行了准备,并已经开始变造行为,因意志以外的原因而未成功的,也不乏构成未遂的可能。 8

Ⅸ 与非罪的界限

本罪与非罪的区别在于变造货币的数量是否达到了一个较大的标准,达到的则构成犯罪,尚未达到的按一般违法行为处理。在现实生活中,一些人将残缺不全的货币进行修补、粘贴以便使用,有的甚至改变了原来的形状,但并没有改变原来的面值,这种行为不属于变造货币。 9

Ⅹ 与他罪的区别

关于本罪与伪造货币罪的区别,大多数学者认为,本罪是在真实货币的基础上进行加工使货币增值;而伪造货币罪则是用原材料制作假币,没有真实货币做基础。由此认为两罪的区别表现在不同的方面,如变造而成的货币与真实的货币之间具有同一性,其特点是"由少变多";伪造而成的货币与真实的货币之间不具有同一性,其特点是"从无到有"。变造的行为并不破坏货币的原形,只是对货币的某个部分进行加工,使真币面值增加或数量增大;如果以货币碎片为材料,加入其他纸张,制作成假币的,成立伪造货币罪,或者同时采用伪造和变造的手段制造真伪拼凑货币的,都属于伪造货币。变造的货币在某些部分有原货币的成分,伪造的货币则不具有货币的成分,这是变造货币与伪造货币的最大不同。 10

Ⅺ 处罚

变造货币,数额较大的,处3年以下有期徒刑或者拘役,并处或者单处1万元以上10万元以下罚金;数额巨大的,处3年以上10年以下有期徒刑,并处2万元以上20万元以下罚金。 11

2000年4月20日通过的最高人民法院《关于审理伪造货币等案件具体应用法律若干问题的解释》第6条规定,变造货币的总面额在2000元以上不满3万元的,属于"数额较大";总面额在3万元以上的,属于"数额巨大",依照《刑法》第173条的规定定罪处罚。 12

第一百七十四条　擅自设立金融机构罪；伪造、变造、转让金融机构经营许可证、批准文件罪

未经国家有关主管部门批准，擅自设立商业银行、证券交易所、期货交易所、证券公司、期货经纪公司、保险公司或者其他金融机构的，处三年以下有期徒刑或者拘役，并处或者单处二万元以上二十万元以下罚金；情节严重的，处三年以上十年以下有期徒刑，并处五万元以上五十万元以下罚金。

伪造、变造、转让商业银行、证券交易所、期货交易所、证券公司、期货经纪公司、保险公司或者其他金融机构的经营许可证或者批准文件的，依照前款的规定处罚。

单位犯前两款罪的，对单位判处罚金，并对其直接负责的主管人员和其他直接责任人员，依照第一款的规定处罚。

文献：谢望原、赫兴旺主编：《刑法分论》（第3版），中国人民大学出版社2016年版；周光权：《刑法各论》（第4版），中国人民大学出版社2021年版；张明楷：《刑法学》（第6版），法律出版社2021年版。吴占英：《擅自设立金融机构罪研究》，载《中南民族学院学报（人文社会科学版）》2001年第2期；郑旭江：《互联网金融的法律分析》，载《西华大学学报（哲学社会科学版）》2014年第6期；李晓明：《P2P网络借贷的刑法控制》，载《法学》2015年第6期；张建、俞小海：《擅自设立金融机构罪的司法认定》，载《中国检察官》2017年第20期。

细目录

Ⅰ　主旨
Ⅱ　沿革
Ⅲ　客体
Ⅳ　对象
Ⅴ　行为
Ⅵ　主体
Ⅶ　故意
Ⅷ　既遂与未遂
Ⅸ　罪数
Ⅹ　与非罪的界限

Ⅺ　处罚

Ⅰ　主旨

稳定的金融秩序是社会主义市场经济健康发展的重要保障之一。擅自设立金融机构,伪造、变造、转让金融机构经营许可证,不仅严重干扰了国家对金融市场的监管,同时也会造成资本市场的混乱,增加了金融风险,并为各类金融犯罪活动提供了方便条件,因此,为进一步维护正常的金融秩序,刑法将未经中国人民银行批准,擅自设立商业银行或其他金融机构以及伪造、变造、转让金融机构经营许可证、批准文件的行为规定为犯罪。 1

Ⅱ　沿革

1995 年 6 月 30 日通过的全国人大常委会《关于惩治破坏金融秩序犯罪的决定》首次将擅自设立金融机构的行为规定为犯罪。1997 年刑法对此罪进一步作出明确规定,填补了我国刑事立法的空白,拓宽了刑法所保护的领域。1999 年 12 月 25 日通过的《刑法修正案》增加了关于擅自设立证券交易所、期货交易所、证券公司、期货经纪公司、保险公司或者其他金融机构的规定,进一步明确了金融机构的范围。 2

1979 年刑法没有规定伪造、变造、转让金融机构经营许可证罪。1997 年《刑法》第 174 条第 2 款规定了此罪。《刑法修正案》将伪造、变造、转让金融机构批准文件的行为纳入本罪的处罚范围。 3

Ⅲ　客体

擅自设立金融机构罪的客体是国家对金融的管理秩序;伪造、变造、转让金融机构经营许可证、批准文件罪的客体是国家金融机构经营许可证、批准文件的管理秩序。 4

Ⅳ　对象

擅自设立金融机构罪的对象为商业银行、证券交易所、期货交易所、证券公司、期货公司、保险公司或者其他金融机构。根据 2022 年 4 月 6 日最高人民检察院、公安部联合发布的《关于公安机关管辖的刑事案件立案追诉标准的规定(二)》第 19 条的规定,上述金融机构的筹备组织也属于本罪的犯罪对象。 5

伪造、变造、转让金融机构经营许可证、批准文件罪的对象是金融机构经营许可证或者批准文件,具体包括:①金融机构法人许可证或者批准文件;②金融机构营业许可证或者批准文件;③经营外汇业务许可证或者批准文件;④经营金融业务许可证或者批准文件;⑤证券业务营业许可证或者批准文件;⑥期货经纪业务许可证或者批准文件。 6

V　行为

7　(1)擅自设立金融机构罪的客观要件表现为未经国家有关主管部门批准,擅自设立商业银行、证券交易所、期货交易所、证券公司、期货经纪公司、保险公司或者其他金融机构的行为。首先,未经国家有关主管部门批准,一般表现为两种形式:①行为人成立金融机构根本未按照有关法律、法规的规定向国家有关主管部门提出设立申请;②行为人虽向国家有关主管部门提出过申请,但因不符合设立条件等而未获批准。这里所谓的"国家有关主管部门"因行为对象不同可能会有所不同。其次,擅自设立。这里所谓的"擅自设立",是指行为人明知成立金融机构须报请国家有关主管部门批准,但却自作主张而成立。擅自设立只能是作为,不可能是不作为。合法设立的金融机构擅自合并或分立,也属于"擅自设立"的表现形式,但这种行为危害较小,一般不认定为犯罪。

8　(2)伪造、变造、转让金融机构经营许可证、批准文件罪的行为是伪造、变造、转让金融机构经营许可证、批准文件。伪造,是指制造假的金融机构经营许可证或批准文件;变造,是指对真的金融机构经营许可证或批准文件进行改造。有以下几个问题值得研究:①"转让"是否包括出租、出借、出卖。笔者认为,出租、出借、出卖均是转让的具体方式,区别在于出租、出借是在一定时间内将对象让与他人,而出卖是将对象永久让与他人。哪种类型的转让属于本罪的行为,应该结合本罪的立法意图确定。由于本罪的保护客体是国家的金融机构经营许可证、批准文件的管理秩序,而无论是永久让与还是临时让与,均是对本罪之保护客体的侵害,因而转让应包括出租、出借与出卖。②将自己通过盗窃、抢夺等非法方法获取或者拾得金融机构经营许可证、批准文件提供给他人使用的,能否构成本罪。转让经营许可证、批准文件是一种滥用经营许可证所有权的表现,侵犯的是金融机构经营许可证、批准文件管理制度。而经营许可证、批准文件的非法持有者,既然对经营许可证没有所有权,那么就不存在滥用经营许可证的问题。因此,通过盗窃、抢夺等非法手段获得或者拾得金融机构经营许可证、批准文件后无偿提供给他人使用的,不构成本罪。③擅自制造金融机构经营许可证、批准文件是否属于本罪的行为。笔者认为,金融机构经营许可证与批准文件的批准机关与证件的印制者是不同的,如果没有批准机关的批准,即使是有权印制相关文件的机构所印制的许可证与批准文件,也属于伪造,属于本罪的行为。

Ⅵ　主体

9　本条规定之罪的主体为一般主体,既包括个人也包括单位,即具备法定一般条件的自然人和单位均可成为本罪的主体。其中当然包括金融机构本身,也应当包括外国自然人和单位。

Ⅶ　故意

擅自设立金融机构罪,学界一致认为只能由故意构成,过失不能成立本罪。本罪只能由直接故意构成,即行为人对擅自设立金融机构危及金融管理秩序是明知并持积极希望的态度。必须强调的是,成立本罪的故意需要行为人有违法性认识。 10

伪造、变造、转让金融机构经营许可证、批准文件罪的罪过形式只能是故意。实践中,犯罪动机可能多种多样,但犯罪动机不影响本罪的成立。 11

Ⅷ　既遂与未遂

关于擅自设立金融机构罪的既遂标准。"本罪的既遂以擅自设立金融机构为标志,而不以擅自设立的金融机构已经开始营业为标志。"[1]但同时笔者认为,根据《非法金融机构和非法金融业务活动取缔办法》第 3 条第 2 款"非法金融机构的筹备组织,视为非法金融机构"之规定,如果擅自设立金融机构的行为人在成立非法金融机构之前打算成立筹备组织的,那么成立非法金融机构的筹备组织也应视为本罪的既遂。 12

Ⅸ　罪数

司法实践中,擅自设立金融机构的行为人往往事先要伪造公文、证件、印章,伪造金融机构经营许可证,这样,其行为既构成了擅自设立金融机构罪,又构成了伪造国家机关公文、证件、印章罪或者伪造公司、企业、事业单位、人民团体印章罪以及伪造金融机构经营许可证罪;擅自设立金融机构的行为还往往与非法吸收公众存款等行为交织在一起。在这种情况下,行为人实施了几个行为,构成了几个罪名,对此,是按一罪处理还是按数罪并罚呢?笔者认为,上述情况符合牵连犯的特征,应按照牵连犯的理论从一重判处。[2] 13

司法实践中,伪造、变造金融机构经营许可证、批准文件的行为往往与出售伪造、变造的金融机构经营许可证、擅自设立金融机构、非法吸收公众存款的行为交织在一起,对此,多数学者认为应按照牵连犯的处断原则从一重罪处断。 14

Ⅹ　与非罪的界限

(1)注意划清本罪与已获准成立的金融机构未履行工商登记并领取营业执照即进行营业的界限。设立金融机构的审批机关并不是工商行政管理部门,因此,已获准成立的金融机构,即使在未办理工商登记并领取营业执照的情况下营业,也不构成本 15

1　马克昌主编:《经济犯罪新论》,武汉大学出版社 1998 年版,第 255 页。

2　参见黎宏:《刑法学》,法律出版社 2012 年版,第 542 页。

罪,而是违反工商行政管理法规的一般违法行为。

16 (2)设立金融机构的申请尚在审批之中,行为人即先行挂牌营业的定性问题。此种情形中的行为人其主观目的一般是合法经营而非利用金融机构搞违法经营,因此,对于这种情况应按一般违法行为处理;但是,如果行为人的违法行为经指出后或其申请未获通过仍挂牌经营的,则应按擅自设立金融机构罪论处。

17 (3)对于实践中出现的"钱庄""邀会""大耳窿"的定性问题。以上情况是否构成本罪,关键看其机构是否具有实质上的金融机构的性质,如果并非面向社会,只涉及极少数人,且又无一定的组织形式,对此,虽应予以取缔,但只能按一般违法行为处理,不宜以擅自设立金融机构罪定性。

XI 处罚

18 自然人犯《刑法》第 174 条第 1 款规定之罪的,处 3 年以下有期徒刑或者拘役,并处或者单处 2 万元以上 20 万元以下罚金;情节严重的,处 3 年以上 10 年以下有期徒刑,并处 5 万元以上 50 万元以下罚金。所谓情节严重,一般可包括下列情形:成立多家商业银行或者金融机构的;采取恶劣的手段,如以伪造人民银行批准文件或国务院文件等方式,或者编造谎言,欺骗群众,或者国家机关擅自设立金融机构的;不顾主管机关的批评、制止而擅自设立金融机构的;造成了恶劣影响,给他人造成了重大的经济损失的;其他司法机关认为属于情节严重的情形。[3]

19 根据《刑法》第 174 条第 2 款的规定,犯该款所规定的罪行的,处 3 年以下有期徒刑或者拘役,并处或者单处 2 万元以上 20 万元以下罚金;情节严重的,处 3 年以上 10 年以下有期徒刑,并处 5 万元以上 50 万元以下罚金。关键问题是如何理解这里的"情节严重",笔者认为,主要是指多次伪造、变造、转让经营许可证的;伪造、变造数量多的;本人利用伪造、变造的经营许可证或者他人利用本人转让的经营许可证经营金融业务,严重扰乱金融秩序的;利用伪造、变造的金融许可证经营金融业务,给客户造成巨大损失的。具体确定,属于司法裁量权的范畴。

20 单位犯本条规定之罪的,对单位判处罚金,并对其直接负责的主管人员和其他直接责任人员,依《刑法》第 174 条第 1 款的规定处罚。

3　参见郎胜主编:《〈关于惩治破坏金融秩序犯罪的决定〉释义》,中国计划出版社 1995 年版,第 40—41 页。

第一百七十五条　高利转贷罪

以转贷牟利为目的，套取金融机构信贷资金高利转贷他人，违法所得数额较大的，处三年以下有期徒刑或者拘役，并处违法所得一倍以上五倍以下罚金；数额巨大的，处三年以上七年以下有期徒刑，并处违法所得一倍以上五倍以下罚金。

单位犯前款罪的，对单位判处罚金，并对其直接负责的主管人员和其他直接责任人员，处三年以下有期徒刑或者拘役。

文献:谢望原、赫兴旺主编:《刑法分论》(第3版),中国人民大学出版社2016年版;周光权:《刑法各论》(第4版),中国人民大学出版社2021年版;张明楷:《刑法学》(第6版),法律出版社2021年版。刘宪权:《高利转贷罪疑难问题的司法认定》,载《华东政法大学学报》2008年第3期;高洪江:《正确理解和认定高利转贷罪的犯罪构成》,载《人民司法》2008年第24期;崔晓丽:《高利转贷罪司法认定中的疑难争议问题》,载《中国刑事法杂志》2009年第4期;周强、罗开卷:《骗取贷款罪疑难问题探讨》,载《法律适用》2012年第2期;姚万勤:《高利转贷除罪化实证研究》,载《政治与法律》2018年第3期。

细目录

Ⅰ　主旨
Ⅱ　沿革
Ⅲ　客体
Ⅳ　对象
Ⅴ　行为
Ⅵ　主体
Ⅶ　故意
Ⅷ　既遂与未遂
Ⅸ　与非罪的界限
Ⅹ　处罚

Ⅰ　主旨

从金融机构套取贷款转贷他人,牟取高额利润的行为,不仅严重破坏了国家的信贷管理制度,同时增加了金融机构的资金风险,对国家的金融秩序具有较大的破坏 1

性,所以1997年《刑法》第175条对这种行为加以犯罪化。

Ⅱ　沿革

2　1979年刑法没有规定高利转贷罪。1997年刑法修订时,为了应对当时一些个人和单位从金融机构套取贷款转贷给他人,牟取非法利益,严重扰乱金融管理秩序的情况,经研究在修订后的刑法中规定了高利转贷罪。

Ⅲ　客体

3　本罪的直接客体是国家的信贷管理秩序。

Ⅳ　对象

4　本罪的行为对象是金融机构的信贷资金。所谓信贷资金,是指金融机构依据国家制定的贷款方针和政策,运用来自广大居民储蓄和企业存款的资金,经过严格的审批程序,依法贷给公司、企业、事业单位或个人的政策性贷款和商业性贷款。

Ⅴ　行为

5　本罪的客观要件表现为以牟利为目的,套取金融机构信贷资金高利转给他人,违法数额较大的。其行为由套取信贷资金和高利转贷两个相互关联的行为组成。这里有以下几个概念需要解释:①金融机构。笔者认为包括银行和其他金融机构,所有制形式不限。②信贷资金。目前有两种不同的见解:一种观点认为信贷资金是以资信获取的贷款;另一种观点将信贷资金解释为既包括信贷资金,也包括担保贷款。通说认为第二种观点是妥当的。因为从保护国家信贷管理秩序的角度,无论是套取转贷信贷资金还是担保资金,危害都是存在的。从范围上讲,信贷资金包括担保贷款资金和信用贷款资金。[1] ③高利转贷他人,是指从金融机构套取信贷资金后,再以更高的利率借贷给他人或者其他单位。

Ⅵ　主体

6　一般认为本罪的主体是一般主体,既包括年满16周岁具备刑事责任能力的自然人,也包括单位。

Ⅶ　故意

7　本罪属故意犯罪。本罪要求以牟利为目的,因而本罪的故意只能是直接故意,而

1　参见周光权:《刑法各论》(第4版),中国人民大学出版社2021年版,第292页。

不可能是间接故意。另外,本罪的故意内容,应该是行为人明知自己套取金融机构信贷资金高利转贷他人的行为会侵害国家信贷管理秩序而仍然实施该行为的心理态度,因而其故意应该产生于套取信贷资金之前或之中,如果在取得信贷资金之后才产生转贷牟利的意图,其行为就会因不符合本罪的故意内容而不构成本罪。

Ⅷ 既遂与未遂

本罪成立要求有违法所得,司法实践中,一些个人或单位从金融机构套取信贷资金,并且将信贷资金高利转贷他人,在他人还未偿还本息时就被有关部门发现,致使其未能获得违法收入,应按本罪的未遂处理。如果已经获得了数额较大的违法收入,则按本罪的既遂处理。 8

Ⅸ 与非罪的界限

区别本罪与非罪的界限应重点从以下两个方面考察:一是看行为人在套取金融机构信贷资金之前是否具有转贷牟利的目的。如果行为人在向金融机构贷款时没有转贷牟利的目的,而是出于用于本人或本单位的生产、经营目的,但在获得贷款后将所贷款项高利转贷给了他人,就不能构成犯罪。二是看违法所得是否数额较大。违法所得数额较大的,构成犯罪;否则,属于一般违法行为。最高人民检察院、公安部《关于公安机关管辖的刑事案件立案追诉标准的规定(二)》第 21 条规定,以转贷牟利为目的,套取金融机构信贷资金高利转贷他人,违法所得数额在 50 万元以上的,应予立案追诉。 9

Ⅹ 处罚

《刑法》第 175 条分两款分别规定了自然人犯罪的处罚标准和单位犯罪的处罚标准。第 175 条第 1 款把对自然人的处罚分为两档:①违法所得数额较大的,处 3 年以下有期徒刑或者拘役,并处违法所得 1 倍以上 5 倍以下罚金;②数额巨大的,处 3 年以上 7 年以下有期徒刑,并处违法所得 1 倍以上 5 倍以下罚金。这一规定根据违法所得数额的多少来区分刑事责任的大小,因而增加了该条文的可操作性。第 175 条第 2 款规定,对实施高利转贷罪的单位实行双罚制。既对单位判处罚金,又对其直接负责的主管人员和其他直接责任人员,判处 3 年以下有期徒刑或者拘役。 10

第一百七十五条之一　骗取贷款、票据承兑、金融票证罪

以欺骗手段取得银行或者其他金融机构贷款、票据承兑、信用证、保函等，给银行或者其他金融机构造成重大损失的，处三年以下有期徒刑或者拘役，并处或者单处罚金；给银行或者其他金融机构造成特别重大损失或者有其他特别严重情节的，处三年以上七年以下有期徒刑，并处罚金。

单位犯前款罪的，对单位判处罚金，并对其直接负责的主管人员和其他直接责任人员，依照前款的规定处罚。

文献：全国人大常委会法制工作委员会刑法室编：《〈中华人民共和国刑法〉条文说明、立法理由及相关规定》，北京大学出版社2009年版；高铭暄、马克昌：《刑法学》（第8版），北京大学出版社、高等教育出版社2017年版；张明楷：《刑法学》（第6版），法律出版社2021年版。柳忠卫：《骗取贷款、票据承兑、金融票证罪疑难、争议问题研究》，载《法学评论》2009年第1期；孙国祥：《骗取贷款罪司法认定中的三个问题》，载《政治与法律》2012年第5期；刘宪权、吴波：《骗取小额贷款公司贷款行为的定性研究》，载《中国刑事法杂志》2012年第9期；陈洪兵：《骗取贷款罪的准确适用探究》，载《湖南大学学报（社会科学版）》2015年第5期。

细目录

Ⅰ　主旨
Ⅱ　沿革
Ⅲ　客体
Ⅳ　对象
Ⅴ　行为
Ⅵ　主体
Ⅶ　故意
Ⅷ　与贷款诈骗罪的区别
Ⅸ　处罚

Ⅰ　主旨

1　随着我国金融市场的多元化、国际化，各种现代化的金融手段、金融工具被普遍应用，金融活动已深刻地介入国民经济并发挥着越来越重要的作用。为维护金融安全，《刑法》第193条规定了贷款诈骗罪，对以非法占有为目的，诈骗银行或者其他金

融机构贷款的行为规定了刑事责任。但随着社会的发展,一些单位或个人以虚构事实、隐瞒真相等欺骗手段,骗取银行或其他金融机构的贷款或其他信用,数额巨大。这些个人或单位本身并不符合贷款条件或经济效益很差,虽在行为时并不具有非法占有的目的,但由于经营不善或其他原因,造成亏损无法归还贷款。这种骗用贷款或金融信用的行为,不仅严重扰乱了金融秩序,还给金融机构带来了无法收回资金的巨大风险,具有相当的社会危害性,然而按照贷款诈骗罪的规定又无法处罚,故在 2006 年 6 月 29 日通过的《刑法修正案(六)》中增设了本罪。

Ⅱ　沿革

1997 年刑法并未规定本罪。本罪为 2006 年《刑法修正案(六)》增设,规定以欺骗手段取得银行或者其他金融机构贷款、票据承兑、信用证、保函等,给银行或者其他金融机构造成重大损失或者有其他严重情节的,构成本罪。2020 年《刑法修正案(十一)》对本罪入罪门槛作出修改,删去了原规定的"其他严重情节",规定为"造成重大损失"。 2

Ⅲ　客体

通常认为,骗取贷款、票据承兑、金融票证罪的保护客体是国家的金融管理秩序。[1]"金融管理秩序"是一个宏大而内涵模糊的概念,拥有非常庞大的外延,其本身对于骗取贷款、票据承兑、金融票证罪入罪门槛的限制作用几乎是不存在的。针对这种现状,有论者试图对骗取贷款、票据承兑、金融票证罪的法益进行精细化界定。如有观点认为,本罪"既侵犯了金融管理秩序,同时也侵犯了金融交易秩序,以信用为基础的金融秩序是以金融交易秩序为中心的"[2]。还有观点认为,"就设立本罪的目的而言,既要保护银行等金融机构信贷资金的安全,同时,还要保障银行等金融机构的信誉体系"[3]。笔者认为,骗取贷款、票据承兑、金融票证罪的保护客体,应当充分结合金融活动自身的运行逻辑予以把握。商业银行在运营中承担着各种类型的风险,包括信用风险、利率风险、流动性风险、管理风险、资本风险和政策风险等,其中,信用风险是指由于债务人违约而导致贷款和债权等资产丧失偿付能力所引起的风险。[4] 设定骗取贷款、票据承兑、金融票证罪的目的,其实就是为了使金融活动所 3

1　参见高铭暄、马克昌:《刑法学》(第 8 版),北京大学出版社、高等教育出版社 2017 年版,第 402 页。

2　柳忠卫:《骗取贷款、票据承兑、金融票证罪疑难、争议问题研究》,载《法学评论》2009 年第 1 期。

3　全国人大常委会法制工作委员会刑法室编:《〈中华人民共和国刑法〉条文说明、立法理由及相关规定》,北京大学出版社 2009 年版,第 317 页。

4　参加张维、李玉霜:《商业银行信用风险分析综述》,载《管理科学学报》1998 年第 3 期。

指向的信用风险管理秩序能够正常运作,在不对金融市场应有的活力、收益造成不必要的损害的前提下有节制、有的放矢地规制不当影响信用风险的行为。简言之,不是为了消除信用风险,而是为了将信用风险控制在一定的限度之内。就此而言,骗取贷款、票据承兑、金融票证罪的保护客体应当是金融信用风险管理秩序。

Ⅳ 对象

4 本罪的行为对象是银行或其他金融机构的贷款、票据、信用证、保函等。"等"是指与贷款、票据、信用证、保函性质相当的金融凭证、金融机构信用或服务,如票据、资信证明、银行结算凭证等。[5]

Ⅴ 行为

5 本罪的客观要件表现为以欺骗手段取得银行或者其他金融机构贷款、票据承兑、信用证、保函等,给银行或者其他金融机构造成重大损失的行为。这里的欺骗手段是指在申请贷款、票据承兑、信用证、保函等的时候,故意虚假陈述,欺骗银行或者其他金融机构。实践中,本罪与贷款诈骗罪、票据诈骗罪等罪名的客观要件特别是犯罪手段上极为类似,故可推知本罪"欺骗手段"的表现形式主要有:编造引进资金、项目等虚假理由;使用虚假的经济合同;使用虚假的证明文件;使用虚假的产权证明作担保;超出抵押物价值重复担保等。此外,由于本罪的罪状并未采用贷款诈骗罪、票据诈骗罪等罪名的列举式,而是采用概括式规定,故相较其他金融犯罪,本罪犯罪手段的外延更为广泛,也就是说,只要行为人在申请贷款、开立信用证、申请保函或汇票承兑的过程中,虚构了事实或者隐瞒了真相,就可能构成本罪。需要注意的是,如果这里的虚构事实或者隐瞒真相行为并未从实质上对金融信用风险管理秩序造成损害,应当根据客观归责理论"实行行为应当是制造或者提高法所不容许风险的行为"这一原理,认为不符合行为构成。如行为人采用虚假材料骗取贷款,但是提供了充分有效的担保,此时就不应当认为符合行为构成成立犯罪。

6 需要说明的是,欺骗手段必须是针对金融机构工作人员实施的。这是因为,骗取贷款、票据承兑、金融票证罪属于刑法中的诈骗类犯罪,应当符合一般诈骗犯罪的行为构造,即"行为人实施欺骗行为→具有放贷决定权的人陷入认识错误→作出放贷的财产处分决定→行为人获得贷款→银行的贷款遭受风险"。换言之,如果金融机构中具有发放贷款、出具金融票证权限的工作人员知道真相,并未陷入认识错误而使行为人取得贷款、票据承兑、信用证、保函等的,不能认为行为人因欺骗行为而陷入错误认识,不应认定行为人成立本罪。相反,应认定金融机构工作人员构成违法发放贷款、违规出具金融票证等罪;行为人积极参与违法发放贷款、出具金融票证的,应成立违

---

5 参见张明楷:《刑法学》(第6版),法律出版社2021年版,第993页。

法发放贷款、违规出具金融票证等罪的共犯。

本罪的成立要求行为"给银行或者其他金融机构造成重大损失",这是立法对本罪成立的定量要求。"重大损失"应理解为直接造成的经济损失,如贷款无法追回,银行出具信用承担的还款或付款实际经济损失。2022年4月6日最高人民检察院、公安部联合发布的《关于公安机关管辖的刑事案件立案追诉标准的规定(二)》第22条规定,"以欺骗手段取得银行或者其他金融机构贷款、票据承兑、信用证、保函等,给银行或者其他金融机构造成直接经济损失数额在五十万元以上的",应予立案追诉。因此,实践中如果行为人偿还了银行贷款,或者提供了足额真实担保,未给银行造成直接损失的,一般不应以本罪追究行为人的刑事责任。至于"重大损失"的判断时点和标准,则不能过分要求银行等金融机构穷尽一切法律手段后才确定是否造成损失,只要行为人采取欺骗手段获取贷款,不能按期归还资金,没有提供真实有效的担保,其行为实质上就已危害了金融信用风险管理秩序,构成本罪;至于案发后银行等金融机构通过诉讼等法律手段追偿行为人房产获得清偿的,审判时可予以酌定从宽处罚。 7

Ⅵ 主体

本罪的主体是一般主体,既包括年满16周岁具备刑事责任能力的自然人,也包括单位。 8

Ⅶ 故意

本罪的罪过形式是故意,但主观上并不具有非法占有的犯罪目的。这里的故意,是指行为人明知不符合申请贷款、票据承兑、信用证、保函等的条件,仍有意实施骗取贷款、票据承兑、信用证、保函等行为的主观心理状态。过失不成立本罪。在故意的场合,如果行为人具有非法占有的目的,则按照相应的金融诈骗罪或其他犯罪论处,例如,行为人以非法占有为目的,骗取银行贷款的,应成立贷款诈骗罪。 9

Ⅷ 与贷款诈骗罪的区别

本罪与贷款诈骗罪的区别主要有以下四个方面:第一,两罪的犯罪对象不同:贷款诈骗罪的犯罪对象仅为贷款,本罪则包括贷款、票据承兑、信用证、保函等。第二,两罪的犯罪主体不同:贷款诈骗罪只能由自然人构成,而本罪的主体包括自然人与单位;第三,主观罪过不同:贷款诈骗罪必须以非法占有为目的,而本罪没有目的要件。第四,贷款诈骗罪只要骗取贷款数额较大即构成犯罪,而本罪的罪刑标准是造成重大损失。 10

Ⅸ 处罚

《刑法》第175条之一分两款分别规定了自然人犯罪的处罚标准和单位犯罪的处 11

罚标准。第 175 条之一第 1 款把对自然人的处罚分为两档:①给银行或者其他金融机构造成重大损失的,处 3 年以下有期徒刑或者拘役,并处或者单处罚金;②给银行或者其他金融机构造成特别重大损失或者有其他特别严重情节的,处 3 年以上 7 年以下有期徒刑,并处罚金。"数额+情节"的多元罪刑模式显示了刑法的扩张趋势,有利于维护社会秩序。第 175 条之一第 2 款规定,对实施骗取贷款、票据承兑、金融票证罪的单位实行双罚制。既对单位判处罚金,又对其直接负责的主管人员和其他直接责任人员,按照《刑法》第 175 条之一第 1 款的规定处罚。

第一百七十六条　非法吸收公众存款罪

非法吸收公众存款或者变相吸收公众存款，扰乱金融秩序的，处三年以下有期徒刑或者拘役，并处或者单处罚金；数额巨大或者有其他严重情节的，处三年以上十年以下有期徒刑，并处罚金；数额特别巨大或者有其他特别严重情节的，处十年以上有期徒刑，并处罚金。

单位犯前款罪的，对单位判处罚金，并对其直接负责的主管人员和其他直接责任人员，依照前款的规定处罚。

有前两款行为，在提起公诉前积极退赃退赔，减少损害结果发生的，可以从轻或者减轻处罚。

文献:谢望原、赫兴旺主编:《刑法分论》(第3版),中国人民大学出版社2016年版;周光权:《刑法各论》(第4版),中国人民大学出版社2021年版;张明楷:《刑法学》(第6版),法律出版社2021年版。刘凤科:《非法吸收公众存款罪的本质及立法失误》,载《人民检察》2001年第7期;丁慧敏:《论"变相吸收公众存款"——以三种商品交易形式为例》,载《政治与法律》2011年第4期;谢望原、张开骏:《非法吸收公众存款罪疑难问题研究》,载《法学评论》2011年第6期;杨兴培、刘慧伟:《论刑法介入民间金融活动的原则和界限——以集资诈骗罪、非法吸收公众存款罪为切入点》,载《海峡法学》2012年第3期;刘宪权:《刑法严惩非法集资行为之反思》,载《法商研究》2012年第4期;姜涛:《非法吸收公众存款罪的限缩适用新路径:以欺诈和高风险为标准》,载《政治与法律》2013年第8期;时方:《非法集资犯罪中的被害人认定——兼论刑法对金融投机者的保护界限》,载《政治与法律》2017年第11期;邹玉祥:《非法吸收公众存款罪之行为类型研究——基于网贷背景下的教义学展开》,载《政治与法律》2018年第6期。

细目录

Ⅰ　主旨
Ⅱ　沿革
Ⅲ　客体
Ⅳ　行为
Ⅴ　主体
Ⅵ　故意
Ⅶ　罪数

Ⅷ　与非罪的界限
Ⅸ　处罚

Ⅰ　主旨

1　随着我国社会主义市场经济体制的形成,一些个人或者单位为了募集资金发展生产、经营而非法吸收或者变相吸收公众存款,一些金融机构也在相互竞争中进行非法吸收公众存款的活动,这类行为破坏了国家对社会资金的正常管理,使金融秩序受到严重冲击,从而破坏了社会主义市场经济秩序。同时非法吸收公众存款行为缺乏监管机制,行为人的风险承担能力亦缺乏保障,无法确保投资者的资金安全,易给公民、法人以及其他组织造成巨额财产损失,由此引发的群体性事件屡有发生,严重影响社会稳定。鉴于此,我国刑法对此种行为加以规制。

Ⅱ　沿革

2　1995年通过的《商业银行法》第79条规定,未经中国人民银行批准,任何单位和个人不得从事吸收公众存款等业务;该法第47条规定,商业银行不得违反规定提高或降低利率以及采用其他不正当手段,吸收存款,发放贷款。与此规定相协调,1995年6月30日,全国人大常委会通过了《关于惩治破坏金融秩序犯罪的规定》,其中第7条明文规定将非法吸收或者变相吸收公众存款的行为纳入刑事制裁的范围。1997年刑法修改时,沿用了该罪名。2020年《刑法修正案(十一)》对本条作出修改,一方面,增设本罪的量刑档次,将法定最高刑由10年以上有期徒刑提高至15年有期徒刑,并删去各量刑档次中对罚金具体数额的规定;另一方面,增加在提起公诉前积极退赃退赔,减少损害结果发生的,可以从轻或者减轻处罚的规定。

Ⅲ　客体

3　一般认为,本罪的直接客体是国家的金融管理秩序,具体而言就是国家对于存款的管理秩序。存款是最基本也是最重要的金融活动之一,是商业银行最重要的信贷资金来源,也是国家宏观调控能力的重要保障。因此在我国现行金融体制之下,对于吸收存款行为,采取了特许经营制度。因此在终极意义上,刑法设定非法吸收公众存款罪对于存款秩序进行维护,目的在于保障国家的宏观调控能力。需要注意的是,随着我国对于民间融资行为逐渐采取开放态度,对于与金融安全无关的吸收民间资金并相应给予一定利息的行为,不宜过度采取刑事手段予以干预。但这并不代表对本罪客体的理解需要重新把握,毋宁说我们需要区分哪些是金融活动自身应当承受风险的行为,哪些是超过金融管理风险承受范围的违法犯罪行为。

Ⅳ 行为

本罪的行为表现为非法吸收或者变相吸收公众存款。国务院 1998 年 7 月 13 日 4
发布的《非法金融机构和非法金融业务活动取缔办法》第 4 条第 2 款对“非法吸收公众存款”和“变相吸收公众存款”作了以下定义性规定:非法吸收公众存款,是指未经中国人民银行批准,向社会不特定对象吸收资金,出具凭证,承诺在一定期限内还本付息的活动;变相吸收公众存款,是指未经中国人民银行批准,不以吸收公众存款的名义,向社会不特定对象吸收资金,但承诺履行的义务与吸收公众存款性质相同的活动。2022 年 3 月 1 日施行的最高人民法院《关于审理非法集资刑事案件具体应用法律若干问题的解释》在此基础上对“非法吸收公众存款或者变相吸收公众存款”的认定作了更为详尽的规定,其第 1 条规定,违反国家金融管理法律规定,向社会公众(包括单位和个人)吸收资金的行为,同时具备下列四个条件的,除刑法另有规定的以外,应当认定为《刑法》第 176 条规定的“非法吸收公众存款或者变相吸收公众存款”:①未经有关部门依法许可或者借用合法经营的形式吸收资金;②通过网络、媒体、推介会、传单、手机信息等途径向社会公开宣传;③承诺在一定期限内以货币、实物、股权等方式还本付息或者给付回报;④向社会公众即社会不特定对象吸收资金。未向社会公开宣传,在亲友或者单位内部针对特定对象吸收资金的,不属于非法吸收或者变相吸收公众存款。2019 年 1 月 30 日公布的最高人民法院、最高人民检察院、公安部《关于办理非法集资刑事案件若干问题的意见》第 1 条规定:“人民法院、人民检察院、公安机关认定非法集资的‘非法性’,应当以国家金融管理法律法规作为依据。对于国家金融管理法律法规仅作原则性规定的,可以根据法律规定的精神并参考中国人民银行、中国银行保险监督管理委员会、中国证券监督管理委员会等行政主管部门依照国家金融管理法律法规制定的部门规章或者国家有关金融管理的规定、办法、实施细则等规范性文件的规定予以认定。”

根据《非法金融机构和非法金融业务活动取缔办法》第 4 条第 2 款的规定,非法 5
吸收公众存款的行为具有以下特征:①未经中国人民银行批准,这是行为的非法性之所在;②向社会公开宣传;③吸收资金,出具凭证,承诺在一定期限内还本付息;④行为针对社会不特定对象。所谓向社会公开宣传,根据 2014 年 3 月 25 日公布的最高人民法院、最高人民检察院、公安部《关于办理非法集资刑事案件适用法律若干问题的意见》的规定,包括以各种途径向社会公众传播吸收资金的信息,以及明知吸收资金的信息向社会公众扩散而予以放任等情形。所谓社会不特定对象,是指对吸收存款的对象没有限制,行为人欢迎任何自然人和单位去存款。向社会不特定对象吸收存款的形式通常有两种情形:一是公开张贴告示、通知等招揽存款;二是发动亲友到处游说,广泛动员他人存款。对于如何区分是否“针对特定对象吸收资金”而言,《关于办理非法集资刑事案件适用法律若干问题的意见》指出,在向亲友或者单位内部人员吸收资金的过程中,明知亲友或者单位内部人员向不特定对象吸收资金而予以放任的;以吸收资金为目的,将社会人员吸收为单位内部人员,并向其吸收资金的,不属于"针对特定对象吸收资金"的行为,应当认定为向社会公众吸收资金。变相吸收公众存款的行为与非法吸收公众存款的行为在非法性特征和对象特征以及承诺的义务等方面均是相同的,不同的是,变相吸收公众存款不以吸收存款为名,而是假借借款、入股等名义进行。

6 实践中,金融机构工作人员以虚构银行内部高额利息存款的手段,吸纳亲友等特定人的大量现金归个人使用的,不属于非法吸收公众存款行为,应以诈骗罪论处。

V　主体

7 本罪的主体为一般主体,凡年满16周岁且具有刑事责任能力的人都能成为本罪主体;单位亦可以成为本罪主体。

VI　故意

8 从法条的语言表述可以认为,本罪只能由故意构成,过失不构成本罪。其故意的内容是行为人明知自己的行为系违反法律的向不特定社会公众公开宣传吸收存款或者变相吸收公众存款的行为,仍故意为之。

9 2019年1月30日公布的最高人民法院、最高人民检察院、公安部《关于办理非法集资刑事案件若干问题的意见》第4条规定:"认定犯罪嫌疑人、被告人是否具有非法吸收公众存款的犯罪故意,应当依据犯罪嫌疑人、被告人的任职情况、职业经历、专业背景、培训经历、本人因同类行为受到行政处罚或者刑事追究情况以及吸收资金方式、宣传推广、合同资料、业务流程等证据,结合其供述,进行综合分析判断。犯罪嫌疑人、被告人使用诈骗方法非法集资,符合《最高人民法院关于审理非法集资刑事案件具体应用法律若干问题的解释》第四条规定的,可以认定为集资诈骗罪中'以非法占有为目的'。办案机关在办理非法集资刑事案件中,应当根据案件具体情况注意收集运用涉及犯罪嫌疑人、被告人的以下证据:是否使用虚假身份信息对外开展业务;是否虚假订立合同、协议;是否虚假宣传,明显超出经营范围或者夸大经营、投资、服务项目及盈利能力;是否吸收资金后隐匿、销毁合同、协议、账目;是否传授或者接受规避法律、逃避监管的方法,等等。"

VII　罪数

10 对于非法设立金融机构后又非法吸收公众存款的如何处理?上述情形同时具备擅自设立金融机构和非法吸收公众存款两个犯罪构成,但由于两个行为之间具有牵连关系,因此不应数罪并罚,按照从一重处断的原则处理是妥当的。

Ⅷ　与非罪的界限

依据 2022 年 3 月 1 日施行的最高人民法院《关于审理非法集资刑事案件具体应用法律若干问题的解释》第 3 条的规定,非法吸收或者变相吸收公众存款,具有下列情形之一的,应当依法追究刑事责任:①非法吸收或者变相吸收公众存款数额在 100 万元以上的;②非法吸收或者变相吸收公众存款对象 150 人以上的;③非法吸收或者变相吸收公众存款,给存款人造成直接经济损失数额在 50 万元以上的。非法吸收或者变相吸收公众存款数额在 50 万元以上或者给存款人造成直接经济损失数额在 25 万元以上,同时具有下列情节之一的,应当依法追究刑事责任:①曾因非法集资受过刑事追究的;②2 年内曾因非法集资受过行政处罚的;③造成恶劣社会影响或者其他严重后果的。 11

根据最高人民检察院第 64 号指导性案例“杨卫国等人非法吸收公众存款案”的要旨,单位或个人假借开展网络借贷信息中介业务之名,未经依法批准,归集不特定公众的资金设立资金池,控制、支配资金池中的资金,并承诺还本付息的,构成非法吸收公众存款罪。 12

Ⅸ　处罚

根据本条规定,本罪第一个罪刑阶段的处罚是 3 年以下有期徒刑或者拘役,并处或者单处罚金;数额巨大或者有其他严重情节的,处 3 年以上 10 年以下有期徒刑,并处罚金;数额特别巨大或者有其他特别严重情节的,处 10 年以上有期徒刑,并处罚金。“数额巨大”“数额特别巨大”的具体数额和“其他严重情节”“其他特别严重情节”的具体情节,一般可由相关司法解释予以明确。根据最高人民法院《关于审理非法集资刑事案件具体应用法律若干问题的解释》的规定,这里的“数额巨大或者有其他严重情节”,具体是指:①非法吸收或者变相吸收公众存款数额在 500 万元以上的;②非法吸收或者变相吸收公众存款对象 500 人以上的;③非法吸收或者变相吸收公众存款,给存款人造成直接经济损失数额在 250 万元以上的。非法吸收或者变相吸收公众存款数额在 250 万元以上或者给存款人造成直接经济损失数额在 150 万元以上,同时具有本解释第 3 条第 2 款第(三)项情节的,应当认定为“其他严重情节”。 13

2019 年 1 月 30 日公布的最高人民法院、最高人民检察院、公安部《关于办理非法集资刑事案件若干问题的意见》第 5 条规定,“非法吸收或者变相吸收公众存款构成犯罪,具有下列情形之一的,向亲友或者单位内部人员吸收的资金应当与向不特定对象吸收的资金一并计入犯罪数额:(一)在向亲友或者单位内部人员吸收资金的过程中,明知亲友或者单位内部人员向不特定对象吸收资金而予以放任的;(二)以吸收资金为目的,将社会人员吸收为单位内部人员,并向其吸收资金的;(三)向社会公开宣传,同时向不特定对象、亲友或者单位内部人员吸收资金的。非法吸收或者变相吸收 14

公众存款的数额,以行为人所吸收的资金全额计算。集资参与人收回本金或者获得回报后又重复投资的数额不予扣除,但可以作为量刑情节酌情考虑。”

15　单位犯前款罪,对单位判处罚金,并对其直接负责的主管人员和其他直接责任人员,依前款的规定处罚。

16　有前两款行为,在提起公诉前积极退赃退赔,减少损害结果发生的,可以从轻或者减轻处罚。本款为《刑法修正案(十一)》增设,目的在于促使犯本罪人员积极退赃退赔,减少和挽回社会公众的损失。需要注意的是,对犯非法吸收公众存款罪,依照本款从宽处理的,必须符合三个条件:首先,退赃退赔须在提起公诉前,即在人民检察院对公安机关移送起诉的非法吸收公众存款案件提交人民法院审判前。其次,行为人必须积极退赃退赔。退赃,是指将非法吸收的存款退回原所有人;退赔,是指在非法吸收的存款无法退回的情况下,赔偿相应等值财物。最后,必须能够减少损害结果的发生,即必须达到避免或者减少损害结果发生的实际效果。

第一百七十七条　伪造、变造金融票证罪

有下列情形之一，伪造、变造金融票证的，处五年以下有期徒刑或者拘役，并处或者单处二万元以上二十万元以下罚金；情节严重的，处五年以上十年以下有期徒刑，并处五万元以上五十万元以下罚金；情节特别严重的，处十年以上有期徒刑或者无期徒刑，并处五万元以上五十万元以下罚金或者没收财产：

（一）伪造、变造汇票、本票、支票的；

（二）伪造、变造委托收款凭证、汇款凭证、银行存单等其他银行结算凭证的；

（三）伪造、变造信用证或者附随的单据、文件的；

（四）伪造信用卡的。

单位犯前款罪的，对单位判处罚金，并对其直接负责的主管人员和其他直接责任人员，依照前款的规定处罚。

文献：陈兴良：《刑法疏义》，中国人民公安大学出版社 1997 年版；陶驷驹主编：《中国新刑法通论》，群众出版社 1997 年版；谢望原、赫兴旺主编：《刑法分论》（第 3 版），中国人民大学出版社 2016 年版；周光权：《刑法各论》（第 4 版），中国人民大学出版社 2021 年版；张明楷：《刑法学》（第 6 版），法律出版社 2021 年版。曾月英：《伪造、变造金融票证罪刍议》，载《中国刑事法杂志》1999 年第 2 期；黄明儒：《伪造、变造金融票证罪行为分析》，载《华东刑事司法评论》2002 年第 2 期；刘宪权：《伪造、变造金融票证罪疑难问题刑法分析》，载《法学》2008 年第 2 期。孙静翊：《对伪造、变造金融票证罪宜作限定解释》，载《检察日报》2017 年 1 月 16 日。

细目录

Ⅰ　主旨
Ⅱ　沿革
Ⅲ　客体
Ⅳ　对象
Ⅴ　行为
Ⅵ　主体
Ⅶ　故意
Ⅷ　既遂与未遂
Ⅸ　罪数

李　洁　王志远

X　处罚

I　主旨

1　随着我国改革开放的深入,金融票证在经济生活中的作用越来越大,随之而来的以金融票证为犯罪对象的犯罪也越来越严重地威胁着我国金融管理秩序和社会主义建设的顺利进行。我国1979年刑法在保护金融票证的流通方面显然存在漏洞。因此,1997年修订后的刑法重新界定了金融票证的范围,并且对伪造、变造金融票证的行为加以犯罪化规制。

II　沿革

2　1979年刑法未将金融票证纳入其保护范围。1995年6月30日通过的全国人大常委会《关于惩治破坏金融秩序犯罪的决定》将伪造、变造金融票证行为明确作为犯罪予以打击。1997年修订的刑法对此进行了重要的修正。

III　客体

3　本罪的客体是金融管理秩序。

IV　对象

4　本罪的犯罪对象是金融票证。金融票证是指金融活动赖以正常进行的,代表一定财产权利的书面凭证。广义的金融票证包括一切与银行有关的票据、银行结算单据及附随的单据和银行发行的其他代表一定财产价值的书面凭证。金融票证具有流通性,发挥了一定的货币的作用。依据刑法规定,本罪的对象是狭义的金融票证,即本票、汇票、支票,与银行结算凭证有关的委托收款凭证、汇款凭证、银行存单等,以及信用证和其附随单据等。[1]

V　行为

5　伪造、变造金融票证罪的客观要件表现为实施了对金融票证的伪造或变造行为。所谓伪造金融票证,是指行为人依照金融票证的式样、图案、规格、色彩、特征,采用印刷、描绘、复印、影印等方法,制造出在质地、票面记载事项等外观形式和表面内容上,与真正票据相同或相近似,达到造假逼真甚至以假乱真的程度。一般来讲,这种伪造的金融票证只要有真正金融票证的外观,大体上能够达到蒙骗普通人的程度即可。至于其所伪造的金融票证是否完全符合金融票证的法定形式条件,不影响犯罪

1　参见宣炳昭主编:《刑法各罪的法理与实用》,中国政法大学出版社2002年版,第96页。

的成立。变造金融票证则是指行为人针对真的金融票证,采取挖补、拼接、涂改等方法进行加工处理,制造数量更多或票面价值更大的金融票证。变造必须以真正的金融票证为基础。如目前在司法实践中表现为在真正的金融票证上,将原有填写笔迹经化学药水消退后,重新填写票面金额的行为,即属于变造金融票证。伪造、变造金融票证,都需有真正的金融票证为蓝本,若行为人自行设计、制造出我国金融体系中根本不存在的所谓"金融票证",用以实施骗取钱财活动的,则不能以伪造、变造金融票证罪论,只能构成诈骗罪。本罪虽然没有明确要求犯罪成立的量定条件,但是一般认为行为需达到一定恶劣程度才构成犯罪,即应达到最高人民检察院、公安部《关于公安机关管辖的刑事案件立案追诉标准的规定(二)》第 24 条规定的立案追诉标准,即伪造、变造汇票、本票、支票,或者伪造、变造委托收款凭证、汇款凭证、银行存单等其他银行结算凭证,或者伪造、变造信用证或者附随的单据、文件,总面额在 1 万元以上或者数量在 10 张以上的;或伪造信用卡 1 张以上,或者伪造空白信用卡 10 张以上的,应予立案追诉。

Ⅵ　主体

本罪的主体是一般主体,既可以是自然人也可以是单位。需要注意的是,有权制造金融票证的单位,不能成为伪造其权限范围内的金融票证罪的主体,但可以成为伪造、变造其权限范围外金融票证的犯罪主体。 6

Ⅶ　故意

本罪只能由故意构成,过失不构成本罪。另外,成立本罪需要行为人有行使目的。没有行使的目的,就难以认定行为人具有本罪的故意。 7

Ⅷ　既遂与未遂

本罪以金融票证被伪造或变造出来作为既遂的标志,如果行为尚未完成,伪造的金融票证尚未形成,就因意志以外的原因停止,可以构成本罪的未遂。至于行为人是否使用了伪造的票证,不是本罪的成立条件,使用的目的只是本罪主观故意的内容。 8

Ⅸ　罪数

司法实践中,伪造、变造金融票证往往是行为人实施金融票证诈骗、票据诈骗、合同诈骗等目的犯罪行为的方法行为。行为人为实施其他利用金融票证诈骗等犯罪,伪造、变造金融票证后,尚未来得及实施其目的犯罪即案发的,以伪造、变造金融票证罪一罪论处。根据刑法规定,使用伪造、变造的金融票据构成票据诈骗罪;使用伪造、变造的信用证或者附随的单据、文件,构成信用证诈骗罪;使用伪造的信用卡,则构成信用卡诈骗罪。伪造、变造金融票证后,又使用的,实质上属于实施了数个 9

行为,触犯了数个罪名,构成了数罪。行为人在事实上构成了伪造、变造金融票证罪和金融诈骗犯罪,但由于其手段行为(伪造或变造)与目的行为(如诈骗)之间具有牵连关系,构成牵连犯。

10 根据最高人民法院《关于审理盗窃案件具体应用法律若干问题的解释》第 5 条第(二)项的规定,盗窃有价支付凭证的,可根据具体情况以盗窃罪论处。但如果行为人盗窃了印鉴不全的支付凭证,或不能即时兑现的记名的支付凭证,在其上签字、盖章或更改签名,或增写票面金额的,也触犯本罪。如果进而实施诈骗活动的,应根据牵连犯的原理依触犯的相应的金融诈骗罪论处。至于此前的盗窃行为,如故意窃取印鉴不全、不能即时兑现的记名的支付凭证,则应看作本罪的预备行为;如因认识错误而窃得这类凭证(其犯罪意图是盗窃财物),则成立盗窃罪(未遂),将与触犯的相应的金融诈骗罪(在考虑处理与本罪形成牵连犯之后)数罪并罚。[2] 笔者认为,如果行为人一开始就具有盗窃后予以伪造、变造的总体意图的,应按照牵连犯处理,否则应数罪并罚。

X　处罚

11 本罪设三档法定刑,一般情节的,处 5 年以下有期徒刑或者拘役,并处或者单处 2 万元以上 20 万元以下罚金;情节严重的,处 5 年以上 10 年以下有期徒刑,并处 5 万元以上 50 万元以下罚金;情节特别严重的,处 10 年以上有期徒刑或者无期徒刑,并处 5 万元以上 50 万元以下罚金或者没收财产。在对具体的犯罪行为裁量刑罚时,应明确何为情节严重,何为情节特别严重。所谓情节严重,包括伪造、变造金融票证数额巨大的;多次伪造、变造金融票证的;造成金融机构或他人巨大经济损失的。所谓情节特别严重,主要是指伪造、变造数额特别巨大;一贯伪造、变造金融票证的;造成金融机构或他人特别巨大的经济损失的。当然,情节属综合指标,具体内容具有多样性,其评价具有综合性,属司法裁量权的范围。最高人民法院、最高人民检察院《关于办理妨害信用卡管理刑事案件具体应用法律若干问题的解释》,对伪造信用卡情况下如何认定情节严重和情节特别严重作了具体规定。该解释第 1 条第 3、4、5 款规定,伪造信用卡,有下列情形之一的,应当认定为《刑法》第 117 条规定的"情节严重":伪造信用卡 5 张以上不满 25 张的;伪造的信用卡内存款余额、透支额度单独或者合计数额在 20 万元以上不满 100 万元的;伪造空白信用卡 50 张以上不满 250 张的;其他情节严重的情形。伪造信用卡,有下列情形之一的,应当认定为《刑法》第 177 条规定的"情节特别严重":伪造信用卡 25 张以上的;伪造的信用卡内存款余额、透支额度单独或者合计数额在 100 万元以上的;伪造空白信用卡 250 张以上的;其他情节特别严重的情形。同时规定,本条所称"信用卡内存款余额、透支额度",以信用卡被伪造后发卡行记录的最高存款余额、可透支额度计算。

---

[2] 参见赵秉志主编:《中国刑法案例与学理研究·分则篇(二)》,法律出版社 2001 年版,第 310 页。

第一百七十七条之一　妨害信用卡管理罪;窃取、收买、非法提供信用卡信息罪

有下列情形之一，妨害信用卡管理的，处三年以下有期徒刑或者拘役，并处或者单处一万元以上十万元以下罚金；数量巨大或者有其他严重情节的，处三年以上十年以下有期徒刑，并处二万元以上二十万元以下罚金：

（一）明知是伪造的信用卡而持有、运输的，或者明知是伪造的空白信用卡而持有、运输，数量较大的；

（二）非法持有他人信用卡，数量较大的；

（三）使用虚假的身份证明骗领信用卡的；

（四）出售、购买、为他人提供伪造的信用卡或者以虚假的身份证明骗领的信用卡的。

窃取、收买或者非法提供他人信用卡信息资料的，依照前款规定处罚。

银行或者其他金融机构的工作人员利用职务上的便利，犯第二款罪的，从重处罚。

文献:谢望原、赫兴旺主编:《刑法分论》(第3版),中国人民大学出版社2016年版;周光权:《刑法各论》(第4版),中国人民大学出版社2021年版;张明楷:《刑法学》(第6版),法律出版社2021年版。顾肖荣:《信用卡犯罪认定的新思考》,载《法学》2005年第11期;利子平、樊宏涛:《窃取、收买、非法提供信用卡信息资料罪刍议》,载《河北法学》2005年第11期;杨书文:《妨害信用卡管理罪的理解与司法认定》,载《中国人民公安大学学报(社会科学版)》2009年第3期;刘宪权、庄绪龙:《"恶意透支"型信用卡诈骗罪若干问题研究——兼评"两高"〈关于办理妨害信用卡管理刑事案件问题的解释〉之有关内容》,载《当代法学》2011年第1期;耿磊:《〈关于修改《关于办理妨害信用卡管理刑事案件具体应用法律若干问题的解释》的决定〉的理解与适用》,载《人民司法》2019年第1期。

细目录

Ⅰ　主旨
Ⅱ　沿革
Ⅲ　客体
Ⅳ　对象

Ⅴ　行为
Ⅵ　主体
Ⅶ　故意
Ⅷ　处罚

Ⅰ　主旨

1 近年来,信用卡犯罪猖獗,银行某些工作人员甚至利用职务之便,将顾客的信用卡资料和身份证号码提供给犯罪团伙进行犯罪活动,使顾客遭受巨额经济损失。为了打击信用卡犯罪,《刑法修正案(五)》新增了本条之罪,这是又一重大的法律完善举措。

Ⅱ　沿革

2 本条由2005年2月28日通过的全国人大常委会《刑法修正案(五)》所新设,明确规定了妨害信用卡管理罪和窃取、收买、非法提供信用卡信息罪构成特征和处罚。2007年10月25日发布的最高人民法院、最高人民检察院《关于执行〈中华人民共和国刑法〉确定罪名的补充规定(三)》将《刑法》第177条之一第1款罪名确定为"妨害信用卡管理罪",将《刑法》第177条之一第2款罪名确定为"窃取、收买、非法提供信用卡信息罪"。

Ⅲ　客体

3 本罪的客体是国家对信用卡的管理秩序和国家对银行或者其他金融机构的管理秩序。

Ⅳ　对象

4 本罪的犯罪对象是信用卡。根据2004年12月29日通过的全国人大常委会《关于〈中华人民共和国刑法〉有关信用卡规定的解释》的规定,所谓"信用卡",是指由商业银行或者其他金融机构发行的具有消费支付、信用贷款、转账结算、存取现金等全部功能或者部分功能的电子支付卡。"信用卡"包括借记卡、贷记卡等多种形式的电子支付卡。

Ⅴ　行为

5 妨害信用卡管理罪在客观上表现为以下五种行为[1]:①持有,即明知是伪造的信

1　参见周光权:《刑法各论》(第4版),中国人民大学出版社2021年版,第301页。

用卡而持有;或者明知是伪造的空白信用卡而持有,数量较大的;或者非法持有他人信用卡,数量较大的。②运输,即明知是伪造的信用卡而运输的;或者明知是伪造的空白信用卡而运输,数量较大的。③骗领,包括以伪造、变造的身份证明骗领信用卡;违背他人意愿,使用他人真实身份证明,包括居民身份证、军官证、士兵证、港澳居民往来内地通行证、台湾居民来往大陆通行证、护照等身份证明为自己骗领信用卡。④出售、购买,即出售、购买伪造的信用卡或者以虚假的身份证明骗领信用卡的。⑤为他人提供,即将伪造的信用卡或者以虚假的身份证明骗领的信用卡交付他人的行为,包括出租、出借、赠送等。

窃取、收买、非法提供信用卡信息罪的行为包括窃取、收买或者非法提供三种行为。所谓窃取,是指行为人非经过信用卡信息权利人许可,以秘密方式获取信用卡信息的行为;所谓收买,是指行为人支付对价从非信用卡信息权利人处获取信用卡信息的行为;所谓非法提供,是指非信用卡信息权利人在未经信用卡信息权利人许可的前提下,将信用卡信息移交给他人的行为。 6

Ⅵ　主体

本条之罪的主体是一般主体,即年满16周岁的自然人。单位不是本罪的主体。 7

Ⅶ　故意

本罪只能由故意构成,过失不构成本罪。间接故意也能成立本罪。本条第1款第(一)项中规定了“明知”,其他款项并没有规定“明知”,并且本条没有对行为人的意志因素进行限定,实践中,行为人放任自己的行为危害信用卡管理制度的现象大量存在,因此,应该认为间接故意也能成立本罪。 8

Ⅷ　处罚

犯妨害信用卡管理罪的,处3年以下有期徒刑或者拘役,并处或者单处1万元以上10万元以下罚金。根据最高人民检察院、公安部《关于公安机关管辖的刑事案件立案追诉标准的规定(二)》第25条第1款的规定,妨碍信用卡管理,涉嫌以下情形之一的,应当予以立案追诉:①明知是伪造的信用卡而持有、运输的;②明知是伪造的空白信用卡而持有、运输,数量累计在10张以上的;③非法持有他人信用卡,数量累计在5张以上的;④使用虚假的身份证明骗领信用卡的;⑤出售、购买、为他人提供伪造的信用卡或者以虚假的身份证明骗领的信用卡的。数量巨大或者有其他严重情节的,处3年以上10年以下有期徒刑,并处2万元以上20万元以下罚金。根据最高人民法院、最高人民检察院《关于办理妨害信用卡管理刑事案件具体应用法律若干问题的解释》第2条第2款的相关规定,以下情形属于数量巨大:①明知是伪造的信用卡而持有、运输10张以上的;②明知是伪造的空白信用卡而持有、运输100张以上的; 9

③非法持有他人信用卡 50 张以上的;④使用虚假的身份证明骗领信用卡 10 张以上的;⑤出售、购买、为他人提供伪造的信用卡或者以虚假的身份证明骗领的信用卡 10 张以上的。

10 犯窃取、收买、非法提供信用卡信息罪的,依照妨害信用卡管理罪的相关规定处罚。银行或者其他金融机构的工作人员利用职务上的便利,窃取、收买或者非法提供他人信用卡信息资料的,从重处罚。根据最高人民法院、最高人民检察院《关于办理妨害信用卡管理刑事案件具体应用法律若干问题的解释》第 3 条的规定,窃取、收买、非法提供他人信用卡信息资料,足以伪造可进行交易的信用卡,或者足以使他人以信用卡持卡人名义进行交易,涉及信用卡 1 张以上不满 5 张的,应予定罪处罚;涉及信用卡 5 张以上的,属于“数量巨大”。

第一百七十八条　伪造、变造国家有价证券罪；伪造、变造股票、公司、企业债券罪

伪造、变造国库券或者国家发行的其他有价证券，数额较大的，处三年以下有期徒刑或者拘役，并处或者单处二万元以上二十万元以下罚金；数额巨大的，处三年以上十年以下有期徒刑，并处五万元以上五十万元以下罚金；数额特别巨大的，处十年以上有期徒刑或者无期徒刑，并处五万元以上五十万元以下罚金或者没收财产。

伪造、变造股票或者公司、企业债券，数额较大的，处三年以下有期徒刑或者拘役，并处或者单处一万元以上十万元以下罚金；数额巨大的，处三年以上十年以下有期徒刑，并处二万元以上二十万元以下罚金。

单位犯前两款罪的，对单位判处罚金，并对其直接负责的主管人员和其他直接责任人员，依照前两款的规定处罚。

文献：马克昌主编：《经济犯罪新论》，武汉大学出版社 1998 年版；黎宏：《刑法学》，法律出版社 2012 年版；郭伟清、杜文俊主编：《经济刑法实务精析》，上海社会科学院出版社 2014 年版；谢望原、赫兴旺主编：《刑法分论》（第 3 版），中国人民大学出版社 2016 年版；周光权：《刑法各论》（第 4 版），中国人民大学出版社 2021 年版；张明楷：《刑法学》（第 6 版），法律出版社 2021 年版。曾月英：《伪造、变造股票行为的界定与处理》，载《经济论坛》1999 年第 16 期；苑民丽：《论伪造、变造股票、公司、企业债券罪的几个问题》，载《国家检察官学院学报》2002 年第 2 期；莫洪宪、叶小琴：《论伪造、变造国家有价证券罪的若干问题》，载《淮阴师范学院学报（哲学社会科学版）》2005 年第 3 期；刘宪权：《涉民营企业犯罪案件的刑法适用》，载《法学杂志》2020 年第 3 期。

细目录

Ⅰ　主旨
Ⅱ　沿革
Ⅲ　客体
Ⅳ　对象
Ⅴ　行为
Ⅵ　主体
Ⅶ　故意

Ⅷ 共犯
Ⅸ 罪数
Ⅹ 与他罪的区别
Ⅺ 处罚

Ⅰ 主旨

1 伪造、变造国库券和国家发行的其他有价证券的行为,严重破坏了金融秩序;而随着市场经济的发展,股票、公司、企业债券成为公司、企业募集资金的重要手段,一些不法分子不仅大肆伪造公司、企业债券,而且使用变造的方法使公司、企业债券的面值增大,从而获取非法利益,不利于资本市场的健康发展。因此,刑法将上述行为加以规制。

Ⅱ 沿革

2 本条之罪是在1979年《刑法》第123条的基础上修改而来的。1979年《刑法》第123条规定:伪造支票、股票或者其他有价证券的,处7年以下有期徒刑,可以并处罚金。与原规定相比,1997年刑法规定有以下特点:①增加了对"变造"有价证券行为的惩罚规定;②缩小了"有价证券"的范围,限定为国家发行的有价证券,主要指国库券;③在处罚方面,增加主刑的种类,规定不同层次的处置幅度,明确了罚金刑的量刑幅度。

Ⅲ 客体

3 伪造、变造国家有价证券罪的客体是国家对有价证券的管理秩序;伪造、变造股票、公司、企业债券罪的客体是国家对股票、公司、企业债券的管理秩序。

Ⅳ 对象

4 (1)伪造、变造国家有价证券罪的对象是国库券或国家发行的其他有价证券。国家发行的有价证券,是国家向社会发行的政府债券。政府债券,包括中央政府债券和地方政府债券。目前,我国的政府债券主要是中央政府债券,即我国中央政府财政部发行的国库券、国家重点建设债券、财政债券、国家建设债券、保值公债和特种公债。国家发行的其他有价证券,是指除国库券以外的国家发行的有价证券。

5 (2)伪造、变造股票、公司、企业债券罪的对象是股票和公司、企业债券。所谓股票,是指股份有限公司发行的表示其股东按其持有的股份享有权益和承担义务的可转让的书面凭证;所谓公司、企业债券,是指股份有限公司和具备法定条件的有限公司及其他企业依照法定程序发行的,在一定期限内还本付息的有价证券。本罪的行为对象,不包括外国的股票或公司、企业债券,也不包括并不存在或无效、作废的股票或者公司、企业债券，如果伪造、变造这些股票或者公司、企业债券，骗取他人钱财数额较大或者数额巨大的，可按诈骗罪论处。

V　行为

本罪的行为是指行为人伪造、变造国库券或者国家发行的其他有价证券、股票或者公司、企业债券数额较大的行为。所谓伪造，是指“仿真造假”，即以真实的国家有价证券、股票或者公司、企业债券为仿制基础，以同样或类似的质地、色彩、纹路制作假的国家有价证券、股票、债券的行为。所谓变造，是指“以真造假”，即以真实的国家有价证券、股票或者公司、企业债券为基础，通过涂改、揭层、拼接等手段使得面额变大、数量增多的行为。伪造与变造在本质上都是侵犯有关有价证券管理秩序的行为。 6

Ⅵ　主体

一般认为，本罪的主体是一般主体，既包括自然人，也包括单位。值得注意的是，根据最高人民法院的司法解释精神，公司、企业等单位成立后，如果以实施犯罪为主要活动的，尽管伪造或变造行为是由单位的负责人及机构作出的，仍应定自然人犯罪，而不以单位犯罪论处。[1] 7

Ⅶ　故意

本罪的罪过形式是直接故意。另外，成立本条之罪需要有意图流通的目的。 8

Ⅷ　共犯

行为人伪造、变造有价证券后，交由他人骗取财物的，如果他人不知是假证券，则行为人构成本罪，同时构成有价证券诈骗的间接正犯，对其应按照牵连犯的处断原则从一重罪处断，他人不构成犯罪。如果他人明知是假证券，则他人的行为构成有价证券诈骗罪的共犯，但不构成本罪的共犯，因为他人并未参与伪造、变造有价证券的行为。 9

行为人明知他人意图进行诈骗活动而向其提供自己伪造、变造的国家有价证券，是有价证券诈骗罪的帮助犯，构成有价证券诈骗罪，同时也构成本罪，对行为人应按照牵连犯的原则论处。他人若与行为人事前通谋的，是共同犯罪，如无事前通谋的，他人只构成有价证券诈骗罪。 10

Ⅸ　罪数

在伪造、变造有价证券后，又利用自己伪造、变造的有价证券进行诈骗活动的，通 11

1　参见黎宏：《刑法学》，法律出版社 2012 年版，第 552 页。

说认为应按照牵连犯的处断原则从一重罪处断。行为人通过伪造公司、企业印章来实施伪造、变造股票或者公司、企业债券行为的,则应区分情况处理:①行为人伪造股票或者公司、企业债券,一般都要伪造公司、企业的印章,否则难以与真实的证券形成表面上的一致,因而伪造公司、企业的印章行为是伪造股票或者公司、企业债券行为的一部分,因而只以本罪论处。②行为人变造股票或者公司、企业债券的,则不一定要伪造公司、企业的印章,所以就变造行为而言,不必然包括伪造公司、企业印章的行为,所以如果行为人以伪造公司、企业印章为手段变造股票或者公司、企业债券的,则分别构成伪造公司、企业印章罪和本罪,按照牵连犯的处理原则,应以本罪论处。

Ⅹ　与他罪的区别

12　伪造、变造国家有价证券罪与伪造、变造金融票证罪的区别主要在于犯罪对象不同。前者的犯罪对象是国库券或者国家发行的其他有价证券;后者的犯罪对象则是汇票、本票、支票,委托收款凭证、汇款凭证、银行存单等其他银行借账凭证,信用证或者附随的单据、文件,信用卡等。

13　伪造、变造股票或者公司、企业债券罪与伪造、变造国家有价证券罪的区别主要在于犯罪对象上的差别,客体上也不尽一致。前者的犯罪对象是股票或者公司、企业债券,而后者的犯罪对象是国库券和国家发行的其他有价证券。正因为犯罪对象的区别,使得两者的犯罪客体也并不相同。

14　伪造、变造股票或者公司、企业债券罪与伪造有价票证罪的区别在于:犯罪对象不同,后者的对象是国家的有价票证,前者的对象是股票或者公司、企业债券;客体特征不同,前者是国家对股票或者公司、企业债券的管理秩序,后者是国家对有价票证的管理秩序。

Ⅺ　处罚

15　根据本条的规定,伪造、变造国库券或者国家发行的其他有价证券,数额较大的,处3年以下有期徒刑或者拘役,并处或者单处2万元以上20万元以下罚金;数额巨大的,处3年以上10年以下有期徒刑,并处5万元以上50万元以下罚金;数额特别巨大的,处10年以上有期徒刑或者无期徒刑,并处5万元以上50万元以下罚金或者没收财产。

16　伪造、变造股票或者公司、企业债券,数额较大的,处3年以下有期徒刑或者拘役,并处或者单处1万元以上10万元以下罚金;数额巨大的,处3年以上10年以下有期徒刑,并处2万元以上20万元以下罚金。

17　单位犯前两款罪的,对单位判处罚金,并对其直接负责的主管人员和其他直接责任人员,依照前两款的规定处罚。

第一百七十九条　擅自发行股票、公司、企业债券罪

未经国家有关主管部门批准，擅自发行股票或者公司、企业债券，数额巨大、后果严重或者有其他严重情节的，处五年以下有期徒刑或者拘役，并处或者单处非法募集资金金额百分之一以上百分之五以下罚金。

单位犯前款罪的，对单位判处罚金，并对其直接负责的主管人员和其他直接责任人员，处五年以下有期徒刑或者拘役。

文献:高西江主编:《中华人民共和国刑法的修订与适用》,中国方正出版社 1997 年版;陶驷驹主编:《中国新刑法通论》,群众出版社 1997 年版;马克昌主编:《经济犯罪新论》,武汉大学出版社 1998 年版;谢望原、赫兴旺主编:《刑法分论》(第 3 版),中国人民大学出版社 2016 年版;周光权:《刑法各论》(第 4 版),中国人民大学出版社 2021 年版;张明楷:《刑法学》(第 6 版),法律出版社 2021 年版。姚万勤、严忠华:《厘清擅自发行股票债券犯罪应把握五个重点》,载《检察日报》2017 年 6 月 12 日。

细目录

Ⅰ　主旨
Ⅱ　沿革
Ⅲ　客体
Ⅳ　行为
Ⅴ　主体
Ⅵ　故意
Ⅶ　罪数
Ⅷ　与非罪的界限
Ⅸ　与他罪的区别
Ⅹ　处罚

Ⅰ　主旨

发行股票或者公司、企业债券是市场经济条件下的一种有效资金募集手段。由于面向公众,这种手段事关广大股票、债券投资者的切身利益,也事关国家的金融安全。任意发行股票、债券,必将造成金融秩序的混乱,产生金融风险。为防止这类情况的发生,向社会发行股票、债券必须经过有关监管部门的严格审批。擅自发行股票或者公司、企业债券的行为因此被规定为犯罪。 1

Ⅱ　沿革

2　本条是由1995年2月28日通过的全国人大常委会《关于惩治违反公司法的犯罪的决定》第3条修改而来,在1997年修订的刑法中对其进行了部分补充和修改:①取消了以“制作虚假的招股说明书、认股书、公司债券募集办法”的行为的限制,修改为“未经国家有关主管部门批准”,这样就将妨害对公司、企业的管理秩序罪中欺诈发行股票、债券罪与本罪的性质和范围作了区分。也就是说,前者属于妨害对公司、企业的管理秩序的犯罪,后者则属于破坏金融管理秩序的犯罪。②增加了犯罪对象即企业债券,这样就涵盖了擅自发行股票、债券的所有犯罪行为。[1]

Ⅲ　客体

3　本罪侵犯的客体是国家对股票和公司、企业债券的发行管理秩序。

Ⅳ　行为

4　本罪的客观要件表现为未经国家有关主管部门批准,擅自发行股票或者公司、企业债券,数额巨大、后果严重或者有其他严重情节的行为。[2] 所谓擅自发行股票、债券,就是违反公司法的规定,未经报请有关主管部门批准,或者虽然经过批准,但擅自超过批准的发行规模发行股票或债券的行为。所谓后果严重,一般是指擅自发行股票或债券严重冲击证券市场,造成股票、债券价格的异常波动,引发金融动荡,严重损害投资者合法利益的情形;或者尽管拟擅自发行或已经发行的股票或者公司、企业债券没有达到数额巨大,但广大公众已购买了该擅自发行的股票或者公司、企业债券,并因此遭受严重的经济损失的情况。所谓其他严重情节,一般是指擅自发行股票、债券而又不听制止,情节恶劣;或者弄虚作假,企图骗取国家有关主管部门批准,经发现后又擅自发行股票、债券的;或者谎称其擅自发行的股票或者公司、企业债券已经过国务院证券管理部门同意;或伪造国务院证券管理部门同意其发行股票、债券等文件,或擅自向国外发行股票或者公司、企业债券情况等。非上市股份有限公司委托中介机构向不特定社会公众转让公司股东的股权,数额巨大、后果严重或者有其他严重情节的,应当以擅自发行股票罪定罪处罚。[3] 这些行为就属于“其他未获有关主管部门批准,非法发行的行为”。

1　参见高西江主编:《中华人民共和国刑法的修订与适用》,中国方正出版社1997年版,第457页。

2　参见张明楷:《刑法学》(第6版),法律出版社2021年版,第1009页。

3　参见上海安基生物科技股份有限公司、郑戈擅自发行股票案,载《最高人民法院公报》2010年第9期。

V　主体

关于本罪的主体,一般认为:①本罪的主体是一般主体,凡年满16周岁具有刑事 5
责任能力的人和单位均可成为本罪的主体。②本罪的主体一般来说应该是法人或非法人组织,这是由股票或者公司、企业债券发行人的资格决定的。自然人只有在未经批准不具有发行资格而擅自非法发行的情况下才能构成本罪,但这种情况较为少见。[4]

Ⅵ　故意

本罪的罪过形式是故意,即行为人明知发行股票或者公司、企业债券应经国家有 6
关主管部门批准而在未经批准的情况下发行股票、债券。行为人的目的是通过擅自发行股票、债券募集资金用于生产经营,而不是为了非法占有募集的资金。[5]

Ⅶ　罪数

对于既未经国家有关主管部门批准擅自发行股票、债券,又采取欺诈方法发行股 7
票、债券的行为应如何处理?笔者认为,这种行为属于一行为触犯数罪名,构成想象竞合犯,应按一重罪定罪量刑。

根据最高人民法院《关于审理非法集资刑事案件具体应用法律若干问题的解释》 8
第10条的规定,未经国家有关主管部门批准,向社会不特定对象发行、以转让股权等方式变相发行股票或者公司、企业债券,或者向特定对象发行、变相发行股票或者公司、企业债券累计超过200人,应当认定为《刑法》第179条规定的"擅自发行股票或者公司、企业债券"。构成犯罪的,应当以擅自发行股票、公司、企业债券罪定罪处罚。

对于中介机构非法代理买卖非上市公司股票,涉嫌犯罪的,应当依照《刑法》第 9
225条之规定,以非法经营罪追究刑事责任。

Ⅷ　与非罪的界限

区分本罪与非罪的界限,关键看擅自发行股票或者公司、企业债券的行为是否数 10
额巨大、后果严重或者有其他严重情节。根据2022年4月6日发布的最高人民检察院、公安部关于《关于公安机关管辖的刑事案件立案追诉标准的规定(二)》、2022年3月1日施行的最高人民法院《关于审理非法集资刑事案件具体应用法律若干问题的解释》的相关规定,涉嫌以下情形之一的,应予立案追究刑事责任:①非法募集资金金额在100万元以上的;②造成投资者直接经济损失数额累计在50万元以上的;

4　参见陶驷驹主编:《中国新刑法通论》,群众出版社1997年版,第611页。

5　参见马克昌主编:《经济犯罪新论》,武汉大学出版社1998年版,第276页。

③募集的资金全部或者主要用于违法犯罪活动的;④其他后果严重或者有其他严重情节的情形。本条规定的“擅自发行股票或者公司、企业债券”,是指向社会不特定对象发行、以转让股权等方式变相发行股票或者公司、企业债券,或者向特定对象发行、变相发行股票或者公司、企业债券累计超过 200 人的行为。

Ⅸ 与他罪的区别

11 (1)本罪与欺诈发行证券罪的区别在于:①主体的情况不完全相同。本罪的主体是无权发行股票、债券的自然人和公司、企业;欺诈发行证券罪的主体则是有权发行股票、债券的自然人和公司、企业。②客观要件的表现不完全相同。两者虽然都与发行股票、债券相关,但本罪是未经国家有关主管部门批准而擅自发行股票、债券;欺诈发行证券罪则是在国家有关主管部门批准后,通过在招股说明书、认股书或公司、企业债券募集办法等发行文件中隐瞒重要事实或者编造重大虚假内容的方法发行股票、债券。

12 (2)本罪与非法吸收公众存款罪的区别。司法实践中存在这样的情况,即一些公司、企业虽然擅自发行的是所谓的股票但实际上并不按股分红或配股,而是支付利息。对于这类案件按非法吸收公众存款罪处理,而不能按本罪定罪处罚。

13 (3)本罪与集资诈骗罪的区别表现在:①客体不同。本罪的客体是股票或者公司、企业债券的发行管理秩序;集资诈骗罪的客体则是复杂客体,即国家的集资管理制度和公私财产所有权。②客观要件的行为方式不同。本罪是在未经国家有关主管部门批准的情况下擅自发行股票、债券,不采用捏造事实或者隐瞒事实的方法;集资诈骗罪则是通过捏造事实或者隐瞒事实的方法骗取他人的集资款。③主观目的不同。实施本罪的行为人主观上是为了募集资金用于生产、经营;实施集资诈骗罪的行为人主观上则是为了非法占有他人集资款。[6]

Ⅹ 处罚

14 根据本条的规定,犯擅自发行股票、公司、企业债券罪的,处 5 年以下有期徒刑或者拘役,并处或者单处非法募集资金金额 1%以上至 5%以下的罚金。

15 单位犯本罪的,对单位判处罚金,并对其直接负责的主管人员和其他直接责任人员,处 5 年以下有期徒刑或者拘役。

---

6 参见马克昌主编:《经济犯罪新论》,武汉大学出版社 1998 年版,第 277 页。

第一百八十条　内幕交易、泄露内幕信息罪；利用未公开信息交易罪

证券、期货交易内幕信息的知情人员或者非法获取证券、期货交易内幕信息的人员，在涉及证券的发行，证券、期货交易或者其他对证券、期货交易价格有重大影响的信息尚未公开前，买入或者卖出该证券，或者从事与该内幕信息有关的期货交易，或者泄露该信息，或者明示、暗示他人从事上述交易活动，情节严重的，处五年以下有期徒刑或者拘役，并处或者单处违法所得一倍以上五倍以下罚金；情节特别严重的，处五年以上十年以下有期徒刑，并处违法所得一倍以上五倍以下罚金。

单位犯前款罪的，对单位判处罚金，并对其直接负责的主管人员和其他直接责任人员，处五年以下有期徒刑或者拘役。

内幕信息、知情人员的范围，依照法律、行政法规的规定确定。

证券交易所、期货交易所、证券公司、期货经纪公司、基金管理公司、商业银行、保险公司等金融机构的从业人员以及有关监管部门或者行业协会的工作人员，利用因职务便利获取的内幕信息以外的其他未公开的信息，违反规定，从事与该信息相关的证券、期货交易活动，或者明示、暗示他人从事相关交易活动，情节严重的，依照第一款的规定处罚。

文献：黎宏：《刑法学》，法律出版社2012年版；张明楷：《刑法学》（第6版），法律出版社2021年版。马克昌：《论内幕交易、泄露内幕信息罪》，载《中国刑事法杂志》1998年第1期；王政勋：《证券、期货内幕交易、泄露内幕信息罪研究》，载《中国刑事法杂志》2003年第4期；程皓：《内幕交易、泄露内幕信息罪若干问题研究》，载《法学评论》2006年第4期；谢杰：《利用未公开信息交易罪量刑情节的刑法解释与实践适用——"老鼠仓"抗诉案引发的资本市场犯罪司法解释反思》，载《政治与法律》2015年第7期；肖中华：《内幕交易、泄露内幕信息罪之规范解释》，载《法治研究》2016年第4期；姚建龙、郗培植：《内幕交易、泄露内幕信息罪司法疑难问题研究——基于裁判文书的分析》，载《福建警察学院学报》2017年第1期。姜永义、陈学勇、王尚明：《〈关于办理利用未公开信息交易刑事案件适用法律若干问题的解释〉的理解与适用》，载《人民法院报》2020年4月30日。

细目录

Ⅰ　主旨
Ⅱ　沿革
Ⅲ　客体
Ⅳ　对象
Ⅴ　行为
Ⅵ　主体
Ⅶ　故意
Ⅷ　既遂与未遂
Ⅸ　共犯
Ⅹ　罪数
Ⅺ　与非罪的界限
Ⅻ　与他罪的区别
ⅩⅢ　处罚

Ⅰ　主旨

1 证券市场是一个开放、公平、公正的市场,利用市场信息作出证券投资的判断,是投资者的基本权利。在内幕交易的情况下,内幕信息的知情人员利用他人无法掌握的内幕信息进行交易,使得内幕信息的知情人员与其他交易者处于不平等的地位,破坏了公开、公平、公正的原则,损害投资者利益,扰乱证券交易秩序。因此,本罪的设定,就是为了通过惩治内幕交易行为,保护证券交易秩序,防止危害投资者的利益。

Ⅱ　沿革

2 1979 年刑法没有规定本罪。1993 年 4 月 22 日国务院发布的《股票发行与交易管理暂行条例》第 72 条与 1993 年 9 月 2 日国务院证券委员会发布的《禁止证券欺诈行为暂行办法》第 13 条均明确规定禁止内幕交易和泄露内幕信息。在 1997 年修订的刑法中,于第 180 条专门设置了内幕交易、泄露内幕信息罪的规定。1999 年 12 月 25 日通过的《刑法修正案》将涉及期货的内幕交易行为纳入本罪的规制范围;2009 年 2 月 28 日通过的《刑法修正案(七)》对本条进行了修订,增加了处罚"明示、暗示他人从事上述交易活动"的规定,增加了第 4 款。

Ⅲ　客体

3 本罪的客体是复杂客体,即本罪一方面侵害了国家对证券市场和期货交易市场的正常管理秩序,另一方面侵害了其他投资者的合法权益。

Ⅳ 对象

(1)内幕交易、泄露内幕信息罪的对象是证券交易的内幕信息和期货交易的内幕信息。所谓内幕信息,是指为内幕人员所知的尚未公开的并对证券、期货的发行、交易、价格或投资人将有重大影响的信息。 4

(2)利用未公开信息交易罪的对象是内幕信息以外的其他未公开的信息。根据最高人民法院、最高人民检察院《关于办理利用未公开信息交易刑事案件适用法律若干问题的解释》第1条的规定,内幕信息以外的其他未公开的信息包括:证券、期货的投资决策、交易执行信息;证券持仓数量及变化、资金数量及变化、交易动向信息;其他可能影响证券、期货交易活动的信息。 5

Ⅴ 行为

(1)内幕交易、泄露内幕信息罪的行为类型包括两种情况:一是内幕信息的知情人员,在信息公布之前进行证券和期货交易;二是内幕信息的知情人员让不应知悉信息的人知悉该信息。这里的知情人员包括合法知悉信息的人员,还包括非法知悉信息的人员。这里的信息包括证券交易信息和期货交易信息。 6

(2)利用未公开信息交易罪的行为类型包括两种情况:一是利用职务便利获取内幕信息以外的其他未公开的信息,违反规定,从事与该信息相关的证券、期货交易活动。这里的"违反规定",是指违反法律、行政法规、部门规章、全国性行业规范有关证券、期货未公开信息保护的规定,以及行为人所在的金融机构有关信息保密、禁止交易、禁止利益输送等规定。二是明示、暗示他人从事相关交易活动。根据最高人民法院、最高人民检察院《关于办理利用未公开信息交易刑事案件适用法律若干问题的解释》第4条的规定,对于"明示、暗示他人从事相关交易活动",应当综合以下方面认定:①行为人具有获取未公开信息的职务便利;②行为人获取未公开信息的初始时间与他人从事相关交易活动的初始时间具有关联性;③行为人与他人之间具有亲友关系、利益关联、交易终端关联等关联关系;④他人从事相关交易的证券、期货品种、交易时间与未公开信息所涉证券、期货品种、交易时间等方面基本一致;⑤他人从事的相关交易活动明显不具有符合交易习惯、专业判断等正当理由;⑥行为人对明示、暗示他人从事相关交易活动没有合理解释。 7

Ⅵ 主体

内幕交易、泄露内幕信息罪的主体是特殊主体[1],即知晓内幕信息的人员,具体是指证券交易内幕信息的知情人员和非法获取证券交易内幕信息的人员。所谓"证 8

1 参见谢望原、赫兴旺主编:《刑法分论》(第3版),中国人民大学出版社2016年版,第117页。

券、期货交易内幕信息的知情人员”,包括《证券法》第 51 条规定的人员和《期货交易管理条例》第 81 条第(十二)项规定的人员。所谓“非法获取证券、期货交易内幕信息的人员”,应当包括具备以下行为的人员:利用窃取、骗取、套取、窃听、利诱、刺探或者私下交易等手段获得内幕信息的;内幕信息的知情人员的近亲属或者其他与内幕信息知情人员关系密切的人员,在内幕信息敏感期内,从事或者明示、暗示他人从事,或者泄露内幕信息导致他人从事与该内幕信息有关的证券、期货交易,相关交易行为明显异常,且无正当理由或正当信息来源的;在内幕信息敏感期内,与内幕信息知情人员联络、接触,从事或者明示、暗示他人从事,或者泄露内幕信息导致他人从事与该内幕信息有关的证券、期货交易,相关交易行为明显异常,且无正当理由或正当信息来源的。本条第 4 款规定的犯罪主体已得到明确列示,不再赘言。需要注意的是,单位可以成为本条第 1 款规定的犯罪主体。

Ⅶ 故意

9 本罪的成立要求行为人主观上具有故意,过失不构成本罪。

Ⅷ 既遂与未遂

10 内幕交易、泄露内幕信息罪为情节犯。行为人虽然在内幕信息尚未公开前买入或卖出该证券,或者泄露该信息,只要未达到“情节严重”的程度,则不构成本罪。

Ⅸ 共犯

11 在泄露内幕信息罪中,接受信息者和提供信息者是否构成共同犯罪,应看两者之间是否有犯意上的联络。如果接受信息者知道提供信息者为了个人目的而将内幕信息泄露给自己,提供信息者也知道自己是在把内幕信息泄露给接受信息者,则构成共同犯罪。相反,如果提供信息者是在并无个人目的的情况下无意中把内幕信息告知他人,接受信息者碰巧听见,则两者之间因缺乏犯罪上的联络而不构成共同犯罪。如果他人在主观上明知知悉者告知和建议利用的是内幕信息,且明知利用内幕信息进行有关证券的买入或卖出是违法犯罪行为,被建议利用内幕信息进行证券买卖的人员如果实际上实施上述行为的,则建议人和被建议人共同构成内幕交易罪,应以共犯论处。如果他人在主观上并不明知其所得到的信息为内幕信息或受到内幕信息知悉者的欺骗不知是内幕信息,在此情况下,被建议利用内幕信息进行证券买卖的,不构成泄露内幕信息罪,如果符合其他条件,内幕信息知悉者可作为间接正犯而单独成罪。

Ⅹ 罪数

12 不知内幕信息的人员利用非法手段,诸如行贿获取内幕信息,然后再利用该信息进行证券买卖或者建议他人利用该信息进行证券买卖,或者将该信息予以泄露的;或者相反,知道内幕信息的人员接受或者索取贿赂,将内幕信息予以泄露,或者建议他人利用其所知道的内幕信息进行证券买卖的,都存在罪数认定的问题,即行为人不但可能依法构成内幕交易罪,还可能依法构成行贿罪、对非国家工作人员行贿罪,或者受贿罪、非国家工作人员受贿罪。对于这些情况,因为有多个不同构成要件的存在,且不同行为之间缺乏客观的关联关系,宜数罪并罚。如果行为人实施的内幕交易行为、利用未公开信息进行交易的行为同时触犯了其他罪名,如通过操纵证券交易价格完成上述行为,则应认定为想象竞合,从一重罪处断。

XI　与非罪的界限

本罪与非罪之间的界限在于如何把握情节严重。根据 2012 年 3 月 29 日发布的最高人民法院、最高人民检察院《关于办理内幕交易、泄露内幕信息刑事案件具体应用法律若干问题的解释》第 6 条的规定,具有下列情形之一的,应当认定为《刑法》第 180 条第 1 款规定的"情节严重":"(一)证券交易成交额在五十万元以上的;(二)期货交易占用保证金数额在三十万元以上的;(三)获利或者避免损失数额在十五万元以上的;(四)三次以上的;(五)具有其他严重情节的。"根据 2019 年 6 月 27 日发布的最高人民法院、最高人民检察院《关于办理利用未公开信息交易刑事案件适用法律若干问题的解释》第 5 条的规定,具有下列情形之一的,应当认定为《刑法》第 180 条第 4 款规定的"情节严重":"(一)违法所得数额在一百万元以上的;(二)二年内三次以上利用未公开信息交易的;(三)明示、暗示三人以上从事相关交易活动的。" 13

XII　与他罪的区别

(1)泄露内幕信息罪与侵犯商业秘密罪的区别:第一,犯罪客体不同。泄露内幕信息罪的客体是国家对证券市场和期货交易市场的正常管理秩序及其他投资者的合法权益;侵犯商业秘密罪的客体是国家经济技术管理秩序和商业秘密权利人的专有权。第二,犯罪主体不同。泄露内幕信息罪的主体是特殊主体;侵犯商业秘密罪的主体是一般主体。第三,客观行为仍存在一定的差别。泄露内幕信息罪的行为方式只限于向他人泄露内幕信息,使他人利用该信息进行内幕交易。侵犯商业秘密罪的行为方式有:①以盗窃、利诱、胁迫或其他不正当手段获取商业秘密;②披露、使用或允许他人使用以前项手段获取的他人商业秘密;③违反约定或违反权利人有关保守商业秘密的要求,披露、使用或允许他人使用其所掌握的商业秘密;④明知或应知商业秘密是他人通过盗窃、利诱、胁迫或其他不正当手段提供的,或者是违反约定,或者违反权利人有关保守商业秘密的要求提供的,仍然获取、使用或再向他人披露。第四,两者的法定刑不同。泄露内幕信息罪比侵犯商业秘密罪的法定刑重。 14

(2)内幕交易、泄露内幕信息罪与编造并传播证券、期货交易虚假信息罪的区别:①本罪的主体是特殊主体;而编造并传播证券、期货交易虚假信息罪的主体则是一般 15

主体,无论是普通投资者,还是证券经营机构或者证券服务机构的工作人员,都可以成为该罪的主体,独立地构成该罪。②犯罪客观要件的表现形式不同。本罪表现为行为人实施了内幕交易或泄露内幕信息的行为;编造并传播证券、期货交易虚假信息罪表现为行为人实施了编造并且传播影响证券交易的虚假信息,扰乱证券交易市场,造成严重后果的行为。③犯罪行为发生的环节不同。本罪主要发生在交易市场;编造并传播证券、期货交易虚假信息罪主要发生在发行市场,同时也存在于交易市场(违反持续公开制度)。④犯罪客体不同。本罪侵犯的客体是国家对证券、期货市场的管理秩序和证券、期货投资者的合法权益;编造并传播证券、期货交易虚假信息罪侵犯的客体是证券市场的信息公开制度和投资者的合法权益,主要客体是证券市场的信息公开制度,次要客体是投资者的合法权益。

XIII 处罚

16 根据本条第 1 款的规定,犯内幕交易、泄露内幕信息罪,情节严重的,处 5 年以下有期徒刑或者拘役,并处或者单处违法所得 1 倍以上 5 倍以下罚金;情节特别严重的,处 5 年以上 10 年以下有期徒刑,并处违法所得 1 倍以上 5 倍以下罚金。这里的情节特别严重,可参照最高人民法院、最高人民检察院《关于办理内幕交易、泄露内幕信息刑事案件具体应用法律若干问题的解释》第 7 条的相关规定。单位犯本罪的,对单位判处罚金,并对其直接负责的主管人员和其他直接责任人员,处 5 年以下有期徒刑或者拘役。

17 本条第 4 款规定,犯利用未公开信息交易罪,情节严重的,依照本条第 1 款的规定处罚。如何理解本条第 4 款规定的援引法定刑的情形？最高人民法院发布的第 61 号指导案例“马乐利用未公开信息交易案”[2]裁判要点中指出,本条第 4 款援引法定刑的情形,应当是对第 1 款法定刑的全部援引,即“情节严重”是入罪标准,在处罚上应当依照本条第 1 款规定的内幕交易、泄露内幕信息罪的全部法定刑处罚,即区分不同情形分别依照第 1 款规定的“情节严重”和“情节特别严重”两个量刑档次处罚。

2 参见广东省深圳市中级人民法院(2014)深中法刑二初字第 27 号刑事判决书。

第一百八十一条　编造并传播证券、期货交易虚假信息罪；诱骗投资者买卖证券、期货合约罪

编造并且传播影响证券、期货交易的虚假信息，扰乱证券、期货交易市场，造成严重后果的，处五年以下有期徒刑或者拘役，并处或者单处一万元以上十万元以下罚金。

证券交易所、期货交易所、证券公司、期货经纪公司的从业人员，证券业协会、期货业协会或者证券期货监督管理部门的工作人员，故意提供虚假信息或者伪造、变造、销毁交易记录，诱骗投资者买卖证券、期货合约，造成严重后果的，处五年以下有期徒刑或者拘役，并处或者单处一万元以上十万元以下罚金；情节特别恶劣的，处五年以上十年以下有期徒刑，并处二万元以上二十万元以下罚金。

单位犯前两款罪的，对单位判处罚金，并对其直接负责的主管人员和其他直接责任人员，处五年以下有期徒刑或者拘役。

文献：陈兴良主编：《刑法疏议》，中国人民公安大学出版社 1997 年版；李洁主编：《刑法学》（第 2 版），中国人民大学出版社 2014 年版；张明楷：《刑法学》（第 6 版），法律出版社 2021 年版。周毅、李智慧：《析诱骗投资者买卖证券罪的构成要件》，载《当代法学》2002 年第 4 期；王燕飞：《编造并传播证券交易虚假信息罪争议研究》，载《贵州警官职业学院学报》2005 年第 4 期。

细目录

Ⅰ　主旨

Ⅱ　沿革

Ⅲ　客体

Ⅳ　行为

Ⅴ　主体

Ⅵ　故意

Ⅶ　与他罪的区别

Ⅷ　共犯

Ⅸ　处罚

I 主旨

1 随着我国证券市场的建立和发展,各种证券欺诈行为也相继发生。编造并传播影响证券交易的虚假信息,误导投资者作出证券投资决定,诱骗投资者买卖证券的行为,就是各种证券欺诈行为的一种。为了维护证券市场秩序,保护投资者的合法利益,因此有加以规制的必要。

II 沿革

2 1979年刑法没有规定编造并传播证券、期货交易虚假信息罪,1997年刑法明确通过刑事制裁手段治理编造并传播证券交易虚假信息这种犯罪。1999年12月25日通过的《刑法修正案》将编造并传播期货交易虚假信息的行为纳入本罪的规制范围。

3 1979年刑法没有规定诱骗投资者买卖证券、期货合约罪。1997年刑法规定了"诱骗投资者买卖证券罪"。1999年12月25日通过的《刑法修正案》将诱骗投资者买卖期货合约的行为纳入本罪的规制范围。

III 客体

4 本罪的客体是证券、期货交易市场的正常秩序。

IV 行为

5 (1)一般认为编造并传播证券、期货交易虚假信息罪的客观要件表现为编造并传播影响证券、期货交易的虚假信息,扰乱证券、期货交易市场,造成严重后果的行为。①编造并且传播影响证券、期货交易的虚假信息。根据法律规定,行为人必须既编造又传播影响证券、期货交易的虚假信息,才能构成本罪。如果行为人只编造而没有传播,或者不是编造而是根据道听途说或根据自己的经验所作的判断加以传播,都不具备本罪的构成特征。编造并传播的信息必须是影响证券、期货交易的虚假信息才符合本罪的要件,如果编造并传播的不是这样的虚假信息,也不可能构成本罪。②扰乱证券、期货市场,造成严重后果,如使证券、期货市场发生混乱,造成股市、期货价格暴涨暴跌,引起抛售或者抢购狂潮,影响国家宏观金融调控,致使行为人自己或他人非法获利或避免损失数额特别巨大,造成投资者损失惨重,等等。法律要求只有造成严重结果,才能构成本罪,所以本罪是结果犯。如果行为没有造成危害结果,或者虽然造成某种结果但并不严重,则依照一定的证券行政法规处理,而不构成本罪。[1] 实践中,"严重后果"的把握可参见最高人民检察院、公安部《关于公安机关管辖的刑事案

---

1 参见马克昌主编:《经济犯罪新论》,武汉大学出版社1998年版,第298页。

件立案追诉标准的规定(二)》第32条的相关规定:获利或者避免损失数额在5万元以上的;造成投资者直接经济损失数额在50万元以上的;虽未达到上述数额标准,但多次编造并且传播影响证券、期货交易的虚假信息的;致使交易价格或者交易量异常波动的;造成其他严重后果的都应予立案追诉。

(2)一般认为诱骗投资者买卖证券、期货合约罪的客观要件表现为故意提供虚假 6
信息,伪造、变造或者销毁交易记录,诱骗投资者买卖证券或进行期货交易,造成严重后果的行为。[2] 本罪的具体行为方式有:①证券、期货经营机构为多获取"手续费",提供虚假信息,诱导投资者进行不必要的买卖。②发行人或其代理人将证券出售给客户时,故意不向其提供招股说明书。③证券、期货经营机构保证客户的交易利益或者承诺赔偿客户的投资损失。"严重后果"指:①诱骗他人进行证券买卖数额巨大的;②因诱骗买卖而引起严重社会后果的;③因诱骗买卖而致投资者损失惨重的;④因诱骗买卖而引起证券市场价格剧烈震荡的;⑤有其他严重后果的。实践中,"后果严重"的把握可参见最高人民检察院、公安部《关于公安机关管辖的刑事案件立案追诉标准的规定(二)》第33条的相关规定。

Ⅴ 主体

编造并传播证券、期货交易虚假信息罪的主体是一般主体,包括自然人和单位。 7
但证券、期货交易所,证券、期货公司的从业人员,证券业协会、期货业协会或者证券期货监督管理部门及工作人员除外。对于这些单位与人员有上述行为的,应依诱骗投资者买卖证券、期货合约罪定罪处罚。[3]

诱骗投资者买卖证券、期货合约罪的主体系特殊主体,即证券交易所、证券公司 8
及其从业人员,证券业协会、期货业协会或者证券期货监督管理部门及其工作人员。

Ⅵ 故意

本罪的罪过形式表现为故意。多数情况下表现为直接故意,过失不构成本罪。 9
间接故意也能构成本罪,但间接故意构成本罪仅发生在提供虚假信息的情况下,即行为人明知信息虚假,提供给投资者后将促使其以此为根据进行买卖证券并会遭受损失而有意放任自己的行为。[4] 这里,要注意正确划分市场行情分析失误与编造并传播虚假信息的界限。

2　参见李洁主编:《刑法学》(第2版),中国人民大学出版社2014年版,第359页。

3　参见陈兴良主编:《刑事法评论》(第3卷),中国政法大学出版社1998年版,第129页。

4　参见陈兴良主编:《刑事法评论》(第3卷),中国政法大学出版社1998年版,第135页。

Ⅶ 与他罪的区别

10 (1)编造并传播证券、期货交易虚假信息罪与欺诈发行证券罪的区别。两罪在主观故意的内容、犯罪主体等方面有明显的区别,但在有的情况下,公司为了发行股票或者公司、企业债券的目的而制作虚假的文件,因此误导了投资者,导致股票市场、期货价格异常变动,从而扰乱证券、期货市场,后果严重的,该如何定罪?根据刑法学理论,行为人出于一个故意,实施一个行为,同时触犯编造并传播证券、期货交易虚假信息罪和欺诈发行证券罪,为想象竞合犯。对这类犯罪应从一重罪论处,即以欺诈发行证券罪论处。

11 (2)诱骗投资者买卖证券、期货合约罪与编造并传播证券、期货交易虚假信息罪的区别。前罪的行为人在故意编造并提供虚假信息以诱骗投资者买卖证券时,与编造并传播证券、期货交易虚假信息罪十分相似,容易混淆。两者的区别表现在:①编造并传播证券、期货交易虚假信息罪的犯罪对象是不特定的;诱骗投资者买卖证券、期货合约罪的犯罪对象则是特定的,范围要比前者小得多。②编造并传播证券、期货交易虚假信息罪的犯罪主体是一般主体;而诱骗投资者买卖证券、期货合约罪的犯罪主体是特殊主体,仅限于证券交易所、期货交易所、证券公司、期货经纪公司的从业人员,证券业协会、期货业协会或证券期货监督管理部门的工作人员。③编造并传播证券、期货交易虚假信息罪的行为方式是"编造并且传播"虚假信息;诱骗投资者买卖证券、期货合约罪的行为方式是"故意提供虚假信息或者伪造、变造、销毁"交易记录。

Ⅷ 共犯

12 证券、期货市场交易价格信息的产生和传播是一个相当复杂的过程,通常不是一个人所能完成的。因而,行为人要想编造并传播虚假信息,有时就不得不与他人合谋,一些人编造证券交易虚假信息,另一些人则传播这些虚假信息。虽然他们每一个人都无法完成编造并传播证券、期货交易虚假信息罪的客观方面的全部行为,但他们彼此之间有着共同的犯意和目的,每个人的行为都是编造并传播证券、期货交易虚假信息罪的全部客观行为不可缺少的一部分,共同构成本罪的客观行为,因而应以共同犯罪论处。

Ⅸ 处罚

13 根据本条的规定,犯编造并传播证券、期货交易虚假信息罪的,处 5 年以下有期徒刑或者拘役,并处或者单处 1 万元以上 10 万元以下罚金。犯诱骗投资者买卖证券、期货合约罪的,处 5 年以下有期徒刑或者拘役,并处或者单处 1 万元以上 10 万元以下罚金;情节特别恶劣的,处 5 年以上 10 年以下有期徒刑,并处 2 万元以上 20 万元以下罚金。单位犯本条规定之罪的,对单位判处罚金,并对其直接负责的主管人员和其他直接责任人员,处 5 年以下有期徒刑或者拘役。

第一百八十二条　操纵证券、期货市场罪

有下列情形之一，操纵证券、期货市场，影响证券、期货交易价格或者证券、期货交易量，情节严重的，处五年以下有期徒刑或者拘役，并处或者单处罚金；情节特别严重的，处五年以上十年以下有期徒刑，并处罚金：

（一）单独或者合谋，集中资金优势、持股或者持仓优势或者利用信息优势联合或者连续买卖的；

（二）与他人串通，以事先约定的时间、价格和方式相互进行证券、期货交易的；

（三）在自己实际控制的帐户之间进行证券交易，或者以自己为交易对象，自买自卖期货合约的；

（四）不以成交为目的，频繁或者大量申报买入、卖出证券、期货合约并撤销申报的；

（五）利用虚假或者不确定的重大信息，诱导投资者进行证券、期货交易的；

（六）对证券、证券发行人、期货交易标的公开作出评价、预测或者投资建议，同时进行反向证券交易或者相关期货交易的；

（七）以其他方法操纵证券、期货市场的。

单位犯前款罪的，对单位判处罚金，并对其直接负责的主管人员和其他直接责任人员，依照前款的规定处罚。

文献：黎宏：《刑法学》，法律出版社 2012 年版；张明楷：《刑法学》（第 6 版），法律出版社 2021 年版。廖北海：《论操纵证券、期货市场罪立法形式的完善——以本罪的修正为切入点》，载《求索》2009 年第 4 期；刘宪权：《操纵证券、期货市场罪“兜底条款”解释规则的建构与应用——抢帽子交易刑法属性辨正》，载《中外法学》2013 年第 6 期；谢杰：《操纵证券、期货市场罪的实质解释——〈刑法〉第 182 条兜底条款的立法完善与司法解释优化》，载《证券法律评论》2017 年第 1 期；刘宪权：《操纵证券、期货市场罪司法解释的法理解读》，载《法商研究》2020 年第 1 期。

细目录

Ⅰ　主旨
Ⅱ　沿革

Ⅲ 客体
Ⅳ 客观要件
Ⅴ 主体
Ⅵ 故意
Ⅶ 与非罪的界限
Ⅷ 共犯

Ⅰ 主旨

1 由于操纵证券、期货交易市场的行为具有极大的社会危害性,因此,绝大多数国家,尤其是证券、期货业发达的国家或地区,无一不把严重的操纵证券、期货交易市场的行为规定为犯罪,予以刑事制裁,以维护正常的证券、期货市场秩序。为维护国家对证券、期货市场的监督管理秩序和投资者的合法权益,刑法规定了本条之罪。

Ⅱ 沿革

2 1979年《刑法》并未规定本条之罪。国务院发布的《禁止证券欺诈行为暂行办法》和《股票发行与交易管理暂行条例》对操纵证券交易价格的行为和操纵股票交易价格的行为作了处罚规定,但这些都是行政处罚。《禁止证券欺诈行为暂行办法》第7条规定:禁止任何单位或个人以获取利益或减少损失为目的,利用其资金、信息等优势或者滥用职权操纵市场,影响证券市场价格,制造证券市场假象,诱导或者致使投资者在不了解事实真相的情况下作出证券投资决定,扰乱证券市场秩序。该办法又列举了七种操纵市场的行为方式,并规定了相应的处罚。《股票发行与交易管理暂行条例》第74条第(三)项、第(四)项、第(五)项都作了列举性规定。为进一步规范证券交易行为,持续打击过度投机与欺诈,1997年《刑法》增设了惩治操纵证券交易价格行为的条文,1999年12月25日通过的《刑法修正案》将其修改,惩治范围扩大到操纵期货交易价格。2006年6月29日通过的《刑法修正案(六)》再次对本条进行修改,主要涉及:行为上不限于操纵证券、期货交易价格,而是进一步扩展到操纵证券、期货交易市场的全部行为;主观上取消了"获取不正当利益或者转嫁风险"的目的要件;罚金方式上由倍比罚金变为不确定罚金;取消了单位犯罪中主管人员和其他直接责任人员独立的法定刑。2020年《刑法修正案(十一)》对本罪作出两方面的修改。第一,形式上完善了本罪的罪状表述,将原本分散在各项中规定的"影响证券、期货交易价格或者证券、期货交易量"的入罪条件改在罪状中作统一规定。第二,基于原罪状规定所列举的三种情形较为传统,一些新型的操纵证券、期货市场犯罪行为依靠"其他方法"的兜底条款予以惩治,为进一步明确本罪所惩治的操纵证券、期货市场行为类型,将"虚假申报操纵""蛊惑交易操纵""抢帽子交易操纵"三种操纵证券、期货市场的行为明确规定为本罪的犯罪构成行为。

Ⅲ　客体

3 关于本罪的客体，学界一般认为本罪为复杂客体。有论者认为，本罪侵犯的客体是国家对证券市场的管理制度和广大投资者的利益。[1] 也有观点认为，本罪客体为简单客体。有论者指出，本罪侵犯的是证券市场的管理秩序。[2] 笔者认为，本罪客体应为复杂客体，即国家对证券、期货市场的监督管理秩序和投资者的合法权益。犯本罪，必然对以上两个方面的社会关系分别造成侵害，其中，国家对证券、期货市场的监督管理秩序为主要客体，相关投资者的合法权益为次要客体。

Ⅳ　客观要件

4 本罪的客观要件表现为，操纵证券、期货市场，影响证券、期货交易价格或者证券、期货交易量，情节严重的。成立本罪需要有"操纵证券、期货市场"的行为：①单独或者合谋，集中资金优势、持股或者持仓优势或者利用信息优势联合或者连续买卖的；②与他人串通，以事先约定的时间、价格和方式相互进行证券、期货交易的；③在自己实际控制的帐户之间进行证券交易，或者以自己为交易对象，自买自卖期货合约的；④不以成交为目的，频繁或者大量申报买入、卖出证券、期货合约并撤销申报的；⑤利用虚假或者不确定的重大信息，诱导投资者进行证券、期货交易的；⑥对证券、证券发行人、期货交易标的公开作出评价、预测或者投资建议，同时进行反向证券交易或者相关期货交易的；⑦以其他方法操纵证券、期货市场的。本条第1款第(四)项所列的操纵方式一般被称为"虚假申报操纵"或"幌骗交易操纵"，核心特征是通过不以成交为目的的挂单，诱骗其他投资者交易或放弃交易，实现对证券、期货交易价格或者交易量的影响。证券、期货交易中计算机程序交易方式的普及，诞生了通过高频交易和大量申报但最终不成交的行为影响交易数据，抬高股价，谋取非法利益的非法操纵证券、期货市场的行为。本条第1款第(五)项所列的操纵方式一般被称为"蛊惑交易操纵"，具体指通过公开传播虚假、重大误导性信息影响投资者的判断和交易，进而影响相关证券、期货交易的价格和交易量的行为。本条第1款第(六)项所列操纵方式一般被称为"抢帽子交易操纵"，具体是指证券公司、咨询机构、中介机构及其工作人员或炒股专家等主体，预先买入证券、期货合约，利用其身份在互联网等公开平台对其买入的股票、证券发行人、期货标的进行公开的评价、预测和推荐，进而影响股票、期货价格以及交易量，并从中获利。本项所指"反向证券交易"即"言行不一"式的操纵交易特指针对证券的操纵交易行为，基于期货交易本身具有的双向交易特征，对期货交易规定的是"相关期货交易"，故公开作出对自己市场有利的评价，诱导

1　参见高铭暄主编：《新编中国刑法学》，中国人民大学出版社1998年版，第618页。

2　参见顾肖荣主编：《证券犯罪与证券违规违法》，中国检察出版社1998年版，第199页。

他人与其进行相同方向的交易,影响期货价格或者交易量的,同样构成本罪。本条第1款第(七)项作为兜底条款,将“以其他方法操纵证券、期货市场的”规定为犯罪情形之一。“其他方法”的具体表现,应参照最高人民法院、最高人民检察院《关于办理操纵证券、期货市场刑事案件适用法律若干问题的解释》第1条的规定进行把握。最高人民法院于2000年发布的指导案例“赵喆操纵证券交易价格案”中,认为侵入证券公司计算机系统修改系统存储数据,人为操纵股票价格,并从中获利的行为,虽然使用的手段牵连触犯了《刑法》第286条第2款的规定,但是侵犯的客体是《刑法》第182条所保护的国家对证券的管理制度和投资者的合法权益,属于《刑法》第182条第1款第(七)项规定的情形。[3] 成立本罪还要求“情节严重”。这里的“情节严重”应当参照最高人民法院、最高人民检察院《关于办理操纵证券、期货市场刑事案件适用法律若干问题的解释》第2条、第3条的规定予以把握。同时,本罪第二档法定刑的适用条件“情节特别严重”,应当参照该司法解释第4条的规定予以把握。

V 主体

5 本罪的主体为一般主体,即自然人和单位均可构成本罪。但在实际生活中,作为自然人构成本罪的,绝大多数是证券、期货投资者或从事与证券、期货发行、交易相关活动的人。

VI 故意

6 本罪在主观上是直接故意,即行为人明知自己的行为会侵犯国家对证券、期货市场的监督管理秩序、相关投资者的合法权益却希望这种结果的发生。行为人的目的一般在于获取不正当利益或者转嫁风险,但也不能排除有基于其他目的而操纵证券、期货市场的行为。

VII 与非罪的界限

7 操纵证券、期货市场罪属于情节犯,以情节严重作为其犯罪构成的必要条件。如果行为人在客观上虽然实施了操纵证券、期货市场的行为,在主观上也确实出于故意,但是全案情节并未达到严重程度的,其行为并不构成犯罪,尚属一般违法行为,对行为人只能追究其相应的行政责任或民事、经济责任。另外,不能将证券预测错误纳入本罪处罚范围。对于证券预测错误,应主要把握以下几点:①行为人的预测是出于善意;②行为人的预测具有合理根据;③行为人具有预测的资格和能力;④行为人的预测方法、途径必须科学、合理。如果行为人的预测不具备上述条件的,结合其他相

---

[3] “赵喆操纵证券交易价格案”[上海市静安区人民法院(1999)静刑初字第211号],载《最高人民法院公报》2000年第2期。

关情况,如行为人在主观上具有意图影响证券市场交易价格故意的,则行为人的行为可能是一种操纵行为,情节严重的,可能构成操纵证券市场罪。

根据最高人民检察院第 39 号指导性案例“朱炜明操纵证券市场案”的要旨,证券公司、证券咨询机构、专业中介机构及其工作人员违背从业禁止规定,买卖或者持有证券,并在对相关证券作出公开评价、预测或者投资建议后,通过预期的市场波动反向操作,谋取利益,情节严重的,以操纵证券市场罪追究其刑事责任。 8

Ⅷ 共犯

证券公司及其从业人员,明知委托买卖证券的客户的委托行为是违法的,属于法律禁止的操纵行为,但还是接受委托,如果委托人的行为构成犯罪,那么受托人是否构成共犯?根据《证券法》的规定,进入证券交易所参与集中竞价交易的,必须是具有证券交易所会员资格的证券公司,一般客户是不能进入交易所买卖股票的,只能委托证券公司进行买卖。在此意义上,直接实施操纵证券市场行为的只能是证券公司及其从业人员。[4] 但我们并不能就此认为该证券公司及其从业人员一定构成共同犯罪。一方面,从证券公司或者其从业人员来看,可能只想多赚些佣金,这与操纵者的主观意图是不同的;另一方面,操纵者的操纵意图对于证券、交易市场的正常运转而言,未必能起到其所预期的操纵作用。如果委托人的操纵行为客观上不能对证券、交易市场的正常秩序造成影响,受委托的证券公司或者其从业人员又没有自身可体现的操纵意图,可以不认为成立共同犯罪。 9

4 参见高铭暄、赵秉志主编:《刑法论丛》(第 4 卷),法律出版社 2000 年版,第 268 页。

第一百八十三条　职务侵占罪、贪污罪例示规定

保险公司的工作人员利用职务上的便利，故意编造未曾发生的保险事故进行虚假理赔，骗取保险金归自己所有的，依照本法第二百七十一条的规定定罪处罚。

国有保险公司工作人员和国有保险公司委派到非国有保险公司从事公务的人员有前款行为的，依照本法第三百八十二条、第三百八十三条的规定定罪处罚。

文献：胡云腾主编：《刑法条文案例精解》，法律出版社 2004 年版。张明楷：《保险诈骗罪的基本问题探究》，载《法学》2001 年第 1 期；林荫茂：《保险诈骗犯罪定性问题研究》，载《政治与法律》2002 年第 2 期；阴建峰：《保险诈骗罪的共犯问题探究》，载《河南大学学报（社会科学版）》2013 年第 2 期；谢望原：《保险诈骗罪的三个争议问题》，载《中外法学》2020 年第 4 期。

细目录

Ⅰ　主旨
Ⅱ　沿革
Ⅲ　主体

Ⅰ　主旨

1　为了合理惩治保险公司的工作人员和公司、企业、事业单位的工作人员利用职务上的便利骗取保险金的行为，特作本条规定。

Ⅱ　沿革

2　1995 年第八届全国人民代表大会常务委员会第十四次会议通过的《关于惩治破坏金融秩序犯罪的决定》第 17 条规定，保险公司的工作人员利用职务上的便利，故意编造未曾发生的保险事故进行虚假理赔，骗取保险金的，分别依照全国人民代表大会常务委员会《关于惩治贪污罪贿赂罪的补充规定》和《关于惩治违反公司法的犯罪的决定》的有关规定处罚。1997 年刑法修订时，将《关于惩治破坏金融秩序犯罪的决定》第 17 条的规定纳入刑法，同时考虑到 1997 年《刑法》第 271 条职务侵占罪、第 93 条关于国家工作人员的概念、第 382 条和第 383 条贪污罪及其处罚的规定，将该条相

关指引性规定明确规定为依照《刑法》第 271 条的规定定罪处罚;并对“以国家工作人员论”的保险公司中相关人员增加一款规定,对其按照《刑法》第 382 条和第 383 条的规定定罪处罚;在罪状表述上,增加“骗取保险金归自己所有”的规定。

Ⅲ 主体

3 本罪的主体是特殊主体。国有保险公司的工作人员与非国有保险公司的工作人员,属于国家工作人员或企事业单位的工作人员,其利用职务上的便利骗取保险金的行为与其他金融诈骗行为具有不同的性质,属于利用职务上的便利侵吞、骗取本单位财物的行为,完全符合职务侵占罪或贪污罪的构成特征,应按相应的规定分别构成职务侵占罪或者贪污罪。

4 对于保险公司工作人员与他人内外勾结,故意编造未发生的保险事故进行虚假理赔,骗取保险金的情况,应根据 2000 年 6 月 30 日发布的最高人民法院《关于审理贪污、职务侵占案件如何认定共同犯罪几个问题的解释》的规定进行处理。该解释第 1 条规定:行为人与国家工作人员勾结,利用国家工作人员的职务便利,共同侵吞、窃取、骗取或者以其他手段非法占有公共财物的,以贪污罪共犯论处。第 2 条规定:行为人与公司、企业或者其他单位的人员勾结,利用公司、企业或者其他单位人员的职务便利,共同将该单位财物非法占为己有,数额较大的,以职务侵占罪共犯论处。第 3 条规定:公司、企业或者其他单位中,不具有国家工作人员身份的人与国家工作人员勾结,分别利用各自的职务便利,共同将本单位财物非法占为己有的,按照主犯的犯罪性质定罪。

第一百八十四条　非国家工作人员受贿罪、受贿罪例示规定

银行或者其他金融机构的工作人员在金融业务活动中索取他人财物或者非法收受他人财物，为他人谋取利益的，或者违反国家规定，收受各种名义的回扣、手续费，归个人所有的，依照本法第一百六十三条的规定定罪处罚。

国有金融机构工作人员和国有金融机构委派到非国有金融机构从事公务的人员有前款行为的，依照本法第三百八十五条、第三百八十六条的规定定罪处罚。

文献：胡云腾主编：《刑法条文案例精解》（第2版），法律出版社2007年版；中国人民银行、中国银行业监督管理委员会、中国证券监督管理委员会、中国保险监督管理委员会、治理商业贿赂协调小组编：《金融机构治理商业贿赂理论与实践》，中国金融出版社2010年版。柳忠卫：《商业贿赂犯罪客体解读》，载《华东政法大学学报》2006年第5期。

细目录

Ⅰ　主旨
Ⅱ　沿革
Ⅲ　主体

Ⅰ　主旨

1　为了合理惩治银行或者其他金融机构的工作人员利用职务上的便利，在金融业务活动中索取他人财物或者非法收受他人财物，为他人谋取利益，或者违反国家规定，收受各种名义的回扣、手续费，归个人所有的行为，特作本条规定。

Ⅱ　沿革

2　1995年第八届全国人民代表大会常务委员会第十四次会议通过的《关于惩治破坏金融秩序犯罪的决定》第18条规定："银行或者其他金融机构的工作人员在金融业务活动中索取、收受贿赂，或者违反国家规定收受各种名义的回扣、手续费的，分别依照全国人民代表大会常务委员会《关于惩治贪污罪贿赂罪的补充规定》和《关于惩治违反公司法的犯罪的决定》的有关规定处罚。"1997年刑法修订时，《关于惩治违反公司法的犯罪的决定》第9条的规定被修改后纳入《刑法》第163条，规定为非国家工作

人员受贿罪；同时《刑法》第93条对国家工作人员的概念进一步明确规定，银行中相关人员“以国家工作人员论”的认定进一步明确；《关于惩治贪污罪贿赂罪的补充规定》第4条与《关于严惩严重破坏经济的罪犯的决定》第1条第(二)项的规定被进一步修改完善后纳入《刑法》第385条和第386条，明确规定为受贿罪及其处罚。因此，刑法设置第184条的相关指引性规定，将银行等金融机构的工作人员收受贿赂的行为明确规定依照《刑法》第163条的规定定罪处罚；并对“以国家工作人员论”的银行或者其他金融机构的相关人员规定依照《刑法》第385条、第386条的规定定罪处罚；此外，将《关于惩治破坏金融秩序犯罪的决定》第18条中的“索取、收受贿赂”修改为“索取他人财物或者非法收受他人财物”，并增加“归个人所有”的规定。

Ⅲ　主体

本罪主体是特殊主体，为国有金融机构的工作人员和非国有金融机构的工作人员。在当前实践中，关于金融机构的界定和范围，出现了不同的看法。针对一度广泛出现的“农村合作基金会”，最高人民法院曾作专门批复，即2000年5月8日发布的最高人民法院《关于农村合作基金会从业人员犯罪如何定性问题的批复》规定，农村合作基金会从业人员，除具有金融机构现职工作人员身份的以外，不属于金融机构工作人员，对其实施的犯罪行为，应当依照刑法的有关规定定罪处罚。但对当前大量存在的小额贷款公司是否属于“金融机构”，目前理论上尚未有共识。 3

第一百八十五条　挪用资金罪、挪用公款罪例示规定

商业银行、证券交易所、期货交易所、证券公司、期货经纪公司、保险公司或者其他金融机构的工作人员利用职务上的便利，挪用本单位或者客户资金的，依照本法第二百七十二条的规定定罪处罚。

国有商业银行、证券交易所、期货交易所、证券公司、期货经纪公司、保险公司或者其他国有金融机构的工作人员和国有商业银行、证券交易所、期货交易所、证券公司、期货经纪公司、保险公司或者其他国有金融机构委派到前款规定中的非国有机构从事公务的人员有前款行为的，依照本法第三百八十四条的规定定罪处罚。

文献：胡云腾主编：《刑法条文案例精解》(第2版)，法律出版社2007年版；刘家琛：《刑法及司法解释条文释义》，人民法院出版社2009年版；张述元：《刑法条文理解适用与司法实务全书》，中国法制出版社2018年版；何帆：《刑法注释书》，中国民主法制出版社2019年版。钟斌、吴伟平：《论股票从业人员挪用公款罪的数额计算》，载《法学》1995年第2期。

细目录

Ⅰ　主旨
Ⅱ　沿革
Ⅲ　主体

Ⅰ　主旨

1　为了合理惩治国有金融机构的工作人员和非国有金融机构的工作人员利用职务上的便利，挪用本单位或者客户资金，损害国家或单位利益的行为，特作本条规定。

Ⅱ　沿革

2　1997年修改刑法时，设置了本条规定。1997年刑法实施以来，随着金融体制改革的不断深化和金融管理体制的不断变化，一些部门对刑法中的“其他金融机构”所

包含的范围认识不一致,因此1999年12月25日通过的《刑法修正案》对本条的犯罪主体进行了进一步的明确。

Ⅲ 主体

本罪的主体是特殊主体,为国有金融机构的工作人员和非国有金融机构的工作人员。 3

第一百八十五条之一　背信运用受托财产罪;违法运用资金罪

商业银行、证券交易所、期货交易所、证券公司、期货经纪公司、保险公司或者其他金融机构，违背受托义务，擅自运用客户资金或者其他委托、信托的财产，情节严重的，对单位判处罚金，并对其直接负责的主管人员和其他直接责任人员，处三年以下有期徒刑或者拘役，并处三万元以上三十万元以下罚金；情节特别严重的，处三年以上十年以下有期徒刑，并处五万元以上五十万元以下罚金。

社会保障基金管理机构、住房公积金管理机构等公众资金管理机构，以及保险公司、保险资产管理公司、证券投资基金管理公司，违反国家规定运用资金的，对其直接负责的主管人员和其他直接责任人员，依照前款的规定处罚。

文献:黎宏:《刑法学》,法律出版社 2012 年版;阮齐林:《中国刑法各罪论》,中国政法大学出版社 2016 年版;周光权:《刑法各论》(第 4 版),中国人民大学出版社 2021 年版。涂龙科、胡建涛:《论背信运用受托财产罪的认定》,载《华东理工大学学报(社会科学版)》2008 年第 3 期;赖正直:《论背信运用受托财产罪的若干基本问题》,载《社科纵横(新理论版)》2008 年第 4 期;顾肖荣:《论我国刑法中的背信类犯罪及其立法完善》,载《社会科学》2008 年第 10 期;刘宪权、周舟:《违法运用资金罪的刑法分析》,载《法学杂志》2010 年第 9 期;陈胜涛、王钰楠:《违法运用资金罪的情节认定——陈某等人违法运用资金案》,载《法律适用》2020 年第 12 期。

细目录

Ⅰ　主旨
Ⅱ　沿革
Ⅲ　客体
Ⅳ　客观要件
Ⅴ　主体
Ⅵ　与他罪的区别
Ⅶ　处罚

Ⅰ　主旨

1　为了保护客户信托财产安全,合理惩治金融机构违背受托义务,擅自运用客户资金或者其他委托、信托的财产,给客户造成重大经济损失的行为,制定本规定。

Ⅱ 沿革

1997 年刑法只对银行或者其他金融机构的工作人员利用职务上的便利进行犯罪的行为作出了规定。随着社会主义市场经济的深入发展,国家金融机构开展为客户保管资金或者财产的服务,然而有些金融机构违背受托义务,擅自运用客户资金或者其他委托、信托的财产,给客户造成重大经济损失,因此需要用刑罚追究金融单位及其直接负责的主管人员和其他直接责任人员的刑事责任,以确保客户信托资金和财产的安全。[1] 因而,2006 年 6 月 29 日通过的《刑法修正案(六)》增加背信运用受托财产罪、违法运用资金罪,作为《刑法》第 185 条之一。 2

Ⅲ 客体

本罪侵犯的客体有两个:直接客体是委托人的财产权,间接客体是国家对银行或其他金融机构以及公众资产管理机构的管理秩序。 3

Ⅳ 客观要件

背信运用受托财产罪的客观要件表现为,违背受托义务,擅自运用客户资金或者其他委托、信托的财产,情节严重的;违法运用资金罪的客观要件表现为违反国家规定运用资金,情节严重的。成立两罪皆要求"情节严重",该项"情节严重"的标准,可以根据最高人民检察院、公安部《关于公安机关管辖的刑事案件立案追诉标准的规定(二)》第 35 条、第 36 条的规定,主要考虑以运用资金或者财产的数额和次数作为追诉标准。 4

Ⅴ 主体

本罪是纯粹的单位犯罪,即只能由单位构成本罪。背信运营受托财产罪只能由商业银行、证券交易所、期货交易所、证券公司、期货经纪公司、保险公司或者其他金融机构构成;违法运用资金罪只能由社会保障基金管理机构、住房公积金管理机构等公众资金管理机构,以及保险公司、保险资产管理公司、证券投资基金管理公司构成。 5

最高人民法院《刑事审判参考》案例第 1388 号"兴证期货大连营业部背信运用受托财产案"的理由认为,背信运用受托财产罪与挪用资金罪、挪用公款罪的区分可以从以下方面进行区分:首先,是主体不同,如果挪用客户资金的行为是有关人员按领导指令,以单位名义、为单位利益实施的,则应视情形以背信运用受托财产罪论处;反之,如果该行为是金融机构中有关工作人员个人的行为,则应视情形以挪用资金罪或 6

1 参见周其华:《刑法修正案与配套规定罪名精解》,中国检察出版社 2017 年版,第 220 页。

挪用公款罪论处。其次,挪用资金、公款等行为指向的资金为公司或国家所有,而背信运用受托财产行为其指向的资金为客户所有,因此,以金融机构名义签订合同后,工作人员以单位名义背信运用受托财产,违法所得归单位所有的,金融机构亦承担相应的刑事责任。

Ⅵ　与他罪的区别

7 “兴证期货大连营业部背信运用受托财产案”的理由认为,背信运用受托财产罪与挪用资金罪、挪用公款罪的区分可以从以下方面进行区分:首先,主体不同,如果挪用客户资金的行为是有关人员按领导指令,以单位名义、为单位利益实施的,则应视情形以背信运用受托财产罪论处;反之,如果该行为是金融机构中有关工作人员个人的行为,则应视情形以挪用资金罪或挪用公款罪论处。其次,挪用资金、公款等行为指向的资金为公司或国家所有,而背信运用受托财产行为指向的资金为客户所有,因此,以金融机构名义签订合同后,工作人员以单位名义背信运用受托财产,违法所得归单位所有的,金融机构亦承担相应的刑事责任。

Ⅶ　处罚

8 背信运用受托财产罪为单位犯罪,采取双罚制,对单位判处罚金的同时,对其直接负责的主管人员和其他直接责任人员判处自由刑和罚金。违法运用资金罪虽然也为单位犯罪,但其处罚方式为单罚制,仅对其直接负责的主管人员和其他直接责任人员依照本条第 1 款的规定进行处罚。

第一百八十六条　违法发放贷款罪

银行或者其他金融机构的工作人员违反国家规定发放贷款，数额巨大或者造成重大损失的，处五年以下有期徒刑或者拘役，并处一万元以上十万元以下罚金；数额特别巨大或者造成特别重大损失的，处五年以上有期徒刑，并处二万元以上二十万元以下罚金。

银行或者其他金融机构的工作人员违反国家规定，向关系人发放贷款的，依照前款的规定从重处罚。

单位犯前两款罪的，对单位判处罚金，并对其直接负责的主管人员和其他直接责任人员，依照前两款的规定处罚。

关系人的范围，依照《中华人民共和国商业银行法》和有关金融法规确定。

文献：陈兴良主编：《刑法疏议》，中国人民公安大学出版社 1997 年版；李洁主编：《刑法学》（第 2 版），中国人民大学出版社 2014 年版；张明楷：《刑法学》（第 6 版），法律出版社 2021 年版。侯国云、陈丽华：《违法向关系人发放贷款罪的几个问题》，载《法学杂志》2001 年第 2 期；周虹：《违法发放贷款罪修正的思考》，载《中国检察官》2011 年第 12 期；王美鹏、李俊：《违法发放贷款犯罪问题研究》，载《人民检察》2017 年第 18 期。

细目录

Ⅰ　主旨
Ⅱ　沿革
Ⅲ　客体
Ⅳ　对象
Ⅴ　行为
Ⅵ　主体
Ⅶ　故意
Ⅷ　罪数

Ⅰ　主旨

贷款是"银行或者其他信用机构根据必须归还和付息的原则，按照一定的利率和 1

期限,提供给需要者货币资金的一种信用活动”[1],其是银行等金融机构业务中的主要业务,银行等金融机构营利的主要来源。贷款秩序直接关系着国家金融秩序的稳定,为保护国家贷款管理秩序,使国家的金融秩序不受侵害,刑法特别规定了此罪。

Ⅱ 沿革

2 1979年刑法未规定本罪。为了配合《商业银行法》的规定,严厉打击违法向关系人发放贷款的犯罪行为,1995年6月30日通过的《关于惩治破坏金融秩序犯罪的决定》第9条第1款明文规定:“银行或者其他金融机构的工作人员违反法律、行政法规规定,向关系人发放信用贷款或者发放担保贷款的条件优于其他借款人同类贷款的条件,造成较大损失的,处五年以下有期徒刑或者拘役,并处一万元以上十万元以下罚金;造成重大损失的,处五年以上有期徒刑,并处二万元以上二十万元以下罚金。”第9条第2款、第3款规定:“银行或者其他金融机构的工作人员违反法律、行政法规规定,玩忽职守或者滥用职权,向关系人以外的其他人发放贷款,造成重大损失的,处五年以下有期徒刑或者拘役,并处一万元以上十万元以下罚金;造成特别重大损失的,处五年以上有期徒刑,并处二万元以上二十万元以下罚金。单位犯前两款罪的,对单位判处罚金,并对直接负责的主管人员和其他直接责任人员,依照前两款的规定处罚。”修订后的1997年《刑法》第186条吸收了这一规定。2006年6月29日通过的《刑法修正案(六)》对本条进行了修正,将原186条两款不同的处罚规定合并,本罪的基本罪状则被设定为违法发放贷款的行为,违法向关系人发放贷款被设定为本罪的情节加重犯。

Ⅲ 客体

3 本罪侵害的客体是国家对贷款的金融管理秩序。发放贷款是银行和其他金融机构的一项重要金融业务,它为国民经济的发展提供了重要的资金保障。为了规范贷款行为,保障贷款使用的有效性和金融资金的安全,国家制定了一系列有关贷款的管理制度。违法发放贷款的行为直接违反了国家的法律、法规,破坏了贷款金融管理秩序,使贷款使用的有效性和金融资金的安全受到损害。

Ⅳ 对象

4 本罪的行为对象为银行及金融机构贷款。所谓银行及金融机构贷款,一般是指作为货币持有人的银行及金融机构通过合同把货币借出,借款人按约定时间还本付息的一种信用形式。在银行及金融机构贷款活动中,银行及金融机构为贷方,相对人为借方,按照约定时间和规定的利率,由借方向银行及金融机构还本付息。

---

1 黄运武主编:《市场经济大词典》,武汉大学出版社1993年版,第459页。

V 行为

本罪行为表现为,“违反国家规定发放贷款,数额巨大或者造成重大损失的”。①所谓违反国家规定,是指违反《商业银行法》《贷款通则》等有关借款人条件的规定。《贷款通则》第17条规定,借款人应当是经工商行政管理机关或主管机关核准登记的企事业法人、其他经济组织、个体工商户或具有中华人民共和国国籍的具有完全民事行为能力的自然人。借款人申请贷款,应当符合以下要求:一是有按期还本付息的能力,原应付贷款利息和到期贷款已清偿,没有清偿的,已经作了贷款人认可的清偿计划;二是除自然人和不需要经工商部门登记核准的事业法人外,都应当经过工商部门办理年检手续;三是已开立基本账户或一般存款账户;四是除国务院规定外,有限责任公司和股份有限公司对外股本权益性投资累计额未超过其净资产总额的50%;五是借款人的资产负债率符合贷款人的要求;六是申请中长期贷款的,新建项目的企业法人所有者权益与项目所需总投资的比例不低于国家规定的投资项目的资本金比例。借款人如果不符合以上条件,作为银行及金融机构的贷款人就不应向其发放贷款,否则就是非法发放。②“发放贷款”发生在从资信调查到审批、签订合同、发放贷款的全过程。只要在其中任何一个环节违反法律、行政法规的规定发放贷款,就属于违反国家规定发放贷款。③关于“数额巨大”“造成重大损失的”,可以参照最高人民检察院、公安部《关于公安机关管辖的刑事案件立案追诉标准的规定(二)》第37条予以把握:违法发放贷款,数额在200万元以上的;违法发放贷款,造成直接经济损失数额在50万元以上的。 5

VI 主体

本罪的主体包括自然人和单位。本罪主体是特殊主体,即银行或其他金融机构中从事贷款工作的人员。在我国,从事信贷业务的金融机构主要有商业银行、政策性银行、城市信用合作社、农村信用合作社、信托投资公司等。金融机构从事贷款业务的工作人员主要有贷款调查评估人员、贷款发放人员、贷款审批人员、贷款审查委员会成员等。 6

VII 故意

本罪是直接故意,即行为人明知自己的行为必然违反有关国家的金融管理法规,损害国家的贷款金融管理秩序,却希望这种结果的发生。 7

VIII 罪数

司法实践中,行为人犯本罪时往往兼有以贷谋私、收受贿赂的情形。这种情况符合刑法理论中牵连犯的特征。在这种情况下,应按照牵连犯的处断原则,从一重罪处 8

罚。最高人民法院、最高人民检察院《关于办理渎职刑事案件适用法律若干问题的解释(一)》第3条规定,国家机关工作人员实施渎职犯罪并收受贿赂,同时构成受贿罪的,除刑法另有规定外,以渎职犯罪和受贿罪数罪并罚。如果将违法发放贷款罪之罪质理解为广义上的"渎职",似乎可以得出在以贷谋私、收受贿赂的情况下,也应数罪并罚的结论。但笔者认为,上述司法解释中的"渎职"是以国家机关工作人员为主体的"渎职类犯罪",而本罪主体并非国家机关工作人员;同时,根据司法解释有利于被告人的原则,在没有明确的司法解释规定之前,不宜将最高人民法院、最高人民检察院《关于办理渎职刑事案件适用法律若干问题的解释(一)》的相关处断原则直接移植适用。

第一百八十七条　吸收客户资金不入帐罪

银行或者其他金融机构的工作人员吸收客户资金不入帐，数额巨大或者造成重大损失的，处五年以下有期徒刑或者拘役，并处二万元以上二十万元以下罚金；数额特别巨大或者造成特别重大损失的，处五年以上有期徒刑，并处五万元以上五十万元以下罚金。

单位犯前款罪的，对单位判处罚金，并对其直接负责的主管人员和其他直接责任人员，依照前款的规定处罚。

文献：周清华：《浅谈利用吸收客户资金不入账手段犯罪的认定》，载《人民检察》1999年第11期；刘长福：《银行工作人员用假存折吸收客户资金转借他人的行为定性》，载《中国检察官》2011年第20期；程燕：《国有银行工作人员吸收客户资金不入账归还个人欠款的司法定性》，载《中国检察官》2016年第16期；谢焱：《吸收客户资金不入账行为的刑法适用与完善》，载《北京师范大学学报（社会科学版）》2017年第6期；王保辉、李井忠、陈婷婷：《信贷员冒名办理贷款行为性质分析》，载《中国检察官》2018年第8期。

细目录

Ⅰ　主旨
Ⅱ　沿革
Ⅲ　客体
Ⅳ　客观要件
Ⅴ　主体
Ⅵ　主观要件

Ⅰ　主旨

1 设立本条之罪是为了惩治银行等金融机构及其工作人员利用工作的便利吸收客户资金不入帐，从而破坏金融管理秩序、损害金融机关信誉的行为，以最终保障国家金融秩序的稳定。

Ⅱ　沿革

2 本罪系1997年刑法规定的新罪名，该法第187条规定："银行或者其他金融机构的工作人员以牟利为目的,采取吸收客户资金不入账的方式,将资金用于非法拆借、发放贷款,造成重大损失的,处五年以下有期徒刑或者拘役,并处二万元以上二十万元以下罚金;造成特别重大损失的,处五年以上有期徒刑,并处五万元以上五十万元以下罚金。单位犯前款罪的,对单位判处罚金,并对其直接负责的主管人员和其他直接责任人员,依照前款的规定处罚。"2006 年 6 月 29 日通过的《刑法修正案(六)》对本条第 1 款的内容进行了调整,主要变化有:第一,取消了"以牟利为目的"的目的限制;第二,取消了"将资金用于非法拆借、发放贷款,造成重大损失的"条件限定;第三,增加了不入帐"数额巨大"的成罪类型。

Ⅲ　客体

3　本罪的行为是吸收客户资金不入帐,直接违背了国家有关存款的金融管理法规,直接侵害的是国家的存款金融管理秩序。

Ⅳ　客观要件

4　本罪客观要件表现为,吸收客户资金不入帐,数额巨大或者造成重大损失的行为。[1]"吸收客户资金不入帐"是本罪的行为表现,是指银行、其他金融机构或其工作人员吸收客户资金,不记入帐目,而私自设立秘密帐户,甚至不设立帐目,逃避国家金融主管机关监管或单位内部上级或者单位稽核部门监督。具体的手段主要有:销毁原始凭证、自制来帐凭证、将款项转入私设帐户、向存款人提供假帐号、私自篡改凭证骗取资金转入私设帐户等。而根据我国金融法律、法规和中国人民银行关于金融机构财会制度的规定,银行等金融机构的会计科目是法定的,对于实际发生的各项业务都要如实记入帐目,以供监督。如我国《商业银行法》第 55 条规定:商业银行应当按照国家有关规定,真实记录并全面反映其业务活动和财务状况,编制年度财务会计报告,及时向国务院银行业监督管理机构、中国人民银行和国务院财政部门报送。商业银行不得在法定的会计帐册外另立会计帐册。成立本罪还要求"数额巨大或者造成重大损失的",该项标准可以参照最高人民检察院、公安部《关于公安机关管辖的刑事案件立案追诉标准的规定(二)》第 38 条进行把握。

Ⅴ　主体

5　本罪的主体是特殊主体,即具有开展吸收客户资金业务的金融机构及其工作人员。单位作为本罪的主体时,限于银行或其他金融机构,一般是国有商业银行及其他

1　参见张明楷:《刑法学》(第 6 版),法律出版社 2021 年版,第 1018 页。

股份制银行、信用社、信托投资公司、合资银行及外资银行等。

Ⅵ 主观要件

本罪应由直接故意构成,即行为人明知自己的行为必然违反有关国家的金融管理法规,损害国家的存款金融管理秩序,却希望这种结果的发生。以"牟利为目的"不是本罪的主观要件,即本罪不是目的犯。 6

第一百八十八条　违规出具金融票证罪

银行或者其他金融机构的工作人员违反规定，为他人出具信用证或者其他保函、票据、存单、资信证明，情节严重的，处五年以下有期徒刑或者拘役；情节特别严重的，处五年以上有期徒刑。

单位犯前款罪的，对单位判处罚金，并对其直接负责的主管人员和其他直接责任人员，依照前款的规定处罚。

文献：黎宏：《刑法学》，法律出版社 2012 年版；张明楷：《刑法学》（第 6 版），法律出版社 2021 年版。马长生、田兴洪、罗开卷：《违规出具金融票证罪的构成与认定》，载《铁道警官高等专科学校学报》2014 年第 2 期；陈兴良：《金融犯罪若干疑难问题的案例解读》，载《江西警察学院学报》2017 年第 6 期。

细目录

Ⅰ　主旨
Ⅱ　沿革
Ⅲ　客体
Ⅳ　对象
Ⅴ　行为
Ⅵ　主体
Ⅶ　故意

Ⅰ　主旨

1　金融票据，关乎金融秩序的稳定，是维护国家金融利益的重要手段。而违规出具金融票据的行为，会对金融秩序造成严重危害，刑法因而规定本罪，以保护金融秩序不受侵害。

Ⅱ　沿革

2　本罪始于 1995 年 6 月 30 日通过的全国人大常委会《关于惩治破坏金融秩序犯罪的决定》，该决定规定："银行或者其他金融机构的工作人员违反规定为他人出具信用证或者其他保函、票据、资信证明，造成较大损失的，处五年以下有期徒刑或者拘役；造成重大损失的，处五年以上有期徒刑。"同时还规定了单位可以构成本罪的主体。1997 年修订后的《刑法》第 188 条基本上采纳了该规定，只是在行为对象上增添了“存单”一项，这并不意味着非法出具存单的行为原来不构成犯罪，而是为了尽量明确列举犯罪对象。后本条经 2006 年 6 月 29 日通过的《刑法修正案（六）》将原来的结果犯模式变更为情节犯模式。

Ⅲ 客体

本罪规定在破坏金融管理秩序罪一节，说明本罪的同类客体为金融管理秩序。3
本罪的行为是银行或者其他金融机构的工作人员违反规定，为他人出具信用证或者其他保函、票据、存单、资信证明，直接侵害的是金融票证的管理秩序。

Ⅳ 对象

本罪的行为对象是信用证、保函、票据、存单和资信证明。①信用证是银行应卖 4
方的要求开具的，保证买方有支付能力的一种凭证。信用证一经开出，就成为信用证中规定的当事人之间达成一致的承诺和约定。信用证受益人履行了信用证规定的义务后，银行就必须保证付款。同时，银行还要承担买方信用不佳或破产倒闭的风险。可见，信用证实际上具有银行担保的性质。②保函是银行根据申请人的要求，向保函的受益人担保某项义务的履行而开立的有条件承担赔偿责任的书面保证文件。从司法实践角度看，除以银行名义出具的保函、保证合同等保证文件以外，其他显性或隐性含有担保或者代为清偿债务内容的承诺性文件，因其内容符合银行保函的实质特征，也应视为保函。银行作为申请人的担保人，它要保证申请人履行经济合约规定的有关责任和义务。③票据包括汇票、本票和支票。根据《票据法》的规定，汇票是由出票人签发的，委托付款人在见票时或者在指定日期无条件支付确定的金额给收款人或者持票人的票据。本票是出票人签发的，承诺自己在见票时无条件支付确定的金额给收款人或者持票人的票据。我国《票据法》中所称本票是指银行本票，不包括商业本票，更不包括个人本票。支票是由出票人签发的，委托办理支票存款业务的银行或者其他金融机构在见票时无条件支付确定的金额给收款人或者持票人的票据。④存单是银行或者其他办理存款业务的金融机构根据实际发生的存款业务而开给存户的存款证明，是一种要式的、实践性的合同。⑤其他资信证明是指除上述金融票证外，由银行或者其他金融机构出具的足以证明他人资产、信用状况的各种文件、凭证等。应注意，此类资信证明无论以何种名义、形式出具，核心是证明他人拥有某类资产、债权或者具有何种经济实力，等等。本罪对象的不同种类性质差别很大，导致本罪的损害对象也各不相同。非法出具信用证或票据、保函最终会损害金融机构的利益，非法出具存单或资信证明是为他人实施诈骗活动提供了便利，直接损害的是金融机构本身以外的人的利益。[1]

Ⅴ 行为

5 本罪的行为表现为行为人违反规定,为他人出具各种金融票证且情节严重的行为。①“违反规定”,是指行为人违反国家有关金融票证管理的法律、行政法规、规章、其他规范性文件以及金融机构自身业务规则。应当注意的是,在法律、行政法规、规章没有或者不宜明确规定的情况下,金融机构内部业务规则可以作为认定行为人是否违反规定的依据,但内部义务规则与法律抵触的除外。②“他人”指除出具人以外的其他人,包括自然人和单位。③对“情节严重”的把握,可以参照最高人民检察院、公安部《关于公安机关管辖的刑事案件立案追诉标准的规定(二)》第39条的规定。

Ⅵ 主体

6 本罪的主体是特殊主体,只有从事金融票证业务的金融机构或其工作人员才可构成本罪。虽是金融机构但并没有金融票证业务,或虽是有金融票证业务的金融机构的从业人员,但职责并不涉及金融票证,违反规定非法出具票据则只能按其他票据违法行为处理,后果严重的可构成票据诈骗或伪造金融票证罪,而不构成本罪。本罪的单位犯罪主体限于银行或者其他金融机构。其他金融机构,主要有保险公司、信托投资公司、证券公司、融资租赁公司等。司法实践中,认定单位犯罪时应根据刑法关于单位犯罪的规定,以及犯罪的决策、实施过程等进行综合分析,要防止只要有金融机构负责人参与就认定为单位犯罪的片面做法。

Ⅶ 故意

7 本罪的罪过形式只能由直接故意构成,即行为人明知自己的行为必然违反国家的金融票证管理法规,会损害金融票证的管理秩序,却希望这种结果的发生。

---

1 参见黎宏:《刑法学》,法律出版社2012年版,第564页。

第一百八十九条　对违法票据承兑、付款、保证罪

银行或者其他金融机构的工作人员在票据业务中，对违反票据法规定的票据予以承兑、付款或者保证，造成重大损失的，处五年以下有期徒刑或者拘役；造成特别重大损失的，处五年以上有期徒刑。

单位犯前款罪的，对单位判处罚金，并对其直接负责的主管人员和其他直接责任人员，依照前款的规定处罚。

文献:黎宏:《刑法学》,法律出版社 2012 年版;周光权:《刑法各论》(第 4 版),中国人民大学出版社 2021 年版;张明楷:《刑法学》(第 6 版),法律出版社 2021 年版。陈洪兵:《中国式刑法立法模式下的结果犯与实害犯》,载《杭州师范大学学报(社会科学版)》2017 年第 5 期。

细目录

Ⅰ　主旨
Ⅱ　沿革
Ⅲ　客体
Ⅳ　对象
Ⅴ　行为
Ⅵ　结果
Ⅶ　主体
Ⅷ　故意
Ⅸ　与他罪的区别

Ⅰ　主旨

金融票据,关乎金融秩序的稳定,是维护国家金融利益的重要手段。违反金融票据承兑、付款、保证的行为,将导致相关票据失去信誉,危害或威胁相关人员的利益,并会对票据管理秩序进而对金融秩序造成严重危害,因而规定本罪。 1

Ⅱ　沿革

1979 年刑法和 1995 年 6 月 30 日通过的全国人大常委会《关于惩治破坏金融秩序犯罪的决定》均无本罪之规定。1995 年 5 月 10 日通过的《票据法》第 105 条规定: 2

金融机构工作人员在票据业务中玩忽职守,对违反本法规定的票据予以承兑、付款或者保证的,给予处分;造成重大损失,构成犯罪的,依法追究刑事责任。1997 年修订后的刑法专门增设了本罪。

Ⅲ 客体

3 本罪的客体是简单客体,即票据管理秩序。

Ⅳ 对象

4 本罪的行为对象是违反票据法规定的票据,具体包括以下几种情况:①票据记载事项违反票据法规定的。《票据法》第 9 条第 1、2 款规定:票据上的记载事项必须符合本法的规定。票据金额、日期、收款人名称不得更改,更改的票据无效。第 8 条规定:票据金额以中文大写和数字同时记载,二者必须一致,二者不一致的,属无效。这种违法票据并非形式上不符合票据的特点,仅从外观上看,并不存在什么问题,在票据法理论上一般被称为票据瑕疵,是因记载内容不真实、不一致而引起票据权利义务的实现受到影响。主要内容包括伪造的票据、变造的票据、涂改的票据等。②欠缺必要记载事项的票据。票据是文义证券,欠缺必要的记载事项就意味着当事人的意思表示不成立,因而票据就不成立,不能承兑、付款、保证。③超过有效期限或被挂失、止付的票据。④其他违反票据法规定的票据。如无民事行为能力人或限制民事行为能力人出票的票据、不具有真实交易关系和债权债务关系而签发的票据。需要注意的是,由于此类违法票据的违法性质无法在票据记载的内容上体现,而票据的文义性又决定了票据业务人员对这些违法事项并不承担审查义务,所以,除非通过其他途径明确知道存在这种因素,否则对其承兑、付款、保证是不承担任何责任的。

Ⅴ 行为

5 本罪的行为表现为银行或者其他金融机构的工作人员在票据业务中,对违反票据法规定的票据予以承兑、付款、保证。"承兑、付款、保证"是票据业务的三种方式。具体而言,承兑是汇票中特有的制度,保证为汇票、本票所共有,而付款是汇票、本票和支票所共有的制度,其中支票比汇票、本票更注重付款,可以说付款是支票中最重要的问题。"承兑"是指汇票付款人承诺在汇票到期日支付汇票金额的一种附属票据行为。相关内容的具体规定参见我国《票据法》第二章第三节。"付款"是指付款人依法支付票据金额,从而消灭票据关系的行为。这一行为依据《票据法》第二章第五节的有关规定以及第 93 条进行把握。此外,根据我国《票据法》第四章的有关规定,就支票的付款要求而言,除适用汇票的有关规定之外,还有一些专门的适用条款。"保证"是指汇票、本票债务人以外的他人,为了担保票据债务的履行,以负担同一内容的票据债务为目的而进行的票据行为，应根据我国《票据法》第二章第四节的相关规定进行把握。

Ⅵ 结果

本罪为结果犯[1]，须造成法定的重大损失的结果才能成立。对于重大损失的理解，应把握以下两点：①本罪所谓重大损失一般指银行或者其他金融机构的损失，包括承担票据责任和承担侵权责任的损失。②实践中要防止对损失的重复计算，比如银行工作人员因对违法票据承兑、付款、保证给第三人造成损失的，这一损失应由银行负责赔偿，银行赔偿之后，实际上就是银行的损失，不能把第三人所受损失和银行赔偿此损失而承受之损失都计入行为人所造成的损失之中。同时，根据最高人民检察院、公安部《关于公安机关管辖的刑事案件立案追诉标准的规定（二）》第40条的规定，此处所称的重大损失只能是直接经济损失，间接损失不能计入其内。 6

Ⅶ 主体

本罪主体是特殊主体，包括自然人和单位。单位犯罪主体仅限于银行和其他金融机构。 7

Ⅷ 故意

本罪只能是故意犯罪。故意的内容是行为人明知自己的行为会对票据管理秩序造成侵害，却希望这种结果的发生。 8

Ⅸ 与他罪的区别

本罪与拒不执行法院判决、裁定罪，非法处置查封、扣押、冻结的财产罪或者妨害诉讼行为的界限：本罪与后两罪发生联系的情形仅限于付款环节。实践中经常存在票据权利人或者委托银行付款人因涉嫌犯罪或其他诉讼活动而被采取保全措施的情形，如果银行或其他金融机构的工作人员违反有关判决、裁定的内容，向已被禁止受领资产的票据持有人付款或者从已被查封的票据付款人账户上划出资金，就可能构成妨害诉讼的违法行为；情节严重的，还可能构成犯罪。一般来说，构成本罪的犯罪对象的票据是违反票据法的票据，而作为妨害司法保全行为对象的票据本身未必违法。如果行为人妨害司法保全的行为同时又符合对违反票据法的票据予以付款的构成特征，比如开立支票账户的客户被法院依法冻结了账户，行为人违反法院裁定给某持票人划出资金，而该支票上付款人签章明显与客户预留印鉴不符，在这种情况 9

1 参见黎宏：《刑法学》，法律出版社2012年版，第565页。

下,行为人不仅妨害了司法保全,还实施了对违法票据予以付款的行为。如果因此造成重大损失的,还可能构成本罪。笔者认为,如果行为人妨害司法保全的行为不构成犯罪而对违法票据付款的行为构成犯罪的,应分别予以处理;如果都构成犯罪的,应作为想象竞合犯,从一重罪处断。

第一百九十条　逃汇罪

公司、企业或者其他单位，违反国家规定，擅自将外汇存放境外，或者将境内的外汇非法转移到境外，数额较大的，对单位判处逃汇数额百分之五以上百分之三十以下罚金，并对其直接负责的主管人员和其他直接责任人员处五年以下有期徒刑或者拘役；数额巨大或者有其他严重情节的，对单位判处逃汇数额百分之五以上百分之三十以下罚金，并对其直接负责的主管人员和其他直接责任人员处五年以上有期徒刑。

文献：薛瑞麟主编：《金融犯罪再研究》，中国政法大学出版社 2007 年版；黎宏：《刑法学》，法律出版社 2012 年版；周光权：《刑法各论》(第 4 版)，中国人民大学出版社 2021 年版；张明楷：《刑法学》(第 6 版)，法律出版社 2021 年版。刘艳红：《论外汇犯罪》，载《中国刑事法杂志》1999 年第 3 期；刘宪权：《中国(上海)自由贸易试验区成立对刑法适用之影响》，载《法学》2013 年第 12 期；陈晨：《新形势下外汇犯罪司法实务若干问题研究》，载《中国刑事法杂志》2017 年第 4 期；吴加明：《内保外贷套利行为构成逃汇罪之商榷与反思》，载《上海政法学院学报(法治论丛)》2017 年第 5 期。

细目录

Ⅰ　主旨
Ⅱ　沿革
Ⅲ　客体
Ⅳ　对象
Ⅴ　行为
Ⅵ　主体
Ⅶ　故意
Ⅷ　共犯
Ⅸ　罪数
Ⅹ　与非罪的界限
Ⅺ　处罚

Ⅰ　主旨

为了加强国家对外汇监管的力度，维持正常的外汇管理秩序，从而维护国际收支平衡和促进国际贸易的发展而规定本罪。 1

Ⅱ　沿革

2　1979年刑法未将逃汇行为作为独立的罪名加以规定。全国人大常委会于1988年通过的《关于惩治走私罪的补充规定》第9条增设了逃汇罪:“全民所有制、集体所有制企业事业单位、机关、团体违反外汇管理法规,在境外取得的外汇,应该调回境内而不调回,或者不存入国家指定的银行,或者把境内的外汇非法转移到境外,或者把国家拨给的外汇非法出售牟利的,由外汇管理机关依照外汇管理法规强制收兑外汇、没收违法所得,可以并处罚款,并对其直接负责的主管人员和其他直接责任人员,由其所在单位或者上级主管机关酌情给予行政处分;情节严重的,除依照外汇管理法规强制收兑外汇、没收违法所得外,判处罚金,并对其直接负责的主管人员和其他直接责任人员,处5年以下有期徒刑或者拘役。企业事业单位、机关、团体或者个人非法倒买倒卖外汇牟利,情节严重的,按照投机倒把罪处罚。”1997年刑法基本承袭了上述规定,只作了一些语词修改,其第190条规定:国有公司、企业或者其他国有单位,违反国家规定,擅自将外汇存放境外,或者将境内的外汇非法转移到境外,情节严重的,对单位判处罚金,并对其直接负责的主管人员和其他直接责任人员,处5年以下有期徒刑或者拘役。

3　1998年12月29日全国人大常委会通过了《关于惩治骗购外汇、逃汇和非法买卖外汇犯罪的决定》,其第3条完全取代了1997年《刑法》第190条,阻却了该条之适用。该决定第3条规定:“将刑法第一百九十条修改为:公司、企业或者其他单位,违反国家规定,擅自将外汇存放境外,或者将境内的外汇非法转移到境外,数额较大的,对单位判处逃汇数额百分之五以上百分之三十以下罚金,并对其直接负责的主管人员和其他直接责任人员处五年以下有期徒刑或者拘役;数额巨大或者有其他严重情节的,对单位判处逃汇数额百分之五以上百分之三十以下罚金,并对其直接负责的主管人员和其他直接责任人员处五年以上有期徒刑。”该条对逃汇罪作出以下修改:①扩充了逃汇罪的主体。《刑法》第190条规定的逃汇罪主体仅限于国有公司、企业或者其他国有单位;《关于惩治骗购外汇、逃汇和非法买卖外汇犯罪的决定》第3条则将非国有公司、企业也纳入其调整范畴,从而将犯罪主体扩大至所有公司、企业或其他单位。②修改了逃汇罪之罪状。《刑法》第190条所规定的逃汇罪属于情节犯,以“情节严重”为构成要件;《关于惩治骗购外汇、逃汇和非法买卖外汇犯罪的决定》第3条则将其变更为数额犯,以“数额较大”为构成要件。③将罚金刑数额明确化。《刑法》第190条对于逃汇罪在处罚上采取的是无限额罚金制,缺乏可操作性;《关于惩治骗购外汇、逃汇和非法买卖外汇犯罪的决定》第3条则采取百分比罚金制,使罚金刑数额相对明确。④提高了法定刑。《刑法》第190条对于逃汇罪只规定了一个量刑幅度,且最高法定刑仅为5年有期徒刑;《关于惩治骗购外汇、逃汇和非法买卖外汇犯罪的决定》则对逃汇罪规定了两个量刑幅度,最高法定刑同时提高至15年有期徒刑。

Ⅲ 客体

本罪的客体为国家外汇管理秩序。 4

Ⅳ 对象

本罪的犯罪对象为外汇,所谓“外汇”,是国际贸易和国际交往的产物,是国际清偿的支付手段。根据我国《外汇管理条例》第3条的规定,外汇的种类包括:①外币现钞,包括纸币、铸币;②外币支付凭证或者支付工具,包括票据、银行存款凭证、银行卡等;③外币有价证券,包括债券、股票等;④特别提款权;⑤其他外汇资产。外汇是国家的主要储备,是用于国际支付的手段。《外汇管理条例》第8条规定:中华人民共和国境内禁止外币流通,并不得以外币计价结算,但国家另有规定的除外。第6条第1款规定:国家实行国际收支统计申报制度。凡有国际收支活动的单位和个人,必须进行国际收支统计申报。 5

Ⅴ 行为

本罪的行为表现为违反国家规定,擅自将外汇存放境外,或者将境内的外汇非法转移到境外。[1] 第一,违反国家规定是构成逃汇罪的前提条件。这里的国家规定主要是指外汇管理法规,包括《外汇管理条例》《结汇、售汇和付汇管理规定》《境内外汇账户管理规定》《境外外汇账户管理规定》等。第二,本罪的行为方式表现为两种,即擅自将外汇存放境外及将境内的外汇非法转移到境外。①擅自将外汇存放境外这一行为方式是针对从境内携出、汇出的外汇,或者在境外取得的外汇收入等境外的外汇而言的。“擅自”本是指对不在自己职权范围内的事情自作主张,这里是指未经外汇管理机关批准而自行将外汇存放境外。“擅自”决定了行为人境外存放外汇行为的非法性。此处“存放”应作引申理解。“存放”仅仅表示一种存在的事实状态。只要外汇在境外存在,即属此种情况。至于外汇是否被营运或移作他用,或储存不用,则非所问。此处“境外”,是与境内相对而言的,指中华人民共和国国(边)境以外。②将境内的外汇非法转移到境外这一行为方式是针对携入、汇入境内的外汇,或在境内取得的外汇收入等境内的外汇而言的。“境内”仅指中华人民共和国国(边)境以内。非法转移,是指违反国家规定携带外汇出境,或者将外汇汇往境外,或者未经外汇管理机关批准擅自将外币存款凭证、外币有价证券携带或者邮寄出境的,等等。 6

Ⅵ 主体

本罪为纯正的单位犯罪,主体只能是公司、企业和其他单位,自然人不能独立构 7

---

1 参见周光权:《刑法各论》(第4版),中国人民大学出版社2021年版,第316页。

成本罪。所以,个人合伙、个体工商户以及自然人实施了逃汇行为的,只能依据有关的外汇管理法规处罚,不能构成本罪。

Ⅶ 故意

8 本罪的罪过形式只能是故意,即行为人明知自己的行为是违反外汇管理法规的逃汇行为而故意实施。成立本罪不需要牟利的目的。

Ⅷ 共犯

9 本罪是纯粹的单位犯罪,自然人不能独立成为本罪的主体,但自然人可以构成本罪的共犯。对于海关、外汇管理部门以及金融机构、从事对外贸易经营活动的公司、企业或者其他单位的工作人员与逃汇的行为人通谋,为其提供便利条件的情形,根据《关于惩治骗购外汇、逃汇和非法买卖外汇犯罪的决定》第 5 条之规定,对于这种情况应“以共犯论,依照本决定从重处罚”。

Ⅸ 罪数

10 司法实践中,行为人将境内的外汇非法转移到境外的行为,有时往往还会违反海关法规,逃避海关监管,从而具备走私性质。易言之,行为人所实施的行为往往不仅触犯逃汇罪,而且还可能构成走私罪。这实际上属于刑法理论中一行为同时触犯数罪名的想象竞合犯之情形,对此应依据想象竞合犯“从一重处断”的原则,择一重罪处罚。

Ⅹ 与非罪的界限

11 依据法条规定,逃汇“数额较大”是区分罪与非罪的法定标志,逃汇罪以“数额较大”为构成犯罪的必备要件。行为人所实施的逃汇行为,只有实际逃汇的数额达到较大程度,才能构成逃汇罪。否则,只能属于一般违法行为,必要时可由外汇管理机关予以行政处罚。关于数额较大的标准,最高人民检察院、公安部《关于公安机关管辖的刑事案件立案追诉标准的规定(二)》第 41 条将其规定为单笔在 200 万美元以上或者累计数额在 500 万美元以上。

Ⅺ 处罚

12 本罪的处罚采用自由刑与罚金刑相结合的方式。根据全国人大常委会《关于惩治骗购外汇、逃汇和非法买卖外汇犯罪的决定》第 3 条的规定,犯本罪,数额较大的,对单位判处逃汇数额 5%以上 30%以下罚金,并对其直接负责的主管人员和其他直接责任人员处 5 年以下有期徒刑或者拘役;数额巨大或者有其他严重情节的,对单位判处逃汇数额5%以上30%以下罚金,并对其直接负责的主管人员和其他直接责任人员处5年以上有期徒刑。在对本罪定罪量刑时要把握“数额巨大或者有其他严重情节”的含义:“数额巨大或者有其他严重情节”是对逃汇行为人加重处罚的依据所在。至于具体何谓“数额巨大”与“有其他严重情节”,其确定属于法院的司法裁量权。一般认为,所谓“有其他严重情节”,根据司法实务,通常是指逃汇手段恶劣的;多次逃汇的;以暴力抗拒外汇管理机关依法进行检查,掩盖逃汇事实真相的;逃汇行为造成恶劣的国际影响的;逃汇行为严重损害人民币的信用及人民币汇率稳定的;逃汇行为给国家和人民利益造成其他重大损失的。

第一百九十一条　洗钱罪

为掩饰、隐瞒毒品犯罪、黑社会性质的组织犯罪、恐怖活动犯罪、走私犯罪、贪污贿赂犯罪、破坏金融管理秩序犯罪、金融诈骗犯罪的所得及其产生的收益的来源和性质，有下列行为之一的，没收实施以上犯罪的所得及其产生的收益，处五年以下有期徒刑或者拘役，并处或者单处罚金；情节严重的，处五年以上十年以下有期徒刑，并处罚金：

（一）提供资金帐户的；

（二）将财产转换为现金、金融票据、有价证券的；

（三）通过转帐或者其他支付结算方式转移资金的；

（四）跨境转移资产的；

（五）以其他方法掩饰、隐瞒犯罪所得及其收益的来源和性质的。

单位犯前款罪的，对单位判处罚金，并对其直接负责的主管人员和其他直接责任人员，依照前款的规定处罚。

文献：鲜铁可：《金融犯罪的定罪与量刑》，人民法院出版社 1999 年版；黎宏：《刑法学》，法律出版社 2012 年版；周光权：《刑法各论》（第 4 版），中国人民大学出版社 2021 年版；张明楷《刑法学》（第 6 版），法律出版社 2021 年版。钊作俊：《洗钱犯罪研究》，载《法律科学》1997 年第 5 期；李希慧：《论洗钱罪的几个问题》，载《法商研究》1998 年第 2 期；卢勤忠：《我国洗钱罪立法完善之思考》，载《华东政法学院学报》2004 年第 2 期；贾宇、舒洪水：《洗钱罪若干争议问题研究》，载《中国刑事法杂志》2005 年第 5 期；王新：《国际视野中的我国反洗钱罪名体系研究》，载《中外法学》2009 年第 3 期；王新：《竞合抑或全异：辨析洗钱罪与掩饰、隐瞒犯罪所得、犯罪所得利益罪之关系》，载《政治与法律》2009 年第 1 期。肖中华：《合理界分上下游行为准确认定洗钱罪》，载《检察日报》2020 年 4 月 11 日。

细目录

Ⅰ　主旨

Ⅱ　沿革

Ⅲ　客体

Ⅳ　对象

Ⅴ　行为

Ⅵ　主体

Ⅶ 故意
Ⅷ 既遂与未遂
Ⅸ 共犯
Ⅹ 罪数
Ⅺ 与他罪的区别
Ⅻ 处罚

Ⅰ 主旨

20世纪五六十年代以来,犯罪分子通过贩毒、走私等犯罪途径获取不法利益后,总是想方设法把犯罪收益所具有的不法特性抹去,使之变成在他人看来似乎是合法的正常收益。这便是现代意义上的“洗钱”。洗钱行为一方面妨害国家的金融管理秩序,可能造成金融领域的不安定;另一方面使相关的犯罪者逃避司法机关的追究,因而有用刑法加以惩治的必要。为了维护国家的金融管理秩序,防止掩饰或隐瞒犯罪所得收益、将非法收入合法化以逃避司法机关追究的行为,故规定此罪。 1

Ⅱ 沿革

1979年《刑法》中没有规定洗钱罪。1990年12月28日全国人大常委会通过的《关于禁毒的决定》第4条第1款规定,“掩饰、隐瞒出售毒品获得财物的非法性质和来源的”,构成窝藏毒品犯罪所得财物罪。该罪具有洗钱罪的性质,但还不是完整意义上的洗钱罪。1997年修订后的《刑法》第191条中明确规定了本罪:“明知是毒品犯罪、黑社会性质的组织犯罪、走私犯罪的违法所得及其产生的收益,为掩饰、隐瞒其来源和性质,有下列行为之一的,没收实施以上犯罪的违法所得及其产生的收益,处五年以下有期徒刑或者拘役,并处或者单处洗钱数额百分之五以上百分之二十以下罚金;情节严重的,处五年以上十年以下有期徒刑,并处洗钱数额百分之五以上百分之二十以下罚金:(一)提供资金账户的;(二)协助将财产转换为现金或者金融票据的;(三)通过转账或者其他结算方式协助资金转移的;(四)协助将资金汇往境外的;(五)以其他方法掩饰、隐瞒犯罪的违法所得及其收益的性质和来源的。单位犯前款罪的,对单位判处罚金,并对其直接负责的主管人员和其他直接责任人员,处五年以下有期徒刑或者拘役。”2001年12月29日通过的《刑法修正案(三)》对本条进行了第一次修改,将“恐怖活动犯罪”增加为本罪的上游犯罪。2006年6月29日通过的《刑法修正案(六)》对本条进行了第二次修改:第一,将贪污贿赂犯罪、破坏金融管理秩序犯罪、金融诈骗犯罪增加为本罪的上游犯罪;第二,在原第(二)项行为对象的基础上,增加了“有价证券”;第三,将原条文中的某某犯罪的“违法所得”置换为某某犯罪的“所得”。 2

2020年《刑法修正案(十一)》对本条进行了第三次修改:其一,将“明知”上游犯 3

罪的规定和为掩饰、隐瞒犯罪所得及其产生的收益的来源和性质的行为目的在表述上作修改完善;其二,删去第1款第(二)项、第(三)项、第(四)项中的"协助",将行为人的"自洗钱"行为纳入本罪惩罚范围;其三,将第1款第(三)项中的"结算方式"修改为"支付结算方式",使以"支付"方式转移资金的行为能够构成本罪;其四,将第1款第(四)项中的"将资金汇往境外"修改为"跨境转移资产";其五,将本罪处罚部分原规定的比例罚金修改为不定额罚金;其六,通过对本条第2款的修改,对单位犯罪中的直接责任人员增加罚金刑。

Ⅲ　客体

4 本罪的客体是复杂客体,包括国家金融管理秩序、社会治安管理秩序,以及正常的司法活动,其中主要客体是国家金融管理秩序。[1]

Ⅳ　对象

5 本罪的行为对象为毒品犯罪、黑社会性质的组织犯罪、恐怖活动犯罪、走私犯罪、贪污贿赂犯罪、破坏金融管理秩序犯罪、金融诈骗犯罪的所得及其收益。也就是说,本罪的行为对象是特定的,必须是上述七类犯罪的所得及其收益。不属于此类对象的洗钱行为不构成本罪,能否构成他罪应视具体情形而确定。

6 关于对刑法中规定的七类上游犯罪的理解,一般认为:①毒品犯罪,具体指刑法分则第六章第七节所规定的各种犯罪。②黑社会性质的组织犯罪,不限于《刑法》第294条规定的三个罪名,应指黑社会性质组织实施的所有犯罪。《刑法》第294条规定的三种犯罪本身并不产生非法收益,而只有这种组织严密的犯罪组织去实施其他犯罪,如诈骗、抢夺、绑架等犯罪时,才能产生巨大的非法收益。将黑社会性质的组织犯罪所得即非法收益列为洗钱行为对象之一,目的在于使这些犯罪组织失去存在的物质基础,而不是限制黑社会性质的组织实施某几种特定的犯罪。③恐怖活动犯罪,具体包括恐怖活动组织实施的各种犯罪。[2] ④走私犯罪,包括刑法分则第三章第二节规定的犯罪。⑤贪污贿赂犯罪,具体指刑法分则第八章所规定的各种犯罪。⑥破坏金融管理秩序罪,具体指刑法分则第三章第四节所规定的各种犯罪。⑦金融诈骗罪,具体指刑法分则第三章第五节所规定的各种犯罪。

7 如何理解"犯罪的所得"中的"犯罪"? 笔者认为,不能将这里的犯罪作狭义的理解,即理解为完全具备刑法所规定的某某犯罪完整要件的犯罪行为。实际上,只要其符合刑法分则所规定的特定犯罪的行为类型且有客观危害性就足以认为是这里的犯罪。如上游犯罪的行为人不具备刑事责任能力(如未满14周岁)而实施了法律规定

1　参见鲜铁可:《金融犯罪的定罪与量刑》,人民法院出版社1999年版,第392页。

2　参见张明楷:《刑法学》(第6版),法律出版社2021年版,第1021页。

的与毒品有关的行为,行为人为其实施了洗钱行为,亦应构成本罪。根据最高人民法院《刑事审判参考》案例第471号“潘儒民、祝素贞、李大明、龚媛洗钱案”的要旨,上游犯罪行为人虽未定罪判刑,但证明洗钱行为的证据确实、充分的,不影响该罪的认定。需要注意的是,这里“所得及其产生的收益”的表现形式可以是任何形式的财产,包括现金、外汇、证券、贵金属、珠宝玉器、债权、各种动产与不动产等,而不仅限于现金。

V 行为

本罪的行为表现为,采取提供资金帐户等各种方法,掩饰、隐瞒上游犯罪的所得及其产生的收益的来源和性质。 8

1. 对掩饰、隐瞒应作何理解的问题。掩饰,即行为人主动采取各种方式对毒品犯罪分子、走私犯罪分子、黑社会性质组织的犯罪分子等的所得及其收益的来源和性质进行遮掩、粉饰,使其他人认为其是合法所得。“掩饰”行为相对于“隐瞒”行为更具有主动进行的意味。“隐瞒”行为是一种相对被动性的行为,只有当司法机关查询时,行为人明知真实情况而故意制造假象以干扰检查活动的,才属于刑法上的“隐瞒”行为。 9

2. 本罪的具体行为方式包括以下五种:①提供资金帐户,既包括将现有的个人在银行的储蓄帐户、单位在银行的存款帐户提供给犯罪者使用,也包括为犯罪人开设新的资金帐户。②将财产转换为现金、金融票据、有价证券。现金,既可以是本国货币,也可以是外国货币。金融票据包括汇票、本票、支票等,其是一种无因证券,便于使用、转换而不留任何痕迹,故受到洗钱分子的偏爱。有价证券包括债券、国库券、股票、存单、存折等。③通过转帐或者其他支付结算方式转移资金。转帐,一般是指利用支票、银行本票、银行汇票、商业汇票等金融票据或者书面或者电话委托,将犯罪所得及其收益从一个帐户转往另一个帐户,使犯罪收入混入合法收入中,以掩饰、隐瞒其非法来源和性质。这里所谓“其他支付结算方式”,根据1997年9月19日中国人民银行颁发的《支付结算办法》的规定,包括用汇兑、托收承付、委托收款等方法转移违法所得及其收益。④跨境转移资产。不仅包括将资产转移至境外的行为,也包括将资产从境外转移至境内进行洗钱的情形。转移的资产不仅包括资金,还包括其他动产、不动产等财产。转移的方式不仅包括直接携带、运输等转移资产方式,还包括设立境内外两个资金池的间接转移资产方式。⑤以其他方法掩饰、隐瞒犯罪所得及其收益的来源和性质的行为。根据国外经验和国内的实际状况,其他掩饰、隐瞒犯罪所得及其收益的来源和性质的手段,多是将上述犯罪所得及收益进行再投资,大多是投往现金密集行业,从而使巨额非法收入披上合法外衣,取得相关的法律登记,从而难以被识破或追究。2009年最高人民法院《关于审理洗钱等刑事案件具体应用法律若干问题的解释》第2条对该兜底性规定作出具体列举规定。 10

Ⅵ 主体

11 本罪的犯罪主体是一般主体,自然人和单位均可构成本罪。经过《刑法修正案(十一)》对本条的修改,上游犯罪人自己实施洗钱行为的(即“自洗钱”),同样可以成立洗钱罪。

Ⅶ 故意

12 本罪的责任形式是故意。《刑法修正案(十一)》对本罪的罪过形式作出一定修改,将“明知是……犯罪的所得及其产生的收益,为掩饰、隐瞒其来源和性质”修改为“为掩饰、隐瞒……犯罪的所得及其产生的收益的来源和性质”。立法解读称此举是基于实践中证明行为人对具体上游犯罪具备“明知”的难度考虑。笔者认为,成立洗钱罪仍应当要求行为人具有认识到行为对象是《刑法》第191条规定的七种特定上游犯罪的所得及其收益的可能性,否则有客观归罪之嫌疑。笔者认为,对行为人是否达到认识的可能性问题,由法官结合具体的案情来判断。掩饰、隐瞒犯罪所得及其产生的收益的来源和性质,属于构成要件的内容,而不是洗钱罪的目的。行为人实施洗钱行为时,当然也认识到自己的行为是在掩饰、隐瞒上游犯罪的所得及其产生的收益的来源和性质。

Ⅷ 既遂与未遂

13 本罪是行为犯,因而应根据刑法中行为犯的相关理论来判断本罪的既遂与未遂。就本罪而言,行为人只要采取法律规定的行为方式实施了掩饰、隐瞒特定七种犯罪所得及其产生的收益的来源和性质的行为,即可成立既遂,反之,行为尚未实施完毕,由于其意志以外的原因而被迫停止的,则构成本罪未遂。

Ⅸ 共犯

14 在司法实践中常常涉及的一个问题是,洗钱罪与上游犯罪的共同犯罪的界限如何划分。一般认为,区分两者的关键是看事前有无通谋。事前有通谋,事后又实施了洗钱行为的,则仅构成“上游犯罪”的共同犯罪,而不单独成立洗钱罪。

Ⅹ 罪数

15 司法实践中,本罪与走私罪之间常发生想象竞合的情形。比如,走私毒品犯罪,行为人将其毒品犯罪所得的现金或者由此转换成的武器、贵重金属等协助运往境外完成洗钱的行为。在这种情况下,其行为完全符合洗钱罪的特征,但是其行为方式又触犯了走私武器罪、走私贵重金属罪等,属于一行为触犯数罪名的情形,构成想象竞合犯,对此采取从一重罪处断原则对行为人定罪量刑。

XI 与他罪的区别

洗钱罪与掩饰、隐瞒犯罪所得、犯罪所得收益罪的区别主要有以下方面:①犯罪客体不完全相同。本罪侵犯的是复杂客体,即金融管理秩序和司法秩序;后罪侵犯的是单一客体,即国家的正常司法秩序。②犯罪对象不同。本罪行为所指向的对象是毒品犯罪、黑社会性质的组织犯罪、恐怖活动犯罪、走私犯罪、贪污贿赂犯罪、破坏金融管理秩序犯罪、金融诈骗犯罪的所得及其产生的收益;后罪则主要是针对其他犯罪所得及其产生的收益而设立的。③客观要件不同。行为方式上,本罪表现为将毒品犯罪、黑社会性质组织犯罪、恐怖活动犯罪、走私犯罪、贪污贿赂犯罪、破坏金融管理秩序犯罪、金融诈骗犯罪的犯罪所得及其产生的收益通过银行或其他金融机构,采用提供资金帐户、转化财产、转移资金、跨境转移资产或其他方法使其具有表面合法化的性质;而后罪主要是将犯罪所得及其产生的收益予以窝藏、转移、收购、代为销售,并未通过投资、金融业务等方式使犯罪所得及其收益改变性质,不具有使之形式合法化的特征。行为方式上,前者比后者要复杂得多。④罪过形式不同。本罪的目的是使“黑钱”合法化,以便掩饰“黑钱”的来源和性质,行为人的目的是使他人(尤其是司法机关)相信财物是合法所得,由于这种目的决定行为人并不必然要对赃物加以隐藏,甚至公开于司法机关面前,因而该财物具有公开存在性;而后罪的主观目的是逃避司法机关的追缴,力图藏匿财物,使他人不知财物的存在,因而使得该项财物的存在具有秘密性。⑤犯罪主体不同。本罪的主体既包括自然人也包括单位;而后罪的主体只能是自然人。 16

XII 处罚

根据规定,犯本罪的,没收实施以上犯罪的所得及其产生的收益,处 5 年以下有期徒刑或者拘役,并处或单处罚金;情节严重的,处 5 年以上 10 年以下有期徒刑,并处罚金。单位犯本罪的,对单位判处罚金,并对其直接负责的主管人员和其他直接责任人员,依照前款的规定处罚。 17

本条规定的“没收”包含了不同的内容:①对于贪污犯罪、金融诈骗犯罪的所得,黑社会性质组织实施的财产犯罪所得等,应当在追缴后及时返还给受害人,而不应当上缴国库,也即在有被害人时,应当将犯罪所得返还给被害人,这显然不同于“没收”的含义。②对于贪污犯罪、金融诈骗犯罪的所得,黑社会性质组织实施的财产犯罪所得的收益,应当追缴并上缴国库,这属于没收。③对于没有被害人的犯罪,如毒品犯罪、走私犯罪、贿赂犯罪所得及其产生的收益,应当追缴并上缴国库,也属于没收。 18

第五节　金融诈骗罪

前　注

文献：周振想主编：《金融犯罪的理论与实务》，中国人民公安大学出版社 1998 年版；马克昌主编：《经济犯罪新论》，武汉大学出版社 1998 年版；黄京平主编：《破坏市场经济秩序罪研究》，中国人民大学出版社 1999 年版；高铭暄主编：《新型经济犯罪研究》，中国方正出版社 2000 年版；薛瑞麟主编：《金融犯罪研究》，中国政法大学出版社 2000 年版；赵秉志主编：《新千年刑法热点问题研究与适用》（下），中国检察出版社 2001 年版；赵秉志主编：《金融诈骗罪新论》，人民法院出版社 2001 年版；刘宪权、卢勤忠：《金融犯罪理论专题研究》，复旦大学出版社 2002 年版；刘远：《金融诈骗罪研究》，中国检察出版社 2002 年版；张明楷：《诈骗罪与金融诈骗罪研究》，清华大学出版社 2006 年版；赵秉志主编：《防治金融欺诈——基于刑事一体化的研究》，中国法制出版社 2014 年版；刘宪权：《金融犯罪刑法学原理》，上海人民出版社 2017 年版。陈兴良：《金融诈欺的法理分析》，载《中外法学》1996 年第 3 期；赵国玲：《金融机构及其工作人员的背职犯罪与防治》，载《中外法学》1998 年第 5 期；陈甦：《析集资诈骗罪罪状中的"以非法占有为目的"》，载《河北法学》1998 年第 6 期；刘宪权：《金融犯罪数额的刑法分析》，载《法学》1998 年第 11 期；杨兴培、陆敏：《破坏市场经济秩序犯罪中的法条竞合问题研究》，载《华东政法学院学报》2000 年第 1 期；林亚刚：《金融犯罪罪数形态的探讨》，载《法商研究》2000 年第 4 期；刘远：《欺诈犯罪原理探究》，载《法学家》2000 年第 5 期；马克昌：《金融诈骗罪若干问题研究》，载《人民检察》2001 年第 1 期；赵秉志：《论金融诈骗罪的概念和构成特征》，载《国家检察官学院学报》2001 年第 1 期；卢勤忠：《金融诈骗罪中的主观内容分析》，载《华东政法学院学报》2001 年第 3 期；刘远、于改之：《金融诈骗罪立法评说》，载《法学》2001 年第 3 期；刘宪权、吴允锋：《论金融诈骗罪的非法占有目的》，载《法学》2001 年第 7 期；高艳东：《金融诈骗罪立法定位与价值取向探析》，载《现代法学》2003 年第 3 期；于改之：《金融诈骗罪争议问题研究》，载《法学评论》2004 年第 1 期；吴玉梅、杨小强：《中德金融诈骗罪比较研究——以行为模式和主观要素为视角》，载《环球法律评论》2006 年第 6 期；徐澜波：《我国刑法应以金融欺诈罪代替金融诈骗罪》，载《政治与法律》2007 年第 2 期；刘宪权：《我国金融犯罪刑法分类质疑》，载《法学评论》2007 年第 4 期；肖中华：《论金融诈骗罪适用中的三个问题》，载《法学杂志》2008 年第 4 期；付立庆：《论金融诈骗罪中的非法占有目的》，载《法学杂志》2008 年第 4 期；杜江：《金融诈骗罪在立法上的若干问题》，载《法学杂志》2008 年第 4 期；单晓华：《金融诈骗罪中的法规竞合问题探讨》，载《辽宁大学学报（哲学社会科学版）》2008 年第 4 期；王占洲：《金融诈骗罪"非法占有目的”的判断标准》,载《政治与法律》2008 年第 6 期;姜爱东、郭健:《论金融诈骗罪的罪过形式》,载《法学杂志》2009 年第 11 期;刘宪权:《论我国金融犯罪的刑罚配置》,载《政治与法律》2011 年第 1 期;古加锦:《如何认定金融诈骗罪的非法占有目的》,载《法律适用》2013 年第 11 期;古加锦:《金融诈骗罪的间接故意否定之我见》,载《长春工业大学学报(社会科学版)》2014 年第 1 期;古加锦:《金融诈骗罪的罪数形态探析》,载《政治与法律》2014 年第 2 期;李祯:《诈骗罪与金融诈骗罪认定标准差异研究》,载《郑州大学学报(哲学社会科学版)》2015 年第 1 期。

细目录

Ⅰ 主旨
Ⅱ 沿革
Ⅲ 构成特征

Ⅰ 主旨

刑法规定本节的犯罪,也是为了保护金融管理秩序。但是,本节主要是根据犯罪行为的特征,即通过诈骗的方式破坏金融管理秩序而专门设立的犯罪,相较其他章节是依据犯罪的同类客体的设立方式而言,是非常特殊的。 1

Ⅱ 沿革

金融诈骗罪实质上是传统的诈骗犯罪在现代市场经济体制下的衍生物。改革开放以前,由于国家实行计划经济,金融体制大一统,客观上使得诈骗犯罪行为极少发生在金融领域。因此,我国 1979 年刑法对诈骗犯罪只规定了一个笼统而概括的罪名,即诈骗罪。但是,随着经济体制改革的深化,计划经济体制逐渐转化为市场经济体制,而大一统的银行体制也开始转化为中央银行体制,从而发生在金融领域的一些诈骗犯罪逐渐出现,并愈演愈烈。为有力惩治日趋严重的金融诈骗及其他金融犯罪,1995 年 6 月 30 日第八届全国人民代表大会常务委员会第十四次会议通过了《关于惩治破坏金融秩序犯罪的决定》,对 1979 年刑法的部分条款作了重大补充和修改:①对伪造国家货币或者贩运伪造的国家货币罪、伪造支票罪、违反金融法规的投机倒把罪和诈骗罪进行了补充和修改。②规定了集资诈骗罪、贷款诈骗罪、票据诈骗罪、金融凭证诈骗罪、信用证诈骗罪、信用卡诈骗罪、保险诈骗罪七种常见多发的金融诈骗犯罪行为,着重打击金融诈骗犯罪。③针对金融犯罪的不同情况,对犯罪的界限作了规定,如有的只要实施了诈骗行为就构成犯罪,例如伪造信用证而进行诈骗;有的诈骗行为则要看数额大小,例如诈骗贷款等。④规定了单位实施金融诈骗罪的刑事责任,突破和发展了传统诈骗犯罪构成要件的理论。⑤对一些特别严重的金融诈骗罪规定了死刑,突破了传统诈骗罪不适用死刑的规定。⑥针对有些银行工作人员与 2

社会上的犯罪分子串通进行金融诈骗的情况,作了以共犯论处的专门规定。

3 1997年刑法吸纳了《关于惩治破坏金融秩序犯罪的决定》中关于本类犯罪的规定,在分则第三章第五节专门规定了金融诈骗罪,但作了部分修改和完善:①完善了金融诈骗罪的构成要件及法定刑,如对集资诈骗罪增加了"数额较大"的构成要件,对贷款诈骗罪增加了"超出抵押物价值重复担保"的法定情形,对信用卡诈骗罪法定情形之一的"恶意透支"作了明确的立法解释,对各种犯罪普遍调整了法定刑,特别是完善了关于罚金的规定。②增设了金融凭证诈骗罪,从而使刑法上的金融诈骗罪由原来的七种发展到八种,严密了法网。

4 2004年12月29日通过的全国人大常委会《关于〈中华人民共和国刑法〉有关信用卡规定的解释》明确了刑法中的"信用卡"的含义。

5 2005年2月28日通过的《刑法修正案(五)》完善了《刑法》第196条(信用卡诈骗罪)的规定,增加了"使用以虚假的身份证明骗领的信用卡的"罪状规定。

6 2011年2月25日通过的《刑法修正案(八)》修改了《刑法》第199条、第200条的规定,涉及金融诈骗罪的处罚。对《刑法》第199条的修改,删除了票据诈骗罪、金融凭证诈骗罪、信用证诈骗罪的死刑。对《刑法》第200条的修订,增加了单位犯本节之罪时,对其直接负责的主管人员和其他直接责任人员的罚金刑的规定。

7 2015年8月29日通过的《刑法修正案(九)》删除了本节第199条的规定,亦即废除了集资诈骗罪的死刑。至此,金融犯罪均无死刑。

8 2020年12月26日通过的《刑法修正案(十一)》修改了第192条(集资诈骗罪)的法定刑,将原来的两档法定刑调整为三档,总体上提高了该罪刑罚的严厉程度;删除了罚金刑具体的数额标准;增加了该罪独立的单位犯罪规定,并相应将该罪移除出第200条的适用范围。

Ⅲ 构成特征

9 金融诈骗罪是指行为人以非法占有为目的,采取非法融资等手段,或者利用金融票据、信用证、信用卡等金融工具进行诈骗的行为,在犯罪构成上具有如下特征:①金融诈骗罪侵犯的客体是复杂客体,既侵犯了金融管理秩序,又侵犯了公私财产所有权。[1] 前者是金融诈骗罪的主要客体,后者是金融诈骗罪的次要客体。②金融诈骗罪的对象是指被害人的财产,具体应包括资金、其他财物甚至服务。既可以是有形物,也可以是无形物;既可以是金融机构的财物,也可以是其他交易主体的财物。[2] ③金融诈骗罪在行为上表现为,行为人以虚构事实或隐瞒真相的方法,使被害人陷于认识错误,从而自动向行为人或其指定的第三人交付数额较大的资金、其他财物或提

---

1 从立法论上提出不同意见的,参见徐澜波:《我国刑法应以金融欺诈罪代替金融诈骗罪》,载《政治与法律》2007年第2期。

2 参见于改之:《金融诈骗罪争议问题探究》,载《法学评论》2004年第1期。

供服务,情节严重的行为。其基本构造为:行为人以不法所有为目的实施金融欺诈行为——被害人产生错误认识——被害人基于错误认识处分资金、财物或提供服务——行为人取得资金、财物或接受服务——被害人受到财产上的损失。④在犯罪形态上,金融诈骗罪都是结果犯。⑤金融诈骗罪的主体既包括自然人,也包括单位。根据刑法规定,除贷款诈骗罪、有价证券诈骗罪和信用卡诈骗罪不能由单位构成外,其他金融诈骗罪都可以由单位构成。⑥金融诈骗罪的主观要件表现为,行为人明知自己的诈骗行为会使他人陷入认识错误进而发生侵害他人财物的结果,并且希望这种结果发生,除此之外还需具有非法占有他人财物的目的。同时,金融诈骗罪的罪过形式原则上仅限于直接故意。

值得注意的是,对于除集资诈骗罪、贷款诈骗罪以及恶意透支型的信用卡诈骗罪以外的其他金融诈骗罪,刑法条文并未明确规定"以非法占有为目的"是构成犯罪的必备要件。那么,对于金融诈骗罪而言,是否都必须具备"以非法占有为目的"的主观要件?虽然通说认为传统诈骗罪的构成以非法占有目的为主观要件,但是,对于金融诈骗罪,理论界仍存在分歧。 10

有些学者认为,不管刑法有无明文规定"非法占有目的",金融诈骗罪都以非法占有目的作为主观要件。[3] 理由为:首先,不论是金融诈骗罪,还是普通诈骗罪,都是目的犯。金融诈骗罪是从普通诈骗罪分离出来的,既然是诈骗,行为人当然具有非法占有的目的。其次,集资诈骗罪、贷款诈骗罪之所以规定了以非法占有为目的,是为了与刑法规定的非法吸收公众存款罪和高利转贷罪相区别,而其余的金融诈骗罪对非法占有目的不作规定,是因为这些犯罪条文中所使用的"诈骗活动"一词已经表明了该罪非法占有的目的。最后,对于在法条上未规定"以非法占有为目的"的金融诈骗罪,并非不要求行为人主观上具有非法占有的目的,而是这种欺诈行为本身就足以表明行为人主观上的非法占有目的。 11

另有学者认为,金融诈骗罪应分为两类:一类是将"以非法占有为目的"规定为犯罪成立的构成要件,包括集资诈骗罪、贷款诈骗罪以及恶意透支型的信用卡诈骗罪;另一类是不将"以非法占有为目的"规定为犯罪成立要件的犯罪,即票据诈骗罪等其他金融诈骗罪。对于刑法明确规定以非法占有为目的的,应当以此为要件;没有明确规定的,则不应以"非法占有为目的"为犯罪构成要件。理由为:①罪刑法定原则的体现。立法者仅在第192条、第193条和第196条第2款中明文规定该目的而未在其他金融诈骗罪的条文中明确予以规定,并不是立法者的疏漏,而是有意指出其他金融诈骗罪不"以非法占有为目的"作为犯罪的构成要件。②虽然金融诈骗罪是从普通诈骗罪中分离出来的,但不能用普通诈骗罪的主观特征来套金融诈骗犯罪的主观特征,我国刑法将金融诈骗罪归入"破坏社会主义市场经济秩序罪"一章,表明了金融诈骗罪 12

---

3 参见赵秉志主编:《金融诈骗罪新论》,人民法院出版社2001年版,第16页、第336页以下。

所侵犯的主要客体是金融管理秩序,而不是财产所有权。③从司法实践来看,不限定该目的,有利于打击金融诈骗活动。否则,实践中会因为非法占有目的的难以认定,而放纵某些金融诈骗犯罪行为。④不以非法占有为目的的金融诈骗行为,同样具有严重的社会危害性。⑤运用刑法武器惩治不以非法占有为目的等形形色色的金融诈骗行为,是世界各国刑事立法的通例和趋势。如近些年,德国、俄罗斯、美国等一些发达国家都将不以非法占有为目的的欺诈行为犯罪化。[4]

13 笔者认为,“以非法占有为目的”是所有金融诈骗罪必须具备的主观构成要件要素。虽然刑法对有些金融诈骗罪没有明文规定主观上必须“以非法占有为目的”,但刑法理论上仍应对此予以肯定。刑法分则某些条文之所以明确规定以非法占有为目的,往往是出于界定罪与非罪、此罪与彼罪的考虑。而在一些明显需要非法占有为目的,又不至于出现混淆罪与非罪、此罪与彼罪的场合,出于语言规则或立法技术的要求,刑法分则条文往往并不明文规定非法占有目的。这样的情况在外国刑法中也同样存在,如日本刑法就没有明文规定诈骗罪的不法所有目的,但日本刑法理论的通说一直认为,诈骗罪的主观要件除故意外,还需要有不法所有的目的。众所周知,我国传统刑法理论一直认为,盗窃罪、诈骗罪的主观要件应包括非法占有目的,否则,就不可能将盗窃罪与一般的盗用行为,诈骗罪与一般的骗取行为、经济纠纷相区别;而金融诈骗罪是从普通诈骗罪中分离出来的。因此,规定金融诈骗罪的刑法条文和规定普通诈骗罪的刑法条文构成一种特别法和普通法的关系,即金融诈骗行为首先是符合普通诈骗罪构成要件的行为。既然普通诈骗罪以非法占有目的为主观要件,金融诈骗罪当然也应具有非法占有目的。漠视该事实的存在是不妥当的。刑法分则条文不可能将所有犯罪的构成要件要素都完整地规定下来,“有一些众所周知的要素,刑法为了实现简短的价值,而有意不作规定”[5]。但是,通过对其他构成要件要素的分析和相关条文的比较,完全可以得知哪些是构成要件要素。因此,从刑法的体系解释出发,对没有明确规定“以非法占有为目的”的那些金融诈骗罪而言,有理由将“以非法占有为目的”作为其“不成文之构成要件要素”,否则,就无法理解诈骗犯罪的定型化,也可能造成具体犯罪认定标准的不统一。

---

4 参见刘宪权、卢勤忠:《金融犯罪理论专题研究》,复旦大学出版社 2002 年版,第 533—534 页。

5 张明楷:《保险诈骗罪的基本问题探究》,载《法学》2001 年第 1 期。

第一百九十二条　集资诈骗罪

以非法占有为目的，使用诈骗方法非法集资，数额较大的，处三年以上七年以下有期徒刑，并处罚金；数额巨大或者有其他严重情节的，处七年以上有期徒刑或者无期徒刑，并处罚金或者没收财产。

单位犯前款罪的，对单位判处罚金，并对其直接负责的主管人员和其他直接责任人员，依照前款的规定处罚。

文献：刘宪权：《金融风险防范与犯罪惩治》，立信会计出版社 1998 年版；周振想主编：《金融犯罪的理论与实务》，中国人民公安大学出版社 1998 年版；王新：《金融刑法导论》，北京大学出版社 1998 年版；马克昌主编：《经济犯罪新论》，武汉大学出版社 1998 年版；赵秉志主编：《新千年刑法热点问题研究与适用》（下），中国检察出版社 2001 年版；赵秉志主编：《金融诈骗罪新论》，人民法院出版社 2001 年版；赵秉志主编：《金融诈骗罪新论》，人民法院出版社 2001 年版；刘宪权、卢勤忠：《金融犯罪理论专题研究》，复旦大学出版社 2002 年版；刘远：《金融诈骗罪研究》，中国检察出版社 2002 年版；龚培华、肖中华：《刑法疑难争议问题与司法对策》，中国检察出版社 2002 年版；张明楷：《诈骗罪与金融诈骗罪研究》，清华大学出版社 2006 年版；赵秉志主编：《防治金融欺诈——基于刑事一体化的研究》，中国法制出版社 2014 年版。周少华、董晓瑜：《集资诈骗罪的司法认定》，载《人民检察》2010 年第 16 期；张建、俞小海：《集资诈骗罪对象研究中的认识误区及其辨正》，载《中国刑事法杂志》2011 年第 6 期；高艳东：《诈骗罪与集资诈骗罪的规范超越：吴英案的罪与罚》，载《中外法学》2012 年第 2 期；侯婉颖：《集资诈骗罪中非法占有目的的司法偏执》，载《法学》2012 年第 3 期；张埕：《民间集资行为异化为集资诈骗罪的分析研究》，载《中国刑事法杂志》2013 年第 12 期；赵秉志、徐文文：《民营企业家集资诈骗罪：问题与思考》，载《法学杂志》2014 年第 12 期；谢治东：《民间融资的类型分析及刑法规制路径的选择》，载《刑法论丛》2017 年第 3 期；时方：《非法集资犯罪中的被害人认定——兼论刑法对金融投机者的保护界限》，载《政治与法律》2017 年第 11 期；邢红霞、田然：《司法推定的证明方法及其限制——以集资犯罪“非法占有目的”为视角展开》，载《法律适用》2019 年第 22 期。

细目录

Ⅰ　主旨

Ⅱ　沿革

Ⅲ 客体
Ⅳ 对象
Ⅴ 行为
Ⅵ 结果
Ⅶ 主体
Ⅷ 故意
Ⅸ 既遂与未遂
Ⅹ 共犯
Ⅺ 罪数
Ⅻ 与非罪的界限
ⅩⅢ 与他罪的区别
一、与非法吸收公众存款罪的区别
二、与诈骗罪的区别
三、与擅自发行股票、公司、企业债券罪的区别
ⅩⅣ 处罚

Ⅰ 主旨

1 刑法设定集资诈骗罪的立法目的,在于通过对集资诈骗行为的刑法规制,维护国家正常的金融管理秩序,保护公私财产所有权。

Ⅱ 沿革

2 1979年《刑法》没有规定本罪。进入20世纪80年代后,集资诈骗行为愈演愈烈,但司法实践中,一般也只以诈骗罪论处。为进一步惩治集资诈骗行为,维护国家金融管理秩序,保护公私财产,1995年6月30日全国人大常委会通过了《关于惩治破坏金融秩序犯罪的决定》,该决定第8条将集资诈骗行为单独设置为一个罪名,并将其最高法定刑规定为死刑。1997年《刑法》吸纳了决定关于本罪的规定,但作了以下修改:①在基本罪状中增加了"数额较大";②把第一个幅度的法定刑由3年以下有期徒刑改为5年以下有期徒刑;③把第二个幅度的法定刑由3年以上改为5年以上;④将该罪的"死刑"调至《刑法》第199条加以规定;⑤将本罪情节特别严重的"并处没收财产"改为"并处五万元以上五十万元以下罚金或者没收财产";⑥把单位犯本罪的处罚调至第200条予以规定。2015年8月29日通过的《刑法修正案(九)》,废除了集资诈骗罪的死刑。2020年12月26日通过的《刑法修正案(十一)》对本罪的法定刑作了以下修改:①将原来的三档法定刑调整为两档,总体上提高了本罪刑罚的严厉程度;②删除了罚金刑具体的数额标准;③增加了本罪独立的单位犯罪规定,并相应将本罪移除出第200条的适用范围。

Ⅲ 客体

本罪侵犯的客体是复杂客体,即国家正常的金融管理秩序和出资人财产所有权。也有学者认为本罪的客体应是国家对金融活动的管理制度[1],这是不妥当的。制度,是要求大家共同遵守的办事规程或行动准则[2],如果将犯罪客体理解为刑法所保护而为犯罪行为所侵犯的社会关系或社会利益,那么,对制度的侵害就应该是改变制度本身,所以,制度不应是客体,只有制度的被遵守所形成的秩序才是犯罪的客体。而且,本罪类属于破坏社会主义市场经济秩序罪,很显然,立法者认定本罪所保护的法益类属于“经济管理秩序”,而不是“经济制度”。 3

Ⅳ 对象

本罪的行为对象为非法募集的社会公众的资金。还有观点认为,集资不仅包括募集资金还包括募集资本。[3] 依据法条的规定,本罪行为人的目的就是使用诈骗方法非法占有他人资金,并以数额较大作为本罪既遂的成立条件。因此,如果行为人的行为目的不是骗取他人资金而是其他的财物,就会因为行为对象不适格而不构成本罪。 4

Ⅴ 行为

依据《刑法》第192条的规定,集资诈骗行为表现为行为人以虚构事实、隐瞒真相等诈骗方法非法集资,数额较大的行为。就“使用诈骗方法”而言,“只要某种行为足以使对方陷入‘行为属于合法募集资金’‘行为人属于正常募集资金’‘行为人的集资获得了有权机关的批准’‘出资后会有回报’等认识错误,足以使对方‘出资’,那么这种行为就属于集资诈骗罪中的‘诈骗方法’”[4]。总之,行为人只要通过虚构事实、隐瞒真相,诱骗公众信以为真,从而自愿将自己的资金交给非法集资者即可。例如,行为人以非法占有为目的,采取虚构资金用途,以虚假的证明文件和高回报率为诱饵,或者以其他欺骗方法,骗取他人资金的行为。行为人即使实施了某种欺骗行为,如果该行为的内容不是使对方陷入错误并处分财产,该欺骗行为也不是诈骗行为。 5

“非法集资”是指单位、其他组织或者个人,未经有权机关批准,违反法律、法规的规定,向社会公众募集资金的行为。也有观点认为,“非法集资”中的“非法”仅指违 6

---

1 参见黄京平主编:《破坏市场经济秩序罪研究》,中国人民大学出版社1999年版,第474页。

2 参见中国社会科学院语言研究所词典编辑室编:《现代汉语词典》(第7版),商务印书馆2016年版,第1689页。

3 参见张明楷:《诈骗罪与金融诈骗罪研究》,清华大学出版社2006年版,第497页。

4 张明楷:《诈骗罪与金融诈骗罪研究》,清华大学出版社2006年版,第493页。

反了法律、法规、规章有关集资的实体规定或者程序性规定。[5] 考虑到行为人可以骗取有关机关批准,或者与有关机关的负责人共谋实施集资诈骗罪,因此,后一种观点具有妥当性。何谓"数额较大"?刑法对具体数额标准未作明确规定。根据《关于审理非法集资刑事案件具体应用法律若干问题的解释》第 8 条的规定,集资诈骗数额在 10 万元以上的,应当认定为"数额较大"。

Ⅵ 结果

7 依据《刑法》第 192 条的规定,本罪侵犯的客体为复杂客体,即金融管理秩序和公私财产所有权。这种复杂客体决定了本罪危害结果的双重性:一是对金融管理秩序的破坏;二是对他人公私财产的侵害(骗取他人的资金或其他财物)。但是,刑法并没有针对前一危害结果作出明文规定,只是规定了诈骗他人财物"数额较大"的危害结果,因此,本罪属于结果犯。即只有集资诈骗行为达到"数额较大",才构成犯罪既遂;若"数额较大"的结果未出现,即使有法定的行为,也不成立犯罪既遂。如果行为人集资诈骗"数额巨大或者有其他严重情节",则是法定刑升格的条件。

Ⅶ 主体

8 本罪的主体是一般主体,可以是自然人,也可以是公司、企业等单位。从实际情况看,自然人实施本罪时,一般都是以公司、企业或其他组织的名义进行的。此时,应注意个人意志支配下的行为与单位整体意志支配下的行为两者之间的区别。

Ⅷ 故意

9 从法条的表述看,本罪只能是故意,并且具有非法占有的目的。过失不构成本罪。其故意的内容是行为人明知自己非法集资的行为会发生破坏金融秩序,侵犯他人财产的危害结果,并且希望这种结果的发生。如何认定行为人具有非法占有的目的?根据《关于审理非法集资刑事案件具体应用法律若干问题的解释》第 7 条第 2 款的规定,具有下列情形的可以认定为"以非法占有目的":①集资后不用于生产经营活动或者用于生产经营活动与筹集资金规模明显不成比例,致使集资款不能返还的;②肆意挥霍集资款,致使集资款不能返还的;③携带集资款逃匿的;④将集资款用于违法犯罪活动的;⑤抽逃、转移资金、隐匿财产,逃避返还资金的;⑥隐匿、销毁账目,或者搞假破产、假倒闭,逃避返还资金的;⑦拒不交代资金去向,逃避返还资金的;⑧其他可以认定非法占有目的的情形。以上规定的各种具体类型,只是一种刑事推定,刑事推定是否合理,关键在于设定的基础事实是否合理。就该司法解释而言,其设定的基础事实④没有区分"不法使用"和"不法占用";其他几项基础事实,强调事

---

5 参见张明楷:《诈骗罪与金融诈骗罪研究》,清华大学出版社 2006 年版,第 495 页。

后对行为时主观目的的逆推,可能违背行为和责任同时存在的原理。为了克服这些缺陷,在司法实践中,用作刑事推定的依据的基础事实并不具有绝对意义,重要的是“在司法实践中,认定是否具有非法占有为目的,应当坚持主客观相一致的原则,既要避免单纯根据损失结果客观归罪,也不能仅凭被告人自己的供述,而应当根据案件具体情况具体分析”。“在处理具体案件时要注意以下两点:一是不能仅凭较大数额的非法集资款不能返还的结果,推定行为人具有非法占有的目的;二是行为人将大部分资金用于投资或生产经营活动,而将少量资金用于个人消费或挥霍的,不应仅以此便认定具有非法占有的目的。”[6]

Ⅸ 既遂与未遂

关于本罪的既未遂标准,刑法理论上存在争论。有学者主张“占有说”或者“目的说”[7],即以行为人是否实际占有集资款为犯罪既遂的标准。有学者认为,“未遂与既遂的区分,归根到底是行为对法益的侵犯程度之分,故从与法益的关系来看,区分既遂与未遂的基本标准应当是,行为是否发生了行为人所追求的、行为性质所决定的法益侵害结果”[8]。行为发生了行为人所追求的、行为性质所决定的法益侵害结果的,构成犯罪的既遂;行为没有发生行为人所追求的、行为性质所决定的法益侵害结果的,则不能构成犯罪的既遂,而应区分不同情况分别认定为犯罪的未遂、中止和预备。还有学者认为,“在以法定的危害结果作为犯罪既遂标志的犯罪中,应当以法定的危害结果实际上是否已经发生,来区别犯罪的既遂与未遂”[9]。 10

笔者认为第三种观点较为妥当。据此,本罪的既遂标准应以被害人是否实际损失“数额较大”的资金为准,即被害人已实际损失数额较大资金的,为本罪的既遂;行为人已着手实施集资诈骗行为,由于其意志以外的原因而没有获得被害人“数额较大”的资金的,为集资诈骗罪的未遂,情节严重的,应依法定罪量刑。如此,即使行为人未能实际获得集资款,但只要被害人因行为人的诈骗行为而实际损失了“数额较大”的集资款的,就构成了本罪的既遂。关于“数额较大”的计算标准,根据《关于审理非法集资刑事案件具体应用法律若干问题的解释》第 8 条第 3 款的规定:“集资诈骗的数额以行为人实际骗取的数额计算,在案发前已归还的数额应予扣除。行为人为实施集资诈骗活动而支付的广告费、中介费、手续费、回扣,或者用于行贿、赠与等费用,不予扣除。行为人为实施集资诈骗活动而支付的利息,除本金未归还可予折抵本金以外,应当计入诈骗数额。” 11

---

6 《全国法院审理金融犯罪案件工作座谈会纪要》第二部分(三)。

7 参见郎胜主编:《关于惩治破坏金融秩序犯罪的决定释义》,中国计划出版社 1995 年版,第 56 页。

8 张明楷:《法益初论》,中国政法大学出版社 2000 年版,第 426 页。

9 马克昌主编:《犯罪通论》,武汉大学出版社 1999 年版,第 495—496 页。

12 也有人认为本罪应属于情节犯。“如果行为人非法占有他人资金的犯罪目的已经实现,则属于犯罪既遂;如果行为人已经实施了本条所规定的行为,由于某种原因致使犯罪目的没有实现,则属于犯罪未遂。例如,行为人在将资金所有权转移过程中,阴谋败露并被及时制止等,犯罪未遂只是可以比照既遂从轻处罚的一个情节,而不是构成此罪的一个必要条件。”[10]该观点值得商榷。如果行为人没有将他人“数额较大”的资金占为己有,并且情节也较轻,则说明该行为没有满足本罪(既遂)成立所要求的必要条件。既然不能满足罪之成立的条件,怎么能不影响本罪(既遂)的成立呢?所以,行为人是否已将他人的资金占为己有,情节是否严重,直接影响本罪的成立。即使行为人已经现实占有了他人资金,如果该资金数额较小,情节较轻,也不能构成犯罪,更不用说构成“犯罪既遂”;即使行为人因意志以外的原因而没有现实占有他人资金,但情节严重的,也构成犯罪未遂,应依法对其定罪量刑。

X 共犯

13 本罪属任意共犯。本罪的共犯既可以是自然人之间的共犯、单位之间的共犯,也可以是自然人与单位之间的共犯。司法实践中,对于行为人二人以上共同故意以非法占有为目的,并相互配合使用诈骗方法非法集资,且数额达到较大程度的,应认定构成共同集资诈骗犯罪。如果“非法集资共同犯罪中部分行为人具有非法占有目的,其他行为人没有非法占有集资款的共同故意和行为的,对具有非法占有目的的行为人以集资诈骗罪定罪处罚”[11]。明知他人实施集资诈骗犯罪活动,为其提供广告等宣传的,以集资诈骗罪的共犯论处。[12]

XI 罪数

14 对于集资诈骗罪的罪数区分,应当按照关于区分一罪与数罪的标准解决。但是,由于集资诈骗行为一般是连续进行,所以集资诈骗罪多数是连续犯或徐行犯。所谓连续犯,是指基于同一或者概括的犯罪故意,连续数次实施犯罪行为,触犯同种罪名的犯罪。在处理连续集资诈骗犯时,其数额的计算应采取相加的原则,无论其实施连续行为的次数多少,持续的时间长短,在查获时,累计计算。如果连续行为曾自动中止过,只要中止期未超过诉讼时效,在计算数额时,仍应将中止前和中止后的数额相加,依一罪处断。如果连续诈骗行为中,有偿还行为或其中的某个行为已被司法机关或行政机关单独处理过,其所偿还的或被扣缴的财产数额应从总数中扣除,不再计入。可见,要构成连续犯的集资诈骗罪,要求数个连续行为中每一个独立犯罪行为都

---

[10] 陈兴良主编:《罪名指南》(第2版),中国人民大学出版社2008年版,第475页。

[11] 《关于审理非法集资刑事案件具体应用法律若干问题的解释》第7条第3款。

[12] 参见《关于审理非法集资刑事案件具体应用法律若干问题的解释》第12条第2款。

构成犯罪。如果每一个行为不构成犯罪,但累计起来构成犯罪,这种情形属于刑法理论上的"徐行犯",同样构成集资诈骗罪,数额累计计算。[13]

XII 与非罪的界限

15 依据法条的规定,本罪的成立需要法定的行为、数额较大、故意以及非法占有的目的,如果缺少其中的一项,就会因不符合犯罪构成而不成立本罪。因此,要划清本罪与非罪的界限,必须注意:行为人有无集资诈骗的行为;是否对集资诈骗行为具有故意;主观上有无非法占有他人财物的目的;集资诈骗的数额是否达到"较大"的程度;等等。如果行为人的行为缺少其中一项,就不成立本罪。

XIII 与他罪的区别

一、与非法吸收公众存款罪的区别

16 非法吸收公众存款罪,是指非法吸收公众存款或者非法变相吸收公众存款,扰乱国家金融秩序的行为。与集资诈骗罪相比,二者的共性是都具有非法募集公众款项的行为,其区别表现为:①侵犯的客体不同。非法吸收公众存款罪侵犯的客体是国家对金融活动的监管秩序;集资诈骗罪侵犯的客体是复杂客体,即国家金融管理秩序和公私财产所有权。②行为成立犯罪对非法占有目的的要求不同。非法吸收公众存款罪的成立不要求行为人具有非法占有目的;而集资诈骗罪的成立则要求行为人具有非法占有公私财物的目的。③行为方式在范围上不同。非法吸收公众存款罪的行为方式不要求采取诈骗方法;而集资诈骗罪则要求使用诈骗方法非法集资。当然,两罪有时也有交叉和转化:行为人以非法占有为目的而非法集资,或者在非法集资过程中产生了非法占有他人资金的故意,其行为均构成集资诈骗罪;行为人既实施非法吸收公众存款、扰乱金融秩序,同时又实施集资诈骗行为且数额较大的,则同时构成非法吸收公众存款罪和集资诈骗罪两罪,应数罪并罚。

二、与诈骗罪的区别

17 两罪具有一定的共性,如行为人主观上都具有非法占有公私财物的目的,客观上都使用了虚构事实或隐瞒真相的诈骗方法。其区别表现在:①行为对象不同。诈骗罪侵犯的对象是特定的某人或某一类人的财物和金钱;而集资诈骗罪侵犯的对象是不特定的广大公众的金钱。②犯罪客体不同。诈骗罪侵犯的客体是单一客体,即公私财产所有权;而集资诈骗罪侵犯的客体是复杂客体,即国家金融管理秩序和公私财产所有

---

13 参见黄京平主编:《破坏市场经济秩序罪研究》,中国人民大学出版社 1999 年版,第 481—482 页。

权。③行为方式不同。诈骗罪的行为方式较为广泛,行为人只要通过虚构事实或者隐瞒真相的方法骗取他人钱财即可;集资诈骗罪的行为方式则较为单一,即该罪虽然也采取虚构事实或者隐瞒事实真相的方法,但必须采取集资的方法。④主体不同。诈骗罪的主体只限于自然人;而集资诈骗罪的主体既可以是自然人,也可以是公司、企业等单位。

三、与擅自发行股票、公司、企业债券罪的区别

18 两罪之行为方式同属于违反法律法规规定,未经有权机关批准即向社会募集资金,扰乱国家金融管理秩序的行为。其区别在于:①犯罪客体不同。集资诈骗罪的客体是复杂客体,犯罪行为既侵犯了公私财产所有权,又侵犯了国家金融管理秩序;擅自发行股票、公司、企业债券罪的客体是简单客体,犯罪行为侵犯的是国家金融管理秩序。②故意的内容不同。集资诈骗罪行为人出于非法占有公私资金的目的,通过募集资金的方法骗取公众的金钱,然后占为己有,募集资金仅仅是诈骗的手段而已;擅自发行股票、公司、企业债券罪行为人不具有非法占有他人资金的目的。③行为方式不同。集资诈骗罪的诈骗方法较为广泛,既可以通过发行股票、公司债券,还可以是通过其他方法;擅自发行股票、公司、企业债券罪募集资金的方式只能通过发行股票或者公司、企业债券。当然,两者的关键区别在于是否具有非法占有目的。未经国家有关主管部门批准,向社会不特定对象发行、以转让股权等方式变相发行股票或者公司、企业债券,或者向特定对象发行、变相发行股票或者公司、企业债券,如果行为人不具有非法占有目的,则构成擅自发行股票、公司、企业债券罪。[14]

XIV 处罚

19 《刑法》第192条为本罪规定了两个幅度的法定刑:犯集资诈骗罪,数额较大的,处3年以上7年以下有期徒刑,并处罚金;数额巨大或者有其他严重情节的,处7年以上有期徒刑或者无期徒刑,并处罚金或者没收财产。无论是自然人还是单位,集资诈骗数额在10万元以上的,应当认定为"数额较大";数额在100万元以上的,应当认定为"数额巨大"。[15]

20 单位犯集资诈骗罪的,对单位判处罚金,并对其直接负责的主管人员和其他直接责任人员,处3年以上7年以下有期徒刑,并处罚金;数额巨大或者有其他严重情节的,处7年以上有期徒刑或者无期徒刑,并处罚金或者没收财产。

---

14 参见《关于审理非法集资刑事案件具体应用法律若干问题的解释》第10条。

15 参见《关于审理非法集资刑事案件具体应用法律若干问题的解释》第8条、第14条。

第一百九十三条　贷款诈骗罪

有下列情形之一，以非法占有为目的，诈骗银行或者其他金融机构的贷款，数额较大的，处五年以下有期徒刑或者拘役，并处二万元以上二十万元以下罚金；数额巨大或者有其他严重情节的，处五年以上十年以下有期徒刑，并处五万元以上五十万元以下罚金；数额特别巨大或者有其他特别严重情节的，处十年以上有期徒刑或者无期徒刑，并处五万元以上五十万元以下罚金或者没收财产：

（一）编造引进资金、项目等虚假理由的；

（二）使用虚假的经济合同的；

（三）使用虚假的证明文件的；

（四）使用虚假的产权证明作担保或者超出抵押物价值重复担保的；

（五）以其他方法诈骗贷款的。

文献：刘宪权：《金融风险防范与犯罪惩治》，立信会计出版社 1998 年版；周振想主编：《金融犯罪的理论与实务》，中国人民公安大学出版社 1998 年版；王新：《金融刑法导论》，北京大学出版社 1998 年版；马克昌主编：《经济犯罪新论》，武汉大学出版社 1998 年版；赵秉志主编：《新千年刑法热点问题研究与适用》（下），中国检察出版社 2001 年版；赵秉志主编：《金融诈骗罪新论》，人民法院出版社 2001 年版；刘宪权、卢勤忠：《金融犯罪理论专题研究》，复旦大学出版社 2002 年版；刘远：《金融诈骗罪研究》，中国检察出版社 2002 年版；张明楷：《诈骗罪与金融诈骗罪研究》，清华大学出版社 2006 年版；赵秉志主编：《防治金融欺诈——基于刑事一体化的研究》，中国法制出版社 2014 年版。田文昌、任亚刚：《论贷款诈骗罪》，载《国家检察官学院学报》1999 年第 1 期；詹复亮：《论贷款诈骗罪》，载《法学家》2000 年第 3 期；但伟、袁啸：《谈贷款诈骗罪的刑罚适用》，载《检察实践》2000 年第 4 期；苏彩霞：《贷款诈欺行为犯罪化之分析及立法建议》，载《法商研究》2001 年第 2 期；线杰：《贷款诈骗罪的立法完善》，载《人民检察》2001 年第 4 期；卞文斌：《单位实施贷款诈骗能否定罪》，载《人民检察》2001 年第 5 期；王晨：《贷款诈骗罪定性问题研究》，载《法律科学》2004 年第 2 期；王涛：《增设贷款诈骗罪单位主体的必要性》，载《中国刑事法杂志》2004 年第 4 期；刘宪权：《贷款诈骗罪若干疑难问题的刑法分析》，载《甘肃政法学院学报》2008 年第 4 期；卢勤忠：《刑法应设立单位贷款诈骗罪》，载《政治与法律》2009 年第 1 期；柳忠卫：《骗取贷款、票据承兑、金融票证罪疑难、争议问题研究》，载《法学评论》2009 年第 1 期；陈晓卉：《贷款诈骗罪法律适用问题研究》，载《政治与法律》2010 年第 9 期；李春燕：

《高利转贷罪、骗取贷款罪与贷款诈骗罪之研究》,载《福建法学》2012 年第 3 期;谢焱:《单位实施的贷款诈骗罪的刑事责任认定》,载《刑法论丛》2017 年第 2 期;武晓雯:《"双重诈骗"案件的定性与处罚——以欺骗不动产担保后骗取银行贷款为例》,载《法学家》2017 年第 4 期;杨志琼:《贷款诈骗罪担保条款解释适用研究》,载《法学论坛》2018 年第 1 期。

细目录

Ⅰ　主旨
Ⅱ　沿革
Ⅲ　客体
Ⅳ　对象
Ⅴ　行为
Ⅵ　结果
Ⅶ　主体
Ⅷ　故意
Ⅸ　既遂与未遂
Ⅹ　共犯
Ⅺ　罪数
Ⅻ　与非罪的界限
XIII　与他罪的区别
一、与诈骗罪的区别
二、与集资诈骗罪的区别
三、与贪污罪、职务侵占罪的区别
XIV　处罚

Ⅰ　主旨

1　刑法设定贷款诈骗罪的立法目的,在于通过对贷款诈骗行为的刑法规制,维护国家正常的贷款管理秩序,保护公私财产所有权。

Ⅱ　沿革

2　1979 年《刑法》没有本罪的规定。1995 年 6 月 30 日第八届全国人大常委会第十四次会议通过了《关于惩治破坏金融秩序犯罪的决定》,在第 10 条规定了贷款诈骗罪。1997 年《刑法》吸纳了该决定关于贷款诈骗罪的规定,但作了两处修改:①在第三个幅度的法定刑中增加了"并处五万元以上五十万元以下罚金"的规定;②在第(四)项中增加了"超出抵押物价值重复担保"的情形。

Ⅲ 客体

3 本罪侵犯的客体是复杂客体,即国家正常的贷款管理秩序和金融机构的财产所有权。也有学者认为,本罪的客体应是国家对金融机构的贷款活动的监督管理制度[1],笔者认为是不妥当的,制度不应是客体,只有制度被遵守所形成的秩序才是犯罪的客体。而且,本罪类属于破坏社会主义市场经济秩序罪,很显然立法者也认定该罪所保护的法益类属于"经济管理秩序",而不是"经济制度"。

Ⅳ 对象

4 本罪的犯罪对象是银行或其他金融机构的信贷资金。依据法条的规定,本罪行为人的行为目的是骗取银行或者其他金融机构的贷款,并以骗取贷款作为本罪的成立条件。因此,如果行为人的行为不是骗取银行或其他金融机构的贷款而是为了得到其他的财物或服务,就会因为行为对象不适格而不构成犯罪。

Ⅴ 行为

5 贷款诈骗的行为表现为使用诈骗方法,诈骗银行或其他金融机构的贷款,数额较大的行为。根据《刑法》第 193 条的规定,贷款诈骗的实行行为主要包括以下方法:①编造引进资金、项目等虚假理由;②使用虚假的经济合同;③使用虚假的证明文件;所谓证明文件,是指银行的存款证明、评估机构的资产评估报告、担保单位的担保函、划款证明等在银行或其他金融机构申请贷款时所需要的文件;④使用虚假的产权证明作担保或者超出抵押物价值重复担保,如重复抵押、虚设抵押、伪造产权证明等;⑤以其他方法诈骗贷款。这里的"其他方法",是指伪造单位公章,盗用他人印章;以虚假的货币、有价证券、银行存单等作抵押贷款;与银行工作人员串通,以骗取的存单作抵押,骗取贷款;使用贷款过程中产生非法所有的目的,拒不偿还贷款;等等。[2] 根据最高人民检察院、公安部《关于公安机关管辖的刑事案件立案追诉标准的规定(二)》第 45 条的规定,以非法占有为目的,诈骗银行或者其他金融机构的贷款,数额在 5 万元以上的,应予立案追诉。此一标准数额可视为"数额较大"的标准。

Ⅵ 结果

6 依据《刑法》第 193 条的规定,贷款诈骗罪侵犯的客体为复杂客体,即金融信贷管理秩序和公私财产所有权。这种复杂客体决定了本罪危害结果的双重性:一是对金

---

1 参见黄京平主编:《破坏市场经济秩序罪研究》,中国人民大学出版社 1999 年版,第 482 页。

2 参见马克昌主编:《百罪通论》(上卷),北京大学出版社 2014 年版,第 298—299 页。

融信贷管理秩序的破坏;二是对金融机构财产的侵害(骗取金融机构的贷款)。但是刑法并没有针对前一危害结果作出明文规定,只是规定了诈骗"数额较大"的危害结果,因此,本罪属于结果犯,即只有贷款诈骗行为达到"数额较大",才构成犯罪;若"数额较大"的结果未出现,即使有法定的行为,也不能认为满足该罪法定构成要件的要求,不成立犯罪的既遂。如果诈骗金融机构的贷款"数额巨大或者有其他严重情节的"或者"数额特别巨大或者有其他特别严重情节的",则是法定刑升格的条件。至于何谓"数额较大""数额巨大""数额特别巨大""其他严重情节""其他特别严重情节",刑法均未作具体规定。1996 年 12 月 16 日发布的《关于审理诈骗案件具体应用法律的若干问题的解释》作了规定,但是该司法解释已被废止。[3]

Ⅶ　主体

7 本罪的主体只能是自然人,单位不能成为本罪的主体。但从实际情况看,由于申请贷款者多为单位,而且自然人实施本罪时,一般也是以公司、企业或其他组织的名义进行的。因此,单位实施贷款诈骗的行为是完全可能的,而且较个人犯本罪危害性更大。但刑法未规定单位可以成为本罪的主体,这不能不说是立法的一个缺憾。对于单位实施贷款诈骗的,司法解释认为,构成合同诈骗罪的,按照合同诈骗罪定罪量刑。[4] 对此,不少学者提出反对观点,认为此种情形下,可按照自然人犯罪论处,构成贷款诈骗罪。[5] 还有观点认为,应该区分不同的情形讨论:如果单位利用合同的方式实施贷款诈骗行为,应以合同诈骗罪追究单位的刑事责任;如果单位未利用合同实施贷款诈骗行为,应以贷款诈骗罪追究单位直接责任人员的刑事责任。[6]

8 笔者认为,此种情形应该以贷款诈骗罪追究直接责任人的刑事责任,主要理由如下:①以贷款诈骗罪追究直接责任人的刑事责任存在法律依据。2014 年 4 月 24 日第十二届全国人民代表大会常务委员会第八次会议通过的《关于〈中华人民共和国刑法〉第三十条的解释》规定:"公司、企业、事业单位、机关、团体等单位实施刑法规定的危害社会的行为,刑法分则和其他法律未规定追究单位的刑事责任的,对组织、策

3　具体参见最高人民法院《关于废止 1980 年 1 月 1 日至 1997 年 6 月 30 日期间发布的部分司法解释和司法解释性质文件(第九批)的决定》。

4　参见 2001 年 1 月 21 日发布的最高人民法院《全国法院审理金融犯罪案件工作座谈会纪要》第二部分(三)。

5　参见马克昌主编:《百罪通论》(上卷),北京大学出版社 2014 年版,第 300—302 页;张明楷:《刑法学》(第 6 版),法律出版社 2021 年版,第 1029 页;黎宏:《刑法学各论》(第 2 版),法律出版社 2016 年版,第 157 页;周光权:《刑法各论》(第 4 版),中国人民大学出版社 2021 年版,第 282 页。

6　参见柳忠卫:《骗取贷款、票据承兑、金融票证罪疑难、争议问题研究》,载《法学评论》2009 年第 1 期。

划、实施该危害社会行为的人依法追究刑事责任。"因此,按照贷款诈骗罪论处并不违背罪刑法定原则。②以贷款诈骗罪追究直接责任人的刑事责任更符合实质正当性。因为,无论是单位实施贷款诈骗行为还是自然人实施贷款诈骗行为在侵害法益程度上并无不同,合同诈骗罪的基本法定刑轻于贷款诈骗罪,按照合同诈骗罪追究直接责任人的刑事责任会轻纵行为人。

Ⅷ 故意

从法条的语言表述看,本罪的主观方面只能是故意,并且具有非法占有的目的。过失不构成本罪。其故意的内容是行为人明知自己的贷款诈骗行为会发生破坏金融秩序,侵犯银行或其他金融机构财产的危害结果,并且希望这种结果的发生。如何判断行为人之非法占有的目的?一般应从以下几个方面着手:申请贷款时是否使用了刑法规定的欺骗手段;取得贷款后是否按照贷款用途加以使用;是否使用贷款进行违法犯罪活动;是否携款潜逃;到期后是否积极准备偿还贷款;等等。对于具有下列情形之一的,应认定为具有非法占有的目的:假冒他人名义贷款的;贷款后携款潜逃的;未将贷款按贷款用途使用,而是用于挥霍致使贷款无法偿还的;改变贷款用途,将贷款用于高风险的经济活动造成重大经济损失,导致无法偿还贷款的;为谋取不正当利益,改变贷款用途,造成重大经济损失,致使无法偿还贷款的;使用贷款进行违法犯罪活动;隐匿贷款去向,贷款到期后拒不偿还的;等等。[7] 由于贷款诈骗罪的主观目的必须基于客观的事实加以推定,认定非法占有目的之时,并不仅限于以上情形。一般而言,认定贷款诈骗罪的非法占有目的时,可以综合考虑行为人贷款时是否利用了罪状中表述的五种情形、行为人的资信状况、行为人的还款能力、行为人使用贷款的方向、行为人是否逃避债务,等等。[8] 9

对于合法取得贷款后,没有按规定的用途使用贷款,到期没有归还贷款的,不能以贷款诈骗罪定罪处罚;对于确有证据证明行为人不具有非法占有的目的,因不具备贷款的条件而采取了欺骗手段获取贷款,案发时有能力履行还贷义务,或者案发时不能归还贷款是因为意志以外的原因,如因经营不善、被骗、市场风险等,不应以贷款诈骗罪定罪处罚。行为人将大部分资金用于投资或生产经营活动,而将少量资金用于个人消费或挥霍的,不应仅以此便认定行为人具有非法占有的目的。[9] 10

在郭建升被控贷款诈骗案[10]中,行为人郭建升利用含有虚假项目的财务报表向 11

---

7 参见张明楷:《刑法学》(第6版),法律出版社2021年版,第1029页。

8 参见黎宏:《刑法学各论》(第2版),法律出版社2016年版,第158页。

9 参见2001年1月21日发布的最高人民法院《全国法院审理金融犯罪案件工作座谈会纪要》第二部分(三)。

10 参见最高人民法院刑事审判第一庭、第二庭编:《刑事审判参考》(总第14辑),法律出版社2001年版,第24—32页。

银行申请贷款的行为,可以认定归属于贷款诈骗罪的“其他方法”。因此,判断行为人的行为是否构成贷款诈骗罪的关键在于还必须进一步借助其他的行为事实来证明郭建升主观上是否具备“非法占有的目的”。本案中,并不能证实郭建升在申请贷款的过程中以及取得贷款之后具备“非法占有贷款的目的”。具体来说,郭建升最终将300万元人民币贷款分别以现金形式或者以所购房产用作贷款抵押等方式用于企业经营活动,而并非用于其个人经营活动及挥霍;贷款未能如期归还,确因郭建升等人对公司、企业经营管理不善所致,但该公司始终表示将尽快归还贷款本息,且担保单位亦未拒绝承担担保责任。因此,根据主客观相一致的原则,行为人郭建升的行为由于不具有“非法占用的目的”,不能认定为贷款诈骗罪。

Ⅸ 既遂与未遂

12 关于本罪的既遂,应以银行或其他金融机构是否实际损失“数额较大”的信贷资金为标准。银行或其他金融机构实际损失“数额较大”的信贷资金的,即使行为人未能实际获得贷款,也构成本罪的既遂;行为人已经着手实施贷款诈骗行为,由于意志以外的原因而未能获得银行贷款,构成本罪的未遂,情节严重的,也应依法追究其刑事责任;行为人正在编造虚假理由、伪造虚假证明文件时,由于意志以外的原因而未能使犯罪得逞的,是本罪的预备犯。[11]

13 但是,从刑法的谦抑性及司法实践来看,不应将骗取数额较小的贷款且情节较轻的行为以犯罪论处。因为,既然贷款诈骗罪要求“数额较大”,而行为人之贷款诈骗行为事实上又没有达到“数额较大”的程度,那么,就不应认定为犯罪。但是,如果贷款诈骗行为情节严重,即使行为人实际上没有非法占有数额较大的贷款,也应认定为贷款诈骗罪未遂。换言之,即使行为人已经现实占有银行或其他金融机构的资金,如果该资金数额较小且情节较轻,不能构成犯罪,更不用说构成犯罪既遂;如果行为人已经实施贷款诈骗行为,由于某种原因致使其非法占有银行或其他金融机构的资金的犯罪目的没有实现,又没有“其他严重情节”,也不能构成犯罪,当然也不属于犯罪未遂。

14 关于本罪的“着手”,一般认为,行为人以诈骗贷款的犯罪故意和非法占有贷款的犯罪目的,将编造的引进资金、项目等虚假理由及其证明文件、虚假的经济合同、虚假的产权等提供给银行等金融机构,开始贷款申请程序时,才能视为本罪的着手。

Ⅹ 共犯

15 贷款诈骗罪完全可能由二人以上共同故意实施,对于本罪的共同犯罪,应当根据刑法总则关于共同犯罪的成立条件以及贷款诈骗罪的构成要件予以认定。但涉及非

---

11 参见刘远:《金融诈骗罪研究》,中国检察出版社2002年版,第368页。

银行或其他金融机构的工作人员与银行或其他金融机构的工作人员共同实施贷款诈骗时,则需要分情形具体认定。其中,又因银行性质及银行工作人员是否具有“国家工作人员的身份”而不同。

(1)银行或其他金融机构的工作人员与非银行或其他金融机构的工作人员之间的共同贷款诈骗。在此种情形下:①如果所诈骗的贷款是该银行或其他金融机构的工作人员经手或者主管,则应分别定罪。若国有银行或金融机构的工作人员和非银行工作人员皆为主犯的情况下,该国有银行工作人员利用职务之便骗取银行贷款归自己所有的行为应认定为贪污罪,非银行工作人员则同时触犯了贪污罪和贷款诈骗罪两个罪名,属于想象竞合犯,应从一重罪处断。②如果国有银行工作人员是主犯,非银行工作人员是从犯,则国有银行工作人员的行为既构成贪污罪,也构成贷款诈骗罪,属于想象竞合犯,应结合犯罪的具体情况,从数额、后果、退赃等方面综合认定,从一重罪论处。如果国有银行工作人员被认定为贪污罪,则非银行人员也应被认定为贪污罪(从犯);如果国有银行工作人员被认定为贷款诈骗罪,则非银行工作人员也应被认定为贷款诈骗罪。③如果非银行工作人员为主犯,银行工作人员为从犯,则国有银行工作人员利用职务之便骗取银行资金归自己所有的行为构成贪污罪,非银行工作人员的行为则构成贷款诈骗罪。 16

(2)非国有银行或其他金融机构的工作人员与非银行或其他金融机构的工作人员之间的共同贷款诈骗。在此种情形下,非国有银行的工作人员利用职务之便骗取银行资金归自己所有的行为应认定为职务侵占罪,而不是贪污罪,非银行工作人员则构成职务侵占罪(的共犯)和贷款诈骗罪的想象竞合犯,应从一重罪论处。 17

Ⅺ 罪数

对于贷款诈骗罪的罪数区分,应当按照区分一罪与数罪的标准来解决。依据《刑法》第 193 条的规定,贷款诈骗的行为方式表现为五种情形,使用其中一种方法的,即可成立本罪;同时使用几种方法的,也只成立一罪,而不进行数罪并罚。 18

Ⅻ 与非罪的界限

本罪的成立需要法定的行为、数额较大、故意以及非法占有的目的,如果缺少其中的一项,就会因不符合犯罪构成而不成立犯罪。因此,要划清贷款诈骗罪与非罪的界限,必须注意:行为人有无贷款诈骗的行为;是否对贷款诈骗行为具有故意;主观上有无非法占有银行或其他金融机构资金的目的;贷款诈骗的数额是否达到“较大”的程度;等等。前述相关部分已有具体论述,这里不再展开。 19

20　在“吴晓丽贷款诈骗案”[12]中,被告人吴晓丽在1995年至1997年期间分别向两个信用社以盖州市镁厂的厂房和设备做抵押办理了贷款。贷款到期后两个信用社均多次催款,吴晓丽都没有还款。1998年9月3日,因在上述两个信用社抵押的财产未在产权机关登记,吴晓丽擅自将镁厂的全部建筑物及厂区土地(包含上述两项贷款抵押物)作价人民币400万元,一次性转让给盖州市亚特塑料制品厂厂长王晓春,双方在签订镁厂《转让合同书》的过程中,吴晓丽隐瞒了镁厂部分建筑已经抵押给信用社的事实。吴晓丽通过转让镁厂收到王晓春分期给付的300万元现金,但未用于偿还贷款。法院在裁判理由中指出,是否具有非法占有目的是区分贷款诈骗与贷款欺诈的关键。本案中,认定被告人吴晓丽是否构成贷款诈骗罪,一是要分析吴晓丽是否实施了《刑法》第193条列举的四种具体行为或者吴晓丽所实施的行为能否归属于“以其他方法诈骗贷款”;二是要认定吴晓丽在主观上是否具备“非法占有贷款的目的”。一方面,吴晓丽在多次贷款过程中,并没有采取《刑法》第193条列举的四种具体行为方式来取得贷款。另一方面,吴晓丽在贷款过程中以及在得到贷款之后,并不具备“非法占有贷款的目的”。所以,吴晓丽的行为并不构成贷款诈骗罪,而是普通的因贷款产生的民事纠纷。

XIII　与他罪的区别

一、与诈骗罪的区别

21　二者既有联系又有区别。联系表现在:都具有非法占有目的;都采取虚构事实或隐瞒真相的行为方式;都以数额较大作为犯罪起刑点;等等。区别表现在:①犯罪客体不同。诈骗罪的犯罪客体是简单客体,即公私财产所有权;贷款诈骗罪的犯罪客体是复杂客体,即金融机构的财产所有权和国家正常的金融秩序。②行为方式不同。诈骗罪的行为方式较为广泛,刑法没有列举具体的行为形式;贷款诈骗罪在客观上只有具备《刑法》第193条列举的五种行为方式之一的,才构成犯罪,亦即构成本罪的行为方式相对狭窄。③犯罪对象不同。诈骗罪的犯罪对象不特定,只要是公私财物即可;贷款诈骗罪的犯罪对象只能是金融机构的贷款,否则不构成本罪。

二、与集资诈骗罪的区别

22　二者既有联系又有区别。联系表现为:两罪都采取虚构事实、隐瞒真相的诈骗方法;都以行为人具有非法占有目的为犯罪成立的必备要件;都以数额较大作为犯罪起刑点。区别表现为:①主体不同。贷款诈骗罪的主体仅限于自然人;集资诈骗罪的主体既可以是自然人,也可以是单位。②行为方式不同。贷款诈骗罪是以“贷款”为名

12　参见最高人民法院刑事审判第一庭、第二庭编:《刑事审判参考》总第15辑(第92号),法律出版社2001年版。

行骗；集资诈骗罪是以“集资”为名行骗。③行为对象不同。贷款诈骗罪的行为对象是银行或其他金融机构的信贷资金；集资诈骗罪的行为对象则是非法募集的公众的资金。

三、与贪污罪、职务侵占罪的区别

贷款诈骗罪与贪污罪、职务侵占罪在犯罪主体和行为方式上存在明显不同，但是，在金融机构工作人员假冒他人名义贷款诈骗，或者一般公民与金融机构工作人员共同贷款诈骗之时，则存在问题。如果金融机构的工作人员利用其管理信贷的职务便利实施以上行为，应该一律按照贪污罪或者职务侵占罪（共同犯罪）论处。[13] 23

XIV 处罚

《刑法》第193条对本罪规定了三个幅度的法定刑：犯本罪，诈骗数额较大的，处5年以下有期徒刑或者拘役，并处2万元以上20万元以下罚金；数额巨大或者有其他严重情节的，处5年以上10年以下有期徒刑，并处5万元以上50万元以下罚金；数额特别巨大或者有其他特别严重情节的，处10年以上有期徒刑或者无期徒刑，并处5万元以上50万元以下罚金或者没收财产。 24

---

13 参见张明楷：《刑法学》（第6版），法律出版社2021年版，第1033页。

第一百九十四条　票据诈骗罪；金融凭证诈骗罪

有下列情形之一，进行金融票据诈骗活动，数额较大的，处五年以下有期徒刑或者拘役，并处二万元以上二十万元以下罚金；数额巨大或者有其他严重情节的，处五年以上十年以下有期徒刑，并处五万元以上五十万元以下罚金；数额特别巨大或者有其他特别严重情节的，处十年以上有期徒刑或者无期徒刑，并处五万元以上五十万元以下罚金或者没收财产：

（一）明知是伪造、变造的汇票、本票、支票而使用的；

（二）明知是作废的汇票、本票、支票而使用的；

（三）冒用他人的汇票、本票、支票的；

（四）签发空头支票或者与其预留印鉴不符的支票，骗取财物的；

（五）汇票、本票的出票人签发无资金保证的汇票、本票或者在出票时作虚假记载，骗取财物的。

使用伪造、变造的委托收款凭证、汇款凭证、银行存单等其他银行结算凭证的，依照前款的规定处罚。

文献:刘宪权:《金融风险防范与犯罪惩治》,立信会计出版社 1998 年版;周振想主编:《金融犯罪的理论与实务》,中国人民公安大学出版社 1998 年版;王新:《金融刑法导论》,北京大学出版社 1998 年版;马克昌主编:《经济犯罪新论》,武汉大学出版社 1998 年版;赵秉志主编:《新千年刑法热点问题研究与适用》(下),中国检察出版社 2001 年版;赵秉志主编:《金融诈骗罪新论》,人民法院出版社 2001 年版;刘宪权、卢勤忠:《金融犯罪理论专题研究》,复旦大学出版社 2002 年版;刘远:《金融诈骗罪研究》,中国检察出版社 2002 年版;张明楷:《诈骗罪与金融诈骗罪研究》,清华大学出版社 2006 年版;赵秉志主编:《防治金融欺诈——基于刑事一体化的研究》,中国法制出版社 2014 年版。邢志人:《票据诈骗罪探究》,载《吉林大学社会科学学报》1996 年第 4 期;杨秋林:《浅析票据诈骗罪》,载《江西社会科学》1997 年第 12 期;顾晓宁:《简析票据诈骗罪的主观要件》,载《中国刑事法杂志》1998 年第 1 期;刘华:《票据犯罪对象若干疑难问题研究》,载《法学》2000 年第 5 期;刘华:《票据犯罪若干问题研究》,载《法学研究》2000 年第 6 期;韩晓峰:《票据诈骗罪客体及客观方面研究》,载《中国刑事法杂志》2001 年第 3 期;王晨:《票据诈骗罪定性问题研究》,载《法律适用》2002 年第 12 期;贾敏飞:《票据诈骗罪中“以非法占有为目的”的反思》,载《当代法学》2002 年第 6 期;田宏杰:《票据诈骗罪客观行为特征研究》,载《中国人民公安大学学报》2003 年第 3 期;王明、杨克、康瑛:《票据诈骗罪若干问题研究》,载《法律适用》2004

年第4期;蔡勇:《签发未填写出票日期的支票骗取财物如何定性》,载《人民检察》2005年第02X期;翟燕:《行政刑法视野下票据诈骗罪的特征》,载《山东审判》2008年第3期;龚振军:《论票据诈骗罪司法认定中的疑难问题》,载《政治与法律》2008年第12期;柳忠卫:《骗取贷款、票据承兑、金融票证罪疑难、争议问题研究——兼论我国刑法立法模式的完善》,载《法学评论》2009年第1期;姚万勤:《盗窃银行承兑汇票并转卖行为的定性分析》,载《政治与法律》2013年第2期;许浩:《对票据诈骗罪认定中若干问题的探讨》,载《铁道警察学院学报》2017年第4期;李伟峰、蒋建湘:《金融凭证诈骗罪立法的形式缺陷及完善》,载《湘潭大学学报(哲学社会科学版)》2019年第1期;楼炯燕:《以虚假银行承兑汇票支付货款的诈骗数额认定》,载《人民司法》2019年第14期。

细目录

Ⅰ 主旨
Ⅱ 沿革
Ⅲ 客体
Ⅳ 对象与犯罪工具
Ⅴ 行为
　一、票据诈骗行为
　二、金融凭证诈骗行为
Ⅵ 结果
Ⅶ 主体
Ⅷ 故意
Ⅸ 既遂与未遂
Ⅹ 共犯
Ⅺ 罪数
Ⅻ 与非罪的界限
XIII 与他罪的区别
　一、与诈骗罪的区别
　二、与伪造、变造金融票证罪的区别
XIV 处罚

Ⅰ 主旨

刑法设定票据诈骗罪和金融凭证诈骗罪的立法目的,在于通过对票据诈骗行为和金融凭证诈骗行为的刑法规制,维护国家正常的金融管理秩序,保护公私财产所有权。 1

Ⅱ 沿革

2 1979年《刑法》没有关于票据诈骗罪和金融凭证诈骗罪的规定。为了更有效地打击票据诈骗行为和金融凭证诈骗行为，1995年6月30日全国人大常委会通过了《关于惩治破坏金融秩序犯罪的决定》，该决定具体规定了票据诈骗行为，并将其设置为单独的罪名；规定实施金融凭证诈骗行为的，以票据诈骗罪论处。1996年12月15号发布的最高人民法院《关于审理诈骗案件具体应用法律的若干问题的解释》，也将金融凭证诈骗行为依票据诈骗罪定罪处罚。1997年《刑法》吸纳了上述决定关于两罪的规定，同时作了修改：①将第三个幅度法定刑中的死刑调至第199条，增加"并处五万元以上五十万元以下罚金"；②将单位犯罪的处罚移至第200条。为进一步明确金融凭证诈骗行为的性质，1997年12月16日发布的最高人民法院《关于执行〈中华人民共和国刑法〉确定罪名的规定》，将其定为"金融凭证诈骗罪"。2011年2月25日通过的《刑法修正案(八)》，涉及《刑法》第199条以及第200条，删除了票据诈骗罪和金融凭证诈骗罪死刑的规定，增设了相应单位犯罪的罚金刑。

Ⅲ 客体

3 (1) 票据诈骗罪的客体是复杂客体，即公私财产所有权和国家对金融票据活动的管理秩序。也有学者认为本罪客体应是国家的金融票据管理制度，这是不妥当的。制度不应是客体，只有制度被遵守所形成的秩序才是犯罪的客体。而且，本罪类属于破坏社会主义市场经济秩序罪，很显然立法者也认定该罪所保护的法益类属于"管理秩序"，而不是"管理制度"。

4 (2) 金融凭证诈骗罪的客体是复杂客体，即国家的金融凭证结算秩序和公私财产所有权。所谓结算，就是商品流通和资金运转途经银行或其他金融机构中的货币往来活动，其实质是货币结算。我国金融机构的结算业务主要有两种形式，即现金结算和转账结算。前者是直接用现款进行收付，后者不直接使用现金，而是使用信用支付工具把款项从付款人的账号内转移到收款人账号内的一种货币收付行为。使用伪造、变造的委托收款凭证、汇款凭证、银行存单等其他银行结算凭证，不仅侵犯了我国的金融结算秩序，并且由于行为人之非法占有他人财产目的，本罪还同时侵犯了公私财产所有权。也有学者认为本罪的客体应是金融机构的结算制度[1]，这一观点似不妥当。

1 参见陈兴良主编：《罪名指南》(第2版)，中国人民大学出版社2008年版，第486页；黄京平主编：《破坏市场经济秩序罪研究》，中国人民大学出版社1999年版，第502页。

Ⅳ　对象与犯罪工具

(1) 票据诈骗罪的犯罪对象应当是被害人的资金、其他财物或者服务,犯罪工具 5
是票据。根据2004年修正的《票据法》第2条的规定,票据是指汇票、本票和支票。汇票是指出票人签发的,委托付款人在见票时或者在指定日期无条件支付确定的金额给收款人或持票人的票据。汇票分为银行汇票和商业汇票。本票是指由出票人签发的,承诺自己在见票时无条件支付确定的金额给收款人或者持票人的票据。根据《票据法》第73条的规定,本票是指银行本票。支票是指由出票人签发的,委托办理支票存款业务的银行或者其他金融机构在见票时无条件支付确定的金额给收款人或者持票人的票据。有学者主张,本罪的犯罪对象是票据[2];还有论者甚至进一步认为"在票据犯罪中,作为犯罪对象,既有真实的票据,也有虚假的票据"[3]。笔者认为,这两种观点都不妥当。依据《刑法》第194条的规定,票据诈骗罪,是指行为人以非法占有为目的,用虚构事实或者隐瞒真相的方法,使与其票据交易地位相对的票据关系主体陷于认识错误或持续陷于认识错误,因而向行为人或其指定的第三人交付数额较大的资金、财物或提供其他服务的行为。可见,如同利用计算机诈骗他人财物的行为,虽然约定俗成地称为"计算机犯罪",但改变不了计算机在此种犯罪中的工具地位一样,本条的票据也仅仅是犯罪人实施票据诈骗行为所使用的工具,其犯罪对象实际上和诈骗罪的犯罪对象是相同的,即他人的财物、资金或者服务。另外,既然本罪侵犯的客体还包括公私财产所有权,那么利用票据诈骗得来的他人资金和其他财物成为票据诈骗罪的对象也是必然的。

(2)金融凭证诈骗罪的犯罪对象应当是被害人的资金或者其他财物,犯罪工具是 6
除票据、信用卡、信用证等结算凭证以外的金融凭证,主要指委托收款凭证、汇款凭证、银行存单以及其他银行结算凭证。其中,"委托收款凭证",是指收款人委托银行或其他金融机构在向付款人收取款项时所填写的凭据和证明。"汇款凭证",是指汇款人委托银行或其他金融机构将款项汇给收款人时所填写的凭据和证明。"银行存单",是指存款人将款项存入银行时,银行签发给存款人据以领取存款的单据,它既是一种信用凭证,也是一种银行结算凭证。"其他银行结算凭证",应指金融机构(包括银行金融机构和非银行金融机构)办理结算的一切凭据和证明。

例如,在"张北海等人贷款诈骗、金融凭证诈骗案"[4]中,行为人张北海、陈超、胡 7

2　参见周振想主编:《金融犯罪的理论与实务》,中国人民公安大学出版社1998年版,第420页;韩晓峰:《票据诈骗罪客体及客观方面研究》,载《中国刑事法杂志》2001年第3期。

3　刘华:《论票据犯罪结果、数额及既未遂问题》,载《上海市政法管理干部学院学报》2000年第4期。

4　参见最高人民法院刑事审判第一、二、三、四、五庭主办:《刑事审判参考》总第54集(第424号),法律出版社2007年版。

英华伪造企业网上银行转账授权书骗取资金的行为,应构成金融凭证诈骗罪。如何正确理解银行结算凭证的内涵和外延,是处理本案的关键。法院在裁判理由中说明,根据 1997 年 9 月 19 日中国人民银行发布的《支付结算办法》的规定,办理票据、信用卡和汇兑、托收承付、委托收款等转账结算业务所使用的凭证,均属银行结算凭证。只要是在金融活动中具有货币给付和资金清算作用,并表明银行与客户之间已受理或已办结相关支付结算业务的凭据,均应认定为银行结算凭证。

8 有学者主张,本罪的犯罪对象是其他银行结算凭证。[5] 笔者认为,该种观点是不妥当的。依据《刑法》第 194 条的规定,金融凭证诈骗罪,是指行为人以非法占有为目的,用伪造、变造的委托收款凭证、汇款凭证、银行存单等其他银行结算凭证,使与其金融交易地位相对的结算当事人陷于认识错误或持续陷于认识错误,因而自动向行为人或其指定的第三人交付数额较大的资金、财物或提供其他服务的行为。同前所述,本条的金融凭证也仅仅是犯罪人实施金融凭证诈骗行为所使用的工具,其犯罪对象实际上和票据诈骗罪的犯罪对象是相同的,即他人的财物、资金或者服务。另外,既然本罪侵犯的客体还包括公私财产所有权,那么利用金融凭证诈骗得来的他人资金和其他财物成为金融凭证诈骗罪的对象也是必然的。

V 行为

一、票据诈骗行为

9 依据《刑法》第 194 条的规定,票据诈骗行为表现为利用汇票、本票、支票进行金融诈骗,数额较大的行为。其具体行为方式主要有:

1. 明知是伪造、变造的汇票、本票、支票而使用的

10 从法条的语言表述的逻辑关系,可以认为该行为具有以下四个方面的内容:①行为人用于诈骗的汇票、本票、支票必须是伪造、变造的。既可以是他人伪造、变造,也可以是自己伪造、变造的。其中,票据的伪造是指假冒他人之名而实施的票据行为,包括伪造票据签名和伪造票据自身;票据的变造是指非法改变票据上除签名之外的其他记载事项的行为,如变更票据金额、付款地、到期日等。②行为人必须是利用虚假票据获得了对价。也就是说,使用虚假票据的目的是支付或者结算(支付功能)。[6] 我国也有学者认为,此处的使用还包括"利用伪造、变造的票据作抵押,骗取财物"(信用功能)。[7] 根据我国《刑法》第 224 条的规定,以非法占有为目的,在签订、

---

5 参见黄京平主编:《破坏市场经济秩序罪研究》,中国人民大学出版社 1999 年版,第 503 页。

6 参见张明楷:《刑法学》(第 6 版),法律出版社 2021 年版,第 1034 页;黎宏《刑法学各论》(第 2 版),法律出版社 2016 年版,第 159 页;王晨:《票据诈骗罪定性问题研究》,载《法律适用》2002 年第 12 期。

7 参见周光权:《刑法各论》(第 4 版),中国人民大学出版社 2021 年版,第 324 页。

履行合同过程中,以伪造、变造、作废的票据或者其他虚假的产权证明作担保的,构成合同诈骗罪。因此,为了合理地区分合同诈骗罪和票据诈骗罪,应该对票据诈骗罪中的"使用"进行目的性限缩,将之限于使用虚假票据支付或者结算的情形。[8] ③行为人必须"明知"是伪造、变造的汇票、本票和支票。"明知"是该行为构成本罪所必须具备的罪过心理。如果行为人对伪造、变造的汇票、本票和支票并不知晓,则不能认定为本罪。④行为人具有使用伪造、变造的汇票、本票、支票骗取数额较大的财物的行为。"使用"是指以非法占有为目的,按照票据的通常使用方式,将伪造、变造的票据作为真实票据予以利用,从而骗取财物的行为。如果仅有伪造、变造而没有使用,则构成第177条规定的伪造、变造金融票证罪,不构成本罪;如果行为人为了进行票据诈骗而事先伪造、变造金融票证的,则构成本罪和伪造、变造金融票证罪的牵连犯,应从一重罪处断。此外,使用伪造、变造的金融票据诈骗财物的,必须达到"数额较大"的程度,否则,不构成犯罪。

2. 明知是作废的汇票、本票、支票而使用的

从该法条语言表述的逻辑关系看,该行为具有以下三个方面的内容:①行为人使 11
用的必须是已经作废的汇票、本票、支票。作废的票据包括付款请求权已经实现的票据和依法宣布作废的票据,对此并无疑问。有疑问的是,过期的票据以及自始无效的票据是否属于刑法上的作废的票据。[9] 对此,原则上应该肯定这两种情形的票据都属于刑法上作废的票据。但是,根据具体情形无效的票据也可能被视为变造的票据,例如,票据金额、日期、收款人名称更改过的票据,就属于变造的票据。②行为人必须"明知"是作废的汇票、本票和支票。"明知"是该行为构成本罪所必须具备的罪过心理。如果行为人对作废的汇票、本票和支票并不知晓,则不能认定为本罪。③行为人必须使用了作废的票据进行诈骗,且数额较大。

3. 冒用他人的汇票、本票、支票的

冒用他人的票据,指以合法持票人的名义使用或转让自己没有支配权利的他人 12
票据的行为。[10] 合法持票人并不限于票据权利人,还包括票据权利人的代理人。换言之,"冒用他人票据行为的实质,是假冒票据权利人或其授权的代理人,行使本应属于他人的票据权利,从而骗取财物的行为"[11]。通常情况下,行为人以欺诈、偷窃或胁迫等非法手段取得的票据或没有代理权而以代理人名义或者代理人超越代理权限而

---

8 同样见解参见殷玉谈、丁晶:《合同诈骗罪的司法认定》,载《中国刑事法杂志》2009年第1期。

9 参见田宏杰:《票据诈骗罪客观行为特征研究》,载《中国人民公安大学学报》2003年第3期。

10 参见韩晓峰:《票据诈骗罪客体及客观方面研究》,载《中国刑事法杂志》2001年第3期。

11 张明楷:《诈骗罪与金融诈骗罪研究》,清华大学出版社2006年版,第571页。

取得的票据[12],或因代管、捡拾取得而由自己支配的票据,均属于非法取得的票据。“他人”是指票据的合法所有人或者持有人,包括自然人和单位。在认定冒用他人票据行为之时,应该注意以下几点:①冒用的对象并不限于真实有效的票据。有观点认为,被冒用的他人的汇票、本票、支票必须是真实有效的票据。[13] 这种观点将导致行为人误以为自己冒用的票据是真实票据之时,行为人无罪的结论。考虑到此种情形的法益侵害性,同行为人明知是伪造、变造或者无效的票据而使用在程度上并无实质不同,应当以犯罪论处。②冒用仅指对票据的使用,并不包含在票据上进行任何虚假的记载。[14] 单纯的虚假记载行为,构成伪造金融票证罪;虚假记载又使用的则构成明知是伪造的票据而使用的票据诈骗行为。③重复使用支票的行为不属于冒用。有观点认为,重复使用已经兑现的支票的行为属于冒用他人票据的行为。[15] 然而,这种观点并不妥当。因为,被重复使用的票据本身属于付款请求权已经被实现的票据,换言之,属于实质上无效的票据。

4. 签发空头支票或者与其预留印鉴不符的支票,骗取财物的

13 所谓“空头支票”,是指出票人所签发的支票超过其付款时在付款人处实有的存款金额。对此应注意两点问题:①单纯的签发“空头支票”而没有支付的行为不构成票据诈骗罪。因为,票据诈骗罪要求骗取他人财产,单纯的签发空头支票行为不可能骗取他人财产。②行为人在制作支票时,虽然明知自己在银行账户内没有资金或者资金不足,但是,在票据权利人向银行付款提示前,向银行存入或补足资金的,也不应认定为“签发空头支票……骗取财物”。[16] 因为,即使肯定行为人签发空头支票之时具有非法占有目的,但是,在票据权利人向银行付款提示前,向银行存入或补足资金的,其行为最多属于预备阶段的中止,基于刑法谦抑性的原则,没有处罚必要性。所谓“签发……与其预留印鉴不符的支票”,就是指票据签发人在其签发的支票上加盖与其预留在银行或其他金融机构处印鉴不一致的财务公章或者支票签发人的名章。根据我国《票据法》(2004年修正)第102条的规定,对签发空头支票或故意签发与其预留的签名或印鉴不符的支票骗取财物的行为,依法追究刑事责任。需要说明的是,行为人只要实施上述两种行为之一,并符合其他构成要件,即构成本罪。同时,签发空头支票的时间也不影响本罪的成立。

---

12 有观点认为,“无权代理人签章的行为,应不属于伪造票据的行为”,参见龚振军:《论票据诈骗罪司法认定中的疑难问题》,载《政治与法律》2008年第12期。

13 参见王晨:《票据诈骗罪的定罪与量刑》,人民法院出版社1999年版,第163页;周光权:《刑法各论》(第4版),中国人民大学出版社2021年版,第324页。

14 参见刘华:《票据诈骗犯罪若干问题研究》,载《政治与法律》2000年第6期。

15 参见张明楷:《诈骗罪与金融诈骗罪研究》,清华大学出版社2006年版,第572页。

16 参见张明楷:《诈骗罪与金融诈骗罪研究》,清华大学出版社2006年版,第575页。

5. 汇票、本票的出票人签发无资金保证的汇票、本票或在出票时作虚假的记载,骗取财物的

该行为可具体包含三个方面的内容:①行为人签发的无资金保证或在出票时作虚假记载的必须是汇票、本票,而不包括支票或其他票证。依据《票据法》(2004 年修正)第 21 条、第 74 条的规定,汇票出票人必须与付款人具有真实的委托付款关系,并且具有支付汇票金额的可靠资金来源;本票的出票人必须具有支付本票金额的可靠资金来源,并保证支付。因此,票据的出票人在持票人承兑票据时具有按票据支付的能力即为"有资金保证",否则,便视为"无资金保证"。单位、个人签发的汇票、本票,必须有资金来源作支付保证,如果签发无资金保证的汇票、本票,便是一种诈骗行为。②行为人签发无资金保证的汇票、本票或在出票时作虚假记载的行为。该形态包括两种行为方式:一是签发无资金保证的汇票或本票;二是在出票时做虚假记载。"虚假记载",是指汇票、本票的出票人在出票时故意作出与实际情形不符的记载,如在汇票上故意记载根本不存在的出票地或付款地等,但虚假记载不包括伪造和变造票据的行为。上述两种行为方式,行为人只具备其中之一即可构成本罪;同时具备两种行为的,也只认定为本罪一罪。③行为人签发无资金保证的汇票、本票或在出票时作虚假记载的行为,必须骗取数额较大的财物。如果所骗取的财物数额没有达到"较大"的程度,则不构成犯罪。 14

上述五种行为方式,行为人只需实施其中一种即可。一个人同时实施上述两种以上行为的,也不以数罪论处,而只能定票据诈骗罪一罪。 15

二、金融凭证诈骗行为

依据《刑法》第 194 条第 2 款的规定,金融凭证诈骗行为表现为使用伪造、变造的委托收款凭证、汇款凭证、银行存单及其他银行结算凭证进行诈骗,骗取他人财物的行为。所谓"使用",就是行使运用委托收款凭证、汇款凭证、银行存单及其他银行结算凭证以骗取他人财物的行为。所谓"伪造",是指行为人在未向银行交付款项的情形下,而非法制造或填制结算凭证的行为。其中,"伪造"又包括"有形伪造"和"无形伪造"。所谓"变造",是指行为人在真实合法的结算凭证的基础上或以真实合法的结算凭证为基本材料,通过剪贴、挖补、涂改等手段,对结算凭证的主要内容,非法加以变更的行为。[17] 因此,行为人使用真实的结算凭证进行诈骗,不构成本罪,而构成诈骗罪;只有使用伪造、变造的银行结算凭证,才构成本罪。 16

VI 结果

依据《刑法》第 194 条的规定,票据诈骗罪侵犯的客体是金融票据管理秩序和公 17

17 参见刘远:《金融诈骗罪研究》,中国检察出版社 2002 年版,第 399 页。

私财产所有权;金融凭证诈骗罪侵犯的客体是国家的金融凭证结算秩序和公私财产所有权。这种复杂客体决定了两罪危害结果的双重性:一是对票据管理秩序和金融凭证结算秩序的破坏,二是对他人公私财产的侵害(骗取他人的资金或其他财物)。但是,刑法并没有针对前一危害结果作出明文规定,而只是规定了诈骗他人财物数额较大的危害结果,因此,两罪同属于结果犯(金融凭证诈骗罪看似属于行为犯,但从体系解释的角度出发,也应和票据诈骗罪一样属于结果犯),即只有票据诈骗行为或金融凭证诈骗行为达到"数额较大",才构成犯罪;若"数额较大"的结果未出现,即使有法定的行为,也不能认为满足该罪法定构成要件的要求,不成立犯罪的既遂。但是,在诈骗数额未达到"较大"的程度时,若行为"情节严重"的,可以成立犯罪的未遂形态。如果诈骗行为"数额巨大或者有其他严重情节"或者"数额特别巨大或者有其他特别严重情节的",则是法定刑升格的条件。

18 关于"数额较大""数额巨大""数额特别巨大""其他严重情节""其他特别严重情节"等,刑法均未作具体规定。1996 年 12 月 16 日发布的《关于审理诈骗案件具体应用法律的若干问题的解释》,也仅对"数额较大""数额巨大"和"数额特别巨大"的标准作了规定。依据该解释,个人进行票据诈骗或金融凭证诈骗数额在 5000 元以上的,属于"数额较大";个人进行票据诈骗或金融凭证诈骗数额在 5 万元以上的,属于"数额巨大";个人进行票据诈骗或金融凭证诈骗数额在 10 万元以上的,属于"数额特别巨大"。单位进行票据或金融凭证诈骗数额在 10 万元以上的,属于"数额较大";单位进行票据或金融凭证诈骗数额在 30 万元以上的,属于"数额巨大";单位进行票据或金融凭证诈骗数额在 100 万元以上的,属于"数额特别巨大"。但是,该司法解释业已废止。根据最高人民检察院、公安部《关于公安机关管辖的刑事案件立案追诉标准的规定(二)》第 46 条的规定,进行金融票据诈骗活动,数额在 5 万元以上的,应予立案追诉。

19 从实践中来看,两罪规定中的"其他严重情节",一般是指行为人多次进行票据诈骗或金融凭证诈骗行为,利用票据或金融凭证诈骗他人急需的物品,或用于购买生产资料或生活资料的资金等。"其他特别严重情节",一般是指多次进行票据诈骗或金融凭证诈骗行为,造成人员伤亡或企业破产、停产等。但是,从法律适用的统一性出发,该具体标准还有待司法解释予以明确。

Ⅶ 主体

20 两罪的主体都是一般主体,既可以是自然人,也可以是公司、企业等单位。

Ⅷ 故意

21 从法条的语言表述看,两罪只能是故意,并且具有非法占有他人财物的目的。过失不构成两罪。就故意的内容而言,票据诈骗罪的故意内容是,行为人明知自己所实施的是票据诈骗行为,明知自己的票据诈骗行为会发生破坏金融票据管理秩序,侵犯他人财产的危害结果,并且希望这种结果的发生;金融凭证诈骗罪的故意内容是,行为人明知自己所使用的是伪造、变造的金融凭证,明知自己所实施的金融凭证诈骗行为会发生破坏国家金融结算秩序、侵犯他人公私财产的危害结果,并且希望这种结果的发生。若行为人对金融凭证之"伪造性、变造性"没有明知,对金融凭证诈骗行为的后果没有认识,行为人不具有非法占有他人财物的目的,则不能构成本罪。有观点认为,"明知"的具体内容,是指行为人在主观上知道或者应当知道。[18] 这种观点并不妥当,因为其混淆了"故意"自身和对"故意"认定的区别。

22 值得注意的是,刑法条文并未明确规定"以非法占有为目的"是构成两罪必须具备的主观要件,但是,从解释论上,应将其作为两罪之"主观的超过要素",因为该目的对于说明行为对法益的侵犯及其程度具有决定性作用。如何判断行为人对伪造、变造、作废之金融票证的"明知"?一般应结合行为人的社会经历、职业性质、知识结构及具体案情进行综合分析[19];如何判断行为人主观上具有非法占有的目的?一般可以从以下几个方面进行判断:一是行为人是否具有票据主体的资格。如果行为人不具备法定的票据主体资格而以虚假的身份为票据行为的,一般可以证明其具有非法占有的目的。二是签发票据的原因关系、资金关系是否真实存在。票据的原因关系是出票人与受票人之间接受票据的原因,通常为买卖关系。票据的资金关系是指存在于汇票与支票之中、发生于出票人与付款人之间、出票人与承兑人或保付人之间的一种基础关系。以虚假的原因关系或资金关系签发票据的,一般可以证明行为人主观上有非法占有的目的。三是行为人签发空头票据后是否为票据的承兑、付款作过努力,由于客观原因,致使票据成为空头票据的,一般可以认为行为人不具有非法占有目的。[20]

Ⅸ 既遂与未遂

23 关于本条罪既遂与未遂的判断的标准,笔者认为,应以被害人数额较大的资金或其他财物实际丧失为标准。被害人受到较大财产损失的(即使行为人未能实际获得财物),构成本条罪的既遂;已经着手实行票据诈骗行为或金融凭证诈骗行为,由于行为人意志以外的原因未得逞的,构成本条罪的未遂。但是,从刑法的谦抑性及司法实践来看,不将骗取数额较小且情节较轻的票据诈骗行为或金融凭证诈骗行为以犯罪论处是合理的。因为,犯罪构成是以犯罪概念为基础的,对犯罪构成应当进行实质的解释,使符合犯罪构成的行为的社会危害性达到应当承担刑事责任的程度。既然票

18 参见王晨:《票据诈骗罪定性问题研究》,载《法律适用》2002 年第 12 期。

19 参见陈兴良主编:《罪名指南》(第 2 版),中国人民大学出版社 2008 年版,第 483 页。

20 参见刘远:《金融诈骗罪研究》,中国检察出版社 2002 年版,第 388 页;王晨:《诈骗犯罪的定罪与量刑》,人民法院出版社 1999 年版,第 166—167 页。

据诈骗罪和金融凭证诈骗罪都要求"数额较大",而行为人之票据诈骗行为或金融凭证诈骗行为事实上又没有达到"数额较大"的程度,那么,这种行为人骗取数额较小且情节较轻的票据诈骗行为或金融凭证诈骗,就不宜认定为犯罪。但是,这并不意味着诈骗未遂的,不构成犯罪。如果票据诈骗行为或金融凭证诈骗行为情节严重的,即使被害人实际上并没有丧失对财物的控制或行为人没有实际占有该财物,也应认定为票据诈骗罪未遂或金融凭证诈骗罪未遂。换言之,即使行为人已经实现了非法占有他人资金的目的,如果该诈骗数额较小,情节较轻,也不能构成犯罪,更不用说构成犯罪既遂;如果行为人已经实施了本条所规定的票据诈骗行为或金融凭证诈骗行为,由于某种原因致使其非法占他人财物的犯罪目的没有实现,又没有"其他严重情节",也不能构成犯罪,当然也不属于犯罪未遂。

X　共犯

24　票据诈骗罪和金融凭证诈骗罪完全可能由二人以上共同故意实施,对于两罪的共同犯罪,应当根据刑法总则关于共同犯罪的成立条件以及刑法分则关于票据诈骗罪和金融凭证诈骗罪的构成要件予以认定。

25　但是,涉及银行或其他金融机构的人员与非金融机构人员共同实施两罪时,则需区分情形具体认定:①银行或其他金融机构的工作人员(并未利用职务之便)与进行票据诈骗活动或金融凭证诈骗活动的非金融机构人员串通,为其诈骗活动提供帮助的,应当以票据诈骗罪的共犯或金融凭证诈骗罪的共犯论处;②具有国家工作人员身份的金融机构工作人员,利用职务上的便利,进行金融票据诈骗或利用金融凭证诈骗,非法占有公共财物,而其他人员与其勾结,共同进行诈骗的,根据《刑法》第 382 条的规定,均应认定为贪污罪,而不能定票据诈骗罪或金融凭证诈骗罪;③不具有国家工作人员身份的金融机构人员利用职务上的便利,通过票据诈骗手段或金融凭证诈骗手段,将本单位财物非法占为己有,数额较大的,应认定为职务侵占罪,不能认定为票据诈骗罪或金融凭证诈骗罪;非金融机构人员则构成职务侵占罪(的共犯)和票据诈骗罪或金融凭证诈骗罪的想象竞合犯,应从一重罪论处,即以票据诈骗罪或金融凭证诈骗罪处理。[21]

XI　罪数

26　对于票据诈骗罪的罪数区分,应当按照关于区分一罪与数罪的标准来解决。依据《刑法》第 194 条的规定,票据诈骗的行为方式可表现为五种情形。使用上述方法之一的,即可成立本罪;同时使用几种方法的,也只成立一罪,而不进行数罪并罚。此

[21] 参见黄京平主编:《破坏市场经济秩序罪研究》,中国人民大学出版社 1999 年版,第 501 页。

外,行为人冒用他人票据而骗取他人数额较大财物之前,往往先有一个非法取得票据的行为。如果该前提行为或手段行为构成犯罪,那么,它与票据诈骗行为是存在牵连关系而按一重罪论处,还是各自独立成罪而数罪并罚?这种情形不能一概而论,应具体情况具体分析。如对行为人为实施票据诈骗,而盗窃他人票据进行诈骗的应如何定罪,存有分歧。有人主张定盗窃罪,有人主张定票据诈骗罪,还有人则主张以盗窃罪和票据诈骗罪进行数罪并罚[22]。实际上,此种情形应属于刑法理论上所说的牵连犯,即盗窃他人票据的行为是方法行为或手段行为,冒用他人票据的行为是目的行为,二者之间具有方法行为和目的行为的牵连关系,应从一重罪处断,即原则上应认定为本罪,但在以盗窃罪处罚更重时,则应以盗窃罪进行处罚。

但是,为冒用被害人之票据而以杀害他人的方式非法取得他人票据的,或者杀人后发现被害人票据,顺手取得并冒用的,则杀人行为与冒用行为应分别独立定罪,按照数罪并罚的原则处理。一般而言,在认定目的行为和手段行为之间按照牵连犯还是数罪并罚之时,应该考虑以下三个要素:①行为人主观上是否具有目的行为和手段行为关联性的认识;②目的行为和手段行为是否具有类型性的关联;③法律是否有特殊的规定。 27

对于金融凭证诈骗罪的罪数区分,也应当按照关于区分一罪与数罪的标准来解决。依据《刑法》第 194 条第 2 款的规定,以非法占有为目的,使用伪造、变造的委托收款凭证、汇款凭证、银行存单以及其他银行结算凭证而骗取他人财物数额较大的可以构成本罪。如果行为人出于非法占有他人财物的目的,先伪造、变造金融凭证,然后自己予以使用的,其行为既触犯了伪造、变造金融凭证罪,又触犯了金融凭证诈骗罪。其中,伪造、变造金融凭证的行为是手段行为或方法行为,使用伪造、变造的金融凭证的行为是目的行为,二者之间存在着方法行为和目的行为的牵连关系,构成刑法理论上所说的牵连犯,一般应从一重罪处断,即以金融凭证诈骗罪处理。 28

例如,在“李兰香票据诈骗案”[23]中,行为人李兰香利用保管他公司工商登记、经营证章的便利条件,以他公司名义申领、签发支票并非法占有他公司财物行为应该属于使用伪造支票行为。这是因为,利用管理他人印章等便利条件冒用他人名义开具并使用支票,实际上包含着一个出票行为,尽管该出票行为具有表面上的真实性,但因未经权利人授权,非权利人的意志所为,根本上是一个伪造支票的行为,即假冒他人名义伪造票据,因而也是无效的。本案被告人李兰香利用其保管的他公司相关证章擅自签发支票并加以使用,从而将该公司 49 万元注册资金非法据为己有的行为,实际上同时触犯了伪造金融票证罪和票据诈骗罪两个罪名,但因两者存在手段和目的之间的牵连关系,按照牵连犯的一般适用原则,本案应以票据诈骗罪一罪处理。 29

---

22 参见刘宪权:《金融风险防范与犯罪惩治》,立信会计出版社 1998 年版,第 168 页。

23 参见最高人民法院刑事审判第一庭、第二庭编:《刑事审判参考》总第 39 集(第 307 号),法律出版社 2005 年版。

30 在“周大伟票据诈骗(未遂)案”[24]中,被告人周大伟先后实施了盗窃的行为、伪造企业印章的行为、伪造金融票证的行为、票据诈骗的行为,分别触犯了盗窃罪、伪造企业印章罪、伪造金融票证罪和票据诈骗罪 4 个罪名。那么,应如何定罪呢?是一罪还是数罪?从本案整个犯罪过程来看,被告人先后产生过两个犯意或目的,即盗窃钱物的故意和利用所窃得的空白现金支票诈骗财物的故意。当被告人潜入会计室时,其目的是窃取钱物。在未得逞时,因发现空白现金支票,被告人又另生犯意,即利用该空白现金支票谋取诈骗财物。围绕这一目的,被告人又先后实施了伪造企业印章、伪造金融票证、使用伪造的金融票证到金融机构着手兑票提款等一系列行为。其中,伪造企业印章、伪造金融票证是服务于票据诈骗这一犯罪目的的。而先前的盗窃行为与后述的这些行为并不具有犯罪目的上的同一性。成立牵连犯,必须具有牵连意图。牵连意图指的是行为人对实现一个犯罪目的的数个犯罪行为之间所具有的手段和目的,或者原因和结果关系的认识。因此,本案中,行为人实施的盗窃行为与票据诈骗罪(未遂)之间不具有牵连关系,应该数罪并罚。而本案行为人伪造企业印章、伪造金融票证、实施票据诈骗未遂三者之间具有牵连关系,成立牵连犯,应择一重罪(判断轻罪重罪的标准通说是比较法定刑)论处,不实行数罪并罚。

XII　与非罪的界限

31 依据法条的规定,两罪的成立需要法定的票据诈骗或金融凭证诈骗行为、数额较大、故意以及非法占有的目的,如果缺少其中的一项,就会因不符合犯罪构成而不成立犯罪。因此,要划清票据诈骗罪或金融凭证诈骗罪与非罪的界限,必须注意:行为人有无法定的票据诈骗的行为或有无使用伪造、变造的金融凭证进行诈骗的行为;是否对票据诈骗或金融凭证诈骗行为具有故意;主观上有无非法占他人财物的目的;票据诈骗或金融凭证诈骗的数额是否达到“较大”的程度;等等。如果行为人的行为缺少其中一项,就不成立两罪。关于“数额”的认定,应以被害人交付的票据上所记载的金额或财物数额为犯罪数额,而不能以行为人所实际骗取的财物金额为犯罪数额。对于一人多次实施两罪之一种或几种行为或者一人同时实施两罪之多种行为的,应将票据或金融凭证的累计金额作为犯罪数额,或者按照数额以外的“其他严重情节”论处。

XIII　与他罪的区别

一、与诈骗罪的区别

32 票据诈骗罪与诈骗罪既有共性又有区别。其共性表现在:两者都具有非法占有

24　参见最高人民法院刑事审判第一庭、第二庭编:《刑事审判参考》总第 36 集(第 277 号),法律出版社 2004 年版。

的目的;都有虚构事实、隐瞒真相的诈骗行为;都侵犯了他人的财产。其区别表现在:第一,犯罪客体不同,票据诈骗罪侵犯的是公私财产所有权和国家的金融票据管理秩序;诈骗罪侵犯的是公私财产所有权。第二,犯罪行为不同。票据诈骗罪的犯罪行为由刑法特别规定,即使用伪造、变造、作废的票据;签发空头支票或与其预留印鉴不符的支票;冒用他人票据;签发无资金保证的汇票、本票或出票时作虚假记载,等等;诈骗罪的犯罪手段则较为广泛,刑法没有作统一的规定。第三,主体不同。票据诈骗罪的主体既包括自然人,也包括单位;诈骗罪的主体仅限于自然人。第四,犯罪工具不同。票据诈骗罪的犯罪工具是票据;而诈骗罪的犯罪工具则较为广泛。

在对票据诈骗罪和诈骗罪进行区分时,还要特别注意法条竞合原则的独特适用。 33
如前所述,在法条竞合的情况下,特别法应当优于普通法适用、重法应当优于轻法适用,这是处理特别法与普通法关系的基本原则。诈骗罪的法条与票据诈骗罪的法条之间实际上就存在着包容竞合的法条竞合关系,其中,诈骗罪是普通法,票据诈骗罪是特别法。在一行为同时符合诈骗罪法条和票据诈骗罪法条的情况下,如没有相应的法律规定,就要按照处理法条竞合关系的基本原则进行适用,即如果按照特别法优于普通法的原则,应认定为票据诈骗罪,排除诈骗罪法条的适用;如果按照重法优于轻法的原则,一般应认定为诈骗罪;如果由于财物数额等因素决定,也可能按照票据诈骗罪的预备犯处理(因为本罪更重一些)。

二、与伪造、变造金融票证罪的区别

金融凭证诈骗罪与伪造、变造金融票证罪在诸多方面都有不同:首先,侵犯的客 34
体不同。金融凭证诈骗罪侵犯的是复杂客体,即国家金融结算秩序和公私财产所有权;而伪造、变造金融票证罪仅仅侵犯了国家金融票证管理秩序,是单一客体。其次,犯罪行为方式不同。金融凭证诈骗罪行为表现为明知是伪造、变造的金融凭证仍使用的行为;伪造、变造金融票证罪表现为采用各种手段伪造、变造金融票证的行为。再次,对象范围不同。金融凭证为金融凭证诈骗罪的犯罪工具,金融凭证诈骗罪的犯罪对象为他人的资金、财物或者服务;而伪造、变造金融票证罪的对象为金融票证,金融票证的范围除金融凭证外,还包括金融票据、信用证、信用卡或者附随的票据以及文件等。最后,罪过不同。金融凭证诈骗罪不仅出于直接故意,并且具有非法占有公私财物的目的,伪造、变造金融票证罪仅有伪造、变造的故意,没有非法占有他人财物的目的。当然,在实际案件中,行为人为了使用金融凭证诈骗,常要事先伪造或变造这种金融票证。对此种情形应具体情况具体分析。一般而言,若行为人仅仅伪造、变造金融票证而没有进一步使用伪造、变造的金融票证的,应认定为伪造、变造金融票证罪一罪;若行为人并没有伪造、变造金融票证,而仅有使用伪造、变造的金融凭证进行诈骗一行为的,则以金融凭证诈骗罪论处;若行为人先伪造、变造金融票证后又使用该凭证骗取财物的,则形成金融凭证诈骗罪与伪造、变造金融票证罪的牵连犯形态,应从一重罪(即本罪)论处,而不实行数罪并罚;若行为人既有伪造、变造金融票证的行为,又有使用伪造、变造的金融票证进行诈骗行为,但二者之间没有牵连关系的,则应分别定罪,进行数罪并罚。

XIV　处罚

35　《刑法》第194条对两罪规定了三个幅度的法定刑:①数额较大的,处5年以下有期徒刑或者拘役,并处2万元以上20万元以下罚金;②数额巨大或者有其他严重情节的,处5年以上10年以下有期徒刑,并处5万元以上50万元以下罚金;③数额特别巨大或者有其他特别严重情节的,处10年以上有期徒刑或者无期徒刑,并处5万元以上50万元以下罚金或者没收财产。

36　另根据《刑法》第200条的规定,单位犯本条规定的两罪的,对单位判处罚金,并对其直接负责的主管人员和其他直接责任人员,处5年以下有期徒刑或者拘役,可以并处罚金;数额巨大的或者有其他严重情节的,处5年以上10年以下有期徒刑,并处罚金;数额特别巨大或者有其他特别严重情节的,处10年以上有期徒刑或者无期徒刑,并处罚金。

第一百九十五条　信用证诈骗罪

有下列情形之一，进行信用证诈骗活动的，处五年以下有期徒刑或者拘役，并处二万元以上二十万元以下罚金；数额巨大或者有其他严重情节的，处五年以上十年以下有期徒刑，并处五万元以上五十万元以下罚金；数额特别巨大或者有其他特别严重情节的，处十年以上有期徒刑或者无期徒刑，并处五万元以上五十万元以下罚金或者没收财产：

（一）使用伪造、变造的信用证或者附随的单据、文件的；

（二）使用作废的信用证的；

（三）骗取信用证的；

（四）以其他方法进行信用证诈骗活动的。

文献：刘宪权：《金融风险防范与犯罪惩治》，立信会计出版社 1998 年版；周振想主编：《金融犯罪的理论与实务》，中国人民公安大学出版社 1998 年版；王新：《金融刑法导论》，北京大学出版社 1998 年版；马克昌主编：《经济犯罪新论》，武汉大学出版社 1998 年版；赵秉志主编：《新千年刑法热点问题研究与适用》（下），中国检察出版社 2001 年版；赵秉志主编：《金融诈骗罪新论》，人民法院出版社 2001 年版；刘宪权、卢勤忠：《金融犯罪理论专题研究》，复旦大学出版社 2002 年版；刘远：《金融诈骗罪研究》，中国检察出版社 2002 年版；张明楷：《诈骗罪与金融诈骗罪研究》，清华大学出版社 2006 年版；赵秉志主编：《防治金融欺诈——基于刑事一体化的研究》，中国法制出版社 2014 年版。张湘兰：《信用证欺诈及其对策探讨》，载《法学评论》1999 年第 2 期；但伟：《论信用证诈骗罪的若干问题》，载《法学评论》1999 年第 3 期；李恩慈：《论信用证诈骗罪的犯罪构成及其效力范围》，载《现代法学》2000 年第 2 期；薛瑞麟：《论信用证诈骗罪》，载《政法论坛》2000 年第 4 期；聂立泽：《论信用证诈骗罪》，载《法学评论》2000 年第 5 期；郭瑜：《论信用证欺诈及其处理》，载《法学》2000 年第 10 期；张明楷：《保险诈骗罪的基本问题研究》，载《法学》2001 年第 1 期；赵秉志、周加海：《论"以非法占有为目的"是信用证诈骗罪的必备要件》，载《人民检察》2001 年第 3 期；孙国平、张娟：《再论"非法占有目的"为信用证诈骗罪的必备要件》，载《当代法学》2003 年第 5 期；阎二鹏、陈广秀：《信用证诈骗罪主观方面"非法占有目的"评析》，载《当代法学》2003 年第 10 期；姚诗：《虚构交易骗取信用证行为性质分析》，载《中国刑事法杂志》2005 年第 3 期；肖中华、程兰兰：《信用证诈骗罪新探》，载《政治与法律》2005 年第 4 期；张淑玲：《信用证欺诈界定及相关法律问题》，载《法学杂志》2006 年第 2 期；安文录、程兰兰：《信用证诈骗罪兜底条款的司法认定与完善》，载《华东政法大学学报》2007年第3期;张淑玲:《信用证诈骗罪的认定与处罚》,载《法学杂志》2009年第8期;刘宪权、王玉珏:《骗取信用证行为的认定困境与反思》,载《法学杂志》2011年第1期;王玉珏:《利用信用证非法融资行为的司法认定》,载《新疆社会科学》2011年第4期。

细目录

Ⅰ　主旨
Ⅱ　沿革
Ⅲ　客体
Ⅳ　对象
Ⅴ　行为
Ⅵ　结果
Ⅶ　主体
Ⅷ　故意
Ⅸ　既遂与未遂
Ⅹ　共犯
Ⅺ　罪数
Ⅻ　与非罪的界限
XIII　与他罪的区别
一、与票据诈骗罪的区别
二、与贷款诈骗罪的区别
XIV　处罚

Ⅰ　主旨

1　刑法设定信用证诈骗罪的立法目的,在于通过对信用证诈骗行为的刑法规制,维护国家正常的信用证结算秩序,保护公私财产所有权。

Ⅱ　沿革

2　1979年《刑法》没有关于本罪的规定,实践中发生的信用证诈骗行为一般按诈骗罪处罚。为了严厉打击信用证诈骗行为,1995年6月30日第八届全国人民代表大会常务委员会第十四次会议通过了《关于惩治破坏金融秩序犯罪的决定》,该决定第13条规定了信用证诈骗罪。1997年《刑法》吸纳了该决定关于本罪的规定,但作了两处修改:①严格限制了死刑的适用条件,并将其调至第199条,增加"并处五万元以上五十万元以下罚金"的规定;②将单位犯本罪的处罚移至第200条予以集中规定。2011年2月25日通过的《刑法修正案(八)》涉及《刑法》第199条以及第200条,删除了信用证诈骗罪死刑的规定,增设了相应单位犯罪的罚金刑。

Ⅲ 客体

本罪侵犯的客体是复杂客体,即信用证结算秩序和公私财产所有权。也有学者认为本罪客体应是信用证制度[1],这是不妥当的。制度不应是客体,只有制度被遵守所形成的秩序才是犯罪的客体。而且,本罪类属于破坏社会主义市场经济秩序罪,很显然立法者也认定本罪所保护的法益类属于“经济管理秩序”,而不是“经济制度”。信用证是银行的重要信用工具,同时也是国际经济个体与组织之间的交易得以成功的重要保证,使用信用证进行诈骗犯罪首先侵犯的就是信用结算秩序;另外,由于信用证诈骗犯罪的行为是以非法占有他人财物为目的,所以本罪又侵犯了他人的财产所有权。 3

Ⅳ 对象

本罪的行为对象应当是信用证及其项下的资金、其他财物或服务。有学者认为本罪的对象仅仅是信用证,信用证项下的资金或者其他财物不应是本罪的行为对象。[2] 这是不确切的。既然本罪侵犯的客体还包括公私财产所有权,那么信用证项下的资金和其他财物也成为信用证诈骗罪的对象就是必然的。值得注意的是,信用证多数情况下是本罪的犯罪工具,例如行为人使用伪造、变造、作废的信用证进行诈骗时,信用证就是犯罪工具;只有在行为人骗取信用证时,信用证才成为本罪的犯罪对象。 4

Ⅴ 行为

所谓信用证诈骗行为,就是指行为人利用信用证进行诈骗的行为。依据《刑法》第 195 条的规定, 该行为具体表现为以下几种方式: 5

1. 使用伪造、变造的信用证或者附随的单据、文件的

行为人以非法占有为目的,利用伪造、变造的信用证或者附随的单据、文件骗取他人财物的行为。“信用证”是指开证银行根据作为进口商的开证申请人的请求,开给受益人(通常情况下为出口商)的一种在其具备了约定的条件以后,即可得到由开证银行或支付银行支付的约定金额的保证付款的凭证。“附随的单据、文件”主要是指国际贸易中所用的跟单信用证的单据和文件。根据《跟单信用证统一惯例》的规定,跟单信用证的单据、文件主要有运输单据、商业发票、保险单据三种。其中,运输 6

---

1 参见黄京平主编:《破坏市场经济秩序罪研究》,中国人民大学出版社 1999 年版,第 506 页。

2 参见陶驷驹主编:《中国新刑法通论》,群众出版社 1997 年版,第 648 页。

单据是指表明运送人已将货物装船或发运或接受监管的单据,包括海运提单、航空运单、铁路运单等;保险单据是关于货物运输保险的单据;商业发票中,卖方要对所作的交易作客观的叙述,因为商业发票不仅是证明卖方已履行合同的凭证,而且是海关实行货物进出口管理的依据,是买方验收货物的依据。除上述三种外,信用证使用时有的还要附领事发票、海关发票、出口许可证、产地证明。伪造的信用证是指采用描绘、复制、印刷等方式仿照信用证的格式、内容制造的假信用证或者以其编造、冒用的银行名义开出的假信用证。变造的信用证是指行为人在原信用证的基础上采用涂改、剪贴、挖补等方式非法改变原信用证的内容和主要条款使其成为虚假的信用证。使用伪造、变造的信用证就是利用伪造、变造的信用证诈骗信用证其他当事人的资金或者货物的行为。使用伪造、变造附随的单据、文件是指使用信用证时,伪造、变造提单等必须附随信用证的单据骗取信用证项下货款的行为。上述行为人所使用的伪造、变造的信用证或者附随的单据、文件,既可以是自己伪造、变造的,也可以是他人伪造、变造的。如果行为人自己伪造、变造上述票证后进而使用诈骗他人财物的,构成本罪与伪造、变造金融票证罪的牵连犯形态,应按信用证诈骗罪论处,不能实行数罪并罚。

2. 使用作废的信用证的

7 作废的信用证是指真实有效的信用证因后来出现某种法定原因而失效。信用证的日期有开证日、通知日、装船日、提示日、到期日等,这些日期关系到信用证交易的生效和失效以及信用证本身是否有效。作废的信用证,主要是指因不具备有效条件而放弃的信用证,包括超过有效日期的信用证和无效的信用证。使用作废的信用证,就是行为人明知信用证是已经过期、失效或者被人涂改过的信用证仍予以使用,诈骗他人数额较大的财物的行为。并非所有票据法上失效的信用证都是刑法上作废的信用证。因涂改而失效的信用证就属于刑法上伪造的信用证。

3. 骗取信用证的

8 指行为人编造虚假的事实或隐瞒事实真相,骗取银行或其他单位为其开出信用证的行为,以及骗取其他单位持有的合法有效的信用证的行为。有观点认为,单纯骗取信用证的行为就构成信用证诈骗罪的既遂。[3] 但是,这种观点并不妥当。因为,信用证诈骗罪必须以非法占有为目的[4],单纯骗取信用证,只是骗取了一种信用,并未对公私财产造成损害或者侵害的现实危险性。[5] 因此,单纯骗取信用证的行为只不过是信用证诈骗罪的预备行为。考虑到我国刑法总则虽然规定所有的犯罪预备都具

---

3 参见赵秉志:《刑法分则问题专论》,法律出版社 2004 年版,第 257 页。

4 参见刘宪权、王玉珏:《骗取信用证行为的认定困境与反思》,载《法学杂志》2011 年第 1 期;张明楷:《诈骗罪与金融诈骗罪研究》,清华大学出版社 2006 年版,第 619 页。

5 参见姚诗:《虚构交易骗取信用证行为性质分析》,载《中国刑事法杂志》2005 年第 3 期。

有可罚性,但司法实践中,并不普遍处罚预备犯罪。因此,刑法规定“骗取信用证”,应该理解为立法者认为,即使是信用证诈骗罪的预备行为也具有可罚性。

4. 以其他方法进行信用证诈骗活动的

本项是一种概括性规定,泛指以前述三种方式以外的其他方法进行信用证诈骗的行为。“其他方法”是多种多样的,理论上不易进行概括,实践中主要是指开证行或开证申请人故意利用“软条款”或“陷阱条款”信用证进行诈骗活动的行为。所谓“软条款”信用证是指开证行在开立信用证时,故意制造一些隐蔽性的条款,赋予开证行或开证申请人随时、单方面解除付款责任的信用证,如开证行不通知生效、不发修改书、开证人不出具证书或收据、不来验货,等等。除此之外,有些犯罪人还利用信用证本身的特点进行诈骗,如利用远期信用证、转让信用证进行诈骗等。 9

此外,关于信用证诈骗罪,理论上存在争议的是,使用虚假信用证是利用其支付功能[6],还是也包括信用功能[7]。两者争议的关键在于,如果仅限于信用证的支付功能的话,行为人使用虚假的信用证进行抵押、质押或者担保时,将不构成信用证诈骗罪。笔者认为,使用虚假或者无效的信用证诈骗的,不应仅限于利用信用证的支付功能直接骗取信用证下的款项,同时也应该包括信用证的信用功能。具体理由如下:①在法益侵害性上,利用信用证的支付功能骗取财物和利用信用证的信用功能进行抵押、担保等,并无实质区别。利用信用证的信用功能将虚假信用证抵押“破坏了国家的信用证管理秩序,而这恰恰是刑法单列信用证诈骗罪的根据所在。同时,骗取他人信用证后用于担保的,案发后担保人也可能会承担相应担保责任”[8]。②从体系解释的角度看,也应该按照信用证诈骗罪定罪处罚。《刑法》第 224 条针对伪造、变造、作废的票据进行担保的情形作了专门规定,因此,此类利用虚假票据的信用功能诈骗的行为不构成票据诈骗罪,而构成合同诈骗罪。但是,《刑法》第 224 条对使用伪造、变造、作废的信用证进行担保的情形并无规定,因此,没有必要适用合同诈骗罪的规定。 10

Ⅵ 结果

依据《刑法》第 195 条的规定,信用证诈骗罪侵犯的客体为复杂客体,即信用证管理秩序和公私财产所有权。这种复杂客体决定了本罪危害结果的双重性:一是对信用证管理秩序的破坏,二是对他人财产的侵害(骗取他人的资金或其他财物)。虽然刑法并没有针对前者之危害结果作出明文规定,但本罪亦和其他金融诈骗罪一样,属于结果犯,即以诈骗金额较大为犯罪既遂的条件。如果行为人诈骗他人财物“数额巨大或者有其他严重情节”,“数额特别巨大或者有其他特别严重情节”,则是法定刑升 11

6 参见马克昌主编:《经济犯罪新论》,武汉大学出版社 1998 年版,第 372 页。

7 参见朱小涛:《信用证诈骗罪浅议》,载《东吴法学内刊》1998 年第 3 期。

8 马克昌主编:《百罪通论》(上卷),北京大学出版社 2014 年版,第 334 页。

格的条件。关于“数额巨大”“严重情节”等的具体标准,刑法并未明确规定。根据《关于审理诈骗案件具体应用法律的若干问题的解释》的规定,上述“数额巨大”是指个人进行信用证诈骗数额在10万元以上,单位进行信用证诈骗数额在50万元以上。“数额特别巨大”是指个人进行信用证诈骗数额在50万元以上,单位进行信用证诈骗数额在250万元以上。但是,该司法解释业已废止。至于“严重情节”和“特别严重情节”,《关于审理诈骗案件具体应用法律的若干问题的解释》未作规定。从司法实践来看,所谓“严重情节”,一般指行为人使用的犯罪手段恶劣,造成的影响恶劣;“特别严重情节”一般指行为人使用的手段特别恶劣,造成了特别恶劣的影响,但其具体标准尚待司法解释予以明确。

Ⅶ 主体

12 本罪的主体是一般主体,包括自然人和单位。

Ⅷ 故意

13 本罪在主观上是直接故意,并且具有非法占有他人财物的目的,过失不构成本罪。其故意的内容是,行为人明知自己实施的是信用证诈骗行为,明知自己所实施的信用证诈骗行为会发生破坏国家对信用证的管理秩序,侵犯他人财产的危害结果,并且希望这种结果的发生。若行为人对信用证诈骗行为没有明知,对信用证诈骗行为的后果没有认识,行为人不具有非法占有他人财物的目的,则不能构成本罪。值得注意的是,刑法条文并未明确规定“以非法占有为目的”是构成本罪必须具备的主观要件,但是,从解释论上应将其作为本罪之“主观的超过要素”,因为该目的对于说明行为对法益的侵犯及其程度具有决定性的作用。

Ⅸ 既遂与未遂

14 本罪的既遂,应以被害人的财产受到损失为标准。行为人实施信用证诈骗行为,使被骗对象的财产受到数额较大的实际损失的,为既遂;已经着手实施信用证诈骗行为,由于行为人意志以外的原因而未得逞的,是犯罪未遂;在犯罪过程中自动停止信用证诈骗犯罪或者自动有效地防止犯罪结果发生的,构成本罪的中止犯。如此,即使行为人未能实际获得财物,但只要被害人失去了对财物的控制,就意味着法律所保护的利益已经受到侵犯,行为也就严重破坏了金融管理制度。值得注意的是,单纯的骗取信用证的行为,只不过是信用证诈骗罪的预备行为。

Ⅹ 共犯

15 信用证诈骗罪完全可能由二人以上共同故意实施,对于本罪的共同犯罪,应当根据刑法总则关于共同犯罪的成立条件以及刑法分则信用证诈骗罪的构成要件予以认定。如果二人以上均已满16周岁,并且具有辨认控制能力,共同故意实施信用证诈骗行为,成立信用证诈骗罪的共犯。但本罪不属于必要共同犯罪,而是属于任意共同犯罪。本罪的共犯既可以是自然人之间的共犯、单位之间的共犯,也可以是自然人与单位之间的共犯。

XI 罪数

对于信用证诈骗罪的罪数区分,应当按照关于区分一罪与数罪的标准来解决。 16
根据《刑法》第195条的规定,行为人实施该条规定的四种行为方式之一的,即构成本罪;行为人同时实施上述两种或两种以上行为的,也以信用证诈骗罪一罪处理,不进行数罪并罚。行为人为实施信用证诈骗而事先伪造、变造信用证或者附随的单据和文件,然后予以使用的,构成伪造、变造金融票证罪和信用证诈骗罪的牵连犯,应按本罪一罪论处,不进行数罪并罚。

XII 与非罪的界限

依据法条的规定,本罪的成立仅需要法定的信用证诈骗行为、故意以及非法占有 17
的目的,而没有情节和数额上的要求。但是,依据《刑法》第13条"情节显著轻微危害不大的,不认为是犯罪"的规定,如果行为人的行为确属情节显著轻微,危害不大的,就不宜认定为犯罪。

XIII 与他罪的区别

一、与票据诈骗罪的区别

1997年《刑法》颁布之前,信用证诈骗罪与票据诈骗罪原来都从属于诈骗罪。 18
1997年《刑法》颁布后,两罪都独立出来,各自单独成罪。两罪的共性表现在:①行为人主观上都出于直接故意,并且都具有非法占有的目的;②客观上都采用了借助票证虚构事实或隐瞒事实真相的方法骗取财物;③两罪侵犯的客体都属于国家金融管理秩序和公私财物所有权。其区别表现在以下几个方面:①犯罪工具不同。前罪使用的是信用证及附随的单据、文件;后罪使用的是汇票、本票、支票。②犯罪形态不同。前罪属行为犯,只要行为人实施了《刑法》第195条规定的几种行为,即构成犯罪(包括预备),没有数额的要求;而后罪属于结果犯,以"数额较大"为构成犯罪既遂的必要条件。③侵犯的直接客体不同。前罪侵犯的是信用证结算秩序;后罪侵犯的是票据结算秩序。

二、与贷款诈骗罪的区别

信用证诈骗罪与贷款诈骗罪同属金融诈骗罪,具有一些共同特征:①主观上都是 19

直接故意,并且具有非法占有的目的;②客观上都有以虚构事实或者隐瞒真相的方法骗取他人财物的行为,都侵犯了国家金融管理秩序和公私财产所有权。二者也有区别:①侵犯的直接客体不同。前罪主要侵犯了信用结算秩序;后罪主要侵犯信贷秩序。②主体不同。前罪的主体包括自然人和单位;后罪的主体则只限于自然人。司法实践中,常有一些犯罪分子为骗取银行贷款而先骗取信用证,然后再用骗取的信用证向银行作抵押骗取银行贷款。这种情形,既构成信用证诈骗罪,又触犯了《刑法》第193条贷款诈骗罪的规定,属于刑法理论上的牵连犯,应从一重罪处断。

XIV 处罚

20 《刑法》第195条为本罪规定了三个幅度的法定刑:①犯本罪的,处5年以下有期徒刑或者拘役,并处2万元以上20万元以下罚金;②数额巨大或者有其他严重情节的,处5年以上10年以下有期徒刑,并处5万元以上50万元以下罚金;③数额特别巨大或者有其他特别严重情节的,处10年以上有期徒刑或者无期徒刑,并处5万元以上50万元以下罚金或没收财产。另根据《刑法》第200条的规定,单位犯两罪的,对单位判处罚金,并对其直接负责的主管人员和其他直接责任人员,处5年以下有期徒刑或者拘役,可以并处罚金;数额巨大或者有其他严重情节的,处5年以上10年以下有期徒刑,并处罚金;数额特别巨大或者有其他特别严重情节的,处10年以上有期徒刑或者无期徒刑,并处罚金。

第一百九十六条　信用卡诈骗罪

有下列情形之一，进行信用卡诈骗活动，数额较大的，处五年以下有期徒刑或者拘役，并处二万元以上二十万元以下罚金；数额巨大或者有其他严重情节的，处五年以上十年以下有期徒刑，并处五万元以上五十万元以下罚金；数额特别巨大或者有其他特别严重情节的，处十年以上有期徒刑或者无期徒刑，并处五万元以上五十万元以下罚金或者没收财产：

（一）使用伪造的信用卡，或者使用以虚假的身份证明骗领的信用卡的；

（二）使用作废的信用卡的；

（三）冒用他人信用卡的；

（四）恶意透支的。

前款所称恶意透支，是指持卡人以非法占有为目的，超过规定限额或者规定期限透支，并且经发卡银行催收后仍不归还的行为。

盗窃信用卡并使用的，依照本法第二百六十四条的规定定罪处罚。

文献：刘宪权：《金融风险防范与犯罪惩治》，立信会计出版社1998年版；周振想主编：《金融犯罪的理论与实务》，中国人民公安大学出版社1998年版；王新：《金融刑法导论》，北京大学出版社1998年版；马克昌主编：《经济犯罪新论》，武汉大学出版社1998年版；陈兴良主编：《刑事法判解》（第2卷），法律出版社2000年版；赵秉志主编：《新千年刑法热点问题研究与适用》（下），中国检察出版社2001年版；赵秉志主编：《金融诈骗罪新论》，人民法院出版社2001年版；刘宪权、卢勤忠：《金融犯罪理论专题研究》，复旦大学出版社2002年版；刘远：《金融诈骗罪研究》，中国检察出版社2002年版；张明楷：《诈骗罪与金融诈骗罪研究》，清华大学出版社2006年版；赵秉志主编：《防治金融欺诈——基于刑事一体化的研究》，中国法制出版社2014年版。赵子寅：《信用卡诈骗罪的几个问题》，载《法学杂志》1998年第2期；柯葛壮：《论利用信用卡恶意透支犯罪》，载《政治与法律》1999年第1期；刘杰：《论信用卡诈骗罪的认定和完善》，载《湖南省政法管理干部学院学报》1999年第2期；方洁：《信用卡诈骗罪的认定》，载《中国刑事法杂志》2000年第2期；李卫红：《论信用卡诈骗罪》，载《政法论坛》2000年第4期；刘远：《信用卡诈骗罪理论探讨》，载《中国刑事法杂志》2000年第6期；游伟、肖晚祥：《信用卡诈骗罪的理论界定与司法适用》，载《人民检察》2001年第2期；刘明祥：《论信用卡诈骗罪》，载《法律科学》2001年第2期；刘宪权：《信用卡诈骗罪的司法认定》，载《政法论坛》2003年第3期；王晨：《信用卡诈骗罪客观方面要件的认定探讨》，载《现代法学》2003年第6期；冯涛：《恶意透支信用卡诈骗罪的认定及立法完善》,载《中国刑事法杂志》2004 年第 1 期;刘宪权:《信用卡诈骗罪若干疑难问题研究》,载《政治与法律》2008 年第 10 期;阎二鹏:《信用卡诈骗罪与诈骗罪关系辨证》,载《政治与法律》2010 年第 2 期;刘宪权、曹伊丽:《“恶意透支型”信用卡诈骗罪的刑法分析》,载《华东政法大学学报》2010 年第 6 期;毛玲玲:《恶意透支型信用卡诈骗罪的实务问题思考》,载《政治与法律》2010 年第 11 期;刘宪权、庄绪龙:《“恶意透支”型信用卡诈骗罪若干问题研究——兼评“两高”〈关于办理妨害信用卡管理刑事案件问题的解释〉之有关内容》,载《当代法学》2011 年第 1 期;林清红:《恶意透支型信用卡诈骗罪司法难题研究》,载《中国刑事法杂志》2011 年第 1 期;肖晚祥:《恶意透支型信用卡诈骗罪认定中的新问题》,载《法学》2011 年第 6 期;王春丽、曹冬敏:《信用卡诈骗罪实务难点及应对》,载《政治与法律》2011 年第 9 期;宁建海、乔苹苹:《论恶意透支型信用卡诈骗罪的法律适用》,载《中国刑事法杂志》2011 年第 12 期;古加锦:《“冒用他人信用卡”型信用卡诈骗罪若干疑难问题研究》,载《政治与法律》2013 年第 5 期;刘宪权:《盗窃信用卡并使用行为定性的困境与破解》,载《法学评论》2018 年第 6 期;田宏杰:《恶意透支型信用卡诈骗案实证分析》,载《法学杂志》2018 年第 12 期;张明楷:《恶意透支型信用卡诈骗罪的客观处罚条件——〈刑法〉第 196 条第 2 款的理解与适用》,载《现代法学》2019 年第 2 期。

细目录

Ⅰ　主旨
Ⅱ　沿革
Ⅲ　客体
Ⅳ　对象
Ⅴ　行为
Ⅵ　结果
Ⅶ　主体
Ⅷ　故意
Ⅸ　既遂与未遂
Ⅹ　共犯
Ⅺ　罪数
Ⅻ　与非罪的界限
ⅩⅢ　与他罪的区别
　一、与诈骗罪的区别
　二、与盗窃罪的区别
ⅩⅣ　处罚

I 主旨

刑法设定信用卡诈骗罪的立法目的,在于通过对信用卡诈骗行为的刑法规制,维护国家正常的信用卡结算秩序,保护公私财产所有权。 1

II 沿革

1979 年《刑法》没有关于本罪的规定,实践中发生的信用卡诈骗行为一般按诈骗罪处罚。为了严厉打击信用卡诈骗行为,1995 年 6 月 30 日全国人大常委会通过了《关于惩治破坏金融秩序犯罪的决定》,该决定第 14 条规定了信用卡诈骗罪。1997 年《刑法》第 196 条吸纳了该决定关于本罪的规定,但在第三个幅度的法定刑中增加了“并处五万元以上五十万元以下罚金”的规定。2004 年 12 月 29 日第十届全国人大常委会第十三次会议通过的《关于〈中华人民共和国刑法〉有关信用卡规定的解释》,明确了“信用卡”的内涵。2005 年 2 月 28 日通过的《刑法修正案(五)》在《刑法》第 196 条第 1 项中增加了“使用以虚假的身份证明骗领的信用卡的”规定。 2

III 客体

本罪侵犯的客体是复杂客体,即信用卡管理秩序和公私财产所有权。有学者认为本罪客体应是信用卡管理制度[1],这是不妥当的。制度不应是客体,只有制度被遵守所形成的秩序才是犯罪的客体。而且,本罪类属于破坏社会主义市场经济秩序罪,很显然立法者认定该罪所保护的法益类属于“管理秩序”,而不是“制度”。信用卡是银行的重要信用工具,使用信用卡进行诈骗犯罪首先侵犯的就是信用卡结算秩序;另一方面,由于信用卡诈骗犯罪的行为是以非法占有他人财物为目的,所以本罪又侵犯了他人的财产所有权。 3

IV 对象

本罪的犯罪对象应当是被害人的资金、其他财物或服务,信用卡仅是本罪的犯罪工具。有学者认为本罪的对象应是信用卡[2],这是不确切的。依据《刑法》第 196 条的规定,信用卡诈骗罪,是指行为人以非法占有为目的,使用伪造、变造的信用卡,或者冒用他人的信用卡,或者利用信用卡恶意透支,骗取公私财物,数额较大的行为。 4

---

1 参见黄京平主编:《破坏市场经济秩序罪研究》,中国人民大学出版社 1999 年版,第 514 页;张军主编:《刑法[分则]及配套规定新释新解》(第 9 版),人民法院出版社 2016 年版,第 719 页;李卫红:《论信用卡诈骗罪》,载《政法论坛》2000 年第 4 期。

2 参见陶驷驹主编:《中国新刑法通论》,群众出版社 1997 年版,第 652 页;黄京平主编:《破坏市场经济秩序罪研究》,中国人民大学出版社 1999 年版,第 515 页。

可见,如同利用计算机诈骗他人财物的行为,虽然约定俗成地称为“计算机犯罪”,但改变不了计算机在此种犯罪中的工具地位一样,本条的信用卡也仅仅是犯罪人实施信用卡诈骗行为所使用的工具,其犯罪对象实际上和其他金融诈骗罪的犯罪对象是相同的,即他人的财物、资金或者服务。另外,既然本罪侵犯的客体还包括公私财产所有权,那么利用信用卡诈骗得来的他人资金和其他财物成为信用卡诈骗罪的对象就是必然的。

V　行为

5　“信用卡”是指由商业银行或者其他金融机构发行的具有消费支付、信用贷款、转账结算、存取现金等全部功能或者部分功能的电子支付卡。[3] 信用卡诈骗行为表现为利用信用卡进行诈骗活动,骗取财物数额较大的行为。根据《刑法》第 196 条的规定,本罪的具体行为方式有以下四种:

1. 使用伪造的信用卡,或者使用以虚假的身份证明骗领的信用卡

6　“伪造的信用卡”是指未经国家主管部门批准,使用各种非法方法制造的信用卡。伪造的信用卡,既可以是行为人自己伪造的,也可以是他人伪造的。使用伪造的信用卡,无论是购物还是接受有偿服务,在性质上都是诈骗行为。“以虚假的身份证明骗领的信用卡”,是指使用虚假的身份资料从金融机构骗领的形式真实但内容不真实的信用卡。“使用”,是指持卡人按照信用卡的通常使用方法,进行支付或者结算的各种服务。

2. 使用作废的信用卡

7　“作废的信用卡”是指因法定原因失去效用的信用卡。根据有关规定,作废的信用卡主要包括以下几种情形:①信用卡超过有效使用期限而自动失效的;②持卡人在信用卡有效期限内中途停止使用信用卡,并将该信用卡交回发卡银行,办理退卡手续的;③因挂失信用卡而使信用卡失效的。

3. 冒用他人信用卡

8　信用卡必须由持卡人本人使用,不得转借或转让。“冒用他人信用卡”是指非法持卡人擅自以合法持卡人的名义,使用他人信用卡进行诈骗的行为。因为信用卡的使用是以持卡人在银行信用卡账户上的资金作为支付保证的,冒用他人信用卡就意味着持卡人资金的损失,在信用卡被有效挂失后的冒充使用还意味着给特约商店或发卡银行带来经济损失,所以刑法将冒用他人信用卡诈骗财物数额较大的行为规定为犯罪。根据 2018 年 11 月 28 日最高人民法院、最高人民检察院发布的《关于办理妨害信用卡管理刑事案件具体应用法律若干问题的解释》第 5 条的规定,“冒用他人信用卡”包括以下情形:①拾得他人信用卡并使用的;②骗取他人信用卡并使用的;

---

[3] 参见 2004 年 12 月 29 日第十届全国人民代表大会常务委员会第十三次会议通过的《关于〈中华人民共和国刑法〉有关信用卡规定的解释》。

③窃取、收买、骗取或者以其他非法方式获取他人信用卡信息资料,并通过互联网、通讯终端等使用的;④其他冒用信用卡的情形。需要注意的是,此处之“冒用”不包括盗窃他人信用卡而加以冒用的情形,依照《刑法》第196条第3款的规定,该种情形应以盗窃罪论处。

4. 恶意透支

“透支”是指客户在银行账户上无资金或资金不足的情况下,经银行批准,使用超过其账上的资金额度的款项的行为。持卡人透支后,必须在限期内补足资金,并按规定支付一定的利息。持卡人在透支限额内使用信用卡后及时补足资金,偿还透支款项的本息,即为“善意透支”。所谓“恶意透支”,是指持卡人以非法占有为目的,超过规定限额或者规定期限透支,并且经发卡银行两次有效催收后超过3个月仍不归还的情形。[4] 对于如何认定有效催收,根据司法解释的规定,应当根据发卡银行提供的电话录音、信息送达记录、信函送达回执、电子邮件送达记录、持卡人或者其家属签字以及其他催收原始证据材料作出判断。[5] 另外,恶意透支的数额仅包括本金,对于透支本金产生的复利(包括正常利息和罚息)、滞纳金、手续费等银行收取的费用,刑事判决不应认定。 9

在“房毅信用卡诈骗案”[6]中,法院对在信用卡诈骗犯罪案件中如何认定有效催收作出了说明。在“陈自渝信用卡诈骗案”[7]中,法院认为只应对犯罪所得即透支的本金部分作出判决,对于透支本金所产生的复利、滞纳金等间接损失,应当通过民事救济途径解决。 10

Ⅵ 结果

依据《刑法》第196条的规定,信用卡诈骗罪侵犯的客体为复杂客体,即信用卡管理秩序和公私财产所有权。这种复杂客体决定了本罪危害结果的双重性:一是对信用卡管理秩序的破坏,二是对他人财产的侵害(骗取他人的资金或其他财物)。但是刑法并没有针对前一危害结果作出明文规定,只是规定了诈骗他人财物数额较大的危害结果。因此,本罪属于结果犯,即只有信用卡诈骗行为达到“数额较大”,才构成犯罪。若“数额较大”的结果未出现,即使有法定的行为,也不能认为满足本罪法定构 11

4 参见最高人民法院、最高人民检察院《关于办理妨害信用卡管理刑事案件具体应用法律若干问题的解释》(法释〔2018〕19号)第6条。

5 参见最高人民法院、最高人民检察院《关于办理妨害信用卡管理刑事案件具体应用法律若干问题的解释》(法释〔2018〕19号)第7条第2款。

6 参见最高人民法院刑事审判第一、二、三、四、五庭主办:《刑事审判参考》总第95集(第921号),法律出版社2014年版。

7 参见最高人民法院刑事审判第一、二、三、四、五庭主办:《刑事审判参考》总第91集(第841号),法律出版社2014年版。

成要件的要求,不成立犯罪的既遂。如果行为人的诈骗行为存在"数额巨大或者有其他严重情节"或者"数额特别巨大或者有其他特别严重情节"的,则是本罪法定刑升格的条件。关于"数额巨大""数额特别巨大""严重情节""特别严重情节"等的含义,《关于办理妨害信用卡管理刑事案件具体应用法律若干问题的解释》针对不同的行为类型,做了区别。对使用伪造的信用卡、以虚假身份证明骗领的信用卡、作废的信用卡或者冒用他人信用卡,进行诈骗活动的,数额在5000元以上不满5万元的,应当认定为"数额较大";数额在5万元以上不满50万元的,应当认定为"数额巨大";数额在50万元以上的,应当认定为"数额特别巨大"。恶意透支,数额在5万元以上不满50万元的,应当认定为"数额较大";数额在50万元以上不满500万元的,应当认定为"数额巨大";数额在500万元以上的,应当认定为"数额特别巨大"。

12 司法实践中关于"严重情节"的认定,主要是指利用先进的技术手段伪造后又使用的;使用信用卡进行诈骗的犯罪集团的首要分子;多次使用信用卡进行诈骗,屡教不改的;因其诈骗行为造成他人财物巨大损失的;因其行为造成恶劣的影响的;等等。"特别严重情节",主要是指以利用信用卡进行诈骗为常业的;属于累犯、惯犯或者多次作案的;具有多个情节严重的情形的;因其诈骗行为造成他人特别严重的经济损失或者其他特别严重后果的;因其行为造成特别恶劣的影响的;等等。[8]

Ⅶ 主体

13 本罪的主体仅限于已满16周岁、具有辨认控制能力的自然人,单位不能成为本罪的主体。

Ⅷ 故意

14 从法条的语言表述看,本罪只能是故意,并且具有非法占有他人财物的目的。过失不构成本罪。其故意的内容是,行为人明知自己所实施的是信用卡诈骗行为,明知该诈骗行为会发生破坏信用卡管理秩序,侵犯他人财产的危害结果,并且希望这种结果的发生。值得注意的是,刑法条文并未明确规定"以非法占有为目的"是构成本罪必须具备的主观要件,但是,从解释论上,应将其作为本罪之"主观的超过要素",因为该目的对于说明行为对法益的侵犯及其程度具有决定性作用。根据《关于办理妨害信用卡管理刑事案件具体应用法律若干问题的解释》第6条的规定,具有以下情形之一的,应当认定为恶意透支中的非法占有目的,但有证据证明持卡人确实不具有非法占有目的的除外:①明知没有还款能力而大量透支,无法归还的;②使用虚假资信证明申领信用卡后透支,无法归还的;③透支后通过逃匿、改变联系方式等手段,逃避银

---

8 参见张军主编:《刑法[分则]及配套规定新释新解》(第9版),人民法院出版社2016年版,第724页。

行催收的；④抽逃、转移资金，隐匿财产，逃避还款的；⑤使用透支的资金进行违法犯罪活动的；⑥其他非法占有资金，拒不归还的情形。

在“梁保权、梁博艺信用卡诈骗案”[9]中，行为人梁保权、梁博艺使用信用卡透支用于生产经营，但因经营不善等客观原因导致信用卡逾期无法偿还的，不能认定为“以非法占有为目的”。 15

Ⅸ 既遂与未遂

由于《刑法》第196条规定信用卡诈骗必须“数额较大”才构成本罪，所以本罪属于结果犯。既然为结果犯，从理论上来说就存在着预备、未遂和中止的情形。事实上，“在以法定的危害结果的发生作为犯罪既遂标志的犯罪中，应当以法定的危害结果实际上是否已经发生，来区别犯罪的未遂和既遂”[10]。因此，发生法定危害结果的，构成犯罪的既遂；没有发生法定危害结果的，则不能构成犯罪的既遂，而应区分不同情况分别认定为犯罪的未遂、中止和预备或者非罪。具体到本罪，应以被害人实际丧失的资金或其他财物为准，被害人实际损失数额较大的，构成本罪的既遂；已经着手实施信用卡诈骗行为，由于行为人意志以外的原因而没有得逞的，则是本罪的未遂。如此，即使行为人未能实际获得财物，但只要被害人交付了财物，就意味着被害人失去了对财物的控制，法律所保护的利益已经受到侵犯。 16

但是，从刑法的谦抑性及司法实践来看，不将骗取数额较小且情节较轻的信用卡诈骗行为以犯罪论处是合理的。既然信用卡诈骗罪要求“数额较大”，而行为人之信用卡诈骗行为事实上又没有达到“数额较大”的程度，那么，这种骗取数额较小且情节较轻的信用卡诈骗行为，就不宜认定为犯罪。但是，信用卡诈骗行为情节严重的，即使实际上没有非法占有他人财物，也应认定为信用卡诈骗罪未遂。 17

Ⅹ 共犯

信用卡诈骗罪完全可能由二人以上共同故意实施，对于本罪的共同犯罪，应当根据刑法总则关于共同犯罪的成立条件以及刑法分则关于信用卡诈骗罪的构成要件予以认定。但涉及发卡行从业人员与非发卡行人员共同实施信用卡诈骗时，则需要根据具体情形分别认定：①发卡行人员与进行信用卡诈骗活动的人员串通（但并未利用职务之便），为其诈骗活动提供帮助的，不管实际遭受损失的人是谁，该行为都应当以本罪的共犯论处；②发卡行人员利用职务上的便利，进行信用卡诈骗，而其他人员与其勾结，共同进行诈骗的，应区分情况。若该行为所造成的损失完全由发卡行实际负 18

---

9 参见最高人民法院刑事审判第一、二、三、四、五庭主办：《刑事审判参考》总第105集（第1120号），法律出版社2016年版。

10 马克昌主编：《犯罪通论》（第3版），武汉大学出版社1999年版，第496页。

责,并且发卡行乃国有性质或发卡行虽非国有但该从业人员具有国家工作人员身份的,则应根据《刑法》第 382 条的规定,认定为贪污罪,而不能定信用卡诈骗罪;若发卡行为非国有性质的企业或者该从业人员不具有国家工作人员身份,则上述行为中,发卡行从业人员构成职务侵占罪,非发卡行人员构成本罪与职务侵占罪的想象竞合犯,应从一重罪处断。若该行为所造成的损失完全由持卡人实际承担,则上述行为应构成本罪的共犯。但本罪不属于必要共同犯罪,而是属于任意共同犯罪。

XI 罪数

19 对于信用卡诈骗罪的罪数区分,应当按照关于区分一罪与数罪的标准来解决。依据《刑法》第 196 条的规定,信用卡诈骗的行为方式可表现为四种情形。使用上述方法之一的,即可成立本罪;同时使用几种方法的,也只成立一罪,而不进行数罪并罚。此外,根据我国《刑法》第 177 条第 1 款的规定,对于伪造信用卡的行为,应当以伪造金融票证罪论处。而利用伪造的信用卡进行诈骗的,则应以本罪定罪处罚。如果行为人先伪造信用卡,而后又利用它进行诈骗的,则构成伪造金融票证罪和信用卡诈骗罪的牵连犯,不实行数罪并罚,而应从一重罪处罚,即按信用卡诈骗罪或伪造金融票证罪中的一罪定罪处罚,具体按其中哪一罪定罪处罚,应视具体案情而定。但是,如果行为人伪造信用卡与使用伪造的信用卡进行诈骗间没有牵连关系的,则应以本罪与伪造金融票证罪实行数罪并罚。

20 再者,冒用他人信用卡进行诈骗之前往往还有一个非法获得他人信用卡的行为,如盗窃信用卡并使用的,诈骗信用卡并使用的,抢夺信用卡并使用的,抢劫信用卡并使用的等情形。对于盗窃他人信用卡并使用的,应依《刑法》第 196 条第 3 款的规定以盗窃罪论处。对于诈骗、抢夺信用卡并使用的,由于诈骗与抢夺信用卡的行为本身不能单独构成犯罪(两种罪都要求"数额较大"这一客观要素),所以对诈骗、抢夺信用卡并使用的行为应以本罪论处。对于抢劫他人信用卡并使用的,由于抢劫罪不是数额犯,抢劫信用卡的行为本身即可单独构成犯罪,那么在抢劫信用卡之后又加以冒用的,属于抢劫罪与信用卡诈骗罪的牵连犯,应从一重罪处断。

XII 与非罪的界限

21 依据法条的规定,本罪的成立需要法定的信用卡诈骗行为、数额较大、故意以及非法占有的目的,如果缺少其中的一项,就会因不符合犯罪构成而不成立犯罪。因此,要划清信用卡诈骗罪与非罪的界限,必须注意:行为人有无法定的信用卡诈骗的行为;是否对信用卡诈骗行为具有故意;主观上有无非法占有他人财物的目的;信用卡诈骗的数额是否达到"较大"的程度;等等。对于一人多次实施本罪一种或几种行为或者一人同时实施本罪多种行为的,应将累计金额作为犯罪数额,或者按照数额以外的"其他严重情节"论处。在司法实践中,涉及透支情形罪与非罪的区别应该重视以下几点：

(1) 区分善意透支和恶意透支。实践中，以下几种情形一般不应认定为恶意透支：持卡人因长期出差、出国等原因，未能及时收到发卡银行的透支通知，致使透支款不能及时偿还的；持卡人因暂时资金周转困难而在透支后无法按时偿还，行为人承认债务的；持卡人因不可抗力原因暂时丧失偿还能力的；持卡人提供担保，担保人在银行的催告下为其还清透支款项的。[11] 22

(2) 恶意透支情节轻微的情形。根据最高人民检察院、公安部《关于公安机关管辖的刑事案件立案追诉标准的规定(二)》第 49 条第 4 款及《关于办理妨害信用卡管理刑事案件具体应用法律若干问题的解释》第 10 条的规定，恶意透支，数额在 5 万元以上不满 50 万元的，在提起公诉前全部归还或者具有其他情节轻微情形的，可以不起诉；在一审判决前全部归还或者具有其他情节轻微情形的，可以免予刑事处罚。但是曾因信用卡诈骗受过 2 次以上处罚的除外。 23

(3) 恶意透支构成信用卡诈骗罪，需满足经银行有效催收后仍不返还的条件，如果银行没有有效催收，不构成犯罪。 24

XIII　与他罪的区别

一、与诈骗罪的区别

诈骗罪是一种侵犯财产的犯罪，该罪与本罪在罪过形式、行为方式、数额要求等方面都有一定的相似之处，如都是故意犯罪，都具有非法占有目的，都有利用虚构事实、隐瞒真相的方法骗取他人财物的行为，等等。但本罪与诈骗罪的区别还是比较明显的：①犯罪客体不同，信用卡诈骗罪侵犯的是国家的信用卡管理秩序和公私财产所有权；诈骗罪侵犯的是公私财产所有权。②犯罪行为不同。信用卡诈骗罪的犯罪行为由刑法特别规定，即使用伪造的信用卡、使用以虚假的身份证明骗领的信用卡、使用作废的信用卡、冒用他人信用卡以及恶意透支五种行为；诈骗罪的犯罪手段则较为广泛，刑法没有作统一的规定。③犯罪工具不同。本罪的犯罪工具是信用卡；而诈骗罪的犯罪工具则较为广泛。 25

在对信用卡诈骗罪和诈骗罪进行区分时，还要特别注意法条竞合原则的独特适用。如前所述，在法条竞合的情况下，特别法应当优于普通法适用、重法应当优于轻法适用，这是处理特别法与普通法关系的基本原则。诈骗罪的法条与信用卡诈骗罪的法条之间实际上就存在着包容竞合的法条竞合关系，其中，诈骗罪是普通法，信用卡诈骗罪是特别法。在一行为同时符合诈骗罪的法条和信用卡诈骗罪的法条的情况下，如没有相应的法律规定，就要按照处理法条竞合关系的基本原则进行适用。当 26

11　参见马克昌主编：《百罪通论》(上卷)，北京大学出版社 2014 年版，第 362 页。

然,利用信用卡进行诈骗的行为并不一定同时符合本罪犯罪构成和诈骗罪的犯罪构成,行为构成诈骗罪而不构成本罪的情况还是存在的,如以虚假的信用卡申领条件,骗取发卡行发放信用卡进行诈骗的行为,该行为应以诈骗罪论处,而不构成本罪。

二、与盗窃罪的区别

27 根据《刑法》第196条第3款的规定,盗窃信用卡并使用的行为,依照刑法关于盗窃罪的规定定罪处罚。此处之"信用卡"应为有效的真卡。若行为人盗窃的信用卡为无效的信用卡,而行为人误以为是有效真卡的,应构成盗窃未遂;盗窃这种无效信用卡并使用骗取他人财物的,应构成本罪与盗窃罪(未遂)的吸收犯,以本罪论处;盗窃这种无效信用卡并出售牟利的,应构成诈骗罪与盗窃罪(未遂)的吸收犯,以诈骗罪论处;如果行为人明知是无效信用卡而盗窃,然后进行诈骗,则是单纯的信用卡诈骗罪或单纯的诈骗罪。[12] 此外,对于明知是他人盗窃来的信用卡而使用的这一情况,如果该使用者明知信用卡系他人盗窃而来,则对该使用者按盗窃犯罪的共犯处理;如果该使用者不知是盗窃来的信用卡而使用,则对该使用者不应按盗窃罪进行处罚,应按照其使用的具体情况和情节,依照有关法律进行处理。

XIV 处罚

28 《刑法》第196条为本罪规定了三个幅度的法定刑:①犯本罪,数额较大的,处5年以下有期徒刑或拘役,并处2万元以上20万元以下罚金;②数额巨大或有其他严重情节的,处5年以上10年以下有期徒刑,并处5万元以上50万元以下罚金;③数额特别巨大或者有其他特别严重情节的,处10年以上有期徒刑或无期徒刑,并处5万元以上50万元以下罚金或没收财产。

---

12 参见刘远:《金融诈骗罪研究》,中国检察出版社2002年版,第440页。

第一百九十七条　有价证券诈骗罪

使用伪造、变造的国库券或者国家发行的其他有价证券，进行诈骗活动，数额较大的，处五年以下有期徒刑或者拘役，并处二万元以上二十万元以下罚金；数额巨大或者有其他严重情节的，处五年以上十年以下有期徒刑，并处五万元以上五十万元以下罚金；数额特别巨大或者有其他特别严重情节的，处十年以上有期徒刑或者无期徒刑，并处五万元以上五十万元以下罚金或者没收财产。

文献：刘宪权：《金融风险防范与犯罪惩治》，立信会计出版社 1998 年版；周振想主编：《金融犯罪的理论与实务》，中国人民公安大学出版社 1998 年版；王新：《金融刑法导论》，北京大学出版社 1998 年版；马克昌主编：《经济犯罪新论》，武汉大学出版社 1998 年版；赵秉志主编：《新千年刑法热点问题研究与适用》（下），中国检察出版社 2001 年版；赵秉志主编：《金融诈骗罪新论》，人民法院出版社 2001 年版；刘宪权、卢勤忠：《金融犯罪理论专题研究》，复旦大学出版社 2002 年版；刘远：《金融诈骗罪研究》，中国检察出版社 2002 年版；张明楷：《诈骗罪与金融诈骗罪研究》，清华大学出版社 2006 年版；赵秉志主编：《防治金融欺诈——基于刑事一体化的研究》，中国法制出版社 2014 年版。王晨：《有价证券诈骗罪定性问题研究》，载《人民司法》2002 年第 11 期；张明楷：《有价证券诈骗罪的疑难问题探讨》，载《政法论坛》2005 年第 6 期；徐谨、李成：《有价证券诈骗罪客观方面若干问题研究》，载《福建公安高等专科学校学报》2006 年第 5 期；屈学武：《有价证券诈骗罪若干问题及实例评析》，载《西南民族大学学报（人文社科版）》2006 年第 8 期；叶小琴：《论有价证券诈骗罪》，载《华中农业大学学报（社会科学版）》2009 年第 1 期；怯帅卫：《有价证券诈骗罪的司法认定》，载《四川警察学院学报》2014 年第 2 期；王贤德：《有价证券诈骗犯罪的侦查研究》，载《辽宁警察学院学报》2018 年第 2 期。

细目录

Ⅰ　主旨
Ⅱ　沿革
Ⅲ　客体
Ⅳ　对象
Ⅴ　行为
Ⅵ　结果

Ⅶ　主体
Ⅷ　故意
Ⅸ　既遂与未遂
Ⅹ　共犯
Ⅺ　罪数
Ⅻ　与非罪的界限
XIII　与他罪的区别
　一、与诈骗罪的区别
　二、与伪造、变造国家有价证券罪的区别
XIV　处罚

Ⅰ　主旨

1　刑法设定有价证券诈骗罪的立法目的,在于通过对有价证券诈骗行为的刑法规制,维护国家有价证券市场管理秩序,保护公私财产所有权。

Ⅱ　沿革

2　1979年《刑法》以及1995年6月30日全国人大常委会通过的《关于惩治破坏金融秩序犯罪的决定》均没有关于本罪的规定。实践中发生的有价证券诈骗行为一般按诈骗罪处罚。为了严厉打击有价证券诈骗行为,规范我国有价证券市场管理秩序,1997年《刑法》第197条规定了本罪。

Ⅲ　客体

3　本罪的客体是国家有价证券管理秩序和公私财产所有权。本罪的有价证券是政府为筹集资金,按照法定程序发行的,在指定时间内偿付本息的一种凭证。使用有价证券进行诈骗犯罪首先侵犯的就是国家的有价证券管理秩序;另一方面,由于有价证券诈骗犯罪的行为是以非法占有他人财物为目的,所以本罪又侵犯了他人的财产所有权。也有学者认为本罪客体应是国家有价证券的管理制度。[1] 笔者认为是不正确的,本罪类属于破坏社会主义市场经济秩序罪,因此,本罪所保护的法益应类属于"管理秩序",而不是与管理秩序不同的"制度"。

Ⅳ　对象

4　本罪的犯罪对象应当是证券资金,而犯罪工具是伪造、变造的政府有价证券,包

1　参见陈兴良主编:《罪名指南》(第2版),中国人民大学出版社2008年版,第498页;李卫红:《论信用卡诈骗罪》,载《政法论坛》2000年第4期。

括国库券或者国家发行的其他有价证券。有学者认为本罪的对象应是国库券或国家发行的其他有价证券[2],这是不确切的。依据《刑法》第197条的规定,有价证券诈骗罪,是指行为人以非法占有为目的,使用伪造、变造的国库券或者国家发行的其他有价证券,进行诈骗活动,数额较大的行为。本条的有价证券也仅仅是犯罪人实施有价证券诈骗行为所使用的工具,其犯罪对象应是证券资金。另外,既然本罪侵犯的客体还包括公私财产所有权,那么利用有价证券诈骗得来的他人资金成为有价证券诈骗罪的对象就是必然的。

V 行为

根据《刑法》第197条的规定,有价证券诈骗行为表现为使用伪造、变造的国库券或国家发行的其他有价证券,进行诈骗活动,数额较大的行为。具体而言: 5

(1) 伪造的对象是国库券或者国家发行的其他有价证券。"国库券",是指国家向居民个人、个体户、企事业单位、机关、团体和其他组织发行的以人民币为计算单位的有价证券。根据《国库券条例》的规定,国库券按期偿还本金,利息在偿还本金时一次付给,并可以用于抵押和转让。"国家发行的其他有价证券",是指除国库券以外的,由国家发行的有价证券,如财政债券、国家建设债券、保值公债、国家重点建设债券等。至于国家有价证券是否包括地方政府债券则存在争论。有学者认为,本罪中的国家有价证券仅限于中央政府债券,而不包括地方政府债券,对使用伪造、变造的地方政府证券进行诈骗的,应按普通诈骗罪论处。[3] 而且,地方政府债券由于不属于国库券或者国家发行的其他有价证券的范围,也不能成为本罪的侵害对象。[4] 笔者认为该种观点不妥。地方公债同中央政府发行的债券一样,也是政府融资的重要途径,使用伪造、变造的地方政府债券进行诈骗的,也同样侵犯了国家的金融管理秩序和公私财产所有权。所以,地方政府发行的债券也完全可以成为本罪的工具。 6

(2)使用伪造、变造的有价证券。有观点认为,"所谓伪造就是模仿真的造假的,是指仿照真实的国库券或者国家发行的其他有价证券的样式,擅自制作足以以假乱真的国库券或者国家发行的其他有价证券的行为"[5]。这种观点并不妥当。因为,制造没有真实有价证券对应的虚假证券同样侵害了国家金融管理秩序[6],此外,将没有真实有价证券对应的虚假证券视为伪造的证券并没有超出可能文义范围。所谓变造,指行为人以真实的有价证券为基本材料,擅自歪曲其真实记载内容的行为。 7

---

2 参见陈兴良主编:《罪名指南》(第2版),中国人民大学出版社2008年版,第498页。

3 参见赵秉志主编:《金融诈骗罪新论》,人民法院出版社2001年版,第565页。

4 参见陈兴良主编:《罪名指南》(第2版),中国人民大学出版社2008年版,第498页。

5 叶小琴:《论有价证券诈骗罪》,载《华中农业大学学报(社会科学版)》2009年第1期。

6 参见张明楷:《诈骗罪与金融诈骗罪研究》,清华大学出版社2006年版,第744页。

8　(3)"使用"是指行为人明知是伪造、变造的国库券或国家发行的其他有价证券而仍用来进行证券交易(如兑换现金)的行为。不是证券交易的行为不构成使用行为。例如,单纯出售伪造、变造的有价证券的行为,不构成有价证券诈骗罪。[7] 因为,有价证券诈骗罪本身是诈骗罪的一种,买卖双方都知道买卖的对象是伪造、变造的有价证券之时,根本不可能存在买方因对买卖标的认识错误而处分财产权利的情形。

Ⅵ　结果

9　依据《刑法》第197条的规定,有价证券诈骗罪侵犯的客体为复杂客体,即国家有价证券市场管理秩序和他人的财产。这种复杂客体决定了本罪危害结果的双重性:一是对国家有价证券市场管理秩序的破坏,二是对他人财产的侵害(骗取他人的资金或其他财物)。但是刑法并没有针对前一危害结果作出明文规定,只是规定了诈骗他人财物数额较大的危害结果。据此,本罪属于结果犯,即只有有价证券诈骗行为达到"数额较大"的,才构成犯罪。若"数额较大"的结果未出现,即使有法定的行为,也不能认为满足本罪法定构成要件的要求,不成立犯罪的既遂。如果有价证券诈骗行为"数额巨大或者有其他严重情节的"或者"数额特别巨大或者有其他特别严重情节的",则是法定刑升格的条件,构成本罪的结果加重犯形态。至于"数额较大""数额巨大""数额特别巨大"以及"其他严重情节""其他特别严重情节"的标准,刑法均未作出明确规定。最高人民检察院、公安部《关于公安机关管辖的刑事案件立案追诉标准的规定(二)》第50条规定,使用伪造、变造的国库券或者国家发行的其他有价证券进行诈骗活动,数额在5万元以上的,应予立案追诉。该规定可以作为"数额较大"判断标准的参考。

Ⅶ　主体

10　本罪的主体仅限于已满16周岁、具有辨认控制能力的自然人,单位不能成为本罪的主体。

Ⅷ　故意

11　从法条的语言表述看,本罪只能是故意,并且具有非法占有他人财物的目的。过失不构成本罪。其故意的内容是,行为人明知自己所实施的是有价证券诈骗行为,明知该诈骗行为会发生破坏国家有价证券市场管理秩序,侵犯他人财产的危害结果,并且希望这种结果的发生。值得注意的是,刑法条文并未明确规定"以非法占有为目

7　参见王晨:《有价证券诈骗罪定性问题研究》,载《人民司法》2002年第11期;张明楷:《有价证券诈骗罪的疑难问题探讨》,载《政法论坛》2005年第6期。

的"是构成本罪必须具备的主观要件,但是,从解释论上,应将其作为本罪之"主观的超过要素",因为该目的对于说明行为对法益的侵犯及其程度具有决定性作用。

Ⅸ 既遂与未遂

由于《刑法》第 197 条规定有价证券诈骗必须"数额较大"才构成本罪,所以本罪属于结果犯。关于本罪既遂的标准,有学者主张"交付说",即以被害人交付数额较大的资金或其他财物为准[8],笔者认为"损失说"更为妥当,即应以被害人实际丧失数额较大的资金或其他财物为既遂标准。据此,由于行为人的诈骗行为,被害人实际丧失数额较大的财物的,构成本罪的既遂;已经着手实施有价证券诈骗行为,只是由于行为人意志以外的原因而未能获得财物的,则是有价证券诈骗罪的未遂,情节严重的,应依法追究其刑事责任;为实施有价证券诈骗犯罪而制造条件,由于行为人意志以外的原因而未得逞的,应是本罪的预备。但是,从刑法的谦抑性及司法实践来看,对本罪的预备形态不予处罚或者不以犯罪论处是合理的。因为,犯罪构成是以犯罪概念为基础的,对犯罪构成应当进行实质的解释,使符合犯罪构成的行为的社会危害性达到应当承担刑事责任的程度;换言之,即将不值得追究刑事责任的行为排除在犯罪构成之外。犯罪的未完成形态也是犯罪,也符合犯罪构成,但不值得追究刑事责任的"未完成状态"的行为,也必须排除在犯罪构成之外。此外,既然有价证券诈骗罪的成立要求"数额较大",而行为人之有价证券诈骗行为事实上又没有达到"数额较大"的程度,那么,就不宜认定为犯罪。但是,有价证券诈骗行为情节严重的,即使行为人实际上没有非法占有他人财物的,也应认定为有价证券诈骗罪(未遂)。 12

Ⅹ 共犯

有价证券诈骗罪完全可能由二人以上共同故意实施,对于本罪的共同犯罪,应当根据刑法总则关于共同犯罪的成立条件以及刑法分则关于有价证券诈骗罪的构成要件予以认定。但涉及银行等金融机构从业人员与非金融机构人员共同实施有价证券诈骗时,则需要分别情形具体认定:①银行等金融机构从业人员与进行有价证券诈骗活动的非金融机构人员串通(但金融机构从业人员并未利用职务之便),为其诈骗活动提供帮助的,应以本罪的共犯论处;②银行等金融机构从业人员,利用职务上的便利,将伪造、变造的国库券或其他有价证券兑换成现金的,该金融机构从业人员构成了本罪与贪污罪或职务侵占罪的法条竞合犯,应从一重罪处断。若该金融机构从业人员以贪污罪论处,则依照《刑法》第 382 条第 3 款的规定,与其相勾结的非金融机构人员应构成贪污罪的共犯;若该金融机构从业人员以职务侵占罪论处,则与其相勾结的非金融机构人员构成本罪与职务侵占罪的想象竞合犯,应从一重罪处断。但本罪 13

8　参见刘远:《金融诈骗罪研究》,中国检察出版社 2002 年版,第 445 页。

不属于必要共同犯罪,而是属于任意共同犯罪。

Ⅺ 罪数

14 对于有价证券诈骗罪的罪数区分,应当按照关于区分一罪与数罪的标准来解决。依据《刑法》第197条的规定,有价证券诈骗的行为方式表现为使用伪造、变造的国库券或者国家发行的其他有价证券,进行诈骗活动,数额较大的行为。因此,行为人使用伪造的有价证券进行诈骗或使用变造的有价证券进行诈骗皆可成立本罪;同时使用上述两种方法的,也只成立一罪,而不进行数罪并罚。此外,根据《刑法》第178条的规定,对于伪造、变造国家有价证券的行为,应当以伪造、变造国家有价证券罪论处。而使用伪造、变造的有价证券进行诈骗的,则应以本罪定罪处罚。如果行为人既有伪造、变造国家有价证券行为又有使用伪造、变造的有价证券进行诈骗的行为,则应具体问题具体分析:对于行为人先伪造、变造国家有价证券而后使用该伪造、变造的国家有价证券进行诈骗的,应构成伪造、变造国家有价证券罪和有价证券诈骗罪的牵连犯,不实行数罪并罚,而应从一重罪处罚,即以有价证券诈骗罪论处;对于行为人伪造、变造国家有价证券与使用伪造、变造的有价证券进行诈骗两种行为间没有牵连关系的(如伪造、变造有价证券在后而使用伪造、变造的有价证券进行诈骗在先的自然没有牵连关系;伪造、变造有价证券在先而使用伪造、变造的有价证券进行诈骗在后的可能由于主客观原因而同样没有牵连关系),则应以本罪与伪造、变造国家有价证券罪实行数罪并罚。

Ⅻ 与非罪的界限

15 依据法条的规定,本罪的成立需要法定的有价证券诈骗行为、数额较大、故意以及非法占有的目的,如果缺少其中的一项,就会因不符合犯罪构成而不成立犯罪。因此,要分清有价证券诈骗罪与非罪的界限,必须注意:行为人有无法定的有价证券诈骗行为;是否对有价证券诈骗行为具有故意;主观上有无非法占有他人财物的目的;有价证券诈骗的数额是否达到较大的程度;等等。如果行为人的行为缺少其中一项,就不成立本罪。对于一人多次实施本罪一种或两种行为或者一人同时实施本罪两种行为的,应将累计金额作为犯罪数额,或者按照数额以外的“其他严重情节”论处。

XIII 与他罪的区别

一、与诈骗罪的区别

16 有价证券诈骗罪与诈骗罪在构成要件上具有一定的相似性,如都是故意犯罪并具有非法占有目的,都有虚构事实、隐瞒真相的诈骗行为,都侵犯了公私财产所有权，等等。其区别表现为：①侵犯的客体不同。诈骗罪侵犯的客体是公私财产的所有权；而有价证券诈骗罪不仅侵犯了公私财产的所有权，还侵犯了国家的证券市场管理秩序。②行为方式不同。有价证券诈骗罪是使用特殊的手段，即使用伪造、变造的国库券或者国家发行的其他有价证券进行诈骗活动；而诈骗罪则是采用虚构事实或者隐瞒真相的方法，使财物的所有人、保管人产生错觉、信以为真，"自愿地"交出财物，其具体行为方式比有价证券诈骗罪的广泛。③类罪归属不同。有价证券诈骗罪归属于破坏社会主义市场经济秩序罪；而诈骗罪则归属于侵犯财产罪。

值得注意的是，行为人使用作废的国家有价证券进行诈骗的，应定何罪？对于该行为，《刑法》第 197 条并未规定。从其所侵犯法益的质量而言，该行为与本罪之行为在罪质上基本是相当的，所以，在立法明确规定对该种行为以本罪论处前，对这种行为以诈骗罪论处是妥当的。 17

二、与伪造、变造国家有价证券罪的区别

两罪在主体、罪过以及客体上都有很大的相似性，其区别表现为二者的行为方式不同：伪造、变造国家有价证券罪的行为方式为伪造、变造国家有价证券；而有价证券诈骗罪的行为方式则为使用伪造、变造的有价证券进行诈骗。行为人使用的伪造、变造的有价证券，既可能是自己伪造、变造的，也可能是他人伪造、变造的。如果行为人先伪造、变造有价证券，然后又使用这些有价证券去诈骗数额较大的财物的，构成本罪与伪造、变造国家有价证券罪的牵连犯，应从一重罪论处，即以有价证券诈骗罪论处。 18

XIV 处罚

《刑法》第 197 条为本罪规定了三个幅度的法定刑：①犯本罪，诈骗数额较大的，处 5 年以下有期徒刑或者拘役，并处 2 万元以上 20 万元以下罚金；②数额巨大或者有其他严重情节的，处 5 年以上 10 年以下有期徒刑，并处 5 万元以上 50 万元以下罚金；③数额特别巨大或者有其他特别严重情节的，处 10 年以上有期徒刑或者无期徒刑，并处 5 万元以上 50 万元以下罚金或者没收财产。 19

第一百九十八条　保险诈骗罪

有下列情形之一，进行保险诈骗活动，数额较大的，处五年以下有期徒刑或者拘役，并处一万元以上十万元以下罚金；数额巨大或者有其他严重情节的，处五年以上十年以下有期徒刑，并处二万元以上二十万元以下罚金；数额特别巨大或者有其他特别严重情节的，处十年以上有期徒刑，并处二万元以上二十万元以下罚金或者没收财产：

（一）投保人故意虚构保险标的，骗取保险金的；

（二）投保人、被保险人或者受益人对发生的保险事故编造虚假的原因或者夸大损失的程度，骗取保险金的；

（三）投保人、被保险人或者受益人编造未曾发生的保险事故，骗取保险金的；

（四）投保人、被保险人故意造成财产损失的保险事故，骗取保险金的；

（五）投保人、受益人故意造成被保险人死亡、伤残或者疾病，骗取保险金的。

有前款第四项、第五项所列行为，同时构成其他犯罪的，依照数罪并罚的规定处罚。

单位犯第一款罪的，对单位判处罚金，并对其直接负责的主管人员和其他直接责任人员，处五年以下有期徒刑或者拘役；数额巨大或者有其他严重情节的，处五年以上十年以下有期徒刑；数额特别巨大或者有其他特别严重情节的，处十年以上有期徒刑。

保险事故的鉴定人、证明人、财产评估人故意提供虚假的证明文件，为他人诈骗提供条件的，以保险诈骗的共犯论处。

文献：刘宪权：《金融风险防范与犯罪惩治》，立信会计出版社 1998 年版；周振想主编：《金融犯罪的理论与实务》，中国人民公安大学出版社 1998 年版；王新：《金融刑法导论》，北京大学出版社 1998 年版；马克昌主编：《经济犯罪新论》，武汉大学出版社 1998 年版；赵秉志主编：《新千年刑法热点问题研究与适用》（下），中国检察出版社 2001 年版；赵秉志主编：《金融诈骗罪新论》，人民法院出版社 2001 年版；刘宪权、卢勤忠：《金融犯罪理论专题研究》，复旦大学出版社 2002 年版；刘远：《金融诈骗罪研究》，中国检察出版社 2002 年版；游伟主编：《华东刑事司法评论》（第 2 卷），法律出版社 2002 年版；张明楷：《诈骗罪与金融诈骗罪研究》，清华大学出版社 2006 年版；赵秉志主编:《防治金融欺诈——基于刑事一体化的研究》,中国法制出版社 2014 年版。袁伟、韩德峰:《保险欺诈行为与保险诈骗罪》,载《河南金融管理干部学院学报》2000 年第 1 期;张明楷:《保险诈骗罪的基本问题探究》,载《法学》2001 年第 1 期;吕艳珍:《保险诈骗罪法律适用中的几个问题》,载《河南公安高等专科学校学报》2001 年第 1 期;于改之:《保险诈骗罪的司法认定》,载《法律适用》2003 年第 7 期;韩玲:《保险诈骗罪中几种特殊行为方式的司法认定》,载《政治与法律》2005 年第 4 期;于改之、吴玉萍:《刑、民冲突时的法律适用》,载《法律适用》2005 年第 10 期;钱小平、魏昌东:《保险诈骗罪疑难问题探析》,载《云南大学学报(法学版)》2006 年第 3 期;陈航:《年龄误保条款与保险诈骗罪认定问题研析》,载《中国刑事法杂志》2006 年第 5 期;刘宪权:《保险诈骗罪疑难问题的司法认定》,载《浙江大学学报(人文社会科学版)》2008 年第 4 期;肖晚祥:《保险诈骗罪的若干问题研究》,载《政治与法律》2010 年第 1 期;阴建峰:《保险诈骗罪的共犯问题探究》,载《河南大学学报(社会科学版)》2013 年第 2 期;赵运锋:《保险诈骗罪司法疑难问题研究》,载《上海保险》2013 年第 3 期;沈言:《基本医疗保险基金不能成为保险诈骗罪的对象》,载《人民司法》2014 年第 16 期;谢望原:《保险诈骗罪的三个争议问题》,载《中外法学》2020 年第 4 期。

细目录

Ⅰ 主旨
Ⅱ 沿革
Ⅲ 客体
Ⅳ 对象
Ⅴ 行为
Ⅵ 结果
Ⅶ 主体
Ⅷ 故意
Ⅸ 既遂与未遂
Ⅹ 共犯
Ⅺ 罪数
Ⅻ 与非罪的界限
XIII 与他罪的区别
XIV 处罚

Ⅰ 主旨

刑法设定保险诈骗罪的立法目的,在于通过对保险诈骗行为的刑法规制,维护国家的保险市场管理秩序,保护公私财产所有权。 1

Ⅱ 沿革

2 1979 年《刑法》没有本罪的规定。现实中发生的保险诈骗行为一般以诈骗罪论处。为严厉打击保险诈骗行为,规范我国保险市场管理秩序,1995 年 6 月 30 日全国人大常委会通过了《关于惩治破坏金融秩序犯罪的决定》,该决定第 16 条增设了保险诈骗罪。1997 年《刑法》第 198 条吸纳了该决定中的具体规定并予以完善。

Ⅲ 客体

3 本罪侵犯的客体是复杂客体,即国家保险市场管理秩序和公私财产所有权。保险是由保险人收取保险费集中建立保险基金,对被保险人因自然灾害或意外事故遭受的损失在责任范围内进行经济补偿,或者对其因死亡或丧失劳动能力而给付保险金的一种社会保障制度,具有经济补偿、分散风险和分配资金等方面的社会功能。保险诈骗犯罪首先侵犯的就是国家保险市场管理秩序;另一方面,由于保险诈骗罪的行为人具有非法占有他人财物的目的,所以本罪又侵犯了公私财产所有权。

4 也有学者认为,本罪客体应是国家的保险制度。[1] 笔者认为是不妥当的。制度是要求大家共同遵守的办事规程或行动准则[2],如果将犯罪客体理解为刑法所保护而为犯罪行为所侵犯的社会关系或社会利益,那么,对制度的侵害就应该是改变制度本身,所以制度不应是客体,只有制度被遵守所形成的秩序才是犯罪的客体。而且,本罪类属于破坏社会主义市场经济秩序罪,很显然立法者也认定本罪所保护的法益类属于"市场管理秩序",而不是"经济制度"。

Ⅳ 对象

5 本罪的犯罪对象是保险金,保险金仅限于商业保险金,像基本医疗保险金等属于社会保险,不能成为保险诈骗罪的犯罪对象。[3] 本罪的犯罪工具是保险合同,依据保险法的规定,保险合同包括保险单、保险凭证、暂保单、投保单以及其他书面形式的文件。

Ⅴ 行为

6 保险诈骗行为表现为采取虚构保险标的、保险事故或者制造保险事故等方法,骗

---

1 参见陈兴良主编:《罪名指南》(第 2 版),中国人民大学出版社 2008 年版,第 501 页。

2 参见中国社会科学院语言研究所词典编辑室编:《现代汉语词典》(第 7 版),商务印书馆 2016 年版,第 1689 页。

3 参见沈言:《基本医疗保险基金不能成为保险诈骗罪的对象》,载《人民司法》2014 年第 16 期。

取保险人的保险金,数额较大的行为。依据《刑法》第198条的规定,本罪的犯罪构成属于封闭式,其法定行为方式包括以下五种行为:

(1)投保人故意虚构保险标的,骗取保险金的。保险活动的基础是保险合同,而保险合同是投保人与保险人约定保险权利义务关系的协议。其中,"投保人"是指与保险人订立保险合同,并根据保险合同负担支付保险费义务的人。"保险人"是指与投保人订立保险合同,并根据保险合同收取保险费,在保险事故发生或约定的保险期间届满时,承担赔偿或者给付保险金责任的人。"保险标的"是指作为保险对象的财产及其有关利益或者人的寿命和身体。可以说,保险标的是保险活动双方当事人订立保险合同的核心内容。"故意虚构保险标的",是指投保人为骗取保险金,违背法律关于诚实信用的原则,在与保险人订立保险合同时,在保险对象上虚构事实或者隐瞒真相的行为。虚构保险标的的行为主要分为两种类型:①虚构一个根本不存在的保险标的。②虽存在但严重失实的保险标的。[4] 例如,恶意复保险、隐瞒保险危险、超额投保等骗取保险金的行为。"虚构保险标的"是构成本罪的行为前提,而"骗取保险金"是构成本罪必备的行为要件。因此,本罪是结果犯,仅虚构保险标的而没有骗取保险金的行为,不构成本罪。此外,骗取保险金还必须达到"数额较大"的要求。 7

(2)投保人、被保险人或者受益人对已发生的保险事故编造虚假的原因或者夸大损失程度,骗取保险金。其中,"被保险人"是指在保险事故发生或约定的保险期间届满时,依据保险合同,有权向保险人请求补偿损失或者领取保险金的人。"受益人"是指由保险合同明确指定的或者依照法律规定有权取得保险金的人。在一般的保险合同中,保险事故发生后的赔偿约定都有一定的条件,并且也有一定的原因。我国有关保险方面的法律、法规对各自的保险责任范围和除外责任一般都有明确规定,这样在发生保险事故后,引起保险事故发生的原因就成为确定当事人双方的责任范围以及是否理赔的重要依据。"对发生的保险事故编造虚假的原因",就是指投保人、被保险人或受益人为了骗取保险金,在发生保险事故后,对造成保险事故的原因作虚假陈述或隐瞒事实真相的行为,比如投保人、被保险人、受益人明知发生的事故属于保险合同条款中规定的不予赔偿的范围,为达到索赔、转嫁损失的目的而隐瞒事实真相,把事故说成责任范围内的原因造成的。"夸大损失的程度",是指故意夸大由保险事故造成保险标的的损害程度,以骗取更多保险金的行为,如保险事故发生后,按规定虽属赔偿范围,但投保人、被保险人、受益人以伪造、变造受损清单、损失鉴定证明等方法,把保险事故的损失夸大,骗取多于应得的保险金额。应当注意区别的是保险事故发生前夸大保险标的价值的行为,这种行为属于虚构保险标的。 8

(3)投保人、被保险人或者受益人编造未曾发生的保险事故,骗取保险金。"编造未曾发生的保险事故",是指投保人、被保险人或受益人在没有发生保险事故的情况 9

4 参见张明楷:《保险诈骗罪的基本问题探究》,载《法学》2001年第1期;刘宪权:《保险诈骗罪疑难问题的司法认定》,载《浙江大学学报(人文社会科学版)》2008年第4期。

下,虚构事实、谎称发生保险事故,骗取保险金的行为。将投保前发生的事故说成投保后发生的保险事故,向保险公司索赔的,也属于“编造未曾发生的保险事故”。[5] 因为,保险公司只对保险合同成立期间的保险事故负责,将保险合同成立前发生的保险事故,说成投保后发生的保险事故,实质上就是编造保险合同有效期间未曾发生的保险事故。[6]

10 (4)投保人、被保险人故意造成财产损失的保险事故,骗取保险金。该类行为是指投保人、被保险人,在保险合同的有效期限内,故意制造保险事故,造成财产损失,以骗取保险金的行为。实施此类行为并达到数额较大的,即构成本罪。

11 (5)投保人、受益人故意造成被保险人死亡、伤残或者疾病,骗取保险金。这种情形一般发生在人身保险合同中。投保人身险的投保人、受益人为骗取保险金采取杀人、伤害、遗弃、投毒等其他方法故意造成被保险人死亡、伤残或其他疾病,骗取保险金的行为。

12 实施上述行为之一即可构成本罪;同时实施上述两种行为的也只以本罪一罪论处,不进行数罪并罚。

Ⅵ 结果

13 依据《刑法》第198条的规定,保险诈骗罪侵犯的客体为复杂客体,即保险市场管理秩序和保险人的财产。这种复杂客体决定了本罪危害结果的双重性:一是对保险管理秩序的破坏,二是对保险人财产的侵害(骗取保险金)。但是刑法并没有针对前一危害结果作出明文规定,只是规定了诈骗保险金数额较大的危害结果。[7] 据此,本罪属于结果犯,即只有保险诈骗行为达到“数额较大”的,才构成犯罪(既遂);若诈骗“数额较大”的法定危害结果未出现,即使有法定的保险诈骗行为,也不能认为满足本罪法定构成要件的要求,不成立犯罪的既遂。如果行为人进行保险诈骗“数额巨大或者有其他严重情节的”或者“数额特别巨大或者有其他特别严重情节的”,则是法定刑升格的条件,构成本罪的结果加重犯。至于“数额巨大”“数额特别巨大”及“严重情节”“特别严重情节”的标准,刑法及有关的司法解释均未作明确规定。一般而言,诈骗数额的标准可参照合同诈骗罪的规定执行;“严重情节”是指行为人多次实施保险诈骗,或造成保险人除保险金以外的其他经济损失等情况;“特别严重情节”是指行为人同时实施几种保险诈骗行为,或反复多次实施几种保险诈骗行为,造成特别恶劣的社会影响,或造成除保险金以外特别巨大的经济损失的情况。但是,上述有关数

---

5 不同观点参见刘宪权:《保险诈骗罪疑难问题的司法认定》,载《浙江大学学报(人文社科版)》2008年第4期;韩玲:《保险诈骗罪中几种特殊行为方式的司法认定》,载《政治与法律》2005年第4期。

6 参见肖晚祥:《保险诈骗罪的若干问题研究》,载《政治与法律》2010年第1期。

7 参见张明楷:《保险诈骗罪的基本问题探究》,载《法学》2001年第1期。

额及情节的规定尚待有权机关作出司法解释，以便法律适用的统一。最高人民检察院、公安部《关于公安机关管辖的刑事案件立案追诉标准的规定(二)》第 51 条规定，进行保险诈骗活动，数额在 5 万元以上的，应予立案追诉。此一数额标准可视为“数额较大”的标准。

Ⅶ 主体

本罪的主体是投保人、被保险人与受益人，但刑法根据行为方式对主体范围作了具体限定。如虚构保险标的的，只限于投保人；虚构保险事故的，包括投保人、被保险人与受益人；故意造成财产损失的保险事故的，包括投保人与被保险人；故意造成被保险人死亡、伤残或者其他疾病的，为投保人和受益人；等等。另外，根据《刑法》第 198 条第 3 款、第 4 款的规定，单位也可以成为本罪的主体；保险事故的鉴定人、证明人、财产评估人故意提供虚假的证明文件，为他人诈骗提供条件的，以保险诈骗罪的共犯论处。 14

对于行为人以他人名义投保，自己作为实际投保人和实际被保险人的，应当如何认定？在“徐开雷保险诈骗案”[8]中，徐开雷个人购买了一辆“凤凰”牌重型自卸货车，并挂靠在北郊运输队，并以北郊运输队的名义向保险公司办理了盗抢险保险业务，所有上牌、年检、保险的相关费用均由徐开雷个人支出。后徐开雷谎称车辆失窃，从保险公司骗得保险理赔金 6 万余元。徐开雷是否符合保险诈骗罪“投保人、被保险人或者受益人”的主体要件？法院认为，被告人徐开雷作为保险标的的实际投保人和被保险人，对于保险标的具有直接的保险利益关系，完全可以成为保险诈骗罪的主体。 15

Ⅷ 故意

从法条的语言表述看，本罪只能是故意，过失不能构成本罪。其故意的内容是，行为人明知自己所实施的是保险诈骗行为，明知该诈骗行为会发生破坏保险管理秩序和侵犯保险人财产的危害结果，并且希望这种结果的发生。值得注意的是，刑法条文并未明确规定“以非法占有为目的”是本罪的必备要件，但是，从解释论上应将其作为本罪之“主观的超过要素”，因为该目的对于说明行为对法益的侵犯及其程度具有决定性的作用。 16

“非法占有目的”实际上是不法所有目的，即永久性地剥夺保险人对保险金的所有权，使自己或者第三者成为保险金的不法所有人。具体包括以下几层意思：①占有的对象必须是保险人的保险金，夺回自己所有的资金、金融工具或财物，即使是非法 17

---

8 参见最高人民法院刑事审判第一、二、三、四、五庭主办：《刑事审判参考》总第 61 集(第 479 号)，法律出版社 2008 年版。

的也不构成保险诈骗罪;②从刑法规定以及刑法理论而言,非法占有并非"以本人非法占有为目的",因此,"以非法占有为目的"既可以是自己占有,也可以是使第三人(包括单位)非法占有;③占有保险人的保险金,必须是非法的,如果是合法占有,即使使用了某种欺骗手段,也不能构成保险诈骗罪。

Ⅸ　既遂与未遂

18 根据我国刑法理论的通说,既遂犯的表现形式有四种,即结果犯的既遂、行为犯的既遂、举动犯的既遂和危险犯的既遂。那么,保险诈骗罪究竟是结果犯,还是行为犯?

19 对于保险诈骗罪既遂的认定标准,世界各国刑法虽有不同的规定,但大多数均认为保险诈骗罪是行为犯,即只要实施了保险诈骗行为,无论是否骗取到保险金,均可视为犯罪既遂。我国刑法中的保险诈骗罪是行为犯还是结果犯,理论上有不同的观点。有学者认为,保险诈骗罪是行为犯,因为金融诈骗罪各条所说的"数额较大",并不是指行为人已骗取的财物数额,而是指行为人实施金融诈骗活动,意图骗取的财物数额。因此,行为人是否达到犯罪目的,不影响本罪的成立。[9]另有学者认为,外国刑法关于保险诈欺罪为举动犯的规定,并不表明我国刑法上的保险诈骗罪也是举动犯。我国刑法上的保险诈骗罪是结果犯,如果行为人实施了保险诈骗行为而没有骗取保险金的,就应当以未遂论处。[10]还有学者认为,根据我国的刑法理论与司法实践,对保险诈骗未遂的可以以犯罪论处。[11]

20 笔者认为,保险诈骗罪是结果犯。根据《刑法》第198条的规定,保险诈骗必须"数额较大"的才构成犯罪,否则,就不构成犯罪。因此,本罪属于结果犯,而不是行为犯。既然是结果犯,那么,"在以法定的危害结果的发生作为犯罪既遂标志的犯罪中,应当以法定的危害结果实际上是否已经发生,来区别犯罪的既遂和未遂"[12],已经发生法定危害结果的,就是犯罪的既遂;已经着手实施犯罪,由于行为人意志以外的原因未得逞的,是犯罪的未遂。另外,从司法实践中的做法来看,一些司法解释也明确肯定了保险诈骗罪的未遂形态。如1996年12月16日发布的《关于审理诈骗案件具体应用法律的若干问题的解释》指出:"已经着手实行诈骗行为,只是由于行为人意志以外的原因而未获得财物的,是诈骗未遂。诈骗未遂,情节严重的,也应当定罪并依法处罚。"《关于保险诈骗未遂能否按犯罪处理问题的答复》也指出:"行为人已经着手实施保险诈骗行为,但由于其意志以外的原因未能获得保险赔偿的,是诈骗未

9　参见高西江主编:《中华人民共和国刑法的修订与适用》,中国方正出版社1997年版,第472页。

10　参见陈兴良主编:《刑法新罪评释全书》,中国民主法制出版社1995年版,第536页。

11　参见张明楷:《保险诈骗罪的基本问题探究》,载《法学》2001年第1期。

12　马克昌主编:《犯罪通论》(第3版),武汉大学出版社1999年版,第486页。

遂,情节严重的,应依法追究刑事责任。”上述两个司法解释说明,行为人犯保险诈骗罪未遂,但情节严重的,也应当依法追究刑事责任。此外,如前所述,保险诈骗罪是从普通诈骗罪中分离出来的,普通诈骗罪的犯罪形态同样适用于保险诈骗罪;而众所周知,普通诈骗罪具有未遂形态。据此,保险诈骗罪存在犯罪的未完成形态。

当然,也有学者认为,由于保险诈骗行为以行为人实际骗取数额较大的保险金为构成要件,因此,是否骗取数额较大的保险金,就成为区分保险诈骗罪与非罪的重要标准。[13]“区别保险诈骗罪与非罪的界限,其中一个重要标准,是看其行为是否达到既遂形态,即是否骗取了保险金。”理由是,诈骗罪以一定的违法数额作为犯罪构成的必备要件,不具备这一要件,说明不构成犯罪,同样也不可能存在犯罪的未遂形态。[14]上述观点是不妥当的。在其标准形态为结果犯(或曰“数额犯”)的金融诈骗罪中,虽然诈骗“数额较大”的财物是成立金融诈骗罪(既遂)的必要条件,行为人骗取数额较小的金融诈骗行为不以犯罪论处,但是,这并不意味着不能构成金融诈骗罪未遂。虽然行为人骗取的财物数额较小,但如果情节严重的,仍然构成未遂,而不是不构成犯罪。也就是说,在以“数额较大”作为犯罪构成必备要件的“数额犯”中,即使行为人之违法所得数额未达到“较大”的程度,也存在“数额犯”的未遂形态,前述两个司法解释的规定,即是例证。所以,仍应对金融诈骗罪的未完成形态追究刑事责任。 21

既然保险诈骗罪存在未遂形态,那么接下来的问题就是:其既遂标准是什么?对于这个问题,我国刑法学界的通说和司法实践一般坚持“占有说”,即以行为人非法占有保险金为标准;也有学者采取“交付说”,即以保险人实际交付保险金为标准。[15]笔者认为,应将保险人的财产受损失这一结果作为保险诈骗罪的既遂标志。首先,保险人保险金的丧失和行为人对保险金的占有一般是统一的,但是也有不一致的情形,即保险人丧失保险金,而行为人并未获得该保险金的占有。如果以行为人获得保险人的保险金为既遂的标准,此种情形必定被认为犯罪未遂,这显然不利于对被害人财产的保护。因为,刑法是以保护合法权益为目的的,既遂与未遂的区分归根结底应是社会危害性的大小。就保险诈骗罪而言,其危害程度的大小不在于行为人是否实际控制了该保险金,而在于被害人失去了对保险金的控制。因此,即使行为人没有占有该保险金,但只要被害人失去了对保险金的控制,就应成立保险诈骗罪既遂,没有理由以未遂论处。一概以行为人实际占有保险金为既遂的标准,过于重视诈骗行为的形式,而轻视了诈骗行为的本质。其次,以被害人实际交付保险金为既遂的标准固然比“占有说”更为可取,但“交付”与被害人失去对保险金的控制,以及和行为人获得该保险金未必是统一的。在此情形下,若以“交付说”作为保险诈骗罪既遂的标准,则往 22

13 参见周振晓:《金融诈骗罪三题》,载赵秉志主编:《新千年刑法热点问题研究与适用》(下),中国检察出版社 2001 年版,第 1089 页。

14 参见刘家琛主编:《新刑法条文释义》,人民法院出版社 1997 年版,第 844 页。

15 参见刘远:《金融诈骗罪研究》,中国检察出版社 2002 年版,第 228 页。

往造成司法实践中既遂标准认定的不统一。再次,被害人损失的保险金额,对于保险诈骗罪的规模、影响和危害,尤其是对保险秩序的危害,具有标志性的意义。采取损失说,能够使保险诈骗罪的既遂标准与其刑事立法侧重保护保险秩序的价值取向相吻合,并能避免保险诈骗罪的司法活动陷于被动,从而对某些保险诈骗案件给予及时有效的打击。最后,采取损失说,还可以使犯罪数额的认定更加便利。

23 据此,保险人已遭受数额较大的财产损失的,为本罪的既遂;行为人已经着手实施保险诈骗行为,只是由于行为人意志以外的原因而未能获得保险赔偿的,则是保险诈骗罪的未遂,情节严重的,应依法追究其刑事责任;在保险诈骗犯罪过程中,行为人自动停止犯罪或者自动有效地防止犯罪结果发生的,则是本罪的中止;为实施保险诈骗犯罪而制造条件,由于行为人意志以外的原因而未得逞的,应是本罪的预备。但是,从刑法的谦抑性及司法实践来看,对本罪的预备形态不予处罚或者不以犯罪论处是合理的。

24 那么,如何认定保险诈骗罪的"着手"?关于犯罪之实行行为的着手,我国刑法理论的通说一般认为"是指行为人已经开始实施刑法分则规范里具体犯罪构成要件的中的犯罪行为。如故意杀人罪中的杀害行为,抢劫罪中的侵犯人身行为和劫取财物行为等"[16]。根据该种观点,只要行为人以骗取保险金为目的,开始实施《刑法》第198条所规定的虚构保险标的,对已发生的保险事故编造虚假的原因或者夸大损失程度,编造未曾发生的保险事故,造成财产损失的保险事故,造成被保险人死亡、伤残或者疾病等,就属于已经着手实行保险诈骗行为;如果由于意志以外的原因没有骗取保险金,就属于保险诈骗罪的未遂犯。但是,这种观点并没有从实质上回答本罪的实行行为(因为实行行为只能是具有侵害法益的紧迫危险性的行为),在许多场合有可能使保险诈骗罪的着手时间不当地提前或推迟,并且还很可能将本罪的预备行为认定为犯罪未遂。[17] 因此,从法益侵害的观点而言,到保险公司索赔的行为或者提出支付保险金请求的行为,才是实行行为;开始实施索赔行为或者开始向保险公司提出支付保险金请求的行为,才是本罪的着手。而虚构保险标的,对已发生的保险事故编造虚假的原因或者夸大损失程度,编造未曾发生的保险事故,造成财产损失的保险事故,造成被保险人死亡、伤残或者疾病等行为,充其量属于为诈骗保险金创造条件的行为,即保险诈骗的预备行为。

X 共犯

25 保险诈骗罪完全可能由二人以上共同故意实施,对于本罪的共同犯罪,应当根据刑法总则关于共同犯罪的成立条件以及刑法分则关于保险诈骗罪的构成要件予以认

16 高铭暄、马克昌主编:《刑法学》(第9版),北京大学出版社、高等教育出版社2019年版,第149、150页。

17 参见张明楷:《保险诈骗罪的基本问题探究》,载《法学》2001年第1期。

定。对此,应注意三个问题:

26 (1)《刑法》第 198 条第 4 款关于本罪共犯的规定与《刑法》第 229 条第 1、2 款规定的关系。根据《刑法》第 198 条第 4 款的规定,保险事故的鉴定人、证明人、财产评估人故意提供虚假的证明文件,为他人诈骗提供条件的,以保险诈骗罪的共犯论处,而不构成《刑法》第 229 条第 1、2 款规定的提供虚假证明文件罪。《刑法》第 198 条第 4 款的规定与《刑法》第 229 条第 1、2 款的规定实际上形成了法条竞合关系。由于保险事故的证明人并不必然属于中介组织人员,因此,第 198 条第 4 款的规定和第 229 条第 1、2 款的规定属于交叉竞合关系,而不是包容竞合关系。但既然刑法明确规定对上述人员按本罪的共犯处理,显然是为了加重为保险诈骗人提供条件的上述人员的刑罚。所以,对保险事故的鉴定人、证明人、财产评估人故意提供虚假的证明文件为他人诈骗提供条件的,应适用《刑法》第 198 条的规定,而不得适用《刑法》第 229 条第 1、2 款的规定。

27 (2)《刑法》第 198 条第 4 款的性质。关于《刑法》第 198 条第 4 款的规定的性质,学界存在争议。有观点认为,此款的规定属于注意规定[18],另有学者认为,此款的规定属于法律拟制[19]。两说的根本区别在于,保险事故的鉴定人、证明人、财产评估人片面帮助行为人实施保险诈骗罪时是否构成犯罪。法律拟制说持肯定见解,注意规定说持否定见解。法律拟制说的观点值得支持,因为:该规定在用语上同刑法中其他共犯的注意规定存在明显不同[20],且该罪的立法目的本身即在于故意提供虚假的证明文件,为他人诈骗提供了条件[21]。

28 (3)保险诈骗的行为人与保险公司的工作人员相勾结骗取保险金的行为应如何定性?根据《刑法》第 183 条的规定,保险公司的工作人员利用职务上的便利,故意编造未曾发生的保险事故进行虚假理赔,骗取保险金归自己所有的,以职务侵占罪定罪处罚;国有保险公司工作人员和国有保险公司委派到非国有保险公司从事公务的人员实施上述行为的,以贪污罪定罪量刑。上述规定是仅就保险公司工作人员的单独行为而言,具体到保险诈骗的行为人与保险公司的工作人员相勾结骗取保险金的共同犯罪行为应如何定性仍然需要进行探讨。2000 年 6 月 30 日最高人民法院发布的《关于审理贪污、职务侵占罪案件如何认定共同犯罪几个问题的解释》第 3 条规定:

---

18 参见张明楷:《保险诈骗罪的基本问题探究》,载《法学》2001 年第 1 期。

19 参见阴建峰:《保险诈骗罪的共犯问题探究》,载《河南大学学报(社会科学版)》2013 年第 2 期;刘宪权:《保险诈骗罪疑难问题的司法认定》,载《浙江大学学报(人文社会科学版)》2008 年第 4 期。

20 参见阴建峰:《保险诈骗罪的共犯问题探究》,载《河南大学学报(社会科学版)》2013 年第 2 期;刘宪权:《保险诈骗罪疑难问题的司法认定》,载《浙江大学学报(人文社会科学版)》2008 年第 4 期。

21 参见郎胜主编:《关于惩治破坏金融秩序犯罪的决定释义》,中国计划出版社 1995 年版,第 166 页。

"公司、企业或者其他单位中,不具有国家工作人员身份的人与国家工作人员勾结,分别利用各自的职务便利,共同将本单位的财产非法占为己有的,按照主犯的犯罪性质定罪。"按照该解释,投保人、被保险人、受益人与保险公司的工作人员内外勾结骗取保险金的,也应依主犯的性质进行定罪。即如果主犯是保险公司的工作人员,则将共同犯罪认定为职务侵占罪或贪污罪;如果主犯是投保人、被保险人、受益人,则将共同犯罪认定为保险诈骗罪。该观点有一定的合理性,但也存在诸多缺陷,如在投保人与保险公司的工作人员在共同犯罪中起相同的主要作用时无法确定罪名,易诱导共犯人避重(刑)就轻(刑),先确定量刑情节后认定犯罪性质等。[22] 那么,对于这种一般公民与特殊主体共同犯罪的究竟应怎样定性呢?笔者认为,对内外勾结骗取保险金的案件,以实行犯的犯罪性质以及共同犯罪中各行为人的核心作用确定共同犯罪的性质,再比较法定刑轻重以决定是否分别定罪,或许较为妥当。具体可分为以下两种情形:①投保人为了骗取保险金而与保险公司的工作人员勾结的(其中投保人起核心作用,保险公司工作人员仅起帮助作用)。首先在保险诈骗罪的范围内成立共犯;但由于保险公司的工作人员另触犯了职务侵占罪或贪污罪,故保险公司工作人员实际上构成了本罪(共犯)与贪污罪或职务侵占罪的想象竞合犯,应择一重罪处断。即如果保险公司的工作人员触犯职务侵占罪,由于本罪的法定刑重于职务侵占罪的法定刑,故应对保险公司的工作人员以本罪的共犯论处;如果保险公司的工作人员触犯贪污罪,由于贪污罪的法定刑重于本罪的法定刑,故应对保险公司的工作人员以贪污罪论处。②保险公司的工作人员为了骗取本单位的保险金而与投保人相勾结的(保险公司工作人员起核心作用,投保人等仅起帮助作用)。首先在职务侵占罪或贪污罪的范围内成立共犯;但由于投保人另触犯了本罪的罪名,故投保人实际上构成了贪污罪(共犯)或职务侵占罪(共犯)与本罪的想象竞合犯,应择一重罪处断。即如果保险公司的工作人员触犯职务侵占罪,由于本罪的法定刑重于职务侵占罪的法定刑,故对投保人以本罪论处;如果保险公司的工作人员触犯贪污罪,由于贪污罪的法定刑重于本罪的法定刑,故应对投保人以贪污罪的共犯论处。

XI　罪数

29 关于保险诈骗罪的罪数问题,主要发生在这样一些场合:行为人在实施保险诈骗行为时,在方法或结果上又触犯刑法中的其他罪名,如为了骗取保险金而故意杀人、放火、故意伤害、故意毁坏财物、伪造公文等,因此就产生了一罪与数罪的划分问题。此种情形如何处理,一般有两种情况:

1. 数罪并罚

30 依据《刑法》第198条第2款的规定,犯保险诈骗罪,同时具有以下情形,构成其

[22] 参见张明楷:《保险诈骗罪的基本问题探究》,载《法学》2001年第1期。

他犯罪的，依照数罪并罚的规定处罚：①投保人、被保险人故意造成财产损失的保险事故，骗取保险金的，除构成保险诈骗罪外，还可能构成放火罪、决水罪、投毒罪、爆炸罪、故意毁坏财物罪等。②投保人、受益人故意造成被保险人死亡、伤残或者疾病，骗取保险金的，除构成保险诈骗罪外，还可能构成故意杀人罪、故意伤害罪、非法拘禁罪、虐待罪等。从刑法理论上来说，上述两种情形实际上属于牵连犯，即为了骗取保险金，而犯罪的手段或方法又触犯了其他罪名，理论上一般认为从一重罪处断。但是，既然刑法明文规定对此行为数罪并罚，显然是因为制造保险事故的行为本身已经严重侵犯了法益，构成了独立的犯罪，而骗取保险金便是利用制造的保险事故实施的另一犯罪行为，理当以数罪论处。但是，贯彻上述处罚原则时，有以下问题值得探讨：

(1)行为人仅实施了制造保险事故的犯罪行为，但还未向保险人提出索赔，此种 31
情形应否实行数罪并罚？单纯从《刑法》第198条第2款的规定来看，似乎仍应对其实行数罪并罚。但是，从目的解释的角度来看，对行为人只制造了保险事故但还没有向保险人提出索赔的行为不应实行数罪并罚。首先，《刑法》第198条第1款第(四)(五)项并不只是规定了制造保险事故的行为，同时规定了"骗取保险金"。既然行为人仅为骗取保险金创造了条件，还没有开始实施向保险人骗取保险金的行为，就不能认为其行为符合该条第2款的规定。其次，如果行为人仅实施了制造保险事故的犯罪行为(如放火罪)而并没有向保险人提出索赔，就意味着该行为并没有超出该"制造保险事故之犯罪行为"(如放火罪)的范围，当然无并罚之可能性。再次，行为人为骗取保险金而制造保险事故的犯罪行为，充其量属于保险诈骗罪的预备行为。既然法律要求保险诈骗罪以"数额较大"为条件，那么保险诈骗罪的预备实无处罚之必要。最后，如果行为人仅仅实施了制造保险事故的犯罪行为而未向保险人索赔，则行为人所实施的制造保险事故的行为属于一行为触犯两罪名的想象竞合犯，对此不应实行数罪并罚，而应从一重罪处断，否则，便违反了"禁止对一罪进行重复评价"的原则。[23]

(2)被保险人故意造成自己死亡或伤害而骗取保险金的。刑法和前述规定都没 32
有就此种情形作出规定。一般而言，自杀者或自伤者本人除构成保险诈骗罪外并不构成其他犯罪，但如果别人有帮助其自杀或自伤的，则帮助者除构成保险诈骗罪外，还可构成故意杀人罪或故意伤害罪，应进行数罪并罚。在"曾劲青、黄剑新保险诈骗、故意伤害案"[24]中，被告人黄剑新在曾劲青的劝说下砍掉曾劲青的双脚并向保险公司实施诈骗。本案中被告人黄剑新不但构成保险诈骗罪亦构成故意伤害罪，应当数罪并罚。

(3)单位为了自身利益，经集体研究决定以放火、杀人等手段故意制造保险事故 33

23 参见张明楷：《保险诈骗罪的基本问题探究》，载《法学》2001年第1期。

24 参见最高人民法院刑事审判第一庭、第二庭编：《刑事审判参考》总第38集(第296号)，法律出版社2004年版。

骗取保险金的,对此应如何处理?有人认为,在单位人员为本单位利益,以放火等单位不能成为主体的手段行为实施保险诈骗的,对单位应以保险诈骗罪定罪,同时追究单位与直接负责的主管人员和其他直接责任人员的刑事责任。而对放火罪等,尽管单位不能构成,但单位中直接负责的主管人员和其他直接责任人员并不能免除对这些罪的责任。[25] 本人对此表示同意。在保险诈骗犯罪中,虽然单位可以成为保险诈骗罪的主体,但却不能成为故意杀人罪的主体,因此,对单位只能追究保险诈骗罪的刑事责任而不能追究故意杀人罪的责任,否则,就有违罪刑法定原则。但是,对单位中的直接负责的主管人员和其他直接责任人员,如果也仅追究保险诈骗罪的刑事责任而不追究放火罪、故意杀人罪等的刑事责任,那么,就有违罪刑相适应原则,甚至可能成为自然人犯这些罪的借口。因此,单位为了自身利益,经集体研究决定以放火、杀人等手段故意制造保险事故骗取保险金的,对单位只能追究保险诈骗罪的责任,而对单位中的直接负责的主管人员和其他直接责任人员则应以放火罪、杀人罪等与保险诈骗罪实行数罪并罚。

2. 从一重罪处断

34 行为人为实施保险诈骗行为而事先伪造有关公文、证件、印章的,应属于方法行为和目的行为的牵连,构成牵连犯。表现为两种情形:①行为人先实施了伪造行为,然后又用伪造的公文、证件、印章完成了保险诈骗行为。此种情形属于典型的牵连犯,应从一重罪处断。②保险诈骗人已完成伪造行为,在实行保险诈骗过程中,由于行为人意志以外的原因,诈骗未能得逞的,应如何定罪?对此,理论上也存在不同的观点。有人认为,应当根据既遂吸收未遂的原则,以伪造公文、证件、印章犯罪的既遂处罚;另有人认为,应当根据重行为吸收轻行为的原则,以保险诈骗罪的未遂处罚;还有人认为,应当以是否着手实施诈骗行为为标准,伪造行为吸收诈骗的预备行为,诈骗的未遂行为吸收伪造的预备行为;更有人认为,应以诈骗行为进行的阶段为标准,如果诈骗行为尚处在准备阶段或刚刚开始即被发觉的阶段,应当伪造行为吸收诈骗行为,如果诈骗行为已经或即将实施终了时,并且所骗标的数额较大或巨大,应当诈骗行为吸收伪造行为,以保险诈骗罪未遂论处。笔者认为,对牵连犯"从一重罪处罚"时,应根据具体案件事实分别对伪造行为和诈骗行为量刑以后,才能确定孰轻孰重,并最终决定以哪一罪论处。当伪造行为已经完成,但保险诈骗罪尚处在刚刚着手即被发现的情形时,保险诈骗罪的性质和危害还没有充分显示出来,而且保险诈骗罪的证据还不充分,所以应按照既遂行为吸收未遂行为的处罚原则,以伪造公文、证件、印章犯罪论处较为合适;当上述行为实施至保险诈骗罪行为终了时,仅仅由于意志以外的原因而未遂的情况下,应按照重行为吸收轻行为的罚则,以保险诈骗罪(未遂)论处较为合适。

---

[25] 参见李亚飞、黄河:《保险诈骗罪刍议》,载赵秉志主编:《新千年刑法热点问题研究与适用》(下),中国检察出版社 2001 年版,第 1445 页。

XII 与非罪的界限

依据法条的规定,本罪的成立需要法定的保险诈骗行为、数额较大、故意以及非法占有的目的,如果缺少其中的一项,就会因不符合犯罪构成而不成立犯罪。因此,要划清保险诈骗罪与非罪的界限,必须注意:行为人有无法定的保险诈骗行为;是否对保险诈骗行为具有故意;主观上有无非法占有他人财物的目的;保险诈骗的数额是否达到较大的程度;等等。如果行为人的行为缺少其中一项,就不成立本罪。对于一人多次实施本罪一种或两种行为或者一人同时实施本罪两种以上行为的,应将累计金额作为犯罪数额,或者按照数额以外的“其他严重情节”论处。值得注意的是,根据《保险法》第 16 条的规定,自合同成立之日起超过两年的,保险人不得解除合同。亦即,除斥期间过后,即使因欺诈而存在瑕疵,保险合同也有效。对此,有观点基于刑法独立性主张,该条规定并不阻却保险诈骗罪的刑事违法性[26],也有观点基于法秩序统一性主张,该条规定意味着除斥期间过后,阻却刑事违法性[27]。基于法秩序统一性的立场,应该赞同无罪的结论,但是,其理由不在于此时不具有违法性。因为,除斥期间并不否认欺诈行为的违法性,只是基于稳定交易等原因,否定了被害人的撤销权等,换言之,否定了法益保护的必要性。基于此种理由,保险人于除斥期间内未行使撤销权的事实应被理解为客观处罚条件。 35

XIII 与他罪的区别

实践中要特别注意保险诈骗罪与职务侵占罪的区别。其区别表现在:①主体不同。前罪的主体是保险合同中的投保人、被保险人、受益人;后罪的主体是保险公司中的工作人员。②行为方式不同。前罪可以利用工作便利,也可利用职务便利,其占有财物的手法,除骗取外,还有侵占和窃取;而后罪是保险公司的工作人员利用职务上的便利骗取保险金。③法定刑不同。前罪之最高档法定刑为 10 年以上有期徒刑;后罪之最高档法定刑为 5 年以上有期徒刑。 36

XIV 处罚

《刑法》第 198 条第 1 款为本罪规定了 3 个幅度的法定刑:①进行保险诈骗活动,数额较大的,处 5 年以下有期徒刑或者拘役,并处 1 万元以上 10 万元以下罚金;②数额巨大或者有其他严重情节的,处 5 年以上 10 年以下有期徒刑,并处 2 万元以 37

---

26 参见陈航:《年龄误报条款与保险诈骗罪认定问题研析》,载《中国刑事法杂志》2006 年第 5 期;周光权:《刑法各论》(第 4 版),中国人民大学出版社 2021 年版,第 333 页。

27 参见王昭武:《法秩序统一性视野下违法判断的相对性》,载《中外法学》2015 年第 1 期。

上 20 万元以下罚金;③数额特别巨大或者有其他特别严重情节的,处 10 年以上有期徒刑,并处 2 万元以上 20 万元以下罚金或者没收财产。

38 另据本条第 3 款的规定,单位犯本罪的,对单位判处罚金,并对其直接负责的主管人员和其他直接责任人员,处 5 年以下有期徒刑或者拘役;数额巨大或者有其他严重情节的,处 5 年以上 10 年以下有期徒刑;数额特别巨大或者有其他特别严重情节的,处 10 年以上有期徒刑。

第一百九十九条　根据《刑法修正案(九)》删去本条内容

本条的原文是:“犯本节第一百九十二条、第一百九十四条、第一百九十五条规定之罪,数额特别巨大并且给国家和人民利益造成特别重大损失的,处无期徒刑或者死刑,并处没收财产。” 1

2011 年 2 月 25 日通过的《刑法修正案(八)》删除了犯本节第 194 条、第 195 条规定之罪,数额特别巨大并且给国家和人民利益造成特别重大损失的,处无期徒刑或者死刑,并处没收财产的规定。2015 年 8 月 29 日通过的《刑法修正案(九)》,删除了本条规定。至此,金融诈骗罪均无死刑。 2

第二百条　单位犯本节之罪的处罚

单位犯本节第一百九十四条、第一百九十五条规定之罪的，对单位判处罚金，并对其直接负责的主管人员和其他直接责任人员，处五年以下有期徒刑或者拘役，可以并处罚金；数额巨大或者有其他严重情节的，处五年以上十年以下有期徒刑，并处罚金；数额特别巨大或者有其他特别严重情节的，处十年以上有期徒刑或者无期徒刑，并处罚金。

细目录

Ⅰ　主旨
Ⅱ　沿革

Ⅰ　主旨

1　本条是就单位犯票据诈骗罪、金融凭证诈骗罪和信用证诈骗罪的刑事处罚作出的规定。

Ⅱ　沿革

2　1997年《刑法》设立本条之后,先后经过了两次修改。本条的原文是:"单位犯本节第一百九十二条、第一百九十四条、第一百九十五条规定之罪的,对单位判处罚金,并对其直接负责的主管人员和其他直接责任人员,处五年以下有期徒刑或者拘役;数额巨大或者有其他严重情节的,处五年以上十年以下有期徒刑;数额特别巨大或者有其他特别严重情节的,处十年以上有期徒刑或者无期徒刑。"2011年2月25日第十一届全国人大常委会第十九次会议通过的《刑法修正案(八)》在本条中增加了对直接负责的主管人员和其他直接责任人员"并处罚金"的规定,其中第一档法定刑中为"可以并处罚金",第二档及第三档法定刑中必须并处罚金。2020年12月26日第十三届全国人大常委会第二十四次会议通过的《刑法修正案(十一)》删除了本条关于单位犯第192条的规定,并在第192条关于集资诈骗罪的规定中单独增加了单位犯集资诈骗罪的规定,总体上提高了集资诈骗罪的刑罚。

3　值得注意的是,目前在本节8个金融诈骗罪中,一共有5个规定了单位犯罪,即第192条集资诈骗罪、第194条第1款票据诈骗罪、第194条第2款金融凭证诈骗罪、第195条信用证诈骗罪以及第198条保险诈骗罪。其中,对于单位犯集资诈骗罪和保险诈骗罪,分别依第192条第2款、第198条第3款进行量刑;对于单位犯票据诈骗罪、金融凭证诈骗罪和信用证诈骗罪,则依第200条进行量刑。通过比较可以发现,就单位犯罪刑罚的严厉程度而言,第192条规定的刑罚最为严厉,第200条次之,第198条最轻。

第六节　危害税收征管罪

前　注

文献:王松苗、文向民主编:《新刑法与税收犯罪》,西苑出版社 1998 年版;吴亚荣主编:《中国税收犯罪通论》,中国税务出版社 1999 年版;张旭主编:《涉税犯罪的认定处理及案例分析》,中国人民公安大学出版社 1999 年版;周洪波:《税收犯罪疑难问题司法对策》,吉林人民出版社 2001 年版;陈运光:《税收犯罪研判》,吉林人民出版社 2004 年版;何秉松主编:《税收与税收犯罪》,中信出版社 2004 年版;康均心主编:《税务犯罪理论与侦查实务研究》,中国方正出版社 2006 年版;高铭暄:《中华人民共和国刑法的孕育诞生和发展完善》,北京大学出版社 2012 年版;肖太福、曾明生:《税收犯罪的司法实践与理论探索:税收刑法学的多维视角研究》,中国检察出版社 2013 年版;刘荣:《中美税收犯罪比较研究》,法律出版社 2014 年版;何恒攀:《税收犯罪立法研究》,中国法制出版社 2015 年版;王佩芬:《发票犯罪立法研究》,上海社会科学院出版社 2015 年版;黎宏:《刑法学各论》(第 2 版),法律出版社 2016 年版;高铭暄、马克昌主编:《刑法学》(第 9 版),北京大学出版社、高等教育出版社 2019 年版;张明楷:《刑法学》(第 6 版),法律出版社 2021 年版。刘志伟:《发票犯罪若干疑难问题研析》,载《法学家》2001 年第 2 期;张秋华、丛中笑:《我国涉税犯罪刑事立法的法源与演进》,载《税务研究》2007 年第 7 期;李晓明:《论〈刑法修正案(七)〉中几个涉税罪名的整合》,载《河北法学》2010 年第 1 期;陈洪兵:《简评〈刑法修正案(八)〉有关发票犯罪的规定》,载《华东政法大学学报》2011 年第 5 期;张胜全:《论发票犯罪的罪名整合与法定刑配置》,载《政治与法律》2011 年第 6 期;刘荣:《我国税收犯罪主体定位之思考》,载《法商研究》2015 年第 4 期;姚龙兵:《危害税收征管罪若干司法疑难之案解》,载《人民司法》2019 年第 5 期。

细目录

Ⅰ　沿革

Ⅱ　构成特征

1　税收是现代国家财政收入的主要来源,将危害税收的行为犯罪化是各国立法通行的做法,但由于税收制度和法律体系的差异,各国刑事立法的范围和模式不尽相同。中国采取了刑法典的立法模式,将危害税收征管的犯罪统一规定于《刑法》分则第三章破坏社会主义市场经济罪下,具体包括税款犯罪和发票犯罪两类。这种立法模式最大限度地维护了危害税收征管罪与其他犯罪罪刑之间的体系性平衡,但与此同时,也增大了危害税收征管罪与税法衔接的难度。不同于大部分国家以税款犯罪为重心的税收犯罪体系,我国的刑事立法与司法呈现出以发票犯罪为重心的特征。[1]这与我国20世纪90年代以来形成的"以票控税"的税收监管模式直接相关。但随着学者们对行政犯的从属性以及危害税收征管罪法益的深入探讨,并且在税收征管逐渐迈向"以信息管税"的趋势下,仍然坚持以发票犯罪为司法重心受到不同程度的质疑。除此以外,对《刑法》第201条第4款规定的"不予追究刑事责任"和第205条"虚开"的理解成为危害税收征管罪备受争议的两个焦点。

I 沿革

从一定意义上讲,危害税收征管罪是我国税制产生和发展的产物,伴随税收体制和刑事立法的发展,危害税收征管罪经历了从无到有、从个别到体系的过程。 2

1978年年底至1982年中国税制建设开始恢复,1979年《刑法》第121条规定了偷税罪、抗税罪,第124条规定了伪造税票罪。之后,刑事立法为了回应20世纪80年代的税制改革不断进行修正和补充,1992年9月4日第七届全国人大常委会第二十七次会议通过了《关于惩治偷税、抗税犯罪的补充规定》,新增逃避追缴欠税罪和骗取出口退税罪;扩大税收犯罪主体的范围,规定偷税罪、逃避追缴欠税罪和骗取出口退税罪可以由单位构成;增设财产刑,并加重自由刑。1995年10月30日第八届全国人大常委会第十六次会议通过《关于惩治虚开、伪造和非法出售增值税专用发票犯罪的决定》,增设了6个与发票相关的罪名,其中4个与增值税专用发票相关,保障了以增值税为主体的税制改革的顺利推进。 3

1997年《刑法》在1979年《刑法》及相关单行刑法的基础上,形成了分则第三章第六节"危害税收征管罪",该节包括12个条款,涵盖12个罪名。此后,2009年2月28日全国人大常委会通过的《刑法修正案(七)》第3条对《刑法》第201条的偷税罪进行了全面的修改,"偷税罪"的罪名被"逃税罪"所取代,并调整了逃税罪的罪状,同时还增加了特定条件下不予追究刑事责任的条款。2011年2月25日全国人大常委会通过的《刑法修正案(八)》再次对税收犯罪作了重要修改,取消了第205条虚开增值税专用发票、用于骗取出口退税、抵扣税款发票罪和第206条伪造、出售伪造的增值税专用发票罪的死刑,并增加了虚开发票罪和持有伪造的发票罪两个新罪名。至此,危害税收征管罪形成了涵盖14个罪名、14个条款的类罪体系。 4

危害税收征管罪立法沿革呈现出以下特点:严密化,从1979年《刑法》的3个罪名发展到目前的14个罪名,刑法保护的法益从国家税款利益扩展到发票管理秩序,以发票为对象的犯罪又进一步细分为增值税专用发票,用于出口退税、抵扣税款的发票和其他普通发票,其中不仅包括真发票还包括伪造和擅自制造的发票,构建了 5

1 参见刘荣:《中美税收犯罪比较研究》,法律出版社2014年版,第170页。

严密的刑事法网;轻刑化,《刑法修正案(七)》对逃税罪“不予追究刑事责任”的规定和取消本节的死刑,明显体现了税收犯罪的轻刑化;此外,1997 年《刑法》修订后,危害税收征管罪整体上呈现出以发票犯罪为重心的特点,现有 14 个罪名中有 10 个罪名以发票为对象。

Ⅱ　构成特征

6　危害税收征管罪的同类客体为国家税收征管秩序。根据直接客体不同,本节犯罪基本可以分为两类:一是侵害国家税款利益的犯罪,即税款犯罪,包括逃税罪、抗税罪、逃避追缴欠税罪和骗取出口退税罪。严格地讲,在收支分离的财政体制下,前 3 个犯罪侵犯的是国家的税收债权,骗取出口退税罪侵犯的是已入国库的国家财产,二者有所不同。二是危害发票管理秩序的犯罪,即发票犯罪,包括本节所有以增值税专用发票和普通发票为对象的犯罪。[2] 此外,《刑法》第 202 条抗税罪除危害国家税收征管秩序外还侵犯了税务人员的人身权利。

7　本节犯罪的客观方面。首先,本节规定的所有行为均违反了国家税收法律法规,具体包括《税收征收管理法》《企业所得税法》《个人所得税法》《发票管理办法》和《增值税暂行条例》《增值税法(征求意见稿)》(已于 2019 年 12 月向社会公布)等;其次,本节犯罪的行为方式包括了作为和不作为,《刑法修正案(八)》还增加了持有型犯罪;最后,本节规定的行为需要达到一定严重程度才构成犯罪,具体表现为行为符合法定情节、达到相当的数额标准或产生一定的危害后果。

8　本节犯罪的主体通常为一般主体,包括自然人和单位。但逃税罪、抗税罪和逃避追缴欠税罪是特殊主体,且抗税罪仅能由自然人构成。

9　本节犯罪的主观方面均为故意,过失不能构成本节犯罪。

2　参见刘荣:《中美税收犯罪比较研究》,法律出版社 2014 年版,第 21 页。

第二百零一条　逃税罪

纳税人采取欺骗、隐瞒手段进行虚假纳税申报或者不申报，逃避缴纳税款数额较大并且占应纳税额百分之十以上的，处三年以下有期徒刑或者拘役，并处罚金；数额巨大并且占应纳税额百分之三十以上的，处三年以上七年以下有期徒刑，并处罚金。

扣缴义务人采取前款所列手段，不缴或者少缴已扣、已收税款，数额较大的，依照前款的规定处罚。

对多次实施前两款行为，未经处理的，按照累计数额计算。

有第一款行为，经税务机关依法下达追缴通知后，补缴应纳税款，缴纳滞纳金，已受行政处罚的，不予追究刑事责任；但是，五年内因逃避缴纳税款受过刑事处罚或者被税务机关给予二次以上行政处罚的除外。

文献：吴亚荣主编：《中国税收犯罪通论》，中国税务出版社1999年版；张旭主编：《涉税犯罪的认定处理及案例分析》，中国人民公安大学出版社1999年版；陈运光：《税收犯罪研判》，吉林人民出版社2004年版；何秉松主编：《税收与税收犯罪》，中信出版社2004年版；康均心主编：《税务犯罪理论与侦查实务研究》，中国方正出版社2006年版；王钰：《德国刑法教义学上的客观处罚条件》，法律出版社2010年版。陈雄飞：《论偷税罪的几个相关问题》，载《锦州师范学院学报（哲学社会科学版）》2001年第1期；邬海波、胡剑锋：《论偷税数额与比例的计算》，载《中国刑事法杂志》2002年第3期；李晓明：《论对我国刑法"偷税罪"罪名的改造及规范》，载《政治与法律》2009年第3期；黄太云：《偷税罪重大修改的背景及解读》，载《中国税务》2009年第4期；黄太云：《〈刑法修正案（七）〉解读》，载《人民检察》2009年第6期；李翔：《论逃税犯罪中的初犯免责》，载《中国刑事法杂志》2009年第7期；周光权：《论内在的客观处罚条件》，载《法学研究》2010年第6期；刘荣：《刑事政策视野下的逃税罪》，载《中国刑事法杂志》2010第12期；张明楷：《逃税罪的处罚阻却事由》，载《法律适用》2011年第8期；刘荣：《我国税收犯罪主体定位之思考》，载《法商研究》2015年第4期；牛军栋：《逃税罪中比例标准的缺陷与完善》，载《国际税收》2016年第9期；刘荣、李佳男：《论我国逃税罪主体司法认定的困境与出路》，载《税务研究》2017年第3期；郭昌盛：《逃税罪的解构与重构——基于税收制度的整体考量和技术性规范》，载《政治与法律》2018年第8期；熊亚文：《逃税罪初犯免责：价值、困境与出路》，载《税务与经济》2019年第2期；万国海：《逃税罪"不予追究刑事责任"条款的理解与适用》，载《政治与法律》2019年第12期；卢勤忠：《程序性附加条件与客观处罚条件之比较》,载《法学评论》2021 年第 1 期;王帅:《逃税罪中的行刑反转条款:原理与解释》,载《当代法学》2021 年第 1 期;赵运锋:《论刑法条文中的“程序性要素”》,载《法学》2021 年第 7 期。

细目录

Ⅰ　主旨
Ⅱ　沿革
Ⅲ　客体
Ⅳ　危害行为
一、纳税人的逃税行为
二、扣缴义务人的逃税行为
Ⅴ　结果
Ⅵ　主体
Ⅶ　故意
Ⅷ　“不予追究刑事责任”条款
一、本条第 4 款的性质
二、积极条件
三、消极条件
Ⅸ　逃税与漏税、避税的界限
Ⅹ　罪数
一、与走私普通货物、物品的罪数关系
二、与隐匿、销毁会计资料的罪数关系
三、与妨害武装部队制式服装、车辆号牌管理秩序的罪数关系
Ⅺ　处罚

Ⅰ　主旨

1　为保障国家税收债权实现,维护国家财政收入,制定本条。

Ⅱ　沿革

2　本条的罪名经历了从“偷税罪”到“逃税罪”的演变。1979 年《刑法》第 121 条规定:“违反税收法规,偷税、抗税,情节严重的,除按照税收法规补税并且可以罚款外,对直接责任人员,处三年以下有期徒刑或者拘役。”该条对偷税罪与抗税罪并未予以具体区分。1992 年 9 月 4 日全国人大常委会通过了《关于惩治偷税、抗税犯罪的补充规定》,以两个条文分别规定了偷税罪与抗税罪。1997 年《刑法》全面修订,立法在《关于惩治偷税、抗税犯罪的补充规定》第 1 条的基础上进行了三个方面的修改:增加

了经税务机关通知申报而拒不申报的行为模式；将“对多次犯有前两款规定的违法行为未经处罚”修改为“对多次犯有前两款行为，未经处理”；并调整了定罪数额和罚金刑的上限与下限，从而形成了《刑法》第201条。2009年2月28日全国人大常委会通过的《刑法修正案（七）》对1997年《刑法》第201条进行了大幅修改和补充：①针对1997年《刑法》第201条存在的立法漏洞进行了修改，原偷税罪存在定罪量刑的空白地带，即对于偷税数额1万元以上不足10万元且占应纳税额30%以上，以及偷税数额10万元以上且占应纳税数额10%以上30%以下定罪量刑规定缺失[1]，《刑法修正案（七）》取消了原具体数额规定，以“数额较大”“数额巨大”取而代之，相应的将逃税数额占应纳税数额的比例调整为“百分之十以上”“百分之三十以上”；②增加第201条第4款，规定“有第一款行为，经税务机关依法下达追缴通知后，补缴应纳税款，缴纳滞纳金，已受行政处罚的，不予追究刑事责任；但是，五年内因逃避缴纳税款受过刑事处罚或者被税务机关给予二次以上行政处罚的除外”，更好地体现了宽严相济的刑事政策。随后，2009年10月14日颁布的最高人民法院、最高人民检察院《关于执行〈中华人民共和国刑法〉确定罪名的补充规定（四）》将该条罪名由“偷税罪”变更为“逃税罪”。故本书将统一使用“逃税罪”，但在引用《刑法修正案（七）》以前的观点和法律文件会遵循原文使用“偷税罪”。

Ⅲ 客体

关于本罪的客体，有税收征管秩序说和国家的税款利益说，前者认为本罪的客体是国家的税收征管秩序，这是目前的通说[2]；后者主张本罪的客体是国家的税款利益[3]，认为税收征管制度是《刑法》分则第三章第六节危害税收征管罪的同类客体，但具体到逃税罪，数额必须达到法定标准才可构成，否则即便严重危害税收征管秩序也不构成该罪。 3

Ⅳ 危害行为

本条第1款和第2款分别规定了纳税人和扣缴义务人构成逃税罪的两种情形，二者构成逃税罪的行为方式不尽相同。 4

1　1997年《刑法》原第201条规定：“……偷税数额占应纳税额的百分之十以上不满百分之三十并且偷税数额在一万元以上不满十万元的，或者因偷税被税务机关给予二次行政处罚又偷税的，处三年以下有期徒刑或者拘役，并处偷税数额一倍以上五倍以下罚金；偷税数额占应纳税额的百分之三十以上并且偷税数额在十万元以上的，处三年以上七年以下有期徒刑，并处偷税数额一倍以上五倍以下罚金。”

2　参见高铭暄、马克昌主编：《刑法学》（第9版），北京大学出版社、高等教育出版社2019年版，第442页。

3　参见刘荣：《中美税收犯罪比较研究》，法律出版社2014年版，第78页。

一、纳税人的逃税行为

5 纳税人的逃税行为包括积极和消极两种方式,前者指积极的虚假申报,即采取欺骗、隐瞒手段进行虚假纳税申报,如伪造、编造、隐匿、擅自销毁账簿、记账凭证,在账簿上多列支出或者不列、少列收入,向税务机关报送虚假的纳税申报表、财务报表、代扣代缴、代收代缴税款报告表或者其他纳税申报材料等。后者指消极不申报,不申报成立逃税应以获得税务机关的纳税申报通知为前提,"具有下列情形之一的,应当认定为'经税务机关通知申报':其一,纳税人、扣缴义务人已经依法办理税务登记或者扣缴税款登记的;其二,依法不需要办理税务登记的纳税人,经税务机关依法书面通知其申报的;其三,尚未依法办理税务登记、扣缴税款登记的纳税人、扣缴义务人,经税务机关依法书面通知其申报的。但是,'经税务机关通知申报而拒不申报'以行为人负有纳税义务、扣缴义务为前提"[4]。关于本罪的行为方式,刑法理论界存有相左的观点,有学者认为本罪属于不作为犯[5],也有学者认为作为与不作为的方式均可构成本罪[6]。

6 对于购进货物时应当取得但实际未索要增值税专用发票,销售货物后亦没有按照增值税管理规定纳税,逃避缴纳国家税款,认定逃税数额是否应当减除按照增值税征管规定可以申报抵扣的税额,实践中存在不同意见。例如,"樟树市大京九加油城、黄春发等偷税案",法院在认定被告单位偷税数额时,根据国税局的有关缴税证明将账外销售油品没有抵扣的进项税额从偷税数额中予以扣除是符合 1998 年国家税务局《关于增值税一般纳税人发生偷税行为如何确定偷税数额和补税罚款的通知》第 1 条的规定,扣除的计算方法是妥当的。[7]

二、扣缴义务人的逃税行为

7 扣缴义务人的逃税行为与纳税人的逃税行为一样,都实施了虚假申报或不申报的行为,有所不同的是纳税人的行为对象是自己的财产,逃避的是自己的纳税义务,而扣缴义务人的行为对象是为国家代收的税款,逃避的是将自己代管的税款交还国家的义务。[8] 此外,扣缴义务人的逃税仅指不缴或少缴已扣、已收税款,而不包括不扣和少扣应扣税款。

---

[4] 张明楷:《刑法学》(第 6 版),法律出版社 2021 年版,第 1055 页。

[5] 参见张旭主编:《涉税犯罪的认定处理及案例分析》,中国人民公安大学出版社 1999 年版,第 74 页。

[6] 参见陈雄飞:《论偷税罪的几个相关问题》,载《锦州师范学院学报(哲学社会科学版)》2001 年第 1 期。

[7] 参见最高人民法院刑事审判第一、二、三、四、五庭主办:《刑事审判参考》总第 57 集(第 447 号),法律出版社 2007 年版。

[8] 参见刘荣:《中美税收犯罪比较研究》,法律出版社 2014 年版,第 79 页。

不同于对纳税人采用的“数额加比例”标准，扣缴义务人逃税采取数额标准，即逃税数额5万元以上就构成犯罪。此外，《刑法》第201条第4款不适用于扣缴义务人，即扣缴义务人实施了满足以上两方面要件的行为，即使及时补缴税款、接受行政处罚，仍需追究其刑事责任。刑事立法在此表现出对纳税人的“宽”与对扣缴义务人的“严”，是因为扣缴义务人不缴的“税”款具有信托性质，是国家所有的财产，而纳税人不缴纳的是自己的所得，前者的主观恶性更强。[9] 8

V 结果

对纳税人逃税本条第1款采用了数额加比例的量化标准，即逃避缴纳税款数额较大且占应纳税额10%以上，根据最高人民检察院、公安部《关于公安机关管辖的刑事案件立案追诉标准的规定（二）》第52条的规定，10万元以上为数额较大。根据最高人民法院《关于审理偷税抗税刑事案件具体应用法律若干问题的解释》的规定，逃税数额应以“合税种”计算，逃税比例按最高年度比例计算，即：①逃税数额是指在确定的纳税期间，不缴或者少缴各税种税款的总额。逃税数额占应纳税额的百分比，是指一个纳税年度中的各税种逃税总额与该纳税年度应纳税总额的比例。不按纳税年度确定纳税期的其他纳税人，逃税数额占应纳税额的百分比，按照行为人最后一次逃税行为发生之日前一年中各税种逃税总额与该年纳税总额的比例确定。纳税义务存续期间不足一个纳税年度的，逃税数额占应纳税额的百分比，按照各税种逃税总额与实际发生纳税义务期间应当缴纳税款总额的比例确定。②逃税行为跨越若干个纳税年度的，逃税数额累计计算，逃税百分比按照年度最高确定。③对多次实施逃税行为未经处理的，其犯罪数额累计计算。未经处理指纳税人或扣缴义务人在5年内多次实施逃税行为，但每次逃税数额均未达到《刑法》第201条规定的构成犯罪的数额标准，且未受行政处罚。 9

本条第1款为我国现行《刑法》唯一以“数额加比例”作为定罪量刑标准的条款，针对1997年《刑法》第201条规定的“数额加比例”标准的立法漏洞，《刑法修正案（七）》虽对原标准进行了调整，但仍然沿用了“数额加比例”的标准。坚持“数额加比例”标准的理由大致有两个方面：一是“经济生活中，逃税的情况十分复杂”[10]，比例标准的主要功能是反映行为人的主观恶性，数额标准的主要功能是反映行为的社会危害性，而主观恶性和社会危害性是追究刑事责任必须同时考虑的因素。[11] 二是“数额加比例”标准还具有平衡大额纳税人和小额纳税人利益的功能，采用数额标准，是照顾小额纳税人，不至于仅因逃税数额占应纳税数额的比例大，而实际逃税数 10

---

9 参见刘荣：《我国税收犯罪主体定位之思考》，载《法商研究》2015年第4期。

10 黄太云：《〈刑法修正案（七）〉解读》，载《人民检察》2009年第6期。

11 参见曹康、黄河主编：《危害税收征管罪》，中国人民公安大学出版社1999年版，第35页。

额较小就构成犯罪,采用比例标准是照顾大额纳税人,不至于行为人逃税额占其应纳税额的比例很小,仅因数额大就构成犯罪。[12]

Ⅵ 主体

11 本罪的主体是特殊主体,即纳税人和扣缴义务人。纳税人是以自己的名义履行纳税义务承担法律责任的单位和自然人,在我国不同税种的纳税义务的承担主体不同,纳税主体的确定需依据相关税收法律的具体规定;扣缴义务人是依法负有代扣代缴、代收代缴税款义务的单位和自然人。

12 关于非法经营者能否成为逃税罪主体的问题,理论界存在分歧,司法实践做法也不统一。主要观点有部分肯定说和完全肯定说。部分肯定说将非法经营者分为无证经营者和非法经营者,认为《税收征收管理法》第 37 条规定了前者的纳税义务,因此其可以成为逃税罪的主体,而《税收征收管理法》没有规定后者的纳税义务,因此其不能成为逃税罪的主体[13];且一般对其"没收非法所得"的法律后果使其丧失了课税的基础和可能性,如果承认非法经营者有纳税义务就等于承认其合法性。[14] 完全肯定说认为无证经营是非法经营的一种,非法经营者都可以成为逃税罪的主体,《税收征收管理法》规定无证经营者是纳税主体,并不能就此推定其他非法经营主体不是纳税主体;承认非法经营者的纳税主体地位不等于承认其合法性,税法不具有对课税对象合法性的评价功能,其评价的是税负能力的经济事实;承认非法经营者的纳税主体地位也是现代国家普遍的做法。[15] 以上刑法理论和实践的分歧源于税法对非法经营可税性的争论,这也是行政犯从属性的体现。

13 在单位逃税的案件中,司法实践对"直接负责的主管人员"的认定标准存在差异,如"北京匡达制药厂偷税案"的一审、二审判决的分歧。司法实践认为应从两个方面加以把握:一是直接负责的主管人员是在单位中实际行使管理职权的负责人员;二是对单位具体犯罪行为负有主管责任。两个条件缺一不可,否则即便是单位的法定代表人也不能作为直接负责的主管人员承担逃税罪的刑事责任。[16]

Ⅶ 故意

14 本罪的主观方面是故意,即明知自己的行为会致国家税款利益损失,希望或放任该种结果发生的心理态度。逃税者的主观方面一般是直接故意,即为了实现不缴、少

12 参见何秉松主编:《税收与税收犯罪》,中信出版社 2004 年版,第 519 页。

13 参见黎宏:《刑法学各论》(第 2 版),法律出版社 2016 年版,第 189 页。

14 参见王作富主编:《刑法分则实务研究》(第 4 版),中国方正出版社 2010 年版,第 633 页。

15 参见刘荣:《中美税收犯罪比较研究》,法律出版社 2014 年版,第 82 页以下。

16 参见最高人民法院刑事审判第一庭、第二庭编:《刑事审判参考》总第 33 集(第 251 号),法律出版社 2003 年版。

缴税款的目的而实施虚假申报、不申报等逃税行为，但现实中也不排除间接故意的逃税情况，如行为人为了达到隐瞒某项经济收入或制造虚假贸易等其他目的，在账目上不列、少列某项收入，多列支出，从而放任少缴税款的结果，这种情况也应认定为具有逃税的故意。

Ⅷ “不予追究刑事责任”条款

一、本条第4款的性质

关于现行《刑法》201条第4款性质的理解，理论上主要有四种学说：①犯罪构成 15
要件说，即在公安机关立案前未补缴税款、滞纳金，未接受行政处罚是构成逃税罪的客观要件之一。[17] 有学者进一步指出，该“不予追究刑事责任”条款属于程序性附加条件，即在行为人的第一次行为实施完毕后给行为人出罪补救机会所附加的一个程序，其体系定位为犯罪客观要件。[18] ②处罚阻却事由说，认为本款并不是对逃税罪构成要件的规定，而是对在逃税行为符合犯罪构成要件后，在何种情况下不处罚的规定，属于处罚阻却事由。“这种处罚阻却事由，常常是在犯罪行为实施之后才出现的，可以回溯性地消除已经成立的可罚性的事由。根据刑法理论的通说，处罚阻却事由只是阻止刑罚权的发动，而不影响犯罪本身的成立。”[19]③客观处罚条件说，即未补缴税款、滞纳金，未接受行政处罚是逃税罪的客观处罚条件，并认为处罚阻却事由和客观处罚条件只是一个问题的正反两面而已。[20] ④排除责任说，认为该款的性质类似于德国法上的“排除责任”，属于排除责任条款，即犯罪成立之后基于特定事由而被免除刑事责任，因为犯逃税罪后补交了税款并受到了行政处罚，再刑事处罚已无预防必要性。[21] 司法实践依照构成要件说处理逃税案件较为普遍，即逃税行为接受首次处罚后便不移送公安机关，故不予刑事立案，如刘克才、山东金建华钢结构工程有限公司逃税案[22]。司法实践中也有判决采处罚阻却事由说，即有法院判决：“对因逃税造成的危害结果主动补救，弥补了国家税收损失，虽构成逃税罪，但应免予刑事处罚。”[23]

---

17 参见高铭暄、马克昌主编：《刑法学》(第9版)，北京大学出版社、高等教育出版社2019年版，第423页。

18 参见卢勤忠：《程序性附加条件与客观处罚条件之比较》，载《法学评论》2021年第1期。

19 张明楷：《逃税罪的处罚阻却事由》，载《法律适用》2011年第8期。

20 参见周光权：《论内在的客观处罚条件》，载《法学研究》2010年第6期。

21 参见王钰：《德国刑法教义学上的客观处罚条件》，法律出版社2010年版，第54页。

22 参见山东省临沂市中级人民法院(2015)临刑二终字第56号刑事判决书。

23 河北省阜城县人民法院(2017)冀1128刑初第1号刑事判决书。

二、积极条件

16 《刑法》第 201 条第 4 款从积极和消极方面规定了逃税罪不予追究刑事责任的条件。该款前半部分规定了不予追究刑事责任的积极条件,包括两个方面:①主体上,逃税罪主体中仅纳税人可以适用第 201 条第 4 款阻却刑事责任,排除了扣缴义务人适用该款的资格。②行为上,纳税人在税务机关依法下达追缴通知后,实施了补缴应纳税款,缴纳滞纳金和接受行政处罚的行为。以上行为发生的时间是在下达追缴通知后,公安机关立案前,如果纳税人在税务机关稽查程序开始之后追缴通知下达之前,就采取预缴的形式补缴了预期应补缴的税款和滞纳金,根据当然解释,理应符合不予追究刑事责任的积极条件;如果纳税人在公安机关立案后再补缴应纳税款、缴纳滞纳金并接受行政处罚的,不影响刑事责任的追究。

三、消极条件

17 该款后半部分采用但书的形式规定了不予追究刑事责任的消极条件,即"五年内因逃避缴纳税款受过刑事处罚或者被税务机关给予二次以上行政处罚的",有此情形,即便满足前述积极条件,也不能阻却刑事责任。对该消极条件的理解需要注意以下问题:

18 (1)对"逃避缴纳税款"的理解。并非所有受过刑事处罚或行政处罚的纳税人都不能免予追究刑事责任,法律明确规定纳税人之前受到的刑事处罚和行政处罚的原因均为"逃避缴纳税款"。"逃避缴纳税款"并非《刑法》中的一个罪名或《税收征收管理法》中的某一税收违法行为,因此不能狭义地将"逃避缴纳税款"理解为《刑法》第 201 条逃税罪或《税收征收管理法》第 63 条的偷税行为,应当包括所有因不履行纳税义务而受到刑事处罚和行政处罚的行为。"逃避缴纳税款"的犯罪具体包括:逃税罪,抗税罪,逃避追缴欠税罪,以及虚开增值税专用发票、用于骗取出口退税、抵扣税款发票罪中接受虚开发票用于抵扣税款的行为。"逃避缴纳税款"的行政违法行为具体包括:《税收征收管理法》第 63 条规定的偷税行为,第 64 条规定的编造虚假计税依据、不纳税申报、不缴少缴应纳税款的行为,第 65 条规定的妨碍追缴欠税的行为,第 66 条规定的骗取出口退税的行为,第 67 条规定的抗税行为和第 68 条规定的欠税过期未补缴的行为。[24]

19 (2)对"五年内"的理解。"五年内"是对消极条件的时间限制。关于 5 年时间的起止时点,普遍认为终点应当是本次逃税行为发生之时,但对于 5 年时间的起点的解释存在分歧。有学者认为"考虑到'五年内'的规定与累犯的协调,以及特殊预防必要性的减少是设立该款的重要根据,应当从刑事处罚、行政处罚执行完毕之日起计

---

[24] 参见刘荣:《中美税收犯罪比较研究》,法律出版社 2014 年版,第 96 页。

算”[25]。也就是从上次刑事处罚或行政处罚执行完毕至本次逃税行为发生的时间不足5年。也有学者认为从该款用语上看“受过刑事处罚或者被税务机关给予二次以上行政处罚”,刑事处罚解释为执行完毕是恰当的,但对行政处罚也理解为执行完毕与立法用语不符。一方面,条文中“税务机关给予二次以上行政处罚”并未含有行政处罚执行完毕之意;另一方面,理解为行政处罚执行完毕也不符合税收行政执法实践,因为税收行政处罚的执行,不同于一般行政处罚执行不受行政复议和行政诉讼的影响,根据《税收征收管理法》第88条的规定,纳税人对税务机关的处罚决定不服,可以提供担保后申请行政复议,对行政复议不服还可以提起行政诉讼,在复议和诉讼期间行政处罚都无法执行,即便最后行政诉讼判决维持原行政处罚决定,如果纳税人不履行,行政强制从执行到实施完毕也可能经历一段时间。而考虑到行政复议和诉讼期间较长,以及行政强制执行时间的不确定性,不宜将不确定的行政处罚执行完毕时间作为时效的起始时间点,否则可能出现本次逃税行为已经发生而上一次行政处罚还未执行完毕的情况。因此,将“五年内”解释为上次刑事处罚执行完毕或行政处罚生效到本次逃税行为发生不足5年更符合立法目的和司法实践。[26]

(3)对“二次以上行政处罚”的理解。《刑法修正案(七)》对第201条的修改实际上确立了逃税案件处罚程序的行政程序前置原则,那么该款规定的“二次以上行政处罚”是否包括因本次逃税行为受到的行政处罚?根据最高人民检察院、公安部《关于公安机关管辖的刑事案件立案追诉标准的规定(二)》第52条的规定,该款指的是“纳税人五年内因逃避缴纳税款受过刑事处罚或者被税务机关给予二次以上行政处罚,又逃避缴纳税款”的情况,也就是说因本次逃税行为受到的行政处罚不计算在“给予二次以上行政处罚”之内。 20

Ⅸ 逃税与漏税、避税的界限

首先,所谓逃税是行为人采取了《税收征收管理法》和《刑法》所明确规定的方式逃避纳税义务,而漏税则是行为人由于对税收法规、财务制度不熟悉、不了解,而错计税率、漏报应税项目或者少计应税数量而引起的,区分二者的关键是行为人是否具有逃避纳税义务的目的。其次,所谓避税,是行为人利用税法的漏洞、特例或者缺陷,规避或者减轻纳税义务的行为。避税行为虽然在客观上减轻了纳税义务,但由于是因立法疏忽而未用法律加以调整的方式实现的,属于法无明文规定的情形,所以不构成犯罪。[27] 21

25 张明楷:《逃税罪的处罚阻却事由》,载《法律适用》2011年第8期。

26 参见刘荣:《中美税收犯罪比较研究》,法律出版社2014年版,第97页以下。

27 参见黎宏:《刑法学各论》(第2版),法律出版社2016年版,第170页。

X　罪数

一、与走私普通货物、物品的罪数关系

22　从立法规定来看,走私普通货物、物品罪与逃税罪存在着法条竞合,二者具有交叉关系。对于走私普通货物、物品罪来说,行为人通过瞒报、伪报,甚至伪造、变造账簿、记账凭证等手段,达到不缴、少缴关税的目的,本质上是一种逃税行为。关税是国家税收的有机组成部分,危害关税征管秩序必然危害国家税收征管秩序。但由于我国实行关税分立,《刑法》将走私犯罪单列于危害税收征管罪之外。依据特别法优于一般法之原则,偷逃关税的行为构成犯罪的,应以走私普通货物、物品罪定罪量刑。实践中,走私者在犯罪过程中,行为人往往不仅逃避缴纳关税,同时还逃避缴纳增值税、消费税等流转税。此种情况下,司法实践均以走私普通货物、物品罪一罪定罪处罚,税款数额合计计算,如张帆、梁瀚斌走私普通货物案[28]。

二、与隐匿、销毁会计资料的罪数关系

23　实践中,行为人为了达到逃税目的而隐匿、销毁账簿、记账凭证的案件屡见不鲜,对于该种情况情节严重的如何处理?刑法学界认识不一,有观点认为属于逃税罪与隐匿、故意销毁会计凭证、会计账簿、财务会计报告罪的牵连犯,应从一重罪;也有观点认为这种情况属于法条竞合,适用特殊优于一般的原则。而司法实践中对这种案件数罪并罚的判决居多,如乌海市新骆驼山煤矿有限责任公司、乌海市海鑫摩尔沟煤矿有限责任公司等逃税案,张某某、曹某某故意销毁会计凭证案[29]。

三、与妨害武装部队制式服装、车辆号牌管理秩序的罪数关系

24　实施伪造、变造、买卖、盗窃、抢夺武装部队公文、证件、印章,非法生产、买卖武装部队制式服装,伪造、盗窃、买卖、非法提供、非法使用武装部队专用标志,又构成逃税罪的,依照处罚较重的规定处罚。[30]

XI　处罚

25　根据《刑法》第201条的规定,对本罪的处罚,分为两种主体,两个量刑档次,两种处罚原则。①自然人主体犯逃税罪。纳税人犯本罪,逃避缴纳税款数额较大并且占

28　参见广东省高级人民法院(2016)粤刑终425号刑事判决书。

29　参见内蒙古自治区锡林郭勒盟中级人民法院(2017)内25刑初3号刑事判决书、山西省介休市人民法院(2016)晋0781刑初29号刑事判决书。

30　参见2011年8月1日发布的最高人民法院、最高人民检察院《关于办理妨害武装部队制式服装、车辆号牌管理秩序等刑事案件具体应用法律若干问题的解释》第6条。

应纳税额10%以上的,处3年以下有期徒刑或者拘役,并处罚金;数额巨大并且占应纳税额30%以上的,处3年以上7年以下有期徒刑,并处罚金。扣缴义务人犯本罪,不缴、少缴已扣、已收税款数额较大的,处3年以下有期徒刑或者拘役,并处罚金;数额巨大的,处3年以上7年以下有期徒刑,并处罚金。其中,根据相关司法解释的规定,5万元为数额较大。②单位主体犯逃税罪。对单位判处罚金,并对直接负责的主管人员和其他直接责任人员,依照自然人犯逃税罪的法定刑予以处罚。

逃税数额计算依据累计原则,对多次实施逃税行为未经处理的应当按照累计数 26
额计算,这里所说的未经处理包括行政处罚和刑事处罚;罚金执行遵循先追缴后执行原则,判处罚金刑的,根据《刑法》第212条的规定,在执行前应当先由税务机关追缴税款。

第二百零二条　抗税罪

以暴力、威胁方法拒不缴纳税款的，处三年以下有期徒刑或者拘役，并处拒缴税款一倍以上五倍以下罚金；情节严重的，处三年以上七年以下有期徒刑，并处拒缴税款一倍以上五倍以下罚金。

文献：张旭主编：《涉税犯罪的认定处理及案例分析》，中国人民公安大学出版社1999年版；周洪波主编：《税收犯罪疑难问题司法对策》，吉林人民出版社2001年版；陈运光：《税收犯罪研判》，吉林人民出版社2004年版；何秉松主编：《税收与税收犯罪》，中信出版社2004年版；康均心主编：《税务犯罪理论与侦查实务研究》，中国方正出版社2006年版。马松建：《抗税罪主体探析》，载《郑州大学学报（哲学社会科学版）》2009年第1期；崔健：《抗税罪行为性质新议》，载《法制与社会》2010年第10期；刘斯凡：《论作为犯与不作为犯区分的两重性——以真正不作为犯与不真正不作为犯的不对应性为切入点》，载《复旦学报（社会科学版）》2014年第1期；马荣春：《刑法学中作为与不作为竞合之辨——兼与张明楷教授商榷》，载《东方法学》2014年第2期。

细目录

Ⅰ　主旨
Ⅱ　沿革
Ⅲ　客体
Ⅳ　危害行为
　一、行为对象
　二、行为方式
Ⅴ　主体
Ⅵ　故意
Ⅶ　罪数
　一、抗税致人重伤或者死亡的罪数
　二、先逃税后抗税行为的罪数
Ⅷ　与非罪的界限
　一、与一般抗税行为的界限
　二、与税收争议的界限
Ⅸ　处罚

I 主旨

为了保障国家的税款利益和维护执行税收公务的税务工作人员的人身权利,制定本条。 1

II 沿革

1979 年《刑法》将抗税罪与偷税罪合并规定于第 121 条,即“违反税收法规,偷税、抗税,情节严重的,除按照税收法规补税并且可以罚款外,对直接责任人员,处三年以下有期徒刑或者拘役”;至 1992 年 9 月 4 日全国人大常委会通过的《关于惩治偷税、抗税犯罪的补充规定》将两罪分立,第 6 条专门规定了抗税罪,对抗税罪设置了自由刑并处罚金的法定刑,并规定以暴力方法抗税,致人重伤或者死亡的,按照伤害罪、杀人罪从重处罚,并处罚金;在《关于惩治偷税、抗税犯罪的补充规定》的基础上,1997 年《刑法》第 202 条制定了抗税罪,删掉了“以暴力方法抗税,致人重伤或者死亡的,按照伤害罪、杀人罪从重处罚,并依照前款规定处以罚金”的规定,同时设定了罚金的下限,即“一倍以上五倍以下罚金”。[1] 2

III 客体

本罪的客体为复杂客体,既破坏了国家税收征收管理秩序,还侵犯了依法执行征税公务的国家工作人员的人身权利。 3

V 危害行为

一、行为对象

抗税罪的行为对象是依法应缴纳的税款和依法征税的税务工作人员。根据最高人民检察院、公安部《关于公安机关管辖的刑事案件立案追诉标准的规定(二)》,这里的税务工作人员不限于其本人,而且包括其亲友。此外,依法负有代扣代缴、代收代缴义务的人,在履行代扣、代收职责时,遭受纳税人暴力、威胁等阻碍的,行为人能否构成抗税罪?实践中普遍持否定态度。一方面,扣缴义务人的代扣、代收行为从法律性质上讲虽说是替代国家行使稽征权,但其毕竟不是履行管理国家的公务,因此扣缴义务人不是依法实施税收管理活动的工作人员。另一方面,从实际情况来看,代扣代缴义务人已持有的纳税人的应纳税款,是直接从其收入中扣除的,不是向纳税人收取;代收代缴义务人,则是借助经济往来关系,在收取费用的同时收取其应纳税款,若 4

---

1 参见高铭暄:《中华人民共和国刑法的孕育诞生和发展完善》,北京大学出版社 2012 年版,第 416 页。

纳税人拒绝其代收时,双方的经济关系不成立,自然也谈不到需要强制性收取的可能性。[2] 实践中如果发生对代扣代缴义务人实施暴力的情况,应依《治安管理处罚法》来处罚,情节严重的可以追究其故意伤害或者故意杀人的刑事责任。

二、行为方式

5 本罪客观上表现为违反税收征收管理法律、法规,以暴力、威胁方法拒不缴纳税款的行为。所谓抗税,事实上由两部分行为构成,即违反税收征管法律、法规拒不履行纳税义务的行为以及使用暴力、威胁方法的行为,两者缺一不可。

1. 必须具有违反税收征管法律、法规的行为

6 所谓违反税收征管法律、法规,是指违反《税收征收管理法》《税收征收管理法实施细则》以及其他有关税款征收的规定,也就是拒绝依照税收管理法的规定履行纳税义务。

2. 必须是采取暴力、威胁方法

7 (1)所谓暴力,主要是指对征税工作人员实行的打击或强制。不限于针对人身实施,为了阻碍执行征税而砸毁其交通工具、聚众冲击打砸税务机关的,也视为使用暴力。抗税罪的暴力,应有以下限制:一是暴力程度上的限制,暴力的上限应限于轻伤,因为本罪的法定最高刑只有7年,如使用暴力造成重伤或死亡,则超出了本罪的范围,分别应当按照故意伤害致人重伤或者故意杀人的情形处理[3];暴力的下限则为排除显著轻微的暴力,如出于一时冲动,在争辩或口角时实施的推推搡搡的暴力行为应被排除。二是需当场实施,即应当发生在工作人员依法征税过程中。如果在纳税后对征税人员实行报复性侵害致其受伤、死亡的,应以故意伤害罪或故意杀人罪论处。

8 (2)所谓威胁,是指对税收工作人员实行的精神强制。威胁的内容是多方面的,如以杀害、伤害其本人或亲属、毁坏财产、损害名誉等进行强制。本罪中的威胁方法作如下理解:①威胁的内容不要求必须具有付诸实施的当场性,无论是以当场实现还是日后某个时间实现的不利情况均可以认定为威胁。②威胁的内容不以违法的加害为必要,威胁的内容可以是杀害、伤害也可以是其他对税务工作人员不利的行为,威胁的方法可以是明示也可以是暗示,如"你们回去告诉某某,等回头我安排手下几个小弟到学校帮他接小孩"也可以被认定为威胁。[4] 另外,在征税人员坚持征税的情况下,行为人是否真的有意将威胁的内容付诸实施,不影响威胁的认定。

2　参见张旭主编:《涉税犯罪的认定处理及案例分析》,中国人民公安大学出版社1999年版,第109页。

3　参见黎宏:《刑法学各论》(第2版),法律出版社2016年版,第171页。

4　参见河南省南阳市中级人民法院(2014)南刑二初字第00015号刑事判决书。

(3)暴力、威胁必须发生在税收工作人员执行职务期间。所谓执行职务期间,是指从开始征税时起直至结束的时间范围,不符合该条件而对税收工作人员施以暴力、威胁的,不构成本罪。 9

3. 采用暴力、威胁方法的目的是拒不缴纳应纳税款

在抗税罪中,虽然行为人采用暴力、威胁方法,但这只是手段行为,其目的是拒不缴纳应纳税款。故拒不缴纳应纳税款是本罪成立的关键条件。拒不缴纳应纳税款表明行为人违反了税收法律、法规规定的纳税义务。可以说,违反税收法规规定的纳税义务是构成本罪的前提,如果行为人拒绝缴纳的是不应缴纳的税款,即使在争执中使用了暴力或威胁方法,也不能构成本罪。拒不缴纳应纳税款有五种主要情况:①拒绝办理税务登记;②拒绝办理纳税申报及提供纳税资料;③拒不按期缴纳税款;④拒绝缴纳滞纳金;⑤拒绝接受税务机关检查。只要行为人采用暴力、威胁手段的目的是拒绝履行上述五种义务中的一种,即符合抗税罪的客观方面条件。 10

V 主体

本罪是特殊主体,即负有缴纳税款义务的人,并且只能由自然人构成。关于本罪的主体是否包括扣缴义务人有两种观点:一种观点认为抗税罪的主体仅指纳税人,不包括扣缴义务人。另一种观点认为抗税罪的主体包括纳税人和扣缴义务人。[5] 在税法上,纳税人是负有纳税义务的主体,扣缴义务人仅有解缴税款的义务,即将代扣代缴纳税人的税款足额向国家缴纳,其没有法律上的纳税义务,且根据目前公布的抗税案件的法律文书,也没有扣缴义务人构成抗税罪的案件。如果非纳税人单独以暴力、威胁方法阻碍税务机关工作人员履行税收职责的,成立妨害公务罪;非纳税人与纳税人共同故意抗税的,成立抗税罪的共犯。 11

VI 故意

抗税罪的主观方面表现为故意,即行为人明知自己的行为会造成税务人员的人身伤害和国家税款流失,而持希望或放任的心理态度。此外,行为人主观上还应具有拒不缴税的目的。 12

VII 罪数

一、抗税致人重伤或者死亡的罪数

从罪数理论分析,抗税致人重伤或者死亡的情况应当属于想象竞合犯,罪名应为 13

5 参见周洪波主编:《税收犯罪疑难问题司法对策》,吉林人民出版社 2001 年版,第 129 页。

抗税罪、故意伤害罪、过失致人重伤罪、故意杀人罪、过失致人死亡罪,择一重罪处断。[6] 抗税致人重伤、死亡的情况正是行为人在一个犯罪意图支配下,产生了两个不同罪过——抗税故意和杀人故意或杀人过失、伤害故意、重伤过失,实施一个危害行为——抗税行为(由暴力行为和拒不缴税行为这两个自然行为而构成的复行为),而触犯异种罪名——抗税罪和故意杀人罪或过失致人死亡罪、故意伤害罪、过失致人重伤罪的犯罪形态。

二、先逃税后抗税行为的罪数

14 纳税人的逃税行为构成逃税罪,又在税务人员责令其补交未缴的税款时采取暴力、威胁方法抗拒缴纳的情况,学界存有不同的观点:一种观点认为这种情况属于转化犯,按转化后的抗税罪定罪处罚。[7] 另一种观点认为是吸收犯,前后两个犯罪行为形成了吸收关系,应当按照吸收行为(抗税)所构成的犯罪论处,被吸收行为(逃税)可作为抗税罪的一个严重情节,按一罪定罪处罚,不适用数罪并罚。[8] 还有观点认为对先逃税后抗税的行为应数罪并罚。[9] 从司法实践看,这种情况通常被认定为抗税罪一罪,不采取数罪并罚,如徐某某抗税案[10]。

Ⅷ 与非罪的界限

一、与一般抗税行为的界限

15 虽然本条对构成抗税罪的暴力、威胁程度以及数额、情节等均未作出明文规定,但并非只要实施暴力、威胁拒不缴税的行为一律构成抗税罪。根据最高人民检察院、公安部《关于公安机关管辖的刑事案件立案追诉标准的规定(二)》第 53 条的规定,以暴力、威胁方法拒不缴纳税款,须具备造成税务工作人员轻微伤以上的,或者以给税务工作人员及其亲友的生命、健康、财产等造成损害为威胁,抗拒缴纳税款的或者聚众抗拒缴纳税款的等情节才予以刑事追诉,否则是一般的抗税行为。

二、与税收争议的界限

16 在税收法律关系中,由于纳税人与征税人与生俱来的利益冲突,导致彼此极易对

---

6 参见张明楷:《市场经济下的经济犯罪与对策》,中国检察出版社 1995 年版,第 141 页以下。

7 参见张旭主编:《涉税犯罪的认定处理及案例分析》,中国人民公安大学出版社 1999 年版,第 118 页。

8 参见黄河等:《危害税收征管罪的认定与处理》,中国检察出版社 1998 年版,第 68 页。

9 参见赵秉志主编:《中国刑法案例与学理研究 · 分则篇(二)》,法律出版社 2001 年版,第 166 页。

10 参见湖北省高级人民法院(2018)鄂刑申 75 号驳回申诉刑事通知书。

税收相关问题产生认识分歧，从而发生争议。税收争议原因复杂，性质不一，应当慎重区别对待。

(1)由于纳税人的过错而引起的争议，是否构成抗税罪应视情况而定。对于这类争议不能因为过错在纳税人一方则一律认为他们蓄意抗税。除客观行为外，还应当准确把握行为人的主观方面。有的纳税人出于对政策的误解，或者对税法的无知等原因，就纳税数额、项目、税率等问题与征税人发生争执，不能认定为具有抗税的故意，即使出现一些暴力或威胁行为，也不能认定为抗税罪；如果造成伤害或其他结果，可考虑以其他犯罪论处；如果纳税人无理取闹、扩大事态，企图借此拒缴税款，则具备了抗税罪的故意，在客观要件齐备的情况下，可以认定为抗税罪。 17

(2)由于征税人的过错而导致的争议。征税人的过错大多是错征税款，即因工作疏忽、理解错误、不谙税法、不负责任等原因，搞错了征税对象、应税项目或应税数额等。如该减免税者未减免、不该征税者却征税或重复征税等。在这种情况下，如税务人员坚持征税引起纳税人暴力抗拒的，因为不具相应的纳税义务，则不构成拒不缴纳，该行为不符合抗税罪的构成要件，不能认定为抗税罪。 18

Ⅸ　处罚

犯本罪的，处3年以下有期徒刑或者拘役，并处拒缴税款1倍以上5倍以下的罚金；情节严重的，处3年以上7年以下有期徒刑，并处拒缴税款1倍以上5倍以下罚金。"情节严重"为抗税罪刑罚升格的前提条件，根据2002年11月5日发布的最高人民法院《关于审理偷税抗税刑事案件具体应用法律若干问题的解释》之规定，以下情形属于本条规定的"情节严重"：①聚众抗税的首要分子；②抗税数额在10万元以上的；③多次抗税的；④故意伤害致人轻伤的；⑤具有其他严重情节。为抗缴税款而冲击、打砸税务机关及其办公场所，严重干扰税务机关正常工作，为抗拒缴纳税款而当众侮辱、殴打税务人员及其亲属多人，煽动、组织他人集体抗税影响恶劣等可视为"其他严重情节"。 19

《刑法》第202条对抗税罪除分层次规定了主刑之外，还明确规定要并处罚金刑，即"并处拒缴税款一倍以上五倍以下罚金"。主刑和附加刑必须同时判处。此外，根据《刑法》第212条的规定，犯抗税罪被判处罚金的，在执行前，应当先由税务机关追缴税款。 20

第二百零三条　逃避追缴欠税罪

纳税人欠缴应纳税款，采取转移或者隐匿财产的手段，致使税务机关无法追缴欠缴的税款，数额在一万元以上不满十万元的，处三年以下有期徒刑或者拘役，并处或者单处欠缴税款一倍以上五倍以下罚金；数额在十万元以上的，处三年以上七年以下有期徒刑，并处欠缴税款一倍以上五倍以下罚金。

文献：曹康、黄河主编：《危害税收征管罪》，中国人民公安大学出版社 1999 年版；张旭主编：《涉税犯罪的认定处理及案例分析》，中国人民公安大学出版社 1999 年版；陈运光：《税收犯罪研判》，吉林人民出版社 2004 年版；何秉松主编：《税收与税收犯罪》，中信出版社 2004 年版；康均心主编：《税务犯罪理论与侦查实务研究》，中国方正出版社 2006 年版；刘荣：《中美税收犯罪比较研究》，法律出版社 2014 年版。唐葵：《论逃避追缴欠税罪认定中的几个问题》，载《税务与经济》2002 年第 6 期；张子信、袁建军：《逃避追缴欠税罪与偷税罪、抗税罪的区别》，载《法学杂志》2003 年第 3 期；周京英：《论逃避追缴欠税罪》，载《前沿》2008 年第 6 期；李晓明：《论〈刑法修正案（七）〉中几个涉税罪名的整合》，载《河北法学》2010 年第 1 期。

细目录

Ⅰ　主旨
Ⅱ　沿革
Ⅲ　客体
Ⅳ　危害行为
一、行为对象
二、行为方式
Ⅴ　结果
Ⅵ　主体
Ⅶ　故意
Ⅷ　与无能力支付税款行为的界限
Ⅸ　与逃税罪的区别
Ⅹ　共同犯罪
Ⅺ　罪数
Ⅻ　处罚

Ⅰ 主旨

为了保障国家的税款利益不受侵害制定本条。 1

Ⅱ 沿革

本罪原系1992年9月4日全国人大常委会通过的《关于惩治偷税、抗税犯罪的补充规定》对1979年《刑法》补充规定的罪名。《关于惩治偷税、抗税犯罪的补充规定》将纳税人欠缴应纳税款,采取转移或者隐匿财产的手段,致使税务机关无法追缴欠缴的税款的行为列为偷税罪、抗税罪以外的独立的税款犯罪。1997年《刑法》第203条的"逃避追缴欠税罪"在以上单行刑法的基础上对附加刑作了调整:即为本罪第一档法定刑增设了单处罚金的规定,并为罚金刑设定了"一倍以上"的下限。[1] 2

Ⅲ 客体

本罪的客体为国家的税款利益。 3

Ⅳ 危害行为

一、行为对象

本罪的行为对象,是纳税人的财产,既可以是单位财产,也可以是个人财产和未划分的共同财产。 4

二、行为方式

本罪客观方面通常表现为纳税人欠缴应纳税款的场合下,采取转移或隐匿财产的手段,致使税务机关无法追缴欠缴的税款,并达到法定数额标准的行为。具体而言: 5

(1)已经欠缴应纳税款为本罪的前提条件。欠缴税款是纳税人超出纳税期限,且未经税务机关批准允许延期缴纳,以各种借口拖延履行、抵制纳税义务。这里应纳税款必须已经超过缴纳期限,同时排除两种情况,一是对税款数额存在争议,且争议正处于通过复议或行政诉讼等法律途径解决过程中;二是对税款数额无异议,但纳税人向税务机关申请延期缴纳过程中和在被批准的延期缴纳期限内。 6

(2)为逃避追缴税款采取了转移或者隐匿财产的手段。转移财产,是指改变财产的存放地,如从开户银行或者有关金融机构将存款转入他人账号或者提走或将其商 7

1 参见高铭暄:《中华人民共和国刑法的孕育诞生和发展完善》,北京大学出版社2012年版,第416页。

品、产品、货物或者其他财产转移至通常存放地点以外的地点。隐匿财产,指将其财产隐藏至税务机关难以发现的地方。

V 结果

8 逃避追缴欠税罪需致使税务机关无法追缴所欠缴的税款达到1万元以上。首先,“无法追缴”指税务机关采取各种追缴措施仍无法追回,即给国家造成的实际税款损失,非指纳税人拖欠的税款或转移隐匿财产的数额;其次,无法追缴税款1万元以上应当与行为人转移或隐匿财产的行为之间具有因果关系,如果其转移、隐匿的财产没有实际经济价值或价值极低,则不能认定行为与结果之间具有因果关系。

VI 主体

9 本罪的犯罪主体为纳税人,即依照法律、行政法规的规定负有纳税义务的单位和自然人。对逃避追缴欠税负有直接责任的主管人员和其他直接责任人员,在企业事业单位构成本罪的前提下,亦应承担相应的刑事责任。扣缴义务人不能成为本罪主体。

VII 故意

10 本罪的主观方面仅限于故意,即行为人明知转移、隐匿财产的行为会发生税务机关无法追缴欠缴税款的结果,并且希望这种结果的发生。行为人转移或者隐匿财产目的在于逃避税务机关追缴其所欠税款。

VIII 与无能力支付税款行为的界限

11 税收征收管理实践中,无能力支付税款而欠税的情况较为常见。无能力支付税款指纳税人的资金、商品、货物以及其他财产不足以支付应纳税款,也不能提供纳税担保的情况,此时即使对其执行强制措施也无法追缴欠税。无能力支付税款行为与本罪从表面上看,都是因没有可供执行的财产从而造成了国家税款利益的损失,但二者存在本质区别:首先,无能力支付税款的纳税人是因经营不善等客观原因造成无可供税务机关执行的财产,主观上无逃避缴纳税款的故意,而本罪的纳税人主观上具有逃避追缴欠税的故意。其次,无能力支付税款的纳税人没有实施转移或者隐匿财产的行为,而本罪的行为人实施了转移或隐匿财产的行为。

IX 与逃税罪的区别

12 两罪均为故意违反税收征管法律法规,不履行纳税义务侵害国家税款利益的行为,二者区别在于:①违反的具体税收义务不同,逃税罪同时违反了如实申报义务和缴纳义务;本罪仅违反了缴纳义务。[2] ②犯罪的手段行为不同。逃税罪发生在纳税申报环节,行为人采取伪造、变造、隐匿、销毁纳税资料、凭证等虚假申报,或消极不申报的手段;本罪发生在税收缴纳和追缴环节,行为人采取转移或隐匿财产的手段。③犯罪主体不同。逃税罪的主体包括纳税人和扣缴义务人;本罪的主体仅为纳税人。④构成犯罪的数额标准不同。逃税罪中纳税人的逃税犯罪采取"数额加比例"标准,即逃税数额5万元以上并且逃税数额占应纳税总额10%以上,逃税数额计算截止于刑事立案之前,刑事立案之后税款如数追缴不影响犯罪成立;本罪采取数额标准,即无法追缴欠税1万元以上,对无法追缴的欠税占已缴纳的税款的百分比没有要求,且该数额是税务机关实际无法追缴的税款数额。

X 共同犯罪

本罪的共同犯罪主要发生在以下两种情形:①非纳税人协助或者提供各种方便条件帮助行为人转移或者隐匿财产以逃避税务机关追缴。如提供本人或者本单位的账号,提供可供转移隐匿财产的交通工具、库房、货场等。对此,应以事前通谋为必要条件。如果事前不知而客观上协助或者提供了各种方便条件使行为人转移或者隐匿了财产,致使税务机关无法追缴的,不应以共犯论处。②税务人员与纳税人相勾结,唆使或者协助纳税人实施本罪的,则税务人员与纳税人构成逃避追缴欠税罪的共同犯罪,对税务人员应按其在共同犯罪中的作用和地位认定主、从犯,但如果逃避追缴欠税数额达到10万元以上,则税务机关人员同时触犯《刑法》第404条徇私舞弊不征、少征税款罪,此时应当以想象竞合犯从一重罪处断。[3] 13

XI 罪数

纳税人因逃税被税务机关查处,在税务机关限期补缴税款、缴纳滞纳金和罚款期间或税务机关、司法机关实施强制执行前,纳税人采取转移、隐匿财产的方法逃避税收义务,致使税务机关无法追缴欠税的,构成一罪还是数罪,理论上认识不一。"一罪说"认为逃税行为与逃避追缴欠税行为之间形成吸收关系,属于吸收犯,应以主行为定逃税罪[4];"数罪说"认为逃税行为和逃避追缴欠税行为是在两个故意支配下的两个行为,分别符合两个罪名,二者之间无刑法上的吸收、牵连关系,应当数罪并罚[5]。司法实务部门普遍将这种情况视为数罪,如眉山祥雲工业港投资有限公司、赵学谱逃税、逃避追缴欠税案,法院认定被告人不构成逃税罪的理由不是逃税罪被逃避追缴欠 14

---

2 参见刘荣:《中美税收犯罪比较研究》,法律出版社2014年版,第80页。

3 参见刘荣:《中美税收犯罪比较研究》,法律出版社2014年版,第156页。

4 参见曹康、黄河主编:《危害税收征管罪》,中国人民公安大学出版社1999年版,第86页。

5 参见孙国祥主编:《刑法学》,科学出版社2008年版,第429页。

税罪吸收,而是逃税数额占应纳税比例未达10%。[6]

XII 处罚

15 犯本罪的,数额在1万元以上不满10万元的,处3年以下有期徒刑或者拘役,并处或者单处欠缴税款1倍以上5倍以下罚金;数额在10万元以上的,处3年以上7年以下有期徒刑,并处或者单处欠缴税款1倍以上5倍以下罚金。单位犯本罪,对单位判处罚金,并对其直接负责的主管人员和其他直接责任人员,依照上述规定处罚。

6 参见四川省眉山市中级人民法院(2016)川14刑终117号刑事裁定书。

第二百零四条　骗取出口退税罪

以假报出口或者其他欺骗手段，骗取国家出口退税款，数额较大的，处五年以下有期徒刑或者拘役，并处骗取税款一倍以上五倍以下罚金；数额巨大或者有其他严重情节的，处五年以上十年以下有期徒刑，并处骗取税款一倍以上五倍以下罚金；数额特别巨大或者有其他特别严重情节的，处十年以上有期徒刑或者无期徒刑，并处骗取税款一倍以上五倍以下罚金或者没收财产。

纳税人缴纳税款后，采取前款规定的欺骗方法，骗取所缴纳的税款的，依照本法第二百零一条的规定定罪处罚；骗取税款超过所缴纳的税款部分，依照前款的规定处罚。

文献：王松苗、文向民主编：《新刑法与税收犯罪》，西苑出版社 1998 年版；张旭主编：《涉税犯罪的认定处理及案例分析》，中国人民公安大学出版社 1999 年版；陈运光：《税收犯罪研判》，吉林人民出版社 2004 年版。程宗璋：《我国刑法关于骗取出口退税罪的立法演变》，载《上海财税》1999 年第 2 期；周洪波、单民：《骗取出口退税罪若干问题探讨》，载《法学评论》2003 年第 6 期；杨艳霞：《对骗取出口退税犯罪认定的探讨》，载《税务研究》2003 年第 11 期；孙静宜、黄成：《虚开增值税专用发票以骗取国家出口退税款行为的定性》，载《中国检察官》2012 年第 24 期；陈建清：《论骗取出口退税行为的刑法适用及处罚》，载《暨南学报(哲学社会科学版)》2016 年第 11 期；李青、乐会、胡力：《骗取出口退税的新模式、外部因素及防控》，载《国际税务》2021 年第 11 期。田宏杰：《骗取出口退税罪的违法本质及其司法认定》，载《检察日报》2019 年 4 月 18 日。

细目录

Ⅰ　主旨
Ⅱ　沿革
Ⅲ　客体
Ⅳ　危害行为
　一、行为对象
　二、行为方式
Ⅴ　结果
Ⅵ　主体
Ⅶ　故意

Ⅷ 与他罪的区别
一、与逃税罪的区别
二、与走私普通货物、物品罪的区别
Ⅸ 共同犯罪
Ⅹ 罪数
一、与逃税罪的竞合
二、与诈骗罪的竞合
Ⅺ 处罚

Ⅰ 主旨

1 为了维护国家的出口退税制度,维护国家财政收入,制定本条。

Ⅱ 沿革

2 1979年《刑法》没有骗取出口退税罪的规定,随着我国出口退税制度的建立,虚构退税事项骗取出口退税案件频发,司法实践通常只能依据1979年《刑法》将骗取出口退税的行为以偷税罪定罪量刑。1991年1月16日发布的国家税务局、原经贸部、海关总署、财政部、中国人民银行、国家外汇管理局《关于加强出口产品退税管理的联合通知》,其中规定对出口企业骗取退税的"直接责任人和指使、授意、怂恿骗税行为者,处以人民币1 000元以下罚款,情节严重的,提请司法机关追究刑事责任"。随后,1992年9月4日全国人大常委会通过的《关于惩治偷税、抗税犯罪的补充规定》第5条以犯罪主体的性质区分了骗取出口退税行为的罪名与量刑:企事业单位采取对所生产或者经营的商品假报出口等欺骗手段,骗取国家出口退税款的,对单位处以罚金,并对负有直接责任的主管人员和其他直接责任人员,处有期徒刑或者拘役;企事业单位以外的单位或者个人骗取国家出口退税款的,按照诈骗罪追究刑事责任。该补充规定实际上是将骗取出口退税确定为偷税罪以外的一个新罪名。之后,1997年《刑法》第204条在《关于惩治偷税、抗税犯罪的补充规定》第5条的基础上进行了较大的修改和调整,一方面,不再以犯罪主体作为区分骗取出口退税罪与诈骗罪的标准;另一方面,对骗取出口退税罪的法定刑设定了罚金的下限,并增设了"没收财产刑"。[1]

Ⅲ 客体

3 本罪的客体为复杂客体,既侵犯了国家的财产所有权,同时也侵犯了国家出口退

---

1 参见高铭暄:《中华人民共和国刑法的孕育诞生和发展完善》,北京大学出版社2012年版,第417页以下。

税的管理制度。之所以说本罪侵犯的是国家财产权而不是国家的税款利益,是因为骗取出口退税罪的行为对象专指行为人已缴纳税款数额以外的款项,其完全是国库支出,属于国家所有的财产。

Ⅳ 危害行为

一、行为对象

出口退税是对报关出口的产品退还国内各流转环节已缴纳的增值税、消费税税金的优惠措施,旨在鼓励出口,扩大外贸。表面上,本罪的行为对象是"退税",即国家所退还纳税人在国内流转环节已缴纳的税金,然而,这些"退税"仅是形式上、称呼上的税,本质是国家已入国库的财政收入。因为退税的前提是已缴纳了法定可以退还的税款,本罪骗取的是行为人从未缴纳过的税款,事实上并无实际发生过的"税",所以行为人是以虚构事实的方式非法占有国家财产。 4

二、行为方式

本罪的客观方面通常表现为行为人违反国家有关出口退税的法律、法规,以假报出口或者其他欺骗手段,骗取国家出口退税款,数额较大的行为。详言之: 5

1. 违反国家有关出口退税的法律、法规

违反这些税收法规是成立本罪的前提,根据相关规定申请出口退税必须具备以下条件:①必须是属于增值税、产品税、特别消费税征收范围的产品。②必须报关离境,即输出关口。这是区分产品是否属于应退税出口产品的主要标准之一,以加盖海关验讫章的出口报关单和销售发票为准。③在财务上作出口销售处理。④必须已收汇。以上条件需同时满足。 6

2. 实施了骗取出口退税的行为

实施骗取出口退税的行为是构成本罪的决定性要件。骗取国家出口退税款,指行为人在向主管税务机关提出退税申请时,采取假报出口等欺骗手段,制造符合出口退税条件的假象,骗取出口退税款。所谓"假报出口",指以虚构已税货物出口事实为目的,根据2002年9月17日发布的最高人民法院《关于审理骗取出口退税刑事案件具体应用法律若干问题的解释》,具有下列情形之一的行为:伪造或者签订虚假的买卖合同;以伪造、变造或者其他非法手段取得出口货物报关单、出口收汇核销单、出口货物专用缴款书等有关出口退税单据、凭证;虚开、伪造、非法购买增值税专用发票或者其他可以用于出口退税的发票;其他虚构已税货物的事实的行为。所谓"其他的欺骗手段"指下列情形之一:骗取出口货物退税资格的;将未纳税或者免税货物作为已税货物出口的;虽有货物出口但虚构该出口货物的品名、数量、单价等要素,骗取未实际纳税部分出口退税款的;以其他手段骗取出口退税款的。 7

Ⅴ　结果

8 骗取出口退税数额较大。根据最高人民检察院、公安部《关于公安机关管辖的刑事案件立案追诉标准的规定(二)》第 55 条的规定,"数额较大"指骗取国家出口退税款 10 万元以上。

Ⅵ　主体

9 本罪为一般主体,包括自然人与单位。

Ⅶ　故意

10 本罪的主观方面,只能出于直接故意,即行为人明知自己的行为会导致国家的出口退税款受到损害,而故意实施该行为,并且具有非法占有国家财产的目的。因疏忽而使税务机关多退税款,则不构成本罪。根据最高人民法院《关于审理骗取出口退税刑事案件具体应用法律若干问题的解释》第 6 条的规定,只要有事实和证据证明,有进出口经营权的公司、企业,明知他人意欲骗取国家出口退税款,仍违反国家有关进出口经营的规定,允许他人自带客户、自带货源、自带汇票并自行报关,造成国家税款流失,即可推定其主观上具有帮助他人骗取国家出口退税款的故意,而不要求有证据证明这些公司、企业明知他人必然要骗取出口退税。司法实践中,从事这种业务的主体,往往会以自己并不知道被代理单位骗取出口退税为由,否认具有骗取出口退税的故意,如"中国包装进出口陕西公司、侯万万骗取出口退税案"和"杨康林、曹培强等骗取出口退税案"。[2] 这种业务俗称"四自三不见业务",即自带客户、自带货源、自带汇票、自行报关;不见进口产品、不见供货货主、不见外商。因公司在代理进口业务时必须由代理单位签订进口合同,办理制单、购汇、付汇及报关手续,并对所办单据的真实性负责,故可以推定"四自三不见业务"的经营者主观上具有帮助他人骗取国家退税款的故意。

Ⅷ　与他罪的区别

一、与逃税罪的区别

11 明确骗取出口退税罪与逃税罪的区别对于正确理解《刑法》第 204 条第 2 款具有重要意义。二者区别在于:①犯罪客体不同,前罪的客体是国家的出口退税管理秩序

2　参见最高人民法院刑事审判第一庭、第二庭编:《刑事审判参考》总第 37 集(第 287 号),法律出版社 2004 年版;最高人民法院刑事审判第一庭、第二庭编:《刑事审判参考》总第 42 集(第 329 号),法律出版社 2005 年版。

和国家财产所有权;后罪的客体是国家的税款利益。②犯罪对象不同,前罪的对象是国家财政收入;后罪的对象是国家的税收债权。③手段不完全相同,前罪采取的是假报出口或其他欺骗手段,虚构、伪造的是国家规定的出口退税需要满足的条件及其凭证,并且仅能采取这种积极造假的行为方式;后罪通常采取伪造、变造、隐匿、擅自销毁账簿、记账凭证,在账簿上多列支出或者不列、少列收入等欺骗、隐瞒手段,除了通常的虚假申报还可以采取消极的不申报手段。④犯罪目的不同,前罪的目的是非法占有国家的财产,后罪的目的是逃避履行纳税义务。

二、与走私普通货物、物品罪的区别

二者的共同之处在于都涉及进出口环节,都采取了一定的欺骗手段。但二者存在本质区别:①侵犯的客体不同,前罪侵害的是国家出口退税秩序;后罪侵犯的是国家对外贸易管理秩序。虽然形式上都发生在进出口环节,但实际上两种制度之间互不交叉重合。②犯罪的客观方面不同,前罪表现为行为人违反有关出口退税的法律法规,骗取出口退税;后罪表现为行为人违反《海关法》和其他有关法律法规,逃避海关监管。③犯罪的主观方面不同,前罪以获取非法经济利益为目的;后罪的行为人在主观方面是否具有非法牟利目的一般不影响走私普通货物、物品罪的成立。然而,司法实践中,骗取出口退税往往与走私交织在一起,如行为人办理出口退税后,货物回流国内市场销售的情况。如果货物已真实出关,尚未出售,又走私回国内市场销售,如海南中渔水产有限公司、周程、袁媛犯骗取进出口退税案,法院认定走私普通货物物品罪与骗取出口退税罪是牵连关系,择一重罪处罚[3];如果货物未出关,行为人办理出口退税后,将货物在国内销售,如许周富骗取出口退税案,法院认定为骗取出口退税罪一罪[4]。 12

IX 共同犯罪

本罪的共同犯罪主要发生在以下两种情形:①有进出口经营权的公司、企业,明知他人意欲骗取国家出口退税款,仍违反国家有关进出口经营的规定,允许他人自带客户、自带货源、自带汇票并自行报关,造成国家税务机关被骗退税的情况;有进出口经营权的公司、企业虽然没有实施虚构事实等行为,也没有实际取得退税,仍成立本罪的共犯。②为骗取出口退税提供各种伪造的相关凭证的行为人,成立骗取出口退税罪的共犯应以事前通谋为必要条件,如果行为人不知道伪造的凭证是用于骗取出口退税的,不应以本罪的共犯论处,符合其他犯罪要件的,以其他犯罪定罪量刑;税务、海关、银行等工作人员与骗取出口退税者通谋实施违法出口退税、提供出口退税凭证的行为,成立骗取出口退税罪的共同犯罪,同时构成《刑法》第 405 条的徇私舞弊 13

---

3 参见海南省高级人民法院(2017)琼刑终 60 号刑事判决书。

4 参见云南省高级人民法院(2018)云刑申 10 号刑事通知书。

发售发票、抵扣税款、出口退税罪或违法提供出口退税凭证罪,此种情况属于想象竞合犯,应当对税务、海关、银行等工作人员从一重罪定罪处罚。[5] 如果其在履行职务中,未与骗税者通谋,但明知申请出口退税的证明材料是假的或明知开具凭证是为了骗取出口退税,而违法给予退税或开具凭证,致使骗取出口退税者得逞,则应对其以《刑法》第405条的徇私舞弊发售发票、抵扣税款、出口退税罪或违法提供出口退税凭证罪定罪量刑。

X　罪数

一、与逃税罪的竞合

14 根据《刑法》第204条第2款的规定,如果纳税人缴纳税款以后,采取假报出口或者其他欺骗手段,骗取所缴纳的税款的,按逃税罪定罪处罚;行为人骗取税款超过所缴纳的税款部分,应当认定为骗取出口退税罪。因此,行为人骗取的税款超过所缴纳的税款的,应当以逃税罪和骗取出口退税罪数罪并罚。对此规定有两种意见:一种意见认为,行为人同时触犯两种罪名,应按逃税罪和骗取出口退税罪数罪并罚[6];另一种意见认为,在一次骗取出口退税行为所得超过已纳税款的场合,实行数罪并罚,则是违背罪数理论的[7]。行为人实施了一个骗取出口退税的行为,却同时触犯了逃税罪和骗取出口退税罪两个罪名的场合,属于一个行为触犯数罪名的想象竞合犯,理论上应当从一重处罚。但是,正如我国刑法在走私犯罪当中采取了以对象作为区分一罪与数罪的标准,完全可能导致在一次走私行为当中,同时走私了数种不同物品,结果必须数罪并罚一样,根据罪刑法定原则的具体要求,在《刑法》第204条第2款的适用中,对于骗取税款超出所缴纳的税款部分,成立本罪,与逃税罪实行数罪并罚,也并无不可。[8]

二、与诈骗罪的竞合

15 当自然人为骗取出口退税罪主体时,其犯罪行为也同时触犯诈骗罪。这是典型的法条竞合,即自然人实施一个骗取出口退税的行为,同时符合两个犯罪的构成,触犯两个罪名,而诈骗罪的犯罪构成在此时包含了骗取出口退税罪的构成。此时,应按特别法优于一般法的原则以骗取出口退税罪定罪处罚。

5　参见刘荣:《中美税收犯罪比较研究》,法律出版社2014年版,第156页。

6　参见王松苗、文向民主编:《新刑法与税收犯罪》,西苑出版社1998年版,第142页。

7　参见王作富主编:《刑法分则实务研究》(第4版),中国方正出版社2010年版,第656页。

8　参见黎宏:《刑法学各论》(第2版),法律出版社2016年版,第174页。

XI 处罚

16 犯本罪,数额较大的,处5年以下有期徒刑或拘役,并处骗取税款1倍以上5倍以下罚金;数额巨大或者有其他严重情节的,处5年以上10年以下有期徒刑,并处骗取税款1倍以上5倍以下罚金;数额特别巨大或者有其他特别严重情节的,处10年以上有期徒刑或无期徒刑,并处骗取税款1倍以上5倍以下罚金或者没收财产。根据2002年9月17日最高人民法院发布的《关于审理骗取出口退税刑事案件具体应用法律若干问题的解释》第3条以及2022年4月6日最高人民检察院、公安部发布的《关于公安机关管辖的刑事案件立案追诉标准的规定(二)》第55条的规定,骗取国家出口退税10万元以上的,为"数额较大";50万元以上的,为"数额巨大";250万元以上的,为"数额特别巨大"。具有下列情形之一的,属于"其他严重情节":造成国家税款损失30万元以上并且在第一审判决宣告前无法追回的;因骗取国家出口退税行为受过行政处罚,两年内又骗取国家出口退税款数额在30万元以上的;情节严重的其他情形。具有下列情形之一的,属于"其他特别严重情节":造成国家税款损失150万元以上并且在第一审判决宣告前无法追回的;因骗取国家出口退税行为受过行政处罚,两年内又骗取国家出口退税款数额在150万元以上的;情节特别严重的其他情形。

17 单位犯本罪的,对单位判处罚金,并对其直接负责的主管人员和其他直接责任人员,依照上述规定处罚。

第二百零五条　虚开增值税专用发票、用于骗取出口退税、抵扣税款发票罪

虚开增值税专用发票或者虚开用于骗取出口退税、抵扣税款的其他发票的，处三年以下有期徒刑或者拘役，并处二万元以上二十万元以下罚金；虚开的税款数额较大或者有其他严重情节的，处三年以上十年以下有期徒刑，并处五万元以上五十万元以下罚金；虚开的税款数额巨大或者有其他特别严重情节的，处十年以上有期徒刑或者无期徒刑，并处五万元以上五十万元以下罚金或者没收财产。

单位犯本条规定之罪的，对单位判处罚金，并对其直接负责的主管人员和其他直接责任人员，处三年以下有期徒刑或者拘役；虚开的税款数额较大或者有其他严重情节的，处三年以上十年以下有期徒刑；虚开的税款数额巨大或者有其他特别严重情节的，处十年以上有期徒刑或者无期徒刑。

虚开增值税专用发票或者虚开用于骗取出口退税、抵扣税款的其他发票，是指有为他人虚开、为自己虚开、让他人为自己虚开、介绍他人虚开行为之一的。

文献：王佩芬：《发票犯罪立法研究》，上海社会科学院出版社 2015 年版；陈兴良：《判例刑法学(上卷)》(第 2 版)，中国人民大学出版社 2017 年版；高铭暄、马克昌主编：《刑法学》(第 9 版)，北京大学出版社、高等教育出版社 2019 年版。刘宪权、阮传胜：《关于虚开增值税专用发票犯罪几个争议问题的分析》，载《法学》1999 年第 6 期；刘志伟：《发票犯罪若干疑难问题研析》，载《法学家》2001 年第 2 期；谢望原、郭立锋：《虚开增值税专用发票罪若干疑难问题探析》，载《山东审判》2002 年第 5 期；陈兴良：《不以骗取税款为目的的虚开发票行为之定性研究——非法定目的犯的一种个案研究》，载《法商研究》2004 年第 3 期；张忠斌：《虚开增值税专用发票罪争议问题思辨》，载《河北法学》2004 年第 6 期；陈洪兵、安文录：《发票犯罪处罚空隙探究》，载《中国刑事法杂志》2005 年第 1 期；廖仕梅、屈震：《论虚开增值税专用发票罪与真实交易》，载《税务研究》2018 年第 1 期；刘荣、高苑丽：《虚开增值税专用发票罪的量刑规范化研究》，载《税务研究》2018 年第 2 期；汪成红：《浅议"善意取得"虚开增值税专用发票的定性》，载《税务研究》2018 年第 9 期；董飞武：《虚开增值税专用发票罪目的犯观点之否定》，载《税务与经济》2019 年第 3 期；廖仕梅：《虚开增值税专用发票罪基本形态辨析与立法完善》，载《人民检察》2019 年第 5 期；姚龙兵：《危害税收征管罪若干司法疑难之案解》，载《人民

司法》2019 年第 5 期；马春晓：《虚开增值税专用发票罪的抽象危险判断》，载《政治与法律》2019 年第 6 期；周铭川：《论虚开增值税专用发票罪的抽象危险犯本质——兼与陈兴良教授和张明楷教授商榷》，载《上海政法学院学报（法治论丛）》2020 年第 1 期；陈金林：《虚开增值税专用发票罪的困境与出路——以法益关联性为切入点》，载《中国刑事法杂志》2020 年第 2 期；陈兴良：《虚开增值税专用发票罪：罪名沿革与规范构造》，载《清华法学》2021 年第 1 期；张旭：《虚开增值税专用发票罪的限缩适用立场——“目的+结果”标准的澄清与改进》，载《中国人民公安大学学报（社会科学版）》2021 年第 2 期；陈兴良：《虚开增值税专用发票罪：性质与界定》，载《政法论坛》2021 年第 4 期；傅忆文：《虚开增值税专用发票罪的保护法益及其运用》，载《中国检察官》2021 年第 6 期；李营、张云瑞：《虚开增值税专用发票罪的结果犯属性》，载《中国检察官》2021 年第 13 期。姚龙兵：《论“有货”型虚开增值税专用发票行为之定性》，载《人民法院报》2019 年 9 月 26 日。

细目录

Ⅰ　主旨
Ⅱ　沿革
Ⅲ　客体
Ⅳ　危害行为
　一、行为对象
　二、行为方式
　三、数额标准
Ⅴ　主体
Ⅵ　故意
Ⅶ　与他罪的区别
　一、与逃税罪的区别
　二、与非法出售增值税专用发票罪、非法购买增值税专用发票罪的区别
Ⅷ　共同犯罪
Ⅸ　罪数
Ⅹ　处罚

Ⅰ　主旨

为了维护增值税专用发票及其他可用于出口退税和抵扣发票的管理秩序，保障国家税款利益，制定本条。 1

Ⅱ　沿革

1979 年《刑法》未规定虚开发票的相关条款，随着 1994 年税制改革，1995 年 10 2

月30日全国人大常委会通过的《关于惩治虚开、伪造和非法出售增值税专用发票犯罪的决定》明确规定虚开增值税专用发票构成犯罪,并且最高法定刑为死刑。以此为蓝本,1997年《刑法》进行了三个方面的修改:删除首要分子从重处罚的规定,将原先“虚开”的界定作了合并,将单位犯本罪的规定单列为独立条款,最终形成了1997年《刑法》的第205条“虚开增值税专用发票、用于骗取出口退税、抵扣税款发票罪”。2005年12月29日全国人大常委会通过的《关于〈中华人民共和国刑法〉有关出口退税、抵扣税款的其他发票规定的解释》将“出口退税、抵扣税款的其他发票”明确界定为“除增值税专用发票以外的,具有出口退税、抵扣税款功能的收付款凭证或者完税凭证”。2011年2月25日全国人大常委会通过的《刑法修正案(八)》第23条废除了本罪的死刑。[1]

Ⅲ 客体

3 关于本罪的客体理论上存在较大争议,有观点认为本罪的客体是国家的税收征管秩序[2];有观点认为本罪的客体是国家对增值税专用发票和可用于骗取出口退税、抵扣税款的其他发票的监督管理制度[3];有观点认为本罪的客体是复杂客体,即国家的发票管理制度和税收征管制度[4];有观点认为本罪侵犯的客体是国家增值税[5];还有观点认为,虚开增值税专用发票行为首先侵害了国家发票管理秩序,其次可能侵害或者威胁到其他客体,前者是本罪必然侵犯的客体,后者是随机客体[6]。显然,对本罪客体的不同理解,可能会直接导致司法对具体行为是否构成本罪的认定结果不同,而目前司法实践中对本罪最激烈的行为犯、目的犯与结果犯之争正是源于对客体认识的分歧。

---

1 参见高铭暄:《中华人民共和国刑法的孕育诞生和发展完善》,北京大学出版社2012年版,第419页以下。

2 参见高铭暄、马克昌主编:《刑法学》(第9版),北京大学出版社、高等教育出版社2019年版,第427—428页。

3 参见邹志刚:《从两案例看虚开用于抵扣税款发票罪之犯罪构成》,载《浙江检察》2003年第11期。

4 参见高铭暄、马克昌主编:《刑法学》,北京大学出版社、高等教育出版社2000年版,第444页。

5 参见廖仕梅:《虚开增值税专用发票罪基本形态辨析与立法完善》,载《人民检察》2019年第5期。

6 参见董飞武:《虚开增值税专用发票行为入罪问题研究——基于虚开增值税专用发票罪的性质辨析》,载《西南财经大学学报》2020年第2期。

Ⅳ　危害行为

一、行为对象

本条是一个选择性罪名,行为对象有三:①增值税专用发票。所谓增值税专用发票,是指国家税务部门根据增值税征收管理需要,兼记货物或者劳务所负担的增值税税额而设定的一种专用发票,其具有一般发票的记录商事活动的凭证功能,更主要的是其法定的抵扣税款功能。②用于骗取出口退税、抵扣税款的其他发票。根据2005年12月29日全国人大常委会通过的《关于〈刑法〉有关出口退税、抵扣税款的其他发票规定的解释》,所谓其他可以用于出口退税、抵扣税款的发票,是指除增值税专用发票以外,具有出口退税、抵扣税款功能的收付款凭证或者完税凭证。海关完税凭证、运输发票、农产品收购凭证即属于这类发票,这些普通发票因为政策的原因被赋予了其他普通发票不具有的出口退税、抵扣税款的功能。③伪造的增值税专用发票。根据《刑法》第208条第2款的规定,非法购买增值税专用发票或者购买伪造的增值税专用发票又虚开的,应依照虚开增值税专用发票罪定罪处罚。因此,本罪行为对象既包括真的增值税专用发票,也包括伪造的增值税专用发票,还包括具有抵扣功能的普通发票,以上行为对象的共同点就是具有抵扣或退税款的功能,可以直接造成国家税款损失。 4

二、行为方式

本罪的客观方面表现为违反国家发票管理法规,在没有销售货物或者提供应税劳务的情况下,虚开增值税专用发票或者用于骗取出口退税、抵扣税款的其他发票的行为。详言之: 5

1. 违反国家发票管理法规的行为

所谓违反国家发票管理法规,是指违反《发票管理办法》和《〈发票管理办法〉实施细则》以及《增值税暂行条例》等法规中关于开具发票必须遵守的有关规定。 6

2. 虚开增值税专用发票或者虚开用于骗取出口退税、抵扣税款的其他发票的行为

所谓虚开,就是指开具与其实际经营业务不符的发票的行为。具体可包括两种情况:一是在没有货物购销或者提供或接受应税劳务的情况下开具发票;二是虽有货物购销或者提供或接受了应税劳务,但却开具内容与真实业务不符的发票。《刑法》第205条第3款根据虚开的对象不同,规定了四种虚开情形: 7

(1)为他人虚开。为他人虚开大体存在两种情况:①行为人在他人有商品交易活动的情况下,用自己领购的增值税专用发票为他人代开;②行为人在他人没有商品交易活动的情况下,用自己领购的增值税专用发票为他人代开。第一种情况下,可能存在所谓的“如实代开”的情况,即除主体不实以外,发票的其他内容与经营业务均相符 8

的虚开行为。对这种“如实代开”的行为是否属于虚开,学界有不同看法。肯定者认为,出票方为第三者代开发票实质上仍属于虚开,因为对出票方来说,与受票方的货物销售或提供应税劳务仍属于无中生有;否定者认为“如实代开”因交易真实,不属于刑法上的虚开增值税专用发票行为。2015 年最高人民法院研究室《〈关于如何认定以“挂靠”有关公司名义实施经营活动并让有关公司为自己虚开增值税专用发票行为的性质〉征求意见的复函》已经明确“如实代开”不是刑法上的虚开增值税专用发票行为,不应继续适用 1996 年 10 月 17 日最高人民法院《关于适用〈全国人民代表大会常务委员会关于惩治虚开、伪造和非法出售增值税专用发票犯罪的决定〉的若干问题的解释》将“如实代开”的行为认定为刑法上的虚开的解释。

9 (2)为自己虚开。为自己虚开指行为人在没有进行商品交易或只有部分商品交易的情况下,在自行填开通过正常途径领购来的专用发票时,虚构商品交易的内容或者虚增商品交易的数量、价款和销项税额。

10 (3)让他人为自己虚开。让他人为自己虚开指行为人指使、要求、诱骗或者收买他人为自己虚开的行为。让他人为自己虚开,是与“为他人虚开”相对应而存在的,不言而喻,有“为他人虚开”,就必然存在“让他人为自己虚开”。根据受票方的目的,让他人为自己虚开存在两种情况,行为人为自己非法抵扣税款或者骗取出口退税,而让发票领购人为自己虚开;行为人没有逃骗税的目的,而是为了其他非法目的或合法目的让他人为自己虚开,如行为人为了掩盖私分国有资产、贪污等违法犯罪虚开增值税专用发票。

11 (4)介绍他人虚开。介绍他人虚开是指在开票人与受票人中间起牵线搭桥,甚至起组织策划作用的犯罪行为。介绍他人虚开大致有两种情况:一是行为人介绍开票人与受票人双方直接见面,自己从中捞取一定的所谓“中介费”;二是行为人指使开票人将发票开给其指定的受票人,自己从中获取非法利益。在此情况下,开票人与受票人虽可能未直接见面,但二者仍然成立为他人虚开或让他人为自己虚开。

12 目前理论和实践对本罪争议最大的是对“虚开”的理解,具体存在以下学说:行为犯说,认为本罪是行为犯,构成犯罪不以造成逃税、骗税等后果为必要条件,只要着手实施了虚开增值税专用发票的行为并且达到定罪量刑标准即可[7];抽象危险犯说,认为司法机关应以一般的经济运行方式为根据,判断虚开行为是否具有骗取国家税款的危险(造成国家税款损失的危险)[8];结果犯说,认为本罪的虚开行为必须是给国家造成增值税款损失的行为[9];复合结构说,认为虚开增值税专用发票罪的行为构成是

---

7 参见张忠斌:《虚开增值税专用发票罪争议问题思辨》,载《河北法学》2004 年第 6 期;岳彩林:《虚开增值税专用发票犯罪行为的认定及法律适用》,载《法律适用》2004 年第 6 期。

8 参见张明楷:《刑法学》(第 5 版),法律出版社 2016 年版,第 816 页。

9 参见廖仕梅:《虚开增值税专用发票罪基本形态辨析与立法完善》,载《人民检察》2019 年第 5 期;张明楷:《刑法学》(第 6 版),法律出版社 2021 年版,第 1059 页。

较为复杂的复合结构,它同时包含行为犯和复行为犯,应当根据为自己虚开和为他人虚开的不同情况而有所区分[10]。刑法理论和实践对虚开增值税专用发票罪之“虚开”的理解经历了一个过程,本罪制定之初,司法实践对“虚开”仅进行文义解释从而以行为犯定罪具有普遍性,但随着实践中“虚开”行为的复杂性逐渐显现,某些案件按照行为犯定罪暴露出罪刑不均衡问题,遂需要对虚开增值税专用发票罪之“虚开”进一步限缩范围。由于虚开增值税专用发票行为所具有的独特性、特有的危害性,对“虚开”进行限缩成为目前理论和实务界的共识。[11]

在此问题上,最高人民法院相继以复函、工作会谈综述的方式明确表示两种不宜构成“虚开”的情形: 13

(1)单纯为夸大经济实力虚开增值税专用发票,但未予以抵扣税款的行为。2001年最高人民法院答复福建省高级人民法院请示的泉州市松苑锦涤实业有限公司等虚开增值税专用发票一案中,该案被告单位不以抵扣税款为目的,而是为了显示公司实力以达到与外商谈判中处于有利地位而虚开增值税发票。[12] 随后,在2004年全国法院经济犯罪案件审判工作座谈会综述中列举了三种不宜认定为“虚开”的行为。第一,为虚增营业额、扩大销售收入或者制造虚假繁荣,相互对开或环开增值税专用发票的行为。第二,在货物销售过程中,一般纳税人为夸大销售业绩,虚增货物的销售环节,虚开进项增值税专用发票和销项增值税专用发票,但依法缴纳增值税并未造成国家税款损失的行为。第三,夸大企业经济实力,通过虚开进项增值税专用发票虚增企业的固定资产,但并未利用增值税专用发票抵扣税款,国家税款亦未受到损失的行为。[13] 14

(2)“如实代开”行为,2015年最高人民法院研究室《〈关于如何认定以“挂靠”有关公司名义实施经营活动并让有关公司为自己虚开增值税专用发票行为的性质〉征求意见的复函》明确了“虚开增值税发票罪的危害实质在于通过虚开行为骗取抵扣税款,对于有实际交易存在的代开行为,如行为人主观上并无骗取的抵扣税款的故意,客观上未造成国家增值税款损失的,不宜以虚开增值税专用发票罪论处”。2018年12月4日,最高人民法院公布人民法院发挥审判职能作用保护产权和企业家合法权益典型案例(第二批),其中张某强虚开增值税专用发票案[14],体现了司法实践中对这类案件的认定分歧,一审法院认定被告人张某强构成虚开增值税专用发票罪,最高 15

10　参见陈兴良:《虚开增值税专用发票罪:罪名沿革与规范构造》,载《清华法学》2021年第1期。

11　参见姚龙兵:《危害税收征管罪若干司法疑难之案解》,载《人民司法》2019年第5期。

12　参见福建省高级人民法院(2001)闽刑终第391号刑事判决书。

13　参见《经济犯罪案件中的法律适用问题——全国部分法院经济犯罪案件审判工作座谈会研讨综述》,载最高人民法院刑事审判第一庭、第二庭编:《刑事审判参考》(总第41集),法律出版社2005年版,第157页以下。

14　参见最高人民法院(2016)最高法刑核51732773号刑事裁定书。

人民法院经复核认为,被告人张某强以其他单位名义对外签订销售合同,由该单位收取货款、开具增值税专用发票,不具有骗取国家税款的目的,未造成国家税款损失,其行为不构成虚开增值税专用发票罪。同时也明确了这种有真实货物销售,以其他单位名义对外签订销售合同,由该单位收取货款、开具增值税专用发票,不具有骗取国家税款的目的,未造成国家税款损失的行为不属于刑法上的"虚开"。

三、数额标准

16 本罪的立案标准,根据最高人民检察院、公安部《关于公安机关管辖的刑事案件立案追诉标准的规定(二)》第 56 条的规定,虚开增值税专用发票或者虚开用于骗取出口退税、抵扣税款的其他发票,虚开的税款数额在 10 万元以上或者造成国家税款损失数额在 5 万元以上的,应予立案追诉。据此可以认为,虚开的税款数额不足 10 万元并且造成国家税款损失数额不足 5 万元属于虚开情节显著轻微危害不大,应当不构成本罪。

17 关于本罪的量刑标准,虽然最高人民法院《关于适用〈全国人民代表大会常务委员会关于惩治虚开、伪造和非法出售增值税专用发票犯罪的决定〉的若干问题的解释》尚未被命令废止,但其确与现行的经济发展水平不匹配,从而导致量刑畸重。2014 年和 2018 年最高人民法院分别通过研究室电话答复和通知的形式,明确了在新司法解释出台前,可以参照 2002 年最高人民法院《关于审理骗取出口退税刑事案件具体应用法律若干问题的解释》第 3 条的规定执行。该问题的最终解决有赖于新的规定。

Ⅴ　主体

18 本罪的主体,是一般主体,既可以是自然人,也可以是单位。实践中存在的"开票公司",即没有其他合法业务,专门从事虚开增值税专用发票或其他普通发票的公司,应当被认定为自然人犯罪。此外,税务机关及其工作人员也可以成为本罪的主体。根据 2004 年 3 月 17 日发布的最高人民检察院法律政策研究室《关于税务机关工作人员通过企业以"高开低征"的方法代开增值税专用发票的行为如何适用法律问题的答复》的规定,税务机关及其工作人员将不具备条件的小规模纳税人虚报为一般纳税人,并让其采用"高开低征"的方法为他人代开增值税专用发票的行为属于虚开增值税专用发票,参见"吴彩森、郭家春等虚开增值税专用发票案"[15]。

Ⅵ　故意

19 本罪的主观方面表现为虚开增值税专用发票的故意。但理论和司法实践对本罪

15　参见最高人民法院刑事审判第一庭、第二庭编:《刑事审判参考》总第 31 辑(第 231 号),法律出版社 2003 年版。

是否需要逃税或骗取出口退税的目的存在争议。非目的犯说，主张对本条进行平义解释，无关目的，只要行为人故意实施了虚开增值税专用发票行为，均可构成本罪。[16] 目的犯说，认为本罪是非法定目的犯，从法条的字面来看，是对法律规定作了某种限制解释。[17] 只要没有抵扣税款的目的，即使在客观上实施了虚开发票的行为，也不构成本罪。[18] 其实，目的犯说的实质也是提出了限制虚开增值税专用发票罪范围的一个路径。

Ⅶ　与他罪的区别

一、与逃税罪的区别

二者在行为方式上有某些相似之处，如涂改单据、伪造账目等。尤其在为自己虚 20
开、让他人为自己虚开的情况下，行为人虚开的目的就是为了骗取或抵扣税款，本质上就是以虚开的手段逃税、骗取出口退税。《刑法》第 205 条将逃税、骗税的预备行为单独进行规定，因此需要从以下几个方面对二者进行区分：

（1）客观方面不同。虚开增值税专用发票、用于骗取出口退税、抵扣税款发票罪 21
中“虚开”是本罪的行为要件，“抵扣”则是选择性要件，其成立并不以抵扣税款的实现为必然条件，只要虚开增值税专用发票达到法定数额，即便没有抵扣，也可构成本罪；逃税罪是结果犯，即逃税致不缴或者少缴税款，达到法定的数额和比例才构成犯罪。结合本条的相关司法解释将致使国家税款损失作为本罪定罪量刑的标准和第 201 条第 1 款分析，虚开增值税专用发票、用于骗取出口退税、抵扣税款发票罪可以包含作为其结果的逃税行为，而逃税罪无法包括作为其手段的虚开行为。

（2）主体不同。虚开增值税专用发票、用于骗取出口退税、抵扣税款的主体是 22
一般主体，任何单位和个人都可构成；而逃税罪的主体是特殊主体，只有纳税人和扣缴义务人才能构成。

（3）犯罪目的不同。本罪的犯罪目的通常有两种情况：一是为他人虚开或者介绍 23
他人虚开，其目的通常是为了收取“手续费”“介绍费”“好处费”等。二是为自己虚开或者让他人为自己虚开，其目的通常是为了抵扣税款或骗取出口退税，即逃税或骗取出口退税，此外，实践中不排除有些行为人既非为了从虚开中获利也非为了逃、骗税而虚开的情况；逃税罪的目的则是为了少缴或者不缴税款。因而，在行为人为自己虚

16　参见董飞武：《虚开增值税专用发票罪目的犯观点之否定》，载《税务与经济》2019 年第 3 期。

17　参见陈兴良：《判例刑法学（上卷）》（第 2 版），中国人民大学出版社 2017 年版，第 254 页。

18　参见陈兴良：《判例刑法学（上卷）》（第 2 版），中国人民大学出版社 2017 年版，第 259 页。

开或者让他人为自己虚开并用虚开的发票作为凭证抵扣自己应缴税款的情况下,应当认为行为人虚开增值税专用发票并抵扣税款的,构成本罪而非逃税罪。司法实践中,行为人虚开增值税专用发票或用于抵扣税款发票,没有抵扣增值税而是用于冲减营业额偷逃营业税、企业所得税、城建税等,应认定为逃税罪,如芦才兴案。[19]

二、与非法出售增值税专用发票罪、非法购买增值税专用发票罪的区别

24　对于介绍他人开具、让他人为自己开具无真实货物购销的增值税专用发票,从中收取、支付费用行为的认定,司法实践存在三种意见:第一种意见认为,介绍人和受票人分别构成非法出售增值税专用发票罪和非法购买增值税专用发票罪,支付的费用为购买增值税专用发票的对价。第二种意见认为,被告人的行为属于非法出售增值税专用发票罪、非法购买增值税专用发票罪和虚开增值税专用发票罪的想象竞合,应当从一重罪处罚。第三种意见认为,在这种情况下,虚开增值税专用发票罪与非法出售增值税专用发票罪、非法购买增值税专用发票罪是牵连关系,应以虚开增值税专用发票罪论处。

25　在"王小禹、鞠井田虚开增值税专用发票案"中,检察机关持第一种观点,对被告人以非法出售增值税专用发票罪和非法购买增值税专用发票罪提起公诉。一审、二审法院均持第三种观点,认定被告人均构成虚开增值税专用发票罪。法院认为被告人王小禹为了获取"交易费",明知他人没有真实货物交易,而为他人虚开(或者说介绍他人虚开)增值税专用发票。二被告人均具有虚开增值税专用发票罪的主观故意,也实施了虚开增值税专用发票罪所要求的特定行为,完全符合该罪的犯罪构成要件,依法应当认定为虚开增值税专用发票罪。事实上,如果以非法出售增值税专用发票罪评价王小禹的行为,则无法涵盖其介绍他人虚开增值税专用发票的行为;以非法购买增值税专用发票罪评价鞠井田的行为,则无法涵盖其让他人为自己虚开增值税专用发票的行为。关于虚开增值税专用发票罪与非法出售增值税专用发票罪、非法购买增值税专用发票罪、出售伪造的增值税专用发票罪、购买伪造的增值税专用发票罪等相关增值税专用发票犯罪之间如何区分的问题,各罪名之间应各有其适用的空间。具体而言:①非法出售真实的空白增值税专用发票的,认定为非法出售增值税专用发票罪。出售伪造的空白增值税专用发票的,认定为出售伪造的增值税专用发票罪。②非法购买真实的空白增值税专用发票的,认定为非法购买增值税专用发票罪。购买伪造的空白增值税专用发票的,认定为购买伪造的增值税专用发票罪。③非法购买真实的定额增值税专用发票的,认定为非法购买增值税专用发票罪。出售真实的定额增值税专用发票的,认定为非法出

19　参见《芦才兴虚开抵扣税款发票案[第107号]——虚开可以用于抵扣税款的发票冲减营业额偷逃税款的行为如何定性》,载最高人民法院刑事审判第一庭、第二庭编:《刑事审判参考》(总第17辑),法律出版社2001年版,第6—12页。

售增值税专用发票罪。④为他人开、为自己开、让他人为自己开、介绍他人开增值税专用发票,符合相关司法解释规定的虚开行为的,认定为虚开增值税专用发票罪。需要注意的是,在犯罪过程中,一般会存在买卖的行为,但依照《刑法》第 208 条第 2 款的规定,应直接以虚开增值税专用发票罪定罪处罚。⑤伪造增值税专用发票的,认定为伪造增值税专用发票罪。⑥购买增值税专用发票,但无证据证明是为了虚开而购买的,认定为非法购买增值税专用发票罪;有证据证明为了虚开而购买的,则认定为虚开增值税专用发票罪。[20]

值得关注的是,以上《刑事审判参考》中对非法出售增值税专用发票罪、非法购买增值税专用发票罪适用空间的描述是基于手工发票时代。在当时缺乏信息比对技术的背景下,非法购买空白增值税专用发票后随意列填,欺骗税务机关抵扣税款的情况时有发生,这也是立法设置非法出售增值税专用发票罪、非法购买增值税专用发票罪的主要原因。而在当前成熟的发票信息验证技术下,通过购买空白增值税专用发票列填后抵扣税款的可能性已经为零,由此,以上《刑事审判参考》中提出的非法出售增值税专用发票罪和非法购买增值税专用发票罪的适用空间已经不复存在,上文提出其与虚开增值税专用发票罪的区分标准也已经不具有现实意义。而理论和司法实践始终未能明确在现有增值税专用发票开票系统下,非法出售增值税专用发票罪、非法购买增值税专用发票罪与虚开增值税专用发票罪的界限。而在当前对虚开增值税专用发票罪适用限缩的趋势下,出现了以非法出售增值税专用发票罪和非法购买增值税专用发票罪作为虚开增值税专用发票罪替代罪名的迹象,合慧伟业商贸(北京)有限公司等虚开增值税专用发票案[21]入选 2019 年影响力十大税务司法审判案例,即体现了理论界对这一现象的关注。无论如何,区分非法出售增值税专用发票罪、非法购买增值税专用发票罪与虚开增值税专用发票罪,还是应当立足于对发票领域中“虚开”与“出售”“购买”行为的区分。 26

Ⅷ 共同犯罪

根据《刑法》第 205 条第 3 款的规定,虚开行为包括:为他人虚开、为自己虚开、让他人为自己虚开、介绍他人虚开四种情况,其中,除为自己虚开之外,其他的虚开行为,除“自己”外,均涉及具有对合关系的“他人”,都是虚开增值税专用发票罪的共同实行犯。 27

以增值税专用发票抵扣税款或者用于骗取出口退税常常涉及海关、税务部门的国家机关工作人员。不通过这些国家机关工作人员的职务行为,行为人抵扣税款或骗取出口退税的犯罪目的是不可能最终实现的。如果上述有关部门工作人员与犯罪 28

20　参见最高人民法院刑事审判第一、二、三、四、五庭主办:《刑事审判参考》总第 111 集(第 1209 号),法律出版社 2018 年版。

21　参见北京市第二中级人民法院(2019)京 02 刑终 113 号刑事判决书。

分子相勾结共同实施虚开增值税专用发票的犯罪行为,或明知是虚开的增值税专用发票而予以抵扣税款,或者明知犯罪分子在实施虚开增值税专用发票犯罪而提供其他帮助,成立本罪的共同犯罪,同时构成《刑法》第 405 条的徇私舞弊发售发票、抵扣税款、出口退税罪,此种情况属于想象竞合犯,应当对税务、海关工作人员从一重罪处罚。[22] 2003 年陈学军、吴芝刚虚开增值税专用发票案中,税务局工作人员吴芝刚便被以虚开增值税专用发票罪定罪。[23]

29 此外,对于提供帮助者对实行犯实施行为的认识程度,并不需要证明提供帮助者确切知道他人实施的是虚开增值税专用发票罪,只要明知他人正在或将会实施犯罪即可。

Ⅸ　罪数

30 根据相关司法解释,骗取国家税款的数额是本罪定罪量刑的标准之一,这里涉及虚开增值税专用发票、用于骗取出口退税、抵扣税款发票的行为与骗取国家税款行为(骗取出口退税罪、逃税罪)之间的关系问题。对此,我国刑法学界存在以下三种观点:(1)认为虚开发票行为本身就构成犯罪,再用虚开的发票骗取国家税款,属于加重行为。(2)认为该种情况属于犯一罪同时触犯数法条的法条竞合,应按照特别法(《刑法》第 205 条)优于普通法(《刑法》第 204 条)的原则,以《刑法》第 205 条论处。(3)认为虚开增值税专用发票后又实施骗税行为的,完全符合牵连犯的情况,依照牵连犯从一重处断的原则论处。[24] 虚开增值税发票行为本身并不能直接造成国家税款利益的损失,其是逃税和骗取出口退税的手段,因此,以上第三种观点更符合刑法理论和司法实践。根据 2002 年 9 月 19 日发布的最高人民法院《关于审理骗取出口退税刑事案件具体应用法律若干问题的解释》,虚开增值税专用发票又骗取出口退税的从一重罪处罚。同样,实践中虚开增值税专用发票又抵扣税款逃税的,也是从一重罪处罚,即以《刑法》第 205 条定罪处罚。

Ⅹ　处罚

31 自然人犯本罪的有三个量刑档次:①实施虚开的,处 3 年以下有期徒刑或者拘役,并处 2 万元以上 20 万元以下罚金。②虚开的税款数额较大或者有其他严重情节的,处 3 年以上 10 年以下有期徒刑,并处 5 万元以上 50 万元以下罚金。③虚开的税款数额巨大或者有其他特别严重情节的,处 10 年以上有期徒刑或者无期徒刑,并处 5

22　参见刘荣:《中美税收犯罪比较研究》,法律出版社 2014 年版,第 156 页。

23　参见王平:《反思吴芝刚案》,载《中国税务》2004 年第 4 期。

24　参见陈兴良:《不以骗取税款为目的的虚开发票行为之定性研究——非法定目的犯的一种个案研究》,载《法商研究》2004 年第 3 期。

万元以上 50 万元以下罚金或者没收财产。根据 2018 年最高人民法院发布的《关于虚开增值税专用发票定罪量刑标准有关问题的通知》的规定，在新司法解释颁行前，可以参照最高人民法院《关于审理骗取出口退税刑事案件具体应用法律若干问题的解释》第 3 条的规定执行，对虚开增值税专用发票刑事案件定罪量刑的数额标准，即"数额较大"为虚开税款数额 50 万元以上，"数额巨大"为虚开税款数额 250 万元以上。

单位犯本罪，对单位判处罚金，并对其直接负责的主管人员和其他直接责任人员，按下列规定处刑：①犯本罪，处 3 年以下有期徒刑或者拘役；②虚开的税款数额较大或者有其他严重情节的，处 3 年以上 10 年以下有期徒刑；③虚开的税款数额巨大或者有其他特别严重情节的，处 10 年以上有期徒刑或者无期徒刑。 32

根据全国人民代表大会常务委员会《关于惩治虚开、伪造和非法出售增值税专用发票犯罪的决定》"给国家利益造成损失"的数额是判断"其他严重情节"和"其他特别严重情节"的重要标准之一，在认定"给国家利益造成损失"的数额时，需要注意两个问题： 33

（1）最高人民法院《关于虚开增值税专用发票定罪量刑标准有关问题的通知》只规定了本罪的"数额较大""数额巨大"适用审理骗取出口退税的标准，但对于本罪中"其他严重情节""其他特别严重情节"中"给国家利益造成损失"的认定是同样可以参照最高人民法院《关于审理骗取出口退税刑事案件具体应用法律若干问题的解释》还是继续沿用 1996 年最高人民法院《关于适用〈全国人民代表大会常务委员会关于惩治虚开、伪造和非法出售增值税专用发票犯罪的决定〉的若干问题的解释》，没有明确。以上两个法律文件关于"给国家利益造成损失"的规定存在两方面不同，一方面是数额标准不同，前者"其他严重情节"和"其他特别严重情节"的损失数额分别是 30 万元和 150 万元，后者是 5 万元和 30 万元；另一方面是损失的时间节点不同，前者是"一审判决前无法追回的"，后者是"侦查终结前无法追回的"。根据 2004 年《经济犯罪案件中的法律适用问题——全国部分法院经济犯罪案件审判工作座谈会研究综述》的记载，多数代表倾向将损失数额作为量刑数额。其时间的划定应当不同于定罪数额。审判机关应本着实事求是的态度，从有利于被告的原则出发损失计算的截止时间还可以适当延伸。法院判决之前追回的被骗税款，应当从损失数额中扣除。一审判决之后，二审或复核生效裁判作出之前追回的税款，也应从一审认定的损失中扣除，并以扣除后的损失数额作为量型的基础。对于虚开增值税专用发票"给国家造成损失"的标准仍沿用 1996 年的标准，显然与现在的经济发展水平不匹配，从而导致量刑畸重。而损失的截止时间，如果依照 2004 年经济犯罪座谈会多数代表的意见，将损失截止时间延长至二审或复核生效裁判作出之前，未免又失之过宽且使损失数额在审判期间处于不确定状态。出于损失标准的统一性、确定性和均衡性，在司法解释出台前应与"数额较大""数额巨大"一并适用骗取出口退税罪的司法适用标准。 34

35 (2)给国家造成损失的计算方法。对于较为简单的虚开增值税专用发票案件,如只给他人虚开销项发票,或者只让他人为自己虚开进项发票的,一般只计算销项或进项税款数额,作为给国家造成的经济损失。对于行为人既为他人虚开销项增值税专用发票,又让他人为自己虚开进项增值税专用发票的,计算给国家造成的经济损失时,税务机关依法应当将行为人支付或负担的销项税额从进项税额中扣除。参见“何涛虚开增值税专用发票案”[25]。

[25] 参见最高人民法院刑事审判第一庭、第二庭编:《刑事审判参考》总第19辑(第116号),法律出版社2001年版。

第二百零五条之一　虚开发票罪

虚开本法第二百零五条规定以外的其他发票，情节严重的，处二年以下有期徒刑、拘役或者管制，并处罚金；情节特别严重的，处二年以上七年以下有期徒刑，并处罚金。

单位犯前款罪的，对单位判处罚金，并对其直接负责的主管人员和其他直接责任人员，依照前款的规定处罚。

文献：王佩芬：《发票犯罪立法研究》，上海社会科学院出版社 2015 年版；黎宏：《刑法学各论》（第 2 版），法律出版社 2016 年版；高铭暄、马克昌主编：《刑法学》（第 9 版），北京大学出版社、高等教育出版社 2019 年版；张明楷：《刑法学》（第 6 版），法律出版社 2021 年版。陈洪兵：《简评〈刑法修正案（八）〉有关发票犯罪的规定》，载《华东政法大学学报》2011 年第 5 期；张胜全：《论发票犯罪的罪名整合与法定刑配置》，载《政治与法律》2011 年第 6 期；黄晓文：《虚开发票罪司法适用若干问题探析》，载《中国检察官》2013 年第 1 期；杨圣坤、王珏：《虚开发票罪与非法出售发票罪的甄别》，载《人民司法》2013 年第 12 期；王佩芬：《论虚开发票犯罪的刑事立法误区——建议取消我国刑法第 205 条与第 205 条之一》，载《政治与法律》2014 年第 12 期；姚龙兵：《危害税收征管罪若干司法疑难之案解》，载《人民司法》2019 年第 5 期；赵拥军、孙万怀：《虚开发票罪的行为方式与对象相关问题探究》，载《河南师范大学学报（哲学社会科学版）》2021 年第 4 期；谭堃：《论虚开发票罪中"情节严重"的具体危险构造及其判断》，载《政治与法律》2021 年第 6 期。

细目录

Ⅰ　主旨

Ⅱ　沿革

Ⅲ　客体

Ⅳ　危害行为

　一、行为对象

　二、行为方式

　三、情节严重

Ⅴ　主体

Ⅵ　故意

Ⅶ　处罚

Ⅰ 主旨

1 为了惩治《刑法》第205条以外的虚开发票行为,维护国家的发票管理秩序,制定本条。

Ⅱ 沿革

2 本罪系《刑法修正案(八)》新增之罪。随着税制改革的深入,发票的使用领域日益广泛,虚开发票行为泛滥,严重破坏了发票管理秩序。1997年《刑法》以"虚开增值税专用发票、用于骗取出口退税、抵扣税款发票罪"为核心的发票犯罪体系已经无法有效遏制市场经济中日益频发的虚开、使用假发票的行为,2011年2月25日全国人大常委会通过的《刑法修正案(八)》第33条增设了"虚开发票罪",作为《刑法》第205条之一。[1]

Ⅲ 客体

3 本罪侵犯的客体是国家对普通发票的管理制度。

Ⅳ 危害行为

一、行为对象

4 本罪的行为对象是增值税专用发票、用于出口退税、抵扣税款的发票以外的发票,包括增值税普通发票。我国发票分为普通发票和增值税专用发票两大类,小规模纳税人不得领购使用增值税专用发票,只能使用普通发票。普通发票与增值税专用发票相比,除发票的印制要求、使用主体、内容和联次的形式不同以外,最重要的是普通发票不具有增值税专用发票的抵扣增值税税款的功能(除运费、收购农副产品的发票在法定条件下能按法定税率抵扣增值税),仅具有商事凭证功能。《刑法》第205条和第205条之一的区别正是基于这种对象功能的差异。因不具有抵扣功能,虚开普通发票的行为并不会直接侵害国家税款利益,故《刑法修正案(八)》之前,该行为只是一般的违法行为,并不构成犯罪。但是普通发票作为记录经营活动的一种原始证明,是税务稽查的重要依据,不仅为计税基数提供了原始可靠的依据,还为计算应税所得额、应税财产提供必备资料。此外,普通发票还是维护财务会计管理和社会经济秩序的重要工具。虚开普通发票的行为与逃税、骗税有关,还与非法经营、贪污受贿、走私贩私等案件关系甚大。因此,《刑法修正案(八)》增设本罪。

---

1 参见高铭暄:《中华人民共和国刑法的孕育诞生和发展完善》,北京大学出版社2012年版,第421页。

这里需要明确的是本罪的行为对象是否包括伪造的普通发票？有学者认为本罪 5
的行为对象既包括真实的发票也包括伪造、变造的发票。[2] 但应当注意的是《刑法》第208条规定购买伪造的增值税专用发票又虚开的，依照该法第205条虚开增值税专用发票罪定罪处罚。由于《刑法》和《发票管理办法》中规定的发票都仅指真发票，可以得出第208条的规定应当是法律拟制，而非注意条款，不具有普遍适用性，因此不能就此推定第205条之一的普通发票包括伪造、变造的发票，而应当依据发票的本来含义将本罪的对象限定为真发票。

应当注意的是，有学者提出本条中“第二百零五条规定以外”属于界限要素，而不 6
是真正的构成要件要素。例如，行为人以为虚开的是普通发票，但客观上虚开的是增值税专用发票的，应认定为本罪。再如，行为人虚开增值税专用发票或者虚开用于骗取出口退税、抵扣税款的发票，但不具有骗取、抵扣税款的危险行为，也应认定为本罪。[3]

二、行为方式

本罪的行为表现为虚开普通发票情节严重的行为。“虚开”普通发票，是指没有 7
商品购销或者没有提供、接受劳务、服务而开具普通发票，或者虽有商品购销或者提供、接受了劳务、服务，但开具数量或金额不实的普通发票的行为。“虚开”包括为他人虚开、为自己虚开、让他人为自己虚开、介绍他人虚开。

三、情节严重

本罪要求虚开普通发票行为情节严重，依据最高人民检察院、公安部《关于公安 8
机关管辖的刑事案件立案追诉标准的规定(二)》第57条的规定，“情节严重”应当指：①虚开发票金额累计在50万元以上的；②虚开发票100份以上且票面金额在30万元以上的；③5年内因虚开发票受过刑事处罚或者2次以上行政处罚又虚开发票，数额达到第一、二项标准60%以上的。

V 主体

本罪为一般主体，既可以是自然人也可以是单位。 9

VI 故意

本罪主观方面由故意构成，行为人对虚开普通发票具有明知，但不要求行为人对 10

---

2 参见高铭暄、马克昌主编：《刑法学》(第9版)，北京大学出版社、高等教育出版社2019年版，第429页。

3 参见张明楷：《刑法学》(第6版)，法律出版社2021年版，第1061页。

虚开行为的违法性具有明知。本罪无目的要件,既不要求行为人具有逃、骗税的目的,也不要求行为人主观上具有营利的目的。

Ⅶ 处罚

11 本罪分两个量刑档次:①犯虚开普通发票罪的,处2年以下有期徒刑、拘役或者管制,并处罚金;②情节特别严重的,处2年以上7年以下有期徒刑,并处罚金。单位犯本罪的,对单位判处罚金,并对其直接负责的主管人员和其他直接责任人员,依照前述规定处罚。

第二百零六条　伪造、出售伪造的增值税专用发票罪

伪造或者出售伪造的增值税专用发票的，处三年以下有期徒刑、拘役或者管制，并处二万元以上二十万元以下罚金；数量较大或者有其他严重情节的，处三年以上十年以下有期徒刑，并处五万元以上五十万元以下罚金；数量巨大或者有其他特别严重情节的，处十年以上有期徒刑或者无期徒刑，并处五万元以上五十万元以下罚金或者没收财产。

单位犯本条规定之罪的，对单位判处罚金，并对其直接负责的主管人员和其他直接责任人员，处三年以下有期徒刑、拘役或者管制；数量较大或者有其他严重情节的，处三年以上十年以下有期徒刑；数量巨大或者有其他特别严重情节的，处十年以上有期徒刑或者无期徒刑。

文献:马克昌主编:《经济犯罪新论》,武汉大学出版社 1998 年版;陈运光:《税收犯罪研判》,吉林人民出版社 2004 年版;何秉松主编:《税收与税收犯罪》,中信出版社 2004 年版;康均心主编:《税务犯罪理论与侦查实务研究》,中国方正出版社 2006 年版;王佩芬:《发票犯罪立法研究》,上海社会科学院出版社 2015 年版。刘志伟:《发票犯罪若干疑难问题研析》,载《法学家》2001 年第 2 期;陈洪兵:《简评〈刑法修正案(八)〉有关发票犯罪的规定》,载《华东政法大学学报》2011 年第 5 期;张胜全:《论发票犯罪的罪名整合与法定刑配置》,载《政治与法律》2011 年第 6 期;杜文俊:《发票犯罪若干问题辨析》,载《政治与法律》2013 年第 6 期;王佩芬:《伪造发票犯罪立法评析与完善》,载《上海政法学院学报(法治论丛)》2018 年第 6 期。

细目录

Ⅰ　主旨

Ⅱ　沿革

Ⅲ　客体

Ⅳ　危害行为

一、行为对象

二、行为方式

三、数额标准

Ⅴ　主体

Ⅵ　故意

Ⅶ　共同犯罪

Ⅷ 罪数
一、伪造增值税专用发票又逃税或骗取出口退税行为的罪数
二、伪造增值税专用发票又虚开行为的罪数
Ⅸ 处罚

Ⅰ 主旨

1 为维护国家增值税专用发票管理秩序,防止国家税款流失,制定本条。

Ⅱ 沿革

2 1994 年税制改革以前,我国没有增值税专用发票,故 1979 年《刑法》无与之相关的条款。伴随 1994 年全面推行增值税,相关的违法行为相继产生,并严重危害到税收征管秩序,1995 年 10 月 30 日第八届全国人大常委会第十六次会议通过的《关于惩治虚开、伪造和非法出售增值税专用发票犯罪的决定》增设本罪。1997 年《刑法》第 206 条在《关于惩治虚开、伪造和非法出售增值税专用发票犯罪的决定》第 2 条第 1 款和第 2 款的基础上进行了以下方面的调整:删除了犯罪集团的首要分子从重处罚的规定;在本罪第一档法定刑中增设了"管制",第三档法定刑增设了"并处五万元以上五十万元以下罚金"的规定;同时将本罪中单位的刑事责任单列为第 3 款。2011 年 2 月 25 日全国人大常委会通过的《刑法修正案(八)》第 34 条废除了本罪的死刑。[1]

Ⅲ 客体

3 本罪客体是国家增值税专用发票的管理秩序。国家为维护税收征管秩序,对增值税专用发票的印制、领购、使用规定了严格的管理制度,不允许任何单位和个人非法制造和出售伪造的增值税专用发票。

Ⅳ 危害行为

一、行为对象

4 本罪的犯罪对象为伪造的增值税专用发票。这里的伪造的增值税专用发票应当包括伪造和变造的增值税专用发票。

---

1 参见高铭暄:《中华人民共和国刑法的孕育诞生和发展完善》,北京大学出版社 2012 年版,第 422 页。

二、行为方式

本罪的客观方面通常表现为违反税收和发票管理法律法规,伪造或者出售伪造的增值税专用发票的行为。 5

(1)违反税收和发票管理法律法规。主要是指违反《发票管理办法》和《税收征收管理法》及其细则、《增值税暂行条例》《增值税专用发票使用规定》等法律法规。上述法律法规对发票的印制、领购、使用、保管等环节都作出了明确的规定。 6

(2)实施了伪造、出售伪造的增值税专用发票的行为。本罪是选择性罪名,只要求行为人实施伪造增值税专用发票或出售伪造的增值税专用发票行为之一即可。所谓“伪造”,是指仿照真实的增值税专用发票的外观特征,制作出足以让人误以为真的假发票的行为。根据最高人民法院《关于适用〈全国人民代表大会常务委员会关于惩治虚开、伪造和非法出售增值税专用发票犯罪的决定〉的若干问题的解释》的规定,变造增值税专用发票的,按照伪造增值税专用发票的行为处理。“出售”是指有偿转让;“出售伪造的增值税专用发票”,是指将伪造的增值税专用发票有偿转让给他人。 7

一般认为本罪属行为犯,即行为人只要实施了伪造或出售伪造的增值税专用发票即构成本罪,而不以造成一定后果为成立要件。但是如果伪造增值税专用发票是为了实现抵扣、骗取税款以外的其他目的,伪造的增值税专用发票不可能造成国家税款损失和破坏发票管理秩序的,应当不构成本罪。如李良伟虚开增值税专用发票案,行为人伪造增值税专用发票的目的是获得贷款,发票没有进入流通领域,一审法院认定该行为构成本罪,二审法院认定不构成本罪。[2] 8

三、数额标准

根据最高人民检察院、公安部《关于公安机关管辖的刑事案件立案追诉标准的规定(二)》第 58 条的规定,票面税额累计在 10 万元以上的,伪造或出售伪造的增值税专用发票 10 份以上且票面税额在 6 万元以上的,非法获利数额在 1 万元以上的应予立案。据此可以认为,票面税额累计不足 10 万元的,伪造或出售伪造的增值税专用发票不足 10 份或者票面税额不足 6 万元的,非法获利数额不足 1 万元的,属于情节显著轻微危害不大,应当不构成本罪。伪造、出售发票的份额和票面税额应累计计算,但伪造和出售同一增值税专用发票的,数量或票面税额不重复计算。 9

V　主体

本罪的主体是一般主体,既可以是自然人,也可以是单位。 10

2　参见湖南省高级人民法院(2016)湘刑终 183 号刑事判决书。

Ⅵ 故意

11 本罪的主观方面只能出于故意,并且行为人对行为对象应当明知。是否以牟利为目的不影响本罪的成立。

Ⅶ 共同犯罪

12 对于数个行为人出于共同故意,分工合作,有人实施伪造行为,有人实施出售行为的,不应分别定罪,应以共同犯罪论处。无论伪造者还是出售者均应对伪造和出售的总数量负刑事责任,但伪造并出售同一增值税专用发票的,数量或票面税额不重复计算。

Ⅷ 罪数

一、伪造增值税专用发票又逃税或骗取出口退税行为的罪数

13 行为人伪造增值税专用发票10份以上且票面税额在6万元以上,或票面税额累计在10万元以上,又利用伪造的增值税专用发票实施逃税或骗取出口退税的,两个行为之间具有手段与目的的牵连关系,同时根据1996年10月17日最高人民法院发布的《关于适用〈全国人民代表大会常务委员会关于惩治虚开、伪造和非法出售增值税专用发票犯罪的决定〉的若干问题的解释》的规定,伪造、出售伪造的增值税专用发票罪中的“情节严重”“情节特别严重”包括了给国家税款造成损失,本罪在量刑上包含了对造成税款损失行为的评价,因此这种情况下应当从一重罪处理。

二、伪造增值税专用发票又虚开行为的罪数

14 行为人伪造增值税专用发票然后又将发票虚开的,伪造行为和虚开行为分别构成伪造增值税专用发票罪和虚开增值税专用发票罪,由于两者间具有手段和目的的牵连关系,因此应作为牵连犯处理;行为人伪造增值税专用发票后,部分出售,部分虚开的,应以伪造、出售伪造的增值税专用发票罪和虚开增值税专用发票罪实行数罪并罚。[3]

Ⅸ 处罚

15 本罪分三个量刑档次:犯本罪的,处3年以下有期徒刑、拘役或者管制,并处2万元以上20万元以下罚金;数量较大或者有其他严重情节的,处3年以上10年以下有

3 参见刘志伟:《发票犯罪若干疑难问题研析》,载《法学家》2001年第2期。

期徒刑,并处5万元以上50万元以下罚金;数量巨大或者有其他特别严重情节的,处10年以上有期徒刑或者无期徒刑,并处5万元以上50万元以下罚金或者没收财产。

单位犯本罪的,对单位判处罚金,并对其直接负责的主管人员和其他直接责任人 16
员,处3年以下有期徒刑、拘役或者管制;数量较大或者有其他严重情节的,处3年以上10年以下有期徒刑;数量巨大或者有其他特别严重情节的,处10年以上有期徒刑或者无期徒刑。

第二百零七条　非法出售增值税专用发票罪

非法出售增值税专用发票的，处三年以下有期徒刑、拘役或者管制，并处二万元以上二十万元以下罚金；数量较大的，处三年以上十年以下有期徒刑，并处五万元以上五十万元以下罚金；数量巨大的，处十年以上有期徒刑或者无期徒刑，并处五万元以上五十万元以下罚金或者没收财产。

文献：张旭主编：《涉税犯罪的认定处理及案例分析》，中国人民公安大学出版社1999年版；陈运光：《税收犯罪研判》，吉林人民出版社2004年版；何秉松主编：《税收与税收犯罪》，中信出版社2004年版；康均心主编：《税务犯罪理论与侦查实务研究》，中国方正出版社2006年版；王佩芬：《发票犯罪立法研究》，上海社会科学院出版社2015年版。刘志伟：《发票犯罪若干疑难问题研析》，载《法学家》2001年第2期；陈洪兵：《简评〈刑法修正案(八)〉有关发票犯罪的规定》，载《华东政法大学学报》2011年第5期；张胜全：《论发票犯罪的罪名整合与法定刑配置》，载《政治与法律》2011年第6期；杜文俊：《发票犯罪若干问题辨析》，载《政治与法律》2013年第6期；王新：《新解我国发票类的罪名体系》，载《政法论丛》2016年第2期。

细目录

Ⅰ　主旨
Ⅱ　沿革
Ⅲ　客体
Ⅳ　危害行为
　一、行为对象
　二、行为方式
　三、数额标准
Ⅴ　主体
Ⅵ　故意
Ⅶ　与他罪的区别
Ⅷ　处罚

Ⅰ　主旨

1　为严厉打击非法出售增值税专用发票行为，维护国家增值税专用发票管理秩序，防止国家税款流失，制定本条。

Ⅱ　沿革

本罪原系税制改革背景下,1995 年 10 月 30 日全国人大常委会通过《关于惩治虚开、伪造和非法出售增值税专用发票犯罪的决定》对 1979 年《刑法》增设的一个新罪。1997 年《刑法》第 207 条基本承袭了《关于惩治虚开、伪造和非法出售增值税专用发票犯罪的决定》第 3 条的规定,仅就刑罚进行了调整:其一,第一档法定刑中增设了“管制”的刑罚;其二,第三档法定刑中增设了“并处五万元以上五十万元以下罚金”的刑罚。[1] 2

Ⅲ　客体

本罪侵犯的客体是国家的增值税专用发票管理秩序。依据我国的发票管理制度,任何人无权出售增值税专用发票。 3

Ⅳ　危害行为

一、行为对象

本罪的行为对象是增值税专用发票,即由国家税务主管部门统一印制的增值税专用发票,不包括增值税普通发票、具有抵扣税款功能的其他普通发票,也不包括伪造的增值税专用发票。 4

二、行为方式

本罪的客观方面通常表现为违反国家发票管理法规,非法出售增值税专用发票的行为。 5

(1)行为违反了国家发票管理法规。所谓违反国家发票管理法规,主要是指违反《发票管理办法》及其实施细则、《增值税暂行条例》以及其他有关增值税专用发票管理的规定。根据以上法规,合法的发票提供方式有三种:一是税务机关“发售”,即按照核准的收费标准收取工本管理费,并向购票单位和个人开具收据;二是税务机关或税务机关委托的单位“代开”;三是供货方“开具”。因此,在我国任何单位和个人都无权出售增值税专用发票,只有国家税务机关才有权发售增值税专用发票。 6

(2)实施了出售增值税专用发票的行为。出售即指有偿转让,在我国所有出售增值税专用发票的行为都是非法的,因此不存在合法出售增值税专用发票的情况,只有税务机关可以“发售”增值税专用发票。需要注意的是,司法实践中的虚开增值税专 7

1　参见高铭暄:《中华人民共和国刑法的孕育诞生和发展完善》,北京大学出版社 2012 年版,第 423 页。

用发票行为中通常也要收取票面金额一定比例的“开票费”“手续费”,如何认定是“出售”还是“虚开”在司法实践中存在争议,如庞仕乐虚开增值税专用发票案,公安机关以非法出售增值税专用发票罪立案,但法院认定为虚开增值税专用发票罪。[2]因为开票方负有缴纳增值税的义务,所以不能因为开票方收取了一定的费用,就认定为出售。“出售”与“虚开”的本质区别应当为是否以开票牟利,如果开票收取的费用用于充抵开票方因开票缴纳的增值税,则应当认定为“虚开”,如果开票是通过收取“开票费”牟取经济利益,则应认定为“出售”。但司法实践中二者确实难以明确区分,如入选“2019 年中国十大税案”候选案件的合慧伟业商贸(北京)有限公司非法购买增值税专用发票案[3],一审判决被告人均构成虚开增值税专用发票罪,二审判决则认定被告人分别构成非法购买增值税专用发票罪和非法出售增值税专用发票罪。这也引发了学者对非法出售增值税专用发票罪是否可以成为虚开增值税专用发票罪的替代罪名以及二者的实质区别究竟何在的思考。

三、数额标准

8 根据最高人民检察院、公安部《关于公安机关管辖的刑事案件立案追诉标准的规定(二)》第 59 条的规定,票面税额累计在 10 万元以上的,非法出售增值税专用发票 10 份以上且票面税额在 6 万元以上的非法获利数额在 1 万元以上的,应予立案追诉。

V 主体

9 本罪的主体为一般主体,包括单位和自然人。既可以是增值税专用发票的合法持有使用人,如增值税的一般纳税人,也可以是非法持有增值税专用发票的单位和个人,如无资格领购增值税专用发票的增值税小规模纳税人、非纳税人,或者通过购买、盗窃、骗取等方式获得增值税专用发票的人。税务机关及其工作人员也可构成本罪。

VI 故意

10 本罪的主观方面是故意,行为人应当对增值税专用发票有认识,但不要求行为人对出售增值税专用发票的违法性有认识。行为目的并非本罪的构成要件。对于帮助犯对非法出售增值税专用发票实施者行为的认识程度,司法实践中并不需要确切知道他人实施的是何种犯罪,只要明知他人正在或将会实施犯罪即可,如“邓冬蓉非法出售增值税专用发票案”[4]。

---

2 参见新疆维吾尔自治区高级人民法院(2015)新刑二终字第 8 号刑事判决书。

3 参见北京市第二中级人民法院(2019)京 02 刑终 113 号刑事判决书。

4 参见最高人民法院刑事审判第一庭、第二庭编:《刑事审判参考》总第 43 集(第 337 号),法律出版社 2005 年版。

Ⅶ　与他罪的区别

11 当税务机关工作人员故意违法出售增值税专用发票时,应当以本罪还是《刑法》第405条规定的徇私舞弊发售发票罪定罪处罚?在两罪的主体都可以是税务机关工作人员,并且都违反了增值税专用发票领购的相关规定的情况下,二者的主要区别是:①发生环节不同,增值税专用发票的管理制度涉及发票的印制、领购、开具、取得、保管、缴销等环节,徇私舞弊发售发票只能发生在发票发售环节,即税务机关向购票人发放发票时,应当审查购票人的资质,按照核准的收费标准收取工本管理费,并开具收据;而本罪可以发生在增值税专用发票管理的其他环节,如负责保管、缴销增值税专用发票的税务机关工作人员将自己保管的发票出售。②徇私舞弊发售发票罪中,虽然徇私舞弊发售发票是税务机关工作人员的行为,但发票是以税务机关名义发售的;税务机关工作人员实施本罪,是其私自出售增值税专用发票,虽然利用了职务的便利,但不是以税务机关名义进行的。[5] ③行为对象不同,徇私舞弊发售发票罪的对象是所有发票,包括增值税专用发票和普通发票;而本罪的对象仅限于增值税专用发票。因此,履行发售发票职务的税务机关工作人员,在履行职务期间,徇私舞弊违法发售增值税专用发票的,构成徇私舞弊发售发票罪;其他情况下税务机关工作人员利用工作便利,私自出售增值税专用发票的,则构成本罪。

Ⅷ　处罚

12 本罪分三个量刑档次:犯本罪的,处3年以下有期徒刑、拘役或者管制,并处2万元以上20万元以下罚金;数量较大的,处3年以上10年以下有期徒刑,并处5万元以上50万元以下罚金;数量巨大的,处10年以上有期徒刑或者无期徒刑,并处5万元以上50万元以下罚金或者没收财产。这里的“数量较大”是出售的增值税专用发票100份以上,票面税额累计50万元以上;“数量巨大”是出售增值税专用发票500份以上,票面税额累计250万元以上。

13 单位犯本罪的,对单位判处罚金,并对其直接负责的主管人员和其他直接责任人员,依照自然人犯本罪的规定处罚。

5　参见刘荣:《中美税收犯罪比较研究》,法律出版社2014年版,第153页以下。

第二百零八条　非法购买增值税专用发票、购买伪造的增值税专用发票罪

非法购买增值税专用发票或者购买伪造的增值税专用发票的，处五年以下有期徒刑或者拘役，并处或者单处二万元以上二十万元以下罚金。

非法购买增值税专用发票或者购买伪造的增值税专用发票又虚开或者出售的，分别依照本法第二百零五条、第二百零六条、第二百零七条的规定定罪处罚。

文献:张旭主编:《涉税犯罪的认定处理及案例分析》,中国人民公安大学出版社1999年版;陈运光:《税收犯罪研判》,吉林人民出版社2004年版;何秉松主编:《税收与税收犯罪》,中信出版社2004年版;康均心主编:《税务犯罪理论与侦查实务研究》,中国方正出版社2006年版;王佩芬:《发票犯罪立法研究》,上海社会科学院出版社2015年版。刘志伟:《发票犯罪若干疑难问题研析》,载《法学家》2001年第2期;陈洪兵:《简评〈刑法修正案(八)〉有关发票犯罪的规定》,载《华东政法大学学报》2011年第5期;张胜全:《论发票犯罪的罪名整合与法定刑配置》,载《政治与法律》2011年第6期;杜文俊:《发票犯罪若干问题辨析》,载《政治与法律》2013年第6期;王佩芬:《伪造发票犯罪立法评析与完善》,载《上海政法学院学报(法治论丛)》2018年第6期。

细目录

Ⅰ　主旨
Ⅱ　沿革
Ⅲ　客体
Ⅳ　危害行为
　一、行为对象
　二、行为方式
　三、数额标准
Ⅴ　主体
Ⅵ　故意
Ⅶ　非法购买增值税专用发票或者购买伪造的增值税专用发票又虚开或者出售的情况

Ⅷ 处罚

Ⅰ 主旨

为了遏制增值税专用发票、伪造的增值税专用发票的非法买方市场,维护国家增值税专用发票管理秩序,防止国家税款流失,制定本条。 1

Ⅱ 沿革

1979 年《刑法》无此罪。为了有效打击发票犯罪的买方市场,1995 年 10 月 30 日全国人大常委会通过的《关于惩治虚开、伪造和非法出售增值税专用发票犯罪的决定》第 4 条首次规定了非法购买增值税专用发票、购买伪造的增值税专用发票罪。1997 年《刑法》第 208 条基本吸收了上述规定,仅将原第 2 款中的“依照……处罚”修改成为“依照……定罪处罚”。[1] 2

Ⅲ 客体

本罪客体应为国家的增值税专用发票管理秩序。国家对发票使用人取得增值税专用发票进行严格管理,严禁任何人非法购买增值税专用发票,更不得购买伪造的增值税专用发票。 3

Ⅳ 危害行为

一、行为对象

本罪的行为对象为国家税务主管机关统一印制的增值税专用发票或者伪造的增值税专用发票,不包含发票监制章和发票防伪专用品。 4

二、行为方式

本罪的客观方面通常表现为违反国家发票管理法律法规,非法购买增值税专用发票或者购买伪造的增值税专用发票的行为。 5

(1)违反了增值税专用发票管理法律法规。违反国家增值税专用发票管理法律法规,主要是指违反《税收征收管理法》及其实施细则、《增值税暂行条例》《发票管理办法》及其实施细则等法律法规。根据以上规定,增值税专用发票使用人合法取得发票有两种途径:一是从主管税务机关“领购”;二是从供货方“取得”。任何以上途径之外的购买增值税专用发票的行为均系违法。 6

1　参见高铭暄:《中华人民共和国刑法的孕育诞生和发展完善》,北京大学出版社 2012 年版,第 423 页。

7 (2)实施了非法购买增值税专用发票或者购买伪造的增值税专用发票的行为。所谓"非法购买增值税专用发票",是指不按照发票管理法规的规定在指定的税务机关领购,或从供货方合法取得,而是在税务机关以外的单位或个人处购买增值税专用发票;"购买伪造的增值税专用发票",是指购买的不是国家税务主管机关统一印制的增值税专用发票,而是伪造的增值税专用发票。本罪为选择性罪名,实施以上两种行为之一,即可构成本罪,实施了以上两种行为,仍成立一罪,数额累计计算,不实行数罪并罚。

三、数额标准

8 根据最高人民检察院、公安部《关于公安机关管辖的刑事案件立案追诉标准的规定(二)》第60条的规定,非法购买增值税专用发票或者购买伪造的增值税专用发票20份以上且票面税额在10万元以上的或者票面税额累计在20万元以上的,应予立案追诉。

V 主体

9 本罪的主体为一般主体,包括单位和自然人。

VI 故意

10 本罪的主观方面是故意,行为人应当对购买的是增值税专用发票或伪造的增值税专用发票有认识,目的不是本罪的构成要件。如果行为人误将伪造的增值税专用发票当作真的增值税专用发票而非法购买,因为行为对象是在同一个罪名中体现了相同法益,属于"具体的对象错误"[2],行为人对增值税专用发票真伪的认识错误不会影响其刑事责任,应认定为购买伪造的增值税专用发票罪。

VII 非法购买增值税专用发票或者购买伪造的增值税专用发票又虚开或者出售的情况

11 《刑法》第208条第2款规定:"非法购买增值税专用发票或者购买伪造的增值税专用发票又虚开或者出售的,分别依照本法第二百零五条、第二百零六条、第二百零七条的规定定罪处罚。"该种情况下应分别以虚开增值税专用发票罪、出售伪造的增值税专用发票罪、非法出售增值税专用发票罪定罪处罚。如何理解该款规定?有学者认为这属于牵连犯、转化犯和单纯的虚开或非法出售犯罪并存的情况,最终都必须以虚开增值税专用发票罪、出售伪造的增值税专用发票罪、非法出售增值税专用发票

2 黎宏:《刑法学总论》(第2版),法律出版社2016年版,第208页。

罪定罪处罚[3],即在非法购买行为能够单独成罪,且行为人是以虚开或出售目的购买增值税专用发票后又虚开或出售的,此时应属于牵连犯;在其他目的或动机支配下购买增值税专用发票后又虚开或出售,且其非法购买行为能够独立成罪的情况下,此时应视为转化犯;在非法购买行为不能独立成罪的情况下,因为构成犯罪的标准存在差异,这种情况只可能出现于非法购买增值税专用发票或者购买伪造的增值税专用发票又虚开的行为,此时仅是单纯的一罪即虚开增值税专用发票罪。

然而,对于非法购买增值税专用发票或购买伪造的增值税专用发票的份额远大 12
于虚开份额,即有一部分购买的真的或伪造的增值税专用发票还未开出,如何定罪?一种做法是以未售出和售出的份额分别定罪,即未开出的金额定非法购买增值税专用发票罪或者购买伪造的增值税专用发票罪,以开出的份额定虚开增值税专用发票罪,数罪并罚;另一种做法是定虚开增值税专用发票罪一罪,量刑时按照量刑规则将未开出的金额作为犯罪预备的金额考量。应以哪种做法定罪,尚无定论。但在"曾珠玉等伪造增值税专用发票案"[4]中,最高人民法院对该类案件的司法逻辑是优先适用虚开增值税专用发票罪或出售伪造的增值税专用发票罪,即对于行为人购买伪造的增值税专用发票又出售的行为,如果购买与出售伪造的增值税专用发票行为均成立犯罪,则应以出售伪造的增值税专用发票罪定罪处罚。只有在购买伪造的增值税专用发票尚未出售或者出售行为尚未达到追究刑事责任的数额标准的情况下,考虑到犯罪行为的想象竞合和吸收关系,才以购买伪造的增值税专用发票定罪处罚。

Ⅷ　处罚

犯本罪的,处 5 年以下有期徒刑或者拘役,并处或者单处 2 万元以上 20 万元以 13
下罚金。单位犯本罪的,对单位判处罚金,并对其直接负责的主管人员和其他直接责任人员依照上述法定刑处罚。

3　参见刘志伟:《发票犯罪若干疑难问题研析》,载《法学家》2001 年第 2 期。

4　参见最高人民法院刑事审判第一庭、第二庭编:《刑事审判参考》总第 33 集(第 252 号),法律出版社 2003 年版。

第二百零九条　非法制造、出售非法制造的用于骗取出口退税、抵扣税款发票罪；非法制造、出售非法制造的发票罪；非法出售用于骗取出口退税、抵扣税款发票罪；非法出售发票罪

伪造、擅自制造或者出售伪造、擅自制造的可以用于骗取出口退税、抵扣税款的其他发票的，处三年以下有期徒刑、拘役或者管制，并处二万元以上二十万元以下罚金；数量巨大的，处三年以上七年以下有期徒刑，并处五万元以上五十万元以下罚金；数量特别巨大的，处七年以上有期徒刑，并处五万元以上五十万元以下罚金或者没收财产。

伪造、擅自制造或者出售伪造、擅自制造的前款规定以外的其他发票的，处二年以下有期徒刑、拘役或者管制，并处或者单处一万元以上五万元以下罚金；情节严重的，处二年以上七年以下有期徒刑，并处五万元以上五十万元以下罚金。

非法出售可以用于骗取出口退税、抵扣税款的其他发票的，依照第一款的规定处罚。

非法出售第三款规定以外的其他发票的，依照第二款的规定处罚。

文献：张旭主编：《涉税犯罪的认定处理及案例分析》，中国人民公安大学出版社1999年版；陈运光：《税收犯罪研判》，吉林人民出版社2004年版；何秉松主编：《税收与税收犯罪》，中信出版社2004年版；康均心主编：《税务犯罪理论与侦查实务研究》，中国方正出版社2006年版；王佩芬：《发票犯罪立法研究》，上海社会科学院出版社2015年版。刘志伟：《发票犯罪若干疑难问题研析》，载《法学家》2001年第2期；陈洪兵：《简评〈刑法修正案（八）〉有关发票犯罪的规定》，载《华东政法大学学报》2011年第5期；张胜全：《论发票犯罪的罪名整合与法定刑配置》，载《政治与法律》2011年第6期；崔立美：《持有伪造的发票罪与出售非法制造的发票罪的界定》，载《中国检察官》2012年第18期；杜文俊：《发票犯罪若干问题辨析》，载《政治与法律》2013年第6期；王佩芬：《伪造发票犯罪立法评析与完善》，载《上海政法学院学报（法治论丛）》2018年第6期。

细目录

Ⅰ　主旨

Ⅱ　沿革

Ⅲ　客体
Ⅳ　危害行为
　一、行为对象
　二、行为方式
　三、数额标准
Ⅴ　主体
Ⅵ　故意
Ⅶ　罪数
Ⅷ　处罚

Ⅰ　主旨

为了清理普通发票犯罪的源头，遏制非法制造、出售普通发票的地下市场，维护国家发票管理秩序，防止国家税款流失，制定本条。 1

Ⅱ　沿革

1979 年《刑法》第 124 条规定了伪造税票罪，虽然税票与发票都具有“证明”的功能，但因为证明的对象不同，二者性质不同，所以，当时的《刑法》尚无关于发票犯罪的规定。为应对伴随 1994 年税制改革出现的非法制造、倒卖发票及相关违法行为，1994 年 6 月 3 日发布的最高人民法院、最高人民检察院《关于办理伪造、倒卖、盗窃发票刑事案件适用法律的规定》将以营利为目的非法印制（复制）、倒卖发票（含假发票）或者非法制造、倒卖发票防伪专用品的行为认定为投机倒把罪。1995 年 10 月 30 日全国人大常委会通过的《关于惩治虚开、伪造和非法出售增值税专用发票犯罪的决定》第 6 条对伪造、擅自制造或者出售伪造、擅自制造的可以用于骗取出口退税、抵扣税款的其他发票罪的行为规定了法定刑，1997 年《刑法》第 209 条基本吸收了前述规定，并做了如下的调整：其一，将原条文中“伪造、擅自制造或者出售伪造、擅自制造的前款规定以外的其他发票的”的“比照”处罚的叙述予以调整；其二，在第一档法定刑中增设了管制的刑罚，第三档法定刑中增设了“并处五万元以上五十万元以下罚金”的刑罚。[1] 2

Ⅲ　客体

本条罪侵犯的客体是国家对普通发票的管理秩序。国家对普通发票的印制和开具实行统一管理，严禁任何人非法制造、出售普通发票。 3

1　参见高铭暄：《中华人民共和国刑法的孕育诞生和发展完善》，北京大学出版社 2012 年版，第 423 页及以下。

Ⅳ 危害行为

4 本条规定了4个普通发票犯罪,立法者从客观方面以行为对象与行为方式作为双重分类标准将以普通发票为对象的犯罪进一步划分为4个罪名。

一、行为对象

5 我国的发票分为增值税专用发票和普通发票,本条的行为对象系普通发票,并通过两次划分将其分为4类,设置了4个罪名。第一次划分根据是否具有出口退税或抵扣功能,将普通发票分为用于出口退税、抵扣税款的发票和其他普通发票,前者因为具有出口退税或具有抵扣功能,直接影响税额,以其为对象比以其他普通发票为对象的犯罪的危害性更大,故而其法定刑更高;第二次划分根据发票的真假,进一步将以上两类发票分为4类,其中假的普通发票包括"伪造""变造"和"擅自制造"的普通发票,从法定刑的设置看,立法对利用真票和假票的犯罪设置了相同的法定刑。概言之,本条犯罪的对象具体包括:用于骗取出口退税、抵扣税款发票,非法制造的用于骗取出口退税、抵扣税款发票,其他普通发票,非法制造的普通发票。

二、行为方式

6 根据《发票管理办法》及其实施细则,普通发票应当由省、自治区、直辖市税务机关确定的企业印制,印制发票的企业必须按照税务机关批准的式样和数量印制发票,禁止私自印制、伪造、变造发票。普通发票只限于用票单位和个人使用,严禁非法出售。本条规定了违反上述法规非法制造和出售普通发票的行为的刑事责任。这里的"非法制造"包括"伪造"和"擅自制造","伪造"是指无发票印制权的主体按照真发票的样式,制作出足以让人误以为是真发票的假发票,本条的"伪造"包括"变造"[2];"擅自制造",是指有发票印制权的主体未按照税务机关规定的数量和规模,擅自超额印制发票的行为。可见"伪造"与"擅自制造"的根本区别在于发票的印制主体是否有权印制发票。根据《发票管理办法》的规定,税务机关向通过招标方式确定的有资质的发票印制企业发放发票准印证,应当以此区分有权主体与无权主体,没有取得发票准印证的企业印制发票属于伪造。有权印制发票的企业应当按照税务机关批准的式样和数量印制发票,否则属于擅自制造。"出售"即有偿转让,是否实际获利不影响出售行为的成立。根据以上行为方式与相应对象的结合,本条最终形成了4个罪名:①非法制造、出售非法制造的用于骗取出口退税、抵扣税款发票罪;②非法制

---

2 参见全国人大常委会法制工作委员会刑法室于2005年1月13日就公安部经济犯罪侦查局《关于对变造、出售变造普通发票行为的定性问题征求意见的函》的电话答复:《刑法》第209条第2款规定的"伪造、擅自制造,或者出售伪造、擅自制造的前款规定以外的其他发票"的行为,包括变造、出售变造的普通发票的行为。

造、出售非法制造的发票罪;③非法出售用于骗取出口退税、抵扣税款发票罪;④非法出售发票罪。前三个罪名都是选择性罪名,行为人实施了同一犯罪中规定的两个行为仍构成一罪。

三、数额标准

根据最高人民检察院、公安部《关于公安机关管辖的刑事案件立案追诉标准的规定(二)》第61—64条的规定,非法制造、出售非法制造的用于骗取出口退税、抵扣税款发票罪的立案标准为:①票面可以退税、抵扣税额累计在10万元以上的;②伪造、擅自制造或者出售伪造、擅自制造的发票10份以上且票面可以退税、抵扣税额在6万元以上的;③非法获利数额在1万元以上的。非法制造、出售非法制造的发票罪的立案标准为:①伪造、擅自制造或者出售伪造、擅自制造的不具有骗取出口退税、抵扣税款功能的其他发票100份以上且票面金额累计在30万元以上的;②票面金额累计在50万元以上的;③非法获利数额在1万元以上的。非法出售用于骗取出口退税、抵扣税款发票罪的立案标准为:①票面可以退税、抵扣税额累计在10万元以上的;②非法出售用于骗取出口退税、抵扣税款的其他发票10份以上且票面可以退税、抵扣税额在6万元以上的;③非法获利数额在1万元以上的。非法出售发票罪的立案标准为:①非法出售增值税专用发票、用于骗取出口退税、抵扣税款的其他发票以外的发票100份以上且票面金额累计在30万元以上的;②票面金额累计在50万元以上的;③非法获利数额在1万元以上的。 7

Ⅴ　主体

本条罪的主体为一般主体,包括单位和自然人。 8

Ⅵ　故意

本条规定的4个犯罪均只能由故意构成。有著述认为,本条规定的犯罪应有非法牟利的目的。[3] 虽然实施本条规定的行为一般具有牟取非法经济利益的目的,但本条和相关司法解释并未将此目的作为这4个犯罪的构成要件。 9

实施本条犯罪的行为人应当对行为对象有认识。从罪名和法定刑看,行为人对发票真假的认识错误,虽然涉及本条的两个罪名,但两罪法定刑相同,实际体现的是相同法益,不影响行为人的刑事责任,如误将伪造的发票当成真发票出售,应当认定出售非法制造的发票罪。但行为人对不同功能的发票认识错误,即将可以用于出口退税、抵扣税款的发票误认为是其他普通发票而制造或出售的,或者将其他普通发票误认为是可以用于出口退税、抵扣税款的发票而制造或出售的,因为涉及罪名及法定 10

3　参见高铭暄主编:《新编中国刑法学》,中国人民大学出版社1998年版,第653页。

刑不同,应作“抽象的对象错误”处理。[4] 第一种情况,属于行为人有犯轻罪的故意,而发生了重罪的结果,应当成立轻罪,即非法制造、出售非法制造的发票罪或非法出售发票罪;第二种情况,属于行为人有重罪的故意,而发生了轻罪的结果,只能在实际发生的轻罪结果范围内认定轻罪,即非法制造、出售非法制造的发票罪或非法出售发票罪。

Ⅶ 罪数

11 (1)当税务机关工作人员故意违法出售普通发票时,应当以本条罪名还是《刑法》第 405 条徇私舞弊发售发票罪定罪处罚? 在主体都是税务机关工作人员,并且都违反了发票领购的相关规定的情况下,二者的主要区别是:①发生环节不同,发票的管理制度涉及发票的印制、领购、开具、取得、保管、缴销等环节,徇私舞弊发售发票罪只能发生在发票发售环节,即税务机关向购票人发放发票时,审查购票人的资质,按照核准的收费标准收取工本管理费,并开具收据;而本条规定的非法出售用于骗取出口退税、抵扣税款发票罪和非法出售发票罪可以发生在发票管理的其他环节,如负责保管、缴销普通发票的税务机关工作人员将自己保管的发票出售。②徇私舞弊发售发票罪中,虽然徇私舞弊发售发票是税务机关工作人员的行为,但发票是以税务机关名义发售的;税务机关工作人员实施本条规定的犯罪,是其私自出售发票,虽然利用了职务的便利,但不是以税务机关名义进行的。[5] ③行为对象不同,徇私舞弊发售发票罪的对象是所有发票,包括增值税专用发票和普通发票,而本条犯罪的对象仅限于普通发票。因此,履行发售发票职务的税务机关工作人员,在履行职务期间,徇私舞弊违法发售普通发票的,构成徇私舞弊发售发票罪;其他情况下税务机关工作人员利用工作便利,私自出售普通发票的,则构成本条之罪。

12 (2)行为人制造的发票既有增值税专用发票,又有用于出口退税、抵扣税款的发票和其他普通发票,或者其出售的发票既有真的,又有假的(伪造,擅自制造),既有增值税专用发票,又有可以用于骗取出口退税、抵扣税款的发票和其他普通发票的情况,应当按所涉及的犯罪数罪并罚。

13 (3)行为人盗窃或诈骗取得可以用于骗取出口退税、抵扣税款的其他发票后予以出售的,属于牵连犯,按《刑法》第 210 条的规定对行为人应以盗窃罪或诈骗罪定罪处刑,而不定本罪或实行数罪并罚。

Ⅷ 处罚

14 本条以 4 款规定了 4 个罪名、两种法定刑。

---

4 参见黎宏:《刑法学总论》(第 2 版),法律出版社 2016 年版,第 208 页。

5 参见刘荣:《中美税收犯罪比较研究》,法律出版社 2014 年版,第 153 页以下。

第一种是对象为用于骗取出口退税、抵扣税款普通发票的犯罪的法定刑，包括非法制造、出售非法制造的用于骗取出口退税、抵扣税款发票罪和非法出售用于骗取出口退税、抵扣税款发票罪，这两个罪的法定刑完全相同。犯该罪的，处 3 年以下有期徒刑、拘役或者管制，并处 2 万元以上 20 万元以下罚金；数量巨大的，处 3 年以上 7 年以下有期徒刑，并处 5 万元以上 50 万元以下罚金；数量特别巨大的，处 7 年以上有期徒刑，并处 5 万元以上 50 万元以下罚金或者没收财产。根据最高人民法院《关于适用〈全国人民代表大会常务委员会关于惩治虚开、伪造和非法出售增值税专用发票犯罪的决定〉的若干问题的解释》第 6 条的规定，"数量巨大"是指发票 200 份以上，"数量特别巨大"是指发票 1000 份以上。 15

第二种是对象为其他普通发票的犯罪的法定刑，包括非法制造、出售非法制造发票罪和非法出售发票罪，这两个罪的法定刑完全相同。犯该罪的，处 2 年以下有期徒刑、拘役或者管制，并处或者单处 1 万元以上 5 万元以下罚金；情节严重的，处 2 年以上 7 年以下有期徒刑，并处 5 万元以上 50 万元以下罚金。 16

单位犯本条罪的，对单位判处罚金，并对其直接负责的主管人员和其他直接责任人员判处本罪法条规定的刑罚。 17

第二百一十条　盗窃、骗取增值税专用发票或者其他相关发票的处罚的规定

盗窃增值税专用发票或者可以用于骗取出口退税、抵扣税款的其他发票的，依照本法第二百六十四条的规定定罪处罚。

使用欺骗手段骗取增值税专用发票或者可以用于骗取出口退税、抵扣税款的其他发票的，依照本法第二百六十六条的规定定罪处罚。

细目录

Ⅰ　主旨
Ⅱ　沿革
Ⅲ　数额标准
Ⅳ　盗窃或者骗取增值税专用发票又非法出售的处理

Ⅰ　主旨

1　由于增值税专用发票和可以用于骗取出口退税、抵扣税款的其他发票的退税和抵扣税款功能，以其为对象的盗窃、诈骗行为直接关涉国家的税款利益、发票管理秩序，为了体现对增值税专用发票的特殊保护，明确该行为的性质，避免可能造成的司法不统一，制定本条。

Ⅱ　沿革

2　本条源自 1995 年 10 月 30 日全国人大常委会通过的《关于惩治虚开、伪造和非法出售增值税专用发票犯罪的决定》第 7 条的规定，即“盗窃增值税专用发票或者其他发票的，依照刑法关于盗窃罪的规定处罚。使用欺骗手段骗取增值税专用发票或者其他发票的，依照刑法关于诈骗罪的规定处罚”。1997 年《刑法》第 210 条引入上述规定时进行了如下的修改和调整：其一，将原规定中的“依照……处罚”修改为“依照……定罪处罚”；其二，将原规定中的“其他发票”限定为“可以用于骗取出口退税、抵扣税款的其他发票”。[1]

1　高铭暄：《中华人民共和国刑法的孕育诞生和发展完善》，北京大学出版社 2012 年版，第 425 页。

Ⅲ　数额标准

根据 1998 年 3 月 17 日发布的最高人民法院《关于审理盗窃案件具体应用法律若干问题的解释》,盗窃本条规定的发票数量在 25 份以上的,为“数额较大”;数量在 250 份以上的,为“数额巨大”;数量在 2500 份以上的,为“数额特别巨大”。 3

Ⅳ　盗窃或者骗取增值税专用发票又非法出售的处理

盗窃或者骗取增值税专用发票又非法出售的,应作牵连犯处理。行为人以盗窃、骗取的方法获得增值税专用发票后出售,目的行为是非法出售增值税专用发票,方法行为触犯盗窃罪或诈骗罪,二者具有牵连关系,应从一重罪处罚。 4

第二百一十条之一 持有伪造的发票罪

明知是伪造的发票而持有，数量较大的，处二年以下有期徒刑、拘役或者管制，并处罚金；数量巨大的，处二年以上七年以下有期徒刑，并处罚金。

单位犯前款罪的，对单位判处罚金，并对其直接负责的主管人员和其他直接责任人员，依照前款的规定处罚。

文献:王佩芬:《发票犯罪立法研究》,上海社会科学院出版社 2015 年版;黎宏:《刑法学各论》(第 2 版),法律出版社 2016 年版;高铭暄、马克昌主编:《刑法学》(第 9 版),北京大学出版社、高等教育出版社 2019 年版;张明楷:《刑法学》(第 6 版),法律出版社 2021 年版。刘志伟:《发票犯罪若干疑难问题研析》,载《法学家》2001 年第 2 期;陈洪兵:《简评〈刑法修正案(八)〉有关发票犯罪的规定》,载《华东政法大学学报》2011 年第 5 期;崔立美:《持有伪造的发票罪与出售非法制造的发票罪的界定》,载《中国检察官》2012 年第 18 期;杜文俊:《发票犯罪若干问题辨析》,载《政治与法律》2013 年第 6 期;王伟波:《持有伪造的发票罪的认定标准探析》,载《中国检察官》2019 年第 18 期。

细目录

Ⅰ 主旨
Ⅱ 沿革
Ⅲ 客体
Ⅳ 危害行为
一、行为对象
二、行为方式
三、数额标准
Ⅴ 主体
Ⅵ 故意
Ⅶ 处罚

Ⅰ 主旨

1 为了严密发票犯罪的刑事法网,解决司法实践中发票犯罪举证困难问题,维护国家的发票管理秩序,制定本条。

Ⅱ　沿革

本罪系 2011 年 2 月 25 日全国人大常委会通过的《刑法修正案(八)》第 35 条增设的新罪。1997 年《刑法》中的发票犯罪体系重点规制发票的买方市场与卖方市场,对处于伪造与出售假发票中间环节的“持有”行为的惩处完全属于立法的盲区。税收执法和司法实践中,执法机关查处发票犯罪案件时,常在犯罪嫌疑人的身边、处所或者交通工具上查获大量伪造发票,但无法证明其来源和用途,致使无法追究行为人的刑事责任。为了严密发票犯罪的刑事法网,为市场经济保驾护航,2011 年《刑法修正案(八)》中增设了“持有伪造的发票罪”。[1] 2

Ⅲ　客体

本罪侵犯了国家的发票管理制度。我国对发票的印制实行统一管理,禁止任何个人和单位私自印制、伪造、变造发票。持有伪造的发票是伪造的发票得以在发票地下市场流通的一个重要环节,严重扰乱了国家的发票管理制度,威胁到国家的税收征管。 3

Ⅳ　危害行为

一、行为对象

本罪的行为对象为伪造的发票,“发票”是指在购销商品、提供或者接受服务以及从事其他经营活动中,开具、收取的收付款凭证,包括普通发票和增值税专用发票。“伪造”,是指无发票印制权的主体按照真发票的样式,制作出足以让人误以为是真发票的假发票,这里的“伪造”包括“变造”,但不应包括“擅自制造”。因为依据《刑法》第 209 条的规定“非法制造”包括“伪造”和“擅自制造”,本条适用于“伪造”而非“非法制造”,根据体系解释,应当将“擅自制造”排除在“伪造”之外;此外,因为“擅自制造”的主体是有权印制发票的企业,因此“擅自制造的发票”与真发票从外观上没有区别,难以辨识,持有人一般对其性质没有认识。 4

二、行为方式

本罪的行为方式为持有,“持有”是指行为人对伪造的发票处于占有、支配、控制的一种状态。不仅行为人随身携带伪造的发票可以认定为持有,即便是在其住处、交通工具上发现的也能认定为持有。当然,在认定持有之前,必须先查清该伪造发票的 5

1　参见高铭暄:《中华人民共和国刑法的孕育诞生和发展完善》,北京大学出版社 2012 年版,第 425 页。

真正来源。只有在查不清的情况下,才能认定为“持有”。伪造发票后持有的,不再认定为本罪。

三、数额标准

6 根据最高人民检察院、公安部《关于公安机关管辖的刑事案件立案追诉标准的规定(二)》第65条的规定,持有伪造的发票罪的立案标准为:①持有伪造的增值税专用发票或者可以用于骗取出口退税、抵扣税款的其他发票50份以上且票面税额累计在25万元以上的;②持有伪造的增值税专用发票或者可以用于骗取出口退税、抵扣税款的其他发票票面税额累计在50万元以上的;③持有伪造的第一项规定以外的其他发票100份以上且票面金额在50万元以上的;④持有伪造的第一项规定以外的其他发票票面金额累计在100万元以上的。

Ⅴ 主体

7 本罪是一般主体,包括自然人和单位。

Ⅵ 故意

8 本罪的主观方面是故意。行为人要明知是伪造的发票,这里的“明知”,是指知道或可能知道,其判断不能仅凭被告人的口供,应当根据与案件有关的各种客观证据,加以综合判断;但行为人无须对行为的违法性具有明知。

Ⅶ 处罚

9 本罪分为两个量刑档次:犯本罪,伪造的发票数量较大的,处2年以下有期徒刑、拘役或者管制,并处罚金;数量巨大的,处2年以上7年以下有期徒刑,并处罚金。

10 单位犯前款罪的,对单位判处罚金,并对其直接负责的主管人员和其他直接责任人员,依照前款的规定处罚。

第二百一十一条　单位犯危害税收征管罪的处罚规定

单位犯本节第二百零一条、第二百零三条、第二百零四条、第二百零七条、第二百零八条、第二百零九条规定之罪的，对单位判处罚金，并对其直接负责的主管人员和其他直接责任人员，依照各该条的规定处罚。

细目录

Ⅰ　主旨
Ⅱ　沿革

Ⅰ　主旨

为明确单位实施本节犯罪的刑事责任，维护税收征管秩序，制定本条。 1

Ⅱ　沿革

本条规定源自1992年9月4日全国人大常委会通过的《关于惩治偷税、抗税犯罪的补充规定》和1995年10月30日全国人大常委会通过的《关于惩治虚开、伪造和非法出售增值税专用发票犯罪的决定》的相关规定。《关于惩治偷税、抗税犯罪的补充规定》第3条明确了企业事业单位犯可以构成偷税罪、抗税罪，应对其实行双罚。《关于惩治虚开、伪造和非法出售增值税专用发票犯罪的决定》第10条规定单位可以构成该决定规定的发票犯罪，并实行双罚。1997年《刑法》专门规定了单位构成虚开增值税专用发票、用于骗取出口退税、抵扣税款发票罪和伪造、出售伪造的增值税专用发票罪的刑事责任，因此，将这两种罪排除在《刑法》第211条规定列举的范围之外。2011年2月25日全国人大常委会通过的《刑法修正案（八）》在本节新增了两个罪名，即第205条之一的虚开发票罪和第210条之一的持有伪造的发票罪，两种罪的单位犯罪的处罚原则与第211条规定的处罚原则相同，但并未增列在第211条范围之中，而是单独作为一款分别规定在本罪的条文中。[1] 2

1　参见高铭暄：《中华人民共和国刑法的孕育诞生和发展完善》，北京大学出版社2012年版，第427页。

第二百一十二条　优先追缴税款、出口退税款

犯本节第二百零一条至第二百零五条规定之罪，被判处罚金、没收财产的，在执行前，应当先由税务机关追缴税款和所骗取的出口退税款。

细目录

Ⅰ　主旨

Ⅱ　沿革

Ⅲ　法条理解

Ⅰ　主旨

1　对于侵犯国家经济利益的犯罪,不但要对其判处刑罚,而且还要对犯罪行为所造成的国家利益之损失予以恢复,为了明确这两种法律责任的履行顺序,保障国家税款利益,制定本条。

Ⅱ　沿革

2　本条是征缴优先原则的刑法体现,该原则在 1979 年《刑法》中没有被明确体现,在 1997 年《刑法》中才得以明确。

Ⅲ　法条理解

3　首先,适用本条的前提条件是,因逃税罪,抗税罪,逃避追缴欠税罪,骗取出口退税罪,虚开增值税专用发票、用于骗取出口退税、抵扣税款发票罪被判处了财产刑。一方面,以上五种罪属于侵犯国家税款利益的犯罪,行为人负有补缴税款和退还出口骗税的法律责任;另一方面,对以上五种罪都判处了财产刑。其次,执行应当遵循"税收责任优先原则",即在财产刑执行前,由税务机关先行追缴欠税和被骗取的出口退税款。

4　该条体现了以下刑罚执行观念:①执行国家所判处的刑罚,并不能免除犯罪人因犯罪行为所造成之损害的补偿义务。②没收财产作为刑罚方法之一,具有刑罚的惩罚性,而只有对行为人合法利益的剥夺才可以体现惩罚之意。如果将行为人应当缴纳而未缴的税款和骗取的出口退税款作为没收财产刑的内容,则无法实现惩罚功能,其刑罚性质就发生了变异。因此,虽然无论是税务机关所追缴的税款和所骗取的出口退税款,还是司法机关所没收的财产,最终都要上缴国库,成为国家的财产,但对于行为人来说,追缴的款项与没收财产的款项性质是完全不同的,应当加以区分。

刘　荣

第七节　侵犯知识产权罪

前　注

文献:赵秉志主编:《中国刑法实用》,河南人民出版社 2002 年版;王作富主编:《刑法分则实务研究》(第 5 版),中国方正出版社 2013 年版;黎宏:《刑法学各论》(第 2 版),法律出版社 2016 年版;高铭暄、马克昌主编:《刑法学》(第 9 版),北京大学出版社、高等教育出版社 2019 年版;周光权:《刑法各论》(第 4 版),中国人民大学出版社 2021 年版;张明楷:《刑法学》(第 6 版),法律出版社 2021 年版。

细目录

Ⅰ　主旨
Ⅱ　沿革
Ⅲ　构成特征
Ⅳ　共同犯罪
Ⅴ　追诉
Ⅵ　罪数
Ⅶ　处罚

Ⅰ　主旨

知识产权是民法中的三大权利之一,是近代产生的新型权利。保护知识产权有利于调动广大产权人的积极性,维护正常的经济秩序,促进社会的发展。保护知识产权也是我国现今形势所必然。如专利制度对于促进经济和科技的发展具有巨大的作用。第二次世界大战以来,联邦德国、日本战后 30 余年国民经济总产值从 50%增长到 70%就是由科学技术革新带来的。美国的富裕也主要源于科学技术的革新。我国要想大力发展经济,就必须做好知识产权的保护工作。随着我国市场经济的迅速发展,知识产权侵权纠纷也越来越多,尤其在互联网和人工智能得以飞速发展的现代社会,侵犯知识产权的违法行为层出不穷。因此,加强知识产权的刑法保护势所必然。 1

Ⅱ　沿革

1979 年《刑法》对侵犯知识产权罪的规定仅限于假冒注册商标罪。1997 年《刑法》在假冒注册商标罪以外增加了销售假冒注册商标的商品罪,非法制造、销售非法制造的注册商标标识罪,假冒专利罪,侵犯著作权罪,销售侵权复制品罪以及侵犯商 2

业秘密罪,同时,修正了假冒注册商标罪的主体、行为及法定刑。《刑法修正案(十一)》进一步修正了假冒注册商标罪,销售假冒注册商标的商品罪,非法制造、销售非法制造的注册商标标识罪,销售侵权复制品罪以及侵犯商业秘密罪的法定刑,并对销售假冒注册商标的商品罪、侵犯著作权罪以及侵犯商业秘密罪的构成要件作出局部的修正。同时,新增了为境外窃取、刺探、收买、非法提供商业秘密罪。从侵犯知识产权罪的历史沿革来看,刑法对知识产权的保护力度越来越大。这是我国"全面加强知识产权保护工作"的缩影。

Ⅲ 构成特征

3 (1)本罪的客体是特定的知识产权。知识产权种类繁多,包括商标权、专利权、著作权、商业秘密、商号权、产地名称标志权、植物新品种权等。但是,刑法基于谦抑性的考虑,并未对所有知识产权予以保护。侵犯知识产权罪的客体(法益)限于商标权、专利权、著作权以及商业秘密等重要的知识产权。

4 (2)本罪的客观方面是侵犯特定知识产权的严重危害行为。对于知识产权的侵权行为,刑法也不是一概予以规制。首先,只有特定的侵权方式被纳入侵犯知识产权罪的构成要件范围。侵犯商标权、专利权等知识产权的行为方式多种多样。刑法只对其中个别行为方式予以规制。例如,刑法只规定假冒专利罪,而未处罚其他专利侵权行为。其次,知识产权犯罪以特定的严重情节作为构成要件,未达到法定情节的知识产权侵权行为,不构成知识产权罪。例如,"情节严重"是假冒注册商标罪的成立要件。最高人民法院、最高人民检察院于 2004 年 12 月 8 日发布《关于办理侵犯知识产权刑事案件具体应用法律若干问题的解释》第 12 条第 1、2 款将"非法经营数额"界定为:"行为人在实施侵犯知识产权行为过程中,制造、储存、运输、销售侵权产品的价值。已销售的侵权产品的价值,按照实际销售的价格计算。制造、储存、运输和未销售的侵权产品的价值,按照标价或者已经查清的侵权产品的实际销售平均价格计算。侵权产品没有标价或者无法查清其实际销售价格的,按照被侵权产品的市场中间价格计算。多次实施侵犯知识产权行为,未经行政处理或者刑事处罚的,非法经营数额、违法所得数额或者销售金额累计计算。"第 15 条规定单位犯侵犯知识产权罪的定罪量刑标准 3 倍于个人犯罪。《关于办理侵犯知识产权刑事案件具体应用法律若干问题的解释(二)》第 6 条也确认侵犯知识产权罪的单位主体在定罪量刑标准上 3 倍于自然人主体的认定方法。2011 年 1 月 10 日发布的最高人民法院、最高人民检察院、公安部《关于办理侵犯知识产权刑事案件适用法律若干问题的意见》第 14 条关于多次实施侵犯知识产权行为累计计算数额问题作出规定:"多次实施侵犯知识产权行为,未经行政处理或者刑事处罚的,非法经营数额、违法所得数额或者销售金额累计计算;二年内多次实施侵犯知识产权违法行为,未经行政处理,累计数额构成犯罪的,应当依法定罪处罚;实施侵犯知识产权犯罪行为的追诉期限,适用刑法的有关规定,不受前述二年的限制。"

(3)本罪的主体是一般主体。本罪的主体既可以是自然人,也可以是单位。 5

(4)本罪的罪过是故意。知识产权罪是故意犯罪。过失侵权行为不构成侵犯知 6
识产权罪。而且,有的知识产权犯罪以特定目的为主观要件。例如,侵犯著作权罪以营利为目的。

Ⅳ 共同犯罪

故意参与本罪的共同行为构成本罪的共同犯罪。《关于办理侵犯知识产权刑事 7
案件适用法律若干问题的意见》第 15 条对为他人实施侵犯知识产权犯罪提供原材料、机械设备等行为的定性问题作出了规定:“明知他人实施侵犯知识产权犯罪,而为其提供生产、制造侵权产品的主要原材料、辅助材料、半成品、包装材料、机械设备、标签标识、生产技术、配方等帮助,或者提供互联网接入、服务器托管、网络存储空间、通信传输通道、代收费、费用结算等服务的,以侵犯知识产权犯罪的共犯论处。”

Ⅴ 追诉

本罪的追诉形式既包括自诉,也包括公诉。根据《关于办理侵犯知识产权刑事案 8
件具体应用法律若干问题的解释(二)》第 5 条的规定,被害人有证据证明的侵犯知识产权刑事案件,可以直接向人民法院提起自诉。但是,严重危害社会秩序和国家利益的侵犯知识产权刑事案件,由人民检察院依法提起公诉。

Ⅵ 罪数

在一行为同时触犯本罪与其他犯罪的场合,构成想象竞合犯,按照从一重处断的 9
原则处罚。《关于办理侵犯知识产权刑事案件适用法律若干问题的意见》第 16 条对侵犯知识产权犯罪竞合的处理问题作出了规定:“行为人实施侵犯知识产权犯罪,同时构成生产、销售伪劣商品犯罪的,依照侵犯知识产权犯罪与生产、销售伪劣商品犯罪中处罚较重的规定定罪处罚。”

Ⅶ 处罚

本罪的主刑是有期自由刑,附加刑是罚金。《关于办理侵犯知识产权刑事案件具 10
体应用法律若干问题的解释(二)》第 3 条规定,以下四种侵犯知识产权罪的情形一般不适用缓刑,包括:①因侵犯知识产权被刑事处罚或者行政处罚后,再次侵犯知识产权构成犯罪的;②不具有悔罪表现的;③拒不交出违法所得的;④其他不宜适用缓刑的情形。第 4 条要求人民法院对侵犯知识产权犯罪适用罚金刑综合考虑以下情节:犯罪的违法所得、非法经营数额、给权利人造成的损失、社会危害性等。而且,罚金数额一般在违法所得的 1 倍以上 5 倍以下,或者按照非法经营数额的 50%以上 1 倍以下确定。

11　《关于办理侵犯知识产权刑事案件具体应用法律若干问题的解释(三)》第8条规定,具有下列情形之一的,可以酌情从重处罚,一般不适用缓刑:①主要以侵犯知识产权为业的;②因侵犯知识产权被行政处罚后再次侵犯知识产权构成犯罪的;③在重大自然灾害、事故灾难、公共卫生事件期间,假冒抢险救灾、防疫物资等商品的注册商标的;④拒不交出违法所得的。第9条规定,具有下列情形之一的,可以酌情从轻处罚:①认罪认罚的;②取得权利人谅解的;③具有悔罪表现的;④以不正当手段获取权利人的商业秘密后尚未披露、使用或者允许他人使用的。第10条规定,对于侵犯知识产权犯罪的,应当综合考虑犯罪违法所得数额、非法经营数额、给权利人造成的损失数额、侵权假冒物品数量及社会危害性等情节,依法判处罚金。罚金数额一般在违法所得数额的1倍以上5倍以下确定。违法所得数额无法查清的,罚金数额一般按照非法经营数额的50%以上1倍以下确定。违法所得数额和非法经营数额均无法查清,判处3年以下有期徒刑、拘役、管制或者单处罚金的,一般在3万元以上100万元以下确定罚金数额;判处3年以上有期徒刑的,一般在15万元以上500万元以下确定罚金数额。

第二百一十三条　假冒注册商标罪

未经注册商标所有人许可，在同一种商品、服务上使用与其注册商标相同的商标，情节严重的，处三年以下有期徒刑，并处或者单处罚金；情节特别严重的，处三年以上十年以下有期徒刑，并处罚金。

文献:赵秉志主编:《中国刑法实用》,河南人民出版社 2002 年版;王作富主编:《刑法分则实务研究》(第 5 版),中国方正出版社 2013 年版;黎宏:《刑法学各论》(第 2 版),法律出版社 2016 年版;周光权:《刑法各论》(第 4 版),中国人民大学出版社 2021 年版;张明楷:《刑法学》(第 6 版),法律出版社 2021 年版。孙力:《略论假冒注册商标犯罪的法律适用》,载《法学》1993 年第 5 期;叶高峰、史卫忠:《略论假冒商标犯罪的几个问题》,载《法学评论》1995 年第 3 期;李卫红:《假冒类案件的刑事法认定》,载《法学杂志》2018 年第 11 期。

细目录

Ⅰ　主旨
Ⅱ　沿革
Ⅲ　客体
Ⅳ　对象
Ⅴ　行为
Ⅵ　主体
Ⅶ　故意
Ⅷ　罪数
一、假冒注册商标罪和销售假冒注册商标的商品罪的罪数问题
二、假冒注册商标罪和生产、销售伪劣商品罪的罪数问题
Ⅸ　与他罪的区别
一、与生产、销售伪劣商品罪的区别
二、与诈骗罪的区别
Ⅹ　处罚

Ⅰ　主旨

刑法设定假冒注册商标罪,在于通过对严重假冒注册商标的行为的惩处,达到遏 1
制商标犯罪,保护商标注册人的经济利益,从而有利于社会主义市场经济秩序的保护

的目的。

Ⅱ　沿革

2　我国1979年《刑法》第127条规定了假冒注册商标罪。该条规定:“违反商标管理法规,工商企业假冒其他企业已经注册的商标的,对直接责任人员,处三年以下有期徒刑、拘役或者罚金。”全国人大常委会于1993年2月22日通过了《关于惩治假冒注册商标犯罪的补充规定》,对假冒注册商标罪作了重要的补充修改,扩大了假冒注册商标罪的主体和犯罪对象,提高了假冒注册商标罪的法定刑。1997年《刑法》对补充规定又作了进一步的修改:将“违法所得数额较大或者有其他严重情节”修改为“情节严重”;将“违法所得数额巨大”修改为“情节特别严重”。

3　《刑法修正案(十一)》再次对本条进行了修改。在罪状方面,新增“服务”上的注册商标作为行为对象。根据《商标法》第3条的规定,经商标局核准注册的商标为注册商标,包括商品商标、服务商标和集体商标、证明商标;商标注册人享有商标专用权,受法律保护;根据第4条的规定,本法有关商品商标的规定,适用于服务商标。可见,《商标法》对商品商标和服务商标作同等保护。但是,如果《刑法》只关注商品商标,就必然产生法律漏洞。《刑法修正案(十一)》把侵犯服务商标的行为纳入处罚范围。同时,在量刑方面,最高法定刑提高到10年有期徒刑;最低法定刑修改为3年有期徒刑,取消了拘役刑。《刑法修正案(十一)》加大了侵犯注册商标行为的处罚力度。

Ⅲ　客体

4　本罪的直接客体是商标注册人的商标专用权。我国对注册商标实行登记管理制度,商标注册登记后,只能由注册人专门使用,他人不得擅自使用商标注册人已注册的商标。

Ⅳ　对象

5　本罪的犯罪对象是注册商标。商标是指由对某种商品或者服务具有监督能力的组织所控制,而由该组织以外的单位或者个人使用于其商品或者服务,用以证明该商品或者服务的原产地、原料、制造方法、质量或者其他特定品质的标志。我国法律对商标的管理采用自愿注册与强制注册相结合的办法。对于一般商品,企业可根据自身的具体条件,决定是否申请注册商标。对某些特殊商品,则规定必须注册商标,如人用药品、烟草等。

Ⅴ　行为

6　本罪的犯罪行为是未经注册商标所有人许可,在同一种商品、服务上使用与其注册商标相同的商标,情节严重的行为。我们将这种行为分解予以分析。

1."注册商标所有人许可"

商标使用有两种形式:一种是自己使用,另一种是许可他人使用。商标的许可使用,是指注册商标所有人通过订立许可使用合同,允许他人使用其注册商标的一种制度。被许可人通过与许可人订立许可使用合同,取得注册商标使用权,不享有商标所有权,商标所有权没有发生转移,仍然归许可人享有。根据我国法律规定,注册商标使用许可的形式有两种:一般使用许可与独占使用许可。一般使用许可是指许可人可以允许两个或者两个以上的被许可人在同一时间、同一地区,在指定商品上使用其同一注册商标。享有一般许可使用权的被许可人不享有禁止权,即不得禁止或者阻碍其他被许可人使用该注册商标。独占使用许可是指许可人在同一时间只能允许一个被许可人在规定的地区和指定的商品上独家使用其注册商标。独占使用许可的被许可人享有排他性的禁止权,它可以在合同约定的范围内禁止包括注册商标人在内的其他人使用该注册商标或者与该注册商标近似的商标。 7

2."未经注册商标所有人许可"

所谓"未经注册商标所有人许可"是指未经权利人同意而使用。通说认为,以下具体情形,可以用来认定"未经注册商标所有人许可":①行为人从未获得过注册商标所有权人使用其注册商标的许可,即商标所有权人未在任何时间,以任何方式许可行为人使用其注册商标。这种情形在司法实践中最为常见,也是打击的重点。例如,在郭明升、郭明锋、孙淑标假冒注册商标案中,被告人郭明升、郭明锋、孙淑标在未经"SAMSUNG"商标注册人授权许可的情况下,购进假冒"SAMSUNG"注册商标的手机机头及配件,组装假冒"SAMSUNG"注册商标的手机,并通过网店对外以"正品行货"销售。法院认为,该行为属于未经注册商标所有人许可在同一种商品上使用与其相同的商标的行为,构成假冒注册商标罪。[1] ②行为人虽然曾经获得过注册商标所有人的使用许可,但由于被许可人不能保证使用该商标的商品质量等原因,导致许可合同提前解除,行为人在合同解除后仍然继续使用该注册商标。③行为人虽然曾经获得过注册商标所有人的使用许可,但在许可使用合同规定的使用期限届满后,不经允许仍然继续使用注册商标所有人的商标。④行为人虽然获得了注册商标所有人的许可,但超越许可使用注册商标的商品范围使用商标。⑤行为人虽然获得了注册商标所有人的使用许可,但超越许可使用注册商标的地域范围使用商标。 8

3."在同一种商品、服务上使用与其注册商标相同的商标"

对这个条件的认识可以从三个方面展开:首先,"同一种商品、服务"的判断标准。根据《关于办理侵犯知识产权刑事案件适用法律若干问题的意见》第5条的规定,名称相同的商品以及名称不同但指同一事物的商品,可以认定为"同一种商品"。"名称"是指原国家工商行政管理总局商标局在商标注册工作中对商品使用的名称,通常 9

1 参见最高人民法院指导案例87号"郭明升、郭明锋、孙淑标假冒注册商标案"。

即《商标注册用商品和服务国际分类》中规定的商品名称。“名称不同但指同一事物的商品”是指在功能、用途、主要原料、消费对象、销售渠道等方面相同或者基本相同,相关公众一般认为是同一种事物的商品。认定“同一种商品”,应当在权利人注册商标核定使用的商品和行为人实际生产销售的商品之间进行比较。关于“同一种服务”的认定,可参照上述司法解释,从服务的功能、对象等方面的同一性作实质性判断。服务商标与商品商标一样,也可以由文字、图形、字母、数字、三维标志、声音和颜色组合,以及上述要素的组合而构成。如果在相关公众看来,权利人注册商标核定使用的服务和行为人实际提供的服务具有相同的内容,就应当认定为“同一种服务”。在孙国强等假冒注册商标案中,孙国强雇用被告人钱书增、周健利用低价购买或自行生产的水饺、汤圆灌装到标有“思念”牌商标的包装袋及包装箱中,假冒“思念”牌水饺、汤圆、羊肉片对外销售。郑州思念食品有限公司系“思念”牌注册商标的所有权人,该注册商标核定使用商品的范围为:饺子、元宵、馄饨、包子、春卷、方便米饭、八宝饭、粽子馒头、冰淇淋(商品截止)。在本案中,孙国祥假冒“思念”牌出售的食品在名称上与该注册商标核定使用商品的名称均不一致。那么,究竟是否可以认定为“同一种商品”,就不无疑问。法院认为,孙国强等未经注册商标所有人许可,在同一种商品上使用与其注册商标相同的商标,情节严重,其行为均构成假冒注册商标罪,应予惩处。同时,由于“思念”牌注册商标所核定使用的商品范围并不包括羊肉片,所以公诉机关指控中有关羊肉片的货值金额不应纳入假冒注册商标罪的犯罪数额,应予以纠正。[2] 笔者认为,法院的判决是妥当的。一是水饺是饺子的一种。假冒“思念”牌的水饺必然对“思念”牌饺子的市场竞争力造成侵害。两者毫无疑问属于“同一种商品”。二是汤圆和元宵的表述不甚相同,制作工序也有所差异。但是,汤圆和元宵在外观、原料、功能上基本一致。普通民众难以区分。假冒的“思念”牌汤圆和正牌的元宵在市场上有明显的竞争关系,因而也应认定为“同一种商品”。三是“思念”牌注册商标的商品核定使用范围内的所有商品与羊肉不存在明显的关联性。即使假冒“思念”牌的注册商标生产、销售羊肉片,也不会对“思念”牌的商品市场份额产生直接的影响。其次,“相同的商标”的含义。根据《关于办理侵犯知识产权刑事案件具体应用法律若干问题的解释》第 8 条的规定,“相同的商标”,是指与被假冒的注册商标完全相同,或者与被假冒的注册商标在视觉上基本无差别、足以对公众产生误导的商标。《关于办理侵犯知识产权刑事案件适用法律若干问题的意见》第 6 条进一步规定:关于《刑法》第 213 条规定的“与其注册商标相同的商标”的认定问题具有下列情形之一,可以认定为“与其注册商标相同的商标”:改变注册商标的字体、字母大小写或者文字横竖排列,与注册商标之间仅有细微差别的;改变注册商标的文字、字母、数

---

2 参见张鹏:《孙国强等假冒注册商标案[第 674 号]——如何认定假冒注册商标罪中的同一种商品》,载最高人民法院刑事审判第一、二、三、四、五庭主办:《中国刑事审判指导案例3》,法律出版社 2017 年版,第 334—336 页。

字等之间的间距,不影响体现注册商标显著特征的;改变注册商标颜色的;其他与注册商标在视觉上基本无差别、足以对公众产生误导的商标。《关于办理侵犯知识产权刑事案件具体应用法律若干问题的解释(三)》第1条吸收了《关于办理侵犯知识产权刑事案件适用法律若干问题的意见》的基本内容,并进一步予以完善。根据该条款的规定,具有下列情形之一的,可以认定为《刑法》第213条规定的“与其注册商标相同的商标”:改变注册商标的字体、字母大小写或者文字横竖排列,与注册商标之间基本无差别的;改变注册商标的文字、字母、数字等之间的间距,与注册商标之间基本无差别的;改变注册商标颜色,不影响体现注册商标显著特征的;在注册商标上仅增加商品通用名称、型号等缺乏显著特征要素,不影响体现注册商标显著特征的;与立体注册商标的三维标志及平面要素基本无差别的;其他与注册商标基本无差别、足以对公众产生误导的商标。最后,“使用”的含义。根据《关于办理侵犯知识产权刑事案件具体应用法律若干问题的解释》第8条第2款的规定,“使用”,是指将注册商标或者假冒的注册商标用于商品、商品包装或者容器以及产品说明书、商品交易文书,或者将注册商标或者假冒的注册商标用于广告宣传、展览以及其他商业活动等行为。

需要注意的是,本罪的适用范围不限于在境内的假冒注册商标行为,还包括将假冒注册商标销往境外的行为。在姚常龙等五人假冒注册商标案中,2015年至2019年4月,被告人姚常龙安排被告人古进购进打印机、标签纸、光纤模块等材料,伪造“CISCO”“HP”“HUAWEI”光纤模块等商品,并安排被告人魏子皓、张超、庄乾星向境外销售。姚常龙、古进共生产、销售假冒上述注册商标的光纤模块10万余件,销售金额共计人民币3162万余元;现场扣押假冒光纤模块、交换机等11975件,价值383万余元;姚常龙、古进的违法所得数额分别为400万元、24万余元。魏子皓、张超、庄乾星销售金额分别为745万余元、429万余元、352万余元;违法所得数额分别为20万元、18.5万元和14万元。法院认为:“凡在我国合法注册且在有效期内的商标,商标所有人享有的商标专用权依法受我国法律保护。未经商标所有人许可,无论假冒商品是否销往境外,情节严重构成犯罪的,依法应予追诉。判断侵犯注册商标犯罪案件是否构成共同犯罪,应重点审查假冒商品生产者和销售者之间的意思联络情况、对假冒违法性的认知程度、对销售价格与正品价格差价的认知情况等因素综合判断。”[3] 10

4.“情节严重”

一般的商标侵权行为不构成犯罪,只有当假冒他人注册商标的行为达到情节严重时才构成犯罪。至于对“情节严重”的理解可参见《关于办理侵犯知识产权刑事案件具体应用法律若干问题的解释》相关的规定。具体而言,主要包括以下情形:①非法经营数额在5万元以上或者违法所得数额在3万元以上的;②假冒两种以上注册商标,非法经营数额在3万元以上或者违法所得数额在2万元以上的;③其他情节严重的情形。《关于公安机关管辖的刑事案件立案追诉标准的规定(二)》延续了上述 11

3 最高人民检察院检例第101号“姚常龙等五人假冒注册商标案”。

标准。对于其他严重情节,可以从两方面进行考虑。一方面,从犯罪数额的综合性进行考虑,例如,在同时接近非法经营数额和违法所得数额时,理应认定情节严重。另一方面,从行为后果的严重性进行考虑。例如,假冒商标的产品因质量问题造成消费者遭受重大损失,导致合法商标产品声名狼藉。需要注意的是,假冒注册商标犯罪的非法经营数额、违法所得数额,应当综合被告人供述、证人证言、被害人陈述、网络销售电子数据、被告人银行账户往来记录、送货单、快递公司电脑系统记录、被告人等所作记账等证据认定。被告人以刷信为辩解理由,在无相关证据证明的情况下,不得采信。[4] 在李清假冒注册商标案中,被告人李清在未获得商标所有权人许可的情况下,在2.2万件"白坯衫"上使用与"鄂尔多斯"注册商标相同的商标,包装成假冒的"鄂尔多斯"羊绒衫;在4633件"白坯衫"上使用与"恒源祥"注册商标相同的商标,包装成假冒的"恒源祥"羊毛衫。后被告人李清在湖南省郴州市某店铺内销售该假冒的"鄂尔多斯"羊绒衫和"恒源祥"羊毛衫。在该案中,关于非法销售金额的计算有分歧。一种意见认为,应按照假冒注册商标的商品的吊牌价格认定;另一种意见认为,以李清的电脑主机中记载的不同批次不同款式假冒注册商标的商品上标注的平均价格认定。法院认为,被告人李清销售的侵权产品的实际销售价格无法查清,故对其未销售部分以李清在电脑主机中对其经营产品的平均标价计算非法经营数额。[5] 笔者认为,法院的判决是妥当的。按照一般的服装交易习惯,贴牌价格和实际价格往往不一致。贴牌价格原则上会高于实际销售价格。因此,在没有确实、充分的证据证明行为人按照贴牌价格销售服装时,不能直接按照贴牌价格计算非法经营金额,而应当在可查证的证据范围内推定商品的平均价格,进而统计非法经营的总金额。李清在电脑主机中记载的不同批次不同款式假冒注册商标的商品上标注的价格具有相当的可信度。以此价格认定"非法经营数额"可以排除合理怀疑,具有说服力。

5. 尚未附着或者尚未全部附着假冒注册商标标识的侵权产品价值是否计入非法经营数额?

12 根据《关于办理侵犯知识产权刑事案件适用法律若干问题的意见》第7条的规定,在计算制造、储存、运输和未销售的假冒注册商标侵权产品价值时,对于已经制作完成但尚未附着(含加贴)或者尚未全部附着(含加贴)假冒注册商标标识的产品,如果有确实、充分证据证明该产品将假冒他人注册商标,其价值计入非法经营数额。对于尚未附着或者尚未完全附着假冒商标标识的服务,也应按照上述规定计算经营数额。

4　参见最高人民法院指导案例87号"郭明升、郭明锋、孙淑标假冒注册商标案"。

5　参见德格德、徐雷:《李清假冒注册商标案[第859号]——假冒注册商标后又销售该假冒商品,但销售价格无法查清的,如何认定非法经营数额》,载最高人民法院刑事审判第一、二、三、四、五庭主办:《中国刑事审判指导案例3》,法律出版社2017年版,第337—339页。

Ⅵ 主体

本罪的主体是一般主体,个人和单位都可以成为本罪的犯罪主体。 13

Ⅶ 故意

本罪的主观方面是故意,即行为人明知某一商标是他人的注册商标,明知未经注册商标所有人的许可,却在同一种商品上使用与其他注册商标相同的商标。过失不能构成本罪。如果行为人不知道某一商品已经为他人注册而在同一种商品上使用这种商标,只能按一般商标侵权行为处理。 14

Ⅷ 罪数

一、假冒注册商标罪和销售假冒注册商标的商品罪的罪数问题

假冒注册商标罪和销售假冒注册商标的商品罪之间是法条竞合关系。假冒注册商标必然包含销售假冒注册商标的商品的行为。因此,应当按照特殊法优于普通法的原理,认定为假冒注册商标罪。但是,如果一方面销售自己假冒注册商标的商品,另一方面又销售他人假冒注册商标的商品,就会触犯假冒注册商标罪和销售假冒注册商标的商品罪。而且,两罪之间并无类型化的牵连关系以及吸收关系,不能构成牵连犯或者吸收犯,而应当以数罪并罚进行处断。根据《关于办理侵犯知识产权刑事案件具体应用法律若干问题的解释》的规定,假冒注册商标犯罪,又销售该假冒注册商标的商品,构成犯罪的,应当以假冒注册商标罪定罪处罚。实施假冒注册商标犯罪,又销售明知是他人的假冒注册商标的商品,构成犯罪的,应当实行数罪并罚。 15

二、假冒注册商标罪和生产、销售伪劣商品罪的罪数问题

实践中,有疑问的是:在行为人生产、销售的伪劣商品时假冒他人注册商标的场合,应当如何处理?对此,有数罪论和一罪论的对立。数罪论主要立足于法益侵害以及主观罪过的多重性,将此情形视为符合数个犯罪构成,因而认定为数罪。[6] 在一罪论中,有学者认为是一行为犯数罪的想象竞合犯[7],也有学者认为是不同法条之间具有交叉竞合关系的法条竞合犯[8],还有学者认为是具有两个不同犯罪行为的牵连犯。[9] 根据 2001 年最高人民法院、最高人民检察院《关于办理生产、销售伪劣商品刑 16

6 参见孙力:《略论假冒注册商标犯罪的法律适用》,载《法学》1993 年第 5 期。

7 参见张明楷:《刑法学》(第 6 版),法律出版社 2021 年版,第 1067、1068 页。

8 参见叶高峰、史卫忠:《略论假冒商标犯罪的几个问题》,载《法学评论》1995 年第 3 期。

9 参见赵秉志主编:《当代刑法学》,中国政法大学出版社 2009 年版,第 540 页。

事案件具体应用法律若干问题的解释》第 10 条的规定,实施生产、销售伪劣商品犯罪,同时构成侵犯知识产权、非法经营等其他犯罪的,依照处罚较重的规定定罪处罚。显然,司法解释采纳一罪论。至于为何以一罪论处,笔者更倾向于想象竞合犯说。这是因为,假冒商标的行为必须在生产、销售伪劣商品的过程中实施。两罪的实行行为在主要部分重合,应当合一评价为一行为。而且,生产、销售伪劣商品罪、假冒商标罪侵犯的法益并不相同,因而不宜认定为法条竞合。简言之,在生产、销售伪劣商品的过程中假冒他人注册商标的情形,是一行为触犯数罪名,应当以想象竞合犯来论处。需要注意的是,根据《关于依法严惩“地沟油”犯罪活动的通知》第 1 条和第 2 条第 4 款的规定,对于利用“地沟油”生产“食用油”的,依照《刑法》第 144 条生产有毒、有害食品罪的规定追究刑事责任。虽无法查明“食用油”是否系利用“地沟油”生产、加工,但犯罪嫌疑人、被告人明知该“食用油”来源可疑而予以销售的,经鉴定,属于假冒注册商标,构成犯罪的,依照《刑法》第 140 条销售伪劣产品罪或者第 213 条假冒注册商标罪、第 214 条销售假冒注册商标的商品罪追究刑事责任。但是,在来源可疑的“食用油”同时属于“地沟油”和假冒注册商标的商品时应如何处理,该解释未作出明确规定。从罪数理论来讲,无论假冒注册商标的商品是否“地沟油”,都不应影响假冒注册商标的商品罪的定性。从想象竞合犯的明示性原理出发,不宜因为生产、销售有毒有害食品罪的法定刑特别严厉而无视相关行为对其他法益的侵害性。因此,《关于依法严惩“地沟油”犯罪活动的通知》第 1 条规定宜被理解为想象竞合犯的择一重处罚结论。

Ⅸ 与他罪的区别

一、与生产、销售伪劣商品罪的区别

17 两罪的区分关键在于行为对象。本罪的行为对象是假冒注册商标的商品、服务,而生产、销售伪劣商品罪的行为对象是伪劣商品。假冒注册商标的商品,通常是伪劣商品。但是,伪劣商品不一定假冒他人的注册商标。两者是交叉关系。

二、与诈骗罪的区别

18 两罪的区分关键在于被害人是否有认识错误以及财产损失。被害人的认识错误和财产损失是诈骗罪的行为要素。假冒注册商品的行为通常带有欺骗性质。在被害人对购买的商品、服务有认识错误且基于错误而作出财产处分,遭受财产损失的场合,假冒注册商标的行为同时构成本罪和诈骗罪。但是,如果被害人明知是假冒注册商标的商品、服务而购买,或者假冒注册商标的商品在市场上的价值与被害人给付的对价持平,就有可能否定诈骗罪的成立。

X 处罚

犯假冒注册商标罪的,处 3 年以下有期徒刑,并处或者单处罚金;情节特别严重的,处 3 年以上 10 年以下有期徒刑,并处罚金。根据《关于办理侵犯知识产权刑事案件具体应用法律若干问题的解释》,"情节特别严重"包括:①非法经营数额在 25 万元以上或者违法所得数额在 15 万元以上的;②假冒两种以上注册商标,非法经营数额在 15 万元以上或者违法所得数额在 10 万元以上的;③其他情节特别严重的情形。单位犯本罪的,对单位判处罚金,并对其直接负责的主管人员和其他直接责任人员,按前述对自然人犯罪规定的刑罚处罚。 19

第二百一十四条　销售假冒注册商标的商品罪

销售明知是假冒注册商标的商品，违法所得数额较大或者有其他严重情节的，处三年以下有期徒刑，并处或者单处罚金；违法所得数额巨大或者有其他特别严重情节的，处三年以上十年以下有期徒刑，并处罚金。

文献:马克昌主编:《经济犯罪新论》,武汉大学出版社 1998 年版;王作富主编:《刑法分则实务研究》(第 4 版),中国方正出版社 2010 年版;黎宏:《刑法学各论》(第 2 版),法律出版社 2016 年版;周光权:《刑法各论》(第 4 版),中国人民大学出版社 2021 年版;张明楷:《刑法学》(第 6 版),法律出版社 2021 年版。李卫红:《假冒类案件的刑事法认定》,载《法学杂志》2018 年第 11 期。

细目录

Ⅰ　主旨
Ⅱ　沿革
Ⅲ　客体
Ⅳ　对象
Ⅴ　行为
Ⅵ　主体
Ⅶ　故意
Ⅷ　与他罪的区别
Ⅸ　既遂与未遂
Ⅹ　罪数
一、与假冒注册商标罪的罪数问题
二、与销售伪劣商品罪的罪数问题
三、与帮助犯罪分子逃避处罚罪的罪数问题
Ⅺ　处罚

Ⅰ　主旨

1　刑法设立本罪主要是为了更好地保护注册商标所有权人的利益。仅仅设立假冒注册商标罪不足以充分地保护注册商标所有权人的利益,设立本罪强化了对注册商标所有权人的利益的保护,有利于商标管理秩序的稳定。

Ⅱ 沿革

1979年《刑法》没有规定本罪。全国人大常委会在1993年2月22日通过的《关于惩治假冒注册商标犯罪的补充规定》中增设了销售假冒注册商标的商品罪,并规定了法定刑:“销售明知是假冒注册商标的商品,违法所得数额较大的,处三年以下有期徒刑或者拘役,可以并处或者单处罚金;违法所得数额巨大的,处三年以上七年以下有期徒刑,并处罚金。”1997年《刑法》在上述补充规定的基础上,稍作修改,即把“违法所得”改为“销售金额”。《刑法修正案(十一)》对本罪的定罪条件和法定刑都作出修改,把“销售金额数额较大”改为“违法所得数额较大或者有其他严重情节”。同时,删除了拘役刑,新增了罚金刑,并提高最高法定刑到“十年有期徒刑”。 2

Ⅲ 客体

本罪侵犯的客体是他人注册商标专用权。 3

Ⅳ 对象

本罪的犯罪对象是假冒注册商标的商品。 4

Ⅴ 行为

本罪的犯罪行为可以作以下方面的理解:①行为人销售的必须是假冒注册商标的商品。销售既可以是批发,也可以是零售;既可以是代销,也可以是经销,还可以是贩卖,不管行为人具体方式如何,只要是将商品卖出去,就属于销售。但不包括制作。②本罪只发生在商品流通领域,如果行为人既生产假冒他人注册商标的商品又销售这种商品的,应以假冒注册商标罪论处。③销售的对象必须是假冒注册商标的商品。通说认为,假冒注册商标的商品是指未经商标所有人许可,使用了与其注册商标相同的商标的同一种商品。[1] 如果销售的不是假冒他人注册商标的商品,而是没有商标的或者未注册商标的商品,不构成本罪。④销售的形式多样,以推广为目的搭售假冒注册商标的商品、以假冒注册商标的商品抵债等行为也可以认定为本罪。 5

另外,本罪的行为必须是违法所得数额较大或者有其他严重情节。其中,违法所得数额较大凸显犯罪行为的获利性,而其他严重情节则侧重犯罪行为的客观危害性。关于具体的认定标准,目前尚无司法解释。笔者认为,本罪修改后的罪量要素在表达上与侵犯著作权罪一致。而且,两罪均为侵犯知识产权罪,在罪质上有一定的共通性。因此,在判断本罪的罪量要素时,可以参考《关于办理侵犯知识产权刑事案件具 6

---

1 参见王作富:《刑法分则实务研究》(第4版),中国方正出版社2010年版,第683页。

体应用法律若干问题的解释》以及《关于办理侵犯知识产权刑事案件适用法律若干问题的意见》对侵犯著作权罪的罪量要素的规定。例如,违法所得在 3 万元以上的,属于“违法所得数额较大”。又如,非法经营数额在 5 万元以上,或者非法制造、销售非法制造的注册商标标识合计在 500 件以上等情形可视为“其他严重情节”。

Ⅵ　主体

7　本罪的主体是一般主体,自然人和单位均可能构成犯罪。

Ⅶ　故意

8　本罪的主观方面只能是故意,即明知是假冒注册商标的商品而予以销售。根据《关于办理侵犯知识产权刑事案件具体应用法律若干问题的解释》第 9 条的规定,具有下列情形之一的,应当认定为本罪的“明知”:①知道自己销售的商品上的注册商标被涂改、调换或者覆盖的;②因销售假冒注册商标的商品受到过行政处罚或者承担过民事责任、又销售同一种假冒注册商标的商品的;③伪造、涂改商标注册人授权文件或者知道该文件被伪造、涂改的;④其他知道或者应当知道是假冒注册商标的商品的情形。需要注意的是,“应当知道”是指司法工作人员根据证据推定行为人知道其所销售的商品是假冒注册商标的商品,而不能理解为行为人有可能知道这些构成要件事实。在“邓秋城、双善食品(厦门)有限公司等销售假冒注册商标的商品案”中,被告人邓秋城、陈新文、甄连连处于售假上游,有伪造并使用虚假授权文书、以明显低于市场价格进行交易的行为。对此,法院认为,应认定三人具有主观明知。[2]

Ⅷ　与他罪的区别

9　本罪与假冒注册商标罪存在如下区别:①犯罪对象不同。本罪的犯罪对象是假冒注册商标的商品;而假冒注册商标罪的犯罪对象是他人的注册商标。②客观方面的行为方式不同。本罪在客观方面表现为销售假冒注册商标的商品的行为;而假冒注册商标罪在客观方面表现为,未经注册商标所有人许可,在同一种商品上使用与其注册商标相同的商标的行为。

Ⅸ　既遂与未遂

10　在本罪中的数额,不是量刑规则而是构成要件。也就是说,在未达到该数额的场合,有可能构成本罪的未遂犯。[3] 根据《关于办理侵犯知识产权刑事案件适用法律若

2　参见最高人民检察院检例第 98 号“邓秋城、双善食品(厦门)有限公司等销售假冒注册商标的商品案”。

3　参见黎宏:《刑法学各论》(第 2 版),法律出版社 2016 年版,第 184 页。

干问题的意见》第 8 条的规定,销售明知是假冒注册商标的商品,具有下列情形之一的,以销售假冒注册商标的商品罪(未遂)定罪处罚:①假冒注册商标的商品尚未销售,货值金额在 15 万元以上的;②假冒注册商标的商品部分销售,已销售金额不满 5 万元,但与尚未销售的假冒注册商标的商品的货值金额合计在 15 万元以上的。假冒注册商标的商品尚未销售,货值金额分别达到 15 万元以上不满 25 万元、25 万元以上的,分别依照《刑法》第 214 条规定的各法定刑幅度定罪处罚。销售金额和未销售货值金额分别达到不同的法定刑幅度或者均达到同一法定刑幅度的,在处罚较重的法定刑或者同一法定刑幅度内酌情从重处罚。

X 罪数

一、与假冒注册商标罪的罪数问题

根据《关于办理侵犯知识产权刑事案件具体应用法律若干问题的解释》第 13 条 11
的规定,实施假冒注册商标犯罪,又销售该假冒注册商标的商品,构成犯罪的,应当以假冒注册商标罪定罪处罚。实施假冒注册商标犯罪,又销售明知是他人的假冒注册商标的商品,构成犯罪的,应当实行数罪并罚。对此,可作以下延伸性理解:①如果假冒注册商标的商品的销售者和制造者事先无通谋,则分别定销售假冒注册商标的商品罪和假冒注册商标罪;如果事先有通谋,制造与销售只是分工的不同,则制造者与销售者构成假冒注册商标罪之共同犯罪,销售者不单独构成销售假冒注册商标的商品罪。[4] ②如果同一行为人在同一种商品上擅自使用他人已注册的商标,并且将该种商品予以销售的,符合吸收犯的特征,吸收行为是在同一种商品上使用与他人注册商标相同的商标的假冒注册商标行为,被吸收行为是销售该种商品的行为,是假冒注册商标罪的整个犯罪过程的组成部分。根据吸收犯原则,仅以假冒注册商标罪一罪论处。[5] ③如果行为人既假冒他人注册商标,又销售他人制造的假冒注册商标的商品,应以假冒注册商标罪与本罪实行数罪并罚。[6]

二、与销售伪劣商品罪的罪数问题

本罪的犯罪行为与销售伪劣商品罪的犯罪行为在某些情况下可能发生交叉,我 12
们区分不同情形探讨处理方式:第一,如果行为人销售的商品中,既有假冒注册商标的商品,又有其他伪劣产品,且行为人主观都存在“明知”的,应以销售假冒注册商标的商品罪和销售伪劣商品罪数罪并罚。第二,如果行为人销售的商品既是伪劣商品,又是假冒注册商标的商品,对这种情况又可以分类处理:①行为人只对商品属于

4 参见周光权:《刑法各论》(第 4 版),中国人民大学出版社 2021 年版,第 347 页。

5 参见黎宏:《刑法学各论》(第 2 版),法律出版社 2016 年版,第 183 页。

6 参见张明楷:《刑法学》(第 6 版),法律出版社 2021 年版,第 1069 页。

假冒注册商标的商品存在明知,而不知是伪劣商品,则应以销售假冒注册商标的商品罪一罪论处。②行为人对所售商品属于伪劣商品和假冒注册商标的商品都存在明知,这种情形属于想象竞合犯,即一行为触犯数罪名的罪数形态。③行为人只对商品是伪劣产品存在明知,而不知是"假冒注册商标的商品",则应以销售伪劣商品罪一罪论处。④如果行为人销售的假冒注册商标的商品并不比真正商标之商品差,如前所说,不应构成销售伪劣商品罪,只能以销售假冒注册商标的商品罪一罪论处。在邱进特销售假冒注册商标的商品罪中,法院认为,被告人邱进特、邱进生无视国家法律销售明知是假冒注册商标的商品,销售金额数额巨大,其行为均已构成销售假冒注册商标的商品罪,依法应予惩处。[7] 但是,关于邱进特等人销售假冒注册商标的商品的行为是否同时构成销售伪劣产品罪的问题,有一定争议。笔者认为,解决该问题的关键在于如何理解两罪的构成要件。从刑法的规范目的来看,生产、销售伪劣产品罪保护的是消费者的利益而非经营者的竞争力。因此,该罪应当以欺骗消费者为构成要件要素。相对而言,销售假冒注册商标的商品罪保护的是经营者的竞争力。无论购买者是否有认识错误,销售行为都会对经营者的竞争力造成侵害。据此,该罪不需要以欺骗为构成要件要素。根据资料显示,邱进特等人是在购买者知情的情况下销售假冒注册商标的商品。[8] 也就是说,邱进特等人的销售行为不具有欺骗性,因而不能认定为生产、销售伪劣产品罪,而只构成销售假冒注册商标的商品罪。

三、与帮助犯罪分子逃避处罚罪的罪数问题

13 有查禁犯罪活动职责的国家机关工作人员一方面帮助本罪行为人逃避处罚,另一方面帮助他人实施本罪行为,对该司法工作人员应数罪并罚,不能只认定为本罪。在黄春海帮助犯罪分子逃避处罚、销售假冒注册商标的商品案中,被告人黄春海在担任上海市烟草专卖局静安分局稽查支队(以下简称"稽查支队")稽查员期间,于2006年9月至2007年10月间,在对假烟销售活动进行查禁的履职过程中,采用通风报信的手法,多次将稽查支队突击检查假烟销售行动的部署安排,事先泄露给其辖区内的上海市胶州路479号青青杂货店经营者蔡庆德,致使蔡庆德销售假冒烟草制品的犯罪行为得以逃避处罚。此外,黄春海于2004年11月起,伙同蔡庆德将假冒中华卷烟先后销售给黄春海的亲友毛莹梅、张渊等人共计200余条,销售金额达人民币8.6万余元。法院认为,被告人黄春海身为稽查支队的稽查员,负有查禁销售假冒注册商标卷烟制品犯罪的职责,却与销售假冒注册商标的商品的犯罪分子相互勾结,共同实施

7　广州市海珠区人民检察院诉邱进特、邱进生销售假冒注册商标的商品案,参见广东省广州市中级人民法院(2010)穗中法刑二知终字第4号刑事裁定书。

8　参见杨毅:《邱进特等销售假冒注册商标的商品案[第676号]——"售假公司"能否成为单位犯罪的主体》,载最高人民法院刑事审判第一、二、三、四、五庭主办:《中国刑事审判指导案例3》,法律出版社2017年版,第357页。

销售假冒注册商标的商品的犯罪行为,并向犯罪分子通风报信,帮助犯罪分子逃避处罚,其行为分别构成销售假冒注册商标的商品罪、帮助犯罪分子逃避处罚罪,应依法实行数罪并罚。[9]

XI 处罚

根据刑法规定,犯销售假冒注册商标的商品罪,违法所得数额较大或者有其他严 14
重情节的,处 3 年以下有期徒刑,并处或者单处罚金;违法所得数额巨大或者有其他特别严重情节的,处 3 年以上 10 年以下有期徒刑,并处罚金。单位犯本罪的,对单位判处罚金,并对其直接负责的主管人员和其他直接责任人员,依照前述对自然人犯本罪的刑罚处罚。

9 参见黄春海帮助犯罪分子逃避处罚、销售假冒注册商标的商品案,载《最高人民法院公报》2009 年第 6 期。

第二百一十五条　非法制造、销售非法制造的注册商标标识罪

伪造、擅自制造他人注册商标标识或者销售伪造、擅自制造的注册商标标识，情节严重的，处三年以下有期徒刑，并处或者单处罚金；情节特别严重的，处三年以上十年以下有期徒刑，并处罚金。

文献：马克昌主编：《经济犯罪新论》，武汉大学出版社 1998 年版；高铭暄主编：《新型经济犯罪研究》，中国方正出版社 2000 年版；王作富主编：《刑法分则实务研究》（第 5 版），中国方正出版社 2013 年版；黎宏：《刑法学各论》（第 2 版），法律出版社 2016 年版；周光权：《刑法各论》（第 4 版），中国人民大学出版社 2021 年版；张明楷：《刑法学》（第 6 版），法律出版社 2021 年版。庄绪龙、包文炯：《论非法制造、销售非法制造的注册商标标识罪中"件数"的司法认定》，载《中国刑事法杂志》2013 年第 9 期。林前枢、陈静岚：《非法制造注册商标标识罪中"件"的认定》，载《人民法院报》2019 年 3 月 21 日。

细目录

Ⅰ　主旨
Ⅱ　沿革
Ⅲ　客体
Ⅳ　对象
Ⅴ　行为
Ⅵ　主体
Ⅶ　故意
Ⅷ　既遂与未遂
Ⅸ　与他罪的区别
Ⅹ　罪数
Ⅺ　处罚

Ⅰ　主旨

1　伪造、销售注册商标标识的行为，可以认为是有关商标犯罪，如假冒注册商标罪、销售假冒注册商标的商品罪等犯罪行为的本源性行为。刑法对此予以规制，能够起到塞本堵源的作用。

Ⅱ　沿革

1979 年《刑法》没有规定这一罪名。在司法实践中，对这种行为以假冒注册商标罪论处。1985 年 5 月 9 日最高人民法院《关于个人非法制造、销售他人注册商标标识而构成犯罪的应按假冒商标罪惩处的批复》明确规定，“无论是企业、事业单位或者个体工商业者，假冒他人注册商标，包括非法制造或者销售他人注册商标标识的，均构成对商标专用权的侵犯。对实施上述行为，构成犯罪的，可以直接依照刑法第一百二十七条定罪判刑”。1993 年全国人大常委会制定颁布的《关于惩治假冒注册商标犯罪的补充规定》将其从假冒商标罪中分离出来，成为一个独立的犯罪。1997 年《刑法》仍沿用这一罪名，不过作了一定的修改。将“违法所得数额较大或者有其他严重情节”改为“情节严重”，“违法所得数额巨大”改为“情节特别严重”，并增加了管制刑。《刑法修正案（十一）》删除了本罪的拘役刑和管制刑，并且把法定最高刑调高到 10 年有期徒刑，从而加重了对本罪的处罚。 2

Ⅲ　客体

本罪的客体是他人的注册商标专用权。 3

Ⅳ　对象

本罪的犯罪对象是他人的注册商标标识。商标标识，是商标的载体，无论是文字商标、图形商标或者文字和图形组合的商标设计，都要通过某种载体加以表现，这种商标载体便是商标标识。具体说来，商标标识包括：①在商品上或者商品包装、说明书以及其他附着物上所标明的“注册商标”字样或者注册商标标记，以及注册标记；②在商品或包装物品上印制的注册商标图形，即注册商标的文字、图形或者其组合的图样。 4

Ⅴ　行为

具体分析，本罪的行为可分为三种行为方式：①伪造他人注册商标标识。这是指一切未取得“指定印制商标单位”资格的单位或个人仿照他人注册商标标识的式样、文字、图形、色彩、质地等，制造假的注册商标标识。在王学保非法制造注册商标标识案中，被告人王学保从宜兴市部分酒店回收五粮液、剑南春、水井坊、茅台、老作坊等白酒的酒瓶、塑料盒及外包装，分类整理，并向他人购买假冒的五粮液、剑南春等酒的注册商标标识，与回收的酒瓶及外包装进行组装后成套销售给他人或自己用于假冒上述名酒，以获取非法利益。[1] 在该案中，关于王学保把购买的假冒注册商标标识与 5

1　江苏省宜兴市人民检察院诉王学保非法制造注册商标标识案，参见江苏省宜兴市人民法院（2010）宜知刑初字第 0002 号刑事判决书。

回收的酒瓶及外包装进行组装的行为是否属于伪造注册商标标识,有一定疑问。法院认为,酒的商标标识和酒、酒瓶、包装盒、箱、袋等物密不可分,作为一个整体进入流通环节成为一种商品,体现其价值,而当酒瓶中的酒消耗后,酒瓶、包装盒、袋、箱等物均报废,就是应待处理的废品,不能再进入正常的流通环节,从而附载在酒瓶、包装盒、袋、箱等物上的商标标识也丧失了其存在的意义,变得无价值。但是,若将本应作为废品的酒瓶包装盒、袋、箱等物回收,在未经商标权人同意的情形下,使其重新进入流通环节,再次赋予其商标标识功能的行为应属非法制造。[2] 笔者认为,法院的判决是合理的。根据《商标印制管理办法》第 15 条第 2 款的规定,"商标标识"是指与商品配套一同进入流通领域的带有商标的有形载体。国家工商行政管理局《关于收缴商标标识有关问题的答复》指出:"工商行政管理机关对违反规定非法印制商标标识的当事人,应依法进行处罚,并收缴其商标标识。这里的商标标识指的是带有商标但独立于被标志商品的物品,如带有商标的标签、封签、包装物等。"显然,组装后的酒瓶和包装盒是带有商标的有形载体以及独立于被标志商品的物品,具有识别商品的重要功能,因此,应属于商品标识。同时,制造是对原材料进行加工,从而使之成为特定状态的产品的行为。对购买的商标标识、回收的酒瓶和包装盒、袋、箱等物进行组装,其实就是对原材料的加工。在未得到任何授权的情况下做出这样的加工,无疑是非法制造(伪造)。因此,王学保的行为应被认定为非法制造注册商标标识。②擅自制造他人注册商标标识。这是指取得"指定印制商标单位"资格的单位,违反商标法规规定,非法印制他人注册商标标识的行为。③销售伪造、擅自制造的他人注册商标标识。这包括两层含义:其一,行为手段是销售。从具体手段上讲,销售既包括零售,也包括批发;既包括市场销售,也包括内部销售。其共同特点是转让行为的有偿性。其二,行为对象仅限于伪造或者擅自制造的他人注册商标标识,而不是泛指一切他人注册商标标识。最高人民法院 最高人民检察院《关于办理非法生产、销售烟草专卖品等刑事案件具体应用法律若干问题的解释》第 1 条第 4 款规定:"伪造、擅自制造他人卷烟、雪茄烟注册商标标识或者销售伪造、擅自制造的卷烟、雪茄烟注册商标标识,情节严重的,依照刑法第二百一十五条的规定,以非法制造、销售非法制造的注册商标标识罪定罪处罚。"

6 本罪的成立以情节严重为可罚性要件。根据《关于办理侵犯知识产权刑事案件具体应用法律若干问题的解释》第 3 条的规定,具有下列情形之一的,属于"情节严重":①伪造、擅自制造或者销售伪造、擅自制造的注册商标标识数量在 2 万件以上,或者非法经营数额在 5 万元以上,或者违法所得数额在 3 万元以上的;②伪造、擅自制造或者销售伪造、擅自制造两种以上注册商标标识数量在 1 万件以上,或者非法经营数额在 3 万元以上,或者违法所得数额在 2 万元以上的;③其他情节严重的

---

[2] 江苏省宜兴市人民检察院诉王学保非法制造注册商标标识案,参见江苏省宜兴市人民法院(2010)宜知刑初字第 0002 号刑事判决书。

情形。

7 关于什么是“件”,《关于办理侵犯知识产权刑事案件具体应用法律若干问题的解释》第12条规定:是指标有完整商标图样的一份标识。但是,该司法解释的规定并未消除司法实践中有关“件数”的争议。第一种观点是折中说。该说以刑法实质主义解释论为思想渊源,将形式上确实属于“多件”的注册商标标识纳入实质认定的评价思维,以其所具体承载的且为人们能够一般理解的代表性价值来予以折算成为“一件”。第二种观点是实际件数说。该说以刑法形式主义解释论为理论依据,将形式上符合“标有完整商标图样的一份标识”这一概念描述的存在样态作为“件数”的认定标准。第三种观点是区分说。该说区分行为人对其非法制造注册商标标识被使用的方式、范围等情况是否明知进行判断,若行为人明知被使用情况的,注册商标标识的件数应以“折中说”来计算;若其不明知被使用范围的,则注册商标标识的件数应按“实际件数说”计算。[3] 折中说是通说。本罪是针对商标权的抽象危险犯。刑法禁止商标犯罪的目的是保护产品的竞争力。因此,无论有多少商标,都应当以产品的竞争力为出发点来考虑法益侵害性。就此而言,对商标标识进行实质判断,将共同作用于一件产品的多个商标标识理解为一件的折中说是妥当的。同时,根据行为责任原理,行为人的主观归责只能限于客观不法的范围之内。在客观不法的层面,以折中说为件数的计算标准,往往会少于以实际件数说为计算标准的情形。既然本罪的客观不法限于折中说的件数计算结果,就不能因为行为人认识的模糊性便将主观归责的件数肆意扩大。否则,就会陷入主观归罪的窠臼。因此,笔者认为,以折中说作为件数的计算标准更为合理。

8 在李功志、巫琴非法制造注册商标标识案中,被告人李功志、巫琴等人未经商标权人授权,加工生产假冒“三星”“华为”注册商标的手机玻璃面板,将排线贴附到手机盖板上。被告人李功志是该工厂的日常管理者,负责对工厂的机器设备进行调试以及对员工进行管理。被告人巫琴协助李功志管理工厂,每加工完成一个手机玻璃面板收取客户1元至1.8元不等的加工费。广东省深圳市宝安区人民法院一审根据被害单位出具的价格说明,以非法经营数额作为量刑标准作出认定。深圳市中级人民法院二审对此予以纠正。认为在无法查明实际销售价格和市场中间价格的情况下,应按照刑法规定的销售伪造、擅自制造两种以上注册商标标识数量予以量刑处罚。[4]

3　参见庄绪龙、包文炯:《论非法制造、销售非法制造的注册商标标识罪中“件数”的司法认定》,载《中国刑事法杂志》2013年第9期;林前枢、陈静岚:《非法制造注册商标标识罪中“件”的认定》,载《人民法院报》2019年3月21日。

4　李功志、巫琴非法制造注册商标标识罪案,参见广东省深圳市中级人民法院(2018)粤03刑终第655号刑事判决书。

Ⅵ　主体

9 本罪的主体是一般主体,自然人和单位均可以构成本罪。“伪造”行为的主体与“擅自制造”的主体应有所区分。没有取得“指定印制商标单位”资格而印制商标标识的,属于伪造;虽有前述资格,但是未经注册商标标识合法使用人许可而印制其注册商标标识的,属于“擅自制造”。

Ⅶ　故意

10 本罪的主观方面是故意,即行为人明知自己不具备承印注册商标标识的合法条件而仍印制他人注册商标标识的行为。这种心理态度既包括直接故意也可能包括间接故意。如果指定印制商标单位受商标印制委托人的欺骗,未经严格审查过失地为其印制商标标识的,不构成犯罪。如果商标印制单位意识到委托人委托印制的商标标识可能是其他人的注册商标标识的,而持放任态度加以制造的,结果证明制造的确实是他人注册的商标标识的,承印者构成非法制造注册商标标识罪。在姚伟林、刘宗培、庄晓华非法制造注册商标标识案中,被告人姚伟林以“自己是受刘宗培等人欺骗才印制花王飞逸洗发水商标标识及外包装箱,不明知刘宗培等人生产假冒注册商标产品,不构成共同犯罪”为由进行辩解。但法院认为,姚伟林主观上具有明知犯罪而为之的故意,客观上又积极参与制假实施犯罪,应以非法制造注册商标标识犯罪共犯论处。[5] 笔者认为,行为人对犯罪事实的认识错误是否阻却故意,决定于该认识错误的性质。对于记述的构成要件要素的认识错误,可以直接阻却故意。但是,对于规范的构成要件要素的认识错误,则不能直接阻却故意,而不必须考虑平行的外行人的一般判断。我国的商标注册制度已建立比较长的时间。对于注册商标的保护,在一般人看来都是可以理解的在欠缺商标注册权人明确授权的情况下,不得制造注册商标标识是一般的商业常识。姚伟林作为商人,对此不可能没有认识。即使委托人未明确告知商标标识的制作行为违反法律规定,也不能免除行为人的遣责可能性。因此,姚伟林的辩护理由不能成立。应当认定其有非法制造注册商标标识的故意。

Ⅷ　既遂与未遂

11 本罪的既遂表现为行为人伪造出他人注册商标标识或者把伪造的注册商标标识出售出去。如果行为人因为意志以外的原因没有达到上述状态,则是未遂。如果行为人自动停止犯罪,没有达到上述状态,则构成了犯罪中止。根据《关于办理侵犯知

5　参见杨万明:《姚伟林、刘宗培、庄晓华非法制造注册商标标识案[第66号]——举报同案犯并如实交代自己参与共同犯罪事实的应否认定为自首》,载最高人民法院刑事审判第一、二、三、四、五庭主办:《中国刑事审判指导案例3》,法律出版社2017年版,第369—370页。

识产权刑事案件适用法律若干问题的意见》第 9 条的规定,销售他人伪造、擅自制造的注册商标标识,具有下列情形之一的,以本罪的未遂犯定罪处罚:①尚未销售他人伪造、擅自制造的注册商标标识数量在 6 万件以上的;②尚未销售他人伪造、擅自制造的两种以上注册商标标识数量在 3 万件以上的;③部分销售他人伪造、擅自制造的注册商标标识,已销售标识数量不满 2 万件,但与尚未销售标识数量合计在 6 万件以上的;④部分销售他人伪造、擅自制造的两种以上注册商标标识,已销售标识数量不满 1 万件,但与尚未销售标识数量合计在 3 万件以上的。

Ⅸ　与他罪的区别

本罪、假冒注册商标罪及销售假冒注册商标的商品罪的区分关键在于客观方面行为方式不同。本罪表现为伪造、擅自制造,或者销售伪造、擅自制造的他人注册商标标识的行为,而无须将这些标识使用在具体的商品之上;假冒注册商标罪则要求必须在同一种商品上非法使用他人的注册商标才构成犯罪;销售假冒注册商标的商品罪表现为销售假冒他人注册商标商品的行为。 12

X　罪数

如果行为人先非法制造他人注册商标标识,进而在同一种商品上使用,属于牵连犯,手段行为触犯本罪,目的行为触犯假冒注册商标罪,应根据牵连犯的一般处断原则,从一重罪处断。注册商标标识的非法制造者与委托人事先无通谋的,对制造者以非法制造注册商标标识罪论处;事先有通谋的,制造者与委托人构成假冒注册商标罪之共犯,不单独构成非法制造注册商标标识罪。 13

在朱军明、李健等四人假冒注册商标,非法制造、销售非法制造的注册商标标识案中,被告人朱军明、李健伙同李汉平在没有取得思科系统(中国)网络技术有限公司(以下简称"思科公司")的委托或授权的情况下,在深圳市及东莞市从事假冒思科公司的"CISCO SYSTEMS"字样与图案组合的注册商标的犯罪活动。朱军明负责组织监督生产,李健负责组织包装销售。朱军明委托东莞市通天鼎电子科技公司大量生产上述假冒思科公司注册商标的网络模块,并将生产好的假冒网络模块分批运往深圳市福田区福田村福安街祠堂坊 33 号 201 室交给李健。李健则分别从深圳市福田区福田路 30 号大院 3 栋 205 被告人卢敬和处和深圳市福田区深南中路捷佳大厦 617 室被告人王东岩处,大量购入由卢敬和、王东岩自己制造及委托他人制造的,印有"CISCO SYSTEMS"字样与图案组合的假冒思科公司注册商标的标贴、说明书、外包装纸盒,用于包装上述假冒思科公司的网络模块,然后予以大量销售。朱军明还在东莞市凤岗镇雁田长表村 28 号左侧新楼地下西面 10A 室及该楼 505、605 室设立了假冒思科公司网络模块的加工点和维修点,对上述假冒网络模块进行加工和维修。因卢敬和、王东岩对朱军明和李健等人的假冒注册商标的行为并无共同故意,法院认定朱 14

军明和李健构成假冒注册商标罪,而卢敬和和王东岩则构成本罪。[6]

XI 处罚

15 根据本条规定,犯非法制造、销售非法制造的注册商标标识罪的,处3年以下有期徒刑,并处或者单处罚金。情节特别严重的,处3年以上10年以下有期徒刑,并处罚金。根据《关于办理侵犯知识产权刑事案件具体应用法律若干问题的解释》第3条的规定,"情节特别严重"包括以下情形:①伪造、擅自制造或者销售伪造、擅自制造的注册商标标识数量在10万件以上,或者非法经营数额在25万元以上,或者违法所得数额在15万元以上的;②伪造、擅自制造或者销售伪造、擅自制造两种以上注册商标标识数量在5万件以上,或者非法经营数额在15万元以上,或者违法所得数额在10万元以上的;③其他情节特别严重的情形。单位犯本罪的,对单位判处罚金,并对其直接负责的主管人员和其他直接责任人员,依照前述规定处罚。

6 参见朱军明、李健等四人假冒注册商标,非法制造、销售非法制造的注册商标标识案,载《最高人民检察院公报》2009年第5期。

第二百一十六条　假冒专利罪

假冒他人专利，情节严重的，处三年以下有期徒刑或者拘役，并处或者单处罚金。

文献:高铭暄主编:《新编中国刑法学》(下册),中国人民大学出版社 1998 年版;马克昌主编:《经济犯罪新论》,武汉大学出版社 1998 年版;高铭暄主编:《新型经济犯罪研究》,中国方正出版社 2000 年版;陈兴良主编:《罪名指南》(上册),中国政法大学出版社 2000 年版;刘方、单民:《侵犯知识产权犯罪的定罪与量刑》,人民法院出版社 2001 年版;王作富主编:《刑法分则实务研究》(第 5 版),中国方正出版社 2013 年版;黎宏:《刑法学各论》(第 2 版),法律出版社 2016 年版;周光权:《刑法各论》(第 4 版),中国人民大学出版社 2021 年版;张明楷:《刑法学》(第 6 版),法律出版社 2021 年版。于建平、于阜民:《应把"冒充专利"行为纳入刑法规制》,载《人民检察》2018 年第 3 期。

细目录

Ⅰ　主旨
Ⅱ　沿革
Ⅲ　客体
Ⅳ　对象
Ⅴ　行为
Ⅵ　主体
Ⅶ　故意
Ⅷ　罪数
Ⅸ　与非罪的界限
Ⅹ　与他罪的区别
一、与生产伪劣商品罪的区别
二、与诈骗罪的区别
Ⅺ　处罚

Ⅰ　主旨

随着我国专利申请事业的迅速发展,专利侵权纠纷也越来越多,有个别不法分子 1
甚至假冒他人专利,从事非法经营活动。因此,刑法规定了本罪,以惩治此类犯罪,保护专利权人的利益。

Ⅱ　沿革

2　假冒他人专利的行为,1979年《刑法》没有规定。1992年9月4日修正的《专利法》中规定了假冒专利罪,该法第63条规定:“假冒他人专利的,依照本法第六十条的规定处理;情节严重的,对直接责任人员比照刑法第一百二十七条的规定追究刑事责任。”1997年《刑法》将其作为独立罪名,在第216条予以规定。

Ⅲ　客体

3　本罪侵犯的是专利人的专利权。

Ⅳ　对象

4　本罪的犯罪对象是“他人专利”。“专利”一词在不同场合下,有不同的意义。从法律意义上来说,专利就是专利权的简称,即在法律规定的有效期内,专利权人对其发明创造所享有的独占的排他性的权利。从技术意义上来说,专利就是取得了专利权的发明创造本身,具体地说,是指专利法保护的发明、实用新型和外观设计。从专利公开的形式来说,专利就是记载着授予专利权的发明创造内容的专利文献。本罪的犯罪对象的专利一般是指技术意义上的专利,即发明、实用新型、外观设计。

Ⅴ　行为

5　根据《关于办理侵犯知识产权刑事案件具体应用法律若干问题的解释》第10条的规定,实施下列行为之一的,属于“假冒他人专利”的行为:①未经许可,在其制造或者销售的产品、产品的包装上标注他人专利号的;②未经许可,在广告或者其他宣传材料中使用他人的专利号,使人将所涉及的技术误认为是他人专利技术的;③未经许可,在合同中使用他人的专利号,使人将合同涉及的技术误认为是他人专利技术的;④伪造或者变造他人的专利证书、专利文件或者专利申请文件的。

6　有观点认为,本罪应扩张解释为包括冒充专利行为。[1] 但是,冒充专利不是本罪的处罚对象。冒充专利是指以非专利产品或方法冒充专利产品或方法,实际上不发生对他人专利权的侵犯,它所标明的专利标记或者专利号实际上是不存在的或者无效的,纯属对公众的一种欺诈行为。以仿制专利为例,在行为人仿制的是他人已申请专利并获得专利法保护的专利产品时,则构成专利侵权行为,但不属于假冒他人专利。

1　参见于建平、于阜民:《应把“冒充专利”行为纳入刑法规制》,载《人民检察》2018年第3期。

对于未经专利权人同意,假冒专利权人许可或委托他人实施专利,是否假冒专利的问题,则有争议。传统观点将该情形归类为冒充专利,不以本罪处理。但是,该情形也侵犯了他人的专利权,按照本罪处理更为合理。[2] 7

假冒专利的行为必须达到情节严重的程度,方可构成本罪。根据《关于办理侵犯知识产权刑事案件具体应用法律若干问题的解释》第 4 条的规定,假冒他人专利,具有下列情形之一的,属于"情节严重":①非法经营数额在 20 万元以上或者违法所得数额在 10 万元以上的;②给专利权人造成直接经济损失 50 万元以上的;③假冒两项以上他人专利,非法经营数额在 10 万元以上或者违法所得数额在 5 万元以上的;④其他情节严重的情形。 8

Ⅵ 主体

本罪的主体是一般主体,自然人和单位均可以成为本罪主体。 9

Ⅶ 故意

本罪在主观方面表现为故意,即行为人明知是他人的有效的专利标记或专利号,明知自己未征得专利权人的同意,而仍然实施假冒他人专利的行为。行为人一般具有营利的目的,也可以是破坏专利权人的声誉,进行不正当的竞争。 10

Ⅷ 罪数

如果行为人不仅未经注册商标所有人许可在同一种商品上使用与其注册商标相同的商标,而且未经专利权人许可,在该商品上标注其专利标志,应如何定性?笔者认为,此种情形下,行为人在两个不同犯意的支配下,分别实施了两个犯罪行为,侵害不同的客体,分别构成假冒注册商标罪和假冒专利罪,应两罪并罚。 11

广告主在广告中声称自己的产品或技术获得专利而进行虚假宣传,但实际上其所称的专利并不存在的,只可能构成虚假广告罪,"冒充专利"行为不能构成假冒专利罪。如果上述行为人所称的专利存在且在有效期内,则其行为同时触犯虚假广告罪和假冒专利罪,属于想象竞合犯,应从一重罪处断。 12

生产、销售伪劣产品的犯罪分子为了使伪劣产品顺利出手而获利,往往在伪劣商品上标注他人专利标记冒充专利产品,对这种行为应如何定性?笔者认为构成牵连犯。销售伪劣商品行为作为目的行为构成生产、销售伪劣商品犯罪,而手段行为构成假冒专利罪,应根据处罚牵连犯的一般原则,从一重罪处断。 13

---

2 参见周光权:《刑法各论》(第 4 版),中国人民大学出版社 2021 年版,第 349 页。

Ⅸ　与非罪的界限

14　要分清假冒专利罪与假冒他人专利侵权行为的界限。区分的关键是看假冒他人专利情节是否严重。“情节严重”的具体把握可以参考《关于办理侵犯知识产权刑事案件具体应用法律若干问题的解释》第 4 条的相关规定。

Ⅹ　与他罪的区别

一、与生产伪劣商品罪的区别

15　二罪的区分关键在于客观行为不同。前罪表现为冒充专利权人的专利产品或专利方法情节严重的行为,用于假冒的产品可以是伪劣产品,也可以是质量合格的产品;后罪在客观方面表现为生产者、销售者违反国家产品质量管理法规,在生产中掺杂、掺假、以假充真、以次充好或者以不合格产品冒充合格产品,销售金额在 5 万元以上的行为。行为人未必在生产、销售的伪劣产品的过程中假冒专利。

二、与诈骗罪的区别

16　两罪的区分的关键在于被害人是否发生认识错误及有无财产损失。本罪的行为有欺骗的性质。在被害人对假冒专利的产品没有发生认识错误,或者没有财产损失的场合,以本罪处理。相反,有处以诈骗罪的余地。两罪发生竞合时,择一重罪处断。

Ⅺ　处罚

17　根据《刑法》第 216 条的规定,假冒他人专利的,处 3 年以下有期徒刑或者拘役,并处或者单处罚金。单位犯本罪的,对单位判处罚金,并对其直接负责的主管人员和其他直接责任人员,依照前述规定处罚。

第二百一十七条　侵犯著作权罪

以营利为目的，有下列侵犯著作权或者与著作权有关的权利的情形之一，违法所得数额较大或者有其他严重情节的，处三年以下有期徒刑，并处或者单处罚金；违法所得数额巨大或者有其他特别严重情节的，处三年以上十年以下有期徒刑，并处罚金：

（一）未经著作权人许可，复制发行、通过信息网络向公众传播其文字作品、音乐、美术、视听作品、计算机软件及法律、行政法规规定的其他作品的；

（二）出版他人享有专有出版权的图书的；

（三）未经录音录像制作者许可，复制发行、通过信息网络向公众传播其制作的录音录像的；

（四）未经表演者许可，复制发行录有其表演的录音录像制品，或者通过信息网络向公众传播其表演的；

（五）制作、出售假冒他人署名的美术作品的；

（六）未经著作权人或者与著作权有关的权利人许可，故意避开或者破坏权利人为其作品、录音录像制品等采取的保护著作权或者与著作权有关的权利的技术措施的。

文献：高铭暄：《新编中国刑法学》（下册），中国人民大学出版社 1998 年版；刘方、单民：《侵犯知识产权犯罪的定罪与量刑》，人民法院出版社 2001 年版；王作富主编：《刑法分则实务研究》，中国方正出版社 2001 年版；赵秉志：《当代刑法学》，中国政法大学出版社 2009 年版；黎宏：《刑法学各论》（第 2 版），法律出版社 2016 年版；周光权：《刑法各论》（第 4 版），中国人民大学出版社 2021 年版；张明楷：《刑法学》（第 6 版），法律出版社 2021 年版。欧阳本祺：《论网络环境下著作权侵权的刑事归责——以网络服务提供者的刑事责任为中心》，载《法学家》2018 年第 3 期；田宏杰：《侵犯著作权犯罪法律适用的三个重点》，载《人民检察》2019 年第 2 期；王迁：《论出售软件序列号和破解程序的行为定性》，载《法学》2019 年第 5 期。

细目录

Ⅰ　主旨
Ⅱ　沿革
Ⅲ　客体

Ⅳ 对象
Ⅴ 行为
一、违反著作权法律、法规
二、未经著作权人许可
三、“出版他人享有专有出版权的图书”的认定
四、“未经录音录像制作者许可”的认定
五、“复制发行”的认定
六、“制作、出售假冒他人署名的美术作品”行为的认定
七、“故意避开或者破坏权利人为其作品、录音录像制品等采取的保护著作权或者与著作权有关的权利的技术措施”行为的规定
八、违法所得数额与严重情节的认定
Ⅵ 主体
Ⅶ 故意
Ⅷ 与他罪的区别
Ⅸ 罪数
Ⅹ 处罚

Ⅰ 主旨

1 保护著作权,维护著作权人的利益,从而使更多的优秀著作产生是人们的期望。随着我国社会的进一步发展,及我国加入 WTO,对著作权加强保护已成为有识之士的共识。基于保护著作权的良好动机,我国规定了侵犯著作权罪。

Ⅱ 沿革

2 本条由 1994 年 7 月 15 日《关于惩治侵犯著作权的犯罪的决定》第 1 条而来,1997 年《刑法》的规定与之完全相同。《刑法修正案(十一)》对本条作出较大幅度的修改。不仅把法益扩展至“与著作权有关的权利”,而且,增设未经著作权人同意通过信息网络向公众传播其作品,未经表演者许可,复制发行录有其表演的录音录像制品,或者通过信息网络向公众传播其表演,未经著作权人或者与著作权有关的权利人许可,故意避开或者破坏权利人为其作品、录音录像制品等采取的保护著作权或者与著作权有关的权利的技术措施等行为方式,有力地加强对著作权及其相关权利的刑法保护。

Ⅲ 客体

3 本罪的客体是著作权或者与著作权有关的权利。著作权是指著作权人对其作品享有的精神权利和财产权利,如发表权、署名权、广播权、放映权等。根据《著作权法

实施条例》(2013 年)第 26 条的规定,与著作权有关的权利是指“出版者对其出版的图书和期刊的版式设计享有的权利,表演者对其表演享有的权利,录音录像制作者对其制作的录音录像制品享有的权利,广播电台、电视台对其播放的广播、电视节目享有的权利”。《著作权法》(2020 年修订)第四章基本承继了上述概念,在第四章明确规定与著作权有关的权利包括图书、报刊的出版(第一节)、表演(第二节)、录音录像以及广播电台、电视台播放。本罪中“与著作权有关的权利”原则上与《著作权法》规定的范围一致,但是随着社会的发展,也有可能突破上述范围。

Ⅵ 对象

本罪的犯罪对象是他人的作品。所谓作品是指文学、艺术和科学领域内,具有独创性并能以某种有形形式复制的智力创作成果。 4

作品可以分为多个种类: 5

(1)文字作品。文字作品是指以语言文字的形式,或其他相当于语言文字的符号来表达作者感情、思想的作品。如科技图书、教科书、小说、剧本、电影、电视的脚本、诗歌、散文、学术论文、讲演稿、书面报告以及这些著作的译本等,无不包括在文字作品之内。应当注意的是,并非所有用文字表示思想的作品都属于受保护的作品,而是看其有无创造性。如通用的表格、声明、启示乃至法律、法规等则不属于著作权法保护的文字作品。 6

(2)音乐作品。音乐作品是指能够演唱或演奏的带词或不带词的作品。如民歌、古典音乐、管弦乐、交响乐、爵士乐、打击乐等。 7

(3)电影、电视、录像作品。电影、电视、录像作品是指摄制在一定记录介质上,由一系列的伴音或无伴音的画面组成,并借助于适当的装置放映、播放的作品,也统称为影视作品。①电影作品指的是按照电影剧本拍摄成的电影片,而不是指电影剧本。②电视作品是指专门为电视台播放而制作的电视剧和录像片。③录像作品是指将活动图像和声音录制下来供重新播放的作品。 8

(4)计算机软件。计算机软件是与计算机硬件相对而言的,包括计算机程序及其文档部分。我国《计算机软件保护条例》第 3 条对计算机程序的含义解释为,为了得到某种结果而可以由计算机等具有信息处理能力的装置执行的代码化指令序列,或者可被自动转换成代码化的指令序列,或者符号化的语句序列。计算机程序包括源程序或目标程序。同一程序的源文本和目标文本应当视为同一作品。文档是指用自然语言和形式化语言所编写的资料和图表,用来描述程序的内容、组成、设计、功能、规格、开发情况、测试结果及其方法,如程序设计说明、流程图、用户手册等。 9

(5)其他作品。“其他作品”是指上述以外的受我国著作权法保护的作品类型。其主要包括:①口述作品。是指作者用口头语言形式表达的未以任何物质形式加以固定的作品。口述作品包括:即席演说、即席赋出的诗词、未形成书面文字的法庭辩护、无讲稿的授课、未形成文字的相声。②戏剧作品、曲艺作品、舞蹈作品。戏剧作品 10

是指演员以自己的连续动作、独白或对白、唱词编在一起的包含音乐或不包含音乐的供舞台演出的文学艺术作品。③美术作品、摄影作品。美术作品是指以线条、色彩或其他方法构成的占有一定平面或空间的富有美感的通过视觉感受到的造型艺术作品。摄影作品是借助于摄影器材,通过合理利用光学、化学原理,对客观物体形象再现于感光材料上的一种艺术作品。④工程设计、产品设计图纸及说明。⑤地图、示意图等图形作品。地图、示意图等图形作品是指反映地理现象、说明事物原理或结构的平面图或模型。这些图形作品大都由文字、符号、线条、色彩组成,固定在一定的物质载体上,是具有特定的思想内容和表达方式的,用以反映地理现象、说明事物原理或轮廓、结构的平面图或模型。

11 在江苏省无锡市滨湖区人民检察院诉鞠文明、徐路路、华铁侵犯著作权案中,争议焦点之一是:非法获取他人享有著作权的计算机软件中的目标程序后,生产与该软件目标程序或功能性代码构成实质相同的产品,是否构成侵犯他人著作权?法院认为,我国《计算机软件保护条例》第 3 条规定,计算机程序是指为了得到某种结果而可以由计算机等具有信息处理能力的装置执行的代码化指令序列,或者可被自动转换成代码化指令序列的符号化指令序列或者符号化语句序列。计算机程序包括源程序和目标程序。源程序是指用高级语言或汇编语言编写的程序,目标程序是指源程序经编译或解释加工以后,可以由计算机直接执行的程序。源程序与目标程序虽然表现形式不同,但实现的功能可以相同,两者可以通过一定的形式转换。而实现同一功能可转换的源程序和目标程序应当视为同一作品。同时,即便将实质相同理解为部分复制,《计算机软件保护条例》第 24 条亦明确规定复制或者部分复制著作权人软件,触犯刑律,依照刑法关于侵犯著作权罪的规定,依法追究刑事责任。[1]

12 作为本罪对象的作品,应当在著作权的有效保护期限内。根据《著作权法》的规定,著作权的保护期限有以下不同的情形:第一,作者的署名权、修改权、保护作品完整权的保护期不受限制。自然人对其作品享有的包括发表权在内的其他权利的保护期为作者终生及其死亡后 50 年,截止于作者死亡后第 50 年的 12 月 31 日;如果是合作作品,截止于最后死亡的作者死亡后第 50 年的 12 月 31 日。第二,法人或者非法人组织的作品、著作权(署名权除外)由法人或者非法人组织享有的职务作品,其发表权的保护期为 50 年,截止于作品创作完成后第 50 年的 12 月 31 日;其他权利的保护期为 50 年,截止于作品首次发表后第 50 年的 12 月 31 日,但作品自创作完成后 50 年内未发表的,本法不再保护。第三,视听作品,其发表权的保护期为 50 年,截止于作品创作完成后第 50 年的 12 月 31 日;其他权利的保护期为 50 年,截止于作品首次发表后第 50 年的 12 月 31 日,但作品自创作完成后 50 年内未发表的,本法不再保护。

---

1 参见江苏省无锡市滨湖区人民检察院诉鞠文明、徐路路、华铁侵犯著作权案,载《最高人民法院公报》2012 年第 1 期。

第四,出版者许可或者禁止他人使用其出版的图书、期刊的版式设计的权利的保护期为10年,截止于使用该版式设计的图书、期刊首次出版后第10年的12月31日。第五,表演者表明表演者身份和保护表演形象不受歪曲的权利的保护期不受限制。表演者许可他人从现场直播和公开传送其现场表演,并获得报酬、许可他人录音录像,并获得报酬、许可他人复制、发行、出租录有其表演的录音录像制品,并获得报酬、许可他人通过信息网络向公众传播其表演,并获得报酬的权利的保护期为50年,截止于该表演发生后第50年的12月31日。第六,录音录像制作者对其制作的录音录像制品,享有许可他人复制、发行、出租、通过信息网络向公众传播并获得报酬的权利;其保护期为50年,截止于该制品首次制作完成后第50年的12月31日。第七,广播电台、电视台行使前款规定的权利,不得影响、限制或者侵害他人行使著作权或者与著作权有关的权利。其保护期为50年,截止于该广播、电视首次播放后第50年的12月31日。第八,摄影作品,除署名权、修改权、保护作品完整权外,其发表权及其他权利的保护期在2021年6月1日前已经届满的,不再保护。

V 行为

本罪的行为表现为未经著作权人许可,复制发行、通过信息网络向公众传播其文字作品、音乐、美术、视听作品、计算机软件及法律、行政法规规定的其他作品的;出版他人享有专有出版权的图书的;未经录音录像制作者许可,复制发行、通过信息网络向公众传播其制作的录音录像的;未经表演者许可,复制发行录有其表演的录音录像制品,或者通过信息网络向公众传播其表演的;制作、出售假冒他人署名的美术作品的;未经著作权人或者与著作权有关的权利人许可,故意避开或者破坏权利人为其作品、录音录像制品等采取的保护著作权或者与著作权有关的权利的技术措施,违法所得数额较大或者有其他严重情节的。 13

一、违反著作权法律、法规

著作权法律、法规既包括我国的国内法也包括我国缔结或参加的国际公约、国际条约和国际协定。国内法包括全国人大常委会颁布的著作权法,国务院发布的有关条例,国家版权局、新闻出版署、广播电影电视部、机械电子工业部、国家科学技术委员会等行政部门发布的有关著作权的条例、办法、规定、通知以及答复、意见、函、复文等内容,还有最高人民法院就有关问题作出的司法解释等。目前世界上的著作权国际公约有《保护文学艺术伯尔尼公约》《世界版权公约》《保护表演者、录音制品制作者与广播组织公约》《保护录音制品制作者防止未经许可复制其录音制品公约》《关于播送由人造卫星传播载有节目的信号的公约》《视听作品国际登记条约》《保护奥林匹克会徽内罗华条约》等。我国已经加入了《保护文学艺术伯尔尼公约》《世界版权公约》《保护录音制品制作者防止未经许可复制其录音制品公约》等,在实践中,要遵守这些公约。 14

二、未经著作权人许可

(一)关于著作权人的认定

1. 作者

15 (1)著作权属于作者,著作权法另有规定的除外;创作作品的公民是作者;由法人或非法人单位主持,代表法人或者非法人单位的意志创作,并由法人或者非法人单位承担责任的作品,法人或非法人单位视为作者;如无相反证明,在作品上署名的公民、法人或非法人单位视为作者。

16 (2)两人以上合作创作的作品,著作权人由合作作者共同享有;没有参加创作的人,不能成为合作作者;合作作品如果可以分割使用的,作者对各自创作的部分可以单独享有著作权,但行使著作权时不得侵犯合作作品整体的著作权;合作作品如果不可以分割使用的,合作作者对著作权的行使如果不能协商一致,任何一方无正当理由不得阻止他方行使。

17 (3)职务作品的著作权人。具体包括四种情况:①公民为完成法人或非法人单位的工作任务所制作的作品是职务作品,著作权由作者享有,法人或者非法人单位有权在其业务范围内优先使用;作品完成两年内,未经单位同意,作者不得许可第三人以与单位使用的相同方式使用该作品。②主要是利用法人或非法人单位的物质技术条件创作,并由法人或者非法人单位承担责任的工程设计、产品设计及说明计算机软件等职务作品,作者享有署名权,著作权的其他权利由法人或者非法人单位享有。③法律、法规规定著作权由法人或者非法人单位享有的其他职务作品。④根据劳动合同规定,由法人或非法人单位主持,职务作者根据法人或者非法人单位意志创作,并由法人或者非法人单位承担责任,法人或者非法人单位被视为作者的职务作品,著作权由被视为作者的法人或者非法人单位享有。作为实际作者的公民享有劳动报酬请求权,而不享有任何著作权。

18 (4)受委托创作的作品,著作权的归属由委托人和受委托人通过合同约定。合同未作明确约定或者没有订立合同的,著作权属于受托人。

19 (5)电影、电视、录像作品的导演、编剧、作词、作曲、摄影等作者享有署名权,著作权的其他权利由制作电影、电视、录像作品的制片者享有;电影、电视、录像作品中剧本、音乐等可以单独使用的作品的作者有权单独行使其著作权。根据《关于办理侵犯知识产权刑事案件具体应用法律若干问题的解释(三)》第 2 条第 1 款的规定,在作品、录音制品上以通常方式署名的自然人、法人或者非法人组织,应当推定为著作权人或者录音制作者,且该作品、录音制品上存在着相应权利,但有相反证明的除外。

20 (6)改编、翻译、注释、整理已有作品而产生的作品,其著作权由改编、翻译、注释、整理人享有,但行使著作权时不得侵犯原作品的著作权,并且不得阻止其他人对同一作品进行注释、整理。

21 (7)编辑作品由编辑人享有著作权,但行使著作权时,不得侵犯原作品的著作权;

编辑作品中可以单独使用的作品的作者有权单独行使其著作权。

(8)由法人或者非法人单位组织人员进行创作,提供资金或者资料等创作条件,并承担责任的百科全书、辞书、教材、大型摄影画册等编辑作品,其整体著作权归法人或非法人单位所有。 22

(9)美术等作品原件所有权的转移,不视为作品著作权的转移,但美术作品原件的展览权由原件所有人享有。 23

2. 其他公民、法人或非法人单位

这是指未参与作品创作而依法享有著作权的公民、法人或非法人单位。非作者成为著作权人,一般通过继承、遗赠、转让、受托、捐赠及法人或非法人单位的变更而取得著作权。 24

3. 国家

在以下三种特定情况下,国家可以成为著作权人,其著作权由著作权行政管理部门行使:①公民、法人或非法人单位将著作权中的财产权利捐赠给国家;②公民死亡时,既无继承人又无受遗赠人的;③著作权属于法人或者非法人单位的,在其变更、终止后而没有承受其权利、义务的人。 25

4. 外国人

外国人成为我国著作权人一般须具有以下条件:①外国人的作品首先在中国境内发表的,包括经授权改编、翻译后首先在中国境内出版,还包括其作品在中国境外首先出版后 30 天内在中国境内出版;②外国人在中国境内发表的作品,根据其所属国同中国签订的协议或者共同参加的国际条约享有著作权,受我国法律保护。 26

(二)"未经著作权人许可"的含义

根据《关于办理侵犯知识产权刑事案件具体应用法律若干问题的解释》第 11 条的规定,其是指没有得到著作权人授权或者伪造、涂改著作权人授权许可文件或者超出授权许可范围的情形。《关于公安机关管辖的刑事案件立案追诉标准的规定(一)》第 26 条沿用了该解释。根据《关于办理侵犯知识产权刑事案件适用法律若干问题的意见》第 11 条的规定,"未经著作权人许可"一般应当依据著作权人或者其授权的代理人、著作权集体管理组织、国家著作权行政管理部门指定的著作权认证机构出具的涉案作品版权认证文书,或者证明出版者、复制发行者伪造、涂改授权许可文件或者超出授权许可范围的证据,结合其他证据综合予以认定。在涉案作品种类众多且权利人分散的案件中,上述证据确实难以一一取得,但有证据证明涉案复制品系非法出版、复制发行的,且出版者、复制发行者不能提供获得著作权人许可的相关证明材料的,可以认定为"未经著作权人许可"。但是,有证据证明权利人放弃权利、涉案作品的著作权不受我国著作权法保护,或者著作权保护期限已经届满的除外。《关于办理侵犯知识产权刑事案件具体应用法律若干问题的解释(三)》对此进一步确认。根据该司法解释第 2 条第 2 款的规定,在涉案作品、录音制品种类众多且权利人分散的案件中,有证据证明涉案复制品系非法出版、复制发行,且出版者、复制发行者 27

不能提供获得著作权人、录音制作者许可的相关证据材料的,可以认定为"未经著作权人许可"以及"未经录音制作者许可"。但是,有证据证明权利人放弃权利、涉案作品的著作权或者录音制品的有关权利不受我国著作权法保护、权利保护期限已经届满的除外。

三、"出版他人享有专有出版权的图书"的认定

28 认定这一行为,应掌握以下有关方面:

29 (1)专有出版权的含义。根据有关法律规定,专有出版权是指图书出版者对著作权人交付的作品,在合同有效期内和在合同约定的地区内,享有以同种文字的原版、修订版和缩编本的方式出版图书的独占权利。图书出版者对某部作品享有专有出版权,意味着其取得了以印刷方式复制该作品,并将该作品的复制品向公众发行的权利;并且,此项权利为该图书出版者独占,其他图书出版者在一定期间和地区内,不得出版该作品的同一文字版的原版、修订版和缩编本,否则即构成对专有出版权的侵犯。

30 (2)"出版"的含义。出版是指使用印刷术或其他机械的或化学的方法,如印刷、静电复印、打印、照相、音像制作、木刻、石版等,将作品编辑后复制出许多相同的图书份额向公众发表。出版与一般意义上的复制有着以下的不同点:出版的目的主要在于销售、发行以取得经济利益,出版一般是有偿的;而一般意义上的复制却不一定是为了销售、发行,也可以是出于学习、研究、赠予、储存之用。

31 (3)"图书"的含义。根据世界知识产权组织的解释,图书"是指由许多页码连接成一册的著作和(或)图片的出版形式,一个版次的图书通常印刷多册……按照联合国教科文组织的统计标准,一本书至少应当有49个页码,才能认为是图书"[2]。因此,篇幅较短的、发表在报纸、期刊上的作品显然不能被称为图书。

四、"未经录音录像制作者许可"的认定

32 未经录音录像制作者许可主要包括以下情形:①行为人从未在任何时间获得过录音录像制作者的许可,即根本无任何许可。②行为人曾获得过录音录像制作者的许可,但在期限届满后继续复制发行其录音录像,其继续行为即属于"未经录音录像制作者许可"。③行为人虽然获得了录音录像制作者的许可,但超出许可的数量复制发行,其超量发行行为即属于"未经录音录像制作者许可"。

五、"复制发行"的认定

33 复制是指以印刷、复印、临摹、拓印、录音、翻录、翻拍等方式将作品制作一份或多份的行为。发行是指为满足公众的合理需求,通过出售、出租等方式提供一定数量作

---

[2] 王作富主编:《刑法分则实务研究》(第4版),中国方正出版社2010年版,第698页。

品的复制件的行为。发行的方式多种多样。根据《关于办理侵犯知识产权刑事案件适用法律若干问题的意见》第12条第1款的规定,“发行”,包括总发行、批发、零售、通过信息网络传播以及出租、展销等活动。有学者为了区分本罪与销售侵权复制品罪,将“发行”限制解释为批量销售或者大规模销售,而“销售”则理解为零售。[3] 笔者认为,不宜作此限定。首先,《关于办理侵犯知识产权刑事案件适用法律若干问题的意见》已经明确将“发行”包含“零售”,因此,这种理解与司法解释有冲突。其次,销售侵权复制品罪以违法数额巨大为前提。零售一般很难达到这样的数额要求。那么,销售侵权复制品罪就几乎没有适用的余地。再次,根据这种理解,在批量的大规模销售行为和零售并存的场合,属于数行为,有可能被评价为数罪,难以让人接受。如果通过竞合理论将两罪合并评价为一罪,就会导致零售的数额不能在本罪中评价,也不合理。因此,“发行”不宜限定为批量的大规模销售行为。

根据《关于办理侵犯知识产权刑事案件具体应用法律若干问题的解释(二)》第2 34
条的规定,本罪中的“复制发行”,包括复制、发行或者既复制又发行的行为。因此,通说认为,单纯的复制行为或者发行行为,也会构成本罪。[4]《关于公安机关管辖的刑事案件立案追诉标准的规定(一)》对“复制发行”作出了类似的解释。也有学者将“复制发行”限制解释为“复制且发行”。[5] 还有学者认为,“复制发行”应限于复制。[6] 笔者认为,为了区分侵犯著作权罪和销售侵权复制品罪,“发行”应理解为行为人将自己不法复制的他人作品予以发行。销售和发行是种属关系。销售行为必然是发行行为。如果销售他人不法复制的作品也被认为不法发行他人作品,就会导致所有销售侵权复制品罪的危害行为都会构成侵犯著作权罪。这无疑抹杀了销售侵权复制品罪的立法意义。有学者认为,如果“复制发行”理解为复制且发行,就与通过信息网络向公众传播的行为本身即可构成侵犯著作权罪不协调。[7] 但是,信息网络传播本来就是一个信息复制和传输的过程。网络信息的保存(包括下载保存到电脑、移动硬盘,保存在网盘,转发到自己的账号等)、上传等操作都可以视为复制。就此而言,通过网络信息传播侵权复制品的行为绝大多数情形下都会有二次复制。至于一些罕见的情形,如行为人直接用他人事先保存的文档点对点的传送,认定为非法销售侵权复制品罪也不会妨碍对著作权的保护。因此,把“复制发行”理解为复制且发行,与通过信息网络传播型侵犯著作权罪并无冲突。事实上,在共同犯罪中,各个行为人往往有所分工。部分行为人负责复制行为,而另外一些行为人则负责发行行为。此时,虽然

---

3 参见张明楷:《刑法学》(第6版),法律出版社2021年版,第1072页。

4 参见赵秉志主编:《当代刑法学》,中国政法大学出版社2009年版,第545页。

5 参见姜伟主编:《知识产权刑事保护研究》,法律出版社2004年版,第239—242页;聂洪勇:《知识产权的刑法保护》,中国方正出版社2000年版,第122页。

6 参见赵永红:《知识产权犯罪研究》,中国法制出版社2004年版,第297—298页。

7 张明楷:《刑法学》(第6版),法律出版社2021年版,第1071页。

复制行为和销售行为之间是选择关系,但有着紧密的关联性,实际上是一个整体。例如,在陈力等侵犯著作权罪案中,陈力受境外人员"野草"委托,招募林崟、赖冬、严杰、杨小明、黄亚胜、吴兵峰、伍健兴等人,组建"鸡组工作室"QQ 聊天群,通过远程登录境外服务器,从其他网站下载后转化格式,或者通过云盘分享等方式获取《流浪地球》等 2019 年春节档电影在内的影视作品 2425 部,再将远程服务器上的片源上传至云转码服务器进行切片、转码、添加赌博网站广告及水印、生成链接,后将上述链接发布至多个盗版影视资源网站,为"野草"更新维护上述盗版影视资源网站。[8] 其中,下载、通过分享获取、生成链接等行为实际上是复制行为,而将链接发布等行为则属于发行行为。陈力等人在复制行为和发行行为上的内部分工不影响复制发行行为的整体认定。因此,所谓单纯的"复制"或者单纯的"发行",应当限于共同犯罪中的侵犯著作权行为,而不能构成本罪的单独犯。

35 关于网络服务提供者对侵犯著作权行为的参与问题,通说认为,网络服务提供者明知他人实施侵犯著作权罪而为其提供技术服务,不是无责的中立帮助行为,应该成立侵犯著作权罪的帮助犯。网络技术服务提供者有删除侵权作品或断开链接的义务,这种义务来源于危险的先前行为,其违反义务的不作为成立侵犯著作权罪的帮助犯。[9] 笔者赞同通说观点。网络服务提供行为无疑可以产生保证人地位,但是,如果提供服务时已有故意,可直接按照作为帮助犯论处。

36 关于出售软件序列号和破解程序的定性问题,有学者认为,出售软件序列号和破解程序虽然能使购买者不经软件著作权人许可运行软件,但此类行为并不涉及对他人软件中"代码化指令序列"的复制或发行,无法构成"侵犯著作权罪"[10]。笔者认为,大多数计算机软件是可以任意下载,只不过在使用上有所限制。在软件序列号和破解程序的作用下,软件的著作权不可能得到有效保障。就此而言,应将出售软件序列号和破解程序的行为理解为复制发行。

37 在江苏省苏州市虎丘区人民检察院诉成都共软网络科技有限公司、孙显忠、张天平、洪磊、梁焯勇侵犯著作权案中,行为人未经著作权人许可复制其计算机软件,通过修改相应程序捆绑其他软件后在互联网上发布供他人下载,并因此获取广告费等收益的行为被认定为符合《刑法》第 217 条,即行为人以营利为目的,未经著作权人许可复制发行其文字作品、音乐、电影、电视、录像作品、计算机软件及其他作品,违法所得数额较大或者有其他严重情节的,构成侵犯著作权罪。本案被告单位及各被告人通过互联网发布涉案"番茄花园"版 Windows 系列软件供不特定社会公众下载,无论其

8 最高人民检察院检例第 100 号"陈力等八人侵犯著作权案"。

9 参见欧阳本祺:《论网络环境下著作权侵权的刑事归责——以网络服务提供者的刑事责任为中心》,载《法学家》2018 年第 3 期。

10 参见王迁:《论出售软件序列号和破解程序的行为定性》,载《法学》2019 年第 5 期。

是否收取下载费用,都应当视为《刑法》第 217 条规定的“发行”行为。[11]

六、“制作、出售假冒他人署名的美术作品”行为的认定

参照上文对复制发行的理解,本行为是一种复合行为,制作和出售行为必须同时具备。单纯的制作行为,原则上不构成犯罪。单纯的出售行为,原则上构成销售侵权复制品罪。 38

七、“故意避开或者破坏权利人为其作品、录音录像制品等采取的保护著作权或者与著作权有关的权利的技术措施”行为的认定

在数字信息时代,著作权的信息化成为必然趋势。但与此同时,如何限制信息化的作品的获取渠道,便成为难题。根据《著作权法》(2020 年修订)第 49 条的规定,未经权利人许可,任何组织或者个人不得故意避开或者破坏技术措施,不得以避开或者破坏技术措施为目的制造、进口或者向公众提供有关装置或者部件,不得故意为他人避开或者破坏技术措施提供技术服务。上述技术措施,是指用于防止、限制未经权利人许可浏览、欣赏作品、表演、录音录像制品或者通过信息网络向公众提供作品、表演、录音录像制品的有效技术、装置或者部件。也就是说,著作权人为了保护自身权利,有权通过特定技术措施限制作品的使用或者浏览。如果这些技术措施被避开或者破坏,作品信息就会暴露无遗,必然对著作权产生侵害。可见,上述“技术措施”是用于阻挡作品信息外泄以及防止他人未经权利人许可而使用作品的重要屏障。 39

为了与《著作权法》(2020 年修订)相适应,《刑法修正案(十一)》在本罪中增设了“故意避开或者破坏权利人为其作品、录音录像制品等采取的保护著作权或者与著作权有关的权利的技术措施”的行为类型。例如,有的计算机软件为保护其著作权,有使用硬件加密锁才能打开软件进行使用的保护措施,即一台电脑插上一把加密锁(类似于 U 盘)然后才能够在这台电脑上打开软件。而且,该软件限定一把加密锁只能用于一台电脑。如果将加密锁插到这台设备上,然后将设备接入局域网,在局域网中的多台电脑都能够同时使用软件,就可能触犯恶意规避技术措施型的侵犯著作权罪。 40

需要注意的是,《刑法修正案(十一)》和《著作权法》(2020 年修订)对“恶意规避技术措施”的相关行为类型规定不完全一致。《刑法修正案(十一)》并未规定以避开或者破坏技术措施为目的制造、进口或者向公众提供有关装置或者部件,或者故意为他人避开或者破坏技术措施提供技术服务等行为。对于这些《刑法修正案(十一)》未规定的行为,应根据不同情况处理。第一,在工具或服务提供行为与恶意规避技术措施行为构成共同实行行为的场合,对行为人以侵犯著作权罪的共同实行犯论处。 41

---

11 参见江苏省苏州市虎丘区人民检察院诉成都共软网络科技有限公司、孙显忠、张天平、洪磊、梁焯勇侵犯著作权案,载《最高人民法院公报》2010 年第 9 期。

第二,在工具或服务提供行为符合复制或者部分复制作品的行为类型,可能构成复制作品型的侵犯著作权罪。第三,在工具或服务提供行为不足以构成共同实行行为的场合,对行为人有可能以侵犯著作权罪的帮助犯论处。第四,在恶意规避技术措施行为发生在网络空间的场合,工具或服务提供行为可以构成帮助信息网络犯罪活动罪。

八、违法所得数额与严重情节的认定

42 根据《关于审理非法出版物刑事案件具体应用法律若干问题的解释》第 17 条的规定,“违法所得数额”,是指获利数额。非法出版物没有定价或者以境外货币定价的,其单价数额应当按照行为人实际出售的价格认定。根据《关于办理侵犯知识产权刑事案件具体应用法律若干问题的解释》第 5 条第 1 款的规定,以营利为目的,违法所得数额在 3 万元以上的,属于“违法所得数额较大”。根据该条第 2 款的规定,以营利为目的,实施侵犯著作权行为,违法所得数额在 15 万元以上的,属于“违法所得数额巨大”。根据《关于办理侵犯知识产权刑事案件适用法律若干问题的意见》第 13 条的规定,以营利为目的,未经著作权人许可,通过信息网络向公众传播他人文字作品、音乐、电影、电视、美术、摄影、录像作品、录音录像制品、计算机软件及其他作品,具有下列情形之一的,属于《刑法》第 217 条规定的“其他严重情节”:①非法经营数额在 5 万元以上的;②传播他人作品的数量合计在 500 件(部)以上的;③传播他人作品的实际被点击数达到 5 万次以上的;④以会员制方式传播他人作品,注册会员达到 1000 人以上的;⑤数额或者数量虽未达到第①项至第④项规定标准,但分别达到其中两项以上标准一半以上的;⑥其他严重情节的情形。实施前款规定的行为,数额或者数量达到前款第①项至第⑤项规定标准 5 倍以上的,属于《刑法》第 217 条规定的“其他特别严重情节”。

Ⅵ 主体

43 本罪的主体是一般主体,个人和单位均可以成为本罪的主体。单位构成本罪的,可以是公司、企业、事业单位、机关、团体。

Ⅶ 故意

44 本罪的主观方面表现为故意,即行为人明知自己的行为会造成危害社会的结果的发生,并希望该危害社会的结果发生。另外,本罪主观方面还要求具有营利目的。

Ⅷ 与他罪的区别

45 本罪与假冒注册商标罪、假冒专利罪存在如下区别:①侵犯的客体不同。前者侵犯的客体是他人的著作权,后二者侵犯的客体分别是他人的注册商标专用权以及专利权。②行为方式不同。前者的行为方式表现为“复制发行”“出版”“制作、销售”行

为方式,后二者的行为方式都表现为“假冒”。③主观目的要求不同。前罪要求以营利为目的;后两罪则无此要求,可以以营利为目的,也可以不以营利为目的。

Ⅸ 罪数

根据《关于办理侵犯知识产权刑事案件具体应用法律若干问题的解释》第 14 条的规定,实施侵犯著作权犯罪,又销售该侵权复制品,构成犯罪的,应当以侵犯著作权罪定罪处罚。实施刑法侵犯著作权犯罪,又销售明知是他人的侵权复制品,构成犯罪的,应当实行数罪并罚。 46

有疑问的是,在侵犯著作权罪和非法经营罪等犯罪发生竞合时,应如何处理。根据《关于办理侵犯知识产权刑事案件具体应用法律若干问题的解释(二)》第 2 条第 3 款的规定,非法出版、复制、发行他人作品,侵犯著作权构成犯罪的,按照侵犯著作权罪定罪处罚。同时,《关于办理侵犯知识产权刑事案件适用法律若干问题的意见》第 12 条规定,“非法出版、复制、发行他人作品,侵犯著作权构成犯罪的,按照侵犯著作权罪定罪处罚,不认定为非法经营罪等其他犯罪”。这似乎将本罪和非法经营罪的关系视为法条竞合,且以特殊条款对本罪进行定性。但是,非法经营罪的刑罚有可能重于本罪。而且,本罪与非法经营罪不是法条竞合关系。在一行为同时符合侵犯著作权罪和非法经营罪,且非法经营罪为重罪的场合,没有理由按照侵犯著作权罪处断。再者,《关于审理非法出版刑事案件具体应用法律若干问题的解释》第 15 条规定:“非法从事出版物的出版、印刷、复制、发行业务,严重扰乱市场秩序,情节特别严重,构成犯罪的,可以依照刑法第二百二十五条第(三)项的规定,以非法经营罪定罪处罚。”这也说明,如果侵犯著作权的行为严重扰乱市场秩序,仍有可能定性为非法经营罪。因此,根据《关于办理侵犯知识产权刑事案件具体应用法律若干问题的解释(二)》和《关于办理侵犯知识产权刑事案件适用法律若干问题的意见》的规定,宜理解为注意规定。亦即,在非法出版、复制、发行他人作品的行为未扰乱市场秩序的场合,才能直接认定为侵犯著作权罪,否则应按照想象竞合犯来处理。 47

Ⅹ 处罚

根据本条的规定,犯侵犯著作权罪的,违法所得数额较大或者有其他严重情节的,处 3 年以下有期徒刑,并处或者单处罚金;违法所得数额巨大或者有其他特别严重情节的,处 3 年以上 10 年以下有期徒刑,并处罚金。单位犯本罪的,对单位判处罚金,并对其直接负责的主管人员和其他直接责任人员依照上述对侵犯著作权罪中自然人的处罚规定进行处罚。 48

第二百一十八条　销售侵权复制品罪

以营利为目的，销售明知是本法第二百一十七条规定的侵权复制品，违法所得数额巨大或者有其他严重情节的，处五年以下有期徒刑，并处或者单处罚金。

文献:高铭暄主编:《新编中国刑法学》(下册),中国人民大学出版社 1998 年版;赵秉志主编:《侵犯知识产权犯罪研究》,中国方正出版社 1999 年版;王作富主编:《刑法分则实务研究》(第 5 版),中国方正出版社 2013 年版;黎宏:《刑法学各论》(第 2 版),法律出版社 2016 年版;周光权:《刑法各论》(第 4 版),中国人民大学出版社 2021 年版;张明楷:《刑法学》(第 6 版),法律出版社 2021 年版。杨帆、张海宏:《销售侵权复制品罪虚置之争的再思考——基于功利主义知识产权刑事政策立场的评析》,载《政治与法律》2014 年第 3 期;黄旭巍:《使用外挂行为的刑法规制》,载《中国出版》2016 年第 3 期。

细目录

Ⅰ　主旨
Ⅱ　沿革
Ⅲ　客体
Ⅳ　对象
Ⅴ　行为
Ⅵ　主体
Ⅶ　故意
Ⅷ　既遂与未遂
Ⅸ　罪数
Ⅹ　与非罪的界限
Ⅺ　与他罪的区别
Ⅻ　处罚

Ⅰ　主旨

1　刑法设定销售侵权复制品罪的立法目的,在于通过对销售侵权复制品行为的刑法规制,维护国家的著作权管理制度,保护著作权人的权益。

Ⅱ 沿革

1979年《刑法》没有规定销售侵权复制品罪，涉及有关此类的犯罪以投机倒把罪论处。1994年7月5日全国人大常委会通过《关于惩治侵犯著作权犯罪的决定》规定了本罪。1997年修订的《刑法》沿用了这一罪名，不过作了简单的修改。将“违法所得数额较大”改为“违法所得数额巨大”，在处罚上将两个幅度改为一个幅度。《刑法修正案（十一）》为了严密法网，新增“其他严重情节”作为“违法所得数额巨大”以外的选择性罪量因素；同时，加大处罚力度，把法定最高刑提高到5年有期徒刑，并删除了拘役刑。 2

Ⅲ 客体

本罪侵犯的客体是他人著作权，主要是指著作权中的财产权，即著作权人对作品的使用权及获得报酬权。 3

Ⅳ 对象

本罪的犯罪对象是侵权复制品。具体说来包括以下四类：①未经著作权人许可复制发行的文字作品、音乐、电影、电视、录像作品、计算机软件及其他作品而形成的复制品；②出版他人享有专有出版权的图书而形成的复制品；③未经录音录像制作者许可复制发行的录音录像产生的复制品；④制作、出售假冒他人署名的美术作品产生的复制品。 4

在网络空间，侵权复制品的理解应当做扩张解释。例如，游戏外挂程序利用电脑技术针对一个或多个软件进行非原设操作，篡改游戏原本正常的设定和规则，大幅增强游戏角色的技能和超越常规的能力，属于对游戏程序的非法复制，可以被解释为针对网络游戏程序的侵权复制品。行为人使用外挂有偿代练时，实际上销售了外挂点卡；外挂虽由行为人操作，但使用外挂的真实主体是游戏玩家的账户，故属于向公众提供外挂，可以构成销售侵权复制品罪。[1] 5

Ⅴ 行为

本罪的客观方面表现为销售侵权复制品，违法所得数额较大或者有其他严重情节的行为。认定该行为应注意以下几点：①销售的含义。本罪的销售是指将侵权复制品以批发或零售的方式卖出的行为。它具有两个特征：一是有偿性，即需要对方支付对价。二是所有权转让。不完全具备这两个特征的都不是销售。②出租、出借、购 6

1　参见黄旭巍：《使用外挂行为的刑法规制》，载《中国出版》2016年第3期。

买、赠予侵权复制品的都不构成本罪。本罪的成立以“违法所得数额巨大”为要件。根据《关于办理侵犯知识产权刑事案件具体应用法律若干问题的解释》第 6 条的规定,违法所得数额在 10 万元以上的,属于“违法所得数额巨大”。《关于公安机关管辖的刑事案件立案追诉标准的规定(一)》第 27 条基本上沿用上述有关本罪的定罪数额的解释,并进一步规定:“违法所得数额虽未达到上述数额标准,但尚未销售的侵权复制品货值金额达到三十万元以上”的情形也可立案追诉。

Ⅵ　主体

7　本罪的主体既可以是自然人也可以是单位。

Ⅶ　故意

8　本罪的主观方面是故意,并且以营利为目的。本罪的故意只能是直接故意,即行为人明知自己的行为会发生危害社会的结果,并且希望该危害社会的结果发生。根据《关于办理侵犯知识产权刑事案件具体应用法律若干问题的解释》第 11 条的规定,以刊登收费广告等方式直接或者间接收取费用的情形,属于“以营利为目的”。

Ⅷ　既遂与未遂

9　根据《关于公安机关管辖的刑事案件立案追诉标准的规定(一)》第 27 条的规定,违法所得数额虽未达到 10 万元的数额标准,但尚未销售的侵权复制品货值金额达到 30 万元以上的情形也可立案追诉。对此规定,应理解为未遂犯的处罚规定。

Ⅸ　罪数

10　根据《关于办理侵犯知识产权刑事案件具体应用法律若干问题的解释》第 13 条的规定,实施侵犯著作权犯罪,又销售该侵权复制品,构成犯罪的,应当以侵犯著作权罪定罪处罚。这实际上是对牵连犯处罚原则的规定。实施刑法侵犯著作权犯罪,又销售明知是他人的侵权复制品,构成犯罪的,应当实行数罪并罚。这种情况侵犯著作权罪与本罪之间并不存在牵连关系,是应当并罚的数罪。

Ⅹ　与非罪的界限

11　本罪的成立以“违法所得数额巨大”为要件。根据《关于办理侵犯知识产权刑事案件具体应用法律若干问题的解释》第 6 条的规定,违法所得数额在 10 万元以上的,属于“违法所得数额巨大”。

Ⅺ　与他罪的区别

12　本罪与侵犯著作权罪有如下区别:①客观方面行为不同。本罪客观方面仅为销售行为;后罪客观方面则包括复制行为。②行为对象不同。本罪销售的对象是他人的侵权复制品,而侵犯著作权罪的发行对象是行为人不法复制的他人作品。③犯罪形态不同。具体说来包括以下两点:其一,本罪属于数额犯,而侵犯著作权罪既是数额犯又是情节犯;其二,同属数额犯时,构成犯罪的数额标准不同,本罪以违法所得"数额巨大"为犯罪构成要件;而侵犯著作权罪以违法所得"数额较大"为犯罪构成要件。

本罪与销售伪劣产品罪存在以下区别:①犯罪对象不同。本罪的犯罪对象为著作权的侵权复制品;后罪的犯罪对象是伪劣产品。②犯罪客观方面行为不同。本罪表现为销售行为;后罪的行为包括生产行为和销售行为。③犯罪主观方面不完全相同。本罪主观方面要求"以营利为目的",无此目的不构成本罪;后罪对犯罪目的无特别要求。④对罪量因素的规定不同。本罪以"违法所得数额"或者"其他严重情节"作为罪量因素;后罪以"销售金额"作为罪量因素。 13

XII 处罚

根据《刑法》第218条的规定,犯销售侵权复制品罪的,处5年以下有期徒刑,并处或者单处罚金。单位犯本罪的对单位判处罚金,并对其直接负责的主管人员和其他直接责任人员,依照上述规定处罚。 14

第二百一十九条　侵犯商业秘密罪

有下列侵犯商业秘密行为之一，情节严重的，处三年以下有期徒刑，并处或者单处罚金；情节特别严重的，处三年以上十年以下有期徒刑，并处罚金：

（一）以盗窃、贿赂、欺诈、胁迫、电子侵入或者其他不正当手段获取权利人的商业秘密的；

（二）披露、使用或者允许他人使用以前项手段获取的权利人的商业秘密的；

（三）违反保密义务或者违反权利人有关保守商业秘密的要求，披露、使用或者允许他人使用其所掌握的商业秘密的。

明知前款所列行为，获取、披露、使用或者允许他人使用该商业秘密的，以侵犯商业秘密论。

本条所称权利人，是指商业秘密的所有人和经商业秘密所有人许可的商业秘密使用人。

文献：高铭暄：《新编中国刑法学》（下册），中国人民大学出版社1998年版；赵秉志主编：《侵犯知识产权犯罪疑难问题司法对策》，吉林人民出版社2000年版；刘生荣、但伟：《破坏市场经济秩序犯罪的理论与实践》，中国方正出版社2001年版；黎宏：《刑法学各论》（第2版），法律出版社2016年版；周光权：《刑法各论》（第4版），中国人民大学出版社2021年版；张明楷：《刑法学》（第6版），法律出版社2021年版。莫洪宪、刘峰江：《法益转向：商业秘密私权确立之刑事应对》，载《电子知识产权》2018年第7期；欧阳本祺、曹莉：《非法获取他人APP数据的刑法定性》，载《人民检察》2018年第7期；徐岱、李方超：《侵犯知识产权罪立法的不足与完善》，载《人民检察》2018年第17期。

细目录

Ⅰ　主旨
Ⅱ　沿革
Ⅲ　客体
Ⅳ　对象
Ⅴ　行为
Ⅵ　情节
Ⅶ　主体

Ⅷ 故意
Ⅸ 既遂与未遂
Ⅹ 罪数
Ⅺ 与他罪的区别
一、与盗窃罪的区别
二、与非法获取国家秘密罪的区别
Ⅻ 处罚

Ⅰ 主旨

随着经济改革的发展,在我国,商业秘密被偷窃或泄露的犯罪案件不断增加。商业秘密的泄露给有关单位造成重大损失,同时也严重损害社会主义市场经济秩序。为了遏制这一犯罪行为,刑法规定了本罪。 1

Ⅱ 沿革

本条的规定是 1997 年《刑法》新增加的。为了与《反不正当竞争法》(2019 年修订)相适应,《刑法修正案(十一)》对本罪做了较大的修改。第一,在本罪第 1 款第(一)项新增了以贿赂、欺诈、电子侵入等手段获取商业秘密的行为方式。同时,把第(三)项的“违反约定”改为“违反保密义务”。第二,在本罪第 2 款新增了允许他人使用第 1 款规定所涉商业秘密的行为方式。同时,删除“应当知道”这一主观因素的表达。第三,把罪量因素改为“情节严重”以及“情节特别严重”。第四,删除了对商业秘密的说明。 2

Ⅲ 客体

通说认为,本罪侵犯的直接客体是商业秘密权利人对其商业秘密的所有权。也有学者认为,侵犯商业秘密的刑法法益不应以商业秘密私权为中心,而当以社会整体科技创新环境、诚信创业的激励机制为法益转向。[1] 笔者赞同通说的观点。“社会整体科技创新环境”和“诚信创业的激励机制”作为本罪法益过于抽象。而且商业秘密与专利等知识产权相比,在创新和诚信的激励功能上并无优势。空洞地强调创新和诚信,无法将商业秘密与其他知识产权区分开来。因此,仍有必要将本罪法益聚焦在商业秘密本身,从而更好确立本罪的规范保护目的。 3

1 参见莫洪宪、刘峰江:《法益转向:商业秘密私权确立之刑事应对》,载《电子知识产权》2018 年第 7 期。

Ⅳ　对象

4　商业秘密是指不为公众所知悉,能够为权利人带来经济利益,具有实用性并经权利人采取保密措施的技术信息和经营信息。根据定义可知商业秘密具有以下特征:

5　(1)信息性。即商业秘密是指工商活动中有关经营方面和技术方面的信息。商业秘密包括技术信息和经营信息两部分。技术信息是指在产品的生产和制造过程中的技术诀窍或秘密技术、非专利技术成果、专有技术。经营信息是指与生产经营销售有关的保密资料、情报、计划、方法、程序、经营决策等。

6　(2)秘密性。作为商业秘密的技术信息和经营信息必须不为公众所知悉,这是商业秘密的本质特征,也是商业秘密区别于专利以及其他知识产权的显著标志。"不为公众所知悉"中的"公众",不是指所有的他人,而是指某一行业或准备涉足某一行业的有可能从该商业秘密的利用中取得经济利益的人。对于秘密性,目前各国一致的看法是只要求相对秘密性即可。在《关贸总协定知识产权协议》第 39 条中即采用了相对秘密性的概念。相对秘密性是指由有关信息构成的可受保护的商业秘密,并不绝对地要求不为所有人所知悉,只要求其确切内容没有为不负保密义务的内行人所知悉。不为公众所知悉,还指不为权利人以外的其他人以违反诚实经营活动的方式所知悉,如违反合同约定,违反保密纪律等。

7　(3)价值性。即商业秘密能为权利人带来商业价值,这是构成商业秘密的必备条件。商业秘密的价值性包括现实的实在的经济利益,也包括潜在的通过将来使用而体现出来的商业价值。商业秘密的价值损失并不一定表现为在侵权时给权利人所造成的经济利益损失,而往往表现为在将来通过使用可能会给侵权人造成某种竞争优势,强化其在市场竞争中的地位,从而导致权利人在市场竞争中优势地位的丧失。在大数据时代,数据包含重大的经济利益。因此,对于各种计算机软件中的数据,也有可能认定为商业秘密。[2]

8　(4)保密性。即商业秘密必须经权利人采取保密措施。商业秘密的合法控制人必须要有保密措施,因为商业秘密一旦泄露,就会失去其存在的价值。通常的保密措施有下列几项:一是限定知悉商业秘密人的范围;二是限制其他接触知悉或使用商业秘密的人员,或者是限制其他人员接触存放商业秘密的场地;三是制定保密规则,加强保密文件的管理;四是与知悉文件的人员包括文件的保管人员,接触秘密的人员以及知悉文件的第三人签订保密合同。

9　关于与非法贸易有关的经营信息能否认定为本罪的对象,存在争议。有学者认为:"非法贸易的经营信息不是我国刑法关于侵犯商业秘密罪的保护对象,披露或使

2　参见欧阳本祺、曹莉:《非法获取他人 APP 数据的刑法定性》,载《人民检察》2018 年第 7 期。

用他人非法贸易的经营信息的,不构成侵犯商业秘密罪。”[3] 笔者认为,经济秩序与财产的合法性并没有必然联系。非法活动必须经过法定程序由具有资格的行政主体予以取缔。在此之前,不能以贸易的非法性为借口而对其中的秘密信息进行侵犯。而且,非法贸易的相关信息泄露之后,很可能引起更多人参与这些非法活动。这对于经济秩序而言,显然是进一步的破坏。再者,在解释何为“权利人”的时候,法条的表述是,“商业秘密的所有人和经商业秘密所有人许可的商业秘密使用人”。因此,“权利人”不一定限于合法利益的所有人。总而言之,商业秘密可以包括在非法经营活动中的秘密信息。

权利人在向国家申请专利时公布了部分技术信息,权利人申请取得的该项专利,是否仍然属于商业秘密?可以参见上海市人民检察院第二分院诉周德隆等人侵犯商业秘密案中法院的分析认定。[4] 在上海市人民检察院第二分院诉周德隆等人侵犯商业秘密案中,争议焦点之一是:权利人在向国家申请专利时公布了部分技术信息,权利人申请取得的该项专利,是否仍然属于商业秘密?法院认为,龚政申请的“在网面的基材上直接打孔的装置”虽于 2002 年 6 月 12 日被授予实用新型专利,但亚恒公司生产“刺孔型干爽网面”的工艺技术信息只有一小部分被专利文献公开,而大部分具体而且关键的信息并未被专利文献公开,不能说明亚恒公司的这部分技术信息已进入公知领域。本案中,亚恒公司不仅建立了相关的保密制度,明确划定了公司商业秘密的范围,且劳动合同中亦说明了公司职工离职后的保密义务,被告人周德隆、陶国强签订劳动合同时,均在“已学习过亚恒公司的《员工手册》及《保密制度》并严格遵守”一栏中签过字。据此可以确认,亚恒公司生产“刺孔型干爽网面”所具有的一部分体现在滚筒模具上的具体而且关键的工艺技术信息不为公众所知悉,并能够应用于生产,为权利人带来经济利益,权利人对此已采取了保密措施,应认定为商业秘密。[5] 笔者认为,法院的见解是妥当的。一项生产技术涉及的信息是复杂多样的,也同时有可能是可以分解的。权利人在申请专利时可以选择公开全部信息,也可以对部分关键技术信息有所保留。如果所保留的信息与公开的信息有相对的独立性,且具有商业价值,就不能因为部分信息的公开而否定保留信息的秘密性。故此,权利人在申请专利时公开部分技术信息不应成为未公开信息不受保护的充分理由。 10

V 行为

对侵犯商业秘密的行为,刑法规定了四种行为方式。 11

---

3 赵秉志主编:《当代刑法学》,中国政法大学出版社 2009 年版,第 549 页。

4 参见上海市人民检察院第二分院诉周德隆等人侵犯商业秘密案,载《最高人民法院公报》2005 年第 3 期。

5 参见上海市人民检察院第二分院诉周德隆等人侵犯商业秘密案,载《最高人民法院公报》2005 年第 3 期。

12 (1)以盗窃、贿赂、欺诈、胁迫、电子侵入或者其他不正当手段获取权利人的商业秘密的行为。盗窃既可以是偷盗权利人商业秘密的有形载体,如记录商业秘密的文件资料、磁盘磁带、样品样机,也可以是这些有形载体的复印件;既可以是窃取记载商业秘密的有形物品,也可以是只窃取该信息,如偷阅权利人的商业秘密之后,再凭借大脑的记忆,把该商业秘密回忆出来。根据《关于办理侵犯知识产权刑事案件具体应用法律若干问题的解释(三)》第3条的规定,采取非法复制、未经授权或者超越授权使用计算机信息系统等方式窃取商业秘密的,应当认定为"盗窃"。所谓贿赂,是指通过给予因工作关系等原因,实际知悉商业秘密的人以财物或者其他利益,以获取权利人的商业秘密的行为。对非国家工作人员行贿罪等贿赂犯罪中的"贿赂"仅限于财物。笔者认为,本罪的"贿赂"在表达上未有此限制。因此,不宜沿用过往对贿赂的理解来限定本罪的"贿赂"。应把财物以外的其他利益也视为贿赂的内容。所谓欺诈,是指通过捏造事实,隐瞒真相的方式使得权利人基于认识错误处分商业秘密的行为。本罪的欺诈行为和诈骗罪的诈骗行为有一定的相似性,但两者也有一定的区别。诈骗罪以被害人损失财产为要件,而商业秘密作为信息,即使为行为人所知悉,原则上也不会导致被害人失去。因此,不能完全以诈骗罪的行为构造来限定本罪的"欺诈"。胁迫手段是指对商业秘密的权利人或者雇员、合营者、顾问以及其他了解、掌握商业秘密的人进行涉及生命、健康、荣誉、名誉、财产、业务等的威胁或者要挟,以达到精神上的强制,迫使其交出商业秘密。所谓电子侵入,是指通过电子技术手段侵入数字化办公系统、服务器、邮箱、云盘、应用账户等信息系统,从而非法获取他人的商业秘密。这里的"侵入"包括两种情形:一是未获授权的侵入,二是超出权限的侵入。行为人是否享有进入电子载体的权限、是否超出权限,应当根据诸多因素综合判断,包括行为人的身份及其承担的职责、行为人与权利人的合同约定、公司的管理制度、行为人有无授权文件等。在行为人有权进入系统的情况下,不能认定为以侵入方式获得商业秘密。但是,如果行为人将其合法获取的商业秘密的数据发送给无权限获得此等数据的其他人,则可能构成本条第1款第(三)项规定的构成要件。其他不正当手段是指除前述手段以外,违背商业秘密权利人的意愿,可以获取权利人的商业秘密的其他违法手段。用不正当手段获取权利人商业秘密构成本罪的关键就在于,行为人所使用的手段的不正当性。

13 (2)披露、使用或者允许他人使用以前项手段获取的权利人的商业秘密。认定这一行为要注意以下两点:①此一行为的犯罪对象有两点限制:一是仅限于"以前项手段获取的权利人的商业秘密"。具体是指以盗窃、贿赂、欺诈、胁迫、电子侵入或者其他不正当手段获取的商业秘密。二是仅限于其自身直接获得的权利人的商业秘密。如果行为人所针对的是其从其他知悉权利人的商业秘密者处所获取的商业秘密,不属于此种行为,而可能构成下面即将论述的"以侵犯商业秘密论"的行为。②此一行为的行为方式包括多种:披露是指通过口头、书面或者其他方法,将商业秘密公之于众,使不应该知道该商业秘密的人知悉该商业秘密,使有关的技术信息和经营信息不再处于秘密状态。向特定人、部分人、社会公众公开商业秘密，原则上都属于披露的范畴。使用，是指行为人将自己非法获取的商业秘密在各种有用的场合加以运用，可能用于生产，也可能用于经营、销售或者其他方面。允许他人使用，是指行为人允许将其以不正当手段获取的商业秘密供给他人使用。这种允许使用可以是有偿的，也可以是无偿的。

(3)违反保密义务或者违反权利人有关保守商业秘密的要求，披露、使用或者允许他人使用其所掌握的商业秘密的行为。保密义务分为法定义务和约定义务。按照修改以前的《刑法》规定，保密义务的来源包括保密协议的约定以及权利人的要求，属于约定的义务，而不包括行为人因自身特殊的身份导致负有法定的保密义务。在金义盈侵犯商业秘密案中，被告人金义盈于2005年应聘到明发公司工作，双方签订劳动合同，最后一次合同约定工作期限为2009年7月16日至2011年7月16日。其间，金义盈先后担任业务员、销售部经理、副总经理，对菲涅尔超薄放大镜制作方法有一定了解，并掌握设备供销渠道、客户名单等信息。金义盈与明发公司签订有保密协议。2011年年初，金义盈从明发公司离职，当年3月24日以其姐夫应某甲、应某乙的名义成立菲涅尔公司，该公司2011年度浙江省地方税(费)纳税综合申报表载明金义盈为财务负责人。菲涅尔公司成立后随即向上述三家供应商购买与明发公司相同的胶板、模具和液压机等材料、设备，使用与明发公司相同的工艺生产同一种放大镜进入市场销售，造成明发公司经济损失人民币122万余元。法院认为，金义盈与明发公司的保密协议约定明确，应当知晓其对涉案技术信息和经营信息负有保密义务。最终，法院以侵犯商业秘密罪判处被告人金义盈有期徒刑一年六个月，并处罚金70万元。[6]《刑法修正案(十一)》施行以后，法定保密义务成为一项刑法义务。即使没有特别约定，行为人也必须遵守该法定保密义务，否则就有可能触犯违反义务型的侵犯商业秘密罪。例如，根据《公司法》第147条的规定，董事、监事、高级管理人员应当遵守法律、行政法规和公司章程，对公司负有忠实义务和勤勉义务。这里的忠诚义务包含保密义务。在公司未授权的情况下，如果董事、监事和高级管理人员擅自泄露其基于地位或者工作所知晓的商业秘密，无论其与公司是否有特别约定，也不管公司是否有特别的保密要求，都属于违反义务型的侵犯商业秘密行为。 14

(4)明知前述三种行为，获取、使用或者披露他人的商业秘密。本类行为是间接侵犯商业秘密的行为。该行为表现为，行为人明知存在前述直接侵犯商业秘密的行为，而置这种情况于不顾，从他人手里获取商业秘密，或获取后再使用该商业秘密，或获取后再披露该商业秘密。该行为人虽然没有直接侵犯商业秘密所有人的商业秘密，但在明知他人侵犯的情况下，仍然获取、使用、披露其商业秘密，符合侵犯商业秘密罪的主客观方面特征，应承担本罪的刑事责任。 15

---

6 参见最高人民检察院检例第102号“金义盈侵犯商业秘密案”。

Ⅵ 情节

16 本罪是情节犯,即以情节严重为构成要件。情节严重的考虑因素包括违法所得数额是否较大、是否造成重大损失、是否多次实施侵犯商业秘密、侵犯了多少商业秘密、商业秘密的价值是否重大、是否导致商业秘密为公众所知悉等。目前尚无对这些情节作明确规定的司法解释。但是,司法实践的经验可作参考。根据《关于办理侵犯知识产权刑事案件具体应用法律若干问题的解释(三)》第4条第1款的规定,具有下列情形之一的,应当认定为"给商业秘密的权利人造成重大损失":①给商业秘密的权利人造成损失数额或者因侵犯商业秘密违法所得数额在30万元以上的;②直接导致商业秘密的权利人因重大经营困难而破产、倒闭的;③造成商业秘密的权利人其他重大损失的。从本罪扩大处罚范围的意旨来看,符合上述情形的行为可以认定为情节严重。同理,该解释第4条第2款规定,给商业秘密的权利人造成损失数额或者因侵犯商业秘密违法所得数额在250万元以上的,应当认定为"造成特别严重后果"。那么,此情形可以认定为《刑法修正案(十一)》规定的"情节特别严重"。另外,根据该解释第5条的规定,侵犯商业秘密的行为造成的损失数额或者违法所得数额,可以按照下列方式认定:①以不正当手段获取权利人的商业秘密,尚未披露、使用或者允许他人使用的,损失数额可以根据该项商业秘密的合理许可使用费确定;②以不正当手段获取权利人的商业秘密后,披露、使用或者允许他人使用的,损失数额可以根据权利人因被侵权造成销售利润的损失确定,但该损失数额低于商业秘密合理许可使用费的,根据合理许可使用费确定;③违反约定、权利人有关保守商业秘密的要求,披露、使用或者允许他人使用其所掌握的商业秘密的,损失数额可以根据权利人因被侵权造成销售利润的损失确定;④明知商业秘密是不正当手段获取或者是违反约定、权利人有关保守商业秘密的要求披露、使用、允许使用,仍获取、使用或者披露的,损失数额可以根据权利人因被侵权造成销售利润的损失确定;⑤因侵犯商业秘密行为导致商业秘密已为公众所知悉或者灭失的,损失数额可以根据该项商业秘密的商业价值确定。商业秘密的商业价值,可以根据该项商业秘密的研究开发成本、实施该项商业秘密的收益综合确定;⑥因披露或者允许他人使用商业秘密而获得的财物或者其他财产性利益,应当认定为违法所得。前款第二项、第三项、第四项规定的权利人因被侵权造成销售利润的损失,可以根据权利人因被侵权造成销售量减少的总数乘以权利人每件产品的合理利润确定;销售量减少的总数无法确定的,可以根据侵权产品销售量乘以权利人每件产品的合理利润确定;权利人因被侵权造成销售量减少的总数和每件产品的合理利润均无法确定的,可以根据侵权产品销售量乘以每件侵权产品的合理利润确定。商业秘密系用于服务等其他经营活动的,损失数额可以根据权利人因被侵权而减少的合理利润确定。商业秘密的权利人为减轻对商业运营、商业计划的损失或者重新恢复计算机信息系统安全、其他系统安全而支出的补救费用,应当计入给商业秘密的权利人造成的损失。当然,《刑法修正案(十一)》施行以后,情节严重和情节特别严重不再局限于上述造成重大损失以和造成特别严重后果。应对行为的持续时间、行为实施的地域、商业秘密本身的价值等因素作综合判断。

如何确定受害人(单位)因他人侵犯其商业秘密所遭受的损失数额?可以参见在西安市人民检察院诉裴国良侵犯商业秘密案中法院的分析。在西安市人民检察院诉裴国良侵犯商业秘密案中,争议焦点之一是:如何确定受害人(单位)因他人侵犯其商业秘密所遭受的损失数额?公诉机关和裴国良都认为,应以开发商业秘密的直接成本作为损失数额。但是,法院并未认同这一辩护(上诉)意见。法院认为,最高人民法院《关于刑事附带民事诉讼范围问题的规定》第2条规定:"被害人因犯罪行为遭受的物质损失,是指被害人因犯罪行为已经遭受的实际损失和必然遭受的损失。"商业秘密中的技术秘密,是一种具有商业价值,能给权利人创造财富的技术信息,是权利人的无形资产。行为人采取不正当手段获取与使用技术秘密给权利人造成的损失,通常表现为权利人现实利益与合理预期利益的丧失,因此不能简单地以受损的现实利益来界定权利人的损失数额。《反不正当竞争法》第20条规定:"经营者违反本法规定,给被侵害的经营者造成损害的,应当承担损害赔偿责任,被侵害的经营者的损失难以计算的,赔偿额为侵权人在侵权期间因侵权所获得的利润;并应当承担被侵害的经营者因调查该经营者侵害其合法权益的不正当竞争行为所支付的合理费用。"就本案而言,附带民事诉讼被告人中冶公司利用附带民事诉讼原告人西安重研所的凌钢连铸机主设备图纸为他人设计、制造板坯连铸机,从而谋取巨额利润,是不正当竞争行为,故应适用上述规定。中冶公司与川威公司、泰山公司签订的两个板坯连铸机设计、安装合同,总金额为14856万元。但是中冶公司在这两个合同中获取了多少利润,从现有财务账目中无法确定。按照中国重型机械工业协会关于板坯连铸机成套设备设计、制造的平均利润为12%的专家评估意见计算,中冶公司从这两份合同中所获的利润可以认定为14856×12%=1782.72万元。[7] 笔者认为,法院的判决是合理的。商业秘密的开发必须有资金投入。但是,直接投入开发商业秘密的金额不等于商业秘密本身的价值。开发商业秘密有一定的风险,很可能失败。因此,除了直接投入的成本,还应当考虑权利人的风险成本。正因如此,商业秘密在开发成功以后其市场价值往往会远超于其直接投入的金额。因此,应当考虑到商业秘密受到侵犯时其无形价值所遭受的损失。当然,无形价值的计算是一个难题。从商业秘密的市场竞争因素来看,侵犯商业秘密的行为人获取的利润可以视为权利人遭受的损失。在行为人获得的利润不确定的情况下,按照同类产品的平均利润率来计算,符合市场交易规则,值得肯定。 17

7　参见西安市人民检察院诉裴国良侵犯商业秘密案,载《最高人民法院公报》2006年第12期。

Ⅶ 主体

18 本罪的主体是一般主体,年满16周岁具有刑事责任能力的自然人和单位均可以构成本罪。实践中,自然人多是具有某种职务、职业、身份的人员,既可以是拥有商业秘密的单位的内部人员,也可以是其他外部人员。

Ⅷ 故意

19 通说认为,本罪在主观方面是故意。即行为人明知自己侵犯商业秘密的行为会造成严重危害社会的后果,而希望或者放任该危害结果的发生。

Ⅸ 既遂与未遂

20 本罪的既遂以给商业秘密的权利人造成重大损失为构成要件。如果行为人虽然实施了侵犯商业秘密的行为,但没有给商业秘密权利人造成重大损失,根据不同情况就形成了各种犯罪未完成形态。如果由于行为人意志以外的原因,没有发生犯罪结果的,是犯罪未遂;如果行为人自动停止犯罪或者有效地防止了犯罪结果发生的,是犯罪中止。

Ⅹ 罪数

21 司法实践中,有些商业秘密也是国家秘密。对于侵犯此类秘密的行为,应按国家秘密与商业秘密各自的特征,分情况,认定其归属问题,如属侵犯商业秘密的,就按侵犯商业秘密罪论处;如属侵犯国家秘密的,应按刑法规定的其他罪名定罪处罚;如行为人的行为同时构成侵犯商业秘密罪和侵犯国家秘密罪的,属于一行为触犯数罪的想象竞合犯,应从一重罪处断。

22 专利和商业秘密在一定条件下有相互包含关系。原因在于,虽然专利法对一项申请专利的技术要求公开,但其公开的程度以本专业领域内的普通技术人员能够实施为准。这种公开并不意味着其实施的技术效果是最佳的,产品最有竞争优势,因为专利申请人在公开自己的技术时,只是公开其必要的技术特征,但是还有一些附加的技术特征,可以不公开,没有它也不影响普通技术人员的实施,然而其效果却不如包含了具有附加的技术特征所生产出的产品好。这些附加的未公开的技术特征,仍属于商业秘密。在这种存在包含关系的情况下,如果行为人通过不正当手段获取该专利(包含属商业秘密的附加技术特征),仿制专利产品(在产品上标注专利号),则其一行为同时触犯假冒专利罪与侵犯商业秘密罪,构成想象竞合犯,应从一重罪处断。

XI 与他罪的区别

一、与盗窃罪的区别

两罪的区分关键在于对象的不同。本罪侵犯的是商业秘密,而盗窃罪侵犯的是 23
财物。商业秘密不可在客观上发生占有转移,不是财产犯罪中的财物。侵犯商业秘密的行为不构成盗窃罪。

二、与非法获取国家秘密罪的区别

两罪存在以下主要区别:①犯罪对象不同。本罪的犯罪对象是商业秘密;而后罪 24
的犯罪对象是国家秘密。②犯罪客观方面行为不同。本罪客观方面表现为,违反保护商业秘密的法律、法规的规定,侵犯他人的商业秘密,给商业秘密的权利人造成重大损失的行为;后罪客观方面表现为,以窃取、刺探、收买方法非法获取国家秘密的行为。两罪都可以窃取等非法获取的手段实施,但本罪的行为手段还包括披露、使用、允许他人使用等。③犯罪主体不完全相同。本罪主体是复合主体,单位和自然人均可构成;而后罪主体是单一主体,只有单位可以构成。④犯罪形态不同。本罪是情节犯,以情节严重为构成要件。后罪则是行为犯,只要实施规定的非法获取国家秘密的行为,便可构成犯罪。

XII 处罚

根据《刑法》第 219 条、第 220 条的规定,犯侵犯商业秘密罪,情节严重的,处 3 年 25
以下有期徒刑,并处或者单处罚金;情节特别严重的,处 3 年以上 10 年以下有期徒刑,并处罚金。单位犯本罪的,对单位判处罚金,并对其直接负责的主管人员和其他直接责任人员,依照上述规定处罚。

第二百一十九条之一　为境外窃取、刺探、收买、非法提供商业秘密罪

为境外的机构、组织、人员窃取、刺探、收买、非法提供商业秘密的，处五年以下有期徒刑，并处或者单处罚金；情节严重的，处五年以上有期徒刑，并处罚金。

文献：周光权：《刑法各论》（第4版），中国人民大学出版社2021年版；张明楷：《刑法学》（第6版），法律出版社2021年版。

细目录

Ⅰ　主旨
Ⅱ　沿革
Ⅲ　客体
Ⅳ　对象
Ⅴ　行为
Ⅵ　主体
Ⅶ　故意
Ⅷ　既遂与未遂
Ⅸ　与他罪的区别
一、与为境外窃取、刺探、收买、非法提供国家秘密、情报罪的区别
二、与侵犯商业秘密罪的区别
Ⅹ　处罚

Ⅰ　主旨

1 本条的主旨在于打击商业间谍行为。随着中外经济交往的深入与竞争的加剧，商业间谍行为也日益猖獗。如果企业的商业秘密为国外企业、机构所获取和利用，就会间接乃至直接削减本国的国际竞争力。事实上，美国、瑞士、德国、日本、韩国等世界发达国家及地区都对商业间谍行为予以严厉惩罚。可以说，本条把商业间谍行为纳入刑事处罚范围是经济全球化趋势下的必然要求，对维护正常的市场竞争秩序以及保护我国企业的合法权益有重要意义。

Ⅱ 沿革

本条是《刑法修正案(十一)》新增内容。 2

Ⅲ 客体

本罪的客体是本土的商业秘密安全。为了保障我国企业的国际竞争力,防止商业秘密被境外机构、组织、人员不法获取显得尤为重要,本土的商业秘密安全也因此成为本罪的客体。 3

Ⅳ 对象

本罪的对象是商业秘密。如上所述,商业秘密有四个特点:①秘密性,即商业秘密不为公众所知悉。②价值性,即商业秘密应当具有商业价值,其中包括现实的经济价值和潜在的竞争优势。③保密性,权利人对商业秘密采取了相应的保密措施,以防他人在没有经过授权的情况下获取。④信息性,即商业秘密是指工商活动中有关经营方面和技术方面的信息。 4

Ⅴ 行为

本罪的行为是为境外的机构、组织、人员窃取、刺探、收买、非法提供商业秘密。具体包括以下内容。第一,商业秘密的受益方是境外的机构、组织、人员。法律没有对境外的机构、组织、人员进行性质上的限定,因此,无论该机构、组织、人员是否与我国为敌,都不影响本罪的成立。同时,境外的机构、组织、人员,既包括设置在境外的机构、组织和居住在境外的人员,也包括境外机构、组织设置在境内的分支机构和居住在境内的外籍人员或者为境外组织、机构服务的人员。第二,本罪的行为方式有窃取、刺探、收买、非法提供四种。所谓窃取,是指通过盗取文件、秘密复制文件或者利用计算机、窃听、窃照等器械秘密取得商业秘密的行为。所谓刺探,是指探听商业秘密的行为。所谓收买,是指用金钱、物质或者其他利益换取商业秘密的行为。所谓提供,是指违反国家法律规定,将商业秘密直接或者间接提供给境外机构、组织、人员的行为。第三,商业秘密的所有人和合法使用人都可能构成本罪。本罪以本土的商业秘密安全为客体,目的是保障我国企业的国际竞争力。因此,无论是商业秘密的所有人,还是使用人(包括合法使用人),都不能擅自为境外组织、机构及人员提供商业秘密。有学者认为,商业秘密的唯一所有人(不存在其他合法使用人)不能构成本罪。[1]对此,笔者不敢苟同。本罪不是侵犯个人法益(财产)的犯罪。商业秘密的唯一所有 5

1　参见张明楷:《刑法学》(第6版),法律出版社2021年版,第1078页。

人向境外组织、机构及人员提供商业秘密的行为,也会提升境外企业的技术水平,从而间接削弱我国企业的国际竞争力。故此,本罪的主体不宜排除商业秘密的唯一所有人。

Ⅵ　主体

6　本罪是一般主体,包括自然人和单位。

Ⅶ　故意

7　本罪的罪过形式是故意,即行为人明知对方是境外的组织、机构、人员而为其窃取、刺探、收买、提供商业秘密。但是,行为人不必有牟利目的。[2] 具体而言,行为人需有两方面的认识:一是认识到对方是境外的组织、机构、人员;二是认识到其窃取、刺探、收买、提供的信息是商业秘密。如果行为人误认为对方是境内的组织、机构、人员,或者误认为其所窃取、刺探、收买、提供的信息是公众知悉的商业情报,就不能构成本罪。

Ⅷ　既遂与未遂

8　关于本罪既遂与未遂的判断标准,应当区分不同行为类型。对于为境外机构、组织、人员窃取、刺探、收买商业秘密的行为,应当以行为人取得商业秘密为既遂标准。如果行为人只是实施了窃取、刺探及收买商业秘密的行为,但未取得商业秘密,就只能构成本罪的未遂犯。对于为境外机构、组织、人员提供商业秘密的行为,应以提供行为完成为既遂标准。如果行为人实施的提供行为在客观上已经完成,就可以成立本罪的既遂犯,不用考虑境外机构、组织、人员是否真的获得或者使用涉案的商业秘密。

Ⅸ　与他罪的区别

一、与为境外窃取、刺探、收买、非法提供国家秘密、情报罪的区别

9　两罪在行为方式相同,但在行为对象上有区别。本罪的行为对象是商业秘密,而为境外窃取、刺探、收买、非法提供国家秘密、情报罪的行为对象是国家秘密、情报。在行为人窃取、刺探、收买、非法提供的信息既属于商业秘密,又涉及国家安全的场合,应当按照想象竞合犯来处理。

2　参见周光权:《刑法各论》(第4版),中国人民大学出版社2021年版,第359页。

二、与侵犯商业秘密罪的区别

两罪的行为对象都是商业秘密,但也有较大的差别。两者的区别有以下三个方面:第一,行为不同。本罪的行为是为境外机构、组织、人员窃取、刺探、收买、非法提供商业秘密,而侵犯商业秘密罪的行为则是以盗窃、贿赂、欺诈、胁迫、电子侵入或者其他不正当手段获取权利人的商业秘密,披露、使用或者允许他人使用以前项手段获取的权利人的商业秘密的,违反保密义务或者违反权利人有关保守商业秘密的要求,披露、使用或者允许他人使用其所掌握的商业秘密的,明知前述行为,获取、披露、使用或者允许他人使用该商业秘密。第二,本罪没有明确的罪量要素,而侵犯商业秘密罪以情节严重为罪量要素。第三,本罪的行为人有让境外机构、组织、人员获取商业秘密的故意,而侵犯商业秘密罪则无此故意。 10

X 处罚

犯本罪的,处 5 年以下有期徒刑,并处或者单处罚金;情节严重的,处 5 年以上有期徒刑,并处罚金。 11

第二百二十条　单位犯罪

单位犯本节第二百一十三条至第二百一十九条之一规定之罪的，对单位判处罚金，并对其直接负责的主管人员和其他直接责任人员，依照本节各该条的规定处罚。

文献:赵秉志主编:《中国刑法实用》,河南人民出版社 2002 年版。

细目录

Ⅰ　主旨
Ⅱ　沿革
Ⅲ　处罚

Ⅰ　主旨

1　规定本条在于明确对本节各罪中单位犯罪的处罚根据与方式。

Ⅱ　沿革

2　1979 年《刑法》没有该条规定,本条是 1997 年修订《刑法》增加的条款。《刑法修正案(十一)》将单位犯罪的适用范围扩展至《刑法》第 219 条之一。

Ⅲ　处罚

3　本条是关于单位犯侵犯知识产权罪的规定,即关于单位犯假冒注册商标罪,销售假冒注册商标的商品罪,非法制造、销售非法制造的注册商标标识罪,假冒专利罪,侵犯著作权罪,销售侵权复制品罪,侵犯商业秘密罪的规定。“单位”是指《刑法》第 30 条规定的公司、企业、事业单位、机关、团体。依据本条规定,单位犯本节规定之罪的实行双罚制,即除对单位判处罚金外,还要对直接负责的主管人员和其他责任人员依照所触犯之罪规定的法定刑予以处罚。根据《关于办理侵犯知识产权刑事案件具体应用法律若干问题的解释》第 15 条的规定,单位实施本罪行为的,按照本解释规定的相应个人犯罪的定罪量刑标准的 3 倍定罪量刑。

第八节 扰乱市场秩序罪

前 注

文献:周其华:《新刑法各罪适用研究》,中国法制出版社 1998 年版;马克昌主编:《经济犯罪新论》,武汉大学出版社 1998 年版;黄京平主编:《扰乱市场秩序罪》,中国人民公安大学出版社 2003 年版;丁天球:《破坏社会主义市场经济秩序罪重点疑点难点问题判解研究》,人民法院出版社 2005 年版;马松建主编:《扰乱市场秩序犯罪的定罪与量刑》,人民法院出版社 2006 年版;聂立泽:《扰乱市场秩序罪立案追诉标准与司法认定实务》,中国人民公安大学出版社 2010 年版;阮齐林:《刑法学》(第 3 版),中国政法大学出版社 2011 年版;高铭暄:《中华人民共和国刑法的孕育诞生和发展完善》,北京大学出版社 2012 年版;王作富主编:《刑法分则实务研究》(第 5 版),中国方正出版社 2013 年版;马克昌主编:《百罪通论》(上卷),北京大学出版社 2014 年版;陈兴良主编:《刑法各论精释》(下),人民法院出版社 2015 年版;黎宏:《刑法学各论》(第 2 版),法律出版社 2016 年版;高铭暄、马克昌主编:《刑法学》(第 9 版),北京大学出版社、高等教育出版社 2019 年版;周光权:《刑法各论》(第 4 版),中国人民大学出版社 2021 年版;张明楷:《刑法学》(第 6 版),法律出版社 2021 年版。

细目录

Ⅰ 主旨
Ⅱ 沿革
Ⅲ 构成特征

Ⅰ 主旨

良好的市场秩序是市场经济平稳有序发展的必要保障。然而,在经济利益的驱动下,扰乱市场秩序的不法经济行为时有发生。如果不对这些不法经济行为予以监管与惩处,任其自由发展,将会严重影响市场经济的健康运行,导致市场秩序的混乱。所以,维护市场秩序免受不法经济行为的干扰成为一项非常艰巨的任务。而刑法的介入便是其中非常重要的一环。这集中体现在我国在刑法中专门设立本章节来规制严重扰乱市场秩序的犯罪行为。本节的设立为司法实践中预防、打击严重扰乱市场秩序的犯罪行为提供了坚实的法律基础和行为指引。 1

Ⅱ 沿革

2 扰乱市场秩序的犯罪严重危及我国社会主义市场经济秩序的稳定,侵害消费者的利益。1979年《刑法》对扰乱市场秩序的犯罪行为作了具体规定。该法第117条规定了投机倒把罪,第124条规定了伪造有价票证罪,第151条规定了诈骗罪。1983年3月8日全国人大常委会通过了《关于严惩严重破坏经济犯罪分子的决定》,该决定加重了投机倒把罪的法定刑,规定情节严重的,可以判处死刑;同时对国家工作人员犯以上各罪规定了更为严格的刑事责任。1985年最高人民法院、最高人民检察院发布了《关于当前办理经济犯罪案件应用法律的若干问题的解答(试行)》,将投机倒把行为解释为八个方面:倒卖国家不允许自由买卖的物资;倒卖外汇;倒卖金银;倒卖文物;违反国家的价格规定,哄抬物价,扰乱市场,谋取暴利;在生产、流通中,以次充好、以少顶多、以假充真、掺杂使假;将应出口外销的商品不运销出口,转手在国内倒卖;为非法从事倒卖活动的人提供证明信、发票、合同书、银行账户、支票、现金或其他方便条件,从中牟利。1987年9月17日国务院发布了《投机倒把行政处罚暂行条例》,排除了某些原来属于投机倒把的行为,将一些新出现的扰乱市场秩序的行为,如印刷、销售、传播非法出版物,倒买倒卖发票、批件、许可证执照、提货凭证等规定为投机倒把行为。1993年7月2日全国人大常委会通过了《关于惩治生产、销售伪劣商品犯罪的决定》,1995年又先后通过了《关于惩治破坏金融秩序犯罪的决定》和《关于惩治虚开、伪造和非法出售增值税专用发票犯罪的决定》。

3 1997年修订的《刑法》在吸收上述法律、法规的基础上,将扰乱市场秩序罪单独规定为一节,置于分则第三章破坏社会主义市场经济秩序罪中。《刑法》取消了投机倒把罪的规定,但是将原属于投机倒把罪的一些行为分别规定为独立的罪名。作为破坏社会主义市场经济秩序罪中的一类犯罪,扰乱市场秩序罪涵括了大多数破坏市场秩序的犯罪形式。目前,扰乱市场秩序罪共有11个条文,具体规定了12个罪名。

Ⅱ 构成特征

4 扰乱市场秩序罪,是指违反国家市场管理法规,实行不正当竞争或者从事其他非法市场活动,扰乱市场秩序,情节严重的行为。其具有以下主要特征:①扰乱市场秩序罪侵犯的客体是正常的市场秩序。现代市场的各个组成部分有机联系,社会资源有效组合。市场秩序的建立对于现代市场的发展至关重要。国家先后制定和发布了《反不正当竞争法》《经济合同法》《进出口商品检验法》等一系列法律和相关的行政法规,通过制定和实施这些法律、行政法规,规范市场主体在相关市场中的活动,以维护竞争有序的市场秩序。②扰乱市场秩序罪的客观方面表现为违反市场管理法规,实行不正当竞争,或者从事非法经营活动、合同诈骗、强行交易等扰乱市场秩序,情节严重的行为。扰乱市场秩序的行为,均是对市场监督管理秩序的侵害行为。

③扰乱市场秩序罪的主体既包括单位也包括个人,既有一般主体,也有特殊主体。例如,损害商业信誉、商品声誉罪由一般主体构成,而虚假广告罪只能由广告主、广告经营者、广告发布者这样的特殊主体构成。④扰乱市场秩序罪的主观方面主要为故意。在大部分犯罪中,行为人对自己的行为违反市场监督管理法律、法规是明知的,并对行为造成扰乱市场秩序这一危害后果持希望的心理态度。在扰乱市场秩序犯罪中,只有中介组织人员出具证明文件重大失实罪在主观上是出于过失。[1]

1 参见刘生荣、但伟主编:《破坏市场经济秩序犯罪的理论与实践》,中国方正出版社2001年版,第780—784页;黄京平主编:《扰乱市场秩序罪》,中国人民公安大学出版社2003年版,第645—648页。

第二百二十一条　损害商业信誉、商品声誉罪

捏造并散布虚伪事实，损害他人的商业信誉、商品声誉，给他人造成重大损失或者有其他严重情节的，处二年以下有期徒刑或者拘役，并处或者单处罚金。

文献：马克昌主编：《经济犯罪新论》，武汉大学出版社 1998 年版；黄京平主编：《扰乱市场秩序罪》，中国人民公安大学出版社 2003 年版；阮齐林：《刑法学》（第 3 版），中国政法大学出版社 2011 年版；徐志伟主编：《破坏社会主义市场经济秩序罪》，中国民主法制出版社 2015 年版；黎宏：《刑法学各论》（第 2 版），法律出版社 2016 年版；高铭暄、马克昌主编：《刑法学》（第 9 版），北京大学出版社、高等教育出版社 2019 年版；张明楷：《刑法学》（第 6 版），法律出版社 2021 年版。王庆民、徐莹、蒋熙辉：《论损害商业信誉、商品声誉罪》，载《中国刑事法杂志》2000 年第 4 期；吴汉东：《论商誉权》，载《中国法学》2001 年第 3 期；周啸天：《事后抢劫罪共犯认定新解——从形式化的理论对立到实质化的判断标准》，载《政治与法律》2014 年第 3 期；石聚航：《损害商业信誉、商品声誉罪的规范解释》，载《政治与法律》2018 年第 8 期；杨绪峰：《损害商业信誉、商品声誉罪的教义学检讨》，载《政治与法律》2019 年第 2 期。

细目录

Ⅰ　主旨

Ⅱ　沿革

Ⅲ　客体

Ⅳ　对象

Ⅴ　行为

一、行为内容

二、行为表现形式

三、着手

Ⅵ　结果

Ⅶ　主体

Ⅷ　故意

Ⅸ　罪数

Ⅹ　与非罪的界限

Ⅺ　与他罪的区别

一、与诽谤罪的界限

二、与虚假广告罪的界限

Ⅻ　处罚

Ⅰ 主旨

市场经济作为经济机制,它的基本特点或内在要求,就在于通过市场运行的自主性、平等性、竞争性和有效性来配置资源。为了有效、高效地配置市场资源,参与市场经济的各方主体就必须遵守诚实信用原则,该原则有两个基本面向:一是对生产者而言,其应当依法合规生产,及时披露产品信息,保障其与消费者之间的信息对称;二是对生产者之外的主体(消费者、同业竞争者以及其他)而言,应当对生产者及其所生产的商品,作出实事求是的评价,以免误导公众、干扰经济生产。因此,《反不正当竞争法》第11条规定:"经营者不得编造、传播虚假信息或者误导性信息,损害竞争对手的商业信誉、商品声誉。"然而,损害他人商业信誉、商品声誉的行为仍屡有发生,为了更有力地保障社会主义市场经济秩序,刑法将该行为规定为犯罪。 1

Ⅱ 沿革

1979年《刑法》没有该条规定,该条系1997年修订《刑法》新增的一种犯罪。[1] 于1997年《刑法》修订之际,1996年8月8日的刑法分则修订稿最先规定该罪,该稿规定:"捏造、散布虚伪事实,损害竞争对手的商业信誉,情节严重的,处两年以下有期徒刑或者拘役,可以并处或者单处罚金。"同年8月31日的修改稿将"捏造、散布"修改为"捏造并散布",同时将犯罪主体限定为特殊主体,即"经营者"。其后,立法工作机关又删除了"经营者"的规定,将其改回普通主体犯罪,最后,又几经修改,本罪的构成要件最终被确定为"捏造并散布虚伪事实,损害他人的商业信誉、商品声誉,给他人造成重大损失或者有其他严重情节"[2]。 2

1　对于1997年之前诽谤法人的行为如何处理的问题,因为1979年《刑法》第145条规定了针对自然人的侮辱、诽谤罪,所以有学者认为可以将第145条中的"他人"作扩大解释,使其包含法人。也有学者对此扩大解释表示反对,并建议补充立法,但同时认为在司法实践中可以将诽谤法人的行为类推适用于第145条。关于该争论,参见赵秉志:《刑法各论问题研究》,中国法制出版社1996年版,第80页。尽管该争论已经失去了现实基础,但是,该争论所蕴含的在解释刑法之际如何划定用语的边界问题,仍然具有意义。

2　高铭暄:《中华人民共和国刑法的孕育诞生和发展完善》,北京大学出版社2012年版,第435—436页。

Ⅲ　客体

3　有关本罪的犯罪客体,学者之间的表述不同。有学者认为本罪的客体包括"市场交易秩序和商誉权"[3],或者"市场交易秩序与商誉权"[4],也有学者认为"本罪侵犯的客体是国家对市场秩序的管理制度、他人的商业信誉和商品声誉"[5],另有学者认为本罪的客体是"市场竞争秩序和他人的商誉权"[6],或者"经营者的商业信誉权、商品声誉权和市场的公平竞争秩序"[7]。

4　本罪的犯罪客体应当被界定为商誉权。因为市场交易秩序、市场竞争秩序以及国家对市场的管理制度都不应当成为本罪所独立保护的客体。如果一项客体能够被独立保护,除其具备独立保护的价值之外,还必须同时与其相并列的另一项客体相互独立。从这两点来看,市场交易秩序、市场竞争秩序以及国家对市场的管理制度固然具有保护的必要,但是,却难以与商誉权相独立。"商誉权是民事主体对其在工商业活动中所创造的商誉享有利益而不受他人非法侵害的权利"[8],在现代社会,商誉作为商法人经济能力的社会评价,已经演化为具有价值形态的财产利益,因而从表现为一般人身利益的名誉中分离出来,并受到法律的特别保护,即"商誉权是一种非物质形态的特殊财产,由此所生之权利当为财产权"[9]。既然商誉权是一种独立于人格的财产权,那么对于以营利为根本目的的企业而言,损害其商誉,就是干扰其正常的市场活动,这无疑会连带给市场的公平竞争秩序、国家对市场交易秩序的调控带来损害,这样一来,无论是市场交易秩序、竞争秩序还是国家对市场的调控秩序,就没有必要再作为独立客体加以描述。

Ⅳ　对象

5　关于本罪的犯罪对象,理论上存在争议。有学者认为,本罪的对象是"他人",即

3　王作富主编:《刑法分则实务研究》(第5版),中国方正出版社2013年版,第640—641页。

4　王庆民、徐莹、蒋熙辉:《论损害商业信誉、商品声誉罪》,载《中国刑事法杂志》2000年第4期。

5　高铭暄、马克昌主编:《刑法学》(第9版),北京大学出版社、高等教育出版社2019年版,第442页。

6　阮齐林:《刑法学》(第3版),中国政法大学出版社2011年版,第457页。

7　徐志伟主编:《破坏社会主义市场经济秩序罪》,中国民主法制出版社2015年版,第477页。

8　吴汉东:《论商誉权》,载《中国法学》2001年第3期。

9　吴汉东:《论商誉权》,载《中国法学》2001年第3期。

商品的生产者和经营者，包括自然人和法人。[10] 另有学者认为，本罪的犯罪对象是商誉，包括商业信誉与商品声誉。[11] 笔者同意后一种观点。首先，如果认为犯罪对象必须是具体的物质形态，那么，犯罪对象就并非构成所有犯罪所必需的构成要件要素，因为我国存在一些犯罪，其犯罪对象是非物质形态的，例如，组织他人偷越国（边）境罪与偷越国（边）境罪中的“边境”。这样一来，在各个罪中再去具体描述犯罪对象就没有多大意义，因为我们只要把握住客体就完全能够正确认定犯罪。其次，如果我们认为犯罪对象还有单独论述的必要，那我们就应当将犯罪对象界定为包含物质与非物质两种形态。此时，犯罪对象固然可以成为所有犯罪的构成要件要素，即我们可以将偷越国（边）境罪的犯罪对象总结为“边境”，但是，这样一来，犯罪对象就势必与客体紧密相连，因为我们完全可以认为，“边境”只是相较于“国家对边境的管理制度”更为直观的一种说法而已。最后，既然犯罪对象包含物质与非物质两种形态，我们就不能将其界定为“他人”，而应当界定为“商业信誉、商品声誉”。因为承载“商誉权”的非物质载体，只能是“商业信誉、商品声誉”，而非“他人”，即并非所有的法人与自然人都有“商业信誉、商品声誉”（如本身就存在不良征信的企业、产品本身瑕疵严重的商品）。

本罪的对象是商业信誉、商品声誉。“商业信誉，包括商业信用与商业名誉。商业信用，是指商业行为与经济能力在经济活动中所受到的信赖；商业名誉，是指社会对他人在商业活动中的价值和地位的客观评价。商品声誉，是指社会对商品的良好称誉。”[12]商品生产者与经营者有关履行合同的诚信程度、生产能力和资金状况的良好程度，以及社会对商品的质量、价格、售后服务等方面的积极反应，与商品生产者、经营者的利益休戚相关，在现代社会势必会越来越受到重视。 6

V 行为

本罪在客观方面表现为捏造并散布虚伪事实，损害他人的商业信誉、商品声誉，给他人造成重大损失或有其他严重情节的行为。 7

一、行为内容

捏造，是指虚构、编造不符合真相或者不存在的事实，既包括无中生有的完全虚构，也包括在真实事实的基础上对事实进行压缩、裁剪、添加等方式所进行的歪曲事实的情况，例如，将录像加以颠倒顺序、裁剪、配音从而形成的与原先客观不符的录像的，也属于这里的捏造。总之，一切使得修改后的事实所蕴含的信息丧失与 8

10　参见黄京平主编：《破坏市场经济秩序罪研究》，中国人民大学出版社 1999 年版，第 649 页。

11　参见马克昌主编：《经济犯罪新论》，武汉大学出版社 1998 年版，第 561 页。

12　张明楷：《刑法学》（第 6 版），法律出版社 2021 年版，第 1079 页。

原客观事实同一性的方法,都属于捏造。散布,是指让不特定或者多数人知悉或可能知悉虚伪事实的方式,例如,在墙上张贴大字报、在网络上发布视频、在自己生产的产品上附上贬低他人产品的话语,等等。行为指向的对象必须具有特定性,但并不以指出所侵害的经营者、商品的具体名称为限,尽管行为人捏造散布的虚伪事实并没有明确指出其意图侵害的对象,也没有提及某个具体的生产、经营者的名称或产品名称,但相关的生产经营者和一般公众能从其捏造并散布的事实的内容中推知谁是特定的生产者、经营者及其商品的,即应认定为损害了他人的商业信誉、商品声誉。这里的他人,既可以是个人,也可以是单位,既可以是单数,也可以是复数。

二、行为表现形式

9 一般认为,损害商业信誉、商品声誉罪在客观方面存在以下五种行为表现形式:

10 (1)通过发布对比性广告、声明性广告,散发公开信或者开新闻发布会等形式散布捏造的虚伪事实,恶意贬低、诋毁他人的商业信誉、商品声誉。对比性广告,是指选取某一个或者某一类产品,通过对比质量、服务、功能、疗效等方面,不实贬低他人,以抬高自己的引人误解的宣传方式;声明性广告,是指采取不实夸大、抬高自己的方式,以贬低其他“一般生产厂家”的引人误解的宣传方式。例如,某生产生发剂的企业,在广告中制作某消费者使用三天前与三天后的效果对比图,前者头发稀疏,后者头发浓密,并配上画外音声明“请消费者一定认准本品牌”,“其他一般性生发剂不得冒用本品牌”。

11 (2)组织人员以客户或消费者的名义向市场监管部门、消费者协会或新闻单位等虚假投诉,诋毁与损害他人商业信誉、商品声誉。这种方式的投诉理由一般为:产品质量低劣,功能性、安全性差,售前与售后服务差,违反国家有关规定,侵犯消费者权益。当然,在这种方式中,被组织者与组织者有可能构成本罪的共同犯罪。

12 (3)在业务洽谈等公开场合故意向竞争对手的客户或消费者散布捏造的虚伪事实,贬低和诋毁他人的商业信誉、商品声誉。例如,在某五金商品一条街上,某客户同期考察比较甲、乙两家五金店,准备订购一批五金材料,在与甲洽谈时,甲对该客户说:“乙店资金链断裂,很有可能拿钱之后不给货”,该消息传出后,导致无客户敢在乙店购买货物。

13 (4)恶意诉讼,即捏造侵权事实并通过诉讼向社会公众散布这种虚假事实,贬低与损害他人的商誉。例如,某人伪造某款手机爆炸起火导致自己受伤的证据,向法院提起诉讼,要求该生产厂家承担产品侵权责任,使该厂家所生产手机大量滞销,销售业绩严重下滑。当然,这种行为除触犯损害商业信誉、商品声誉罪之外,还有可能触犯诈骗罪(三角诈骗)。

14 (5)在商品包装或者说明书上,贬低和诋毁他人生产、销售的同类产品,损害他人的商品声誉。

三、着手

一般认为,刑法分则所规定的行为,都是具体的构成要件行为,而“已经着手实行犯罪,是指行为人已经开始实施刑法分则规范里具体犯罪构成要件中的犯罪行为”[13],即实行行为的开始便是着手。如此看来,根据“捏造并散布虚伪事实”的条文规定,只要一经捏造,即便因客观原因而未能散布的,也应当成立损害商业信誉、商品声誉罪的未遂犯。反之,对于例如,行为人在路上踩到一张纸条,上写“XX 品牌手机于昨晚爆炸,炸伤三人”,穷极无聊,在网上大为传播的行为,因为行为人并未捏造该虚假信息,所以就难被论以本罪,这显然不合理。 15

问题在于,不应当以实行行为的开始划定着手,而应当以“着手”这一规范而实质的概念来划定实行行为的开始。①到底什么是实行行为这一点必须联系结果才能确定。例如,故意杀人罪的实行行为,刑法只描述为“杀人”两字,既然“主观上具备杀意而做出的行为是杀人行为”这样的主观主义刑法观点已经不被采纳,我们就必须从客观上来界定“杀人”的内容。然而,在现实生活中,存在各种各样的杀人行为,其外部形态不一而同,难以归纳描述。但是,倘若我们联系结果加以考察,就会发现“杀人”无非是“具有导致人死亡之紧迫危险的行为”。如此看来,在司法实践中,当他人死亡结果发生之际,我们判断能否将该结果归属于某个行为的过程,就是对整个故意杀人罪构成要件的判断过程,即实行行为只是一个概念称谓而已,其背后的核心,是对结果的因果归属,即对构成要件符合性的判断。[14] ②既然实行行为本身就是具备引起结果的紧迫危险的行为,那么,作为实行行为开始的“着手”,就必然发生在导致法益处于紧迫而具体危险的时刻。对法益造成的紧迫而具体的危险,也就是未遂犯的处罚根据。[15] ③根据以上,能够得出结论认为,损害商业信誉、商品声誉罪的实行行为,始于“散布”而非“捏造”。因为,只捏造而未散布的行为,并不会给他人的商誉权带来任何紧迫而具体的危险,只有虚伪内容已经被或者有可能被公众感知之际,才 16

---

13 高铭暄、马克昌主编:《刑法学》(第 9 版),北京大学出版社、高等教育出版社 2019 年版,第 149 页。

14 参见[日]山口厚:《问题探究 · 刑法总论》,有斐阁 1998 年版,第 2—5 页。

15 应当说,从传统刑法教义学所秉承的古典自由主义价值观来看,仅仅将归责的起点理解为具备紧迫而具体的侵害法益的危险的行为就足够了,即处罚既遂犯是原则,处罚未遂犯是例外。从这点来看,处罚预备犯的只能是“例外的例外”,然而,到底什么是“例外的例外”?“例外的例外”是否早已脱离了原则的范围从而与“原则”属于根本上不同类型的事物?这是十分值得思考的问题。笔者认为,处罚预备犯的根据充其量是抽象危险,而处罚具备抽象危险的行为的价值根据,只能是刑事政策上为了提前预防的目的性,而非传统教义学所根植于自由主义基础上的正当性。从这一点来看,规定预备犯是刑事政策上处罚扩张的结果,而非其原因。既然如此,在我们对预备犯展开诸多研究(预备犯的实行行为、预备犯的客观归责,等等)之际,就应当意识到预备犯与未遂犯的根本不同,从而自觉展开更有针对性的研究。

会导致公众对其评价的降低。如此看来,1996 年 8 月 8 日的刑法分则修订稿所作的"捏造、散布虚伪事实"的规定是正确的,应当将"捏造并散布虚伪事实"作如上理解。

17　综上,并不是刑法所规定的行为就一定是实行行为,实行行为必须结合"着手"加以实质性地考察。类似本罪这样的例子在刑法分则中还有很多,例如,第 198 条保险诈骗罪中的"投保人故意虚构保险标的,骗取保险金的",其实行行为并非始自"投保"或者"虚构保险标的"之际,而是始自"骗取保险金"之际;第 243 条诬告陷害罪中的"捏造事实诬告陷害他人",其实行行为始自"陷害"之际;第 269 条事后抢劫罪中的实行行为,始自暴力、胁迫之际,而非盗窃、诈骗、抢夺之际。[16]

Ⅵ　结果

18　根据刑法的规定,本罪属于结果犯、情节犯,以行为造成重大损失或者有其他严重情节为构成犯罪的必要条件,否则就不构成犯罪。对"重大损失""其他严重情节"的具体把握可参见最高人民检察院、公安部发布的《关于公安机关管辖的刑事案件立案追诉标准的规定(二)》第 66 条的相关规定:①给他人造成直接经济损失数额在 50 万元以上的;②虽未达到上述数额标准,但造成公司、企业等单位停业、停产 6 个月以上,或者破产的;③其他给他人造成重大损失或者有其他严重情节的情形。

Ⅶ　主体

19　本罪的主体既可以是自然人,也可以是单位。作为自然人犯本罪的,必须是年满 16 周岁、具有刑事责任能力的人。

Ⅷ　故意

20　本罪的主观方面表现为故意,既可以是直接故意,也可以是间接故意。因为本罪并非目的犯,所以不要求具有损害他人商业信誉、商品声誉的目的。出于泄愤、无聊、寻求刺激等目的而实施本罪行为的,只要预见到自己的行为必然或者可能引起他人商誉权受损并且希望或者放任的,就符合本罪的故意要求。"对于没有商业诽谤的故意,听信他人传谣,而散布虚伪事实乃至对虚伪事实进行某种程度的加工的行为,不应认定为本罪。此外,消费者及新闻单位对经营者的产品质量、服务质量进行合理批评、评论的,不得认定为本罪。"[17]

16　参见周啸天:《事后抢劫罪共犯认定新解——从形式化的理论对立到实质化的判断标准》,载《政治与法律》2014 年第 3 期。

17　张明楷:《刑法学》(第 6 版),法律出版社 2021 年版,第 1080 页。

IX 罪数

司法实践中,行为人的诋毁行为是针对企业负责人或经营者本人进行的,对此种行为的定性应依行为人的主观意图以及行为内容综合考虑,具体分析。如果行为人以排挤竞争对手为目的,捏造并散布虚伪事实,尽管直接针对的是企业负责人或经营者本人,但实质矛头指向商业信用的主体,行为人只是利用了二者之间密不可分的关系,对此仍定损害商业信誉、商品声誉罪;如果行为人是为发泄不满,蓄意贬低某企业负责人或经营者本人的人格,但其捏造并散布的虚伪事实客观上又间接地损害了该生产经营者的商誉的,仍定诽谤罪一罪,而不宜实行两罪并罚。 21

如果行为人以虚假广告的形式散布损害有关竞争者的商业信誉、商品声誉的虚假信息,借以抬高自己,在竞争中争取有利形势,这种行为属于一行为触犯两个罪名的情况,属于想象竞合犯,应从一重罪论处。 22

行为人为了损害竞争对手的商业信誉、商品声誉,在自己生产的劣质产品上假冒他人优质产品的注册商标,从而使他人遭受重大损失的,应当以假冒注册商标罪论处。假冒他人注册商标,当然会给他人产品的声誉造成影响,但是,因为商标权是一种有关商誉的核心权利,刑法为了着重保护商标权,将侵犯商标权的行为独立规定为假冒注册商标罪,所以假冒注册商标罪与损害商业信誉、商品声誉罪就形成一种补充关系。那么,当某行为已经构成假冒注册商标罪之际,就排斥了损害商业信誉、商品声誉罪的适用。 23

X 与非罪的界限

要把握好合法行为与犯罪行为的界限。实践中,一些消费者通过正常渠道反映生产经营者商品质量不合格,或者新闻媒体通过正当途径,对一些商业信誉不好的生产企业、质量不合格的产品予以曝光、公开披露,这些行为虽然表面上对商业信誉、商品声誉有损害,但其事实有利于公众对企业及其产品的正确评价,有利于维护消费者的合法权益,不但不是损害他人商誉的行为,相反却是有益社会的行为。即使披露情况与事实有少许出入,但基本与事实相符合时,也是一种合法行为,对以上行为应予以保护和支持,不能认定为损害商业信誉、商品声誉的行为。 24

XI 与他罪的区别

一、与诽谤罪的界限

两罪在客观表现形式上具有相似性,但区别也是非常明显的。两罪的区别为: 25
①侵犯的客体不同。本罪的客体是商品生产经营者的商业信誉、商品声誉和市场秩序;诽谤罪的客体是公民的人格名誉权。②行为针对的对象不同。本罪针对的对象

是行为人以外的生产经营者,可以是个体工商户、个人合伙,也可以是公司、企业或其他经济组织,具有商业活动关联性;诽谤罪侵害的对象只能是自然人而不包括单位。③犯罪主体不同。本罪既可以由自然人构成,也可以由单位构成;诽谤罪只能由自然人构成。④犯罪主观方面不同。本罪的犯罪目的是损害他人的商誉;诽谤罪的犯罪目的是损害他人的人格、名誉。

二、与虚假广告罪的界限

26 损害他人商誉的行为可以以广告的形式实施,行为人捏造虚伪事实必然是内容不实的虚假的广告,而虚假广告罪中的行为也可以通过诋毁他人商品声誉来对自己的商品服务作虚假宣传。二者具有一定的联系性。二者的区别是:前者的基本特征是捏造并散布虚伪事实,损害他人商业信誉、商品声誉,后者的基本特征是利用广告对自己或他人的商品、服务作虚假宣传;前者针对的是竞争对手或其他经营者,后者直接针对的是消费者、用户。实践中,如果商品的生产经营者与广告经营者、发布者恶意串通,故意并相互配合利用广告的形式捏造虚伪事实,故意在公众中散布捏造虚伪事实,意图诋毁他人的商誉,其达到"给他人造成重大损失或有其他严重情节"的程度的,应当认定为本罪的共同犯罪。

XII 处罚

27 根据本条规定,犯损害商业信誉、商品声誉罪的,处 2 年以下有期徒刑或者拘役,并处或者单处罚金。根据《刑法》第 231 条的规定,单位犯本罪的,对单位判处罚金,并对其直接负责的主管人员和其他直接责任人员,依照上述规定处罚。

第二百二十二条　虚假广告罪

广告主、广告经营者、广告发布者违反国家规定，利用广告对商品或者服务作虚假宣传，情节严重的，处二年以下有期徒刑或者拘役，并处或者单处罚金。

文献:周其华:《新刑法各罪适用研究》,中国法制出版社 1998 年版;黄京平主编:《扰乱市场秩序罪》,中国人民公安大学出版社 2003 年版;黎宏:《刑法总论问题思考》,中国人民大学出版社 2007 年版;阮齐林:《刑法学》,中国政法大学出版社 2008 年版;高铭暄:《中华人民共和国刑法的孕育诞生和发展完善》,北京大学出版社 2012 年版;王作富主编:《刑法分则实务研究》(第 5 版),中国方正出版社 2013 年版;高铭暄、马克昌主编:《刑法学》(第 7 版),北京大学出版社、高等教育出版社 2016 年版;黎宏:《刑法学各论》(第 2 版),法律出版社 2016 年版;周光权:《刑法各论》(第 4 版),中国人民大学出版社 2021 年版;张明楷:《刑法学》(第 6 版),法律出版社 2021 年版。黎邦勇、张洪成:《重新认识虚假广告罪的法益位阶及构成要件》,载《中国刑事法杂志》2009 年第 7 期;孙道萃:《虚假广告犯罪的网络化演变与立法修正思路》,载《法治研究》2018 年第 2 期。

细目录

Ⅰ　主旨
Ⅱ　沿革
Ⅲ　客体
Ⅳ　行为
Ⅴ　主体
Ⅵ　故意
Ⅶ　罪数
Ⅷ　与非罪的界限
Ⅸ　与他罪的区别
Ⅹ　处罚

Ⅰ　主旨

广告即广而告之的意思。广告有广义和狭义之分,广义广告包括非经济广告和经济广告。非经济广告指不以营利为目的的广告,又称效应广告,其主要目的是推 1

广。狭义广告仅指经济广告,又称商业广告,是指以营利为目的的广告,通常是商品生产者、经营者和消费者之间沟通信息的重要手段,或企业占领市场、推销产品、提供劳务的重要形式,主要目的是扩大经济效益。商业广告,是现代社会中促进生产者、经营者与用户、消费者之间信息沟通的最常见、最重要的手段,是连接生产者、经营者与消费者的桥梁。商业广告的真实性便是广告的基本原则。刑法规定本条的目的,就是为了通过法律规定规范广告行为,保障消费者的利益。

Ⅱ　沿革

2　本罪是1997年《刑法》新设立的罪名。在刑法修订过程中,于1988年9月的刑法修改稿中,最先出现有关本罪的规定,其后,伴随着1994年10月27日全国人大常委会对《广告法》的通过,立法机关以《广告法》第37条为蓝本,几经修改,最终制定本条。[1]

Ⅲ　客体

3　关于本罪的犯罪客体,概括而言,我国理论界存在四种观点:①认为本罪所侵犯的客体是广告管理秩序。[2] ②认为本罪的犯罪客体是"市场竞争秩序和消费者的合法权益"[3]。③认为本罪所侵犯的法益是"广告的真实性和信用度"[4]。④认为本罪的犯罪客体是"国家对广告的管理秩序、市场竞争秩序以及消费者的合法权益"[5]。笔者认为本罪的客体应理解为广告的真实性和信用度。原因如下:

4　(1)本罪的客体不宜包含消费者的合法权益。如果认为本罪的客体包含消费者的合法权益(主要是财产、人身安全),会导致本罪与诈骗罪之间刑罚上的不均衡,因为,在虚假广告只是给消费者财产造成损失的场合下,本罪会与诈骗罪形成竞合关系。例如,某生产毛巾的个体户王某,打出广告"本毛巾永远不沾污垢,洁净如新",某消费者听信后购买大量毛巾,造成11万元的财产损失。在这个案例中,王某打出虚假广告的行为本身就是虚构事实行为,进而也就是诈骗行为,并且具体的消费者也陷入了认识错误,并遭致财产损失。如此一来,王某的行为在符合诈骗罪之外,也因为其侵犯了国家对广告的管理秩序这一个法益从而应当论以特别法,即虚假广告罪。但是,以虚假广告罪论处,王某的最高刑罚只是2年以下有期徒刑,而以诈骗罪论

1　参见高铭暄:《中华人民共和国刑法的孕育诞生和发展完善》,北京大学出版社2012年版,第436—437页。

2　参见周其华:《新刑法各罪适用研究》,中国法制出版社1998年版,第235页。

3　阮齐林:《刑法学》(第3版),中国政法大学出版社2011年版,第527页。

4　周光权:《刑法各论》(第4版),中国人民大学出版社2021年版,第360页。

5　高铭暄、马克昌主编:《刑法学》(第9版),北京大学出版社、高等教育出版社2019年版,第442页。

处,王某的最高刑罚却是10年以下有期徒刑,这不仅导致量刑上的不均衡,还会带来一个疑问,即为何虚假广告罪相较于诈骗罪多侵犯了一个法益(国家对广告的管理秩序),但却在量刑上远远低于侵犯法益少的诈骗罪？一旦我们将消费者的合法权益从本罪的客体中逐出,上述王某的行为就因为一个行为侵犯了两个不同法益,从而形成虚假广告罪与诈骗罪的想象竞合犯,根据从一重处罚的原理来处理,自然能够维持刑罚上的均衡。

(2)商业广告的属性决定,虚假广告罪的客体应当是广告的真实性与信用度。广告是现代社会中传递信息的媒介。在市场经济中,市场机制是迄今为止最有效的资源配置方式,可是事实上由于市场本身不完备,特别是市场的交易信息并不充分,造成很多社会经济资源配置的浪费。为了保持信息对称,从而在市场资源配置上达到“帕累托最优”,就必须使得商品、服务的提供者与商品、服务的接受者之间存在信息上的对称。这就要求广告具有基本的真实性以及基于一般人的信赖而形成的信用度。国家对商业广告的管理秩序,也是为了保障广告的真实性与信用度。虚假广告罪在实质上侵犯的是市场资源能够有效配置的条件。假设某生产儿童安全座椅的厂商,通过虚假宣传,夸大该座椅的安全性与舒适度,引得消费者纷纷购买。该厂商的行为所造成的损失有:①该厂商挤占其他厂商的市场份额(劣币驱逐良币);②消费者以高价购买了低档产品;③消费者为维持信息对称所作的额外付出(例如反复辨别多个厂家的安全座椅所产生的费用);④其他厂家为证明自己安全座椅高端性所付出的额外费用(例如延长广告时间、增加广告次数,等等)。可以清晰地看出,虚假广告行为所侵犯的主要是市场信息配置上的对称性,因为在某些情况下,消费者可能并未遭受损失(例如以低端价买到了低端货),如果此时还认为虚假广告罪侵犯的法益包含消费者的财产权益,就显得不合理了。实际上,虚假广告罪的“主旨在于保证交易的可预测性,降低交易成本,确保交易行为的可持续性,而非交易主体具体的财产收益或损失。进一步讲,交易秩序保障的是交易主体均获益的条件,而非交易主体获益本身”[6]。那么,只要将广告的真实性与信用度理解为虚假广告罪的客体就够了,因为广告一旦失去了真实性与信用度,消费者的合法权益即知情权必然连带受损。 5

Ⅳ 行为

本罪在客观方面表现为行为人违反国家规定,实施有关代理、设计、制作和发布虚假广告的情节严重的行为。所谓代理,是指代理人在代理权限内,以被代理人的名义实施民事法律行为。被代理人对代理人的代理行为,承担民事责任。在实践中,广告主大多数不是自行设计、制作广告,而是委托广告公司等进行广告的设计和制作,进行广告的全面策划活动。所谓设计,是指在正式制作广告之前,根据一定的目 6

6 黎邦勇、张洪成:《重新认识虚假广告罪的法益位阶及构成要件》,载《中国刑事法杂志》2009年第7期。

的和要求,预先制定方法、图样等。所谓制作,是指根据设计成果用文字、录音录像、绘画、造型等形式制作供发布的广告。所谓发布,是指以一定的方式向公众公开广告的内容。本罪的客观行为必须符合以下两个要件:

7 (1)必须违反国家规定,利用广告对商品作虚假宣传。所谓“违反国家规定”,主要是指违反《广告法》《反不正当竞争法》和《消费者权益保护法》的规定,此外,还包括违反全国人民代表大会及其常务委员会制定的法律和决定,国务院制定的行政法规、规定的行政措施、发布的决定和命令的规定。违反这些法律、行政法规的规定,是构成本罪的前提。此外,虚假广告罪中的广告必须是《广告法》第 2 条规定的商业广告。广告必须以真实、合法为原则。《广告法》第 3、4、8、10 条等都对广告的真实性作了明确要求。通常在实际生活中出现的虚假广告主要有以下几种表现形式:①性能虚假,即广告所宣传的商品并不具备广告中所宣传的性能。②产地或者生产者虚假,即产地或者生产者与实际产地或者生产者不符。③用途虚假,即在广告中宣称的商品用途多于商品实际用途。④质量虚假,即在广告中所宣传的商品未达到广告中所宣称的质量。⑤价格虚假,即在广告中宣传的商品价格与实际价格不符。⑥有效期限虚假,即在广告中宣传的商品有效期限与实际不符。⑦允诺虚假,即在广告中允诺购买商品有优惠条件或者其他利益,但是消费者购买商品后又不予兑现。⑧专利虚假,即在广告中宣传商品具有专利,实际上并未取得专利或者专利因到期或其他原因,被撤销、被终止、被宣告无效。⑨证明虚假,即在广告中使用虚假的数据、统计资料、调查结果、检验结果,或者虚假引用他人言论,或者编造已获得国际或国内技术、质量奖项证明等。⑩经营状况虚假,即在广告中夸大其资金、人力、智识、市场占有额等情况。⑪在广告中对商品的组成成分或者成分含量进行虚假宣传。[7]

8 (2)必须达到“情节严重”的程度。广告欺诈行为必须是情节严重的,才构成虚假广告罪。什么是“情节严重”,刑法未作具体规定,对此可参见最高人民检察院、公安部发布的《关于公安机关管辖的刑事案件立案追诉标准的规定(二)》中第 67 条的规定:①违法所得数额在 10 万元以上的;②假借预防、控制突发事件、传染病防治的名义,利用广告作虚假宣传,致使多人上当受骗,违法所得数额在 3 万元以上的;③利用广告对食品、药品作虚假宣传,违法所得数额在 3 万元以上的;④虽未达到上述数额标准,但两年内因利用广告作虚假宣传受过二次以上行政处罚,又利用广告作虚假宣传的;⑤造成严重危害后果或者恶劣社会影响的;⑥其他情节严重的情形。

V 主体

9 本罪的主体既可以是自然人,也可以是单位。本罪属于身份犯,即只有代理、设计、制作和发布虚假广告的广告主、广告经营者、广告发布者才能构成本罪。这里的

7 参见黄京平主编:《扰乱市场秩序罪》,中国人民公安大学出版社 2003 年版,第 67—68 页。

“广告主”,是为推销商品或者提供服务,自行或者委托他人设计制作、代理、发布广告的单位或者个人。“广告经营者”,是指接受广告主委托,提供广告设计、制作、代理服务的法人、其他经济组织或者个人。“广告发布者”,是指为广告主或者广告主委托的广告经营者发布广告的法人或者其他经济组织。在我国,广告的发布者主要是广播电台、电视台、报社、杂志社、出版社等新闻机构。广告主是虚假广告的源头。广告经营者和广告发布者如果与广告主串通设计、制作、代理、发布虚假广告,或者明知广告内容虚假而予以设计、制作、代理、发布,情节严重的,同样应当追究刑事责任。

10 需要补充的是,从本罪的客体广告的真实性与信用度来看,一个无关的路人,通过采取大量修改某商品街头广告牌的方式增加商品性能的,也当然能够侵犯上述客体,然而本罪之所以将主体限定在“广告主、广告经营者、广告发布者”,其原因一方面固然在于,身份者所实施的行为较之无身份者更具社会危害性,另一个很重要的原因是“有身份者与无身份者相比,有身份者同某种被侵害的法益之间,具有更加亲密的关系,其行为更容易给法益造成损害”[8],即广告主、广告经营者、广告发布者同广告的真实性与信用度这一客体之间的关系,相较于普通第三人而言,更加具体、真切。在我国,类似第三者也能够侵犯客体,但是立法只处罚身份者的法条还有第 251 条规定的非法剥夺公民宗教信仰自由罪与侵犯少数民族风俗习惯罪,尽管非国家机关工作人员也能够侵犯两罪的客体,但刑法只处罚国家机关工作人员。类似的规定在日本刑法中也存在,例如,《日本刑法典》第 134 条的泄露秘密罪,尽管一般人也能够侵犯他人的秘密,但其主体被选择性地限定为“医师、药剂师、医药品贩卖者、助产师、律师、辩护人、公证人或者曾经从事此类职业的人”。上述这些规定的深层次理论根据便是刑法的谦抑性,即为了保障公民必要的自由,刑法只选取与其所保护法益具有直接、密切关联的主体加以惩罚就足够了。[9]

---

8 黎宏:《刑法总论问题思考》,中国人民大学出版社 2007 年版,第 147 页。

9 参见〔日〕堀内捷三:《不作为犯论——作为义务论的再构成》,青林书院新社 1978 年版,第 252—253 页。这一思想,我国的黎宏教授也有过精辟的阐述,请参见黎宏:《刑法总论问题思考》,中国人民大学出版社 2007 年版,第 147—148 页。应当看到,该思想对研究不作为犯中的作为义务具有重要意义,因为现在一般认为,不作为与结果之间存在“作为的话,结果就不会发生”意义上的因果关系,而一旦肯定不作为与结果之间具备因果关系,在构成要件层面上,不作为犯与作为犯并没有什么实质性的差异,那么,再从因果关系上寻求弥补不作为犯与作为犯之间实质性差异的理论就是自相矛盾的。又因为“作为的话,结果就不会发生”这样的不作为犯因果关系,其本身就是开放式的,其指向任何能够阻断自然因果流程的人,其不像作为犯的因果关系,能够确定犯罪主体,所以,我们就必须从某主体与法益之间的具体、密切的关系的角度出发,以刑法谦抑性背后的自由主义刑法观为理论根据,来确定哪些人具有作为义务。从该理论进路出发,我们至少可以认为,作为义务与行为人事先基于自由选择而建立的与法益之间的紧密关系有关。

Ⅵ 故意

11 本罪在主观方面只能是故意,既可以是直接故意,也可以是间接故意。直接故意,表现为广告欺诈的行为人明知广告的内容是虚假的,会造成危害社会的结果,仍予以代理、设计、制作和发布。间接故意,指广告欺诈的行为人明知广告内容虚假,一旦发布会给消费者和用户造成误导,产生危害社会的结果,仍放任危害结果发生而予以代理、设计、制作和发布。在直接故意犯罪的情况下,行为人往往还具有非法获取某种利益的目的。但是不论行为人设计、代理、制作、发布虚假广告是出于何种动机、目的,均不影响本罪的构成。

Ⅶ 罪数

12 行为人利用虚假广告销售伪劣商品,同时构成刑法分则第三章第一节所规定的销售伪劣商品犯罪的,其制作、发布虚假广告是销售伪劣商品的手段,应当依照处理牵连犯的一般原则,从一重罪论处,不应当实行数罪并罚,即根据所构成的销售伪劣商品犯罪分别以销售伪劣产品罪,销售假药罪,销售劣药罪,销售不符合卫生标准的食品罪,销售有毒、有害食品罪,销售不符合标准的医用器材罪,销售不符合安全标准的产品罪,销售伪劣农药、兽药、化肥、种子罪、销售不符合卫生标准的化妆品罪等定罪。

13 行为人利用虚假广告推销假冒他人注册商标的商品的,有可能既符合虚假广告罪的构成要件,也符合假冒注册商标罪的构成特征。但是行为人制作、发布虚假广告的行为与其在同一种商品上使用与他人注册商标相同的商标,是两个独立的行为,不仅侵犯了他人注册商标专用权,也侵害了国家对广告的正常管理,因此应当认定行为人构成虚假广告罪和假冒注册商标罪,并实行数罪并罚。

14 虚假广告中具有损害他人商业信誉、商品声誉的内容,有可能既符合虚假广告罪的构成要件,也符合损害商业信誉、商品声誉罪的构成要件。此时,行为人出于一个概括的故意实施一个行为,同时触犯两个罪名,属于想象竞合犯,应当依照"从一重罪论处"的原则,以虚假广告罪论处。

15 广告经营者、广告发布者违反国家规定,利用广告为非法集资活动相关的商品或者服务作虚假宣传,违法所得数额在 10 万元以上的,造成严重危害后果或者恶劣社会影响的,两年内利用广告作虚假宣传,受过行政处罚二次以上的,有其他情节严重的情形的,以虚假广告罪定罪处罚。[10] 广告主、广告经营者、广告发布者违反国家规

---

10 参见最高人民法院《关于审理非法集资刑事案件具体应用法律若干问题的解释》第 12 条的规定。

定,利用广告对保健食品或者其他食品作虚假宣传,情节严重的,以虚假广告罪定罪处罚。[11] 广告主、广告经营者、广告发布者违反国家规定,利用广告对药品作虚假宣传,符合《刑法》第 222 条规定的,以虚假广告罪定罪处罚。[12]

Ⅷ 与非罪的界限

在把握虚假广告罪与非罪的界限时,应当注意考察以下两个方面: 16

(1)要注意区分虚假广告与合理夸张的广告的界限。合理夸张的广告是指广告所使用的言辞等虽然与事实不符,但纯粹是为了增强广告的感染力和效果,消费者在正常情况下完全能够分辨,不至于受骗或者产生误解。如某化妆品广告使用了"今年20,明年 18"这样的广告词,就属于合理夸张的广告。具有正常认识能力和智力水平的人都知道,今年 20,明年 18 是不可能的,这只是一种表明化妆品使用效果的夸张提法。合理夸张的广告对市场竞争和消费者权益不会产生危害,因而不属于违法行为。而虚假广告的内容必须是可以造成消费者受骗上当的后果。因此,在处理虚假广告案件中,要对广告引人误解的可能性有正确的把握。既不能要求必须有使消费者因误解作出错误消费行为的事实发生,也不能仅因个别消费者的误解认定为虚假广告。考察广告是否虚假以及引人误解的程度,主要取决于一般认识水平的消费者对广告的理解,实践中应当具体情况具体分析。 17

(2)要注意区分虚假广告与歧义广告的界限。所谓歧义广告,是指广告的内容会造成消费者对商品或者服务的质量等产生多种理解,而其中一种理解与事实相符,其他理解与事实不符。例如某商店在广告中宣传"优惠展销美国进口柚木家具",有的消费者理解为这种家具是从美国进口的,而实际上这种家具是用从美国进口的柚木制作的。歧义广告属于反不正当竞争法所规定的"引人误解的商业宣传",与虚假广告不同的是,消费者虽然可能对其所宣传的事实作出错误理解,但是也可能作出正确的理解。对于这种歧义广告,可以作为一般不正当竞争行为处理,不宜以虚假广告罪追究刑事责任。 18

Ⅸ 与他罪的区别

虚假广告罪与诈骗罪的共同特点在于:行为人都捏造了虚假事实、掩盖了事实真相;行为人都获得了财物。但是两者有着显著的区别,具体表现为:①虚假广告罪的主体为特殊主体,仅限于广告主、广告经营者和广告发布者;诈骗罪的主体为一般主 19

---

11 参见最高人民法院、最高人民检察院《关于办理危害食品安全刑事案件适用法律若干问题的解释》第 19 条的规定。

12 参见最高人民法院、最高人民检察院《关于办理危害药品安全刑事案件适用法律若干问题的解释》第 12 条的规定。

体,任何年满16周岁、具有刑事责任能力的自然人均可以构成。虚假广告罪的主体既可以是自然人,也可以是单位;诈骗罪的主体只能是自然人,不包括单位。②虚假广告罪并非目的犯,但是,构成诈骗罪,行为人必须具有非法占有公私财物的目的。③虚假广告罪在客观方面表现为行为人利用广告对商品或者服务作虚假宣传;诈骗罪则表现为捏造虚假事实,隐瞒真相,对虚构内容没有限制。④虚假广告罪的客体是广告的真实性与信用度,而诈骗罪的客体是财产。如果一个虚假广告行为,既构成了虚假广告罪,也构成了诈骗罪,应当论以两罪的想象竞合犯,从一重罪论处。广告主、广告经营者、广告发布者违反国家规定,假借预防、控制突发传染病疫情等灾害的名义,利用广告对所推销的商品或者服务作虚假宣传,致使多人上当受骗,违法所得数额较大或者有其他严重情节的,以虚假广告罪定罪处罚。[13]

X　处罚

20　根据本条规定,犯虚假广告罪的,处2年以下有期徒刑或者拘役,并处或者单处罚金。根据《刑法》第231条的规定,单位犯本罪的,对单位判处罚金,并对其直接负责的主管人员和其他直接责任人员依照上述法定刑处罚。

13　参见最高人民法院、最高人民检察院《关于办理妨害预防、控制突发传染病疫情等灾害的刑事案件具体应用法律若干问题的解释》第5条的规定。

第二百二十三条　串通投标罪

投标人相互串通投标报价，损害招标人或者其他投标人利益，情节严重的，处三年以下有期徒刑或者拘役，并处或者单处罚金。

投标人与招标人串通投标，损害国家、集体、公民的合法利益的，依照前款的规定处罚。

文献：马克昌主编：《经济犯罪新论》，武汉大学出版社 1998 年版；高铭暄：《中华人民共和国刑法的孕育诞生和发展完善》，北京大学出版社 2012 年版；王作富主编：《刑法分则实务研究》（第 5 版），中国方正出版社 2013 年版；黎宏：《刑法学各论》（第 2 版），法律出版社 2016 年版。刘艳红：《法定犯不成文构成要件要素之实践展开——以串通投标罪"违反招投标法"为例的分析》，载《清华法学》2019 年第 3 期；王恰：《串通"投标报价"的刑法教义学阐释》，载《中国检察官》2019 年第 10 期。

细目录

Ⅰ　主旨
Ⅱ　沿革
Ⅲ　客体
Ⅳ　对象
Ⅴ　行为
Ⅵ　故意
Ⅶ　主体
Ⅷ　共犯
Ⅸ　与非罪的界限
Ⅹ　处罚

Ⅰ　主旨

招标投标具有重要意义。它是指通过招标公告等吸引有关生产者、经营者参与公平竞争，以使招标人能够以最接近商品价值或者劳务价值的交易条件进行交易，从而达到投入与产出之间的最佳经济效益。如果在投标中作弊，弄虚作假，显然达不到这一目的，损害公平竞争秩序。为了遏制串通投标行为，保护市场公平竞争秩序，1993 年 9 月 2 日发布的《反不正当竞争法》第 15 条规定："投标者不得串通投标，抬高标价或者压低标价。投标者和招标者不得相互勾结，以排挤竞争对手的公平竞 1

争。”因为有些串通投标行为具备严重的社会危害性,因此,我国刑法规定了本罪。

Ⅱ　沿革

2　本条是1997年《刑法》新增加的规定。

Ⅲ　客体

3　本罪的客体为复杂客体,既包括正常的招投标市场秩序,也包括国家、社会、公民的合法权益。[1] 串通投标的行为本身不符合投标、招标程序要求,从而属于不正当交易行为,而招标、投标是市场竞争的方法之一,因此,串通投标行为势必破坏公平、透明的市场竞争秩序。同时,串通投标行为也会给其他合法投标人的既定投入以及预期利益造成损失,并且给国家、集体、公民的权益带来损失。[2]

Ⅳ　对象

4　本罪的犯罪对象是招标投标活动。拍卖活动不是本罪的犯罪对象。对于串通拍卖行为,不能以串通投标罪予以追诉。公安机关对串通竞拍国有资产行为以涉嫌串通投标罪刑事立案的,检察机关应当通过立案监督,依法通知公安机关撤销案件。[3]

Ⅴ　行为

5　本罪在客观方面表现为行为人实施了有关非法竞标的行为。具体表现为:

6　(1)投标人在投标前或者投标过程中,相互串通投标报价,损害招标人或者其他投标人利益,情节严重的。这主要是指投标人相互进行策划、串谋,避免相互间的激烈竞争,共同损害招标人或者其他投标人的利益,使招标人无法达到最佳的竞争结果,其他投标人则无法在公平竞争的条件下参与投标。具体而言,投标人之间的串通投标行为主要表现为下列几种形式:①投标人之间相互串通,一致抬高标价;②投标人之间相互串通,一致压低标价;③投标人之间互相约定,轮流以高价位或者低价位中标;④投标人之间相互串通,约定给予未中标的其他投标人以“失标补偿费”。

7　(2)投标人与招标人串通投标,损害国家、集体、公民的合法利益。这种情况是指在竞标过程中,投标人与招标人私下进行勾结,事先根据招标底价确定投标报价、中标价格,或者事先确定中标人,而不是在公平竞争的条件下确定中标价格,从而破坏

1　参见王作富主编:《刑法分则实务研究》(第5版),中国方正出版社2013年版,第655页。

2　参见马克昌主编:《经济犯罪新论》,武汉大学出版社1998年版,第578页。

3　参见2020年12月21日最高人民检察院《关于印发最高人民检察院第二十四批指导性案例的通知》(检例第90号“许某某、包某某串通投标立案监督案”)。

招标、投标的公正性,使招标投标流于形式,使其他投标人无法在公平竞争的条件下确定最佳的中标价格而遭受经济上的损失。这种串通投标犯罪,通常包括下列几种行为方式:①招标人在开标前私下向特定的投标人透露招标底价,使该投标人得以在掌握投标底价的情况下确定投标价格;②招标人私下拆开其他投标人的投标文件,透露给内定投标人使其得以根据他人的投标条件提出自己的更佳投标条件而中标;③招标人在投标前暗中向投标人透露能够影响招标、投标的工程预算等其他情况;④投标人与招标人串通,投标人在公开投标时压低报价,中标后再给招标人额外补偿;⑤招标人与投标人约定,由投标人在公开投标时抬高标价,待其他投标人中标后给予该投标人一定补偿;⑥招标人协助投标人撤换标书、更改报价或者其他交易条件,使其得以用最低报价中标;⑦招标人故意引导、促使特定投标人中标,即招标人在要求投标人就其标书进行解释时,故意作引导性提问,以促成该投标人中标;⑧招标人在审查评选标书时,对同样条件标书的不同的投标人实行差别对待。

Ⅵ 故意

本罪在主观方面表现为直接故意,即明知自己的串通投标行为会破坏招标、投标活动,损害招标人、其他投标人或者国家、集体、公民的合法权益,而希望这种危害结果的发生。行为人具有排挤其他投标竞争对手的目的,并且往往还具有牟取非法利益之目的。 8

Ⅶ 主体

本罪的主体既可以是年满 16 周岁具有刑事责任能力的自然人,也可以是单位。本罪是特殊主体,仅限于投标人或招标人。 9

Ⅷ 共犯

本罪是必要的共同犯罪,即根据刑法分则的规定,必须是两个以上的犯罪主体出于共同的犯罪故意实施,才构成犯罪。任何一方缺乏共同的犯罪故意,均不构成本罪。数个投标人互相串通共同故意实施串通投标行为或者招标人与投标人共同故意实施串通投标行为才能构成本罪。 10

Ⅸ 与非罪的界限

与非罪的区别,除了注意总体上从犯罪构成特征上予以把握,应注意我国有关司法解释所要求的“情节严重”的标准。最高人民检察院、公安部《关于公安机关管辖的刑事案件立案追诉标准的规定(二)》第 68 条是有关本罪追诉标准的规定:①损害招标人、投标人或者国家、集体、公民的合法利益,造成直接经济损失数额在 50 万元以上的;②违法所得数额在 20 万元以上的;③中标项目金额在 400 万元以上的;④采 11

取威胁、欺骗或者贿赂等非法手段的;⑤虽未达到上述数额标准,但两年内因串通投标,受过二次以上行政处罚,又串通投标的;⑥其他情节严重的情形。

X 处罚

12 根据本条规定,犯串通投标罪的,处 3 年以下有期徒刑或者拘役,并处或者单处罚金。串通投标罪往往是以获取非法经济利益为目的,因此在司法实践中,对于串通投标罪,应当注意罚金刑的适用,或者单处罚金,或者在判处有期徒刑、拘役的同时并处罚金。根据《刑法》第 231 条的规定,单位犯本罪的,对单位判处罚金,并对其直接负责的主管人员和其他直接责任人员,依照上述法定刑处罚。

第二百二十四条　合同诈骗罪

有下列情形之一，以非法占有为目的，在签订、履行合同过程中，骗取对方当事人财物，数额较大的，处三年以下有期徒刑或者拘役，并处或者单处罚金；数额巨大或者有其他严重情节的，处三年以上十年以下有期徒刑，并处罚金；数额特别巨大或者有其他特别严重情节的，处十年以上有期徒刑或者无期徒刑，并处罚金或者没收财产：

（一）以虚构的单位或者冒用他人名义签订合同的；

（二）以伪造、变造、作废的票据或者其他虚假的产权证明作担保的；

（三）没有实际履行能力，以先履行小额合同或者部分履行合同的方法，诱骗对方当事人继续签订和履行合同的；

（四）收受对方当事人给付的货物、货款、预付款或者担保财产后逃匿的；

（五）以其他方法骗取对方当事人财物的。

文献：马克昌主编：《经济犯罪新论》，武汉大学出版社 1998 年版；周其华：《新刑法各罪适用研究》，中国法制出版社 1998 年版；丁天球：《破坏社会主义市场经济秩序罪重点疑点难点问题判解研究》，人民法院出版社 2005 年版；徐志伟主编：《破坏社会主义市场经济秩序罪》，中国民主法制出版社 2015 年版；黎宏：《刑法学各论》（第 2 版），法律出版社 2016 年版；张明楷：《刑法学》（第 6 版），法律出版社 2021 年版。陈兴良：《合同诈骗罪的特殊类型之“两头骗”：定性与处理》，载《政治与法律》2016 年第 4 期；叶良芳、李芳芳：《互联网视阈下合同诈骗罪的教义学回归》，载《国家检察官学院学报》2017 年第 6 期；蔡荣：《表见代理与合同诈骗罪的平行适用——从“刑民互斥”到“刑民互动”的思维转型》，载《江西警察学院学报》2018 年第 6 期。

细目录

Ⅰ　主旨
Ⅱ　沿革
Ⅲ　客体
Ⅳ　行为
Ⅴ　结果
Ⅵ　主体
Ⅶ　故意

周啸天　李志恒

Ⅷ 既遂与未遂

Ⅸ 与非罪的界限

一、对非法占有目的的把握

二、与民事欺诈行为的区分

Ⅹ 处罚

Ⅰ 主旨

1 随着市场经济的发展,合同作为经济交往的重要手段,在我国经济生活中的地位和作用日趋重要。随之而来的合同诈骗行为,也逐渐增多,鉴于合同在经济领域的重要性,合同诈骗行为具有严重的社会危害性,为了保障市场经济的健康发展,我国刑法规定了本条。

Ⅱ 沿革

2 我国1979年《刑法》没有合同诈骗罪的规定。在刑法修订之前,司法实践中将合同诈骗行为论以诈骗罪。当时的司法解释也是如此规定的。[1] 1997年《刑法》单独规定了本罪。

Ⅲ 客体

3 本罪的客体,是复杂客体,即"正常的社会主义市场管理秩序和国家、集体、个人合法的财产权益"[2]。一方面,行为人借签订、履行合同来骗取国家、集体、个人的合法财产,违反了社会主义市场经济法制的规定,这侵犯了社会主义市场经济秩序;另一方面,这种行为直接针对的对象是公私财物,这侵犯了国家、集体、个人的财产权益。

Ⅳ 行为

4 本罪的客观方面,表现为在签订、履行合同过程中,骗取对方当事人的财物,数额较大的行为。具体表现为以下几种行为:

5 (1)以虚构的单位或冒用他人名义签订合同骗取对方当事人财物的行为。这种行为是指,行为人在向受害人表示签订合同的意思时,不是以真实存在的单位或自己的名义作出,而是以事实上根本不存在的单位或他人的名义,骗取对方当事人的信

---

1 最高人民法院、最高人民检察院于1985年7月18日发布的《关于当前办理经济犯罪案件中具体应用法律问题的解答(试行)》中,就关于以签订经济合同的方法骗取财物的,应认定诈骗罪还是按经济合同纠纷处理的问题,专门作出一系列的规定,颇具合同诈骗罪的雏形。

2 马克昌主编:《经济犯罪新论》,武汉大学出版社1998年版,第582—583页。

任,从而与行为人签订合同,对方当事人依照合同的规定履行义务,使行为人获取不法利益。

(2)以伪造、变造、作废的票据或者其他虚假的产权证明作担保,诱骗对方当事人与其签订合同、履行合同,从而骗取财物的行为。行为人为了使对方相信自己有履行能力,以伪造、变造、作废的票据或者其他虚假的产权证明作担保,以达到以合同诈骗财物的目的。这里的票据是指汇票、本票、支票,而“其他虚假的产权证明”指伪造的或通过其他非法途径获得的证明其对某项不享有权利的财产享有权利的证明文件,如虚假的房屋产权证、土地使用权证、银行存单等。需要注意的是,使用虚假票据作为合同担保的是合同诈骗,但使用虚假的票据支付货款的,则同时符合合同诈骗罪与票据诈骗罪的构成要件,属于想象竞合犯。[3] 6

(3)没有实际履行能力,以先履行小额合同或者部分履行合同的方法,诱骗对方当事人继续签订和履行合同的行为。这种行为俗称“钓鱼术”,可分为两种方式:一是行为人在没有实际履行能力的情况下,欲骗取他人数额较大的财物,担心对方当事人因为数额大不敢与其签订合同,而先与对方当事人签订一数额较小的合同并主动积极地履行而骗取对方当事人的信任,继而与其签订根本无履行能力的数额较大的合同,从而骗取对方当事人的财物。二是行为人并无实际履行能力而与他人签订合同,在签订合同后,为了防止对方当事人产生怀疑,而主动履行部分合同义务,从而使对方当事人确信其肯定会履行全部合同义务,从而骗取对方当事人的财物。[4] 这两种情况都是行为人在并无实际履行能力的情况下以骗取对方当事人信任的方式,以小利获大利。 7

(4)收受对方当事人给付的货物、货款、预付款或者担保财产后逃匿的行为。这种行为指行为人与对方当事人签订合同后,收受了对方当事人给付的货物、货款、预付款或担保财产后,不履行或不完全履行自己的义务,卷款逃跑、隐藏起来,而使对方当事人无法追还的行为。在这种情况下,即使行为人有履行合同的能力,且其合同也是通过合法途径签订的,也应认定行为人的这种潜逃行为构成犯罪。 8

(5)以其他方法骗取对方当事人财物的行为。所谓其他方法指以上列举的四种方法之外的虚构事实、隐瞒真相的能够骗取对方当事人财物的行为。针对实践中各种各样的合同诈骗行为,法律无法一一列举,因此特规定这样一个弹性条款,以免挂一漏万,使违法犯罪分子逃避法律的制裁。这也是为了适应这类犯罪的多样性、复杂性而规定的。[5] 9

---

3 参见黎宏:《刑法学各论》(第2版),法律出版社2016年版,第195页。

4 参见丁天球:《破坏社会主义市场经济秩序罪重点疑点难点问题判解研究》,人民法院出版社2005年版,第617页。

5 参见徐志伟主编:《破坏社会主义市场经济秩序罪》,中国民主法制出版社2015年版,第493—494页。

10 总之,笔者认为,在利用合同进行诈骗的犯罪过程中行为人明知自己没有履行合同的实际能力,故意制造假象使与之签订合同的对方当事人产生错觉,“自愿”地与行为人签订合同,从而达到利用合同骗取财物的目的。这是利用合同进行诈骗在客观方面的主要特征。

V 结果

11 本罪属于结果犯,即以法定的骗取对方当事人财物且数额较大的结果发生为本罪的法定条件。若结果没有出现,即使有法定的行为,也不能认定满足本罪法定构成要件的要求,不成立本罪既遂。

VI 主体

12 本罪的主体,为一般主体,包括自然人和单位。

VII 故意

13 本罪的主观方面,是直接故意,且具有非法占有公私财物的目的。如果行为人不具备上述诈骗故意,而仅仅是由于各种客观原因导致合同不能履行,不构成本罪。行为人主观上的非法占有公私财物的目的既包括自己非法占有,也包括意欲使单位或第三人非法占有。利用合同进行诈骗的犯罪,行为人非法占有目的既可以产生于签订合同之前,也可以产生在签订合同之后,还可以存在于履行合同的过程中,但根据行为与责任同时存在的原理,不能将事后产生非法占有目的的情形认定为本罪,即非法占有目的必须存在于诈骗行为时。例如,在上述第三种情形中,行为人必须在“诱骗对方当事人继续签订和履行合同”时,具有非法占有目的。“收受对方当事人给付的货物、货款、预付款或者担保财产后逃匿的”也仅限于行为人在收受对方当事人给付的货物、货款、预付款或者担保财产之前便存在非法占有目的,而且是行为人的诈骗行为导致对方给付货物、货款、预付款或者担保财产。行为人收受上述财物后方才产生非法占有目的,但仅仅是逃匿而并未采取虚构事实、隐瞒真相的方式使对方免除其债务的(否则便是针对财产利益的诈骗),不能认定为合同诈骗罪。[6]

14 例如,在“程庆合同诈骗案”中,行为人不仅没有履行兼并合同的能力,而且在以零价格实施“兼并”后,恶意处分被兼并企业财产,证明其主观上无任何履行兼并协议规定义务的诚意,被认定具有非法占有被“兼并”企业财产的主观故意,以合同诈骗罪定罪处罚。[7]

---

6 参见张明楷:《刑法学》(第 6 版),法律出版社 2021 年版,第 1086 页。

7 参见最高人民法院刑事审判第一庭、第二庭编:《刑事审判参考》总第 29 辑(第 211 号),法律出版社 2003 年版。

Ⅷ 既遂与未遂

本罪是结果犯,本罪的既遂以法定的危害结果的发生为必要条件。如果行为人实施了合同诈骗行为而没有发生法定的结果的,则没有达到犯罪既遂形态,成立犯罪的未完成形态。如果出于行为人自己的意志,主动停止犯罪或者有效防止犯罪结果发生的,成立犯罪中止;如果出于行为人意志以外的原因,而没有达到犯罪既遂的,构成未遂犯。 15

Ⅸ 与非罪的界限

一、对非法占有目的的把握

合同诈骗罪是利用经济合同的形式进行的,具有相当的复杂性、隐蔽性和欺骗性。其往往与经济合同纠纷缠在一起,罪与非罪的界限容易混淆。欲将合同诈骗与经济合同纠纷区分开来,应把握的关键点是,经济合同纠纷中当事人没有非法占有目的,而合同诈骗行为人有非法占有目的。具体可以从以下两个方面来把握: 16

(1)从合同的形式和内容上看,合同有假面目签订的合同和真面目签订的合同。假面目签订的合同指行为人在签订合同时使用的姓名、身份、公章、介绍信等都是假的,它必然导致合同内容的虚假性,客观上根本无法履行,主观上只能是以诈骗为目的,从而构成合同诈骗犯罪。真面目签订的合同指行为人在签订合同时使用的姓名、身份、公章、介绍信等都是真的,但是真面目的合同内容却是有真有假。具体分三种情况:①内容真实的合同。这种合同是行为人在有实际履行能力的前提下签订的合同,表明了行为人在签订合同时,有通过合同进行经济往来的真实意思表示,非诈骗财物。所以,只要行为人签订合同后,设法履行合同义务,即使最终没有完全履行合同义务,也没有非法占有他人财物的目的,也不是合同诈骗行为,只是一般的合同纠纷而已。②内容半真半假的合同。这种合同客观上已经具备部分履行的可能性,所以行为人主观上以及实际行为中是否为履行合同作出努力成为确定其行为性质的关键。如果行为人不但具有履行意图,客观上也为履行合同作出了积极努力,但最终因种种客观原因未能履行合同,不具有非法占有他人财物的目的,不能认定为合同诈骗犯罪。相反,如果客观上尽管有履行的可能,但是行为人收取对方当事人给付的货物、货款、预付款或担保物后,主观上确实无履行合同的意图,这实际上是借有部分履行能力之名行诈骗之实,当然具有非法占有他人财物的目的,是合同诈骗犯罪。③内容假的合同。所谓内容假的合同是指行为人在完全没有履行能力情况下签订的合同。行为人意图无偿占有他人钱财,且无归还的意思,将所骗钱财用于挥霍或作其他用途,毫无疑问这种行为的出发点就是非法占有他人财物,应以合同诈骗罪论处。但是仅仅套用他人资金,即俗称的“借鸡下蛋”的,在取得该财物的占有权、使用权,甚至 17

收益权并获益之后即归还的行为,并无非法占有他人财物的目的,不宜以合同诈骗罪论处。

18 (2)从行为人有无履行合同的实际行动及违约后的态度来看。一般来说,凡有履行诚意的,在合同签订后,必然会想方设法履行合同规定的义务,即使由于种种原因导致合同无法全部履行,一般也会按合同或双方事后约定,赔偿对方损失。当然,行为人也可能从自身利益出发,尽力为自己辩解,以减轻责任,但这并不等于不履行合同义务或者逃避合同义务,而在无法辩驳自己违约时,会有承担违约责任的表示,并设法补偿对方所遭受的损失。在这种情况下,行为人并无非法占有他人财物的目的,所出现的纠纷,也只能是合同纠纷。相反,行为人在合同签订后,根本不想方设法创造条件履行合同,而是采取各种欺骗手段,来达到其非法占有他人财物的目的,应以合同诈骗罪论处。具体案例可参见“刘恺基合同诈骗案”[8],有助于了解如何认定合同诈骗犯罪中行为人是否具有非法占有目的。

二、与民事欺诈行为的区分

19 实践中合同诈骗罪与民事欺诈行为时常交织在一起,难以区分,但是二者又有本质的不同,其区别主要表现在:

20 (1)主观目的不同。合同诈骗罪的行为人以签订合同为名实行诈骗手段,以达到非法占有他人财物的目的。民事欺诈行为的行为人主观上虽然也有欺诈故意,但不具有非法占有他人财物的目的,其只是为了用于经营,并借以创造履约条件等。检察机关办理涉企业合同诈骗犯罪案件时,要注意审查涉案企业在签订、履行合同过程中是否具有非法占有目的和虚构事实、隐瞒真相的行为,准确认定是否具有诈骗故意。[9]

21 (2)客观方面不同。具体表现在三个方面:①欺诈的内容不同。民事欺诈行为有民事内容的存在,行为人往往具有一定的履行合同的能力;而合同诈骗罪的行为人往往没有履行合同的能力和实际行动。②欺诈的程度不同。二者虽然都在客观上表现为虚构事实、隐瞒真相,但是民事欺骗行为仍在一定的限度内,应由民事法律、政策来调整;而合同诈骗罪发生了质的变化,应由刑法调整。③欺诈的手段不同。民事诈骗行为人一般无须假冒合法身份;但合同诈骗罪的行为人多以假冒合法身份为手段。

22 (3)受侵犯的属性不同。民事欺诈行为侵犯的是债权,合同诈骗罪侵犯的是正常的社会主义市场管理秩序和公私财产的所有权。

23 (4)法律后果不同。民事欺诈行为可以形成民事法律关系,这种法律关系只要得

8 参见最高人民法院刑事审判第一、二、三、四、五庭主办:《刑事审判参考》总第76集(第646号),法律出版社2011年版。

9 参见2020年12月21日最高人民检察院《关于印发最高人民检察院第二十四批指导性案例的通知》(检例第91号“温某某合同诈骗立案监督案”)。

到当事人的认可,其形成的权利和义务仍然有效。如果产生争议、引起诉讼,由民事欺诈行为人对其欺诈行为产生的后果承担民事责任,主要是返还财产、赔偿损失等。合同诈骗罪触犯刑法,行为人对诈骗的后果要负担刑事责任,同时还要承担民事责任,返还受害人的财产和赔偿损失。

X 处罚

根据本条的规定,犯本罪,数额较大的,处3年以下有期徒刑或者拘役,并处或者 24
单处罚金;数额巨大或者有其他严重情节的,处3年以上10年以下有期徒刑,并处罚金;数额特别巨大或者有其他特别严重情节的,处10年以上有期徒刑或者无期徒刑,并处罚金或者没收财产。单位犯本罪的,对单位判处罚金,并对其直接负责的主管人员和其他直接责任人员依上述规定处罚。

第二百二十四条之一　组织、领导传销活动罪

组织、领导以推销商品、提供服务等经营活动为名，要求参加者以缴纳费用或者购买商品、服务等方式获得加入资格，并按照一定顺序组成层级，直接或者间接以发展人员的数量作为计酬或者返利依据，引诱、胁迫参加者继续发展他人参加，骗取财物，扰乱经济社会秩序的传销活动的，处五年以下有期徒刑或者拘役，并处罚金；情节严重的，处五年以上有期徒刑，并处罚金。

文献：黎宏：《刑法学各论》（第2版），法律出版社2016年版；周光权：《刑法各论》（第4版），中国人民大学出版社2021年版；张明楷：《刑法学》（第6版），法律出版社2021年版。张建：《组织、领导传销活动罪刍议》，载《华东政法大学学报》2009年第3期；贾宇：《论组织、领导传销活动罪》，载《人民检察》2010年第5期；李翔：《组织、领导传销活动罪司法适用疑难问题解析——兼评〈中华人民共和国刑法〉第224条之一》，载《法学杂志》2010年第7期；王恩海：《组织、领导传销活动罪的司法认定》，载《法学》2010年第11期；陈兴良：《组织、领导传销活动罪：性质与界限》，载《政法论坛》2016年第2期；王筱：《组织、领导传销活动罪的法教义学检视》，载《江西警察学院学报》2019年第4期。

细目录

Ⅰ　主旨
Ⅱ　沿革
Ⅲ　客体
Ⅳ　行为
Ⅴ　结果
Ⅵ　主体
Ⅶ　故意
Ⅷ　与非罪的界限
Ⅸ　处罚

Ⅰ　主旨

1　传销作为一种经营方式，具备组织上的封闭性、交易上的隐蔽性、传销人员分散性、传销手段煽动性和欺骗性与人员发展层级性等特征，因此具有严重的社会危害性。加之我国仍然处于社会主义初级阶段，市场经济尚在发展之中，群众消费心理尚

不成熟,广大群众受到传销蛊惑倾家荡产的案例屡见不鲜,为了规制传销活动,保障人民合法权益,我国刑法设立本条。

Ⅱ 沿革

鉴于传销活动的社会危害性,国务院 1998 年 4 月 18 日发布了《关于禁止传销经营活动的通知》。2005 年 8 月 10 日国务院又发布了《直销管理条例》与《禁止传销条例》,首次厘清了传销的概念与对传销的态度,即除了单层次直销(销售者直接面对消费者销售)被《直销管理条例》所许可,根据《禁止传销条例》第 2 条的规定,多层次直销(销售者通过层层发展下线的方式销售)以及金字塔销售(以"投资"或买卖交易之名推广组织,利用几何级数的增长方式赚取加入这些组织的新成员缴纳的费用)属于被我国所禁止的传销。根据《禁止传销条例》第 7 条的规定,传销的表现形式可以通俗地概括为"拉人头传销""收取入门费传销"与"团队计酬传销"。随着经济发展与社会情势变迁,因为行政法规的遏制效果仍然有限,《刑法修正案(七)》增设本罪。 2

Ⅲ 客体

本罪的客体为国家正常的市场经济秩序和社会管理秩序,以及财产所有权。因为本罪被规定在第三章第八节之中,所以本罪势必侵犯国家对市场的正常管理秩序,又因为本罪所规定的客观行为为"参加者以缴纳费用或者购买商品、服务等方式获得加入资格,并按照一定顺序组成层级,直接或者间接以发展人员的数量作为计酬或者返利依据,引诱、胁迫参加者继续发展他人参加,骗取财物,扰乱经济社会秩序的传销活动",即"拉人头"+"收取入门费"+"骗取财物",所以,本罪所侵犯的法益也包含公民的财产权益。值得注意的是,有学者认为:"诚然,传销活动严重扰乱了市场经济秩序,对正常的市场经济活动造成了破坏,但是,其对社会公共秩序的破坏力不可小觑,甚至比对市场经济秩序的破坏更为严重……因此,笔者认为,应将组织、领导传销活动罪放入刑法第六章妨害社会管理秩序罪的第一节扰乱公共秩序罪中。"[1]应当说,这一观点很有见地,传销活动的巨大煽动性与洗脑效应,确实严重扰乱了公共秩序,但是鉴于本罪被规定在第三章第八节,还是将本罪客体作上述理解较好。 3

Ⅳ 行为

本罪在客观上表现为组织、领导传销活动,扰乱经济秩序的行为。 4

1. 成立本罪必须具备组织、领导行为

"刑法第 224 条之一则将行为表述为组织、领导,由此表明只有组织者和领导者的行为才构成犯罪,而一般传销活动的参与者则不构成犯罪。这一对行为的限缩,具 5

1　贾宇:《论组织、领导传销活动罪》,载《人民检察》2010 年第 5 期。

有刑事政策的重大蕴含,体现了缩小打击面的政策思想。”[2]除刑事政策上的因素之外,不处罚积极参与人与一般参与人的原因还在于积极参与人与一般参与人在很大程度上是受蛊惑而参与传销活动,其有责性低,另外,他们也在传销活动中缴纳了费用,受到了财产损失,鉴于其实质上处于被害人的地位,处罚他们也起不到特殊预防的作用。

6 根据2013年11月14日最高人民法院、最高人民检察院、公安部《关于办理组织领导传销活动刑事案件适用法律若干问题的意见》第2条的规定,组者、领导者包含五种人员:①在传销活动中起发起、策划、操纵作用的人员;②在传销活动中承担管理、协调等职责的人员;③在传销活动中承担宣传、培训等职责的人员;④曾因组织、领导传销活动受过刑事处罚,或者一年以内因组织、领导传销活动受过行政处罚,又直接或者间接发展参与传销活动人员在15人以上且层级在3级以上的人员;⑤其他对传销活动的实施、传销组织的建立、扩大等起关键作用的人员。这些人员实际上是以其所实施的行为为标准加以归纳的,因此,我们完全可以认为上述五种人员对应着五种行为。

2. 组织、领导的是传销活动

7 根据法条规定,传销活动应当具备以下几点:①以推销商品、提供服务等经营活动为名,要求参加者以缴纳费用或者购买商品、服务等方式获得加入资格,即收取入门费。这是传销活动与其他相关销售方式最明显的区别。②按照一定的方式组成层次,即金字塔形组织结构特点。③直接或者间接以发展人员的数量作为计酬或者返利依据,引诱、胁迫参加者继续发展他人参加,即拉人头。传销活动名目繁多,但其共同点是以高额回报为诱饵,对参加者进行精神乃至人身强迫,欺骗甚至迫使其不断地发展新人(下线),以获得成员缴纳的入门费,来维持其最初高额回报的承诺。由于新人不可能无限制地增加,资金链必然断裂,一旦出现这种情况,位于金字塔结构的底层人员就势必遭受损失,因此,传销活动本质上是一种诈骗行为。[3]

3. 骗取财物

8 2013年11月14日最高人民法院、最高人民检察院、公安部《关于办理组织领导传销活动刑事案件适用法律若干问题的意见》第3条规定:“传销活动的组织者、领导者采取编造、歪曲国家政策,虚构、夸大经营、投资、服务项目及盈利前景,掩饰计酬、返利真实来源或者其他欺诈手段,实施刑法第二百二十四条之一规定的行为,从参与传销活动人员缴纳的费用或者购买商品、服务的费用中非法获利的,应当认定为骗取财物。参与传销活动人员是否认为被骗,不影响骗取财物的认定。”如上所述,传销活动的本质特征是诈骗,其所骗取的财物是“入门费”,那么,对于骗取财物,就应当理解为“是对诈骗型传销组织(或者活动)的描述,亦即,只有当行为人组织、领导的传销

2　陈兴良:《组织、领导传销活动罪:性质与界限》,载《政法论坛》2016年第2期。

3　参见黎宏:《刑法学各论》(第2版),法律出版社2016年版,第198页。

活动具有'骗取财物'的性质时,才成立组织、领导传销活动罪(如果行为人组织、领导的是提供商品与服务的传销组织,则不可能成立本罪)。换言之,'骗取财物'是诈骗型传销组织(或者活动)的特征"[4]。

对于本罪的认定可参见"危甫才组织、领导传销活动案"[5]和叶经生等组织、领导 9
传销活动案[6]。

V 结果

本罪的结果是扰乱社会经济活动秩序。根据《关于办理组织领导传销活动刑事 10
案件适用法律若干问题的意见》第1条的规定,以推销商品、提供服务等经营活动为名,要求参加者以缴纳费用或者购买商品、服务等方式获得加入资格,并按照一定顺序组成层级,直接或者间接以发展人员的数量作为计酬或者返利依据,引诱、胁迫参加者继续发展他人参加,骗取财物,扰乱经济社会秩序的传销组织,其组织内部参与传销活动人员在30人以上且层级在3级以上的,应当对组织者、领导者追究刑事责任。

VI 主体

本罪的主体是组织者、领导者,即《关于办理组织领导传销活动刑事案件适用法 11
律若干问题的意见》第2条规定的五种人员。在判断组织者、领导者之际,应当将其与积极参与人严格区别开来,因为在刑法分则的有组织犯罪(如组织、领导黑社会性质组织罪)中,组织者、领导者、积极参加者是有所区分的。当然,积极参加者、一般参加者不构成本罪,不意味着任何犯罪都不构成,当其符合其他犯罪构成要件例如非法拘禁罪、诈骗罪等犯罪之际,以其他犯罪定罪处罚。[7]

VII 故意

本罪的主观构成要件为故意,且具备非法占有他人财物的目的。 12

VIII 与非罪的界限

在实践中,要注意本罪与直销等正当经营的区别。直销与传销的区别主要在于: 13

4　张明楷:《刑法学》(第6版),法律出版社2021年版,第1091页。

5　参见最高人民法院刑事审判第一、二、三、四、五庭主办:《刑事审判参考》总第81集(第717号),法律出版社2012年版。

6　参见2018年7月3日最高人民检察院《关于印发最高人民检察院第十批指导性案例的通知》(检例第41号"叶经生等组织、领导传销活动案")。

7　参见王恩海:《组织、领导传销活动罪的司法认定》,载《法学》2010年第11期。

①有无入门费。正规的直销公司没有入门费,而传销则有。②有无依托优质产品。传销公司依托的是价不符实的产品,而直销依托的是明码实价的产品。③产品是否流通。传销者所兜售的产品只不过是赖以骗取高额入门费的幌子,其难以在市场上广泛流通,接受市场的检验,而直销者所销售的产品则经得起市场的检验。④有无退货保障制度。传销的产品往往难以退货,而购买直销的产品的消费者则都受"三包政策"的保障。⑤有无店铺经营。有无店铺是我国市场上区分直销与传销的一个直观区别,传销主要依托于人与人之间的上下级组织架构,没有实体店铺,或者即便存在实体店铺也不过是骗取他人信任的幌子,但是,直销企业则采用"店铺雇用推销员"的模式,其经营依托于店铺对销售员的直接管理。[8]

Ⅸ　处罚

14　依照《刑法》第 224 条之一与第 231 条的规定,犯本罪的,处 5 年以下有期徒刑或者拘役,并处罚金;情节严重的,处 5 年以上有期徒刑,并处罚金。单位犯本罪,对单位判处罚金,并对其直接负责的主管人员和其他直接责任人员,依照自然人犯本罪的规定处罚。有关情节严重,请参见上述《关于办理组织领导传销活动刑事案件适用法律若干问题的意见》第 4 条的规定。

8　参见黎宏:《刑法学各论》(第 2 版),法律出版社 2016 年版,第 199 页。

第二百二十五条　非法经营罪

违反国家规定，有下列非法经营行为之一，扰乱市场秩序，情节严重的，处五年以下有期徒刑或者拘役，并处或者单处违法所得一倍以上五倍以下罚金；情节特别严重的，处五年以上有期徒刑，并处违法所得一倍以上五倍以下罚金或者没收财产：

（一）未经许可经营法律、行政法规规定的专营、专卖物品或者其他限制买卖的物品的；

（二）买卖进出口许可证、进出口原产地证明以及其他法律、行政法规规定的经营许可证或者批准文件的；

（三）未经国家有关主管部门批准非法经营证券、期货、保险业务的，或者非法从事资金支付结算业务的；

（四）其他严重扰乱市场秩序的非法经营行为。

文献：丁天球：《破坏社会主义市场经济秩序罪重点疑点难点问题判解研究》，人民法院出版社 2005 年版；陈兴良主编：《刑法各论精释》（下），人民法院出版社 2015 年版；黎宏：《刑法学各论》（第 2 版），法律出版社 2016 年版；高铭暄、马克昌主编：《刑法学》（第 7 版），北京大学出版社、高等教育出版社 2016 年版；张明楷：《刑法学》（第 6 版），法律出版社 2021 年版。王作富、刘树德：《非法经营罪调控范围的再思考——以行政许可法若干条款为基准》，载《中国法学》2005 年第 6 期；高翼飞：《从扩张走向变异：非法经营罪如何摆脱“口袋罪”的宿命》，载《政治与法律》2012 年第 3 期；欧阳本祺：《对非法经营罪兜底性规定的实证分析》，载《法学》2012 年第 7 期；马春晓：《非法经营罪的“口袋化”困境和规范解释路径——基于司法实务的分析立场》，载《中国刑事法杂志》2013 年第 6 期；武良军：《非法经营罪堵截条款异化之研究》，载《环球法律评论》2014 年第 5 期；王恩海：《最高人民法院对非法经营罪中“违反国家规定”的适用》，载《法治研究》2015 年第 4 期；葛恒浩：《非法经营罪口袋化的成因与出路》，载《当代法学》2016 年第 4 期；郑伟、葛立刚：《刑行交叉视野下非法经营法律责任厘定》，载《法律适用》2017 年第 3 期。

细目录

Ⅰ　主旨
Ⅱ　沿革
Ⅲ　客体

Ⅳ 对象
Ⅴ 行为
一、违反国家规定
二、情节严重
Ⅵ 结果
Ⅶ 主体
Ⅷ 故意
Ⅸ 与非罪的界限
Ⅹ 与他罪的区别
Ⅺ 处罚

Ⅰ 主旨

1 非法经营行为,破坏国家的宏观或微观的经济管理,不利于社会经济的发展。并且有些非法经营行为严重危及市场经济秩序,其危害后果也会波及人民群众的财产利益。因此,刑法规定了本罪。

Ⅱ 沿革

2 1979 年《刑法》没有本罪的明确规定,但是有关本罪的内容涵摄于第 117 条规定的投机倒把罪中。1997 年《刑法》把投机倒把罪分解细化,有关内容单独规定,形成了本条关于非法经营罪的规定。

Ⅲ 客体

3 一般认为,本罪的客体是国家的市场交易管理秩序。[1] 国家对市场的交易管理秩序,主要表现在国家所建立的一系列的专管、专营制度。国家对某些经营实施许可证制度,未经国家批准,行为人不得擅自实施此类经营行为。另外,国家对某些行业或者物资实施专营制度,只能由国家经营,其他行为主体不得擅自经营。国家之所以建立专管、专营制度,其深层次原因在于我国仍然处在社会主义初级阶段。如前所述,本罪的前身是投机倒把罪,从投机倒把罪到非法经营罪的变迁,折射出计划经济消退与市场经济建立的过程,在计划经济体制下,任何违背经济计划指令的行为都被视为对经济秩序的破坏,因此才有投机倒把罪的存在,而在彻底的市场经济体制下,自由市场恰恰是符合经济秩序的,自由、无管制的商品买卖是市场经济的主要特征,在自由市场经济下,投机倒把罪、非法经营罪都无存在必要。正因为我国现阶段

1 参见高铭暄、马克昌主编:《刑法学》(第 9 版),北京大学出版社、高等教育出版社 2019 年版,第 446 页。

的市场经济既不是计划经济也不是完全的自由市场经济，所以非法经营罪才有存在的必要。[2]

当然，随着我国行政审批制度的改革，政府的专管、专营事项范围将进一步缩减，这也势必带来非法经营罪保护客体辐射范围的缩减。 4

Ⅳ　对象

本罪的对象广泛。有的是实体性的，如国家专营的烟草、食盐等；有的是非实体性的，如许可文件、有关证书等。 5

Ⅴ　行为

本罪在客观方面表现为行为人违反国家规定，进行有关非法经营活动，扰乱市场秩序，情节严重的行为。 6

一、违反国家规定

所谓违反国家规定，是指违反全国人民代表大会及其常务委员会制定的法律、国务院发布的行政法规、决定、命令关于对部分物品实行专卖、专营，对部分经营活动实施许可证制度、审批制度等管理措施的规定。[3] 违反有关国家规定，是构成非法经营罪的前提，具体行为则表现为： 7

(1)未经许可经营法律、行政法规规定的专营、专卖物品或者其他限制买卖的物品的行为，即未经许可经营法律、行政法规明确规定只能由专门机构经营的物品，如食盐、烟草、化肥、农药、农膜、金银及其制品、贵重金属和部分钢材等；或者未经许可经营国家根据经济发展和维护国家、社会、人民群众利益的需要，规定在一定期限内实行限制性经营的物品，如煤炭、粮棉、种子等。这些物品，必须经国家有关主管部门批准并发给经营许可证后方能经营。这里的"经营"，包括在生产、流通领域的收购、储存、运输、加工、批发、零售等各个环节的活动。[4] 8

(2)买卖进出口许可证、进出口原产地证明以及其他法律、行政法规规定的经营许可证或者批准文件的。"进出口许可证"，是国家外贸主管部门对企业颁发的可以从事某项货物、物品进出口业务的确认资格的文件，以及对进出口某些货物、物品由外贸主管部门按照国家有关部门的审批向进口人或者出口人颁发的进出口配额批件和其他许可证明。进出口许可证制度，是国家根据经济发展的需要，对进出口贸易实行的宏观调控措施。它不仅是对外贸易经营者合法进行进出口贸易的有效依据，也 9

2　参见陈兴良主编：《刑法各论精释》（下），人民法院出版社 2015 年版，第 843—844 页。

3　参见张明楷：《刑法学》（第 6 版），法律出版社 2021 年版，第 1092 页。

4　参见黎宏：《刑法学各论》（第 2 版），法律出版社 2016 年版，第 201 页。

是海关对进出口货物、物品查验放行的重要依据。[5] 此外,对文物、野生动植物及其产品等货物、物品,其他法律、行政法规限制进出口的,依照相关法律、行政法规的规定办理,具体可参见《野生动物保护法》第35条。“进出口原产地证明”,是指在进出口贸易中,由法律规定的进出口产品必须附带的由原产地有关主管机关出具的确认产品原产国家或者地区的证明文件。它是进口国和地区根据原产地不同而征收差别关税和实施其他差别待遇的凭证,在对外贸易中具有重要意义。这里的“其他法律、行政法规规定的经营许可证或者批准文件”,是指行为人买卖当时依法有效的经营许可证或者批准文件,诸如药品经营企业许可证、种子经营许可证、烟草专卖零售许可证,等等。

10 (3)未经国家有关主管部门批准,非法经营证券、期货或者保险业务,或者非法从事资金结算业务。非法经营证券、期货业务主要是指未经有关主管部门批准,擅自开展证券或者期货经纪业务;从事证券、期货咨询性业务的证券、期货咨询公司、投资服务公司擅自超越经营范围从事证券、期货业务等。非法经营保险业务是指未经授权进行保险代理业务,保险经纪人超越经营范围从事保险业务等。非法从事资金支付结算业务实际上是指开设“地下钱庄”,指不具有法定的从事资金结算业务的资格,非法为他人办理资金支付结算业务和外汇兑换的业务,如为他人非法提供资金转移、分散提取现金服务等。[6] 例如,根据2008年1月2日最高人民法院、最高人民检察院、公安部、中国证券监督管理委员会《关于整治非法证券活动有关问题的通知》的规定,任何单位或者个人未经批准经营证券业务,构成犯罪的,以非法经营罪追究刑事责任;中介机构非法代理买卖上市公司股票,构成犯罪的,以非法经营罪追究刑事责任。典型案例如浙江省宁波市人民检察院诉宁波利百代投资咨询有限公司、陈宗纬、王文泽、郑淳中非法经营案。[7]

11 (4)其他严重扰乱市场秩序的非法经营行为。这是除上述三项对非法经营行为的列举以外,刑法所作的概括性规定。现实的社会经济生活十分复杂,由于政治经济形势的变化,国家对经营活动进行管理的政策和具体措施也在不断调整。例如,未取得药品生产、经营许可证件和批准文号,非法生产、销售盐酸克仑特罗等禁止在饲料和动物饮用水中使用的药品,扰乱药品市场秩序,情节严重的,以非法经营罪追究刑事责任。[8] 违反国家烟草专卖管理法律法规,未经烟草专卖行政主管部门许可,无烟

---

5 参见丁天球:《破坏社会主义市场经济秩序罪重点疑点难点问题判解研究》,人民法院出版社2005年版,第656页。

6 参见黎宏:《刑法学各论》(第2版),法律出版社2016年版,第202页。

7 参见《最高人民法院公报》2009年第1期。

8 参见2002年8月16日发布的最高人民法院、最高人民检察院《关于办理非法生产、销售、使用禁止在饲料和动物饮用水中使用的药品等刑事案件具体应用法律若干问题的解释》第1条。

草专卖生产企业许可证、烟草专卖批发企业许可证、特种烟草专卖经营企业许可证、烟草专卖零售许可证等许可证明，非法经营烟草专卖品，情节严重的，以非法经营罪定罪处罚。[9] 违反国家规定，使用销售点终端机具（POS 机）等方法，以虚构交易、虚开价格、现金退货等方式向信用卡持卡人直接支付现金，情节严重的，以非法经营罪定罪处罚。[10] 违反国家规定，实施倒买倒卖外汇或者变相买卖外汇等非法买卖外汇行为，扰乱金融市场秩序，情节严重的，以非法经营罪定罪处罚。[11] 此外，国家对经营活动的管理体现在各行各业，刑法无法对非法经营活动的行为方式进行完整的列举。概括而言，除刑法其他条文已经规定的以外，凡是严重扰乱市场秩序的经营行为都属于本罪规定的范围。例如，王力军非法经营再审改判无罪案[12]及江苏省南京市江宁区人民检察院诉董杰、陈珠非法经营案[13]（利用“外挂”软件“代练升级”从事非法经营活动）。

二、情节严重

构成本罪的，要求非法经营行为达到“情节严重”的程度，这是区分罪与非罪的重要界限。对此，《关于公安机关管辖的刑事案件立案追诉标准的规定（二）》第 71 条针对从事非法经营活动的不同情形，列举了 12 项具体的立案追诉标准，在判断是否构成本罪中的“情节严重”时，可以予以参考。 12

Ⅵ 结果

本罪是结果犯和情节犯。如果行为人实施了非法经营行为，但没有出现本罪要求的法定结果或者不具有法律要求的严重情节，不构成本罪既遂。对这里的“结果”或“严重情节”的把握应参照前述相关司法解释。 13

Ⅶ 主体

本罪的主体包括自然人和单位。自然人必须年满 16 周岁、具备刑事责任能力才能构成本罪的主体。 14

---

9 参见 2010 年 3 月 2 日发布的最高人民法院、最高人民检察院《关于办理非法生产、销售烟草专卖品等刑事案件具体应用法律若干问题的解释》第 1 条第 5 款。

10 参见 2018 年 11 月 28 日发布的最高人民法院、最高人民检察院《关于办理妨害信用卡管理刑事案件具体应用法律若干问题的解释》第 12 条。

11 参见 2019 年 1 月 31 日发布的最高人民法院、最高人民检察院《关于办理非法从事资金支付结算业务、非法买卖外汇刑事案件适用法律若干问题的解释》第 2 条。

12 参见内蒙古自治区巴彦淖尔市中级人民法院（2017）内 08 刑再 1 号刑事判决书。

13 参见《最高人民法院公报》2012 年第 2 期。

Ⅷ　故意

15　本罪在主观方面表现为故意,即行为人知道或者应当知道自己的行为是违反国家规定的非法经营行为,会扰乱正常的市场秩序,仍决意实施非法经营行为的主观心态。行为人一般具有非法营利的目的,但这不是本罪的构成要件。

Ⅸ　与非罪的界限

16　本罪不包括《刑法》已作专门规定的非法经营行为。例如《刑法》第 281 条、第 283 条规定的行为不能以非法经营罪论处,或者同时定非法经营罪数罪并罚,因为它们之间的犯罪客体有所不同。同样,刑法对非法买卖枪支、弹药、爆炸物、核材料、伪造的货币、变造的货币、文物、珍贵、濒危野生动物及其制品、毒品、制毒物品、毒品原植物、种子等行为已专门规定了独立的罪名和法定刑,不能再定非法经营罪。

17　《刑法》第 225 条第(四)项所规定的"其他严重扰乱市场秩序的非法经营行为",是对现实经济生活中非法经营行为的总的概括。刑法所规定的假冒注册商标罪,销售假冒注册商标的商品罪,生产、销售伪劣商品罪等犯罪,虽然同样具有非法经营的性质和严重扰乱市场秩序的危害后果,但是由于刑法已作专门规定,因此不包括在非法经营罪客观方面行为的范围之内。

Ⅹ　与他罪的区别

18　在境内销售明知是走私进境的物品,情节严重而没有与走私犯同谋的,应以非法经营罪追究刑事责任。未经海关许可并补缴关税,擅自在境内销售批准进口的来料加工、来件装配、补偿贸易的原材料、零件、制成品、设备等保税货物以及特定减税、免税进口的货物、物品的,依照《刑法》第 154 条之规定,应以走私罪论处。

Ⅺ　处罚

19　根据本条规定,对非法经营罪的处罚分为两个档次的法定刑:情节严重的,处 5 年以下有期徒刑或者拘役,并处或者单处违法所得 1 倍以上 5 倍以下罚金;情节特别严重的,处 5 年以上有期徒刑,并处违法所得 1 倍以上 5 倍以下罚金或者没收财产。根据《刑法》第 231 条的规定,单位犯本罪的,对单位判处罚金,并对其直接负责的主管人员和其他直接责任人员,依照上述法定刑处罚。

第二百二十六条　强迫交易罪

以暴力、威胁手段，实施下列行为之一，情节严重的，处三年以下有期徒刑或者拘役，并处或者单处罚金；情节特别严重的，处三年以上七年以下有期徒刑，并处罚金：

（一）强买强卖商品的；

（二）强迫他人提供或者接受服务的；

（三）强迫他人参与或者退出投标、拍卖的；

（四）强迫他人转让或者收购公司、企业的股份、债券或者其他资产的；

（五）强迫他人参与或者退出特定的经营活动的。

文献:马松建主编:《扰乱市场秩序犯罪的定罪与量刑》,人民法院出版社 2006 年版;赵秉志主编:《刑法新教程》(第 3 版),中国人民大学出版社 2009 年版;赵秉志主编:《刑法新教程》(第 3 版),中国人民大学出版社 2009 年版;聂立泽:《扰乱市场秩序罪立案追诉标准与司法认定实务》,中国人民公安大学出版社 2010 年版;黄京平主编:《刑法》(第 5 版),中国人民大学出版社 2014 年版;马克昌主编:《百罪通论》(上卷),北京大学出版社 2014 年版;黎宏:《刑法学各论》(第 2 版),法律出版社 2016 年版;曲新久主编:《刑法学》(第 5 版),中国政法大学出版社 2016 年版;高铭暄、马克昌主编:《刑法学》(第 9 版),北京大学出版社、高等教育出版社 2019 年版。周强、罗开卷:《强迫交易罪司法实务问题探讨》,载《上海政法学院学报(法治论丛)》2011 年第 2 期;张勇:《强迫交易罪及其关联犯罪的体系解释——以酒托案为例》,载《华东政法大学学报》2011 年第 3 期;周啸天:《论强迫交易罪中的若干问题》,载《政治与法律》2011 年第 8 期;罗曦:《强迫交易罪的修改与解读》,载《中国检察官》2011 年第 9 期;徐铭勋:《论强迫交易罪对垄断行为的规制》,载《法学杂志》2018 年第 4 期。

细目录

Ⅰ　主旨

Ⅱ　沿革

Ⅲ　客体

Ⅳ　对象

Ⅴ　行为

一、行为内容

二、行为表现形式

Ⅵ　结果
Ⅶ　主体
Ⅷ　故意
Ⅸ　既遂与未遂
Ⅹ　共犯
Ⅺ　罪数
Ⅻ　与非罪的界限
XIII　与他罪的区别
一、与抢劫罪的区别
二、与敲诈勒索罪的区别
XIV　处罚

Ⅰ　主旨

1　本条是对强迫交易罪的规定。市场经济的基本特征就是使商品能够在交易中实现其使用价值、经济价值和社会价值。而这种交易必须建立在平等、自愿、等价有偿的基础之上。但是在商品交易活动中,以暴力、威胁手段为后盾的强迫交易行为时有发生,严重地扰乱了正常的市场交易秩序,侵害了消费者或者经营者的合法权益,具有严重的社会危害性。为了维护市场交易中公平的竞争秩序,对情节严重的强迫交易行为予以严厉打击,刑法规定了本罪。

Ⅱ　沿革

2　1979年《刑法》第117条规定了投机倒把罪。后来,随着经济的发展,投机倒把罪的内容不断丰富,被认定为投机倒把的行为种类繁多,投机倒把罪也成为刑法中著名的"口袋罪"。1997年刑法废除了含糊而变化多端的投机倒把罪,将原来属于投机倒把罪范畴的强买强卖、欺行霸市等行为另立为强迫交易罪,即1997年《刑法》第226条规定:"以暴力、威胁手段强买强卖商品、强迫他人提供服务或者强迫他人接受服务,情节严重的,处三年以下有期徒刑或者拘役,并处或者单处罚金。"近年来,在工程招标、物品拍卖、同业经营竞争和资产转让收购等领域,强迫交易犯罪行为愈加猖狂,并已成为黑恶势力攫取社会财富和资源的常用手段。为了对这种严重扰乱市场秩序的行为进行打击,2011年2月25日全国人大常委会通过的《刑法修正案(八)》作了修正:一是增加了三种新的犯罪行为,即强迫他人参与或者退出投标、拍卖的行为;强迫他人转让或者收购公司、企业的股份、债券或者其他资产的行为;强迫他人参与或者退出特定的经营活动的行为。二是本罪的最高法定刑由原来的3年提高到7年。[1]

1　参见罗曦:《强迫交易罪的修改与解读》,载《中国检察官》2011年第9期。

Ⅲ 客体

关于强迫交易罪的客体(法益),在刑法理论上一直存在简单客体与复杂客体之争。简单客体说认为本罪的客体是“自愿、平等、公正的市场交易秩序”[2],或者说“正常的(市场)交易秩序”[3]。复杂客体说认为本罪的客体是“公平自由竞争的市场秩序,同时由于行为人的行为,交易对方的合法权益也受到侵害”[4]。笔者认为,本罪的客体是简单客体。首先,根据民法的基本原则以及具体规定,市场经济中的交易必须是在公平、合法、自由竞争等条件下进行。如果行为人在交易过程中,使用暴力、胁迫等手段,必然打破这种公平自愿的交易规则,必然会侵犯正常的商品交易秩序。不过,需要指出,商品交易秩序与自由竞争秩序不同。通常来说,有市场经济就有竞争,有商品交易就有自由竞争,但市场经济并非等于自由竞争,特别是在那些国家限制性交易、保护性交易领域以及垄断性商业领域,完全可能存在强迫交易。故认为强迫交易行为一定会破坏自由竞争秩序并不妥。其次,虽然强迫交易可能会对被胁迫人的人身权利造成侵害,但并不是有可能对人身权利造成侵害的犯罪的客体就必须包括人身权利。因为所有犯罪在实施过程中都有可能对人身权利造成一定的伤害,但并不能认为所有犯罪的客体都包括人身权利。此外,本罪被划入破坏社会主义市场经济秩序罪中的扰乱市场秩序类罪中,也可见本罪主要是为了保护市场秩序。最后,强迫交易罪虽然在绝大多数情况下都是以牟利为目的,侵犯他人的财产所有权,但并非任何强迫交易人的行为都会侵犯他人财产所有权。如出于出气的目的强迫他人以平价或者低价买其并不喜欢的商品,就不会侵犯他人的财产所有权,故财产所有权非本罪客体。综上,本罪的客体(法益)是公平自愿的市场活动交易秩序。 3

Ⅳ 对象

本罪的对象在法条中被表述为“他人”。“他人”当然包括自然人,但也应包括单位。随着现代经济活动的规模化发展,单位显然比自然人更多地参与到经济活动中,强迫单位的情况愈发多见,例如给董事会写胁迫信,强迫法人代表等行为。我国刑法中所规定的“他人”完全可以包括单位。比如,《刑法》第 68 条规定,犯罪分子有揭发他人犯罪行为,查证属实的,或者提供重要线索,从而得以侦破其他案件等立功表现的,可以从轻或者减轻处罚;第 175 条规定,以转贷牟利为目的,套取金融机构信 4

2 高铭暄、马克昌主编:《刑法学》(第 9 版),北京大学出版社、高等教育出版社 2019 年版,第 447 页;赵秉志主编:《刑法新教程》(第 3 版),中国人民大学出版社 2009 年版,第 512 页;黄京平主编:《刑法》(第 5 版),中国人民大学出版社 2014 年版,第 250 页。

3 黎宏:《刑法学各论》(第 2 版),法律出版社 2016 年版,第 206 页;曲新久主编:《刑法学》(第 3 版),中国政法大学出版社 2009 年版,第 373 页。

4 马克昌主编:《百罪通论》(上卷),北京大学出版社 2014 年版,第 494 页。

贷资金高利转贷他人,违法所得数额较大的,处3年以下有期徒刑或者拘役,并处违法所得1倍以上5倍以下罚金。以上法条中的"他人"皆包括单位。[5] 所以,本罪的对象既可以是自然人也可以是单位。

V　行为

5　本罪在客观方面表现为以暴力、胁迫手段强买强卖商品,强迫他人提供或者接受服务,强迫他人参与或者退出投标、拍卖,强迫他人转让或者收购公司、企业的股份、债券或者其他资产,强迫他人参与或者退出特定的经营活动,情节严重的行为。

一、行为内容

6　本罪中的强迫主要包括以下几种情况:一是在他人不愿意从事某种活动时,强迫他人从事某种活动;二是在他人不愿意以某种方式从事某种活动时,强迫他人以某种方式从事活动;三是在他人不愿意以某种价格从事活动时,强迫他人以某种价格从事活动。[6] 本罪中的交易具有以下三个特点:一是合法性,即该交易为我国法律所认可。二是等价性,即交易必须是等价有偿的。三是广泛性,即交易的主体,除了行为人与被害人,还包括第三人。因此,强迫他人与自己交易或者与第三人交易,都属于本罪的范畴。[7]

7　本罪中的暴力应当如何理解,在刑法修改以前学界主要有两种观点。第一,轻伤程度说,即强迫交易罪是轻罪,此处的暴力应仅限于造成人身轻伤的方法或结果范围以内。[8] 第二,无伤害程度说,此说认为暴力手段以不导致他人身体、生命受到伤害为限,造成对方伤亡的,应按照故意伤害罪或者故意杀人罪定罪处罚。[9] 也就是说,修改后的强迫交易罪将加重刑档设为3年以上7年以下有期徒刑,并处罚金。对造成他人轻伤,情节特别严重的,完全可以按照加重刑档处断,故而,暴力可以达到致人轻伤的程度,即轻伤程度说是可取的。但是应当指出,对于暴力胁迫他人参与或者退出投标、拍卖的,转让收购公司企业的股份、债券或者其他资产而仅仅签订合同的,参与或者退出特定的经营活动的,这里的暴力程度应当完全可以达到足以抑制他人反抗的程度,倘若造成他人重伤、死亡的,按照强迫交易罪与故意伤害致人重伤、死亡罪的想象竞合犯处理。因为以上行为都未以暴力、胁迫为手段而非法占有他人财产,并不构成抢劫罪,而只是让他人做其无义务做的行为或不做其有权利做的行为,相当于日本立法中的强要罪(我国刑法无此规定)。如果不这样理解的话,会导致

5　参见周啸天:《论强迫交易罪中的若干问题》,载《政治与法律》2011年第8期。

6　参见张明楷:《刑法学》(第5版),法律出版社2016年版,第842页。

7　参见黎宏:《刑法学各论》(第2版),法律出版社2016年版,第206页。

8　参见黎宏:《刑法学各论》(第2版),法律出版社2016年版,第206页。

9　参见陶驷驹主编:《中国新刑法通论》,群众出版社1997年版,第696页。

对新增三项中足以达到抑制他人反抗程度而又未造成人身伤害的强迫交易行为,既无法按照抢劫罪认定,又无法按照强迫交易罪、故意伤害罪认定,这便明显造成了刑法漏洞。[10]

本罪中的胁迫是指对被害人实施某种精神强制,使其产生恐惧而被迫从事交易。胁迫的程度应和暴力的程度作同样的理解。对于胁迫的内容,刑法并没有限定,可以是加害其人身、毁坏其财物、揭露其隐私、破坏其名誉、加害其亲属,甚至不排除可以是以对被害人实施杀害相威胁。对于胁迫的方式,行为人可以采用口头方式,也可以采用书面方式,甚至可以采用动作、眼神等。而且,无论行为人是以现实性内容来威胁,还是以将来付诸实施的内容进行威胁,都可以认定为胁迫。 8

二、行为表现形式

根据《刑法修正案(八)》的修改,本罪中强迫交易的行为具体表现为以下五种形式: 9

(1)强买强卖商品。所谓强买强卖商品,是指在商品交易中违反法律、法规和商品交易规则,违背交易对方意愿,强迫对方买进或者卖出商品的行为。商品有广义和狭义之分。广义的商品是指一切为交换而生产的劳动产品,狭义的商品仅指市场上买卖的有形产品。本罪中的商品应是狭义的商品,即市场上买卖的物品,不包括没有投入市场的产品,更不能是非用来交换、买卖的其他物品。因为强迫交易罪是一种破坏市场经济秩序的犯罪,其侵犯的客体是公平自愿的市场秩序,如果产品还没有投入市场,如尚在生产车间,便强买强卖,就不可能破坏市场秩序,也就没有对强迫交易罪的客体造成侵犯,当然不构成犯罪,构成其他犯罪的,以其他罪论处即可。此外,商品的质量如何对认定强迫交易罪并没有影响。 10

(2)强迫他人提供或者接受服务。所谓服务,应当是人们为满足他人的正当需要而提供一定劳务的行为。这种服务应当是合法的服务,且要求具有一定的对价性,即接受服务的一方需要给付另一方酬金或者可用金钱计算的其他形式。因而这里的服务也和上述商品一样,必须是已经进入市场环节,成为一种交易的服务。如果某种服务没有进入市场,或者作为市场交易已经结束而成为一种职业,本罪的客体就不会受到侵犯,也就不构成本罪。例如,用人单位在录用职工后,以限制人身自由的方法强迫职工劳动,情节严重的,只能以强迫职工劳动罪论处。因为职工在被用人单位录用后,便形成了一种劳动合同关系,不再是一种市场服务交易行为。[11] 最高人民检察院在 2014 年 4 月 17 日发布的《关于强迫借贷行为适用法律问题的批复》中指出“以暴力、胁迫手段强迫他人借贷,属于刑法第二百二十六条第二项规定的‘强迫他人提供 11

---

10 参见周啸天:《论强迫交易罪中的若干问题》,载《政治与法律》2011 年第 8 期。

11 参见马松建主编:《扰乱市场秩序犯罪的定罪与量刑》,人民法院出版社 2006 年版,第 266 页。

或者接受服务’,情节严重的,以强迫交易罪追究刑事责任”。

12　(3)强迫他人参与或者退出投标、拍卖。所谓投标,是指投标人按照招标人提出的条件,在规定的时间内向招标人提出报价,争取承包任务的行为。所谓拍卖,是以公开竞价的形式,将特定物品或者财产权利转让给最高应价者的买卖方式,具体法律规定可参见《拍卖法》第3条。在投标法律活动中有投标人和招标人,强迫他人参与或者退出投标的,无论将投标理解为投标行为或者投标活动,都仅仅指投标一方,被强迫的人只能是投标人。如果强迫他人参与或者退出招标的,不能适用本项规定而论以强迫交易罪,但有可能适用第(五)项“强迫他人参与或者退出特定的经营活动”的规定而入罪。在拍卖法律活动中有拍卖人、委托人、竞买人三个主体。根据本罪所保护的法益,违法强迫任何一个主体参与或者退出拍卖活动的,都会侵犯到拍卖活动的公开、公平、公正性,从而侵犯到公平的竞争秩序。故而,这里的拍卖实际是指拍卖活动,被强迫者包含了参与拍卖活动的三方。此外,在现阶段,不能将网络竞拍等同于拍卖法上的拍卖活动,对于网络竞拍中出现的法律纠纷,应当由民法予以调整。[12]

13　(4)强迫他人转让或者收购公司、企业的股份、债券或者其他资产。公司、企业的资产转让,应当按照正常的市场法则进行。该种情形下,通常是指强行高价转让或者低价收购公司、企业的股份、债券或者其他资产,也包括以合理价格强迫他人收购其不愿意购买的公司、企业的股份、债券或者其他资产。

14　(5)强迫他人参与或者退出特定的经营活动。所谓的特定的经营活动,一般认为是指在不法分子指定的经营活动范围内,由于屈从于暴力、威胁手段,在没有选择的情况下,从事或者退出经营活动的情况。[13]

VI　结果

15　根据《刑法》的规定,本罪属于情节犯,以行为造成严重情节或者特别严重情节为构成犯罪的必要条件,否则就不构成犯罪。对“严重情节”的具体把握可参见2008年6月25日最高人民检察院、公安部《关于公安机关管辖的刑事案件立案追诉标准的规定(一)》的规定,其中第28条是对本罪立案追诉标准的规定:①造成被害人轻微伤或者其他严重后果的;②造成直接经济损失2000元以上的;③强迫交易3次以上或者强迫3人以上交易的;④强迫交易数额1万元以上,或者违法所得数额2000元以上的;⑤强迫他人购买伪劣商品数额5000元以上,或者违法所得数额1000元以上的;⑥其他情节严重的情形。不过该立案追诉标准是在《刑法修正案(八)》之前作出的,大致是针对修订后的《刑法》第226条第(一)项、第(二)项而言的,对其他几项规定尚无立案追诉标准。

12　参见周啸天:《论强迫交易罪中的若干问题》,载《政治与法律》2011年第8期。

13　参见罗曦:《强迫交易罪的修改与解读》,载《中国检察官》2011年第9期。

Ⅶ 主体

本罪的主体是一般主体，既可以是自然人，也可以是单位。作为自然人犯本罪的，必须是年满 16 周岁、具有刑事责任能力的人。 16

Ⅷ 故意

本罪的主观方面表现为故意。这里的故意是指明知是强迫交易行为而有意实施的主观心理状态。关于本罪的犯罪目的，刑法没有规定。实践中，行为人通常具有牟取非法利益的目的，但少数情况下也有的是为了出气、寻找是非。因此，本罪的犯罪目的并非牟取非法利益。至于行为人的目的如何，并不影响定罪，只是在量刑时加以考虑。 17

Ⅸ 既遂与未遂

本罪是达到情节严重程度才构成的犯罪，属于情节犯。情节作为一个综合性的构成要件，有可能是犯罪构成四要件中的任何一个要件，但从我国发布的大量司法解释中对“情节严重（情节恶劣）”所作的规定来看，绝大多数司法解释均是从客观方面，如数额、行为次数、结果、手段等来加以规定的。但是，不能认为达到这些情节便是犯罪既遂，因为犯罪既遂与犯罪成立是两个不同的概念，犯罪既遂是建立在犯罪成立基础之上的，犯罪的成立需要满足全部的构成要件，而既遂则是指发生了行为人所希望或者放任的、行为性质所决定的侵害结果。其侵害结果包括有形、物质的侵害结果与无形的侵害结果，故而，情节犯是具有未遂形态的。笔者认为，在我国诸多犯罪分类中，行为犯与结果犯的分类最有利于解决犯罪既未遂的判断问题。从强迫交易罪的罪状表述来看，构成本罪要求情节严重，不要求发生特定的危害结果，所以，强迫交易罪既是情节犯，又是行为犯。既然是行为犯，即属于未规定物质、有形的危害结果的犯罪，便要求其在满足情节严重的成立条件下，必须实施到一定的程度，才告既遂。 18

具体而言，强迫交易罪中的五项行为，应以以下标准为既遂：强买强卖商品的，应达到与他人买卖已经成交的程度；强迫他人提供或者接受服务的，应达到他人已经提供或者接受了服务的程度；强迫他人参与或者退出投标、拍卖的，应达到他人已经参与或者退出的程度，若他人只是口头答应或者写了保证书，但还是未参与或未退出的，是未遂；强迫他人转让或者收购公司、企业的股份、债券或者其他资产的，应达到与他人订立股份收购、转让合同，债券收购、转让合同，或者其他资产的买卖合同时，为既遂。另外，对于不动产或者准不动产的物权转移，《民法典》第 209 条第 1 款规定：“不动产物权的设立、变更、转让和消灭，经依法登记，发生效力；未经登记，不发生效力，但是法律另有规定的除外。”这是登记生效主义，而动产的转移以交付为原 19

则,然而我们不能认为所有权发生转移时,才是既遂。因为,刑法有自己独立的保护客体,当合同订立时,公平的交易秩序便遭受破坏,强迫交易行为便构成既遂。强迫他人参与或者退出特定经营活动的,应以他人是否实际参与了特定的经营活动为标准,这里的参与不仅指实际参加或派人参加经济运营,还包括注资、共同开发产品、知识产权分享等其他合作方式。

20 对于加重刑档而言,强迫交易罪中的五项规定属于情节加重犯,即以情节特别严重为加重处罚要件的犯罪形态。我国刑法通说认为,结果加重犯没有未遂形态,而情节加重犯有未遂形态。例如,在抢劫罪中,"冒充军警人员抢劫"和"持枪抢劫""入户抢劫"和"在公共交通工具上抢劫",其既遂标准同抢劫罪的基本犯一样,同样以抢劫行为使被害人失去对被抢财物的控制这一结果作为犯罪既遂的标志。因此,情节加重犯存在犯罪既遂与未遂之分。我国的司法解释也印证了这一点,对于抢劫罪的八种加重情节,最高人民法院于2005年发布的《关于审理抢劫、抢夺刑事案件适用法律若干问题的意见》规定:"……除'抢劫致人重伤、死亡的'这一结果加重情节之外,其余七种处罚情节同样存在既遂、未遂问题,其中属抢劫未遂的,应当根据刑法关于加重情节的法定刑规定,结合未遂犯的处理原则量刑。"可见,对于情节加重犯而言,仍应按照基本犯的既未遂标准来认定其犯罪形态完成与否。那么同理,对于强迫交易罪中情节加重犯的既遂与否,依然应以上述基本犯的标准来加以判断。[14]

X 共犯

21 两人以上共同实施故意强迫交易的行为是强迫交易罪的共同犯罪的最基本形态,但鉴于强迫交易罪的特殊构造,强迫人与被强迫人之间的关系值得我们关注。不同于德日刑法中以分工为标准将共同犯罪分为正犯、教唆犯与帮助犯的方式,我国刑法以作用为分类标准,兼采分工,这有利于解决共犯的刑事责任问题。对于共同犯罪的分类,我国存在主犯、从犯、胁从犯、教唆犯这四类。《刑法》第28条规定:"对于被胁迫参加犯罪的,应当按照他的犯罪情节减轻处罚或者免除处罚。"所谓被胁迫参加犯罪活动,指受到暴力威胁或精神威胁而参加犯罪活动。详言之,行为人知道自己参加的是犯罪行为,虽然他主观上不愿参与犯罪,但为了避免遭受现实的危害或不利后果而不得不参加犯罪。不过,这时被胁迫者还是有自由意志的,他参加犯罪仍然是其自由选择的结果。所以他对参加的犯罪活动应负刑事责任。如果他是在身体受到强制的情况下完全丧失了自由意志,他的身体活动就不是自己的作为,那就谈不上是他在参加犯罪,因而不构成胁从犯。但是,对于胁迫他人达到压制自由意志的程度,对被胁迫人如何处理,尚需进一步讨论。就强迫交易罪而言,行为人强迫他人参与投标的,当强迫的程度未达到压制他人自由意志时,二者应可构成串通投标罪的共犯,被

14 参见周啸天:《论强迫交易罪中的若干问题》,载《政治与法律》2011年第8期。

强迫者是胁从犯;但是,使他人失去自由意志时,强迫者应当构成强迫交易罪的间接正犯,被强迫者不构成犯罪。在判断顺序上,应当先判断强迫者是否构成间接正犯。当强迫他人参与特定的经营活动是非法经营罪中所规定的非法的经营活动时,可构成非法经营罪,其处理与上述原则相同。但是,强迫他人参与串通拍卖的,由于串通拍卖行为不符合串通投标罪的构成要件,故而不论强迫程度如何,仅强迫人构成强迫交易罪,被强迫人不构成犯罪。[15]

例如,在"宋东亮、陈二永强迫交易、故意伤害案"[16]中,(在共同强迫交易过程中,一人超出了实施强迫交易犯罪活动中所形成的共同犯罪故意,造成的后果只能由实施重伤行为的人承担;对其他参与共同强迫交易的被告人,应以强迫交易罪定罪处罚。 22

XI 罪数

如果行为人强迫他人购买自己的伪劣产品时,同时触犯强迫交易罪和销售伪劣产品罪,成立想象竞合犯。按照从一重处断的原则,综合强迫交易罪和销售伪劣产品罪的犯罪情节,按照处罚较重的罪定罪处罚。如果行为人既经营了未经许可的专营、专卖的物品或者其他限制、禁止买卖的物品,同时触犯强迫交易罪和非法经营罪,应当按照想象竞合犯的原则从一重处断。如果行为人强迫他人参与投标的,当强迫的程度未达到压制他人自由意志时,强迫人既触犯了强迫交易罪,又是串通投标罪的主犯,应当按照想象竞合犯的原则从一重处断。如果行为人的强迫行为造成他人重伤、死亡的,按照强迫交易罪与故意伤害致人重伤、死亡罪的想象竞合犯处理。如果行为人在实施组织、领导、参加黑社会性质组织行为后又实施强迫交易行为的,按照数罪并罚的规定处罚。 23

XII 与非罪的界限

成立强迫交易罪要求达到情节严重的程度,如果情节不严重的,属于一般的违法行为,应当由工商行政等部门给予行政处罚。关于情节严重的标准按照前述司法解释规定的标准执行。对于一些消费者因正当合理的要求得不到满足,采取暴力、胁迫等手段进行交易的,不能轻易论以强迫交易罪。例如,当商业机构对外正常营业时,在消费者选购商品时无正当理由拒不出售商品或者不提供服务,消费者因欲购买商品或服务而采取轻微暴力或胁迫手段的,对消费者不应以强迫交易罪论处,构成其他犯罪的以其他罪论处。实践中,有些人假装给他人提供服务以帮忙,甚至在别人不 24

15 参见周啸天:《论强迫交易罪中的若干问题》,载《政治与法律》2011 年第 8 期。

16 参见最高人民法院刑事审判第一庭、第二庭编:《刑事审判参考》总第 36 集(第 278 号),法律出版社 2004 年版。

需要时强行“帮忙”,事后借机收取“帮忙费”的,只要符合强迫交易罪的构成要件,就应当论以强迫交易罪。在民事行为中,有乘人之危、显失公平的交易。其与强迫交易行为极其相似,尤其是乘人之危的行为也是一种具有威胁性的交易行为。强迫交易罪与乘人之危的民事无效行为的区别在于:强迫交易的威胁手段直接作用于被害人的意志,致使被害人受到精神压迫而不敢反抗,从而违背自己的意志作出交易行为;而乘人之危的民事行为虽然也对被害人具有威胁性,但被害人的意志并没有受到压制,只是觉得不交易损失会更加严重,才“被迫”交易,因而其实质上并没有违背自己的意志,所以乘人之危的交易属于无效民事行为但不能以强迫交易罪论处。[17]

XIII 与他罪的区别

一、与抢劫罪的区别

25 抢劫罪是指以非法占有为目的,采用暴力、胁迫或其他方法,强行劫取公私财物的行为。本罪与抢劫罪在理论上不难区分。首先,两罪侵犯的客体不同。本罪的客体是公平自愿的市场交易秩序,抢劫罪侵犯的则是被害人的财产权和人身权。其次,两罪的行为手段不同。虽然两罪都可以采用暴力、胁迫的手段,但程度不同。本罪的暴力程度较轻,不具有致人重伤、死亡的危险。抢劫罪不排除对被害人使用致人重伤、死亡的手段。另外,本罪的手段行为只限于暴力、胁迫,而抢劫罪的手段行为还包括其他,如用酒灌醉、用麻药麻醉等。最后,两罪的主体不同。本罪的主体是年满16周岁具有刑事责任能力的自然人,单位也可构成犯罪,而抢劫罪的主体是年满14周岁,具有刑事责任能力的自然人,单位不能成为抢劫罪的主体。

26 在司法实践中,有时本罪和抢劫罪并不容易区分。对此,最高人民法院2005年6月8日发布的《关于审理抢劫、抢夺刑事案件适用法律若干问题的意见》指出:“从事正常商品买卖、交易或者劳动服务的人,以暴力、胁迫手段迫使他人交出与合理价钱、费用相差不大钱物,情节严重的,以强迫交易罪定罪处罚;以非法占有为目的,以买卖、交易、服务为幌子采用暴力、胁迫手段迫使他人交出与合理价钱、费用相差悬殊的钱物的,以抢劫罪定罪处刑。在具体认定时,既要考虑超出合理价钱、费用的绝对数额,还要考虑超出合理价钱、费用的比例,加以综合判断。”

27 该司法解释试图通过价格、费用是否相差悬殊区分本罪与抢劫罪。实际上,本罪与抢劫罪、敲诈勒索罪之间不是对立关系,符合本罪的犯罪构成时,并不当然排除抢劫罪的成立,也不能因为刑法规定了强迫交易罪,就认为凡是有交易的行为都不成立抢劫罪。换言之,强迫交易行为完全可能同时触犯抢劫罪,因而属于想象竞合犯,应

17 参见马松建主编:《扰乱市场秩序犯罪的定罪与量刑》,人民法院出版社2006年版,第283—285页。

从一重罪处罚。[18] 但是,对于不符合抢劫罪构成要件的强迫交易行为,不得论以抢劫罪。例如,在重庆市渝中区人民检察院诉朱波伟、雷秀平抢劫案中,出租车驾驶员在正常营运过程中,为牟取非法利益,采用暴力、威胁手段,强行向乘客索取与合理价格相差悬殊的高额出租车服务费,情节严重的,构成强迫交易罪,不以抢劫罪定罪处罚。[19]

二、与敲诈勒索罪的区别

敲诈勒索罪是指以非法占有为目的,采取威胁、要挟手段,索取数额较大公私财物的行为。本罪与敲诈勒索罪在理论上的区别也很明显。首先,两罪的客体不同。本罪的客体是公平自愿的市场交易秩序,敲诈勒索罪的客体是公私财产的所有权。其次,两罪的主体不同。本罪的主体是年满 16 周岁具有刑事责任能力的自然人,单位也可构成犯罪,而抢劫罪的主体是年满 14 周岁,具有刑事责任能力的自然人,单位不能成为抢劫罪的主体。最后,附加条件不同。本罪是情节犯,要求“情节严重”才构成犯罪,而敲诈勒索罪是数额犯,要求“数额较大”才构成犯罪。实践中同样存在两罪区分困难的情况,对此,还是和处理本罪与抢劫罪的原则一样,应注重犯罪之间的想象竞合关系,明确各自的犯罪构成内容,按照从一重处断即可,但不可将不符合抢劫罪构成要件的行为,以想象竞合之名义,论以抢劫罪。 28

XIV 处罚

根据本条规定,犯强迫交易罪的,情节严重的,处 3 年以下有期徒刑或者拘役,并处或者单处罚金;情节特别严重的,处 3 年以上 7 年以下有期徒刑,并处罚金。根据《刑法》第 231 条的规定,单位犯本罪的,对单位判处罚金,并对其直接负责的主管人员和其他直接责任人员,依照上述规定处罚。 29

---

18 参见张明楷:《刑法学》(第 6 版),法律出版社 2021 年版,第 1102 页。

19 参见《最高人民法院公报》2006 年第 4 期。

第二百二十七条　伪造、倒卖伪造的有价票证罪；倒卖车票、船票罪

伪造或者倒卖伪造的车票、船票、邮票或者其他有价票证，数额较大的，处二年以下有期徒刑、拘役或者管制，并处或者单处票证价额一倍以上五倍以下罚金；数额巨大的，处二年以上七年以下有期徒刑，并处票证价额一倍以上五倍以下罚金。

倒卖车票、船票，情节严重的，处三年以下有期徒刑、拘役或者管制，并处或者单处票证价额一倍以上五倍以下罚金。

文献:黄京平主编:《扰乱市场秩序罪》,中国人民公安大学出版社 2003 年版;马松建主编:《扰乱市场秩序犯罪的定罪与量刑》,人民法院出版社 2006 年版;聂立泽:《扰乱市场秩序罪立案追诉标准与司法认定实务》,中国人民公安大学出版社 2010 年版;王作富主编:《刑法分则实务研究》(第 5 版),中国方正出版社 2013 年版;黎宏:《刑法学各论》(第 2 版),法律出版社 2016 年版;苏惠渔主编:《刑法学》(第 6 版),中国政法大学出版社 2016 年版;陈兴良:《规范刑法学》(第 4 版),中国人民大学出版社 2017 年版;高铭暄、马克昌主编:《刑法学》(第 9 版),北京大学出版社、高等教育出版社 2019 年版。罗开卷:《伪造、倒卖伪造的有价票证罪的司法认定》,载《时代法学》2009 年第 2 期;高巍:《论倒卖车票、船票罪之除罪化》,载《政治与法律》2009 年第 12 期;彭之宇、刘勇:《伪造、倒卖伪造的有价票证罪疑难问题探究》,载《人民检察》2009 年第 22 期;梁春程、许雯雯:《伪造、倒卖伪造的有价票证罪若干问题研究》,载《犯罪研究》2013 年第 5 期;王立志:《低价网络代购实名制车票需要入罪吗?》,载《法学》2013 年第 12 期。

细目录

Ⅰ　主旨
Ⅱ　沿革
Ⅲ　客体
Ⅳ　对象
　一、伪造、倒卖伪造的有价票证罪的对象
　二、倒卖车票、船票罪的对象
Ⅴ　行为

一、伪造、倒卖伪造的有价票证罪的行为表现
二、倒卖车票、船票罪的行为表现
Ⅵ　结果
Ⅶ　主体
Ⅷ　故意
Ⅸ　既遂与未遂
一、伪造、倒卖伪造的有价票证罪的既遂与未遂
二、倒卖车票、船票罪的既遂与未遂
Ⅹ　共犯
Ⅺ　罪数
Ⅻ　与非罪的界限
ⅩⅢ　与他罪的区别
一、伪造、倒卖伪造的有价票证罪与其他伪造、变造类犯罪的区别
二、伪造、倒卖伪造的有价票证罪与诈骗罪、合同诈骗罪的区别
三、倒卖车票、船票罪与倒卖伪造的有价票证罪的区别
四、倒卖车票、船票罪与非法经营罪的区别
ⅩⅣ　处罚

Ⅰ　主旨

本条第 1 款是对伪造、倒卖伪造的有价票证罪的规定。由有关国家机关、事业单位、企业和公司依照法律赋予的一定的职权,制作、发售、使用和管理的车票、船票、邮票等有价票证,是保证交通运输、邮电通信、税收、旅游、文化、体育等事业正常运行,保护公民合法权益,维护正常的社会秩序、经济秩序、生活秩序,促进国民经济健康发展必不可少的工具。实践中,一些不法之徒受利益驱动伪造、倒卖车票、船票、邮票等有价票证,严重破坏了国家对有价票证的管理秩序,并且还损害了制作、发售有价票证的部门、单位的声誉、形象,阻碍了这些部门和单位经济效益的实现和社会功能的发挥。因此,对于依法严厉打击这种具有严重社会危害性的行为,规定本罪具有重要意义。 1

本条第 2 款是对倒卖车票、船票罪的规定。车票、船票是国家交通运输管理部门制作的旅客乘车坐船的合法凭证,也是旅客与客运单位签订运输合同的最主要部分和最直接证明。因此,严格车票、船票的管理制度,是维持交通运输顺利进行、客运服务正常运输的关键环节,具有十分重要的社会意义。实践中,一些不法之徒受利益驱动倒卖车票、船票,往往会破坏车票、船票的正常发售,人为地造成车票、船票供应的不协调,从而严重破坏国家对车票、船票的管理活动,同时,还会造成旅客财产不应有的损失。因此,为了依法严厉打击这种具有严重社会危害性的行为,刑法规定了本罪。 2

Ⅱ 沿革

3 1979年《刑法》第124条规定:“以营利为目的,伪造车票、船票、邮票、税票、货票的,处二年以下有期徒刑、拘役或者罚金;情节严重的,处二年以上七年以下有期徒刑,可以并处罚金。”本条对倒卖车票、船票、邮票、税票、货票犯罪作了规定,但没有对伪造、倒卖伪造的有价票证罪作统一规定,而是将伪造、倒卖伪造的有价票证的行为分别规定于伪造有价票证罪和投机倒把罪之中。在由计划经济转向社会主义市场经济之后,原计划经济的一些产物,如货票等,在市场经济中已不复存在。但市场经济中又出现了一些新的情况,如票证,如此一来,原来刑法的规定已经不能适应市场经济的需要。为了维护市场秩序,对一些仍然存在的扰乱市场秩序的行为,还应予以打击。1997年修订刑法,分解了投机倒把罪,同时又考虑到伪造有价票证与倒卖伪造有价票证的相关性,将这两种行为分别从它们各自所属的罪名中分离出来规定在一个条文之中,独立成罪,即伪造、倒卖伪造的有价票证罪。

4 倒卖车票、船票罪在1979年《刑法》中没有规定。1979年《刑法》施行之后,倒卖车票、船票的行为时有发生,并且日趋严重,对社会主义经济秩序危害较大。但对这种危害行为如何处理,实践中尚无法律依据。为此,1986年3月18日最高人民法院、最高人民检察院、公安部在《对于惩处倒卖车、船票的犯罪分子如何适用法律条款的问题的批复》中指出,高价、变相加价倒卖车、船票,以及倒卖坐签、卧签号和已过期的车、船票,情节严重的,同意适用《刑法》第117条,定为投机倒把罪。此后,对这种犯罪行为,即以投机倒把罪论处。1997年修订《刑法》时考虑到投机倒把罪过于笼统,予以分解并取消了该罪名,而倒卖车、船票的行为仍然不断发生,需要从《刑法》上予以禁止,因此,1997年《刑法》第227条第2款对倒卖车票、船票的行为专门作了规定。

Ⅲ 客体

5 伪造、倒卖伪造的有价票证罪的客体是国家对有价票证的管理秩序。车票、船票、邮票以及其他有价票证,都表示一定的货币数额,对发展交通运输、邮电通信、税收、旅游、文化、体育等事业具有重要意义,并直接关系到国民经济的发展。他们只能由国家机关、事业单位、企业和公司依照法律规定的权限,通过法定的途径,采取法定方式制作、销售或发放。国家对有价票证的制作发售进行严格而又适度的管理,是保障交通运输、邮电等工作有序运行、顺利发展的需要,是维护国家利益、集体经济利益以及社会公众切身财产权利和其他权益的需要,也是为其他各项社会主义建设事业提供有力支持的需要。[1]

1 参见马松建主编:《扰乱市场秩序犯罪的定罪与量刑》,人民法院出版社2006年版,第328页。

一般认为倒卖车票、船票罪侵犯的是国家对车票、船票的管理秩序,同时还侵犯了他人的财产所有权。但笔者认为他人的财产所有权并不应成为本罪的客体。正如有学者所指出的车票与船票所记载的金额是铁路、承运部门单方拟定的运输服务的对价,而旅客愿意以高于票面的价格接受运输服务时并不侵犯旅客的知情权、选择权、公平交易权。旅客通常都是具有自我决定能力的个体,其接受倒卖车票、船票行为人高出票面的价格仍是经过理性、审慎考虑之后的选择。在车票、船票均由承运部门公开、透明售出的假定场景下,特定路线车票、船票可能处于供不应求的状态时,有人选择提前熬夜去车站码头售票窗口等候,有人选择从他人手中加价购买车票、船票,这是一种对等的交易关系,在实质上与雇人排队并无差异。因为,当倒卖行为人加价过高,买受人可以拒绝交易,选择其他交通工具或另行选择出行日期。事实上,倒卖行为人加价的数额往往是在买受人可接受的范围内经过协商而形成的,并非强迫交易行为。至于倒卖行为中的溢价部分,本身就不属于客运单位的期待利益,自然不存在受损的经济利益。因此,不能认为倒卖车票、船票行为对于旅客的权利造成损害。[2] 综上,笔者认为本罪的客体只有国家对车票、船票的管理秩序。 6

Ⅳ　对象

一、伪造、倒卖伪造的有价票证罪的对象

本罪的犯罪对象为车票、船票、邮票或者其他有价票证,立法机关采用了列举式与概括式相结合的立法技术。所谓车票、船票,是指由承担交通运输职能的客运单位和部门依法印制并出售的一种书面凭证,旅客以支付相应对价为条件获取该书面凭证和要求交通运输企业履行相应运输行为的权利。所谓邮票,是国家邮政管理部门依法制作发行的,用以表明特定邮件已付邮资的书面凭证。本罪的邮票必须是有价票证,即尚未失效的、能够凭其寄送邮件的邮票。已经失效的邮票,虽然可能具有很高的其他价值如收藏价值、观赏价值等,因为它失去了有价性,已经不能破坏国家对有价票证的管理秩序,所以不能作为本罪的犯罪对象。关于外国邮票能否成为本罪的对象,有学者认为外国邮票不能成为本罪的对象,原因在于在我国境内寄发的邮件上不能贴附外国邮票,因而伪造、倒卖伪造的外国邮票一般不会扰乱我国邮政业务的管理秩序,对以伪造、倒卖伪造的外国邮票的方式骗取他人钱财的,可以诈骗罪论处。[3] 笔者认为,随着我国社会经济的发展,并逐渐地走向全球化,邮政业务活动大大拓展,我国刑法也应当对刑法所保护的有价票证作出相应调整,把外国邮票包括进来,这样更能与国际经济接轨,也有利于我国在国际事务中塑造良好形象。实际 7

2　参见高巍:《论倒卖车票、船票罪之除罪化》,载《政治与法律》2009 年第 12 期。

3　参见黄京平主编:《扰乱市场秩序罪》,中国人民公安大学出版社 2003 年版,第 209 页。

上,德国和日本刑法典中对相似罪的规定,并没有局限于对其国内邮票的保护。[4]

8 对于其他有价票证的范围,刑法理论界存在着不同观点。例如有的学者认为,其他有价票证是指车票、船票、邮票以外的、由有关主管部门统一发行和管理的有价票证。[5] 对其他有价票证的正确理解在刑法解释论中有着重要意义,是正确区分罪与非罪、此罪与彼罪的关键。对于其他有价票证的理解必须以本罪的客体为指导。其他有价票证能否成为本罪的对象首先要看其是否体现我国刑法所保护的市场秩序,即国家对有价票证的管理秩序。基于此,其他有价票证是指和车票、船票和邮票有相同性质的,由有关国家机关、单位、公司、企事业单位在国家法律法规范围内所制发的,具有一定票面价额,向社会公众发行销售,能够在一定范围内流通使用,能够证明持票人享有要求发票人或者受票人履行约定的法律义务的财物凭证。例如机动车票、铁路乘车证及相关证件、洗澡票、餐票、彩票、IC电话卡等,但不包括有价证券、金融票证。

二、倒卖车票、船票罪的对象

9 本罪的对象必须是真实的车票、船票,若倒卖伪造的车票、船票,则不能构成本罪,但可另行构成倒卖伪造的有价票证罪。本罪属选择性罪名,只要倒卖了车票、船票中的一种,即可成立犯罪,若同时倒卖车票、船票,也只能成立一罪。本罪的对象不包括飞机票。

10 一般认为,本罪中的车票是指陆路交通运输管理部门印制、发售的,专门用来充当旅客合法乘坐陆路车辆并享受陆运服务的各种凭证,例如汽车票(市内、长途)、电车票、火车票、地铁车票等;船票是指水路交通运输管理部门印制、发售的,专门用来充当旅客合法乘坐水路船只并享受水运服务的凭证,主要指客船票。根据1999年9月6日发布的最高人民法院《关于审理倒卖车票刑事案件有关问题的解释》规定的有关精神,对车票、船票不能仅作一般意义上的狭义理解,应加以广义理解,即通常意义上的车票、船票固然是本罪的犯罪对象,但具有正规车票、船票的性质和作用的其他凭证,如硬座、卧铺代办凭证等,也应视为车票、船票。

11 本罪的对象是真实的但并不限于正在流通使用的车票、船票。有的学者认为,新刑法设立本罪的目的主要在于维护车票、船票的正常售购秩序,保障旅客能够通过正常渠道,购得真实有效的车票、船票。失效的车票、船票,不会妨碍旅客购买合法有效的车票、船票,因而不应成为本罪的犯罪对象。[6] 笔者认为,这种观点值得商榷。倒

4　参见马松建主编:《扰乱市场秩序犯罪的定罪与量刑》,人民法院出版社2006年版,第331—322页。

5　参见王作富主编:《刑法分则实务研究》(第5版),中国方正出版社2013年版,第705页。

6　参见黄京平主编:《扰乱市场秩序罪》,中国人民公安大学出版社2003年版,第243页。

卖真实但不是正在使用的无效车票、船票，能否成立本罪，关键在于这种行为会不会妨碍国家对车票、船票的管理制度，扰乱正常的市场秩序。从司法实践出现的情况来看，确实存在某些不法之徒倒卖过期无效车票、船票，蒙骗旅客，有的旅客甚至明知是失效过期的车票、船票的而仍然购买，试图蒙混过关，而过期、无效的车票、船票，虽然失去了正常乘坐车、船的价值和功能，但并非起不到任何作用。例如，在铁路运输的普快列车客运过程中，由于人员混杂等原因，乘务员在检票时可能不仔细查看，上车后也没有相应的检票程序，致使有些人乘机以过期、失效的车票、假车票蒙混过关。只要这种倒卖过期车票、船票的行为妨碍了国家的管理制度，同样能构成犯罪。实际上，对倒卖过期、失效的车票、船票的行为如何处置，有关司法解释曾对此作过专门批示。1986 年 3 月 18 日发布的最高人民法院、最高人民检察院、公安部《对于惩处倒卖车、船票的犯罪分子如何适用法律条款的问题的批复》中规定，倒卖已过期的车票、船票，情节严重的，与倒卖有效车票、船票，情节严重的一样，应以投机倒把罪论处。刑法修订时分解投机倒把罪，对这种行为专设了倒卖车票、船票罪。理所当然，倒卖已过期、失效的车票、船票，就应以倒卖车票、船票罪论处。[7] 但是，在大面积普及机器智能验票、假的或者过期的车票、船票已绝无可能蒙混过关的前提下，本罪的犯罪对象就不应包括假的或者过期的车票、船票。

V　行为

一、伪造、倒卖伪造的有价票证罪的行为表现

本罪在客观方面表现为伪造或者倒卖伪造的车票、船票、邮票或者其他有价票证，数额较大的行为。 12

（一）关于伪造

所谓的伪造，是指仿照真实有效的有价票证的形状、样式、图案、规格、色彩、面值等特征，用印刷、影印、手绘等手段，制作假的有价票证的行为。包括没有制作权限的人冒用他人的名义制作有价票证的有形伪造和具有制作权限的人制作违反真实内容的有价票证的无形伪造。伪造必须达到使一般人误认为是真实有效的有价票证的程度。 13

争论较大的问题是，伪造是否包括“变造”在内。变造是以真实的有价票证为基础，采用挖补、揭层、涂改、拼接等方法加以处理，改变真实有价票证的内容而以假充真的行为。肯定论者主张伪造包括变造。[8] 司法解释也持这样的态度。1986 年 3 14

7　参见马松建主编：《扰乱市场秩序犯罪的定罪与量刑》，人民法院出版社 2006 年版，第 367—368 页。

8　参见张明楷：《刑法学》（第 6 版），法律出版社 2021 年版，第 1103 页。

月18日发布的最高人民法院、最高人民检察院、公安部《对于惩处倒卖车、船票的犯罪分子如何适用法律条款的问题的批复》中规定:“……以营利为目的,伪造车、船票,或者用涂改、挖补等方法变造车、船票,构成犯罪的,同意适用刑法第一百二十四条,定为伪造车、船票罪。”2000年12月5日发布的最高人民法院《关于对变造、倒卖变造邮票行为如何适用法律问题的解释》规定:“对变造或者倒卖变造的邮票数额较大的,应当依照刑法第二百二十七条第一款的规定定罪处罚。”据此,伪造、倒卖伪造的有价票证罪中的伪造,包含了变造。否定论者认为除非司法解释明确规定,否则本罪中只有变造邮票行为包括在伪造邮票行为之内,变造除此以外的有价票证的行为,不能以本罪论处。[9] 其理由如下:①我国刑法条文中对于伪造与变造行为作了明确区分,例如伪造货币不包括变造货币。如果对本罪中的“伪造”作扩大解释,不仅有违罪刑法定原则,而且违反刑法解释的统一性原则;②司法解释仅将变造邮票解释在伪造行为内,这种特殊的解释对变造邮票之外的有价票证的行为不能适用;③从实践角度看,变造的有价票证数量一般很小,危害不大。立法者通过司法解释将某种变造行为规定在伪造行为之中,只是出于个案的需要,并没有扩张刑法打击力度的意图。如果为了规制社会危害性较小、发生频率不高的变造行为而重新立法,也不符合立法的效率原则。

15 肯定论者认为,本罪中的伪造应当包括变造在内,理由为:①本罪侵犯的法益是国家对有价票证的管理秩序,尽管伪造是无中生有,变造是有中生变,二者在表现形式上略有不同,但实质都是没有制作、发行权的人,仿制出使人误以为真的有价票证,扰乱市场秩序。[10] 因此,将变造解释在伪造的词义内并没有违反刑法的本意,也能为大众所接受。②否定说认为变造的面值小、危害不大的观点也是站不住脚的。技术的发展使得大量变造有价票证行为成为可能。实践中有的票证票面价值较低,比如公交车票、邮票,但流通数量巨大,变造这些票证不仅侵害公私财产利益,对社会管理和市场经济秩序造成的危害也是显而易见的,因此具有刑法规制的必要。[11]

(二)关于倒卖

16 日常用语中的倒卖,是指“把低价买进的货物倒手高价出售,非法牟利”。但在理论上如何理解本罪中倒卖的含义,学界对此观点不一。有的认为,倒卖伪造的有价票

---

[9] 参见罗开卷:《伪造、倒卖伪造的有价票证罪的司法认定》,载《时代法学》2009年第2期。

[10] 参见彭之宇、刘勇:《伪造、倒卖伪造的有价票证罪疑难问题探究》,载《人民检察》2009年第22期。

[11] 参见梁春程、许雯雯:《伪造、倒卖伪造的有价票证罪若干问题研究》,载《犯罪研究》2013年第5期。

证的行为,是指行为人明知是伪造的有价票证而低价买入、高价卖出的行为。[12] 有的认为,从本罪旨在维护对于票证的管理秩序的立法精神看,不管方式如何变化,只要是意图通过国家有价票证获得不法利益的行为,都应该认为是倒卖。[13] 还有的认为,倒卖是指出售自行伪造的有价票证,或者有意买入他人伪造的有价票证然后售出,或者为出售而购买伪造的有价票证的行为。[14]

以上观点都在一定程度上揭示了倒卖一词的内涵,有其合理因素,但都有值得完善的地方。①在出售伪造的有价票证的场合,不要求行为人有先行买入的行为,伪造的有价票证可以是行为人自己伪造或者通过其他方式获得。例如通过赠与或者盗窃、抢夺等方式取得伪造的有价票证,甚至来源渠道无法查清。因为无论行为人以什么方式获取伪造的有价票证,如果明知系伪造的仍出售给他人,都违反了国家对有价票证的管理制度,扰乱了市场秩序。这种行为应认定为倒卖伪造的有价票证罪。②为了出售而购买伪造的有价票证的行为可以构成本罪。同样的道理,刑法的目的在于保护法益,而本罪的法益是国家对有价票证的管理秩序。刑法不能等到行为人完成"卖"的行为以后才追究倒卖者的刑事责任。事实上,伪造的有价票证在被伪造出来直至最终销售出去而被使用的整个过程中,法益一直受到威胁。所以,明知是伪造的有价票证,为了出售而购买的行为同出售的行为一样,都使刑法所保护的法益受到了现实威胁,都是倒卖伪造的有价票证罪的实行行为。③在买入他人伪造的有价票证然后出售的场合,不要求行为人必须低价收买然后加价出售,即不要求行为人具有牟利的目的。现实中,行为人实施伪造或者倒卖的行为通常具有牟利的目的。但1997年刑法取消了"以营利为目的"的要求。只要行为人对伪造的有价票证加以出售,就违反了国家对有价票证市场的监督管理制度,破坏了市场秩序。所以,只要行为人的行为达到数额较大的标准,无论主观上是否以营利为目的,客观上是否实际获取非法利益,都不影响本罪的成立。[15] 综上,本罪中的倒卖是指明知是伪造的有价票证仍加以出售,或者为了出售而购买伪造的有价票证的行为。 17

二、倒卖车票、船票罪的行为表现

本罪在客观方面表现为倒卖车票、船票,情节严重的行为。这里的关键在于如何理解本罪中的"倒卖",是否可以将这里的"倒卖"和倒卖伪造的有价票证罪中的"倒 18

12　参见罗开卷:《伪造、倒卖伪造的有价票证罪的司法认定》,载《时代法学》2009年第2期。

13　参见梁春程、许雯雯:《伪造、倒卖伪造的有价票证罪若干问题研究》,载《犯罪研究》2013年第5期。

14　参见黄京平主编:《扰乱市场秩序罪》,中国人民公安大学出版社2003年版,第220页。

15　参见彭之宇、刘勇:《伪造、倒卖伪造的有价票证罪疑难问题探究》,载《人民检察》2009年第22期。

卖”作同样的理解？对此,理论上观点不一。有的认为,这里的倒卖是指以较低价格买进,再加价卖出的行为。[16] 有的认为,倒卖是指大量购入然后高价出售。[17] 还有的认为,倒卖是指以低于、等于或者高于票面价额的价格购入车票、船票,然后加价或者变相加价卖出,或者意图加价或者变相加价卖出的行为。[18] 这些不同的表述都有其合理、可取的地方,但也存在可商榷的地方。笔者认为,本罪中的倒卖在行为方式上应是先购入后出售,但以出售为目的购买火车票而尚未售出的,也属于倒卖。此外,就具体的细节而言,仍有需要进一步斟酌的地方。

19 对于火车票而言,自 2011 年全国铁路系统普遍实行车票实名制,尤其是 2012 年末铁道部网上订票网站开通以后,行为人已经不可能像以前一样通过与售票人员相互勾结的方式或者从退票的旅客手中回收火车票的方式低价或者高价购入火车票,所以就火车票的倒卖而言,购入的价格应是原价。对于汽车票或者其他车票而言,由于并没有实行实名制制度,所以有可能以低于、等于或者高于票面价额的价格购入车票。对于船票而言,虽然有的地方已经实行了实名制,但也有没有实施的,所以也有可能以低于、等于或者高于票面价额的价格购入船票。

20 对于卖出的价格来说,虽然大多数犯罪分子都能达到转手高价卖出车票、船票并获利的最终目标,但也并非绝对的。有时,行为人因时机把握不对或者运气不佳,买入的车票、船票很难以高价倒卖出去,甚至保本卖出也不可能,乃至被迫以低于自己买入时的价格卖出。在这种情况下,行为人仍然构成倒卖车票、船票罪,因为构成本罪并不意味着犯罪者必须获利。

21 将购买数量视为倒卖行为之核心组成要素,显然是混淆了倒卖行为定性与倒卖车票罪成立之界限。在倒卖车票罪中,倒卖数量和倒卖行为均属于倒卖车票罪的客观构成要素。虽然只有两者有机结合才能够成立一个完整的倒卖车票罪,但二者之间却不存在任何隶属性的并列关系。数量多少并不影响倒卖行为之认定。

22 针对司法实践中出现的新问题,例如“利用抢票软件抢票收取佣金的行为是否构成本罪”？理论上有不同观点。多数学者认为,有偿代购车票属于民事代理行为。尤其是在火车票实名制下,乘车人和代购人之间存在民事委托代理关系,从而与倒卖车票行为存在本质差异,公安机关不能仅因代购人获得报酬为由而认定代购行为违法。[19] 也有的学者认为,为特定他人代购车票、船票而收取代购费用的,不成立本罪。因为“代购”收取的是手续费,其购买的主体实际上是他人,这个手续费是合理的;而

---

16 参见王作富主编:《刑法分则实务研究》(第 5 版),中国方正出版社 2013 年版,第 707 页。

17 参见陈兴良:《规范刑法学》(第 4 版),中国人民大学出版社 2017 年版,第 773—774 页。

18 参见黄京平主编:《扰乱市场秩序罪》,中国人民公安大学出版社 2003 年版,第 246 页。

19 参见乔新生:《代购车票行为并非倒卖车票犯罪》,载《人民日报》2013 年 1 月 30 日。

“倒卖”是以市场价值为基础而加价,其手段和程度与“代购”均有不同。同理,低价有偿网络代购实名制火车票有利于实现火车票按需分配使得大量廉价硬座票及硬卧票流向需求量最大的普通客运群体从而达到铁路客运资源的最佳配置,因此将该行为入罪也并不符合刑法之目的。[20] 还有的学者认为,有偿代购行为可区分为劳务服务型和机会垄断型,前者不是刑法调整对象,后者应被禁止。利用软件实施的有偿抢票服务属于机会垄断型有偿代购行为,其通过技术优势霸占虚拟购票窗口,侵犯了旅客自由购票的选择权,应以倒卖车票罪论处。[21] 对此,还需要理论上的进一步探讨。

Ⅵ 结果

根据刑法的规定,伪造、倒卖伪造的有价票证罪属于数额犯,以行为涉及的数额较大或者数额巨大为构成犯罪的必要条件,否则就不构成犯罪。对“数额较大”的具体把握可参见 2008 年 6 月 25 日最高人民检察院、公安部发布的《关于公安机关管辖的刑事案件立案追诉标准的规定(一)》的规定,其中第 29 条是对本罪立案追诉标准的规定:①车票、船票票面数额累计 2000 元以上,或者数量累计 50 张以上的;②邮票票面数额累计 5000 元以上,或者数量累计 1000 枚以上的;③其他有价票证价额累计 5000 元以上,或者数量累计 100 张以上的;④非法获利累计 1000 元以上的;⑤其他数额较大的情形。 23

关于“数额巨大”的标准,尚没有统一的司法解释。此外,在认定本罪数额时,需注意以下几个方面:①本罪的数额应是指犯罪人实际伪造、倒卖的有价票证的数量、票面价额或者实际非法获利的数额;对于本罪的未遂、中止或者预备的伪造、倒卖伪造的有价票证罪来说,本罪的数额应当是指犯罪人意图伪造、倒卖伪造的有价票证的数量、票面价额或者意图非法获利的数额。②如果行为人同时具有伪造、倒卖伪造的有价票证的行为,并且伪造、倒卖的是同一批伪造的有价票证,伪造的有价票证数额不重复计算;如果不是同一批伪造的有价票证的,应当累计计算数额。③数次伪造、倒卖伪造的有价票证的,应当累计计算数额。[22] 24

根据刑法的规定,倒卖车票、船票罪属于情节犯,以行为造成严重情节为构成犯罪的必要条件,否则就不构成犯罪。对“情节严重”的具体把握可参见前述最高人民检察院、公安部《关于公安机关管辖的刑事案件立案追诉标准的规定(一)》的规定,其中第 30 条是对本罪立案追诉标准的规定:①票面数额累计 5000 元以上的;②非法获利累计 2000 元以上的;③其他情节严重的情形。 25

20　参见王立志:《低价网络代购实名制车票需要入罪吗?》,载《法学》2013 年第 12 期。

21　参见高艳东、祁拓:《互联网时代倒卖车票罪的规范解读——有偿抢票服务入罪论》,载《浙江社会科学》2017 年第 11 期。

22　参见马松建主编:《扰乱市场秩序犯罪的定罪与量刑》,人民法院出版社 2006 年版,第 342—343 页。

Ⅶ 主体

26 本条的主体是一般主体,既可以是自然人,也可以是单位。作为自然人犯本罪的,必须是年满16周岁、具有刑事责任能力的人。

Ⅷ 故意

27 本条的主观方面,必须是出于直接故意。虽然实施本条犯罪一般以牟利为目的,但是对于本罪,法律未规定必须是出于牟利目的,因此行为人只要实施相关行为,即构成犯罪。

28 行为人把伪造的车票、船票误认为真实的车票、船票而加以倒卖的,应该如何处理,理论上有不同的意见。有的观点认为,这种行为只能构成一般的违法行为。理由在于:一方面行为人对其所倒卖的车票、船票是伪造的这一事实缺乏明知,不具有倒卖伪造的有价票证罪的犯罪故意,因而不构成倒卖伪造的有价票证罪;另一方面,这种情况属于刑法中的客体认识错误,但不影响行为人的故意心理,行为人负未遂的罪责。然而由于倒卖车票、船票罪是情节犯,不存在未遂形态,所以这种行为也不构成倒卖车票、船票罪,因而只能构成一般的违法行为。[23] 也有的观点认为,这种行为应该根据对象认识错误的理论构成倒卖车票、船票罪。[24]

29 笔者认为这种行为成立倒卖车票、船票罪(未遂)。首先,情节犯也存在未遂状态,这一点将在下文进一步阐述。其次,这种行为实际上属于典型的抽象的事实认识错误。抽象的事实认识错误,是指行为人所认识的事实与现实所发生的事实,分别属于不同的构成要件的情形;或者说,行为人所认识的事实与所发生的事实跨越了不同的构成要件,因而也被称为不同犯罪构成间的错误。对抽象的事实认识错误的处理存在抽象符合说与法定符合说的争论。笔者赞成法定符合说,即不能仅根据行为人的故意内容或仅根据行为的客观事实认定犯罪,而应在故意内容与客观事实相符合的范围内认定犯罪。[25] 在行为人主观上有犯重罪的故意,而客观上却发生了轻罪的结果的场合,因为客观上只存在轻罪的结果,因此,不能根据行为人的重罪故意而成立重罪,只能在二者重合的范围内认定成立轻罪,再依据想象竞合犯的原理,从一重处罚。[26] 具体到倒卖伪造的有价票证罪与倒卖车票、船票罪,通过比较二者的法定刑可知,前者属轻罪,后者属重罪,但是由于前者的主观要件只能是故意,不存在过失的

---

23 参见马松建主编:《扰乱市场秩序犯罪的定罪与量刑》,人民法院出版社2006年版,第349页。

24 参见王作富主编:《刑法分则实务研究》(第5版),中国方正出版社2013年版,第708页。

25 参见张明楷:《刑法学》(第6版),法律出版社2021年版,第364页。

26 参见黎宏:《刑法学总论》(第2版),法律出版社2016年版,第209页。

倒卖伪造的有价票证罪,所以这种行为就只能成立倒卖车票、船票罪的未遂。

Ⅸ　既遂与未遂

一、伪造、倒卖伪造的有价票证罪的既遂与未遂

伪造有价票证的,以伪造出数额较大的足以使人误以为真的有价票证为既遂标准。已经着手伪造,无论行为人所计划的伪造行为是否全部实施完毕,在所伪造的有价票证达到足以使人误以为真的程度之前,都可以成立犯罪未遂。 30

犯罪是否既遂应分两种情况考察:一是行为人为了出售而购买伪造的有价票证的,无论是否已经卖出,只要完成了购买行为,都成立犯罪既遂。因为为了出售而购买是倒卖的实行行为之一,完成了实行行为,就应当认为齐备了犯罪的客观要件,在具备犯罪构成其他要件的情况下,应当认为成立犯罪既遂。这里的购买,不仅包括货款两清的情况,也包括购买时尚未付款,约定售出后再付款的情况。二是行为人没有购买行为,或者伪造的有价票证的来源无法查清,而只有出售行为时,应以伪造的有价票证全部或者部分销售出去作为犯罪既遂的标准,在此之前被查获的,成立犯罪未遂。[27] 31

行为人既伪造又倒卖伪造的有价票证的,则其伪造或其倒卖伪造的有价票证达到或累计达到数额较大的,就构成本罪的既遂。但是,如果在出售之前被查获,只应定伪造有价票证罪。 32

如果行为人伪造或其倒卖伪造的有价票证不可能使人相信是真实的有价票证,则根本不可能对本罪的法益,即国家对有价票证的管理秩序造成任何侵害,这种情况应该属于不能犯。 33

二、倒卖车票、船票罪的既遂与未遂

关于本罪的既未遂问题,理论上存在认识分歧。主流的观点认为本罪是情节犯,对这类犯罪而言,若法定之情节严重标准具备,则构成犯罪,否则便不构成犯罪,因而本罪只有犯罪成立与不成立之分,无所谓既遂、未遂、预备、中止之说。[28] 尤其是对于行为人购买车票、船票后尚未出售的情况,应当认定为既遂还是未遂存在分歧。一种观点认为构成本罪的未遂。一个完整、典型的倒卖行为由买入和卖出两个行为组成,只有都具备了,才达到既遂,否则便是未遂。另一种观点认为构成本罪的既遂,只要行为人以倒卖为目的购买了车票、船票,使其脱离了交通运输管理部门的 34

27　参见彭之宇、刘勇:《伪造、倒卖伪造的有价票证罪疑难问题探究》,载《人民检察》2009年第22期。

28　参见黄京平主编:《扰乱市场秩序罪》,中国人民公安大学出版社2003年版,第253页;马松建主编:《扰乱市场秩序犯罪的定罪与量刑》,人民法院出版社2006年版,第383页。

有效控制而为行为人实际控制,情节严重的,就构成既遂。是否卖出、获利在所不问。[29] 笔者认为,本罪存在犯罪既未遂的区分,行为人购买车票、船票后尚未出售的情况成立本罪的既遂。

35 首先,情节作为一个综合性的构成要件,有可能是犯罪构成四要件中的任何一个要件,但从我国大量发布的司法解释中对"情节严重(情节恶劣)"所作的规定来看,绝大多数司法解释均是从客观方面,如数额、行为次数、结果、手段等来加以规定的。但是,不能认为达到这些情节便是犯罪既遂,因为犯罪既遂与犯罪成立是两个不同的概念,犯罪既遂是建立在犯罪成立基础之上的,犯罪的成立需要满足全部的构成要件,而既遂则是指发生了行为人所希望或者放任的、行为性质所决定的侵害结果。其侵害结果包括有形、物质的侵害结果与无形的侵害结果。因此,情节犯是具有未遂形态的。笔者认为,在我国诸多犯罪分类中,行为犯与结果犯的分类最有利于解决犯罪既未遂的判断问题。从倒卖车票、船票罪的罪状表述来看,构成该罪要求情节严重,不要求发生特定的危害结果,所以,倒卖车票、船票罪既是情节犯,又是行为犯。既然是行为犯,即未规定物质、有形的危害结果的犯罪,便要求其在满足情节严重的成立条件下,必须实施到一定的程度,才告既遂。[30]

36 其次,行为人为了出售而购买车票、船票的,无论是否已经卖出,只要完成了购买行为,都成立犯罪既遂。因为为了出售而购买是倒卖的实行行为之一,完成了实行行为,就应当认为齐备了犯罪的客观要件,且对于本罪的法益,即国家对车票、船票的有效管理秩序造成了损害,在具备犯罪构成其他要件的情况下,应当认为成立犯罪既遂。

X 共犯

37 伪造、倒卖伪造的有价票证罪常以共同犯罪的形式出现。在认定本罪的共同犯罪形态时,需注意以下两个方面:①关于共同伪造、倒卖伪造的有价票证罪的各犯罪人犯罪数额的认定。根据《刑法》第26条至29条关于共同犯罪定罪量刑一般性规定的精神,在共同的伪造、倒卖伪造的有价票证中,对犯罪集团的首要分子,应当将集团伪造或倒卖伪造的有价票证的总数额认定为其犯罪数额。对共同犯罪中的其他主犯,应当按其所参与的或者组织、指挥的伪造或者倒卖伪造的有价票证的数额认定其犯罪数额。对共同犯罪中的从犯、胁从犯,应当按照其所参与的伪造、倒卖伪造的有价票证的数额认定为其犯罪数额。②应当注意划清单位犯罪与自然人共同犯罪的界限。在以单位名义实施伪造、倒卖伪造的有价票证行为的情况下,首先应当审查该所谓的单位是不是合法的单位。如果是合法的单位,则有可能构成单位犯罪;如果根本

---

29 参见聂立泽:《扰乱市场秩序罪立案追诉标准与司法认定实务》,中国人民公安大学出版社2010年版,第197页。

30 参见周啸天:《论强迫交易罪中的若干问题》,载《政治与法律》2011年第8期。

就不是合法的单位,则不可能构成单位犯罪。其次,在单位合法的情况,要查看该犯罪行为是为了个人的利益还是为了单位的利益,是否为了单位的利益是区分单位犯罪与自然人犯罪的关键,如果该犯罪行为是为了个人的利益,虽然是以单位的名义实施,仍然为自然人犯罪;若确实是为了单位的利益,则为单位犯罪。[31]

倒卖车票、船票罪在实践中往往以共同犯罪的形式出现。20 世纪 90 年代以 38
后,社会上陆续出现了"票贩子",同时由于倒卖车票、船票的数量较大等特点,这些人往往结成团伙,相互分工、配合,有的负责购票,有的负责卖票,还有的做掩护。于是,以结伙作案为主就成了本罪的重要特点之一,甚至有的不法之徒为了确保其购票渠道的畅通,还拉拢、收买客运单位的内部职工,从而使本罪又多带有内外勾结实施的特点。由于这类倒卖车票、船票犯罪参与实施的行为人人数众多或者身份特殊,倒卖的车票、船票数量一般较大,相对于单人实施的倒卖行为的社会危害性更大,因此应予以特别关注。同时,这也提醒司法机关,在侦查、起诉、审判倒卖车船、船票的犯罪案件时,应当充分运用已有线索,寻根究底,不放过追查、捕获、惩办任何漏网之鱼的机会。在实际处理这类案件时,要按照刑法规定和刑法理论,判断其是否属于共同犯罪,确属共同犯罪的,要在分清是集团犯罪还是一般共同犯罪的前提下,在准确认定各犯罪人在共同犯罪活动中的身份、地位、作用以及其所参与组织、指挥实施的犯罪行为的基础上,确定其所应承担的刑事责任。[32]

XI　罪数

伪造、倒卖伪造的有价票证罪属于选择性罪名,实施伪造、倒卖伪造的有价票证 39
行为之一,即构成本罪。伪造有价票证的,构成伪造有价票证罪;倒卖伪造的有价票证的,构成倒卖伪造的有价票证罪。伪造有价票证,又将其卖出的,仅构成伪造有价票证罪,不实行数罪并罚。行为人既伪造有价票证,又倒卖非本人伪造的有价票证,数额都较大的,并列确定罪名即伪造、倒卖伪造的有价票证罪,数额按照全部(包括本人伪造的和非本人伪造的)伪造的有价票证的数额累计计算,不实行两罪并罚。行为人为伪造有价票证而伪造相关印章、为倒卖伪造的有价票证而伪造相关文件的,伪造有价票证与伪造印章行为、倒卖伪造的有价票证与伪造文件行为成立手段与目的之间的牵连关系,根据牵连犯中的从一重处罚原则处理即可。

倒卖车票、船票行为同时又触犯其他犯罪的,按照想象竞合犯原则从一重处断。 40
例如,行为人以倒卖车票、船票为目的,采取以过期、失效的车票、船票蒙骗旅客的行为,同时触犯了本罪与诈骗罪,按照想象竞合犯原则从一重处断即可。但是,有一点需要注意,当行为人的行为对象中既有伪造的车票、船票,又有真实的车票、船票

31　参见黄京平主编:《扰乱市场秩序罪》,中国人民公安大学出版社 2003 年版,第 233 页。

32　参见黄京平主编:《扰乱市场秩序罪》,中国人民公安大学出版社 2003 年版,第 254 页。

时,有的学者认为行为人仅实施了一个行为,成立想象竞合犯。[33] 笔者认为这种观点值得商榷。想象竞合犯中的一个行为,是指在自然意义上被评价为一个行为,和犯罪构成评价无关。如盗窃井盖的行为和破坏交通设施的行为,从犯罪构成的角度看,分属两个行为,但从自然观察的角度来看,行为人所实施的仅仅是一个盗窃行为。相反的,乙用右手殴打A,同时用左手殴打B的场合,成立对A的伤害和对B的伤害,即便说右手的动作和左手的动作同时且在相同场所实施,但从事实上看,针对的是两个人的身体,侵害两个法益,属于两个行为,因此,不是想象竞合,而是数罪。[34] 同理,这里虽然表面上只有一个倒卖行为,但作用对象却有两种,所以应该属于两个行为,即倒卖伪造的车票、船票的行为和倒卖真实的车票、船票的行为,所以这里应该对其数罪并罚。

XII 与非罪的界限

41 成立伪造、倒卖伪造的有价票证罪要求达到数额较大的标准,如果数额较小的,属于一般的违法行为,应当由工商行政等部门给予行政处罚。关于数额较大的标准按照前述司法解释规定的标准执行。此外,由于本罪的客体是国家对有价票证的管理秩序,所以只有当伪造的有价票证是为了投入流通领域时,才能构成本罪。如果行为人只是为了欣赏、收藏,则不宜认定为犯罪。例如,有人采用伪造的方法制作了数额较大的有价票证,但这些有价票证不是为了流通,而是为了在有相同爱好的群众中交换、收藏。这种情况下,伪造的有价票证没有进入流通领域,不会产生危害市场秩序的后果,不应作为犯罪处理。

42 在认定倒卖车票、船票罪时要始终以本罪的客体,即国家对车票、船票的有效管理制度为指导。只有侵害本罪客体的行为才有可能构成本罪。例如,实践中,有的乘客因为种种原因在购买了车票、船票后又不去乘坐车船,于是将该票以购票成本价或者加价卖出,对于这一行为,决不能以本罪论处。因为这种行为仅仅是一个正常的民事交易行为,并不会侵害本罪的客体。此外,成立本罪需要达到情节严重的地步。而对于那些情节较轻的倒卖车票、船票的行为,依照《治安管理处罚法》等行政法律、法规予以处理即可。

XIII 与他罪的区别

一、伪造、倒卖伪造的有价票证罪与其他伪造、变造类犯罪的区别

43 伪造、倒卖伪造的有价票证罪与伪造、变造国家有价证券罪,伪造、变造股票、公

---

[33] 参见马松建主编:《扰乱市场秩序犯罪的定罪与量刑》,人民法院出版社 2006 年版,第 350 页。

[34] 参见黎宏:《刑法学总论》(第 2 版),法律出版社 2016 年版,第 324 页。

司、企业债券罪都属于破坏社会主义市场秩序罪中的犯罪类型。它们之间存在许多相似之处,如它们的同类客体都是对社会主义市场秩序的侵犯;主观方面都表现为故意,且在犯罪目的方面均无特别限定;主体都是一般主体,都可以由自然人和单位构成;客观方面都表现为伪造行为。它们之间的区别主要表现在各自的犯罪对象上。本罪的犯罪对象是车票、船票、邮票或者其他有价票证;而伪造、变造金融票证罪的犯罪对象为各种金融票据与金融凭证,如汇票、本票、支票,信用证及其附随单据、文件、信用卡、委托收款凭证、汇款凭证、银行存单以及其他银行结算凭证等;伪造、变造国家有价证券罪的犯罪对象则为国库券或者国家发行的其他有价证券;伪造、变造股票、公司、企业债券罪的犯罪对象为股票或者公司、企业债券。[35] 由于犯罪对象的差异,各罪的客体上也有所不同:本罪的客体为国家对有价票证的管理秩序;而伪造、变造金融票证罪的客体为国家的金融票证管理秩序;伪造、变造国家有价证券罪的客体为国家的有价证券管理秩序;伪造、变造股票、公司、企业债券罪的客体为国家对股票或者公司、企业债券的证券管理秩序。另外,它们各自的客观行为也不尽相同,本罪除了伪造行为,还有倒卖行为。

二、伪造、倒卖伪造的有价票证罪与诈骗罪、合同诈骗罪的区别

倒卖伪造的有价票证罪与诈骗罪、合同诈骗罪在犯罪构成要件上的区别主要体 44
现在犯罪客观方面。倒卖伪造的有价票证罪的客观方面表现为倒卖伪造的车票、船票、邮票或者其他有价票证,数额较大的行为。而诈骗罪的客观方面表现为以虚构事实或者隐瞒真相的方法,骗取数额较大的公私财物的行为。合同诈骗罪的客观方面表现为在签订、履行经济合同的过程中,骗取合同对方当事人的财物,数额较大的行为。实践中,行为人实施倒卖伪造的有价票证行为时,往往隐瞒其所倒卖的有价票证是伪造的事实。因此,在司法实践中认定倒卖伪造的有价票证罪时往往与诈骗罪、合同诈骗罪相混淆。

在具体案件中,如果行为人在倒卖伪造的有价票证时隐瞒了其所倒卖的有价票 45
证是伪造的事实,并获取了数额较大的财物,在这种情况下,虽然行为人只实施了一个倒卖行为,但这一行为具有双重性质(既有倒卖伪造的有价票证的性质,又有虚构事实或者隐瞒真相以骗取对方财物的性质),同时触犯倒卖伪造的有价票证罪和诈骗罪或者倒卖伪造的有价票证罪和合同诈骗罪两个罪名,应当构成倒卖伪造的有价票证罪和诈骗罪的想象竞合犯,或者构成倒卖伪造的有价票证罪和合同诈骗罪的想象竞合犯。具体说来,如果这类行为中的行为对象是具有合同凭证性质的有价票证,行为人隐瞒了事实真相并骗取了数额较大的财物,应当构成倒卖伪造的有价票证罪与合同诈骗罪的想象竞合犯;如果该行为对象是不具有合同凭证性质的伪造的有

---

[35] 参见高铭暄、马克昌主编:《刑法学》(第9版),北京大学出版社、高等教育出版社2019年版,第399—401页。

价票证,行为人隐瞒真相骗取数额较大财物的,应当构成倒卖伪造的有价票证罪与诈骗罪的想象竞合犯。但是,如果行为人倒卖的是伪造的已经过期的、作废的或者使用过的有价票证,又隐瞒其所倒卖的是伪造的有价票证时,由于这种情况下,其行为对象不再具有有价票证的实质,不能体现国家对车票、船票以及其他有价票证的管理秩序等社会关系,对其侵犯也只能侵犯买受人的财产所有权。所以这种情况应以诈骗罪论处。[36]

三、倒卖车票、船票罪与倒卖伪造的有价票证罪的区别

46 倒卖车票、船票罪与倒卖伪造的有价票证罪有着诸多相似之处,例如二者都侵犯了国家对有价票证(车票、船票)的管理制度;客观方面都实施了倒卖行为;犯罪主体都是单位和自然人;主观方面均为直接故意。二者的区别主要有两点:一是二者的犯罪对象不同。倒卖车票、船票罪的犯罪对象是车票、船票,而且必须是真实的车票、船票;倒卖伪造的有价票证罪的犯罪对象虽然也包括车票、船票,但这种车票、船票必须是伪造的假票。二是二者的犯罪类型不同。倒卖车票、船票罪属于情节犯,成立犯罪需要情节严重;而倒卖伪造的有价票证罪属于数额犯,成立犯罪需要数额较大。

四、倒卖车票、船票罪与非法经营罪的区别

47 倒卖车票、船票罪与非法经营罪都违反了国家市场管理秩序,实施了扰乱市场秩序的行为;主体都由单位和自然人组成;主观方面都是直接故意;都以情节严重作为犯罪构成必备要件。二者的主要区别有两点:一是侵犯的直接客体不同。倒卖车票、船票罪侵犯的直接客体是国家对车票、船票的管理制度;非法经营罪侵犯的直接客体是国家的经营管理制度,具体包括专营专卖制度、经营许可制度等。二是二者的客观行为不同。倒卖车票、船票罪只能是倒卖车票、船票的行为,而非法经营罪则包括未经许可经营法律、行政法规限制的专营、专卖物品或者其他限制买卖的物品,买卖进出口许可证,进出口原产地证明以及其他法律、行政法规规定的经营许可证或者批准文件,以及其他严重扰乱市场秩序的非法经营行为。

XIV 处罚

48 根据本条第 1 款的规定,伪造或者倒卖伪造的车票、船票、邮票或者其他有价票证,数额较大的,处 2 年以下有期徒刑、拘役或者管制,并处或者单处票证价额 1 倍以上 5 倍以下罚金;数额巨大的,处 2 年以上 7 年以下有期徒刑,并处票证价额 1 倍以上 5 倍以下罚金。根据本条第 2 款的规定,倒卖车票、船票,情节严重的,处 3 年以下有期徒刑、拘役或者管制,并处或者单处票证价额 1 倍以上 5 倍以下罚金。根据《刑

[36] 参见马松建主编:《扰乱市场秩序犯罪的定罪与量刑》,人民法院出版社 2006 年版,第 351—352 页。

法》第 231 条的规定，单位犯本条犯罪的，对单位判处罚金，并对其直接负责的主管人员和其他直接责任人员，依照上述规定处罚。对于铁路职工倒卖车票或者与其他人员勾结倒卖车票；组织倒卖车票的首要分子；曾因倒卖车票受过治安处罚两次以上或者被劳动教养一次以上，两年内又倒卖车票，构成倒卖车票罪的，依法从重处罚。[37]

37　参见 1999 年 9 月 6 日发布的最高人民法院《关于审理倒卖车票刑事案件有关问题的解释》第 2 条。

第二百二十八条　非法转让、倒卖土地使用权罪

以牟利为目的，违反土地管理法规，非法转让、倒卖土地使用权，情节严重的，处三年以下有期徒刑或者拘役，并处或者单处非法转让、倒卖土地使用权价额百分之五以上百分之二十以下罚金；情节特别严重的，处三年以上七年以下有期徒刑，并处非法转让、倒卖土地使用权价额百分之五以上百分之二十以下罚金。

文献：黄京平主编：《扰乱市场秩序罪》，中国人民公安大学出版社 2003 年版；马松建主编：《扰乱市场秩序犯罪的定罪与量刑》，人民法院出版社 2006 年版；聂立泽：《扰乱市场秩序罪立案追诉标准与司法认定实务》，中国人民公安大学出版社 2010 年版；黎宏：《刑法学各论》（第 2 版），法律出版社 2016 年版；高铭暄、马克昌主编：《刑法学》（第 9 版），北京大学出版社、高等教育出版社 2019 年版。彭文华、刘德法：《论非法转让、倒卖土地使用权罪》，载《法学家》2001 年第 5 期；邹清平：《非法转让、倒卖土地使用权罪探析》，载《法学评论》2007 年第 4 期；周光权：《非法倒卖转让土地使用权罪研究》，载《法学论坛》2014 年第 5 期；佟齐、门美子：《非法转让、倒卖土地使用权罪探析——以刘某案展开》，载《中国检察官》2014 年第 24 期；金丹：《非法转让、倒卖土地使用权罪实务探析》，载《中国检察官》2015 年第 14 期。

细目录

Ⅰ　主旨
Ⅱ　沿革
Ⅲ　客体
Ⅳ　对象
Ⅴ　行为
Ⅵ　结果
Ⅶ　主体
Ⅷ　故意
Ⅸ　既遂与未遂
Ⅹ　共犯
Ⅺ　罪数
Ⅻ　与非罪的界限
XIII　与他罪的区别

一、与非法占用农用地罪的区别

二、与非法批准征用、占用土地罪,非法低价出让国有土地使用权罪的区别

XIV 处罚

I 主旨

本条是对非法转让、倒卖土地使用权罪的规定。土地作为一种资源,是人们生存、生产、生活的基础,是国民经济发展不可缺少的物质条件。我国是实行土地公有制的国家,土地的权属、性质在宪法中就有明确规定。《宪法》第10条规定:“城市的土地属于国家所有。农村和城市郊区的土地,除由法律规定属于国家所有的以外,属于集体所有;宅基地和自留地、自留山,也属于集体所有。国家为了公共利益的需要,可以依照法律规定对土地实行征收或者征用并给予补偿。任何组织或者个人不得侵占、买卖或者以其他形式非法转让土地。土地的使用权可以依照法律的规定转让……”由此可见,我国实行的是土地所有权与土地使用权相分离的土地制度,土地所有权除归国家所有和集体所有外,任何组织或者个人都不得拥有土地所有权,而土地使用权则不同,虽然不能进行自由、任意的转让,但依照法律的规定,在具备一定的条件时,还是可以转让土地使用权的。20世纪80年代以来,我国市场经济不断发展,土地使用权依法转让制度的经济效益越来越明显。然而,有些不法分子置法律规定于不顾,投机取巧,炒卖地皮,大肆进行非法转让、倒卖土地使用权活动,借机牟取暴利,扰乱国家对土地市场的正常管理活动,给国家、社会和公民利益造成了严重的损害,直接威胁到现代化建设的顺利进行。因此,为了预防和惩治有关土地方面的违法犯罪活动,并规范土地管制市场,刑法规定了本罪。 1

II 沿革

1979年《刑法》和单行刑法中均未规定本罪。随着我国土地制度的改革,土地使用权和所有权分离,土地使用权可以依法转让,建立土地使用权有偿出让与转让制度成为我国经济体制改革的一项重大决策。随后,以牟利为目的,非法转让、倒卖土地使用权的行为也相继出现。我国《土地管理法》《城市房地产管理法》中都对非法转让土地使用权的行为有规定,但没有附属刑法规范。实践中,对于非法转让、倒卖土地使用权的行为通常是依照投机倒把罪论处。1997年修订刑法时,取消了投机倒把罪,但非法转让、倒卖土地使用权的行为必须利用刑罚进行惩治,于是刑法采用了专门条款的形式予以了规定,即现在的《刑法》第228条,并相应设置了独立的法定刑。此后,1998年8月29日修订的《土地管理法》第73条也对1997年《刑法》第228条作出照应性规定。非法转让、倒卖土地使用权罪的设立对加强土地管理,维护正常的土地使用权转让秩序,保护、开发土地资源,合理利用土地,具有重要的意义。 2

Ⅲ　客体

3 关于本罪的客体,刑法学界有不同的观点:有的观点认为,本罪的客体是国家对土地使用权的管理秩序[1];有的观点认为,本罪的客体是国家对土地使用权转让的管理秩序,即国家二级土地市场秩序[2];还有的观点认为,本罪的客体是国家的土地管理秩序和土地使用权[3]。上述观点的分歧反映了本罪的客体的复杂性。

4 将国家对土地使用权的管理秩序作为本罪的客体较为合理,这主要是指国家对国有土地二级市场中的土地使用权转让和集体土地使用权取得者再次转让的市场的管理秩序。首先,所谓土地使用权,是指依法对土地加以利用并取得收益的权利。根据有关土地管理法规,土地使用权直接衍生于土地所有权,由于我国对土地实行的是国家所有和集体所有的制度,故土地使用权的获取只能来源于国家和集体。国有土地使用权的取得有两种方式:出让和划拨。国有土地使用权出让,是指土地主管部门依法将国有土地使用权在一定的时期内交给土地使用者使用,土地使用者依法交纳土地使用权出让金的制度;国有土地使用权划拨,是指土地使用者经县级以上人民政府依法批准,在缴纳补偿、安置等费用后取得的或者无偿取得的没有期限限制的国有土地使用权的制度。在法律上,一般把依法直接从国家获得土地使用权或者说国家依法将土地使用权让与他人行使的市场媒介,称为国有土地一级市场,包括国有土地使用权的出让和国有土地使用权的划拨;把通过出让和划拨方式获取国有土地使用权的单位和个人将国有土地使用权转让给他人的市场媒介称为国有土地二级市场。集体土地使用权不像国有土地使用权那样分为一级市场和二级市场,但符合法律规定的用地者享有按照一定土地用途以一定方式使用集体土地的权利。[4] 由于国家和集体作为土地的所有者处置自己的土地使用权,是行使土地所有权的一种表现,根本谈不上是非法的。即使作为国家土地主管部门的领导、职员非法将土地使用权批给他人使用,也只是以非法的形式代表国家行使职权,对该领导、职员应以渎职犯罪论处,并不能将这种非法把土地使用权批给他人的行为认定为非法转让土地使用权的行为。因此,只有在国有土地二级市场和取得集体土地使用权后的用地者非法将集体土地使用权转让、倒卖给他人的场合,才会发生本罪的犯罪行为。所以,仅将本罪的客体定为国家二级土地市场秩序并不全面。其次,笔者认为对于土地市场秩序的破坏是存在的,但这种破坏其实只是和对国家对土地使用权的管理制度的破坏表述

1　参见高铭暄、马克昌主编:《刑法学》(第9版),北京大学出版社、高等教育出版社2019年版,第449页。

2　参见黄京平主编:《扰乱市场秩序罪》,中国人民公安大学出版社2003年版,第261页。

3　参见聂立泽:《扰乱市场秩序罪立案追诉标准与司法认定实务》,中国人民公安大学出版社2010年版,第200页。

4　参见邹清平:《非法转让、倒卖土地使用权罪探析》,载《法学评论》2007年第4期。

不同,是一体两面的表述而已。最后,土地使用权本身并不会受到侵犯,受到侵犯的只是国家对于土地使用权有序的管理制度。

Ⅳ　对象

5 对于本罪的犯罪对象,有的学者认为是土地使用权,属于无形财产的组成部分,有的学者认为土地使用权不能成为本罪的对象,否则会与犯罪对象理论的通说相悖。根据通说,犯罪对象是指刑法分则条文规定的犯罪行为所作用的客观存在的具体人或者具体物。每一种具体的犯罪行为,都直接或间接作用于一定的具体人或具体物,从而使刑法保护的社会关系受到危害,进而影响、阻碍社会的正常运行,对社会造成危害。犯罪对象具有客观实在性和可知性的特征。[5]

Ⅴ　行为

6 本罪在客观方面表现为违反土地管理法规,非法转让、倒卖土地使用权,情节严重的行为。

1. 违反土地管理法规是构成本罪的前提条件

7 根据全国人大常委会《关于〈中华人民共和国刑法〉第二百二十八条、第三百四十二条、第四百一十条的解释》的规定,本罪中的“违反土地管理法规”,是指违反土地管理法、森林法、草原法等法律以及有关行政法规中关于土地管理的规定。据此解释,本罪中的“违反土地管理法规”仅包括两个层次的法律文件,即全国人大及其常委会制定的法律和国务院制定的行政法规。国务院有关部门制定的部门规章及地方立法机关制定的地方性法规均不在此列。具体来说,土地管理法规是以《土地管理法》为代表的一系列土地管理法规,如《城市房地产管理法》《森林法》《草原法》《水土保持法》《土地管理法实施条例》《城镇国有土地使用权出让和转让暂行条例》等。

2. 非法转让、倒卖

8 土地使用权既包括农用地的使用权,也包括建设用地和尚未利用地的使用权;其中农用地既包括耕地,也包括林地、草地、农田水利用地和养殖水面等农用地的使用权。所谓非法转让土地使用权,是指违反国家法律、法规规定的有关转让、买卖土地使用权的法定程序和条件,将管理和持有的使用权擅自转让给他人的行为。所谓倒卖土地使用权,是指在有偿获得土地使用权以后,转手卖出,从中获取差价的行为。在司法实践中应注意区分非法转让与倒卖,二者有其各自特定的内涵和外延,前者行为的非法性体现在其转让方式、方法、条件或程序等违法性上;对于后者而言,其出售土地使用权的行为在形式上可能完全符合土地管理法规的规定,但因其在购入土地

5　参见高铭暄、马克昌主编:《刑法学》(第9版),北京大学出版社、高等教育出版社2019年版,第54页。

使用权阶段即有转手加价卖出牟取非法利益之不法目的,故而其出售行为仍具有非法性。更进一步说,其行为整体的非法性在于其购入土地使用权阶段即已产生。[6]

3. 行为表现形式

9 非法转让、倒卖土地使用权的行为只发生在国有土地二级市场中的土地使用权转让和集体土地使用权取得者再次转让的市场,其主要表现形式为:①没有持有国有土地使用权证或依法批准的使用土地的文件而转让国有土地使用权的;②没有签订书面转让合同而转让土地使用权的;③没有按照土地使用权出让合同支付出让金而转让土地使用权的;④没有取得土地使用权证书而转让土地使用权的;⑤没有按照出让合同约定进行必要的投资开发;⑥以串通投标、不正当竞买等方式取得土地使用权后而出让土地使用权的;⑦不转让地上建筑物、其他附属物的所有权而转让土地使用权的;⑧转让县级以上人民政府依法决定收回土地使用权的;⑨转让司法机关和行政机关裁定、决定或者以其他形式限制转让的土地使用权;⑩转让有争议的土地使用权;⑪未经抵押权人书面同意,转让设定抵押权的土地使用权;⑫未经其他共有人书面同意,转让共有的土地使用权;⑬土地使用权转让合同违背土地使用权出让合同对土地使用权范围和内容的规定,也就是说转让合同对土地使用权的规定超出出让合同的规定范围;⑭没有向县级以上地方人民政府申请土地使用权变更登记而转让土地使用权的;⑮向县级以上地方人民政府申请土地使用权变更登记,没有经核实而转让土地使用权的;⑯向县级以上地方人民政府申请土地使用权变更登记,经核实可以转让土地使用权的,但同级人民政府没有更换或更改土地使用权证书而转让土地使用权的;⑰以划拨方式取得土地使用权,没有经过法律规定的有批准权的部门批准,转让土地使用权的;⑱以划拨方式取得土地使用权,在转让时虽经有批准权的人民政府批准,但转让方、受让方没有办理土地使用权出让手续并交纳出让金的;⑲除符合土地利用总体规划并依法取得建设用地的企业,因破产、兼并等情形转让农民集体所有的土地使用权外,以其他形式转让农民集体所有的土地使用权的;⑳其他有关土地使用权转让的法律、法规规定禁止转让国有土地使用权的。[7]

Ⅵ 结果

10 根据《刑法》的规定,本罪属于情节犯,以行为造成严重情节为构成犯罪的必要条件,否则就不构成犯罪。对"情节严重"的具体把握可参见最高人民法院《关于审理破坏土地资源刑事案件具体应用法律若干问题的解释》第 1 条与第 2 条的规定,也可参见最高人民检察院、公安部《关于公安机关管辖的刑事案件立案追诉标准的规定(二)》的规定,其中第 72 条是对本罪立案追诉标准的规定,也是对"情节严重"的规定:①非法转让、倒卖永久基本农田 5 亩以上的;②非法转让、倒卖永久基本农田以外

6 参见黄京平主编:《扰乱市场秩序罪》,中国人民公安大学出版社 2003 年版,第 265 页。

7 参见彭文华、刘德法:《论非法转让、倒卖土地使用权罪》,载《法学家》2001 年第 5 期。

的耕地10亩以上的;③非法转让、倒卖其他土地20亩以上的;④违法所得数额在50万元以上的;⑤虽未达到上述数额标准,但因非法转让、倒卖土地使用权受过行政处罚,又非法转让、倒卖土地的;⑥其他情节严重的情形。

Ⅶ 主体

本罪的主体是一般主体,既可以是自然人,也可以是单位。作为自然人犯本罪的,必须是年满16周岁、具有刑事责任能力的人。作为本罪的犯罪主体,从司法实践的有关情况来看,主要有以下几类:①以出让方式取得国有土地使用权的单位和个人;②以划拨方式取得国有土地使用权的单位和个人;③通过不正当手段取得出让和划拨国有土地使用权的单位和个人;④以转让方式取得国有土地使用权的单位和个人;⑤以非法转让或倒卖方式取得国有土地使用权的单位和个人;⑥以出让、转让或者出租方式取得农民集体土地使用权用于农业建设的单位和个人;⑦以出让、转让或者出租方式取得农民集体所有的土地使用权用于非农业建设的单位和个人;⑧其他没有土地使用权而从事土地使用权非法交易或者虽然有土地使用权却不依法进行转让的单位和个人。[8] 11

Ⅷ 故意

本罪主观上是故意,且为直接故意,即行为人有意识地通过非法转让或倒卖土地使用权的方法获取一定的经济利益。行为人主观上须以牟利为目的,这是构成本罪不可缺少的要件,如行为人主观上不具备牟利目的,一般不能构成本罪。笔者认为,牟利目的的具体内容应作广义的理解,既包括直接物质利益,还包括间接物质利益,实践中不能仅以非法获取利益价额的多寡去判别行为人有无牟利目的。如非法转让土地使用权是以提供贷款、招工或者生产设备等物品作为交换条件,即属此类。 12

Ⅸ 既遂与未遂

关于本罪的既遂与未遂问题,主流的观点认为本罪是情节犯,对这类犯罪而言,若法定之情节严重标准具备,则构成犯罪,否则便不构成犯罪,因而本罪只有犯罪成立与不成立之分,无所谓既遂、未遂、预备、中止之说。对此,笔者并不同意,笔者认为本罪存在犯罪既未遂的区分。需要注意的是,本罪的既遂不以土地使用权的变更登记为前提,只要事实上转让、倒卖了土地使用权即可。 13

Ⅹ 共犯

本罪在共同犯罪方面并没有什么特殊之处,根据刑法有关共同犯罪的基本原理 14

---

8 参见彭文华、刘德法:《论非法转让、倒卖土地使用权罪》,载《法学家》2001年第5期。

对其进行处断即可。例如,土地使用人本无非法转让、倒卖土地使用权的故意,但在他人教唆下,产生了非法转让、倒卖土地使用权的故意,进而实施了非法转让、倒卖土地使用权,情节严重的行为,实施教唆行为的人构成本罪共犯。土地使用人通过土地使用权买卖中介机构进行非法转让、倒卖土地使用权的活动,土地使用权买卖中介机构明知土地使用人是在非法转让、倒卖土地使用权,仍决意从中牵线搭桥,促成其非法转让、倒卖土地使用权的行为,情节严重的,土地使用中介机构与土地使用人构成共犯。

XI　罪数

15　非法转让、倒卖土地使用权的行为需要转让人与受让人的合意,行为人为了牟取经济利益,促成非法转让、倒卖土地使用权的交易,往往需要隐瞒其非法转让、倒卖的行为性质而采取伪造、变造土地行政主管部门的文件和土地使用权证书等,因而伪造、变造文件、证书的行为与非法转让、倒卖土地使用权的行为之间具有手段行为与目的行为的牵连关系,构成牵连犯,应当依据牵连犯择一重处断的原则,按照处罚较重的罪定罪处罚,不实行数罪并罚。行为人非法占用农用地后,又将土地使用权非法转让、倒卖的,造成农用地大量毁坏的,涉及非法占用农用地罪与非法倒卖、转让土地使用权罪两个罪。在此种情况下,一般可以非法占用农用地罪论处;如果非法倒卖、转让土地使用权情节特别严重的,可以本罪论处。如果行为人在非法转让、倒卖土地使用权过程中,兼有行贿、受贿、贪污、敲诈勒索等犯罪行为,则构成数罪,应按数罪并罚原则处理。

XII　与非罪的界限

16　非法转让、倒卖土地使用权罪是一种严重的土地犯罪,该犯罪行为牵涉面大,跨行业性强,而且取证困难,又有来自方方面面的干扰,所以认定本罪时务必要准确及时、慎重行事。要正确区分本罪与非法转让、倒卖土地使用权的一般违法行为。首先,情节是判定罪与非罪的标准,应查明非法转让、倒卖土地使用权行为的情节是否严重、是否特别严重,对此,除依照司法解释所确立的标准判定以外,还应以非法转让、倒卖土地使用权的数额以及非法获利数额较大为标准,并结合其他情节综合考虑,如倒卖土地次数较多的,经行政处罚后仍拒不悔改的,非法转让、倒卖土地引起严重后果的,造成大量耕地毁坏、引起农民上访等。情节一般的属于违反土地管理法的一般非法转让、倒卖土地使用权的行为,应由土地管理等部门予以行政处理,只有情节严重或特别严重的非法转让、倒卖土地使用权的行为,才能构成犯罪。其次,本罪是目的犯,在主观上是出于故意,并且必须具有牟利的目的,如果非法转让不是以牟利为目的,如赠与、过失转让等,则不能构成本罪。实践中一般不存在过失倒卖的情形。最后,要认清实践中以各种合法形式掩盖非法目的的非法转让、倒卖的行为,如以联营为名行非法转让土地使用权之实,如假冒合作开发,土地使用权提供者不承担任何义务,只收取对方的出让金。[9]

17 但应注意的是,民事审判上的通行观念是公司股权转让与作为公司资产的土地使用权转让系两个独立的法律关系,现行法律并无强制性规定禁止房地产项目公司以股权转让形式实现土地使用权或房地产项目转让的目的。基于法秩序统一性原理,在刑事司法上就不能无视民法立场和公司法律制度,对于以股权转让方式转让土地使用权的行为,不能认定为非法转让、倒卖土地使用权罪。本罪的适用范围必须严格限定为股权转让之外的、行政法规上严格禁止的非法转让倒卖土地使用权的行为,从而对本罪的客观构成要件要素进行限制解释。[10]

XIII 与他罪的区别

一、与非法占用农用地罪的区别

18 非法占用农用地罪,是指违反土地管理法规,非法占用耕地、林地等农用地,改变被占用土地用途,数量较大,造成耕地、林地等农用地大量毁坏的行为。本罪与非法占用农用地罪都是与土地管理有关的犯罪。二者的主要区别有以下几点:①客体不同。本罪的客体是国家的土地管理秩序和土地使用权,而非法占用农用地罪的客体是国家对土地特别是农用地进行保护的管理制度。②客观方面不同。本罪是情节犯,表现为违反土地管理法规,实施了非法转让、倒卖土地使用权的行为。而非法占用农用地罪是结果犯,表现为违反土地管理法规,非法侵占农用地,数量较大,造成大量农用地毁坏的行为。③主观方面不同。本罪的主观要件为直接故意,并要求以牟利为目的,而非法占用农用地罪则不要求以牟利为目的。

二、与非法批准征用、占用土地罪,非法低价出让国有土地使用权罪的区别

19 本罪与非法批准征用、占用土地罪,非法低价出让国有土地使用权罪都违反了土地管理法规,都要求其情节严重或特别严重。但本罪与后两罪的不同之处也十分明显:①客体不同。本罪的客体为国家对土地使用权的正常管理制度,属于破坏社会主义市场经济秩序犯罪;后两罪的客体为土地管理制度和国家机关正常的管理活动、职务行为的廉洁性,属于渎职犯罪。②客观方面不同。本罪的客观方面是非法转让、倒卖土地使用权,情节严重或特别严重;后两罪的客观方面是非法批准征用、占用土地,非法低价出让国有土地使用权,情节严重或致使国家、集体利益遭受特别重大损失。③主体不同。本罪的主体是一般主体,即任何单位或个人都可成为本罪的主体;

---

9 参见邹清平:《非法转让、倒卖土地使用权罪探析》,载《法学评论》2007 年第 4 期。

10 参见周光权:《非法倒卖转让土地使用权罪研究》,载《法学论坛》2014 年第 5 期。

后两罪的主体只能是国家机关工作人员,不包括非国家机关工作人员。④目的不同。前者以牟利为目的,后者有徇私情和私利的动机,不一定有牟利目的。在司法实践中,国有公司、企业故意低价出让土地使用权的行为,是变相侵占国有资产的行为,侵犯的主要客体是国有财产权,因此不能认定为非法转让、倒卖土地使用权罪。[11]

XIV　处罚

20 根据本条规定,犯非法转让、倒卖土地使用权罪,情节严重的,处 3 年以下有期徒刑或者拘役,并处或者单处非法转让、倒卖土地使用权价额 5%以上 20%以下罚金;情节特别严重的,处 3 年以上 7 年以下有期徒刑,并处非法转让、倒卖土地使用权价额 5%以上 20%以下罚金。根据《刑法》第 231 条的规定,单位犯本罪的,对单位判处罚金,并对其直接负责的主管人员和其他直接责任人员,依照上述规定处罚。

[11] 参见邹清平:《非法转让、倒卖土地使用权罪探析》,载《法学评论》2007 年第 4 期。

第二百二十九条　提供虚假证明文件罪；出具证明文件重大失实罪

承担资产评估、验资、验证、会计、审计、法律服务、保荐、安全评价、环境影响评价、环境监测等职责的中介组织的人员故意提供虚假证明文件，情节严重的，处五年以下有期徒刑或者拘役，并处罚金；有下列情形之一的，处五年以上十年以下有期徒刑，并处罚金：

（一）提供与证券发行相关的虚假的资产评估、会计、审计、法律服务、保荐等证明文件，情节特别严重的；

（二）提供与重大资产交易相关的虚假的资产评估、会计、审计等证明文件，情节特别严重的；

（三）在涉及公共安全的重大工程、项目中提供虚假的安全评价、环境影响评价等证明文件，致使公共财产、国家和人民利益遭受特别重大损失的。

有前款行为，同时索取他人财物或者非法收受他人财物构成犯罪的，依照处罚较重的规定定罪处罚。

第一款规定的人员，严重不负责任，出具的证明文件有重大失实，造成严重后果的，处三年以下有期徒刑或者拘役，并处或者单处罚金。

文献：黄京平主编：《扰乱市场秩序罪》，中国人民公安大学出版社 2003 年版；马松建主编：《扰乱市场秩序犯罪的定罪与量刑》，人民法院出版社 2006 年版；聂立泽：《扰乱市场秩序罪立案追诉标准与司法认定实务》，中国人民公安大学出版社 2010 年版；郭立新、黄明儒主编：《刑法分则适用典型疑难问题新释新解》（第 2 版），中国检察出版社 2010 年版；王作富主编：《刑法分则实务研究》（第 5 版），中国方正出版社 2013 年版；黎宏：《刑法学各论》（第 2 版），法律出版社 2016 年版；高铭暄、马克昌主编：《刑法学》（第 9 版），北京大学出版社、高等教育出版社 2019 年版；张明楷：《刑法学》（第 6 版），法律出版社 2021 年版。张天虹：《论提供虚假证明文件罪》，载《山西大学学报（哲学社会科学版）》2003 年第 3 期；葛恒方：《食品检验机构及其人员应列为提供虚假证明文件罪主体》，载《人民检察》2012 年第 17 期。

细目录

Ⅰ　主旨
Ⅱ　沿革

Ⅲ　客体
Ⅳ　对象
Ⅴ　行为
一、提供虚假证明文件罪的行为表现
二、出具证明文件重大失实罪的行为表现
Ⅵ　结果
Ⅶ　主体
Ⅷ　罪过
Ⅸ　既遂与未遂
Ⅹ　共犯
Ⅺ　罪数
Ⅻ　与非罪的界限
XIII　与他罪的区别
一、提供虚假证明文件罪与伪证罪的区别
二、提供虚假证明文件罪与违规披露、不披露重要信息罪的区别
三、出具证明文件重大失实罪与提供虚假证明文件罪的区别
四、出具证明文件重大失实罪与商检失职罪的区别
五、出具证明文件重大失实罪与玩忽职守罪的区别
XIV　处罚

Ⅰ　主旨

1　本条第1款是对提供虚假证明文件罪的规定。随着市场经济体制的建立和发展,公司、企业在市场经济活动中,可能需要进行资产评估、验资、验证、会计、审计、法律服务、保荐、安全评价、环境影响评价、环境监测等,承担这些任务的人员应当实事求是地提供证明文件,以便公正合理地处理经济组织和经济活动中的各种财产关系。但是,在实践中有些中介组织人员却因种种原因提供虚假证明文件,严重破坏了经济秩序,不利于经济主体之间商品、服务等的交易及投资。为了有效遏制这种严重破坏国家对市场中介活动的监管制度的行为,维护市场经济秩序的良好运行,刑法规定了本罪。

2　本条第3款是对出具证明文件重大失实罪的规定。公司从成立到运作直到解散,都有可能需要资产评估、验资、验证、会计、审计、法律服务、保荐、安全评价、环境影响评价、环境监测等服务。作为中介组织及其人员,应按照法律要求,客观、公正地履行自己的职责,如实提供资产评估报告、验资证明、验证证明、审计报告、保荐书、安全评价报告、环境影响评价报告等证明文件,以便其他有关部门或人员据此作出正确的决定。我国市场运行机制在某些方面尚不健全,某些中介组织及其从业人员的素质不高,致使中介组织、中介人员违法从事服务活动的现象时有发生,此种行为严重危及市场经济的健康发展,危及中介组织本身的健康发展,损及公司、企业及广大投

资者的合法权益。中介组织人员出具证明文件重大失实的行为,不仅背离了中介组织机构活动的公正性,而且会引发其他严重后果,例如,致使不具备成立条件的有限责任公司或股份有限公司得以成立,使具备成立条件的有限责任公司或股份有限公司不能成立,或者破坏公司的财务会计制度,使公司不能正常生产、经营,这些都违反了公司法的有关规定,妨碍了国家工商管理部门对公司的有效管理。为了对这类犯罪行为进行严厉打击,刑法规定了本罪。

Ⅱ 沿革

1979 年《刑法》并未规定提供虚假证明文件罪。为了有力地惩治这类犯罪,1995 年 2 月 28 日全国人大常委会通过的《关于惩治违反公司法的犯罪的决定》第 6 条规定,承担资产评估、验资、验证、审计职责的人员故意提供虚假证明文件,情节严重的,处 5 年以下有期徒刑或者拘役,可以并处 20 万元以下罚金,并于第 2 款规定了单位犯本罪的处罚。1997 年修订刑法时吸收了这一立法成果,在第 229 条规定了本罪,并扩大了本罪的主体范围,增加了承担会计和法律服务职责的中介组织人员;将“可以并处罚金”修改为“并处罚金”;增加了第 2 款关于中介组织人员索取他人财物或者非法收受他人财物,而故意提供虚假证明文件的犯罪行为及其处罚;增加第 3 款,明确规定了出具证明文件重大失实罪。 3

2020 年 12 月 26 日通过的《刑法修正案(十一)》又对本条作了修改与拓展。一是进一步扩大了本条主体的范围,增加了承担保荐、安全评价、环境影响评价、环境监测等职责的中介组织的人员;二是在第 1 款中增加了一档法定刑,并对具体的法定刑升格条件进行了列举;三是在本条第 2 款中,对有第 1 款规定的行为,同时又索取他人财物或者非法收受他人财物而构成犯罪的情况,应如何处理作了修订。经过以上修改,本条将在遏制严重破坏国家对市场中介活动的监管制度方面发挥更大的作用。 4

Ⅲ 客体

关于提供虚假证明文件罪的犯罪客体,刑法理论界有不同的看法,集中体现在是单一客体还是双重客体的焦点上。前者认为本罪的客体是国家对中介服务市场的管理秩序。[1] 后者认为,除国家对中介组织及其活动的监督管理秩序以外,本罪的客体还包括国家、公众以及其他投资者的合法利益[2],或者中介活动的诚实信用规则[3]。笔者认为,国家对中介组织的正常管理秩序或者说国家对中介事务的管理制度,无疑 5

---

1 参见高铭暄、马克昌主编:《刑法学》(第 9 版),北京大学出版社、高等教育出版社 2019 年版,第 449 页。

2 参见黄京平主编:《扰乱市场秩序罪》,中国人民公安大学出版社 2003 年版,第 295 页。

3 参见马松建主编:《扰乱市场秩序犯罪的定罪与量刑》,人民法院出版社 2006 年版,第 438 页。

是本罪的客体。同时,作为一种从事中介活动的规则,诚实信用规则是其中必不可少的规则之一,也应是本罪的直接客体。但是,“国家、公众以及其他投资者的合法利益”的说法则范围偏大。可以说,所有的扰乱市场秩序的犯罪,都会侵犯国家、公众的合法利益,且中介组织人员提供虚假证明文件的行为是否必然会侵犯其他投资者的合法权益,也是值得探讨的问题。综合上述,笔者认为,本罪的客体是国家对中介活动的管理制度以及中介活动的诚实信用规则。

6　出具证明文件重大失实罪侵犯的客体是国家对中介服务市场的监督管理秩序,即与资产评估、验资、验证、会计、审计、法律服务、保荐、安全评价、环境影响评价、环境监测等中介组织所出具证明文件直接相关的市场管理秩序。在我国现行的市场经济体制下,中介服务机构和中介组织人员起着极其重要的作用。社会主义市场经济的正常运转,离不开现代企业制度的建立和经济组织的规范活动,而这些中介服务机构诸如会计师事务所、审计事务所、公证处及律师事务所等以其相对独立的地位与较高的专业知识水平,在市场经济生活中不仅能为市场主体提供客观公正的服务,提供具有相当可信度的证明文件,而且还能监督、服务于整个经济生活的运转。他们的活动对于维护市场经济秩序,保护市场主体的合法权益,促进社会主义市场经济秩序的发展起着不可低估的作用。

Ⅳ　对象

7　提供虚假证明文件罪和出具证明文件重大失实罪的对象主要为各种证明文件,包括资产评估报告、验资报告、验证报告、财务会计报告、审计报告、法律意见书、保荐书、安全评价报告、环境影响评价报告等证明文件。

8　所谓资产评估,是指法定资产评估机构中的注册会计师等承担资产评估职责的人员,依照公司法、会计法、注册会计师法等有关法律法规的规定,在国有企业改制为公司时,或者在有限责任公司和股份有限公司成立、解散或者其他必要的情况下,对机器设备、厂房等固定资产和债权债务以及流动资金等进行折抵作价,以便核实和确定财产总额的活动。资产评估报告,是指评估人员在调查、搜集、验证和评价有关数据的基础上形成的关于资产评估情况和结果的公正性文件。按照我国《国有资产评估管理办法》的规定,资产评估报告应当真实、公正地反映资产评估工作的情况。

9　所谓验资,是指法定的验资机构中的注册会计师等承担验资职责的人员,依照公司法、会计法、注册会计师法等有关法律规定,在有限责任公司、股份有限公司等企业成立时,对股东是否出资、是否按规定数额出资以及出资是否及时等情况进行审验并出具相应证明的活动。验资报告是在注册会计师完成预定验资程序,获得充分、适当的验资证据,分析、评价验资结论,形成验资意见的基础上出具的具有法律效力的证明文件。《注册会计师法》规定,注册会计师对验资报告的真实性和合法性负责。

10　所谓验证,是指法定验资机构及其工作人员对企业财务报告的真实性、准确性和可信性进行审查、核实并出具相应的证明。根据《公司法》第164条的规定,公司应当在每一会计年度终了时制作财务会计报告,并依法经会计师事务所审计。

11 所谓会计,是指以货币为主要计量单位,对经济活动真实地、准确地、全面地进行记录、计算、分析、检查和监督的管理活动。

12 所谓审计,是指法定的审计机构及其工作人员,依照公司法、会计法、审计法等有关法律法规的规定,用专门的方法,对被审计单位的会计记录、会计报表、其他经济资料以及它们所反映的经济活动进行分析、研究和调查,以确定其真实性、合法性、经济性和效率性,进而作出客观、公正的评价,并根据审查结果出具报告书或证明书的活动。审计报告,是审计人员在审计工作完结以后,就审计任务完成情况和审计结果编成的书面报告。

13 所谓法律服务,是指律师事务所、公证处等组织中的律师、公证人员以及其他法律服务人员依照有关法律规定,就涉及法律专业知识为社会公众提供的代理诉讼、出具法律意见书、办理公证等法律事务服务的活动。[4]

14 所谓保荐,即保荐制度,是指有资格的保荐人推荐符合条件的公司公开发行和上市证券,并对所推荐的发行人披露的信息质量和所作承诺提供的持续训示、督促、辅导、指导和信用担保的制度。[5]

15 所谓安全评价,是指辨识和预测建设项目发生事故造成职业危害的可能性及严重程度,进而提出防范风险的措施建议并得出评价结论的活动。[6]

16 所谓环境影响评价,是指对规划和建设项目实施后可能造成的环境影响进行分析、预测和评估,提出预防或者减轻不良环境影响的对策和措施,进行跟踪监测的方法与制度。[7]

17 所谓环境监测,是指人们对影响人类和其他生物生存和发展的环境质量状况进行的监视性测定的活动,它是运用物理、化学和生物等现代科学技术方法,监视和测定代表环境质量及变化规律的各种数据活动的全过程。[8]

V　行为

一、提供虚假证明文件罪的行为表现

18 提供虚假证明文件罪在客观方面表现为承担资产评估、验资、验证、会计、审计、

4　参见王作富主编:《刑法分则实务研究》(第 5 版),中国方正出版社 2013 年版,第 713 页。

5　参见叶林主编:《证券法教程》,法律出版社 2010 年版,第 152 页。

6　参见黄锡生、何江:《环评与安评外延之辩及制度完善——基于天津港爆炸事故的环境法思考》,载《中国地质大学学报(社会科学版)》2016 年第 4 期。

7　参见《环境影响评价法》第 2 条。

8　参见韩德培主编:《环境保护法教程》(第 8 版),法律出版社 2018 年版,第 121—122 页。

法律服务、保荐、安全评价、环境影响评价、环境监测等职责的中介组织的人员提供虚假证明文件,情节严重的行为。

19 所谓提供,是指依照法律、法规的规定将虚假的资产评估报告、验资证明、验证证明、财务会计报告、审计报告、法律意见书、保荐书、安全评价报告以及环境影响评价报告等文件向有关当事人、主管部门提交或向公众公开。这里的提供不只是单纯的交付行为,而应包括制作(无形伪造)与交付。只是制作了虚假证明文件,而没有交付的,不能成立本罪。同时,交付还必须发生在中介活动过程当中,否则也不能成立本罪。例如,律师在提供法律服务时,如果是在具有中介性质的业务过程中提供虚假证明,向参加企业就国有资产评估并出具虚假的法律意见书、资产评估报告的,是可以构成提供虚假证明文件罪的。但是,倘若不是在中介活动过程中提供虚假证明文件,而是在辩护、代理诉讼活动过程中,则不能构成本罪。

20 所谓虚假的证明文件,是指内容不真实的资产评估报告、验资证明、验证证明、财务会计报告、审计报告、收入、职务等资信证明材料等。虚假既可能是全部内容都不真实,也可能是部分内容不真实。实践中,常见的提供虚假证明文件的情形有:①提供根本不存在资产的资产评估报告或者提供与实际资产有出入的资产评估报告;②提供与实物、工业产权、非专利性技术、土地使用权价值不相符合的证明文件;③提供与实际情况不符的验资报告,主要表现为对没有转移财产所有权的发起人、股东提供已经转移财产所有权的验资报告,为虚报或者少报注册资本的发起人、股东提供没有虚报、少报注册资本的验资报告,为没有出资或少出资的股东、发起人提供已经全部缴纳出资的验资报告等;④提供与实情不符的验证报告;⑤提供与实情不符的会计、审计报告;⑥提供虚假的法律意见书、裁决书、公证文书等。[9]

二、出具证明文件重大失实罪的行为表现

21 出具证明文件重大失实罪在客观方面表现为承担资产评估、验资、验证、会计、审计、法律服务、保荐、安全评价、环境影响评价、环境监测等职责的中介组织的人员,严重不负责任,出具的证明文件有重大失实,造成严重后果的行为。

22 出具证明文件重大失实罪所要求的严重不负责任,是指依法承担资产评估、验资、验证、会计、审计和法律服务等职责的中介组织人员,严重违反资产评估管理办法、验证管理办法、公司法、会计法、审计法、律师法等有关法律和行政法规的规定,不履行依照前述的法律、行政法规所要求应尽的职责,应当审查检验有关文件却不审查检验,或者审查检验不认真的行为。如果行为人在进行资产评估、验资、验证、会计、审计、法律服务、保荐、安全评价、环境影响评价、环境监测时已经尽了自己的职责,严格履行了有关法定的程序和手续,但是由于某种客观原因,仍然过失提供了内容严重

9　参见马松建主编:《扰乱市场秩序犯罪的定罪与量刑》,人民法院出版社 2006 年版,第 441—442 页。

失实的证明文件,不属于本罪所要求的严重不负责任的情况,不构成本罪。

出具证明文件重大失实罪所要求的重大失实,是指中介组织或者中介组织的从业人员所出具的资产评估报告、验资报告、验证报告、财务会计报告、审计报告、法律意见书、保荐书、安全评价报告以及环境影响评价报告等证明文件中,最为实质、最为核心、与委托人利益最密切的部分的内容与实际情况有重大出入,足以造成其他公司、企业或人员的重大经济损失。比如资产评估报告中确认的资产数额与实际资产有巨大差距,验资报告对于注册资本的审验结果与实际资本有巨大的出入,会计或者注册会计师编制的财务会计报告数据出现严重错误,审计报告中的审计结果数据与实际数据差额巨大,法律意见书中所载明的情况与事实完全不符,等等。[10] 23

Ⅵ 结果

根据刑法的规定,提供虚假证明文件罪属于情节犯,以行为达到严重情节为构成犯罪的必要条件,否则就不构成犯罪。对"情节严重"的具体把握可参见最高人民检察院、公安部发布的《关于公安机关管辖的刑事案件立案追诉标准的规定(二)》的规定,其中第 73 条是对本罪立案追诉标准的规定:①给国家、公众或者其他投资者造成直接经济损失数额在 50 万元以上的;②违法所得数额在 10 万元以上的;③虚假证明文件虚构数额在 100 万元且占实际数额 30%以上的;④虽未达到上述数额标准,但两年内因提供虚假证明文件受过两次以上行政处罚,又提供虚假证明文件的;⑤其他情节严重的情形。 24

根据刑法的规定,出具证明文件重大失实罪属于结果犯,以行为造成严重后果为构成犯罪的必要条件,否则就不构成犯罪。对"严重后果"的具体把握可参见前述《关于公安机关管辖的刑事案件立案追诉标准的规定(二)》的规定,其中第 74 条是对本罪立案追诉标准的规定:①给国家、公众或者其他投资者造成直接经济损失数额在 100 万元以上的;②其他造成严重后果的情形。 25

严重不负责任,出具的证明文件有重大失实与造成严重后果之间必须有刑法上的因果关系,才能成立本罪,才能追究中介组织或者中介人员的刑事责任。例如,行为人出具证明文件是为他人实施某种行为提供依据,他人依据重大失实的证明文件实施行为进而造成严重后果的,应当认定为出具证明文件的行为造成了严重后果。但是,他人明知证明文件重大失实,仍然依照该证明文件实施行为的,不得将严重后果归属于出具证明文件的行为。[11] 26

---

10 参见马松建主编:《扰乱市场秩序犯罪的定罪与量刑》,人民法院出版社 2006 年版,第 471—472 页。

11 参见张明楷:《刑法学》(第 6 版),法律出版社 2021 年版,第 1105 页。

Ⅶ 主体

27 本条规定的犯罪为身份犯,主体是特殊主体,即承担资产评估、验资、验证、会计、审计、法律服务、保荐、安全评价、环境影响评价、环境监测等职责的中介组织或者上述中介组织的从业人员。他们的共同特点是,具有法定资格,站在第三方的立场上,按照法定程序,运用法定知识以客观、公正、实事求是的态度进行评价、证明活动,以维护正常的市场经济秩序。具体如下:①资产评估机构及其承担资产评估职责的人员;②会计师事务所及注册会计师;③审计师事务所及审计师;④律师事务所及律师;⑤公证处及公证员;⑥保荐机构及保荐人;⑦安全评价机构及评价人;⑧环境影响评价机构及评价人;⑨环境监测机构及监测人。[12] 在实践中,资信评估机构及评估员、土地评估事务所及评估员、税务师事务所及税务师也可成为本罪主体。车辆安全技术检验机构及其检验人员也是通过自身服务取得收益,同时承担一定社会功能和社会责任,介于政府与社会、政府与企业之间的社会服务机构,与会计师事务所、律师事务所、公证处等同属中介组织,可以成为本罪的主体。

Ⅷ 罪过

28 提供虚假证明文件罪在主观方面出于故意,这一点并无疑义。但就故意的内容是否包括间接故意,学界存在分歧。有的认为本罪只能是直接故意,不包括间接故意。有的认为本罪既包括直接故意,也包括间接故意,在司法实践中中介组织人员出于间接故意而提供虚假证明文件的情况也是存在的。[13] 后者的主要理由在于,无论是从刑法学理论上还是从法条规定上或者从司法实践上看,都不排除行为人对危害结果持放任的主观心理态度,认为本罪的主观方面只能由直接故意构成的观点混淆了"故意"一词的刑法学与日常生活中不同的含义,而且失之过窄,可能放纵犯罪,因而不可取。[14]

29 笔者认为间接故意不可能构成本罪,因为资产评估、验资、会计及法律服务、保荐、安全评价、环境影响评价、环境监测等中介服务是专业性较强的工作,从事上述行业必须要有国家认可的相应资历。而且上述行业依法出具的证明文件是与市场主体的经济利益及市场运行机制正常运转息息相关的重要文件,具有一种公信力,也直接或间接影响有关当事人的利益和国家的正常监督管理。因此,对于负有提供有关资产评估、验资、验证、会计、审计、法律服务、保荐、安全评价、环境影响评价、环境监测

---

12 参见王作富主编:《刑法分则实务研究》(第5版),中国方正出版社2013年版,第714—715页。

13 参见黄京平主编:《扰乱市场秩序罪》,中国人民公安大学出版社2003年版,第310页。

14 参见王作富主编:《刑法分则实务研究》(第5版),中国方正出版社2013年版,第716页。

等证明文件职责的这类特定主体,不可能不会认识到虚假证明文书必然会给社会和国家的管理造成危害,因而本罪主体在意志因素上,不可能持放任危害结果发生的态度,故间接故意不能构成本罪。如果由于工作不细致、失职导致客观上提供了虚假证明文件但后果严重的情况,则应当以出具证明文件重大失实罪定性,如果未造成严重后果,则不按犯罪处理。如果上述中介组织及人员在资产评估、验资、验证、审计、会计、法律服务、保荐、安全评价、环境影响评价、环境监测过程中,由于种种非出于本人的原因而导致出具的证明文件内容与客观情况不符,如由于公司、企业内部人员串通舞弊致使中介机构及其工作人员未能发现错误,因而出具内容不实的证明文件的,不能构成犯罪。因此,也不会存在放纵犯罪的情况。[15]

出具证明文件重大失实罪为过失犯罪。有的学者认为,这里的过失一般是由于疏忽大意而出具了重大失实的证明文件。有的学者认为,这里的过失,既包括疏忽大意的过失,也包括过于自信的过失。[16] 第二种意见较为全面且符合司法实践中的实际情况。即本罪在主观方面主要表现为承担资产评估、验资、验证、会计、审计、法律服务、保荐、安全评价、环境影响评价、环境监测等职责的中介组织人员应当预见到其出具的证明文件重大失实,可能造成严重后果,但没有预见到,或者已经预见到其出具重大失实证明文件的行为可能造成严重后果,但轻信能够避免。 30

Ⅸ　既遂与未遂

关于提供虚假证明文件罪的既未遂问题,主流的观点认为本罪是情节犯,对这类犯罪而言,若法定之情节严重标准具备,则构成犯罪,否则便不构成犯罪,因而本罪只有犯罪成立与不成立之分,无所谓既遂、未遂、预备、中止之说。对此,笔者并不赞同。笔者认为本罪存在犯罪既未遂的区分。需要注意的是,仅仅制作了虚假的证明文件并不构成既遂,只有行为人提供交付了虚假的证明文件时,本罪才告既遂。 31

Ⅹ　共犯

在提供虚假证明文件罪的认定中,应当注意本罪与相关犯罪的共犯的区别。一般而言,在提供虚假证明文件者未认识到正犯行为的前提下,是不会存在其成立共犯的可能的。但是在认识到或者有共谋的前提下,本罪原本就是相关犯罪的帮助犯,如行为人将虚假证明文件提供给他人虚报注册资本,原本是虚假注册资本罪的帮助犯;将虚假证明文件提供给他人用以欺诈发行股票债券,原本是欺诈发行股票、债券罪的帮助犯;将虚假证明文件提供给他人为他人隐匿国有资产服务,原本是贪污罪 32

15　参见郭立新、黄明儒主编:《刑法分则适用典型疑难问题新释新解》(第2版),中国检察出版社2010年版,第272页。

16　参见黄京平主编:《扰乱市场秩序罪》,中国人民公安大学出版社2003年版,第328页。

或者私分国有资产罪的帮助犯。但是,刑法当中既然已经将中介组织人员故意提供虚假证明文件,情节严重的行为独立为犯罪,那么对于这种行为就不能再以相关犯罪的帮助犯定罪处罚了。否则,特别规定就没有实际意义。因此,帮助做虚假验资、提供虚假证明文件的中介组织人员,应当直接以提供虚假证明文件罪定罪处罚,而不能看作为其他犯罪的共同犯罪。[17]

XI 罪数

33 中介组织人员在承担资产评估、验资、验证、会计、审计、法律服务、保荐、安全评价、环境影响评价、环境监测等职责时,伪造其所在的资产评估机构、会计师事务所、律师事务师、仲裁委员会、公证处、保荐机构、安全评价机构、环境影响评价机构、环境监测机构等单位的印章,并将这种伪造的印章用在虚假的证明文件上再提供给他人的,行为人在构成提供虚假证明文件罪的同时,其手段行为又触犯了伪造公司、企业、事业单位印章罪,应成立提供虚假证明文件罪的牵连犯。处罚时,根据牵连犯从一重罪处断的原则,结合各罪的犯罪情节以处罚较重的罪定罪处罚即可。

34 《刑法》第 229 条第 2 款规定:"有前款行为,同时索取他人财物或者非法收受他人财物构成犯罪的,依照处罚较重的规定定罪处罚。"所以,当行为人因提供虚假证明文件成立犯罪,同时又因索取他人财物或者非法收受他人财物构成犯罪的,行为人成立提供虚假证明文件罪与受贿罪(当行为人属于国有中介组织的从业人员时)或者非国家工作人员受贿罪(当行为人属于非国有中介组织的从业人员时)的想象竞合,从一重罪处断即可。

35 当行为人具有国家机关工作人员身份时,其玩忽职守致使出具的证明文件重大失实的行为,就可能同时构成玩忽职守罪与出具证明文件重大失实罪。两罪之间形成想象竞合犯的关系,根据从一重罪处断的原则,一般情况下,玩忽职守罪重于本罪,按照玩忽职守罪定罪处罚即可。当然,在特殊情况下,也可以本罪处罚。

XII 与非罪的界限

36 提供虚假证明文件罪是情节犯,在中介活动过程中,提供虚假证明文件的行为必须达到情节严重的程度才能构成犯罪,否则便是一般的违法行为,不构成犯罪。本罪在主观方面只能是故意,法条明确排除了过失构成本罪的可能,因此,在司法实践中,应当认真考察行为人的主观心理是不是故意,否则也不能以本罪论处。

37 构成出具证明文件重大失实罪必须造成严重结果,否则,只能按照一般违法行为承担相应的民事或者行政责任。同时,发生严重后果还必须是由行为人严重不负责任出具重大失实的中介证明文件所造成的,否则也不能构成出具证明文件重大失实

---

17 参见黎宏:《刑法学各论》(第 2 版),法律出版社 2016 年版,第 209 页。

罪。另外,构成本罪在主观方面必须是过失,包括过于自信的过失和疏忽大意的过失,若主观上不具有过失,虽造成严重损失也不能构成本罪。

XIII 与他罪的区别

一、提供虚假证明文件罪与伪证罪的区别

38 伪证罪,是指在刑事诉讼中,证人、鉴定人、记录人、翻译人对与案件有重要关系的情节,故意作虚假证明、鉴定、记录、翻译,意图陷害他人或者隐匿罪证的行为。两罪在总体上的差别是很明显的。首先,客体不同。提供虚假证明文件罪的客体是正常的国家对中介活动的监管制度和中介活动的诚实信用规则;伪证罪的客体是司法机关的正常管理活动。其次,客观方面不同。提供虚假证明文件罪在客观方面表现为行为人实施提供虚假证明文件,情节严重的行为;伪证罪在客观方面表现为行为人实施出具虚假的证明、鉴定意见、记录、翻译文件的行为。再次,主体不同。提供虚假证明文件罪的主体是承担资产评估、验资、验证、会计、审计、法律服务、保荐、安全评价、环境影响评价、环境监测等职责的中介组织及其从业人员;伪证罪的主体是证人、鉴定人、记录人和翻译人员。最后,对象不同。提供虚假证明文件罪的犯罪对象是与中介活动有关的资产评估报告、验资报告、验证报告、财务会计报告、审计报告、法律意见书、保荐书、安全评价报告以及环境影响评价报告等证明文件;伪证罪的犯罪对象是证人证言、鉴定意见、审讯笔录、翻译文件。

39 然而,由于提供虚假证明文件罪的犯罪对象是虚假的证明文件,而伪证罪的犯罪对象也包括虚假的证明文件,故而易产生定性的模糊。例如,在司法实践中,司法机关往往需要就某一具体专业性问题要求会计师事务所或者审计师事务所作鉴定。如果会计师事务所及其注册会计师、审计师事务所及其审计师故意作出虚假的鉴定意见的,应当以何罪论处?对于这种情况,有的认为,如果中介组织人员出于包庇犯罪或者隐匿罪证的目的,即明知其提供的证明将对案件起实质影响作用而仍然提供虚假证明,构成伪证罪;如果出于其他目的则构成中介组织人员提供虚假证明文件罪。而且认为,如果中介组织人员提供虚假鉴定意见的目的在于陷害他人的,也应以伪证罪论处。[18] 笔者认为,对此没有必要刻意进行区分,行为人的行为完全符合一行为触犯两罪名的想象竞合犯,按照从一重的原则处断即可。

二、提供虚假证明文件罪与违规披露、不披露重要信息罪的区别

40 违规披露、不披露重要信息罪,是指依法负有信息披露义务的公司、企业向股东和社会公众提供虚假的或者隐瞒重要事实的财务会计报告,或者对依法应当披露的

18　参见王作富主编:《刑法分则实务研究》(第 5 版),中国方正出版社 2013 年版,第 716—717 页。

其他重要信息不披露或者不按规定披露,严重损害股东或者其他人的利益,或者有其他严重情节的行为。提供虚假证明文件罪与违规披露、不披露重要信息罪在诸多方面存在差异。违规披露、不披露重要信息罪的客体是国家对公司、企业的信息公开披露制度和股东、社会公众和其他利害关系人的合法权益;在客观方面表现为公司、企业向股东和社会公众提供虚假的或者隐瞒重要事实的财务会计报告,或者对依法应当披露的其他重要信息不披露或者不按规定披露,严重损害股东或者其他人的利益,或者有其他严重情节的行为;主观方面只能由故意构成;主体是特殊主体,即依法负有信息披露义务的公司、企业。

41 一般情况下,两罪比较容易区分。需要特别注意的是,如果有关公司、企业与承担资产评估、验资、验证、会计、审计、法律服务、保荐、安全评价、环境影响评价、环境监测等职责的中介组织人员串通,由中介组织人员提供虚假的证明文件,而后公司、企业又根据该证明文件向股东和社会公众提供虚假的财会报告或者披露虚假信息的,应当如何处理?有的观点认为,此时中介组织人员已经丧失了作为提供虚假证明文件罪所必须具有的第三方的独立性与中立性,而不能构成提供虚假证明文件罪。此时全案应当一并按照共同犯罪来处理,即以违规披露、不披露重要信息罪来处理。[19] 笔者认为,在这种情况下,对于中介组织人员的行为,如果既符合提供虚假证明文件罪的构成要件,又符合违规披露、不披露重要信息罪的构成要件,则按照处理想象竞合犯的原则,从一重处断即可。

三、出具证明文件重大失实罪与提供虚假证明文件罪的区别

42 出具证明文件重大失实罪与提供虚假证明文件罪有许多相同之处:二者都侵犯了国家对中介组织及其人员的管理秩序;在主体方面都是特殊主体即承担资产评估、验资、验证、会计、审计、法律服务、保荐、安全评价、环境影响评价、环境监测等职责的中介组织或者中介人员;都实施了违背职责的犯罪行为,也往往都造成严重的危害后果。二罪的主要区别在于:首先,主观方面不同。出具证明文件重大失实罪在主观方面是过失,提供虚假证明文件罪在主观方面只能是故意。其次,行为方式不同。出具证明文件重大失实罪是行为人严重不负责任出具的证明文件重大失实,而提供虚假证明文件罪是行为人提供虚假的证明文件的行为。最后,定罪情节要求不同。出具证明文件重大失实罪以造成严重后果为定罪要件,提供虚假证明文件罪以情节严重为定罪要件,造成严重后果是严重情节之一,除此之外,还包括其他情节。

---

[19] 参见聂立泽:《扰乱市场秩序罪立案追诉标准与司法认定实务》,中国人民公安大学出版社2010年版,第218页。

四、出具证明文件重大失实罪与商检失职罪的区别

商检失职罪是指国家商检部门、商检机构的工作人员严重不负责任,对应当检验的物品不检验,或者延误检验出证,错误出证,致使国家利益遭受重大损失的行为。出具证明文件重大失实罪与商检失职罪都是过失犯罪,有较多的相似之处,在修订刑法以前都是依照玩忽职守罪处罚的。两者的区别主要是:首先,客体不同。出具证明文件重大失实罪的客体是国家的中介监管秩序,属于扰乱市场秩序的犯罪;商检失职罪侵犯的主要是国家的商品检验制度,属于渎职犯罪。其次,客观方面不同。出具证明文件重大失实罪表现为行为人严重不负责任,出具的证明文件严重失实,造成严重后果的行为;商检失职罪表现为行为人严重不负责任,对应当检验的物品不检验,或者延误检验出证、错误出证,致使国家利益遭受重大损失的行为。最后,主体不同。出具证明文件重大失实罪的主体是承担资产评估、验资、验证、会计、审计、法律服务、保荐、安全评价、环境影响评价、环境监测等职责的中介组织及其人员;商检失职罪的主体则是国家商检部门、商检机构的工作人员。另外,出具证明文件重大失实罪既可以由自然人构成,也可以由单位构成,商检失职罪的主体只能由自然人构成。 43

五、出具证明文件重大失实罪与玩忽职守罪的区别

玩忽职守罪是指国家机关工作人员因严重不负责任,不履行或不正确履行自己的工作职责,致使公共财产、国家和人民利益遭受重大损失的行为。在 1997 年《刑法》以前,不少中介行为的严重违法行为被按照玩忽职守罪处罚。1997 年修订刑法时,规定了本罪。出具证明文件重大失实罪与玩忽职守罪有许多相同之处:二者主观方面都是过失;都违反工作职责、严重不负责任;都发生严重后果。二者的主要区别在于:首先,客体不同。出具证明文件重大失实罪的客体是国家的中介监管秩序,玩忽职守罪的客体是国家机关的正常管理秩序。其次,主体不同。出具证明文件重大失实罪的主体是承担资产评估、验资、验证、会计、审计、法律服务、保荐、安全评价、环境影响评价、环境监测等职责的中介组织及其人员;玩忽职守罪的主体是国家机关工作人员。 44

XIV　处罚

根据本条第 1 款的规定,犯提供虚假证明文件罪,情节严重的,处 5 年以下有期徒刑或者拘役,并处罚金;有下列情形之一的,处 5 年以上 10 年以下有期徒刑,并处罚金:①提供与证券发行相关的虚假的资产评估、会计、审计、法律服务、保荐等证明文件,情节特别严重的;②提供与重大资产交易相关的虚假的资产评估、会计、审计等证明文件,情节特别严重的;③在涉及公共安全的重大工程、项目中提供虚假的安全评价、环境影响评价等证明文件,致使公共财产、国家和人民利益遭受特别重大损失的。 45

46　根据本条第 2 款的规定,有前款行为,同时索取他人财物或者非法收受他人财物构成犯罪的,依照处罚较重的规定定罪处罚。

47　根据本条第 3 款的规定,犯出具证明文件重大失实罪,造成严重后果的,处 3 年以下有期徒刑或者拘役,并处或者单处罚金。根据《刑法》第 231 条的规定,单位犯本罪的,对单位判处罚金,并对其直接负责的主管人员和其他直接责任人员,依照上述规定处罚。

第二百三十条　逃避商检罪

违反进出口商品检验法的规定，逃避商品检验，将必须经商检机构检验的进口商品未报经检验而擅自销售、使用，或者将必须经商检机构检验的出口商品未报经检验合格而擅自出口，情节严重的，处三年以下有期徒刑或者拘役，并处或者单处罚金。

文献:黄京平主编:《扰乱市场秩序罪》,中国人民公安大学出版社 2003 年版;马松建主编:《扰乱市场秩序犯罪的定罪与量刑》,人民法院出版社 2006 年版;聂立泽:《扰乱市场秩序罪立案追诉标准与司法认定实务》,中国人民公安大学出版社 2010 年版;王作富主编:《刑法分则实务研究》(第 5 版),中国方正出版社 2013 年版;黎宏:《刑法学各论》(第 2 版),法律出版社 2016 年版;张明楷:《刑法学》(第 6 版),法律出版社 2021 年版。易秀清:《逃避商检,刑事责任与行政责任并举——全国首例逃避商检罪案件剖析》,载《中国检验检疫》2008 年第 8 期;李希慧、姚龙兵:《逃避商检罪研究》,载《江淮论坛》2010 年第 1 期。

细目录

Ⅰ　主旨
Ⅱ　沿革
Ⅲ　客体
Ⅳ　对象
Ⅴ　行为
Ⅵ　结果
Ⅶ　主体
Ⅷ　故意
Ⅸ　既遂与未遂
Ⅹ　共犯
Ⅺ　罪数
Ⅻ　与非罪的界限
XIII　与他罪的区别
一、与逃避动植物检疫罪的区别
二、与妨害国境卫生检疫罪的区别
XIV　处罚

Ⅰ 主旨

1 本条是对逃避商检罪的规定。对进口、出口商品实行检验制度,是我国对外贸易管理的重要内容之一。尤其是我国实行对外开放政策以来,我国经济已经融入了世界经济发展的大市场,我国的进出口业务量不断扩大,进出口商品的种类、数量等都在不断地增加。实践中,逃避商品检验的行为,扰乱了进出口秩序,危及了国家的利益和人民的生命、财产利益。为了打击逃避商检的犯罪行为,保证进出口商品质量,维护对外贸易有关各方的合法权益,促进对外经贸关系的顺利发展,提高我国出口商品的声誉、企业信誉,加强对涉及健康、卫生、环境保护商品以及与国计民生密切相关的产品进出口的监管工作,使国家和人民利益免受损失,刑法规定了本罪。

Ⅱ 沿革

2 我国的商检立法是随着我国对外贸易的发展而不断发展的。1950 年财经委员会批准发布的《商品检验暂行条例(草案)》是我国商检立法的开始。随着国家对外开放,为了加强进出口商品检验工作,促进对外贸易的发展,国务院在 1984 年 1 月 28 日发布了《进出口商品检验条例》。随后,一系列有关商检工作的规章制度和进出口商品的检验标准以及检验办法陆续制定出来。这些法规和规定,对把好我国进出口商品质量关发挥了一定作用。1989 年全国人大常委会通过了《进出口商品检验法》,标志着我国商检工作进入了一个新的发展阶段。根据该法第 26 条第 1 款的规定,违反本法规定,对列入《种类表》的和其他法律、行政法规规定必须经商检机构检验的进口商品未报经检验而擅自销售或者使用的,对列入《种类表》的和其他法律、行政法规规定必须经商检机构检验的出口商品未报经检验而擅自出口的,由商检机构处以罚款;情节严重,造成重大经济损失的,对直接责任人员比照《刑法》第 187 条的规定追究刑事责任。1997 年《刑法》吸收了上述规定的部分内容,于第 230 条增设了本罪。[1]

Ⅲ 客体

3 本罪的客体,是国家对进出口商品检验的管理秩序。商品的进出口是国家对外经济贸易的重要内容,建立完善的进出口商品检验制度,是发展对外经济贸易,维护国家对外经济贸易活动中的合法权益和保障进出口商品安全的需要。逃避商检的行为在破坏《进出口商品检验法》所确立的商品检验制度的同时,也构成了对国家进出口商品检验秩序的破坏。

---

1 参见聂立泽:《扰乱市场秩序罪立案追诉标准与司法认定实务》,中国人民公安大学出版社 2010 年版,第 231—232 页。

Ⅳ 对象

关于本罪的对象，理论上有两种不同的观点，有的学者认为，本罪的犯罪对象是进出口商品，具体而言包括《商检机构实施检验的进出口商品种类表》《食品安全法》以及其他法律、法规规定的进出口商品。有的学者认为，本罪是侵害国家对外进出口商品检验的管理秩序的犯罪，没有犯罪对象可言。其理论根据主要是：犯罪对象是指犯罪行为所指向的人或物，是犯罪分子在犯罪过程中对之施加影响，并通过这种影响使某种客体遭受损害的、作为社会关系主体或物质表现的人或物品，所有的犯罪都有犯罪客体，但并非所有的犯罪都有犯罪对象。研究与确定某一犯罪对象的意义，在于准确地认识犯罪客体，从而认识犯罪的本质。与犯罪客体联系不大，无助于揭示犯罪客体和本质的与犯罪行为相联系的物品和现象，没有理论意义。[2] 笔者同意后一种观点。 4

Ⅴ 行为

本罪在客观方面表现为违反进出口商品检验法的规定，逃避商品检验，将必须经商检机构检验的进口商品未报经检验而擅自销售、使用，或者将必须经商检机构检验的出口商品未报经检验合格而擅自出口，情节严重的行为。 5

1. 违反进出口商品检验法的规定

我国有关进出口商品检验方面的法律法规主要是《进出口商品检验法》，以及由国务院批准、国家进出口商品检验局发布的《进出口商品检验法实施条例》等一系列法律法规。根据《进出口商品检验法》及其相关实施条例的规定，我国的商品检验分为法定检验、公证检验、委托检验三种，成立逃避商检罪而逃避的商品检验指的是法定检验。这里的法定检验指的是依据国家有关法律法规的规定，对大宗的、关系国计民生的重点进出口商品，涉及安全卫生的商品以及由国家指定须经商检机构统一执行检验的商品所必须进行的检验，否则进口的商品不能在境内销售、使用，准备出口的商品不得出口。[3] 6

2. 逃避商品检验

逃避商品检验包括两种情形：一是逃避商品检验，将必须经商检机构检验的进口商品未报经检验而擅自销售、使用的行为；二是逃避商品检验，将必须经商检机构检验的出口商品未报经检验合格而擅自出口的行为。以上两种行为，只要行为人实施了一种，即认为是逃避商检的行为。 7

---

2 参见黄京平主编：《扰乱市场秩序罪》，中国人民公安大学出版社 2003 年版，第 339 页。

3 参见王作富主编：《刑法分则实务研究》（第 5 版），中国方正出版社 2013 年版，第 722 页。

3. 行为表现形式

8 在司法实践中,逃避商检行为的表现形式多种多样,主要有但不局限于以下几种:①对应当进行法定检验的进出口商品不报验,而伪造、变造商检证书或者商检机构印章,进行虚假报关的。②对应当进行法定检验的出口商品谎称为不需要实行法定检验的出口商品而逃避商检的。③对应当进行法定检验的出口商品,采取弄虚作假的手段,向国家商检部门申请免检而逃避商检的。④对应当进行法定检验的进口商品谎称为不需要实行法定检验的进口商品而逃避商检的。⑤对应当实行法定检验,而又未获得免验批准的进出口商品,冒充已获批准的免验商品而逃避商检的。⑥对应当进行法定检验的进出口商品,采用贿赂或者其他手段,与国家商检部门、商检机构,或者国家商检部门、商检机构指定的检验机构工作人员通谋,伪造商检结果而逃避商检的。⑦对应当实行法定检验的出口商品经报验不合格后擅自出口的。⑧对应当实行法定检验的进口商品,向卸货口岸或者到达地的商检机构办理登记,商检机构在报关单上加盖“已接受登记”的印章后进行报关,海关验货后,收货人不报验而擅自使用、销售的,或者进行虚假报验的。⑨对应当实行法定检验并经商检机构检验合格的出口商品,未能在商检机构规定的期限内报关出口,依法应当重新报验而不报验的。[4]

Ⅵ　结果

9 根据刑法的规定,本罪属于情节犯,以行为达到严重情节程度为构成犯罪的必要条件,否则就不构成犯罪。对“情节严重”的具体把握可参见最高人民检察院、公安部发布的《关于公安机关管辖的刑事案件立案追诉标准的规定(二)》的规定,其中第75条是对本罪立案追诉标准的规定:①给国家、单位或者个人造成直接经济损失数额在50万元以上的;②逃避商检的进出口货物货值金额在300万元以上的;③导致病疫流行、灾害事故的;④多次逃避商检的;⑤引起国际经济贸易纠纷,严重影响国家对外贸易关系,或者严重损害国家声誉的;⑥其他情节严重的情形。

Ⅶ　主体

10 本罪的主体是一般主体,既可以是自然人,也可以是单位。享有对外贸易经营权的企业单位及其成员均可成为本罪的主体。许多学者虽然对于本罪主体的范围的理解同前述没有多少出入,但认为本罪的主体属于特殊主体。[5] 这种观点值得商榷。

4　参见黄京平主编:《扰乱市场秩序罪》,中国人民公安大学出版社2003年版,第341—342页。

5　参见马松建主编:《扰乱市场秩序犯罪的定罪与量刑》,人民法院出版社2006年版,第510—512页。

本罪的主体只是疑似具有特殊身份,但并不具有真正的特殊身份,对其可称为疑似身份(如强奸罪中的男性),虽然其也属于广义的身份,但须注意这种疑似身份与国家工作人员这一身份的不同。具有疑似身份的还例如,《刑法》中的生产者、销售者(第140条)、公司发起人、股东(第159条)、广告经营者、广告发布者(第222条)、投标人(第223条)等。从《刑法》分则条文的表述来看,生产者、销售者、公司发起人、股东等似乎不同于一般主体,但是,他们与真正的特殊身份(贪污罪)存在区别。以生产、销售伪劣产品为例,任何人都可以直接从事生产、销售活动,因而都可以成为第140条规定的生产者、销售者。在此意义上说,任何人都可以成为生产、销售伪劣商品罪的行为主体,并无特殊之处。但是并不是任何人都可以依法从事公务、管理或经营国有资产,因而并非任何人都可以成为贪污罪的行为主体。[6]

Ⅷ 故意

本罪的主观方面只能由故意构成,即行为人明知自己违反进出口商检法规的行为会产生严重的危害后果,而希望或者放任其发生的情形。行为人一般都有非法牟利的目的,但非法牟利的目的不是本罪的主观要件。 11

Ⅸ 既遂与未遂

关于本罪的既未遂问题,主流的观点认为本罪是情节犯,对这类犯罪而言,若法定之情节严重标准具备,则构成犯罪,否则便不构成犯罪,因而本罪只有犯罪成立与不成立之分,无所谓既遂、未遂、预备、中止之说。笔者认为本罪存在犯罪既未遂的区分。对于逃避商品检验,将必须经商检机构检验的进口商品未报经检验而擅自销售、使用的行为来说,只要行为人在未报经检验的情况下已经将该商品进口到我国,就已经既遂,不需要行为人有销售、使用的行为。对于逃避商品检验,将必须经商检机构检验的出口商品未报经检验合格而擅自出口的行为来说,只有行为人已经将各种商品出口的手续完成之后,才告既遂。 12

Ⅹ 共犯

笔者不认为本罪属于严格意义上的身份犯,所以当行为人与国家商检部门、商检机构的工作人员通谋,逃避商检时的定性问题,并不需要根据刑法理论中的身份犯共犯的法理来解决。对于这种情形以及其他涉及共同犯罪的情况,应当按照刑法理论中共同犯罪的基本原理处断。但是由于《刑法》第412条规定了商检徇私舞弊罪,所以对于行为人以及国家商检部门、商检机构的工作人员分别按照逃避商检罪和商检徇私舞弊罪处罚即可。 13

---

6 参见张明楷:《刑法学》(第6版),法律出版社2021年版,第175页。

XI 罪数

14　行为人为了逃避商检而伪造、变造国家商检部门、商检机构、商检机构指定的检验机构的公文、证件、印章和国家商检部门的免验文件的,则行为人的行为构成了逃避商检罪与伪造、变造国家公文、证件、印章罪的牵连犯。按照牵连犯的处罚原则,从一重罪处断即可。

15　走私犯罪的行为人通常也实施逃避商检的犯罪行为。在此种情况下,逃避商检的行为与走私的犯罪行为之间,存在吸收与被吸收的关系。按照刑法理论上的吸收犯的原理,重行为吸收轻行为,逃避商检的犯罪行为被走私犯罪行为所吸收,逃避商检的犯罪行为失去了独立存在的意义,因此逃避商检的犯罪行为不再单独构成犯罪,仅以走私犯罪对行为人定罪处罚。

16　行为人逃避商品检验、检疫的行为,可能同时触犯逃避商检罪、逃避动植物检疫罪、妨害国(边)境卫生检疫罪三个罪名,属于一行为触犯数罪名的想象竞合犯。按照从一重罪处断的原则,选择其中最重的一罪作为处断时的罪名,确定相应的刑罚,而不是实行数罪并罚。[7]

XII 与非罪的界限

17　本罪以情节是否严重作为罪与非罪的重要认定标准,只有逃避商检,情节严重的行为,才构成本罪。此外,在认定是否成立本罪时,还需把握本罪的其他构成要件。

XIII 与他罪的区别

一、与逃避动植物检疫罪的区别

18　逃避动植物检疫罪是指违反进出境动植物检疫法的规定,逃避动植物检疫,引起重大动植物疫情的行为。本罪与逃避动植物检疫罪的区别在于:①客体不同。本罪的客体是国家对进出口商品检验的管理秩序;逃避动植物检疫罪的客体是国家对动植物的检疫制度。②违反的法律不同。本罪是违反进出口商品检验法的规定;逃避动植物检疫罪违反的是动植物检疫法的规定。③定罪要求不同。本罪是情节犯,只有逃避商检,情节严重的行为才能构成犯罪;逃避动植物检疫罪是结果犯,逃避动植物检疫的行为,必须引起重大动植物疫情的,才能构成犯罪。

7　参见马松建主编:《扰乱市场秩序犯罪的定罪与量刑》,人民法院出版社 2006 年版,第 522 页。

二、与妨害国境卫生检疫罪的区别

妨害国境卫生检疫罪是指违反国境卫生检疫规定,引起检疫传染病的传播或者有传播严重危险的行为。本罪与妨害国境卫生检疫罪的区别在于:①客体不同。本罪的客体是国家对进出口商品检验的管理秩序;妨害国境卫生检疫罪的客体是国境卫生检疫制度。②违反的法律不同。本罪是违反进出口商品检验法的规定;妨害国境卫生检疫罪违反的是国境卫生检疫规定。③定罪要求不同。本罪是情节犯,只有逃避商检,情节严重的行为才能构成犯罪;妨害国境卫生检疫罪是危险犯,行为人的行为必须引起检疫传染病的传播或者有传播严重危险的,才能构成犯罪。 19

XIV 处罚

根据本条规定,犯本罪的,处 3 年以下有期徒刑或者拘役,并处或者单处罚金。根据《刑法》第 231 条的规定,单位犯本罪的,对单位判处罚金,并对其直接负责的主管人员和其他直接责任人员,依照上述规定处罚。 20

第二百三十一条　单位犯扰乱市场秩序罪的处罚规定

单位犯本节第二百二十一条至第二百三十条规定之罪的，对单位判处罚金，并对其直接负责的主管人员和其他直接责任人员，依照本节各该条的规定处罚。

文献:苏惠渔主编:《刑法学》(修订版),中国政法大学出版社 1997 年版;黄京平主编:《扰乱市场秩序罪》,中国人民公安大学出版社 2003 年版;马松建主编:《扰乱市场秩序犯罪的定罪与量刑》,人民法院出版社 2006 年版;王作富主编:《刑法分则实务研究》(第 4 版),中国方正出版社 2010 年版;聂立泽:《扰乱市场秩序罪立案追诉标准与司法认定实务》,中国人民公安大学出版社 2010 年版;陈兴良:《规范刑法学》(第 3 版),中国人民大学出版社 2013 年版;黎宏:《刑法学各论》(第 2 版),法律出版社 2016 年版;高铭暄、马克昌主编:《刑法学》(第 9 版),北京大学出版社、高等教育出版社 2019 年版。罗开卷:《伪造、倒卖伪造的有价票证罪的司法认定》,载《时代法学》2009 年第 2 期;高巍:《论倒卖车票、船票罪之除罪化》,载《政治与法律》2009 年第 12 期;彭之宇、刘勇:《伪造、倒卖伪造的有价票证罪疑难问题探究》,载《人民检察》2009 年第 22 期;梁春程、许雯雯:《伪造、倒卖伪造的有价票证罪若干问题研究》,载《犯罪研究》2013 年第 5 期;王立志:《低价网络代购实名制车票需要入罪吗?》,载《法学》2013 年第 12 期。

细目录

Ⅰ　主旨
Ⅱ　沿革
Ⅲ　适用中的问题
一、对单位犯罪的认定
二、对直接负责的主管人员和其他直接责任人员的认定

Ⅰ　主旨

1　本条是对单位犯扰乱市场秩序罪的处罚规定。由于《刑法》第 221 条至第 230 条都是扰乱市场秩序罪一节的内容,这些犯罪行为既有个人所为,也有单位所为,所以,法律对这些犯罪行为给予同样的打击。同时,从立法技术上考虑,对单位犯罪在本节最后一条统一规定,有利于实际操作和法律体系的统一。

Ⅱ 沿革

1979 年《刑法》没有该条规定,本条是 1997 年修订《刑法》时增加的条款。本条的增加是我国《刑法》总则将单位作为犯罪主体的体现。单位犯罪是个人犯罪的对称。个人犯罪,是指以自然人为主体的犯罪。而单位犯罪,是指以单位为主体的犯罪。我国 1979 年《刑法》没有涉及单位犯罪问题,因为当时在现实生活中还不存在单位犯罪这种社会现象。1987 年发布的《海关法》首次将单位规定为走私罪的主体。1997 年《刑法》首次在我国的刑法中规定了单位犯罪,主要集中在《刑法》总则的第 30 条和第 31 条以及分则的相关部分。[1] 本条即是其体现之一。 2

Ⅲ 适用中的问题

依据本条规定,单位犯本节规定之罪的处罚制度为双罚制,即除对单位判处罚金外,还要对直接负责的主管人员和其他直接责任人员依照所触犯之罪的法定刑予以处罚。 3

一、对单位犯罪的认定

虽然本条明确规定了本节所有罪名均有成立单位犯罪的余地,但是在司法实务中,对于该节犯罪中的某些罪名是否构成单位犯罪存在认定上的困难。比如第 229 条规定了提供虚假证明文件罪或出具证明文件重大失实罪,理论上单位触犯该罪名,同样可以定罪处罚,但在实际操作中存在许多困难。原因在于我国审计报告实行的是双签制,即相关证明文件除了由注册会计师签字外,另一名签字者为事务所主任或副主任。这种责任重合现象的存在使得司法很难认定“单位利益”与“个人利益”、“合法利益”与“非法利益”、“单位意志”与“个人意志”、“职务行为”与“非职务行为”之间的认定标准。[2] 这就导致在现实侦办案件中,单位犯罪的案件偏少。以广东省为例,市场秩序犯罪案件中单位犯罪的比率通常在 5%以内。[3] 4

有的学者主张针对本节犯罪将司法实践中的个案和问题加以提炼,在此基础上将其分成各种比较典型的类型,对每一类型再进行类型化分析。例如:①私盖公章、伪造签名、冒用单位名义的情况,应认定为个人犯罪。②直接出具审计报告的情况,应认定为个人犯罪。③经过集体研究,且个人无牟利的情况,应认定为代表单位意志的单位犯罪。④经过集体研究,且个人有牟利的情况,总体而言,凡是经过单位 5

---

1 参见陈兴良:《单位犯罪:以规范为视角的分析》,载《河南省政法管理干部学院学报》2003 年第 1 期。

2 参见刘强:《认定扰乱市场秩序罪的三个问题》,载《检察日报》2012 年 9 月 10 日。

3 参见任克勤:《市场秩序犯罪问题研究》,载《政法学刊》2015 年第 1 期。

集体讨论即代表了单位的意志,应考虑作为单位犯罪。但对此也不宜一概而论,如果在讨论时出现严重的意见分歧或有证据表明主要领导滥用职权操纵单位意见,也不宜排除作为个人犯罪来处理的可能性。⑤单位负责人决定,且其个人有牟利的情况,应作为个人犯罪处理。⑥单位负责人决定,且其个人无牟利的情况,应认定为代表单位意志的单位犯罪。[4] 总体来说,这不失为一种可行的方案。但是,作为有关单位犯罪的规定,认定单位犯罪的成立与否,还是应该回归到其与个人犯罪的本质区别上来。就此而言,笔者认为区分单位犯罪和自然人犯罪的关键在于在单位业务活动中发生的违法行为到底是单位自身的意思还是作为单位成员的自然人意思的体现。只有属于单位意思体现的场合,才可能被认定为单位犯罪。在认定单位意思时,原则上必须依据单位属于拟制人格主体的基本原理,将作为单位代表机构即单位领导的自然人的意思视为单位本身的意思;但是,在单位领导的意思完全背离单位的基本宗旨和目的,违反单位的相关制度等时,则不能如此考虑,而只能看作为单位领导自然人的意思。而且在认定单位意思时,不能仅只考虑单位领导的自然人意思,还必须参考单位自身的特征如结构、政策、措施、习惯等。[5]

二、对直接负责的主管人员和其他直接责任人员的认定

6 这里的问题主要在于如何划定直接责任的自然人的范围。而要厘清这个问题又有必要明确其负刑事责任的根据问题。笔者认为单位中特定的自然人承担刑事责任的原因主要在于,其具备负刑事责任的基础和有利于抑制单位犯罪。承担单位犯罪刑事责任的自然人只能是对该单位犯罪这一事实负有直接责任的人员;在其具体范围的认定上,因单位领导体制不同而应有所区别。[6]

4　参见刘强:《认定扰乱市场秩序罪的三个问题》,载《检察日报》2012 年 9 月 10 日。

5　参见黎宏:《单位犯罪中单位意思的界定》,载《法学》2013 年第 12 期。

6　参见黎宏:《论单位犯罪中"直接负责的主管人员和其他直接责任人员"》,载《法学评论》2000 年第 4 期。

第四章　侵犯公民人身权利、民主权利罪

前　注

文献:金子桐、郑大群、顾肖荣:《罪与罚——侵犯公民人身权利、民主权利罪的理论与实践》,上海社会科学院出版社1986年版;肖中华:《侵犯公民人身权利罪》,中国人民公安大学出版社1998年版;苏长青:《侵犯公民民主权利和妨害婚姻家庭罪》,中国人民公安大学出版社1999年版;赵秉志主编:《侵犯人身权权利犯罪疑难问题司法对策》,吉林人民出版社2001年版;安翱、杨彩霞:《侵犯公民人身权利罪比较研究》,中国人民公安大学出版社2005年版。赵秉志、赫兴旺、肖中华:《关于侵犯公民民主权利罪和侵犯公民劳动权利罪立法完善的构想》,载《现代法学》1996年第4期;赵秉志、肖中华:《关于侵犯公民人身权利犯罪立法完善之探讨》,载《检察理论研究》1996年第4期;颜茂昆:《关于侵犯公民人身权利、民主权利罪的修改与适用》,载《人民司法》1997年第6期;王世洲:《国际人权标准与我国刑法人身权保护的发展方向》,载《法学家》2006年第2期;石磊:《侵犯公民民主权利罪是什么》,载《国家检察官学院学报》2012年第5期;司伟森:《侵犯公民人身权利、民主权利罪浅析》,载《中国刑事法杂志》2015年第3期。

细目录

Ⅰ　主旨
Ⅱ　沿革
Ⅲ　公民的含义
Ⅳ　人身权利、民主权利的理解及犯罪分类

Ⅰ　主旨

侵犯公民人身权利、民主权利罪,是指故意侵犯公民的人身权利、民主权利,或者 1
过失侵犯公民的生命权、健康权从而致人重伤、死亡的行为,具体包括从《刑法》第232条故意杀人罪至第262条之二组织未成年人进行违反治安管理活动罪的38个条文、43个罪名。公民的人身权利尤其是其中的生命权,是公民最为基本的个人专属权利,是其他权利的基础。在民主社会,公民的民主权利的重要性同样不言而喻,因为只有实现了公民的民主权利,公民个人的价值、意义才能真正得到实现。为了切实保护公民的人身权利与民主权利,1997年《刑法》在分则第四章规定了侵犯公民人身

权利、民主权利罪。

Ⅱ 沿革

2 1997 年《刑法》分则第四章侵犯公民人身权利、民主权利罪,是在 1979 年《刑法》分则第四章侵犯公民人身权利、民主权利罪与第七章妨害婚姻、家庭罪的基础上,合并修订而来。1997 年《刑法》把妨害婚姻家庭罪并入侵犯公民人身权利、民主权利罪中,主要是出于以下考虑:"其一,新刑法的分则部分,条文很多,若把'妨害婚姻家庭罪'单列一章,由于该章条文少,从体例上不甚协调。因此,做此调整,首先是立法技术的原因。其二,妨害婚姻家庭罪所包括的各种具体犯罪,从性质上讲,也是对公民人身权利的侵犯,因此,并入本章也符合以同类客体划分章节的原则。"[1] 因此,对于 1997 年《刑法》分则第四章从第 257 条到第 262 条之二的各种犯罪,应从侵犯公民人身权利的角度加以理解,而不宜认为在侵犯公民人身权利之外,仍然独立存在妨害婚姻家庭的犯罪。

3 随着《刑法》1997 年的实施,逐渐发现侵犯公民人身权利、民主权利罪的现有规定,存在一些处罚漏洞,一些犯罪的处罚范围需要完善,一些犯罪的法定刑需要调整。为此,从 2002 年 12 月开始,立法机关先后动用《刑法修正案(四)》《刑法修正案(六)》《刑法修正案(七)》《刑法修正案(八)》《刑法修正案(九)》《刑法修正案(十一)》,对本章犯罪进行了 6 次修订。现按主题对本章犯罪的沿革分述如下:

4 (1)对于组织出卖人体器官的行为,1997 年《刑法》存在处罚漏洞。2011 年《刑法修正案(八)》第 37 条增设了《刑法》第 234 条之一组织出卖人体器官罪。

5 (2)为了完善我国性犯罪的相关法律,进行了两次立法修订。①2015 年《刑法修正案(九)》第 13 条将《刑法》第 237 条第 1 款强制猥亵的对象"妇女"修改为"他人",填补了侵犯男性性权利的处罚漏洞,并在第 2 款"聚众或者在公共场所当众犯前款罪"中增设了"有其他恶劣情节"的规定。②2020 年《刑法修正案(十一)》为了保护未成年女性,再次对性犯罪的相关法律进行了修订:其一,《刑法修正案(十一)》第 26 条修订了《刑法》第 236 条,在该条第 3 款第(三)项"在公共场所当众强奸妇女"后面增加"奸淫幼女"的规定,从而解决了在公共场所当众奸淫幼女应如何量刑的问题,并在第 3 款增设第(五)项"奸淫不满十周岁的幼女或者造成幼女伤害"的规定,将原第(五)项修改为第(六)项。其二,为了保护已满 14 周岁不满 16 周岁的未成年女性的性权利,《刑法修正案(十一)》第 27 条增设了第 236 条之一负有照护职责人员性侵罪。其三,为了体现对儿童的特殊保护,《刑法修正案(十一)》第 28 条放弃了对猥亵儿童罪行按照强制猥亵、侮辱罪的法定刑从重处罚的做法,对猥亵儿童罪设立了独立的法定刑。

---

1 赵秉志主编:《新刑法全书》,中国人民公安大学出版社 1997 年版,第 843 页。

(3)在侵犯自由的犯罪方面,修订了绑架罪与收买被拐卖的妇女、儿童罪。①在1997年《刑法》中,绑架罪的法定起点刑为10年有期徒刑,对于致使被绑架人死亡或者杀害被绑架人的情形设置了“处死刑,并处没收财产”的绝对确定的法定刑。为了解决绑架罪法定刑过重的问题,先后进行了两次立法完善。其一,2009年《刑法修正案(七)》第6条在《刑法》第239条第1款增加了“情节较轻的,处五年以上十年以下有期徒刑,并处罚金”的规定,并将原条文中“致使被绑架人死亡或者杀害被绑架人”的规定独立为第2款。其二,2015年《刑法修正案(九)》第14条将修订后的《刑法》第239条第2款“犯前款罪,致使被绑架人死亡或者杀害被绑架人的,处死刑,并处没收财产”修改为“犯前款罪,杀害被绑架人的,或者故意伤害被绑架人,致人重伤、死亡的,处无期徒刑或者死刑,并处没收财产”。②为了严惩收买被拐卖的妇女、儿童的犯罪,2015年《刑法修正案(九)》第15条修订了《刑法》第241条第6款,删除了特定情形“可以不追究刑事责任”的规定。 6

(4)在劳动犯罪方面。①2002年《刑法修正案(四)》第4条增设了《刑法》第244条之一雇用童工从事危重劳动罪。②2011年《刑法修正案(八)》第38条完善了《刑法》第244条强迫劳动罪:删除了主体“用人单位”的表述,将强迫劳动的对象“职工”修改为“他人”,将“限制人身自由的方法”修改为“以暴力、威胁或者限制人身自由的方法”,提高了强迫劳动罪的法定刑,明文规定为强迫劳动的单位和个人招募、运送人员或者有其他协助强迫他人劳动行为的行为按照强迫劳动罪的规定处罚,并增设了单位犯本罪的处罚。 7

(5)在侵犯名誉、隐私与信息的犯罪方面。①为了解决利用信息网络侮辱、诽谤他人的案件中被害人难以取证进行自诉的难题,2015年《刑法修正案(九)》第16条在《刑法》第246条增设第3款“通过信息网络实施第一款规定的行为,被害人向人民法院告诉,但提供证据确有困难的,人民法院可以要求公安机关提供协助”的规定。②为了填补侵犯公民个人信息行为的处罚漏洞,2009年《刑法修正案(七)》第7条增设了《刑法》第253条之一侵犯公民个人信息罪,分三款依次规定“国家机关或者金融、电信、交通、教育、医疗等单位的工作人员,违反国家规定,将本单位在履行职责或者提供服务过程中获得的公民个人信息,出售或者非法提供给他人,情节严重的,处三年以下有期徒刑或者拘役,并处或者单处罚金”。“窃取或者以其他方法非法获取上述信息,情节严重的,依照前款的规定处罚。”“单位犯前两款罪的,对单位判处罚金,并对其直接负责的主管人员和其他直接责任人员,依照各该款的规定处罚。”2015年《刑法修正案(九)》第17条对该条规定再次进行修订,主要是将本罪主体由特殊主体修改为一般主体,增设了从重处罚的规定,并适当提高了本罪的法定刑。 8

(6)在保护弱势群体方面。①为了填补组织残疾人、儿童乞讨行为的处罚漏洞,2006年《刑法修正案(六)》第17条增设了第262条之一组织残疾人、儿童乞讨罪。②为了填补组织未成年人进行违反治安管理活动行为的处罚漏洞,2009年《刑法修正案(七)》第8条增设了第262条之二组织未成年人进行违反治安管理活动罪。 9

③2015 年《刑法修正案(九)》第 18 条修订了《刑法》第 260 条虐待罪,在该条第 3 款“第一款犯罪,告诉的才处理”后面增加了“但被害人没有能力告诉,或者因受到强制、威吓无法告诉的除外”的规定,从而增设了可以公诉的情形。④为了填补虐待被监护、看护人员行为的处罚漏洞,《刑法修正案(九)》第 19 条增设了第 260 条之一虐待被监护、看护人罪。随着虐待被监护、看护人罪,组织残疾人、儿童乞讨罪与组织未成年人进行违反治安管理活动罪的增设,遗弃罪等犯罪的妨害婚姻家庭的色彩,在逐步淡化。

10 类罪名对于具体罪名的适用具有指导、制约作用,要准确适用诬告陷害罪、遗弃罪等具体罪名,首先应当准确把握侵犯公民人身权利、民主权利罪这一类罪名。其中,尤其值得讨论的是“公民”“人身权利”“民主权利”的含义。

Ⅲ 公民的含义

11 公民是指具有一国国籍,并根据该国法律规定享有权利和承担义务的人。在我国,公民仅指自然人,我国目前尚未授予任何智能机器人公民身份。从分则第四章的标题侵犯“公民”人身权利、民主权利罪可见,本章犯罪的行为对象仅限于自然人,既不包括死者,也不包括法人(单位)。有人认为,死者可以成为侮辱罪、诽谤罪的对象。[2] 有人认为,法人也可以成为诬告陷害罪的侵害对象。[3] 就刑法解释学而言,这些观点难以成立。人身权利与民主权利只能为自然人所享有,不可能为死者或者法人所享有。对于侮辱、诽谤英雄烈士的行为,2020 年《刑法修正案(十一)》在刑法分则第六章妨害社会管理秩序罪第一节扰乱公共秩序罪第 299 条之一设立了侵害英雄烈士名誉、荣誉罪,而没有将该罪规定在侵犯公民人身权利罪之中,这进一步表明死者不能成为侮辱罪、诽谤罪的对象。诬告陷害法人本身,不存在侵犯人身权利的问题,故不构成诬告陷害罪[4],如果具备其他条件的,可构成《刑法》第 221 条的损害商业信誉、商品声誉罪等犯罪。

12 由于侵犯公民人身权利、民主权利罪是规定在《刑法》之中的,因此,又出现了此处的“公民”是否仅限于中华人民共和国公民的问题。具体而言,针对我国公民实施杀人、强奸、拐卖等行为的,行为人无疑构成相应的故意杀人罪、强奸罪与拐卖妇女、儿童罪等犯罪,问题是针对居住在我国境内的外国人而实施杀人、强奸、拐卖等行为的,行为人是否构成相应的犯罪? 这里就涉及如何解释“公民”的问题。第一,不能将“公民”限定为中华人民共和国公民,否则杀害、强奸、拐卖居住在我国境内的外国人的,就会因并未侵犯中华人民共和国公民的人身权利,从而无法以相应犯罪追究行为

---

2 参见陈正云:《死者可以作为侮辱罪诽谤罪的对象》,载《法律科学》1991 年第 6 期。

3 参见张国斌主编:《诬告陷害罪 报复陷害罪》,中国检察出版社 1996 年版,第 16 页。

4 当然,诬告陷害法人,使得所诬陷法人的主管人员或者其他直接责任人员有被追究刑事责任危险的,行为人对这些自然人的诬告陷害行为,可以构成诬告陷害罪。

人的刑事责任,这显然并不合适。在此意义上,《刑法》分则第四章侵犯公民人身权利罪中的“公民”包含外国公民在内。外国公民并不享有我国宪法所赋予的民主权利,故《刑法》分则第四章侵犯公民民主权利罪中的“公民”通常是指中国公民。不过,居住在我国境内的外国公民也可能基于某种正当原因而成为控告人、申诉人、批评人、举报人,国家机关工作人员滥用职权、假公济私,对这些外国公民实行报复陷害的,理应构成报复陷害罪,故分则第四章侵犯公民民主权利罪中的“公民”并非绝对不含外国公民。第二,不能将“公民”限定为具有一国国籍的人,否则,杀害无国籍的人的,行为人也会因被害人是不属于任何国家的“公民”,而不构成故意杀人罪,要认定行为人同样构成故意杀人罪,就有必要认为无国籍的人也属于“公民”。1999 年 12 月 23 日最高人民法院《关于审理拐卖妇女案件适用法律有关问题的解释》第 1 条明确规定:“《刑法》第二百四十条规定的拐卖妇女罪中的‘妇女’,既包括具有中国国籍的妇女,也包括具有外国国籍和无国籍的妇女。被拐卖的外国妇女没有身份证明的,不影响对犯罪分子的定罪处罚。”这一解释主张“公民”包括无国籍的人,对此应予肯定。就刑事立法学而言,未来修订刑法时,可删除“公民”一词,将分则第四章标题修改为“侵犯人身权利、民主权利罪”,这样更为科学。

Ⅳ 人身权利、民主权利的理解及犯罪分类

对侵犯公民人身权利、民主权利罪中的各种具体犯罪进行适当分类,从而构建起合理的侵犯公民人身权利、民主权利罪的罪名体系,以便准确揭示各个犯罪之间的关系,是刑法分则教科书的重要内容。例如,如果认为遗弃罪属于妨害婚姻、家庭的犯罪,就会认为犯罪主体与遗弃对象之间必须具有家庭成员的关系;而如果认为遗弃罪属于侵害公民生命、健康的犯罪,与故意杀人罪、故意伤害罪存在紧密的联系,就不会将犯罪主体与遗弃对象限定于家庭成员之间。由此可见,犯罪如何分类影响到侵犯公民人身权利、民主权利罪中具体犯罪的认定。而如何对侵犯公民人身权利、民主权利罪中的各种犯罪进行分类,又与如何界定人身权利与民主权利有关。 13

所谓人身权利,是指公民依法享有的与其人身不可分离的权利。在民法上,人身权利是与财产权利相对的概念,故人身权利是一种没有直接财产内容的、与人身紧密联系在一起的权利。人身权利只有权利人本人才能享有,是不可转让的。[5] 公民的人身权利包括生命权、健康权、性的自主权、人身自由权、名誉权、婚姻家庭权、身体与住宅的安宁权、宗教信仰自由权以及通信自由权等内容。人身权利与婚姻状态没有任何关联,即便是已婚之人,也享有性的自由权,故婚内强奸、婚内猥亵有构成强奸罪、强制猥亵罪的余地。 14

在现行刑法中,公民的人身权利包括婚姻家庭的权利。这一点不同于 1979 年 15

5 当然,对于部分不涉及社会公益的人身权利,公民可以承诺放弃。如公民为了避嫌,可以承诺放弃住宅的安宁,同意他人搜查自己的住宅,此时搜查人就不构成非法搜查罪。

《刑法》。在1979年《刑法》中,侵犯公民人身权利、民主权利罪与妨害婚姻、家庭罪是两章各自独立的犯罪,故在当时人身权利不包括婚姻家庭的权利。既然1997年《刑法》把妨害婚姻家庭罪并入侵犯公民人身权利、民主权利罪中,对于《刑法》分则第四章从第257条到第262条之二的具体罪名,就应从侵犯公民人身权利的角度加以理解,而不宜认为在侵犯公民人身权利之外,仍然独立存在妨害婚姻家庭的犯罪。关于行为人遗弃非家庭成员是否构成遗弃罪的争论,与在观念上是否认为遗弃罪依旧属于妨害婚姻家庭的犯罪密切相关。

16　所谓民主权利,是指公民依法享有的参加国家管理和社会政治活动的权利。民主权利属于政治权利的范畴,与人身权利在权利的性质上是不同的。公民的民主权利包括选举权和被选举权、批评权、申诉权、控告权、检举权等内容。我国是人民民主专政的社会主义国家,人民是国家的主人,因此,民主权利对于公民具有重大意义。我国十分重视对公民民主权利的保护,不但在刑法中设立了侵犯公民民主权利的犯罪,而且还签署了《公民权利和政治权利国际公约》等一系列国际公约。

17　在界定完公民的人身权利、民主权利之后,即可对分则第四章各种犯罪进行合理分类。首先应将各种犯罪分为侵犯人身权利的犯罪与侵犯民主权利的犯罪两大类。然后,在侵犯人身权利的犯罪中,再进一步细分侵犯生命、健康的犯罪,侵犯自由的犯罪等。由于对各种犯罪之间的关系理解不同,导致刑法教科书对侵犯人身权利的犯罪有数种不同的分类。鉴于本书按照条文顺序评注法条,没有构建侵犯人身权利罪名体系的任务,故对此不予讨论。下面只讨论在侵犯公民人身权利、民主权利罪中,哪些罪名属于侵犯公民民主权利的犯罪,余下的犯罪自然属于侵犯公民人身权利的犯罪,以解决侵犯公民人身权利、民主权利罪的首次分类问题。专门讨论罪名分类问题,有利于思考侵犯人身权利罪与侵犯民主权利罪是分开规定,还是合并在一章中规定这一立法技术问题。

18　一般认为,侵犯公民民主权利罪包括报复陷害罪,打击报复会计、统计人员罪与破坏选举罪3个罪名。[6] 除此之外,也有观点认为,侵犯公民民主权利罪还包括非法剥夺公民宗教信仰自由罪,侵犯少数民族风俗习惯罪,侵犯通信自由罪,私自开拆、隐匿、毁弃邮件、电报罪,侵犯公民个人信息罪。[7] 报复陷害罪与破坏选举罪侵犯了公民的控告权、申诉权、批评权、检举权以及选举权与被选举权,毫无争议地属于侵犯公民民主权利的犯罪。问题是除此之外,上述其他罪名是否也属于侵犯公民民主权利的犯罪,还需要进一步讨论。

19　第一,打击报复会计、统计人员罪虽有"打击报复"的字样,且被规定在报复陷害

6　参见高铭暄、马克昌主编:《刑法学》(第9版),北京大学出版社、高等教育出版社2019年版,第452页;贾宇主编:《刑法学》,高等教育出版社2019年版,第110页。

7　参见张明楷:《刑法学》(第6版),法律出版社2021年版,第1203页以下;阮齐林:《中国刑法各罪论》,中国政法大学出版社2016年版,第244—247页。

罪与破坏选举罪中间,但其不属于侵犯公民民主权利的犯罪。一是打击报复会计、统计人员,侵犯的是会计、统计人员的人身权利与财产权利。二是从《刑法》第255条的规定来看,会计人员应当包括属于个人所有的公司、企业的会计人员在内,这些人员依照会计法履行职责的行为谈不上是在从事国家管理和社会政治活动。因此,将打击报复会计、统计人员罪归类为侵犯公民民主权利的犯罪,是可疑的。

第二,认为宗教信仰自由权与通信自由权属于民主权利的范畴[8],同样是值得怀疑的。宗教信仰自由与通信自由能够在多大程度上得以实现,确实能够反映一个社会的民主程度,但其本身并非民主权利。这是因为,宗教信仰自由权与通信自由权并不具有参加国家管理和进行社会政治活动的属性;相反,宗教信仰自由权与通信自由权具有特定的人身属性,正因为如此,宪法学界认为通信自由、宗教信仰自由属于人身权利的范畴。[9] 宗教信仰自由权与通信自由权属于何种权利,应当根据宪法来确认。既然在宪法上宗教信仰自由、通信自由属于人身权利,宗教信仰自由权、通信自由权就不属于民主权利。这一结论存在比较法上的根据。在《俄罗斯联邦刑法典》中,侵害通信、电话、邮政或其他通讯秘密罪(第138条),妨碍行使信仰自由和宗教自由的权利罪(第148条)被规定在第七编侵犯人身的犯罪中。[10] 因此,将非法剥夺公民宗教信仰自由罪,侵犯通信自由罪,私自开拆、隐匿、毁弃邮件、电报罪划入侵犯公民人身权利罪之中,才是合理的。 20

第三,个人姓名、身份证号、职工编号等特定个人信息,与参加国家管理和社会政治活动没有任何关联。侵犯公民个人信息罪在本质上属于侵犯公民人身权利、财产权利的抽象危险犯,将其归类为侵犯公民民主权利罪,同样是失当的。 21

第四,在分则第四章中,涉及民族的犯罪共有煽动民族仇恨、民族歧视罪,出版歧视、侮辱少数民族作品罪与侵犯少数民族风俗习惯罪三个罪名,仅认为其中之一侵犯少数民族风俗习惯罪属于侵犯公民民主权利的犯罪,而另外两个罪名则属于侵犯公民人身权利的犯罪,无论如何都是不合逻辑的。按照个人所遵从的风俗习惯生活,才能确保个人身心安宁。在此意义上,侵犯少数民族风俗习惯罪属于侵犯公民人身权利的犯罪。 22

总之,从宪法权利属性分析,只有报复陷害罪、破坏选举罪这两个罪名属于侵犯公民民主权利的犯罪[11],分则第四章剩余其他罪名均属于侵犯公民人身权利的犯罪。侵犯民主权利罪的罪名极少,且与侵犯人身权利罪在性质上存在不同,将二者合并在 23

---

8 参见苏长青:《侵犯公民民主权利和妨害婚姻家庭罪》,中国人民公安大学出版社1999年版,第6页。

9 参见张庆福主编:《宪法学基本理论》(下),社会科学文献出版社1999年版,第601页;姜士林主编:《宪法学辞书》,当代世界出版社1997年版,第68页。

10 参见黄道秀译:《俄罗斯联邦刑法典》,中国法制出版社1996年版,第367页以下。

11 参见石磊:《侵犯公民民主权利罪是什么》,载《国家检察官学院学报》2012年第5期。

一起规定是否合适,值得反思。在1979年《刑法》中,侵犯公民人身权利罪与侵犯公民民主权利罪被规定在一起,这主要是因为,立法上考虑到侵犯公民民主权利罪的条文较少,若列为单章与其他各章相比则不协调;而民主权利与人身权利存在紧密联系,因而把它们合并规定在一章中,这样规定主要是出于立法技术上的考虑。[12] 1997年《刑法》也是出于同样的考虑。如果对分则罪名不采取小章制立法,就不可能分开规定侵犯人身权利罪与侵犯民主权利罪。尽管如此,起码可以在刑法分则教科书中,明确区分侵犯人身权利罪与侵犯民主权利罪,这是现在即可实现的事情。

[12] 参见王作富主编:《中国刑法适用》,中国人民公安大学出版社1987年版,第65页。

第二百三十二条　故意杀人罪

故意杀人的，处死刑、无期徒刑或者十年以上有期徒刑；情节较轻的，处三年以上十年以下有期徒刑。

文献：李光灿、宁汉林、孙静贞:《故意杀人罪》,群众出版社 1981 年版;宁汉林:《杀人罪》,群众出版社 1986 年版;伍柳村主编:《杀人伤害罪个案研究》,四川大学出版社 1990 年版;左振声主编:《杀人犯罪的定罪与量刑》,人民法院出版社 2000 年版;肖中华:《侵犯公民人身权利罪疑难解析》,上海人民出版社 2007 年版;陈洪兵:《人身犯罪解释论与判例研究》,中国政法大学出版社 2012 年版;李永升主编:《侵犯个人法益的犯罪研究》,法律出版社 2014 年版;张正智:《故意杀人案件审判疑难问题与实践》,人民法院出版社 2016 年版。李光灿:《论故意杀人罪》,载《中州学刊》1981 年第 1 期;陈建国:《试论间接故意杀人罪的构成》,载《法学杂志》1981 年第 2 期;陈建国:《试论故意杀人罪的构成》,载《北京政法学院学报》1981 年第 2 期;刘志正:《自杀案件刑事责任问题的探讨》,载《安徽师范大学学报》1983 年第 1 期;赵长青:《析刑法中的"致人死亡"与"故意杀人"》,载《法学》1983 年第 2 期;鲍遂献:《关于自杀的几个法律问题》,载《政治与法律丛刊》1983 年第 6 期;金子桐、小林:《试论对自杀案件的处理》,载《法学》1983 年第 11 期;阮齐林:《关于杀婴犯罪的几个问题》,载《中国政法大学学报》1984 年第 2 期;黄留群:《试论自杀案件的刑事责任问题》,载《法学研究》1984 年第 5 期;顾肖荣:《对引起被害人自杀案件的处罚》,载《上海司法》1984 年第 8 期;刘光显:《析故意杀人罪中的从重与从轻情节》,载《法学》1985 年第 1 期;苏惠渔等:《关于几种特殊类型杀人罪量刑问题的研究》,载《政治与法律》1989 年第 5 期;李明、杨明力:《试论相约自杀》,载《当代法学》1990 年第 2 期;张绍谦:《略论教唆、帮助他人自杀行为的定性及处理》,载《法学评论》1993 年第 6 期;张明楷:《论以危险方法杀人案件的性质》,载《中国法学》1999 年第 6 期;周振晓:《也论以危险方法杀人案件的定性》,载《政法论坛》2001 第 2 期;李立众:《再论以危险方法杀人案件之定性——兼与周振想先生商榷》,载《政法论坛》2002 年第 1 期;卢勤忠:《邪教自杀案件的刑法分析》,载《现代法学》2002 年第 6 期;黎宏:《"见死不救"行为定性的法律分析》,载《法商研究》2002 年第 6 期;刘三木:《安乐死的合法性问题初探》,载《法学评论》2003 年第 2 期;付立庆:《故意杀人罪罪状检讨》,载《人民检察》2003 年第 5 期;陈旭文:《故意传播艾滋病行为的刑法适用》,载《河北法学》2004 年第 1 期;冯凡英:《教唆、帮助自杀行为刍议》,载《人民检察》2004 年第 2 期;陈兴良:《被害人有过错的故意杀人罪的死刑裁量研究——从被害与加害的关系切入》,载《当代法学》2004 年第 2 期;陈兴良:《教唆或者帮助他人自杀行为之定性研究——邵建国案分析》,载《浙江社会科学》2004 年第 6 期;高维俭、查国防:《故意杀人案件死刑适用的实证分析》,载《中国刑事法杂志》2006 年第 5 期;陈世伟:《我国故意杀人罪立法完善的体系性思考》,载《中国刑事法杂志》2007 年第 1 期;阴建峰:《故意杀人罪死刑司法控制论纲》,载《政治与法律》2008 年第 11 期;赵秉志、何荣功:《雇凶杀人案件中的死刑适用问题研究》,载《法商研究》2010 年第 2 期;高憬宏、姜永义、王尚明:《故意杀人、故意伤害案件的死刑适用》,载《人民司法》2010 年第 3 期;张红、陈银珠:《故意杀人罪中情节较轻的认定》,载《人民司法》2010 年第 22 期;何立荣、杨欣:《教唆自杀行为之可罚性新探——限制从属性说与混合惹起说之提倡》,载《广西民族大学学报(哲学社会科学版)》2012 年第 4 期;王钢:《自杀的认定及其相关行为的刑法评价》,载《法学研究》2012 年第 4 期;钱叶六:《参与自杀的可罚性研究》,载《中国法学》2012 年第 4 期;孙万怀、李春燕:《故意杀人罪"情节较轻"标准规范化的实证考察》,载《政治与法律》2012 年第 9 期;杜文俊、陈洪兵:《故意杀人罪的对象及实行行为新论》,载《国家检察官学院学报》2013 年第 2 期;王钢:《自杀行为违法性之否定——与钱叶六博士商榷》,载《清华法学》2013 年第 3 期;韩跃广:《论刑法教义学视野下的"帮助自杀行为"——以我国"孝子弑母案"为例》,载《中国刑事法杂志》2013 年第 6 期;王越:《故意杀人罪死刑裁量机制的实证研究》,载《法学研究》2017 年第 5 期;付立庆:《案例指导制度与故意杀人罪的死刑裁量》,载《环球法律评论》2018 年第 3 期。

细目录

Ⅰ 主旨
Ⅱ 沿革
Ⅲ 人的始期与终期
一、人的始期
二、人的终期
Ⅳ 杀人行为
一、杀人行为的认定
二、杀人行为的非法性
Ⅴ 主体
Ⅵ 杀人故意
一、杀人故意的构成
二、杀人故意的分类
三、杀人故意的认定
Ⅶ 共同犯罪
Ⅷ 罪数
Ⅸ 与自杀相关案件的处理
一、教唆自杀、帮助自杀案件的处理

二、相约自杀案件的处理
三、引起他人自杀案件的处理
X 与他罪的区别
XI 处罚
一、死刑适用问题
二、情节较轻的认定

I 主旨

1 对个人而言,生命是所有个人法益中最为重要的法益,是个人享有和实现其人身权利、民主权利的前提和基础。无论何人,不分贵贱,亦无论何种原因,从出生到死亡,法律始终平等地保护其生命。生命非因法律不能剥夺,在法律之外,不论以何种手段,也不论是故意还是过失,只要有罪过地侵犯了他人的生命,即应承担刑事责任。

2 剥夺他人生命的情形有很多。就罪过形式而言,有故意剥夺他人生命的,有过失剥夺他人生命的。故意剥夺他人生命的情形亦有很多,既有报复杀人等普通杀人的情形,也有故意驾车碾压人群,销售有毒、有害食品等特定情形下杀人,以其他罪名追究刑事责任的情形。《刑法》第 232 条是对普通情形下故意杀人,以故意杀人罪定罪量刑的规定。当然,这并不意味着普通情形杀人与特定情形杀人是对立关系,只要行为人对他人的死亡有故意,在能否认定为特定情形杀人有争议时,完全可以将其认定为普通情形杀人,以故意杀人罪追究刑事责任。

II 沿革

3 从立法沿革看,对故意杀人行为有数罪名立法例(按照杀人行为的具体类型将杀人行为规定为数个罪名)与单一罪名立法例(将故意杀人的所有情形规定为一个概括的故意杀人罪)两种立法例。1979 年《刑法》第 132 条规定:“故意杀人的,处死刑、无期徒刑或者十年以上有期徒刑;情节较轻的,处三年以上十年以下有期徒刑。”这是典型的单一罪名立法例。

4 在修订 1979 年《刑法》的过程中,很多人认为故意杀人罪的处罚规定过于笼统,什么情节处死刑、什么情节处无期徒刑与有期徒刑,极不清楚,建议作出明确规定。同时,社会上溺婴(特别是女婴)现象比较多,不少人建议刑法对此应有所规制。针对这些立法建议,相关修订草案作了回应。如 1995 年 8 月 8 日全国人大常委会法制工作委员会刑法修改小组《刑法分则条文汇集》第三章侵犯公民人身权利罪第 1 条规定:“故意杀人的,处死刑、无期徒刑或者五年以上有期徒刑;有下列情形之一的,从重处罚:(一)抢劫、盗窃杀人的;(二)强奸杀人的;(三)为毁灭罪证杀人灭口的;(四)因罪行被揭发而报复杀人的;(五)杀人手段特别残酷或者后果特别严重的;

(六)有其他严重情节的。”第 2 条规定:“故意杀人,有下列情形之一的,处三年以上十年以下有期徒刑:(一)因受欺压或者严重侮辱,当场出于义愤而杀人的;(二)生母在分娩时或者分娩后将其亲生婴儿杀害的;(三)有其他较轻情节的。”在修订刑法的过程中,立法机关认为,立法应具有一定的连续性,将故意杀人罪改为叙明罪状,需要列出从重、从轻处罚的情节,条文异常繁杂,且不容易将实践中的情形概括全面。故立法机关最终没有采纳上述建议,1997 年《刑法》第 232 条沿用了 1979 年《刑法》第 132 条的规定。

5 需要注意的是,虽然 1979 年《刑法》与 1997 年《刑法》均选择了单一罪名立法例,但这并不意味着溺婴、教唆或帮助自杀、受嘱托杀人等行为不构成故意杀人罪,而意味着在通常情形下这些故意断绝他人生命的行为,均触犯故意杀人罪这一罪名。

Ⅲ 人的始期与终期

6 生命始于精子与卵子的相遇,但此时的生命体在法律上尚不能称为“人”,而是以“胎儿”的名义存活于母腹中,直至出生以后该生命体在法律上才被称为“人”。随着生命的逝去,躯体不再是“人”,而被称为“尸体”。行为对象是胎儿、人还是尸体,直接关系到故意杀人罪的成立问题,故有必要确定人的始期与终期。

一、人的始期

7 人的始期要求在人与胎儿之间划出明确的界限,对此,有阵痛说、脱离说、断带说、独立呼吸说等诸观点之争。目前,独立呼吸说是理论与实务的通说。脱离母体谓之“出”,独立呼吸谓之“生”,故胎儿脱离母体能够独立呼吸,在法律上即属于“人”[1]。对于脱离母体能够独立呼吸的生命体,不论其是否符合生育政策,不论是否健康,其生命均受到法律的保护,无论何人(包括医生、父母)致其非法死亡的,都应构成故意杀人罪。

8 关于人的始期,除了通说之外,还有人主张全部露出说。[2] 有人主张,独立呼吸说不利于对生命的保护,如切断刚刚露出头部的胎儿的脖子,按照独立呼吸说既不能认定为杀人罪,又因侵害的对象是已经脱离母体的部分而难以认为是对母体的伤害,不能作为对母体的伤害罪处理,结局只能是不可罚的堕胎行为,这无疑是对生命

1 出生是一个时段,并非一个时点,故在法律上强行将某一时点作为出生的标志,有其一定的缺陷。按照脱离母体独立呼吸说,在孕妇感觉阵痛即将临产之时或者在生产的过程中杀死胎儿的,就都不构成故意杀人罪。此种不合理乃追求法律明确性的必然产物,非任何学理解释所能克服。因此,人们“为了判定在子宫内杀死胎儿是否算是谋杀,曾绞尽脑汁去寻找一条合理的界限,结果总是徒劳”。参见中共中央马克思恩格斯列宁斯大林著作编译局编译:《马克思恩格斯选集》(第 3 卷),人民出版社 1995 年版,第 361 页。

2 参见张明楷:《刑法学》(第 6 版),法律出版社 2021 年版,第 1108 页。

的漠视,故应放弃独立呼吸说,改采部分露出说。[3] 还有人主张,具有宫外可存活性的胎儿既属于社会意义上的人,也属于法律上的人(独立生存可能性说)[4],据此,以断绝生命的意思在母腹中用检查钳夹死胎儿的,应当构成故意杀人罪[5]。

9 以呼吸说为通说,是基于刑法与民法对人、胎儿的理解应当保持一致的结果。如果考虑到刑法与民法的目的、任务不同,对于人的始期,刑法采取与民法不同的学说,就是完全可能的。《民法典》第13条规定:"自然人从出生时起到死亡时止,具有民事权利能力,依法享有民事权利,承担民事义务。"这仅是民法关于自然人民事权利能力的起止时间的规定,而不是关于人的生命的起止时间的规定。"人""胎儿"仅是观念上的分别,二者并非不同的两种生物,原本就是同一生命体。无论是从人道主义出发还是从中国需要维持人口增长出发,刑法都应对母腹中的"人"予以提前保护。因此,放弃独立呼吸说,对人的始期采取部分露出说乃至独立生存可能性说,是可以考虑的。

二、人的终期

10 生命终于死亡,死亡为人的终期。这里的死亡仅限于生理死亡,不包括宣告死亡。宣告死亡是一种法律上的推定,并不代表被宣告死亡人已在事实上生理死亡。故意杀害(并未生理死亡的)被宣告死亡人的,构成故意杀人罪。杀死尚未死亡之人,即便是垂死之人、病入膏肓者,也构成故意杀人罪。如果明知他人已经死亡而加以"杀害"的,行为人不构成故意杀人罪。

11 关于死亡的判断,我国自古以来一贯采取心死说,即心脏停止跳动、呼吸停止、瞳孔反应消失时,即可判定人已经死亡。不过,心脏停止跳动不等于死亡,因为采取心肺复苏、电击等技术完全可能让心脏已经停止跳动的人"死而复生"。从现代医学的角度看,脑死亡才意味着真正的死亡,因为以脑为中心的中枢神经系统是整个生命赖以维系的根本,神经细胞在生理条件下一旦死亡就无法再生,全脑功能因为神经细胞的死亡而陷入无法逆转的瘫痪时,人就再也没有任何生机了。目前,医学界赞成脑死亡说。相关部门正在制定、完善脑死亡的判断标准与技术规范。[6] 需要注意的是,植

3 参见杜文俊、陈洪兵:《故意杀人罪的对象及实行行为新论》,载《国家检察官学院学报》2013年第2期。

4 参见周详:《胎儿"生命权"的确认与刑法保护》,载《法学》2012年第8期。

5 参见冯军:《刑法教义学的立场和方法》,载《中外法学》2014年第1期。

6 我国相关部门先后发布数个脑死亡判定标准与技术规范,当前最新版本为2019年国家卫生健康委员会脑损伤质控评价中心、中华医学会神经病学分会神经重症协作组、中国医师协会神经内科医师分会神经重症专业委员会联合发布的《中国成人脑死亡判定标准与操作规范(第二版)》。根据该文件,脑死亡的先决条件为昏迷原因明确,排除各种原因的可逆性昏迷;在脑死亡的临床判断上,要求病人深昏迷、脑干反射消失(瞳孔对光反射、角膜反射、头眼反射、前庭眼反射与咳嗽反射全部消失)、无自主呼吸(必须依靠呼吸机维持通气)。

物人与脑死亡不是一回事。植物人仅是部分脑功能受损,导致大脑皮质机能丧失,患者无意识、认知活动,但脑干功能尚存,病人有自主呼吸和血压,可能有睁眼(眼球活动)、睡眠活动。因此,故意杀死植物人的,构成故意杀人罪。

12 在我国,采取脑死亡标准,既有利于适时地终止无效的医疗救治,也有利于器官移植,从而能够挽救更多的生命。但是,在我国全面适用脑死亡标准难免受到国民的异议,因为宣告血液还在循环、心脏还在跳动的生命体已经死亡,国民对此可能很难接受。而且,我国医疗资源的配置极不平衡,尤其是在广大农村地区,有限的医疗设备尚不可能立即检验出疑似死亡者是否已经脑死亡,这不利于家属及时处理丧事。因此,以脑死亡标准界定生死的时机尚未成熟,当前仍应以心死说作为判断死亡的标准。据此,行为人用刀刺穿已经脑死但在医疗设备作用下仍在跳动的昏迷者的心脏的,构成故意杀人罪。当然,在符合《人体器官移植条例》相关规定的前提下,使用心肺机强行维持脑死者的心脏跳动与血液循环,然后医生摘取其脏器的,或者经确认已经脑死后,经家属的要求,医生关闭脑死者正在使用的心肺机的,虽然根据心死说似乎也符合故意杀人罪的构成要件,但生命在事实上已经不复存在,故医生不构成故意杀人罪。

Ⅳ 杀人行为

一、杀人行为的认定

13 故意杀人罪的客体是人的生命,故仅当行为能够危及生命,即具有能够惯常性地致人死亡的属性时,该行为才属于杀人行为。行为本身是否具有惯常性地致人死亡的属性,应依据科学经验进行客观判断。如果行为本身并不具有惯常性地致人死亡的属性,只是偶然地产生死亡结果的,该行为就不是杀人行为。如行为人希望他人死于坠机事故,于是劝说他人去乘坐飞机旅游,结果飞机果真坠机的,由于乘坐飞机坠机死亡的概率极其微小,难以认为劝说他人乘坐飞机的行为具有惯常性地致人死亡的属性,故尽管出现了死亡结果,劝说行为也不是杀人行为。同理,以希望他人死于肺癌为目的,不断给他人提供香烟的,即便他人后来死于肺癌,该行为也不构成故意杀人罪。

14 杀人行为作为实行行为,是一种具有致人死亡的紧迫危险的行为。行为人明知自己患有艾滋病,意图使他人感染艾滋病死亡,以恋爱、交友为名与他人发生性关系,使他人感染艾滋病的,对此有人主张行为人构成故意杀人罪。[7] 故意使他人感染艾滋病,确实具有致人死亡的危险,但是,从感染艾滋病到死亡有一个漫长的过程,难以认定故意传播艾滋病的行为具有致人死亡的紧迫危险,故不宜认定该行为属于故

---

7 参见陈旭文:《故意传播艾滋病行为的刑法适用》,载《河北法学》2004 年第 1 期。

意杀人罪的实行行为。实务上,主张将此认定为故意伤害罪。例如,被告人周天武献血时被检测出是艾滋病患者。2013 年 7 月,周天武与吴某相识并同居。周天武为达到与吴某长期交往的目的,在明知自己系艾滋病患者以及该病的传播途径的情况下,刻意不采取任何保护措施与吴某发生性关系,致使吴某被确诊为艾滋病患者。检察院以被告人周天武犯故意杀人罪向法院起诉,但法院最终以被告人周天武犯故意伤害罪,判处其 5 年有期徒刑。法院如此判决的理由在于,在我国已经广泛采用了“鸡尾酒”疗法,这种治疗方法能够抑制艾滋病病毒、不断清除艾滋病病毒,早期艾滋病病毒感染者用药后病毒可以被清除到几乎检测不到,普通的艾滋病病毒感染者终身服药能存活到正常人的平均寿命,故从医学的角度来看,感染上艾滋病病毒并不必然导致死亡。事实上,由于我国实施的免费检测、免费治疗政策,大部分艾滋病病毒感染者能够获得及时治疗而不会危及生命,以故意杀人罪来认定类似本案的行为,与故意杀人罪的构成要件不相符。[8] 上述判决也符合相关司法解释的规定。根据 2017 年 7 月 21 日最高人民法院、最高人民检察院《关于办理组织、强迫、引诱、容留、介绍卖淫刑事案件适用法律若干问题的解释》第 12 条第 2 款的规定,明知自己感染艾滋病病毒,故意不采取防范措施而与他人发生性关系,致使他人感染艾滋病病毒的,认定为《刑法》第 95 条第(三)项“其他对于人身健康有重大伤害”所指的“重伤”,依照《刑法》第 234 条第 2 款的规定,以故意伤害罪定罪处罚。从杀人行为必须具有致人死亡的紧迫危险的角度而言,司法实务的做法是可取的。

杀人行为作为具有惯常性地致人死亡属性的行为,其具体方式不限。既可以是 15
暴力杀人,也可以是非暴力杀人,如投放超剂量的安眠药杀人等。既可以是自己直接动手杀人,也可以是借助被害人之手(如诱骗他人自杀)去杀人。杀人行为不限于行为人亲自动手去杀人(直接正犯),也包括支配、操控第三人去杀人(间接正犯)的情形。支配、操控被害人自杀的,构成故意杀人罪的间接正犯。使用暴力强逼他人自杀的,组织、利用邪教组织制造、散布迷信邪说,组织、指使、胁迫其成员或者其他人实施自杀的,均属于以间接正犯的方式故意杀人,应承担故意杀人罪的刑事责任。除了以作为的方式杀人外,也可以不作为的方式杀人,如父母不给婴儿哺乳或者进食,使其饿死等。在前行为具有致人死亡的危险时,行为人因其先前行为在法律上负有排除他人死亡危险的义务,能排除而不排除该危险的,成立不作为的故意杀人罪。如行为人殴打小偷致使小偷头皮创裂流血,小偷挣脱后逃跑,行为人持木棒追赶致使小偷无路可逃后,小偷跳河试图逃跑,因体力不支而沉入水中,行为人未予救助的,这不属于被害人自我答责的情形,行为人构成不作为的故意杀人罪。

关于不作为的故意杀人罪,尤其值得讨论的是配偶间不作为故意杀人罪的认定 16
问题。配偶间一方自杀,另一方在能够救助的情形下不予救助的,通说主张《民法典》

---

8 参见最高人民法院刑事审判第一、二、三、四、五庭主办:《刑事审判参考》总第 115 集(第 1274 号),法律出版社 2019 年版,第 52 页。

第1059条"夫妻有相互扶养的义务"涵盖夫妻间有相互救助的义务,故不予救助者能够成立不作为的故意杀人罪。实务上,以宋福祥不救助自杀的妻子李霞一案为典型,多数情况下也肯定夫妻间一方不救助自杀的另一方的,构成不作为的故意杀人罪。不过,对这一结论理论界与实务界均有反对的声音。实务界有人认为,夫妻间一方自杀的,如果死亡的危险是自杀者创设的,不是另一方创设的,另一方就没有刑法上的救助义务。[9] 理论上也有人认为,不能由夫妻间扶养义务推导出救助义务。[10]

17 的确,为何违反民法上的义务就要承担刑法上的刑事责任,这始终是一个疑问。如果认为只有在行为人设定了对法益的排他性支配时,才能成立真正不作为犯[11],则配偶间一方自杀,仅在除了另一方没有第三人可以救助时,对另一方才可认定其负有刑法上的救助义务,成立不作为的故意杀人罪。据此,在宋福祥不救助妻子李霞案中,李霞在家中自杀,当时现场并无他人,李霞的生命完全依赖于宋福祥的救助行为,既然宋福祥对李霞的生命处于排他性支配状态,其在刑法上就负有救助义务,其未履行该义务,故法院认定其构成不作为的故意杀人罪是合适的。而在对配偶的生命并不处于排他性支配的场合,则应否定故意杀人罪的成立。被告人李银建与其妻肖世花在路上发生争吵,李银建朝回家的方向行走,相隔50余米的肖世花跳入水塘中。村民见状大声呼喊李银建救人,李银建回答"我又没有推她",继续往回家方向走。后村民下河救人,但肖世花已淹死。对于本案,检察院认为丈夫李银建构成不作为的故意杀人罪,但一审、二审法院均判决被告人李银建不构成不作为的故意杀人罪。[12] 如果认为自杀现场有他人存在,救助肖世花的生命并非唯一地依赖于丈夫李银建,李银建对肖世花的死亡不存在排他性支配的情形,故其不成立不作为的故意杀人罪。就此而言,法院的判决结论就是合理的。

18 对于杀人行为的认定,一些司法解释作出了明确规定。例如,2000年11月15日最高人民法院《关于审理交通肇事刑事案件具体应用法律若干问题的解释》第6条规定,行为人在交通肇事后为逃避法律追究,将被害人带离事故现场后隐藏或者遗弃,致使被害人无法得到救助而死亡的,应以故意杀人罪定罪处罚。再如,2015年12月14日最高人民法院、最高人民检察院《关于办理危害生产安全刑事案件适用法律若干问题的解释》第10条规定,在安全事故发生后,直接负责的主管人员和其他直接责任人员故意阻挠开展抢救,导致人员死亡,或者为了逃避法律追究,对被害人进行隐藏、遗弃,致使被害人因无法得到救助而死亡的,应以故意杀人罪处罚。这些解释

---

9 参见张军、姜伟、郎胜等:《刑法纵横谈(总则部分)》(增订版),北京大学出版社2008年版,第131页。

10 参见陈兴良:《判例刑法学》(上卷),中国人民大学出版社2009年版,第114页。

11 参见黎宏:《排他支配设定:不真正不作为犯论的困境与出路》,载《中外法学》2014年第6期。

12 参见孙勇:《论夫妻间的救助义务》,载《东北财经大学学报》2009年第2期。

结论是正确的，因为在这些特定情形下，相关人员的行为具有惯常性地致使被害人死亡的属性，也明知可能发生死亡结果，故在被害人死亡的场合，应以故意杀人罪追究行为人的刑事责任。

二、杀人行为的非法性

只有非法致人死亡的，才构成故意杀人罪。刑法禁止杀人行为，但在特定情形下也例外地允许杀人，如在符合正当防卫的各个要件因而构成正当防卫的场合，即便防卫人故意致人死亡的，也不构成故意杀人罪。因此，在认定故意杀人罪时，有必要判断杀人行为合法与否问题。法警依法枪决死刑犯与犯罪分子开枪打死警察，就客观上观之，都是有意致人死亡的行为，唯前者是法律许可之行为，后者是法律禁止之行为，故只有后者才构成故意杀人罪。在拳击比赛、武术比赛、击剑比赛等竞技运动中，行为人遵循竞技规则，即使有意造成对方死亡的，也不构成故意杀人罪，因为遵循竞技规则的竞技运动是一种合法运动。战士依据戒严法开枪镇压叛乱暴徒，或依照战争法在战争中杀死敌人等，这些都属于合法行为，不构成故意杀人罪。 19

杀人行为是否具有非法性，是一种客观的法律判断，不以行为人的主观认识为准。即使行为人主观上认为自己是非法杀人，但在法律上看具有合法性，如正当防卫致人死亡的，行为人并不构成故意杀人罪。在大义灭亲的场合，虽然杀人行为可能一时为当地群众所肯定，但终究不存在合法根据（大义灭亲属于私刑的范畴，可能使罪不当死之人被剥夺生命），杀人行为具有非法性，故应构成故意杀人罪。在我国，法律不允许安乐死，故理论与实务均认为，实施安乐死的行为人同样构成故意杀人罪。 20

受被害人的嘱托或得其承诺而杀死被害人的，属于受嘱托杀人（得到同意而杀人）。在理论上，认为个人放弃自己生命的承诺是无效的，该承诺不属于刑法上作为正当化事由的被害人的承诺，故受嘱托杀人不具有合法性，同样构成故意杀人罪。这一结论具有比较法上的根据，如《加拿大刑法》第 14 条明确规定："任何人无权同意将自己处死，不得因被害人同意而影响加害人之刑事责任。"[13]当然，考虑到受嘱托杀人往往是出于对被害人的同情、怜悯才杀死被害人，不同于一般的杀人行为，对此在量刑时应有所区别。 21

V 主体

故意杀人罪为自然人犯罪，单位不能成为故意杀人罪的主体。公司、企业等单位出于特定目的雇凶杀人的，只能追究对此直接负责的主管人员和其他直接责任人员的刑事责任，而不能追究单位故意杀人罪的刑事责任。 22

在《刑法修正案（十一）》出台之前，故意杀人罪的犯罪主体必须年满 14 周岁。 23

---

13 《加拿大刑事法典》，罗文波、冯凡英译，北京大学出版社 2008 年版，第 25 页。

经《刑法修正案(十一)》修订后的《刑法》第 17 条第 3 款规定:“已满十二周岁不满十四周岁的人,犯故意杀人、故意伤害罪,致人死亡或者以特别残忍手段致人重伤造成严重残疾,情节恶劣,经最高人民检察院核准追诉的,应当负刑事责任。”据此,故意杀人罪的犯罪主体的年龄被下调到 12 周岁。对于这一刑法修订,应当注意其时间效力问题,即对于 2021 年 3 月 1 日以前的故意杀人行为,即使杀人手段残忍,杀人动机卑劣,社会反响强烈,已满 12 周岁不满 14 周岁的人对此也不负刑事责任;对于 2021 年 3 月 1 日以后的故意杀人行为,已满 12 周岁不满 14 周岁的人才有可能成为故意杀人罪的犯罪主体。

24 根据《刑法》第 17 条的规定,行为人年满 14 周岁,就能成为故意杀人罪的犯罪主体,而已满 12 周岁不满 14 周岁的人要成为故意杀人罪的犯罪主体,还需满足下列条件:

25 第一,已满 12 周岁不满 14 周岁的人的犯罪行为须被刑法评价为“犯故意杀人罪”。除《刑法》第 232 条规定的故意杀人罪之外,还有其他被评价为“犯故意杀人罪”的情形。例如,根据《刑法》第 238 条第 2 款的规定,行为人犯非法拘禁罪,使用暴力致人死亡的,对其应以故意杀人罪定罪量刑。再如,根据《刑法》第 292 条第 2 款的规定,行为人聚众斗殴,致人死亡的,对其应以故意杀人罪定罪量刑。对于这些情形,已满 14 周岁的人当然应负故意杀人罪的刑事责任;已满 12 周岁不满 14 周岁的人,如果情节恶劣,得到最高人民检察院的核准,也应负故意杀人罪的刑事责任。

26 第二,已满 12 周岁不满 14 周岁的人如果杀人未遂,仅在采用特别残忍手段,并且发生致人重伤造成严重残疾的结果时,其才对故意杀人罪负刑事责任。换言之,采用投毒、溺毙等并非特别残忍的手段杀人,或者虽然采用特别残忍手段杀人但未能致人重伤的,已满 12 周岁不满 14 周岁的人不能成为故意杀人罪的犯罪主体。

27 第三,已满 12 周岁不满 14 周岁的人的杀人行为必须情节恶劣。对于不能评价为情节恶劣的故意杀人行为,已满 12 周岁不满 14 周岁的人不能成为故意杀人罪的犯罪主体。

28 关于已满 12 周岁不满 14 周岁的人能否成为故意杀人罪的犯罪主体,“经最高人民检察院核准追诉”是否也是条件之一,有不同看法。最高人民检察院是否核准追诉,不能改变、影响已满 12 周岁不满 14 周岁的人在实施杀人行为之时的辨认、控制能力,故其不是影响责任能力的犯罪主体要件,仅是影响追诉的程序性要件。因此,已满 12 周岁不满 14 周岁的人如果符合上述三个条件,就能成为故意杀人罪的犯罪主体,至于是否需要追诉其杀人罪行,由最高人民检察院决定。

29 除法定年龄的要求外,对故意杀人罪的犯罪主体还有辨认、控制能力方面的要求。如果行为人存在精神障碍,经鉴定确认,精神障碍使得行为人已经不能辨认或者已经不能控制杀人行为时,应根据《刑法》第 18 条第 1 款的规定,认定行为人不负刑事责任。如果精神障碍并未使得行为人对杀人行为丧失辨认能力或者控制能力,但辨认能力或者控制能力已经一定程度地降低时,行为人虽然构成故意杀人罪,但原则上不能判处死刑立即执行，仅在虽然存在精神障碍，但精神障碍对杀人行为的辨认能力或者控制能力几乎毫无影响时，才可能考虑对年满 18 周岁的行为人判处死刑立即执行。

行为人是否醉酒，不影响犯罪主体的成立。在普通醉酒状态下故意杀人的，在规范评价上应当认定行为人具有完全刑事责任能力，但考虑到醉酒导致行为人容易冲动，辨认、控制能力在事实上有所降低，且醉酒杀人犯罪通常是在当事人之间事前无任何矛盾的情况下突然发生的，故一般情况下应严格控制死刑的适用，通常可不判处死刑立即执行。[14] 30

Ⅵ 杀人故意

故意杀人罪的主观方面为故意，即行为人明知自己的行为会导致他人死亡，并且希望或者放任危害结果的发生。杀人故意既包括直接故意，也包括间接故意。杀人的动机多样，如因奸杀人、图财害命、基于义愤、长期受迫害或受被害人的嘱托而杀人等，但杀人动机并非本罪的构成要件，对于成立故意杀人罪没有任何影响。当然，不同的动机反映了行为人的主观恶性不同，故在量刑时应当有所区别。 31

一、杀人故意的构成

当行为人认识到自己的行为指向“人”、该行为具有断绝他人生命的属性时，即可认定行为人满足杀人故意的认识因素。行为人认识到自己的行为指向“人”；但对所指向的人是谁产生认识错误的(对象错误)，以及认为自己的杀人行为会导致甲对象死亡，不料出现乙对象死亡的(打击错误)，以及致人死亡的经过与行为主观预想有偏离的(因果关系的错误)，根据法定符合说，均不影响杀人故意的认定。在杀人故意的认识因素中，是否要求行为人对杀人行为的违法性有所认识？这是一个很有争议的问题。对这一问题的回答取决于如何理解这里的“违法性”。如果将违法性理解为实质的违法性——即行为具有社会危害性，则当然要求行为人对其行为的违法性有所认识；如果将违法性单纯理解为形式违法性——即行为在形式上是违反法律的，考虑到“不知法不赦”这一原则，则不能要求行为人对其行为的违法性有所认识。我国通说将违法性理解为实质的违法性，认为在犯罪故意的认识因素中，不要求行为人必须认识到行为的违法性，只要行为人认识到自己的行为有社会危害性即可。[15] 据此，在杀人故意的认识因素中，不要求行为人必须对杀人行为的形式违法性有认识，否则，对于“为民除害”等案件将不好处理。 32

在杀人故意的意志因素中，行为人是希望或放任死亡结果的发生。在“希望”他 33

---

14 参见何帆主编：《最高人民法院司法观点集成(刑事卷Ⅲ)》(新编版)，中国法制出版社 2017 年版，第 1218 页。

15 参见马克昌主编：《犯罪通论》(第 3 版)，武汉大学出版社 1999 年版，第 336 页。

人死亡的场合,行为人会想方设法克服困难,积极地以一切行动来实现致人死亡的目的。行为人是否“希望”死亡结果的发生,应通过案发原因、行为人与被害人之间的关系、案发的时间、地点、行为人所使用的工具、打击的部位、打击的力度、行为是否有所节制等事实来综合判断。在实务中,向被害人要害部位实施打击行为的,如对头部开枪的,应当认定为直接故意杀人。[16] 而在“放任”他人死亡的场合,行为人对死亡结果的发生与否采取听之任之、满不在乎、并不反对的态度,行为人既不是希望死亡结果发生,也不是希望死亡结果不发生,死亡结果发生与否,都不违背行为人的意愿。在放任他人死亡的心态下,实施了具有致人死亡危险性的行为,但未造成死亡结果的,能否认定行为人构成故意杀人罪?对此问题,无论是刑法理论还是司法实务均持否定态度,核心理由是间接故意犯罪无未遂,在间接故意杀人心态下实施杀人行为,只要被害人没有死亡,就不能以故意杀人罪的未遂犯追究刑事责任。曹成金故意杀人案鲜明地反映了司法实务的态度。曹成金因故掏出猎枪威逼熊某、郑某下车,郑某下车后趁曹不备,扑上去抢夺猎枪,曹成金慌乱中对郑某小腿内侧的地面扣动扳机,子弹打破了郑某的长裤,在郑某的左膝内侧留下3毫米×5毫米表皮擦伤。检察院以被告人曹成金犯故意杀人罪(未遂)提起公诉,但法院没有支持公诉意见,仅判决被告人曹成金犯非法持有枪支、弹药罪。法院认为曹成金不构成故意杀人未遂的理由是,在间接故意的案件中,行为人对危害结果的发生与否是持一种放任态度,当法律上的危害结果发生时成立犯罪既遂,如造成被害人死亡的,应以故意杀人罪定罪处罚;而没有造成人员伤亡,也是行为人这种放任心理所包含的,不是意志以外的原因所致,无所谓“得逞”与否,犯罪未遂也就无从谈起。因此,对本案被告人曹成金的行为,不能以故意杀人罪(未遂)追究刑事责任。[17]

二、杀人故意的分类

34 依据行为人意志因素是希望还是放任,可以将故意杀人分为直接故意杀人与间接故意杀人。区分直接故意杀人与间接故意杀人的意义在于:其一,直接故意杀人的行为人的主观恶性与人身危险性要重于间接故意杀人,根据罪责刑相适应原则,对直接故意杀人的量刑应重于同等境况下的间接故意杀人,尤其是对于间接故意杀人犯判处死刑立即执行时应特别慎重。其二,对于直接故意杀人的案件,无论被害人是否死亡,行为人均构成故意杀人罪(当然其犯罪形态可能有所不同);而对于间接故意杀人,如果被害人没有死亡的,一般认为行为人就不成立故意杀人罪。故在司法实践中,应注意区分直接故意杀人与间接故意杀人。

16　参见陈兴良、张军、胡云腾主编:《人民法院刑事指导案例裁判要旨通纂》(第2版),北京大学出版社2018年版,第607页。

17　参见最高人民法院刑事审判第一庭、第二庭编:《刑事审判参考》总第21辑(第129号),法律出版社2001年版,第15—16页。

三、杀人故意的认定

行为人虽有杀人故意,但从犯罪表现与最终后果看,杀人故意不坚定、不确定的,能否认定行为人具有杀人故意?对此问题,实务上倾向于认为,杀人故意不坚定、不确定,带有假想前提条件的,应当依据犯罪行为的具体表现形式与犯罪后果,确定其表现形式,即可以认定行为人没有杀人故意。[18] 被告人李超产生和前女友龙某同归于尽的念头,遂携带水果刀和龙某见面,见其决意分手便挟住龙某的脖子,持水果刀朝其头部、面部连刺数刀。龙某被刺后流血不止,李超见状停止行凶。龙某表示愿与李超和好,要求李超打电话报警并送其去医院。李超认为龙某还在欺骗他,再次用水果刀朝其头部、面部等处一顿乱刺,最后因用力过度导致刀柄断裂才住手。李超拨打报警电话,称想自首。之后,李超起意咬龙某的阴部,脱下其裤子,又转念想抠掉其一只眼球,便掐住龙某的颈部,将其右眼球抠出。赶到现场的民警将龙某送往医院治疗,经抢救脱险。检察院以被告人李超犯故意杀人罪提起公诉,但一审法院认定被告人李超构成故意伤害罪。一审宣判后,被告人李超及其辩护人上诉提出,李超应当构成故意杀人罪而不是构成故意伤害罪。二审法院经审理认为,关于"李超的行为构成故意杀人罪"的理由和意见,经查,虽然李超多次供述其主观上是要杀害龙某,但李超在持刀行凶过程中其主观犯意不坚定、不确定,应依据客观上发生的犯罪后果认定为故意伤害罪,故提出是故意杀人罪的理由和意见不能成立;上诉人李超因龙某不同意与其保持恋爱关系,持刀行凶并用手指抠掉龙某的右眼球,致龙某重伤构成严重残疾,其行为构成故意伤害罪。[19] 在笔者看来,法院如此判决的背后逻辑是,如果认为被告人具有的是杀人故意,认定李超构成故意杀人未遂,将难以判处李超死刑缓期 2 年执行[20];而考虑到被害人右眼球被抠等伤害结果,如果认定李超具有的是伤害故意,据此即可适用《刑法》第 234 条第 2 款"以特别残忍手段致人重伤造成严重残疾的,处十年以上有期徒刑、无期徒刑或者死刑"的规定,从而为判处李超死缓铺平道路。但是,这一逻辑并不合适,因为现有证据足以证明李超具有杀人故意;即便杀人故意不坚定,有假想前提条件,这也不足以否定杀人故意的存在;一面认为李超的杀人故意不坚定,一面认定李超没有杀人故意,判决本身前后就是矛盾的。在李超行凶的前一阶段,李超具有杀人故意和杀人行为,在李超行凶致刀柄断裂、明知龙某未死亡的情况下,李超本可继续实施杀人行为,但其放弃了杀人行为的实施,打电话报警,对这一部分应评价为李超构成故意杀人罪(中止犯)。在报警后,李超转而产生了伤害故意,用左手手指抠出龙某的右眼球,对这一部分应评价为李超构成故意伤害罪 35

---

18 参见陈兴良、张军、胡云腾主编:《人民法院刑事指导案例裁判要旨通纂》(第 2 版),北京大学出版社 2018 年版,第 559 页。

19 参见湖南省高级人民法院(2005)湘高法刑一终字第 21 号刑事判决书。

20 正是基于这一逻辑,被告人及其辩护人上诉称被告人具有的是杀人故意。

(属于以特别残忍手段致人重伤造成严重残疾,对此可判处李超死刑缓期 2 年执行)。对李超前后两罪,应当数罪并罚,这才是较为合适的处理方案。总之,认为从具体犯罪行为来看不坚定的杀人故意可不构成杀人故意,并不合适。[21]

Ⅶ 共同犯罪

36 在雇凶杀人案中,雇主与被雇佣人无疑构成故意杀人罪的共同犯罪。但是,雇主属于故意杀人罪的教唆犯还是实行犯(正犯),在致被害人一人死亡时如需判处一名罪犯死刑,是判处雇主死刑还是判处杀手(直接杀人者)死刑,这些都是值得研究的问题。

37 首先,应当严格界定雇凶杀人案。在雇主基于杀人故意雇佣他人杀害被害人,以及雇主明知被雇佣人的行为有可能导致被害人死亡时,才能认定为雇凶杀人案。有些人为了出口气,暗中找来他人"教训"被害人,结果被害人被打死的,对此不能一概认定为雇凶杀人。只有当行为人以杀人的意思雇佣他人时,才能构成雇凶杀人。行为人以伤害的意思雇佣他人,并明确要求被雇佣人伤害他人时应适当节制的,即使被害人实际被打死,行为人也只承担故意伤害的刑事责任,不构成故意杀人罪。[22] 但是,行为人虽然以伤害的意思雇佣他人,但同时暗示"下手"可以重一些,如果被害人实际死亡的,行为人应当构成故意杀人罪,因为此时雇佣者具有放任被害人死亡的故意。在雇佣犯罪案件中,行为人是否有杀人的意思,应根据案件起因、雇佣对象的情况、行为人的具体指示、行为人提供援助的程度等客观情况进行综合判断。

38 其次,对于共犯角色的认定问题,传统的看法认为,在纯粹的雇凶杀人案件中,雇主一般成立故意杀人罪的教唆犯,被雇者成立故意杀人罪的正犯(实行犯)。[23] 实务上认为,在雇凶杀人案中,雇主没有参与实施实行行为的,属于教唆犯;雇主与被雇佣者共同实施杀人行为的,雇主既属于教唆犯,又属于正犯(实行犯);无论雇主是教唆犯还是教唆犯与正犯(实行犯)兼而有之,雇主均起主要作用,通常而言雇主的罪责大于实行犯,故对雇主与动手杀人者的量刑原则上应有所区别。[24] 认定雇主构成故意杀人罪的教唆犯,这是传统理论的结论。如果根据犯罪事实支配说,雇主则应构成故

---

[21] 当然,在杀人案件中,犯罪意图不明确的,不得认定为直接故意杀人。参见陈兴良、张军、胡云腾主编:《人民法院刑事指导案例裁判要旨通纂》(第 2 版),北京大学出版社 2018 年版,第 598 页。

[22] 但是,被雇佣者(凶手)应承担故意杀人罪的刑事责任(过失致人死亡的除外)。此时,雇佣者与被雇佣者在故意伤害罪的范围内成立共同犯罪。

[23] 参见赵秉志、何荣功:《雇凶杀人案件中的死刑适用问题研究》,载《法商研究》2010 年第 2 期。

[24] 参见陈兴良、张军、胡云腾主编:《人民法院刑事指导案例裁判要旨通纂》(第 2 版),北京大学出版社 2018 年版,第 576 页。

意杀人罪的正犯，因为雇主支配着杀人案件的进程。当然，无论认为雇主是教唆犯还是正犯，对其都应作为主犯来对待，因为雇主对被害人的死亡起了主要作用，即如果雇主不提供资金或者其他利益，不提供被害人的相关信息，不下达杀死被害人的指令，被害人就不会死于被雇佣人之手。

最后，在雇凶杀人案中应当严格控制死刑的适用。对于雇凶杀死一人的案件，基于"一命偿一命"的观念，从严格控制死刑适用的刑事政策出发，一般不宜同时判处雇主与被雇佣人死刑立即执行。对于后果特别严重，社会影响巨大，确需判处两名以上被告人死刑立即执行的，对数名被雇佣人，应当仔细区分其在杀人案件中的地位与作用，对雇主和其中罪行最严重的受雇佣人判处死刑立即执行。 39

Ⅷ 罪数

故意杀人案件中，常常存在复杂的罪数问题。例如，故意杀人后，为掩盖罪行而毁坏、抛弃尸体的，就涉及以故意杀人罪一罪处理还是以故意杀人罪与侮辱、故意毁坏尸体罪数罪并罚的问题。对此，实务上认为，毁坏、抛弃尸体的行为已为故意杀人行为所吸收，仍只认定故意杀人一罪，对故意杀人中的抛尸、焚尸行为，应该作为量刑时的重要酌定情节予以考虑，不再单独评价。[25] 再如，在劫取财物过程中，行为人为制服被害人的反抗而故意杀人的，同样涉及罪数问题。对此，2001 年 5 月 23 日最高人民法院《关于抢劫过程中故意杀人案件如何定罪问题的批复》明确规定，行为人为劫取财物而预谋故意杀人，或者在劫取财物过程中，为制服被害人反抗而故意杀人的，以抢劫罪定罪处罚。这一结论是合适的，如果认为故意杀人罪与抢劫罪存在法条竞合关系，对此就无法以故意杀人罪论处，而只能以抢劫罪定罪处罚。 40

关于故意杀人案的罪数问题，原则上应根据罪数原理予以处理。一般而言，如果行为人的行为超出了故意杀人罪的构成要件的范围，又符合他罪的构成要件的，只要不属于连续犯、牵连犯、吸收犯等应以一罪论处的情形，就应对行为人数罪并罚。如行为人先杀人，后放火毁灭罪证从而危害了公共安全的，应按故意杀人罪与放火罪数罪并罚。 41

下列行为虽然发生在其他犯罪的过程中，但对行为人应以故意杀人罪一罪追究刑事责任，无须数罪并罚：第一，根据《刑法》第 234 条之一第 2 款的规定，未经本人同意摘取其器官，或者摘取不满 18 周岁的人的器官，或者强迫、欺骗他人捐献器官，致人死亡的；第二，根据《刑法》第 238 条第 2 款的规定，使用暴力非法拘禁他人或者以其他方法非法剥夺他人人身自由，致人死亡的；第三，根据《刑法》第 247 条的规定，司法工作人员对犯罪嫌疑人、被告人实行刑讯逼供或者使用暴力逼取证人证言，致人死亡的；第四，根据《刑法》第 248 条的规定，监狱、拘留所、看守所等监管机构的监管人员对被监管人进行殴打或者体罚虐待，致人死亡的；第五，根据《刑法》第 289 条的规 42

---

25 参见陈兴良、张军、胡云腾主编：《人民法院刑事指导案例裁判要旨通纂》（第 2 版），北京大学出版社 2018 年版，第 550 页。

定,聚众"打砸抢",致人死亡的;第六,根据《刑法》第 292 条第 2 款的规定,聚众斗殴,致人死亡的。

43 在包含故意[26]杀人在内的结果加重犯(对加重结果持故意的结果加重犯)的场合,虽然行为也构成故意杀人罪,但属于想象竞合,对行为人应以结果加重犯所对应的罪名定罪量刑(故意杀人行为仅是处以重刑甚至极刑的量刑情节),不再以故意杀人罪追究行为人的刑事责任。如根据《刑法》第 115 条的规定,放火、决水、爆炸以及投放毒害性、放射性、传染病病原体等物质或者以其他危险方法致人死亡的,对行为人应以放火罪、决水罪、爆炸罪、投放危险物质罪或者以危险方法危害公共安全罪定罪量刑。再如,根据《刑法》第 121 条的规定,以暴力方法劫持航空器致人死亡的,对行为人以劫持航空器罪定罪,对其处死刑。还如,根据《刑法》第 239 条的规定,绑架他人以后,故意杀害被绑架人的,对行为人以绑架罪定罪,处无期徒刑或者死刑,并处没收财产。[27]

44 下列行为应以故意杀人罪与其他犯罪数罪并罚:①根据《刑法》第 120 条第 2 款的规定,犯组织、领导和积极参加恐怖活动组织罪并实施杀人、爆炸、绑架等犯罪的,依照数罪并罚的规定处罚。②根据《刑法》第 198 条第 2 款的规定,保险诈骗的投保人、受益人故意造成被保险人死亡骗取保险金的,依照数罪并罚的规定处罚。③根据《刑法》第 318 条第 2 款的规定,组织他人偷越国(边)境,对被组织人有杀害行为的,或者对检查人员有杀害行为的,依照数罪并罚的规定处罚。④根据《刑法》第 321 条第 3 款的规定,运送他人偷越国(边)境,对被运送人有杀害行为的,或者对检查人员有杀害行为的,依照数罪并罚的规定处罚。⑤根据《刑法》第 358 条第 3 款的规定,组织卖淫、强迫卖淫,并有杀害行为的,依照数罪并罚的规定处罚。

IX　与自杀相关案件的处理

一、教唆自杀、帮助自杀案件的处理

45 教唆自杀是指行为人故意使本无自杀意图的人产生自杀意图,并希望或者放任他人死亡的行为。帮助自杀是指对于已经产生自杀意图的人给予自杀援助的行为,如明知他人有自杀倾向而通过言行强化他人自杀决意,给自杀者提供自杀工具,协助自杀者实施自杀行为所需要的其他辅助事项等。

46 在实务上,对教唆自杀、帮助自杀行为以故意杀人罪追究刑事责任。如 2017 年 1 月 25 日最高人民法院、最高人民检察院《关于办理组织、利用邪教组织破坏法律实施

---

[26] 在上述这些规定中,哪些规定属于注意性规定,哪些规定属于法律拟制(即便没有杀人故意,也拟制为故意杀人罪),这是在相关条文中需要专门加以研究的问题。参见陈兴良主编:《刑法各论精释》(上),人民法院出版社 2015 年版,第 11—12 页。

[27] 包含故意杀人在内的结果加重犯还涉及《刑法》第 119 条、第 141 条、第 144 条、第 236 条第 3 款、第 239 条第 2 款、第 240 条、第 263 条、第 426 条等条文。

等刑事案件适用法律若干问题的解释》第11条明文规定,组织、利用邪教组织,制造、散布迷信邪说,组织、策划、煽动、胁迫、教唆、帮助其成员或者他人实施自杀的,依照《刑法》第232条的规定,以故意杀人罪定罪处罚。在非邪教案件中,按照下列原则决定是否对帮助者以故意杀人罪追究刑事责任:如果帮助者没有意识到他人有强烈的自杀倾向,且所提供的帮助行为与自杀后果之间不具有刑法上的因果关系,对帮助者不追究刑事责任;如果帮助者主观上明知他人有强烈的自杀倾向,客观上仍通过言行进一步强化他人自杀的决意,并提供自杀工具或者帮助他人完成自杀行为的,应当认定帮助行为与他人死亡后果之间具有刑法上的因果关系,对帮助者应当以故意杀人罪追究刑事责任。[28] 在理论上,问题并非如此简单,对教唆自杀、帮助自杀有很多问题值得讨论。

(一)教唆自杀、帮助自杀的处罚根据

目前,在多数国家自杀不是犯罪(但个别国家处罚自杀未遂)。我国《刑法》第 47
434条规定了战时自伤罪,没有规定比此更为严重的战时自杀罪,可见自杀本身在我国不构成故意杀人罪等任何犯罪。[29] 在自杀不构成犯罪的前提下,教唆自杀、帮助自杀是否构成犯罪,就是一个问题。

在德国,教唆、帮助自杀并不构成犯罪,因为教唆、帮助自杀本身不能直接导致他 48
人死亡,只有自杀者在自杀决策下实施自杀行为才能结束生命,如果自杀都不构成犯罪,则参与他人自杀(即教唆、帮助自杀)也不构成犯罪。不过,在日本等国,教唆、帮助自杀是刑法明文规定的犯罪。我国刑法欠缺类似日本刑法教唆、帮助自杀的条文规定,由此,能否以故意杀人罪处罚教唆自杀、帮助自杀,就成为争议问题。否定说认为,教唆自杀行为不同于故意杀人行为。如在客观方面,故意杀人行为违背死者真实意志,无论直接或间接(指间接正犯的情形)非法剥夺他人生命,其对死者之死亡具有客观上的优越条件,从而对其形成支配关系,行为人的行为是死者死亡的决定性的、主要的原因;而教唆自杀行为尽管对自杀的结果也起了一定的条件作用,但并非造成死者死亡的决定性原因,即是否自杀并不取决于教唆者,自杀完全是死者的自主决定,自杀并不违背其真实意愿,故对于教唆自杀行为应在立法上专门加以规定,而不能以故意杀人罪论处。[30] 基于这一看法,有人认为,教唆、帮助自杀行为有相当严重的社会危害性,但基于罪刑法定原则的要求,这类行为不具有刑事违法性,对其不能

28 参见陈兴良、张军、胡云腾主编:《人民法院刑事指导案例裁判要旨通纂》(第2版),北京大学出版社2018年版,第646页。

29 当然,如果自杀行为本身侵犯了其他法益,在自杀未遂的场合,行为人应当承担刑事责任。例如,以自杀的意思在房间里自焚,被他人救起,但房子着火危及公共安全的,行为人应承担放火罪的刑事责任。

30 参见赵秉志主编:《中国刑法案例与学理研究·分则篇(三)》,法律出版社2001年版,第22页以下。

以犯罪处理[31];有人主张,刑法中应增设教唆、帮助自杀罪以处理类似案件。[32] 肯定说认为,参与自杀是否定、侵犯他人生命权的行为,相较于自杀者的自杀意思,更有必要保护其生命的绝对价值。参与自杀在我国应以(情节较轻的)故意杀人罪的教唆犯或者帮助犯论处。[33] 折中说则认为,并非出于私利或者其他卑劣动机教唆、帮助具有完全自由意志的人自杀的,可根据《刑法》第 13 条但书的规定,一般不作为犯罪处理,但如果是出于私利或者其他卑劣动机,恶意教唆、帮助具有完全自由意志的人自杀的,应以故意杀人罪论处。[34]

49 虽然学界通说与司法实务均认为教唆、帮助自杀构成故意杀人罪,但是,如果找不到刑法上的处罚根据,处罚教唆、帮助自杀就不具有正当性。关于教唆自杀、帮助自杀的处罚根据,目前大致有不作为的角度的论证、单一正犯体系的论证、"情节较轻"的特殊化的论证、纯粹引起说的论证、限制从属性说的论证、最小从属性说的论证思路。[35] 生命法益是最为重要的法益,在自杀本身不构成犯罪的前提下,如果采取三阶层犯罪论体系,就需要探究自杀是因为欠缺哪一阶层而不构成犯罪。

50 首先,如果认为自杀不构成犯罪,是因为自杀者杀死的是自己,不是杀害他人,不具有构成要件符合性,这样的论证简洁明快,但同时意味着对教唆、帮助自杀者将无法采取共犯的路径(教唆、帮助自杀行为本身不能直接断绝他人的生命,或者说教唆、帮助自杀行为本身不是故意杀人罪的实行行为)来论证其处罚根据,而只能将教唆、帮助自杀作为单独犯来论证其构成故意杀人罪。此时,要么采取单一正犯体系(教唆、帮助自杀对于死亡结果也作出了贡献,应作为正犯来对待),要么采取间接正犯的思路来论证教唆、帮助自杀的处罚根据。可是,这两条路都行不通。一方面,我国刑法是否采取了单一正犯体系,单一正犯体系是否科学,尚存在巨大的争论。另一方面,如果对于死者的自杀,行为人具有支配作用,行为人当然构成故意杀人罪的间接正犯。可是,在教唆自杀、帮助自杀的场合,是否实施自杀,最后是由被害人自我决定的,通常很难认定行为人对死者自杀起到了支配作用,难以认定其为间接正犯。因此,自杀不具有构成要件符合性的结论不可行。

51 其次,如果认为自杀具有构成要件符合性、违法性(属于不法行为),仅是因为欠

---

31 参见陈兴良:《教唆或者帮助他人自杀行为之定性研究——邵建国案分析》,载《浙江社会科学》2004 年第 6 期。

32 参见冯凡英:《教唆、帮助自杀行为刍议》,载《人民检察》2004 年第 2 期;陈山:《自杀关联行为的刑法应对》,载《中国人民公安大学学报(社会科学版)》2012 年第 3 期;王钢:《自杀的认定及其相关行为的刑法评价》,载《法学研究》2012 年第 4 期。

33 参见钱叶六:《参与自杀的可罚性研究》,载《中国法学》2012 年第 4 期。

34 参见左振声主编:《杀人犯罪的定罪与量刑》,人民法院出版社 2000 年版,第 216—218 页;马克昌主编:《百罪通论》(上卷),北京大学出版社 2014 年版,第 509 页。

35 参见张明楷:《刑法学》(第 6 版),法律出版社 2021 年版,第 1112 页;陈兴良主编:《刑法各论精释》(上),人民法院出版社 2015 年版,第 16 页以下。

缺有责性(不能期待有自杀之念的人不去实施自杀)而不构成故意杀人罪,这也是一条可以探寻的路径。但是,自杀体现着自杀者处分自身生命的自由权利,法规范没有理由对其加以禁止。[36] 同时,如果认为自杀是不法行为,则他人就可以对自杀行为进行正当防卫,但这一结论并不合适,因为从一般人的情感出发,不会认为自杀在刑法上具有违法性。因此,自杀具有违法性的结论不可行。

最后,如果认为自杀具有构成要件符合性(自杀也属于《刑法》第 232 条的故意杀"人",没有必要将故意杀人罪的对象限定为"他人"),但欠缺违法性(《刑法》并不禁止自杀),因而自杀就不构成故意杀人等任何犯罪。如果自杀具有构成要件符合性,同时,采取最小从属性说,教唆者、帮助者与自杀者构成故意杀人罪的共犯,自杀者因为欠缺违法性不构成故意杀人罪,但教唆、帮助自杀者同时具备违法性(在形式上不允许参与他人的自杀行为,在实质上教唆、帮助自杀行为不属于保全了更大的利益因而存在违法阻却事由的情形)与有责性(完全可以期待教唆、帮助自杀者不要参与他人的自杀行为),因而对教唆、帮助自杀可以故意杀人罪追究刑事责任。最小从属性说才是教唆、帮助自杀的处罚根据之所在。 52

(二)教唆自杀、帮助自杀与正犯杀人的区分

由于在实务上对教唆自杀、帮助自杀均以故意杀人罪定罪处罚,导致实务上不太注重对教唆自杀、帮助自杀与正犯杀人的区分,但是,对此进行区分不仅有助于深化正犯与共犯理论,而且也有助于在不同案件中贯彻罪刑均衡原则。 53

首先,不应混淆以间接正犯的方式杀人与教唆自杀、帮助自杀。在国外刑法中,教唆自杀罪的对象为能够理解自杀的意义并能够自由地作出意思决定的人。如果教唆幼儿、心神丧失者自杀,并不构成教唆自杀罪,而是构成普通杀人罪,行为人属于间接正犯。[37] 这一原理在我国应同样适用。具体而言,下列行为不构成教唆自杀、帮助自杀,而属于正犯杀人,即应认定为间接正犯形式的故意杀人罪,按照刑法的规定量刑,不对其从轻处罚:一是欺骗、唆使不能理解死亡意义的儿童或者精神病患者等人,使其自杀的,属于故意杀人罪的间接正犯。二是凭借某种权势或利用某种特殊关系,以暴力、威胁或者其他心理强制方法,迫使他人自杀身亡的,成立故意杀人的间接正犯。例如,组织和利用邪教组织制造、散布迷信邪说,指使、胁迫其成员或者其他人实施自杀行为的,邪教组织成员组织、策划、煽动、教唆、帮助邪教组织人员自杀的,应以故意杀人罪论处。[38] 三是行为人教唆自杀的行为使被害人对法益的有无、程度、情况等产生 54

---

36 参见王钢:《自杀行为违法性之否定——与钱叶六博士商榷》,载《清华法学》2013 年第 3 期。

37 参见张明楷:《外国刑法纲要》(第 3 版),法律出版社 2020 年版,第 407 页。

38 参见最高人民法院、最高人民检察院 2001 年 6 月 4 日《关于办理组织和利用邪教组织犯罪案件具体应用法律若干问题的解释(二)》第 9 条;最高人民法院、最高人民检察院 2017 年 1 月 25 日《关于办理组织、利用邪教组织破坏法律实施等刑事案件适用法律若干问题的解释》第 11 条。

错误,其对死亡的同意无效时,也应认定为故意杀人罪。如极有权威的医生欺骗健康的人说“你得了癌症,剩余的日子里肉体将会极为痛苦”,健康者信以为真进而自杀的,对医生应认定为故意杀人罪。[39]

55 其次,不应混淆受嘱托杀人与教唆、帮助自杀。受嘱托杀人是指受到被害人的嘱托而将其杀死的情形,属于正犯杀人,而不是帮助自杀。从诸如《日本刑法典》的规定来看,教唆自杀、帮助自杀与受嘱托杀人的法定刑是一样的。因此,严格区分某一杀人行为属于教唆自杀、帮助自杀还是受嘱托杀人在实务上虽然并无实益,但就刑法理论而言,尤其是在区分制犯罪参与体系之下,严格区分某一杀人行为属于教唆自杀、帮助自杀还是受嘱托杀人有其理论价值。例如,丈夫夏锡仁与妻子吴某商量一起上吊自杀,夏锡仁准备了绳子,将吴某扶到凳子上,又将绳子系在吴某脖子上,然后将吴某脚下的凳子拿开,吴某很快窒息而死。夏锡仁准备上吊自杀时,想到这样会连累房东,即到派出所投案自首。法院经审理认为,被害人吴某已有自杀意图,被告人夏锡仁帮助被害人自杀,其主观上明知会出现他人死亡的结果而仍故意为之,客观上其积极主动地帮助被害人吴某自杀,导致吴某死亡结果的发生,其行为已构成故意杀人罪。[40] 本案明确地传递出刑法处罚参与他人自杀的行为,这是值得肯定的。但是,本案明显不属于帮助自杀,而是受嘱托杀人。区分受嘱托杀人还是教唆自杀、帮助自杀的关键是行为人是否支配了断绝他人生命的进程,凡是行为人支配了断绝他人生命的进程的,其行为应认定为故意杀人的实行行为(正犯行为),仅在没有支配断绝他人生命的进程的情形下,才属于教唆或者帮助自杀。被告人夏锡仁将被害人吴某扶到凳子上后,将绳子套在吴某脖子上,更重要的是其拿走了吴某脚下的凳子导致吴某被吊起,这些足以认定夏锡仁支配了吴某死亡的进程,故其行为不属于帮助自杀,而属于受嘱托杀人。

(三)教唆自杀、帮助自杀的着手

56 在教唆自杀、帮助自杀的场合,杀人行为的着手始于何时?对此外国刑法尚无定论。一种观点认为,只有当被害人实际着手实施自杀行为时,才属于杀人行为的着手。另一种观点认为,开始实施教唆行为、帮助行为时即为杀人行为的着手。[41] 如果被害人没有实施自杀行为,则一来教唆行为、帮助行为实际造成的后果较小,二来司法机关也很难得知发生了此类案件。从缩小处罚范围的角度考虑,在我国,教唆自杀、帮助自杀应以被害人实际着手实施自杀行为作为杀人行为的着手。换言之,虽然实施了教唆自杀、帮助自杀行为,但他人并未实施自杀行为的,原则上对教唆自杀、帮助自杀行为不应作为犯罪处理。

---

39 参见张明楷:《刑法学》(第 6 版),法律出版社 2021 年版,第 1112 页。

40 参见陈兴良、张军、胡云腾主编:《人民法院刑事指导案例裁判要旨通纂》(第 2 版),北京大学出版社 2018 年版,第 883 页。

41 参见张明楷:《外国刑法纲要》(第 3 版),法律出版社 2020 年版,第 407—408 页。

二、相约自杀案件的处理

相约自杀是指与他人约定一起实施自杀,行为人不仅认识到自己在自杀,而且认识到在与同伴一起自杀。实践中有一种情况需要注意,即行为人自杀时,带着不懂事的孩子一同自杀,如有的妇女与丈夫发生口角后,一气之下抱着孩子跳楼。这种情况不属于相约自杀的范畴,未死的妇女对孩子的死亡构成故意杀人罪。当然,考虑到这种情况比较特殊,行为人致小孩死亡往往是出于怕小孩活在世上受罪的考虑,故可酌情从轻处罚。 57

相约自杀时,由于自杀获得了同伴的支持,因此彼此加深了自杀念头,在此意义上,可将相约自杀归入帮助自杀的范畴。在双方均自杀身亡时,由于犯罪嫌疑人均已死亡,故无须追究刑事责任。在一方自杀未遂时,应细分如下情形处理: 58

(1)相约双方各自实施自杀行为,其中一方身亡,另一方自杀未遂的,分为两种情形处理:其一,自杀行为都是独立进行的,且对他人的死亡并未提供物理的原因力时,即便对他人的死亡提供了心理的原因力,未逞一方也不负刑事责任。例如,一起打工的甲、乙觉得活着没意思,相约在单位跳楼自杀;甲先跳楼,当场摔死,乙也跟着跳了下去,掉在装满垃圾的垃圾堆里得以保命。在此案中,甲、乙各自跳楼,乙对甲的死亡虽然多少提供了心理的原因力,但在乙也有自杀决意的情形下,乙附和去自杀是极为自然的,不能期待乙反对甲的自杀行为,且乙提供的心理的原因力对甲的死亡所起的作用极小,故不能以故意杀人罪追究乙的刑事责任。其二,自杀行为不是独立进行的,自杀未逞者对他人的死亡提供了物理的原因力时,其应承担故意杀人罪的刑事责任。在实务中,如果自杀未逞一方没有卑劣的犯罪动机,未对被害人进行强制、教唆或欺骗,人身危险性小的,可以认定为故意杀人"情节较轻"。[42] 59

(2)双方相约自杀,各自实施了自杀行为,其中一方死亡,另一方自杀未逞,如果未逞一方没有死亡是因为其忽然产生反悔想法,中止了自杀行为所致,那么其对另一方的死亡是否要负故意杀人罪的刑事责任?这应视情况而定。如果行为人负有救助对方的义务[43],并且在能够履行该义务的情况下,其不履行该义务,以致对方死亡的,行为人应构成故意杀人罪;如果行为人并不具有救助对方的义务,如两个自杀的人碰巧走到了一起自杀,一方中止自杀行为的,对另一方的死亡并不负刑事责任。此外,行为人虽然负有救助对方的义务,但如果行为人不能履行该救助义务的,行为人也不构成故意杀人罪。 60

(3)双方相约自杀,一方由于胆小或其他原因,请求对方先杀死自己,然后另一方 61

---

42 参见陈兴良、张军、胡云腾主编:《人民法院刑事指导案例裁判要旨通纂》(第2版),北京大学出版社2018年版,第682页。

43 这一义务可能是法律上的义务,比如夫妻相约自杀,一方就有救助对方的义务;也可能是先前行为所引起的义务,如甲邀请恋人乙去自杀,邀请行为就属于先前行为。对于此种案件中的义务来源,目前争议较大,认识尚不一致。

再自杀,结果受嘱托方自杀未逞的,受嘱托一方杀死对方的行为性质属于受嘱托杀人,构成故意杀人罪。

62 (4)如果一方以相约自杀为名,欺骗对方自杀,结果对方自杀身亡的,行为人属于动机卑鄙的伪装自杀,构成间接正犯方式的故意杀人罪。

三、引起他人自杀案件的处理

63 在引起他人自杀的案件中,需要考察死亡的危险是谁的行为造成的,如果死亡危险是被害人自己造成的,根据被害人自我答责原理,行为人不构成故意杀人罪;仅在死亡危险是行为人自己创设的情形下,其才构成故意杀人罪。正当行为、错误行为或者一般违法行为本身并不蕴含导致他人死亡的客观危险,如教师在课堂上批判学生不用功、没前途,学生一怒之下跳楼自杀的,由于批评行为本身并不内在地蕴含致人死亡的危险,死亡结果的出现是被害人自己不理性的行为促成的,对此,就不能以故意杀人罪追究行为人的刑事责任。

64 在引起自杀的行为属于刑法所禁止的行为,死亡结果与引起自杀的行为存在刑法上的因果关系时,被害人自我答责原理仅意味着行为人对死亡结果不承担故意杀人罪的刑事责任,但并不意味着行为人对死亡结果彻底不负责任,完全可能将死亡结果作为一个情节加以考虑,以其他犯罪追究行为人的刑事责任。例如,诽谤他人,诽谤行为本身的情节一般,但引起他人自杀身亡的,便可综合起来认定诽谤行为情节严重,对行为人可以诽谤罪论处。再如,部分结果加重犯包括了自杀身亡的情形时,对自杀结果应按结果加重犯的法定刑处罚,如以暴力干涉他人婚姻自由,致使被害人死亡的,应以暴力干涉婚姻自由罪的结果加重犯(《刑法》第257条第2款)处罚。

65 如果引起自杀的死亡危险是行为人创设的,对行为人应以故意杀人罪追究刑事责任。例如,行为人使用暴力强奸妇女,妇女不从,站在窗口言明再逼就跳楼自杀,行为人仍以暴力相逼,结果妇女跳楼而亡。在此案中,看起来自杀是妇女自我选择的,但是,妇女面临着要么被强奸、要么去死的压力,自杀并非其真实意思,是行为人的进一步逼迫使得妇女走上了绝路,应认定是行为人创设了妇女死亡的危险,故对妇女的死亡行为人应承担故意杀人的刑事责任。

X　与他罪的区别

66 如何处理放火杀人案件,是实务上经常面临的问题。通说认为,故意杀人罪与放火罪等危害公共安全的犯罪的区别在于放火等行为是否危害公共安全:危害公共安全的,构成放火罪等危害公共安全罪;没有危害公共安全,只侵犯特定人的生命权的,构成故意杀人罪。[44] 在危害公共安全时,通说之所以认为放火杀人应当定性为危

44　参见高铭暄、马克昌主编:《刑法学》(第9版),北京大学出版社、高等教育出版社2019年版,第332页。

害公共安全的犯罪,主要有以下三方面的理由[45]:第一,行为人虽以放火为手段意图杀害特定人,但同时已经或者可能引起火灾危害公共安全的,实际上是一个放火行为,同时触犯放火罪和故意杀人罪两个罪名,属于想象竞合犯。处理想象竞合犯应按照所触犯数罪名中最重的罪定罪量刑。根据刑法对这两种犯罪法定刑的规定,最低刑都是3年有期徒刑,最高刑均为死刑,难以分清孰轻孰重。故以放火罪论处也并无不妥。第二,考虑到用放火的危险方法杀人,不但侵害特定人的生命权利,而且在客观上危及不特定的多数人的人身安全和重大公私财产的安全,比一般的故意杀人罪更为恶劣。为此,以危害公共安全的放火罪处罚,更能显示出这种杀人的特殊危险性。第三,如此处罚也不会轻纵犯罪。对于通说,也有学者提出了质疑,认为通说违背了故意杀人罪重于放火罪等危害公共安全罪的事实与法律规定,违反了想象竞合犯罪的处理原则,并可能导致处罚的不均衡,进而认为只要行为人具有杀人故意并且实施了足以剥夺他人生命的行为,不管是否危害公共安全,除刑法有明文规定的以外,均应认定为故意杀人罪。[46] 对此新说,有学者提出了批评,认为这可能混同放火犯罪与故意杀人罪之间在犯罪构成上的区别,还可能导致定罪量刑上的不统一,故主张还是通说相对更为可取。[47] 从想象竞合犯处断原理以及立法上减少死刑罪名的角度出发,以危险方法杀人应当定性为故意杀人罪的看法有可取之处。[48]

目前实务采取通说。例如,被告人王征宇驾驶桑塔纳轿车以每小时100公里左 67
右的速度,连续闯过数个关卡,拒不停车接受检查。前方的警察陆卫涛等人即设置路障,王征宇驶近并看到这一情况后,驾车冲向路障,汽车撞到陆卫涛并将其撞上车盖,陆卫涛被撞翻滚过车顶坠落于距撞击点20米处,致颅脑损伤抢救无效死亡。一审法院认为:被告人王征宇拒不服从公安人员的停车检查指令,强行闯过数处车辆检查关卡,并在路口将正在执行公务的民警陆卫涛撞击致死。其撞人后,继续驾车高速闯过城桥镇路口、港东路两关卡后逃逸,王征宇的行为构成以驾车冲闯的危险方法危害公共安全罪,判处死刑。但二审法院认为:王征宇在路口驾车冲向执行公务的公安人员,置他人生命于不顾,将公安人员陆卫涛冲撞翻过车顶,仍继续高速驾车强行闯过关卡,致使陆卫涛被撞击坠地后颅脑损伤死亡。对这种结果的发生,王征宇持放任态度,其行为已构成故意杀人罪。二审法院改判的理由是:被告人王征宇高速驾车冲闯关卡的目的是逃避公安人员的检查,而不是危害不特定多数人的人身、健康或公私财产的安全。王征宇驾车冲撞执行公务的人员,针对的对象是特定的个人,并非不

---

[45] 参见马克昌、杨春洗、吕继贵主编:《刑法学全书》,上海科学技术文献出版社1993年版,第258页。

[46] 参见张明楷:《论以危险方法杀人案件的性质》,载《中国法学》1999年第6期。

[47] 参见周振晓:《也论以危险方法杀人案件的定性》,载《政法论坛》2001第2期。

[48] 参见李立众:《再论以危险方法杀人案件之定性——兼与周振晓先生商榷》,载《政法论坛》2002年第1期。

特定多数人。王征宇明知路口机动车道设有路障及站在路障中间的许多执行公务人员在拦截自己,却没有直接冲向机动车道的路障,而是转向北侧非机动车道,说明他不希望也未放任发生危害多数人人身安全的后果。可见,其主观上不具有危害公共安全的故意,故不应以危害公共安全罪定罪。但是,王征宇明知公安人员陆卫涛站在北侧非机动车道拦截自己,如果继续驾车冲闯可能会造成陆卫涛伤亡结果的发生,仍为逃避检查,拒不停车,放任可能发生的后果,强行向陆卫涛所站的位置冲闯,致陆卫涛被撞击后死亡。王征宇主观上具有杀人的间接故意,客观上造成陆卫涛死亡的结果,其行为符合故意杀人罪的特征,故应对其以故意杀人罪定罪。[49]

68 从王征宇一案的二审判决结果可以看出:其一,法院以行为是否危害公共安全来区分故意杀人罪与放火罪等危害公共安全的犯罪。一审法院认为驾车撞人行为具有危害公共安全的属性,故认定被告人王征宇构成以危险方法危害公共安全罪。而二审法院认为,根据现场情况,被告人王征宇冲撞的是特定的个人,危及的是特定的个人的生命,故被告人王征宇构成故意杀人罪。其二,行为是否构成放火罪等危害公共安全的犯罪,要考虑行为人主观上是否具有危害公共安全的故意。行为人虽然驾车冲撞执行公务的人员,如果主观上不是为了危害公共安全的,就不构成放火罪等危害公共安全的犯罪,只能以故意杀人罪追究刑事责任。就结论而言虽然正确,但法院认为被告人主观上没有危害公共安全的故意,故其行为客观上没有危害公共安全,这一先主观后客观的思维方法存在问题。[50]

XI　处罚

69 根据《刑法》第232条的规定,故意杀人的,处死刑、无期徒刑或者10年以上有期徒刑;情节较轻的,处3年以上10年以下有期徒刑。根据《刑法》第56条、第57条的规定,对于故意杀人的犯罪分子,可以附加剥夺政治权利;如果被判处死刑的,应当剥夺政治权利终身。根据《刑法》第50条第2款的规定,对因故意杀人被判处死刑缓期执行的犯罪分子,人民法院根据犯罪情节等情况可以同时决定对其限制减刑。在刑罚执行过程中,根据《刑法》第81条第2款的规定,对暴力性的故意杀人且被判处10年以上有期徒刑、无期徒刑的犯罪分子,不得假释。

一、死刑适用问题

70 从实务来看,故意杀人罪在判处死刑的案件中所占比例最高。在刑法分则所有罪名中,只有故意杀人罪的法定刑按照从重到轻的顺序排列。这一方面是"杀人者死""杀人偿命"观念在故意杀人罪中的反映,另一方面也体现了严禁侵犯他人生命

49　参见陈兴良、张军、胡云腾主编:《人民法院刑事指导案例裁判要旨通纂》(第2版),北京大学出版社2018年版,第595—596页。

50　参见陈兴良:《判例刑法学》(上卷),中国人民大学出版社2009年版,第5—6页。

权否则将承受重罚的立法精神。从实证分析来看,现阶段故意杀人罪的死刑裁量更可能是一种减法机制:对于有死亡结果的案件,原则上判处死刑,但有足够从宽情节的,不判处死刑;对于被判处死刑的案件,原则上判处死刑立即执行,但有足够从宽情节的,判处死刑缓期执行。[51] 就理论而言,对故意杀人者首先考虑适用死刑,这不利于控制死刑的适用。故意杀人罪法定刑的顺序排列并不意味着对所有的杀人犯都要判处死刑,对杀人犯是否判处死刑,不仅要看是否造成了被害人死亡的结果,还要综合考虑案件的全部情况,全面评价行为的社会危害性和行为人的人身危险性,给杀人犯判处罪刑相适应的处罚。既不能认为杀人既遂的要一律偿命,也不能认为杀人未遂的一律不判处死刑。

根据相关规范性文件[52],在对故意杀人案件决定是否适用死刑时,应当准确理解 71
和严格执行"保留死刑,严格控制和慎重适用死刑"的死刑政策,坚持统一的死刑适用标准,确保死刑只适用于极少数罪行极其严重的故意杀人犯。对于严重危害社会治安、严重影响人民群众安全感的杀人案件,如极端仇视国家和社会,以不特定人为行凶对象的,可以依法判处被告人重刑直至判处死刑。对于因婚姻家庭、邻里纠纷等民间矛盾激化引发的故意杀人犯罪,在判处重刑尤其是适用死刑时应特别慎重,除犯罪情节特别恶劣、犯罪后果特别严重、人身危险性极大的被告人外,一般不应当判处死刑。2011 年 12 月 20 日最高人民法院发布的指导案例第 4 号"王志才故意杀人案"明确指出,因恋爱、婚姻矛盾激化引发的故意杀人案件,被告人犯罪手段残忍,论罪应当判处死刑,但被告人具有坦白悔罪、积极赔偿等从轻处罚情节,同时被害人亲属要求严惩的,人民法院根据案件性质、犯罪情节、危害后果和被告人的主观恶性及人身危险性,可以依法判处被告人死刑,缓期两年执行,同时决定限制减刑,以有效化解社会矛盾,促进社会和谐。对于长期遭受家庭暴力后,在激愤、恐惧状态下为了防止再次遭受家庭暴力,或者为了摆脱家庭暴力而故意杀害、伤害施暴人,被告人的行为具有防卫因素,施暴人在案件起因上具有明显过错或者直接责任的,可以酌情从宽处罚。[53] 2012 年 9 月 18 日最高人民法院发布的指导案例第 12 号"李飞故意杀人案"再次指出,对于因民间矛盾[54]引发的故意杀人案件,被告人犯罪手段残忍,且系累犯,论

---

51 参见王越:《故意杀人罪死刑裁量机制的实证研究》,载《法学研究》2017 年第 5 期。

52 参见 1999 年 10 月 27 日最高人民法院《全国法院维护农村稳定刑事审判工作座谈会纪要》,2009 年 8 月 3 日最高人民法院《关于审理故意杀人、故意伤害案件正确适用死刑问题的指导意见》,2010 年 2 月 8 日最高人民法院《关于贯彻宽严相济刑事政策的若干意见》,2015 年 3 月 2 日最高人民法院、最高人民检察院、公安部、司法部《关于依法办理家庭暴力犯罪案件的意见》。

53 对因恋爱矛盾引发的故意杀人案件,可以参照因婚姻家庭矛盾激化引发的故意杀人案件予以处理。

54 民间矛盾包括但不限于婚姻、继承、赡养、抚养、扶养、家庭、房屋宅基地、债务、生产经营、邻里、赔偿等事务上的矛盾。

罪应当判处死刑,但被告人亲属主动协助公安机关将其抓捕归案,并积极赔偿的,人民法院根据案件具体情节,从尽量化解社会矛盾的角度考虑,可以依法判处被告人死刑,缓期两年执行,同时决定限制减刑。对于被害人一方有明显过错或对矛盾激化负有直接责任,或者被告人有法定从轻处罚情节的,一般不应判处死刑立即执行。

72 对于自首的故意杀人犯,除犯罪情节特别恶劣,犯罪后果特别严重的,一般不应考虑判处死刑立即执行。对于具有立功表现的故意杀人犯,一般也应当体现从宽精神,可考虑不判处死刑立即执行,但如果犯罪情节特别恶劣,犯罪后果特别严重的,即使有立功情节,也可以不予从轻处罚。对于只致一人死亡的共同杀人案件,无论是根据罪责刑相适应的刑法基本原则,还是从朴素的正义观念看,原则上只判处一人死刑,不应当不加区别地或者以分不清主次为由判处多名被告人死刑;特殊情况下,认为确实应当判处两名以上被告人死刑的,必须要有绝对充分的理由、绝对无误的把握、群众绝对支持的社会效果。实践证明,以多杀来体现严惩,并不一定能获得社会认同,相反往往事与愿违。[55]

二、情节较轻的认定

73 根据《刑法》第 232 条的规定,故意杀人情节较轻的,处 3 年以上 10 年以下有期徒刑。在理论上,一般认为故意杀人"情节较轻"主要指防卫过当的故意杀人、当场出于义愤的故意杀人、因长期受被害人欺压凌辱而奋起反抗的故意杀人、基于被害人的请求的故意杀人、因产后抑郁或婴儿出生有缺陷而杀婴以及"大义灭亲、为民除害"的故意杀人等。[56] 从司法实务来看,下列情形在审判实践中均被认定为"情节较轻":①被害人有严重过错导致行为人义愤(激愤)杀人或者大义灭亲杀人的,如长期受到虐待和家庭暴力而杀害丈夫[57];②帮助自杀;③相约自杀,没有卑劣的犯罪动机,没有对被害人进行强制、教唆或欺骗,人身危险性小;④出于间接故意且被害人具有一定过错的。[58]

74 归纳起来,能够被认定为"情节较轻",是因为在受嘱托杀人(安乐死也属于受嘱托杀人)之类的场合,生命法益的要保护性降低(违法性低),或者是因为在诸如被害人有重大过错等场合,导致行为人的可谴责性降低(有责性低)。

55　参见张军:《切实贯彻宽严相济刑事政策全力促进社会和谐稳定》,载《人民司法》2007 年第 21 期。

56　参见贾宇主编:《刑法学》,高等教育出版社 2019 年版,第 115 页。

57　2015 年 3 月 2 日最高人民法院、最高人民检察院、公安部、司法部《关于依法办理家庭暴力犯罪案件的意见》指出,对于因遭受严重家庭暴力,身体、精神受到重大损害而故意杀害施暴人;或者因不堪忍受长期家庭暴力而故意杀害施暴人,犯罪情节不是特别恶劣,手段不是特别残忍的,可以认定为故意杀人"情节较轻"。

58　参见陈兴良、张军、胡云腾主编:《人民法院刑事指导案例裁判要旨通纂》(第 2 版),北京大学出版社 2018 年版,第 550、570、580、634、655、681、682 页。

第二百三十三条　过失致人死亡罪

过失致人死亡的，处三年以上七年以下有期徒刑；情节较轻的，处三年以下有期徒刑。本法另有规定的，依照规定。

文献:宁汉林:《杀人罪》,群众出版社1986年版;左振声主编:《杀人犯罪的定罪与量刑》,人民法院出版社2000年版;陈兴良:《判例刑法教程》(分则篇),北京大学出版社2015年版;陈兴良主编:《刑法各论精释》(上),人民法院出版社2015年版。朱霁、陈宇:《致体质特异人死亡的轻微暴力行为的法律定性》,载《时代法学》2011年第3期;周玉琴:《致特异体质人死亡案件的定罪量刑》,载《中国检察官》2012年第1期;邵辉:《争吵撕扯诱发特异体质者死亡的行为定性》,载《中国检察官》2013年第24期;黄祥青:《轻微暴力致人死亡案件定性研究》,载《法律适用》2016年第3期;王旭升:《关于殴打体质特异人死亡案件的定罪反思》,载《中国检察官》2018年第16期。

细目录

Ⅰ　主旨
Ⅱ　沿革
Ⅲ　过失致人死亡
Ⅳ　因果关系
Ⅴ　罪过
Ⅵ　与间接故意杀人的区别
Ⅶ　与故意伤害致死的区别
Ⅷ　处罚

Ⅰ　主旨

刑法对生命的保护是全面的,既禁止故意杀人行为,又禁止过失致人死亡行为。 1
就过失致人死亡而言,大致分为两类:一类是日常过失致人死亡,如玩耍中未能接住抛起的婴儿致婴儿摔死;另一类是业务过失致人死亡,如重大责任事故致人死亡、医疗事故致人死亡。日常过失致人死亡的情形又分为两类:一是狭义的日常过失致人死亡,如开玩笑将他人推下楼梯,导致他人摔死的,对此只能以过失致人死亡罪追究刑事责任[1];二是可以其他罪名追究刑事责任的日常过失致人死亡,如忘记关掉炉火,失火致使数人死亡的,可以失火罪追究行为人的刑事责任。《刑法》第 233 条是对狭义的日常过失致人死亡的规定。

2 就与包含过失致死结果的其他犯罪的关系而言,《刑法》第 233 条属于一般法条,其他包含过失致死结果的法条属于特别法条。对这种法条竞合关系,《刑法》第 233 条明文宣示了"本法另有规定的,依照规定"的处理原则,即过失致人死亡行为如果触犯特别法条的,按特别法条的规定定罪量刑,仅在未触犯特别法条时,对日常过失致人死亡行为才按《刑法》第 233 条的规定定罪量刑。

Ⅱ 沿革

3 1979 年《刑法》第 133 条规定:"过失杀人的,处五年以下有期徒刑;情节特别恶劣的,处五年以上有期徒刑。本法另有规定的,依照规定。"

4 一般认为,1979 年《刑法》第 133 条存在以下问题:其一,条文措辞不当。"杀"字本身含有故意的韵味,与过失致人死亡罪为过失犯罪的罪质不符。其二,过失致人死亡罪与其他犯罪的法定刑存在不均衡之处。日常过失致人死亡的社会危害性应当轻于业务过失致人死亡的社会危害性,而在 1979 年《刑法》中,交通肇事罪、重大责任事故罪等业务过失致人死亡的过失犯罪,法定最高刑只有 7 年有期徒刑,而过失致人死亡罪的最高法定刑反而有 15 年有期徒刑。为了实现过失致人死亡犯罪之间的均衡性,应当降低过失致人死亡罪的法定刑。其三,条文中"情节特别恶劣"在实践中难以把握,易造成量刑畸重,还是不规定为好。针对上述立法完善建议,立法机关数易其稿,1997 年 3 月 1 日第八届全国人大第五次会议《刑法(修订草案)》第 233 条规定:"过失致人死亡的,处三年以上七年以下有期徒刑;情节较轻的,处三年以下有期徒刑。本法另有规定的,依照规定。"由此,形成了 1997 年《刑法》第 233 条的规定。

Ⅲ 过失致人死亡

5 构成过失致人死亡罪,要求客观上存在过失致人死亡的行为,发生了他人死亡的结果,过失致人死亡行为与死亡结果之间存在因果关系。就实务而言,我国刑法不处罚过失犯的未遂。因此,仅在出现死亡结果时,才有必要追问行为人是否存在过失致人死亡行为及其与死亡结果之间是否存在因果关系的问题。

6 就表现形式而言,过失致人死亡行为既可以是作为,如行为人随手往楼下扔酒

1 日常过失致人死亡还包括结果加重犯中过失致人死亡的情形,如故意伤害他人身体过失造成死亡结果、强奸妇女的过程中过失造成妇女死亡的,对此应以故意伤害罪(致死)、强奸罪(致使被害人死亡)追究刑事责任。

瓶,不料砸死楼下的行人;也可以是不作为,如行为人为他人照看幼儿时,却不注意看护,结果幼儿爬上窗户坠楼而亡。无论是作为还是不作为,其实质都是行为人对其所实施的具有致人死亡危险性的行为,没有履行注意义务,以致发生死亡结果。因此,行为人是否存在过失致人死亡行为,关键在于行为人在客观上是否负有避免他人死亡的注意义务。仅在行为人负有客观的注意义务时,才能认定其可能存在过失致人死亡行为。杀人犯将有毒食品快递寄出,快递员将快递交给被害人,被害人吃下食品后中毒死亡的,对快递员而言,其在客观上不负有注意快递食品是否有毒、有害的义务,故快递员将有毒食品交给被害人的行为,就不属于过失致人死亡行为。

在群居社会中,任何社会成员,无论其从事的是日常行为还是业务行为,都应注意其行为可能产生的危险性,避免侵犯包括生命法益在内的他人合法权益,以维护群居生活的稳定。只要行为人在客观上创设了可能致人死亡的危险,行为人即负有避免他人死亡的注意义务,在出现死亡结果时,就能认定行为人存在过失致人死亡行为。行为人将准备毒老鼠的有毒香肠放在家中,小偷入室盗走香肠,吃了香肠中毒而亡的,由于行为人是将有毒香肠放在家中,该行为并不蕴含致使外人死亡的危险,故行为人并无注意避免外人死亡的注意义务,对于小偷的死亡,其不存在过失致人死亡行为,故不承担过失致人死亡罪的刑事责任。但是,如果行为人没有放好有毒香肠,结果家中的幼儿吃了香肠中毒死亡的,由于行为人应当避免幼儿触及有毒食品,否则会发生幼儿死亡的危险,因此,行为人在客观上负有防止幼儿死亡的注意义务,对于家中幼儿的死亡,应当认定行为人存在过失致人死亡行为,其应承担过失致人死亡罪的刑事责任。故意杀人行为与过失致人死亡行为虽然都具有致人死亡的属性,但是,与故意杀人罪的实行行为具有致人死亡的紧迫危险相比,过失致人死亡行为通常较为缓和,致人死亡的危险并不特别紧迫。 7

在过失犯的场合,应注意危险的分配法理。具体来说,在过失致人死亡的场合,如果死亡危险应由被害人自我负责时,行为人对死亡危险即不再负有注意义务,即便最终出现死亡结果,行为人也不构成过失致人死亡罪。例如,被告人田玉富与其妻康某为违法生育第三胎而被乡计划生育工作人员带至县计划生育技术指导站实施结扎手术。田玉富为使其妻逃避结扎手术,而对计生工作人员谎称其妻要到指导站住院部三楼厕所洗澡。骗取计生工作人员信任后,在厕所里,被告人田玉富先用手掰开木窗户,用事先准备好的尼龙绳系在其妻胸前,企图用绳子将其妻从厕所窗户吊下去逃跑,但由于绳子在中途断裂,致使康某从三楼摔下后当场死亡。对于此案,有论者认为,从案情来看,被害人康某的行为完全符合被害人自我答责的客观条件和主观条件,因为从客观条件上看,被害人康某当然具有处分自己身体健康或者生命法益的权利;从主观条件上看,作为一个成年的、理智的人,被害人康某对于结绳从三楼滑下的危险有完全认识,而且根本不存在被告人田玉富欺骗、强制被害人康某的情形;在这种情况下,被害人康某仍然决定冒险,故不能将死亡结果归责于被告人,而 8

是应当由被害人自我答责,被告人田玉富应当是无罪的。[2] 就在过失致人死亡罪中适用危险的分配理论这一点而言,该看法值得肯定,不过,本案不应适用被害人自我答责理论。这是因为,被害人为了逃避结扎手术,实在没有他法,逼不得已用绳子系在身上想从三楼吊下逃跑,这一特定的场景决定了被害人的意志并非完全自由,不能认为被害人理性地接受了被摔死的危险。对于该案,法院经审理认为,被告人田玉富为帮助其妻康某逃避计划生育做结扎手术,用绳子将康某捆住从高楼吊下,应当预见自己的行为会造成严重后果而没有预见,致其妻死亡,其行为构成过失致人死亡罪。[3] 法院的这一判决结论是合适的。

Ⅳ 因果关系

9 行为人虽然存在过失致人死亡行为,但死亡结果与过失行为之间没有因果关系,而是其他原因导致死亡结果的,在规范评价上就应认为过失行为并未发生死亡结果,因而应否定过失致人死亡罪的成立。因此,因果关系对于过失致人死亡罪的认定具有重要意义。

10 对于不知他人体质特异,争吵推搡乃至打击身体非要害部位,致使他人因体质特异而死亡的,能否认定行为人构成过失致人死亡罪,这是实务中经常碰到的问题。对此问题,无论是理论上还是实务上,均未达成共识,既有肯定构成过失致人死亡罪的看法,也有否定构成过失致人死亡罪的看法。要妥善解决此类案件,首先需要考虑死亡结果与行为人的行为之间是否存在因果关系,如果回答是否定的,即可得出行为人不构成过失致人死亡罪的结论;如果认为有因果关系,则需进一步考虑对死亡结果行为人是否存在过失。不过,就实务来看,似乎未能明确区分有无因果关系问题与有无过失问题,常将二者杂糅在一起。

11 都某过失致人死亡案是肯定构成过失致人死亡罪的典型案例。陈某的车辆堵住了车辆行进通道,致被告人都某所驾车辆无法驶出。双方遂发生口角,继而打斗在一起。在打斗过程中,都某拳击、脚踹陈某头部、腹部,致其鼻腔出血。民警赶到现场后将都某带上警车,由陈某驾车与其妻跟随警车一起到派出所接受处理。双方在派出所大厅等候处理期间,陈某突然倒地,后送医院抢救无效于当日死亡。经鉴定,陈某有高血压并冠状动脉粥样硬化性心脏病,因纠纷后情绪激动、头面部(鼻根部)受外力作用等导致机体应激反应,促发有病变的心脏骤停而死亡。一审法院认为,被告人都某过失致人死亡,其行为构成过失致人死亡罪。一审宣判后,被告人都某不服,提起上诉。二审法院认为,被告人都某应当预见击打他人头部、腹部可能导致他人死亡

---

2 参见江溯:《日本刑法上的被害人危险接受理论及其借鉴》,载《甘肃政法学院学报》2012 年第 6 期。

3 参见最高人民法院中国应用法学研究所编:《人民法院案例选》(总第 64 辑),人民法院出版社 2009 年版,第 16—18 页。

的危害后果，因为疏忽大意而没有预见，仍拳击、脚踹被害人头部、腹部，以致发生被害人死亡的危害后果，行为和结果之间存在因果关系，其行为构成过失致人死亡罪。[4]

刘旭过失致人死亡案是否定构成过失致人死亡罪的典型案例。被告人刘旭与张某(殁年 69 岁)因让车问题发生争吵，后刘旭动手推了张某的肩部并踢了张某腿部。张某报警后，双方被民警带至派出所。在派出所解决纠纷时，被害人张某感到胸闷不适，于 13 时到医院就诊，15 时许经抢救无效死亡。经鉴定，张某因患冠状动脉粥样硬化性心脏病，致急性心力衰竭死亡。对于此案，法院认为，从打击的力度及部位方面看，被告人刘旭的行为尚未达到可能造成被害人张某死亡的强度。被告人刘旭在事发当时无法预料到被害人张某患有心脏病并会因心脏病发作导致死亡结果的发生，对于被害人张某的死亡，被告人在主观上既无故意也没有过失，被害人张某的死亡更多是由于意外因素所致，被告人刘旭的殴打行为只是一个诱因，二者之间不存在直接的必然的因果联系，故被告人刘旭不应承担过失致人死亡的刑事责任，但应承担民事赔偿责任。[5] 12

上述两个案件处理结论之所以不同，首先在于对因果关系的判断不同。在都某过失致人死亡案中，法院认为是被告人的暴力行为导致被害人的身体产生应激反应，促发病变心脏骤停而死亡，并非被害人自身原因促发死亡，故被告人的行为与死亡结果之间具有刑法上的因果关系。而在刘旭过失致人死亡案中，法院认为，造成被害人张某死亡的直接原因是心脏病，行为人的殴打行为只是引发被害人心脏病的诱因，被害人很可能是由于受到殴打而情绪激动从而引发心脏病造成死亡结果的发生，即行为人的行为与被害人的死亡结果之间还存在着被害人情绪激动、心脏病发作等一系列中间环节，而从一般的社会常识来分析，这些中间环节并不是行为人的行为所必然引发的结果，故二者之间不存在直接的必然的因果联系。应当认为，肯定因果关系的结论是合理的。这是因为，根据相当因果关系理论，暴力攻击患冠状动脉粥样硬化性心脏病的人员，导致他人心脏病发作而亡是极为正常的，并不罕见，故应肯定存在因果关系。事实上，在刘旭过失致人死亡案中，法院仅是认为不存在直接的必然的因果联系，但因果关系还包括偶然的因果关系在内，法院并未否定一切因果关系。 13

在攻击体质特异人员致其死亡的案件中，在肯定因果关系的前提下，应根据攻击的部位、攻击的力度以及被害人的身体情况(如是年轻人或者老年人)，来判断行为人能否预见其行为可能致人死亡。在都某过失致人死亡案中，都某拳击、脚踹陈某头部、腹部这些身体重要部位，且陈某已经 48 岁，故应认定都某能够预见其行为可能致 14

4　参见最高人民法院刑事审判第一、二、三、四、五庭主办：《刑事审判参考》总第 103 集(第 1079 号)，法律出版社 2016 年版，第 43—44 页。

5　参见陈兴良、张军、胡云腾主编：《人民法院刑事指导案例裁判要旨通纂》(第 2 版)，北京大学出版社 2018 年版，第 685—686 页。

人死亡,法院认为其行为构成过失致人死亡罪,这一结论是合适的。在刘旭过失致人死亡案中,虽然刘旭动手推的部位是张某的肩部,踢了张某腿部,但张某已经 69 岁,刘旭同样能够预见其行为可能致人死亡,故也应认定其行为构成过失致人死亡罪。法院认为刘旭无法预见死亡结果,本案属于意外事件,这一结论值得商榷。

V 罪过

15 构成过失致人死亡罪,要求行为人主观上具有过失,即行为人应当预见自己的行为可能发生致人死亡的结果,因为疏忽大意而没有预见,或者已经预见而轻信能够避免。过失致人死亡罪的过失包括疏忽大意的过失和过于自信的过失,其本质都是行为人精神懈怠,以致未能集中精神避免死亡结果的发生。

16 行为人在客观上是否负有避免他人死亡的注意义务,这属于客观层面的过失致人死亡行为的认定问题。行为人在主观上能否集中精神履行避免死亡结果的注意义务,这属于主观层面的过失的认定问题,应将二者予以明确区分。在行为人客观上负有避免他人死亡的注意义务的前提下,行为人在主观上能否集中精神避免死亡结果,这是判断行为人是否具有主观过失的关键所在。对此,应当结合行为人的智力水平、行为本身的危险程度以及行为时的客观环境进行综合判断。如果即便行为人集中精神,也无法预见会发生死亡结果的,应认定行为人没有过失,不成立过失致人死亡罪。

17 被告人穆志祥驾驶农用三轮车载客行驶途中,因担心被检查受罚,遂驾车左拐,驶离原路线,在村民李学华家住宅附近停车让乘客下车。因车顶碰触村民李学明从李学华家所接电线接头的裸露处,导致车身带电。乘客张某在下车时手抓挂在车尾的自行车车梁,导致触电身亡。现场勘验表明,被告人穆志祥在农用三轮车车顶上焊接有角铁行李架,致使该车实际车高 235 厘米,违反了该种车型最大高度应为 200 厘米的有关规定。另外,李学明套户接李学华家电表,套户零线、火线距地面垂直高度分别为 253 厘米、228 厘米,且该线接头处裸露,违反了安全用电套户线对地距离最小高度应为 250 厘米的相关规定,故李学明所接的火线对地距离不符合安全标准。检察院以被告人穆志祥犯过失致人死亡罪,向法院提起公诉。法院经审理认为:被告人穆志祥的行为虽然造成了他人死亡的结果,但既不是出于故意也不存在过失,而是由于不能预见的原因引起的,属意外事件,不构成犯罪。[6] 本案中,被害人确实是死于被告人穆志祥的车辆带电,但是,无论是被告人穆志祥还是社会一般人,在行为当时即便集中精神,也无法预见在停车下客时车辆会触碰到违规裸露的线头以致乘客触电身亡。因此,认定本案属于意外事件,法院的判决结论是正确的。

---

6 参见最高人民法院刑事审判第一庭、第二庭编:《刑事审判参考》总第 28 辑(第 201 号),法律出版社 2003 年版,第 31—32 页。

Ⅵ 与间接故意杀人的区别

过于自信的过失致人死亡与间接故意杀人致人死亡具有相似之处,如客观上都发生了死亡结果,行为人对死亡结果都有一定的认识,都不希望发生死亡结果,由于二者的法定刑极为悬殊,因此,应当严格区分过于自信的过失致人死亡罪与间接故意的故意杀人罪。例如,被害人阎某为摆脱李宁、王昌兵等人的殴打,趁其不注意跳入河中。李宁、王昌兵等劝其上岸,见阎某仍趟水前行不肯返回,王昌兵让李宁下水拉阎某一把,李宁称其水性不好而未下水。为消除阎某顾虑促其上岸,李宁、王昌兵等人遂开车离开湖堤。后阎某的尸体在河堤附近被发现,法医鉴定结论为溺水死亡,排除暴力致死。一审法院认为,被告人李宁、王昌兵殴打被害人,迫使其跳湖逃生,以致溺水死亡,二被告人的行为构成(间接)故意杀人罪。二审法院认为,李宁、王昌兵预见到其行为可能产生的后果,却自以为是地认为在其离开后被害人会返回岸上,最终导致被害人溺水死亡,二人的行为构成过失致人死亡罪。[7] 本案即涉及过于自信的过失致人死亡罪与间接故意的故意杀人罪的区分问题。 18

我国通说与实务均认为,故意杀人罪与过失致人死亡罪的区别在于死亡结果是否违背行为人的本意:在过失致人死亡的场合,行为人不仅不希望发生死亡结果,而且是完全反对死亡结果发生的,行为人虽然预见到死亡结果可能发生,但是根据自己的认识和判断相信可以避免死亡结果的发生,死亡结果的发生违背其主观意愿,出乎其意料之外;而在故意杀人的场合,行为人认识到会发生死亡结果,对死亡结果的发生持一种放任态度,虽不积极追求,也不设法避免,死亡结果的发生不违背其主观意愿。行为人对死亡结果究竟持何种心理态度,应当着重从以下两方面审查:一是搞清双方关系,是否有明显矛盾,矛盾是否达到了行为人希望对方死亡的程度,这是确定行为人是否存在造成对方死亡结果的主观故意问题的关键;二是根据案发时的现场情况,结合行为人感知能力及当时状况,判断当时是否确实存在可能避免死亡结果发生的主客观条件,这是判断行为人对避免死亡结果发生的主客观条件是否过于自信的重要依据。[8] 在上述案件中,二被告人与被害人系偶然认识,并不存在明显矛盾。虽有殴打被害人的行为,但被害人系自己跳河。在被害人跳河后,二被告人劝其上岸。二被告人离开现场,并非置被害人于水中而不顾,而是想让被害人尽快上岸脱离危险。可见,发生死亡结果并非二被告人的本意。因此,二被告人不构成故意杀人罪,而构成过失致人死亡罪。二审法院的判决结论是正确的。 19

7 参见最高人民法院刑事审判第一庭、第二庭编:《刑事审判参考》总第 47 集(第 370 号),法律出版社 2006 年版,第 12—15 页。

8 参见最高人民法院刑事审判第一、二、三、四、五庭主办:《刑事审判参考》总第 57 集(第 450 号),法律出版社 2007 年版,第 30 页。

Ⅶ　与故意伤害致死的区别

20　过失致人死亡与故意伤害致死在过失造成死亡结果这一点上是相同的,二者的区别在于行为人攻击他人身体时是否具有伤害故意,存在伤害故意的构成故意伤害致死,否则构成过失致人死亡。

21　在轻微暴力致人死亡的案件中,行为人何时构成故意伤害致死,何时构成过失致人死亡罪,这是实务难题。轻微暴力致人死亡案件具有明显的共性特点,即行为人在主观上对于自己的行为所造成的严重危害结果往往缺少应有的认知,在客观上对于自己实施的危害行为大多表现出一定的节制性,此时应重点考察行为人实施的暴力行为的轻重程度,因为暴力的轻重程度不同对应着不同的主观罪过内容。[9] 据此,轻微殴打导致被害人倒地磕碰死亡的,应认定为过失致人死亡罪;对于年幼的未成年子女实施足以造成严重后果的体罚殴打行为,造成死亡结果的,属于故意伤害致死。[10]

Ⅷ　处罚

22　根据《刑法》第 233 条的规定,犯过失致人死亡罪的,处 3 年以上 7 年以下有期徒刑;情节较轻的,处 3 年以下有期徒刑。《刑法》第 233 条采取基本犯、减轻犯的模式设置法定刑,这是因为生命法益是最为重要的法益,故虽系过失致人死亡,通常也应在 3 年以上 7 年以下有期徒刑的幅度内确定量刑起点。"情节较轻"是指被害人有一定过错等导致违法性减轻,或者被害人体质特异等原因导致行为人有责性减轻的情形。

23　因数人的过失导致危害结果发生时,应注意区分行为人是因日常过失还是业务过失致人死亡,除刑法有特别规定之外,对后者的处罚应当重于前者,因为后者负有更高的注意义务。这并非纯粹理论学说,实务上的做法也是如此。例如,被告人曲龙民、刘峻玮为某房地产经纪有限公司员工,知晓待出租房屋安装的燃气热水器存在安全隐患,却在未排除安全隐患的情况下将该房屋出租给某公司;租赁该房屋的公司经理刘颖心作为负责人,在未对所租赁房屋内设备进行安全检查的情况下,即安排大量公司员工入住,致使公司员工 9 人因长时间持续使用燃气热水器而致一氧化碳中毒死亡。法院认定,被告人曲龙民、刘峻玮、刘颖心三人均构成过失致人死亡罪;其中,鉴于曲龙民、刘峻玮出租不安全房屋的行为属于业务行为,其违反的是业务上的注意义务,程度较高,判处其有期徒刑 5 年,而刘颖心作为社会一般人,违反的是一般

9　参见黄祥青:《轻微暴力致人死亡案件定性研究》,载《法律适用》2016 年第 3 期。

10　参见陈兴良、张军、胡云腾主编:《人民法院刑事指导案例裁判要旨通纂》(第 2 版),北京大学出版社 2018 年版,第 696、698 页。

注意义务,程度较低,遂判处其有期徒刑3年。[11] 这种根据注意义务的种类判处相应刑罚的做法值得肯定。由此,可抽象出一般性裁判规则:过失犯罪应当根据注意义务的程度确定责任大小和量刑幅度,具有业务能力、负有相关业务上注意义务的人,其注意义务要重于社会一般人。[12]

---

11 参见国家法官学院、中国人民大学法学院编:《中国审判案例要览(2009年刑事审判案例卷)》,人民法院出版社2010年版,第94—103页。

12 参见陈兴良、张军、胡云腾主编:《人民法院刑事指导案例裁判要旨通纂》(第2版),北京大学出版社2018年版,第685页。

第二百三十四条　故意伤害罪

故意伤害他人身体的，处三年以下有期徒刑、拘役或者管制。

犯前款罪，致人重伤的，处三年以上十年以下有期徒刑；致人死亡或者以特别残忍手段致人重伤造成严重残疾的，处十年以上有期徒刑、无期徒刑或者死刑。 本法另有规定的，依照规定。

文献:〔苏〕沙尔高罗斯基:《侵犯人身罪责任》,余叔通译,法律出版社 1957 年版;金子桐、郑大群、顾肖荣:《罪与罚——侵犯公民人身权利、民主权利罪的理论与实践》,上海社会科学院出版社 1986 年版;高铭暄、〔法〕米海依尔·戴尔玛斯-马蒂主编:《经济犯罪和侵犯人身权利犯罪研究》,中国人民公安大学出版社 1995 年版;余剑:《侵犯公民人身权利、民主权利罪·侵犯财产罪》,法律出版社 1999 年版;肖中华、张建:《伤害犯罪的定罪与量刑》,人民法院出版社 2001 年版;赵秉志主编:《侵犯人身权利犯罪疑难问题司法对策》,吉林人民出版社 2001 年版;王明主编:《侵犯公民人身权利、民主权利犯罪的法律适用》,人民法院出版社 2002 年版;肖中华:《侵犯公民人身权利罪》,中国人民公安大学出版社 2003 年版;祝铭山:《故意伤害罪——典型案例与法律适用》,中国法制出版社 2004 年版;薛淑兰、叶良芳:《故意伤害疑难问题与损害赔偿新解释》,人民法院出版社 2004 年版;于国旦:《侵犯公民人身权利、民主权利罪重点疑点难点问题判解研究》,人民法院出版社 2005 年版;安翱、杨彩霞:《侵犯公民人身权利罪比较研究》,中国人民公安大学出版社 2005 年版;丁强、丁猛:《侵犯公民人身权利、民主权利犯罪司法适用》,法律出版社 2006 年版;王明、王运声主编:《侵害人身财产犯罪案例》,人民法院出版社 2006 年版;鲍雷、刘玉民:《侵害人身犯罪疑难案例精析》,浙江大学出版社 2007 年版;肖中华:《侵犯公民人身权利罪疑难解析》,上海人民出版社 2007 年版;熊选国、任卫华主编:《刑法罪名适用指南——侵犯公民人身权利、民主权利罪》,中国人民公安大学出版社 2007 年版;最高人民法院刑事审判第一、二、三、四、五庭主办:《中国刑事审判指导案例·侵犯公民人身权利、民主权利罪》,法律出版社 2009 年版;阎二鹏:《侵犯个人法益犯罪研究》,中国人民公安大学出版社 2009 年版;靳志玲:《刑法·侵犯人身权利财产权利罪篇》,河北人民出版社 2009 年版;王志祥、杨莉英:《故意伤害罪专题整理》,中国人民公安大学出版社 2010 年版;董邦俊:《侵犯公民人身权利、民主权利罪:立案追诉标准与司法认定实务》,中国人民公安大学出版社 2010 年版;胡凤滨主编:《中国指导案例、参考案例判旨总提炼:刑事卷(二)——侵犯公民人身权利罪、侵犯财产罪》,法律出版社 2012 年版;戴玉忠主编:《法官、检察官办案经验——侵犯公民人身权利 民主权利罪》,法律出版社2013年版;王然主编:《刑事典型疑难问题适用指导与参考:侵犯公民人身权利、民主权利罪卷》,中国检察出版社2013年版;李永升主编:《侵犯个人法益的犯罪研究》,法律出版社2014年版;卢培伟主编:《侵犯公民人身权利、民主权利罪与侵犯财产罪》,中国民主法制出版社2014年版;蒋昱程等:《故意伤害罪基本问题研究》,兰州大学出版社2014年版;陈超:《故意伤害死刑限制与废止研究》,人民法院出版社2017年版;《最高人民法院指导性案例之于欢故意伤害案》,人民出版社2018年版;国家法官学院案例开发研究中心编:《中国法院2018年度案例:刑事案例三(侵犯公民人身权利、民主权利罪、侵犯财产罪)》,中国法制出版社2018年版;国家法官学院案例开发研究中心编:《中国法院2019年度案例:刑事案例三(侵犯公民人身权利、民主权利罪、侵犯财产罪)》,中国法制出版社2019年版。

细目录

Ⅰ　主旨
Ⅱ　沿革
Ⅲ　客体
Ⅳ　对象
Ⅴ　伤害行为
Ⅵ　结果
　一、轻伤
　二、重伤
　三、伤害致死
　四、伤害程度的鉴定
Ⅶ　主体
Ⅷ　故意
Ⅸ　排除犯罪的事由
　一、正当防卫与紧急避险
　二、治疗行为
　三、基于被害者承诺的伤害
Ⅹ　既遂与未遂
　一、既遂
　二、未遂
Ⅺ　共犯
　一、故意伤害致死的共犯问题
　二、部分共同犯罪
Ⅻ　罪数
ⅩⅢ　与非罪的界限

XIV 与他罪的关系
一、与故意杀人罪的关系
二、与过失致人死亡罪的关系
三、与包含伤害内容的其他犯罪的关系
四、与可能造成伤害结果的其他犯罪的关系
XV 处罚

I 主旨

1 本条是对故意伤害罪的规定。《民法典》第110条第1款规定:“自然人享有生命权、身体权、健康权、姓名权、肖像权、名誉权、荣誉权、隐私权、婚姻自主权等权利。”身体健康是公民除生命之外最重大的人身法益。为了保护公民的健康权,刑法设立了本罪。

II 沿革

2 1979年《刑法》第134条规定:“故意伤害他人身体的,处三年以下有期徒刑或者拘役。犯前款罪,致人重伤的,处三年以上七年以下有期徒刑;致人死亡的,处七年以上有期徒刑或者无期徒刑。本法另有规定的,依照规定。”全国人民代表大会常务委员会于1983年9月2日通过了《关于严惩严重危害社会治安的犯罪分子的决定》。根据该决定第1条的规定,对于“故意伤害他人身体,致人重伤或者死亡,情节恶劣的,或者对检举、揭发、拘捕犯罪分子和制止犯罪行为的国家工作人员和公民行凶伤害的”,“可以在刑法规定的最高刑以上处刑,直至判处死刑”。1997年《刑法》第234条对原刑法进行了修正:第一,增加了“以特别残忍手段致人重伤造成严重残疾的”情形;第二,对本罪法定刑进行了系统调整:对致人重伤以下的情形,增设了管制;将致人重伤的法定最高刑提高到10年;将致人死亡的法定最低刑提高到10年,并增设了死刑,且将新增的“以特别残忍手段致人重伤造成严重残疾的”的法定刑设置得与致人死亡相同。

III 客体

3 关于故意伤害罪的客体(法益),在刑法理论上一直存在不同观点,对客体的不同认识必然影响对伤害行为本身的理解。

4 在刑法理论上,伤害罪有广义、中间意义与狭义之分。广义的伤害罪包括各种故意伤害、各种过失致人伤害罪与暴行罪;中间意义的伤害罪是除暴行罪以外的伤害罪;狭义的伤害罪仅限于故意伤害罪。有观点认为:“伤害罪章所要保护的法益乃是个人之身体法益,包括身体之完整性与身体之不可侵害性(körperliche Unversehrtheit)、生理机能之健全与心理状态之健康等。”[1]其中的“身体之不可侵害性”含义宽泛，主要是为了包含暴行罪的法益，我国刑法没有规定暴行罪，故不宜将“身体的不可侵害性”视为伤害罪的法益。“心理状态的健康”也是内容宽泛的概念，例如，行为人采取某种方法导致被害人长时间的焦虑感，这可谓损害了被害人“心理状态的健康”，但在我国还不可能构成伤害罪。但当行为造成被害人精神失常时，构成伤害罪无疑，但这种情形可以概括在损害“生理机能的健全”之中。

可以肯定的是，人的生理机能肯定是伤害罪的法益，问题是“身体的完整性”是否 5
属于伤害罪的法益，而这又在一定程度上取决于如何理解“身体的完整性”。如果将“身体的完整性”理解为器官的完整性，那么，身体的完整性也无疑属于伤害罪的法益，但人体的器官都有其机能，如果破坏了器官的完整性，必然也有损生理机能。故这个意义上的“身体的完整性”属于“生理机能之健全”。但是，如果将“身体的完整性”解释为身体外形的完整性，结论就不一样了。人的头发与指甲是身体外形的一部分，如果将身体外形的完整性当作故意伤害罪的法益，那么，使用暴力或者其他方法去除他人头发或指甲的行为，便构成故意伤害罪。但从我国的国情出发，从刑法控制处罚范围的精神出发，对这种行为不宜认定为故意伤害罪。去除他人头发情节严重的，可以侮辱罪论处；剪去他人指甲的，不得以犯罪论处。因此，在我国，应将生理机能的健全视为伤害罪的法益。需要说明的是，“健全”是指生理机能没有障碍地发挥作用，即使行为没有使他人生理机能永久性地产生障碍，只是在一定时间内产生障碍的，也侵害了伤害罪的法益。[2]

Ⅳ　对象

故意伤害罪的对象是他人的身体，故伤害自己身体的，不可能成立故意伤害罪。 6
自伤行为侵犯了国家或社会法益而触犯了《刑法》规范时，可能构成其他犯罪。例如，军人为了逃避军事义务，在战时自伤身体的，应适用《刑法》第434条。他人的身体不包括假肢、假发与假牙，但是，已经成为身体组成部分的人工骨、镶入的牙齿，也是身体的一部分。毁坏尸体的行为，不成立故意伤害罪。基于同样的理由，伤害胎儿身体的，也不构成本罪。

对胎儿实施伤害行为的，通常也不可能成立犯罪。但问题是，如果对胎儿实施伤 7
害行为，导致该胎儿在出生后伤残的（以下简称胎儿伤害），应当如何处理？例如，行为人使用药物或者其他器具对胎儿实施伤害行为，导致该胎儿在出生后成为严重精神病患者或者严重残疾（如肢体不完整等）。由于故意伤害罪的对象是他“人”的身体，而胎儿还不是人，伤害胎儿的不等于伤害他人，故要认定为故意伤害罪还存在障

1　林山田：《刑法各罪论（上册）》（增订2版），1999年自版，第101页。

2　行为人使用麻醉等方法，使他人产生意识障碍昏睡几小时的，也能够认定为伤害，只是如何评价伤害程度的问题。

碍。如果对这种行为不认定为犯罪,也有悖刑法保护法益的目的。因此,在刑法理论上出现了各种各样的观点。

8　在理论上,倾向于对这种伤害胎儿的行为认定为故意伤害罪,但如何兼顾有罪处理与罪刑法定原则的协调性则是问题,毕竟“胎儿”与刑法中的“人”还是不同的概念。笔者认为,要认定胎儿伤害的行为构成故意伤害罪,而又不违反罪刑法定原则,可以从三个方面找根据:其一,寻找“伤害胎儿即伤害母体”的法律根据。其二,说明伤害罪在客观上只要伤害的是人即可(只要伤害结果发生在人身上即可),而不要求在伤害时存在人。其三,论证着手不是一种自然意义上的概念,而是一种规范意义的概念,着手可以与行为人的身体动作相分离;自然行为(伤害行为的身体动作)结束后,产生了伤害的紧迫危险时(胎儿出生)才是着手;这样,着手时便存在作为伤害对象的人,而不至于违反罪刑法定原则。

9　首先,在我国能否肯定“伤害胎儿即伤害母体”,还需要研究。根据《人体损伤程度鉴定标准》的规定,“损伤致早产或者死胎;损伤致胎盘早期剥离或者流产,合并轻度休克”的,属于重伤二级;“外伤性难免流产”的,属于轻伤二级;“外伤性先兆流产”的,属于轻微伤。显然,我们还不能据此认定导致死胎或者难免流产本身就是伤害结果,因为这里的死胎与难免流产是以“孕妇损伤”为前提的;然而,我们同样发现,上述规定并没有对“损伤”本身的内容进行限定,这便表明,针对孕妇实施行为引起死胎或者难免流产即是对孕妇身体的伤害。既然如此,将胎儿伤害本身认定为对孕妇的伤害也是有可能的。但笔者不能接受这种解释。之所以主张将伤害胎儿当作犯罪处理,是因为这种行为侵犯了出生后的“人”的法益;如果将胎儿伤害解释为对孕妇的伤害,则不是为了保护出生后的“人”的法益,因而与处罚胎儿伤害的必要性相冲突。此外,这种解释也不能说明堕胎行为的性质。

10　其次,“伤害罪只要结局伤害的是人,而不要求行为时存在人”的论点能否成立,也需要探讨。《德国民法典》第 1 条规定:“人的权利能力,始于出生。”第 823 条第 1 款规定:“因故意或过失侵犯他人生命、身体、健康、自由、所有权及其他权利者,对他人负赔偿因此所生损害之义务。”德国法院虽然多次就过失胎儿伤害判决行为人负民事赔偿责任,但由于被害对象仅限于“他人”,故理由并不完全相同。其中一个判决的观点平息了以往的争论。被告驾车不慎撞倒原告一所驾驶之车,导致其妻原告二身受重伤,当时原告二已怀孕 6 个月,其子原告三出生时患有麻痹症,脑部受损,便诉请损害赔偿,三审胜诉。德国最高法院的判决特别指出,《德国民法典》第 823 条旨在保护出生者身体之完整及健康。在本案中,无须检讨胎儿是否受侵害,何时受侵害,也无须检讨应否承认胎儿享有不受侵害及健康的权利。因为本案所涉及的,不是胎儿所受损害的赔偿,而是一个生而患有疾病的人所受损害之赔偿;侵害行为发生在“人”之存在及取得权利能力之前,并不影响《德国民法典》第 823 条之适用;胎儿终必出生为人,胎儿与其后出生者系属同一体。这种自然事实,侵权责任法亦须顾及,故侵害胎儿者,于该胎儿出生时,即构成对人健康之侵害。[3] 根据这一判决,就民事赔偿而言,并不要求损害健康的行为时存在人,只要事实上或者结局上对人的健康造成了伤害即可。这一结果能否纳入刑法理论尚需研究。因为刑法实行罪刑法定原则,而刑法明文规定故意伤害"他人"身体的才成立故意伤害罪。这里的"伤害"显然是一个动词即指行为,而不是名词即不是指结果。这给人们的印象是,在实施伤害行为时必须有人,或者说伤害行为所针对的必须是人。然而,这里的"伤害"实际上又包括了结果的含义,"故意伤害他人身体"与"故意致他人身体伤害"是完全等同的含义。果真如此,则只要伤害的实际上是人即可,而不一定要求行为时一定存在人。

尽管如此,上述观点仍有违反罪刑法定原则之嫌。因为实施伤害行为时不存在作为行为对象的人,就意味着没有伤害他人的行为,因而难以认定为故意伤害罪。 11

最后,要论证伤害胎儿行为在着手伤害时已经存在人,就必须通过隔离犯的着手理论进行讨论。对于隔离犯罪的着手存在两种对立的主张。笔者下面以寄送毒药毒害他人的例子进行说明。如对于行为人从邮局将毒药寄给他人饮用,存在寄送主义与到达主义两种学说。寄送主义的观点是,只要行为人向邮局交付毒药就已经是杀人罪的着手。如日本学者植松正指出:"在隔离犯中,行为人已经将需要实施的行为实施终了时,尽管结果发生的危险还不太迫切,但行为自身已经充分地现实化、具体化了,行为终了后便处于事态自然发展、自然达到完成犯罪的过程之中,这如同发射子弹但尚未到达客体前的状况。如果注意到行为终了而委任于'自然发展'这一点,则当然已经有了实行的着手。"[4] 而到达主义的观点是,行为人将毒药提交邮局时还不是杀人罪的着手,只有当毒药达到对方或者对方处于可能饮用的状态时,才是杀人罪的着手。如中山研一指出,发生结果的危险性迫切时才是实行的着手;即使寄送邮件时,邮件到达收件人手中的确实性很高,"但这只是意味着寄送行为中含有发生结果的危险,由于是隔离犯,应当说这种危险与结果的关系还没有达到具体化的阶段(发生结果的迫切阶段),这正是隔离犯的构造上的特殊性质"[5]。 12

在处罚预备行为的立法例之下,区分预备行为与实行行为的标准是行为是否着手实行;刑法的目的是保护法益,故预备行为也必须是威胁法益的行为,否则就没有处罚的必要。因此,实行行为的危险高于预备行为的危险;换言之,只有当发生结果的危险迫切时,才能认定为着手实行;否则只能认定为预备行为。在此意义上说,寄送主义与到达主义都只是形式的标准。或许应当根据案件的具体情况判断隔离犯的着手,即寄送行为本身已经具有发生结果的迫切危险时,就应当认定为着手;如果寄送行为还不具有这种危险时,则应采取到达主义。 13

---

3 参见王泽鉴:《民法学说与判例研究》(第 4 册),三民书局 1996 年版,第 249 页。

4 〔日〕植松正:《刑法概说 I 总论》,劲草书房 1974 年版,第 319 页。

5 〔日〕中山研一:《间接正犯的实行的着手》(一),载《警察研究》第 57 卷第 7 号。

14 根据上述分析,可以这样认为,当行为人实施胎儿伤害的自然行为时,由于该行为对"人"的伤害的危险还并不紧迫,因而还只是一种预备行为;而当胎儿出生为"人"时,对"人"的伤害的危险便迫切,随之导致了对"人"的伤害结果。即将伤害的行为时与伤害的着手时作分离的考察,行为人在实施胎儿伤害的行为时还没有着手,但胎儿出生时即是伤害行为的着手,这样,行为人在着手时便存在作为伤害罪对象的"人"。如此解释,则不存在违反罪刑法定原则的问题。

15 除上述论证之外,还可以从另一角度进行论证。亦即,被害人或行为对象并不需要存在于实行行为时,而是仅需要存在于实行行为发挥作用或者产生影响之时。例如,《刑法》第 137 条规定:"建设单位、设计单位、施工单位、工程监理单位违反国家规定,降低工程质量标准,造成重大安全事故的,对直接责任人员,处五年以下有期徒刑或者拘役,并处罚金;后果特别严重的,处五年以上十年以下有期徒刑,并处罚金。"其中的重大安全事故,主要是指被害人伤亡。倘若施工单位在 5 年前建造房屋时降低质量标准,5 年后倒塌导致 2 名 3 岁儿童死亡的,不会有人否认其行为成立工程重大安全事故罪。这是因为,虽然行为时 2 名儿童尚未出生,但在行为产生影响(作用)的时点确实存在儿童,或者说,确实有儿童处于行为的影响(作用)范围之内。再如,行为人通过技术手段向胎儿投放药物,导致胎儿出生后不久,由于药物的作用而死亡。倘若行为人对此有故意,也不可能否认故意杀人罪的成立。这是因为,虽然行为人实施杀人行为时,胎儿还不是人,但在杀人行为发挥作用的时点的确存在人。胎儿伤害也是如此。虽然行为人在实施伤害行为时,胎儿还不是人,但行为在发挥作用的过程中,胎儿成为了人,因此,行为成立故意伤害罪。概言之,只要行为对象存在于行为产生影响或者发挥作用之时,就满足了行为对象的要求。[6]

V 伤害行为

16 伤害,一般是指非法损害他人身体健康的行为。关于伤害的具体含义,刑法理论上存在分歧:第一种观点认为,伤害是指对身体的完整性(包括身体外形)的侵害;第二种观点认为,伤害是指造成生理机能的障碍;第三种观点认为,伤害是指造成生理机能的障碍以及身体外形的重大变化。[7] 上述三种观点在实践中的差异并不多见,因为破坏身体完整性的行为大多损害了生理机能。例外的有两种情况:一是外形的完整性没有受到损害,但生理机能受到了侵害,如使人视力降低、听力减退;二是外形的完整性受到损害,但没有妨害其生理机能,典型的是去除他人头发或指甲。显然,如果行为侵害了生理机能,即使没有损害外形的完整性,也应当认定为伤害行为;

---

6 还可以认为,只要在结果发生时存在"人",就满足了行为对象要件,参见〔日〕松原芳博:《刑法各论》,日本评论社 2016 年版,第 24 页。

7 参见〔日〕前田雅英:《刑法各论讲义》(第 6 版),东京大学出版会 2015 年版,第 21 页以下。

反之,只是去除头发或者指甲的,则没有必要认定为伤害。但是,如果去除头发或者指甲的行为,导致他人不能再生长头发或者指甲的,则属于对生理机能的损害。此外,如果是毁损面容、损伤皮肤的,则不仅损害了外形的完整性,而且也是对生理机能的损害。因此,应当认为,只有侵害了他人生理机能的行为,才是伤害行为。此外,对生理机能的损害,不要求是永久性的,即使一时性地侵害了生理机能的,也属于伤害。

伤害行为既可以是作为,也可以是不作为。以不作为方式致人伤害构成故意伤害罪的,要求行为人负有特定的保护他人身体健康的作为义务;其义务来源应当根据不作为犯罪义务来源的一般原理予以确定。伤害行为既可以是有形的,也可以是无形的。前者如使用暴力殴打、行凶等方法致人伤害;后者如故意以性行为等方式使他人染上严重疾病,欺骗被害人服用毒药而造成生理机能损伤,以胁迫等方法致使被害人精神严重失常,等等。根据《刑法》第 234 条之一第 2 款的规定,未经本人同意摘取其器官,或者摘取不满 18 周岁的人的器官,或者强迫、欺骗他人捐献器官的,依照故意伤害罪论处(符合故意杀人罪的犯罪构成的,以故意杀人罪论处)。 17

伤害行为必须是非法的。因正当防卫、紧急避险而伤害他人,因治疗上的需要而为患者截肢,体育运动项目中规则所允许的伤害等,都不属于刑法上的伤害行为。 18

Ⅵ 结果

伤害行为的结果是多种多样的,如内伤、外伤、肉体伤害、精神伤害等。根据我国刑法的规定,伤害结果的程度分为轻伤、重伤与伤害致死。 19

一、轻伤

根据前述《人体损伤程度鉴定标准》的规定,轻伤使人肢体或者容貌损害,听觉、视觉或者其他器官功能部分障碍或者其他对于人身健康有中度伤害的损伤,包括轻伤一级和轻伤二级。例如,颅骨凹陷性或者粉碎性骨折,颅底骨折伴脑脊液漏,脑挫(裂)伤、颅内出血、慢性颅内血肿、外伤性硬脑膜下积液,外伤性脑积水、外伤性颅内动脉瘤、外伤性脑梗死、外伤性颅内低压综合征,脊髓损伤致排便或者排尿功能障碍;面部单个创口或者瘢痕长度 6.0 厘米以上、多个创口或者瘢痕长度累计 10.0 厘米以上,面部块状瘢痕单块面积 4.0 平方厘米以上、多块面积累计 7.0 平方厘米以上,眼睑缺失相当于一侧上眼睑 1/4 以上,一侧眼睑中度外翻、双侧眼睑轻度外翻;双耳听力障碍(≥41dB HL),双耳外耳道闭锁;等等。 20

二、重伤

根据《刑法》第 95 条的规定,具有下列情形之一的属于重伤:“(一)使人肢体残废或者毁人容貌的;(二)使人丧失听觉、视觉或者其他器官机能的;(三)其他对于人身健康有重大伤害的。”《人体损伤程度鉴定标准》对此作了详细规定。例如,植物生存状态,四肢瘫(三肢以上肌力 3 级以下),非肢体瘫的运动障碍(重度),头皮缺损面 21

积累计 75.0c㎡以上,开放性颅骨骨折伴硬脑膜破裂,外伤性脑脓肿,外伤性迟发性癫痫,外伤性颈动脉海绵窦瘘,外伤性下丘脑综合征,容貌毁损(重度),双耳听力障碍(≥91dB HL),一耳听力障碍(≥91dB HL),一眼盲目 3 级,手功能丧失累计达一手功能 36%,一手拇指挛缩畸形不能对指和握物,等等。

三、伤害致死

22 伤害行为致被害人死亡的,属于故意伤害致死。

23 故意伤害致死的成立,首先要求伤害行为与死亡结果之间具有直接性因果关系。亦即,要么是伤害行为直接造成死亡结果,要么是伤害行为造成了伤害结果,进而由伤害结果引起死亡。这两种情形都必须是伤害行为所包含的致人死亡危险的直接现实化。行为人实施伤害行为后,被害人介入异常行为导致死亡的,不能认定为故意伤害致死。在被害人存在特殊体质或者患有特殊疾病的情况下,由普通伤害行为引发死亡结果的,不宜认定为故意伤害致死,如果行为人对死亡有过失的,应认定为普通的故意伤害罪与过失致人死亡罪的想象竞合。例如,甲的暴力行为导致乙的鼻骨骨折(轻伤),但同时引起乙的心脏病发作进而造成死亡结果。倘若行为人对死亡有过失,就只能认定为故意伤害罪(轻伤)与过失致人死亡罪的想象竞合。特别应当注意的是,在患有特殊疾病(如心脏病)的被害人的死亡是由双方的争执、相互厮打或者被害人的情绪激动引发的情况下,不应将死亡结果归属于行为人。

24 故意伤害致死的成立,还要求行为人对死亡具有预见可能性。既然是伤害致死,当然应将死亡者限定为伤害的对象,即只有导致伤害的对象死亡时才能认定为伤害致死。但对于伤害的对象不能作僵硬的理解,尤其应注意事实认识错误的处理原则。易言之,应根据行为人对死亡者的死亡是否具有预见可能性以及有关事实认识错误的处理原则,认定是否属于伤害致死。例如,①甲对乙实施伤害行为,虽然没有发生打击错误与对象认识错误,但明知自己的行为会同时伤害丙却仍然实施伤害行为,因而造成丙死亡的,应认定为故意伤害致死。②A 本欲对 B 实施伤害行为,但由于对象认识错误或者打击错误,而事实上对 C 实施伤害行为,导致 C 死亡的,应认定为故意伤害致死。根据法定符合说,刑法规定故意伤害罪不只是为了保护特定人的身体健康,而是为了保护一切人的身体健康;只要 A 有伤害他人的故意,实施了伤害他人的行为,结果也伤害了他人,就成立故意伤害罪,而不要求其中的"他人"完全同一。故意伤害致死也是如此。B 与 C 的身体均受刑法保护,发生对象认识错误或打击错误并不影响 A 的伤害行为性质,理当以故意伤害致死论处。③张三对李四实施伤害行为,既没有发生事实认识错误,也不明知自己的行为会同时伤害王五,由于某种原因致使王五死亡的,则难以认定张三的行为成立故意伤害致死。

四、伤害程度的鉴定

25 根据《人体损伤程度鉴定标准》的规定,对伤害程度的鉴定,应当遵循以下原则与方法:①鉴定原则:遵循实事求是的原则,坚持以致伤因素对人体直接造成的原发性损伤及由损伤引起的并发症或者后遗症为依据,全面分析,综合鉴定;对于以原发性损伤及其并发症作为鉴定依据的,鉴定时应以损伤当时伤情为主,损伤的后果为辅,综合鉴定;对于以容貌损害或者组织器官功能障碍作为鉴定依据的,鉴定时应以损伤的后果为主,损伤当时伤情为辅,综合鉴定。②鉴定时机:以原发性损伤为主要鉴定依据的,伤后即可进行鉴定;以损伤所致的并发症为主要鉴定依据的,在伤情稳定后进行鉴定;以容貌损害或者组织器官功能障碍为主要鉴定依据的,在损伤 90 日后进行鉴定;在特殊情况下可以根据原发性损伤及其并发症出具鉴定意见,但须对有可能出现的后遗症加以说明,必要时应进行复检并予以补充鉴定;疑难、复杂的损伤,在临床治疗终结或者伤情稳定后进行鉴定。③伤/病关系处理原则:损伤为主要作用的,既往伤/病为次要或者轻微作用的,应依据本标准相应条款进行鉴定;损伤与既往伤/病共同作用的,即二者作用相当的,应依据本标准相应条款适度降低损伤程度等级,即等级为重伤一级和重伤二级的,可视具体情况鉴定为轻伤一级或者轻伤二级,等级为轻伤一级和轻伤二级的,均鉴定为轻微伤;既往伤/病为主要作用的,即损伤为次要或者轻微作用的,不宜进行损伤程度鉴定,只说明因果关系。

Ⅶ 主体

根据《刑法》第 17 条的规定,故意伤害致人重伤或者死亡的主体是已满 14 周岁、具有辨认和控制自己行为能力的自然人;故意伤害致人轻伤的主体则必须是已满 16 周岁、具有辨认和控制自己行为能力的自然人;单位不可能成为本罪主体。 26

Ⅷ 故意

我国刑法没有规定暴行罪,故意伤害罪不可能成为暴行罪的结果加重犯。因此,成立故意伤害罪要求行为人具有伤害的故意。根据《刑法》总则第 14 条关于故意犯罪的规定以及故意伤害的客观要件,本罪的故意内容应当是:明知自己的行为会发生伤害他人身体健康的结果,并且希望或者放任这种结果发生。据此,伤害的故意既可以是直接故意,也可以是间接故意。但是,不要求行为人对伤害的具体程度有认识,只要行为人认识到自己的行为会发生轻伤以上的伤害结果并且希望、放任这种结果的发生即可。所谓认识到自己的行为会发生轻伤以上的伤害结果,只要求一般性的认识而非具体的认识,或者说,只要行为人认识到自己的行为会造成并非轻微的伤害结果即可。如果行为人仅具有殴打意图,旨在造成被害人暂时的肉体疼痛或者轻微的神经刺激,则不能认定有伤害的故意。因此,在仅出于一般殴打意图而无伤害故意的情况下,造成他人伤害的,不宜认定为故意伤害罪。基于同样的道理,在殴打行为偶然导致他人死亡的情况下,不应认定为故意伤害致人死亡。另外,在通常情况下,故意伤害的行为人对于伤害行为会给被害人造成何种程度的伤害,事先不一定有 27

明确认识。因此,如果实际造成轻伤结果的,就按轻伤害处理;实际造成重伤结果的,就按重伤害处理。这并不违反责任主义原则,因为无论是造成重伤还是轻伤,都包括在行为人的故意内容之内。至于行为人出于何种动机,则不影响故意伤害罪的成立。当然,如果行为人伤害他人是为了实施抢劫、强奸等犯罪行为的,则另当别论。

28 需要讨论的是同时伤害的问题。所谓同时伤害,是指二人以上没有意思联络而同时伤害他人的情形。我国刑法没有将同时伤害特别规定为共同伤害,所以,对同时伤害不能认定为共同伤害,而应按照以下原则处理:①同时伤害行为没有造成伤害结果的,都不构成犯罪。②同时伤害行为造成了轻伤结果,证据表明该轻伤由一人行为所致,却不能辨认该轻伤为何人造成时,对任何一方都不应以犯罪论处。[8] ③同时伤害行为造成了重伤结果,但证据表明该重伤由一人行为所致,却不能辨认该重伤为何人造成时,可以对各行为人以故意伤害未遂论处。④同时伤害行为造成了轻伤或者重伤,并能认定各自的行为造成了何种伤害的,应当分别定罪处罚。

29 根据《刑法》第238、247、248、289、292、333条的拟制规定,对非法拘禁使用暴力致人伤残的,刑讯逼供或暴力取证致人伤残的,虐待被监管人致人伤残的,聚众"打砸抢"致人伤残的,聚众斗殴致人重伤的,非法组织或强迫他人出卖血液造成伤害的,应以故意伤害罪论处。行为人实施上述行为造成法定伤害结果时,即使没有伤害故意,也应以故意伤害罪论处(根据责任主义原理,要求行为人至少对伤害结果有过失)。当然,对于拟制的故意伤害罪的量刑应当轻于典型的故意伤害罪。

IX　排除犯罪的事由

一、正当防卫与紧急避险

30 根据《刑法》第20条的规定,因为正当防卫而致不法侵害人伤害的,不负刑事责任。所以,在不法侵害导致伤害的情况下,要分析判断行为人的行为是否符合正当防卫的条件。对于符合正当防卫条件的,不得认定为故意伤害罪;对于不符合正当防卫条件的,也应根据案件情况与法律规定分别不同情况进行处理,而不能均认定为故意伤害罪。例如,对于假想防卫而造成对方伤害的,如果行为人主观上具有过失,客观上又造成了重伤结果,则认定为过失致人重伤罪;如果行为人主观上具有过失,而客观上只是造成轻伤结果的,不得认定为犯罪;如果行为人主观上没有过失,则应认定为意外事件。同样,因为紧急避险而致他人伤害,符合紧急避险条件的,也不负刑事责任。不负刑事责任的前提条件是行为人致人伤害的行为必须符合紧急避险的条件。

8　虽然从逻辑上说,二人均属于轻伤害的未遂。但由于我国司法实践不处罚轻伤未遂,故只能作无罪处理。

二、治疗行为

治疗行为导致患者人体组织不完整的,只要符合治疗行为的条件,也不成立故意伤害罪。治疗行为,是指为了治疗的目的,基于患者或者其保护人的承诺或者推定的承诺,采取医学上所承认的方法,伤害他人身体的行为。例如,患者小腿长有恶性肿瘤,具有生命危险,根据当时的医学水平,基于患者或其保护人的承诺或者推定的承诺,进行截肢的行为,就是治疗行为。这种行为虽然伤害了被害人的身体,但不成立故意伤害罪。排除犯罪成立的治疗行为,必须符合以下要件: 31

(1) 治疗行为属于医学上承认的方法,其实质是要具有安全性、有效性与必要性。安全性是指该治疗行为是保护患者生命或重要器官机能安全的方法;有效性是指该治疗行为对于医治患者的疾病是有效的;必要性是指采取该治疗行为是保护患者生命或重要器官机能安全所必需的。如果行为人采取的方法不具有安全性、有效性、必要性,则应视客观行为与结果的样态以及行为人的主观心理状况的不同,分别追究故意伤害、医疗事故等罪的刑事责任。 32

(2) 必须有患者的承诺或推定的承诺。承诺通常是患者本人作出的,但在患者没有或者丧失承诺能力的情况下,由其保护人作出即可。但是,这种承诺不是一种概括性的承诺,而应是一种具体的承诺。例如,只是同意由医生进行治疗的承诺,并不符合条件;患者或保护人作出的“同意截肢”“同意摘除肾脏”等承诺,才属于治疗行为中的有效承诺。在承诺的情况下,要求医生对患者或者其保护人说明治疗行为的必要性与危险性。此外,在一定条件下也可以是一种推定的承诺,即患者没有或者丧失承诺能力,而又没有保护人作出承诺的情况下,可以以合理的一般人为基准,推定患者在具有承诺能力的情况下会作出承诺。 33

(3) 必须以治疗为目的,即以医治疾病为目的。人体实验是应当禁止的。性转换手术、单纯的整容手术等不以治疗为目的,不属于治疗行为。根据被害人的承诺,仍然排除犯罪的成立。 34

此外,治疗行为原则上应由执业医生实施。但非执业医生所实施的治疗行为如果符合上述条件的,也不宜认定为故意伤害罪。因为刑法规定的故意伤害罪,在于保护人的身体状况、健康状况不产生不良变化,既然非执业医生的治疗行为也符合上述治疗行为的条件,事实上防止了患者的身体状况、健康状况产生不良变化,故不可能成立故意伤害罪。但是,非执业医生的治疗行为可能成立非法行医罪。[9] 35

三、基于被害者承诺的伤害

基于被害者承诺的伤害是一个特别值得研究的问题。自古以来,被害者的承诺给犯罪的成立与否以重大的影响,而且事实上,被害者的承诺历来是作为犯罪阻却事 36

9　参见张明楷:《外国刑法纲要》,清华大学出版社 1999 年版,第 185 页。

由特别是违法阻却事由的一种来予以论述的。"得到承诺的行为不违法"是相当有影响的法律格言,但适用时不能一概按照这一格言的文字去执行,常常要受到一定的限制。

37　一般来说,基于被害者承诺的行为要排除犯罪的成立,必须具备以下一些条件:①承诺者只能对自己具有处分权限的利益承诺他人的侵害行为,而具有处分权限的利益只限于个人利益(权利)。②承诺必须是承诺者的真实意志,而且其前提是承诺者必须具有一定的辨认能力,即必须对所承诺的事项的意义、范围、结果具有理解能力。③被害者具有承诺的意思表示。④行为人认识到被害者的承诺。⑤行为的内容与承诺的内容是一致的,既不能超出承诺者的处分权限,也不能违反法秩序。[10] 虽然承诺者只能对自己的个人利益表示承诺,但这并不意味着基于对侵害个人利益的承诺行为都排除犯罪的成立。个人虽然可以放弃自己的财产、自由等利益,但关于对生命、身体的侵害的承诺也有一定限度。迄今为止,没有人承认自杀是一种权利,也没有人承认放弃自己的生命是一种权利,相反,帮助自杀、得到他人承诺的杀人,都被规定为犯罪行为。[11] 然而,个人能否承诺对自己身体的伤害,换言之,基于他人的承诺而伤害他人身体的,是否成立故意伤害罪,则是较为棘手的问题。

38　许多国家的刑法只是明文规定处罚基于承诺的杀人,并且其法定刑轻于普通故意杀人罪,但没有对基于承诺的伤害作出规定。于是有人认为,既然刑法仅特别规定基于承诺的杀人,就表明基于承诺的伤害一概无罪。有人则得出相反结论:既然刑法只对基于承诺的杀人罪规定减轻的法定刑,而没有对基于承诺的伤害作类似规定,就表明对基于承诺的伤害一概按普通伤害罪处理。[12] 二者似乎都走向了极端,于是出现了折中观点:一种观点认为,在被害人承诺的伤害案中,如果行为违反了公序良俗,就不问伤害的轻重,以故意伤害罪论处;如果不违反公序良俗,即使造成了重大伤害,也不认定为故意伤害罪。[13] 但是,这种观点导致故意伤害罪的保护法益是公序良俗,而不是被害人的健康,因而不妥当。另一种观点则认为,在基于被害人承诺的伤害案中,如果行为造成了重大伤害,就认定为故意伤害罪。[14]

39　笔者认为,对此应分为三种情形处理:①在被害人为了保护另一重大法益而承诺伤害的情形下(如采取合法途径将器官移植给患者),应当尊重法益主体的自己决定权,肯定其承诺的有效性。《刑法》第234条之一第2款的规定,为此提供了根据。在

10　参见张明楷:《刑法格言的展开》(第2版),法律出版社2003年版,第246页以下。

11　参见《德国刑法典》第216条、《日本刑法典》第202条和第203条以及我国台湾地区"刑法"第275条。

12　参见〔日〕前田雅英:《刑法总论讲义》(第6版),东京大学出版会2015年版,第245页以下。

13　参见〔日〕大塚仁:《刑法概说(总论)》(第4版),有斐阁2008年版,第419页。

14　参见〔日〕平野龙一:《刑法总论Ⅱ》,有斐阁1975年版,第249页。

这种情况下,承诺的主体必须已满 18 周岁,行为人不得以强迫、欺骗方法获取承诺,否则承诺无效。②在单纯伤害而没有保护另一重大法益的情形下,虽然得到被害人承诺,但造成了有生命危险的重伤的,宜认定为故意伤害罪。首先,如果法益主体行使自己决定权(承诺伤害)导致其本身遭受重大伤害时,作为个人法益保护者的国家,宜适当限制其自己决定权。其次,从与得承诺杀人的关联来考虑,经被害人承诺的杀人(包括未遂)没有例外地构成故意杀人罪,既然如此,将造成了生命危险的同意伤害(即重伤)行为认定为故意伤害罪比较合适。最后,聚众斗殴的行为人可能存在对伤害的承诺,而《刑法》第 292 条规定,聚众斗殴造成重伤的,以故意伤害罪论处,这表明对生命有危险的重伤的承诺是无效的。[15] ③对基于被害人承诺造成轻伤的,不应认定为故意伤害罪。生活中经常发生两人相互斗殴致人轻伤的案件,司法实践一般认定为故意伤害罪。笔者认为,在两人相互斗殴时,虽然双方都具有攻击对方的意图,但既然与对方斗殴,就意味着双方都承诺了轻伤害结果。所以,当一方造成另一方的轻伤害时,因被害人承诺而阻却行为的违法性,不以故意伤害罪论处。

X 既遂与未遂

一、既遂

符合犯罪主体要件的行为人,在伤害故意支配下实施了伤害行为,造成他人身体伤害,达到轻伤程度的,即可认定为故意伤害罪的既遂。故意伤害造成重伤的,实际上存在两种情况:行为人明显只具有轻伤的故意,而过失造成重伤的,在理论上可以认定为故意伤害罪中的结果加重犯;行为人明显具有重伤的故意,事实上造成重伤的,通常认定为结果犯,而非结果加重犯。故意伤害致人死亡的,是典型的结果加重犯。故意伤害没有致人死亡的,不得认定为故意伤害致死的未遂犯。 40

二、未遂

我国刑法总则规定原则上处罚未遂犯,但由于"情节显著轻微危害不大的,不认为是犯罪",故并非任何故意犯罪的未遂都受到刑罚处罚。于是,对于伤害未遂的可罚性在理论上存在不同观点,对此应区别故意轻伤与故意重伤两种情形来讨论。 41

就故意轻伤而言,一种观点认为,行为人主观上只想造成轻伤结果,而实际上未造成轻伤结果的,不以犯罪论处,即不以故意伤害的未遂犯论处。另一种观点则认为,之所以出现故意轻伤不成立犯罪的观点,首先是因为在行为未造成轻伤的情况下,往往难以确认行为人是否具有伤害他人健康的故意;其次是因为"情节显著轻微危害不大的,不认为是犯罪"。前者是证据方面的问题,后者是综合全部案情对罪与 42

---

15 应当认为,重伤都是有生命危险的;人们认为某些重伤没有生命危险,是考虑到了事后治疗的及时性与有效性。

非罪的判定,它们并没有否定故意轻伤的犯罪未遂的可能性。因此,在行为未致伤害的情况下,如果能够确凿地证明行为人具有轻伤害的故意,而且综合全部案件又不属于"情节显著轻微危害不大"的,就完全可以认定为故意轻伤的未遂犯,而决定免予处罚或给予适当处罚。[16] 从刑法的谦抑性以及司法实践来看,前一种观点具有合理性。犯罪构成是以犯罪概念为基础的,对犯罪构成应当进行实质的解释,使符合犯罪构成的行为的社会危害性达到应当承担刑事责任的程度;易言之,必须将不值得追究刑事责任的行为排除在犯罪构成之外。犯罪未遂也是犯罪,也符合犯罪构成;不值得追究刑事责任的"未遂"行为,必须被排除在犯罪构成之外。既然行为人主观上原本只欲造成轻伤,而事实上又没有造成轻伤,那么,就不能认为这种行为值得追究刑事责任。从刑事立法来看,由于我国刑法不处罚单纯的暴行行为,而没有造成轻伤的行为在客观上只能认定为一种暴行,难以认定为伤害行为。如果将轻伤的未遂以犯罪论处,实际上形成处罚单纯暴行的局面。从刑事司法来看,我国的司法实践也不处罚所谓故意轻伤的未遂犯。

43 就故意重伤而言,一般认为,如果行为人的重伤意图非常明显,且已经着手实行重伤行为,只是由于行为人意志以外的原因而未得逞的,应按故意伤害罪的未遂犯处罚。笔者原则上赞成这一结论,但这里存在法定刑的选择问题:①如果行为人没有造成任何伤害,是选择故意轻伤的法定刑(第 234 条第 1 款),再适用有关未遂犯的处罚规定;还是选择故意重伤的法定刑(第 234 条第 2 款前段),再适用有关未遂犯的处罚规定?②如果行为人没有造成重伤但造成了轻伤,是选择故意轻伤的法定刑不适用有关未遂犯的处罚规定,还是选择故意重伤的法定刑再适用有关未遂犯的处罚规定?有观点认为:"行为人主观上具有明确具体的故意,客观上已开始实行故意重伤行为,只是由于犯罪分子意志以外的原因未能得逞即未能造成重伤结果的,这时不管是造成了轻伤害还是没有造成伤害,只要综合全部案情不属于'情节显著轻微危害不大'而应定罪处罚的,都应认定为故意重伤未遂,引用《刑法》第 134 条(即现行《刑法》第 234 条——引者注)第 2 款和第 20 条(即现行《刑法》第 23 条——引者注)处罚。"[17]然而,故意伤害致人重伤并不是独立的犯罪,只是法定刑升格的情形;况且,故意伤害致人重伤是以故意伤害(第 234 条第 1 款)为前提的;在客观行为本身还不符合第 1 款即尚未造成轻伤的情况下,认定为重伤未遂是有疑问的;而且对于造成轻伤与没有造成轻伤的适用同一法定刑,也会造成罪刑不相适应。或许采取以下处罚方法较为合适:对于没有造成轻伤结果的,认定为故意伤害罪的未遂,适用第 234 条第 1 款的法定刑,同时适用关于未遂犯的规定。对于造成了轻伤结果的,似乎不宜认定为故意重伤的未遂,而应认定为故意轻伤的既遂,直接适用《刑法》第 234 条第 1 款的法

16　参见赵秉志:《犯罪未遂的理论与实践》,中国人民大学出版社 1987 年版,第 254—255 页。

17　赵秉志:《犯罪未遂的理论与实践》,中国人民大学出版社 1987 年版,第 258 页。

定刑,不再适用未遂犯的规定,因为故意伤害他人,造成了轻伤以上的结果的,已经属于故意伤害罪既遂。

XI 共犯

一、故意伤害致死的共犯问题

需要研究的是,故意伤害致死的共犯问题。例如,甲教唆乙伤害丙,但乙的伤害行为导致丙死亡,认定乙的行为属于故意伤害致死没有任何疑问,但能否认定甲的行为也属于故意伤害致死,则值得讨论。这涉及结果加重犯是否成立共犯的问题。故意伤害致死时,行为人主观上对伤害是故意的,对死亡是过失的。而《刑法》第 25 条明文规定:“共同犯罪是指两人以上共同故意犯罪。二人以上共同过失犯罪,不以共同犯罪论处;应当负刑事责任的,按照他们所犯的罪分别处罚。”显然,对故意伤害致死中的过失“致死”部分而言,是不能成立共犯的。但是,如果认为上述设例中的教唆犯甲对丙的死亡不承担刑事责任,也是不合适的。乙之所以实施伤害行为是由甲的教唆行为所引起的,故甲的教唆行为与丙的死亡结果之间具有刑法上的因果关系;伤害行为与杀人行为虽然具有质的区别,但二者在客观上却没有绝对的界限,伤害致死是通常会出现的现象,作为教唆犯的甲对伤害致死存在预见可能性。 44

一方面就致人死亡不成立共犯,另一方面应当对死亡承担刑事责任,这应当成为处理上述问题的两个结论。这两个结论之间并不存在矛盾。因为在我国刑法中,故意伤害致死不是一个独立的罪名,只是一种结果加重犯;而共同犯罪是就两人以上共同犯某种罪而言,不是就犯罪的各种形态而言。在此意义上说,没有必要讨论故意伤害致死是否成立共犯的问题,只要认定是否成立故意伤害罪的共犯即可。在成立故意伤害罪的情况下,如果其中一部分共犯人的行为造成了死亡结果,则其他共犯人在可能预见的范围内,均应对死亡结果承担刑事责任。不能因为致人死亡不成立共犯,而否认部分共犯人对死亡的刑事责任。在 A、B 两人共同对 C 实行伤害,A 的行为造成了 C 的死亡,而 B 的行为只是造成了伤害的情况下,也应当适用上述处理结论。 45

二、部分共同犯罪

实践中经常出现两人以上出于不同故意而共同对被害人实施暴行,造成被害人死亡或者伤害的案件。例如,甲、乙均与丙有仇,两人商定对丙以暴力进行报复,但甲以杀人的故意、乙以伤害的故意共同对丙实施暴行,造成丙的伤害(或者死亡)。根据部分共同犯罪说,在故意伤害罪的范围内认定共同犯罪,而不能认定为故意杀人罪的共同犯罪,也不能完全否认共同犯罪的成立。一方面,乙没有杀人的故意,如果认定为故意杀人罪的共同犯罪,则使没有杀人故意的乙承担故意杀人罪的刑事责任,这显然不合适。另一方面,如果否认甲与乙构成共同犯罪,完全认定为单个人犯罪(即甲 46

单独犯故意杀人罪、乙单独犯故意伤害罪),则在某些情况下会导致一方行为人无罪。例如,A、B 均与 C 有仇,两人商定对 C 以暴力进行报复。但 A 持杀人的故意,而 B 仅有伤害的故意;在犯罪现场,由 A 对 C 实施暴力行为致 C 死亡,B 只是在现场望风。如果不认定 A 与 B 在故意伤害罪的范围内成立共同犯罪,那么,只能认定 A 的行为构成故意杀人罪;B 的行为本身不是伤害的实行行为,如果不与 A 的行为相联系,则根本不能单独成立故意伤害罪。根据行为共同说,上述甲与乙成立共同正犯,其中,甲是故意杀人罪的共同正犯,乙是故意伤害致死的共同正犯。

Ⅻ 罪数

47 对于故意伤害罪的罪数区分,应当按照区分一罪与数罪的标准来解决。所要注意的是,当伤害行为是其他重罪的法定手段时,不得认定为数罪,而应认定为其他重罪。例如,行为人为了抢劫他人财物而伤害他人的,不管是否取得财物,均应认定为抢劫罪,而不得认定为故意伤害罪,也不得认定为数罪。

48 对连续伤害多人的,是认定为连续犯以一罪论处,还是认定为同种数罪,以及认定为同种数罪时是否并罚,都是值得研究的问题。连续伤害多人的行为是否属于连续犯,取决于连续犯的成立是否要求行为人连续实施的行为侵犯同一法益。如果仅要求连续实施的行为侵犯同种法益,那么,多名被害人的身体健康都属于同种法益,连续伤害多人的也可以成立连续犯。如果要求连续实施的行为侵犯同一法益,那么,多名被害人的身体健康便不属于同一法益。德国的判例一直采取同一法益说:如果是对个人生命、身体、自由或名誉的侵犯,只有对象同一才成立连续犯;如果对象不同,如连续杀害 3 人,或连续伤害 3 人的身体,都不作为连续犯处理。根据同一法益说的观点,连续伤害多人的,不成立连续犯,而成立同种数罪。这样认定颇有道理。因为将法益分为个人专属法益与非个人专属法益,就是为了强调对个人专属法益的保护;将侵犯不同个人的专属法益的行为认定为数罪,肯定了不同个人的专属法益价值,肯定了生命、身体、健康、自由、名誉的不可替代性。

49 我国刑法总则没有规定连续犯的概念与处罚原则,只是分则的部分条文对连续犯的处罚存在两种立法例:一是对于经济犯罪、财产犯罪等涉及财物的犯罪,刑法规定对其中的连续犯按累计数额处理。二是对连续犯规定了更高的法定刑。这两种处理方式都符合罪刑相适应原则。但是,在刑法没有类似规定,也没有因"情节严重""情节特别严重""情节恶劣""情节特别恶劣"而提高法定刑并且法定刑本身也不重的情况下,将连续侵犯不同被害人的个人专属法益的行为均认定为连续犯,不可避免地违反罪刑相适应原则。[18] 故意伤害罪即属如此情形,即将连续导致 3 人以上轻伤害的,认定为连续犯,仅以一个故意轻伤处理,必然导致处罚的不合理性。因此,笔者

---

[18] 在法定刑较重(如最高刑为无期徒刑或者死刑)的情况下,是认定为连续犯以一罪论处还是认定为数罪实行并罚,结果不会悬殊,故不至于违反罪刑相适应原则。

认为,对于连续伤害他人的,即使法益是同种的,但只要不是同一的,认定为同种数罪不存在疑问。况且,这种现象属于多次行为符合一个犯罪构成,按照罪数的区分标准,也成立数罪。另外,刑法也没有对多次伤害他人或者伤害多人的规定较重法定刑。因此,将连续伤害他人的行为认定为同种数罪,并不违反刑法的原则与精神。

将连续伤害多人的行为认定为同种数罪,面临着应否并罚的问题。笔者的观点是,对判决宣告以前一人犯同种数罪的,原则上应当并罚。在以一罪论处不符合罪刑相适应原则时,更应当实行并罚。故意伤害罪虽然有 3 个幅度的法定刑,但不可能将同种数罪作为法定刑升格的情节,如果按一罪论处,难以实现罪刑相适应。例如,即使行为人 3 次造成 3 人轻伤并情节严重,也不可能按照“致人重伤”的法定刑处罚,但仅以一罪论处或者虽主张成立同种数罪但不并罚,就只能处 3 年以下有期徒刑、拘役或者管制;再如,即使行为人 3 次造成 3 人重伤并情节严重,也不可能按照“致人死亡或者以特别残忍手段致人重伤造成严重残疾”的法定刑处罚。只有实行数罪并罚,才能做到罪刑相适应。这也启示人们,对于故意伤害罪,不能轻易承认连续犯。 50

司法机关习惯于将行为人基于某种动机,持刀连续造成多人轻伤的案件认定为以危险方法危害公共安全罪。但这样的处理并不妥当。一方面,持刀连续伤人,与放火、爆炸等行为并不相当,并不符合以危险方法危害公共安全罪的本质特征。另一方面,如果否认连续犯的成立,认定为同种数罪且实行并罚,反而有利于做到罪刑相适应。 51

XIII 与非罪的界限

故意伤害罪与非罪的区别主要表现在故意伤害罪与一般殴打的界限。一般殴打行为只是给他人造成暂时性的肉体疼痛,或使他人神经受到轻微刺激,但没有破坏他人人体组织的完整性和人体器官的正常机能,故不构成犯罪。值得注意的是,有些殴打行为表面上给他人身体造成了一定的损害,但显著轻微,即按照《人体轻伤鉴定标准》不构成轻伤的,不能以故意伤害罪论处。因此,在区分故意伤害与一般殴打时,既要看行为人主观上是否具有伤害的故意,又要看行为是否给人体组织及器官机能造成了损害,还要看损害的程度。 52

XIV 与他罪的关系

一、与故意杀人罪的关系

关于二者的关系(从既遂层面而言),存在两种理论:对立理论认为,杀人与伤害是两个相互排斥的概念,杀人故意排除伤害故意,所以,杀人不包含伤害。单一理论认为,杀人行为必然包含伤害行为,杀人故意必然包含伤害故意。其一,在不能查明是杀人行为还是伤害行为时,根据对立理论只能宣告无罪,而根据单一理论可以认定 53

为故意伤害罪。其二,在甲以杀人故意、乙以伤害故意共同攻击丙时,即使采取行为共同说,根据对立理论也不构成共同犯罪;根据单一理论可以成立共同犯罪。其三,在行为人起先以伤害故意、后以杀人故意对他人实施暴力,但不能证明是前行为致人死亡还是后行为致人死亡时,根据对立理论,不能使行为人对死亡负责;根据单一理论,可以将该行为认定为一个故意伤害致死。[19] 显然,单一理论具有合理性。事实上,任何杀人既遂都必然经过了伤害过程,任何杀人未遂也必然造成了伤害结果或者具有造成伤害结果的危险性。在此意义上说,故意杀人与故意伤害是特别关系。当然,也不排除二者在特殊情形下成立想象竞合(参见第九章第四节)。

54 故意伤害致死与故意杀人既遂、故意伤害与故意杀人未遂,在结果上没有区别,但故意伤害罪与故意杀人罪在构成要件与责任要素方面的区别相当明显,只是在司法实践中难以认定。刑法理论与司法实践上的各种区分杀人与伤害的观点,都将二者视为对立关系。例如,目的说认为,故意杀人罪与故意伤害罪的区别在于犯罪目的不同;故意说认为,故意杀人罪与故意伤害罪的区别在于故意内容不同;事实说认为,区分故意杀人罪与故意伤害罪,应当以案件的客观事实为标准,而不能以犯罪人的主观故意内容为标准。[20] 目的说显然忽视了间接故意杀人与间接故意伤害的情况。故意说看到了目的说的上述缺陷,成为现在的通说。但是,仅根据故意的内容不同认定犯罪并不合适。一个客观上绝对不可能致人死亡的行为,即使行为人具有所谓杀人故意,也不成立故意杀人罪。从事实认定的角度来说,故意说与事实说并不对立,相反完全可以统一。亦即,客观上实施了杀人行为,主观上对死亡具有认识和希望或放任心理的,成立故意杀人罪;客观上实施的是伤害行为,仅对伤害结果具有认识和希望或放任心理的,构成故意伤害罪;即使客观上是杀人行为,但行为人没有认识到死亡结果(没有杀人故意)的,也不能认定为故意杀人罪。

55 认定故意杀人罪与故意伤害罪时,应当采取从客观到主观的路径。在行为已经致人死亡,以及虽然仅造成伤害结果但具有致人死亡的紧迫危险的情形下,首先要肯定该行为是杀人行为,进而判断行为人是否具有杀人故意;如果没有杀人故意,再判断行为人是否具有伤害故意。[21] 至于行为人是否具有杀人的故意,也需要通过考察客观事实来认定。例如,持枪瞄准被害人心脏开枪的,无论行为人怎样否认其杀人故意,司法机关都会将其行为认定为故意杀人罪;反之,行为人使用木棒,在完全可以打击被害人头部等要害部位的场合,却选择打击被害人背部、腿部的,即使他承认有杀

19 参见张明楷:《刑法分则的解释原理》(第 2 版),中国人民大学出版社 2011 年版,第 243 页以下。

20 参见王作富主编:《刑法分则实务研究》(第 5 版),中国方正出版社 2013 年版,第 747 页以下。

21 如果没有伤害故意,就再判断行为人对死亡或者伤害结果是否具有过失,参见张明楷:《刑法分则的解释原理》(第 2 版),中国人民大学出版社 2011 年版,第 407 页以下。

人故意,司法机关也不应将其行为认定为故意杀人罪。[22] 所以,应当坚持罪刑法定与责任主义的原理,综合考虑案件的全部事实,正确认定故意杀人罪与故意伤害罪。在实践中,只要查明以下情况,不仅能直接说明行为是杀人性质还是伤害性质,而且能说明行为人的故意内容:①行为人使用的是何种犯罪工具?该犯罪工具的杀伤力如何?犯罪工具是预先选择的还是随手取得的?②打击的部位是什么?是要害部位还是非要害部位?是特意选择要害部位打击,还是顺手可能打击某部位就打击某部位?③打击的强度如何?行为人是使用最大力量进行打击还是注意控制打击力度?④犯罪行为有无节制?在被害人丧失反抗能力的情况下,行为人是否继续打击?在他人劝阻的情况下行为人是否终止犯罪行为?⑤犯罪的时间、地点与环境如何?是行为人特意选择的时间、地点还是随机的时间、地点?案发当时是否有其他人在场?⑥行为人是否抢救被害人?对死亡结果表现出何种态度?⑦行为人有无犯罪预谋?行为人是如何预谋的?⑧行为人与被害人平时是什么关系?是素有怨仇还是关系较好,是素不相识还是相互认识?此外,对那些目无法纪、胆大妄为、动辄行凶、不计后果的行为人,应根据案情,区别对待:凡明显具有杀人故意,实施了杀人行为的,应按故意杀人罪论处;凡明显具有伤害故意,实施了伤害行为的,应按故意伤害罪论处;主观上不顾被害人死伤的,应按实际造成的结果确定犯罪行为的性质,因为在这种情况下,死亡与伤害的结果都在行为人的犯意之内;有些确实难以认定的案件,应按存疑时有利于被告的原则,以较轻的犯罪处理。

二、与过失致人死亡罪的关系

56 这里主要指故意伤害致死与过失致人死亡罪的关系。从法律规定上说,故意伤害致死是过失致人死亡的特别法条,对故意伤害致死的行为,不应另认定为过失致人死亡罪。在司法实践中,需要区分某种行为是成立故意伤害致死,还是仅成立过失致人死亡。二者在客观上都造成了被害人死亡的结果,主观上对死亡结果均出于过失。过失致人死亡时,行为人既无杀人故意,也无伤害故意。显然,故意伤害致死包含了过失致人死亡。故意伤害致死以行为人具有伤害故意为前提,过失造成的死亡结果,则是故意伤害罪的加重结果。因此,不能将所有的"故意"殴打致人死亡的案件,都认定为故意伤害致死。换言之,一般生活意义上的"故意"不等于刑法上的故意。行为人只具有一般殴打的意图,并无伤害的故意,由于某种原因或条件引起了被害人死亡的,不能认定为故意伤害致死;如果行为人对死亡结果具有过失,就应认定为过失致人死亡罪。特别是对于父母为教育子女而实施惩戒行为导致子女死亡,邻里之间由于民间纠纷一方殴打另一方造成死亡,以及其他轻微暴行致人死亡的案件,不能轻易认定为故意伤害致死。

---

22 如果打击背部、腿部是由于被害人躲闪、固体物对行为形成的障碍等所致,而又有其他客观事实证明行为人具有杀人故意,当然可以认定为故意杀人罪。

三、与包含伤害内容的其他犯罪的关系

57 故意伤害罪与包含伤害内容的其他犯罪的关系。首先,《刑法》第 234 条第 2 款后半段规定:“本法另有规定的,依照规定。”[23]即行为人在实施其他犯罪的过程中造成伤害结果,刑法另有规定的,应按有关条文定罪量刑。换言之,当其他犯罪相对于故意伤害罪属于特殊法条时,应按其他法条处理。例如,由于杀人包含了伤害,杀人既遂与伤害是特别关系,所以,在杀人既遂的情况下,必须适用故意杀人罪的规定。其次,如果其他犯罪与故意伤害罪是想象竞合关系,则必须认定行为触犯数个罪名,并从一重罪处罚。例如,由于强奸、抢劫致人重伤属于结果加重犯,行为人对结果加重至少必须有过失,但在行为人对重伤结果持故意的情况下,就必须发挥想象竞合的明示机能,认定行为同时触犯强奸罪或者抢劫(致人重伤)罪与故意伤害罪,并按前者(重罪)的法定刑处罚。

四、与可能造成伤害结果的其他犯罪的关系

58 有些犯罪行为可能造成伤害结果,但在没有造成伤害结果的情况下,不得认定为故意伤害罪;有些犯罪行为可能造成伤害结果,刑法明文规定造成伤害结果的,不再根据基本行为的性质定罪,而应认定为故意伤害罪。根据《刑法》第 238、247、248、289、292、333 条的规定,对非法剥夺人身自由致人伤残的、刑讯逼供或者暴力逼取证人证言致人伤残的、虐待被监管人致人伤残的、聚众“打砸抢”致人伤残的,非法组织或者强迫他人出卖血液造成伤害的,应以故意伤害罪论处,而不能认定为非法拘禁、刑讯逼供等罪。

XV 处罚

59 根据《刑法》第 234 条的规定,犯故意伤害罪的,处 3 年以下有期徒刑、拘役或者管制;致人重伤的,处 3 年以上 10 年以下有期徒刑;致人死亡或者以特别残忍手段致人重伤造成严重残疾的,处 10 年以上有期徒刑、无期徒刑或者死刑。量刑时应当注意以下问题:

60 (1) 法条内部关系的理解。人们习惯于认为,《刑法》第 234 条第 1 款规定的是轻伤害,第 2 款规定的是重伤害与伤害致死,于是,两款之间要么是对立关系,要么是并列关系。其实,第 1 款并没有将伤害结果限定为轻伤。应当认为,第 1 款是故意伤害罪的普通法条,第 2 款是故意伤害罪的特别法条。所以,在鉴定人对轻伤害与重伤害存在争议的情况下,完全可以适用第 1 款的法定刑。

61 (2) 伤害未遂的法定刑选择。①对于出于重伤意图但没有造成任何伤害的案

---

23 该规定并非仅针对《刑法》第 234 条第 2 款而言,而是同时适用于本条第 1 款。

件,应认定为故意伤害罪的未遂,适用第 234 条第 1 款的法定刑,同时适用总则关于未遂犯的规定,而不应适用第 234 条第 2 款前段的法定刑,否则会造成量刑不均衡。[24] ②对出于重伤意图但没有造成重伤却造成了轻伤的案件,不宜认定为故意重伤的未遂,而应认定为故意轻伤的既遂,直接适用第 234 条第 1 款的法定刑,不再适用总则关于未遂犯的规定。

(3)“以特别残忍手段致人重伤造成严重残疾”的认定。以特别残忍手段、致人重伤、造成严重残疾,是必须同时具备的三个条件。参照国家技术监督局 1996 年发布的《职工工伤与职业病致残程度鉴定标准》,《刑法》第 234 条第 2 款规定的“严重残疾”是指下列情形之一:被害人身体器官大部缺损,器官明显畸形,身体器官有中等功能障碍,造成严重并发症等。残疾程度可以分为一般残疾(10 至 7 级)、严重残疾(6 至 3 级)、特别严重残疾(2 至 1 级),6 级以上视为“严重残疾”。实践中,并不是只要达到“严重残疾”就判处死刑,还要根据伤害致人“严重残疾”的具体情况,综合考虑犯罪情节和危害后果来决定刑罚。故意伤害致人重伤造成严重残疾,只有犯罪手段特别残忍,后果特别严重的,才能考虑适用死刑(包括死刑缓期 2 年执行)。行为人出于杀人故意,以特别残忍的手段杀人但没有造成死亡结果,只是致人重伤造成严重残疾的,属于故意杀人未遂与本项犯罪的想象竞合,适用本项规定的法定刑处罚,不再适用未遂犯的处罚规定。 62

根据 2017 年 3 月 9 日最高人民法院《关于常见犯罪的量刑指导意见》,构成故意伤害罪的,可以根据下列不同情形在相应的幅度内确定量刑起点:①故意伤害致 1 人轻伤的,可以在 2 年以下有期徒刑、拘役幅度内确定量刑起点。②故意伤害致 1 人重伤的,可以在 3 年至 5 年有期徒刑幅度内确定量刑起点。③以特别残忍手段故意伤害致 1 人重伤,造成 6 级严重残疾的,可以在 10 年至 13 年有期徒刑幅度内确定量刑起点。依法应当判处无期徒刑以上刑罚的除外。在量刑起点的基础上,可以根据伤害后果、伤残等级、手段残忍程度等其他影响犯罪构成的犯罪事实增加刑罚量,确定基准刑。故意伤害致人轻伤的,伤残程度可在确定量刑起点时考虑,或者作为调节基准刑的量刑情节。 63

---

[24] 例如,对于出于重伤故意实施伤害行为但仅造成轻伤结果的,均认定为故意伤害(轻伤)罪既遂,适用“三年以下有期徒刑、拘役或者管制”的法定刑。倘若认为,对于以重伤故意实施伤害行为但没有造成伤害结果的,适用重伤的“三年以上十年以下有期徒刑”法定刑,再适用刑法总则关于未遂犯的规定,则其处罚反而重于前者,因而明显不合适。

第二百三十四条之一 组织出卖人体器官罪

组织他人出卖人体器官的，处五年以下有期徒刑，并处罚金；情节严重的，处五年以上有期徒刑，并处罚金或者没收财产。

未经本人同意摘取其器官，或者摘取不满十八周岁的人的器官，或者强迫、欺骗他人捐献器官的，依照本法第二百三十四条、第二百三十二条的规定定罪处罚。

违背本人生前意愿摘取其尸体器官，或者本人生前未表示同意，违反国家规定，违背其近亲属意愿摘取其尸体器官的，依照本法第三百零二条的规定定罪处罚。

文献：熊永明：《我国人体器官移植犯罪及其刑法规制》，法律出版社2015年版。陈家林：《〈刑法修正案（八）〉器官犯罪规定之解析》，载《法学论坛》2011年第3期；刘静坤、陈晖：《组织出卖、非法摘取人体器官犯罪的刑法规制》，载《上海政法学院学报（法治论丛）》2011年第3期；王志祥、张伟珂：《论〈刑法修正案（八）〉中的人体器官犯罪》，载《山东警察学院学报》2011年第3期；王春丽：《组织出卖人体器官罪的适用研究》，载《云南大学学报（法学版）》2011年第4期；牛生光：《浅谈组织出卖人体器官罪》，载《黑龙江省政法管理干部学院学报》2011年第4期；张明楷：《组织出卖人体器官罪的基本问题》，载《吉林大学社会科学学报》2011年第5期；李建国、张建兵：《组织他人出卖人体器官罪的理解和适用》，载《中国检察官》2011年第7期；王强：《组织出卖人体器官罪之解读——解析〈刑法修正案（八）〉第37条》，载《政治与法律》2011年第8期；刘岩、孔凡松、申阳：《组织他人买卖人体器官罪的法律适用》，载《中国审判》2011年第9期；赵秉志：《略论我国〈刑法〉新增设的人体器官犯罪》，载《法学杂志》2011年第9期；莫洪宪、杨文博：《刑法中的人体器官犯罪——对〈刑法修正案（八）〉第三十七条的理解》，载《人民检察》2011年第9期；吾采灵：《组织出卖人体器官行为之定性研究——兼对〈刑法修正案（八）〉第37条第1款的解读》，载《中国检察官》2011年第10期；金铁、李刚：《出卖、摘取人体器官犯罪司法实务分析——〈刑法〉第234条之一的司法适用问题刍议》，载《法学杂志》2011年第12期；高翼飞、高爽：《买卖人体器官犯罪的司法认定》，载《中国检察官》2012年第2期；刘夏：《论组织出卖人体器官罪中的"人体器官"》，载《东疆学刊》2012年第2期；徐晋红、张秀峰：《论"组织出卖人体器官罪"的司法认定难点》，载《太原师范学院学报（社会科学版）》2012年第4期；傅翔宇：《组织出卖人体器官罪探析》，载《江苏警官学院学报》2012年第6期；王星：《组织出卖人体器官罪法律适用问题研究》，载《湖北警官学院学报》2012 年第 6 期;熊永明:《组织他人出卖人体器官罪争点问题研究述评》,载《法治研究》2012 年第 7 期;董桂文:《人体器官犯罪的刑法规制——对〈刑法修正案(八)〉第 37 条的分析解读》,载《法律科学》2013 年第 1 期;陈洪兵:《解读〈刑法修正案(八)〉关于人体器官犯罪之规定》,载《同济大学学报(社会科学版)》2013 年第 3 期;马章民:《人体器官移植的刑法规制》,载《山东警察学院学报》2013 年第 6 期;熊永明:《器官交易关涉犯罪条款的设立及评析》,载《法治研究》2014 年第 7 期;熊永明:《我国器官移植犯罪刑事政策初探》,载《东南大学学报(哲学社会科学版)》2016 年第 2 期;党小学:《人体器官移植的刑法规制》,载《人民检察》2018 年第 7 期。

细目录

Ⅰ　主旨
Ⅱ　沿革
Ⅲ　客体
Ⅳ　组织出卖人体器官行为
　一、组织行为
　二、组织的内容
Ⅴ　主体
Ⅵ　故意
Ⅶ　既遂
Ⅷ　第 2 款的理解
　一、条文解读
　二、本罪与故意伤害罪、故意杀人罪的关系
Ⅸ　第 3 款的理解

Ⅰ　主旨

本条是对组织出卖人体器官罪的规定。组织出卖人体器官罪是指组织他人出卖人体器官的行为。自组织出卖人体器官罪设立以来,虽然以组织出卖人体器官罪判处的案件极少,但围绕组织出卖人体器官罪的争议极多。例如,设立组织出卖人体器官罪是为了保护他人(供体)的人体健康,还是为了保护器官移植管理秩序,对此的理解不同,将会导致对组织出卖人体器官罪中组织行为的理解不同,对犯罪的既遂标准理解不同,对组织出卖人体器官罪与故意伤害罪、故意杀人罪的关系理解也不同。因此,明确组织出卖人体器官罪的犯罪客体,严格界定组织出卖人体器官罪的实行行为,理顺组织出卖人体器官罪与故意伤害罪、故意杀人罪的关系,成为准确适用组织出卖人体器官罪不可回避的课题。 1

Ⅱ　沿革

2　自1966年我国实施第一例肾脏移植手术开始，经过1977年的首例肝脏移植手术，直至20世纪90年代，我国没有人体器官移植的法律规范。[1] 因此，1979年《刑法》与1997年《刑法》中均无组织出卖人体器官罪的相关规定。

3　但现实情况是，随着人们日渐富有以及医疗技术的发展，需要器官移植的病人很多，而可以提供的人体器官稀少，由此出现了买卖人体器官的地下黑市。在经济利益的诱惑下，组织出卖人体器官的行为纷纷涌现。组织出卖人体器官的行为严重侵害了公民的生命、健康权利，违反了社会伦理道德底线，扰乱了社会管理秩序，具有严重的社会危害性。为了适应打击这类犯罪活动的客观需要和顺应社会各方面的强烈要求以及确保建设和谐社会的顺利进行，2011年2月25日《刑法修正案(八)》第37条设立了组织出卖人体器官罪。[2]

Ⅲ　客体

4　认为组织出卖人体器官罪的客体是他人的身体健康权、生命权以及国家对人体器官捐献管理秩序和人体器官移植规范的正常秩序[3]，是极为常见的观点。在提示本罪具有损害国家对人体器官捐献管理秩序和人体器官移植规范的正常秩序这一点上，不能说该观点毫无意义。但是，只要能够认定组织出卖人体器官的行为侵犯了他人(供体)的人体健康，自然就能肯定该行为同时危及国家对人体器官捐献管理秩序和人体器官移植规范的正常秩序，因此，将国家对人体器官捐献管理秩序和人体器官移植规范的正常秩序也认定为本罪的客体，对于本罪的司法认定并无实践价值，故还是将本罪的客体界定为人体健康为妥。

5　有人认为，组织出卖人体器官罪的客体为国家器官移植管理秩序和公共卫生，与非法组织卖血罪的客体相同。[4] 这一看法其实是从立法论出发，主张应将本罪规定在分则第六章“妨害社会管理秩序罪”第五节“危害公共卫生罪”才较为妥当。从立法论而不从解释论出发，界定刑法条文所规定的具体犯罪的客体，这是不合适的。立法者并未将组织出卖人体器官罪规定在分则第六章之中，而是将本罪规定在分则第

1　参见赵秉志：《略论我国〈刑法〉新增设的人体器官犯罪》，载《法学杂志》2011年第9期。

2　参见郎胜主编：《中华人民共和国刑法释义》(第6版)，法律出版社2015年版，第384页。

3　参见高铭暄、马克昌主编：《刑法学》(第9版)，北京大学出版社、高等教育出版社2019年版，第460页。

4　参见王强：《组织出卖人体器官罪之解读——解析〈刑法修正案(八)〉第37条》，载《政治与法律》2011年第8期。

四章“侵犯公民人身权利、民主权利罪”之中,从本罪条文介于故意伤害罪与过失致人重伤罪之间的位置来看,本罪的客体应为人体健康。就本罪组织行为所指向的内容而言,摘除他人心脏、肺脏、肝脏、肾脏或者胰腺等器官,使人丧失原有器官机能的,属于《刑法》第95条所规定的重伤,就此而言,将本罪的客体界定为人体健康,是极为合适的。

当然,将组织出卖人体器官罪的客体界定为人体健康,将会面临在他人(供体)同意的情形下组织出卖人体器官的行为是否会侵犯客体的问题。与同意伤害的问题相关联,如果认为对重伤的同意一概无效,或者认为对可能危及生命的伤害[5]的同意无效,则即便摘取人体器官得到供体的同意,其同意也是无效的[6],组织出卖人体器官的行为仍然侵犯了本罪的客体,行为人应构成组织出卖人体器官罪。正因为他人(供体)对器官移植的同意是无效的,所以,实务上认为,被害人(供体)可在刑事诉讼中提起附带民事诉讼,要求行为人承担支付残疾赔偿金的民事赔偿责任。[7] 6

讨论本罪的客体,具有实践指导意义。在不构成共同犯罪的前提下,行为人收购“黑中介”所获得的器官,然后再将这些器官出卖给他人,有人认为构成组织出卖人体器官罪。[8] 但是,如果行为人收购的是已经摘取下来的人体器官,其收购人体器官的行为乃至之后的出卖行为,并不会侵犯供体的人体健康,不存在侵犯本罪客体的问题,故不应认定行为人构成本罪。而且,行为人单纯收购已经摘取下的人体器官的,也难以认定行为人组织“他人”出卖人体器官,故不应认定该行为构成组织出卖人体器官罪。[9] 7

Ⅳ　组织出卖人体器官行为

本罪在客观方面表现为组织他人出卖人体器官的行为。行为人是否满足本罪的客观要件,关键在于是否存在组织行为,组织行为的内容是否是让他人出卖人体器官。 8

5　摘取心脏、肺脏、肝脏、肾脏等重要人体器官,要么摘取行为本身可能危及供体的生命,要么长远来看有危及供体生命的危险,因为摘取这些器官后会加重其他人体器官的负担,如果不进行一定的护理,有可能缩短供体的生命,因而供体对摘取其人体器官的同意是无效的。

6　在符合《人体器官移植条例》相关规定而捐献人体器官时,由于法律本身的容许,或者说即便供体同意无效,但法律豁免了伤害行为的违法性,因而供体同意摘取其人体器官的,就不存在侵犯客体的问题。

7　参见最高人民法院刑事审判第一、二、三、四、五庭主办:《刑事审判参考》总第102集(第1060号),法律出版社2016年版,第38—40页。

8　参见莫洪宪、杨文博:《刑法中的人体器官犯罪——对〈刑法修正案(八)〉第三十七条的理解》,载《人民检察》2011年第9期。

9　在实务上,司法机关可能以非法经营罪追究行为人的刑事责任。但是,该行为是否符合非法经营罪的构成要件,这是有疑问的,因为人体器官并不是法律允许经营的对象。

一、组织行为

9 一般认为,本罪中的组织行为是指对出卖人体器官者所实施的指挥、策划、控制的行为[10];或者是指经营人体器官的出卖或者以招募、雇佣(供养器官提供者)、介绍、引诱等手段使他人出卖人体器官的行为。[11] 组织的形式不限,只要能够使得分散的多个供体呈现出卖人体器官的有序化、系统化特征,即属于本罪中的组织,其可以表现为招募、雇佣(供养器官提供者)、介绍、引诱他人出卖人体器官。例如,在互联网上发帖征集意愿出卖器官的人的,属于组织他人出卖人体器官。

10 上述关于组织行为的理解,对被组织出卖人体器官的人员没有人数方面的限定。就司法实务来看,成立组织出卖人体器官罪并无人数要求,牵线一个人去出卖人体器官的,也构成组织出卖人体器官罪。法条虽然使用了"组织"一词,但本罪并不是所谓的集团犯、组织犯,也不是必要的共犯,被组织出卖人体器官的人也不必是数人,因为本罪是对个人法益的犯罪,如同伤害一人能够成立犯罪一样。[12] 组织行为是将分散化的器官交易因素通过组织行为的手段加以聚集,从而使得器官交易的各种因素(如人力资源因素、器官来源因素、配型信息因素等)呈现系统化与整体化,但这绝非意味着其人力资源因素(他人)就必须是"多人"。在组织单人出卖人体器官的情况下,只要其组织行为聚合了其他器官交易因素(如积极为其寻求可能与之配型成功的受体来源等),也能发挥组织行为促进出卖行为的实质作用,因此,很难说这种情况就不属于组织他人出卖人体器官的行为。组织出卖人体器官罪的客体是人体健康,只要对某一个体出卖人体器官的行为加以组织,就聚合了器官交易的各种相关因素,就有损及该个体的人体健康之虞,因此需要刑法介入并作出有效反应,故组织单个的他人出卖人体器官的行为就已经具有对本罪的客体造成现实危害的威胁,因此不能将其一概排除在刑法评价范围之外。[13]

11 不过,也有人认为,组织行为是指以招募、雇用、领导、指挥、强迫、引诱、容留等手段,纠集、控制多人从事出卖人体器官的行为[14];是指发起、策划、拉拢、安排他人(不

---

[10] 参见高铭暄、马克昌主编:《刑法学》(第9版),北京大学出版社、高等教育出版社2019年版,第460页。

[11] 参见张明楷:《刑法学》(第6版),法律出版社2021年版,第1127页。

[12] 参见张明楷:《组织出卖人体器官罪的基本问题》,载《吉林大学社会科学学报》2011年第5期。

[13] 参见董桂文:《人体器官犯罪的刑法规制——对〈刑法修正案(八)〉第37条的分析解读》,载《法律科学》2013年第1期。

[14] 参见赵秉志:《略论我国〈刑法〉新增设的人体器官犯罪》,载《法学杂志》2011年第9期;王志祥、张伟珂:《论〈刑法修正案(八)〉中的人体器官犯罪》,载《山东警察学院学报》2011年第3期。

止一人)出卖人体器官的行为[15]。这里对组织行为的理解,明显有人数方面的要求。根据这种理解,组织单人出卖人体器官的,不能构成本罪。采取这一理解的根据在于,在现代汉语中,作为动词的"组织",是指"安排分散的人或事物使具有一定的系统性或整体性"[16],其暗含人数方面的要求。应当认为,刑法处罚的不是单纯的"安排""介绍""引诱"他人出卖人体器官的行为,而是处罚"组织"行为。牵线搭桥一人出卖人体器官的,属于介绍他人出卖人体器官,这虽然也会侵犯组织出卖人体器官罪的客体,但是,不能因为存在法益侵害性,便将牵线搭桥一人出卖人体器官的介绍行为认定为组织行为。这是因为,根据罪刑法定原则,只有被刑法典类型化的行为侵犯了客体的,才成立犯罪,没有被刑法典类型化的行为,即便其侵犯了客体,也不成立犯罪。有人认为,出卖人体器官是一种非常恶劣的行为,即使行为人仅组织 1 人出卖人体器官,也可能具有严重的社会危害性,能够构成本罪。[17] 这种重视行为的危害性、轻视行为的类型化(法定化)的观点,并不妥当。

二、组织的内容

构成本罪,要求组织的内容是使他人出卖人体器官。这里涉及"他人""出卖" 12
"人体器官"三个关键点。

(一)"他人"的认定

行为人为了出卖自己的人体器官而积极联系他人的,不能构成本罪,因为成立本 13
罪,组织的对象是"他人",即除了本人以外的其他人。问题是,"他人"是否限于人体器官的提供者(供体)。有人认为,非供体的其他人员也可以构成本罪中的"他人",对于"他人"的范围不应有对象限制,可以是供体,也可以是非供体。如本罪作为任意共犯,在组织其他人员参与共同犯罪的情况下,作为共同犯罪人的其他参与人员当然也属于本罪中的"他人",再如在组织事先未进行共谋而不知情的人体器官占有人(非供体)出卖人体器官的情况下,作为被组织者的器官占有人也应属于本罪中的"他人"。[18] 笔者不赞成这一看法。只要承认《刑法》第 234 条之一中的"他人"是受刑法所保护的人,组织出卖人体器官罪的保护法益是个人法益,那么,作为共同犯罪中的其他人,他们就是刑法打击的对象,而不是刑法所保护的对象;而且,组织出卖

---

15 参见高铭暄、陈璐:《中华人民共和国刑法修正案(八)解读与思考》,中国人民大学出版社 2011 年版,第 106 页。

16 中国社会科学院语言研究所词典编辑室编:《现代汉语词典》(第 7 版),商务印书馆 2016 年版,第 1750 页。

17 参见陈家林:《〈刑法修正案(八)〉器官犯罪规定之解析》,载《法学论坛》2011 年第 3 期。

18 参见董桂文:《人体器官犯罪的刑法规制——对〈刑法修正案(八)〉第 37 条的分析解读》,载《法律科学》2013 年第 1 期。

人体器官的行为也不会侵犯这些人的法益(这些人的行为只会侵犯供体的法益),故这些人不可能属于组织出卖人体器官罪中“他人”的范围。

14 之所以产生“他人”是否限于供体的争论,其实与“组织他人出卖人体器官”的表述存在歧义有关。对“组织他人出卖人体器官”可以作多义的理解:其一,可理解为“组织他人(供体),出卖供体的人体器官”。行为人实施了这样的组织行为,其行为构成组织出卖人体器官罪,对此并无异议。其二,可理解为“组织他人,去出卖人体器官”,这一理解意味着只要行为人有组织他人的行为,目标是出卖人体器官,即符合刑法条文的规定。如果这样来理解,就不要求“他人”必须是人体器官的供体,既可以是组织数人形成犯罪组织或者犯罪集团,专门从事出卖第三人的人体器官的活动,也可以是组织数人,其中有些人出卖自己的人体器官,有些人则从事出卖人体器官的其他促进行为,以便人体器官的交易能够顺利进行。笔者赞成第一种理解,反对第二种理解。一方面,立法机关设立本罪的根本目的,不在于禁止组织者依靠出卖人体器官牟利,而在于保护供体的人体健康。另一方面,《刑法》第 234 条之一第 2 款中“强迫、欺骗他人捐献器官”的条文表述,清楚地表明“他人”就是供体。对于《刑法》第 234 条之一第 1 款与第 2 款中的“他人”,应作一体化理解,这里并不存在对“他人”作相对化理解的特别根据。

15 在将“他人”理解为供体的前提下,“他人”是否包括未满 18 周岁公民和精神病患者?有论者认为,未满 18 周岁公民和精神病患者不能作为活体器官的提供者,因而组织未满 18 周岁的公民和精神病患者出卖人体器官的不构成本罪,因为活体器官出卖人需具有同意之能力。同意的前提必须是行为人能够充分理解所同意事项的性质、后果、意义,这就要求同意者必须具有完全民事行为能力。未满 18 周岁公民和精神病患者不具有同意能力。组织他们出卖自身器官的行为不构成本罪而构成故意伤害等其他犯罪。[19] 应当认为,“他人”是否包括未满 18 周岁公民和精神病患者,这与如何理解《刑法》第 234 条之一第 1 款与第 2 款之间的关系有关,如果认为组织出卖人体器官罪与故意杀人罪、故意伤害罪是对立关系自然就会将“他人”限定为能够对出卖自己的人体器官作出有效承诺的人,因而应将未满 18 周岁公民和精神病患者排除在外。如果认为组织出卖人体器官罪与故意杀人罪、故意伤害罪不是对立关系,而是竞合关系,则“他人”就会包括一切供体。笔者赞成竞合关系说,故没有必要将未满 18 周岁公民和精神病患者排除在“他人”之外。

16 “他人”包含死刑犯在内。死刑犯仅意味着其被国家依法剥夺生命,并不意味着死刑犯丧失了对其身体的处置权。死刑犯有权利决定是否在自己死后捐献人体器官。如果行为人组织死刑犯(在尚未执行死刑前)出卖人体器官的,可以构成本罪。

---

[19] 参见陈家林:《〈刑法修正案(八)〉器官犯罪规定之解析》,载《法学论坛》2011 年第 3 期。

（二）“出卖”的认定

“出卖”是指有偿转让人体器官。如果行为人组织多人自愿无偿捐献人体器官的，这是为人称道的行为，不会受到刑法的处罚。“出卖”人体器官意味着他人能够获得经济利益。获得经济利益既可以表现为获得金钱，也可以表现为获得实物，既可以表现为积极财产的增加（如获得一笔钱），也可以表现为消极财产的减少（如以人体器官作价抵充债务）。 17

值得研究的问题是，在本罪中，出卖人体器官的真正出卖者是谁？换言之，构成本罪，是否要求被组织者（供体）知道自己在出卖人体器官？如果要求被组织者（供体）知道自己在出卖人体器官，则出卖人体器官的真正出卖者就是供体，如果没有这样的要求，则真正出卖者就是组织者。在多数案件中，被组织者知道在有偿转让自己的人体器官。但是，不能排除出现这样的案件，组织者对他人谎称进行人体试验，割掉的器官可以再次生长起来，有自愿者参与这样的“人体试验”，被摘取的器官被用于商业人体移植的，组织是否构成组织出卖人体器官罪？由此可见，讨论出卖人体器官的真正出卖者是谁具有现实意义。对此问题一定会有不同的看法。如果认为构成本罪，必须取得供体对器官移植的同意（即供体知道自己在出卖人体器官），则行为人采取欺骗手段取得供体器官的，构成故意伤害罪，不能构成本罪。如果认为只要组织者知道被摘取的器官是有偿用于商业移植的，即属于组织他人出卖人体器官，至于被组织者（供体）是否知道自己的器官被出卖、是否取得报酬，不影响组织他人出卖人体器官行为的认定，则该行为当然符合组织出卖人体器官罪的构成要件，也构成本罪（同时还触犯故意伤害罪，是本罪与故意伤害罪的想象竞合犯，应从一重罪论处）。 18

（三）“人体器官”的认定

2007 年国务院《人体器官移植条例》第 2 条第 1 款规定：“在中华人民共和国境内从事人体器官移植，适用本条例；从事人体细胞和角膜、骨髓等人体组织移植，不适用本条例。”第 2 款规定：“本条例所称人体器官移植，是指摘取人体器官捐献人具有特定功能的心脏、肺脏、肝脏、肾脏或者胰腺等器官的全部或者部分，将其植入接受人身体以代替其病损器官的过程。”那么，本罪中出卖的对象“人体器官”是否必须严格按照《人体器官移植条例》予以认定呢？ 19

肯定说认为，这里的人体器官仅限于《人体器官移植条例》所规定的范畴，《人体器官移植条例》中移植的器官不包括人体细胞、角膜和骨髓。因此，人体器官是指人体器官捐献人具有特定功能的心脏、肺脏、肝脏、肾脏或者胰腺等器官，角膜、血液、骨髓等组织以及胚胎干细胞，则不属于本罪的犯罪对象。[20] 作为人体器官犯罪的对 20

20　参见王春丽：《组织出卖人体器官罪的适用研究》，载《云南大学学报（法学版）》2011 年第 4 期；李建国、张建兵：《组织他人出卖人体器官罪的理解和适用》，载《中国检察官》2011 年第 7 期。

象,不包括同属人体材料的人体组织和人体细胞,诸如眼角膜、血液、骨髓等,组织出卖人体组织和人体细胞的行为当然也有相当的社会危害性,但由于法无明文规定,根据罪刑法定的原则,尚不能以犯罪论处。[21]

21 否定说认为,《人体器官移植条例》只是规范心脏、肺脏、肝脏、肾脏或者胰腺等器官的全部或者部分的移植,并没有规范其他人体器官的移植。但是,刑法不仅要保护心脏、肺脏等器官的机能,而且要保护其他人体器官的机能。只要某种人体组织集合体的丧失会严重侵害被害人的人体健康,该人体组织集合体便能被评价为"器官",就应包含在本罪的人体器官之内。而且,作为本罪对象的器官,既包括某个器官的全部,也包括某个器官的一部分。详言之,本罪的人体器官既包括《人体器官移植条例》所称的器官,也包括角膜、皮肤、肢体、骨头等器官。一方面,"器官"一词能够涵摄角膜、皮肤、肢体、骨头;另一方面,组织他人出卖角膜、皮肤、肢体、骨头的行为,无疑会伤害被害人的人体健康。[22]

22 笔者赞同否定说,下面以眼角膜为例加以说明。第一,刑法与行政法各有其任务与目的,刑法设立组织出卖人体器官罪的目的,是保护他人健康,例如摘取他人的眼角膜,将会导致眼睛失明,严重损害他人健康,故有必要将组织他人出让眼角膜的行为纳入本罪的调整范围。第二,孤立地看,眼角膜能否称为人体器官或许存在疑问,但是,《人体器官移植条例》第 2 条明确规定,人体器官移植是指摘取人体器官的全部或者部分,眼球无疑属于人体器官,而眼角膜是眼球的重要组成部分,摘取眼角膜属于摘取人体器官的部分,这符合《人体器官移植条例》对器官移植的定义。换言之,将眼角膜认定为人体器官并不存在障碍。第三,如何划定人体器官的范围,必须要考虑现实情况。如从现实情况上看,我国角膜致盲患者至少有 200 万人,按 70%的可治愈率计算,应当有 140 万患者可通过角膜移植等手段复明,但我国每年可实施的角膜移植仅 3000 例。这也意味着非法组织出卖角膜的行为有一定的存在空间,需要进行法律规制。[23]

23 总之,组织出卖人体器官罪中的人体器官,应指以医疗为目的、以重建或者恢复人体健康为目标的人体器官。单身女性想获取优秀男性的精子,以便进行人工受孕,违背男性意志采取猥亵方式获得精液的,该精液就不属于人体器官,因为该行为不是以重建或者恢复人体健康为目标。此外,下列对象也不属于组织出卖人体器官罪中的人体器官:

---

21 参见赵秉志:《略论我国〈刑法〉新增设的人体器官犯罪》,载《法学杂志》2011 年第 9 期。

22 参见张明楷:《组织出卖人体器官罪的基本问题》,载《吉林大学社会科学学报》2011 年第 5 期。

23 参见陈家林:《〈刑法修正案(八)〉器官犯罪规定之解析》,载《法学论坛》2011 年第 3 期。

(1) 血液。血液是否属于人体器官暂且不论,《刑法》第 234 条之一使用了"摘取"器官的表述,而从人体提取血液的过程一般称之为"抽血"或者"采集血液",不会表述为"摘取"血液。因此,单纯从刑法条文的用语表述上,即可将血液排除在本罪的对象之外。此外,认为血液不是本罪的对象,也不会造成处罚漏洞,因为对于组织他人卖血的行为完全可以《刑法》第 334 条的非法组织卖血罪和强迫卖血罪追究刑事责任。 24

(2) 骨髓。骨髓移植听起来极为恐怖,但其学名为"造血干细胞移植",无须钻骨取髓,而是直接从血液中采集所需要的足量的干细胞,通过静脉输注造血干细胞,重建患者正常的造血与免疫系统。目前采集造血干细胞的方法就是由捐献者在捐献前进行 3～4 天的造血干细胞动员,当外周血的造血干细胞数量达到一定计数时采集干细胞,具体方法是在两只手的静脉处插上两根导管(一根是引出,一根是回输),血液经过血细胞分离机,将造血干细胞采集出来,其他血液成分回输到体内,捐献过程安全无痛苦,如同献血。可见,骨髓移植现在已经非常类似于血液采集,故也没有必要将骨髓纳入本罪的人体器官的范畴。[24] 25

V 主体

本罪为自然人犯罪,行为人应年满 16 周岁,具有责任能力。出于表述便利,一般将本罪主体表述为组织者,这种表述并不意味着本罪是身份犯,因为任何年满 16 周岁、具有责任能力的公民均可以成为组织者。组织者既可以是一人,也可以是数人。三人以上为共同实施组织出卖人体器官的犯罪而组成的较为固定的犯罪组织的,构成组织出卖人体器官罪的犯罪集团。单位(如中介公司)组织他人出卖人体器官的,虽然不能追究单位的刑事责任,但是,对单位中组织、策划、实施组织出卖人体器官行为的自然人,应以本罪追究刑事责任。 26

民政等部门的人员明知他人出卖人体器官,仍为相关人员出具伪造的亲属关系证明的,构成本罪的共犯。医生明知他人系出卖人体器官,仍参与手术摘取人体器官的,构成本罪的共犯。不过,医生虽然明知他人系出卖人体器官,但并未获取任何利益,除了手术之外也未参与其他任何环节,为了病人(受体)的健康利益而参与器官移植的,不能轻易认定为本罪。这是因为,要么经过法益衡量能够认定医生保全了更大的利益(保护了受体的生命),要么能够认定医生存在义务冲突,因而阻却违法性。 27

VI 故意

本罪为故意犯罪。就故意的内容而言,只要行为人认识到在组织他人出卖人体 28

---

24 参见陈家林:《〈刑法修正案(八)〉器官犯罪规定之解析》,载《法学论坛》2011 年第 3 期。

器官即可,至于他人是自愿出卖人体器官,还是被迫出卖人体器官,不是行为人必须认识的内容。即便行为人认识到他人是被迫出卖人体器官的,也无妨本罪故意的认定。

29 虽然行为人通常出于牟利的目的,但是,本罪不是目的犯,行为人是否以牟利为目的,不影响本罪主观方面的认定。至于被组织者是否认识到自己在出卖人体器官,不影响行为人主观故意的认定。

Ⅶ 既遂

30 关于本罪的既遂,多数说采取行为犯说,认为行为人只需要有组织他人出卖人体器官的行为,就是完成了犯罪行为,就应视为犯罪的完成即构成犯罪既遂,而不以实际损害结果的发生为既遂标准,如果行为人未实施组织他人出卖人体器官的行为,则不能构成犯罪既遂;如果行为人的行为造成了严重的后果,则应以本罪"情节严重"的情形依法处罚。[25] 目前,司法实务也采取此说,例如,在王海涛等组织出卖人体器官案中,法院认为,只要实施了组织他人出卖人体器官的行为,即可构成本罪,不应以损害结果的发生作为认定既遂的标准。[26]

31 不过,也有人认为,既然承认本罪的犯罪客体是人体健康,就应当承认,只有当组织行为使出卖者的身体受到伤害时,才成立本罪的既遂。[27] 笔者赞成此说。其一,无论行为犯还是结果犯,仅在客体已经实际遭受侵害时,才能构成犯罪既遂。由此出发,行为人虽然存在组织行为,但是,尚未对被组织者进行手术摘取其人体器官时,就不能认为被组织者的人体健康已被侵犯,故仅完成组织行为,尚不构成本罪既遂。其二,认定本罪的既未遂,需要考虑与相关犯罪的既未遂标准保持均衡。在故意伤害罪的场合,要求被害人的身体实际遭受轻伤以上的伤害,才构成伤害既遂。撇除致人死亡的场合,组织出卖人体器官罪的法定刑远重于故意伤害罪。同为侵犯人体健康的犯罪,组织出卖人体器官罪的既未遂标准应与故意伤害罪的既未遂标准保持均衡,故应以被组织者的人体健康实际遭受侵害作为本罪既遂的标准,才是合适的。

Ⅷ 第2款的理解

32 《刑法》第234条之一第2款规定:"未经本人同意摘取其器官,或者摘取不满十八周岁的人的器官,或者强迫、欺骗他人捐献器官的,依照本法第二百三十四条、第

---

25 参见熊永明:《组织他人出卖人体器官罪争点问题研究述评》,载《法治研究》2012年第7期。

26 参见陈兴良、张军、胡云腾主编:《人民法院刑事指导案例裁判要旨通纂》(第2版),北京大学出版社2018年版,第775页。

27 参见张明楷:《组织出卖人体器官罪的基本问题》,载《吉林大学社会科学学报》2011年第5期。

二百三十二条的规定定罪处罚。”这里既涉及如何理解该款规定的问题,又涉及组织出卖人体器官罪与故意伤害罪、故意杀人罪的关系问题。

一、条文解读

“未经本人同意摘取其器官”是指在摘取器官时,对于器官的摘取没有得到本人同意。事先同意摘取器官,但手术时突然不同意,仍被摘取器官的,也属于“未经本人同意摘取其器官”。在切除阑尾手术过程,医生摘取了病人的肾脏,后将该肾脏移植给他人,或者医生欺骗病人“你的左肝上有癌细胞,需要紧急切除”,病人信以为真同意手术,左肝被医生移植给他人的,均属于“未经本人同意摘取其器官”。 33

《人体器官移植条例》第 8 条第 1 款规定:“捐献人体器官的公民应当具有完全民事行为能力。”第 9 条规定:“任何组织或者个人不得摘取未满 18 周岁公民的活体器官用于移植。”不满 18 周岁的人的身体仍处于发育之中,摘取其器官有损其健康。因此,即便不满 18 周岁的人真诚同意摘取其器官,由于其不具有同意的能力,其同意无效,对此应以故意伤害罪定罪量刑(在致人死亡的场合应以故意杀人罪定罪量刑)。 34

强迫他人捐献器官中的“强迫”,是指对他人进行恶害通告,使他人要么被迫同意捐献器官,要么没有能力反抗摘取其器官。强迫的手段没有限制,既可以采用暴力进行身体上的强制,也可以是进行各种威胁达到精神上的控制。强迫他人捐献器官中的“强迫”应当达到使一般人难以抗拒的程度,过于轻微的胁迫不能构成本处的“强迫”。 35

“欺骗”他人捐献器官的情形较为复杂,涉及欺骗的情形下被害人的承诺何时有效、何时无效的难题。为了确保案件处理的稳妥性,应对“欺骗他人捐献器官”进行限缩解释:其一,欺骗的内容必须与捐献器官相关。采取欺骗手段摘取他人器官,但没有欺骗他人“捐献器官”的,如谎称进行切除阑尾手术,实际摘取了病人的肾脏进行器官移植的,不属于“欺骗他人捐献器官”,对此应认定为“未经本人同意摘取其器官”。其二,考虑到器官对人体健康的重要性,对他人在是否捐献器官进行决策的重要事项上进行欺骗的,属于“欺骗”他人捐献器官。在捐献器官的必要性上进行欺骗(如告知供体器官将会移植给其患病的子女,但其实器官被移植给第三人的),在捐献器官的用途、去向上进行欺骗(如告知供体器官将会捐献给某位“救火英雄”,事实上器官被移植给某个商人的),均属于欺骗他人捐献器官。 36

适用《刑法》第 234 条之一第 2 款,应以行为人明知他人不同意摘取器官,明知摘取的是不满 18 周岁的人的器官,明知在强迫、欺骗他人捐献器官为前提。这是因为,在摘取器官的行为人(通常为医生)受到欺骗,以为他人同意摘取其器官,或者以为摘取的是已满 18 周岁的人的器官时,其主观上只有进行手术的认识,没有伤害或者杀人的故意。在摘取器官致人死亡的场合,只要行为人遵循了医学流程,其就没有故意犯罪,就不能以故意伤害罪、故意杀人罪追究其刑事责任。在摘取器官的行为人明知他人不同意摘取器官,明知摘取的是不满 18 周岁的人的器官,明知在强迫、欺骗 37

他人捐献器官时,其必然认识到摘取行为使得他人的人体器官不再完整,故可认定其具有伤害故意,应以故意伤害罪追究其刑事责任;在摘取器官致人死亡的场合,如果摘取行为并未严格遵循医学流程,行为人就不仅认识到他人不同意摘取器官,而且认识到摘取器官具有致人死亡的风险,故在法律上能够认定其具有杀人故意,应以故意杀人罪追究其刑事责任。因此,《刑法》第 234 条之一第 2 款属于注意规定,而不是法律拟制。

二、本罪与故意伤害罪、故意杀人罪的关系

38　组织出卖人体器官罪与故意伤害罪、故意杀人罪的关系如何,取决于如何理解《刑法》第 234 条之一第 1 款与第 2 款之间的关系。通常,出于区分此罪与彼罪的需要,学界倾向于努力划清各种犯罪之间的界限,以满足各种犯罪之间秩序井然的需要。基于这一思维模式就会认为,《刑法》第 234 条之一第 2 款与第 1 款是对立关系,在组织出卖他人人体器官的场合,得到了他人有效的同意,行为人构成组织出卖人体器官罪;而在《刑法》第 234 条之一第 2 款中,他人的同意是无效的——要么没有得到本人同意,要么同意者因为不满 18 周岁(不是适格的同意主体)而同意无效,要么同意是因为受到强迫、欺骗,在实质上违背本人意愿而同意无效,因而不构成组织出卖人体器官罪,而构成故意伤害罪或者故意杀人罪。根据这一看法,组织出卖人体器官罪与故意杀人罪、故意伤害罪是对立关系,如果组织出卖人体器官的行为一旦构成组织出卖人体器官罪,就不再构成故意杀人罪、故意伤害罪;反之亦然,如果组织出卖人体器官的行为构成故意杀人罪、故意伤害罪,即不再构成组织出卖人体器官罪。

39　将组织出卖人体器官罪与故意伤害罪、故意杀人罪相对立的看法,存在问题。第一,使两罪对立的观点不利于处理事实认识错误案件。例如,甲原本想组织已满 18 周岁的人出卖人体器官,但由于认识错误,事实上组织了不满 18 周岁的人出卖人体器官。如果认为组织出卖人体器官罪与故意伤害罪是对立关系,就必然得出甲客观上没有组织出卖人体器官的结论,至多只能以组织出卖人体器官罪的未遂犯追究行为人的刑事责任。但这一结论并不合适,因为组织已满 18 周岁的人出卖人体器官的都构成组织出卖人体器官罪,组织不满 18 周岁的人出卖人体器官的,危害更大,反而不能构成组织出卖人体器官罪,二者明显不均衡。即便有人主张对组织不满 18 周岁的人出卖人体器官的行为可以故意伤害罪追究刑事责任,可是,只要没有致人死亡或者致人重伤造成严重残疾,按照故意伤害罪只能判处 3 年以上 10 年以下有期徒刑,且不得并处罚金,而若按照组织出卖人体器官罪定罪,一旦能够认定情节严重,最高科处 15 年有期徒刑,并处罚金或者没收财产。使两者对立的观点导致危害更大的犯罪行为,处罚反而更轻,这是不可思议的。第二,使两罪对立的观点不利于处理共同犯罪案件。例如,组织者乙让同伙丙诱使已满 18 周岁的人出卖人体器官,但丙却诱使不满 18 周岁的人出卖人体器官。如果认为组织出卖人体器官罪与故意伤害罪是对立关系,因两罪之间并没有重合之处,于是,不管是采取犯罪共同说,还是采取行

为共同说,乙、丙都不可能成立共同犯罪。但这种结论不可能得到支持。第三,使两罪对立的观点也不利于处理事实不清的案件。例如,丁组织他人出卖人体器官,但是否实施了《刑法》第234条之一第2款所规定的强迫、欺骗,存在事实不清之处。如果认为组织出卖人体器官罪与故意伤害罪是对立关系,根据事实存疑有利于被告人的原则,就既不能认定为组织出卖人体器官罪(因为不能证明组织者没有实施强迫、欺骗行为),也不能认定为故意伤害罪(因为不能证明组织者实施了强迫、欺骗行为)。但这种结论不可能得到人们的赞成。[28]

应当认为,无论被组织者是否同意,组织出卖人体器官的行为均构成故意伤害罪。在此意义上,可以说组织出卖人体器官罪是故意伤害罪的特别法条。在摘取人体器官得到了他人的同意的场合,与其他情节相同的故意伤害罪相比,危害相对要轻一些,所以总体而言,组织出卖人体器官罪的法定刑轻于故意伤害罪。在得到他人有效同意时,对组织出卖人体器官的行为按照特别法条(即组织出卖人体器官罪)处理。在未得到他人的有效同意的场合,摘取人体器官的行为就是标准的故意伤害罪(在致人死亡的场合,若组织与摘取人体器官的人明知摘取器官可能致人死亡的,构成故意杀人罪)。为了避免组织出卖人体器官罪与标准的故意伤害罪出现竞合时应如何选择法条产生争议,从贯彻罪刑均衡原则出发,立法者对此明确指示未得到他人的有效同意时,按照《刑法》第234条的规定定罪量刑。 40

Ⅸ 第3款的理解

器官移植分为活体器官移植与尸体器官移植两种。构成组织出卖人体器官罪,要求摘取的是活体人体器官,因为只有摘取活体人体器官的,才可能危害人体健康。如果摘取的是尸体器官,由于没有侵犯人体健康的属性,故不构成本罪。为了明确摘取尸体器官的行为性质,《刑法》第234条之一第3款规定:“违背本人生前意愿摘取其尸体器官,或者本人生前未表示同意,违反国家规定,违背其近亲属意愿摘取其尸体器官的,依照本法第三百零二条的规定定罪处罚。”本条规定没有改变《刑法》第302条盗窃、侮辱、故意毁坏尸体罪的构成要件,属于注意性规定。 41

“违背本人生前意愿摘取其尸体器官”,是指公民在生前明确表示死后不愿捐献其器官或者不同意摘取其器官用于医学研究等用途,仍在其死后摘取器官。《人体器官移植条例》第8条第2款规定,公民生前表示不同意捐献其人体器官的,任何组织或者个人不得捐献、摘取该公民的人体器官。如果公民生前对于摘取尸体器官未作任何表示的,《民法典》第1006条第3款规定:“自然人生前未表示不同意捐献的,该自然人死亡后,其配偶、成年子女、父母可以共同决定捐献,决定捐献应当采用书面形式。”据此,公民生前未表示不同意捐献其人体器官的,该公民死亡后,其配偶、成年子 42

28 参见张明楷:《组织出卖人体器官罪的基本问题》,载《吉林大学社会科学学报》2011年第5期。

女、父母未表示同意捐献该公民人体器官,行为人擅自摘取其尸体器官的,属于"违反国家规定,违背其近亲属意愿摘取其尸体器官"。死刑犯被执行死刑后,摘取其器官的,只要死刑犯生前对此未表示同意的,或者其近亲属未表示同意的,对组织者以及摘取器官的人应当按照《刑法》第302条的规定定罪处罚。

43 盗窃、侮辱、故意毁坏尸体罪是选择性罪名,对于擅自摘取尸体器官的行为应如何准确表述罪名,也是值得讨论的问题。无疑,擅自摘取尸体器官的行为破坏了尸体的完整性,构成故意毁坏尸体罪。如果行为人是在可能被不特定第三人所知晓的场合摘取尸体器官,主观上也具有败坏死者名誉的想法,对此则应认定为侮辱、故意毁坏尸体罪。在没有侮辱尸体故意的场合,如果认为只有采取秘密窃取的方式才构成盗窃,则行为人在不为死者近亲属所知的场合,摘取尸体器官的,构成盗窃、故意毁坏尸体罪;在死者近亲属面前摘取尸体器官的,仅定故意毁坏尸体罪。

第二百三十五条　过失致人重伤罪

过失伤害他人致人重伤的，处三年以下有期徒刑或者拘役。本法另有规定的，依照规定。

文献：肖中华、张健：《伤害犯罪的定罪与量刑》，人民法院出版社 2001 年版；丁强、丁猛：《侵犯公民人身权利、民主权利犯罪司法适用》（第 2 版），法律出版社 2006 年版；刘湘廉主编：《刑事案例诉辩审评——杀人罪 伤害罪》，中国检察出版社 2014 年版。覃剑峰、安军：《争抢买单致人重伤的刑事责任》，载《人民司法》2010 年第 10 期；蒋贵平、马关帅：《故意伤害罪的伤害故意的界定——以陈某致人重伤案为例》，载《中国检察官》2018 年第 10 期。

细目录

Ⅰ　主旨
Ⅱ　沿革
Ⅲ　过失致人重伤
Ⅳ　罪过
Ⅴ　与故意致人重伤的区别
Ⅵ　与他罪的区别

Ⅰ　主旨

若对日常生活中的行为不加注意，就可能致人伤害。如挖坑、修墙时不设置防护措施、警示标志，极易出现人身伤亡事件。设立过失致人重伤罪，就是要求人们注意自己的行为，防止致人伤害结果的发生，从而保护公民的身体健康。刑法典以处罚过失犯为例外，这在过失致人伤害案件中表现为刑法只处罚过失致人重伤的行为，过失致人轻伤的行为按民事侵权处理，不构成犯罪。 1

刑法同时采用一般法条与特别法条应对各种过失致人重伤的情形。除了《刑法》第 235 条之外，《刑法》第 115 条第 2 款、《刑法》第 133 条等条文均包含过失致人重伤情形在内。就这些条文的关系而言，《刑法》第 235 条属于一般法条，其他包含过失致人重伤结果的法条（如失火致使数人烧成重伤的《刑法》第 115 条第 2 款）属于特别法条。对于这种法条竞合关系，《刑法》第 235 条明文宣示了“本法另有规定的，依照规定”的处理原则，即过失伤害行为如果触犯特别法条的，按特别法条的规定定罪量刑，仅在不符合特别法条的规定时，对过失伤害行为才按《刑法》第 235 条的规定定罪 2

量刑。

Ⅱ　沿革

3　1979年《刑法》第135条规定:"过失伤害他人致人重伤的,处二年以下有期徒刑或者拘役;情节特别恶劣的,处二年以上七年以下有期徒刑。本法另有规定的,依照规定。"过失致人重伤罪的危害性低于过失致人死亡罪,在过失致人死亡罪的法定最高刑已由15年有期徒刑降低为7年有期徒刑的情况下,应当相应减低过失致人重伤罪的法定最高刑。于是,1996年10月10日全国人大常委会法制工作委员会《中华人民共和国刑法修订草案(征求意见稿)》第210条规定:"过失伤害他人致人重伤的,处三年以下有期徒刑或者拘役。本法另有规定的,依照规定。"这一规定被现行刑法采纳。

Ⅲ　过失致人重伤

4　构成过失致人重伤罪,要求客观上存在过失伤害行为,发生了他人重伤的结果,过失伤害行为与重伤结果之间存在因果关系。就实务而言,仅在出现重伤结果时,才有必要追问行为人是否存在过失伤害行为及其与重伤结果之间是否存在因果关系的问题。过失行为当场致人重伤,因抢救无效最终被害人死亡的,对此应以过失致人死亡罪论处。

5　就表现形式而言,过失伤害行为既可以表现为作为,也可以表现为不作为。行为人推搡他人,致使他人倒地触碰尖锐物品,造成脾脏破裂(重伤)的,属于作为方式的过失伤害行为。父母照看幼儿不当,幼儿爬高摔成重伤的,属于不作为方式的过失伤害行为。无论是作为还是不作为,过失伤害行为的实质都是行为人不注意其行为所具有的致人重伤的危险性,以致引起他人重伤。因此,行为人是否存在过失伤害行为,关键在于行为人在客观上是否负有避免他人重伤的注意义务,对此应当根据法律法规的规定或者生活常理予以确定。只要能够认定行为人在客观上负有避免他人重伤的注意义务,在出现重伤结果时,就能认定行为人存在过失伤害行为。反之,如果行为人在客观上并不负有避免他人重伤的注意义务,如行为人将斧头借给邻居使用,结果邻居家小孩玩耍斧头时,不小心重伤了其他小孩的,行为人就不存在过失伤害行为,因为其时行为人并无监管斧头的安全使用义务。

6　行为人在客观上负有避免他人重伤的注意义务,重伤结果也无法归责于其他人,只能归责于行为人时,即可认定过失伤害行为与重伤结果之间存在因果关系,行为人构成过失致人重伤罪。被告人张某因丈夫宋某旷工一事,在家中堂屋内与宋某发生争执,后张某从木质联邦椅上用力拽拉宋某欲使其起身去上班,致宋某腹部撞击椅子扶手,致脾脏破裂,构成重伤。法院认定被告人张某构成过失致人重伤罪。[1] 生活常识表明,用力拽拉他人可能使他人重心不稳以致撞到东西,故能认定张某在客观上创设了致使宋某重伤的危险,重伤结果只能归责于张某,且张某具有预见到重伤结果的可能性,因此,法院认定被告人张某构成过失致人重伤罪,这一结论是正确的。

Ⅳ 罪过

7 本罪在主观上为过失,即行为人应当预见自己的行为可能发生致人重伤的结果,因为疏忽大意而没有预见,或者已经预见但轻信能够避免。根据行为人的智力水平以及行为时的环境,行为人在主观上能否集中精神预计有可能发生重伤结果,直接决定着行为人是否存在疏忽大意的过失或过于自信的过失。在致人重伤的场合,如果即便行为人集中精神也无法预见重伤结果的,就应认定行为人没有过失,对此应按意外事件致人重伤处理。

Ⅴ 与故意致人重伤的区别

8 过于自信的过失致人重伤与间接故意致人重伤具有相似之处,如客观上都发生了重伤结果,行为人对重伤结果都有一定的认识,都不希望重伤结果发生。由于过失致人重伤罪与故意伤害致人重伤的法定刑过于悬殊,因此,对二者有严格区分的必要。对此,无论是理论还是实务,均从意志因素出发,看重伤结果的发生是否符合行为人的意志,符合其意志的属于故意致人重伤,否则属于过失致人重伤。至于重伤结果的发生是否符合行为人的意志,应当根据案件的起因、行为当时的条件、行为方式以及行为人对结果的事后态度等进行综合判断。

Ⅵ 与他罪的区别

9 在许多过失犯罪中,都包含过失致人重伤的内容,如交通肇事致人重伤、重大责任事故致人重伤、重大劳动安全事故致人重伤等都是如此。这里就涉及过失致人重伤罪与交通肇事罪、重大责任事故罪等犯罪之间的关系。从明确划分各种犯罪界限出发,容易认为过失致人重伤罪与交通肇事罪、重大责任事故罪等犯罪是对立关系,过失致人重伤的行为如被认定为交通肇事罪、重大责任事故罪等犯罪,就不再构成过失致人重伤罪。但是,过失致人重伤罪与交通肇事罪、重大责任事故罪等犯罪不是对立关系,而是竞合关系,因此,过失伤害行为同时构成过失致人重伤罪与交通肇事罪、重大责任事故罪等犯罪,仅是由于《刑法》第235条“本法另有规定的,依照规定”这一规定,对行为人才以交通肇事罪、重大责任事故罪等犯罪论处。

10 诸如交通肇事之类的业务过失致人重伤,但不构成交通肇事罪等业务过失犯

---

1 参见山东省沂水县人民法院(2015)沂刑一初字第65号刑事附带民事判决书。

时,能否以过失致人重伤罪追究行为人的刑事责任?这一问题取决于如何理解法条竞合的处理原则。一种看法认为,在法条竞合的场合,特殊法条一概排除一般法条的适用,既然是业务过失行为,就应排除普通过失犯的成立,而该业务过失又不符合业务过失犯的犯罪构成,故应宣告行为人无罪。另一种看法则认为,一般法条与特别法条不是对立关系,或者仅在行为同时符合一般法条与特别法条时,才能排除一般法条的适用,如果行为不符合特别法条的犯罪构成但符合一般法条的犯罪构成时,可按一般法条的规定追究刑事责任,则对上述情形就可以普通过失犯(过失致人重伤罪)追究行为人的刑事责任。

11　目前,司法实务采取前一种观点。被告人万茜驾驶无号牌两轮电动车(超标)载女儿在行驶过程中,与在其前方行走的行人陈某发生碰撞,造成陈某重伤二级,万茜亦受伤,车辆受损。经交警部门认定,万茜承担本起道路交通事故的全部责任。检察院指控被告人万茜犯过失致人重伤罪。一审法院认为,被告人万茜驾驶电动自行车在道路上行驶时造成一人重伤且承担本起道路交通事故的全部责任,根据特别法优于普通法适用以及刑法谦抑性原则,本案不应以过失致人重伤罪追究其刑事责任,故公诉机关指控被告人万茜犯过失致人重伤罪罪名不成立。检察院抗诉认为:其一,原判以特别法优于普通法的适用原则,认定万茜不构成过失致人重伤罪的判决,系适用法律错误;第二,类似万茜的行为被科处刑罚,在司法实践中有判例可循;第三,以过失致人重伤罪追究万茜的刑责,不违背刑法的谦抑性原则。二审法院认为,原审被告人万茜驾驶电动自行车在道路上行驶时造成一人重伤且承担本起道路交通事故的全部责任,其行为不构成交通肇事罪;根据特别法条优于普通法条的适用原则,本案亦不能以过失致人重伤罪追究其刑责。[2] 应当认为,法院的见解并不妥当,其无法解释为何面对同样的危害结果,普通过失的可以成立犯罪,而责任程度更高的业务过失反而不成立犯罪。只有采用检察院的见解,才能破解这一疑问。

2　参见安徽省黄山市中级人民法院(2017)皖10刑终83号刑事裁定书。

第二百三十六条　强奸罪

以暴力、胁迫或者其他手段强奸妇女的，处三年以上十年以下有期徒刑。

奸淫不满十四周岁的幼女的，以强奸论，从重处罚。

强奸妇女、奸淫幼女，有下列情形之一的，处十年以上有期徒刑、无期徒刑或者死刑：

（一）强奸妇女、奸淫幼女情节恶劣的；

（二）强奸妇女、奸淫幼女多人的；

（三）在公共场所当众强奸妇女、奸淫幼女的；

（四）二人以上轮奸的；

（五）奸淫不满十周岁的幼女或者造成幼女伤害的；

（六）致使被害人重伤、死亡或者造成其他严重后果的。

文献:王然冀等:《强奸罪的认定与防治》,中国华侨出版社 1990 年版;徐杰、侯建军主编:《强奸罪研究——理论分析与司法适用》,中国人民公安大学出版社 1991 年版;路安仁、王远声主编:《强奸罪、奸淫幼女罪》,中国检察出版社 1992 年版;欧阳涛主编:《当代中外性犯罪研究》,社会科学文献出版社 1993 年版;张光宇:《强奸罪的法律问题》,厦门大学出版社 1999 年版;李邦友、王德育、邓超:《性犯罪的定罪与量刑》,人民法院出版社 2001 年版;王文生:《强奸罪判解研究》,人民法院出版社 2005 年版;梁健:《强奸犯罪比较研究》,中国人民公安大学出版社 2010 年版;罗翔:《刑法中的同意制度:以性侵犯罪为切入》,法律出版社 2012 年版;何洋:《强奸罪:解构与应用》,法律出版社 2014 年版;黎宏、何洋主编:《刑事案例诉辩审评——强奸罪 拐卖妇女儿童罪》,中国检察出版社 2014 年版。李光灿:《略论强奸罪》,载《西南政法学院学报》1981 年第 2 期;刘运昌、王庆才:《试论强制不明显的强奸犯罪》,载《北京政法学院学报》1981 年第 4 期;曹奇辰:《试谈强奸案中的妇女抗拒问题》,载《法学研究》1983 年第 3 期;吴安清:《论强奸妇女罪》,载《西北政法学院学报》1984 年第 1 期;王希仁:《关于强奸罪的几个理论问题》,载《宁夏社会科学》1984 年第 1 期;欧阳涛:《关于强奸罪的八个问题》,载《中国政法大学学报》1984 年第 2 期;江任天:《对强奸罪中"违背妇女意志"问题的再认识》,载《法学研究》1984 年第 5 期;陈洪才:《奸淫精神病患妇女如何定罪》,载《法学》1984 年第 10 期;郑大群:《强奸罪的基本特征和适用范围》,载《政治与法律》1985 年第 1 期;周柏森:《试论强奸罪的几个问题》,载《西北政法学院学报》1985 年第 1 期;王勇:《奸淫轻微痴呆、"花痴"问题》,载《政治与法律》1985 年第 5 期;汤瀛:《奸淫案件中的"半推半就"质疑》,载《法学评论》1985 年第

6 期;林绍庭:《试论强奸罪的几个问题》,载《中国人民警官大学学报》1986 年第 2 期;刘明祥:《轮奸的成立条件与轮奸犯的刑事责任》,载《法学评论》1986 年第 6 期;杨新培:《先强奸后通奸行为性质的认定及其处理之我见》,载《法学与实践》1988 年第 3 期;张明楷:《浅论强奸罪的主体》,载《法学评论》1988 年第 5 期;夏诚华:《强奸罪基本问题研究》,载《法学研究》1994 年第 1 期;王文生:《关于强奸罪本质特征的探讨》,载《法学家》1996 年第 5 期;朱彤:《试论婚内强奸罪的基本特征及其他》,载《当代法学》1999 年第 4 期;张贤钰:《婚内有无强奸——评"婚内无奸"》,载《法学》2000 年第 3 期;励进:《离婚诉讼期间丈夫构成强奸罪的可能性》,载《法学》2000 年第 3 期;韩轶:《关于强奸罪中"胁迫手段"的理论思辨——兼评"隐性胁迫"提法之缺陷》,载《湖南省政法管理干部学院学报》2000 年第 5 期;李立众:《婚内强奸定性研究》,载《中国刑事法杂志》2001 年第 1 期;顾美英:《强奸罪主客体范围的认定》,载《江苏公安专科学校学报》2001 年第 3 期;李立众:《婚内强奸应构成强奸罪》,载《云南大学学报(法学版)》2001 年第 4 期;杨德寿:《婚内强迫性行为的法律责任论——由王卫明强迫妻子性交被判强奸罪说起》,载《中国刑事法杂志》2001 年第 5 期;李艳梅:《婚内强奸立法探析》,载《当代法学》2002 年第 9 期;梁根林:《刑事政策视野中的婚内强奸犯罪化》,载《法制与社会发展》2003 年第 4 期;陈兴良:《奸淫幼女构成犯罪应以明知为前提——为一个司法解释辩护》,载《法律科学》2003 年第 6 期;曾粤兴:《从方法论角度评奸淫幼女犯罪司法解释》,载《法学》2003 年第 11 期;梁根林:《刑法适用解释的难题——以最高人民法院对奸淫幼女的"批复"为视角》,载《吉林大学社会科学学报》2004 年第 1 期;房培志:《怎么认定"先轮奸后通奸"行为的性质》,载《人民检察》2005 年第 19 期;付立庆:《拐卖幼女并奸淫行为之定罪量刑》,载《法学》2007 年第 10 期;周折:《奸淫幼女犯罪客体及其既遂标准问题辨析》,载《法学》2008 年第 1 期;陈利:《强奸罪违反妇女意志的细化分析》,载《人民司法》2008 年第 22 期;周维平:《轮奸犯罪中未得逞者的定性与处罚》,载《人民司法》2010 年第 12 期;金德、邓红:《强奸罪共同犯罪中既遂与未遂的认定》,载《人民司法》2011 年第 12 期;石耀辉、伍红梅:《非正常婚姻状态下强奸罪的构成》,载《人民司法》2011 年第 24 期;魏汉涛:《强奸罪的本质特征与立法模式之反思》,载《环球法律评论》2012 年第 4 期;何洋:《强奸罪中胁迫程度的认定标准》,载《人民检察》2013 年第 24 期;武诗敏:《"在公共场所当众强奸"的解释逻辑与未来适用》,载《法学论坛》2014 年第 3 期;贾健:《强奸究竟侵犯了什么?——作为通说的"性的自主决定权"法益之检讨》,载《法律科学》2018 年第 5 期;林贵文:《"轮奸"成立学说的法教义学批判与证成》,载《法律科学》2019 年第 6 期。

细目录

Ⅰ　主旨

Ⅱ　沿革

Ⅲ 客体
Ⅳ 行为对象
Ⅴ 强奸行为
一、针对妇女的强奸罪
二、奸淫幼女的强奸罪
Ⅵ 主体
Ⅶ 故意
Ⅷ 既遂
Ⅸ 共同犯罪及其停止形态
Ⅹ 罪数
一、应当数罪并罚的情形
二、无须数罪并罚的情形
Ⅺ 其他问题
一、强奸与通奸的区别
二、强奸与求奸的区别
三、“半推半就”的定性
四、恋爱过程中性交的罪与非罪
五、醉酒状态下性交的罪与非罪
Ⅻ 处罚
一、奸淫幼女“从重处罚”
二、加重处罚情节的理解

Ⅰ 主旨

本条是对强奸罪的规定。强奸罪是指以暴力、胁迫或者其他手段,违背妇女意志与妇女性交,或者无论采用何种方法与幼女性交的行为。在男女两性平等的时代,女性[1]是自己身体的主人,享有性的自主权,有对性交行为说“不”的权利。设立强奸罪,就是为了保护女性拒绝性交的权利。在强奸妇女的案件中,性交行为是否违背妇女意志,是判断性交行为是否构成强奸罪的关键。在奸淫幼女的案件中,由于在规范评价上认定幼女的同意无效,只要与幼女性交即满足强奸罪的客观要件,因此,行为人在主观上是否明知对方是幼女,是判断性交行为是否构成强奸罪的关键。 1

Ⅱ 沿革

对于强奸行为,存在数罪名立法例与一罪名立法例。数罪名立法例的代表为 2

---

1 强奸妇女与奸淫幼女虽有不同之处,但也存在不少共性。在论述涉及妇女、幼女的共性问题时,采用“女性”一词同时指代妇女与幼女。

1950年《刑法大纲草案》第131—133条,其分别规定了奸淫幼女幼童罪、强奸罪、轮奸罪与欺骗奸淫罪。1979年《刑法》采用的是一罪名立法例。1979年《刑法》第139条规定如下:"以暴力、胁迫或者其他手段强奸妇女的,处三年以上十年以下有期徒刑。奸淫不满十四岁幼女的,以强奸论,从重处罚。犯前两款罪,情节特别严重的或者致人重伤、死亡的,处十年以上有期徒刑、无期徒刑或者死刑。二人以上犯强奸罪而共同轮奸的,从重处罚。"1979年《刑法》第139条第3款中"情节特别严重"的规定不够明确,实务中常常产生量刑偏差;如何对轮奸行为进行从重处罚,也不明确。在罪刑法定原则之下,对强奸罪的处罚应当尽量明确。据此,在修订《刑法》的过程中,立法机关删除了1979年《刑法》第139条第3款、第4款,对强奸罪增设了五种法定刑升格的情形(轮奸为法定刑升格的情形之一)。由此,形成了1997年《刑法》第236条的规定。

3 从保护幼女的角度看,1997年《刑法》第236条存在不足之处:其一,1997年《刑法》第236条仅规定在公共场所当众强奸妇女的应当加重处罚,未将"在公共场所当众奸淫幼女"明文规定为加重处罚情节,由此导致对在公共场所当众奸淫幼女的行为能否加重处罚产生疑问。虽然实务上对此均从重处罚,但这始终无法消除为何立法者不作出如此规定的疑问。其二,幼女的范围极广,10周岁以下的低龄幼女与10周岁以上幼女在生理、心理等方面均有重大不同,不区分幼女年龄大小,明显不利于实现对幼女的分类保护。针对这些问题,2020年《刑法修正案(十一)》对强奸罪的加重处罚情节进行了修订,将1997年《刑法》第236条第3款第(三)项"在公共场所当众强奸妇女"修改为"在公共场所当众强奸妇女、奸淫幼女",增设了第(五)项"奸淫不满十周岁的幼女或者造成幼女伤害",将原第(五)项"致使被害人重伤、死亡或者造成其他严重后果"顺移为第(六)项。

Ⅲ 客体

4 如何理解强奸罪的客体,在宏观方面是判断时代是否进步的风向标,在微观方面影响强奸罪既遂标准的选择、强奸罪与强制猥亵罪的区分等问题,故有讨论的必要。

5 有些国家的刑法典视强奸罪为侵害社会法益的犯罪,将强奸罪列于妨害社会风化罪之中,如日本、奥地利;有些国家的刑法典则视强奸罪为侵害个人法益的犯罪,将强奸罪放在侵害人身罪中,如法国、俄罗斯、意大利。强奸罪当然有伤社会风化,然而侵害个人性的自主权则是更为主要的。认定强奸罪为侵害社会法益之犯罪,除使被害人身心饱受伤害之外,还无法超脱传统名节之束缚,又使人误解性犯罪之本质及其所侵犯之法益。强奸罪在实质上乃侵害个人性自主权的行为,是侵害个人法益之犯罪。在日益重视个人权利的今天,强奸罪逐步由侵害社会法益的犯罪演变为侵害个人法益的犯罪,已成为一种世界性的立法趋势。1979年《刑法》与1997年《刑法》均将强奸罪规定在侵犯公民人身权利、民主权利罪之中,是科学的。

6 对于强奸妇女的强奸罪,关于其直接客体,学界的表述多样。有妇女的人身权利、身心健康、人格和名誉说,妇女合法婚姻性行为的不可侵犯的权利说,妇女性的不可侵犯的权利说,妇女性的自由权利说,妇女不与他人性交的权利说等观点。[2] 这些观点或多或少存在问题。如强奸罪是一种性犯罪,它主要侵犯了女性的性的自主权,妇女的人身权利、身心健康、人格和名誉说未能反映出强奸罪的本质。将强奸罪的直接客体界定为女性性的自主权,大体是正确的,但不够精确。

性的自主权包括同意性交进行性享受与拒绝性交避免性痛苦两个方面的内容。 7
与同意性交的权利不同,拒绝性交这一权利的实现要困难得多,这需要男性的理解、尊重与支持。拒绝性交的权利能否实现,直接关系到女性的切身利益,甚至可能影响女性一生的命运。对于特殊女性群体(如幼女、女性精神障碍者)而言,从维护其身心健康出发,拒绝性交的权利更为重要。否定女性拒绝性交的权利,便是对女性性权利的侵犯。因此,拒绝性交的权利才是刑法真正关注的对象。刑法所欲保护的正是女性拒绝性交的自主权。因此,强奸罪的犯罪客体是女性拒绝性交的自主权。

Ⅳ 行为对象

根据《刑法》第236条的规定,强奸罪的对象只能是女性。其一,只要是女性,不 8
论女性的年龄、社会地位、家庭出身、思想品质、作风、婚姻状况、神志状态如何,都可以成为强奸罪的对象。奸淫女性性工作者的,如果性交行为违背其意志,也构成强奸罪。其二,行使拒绝性交的权利需以女性享有生命为前提,女尸不能成为强奸罪的对象。行为人明知是女尸而奸淫的,构成侮辱尸体罪。其三,虽然可以14周岁为界,将强奸的对象区分为妇女与幼女,但是,在无法查清被奸女性年龄的场合,由于妇女有时指女性的通称,故可按强奸妇女论处。其四,男子事实上可能被奸,在立法学上也可以讨论应否将男子纳入强奸罪的保护对象之中,但根据《刑法》第236条的规定,男子不是强奸罪的对象。行为人误将男子当成女性试图强奸的,构成强奸罪未遂(构成不能犯的情形不可罚)与强制猥亵罪的想象竞合犯。妇女强行奸淫男性的,应视情况以强制猥亵罪或者猥亵儿童罪追究刑事责任。

性侵对象是否为女性,依据生理特征通常较为容易判断。但是,在强奸"人妖"、强 9
奸两性畸形人[3]之类的案件中,是否属于强奸女性,容易产生争议。例如,被害人刘某既有男性生殖器官,也有女性生殖器官,成长中长期以女性身份生活,成人后有明显的

---

2 参见侯国云:《关于强奸罪直接客体的理论思辨》,载《现代法学》1997年第6期。

3 两性畸形人有真假两种情况。真两性畸形指体内有男女两套性腺,即睾丸和卵巢都具备,医学上称之为"卵睾"。如果卵睾不被抑制,患者体内性腺均有内分泌功能。外生殖器多为性别不明,可能表现为女性,也可能表现为男性,而第二性征的发育往往随占优势的激素而定。如体内雌激素占优势,第二性征就倾向于女性;如雄激素占优势,第二性征就倾向于男性。真两性人会同时出现男女两种特征,如乳房丰满,阴茎可以勃起等。假两性畸形分男女两种,主要特点为性染色体正常,性腺单一,但外生殖器异常,如男性假两性畸形人是外生殖器酷似女性,常伴以隐睾,很容易被误认为女性。

女性第一性征,但未进行户籍登记。某日凌晨2时许,被告人魏某某、黄某某打电话约前几天通过QQ聊天认识的"女孩"刘某一起吃烧烤,刘某走时,二被告人尾随刘某至一公厕,使用暴力、威胁手段,强行轮流与刘某发生了性关系。刘某在DNA的AMEL基因座检测为X/Y即男性,导致本案是否属于强奸"妇女"产生疑问。法院认为,只考虑被害人的基因座情况,不考虑到刘某所具备的女性生理特征以及所处的社会关系,并不妥当;刘某所具有的女性生理特征以及其女性社会性别足以说明其应当被认定为刑法学上的妇女;魏某某、黄某某以暴力威胁手段,强行与被害人刘某发生性关系,应当认定为强奸罪(既遂)。[4]

10 除了生理性别之外,还存在社会性别与自我性别。实务上通常是根据生理性别判断他人性别的。在生理学上,人的性别可根据性染色质和性染色体、生殖腺结构、外生殖器形态以及第二性征区分男、女。所谓社会性别,是指社会一般人所认为的他人性别,如对变性人,人们通常都会认同其变性之后的性别。因此,明知是"人妖"而强奸的,属于强奸妇女,成立强奸罪。所谓自我性别,是指个人自我认同的性别。生理性别、社会性别与自我性别虽然通常是一致的,但也可能出现不一致。例如,古代的花木兰从军时,其社会性别为男性,但生理性别与自我性别为女性。在生理性别极为明确时,应以生理性别判断他人性别。但在诸如两性畸形人的场合,生理性别并非特别明确时,应考虑是根据社会性别还是根据自我性别判断他人的性别。考虑到强奸罪是侵犯个人法益的犯罪,以被害人认同的自我性别判断其性别,才是妥当的。两性畸形人的性别在医学上虽可通过DNA检测来判断,但由于两性畸形人自幼时极有可能男孩被当女孩来养、女孩被当男孩来养,由此造成两性畸形人生理性别与心理性别倒错。从尊重两性畸形人的角度出发,应以两性畸形人自我选择的心理性别来确定行为人在法律上的性别。换言之,两性畸形人认为自己是女性的,在法律上就应该认为其是女性,反之在法律上则应认为其是男性。如果两性畸形人对自己的性别意识不强,则按照社会性别来确定两性畸形人的性别,即社会上一般人认为其为女性,则在法律上就视其为女性,反之则视为男性。在上述强奸案件中,被害人刘某长期以女性身份生活,且还结交了男友,自然应以刘某自我认同的女性性别,在法律上认定其为妇女,故法院判决魏某某、黄某某构成强奸罪的结论是合理的。

V 强奸行为

11 强奸罪在客观方面表现为以暴力、胁迫或者其他手段,违背妇女意志与妇女性交,或者无论采用何种方法与幼女性交的行为。强奸妇女与奸淫幼女在客观方面存在不同(如奸淫幼女成立强奸罪,并无犯罪手段方面的要求),有分别论述的必要。

---

4 参见梅贤明、张太洲、李炳南:《强奸双性人可构成强奸既遂》,载《人民司法》2014年第22期。

一、针对妇女的强奸罪

(一)强奸行为的构成

通说认为,强奸罪是复合行为犯,由暴力、胁迫等手段行为与进行性交的目的行 12
为构成。但也有观点认为,强奸罪未必就是复合行为犯。[5] 就规范评价而言,强奸行为并不必然是复合行为,如行为人发现妇女醉酒昏睡,遂与其性交的,虽可用语言描述为行为人利用妇女昏睡不知反抗的方式与妇女性交,但在事实上,行为人只实施了性交行为这一单一行为。当然,在多数强奸案件中,强奸行为由手段行为(暴力、胁迫或者其他手段)与目的行为(性交行为)两部分构成,且暴力、胁迫等手段行为是刑法明文规定的构成要件要素,因此,强奸罪虽然未必一定是复合行为犯,但有必要分别论述手段行为与目的行为。

1. 手段行为

(1) 暴力手段。暴力,是指攻击妇女的人身以达到压制妇女反抗的有形力,如殴 13
打、捆绑、卡脖子、按倒等。作为强奸罪中的暴力,虽然不要求极其严重,但也不能过于轻微,应当达到足以压制妇女反抗的程度。由于强奸罪存在致人死亡的结果加重犯,因此,暴力可以是致命的暴力。在遇到妇女激烈反抗时,行为人采取杀人的暴力手段攻击妇女,在妇女丧失抵抗能力后实施性交,后妇女死亡的,只要有证据证明实施性交行为时妇女尚未完全死亡,性交行为就构成强奸罪,对此按强奸致人死亡处理即可。[6] 一般认为,强奸罪中的暴力手段是指行为人直接对被害妇女实施的使妇女不能抗拒的手段。[7] 无疑,对强奸罪中的暴力加以“不能抗拒”的限定,对于妇女过于苛刻。因为从字面上看,只有妇女拼命抵抗而无效果,始能满足“不能抗拒”之要件;若被害人不冒死伤之危险去竭力反抗,则行为人之暴力非“不能抗拒”之暴力,其结果,要么被害人有死伤之危险,要么加害人有不构成强奸罪的可能,对妇女都是不利的。而且,“进行反抗的受害者更可能受到伤害。这一结果是通过全面观察得来的……这一结果表明了认为受害者对袭击者应尽最大力量进行反抗的观点的危险性”[8]。事实上,“暴力手段从立法原意和司法解释的精神上看,未必在客观上造成妇女没有反抗的能力。在具体案件中,暴力手段虽然尚未使被害妇女失去反抗能力,但

---

5 参见张明楷:《刑法学》(第6版),法律出版社2021年版,第1137页。

6 如果主张对此应认定为故意杀人既遂与强奸既遂,一方面要注意避免对死亡的重复评价问题(不再属于强奸致人死亡),另一方面存在对此能否数罪并罚的问题。比较而言,采取强奸致使被害人死亡这一方案,可以简洁、明快地处理案件。

7 参见1984年4月最高人民法院、最高人民检察院、公安部联合颁布的《关于当前办理强奸案件中具体应用法律的若干问题的解答》。

8 北京大学《刑事法学要论》编辑组编:《刑事法学要论——跨世纪的回顾与前瞻》,法律出版社1998年版,第642—643页。

对妇女形成一定强制作用,致使妇女恐惧、胆怯而不敢反抗的,也可认定为违背妇女意志而成立强奸罪”[9]。所以,对于强奸罪中的暴力,应理解为足以压制妇女反抗的暴力,不要求妇女面对暴力必须拼命抵抗。

14 (2)胁迫手段。胁迫是指威胁、恫吓妇女,进行精神上的强制,从而压制其反抗。如以扬言行凶、揭发隐私、加害亲属等相威胁,利用迷信进行恐吓等,迫使妇女对于性交行为忍辱屈从,不敢抗拒。与暴力属于有形力拘束于妇女身体不同,胁迫是一种无形力,是对妇女精神上的强制。利用教养关系、从属关系或利用职权与妇女发生性交行为的,不能都视为强奸。只有行为人利用教养关系、从属关系或职权关系,从而对妇女形成精神上的强制的,如养(生)父以虐待、克扣生活费迫使养(生)女容忍其奸淫的,才构成强奸罪。如果教养关系、从属关系或职权关系并不具有精神强制的属性,行为人就不构成强奸罪。如房管科的科长甲以不分新房来要挟已有住房的妇女乙,要求与乙性交。乙完全能够拒绝甲的性交要求,倘若乙违心地与甲性交,这只能视为男女双方各有所图的不道德交易,不能认定甲构成强奸罪。最后需要注意的是,实施了胁迫行为不等于强奸行为的着手,只有当行为人实施了胁迫等符合强奸罪犯罪构成要件的行为,并且对被害人的性权利造成了现实而紧迫的危险时,才能认定为强奸罪的着手。[10]

15 (3)其他手段。其他手段是指采取暴力、胁迫以外的一切违背妇女意志的手段。如在妇女处于熟睡状态冒充丈夫、情人与妇女性交的,利用妇女处于醉酒、昏迷或者患病等不知反抗或者无法反抗的状态乘机奸淫的,谎称是在给妇女治病而与妇女性交的,利用邪教或者迷信方法骗奸妇女的,都属于“其他手段”的范畴。

16 有人认为,强奸罪中的“其他手段”具有强制的性质,因为强奸罪的手段特征就是一个“强”字,“暴力”或者“胁迫”手段明显属于“强制”性质,“其他手段”自然也离不开“强制”性质。[11] 该论值得研究。一个痴呆程度严重的妇女,以及一个接近 14 周岁的幼女自愿与行为人性交的,很难说这里的性交具有“强制”的性质。应当认为,强奸罪的“强”字并非指“强制”,而是指强人所难的意思;换言之,违背妇女意志就是“强”。故“其他手段”不一定必须具有“强制”的性质,只要具有违背妇女意志的属性即可。既然“其他手段”不需要具有强制的性质,则欺骗手段自然就可以成为强奸罪中的“其他手段”。需要指出的是,关于欺骗手段应否包括在强奸罪的“其他手段”中,理论上尚有争议。肯定论认为,采取欺骗手段与妇女性交的,应以强奸罪论处,因为性交时尽管被害妇女是“同意”的,但这里“同意”是被欺骗的结果,从根本上讲,欺骗仍然是违背妇女意志的。而否定论则认为,单纯的欺骗不包

---

9 肖中华:《侵犯公民人身权利罪》,中国人民公安大学出版社 1998 年版,第 143 页。

10 参见胡胜:《以裸照威胁企图发生性关系构成强奸》,载《人民司法》2015 年第 10 期。

11 参见金子桐、郑大群、顾肖荣:《罪与罚——侵犯公民人身权利、民主权利罪的理论与实践》,上海社会科学院出版社 1986 年版,第 104 页。

括在"其他手段"之中,因为欺骗手段是指行为人用花言巧语,或虚构事实以假说真,或掩盖事实以有说无等手法,使妇女发生错觉,信以为真,因而自愿地与之发生性关系;在这种情况下,行为人对受欺骗的妇女既没有采取身体上或精神上的强制,也没有利用妇女不知反抗、不能反抗的状态,妇女并没有丧失自己的意志自由,她可以对性交行为作出同意或不同意的选择,故单纯欺骗而实施奸淫的行为,不能定强奸罪。[12] 应当认为,肯定论有一定的道理[13],而否定论的立论则较为勉强,但是,一概肯定或者一概否定也不合适,因为妇女受欺骗后,在动机错误的场合,妇女的同意是有效的,而在法益关系错误的场合,妇女的同意是无效的。因此,简单而言,即便受到欺骗,妇女也有能力对性交行为说"不"时,该欺骗下的性交行为不构成强奸罪。如以恋爱为名玩弄妇女的,一般并不认为该行为属于强奸行为,而认为这是一种不道德的流氓行为。[14] 之所以如此,就在于妇女对于是否接受性交行为,仍旧存在一定的说"不"的能力,而将性交行为说成是治病措施,借封建迷信说性交行为是修炼成仙的方法,受欺骗的妇女对于性交行为已经丧失说"不"的能力,故这些骗奸行为构成强奸罪。

2. 目的行为

强奸罪的目的行为是与妇女性交。"性交,是指自然性交,而不是指非自然的性 17
交,即男女之间的生殖器之间的交媾行为。"[15]在我国,这种将阳具插入阴道的性交定义,从古至今,通行不变。[16] 这是因为:其一,人类一向以生殖为性行为的价值取向,而要达到生殖的目的,就必须是阳具和阴道的结合;其二,性行为,作为人类的本能行为,千百年来其表现形式就是单纯的阴茎与阴道之间的交合。[17] 由此,阳具是否插入阴道,也就成为强奸妇女既遂与未遂的界限。需要指出的是,将强奸行为理解为违背妇女意志将阳具插入阴道,这是解释论的结论,并非刑法条文本身的结果。对于

12 参见高铭暄主编:《新中国刑法学研究综述》(1949—1985),河南人民出版社 1986 年版,第 593—594 页。

13 对于肯定论,可以寻得立法依据。如 1950 年《中华人民共和国刑法大纲草案》第 133 条规定:"用欺骗方法奸淫妇女,或利用权势地位,以恐吓要挟之方法,奸淫立于自己从属地位之人者(包括鸡奸),处 3 年以下监禁。"

14 1984 年最高人民法院、最高人民检察院、公安部《关于当前办理强奸案件中具体应用法律的若干问题的解答》指出:有的未婚男子以"恋爱"为名,玩弄女性,奸淫多名未婚女性,情节严重,影响恶劣的,可以流氓罪论处。在流氓罪被分解后,对于以婚姻为名的骗奸行为,应认定为无罪。

15 李邦友、王德育、邓超:《性犯罪的定罪与量刑》,人民法院出版社 2001 年版,第 36 页。

16 就立法论而言,将阳具插入阴道的传统性交定义,过于单一,不利于保护女性。从比较法的角度出发,将阳具、身体其他部位或者器物强行插入阴道以及阳具插入女性肛门的行为,都属于性交行为。不过,受惯性思维的影响,无论是理论还是实务,目前都很难接受这一定义。

17 参见欧阳涛主编:《当代中外性犯罪研究》,社会科学文献出版社 1993 年版,第 1—2 页。

强奸行为,刑法典并未给出定义。人们受制于传统文化,将强奸行为千年不变地理解为阳具插入阴道。从比较法的角度以及从女权主义的角度看,这一理解或许已经落后于社会现实,也不利于对妇女的保护,因为不少国家将强奸理解为使阳具、其他身体部位或器物进入妇女的阴道、肛门或口腔的行为。不得不承认,要让当下的理论与实务承认这一点,是极为困难的。在当前的语境下,用针筒将精液注入妇女阴道的,将阳具插入妇女肛门的,令妇女吮吸阳具的,均不属于强奸行为,对此只能以强制猥亵罪论处。

(二)强奸行为的本质

18 强奸罪的核心不在于行为人使用了暴力、胁迫或者其他手段,而在于性交行为违背妇女意志。暴力、胁迫或者其他手段不过是性交行为违背妇女意志的外在表现,性交行为违背妇女意志才是强奸行为的本质所在。[18]因此,行为人在性交前虽然实施了一定的有形力,但不违背妇女意志的(如妇女乐意被性虐待的),该行为就不构成强奸罪。虽然也有人主张违背妇女意志不应该作为强奸罪的构成要件[19],但这种看法未能准确把握违背妇女意志与强奸罪保护法益之间的表里关系,对被害人承诺的理解也不够准确,故有不妥。

19 如何理解强奸罪中的"违背妇女意志",学界有不同的表述。①"违背妇女意志"是指违背妇女不愿意发生非法性关系的意志;②"违背妇女意志"是指违背妇女发生或不发生性关系的意志自由;③"违背妇女意志"是指违背妇女决定性行为的意志自由;④"违背妇女意志"是指违背妇女拒绝发生性行为的意志自由;⑤"违背妇女意志"是指在妇女没有性交,也不愿意实现这一目的的情况下,强行与妇女发生性交的行为,简言之,违背妇女意志就是妇女不同意;⑥凡是违反法律规定和道德准则,违背具有责任能力的妇女以自己的愿望、要求、目的支配、制约自己的性行为的自由权利,而强行发生的性行为的,都是违背妇女意志。[20] 这些表述虽有一定的价值,也都存在一定的问题。

20 应当认为,所谓"违背妇女意志"是指性交行为并非出于妇女的真实意思这样

---

[18] 几乎所有存在被害人的犯罪,都违背了被害人的意志,如故意杀人、爆炸、抢劫等犯罪,莫不如此。但与故意杀人、爆炸、抢劫等犯罪只有负价值,只能给被害人带来痛苦、损害不同,性交行为是人类社会的重要行为之一,具有正价值:性交行为可以给人带来性的快感,有益于身心健康;性交行为仅在妇女不同意的情况下才是痛苦。尊重妇女意志的男欢女爱将给妇女带来性的愉悦,至少没有痛苦或耻辱感;不尊重或者说侵犯妇女拒绝性交的自主权,那么性交行为给妇女带来的就是身心伤害、羞耻与屈辱。可见,是否尊重妇女意志,决定着性交行为的性质与后果,故构成了强奸的本质。

[19] 参见谢慧:《违背妇女意志不应该作为强奸罪的构成要件》,载《政治与法律》2007 年第 4 期。

[20] 参见赖宇、陆德山主编:《中国刑法之争》,吉林大学出版社 1989 年版,第 145—146 页。

一种法律上的评价。第一,“违背妇女意志”是一个规范的评价。换言之,对于“违背妇女意志”这样一种主观心理状态,必须从法律的角度来进行判断,而不能完全从生活的角度来把握。在女性精神病人自愿与行为人性交的场合,从日常生活的角度看很难说性交行为违背了妇女意志,但是,就女性精神病人而言,其已经失去了对性交行为的自控能力,自愿性交行为完全是精神病理作用的结果,故从法律上看性交行为也是违背其意志的。因此,如果行为人明知妇女是精神病人而与之性交的,构成强奸罪。第二,“违背妇女意志”的征表是妇女对于性交行为难以抗拒或者不知抗拒。对于性交行为难以抗拒或者不知抗拒,表明妇女拒绝性交的自主权受到了否定,由此足以反映性交行为“违背妇女意志”。这里所谓“难以抗拒”,是指妇女因身体或者精神受到强制或客观上欠缺抗拒之可能(如重病在身),虽有抗拒之意思(如打斗、呼救、哀求等)却无法抗拒。所谓“不知抗拒”,是指妇女因误解、受欺诈、欠缺意识活动(如熟睡)以及心智不全(如幼女)、神志不清(如女性精神障碍者),因而丧失了抗拒性交行为的自觉性。第三,“违背妇女意志”必须达到使妇女难以抗拒或者不知抗拒的程度。就心理学而言,违背某人意志是指某人是违心地、无奈地、被迫地、不情愿地干某事。在生活中,妇女由于身体劳累、心情不好、没有“性趣”等原因,也会不同意进行性行为。此时男子主动要求而妇女被动接受的,虽也有不愿的一面,但妇女其实最终还是同意了性行为,故没有“违背妇女意志”的问题。换言之,只有难以抗拒或者不知抗拒的性交行为才被认为是违背妇女意志的。至于性交行为是否达到了使妇女难以抗拒或者不知抗拒的程度,应根据行为人的手段、妇女的年龄、精神状况、健康状况、性交的时间、地点及其他情状,进行具体判断。

就实务而言,可从是否存在有效的性交承诺出发,正面判断性交行为是否违背妇 21
女意志。性生活作为个人私生活,是否进行以及如何进行,应由男女双方平等协商决定。对于男性的性要求,如果妇女作出了同意性交的承诺,就不存在强奸罪的问题。反之,如果妇女没有作出同意性交的承诺或者作出的承诺是无效的,则不能认为存在性交合意。因此,是否存在有效的性交承诺,是判断性交行为是否违背妇女意志的关键。欲构成一个有效的性交承诺,必须具备以下条件:

(1) 妇女具有承诺性交的资格。这是基本前提。作出性交承诺的妇女必须具 22
备足够的理解能力与知识,故只有达到一定年龄且精神基本正常的妇女,才具有承诺性交的资格。此乃各国之共识。因为只有这类妇女才知道性交行为的意义与后果,对性本能有一定程度的自控能力。与此相反,幼女、女性精神障碍者并不真正懂得性交行为的意义与后果,缺乏足够的性自卫能力,往往抵挡不住性的本能诱惑;而这一缺点极其容易被某些不法分子所利用,这些女性有沦为不法分子玩偶的危险。为了保护这类女性的权益,故理论上普遍认为幼女、女性精神障碍者不具有承诺性交的资格。[21] 即使这些女性主动地作出同意性交的承诺,该承诺也是无效的;如果行为人与之性交,只要同时具备强奸罪的主观要件,即构成强奸罪。当然,与间歇性精神障碍者在未发病期间进行性交,女性本人同意的,性交承诺属于一个有效的性交承诺,行为人不构成强奸罪。

23 (2) 承诺的内容包括与性交行为有关的时间、地点、性交方式等内容。一个具体的性交行为都是在特定时间、空间以特定方式进行的。当妇女对性交行为的时间、地点、性交方式提出特定要求时,仅在符合所提出的时间、地点、性交方式时,性交行为才不违背妇女意志。例如,妇女与男性开房,但坚决要求男性戴避孕套性交的,妇女仅作出男性可戴避孕套性交的承诺,并未作出男性可以不戴避孕套性交的承诺,故男性不戴避孕套强行性交的,或者性交过程中乘妇女不注意偷偷摘掉避孕套性交的,应当认定无套性交违背妇女意志,行为人成立强奸罪。同理,妇女承诺吃了晚饭、培养氛围后可以性交,或者承诺在宾馆房间性交,但行为人要求现在就进行性交,妇女对此不同意的,强行性交行为同样违背妇女意志,行为人构成强奸罪。

24 (3) 性交承诺必须是行为时的承诺。并非妇女作出了性交承诺,行为人即不构成强奸罪,这是因为,性交承诺并非不可撤销,妇女有权利撤销曾经作出的性交承诺。因此,即便事前有承诺的,只要性交行为时妇女不同意,就应认定性交行为违背妇女意志。盛柯强奸案的判决清楚地体现了这一点。被告人盛柯与曹某(女)约定开房有偿发生性关系,二人走进一无人的楼道内时,盛柯为少付钱款,提出就地发生性关系,曹某不允,盛柯即打了曹某一耳光,见其未反抗,就与曹某发生了性关系。本案辩护人主张,被告人盛柯是来性交易的,主观上没有强奸的故意;客观上虽打了被害人一耳光,但案发现场地处闹市,正逢周六傍晚,只要被害人稍作反抗,被告人的行为就无法得逞,且从性交姿势看,没有妇女的配合是不可能完成的;故认定性交行为违背妇女意志的证据不足。但法院经审理认为,在当时特定的环境和条件下,被害人没有明显的反抗行为,并不能代表她是自愿的;被告人盛柯使用打耳光的暴力手段,违背妇女意志与被害人发生性关系,其行为构成强奸罪。该判决意味着强奸罪的认定不以妇女事前同意或者有无反抗表示作为必要条件,只要明知妇女不同意而与之性交的,即应认定性交行为违背妇女意志。[22] 这一看法是

---

[21] 但是,在合法婚姻中,丈夫与有精神病的妻子性交的,不构成强奸罪。其一,如果丈夫与有精神病的妻子性交的也构成强奸罪,则女精神病人的婚姻就会成为问题——没有男子会同意与其结婚,已经结婚的男子也可能要求同其离婚。这显然不利于保护女精神病人的权益。其二,设立强奸罪的目的是保护女性性的自主权,使其性生活得以健康地进行。如果丈夫与有精神病的妻子性交构成强奸罪,实际上等于剥夺了成年女精神病人性生活的权利,这与设立强奸罪的宗旨背道而驰。还需指出的是,丈夫与有精神病的妻子性交不构成强奸罪,这与婚内强奸是两码事,不可混同。

[22] 参见陈兴良、张军、胡云腾主编:《人民法院刑事指导案例裁判要旨通纂》(第2版),北京大学出版社2018年版,第795页。

合理的。即便事先存在性交合意，只要实施性交行为时，妇女表示不愿性交的，即可认定性交行为违背妇女意志。作为刑法上正当化事由的同意，只能是行为时的同意，而不能是行为前或者行为后的同意。仅在性交行为时妇女表示同意的，才能表明妇女在行使本人的性自主权，因而使得性自主权法益失去了需要刑法保护的必要性。妇女的意志是随着外部形势不断变化的，事先同意性交，后来由于种种原因不同意性交，是完全可能的。只要性交之时妇女表示不同意，即使事先存在性交合意，也应认定性交行为违背妇女意志，行为人应构成强奸罪。在盛柯强奸案中，曹某虽为卖淫女，但其仍享有性自主权。在认定是否违背妇女意志时，不能以被害妇女作风好坏来划分。强行与作风不好的妇女发生性行为的，也应定强奸罪。曹某仅是同意与盛柯开房间发生性关系，对于在楼道内发生性关系，曹某明确表示反对。在发生性关系时，曹某没有反抗，也没有进行呼救，是因为怕事情曝光从而暴露自己卖淫的事实。可见，曹某即便未作反抗，性交行为也是违背其意志的。

性交承诺须是行为时的承诺，对此不可理解为只要在“插入”之时存在承诺即可。 25
在性交过程中，因种种原因，妇女可能不再同意继续性交，由此产生一个棘手问题：开始性交时妇女同意，但插入后妇女改变主意，行为人明知妇女已经撤回承诺仍继续性交的，是否构成强奸罪？有人认为不构成强奸罪，因为强奸行为是没有得到同意的性交，而行为人是在妇女同意的情况下插入的，插入即为性交的完成，因此不论以后发生了什么情况，都不存在强奸。[23] 而肯定的观点则认为，以插入作为性交行为的完成是为了排除认定构成性交的最低限度行为时的争议，性交是一种持续性行为，始于插入、终于抽出，性交的“完成”意味着性交已经“存在”而不是已经“结束”，故行为人明知妇女不同意之后仍继续性交的，构成强奸罪。[24] 否定论机械地理解性交行为的完成，无视后续的性交行为事实上违背妇女意志，的确存在不妥。既然妇女已经不再愿意性交，后续的性交行为就应构成强奸罪。由此，强奸也可由不作为构成。总之，严格来说，性交承诺是指在性交的全程中（而不是仅在插入之前或之时）妇女同意性交。

（4）性交承诺出于妇女的真实意思。即同意性交的承诺是在没有外力干扰、没 26
有受到严重欺骗或并非心智不全、神志不清或精神处于木僵状态的前提下由妇女自主作出的。对于精神正常的妇女而言，是否过性生活，其能够根据自己的需要作出合理决定。在暴力或者胁迫之下，妇女的“同意”不是真实的性交承诺。因此，妇女受胁迫后，应约到指定地点与行为人发生性关系的，应认定性交行为违背妇女意志。[25] 在受到欺诈（如深夜冒充妇女的丈夫）、误解（如对妇女谎称性交是治病的手段）等如果

---

23 参见赵秉志主编：《香港刑法》，北京大学出版社 1996 年版，第 134—135 页。

24 参见〔英〕J.C.史密斯、B.霍根：《英国刑法》，法律出版社 2000 年版，第 509 页。

25 参见陈兴良、张军、胡云腾主编：《人民法院刑事指导案例裁判要旨通纂》（第 2 版），北京大学出版社 2018 年版，第 777 页。

妇女知道事实真相就不会同意性交的情形下,妇女的"同意"也不是有效的性交承诺。但在身体劳累或心情不好状态下妇女勉强接受性交行为的,应认为妇女的"同意"是一个有效的性交承诺。以往实践中有一种观点认为,被害妇女如果没有表示反抗,就是默认同意性交,因此行为人不应构成强奸罪。但是,妇女未作反抗表示,或者反抗表示不明显的,并不就表明妇女默认同意性交。不能认为凡是妇女"服从"的,行为人就一定不构成强奸罪,因为表面的"服从"可能是"屈服"的结果,"屈服"显然不等于"同意"。因此,必须尽可能地区分"同意"与"屈服"问题:妇女单纯因为外界因素而并非出于她本人意志而进行性交的,便是"屈服";但如果该女子是自愿的,即使是最低限度的自愿,也足以构成"同意"。[26] 行为人拦路持刀强奸妇女,妇女未作反抗,相反拿出安全套帮行为人戴上,然后与其性交的,不能简单地认为"戴套不算强奸"。面对性交行为无法反抗时,妇女"屈服"了,帮行为人戴上安全套是为避免出现怀孕这一更大的伤害,而不是表明妇女"同意"性交。就实务而言,妇女是"屈服"还是真心"同意",可以其他妇女在同样的情境下,是否会同意性交来认定。面对持刀胁迫的陌生男性,其他妇女也会同意与其性交,因此,即使是妇女主动给行为人递上安全套,也应推定性交行为违背其意志。总之,妇女无明显反抗行为或者意思表示,不能当然推定妇女对性交行为表示同意。[27]

27 在抢劫行为对被害妇女形成精神强制的情形下,即使妇女主动提出发生性关系的,行为人的性交行为亦构成强奸罪。被告人田野产生抢劫出租车女司机马某并与其发生性关系的想法,遂谎称去邻县接人,租乘马某的车辆。当马某驾车行至一僻静路段时,坐在后座的田野以下车方便为由让马某停车,捂住马某的嘴并用刀架在其颈部,逼迫其交出钱财。马某表示只要不杀她,给钱给人都行,在交出200余元现金等物后,主动到车后座与田野发生了性关系。就发生性关系部分,一审法院认为,田野以租车为由,将马某骗至一僻静处,在夜晚采用捂嘴和持刀相威胁的手段,对被害人实施抢劫,在马某孤立无援、产生恐惧心理并不敢反抗的状态下又与马某发生性关系,此情形属于我国刑法规定的违背妇女意志的行为,构成强奸罪。田野不服一审判决,以其未强行与被害人发生性关系等理由提出上诉。二审法院认为,田野夜间在车内持刀抢劫,已给被害人造成恐惧心理并对其形成精神强制,其与被害人发生性关系明显违背被害人意志,故对其所提未强行与被害人发生性关系的上诉理由不予采纳,裁定驳回上诉,维持原判。[28] 两审法院的看法是正确的。马某主动提出发生性关系,是基于两害相权取其轻的心理,即为了保命不得已与对方发生性关系,故性交承

---

[26] 参见赵秉志主编:《香港刑法纲要》,北京大学出版社1996年版,第67页。

[27] 参见陈兴良、张军、胡云腾主编:《人民法院刑事指导案例裁判要旨通纂》(第2版),北京大学出版社2018年版,第826页。

[28] 参见柳华颖:《利用抢劫形成的精神强制与被害妇女发生性关系构成强奸罪》,载《人民司法》2015年第22期。

诺并非出于妇女的真实意思。

(5) 妇女有承诺性交的表示。即妇女以某种方式表明自己愿意与行为人性交。 28
承诺性交的表示在形式上不限,可以是明示的,也可以是暗示的;可以是直接的,也可以是间接的;既可以是语言的,也可以是形体的。无论其形式如何,承诺性交的表示必须是客观存在的,是行为人可以认识到的。妇女处于熟睡、深度醉酒状态或被麻醉时,不可能作出性交承诺的表示,此时行为人与其性交的应构成强奸罪。[29]

二、奸淫幼女的强奸罪

在强奸妇女的场合,由于性交行为违背妇女意志,因此,行为人必须采取暴力、胁 29
迫或者其他手段。而在奸淫幼女的场合,由于幼女没有性交承诺的资格,故无须考虑幼女的意志问题,也没有手段方面的要求,只要明知是幼女而与其性交的,就构成强奸罪。换言之,行为人以暴力、胁迫或者其他手段强奸幼女时,该行为当然构成强奸罪,故关于强奸妇女的手段行为与目的行为的论述,均可适用于奸淫幼女的场合;行为人明知是幼女仍与其发生性关系,如以金钱财物等方式引诱幼女发生性关系,或者行为人明知对方是(无论自愿还是被迫)卖淫的幼女仍支付嫖资与其发生性关系的,也构成强奸罪。

Ⅵ 主体

强奸罪的主体为年满 14 周岁、具有责任能力的自然人。基于宽严相济的刑事政 30
策,已满 14 周岁不满 16 周岁的人偶尔与幼女发生性关系,情节轻微、未造成严重后果的,不认为是强奸犯罪。

在强奸罪中,虽然能够完成插入行为的正犯只能是男性,但妇女既可以成为强奸 31
罪的间接正犯(妇女可以操纵第三人作为工具强奸被害女性),也有可能成为强奸罪的共同正犯,因为根据复合行为论的看法,妇女可以实施暴力、胁迫等正犯行为,故妇女可以与男子共同构成强奸罪的共同正犯。

在强奸妇女的场合,丈夫可以成为强奸罪的主体。对于婚内强奸,理论上有否定 32
说、肯定说与折中说之争。[30] 实践中也出现了完全相反的判决。[31] 目前,最高人民法院对此基本持折中说,即认为在婚姻关系正常存续阶段,不存在强奸问题;而在婚姻

---

29 丈夫与熟睡中的妻子性交的,一般不构成强奸罪。因为在一般情况下可以推定妻子即使处于熟睡状态,也不会断然拒绝与丈夫性交。但是,如果妻子明显不会同意与丈夫性交,如双方处于离婚状态已经分居的,丈夫利用妻子处于熟睡状态而与其性交的,可以构成强奸罪。

30 参见李立众:《婚内强奸定性研究》,载《中国刑事法杂志》2001 年第 1 期。

31 参见李立众:《婚内强奸的新近理论与实务研究》,载赵秉志主编:《刑事法判解研究》(总第 1 辑),人民法院出版社 2002 年版,第 53—73 页。

关系非正常存续期间[32],丈夫则可以构成强奸罪[33]。

33 婚姻不是卖身,婚姻契约并不意味着妻子放弃了自己的性自主权。永远同意与丈夫做爱的承诺说,是没有理性而又荒谬的。已婚妇女同未婚女子一样,享有支配自己身体的权利。妻子作为独立主体,她是自己身体的主人,天然地享有对性生活自由斟酌的权利,特别是当她们面临丈夫强暴之时,有权决定是否同意做爱。正是在这一文化背景下,1996 年修订后的《瑞士刑法典》第 190 条、1998 年修订后的《德国刑法典》第 177 条等都明文肯定婚内强奸构成强奸罪。我国《宪法》第 48 条第 1 款规定:“中华人民共和国妇女在政治的、经济的、文化的、社会的和家庭的生活等各方面享有同男子平等的权利。”认可丈夫有性侵犯的权利,否认妻子有性拒绝的权利,是对婚姻关系中男女平等原则的否定,是对妇女人格及性自主权的践踏。从我国宪法来看,应当认为婚内强奸行为具有当罚性。就刑法学而言,婚内强奸行为具备强奸罪的构成要件符合性,不存在任何违法阻却事由与责任阻却事由,故要从刑法解释学出发正面论证婚内强奸不构成强奸罪,是几乎不可能的事情。当然,考虑到维护家庭的稳定性,适当控制处罚范围,也是可以接受的。目前,无论是刑法理论还是司法实务,均有限地认可婚内强奸构成强奸罪,即一般情况下丈夫奸淫妻子不构成强奸罪,但在以下情况可构成强奸罪:一是男女双方虽已登记结婚,但并无感情,且尚未同居,也未曾发生性关系,而女方坚持要求离婚的;二是夫妻感情确已破裂,并且长期分居的。[34]

Ⅶ 故意

34 一般认为,强奸罪的主观方面是直接故意。[35] 强奸故意不限于直接故意,在间接故意的心态下,即行为人认识到性交行为可能违背女性意志,也可能不违背女性意志时,不追问女性的真实意志情况,采取放任的心态与女性性交,性交行为在事实上违背女性意志的,行为人同样构成强奸罪。实务上也承认间接故意可以构成强奸罪,认

---

[32] 对于认定非正常的婚姻关系,可以从三个方面判断。首先,从结婚的目的看,是否体现双方缔结婚姻的真实意思;其次,从婚后状况看,婚后是否共同生活过,财产归属如何,是否相互承担权利义务;最后,从婚后感情及女方态度看,婚后是否有感情,女方是否提出过离婚。如果双方虽有一纸结婚证书,有登记的形式要件,但自始至终没有婚姻的实质要件,婚姻关系仅为名义,此时已不能再推定女方对性行为是一种同意的承诺。参见石耀辉、伍红梅:《非正常婚姻状态下强奸罪的构成》,载《人民司法》2011 年第 24 期。

[33] 参见最高人民法院刑事审判第一庭编:《刑事审判参考》总第 7 辑(第 51 号),法律出版社 2000 年版,第 28 页。

[34] 参见高铭暄、王作富主编:《新中国刑法的理论与实践》,河北人民出版社 1988 年版,第 535 页。

[35] 参见高铭暄、马克昌主编:《刑法学》(第 9 版),北京大学出版社、高等教育出版社 2019 年版,第 462 页。

为利用被害妇女不敢反抗的处境与其发生性关系,具有强奸的间接故意。[36] 在强奸罪中,行为人虽然通常具有奸淫的目的,但是,奸淫目的仅是对多数案件进行事实(不完全)归纳得出的结论,不是刑法本身的明文要求。换言之,奸淫目的不是成立强奸罪的必备要素,行为人为报复妇女而强行与其性交的,同样构成强奸罪。

在强奸妇女的场合,在认识因素方面,首先,行为人必须认为对方是女性。如果 35
行为人明确认识到自己是在与男性发生性关系,即使采取了暴力手段的,也不构成强奸罪。其次,行为人必须认识到性交行为违背了妇女意志。即行为人认识到妇女不同意性交或者对妇女同意与否采取轻率态度(即不管妇女是否同意都要进行性交)。行为人虽然具有与妇女性交的意思,但如果不具有违背妇女意志与妇女性交的意思,而是先"骚扰"妇女(如口头提出要求,或拉拉扯扯,甚至拥抱猥亵)以探明妇女态度,如果妇女同意就奸否则就放弃的,行为人不构成强奸罪。是否具有违背妇女意志与其性交的意思,乃求奸与强奸在主观方面的分水岭。只要行为人认识到如果不采取暴力、胁迫或其他手段就不可能达到性交目的时,即可表明行为人已经认识到性交行为违背妇女意志。行为人明知系采取暴力、胁迫手段迫使被害人表面"同意"与其发生性关系的,应认定行为人认识到性交行为违背妇女意志。行为人虽然实施了暴力,但同时认识到这是妇女自愿的(如妇女喜欢适当程度的性虐待),则不构成强奸罪。性交行为客观上违背妇女意志,但行为人对此确实没有认识的,应否定强奸故意存在,该行为不构成强奸罪。如行为人江某想到与其有近10年通奸关系的杨某的丈夫不在家,顿生与杨某通奸之念。当晚9时许,江某打开杨某平时所睡的西房门,进房后在床下仅摸到一双女人的鞋子,便认为是杨某一人睡在床上,于是上床对床上女子实施了奸淫。该女子猛然醒来用力推开江某,打开电灯,呼喊其父来抓人,江某始知被奸淫的是杨某的大女儿。[37] 由于杨某只有通奸的意思,没有犯罪的故意,故本案不能适用对象错误理论。从全案来看,客观上被害人确实被强奸,但江某主观上并无违背妇女意志与妇女性交的故意,欠缺强奸罪的主观要件。对于过失犯罪,法律有规定的才负刑事责任。刑法并没有规定违背妇女意志的过失性交应负刑事责任,故江某不负刑事责任。当然,杨某的大女儿可以提起侵犯其贞操权的民事诉讼,以获得法律的适当救济。

在妇女为精神障碍者的场合,如果妇女自愿或者主动与行为人性交,此时,仅在 36
行为人明知对方有精神障碍时,才能认定行为人具有强奸故意。与幼女一样,女性精神障碍者(含女性痴呆程度严重者)在本质上都属于无承诺性交能力的人。因此,如果行为人明知对方有精神障碍,仍与其性交,即可认定其具有强奸故意。如果行为人确实不知妇女有精神障碍的,行为人不构成强奸罪。在实务上,为了保证案件处理的

---

36 参见柳华颖:《利用抢劫形成的精神强制与被害妇女发生性关系构成强奸罪》,载《人民司法》2015年第22期。

37 参见张明楷编:《刑法学》,法律出版社1999年版,第561页。

妥当性,需对女性精神障碍者进行司法鉴定,仅在其确实没有性防卫能力时,才能适用上述结论;如果虽然存在精神障碍,但并未完全丧失性防卫能力的,在确实是女性自愿的情况下,不能认定行为人构成强奸罪。

37 在奸淫幼女的场合,强奸故意表现为行为人明知对方为幼女,仍希望或者放任性交结果的发生。行为人主观上并无强行奸淫的故意,在幼女自愿与行为人发生性关系时,行为人必须明知对方系幼女,才能构成奸淫幼女的强奸罪。[38] 这是因为,仅在行为人明知对方为幼女时,行为人才能明知自己的行为性质为奸淫幼女;当行为人没有认识到对方为幼女时,会认为自己在与对方进行正常的性交行为,因而无法认定其具有奸淫幼女的故意。所以,2003 年 1 月 17 日最高人民法院《关于行为人不明知是不满十四周岁的幼女,双方自愿发生性关系是否构成强奸罪问题的批复》明确规定:"行为人确实不知对方是不满十四周岁的幼女,双方自愿发生性关系,未造成严重后果,情节显著轻微的,不认为是犯罪。"

38 在行为人并无强行奸淫的故意时,对于如何判断行为人明知对方为幼女这一难题,2013 年 10 月 23 日最高人民法院、最高人民检察院、公安部、司法部《关于依法惩治性侵害未成年人犯罪的意见》第 19 条规定:"知道或者应当知道对方是不满十四周岁的幼女,而实施奸淫等性侵害行为的,应当认定行为人'明知'对方是幼女。对于不满十二周岁的被害人实施奸淫等性侵害行为的,应当认定行为人'明知'对方是幼女。对于已满十二周岁不满十四周岁的被害人,从其身体发育状况、言谈举止、衣着特征、生活作息规律等观察可能是幼女,而实施奸淫等性侵害行为的,应当认定行为人'明知'对方是幼女。"之所以如此规定,主要的考虑是,经过对大量审结案例进行统计分析,并广泛征求各方意见,12 周岁以下幼女基本都处在接受小学教育阶段,社会关系简单,外在幼女特征相对明显;即使极个别幼女身体发育早于同龄人,但一般人从其言谈举止、生活作息规律等其他方面通常也足以观察出其可能是幼女,而且从对幼女进行特殊保护的角度出发考虑,也不应存在争议。另一类是奸淫已满 12 周岁不满 14 周岁的幼女的,考虑到司法实践情况的复杂性,不排除存在一般人、行为人根本不可能判断出 12 周岁至 14 周岁年龄段中的某些被害人是否是幼女的特殊情形存在。换言之,对于已满 12 周岁的幼女实施奸淫等性侵害行为的,如无极其特殊的例外情况,一般均应当认定行为人明知被害人是幼女。至于极其特殊的例外情况,具体可从以下三个方面把握:一是必须确有证据或者合理依据证明行为人根本不可能知道被害人是幼女;二是行为人已经足够谨慎行事,但仍然对幼女年龄产生了误认,即使其他正常人处在行为人的场合,也难以避免这种错误判断;三是客观上被害人的身体发

38 同样,在女性为没有性防卫能力的精神障碍者,其自愿与行为人发生性关系时,行为人必须明知对方精神有障碍,才能构成强奸罪。

育状况、言谈举止、衣着、生活作息规律等特征确实更像已满14周岁。[39] 对于奸淫不满12周岁的幼女,对明知的认定是绝对推定(被告人不可举证推翻对明知的认定)还是相对推定(如果被告人可以举出合理证据,可以否定明知),学界有不同的看法。在上述规定颁布后,实务上依然认为,在性侵幼女案件中,在认定行为人是否明知对方年龄的问题上,应贯彻对幼女的"最高限度保护"和对性侵幼女的"最低限度容忍"原则,除非辩方有证据证明行为人不明知,一般推定行为人明知对方系幼女。[40]

行为人有强奸的故意,但对对象是妇女还是幼女出现认识错误时,由于"妇女"一词有时指女性的通称,此时包含"幼女"在内,故对此可按强奸妇女处理。问题是,以为强奸的是妇女,实际奸淫的是幼女时,是否一概排斥《刑法》第236条第2款"奸淫不满十四周岁的幼女的,以强奸论,从重处罚"的适用?某日凌晨2时许,被告人荣会山闯入被害人杨某某(幼女)的租房内,强行与杨某某发生性关系。公诉机关认为,被告人明知被害人是幼女,对其应当从重处罚。但一审法院认为,被告人荣会山构成强奸罪,然而,其与被害人素不相识,仅在实施作案的当天凌晨,二人才第一次接触,且当时被害人租房内的灯没亮几秒钟就灭了,无法确定被告人明知被害人未满14周岁,故公诉机关的指控不当。二审法院认为,案发时虽然灯光亮了几秒钟,但被害人能够辨认出被告人,且陈述被告人对其有抚摸行为,其在被强奸过程中有喊叫行为,被告人作为一名成年人,应当知道被害人可能系幼女,故对被告人应当适用奸淫幼女从重处罚的规定。[41] 39

对于行为人事实上奸淫了幼女,但主观上对此并不确知的案件,应区分为如下三种类型,按照主客观相统一的原则来办理:①行为人主观上有强奸的故意,对强奸对象是妇女还是幼女在所不问的,可能认定行为人对奸淫幼女存在间接故意,应按《刑法》第236条第2款处理案件;②行为人主观上只有强奸妇女的故意,确有证据表明其不愿奸淫幼女的,如果其确实没有认识到对象是幼女的,对此只能适用《刑法》第236条第1款,按强奸妇女处理案件,不能适用《刑法》第236条第2款处理案件;③行为人主观上并无强行奸淫的故意,在对方自愿发生性关系时,行为人必须明知对方是幼女而与其性交,才可按奸淫幼女处理,否则不构成强奸罪。荣会山属于第一种类型。荣会山随机选择强奸对象,主观上并不排斥、反对奸淫幼女结果的发生,故不论荣会山是否认识到对方是幼女,均属于奸淫幼女。二审法院认定荣会山构成奸淫幼女的强奸罪,结论是正确的。 40

39　参见周峰、薛淑兰、赵俊甫等:《〈关于依法惩治性侵害未成年人犯罪的意见〉的理解与适用》,载《人民司法》2014年第1期。

40　参见陈兴良、张军、胡云腾主编:《人民法院刑事指导案例裁判要旨通纂》(第2版),北京大学出版社2018年版,第827页。

41　参见陈兴良:《判例刑法教程》(分则篇),北京大学出版社2015年版,第57页。

Ⅷ　既遂

41 在强奸妇女的场合,通说与实务均以阳具是否插入阴道作为判断强奸既遂还是未遂的标准。将阳具插入阴道,表明妇女拒绝性交的自主权已经遭受实际侵犯,故以此作为认定强奸罪既未遂的标准是适宜的。插入并不要求全部插入,只要有插入,哪怕是最轻微的插入,即构成强奸罪既遂。由此,处女膜没有破裂的事实,对于成立强奸罪既遂毫无影响。[42] 在共同犯罪中,只要有一人插入,则所有共犯人(包括教唆犯、帮助犯)皆须负强奸罪既遂的责任。

42 在奸淫幼女的场合,学界多数说采取接触说,主张阳具与幼女的生殖器接触,即构成强奸既遂。"从生理这个角度看,由于幼女性器官发育还不成熟,虽然犯罪分子企图奸入,但是实际上往往无法奸入,而且奸淫幼女的奸入比强奸妇女的奸入,其社会危害性要大得多。针对幼女特殊的生理特点及奸淫幼女奸入的严重社会危害性,为了体现法律上对幼女的特殊保护,将男女生殖器接触作为奸淫幼女罪的既未遂判断标准,是十分科学合理的。"[43]少数说则认为,性器官的单纯接触并不属于性交行为,为了区分猥亵犯罪与强奸犯罪,应当采取插入说作为判断奸淫幼女既未遂的标准。[44] 关于奸淫幼女的既遂标准,1984 年 4 月 26 日发布的最高人民法院、最高人民检察院、公安部《关于当前办理强奸案件中具体应用法律的若干问题的解答》指出,奸淫幼女"只要双方生殖器接触,即应视为奸淫既遂"。虽然该解答已被废止,但受此影响,实务界至今仍旧采取接触说。被告人周学昌将周某(女,11 周岁)骗至家中,强迫其脱光衣服,用绳子将其捆绑。周学昌多次试图实施强奸,均因其性无力未成,后将菜刀把插入周某的阴道。辩护人认为,原奸淫幼女罪既遂标准是接触说,强奸罪既遂标准是插入说,而奸淫幼女罪名已取消,只有强奸罪,按照插入说,被告人的行为属于强奸未遂。法院认为,原奸淫幼女罪名的取消,并未改变强奸幼女既遂的认定标准;被害人周某系幼女,两性生殖器官发生了接触,应认定被告人强奸既遂。[45] 该判决虽然坚持了多数说,但受到了少数说的批评。[46]

42　附带指出,根据 1981 年 7 月 27 日最高人民检察院《关于在办理强奸案件中是否可以检查处女膜问题的批复》等有关司法解释,处理两性关系案件时,一律不准检查未婚女青年的处女膜。实践证明:处女膜的状况不能作为认定或否定强奸罪行的依据,检查的结果常常是弊多利少。

43　李邦友、王德育、邓超:《性犯罪的定罪与量刑》,人民法院出版社 2001 版,第 82 页。

44　参见张明楷:《刑法学》(第 6 版),法律出版社 2021 年版,第 1142 页;阮齐林:《中国刑法各罪论》,中国政法大学出版社 2016 年版,第 214 页。

45　参见山东省东营市中级人民法院(2005)东刑一初字第 15 号刑事判决书。

46　参见陈兴良:《判例刑法教程》(分则篇),北京大学出版社 2015 年版,第 64—66 页。

IX 共同犯罪及其停止形态

从类型上看,强奸共同犯罪可分为四类:①“教唆犯+正犯”的强奸共同犯罪,如行为人教唆男性奸淫妇女。②“帮助犯+正犯”的强奸共同犯罪,如行为人提供妇女的相关信息,制造条件,帮助男性奸淫妇女。③“实施手段行为的正犯+实施奸淫行为的正犯”的强奸共同犯罪,如甲男压住妇女双腿,乙男奸淫妇女。甲男似乎在帮助乙男奸淫妇女,但其实施了强奸罪的手段行为,故属于(共同)正犯,而不是帮助犯。④“实施奸淫行为的正犯+实施奸淫行为的正犯”的强奸共同犯罪,即在共同压制妇女反抗之后,数名男性均对妇女实施了奸淫行为(强奸罪的共同正犯),这构成强奸罪中的轮奸(关于轮奸的认定,参见下文“处罚”部分论述)。无论哪一类型的强奸共同犯罪,均应适用共犯原理认定强奸共犯人的犯罪停止形态。 43

一人强奸既遂后,其他共犯人基于客观原因(如因生理原因)无法实施奸淫行为,或者个别共犯人基于主观原因自动放弃奸淫行为,此时应如何认定这些共犯人的犯罪停止形态,这是实务中经常面临的难题。被告人李珍哲奸淫许某后,被告人许哲虎在奸淫许某的过程中,因其生殖器未勃起而未得逞。法院认为,被告人许哲虎的奸淫目的虽然未能得逞,但在强奸共同犯罪中,也属于犯罪既遂。[47] 不过,实务中也有相反判决。被告人刘某、孙某、朱某经预谋后,采用胁迫手段对被害妇女实施轮奸行为,其间,孙某、朱某因其身体原因奸淫未得逞。法院认为,被告人孙某、朱某系强奸未遂,因为轮奸的参与人都应为正犯、亲手犯,行为人与被害人在分别发生性关系时,具有独立性、不可替代性,因此,各共犯只有在自己的行为符合具体犯罪构成时才能构成强奸既遂。[48] 44

认定强奸案中各共犯人犯罪停止形态问题,存在两条思路:一是采取共同犯罪的思路,尤其是对共同正犯,根据“部分实行全部责任”原则,一人强奸既遂时,包括未能完成奸淫行为的正犯在内,所有正犯均构成强奸既遂。在被告人许哲虎强奸案中,法院采取了这一思路。二是虽然承认构成强奸共同犯罪,但基于强奸罪系亲手犯的理由,应以个人的“亲身感受性和自我满足性”为准来认定强奸罪的既未遂,即便某一共犯人已经强奸既遂,但对那些未能完成插入行为的共犯人,不可认定为强奸既遂。在刘某、孙某、朱某强奸案中,法院采取了这一思路。应当认为,犯罪是否既遂,与保护法益是否已经被侵犯有关,与行为人的体验、感受无关。强奸罪是一种保护女性性自主权的犯罪,而不是有关行为人性体验、性感受的犯罪。在强奸共同犯罪中,只要有一人完成了插入行为,被害人拒绝性交的自主权就已被侵害,所有的共犯人对于被害 45

---

47 参见陈兴良、张军、胡云腾主编:《人民法院刑事指导案例裁判要旨通纂》(第2版),北京大学出版社2018年版,第794—795页。

48 参见陈兴良、张军、胡云腾主编:《人民法院刑事指导案例裁判要旨通纂》(第2版),北京大学出版社2018年版,第806—807页。

人拒绝性交的自主权被侵害这一点都有“贡献”。因此,采取第一条思路认定强奸共同犯罪的停止形态,才是合理的。

46 首先,以共犯人“亲身感受性和自我满足性”为准来认定强奸罪的既未遂,不符合主观的超过要素理论。在目的犯中,即便目的没有实现,也能认定行为人构成犯罪既遂。即便承认强奸罪的实行犯具有追求个人的性体验的意思,这种性体验的意思也属于(不成文的)主观的超过要素(类似于目的犯中的目的)。只要客观事实能够印证行为人具有追求性体验的意思即可,至于这一意思是否实现,不影响犯罪既遂的认定。可见,亲手犯理论与主观的超过要素理论存在不协调之处。因此,以共犯人“亲身感受性和自我满足性”来判断强奸罪的既未遂,并不合适。

47 其次,没有根据认为强奸罪是亲手犯。刑法并未明文将强奸罪规定为满足本人性欲的犯罪,将强奸罪理解为亲手犯,不符合立法者规定强奸罪的立法目的。刑法设立强奸罪的目的,是保护女性拒绝性交的自主权。侵犯女性拒绝性交的自主权的动机,未必都是出于满足个人性欲的目的,完全可能出于报复等其他动机实施强奸行为。不论行为人出于何种动机,只要侵犯了女性拒绝性交的自主权,就应认定构成强奸罪。如果强奸罪属于亲手犯,则妇女利用未成年人、精神障碍者强奸其他妇女的,作为间接正犯的妇女就不应构成强奸罪,因为其主观上并无亲自追求性体验的意思,但刑法理论与司法实务均一致认为妇女构成强奸罪,可见强奸罪不是亲手犯。

48 最后,多人参与强奸是共同犯罪的一种,没有理由认为强奸中的共同犯罪具有特殊性,从而应采取不同于共同犯罪既未遂理论来认定强奸共同犯罪的既未遂形态。其一,男子乙帮助男子甲强奸妇女时,如果甲成功奸淫妇女,则作为帮助犯的乙应当构成强奸既遂。而在甲、乙共同强奸妇女时,如果甲成功奸淫妇女,而作为正犯的乙,以其未能实际奸淫为由,认定其属于犯罪未遂,这与前述的帮助犯情形不均衡:危害轻的帮助犯构成强奸既遂,而危害重的正犯反而构成强奸未遂,明显不合适。其二,共同犯罪的本质是共犯人相互利用、齐心协力来共同侵犯法益,当一人成功侵犯法益时,在规范评价上应当认为其他共犯人对于法益侵害结果也作出了“贡献”——正是由于其他共犯人的配合、协力,某一共犯人才能顺利地侵犯法益。因此,其他共犯人都应对法益侵害结果承担责任。所以,当共犯中一人既遂时,其他共犯人也都构成既遂。同样,在强奸共同犯罪案件中,一人强奸既遂后,其他共犯人基于客观原因未能完成奸淫行为或者基于主观原因自动放弃强奸行为的,都应当构成强奸既遂,而不是构成强奸罪的未遂犯或者中止犯。[49]

---

49 在强奸罪共同犯罪中,要成立中止犯,不仅要求行为人放弃本人的强奸行为,而且还要求行为人必须有效地制止其他共同犯罪人的强奸行为,防止奸入结果的发生。易言之,在共同犯罪的场合,强奸罪一经着手,共犯人仅是消极地自动放弃个人的强奸行为,而没有积极阻止其他共犯人的强奸行为,并有效地防止奸入结果的发生的,不符合《刑法》第 24 条“自动有效地防止犯罪结果发生”的规定,无法成立中止犯。

据此,在被告人许哲虎强奸案中,法院认定许哲虎属于强奸犯罪既遂,是妥当的;而在刘某、孙某、朱某强奸案中,法院认定孙某、朱某系强奸未遂,这是不妥的。当然,在认定被告人构成强奸既遂的基础上,考虑到其基于客观原因未能完成强奸行为,在情节上与通常的强奸既遂案件有所不同,量刑时应注意适当区分。同样,在强奸案中中止犯的认定上,也应贯彻一人强奸既遂则所有人均强奸既遂的原则(共犯脱离的情形除外)。不过,实务上对于强奸罪中止犯的认定,同样较为混乱。 49

被告人周有才伙同林军、吴训乐等人将被害人吴某劫持到一旧仓库内,林军、吴训乐等人先后奸淫吴某;在此过程中,被告人周有才对吴某进行猥亵,因吴某叫喊受不了,周有才未对吴某实施奸淫。一审法院没有认定周有才属于犯罪中止,二审法院则认定周有才属于犯罪中止。省高级人民检察院认为,二审判决认定周有才强奸中止确有错误,按审判监督程序提出抗诉。省高级人民法院再审后,撤销二审判决。[50]在此案中,周有才是否构成犯罪中止,直接影响对其的量刑。对此,有人认为,在强奸、脱逃之类的犯罪中,每个人的行为都具有不可替代的性质;这些犯罪以实施一定的犯罪行为为其犯罪构成的充足要件,在这种情况下,犯罪行为是否完成便成为认定犯罪是否得逞的标准;因此,共同正犯的未遂或者既遂表现出各自的独立性。[51] 换言之,周有才构成犯罪中止。但是,"一般认为,这种观点忽视了共同正犯的本质。共同正犯是相互利用、补充对方的行为,因而一部分正犯的行为就是整个共同正犯的行为。所以,一旦各共犯人基于共同实行的意思开始实施共同实行行为,就存在相互利用、补充的效果,只要中止犯没有切断对其他正犯的积极影响,不能成立中止犯"。"如果共同正犯中一部分正犯自己中止犯罪,但其他正犯的行为导致了结果发生时,就不成立中止犯。"[52]由此分析,周有才虽然自己放弃了奸淫行为的实施,但吴训乐等人利用了周有才的行为,顺利地奸淫了被害人,故周有才不构成犯罪中止。笔者赞同此论。第一,在已经着手强奸行为之后,虽然行为人本人由于某种原因主动放弃插入行为,但在此之前,行为人已经对被害人施加了强制力(如按住手脚或堵住嘴巴等),或者行为人的在场助势既是对其他共犯人一种精神上的支持与鼓励,对被害人也是精神上的威慑,使被害人更加恐惧与绝望。故可以认为,此时其他共犯人利用了行为人的行为。因此,虽然行为人本人并没有实施插入行为,但其对其他共犯人的插入行为也应负刑事责任。这是认定行为人构成犯罪既遂的根据所在。第二,在已经着手强奸行为之后,如果对单个的中止行为认定为犯罪中止,势必出现利用他人的实 50

50　参见欧秀珠、孙铁成:《共同犯罪中个人行为的犯罪中止问题——析周有才等强奸案》,载姜伟主编:《刑事司法指南》(总第8辑),法律出版社2002年版,第153页。

51　参见陈兴良:《刑法适用总论》(上卷),法律出版社1999年版,第518页。

52　张明楷:《外国刑法纲要》(第3版),法律出版社2020年版,第303页。

行行为而达到自己犯罪目的的人可以减轻处罚的情况。[53] 第三,前文指出,强奸罪并非亲手犯,故即使行为人主动放弃插入行为,对他人的插入行为也应承担刑事责任。事实上,行为人构成何种犯罪形态并不重要,真正重要的是如何对被告人处以罪刑相适应的刑罚(当然,这又与认定行为人构成何种犯罪形态有关)。在强奸罪共犯中,虽然将没有完成插入行为的被告人也认定为犯罪既遂,但其毕竟没有实施插入行为,无论是客观危害还是主观恶性,都轻于完成插入行为的其他共犯人。根据惩办与宽大相结合的刑事政策,对没有实施插入行为的被告人,相对于其他共犯人,应当从轻处罚;如果被认定为从犯,应当从轻、减轻处罚或者免除处罚。因此,认定行为人构成犯罪既遂,并不必然加重行为人的刑事责任。所以,在强奸罪的共同犯罪中,要成立中止犯,不仅要求行为人放弃本人的强奸行为,而且还要求行为人必须有效地制止其他共同犯罪人的强奸行为,防止奸入结果的发生。易言之,在共同犯罪的场合,强奸罪一经着手,单个的共犯人,仅是消极地自动放弃个人的插入行为,而没有积极阻止其他共犯人的强奸行为,并有效地防止既遂结果的发生的,那么此时行为人与共同犯罪的结果就没有断绝因果关系,就不能成立中止犯,行为人仍应承担强奸既遂的刑事责任(当然,其消极退出犯罪的事实在量刑时必须加以考虑)。所以,一审法院和再审法院认定周有才不属于中止犯是正确的。

X　罪数

51 强奸行为的罪数问题,在《刑法》对此有明文规定时,应按相关规定处理;在《刑法》对此没有明文规定时,应按罪数原理处理。

一、应当数罪并罚的情形

52 在下列情形,根据刑法明文的规定,应以强奸罪和其他犯罪进行数罪并罚:①根据《刑法》第 241 条的规定,收买被拐卖的妇女,强行与其发生性关系的,以收买被拐卖的妇女罪和强奸罪数罪并罚。②根据《刑法》第 300 条的规定,行为人组织、利用会道门、邪教组织或者利用迷信破坏国家法律、行政法规实施,又奸淫妇女的,应以组织、利用会道门、邪教组织、利用迷信破坏法律实施罪与强奸罪数罪并罚。③根据《刑法》第 318 条的规定,在组织他人偷越国(边)境的过程中,强奸被组织的妇女的,应以组织他人偷越国(边)境罪与强奸罪数罪并罚。④根据《刑法》第 321 条的规定,在运送他人偷越国(边)境的过程中,强奸被运送的妇女的,应以运送他人偷越国(边)境罪与强奸罪数罪并罚。⑤根据《刑法》第 358 条的规定,在组织卖淫、强迫卖淫的过程中,采取强奸行为组织女性卖淫或者迫使女性卖淫的,以组织卖淫罪、强迫卖淫罪与强奸罪数罪并罚。

53　参见欧秀珠、孙铁成:《共同犯罪中个人行为的犯罪中止问题——析周有才等强奸案》,载姜伟主编:《刑事司法指南》(总第 8 辑),法律出版社 2002 年版,第 153 页。

当行为人实施强奸行为与其他犯罪行为数个行为，这些行为不构成牵连犯、吸收犯等应以一罪论处的情形时，对此应当数罪并罚。例如，强奸罪中的“暴力”必须具有排除被害人反抗的性质。如果行为人实施的暴力并不具有这一性质，如妇女已经无力反抗，行为人在奸淫过程中将妇女双乳的乳头咬掉的，行为人除了构成强奸罪之外，还单独构成故意伤害罪，应进行数罪并罚。至于强奸完毕之后，行为人出于报复、杀人灭口等动机，又故意伤害或者杀害被害妇女的，对此应以强奸罪和故意伤害罪或故意杀人罪，实行数罪并罚。 53

二、无须数罪并罚的情形

在拐卖妇女的过程中，又奸淫被拐卖的妇女，对此本应数罪并罚，根据《刑法》第240条的规定，拐卖妇女时奸淫被拐卖的妇女的，以拐卖妇女罪一罪论处，强奸行为是法定刑升格的条件，对此不再数罪并罚。 54

在刑法没有明文规定的场合，如果认定只存在一个行为，如奸淫行为过于粗暴，导致妇女性器官严重损伤的，对此不可能数罪处罚，按照强奸罪一罪定罪，适用强奸致使被害人重伤的规定即可。虽然能够认定存在数个行为，但是存在牵连关系等应以一罪论处的情形时，对此也不应数罪并罚。例如，入户强奸的，属于非法侵入住宅罪与强奸罪的牵连犯（也有人认为属于想象竞合犯），对此应以强奸罪一罪论处。再如，将妇女作为性奴，长期关押在地窖中，不断强奸妇女的，属于非法拘禁罪与强奸罪的牵连犯（也有人认为属于想象竞合犯），对此应以强奸罪一罪论处。 55

XI 其他问题

一、强奸与通奸的区别

通奸是指一方或双方有配偶的男女，双方自愿发生性关系的行为。虽然有人呼吁应将通奸犯罪化，但立法机关并没有采纳这一建议，故通奸仅是一种违反《民法典》的民事违法行为，因而强奸与通奸的区别就是罪与非罪的区别。一般而言，强奸与通奸的区别是非常明显的：强奸违背妇女意志，故行为人在客观上必须采取暴力、胁迫或其他手段，主观上有强行奸淫的故意；而通奸并不违背妇女意志，故行为人在客观上无须采取暴力、胁迫等手段，在主观上也没有强行奸淫的故意。对于以下情形，需要加以注意：①把通奸说成是强奸。有的妇女与人通奸，一旦翻脸，关系恶化，或者事情暴露后，怕丢面子，或者为推卸责任、嫁祸于人，或由于其他原因，把通奸说成强奸的，对行为人不能定为强奸罪；相反，把通奸说成是强奸的妇女，有成立诬告陷害罪的可能。②先通奸后强奸。男女双方先是通奸，后来女方不愿继续通奸，而男方纠缠不休，并以暴力或以败坏名誉等进行胁迫，强行与女方发生性交行为的，应以强奸罪论处；因为在这种情况下，性交行为违背了妇女意志，侵犯了妇女的性交的自主权，完全符合强奸罪的构成要件。③先强奸后通奸。1984年《关于当前办理强奸案件中具体 56

应用法律的若干问题的解答》指出:第一次性行为违背妇女的意志,但事后并未告发,后来女方又多次自愿与该男子发生性行为的,一般不宜以强奸罪论处。这一看法得到了学界的认可[54],如有人赞同说:“虽然第一次是违背妇女意志的,但是妇女意志是可以转化的。随着该妇女与男子的关系改善,谅解了男子的第一次强奸行为,后来又自愿与该男子多次发生性交行为,说明以后的性交行为完全是符合该妇女的意志的。既然强奸罪保护的是妇女的性的不可侵犯的权利,虽然第一次性交行为侵犯了该妇女的性的不可侵犯的权利,但以后的自愿性交的行为又证明妇女的这种权利没有受到侵害。因此,对于这种情况,无论从行为的社会危害性上考虑,或是从稳定现实的社会关系考虑,一般没有必要以强奸妇女罪来追究行为人刑事责任。”[55]目前,实务上也采取此说。[56] 但是,此说是否果真合理,有讨论空间。

57 通常情况下,强奸与通奸具有排他的关系。但是,在强奸共同犯罪案件中,通奸与强奸可能存在竞合关系,即行为人与第三人共谋,行为人以通奸的形式为第三人强奸妇女创造条件的,通奸就属于第三人强奸犯罪的预备行为,或者说,通奸属于为第三人强奸妇女提供便利的行为,通奸者(作为共犯人)应当承担强奸罪的刑事责任。在滕开林、董洪元强奸案中,法院认为,以通奸的形式,帮助他人强奸该妇女的,应以强奸罪的共犯论处。[57] 法院的结论是合理的。董洪元与妇女王某的通奸行为,具有为滕开林强奸王某创造条件的属性,董洪元属于以通奸的形式帮助滕开林强奸妇女,故成立强奸罪的共同犯罪(但不构成轮奸)。

二、强奸与求奸的区别

58 在实践中,需要注意区分求奸未成与强奸未遂。二者具有相似之处:行为人在主观上都具有与妇女发生性关系的意思,客观上都实施了要求发生性关系的行为,结果都未能发生性关系。但是,求奸行为不是犯罪行为,而强奸未遂则是应负刑事责任的犯罪行为。求奸未成与强奸未遂的界限在于:前者行为人主观上意欲与妇女发生性关系,但不具有强行奸淫的决意;客观上往往表现为口头提出要求,或拉拉扯扯,甚至拥抱猥亵;未发生性交行为的原因是在遭到妇女的拒绝以后行为人主动停止了要求性交的行为。而强奸未遂的行为人主观有强行奸淫的决意,客观上实施了暴力、胁迫或者其他手段,未发生性交行为乃是行为人意志以外的原因所致。以往出现过把求

54　参见高铭暄、马克昌主编:《刑法学》(第9版),北京大学出版社、高等教育出版社2019年版,第462页。

55　李邦友、王德育、邓超:《性犯罪的定罪与量刑》,人民法院出版社2001年版,第44—45页。

56　参见张军等主编:《刑事审判实务教程》,中国法制出版社2013年版,第481页。

57　参见陈兴良、张军、胡云腾主编:《人民法院刑事指导案例裁判要旨通纂》(第2版),北京大学出版社2018年版,第781页。

奸过程中拉扯或脱妇女衣裤的行为认定为强奸中的暴力手段的现象，对此应予以纠正。

三、“半推半就”的定性

“‘半推半就’是就妇女的意志而言，即妇女对男方要求性交的行为，既有不同意的表示——推，也有同意的表示——就，这是一种犹豫不决的心理状态；在妇女犹豫不决时，男子实施了奸淫行为。”[58]在此情况下行为人是否构成强奸罪，需要对双方平时的关系如何、性交行为是在什么环境和情况下发生的、事后女方的态度怎样、又在什么情况下告发等事实和情节，认真审查清楚，作全面的分析。如果“推”是妇女害羞的表现，“就”是妇女同意性交的暗示，则性交行为不存在违背妇女意志的问题，行为人不构成强奸罪。如果“推”是因为妇女不同意性交，“就”是因为在当时妇女害怕受到伤害，或是害怕“丑事”暴露在大庭广众之下，故假装迎合行为人，则性交行为从根本上说违背了妇女意志，行为人应构成强奸罪。如果“推”与“就”是妇女对于是否接受性交行为处于徘徊心理，而行为人又没有采取暴力、胁迫或者其他不当手段的，对行为人就不能以强奸罪论处。 59

四、恋爱过程中性交的罪与非罪

在恋爱过程中性交，现在已是常事，只要性交行为没有违背妇女意志，自然不存在强奸问题，但以下情形需要注意：①在恋爱过程中，女方提出分手，行为人为了达到结婚的目的，于是进行“生米做成熟饭”的，由于性交行为违背妇女意志，行为人构成强奸罪。②在恋爱过程中，男方一时冲动，要求和女方发生性关系，如果女方坚决不同意，行为人实施了暴力、胁迫或者其他违背妇女意志的手段，与妇女性交的，行为人构成强奸罪。当然，如果事后女方继续与该男子交往，并多次自愿发生性关系的，实务上对此就不再以强奸罪论处。③女方虽然口头上不同意性交，但男方没有实施暴力或者胁迫手段，而女方没有明显反抗的，即使后来感情破裂，女方控告男方强奸的，也不能认定男方构成强奸罪。④前文已经指出，以恋爱为名骗取妇女信任，然后与妇女性交的，虽然具有“骗奸”的性质，但不宜认定为强奸罪。 60

五、醉酒状态下性交的罪与非罪

行为人故意使妇女醉酒，然后与之性交的，一般虽构成强奸罪，但需要注意以下几点：①不能认为只要喝了酒就是醉酒。妇女喝了少量的酒，但较为清醒，没有表现出醉酒的反常现象，此时行为人与之性交的，只要行为人没有采取暴力或者胁迫手段，就不能认定行为人构成强奸罪。②妇女虽然醉酒，但性交行为并不违背妇女意志 61

58 张明楷：《刑法学》(第6版)，法律出版社2021年版，第1140页。

的,行为人也不构成强奸罪。[59] 妇女虽然醉酒,但其对性交行为有认识并明确表示不同意的,或者妇女醉酒后昏睡,此时行为人与妇女性交的,应构成强奸罪。妇女虽然醉酒,但对性交行为有认识,并没有表示不同意,事后也没有反悔的,应认定行为人不构成强奸罪。③在妇女当时表示同意但事后反悔的场合,情况就比较复杂,此时需要分析事后反悔的原因。如果妇女当时是因醉酒,在酒劲冲动下表示同意但事后反悔的,应当认定"同意"是酒力的结果,并非妇女真实意思的反映,故可以认定行为人构成强奸罪;如果妇女事后反悔是怕行为人继续纠缠,或者是丈夫要求告发等原因,这就表明性交行为其实并不违背妇女意志,故行为人不构成强奸罪。

XII 处罚

62 根据《刑法》第 236 条的规定,强奸妇女的,处 3 年以上 10 年以下有期徒刑;奸淫幼女的,以强奸论,从重处罚;强奸妇女、奸淫幼女,有《刑法》第 236 条第 3 款规定的 6 种加重情节之一的,处 10 年以上有期徒刑、无期徒刑或者死刑。

63 对于强奸罪的量刑,2021 年 6 月 16 日最高人民法院、最高人民检察院《关于常见犯罪的量刑指导意见(试行)》作了详细规定:1.构成强奸罪的,根据下列情形在相应的幅度内确定量刑起点:①强奸妇女 1 人的,在 3 年至 6 年有期徒刑幅度内确定量刑起点。奸淫幼女 1 人的,在 4 年至 7 年有期徒刑幅度内确定量刑起点。②有《刑法》第 236 条第 3 款规定的 6 种加重情节之一的,在 10 年至 13 年有期徒刑幅度内确定量刑起点。依法应当判处无期徒刑以上刑罚的除外。2.在量刑起点的基础上,根据强奸妇女、奸淫幼女情节恶劣程度、强奸人数、致人伤害后果等其他影响犯罪构成的犯罪事实增加刑罚量,确定基准刑。强奸多人多次的,以强奸人数作为增加刑罚量的事实,强奸次数作为调节基准刑的量刑情节。3.构成强奸罪的,综合考虑强奸的手段、危害后果等犯罪事实、量刑情节,以及被告人的主观恶性、人身危险性、认罪悔罪表现等因素,从严把握缓刑的适用。

64 关于强奸罪的处罚,值得研究的是奸淫幼女从重处罚的适用范围以及《刑法》第 236 条第 3 款各种加重处罚情节的认定问题。

一、奸淫幼女"从重处罚"

65 关于奸淫幼女应当从重处罚问题,有人认为,由于《刑法》第 236 条第 3 款同时规定了强奸妇女和奸淫幼女情节严重的法定刑,因此,奸淫幼女以强奸论从重处罚就只能理解为:只有奸淫幼女情节一般的,才需要从重处罚,即在 3 年以上 10 年以下有期

[59] 行为人以强奸的意思故意使女性醉酒,但事实上性交行为并不违背女性意志的,严格分析起来应当认定行为人构成强奸罪未遂(也有人认为属于不可罚的不能犯)。这是因为,行为人主观上有强奸的故意,客观上实施了强奸行为(故意使女性醉酒属于强奸的手段行为),但由于没有违背女性意志,故性交行为及其结果并不违法,故应认定为强奸未遂。

徒刑之间从重处罚。[60] 这种看法并不妥当,奸淫幼女以强奸论从重处罚意味着,无论是对奸淫幼女的基本犯还是加重犯,除《刑法》第 236 条第 3 款第(五)项之外,均应从重处罚。①无论是在基本犯还是在加重犯中,均应贯彻对幼女进行特殊保护的刑事政策。如在轮奸幼女的场合,与轮奸妇女相比,轮奸幼女的危害更重,故对于轮奸幼女从重处罚是理所当然的。②现行《刑法》第 236 条第 2 款、第 3 款与 1979 年《刑法》第 139 条第 2 款、第 3 款无本质差别,现行刑法不过是明确了在何种情况下对行为人判处 10 年以上有期徒刑、无期徒刑或者死刑而已。1984 年最高人民法院、最高人民检察院、公安部《关于当前办理强奸案件中具体应用法律的若干问题的解答》第 6 条指出:"对奸淫幼女的,按第一款的法定刑从重处罚;具有第三款规定的情节的,按该款的法定刑从重处罚。"这一解释与现行刑法并无冲突,仍应适用。

二、加重处罚情节的理解

(一)强奸妇女、奸淫幼女情节恶劣

是指相对于一般的强奸犯罪,行为人的强奸行为体现出更为严重的客观危害。 66
如在强奸过程中蹂躏被害人的,多次对同一被害人进行强奸的,强奸重病女性或者强奸孕妇的,在非公共场所当众强奸被害人等。根据 2018 年 11 月 9 日最高人民检察院发布的第 42 号指导性案例"齐某强奸、猥亵儿童案",奸淫幼女具有最高人民法院、最高人民检察院、公安部、司法部《关于依法惩治性侵害未成年人犯罪的意见》规定的从严处罚情节,社会危害性与《刑法》第 236 条第 3 款第(二)至(四)项规定的情形相当的,可以认定为奸淫幼女"情节恶劣"。

(二)强奸妇女、奸淫幼女多人

是指行为人强奸 3 人以上的。强奸多人,既包括在同一案件中行为人先后强奸 67
多名被害人,也包括行为人在不同的强奸案件中强奸多名被害人。这里的"多人"既包括强奸既遂案中的被害人,也包括强奸未遂案中的被害人;既包括单独犯中的被害人,也包括共犯中的被害人。

(三)在公共场所当众强奸妇女、奸淫幼女

是指在可供不特定多人使用、进出的场所,在 3 人以上面前强奸妇女、奸淫幼女。 68
在校园、游泳馆、儿童游乐场、教室、集体宿舍等公共场所强奸妇女、奸淫幼女,只要有其他多人在场,不论在场人员是否实际看到,均应认定为在公共场所"当众"强奸妇女、奸淫幼女。在火车卧铺车厢实施强奸行为,属于在公共场所当众强奸妇女、奸淫幼女。[61]

---

60 参见陈兴良主编:《罪名指南》(上册),中国政法大学出版社 2000 年版,第 661 页。

61 参见陈兴良、张军、胡云腾主编:《人民法院刑事指导案例裁判要旨通纂》(第 2 版),北京大学出版社 2018 年版,第 807 页。

69 在公共场所当众奸淫幼女应当加重处罚虽是《刑法修正案(十一)》新设的规定,但就语义学而言,"妇女"可以泛指一切女性,这意味着新设规定在本质上是提示性规定,不属于新设了不利于被告人的规定。因此,适用"在公共场所当众奸淫幼女",不存在刑法的时间效力问题。换言之,对于2021年3月1日之前发生的在公共场所当众奸淫幼女的犯罪,可以直接按照"在公共场所当众奸淫幼女"处理。

(四)二人以上轮奸

70 轮奸是指两个以上的男子先后连续、轮流强奸同一被害女性的行为。轮奸具有以下特点:第一,侵犯的对象必须是同一个被害女性。第二,必须是对同一被害人先后连续、轮流地实施奸淫行为。第三,轮奸的主体为两个以上的男子。一个妇女帮助一个男子实施强奸的,不属于轮奸;但是,妇女帮助两个以上的男子轮奸其他妇女的,该妇女构成强奸罪的共犯,也应适用轮奸的处罚规定。轮奸不同于聚众淫乱,在聚众淫乱的场合,不存在性交行为违背女性意志的问题。在实务上,轮奸案件需要解决的问题不少。

1. 轮奸主体问题

71 构成轮奸,是否要求轮奸主体都必须具有刑事责任能力?或者说,对于有责任能力的人与无责任能力的人共同奸淫女性的行为能否评价为"二人以上轮奸"?对此问题,学界存在分歧。第一种观点认为,"轮奸"属于强奸共同犯罪,而成立共同犯罪,要求二人以上具有刑事责任能力,只有两个以上具有刑事责任能力的人基于共同强奸故意,共同实施奸淫行为的,才属于轮奸,如果其中一人没有刑事责任能力,就不能认定为轮奸。[62] 第二种观点认为,共同犯罪是违法形态,认定二人以上的行为是否成立共同犯罪,所要解决的是现实发生的结果可归责于哪些人的问题,而不是要解决二人以上的主观责任问题。只要意识到共同犯罪是一种违法形态,对于有责任能力的人与无责任能力的人共同奸淫女性的案件,就会得出二人成立共同正犯的结论,构成轮奸,故对有责任能力的人,应当适用轮奸的法定刑;对于无责任能力的人,只是因为没有责任能力,才不对之定罪量刑。[63] 第三种观点认为,"轮奸"并非共同犯罪,而是属于强奸的一种特殊形式,是刑法规定的加重量刑情节,轮奸的成立并不要求实行奸淫的行为人都具有刑事责任能力,只要两名以上的男子,出于共同强奸的认识,在同一时段内对同一女性轮流实施奸淫,就构成轮奸。[64] 上述前两种观点是在共犯理论框架内来讨论轮奸问题,仅是因为对共犯理论的功能理解不同,导致对轮奸问题看法不一。第三种观点则试图放弃共犯路径,单纯以轮奸属于量刑情节为由,主张有责任

62 参见王作富主编:《刑法分则实务研究》(第5版),中国方正出版社2013年版,第768页。

63 参见张明楷:《共同犯罪是违法形态》,载《人民检察》2010年第13期。

64 参见吴情树、苏宏伟:《强奸罪中"轮奸"情节的司法认定》,载《中华女子学院学报》2009年第2期。

能力的人与无责任能力的人共同故意奸淫女性的构成轮奸。在笔者看来,第三种观点存在问题。对于轮奸的认定,如果放弃共同犯罪的路径,则每人均属于单独犯,要么导致一人对另一人的奸淫结果不负责(因为是单独犯),因而无法评价为轮奸(女性属于被没有犯意联络的两个人先后强奸);要么认定其中一人属于间接正犯,因而需要对他人的奸淫结果负责。但是,间接正犯应当评价为是行为人本人在实施犯罪,换言之,应评价为行为人本人对女性实施了两次奸淫行为——一次是本人直接实施的,一次是本人利用第三人作为工具来实施的——对于本人先后实施的两次奸淫行为,是无法评价为"轮奸"的。所以,试图放弃共犯路径来认定轮奸,并不合适。

传统共犯理论认为,既然构成共同犯罪,就应对所有共犯人都定罪,由此必然要求所有行为主体都必须具备责任能力。但是,这种共犯理论无视认定共同犯罪的目的,是为了解决现实发生的结果应当归责于哪些人的问题,即如果不构成共同犯罪,则每个人仅对本人行为(包括评价为间接正犯的本人行为)及其造成的结果负责,不对他人行为及其结果负责;如果属于共同犯罪,则除应对本人行为及其造成的结果负责外,还应对其他共犯人的行为及其结果负责。至于构成共同犯罪之后,能否追究每个共犯人的刑事责任、应以何种罪名追究共犯人的刑事责任,则是另外一个问题。换言之,共犯理论所要解决的核心问题是,哪些人应对现实发生的结果负责,至于各个共犯人是否构成犯罪、构成何种犯罪,应根据相应的犯罪构成来确定。即便某些共犯人最终因不具备主体要件而不构成犯罪,认定成立(违法意义上的)共犯也是有意义的,因为既然成立共犯,其他共犯人就应对不负刑事责任的共犯人的行为及其结果负责。所以,笔者赞成上述第二种观点,即成立共同犯罪,不要求所有共犯人都必须符合犯罪主体要件。 72

就实务来看,并不要求轮奸主体都必须具有刑事责任能力。某日中午,被告人李尧伙同未成年人申某某(1986 年 11 月 9 日生,时龄 13 周岁)将幼女王某领到一处玉米地里,对王某轮流实施奸淫。一审法院认为,被告人李尧伙同他人轮奸幼女,其行为已构成强奸罪,且系轮奸。二审法院也维持了李尧的行为属于轮奸的结论。这意味着与不满 14 周岁的未成年人轮流奸淫同一女性的,成立强奸罪中的轮奸行为。[65] 法院的结论是合适的。未成年人申某某虽然只有 13 周岁,但其与被告人李尧具有相互利用、齐心协力来轮奸幼女王某的故意,客观上二人轮流奸淫了王某,应认定二人构成强奸共同犯罪,属于轮奸。因此,对被告人李尧应按照轮奸来处理。至于申某某,客观上虽然属于轮奸,但因未达法定年龄,故不能追究其强奸罪的刑事责任。 73

2.轮奸行为的认定

两名以上的男子共谋强奸女性,其中一人完成奸淫行为,但另一人由于种种原因未能完成奸淫行为的,是否属于"二人以上轮奸"?对此,无论是理论上还是实务 74

---

65 参见陈兴良、张军、胡云腾主编:《人民法院刑事指导案例裁判要旨通纂》(第 2 版),北京大学出版社 2018 年版,第 785—786 页。

中,都存在分歧。实务中有认定构成轮奸的判决。如被告人唐胜海、杨勇趁妇女王某酒醉无反抗能力之机,先后对其实施奸淫,杨勇奸淫得逞,但唐胜海因饮酒过多而未得逞。法院认为,被告人唐胜海、杨勇违背妇女意志,轮流奸淫妇女,属于轮奸。这意味着部分共犯人强奸既遂、部分共犯人强奸未遂的,对各行为人均以强奸既遂定罪并按轮奸情节予以处罚。[66] 实务中也有否定构成轮奸的判决,认为一人强奸既遂,其他行为人强奸未遂的,或者共同强奸未遂的,不能认定为轮奸。张某、刘某、周某A、周某B预谋灌醉妇女马某实施强奸,在马某饮酒后,周某A先行与马某发生性关系(马某承认自愿),后周某B强行与马某发生性关系,随后张某欲与马某发生性关系时,马某报警,张某、刘某未再与马某发生性关系。对于此案,法院认为,主观上的轮奸预谋对于认定轮奸没有意义,在一起共同强奸犯罪中,虽然有二人以上的行为人参与,但可能最终实施强奸行为的只有一人,其他人可能是仅仅提供了犯罪的预备或者辅助工作,对于这些行为人虽然也要认定强奸犯罪既遂,但并不能进而认定与实施强奸的行为人构成轮奸,本案不属于轮奸案件。

75 从语义分析的角度看,对“轮奸”可有两种理解:一是轮奸结果说,将轮奸理解为轮奸结果,构成轮奸不仅要求有轮奸行为,而且只有发生女性被轮奸的结果(被数人强奸既遂)时,才构成轮奸。部分学者赞同这种观点:成立轮奸,行为人均需亲自实施奸淫既遂,如果一个人实施强奸既遂,另一行为人未能既遂,则不能认定为轮奸。[67] 另一理解是轮奸行为说,将轮奸理解为轮奸行为,即只要共犯人基于轮奸的共谋,已经着手强奸行为,被害女性客观上存在被轮奸的危险的,即属于轮奸,至于是否实际发生了女性被数人强奸既遂的结果,并不改变轮奸的行为性质。目前,从教科书来看,只有少数学者主张这一观点:共犯人都具有奸淫的目的,即使其中一人因意志以外的原因未得逞,其性质也属于轮奸。[68] 目前,实务部门倾向于采取轮奸行为说,只要共犯人基于轮奸的意思进行奸淫,即便其中一人出现未得逞的情形,对未得逞者在犯罪情节上也依然定性为轮奸。应当认为,实务界的做法是合理的。

76 首先,轮奸结果说在一些情形中存在悖论,会导致罪刑失衡。妇女帮助两名以上的男子轮奸其他女性的,作为轮奸的帮助犯,该妇女应承担轮奸的刑事责任。不过,按照轮奸结果说,恐怕不能认为该妇女也属于轮奸,因为该妇女与那些因意外原因未能完成奸入行为的男子一样,并未实施奸淫行为,因而对其只能按照强奸的基本犯来处理。然而,这并不合适。因为妇女以帮助轮奸的意思参与犯罪,对于被害人被轮奸结果的发生,该妇女作出了自己的“贡献”,故对其应当适用轮奸的法定刑来处理

---

66 参见陈兴良、张军、胡云腾主编:《人民法院刑事指导案例裁判要旨通纂》(第2版),北京大学出版社2018年版,第783页。

67 参见王作富主编:《刑法分则实务研究》(第5版),中国方正出版社2013年版,第768页。

68 参见陈兴良:《规范刑法学》(第4版),中国人民大学出版社2017年版,第803页。

才是合适的。但是,如果对该妇女按照轮奸来处理,结局又会出现下述严重不均衡:对轮奸的帮助犯(妇女)可适用轮奸的法定刑,而对轮奸的正犯(由于意志以外的原因未能完成奸淫的男性)不能适用轮奸的法定刑,导致罪行更为严重的行为处罚反而更轻,这严重违反罪刑相适应原则。轮奸结果说无法解决这一悖论,而轮奸行为说则不存在这方面的问题。

其次,轮奸结果说是将情节加重犯是否存在未遂犯与加重情节本身是否存在相混淆的产物。加重情节(轮奸)本身是否存在,与情节加重犯(轮奸)是否已经既遂,是两个不同的问题。情节加重犯(轮奸)是否既遂,是以存在加重情节(轮奸)为前提的。只要两个以上的共犯人先后奸淫女性,就构成情节加重犯(轮奸)。至于情节加重犯是否既遂,得视情节加重犯的保护法益是否已被侵犯而定。即使情节加重犯未遂,加重情节本身也是客观存在的。换言之,情节加重犯(轮奸)既遂时,当然存在加重情节(轮奸);情节加重犯(轮奸)未遂时,加重情节(轮奸)同样也是存在的,此时否定加重情节(轮奸)的存在,是毫无道理的。因此,即使有共犯人未能完成奸淫行为因而不构成轮奸既遂,也不应否认轮奸情节的存在。 77

最后,有论者认为,轮奸不是一种独立的犯罪,只有独立的犯罪才存在犯罪的既遂、未遂等犯罪停止形态,因此,轮奸只有是否构成的问题,而不存在轮奸的既未遂问题。[69] 这一观点难以成立。事实上,不但基本犯存在既未遂问题,加重犯(如结果加重犯、情节加重犯)同样存在既未遂问题。行为人意图侵犯加重情节所保护的法益,但因意志以外的原因未能侵犯法益是完全可能的,将此认定为情节加重犯的未遂犯,不存在理论上的障碍。就司法实务而言,我国实务也承认情节加重犯存在犯罪未遂形态。2005年6月8日最高人民法院《关于审理抢劫、抢夺刑事案件适用法律若干问题的意见》指出:"刑法第二百六十三条规定的八种处罚情节中除'抢劫致人重伤、死亡的'这一结果加重情节之外,其余七种处罚情节同样存在既遂、未遂问题,其中属抢劫未遂的,应当根据刑法关于加重情节的法定刑规定,结合未遂犯的处理原则量刑。"将该解释的精神举一反三,轮奸确实不是独立罪名,仅属于加重情节,但其同样存在既未遂问题。所以,认为只有独立犯罪才存在既未遂的观点,经不起推敲。 78

在上述被告人唐胜海、杨勇强奸一案中,二被告人已经着手轮奸妇女,王某有被轮奸的高度危险,虽然被告人唐胜海奸淫未逞,但基于轮奸行为的存在,二人成立轮奸,属于轮奸未遂。法院认定二被告人的行为构成轮奸,结论是合适的。在张某、刘某、周某A、周某B强奸马某案中,法院否定本案属于轮奸案件是不妥的,对此应以轮奸未遂处理才是妥当的。 79

3.轮奸停止形态的认定

数人均完成了奸淫行为,构成轮奸既遂,这并无争议。有问题的是,如3人以上共谋奸淫妇女,其中2人顺利完成奸淫行为,另一人由于生理原因无法完成奸淫行为 80

69 参见于志刚:《刑法总则的扩张解释》,中国法制出版社2009年版,第123页。

的,对该人认定为轮奸既遂还是轮奸未遂？进一步推进,2人共谋奸淫妇女,1人顺利完成奸淫行为,另1人由于生理原因无法完成奸淫行为的,对该人认定为轮奸既遂还是轮奸未遂？这是实务中经常遇到的问题。

81 张甲、张乙共谋强奸妇女杨某,张甲强奸得逞,而张乙未能得逞。二审法院认为,本案属于轮奸案件,其中张甲、张乙均属于犯罪既遂。学界由此归纳出裁判要旨:二人以上基于共同的强奸故意先后对同一被害人实施强奸行为,无论是否得逞,均应认定为具有轮奸情节,且均成立强奸既遂。[70] 不过,该裁判要旨的归纳不够精细,或者说语言表述容易使人产生误解。笔者赞成该案属于轮奸案件,但从加重犯的角度看,强奸罪基本犯既遂,不等于强奸罪加重犯既遂。在轮奸的场合,起码应有2人完成了奸淫行为,才属于轮奸既遂;如果只有1人完成奸淫既遂的,属于强奸基本犯既遂,但加重犯(轮奸)未遂,在对二人按轮奸处罚的同时,还应同时适用未遂犯的规定。

82 在3人以上共谋奸淫妇女,其中只有2人顺利完成奸淫行为的场合,如何处理案件,实务中也有不同看法。被告人王洪亮、马东凤与齐永继共谋强奸妇女牛某某,王洪亮、马东凤先后与被害人发生了性关系,齐永继因意志以外的原因未能与被害人发生性关系。一审法院认为,三被告人均应承担轮奸既遂的刑事责任。二审法院则认为,本案属于轮奸犯罪,但被告人齐永继系强奸未遂。二审法院的主要理由是,一人既遂即为全体既遂是判断共同犯罪完成形态的一般标准,对于普通共同强奸犯罪,该标准完全适用;但在判断轮奸犯罪中的参与者是既遂还是未遂问题上,有必要实事求是地考虑到强奸犯罪亲手犯的特殊性,对于因意志以外的原因未能得逞者应客观评价为强奸未遂,应当从轻或者减轻处罚。[71] 应当认为,只要认为强奸罪不是亲手犯,二审法院的看法就不能成立。由于已经现实地发生了轮奸结果,未得逞者对妇女被轮奸的发生也作出了自己的"贡献",故其应负轮奸既遂的刑事责任。

(五)奸淫不满10周岁的幼女或者造成幼女伤害

83 这是《刑法修正案(十一)》增设的法定刑升格的情形。出于对低龄幼女的保护,只要行为人与不满10周岁的幼女性交,无论幼女是否同意,均属于"奸淫不满十周岁的幼女",对行为人应"处十年以上有期徒刑、无期徒刑或者死刑"。当然,如果幼女同意性交,奸淫行为也没有造成幼女伤害的,原则上只能对行为人判处10年以上有期徒刑,判处无期徒刑应当特别慎重,不得判处死刑。

84 "造成幼女伤害"中的"幼女"不限于上述不满10周岁的幼女,也包括10周岁以上不满14周岁的幼女。"伤害"是指奸淫行为造成幼女轻伤以上的伤害,不可将"伤害"限定为"重伤",否则《刑法》第236条第3款第(五)项"造成幼女伤害"即被第(六)项"致使被害人重伤"包含,使《刑法修正案(十一)》增设"造成幼女伤害"变得

---

70 参见陈兴良、张军、胡云腾主编:《人民法院刑事指导案例裁判要旨通纂》(第2版),北京大学出版社2018年版,第809—810页。

71 参见周维平:《轮奸犯罪中未得逞者的定性与处罚》,载《人民司法》2010年第12期。

毫无意义。只要主张《刑法》第 236 条第 3 款第(五)项与第(六)项不是对立关系,就可认为“造成幼女伤害”包括造成幼女重伤在内。

85 由于“奸淫不满十周岁的幼女或者造成幼女伤害”是《刑法修正案(十一)》新设的不利于被告人的规定,因此,应注意该规定的时间效力问题,即只有 2021 年 3 月 1 日之后发生的奸淫不满 10 周岁的幼女或者造成幼女伤害的罪行,才能对行为人加重处罚;对于 2021 年 3 月 1 日之前发生的奸淫不满 10 周岁的幼女或者造成幼女伤害的罪行,除非具有其他应当加重处罚的情节,否则不得对行为人加重处罚。

(六)致使被害人重伤、死亡或者造成其他严重后果

86 这是关于强奸罪加重犯的规定。强奸“致使被害人重伤、死亡”是指强奸的手段行为(如暴力)致人重伤、死亡或者强奸的目的行为(如性交行为)导致被害人性器官严重损伤,或者造成其他严重伤害,甚至致使被害人当场死亡或者经治疗无效死亡。是否属于强奸致使被害人重伤、死亡或者造成其他严重后果,与强奸既遂还是未遂没有关系。行为人在强奸的过程中过失致人重伤或者造成其他严重后果的,即使强奸未遂,也成立强奸罪的结果加重犯。强奸“造成其他严重后果”,是指强奸行为造成了与重伤、死亡危害大致相当的后果。在实务中主要是指强奸行为造成被害人怀孕、堕胎等其他严重危害女性身心健康的严重后果。强奸行为导致妇女抑郁,后妇女自杀的,属于强奸行为造成其他严重后果。[72]

87 要构成强奸罪的结果加重犯,被害人重伤、死亡后果必须与强奸的手段行为或者目的行为之间存在因果关系,对该结果行为人主观上存在预见可能性。某日凌晨 3 时许,被告人王照双强奸李某某离开现场后,李某某到三楼阳台呼救时,因双手被捆,坠楼身亡。一审、二审法院均认定被告人属于“强奸致使被害人死亡或者造成其他严重后果”。该判决结论是否合理,存在不同看法。[73] 被害人双手被捆绑是其在呼救中身体不稳定导致坠楼身亡的重要因素,死亡结果与捆绑行为之间存在条件关系,但是,条件关系不等于因果关系,捆绑行为本身并未创设出足以致人死亡的危险,难以认定死亡结果与强奸行为之间存在因果关系。此外,案发地点为 3 楼室内,一般人能够预想到被害妇女可能到阳台呼救,但很难预见到妇女会呼救时从 3 楼摔下而亡。因此,认定本案属于强奸致使被害人死亡,并不合适。

88 在实务上,行为人使用足以致人伤亡的暴力手段实施强奸,导致妇女死亡的,属

---

72 参见陈兴良、张军、胡云腾主编:《人民法院刑事指导案例裁判要旨通纂》(第 2 版),北京大学出版社 2018 年版,第 785 页。

73 参见张明楷:《结果加重犯的认定——评北京市高级人民法院(2006)京高刑终字第 451 号判决》,载《中国法律评论》编辑部编:《中国法律评论》(第 1 卷),法律出版社 2007 年版,第 135 页。

于强奸致人死亡。[74] 强奸犯难以制服妇女,遂采用杀人的暴力先杀害妇女,在妇女尚未死亡前实施奸淫的,有人认为不属于强奸致人死亡,对于妇女死亡应独立评价为故意杀人罪。[75] 但是,否定强奸罪中的暴力不包含故意的致命暴力,并不合适,对此还是认定为强奸罪一罪、按照强奸致使被害人死亡处理为妥。

89 在实务上,如果被害人的重伤、死亡结果系强奸行为间接导致或者有其他因素的介入,如被害人不能承受他人误解、嘲笑等原因而自残、自杀的,一般不能认定为强奸"致使被害人重伤、死亡"。[76] 在强奸时妇女逃跑,不慎失足落水,行为人未予救助,妇女被淹死的,不属于强奸致使被害人死亡,对死亡结果应单独评价为不作为的故意杀人罪。[77] 在完成强奸行为之后,产生伤害或者杀人故意,进而实施伤害与杀人行为,导致被害人重伤、死亡的,不属于强奸"致使被害人重伤、死亡",对此应以强奸罪与故意伤害罪或者故意杀人罪数罪并罚。

---

74 参见陈兴良、张军、胡云腾主编:《人民法院刑事指导案例裁判要旨通纂》(第 2 版),北京大学出版社 2018 年版,第 809 页。

75 参见陈兴良、周光权:《刑法学的现代展开》,中国人民大学出版社 2006 年版,第 546 页。

76 张军等主编:《刑事审判实务教程》,中国法制出版社 2013 年版,第484 页。

77 参见陈兴良、张军、胡云腾主编:《人民法院刑事指导案例裁判要旨通纂》(第 2 版),北京大学出版社 2018 年版,第 813—814 页。

第二百三十六条之一　负有照护职责人员性侵罪

对已满十四周岁不满十六周岁的未成年女性负有监护、收养、看护、教育、医疗等特殊职责的人员，与该未成年女性发生性关系的，处三年以下有期徒刑；情节恶劣的，处三年以上十年以下有期徒刑。

有前款行为，同时又构成本法第二百三十六条规定之罪的，依照处罚较重的规定定罪处罚。

文献:王爱立主编:《中华人民共和国刑法释义》,法律出版社 2021 年版;许永安主编:《中华人民共和国刑法修正案(十一)解读》,中国法制出版社 2021 年版。张义健:《〈刑法修正案(十一)〉的主要规定及对刑事立法的发展》,载《中国法律评论》2021 年第 1 期;胡云腾、徐文文:《〈刑法修正案(十一)〉若干问题解读》,载《法治研究》2021 年第 2 期;李立众:《负有照护职责人员性侵罪的教义学研究》,载《政法论坛》2021 年第 4 期;付立庆:《负有照护职责人员性侵罪的保护法益与犯罪类型》,载《清华法学》2021 年第 4 期;张梓弦:《积极预防性刑法观于性犯罪中的体现——我国〈刑法〉第 236 条之一的法教义学解读》,载《政治与法律》2021 年第 7 期。

细目录

Ⅰ　主旨
Ⅱ　沿革
Ⅲ　客体
Ⅳ　发生性关系
　一、行为对象
　二、行为内容
　三、既遂标准
Ⅴ　主体
Ⅵ　罪过
Ⅶ　与强奸罪的关系
Ⅷ　处罚

Ⅰ　主旨

在《刑法》第 236 条之一中,负有特殊职责是行为主体的修饰语,条文并未要求负 1
有特殊职责的人员必须“利用”特殊职责与已满 14 周岁不满 16 周岁的未成年女性发

生性关系,才能构成负有照护职责人员性侵罪。这意味着,只要负有特殊职责的人员与该未成年女性发生性关系,就成立本罪。因此,从行为人的角度看,本条旨在禁止负有监护、收养、看护、教育、医疗等特殊职责的人员,与已满14周岁不满16周岁的未成年女性发生性关系,以免因过早发生性关系影响未成年女性的正常社会化。从未成年女性的角度看,保护未成年女性的性自主权,以防止负有监护、收养、看护、教育、医疗等特殊职责的人员利用其影响力或支配力,侵犯未成年女性的性自主权。

Ⅱ 沿革

2 无论是《联合国儿童权利公约》,还是德国、日本、意大利等国的刑法,均处罚负有特殊职责的人员与未成年人发生性关系的行为。[1] 但我国1997年《刑法》并无此类规定,行为人在已满14周岁不满16周岁的未成年人同意之下与其发生性关系的,该行为不构成任何性犯罪。2013年10月23日最高人民法院、最高人民检察院、公安部、司法部《关于依法惩治性侵害未成年人犯罪的意见》规定:"对已满十四周岁的未成年女性负有特殊职责的人员,利用其优势地位或者被害人孤立无援的境地,迫使未成年被害人就范,而与其发生性关系的,以强奸罪定罪处罚。"该规定以发生性关系违背已满14周岁的未成年女性的意志为前提,否则行为人与其发生性关系的行为既不构成强奸罪,也不构成其他任何犯罪。然而,近年来性侵未成年人的案件数量不断增长,特别是负有监护、收养、教育等特殊职责人员利用优势地位性侵未成年人的案件不少,如据初步统计,2018年7月至2020年6月,全国检察机关批准逮捕监护人性侵未成年人案件1279件,教师性侵未成年学生案件1059件。[2] "这种利用特定身份奸淫未成年女性的行为,即使未使用暴力手段,但由于收养、监护等特定关系,对未成年人而言,往往会由于恐惧、不知所措等而不敢反抗。有的虽表现为受害人'自愿',但由于受害人毕竟尚未成年,尚不具备完全认知自己行为性质的能力。因此,从保护女性未成年人健康成长出发,有必要对此类行为作为犯罪加以规定。"[3] 在此背景下,2020年《刑法修正案(十一)》第27条增设了本条规定。

3 本条有如下特点:第一,将本罪主体限定为对已满14周岁不满16周岁的未成年女性负有特殊职责的人员。因此,不负有特殊职责的人员与已满14周岁不满16周岁的未成年女性发生性关系的,不构成本罪。第二,将行为对象未成年女性的年龄上限限定为不满16周岁,没有扩至不满18周岁。因此,负有特殊职责的人员与已满16

---

1 关于各国具体刑法规定,参见许永安主编:《中华人民共和国刑法修正案(十一)解读》,中国法制出版社2021年版,第247—248页。

2 参见张义健:《〈刑法修正案(十一)〉的主要规定及对刑事立法的发展》,载《中国法律评论》2021年第1期。

3 许永安主编:《中华人民共和国刑法修正案(十一)解读》,中国法制出版社2021年版,第246页。

周岁不满 18 周岁的未成年女性发生性关系的,不构成本罪。第三,将本罪行为内容限定为发生性关系。据此,负有特殊职责的人员与已满 14 周岁不满 16 周岁的未成年女性单纯接吻、拥抱或者抚摸身体或者视频裸聊的,这些行为不属于“发生性关系”,不构成本罪。

本条属于新设之罪,存在时间效力问题。根据从旧兼从轻原则,对于发生在《刑法修正案(十一)》生效之前的行为,即负有特殊职责的人员与已满 14 周岁不满 16 周岁的未成年女性发生性关系的行为如果发生于 2021 年 3 月 1 日之前,只要发生性关系不违背该未成年女性的意志,就不能以本条之罪追究行为人的刑事责任。 4

Ⅲ　客体

关于本罪的犯罪客体,主要有身心健康说与性自主权说之争。身心健康说认为,负有照护职责人员性侵罪的犯罪客体是已满 14 周岁不满 16 周岁的未成年女性的身心健康。[4] 性侵未成年女性当然有损其身心健康,但这是侵犯未成年女性的性自主权之后所导致的结果。换言之,如果负有特殊职责的人员与已满 14 周岁不满 16 周岁的未成年女性发生性关系的行为没有侵犯该未成年女性的性自主权,就不会进一步出现该未成年女性身心健康受损的结果。所以,不应认为本罪直接侵犯的是未成年女性的身心健康。此外,身心健康说在犯罪客体上也不能反映本罪为性犯罪的特点。 5

性自主权说认为,本罪的犯罪客体是已满 14 周岁不满 16 周岁的未成年女性的性自主权。“具有监护、收养等特殊职责的行为人容易针对被害人实施欺骗、利诱等行为,被害人虽非自愿,但也可能考虑到这种关系而忍气吞声、难以反抗或抵制,行为人的犯罪很容易得手,这对于未成年人的成长不利。因此,立法上推定处于特定监护等关系中的女性面对监护人或其他有特殊职责的人员时,对其性行为难以真正自主地进行决定。”[5] 这就是说,为了保证已满 14 周岁不满 16 周岁的未成年女性能够心无旁骛地完成学业等人生任务,立法者从家父主义的立场出发,面对负有特殊职责的人员,立法上推定已满 14 周岁不满 16 周岁的未成年女性不能真正行使性自主权。所以,负有特殊职责的人员只要与已满 14 周岁不满 16 周岁的未成年女性发生了性关系,无论该未成年女性是否同意,都侵犯了该未成年女性的性自主权。 6

认为本罪的犯罪客体是已满 14 周岁不满 16 周岁的未成年女性的性自主权,除了在犯罪客体上就能反映本罪为性犯罪外,还能解释很多现象。例如,面对负有特殊职责的人员,立法上推定已满 14 周岁不满 16 周岁的未成年女性不能真正行使性自主权,因此,即使事实上该未成年女性是主动、自愿地与负有特殊职责的行为人发生 7

4　参见王爱立主编:《中华人民共和国刑法释义》,法律出版社 2021 年版,第 501 页。

5　周光权:《刑事立法进展与司法展望——〈刑法修正案(十一)〉总置评》,载《法学》2021 年第 1 期。

性关系,该未成年女性的“同意”也不属于违法阻却事由,行为人仍然构成本罪。再如,性自主权说还能解释不负有特殊职责的人员为何不构成本罪:已满 14 周岁不满 16 周岁的未成年女性享有性自主权,面对不负有特殊职责的人员时,其能够真正行使其性自主权,故只要该未成年女性同意发生性关系,不负有特殊职责的人员与其发生性关系的行为就没有侵犯其性自主权,自然就不构成本罪。

Ⅳ　发生性关系

8 本罪在客观方面表现为负有特殊职责的人员与已满 14 周岁不满 16 周岁的未成年女性发生性关系。

一、行为对象

9 本罪行为对象为已满 14 周岁不满 16 周岁的未成年女性。在具体案件中,需要对未成年女性的年龄进行严格审查。撇开认识错误的场合,不满 14 周岁的女性以及已满 16 周岁的女性,不是本罪的行为对象。如果负有特殊职责的人员对未成年女性的年龄出现认识错误,如行为人误以为与自己发生性关系的女性已满 14 周岁不满 16 周岁,其实该女性不满 14 周岁的,如后所述,对此应按错误论处理。

10 本罪行为对象被明文限定为未成年“女性”,所以,负有特殊职责的人员与已满 14 周岁不满 16 周岁的未成年男性发生性关系的,不构成本罪;如果发生性关系违背该未成年男性的意志的,对此可以强制猥亵罪追究行为人的刑事责任。

二、行为内容

11 本罪行为内容为与已满 14 周岁不满 16 周岁的未成年女性发生性关系。如何理解“发生性关系”,不仅影响肛交、口交等行为是否成立本罪,而且影响犯罪主体的范围。例如,如果认为将性玩具插入女性阴道也属于“发生性关系”,本罪主体就包含已满 16 周岁的女性在内。

12 “发生性关系”不是《刑法修正案(十一)》新创的术语,1997 年《刑法》就曾使用过这一术语。如《刑法》第 241 条第 2 款规定:“收买被拐卖的妇女,强行与其发生性关系的,依照本法第二百三十六条的规定定罪处罚。”该款中“发生性关系”是指性交。从体系解释出发,《刑法》第 236 条之一中的“发生性关系”也应指性交。所以,一般认为,行为人如不以发生性关系为目的,意在通过性交以外的行为满足性欲,就不构成本罪。[6]

13 将“发生性关系”界定为“性交”并不意味着问题的结束,因为“性交”并不是含义极为明确的概念。换言之,《刑法》第 236 条之一中的“发生性关系”仅指阳具插入阴

---

[6] 参见胡云腾、徐文文:《〈刑法修正案(十一)〉若干问题解读》,载《法治研究》2021 年第 2 期。

道，还是包括阳具插入未成年女性的肛门（肛交）、口腔（口交）行为在内，这是需要研究的问题。对“发生性关系”的理解不同，将会直接影响本罪的处罚范围。一般认为，“发生性关系”是指阳具插入阴道，不包括与未成年女性肛交、口交的行为，也不包括用手指、舌头或者其他物体插入未成年女性阴道的行为。这是因为，考虑到本罪最高刑达10年有期徒刑，应对“发生性关系”作严格解释。如此解释“发生性关系”的含义，也符合一般国民的理解。据此，妇女性侵已满14周岁不满16周岁的未成年女性的，就不属于“发生性关系”，因而不构成本罪。可见，上述见解存在对已满14周岁不满16周岁的未成年女性保护不力的短板。

发生性关系要求男女之间存在肉体的实际接触，不包括虚拟性交在内。因此，负有特殊职责的人员通过网络与已满14周岁不满16周岁的未成年女性进行视频裸聊，指示该未成年女性进行自慰，以满足行为人的性欲的，由于该行为无法被认定为“发生性关系”，故不能以本罪追究行为人的刑事责任。 14

构成本罪是否要求发生性关系必须得到未成年女性的同意，也是需要深入研究的问题。有人认为，从行为内涵看，“发生性关系”主要是双方自愿发生性关系。[7] 有人认为，成立本罪必须以未成年女性同意为前提，如果负有特殊职责的人员以暴力、胁迫或者其他手段强奸未成年女性的，应当按照强奸罪定罪；对于负有特殊职责的人员，利用其优势地位或者被害人孤立无援的境地，迫使未成年被害人就范，而与其发生性关系的行为，根据相关司法解释的规定，也应以强奸罪定罪。[8] 这一看法有利于在负有照护职责人员性侵罪与强奸罪之间划出清晰的界限，因而非常流行。但是，如后所述，以发生性关系是否违背未成年女性的意志为界限，将负有照护职责人员性侵罪与强奸罪对立起来的看法，与《刑法》第236条之一第2款“有前款行为，同时又构成本法第二百三十六条规定之罪的，依照处罚较重的规定定罪处罚”的规定明显矛盾。与成立强奸罪有明确的手段要求不同，《刑法》第236条之一对犯罪手段未作任何限定，这意味着无论采用何种手段，只要负有特殊职责的人员与已满14周岁不满16周岁的未成年女性发生了性关系，即成立本罪（当然，如果采取暴力、胁迫手段的，还另行触犯强奸罪，从一重罪处断）。因此，成立本罪，不以发生性关系得到未成年女性的同意为前提。 15

此外，构成本罪也不要求发生性关系时，负有特殊职责的人员必须利用监护、收养、看护、教育、医疗等特殊职责，乘机与已满14周岁不满16周岁的未成年女性发生性关系。换言之，发生性关系是否与行为人的监护、收养、看护、教育、医疗等特殊职责有关，不影响本罪的成立。因此，即使负有特殊职责的人员并未主动提出和已满14周岁不满16周岁的未成年女性发生性关系，而是该未成年女性主动与负有特殊职责 16

7 参见赵秉志、袁彬：《〈刑法修正案（十一）〉罪名问题研究》，载《法治研究》2021年第2期。

8 参见胡云腾、徐文文：《〈刑法修正案（十一）〉若干问题解读》，载《法治研究》2021年第2期。

的行为人发生性关系的,行为人也构成本罪。[9]

三、既遂标准

17　如将“发生性关系”理解为阳具插入阴道,则负有特殊职责的男性将阳具插入已满 14 周岁不满 16 周岁的未成年女性的阴道时,成立本罪既遂。仅有性器官的接触,由于意志以外的原因尚未完成插入行为时,为本罪的未遂。考虑到本罪基本犯的法定刑属于轻罪的法定刑,如不能认定存在“情节恶劣”的情形,对此通常可不追究行为人的刑事责任。

V 主体

18　本罪主体为特殊主体,为对已满 14 周岁不满 16 周岁的未成年女性负有监护、收养、看护、教育、医疗等特殊职责的人员。之所以如此,是考虑到这类人员由于优势地位、身份等容易对未成年女性形成控制,因此立法严格禁止特殊职责人员与未成年女性发生性关系。[10] 因此,对已满 14 周岁不满 16 周岁的未成年女性不负有特殊职责的人员,不符合本罪的主体要件,不构成本罪。据此,无论是未成年男同学与已满 14 周岁不满 16 周岁的未成年女性谈恋爱发生性关系,还是隔壁邻居诱惑已满 14 周岁不满 16 周岁的未成年女性与其发生性关系,或者陌生人在酒吧等场所与已满 14 周岁不满 16 周岁的未成年女性有偿或者无偿发生一夜情的,都不构成本罪。

19　如果“发生性关系”是指阳具插入阴道,本罪主体就只能为年满 16 周岁的男性,已满 16 周岁的女性就不能成为本罪的直接正犯(实行犯)。除有年龄、性别要求外,本罪主体还必须具有特定的身份,即行为人为对已满 14 周岁不满 16 周岁的未成年女性负有监护、收养、看护、教育、医疗等特殊职责的人员。行为人是否负有“监护”“收养”职责,可依据《民法典》《收养法》等法律予以确定。“看护”职责是指通过口头或者书面约定,行为人负有照看、保护已满 14 周岁不满 16 周岁的未成年女性的职责。“教育”“医疗”职责是指根据教育关系、医疗关系或者服务合同等,对已满 14 周岁不满 16 周岁的未成年女性负有传授知识、培养能力或者治疗疾病、恢复健康等职责。行为人是否属于本罪犯罪主体的关键在于,其是否负有特殊职责。“监护、收养、看护、教育、医疗”属于有限列举,揭示了“特殊职责”的基本内涵。所谓“特殊职责”,是指对已满 14 周岁不满 16 周岁的未成年女性负有支配、监督或者管理职责。形成特殊职责的原因不限,包括基于法律的原因(如行为人被法院判决为已满 14 周岁不满 16 周岁的未成年女性的监护人),或者基于事实的原因(如事实上是已满 14

---

[9] 参见周光权:《刑事立法进展与司法展望——〈刑法修正案(十一)〉总置评》,载《法学》2021 年第 1 期。

[10] 参见张义健:《〈刑法修正案(十一)〉的主要规定及对刑事立法的发展》,载《中国法律评论》2021 年第 1 期。

周岁不满16周岁的女学生的班主任)而形成的职责。因此,其他与法条所列举的人员性质相同、等同的主体也应纳入本条的适用范围。[11] 例如,在打拐过程中,负有解救被拐卖妇女职责的国家工作人员,在解救被拐卖的已满14周岁不满16周岁的未成年女性的过程中,利用解救、照料机会与该未成年女性发生性关系的,应以本罪追究国家工作人员的刑事责任。再如,妇女带着15周岁的女儿与某男同居生活,某男负有事实上照顾妇女的15周岁女儿的职责时,其与该女孩发生性关系的,应以本罪追究某男的刑事责任。

还需指出的是,行为人负有的"特殊职责"是相对于女性未成年人而言的[12],是具 20
体的而不是抽象的职责。例如,泛泛而论,小区保安负有保证本小区所有人员人身、财产安全的职责,自然对居住在本小区的已满14周岁不满16周岁的未成年女性也负有保证其安全的职责。但是,这仅是一种抽象的职责,而不是针对某一未成年女性的具体职责,因为针对本小区已满14周岁不满16周岁的未成年女性,小区保安事实上没有支配、监督或者管理的职责。因此,小区保安与本小区已满14周岁不满16周岁的未成年女性发生性关系的,不能以本罪追究刑事责任。同样,不能因为学校负有对未成年人的教育职责就将学校内的所有员工乃至临时工都认定为负有特殊职责的人员,应将主体范围限定在负有教育、管理职责的员工群体之内。[13]

Ⅵ 罪过

本罪为故意犯罪,要求行为人明知发生性关系的对象为已满14周岁不满16周 21
岁的未成年女性。至于行为人是否明知该未成年女性的姓名、住址等其他个人信息,不影响本罪故意的认定。本罪故意包括间接故意在内。

未成年女性的实际年龄是多大,与行为人是否认识到该未成年女性的实际年 22
龄,这是两个不同的问题。负有特殊职责的人员完全可能辩解其以为该女性已满16周岁才与其发生性关系,自己没有犯本罪的犯罪故意,从而主张无罪。行为人确实有辩解的权利,但这并不意味着其辩解一定可信。在监护、收养等场合,行为人的辩解不具有可信性,因为监护、收养关系使其能够知晓未成年女性的实际年龄。不过,在教育等场合,虽然班主任通过学籍登记等材料能够知晓未成年女生的实际年龄,但其他任课教师未必能够知道未成年女生的真实年龄。在医疗场合,医院并不严格检查年龄一栏的填写情况是否属实,不排除未如实填写未成年女性年龄的情形,故对未成年女性负有医治职责的人员未必能够知道未成年女性的准确年龄。在发生性关系之

11 参见胡云腾、徐文文:《〈刑法修正案(十一)〉若干问题解读》,载《法治研究》2021年第2期。

12 参见王爱立主编:《中华人民共和国刑法释义》,法律出版社2021年版,第501页。

13 参见胡云腾、徐文文:《〈刑法修正案(十一)〉若干问题解读》,载《法治研究》2021年第2期。

前,这些负有教育、医疗等特殊职责的人员确实询问了未成年女性的年龄,但未成年女性没有如实告知年龄情况,且其身体发育、言谈举止也不像已满 14 周岁不满 16 周岁的未成年女性时,不能轻易认定这些人员具有本罪故意。

23 在排除行为人具有间接故意之后,如果负有特殊职责的人员并非狡辩,而是由于与未成年女性接触时间短等原因,导致对未成年女性的年龄出现认识错误时,应区分不同情形分别处理:①负有特殊职责的行为人误以为未成年女性不满 14 周岁,该未成年女性实际上已满 14 周岁不满 16 周岁,行为人诱惑其发生性关系。在这一情形中,行为人虽有奸淫幼女的故意,但实际上奸淫的不是幼女,与其发生性关系的是已满 14 周岁不满 16 周岁的未成年女性,如果该行为不属于不可罚的不能犯的情形,则发生性关系的行为首先成立(奸淫幼女型的)强奸罪的未遂犯。同时,行为人的认识错误跨越了强奸罪与负有照护职责人员性侵罪的构成要件,对于此种抽象事实错误,按照法定符合说,由于负有照护职责人员性侵罪与强奸罪具有同质性,对与已满 14 周岁不满 16 周岁的未成年女性发生性关系这一客观事实,能够认定行为人存在犯罪故意,因而其行为还成立负有照护职责人员性侵罪。因此,出现上述认识错误时,行为人与已满 14 周岁不满 16 周岁的未成年女性发生性关系的行为同时成立强奸罪(未遂犯)与负有照护职责人员性侵罪(既遂犯),对此应从一重罪处断。②负有特殊职责的行为人误以为未成年女性已满 14 周岁不满 16 周岁,该未成年女性实际上不满 14 周岁,行为人诱惑其发生性关系。在这一情形中,行为人主观上并无与幼女发生性关系的意思,故该行为不构成(奸淫幼女型的)强奸罪。行为人主观上有与已满 14 周岁不满 16 周岁的未成年女性发生性关系的故意,虽然客观上与其发生性关系的并不是已满 14 周岁不满 16 周岁的未成年女性,但是,完全可将重要对象(不满 14 周岁的幼女)降格评价为一般对象(已满 14 周岁不满 16 周岁的未成年女性),从而行为人的行为完全具备负有照护职责人员性侵罪的主客观要件,故可以负有照护职责人员性侵罪追究行为人的刑事责任。[14] ③负有特殊职责的行为人误以为未成年女性已满 14 周岁不满 16 周岁,该未成年女性实际上已满 16 周岁,行为人诱惑其发生性关系。在这一情形中,行为人主观上有与已满 14 周岁不满 16 周岁的未成年女性发生性关系的犯罪故意,但客观上并不存在已满 14 周岁不满 16 周岁的女性,如果该行为不属于不可罚的不能犯的情形,该行为就构成负有照护职责人员性侵罪的未遂犯。当然,如无恶劣情节,基于轻罪的未遂可不追究刑事责任的观点,对此可不按刑事犯罪处理。④负有特殊职责的行为人误以为未成年女性已满 16 周岁,该未成年女性实际上已满 14 周岁不满 16 周岁,行为人诱惑其发生性关系。在这一情

14　行为人误以为与自己发生性关系的未成年女性已满 14 周岁不满 16 周岁,实际上该女性不满 14 周岁时,这一认识错误跨越了强奸罪与负有照护职责人员性侵罪的构成要件,对于此种抽象事实错误,按照法定符合说,同样能够得出应以负有照护职责人员性侵罪追究行为人刑事责任的结论。

形中，行为人既无奸淫幼女的犯罪故意，也无与已满14周岁不满16周岁的未成年女性发生性关系的犯罪故意，因而，只要未成年女性同意与其发生性关系，行为人的行为就不成立任何性犯罪。

Ⅶ 与强奸罪的关系

本罪与强奸罪的区别是明显的。在客观方面，本罪对象为已满14周岁不满16周岁的未成年女性，成立本罪对于犯罪手段并无特定要求；而强奸罪的对象为所有女性，成立强奸罪要求行为人必须使用了暴力、胁迫或者其他手段。在主体方面，本罪主体为特殊主体，要求行为人为对已满14周岁不满16周岁的未成年女性负有特殊职责的男性；而强奸罪的犯罪主体是一般主体，如对强奸行为采取复合行为论，则强奸罪的犯罪主体还包括已满14周岁的女性在内。不过，负有照护职责人员性侵罪与强奸罪存在明显区别，是否意味着两罪存在对立关系，即负有特殊职责的人员与已满14周岁不满16周岁的未成年女性发生性关系的行为一旦构成本罪，就再无构成强奸罪的余地，或者只要该行为构成强奸罪，就再也不可能构成本罪，这是值得研究的问题。 24

从寻求此罪与彼罪的界限出发，容易认为负有照护职责人员性侵罪与强奸罪是对立关系，违背已满14周岁不满16周岁的未成年女性的意志与其发生性关系的行为只能构成强奸罪，不构成负有照护职责人员性侵罪。支撑这一看法的理由是，如果违背已满14周岁不满16周岁的未成年女性的意志与其发生性关系的行为也能构成负有照护职责人员性侵罪，其法定刑就不可能最高只有10年有期徒刑。这一见解貌似有理，其实不能成立。负有照护职责人员性侵罪包含违背已满14周岁不满16周岁的未成年女性的意志与其发生性关系的情形在内，并不意味着必须对负有照护职责人员性侵罪配置重刑。相对于强奸罪而言，负有照护职责人员性侵罪的法定刑确实较轻，但承认违背已满14周岁不满16周岁的未成年女性的意志与其发生性关系的行为也能成立负有照护职责人员性侵罪，并不会轻纵犯罪，因为该行为还另行构成强奸罪，按照从一重罪处断原则，对行为人应以重罪强奸罪定罪处罚，以此最终实现了罪刑均衡。换言之，对于违背已满14周岁不满16周岁的未成年女性的意志与其发生性关系的情形，已在强奸罪的法定刑中配置了重刑，故对负有照护职责人员性侵罪就可以配置相对较轻的法定刑。因此，仅以负有照护职责人员性侵罪的法定刑较轻为由，便主张负有照护职责人员性侵罪不包含违背未成年女性的意志与其性交的情形，理由是极不充分的。 25

负有照护职责人员性侵罪与强奸罪到底是何种关系，破解这一问题的关键线索隐藏在《刑法》第236条之一第2款之中。《刑法》第236条之一第2款“同时又构成”的文字表述意味着负有特殊职责的人员与已满14周岁不满16周岁的未成年女性发生性关系的行为可以既构成《刑法》第236条之一的负有照护职责人员性侵罪，又构成《刑法》第236条的强奸罪。如果仅在发生性关系不违背已满14周岁不满 26

16 周岁的未成年女性的意志时,行为人才构成负有照护职责人员性侵罪,《刑法》第 236 条之一第 2 款就不可能作出“有前款行为,同时又构成本法第二百三十六条规定之罪的,依照处罚较重的规定定罪处罚”的规定,对于发生性关系违背未成年女性的意志的情形应直接规定“依照刑法第二百三十六条的规定定罪处罚”。然而,《刑法》第 236 条之一第 2 款没有作出“依照刑法第二百三十六条的规定定罪处罚”的规定,这就否定了违背已满 14 周岁不满 16 周岁的未成年女性的意志与其发生性关系的行为仅构成强奸罪的看法。既然《刑法》第 236 条之一第 2 款是为解决负有特殊职责的人员与已满 14 周岁不满 16 周岁的未成年女性发生性关系的犯罪出现竞合时应当如何适用法条的明文规定,就应认为负有照护职责人员性侵罪与强奸罪不是对立关系,而是竞合关系。

27 认为负有照护职责人员性侵罪与强奸罪是竞合关系,具有合理性。例如,如果要求成立负有照护职责人员性侵罪,发生性关系必须得到已满 14 周岁不满 16 周岁的未成年女性的同意,否则就构成强奸罪,那么,由于种种原因导致该未成年女性是否同意发生性关系事实不清时,由于无法证明对于发生性关系该未成年女性是同意的,不能用推定方式认定未成年女性系自愿发生性关系(这一推定是不利于被告人的推定),行为人就不构成负有照护职责人员性侵罪;同时,也没有足够证据证明发生性关系违背了该未成年女性的意志,行为人也不构成强奸罪。结果,负有特殊职责的人员与已满 14 周岁不满 16 周岁的未成年女性发生性关系的行为就不构成任何犯罪,但这一结论并不合适。只有承认负有照护职责人员性侵罪与强奸罪是竞合关系,无论该未成年女性是否同意,负有特殊职责的行为人都构成负有照护职责人员性侵罪,对此即可以负有照护职责人员性侵罪追究行为人的刑事责任。再如,竞合关系也有利于解释负有照护职责人员性侵罪为何没有犯罪手段的要求。既然无论发生性关系的行为是否违背已满 14 周岁不满 16 周岁的未成年女性的意志,负有特殊职责的人员都构成负有照护职责人员性侵罪,这就意味着手段并不重要,重要的是负有特殊职责的人员是否与已满 14 周岁不满 16 周岁的未成年女性发生了性关系。因此,《刑法》第 236 条之一对于成立负有照护职责人员性侵罪就不可能提出犯罪手段方面的要求。

Ⅷ 处罚

28 根据《刑法》第 236 条第 1 款的规定,犯本罪的,处 3 年以下有期徒刑;情节恶劣的,处 3 年以上 10 年以下有期徒刑。所谓“情节恶劣”,是指犯本罪的客观危害严重,具体包括但不限于如下情形:①与已满 14 周岁不满 16 周岁的未成年女性多次发生性关系,或者与多名已满 14 周岁不满 16 周岁的未成年女性发生性关系;②与严重残疾或者精神智力发育迟滞的未成年女性发生性关系;③造成未成年女性怀孕、感染严重性病、罹患创伤后应激障碍、中度以上精神抑郁等精神损害;④将与未成年女性发生性关系的过程进行网络直播,或者制成视频后向多人扩散传播的,等等。有人主张，从人身危险性出发，如果行为人有强奸、猥亵等性侵犯罪前科劣迹的，也可以认定为"情节恶劣"。[15] 即便是累犯，也只能从重处罚，这一看法导致前科劣迹竟能产生加重处罚（法定刑升格）的效果，并不妥当。此外，对行为人以本罪判处相关刑罚时，应注意同时适用《刑法》第37条之一从业禁止的相关规定。

15 参见胡云腾、徐文文：《〈刑法修正案（十一）〉若干问题解读》，载《法治研究》2021年第2期。

第二百三十七条　强制猥亵、侮辱罪；猥亵儿童罪

以暴力、胁迫或者其他方法强制猥亵他人或者侮辱妇女的，处五年以下有期徒刑或者拘役。

聚众或者在公共场所当众犯前款罪的，或者有其他恶劣情节的，处五年以上有期徒刑。

猥亵儿童的，处五年以下有期徒刑；有下列情形之一的，处五年以上有期徒刑：

（一）猥亵儿童多人或者多次的；

（二）聚众猥亵儿童的，或者在公共场所当众猥亵儿童，情节恶劣的；

（三）造成儿童伤害或者其他严重后果的；

（四）猥亵手段恶劣或者有其他恶劣情节的。

文献：马俊驹主编：《清华法律评论》（第3辑），清华大学出版社2000年版；李邦友、王德育、邓超：《性犯罪的定罪与量刑》，人民法院出版社2001年版；黎宏、何洋主编：《刑事案例诉辩审评——强奸罪 拐卖妇女儿童罪》，中国检察出版社2014年版。黄华生、王良华：《论强制猥亵、侮辱妇女罪》，载《江西法学》1997年第5期；林亚刚：《我国刑法中强制猥亵妇女罪的立法与规范评价》，载《现代法学》2000年第2期；张影：《强制猥亵妇女罪的立法比较与特征分析》，载《现代法学》2000年第3期；刘德法、彭文华：《刍议强制猥亵、侮辱妇女罪——评刑法第237条规定之缺陷和不足》，载《河南政法管理干部学院学报》2001年第2期；韩轶：《强制猥亵、侮辱妇女罪的几个问题》，载《河南公安高等专科学校学报》2002年第3期；陈世伟：《对我国刑法第二百三十七条的理性检讨》，载《江西公安专科学校学报》2006年第1期；丁友勤、胡月红：《强制猥亵、侮辱妇女罪争议问题研究》，载《中国刑事法杂志》2007年第1期；阮齐林：《猥亵儿童罪基本问题再研究》，载《人民检察》2015年第22期；陈家林：《〈刑法修正案（九）〉修正后的强制猥亵、侮辱罪解析》，载《苏州大学学报（哲学社会科学版）》2016年第3期；党日红：《关于强制猥亵、侮辱罪的认定》，载《中华女子学院学报》2016年第4期；赵俊甫：《猥亵犯罪审判实践中若干争议问题探究——兼论〈刑法修正案（九）〉对猥亵犯罪的修改》，载《法律适用》2016年第7期；段阳伟、舒洪水：《强制猥亵、侮辱罪的认定——基于〈刑法修正案（九）〉第13条的分析》，载《河北法学》2017年第5期；王政勋：《强制猥亵、侮辱罪构成要件的法教义学分析——基于原型范畴理论的研究》，载《法律科学》2018年第4期。

细目录

Ⅰ　主旨
Ⅱ　沿革
Ⅲ　客体
Ⅳ　强制猥亵他人、侮辱妇女
　一、猥亵他人、侮辱妇女的含义
　二、猥亵、侮辱的本质
　三、猥亵、侮辱的手段
　四、猥亵、侮辱行为的范围
　五、强制猥亵、侮辱的程度
Ⅴ　猥亵儿童
Ⅵ　主体
Ⅶ　罪过
Ⅷ　罪数
Ⅸ　其他问题
　一、强迫他人性交供自己观看行为的定性
　二、故意内容不明案件的处理
Ⅹ　处罚
　一、强制猥亵、侮辱罪的处罚
　二、猥亵儿童罪的处罚

Ⅰ　主旨

本条是猥亵犯罪的规定。除了强奸罪之外,性犯罪还包括猥亵犯罪。为了保护公民的性自主权,在强奸罪之后,立法机关紧接着规定了猥亵犯罪,根据猥亵的对象设立了强制猥亵、侮辱罪与猥亵儿童罪两个罪名。猥亵儿童罪的认定相对容易,而强制猥亵、侮辱罪的认定要复杂得多,强制猥亵妇女与强制侮辱妇女是何种关系,成立强制猥亵、侮辱罪是否需要行为人具有刺激或者满足性欲的目的,在公共场所扒光妇女衣服使其裸体的应以强制侮辱罪论处还是应以侮辱罪论处,都存在争议。犯罪客体具有解释构成要件的指导机能,必须围绕性自主权这一犯罪客体解决这些问题。 1

Ⅱ　沿革

1979 年《刑法》没有猥亵犯罪的专门规定,因为 1979 年《刑法》第 160 条流氓罪中“侮辱妇女或者进行其他流氓活动”的规定已经包含了猥亵妇女的行为。在 1997 年修订刑法的过程中,随着流氓罪的分解,就有设立猥亵犯罪的必要。由于当时猥亵 2

的对象主要是妇女、儿童,很少有猥亵成年男性的案件,故根据猥亵的对象是妇女还是儿童,立法机关设立了强制猥亵、侮辱妇女罪与猥亵儿童罪,在 1997 年《刑法》第 237 条规定如下:“以暴力、胁迫或者其他方法强制猥亵妇女或者侮辱妇女的,处五年以下有期徒刑或者拘役。聚众或者在公共场所当众犯前款罪的,处五年以上有期徒刑。猥亵儿童的,依照前两款的规定从重处罚。”

3 随着人们性观念的改变,现实中猥亵男子的案件时有发生,男子的性权利也应受到刑法的保护。但是,根据当时的刑法规定,对于猥亵已满 14 周岁的男性的行为,如果没有出现轻伤以上的结果或者剥夺自由达到一定时间,就无法进行定罪。这一立法漏洞只能通过修改猥亵对象来解决。此外,媒体曝光了一些教师猥亵多名学生以及多次猥亵学生的案件,社会影响恶劣。这些情形不属于聚众或者在公共场所当众猥亵犯罪,只能处 5 年以下有期徒刑或者拘役,难以实现罪刑均衡,有加大惩治力度的必要。

4 基于以上考虑,2015 年 8 月 29 日《刑法修正案(九)》对《刑法》第 237 条作了修订,在第 1 款中将强制猥亵的对象由“妇女”修改为“他人”,在第 2 款中增设了“有其他恶劣情节”的规定,第 3 款在外形上没有修改,但由于第 2 款被修订,猥亵儿童“有其他恶劣情节”的也应依照第 2 款的规定处罚。由此,《刑法》第 237 条第 1 款的罪名由“强制猥亵、侮辱妇女罪”相应地变更为“强制猥亵、侮辱罪”。[1]

5 1997 年《刑法》第 237 条对猥亵儿童罪并未规定独立的法定刑,而是按照《刑法》第 237 条第 1 款、第 2 款的规定从重处罚。在实务上,对该条第 2 款“有其他恶劣情节”的理解极不统一,为尽量实现处罚的明确化,2020 年 12 月 26 日《刑法修正案(十一)》对猥亵儿童罪规定了独立的法定刑,将“有其他恶劣情节”具体化为四种加重处罚情节。

Ⅲ 客体

6 通说认为,强制猥亵、侮辱罪的犯罪客体为他人的人格尊严和人身自由权利,猥亵儿童罪的犯罪客体是儿童的身心健康。[2] 虽然不能说这样的看法是错误的,但对犯罪客体的表述并不精确,因为在同样针对妇女的场合,强奸、拐卖妇女、强迫妇女卖淫等犯罪都有损妇女的人格尊严和人身自由权利,如此界定强制猥亵、侮辱罪的犯罪客体不能反映出该罪的本质。同样,以儿童为对象的犯罪都会对儿童的身心健康产生损害,猥亵儿童一定会损害儿童的身心健康,但损害儿童身心健康的犯罪并不一定

---

1 也有学者认为,应将《刑法》第 237 条的罪名概括为“强制猥亵罪”“强制侮辱妇女罪”两个罪名。参见陈家林:《〈刑法修正案(九)〉修正后的强制猥亵、侮辱罪解析》,载《苏州大学学报(哲学社会科学版)》2016 年第 3 期。

2 参见高铭暄、马克昌主编:《刑法学》(第 9 版),北京大学出版社、高等教育出版社 2019 年版,第 464 页。

就是猥亵儿童罪。通说在犯罪客体的界定上无法反映猥亵儿童罪为性犯罪的事实，故有不妥。

猥亵犯罪作为与性有关的犯罪，对象的不同会导致犯罪客体的内容存在差别。在强制猥亵、侮辱罪中，在针对已满 14 周岁的女性的场合，强制猥亵、侮辱罪的犯罪客体为女性拒绝性交之外的其他性行为的权利（妇女拒绝性嬉戏的自主权）；而在针对已满 14 周岁的男性的场合，由于强奸男性不构成强奸罪，只构成强制猥亵罪，故此时犯罪客体为已满 14 周岁的男性拒绝一切性行为的权利。在不区分对象的前提下，为了表述的便利，可模糊表述为强制猥亵、侮辱罪的犯罪客体是他人拒绝（广义）性行为的权利，或者说强制猥亵、侮辱罪的犯罪客体是他人的性自主权。 7

同样，在猥亵儿童罪中，在猥亵女童的场合，犯罪客体为女童拒绝除性交之外的其他性行为的权利；而在猥亵男童的场合，由于奸淫幼男并不构成强奸罪，故此时客体内容为男童拒绝包括性交在内的一切性行为的权利。在不区分对象的前提下，为了表述的便利，可模糊表述为猥亵儿童罪的犯罪客体是儿童不受性侵犯的权利。 8

猥亵犯罪是侵犯个人法益的犯罪，因此，在他人作出有效同意的场合，行为人所实施的性行为不再属于猥亵、侮辱行为，不构成强制猥亵、侮辱罪。不过，儿童身心发育尚未成熟，即使儿童愿意放弃不受性侵犯的权利，自愿甚至主动与行为人从事性活动的，其同意也是无效的，不能成为违法阻却事由，行为人仍然构成猥亵儿童罪。 9

Ⅳ 强制猥亵他人、侮辱妇女

本罪在客观方面表现为以暴力、胁迫或者其他方法强制猥亵他人或者侮辱妇女。行为人实施猥亵行为时，行为指向的是“他人”，既包括女子，也包括男子。如果认为强制猥亵罪与猥亵儿童罪是对立关系，则“他人”是指已满 14 周岁的男女。实施侮辱行为时，行为指向的只能是“妇女”，即已满 14 周岁的女性。如果同样的侮辱行为指向的是已满 14 周岁的男性，只能认定为强制猥亵罪，不可认定为强制侮辱罪。 10

一、猥亵他人、侮辱妇女的含义

1. 猥亵他人的含义

猥亵他人的精确含义，需要分别而论。在猥亵男性的场合，猥亵是指包括性交在内的一切侵犯他人自主权的行为；而在猥亵女性的场合，猥亵是指性交之外的侵犯妇女其他性自主权的行为。[3] 11

猥亵行为的方式不限，只要能够侵犯他人拒绝性侵犯的权利即可。猥亵的方式 12

---

3 基于区分强奸罪与强制猥亵罪的需要，在猥亵妇女的场合将猥亵定义为性交之外的侵犯妇女性自主权的行为。如果认为强制猥亵罪与强奸罪不是对立关系，而是包容关系（强制猥亵罪是普通法条，强奸罪是特别法条），则猥亵就是包括性交在内的一切侵犯妇女性自主权的行为。

包括以下四种：一是直接对他人实施猥亵行为，如强行鸡奸他人，强行抠摸他人生殖器，强行捏摸乳房，强行与他人接吻、搂抱等。二是迫使他人对行为人或者第三者实施猥亵行为，如强迫他人为行为人或第三者手淫。三是强迫他人自行实施猥亵行为，如当场强迫他人手淫等。四是强迫他人观看他人的猥亵行为，如强迫他人观看男性的鸡奸活动等。可见，实施猥亵行为并不以接触被害人的身体为必要。因此，借助于通信网络猥亵他人也是可能的。2018 年 11 月 9 日最高人民检察院发布的第 43 号指导性案例“骆某猥亵儿童案”的要旨指出，行为人以满足性刺激为目的，以诱骗、强迫或者其他方法要求儿童拍摄裸体、敏感部位照片、视频等供其观看，严重侵害儿童人格尊严和心理健康的，构成猥亵儿童罪。这一指导性案例的结论完全可以由猥亵儿童扩大适用到猥亵他人的案件中。

2. 侮辱妇女的含义

13　1997 年《刑法》第 237 条第 1 款明文将猥亵妇女与侮辱妇女同时作了规定。在《刑法修正案(九)》中，立法机关在将猥亵的对象“妇女”修改为“他人”时，并未同步删除“侮辱妇女”的原有规定，在文字表述上仍将“猥亵他人”与“侮辱妇女”并列，由此产生了猥亵妇女与侮辱妇女是包含关系还是并列关系的争论，这一争论直接涉及“侮辱妇女”的含义界定问题。

14　从形式上看，猥亵与侮辱似乎是两种不同的行为，故一般认为，侮辱妇女是指对妇女实施猥亵以外的，损害妇女人格尊严的淫秽下流、伤风败俗的行为。[4] 实务中，行为人以网络上传裸照相胁迫，强迫妇女与其讨论性话题，胁迫妇女自拍裸露照片的，法院认定行为人属于侮辱妇女。[5] 在《刑法修正案(九)》之后，立法机关工作人员依然认为，侮辱妇女主要是指实施猥亵行为以外的、损害妇女人格尊严的淫秽下流、伤风败俗的行为，如以多次偷剪妇女的发辫、衣服，向妇女身上泼洒腐蚀物、涂抹污物，追逐、拦截妇女等手段的侮辱妇女的行为。[6] 这意味着侮辱行为是猥亵之外的相对独立的行为。单纯从法条表述来看，主张应当区分猥亵行为与侮辱行为的观点占有优势。

15　不过，也有看法认为，侮辱妇女与猥亵妇女这两种行为是同一的，即侮辱行为并不是独立于猥亵行为之外的一种行为，侮辱妇女与猥亵妇女没有区别。[7] 持此观点的人士或者主张无法对猥亵行为与侮辱行为进行区分，或者认为猥亵行为与侮辱行

4　参见郎胜主编：《中华人民共和国刑法释义》(第 6 版)，法律出版社 2015 年版，第 391—392 页。

5　参见陈兴良、张军、胡云腾主编：《人民法院刑事指导案例裁判要旨通纂》(第 2 版)，北京大学出版社 2018 年版，第 833—834 页。

6　参见郎胜主编：《中华人民共和国刑法释义》(第 6 版)，法律出版社 2015 年版，第 389—390 页。

7　参见张明楷：《猥亵罪探疑》，载马俊驹主编：《清华法律评论》(第 3 辑)，清华大学出版社 2000 年版，第 140 页。

为虽然本质相同,但依然存在界限,不过区分是形式化的,没有实质意义,因为在刑法适用上猥亵行为与侮辱行为的法定刑完全相同。

16 笔者赞成第二种看法。在强制猥亵、侮辱罪中,猥亵妇女与侮辱妇女无论在形式上还是在内容上,都是同一的。第一,从强制猥亵、侮辱罪的立法沿革来看,从 1956 年《刑法》草案第 13 稿到 1996 年 8 月 31 日全国人大常委会法制工作委员会《中华人民共和国刑法(修改草案)》,都只有强制猥亵妇女的规定,并没有强制侮辱妇女的规定。这足以表明,强制猥亵妇女的规定足以涵盖《刑法》第 237 条的全部内容。在我国台湾地区,强制猥亵罪的法条中并没有"侮辱妇女"的内容,侮辱妇女行为在台湾地区是被作为猥亵妇女行为看待的。[8] 由此可见,侮辱行为并不是独立于猥亵行为之外的行为。第二,本来现行《刑法》第 237 条第 1 款仅规定强制猥亵行为就足够了,之所以仍然保留 1979 年《刑法》第 160 条的"侮辱妇女"的表述,一方面是为了保持刑法的连续性;另一方面是为了防止人们的误解,以免人们认为 1979 年《刑法》第 160 条中的侮辱妇女不再是犯罪行为。如果不考虑刑法的连续性,刑法完全可以仅规定内涵明确、外延全面的"猥亵妇女"一语,而不必并列使用"侮辱妇女"一词。第三,《刑法》第 237 条虽然将猥亵与侮辱并列,但其第 3 款却只规定了猥亵儿童一种行为,没有规定侮辱儿童。如果认为必须区分猥亵行为与侮辱行为,必然造成以下两种结局之一:其一,猥亵儿童的是犯罪行为,但侮辱儿童的不构成猥亵儿童罪。其二,猥亵儿童的成立猥亵儿童罪,侮辱儿童的成立第 246 条的侮辱罪。显然,无论哪一种结局都是不合理的。若要克服这一不合理现象,就必须承认《刑法》第 237 条的猥亵行为与侮辱行为没有区别。[9] 第四,事实上,任何强制猥亵妇女的行为,对于妇女来说都是一种严重的侮辱。强行从形式上区分猥亵妇女与侮辱妇女,并没有任何价值,也无助于借此来区分强制侮辱罪与侮辱罪。既然如此,认为即使在形式上侮辱妇女与猥亵妇女也没有分别,是明智的。[10]

17 在主张侮辱妇女与猥亵妇女并无区别、侮辱妇女为猥亵妇女所包含的前提下,鉴于《刑法》第 237 条将猥亵他人与侮辱妇女相并列,在均针对妇女的场合,为了满足人们的区分欲望,在外形上仍有区分猥亵妇女与侮辱妇女的必要。换言之,如果非要对猥亵行为与侮辱行为进行区分,则可从行为人的内心目的、倾向出发,行为人如果具有刺激、满足性欲的目的或者倾向而实施相应行为的,属于猥亵妇女,虽然没有刺激、满足性欲的目的,但行为侵犯了妇女性自主权

8 参见赵秉志主编:《侵犯公民人身权利犯罪疑难问题司法对策》,吉林人民出版社 2001 年版,第 154 页。

9 参见张明楷:《猥亵罪探疑》,载马俊驹主编:《清华法律评论》(第 3 辑),清华大学出版社 2000 年版,第 141 页。

10 从形式上尊重法条的角度出发,虽然侮辱行为与猥亵行为是同一行为,但这并不妨碍人们在论述强制猥亵、侮辱罪时可以将侮辱与猥亵二词并列使用。

的,属于侮辱妇女。[11] 据此,在大街上"捉奸",撕破"小三"的衣服使其身体裸露的,属于《刑法》第237条的"侮辱"妇女。[12]

二、猥亵、侮辱的本质

18 性行为违背他人意志,是强制猥亵、侮辱行为的本质。征得他人同意的性行为可以给他人带来性愉悦,没有征得他人同意的性行为则不仅不会产生性快感,相反,他人会觉得痛苦,产生性羞耻。因此,违背他人意志是强制猥亵、侮辱行为的本质。

19 这里的"违背他人意志",从主观上看是指他人坚决不同意性行为的心理状态,在客观上表现为行为人否定了他人的性自主权而强行实施猥亵、侮辱行为。并非一切他人不喜欢的性行为都是"违背他人意志"的,只有当他人对于性行为不敢反抗、不能反抗时,才可以认为性行为是"违背他人意志"的。一个性行为是否违背他人意志,既可以从正面的是否存在性行为合意的角度来判定,也可以从反面的行为人是否采用了暴力、胁迫或其他手段来判定。

20 在一些农村地区,有结婚闹洞房的习俗。如果新娘、新郎明确反对闹洞房,他人仍抚摸、亲吻新娘的敏感部位,剥开衣服在新娘、新郎身体上画王八之类的图案,扒光衣服后让新郎趴在新娘身上,让公公脱新娘的胸罩、内裤等,这些行为违背了新娘、新郎的意志,属于猥亵、侮辱行为,情节严重时,可以强制猥亵、侮辱罪追究行为人的刑事责任。

三、猥亵、侮辱的手段

21 强制猥亵、侮辱罪的手段是性行为违背他人意志的外在征表。对于强制猥亵、侮辱的手段应根据强制猥亵、侮辱行为的本质来理解。根据《刑法》第237条的规定,强制猥亵、侮辱的手段包括暴力、胁迫或其他手段。此外,构成本罪不以行为人公然实施强制猥亵、侮辱行为为前提。行为人是否公然强制猥亵、侮辱他人,仅属于是否法定刑升格的情节。

22 所谓暴力手段,是指针对他人实施的,使得他人对于性行为不敢、不能或者不知反抗的一切不法有形力。如殴打他人使得他人对于性行为不敢反抗,采用捆绑等手段使得他人对于性行为不能反抗,将他人打昏以后使得他人对于性行为不知反抗,等等。强制猥亵、侮辱罪中的暴力具有以下特点:第一,暴力是一种有形力,其下限为最轻微的人身强制(但必须达到足以压制被害人反抗的程度)。学界一般认为,《刑法》第237条的法定刑远轻于《刑法》第236条,所以,与强奸罪相比,强制猥亵、侮辱罪中

---

[11] 参见陈家林:《〈刑法修正案(九)〉修正后的强制猥亵、侮辱罪解析》,载《苏州大学学报(哲学社会科学版)》2016年第3期。

[12] 参见阮齐林:《中国刑法各罪论》,中国政法大学出版社2016年版,第220页。

的暴力、胁迫的程度与强奸罪相比相对较低。[13] 不过,这一看法并不合适,因为如果这一看法成立,那么较轻的暴力都可以成立强制猥亵、侮辱罪,严重的暴力反而不能成立强制猥亵、侮辱罪,这不合逻辑。所以,强制猥亵、侮辱罪中的暴力应当包含严重的暴力。行为人采用重伤的手段先伤害他人后进行猥亵、侮辱的,重伤行为构成故意伤害罪,其后的猥亵行为构成强制猥亵罪,对行为人应以故意伤害罪论处,以此来实现罪刑均衡。第二,暴力的对象为被害人本人。如果暴力不是针对被害人,而是针对其他人,以达到使被害人就范的目的,则属于以胁迫手段构成的强制猥亵、侮辱罪。

所谓胁迫手段,是指对被害人威胁、恫吓,进行精神上的强制,使其对于性行为不敢反抗的手段。如以扬言实施暴力、揭发隐私、加害亲属相威胁等。强制猥亵、侮辱罪中的胁迫是一种无形力,拘束于被害人的心理,使其对于性行为不敢反抗。胁迫的方式不限,既可以当面胁迫,也可以请人转达胁迫;既可以是口头直接胁迫,也可以是通过写信、发送电子邮件或打电话间接胁迫。强制猥亵、侮辱罪的"强制"特指强行违背他人意志,因此,只要上述方式足以使被害人对于将要发生的性行为形成精神上的强制,即属于强制猥亵、侮辱罪中的胁迫手段。 23

所谓其他手段,是指除了暴力、胁迫以外的,带有强制性质的其他一切猥亵、侮辱他人的手段。如利用他人重病状态对性行为不能反抗而猥亵的,即属于以其他手段构成的强制猥亵、侮辱罪。医生利用职务之便,超越医生职责范围,进行非诊疗所必需的身体检查,借机故意触碰他人身体关键部位的,由于他人误解了行为性质,从而错误地同意医生触碰身体的关键部位,存在法益侵害,故医生属于利用其他方法强制猥亵他人。[14] 在教养关系、从属关系或者职权关系的场合,关键在于行为人是否利用了这种教养关系、从属关系或者职权关系,从而使得他人难以抗拒猥亵、侮辱行为。行为人利用教养关系、从属关系或者职权关系诱惑他人,答应给他人特定利益,他人为了获得该利益而同意接受猥亵、侮辱的,不属于利用其他方法强制猥亵、侮辱他人。 24

除暴力、胁迫或者其他方法之外,猥亵、侮辱行为还必须具有"强制"的特性,才能构成强制猥亵、侮辱罪。2005 年《治安管理处罚法》第 44 条规定"猥亵他人""猥亵智力残疾人、精神病人、不满十四周岁的人"的,要进行治安处罚,其并无"强制"的要求。与此不同,《刑法》第 237 条第 1 款明文规定只有"强制"猥亵他人或者侮辱妇女的,才能成立强制猥亵、侮辱罪。从解释论出发,"强制"是成立本罪的必备要件。就 25

13　参见黎宏:《刑法学各论》(第 2 版),法律出版社 2016 年版,第 237 页。

14　中学组织学生在医院体检时,被告人王某利用自己作为尿检项目检验医生的便利,超出尿检医生的职责范围,以"体检复查"为名,对 14 名已满 14 周岁的女学生和 7 名不满 14 周岁的女学生抚摸胸腋部和下腹部、腹股沟区,将裤子脱至大腿根部查看生殖器,用手在阴部进行按压抚摸,对个别女学生以棉签插入阴部擦拭的方式提取所谓"分泌物"。王某的行为被法院认定构成强制猥亵、侮辱罪与猥亵儿童罪。参见陈兴良、张军、胡云腾主编:《人民法院刑事指导案例裁判要旨通纂》(第 2 版),北京大学出版社,第 830 页。

含义而言,“强制”是指使他人难以抗拒,只能被动接受猥亵、侮辱行为或者进行相应配合。在实际接触他人身体的场合,“强制”的认定较为容易。行为人采用违背他人意志的暴力、胁迫方法猥亵他人或者侮辱妇女的,必然属于“强制”猥亵他人或者侮辱妇女。利用他人处于熟睡状态、醉酒、昏迷或他人极度愚昧无知,使得他人对于性行为不知反抗,进而猥亵他人或者侮辱妇女的,因为违背他人意志实际接触了他人身体,所以,也属于“强制”猥亵他人或者侮辱妇女。在并未接触他人身体时,“强制”的认定相对复杂。行为人在开放场所给异性讲黄段子,或在公共场所突然露阴或者公然做爱的,他人对此可以回避,并非只能被动接受,故不能认定行为人“强制”猥亵他人或者侮辱妇女。偷拍妇女裙底或者如厕照片,或者暗中窥视或者偷拍他人的私生活的,这与猥亵熟睡中的妇女不同,行为人既未接触他人身体,也未强迫他人进行配合,故也不属于“强制”猥亵他人或者侮辱妇女。但是,以胁迫手段要求拍摄妇女裸照,或者要求妇女裸体与行为人视频,妇女被迫接受的,因为妇女难以抗拒,所以,即使没有身体接触,也属于“强制”猥亵、侮辱妇女,成立强制猥亵、侮辱罪。

四、猥亵、侮辱行为的范围

26 关于强制猥亵、侮辱行为的范围,存在不同看法。有人认为,猥亵行为通常表现为:搂抱、亲吻、抠摸、口交、手淫、露阴、窥淫等。[15] 有人认为,同性恋行为不包括在猥亵行为之内。[16] 有人认为,侮辱妇女,根据 1984 年最高人民法院、最高人民检察院《关于当前办理流氓案件中具体应用法律的若干问题的解答》的规定,包括以下行为:①追逐、堵截妇女造成恶劣影响,或者结伙、持械追逐、堵截妇女的;②在公共场所多次偷剪妇女的发辫、衣服,向妇女身上泼洒腐蚀物,涂抹污物,或者在侮辱妇女时造成轻伤的;③在公共场所故意向妇女显露生殖器或者用生殖器顶擦妇女身体,屡教不改的;④用淫秽行为或胁迫手段,侮辱妇女多人,或人数虽少,后果严重的。[17] 有人认为,侮辱妇女在司法实践中常见的形式包括:追逐、拦截、劫持、调戏妇女;潜入或闯入女更衣室、女浴室、女厕所或女宿舍观看妇女换衣、洗澡、解便、睡觉;采用电话或书信,以淫秽的语言辱骂妇女或给妇女寄淫秽物品;在光天化日之下,强行扒光、撕烂妇女衣服,使其当众出丑受辱;用小刀刺划妇女身体,故意殴打妇女的前胸或下部等。[18]

27 之所以提出强制猥亵、侮辱行为的范围,原因在于部分人士无视强制猥亵、侮辱

[15] 参见唐大森:《论我国刑法中的强制猥亵妇女罪》,载单长宗、梁华仁主编:《新刑法研究与适用》,人民法院出版社 2000 年版,第 551 页。

[16] 参见高西江主编:《中华人民共和国刑法的修订与适用》,中国方正出版社 1997 年版,第 539 页。

[17] 参见赵秉志主编:《中国刑法案例与学理研究 · 分则篇(三)》,法律出版社 2001 年版,第 131 页。

[18] 参见郭立新、杨迎泽主编:《刑法分则适用疑难问题解》,中国检察出版社 2000 年版,第 136—137 页。

罪的法益变更,仍将1979年《刑法》流氓罪中"侮辱妇女"的内容几乎原封不动地照搬到强制猥亵、侮辱罪中来,这势必不当地扩大强制猥亵、侮辱罪的处罚范围。强制猥亵、侮辱行为的范围取决于以下两个因素:其一,行为必须具有侵犯他人性自主权的性质;其二,行为本身必须具有强制性。只有这两个因素同时具备,相应行为才属于强制猥亵、侮辱行为。据此,故意向妇女显露生殖器这一单纯露阴行为,以及采用电话或书信,以淫秽的语言辱骂妇女或给妇女寄淫秽物品的行为,虽具有侵犯妇女性自主权的性质,但该行为不具有强制性,故不属于强制猥亵、侮辱行为。单纯追逐妇女的,在公共场所多次偷剪妇女的发辫、衣服,向妇女身上泼洒腐蚀物,涂抹污物的,虽然可以说行为本身具有强制性,但很难说这些行为侵犯了妇女性自主权,故不属于强制猥亵、侮辱行为。潜入女更衣室、女浴室、女厕所或女宿舍观看妇女换衣、洗澡、解便等偷窥行为,本身不具有"强制"妇女实施换衣、洗澡、解便的属性,故也不属于强制猥亵、侮辱行为。

五、强制猥亵、侮辱的程度

《治安管理处罚法》第44条规定:"猥亵他人的,或者在公共场所故意裸露身体,情节恶劣的,处五日以上十日以下拘留;猥亵智力残疾人、精神病人、不满十四周岁的人或者有其他严重情节的,处十日以上十五日以下拘留。"据此可知,并非一切强制猥亵他人的行为都构成本罪。对强制猥亵行为进行治安处罚还是以刑事犯罪论处,取决于综合评价后,能否认定属于"情节显著轻微危害不大"的情形。如在地铁或者公交车上人多拥挤之时,乘机贴靠他人身体,或者乘机捏摸他人的,如果时间短、次数少,对此进行治安处罚即可;反之,在地铁上乘妇女胆小或者震惊之际,肆无忌惮抚摸、触摸妇女身体,在妇女有阻止等动作时仍不收手的,可以强制猥亵、侮辱罪定罪。 28

构成强制猥亵、侮辱罪,要求猥亵、侮辱需要达到一定的程度,这不仅有利于划清强制猥亵、侮辱罪与非罪的界限,而且有利于把握本罪既遂的标准,即并非只要已经着手猥亵、侮辱行为即构成本罪既遂,仅在已经实施了一定的猥亵、侮辱行为,对他人性自主权的侵犯已经达到一定程度时,才构成强制猥亵、侮辱罪既遂。 29

V 猥亵儿童

猥亵儿童罪在客观上表现为对儿童实施与性有关的行为。某一行为是否属于猥亵儿童的行为,需要联系公序良俗来确认。父母或者亲属在正常情况下亲吻儿童,这是公序良俗所许可的,因而并不是猥亵儿童;但是,一个陌生人长时间地亲吻一个自己并不认识的儿童,这是公序良俗所不允许的,因此该行为就可能属于猥亵儿童。再如,在公共浴室,浴室服务员都要帮洗完澡的顾客擦掉身上的水,当浴室服务员用热毛巾擦儿童屁股以及阴部上的水时,不属于猥亵儿童;但是,如果在其他场合擦儿童的屁股、阴部,则为公序良俗所不允,该行为属于猥亵儿童。 30

在猥亵儿童罪中,猥亵行为的认定具有相对性。与幼女性交的行为已经被刑法 31

规定为强奸罪,故与幼女性交就不再规范评价为猥亵儿童,而是评价为强奸,故在猥亵女童的场合,猥亵行为是指除了性交之外的其他一切侵犯儿童不受性侵犯权的性活动。而与男童性交的行为,刑法并没有将之规定为其他的犯罪,故猥亵男童时猥亵行为是指包括性交行为在内的一切侵犯儿童不受性侵犯权的性活动。

32　构成猥亵儿童罪,手段不限。不论行为人采用暴力、胁迫手段猥亵儿童还是采用平和手段猥亵儿童,猥亵儿童时不论是否征得儿童的同意,都构成猥亵儿童罪。与强制猥亵、侮辱罪不同,构成猥亵儿童罪,不要求所采取的手段必须具有强制性。成人对于性诱惑具有一定的抵制力,能够对性活动说“不”,因而构成强制猥亵、侮辱罪,行为人必须采用暴力、胁迫或者其他强制手段。与成人不同,儿童缺乏抵制性诱惑的能力,这决定了行为人完全可能采用诱惑的和平手段猥亵儿童。儿童在法律上没有承诺与他人从事性活动的权利,故即使儿童自愿,也要追究行为人猥亵儿童的刑事责任。

Ⅵ　主体

33　强制猥亵、侮辱罪与猥亵儿童罪的犯罪主体均为一般主体,没有性别的限制,年满16周岁、具备责任能力的男女均可成为本罪的主体。

34　配偶是否可以成为强制猥亵、侮辱罪的主体,值得研究。在婚内强奸尚未得到学界普遍认可的情况下,婚内猥亵可能难以为人们所认可。学界多数说对婚内猥亵持否定态度。[19] 但也有人认为,对于公然强制猥亵妻子的行为,应认定为强制猥亵罪,如丈夫在公共场所强行扒光妻子衣裤的应构成强制猥亵罪,因为即使在具有夫妻关系的前提下,这种可以使不特定或者多数人目睹的行为,明显伤害了妻子的性的羞耻心。但是,对于非公然强制猥亵妻子的行为,则不宜认定为强制猥亵罪,理由是非公然强制猥亵妻子行为,虽然违反妻子的意志,但因为存在夫妻关系且秘密实施,不至于使妇女产生耻辱感。[20] 还有人认为,丈夫在特定情况下对妻子也可以构成强制猥亵、侮辱罪,约略包括以下数种情况:①与他人共同强制猥亵、侮辱妻子的;②在婚姻关系非正常存续期间强制猥亵、侮辱妻子的;③在公共场所强制猥亵、侮辱妻子的。[21] 实务上也有相应的判决,如丈夫实施暴力,强制拍摄妻子的裸体照片,并在互联网上传播,法院认定丈夫构成强制猥亵、侮辱罪。[22]

35　如果配偶间违反对方意志的强制猥亵、侮辱行为有时构成强制猥亵、侮辱罪,则

19　参见肖中华:《侵犯公民人身权利罪》,中国人民公安大学出版社1998年版,第202页。

20　参见张明楷:《猥亵罪探疑》,载马俊驹主编:《清华法律评论》(第3辑),清华大学出版社2000年版,第142页、第146—147页。

21　参见王政勋:《强制猥亵、侮辱罪构成要件的法教义学分析——基于原型范畴理论的研究》,载《法律科学》2018年第4期。

22　参见湖北省武穴市人民法院(2017)鄂1182刑初264号刑事判决书。

发生在恋爱之间(甚至在分手之后)的违反对方意志的强制猥亵、侮辱行为,就更应以强制猥亵、侮辱罪追究行为人的刑事责任。

Ⅶ 罪过

强制猥亵、侮辱罪与猥亵儿童罪均为故意犯罪。在强制猥亵、侮辱罪中,行为人需要明知自己的行为违背了他人意志,明知自己的猥亵、侮辱行为侵犯了他人性自主权,并希望或者放任这一危害结果的发生。在猥亵儿童罪中,要求行为人明知猥亵的对象是儿童,或者明知对方可能是儿童或不管对方是否为儿童,而对其进行猥亵行为,并希望或者放任猥亵结果的发生。 36

在出现认识错误的场合,如行为人以为自己猥亵的是妇女,其实猥亵的是儿童,或者以为自己猥亵的是妇女,实际上猥亵的是成年男子的,该错误并未超出猥亵“他人”的范围,属于同一构成要件范围内的认识错误,对此以强制猥亵罪定罪处罚,不存在任何障碍。 37

通说认为,除了故意之外,成立猥亵犯罪还需要行为人具有特定的动机或者倾向,即构成强制猥亵、侮辱罪,行为人必须具有刺激或满足性欲的目的。[23] 强调强制猥亵、侮辱罪主观上具有刺激或者满足性欲的目的这一要素,有助于区分罪与非罪、本罪与他罪尤其是本罪与侮辱罪的界限。[24] 同样,构成猥亵儿童罪,行为人也主观上具有寻求性刺激和性满足的目的。[25] 司法实务赞成通说,如 2018 年 11 月 9 日最高人民检察院发布的第 43 号指导性案例“骆某猥亵儿童案”的要旨指出,行为人以满足性刺激为目的,以诱骗、强迫或者其他方法要求儿童拍摄裸体、敏感部位照片、视频等供其观看,严重侵害儿童人格尊严和心理健康的,构成猥亵儿童罪。 38

认为构成猥亵犯罪需要行为人具有刺激或者满足性欲的倾向,原因可能在于:其一,对于强制猥亵、侮辱罪,行为人内心通常具有刺激或者满足性欲的倾向。但这仅是事实现象,而不是刑法的明文规定。在法律没有明文规定的情况下,一般不宜随意添加构成要件要素,因为这必将导致刑罚处罚范围的变化。其二,1979 年《刑法》中的流氓罪要求行为人具有特定的流氓动机,流氓动机是流氓罪区别于其他类似犯罪的一个十分显著标志,如果行为人实施聚众斗殴、寻衅滋事、侮辱妇女等危害行为,不是出于寻求精神刺激、填补精神空虚的变态心理,也就无法构成流氓罪;既然流氓罪具有特定流氓动机,那么,作为由流氓罪分解而来的强制猥亵、侮辱罪,自然也应具有 39

---

23 参见周道鸾、张军主编:《刑法罪名精释》,人民法院出版社 1998 年版,第 461 页。

24 参见赵秉志主编:《侵犯公民人身权利犯罪疑难问题司法对策》,吉林人民出版社 2001 年版,第 158 页。

25 参见高铭暄、马克昌主编:《刑法学》(下编),中国法制出版社 1999 年版,第 833 页。

特定流氓动机。[26] 不过,这一推论未必能够成立。在刑法修订以后,某一犯罪并不必然保留其原来所有的一切属性。据此,少数说认为,成立猥亵犯罪无须行为人具有刺激或满足性欲的目的。[27]

40 笔者赞成少数说。第一,如果认为构成强制猥亵、侮辱罪需要行为人具有刺激或者满足性欲的目的,就会限制强制猥亵、侮辱罪的处罚范围。例如,行为人出于报复动机,夜闯被害妇女家里,将一个铝制汤匙塞入妇女的阴道里。[28] 对于此种在非公然状态下对妇女实施的带有很强性色彩的报复行为,若按照通行见解,行为人不具有刺激或者满足性欲的目的,故不构成强制猥亵、侮辱罪;同时,该行为不具有公然性,故也不构成侮辱罪。但是,这种行为的社会危害性并不轻于强制猥亵、侮辱罪,没有道理将这一行为排除在强制猥亵、侮辱罪之外。在国外,对这种行为也是要追究刑事责任的;即使认定强制猥亵罪是倾向犯,对于行为人非出于刺激或者满足性欲目的所实施的侵犯妇女性的不可侵犯权的行为,还可以强要罪追究行为人的刑事责任。而我国并没有强要罪的规定,对这种情况就无法定罪。有人认为这种问题“可以通过立法的完善加以解决”。[29] 但是,这并非立法不完善所产生的问题,而是对刑法解释不当所导致的问题。如果构成强制猥亵、侮辱罪不要求行为人必须具有特定的目的,则问题自然迎刃而解。可见,通过强调强制猥亵、侮辱罪的主观要素,来区分罪与非罪,并不合理,限制了本罪的处罚范围。第二,如果通过强调行为人的主观目的来区分强制猥亵、侮辱罪与侮辱罪,将可能产生严重的罪刑不均衡。比如,甲为了羞辱、损毁妇女的名誉,在公共场所当众使妇女 A 全身裸露。乙为了寻求性刺激,剥光了独自在家的妇女 B 的衣裤。同是使妇女全身裸露,甲的行为是在公共场所当众实施,其危害重于乙的行为,故对甲的处罚应当重于对乙的处罚。但如果认为构成强制猥亵、侮辱罪需要行为人具有刺激或满足性欲的目的,那么由于甲主观上没有这一目的,只能认定其构成侮辱罪,在“三年以下有期徒刑、拘役、管制或者剥夺政治权利”里量刑;而乙具有特定的内心倾向,构成强制猥亵、侮辱罪,应在“五年以下有期徒刑或者拘役”里量刑。结局是,应受重罚者处罚轻,应受轻罚者处罚反而重。显然,认为构成强制猥亵、侮辱罪需要行为人具有刺激或者满足性欲的目的导致了罪刑的不均衡。如果认为构成强制猥亵、侮辱罪不要求行为人必须具有刺激或满足性欲的目的,罪刑不均衡问题自然消失:甲构成强制猥亵、侮辱罪,应在《刑法》第 237 条第 2 款“五年以上有期徒刑”里量刑;乙

---

26 参见郭立新、杨迎泽主编:《刑法分则适用疑难问题解》,中国检察出版社 2000 年版,第 137 页。

27 参见周光权:《刑法各论》(第 4 版),中国人民大学出版社 2021 年版,第 42 页。

28 参见王运声主编:《刑事犯罪案例丛书(流氓罪)》,中国检察出版社 1990 年版,第 312 页。

29 参见赵秉志主编:《侵犯公民人身权利犯罪疑难问题司法对策》,吉林人民出版社 2001 年版,第 158 页。

也构成强制猥亵、侮辱罪,应在第237条第1款“五年以下有期徒刑或者拘役”里对其量刑。

Ⅷ 罪数

41 在强制猥亵、侮辱案件中,需要正确认定罪数问题。如果行为人出于强奸的意图,在强奸过程中猥亵妇女的,猥亵行为为强奸行为所包容,对于这种猥亵行为可以作为强奸罪的实行行为的附随行为来理解,行为人只构成强奸罪。但在强奸行为完成后,行为人另起犯意猥亵被害人的,猥亵行为既不能被先前的强奸行为所包容,也不是强奸行为的必然延伸,故此时应对行为人以强奸罪与强制猥亵、侮辱罪进行数罪并罚。当行为人采取暴力手段强制猥亵、侮辱他人时,如果暴力手段导致他人轻伤的,行为人只构成强制猥亵、侮辱罪;但是致使他人重伤的,只要行为人存在故意,即构成强制猥亵、侮辱罪与故意伤害罪的牵连犯(也可能评价为想象竞合犯),对行为人应以故意伤害罪一罪论处。在猥亵、侮辱行为完毕之后,行为人出于报复、灭口等动机,又故意伤害或者杀害他人的,由于前后行为并不存在刑法上的牵连或者想象竞合等关系,故对行为人应以强制猥亵、侮辱罪和故意伤害罪、故意杀人罪,实行数罪并罚。对猥亵儿童的案件,应当遵循同样的处理原则。

42 在行为人拐卖妇女时猥亵被拐卖的妇女的,或者收买被拐卖的妇女,对之进行猥亵的,或者在组织他人偷越国(边)境的过程中,猥亵被组织的妇女的,或者在运送他人偷越国(边)境的过程中,猥亵被运送的妇女等场合,由于刑法没有规定这些情形可以进行法定刑升格,同时,强制猥亵妇女的行为又超出了拐卖妇女等犯罪的构成要件,故对此都应当数罪并罚,而不应作为量刑情节来考虑。

43 强制猥亵、侮辱罪与猥亵儿童罪属于不同的罪名,行为人既有猥亵妇女的行为,又有猥亵儿童的行为的,只要被害人不是同一人,考虑到猥亵犯罪属于侵犯个人法益的犯罪,对此就应以强制猥亵、侮辱罪与猥亵儿童罪数罪并罚。如果被害人是同一人,如行为人对女童在14周岁前后均存在猥亵行为的,由于针对的是同一对象,不可数罪并罚,对此以强制猥亵罪定罪从重处罚即可。

Ⅸ 其他问题

一、强迫他人性交供自己观看行为的定性

44 强制猥亵、侮辱罪与强奸罪在犯罪构成上存在明显的区别,通常容易区分二者。不过,行为人强迫他人违背妇女意志与妇女性交,自己在一旁观看的,构成强奸罪还是构成强制猥亵罪,容易产生争议。某日20时许,被告人谭荣财、罗进东与赖洪鹏在某水库边,持刀对在此谈恋爱的蒙某某、瞿某某(女)实施抢劫后,又威逼瞿某某脱光衣服、脱去蒙某某的内裤,强迫二人进行性交给其观看。蒙某某因害怕,无法进行。

谭荣财等人又令二人进行口交。针对强迫性交行为,一审法院认为,二被告人在抢劫过程中,违背妇女意志,使用暴力、胁迫手段,强迫他人与妇女发生性关系,其行为已构成强奸罪。一审宣判后,被告人谭荣财、罗进东不服,上诉称其强迫蒙某某与瞿某某发生性关系的目的是寻求精神上的刺激,调戏取乐,只是观看,没有强奸的故意和目的,原审法院认定强奸罪有误。二审法院认为,原审被告人谭荣财、罗进东持刀胁迫二人脱光衣服,强迫二人性交,后又强迫瞿某某口含蒙某某生殖器进行口交,其主观上是寻求精神上的刺激,调戏取乐,没有强奸的目的,客观上没有强奸行为,原审法院认定该行为构成强奸罪不当,应以强制猥亵罪论处。最终,二审法院撤销一审法院关于二人构成强奸罪的判决,以强制猥亵罪分别判处谭荣财、罗进东有期徒刑各3年。[30]

45 对行为人强迫他人性交供自己观看的行为如何定性,取决于强奸罪是否属于亲手犯:如果认为强奸罪属于亲手犯,则本案中二被告人并未亲自实施强奸行为,就不构成强奸罪;如果认为强奸罪不是亲手犯,只要客观上违背妇女意志对其实施性交行为,不论这一行为是本人实施还是利用第三人作为工具来实施,都构成强奸罪,则本案二被告人就应按强奸罪(未遂)论处。一般认为,强奸罪属于亲手犯,因为强奸犯罪不同于其他犯罪,强奸犯注重犯罪的亲身感受性和自我满足性,每个参与者的强奸行为都具有亲自参与性和不可替代性。二审判决书认为谭荣财、罗进东"主观上是寻求精神上的刺激,调戏取乐,没有强奸的目的",言下之意是二被告人没有亲自实施强奸行为的目的,所以不构成强奸罪,这正是亲手犯理论的写照。

46 应当认为,强奸罪不是亲手犯,对上述二被告人的行为应以强奸罪(未遂)论处。①有些强奸罪行,行为人并不是基于性的满足而实施的,而是基于报复、侮辱的动机(而不是追求快感)强奸妇女。如果强调行为人必须具有性的快感体验才能构成强奸罪,对于基于报复、侮辱的动机的奸淫行为,就不应认定为强奸罪,但这明显是不合适的。无论行为人的主观感受是什么,在妇女被奸时,都应肯定行为人构成强奸罪。②通过操控未成年人、精神病患者来强奸妇女的,行为人构成强奸罪的间接正犯,这为学界所肯定。构成间接正犯,意味着在规范评价上行为人利用他人强奸妇女,如同行为人本人独自强奸妇女一样,因而行为人应承担强奸罪的刑事责任。如果肯定强奸罪是亲手犯,则基于强奸行为的亲自参与性和不可替代性,强奸罪就应不存在间接正犯。但是,在行为人并未亲自实施强奸行为的间接正犯的场合,学界均肯定行为人构成强奸罪,这就意味着强奸罪不是亲手犯,否则就难以自圆其说。③如果重视行为人的主观感受,则强奸罪就应以泄欲说作为既遂标准,但学界均从性自主权被侵害这一客观的法益侵害结果出发,以插入说作为认定强奸既未遂的标准。可见,一方面认为强奸罪是重视行为人主观感受的亲手犯,一方面认为应以插入说作为强奸罪的既

---

[30] 参见陈兴良、张军、胡云腾主编:《人民法院刑事指导案例裁判要旨通纂》(第2版),北京大学出版社2018年版,第777—778页。

遂标准,明显自相矛盾。④如果强奸罪属于亲手犯,那么,强制猥亵罪也应属于亲手犯,因为学界主张构成强制猥亵罪,一般需要行为人具有刺激、满足性欲的目的。如果认为需要本人亲自实施奸淫行为才能构成强奸罪,那么,同样应认为需要本人亲自实施猥亵行为才能构成强制猥亵罪。二审法院认定二被告人不构成强奸罪,却认定二被告人构成强制猥亵罪,显然缺乏逻辑上的一致性。总之,主张强奸罪是亲手犯的看法,过于重视行为人的主观感受,无视妇女被奸的客观事实,并不妥当。

因此,行为人为寻求精神刺激,在同一时间内强迫他人对同一犯罪对象实施性交和猥亵行为供其观看的,应认定行为人同时构成强奸罪和强制猥亵罪,对行为人择一重处罚。[31] 47

二、故意内容不明案件的处理

强制猥亵、侮辱罪与强奸罪存在界限,并不意味着二者是对立的。猥亵的极限就是强奸,或者说强奸是最严重的猥亵,强奸罪、强制猥亵罪存在特别法条与一般法条的竞合关系。承认二者的竞合关系,有利于处理一些疑难案例。如在一些抚摸了妇女身体关键部位但并无性交行为的案件中,行为人是构成强制猥亵、侮辱罪还是强奸未遂,容易存在争论,因为此时强奸未遂与猥亵妇女非常相似:行为对象都是妇女,行为人都采用了暴力、胁迫或其他方法,都没有同妇女发生性交行为;同时,在强奸妇女的过程中,往往伴随着猥亵妇女的行为。这些相似性有可能为某些强奸犯避重就轻(把强奸说出是猥亵)提供便利,也可能使司法人员误将猥亵当强奸。对于此类案件,若能查清行为人具有强奸故意的,则构成强奸未遂,否则应以强制猥亵、侮辱罪定罪。若是无法查清行为人的故意内容,由于强制猥亵、侮辱罪与强奸罪不是对立关系,在构成强制猥亵、侮辱罪还是构成强奸罪(未遂)存在疑问,但行为必构成其中一罪时,可以较轻的强制猥亵、侮辱罪追究行为人的刑事责任。 48

X　处罚

一、强制猥亵、侮辱罪的处罚

根据《刑法》第237条第1款、第2款的规定,犯强制猥亵、侮辱罪的,处5年以下有期徒刑或者拘役;聚众或者在公共场所当众犯前款罪的,或者有其他恶劣情节的,处5年以上有期徒刑。适用这一处罚规定时,需要注意的问题如下: 49

(一)聚众的认定

"聚众"犯强制猥亵、侮辱罪,是指由首要分子纠集多人实施强制猥亵、侮辱行为。 50

31　参见最高人民法院刑事审判第一、二、三、四、五庭主办:《中国刑事审判指导案例·侵犯公民人身权利、民主权利罪》,法律出版社2009年版,第430页。

“聚众”犯强制猥亵、侮辱罪不等于“当众”犯强制猥亵、侮辱罪,首要分子纠集多人猥亵妇女,但每次一人猥亵妇女时,其他人都在室外回避的,属于“聚众”犯强制猥亵、侮辱罪。成立“聚众”犯强制猥亵、侮辱罪,不要求所有参加者都亲自实施猥亵、侮辱行为,只有首要分子一人实施猥亵、侮辱行为,其他人员围观起哄的,属于“聚众”犯强制猥亵、侮辱罪。

(二)在公共场所当众犯罪的认定

51 “在公共场所当众”犯强制猥亵、侮辱罪,是指行为人在车站、码头、公园、影剧院、歌舞厅、公共教室、集体宿舍等公共场所,当着多人的面实施强制猥亵、侮辱行为。只要公共场所有其他多人在场,不论在场人员是否实际注意到行为人的猥亵、侮辱行为,行为人均属于在公共场所“当众”犯强制猥亵、侮辱罪。

52 “聚众”犯强制猥亵、侮辱罪与“在公共场所当众”犯强制猥亵、侮辱罪,二者有部分重合,但也有区别,前者有首要分子的要求,但没有场所以及当众的要求,后者虽无首要分子的要求,但有特定地点(公共场所)与行为方式(当众)的要求。行为人一人在公共场所猥亵他人,引起周围群众围观的,属于“在公共场所当众”而不是“聚众”犯强制猥亵罪。

(三)有其他恶劣情节

53 有其他恶劣情节,是指强制猥亵、侮辱多人,多次猥亵、侮辱他人,强制猥亵、侮辱孕妇、精神病人等特定对象,强制猥亵、侮辱行为造成人身伤害等情节。行为人实施强制猥亵、侮辱行为,故意或者过失致人重伤以及过失致人死亡的,就强制猥亵、侮辱罪而言,属于“有其他恶劣情节”,对此应按强制猥亵、侮辱罪与故意伤害罪等其他犯罪的想象竞合犯处理。

二、猥亵儿童罪的处罚

54 根据《刑法》第237条第3款的规定,犯猥亵儿童罪的,处5年以下有期徒刑;有明文规定的四种情形之一的,处5年以上有期徒刑。关于猥亵儿童罪的处罚,需要注意以下问题:

(一)是否仍应从重处罚

55 《刑法修正案(十一)》删除了对猥亵儿童罪按强制猥亵、侮辱罪从重处罚的规定,在强制猥亵、侮辱罪的法定刑的基础上,删除拘役刑后,形成了猥亵儿童罪的法定刑。除了没有拘役刑外,猥亵儿童罪与强制猥亵、侮辱罪的法定刑完全一致,那么,对犯猥亵儿童罪的行为人是否仍须参照强制猥亵、侮辱罪从重处罚呢?从外形上看,猥亵儿童罪有自身的法定刑,且《刑法修正案(十一)》已经删除了从重处罚的规定,似乎对行为人按照猥亵儿童罪的法定刑直接量刑即可。但是,从不能孤立量刑、对猥亵儿童罪的量刑应与相关犯罪的量刑保持均衡的角度出发,在其他情节相同时,猥亵成年人与猥亵未成年的儿童,二者的危害性明显有别,罪刑均衡原则要求应对犯猥亵儿童罪的行为人从重处罚。虽然《刑法修正案(十一)》删除了猥亵儿童罪从重处罚的规定,但是,这仅是使其丧失法定从重处罚情节的地位而已,并不妨碍其作为酌定从重处罚情节起作用。

附带指出,从不能判处拘役刑的角度看,《刑法修正案(十一)》提高了猥亵儿童罪的法定刑,故在适用该规定时应注意其时间效力问题,即对于 2021 年 3 月 1 日之前发生的猥亵儿童行为,按照修订前的《刑法》第 237 条第 3 款处罚;对于 2021 年 3 月 1 日之后发生的猥亵儿童行为,按照修订后的《刑法》第 237 条第 3 款处罚。 56

(二)加重处罚情节的认定

1. 猥亵儿童多人或者多次

是指猥亵儿童 3 人以上或者猥亵儿童 3 次以上。就猥亵儿童的"人数"而言,无论猥亵儿童是既遂还是未遂,被害儿童都应计算在"人数"之内。如行为人猥亵儿童甲、乙既遂,某日猥亵儿童丙未遂的,行为人属于猥亵儿童多人。就猥亵儿童的"次数"而言,是否应将猥亵儿童未遂也计入猥亵儿童的次数,可能有不同看法。犯罪的既未遂与犯罪的次数是两个不同的问题,不应混为一谈,猥亵儿童未遂,如有追究刑事责任必要的,应将其计入猥亵儿童的次数。此外,猥亵儿童的"人数"与"次数"不是对立关系,可以相互转换。如行为人前后猥亵儿童甲 2 次,又猥亵儿童乙的,行为人虽不属于猥亵儿童多人,但可认定行为人猥亵儿童 3 次,属于猥亵儿童多次。 57

2. 聚众猥亵儿童的,或者在公共场所当众猥亵儿童,情节恶劣

"聚众"以及"在公共场所当众"猥亵儿童,其含义与"聚众"和"在公共场所当众"犯强制猥亵、侮辱罪的含义相同。 58

在《刑法》第 237 条第 2 款中,"在公共场所当众"犯强制猥亵、侮辱罪与"有其他恶劣情节"属于选择关系,具备其中情形之一,即可对行为人加重处罚。而在《刑法》第 237 条第 3 款第(二)项中,在公共场所当众猥亵儿童,必须同时情节恶劣,才能对行为人加重处罚,这里出现明显不均衡之处:在公共场所当众猥亵成年人的,应当加重处罚,而在公共场所当众猥亵儿童的,其危害比猥亵成年人的危害更大,反而不能立即加重处罚,还需具备情节恶劣的要件时才能加重处罚。就解释论而言,要消除这一不均衡现象,实现在公共场所当众猥亵儿童即能判处 5 年以上有期徒刑的效果,此时可降低"情节恶劣"的把握,即《刑法》第 237 条第 3 款第(二)项中的"情节恶劣"不同于《刑法》第 237 条第 2 款中的"有其他恶劣情节",对前者可作相对宽松的认定。 59

3. 造成儿童伤害或者其他严重后果

造成儿童伤害,是指猥亵行为造成儿童轻伤以上的伤害,包括导致儿童丧失性能力乃至丧失生育能力,但不包括给儿童造成精神伤害的情形。猥亵行为给儿童造成严重精神伤害的,属于具有"其他严重后果"。其他严重后果,是指猥亵行为致使被猥亵儿童失学、自残、自杀等后果。 60

4. 猥亵手段恶劣或者有其他恶劣情节

61 猥亵手段恶劣,是指行为人采取超出常规的手段猥亵儿童,如采用罕见体位猥亵儿童、以侮辱性的方式猥亵儿童、以性虐待的方式猥亵儿童等。妇女与男童正常性交的,不宜认定为猥亵手段恶劣。其他恶劣情节,是指猥亵手段恶劣之外的其他一切恶劣情节,如多人猥亵同一儿童、猥亵因病难以抗拒的儿童、网络同步直播猥亵儿童犯罪等。

第二百三十八条　非法拘禁罪

非法拘禁他人或者以其他方法非法剥夺他人人身自由的，处三年以下有期徒刑、拘役、管制或者剥夺政治权利。具有殴打、侮辱情节的，从重处罚。

犯前款罪，致人重伤的，处三年以上十年以下有期徒刑；致人死亡的，处十年以上有期徒刑。使用暴力致人伤残、死亡的，依照本法第二百三十四条、第二百三十二条的规定定罪处罚。

为索取债务非法扣押、拘禁他人的，依照前两款的规定处罚。

国家机关工作人员利用职权犯前三款罪的，依照前三款的规定从重处罚。

文献：张志杰主编：《非法拘禁罪》，中国检察出版社1996年版；祝铭山主编：《非法拘禁罪、绑架罪》，中国法制出版社2004年版；陈山：《非法拘禁罪研究》，中国社会科学出版社2009年版；魏昌东、钱小平编著：《非法拘禁罪、绑架罪专题整理》，中国人民公安大学出版社2009年版；陈洪兵：《人身犯罪解释论与判例研究》，中国政法大学出版社2012年版；李永升主编：《刑事案例诉辩审评——绑架罪 非法拘禁罪》，中国检察出版社2014年版。刘宪权、钱晓峰：《关于绑架、拘禁索债型犯罪定性若干问题研究》，载《法学》2001年第9期；潘拓、王超刚：《非法拘禁中打伤被拘禁人应如何定罪——从一宗非法拘禁案谈对刑法第238条的理解》，载《中国刑事法杂志》2002年第1期；张明楷：《超期羁押的刑事责任探究》，载《浙江社会科学》2002年第4期；黄嵩：《论非法拘禁罪与绑架罪认定中的若干难点——从王文泉非法拘禁案的认定谈起》，载《法学评论》2004年第4期；赵秉志、阴建峰：《非法拘禁罪行为构造研析》，载《河北法学》2005年第1期；胡鹏、杜新春：《非法拘禁罪中暴力情节转化的适用》，载《人民司法》2008年第4期；孙晋琪：《非法拘禁罪结果加重犯与转化犯的区分及量刑》，载《人民司法》2009年第12期；冯军：《非法拘禁罪的司法认定——兼论检察官办案中的总体感觉与刑法教义》，载《国家检察官学院学报》2012年第4期；徐大勇：《非法拘禁罪客观构成要素的诠释》，载《中国刑事法杂志》2012年第12期；侯毅：《非法拘禁罪法律适用问题浅析》，载《中国刑事法杂志》2014年第2期；陈长均：《非法拘禁罪中的时间要素标准》，载《人民检察》2016年第7期；于改之：《自力实现债权行为的刑法教义学分析——以我国〈刑法〉第238条第3款的性质为基础》，载《政治与法律》2017年第11期。

细目录

Ⅰ　主旨
Ⅱ　沿革

Ⅲ　客体
Ⅳ　实行行为
Ⅴ　主体
Ⅵ　罪过
Ⅶ　第 3 款的理解
Ⅷ　司法工作人员超期羁押的定性
Ⅸ　罪数
Ⅹ　处罚
一、第 238 条第 2 款的理解
二、两种从重处罚情节的适用

Ⅰ　主旨

1　《宪法》第 37 条规定:“中华人民共和国公民的人身自由不受侵犯。任何公民,非经人民检察院批准或者决定或者人民法院决定,并由公安机关执行,不受逮捕。禁止非法拘禁和以其他方法非法剥夺或者限制公民的人身自由,禁止非法搜查公民的身体。”为了切实保护公民的人身自由,刑法在本条设立了非法拘禁罪,禁止非法拘禁他人或者以其他方法非法剥夺他人人身自由。在实务中,非法拘禁罪的发案量极大,为索取债务非法扣押、拘禁他人的案件尤多。在此类案件中,如何划清非法拘禁罪与绑架罪的界限,是实务中最为关心的问题。

Ⅱ　沿革

2　1979 年《刑法》第 143 条规定:“严禁非法拘禁他人,或者以其他方法非法剥夺他人人身自由。违者处三年以下有期徒刑、拘役或者剥夺政治权利。具有殴打、侮辱情节的,从重处罚。”“犯前款罪,致人重伤的,处三年以上十年以下有期徒刑;致人死亡的,处七年以上有期徒刑。”

3　在 1997 年修订《刑法》时,对非法拘禁罪进行了如下修订:一是非法拘禁过程中使用暴力致人伤残、死亡的案件不少。多数暴力型非法拘禁致人伤残、死亡的行为符合间接故意(甚至直接故意)的故意伤害罪、故意杀人罪的构成要件,但按照 1979 年《刑法》第 143 条的规定,对此只能按照非法拘禁罪的结果加重犯处理,容易发生罪刑失衡问题。为此,立法机关增设了使用暴力致人伤残、死亡的,按照故意伤害罪、故意杀人罪定罪处罚的规定。二是随着绑架罪的设立,对于为索取债务非法扣押、拘禁他人的行为应以非法拘禁罪论处还是以绑架罪论处,容易产生分歧,对此应作出明确界定。为此,立法机关增设了“为索取债务非法扣押、拘禁他人的,依照前两款的规定处罚”的规定,即对此类案件以非法拘禁罪论处。三是实践中经常发生国家工作人员,特别是司法工作人员滥用职权非法拘禁他人的案件。滥用职权的非法拘禁行为，实施极为容易，危害也大。故有人建议应明确规定滥用职权的非法拘禁，并规定从重处罚，否则这部分罪行就很难引起足够的重视。对此，立法机关增设了国家机关工作人员利用职权犯非法拘禁罪从重处罚的规定。

Ⅲ 客体

非法拘禁罪的客体是他人的人身自由。“人身自由”的含义并非不言自明。黑社会性质组织成员甲将夜间熟睡的乙反锁在房间里，防止乙离开以便向其讨债，次日清晨在乙醒来之前打开了锁，乙一直处于熟睡状态，对此毫不知情。甲是否构成非法拘禁罪，这一问题与如何理解“人身自由”密切相关。 4

可能的自由说认为，作为非法拘禁罪的客体的人身自由是只要想活动身体就可以活动的自由（可能的自由）。[1] 根据可能的自由说，甲构成非法拘禁罪。现实的自由说认为，作为非法拘禁罪的客体的人身自由是在他人打算现实地活动身体时就可以活动的自由（现实的自由）。[2] 根据现实的自由说，甲不构成非法拘禁罪。非法拘禁罪是侵犯人身权利的犯罪，故应从“权利”出发，将“人身自由”理解为一种人身自由权利，即不受他人干涉地移动、活动自己身体的权利，剥夺他人可能的自由也属于侵犯了他人人身自由权利，故非法拘禁罪的客体应为他人可能的自由。行为人为了索取债务，将债务人的儿子（7岁）张某骗到乡下的别墅，给了张某游戏机与足够的零食，懵懂无知的张某乐不思蜀，快乐度日，直到行为人实现了债权，才将张某送回。在此类案件中，张某从未想过要离开别墅，尽管其已被拘禁、事实上也不可能离开别墅。按照现实的自由说，行为人不构成非法拘禁罪，但这不合适。只有根据可能的自由说，才能得出行为人构成非法拘禁罪的结论。 5

与非法拘禁罪的客体相关，非法拘禁罪的对象是任何人，还是仅限于有意识地从事身体活动的人？采取现实的自由说，必然要求被拘禁的对象是能够根据自己的意思从事身体活动的人，这样，不能根据自己的意思活动身体的婴儿、酩酊醉酒者以及植物人，就不能成为非法拘禁罪的对象。但是，根据可能的自由说，无论何人，其均享有人身自由权，他人不得对其实施拘禁行为。因此，幼儿、酩酊醉酒者、瘫痪病人以及没有他人辅助就不能行动的残疾人，均可成为非法拘禁罪的对象。 6

正如盗窃罪的被害人是否意识到自己的财产失窃，并不影响盗窃罪的成立一样，被害人的人身自由是否被剥夺，与被害人对此是否有认识无关。如果采取现实的自由说，就会要求仅在被害人认识到自己的人身自由被剥夺时，才影响其行使现实的身体活动的自由，在被害人对此毫无认识时，行为人的行为就不成立非法拘禁罪。但 7

---

1 参见马克昌主编：《百罪通论》（上卷），北京大学出版社2014年版，第558—559页；周光权：《刑法各论》（第4版），中国人民大学出版社2021年版，第44—45页。

2 参见张明楷：《刑法学》（第6版），法律出版社2021年版，第1153页；黎宏：《刑法学各论》（第2版），法律出版社2016年版，第240页。

是,如果承认绑架犯采取欺骗方式控制了被害人,但被害人完全没有认识到自己已经成为人质的,也能构成绑架罪,则被害人即使不知晓自己的人身自由被剥夺,实施拘禁行为的人也能成立非法拘禁罪。对于此类案件,只有采取可能的人身自由说,才能得出行为人构成非法拘禁罪的结论。

8 根据可能的自由说,被依法剥夺或者限制人身自由的犯罪嫌疑人、被告人,也可以成为非法拘禁罪的对象,因为这些人在一定限度内仍旧有可能的自由。被依法限制人身自由的人,虽然其人身自由权利受到了一定的限制,但并未完全丧失人身自由。如被决定取保候审的犯罪嫌疑人、被告人,虽未经执行机关批准不得离开其所居住的市、县,但在其所居住的市、县以内,他们仍享有自由移动的权利。因此,非法剥夺被取保候审的犯罪嫌疑人、被告人的人身自由的,自然可以构成非法拘禁罪。即使是服刑的罪犯,也可以成为本罪的对象。对于管制犯,其人身自由只是受到限制,并没有被完全剥夺。因此,非法剥夺管制犯的人身自由的,构成非法拘禁罪。有期徒刑犯、无期徒刑犯虽被依法剥夺人身自由,但这并不意味着其毫无人身自由,事实上他们也具有一定程度的人身自由,可以在一定范围进行身体活动,如服刑犯人可在监管场所内的休息场所自由移动等,故监管人员无端将服刑犯人关禁闭数日(但又没有其他体罚虐待行为)的,也属于非法剥夺他人的人身自由,可构成非法拘禁罪。

Ⅳ 实行行为

9 本罪在客观方面表现为非法拘禁他人或者以其他方法非法剥夺他人的人身自由。

10 本罪的实行行为为非法剥夺他人人身自由的行为,习惯上称之为非法拘禁行为。从《刑法》第 238 条的文字表述来看,非法拘禁仅是非法剥夺公民人身自由的方法之一,构成本罪还可以其他方法非法剥夺他人的人身自由。所以,不能认为“非法拘禁”是“以其他方法非法剥夺他人人身自由”的上位概念。事实上,“非法拘禁”与“以其他方法非法剥夺他人人身自由”是一种并列关系,故将本罪的实行行为仅归纳为非法拘禁行为是不严密的。剥夺他人的人身自由,是非法拘禁行为的本质。因此,应将本罪的实行行为归纳为非法剥夺他人人身自由的行为。

11 剥夺了他人的人身自由,是本罪在客观方面的第一个特征。如果并没有剥夺他人的人身自由,仅是限制他人的人身自由,如不准他人参加社交活动,或者不准他人上学,一般不构成本罪。[3] 但是,办封闭式的所谓“学习班”“隔离审查”,或者直接关

---

3 非法限制他人的人身自由与非法剥夺他人的人身自由是两种性质不同的行为。现行刑法废除了非法管制罪,因此,对于非法限制他人的人身自由的行为,一般不能以非法拘禁罪论处。但是,《刑法》第 241 条第 3 款规定:“收买被拐卖的妇女、儿童,非法剥夺、限制其人身自由或者有伤害、侮辱等犯罪行为的,依照本法的有关规定定罪处罚。”据此,非法限制被拐卖的妇女、儿童的人身自由的,也可构成非法拘禁罪。

押、捆绑他人,这些行为显然是剥夺了他人的人身自由,应构成非法拘禁罪。剥夺他人的人身自由不以他人离开原地为前提,地点对于非法拘禁罪的成立并不重要,重要的是行为本身能否剥夺他人的人身自由。2014 年 4 月 22 日最高人民法院、最高人民检察院、公安部、司法部、国家卫生和计划生育委员会《关于依法惩处涉医违法犯罪维护正常医疗秩序的意见》规定,以不准离开工作场所等方式非法限制医务人员人身自由,构成非法拘禁罪的,依照刑法的有关规定定罪处罚。这清楚地表明,即使医生仍原地待在其工作的办公室,行为人禁止医生离开办公室,或者以暴力等方式使得医生难以离开办公室,达到立案标准的,也可以非法拘禁罪追究行为人的刑事责任。

剥夺他人的人身自由的方法有两类:一类是直接拘束人的身体,剥夺其身体活动 12
自由,如捆绑、麻醉等;另一类是间接拘束人的身体,剥夺其身体活动自由,如将他人困于一定场所,使其不能或明显难以离开、逃出。这里的一定场所,通常指像房屋那样的隔离场所,但并不限于这种场所,还包括山洞、地窖等与外界相对隔离的地方。由此,构成本罪并不要求完全剥夺被害人的身体活动自由,只要使被害人失去自然状态下的身体活动自由即可。[4] 如将被害人关闭在一个空间较大的场所,即使被害人在此空间之内能够进行一定程度的身体活动,也构成本罪。剥夺他人的人身自由,既可以是有形剥夺,如将他人捆绑起来,也可以是无形剥夺,如将被害人洗澡时的换洗衣服拿走,使其基于羞耻心无法走出浴室的行为,就是无形地剥夺了他人人身自由。[5] 剥夺他人的人身自由,可以是和平的,如趁他人不注意将他人锁在房间中;也可以是非和平的,即采用暴力、胁迫方法剥夺他人的人身自由。剥夺他人的人身自由,既可以是积极的作为,也可以是消极的不作为,如图书管理员发现有人被锁在图书室里,却径自下班而去,属于以不作为的方式剥夺他人人身自由。

行为的非法性是本罪在客观方面的第二个特征。在法治社会,只有依照法律,才 13
能剥夺他人的人身自由。没有实体法律根据,或者不依照法定程序剥夺他人的人身自由,都属于非法剥夺他人的人身自由。根据有关法律规定,监狱等行刑机关对判处有期徒刑实刑以上的罪犯进行强制教育改造,公安机关对符合拘留、逮捕条件的犯罪嫌疑人予以拘留、逮捕,人民法院对于扰乱法庭秩序的人员予以司法拘留,戒毒所对吸毒人员强制性收留戒毒,精神病院医生对精神病患者实行强制性管束治疗,公民将正在实行犯罪或犯罪后及时被发觉的或正在被追捕的犯罪嫌疑人扭送司法机关等,都属于合法剥夺他人的人身自由,不构成本罪。但是,如果公安机关发现拘捕错误,仍借故不释放他人,继续羁押的,则应认为属于非法剥夺人身自由,直接责任人员可以构成本罪。

近年来,发生了不少国家机关工作人员非法拘禁人大代表的案件。根据 2015 年 14
修正后的《全国人民代表大会和地方各级人民代表大会代表法》第 32 条的规定,县级

4　参见张明楷:《外国刑法纲要》(第 3 版),法律出版社 2020 年版,第 432 页。

5　参见张明楷:《刑法学》(第 5 版),法律出版社 2021 年版,第 1154 页。

以上的各级人民代表大会代表,非经本级人民代表大会主席团许可,在本级人民代表大会闭会期间,非经本级人民代表大会常务委员会许可,不受逮捕或者刑事审判。如果因为是现行犯被拘留,执行拘留的机关应当立即向该级人民代表大会主席团或者人民代表大会常务委员会报告。对县级以上的各级人民代表大会代表,如果采取法律规定的其他限制人身自由的措施,应当经该级人民代表大会主席团或者人民代表大会常务委员会许可。乡、民族乡、镇的人民代表大会代表,如果被逮捕、受刑事审判或者被采取法律规定的其他限制人身自由的措施,执行机关应当立即报告乡、民族乡、镇的人民代表大会。违反上述规定非法拘禁人大代表,达到立案追诉标准的,可以构成非法拘禁罪。

15 行为的持续性是本罪在客观方面的第三个特征。非法拘禁罪是继续犯,非法剥夺人身自由是一种持续行为,即该行为在一定时间内处于继续状态,使他人不间断地在一段时间内失去身体自由;当然如果时间过短,则难以认定成立本罪。根据《刑法》第 89 条的规定,本罪的追诉时效应从剥夺人身自由行为终了之日起计算。1979 年《刑法》未对非法拘禁罪的时限作出规定,导致难以掌握罪与非罪的界限。在修订刑法的过程中,有人建议刑法应对非法拘禁的时限作出规定:对于一般非法拘禁行为,只有在非法拘禁时间超过 24 小时的情况下,才应予以立案。理由是:第一,从法律规定来看,人民法院、人民检察院、公安机关对被逮捕、拘留的人犯,必须在 24 小时以内进行讯问,在发现不应当逮捕和拘留的时候,必须立即释放。因此以 24 小时为非法拘禁时限的起点可以同法律及有关条例的规定保持协调一致。第二,以 24 小时作为认定非法拘禁罪时限的起点,可以解决人们对非法拘禁罪时限问题的分歧,便于司法机关统一执法。[6] 这一建议有一定的道理,为 1999 年最高人民检察院《关于人民检察院直接受理立案侦查案件立案标准的规定(试行)》所采纳。[7]

16 严重剥夺了他人的人身自由,是本罪在客观方面的第四个特征。对于剥夺他人人身自由程度一般的非法拘禁行为,对行为人给予治安处罚即可,只有严重剥夺了他人的人身自由的非法拘禁行为才构成本罪,这样即可将本罪中的非法拘禁行为与《治安管理处罚法》中的非法拘禁相区分。1999 年最高人民检察院《关于人民检察院直接受理立案侦查案件立案标准的规定(试行)》规定,国家机关工作人员涉嫌利用职权非法拘禁,具有下列情形之一的,应予立案:①非法拘禁持续时间超过 24 小时的;②3 次以上非法拘禁他人,或者一次非法拘禁 3 人以上的;③非法拘禁他人,并实施捆绑、殴打、侮辱等行为的;④非法拘禁,致人伤残、死亡、精神失常的;⑤为索取债务非法扣押、拘禁他人,具有上述情形之一的;⑥司法工作人员对明知是无辜的人而非法

6 参见赵秉志主编:《刑法修改研究综述》,中国人民公安大学出版社 1990 年版,第 299 页。

7 需要指出的是,认定非法拘禁罪,不能单纯局限于时限。如果存在诸如侮辱、殴打等情节的,即使非法拘禁行为没有达到 24 小时,也可以认定行为人构成非法拘禁罪。

拘禁的。这一规定可以作为判断某一行为是否严重剥夺了他人人身自由的参考。国家机关工作人员利用职权非法拘禁他人,就危害性而言重于一般公民的非法拘禁行为。既然国家机关工作人员利用职权非法拘禁他人,只有具有上述情形的才予以立案,那么,一般公民非法拘禁他人,也必须达到上述情形,才能立案追诉。

规定非法拘禁行为需要达到特定的时限才能构成非法拘禁罪,虽然有利于统一实务追诉标准,但有时可能造成对被害人人身自由的保护力度不足。从严厉打击黑恶犯罪的刑事政策出发,对于黑恶势力实施的非法拘禁犯罪,实务上降低了非法拘禁行为需要达到的时限。2019 年 4 月 9 日最高人民法院、最高人民检察院、公安部、司法部《关于办理实施"软暴力"的刑事案件若干问题的意见》规定,黑恶势力有组织地多次短时间非法拘禁他人的,应当认定为《刑法》第 238 条规定的"以其他方法非法剥夺他人人身自由";非法拘禁他人 3 次以上、每次持续时间在 4 小时以上,或者非法拘禁他人累计时间在 12 小时以上的,应当以非法拘禁罪定罪处罚。 17

非法拘禁行为已经严重剥夺了他人的人身自由,构成非法拘禁罪既遂。在事实上,为犯非法拘禁罪而准备工具、制造条件的情形是客观存在的,已经着手非法拘禁行为,但未能成功拘禁被害人同样也是存在的,不过,非法拘禁罪的基本犯的法定刑较轻,故对于非法拘禁罪的预备犯、未遂犯与中止犯,一般不会追究行为人预备犯、未遂犯与中止犯的刑事责任。因此,讨论非法拘禁罪的犯罪停止形态[8],虽然不能否认其理论意义,但实践价值不大。 18

V 主体

本罪主体为年满 16 周岁、具有责任能力的自然人。已满 14 周岁不满 16 周岁的人不能构成非法拘禁罪,但是,已满 14 周岁不满 16 周岁的人参与非法拘禁,并使用暴力致人伤残或者死亡的,根据《刑法》第 238 条第 3 款后段的规定,其行为属于故意伤害或故意杀人行为,对此应当承担故意伤害罪、故意杀人罪的刑事责任。 19

Ⅵ 罪过

本罪在主观上是故意,即行为人明知自己的行为会发生剥夺他人人身自由的危害结果,并希望或放任这种结果的发生。过失不构成本罪。本罪的动机多样,如故意报复、索取债务等。虽然动机不是本罪的构成要件,但是,行为人出于其他特定动机非法拘禁他人,刑法对此有其他规定时,对此不再以非法拘禁罪论处,而是按照其他犯罪论处。例如,行为人以出卖或勒索财物为目的非法拘禁妇女、儿童的,这虽然也符合非法拘禁罪的犯罪构成,但是,由于《刑法》第 239、240 条有明文规定,因此,对此应以拐卖妇女、儿童罪和绑架罪追究行为人的刑事责任。 20

---

8 参见陈山:《非法拘禁罪研究》,中国社会科学出版社 2009 年版,第 106—116 页。

Ⅶ　第3款的理解

21　《刑法》第238条第3款规定:为索取债务非法扣押、拘禁他人的,依照前两款的规定处罚。之所以作出这一规定,一是要避免对此类行为是以绑架罪论处还是以非法拘禁罪论处的争议。二是要维持司法的连续性。为索取债务而非法扣押、拘禁他人,以往对此都定性为非法拘禁罪。三是行为人为索取合法债务而拘禁被害人,往往是讨债无门不得已采用的手段,被害方对此也存在过错;即使为索取非法债务拘禁他人,也是事出有因。而在1997年《刑法》中,绑架罪的法定最低刑为10年有期徒刑,将为索取债务非法扣押、拘禁他人的行为以绑架罪论处,将会导致对行为人处刑过重,对此以《刑法》第238条第1款非法拘禁罪或第2款结果加重犯或特别规定论处才能做到罪刑均衡。关于该款的适用,需要注意以下问题:

1. 他人的范围

22　"为索取债务而非法扣押、拘禁他人"中的"他人"不限于债务人本人,为逼迫债务人还债而关押与债务人具有密切关系的第三人,以及行为人出于认识错误,误以为第三人与债务人关系密切而将其拘禁的,均应以非法拘禁罪论处。

2. 债务是否合法问题

23　《刑法》第238条第3款中的"债务",是否限于合法债务,曾经存在争论。肯定说认为,这里的"债务",仅指合法债务,不应当包括法律不予保护的债务,更不包括赌债、高利贷等所谓"恶债";为索取法律不予保护的债务而将债务人关押,扣作人质,符合绑架罪构成要件的,可以定绑架罪。否定说认为,这里的"债务",既包括合法债务,也包括法律不予保护的债务,为索取法律不予保护的债务而非法拘禁他人的,构成非法拘禁罪。对此,2000年7月最高人民法院在《关于对为索取法律不予保护的债务非法拘禁他人行为如何定罪问题的解释》规定:"行为人为索取高利贷、赌债等法律不予保护的债务,非法扣押、拘禁他人的,依照刑法第二百三十八条的规定定罪处罚。"如此解释的主要理由是:其一,虽然《刑法》第238条并未规定"债务"也包括法律不予保护的债务,但考虑到为讨还赌债、高利贷等法律不予保护的债务而扣押、拘禁他人的,其行为特征与《刑法》第238条第3款的规定相似,同样侵犯了他人的人身权利,危害了社会安定。因合法债务非法拘禁他人的,尚且要追究刑事责任,为讨还赌债、高利贷等法律不予保护的债务而扣押、拘禁他人构成犯罪的,更应当追究刑事责任。其二,行为人的主观目的是将赌债、高利贷索回,也是"事出有因",与出于勒索财物目的绑架他人有所不同,被拘禁的对象也是欠有国家法律不予保护的赌债、高利贷等债务的人;从行为特征分析,更符合非法拘禁罪的特征。目前,理论通说与司法实务均赞成上述解释的观点。《刑法》第238条第3款之所以规定为索取债务非法扣押、拘禁他人的,以非法拘禁罪定罪处罚,立法本意并不在于以此来体现对债权的特别保护,而是要强调即使是为了索取正当、合法的债务,也不得采取扣押、拘禁他人等剥夺人身自由的非法方法。根据当然解释,既然为索取正当、合法的债务非法扣押、拘禁他人尚可构成本罪,则危害更大的为索取赌债、高利贷以及嫖资等法律不予保护的非法债务而非法扣押、拘禁他人的,以非法拘禁罪定罪处罚就更不是问题了。[9] 此外,对于为索取非法债务而非法扣押、拘禁他人的行为不以绑架罪论处,而以非法拘禁罪定罪量刑,并不意味着行为人的刑事责任一定偏轻。因为非法拘禁罪存在结果加重犯,尤其是根据《刑法》第238条第2款"使用暴力致人伤残、死亡的,依照本法第二百三十四条、第二百三十二条的规定定罪处罚"的规定,对于为索取债务非法扣押、拘禁他人的行为同样有判处死刑的可能,故不存在可能轻纵罪犯的问题。

因此,无论债务是否合法,只要确实是出于债务纠纷,为索取债务非法扣押、拘禁他人的,如抱走年幼的继子女向欲离婚的妻子索要所支出的抚养费、彩礼费的,在给付定金违约后,为索回定金而非法扣押对方当事人子女的,均属于为索取债务非法扣押、拘禁他人,应以非法拘禁罪论处。 24

3. 债务真实性问题

为索取债务非法扣押、拘禁他人,这里的"债务"通常要求是真实存在的债务。但这也不是绝对的,客观上虽不存在债务,但行为人主观记忆出错,误以为存在债务,或者受到他人欺骗而以为存在债务,为索取债务非法扣押、拘禁他人的,行为人主观上是为了索取债务非法扣押、拘禁他人,并没有犯绑架罪的意思,对此以非法拘禁罪论处。实务界支持这一观点。实务上认为,行为人主观上的索债目的应当从其主观真实意思认定,而不要求客观上存在真实有效的债权债务关系。[10] 当然,如果行为人明知不存在债务,却以索债为借口而非法扣押、拘禁被害人,要求他人支付金钱的,应以绑架罪论处。 25

Ⅷ　司法工作人员超期羁押的定性

根据2003年11月最高人民法院、最高人民检察院、公安部《关于严格执行刑事诉讼法 切实纠防超期羁押的通知》的规定,"本通知发布以后,凡违反刑事诉讼法和本通知的规定,造成犯罪嫌疑人、被告人超期羁押的,对于直接负责的主管人员和其他直接责任人员,由其所在单位或者上级主管机关依照有关规定予以行政或者纪律处分;造成犯罪嫌疑人、被告人超期羁押,情节严重的,对于直接负责的主管人员和其他直接责任人员,依照刑法第三百九十七条的规定,以玩忽职守罪或者滥用职权罪追究刑事责任"。如果贯彻这一规定,就意味着司法工作人员超期羁押的,不构成非法拘禁罪。据此,实务上认为,司法工作人员在执行公务时,不正确履行工作职责,致使 26

9　参见陈兴良、张军、胡云腾主编:《人民法院刑事指导案例裁判要旨通纂》(第2版),北京大学出版社2018年版,第837页。

10　参见陈兴良、张军、胡云腾主编:《人民法院刑事指导案例裁判要旨通纂》(第2版),北京大学出版社2018年版,第843页。

被害人被超期羁押,情节严重的,不构成非法拘禁罪,应以滥用职权罪论处。[11] 应当认为,这种看法并不合适。《关于严格执行刑事诉讼法 切实纠防超期羁押的通知》存在如下三个问题:其一,《关于严格执行刑事诉讼法 切实纠防超期羁押的通知》直接与《刑法》第238条第4款"国家机关工作人员利用职权犯前三款罪的,依照前三款的规定从重处罚"的规定冲突。《刑法》第238条第4款的规定意味着司法工作人员违法对犯罪嫌疑人、被告人超期羁押的,属于国家机关工作人员利用职权犯非法拘禁罪,当然应以非法拘禁罪定罪处罚。《关于严格执行刑事诉讼法 切实纠防超期羁押的通知》与此显然背道而驰。其二,《关于严格执行刑事诉讼法 切实纠防超期羁押的通知》不符合想象竞合犯的处断原则。司法工作人员违法对犯罪嫌疑人、被告人超期羁押的,完全可能同时符合非法拘禁罪与玩忽职守罪、滥用职权罪的犯罪构成,成立想象竞合犯,对此应从一重罪论处。玩忽职守罪或者滥用职权罪的法定刑明显轻于非法拘禁罪,故对司法工作人员超期羁押案件应以非法拘禁罪处理,才符合想象竞合犯的处断原则,但《关于严格执行刑事诉讼法 切实纠防超期羁押的通知》与此背道而驰。其三,《关于严格执行刑事诉讼法 切实纠防超期羁押的通知》不利于防范超期羁押行为。构成滥用职权罪或者玩忽职守罪,要求玩忽职守或者滥用职权行为"致使公共财产、国家和人民利益遭受重大损失",入罪门槛远高于非法拘禁罪,如在人身伤亡类案件中,要求造成死亡1人以上,或者重伤3人以上,或者轻伤9人以上,或者重伤2人、轻伤3人以上,或者重伤1人、轻伤6人以上的,才构成滥用职权罪或者玩忽职守罪。《关于严格执行刑事诉讼法 切实际防超期羁押的通知》等于变相地增加了司法工作人员超期羁押行为构成非法拘禁罪的入罪难度,这不利于防范司法工作人员超期羁押案件的发生。

Ⅸ 罪数

27 在实践中,需要注意非法拘禁案件的罪数认定问题。在非法拘禁行为与其他行为都构成犯罪的情况下,需要区分不同的情况来认定罪数:①有些犯罪行为,本身就含有非法剥夺他人人身自由的性质,实施这样的犯罪行为时,直接以所实施之罪一罪定罪处罚即可。如以勒索财物为目的绑架他人的,构成绑架罪;以出卖为目的非法绑架妇女、儿童的,构成拐卖妇女、儿童罪。②非法拘禁罪与其他犯罪存在牵连、想象竞合等关系时,应从一重罪处断。如以暴力方法非法拘禁国家机关工作人员以阻碍其依法执行职务的,行为人同时触犯非法拘禁罪和妨碍公务罪,对此应从一重罪处断。③非法拘禁行为和其他犯罪行为不存在刑法上的牵连关系或者其他关系,此时应数罪并罚。如收买被拐卖的妇女、儿童又非法剥夺其人身自由的,应以收买被拐卖的妇女、儿童罪和非法拘禁罪实行数罪并罚。

[11] 参见陈兴良、张军、胡云腾主编:《人民法院刑事指导案例裁判要旨通纂》(第2版),北京大学出版社2018年版,第851页。

X 处罚

根据《刑法》第 238 条的规定，犯本罪的，处 3 年以下有期徒刑、拘役、管制或者剥夺政治权利。具有殴打、侮辱情节的，从重处罚。致人重伤的，处 3 年以上 10 年以下有期徒刑；致人死亡的，处 10 年以上有期徒刑。使用暴力致人伤残、死亡的，依照《刑法》第 234 条、第 232 条的规定定罪处罚。国家机关工作人员利用职权犯前三款罪的，依照前三款的规定从重处罚。 28

对于非法拘禁罪的量刑，2021 年 6 月 16 日最高人民法院、最高人民检察院《关于常见犯罪的量刑指导意见（试行）》作了详细规定：（1）构成非法拘禁罪的，根据下列情形在相应的幅度内确定量刑起点：①犯罪情节一般的，在 1 年以下有期徒刑、拘役幅度内确定量刑起点。②致 1 人重伤的，在 3 年至 5 年有期徒刑幅度内确定量刑起点。③致 1 人死亡的，在 10 年至 13 年有期徒刑幅度内确定量刑起点。（2）在量刑起点的基础上，根据非法拘禁人数、拘禁时间、致人伤亡后果等其他影响犯罪构成的犯罪事实增加刑罚量，确定基准刑。非法拘禁多人多次的，以非法拘禁人数作为增加刑罚量的事实，非法拘禁次数作为调节基准刑的量刑情节。（3）有下列情节之一的，增加基准刑的 10%～20%：①具有殴打、侮辱情节的；②国家机关工作人员利用职权非法扣押、拘禁他人的。（4）构成非法拘禁罪的，综合考虑非法拘禁的起因、时间、危害后果等犯罪事实、量刑情节，以及被告人的主观恶性、人身危险性、认罪悔罪表现等因素，决定缓刑的适用。关于非法拘禁罪的处罚，如下问题值得研究： 29

一、第 238 条第 2 款的理解

《刑法》第 238 条第 2 款规定：“犯前款罪，致人重伤的，处三年以上十年以下有期徒刑；致人死亡的，处十年以上有期徒刑。使用暴力致人伤残、死亡的，依照本法第二百三十四条、第二百三十二条的规定定罪处罚。”该款前段是关于非法拘禁罪结果加重犯的规定，后段是关于使用暴力致人伤残、死亡的定性的规定。 30

1. 结果加重犯

非法拘禁罪存在结果加重犯，出现致人重伤、致人死亡的加重结果时，法定刑随之加重。所谓非法拘禁“致人重伤”，是指行为人在非法拘禁的过程中过失致人重伤，“致人死亡”是指行为人在非法拘禁的过程中过失致人死亡。作为结果加重犯，要求非法拘禁行为与重伤、死亡结果之间存在因果关系，行为人对重伤、死亡结果在主观上具有预见可能性。 31

行为人非法拘禁他人时，往往采用按倒、捆绑、麻醉等强制手段，具有致人重伤、死亡的可能性，如因绳索捆绑太紧，致使被害人肢体残废，或者非法拘禁时为防止被害人喊叫呼救而将毛巾塞入口中，致使被害人呼吸不畅而死亡的，属于非法拘禁致人重伤、死亡。在非法拘禁期间，被拘禁人自残、自杀的，虽然也有人主张属于非法拘禁 32

致人重伤、死亡[12],但是,在拘禁行为未给被拘禁人造成难以忍受的肉体痛苦时,难以认定自残、自杀与拘禁行为之间存在因果关系(有条件关系不等于有因果关系),故不宜认定为非法拘禁致人重伤、死亡。[13] 在实务上,对于强奸罪而言,如果被害人的重伤、死亡结果系强奸行为间接导致或者有其他因素的介入,如被害人被强奸后因无法释怀而精神失常或者不能承受他人误解、嘲笑等原因而自残、自杀的,一般不能认定为强奸"致使被害人重伤、死亡"。[14] 从均衡性出发,如果在强奸罪中被害人自残、自杀尚不属于强奸致使被害人重伤、死亡,那么认为在非法拘禁罪中被害人自残、自杀属于非法拘禁致使被害人重伤、死亡,就是不合适的。

2. 使用暴力致人伤残、死亡的理解

33 使用暴力致人伤残、死亡中的"伤残"是指重伤以上的伤害。立法者并未使用暴力致人"伤害"的表述,而是使用了"致人伤残"的表述,这意味着"致人伤残"不应含轻伤在内,是指重伤以上的伤害。虽然轻微的暴力在某种介入因素的介入下也可能致人伤残、死亡,但是,考虑到使用暴力致人伤残、死亡是以故意伤害罪或者故意杀人罪一罪定罪量刑的,故对"致人伤残、死亡"的原因"暴力"应作限定解释,其并非指一切可以作用于人身的有形力,而是指严重暴力,即通常具有致人重伤、死亡属性的暴力。

34 关于"使用暴力致人伤残、死亡"属于注意规定还是特别规定,对此存在分歧。有人认为,当行为人故意实施非法拘禁罪,但使用拘禁行为以外的暴力行为过失地造成对方伤残、死亡时,按故意伤害罪与故意杀人罪论处,这一结论难免有客观归罪之嫌。[15] 因此,所谓"使用暴力致人伤残、死亡"是指行为人在犯非法拘禁罪的过程中故意导致被害人伤残、死亡结果的发生。[16] 立法机关的人士亦持这一观点。[17] 这样的观点确实容易打动人心,但是,在非法拘禁过程中,产生伤害、杀人故意,未必只有通过暴力才能出现致人伤残、死亡的结果,如不给被害人提供饮食(非暴力)同样可以致人伤害、死亡。如果"使用暴力致人伤残、死亡"属于注意规定,那么,立法者设立这种列举并不全面的注意规定有何意义?而且,"使用暴力致人伤残、死亡"实际上是将本为

12　参见王作富、刘树德:《刑法分则专题研究》,中国人民大学出版社 2013 年版,第55 页。

13　参见马克昌主编:《百罪通论》(上卷),北京大学出版社 2014 年版,第 564 页。

14　参见张军等主编:《刑事审判实务教程》,中国法制出版社 2013 年版,第484 页。

15　参见马克昌主编:《百罪通论》(上卷),北京大学出版社 2014 年版,第 565 页。

16　参见高铭暄、马克昌主编:《刑法学》(第 9 版),北京大学出版社、高等教育出版社 2019 年版,第 466 页。

17　参见郎胜主编:《中华人民共和国刑法释义》(第 6 版),法律出版社 2015 年版,第 391 页。

数罪的情形[18]在立法上明文规定为以一罪处理,这不是注意规定所能做到的。因此,还是将"使用暴力致人伤残、死亡"理解为特别规定较为合适。实务上,在行为人使用严重的暴力时,对于伤残、死亡持何种心态,有时难以查清。在实施严重暴力时,行为通常具有致人伤残、死亡的危险性,一般人对此也能有所认识。为了避免行为人主张自己只有过失的狡辩,立法者设置了特别规定,使用暴力致人伤残、死亡的,不再考虑行为人主观上究竟是故意还是过失,只要其对伤残、死亡结果存在预见可能性,即按故意伤害罪、故意杀人罪定罪处罚。这便是立法者设立"使用暴力致人伤残、死亡"这一特别规定的原因所在。

在实务中,当非法拘禁行为以暴力的方式实施时,需要严格区分非法拘禁致人死亡(结果加重犯)与使用暴力致人死亡(特别规定)。第一,非法拘禁致人死亡,但暴力本身并非严重时,适用《刑法》第238条第2款前段的规定,以非法拘禁罪的结果加重犯论处;如果暴力极为严重,具有致人伤残、死亡的属性,是暴力导致被害人死亡的,对此按照使用暴力致人死亡、以故意杀人罪定罪处罚的规定。第二,在拘禁行为之外另使用了暴力,但不是该暴力行为致人死亡,而是拘禁行为本身致人死亡的,也应适用《刑法》第238条第2款前段的规定,以非法拘禁罪的结果加重犯论处,同时适用"具有殴打……情节的,从重处罚"的规定。第三,在非法拘禁的过程中,产生杀人故意实施杀人行为的,属于使用暴力致人死亡,应以故意杀人罪定罪处罚,不再以非法拘禁罪与故意杀人罪数罪并罚。第四,在非法拘禁过程中,在拘禁行为之外另行使用了严重暴力且致人死亡,不构成结果加重犯,属于使用暴力致人死亡,应以故意杀人罪定罪处罚。第五,在非法拘禁的过程中,使用严重暴力故意实施伤害行为,过失导致被害人死亡的,也属于使用暴力致人死亡,应以故意杀人罪定罪处罚。 35

二、两种从重处罚情节的适用

1. 具有殴打、侮辱情节

《刑法》第238条第1款后段规定,具有殴打、侮辱情节的,从重处罚。"殴打"是指给他人造成暂时性的肉体疼痛,或使他人神经受到轻微刺激的行为。"侮辱"是指对他人进行贬低、对他人表示污蔑的行为,不要求侮辱行为必须公然进行。这里的殴打、侮辱行为包括故意伤害罪(轻伤)与侮辱罪在内。[19] 因为非法拘禁者实施尚未达到犯罪程度的殴打、侮辱行为,尚可从重处罚,实施危害更为严重的已经构成故意伤害罪、侮辱罪的殴打、侮辱行为,就更应从重处罚。例如,非法押着他人游街示众,如 36

---

18 行为人在已经完全支配、控制被害人之后,产生伤害、杀害故意并实施相应行为的,如同非法拘禁妇女之后又强奸妇女,应以非法拘禁罪与强奸罪数罪并罚一样,对此应以非法拘禁罪与故意伤害罪、故意杀人罪数罪并罚。但是,由于"使用暴力致人伤残、死亡"的特别规定,对此以故意伤害罪、故意杀人罪一罪论处,不再数罪并罚。

19 参见肖中华:《侵犯公民人身权利罪》,中国人民公安大学出版社1998年版,第222页。

果拘禁行为与侮辱行为均已达到应当追究刑事责任的程度,属于非法拘禁罪与侮辱罪的想象竞合犯,由于非法拘禁罪属于公诉罪,对此以非法拘禁罪追究行为人的刑事责任时,应适用《刑法》第 238 条第 1 款具有侮辱情节、从重处罚的规定。当然,如果殴打、侮辱行为不是非法拘禁行为本身的必要组成部分,而是在完成非法拘禁行为之后,实施了独立的构成伤害罪、侮辱罪的殴打、侮辱行为的,对此应以非法拘禁罪与故意伤害罪、侮辱罪数罪并罚。

2. 国家机关工作人员利用职权犯本罪

37 《刑法》第 238 条第 4 款规定:"国家机关工作人员利用职权犯前三款罪的,依照前三款的规定从重处罚。"这主要是指司法工作人员违规超期羁押他人,政府工作人员非法关押上访人员或者非法关押对执法过程进行录音、录像的市民等情形。并不是所有的国家工作人员非法拘禁他人都需要从重处罚,只有国家机关工作人员非法拘禁他人,并且在非法拘禁他人时利用了职权的,才能法定地从重处罚。

38 作为从重处罚情节,无论是具有殴打、侮辱情节,还是国家机关工作人员利用职权非法拘禁他人,不仅适用于非法拘禁罪的基本犯,而且适用于非法拘禁罪的结果加重犯,还适用于为索取债务非法扣押、拘禁他人的情形。当然,将殴打、侮辱行为作为从重处罚情节时,需要注意避免重复评价问题。例如,使用暴力致人伤残、死亡意味着行为人殴打他人致人伤残、死亡,对此按照"使用暴力致人伤残、死亡"的规定处理,不再适用"具有殴打……情节的,从重处罚"的规定。

第二百三十九条　绑架罪

以勒索财物为目的绑架他人的，或者绑架他人作为人质的，处十年以上有期徒刑或者无期徒刑，并处罚金或者没收财产；情节较轻的，处五年以上十年以下有期徒刑，并处罚金。

犯前款罪，杀害被绑架人的，或者故意伤害被绑架人，致人重伤、死亡的，处无期徒刑或者死刑，并处没收财产。

以勒索财物为目的偷盗婴幼儿的，依照前两款的规定处罚。

文献:赵秉志主编:《疑难刑事问题司法对策》(第6集),吉林人民出版社1999年版;祝铭山主编:《非法拘禁罪、绑架罪》,中国法制出版社2004年版;魏昌东、钱小平编著:《非法拘禁罪、绑架罪专题整理》,中国人民公安大学出版社2009年版;李永升主编:《刑事案例诉辩审评——绑架罪 非法拘禁罪》,中国检察出版社2014年版。陈小清:《试论绑架勒索罪》,载《法商研究》1993年第3期;张明楷:《论绑架勒赎罪》,载《法商研究》1996年第1期;林亚刚:《绑架勒索罪若干问题的探讨》,载《法学家》1996年第4期;孙光骏、李希慧:《论绑架勒索罪的几个问题》,载《法学评论》1998年第1期;戴长林、尧宇华:《论我国刑法中的绑架罪》,载《江西社会科学》1999年第5期;肖中华:《关于绑架罪的几点思考》,载《法学家》2000年第2期;肖文、宋川:《是绑架罪的中止、未遂还是既遂》,载《中国刑事法杂志》2000年第5期;王宗光:《论绑架罪的认定》,载《法律适用》2000年第5期;杜国强:《绑架罪若干问题研究》,载《河北法学》2001年第6期;刘宪权、钱晓峰:《关于绑架、拘禁索债型犯罪定性若干问题研究》,载《法学》2001年第9期;阮齐林:《绑架罪的法定刑对绑架罪认定的制约》,载《法学研究》2002第2期;张波:《"绑架并杀害被害人"的立法——对最高院刑一庭审判长会议研究意见的质疑和思考》,载《当代法学》2002年第12期;邓定远:《绑架罪的完成形态与未完成形态的认定》,载《江西公安专科学校学报》2003年第2期;刘树德:《绑架罪罪数认定研究》,载《中国刑事法杂志》2003年第3期;刘凌梅:《绑架罪客观要件争议问题的再探讨——以绑架罪的犯罪客体为理论视角》,载《郑州大学学报(哲学社会科学版)》2003年第4期;张忠斌:《有关绑架罪司法认定的三个误区》,载《法律适用》2003年第6期;张韵声、陈祥军:《析绑架罪与非法拘禁罪之异同》,载《法律适用》2003年第8期;孙勇:《绑架勒索过程中又劫取财物行为的定性分析》,载《人民检察》2005年第5期;张明楷:《绑架罪中"杀害被绑架人"研究》,载《法学评论》2006年第3期;袁南利:《索假债指使他人拘禁被害人构成绑架罪》,载《人民司法》2007年第8期;王志祥:《绑架罪中"杀害被绑架人"新论》,载《法商研究》2008年第2

期;黄祥青:《绑架罪的既未遂标准设定》,载《人民司法》2008 年第 15 期;郑金火:《评析修正后的绑架罪》,载《中国刑事法杂志》2009 年第 6 期;付立庆:《论绑架罪的修正构成的解释与适用——兼评修正案对绑架罪的修改》,载《法学家》2009 年第 3 期;谢治东:《绑架罪构成要件认定新解——兼论绑架罪限制性解释之废止》,载《湖北社会科学》2009 年第 10 期;杨志国:《认定绑架罪"情节较轻"的几个理论问题》,载《中国刑事法杂志》2009 年第 11 期;朱艳萍、应金鑫:《对绑架罪"情节较轻"的理解》,载《法律适用》2010 年第 11 期;谢慧:《绑架罪的单复与犯罪形态》,载《宁夏社会科学》2012 年第 6 期;张明楷:《绑架罪的基本问题》,载《法学》2016 年第 4 期;周铭川:《绑架罪情节加重犯研究》,载《上海交通大学学报(哲学社会科学版)》2017 年第 2 期;徐光华:《"以刑制罪"视阈下绑架罪的定性与量刑——对大样本绑架释放人质案件的实证考察》,载《政法论坛》2018 年第 5 期。

细目录

Ⅰ　主旨
Ⅱ　沿革
Ⅲ　客体
Ⅳ　绑架行为
　一、行为对象
　二、绑架的含义
　三、绑架的手段
Ⅴ　主体
Ⅵ　罪过
Ⅶ　既遂
Ⅷ　共犯
Ⅸ　罪数
Ⅹ　与他罪的关系
　一、与非法拘禁罪的关系
　二、与抢劫罪的关系
　三、与敲诈勒索罪的关系
Ⅺ　处罚
　一、情节较轻的认定
　二、杀害被绑架人的理解

Ⅰ　主旨

1　本条是对绑架罪的规定,旨在保护公民的人身安全。绑架罪是指以勒索财物为目的绑架他人,或者绑架他人作为人质,或者以勒索财物为目的偷盗婴幼儿的行为。

这是依据条文对绑架罪所下的形式定义。如果进行实质定义,绑架罪是指行为人以迫使第三人满足其要求为目的,绑架他人作为人质的行为。绑架行为不仅剥夺了被绑架人的人身自由,而且使得作为筹码的被绑架人的生命、身体随时处于危险之中,对人身权利的侵犯极其严重,故《刑法》第 239 条对绑架罪配置了比故意杀人罪更为严厉的法定刑。

以绑架罪的犯罪客体是复杂客体还是单一客体为起点,产生了绑架行为是复合行为还是单一行为的争论,该争论直接影响绑架罪既未遂的判断。此外,杀害被绑架人中“杀害”的具体含义为何,也是绑架罪的重要争点。 2

Ⅱ 沿革

1979 年《刑法》中并无绑架罪的规定。1991 年 9 月 4 日全国人大常委会《关于严惩拐卖、绑架妇女、儿童的犯罪分子的决定》第 2 条第 3 款规定:“以勒索财物为目的绑架他人的,依照本条第一款的规定处罚。”这是对绑架勒索罪的规定,是绑架罪的雏形。在对该规定进行修订、完善后,形成了 1997 年《刑法》第 239 条的如下规定:“以勒索财物为目的绑架他人的,或者绑架他人作为人质的,处十年以上有期徒刑或者无期徒刑,并处罚金或者没收财产;致使被绑架人死亡或者杀害被绑架人的,处死刑,并处没收财产。以勒索财物为目的偷盗婴幼儿的,依照前款的规定处罚。” 3

绑架案件多种多样,并非所有绑架案件的危害都极其严重,1997 年《刑法》将绑架罪的法定最低刑设置为 10 年有期徒刑,导致部分案件中对被告人的处刑明显过重,难以实现罪刑均衡。为了解决绑架罪的量刑缺乏层次性的问题,2009 年 2 月 28 日《刑法修正案(七)》在第 1 款中增设了“情节较轻的,处五年以上十年以下有期徒刑,并处罚金”的规定,从而将绑架罪的法定最低刑降低为 5 年有期徒刑。《刑法修正案(七)》同时将原第 1 款“致使被绑架人死亡或者杀害被绑架人的,处死刑,并处没收财产”单列为第 2 款,修改为“犯前款罪,致使被绑架人死亡或者杀害被绑架人的,处死刑,并处没收财产”。相应地,原第 2 款“以勒索财物为目的偷盗婴幼儿的,依照前款的规定处罚”下移为第 3 款。 4

在绑架罪中,只要致使被绑架人死亡或者杀害被绑架人就判处死刑,这种绝对确定的法定刑虽然体现了要求绑架犯善待被绑架人生命的立法精神,但是存在问题。①在故意致使被绑架人死亡与过失致使被绑架人死亡的场合,在法定刑上不作区分,均判处死刑,有所不妥。②法官缺少选择余地,即便是被绑架人逃跑时不慎落水而亡或者翻窗时不慎跌落而亡,也对绑架犯判处死刑,有时难以做到罪刑均衡。③在绑架犯故意伤害被绑架人,以特别残忍手段致使被绑架人重伤或者造成严重残疾的场合,对绑架犯只能判处无期徒刑,没有适用死刑的可能性,这也不利于贯彻罪刑均衡。为此,2015 年 8 月 29 日《刑法修正案(九)》删除了第 2 款中“致使被绑架人死亡”的规定,增加了“故意伤害被绑架人,致人重伤、死亡”的规定,并将绝对确定的法定刑“处死刑”修订为相对确定的法定刑“处无期徒刑或者死刑”。《刑法修正案 5

(九)》的修订意味着单纯过失致使被绑架人死亡的,不能判处死刑,最高只能判处无期徒刑。

Ⅲ　客体

6 一般认为,绑架罪侵犯的客体为复杂客体,既侵犯了被绑架人的人身自由,又侵犯了其他人的财产权或者其他相关权益。[1] 此外,也有人认为,绑架罪是单一客体的犯罪,侵犯的是他人的人身自由权利。[2] 对绑架罪客体的理解不同,将会导致对绑架行为以及绑架罪既未遂的理解不同。如果认为绑架罪是复杂客体的犯罪,就容易认为在绑架勒索的场合,绑架行为是复合行为,即完整的绑架行为由绑架行为(手段行为)与勒索行为(目的行为)两部分构成;仅完成绑架行为但尚未实施勒索行为的,尚不构成绑架既遂。如果认为绑架罪是单一客体的犯罪,就会认为绑架行为是单一行为,只要绑架犯完成了绑架行为,控制了被绑架人,就构成绑架罪既遂,至于绑架犯是否实施了勒索财物的行为,不影响绑架罪既遂的认定。

7 只要行为人采取暴力、胁迫等手段支配、控制了被绑架人,被绑架人的人身自由就已遭受侵犯。由绑架罪的目的所决定,绑架行为必然同时创设出了第三人的财产权或者其他相关权益初步面临危险,至于该危险能否进一步向前发展,以致第三人的权益遭受侵犯,需视行为人是否向第三人提出勒索等要求而定。如果认为刑法设立绑架罪的目的是不仅保护被绑架人的人身安危,而且保护第三人的权益,则将要么导致对被绑架人的人身权利(主要客体)保护不足[3],要么导致第三人的权益(次要客体)对于绑架罪既遂的认定并无意义。[4] 因此,认为绑架罪是单一客体的犯罪,是合适的。

8 当然,人身自由权利说也有不够精确之处。如果认为绑架罪的客体仅是他人的人身自由权利,而非法拘禁罪侵犯的客体也是他人的人身自由权利,那么为何绑架罪的刑事责任远远重于非法拘禁罪?绑架犯罪分子意在以被绑架人的人身安危作为交易的筹码,迫使第三人满足其要求,这决定了绑架罪并非单纯侵犯了被绑架人的人身自由权利,而是使被绑架人的生命、身体随时处于危险之中,所以绑架罪的刑事责任

1　参见贾宇主编:《刑法学》,高等教育出版社 2019 年版,第 131 页;高铭暄、马克昌主编:《刑法学》(第 9 版),北京大学出版社、高等教育出版社 2019 年版,第 467 页。

2　参见王作富、刘树德:《刑法分则专题研究》,中国人民大学出版社 2013 年版,第61 页。

3　如果认为对于复杂客体的犯罪,只有所有客体均被侵犯,才构成犯罪既遂,那么在第三人的财产权等权益未被实际侵犯时,不能认定行为人构成绑架既遂,从而使得绑架罪既遂的认定过于推迟,导致对被绑架人的人身权利保护不足。

4　如果认为对于复杂客体的犯罪,只要客体之一被侵犯,即构成犯罪既遂,那么第三人的财产权等权益虽然未被实际侵犯,但不影响绑架罪既遂的认定。这虽有利于保护被绑架人的人身权利,但使得第三人的财产权等权益对于绑架罪既遂的认定毫无意义。

远远重于非法拘禁罪。因此,应将绑架罪的客体归纳为他人的人身自由以及生命、身体的安全,或者简单地说就是他人的人身安危。

Ⅳ 绑架行为

绑架行为表现为行为人绑架他人作为人质。 9

一、行为对象

绑架的对象是“他人”。“他人”包括婴幼儿与精神病人,因为婴幼儿与精神病人同样可以成为迫使第三人满足行为人要求的筹码。“他人”不限于中国人,包括外国人。绑架外国游客,然后向政府施压要求满足某种要求的,构成绑架罪。父母绑架未成年子女,向他人施压,要求满足某种要求,只要客观上确实危及未成年子女的人身安危的,就属于绑架“他人”,父母构成绑架罪。行为人自导自演绑架案件向家人、朋友勒索财物的,不属于绑架“他人”,行为人及其他参与人均不构成绑架罪,视具体情形成立敲诈勒索罪等财产犯罪。 10

绑架罪的对象是否包括第三人,这是一个无法回避的问题。如果认为绑架罪的客体是复杂客体,绑架罪的行为对象就应包括被勒赎的第三人。如果认为绑架罪的行为对象仅为被绑架人,但在很多案件中第三人确实交付了赎金,其权益受到了侵犯,认为第三人不是被害人似乎也不妥当。解决这一问题的关键是,应当明确区分被害人与行为对象,二者是不同的概念。行为对象是指对犯罪的成立而言不可或缺的对象,属于构成要件要素,而在《刑法》第239条中,第三人并非构成要件要素,在此意义上,第三人不是绑架罪的行为对象。被害人是指合法权益遭受犯罪侵害的人。虽然在很多犯罪中,被害人与行为对象是同一个人,但二者并不同一的情况也是存在的。如在拐骗儿童罪中,行为对象是不满14周岁的未成年人,但被拐卖儿童的父母也是受害人。因此,在绑架罪中,不能因为第三人是受害人,便认为第三人也是行为对象。否定第三人是行为对象,对于解决绑架行为是单一行为还是复合行为,具有重要意义。 11

二、绑架的含义

如何界定绑架的含义,与下列三个问题密切相关: 12

第一,《刑法》第239条规定了几个罪名?一罪名说认为,《刑法》第239条的罪名只有一个,即绑架罪。[5] 二罪名说认为,《刑法》第239条包括绑架勒索罪和绑架人质罪(或绑架罪)两个罪名。[6] 三罪名说认为,《刑法》第239条共规定了三个罪名,其中,“以勒索财物为目的绑架他人”为绑架勒索罪,“绑架他人作为人质”为绑架人质 13

---

5 参见张明楷:《刑法学》(下),法律出版社1997年版,第715页。

6 参见赵秉志主编:《刑法新教程》,中国人民大学出版社2001年版,第589、607页。

罪,"以勒索财物为目的偷盗婴幼儿"为偷盗婴幼儿罪。[7] 对《刑法》第 239 条罪名数的理解不同,无疑会影响到绑架罪的定义,从而影响绑架行为的界定。最高人民法院《关于执行〈中华人民共和国刑法〉确定罪名的规定》将《刑法》第 239 条的罪名归纳为绑架罪一个罪名。这一罪名解释的出台,结束了《刑法》第 239 条罪名数的争议。因此,在界定绑架行为时,应当涵盖"以勒索财物为目的绑架他人""绑架他人作为人质"与"以勒索财物为目的偷盗婴幼儿"这三种情形。

14 第二,绑架存在几种类型?一般认为,绑架有以勒索财物为目的绑架他人与绑架他人作为人质两种类型,但也有人认为,除此之外,绑架还有第三种类型,即以勒索财物为目的偷盗婴幼儿。就文字表述来看,绑架罪似乎确有三种类型,但就本质而言,均属于绑架他人作为人质。无论是以勒索财物为目的绑架他人,还是以勒索财物为目的偷盗婴幼儿,在本质上都属于"绑架他人作为人质",或者说都是将被绑架人作为一个交易的筹码,企图迫使第三人满足行为人的要求。事实上,《刑法》第 239 条只需规定"绑架他人作为人质的,处……"即足以涵盖《刑法》第 239 条的全部内容。此非谬论。1996 年 8 月 8 日全国人大常委会法制工作委员会《刑法分则修改草稿》以及 1996 年 8 月 31 日全国人大常委会法制工作委员会《中华人民共和国刑法(修改草案)》对绑架罪基本上就是如此规定的。现行刑法对绑架罪作出如此规定,一是与立法指导思想有关,要体现、保持立法的"连续性",《关于严惩拐卖、绑架妇女、儿童的犯罪分子的决定》第 2 条第 2 款、第 3 款的有关内容自然就被《刑法》第 239 条保留了下来;二是这一条文表述也可避免不必要的误会与争论,免得人们以为"以勒索财物为目的绑架他人"不再构成犯罪或认为不构成绑架罪,同时避免学界对"以勒索财物为目的的偷盗婴幼儿"的定性产生无谓的争议。[8] 由此可见,《刑法》第 239 条的条文表述有特定原因,绑架只有绑架他人作为人质一种类型,行为人仅在绑架他人作为人质的目的上有所不同而已。

15 第三,绑架行为是单一行为还是复合行为?所谓单一行为是指行为人只要实施了绑架行为即满足了绑架罪的客观要件[9],所谓复合行为是指绑架罪在客观方面不仅要实施绑架行为,还必须实施了勒赎行为或提出不法要求行为。[10] 关于绑架行为是单一行为还是复合行为,存在争议。单一行为论认为,绑架罪的客观行为由单一的绑架行为构成。从规定绑架罪的立法本意来看,行为人只要出于迫使第三人满足其要求为目的,并在此目的的支配下实施了绑架行为,就已具备了绑架罪的全部构成要

---

7 参见陈兴良:《刑法疏议》,中国人民公安大学出版社 1997 年版,第 405 页。

8 参见张明楷:《猥亵罪探疑》,载马俊驹主编:《清华法律评论》(第 3 辑),清华大学出版社 2000 年版,第 142 页。

9 参见孟庆华:《关于绑架罪的几个问题——兼与肖中华同志商榷》,载《法学论坛》2000 年第 1 期。

10 参见肖中华:《关于绑架罪的几点思考》,载《法学家》2000 年第 2 期。

件。与勒索目的相对应的勒索行为,只是犯罪情节,而非客观构成要件的行为。[11] 复合行为论认为,绑架罪的客观行为由绑架行为与勒索财物或提出不法要求行为两方面构成。[12] 绑架罪除了侵犯了被绑架人的人身自由外,还侵犯了对被绑架人的人身安危感到忧虑的第三人的利益,单一行为说对后者的反映不足;同时,单一行为说将会导致绑架罪与非法拘禁罪的区分,只能从行为人的主观目的(行为人是否具有迫使第三人满足其要求的目的)来区分,容易陷入主观主义的窠臼,故而还是复合行为说较为妥当。[13] 单一行为论与复合行为论的争论影响到绑架罪既未遂的认定,是绑架罪中必须解决的核心问题之一。

目前,通说赞成单一行为论,主张行为人绑架人质后,是否以恶害相告要求相关 16
人员支付赎金或者满足其某种要求以换取人质,不影响绑架罪的成立,仅是量刑的情节。[14] 最高人民法院研究室经研究也认为,构成绑架罪无须以行为人自行或者通过被绑架人向被绑架人的亲友明确告知绑架事实为要件,只要以勒索财物为目的绑架他人的,均应以绑架罪论处,主要理由如下:其一,绑架罪不以第三方受到勒索为构成要件。主张构成绑架罪,需以利用被绑架人的亲属或者其他人对被绑架人安危的忧虑为要件,即需以行为人自行或者通过被绑架人明确向被绑架人的亲友告知绑架事实为要件,是理论界对绑架罪构成要件的一种学理解释,而不是刑法本身的明文规定。其二,对此类行为以绑架罪论处,更符合罪责刑相适应原则的要求。其三,对某一行为性质的评价,应当尽可能与社会公众的认识相吻合。[15] 因此,实务上支持单一行为论,并补充理由如下:其一,从刑法条文来看,勒索目的属于主观目的要件,绑架罪的实行行为仅为绑架行为;其二,以单一行为确认绑架罪的既遂标准,符合刑法严惩绑架刑事犯罪的立法意图。[16] 尽管如此,至今仍有观点认为,绑架勒索行为是复合行为,具体包括绑架行为与勒索赎金行为。[17]

单一行为论是合理的。①从法益侵害的角度来看,只要行为人实施了绑架行为 17
控制了被绑架人,就已经实际侵犯了被绑架人的人身安危,使得被绑架人处于随时可能死伤的危险之中。既然被绑架人的人身安危已经受到侵犯,就应认为此时绑架罪已经既遂,因而勒赎行为不是绑架行为的必备要素。②虽然勒赎行为是绑架行为的

---

[11] 参见丁慕英、李淳、胡云腾主编:《刑法实施中的重点难点问题研究》,法律出版社 1998 年版,第 741—742 页。

[12] 参见肖中华:《侵犯公民人身权利罪》,中国人民公安大学出版社 1998 年版,第 225 页。

[13] 参见黎宏:《刑法学各论》(第 2 版),法律出版社 2016 年版,第 244 页。

[14] 参见高铭暄、马克昌主编:《刑法学》(第 9 版),北京大学出版社、高等教育出版社 2019 年版,第 467—468 页;张明楷:《刑法学》(第 6 版),法律出版社 2021 年版,第 1160—1161 页。

[15] 参见黄应生:《关于第三方受到勒索是否属于绑架罪构成要件问题的研究意见》,载张军主编:《司法研究与指导》(总第 2 辑),人民法院出版社 2012 年版,第 125—126 页。

[16] 参见张军等主编:《刑事审判实务教程》,中国法制出版社 2013 年版,第487 页。

[17] 参见贾宇主编:《刑法学》,高等教育出版社 2019 年版,第 131 页。

自然发展,但这并不能说明勒赎行为也是绑架罪的构成要件。就《刑法》第 239 条的规定来看,在“以勒索财物为目的绑架他人”的表述中,“勒索财物”是作为主观内容加以规定的,其落脚点在于“绑架他人”;而对于“绑架他人作为人质”,完全是一种客观的描述。可见,法条本身并未将勒赎行为作为客观要件加以规定。事实上,勒赎行为是行为人迫使第三人满足其要求这一目的的产物。对于诸如“以勒索财物为目的”的目的犯,只要行为人的客观行为流露出主观目的即可,并不要求客观上存在与之对应的行为,更不要求只有实现了目的才构成犯罪的既遂。③在目的犯之一的短缩的二行为犯中,行为人仅实施构成要件行为尚不能实现目的,要实现目的还需进一步实施相应行为,如对走私淫秽物品罪而言,实施了构成要件行为(走私淫秽物品行为)尚不能实现牟利或者传播目的,要实现牟利或者传播目的还需进一步实施传播淫秽物品的行为。但是,一方面,从来没有人主张行为人进一步实施传播淫秽物品的行为也是传播淫秽物品罪构成要件的行为;另一方面,无论行为人是否实施传播淫秽物品的行为,只要基于牟利或者传播目的走私了淫秽物品,即构成走私淫秽物品罪既遂。只要承认绑架罪也是短缩的二行为犯,就不应认为行为人向第三人提出勒赎行为也是绑架罪构成要件的行为,而应认为无论行为人是否向第三人提出勒赎行为,只要完成了实力支配、控制被害人的行为,即构成绑架罪既遂。因此,绑架罪中的绑架行为是指采用暴力、胁迫、麻醉或其他方法,实力支配、控制被害人使其成为人质的行为,属于单一行为。

18 绑架行为具有如下两个特征:一是具有实力支配、控制被害人的属性。行为人虽在某种程度上掌控了被害人,但并没有剥夺其人身自由,不存在实力支配、控制关系的,其行为不属于绑架。如行为人假装是一小学生的亲戚,将一男孩骗走,并托另一不知情的小学生将勒索信件交给男孩父母;然后行为人请男孩吃东西、看录像,将其置于游戏厅,独自去取勒索的财物的,该行为不属于绑架行为,对行为人应认定为敲诈勒索罪或诈骗罪(想象竞合)。只要行为具有足以实力支配、控制被害人的属性,即属于绑架行为,即使最终行为人未能成功建立起实力支配、控制关系(如行为人采用暴力手段绑架他人,他人极力反抗,终于逃脱),该行为也属于绑架行为,构成绑架罪(未遂)。①能否对被害人建立起实力支配、控制关系,与被害人是否离开原地没有关系。因此,成立绑架行为,不以将被害人劫离原地为要件。有人认为,绑架必须使得被害人离开其住所地或者脱离家庭或监护人的监护。[18] 也有人持否定意见,认为绑架的实质是使被害人处于行为人或第三者的实力支配下,事实上存在着使未成年人的父母离开生活场所而将未成年人控制在行为人实力范围内的情况,故绑架罪的成立不要求使被害人离开原来的生活场所。[19] 否定意见是合理的。虽然在多数情

---

18 参见高西江主编:《中华人民共和国刑法的修订与适用》,中国方正出版社 1997 年版,第 541 页。

19 参见张明楷:《刑法学》(第 6 版),法律出版社 2021 年版,第 1159 页。

况下,绑架犯罪分子一般会将被害人劫持离开原地,但也不能排除原地劫持的可能性。即便被害人没有离开原地,只要行为人能够对其建立起实力支配、控制关系,就属于绑架他人。②能否对被害人建立起实力支配、控制关系,与被害人对此是否存在认识也没有关系。被害人是否认识到自己的人身自由被剥夺,对于绑架行为的认定并无影响,因为事实上部分被害人(如婴幼儿)不可能认识到自己的人身自由被剥夺,还有部分被害人可能因被欺诈等原因而没有认识到自己的人身自由被剥夺,这些情形均无妨绑架行为的认定。二是具有严重危及生命、身体安全的属性。成立绑架行为,要求行为必须具有严重危及生命、身体安全的属性。绑架罪与非法拘禁罪均具有实力支配、控制被害人的属性。绑架行为与非法拘禁行为的区别在于,非法拘禁罪仅是单纯剥夺了他人的人身自由,尤其是在控制他人之后,非法拘禁行为通常并无严重危及他人生命、身体的安全的属性。而在绑架罪中,要迫使第三人满足行为人的要求,必然使得被绑架人的生命、身体处于高度危险之中,唯有如此才能实现勒赎要求。在具体案件中,应当结合行为人所采用的手段与工具、关押他人的场所、他人饮食与休息是否有所保障、第三人不同意赎人时会有何种后果等因素,综合判断行为是否具有严重危及生命、身体安全的属性。例如,行为人借岳母来访之机,不准岳母回家,要求妻子早日从他处返回的,只要客观上没有对岳母实施相当的暴力,就只能认定为非法拘禁罪,而不成立绑架罪。

三、绑架的手段

19 1991 年《关于严惩拐卖、绑架妇女、儿童的犯罪分子的决定》虽将绑架的手段限定为“暴力、胁迫或者麻醉方法”,但《刑法》第 239 条对绑架罪的手段并未作出限制,事实上行为人完全可能以暴力、胁迫或者麻醉以外的其他手段绑架他人。从实践来看,行为人出于迫使第三人满足其要求的目的,乘被害人处于昏睡、醉酒、患病等不知或不能抗拒状态将其带走的,或者以合伙做生意、冒充亲友认领、采取请吃请喝、外出玩耍等手段诱骗他人,使他人陷入行为人的实力支配、控制之下的,都属于绑架行为。

20 因此,绑架罪的手段不限,包括暴力、胁迫、麻醉或者其他手段,只要足以对被害人建立起实力支配、控制关系即可。绑架罪中的暴力,包括从最轻微的人身强制到最严重的故意杀人的暴力。胁迫,并不限于以暴力相胁迫,只要能使被害人产生心理恐惧即可。欺诈也可以成为绑架罪的手段,因为完全可以通过欺诈,在被害人不知情的情况下对其建立起实力支配、控制关系,进而危及其生命、身体的安全。

21 偷盗也可以成为绑架的手段。偷盗婴幼儿,也能对婴幼儿建立起实力支配、控制关系。行为人以勒索财物为目的偷盗婴幼儿,本质上属于采取偷盗手段绑架婴幼儿作为人质,故也属于绑架行为。因此,《刑法》第 239 条第 3 款“以勒索财物为目的偷盗婴幼儿的,依照前两款的规定处罚”的规定,属于注意规定——婴幼儿固然可以被偷盗,因某种原因处于昏睡状态的成年人也可成为被偷盗的对象,以勒索财物为目的偷盗成年人的,当然也构成绑架罪。因此,认为该款增设了独立的绑架类型的看法,并不妥当。这一注意规定的意义在于,提示绑架的手段不限,只要能够建立起实力支配、控制关系,即便是盗窃也可以成为绑架罪的手段。附带指出,不应狭义地将“偷盗婴幼儿”理解为秘密窃取婴幼儿,对此应作广义理解:凡趁婴幼儿亲属或监护人疏于照看之际,用各种方法、手段将婴幼儿抱走、哄走、骗走的,均应视为偷盗婴幼儿。

V　主体

22　本罪主体为年满16周岁、具有责任能力的自然人。根据《刑法》第17条第2款的规定,已满14周岁不满16周岁的人绑架他人的,不构成绑架罪。关于已满14周岁不满16周岁的人在绑架过程中故意杀害被害人的,应否承担刑事责任的问题,曾经存在激烈争论。否定论认为,已满14周岁不满16周岁的人绑架并杀害被绑架人的,属于绑架行为,因为《刑法》第239条已经将故意杀人规定为绑架罪法定刑升格的条件,故应以绑架罪论处,但是根据《刑法》第17条第2款关于已满14周岁不满16周岁的人应负刑事责任范围的规定,其中并不包括绑架罪,故行为人不负刑事责任。肯定论则认为,已满14周岁不满16周岁的人绑架并杀害被绑架人的,实质上存在绑架和故意杀人两种行为,根据《刑法》第17条第2款的规定,其对故意杀人行为应负刑事责任,故应适用《刑法》第232条以故意杀人罪定罪处罚。针对肯定论,有人提出批评:《刑法》第17条第2款未规定绑架罪是立法的疏漏,应通过完善立法来解决,不得通过解释来补正,否则违反罪刑法定原则。[20]

23　目前,无论是理论通说还是司法实务,均采取肯定说。最高人民法院刑事审判第一庭审判长会议《关于已满14周岁不满16周岁的人绑架并杀害被绑架人的行为如何适用法律问题的研究意见》认为,对已满14周岁不满16周岁的人绑架并杀害被绑架人的,应当依照《刑法》第232条的规定,以故意杀人罪追究其刑事责任;因为《刑法》第17条第2款中的“故意杀人”泛指一种犯罪行为,而不是特指《刑法》第232条故意杀人罪这一具体罪名。[21] 2002年7月24日全国人大常委会法制工作委员会《关于已满十四周岁不满十六周岁的人承担刑事责任范围问题的答复意见》明确指出,《刑法》第17条中规定的“犯故意杀人、故意伤害致人重伤或者死亡”,是指只要故意实施了杀人、伤害行为并且造成了致人重伤、死亡后果的,都应负刑事责任;而不是指只有犯故意杀人罪、故意伤害罪的,才负刑事责任,绑架撕票的,不负刑事责任;对司法实践中出现的已满14周岁不满16周岁的人绑架人质后杀害被绑架人的行为,依据刑法是应当追究其刑事责任的。

20　参见牟伦祥:《绑架罪条款有疏漏之处》,载《法律与监督》1999年第3期。

21　参见最高人民法院刑事审判第一庭、第二庭编:《刑事审判参考》(总第12辑),法律出版社2001年版,第87页。

Ⅵ 罪过

本罪主观方面为行为人以迫使第三人满足其要求为目的,明知自己的支配、控制行为侵犯了被绑架人的人身自由,被绑架人处于随时可能死伤的危险之中,并希望或者放任此种危害结果的发生。绑架罪是目的犯,行为人主观上必须具有迫使第三人满足其要求这一目的,否则就不构成绑架罪。在《刑法》第 240 条中,明文规定可以“绑架”的方式实施拐卖妇女、儿童罪;行为人“绑架”妇女、儿童的行为之所以不构成绑架罪,就在于其主观上只有出卖的目的,没有迫使第三人满足其要求的目的,故只构成拐卖妇女、儿童罪。再如,行为人采用暴力劫持被害人之后,要求被害人交付财物,被害人无奈从网上银行将巨款转到行为人账户的,行为人只构成抢劫罪,不构成绑架罪,因为行为人并无迫使第三人满足其要求的目的。又如,行为人杀害被害人后,为转移公安机关侦查视线、掩盖罪行而向被害人家属发送勒索信息的,行为人也不构成绑架罪,因为其在杀人之时也无迫使第三人满足其要求的目的。 24

绑架罪中迫使第三人满足行为人的要求这一目的,属于超过的主观要素,该目的实现与否不影响绑架罪的成立,只要行为人实力支配、控制被绑架人的行为流露出这一目的即可。一般而言,数人共谋绑架勒索,行为人已向被绑架人明示或暗示其已经成为人质,行为人已向第三人提出要求等,都可表明行为人主观上具有迫使第三人满足其要求的目的。行为人是否具有迫使第三人满足其要求的目的,不能仅依据行为人对被害人实施了人身控制行为即予以认定,还需要有其他的证据予以充分证明。行为人虽然实施了支配、控制被害人的行为,但行为人否认具有迫使第三人满足其要求的目的,现有证据亦不能充分证明其具有该目的的,不能认定行为人构成绑架罪。 25

行为人是否存在特定目的,事关行为能否成立绑架罪,故需要严格把握绑架罪目的的内涵。所谓迫使第三人满足行为人要求的目的,是指行为人利用第三人对人质人身安危的忧虑,试图迫使第三人满足其所提的要求。把握绑架罪目的的关键,是如何理解行为人向第三人所提的要求。 26

其一,行为人向第三人所提的要求,不限于非法要求。[22] 成立绑架罪,是否要求行为人所提要求必须是非法要求?从实务看,绑架罪中行为人所提要求多数是非法要求,但也存在因合法要求、利益得不到满足、保护而实施绑架人质的过激行为。[23] 如行为人在民事诉讼中获得胜诉,虽已经履行相应程序,但法院执行庭迟迟不进行强制执行,行为人遂劫持法院院长为人质,限令 8 小时内不执行到位就伤害法院院长的,如果要求绑架罪中行为人所提要求为非法要求,对其行为就难以认定为绑架 27

---

22 也有观点认为,行为人并未提出非法要求,出于合法目的而将他人作为人质的,不构成绑架罪,只能按照非法拘禁罪处理。参见陈兴良主编:《刑法各论精释》(上),人民法院出版社 2015 年版,第 170 页。

23 参见周光权主编:《刑法历次修正案权威解读》,中国人民大学出版社 2011 年版,第 234 页。

罪,但这并不合适,因为该行为明显危及法院院长的人身安全。因此,构成绑架罪,不要求行为人所提要求必须是非法要求。债权人有权要求债务人履行债务,在数次索要合法债务而不得的场合,行为人非法扣押、拘禁他人以迫使债务人偿还债务的,偿债要求虽然属于合法要求,但该行为同样符合绑架罪的犯罪构成,但是,由于《刑法》第238条第3款存在特别规定,所以,对此应以非法拘禁罪论处。对为索取债务非法扣押、拘禁他人的行为只能以非法拘禁罪论处,并不必然得出绑架罪中行为人所提要求必须为非法要求这一结论。

28 不过,在实务中,有些法院认为成立绑架罪,行为人所提要求必须是违法要求,而且必须是重大违法要求。因此,为了寻找他人以解决婚姻家庭纠纷而劫持人质的,属于一般违法要求,不构成绑架罪,只构成非法拘禁罪。[24] 但也有相反的判决。如被告人张卫华为与王某某离婚,劫持顾某之子顾某某(7岁),逼迫顾某交出王某某。张卫华用刀背架在小孩脖子上,抱着小孩站在河塘中,声称若不交出王某某就与小孩同归于尽。当民警闻讯到场后,张卫华要求民警拦住王某某,随后将菜刀丢入水中并放走被害人。法院经审理认为,被告人张卫华为达到个人目的,采用暴力手段绑架他人作人质,其行为已构成绑架罪。[25] 劫持人质的行为是否构成绑架罪,应视劫持行为是否足以危及人质生命、身体的安全而定,其所提要求是否属于违法要求乃至是否是重大违法要求,不影响绑架罪的成立。在该案中,虽然行为人仅用刀背架在人质的脖子上,但人质只有7岁,并且处于河塘中,如果王某某不出现,被逼急了的被告人确实存在与人质同归于尽的可能。既然人质的生命、身体安全处于现实的、紧迫的危险之中,法院认定被告人的行为构成绑架罪,就是合理的。

29 其二,行为人向第三人所提的要求,内容不限,既包括要求第三人支付赎金,也包括要求政府释放关押的犯人,要求警察离开现场、不得展开抓捕行为等要求。行为人采用暴力控制妇女的幼子后,打电话给妇女要求其前来发生性关系,否则就杀害幼子,妇女被迫与行为人发生性关系后带走幼子的,这种妇女(第三人)若不接受强奸就杀害人质的要求同样属于绑架罪中的要求,对行为人应以绑架罪论处。[26]

30 其三,行为人向第三人所提的要求,个数不限,行为人虽然通常只提出一个要求,但同时提出多个要求的,同样构成绑架罪。例如,绑匪绑架他国外交人员,要求政府交付巨额赎金,释放被抓捕的犯罪同伴,并派飞机将其运送出境的,对行为人应以绑架罪论处。

---

[24] 参见陈兴良、张军、胡云腾主编:《人民法院刑事指导案例裁判要旨通纂》(第2版),北京大学出版社2018年版,第843页。

[25] 参见最高人民法院中国应用法学研究所编:《人民法院案例选》(总第52辑),人民法院出版社2006年版,第59—61页。

[26] 在本案中,应将绑架行为评价为强奸罪的手段行为,故属于绑架罪与强奸罪的竞合,绑架罪的法定刑重于强奸罪,故对行为人应以绑架罪论处。

Ⅶ　既遂

31 关于绑架罪既遂的认定标准,存在争议。围绕绑架勒索何时构成犯罪既遂问题,第一种观点认为,行为人以勒索财物为目的,实施了绑架行为,并且非法获得了他人财物时,才构成绑架罪既遂。如果被劫持的人质中途逃出或被解救,以及其他由于行为人意志以外的原因,行为人没有获得财物的,均属绑架罪未遂。第二种观点认为,行为人主观上具有勒索财物的目的,客观上实施了绑架行为和勒索行为,才构成犯罪既遂。如果行为人出于勒索财物的目的,实施了绑架行为,但未来得及实施勒索财物的行为的,构成绑架罪未遂。与第一种观点相比,第二种观点认为是否实际勒索到财物并不影响既遂认定,但要构成绑架罪既遂,要求行为人必须已经实施了勒索行为。上述两种观点是主张绑架行为是复合行为的看法。第三种观点认为,只要行为人主观上具有勒索财物的目的,客观上实施了绑架他人的行为并实际控制了他人的,就应当认为构成绑架罪既遂;至于行为人是否已经实施勒索财物的行为,勒索的目的是否实现,均不影响本罪既遂的成立。第三种观点是主张绑架行为是单一行为的看法。目前,第三种观点是理论与实务的通说。[27] 据此,行为人完成绑架行为后,主动放弃继续犯罪并释放人质的行为,属于犯罪既遂后的补救措施,不构成绑架罪的中止犯。[28]

32 通说与实务的做法是合理的。绑架行为是单一行为,只要行为人以迫使第三人满足其要求为目的,已经实际支配、控制了被绑架人,就侵犯了被害人的人身自由与生命、身体的安全,此时已经完全具备绑架罪的构成要件,故属于绑架罪既遂。行为人以迫使第三人满足其要求为目的,在绑架被害人的过程中,由于意志以外的原因而未能控制被害人的,如由于被害人的反抗或者他人及时救助等原因致使绑架没有得逞,或在绑架途中因控制不力、被害人伺机逃跑成功的,属于绑架未遂。

33 将已经实力支配、控制被绑架人作为绑架罪既遂的标准,并不意味着绑架罪不存在中止犯。行为人以迫使第三人满足其要求为目的,在预备绑架过程中,或者在实行绑架被害人的过程中,基于自己的主观意愿,自动放弃绑架行为的实施的,构成绑架罪的中止犯。在已经实力支配、控制被害人之后,基于怜悯、同情等因素,主动释放被害人的,虽然属于绑架既遂,但在量刑上应当对此有所反映,如果在法定刑的幅度内判处刑罚仍旧处刑过重的,可报最高人民法院核准后,在法定刑以下判处相应的刑罚。

27　参见高铭暄、马克昌主编:《刑法学》(第9版),北京大学出版社、高等教育出版社2019年版,第469页;沈德咏主编:《〈刑法修正案(九)〉条文及配套司法解释理解与适用》,人民法院出版社2015年版,第166页。

28　参见张军等主编:《刑事审判实务教程》,中国法制出版社2013年版,第487页。

Ⅷ 共犯

34 在他人以绑架故意绑架被绑架人之后,行为人中途参与,在知晓他人所为的前提下,看押被绑架人、打勒索电话或者从第三人处取得赎金的,由于绑架罪是继续犯,绑架行为仍在持续过程中,故中途参与者与绑架犯构成绑架罪的共同犯罪(承继的共犯)。不过,中途参与者对其参与之前已经发生的结果并不负责,仅对其参与之后才发生的结果负责。例如,在中途参与之前,被绑架人已经被绑架犯故意打断双腿的,中途参与者不负"故意伤害被绑架人,致人重伤"的刑事责任。

35 如果中途参与者被绑架犯欺骗,误以为绑架犯在索取债务而扣押他人的,中途参与者在主观上只有"为索取债务非法扣押、拘禁他人的"意思,并无绑架故意,因此,中途参与者与绑架者并不构成绑架罪的共同犯罪,而是在非法拘禁罪的范围内与绑架者构成共同犯罪。换言之,对中途参与者只能以非法拘禁罪论处。

Ⅸ 罪数

36 在绑架他人的过程中,或绑架他人以后,故意伤害乃至杀害被绑架人的,由于《刑法》第 239 条已经将伤害行为、杀人行为规定为绑架罪的量刑情节,故对此以绑架罪一罪处罚即可,无须数罪并罚。

37 行为人以勒索财物为目的绑架妇女、儿童后,又猥亵或者奸淫妇女、儿童的,或者基于某种考虑又将妇女、儿童卖出的,后续犯罪已经超出了绑架罪的范围,且不属于牵连犯等应以一罪论处的情形,故对此应以绑架罪和相应犯罪数罪并罚。

38 为索取债务而非法扣押、拘禁他人,然后向第三人索要远远超出债务范围的巨额财物,属于非法拘禁罪和绑架罪的想象竞合犯,对此应以绑架罪定罪处罚。

Ⅹ 与他罪的关系

一、与非法拘禁罪的关系

39 绑架罪和非法拘禁罪的法定刑差别巨大,故对二者有严格区分的必要。就犯罪构成而言,绑架罪和非法拘禁罪存在重大区别:其一,在客观方面,非法拘禁罪仅是剥夺了被害人的人身自由,被害人并不是行为人与第三人进行交易的筹码;而在绑架罪中,被害人不仅被剥夺人身自由,而且作为行为人与第三人进行交易的筹码,处于随时可能死伤的危险之中。其二,在主观方面,非法拘禁罪的行为人虽然也有种种犯罪动机,但其主观上是为了剥夺他人的人身自由,以达到报复泄愤等目的;而绑架罪的行为人不是单纯为了剥夺他人的人身自由,而是以迫使第三人满足其要求为目的。在剥夺他人人身自由这一点上,绑架罪与非法拘禁罪存在重叠,这意味着绑架罪与非法拘禁罪虽然存在重大区别,但二者并非对立关系。虽然不能将非法拘禁评价为绑架,但在难以查清行为人是否具有迫使第三人满足其要求的目的的场合,完全可以将绑架降格评价为非法拘禁。

40 在为索取债务而非法扣押、拘禁他人的情况下,绑架罪与非法拘禁罪的上述区别基本不复存在。《刑法》第238条第3款明确规定:为索取债务非法扣押、拘禁他人的,构成非法拘禁罪。合理把握该款规定,是区分绑架罪与非法拘禁罪的关键。

41 (1)所索取的债务包括但不限于合法债务。2000年6月最高人民法院《关于对为索取法律不予保护的债务非法拘禁他人行为如何定罪问题的解释》规定,这里的"债务"也包括高利贷、赌债等法律不予保护的债务。[29] 因此,为追逃高利贷而扣押、拘禁他人的,赌博参与人员以其所输赌资或者所赢赌债为索要对象,非法拘禁、扣押相关人员的,被包养的女性为索取"包养费""青春损失费"而扣押他人的,均属于为索取债务而非法扣押、拘禁他人,对此应以非法拘禁罪论处。

42 (2)在债务情况不清的场合,即行为人主张存在债务,但被害人否认,或者行为人与被害人虽然均承认存在债务关系,但是双方在具体数额上说法不一致,由于证据的原因司法机关难以查清真相的,从事实不清时有利于被告人原则出发,认定存在债务,按行为人的主张认定债务数额,对行为人以非法拘禁罪论处。

43 (3)实务上认为,行为人主观上的索债目的应当从其主观真实意思认定,而不要求客观上存在真实有效的债权债务关系。[30] 因此,客观上并不存在债务,但行为人主观记忆出错,或者受到他人欺骗,以为存在债务,为索取"债务"而非法扣押、拘禁他人的,也应以非法拘禁罪论处。

44 (4)客观上存在债务,但行为人所索要的债务高于原债务数额时,需要视差额情况区分情形处理。所索要的债务虽然高于原债务数额,但差额并不巨大,行为人以利息、误工费或者机会成本等为由主张更高的债务数额的,仍旧属于为索取债务非法扣押、拘禁他人,应以非法拘禁罪论处。但是,如果差额巨大,行为人主张差额的依据极不合理的,对于索取超出的部分的"债务"已不属于为索取债务非法扣押、拘禁他人,成立非法拘禁罪与绑架罪的想象竞合犯,对行为人应以绑架罪从重处理。此外,虽然客观上存在债务,但非法扣押、拘禁他人后,行为人要求以金钱之外的方式了结债务,如要求与债务人的妻子发生性关系结束债权债务,否则就杀害债务人的,这虽与债务有关,但已经超出了"索取债务"的范畴,对此应以绑架罪论处。[31]

29　2000年最高人民法院《关于对为索取法律不予保护的债务非法拘禁他人行为如何定罪问题的解释》是基于当时绑架罪的起点刑为10年有期徒刑这一特定背景而作出的。当下,绑架罪的起点刑已经下调为5年有期徒刑,故该解释结论在当下是否仍旧合理,有讨论的空间。

30　参见陈兴良、张军、胡云腾主编:《人民法院刑事指导案例裁判要旨通纂》(第2版),北京大学出版社2018年版,第843页。

31　参见陈兴良、周光权:《刑法学的现代展开》,中国人民大学出版社2006年版,第566页。

45 (5)实现债权后再次索债的,即行为人与债务人已经结清债务后,又非法扣押、拘禁他人,索取额外财物或以人质相挟提出其他不法要求的,属于另起犯意的情形,该行为构成绑架罪,应与前面的非法拘禁罪数罪并罚。

46 在并非索取债务的其他场合,行为人扣押、劫持他人作为人质的,应围绕人质的生命、身体的安全是否现实地处于紧迫的危险之中,来认定行为人构成绑架罪还是非法拘禁罪。在现实生活中,一些人因为一时冲动,或者因为存在纠纷,或者抓住被害人的某些弱点,绑架人质,提出要求的,例如扣住岳母要求媳妇回家的,这类扣押、劫持人质的案件显然不具有与绑架罪的严厉评价相当的不法程度,其实与非法拘禁等案件的危害程度差别不大,完全可以按照非法拘禁罪论处。[32] 这一结论大体成立,但是,如果行为人的行为明显具有严重危及他人生命、健康属性的,则应认定为绑架罪。例如,被告人蔡克峰试图恢复与叶某的恋爱关系,到叶某单位进行纠缠。叶某躲进更衣室并打电话告诉家人,蔡克峰见状即蹿入更衣室,将门反锁,指责叶某,同时掏出水果刀朝叶某的左手臂上划了一刀,尔后将叶某挟为人质,与赶到现场的民警形成对峙。在民警与亲属对其进行规劝时,蔡克峰仍拒绝缴械和释放人质,还威胁要将叶某杀害后自杀。后民警强行撞门入室,制服蔡克峰,救出叶某。辩护人认为,被告人主观上并没有不法的要求或目的,只是限制了被害人的人身自由,故被告人的行为只构成非法拘禁罪,不构成绑架罪。法院经审理认为,被告人采用暴力、胁迫的方法,挟持他人作为人质,其行为已构成绑架罪。[33] 法院的判决是合理的。在本案中,被告人挟持人质对抗民警,以实际行动提出了民警不得干预的要求;人质左手臂已被划了一刀,其生命、身体处于现实的、紧迫的危险之中,故应认定被告人的行为构成绑架罪。

二、与抢劫罪的关系

47 绑架勒索型绑架罪与抢劫罪有一定的相似之处:行为人主观上都是图财,客观上都可以表现为暴力、胁迫等强制手段,都侵犯了被害人的人身权利。关于如何区分绑架罪与抢劫罪,2005 年 6 月 8 日最高人民法院《关于审理抢劫、抢夺刑事案件适用法律若干问题的意见》认为,绑架罪是侵害他人人身自由权利的犯罪,其与抢劫罪的区别在于:第一,主观方面不尽相同。抢劫罪中,行为人一般出于非法占有他人财物的故意实施抢劫行为,绑架罪中,行为人既可能为勒索他人财物而实施绑架行为,也可能出于其他非经济目的实施绑架行为。第二,行为手段不尽相同。抢劫罪表现为行为人劫取财物一般应在同一时间、同一地点,具有“当场性”;绑架罪表现为行为人以杀害、伤害等方式向被绑架人的亲属、其他人或单位发出威胁,索取赎金或提出其他

---

[32] 参见陈兴良、张军、胡云腾主编:《人民法院刑事指导案例裁判要旨通纂》(第 2 版),北京大学出版社 2018 年版,第 843 页。

[33] 参见最高人民法院中国应用法学研究所编:《人民法院案例选》(总第 55 辑),人民法院出版社 2006 年版,第 45—48 页。

非法要求,劫取财物一般不具有"当场性"。上述意见是正确的,但需要补充如下:第一,绑架罪与抢劫罪在犯罪手段上存在不同。绑架罪的手段不限,只要能够对被害人建立起实力支配、控制关系即可,因而可以采取欺诈、偷盗等手段实施绑架行为。而抢劫罪只能以暴力、胁迫或者其他使被害人不敢、不能或不知反抗的手段,不可能采用欺诈、偷盗等手段实施抢劫行为。第二,取财的对象不同。在绑架罪中,行为人将被害人作为交易的筹码,迫使第三人交付财物。而抢劫罪则是通过压制被害人的反抗,从被害人处强取财物。据此,在劫持被害人之后,要求被害人本人交付财物,被害人无奈打电话让第三人送来财物的,只要行为人主观上并无迫使第三人交付财物的目的,对此就只能认定为抢劫罪。

绑架罪与抢劫罪当然存在区别,但这并不意味着二者是对立关系,在特定情形下,不排除一个行为有可能同时触犯绑架罪与抢劫罪。例如,乙女带着幼儿行走时,甲男突然抱起幼儿,将刀架在幼儿脖子上,威胁乙女交付财物,否则将杀害幼儿的,甲的行为就是同时触犯绑架罪与抢劫罪,但由于只有一个行为,故应认定为想象竞合,从一重罪处罚。[34] 48

对于绑架过程中又劫取人质随身财物的案件应如何处理为妥,2001 年 11 月 8 日最高人民法院《关于对在绑架过程中以暴力、胁迫等手段当场劫取被害人财物的行为如何适用法律问题的答复》规定,行为人在绑架过程中,又以暴力、胁迫等手段当场劫取被害人财物,构成犯罪的,择一重罪处罚。对此不实行数罪并罚的理由在于:其一,绑架勒索本身就是以获取被绑架人或其亲友财物为目的,因此,在控制被绑架人后掳走其随身携带的财物,无论数额大小,对绑架人(包括共犯)而言,是再自然不过的事。反之,指望绑架人不掳走被绑架人随身携带的财物,则类似于刑法理论上所讲的"期待不可能"。其二,对这种情况如以抢劫罪和绑架罪并罚,实质上是将一个暴力劫持或拘禁行为既用作绑架罪的构成要件,又用作抢劫罪的构成要件,有违"禁止重复评价"的刑法原理。其三,此种情况下,仅定绑架一罪,把掳财的行为作为量刑情节考虑,与定两罪相比,也不至于轻纵犯罪人。[35] 据此,2005 年 6 月 8 日最高人民法院《关于审理抢劫、抢夺刑事案件适用法律若干问题的意见》重申,绑架过程中又当场劫取被害人随身携带财物的,同时触犯绑架罪和抢劫罪,应择一重罪定罪处罚。 49

当然,绑架过程中又当场劫取被害人随身携带财物的,在特定情形下以绑架罪与抢劫罪数罪并罚,也是可能的。例如,行为人抢劫了被害人财物之后,觉得被害人家里应该特别有钱,便将被害人绑架,向其父母勒索赎金的,这属于在完成抢劫罪之后另犯绑架罪,对此应当数罪并罚。又如,行为人绑架人质、取得赎金后,将人质释放,在人质刚走不远,忽然想起人质身上有值钱的财物,又追上去强行取走人质身上的财物的,属于在完成绑架罪之后,另犯抢劫罪,对此应当数罪并罚。 50

---

34 参见张明楷:《刑法学》(第 6 版),法律出版社 2021 年版,第 1164 页。

35 参见张军等主编:《刑事审判实务教程》,中国法制出版社 2013 年版,第 490—491 页。

51 总之,对于劫持他人取得财物的案件,应根据行为人所符合的是绑架罪的犯罪构成还是抢劫罪的犯罪构成对案件进行定性;如果同时符合绑架罪与抢劫罪的犯罪构成的,按照想象竞合犯处理。例如,被告人杨保营、吴润鹏、李波驾车,将田某劫持至一旅馆内非法拘禁,向其索要钱物,2 日后,将田某挟持回其住处并从其存折中支取现金 5000 元后,将其释放。一审法院认定三被告人构成绑架罪,二审法院认定三被告人构成抢劫罪。[36] 应当认为,二审法院的判决结论是正确的。三被告人以索要财物为目的,实施暴力手段劫持被害人田某的行为不符合绑架罪的犯罪构成,因为三被告人并未意图将田某作为人质向第三人勒索财物;三被告人的行为属于压制被害人的反抗从而强取财物,符合抢劫罪的犯罪构成,应以抢劫罪论处。

三、与敲诈勒索罪的关系

52 绑架罪与敲诈勒索罪的区别明显。在绑架罪中,存在控制人质(被害人)的行为,以此方式使得第三人产生恐惧心理。而在敲诈勒索罪中,行为人虽使得被害人心理上产生恐惧,但并不存在控制被害人的情形。行为人并未绑架人质,却虚构绑架人质的事实,向第三人提出勒索要求的,不构成绑架罪,而是构成敲诈勒索罪与诈骗罪的想象竞合犯。

53 绑架罪与敲诈勒索罪虽然存在区别,但这并不意味着二者是对立关系。行为人以勒索财物为目的控制人质后,向第三人提出勒索要求的,该勒索行为符合敲诈勒索罪的犯罪构成,并不缺少敲诈勒索罪的任何要件,故该情形属于绑架罪与敲诈勒索罪的牵连犯,因绑架罪的法定刑重于敲诈勒索罪,故对此应以绑架罪论处。不能因为对此以绑架罪一罪论处,便认为对第三人的勒索行为不构成敲诈勒索罪。

54 行为人以勒索财物为目的绑架人质后,因人质激烈反抗、难以看管,将人质杀害后,谎称人质仍旧活着,向不知情的第三人提出勒索要求的,这仍旧属于利用手段行为(控制人质最为极端的表现就是杀害人质)实现目的犯罪,或者说行为人仍旧属于通过支配、控制人质的方式图财,故对此仍应以绑架罪论处,不应数罪并罚。但是,绑架犯明知人质已经逃跑,仍向不知情的第三人提出勒索要求的,对此应以绑架罪与敲诈勒索罪数罪并罚。这是因为,人质逃跑后,行为人不再属于以支配、控制人质的方式图财,其以仍旧控制被害人的虚假事实向第三人勒索,并未通过手段行为(控制人质要挟第三人)向第三人勒索,这已不属于牵连犯应以一罪论处的情形,故对此应以绑架罪与敲诈勒索罪数罪并罚。

XI 处罚

55 根据《刑法》第 239 条的规定,犯绑架罪的,处 10 年以上有期徒刑或者无期徒

---

[36] 参见最高人民法院刑事审判第一庭、第二庭编:《刑事审判参考》总第 35 集(第 272 号),法律出版社 2004 年版,第 44—47 页。

刑,并处罚金或者没收财产;情节较轻的,处5年以上10年以下有期徒刑,并处罚金;其中,杀害被绑架人的,或者故意伤害被绑架人,致人重伤、死亡的,处无期徒刑或者死刑,并处没收财产。绑架罪是严重侵犯公民人身权利的犯罪,所以本罪的起点刑较高,只要构成绑架罪,如无减轻处罚情节,就应处5年以上有期徒刑。

一、情节较轻的认定

“情节较轻”意味着绑架行为对被绑架人人身权利的侵犯并不严重。在实务上,一般认为,绑架行为造成了被害人人身伤害的后果(如轻伤以上)或勒索了较大数额财物的,通常不宜认定为“情节较轻”;如果绑架行为未给被害人造成人身伤害和财产损失,具有下列情形的,一般可认定为“情节较轻”:①绑架后未勒索财物而主动放人的;②因合法要求、利益得不到满足、保护而实施绑架人质的过激行为构成犯罪的;③被害人有严重过错,行为人出于气愤、报复等原因实施绑架犯罪的;④发生于亲属之间的绑架犯罪;⑤行为人索取的财物数额确实较小的。[37] 对于绑架犯罪预备、未遂与中止案件,应适用刑法总则犯罪预备、未遂与中止的相关规定处理,如果没有造成严重后果,也属于绑架“情节较轻”。 56

二、杀害被绑架人的理解

“杀害被绑架人”是指从开始着手实施支配、控制被绑架人到被绑架人恢复人身自由之前,杀害被绑架人,具体包括开始支配、控制被绑架人时杀害被绑架人,支配、控制被绑架人后因种种原因(如未能取得赎金)杀害被绑架人,以及开始释放被绑架人,被绑架人尚未脱离支配、控制时将其杀害三种情形。在被绑架人完全恢复人身自由后将其杀害的,不属于杀害被绑架人,对此应以绑架罪与故意杀人罪数罪并罚。 57

“杀害被绑架人”中“杀害”的含义为何,向来存在杀害致死说与杀害行为说之争。在《刑法修正案(九)》出台之前,由于“杀害被绑架人”必须处死刑,从重刑配重罪这一角度出发,有人主张,这里的“杀害”是指将被绑架人杀死,行为人虽然实施了杀人行为但并未将被绑架人杀死的,不能适用“杀害被绑架人”的规定(杀害致死说)。但也有人主张,“杀害”不要求杀死,只要实施了杀人行为,即便未将被绑架人杀死的,也应适用“杀害被绑架人”的规定(杀害行为说)。当时,实务判决也不统一。在《刑事审判参考》案例第183号“吴德桥绑架案”中,法院主张杀害致死说,而在《刑事审判参考》第299号“王建平绑架案”中,法院主张杀害行为说。[38] 但实务总体倾向 58

---

37 参见谭京生、肖江峰:《对绑架罪“情节较轻”的理解与适用》,载《人民法院报》2009年5月27日。

38 参见沈德咏主编:《〈刑法修正案(九)〉条文及配套司法解释理解与适用》,人民法院出版社2015年版,第159—161页。

于支持杀害行为说,认为杀害被绑架人未遂也属于“杀害被绑架人”。[39]

59 《刑法修正案(九)》将杀害被绑架人的主刑由“处死刑”降低为“处无期徒刑或者死刑”后,有人乐观地表示估计不会再有分歧,“杀害”无疑包含杀害未遂。[40] 但依旧有人主张,考虑到“故意伤害被绑架人,致人重伤、死亡”不含未遂的情形,特指故意伤害被绑架人并现实地造成致人重伤、死亡结果,如果“杀害被绑架人”应与“故意伤害被绑架人,致人重伤、死亡”保持均衡,“杀害”就应限指将被绑架人杀死,未能杀死被绑架人的成立绑架罪的基本犯与故意杀人罪(未遂),对此实行数罪并罚。[41] 目前,杀害行为说起码是实务界的主流。立法机关相关人员也主张,“杀害”只需要行为人有故意杀人的故意及行为,并不要求“杀死”被绑架人的结果;实践中,杀害被绑架人未遂的情况时有发生,对于被绑架人基于各种原因最终生还的,并不影响“杀害”行为的认定。[42] 司法实务同样主张,在绑架过程中实施了杀害被绑架人的行为,但未造成被绑架人死亡结果的,应当按照《刑法》第 239 条第 2 款的规定,可以判处无期徒刑或者死刑;如仅造成被绑架人普通重伤、轻伤或者未造成伤害后果的,一般可考虑判处无期徒刑。[43]

60 应当认为,杀害行为说相对合理。在绑架犯故意杀人,虽未造成死亡但致人重伤的场合,如果不能适用“处无期徒刑或者死刑”的规定,将会出现明显的不均衡,即绑架犯故意伤害被绑架人致其重伤的场合,应当适用“处无期徒刑或者死刑”的规定,而在与此相比危害更重的试图杀害被绑架人但仅致其重伤的场合,反而不能适用“处无期徒刑或者死刑”的规定,无论如何都不合适。对此,杀害结果说虽可通过将该情形降格评价为属于“故意伤害被绑架人,致人重伤”,从而也可适用“处无期徒刑或者死刑”的规定。但是,与其进行降格评价,不如爽快地承认这也属于“杀害被绑架人”的情形。因此,在杀害被绑架人但未得逞的案件中,对绑架犯应当适用“杀害被绑架人”的规定,同时适用刑法总则未遂犯的处罚规定。

61 “故意伤害被绑架人,致人重伤、死亡的”中的“故意伤害”,是指明知自己的行为会危及被绑架人的身体安全,仍实施相应的攻击、压制行为。从条文文字表述来看,“致人重伤、死亡”是指造成被绑架人重伤、死亡的结果。换言之,“故意伤害被绑架人”中的“故意伤害”限指故意重伤既遂的情形。要适用“故意伤害被绑架人,致人重伤、死亡”,还要求在客观上绑架犯的故意伤害行为与致使被绑架人重伤、死亡结果

---

39 参见张军等主编:《刑事审判实务教程》,中国法制出版社 2013 年版,第489 页。

40 参见阮齐林:《中国刑法各罪论》,中国政法大学出版社 2016 年版,第 227 页。

41 参见张明楷:《刑法学》(第 6 版),法律出版社 2021 年版,第 1164—1166 页;黎宏:《刑法学各论》(第 2 版),法律出版社 2016 年版,第 247 页。

42 参见郎胜主编:《中华人民共和国刑法释义》(第 6 版),法律出版社 2015 年版,第 411 页。

43 参见沈德咏主编:《〈刑法修正案(九)〉条文及配套司法解释理解与适用》,人民法院出版社 2015 年版,第 164 页。

之间具有因果关系，在主观上绑架犯对重伤、死亡结果起码具有预见可能性。

《刑法修正案(九)》已经删除了“致使被绑架人死亡的处死刑，并处没收财产”的 62
规定。因此，绑架行为过失致使被绑架人死亡的，成立绑架罪与过失致人死亡罪的想象竞合犯，对此应以绑架罪定罪，在量刑时考虑死亡结果，选择“处十年以上有期徒刑或者无期徒刑”这一法定刑处刑。

第二百四十条　拐卖妇女、儿童罪

拐卖妇女、儿童的，处五年以上十年以下有期徒刑，并处罚金；有下列情形之一的，处十年以上有期徒刑或者无期徒刑，并处罚金或者没收财产；情节特别严重的，处死刑，并处没收财产：

（一）拐卖妇女、儿童集团的首要分子；

（二）拐卖妇女、儿童三人以上的；

（三）奸淫被拐卖的妇女的；

（四）诱骗、强迫被拐卖的妇女卖淫或者将被拐卖的妇女卖给他人迫使其卖淫的；

（五）以出卖为目的，使用暴力、胁迫或者麻醉方法绑架妇女、儿童的；

（六）以出卖为目的，偷盗婴幼儿的；

（七）造成被拐卖的妇女、儿童或者其亲属重伤、死亡或者其他严重后果的；

（八）将妇女、儿童卖往境外的。

拐卖妇女、儿童是指以出卖为目的，有拐骗、绑架、收买、贩卖、接送、中转妇女、儿童的行为之一的。

文献：最高人民法院刑事审判第一庭编著：《最高人民法院拐卖妇女儿童犯罪典型案例评析及法律法规精选》，中国法制出版社 2010 年版；黎宏、何洋主编：《刑事案例诉辩审评——强奸罪 拐卖妇女儿童罪》，中国检察出版社 2014 年版；王志祥主编：《拐卖妇女儿童犯罪专题研究》，中国政法大学出版社 2016 年版。杨旺年：《简析严惩拐卖、绑架妇女、儿童犯罪的决定》，载《法律科学》1991 年第 6 期；林亚刚：《拐卖、绑架妇女、儿童罪几个问题的探讨》，载《法律科学》1994 年第 1 期；何义勇：《对拐卖妇女儿童罪既遂形态的探讨》，载《检察理论研究》1994 年第 1 期；王斌：《拐卖妇女儿童犯罪中“违背被害人意志”问题新论》，载《西北第二民族学院学报（哲学社会科学版）》1994 年第 3 期；杨金彪：《拐卖妇女儿童罪的几个问题》，载《现代法学》2004 年第 5 期；付立庆：《拐卖幼女并奸淫行为之定罪量刑》，载《法学》2007 年第 10 期；陈洪兵：《拐卖妇女、儿童罪的实行行为只有“拐卖”》，载《辽宁大学学报（哲学社会科学版）》2012 年第 4 期；王志祥：《拐卖妇女罪中“奸淫被拐卖的妇女”新论》，载《法商研究》2014 年第 1 期；董文辉：《介绍买卖妇女、儿童行为的性质认定》，载《法学》2014 年第 3 期；王志祥：《拐卖儿童罪中的“偷盗婴幼儿”新论》，载《国家检察官学院学报》2014 年第 3 期；董文辉：《拐卖妇女、儿童共同犯罪司法认定疑难问题研究》，载《浙江工商大学学报》2017 年第 1 期。

细目录

Ⅰ 主旨
Ⅱ 沿革
Ⅲ 客体
Ⅳ 拐卖妇女、儿童行为
一、拐卖对象
二、拐卖行为
Ⅴ 主体
Ⅵ 罪过
一、犯罪故意
二、以出卖为目的
Ⅶ 既遂
Ⅷ 共犯
Ⅸ 罪数
Ⅹ 罪名的确定
Ⅺ 处罚

Ⅰ 主旨

本条是对拐卖妇女、儿童罪的规定。拐卖妇女、儿童罪是指以出卖为目的,有拐骗、绑架、收买、贩卖、接送、中转妇女、儿童的行为。现代社会不允许人口买卖。将妇女、儿童当成商品进行出卖,使人降格为物,这不仅侵犯了被拐卖者以人格尊严、人格平等为内容的人格权,而且常常造成被拐卖者家庭破碎、骨肉分离,直接影响社会稳定。因此,拐卖妇女、儿童罪一直是我国刑法打击的重点。 1

拐卖妇女、儿童罪中既有复杂的理论问题,也有令人头疼的实务问题。例如,作为侵犯个人法益的犯罪,妇女同意被拐卖时,拐卖者是否构成拐卖妇女罪,这是理论上必须回答的问题。拐卖妇女、儿童罪的实行行为具有多样性,可表现为拐骗、绑架、收买、贩卖、接送、中转妇女、儿童的行为之一,明确拐卖行为何时既遂、何时未遂,这对于丰富犯罪未完成形态理论具有重要意义。此外,构成拐卖妇女、儿童罪,要求行为人具有出卖目的,在出让亲生子女的场合,在介绍婚姻、收养的场合,在家长索要巨额彩礼的场合,行为人主观上是否具有出卖的目的,这是实务上极为关心的问题。 2

Ⅱ 沿革

拐卖妇女、儿童罪由拐卖人口罪演变而来,其演变过程较为复杂。1979 年《刑 3

法》第141条规定:“拐卖人口的,处五年以下有期徒刑;情节严重的,处五年以上有期徒刑。”鉴于实践中有些地方拐卖妇女、儿童的犯罪活动猖獗,故全国人民代表大会常务委员会于1983年9月2日通过了《关于严惩严重危害社会治安的犯罪分子的决定》。该决定第1条规定,对于“拐卖人口集团的首要分子,或者拐卖人口情节特别严重的”,“可以在刑法规定的最高刑以上处刑,直至判处死刑”。然而,法定刑的提高并没有能够遏制拐卖妇女、儿童犯罪,相反,拐卖妇女、儿童犯罪活动更加严重。为此,1991年9月4日第七届全国人民代表大会常务委员会专门通过了《关于严惩拐卖、绑架妇女、儿童的犯罪分子的决定》。该决定第1条设立了拐卖妇女、儿童罪,该条规定:“拐卖妇女、儿童的,处五年以上十年以下有期徒刑,并处一万元以下罚金;有下列情形之一的,处十年以上有期徒刑或者无期徒刑,并处一万元以下罚金或者没收财产;情节特别严重的,处死刑,并处没收财产:(一)拐卖妇女、儿童集团的首要分子;(二)拐卖妇女、儿童三人以上的;(三)奸淫被拐卖的妇女的;(四)诱骗、强迫被拐卖的妇女卖淫或者将被拐卖的妇女卖给他人迫使其卖淫的;(五)造成被拐卖的妇女、儿童或者其亲属重伤、死亡或者其他严重后果的;(六)将妇女、儿童卖往境外的。”“拐卖妇女、儿童是指以出卖为目的,有拐骗、收买、贩卖、接送、中转妇女、儿童的行为之一的。”

4 在修订刑法的过程中,最初的修改稿都维持了1979年《刑法》第141条的规定,并将拐卖人口罪与拐卖妇女、儿童罪并列规定在修改稿中。但考虑到在现实生活中大量发生的是拐卖妇女、儿童的犯罪案件,拐卖成年男子的案件极为罕见,因此,拐卖的对象就由范围极广的“人口”被修改为“妇女、儿童”,拐卖人口罪相应地演变为拐卖妇女、儿童罪。

5 在修订拐卖妇女、儿童罪的初期,几乎完全沿用了前述决定中拐卖妇女、儿童罪的有关规定,并将拐卖妇女、儿童罪与绑架妇女、儿童罪进行并列规定。但考虑到通过合并罪名减少死刑的需要,后续修订刑法时取消了绑架妇女、儿童罪这一罪名。“以出卖为目的,使用暴力、胁迫或者麻醉方法绑架妇女、儿童”以及“以出卖为目的,偷盗婴幼儿”的行为符合拐卖妇女、儿童罪的构造,故将其以加重情节的形式规定在拐卖妇女、儿童罪中。由此,形成了1997年《刑法》第240条的规定。

Ⅲ 客体

6 关于拐卖妇女、儿童罪的客体,有人认为,本罪不仅侵犯了被拐卖妇女、儿童的人身自由、人格尊严,而且还影响了被拐卖者家庭的稳定。[1] 有人认为,本罪侵犯了妇女、儿童的人身权利,包括人身自由、人格尊严和身心健康等,又破坏了他人的家庭婚

---

1 参见王作富主编:《刑法分则实务研究》(第5版),中国方正出版社2013年版,第789页。

姻关系,给被拐卖妇女、儿童的家庭带来极大的痛苦。[2] 这些看法均不够准确,如被拐卖者为孤儿,或者行为人出卖亲生子女的,拐卖行为就不存在影响被拐卖者家庭稳定的问题。再如,有些妇女自愿被他人拐卖,行为人并没有剥夺或限制妇女的人身自由,甚至在生活上对其还有一定的照顾,此时很难说拐卖行为侵犯了妇女的人身自由和身心健康。

通说认为,拐卖妇女、儿童罪的客体是妇女、儿童人身不受买卖的权利。[3] 虽然 7
不能说通说没有道理,但是,通说既无法解释为何拐卖妇女、儿童罪的法定刑重于故意杀人罪等犯罪的原因,也无法回答妇女的同意能否阻却拐卖妇女罪的成立问题。

拐卖妇女、儿童罪的客体应为妇女、儿童的人格权。因为享有人格权,所以,人不 8
是物,并非民事交易的对象。拐卖妇女、儿童罪首先侵犯的是以人格尊严、人格平等为内容的一般人格权,因为拐卖妇女、儿童行为将人降格为物,成为交易的对象,这显然是对被害人人格尊严、人格平等的贬低与侵犯。其次,拐卖妇女、儿童罪还侵犯了妇女、儿童的具体人格权。通常,妇女、儿童不甘于被拐卖,行为人要实现出卖妇女、儿童的目的,往往要对妇女、儿童实施暴力、胁迫行为,剥夺或者限制其人身自由,拐卖行为同时侵犯了妇女、儿童的人身自由、身体健康甚至生命等各种具体人格权。

主张拐卖妇女、儿童罪的客体是妇女、儿童的人格权,具有多种优点。其一,有助 9
于把握拐卖妇女、儿童罪的本质。拐卖妇女、儿童罪的特色在于将"人"物化为"物"进行出卖,人格权说能够揭示出拐卖妇女、儿童罪的特色所在。其二,正因为拐卖妇女、儿童罪的犯罪客体是人格权,既侵犯了妇女、儿童以人格尊严、人格平等为内容的一般人格权,又侵犯了妇女、儿童的人身自由、身体健康甚至生命等各种具体人格权,即拐卖妇女、儿童罪不是侵犯单一的人身法益的犯罪,而是同时侵犯了多种人身法益,或者说侵犯了作为各种人身权基础的人格权,所以,拐卖妇女、儿童罪的法定刑重于故意杀人罪等犯罪。其三,《民法典》第 992 条规定:"人格权不得放弃、转让或者继承。"根据法秩序统一性原理,只要民法上个人无权放弃人格权,就应认为在刑法上个人也无权放弃人格权。所以,即便得到妇女同意,该同意也是无效的,行为人拐卖妇女的行为也构成拐卖妇女罪。

对于得到妇女同意,拐卖行为是否构成拐卖妇女、儿童罪的问题,学界尚有不同 10
看法。通说认为,妇女、儿童自愿被拐卖不能免除拐卖者的刑事责任。但也有人认为,如果被害人确实出于真诚的同意,则拐卖者的行为不构成本罪。[4] 实务上采取通说观点,认为一些被拐卖的妇女可能出于生计或者其他方面的考虑,配合甚至同意行为人的拐卖行为,但这并不影响对拐卖妇女罪的定性,因为从法益保护的角度看,国

2 参见颜茂昆、贺小电、翟玉华:《刑法适用新论》,吉林人民出版社 2001 年版,第 1153 页。

3 参见高铭暄、马克昌主编:《刑法学》(第 9 版),北京大学出版社、高等教育出版社 2019 年版,第 470 页。

4 参见黎宏:《刑法学各论》(第 2 版),法律出版社 2016 年版,第 250 页。

家强调对人身自由和人格尊严的法律保护,禁止将任何人当作商品买卖,即使被拐卖的妇女配合、同意行为人的拐卖行为,也不影响本罪的成立。[5] 李邦祥拐卖妇女案便集中体现了这一观点。妇女刘某某因害怕回家无法交代,又怕被人贩子殴打,遂要求李邦祥将其转卖他人,李邦祥便将其以1800元转卖给他人为妻。针对妇女刘某某要求将其再转卖给他人的行为应如何定性的问题,法院认为,尽管被害妇女刘某某自愿同意被告人李邦祥将其转卖,在某种程度上可视为是其真实意图的反映,但是也应看到,刘某某的自主选择权有受到主客观的限制,且李邦祥对刘某某的再卖行为有违社会公序良俗,具有社会危害性,同样为法律所禁止,故被告人李邦祥构成拐卖妇女罪。[6]

11　从拐卖妇女、儿童罪的客体为妇女、儿童的人格权出发,通说与实务的做法就值得肯定。少数说认为被害人的同意可以阻却拐卖妇女、儿童罪的成立,这与其认为拐卖妇女、儿童罪的客体主要是妇女、儿童的人身自由有关,即个人同意放弃人身自由的,该同意有效,因而得到同意的拐卖行为自然不构成拐卖妇女、儿童罪。但是,拐卖妇女、儿童罪并非单纯侵犯人身自由的犯罪,其首先侵犯的是以人格尊严、人格平等为内容的一般人格权。虽然拐卖妇女、儿童罪是侵犯个人法益的犯罪,但是,人格权是一项个人不能放弃的权利。据此,妇女同意放弃人身自由,尚不能否定拐卖行为对本罪客体的侵害性,得到妇女同意的拐卖行为仍旧构成拐卖妇女罪。

Ⅳ　拐卖妇女、儿童行为

12　本罪在客观方面表现为行为人以出卖为目的,实施了拐骗、绑架、收买、贩卖、接送或中转妇女、儿童之一的行为。

一、拐卖对象

13　本罪的对象仅限于妇女、儿童。在刑法上,妇女是指已满14周岁的女性。《刑法》第240、241条规定的儿童,是指不满14周岁的人。只要是妇女、儿童,哪怕是自己的妻儿、母亲,都能够成为拐卖妇女、儿童罪的对象。这里的妇女、儿童,既包括具有中国国籍的妇女、儿童,也包括具有外国国籍和无国籍的妇女、儿童,而不论其民事行为能力如何。被拐卖的外国妇女、儿童没有身份证明的,不影响对犯罪分子的定罪处罚。

14　已满14周岁的男子不是本罪的对象。虽然实践中出现了拐卖成年男子的案件,但是,拐卖人口罪已被废除,根据罪刑法定原则,行为人拐卖已满14周岁的男子

5　参见陈兴良、张军、胡云腾主编:《人民法院刑事指导案例裁判要旨通纂》(第2版),北京大学出版社2018年版,第875页。

6　参见最高人民法院刑事审判第一庭、第二庭编:《刑事审判参考》总第30辑(第229号),法律出版社2003年版,第69—71页。

的,就解释论而言,不构成本罪。如果行为人将这些男子卖给“黑砖窑”的,可以强迫劳动罪定罪。

15 实践中也发生过拐卖两性畸形人的案件。如果被拐卖的两性畸形人不满 14 周岁,就比较容易处理,对行为人直接定为拐卖儿童罪即可。但如果被拐卖的两性畸形人年满 14 周岁,则比较麻烦。有人认为,对于行为人明知是年满 14 周岁的两性人而以出卖为目的实施拐骗、绑架、收买、贩卖、接送、中转行为的,根据罪刑法定原则,不能以拐卖妇女罪定罪处罚。[7] 应当认为,对此不能一概而论。处理此类案件的关键是确定两性畸形人的性别。拐卖妇女、儿童罪是一种侵犯个人法益的犯罪,故在生理性别并不明显时,首先应以被害人所认同的自我性别,来确定其性别。如果两性畸形人(无论是真两性畸形还是假两性畸形)认同自己的女性性别,则应当尊重两性畸形人的自我性别选择,在法律上就认为其是女性,拐卖此两性畸形人的,行为人应构成拐卖妇女罪。如果两性畸形人认同自己的男性性别,在法律上就认为其是男性,拐卖此两性畸形人的,行为人就不构成拐卖妇女罪。如果两性畸形人对自己的性别意识不强,若依据医学对此两性畸形人进行性别判断,则需要对该两性畸形人进行长期心理测试和长时间的观察,掌握准确的情况和数据后再进行性别判断。如此一来,将导致刑事诉讼的冗长,故此时应根据被害人的社会性别来判断,即社会上一般人认为该两性畸形人为女性的,则拐卖此两性畸形人的行为人应构成拐卖妇女罪;反之,如果一般人认为该两性畸形人为男性,则拐卖此两性畸形人的,就不构成拐卖妇女、儿童罪。[8]

二、拐卖行为

16 拐卖妇女、儿童完全可能形成产业链,形成多个环节,因此,《刑法》第 240 条第 2 款规定,拐卖行为是指以出卖为目的,实施拐骗、绑架、收买、贩卖、接送或中转妇女、儿童行为之一的行为。凡是拐卖妇女、儿童的,不论是哪个环节,只要是以出卖为目的,有拐骗、绑架、收买、贩卖、接送、中转妇女、儿童行为之一的,不论拐卖人数多少,是否获利,均应以拐卖妇女、儿童罪追究刑事责任。

17 拐卖行为的核心是,将妇女、儿童置于自己或者第三人的支配、控制之下,以便随时出卖。成立拐卖行为,不以剥夺妇女、儿童的人身自由为前提。妇女、儿童是否同意拐卖自己,也不影响拐卖行为的成立。拐卖行为的具体表现具有多样性,可表现为拐骗、绑架、收买、贩卖、接送或中转妇女、儿童行为。

18 所谓拐骗,是指行为人以出卖为目的,虚构事实、隐瞒真相进行欺诈、哄骗、诱惑

---

7 参见最高人民法院刑事审判第一、二、三、四、五庭主办:《中国刑事审判指导案例 · 侵犯公民人身权利、民主权利罪》,法律出版社 2009 年版,第 486 页。

8 在以上拐卖两性畸形人不构成犯罪的场合,如果按照我国学界通说的对象不能犯理论,则可以认定行为人构成拐卖妇女、儿童罪未遂。

妇女、儿童,使其最终置于行为人控制之下的行为。如以帮忙找工作、介绍对象、结伴旅游、外出玩耍、请吃请喝等名义,诱骗妇女、儿童上当,从而将其置于行为人的支配、控制之下。拐卖儿童罪中的拐骗行为不同于拐骗儿童罪中的拐骗行为,二者虽然都以拐骗为中心,外形上相似,但前者的行为人具有出卖儿童的目的,后者的行为人则没有出卖儿童的目的。

19 所谓绑架,是指以出卖为目的,采用暴力、胁迫或麻醉等方法劫持妇女、儿童,使其置于行为人控制之下的行为。拐卖妇女、儿童罪中的绑架行为与绑架罪中的绑架行为在外形上是相同的,但行为人的主观目的不同,前者的行为人是以出卖为目的而采用暴力、胁迫等手段控制妇女、儿童,后者的行为人则是以迫使第三人满足其某种要求为目的,采用暴力、胁迫等手段控制妇女、儿童。在实务上,绑架妇女、儿童的行为构成绑架罪还是构成拐卖妇女、儿童罪,区分相对容易,比较复杂的是罪数问题,即绑架犯在绑架妇女、儿童之后,由于勒索财物等目的未能实现,遂将妇女、儿童卖出的,出卖妇女、儿童的行为已经超出了绑架罪构成要件的范围,另行触犯拐卖妇女、儿童罪,此时面临着是否需要数罪并罚的问题。虽然行为人先后的行为针对的是同一被害对象,但侵犯了不同的客体(虽然在人身自由这一点上绑架罪与拐卖妇女、儿童罪的客体存在重合,但两罪的客体并不相同),不存在牵连犯、吸收犯之类的应以一罪论处的情形,故对此应当数罪并罚。目前,实务上倾向于数罪并罚。[9]

20 所谓收买,是指以出卖为目的,将妇女、儿童当作商品加以收受、买进的行为。虽然多数人贩子是自拐自卖,同时具有“拐”和“卖”两个特征,但也有不少人贩子自己并不直接拐骗妇女、儿童,而是拐骗妇女、儿童的“二道贩子”,专门收买妇女、儿童,然后伺机卖出牟利。拐卖妇女、儿童罪中的收买行为不同于收买被拐卖的妇女、儿童罪中的收买行为:前者行为人具有出卖妇女、儿童的目的,后者则不是出于出卖目的而收买被拐卖的妇女、儿童。根据《刑法》第 241 条第 5 款的规定,行为人在收买妇女、儿童时不具有出卖的目的,但在收买后又出卖妇女、儿童的,属于拐卖妇女、儿童。

21 所谓贩卖,是指行为人将妇女、儿童当作商品出售给第三人的行为。贩卖行为明显体现了行为人的出卖目的。只要以出卖为目的,客观上能够将妇女、儿童卖出,即构成贩卖行为。至于被贩卖的妇女、儿童,既可以是行为人拐骗、收买而来的,也可以是行为人捡拾而来的,还可以是自己的家庭成员。成立贩卖行为,未必要求行为人本人在事实上对妇女、儿童具有支配、控制力。居间介绍者在介绍收养儿童过程中直接参与交易并从中获利的,即使送养方与收养方都不构成犯罪,居间介绍者也可能构成拐卖儿童罪[10],因为当居间介绍者利用他人行为卖出儿童时,完全可以将此评价为居间介绍者“贩卖”儿童。

---

9 参见张军等主编:《刑事审判实务教程》,中国法制出版社 2013 年版,第501 页。

10 参见陈兴良、张军、胡云腾主编:《人民法院刑事指导案例裁判要旨通纂》(第 2 版),北京大学出版社 2018 年版,第 879 页。

所谓接送,是指以出卖为目的,参与迎接、运送妇女、儿童的行为。如给人贩子带路以便卖出被拐卖的妇女、儿童,将被拐卖的妇女、儿童从一地带到另一地方等,均属于“接送”妇女、儿童。 22

所谓中转,是指以出卖为目的,给被拐卖的妇女、儿童提供中途场所的行为。如行为人明知他人在实施拐卖妇女、儿童犯罪,而给被拐卖的妇女、儿童提供食宿、中转地,即属于“中转”妇女、儿童。接送、中转妇女、儿童的行为,原本属于拐卖妇女、儿童共同犯罪中的帮助行为,不是拐卖妇女、儿童罪的正犯行为(实行行为)。考虑到拐卖妇女、儿童罪有多个环节,且其他共犯人未必能够同时到案,为了能够及时打击实施了接送、中转行为的犯罪分子,所以,立法者将原本属于帮助行为的接送、中转行为,规定为拐卖妇女、儿童罪的正犯行为。 23

教唆他人实施拐卖妇女、儿童犯罪的,或者事先通谋,为拐卖妇女、儿童的犯罪分子提供资助或者接送、中转之外的其他便利条件的,构成拐卖妇女、儿童罪的共犯。事前没有同谋,但明知是拐卖妇女、儿童的犯罪分子,在其实施犯罪后为其提供隐藏处所、财物,帮助其逃匿或者作假证明包庇的,行为人不构成拐卖妇女、儿童罪,对其应以窝藏罪或包庇罪论处。 24

V 主体

本罪的主体为一般主体。凡年满 16 周岁具备责任能力的自然人,不论是中国人、外国人还是无国籍人,均可为本罪的主体。外国人或者无国籍人拐卖外国妇女到我国境内被查获的,应当根据《刑法》第 6 条的规定,以拐卖妇女、儿童罪对行为人定罪处罚。虽然已满 14 周岁不满 16 周岁的人不能成为本罪的主体,但已满 14 周岁不满 16 周岁的人在拐卖妇女、儿童的过程中,故意重伤、杀害或强奸被拐卖妇女、儿童的,应追究其故意伤害罪、故意杀人罪或强奸罪的刑事责任。对此,2002 年 7 月 24 日全国人大常委会法制工作委员会《关于已满 14 周岁不满 16 周岁的人承担刑事责任范围问题的答复意见》非常清楚地指出,《刑法》第 17 条第 2 款规定的 8 种犯罪,是指具体犯罪行为而不是具体罪名;对司法实践中出现的已满 14 周岁不满 16 周岁的人拐卖妇女、儿童而故意造成被拐卖妇女、儿童重伤或死亡的行为,依据刑法应当追究其刑事责任。 25

单位不是本罪的主体。医疗机构、社会福利机构等单位的工作人员以非法获利为目的,将所诊疗、护理、抚养的儿童贩卖给他人的,以拐卖儿童罪论处。 26

VI 罪过

一、犯罪故意

本罪在主观上为故意,行为人明知自己的行为有可能导致妇女、儿童被出卖,仍 27

希望或者放任该结果的发生。如果行为人根本不知妇女、儿童可能被出卖,客观上为人贩子提供接送、中转等行为的,因行为人缺乏犯罪故意,不构成本罪。成立本罪,还要求行为人具有出卖的目的。通常认为,本罪是目的犯,因而本罪故意只能是直接故意。[11] 但这种看法并不妥当,因为间接故意与目的犯中的目的并不存在排除关系。例如,行为人知道他人可能出卖妇女,对此并未仔细核实,应人贩子的要求为其接送、中转妇女的,虽然不能认定行为人存在直接故意,但也应认定行为人构成拐卖妇女罪。因此,本罪的故意包括间接故意在内。

28 在拐卖妇女、儿童罪中,要求行为人明知自己拐卖的是妇女或者儿童。在行为人出现认识错误的场合,例如误以为自己拐卖的是妇女,实际拐卖的是幼女,或者以为自己拐卖的是女童,实际上拐卖的是男童的,由于这些错误并未超出拐卖妇女、儿童罪的范围,属于同一构成要件范围内的错误,按照法定符合说,对现实发生的拐卖幼女、男童结果,能够认定行为人具有犯罪故意,应以拐卖儿童罪追究行为人的刑事责任。

29 构成本罪,需要行为人具有出卖妇女、儿童的目的,但动机不限。拐卖妇女、儿童主要是为了获取非法经济利益,但行为人是否获利不影响本罪的成立及既遂。拐卖妇女、儿童也不能排除其他动机。如行为人为报复他人而拐卖他人的妻女,只要是有偿转让妇女、儿童,即便行为人亏本,也能认定其具有出卖目的,构成拐卖妇女、儿童罪。

二、以出卖为目的

(一)"以出卖为目的"的功能

30 成立拐卖妇女、儿童罪,要求行为人具有出卖的目的。行为人主观上是否具有出卖目的,首先具有区分罪与非罪的功能,如在送养亲生子女案件中,只要行为人没有出卖的目的,即使收取了少量费用,也不构成拐卖儿童罪。其次,行为人主观上是否具有出卖目的,具有区分拐卖妇女、儿童罪与其他犯罪的功能。例如,行为人拐骗儿童的,如果其主观上没有出卖的目的,只有收养或者奴役的目的的,就不构成拐卖儿童罪,只构成拐骗儿童罪。拐卖妇女、儿童罪与诈骗罪的界限,亦在于行为人主观上是否具有出卖的目的。行为人与妇女合谋,将妇女"卖"给他人得利以后,妇女乘人不备时逃走。对此俗称"放飞鸽"。在这种情况下,行为人主观上并无出卖目的,并未真的将妇女当作商品进行出卖,"出卖妇女"只是合谋骗财的手段,因此,行为人构成诈骗罪。就妇女而言,该妇女不但不是被害人,反而是害人者,属于诈骗罪的共犯。当然,如果行为人先将妇女"放飞鸽"骗得巨款后,又把妇女卖掉的,或者先将妇女卖掉,又勾引妇女出来"放飞鸽"骗钱的,则能认定其主观上具有出卖的目的,行为人既

11 参见陈兴良主编:《刑法各论精释》(上),人民法院出版社 2015 年版,第 205 页。

构成拐卖妇女罪,又构成诈骗罪,应数罪并罚,而该妇女只构成诈骗罪。至于行为人以"介绍对象"为名,将他人的钱财骗到手后即携款潜逃的,只构成诈骗罪,不构成拐卖妇女罪,因为此时根本就不存在被害妇女,行为人在客观上没有实施拐卖妇女的行为,主观上没有出卖妇女的目的。

(二)"以出卖为目的"的理解

31 如何理解"以出卖为目的",值得研究。1999 年最高人民法院《全国法院维护农村稳定刑事审判工作座谈会纪要》指出:以贩卖牟利为目的"收养"子女的,应以拐卖儿童罪处理;对那些迫于生活困难、受重男轻女思想影响而出卖亲生子女或出卖收养子女的,可不作为犯罪处理;对于出卖子女确属情节恶劣的,可按遗弃罪处罚。该纪要将出卖目的理解为贩卖牟利的目的。2000 年 3 月 20 日最高人民法院、最高人民检察院、公安部、民政部、司法部、中华全国妇女联合会联合发布的《关于打击拐卖妇女儿童犯罪有关问题的通知》指出:出卖亲生子女的,由公安机关依法没收非法所得,并处以罚款;以营利为目的,出卖不满 14 周岁子女,情节恶劣的,或借收养名义拐卖儿童的,出卖捡拾的儿童的,均构成拐卖儿童罪;出卖 14 周岁以上女性亲属或者其他不满 14 周岁亲属的,构成拐卖妇女、儿童罪。该通知将出卖目的理解为营利目的。2010 年 3 月 15 日最高人民法院、最高人民检察院、公安部、司法部《关于依法惩治拐卖妇女儿童犯罪的意见》进一步规定,要严格区分借送养之名出卖亲生子女与民间送养行为的界限。该意见将出卖目的理解为非法获利目的。由此可见,如何理解"以出卖为目的",并不简单。从日常语义出发,出卖是指有偿转让,未必一定要具有牟利或者营利的目的。在此意义上,《关于依法惩治拐卖妇女儿童犯罪的意见》的看法值得肯定,即"以出卖为目的"是指非法获利目的。只要有证据证明行为人在有偿转让妇女、儿童,即可认定其具有出卖目的。

(三)"以出卖为目的"的认定

32 实践中应当注意,除贩卖行为明显表现出行为人具有出卖妇女、儿童的目的外,对行为人实施拐骗、绑架、收买、接送、中转妇女、儿童的行为,一定要查明行为人是否具有出卖的目的。在拐卖妇女、儿童罪中,拐骗、绑架、收买、接送、中转这些行为的实施,都是围绕出卖目的进行的。行为人不是以出卖为目的拐骗、绑架、收买妇女、儿童的,可能构成其他犯罪,但不构成本罪。

1. 出让亲生子女的场合

33 2010 年 3 月 15 日最高人民法院、最高人民检察院、公安部、司法部《关于依法惩治拐卖妇女儿童犯罪的意见》规定,借送养之名出卖亲生子女与民间送养行为的界限在于,行为人是否具有非法获利的目的。应当通过审查将子女"送"人的背景和原因、有无收取钱财及收取钱财的多少、对方是否具有抚养目的及有无抚养能力等事实,综合判断行为人是否具有非法获利的目的。具有下列情形之一的,可以认定属于出卖亲生子女,应当以拐卖妇女、儿童罪论处:①将生育作为非法获利手段,生育后即出卖子女的;②明知对方不具有抚养目的,或者根本不考虑对方是否具有抚养目的,为收取钱财将子女“送”给他人的;③为收取明显不属于“营养费”“感谢费”的巨额钱财将子女“送”给他人的;④其他足以反映行为人具有非法获利目的的“送养”行为的。不是出于非法获利目的,而是迫于生活困难,或者受重男轻女思想影响,私自将没有独立生活能力的子女送给他人抚养,包括收取少量“营养费”“感谢费”的,属于民间送养行为,不能以拐卖妇女、儿童罪论处。对私自送养导致子女身心健康受到严重损害,或者具有其他恶劣情节,符合遗弃罪特征的,可以遗弃罪论处;情节显著轻微危害不大的,可由公安机关依法予以行政处罚。

34 附带指出,出卖亲生子女与人贩子拐卖儿童相比,后者的社会危害通常更大,故在量刑时应当区别对待。对于出卖亲生子女的案件,应当考虑行为人出卖亲生子女的动机,子女被卖出后是否受到摧残、虐待以及是否得到解救等因素,合理确定量刑幅度。对于主观动机、客观情节并非十分恶劣的情形,一般可以酌情从轻处罚。对于那些具有生活困难、未婚先育等特殊情节,但同时又有充分证据证实系为了非法获利而将子女作为商品出卖的行为人,如果根据案件具体情况,参酌社会一般人的道德伦理观念,考虑被解救儿童仍需由出卖者哺育抚养照顾等因素,在处罚上即使判处法定最低刑仍然过重的,可以在法定刑以下判处刑罚,依法层报最高人民法院核准。[12]

2. 婚姻中介、收养中介的场合

35 作为一种经工商部门批准的职业中介,介绍婚姻或介绍收养儿童是法律所许可的,只要其合法经营,不存在犯罪问题。问题是,有些人没有经过工商部门批准,却主动为他人介绍婚姻或介绍收养儿童,并乘机向其中一方或双方索取一定数量的财物,这容易与拐卖妇女、儿童罪相混淆。2016 年 12 月 21 日最高人民法院《关于审理拐卖妇女儿童犯罪案件具体应用法律若干问题的解释》第 3 条第 1 款规定:“以介绍婚姻为名,采取非法扣押身份证件、限制人身自由等方式,或者利用妇女人地生疏、语言不通、孤立无援等境况,违背妇女意志,将其出卖给他人的,应当以拐卖妇女罪追究刑事责任。”上述解释仅适用于特定情形,对于其他情形下如何区分是通常的中介行为还是拐卖妇女、儿童行为,仍需要进一步研究。

36 借介绍婚姻、介绍收养儿童而索取财物是一种非罪行为,与拐卖妇女、儿童罪的界限在于:①在客观上,行为人是否实施了拐骗妇女、儿童的行为。如果是介绍婚姻、介绍收养儿童,则不可能对妇女、儿童实施拐骗、绑架等拐卖行为;只有拐卖妇女、儿童的,才可能对妇女、儿童实施拐骗、绑架等拐卖行为。②在主观上,行为人是否具有出卖妇女、儿童的目的。借介绍婚姻、介绍收养儿童而索取财物的行为人以撮合婚姻、收养为目的,对于乘机从中获取的财物,行为人认为是其应得的酬谢。而拐卖妇女、儿童罪的行为人主观上有将妇女、儿童当作商品出卖的意图,对于所获取的财物

12 参见陈兴良、张军、胡云腾主编:《人民法院刑事指导案例裁判要旨通纂》(第 2 版),北京大学出版社 2018 年版,第 874 页。

行为人认为是出卖妇女、儿童所得的价款。对于行为人主观上是否具有出卖的目的，应进行以下考察：一是看行为人与妇女、儿童以及第三人之间的关系。如果行为人与妇女、儿童以及第三人之间都认识，有亲朋相邻关系，则一般可以认为行为人具有撮合婚姻、收养的目的；反之，行为人与妇女、儿童以及第三人之间根本就不认识，则较有可能具有出卖妇女、儿童的目的。二是看是否有介绍婚姻、介绍收养儿童的行为。如果行为人介绍男女双方会面、使儿童与收养人见面，并征求双方的意见，则可以认为行为人具有撮合婚姻、收养的目的；反之，如果全部是行为人单独行动，既不详细向双方介绍情况，也不提供见面机会，则往往可以认定行为人具有出卖妇女、儿童的目的。三是看行为人对第三人的言语。如果行为人与第三人的谈话主题是帮助其介绍婚姻、介绍收养儿童，末了提出适当报酬的，可以认为行为人具有撮合婚姻、收养的目的；反之，如果行为人与第三人的谈话主题是“给你一个妇女或儿童，你出多少钱”，或者第三人认为报酬有点高时行为人就威胁第三人将把妇女、儿童带到其他地方去，则可以认定行为人具有出卖妇女、儿童的目的。四是看索取财物的数量与方式。为他人撮合婚姻、收养的人，其索取的是“酬劳”“跑路费”，一般数额不高，讨价还价也不厉害；而出卖妇女、儿童的人，其索取的是妇女、儿童的“身价”，一般数额极高，远远高出撮合婚姻、收养的合理酬劳，且买卖双方常常进行拉锯式的讨价还价。五是看在妇女、儿童的家庭或监护人不同意的情况下，行为人的态度。为他人撮合婚姻、收养的人，在撮合失败之后，虽然可能发牢骚甚至对他人进行辱骂，但除此之外行为人并无其他行为；相反，如果此时行为人对妇女或者对儿童的家人实施暴力、胁迫行为，企图迫使妇女、儿童的家庭或监护人同意的，可以认定行为人具有出卖妇女、儿童的目的。是否尊重妇女本人或者儿童的家庭或者监护人的意志，是分析行为人主观上是否具有出卖目的的重要依据。为精神发育迟滞、无民事行为能力的妇女“介绍对象”的，由于此时难以判断该行为是否尊重妇女意志（因为妇女不能正确表达意志），所以，应从行为人是受他人委托还是积极主动联系他人、能否使得妇女的生活更有保障（与妇女结婚的人是正常人还是同样具有精神障碍的人）、获取的钱款是否超出了纯粹表示感谢的范围，来认定行为人是正常介绍婚姻还是拐卖妇女犯罪。

3. 家长索要彩礼的场合

至今，尤其是在农村地区，无论是自由恋爱还是包办婚姻，都存在家长索要彩礼 37
甚至索要巨额彩礼的现象。一些家长认为将女儿抚养成人不容易，女儿嫁出去时自己应取得适当的回报，所以，索要彩礼是理所当然。就实务而言，如果是自由恋爱的场合，家长索要巨额彩礼的，均没有以拐卖妇女罪追究家长的刑事责任，其根据在于子女结婚需要很大的开支，家长索要巨额彩礼，多数是用于子女结婚开支，主观上并没有赤裸裸地将女儿当成物品予以出卖的意思。在包办婚姻的场合，如果家长没有为女儿操办婚姻的意思，不关心女儿的未来生活，违反女儿意愿收取巨额彩礼后，任凭女儿呼救、哀求，仍让他人强行带走女儿成婚，日后与女儿也没有联系的，可以认定行为人主观上具有出卖目的，可以拐卖妇女罪追究其刑事责任。

Ⅶ 既遂

38 如何认定拐卖妇女、儿童罪的既遂,实务中时有争议。例如,被告人丁海宾给被告人李明庆打电话说有一名女婴,让李明庆找个买家,被告人李明庆即与吴凤来夫妇联系(以前吴凤来曾给李明庆说过想抚养一名女婴)。某日上午,被告人丁海宾与张某某(另案处理)抱着女婴过来,被告人李明庆即让李某某和其开车去高速路口接被告人丁海宾和张某某及女婴,并与买主约定在县医院对女婴进行体检和交易。在县医院将该女婴交给吴凤来夫妇进行体检后,李明庆等人在吃饭时被当场抓获,该女婴也在体检时被解救。检察院及辩护人均认为被告人系拐卖儿童未遂,但法院认定被告人构成拐卖儿童罪既遂。

39 对于拐卖妇女、儿童罪的既遂与未遂的区分标准,第一种观点认为,只要以出卖为目的,实施了拐骗、绑架、收买、贩卖、接送、中转妇女、儿童行为之一的,即为既遂[13];行为人已经着手实施拐卖妇女、儿童罪构成要件的行为,由于犯罪分子意志以外的原因,没有将妇女、儿童置于自己控制之下的为未遂。[14] 该说为理论上的通说,实务上也基本采取此说。[15] 法院判决被告人丁海宾构成犯罪既遂的理由就是,只要犯罪分子以出卖为目的将被害人拐骗、绑架、收买到手,或贩卖、接送、中转被害人,就构成拐卖妇女、儿童罪的既遂,至于犯罪分子是否已将被害人卖出,犯罪分子实际是否已获得了钱财,或者是否获得了讲定的价钱,对认定犯罪既遂并无影响;本案被告人以出卖为目的,已完成接送、中转,并实际控制被害人,应属犯罪既遂。[16] 第二种观点认为,应以犯罪分子是否已把受害人贩卖出去作为区分该罪既未遂的标准,已贩卖出去的是犯罪既遂,因犯罪分子意志以外的原因而未能将受害人贩卖出去的属于犯罪未遂。[17] 第三种观点认为,拐卖妇女、儿童罪的客观方面表现有六种行为,一个完整典型的拐卖妇女、儿童犯罪行为由三个阶段组成:手段行为,即拐骗、绑架、收买;中间行为,即中转、接送;结果行为,即贩卖。拐卖妇女、儿童罪的既遂与未遂应根据不同阶段行为的特点来认定,犯罪分子无论实施了哪个阶段的行为都构成犯罪,但实施不同阶段的行为,其既遂与未遂的标准却不同:实施手段行为的,只要将被害人置于行为人自己的控制之下即达到既遂;实施中间行为的,应以行为人将被害人送到指定地点或交给指定人员即已脱手完成中转、接送为既遂;结果行为应以行为

---

13 参见王作富主编:《刑法》(第6版),中国人民大学出版社2016年版,第386页。

14 参见刘家琛主编:《新罪通论》,人民法院出版社1996年版,第369页。

15 参见周道鸾、张军主编:《刑法罪名精释》(第3版),人民法院出版社2007年版,第442页。

16 参见安阳市安阳县人民法院(2010)安少刑初字第37号刑事判决书。

17 参见郭立新、杨迎泽主编:《刑法分则适用疑难问题解》,中国检察出版社2000年版,第162页。

人将被害人贩卖出手,"所有权"转移给收买人为既遂,否则应认定为未遂。[18]

应当认为,通说的看法基本合理。只要行为人以出卖为目的,实施了拐骗、绑架、收买、贩卖行为,妇女、儿童已经处于行为人的控制之下,即可认定妇女、儿童已经被物化,其人格权已经被侵犯,故可认定为犯罪既遂。当然,在出卖亲生子女的场合,由于亲生子女原本就在行为人的控制之下,此时,行为人主观上有出卖的目的,但尚未寻找买家进行出卖时,不能认为子女的人格权已经处于紧迫的危险之中。所以,一般认为,行为人出卖亲生子女的,只有已将亲生子女卖出,才能认定行为人的贩卖行为实施完毕,此时才构成犯罪既遂。 40

在接送、中转妇女的场合,有人主张完成了接送、中转行为,如行为人将被害人送到指定地点交给其他接收者的,才构成犯罪既遂。[19] 这一看法容易打动人心,但其实并不妥当。当拐卖妇女、儿童罪由一人完成时,即行为人既实施拐骗、绑架、收买、贩卖行为,又实施接送、中转行为时,应以拐骗、绑架、收买、贩卖行为为中心认定犯罪是否既遂,而无须独立考察接送、中转的既遂标准问题。当拐卖妇女、儿童罪由数人协同完成时,即部分行为人实施拐骗、绑架、收买、贩卖行为,部分行为人实施接送、中转行为,这属于拐卖妇女、儿童罪的共同犯罪。在共同犯罪中,当拐骗、绑架、收买、贩卖行为既遂时,所有共犯人均构成犯罪既遂;而部分共犯人尚未完成拐骗、绑架、收买、贩卖行为时,其他共犯人已经完成接送、中转行为,这是不可想象的。这意味着,在共同犯罪的场合,与拐卖妇女、儿童罪由一人完成的场合一样,无须单独判断接送、中转的既遂标准。总之,接送、中转行为在事实上具有依附性,并无自身独立的既遂标准。 41

Ⅷ 共犯

根据 2010 年 3 月 15 日最高人民法院、最高人民检察院、公安部、司法部《关于依法惩治拐卖妇女儿童犯罪的意见》的规定,下列情形,应以拐卖妇女、儿童罪的共犯处理:①明知他人拐卖妇女、儿童,仍然向其提供被拐卖妇女、儿童的健康证明、出生证明或者其他帮助的,以拐卖妇女、儿童罪的共犯论处。认定是否"明知",应当根据证人证言、犯罪嫌疑人、被告人及其同案人供述和辩解,结合提供帮助的人次,以及是否明显违反相关规章制度、工作流程等,予以综合判断。②明知他人系拐卖儿童的人贩子,仍然利用从事诊疗、福利救助等工作的便利或者了解被拐卖方情况的条件,居间介绍的,以拐卖儿童罪的共犯论处。 42

对于拐卖妇女、儿童的共同犯罪,应当根据各被告人在共同犯罪中的分工、地位、作用,参与拐卖的人数、次数,以及分赃数额等,准确区分主从犯。对于组织、领导、指 43

18　参见高西江主编:《中华人民共和国刑法的修订与适用》,中国方正出版社 1997 年版,第 551 页。

19　参见周光权:《刑法各论》(第 4 版),中国人民大学出版社 2021 年版,第 56 页。

挥拐卖妇女、儿童的某一个或者某几个犯罪环节,或者积极参与实施拐骗、绑架、收买、贩卖、接送、中转妇女、儿童等犯罪行为,起主要作用的,应当认定为主犯。对于仅提供被拐卖妇女、儿童信息或者相关证明文件,或者进行居间介绍,起辅助或者次要作用,没有获利或者获利较少的,一般可认定为从犯。对于各被告人在共同犯罪中的地位、作用区别不明显的,可以不区分主从犯。

44 多名家庭成员或者亲友共同参与出卖亲生子女,一般应当在综合考察犯意提起、各行为人在犯罪中所起作用等情节的基础上,依法追究其中罪责较重者的刑事责任。对于其他情节显著轻微危害不大,不认为是犯罪的,依法不追究刑事责任;必要时可以由公安机关予以行政处罚。

Ⅸ 罪数

45 在处理拐卖妇女、儿童案件时,应注意罪数问题。对此,应当结合刑法规定与罪数理论予以处理。

46 在下列情形中,由于犯罪行为已被《刑法》第240条规定为加重处罚情节,故对此以拐卖妇女、儿童罪一罪论处:①行为人实施了数次拐卖行为,既拐卖了妇女,又拐卖了儿童的,按照“拐卖妇女、儿童三人以上”量刑;②在拐卖妇女、幼女的过程中,奸淫被拐卖的妇女、幼女的,按照“奸淫被拐卖的妇女”量刑;③诱骗、强迫被拐卖的妇女卖淫或者将被拐卖的妇女卖给他人迫使其卖淫的,按照“诱骗、强迫被拐卖的妇女卖淫或者将被拐卖的妇女卖给他人迫使其卖淫”量刑;④在控制被拐卖的妇女、儿童的过程中,使用暴力故意伤害他人或者过失致人重伤乃至死亡的,按照“造成被拐卖的妇女、儿童或者其亲属重伤、死亡”量刑。

47 在下列情形中,由于犯罪行为超出了牵连犯、想象竞合犯等应以一罪论处的情形,对此应以拐卖妇女、儿童罪与相应犯罪数罪并罚:①拐卖妇女、儿童,又对被拐卖的妇女、儿童实施故意杀害、伤害、猥亵、侮辱等行为,构成其他犯罪的,依照数罪并罚的规定处罚;②拐卖妇女、儿童,又组织、教唆被拐卖、收买的妇女、儿童进行犯罪的,以拐卖妇女、儿童罪与其所组织、教唆的罪数罪并罚;③拐卖妇女、儿童,又组织、教唆被拐卖、收买的未成年妇女、儿童进行盗窃、诈骗、抢夺、敲诈勒索等违反治安管理活动的,以拐卖妇女、儿童罪与组织未成年人进行违反治安管理活动罪数罪并罚。

Ⅹ 罪名的确定

48 拐卖妇女、儿童罪属于选择性罪名,应根据行为人的具体犯罪情况确定相应的罪名。行为人只拐卖了妇女的,应以拐卖妇女罪追究刑事责任。行为人只拐卖了儿童的,应以拐卖儿童罪追究刑事责任。如果行为人同时拐卖了妇女与儿童的,应以拐卖妇女、儿童罪一罪追究刑事责任。不过,罪名确定并非如此简单,有时会出现难以确定罪名的情形。

实践中可能出现由于种种原因,无法查明被拐卖女性是妇女还是幼女的情况,此时罪名确定就是比较麻烦的问题。有人可能认为,既然不能证明行为人拐卖了妇女,就不能以拐卖妇女罪定罪;既然不能证明行为人拐卖了幼女,就也不能以拐卖儿童罪定罪;更不能以拐卖妇女、儿童罪定罪,因为行为人没有既拐卖妇女又拐卖儿童,因而最终对行为人无法定罪。笔者认为,若能看穿定罪之惑仅是语言表述困惑,就不会深陷其中而难以自拔。如何定罪的困惑源自罪名归纳的准确性或者说如何用恰当的语言表述罪名。将《刑法》第240条的罪名归纳为拐卖妇女、儿童罪,在证明不能的案件中,如上所述,无论如何定罪都有疑惑之处。但是,若将《刑法》第240条的罪名重新归纳为拐卖女性、男童罪,则定罪的困惑立刻消失,因为即便在证明不能的场合,无论行为人拐卖的是妇女还是幼女,都属于拐卖女性,认定其构成拐卖女性罪,这一罪名表述极为恰当地反映了案件事实,因而对定罪就不会有任何疑问。既然这种罪名困惑仅是一种语言表述上的困惑,行为符合《刑法》第240条的构成要件是确定无疑的,司法机关就应放心地追究行为人的刑事责任,因为行为人是否构成犯罪,归根到底是由其行为是否符合构成要件所决定的,与罪名表述无关。因此,在无法查清被拐卖女性是妇女还是幼女时,没有必要过于看重罪名,不妨以行为人的主观认识为准,行为人认为是妇女的就以拐卖妇女罪定罪,其认为是幼女的就以拐卖儿童罪定罪。过度执着于如何确定罪名,因定罪之惑以致认为不能追究行为人拐卖犯罪的刑事责任,这是不妥的。 49

行为人误以为自己拐卖了幼女,实际拐卖了妇女的,也容易出现如何确定罪名的难题。如人们容易认为,在此类案件中,因为行为人客观上没有拐卖儿童,对其就不能以拐卖儿童罪定罪;行为人主观上没有拐卖妇女的故意,对其也不能以拐卖妇女罪定罪;对行为人又不能以拐卖妇女、儿童罪定罪,因为其没有既拐卖妇女又拐卖儿童。其实,这同样是罪名表述的缘故导致人们产生了困惑。就像一个人在法律上只能有一个名字一样,每一罪行只能有一个罪名,罪名一旦确定就被固定下来,不可改变罪名的固定表述,从而在认识错误的场合,就会产生无论如何定罪都难以恰当反映案件事实之感。《刑法》第240条既禁止拐卖妇女,又禁止拐卖女童,换言之,《刑法》第240条禁止拐卖女性。行为人虽然存在认识错误,但其客观上拐卖了女性,主观上也认识到自己拐卖了女性,应以《刑法》第240条的规定追究行为人的刑事责任。由于拐卖妇女罪与拐卖儿童罪的法定刑是一致的,此时亦不妨以行为人的主观认识为准,行为人认为是妇女的就以拐卖妇女罪定罪,其认为是幼女的就以拐卖儿童罪定罪。 50

行为人拐卖同一女性,拐卖行为跨越女性14周岁前后的,如何确定罪名也容易出现问题。例如,行为人拐卖一名差2天就满14周岁的女孩,4天后将其卖出的,该行为完全符合《刑法》第240条的规定,应当追究行为人的刑事责任,但问题是应如何确定行为人的罪名呢?有人认为,对行为人既不能定拐卖儿童罪一罪,因其还有拐卖妇女的行为,又不能定拐卖妇女罪一罪,因其还有拐卖儿童的行为,更不能定拐卖妇 51

女、儿童罪一罪,因为被拐卖者是同一女性。[20] 这种看法导致无法按照《刑法》第 240 条追究行为人的刑事责任,并不妥当。有人认为,对此应以拐卖儿童罪追究行为人的刑事责任,因为拐卖儿童的行为重于拐卖妇女的行为,应该判处更重的处罚,只有定拐卖儿童罪,在罪名上才更能与罪刑相适应原则一致。[21] 但是,在《刑法》第 240 条中,拐卖妇女与拐卖儿童适用同一法定刑,法条并未规定拐卖儿童的应当从重处罚,所以,以实现罪刑相适应原则为由主张行为人的罪名为拐卖儿童罪,这一看法难以成立。认为拐卖妇女、儿童罪只能适用于行为人既拐卖妇女,又拐卖儿童,且妇女、儿童不是同一人的场合,这一看法并无规范上的根据。行为人的行为既有拐卖儿童的一面,又有拐卖妇女的一面,故以拐卖妇女、儿童罪对行为人判处罪刑相适应的刑罚,没有任何不妥之处。

XI 处罚

52 根据《刑法》第 240 条的规定,犯拐卖妇女、儿童罪的,处 5 年以上 10 年以下有期徒刑,并处罚金;有下列情形之一的,处 10 年以上有期徒刑或者无期徒刑,并处罚金或者没收财产;情节特别严重的,处死刑,并处没收财产:①拐卖妇女、儿童集团的首要分子;②拐卖妇女、儿童 3 人以上的;③奸淫被拐卖的妇女的;④诱骗、强迫被拐卖的妇女卖淫或者将被拐卖的妇女卖给他人迫使其卖淫的;⑤以出卖为目的,使用暴力、胁迫或者麻醉方法绑架妇女、儿童的;⑥以出卖为目的,偷盗婴幼儿的;⑦造成被拐卖的妇女、儿童或者其亲属重伤、死亡或者其他严重后果的;⑧将妇女、儿童卖往境外的。据此,不存在上述八种情形的,只能作为拐卖妇女、儿童罪的基本犯加以处罚;具有上述八种情形的,才能作为加重犯处罚;如果具有上述八种情形,并且情节特别严重的,才能对行为人判处死刑,并处没收财产。所谓"情节特别严重",主要是指拐卖妇女、儿童犯罪集团的规模特别大、作案的时间特别长,拐卖妇女、儿童的人数特别多、范围特别广,多次或将多名妇女、儿童卖往境外,或拐卖妇女、儿童在国际上造成非常恶劣的影响,等等。"情节特别严重"仅限于《刑法》第 240 条所列八种情形中特别严重的情节。在具体执行中,不应在这八种情形之外扩大范围。从严格控制死刑的角度来看,对于上述八种情形以外的其他情形,即使情节特别严重的,也不能以拐卖妇女、儿童罪判处死刑。下面,讨论上述八种情节的具体适用。

1. 拐卖妇女、儿童集团的首要分子

53 拐卖妇女、儿童集团的首要分子,是指在拐卖妇女、儿童犯罪集团中起组织、策划、指挥作用的犯罪分子。拐卖妇女、儿童犯罪集团的首要分子,可能是一个,也可能是几个。凡是对拐卖妇女、儿童犯罪集团起组织、策划、指挥作用的犯罪分子,不论是

[20] 参见周铭川:《奸淫被拐卖的"妇女"包括奸淫"幼女"》,载《中国检察官》2017 年第 20 期。

[21] 参见陈兴良:《判例刑法学》(上卷),中国人民大学出版社 2009 年版,第 109 页。

几个人,都应被认定为首要分子。根据《刑法》第 26 条第 3 款的规定,对拐卖妇女、儿童集团的首要分子,应按照集团所犯全部罪行处罚。

对于拐卖妇女、儿童犯罪集团的首要分子,应以整个集团所拐卖的全部妇女、儿童计算其所拐卖的人数;对于首要分子以外的其他犯罪分子,应以其实际参与或者组织、指挥的拐卖人数来计算其拐卖妇女、儿童的人数,而不能以整个犯罪集团所拐卖的全部妇女、儿童来计算其所拐卖的人数。 54

2. 拐卖妇女、儿童 3 人以上

拐卖妇女、儿童 3 人以上,是指一次拐卖妇女、儿童 3 人以上,或多次拐卖妇女、儿童,人数达 3 人以上。拐卖妇女、儿童 3 人以上,既包括行为人实施拐骗、绑架、收买、贩卖、接送、中转行为之一时对象达 3 人以上,也包括行为人实施两种以上行为时对象合计为 3 人以上,如绑架、收买、贩卖各 1 名妇女。“人数”与“次数”不是同一概念,行为人将同一妇女或者儿童数次出卖的,只能认定拐卖妇女、儿童 1 人。 55

3. 奸淫被拐卖的妇女

这里的“奸淫”限指强奸还是泛指与被拐卖妇女发生性关系,对比有不同看法。1992 年 12 月 11 日最高人民法院、最高人民检察院《关于执行〈全国人民代表大会常务委员会关于严惩拐卖、绑架妇女、儿童的犯罪分子的决定〉的若干问题的解答》认为,“奸淫被拐卖的妇女”是指拐卖妇女的犯罪分子在拐卖过程中,与被害妇女发生性关系的行为,不论行为人是否使用了暴力或者胁迫手段,也不论被害妇女是否有反抗行为,都应当按照该款规定处罚。该解答虽已被废止,但这一看法至今仍得到认可。如有人认为,奸淫被拐卖的妇女是指在拐卖过程中犯罪分子与被拐卖妇女发生性交的行为,不论犯罪分子是否使用暴力、胁迫手段,也不论妇女是否有反抗行为或表示,都包括在内。[22] 56

应当认为,奸淫被拐卖的妇女是指行为人在拐卖妇女的过程中,违背妇女意志与妇女发生性关系的行为,而不论行为人是否使用了暴力或者胁迫手段,也不论被害妇女是否有反抗行为。第一,从体系解释来看,在刑法其他条文中,奸淫其实就是强奸的同义语。如《刑法》第 259 条第 2 款规定,利用职权、从属关系,以胁迫手段奸淫现役军人妻子的,依强奸罪定罪处罚;《刑法》第 300 条第 3 款规定,组织、利用会道门、邪教组织或者利用迷信奸淫妇女的,依强奸罪定罪处罚。显然,在前一条中,妇女受到了“胁迫”,在后一条中,妇女受到了“欺诈”,故这两种情形下的奸淫行为都是指违背妇女意志的强奸行为。第二,从语义上看,奸淫的基本含义有二:一是指男女之间不正当的性关系,二是指奸污。[23] 在被拐卖的妇女完全自愿的情况下,行为人与其性交的行为也不能说是奸污(否则就是对妇女的侮辱)。将这些自愿的性关系排除在奸淫的外延之外,则奸淫自然就是指强奸。第三,将诸如妇女自愿被他人拐卖,在拐卖 57

---

[22] 参见马克昌主编:《百罪通论》(上卷),北京大学出版社 2014 年版,第 602 页。

[23] 参见中国社会科学院语言研究所词典编辑室编:《现代汉语词典》(第 3 版),商务印书馆 1996 年版,第 612 页。

过程中又自愿甚至主动地与行为人发生性关系的行为视为“奸淫被拐卖的妇女”,对行为人的处罚将过于严厉,因为既然妇女自愿被拐卖,又完全自愿与行为人发生性关系,则性行为就没有侵犯妇女的性权利,也没有给妇女造成任何伤害,就没有理由将这种性行为作为法定刑升格的条件。

58 《刑法》第 240 条仅规定奸淫被拐卖的妇女,法定刑应当升格,并未提及奸淫被拐卖的幼女应当如何处理。有人认为,《刑法》第 240 条第 1 款第(三)、(四)项中的“妇女”也包括幼女。[24] 换言之,在拐卖幼女的过程中奸淫幼女的,也属于法定刑升格的条件。对这一观点可以追根溯源到 1994 年 4 月 8 日最高人民法院《关于拐卖、绑架妇女(幼女)过程中又奸淫被害人的行为应当如何定罪问题的批复》。该批复认为,对被告人在拐卖妇女(幼女)过程中,奸淫被拐卖的妇女(幼女)的,应以“奸淫被拐卖的妇女”定罪处罚;在奸淫幼女的情况下,适用“奸淫被拐卖的妇女”的规定。2010 年 3 月 15 日最高人民法院、最高人民检察院、公安部、司法部《关于依法惩治拐卖妇女儿童犯罪的意见》明文规定:“拐卖妇女、儿童,又奸淫被拐卖的妇女、儿童,或者诱骗、强迫被拐卖的妇女、儿童卖淫的,以拐卖妇女、儿童罪处罚。”在语言学上,妇女具有“女性的通称”之义,故难以认为该意见的看法违反罪刑法定原则。若在《刑法》第 240 条中,认为妇女包含幼女既不违反罪刑法定原则,又能实现妇女、幼女案件的同等处理,就没有理由拒绝、排斥这一见解。基于这样的考虑,对该意见表示赞成的看法日益增多。[25]

4. 诱骗、强迫被拐卖的妇女卖淫或者将被拐卖的妇女卖给他人迫使其卖淫

59 诱骗、强迫被拐卖的妇女卖淫,是指行为人在拐卖妇女的过程中采用欺骗、强迫的方法,迫使被拐卖的妇女卖淫。行为人拐卖妇女时,有可能迫使其卖淫,刑法对此明确规定迫使妇女卖淫是拐卖妇女罪法定刑升格的条件,由此避免了如何处理罪数的问题。如果不是在拐卖妇女的过程中,而是先欺骗、强迫妇女卖淫,后起意出卖该妇女并将其卖出的或者在拐卖妇女犯罪既遂后,又强迫该妇女卖淫的,对行为人不应适用《刑法》第 240 条第 1 款第(四)项,而应以拐卖妇女罪与强迫卖淫罪进行数罪并罚。一般认为,“诱骗”被拐卖的妇女卖淫,符合《刑法》第 359 条第 1 款引诱卖淫罪的特征。[26] 这一见解值得推敲。只有在规范上等值的事项,才能被规范并列列举。“诱骗、强迫被拐卖的妇女卖淫”的规定意味着诱骗妇女卖淫与强迫妇女卖淫是等值的。但若将“诱骗”妇女卖淫理解为“引诱”妇女卖淫,将会出现诱骗妇女卖淫与强迫妇女卖淫不等值的现象。具体而言,强迫卖淫罪的法定最低刑为 5 年有期徒刑,法定最高刑为无期徒刑;而引诱卖淫罪的法定最低刑为管制,法定最高刑仅为 15 年有期

24　参见龚培华、肖中华:《刑法疑难争议问题与司法对策》,中国检察出版社 2002 年版,第 477 页。

25　参见马克昌主编:《百罪通论》(上卷),北京大学出版社 2014 年版,第 602 页;肖中华:《侵犯公民人身权利罪疑难解析》,上海人民出版社 2007 年版,第 223 页。

26　参见陈兴良:《规范刑法学》(第 4 版),中国人民大学出版社 2017 年版,第817 页。

徒刑(即便是引诱幼女卖淫罪,法定最高刑也只有15年有期徒刑);两罪的法定刑如此悬殊,足以表明二者不等值。因此,不能将“诱骗”妇女卖淫理解为“引诱”妇女卖淫,而应理解为对妇女实施重大欺骗,以致妇女对卖淫产生误解,卖淫在本质上违背妇女意志的情形。如果行为人并未实施重大欺骗,而是诱惑被拐卖的妇女卖淫,卖淫并不违背妇女意志的,不应适用《刑法》第240条第1款第(四)项,对行为人应以拐卖妇女罪与引诱卖淫罪进行数罪并罚。

将被拐卖的妇女卖给他人迫使其卖淫,是指行为人明知收买人收买妇女是为了迫使其卖淫仍将妇女出卖。如果行为人确实不知收买人将妇女买去是为了迫使其卖淫,其就不属于“将被拐卖的妇女卖给他人迫使其卖淫”。 60

如果行为人诱骗、强迫被拐卖的幼女卖淫或者将被拐卖的幼女卖给他人迫使其卖淫的,常见的看法是妇女包含幼女在内,故对此适用“诱骗、强迫被拐卖的妇女卖淫或者将被拐卖的妇女卖给他人迫使其卖淫”的规定即可。2010年3月15日最高人民法院、最高人民检察院、公安部、司法部《关于依法惩治拐卖妇女儿童犯罪的意见》规定,诱骗、强迫被拐卖的妇女、儿童卖淫的,以拐卖妇女、儿童罪处罚。作为女性的通称时,“妇女”在语义上可以包括幼女在内,故这一看法并不违反罪刑法定原则,且能实现妇女、幼女案件的一体化处理,因而值得支持。 61

5. 以出卖为目的,使用暴力、胁迫或者麻醉方法绑架妇女、儿童

是指行为人以出卖为目的,使用暴力、胁迫或者麻醉方法使妇女、儿童处于行为人的实力支配、控制之下。《刑法》第240第1款第(五)项中的“绑架”与《刑法》第240第2款中的“绑架”的外延不同。有人认为,与绑架罪中的“绑架”相比,拐卖妇女、儿童罪中的绑架的手段相对要窄,仅限于暴力、胁迫和麻醉三种方法。[27] 但是,《刑法》第240第1款第(五)项仅是指出“以出卖为目的,使用暴力、胁迫或者麻醉方法绑架妇女、儿童的”,应“处十年以上有期徒刑或者无期徒刑,并处……”,该项并没有排斥、否定第240条第2款中以其他手段绑架妇女、儿童的行为。事实上,以出卖为目的,乘妇女处于醉酒、患病等不知或不能抗拒状态将其带走,当然也属于“绑架”妇女。以出卖为目的偷盗婴幼儿,在本质上属于“绑架”儿童,而不是以拐骗、收买、贩卖等方式拐卖儿童。只要行为人以出卖为目的实施这些行为,同样构成拐卖妇女、儿童罪。当然,行为人以这些手段绑架妇女、儿童的,不属于“以出卖为目的,使用暴力、胁迫或者麻醉方法绑架妇女、儿童的”,故不能对行为人判处10年以上有期徒刑或者无期徒刑,对其只能判处5年以上10年以下有期徒刑,并处罚金。 62

6. 以出卖为目的,偷盗婴幼儿

婴幼儿是指婴儿或者幼儿。婴儿是指不满1周岁的人,幼儿是指1周岁以上不满6周岁的人。婴幼儿这一对象的特殊性,决定了拐卖婴幼儿行为具有极其严重的社会危害性,故以出卖为目的,偷盗婴幼儿的属于拐卖妇女、儿童罪法定刑升格的条件。 63

---

27 参见肖中华:《侵犯公民人身权利罪》,中国人民公安大学出版社1998年版,第240页。

64 一旦被认定为“以出卖为目的,偷盗婴幼儿”,法定刑将会极为严重,因此产生了是否必须将“偷盗”婴幼儿限定为“秘密窃取”婴幼儿的问题。实务上对此持否定说,2016年12月21日最高人民法院《关于审理拐卖妇女儿童犯罪案件具体应用法律若干问题的解释》第1条规定,对婴幼儿采取欺骗、利诱等手段使其脱离监护人或者看护人的,视为《刑法》第240条第1款第(六)项规定的“偷盗婴幼儿”。在具体案件中,司法人员认为“偷盗婴幼儿”是指以暴力、胁迫或者麻醉以外的平和方法控制婴幼儿的行为,即“偷盗”的外延不仅包括秘密窃取,还包括欺骗、利诱等其他手段取得婴幼儿的行为。[28]

7. 造成被拐卖的妇女、儿童或者其亲属重伤、死亡或者其他严重后果

65 是指行为人拐卖妇女、儿童的行为,直接、间接造成被拐卖的妇女、儿童或者其亲属重伤、死亡或者其他严重后果。例如:由于犯罪分子采取拘禁、捆绑、虐待等手段,致使被害人重伤、死亡或者造成其他严重后果的;由于犯罪分子的拐卖行为以及拐卖中的侮辱、殴打等行为造成被害人精神失常等。所谓亲属,是指因婚姻、血缘或者法律拟制而产生的人与人之间的关系。亲属可以分为配偶、血亲、姻亲三类。对于这里的亲属,不宜作过分的限制。只要是与妇女、儿童存在配偶、血亲、姻亲关系的人员,因为妇女、儿童被拐卖而受刺激或在寻找被拐卖的妇女、儿童过程中重伤、死亡或者出现其他严重后果的,对行为人的法定刑就应当升格。多数说主张对结果加重犯的结果,行为人主观上只能出于过失,因此,对于被拐卖人的重伤或死亡,行为人主观上只能是过失;如果行为人故意重伤、杀害被拐卖的妇女、儿童的,对行为人应以故意伤害罪或故意杀人罪和拐卖妇女、儿童罪实行数罪并罚。实务上同样主张,在拐卖过程中,实施故意杀人行为的,应以拐卖妇女、儿童罪与故意杀人罪数罪并罚。[29]

8. 将妇女、儿童卖往境外

66 境外,包括国境与边境以外。国境,是指国与国之间的界限,即我国与邻国接壤或界水的分界线;边境是指我国大陆同我国香港特区、澳门特区、台湾地区之间的界限。[30] 将被拐卖的妇女、儿童卖往我国国境以外的国家和地区的自然属于将妇女、儿童卖往境外,问题是将妇女、儿童卖往我国香港特区、澳门特区或台湾地区的,是否也属于将妇女、儿童卖往境外?从充分保护被拐卖妇女、儿童权益出发,对此应予肯定,因为该行为一来增加了解救妇女、儿童的难度,二来妇女、儿童多数被卖给色情场所,有的被多次转卖,处境非常悲惨,有作为加重犯处罚的必要。

---

28 参见陈兴良、张军、胡云腾主编:《人民法院刑事指导案例裁判要旨通纂》(第2版),北京大学出版社2018年版,第880页。

29 参见陈兴良、张军、胡云腾主编:《人民法院刑事指导案例裁判要旨通纂》(第2版),北京大学出版社2018年版,第872页。

30 参见欧阳涛等主编:《中华人民共和国新刑法注释与适用》,人民法院出版社1997年版,第609页。

第二百四十一条　收买被拐卖的妇女、儿童罪

收买被拐卖的妇女、儿童的，处三年以下有期徒刑、拘役或者管制。

收买被拐卖的妇女，强行与其发生性关系的，依照本法第二百三十六条的规定定罪处罚。

收买被拐卖的妇女，儿童，非法剥夺、限制其人身自由或者有伤害、侮辱等犯罪行为的，依照本法的有关规定定罪处罚。

收买被拐卖的妇女，儿童，并有第二款、第三款规定的犯罪行为的，依照数罪并罚的规定处罚。

收买被拐卖的妇女，儿童又出卖的，依照本法第二百四十条的规定定罪处罚。

收买被拐卖的妇女、儿童，对被买儿童没有虐待行为，不阻碍对其进行解救的，可以从轻处罚；按照被买妇女的意愿，不阻碍其返回原居住地的，可以从轻或者减轻处罚。

文献：最高人民法院刑一庭编著：《最高人民法院拐卖妇女儿童犯罪典型案例评析及法律法规精选》，中国法制出版社 2010 年版；王志祥主编：《拐卖妇女儿童犯罪专题研究》，中国政法大学出版社 2016 年版。龚明礼：《论收买妇女、儿童罪》，载《宁夏社会科学》1992 年第 4 期；张连举、陈一民：《收买被拐卖的妇女、儿童罪探析》，载《湖南公安高等专科学校学报》2000 年第 6 期；谢锡美：《浅析收买被拐卖的妇女、儿童罪中的几个问题》，载《福建公安高等专科学校学报》2001 年第 6 期；徐颖：《收买妇女、儿童犯罪中的罪名适用疑难问题研究》，载《法学论坛》2019 年第 2 期。

细目录

Ⅰ　主旨
Ⅱ　沿革
Ⅲ　收买行为
Ⅳ　罪过
Ⅴ　共犯
Ⅵ　条款之间的关系与罪数
Ⅶ　与他罪的区别
Ⅷ　处罚

I　主旨

1　本条是对收买被拐卖的妇女、儿童罪的规定。收买被拐卖的妇女、儿童罪,是指用金钱等方式收买被拐卖的妇女、儿童的行为。收买被拐卖的妇女、儿童与拐卖妇女、儿童是对向犯,收买被拐卖的妇女、儿童的行为人直接参与了将妇女、儿童当作商品进行买卖的不法过程,侵犯了妇女、儿童的一般人格权,在客观上助长了拐卖妇女、儿童犯罪活动。为了全面打击拐卖妇女、儿童的犯罪活动,刑法设立了收买被拐卖的妇女、儿童罪。

2　行为人收买被拐卖的妇女、儿童后,对妇女、儿童实施非法拘禁、故意伤害等犯罪的,《刑法》采取的是数罪并罚方案。加之,收买被拐卖的妇女、儿童罪主要侵犯的是妇女、儿童以人格尊严、人格平等为内容的一般人格权,所以,拐卖妇女、儿童罪与收买被拐卖的妇女、儿童罪虽然在犯罪客体方面一致,但是,收买被拐卖的妇女、儿童罪的法定刑远轻于拐卖妇女、儿童罪的法定刑。与拐卖妇女、儿童罪相比,收买被拐卖的妇女、儿童罪的认定相对简单。在实务上,以收买被拐卖的妇女、儿童罪追究刑事责任的案件数量要少很多。

Ⅱ　沿革

3　1979年《刑法》中并无收买被拐卖的妇女、儿童罪。为了有效地制止拐卖、绑架妇女、儿童的犯罪活动,1991年9月4日全国人大常委会通过了《关于严惩拐卖、绑架妇女、儿童的犯罪分子的决定》,该决定第3条规定:“严禁收买被拐卖、绑架的妇女、儿童。收买被拐卖、绑架的妇女、儿童的,处三年以下有期徒刑、拘役或者管制。”“收买被拐卖、绑架的妇女,强行与其发生性关系的,依照刑法关于强奸罪的规定处罚。”“收买被拐卖、绑架的妇女、儿童,非法剥夺、限制其人身自由或者有伤害、侮辱、虐待等犯罪行为的,依照刑法的有关规定处罚。”“收买被拐卖、绑架的妇女、儿童,并有本条第二款、第三款规定的犯罪行为的,依照刑法关于数罪并罚的规定处罚。”“收买被拐卖、绑架的妇女、儿童又出卖的,依照本决定第一条的规定处罚。”“收买被拐卖、绑架的妇女、儿童,按照被买妇女的意愿,不阻碍其返回原居住地的,对被卖儿童没有虐待行为,不阻碍对其进行解救的,可以不追究刑事责任。”在修订刑法的过程中,除了改变个别用语之外,对收买被拐卖的妇女、儿童罪并无根本性修改,从而形成1997年《刑法》第241条如下:“收买被拐卖的妇女、儿童的,处三年以下有期徒刑、拘役或者管制。”“收买被拐卖的妇女,强行与其发生性关系的,依照本法第二百三十六条的规定定罪处罚。”“收买被拐卖的妇女、儿童,非法剥夺、限制其人身自由或者有伤害、侮辱等犯罪行为的,依照本法的有关规定定罪处罚。”“收买被拐卖的妇女、儿童,并有第二款、第三款规定的犯罪行为的,依照数罪并罚的规定处罚。”“收买被拐卖的妇女、儿童又出卖的,依照本法第二百四十条的规定定罪处罚。”“收买被拐卖的妇女、儿童,按照被买妇女的意愿,不阻碍其返回原居住地的,对被买儿童没有虐待行为,不阻碍对其进行解救的,可以不追究刑事责任。”

4 《刑法修正案(九)》对本条修订过一次。自 1997 年《刑法》施行以来,拐卖妇女、儿童的犯罪现象严重。人们倾向于认为,存在收买妇女、儿童的买方市场,是拐卖妇女、儿童犯罪屡禁不绝的重要原因,只有加大对收买妇女、儿童犯罪的惩罚力度,才能遏制拐卖妇女、儿童犯罪的发生。而 1997 年《刑法》第 241 条第 6 款规定,对符合一定条件的收买者可以不追究刑事责任,惩罚力度明显不够。为了提升处罚力度,2015 年 8 月 29 日《刑法修正案(九)》将该款修订为“收买被拐卖的妇女、儿童,对被买儿童没有虐待行为,不阻碍对其进行解救的,可以从轻处罚;按照被买妇女的意愿,不阻碍其返回原居住地的,可以从轻或者减轻处罚”。

Ⅲ 收买行为

5 本罪在客观方面表现为用金钱等方式收买被拐卖的妇女、儿童的行为。构成本罪,行为人收买的对象只能是被拐卖的妇女、儿童。新闻中常有女性“卖身救母”之类的报道,若行为人出资“买下”该女性的,其行为并不构成本罪,因为就对象而言该女性并不是被拐卖的女性。在他人与妇女合谋,以出卖妇女为幌子骗取他人财物的场合,收买者虽然有收买妇女的意思,但收买的也不是被拐卖的妇女,故也不构成本罪。[1] 此外,如果行为人收买的是被拐卖的已满 14 周岁的男子的,也不构成本罪,至多视情况成立非法拘禁罪、强迫劳动罪等犯罪。

6 收买被拐卖的妇女、儿童,是指行为人以金钱或其他财物为对价,有偿获得被拐卖的妇女、儿童,使妇女、儿童处于行为人的支配之下。收买行为不要求违背妇女、儿童的意志,因为无论被拐卖的妇女、儿童同意与否,都改变不了收买行为侵犯了妇女、儿童人格权的属性。只要行为人以收买的意思取得被拐卖的妇女、儿童,无论行为人是否已经交付财物给出卖人,行为人都构成收买被拐卖的妇女、儿童罪既遂。

7 收买行为具有两个特征,第一个特征是有偿取得妇女、儿童。如果行为人是无偿地从他人手中取得妇女、儿童的,其不构成收买被拐卖的妇女、儿童罪,因为此时行为人在客观上不存在收买行为,其行为至多只具有非法剥夺妇女、儿童人身自由等的属性,而没有侵犯妇女、儿童人格权的属性。如哥哥在外面拐卖妇女,将其中的一个妇女免费送给弟弟做媳妇的,弟弟不构成收买被拐卖的妇女罪,对此只能追究哥哥拐卖妇女罪的刑事责任。收买行为的第二个特征是对被收买妇女、儿童的支配性。如果行为人支付金钱从人贩子手中买下妇女、儿童,但并不寻求对妇女、儿童的支配力,如买下妇女后就将其释放的,该行为也不属于“收买”被拐卖的妇女、儿童,这是因为,如果行为人对被收买的妇女、儿童不行使支配力,就表明行为人并未将妇女、儿童物

---

1 即便认为这种情况属于对象不能犯,收买者也只属于收买被拐卖的妇女未遂,但本罪的法定刑较轻,属于轻罪,实务上对于轻罪的未遂一般不会以未遂犯追究行为人的刑事责任。

化,不能认定其行为侵犯了妇女、儿童的人格权。

8 收买被拐卖的妇女、儿童罪与拐卖妇女、儿童罪是对向犯,但从相关数据来看,以拐卖妇女、儿童罪定罪的案件数量是以收买被拐卖的妇女、儿童罪定罪的案件数量的17倍以上。[2] 这意味着,并非所有的收买被拐卖的妇女、儿童的行为均被以收买被拐卖的妇女、儿童罪定罪。在实务上,对收买被拐卖的妇女、儿童罪存在追诉标准。2010年3月15日最高人民法院、最高人民检察院、公安部、司法部《关于依法惩治拐卖妇女儿童犯罪的意见》规定,明知是被拐卖的妇女、儿童而收买,具有下列情形之一的,以收买被拐卖的妇女、儿童罪论处;同时构成其他犯罪的,依照数罪并罚的规定处罚:①收买被拐卖的妇女后,违背被收买妇女的意愿,阻碍其返回原居住地的;②阻碍对被收买妇女、儿童进行解救的;③非法剥夺、限制被收买妇女、儿童的人身自由,情节严重,或者对被收买妇女、儿童有强奸、伤害、侮辱、虐待等行为的;④所收买的妇女、儿童被解救后又再次收买,或者收买多名被拐卖的妇女、儿童的;⑤组织、诱骗、强迫被收买的妇女、儿童从事乞讨、苦役,或者盗窃、传销、卖淫等违法犯罪活动的;⑥造成被收买妇女、儿童或者其亲属重伤、死亡以及其他严重后果的;⑦具有其他严重情节的。

Ⅳ 罪过

9 本罪的主观方面是故意,即明知是被拐卖的妇女、儿童而仍决意予以收买。至于行为人实施收买行为是为了使妇女做自己的妻子、儿媳,还是为了让儿童传宗接代或提供奴役性劳动,无论动机如何,都不影响本罪的成立。

10 构成本罪故意,首先要求行为人必须认识到妇女、儿童是被拐卖的妇女、儿童。只要他人明示或者暗示行为人只要支付金钱就可以获得妇女、儿童,即可认定行为人明知妇女、儿童是"被拐卖"的妇女、儿童。如果行为人确实不知道妇女、儿童是被拐卖的妇女、儿童的,不构成本罪。如人贩子假装是儿童的父亲,对行为人谎称做生意需要钱,愿以"儿子"作抵押,向行为人借5000元钱,日后还款并多付利息,于是行为人给了人贩子5000元钱,留下了小孩的,因行为人没有认识到儿童是被拐卖的儿童,故其虽然给了人贩子5000元钱,但没有收买故意,不构成犯罪。其次,行为人必须认识到自己是在收买被拐卖的妇女、儿童,即以占有的意思买下妇女、儿童。占有妇女、儿童,即对妇女、儿童获得支配、控制力,这是收买行为的核心。只有以占有的意思购买妇女、儿童的,才属于收买妇女、儿童。以占有的意思对收买行为进行限制是必要的,可以将部分公民见义勇为以钱财解救被拐卖的妇女、儿童的行为排除在本罪之外。现实表明,仅靠国家有关部门解救被拐卖的妇女、儿童是不够的,应当鼓励

---

2 在中国裁判文书网,以拐卖妇女、儿童罪判决的案件有14389件,而以收买被拐卖的妇女、儿童罪判决的案件只有808件,参见 http://wenshu.court.gov.cn/website/wenshu/181217BMTKHNT2W0/index.html?s8=02&pageId=0.6495773554479763,访问时间:2019年3月12日。

公民解救被拐卖的妇女、儿童。一般公民如果要解救被拐卖的妇女、儿童,往往都需要向人贩子支付钱物,这时不得将支付人贩子钱物的行为认定为收买行为,否则将堵死公民自力解救被拐卖的妇女、儿童之路。如行为人见妇女很可怜,出于解救的意思,支付了人贩子一定数量的金钱或财物,事后给予妇女人身自由的,如果将行为人的"收买"行为认定为构成收买被拐卖的妇女罪,显然不近人情,不但发挥不了刑罚的教育功能,反而还会给人"事不关己,高高挂起"的教训,使得公民间的团结互助成为不可能,人与人之间的关系必将愈来愈疏远。既然行为人没有占有妇女、儿童的意思,就应认定行为人不构成收买被拐卖的妇女、儿童罪。

如果将收买被拐卖的妇女、儿童罪与拐卖妇女、儿童罪相对立,试图在两罪之间寻求清晰的界限,就会主张构成收买被拐卖的妇女、儿童罪,行为人在主观上必须没有出卖被收买的妇女、儿童的目的,否则行为人构成拐卖妇女、儿童罪。如果认为收买被拐卖的妇女、儿童罪与拐卖妇女、儿童罪不是对立的,只要行为人的收买行为侵犯了妇女、儿童的人格权,其行为就首先成立收买被拐卖的妇女、儿童罪;如果能够查明行为人还有出卖妇女、儿童的目的,行为就另外触犯拐卖妇女、儿童罪,对此应以拐卖妇女、儿童罪论处。这样,就没有必要认为构成收买被拐卖的妇女、儿童罪,行为人主观上必须没有出卖被收买的妇女、儿童的目的。 11

V 共犯

教唆、帮助他人收买被拐卖的妇女、儿童的,构成收买被拐卖的妇女、儿童罪的共犯。有人认为,替不满16周岁的未成年人或无刑事责任能力的人收买被拐卖的妇女、儿童的,不构成本罪。[3] 这一看法并不妥当。替无刑事责任能力人收买被拐卖的妇女、儿童,虽然无刑事责任能力人不存在犯罪问题,但是收买人当然构成了收买被拐卖的妇女、儿童罪。第一,刑法并没有规定收买被拐卖妇女、儿童只能是为本人收买,而不能是替他人收买。第二,替他人收买被拐卖妇女、儿童,同样侵犯了妇女、儿童的人格权,也同样助长了拐卖妇女、儿童犯罪行为的发生,故有以收买被拐卖的妇女、儿童罪追究刑事责任的必要。 12

就实践来看,收买被拐卖的妇女、儿童,往往是全体家庭成员或者亲属朋友共同商量决定或者大家一起筹集收买被拐卖妇女、儿童的资金。为了贯彻惩办与宽大相结合的刑事政策,根据2010年3月15日最高人民法院、最高人民检察院、公安部、司法部《关于依法惩治拐卖妇女儿童犯罪的意见》的规定,多名家庭成员或者亲友共同参与"买人为妻""买人为子"构成收买被拐卖的妇女、儿童罪的,一般应当在综合考察犯意提起、各行为人在犯罪中所起作用等情节的基础上,依法追究其中罪责较重者的刑事责任。对于其他情节显著轻微危害不大,不认为是犯罪的,依法不追究刑事责 13

---

3 参见肖中华:《侵犯公民人身权利罪》,中国人民公安大学出版社1998年版,第258页。

任;必要时可以由公安机关予以行政处罚。2016 年 12 月 21 日最高人民法院《关于审理拐卖妇女儿童犯罪案件具体应用法律若干问题的解释》第 8 条规定:"出于结婚目的收买被拐卖的妇女,或者出于抚养目的收买被拐卖的儿童,涉及多名家庭成员、亲友参与的,对其中起主要作用的人员应当依法追究刑事责任。"

VI 条款之间的关系与罪数

14 《刑法》第 241 条第 2 款规定,收买被拐卖的妇女,强行与其发生性关系的,依照强奸罪定罪处罚;第 3 款规定,收买被拐卖的妇女、儿童,非法剥夺、限制其人身自由或者有伤害、侮辱等犯罪行为的,依照非法拘禁罪、故意伤害罪、侮辱罪等犯罪定罪处罚;第 4 款规定,收买被拐卖的妇女,并有第 2、3 款规定的犯罪行为的,依照数罪并罚的规定处罚。有人认为,第 2、3 款与第 4 款显然是自相矛盾的,如对于强行与被收买的妇女发生性关系的行为,根据第 2 款规定应以强奸罪(一个罪)论处,而根据第 4 款规定却要数罪并罚,则在司法实践中,到底是只定一个强奸罪?还是既定强奸罪,又定收买被拐卖的妇女罪,实行数罪并罚呢?[4] 这一看法存在误解。《刑法》第 241 条第 2、3、4 款属于注意规定,第 2、3 款并不是对收买行为与强奸等犯罪行为的整体评价,而仅是对收买之后对妇女、儿童实施强奸等行为的部分评价,只有《刑法》第 241 条第 4 款才是对收买行为与强奸等犯罪行为的整体评价。因此,《刑法》第 241 条第 2、3 款与第 4 款关于数罪并罚的规定并不矛盾。

15 行为人收买被拐卖的妇女、儿童后,往往对被拐卖的妇女、儿童实施其他犯罪行为。例如,行为人强奸妇女、奸淫幼女,或为防止妇女、儿童逃跑剥夺妇女、儿童的人身自由,或者伤害、侮辱、虐待妇女、儿童,等等。这些行为超出了收买被拐卖的妇女、儿童罪的构成要件,另行触犯其他犯罪。对此,《刑法》第 241 条第 2 款、第 3 款进行了明确的提示。[5] 行为人收买被拐卖的妇女、儿童后对妇女、儿童又实施其他犯罪的,根据《刑法》第 241 条第 4 款的规定,对行为人应以收买被拐卖的妇女、儿童罪与所实施之罪进行数罪并罚。同理,收买被拐卖的妇女、儿童后又组织、强迫妇女、儿童卖淫或者组织乞讨、进行违反治安管理活动等构成其他犯罪的,也应依照数罪并罚的规定处罚。

16 《刑法》第 241 条第 5 款规定,收买被拐卖的妇女、儿童又出卖的,依照拐卖妇女、儿童罪定罪处罚。本来,行为人的前行为构成收买被拐卖的妇女、儿童罪,后行为构成拐卖妇女、儿童罪,此时就面临是否应当数罪并罚的问题。由于行为针对的是同

---

[4] 参见侯国云、白岫云:《新刑法疑难问题解析与适用》,中国检察出版社 1998 年版,第 407 页。

[5] 《刑法》第 241 条第 2、3 款是注意规定,其功能在于提示法官:行为人对被拐卖的妇女、儿童实施强奸等行为的,行为人也构成强奸罪等犯罪。其实,即使没有《刑法》第 241 条第 2、3 款的规定,司法部门也应当按照《刑法》第 241 条第 4 款的精神对行为人进行数罪并罚。

一对象、侵犯的是同一客体,故立法机关作出了无须数罪并罚,应以拐卖妇女、儿童罪论处的规定。与《刑法》第 241 条第 4 款对被收买的妇女、儿童实施其他犯罪应当数罪并罚不同,第 5 款没有沿用第 4 款数罪并罚的思路。这意味着第 5 款是特别规定,而不是注意规定。值得研究的是,是否不论时间间隔多长,只要行为人收买被拐卖的妇女、儿童后又出卖的,都只构成拐卖妇女、儿童罪一罪？应当认为,如果前后两个行为超过了合理的时间间隔,对行为人应以收买被拐卖的妇女、儿童罪与拐卖妇女、儿童罪进行数罪并罚。

17 另一个需要讨论的问题是,行为人为收买妇女、儿童,而教唆或帮助他人拐卖妇女、儿童,然后又收买该被拐卖的妇女、儿童时,是一罪还是数罪？确实,行为人教唆或帮助他人拐卖妇女、儿童,构成了拐卖妇女、儿童罪的共犯;同时,行为人又收买该被拐卖的妇女、儿童,又触犯了收买被拐卖的妇女、儿童罪。根据《刑法》第 241 条第 5 款的规定,收买被拐卖的妇女、儿童又出卖的,行为人同时是收买被拐卖的妇女、儿童罪的正犯与拐卖妇女、儿童罪的正犯时,对此都不实行数罪并罚,则行为人同时是收买被拐卖的妇女、儿童罪的正犯与拐卖妇女、儿童罪的教唆犯或者帮助犯时,对此也不应数罪并罚,而应以拐卖妇女、儿童罪相应地从重处罚即可。

Ⅶ　与他罪的区别

18 主要是本罪与拐卖妇女、儿童罪的区别。拐卖妇女、儿童罪在客观方面也可表现为收买妇女、儿童,包括收买被他人拐卖来的妇女、儿童,因此有必要区分收买被拐卖的妇女、儿童罪与拐卖妇女、儿童罪的界限。两罪的区别,关键在于行为人主观上是否具有出卖妇女、儿童的目的,不以出卖为目的收买被拐卖的妇女、儿童的,构成本罪;以出卖为目的收买被拐卖的妇女、儿童的,构成拐卖妇女、儿童罪。行为人是否具有出卖妇女、儿童的目的,应以行为人的年龄大小、婚否,收买妇女、儿童过程中的表现,是否有拐卖妇女、儿童的前科来综合判断。行为人开始不具有出卖妇女、儿童的目的,在收买被拐卖的妇女、儿童后又出卖的,根据《刑法》第 241 条第 5 款的规定,只以拐卖妇女、儿童罪一罪追究刑事责任。

Ⅷ　处罚

19 根据《刑法》第 241 条第 1 款的规定,犯收买被拐卖的妇女、儿童罪的,处 3 年以下有期徒刑、拘役或者管制。根据《刑法》第 241 条第 6 款的规定,收买被拐卖的妇女、儿童,对被买儿童没有虐待行为,不阻碍对其进行解救的,可以从轻处罚;按照被买妇女的意愿,不阻碍其返回原居住地的,可以从轻或者减轻处罚。

20 《刑法》第 241 条第 6 款是基于号召收买者善待被拐卖的妇女、儿童这一刑事政策的考虑而设立的,即如果收买者能够善待被拐卖的妇女、儿童,对其可以从宽处罚。为此,立法者区分被拐卖的对象,对收买者设立了不同的从宽处罚条件:①针对被买儿童,由于有些儿童幼小,主观上没有返回原居住地的意愿,或者即便其主观上具有返回原居住地的意愿,客观上也没有返回原居住地的能力,这意味着被买儿童在被解救之前,将会和收买者生活在一起,此时只要收买者对被买儿童没有虐待行为,不阻碍对其进行解救的,即可从轻处罚。所谓"没有虐待行为",是指对儿童进行了应尽的抚养,没有冻饿、禁闭、频繁打骂等对儿童进行肉体或者精神上的折磨、摧残行为。"不阻碍对其进行解救"是指当国家机关工作人员、被拐卖儿童的家人解救被买儿童时,收买人未采取阻止、阻碍的措施。根据2016年12月21日最高人民法院《关于审理拐卖妇女儿童犯罪案件具体应用法律若干问题的解释》第4条的规定,在国家机关工作人员排查来历不明儿童或者进行解救时,将所收买的儿童藏匿、转移或者实施其他妨碍解救行为,经说服教育仍不配合的,属于"阻碍对其进行解救"。收买者要求被拐卖儿童的家人适当"赔偿"时,只要提出的赔偿数额不大或者赔偿数额基本合理,在取到"赔偿款"时即交出儿童的,可以视为"不阻碍对其进行解救"。如果被买儿童已经10多岁,在其提出回家要求后,行为人任由儿童自行离开,儿童确实安全回到家中的,也应视为"不阻碍对其进行解救"。②针对被买妇女,由于其具有返回原居住地的意愿,也具有返回原居住地的能力,因此,只要按照被买妇女的意愿,不阻碍其返回原居住地的,对收买者可以从轻或者减轻处罚。所谓"被买妇女的意愿",是指妇女以明示或者默示的方式向收买者提出了要回到原居住地的想法。所谓"不阻碍其返回原居住地",既包括积极支持、提供各种条件,协助妇女返回原居住地,也包括虽然没有积极支持,但在妇女返回原居住地时没有采取反对、阻止措施的情形。虽然收买者要求妇女回到原居住地后应积极"赔偿损失",但只要妇女离开时其没有采取威胁、恐吓措施的,也属于"不阻碍其返回原居住地"。对于"原居住地"应作广义解释,既包括妇女被拐卖前长期居住、生活的地方,也包括妇女愿意去的其他任何地方,如妇女意图回到自己的亲友家中、前往其他城市打工,只要行为人未采取反对、阻止措施,也属于"不阻碍其返回原居住地"。根据《关于审理拐卖妇女儿童犯罪案件具体应用法律若干问题的解释》第5条的规定,收买被拐卖的妇女,业已形成稳定的婚姻家庭关系,解救时被买妇女自愿继续留在当地共同生活的,可以视为"按照被买妇女的意愿,不阻碍其返回原居住地"。此外,2010年3月15日最高人民法院、最高人民检察院、公安部、司法部《关于依法惩治拐卖妇女儿童犯罪的意见》规定,收买被拐卖的妇女、儿童,对被收买妇女、儿童没有实施摧残、虐待行为或者与其已形成稳定的婚姻家庭关系,但仍应依法追究刑事责任的,一般应当从轻处罚;符合缓刑条件的,可以依法适用缓刑。收买被拐卖的妇女、儿童,犯罪情节轻微的,可以依法免予刑事处罚。

第二百四十二条　聚众阻碍解救被收买的妇女、儿童罪

以暴力、威胁方法阻碍国家机关工作人员解救被收买的妇女、儿童的，依照本法第二百七十七条的规定定罪处罚。

聚众阻碍国家机关工作人员解救被收买的妇女、儿童的首要分子，处五年以下有期徒刑或者拘役；其他参与者使用暴力、威胁方法的，依照前款的规定处罚。

文献:郎胜主编:《中华人民共和国刑法释义》(第6版),法律出版社2015年版。潘伟:《刑法第242条瑕疵析解与修正》,载《广西大学学报(哲学社会科学版)》2004年第2期。

细目录

Ⅰ　主旨
Ⅱ　沿革
Ⅲ　犯罪构成
Ⅳ　与他罪的关系
Ⅴ　共同犯罪

Ⅰ　主旨

在解救被收买的妇女、儿童时,常会遇到收买人(收买方)的阻碍,这既侵犯了被拐卖的妇女、儿童的人身自由,也妨害了公务的履行,有予以惩罚的必要。如果行为人以暴力、威胁方法阻碍国家机关工作人员解救被收买的妇女、儿童的,该行为符合妨害公务罪的犯罪构成,对此以《刑法》第277条定罪处罚即可。《刑法》第242条第1款属于妨害公务罪的注意规定,即便删除该款规定,对于以暴力、威胁方法阻碍国家机关工作人员解救被收买的妇女、儿童的行为,也能以妨害公务罪追究刑事责任。如果行为人纠集多人,聚众阻碍国家机关工作人员解救被收买的妇女、儿童,这种行为方式加大了解救妇女、儿童的难度,也会损害国家机关的应有形象,故对聚众阻碍国家机关工作人员解救被收买的妇女、儿童的首要分子,《刑法》第242条第2款专门设立了聚众阻碍解救被收买的妇女、儿童罪。不过就实务来看,以聚众阻碍解救被收买的妇女、儿童罪定罪的案件极少。 1

Ⅱ 沿革

2 本条源于1991年9月4日全国人大常委会《关于严惩拐卖、绑架妇女、儿童的犯罪分子的决定》第4条第2、3款的规定:"以暴力、威胁方法阻碍国家工作人员解救被收买的妇女、儿童的,依照刑法第一百五十七条(妨害公务罪——引者注)的规定处罚;协助转移、隐藏或者以其他方法阻碍国家工作人员解救被收买的妇女、儿童,未使用暴力、威胁方法的,依照治安管理处罚条例的规定处罚。聚众阻碍国家工作人员解救被收买的妇女、儿童的首要分子,处五年以下有期徒刑或者拘役;其他参与者,依照本条第二款的规定处罚。"

3 在1997年修订《刑法》的过程中,对上述规定有三处修订:其一,删除了第1款中"协助转移、隐藏或者以其他方法阻碍国家工作人员解救被收买的妇女、儿童,未使用暴力、威胁方法的,依照治安管理处罚法的规定处罚"的规定,因为未以暴力、威胁方法阻碍国家机关工作人员解救被收买的妇女、儿童的行为并不构成妨害公务罪等犯罪,属于无罪行为,自然不应规定在分则条文之中。其二,基于惩办与宽大相结合的刑事政策,缩小了聚众阻碍解救被收买的妇女、儿童罪中其他参与者的处罚范围,对于聚众阻碍解救被收买的妇女、儿童罪中首要分子之外的其他参与者,只有"使用暴力、威胁方法的"才以妨害公务罪追究刑事责任。而按照原有规定,起码就形式解释而言,只要参与聚众阻碍国家机关工作人员解救被收买的妇女、儿童,即使没有使用暴力、威胁方法,也能以妨害公务罪处罚。其三,负有解救职责的主体是国家机关工作人员,故将本条中阻碍的对象"国家工作人员"修改为"国家机关工作人员"。

Ⅲ 犯罪构成

4 聚众阻碍解救被收买的妇女、儿童罪的犯罪客体是被收买的妇女、儿童的人身自由与解救被收买的妇女、儿童的公务活动。聚众阻碍解救被收买的妇女、儿童罪未被规定在《刑法》分则第六章"妨害社会管理秩序罪"中,而是被规定在《刑法》分则第四章"侵犯公民人身权利、民主权利罪"中,故应认为,聚众阻碍解救被收买的妇女、儿童罪的主要客体是被收买的妇女、儿童的人身自由,国家机关工作人员依法解救被收买的妇女、儿童的公务活动是次要客体。正因为聚众阻碍国家机关工作人员解救被收买的妇女、儿童行为并非单纯侵犯公务活动,同时还侵犯了被收买的妇女、儿童的人身自由权利,所以聚众阻碍解救被收买的妇女、儿童罪的法定最高刑(5年有期徒刑)重于妨害公务罪的法定最高刑(3年有期徒刑)。

5 在客观方面,聚众阻碍解救被收买的妇女、儿童罪表现为聚众阻碍国家机关工作人员解救被收买的妇女、儿童。①本罪的内容是阻碍解救"被收买的"妇女、儿童。如果阻碍国家机关工作人员解救已被拐骗但尚未被出卖(未被收买)的妇女、儿童,行为人对此存在相应的明知的,应以拐卖妇女、儿童罪的共犯论处。如果行为人阻碍国家机关工作人员解救绑架罪中被绑架的妇女、儿童,行为人对此存在相应的明知的,应以绑架罪的共犯论处。②本罪的方式是聚众。所谓聚众,是指组织、纠合多人聚集在一起。构成聚众,必须纠集3人以上。无论行为人是亲自到现场指挥、鼓动,还是在幕后策划、操纵,只要能够纠集3人以上阻碍国家机关工作人员解救被收买的妇女、儿童,即可认定属于聚众阻碍国家机关工作人员解救被收买的妇女、儿童。③阻碍的方式多样,既可以是对国家机关工作人员的身体本身进行打击、强制,也可以对国家机关工作人员以伤害、毁坏财产等内容进行胁迫,还可以破坏解救被收买的妇女、儿童的物质设施,如砸毁警车,等等。构成聚众阻碍解救被收买的妇女、儿童罪,不要求首要分子必须采用暴力、威胁方法,首要分子采用暴力、威胁以外的其他方式,如组织多人挖断道路致使解救车辆无法通行,也能起到阻碍国家机关工作人员解救被收买的妇女、儿童的效果,有以聚众阻碍解救被收买的妇女、儿童罪追究刑事责任的必要。[1] ④阻碍的对象是正在依法执行解救被收买的妇女、儿童职务的国家机关工作人员,即公安部门、民政部门等负有解救职责的国家机关工作人员。如果聚众阻碍的不是上述对象,而是聚众阻碍被收买的妇女、儿童的家人或者村委会的相关人员的解救行为的,不构成本罪。⑤当聚众阻碍行为已经达到一定程度,如聚众阻碍行为持续了一定的时间,或者聚众阻碍行为使得解救工作难以继续进行的,可认定本罪既遂。至于被收买的妇女、儿童最终是否被成功解救,不影响本罪既遂的认定。

聚众阻碍解救被收买的妇女、儿童罪的主体是一般主体。根据《刑法》第242条 6
第2款的规定,只有聚众阻碍解救被收买的妇女、儿童的首要分子才构成本罪。所谓首要分子,是指在聚众阻碍解救活动中起组织、策划、指挥作用的犯罪分子。首要分子可以是一人,也可以是多人。如果首要分子是收买被拐卖的妇女、儿童的行为人,即行为人先收买被拐卖的妇女、儿童,再以首要分子的身份聚众阻碍国家机关工作人员解救被收买的妇女、儿童的,其行为先后构成收买被拐卖的妇女、儿童罪与聚众阻碍解救被收买的妇女、儿童罪,对此应当数罪并罚。

本罪在主观上是故意,行为人明知国家机关工作人员正在解救被收买的妇女、儿 7
童,而故意聚众阻碍解救。如果行为人主观仅明知自己妨害的对象是正在执行公务的国家机关工作人员,不知其是执行解救被收买的妇女、儿童公务的,则不能以本罪论。至于行为人阻碍解救的动机,通常是出于维护收买人与被收买的妇女、儿童之间的非法关系,也有的是为了索回收买妇女、儿童的费用以减少经济损失等。但动机并非本罪的构成要件,无论动机如何都不影响本罪的成立。

IV 与他罪的关系

聚众阻碍解救被收买的妇女、儿童罪与妨害公务罪在犯罪构成方面存在诸多区 8

1 此时,其他参与人员因不符合妨害公务罪的规定,应以无罪论处。

别,如聚众阻碍解救被收买的妇女、儿童罪的妨害对象仅限于负有解救被收买妇女、儿童职责的国家机关工作人员;而妨害公务罪的妨害对象可以是任何执行公务的国家机关工作人员,包括负有解救被收买妇女、儿童职责的国家机关工作人员。当首要分子采用暴力、威胁方法,聚众阻碍国家机关工作人员解救被收买的妇女、儿童时,聚众阻碍解救被收买的妇女、儿童罪与妨害公务罪存在法条竞合关系,《刑法》第 242 条第 2 款聚众阻碍解救被收买的妇女、儿童罪属于妨害公务的特别规定,按照特别法条优于普通法条的处理原则,对首要分子应以聚众阻碍解救被收买的妇女、儿童罪追究刑事责任。如果首要分子与其他参与人员均未采用暴力、威胁方法,而是以其他方法聚众阻碍国家机关工作人员解救被收买的妇女、儿童的,首要分子的行为就不符合妨害公务罪的规定,只符合聚众阻碍解救被收买的妇女、儿童罪的犯罪构成;此时,聚众阻碍解救被收买的妇女、儿童罪与妨害公务罪就不再存在竞合关系,对首要分子只能以聚众阻碍解救被收买的妇女、儿童罪论处。

V 共同犯罪

9 在聚众阻碍解救被收买的妇女、儿童罪中,只处罚首要分子。当首要分子只有 1 人时,属于单独犯罪,案件处理较为简单。如果首要分子有数人,数名首要分子构成聚众阻碍解救被收买的妇女、儿童罪的共同犯罪。既然行为人能够被认定为聚众阻碍解救被收买的妇女、儿童罪的首要分子,其必然在聚众犯罪中起了组织、策划、指挥作用,通常而言数名首要分子所起的作用大致相当,故在审理案件时可不再区分主、从犯。当然,如果首要分子内部,各人的地位、作用确实存在一定区别的,则对首要分子也应区分主、从犯。

10 问题是,在聚众阻碍国家机关工作人员解救被收买的妇女、儿童的案件中,聚众阻碍解救被收买的妇女、儿童罪的首要分子与使用暴力、威胁方法的其他参与者,还是否成立妨害公务罪的共同犯罪?例如,刘明东从人贩子手中买了一个"媳妇"韦某。在警察前来解救韦某时,刘明东的父亲刘震理召集村民,拿了锄头、棍棒等器械聚在村口,阻止警车和警察的进入。在警察强行进入后,双方发生了轻微的武力冲突,造成一个警察和几个村民轻伤。最终,警察救出了韦某,并抓获了刘震理和使用武力的村民刘震乾、刘明书。在该案中,刘震理、刘震乾、刘明书三人是否构成妨害公务罪的共同犯罪,如果构成共同犯罪,是否应以同一罪名追究三人的刑事责任?法院认为,三人不构成共同犯罪,判决刘震理构成聚众阻碍解救被收买的妇女、儿童罪,判决刘震乾、刘明书构成妨害公务罪。[2]

11 如果认为聚众阻碍解救被收买妇女的首要分子与使用暴力、威胁方法的其他参与者不构成妨害公务罪的共同犯罪,而是根据行为人是首要分子还是其他参与者进

---

2 参见李乔:《三人共同聚众阻碍解救被收买妇女定性量刑为何差异悬殊》,载 http://gxfy.chinacourt.gov.cn/article/detail/2009/02/id/2406442.shtml,访问时间:2019 年 3 月 12 日。

行不同的定性,则在能否认定“聚众”阻碍国家机关工作人员解救被收买的妇女、儿童存在争议的案件中,就会出现严重问题:一方面,不能否定案件可能属于“聚众”阻碍国家机关工作人员解救被收买的妇女、儿童的案件,由于存在“聚众”的因素,故对首要分子不能以妨害公务罪追究刑事责任;另一方面,由于不能肯定案件一定属于“聚众”阻碍国家机关工作人员解救被收买的妇女、儿童的案件,有可能缺少“聚众”的因素,故对首要分子也不能以聚众阻碍解救被收买的妇女、儿童罪论处。如此一来,对首要分子就无法追究刑事责任。这一局面是不可接受的。因此当首要分子也使用了暴力、威胁方法时,应当认为首要分子与其他使用暴力、威胁方法的参与者构成妨害公务罪的共同犯罪,则在是否“聚众”问题上存疑的案件中,就仍旧可以妨害公务罪追究首要分子的刑事责任。

针对同一行为的共同犯罪,虽然通常以同一罪名追究各个共犯人的刑事责任,但 12
是,根据《刑法》第 242 条第 2 款的规定,对于聚众阻碍国家机关工作人员解救被收买的妇女、儿童的首要分子以聚众阻碍解救被收买的妇女、儿童罪论处,对于其他使用暴力、威胁方法的参与者以妨害公务罪论处。《刑法》第 242 条第 2 款具有特别重要的理论意义,即共犯人未必具有罪名从属性,立法上基于某种考虑,完全可以对同一案件中的各个共犯人设立不同的罪名。有人认为,《刑法》第 242 条第 2 款的规定违背了共同犯罪原理。[3] 这一看法并不合适。因为存在《刑法》第 242 条第 2 款的特别规定,所以,才能以不同的罪名追究首要分子与其他参与者的刑事责任。共犯人之间罪名的不一致,不是对首要分子与其他参与者成立妨害公务罪的共同犯罪的否定,而是立法者基于从严打击首要分子的刑事政策考虑,对首要分子另行设置了罪名与法定刑,故不再以妨害公务罪追究首要分子的刑事责任。

3　参见潘伟:《〈刑法〉第 242 条瑕疵析解与修正》,载《广西大学学报(哲学社会科学版)》2004 年第 2 期。

第二百四十三条　诬告陷害罪

捏造事实诬告陷害他人，意图使他人受刑事追究，情节严重的，处三年以下有期徒刑、拘役或者管制；造成严重后果的，处三年以上十年以下有期徒刑。

国家机关工作人员犯前款罪的，从重处罚。

不是有意诬陷，而是错告，或者检举失实的，不适用前两款的规定。

文献：张国斌主编：《诬告陷害罪 报复陷害罪》，中国检察出版社1996年版。沈国峰：《略论诬告罪》，载《北京政法学院学报》1981年第3期；钟仁伟、白新萍：《试论诬告陷害罪》，载《人民检察》1981年第12期；钟仁伟：《略论诬告陷害罪》，载《法学季刊》1983年第3期；周道鸾、张泗汉：《试论诬告陷害罪》，载《法学》1983年第8期；青锋、朱建华：《认定诬告陷害罪的几个问题》，载《政治与法律》1986年第5期；谢宝贵：《论诬告陷害罪的法律责任》，载《人民检察》1989年第5期；高遂林：《诬告陷害罪的间接故意及认定》，载《河南公安高等专科学校学报》1996年第2期；周玉华、鲜铁可：《论诬告陷害罪》，载《法商研究》1998年第4期；谢彤：《诬告陷害罪探析》，载《中国人民大学学报》2001年第3期；李希慧：《诬告陷害罪若干问题研析》，载《法学评论》2001年第6期；梅传强、孙策平：《诬告陷害罪若干问题辨析》，载《云南大学学报(法学版)》2003年第2期；张能、陈煊：《关于诬告陷害罪的几个问题》，载《当代法学》2003年第10期；丁友勤：《诬告陷害罪主观要件新论》，载《法商论丛》2007年第1期；胡婵、李国栋：《诬告陷害罪的理解与适用》，载《中国检察官》2016年第22期。

细目录

Ⅰ　主旨
Ⅱ　沿革
Ⅲ　客体
Ⅳ　实行行为
一、诬陷对象
二、捏造事实
三、诬告陷害
四、情节严重

Ⅴ 罪过

Ⅵ 既遂

Ⅶ 与伪证罪的关系

Ⅰ 主旨

1 本条是对诬告陷害罪的规定。诬告陷害罪是指捏造事实诬告陷害他人,意图使他人受刑事追究,情节严重的行为。在20世纪六七十年代,我国在诬告陷害方面有过惨痛的教训。为此,《宪法》第38条规定:“中华人民共和国公民的人格尊严不受侵犯。禁止用任何方法对公民进行侮辱、诽谤和诬告陷害。”第41条规定:“中华人民共和国公民对于任何国家机关和国家工作人员,有提出批评和建议的权利;对于任何国家机关和国家工作人员的违法失职行为,有向有关国家机关提出申诉、控告或者检举的权利,但是不得捏造或者歪曲事实进行诬告陷害。”为了落实《宪法》的规定,刑法设立了本罪。虽然从实务来看,以诬告陷害罪追究刑事责任的案件相对不多,但是,在理论上值得讨论的问题不少。如诬告陷害罪的犯罪客体是什么,捏造事实是否是诬告陷害罪的必备行为,诬告陷害罪何时既遂,这些问题在理论上都存在分歧。

Ⅱ 沿革

2 1979年《刑法》第138条规定:“严禁用任何方法、手段诬告陷害干部、群众。凡捏造事实诬告陷害他人(包括犯人)的,参照所诬陷的罪行的性质、情节、后果和量刑标准给予刑事处分。国家工作人员犯诬陷罪的,从重处罚。不是有意诬陷,而是错告,或者检举失实的,不适用前款规定。”

3 在1997年修订刑法时,对1979年《刑法》第138条作了如下修订:其一,删除了“严禁用任何方法、手段诬告陷害干部、群众”这一宣言式规定。其二,对诬告陷害罪的罪状描述作了完善,增设了“意图使他人受刑事追究,情节严重”的要求。其三,对诬告陷害罪设立了独立的法定刑。1979年《刑法》对于诬告陷害罪采取诬告反坐原则(参照所诬陷的罪行的性质、情节、后果和量刑标准进行处罚),但对于诬告反坐原则,即便在制定1979年《刑法》的过程中,也有不同意见。在当时的背景下,规定诬告反坐,可以给广大群众以法律斗争武器,这是可以理解的。但是,对诬告陷害行为如果只是规定参照所诬陷的罪行的性质、情节、后果和量刑标准给予刑事处分,就意味着刑法分则中规定了多少种犯罪,就可能出现多少个诬陷的内容,也就有多少个量刑幅度,这是不合理的。同时,诬告反坐原则有着很强的封建色彩,不宜在现代刑法中采用。从一罪一刑出发,立法机关对诬告陷害罪设立了独立的法定刑。

Ⅲ 客体

4 一般认为,诬告陷害罪的客体为公民的人身权利和司法机关的正常活动。[1] 但也有人认为本罪的客体仅为公民的人身权利。[2] 对诬告陷害罪的客体认识不同,必然导致对以下两个问题的结论不同:第一,得到被害人承诺的诬告行为是否构成诬告陷害罪?第二,诬告虚无人的行为是否构成犯罪?根据人身权利说,这两种行为都不成立犯罪,因为这两种行为要么实际上没有侵犯被害人的人身权利,要么不可能侵犯他人的人身权利。根据人身权利和司法机关正常活动说,似乎难以直接得出结论:如果认为构成诬告陷害罪要求诬告陷害行为同时侵犯人身权利和司法机关的正常活动(并列说),上述两种行为虽然都侵犯了司法机关的正常活动,但都没有侵犯人身权利,则不构成诬告陷害罪;如果认为构成诬告陷害罪只要诬告陷害行为侵犯二者之一,不要求同时侵犯人身权利或司法机关正常活动(择一说),则上述两种行为都构成诬告陷害罪,因为这两种行为虽然没有侵犯他人的人身权利,但都侵犯了司法机关的正常活动。考虑到无论 1979 年《刑法》还是 1997 年《刑法》,均将诬告陷害罪规定在分则"侵犯公民人身权利、民主权利罪"中,将司法机关未对被诬告人采取任何强制措施的诬告行为认定为诬告陷害罪既遂,过于不自然,因此,还是认为诬告陷害罪的客体为他人的人身权利较为妥当。

Ⅳ 实行行为

5 诬告陷害罪的实行行为表现为捏造事实诬告陷害他人,情节严重。

一、诬陷对象

6 诬告陷害的对象是"他人",故行为人自我诬告、意图在监狱安度余生的,不构成诬告陷害罪。至于"他人"是守法公民还是服刑罪犯,在所不问。"他人"原则上不包括未达到刑事责任年龄或者不具有刑事责任能力的人,因为司法机关若能轻易查清被诬陷者未达到刑事责任年龄或者不具有刑事责任能力,就不会追究其刑事责任,其人身权利被侵犯的概率极低;但是,如果司法机关一时很难查清诬陷者的年龄或者实际精神状态的,诬告陷害者有构成诬告陷害罪的余地。

7 作为诬告陷害罪对象的"他人",不仅包括普通公民,也包括司法工作人员等国家机关工作人员在内。行为人因怀疑办案人员办案不公,捏造犯罪事实向有关机关告发,意图使办案人员受到刑事追究,导致有关机关对该办案人员启动调查程序,对其

---

1 参见张国斌主编:《诬告陷害罪 报复陷害罪》,中国检察出版社 1996 年版,第 15 页;高铭暄、马克昌主编:《刑法学》(第 9 版),北京大学出版社、高等教育出版社 2019 年版,第 472 页。

2 参见张明楷:《法益初论》,中国政法大学出版社 2000 年版,第 219 页。

工作、生活造成严重影响的,行为人构成诬告陷害罪。

8 作为诬告陷害罪对象的“他人”必须是特定的。如果没有特定的诬告对象,就不可能导致司法机关追查案件,就不会产生侵犯他人人身权利的后果。当然,特定对象不要求行为人指名道姓,只要根据诬告的内容能够判断出诬告的对象是谁即可。构成诬告陷害罪也不要求行为人与被诬告的人相识。例如,行为人杀人之后,为了寻找替罪羊,转移公安机关的视线,于是向公安局编造谎言,说他在案发前后曾见到一个长头发、脸上有两颗大黑痣、个子又高又瘦的人从被害人家附近经过,结果公安机关果真在本县发现一个符合上述体貌特征的人,并对其采取刑事强制措施的,行为人可以构成诬告陷害罪。

9 作为侵犯公民人身权利的犯罪,诬告陷害罪中的“他人”必须是自然人。有人认为,既然法人可以成为某些犯罪的主体,那么就不能排除某些人诬告法人犯某种罪的情况发生。例如诬告某法人行贿、受贿、偷税、骗税等。因此,法人成为诬告陷害犯罪的侵害对象的可能性是存在的。[3] 这一观点欠妥。诬告陷害罪所保护的仅仅是自然人的人身权利,刑法分则第四章“侵犯公民人身权利、民主权利罪”这一章名已经很清楚地表明了这一点。因此,诬陷法人的,不能构成本罪(如果行为人出于扰乱市场秩序的目的诬陷法人的,可以损害商业信誉、商品声誉罪处理)。当然,诬告陷害法人,使得所诬陷法人的主管人员或者其他直接责任人员有被追究刑事责任危险的,行为人对这些自然人的诬告陷害行为,可以构成诬告陷害罪。

二、捏造事实

10 捏造事实是构成诬告陷害罪的前提。通说认为,构成诬告陷害罪,必须要有捏造事实的行为。这意味着诬告陷害罪是复合行为,即构成诬告陷害罪,要求行为人实施了捏造事实的行为与向特定机关虚假告发的行为。但也有人认为,诬告陷害罪是单一行为,即捏造事实不是本罪的必备行为,只有向特定机关虚假告发的行为才是诬告陷害罪的实行行为。[4] 应当认为,捏造事实是《刑法》第 243 条明文规定的构成要件要素,无视这一构成要件要素的存在并不合适;但是,这也不意味着捏造事实是诬告陷害罪的实行行为,因为单纯的捏造事实行为的确不能使被诬陷人的人身自由面临紧迫危险,因此,捏造事实并不意味着诬告陷害罪的着手,只有实施向特定机关虚假告发的行为才是本罪的着手。总之,捏造事实是本罪的前提行为,虽然其不是实行行为,但对于成立诬告陷害罪来说是不可缺少的。

11 捏造事实是指捏造他人有犯罪事实。所谓捏造,即无中生有、栽赃陷害,凭空杜撰犯罪事实,或者将犯罪事实张冠李戴。在实践中,捏造犯罪事实的常见手法有:无中生有、凭空捏造,即完全虚构犯罪事实;移花接木、栽赃陷害,即宣称客观上发生的

---

3 参见张国斌主编:《诬告陷害罪 报复陷害罪》,中国检察出版社 1996 年版,第 16 页。

4 参见张明楷:《刑法学》(第 6 版),法律出版社 2021 年版,第 1176 页。

某种犯罪案件是他人所为;自己假造犯罪案件,然后嫁祸于人;歪曲事实、添枝加叶,把一般违法事实渲染成犯罪事实;冒充别人的名字或模仿别人的字体或拼凑别人的字迹投寄反动信件、张贴反动宣传品,捏造危害国家安全的犯罪事实,诬告他人犯有危害国家安全罪。[5]

12 所谓犯罪事实,是指触犯刑法、应负刑事责任的事实。既然行为人意图使他人受刑事追究,行为人捏造的事实就必须是犯罪事实,捏造一般违法的事实显然不足以引起刑事追诉。如果行为人捏造的不是犯罪事实,而是捏造他人有一般违法违纪事实,如捏造他人嫖娼的事实,即使向有关国家机关或其他单位告发,也不能构成诬告陷害罪。行为人捏造的事实是否是犯罪事实,是一种以刑法规范为衡量标准的规范评价,是一种客观的判断。行为人自以为所捏造的是"犯罪事实",但实际上所捏造的事实不是犯罪事实,如捏造他人拐卖成年男子的,捏造他人犯有兽奸罪的,就不属于《刑法》第243条的"捏造事实",行为人不构成诬告陷害罪。有人认为应以一般人标准——行为人捏造的事实从一般人眼光来评价足以引起司法机关刑事追究的就构成捏造犯罪事实——来认定行为人所捏造的事实是不是犯罪事实[6],这是不妥的。即使一般人认为行为人捏造的事实是犯罪事实,但只要该事实在客观上不是犯罪事实,那么司法机关就不会对此展开刑事追诉程序,就不会侵犯他人的人身权利。

13 行为人无论是捏造整个犯罪事实,还是捏造部分犯罪事实,捏造的犯罪事实都必须具有使他人受刑事追究的危险。只要捏造的事实具有足以使他人受刑事追究的危险,即使行为人没有捏造完整的犯罪事实,只捏造了部分犯罪事实的,也属于《刑法》第243条的"捏造事实"。捏造犯罪事实,既不要求行为人捏造详细细节,也不要求行为人捏造、提供具体证据,只要其捏造的犯罪事实具有足以使他人受刑事追究的危险即可。行为人虽然捏造了犯罪事实,但犯罪事实过于抽象,不够具体,司法机关不会追究他人刑事责任的,对此不应以诬告陷害罪论处。

14 行为人自以为在捏造事实诬告陷害他人,而他人果真犯有所诬陷之罪的,对此应如何处理?如甲以使乙(国家工作人员)受刑事追究为目的,捏造乙贪污公款的事实,向监察机关举报。监察机关调查后,发现乙果真有贪污公款的行为,但贪污的不是甲所说的某笔公款,而是贪污了另一笔公款的,对此应否追究甲诬告陷害罪的刑事责任?对此,一般认为,捏造、告发的事实偶然符合客观事实的,不成立诬告陷害罪,根本原因是该行为并未侵犯他人的人身权利。[7]

---

5 参见张国斌主编:《诬告陷害罪 报复陷害罪》,中国检察出版社1996年版,第12—13页。

6 参见赵秉志主编:《侵犯公民人身权利犯罪疑难问题司法对策》,吉林人民出版社2001年版,第376页。

7 参见马克昌主编:《百罪通论》(上卷),北京大学出版社2014年版,第614页;张明楷:《刑法学》(第6版),法律出版社2021年版,第1176页。

被害人在向司法机关报案时,故意夸大犯罪事实的,是否属于虚构事实从而构成 15
诬告陷害罪,值得研究。蔡某在被告人金某家盗走人民币5000元。案发后,金某伙同其妻赵某向公安机关谎报被盗人民币65200元,并指使他人为其作伪证。一审法院认为,被告人金某在其数额较大的钱财被他人盗窃后,为图报复,与他人共谋,故意捏造数额特别巨大的钱财被盗,向公安机关作虚假告发,意图使他人受到更为严厉的刑事追究,情节严重,其行为已构成诬告陷害罪。检察院提起抗诉称,被告人金某的行为构成伪证罪,不构成诬告陷害罪。二审法院认为,被告人金某为报复他人,用捏造出的夸大的犯罪事实,向司法机关作虚假告发,意图加重他人的刑事处罚,情节严重,其行为已构成诬告陷害罪。不过,评论该案的法官认为被告人金某的行为不构成诬告陷害罪,其理由是"捏造事实"应仅指无中生有,任意虚构和编造根本不存在的犯罪事实的情形,至于司法实践中常见的行为人借题发挥,扩大事实,将他人的不道德行为、错误行为或违法违纪行为等犯罪事实扩大或上升为犯罪事实,或把构成轻罪的事实夸大成为构成重罪的事实的行为,不宜包括在"捏造事实"之内。[8] 通说认为,如果行为人告发的是真实的犯罪事实,即使在情节上有所夸大,亦属检举失实,不能定罪。[9] 上述看法无疑是建立在通说之上的。但是,"夸大"存在程度之别,既可能在同一量刑幅度内夸大犯罪事实,也可能因夸大犯罪事实导致可能加重他人的刑事责任,对此不作区分是不合适的。将轻罪事实捏造为重罪事实予以告发,属于违背客观真实捏造虚假犯罪事实。[10] 实务上一些司法人员也认为:"捏造的犯罪事实既包括凭空捏造犯罪事实,也包括在发生了犯罪事实的情况下捏造犯罪人,还包括将不构成犯罪的事实捏造为犯罪事实,以及将轻罪事实捏造成重罪事实予以告发,其共同点是违背客观真实捏造虚假犯罪事实。"[11] 因此,不论是全部捏造,还是进行部分捏造从而可能加重他人刑事责任的,均属于诬告陷害罪中的捏造事实。一审、二审法院认定被告人构成诬告陷害罪的结论是合理的。

三、诬告陷害

诬告陷害,是指行为人采取向公安机关、监察机关、检察机关或者人民法院等单 16
位告发等方式,足以使被诬陷者有可能被追究刑事责任的行为。

诬告陷害行为通常表现为行为人捏造他人有犯罪事实后,向特定单位告发犯罪 17
事实。只有实施告发行为,被诬陷者才有可能被追究刑事责任。仅捏造了他人的犯

---

8 参见最高人民法院刑事审判第一庭、第二庭编:《刑事审判参考》总第15辑(第95号),法律出版社2001年版,第34—38页。

9 参见高铭暄、马克昌主编:《刑法学》(第9版),北京大学出版社、高等教育出版社2019年版,第472页。

10 参见张明楷:《刑法学》(第6版),法律出版社2021年版,第1176页。

11 温锦资:《诬告陷害罪自诉案的审查要点》,载《人民司法》2018年第8期。

罪事实,但不告发(只"诬"不"告")的,或者采用不足以引起刑事追究的方式散布犯罪事实("告"而"无效")的,如行为人捏造他人盗窃的犯罪事实,并没有向司法机关告发,仅是在群众中小规模散布的,由于此时不会产生刑事追究问题,故行为人不构成诬告陷害罪,对此可以诽谤罪追究行为人的刑事责任。

18 捏造犯罪事实与告发他人虽然在逻辑上存在先后关系,但事实上完全可能同时进行。行为人因单独盗窃被抓后,为报复他人,竟谎称他人与自己是盗窃同伙,结果导致他人无故被抓。法院认定行为人构成诬告陷害罪,与盗窃罪数罪并罚。[12] 行为人的行为完全具备诬告陷害罪的犯罪构成,故法院的判决是正确的。这意味着成立诬告陷害罪,不要求捏造犯罪事实与告发他人存在明显的时间间隔。

19 告发的方式不限,既可以是口头的,也可以是书面的;可以是具名告发,也可以是匿名告发;可以是当面告发,也可以是信件、电话告发;可以是诬告者自己直接告发,也可以利用第三人来告发。例如,在机场安全检测器前故意将毒品塞入他人提包或衣服口袋中,企图陷害他人的场合,他人并没有进行毒品犯罪,但行为人的行为足以使司法机关认为第三人犯有毒品犯罪,这属于利用第三人(安检人员)告发犯罪,构成诬告陷害罪。有人认为这种情形不构成诬告陷害罪,因为这里不存在捏造犯罪事实的行为。[13] 这一看法并不妥当。因为捏造犯罪事实包括通过某种举动(如将毒品塞入他人包中)捏造犯罪事实,客观上被诬陷者并未实施毒品犯罪,但行为人的栽赃陷害使得被诬陷者背负了毒品犯罪的嫌疑,这就是捏造犯罪事实。行为人通过安检人员告发被诬陷者犯有毒品犯罪,其行为符合诬告陷害罪的犯罪构成,故应以诬告陷害罪追究行为人的刑事责任。

20 利用第三人告发行为人所捏造的犯罪事实,其实并不少见。例如,被告人邹军决意报复潘某,先后在银行以潘某的名义申请办理了五张银行卡,将银行卡汇款单附在恐吓信里,分别向当地九个民营企业负责人投寄,以炸毁厂房相要挟,要求上述人员在收信当天将5万元人民币汇到潘某的银行卡帐户上,以此诬陷潘某,以达到追究潘某刑事责任的目的。一个企业收到恐吓信后,向公安机关报案。法院经审理认为,虽然被告人邹军在主观上具有诬告陷害潘某的直接故意,但是在客观上被告人没有向国家机关或者有关单位作虚假的告发,其不构成诬告陷害罪,被告人邹军只构成妨害信用卡管理罪。[14] 这一判决并不妥当。其一,被告人邹军构成妨害信用卡管理罪,并不意味着其就不构成诬告陷害罪。而且,妨害信用卡管理罪是2005年《刑法修正案

12　参见竹青、亓广明:《盗窃领刑罪有应得 诬陷他人罪加一等》,载 http://xzzy.chinacourt.gov.cn/article/detail/2013/07/id/2114097.shtml,访问时间:2019年3月8日。

13　参见龚培华、肖中华:《刑法疑难争议问题与司法对策》,中国检察出版社2002年版,第487页。

14　参见丁建平:《邹军妨害信用卡管理罪案》,载 http://xzzy.chinacourt.gov.cn/article/detail/2007/03/id/2093194.shtml,访问时间:2019年3月8日。

(五)》新设的一项罪名。按照法院的说理,如果本案发生于《刑法修正案(五)》之前,被告人邹军就不构成任何犯罪,这并不妥当。其二,被告人邹军的诬告陷害行为极为高明,自己不去告发以免暴露马脚,而是利用被害人去告发,其存在告发行为,故其行为构成诬告陷害罪。

诬告陷害,通常表现为作为,但也可以不作为的方式诬告陷害,即行为人发现自己的刑事举报失实后,本可及时澄清事实使他人恢复自由,却不予澄清事实的,属于诬告陷害。被告人黄其尧认定水某是骗走自己钱财的人,欲报案,又觉得没有证据,便拿出一张写有黄金重量、价格的纸条,趁水某不备塞进其行李袋中。黄其尧报案后,民警从水某的行李袋中搜出黄其尧塞进的纸条。水某坚称自己清白,在场的黄其尧也发现水某并非骗财者,但其为了掩盖自己的过错,仍然指认水某就是诈骗者,导致水某被收容审查3个多月。法院判决被告人黄其尧犯诬告陷害罪。[15] 这一判决结论是合理的。被告人黄其尧构成诬告陷害罪,原因不在于其将记有黄金重量和价格的纸条偷偷塞入被害人的行李袋中,而在于当被告人已经发现自己认错了人,明知水某并非骗财者,却不予纠正,以不作为的方式诬告陷害,以致被害人被剥夺人身自由达3个多月之久,其行为构成诬告陷害罪。 21

四、情节严重

2012年《治安管理处罚法》第42条规定,捏造事实诬告陷害他人,企图使他人受到刑事追究或者受到治安管理处罚的,可进行拘留等治安处罚。为了划清诬告陷害行为罪与非罪的界限,《刑法》第243条明文要求只有"情节严重"的,才成立诬告陷害罪。所谓情节严重,一般是指诬告他人犯有性质严重的犯罪,多次诬告他人犯罪,为了掩盖自己的犯罪事实而诬告他人,诬告行为导致司法机关发动刑事追诉程序,诬告行为引起他人被采取刑事强制措施甚至被定罪量刑,等等。 22

V 罪过

本罪为故意犯罪,即行为人明知诬告陷害行为会发生使他人受刑事追究的危害结果,并希望或者放任该危害结果的发生。构成诬告陷害罪,要求行为人主观上意图使他人受刑事追究。"意图使他人受刑事追究"不限于意图使他人受到刑罚处罚,也包括意图使他人被刑事立案调查、拘留、逮捕等。"意图使他人受刑事追究"属于主观的超过要素,被诬告人是否最终受到刑事追究,不影响本罪的成立。如果被诬告人实际受到刑事追究的,属于"造成严重后果",对行为人应在3年以上10年以下有期徒刑的幅度内量刑。本罪的动机多样,但不论行为人的动机如何,都不影响本罪的认定。 23

---

15 参见最高人民法院中国应用法学研究所编:《人民法院案例选(刑事卷·上)》,中国法制出版社2002年版,第590—593页。

24 诬告陷害罪与错告、检举失实的界限,就在于行为人是否具有诬告陷害的故意。诬告陷害与错告、检举失实在客观上都表现为向国家司法机关或其他有关单位告发的犯罪事实与客观事实不符。但是,诬告陷害与错告、检举失实有原则性的区别,虽然都是事实失实,但失实的原因不同,错告、检举失实的人并没有凭空捏造事实,仅是对客观情况不完全了解,或者认识上有片面性导致事实失实,从而错误地举报他人;而在诬告陷害罪的场合,行为人具有诬陷故意,有意捏造他人的犯罪事实,事实失实是行为人有意而为之。因此,《刑法》第 243 条第 3 款指出,不是有意诬陷,而是错告,或者检举失实的,不构成诬告陷害罪。对于行为人的主观心态,应当根据行为人所告发的事实、告发的起因、告发的根据、告发的方式、告发的单位、行为人与被告发人之间的关系等因素进行客观判断。只要没有捏造事实、伪造证据,即使控告、举报的事实与客观事实有出入,甚至是错告的,行为人也不构成诬告陷害罪。

Ⅵ 既遂

25 关于诬告陷害罪的既遂标准,存在不同看法。通说认为,本罪是行为犯,只要行为人捏造犯罪事实,并且进行了告发,即构成本罪的既遂;至于被诬陷者是否被错误地追究刑事责任,仅是作为量刑的情节予以考虑。[16] 通说是 1979 年《刑法》的产物,而 1997 年《刑法》对诬告陷害罪的规定与 1979 年《刑法》不同,《刑法》第 243 条规定诬告陷害只有"情节严重的"才构成犯罪。不论是将"情节严重"理解为只要行为人故意捏造的犯罪事实以及告发的方式足以引起公安、监察等机关的刑事追究活动的,就应认为是情节严重[17],还是将其理解为所诬告的犯罪性质严重、所捏造的犯罪事实具体详细、因为行为人的诬告行为而使他人受到刑事追究[18],诬告陷害罪都不属于只要完成法定行为即犯罪既遂的行为犯。《刑法》第 243 条明文要求诬告陷害"情节严重"才构成诬告陷害罪,这意味着诬告陷害罪是情节犯,而不是只要完成法定行为即构成犯罪既遂的行为犯。对于情节犯而言,仅在达到情节严重的程度时,才构成犯罪既遂。这意味着,对于诬告陷害罪而言,仅在诬告陷害行为足以产生他人被刑事追究的高度危险时(此时属于"情节严重"),才构成既遂。实务中,部分判决也体现了这种观点。

26 被告人于海琼(女)与刘千合谋,决意陷害于海琼的丈夫王某。某晚,于海琼将部分冰毒偷放入粥中让王某等人服下,并将剩余的 9.49 克冰毒偷放于王某车内。随后,刘千向警方举报王某吸食并贩卖毒品。民警前来伺机抓捕王某,但考虑到现场处于居民楼内,可能伤及群众,便先行撤离。后王某在其车内发现一小袋白色可疑晶

16 参见高铭暄、马克昌主编:《刑法学》(第 9 版),北京大学出版社、高等教育出版社 2019 年版,第 472 页;王作富主编:《刑法》(第 6 版),中国人民大学出版社 2016 年版,第 389 页。

17 参见张明楷:《刑法学》(第 6 版),法律出版社 2021 年版,第 1177 页。

18 参见赵长青主编:《刑法学》(中),法律出版社 2000 年版,第 687 页。

体,即向公安机关报案。对于此案,辩护人辩称,被告人属于诬告陷害未遂。法院经审理认为,被告人刘千、于海琼已经共同实施了捏造事实诬告陷害他人的行为,公安机关也根据被告人刘千的报警出警,二被告人所实施的行为已经干扰了司法机关的正常活动,构成犯罪既遂。[19] 由此可以看出,法院既未以完成诬告陷害行为作为犯罪既遂标准,也未以被诬陷者实际被追究刑事责任作为犯罪既遂标准,而是以完成诬告陷害行为,达到情节严重的程度(已经干扰了司法机关的正常活动)作为犯罪既遂的标准。

Ⅶ 与伪证罪的关系

在刑事诉讼中,证人捏造他人有犯罪事实,意图陷害他人,故意作伪证的,对此应如何处理,这取决于如何看待诬告陷害罪与伪证罪的关系。诬告陷害罪、伪证罪均会侵犯他人的人身权利、扰乱司法机关的正常活动,行为人均有诬陷他人的意思,但二者的区别也是明显的:①客观方面不同。首先,诬告陷害罪不受行为方式、时间、地点、场合和告发机关的限制;而伪证罪只能发生在刑事诉讼过程中,只能向侦查、审理刑事案件的侦查、监察、检察、审判人员作虚假证明。其次,在诬告陷害罪中,一般行为人捏造的是整个犯罪事实,而伪证罪只是对与案件有重要关系的情节作虚假陈述、记录、鉴定、翻译。②主体不同。诬告陷害罪的主体是一般主体,而伪证罪的主体是特殊主体,必须是刑事案件中的证人、鉴定人、记录人和翻译人,其他人不能成为伪证罪的主体。③主观方面不同。诬告陷害罪的行为人具有意图使他人受刑事追究的目的,而伪证罪的行为人既可能具有陷害他人使他人受刑事追究的目的,也可能出于包庇他人的目的。但是,承认诬告陷害罪与伪证罪存在区别,并不意味着两罪是对立关系,两罪出现竞合也是可能的。 27

证人若是对司法人员所询问的虚假事实予以认可的,此时证人虽然故意作虚假证明,但并未捏造事实,而仅是认可虚假事实,按照通说,证人不构成诬告陷害罪,只能考虑构成伪证罪。如果证人作证时,虚构他人的犯罪事实意图陷害他人的,诬告陷害罪与伪证罪在条文上就存在交叉之处。诬告陷害罪为诬告陷害他人的一般法条,伪证罪是在刑事诉讼中诬告陷害他人的特别法条。在证人的伪证行为均只构成伪证罪、诬告陷害罪的基本犯时,对此应以伪证罪(特别法条)论处,因为此时伪证罪(基本犯)的法定刑重于诬告陷害罪(基本犯)的法定刑。例如,在公安机关侦查胡某涉嫌故意伤害案件过程中,被告人金某以证人身份,在接受侦查人员询问时,两次作出虚假证言,证明自己看见胡某殴打王某脸部两拳,导致胡某先后被刑事拘留、逮捕,并被移送起诉。后金某接受检察人员询问时,推翻了以前关于自己看见胡某殴打王某的证言,承认自己在公安机关侦查期间作了伪证。法院经审理认为,金某在刑事 28

19 参见保定市莲池区人民法院(2017)冀 0606 刑初 592 号刑事判决书。

诉讼过程中,对与案件有重要关系的情节,故意作虚假证明,意图陷害他人,其行为构成伪证罪。鉴于金某认罪态度较好,如实供述了自己的罪行,可从轻处罚,故判处其有期徒刑6个月。[20] 法院的判决结论是合适的。但是,不能根据该判决抽象出如下裁判规则:行为人在刑事诉讼过程中,对与案件有重要关系的情节,故意作虚假证明,意图陷害他人的,其行为只构成伪证罪。这是因为,证人的伪证陷害行为除了可能均只构成伪证罪与诬告陷害罪的基本犯外,也有可能同时构成两罪的加重犯,此时,只要认可法条竞合时例外地在罪刑不均衡时可以适用重法条优于轻法条原则,则对行为人就应以诬告陷害罪论处(此时诬告陷害罪的法定刑重于伪证罪的法定刑)。

[20] 参见“金某伪证案”,载 http://qthzy.hljcourt.gov.cn/public/detail.php?id=1180,访问时间:2019年3月10日。

第二百四十四条　强迫劳动罪

以暴力、威胁或者限制人身自由的方法强迫他人劳动的，处三年以下有期徒刑或者拘役，并处罚金；情节严重的，处三年以上十年以下有期徒刑，并处罚金。

明知他人实施前款行为，为其招募、运送人员或者有其他协助强迫他人劳动行为的，依照前款的规定处罚。

单位犯前两款罪的，对单位判处罚金，并对其直接负责的主管人员和其他直接责任人员，依照第一款的规定处罚。

文献:陈兴良主编:《刑事法判解》(第15卷),人民法院出版社2014年版;陈兴良主编:《刑事法判解》(第19卷),人民法院出版社2019年版。安健:《强迫职工劳动罪的认定》,载《人民公安》1997年第15期;赵冰:《初探强迫劳动罪的立法、认定与司法实践》,载《辽宁公安司法管理干部学院学报》2001年第2期;冯彦君:《强迫职工劳动罪若干问题探讨》,载《法制与社会发展》2001年第2期;王守俊:《强迫职工劳动罪若干问题研究》,载《中国刑事法杂志》2004年第2期;陈洪兵、安文录:《胁迫类犯罪研究——兼析强迫交易罪及强迫职工劳动罪》,载《山西省政法管理干部学院学报》2004年第4期;黄丽勤、周铭川:《强迫职工劳动罪初探》,载《行政与法》2006年第2期;卢建平、刘春花:《从"黑砖窑案"看刑法第二百四十四条之完善》,载《人民检察》2007年第20期;樊建民:《强迫职工劳动罪若干问题探析》,载《河南司法警官职业学院学报》2008年第1期;李森、陈烨:《强迫职工劳动罪的竞合问题》,载《河南科技大学学报(社会科学版)》2011年第6期;王志祥、韩雪:《论〈刑法修正案(八)〉中的强迫劳动罪》,载《法治研究》2011年第8期;刘静坤、袁亦力:《强迫劳动罪的立法修改与司法适用》,载《中国检察官》2011年第12期;周锁成:《强迫劳动罪单位犯罪主体的界定》,载《山西高等学校社会科学学报》2012年第11期;申巍:《强迫劳动罪的立法解读及其完善》,载《山西高等学校社会科学学报》2014年第8期。

细目录

Ⅰ　主旨
Ⅱ　沿革
Ⅲ　客体
Ⅳ　强迫他人劳动
Ⅴ　第2款的性质

Ⅵ　与他罪的关系
Ⅶ　情节严重的认定

Ⅰ　主旨

1 本条是对强迫劳动罪的规定,旨在保护公民的劳动自由。强迫劳动罪是指以暴力、威胁或者限制人身自由的方法强迫他人劳动的行为。从实务来看,以强迫劳动罪追究刑事责任的案件虽然不多,但是,《刑法》第244条第2款是关于帮助犯正犯化的规定还是帮助犯量刑规则的规定,在理论上具有重要的讨论价值。

Ⅱ　沿革

2 外国刑法中常有奴役罪、强迫他人劳动罪的规定,但我国1979年《刑法》无此规定。改革开放以来,我国非公有制经济有了很大发展,同时也出现了一些经营者在经营过程中无视劳动法规中关于禁止强迫劳动的规定,残酷盘剥他人甚至以限制人身自由的方法强迫他人劳动的现象。为了保护公民的劳动自由,1997年《刑法》增设了强迫职工劳动罪,结束了我国劳动权利无刑事法律保护的局面。

3 1997年《刑法》第244条规定:"用人单位违反劳动管理法规,以限制人身自由方法强迫职工劳动,情节严重的,对直接责任人员,处三年以下有期徒刑或者拘役,并处或者单处罚金。"1997年《刑法》生效之后,出现了以"黑砖窑""黑煤窑"为代表的赤裸裸地奴役他人的案件,《刑法》第244条对此难以及时应对。其一,很多"黑砖窑""黑煤窑"并未办理合法手续,在主体上能否认定其属于《刑法》第244条的"用人单位",被奴役的人员是否属于"职工",都存在争议。条文中"用人单位"的表述也容易产生本罪是否为单位犯罪的争论。其二,对于奴役他人强迫劳动的案件,法定最高刑与非法拘禁罪的基本犯完全相同,显然罪刑不均衡,因为奴役他人强迫劳动的案件不仅剥夺了他人人身自由,而且还有强迫他人劳动的一面。其三,对于为强迫劳动的单位和个人招募、运送人员或者有其他协助强迫他人劳动的行为最好独立规定刑事责任。2009年12月26日,全国人大常委会决定我国加入《联合国打击跨国有组织犯罪公约关于预防、禁止和惩治贩运人口特别是妇女和儿童行为的补充议定书》。该议定书要求各国采取必要的刑事立法,将出于强迫劳动、奴役等剥削目的而通过暴力、威胁或者其他形式的胁迫,招募、运送、转移、窝藏或接收人员的行为规定为刑事犯罪。

4 针对上述问题,2011年2月25日全国人大常委会《刑法修正案(八)》第38条对强迫劳动犯罪进行了如下修订:①删除了主体"用人单位"的表述,明文增设了单位犯本罪的处理。②将强迫劳动的对象"职工"修改为"他人"。③完善了强迫劳动的方法(由"限制人身自由方法"修改为"以暴力、威胁或者限制人身自由的方法")。④降低了入罪的门槛,"情节严重"不再是基本犯的成立要件,而是法定刑升格的条件(对强迫劳动罪增加了一档法定刑)。⑤将为强迫劳动的单位和个人招募、运送人员或者有其他协助强迫他人劳动行为的规定为犯罪。由此,罪名也由原先的"强迫职工劳动罪"变更为现在的"强迫劳动罪"。

Ⅲ 客体

如何界定强迫劳动罪的客体,涉及本罪既遂与未遂的认定问题,故有讨论的必要。强迫劳动罪的客体应为他人的劳动自由。劳动自由首先意味着他人的身体活动是自由的,没有身体活动的自由,就很难说有劳动自由。在此意义上,认为本罪的犯罪客体是公民的人身自由权利和劳动自由权利[1],有叠床架屋之感。劳动自由其次意味着他人有按照自己的意志决定是否劳动的自由。虽然条文中出现了"以暴力、威胁或者限制人身自由的方法"的字样,但不应将本罪的客体界定为他人的人身自由,因为这仅是对手段行为的规定,行为人的目的是"强迫他人劳动"。将本罪的客体界定为他人的人身自由,既难以反映本罪"强迫他人劳动"的一面,又使得本罪与非法拘禁罪在客体上没有区别,故有不妥。 5

有人主张,应将本罪的客体界定为他人有关是否劳动的意思决定自由。[2] 这一看法也有不妥之处。一方面,在界定侵犯个人自由法益的犯罪的客体时,应将"个人自由"的内容具体化,如身体移动自由、性自由等。这些个人自由的具体内容当然与意思决定自由之间存在密切的关系,但绝不是意思决定自由本身。另一方面,将本罪的客体界定为他人有关是否劳动的意思决定自由,将会导致本罪既遂的过于提前,如在强迫他人劳动、他人尚未现实地劳动时,他人是否劳动的意思决定自由已经遭受实害,但将此认定为强迫劳动犯罪既遂,这并不合适。 6

Ⅳ 强迫他人劳动

本罪在客观方面表现为以暴力、威胁或者限制人身自由的方法强迫他人劳动。本罪的对象"他人"没有国籍的限定,既可以是中国人,也可以是外国人;既可以是成年人,也可以是未成年人。 7

本罪中的劳动不限于体力劳动,也包括强迫他人从事脑力劳动(如强迫他人开发程序、撰写文案等)。本罪中的劳动,也不限于狭义的生产、服务领域中的劳动。例如,以暴力手段强迫多名成年人街头卖唱或者乞讨的,教授采用威胁手段迫使学生数月守在实验室观察实验结果的,因为卖唱、乞讨、观察实验等也都是需要付出一定体 8

---

1 参见王志祥、韩雪:《论〈刑法修正案(八)〉中的强迫劳动罪》,载《法治研究》2011 年第 8 期。

2 参见曾文科:《强迫劳动罪法益研究及应用》,载陈兴良主编:《刑事法判解》(第 15 卷),人民法院出版社 2014 年版,第 214 页。

力的劳动,所以,上述行为均属于强迫劳动。[3] 成立本罪,只要有现实的劳动,至于是如何建立起劳动关系的(如是否存在劳动合同),劳动是否有偿,均不影响本罪的认定。

9 关于强迫劳动罪中的“劳动”是否限于合法劳动,存在不同看法。被告人以限制人身自由、暴力威胁等方法,控制多名未成年人在娱乐场所从事营利性陪侍,一审法院判决被告人构成强迫劳动罪。二审法院认为,我国法律所保护的劳动应是合法形式的劳动,而营利性陪侍为《娱乐场所管理条例》所禁止,系违法行为,不应属于强迫劳动罪中“劳动”的范畴,故被告人不构成强迫劳动罪,对此应以组织未成年人进行违反治安管理活动罪定罪。[4] 应当认为,不应要求强迫劳动罪中的“劳动”必须是合法的劳动,否则,强迫他人在赌场从事发牌等劳动、强迫他人在卖淫场所从事服务员等工作的,均不构成强迫劳动罪,但这样并不合理。因此,还是一审法院的判决结论较为妥当。

10 成立本罪,要求存在强迫他人劳动的行为,即行为人违反他人意志,迫使他人劳动。职员上班期间工作马虎,行为人使用暴力等粗暴方法使其认真工作的,以及采取克扣奖金、开除等方式迫使职员端正劳动态度的,这些行为具有执行用人单位规章制度的一面,不属于本罪中的强迫他人劳动。

11 成立本罪,要求行为人采用了暴力、威胁或者限制人身自由的方法强迫他人劳动。由于立法上将“暴力、威胁”与“限制人身自由”作了并列列举,从“限制人身自由”的视角出发,根据同类解释原理,本罪的“暴力、威胁”应指程度较为一般的暴力、威胁,否则“暴力、威胁”与“限制人身自由”就难以被并列规定。当然,行为人采取具有致人重伤、死亡属性的暴力以及以重伤、死亡为内容胁迫他人劳动的,其是程度较为一般的暴力、威胁的升级,该行为并不缺少《刑法》第 244 条第 1 款中“暴力、威胁”的任何内容,故也能成立强迫劳动罪。[5] 所谓限制人身自由的方法,是指采取将他人的人身自由控制在一定的范围、一定限度内的方法,如不准他人外出、不准他人参加社交活动等。采用剥夺人身自由的方法强迫他人劳动的,由于“剥夺人身自由”并不缺少“限制人身自由”的任何要素,故也构成强迫劳动罪(同时还成立非法拘禁罪,应按想象竞合犯处理)。

12 成立本罪,要求强迫劳动行为的社会危害性并非轻微。依据 2012 年《治安管理处罚法》第 40 条第(二)项的规定,以暴力、威胁或者其他手段强迫他人劳动的,处以 10 日以上 15 日以下拘留等治安处罚。因此,以暴力、威胁或者限制人身自由的方法

---

3 参见曾文科:《强迫劳动罪法益研究及应用》,载陈兴良主编:《刑事法判解》(第 15 卷),人民法院出版社 2014 年版,第 223 页以下。

4 参见温州市中级人民法院(2015)浙温刑终字第 889 号刑事判决书。

5 如果行为人故意采用致人重伤、死亡的暴力强迫他人劳动的,在成立强迫劳动罪的同时,还成立故意伤害罪、故意杀人罪,对此应按想象竞合犯原理处理。

强迫他人劳动的行为,何时对行为人进行治安处罚,何时应当追究行为人的刑事责任,就是一个极为重要的问题。实务上认为,对此可从"强迫手段与社会一般观念相背离的程度"和"劳动者非自愿性的程度"两个角度,判断强迫行为是否足以使劳动者陷入不能自由选择的境地而需要刑法的介入和干预。对于强迫劳动情节显著轻微,没有刑法干预必要的,进行治安处罚即可。例如,对于那些偶尔强迫他人劳动、持续时间短、被强迫的人数较少、强迫程度较轻、被强迫者虽然不情愿但尚有选择自由的行为,可以不予刑事追究。实践中,对于具有以下情形之一的强迫劳动行为,一般应当予以刑罚处罚:①强迫 3 人以上劳动的,或者虽未达到 3 人,但强迫劳动持续时间长的;②强迫未成年人、严重残疾人、精神智力障碍达到限制民事行为能力程度的人或者其他处于特别脆弱状况的人劳动的;③采取殴打、多次体罚虐待、严重威胁、非法限制人身自由等正常人通常无法抗拒、难以抗拒的方式强迫劳动的;④从强迫他人劳动中获利数额较大的,数额较大的标准似可参考盗窃罪数额较大的标准确定。[6]

行为人以暴力、威胁或者限制人身自由的方法强迫他人劳动时,尚不构成本罪的既遂。仅在他人已经实际被迫劳动时,才能认为行为齐备了强迫劳动罪的构成要件,他人的劳动自由法益已遭受侵害,此时才构成强迫劳动罪既遂。 13

V 第 2 款的性质

《刑法》第 244 条第 2 款规定:"明知他人实施前款行为,为其招募、运送人员或者有其他协助强迫他人劳动行为的,依照前款的规定处罚。"该款中的为强迫他人劳动的人招募、运送人员或者有其他协助强迫他人劳动行为(下文简称为"协助强迫劳动行为")是强迫劳动罪的正犯行为(实行行为),还是强迫劳动罪的帮助行为(但被立法规定了独立的法定刑),对此学界看法不一。一些教科书认为,该款规定表面上是帮助犯的正犯化,实际上只是帮助犯的量刑规则(或只是量刑的正犯化)。[7] 有些教科书认为,协助强迫劳动行为本来是强迫劳动罪的帮助犯,立法者考虑到这种行为的严重程度,为避免将行为人以从犯论处,进而从轻、减轻或者免除处罚,以致量刑畸轻,遂将该帮助行为规定为正犯,且与强迫劳动罪的实行犯同罚。[8] 有些教科书认为刑法将强迫劳动的"帮助"行为特别规定为正犯。[9] 有些教科书只提到协助强迫劳动行为属于强迫劳动罪的帮助犯,没有提及正犯化问题。[10] 14

通常而言,在与强迫劳动者有共谋的情形下,行为人为其招募、运送人员或者有 15

---

6 参见陈兴良、张军、胡云腾主编:《人民法院刑事指导案例裁判要旨通纂》(第 2 版),北京大学出版社 2018 年版,第 883 页。

7 参见张明楷:《刑法学》(第 6 版),法律出版社 2021 年版,第 1178 页。

8 参见周光权:《刑法各论》(第 4 版),中国人民大学出版社 2021 年版,第 61 页。

9 参见阮齐林:《中国刑法各罪论》,中国政法大学出版社 2016 年版,第 238 页。

10 参见黎宏:《刑法学总论》(第 2 版),法律出版社 2016 年版,第 257 页。

其他协助强迫他人劳动行为的,根据共犯理论,行为人与强迫劳动者(正犯)构成强迫劳动罪的共同犯罪,故对于协助强迫他人劳动的行为自然应当按照强迫劳动罪处罚。这意味着,即便没有《刑法》第244条第2款的规定,对协助强迫劳动行为也能根据共犯理论追究行为人强迫劳动罪的刑事责任。但是,有了《刑法》第244条第2款的规定,对协助强迫劳动的行为人就排除了适用总则关于从犯处罚规定的可能性,而是直接适用《刑法》第244条第1款的法定刑。在此意义上,首先可以说,《刑法》第244条第2款的规定明确将强迫劳动罪的帮助行为按照实行行为来量刑(量刑意义上的正犯化)。那么,《刑法》第244条第2款是否意味着帮助行为彻底被正犯化了呢(帮助犯的正犯化)?对此的回答应当是否定的。

16 若将强迫劳动罪的保护法益界定为他人的劳动自由,则协助强迫劳动行为本身还不足以使得他人的劳动自由遭受实害。对于强迫劳动罪而言,帮助行为应与正犯行为在既遂这一点上保持协调性,如果仅在他人被强迫从而开始实际劳动时,强迫者才构成强迫劳动罪既遂,则协助强迫劳动行为(帮助行为)也应以这些人员被强迫从而开始实际劳动时,才构成强迫劳动罪既遂。因此,不能认为《刑法》第244条第2款属于帮助犯的正犯化,否则在协助强迫劳动者完成了招募、运送人员或者有其他协助强迫他人劳动行为时即应属于犯罪既遂,但在他人的劳动自由尚未实际遭受侵害时,便认定为犯罪既遂,是极不合适的。因此,单独规定《刑法》第244条第2款只是为了排除刑法总则对从犯应当从轻、减轻或者免除处罚的量刑规则的适用,而不是将帮助行为正犯化[11],至多只能说是帮助犯量刑的正犯化。既然如此,协助强迫劳动行为构成强迫劳动罪,仍以被害人被他人强迫劳动为前提。例如,甲明知乙将要强迫他人劳动,采用发微信的方式为乙招募、运送人员,但乙并没有接收这些人员的,对甲的行为就不应以强迫劳动罪论处。[12] 如果甲的协助强迫劳动行为具有剥夺人身自由的属性,对此可以非法拘禁罪追究甲的刑事责任。

Ⅵ 与他罪的关系

17 构成强迫劳动罪,要求行为人采取限制人身自由的方法,因而与非法拘禁罪有一定的相似之处。两罪的区别在于:①客观方面不同。一方面,客观行为存在不同。构成强迫劳动罪,要求存在强迫他人劳动的行为,而构成非法拘禁罪则没有这一要求。另一方面,两罪对自由的侵犯程度不同。构成强迫劳动罪,不要求必须剥夺他人人身自由,限制他人人身自由的亦可构成强迫劳动罪,此时他人还有一定的人身自由;而构成非法拘禁罪,通常是完全剥夺了他人的人身自由。②主观方面不同。在强迫劳动罪中,行为人并不满足于限制他人的人身自由,限制人身自由仅仅是手段,强

---

11 参见曾文科:《强迫劳动罪法益研究及应用》,载陈兴良主编:《刑事法判解》(第15卷),人民法院出版社2014年版,第219—220页。

12 参见张明楷:《刑法学》(第6版),法律出版社2021年版,第1178—1179页。

迫他人劳动才是目的;而在非法拘禁罪中,行为人主观上就是为了剥夺他人的人身自由。

如果行为人不是限制人身自由,而是以剥夺人身自由的方式强迫他人劳动的,则不仅构成强迫劳动罪,而且构成非法拘禁罪,由于事实上只存在一个行为(剥夺人身自由是限制人身自由的进一步发展),故只能认定为想象竞合犯。在行为人构成的是两罪的基本犯时,强迫劳动罪的法定最低刑(拘役)重于非法拘禁罪的法定最低刑(剥夺政治权利)[13],且强迫劳动罪存在附加刑罚金,而非法拘禁罪则没有罚金这一附加刑,故强迫劳动罪为重罪,此时对行为人应以强迫劳动罪定罪从重处罚。但是,如果在行为人采取剥夺人身自由的方法强迫他人劳动的过程中,过失致人重伤尤其是致人死亡时,非法拘禁罪的法定刑重于强迫劳动罪,此时对行为人应以非法拘禁罪论处。 18

Ⅶ 情节严重的认定

强迫他人劳动,如果情节严重,将会由基本犯的处罚“处三年以下有期徒刑或者拘役,并处罚金”,升格为“处三年以上十年以下有期徒刑,并处罚金”。因此,必须严格认定强迫他人劳动是否“情节严重”。 19

在实务上,强迫劳动具有下列情形之一的,属于“情节严重”:①被强迫劳动者人数在 10 人以上的;②被强迫劳动者属于未成年人、严重残疾人、精神智力障碍达到限制民事行为能力程度的人或者其他处于特别脆弱状况的人,且人数在 3 人以上的;③以非人道的恶劣手段对他人进行摧残、精神折磨,强迫其劳动的;④强迫他人在爆炸性、易燃性、放射性、毒害性等危险环境下从事劳动或从事常人难以忍受的超强度体力劳动的;⑤因强迫劳动造成被害人自残、自杀、精神失常等严重后果,但尚不构成故意杀人罪、故意伤害罪等其他严重犯罪的;⑥强迫劳动持续时间较长的;⑦因强迫劳动被劳动行政部门、公安机关处理、处罚过,又实施强迫劳动构成犯罪的;⑧强迫他人无偿劳动,或所支付的报酬与他人劳动付出明显不成比例,行为人从中获利数额巨大的,数额巨大的标准似可参考盗窃罪数额巨大的标准确定;⑨其他能够反映行为人主观恶性深、动机卑劣以及强迫程度高、对被害人身心伤害大的情节。[14] 20

---

13 剥夺政治权利与拘役属于不同性质的刑罚,难以一般性地说谁轻谁重。但是,站在人身自由是否被剥夺的角度,则可以认为拘役重于剥夺政治权利。

14 参见陈兴良、张军、胡云腾主编:《人民法院刑事指导案例裁判要旨通纂》(第 2 版),北京大学出版社 2018 年版,第 883 页。

第二百四十四条之一　雇用童工从事危重劳动罪

违反劳动管理法规，雇用未满十六周岁的未成年人从事超强度体力劳动的，或者从事高空、井下作业的，或者在爆炸性、易燃性、放射性、毒害性等危险环境下从事劳动，情节严重的，对直接责任人员，处三年以下有期徒刑或者拘役，并处罚金；情节特别严重的，处三年以上七年以下有期徒刑，并处罚金。

有前款行为，造成事故，又构成其他犯罪的，依照数罪并罚的规定处罚。

文献:周玉文:《谈雇用童工劳动的犯罪行为》,载《中国劳动》2003 年第 5 期;刘杰:《试论雇用童工从事危重劳动罪》,载《北京化工大学学报(社会科学版)》2004 年第 1 期;张道许、冯江菊:《雇用童工从事危重劳动罪研究》,载《前沿》2006 年第 1 期;臧爱存、蔡大宇:《雇用童工从事危重劳动罪的司法认定》,载《中国检察官》2007 年第 5 期;樊建民:《雇用童工从事危重劳动罪探析》,载《河南公安高等专科学校学报》2008 年第 3 期;党日红:《强迫职工劳动罪的几个问题》,载《中国劳动关系学院学报》2010 年第 2 期;高广童、王美丽:《强迫劳动罪与雇用童工从事危重劳动罪刑罚尺度辨析》,载《山西省政法管理干部学院学报》2014 年第 4 期;党日红:《雇用童工从事危重劳动罪若干问题研究》,载《山东工商学院学报》2016 年第 3 期。

细目录

Ⅰ　主旨
Ⅱ　沿革
Ⅲ　行为要件
Ⅳ　主体
Ⅴ　罪过
Ⅵ　罪数
Ⅶ　与他罪的关系

Ⅰ　主旨

1　《劳动法》《未成年人保护法》均禁止用人单位招用未满 16 周岁的未成年人。与此相匹配,刑法在本条设立了雇用童工从事危重劳动罪,以保护未成年人的人身安全。雇用童工从事危重劳动罪是指违反劳动管理法规,雇用未满 16 周岁的未成年人从事超强度体力劳动的,或者从事高空、井下作业的,或者在爆炸性、易燃性、放射性、毒害性等危险环境下从事劳动,情节严重的行为。雇用未满 16 周岁的未成年人从事超强度体力劳动等危重劳动,会危及这些未成年人的身体、生命的安全(抽象危险犯),故即便未满16周岁的未成年人同意从事危重劳动,其同意也是无效的,不影响本罪的成立。从实务来看,以雇用童工从事危重劳动罪追究刑事责任的案件不多。

Ⅱ 沿革

在计划经济体制下,几乎不可能发生雇用童工的行为,故1979年《刑法》没有规定雇用童工从事危重劳动罪。在市场经济体制下,雇用未满16周岁的未成年人从事劳动在事实上是可能的,但1997年《刑法》也没有规定雇用童工从事危重劳动罪。 2

现实中,有些企业或者小作坊为谋取非法利益,雇用未成年人从事劳动的违法行为比较突出,有的甚至雇用未满16周岁的未成年人从事超强度的体力劳动,或者从事高空、井下作业,或者在爆炸性、易燃性、放射性、毒害性等危险环境下从事劳动,严重危害未成年人的身心健康,有的甚至造成未成年人的死亡,社会危害性严重。1999年6月国际劳工大会通过的《禁止和立即行动消除最恶劣形式的童工劳动公约》,禁止儿童在可能对儿童健康、安全或道德有伤害性的环境中工作。2002年6月全国人大常委会发布了《关于批准〈禁止和立即行动消除最恶劣形式的童工劳动公约〉的决定》。考虑到现实情况以及履行国际公约的需要,2002年12月《刑法修正案(四)》第4条增设了本罪。 3

Ⅲ 行为要件

本罪在客观方面表现为违反劳动管理法规,雇用未满16周岁的未成年人从事超强度体力劳动的,或者从事高空、井下作业的,或者在爆炸性、易燃性、放射性、毒害性等危险环境下从事劳动,情节严重的行为。 4

构成本罪,首先要求行为人违反了劳动管理法规。根据《劳动法》第15条的规定,只有文艺、体育和特种工艺在一定条件下,才可招用未满16周岁的未成年人,禁止其他用人单位招用未满16周岁的未成年人。学校、其他教育机构以及职业培训机构按照国家有关规定,组织未满16周岁的未成年人进行不影响其人身安全和身心健康的教育实践劳动、职业技能培训劳动的,不属于非法使用童工,不存在犯罪问题。其次,要求行为人雇用未满16周岁的未成年人(童工),使其从事特定劳动。所谓雇用未满16周岁的未成年人,是指行为人招收、使用了未满16周岁的未成年人。行为人并无支付报酬的意思,拐骗未满16周岁的未成年人,或者收养流浪儿童,然后使其无偿从事危重劳动的,是否属于"雇用"未满16周岁的未成年人?有人认为,"雇用"包含无偿使用未满16周岁的未成年人从事危重劳动的情形[1],因为若将"雇用"分拆 5

1　参见黄自强、张云华:《童工问题刑法治理研究》,载《太原师范学院学报(社会科学版)》2012年第4期。

为"雇"和"用",即可对"雇用"作扩大解释,"雇用"包括狭义的雇用与利用。[2] 当然,这一解释可能面临是否符合"雇用"一词含义的疑问。至于雇用的对象,只要未满16周岁即可,不问性别、国籍、健康与否。雇用,既可以是临时、短期、非正式雇用,也可以是长期、正式雇用。

6 雇用未满16周岁的未成年人,是成立本罪的前提条件,使未满16周岁的未成年人从事《刑法》第244条之一规定的危重劳动,才是本罪的核心。根据《刑法》第244条之一的规定,"危重劳动"专指以下劳动:

7 (1)超强度体力劳动。一般而言,超强度体力劳动是指使未满16周岁的未成年人从事四级体力劳动。[3] 此外,如果雇用未满16周岁的未成年人从事非四级的体力劳动,劳动的强度已明显超出了童工的体力承受度,会给其生长发育带来较大影响的,也属于雇用未满16周岁的未成年人从事超强度体力劳动。如《未成年工特殊保护规定》第4条第(四)项就规定,对于患有某种疾病或者具有某些生理缺陷(非残疾型)的未成年工,用人单位不得安排其从事三级以上体力劳动强度的作业。雇用未满16周岁的未成年人从事超强度体力劳动,只要并非情节显著轻微危害不大,即可构成本罪。

8 (2)从事高空、井下作业。所谓高空作业,是指在离地较高的空间进行的作业,如高空架设线路、空中清洗、高空建筑等。《高处作业分级》规定,高处作业,是指在坠落高度基准面2米以上(含2米)有可能坠落的高处进行的作业。1994年劳动部颁布的《未成年工特殊保护规定》第3条第(三)项规定,用人单位不得安排未成年工从事《高处作业分级》国家标准中第二级以上的高处作业。井下作业是指在地面以下的空间所进行的作业,如井下采煤、采矿等。对未满16周岁的未成年人而言,从事高空、井下作业本身就属于从事危重劳动,此时不问劳动强度,只要并非情节显著轻微危害不大,即可构成本罪。

9 (3)在爆炸性、易燃性、放射性、毒害性等危险环境下从事劳动,情节严重。危险环境不限于明文列举的爆炸性、易燃性、放射性、毒害性环境,还包括粉尘严重、极端低温或者高温环境、病疫流行等危险环境。危险环境既包括劳动环境本身具有爆炸性、易燃性、放射性、毒害性等危险属性,如让未满16周岁的未成年人在农药厂生产线工作等;也包括劳动本身具有爆炸性、易燃性、放射性、毒害性等危险属性,如让小学生卷鞭炮、插炮引等。实务中,行为人雇用未满16周岁的人在冥纸作坊做工,后因失火造成4名未满16周岁的人死亡,以及雇用未满16周岁的人在存放易燃和具有危险性的甲苯等溶剂的仓库内工作,因未满16周岁的人操作不慎导致溶剂发生燃烧并蔓延造成受伤的,均被法院认定行为人构成这一类型的雇用童工从事危重劳动罪。

---

[2] 参见张明楷:《刑法学》(第6版),法律出版社2021年版,第1179页。

[3] 四级体力劳动8小时工作日平均耗能值为11304.4千焦耳/人,劳动时间率为77%,即净劳动时间为370分钟。

雇用未满 16 周岁的未成年人在危险环境下从事劳动的,不问劳动强度如何,亦不论是否属于高空、井下作业,只要情节严重,即可构成犯罪。

有人认为,行为人雇用未满 16 周岁的未成年人无论是从事超强度体力劳动,还是从事高空、井下作业,抑或在爆炸性、易燃性、放射性、毒害性等危险环境下从事劳动,都必须"情节严重",才构成本罪。[4] 2008 年 6 月 25 日最高人民检察院、公安部《关于公安机关管辖的刑事案件立案追诉标准的规定(一)》第 32 条规定,违反劳动管理法规,雇用未满 16 周岁的未成年人从事国家规定的第四级体力劳动强度的劳动,或者从事高空、井下劳动,或者在爆炸性、易燃性、放射性、毒害性等危险环境下从事劳动,涉嫌下列情形之一的,应予立案追诉:①造成未满 16 周岁的未成年人伤亡或者对其身体健康造成严重危害的;②雇用未满 16 周岁的未成年人 3 人以上的;③以强迫、欺骗等手段雇用未满 16 周岁的未成年人从事危重劳动的;④其他情节严重的情形。这一规定似乎也意味着使未满 16 周岁的未成年人从事任何一种危重劳动,都必须"情节严重"才构成雇用童工从事危重劳动罪。考虑到情节显著轻微危害不大的行为不能构成本罪,在此意义上,上述关于本罪立案追诉标准的规定是可以接受的。但是,就《刑法》第 244 条之一的文字表述而言,雇用未满 16 周岁的未成年人从事超强度体力劳动、从事高空、井下作业构成本罪,并无"情节严重"的明文要求。从《刑法》第 244 条之一"……的……的……情节严重的"表述来看,"情节严重"仅是对"在爆炸性、易燃性、放射性、毒害性等危险环境下从事劳动"的补充、限定[5],而不对"从事超强度体力劳动""从事高空、井下作业"起任何修饰作用。之所以如此立法,是因为超强度体力劳动以及高空、井下作业本身能够严重危害未满 16 周岁的未成年人的身体乃至生命安全,故无须"情节严重"即可构成雇用童工从事危重劳动罪。但是,使未满 16 周岁的未成年人在爆炸性、易燃性、放射性、毒害性等危险环境下从事劳动,例如让未满 16 周岁的未成年人在鞭炮厂手工卷鞭炮、在加油站给汽车加油的,不分情形一概认定行为人都构成雇用童工从事危重劳动罪,这样并不合适。所以,立法要求"情节严重"时,才有以雇用童工从事危重劳动罪追究刑事责任的必要。 10

如果行为人并未使未满 16 周岁的未成年人从事上述危重劳动,而是使其从事卖花、卖唱或在旅馆、商店做服务员等一般劳动的,不构成本罪,对行为人按照《劳动法》第 94 条以及其他有关规定处罚即可。 11

Ⅳ　主体

本罪为自然人犯罪,只要行为人年满 16 周岁、具有责任能力,即可成为本罪的主体。 12

单位是否也是本罪的主体,曾有不同看法。有人认为,《刑法修正案(四)》第 4 13

4　参见贺小电、翟玉华:《刑法修正罪名精释》,法律出版社 2003 年版,第 303 页。

5　参见张明楷:《刑法学》(第 6 版),法律出版社 2021 年版,第 1179 页。

条将本罪规定为《刑法》第244条之一,当时未经《刑法修正案(八)》修订的《刑法》第244条明确规定该条犯罪主体是"用人单位",如此一来,雇用童工从事危重劳动罪的主体就不应变化为自然人,而只能是单位。[6] 这一看法的核心是,《刑法》第244条之一附属于《刑法》第244条,因而《刑法》第244条之一的犯罪主体应与《刑法》第244条的犯罪主体保持一致,既然修订前的《刑法》第244条的犯罪主体是"用人单位"(修订后的《刑法》第244条的犯罪主体同样包括单位),则《刑法》第244条之一的犯罪主体自然也应为"用人单位",故雇用童工从事危重劳动罪是单位犯罪。这一观点不能成立。第一,《刑法》第244条之一是一个独立的条文,而不是附属于《刑法》第244条的一款,立法机关仅是出于不改变刑法典原有条文序号的考虑,才在技术上将雇用童工从事危重劳动罪编排为《刑法》第244条之一,故不能由当时《刑法》第244条的犯罪主体为"用人单位",推导出《刑法》第244条之一的犯罪主体也是单位。第二,某一条与某一条之一的条文,犯罪主体不同,这在我国刑法中极为常见。例如,《刑法》第120条组织、领导、参加恐怖组织罪的犯罪主体是自然人,而《刑法》第120条之一第3款明文将单位增设为帮助恐怖活动罪的犯罪主体。按照上述观点,《刑法》第120条之一第3款的规定就是错误的,因为这使得《刑法》第120条与《刑法》第120条之一的犯罪主体未能保持一致。总之,单位不是本罪的犯罪主体,如果单位雇用未满16周岁的未成年人从事危重劳动的,不能追究单位的刑事责任,而只能对组织、策划、实施该行为的自然人以本罪追究刑事责任。

V 罪过

14 本罪为故意犯罪,即行为人明知自己雇用的人未满16周岁,还使其从事超强度体力劳动等危重劳动。根据主客观相统一原则,构成本罪,行为人必须明知对方是未满16周岁的人。明知既包括确实知道他人为未满16周岁的未成年人,也包括知道他人可能未满16周岁,即对他人是否为未满16周岁的未成年人虽然不能完全确定,但根据其外貌形态等特征,知道他人可能是未满16周岁的未成年人,或者被他人告知所雇用者未满16周岁。如果未满16周岁的未成年人身材高大、发育早熟且有意隐瞒年龄,行为人确实不知道被雇用人未满16周岁而雇用的,行为人不构成本罪。开始并不明知他人未满16周岁,但后来知晓他人未满16周岁,仍继续雇用,使其从事危重劳动的,构成本罪。

VI 罪数

15 根据《刑法》第244条之一第2款的规定,非法雇用未满16周岁的未成年人从事

---

6 参见樊建民:《雇用童工从事危重劳动罪探析》,载《河南公安高等专科学校学报》2008年第3期。

特定劳动,造成事故,又构成其他犯罪的,依照数罪并罚的规定处罚。《刑法》第 244 条之一处罚的是雇用童工从事危重劳动的行为本身,如果童工在从事危重劳动的过程中出现事故,就已超出了《刑法》第 244 条之一的范围,若该事故符合其他犯罪的构成要件,应以其他犯罪追究刑事责任。此时,容易产生对此是以一罪处理还是数罪并罚的争议。为了避免不必要的争论,刑法明文规定对此应当依照数罪并罚的规定处罚。

16 《刑法》第 244 条之一第 2 款中的"事故"包括人身伤亡事故、重大劳动安全事故、重大责任事故等事故。在雇用未满 16 周岁的未成年人从事特定劳动的过程中,造成人身伤亡等事故构成犯罪的,应按照雇用童工从事危重劳动罪与重大劳动安全事故罪或者重大责任事故罪等犯罪进行数罪并罚。

Ⅶ 与他罪的关系

17 雇用童工从事危重劳动罪与强迫劳动罪存在明显区别:①犯罪对象不同。本罪的对象只能为未满 16 周岁的未成年人,而强迫劳动罪的对象既包括已满 16 周岁的人,也包括未满 16 周岁的未成年人。②客观方面不同。其一,构成本罪,并无手段方面的要求,只要行为人雇用未满 16 周岁的未成年人从事特定危重劳动,即构成犯罪;而成立强迫劳动罪,要求行为人以暴力、威胁或者限制人身自由的方法强迫他人劳动。其二,构成本罪,不要求行为必须具有强制性,即使被害人自愿从事劳动的,也可以构成本罪;而构成强迫劳动罪,行为人必须是强迫他人劳动。其三,劳动的内容不同。构成本罪,必须从事的是超强度体力劳动,或者从事高空、井下作业,或者在爆炸性、易燃性、放射性、毒害性等危险环境下从事劳动;而在强迫劳动罪中,对劳动本身并无限定,即使从事的是非危重劳动,也可构成强迫劳动罪。

18 虽然本罪与强迫劳动罪在犯罪构成上存在一定区别,但并不意味着本罪与强迫劳动罪是对立的,二者也有可能出现竞合关系。例如,采用暴力、威胁或者限制人身自由的方法强迫未满 16 周岁的未成年人从事超强度体力劳动的,就同时符合雇用童工从事危重劳动罪与强迫劳动罪的犯罪构成,对此应按想象竞合犯的处理原则处理。

第二百四十五条　非法搜查罪;非法侵入住宅罪

非法搜查他人身体、住宅，或者非法侵入他人住宅的，处三年以下有期徒刑或者拘役。

司法工作人员滥用职权，犯前款罪的，从重处罚。

文献:王伦轩主编:《非法管制罪 非法搜查罪 非法侵入他人住宅罪 泄露国家秘密罪》,中国检察出版社 1996 年版;张明楷:《法益初论》,中国政法大学出版社 2000 年版。董鑫、杨再明:《试论非法侵入住宅罪》,载《法学季刊》1985 年第 1 期;陆全惠、施建东:《从一个案件看非法搜查的犯罪构成》,载《法学》1987 年第 2 期;廖钟洪:《关于非法侵入他人住宅罪的几个问题》,载《政治与法律》1988 年第 1 期;熊国昌、黄河:《如何处理非法侵入他人住宅案件》,载《现代法学》1988 年第 5 期;刘鸿、熊永明:《论非法侵入住宅罪的对象及亲告问题》,载《南昌大学学报(人文社会科学版)》2002 年第 4 期;陈洪兵、安文录:《论非法侵入住宅罪》,载《广州市公安管理干部学院学报》2004 年第 4 期;周长军、温登平:《非法侵入住宅罪的构成及追诉探析》,载《人民检察》2005 年第 20 期;郝如建:《非法侵入住宅罪构成要件探析》,载《扬州大学学报(人文社会科学版)》2007 年第 1 期;夏草:《非法侵入住宅罪认定若干问题初探》,载《上海公安高等专科学校学报》2009 年第 2 期;王军:《试论我国住宅不受侵犯权内容的界定——以法院判决为考察对象》,载《广西政法管理干部学院学报》2010 年第 3 期;白斌:《宪法价值视域中的涉户犯罪——基于法教义学的体系化重构》,载《法学研究》2013 年第 6 期;王复春:《论非法侵入住宅罪客观构成要件符合性的判断》,载《河南财经政法大学学报》2016 年第 2 期。

细目录

Ⅰ　主旨
Ⅱ　沿革
Ⅲ　客体
Ⅳ　他人的住宅
　一、住宅
　二、他人的住宅
Ⅴ　非法性
Ⅵ　非法搜查罪的认定
Ⅶ　非法侵入住宅罪的认定

Ⅷ 两罪的关系

Ⅸ 罪数

Ⅰ 主旨

我国《宪法》第 37 条第 3 款后段规定:“禁止非法搜查公民的身体。”《宪法》第 39 条规定:“中华人民共和国公民的住宅不受侵犯。禁止非法搜查或者非法侵入公民的住宅。”为了贯彻宪法的规定,保护公民身体与住宅的安宁,1997 年《刑法》第 245 条设立了非法搜查罪与非法侵入住宅罪。由于非法搜查行为、非法侵入住宅行为同时也是《治安管理处罚法》的处罚对象,因此,只有严重侵犯身体、住宅安宁的行为,才能以非法搜查罪、非法侵入住宅罪追究刑事责任。从实务来看,认定为非法搜查罪的案件数量微乎其微,相对而言,认定为非法侵入住宅罪的案件数量较多。 1

Ⅱ 沿革

1979 年《刑法》第 144 条规定:“非法管制他人,或者非法搜查他人身体、住宅,或者非法侵入他人住宅的,处三年以下有期徒刑或者拘役。” 2

在修订刑法的过程中,因非法管制罪形同虚设,故删除了 1979 年《刑法》第 144 条“非法管制他人”的规定。在实务中,因存在不少司法工作人员滥用职权非法搜查、非法侵入住宅的现象,立法机关便相应地增加了第 2 款“司法工作人员滥用职权,犯前款罪的,从重处罚”的规定,从而形成了现行刑法条文。 3

Ⅲ 客体

通说认为,《刑法》第 245 条保护的是他人身体与住宅不受侵犯的权利。对于未经他人同意而搜查他人身体的行为,无论如何表述非法搜查罪的客体,都不会影响非法搜查罪的认定。与此不同,如何表述非法侵入住宅罪的客体,将会直接影响非法侵入住宅罪的具体认定。例如,主人虽不同意,但行为人进入住宅后并未严重扰乱住宅安宁的,是否构成非法侵入住宅罪?再如,在住宅有数人居住的场合,得到部分成员的同意,但遭到其他成员的反对时,行为人进入住宅的行为是否构成非法侵入住宅罪?这些问题都与如何把握非法侵入住宅罪的客体有关。 4

关于非法侵入住宅罪的客体问题,学说众多。住宅的安宁说(又称住宅平稳说)认为,非法侵入住宅罪的客体为个人利益中的住宅平稳与安宁。如何认定侵害住宅的平稳,分为主观的平稳侵害说与客观的平稳侵害说。主观的平稳侵害说认为,住宅的平稳是指住宅在自己支配下的某个领域中意思不受妨碍的适当状态;非法侵入住宅罪的客体与其说是事实上的平稳状态,不如说是权利者的意思活动的平稳状态;是否属于非法侵入他人住宅,以是否违反权利人的意思为基准。客观的平稳侵害说则认为,只要行为人以妨害住宅平稳的方式进入住宅的,就是侵入住宅,至于进入行 5

为是否违反住宅人的意思并不重要;侵入住宅罪的处罚范围,不是根据有无被害人的承诺来决定,而是根据对住宅平稳的客观侵犯程度来决定。新住宅权说是在批评住宅平稳说的过程中产生的。新住宅权说认为,侵入住宅罪的客体是住宅权,即管理住宅的一种权利以及是否许可他人进入的自由权利。据此,不管进入住宅的行为是否侵害了住宅的安宁,只要违反了权利人的意思,就构成侵入住宅罪。因为侵入住宅罪是对个人生活自由的犯罪,行为是否侵害了个人生活自由,不在于是否侵害了住宅的安宁,而在于是否违反权利人的意思。[1] 以上争论具有重要意义。如违反居住人的意思,拒不退出住宅,但也没有其他扰乱住宅安宁的行为,是否构成非法侵入住宅罪?住宅平稳说认为,尽管行为人违反了居住者的意思,但客观上并没有扰乱住宅的安宁,故不构成非法侵入住宅罪;新住宅权说则认为,不管行为人的行为是否侵害了住宅的安宁,行为人不退出行为都违反了权利人的意思,故构成非法侵入住宅罪。

6 目前,学界有人提倡住宅安宁说,其理由如下:一是住宅平稳说符合我国的国情;二是有利于解决数人中对承诺进入住宅看法不一致时是否构成非法侵入住宅罪这一问题;三是与新住宅权说不同,住宅平稳说有效地限制了处罚范围;四是住宅与"平稳"密切联系,保护住宅就是为了保护住宅内的居住者的平稳或安宁;五是根据住宅平稳说所确定的犯罪构成正是需要处罚的犯罪行为,说明住宅平稳说确实合理;六是我国的司法实践也证明了非法侵入住宅罪的客体是住宅的平稳。[2] 将住宅安宁说作为非法侵入住宅罪的客体,是合理的。在我国,非法侵入住宅行为同时受到《刑法》《治安管理处罚法》的规制,因此,违反住宅权人的意思仅是构成犯罪的前提(而不是核心),仅在侵入住宅的行为严重扰乱了住宅安宁时,才可以非法侵入住宅罪论处。

Ⅳ 他人的住宅

7 非法搜查住宅时,非法搜查罪与非法侵入住宅罪的对象是一致的。与非法搜查罪中"他人身体"的认定相比,如何认定"他人住宅"要复杂得多。

一、住宅

8 所谓住宅,是指他人有居住的意思,客观上可供日常生活所使用的场所。要将某一场所认定为住宅,需要具备如下三个要素:第一,就功能而言,必须能够满足人们的日常生活。新买的房屋,只要可以拎包入住,就属于住宅,但是,如果需要装修后才能入住的,就不属于住宅。像研究室、农村小商店这样的场所,只要客观上能够一定程度地满足他人的饮食起居,且他人有居住的意思,就可以认定为住宅。缺乏日常生活功能的场所,如实验室、教室等,不属于住宅。判断一场所是不是供日常生活所使用的场所,以该场所是否具有一定日常生活设备为准。第二,要实现个人生活的安

1 参见张明楷:《法益初论》,中国政法大学出版社 2000 年版,第 445 页以下。
2 参见张明楷:《刑法学》(第 6 版),法律出版社 2021 年版,第 1181 页。

宁,作为住宅的场所需要具有一定的封闭性。封闭性是相对的,只要有门窗之类的设备,即便窗户没有玻璃或者门有破损,或者他人忘记关闭门窗或者忘记上锁的,也不影响封闭性的认定。不能相对封闭的场所,如流浪汉居住在寺院的屋檐底下,即便屋檐底下摆放了日常生活设备,也难以认定该场所为住宅。第三,他人必须有居住的意思。如果他人没有在该场所居住的意思,侵入该场所的行为就不会侵犯他人生活于其中的安宁,自然不属于非法侵入住宅。"居住的意思"并不要求他人有一直居住的意思,只要有一时居住的意思即可。换言之,住宅不要求是永久性的日常生活场所,短期、暂时居住、生活的处所,如度假时才去的度假小屋或者别墅,旅馆暂住的一个房间,也属于住宅。具备上述要素的场所,无论其实际形态如何,均属于住宅。除了通常的建筑物外,住人的窑洞、竹楼,渔民生活的船舶,牧民生活的帐篷,开车旅游时使用的房车,均属于住宅。

住宅不仅包括一般意义的住房本身,还包括住宅周围的围绕地,如围墙、篱笆等。 9
关于车库,实务上认为,车库系住宅的延伸,未经权利人许可,将车辆停在权利人的私人车库,后又将权利人的车库撬开将车取走的行为,侵犯了权利人的住宅安宁权,构成非法侵入住宅罪。[3] 应当认为,对此不可一概而论。如果车库是房屋、院落的组成部分,当然可以认定为住宅,但诸如居民楼的地下车库等,车库与他人的房屋彼此独立,对车库的侵犯虽有侵犯他人财产的属性,但谈不上侵犯了他人住宅的安宁,故此类车库不属于住宅。当住宅是建筑物时,该建筑物的任何一部分(包括屋顶)都被认为是住宅的有机组成部分,行为人侵入该建筑物的任何部分以及爬上屋顶的行为,都属于侵入住宅的行为。[4]

二、他人的住宅

所谓他人的住宅,是指相对于行为人而言,行为人并未生活于其中的住宅。是否 10
属于他人的住宅,与他人对该住宅是否拥有所有权无关,而与行为人是否生活于该住宅有关。房东虽对房屋享有所有权,但只要房屋已经出租给租客,租客已经搬入,在刑法学上,房屋就属于他人(租客)的住宅,而不再是房东的住宅。数人合租房屋,每人住其中一间时,合租者的卧室属于他人的住宅。住宅也不要求他人合法占有,即使是他人不合法地占有的住宅,也属于他人的住宅,可以成为非法侵入住宅罪的对象,因为不合法居住一旦成为事实,其居住的安宁也应当给予保护[5],或者说,事实上也存在着需要保护的生活自由。[6] 故房东赶走不交付房租的租客,在不适当的时间

3 参见宋长青、李克:《车库系住宅的延伸——本案构成非法侵入住宅罪》,载《人民法院报》2011年8月11日,第7版。

4 参见张明楷:《外国刑法纲要》(第3版),法律出版社2020年版,第458页。

5 参见甘雨沛、何鹏:《外国刑法学》(下册),北京大学出版社1985年版,第910—911页。

6 参见张明楷:《外国刑法纲要》(第3版),法律出版社2020年版,第458页。

以不合理的方式进入租客的房间的,也属于非法侵入他人住宅。

11 当行为人与居住人存在诸如父母、子女关系等密切关系时,如何认定他人的住宅,问题稍显复杂。虽然存在一定的亲属关系,但对于住宅不存在财产的共有关系时,如父母、子女各自在不同地方独立生活时,对方的住宅就属于他人的住宅。即使对于住宅存在财产的共有关系,但如果客观上双方处于分居状态,分居事由合理,且一方不愿与另一方一起居住时,如夫妻因感情破裂而双方分居的,对方的住宅也属于他人的住宅,行为人既不能随便进入,更不能随意搜查。

V 非法性

12 构成《刑法》第 245 条之罪,要求搜查行为或者侵入住宅行为是非法的。《刑法》第 245 条中"非法"一词意在提示如果存在违法阻却事由,则搜查行为或者侵入住宅行为就不构成《刑法》第 245 条之罪。

13 形式地说,"非法"是指搜查他人身体、住宅或者侵入他人住宅缺乏法律根据。实质地说,"非法"是指搜查他人身体、住宅或者侵入他人住宅扰乱了他人住宅的安宁,且未保护更为重要的利益。在未与被拆迁户达成拆迁协议、未取得任何合法手续的前提下,组织、指挥民工强行进入被拆迁户的行为具有非法性,侵犯了他人的正常生活和居住安宁,构成非法侵入住宅罪。违法性的认定与违法阻却事由的认定是表里关系。具有下列情形之一的,不具有非法性,属于合法地搜查他人身体、住宅或者合法侵入他人住宅:

14 (1)搜查行为符合法律的规定。关于搜查,我国存在严格的法律规定。只有根据法律规定进行搜查或检查,或者得到被搜查人的同意,行为人才不构成非法搜查罪。例如,乘坐飞机前需要安全检查,检查人员是根据法律规定对乘客的身体进行检查,故不构成非法搜查罪。

15 从实践看,非法搜查主要有两种情况:①无搜查权的人,出于某种目的非法对他人的人身或住宅进行搜查。即使是公安人员、检察人员与监察人员,只要没有参与刑事案件的侦查,或者虽参与刑事案件的侦查但没有接到有搜查决定权的人的指令,或者搜查的要求没有得到批准的,也都属于无权搜查的人员。②有搜查权的人不遵从法律规定的搜查程序进行搜查。实践中一个较有争议的问题是,侦查人员没有严格执行法定搜查程序而搜查的行为,是否构成本罪?如侦查人员在依法搜查时,有时由于种种原因,没有让被搜查的对象或其家属、邻居及其他证人在搜查笔录上签字或盖章;有的侦查人员在搜查中未向被搜查的人出示搜查证;搜查妇女身体没有按规定由女性工作人员进行等,这些是否构成非法搜查罪?有人认为,这类行为属于"合法搜查中的错误行为"[7],无疑是错误的做法,但与非法搜查罪有原则区别,不可混为一

---

7 马克昌、杨春洗、吕继贵主编:《刑法学全书》,上海科学技术文献出版社 2020 年版,第 332 页。

谈,应对有关人员进行批评教育。[8] 这一看法不妥。虽然在实体上有搜查权,但是行为人不按照法定程序搜查的,同样属于非法搜查,若是严重影响私生活的安宁的,亦可构成非法搜查罪。对此,1989 年 11 月 30 日最高人民检察院《人民检察院直接受理的侵犯公民民主权利、人身权利和渎职案件立案标准的规定》明确指出:对于侦查人员不是出于个人动机,经过批准并办理搜查证,只是在搜查过程中违反了法律的有关规定的,可构成非法搜查罪,但可适当从轻处罚。该规定虽已被废止,但其结论是合理的,至今仍可适用。总之,侦查人员的搜查行为合法与否,应严格按照《刑事诉讼法》《监察法》的有关规定进行判断。而对于一般公民实施的搜查行为,判断搜查行为合法与否,应以被搜查人是否同意为准。

(2)得到他人的同意。非法搜查罪与非法侵入住宅罪属于侵犯个人法益的犯罪,身体或者住宅的安宁属于个人可以自由处分的法益,因此,只要得到他人同意而进行搜索或者进入住宅的,搜查行为、进入住宅行为就不属于刑事违法行为。当然,他人的同意必须是他人真实意思的体现,必须是没有受到胁迫或蒙蔽、基于真实意思的同意;如果他人的同意是在威胁、欺诈下形成的,或者是屈从于少数服从多数的"集体表决"的结果,该同意就不属于违法阻却事由。此外,允许他人进入住宅的同意既可以是明示的,也可以是暗示的。一般认为,只要行为人进入住宅而居住人不加以反对,就可以认为存在允许进入住宅的同意。此外,同意还包括推定他人同意的情形。例如,在房屋着火的场合,行为人冲进房屋,抱出较为贵重的财物,帮助屋主避免了损失的,根据推定的同意原理,行为人不属于"非法"侵入住宅。 16

有人认为,"被害人的'同意'或'要求'不是搜查具有合法性的依据,除司法机关外,任何机关、团体或个人都无权批准或决定进行搜查。因此,只要不是侦查人员依法进行的搜查,都是非法的"[9]。这一看法并不合适。第一,这一看法是将非法搜查罪中的"搜查"与《刑事诉讼法》中的"搜查"相等同的结果,但非法搜查罪中"搜查"的含义明显广于《刑事诉讼法》中的"搜查"。第二,被害人的同意是刑法上的正当化事由,没有理由在非法搜查罪中排除该正当化事由的适用。只要存在被搜查人的同意,一般公民(非侦查人员)实施的搜查行为就可以认为是不违法的。 17

一般情况下,得到居住人的同意而搜查或者进入住宅,不构成非法搜查罪、非法侵入住宅罪,但如果居住人仅仅同意行为人搜查住宅的某一房间或者进入住宅的某一房间,而行为人无故搜查其他房间或者进入其他房间的,仍有成立非法搜查罪、非法侵入住宅罪的可能。 18

在居住人为多人时(未成年子女除外),有人同意他人进入住宅,有人加以反 19

---

8 参见王伦轩等主编:《非法管制罪 非法搜查罪 非法侵入他人住宅罪 泄露国家秘密罪》,中国检察出版社 1996 年版,第 37 页。

9 王伦轩等主编:《非法管制罪 非法搜查罪 非法侵入他人住宅罪 泄露国家秘密罪》,中国检察出版社 1996 年版,第 42 页。

对,此时行为人是否构成非法侵入住宅罪?这取决于行为人进入住宅是否妨碍居住人平稳地管理、利用住宅。如父母不同意成年子女的朋友甲进入住宅,如果甲进入住宅并没有带来什么不便,则甲不构成本罪。如果在家的妻子不同意丈夫的姘妇进入住宅,而姘妇进入住宅与丈夫发生不轨之事的,这无疑严重妨害了妻子在住宅中的安宁,故姘妇应构成非法侵入住宅罪。

20 行为人因未及时履行还款义务,法院拍卖行为人名下房屋,行为人拒不腾空房屋,法院强制腾空房屋交给买受人后,房屋归买受人所有,行为人再次搬入并住在该房屋的,因为并无买受人的同意,故属于非法侵入住宅,构成非法侵入住宅罪。[10]

21 (3)其他违法阻却事由。例如,在行为人躲避他人追杀的场合,行为人为保命而闯入他人住宅隐藏,侵入住宅的行为虽然没有得到他人的同意,但行为人因此躲过了追杀的,该行为属于紧急避险,同样不构成非法侵入住宅罪。

Ⅵ 非法搜查罪的认定

22 非法搜查罪是指没有合法根据地搜查他人身体、住宅,严重侵犯他人身体、住宅安宁的行为。构成非法搜查罪,要求存在非法搜查行为。非法搜查罪中的“搜查”,是指以搜寻的意思有目的地对身体、住宅进行搜索、检查的行为。如行为人认为自己被他人收了魂,于是在被害人家里到处搜查、挖掘莫须有的“收魂罐”,其行为构成非法搜查罪。非法搜查罪中的“搜查”,不限于《刑事诉讼法》上的“搜查”。《刑事诉讼法》上的搜查,是指为了收集犯罪证据、查获犯罪人,侦查人员对犯罪嫌疑人以及可能隐藏罪犯或者犯罪证据的人的身体、物品、住处和其他地方进行搜索、查找的行为。“我国法律对有权决定搜查的机关、搜查的主体、搜查的程序都作了详细规定,任何违反上述法律规定的行为,都是非法搜查。”[11]除此之外,还有很多部门都具有某种搜查的权力,如航空安检时可对乘客的身体进行安全搜查;当烟草商贩的住宅兼为仓库时,烟草专卖局工作人员在执法时也可对烟草商贩的住宅进行搜查。这些人员不依照法定的权限进行搜查的,谈不上违反《刑事诉讼法》的规定,但也能够构成非法搜查罪。因此,不可将非法搜查罪中的“搜查”等同于《刑事诉讼法》中的“搜查”。

23 从形式上而言,对他人的身体、住宅进行搜寻、检查,即为搜查。搜查,既包括有形搜查,即利用有形力对他人的身体、住宅进行搜查,也包括无形搜查,即利用高科技手段,在不触动他人身体、住宅的情况下对他人的身体、住宅进行检查。既可以是公开搜查,也可以是秘密搜查。住宅中无人时进行搜查的,也构成非法搜查罪。非法搜查时,既可以是行为人自己动手搜查,也可以是迫使被搜查人进行自我搜查。

---

10 参见余建华、岳思轩:《强占法院已拍卖房屋:乐清一家三口犯非法侵入住宅罪获刑》,载《人民法院报》2015 年 8 月 26 日。

11 王伦轩等主编:《非法管制罪 非法搜查罪 非法侵入他人住宅罪 泄露国家秘密罪》,中国检察出版社 1996 年版,第 42 页。

构成非法搜查罪,要求非法搜查行为对他人身体、住宅的安宁的侵犯达到一定程度。例如,父亲怀疑15岁的儿子拿了家里100元钱,于是强行翻了儿子的口袋,该行为固然不妥,但并不构成非法搜查罪。这意味着《刑法》第245条虽未明文要求构成非法搜查罪必须情节严重,但情节严重在事实上仍旧是不成文的构成要件要素,否则,将无法划清作为治安处罚对象的非法搜查行为与作为刑法处罚对象的非法搜查行为。2006年7月26日最高人民检察院《关于渎职侵权犯罪案件立案标准的规定》规定,国家机关工作人员利用职权非法搜查,涉嫌下列情形之一的,应予立案:①非法搜查他人身体、住宅,并实施殴打、侮辱等行为的;②非法搜查,情节严重,导致被搜查人或者其近亲属自杀、自残造成重伤、死亡,或者精神失常的;③非法搜查,造成财物严重损坏的;④非法搜查3人(户)次以上的;⑤司法工作人员对明知是与涉嫌犯罪无关的人身、住宅非法搜查的;⑥其他非法搜查应予追究刑事责任的情形。显然,以上行为都严重破坏公民正常、稳定的私生活的安宁。这一规定可以作为搜查行为是否严重侵犯他人身体、住宅安定的参考。国家机关工作人员利用职权非法搜查他人,就危害性而言,要重于一般公民实施的非法搜查行为;既然国家机关工作人员利用职权非法搜查他人,只有符合上述情形的才予以立案,则一般公民的非法搜查行为也必须达到上述立案标准,才能构成非法搜查罪。 24

非法搜查罪的主体为一般主体,主观方面为故意。在实践中,发生过数百人非法搜查或非法侵入住宅的案件。如某村干部为了找回被盗的集体所有的18英寸彩色电视机,竟然发动上百名学生对全村住户进行搜查。基于宽严相济的刑事政策的考虑,对于多人参加的非法搜查案件,一般只追究主要责任人员的刑事责任。 25

Ⅶ 非法侵入住宅罪的认定

构成非法侵入住宅罪,要求存在侵入行为,即行为人违反他人意愿进入他人的住宅。侵入住宅的方式不限,既可以是暴力侵入住宅,也可以是非暴力地侵入住宅,如偷溜进入住宅。在实务上,行为人以“软暴力”手段非法进入或者滞留他人住宅、有处罚必要的,同样可以非法侵入住宅罪定罪处罚。侵入行为不要求是公开的,即使秘密侵入住宅也能够构成本罪。侵入住宅时,住宅是否有人,不影响侵入行为的认定。侵入行为可分为积极的侵入与消极的不退出两种类型: 26

(1)积极的侵入,是指行为人没有合法根据积极地进入他人住宅,即通常所说的侵入。在形式上如何认定侵入,不可一概而论。对于有围绕地的住宅,应以进入围绕地为准,如行为人翻越围墙等;对于无围绕地的住宅,应以实际进入住宅为侵入。如果是公有住宅的,应以进入各户与外界相对隔绝的空间为侵入。侵入住宅不限于从门口侵入,从窗户进入或从屋顶挖洞进入,也属于侵入住宅。 27

(2)消极的不退出,是指行为人合法或过失进入住宅后,居住人要求其退出,行为人消极地不退出,妨碍居住人平稳地管理、利用住宅的行为。消极的不退出同积极的侵入行为一样,也妨碍居住人平稳地管理、利用住宅的权利,故本质上与非法侵入住宅没 28

有差别。对于消极的不退出行为,也应当从实质上去把握。消极的不退出属于真正不作为犯,从居住人要求行为人退出时起,行为人便产生了法律上的退出义务。不退出行为成立非法侵入住宅罪,居住人要求行为人退出住宅的意思必须是明示的。当居住人为多人且均不同意行为人在住宅滞留时,其中任何一人都可以要求行为人退出。

29 消极的不退出确实会侵犯公民按照个人意愿平稳地管理、利用住宅的权利,但是,这并不意味着不退出就是"侵入"住宅。因此,将居住人要求退出但行为人拒不退出住宅的行为认定为非法侵入住宅罪,是否符合罪刑法定原则,就是一个问题。在修订 1979 年《刑法》的过程中,有人建议应参考国外的不退出罪,对此在条文中作出规定。曾有草案作出过回应,但后来立法机关又删除了相关规定。当前,将拒不退出住宅的行为认定为非法侵入住宅罪是否符合罪刑法定原则的争论,多少与这一立法过程有关。通说认为,将拒不退出住宅的行为认定为非法侵入住宅罪,并不违反罪刑法定原则。实务上也认为对此应以非法侵入住宅罪论处。2019 年 4 月 9 日最高人民法院、最高人民检察院、公安部、司法部《关于办理实施"软暴力"的刑事案件若干问题的意见》规定,以"软暴力"手段滞留他人住宅的,应当认定为《刑法》第 245 条规定的"非法侵入他人住宅",同时符合其他犯罪构成要件的,应以非法侵入住宅罪定罪处罚。将一些滞留他人住宅的行为认定为非法侵入住宅罪,表明实务认可消极的不退出亦可成立非法侵入住宅罪。如果认为"侵入"的核心是"入",则将拒不退出住宅的行为认定为非法侵入住宅罪,就有违反罪刑法定原则的嫌疑。只有认为"侵入"是指"侵"(侵犯住宅)或者"入"(非法进入住宅),通说与实务的做法才能成立。

30 对于社会危害程度较轻的非法侵入住宅行为,按照 2012 年《治安管理处罚法》第 40 条的规定进行治安处罚即可。只有严重扰乱住宅的安宁,社会危害程度严重的非法侵入住宅行为,才以非法侵入住宅罪论处。从实务来看,下列情形应以非法侵入住宅罪追究刑事责任:①将尸体抬入他人住宅摆放[12],在他人住宅内建坟,将死者的骨灰(盒)、遗像摆放在他人家中,在他人家中播放哀乐、摆放花圈的;②使用暴力侵入他人住宅,侵入住宅后殴打居住人,毁损、破坏或搬走他人生活用品,侵入住宅后封闭他人住宅或者设置其他生活障碍,随地大小便或者用粪便污损生活用品的;③侵入行为造成被害人精神失常、病发死亡或者无家可归、流浪街头等严重后果的;④多人侵入他人住宅,多次侵入他人住宅,长期侵入他人住宅的;⑤入户盗窃,难以认定为盗窃罪,但有携带凶器入户等情节的;等等。

31 构成非法侵入住宅罪既遂,要求行为人已经侵入了他人住宅,并且严重扰乱了他人住宅的安宁。这表明完成侵入行为并不意味着就已犯罪既遂,仅在非法侵入住宅行为已经严重侵犯了住宅安宁时,才属于犯罪既遂。行为人企图侵入他人住宅,但遭到居住人的顽强抵抗而未能进入住宅的,就事实而言构成非法侵入住宅未遂。考虑

---

12 陈尸闹事的行为在构成非法侵入住宅罪的同时,对居住人还有侮辱的属性,情节严重的,成立侮辱罪,属于非法侵入住宅罪与侮辱罪的想象竞合犯。

到非法侵入住宅罪的法定刑较低,对此没有必要追究刑事责任,对行为人进行治安处罚即可。这意味着,非法侵入住宅既遂与未遂的区分其实具有罪与非罪的区分机能。

非法侵入住宅罪的主体为年满16周岁、具有刑事责任能力的自然人。主观方面为故意,行为人明知侵入住宅或者不退出住宅违反了居住人的意思,会扰乱住宅的安宁,仍故意侵入住宅或者不退出住宅。"住宅"属于规范的构成要件要素,只要行为人认识到自己没有合法根据进入的场所是供人居住、生活的地方,即可认定行为人认识到自己在侵入他人住宅。行为人由于醉酒,误将他人住宅当成是自己的住宅而闯入的,因缺乏犯罪故意,不成立非法侵入住宅罪,但居住者要求其退出而不退出的,可以构成非法侵入住宅罪。如果行为人并没有非法侵入他人住宅的意思,而是以毁坏故意破坏他人门窗的,不构成本罪(如果毁损住宅比较严重的,可以故意毁坏财物罪论处)。犯罪动机不影响非法侵入住宅罪的认定,即便是正当的动机也有可能构成非法侵入住宅罪,如以索取合法债务为目的,长期住在债务人家中不走,严重扰乱债务人一家生活的,有以非法侵入住宅罪论处的余地。 32

Ⅷ 两罪的关系

非法侵入住宅罪与非法搜查罪规定在同一个刑法条文之中,都属于一般主体的故意犯罪,都可能侵犯了他人的住宅,但二者在行为对象、行为方式上存在差别。行为人以非法搜查为目的进入他人住宅的,虽然应以非法搜查罪论处,但这并不意味着行为人仅构成非法搜查罪,而不构成非法侵入住宅罪。在以搜查为目的非法侵入住宅的场合,非法侵入住宅罪与非法搜查罪其实存在重叠关系,即非法侵入住宅罪处罚的是目的不限的非法侵入住宅行为,而非法搜查罪处罚的是以非法搜查为目的的非法侵入住宅行为,因而两罪存在竞合关系。如果认定非法搜查罪与非法侵入住宅罪不是对立关系,则在行为人非法侵入住宅后,其行为是否属于非法搜查行为存在争议时,对此就可以非法侵入住宅罪论处。例如,行为人入户盗窃,翻箱倒柜,未能窃得财物或者仅窃得价值轻微的财物的,不能以盗窃罪论处时(实务上对情节一般的盗窃未遂均不以犯罪论处),虽然既不能说行为人没有非法搜查的意思,也不能说客观上不存在非法搜查行为,但能否以非法搜查罪论处存在争议时,对此完全可以非法侵入住宅罪论处。 33

Ⅸ 罪数

在非法搜查的场合,如果行为人原本只有非法搜查的意思,在非法搜查过程中发现被害人有财物,临时起意,暗中取走他人财物或者压制他人从而取得财物的,这属于在犯非法搜查罪的过程中另起犯意,对此应以非法搜查罪与盗窃、抢劫等财产犯罪进行数罪并罚。如果行为人只有财产犯罪的意思,如入户盗窃、在户内搜寻他人财物,或者以抢劫故意在被害人身上搜寻财物的,这构成盗窃、抢劫等财产犯罪与非法 34

搜查罪的想象竞合,对此应从一重罪论处,无须数罪并罚。在行为人非法搜查他人身体后取走他人财物的场合,如果由于证据的缘故难以认定行为具有非法占有目的的,对行为人虽然不能以侵犯财产罪论处,但完全可以非法搜查罪论处。凌晨3时许,被告人吴国强身着武警制服,伙同被告人蓝卫武,以被害人万某系"票贩子"为由,对被害人搜身,搜出火车票及现金372元等物,后在万某的要求下,二人又将现金等物归还万某。对于本案,检察院以被告人吴国强、蓝卫武犯抢劫罪起诉,但法院认定二被告人只构成非法搜查罪。[13] 这一判决是合理的。在该案中,现有证据尚不足以充分证明二被告人对其搜查所得的现金和火车票具有非法占有的目的,故不能认定二被告人构成抢劫罪;二被告人的行为符合非法搜查罪的犯罪构成,故对此可以非法搜查罪论处。

35 在非法侵入住宅的场合,如果行为人非法侵入他人住宅,严重扰乱住宅的安宁,但没有其他犯罪行为的,对行为人仅定为非法侵入住宅罪一罪。如果行为人非法侵入他人住宅后,临时产生伤害、盗窃等故意,并实施了故意伤害、盗窃等犯罪行为的,非法侵入住宅罪与故意伤害罪、盗窃罪等犯罪属于彼此独立的犯罪,此时对行为人应数罪并罚。如果行为人基于杀人、强奸或者侵犯财产等目的,非法侵入他人住宅并实施了杀人、强奸或者侵犯财产等行为的,无论是将其理解为牵连犯还是认为属于想象竞合犯,都应从一重罪论处,无须数罪并罚。

---

[13] 参见最高人民法院中国应用法学研究所编:《人民法院案例选(2004年刑事专辑)》,人民法院出版社2005年版,第261—264页。

第二百四十六条　侮辱罪;诽谤罪

以暴力或者其他方法公然侮辱他人或者捏造事实诽谤他人，情节严重的，处三年以下有期徒刑、拘役、管制或者剥夺政治权利。

前款罪，告诉的才处理，但是严重危害社会秩序和国家利益的除外。

通过信息网络实施第一款规定的行为，被害人向人民法院告诉，但提供证据确有困难的，人民法院可以要求公安机关提供协助。

文献:郑文明:《诽谤的法律规制——兼论媒体诽谤》,法律出版社 2011 年版;张庆彬:《语言犯罪:系统功能语言学视域下的诽谤话语研究》,外语教学与研究出版社 2018 年版。陈宝树:《谈侮辱罪和诽谤罪》,载《中州法学》1982 年第 1 期;陈卫东:《谈谈诽谤罪》,载《北京政法学院学报》1982 年第 2 期;陆进达、周鼎伟:《如何认定侮辱诽谤罪》,载《法学》1985 年第 6 期;廖钟洪:《关于侮辱、诽谤罪几个问题的探讨》,载《当代法学》1988 年第 2 期;钱舫、秦思剑:《诽谤罪与名誉权的刑法保护》,载《中外法学》1996 年第 2 期;唐煜枫:《论诽谤罪成立之宪法限制》,载《甘肃政法学院学报》2006 年第 2 期;陈珊珊:《论诽谤罪的价值抉择与检验逻辑——以彭水诗案为发端》,载《中国刑事法杂志》2008 年第 1 期;金泽刚:《媒体诽谤与权力造罪》,载《法学论坛》2009 年第 2 期;赵秉志、彭新林:《"严重危害社会秩序和国家利益"的范围如何确定——对刑法典第 246 条第 2 款但书规定的理解》,载《法学评论》2009 年第 5 期;侯健:《诽谤罪、批评权与宪法的民主之约》,载《法制与社会发展》2011 年第 4 期;陈珊珊:《诽谤罪之省思》,载《华东政法大学学报》2012 年第 2 期;陈洪兵:《重新解读侮辱罪》,载《延边大学学报(社会科学版)》2012 年第 4 期;付立庆:《恶意散布他人捏造事实行为之法律定性》,载《法学》2012 年第 6 期;曲新久:《惩治网络诽谤的三个刑法问题》,载《人民检察》2013 年第 9 期;杜曦明:《利用信息网络实施的诽谤犯罪实务问题研究》,载《法律适用》2013 年第 11 期;林维:《"严重危害社会秩序和国家利益"的认定——以亲告罪的立法旨趣为核心》,载《法律适用》2013 年第 12 期;孙平:《诽谤罪与言论规制"调适期"》,载《环球法律评论》2014 年第 3 期;李佳欣:《侮辱罪构成要件中"公然"的理解》,载《福建警察学院学报》2014 年第 5 期;张明楷:《网络诽谤的争议问题探究》,载《中国法学》2015 年第 3 期;高铭暄、张海梅:《网络诽谤构成诽谤罪之要件——兼评"两高"关于利用信息网络诽谤的解释》,载《国家检察官学院学报》2015 年第 4 期;段启俊、郑洋:《网络诽谤犯罪若干问题研究》,载《湖南大学学报(社会科学版)》2016 年第 5 期;刘艳红:《网络时代言论自由的刑法边界》,载《中国社会科学》2016 年第 10 期;邵国松:《诽谤入罪的判决标准:国际比较的视角》,载《南京社会科学》2016 年第 10 期;崔星璐、吴占英:《在非公众场所侮辱他人能否构成侮辱罪》,载《中国检察官》2019 年第 4 期。

细目录

Ⅰ　主旨
Ⅱ　沿革
Ⅲ　客体
Ⅳ　侮辱、诽谤的入罪要件
一、侮辱、诽谤的对象
二、侮辱、诽谤行为
三、情节严重
Ⅴ　罪过
Ⅵ　违法阻却事由
Ⅶ　与他罪的关系
一、侮辱罪与诽谤罪的区别
二、侮辱罪与强制侮辱罪的区别
三、诽谤罪与诬告陷害罪的区别
Ⅷ　自诉与公诉
一、告诉的才处理
二、可以公诉的情形

Ⅰ　主旨

1　为了保护公民的名誉,《刑法》第 246 条设立了侮辱罪、诽谤罪。侮辱罪是指以暴力或者其他方法公然侮辱他人,败坏他人名誉,情节严重的行为。诽谤罪是指捏造事实诽谤他人,败坏他人名誉,情节严重的行为。侮辱罪与诽谤罪是同质犯罪,区别在于败坏他人名誉的方式不同。为了使民事侵权与刑事犯罪相区别,侮辱、诽谤行为仅在情节严重时,才能构成犯罪。信息网络可使侮辱、诽谤行为突破时间与空间的限制,这给侮辱、诽谤罪的认定提出了不少新课题。

Ⅱ　沿革

2　1979 年《刑法》第 145 条规定:"以暴力或者其他方法,包括用'大字报'、'小字报',公然侮辱他人或者捏造事实诽谤他人,情节严重的,处三年以下有期徒刑、拘役或者剥夺政治权利。前款罪,告诉的才处理。但是严重危害社会秩序和国家利益的除外。"

3　1982 年《宪法》已经取消"大鸣、大放、大辩论、大字报"的规定。在实践中,以大字报、小字报来侮辱、诽谤他人的案件极少,故在修订刑法的过程中,取消了有关"大字报""小字报"的规定。此外,对侮辱、诽谤犯罪的犯罪分子,不一定非要判处监禁刑,故增设了"管制"这一刑种。由此,形成了 1997 年《刑法》第 246 条的规定。

2015 年 8 月 29 日《刑法修正案(九)》对本条进行了修订。随着信息网络尤其是移动互联网的普及和发展,通过信息网络实施侮辱、诽谤犯罪的行为增多。与传统的侮辱、诽谤犯罪不同,这种新形式的侮辱、诽谤传播快、涉众广、危害大,往往具有一定的隐蔽性,行为人通过网络化名、假名发布侮辱、诽谤信息,被害人通常难以确认犯罪嫌疑人的真实身份、固定相应的证据,其通过法律途径维权、追究行为人的责任较为困难。为了维护被害人的权益,保证正常的网络秩序,惩治通过信息网络实施的侮辱、诽谤行为,《刑法修正案(九)》在本条增加了第 3 款"通过信息网络实施第一款规定的行为,被害人向人民法院告诉,但提供证据确有困难的,人民法院可以要求公安机关提供协助"的规定。[1] 4

Ⅲ 客体

无论就立法沿革来看,还是就《宪法》第 38 条、《民法典》第 1024 条的规定来看,侮辱总是与诽谤规定在同一条文之中,这表明侮辱与诽谤是同质行为,侮辱罪、诽谤罪的客体一致。通说认为,侮辱罪、诽谤罪的客体是公民的人格尊严和名誉权。但是,将公民的人格尊严作为侮辱罪、诽谤罪的客体内容,侮辱罪、诽谤罪与拐卖妇女、儿童罪在客体方面就会产生重合,无法反映侮辱罪、诽谤罪的本质。同时,不明确界定"名誉"的含义,也无法发挥客体对侮辱罪、诽谤罪的构成要件的指导机能。 5

所谓名誉,有三种含义:一是外部名誉(社会的名誉),指社会对人的价值评判。《民法典》第 1024 条第 2 款规定:"名誉是对民事主体的品德、声望、才能、信用等的社会评价。"这就是民法对外部名誉的定义。二是内部名誉,指客观存在的人的内部价值或真实价值。三是主观名誉(名誉感情),是指本人对自己所具有的价值意识、感情。[2] 外部力量不能对内部名誉(人的真实价值)产生影响,故内部名誉不是刑法保护的对象。如果被害人对侮辱、诽谤毫不知情,则名誉感情就不会受损。同时,精神病人、年幼无知之人也是侮辱、诽谤罪保护的对象,然而这些人很难说对自己有什么名誉感情,故主观名誉也不是侮辱罪、诽谤罪的保护对象。因此,在我国,作为侮辱罪、诽谤罪客体的名誉仅指外部名誉。这样,在名誉保护方面,有利于实现民法与刑法的合理分工,即损害内部名誉或者名誉感情的,只能按照民事侵权处理;并未公然损害外部名誉,以及公然损害外部名誉但情节尚不严重的,也按民事侵权处理;仅在损害外部名誉,情节严重时,才以侮辱罪、诽谤罪论处。 6

---

1 参见郎胜主编:《中华人民共和国刑法释义》(第 6 版),法律出版社 2015 年版,第 411 页。

2 参见张明楷:《刑法学》(第 6 版),法律出版社 2021 年版,第 1193 页。

7 作为侮辱罪、诽谤罪客体的外部名誉,是指他人的名声,即社会对人的积极的价值评判。不名誉(即坏名声)不在《刑法》第 246 条的保护范围之内。作为名誉的内容的价值,并不只限于人的行为或人格、伦理上的价值,也包括政治上、社会上、学术上、艺术上的能力,以及身体的素质、精神的特质、职业、身份、血统等在社会生活中的价值在内。[3] 至于社会对人的价值评判与本人的真实价值是否一致,不会对侮辱罪、诽谤罪的认定产生影响,即与真实价值不一致的假定的名誉以及受过高评价的名誉,也是侮辱罪、诽谤罪保护的对象。

8 侮辱罪、诽谤罪是针对外部名誉的抽象危险犯,这意味着只要行为人实施完侮辱、诽谤行为,达到情节严重的地步,就已经侵犯了外部名誉,构成犯罪既遂,而无须公诉机关证明被害人的外部名誉在事实上被贬低。换言之,即便事实上他人的名誉未受什么影响,但现实实施的侮辱、诽谤行为具有损害他人外部名誉的抽象危险,在侮辱、诽谤行为情节严重时,也应按侮辱、诽谤犯罪既遂处理。

IV 侮辱、诽谤的入罪要件

一、侮辱、诽谤的对象

9 名誉总是与特定的主体相关联,这决定了侮辱、诽谤的对象必须是特定的他人,既可以是一人,也可以是数人,但必须是具体的、可以确定的个人。行为人侮辱、诽谤他人时虽未指名道姓,但根据行为人侮辱、诽谤的事实、情节等具体情况,可以推知具体被害人的,构成侮辱罪、诽谤罪。行为人在大庭广众之下进行无特定对象的谩骂的,或者行为人虽然捏造、散布某种事实,但并未针对特定人员的,不构成《刑法》第 246 条之罪。正是从这一原理出发,《民法典》第 1027 条第 1 款规定:“行为人发表的文学、艺术作品以真人真事或者特定人为描述对象,含有侮辱、诽谤内容,侵害他人名誉权的,受害人有权依法请求该行为人承担民事责任。”第 2 款规定:“行为人发表的文学、艺术作品不以特定人为描述对象,仅其中的情节与该特定人的情况相似的,不承担民事责任。”由此进行当然解释,行为人发表的文学、艺术作品只要不以特定人为描述对象,仅其中的情节与该特定人的情况相似的,即使该特定人主动对号入座或者周围群众将其对号入座的,行为人也不构成侮辱罪、诽谤罪。

10 作为侮辱罪、诽谤罪对象的“他人”,仅指自然人,这是由侵犯公民人身权利罪的属性所决定的。“他人”不仅包括我国公民,也包括居住在我国境内的外国人与无国籍人。由于侮辱罪、诽谤罪的对象只限于自然人,故单位不是侮辱罪、诽谤罪的对象。虽然《民法典》第 110 条第 2 款规定单位享有名誉权,但民法与刑法的目的与任务并不一致,且刑法对侵犯单位名誉并非全无规定,行为人诽谤单位试图达到损害其商业

---

[3] 参见甘雨沛、何鹏:《外国刑法学》(下册),北京大学出版社 1985 年版,第 919 页。

信誉、商品声誉的,可以视情况以损害商业信誉、商品声誉罪处理。因此,单位不是《刑法》第246条的保护对象。当然,表面上在侮辱、诽谤单位,如散布自己所捏造的事实说"某单位销售有毒、有害食品",但意图使单位的主管人员或者其他直接责任人员受刑事追究的,这种针对单位的侮辱、诽谤行为在事实上也是对特定自然人的侮辱、诽谤,故能构成侮辱罪、诽谤罪。此外,侮辱国旗、国徽、国歌,有追究刑事责任必要的,应以侮辱国旗罪、侮辱国徽罪或者侮辱国歌罪追究刑事责任。

作为侮辱罪、诽谤罪对象的"他人"无疑包括幼儿与儿童。实践中发生了一些严重侮辱幼儿与儿童的案件,如幼儿园教师强迫幼儿喝尿,教师指使学生打其他学生的耳光等恶性事件。考虑到侮辱幼儿和儿童将会严重侵犯少年儿童的身心健康,比一般的侮辱罪行要严重,有人建议应设立侮辱儿童罪。[4] 但是,就刑法解释学而言,侮辱幼儿、儿童的行为并不属于法无明文规定的行为,《刑法》第246条完全涵盖这些情形。因此,侮辱幼儿与儿童,情节严重的,应以侮辱罪追究刑事责任。 11

作为侮辱罪、诽谤罪对象的"他人",不包括死者和尸体。①死者不是侮辱罪、诽谤罪的对象。有人认为死者可以成为侮辱罪、诽谤罪的对象。[5] 这是值得商榷的。第一,人们不应侮辱、诽谤死者,但不能由此得出死者可以成为侮辱罪、诽谤罪的对象的结论。第二,侮辱罪、诽谤罪属于侵犯公民人身权利的犯罪,死者已经不再属于"公民"的范畴,故其不是侮辱罪、诽谤罪的对象。第三,侮辱罪、诽谤罪为亲告罪,如果死者可以成为侮辱罪、诽谤罪的对象,当侮辱、诽谤死者不属于"严重危害社会秩序和国家利益"时,在法律上该由谁来告诉,告诉是否有法律根据,这些都是难以解决的问题。事实上,对于侮辱、诽谤死者的案件,完全可以通过民事途径解决。因此,死者不应成为侮辱罪、诽谤罪的对象。当然,如果行为人表面上侮辱、诽谤死者,实际上指桑骂槐,将侮辱、诽谤的矛头非常明确地指向死者家属的,行为人的行为可以构成侮辱罪、诽谤罪。②尸体不是侮辱罪的对象。侮辱尸体的,构成《刑法》第302条的侮辱尸体罪。如果行为人表面上侮辱尸体,实际上是通过侮辱尸体侮辱死者的亲属的,构成侮辱尸体罪与侮辱罪的想象竞合,应从一重罪处断。 12

二、侮辱、诽谤行为

(一)侮辱的认定

侮辱是指一切足以让社会公众改变对他人的通常评价的行为。单纯的无理举动还不能称为侮辱,只有无理举动暗含诬蔑的意思才是侮辱。[6] 具有败坏他人名誉的属性,或者说对他人作出极其轻蔑的价值判断,是侮辱的本质。行为人所说的虽是公 13

4　参见侯国云、白岫云:《新刑法疑难问题解析与适用》,中国检察出版社1998年版,第18页。

5　参见陈正云:《死者可以作为侮辱罪诽谤罪的对象》,载《法律科学》1991年第6期。

6　参见甘雨沛、何鹏:《外国刑法学》(下册),北京大学出版社1985年版,第924页。

知的事实,但只要该内容具有表示轻蔑、贬低他人的意思,如行为人在公众场合骂盲人"瞎了狗眼"的,属于侮辱。

14 作为侮辱罪的侮辱行为,必须公然进行。这是《刑法》第 246 条本身的明文要求。《刑法》之所以要求侮辱行为公然进行,是因为侮辱罪的犯罪客体是他人的外部名誉,在私下场合而不是公然侮辱他人的,不会败坏被害人的外部名誉,或者说社会公众因对侮辱不知情,因而不会改变对他人的看法或者价值评判。在此意义上,即便《刑法》第 246 条没有提出"公然"的要求,成立侮辱罪也应要求侮辱行为必须公然进行。所谓"公然",是指当着第三者甚至多人的面,或者利用可以使不特定人或多数人听到、看到的方式,对他人进行侮辱。至于"公然"是指侮辱行为的公然还是指侮辱结果的公然,有不同看法。一般认为,公然是指侮辱行为的公然性。[7] 但也有人认为,公然是指侮辱结果的公然性,而不是指侮辱行为的公然性。"侮辱罪中的公然侮辱并不是强调行为人行为的公然性,而是强调侮辱行为造成他人受侮之结果的公然性,即侮辱结果是公然的,至于侮辱行为是否公然不影响本罪的成立与否。笪开福挖掘他人祖坟的行为虽然系夜间秘密实施,但其行为造成张某及其家人遭受侮辱的结果为四周乡邻皆知,所以可以认定笪开福的行为系公然侮辱他人的行为。"[8] 这一看法的背后推理是,夜间秘密实施的(不是公然实施的)侮辱行为已经完成了,此时要认定行为人构成侮辱罪,就只能认定侮辱结果是公然的。但是,如果认为侮辱行为既可以作为的方式进行,也可以不作为的方式进行,则对于笪开福挖掘他人祖坟的行为,即可认定属于以不作为的方式(未将他人祖坟恢复原状)公然侮辱他人,仍然能够认定侮辱行为具有公然性。据此,认为公然包括行为的公然与结果的公然的看法[9],就是没有必要的。如果主张公然包含结果的公然,则行为人私下一对一地侮辱被害人,若被害人提起民事诉讼,被害人被侮辱的结果必然被他人知晓,此时存在结果的公然,行为人就应构成侮辱罪,但这并不合适。因此,公然不含结果的公然。此外,"公然"并不要求被害人在场。被害人是否在场对于成立侮辱罪并不重要,因为即使被害人不在场,公然侮辱行为也能败坏被害人的名誉。此外,公然与毫无忌惮没有任何关联。有人认为,公然包括毫无忌惮地侮辱他人的情形,因而在非公众场所毫无忌惮地侮辱他人的行为也构成侮辱罪。[10] 这一看法是脱离侮辱罪的犯罪客体、进行纯粹说文解字的结果,难以获得支持,因为在非公然的场合,无论侮辱行为多么毫无

---

7 参见李佳欣:《侮辱罪构成要件中"公然"的理解》,载《福建警察学院学报》2014 年第 5 期。

8 陈兴良、张军、胡云腾主编:《人民法院刑事指导案例裁判要旨通纂》(第 2 版),北京大学出版社 2018 年版,第 887 页。

9 参见马克昌主编:《百罪通论》(上卷),北京大学出版社 2014 年版,第 621 页。

10 参见崔星璐、吴占英:《在非公众场所侮辱他人能否构成侮辱罪》,载《中国检察官》2019 年第 4 期。

忌惮,都不会败坏他人的外部名誉。

15 侮辱的内容不限,可以是他人的品性、素质,也可以是他人的身体、身份或其他缺陷以及他人不愿公开的隐私。没有合法根据地暴露他人隐私,客观上能够改变社会对他人的原有评价,具有败坏他人名誉的属性,故非法暴露他人隐私(如公开他人性爱录像),情节严重的,可构成侮辱罪。当然,普通公民与公众人物的隐私范围有所不同,在认定非法暴露隐私案件是否构成侮辱罪时,应当对此有所考虑。

16 侮辱的方法不限,包括暴力或者其他方法。考虑到侮辱罪的法定刑较轻,这里的"暴力"不要求程度很高。[11] 强行往被害人口中塞粪便,强迫被害人下跪或钻裤裆等行为均属于暴力侮辱他人。"其他方法"是指暴力以外的其他一切足以败坏他人名誉的方法,具体包括:其一,言语侮辱,即口头对被害人进行戏弄、诋毁、谩骂,使其当众出丑。其二,动作侮辱,即利用特定的形体动作来败坏他人的名誉,如"祭奠"活人、模仿某种丑态使他人出丑等。其三,文字侮辱,即书写、张贴、传阅有损他人名誉的大字报、小字报、漫画、小说、标语等。1998 年最高人民法院在《关于审理非法出版物刑事案件具体应用法律若干问题的解释》第 6 条规定,在出版物中公然侮辱他人,情节严重的,以侮辱罪定罪处罚。上述三种侮辱方法不是对立的,在侮辱他人时既可独立使用,也可一起使用或者交替使用。

17 侮辱行为可以通过互联网来实施。2000 年 12 月 28 日全国人大常委会《关于维护互联网安全的决定》第 4 条第(一)项规定,利用互联网侮辱他人或者捏造事实诽谤他人的,依照刑法有关规定追究刑事责任。因此,在互联网上发布他人的裸照、视频,如果情节严重的,可以构成侮辱罪。[12] 在互联网上公布他人负面信息,请求"人肉搜索"的,同样属于侮辱行为。如蔡某因怀疑徐某在其服装店试衣服时偷了一件衣服,遂将徐某在该店的视频截图配上"穿花花衣服的是小偷。求人肉,经常带只博美小狗逛街。麻烦帮忙转发",还附上徐某购物时的多张监控视频截图,上传到其新浪微博上。后徐某因不堪压力,跳水自杀。法院认定蔡某构成侮辱罪。[13] 这一定性是正确的。即便是法院在互联网公布犯罪分子的裁判文书,原则上也应对其姓名进行技术处理。蔡某在互联网上直接宣称徐某是小偷、公布徐某的截图,这会严重降低社会公众对徐某的评价,故应认定其行为属于侮辱行为。

---

11 行为人采用暴力方法侮辱他人,在侮辱过程中暴力致人伤害且行为人对此有故意的,无论是造成轻伤还是造成重伤,都构成侮辱罪与故意伤害罪的想象竞合犯,对行为人应以故意伤害罪论处。

12 发布他人性生活的照片或者视频的数量达到传播淫秽物品罪的追诉标准的,构成侮辱罪与传播淫秽物品罪的想象竞合犯,对此应从一重罪处断。

13 参见陈兴良、张军、胡云腾主编:《人民法院刑事指导案例裁判要旨通纂》(第 2 版),北京大学出版社 2018 年版,第 889—890 页。

(二)诽谤的认定

18　诽谤是指捏造有损他人名誉的事实并加以散布的行为。构成诽谤行为,首先要求行为人捏造事实,即无中生有,凭空杜撰、编造有损他人名誉的事实。捏造事实,既可以是行为人亲自捏造,也可以是行为人请求他人捏造。捏造事实,既可以是全部捏造,即所有的事实均为行为人捏造,也可以是部分捏造,即在他人捏造事实的基础上,行为人添加了部分自己所捏造的事实。只要行为人所捏造的事实足以败坏他人名誉,即使并不是非常可信,也不影响诽谤行为的成立。如果行为人并未捏造事实,散布的是有损他人名誉的真实事实的,不构成本罪(有可能成立侮辱罪)。

19　虽然《刑法》第 246 条明文规定构成诽谤罪,行为人必须有"捏造事实"的行为,但是,捏造事实是否是诽谤罪的必备要件,理论上尚有不同看法。通说对此予以肯定,但少数说认为,单纯的捏造事实尚不足以使他人的外部名誉受损,《刑法》第 246 条第 1 款的表述并不意味着诽谤罪的行为构造为先捏造、后诽谤(或散布);相反,诽谤罪的构成要件行为是单一行为,即应将"捏造事实诽谤他人"解释为"利用捏造的事实诽谤他人"或者"以捏造的事实诽谤他人"[14]。2013 年 9 月 6 日最高人民法院、最高人民检察院《关于办理利用信息网络实施诽谤等刑事案件适用法律若干问题的解释》第 1 条规定,明知是捏造的损害他人名誉的事实,在信息网络上散布,情节恶劣的,以"捏造事实诽谤他人"论。这一规定含有行为人无须捏造事实也可构成诽谤罪的意思。少数说在刑事立法学上是成立的,作为实行行为的诽谤行为只能是散布、传播虚假事实的行为,但就刑法解释学而言,"捏造事实"是刑法明文规定的构成要件要素,具有限缩处罚范围的作用,直接否定这一构成要件要素实质上是一种立法行为(相当于以刑法修正案的形式直接删除了"捏造事实"的规定),已经超出了刑法解释学的范畴。《刑法》第 221 条损害商业信誉、商品声誉罪要求"捏造"并散布虚伪事实,《刑法》第 243 条诬告陷害罪要求"捏造事实"诬告陷害他人,若对诽谤罪的解释应与损害商业信誉、商品声誉罪、诬告陷害罪的解释保持均衡,就应认为"捏造事实"是构成诽谤罪的必备手段行为。[15] 而且,将"捏造事实"作为诽谤罪的手段行为,也不会造成处罚上的漏洞。如陈某明知甲散布的丙女私生活混乱的事实是甲捏造的,基于让丙女出丑的目的,陈某也四处散布丙女私生活混乱的流言,导致丙女不堪压力而自杀的,陈某因并未"捏造事实",故不构成诽谤罪。但是,侮辱罪与诽谤罪不是对立关系,陈某的行为具备侮辱的本质,对其以侮辱罪追究刑事责任不存在任何障碍。因此,目前通说仍旧值得维持。

20　构成诽谤行为,还要求行为人在捏造有损他人名誉的事实后,散布、传播所捏造

14　张明楷:《网络诽谤的争议问题探究》,载《中国法学》2015 年第 3 期。

15　当然,手段行为并不一定意味着就是实行行为,单纯捏造事实尚不能使得他人的外部名誉受到现实的、紧迫的侵害,故"捏造事实"虽然属于诽谤罪的手段行为,但只有目的行为"诽谤他人"才是诽谤罪的实行行为。

的事实。仅让捏造的事实停留在自己所能感知的范围内而不向外界散布或传播,并不会败坏他人名誉。构成诽谤罪的关键是散布、传播所捏造的虚假事实。所谓散布、传播,就是向他人公开,使相当范围的人知悉所捏造的事实。一般而言,捏造事实在先,散布、传播所捏造的事实在后,这在有预谋犯罪中表现得非常明显;但也不排除在有些情况下,捏造行为和散布、传播行为合二为一,即在突发性诽谤案件中,行为人临时即兴发挥,边捏造事实边传播的,同样构成诽谤罪。散布、传播所捏造的事实不外乎有三种方式:口头诽谤、书面诽谤或者两者兼而有之。口头诽谤表现为以谈话、讲述、辱骂、演讲、广播、音频、视频等方式来诽谤他人。书面诽谤表现为利用漫画、报纸、杂志、大小字报、广告、布告、著作、出版物乃至信息网络诽谤他人。对于书面诽谤,1998 年最高人民法院在《关于审理非法出版物刑事案件具体应用法律若干问题的解释》第 6 条中明确规定:在出版物中捏造事实诽谤他人,情节严重的,以诽谤罪定罪处罚。在利用信息网络实施诽谤他人的刑事案件中,根据 2013 年 9 月 6 日最高人民法院、最高人民检察院《关于办理利用信息网络实施诽谤等刑事案件适用法律若干问题的解释》第 1 条的规定,具有下列情形之一的,属于"捏造事实诽谤他人":①捏造损害他人名誉的事实,在信息网络上散布,或者组织、指使人员在信息网络上散布的;②将信息网络上涉及他人的原始信息内容篡改为损害他人名誉的事实,在信息网络上散布,或者组织、指使人员在信息网络上散布的。明知是捏造的损害他人名誉的事实,在信息网络上散布,情节恶劣的,以"捏造事实诽谤他人"论。

与《刑法》第 246 条明文要求侮辱行为必须"公然"实施不同,《刑法》第 246 条没有明文要求诽谤行为必须"公然"进行,由此产生了诽谤行为是否必须公然进行的争论。诽谤行为的目的是败坏他人名誉,而他人的名誉是一种社会评价,这决定了行为人所捏造的事实只有被社会上不特定或多数人知悉,才能达到败坏他人名誉的目的,故诽谤同样必须公然进行。行为人夜间偷偷摸摸张贴大字报诽谤他人的,属于以不作为的形式(没有销毁有损他人名誉的大字报)公然诽谤他人,构成诽谤罪。有人认为,在个别情况下,非公然实施的诽谤行为,也可以构成诽谤罪。如甲、乙系夫妻,乙女在单位工作表现十分出色,迅速被提升为业务部门主管,丙女心怀嫉恨,遂给甲男写匿名信,告知乙女多次同本单位董事长发生性关系才得以升迁。甲男是一个贞操观念十分重的人,心中十分气愤,在乙女下班以后,将其捆绑毒打,令其招供,致乙女重伤。本案中的丙女纯属诽谤他人,其诽谤行为也未公然实施,但其社会危害性极其严重,造成的后果极其恶劣,不以诽谤罪论处,显然与法与理相悖。[16] 不可否认,丙女的行为系诽谤他人,但是,甲男作为乙女的丈夫,一般不会四处传播此事,丙女的行为仅仅改变了甲男对乙女的评价,而没有改变社会公众对乙女的评价。既然 21

16 参见郭立新、杨迎泽主编:《刑法分则适用疑难问题解》,中国检察出版社 2000 年版,第 162 页。

丙女的行为未败坏乙女的外部名誉,尚未侵犯诽谤罪的客体,丙女就不构成诽谤罪。[17] 因此,主张非公然诽谤也能构成诽谤罪的看法,不能成立。

三、情节严重

22 《治安管理处罚法》第 42 条规定,公然侮辱他人或者捏造事实诽谤他人的,处 10 日以上 15 日以下拘留等治安处罚。为了明确罪与非罪的界限,《刑法》第 246 条明文规定侮辱、诽谤行为只有情节严重的,才构成侮辱罪、诽谤罪。如何解释"情节严重",与认定侮辱罪、诽谤罪的刑事政策有关。2009 年 4 月 3 日公安部《关于严格依法办理侮辱诽谤案件的通知》明确规定:随着国家民主法制建设的不断推进,人民群众的法制意识和政治参与意识不断增强,一些群众从不同角度提出批评、建议,是行使民主权利的表现。部分群众对一些社会消极现象发牢骚、吐怨气,甚至发表一些偏激言论,在所难免。如果将群众的批评、牢骚以及一些偏激言论视作侮辱、诽谤,使用刑罚或治安处罚的方式解决,不仅于法无据,而且可能激化矛盾,甚至被别有用心的人利用,借机攻击我国的社会制度和司法制度,影响党和政府的形象。各级公安机关要按照"最大限度地增加和谐因素,最大限度地减少不和谐因素"的要求,切实做到严格、公正、文明执法,努力化解矛盾,避免因执法不当而引发新的不安定因素。因此,应当严格认定《刑法》第 246 条的"情节严重"。

23 从实务来看,侮辱他人"情节严重"主要包括:①手段恶劣,如强迫被害人当众舔大脚趾,吃粪便、污物,给被害人抹黑脸、挂破鞋、戴绿帽强拉游街示众等;②后果严重,如侮辱他人致使被侮辱人精神失常或自杀的;③影响恶劣,如侮辱的时间长、传播的范围广,造成重大社会影响等。

24 诽谤他人"情节严重"主要包括:①多次诽谤他人;②诽谤他人的内容极其恶毒;③诽谤他人致使被害人精神失常或自杀;④诽谤党和国家领导人造成恶劣的社会影响和政治影响等。根据 2013 年 9 月 6 日最高人民法院、最高人民检察院《关于办理利用信息网络实施诽谤等刑事案件适用法律若干问题的解释》第 2 条的规定,利用信息网络诽谤他人,具有下列情形之一的,属于"情节严重":①同一诽谤信息实际被点击、浏览次数达到 5000 次以上,或者被转发次数达到 500 次以上的[18];②造成被害人或者其近亲属精神失常、自残、自杀等严重后果的;③2 年内曾因诽谤受过行政处

---

[17] 如果丙女具有假借甲男之手伤害乙女的故意,则丙女可以构成故意伤害罪的片面教唆犯,否则不能追究丙女的刑事责任。不能因为出现了乙女重伤的结果,便强行给丙女定罪。对于乙女重伤的结果,要求甲男承担刑事责任即可。

[18] 关于这一量化标准是否合理,学界看法不一。参见李晓明:《诽谤行为是否构成诽谤罪不应由他人的行为来决定——评"网络诽谤"司法解释》,载《政法论坛》2014 年第 1 期;高铭暄、张海梅:《网络诽谤构成诽谤罪之要件——兼评"两高"关于利用信息网络诽谤的解释》,载《国家检察官学院学报》2015 年第 4 期。

罚,又诽谤他人的;④其他情节严重的情形。根据该解释第 4 条的规定,1 年内多次实施利用信息网络诽谤他人行为未经处理,诽谤信息实际被点击、浏览、转发次数累计计算构成犯罪的,应当依法定罪处罚。

V 罪过

侮辱罪、诽谤罪在主观方面为故意。侮辱犯罪故意的内容为,行为人明知自己的行为会败坏他人的名誉,并希望或者放任该结果的发生。诽谤犯罪故意的内容为,行为人明知自己散布、传播的是捏造的事实,该行为会败坏他人的名誉,并且希望或者放任该结果的发生。就罪过形式而言,侮辱、诽谤故意包含间接故意在内。侮辱、诽谤他人的犯罪动机多样,如寻求刺激、报复泄愤等,但动机如何不影响侮辱罪、诽谤罪的认定。 25

如果行为人出于开玩笑的意思,没有侮辱、诽谤的犯罪故意的,就不能认定行为人构成侮辱罪、诽谤罪。如同事在一起聚会时,甲开玩笑时不注意分寸,对多年没有生育的乙说:“你不会阳痿或性无能吧?”不料乙果真阳痿,觉得自己不是男人,于是上吊自杀。虽然甲的行为客观上具有侮辱的性质,但甲主观上并无侮辱乙的犯罪故意,故虽然出现了自杀结果,但甲并不构成侮辱罪。至于行为人是否具有败坏他人名誉的犯罪故意,应结合事情起因、经过、后果等客观事实,综合分析进行认定。 26

VI 违法阻却事由

败坏他人名誉的行为,即便情节严重,也不必然构成侮辱罪、诽谤罪。在行为符合侮辱罪、诽谤罪构成要件的前提下,仅在没有违法阻却事由时,才能以犯罪论处。在当前社会各种矛盾突出、国民的法治观念也不健全的背景下,需要认真对待侮辱罪、诽谤罪的违法阻却事由,才能避免侮辱罪、诽谤罪的滥用。目前,学界对该课题的研究尚不深入。 27

构成诽谤罪,要求行为人“捏造事实诽谤他人”,既然相关事实是行为人故意捏造的,在符合诽谤罪构成要件的前提下,除被害人同意等少数情形外,就很难找到其他违法阻却事由。与此不同,侮辱的场合存在其他(超法规的)违法阻却事由。《民法典》第 1025 条规定:“行为人为公共利益实施新闻报道、舆论监督等行为,影响他人名誉的,不承担民事责任,但是有下列情形之一的除外:(一)捏造、歪曲事实;(二)对他人提供的严重失实内容未尽到合理核实义务;(三)使用侮辱性言辞等贬损他人名誉。”这是《民法典》对新闻报道、舆论监督等行为侵害名誉权的免责规定,对于研究因撰写、发表批评文章涉嫌侮辱他人行为的违法阻却事由具有重要参考价值。根据《民法典》的上述规定,从法秩序统一性原理出发,行为人为公共利益实施新闻报道、舆论监督等行为,虽然该行为有损他人名誉,乃至引起社会广泛关注,但只要行为人 28

没有捏造、歪曲事实,对他人提供的严重失实内容已经尽到合理核实义务[19],没有使用侮辱性言辞等贬损他人名誉,就不构成侮辱犯罪。例如,由于主管领导不同意刊发,记者无奈就在微信公众号上,发表了当地某政府官员胡吃海喝的独家调查报道,并附上该官员醉酒后丑态百出的数张照片的,记者的行为既不构成民事侵权,也不构成侮辱犯罪。由此可以进一步推论,只要批评文章所公布的基本事实属实,行为人没有捏造、歪曲事实,没有过分使用侮辱性言辞,客观上有利于维护公共利益的,就能构成侮辱罪的(超法规的)违法阻却事由。

Ⅶ 与他罪的区别

一、侮辱罪与诽谤罪的区别

29 侮辱罪与诽谤罪具有诸多相同之处,如侵害的客体都是他人的名誉,对象都是特定的公民,在客观上都要求情节严重,犯罪主体范围一致,主观方面均为故意,而且法定刑一致。两罪的主要区别在于行为构造不同:构成侮辱行为,材料不限(可用有损他人名誉的真实事实侮辱他人),方法不限(可以是语言的、文字的侮辱,也可以是暴力的、动作的侮辱),只要足以败坏他人名誉即可。而构成诽谤行为,首先在材料上受限,行为人所散布、传播的必须是其捏造的虚假事实(为了达到诽谤的效果,要求所捏造的事实相对具体,不能过于简化、空洞),使用真实事实无法达到"诽谤"的效果;其次在方法上也是受限的,诽谤他人时,行为人只能以语言、文字或者视频的方式散布、传播所捏造的事实,对被害人实施暴力的、动作的方法进行诽谤的情形是难以想象的。

30 虽然存在区别,但侮辱罪与诽谤罪不是对立关系,诽谤是一种特殊的侮辱,诽谤罪是侮辱罪的特别规定,二者存在竞合关系。这一理解可以避免强行划分侮辱罪与诽谤罪的窘境,从而有利于相关案件的处理。例如,行为人使用视频剪辑技术,采用"换脸"的方式,将淫秽视频中的女性脸部换成被害人的脸部后,将该视频发送到微信群给他人观看,达不到传播淫秽物品罪的追诉标准,但严重败坏被害人名誉的,行为人构成侮辱罪还是诽谤罪容易产生争论。对此,可以侮辱罪定罪,因为该行为并不缺少侮辱罪的任何要件。再如,行为人捏造并散布虚假的有损他人名誉的事实,同时对被害人实施有损其形象的暴力,如行为人一边朝妇女脸上吐口水,一边讲述自己杜撰的妇女辛辣私生活的,属于既侮辱他人又诽谤他人,由于犯罪行为针对同一对象,侵犯同一客体,对此不应数罪并罚,应以其中的主要犯罪按一罪论处;如果难以区分是

---

19 在新闻报道、舆论监督等行为中,行为人对他人提供的严重失实内容,是否已经尽到合理核实义务,应当考虑内容来源的可信度、对明显可能引发争议的内容是否进行了必要的调查、内容的时限性、内容与公序良俗的关联性、受害人名誉受贬损的可能性、核实能力和核实成本,进行综合评价(《民法典》第1026条)。

侮辱为主还是诽谤为主的,可以侮辱罪定罪(在量刑时,应与单纯的侮辱罪有所区别)。

二、侮辱罪与强制侮辱罪的区别

在侮辱妇女的场合,行为人构成侮辱罪还是构成《刑法》第 237 条的强制侮辱罪,是实务中经常遇到的问题。侮辱罪与强制侮辱罪的界限一般是清楚的,其区别如下:①客体不同。侮辱罪的客体是他人的名誉,而强制侮辱罪的客体则是妇女的性自主权。公然侵犯妇女性自主权虽然也具有败坏妇女名誉的属性,但妇女性自主权是更为重要的客体,故强制侮辱罪的法定刑重于侮辱罪的法定刑。②行为对象不同。侮辱罪的对象没有年龄和性别上的限制,而强制侮辱罪的对象只能是年满 14 周岁以上的少女和成年妇女。此外,构成侮辱罪不要求侮辱的对象必须处于行为人物理的或者心理的控制之下,而构成强制侮辱罪,“强制”这一要素决定了行为人实施侮辱行为时,被害妇女必须一定程度地处于行为人物理的或者心理的控制之下。③对客观行为的要求不同。构成侮辱罪,要求侮辱行为具有公然性;而构成强制侮辱罪,则不要求强制侮辱行为必须公然进行,聚众或在公共场所公然强制侮辱妇女的,只是法定刑升格的条件。 31

有人认为,侮辱罪与强制侮辱罪的行为对象有差异:强制侮辱罪中的妇女常常是不特定的,而侮辱罪中的妇女是特定的。[20] 主张强制侮辱罪的犯罪对象具有不特定性,是因为侮辱妇女是出于流氓动机。[21] 流氓罪侵犯的客体是公共秩序,所以要求流氓罪中被侮辱的妇女必须是不特定的。正因为如此,行为人故意使特定的妇女裸露身体的,在 1997 年以前只能定性为侮辱罪,而不属于流氓罪中的“侮辱妇女”。强制侮辱罪作为侵犯公民人身权利的犯罪,虽然不排除行为人在实施犯罪过程中随意选择被害妇女,但是行为人针对特定妇女实施强制侮辱行为时,也侵犯了妇女的性自主权,故要求强制侮辱罪必须针对不特定妇女并无道理,其不当缩小了强制侮辱罪的适用范围。因此,被害妇女是否特定,不是侮辱罪与强制侮辱罪的界限所在。 32

在捉奸案之类的案件中,行为人公然撕扯妇女衣裤使妇女暴露私处的,该行为构成侮辱罪还是构成强制侮辱罪,存在分歧。处理此类案件,存在两种思路:一是从主观的角度区分强制侮辱罪与侮辱罪,即行为人具有寻求性刺激或性满足的倾向的,构成强制侮辱罪,反之构成侮辱罪。[22] 二是从客观的角度区分强制侮辱罪与侮辱罪,即只要行为在客观上侵害了妇女的性自主权、损伤了性的羞耻心的,就构成强制侮辱 33

---

[20] 参见陈兴良主编:《罪名指南》(上册),中国政法大学出版社 2000 年版,第 665—666 页。

[21] 参见赵秉志主编:《中国刑法案例与学理研究 · 分则篇(三)》,法律出版社 2001 年版,第 132 页。

[22] 参见马克昌主编:《百罪通论》(上卷),北京大学出版社 2014 年版,第 622—623 页;肖中华:《侵犯公民人身权利罪》,中国人民公安大学出版社 1998 年版,第 283 页。

罪,反之构成侮辱罪。[23] 目前,通说采取前一思路。司法实务也是如此。[24] 例如,某晚,被告人周彩萍邀约被告人倪稳香、周传美等人"捉奸"。周彩萍冲进房间后,见丈夫钱某某与妇女林某某正睡在一起,即抓住林某某的头发往客厅拖;倪稳香在帮忙拖拉林某某的过程中,剥光了林某某身上的睡衣,致林某某全身赤裸长达 2 个小时左右,被村民 10 余人围观。法院经审理认为,被告人将被捉奸的妇女赤裸捆绑示众,主要是基于泄愤、报复等动机,以贬损他人名誉为目的,并非出于精神空虚等变态心理,以寻求性刺激或变态的性满足为主要动机,故不构成强制侮辱罪,只能以侮辱罪定罪论处。[25]

三、诽谤罪与诬告陷害罪的区别

34 诽谤罪与诬告陷害罪具有相似之处,如二者都存在捏造事实并加以散布的行为,都是侵犯他人人身权利的故意犯罪。两罪的区别如下:①客体不同。诽谤罪的客体是他人名誉,而诬告陷害罪的客体则是他人的人身自由。②客观方面不尽相同。虽然都存在捏造事实的行为,但捏造的事实在性质上存在不同。构成诽谤罪,行为人只要捏造有损他人名誉的事实即可,不要求捏造犯罪事实;而构成诬告陷害罪,行为人所捏造的必须是他人的犯罪事实,并以足以引起刑事追究的方式进行告发。③主观方面不同。诽谤罪的行为人主观上是意图损害他人名誉,而诬告陷害罪的行为人则以使他人受刑事追究为目的。

35 行为人捏造他人的犯罪事实并加以散布,但未向司法机关告发,不足以引起刑事追究的,行为人仅构成诽谤罪,不构成诬告陷害罪。行为人捏造他人的犯罪事实向司法机关告发的,一般而言,信件内容只会被少数的、特定的人员阅读,被害人的外部名誉不会受到侵犯,此时没有成立诽谤罪的余地,只构成诬告陷害罪。当诬告陷害信件事实上被多人阅读,或者因诬告陷害导致社会公众知晓行为人被立案侦查时,可以认定被害人的外部名誉已被败坏,诬告陷害行为同时符合诽谤罪与诬告陷害罪的犯罪构成,构成诽谤罪与诬告陷害罪的想象竞合犯,对此应从一重罪处断。

Ⅷ 自诉与公诉

一、告诉的才处理

36 《刑法》第 246 条第 2 款规定,犯侮辱罪、诽谤罪的,"告诉的才处理,但是严重危

---

23 参见李立众、吴学斌主编:《刑法新思潮》,北京大学出版社 2008 年版,第 236 页。

24 参见最高人民检察院法律政策研究室编:《典型疑难案例评析》(总第 1 辑),中国检察出版社 1999 年版,第 30—31 页。

25 参见最高人民法院刑事审判第一庭、第二庭编:《刑事审判参考》总第 26 辑(第 179 号),法律出版社 2002 年版,第 31—32 页。

害社会秩序和国家利益的除外”。这意味着侮辱罪、诽谤罪通常是自诉罪(亲告罪)。所谓“告诉才处理”,根据《刑法》第98条的规定,是指被害人告诉才处理;如果被害人因受强制、威吓无法告诉的,人民检察院和被害人的近亲属也可以告诉。刑法之所以将侮辱罪、诽谤罪规定为告诉才处理的犯罪,是为了维护被害人在熟人社会的利益。

《刑法》第246条第3款规定:“通过信息网络实施第一款规定的行为,被害人向人民法院告诉,但提供证据确有困难的,人民法院可以要求公安机关提供协助。”作出这一规定的考虑是,在通过信息网络侮辱、诽谤他人的案件中,被害人可能不知道是谁在侮辱、诽谤自己,或者难以收集、固定证据,这导致被害人由于证据的缘故,要么难以告诉(因为缺乏明确的告诉对象),要么难以胜诉。为了解决这一难题,《刑法修正案(九)》增设了第3款。该款的增设并不意味着侮辱罪、诽谤罪由自诉罪转变为公诉罪,仅意味着被告人在自诉过程中,在证据的收集、固定方面可以获得公安机关的协助。该款中的“提供协助”,主要是指由公安机关查明犯罪嫌疑人的身份信息,向互联网企业调取有关犯罪证据,协助人民法院查明有关案情,等等。[26] 根据2015年10月29日最高人民法院《关于〈中华人民共和国刑法修正案(九)〉时间效力问题的解释》第4条的规定,对于2015年10月31日以前通过信息网络实施的《刑法》第246条第1款规定的侮辱、诽谤行为,被害人向人民法院告诉,但提供证据确有困难的,适用修正后《刑法》第246条第3款的规定。 37

二、可以公诉的情形

根据《刑法》第246条第2款的规定,侮辱、诽谤行为严重危害社会秩序和国家利益的,人民检察院也可以提起公诉。此时,侮辱罪与诽谤罪是公诉罪。虽然该款用“和”连接“社会秩序”与“国家利益”,但“和”并不一定表示并列关系,且严重危害“国家利益”不一定同时意味着严重危害“社会秩序”,所以,《刑法》第246条第2款中的“和”应指选择关系,即如果侮辱、诽谤行为严重危害社会秩序或者严重危害国家利益的,人民检察院可以提起公诉。[27] 所谓“严重危害社会秩序”,是指侮辱、诽谤行为造成的社会影响特别恶劣,致使被害人自杀身亡等情形。所谓“危害国家利益”,是指侮辱、诽谤国家领导人、外国元首、外交使节等特定对象,既损害被害人个人的名誉,又危害到国家利益的情形。在实务中,对于在网络平台利用视频或文字侮辱、诽谤他人的案件,如果相关视频、文字不断在网络上传播、发酵,在严重损害被害人名誉的同时,还给广大公众造成不安全感的,也会被认定为“严重危害社会秩序”。对 38

26 参见郎胜主编:《中华人民共和国刑法释义》(第6版),法律出版社2015年版,第414页。

27 参见最高人民法院刑事审判第一、二、三、四、五庭主办:《刑事审判参考》(总第101集),法律出版社2015年版,第88—89页。

此,最高人民检察院指导性案例"郎某、何某诽谤案"(检例第137号)明确指出,利用信息网络诽谤他人,破坏公众安全感,严重扰乱网络社会秩序,符合《刑法》第246条第2款"严重危害社会秩序"的[28],检察机关应当依法履行追诉职责,作为公诉案件办理;对公安机关未立案侦查,被害人已提出自诉的,检察机关应当处理好由自诉向公诉程序的转换。此外,最高人民检察院指导性案例"岳某侮辱案"(检例第138号)指出,利用信息网络散布被害人的裸体视频、照片及带有侮辱性的文字,公然侮辱他人,贬损他人人格、破坏他人名誉,导致出现被害人自杀等后果,严重危害社会秩序的,应当按照公诉程序,以侮辱罪依法追究刑事责任。

39 根据2009年4月3日公安部《关于严格依法办理侮辱诽谤案件的通知》的规定,对于具有下列情形之一的侮辱、诽谤行为,应当认定为"严重危害社会秩序和国家利益",以侮辱罪、诽谤罪立案侦查,作为公诉案件办理:①因侮辱、诽谤行为导致群体性事件,严重影响社会秩序的;②因侮辱、诽谤外交使节、来访的外国国家元首、政府首脑等人员,造成恶劣国际影响的;③因侮辱、诽谤行为给国家利益造成严重危害的其他情形。[29]

40 根据2013年9月6日最高人民法院、最高人民检察院《关于办理利用信息网络实施诽谤等刑事案件适用法律若干问题的解释》第3条的规定,利用信息网络诽谤他人,具有下列情形之一的,应当认定为《刑法》第246条第2款规定的"严重危害社会秩序和国家利益":①引发群体性事件的;②引发公共秩序混乱的;③引发民族、宗教冲突的;④诽谤多人,造成恶劣社会影响的;⑤损害国家形象,严重危害国家利益的;⑥造成恶劣国际影响的;⑦其他严重危害社会秩序和国家利益的情形。

41 在实务中,侮辱、诽谤行为是否严重危害社会秩序和国家利益,应当严格按照上述规定进行判断,以避免个别人员为达私人目的而滥用国家公权力来处理侮辱、诽谤案件。

---

28 该指导案例认为,网络涉及面广、浏览量大,一旦扩散,往往造成较大社会影响,与传统的发生在熟人之间、社区传播形式的诽谤案件不同,通过网络诽谤他人,诽谤信息经由网络广泛传播,严重损害被害人人格权,如果破坏了公序良俗和公众安全感,严重扰乱网络社会公共秩序的,就属于《刑法》第246条第2款的"严重危害社会秩序"。

29 2009年4月3日公安部《关于严格依法办理侮辱诽谤案件的通知》同时指出,对于符合上述情形,但通过公诉可能对国家利益和国家形象造成更大损害的,可以通过其他方式予以处理。

第二百四十七条　刑讯逼供罪;暴力取证罪

司法工作人员对犯罪嫌疑人、被告人实行刑讯逼供或者使用暴力逼取证人证言的，处三年以下有期徒刑或者拘役。致人伤残、死亡的，依照本法第二百三十四条、第二百三十二条的规定定罪从重处罚。

文献:高铭暄等主编:《经济犯罪和侵犯人身权利犯罪研究》,中国人民公安大学出版社 1995 年版;王钢平主编:《刑讯逼供罪》,中国检察出版社 1997 年版;曹子丹、储槐植等主编:《最新中国刑法实务全书》,中国法制出版社 1997 年版;中国人民大学法学院刑法专业组织编写:《刑事法专论》(下卷),中国方正出版社 1998 年版;鲜铁可:《妨害司法犯罪的定罪与量刑》,人民法院出版社 1999 年版;陈兴良主编:《刑事法判解》(第 2 卷),法律出版社 2000 年版;张明楷:《侵犯人身罪与侵犯财产罪》,北京大学出版社 2021 年版。周国均:《关于严禁刑讯逼供的几个问题》,载《中国人民大学学报》1994 年第 1 期;赵秉志、赫兴旺:《刑讯逼供罪比较研究》(上、下),载《法制与社会发展》1995 年第 1—2 期;郭秀春:《对刑讯逼供罪中“利用职权”的理解》,载《河北法学》1998 年第 5 期;林朝晖:《论刑讯逼供的存在及限制》,载《人民检察》1998 年第 11 期;邱冬生、黄润芳:《对违法者刑讯逼供如何定性》,载《人民检察》1998 年第 11 期;魏克家、曹晶:《论刑讯逼供罪的几个问题》,载《中央政法管理干部学院学报》1998 年第 6 期;周国均:《严禁刑讯逼供若干问题探讨》,载《政法论坛》1999 年第 1 期;贺小雄:《关于刑讯逼供罪的几个问题》,载《河北法学》1999 年第 3 期;罗明:《谈刑讯逼供罪犯罪对象主体的构成》,载《辽宁公安司法管理干部学院学报》2000 年第 1 期;刘根菊:《沉默权与严禁刑讯逼供》,载《法律科学》2000 年第 4 期;赵炳贵:《转化犯与结果加重犯——兼谈刑讯逼供罪的立法完善》,载《中国刑事法杂志》2001 年第 1 期;江礼华:《暴力取证罪认定中的疑难问题》,载《中国刑事法杂志》2001 年第 3 期;赵艳秋、秦亚东:《刑讯逼供罪的研究与探讨》,载《今日法坛》2001 年第 4 期;张裕荣、刘方权:《刑讯逼供犯罪构成新论》,载《福建公安高等专科学校学报》2002 年第 3 期;沙鸿瀚:《刑讯逼供罪的立法完善》,载《人民检察》2010 年第 8 期;吴林生:《法律注意规定与法律拟制规定的区分——以一则刑讯逼供致人死亡案例为分析样本》,载《公民与法》2011 年第 9 期;赵秉志、张伟珂:《刑讯逼供罪若干问题研究——以赵作海“故意杀人”冤案为视角》,载《南都学坛》2011 年第 3 期;逄锦温:《刑讯逼供罪司法认定中的几个问题》,载《中国审判》2013 年第 3 期;李文杰:《刑讯逼供罪主体之应然重置——以刑讯逼供罪的功能期许为进路》,载《社会科学家》2013 年第 6 期;李文杰:《罪刑法定原则视野下刑讯逼供罪的立法完善》,载《兰州学刊》2014 年第 2 期;陈其琨:《刑事一体化之下防控刑讯逼供行为的途径研究》,载《理论界》2017 年第 12 期;陈瑞华:《从经验到理论的法学研究方法》,载《中国法律评论》2019 年第 2 期;邢文博,杜志淳:《刑讯逼供根源探析》,载《中国检察官》2019 年第 13 期。刘莉芬、熊红文:《刑讯逼供罪"转化犯"规定探讨》,载《检察日报》2008 年 12 月 23 日;涂俊峰、李磊:《刑讯逼供致人死亡的行为如何定性》,载《人民法院报》2018 年 6 月 7 日。

细目录

Ⅰ　主旨
Ⅱ　沿革
Ⅲ　客体
Ⅳ　对象
　一、刑讯逼供罪的对象
　二、暴力取证罪的对象
Ⅴ　行为
　一、刑讯逼供罪的行为
　二、暴力取证罪的行为
Ⅵ　主体
Ⅶ　故意
Ⅷ　与非罪的界限
Ⅸ　与他罪的区别
　一、刑讯逼供罪与暴力取证罪的区别
　二、刑讯逼供罪与故意伤害罪的区别
　三、刑讯逼供罪与非法拘禁罪的区别
　四、暴力取证罪与非法拘禁罪的区别
Ⅹ　处罚

Ⅰ　主旨

1　本条是对刑讯逼供罪与暴力取证罪的规定。刑讯逼供罪是指司法工作人员对犯罪嫌疑人、被告人使用肉刑或者变相肉刑逼取口供的行为。司法实践中,少数办案人员缺乏现代法治精神,"有罪推定""疑罪从有"观念仍根深蒂固,盲目推崇犯罪嫌疑人、被告人供述的证明作用,将获取供述作为侦查破案不可替代的有效途径,从而不惜采取刑讯的手段来达到逼取口供的目的。刑讯逼供不是简单的取证方法简单、工作态度生硬的问题,而是严重侵犯人权的问题,极其容易造成冤假错案。为了保护公民的健康权和司法机关的正常活动,刑法设立了本罪。

2　暴力取证罪是指司法工作人员以暴力逼取证人证言的行为。司法实践中不仅存在对犯罪嫌疑人、被告人进行刑讯逼供的行为,同时还存在以暴力方法逼取证人证言的行为。这种现象一方面与司法工作人员的素质有关,同时也与法律对此类行为"网开一面"有密切联系。暴力取证不仅严重侵犯了公民的人身权利,而且常常由此造成伪证、假证,影响案件公正合理地解决,干扰司法机关的正常活动,败坏司法机关的声誉。因此,理论界及实务界均有人提出应对这类行为予以犯罪化。为了保护公民的健康权和司法机关的正常活动,在规定刑讯逼供罪的同时,刑法规定了暴力取证罪。

Ⅱ 沿革

1979 年《刑法》以及此前的刑法草稿中,均无暴力取证罪,仅规定了刑讯逼供罪。 3
1979 年《刑法》第 136 条规定:"严禁刑讯逼供。国家工作人员对人犯实行刑讯逼供的,处三年以下有期徒刑或者拘役。以肉刑致人伤残的,以伤害罪从重论处。"

在修订刑法的过程中,对于刑讯逼供罪,主要有以下建议与修改:①应删除"严禁 4
刑讯逼供"的字样,因为刑法的所有规定都是要严禁的。刑讯逼供是几千年封建社会遗留下来的恶习,流毒很广、很深、很顽固。在"文化大革命"中,林彪、"四人帮"大搞刑讯逼供,造成了极为严重的后果,故当时在刑法中提出"严禁"是符合群众愿望的,是必要的,但在现在却是完全多余的。②刑讯逼供罪的性质问题。不少人认为刑讯逼供罪主要是渎职犯罪,应放在渎职罪中。在 1988 年 11 月 6 日《刑法》(修改稿)、1988 年 12 月 25 日《刑法》(修改稿)等刑法修改稿中,刑讯逼供罪都是被放在"渎职罪"之中。但是,刑讯逼供罪主要是对公民人身权利的侵犯,渎职是次要的。故 1996 年 8 月 31 日全国人大常委会法制工作委员会《中华人民共和国刑法》(修改草案)又将刑讯逼供罪回归到"侵犯公民人身权利、民主权利罪"中;该草案第四章第 20 条规定:"国家工作人员对犯罪嫌疑人、被告人实行刑讯逼供或者使用暴力逼取证人证言的,处三年以下有期徒刑或者拘役。致人伤残的,以伤害罪从重处罚。"③刑讯逼供罪的主体问题。刑讯逼供,是在办理刑事案件中发生的问题,而办理刑事案件的人,并不是所有的国家工作人员,而只是司法工作人员。1979 年《刑法》将刑讯逼供罪的主体规定为"国家工作人员",这样的规定既不符合刑讯逼供罪的实质,也不符合实际情况。故有人建议应将本罪的主体修改为司法工作人员。④刑讯逼供罪的对象问题。1979 年《刑法》将刑讯逼供罪的对象规定为"人犯",这是不妥当的。"人犯"的概念一般理解为是指刑事被告人,不包括犯罪嫌疑人。而在实践中,刑讯逼供多针对的是犯罪嫌疑人。为了与刑事诉讼法相衔接,应将本罪的对象"人犯"修改为犯罪嫌疑人、被告人。⑤关于结果加重问题。1979 年《刑法》中"以肉刑致人伤残的,以伤害罪从重论处"的规定不够妥当:一是"以伤害罪从重论处"一句,究竟是指定性为故意伤害罪,还是指行为人构成刑讯逼供罪但以伤害罪的刑罚量刑,在实践中对此经常发生意见分歧;二是没有明确规定"致人死亡"的后果,而这种情况是时有发生的,故对此有必要加以完善。以上建议,均为立法部门所采纳,集中反映在 1996 年 12 月中旬《刑法》(修订草案)第 231 条中,该条规定:"司法工作人员对犯罪嫌疑人、被告人实行刑讯逼供或者使用暴力逼取证人证言的,处三年以下有期徒刑或者拘役。致人伤残、死亡的,依照本法第二百一十五条(故意伤害罪——作者注)、第二百一十三条(故意杀人罪——作者注)的规定定罪从重处罚。”至此,完成了对刑讯逼供罪的修订。

5 1996 年 8 月 31 日全国人大常委会法制工作委员会《刑法(修改草案)》第四章侵犯公民人身权利、民主权利罪第 20 条首次规定了暴力取证罪,该条规定:“国家工作人员对犯罪嫌疑人、被告人实行刑讯逼供或者使用暴力逼取证人证言的,处三年以下有期徒刑或者拘役。致人伤残的,以伤害罪从重处罚。”暴力逼取证人证言也是在办理刑事案件中发生的问题,也侵犯了公民的人身权利,故将暴力取证罪与刑讯逼供罪规定在一个条文中是可以的。但是,该条没有规定暴力逼取证人证言“致人死亡”的定性,并不完善。1996 年 12 月中旬《刑法(修订草案)》第 231 条对此进行了完善,由此形成了现行刑法的规定。

6 2006 年 7 月 26 日最高人民检察院发布了《关于渎职侵权犯罪案件立案标准的规定》。该规定明确了刑讯逼供罪、暴力取证罪的立案标准,为司法机关正确认定刑讯逼供罪、暴力取证罪提供了依据。

Ⅲ 客体

7 刑讯逼供罪、暴力取证罪的客体都是公民的健康权和司法机关的正常活动。

8 对于刑讯逼供罪,一般认为,本罪的客体是公民的人身权利和司法机关的正常活动和威望。[1] 这原则上没有问题,但并不精准,因为人身权利的内容非常丰富,而通说并未指出刑讯逼供罪到底侵犯了哪一种具体的人身权利。刑讯逼供的行为人使用肉刑或者变相肉刑对犯罪嫌疑人、被告人进行折磨,其首先侵犯了公民的健康权。[2] 其次,司法工作人员刑讯逼供具有渎职的性质。刑讯逼供容易造成冤、假、错案,被害人也会经常推翻自己的供述,故刑讯逼供罪也破坏了司法机关的正常活动。其中,公民的健康权是本罪的主要客体,这不仅是因为刑法将本罪规定在侵犯公民人身权利罪之中,还因为:①刑法设立本罪,体现了对人权的重视,公民的人身权利(健康权)是人权的重要内容。任何人都没有权利为达到目的而使用肉刑或者变相肉刑,刑讯逼供是不人道的。②刑讯逼供罪首先造成的结果是公民的人身权利受到了侵犯,司法机关的正常活动被扰乱是其后的事。故应当认为,在刑讯逼供罪中,侵害公民的人身权利是第一位的,是首要的。

9 公民的健康权和司法机关的正常活动也是暴力取证罪的客体。虽然依法作证是证人的法定义务,但是在现代社会,从来就没有法律许可暴力逼取证人证言。暴力逼取证人证言,首先侵犯了证人的健康权。同时,暴力取证往往使得证言失去真实性,非常容易造成冤、假、错案,从而也破坏了司法机关的正常活动。

---

1 参见高铭暄、马克昌主编:《刑法学》(下编),中国法制出版社 1999 年版,第 856 页。

2 与故意伤害罪不同,刑讯逼供罪侵犯公民的健康权,只发生在刑事案件的侦查、审讯过程中。

Ⅳ 对象

一、刑讯逼供罪的对象

本罪的对象是犯罪嫌疑人、被告人。所谓犯罪嫌疑人,是指被公安机关、检察机关立案侦查,但尚未被提起公诉的可能实施了犯罪行为的人;所谓被告人,是指已被人民检察院提起公诉或者已经被自诉人向人民法院起诉,要求追究其刑事责任的人。在司法实践中,只要是被公安、司法机关作为嫌疑人对待或者被采取刑事追诉手段的人,宜认定为本罪中的嫌疑人。例如,警察为了决定是否立案,对被举报、被控告的人刑讯逼供的,也应认定为本罪。已决犯可以成为本罪的对象,即对侦查余罪的罪犯,或对又犯新罪的罪犯进行刑讯逼供的,可以构成本罪。除了犯罪嫌疑人、被告人以外的其他人,如证人或者其他诉讼参与人都不是本罪的对象;即使对这些人进行刑讯逼供的,也不构成本罪(构成其他犯罪的,按其他犯罪处理)。 10

二、暴力取证罪的对象

根据本条的规定,使用暴力逼取证人证言的,构成暴力取证罪,因此,暴力取证罪的对象只能是证人。如何理解证人,即本罪的对象是否包括被害人或其他无辜的人,理论上存在分歧。有人认为,证人是指诉讼当事人以外就自己所了解的案件情况,向公检法等司法机关进行陈述的人,而被害人属于当事人之列,故不能作为证人对待;有人认为,证人是指除受审的犯罪嫌疑人及被告人以外的向司法机关提供自己感受到的案件情况的诉讼参与人,被害人也属证人的范畴。[3] 这一争议直接关系到暴力取证罪的成立范围。笔者对此采广义理解。理由如下:①暴力逼取被害人的陈述,或者对于不知道案件情况的人,司法工作人员主观上认为其知道案件情况,使用暴力逼其作证的,这些行为同样侵犯了公民的健康权和司法机关的正常活动,有予以处罚的必要。②《刑事诉讼法》第 62 条的规定:“凡是知道案件情况的人,都有作证的义务。生理上、精神上有缺陷或者年幼,不能辨别是非、不能正确表达的人,不能作证人。”这一规定使得被害人也负有作证的义务,因为被害人非常清楚案件的情况;此时,被害人就是(控方)证人,被害人所作出的口头或者书面的证言自然属于“证人证言”的范畴。③暴力取证罪的立法依据是,“实践中经常发生司法工作人员为取得证据而对有关的证人、被害人或者其他人施用暴力或者肉刑的,可以形象地说成是‘暴力逼证’‘暴力逼述’或者‘暴力逼答’等,而且经常伴有类似于对被告人的指供、诱供的情况。这类情况在某些奸情、财产案件中尤为突出。有学者认为,这类行为的性质 11

---

[3] 参见赵秉志主编:《侵犯公民人身权利犯罪疑难问题司法对策》,吉林人民出版社 2001 年版,第 427 页。

和危害同刑讯逼供是一样的,有必要作为犯罪处理”[4]。从立法意图上看,本罪的对象应不限于证人。实际上,被害人、鉴定人以及知道案件真相的人,都可能成为本罪中的证人。

V 行为

一、刑讯逼供罪的行为

12 刑讯逼供罪在客观上表现为在刑事诉讼过程中,司法工作人员利用职务上的便利,对犯罪嫌疑人、被告人使用肉刑或变相肉刑,以逼取口供的行为。

1. 本罪只能发生在刑事诉讼过程中

13 由本罪的对象犯罪嫌疑人和被告人所决定,本罪只发生在刑事诉讼过程中,即只能发生在从刑事案件的立案侦查开始到作出刑事判决之前,其间包括侦查羁押、审查起诉、审判等环节。在办理民事案件、行政案件或办理治安案件的过程中,即使有“刑讯”行为的,也不构成本罪。

2. 行为人利用了职务上的便利

14 这是由本罪具有渎职的特性所决定的。只有司法工作人员才有侦查、审判犯罪嫌疑人、被告人的权力。司法工作人员借机对犯罪嫌疑人、被告人刑讯逼供,显然是利用了其职务上的便利。所谓利用职务上的便利,是指行为人利用自己负责侦查、审判犯罪嫌疑人、被告人的职权以及由此而形成的便利条件。行为人下班回家时在家中逮住一个小偷,于是私设公堂刑讯逼供的,这与行为人的职务便利无关,故行为人不构成刑讯逼供罪,对其视情况可以定为非法拘禁、故意伤害等犯罪。

3. 行为人实施了刑讯逼供的行为

15 刑讯,是指对犯罪嫌疑人、被告人使用肉刑或变相肉刑;逼供,是指逼取口供。刑讯与逼供是密不可分的有机整体:不以逼供为目的的刑讯是一般殴打或者故意伤害;而不以刑讯方式(如一般恐吓)的逼供也称不上是刑讯逼供,只有以刑讯为手段的逼供才是刑讯逼供行为。刑讯最常见的方式是使用肉刑。所谓肉刑是指以暴力作用于人的肌体,致肌体损伤或机能毁损,从而使人遭受难以忍受的皮肉之苦。常见的肉刑有捆绑、毒打、针扎、火灼、水灌、上老虎凳、跪钉板等。刑讯逼供也可以采用变相肉刑,即不直接伤害他人的身体,但同样能够使人产生难以忍受的肉体痛苦,例如冻、饿、烤、晒、长时间不准睡觉、不准坐卧等。刑讯逼供的目的是逼取口供,即要求犯罪嫌疑人、被告人作出案件真相的供述或者作出行为人所想要的供述(包括犯罪嫌疑人、被告人有罪、罪重、数罪等供述)。至于行为人是否得到了供述以及供述是否属实,不影响本罪的成立。需要指出的是,不能狭义地将刑讯逼供中的“口供”理解为

---

4 高铭暄、赵秉志主编:《新中国刑法立法文献资料总览》(下),中国人民公安大学出版社 1998 年版,第 2485 页。

口头供述;口供不仅包括口头供述,也包括书面供述;只要书面供述是刑讯的结果,自然属于刑讯逼供的范畴。

4. 刑讯逼供行为严重侵犯了公民的健康权和司法机关的正常活动

虽然刑法没有规定构成本罪必须情节严重,但这并不表明只要对犯罪嫌疑人、被告人刑讯逼供的,即构成本罪。只有刑讯逼供行为严重侵犯了公民的健康权和司法机关的正常活动的,才构成本罪。至于刑讯逼供行为是否严重侵犯了公民的健康权和司法机关的正常活动,可参照 2006 年 7 月 26 日最高人民检察院《关于渎职侵权犯罪案件立案标准的规定》,其中规定,对犯罪嫌疑人、被告人刑讯逼供,涉嫌下列情形之一的,应予立案:①以殴打、捆绑、违法使用械具等恶劣手段逼取口供的;②以较长时间冻、饿、晒、烤等手段逼取口供,严重损害犯罪嫌疑人、被告人身体健康的;③刑讯逼供造成犯罪嫌疑人、被告人轻伤、重伤、死亡的;④刑讯逼供,情节严重,导致犯罪嫌疑人、被告人自杀、自残造成重伤、死亡,或者精神失常的;⑤刑讯逼供,造成错案的;⑥刑讯逼供 3 人次以上的;⑦纵容、授意、指使、强迫他人刑讯逼供,具有上述情形之一的;⑧其他刑讯逼供应予追诉的情形。 16

二、暴力取证罪的行为

暴力取证罪在客观上表现为司法工作人员在刑事诉讼过程中以暴力逼取证人证言的行为。 17

1. 暴力取证罪只能发生在刑事诉讼过程中

有人认为,本罪行为既可能发生在刑事诉讼中,也可能发生在民事诉讼,甚至在行政诉讼过程中。[5] 笔者对此持否定意见。①在民事诉讼中,实行谁主张谁举证原则。在民事诉讼日益朝着当事人主义审判方式这一方向进行改革的今天,民事审判人员主动进行查证工作的数量已经大幅度减少。而在行政诉讼中,实行举证责任倒置原则,由行政机关举证证明自己的行政行为合法,司法工作人员也极少对行政案件进行查证工作。因此,在民事、行政诉讼中发生司法工作人员暴力取证的概率极低。②暴力取证与刑讯逼供被规定在同一个条文中,适用相同的法定刑,这就说明,暴力取证与刑讯逼供的危害性是相当的。但是,即使在民事、行政诉讼中发生司法工作人员暴力取证的行为,其危害不仅低于刑讯逼供,也远远低于在刑事诉讼中对证人的暴力取证——对后者暴力取证,将可能造成他人生命或者自由被剥夺的冤、假、错案;而对前者暴力取证,虽然也会发生冤、假、错案,但只发生财产的错判或误判问题,不会出现他人的生命被错误剥夺的严重后果,即使出现他人的自由被错误剥夺的后果(如被错误拘留 10 日),自由被剥夺的程度也远远低于后者。既然民事、行政诉讼中的暴 18

5　参见陈兴良主编:《罪名指南》(上册),中国政法大学出版社 2000 年版,第 721 页。

力取证行为与刑事诉讼中的暴力取证的危害性不相当[6],那么就没有理由认为民事、行政诉讼中的暴力取证行为也构成暴力取证罪。③民事、行政诉讼中的暴力取证行为不构成暴力取证罪,并不等于刑法对这些行为放任不管。如果这些行为符合故意伤害等犯罪的构成要件的,应以故意伤害等犯罪论处。因此,将民事、行政诉讼中的暴力取证排除在暴力取证罪之外,不会造成刑法上的盲点。

2. 行为人利用了职务上的便利

19 同刑讯逼供罪一样,本罪也具有渎职的特性。只有司法工作人员才有对刑事案件进行调查取证的权力。司法工作人员借机对证人进行暴力取证,显然是利用了其职务上的便利。如果行为人没有利用职务上的便利进行暴力取证的,不构成本罪。如司法工作人员对不属于自己承办的其他刑事案件中的证人进行暴力取证的,行为人就不能单独构成本罪。

3. 行为人实施了暴力取证的行为

20 行为人客观上使用了暴力,逼取证人证言。逼取证人证言,是指强迫证人做出证言(口头陈述与书面陈述)。在刑事诉讼中主要存在三种情形:①证人不提供任何证言时,行为人逼取证言,但不明确要求证人提供他人有罪或者无罪的证言;②证人提供了他人无罪、罪轻的证言,行为人向证人逼取有罪、罪重的证言;③证人提供了他人有罪、罪重的证言,行为人向证人逼取无罪、罪轻的证言。[7] 暴力与取证是有机联系的统一整体:不以取证为目的的暴力属于殴打或者伤害的范畴;而以暴力以外的其他方式取证,如以恐吓、胁迫、欺诈等方式取证的,也称不上是暴力取证。由本罪的法定刑所决定,暴力取证罪中的暴力的上限为轻伤。至于司法工作人员是否得到了证人证言以及证人证言是否属实,不影响本罪的成立。行为人虽然在客观上采取了暴力,但不是为了取证,而是出于其他目的的(如借故报复),不能构成本罪。

4. 暴力取证行为严重侵犯了公民的健康权和司法机关的正常活动

21 虽然刑法没有规定构成本罪必须情节严重,但这并不表明只要使用暴力逼取证人证言的,即构成本罪。只有暴力取证行为严重侵犯了公民的健康权和司法机关的正常活动的,才构成本罪。至于暴力取证行为是否严重侵犯了公民的健康权和司法机关的正常活动,可参照 2006 年 7 月 26 日最高人民检察院《关于渎职侵权犯罪案件立案标准的规定》,其中规定,使用暴力逼取证人证言,涉嫌下列情形之一的,应予立案:①以殴打、捆绑、违法使用械具等恶劣手段逼取证人证言的;②暴力取证造成证人轻伤、重伤、死亡的;③暴力取证,情节严重,导致证人自杀、自残造成重伤、死亡,或者

6　根据《刑法》第 399 条,同样是故意违背事实和法律作枉法裁判,在刑事案件中作枉法裁判的,构成徇私枉法罪;在民事、行政枉法案件中作枉法裁判的,构成民事、行政枉法裁判罪。徇私枉法罪的处刑重于民事、行政枉法裁判罪。由此可以间接佐证:民事、行政诉讼中的暴力取证行为,其危害轻于刑事诉讼中的暴力取证行为。

7　参见张明楷:《刑法学》(第 6 版),法律出版社 2021 年版,第 1186 页。

精神失常的;④暴力取证,造成错案的;⑤暴力取证 3 人次以上的;⑥纵容、授意、指使、强迫他人暴力取证,具有上述情形之一的;⑦其他暴力取证应予追诉的情形。

Ⅵ 主体

刑讯逼供罪、暴力取证罪的主体均为特殊主体,即只有司法工作人员才构成本罪。根据《刑法》第 94 条的规定,司法工作人员是指有侦查、检察、审判和监管职责的工作人员。负有侦查职责的工作人员,主要是指公安机关、检察机关、国家安全机关、海关走私侦查部门、军队保卫部门中有权对刑事犯罪案件进行侦查活动和履行侦查职责的工作人员。负有检察职责的工作人员,是指在检察机关中担任审查批捕、审查起诉、出庭支持公诉的人员。负有审判职责的工作人员,是指在人民法院以及各专门法院内担任具体刑事案件审判工作的审判员、助理审判员及书记员。负有监管职责的工作人员,主要是指在监狱、看守所、拘留所中监控犯罪嫌疑人和被告人的监管人员。 22

保安公司的保安人员、基层组织聘用的联防队员不能成为刑讯逼供罪的主体。对此,1990 年最高人民检察院《关于联防队员能否构成刑讯逼供罪的犯罪主体的批复》指出:"治安联防队员是群众性的治安、保卫组织,企业、事业单位及基层组织聘用的联防队员不属国家工作人员,因此不能成为刑讯逼供罪的主体,其使用肉刑或变相肉刑逼取口供致人伤残,需要追究刑事责任的,应以故意伤害罪批捕起诉。"需要指出的是,该批复认为治安联防队员不能成为刑讯逼供罪的主体,仅仅是说治安联防队员不能单独成为刑讯逼供罪的主体。在刑讯逼供罪中,司法工作人员的身份仅是针对实行犯而言的,对于教唆犯与帮助犯并没有这一特殊身份的要求。换言之,根据身份与共犯的理论,治安联防队员与司法工作人员共同对他人进行刑讯逼供的,治安联防队员构成刑讯逼供罪的共犯。在司法实务中,对于联防队员与警察共同刑讯逼供致人死亡的案件,有些法院只认定警察的行为构成犯罪,而对联防队员作无罪处理,这有违身份与共犯的基本原理,是对《关于联防队员能否构成刑讯逼供罪的犯罪主体的批复》的曲解。总之,保安公司的保安人员、基层组织聘用的联防队员甚至普通公民,如果他们与司法工作人员共同对犯罪嫌疑人、被告人进行刑讯逼供的,都可以构成刑讯逼供罪。 23

目前,公安、工商、税务等行政执法机关在处理行政违法案件时,也经常进行与刑讯逼供相类似的行为。虽然这类行为的危害不一定轻于刑讯逼供,但由于不具备犯罪主体要件,根据罪刑法定原则,对此就不能以刑讯逼供罪来处理。如果行为人的行为符合故意伤害罪等犯罪的构成要件的,应以相应犯罪论处;否则对行为人只能进行相应的纪律处分。 24

通常情况下,已满 12 周岁不满 14 周岁与已满 14 周岁不满 16 周岁的人不可能参与刑讯逼供或者暴力取证,即使他们作为"帮助犯"参与刑讯逼供或者暴力取证,也不能构成刑讯逼供罪或者暴力取证罪。但是,如果他们参与刑讯逼供或者暴力取证致 25

人伤残、死亡的,根据《刑法》第 247 条的规定,刑讯逼供或者暴力取证行为已经转化为故意伤害或者故意杀伤行为。对此,已满 14 周岁不满 16 周岁的人应承担故意伤害罪或者故意杀人罪的刑事责任。根据《刑法修正案(十一)》第 1 条修改后的《刑法》第 17 条第 3 款的规定,对于已满 12 周岁不满 14 周岁的人犯故意杀人、故意伤害罪,致人死亡或者以特别残忍手段致人重伤造成严重残疾,情节恶劣的,经最高人民检察核准追诉的,应当负刑事责任。

Ⅶ 故意

26 刑讯逼供罪为故意犯罪,行为人具有逼取口供的目的,即行为人明知自己的行为侵犯了公民的健康权和司法机关的正常活动,但为了逼取口供,而决意对犯罪嫌疑人、被告人进行刑讯。如果司法人员对犯罪嫌疑人、被告人使用肉刑或变相肉刑的目的不是为了逼取口供,而是逞能逞威、报复泄愤的,则不能构成本罪;构成其他犯罪的,按照其他犯罪处理。

27 暴力取证罪也是故意犯罪,行为人具有逼取证人证言的目的,即行为人明知自己的行为侵犯了公民的健康权和司法机关的正常活动,但为了逼取证人证言,而决意用暴力逼取。

28 构成刑讯逼供罪、暴力取证罪的动机多样,如急于破案,邀功请赏或陷害他人,等等;但是,动机不是刑讯逼供罪、暴力取证罪的构成要件;当然,不同的动机对于量刑有一定的影响。

Ⅷ 与非罪的界限

29 构成刑讯逼供罪,首先必须存在刑讯行为。指供、诱供、套供虽然也是为了获取犯罪嫌疑人、被告人的供述,但由于不存在刑讯行为,故单纯指供、诱供、套供的,不构成本罪。根据法律的规定和实际需要,对犯罪嫌疑人、被告人使用械具进行审讯,如对重罪犯戴铐审问等,属于合法行为,不能认定为刑讯行为。虽然存在刑讯行为,但不是为了获取供述,而是报复泄愤的,行为人构成故意伤害罪等犯罪,也不构成本罪。此外,刑讯逼供只有严重侵犯了公民的健康权和司法机关的正常活动的,才构成本罪;如果行为人仅仅是打了犯罪嫌疑人、被告人几个耳光或踢了一脚,由于该行为没有严重侵犯公民的健康权和司法机关的正常活动,故不能认定存在刑法上的刑讯逼供行为,行为人不构成刑讯逼供罪,对其只能进行一般的纪律处分。需要指出的是,“良好”的动机不是区分罪与非罪的界限。即使纯粹出于公心急于破案而实施刑讯逼供的,只要该行为严重侵犯了公民的健康权和司法机关的正常活动的,也构成刑讯逼供罪。

30 暴力取证行为是否构成暴力取证罪,必须围绕暴力取证罪的构成要件来考虑。非司法工作人员对证人实施暴力逼取证言的,不构成暴力取证罪;构成其他犯罪的,按其他犯罪处理。暴力取证行为只有严重侵犯了公民的健康权和司法机关的正常活动的,才构成本罪。对于司法工作人员对证人实施了暴力,但主观上不是为了取证的,也不构成本罪。如果司法工作人员工作经验不足,素质不高,不注意工作作风,对证人态度蛮横粗野,偶有打骂行为的,不宜以本罪处理,对之应进行批评教育或者给予相应处分。

IX 与他罪的区别

一、刑讯逼供罪与暴力取证罪的区别

刑讯逼供罪与暴力取证罪在犯罪客体、犯罪主体方面完全相同,其区别在于: 31
①行为对象不同。刑讯逼供罪的对象是犯罪嫌疑人与被告人;暴力取证罪的对象是证人。②客观行为不同。刑讯逼供罪的客观行为,除了暴力逼供外,还包括变相肉刑如冻饿、不准睡觉等非暴力逼供。暴力取证罪的客观行为表现为暴力取证,以非暴力的手段(如胁迫)获取证言的,不构成暴力取证罪。③罪过不同。刑讯逼供罪的行为人意在取得犯罪嫌疑人、被告人的供述,暴力取证罪的行为人意在逼取证人证言。

二、刑讯逼供罪与故意伤害罪的区别

刑讯逼供罪与故意伤害罪的相似之处,是两罪都能够对被害人的身体健康造成 32
一定伤害,但两罪的区别也是比较明显的:①犯罪客体不同。刑讯逼供罪除了侵犯了公民的健康权外,还侵犯了司法机关的正常活动及威信;而故意伤害罪仅仅是对公民健康权的侵害。②犯罪对象不同。刑讯逼供罪的犯罪对象仅限于刑事诉讼中的犯罪嫌疑人、被告人;而故意伤害罪的对象无特别限制,可以是任何公民。③客观行为不同。刑讯逼供虽表现为对被害人采用肉刑或变相肉刑,但是否给被害人的身体健康造成损害不是构成本罪的必要条件;故意伤害罪则表现为对被害人实施人身伤害,一般以被害人的身体健康受到一定程度的损害为犯罪构成的必要条件。④犯罪主体不同。刑讯逼供罪为特殊主体,主体是司法工作人员;而故意伤害罪的主体是一般主体。⑤罪过不同。刑讯逼供罪为直接故意犯罪,行为人具有逼取口供的目的;而故意伤害罪包括间接故意犯罪。虽然两罪的区别比较明显,但在司法实践中仍有混淆的可能,其原因就在于应如何理解《刑法》第 247 条后段“致人伤残、死亡的,依照本法第二百三十四条、第三百三十二条的规定定罪从重处罚”的规定。这里的“伤残”除了重伤之外,是否还包括轻伤害?应当认为,这里的“伤残”仅指重伤。在造成犯罪嫌疑人、被告人轻伤的情况下,若构成故意伤害罪,对行为人只能处以 3 年以下有期徒刑、拘役或者管制;而按照刑讯逼供罪,对行为人可处以 3 年以下有期徒刑或者拘役;显然,在造成轻伤的情况下,刑讯逼供罪的法定刑重于故意伤害罪。从罪刑均衡的角度,应当认为轻伤的暴力包含于刑讯逼供罪之中,伤残仅指重伤害。因此,刑讯逼供造成他人轻伤的,构成刑讯逼供罪;造成他人重伤的,构成故意伤害罪。由此,就划分

清楚了刑讯逼供罪与故意伤害罪的界限。

三、刑讯逼供罪与非法拘禁罪的区别

33 在刑讯逼供中常常有非法拘禁行为,而非法拘禁中也常常对被害人采用肉刑,故有区分二者的必要。刑讯逼供罪与非法拘禁罪的区别也是明显的:①犯罪客体不同。刑讯逼供罪除了侵犯了公民的人身权利外,还侵犯了司法机关的正常活动;而非法拘禁罪仅仅侵犯了公民的人身权利。②犯罪对象不同。刑讯逼供罪侵犯的对象是特殊对象,仅限于刑事诉讼中的犯罪嫌疑人、被告人;而非法拘禁罪侵犯的对象无特别限制,可以是任何公民。③行为表现不同。刑讯逼供罪在客观方面表现为以肉刑或变相肉刑逼取犯罪嫌疑人、被告人的口供;而非法拘禁罪在客观方面一般表现为非法剥夺他人的人身自由。④犯罪主体不同。刑讯逼供罪为特殊主体,主体是司法工作人员;而非法拘禁罪的主体是一般主体。⑤罪过不同。刑讯逼供罪的行为人意在逼取口供;而非法拘禁罪的行为人则是要剥夺他人的人身自由。

四、暴力取证罪与非法拘禁罪的区别

34 一般来说,暴力取证罪与非法拘禁罪的区别是明显的:①犯罪客体不同。暴力取证罪是双重客体,不仅侵犯了公民的人身权利,同时也侵犯了司法机关的正常活动;而非法拘禁罪是单一客体,侵犯的是公民的人身权利。②行为对象不同。暴力取证罪侵害的对象是特定的,仅限于刑事诉讼中的证人(含被害人与其他无辜的人)。而非法拘禁罪侵害的犯罪对象则可以是任何公民。③客观行为不同。暴力取证罪是行为人利用职务之便对证人使用暴力以逼取证言,而非法拘禁罪是以拘禁或其他方法非法剥夺他人的人身自由。④犯罪主体不同。暴力取证罪的主体是特殊主体,即只能是司法工作人员;而非法拘禁罪的主体是一般主体。在司法实践中,有的司法工作人员为了逼取证人证言,不但使用暴力,还非法将证人关押,这属于想象竞合犯,应以暴力取证罪论处。这不仅是因为暴力取证罪的法定刑重于与非法拘禁罪(暴力取证罪的法定最低刑重于非法拘禁罪);而且暴力取证往往都具有非法剥夺人身自由的属性。

X 处罚

35 根据本条的规定,犯刑讯逼供罪、暴力取证罪的,处3年以下有期徒刑或者拘役。致人伤残、死亡的,按故意伤害罪、故意杀人罪定罪,并从重处罚。对于这里的“致人伤残、死亡”,刑讯逼供、暴力取证致人死亡,是指由于暴力摧残或者其他虐待行为致使被害人当场死亡或者经抢救无效死亡。不包括过失致人伤残、死亡的情形。如果行为人在实施刑讯逼供、暴力取证的过程中,过失致人伤残、死亡的,构成刑讯逼供罪、暴力取证罪与过失致人重伤罪、过失致人死亡罪的想象竞合犯。其次,这里的“伤残”仅指重伤害,不包括轻伤害。再次,这里的“从重处罚”不是相对于刑讯逼供罪、

暴力取证罪而言的,而是指在故意伤害罪、故意杀人罪的法定刑限度内从重处罚。因为刑讯逼供、暴力取证致人伤残、死亡,不仅重于刑讯逼供罪,而且也重于一般的故意伤害行为和故意杀人行为,因此,在按故意伤害罪、故意杀人罪定罪的同时,要在这些犯罪的相应法定刑限度内从重处罚。最后,该规定属于法律拟制,即只要刑讯逼供、暴力取证致人伤残或者死亡,不管行为人对伤害或死亡具有何种心理状态(以具有预见可能性为前提),均应认定为故意伤害罪或故意杀人罪,并从重处罚。

第二百四十八条　虐待被监管人罪

监狱、拘留所、看守所等监管机构的监管人员对被监管人进行殴打或者体罚虐待，情节严重的，处三年以下有期徒刑或者拘役；情节特别严重的，处三年以上十年以下有期徒刑。致人伤残、死亡的，依照本法第二百三十四条、第二百三十二条的规定定罪从重处罚。

监管人员指使被监管人殴打或者体罚虐待其他被监管人的，依照前款的规定处罚。

文献:韩起祥主编:《职务犯罪的刑事防范研究》,人民出版社 2017 年版;张明楷:《刑法学》(第 6 版),法律出版社 2021 年版。孙朝英:《略论体罚虐待被监管人罪》,载《人民检察》1983 年第 2 期;孙朝英:《试论体罚虐待被监管人罪中的"情节严重"》,载《人民检察》1990 年第 11 期;宋才发:《司法机关非法拘禁、虐待被监管人行为认定及赔偿》,载《咸宁师专学报》1999 年第 5 期;何睦:《论虐待被监管人罪的构成要件》,载《知识经济》2010 年第 3 期;吴正鼎:《强制戒毒所协勤"虐待被监管人罪"的判定——对一个案例的判析》,载《湘潮》2013 年第 11 期;韩耀元、宋丹:《〈最高人民检察院关于强制隔离戒毒所工作人员能否成为虐待被监管人罪主体问题的批复〉理解和适用》,载《人民检察》2015 年第 6 期;周宇蕾:《关于完善虐待犯罪立法的思考——以〈刑法修正案(九)〉第 18 条和第 19 条为视角》,载《公民与法》2016 年第 4 期。胡爱国:《被监管人受指使施虐不构成虐待被监管人罪共犯》,载《检察日报》2009 年 2 月 16 日;李积国:《临时监管人员也可构成虐待被监管人员罪》,载《检察日报》2009 年 4 月 27 日;张剑:《司法警察能否成为虐待被监管人罪主体》,载《检察日报》2015 年 5 月 9 日;黄万成:《被监管人受指使施虐与监管人构成共犯》,载《检察日报》2016 年 2 月 2 日。

细目录

Ⅰ　主旨
Ⅱ　沿革
Ⅲ　客体
Ⅳ　行为
Ⅴ　主体
Ⅵ　故意
Ⅶ　与非罪的界限

Ⅷ 与他罪的区别

一、与刑讯逼供罪、暴力取证罪的区别

二、与破坏监管秩序罪的区别

Ⅸ 处罚

Ⅰ 主旨

本条是对虐待被监管人罪的规定。虐待被监管人罪,是指监狱、拘留所、看守所等监管机构的监管人员,违反国家有关监管法规,对被监管人进行殴打或者体罚虐待,情节严重的行为。《监狱法》第7条第1款规定:“罪犯的人格不受侮辱,其人身安全、合法财产和辩护、申诉、控告、检举以及其他未被依法剥夺或者限制的权利不受侵犯。”第14条规定,监狱的人民警察不得有刑讯逼供或者体罚、虐待罪犯等行为,实施这些行为构成犯罪的,依法追究刑事责任。《看守所条例》第4条规定:严禁打骂、体罚、虐待人犯。《拘留所条例》第3条规定:拘留所应当依法保障被拘留人的人身安全和合法权益,不得侮辱、体罚、虐待被拘留人或者指使、纵容他人侮辱、体罚、虐待被拘留人。为了保护被监管人的人身权利和维护正常的监管秩序,刑法设立了本罪。 1

Ⅱ 沿革

1979年《刑法》第189条规定:“司法工作人员违反监管法规,对被监管人实行体罚虐待,情节严重的,处三年以下有期徒刑或者拘役;情节特别严重的,处三年以上十年以下有期徒刑。” 2

就实践来看,1979年刑法对虐待被监管人罪的主体规定过窄,除了司法工作人员以外,监管场所的一般职工(如由于警力不足而临时被抽调来看守犯人的),行政执法人员(如行政拘留所的监管人员),有看守或押解责任的武警、民兵虐待被监管人的案件也经常发生,对这些人也有追究刑事责任的必要。对此,1988年9月全国人大常委会法制工作委员会《刑法》(修改稿)第九章渎职罪第8条规定:“劳改、劳教和监管工作人员违反监管法规,对被监管人实行体罚虐待,情节严重的,处三年以下有期徒刑或者拘役;情节特别严重的,处三年以上十年以下有期徒刑。”但是,在以后的修改稿中,对本罪主体的规定又有所反复,其中有几稿又将本罪的主体恢复为“司法工作人员”。从最初的立法草案到1979年刑法,虐待被监管人罪都属于渎职罪的范畴。但是,虐待被监管人罪的主要危害在于对被监管人人身权利的侵犯,应当属于侵犯公民人身权利的犯罪,将其置于渎职罪中是不妥当的。直到1996年8月31日全国人大常委会法制工作委员会《刑法》(修改草案)出台,才将虐待被监管人罪归入侵犯公民人身权利、民主权利罪之中。此外,体罚虐待被监管人,致人伤亡的情况也不少,对此应如何定罪量刑存在争议。监管人员在幕后指使被监管人殴打或者体罚虐待其他被监管人的,也是常见的情形。这些问题在立法上都得到了反映。1996年12月中旬 3

全国人大常委会法制工作委员会《刑法》(修订草案)第232条规定:“监狱、拘留所、看守所等监管机构的监管人员对被监管人进行殴打或者体罚虐待,情节严重的,处三年以下有期徒刑或者拘役;情节特别严重的,处三年以上十年以下有期徒刑。致人伤残、死亡的,依照本法第二百一十五条(故意伤害罪——作者注)、第二百一十三条(故意杀人罪——作者注)的规定定罪从重处罚。监管人员指使被监管人殴打或者体罚虐待其他被监管人的,依照前款的规定处罚。”这一规定为现行刑法所采用。

Ⅲ 客体

4 本罪为复杂客体,既侵犯了被监管人的健康权等人身权利,又破坏了正常的监管秩序。被监管人虽因种种原因而被监管,但是其人身安全以及其他未被法律剥夺的权利仍然受到法律的保护,任何人都不得侵犯。对被监管人进行殴打或者体罚虐待,显然侵犯了被监管人的人身权利,还同时破坏了正常的监管秩序,影响对被监管人的教育改造。

5 本罪的对象为被监管人。被监管人是指一切依法被关押处于被监管地位的人。“被监管”是一个行为概念,而非地域概念,不能认为只有在监狱大墙内的才是被监管,也不能将被监管人理解为刑事被监管人。被监管人具体包括被拘留、逮捕的犯罪嫌疑人、被告人,被判处拘役、徒刑、死刑的犯罪人,以及被强制戒毒人员、被行政拘留人员、被司法拘留人员等。[1] 如果虐待非上述被监管人,而是殴打、体罚虐待诸如刑满释放后自愿留在劳改场所就业人员的,因被害人已经不再是被监管人,故行为人就不能构成虐待被监管人罪。

Ⅳ 行为

6 本罪在客观上表现为违反监管法规,对被监管人进行殴打或者体罚虐待,情节严重的行为。

1. 行为人违反了有关监管法规

7 违反监管法规,主要是指违反《监狱法》《看守所条例》《拘留所条例》等监管法规。违反监管法规,是构成虐待被监管人罪的前提条件。此前提虽非刑法明文规定,却不言自明。依据有关监管法规来剥夺被监管人的某些利益,属于合法行为,谈不上虐待被监管人的问题。如根据《监狱法》第45条的规定,监狱遇有罪犯脱逃、罪犯使用暴力行为、罪犯正在押解途中等情形的,可以使用戒具(如手铐、脚镣、警棍、警绳)。第46条规定,人民警察和人民武装警察部队的执勤人员在罪犯聚众骚乱、暴乱、罪犯脱逃或者拒捕、罪犯持有凶器或者其他危险物,正在行凶或者破坏,危及他人生命、财产安全等情形的,可以使用武器;在这些场合,不存在虐待被监管人的问题。

---

1 参见张明楷:《刑法学》(第6版),法律出版社2021年版,第1187页。

2. 对被监管人进行殴打或者体罚虐待

所谓殴打,是指对被监管人施以暴力,使其承受皮肉之苦,如拳打脚踢、滥施戒具等。这里的殴打,包括故意致人轻伤在内。所谓体罚虐待,是指对被监管人进行殴打以外的肉体折磨和精神摧残,如罚跪罚站、雨淋日晒、冻饿禁闭、侮辱人格、强迫长时间超负荷劳动等。一般而言,虐待包括肉体虐待与精神虐待(如经常性的辱骂、讥讽)。《刑法》第 248 条在此使用“体罚虐待”一词,表明纯粹精神性虐待的,如监管人员经常性地辱骂、讥讽、嘲弄被监管人而无其他殴打、体罚行为的,不构成本罪。[2] 体罚虐待既可以作为的方式来进行,也可以不作为的方式进行(如被害人经常被其他犯人殴打,行为人对此却不予制止)。殴打或者体罚虐待既可以由监管人员亲自实施,也可以是监管人员指使被监管人殴打或者体罚虐待其他被监管人。在监管人员指使被监管人殴打或者体罚虐待其他被监管人的场合,被监管人与监管人员构成共同犯罪,不仅监管人员构成本罪,实施殴打或者体罚虐待行为的被监管人也构成虐待被监管人罪。需指出的是,本罪中的殴打、体罚虐待,不要求具有一贯性,一次性的殴打或者体罚虐待,只要情节严重的,也足以构成本罪。对被监管人实施性虐待,同时触犯强奸罪、强制猥亵罪的,属于想象竞合,从一重罪处罚。另外,在犯人逃跑或实施暴力等危险性行为时,依法对犯人使用械具或对犯人给予禁闭处罚的,不成立本罪。 8

3. 殴打或者体罚虐待被监管人的行为必须情节严重

殴打或者体罚虐待被监管人,只有情节严重的,才构成虐待被监管人罪。2006 年 7 月 26 日最高人民检察院《关于渎职侵权犯罪案件立案标准的规定》,明确了虐待被监管人罪的立案标准,依照立案标准,具有下列情形之 一的,应予追诉:①以殴打、捆绑、违法使用械具等恶劣手段虐待被监管人的;②以较长时间冻、饿、晒、烤等手段虐待被监管人,严重损害其身体健康的;③虐待造成被监管人轻伤、重伤、死亡的;④虐待被监管人,情节严重,导致被监管人自杀、自残造成重伤、死亡,或者精神失常的;⑤殴打或者体罚虐待 3 人次以上的;⑥指使被监管人殴打、体罚虐待其他被监管人,具有上述情形之一的;⑦其他情节严重的情形。 9

V 主体

本罪为特殊主体,只有监狱、拘留所、看守所等监管机构的监管人员才能构成本罪。监管机构,除监狱、拘留所、看守所外,还包括强制隔离戒毒所等监管机构。根据 2015 年 2 月 15 日最高人民检察院《关于强制隔离戒毒所工作人员能否成为虐待被监管人罪主体问题的批复》的规定,强制隔离戒毒所是对符合特定条件的吸毒成瘾人员限制人身自由,进行强制隔离戒毒的监管机构,其履行监管职责的工作人员属于监管人员。另外,实践中存在检察院、法院的司法警察在押解被监管人的途中或者在提讯 10

2 从立法沿革来看,《刑法》第 248 条中的“体罚虐待”是一个词语,其中“体罚”修饰“虐待”,以此将纯粹的精神虐待排除在虐待被监管人罪之外。

时、法院休庭时殴打或体罚虐待被监管人,对此,应以本罪处理。虽然检察院、法院不是监管机构,在此意义上说,检察院、法院的司法警察不是监管机构的监管人员,但是,检察院与法院在押解途中、提讯或者开庭审理期间,实际上在行使监管机构的权力,可谓特定期间的监管机构,其司法警察在特定期间代为行使监管机构的监管人员的监管职责,因而能够成为本罪主体。基于同样的理由,在对嫌疑人拘留后送至看守所之前,负责看管的司法工作人员对其进行虐待的,也应以本罪论处。[3]

Ⅵ 故意

11 本罪罪过为故意,即明知殴打或者体罚虐待被监管人的行为违反有关监管法规,侵犯了被监管人的人身权利和正常的监管秩序,仍决意为之。过失不能构成本罪。本罪动机多样,如逞威风、取乐、泄愤报复等。动机一般不影响定罪,但是行为人殴打或者体罚虐待被监管人是为了逼取犯罪嫌疑人、被告人的口供或者是为了从被监管人那里获取他人犯罪的证据的,行为人又同时触犯刑讯逼供罪、暴力取证罪,此时应注意合理定罪。

Ⅶ 与非罪的界限

12 殴打或体罚虐待被监管人是否构成虐待被监管人罪,主要取决于情节是否严重。对于情节一般的殴打或体罚虐待被监管人的,如监管人员一时冲动,扇了被监管人几个耳光、打两拳,并未造成什么严重后果的,对行为人应进行批评教育或者由主管部门予以行政处分,不能以本罪论处。此外,应注意将正当的管教措施与虐待被监管人的行为区分开来。如根据《监狱法》第 58 条的规定,罪犯有聚众哄闹监狱,扰乱正常秩序,辱骂或者殴打人民警察,欺压其他罪犯,偷窃、赌博、打架斗殴、寻衅滋事等行为,监狱可以给予 7—15 天的禁闭。此时对罪犯的禁闭就不属于体罚虐待行为。

Ⅷ 与他罪的区别

一、与刑讯逼供罪、暴力取证罪的区别

13 本罪与刑讯逼供罪、暴力取证罪的区别如下:①行为对象不同。本罪的行为对象为犯罪嫌疑人、被告人、已决犯、被劳教人员等被监管人,而刑讯逼供罪和暴力取证罪的行为对象则分别是犯罪嫌疑人、被告人与证人。②客观行为有异。本罪的客观表现为违反监管法规,殴打、体罚虐待被监管人,而刑讯逼供罪和暴力取证罪在客观行为则分别表现为使用肉刑及变相肉刑逼取口供或者使用暴力逼取证人证言。③犯罪主体不同。本罪的主体为监狱、拘留所、看守所等监管机构的监管人员;而刑讯逼供

---

3 参见张明楷:《刑法学》(第 6 版),法律出版社 2021 年版,第 1187 页。

罪、暴力取证罪的主体则为在公、检、法机关中负有侦查、起诉、审判职责的司法工作人员。④主观动机不同。本罪行为人主观动机多样,没有特定的犯罪目的;而刑讯逼供罪、暴力取证罪的行为人都具有特定的目的,其中一是为逼取口供,一是为逼取证人证言。

需注意的是,监管人员殴打或者体罚虐待被监管人是为了逼取口供或者是为了 14
逼取证人证言的,属于想象竞合犯,如果殴打或者体罚虐待情节不是特别严重,此时虐待被监管人罪与刑讯逼供罪、暴力取证罪的法定刑相同,从行为人的主观心态出发宜认定行为人构成刑讯逼供罪与暴力取证罪;如果行为人不属于司法工作人员的,对行为人仍应认定构成本罪;如果殴打或者体罚虐待情节特别严重的,此时虐待被监管人罪的法定刑重于刑讯逼供罪与暴力取证罪,故应认定行为人构成本罪;在此过程中,行为人故意致人伤残、死亡的,则应认定行为人构成故意伤害罪或故意杀人罪。

二、与破坏监管秩序罪的区别

依法被关押的罪犯殴打、体罚或者指使他人殴打、体罚其他被监管人时,虐待被 15
监管人罪与破坏监管秩序罪具有一定的相似之处。二罪的区别如下:①犯罪客体不同。本罪为复杂客体犯罪,侵犯了被监管人的健康权等人身权利和正常的监管秩序;破坏监管秩序罪则是简单客体犯罪,破坏的是正常的监管秩序。②客观行为不同。本罪的客观行为表现为违反监管法规,对被监管人进行殴打或者体罚虐待,情节严重的行为;而破坏监管秩序罪除了可以表现为殴打、体罚或者指使他人殴打、体罚其他被监管人之外,还可以表现为殴打监管人员、组织其他被监管人破坏监管秩序以及聚众闹事、扰乱正常监管秩序,情节严重的行为。③犯罪主体不同。本罪的主体为监狱、拘留所、看守所等监管机构的监管人员,而破坏监管秩序罪的主体则是依法被关押的罪犯。

监管人员与被关押的罪犯相勾结,共同或者由被关押的罪犯出面殴打、体罚或者 16
指使他人殴打、体罚其他被监管人的,属于无身份的人与有身份的人共同犯罪,应构成虐待被监管人罪的共犯,对监管人员与被关押的罪犯皆应以虐待被监管人罪定罪量刑。

Ⅸ 处罚

根据本条的规定,犯虐待被监管人罪的,处 3 年以下有期徒刑或者拘役;情节特 17
别严重的,处 3 年以上 10 年以下有期徒刑;致人伤残、死亡的,依照故意伤害罪、故意杀人罪的规定定罪处罚。所谓虐待被监管人“情节特别严重”,主要是指致使被监管人精神失常或自杀的,殴打、体罚虐待手段极为残忍、情节极为恶劣的,殴打、体罚虐待多人多次的,殴打、体罚虐待被监管人引起被监管人骚乱的,造成恶劣政治影响的,等等。所谓“致人伤残、死亡”,是指行为人在虐待被监管人的过程中,故意致被监管人伤残、死亡;其中,“致人伤残”是指致人重伤、残废,不包括轻伤和轻微伤;故意致被监管人轻伤的,仍应以虐待被监管人罪论处。行为人殴打或者体罚虐待被监管人,过失致被害人重伤或死亡的,构成虐待被监管人罪,属于“情节特别严重”,对行为人应在3年以上10年以下有期徒刑中量刑,而不能将这种情形认定为过失致人重伤罪或者过失致人死亡罪,否则就会导致罪刑的不均衡。行为人故意致被监管人伤残、死亡的,完全符合故意伤害罪、故意杀人罪的构成要件,对行为人应以故意伤害罪、故意杀人罪论处。

第二百四十九条　煽动民族仇恨、民族歧视罪

煽动民族仇恨、民族歧视，情节严重的，处三年以下有期徒刑、拘役、管制或者剥夺政治权利；情节特别严重的，处三年以上十年以下有期徒刑。

文献:陈虹:《运用法律手段 调整民族关系的重要举措——“煽动民族仇恨、民族歧视罪”漫议》,载《民族团结》1997 年第 4 期;申虎根:《〈新刑法〉:运用刑法手段调整民族关系的新举措》,载《延边大学学报(社会科学版)》1999 年第 1 期;彭剑鸣、邓万飞:《论煽动民族仇恨、民族歧视罪》,载《贵州民族研究》2002 年第 2 期;高巍:《煽动民族歧视罪略论》,载《云南民族大学学报(哲学社会科学版)》2009 年第 3 期;王秀梅:《依法打击“东突”势力 切实维护国家稳定——兼论“煽动民族仇恨、民族歧视罪”的完善》,载《法学评论》2011 年第 6 期;吴占英:《中俄刑法典对煽动族群仇恨、歧视性质的行为规制之比较》,载《湖北社会科学》2012 年第 10 期;牟大钊:《论我国涉民族关系犯罪的立法完善——以煽动民族仇恨、民族歧视罪为切入点》,载《山东理工大学学报(社会科学版)》2012 年第 5 期;黄彬:《煽动民族仇恨、民族歧视罪的司法定位变化与刑事应对》,载《福建警察学院学报》2014 年第 5 期;徐俊:《网络仇恨言论治理的平台责任研究》,载《汕头大学学报(人文社会科学版)》2017 年第 9 期;欧阳本祺、张林:《刑法视野下的恐怖主义网络宣扬行为》,载《河南财经政法大学学报》2018 年第 6 期;宋海彬、郑志泽:《自媒体语境下网络民族仇恨言论法律规制问题探析》,载《广西民族研究》2018 年第 4 期;赵远:《论利用极端主义破坏法律实施罪》,载《人民检察》2019 年第 7 期。

细目录

Ⅰ　主旨
Ⅱ　沿革
Ⅲ　客体
Ⅳ　行为
Ⅴ　主体
Ⅵ　故意
Ⅶ　与非罪的界限
Ⅷ　与他罪的区别
Ⅸ　处罚

I　主旨

1　本条是对煽动民族仇恨、民族歧视罪的规定。煽动民族仇恨、民族歧视罪是指以语言、文字或者其他方式向不特定人或者多数人鼓动民族仇恨、民族歧视,情节严重的行为。对于任何一个国家或地区而言,维护民族团结和民族平等,都有重大意义。《宪法》序言指出:"在维护民族团结的斗争中,要反对大民族主义,主要是大汉族主义,也要反对地方民族主义。国家尽一切努力,促进全国各民族的共同繁荣。"《宪法》第4条规定:"中华人民共和国各民族一律平等。国家保障各少数民族的合法的权利和利益,维护和发展各民族的平等团结互助和谐关系。禁止对任何民族的歧视和压迫,禁止破坏民族团结和制造民族分裂的行为。"我国已经加入《公民权利和政治权利国际公约》和《消除一切形式种族歧视国际公约》。其中,《公民权利和政治权利国际公约》第20条规定:"任何鼓吹民族、种族或宗教仇恨的主张,构成煽动歧视、敌视或强暴者,应以法律加以禁止。"《消除一切形式种族歧视国际公约》第4条规定,"应宣告凡传播以种族优越或仇恨为根据的思想,煽动种族歧视,对任何种族或属于另一肤色或人种的人群实施强暴行为或煽动此种行为……概为犯罪行为,依法惩处"。为了维护民族团结和民族平等,禁止煽动民族仇恨、民族歧视行为,贯彻落实宪法的规定,刑法设立了本罪。

II　沿革

2　1979年《刑法》无煽动民族仇恨、民族歧视罪的规定。实践中发生了一些煽动民族仇恨、民族歧视的案件,严重破坏了民族团结与民族平等,对此有予以犯罪化的必要。1996年8月31日全国人大常委会法制工作委员会《刑法》(修改草稿)第六章"妨害社会管理秩序罪"第一节"扰乱公共秩序罪"第8条规定:"煽动民族、宗教歧视、仇视、敌视,情节严重的,处三年以下有期徒刑、拘役或者管制,可以并处或者单处剥夺政治权利。"1997年2月17日第八届全国人大常委会第二十四次会议《刑法(修订草案)》(修改稿)第296条规定:"煽动民族仇恨和民族歧视,情节严重的,处三年以下有期徒刑、拘役、管制或者剥夺政治权利;情节特别严重的,处三年以上十年以下有期徒刑。"这里将前面几稿中的"宗教歧视"修改为"民族歧视"。1997年3月1日第八届全国人大第五次会议《刑法(修订草案)》第249条第一次将煽动民族仇恨、民族歧视罪放在"侵犯公民人身权利、民主权利罪"中加以规定:"煽动民族仇恨、民族歧视,情节严重的,处三年以下有期徒刑、拘役、管制或者剥夺政治权利;情节特别严重的,处三年以上十年以下有期徒刑。"此规定为现行刑法所采用。

III　客体

3　本罪的客体为民族的团结与民族间的平等。民族团结是指我国各民族之间的和睦相处、相互支持、一致对外、共同发展。民族平等是指我国各民族在政治上和在法律上都一律平等。民族的团结和民族的平等是国家的重大政治利益，是国家稳定、经济繁荣、社会昌盛、人民团结、百姓安居乐业的基本前提。任何煽动民族仇恨、民族歧视的行为，都是对民族团结和民族平等的破坏，对情节严重的行为，应以犯罪惩处。

Ⅳ 行为

本罪在客观上表现为煽动民族仇恨、民族歧视，情节严重的行为。首先，行为人实施了煽动行为。煽动不同于教唆，煽动的对象是不特定或者是多数人，而教唆的对象则是特定的个别人。如果行为人仅向特定的个别人宣传、散布民族仇恨、民族歧视思想的，不构成本罪。其次，煽动的内容是民族仇恨和民族歧视。所谓煽动民族仇恨，是指以语言、文字或者其他方式向不特定人或者多数人鼓动、挑拨、教唆民族之间产生敌对、仇视情绪或者进一步加深民族间的仇恨，包括煽动汉族与少数民族之间的仇恨以及各少数民族相互之间的仇恨。所谓煽动民族歧视，是指向不特定人或者多数人鼓动不平等地对待某一民族，或者某一民族优越于其他民族。煽动民族歧视既包括煽动对汉族的歧视，也包括煽动对其他少数民族的歧视。再次，煽动的方式不限，可以语言、文字或者其他方式进行煽动。利用互联网煽动民族仇恨、民族歧视，破坏民族团结的，构成本罪。最后，构成本罪要求情节严重。所谓情节严重，一般是指长期、一贯煽动民族仇恨、民族歧视，向多人或者多次煽动民族仇恨、民族歧视，出于卑劣动机煽动民族仇恨、民族歧视，采用侮辱、诽谤等恶劣手段煽动民族仇恨、民族歧视，煽动数个民族之间的仇恨和歧视，引起民族纠纷、冲突以致民族骚乱，等等。 4

以往的刑法修订草案曾经规定，煽动宗教歧视、仇视、敌视的，构成犯罪。但现行刑法没有如此规定。因此，在一般情况下，行为人煽动宗教歧视、仇恨的，不能以犯罪论处，只能进行治安处罚。不过，不少少数民族都是信仰宗教的，如果行为人煽动宗教歧视、仇视能够导致民族仇恨、民族歧视的，那么，行为人煽动宗教歧视、仇视其实就是煽动民族仇恨、民族歧视，故对行为人可以煽动民族仇恨、民族歧视罪论处。 5

Ⅴ 主体

本罪为一般主体犯罪，任何年满 16 周岁具有刑事责任能力的自然人，都可以构成本罪。行为人既可以是汉族公民，也可以是少数民族公民；可能是国家工作人员，也可能是非国家工作人员。 6

Ⅵ 故意

本罪的罪过为故意，即行为人明知煽动行为会在不同民族之间造成民族仇恨、民族歧视，破坏了民族之间的团结与平等，并且希望或放任危害结果的发生。 7

Ⅶ 与非罪的界限

8 构成本罪,首先要求行为人主观上出于故意。行为人因不懂民族政策,不了解民族心理、民族风俗及社会发展状况,由于工作过失引起了民族间的仇恨和歧视的,不构成本罪。其次,构成本罪,要求情节严重。对于煽动民族仇恨、民族歧视情节不严重的行为,也不构成本罪,此时应对行为人进行批评教育或者给予治安处罚。

Ⅷ 与他罪的区别

9 主要是与煽动分裂国家罪的区别问题。煽动民族仇恨、民族歧视,有可能引起民族的独立、国家的分裂,因此,应当严格区分本罪与煽动分裂国家罪的界限:①犯罪客体不同。本罪的客体为各民族之间的团结与平等,而煽动分裂国家罪的客体则为国家的统一。②客观行为不同。本罪表现为以语言、文字或者其他方式煽动民族仇恨、民族歧视,情节严重的行为,而煽动分裂国家罪则表现为煽动他人进行分裂国家、破坏国家统一的行为。③故意内容不同。本罪的行为人追求民族之间的相互仇恨或歧视,希望破坏民族之间的团结与平等,但行为人并没有分裂国家的意思;而煽动分裂国家罪的行为人则追求国家的分裂,希望破坏国家的统一。如果行为人以分裂国家的意思煽动民族仇恨、民族歧视的,应以煽动分裂国家罪论处。

Ⅸ 处罚

10 根据本条的规定,犯煽动民族仇恨、民族歧视罪的,处3年以下有期徒刑、拘役、管制或者剥夺政治权利;情节特别严重的,处3年以上10年以下有期徒刑。其中,所谓情节特别严重是指,在特殊时期或在民族关系紧张的地区煽动民族仇恨、民族歧视的,多次煽动民族仇恨、民族歧视屡教不改的,致使少数民族成员大量逃往国外的,造成大规模民族冲突的,等等。

第二百五十条　出版歧视、侮辱少数民族作品罪

在出版物中刊载歧视、侮辱少数民族的内容，情节恶劣，造成严重后果的，对直接责任人员，处三年以下有期徒刑、拘役或者管制。

文献:高铭暄、赵秉志主编:《刑法论丛》(第2卷),法律出版社1999年版。吴占英:《新刑法对少数民族人权的保障及适用》,载《中南民族学院学报(人文社会科学版)》2000年第4期;李冰:《试论少数民族人权的特殊性及其保障》,载《西南民族学院学报(哲学社会科学版)》2001年第5期;王娜:《我国刑法对少数民族权利的保护》,载《中南民族大学学报(人文社会科学版)》2003年第3期;高建中:《论民族宗教类图书的出版管理》,载《中国民族》2003年第12期;吴占英:《论出版歧视、侮辱少数民族作品罪》,载《西南民族大学大学学报(人文社科版)》2005年第2期;吴大华:《中国刑法与少数民族人权保障》,载《人权》2005年第5期;雷堂:《少数民族权利的刑法保护》,载《中国民族》2008年第5期;古丽阿扎提·吐尔逊:《我国少数民族权利法律保护探析》,载《民族研究》2011年第5期;邸敬存、白贵:《书刊出版中侵犯少数民族风俗习惯的表现及对策》,载《现代出版》2016年第5期;雷振扬:《以法治思维与方法反对民族歧视》,载《中南民族大学学报(人文社会科学版)》2016年第5期;崔星璐:《论刑法分则对少数民族风俗习惯的保护》,载《湖北经济学院学报(人文社会科学版)》2019年第4期。

细目录

Ⅰ　主旨
Ⅱ　沿革
Ⅲ　客体
Ⅳ　行为
Ⅴ　主体
Ⅵ　故意
Ⅶ　与非罪的界限
Ⅷ　与他罪的区别
　一、与侮辱罪的区别
　二、与煽动民族仇恨、民族歧视罪的区别
Ⅸ　处罚

I 主旨

1 本条是对出版歧视、侮辱少数民族作品罪的规定。出版歧视、侮辱少数民族作品罪是指在出版物中刊载歧视、侮辱少数民族的内容,情节恶劣,造成严重后果的行为。我国是全国各族人民共同缔造的统一的多民族国家。维护平等、团结、互助的社会主义民族关系,是国家的重要任务之一。《宪法》第4条第1款规定:“中华人民共和国各民族一律平等。国家保障各少数民族的合法的权利和利益,维护和发展各民族的平等团结互助和谐关系。禁止对任何民族的歧视和压迫,禁止破坏民族团结和制造民族分裂的行为。”为了贯彻宪法的规定,维护各民族的平等以及少数民族的尊严,防止歧视或侮辱少数民族行为的发生,刑法设立了本罪。

II 沿革

2 1979年《刑法》中无出版歧视、侮辱少数民族作品罪的规定。20世纪80年代以来,我国发生了多起因出版物刊载侮辱少数民族的内容而伤害少数民族和信教群众的感情以致引发严重后果的事件。1986年2月国家民委发布了《关于慎重对待少数民族风俗习惯问题的通知》,1987年6月中央宣传部、中央统战部、国家民委又发布了《关于在宣传报道和文艺创作中防止继续发生丑化、侮辱少数民族事件的通知》。这两个通知强调:新闻、报刊、文艺界和从事民族学科研究的同志要慎重对待少数民族风俗习惯问题,防止继续发生丑化、侮辱少数民族事件;如果是有意丑化、侮辱少数民族,情节严重,造成恶劣后果的,要追究党纪、政纪直至法律责任。在1997年3月第八届全国人民代表大会第五次会议中,有的代表提出,对在出版物中刊登侮辱少数民族风俗习惯内容,造成严重后果的行为,应当规定为犯罪。于是,1997年3月13日第八届全国人民代表大会第五次会议主席团第三次会议通过的《刑法》(修订草案)中增加了出版歧视、侮辱少数民族作品罪的规定。修订草案第250条规定:“在出版物中刊载歧视、侮辱少数民族的内容,情节恶劣,造成严重后果的,对直接责任人员,处三年以下有期徒刑、拘役或者管制。”此规定为现行刑法所沿用。

III 客体

3 本罪的客体是各民族平等的权利以及少数民族的尊严。各民族的平等以及少数民族的尊严,是国家的重大政治利益。维护这一利益有利于维护国家的团结与统一,有利于国家的繁荣与昌盛。世界历史证明,凡是搞民族不平等,进行民族歧视、民族压迫的,必然导致民族之间的仇恨,国家必然出现内乱,甚至可能造成国家的分裂。我国一贯注意维护各民族的平等以及少数民族的尊严。《宪法》序言明确指出:“在维护民族团结的斗争中,要反对大民族主义,主要是大汉族主义,也要反对地方民族主义。国家尽一切努力,促进全国各民族的共同繁荣。”出版歧视、侮辱少数民族作品罪,正是对各民族的平等以及少数民族尊严的侵犯。

本罪的对象,是作为群体的少数民族,而不是个别的少数民族成员。换言之,如果行为人仅仅是歧视、侮辱特定的少数民族公民个人,行为不具有歧视、侮辱少数民族的属性的,则不构成本罪;构成侮辱罪等犯罪的,以相应的犯罪论处。 4

Ⅳ　行为

本罪在客观上表现为在出版物中刊载歧视、侮辱少数民族的内容,情节恶劣,造成严重后果的行为。 5

1. 刊载歧视、侮辱少数民族的内容的载体是出版物

如果是在非出版物上,如手抄本、标语中含有歧视、侮辱少数民族的内容的,或者是口头歧视、侮辱少数民族的,不构成本罪。根据2016年2月6日修订的国务院《出版管理条例》第2条的规定,出版物,是指报纸、期刊、图书、音像制品、电子出版物等。报纸是指有固定名称、刊期、开版,每周至少出版一期的连续出版物。期刊是指有固定名称和栏目,用卷、期或年、季、月、旬、周顺序编号,成册的连续出版物。图书包括各类书籍、画册、挂历、图片、年画、年历等。音像制品是指录有内容的录音带、录像带、唱片、激光唱盘和激光视盘等。根据2008年4月15日起施行的《电子出版物出版管理规定》第2条,电子出版物,是指以数字代码方式,将有知识性、思想性内容的信息编辑加工后存储在固定物理形态的磁、光、电等介质上,通过电子阅读、显示、播放设备读取使用的大众传播媒体,包括只读光盘(CD-ROM、DVD-ROM等)、一次写入光盘(CD-R、DVD-R等)、可擦写光盘(CD-RW、DVD-RW等)、软磁盘、硬磁盘、集成电路卡等,以及新闻出版总署认定的其他媒体形态。 6

关于出版物的认定问题,以下两点需要注意: 7

(1)这里的出版物,不限于合法出版物,也包括非法出版物。根据新闻出版署、公安部、广播电影电视部、国家工商局1988年3月8日发布的《依法查处非法出版犯罪活动工作座谈会纪要》,非法出版物主要有以下几种:①伪称根本不存在的出版单位印刷、制作的出版物;②盗用国家批准的出版单位的名义,印刷、制作的出版物;③盗印盗制合法出版物而在社会上发行的出版物;④在社会上公开发行的,不署出版单位名称或署非出版单位名称的出版物;⑤承印者以牟取非法利润为目的,擅自加印、加制的出版物;⑥被明令解散的出版单位的成员,擅自重印或以原编辑部名义出版的出版物;⑦其他非出版单位印制的供公开发行的出版物。 8

(2)这里的出版物,既包括公开发行的出版物,也包括内部资料性出版物。根据2015年国家新闻出版广播电影电视总局《内部资料性出版物管理办法》第2条的规定,内部资料性出版物,是指在本行业、本系统、本单位内部,用于指导工作、交流信息的非卖性单本成册或连续性折页、散页印刷品,不包括机关公文性的简报等信息资料。内部资料分为一次性内部资料和连续性内部资料。内部资料性出版物同样不得刊载煽动民族分裂、侵害少数民族风俗习惯、破坏民族团结的内容。在内部资料性出 9

版物上刊载歧视、侮辱少数民族的内容的,同样能够侵犯各民族平等的权利以及少数民族的尊严,一样可能造成严重社会后果。因此,《刑法》第250条中的出版物应当包括内部资料性出版物。

2. 在出版物中歧视、侮辱的对象是少数民族

10 这里的少数民族,是指除了汉族以外的其他55个少数民族。如果在出版物中刊载歧视、侮辱汉族的有关内容的,不构成本罪。如果行为人故意针对少数民族公民个人、个事进行歧视、侮辱的,只能认定行为人是对少数民族公民个人的侮辱,应以侮辱罪追究行为人的刑事责任。

3. 在出版物中刊载的内容是带有歧视、侮辱少数民族的内容

11 出版物中含有针对少数民族的带有歧视性、侮辱性的内容。所谓"刊载",是指在出版物中发表、转载。不要求出版物的全部内容都是歧视、侮辱少数民族的内容,只要出版物中含有部分歧视、侮辱少数民族的内容,即可构成本罪。所谓"歧视",是指在出版的内容中以优越的眼光不平等地看待少数民族的历史、风俗习惯等一切与少数民族密切相关的事物。所谓"侮辱",是指在出版的内容中故意蔑视、丑化、嘲讽、辱骂少数民族居住、饮食、服饰、婚姻、丧葬、节庆、礼仪等一切有民族特色的事物,以贬低少数民族的民族声誉与民族形象。

4. 情节恶劣,造成严重后果

12 构成出版歧视、侮辱少数民族作品罪,除了要求在出版物中刊载了歧视、侮辱少数民族的内容之外,还必须情节恶劣,造成了严重后果。我国各民族处于一种大杂居、小聚居的状态,无论是普通公民还是出版单位的工作人员,其不可能全面了解、掌握各个民族的风俗习惯、民族禁忌,也不可能准确地知道哪些内容会对一些少数民族构成歧视和侮辱。为了不致过分限制言论自由,刑法规定只有情节严重、造成严重后果的才构成本罪。所谓情节恶劣,主要指行为人动机极其卑鄙,刊载的内容严重歪曲历史甚至造谣诽谤、污秽恶毒,等等。所谓造成严重后果,主要是指严重伤害少数民族的民族感情,在少数民族群众中引起强烈反响,引起少数民族群众的集体抗议,致使产生民族矛盾或者民族矛盾激化,引发民族冲突,或者造成重大国际影响的,等等。

V 主体

13 本罪的主体为出版歧视、侮辱少数民族作品的直接责任人员,包括作者、责任编辑、录制、摄制人员和其他对在出版物中刊载歧视、侮辱少数民族的内容负有直接责任的人员。

14 单位是否可以构成本罪,存在争议。虽然正式、公开出版物都是由单位出版发行的,但这并不就意味着单位也是本罪的主体。一方面,"直接责任人员"的表述并不一定意味着该罪就是单位犯罪。一般认为,1979年《刑法》没有规定单位犯罪。其第121条规定:"违反税收法规,偷税、抗税,情节严重的,除按照税收法规补税并且可以罚款外,对直接责任人员,处三年以下有期徒刑或者拘役。"这里也存在应负刑事责任

的"直接责任人员",但从来就没有人认为该条是单位犯罪。另一方面,一部作品从创作到发表,中间需要经过编辑、主编、打印、校对、装订、发行等许多环节。不能认为所有经手出版歧视、侮辱少数民族作品的人都构成犯罪,为了缩小打击面,所以刑法规定只有"直接责任人员"才构成本罪。故《刑法》第 250 条不是单位犯罪,单位不能构成出版歧视、侮辱少数民族作品罪。即使单位经过集体讨论,出版歧视、侮辱少数民族的作品的,也不属于单位犯罪,对此只追究直接责任人员的刑事责任。

Ⅵ 故意

本罪的罪过为故意,即行为人明知在出版物中刊载歧视、侮辱少数民族的内容会侵犯各民族的平等以及少数民族的尊严,并且希望或者放任这种危害结果的发生。对于故意创作歧视、侮辱少数民族作品的作者来说,其罪过显然是直接故意。而对于作者之外的其他直接责任人员,其既可能是直接故意,也可能是间接故意。 15

Ⅶ 与非罪的界限

出版歧视、侮辱少数民族作品的行为,必须情节恶劣,同时造成严重后果的,才构成犯罪;如果情节不恶劣,或者情节虽然恶劣,但未造成严重后果的(如歧视、侮辱少数民族的作品尚未大量上市),则属一般违法行为,对直接责任人员给予相应处分即可。 16

Ⅷ 与他罪的区别

一、与侮辱罪的区别

本罪与侮辱罪在客观方面有相似之处,但其区别是明显的:①犯罪客体不同。本罪的客体为各民族的平等以及少数民族的尊严,而侮辱罪的客体为公民的外部名誉。②行为对象不同。本罪指向的对象是作为群体的少数民族,而侮辱罪的对象则为特定的公民。③客观行为不同。本罪在客观上表现为在出版物中刊载歧视、侮辱少数民族的内容,情节恶劣,造成严重后果的行为;而侮辱罪则表现为使用暴力或其他方法,公然破坏他人名誉,情节严重的行为。④犯罪主体不同。本罪的主体为直接责任人员,包括作者、责任编辑、审稿人等;而侮辱罪的主体仅为实施侮辱行为的人。如果以出版物的方式侮辱他人,除非事前共谋的,否则责任编辑、审稿人等人员都不构成侮辱罪。 17

二、与煽动民族仇恨、民族歧视罪的区别

本罪与煽动民族仇恨、民族歧视罪都是针对民族的故意犯罪,存在相似点。出版歧视、侮辱少数民族作品罪与煽动民族仇恨、民族歧视罪的区别如下:①犯罪客体不 18

同。虽然两罪都破坏了各民族之间的平等与团结,但两罪的侧重点有所不同:出版歧视、侮辱少数民族作品罪侵犯的客体为民族之间平等的权利以及少数民族的尊严;而煽动民族仇恨、民族歧视罪侵犯的客体则是民族的团结与民族的平等。②民族的范围不同。出版歧视、侮辱少数民族作品罪中的民族是除汉族外的55个少数民族;而煽动民族仇恨、民族歧视罪中的民族是包括汉族在内的56个民族。③客观行为不同。出版歧视、侮辱少数民族作品罪表现为在出版物中刊载歧视、侮辱少数民族的内容,情节恶劣,造成严重后果的行为;而煽动民族仇恨、民族歧视罪则表现为以口头、书面或者其他方式煽动民族仇恨、民族歧视,情节严重的行为。

Ⅸ 处罚

19 根据本条规定,犯出版歧视、侮辱少数民族作品罪的,对直接责任人员,处3年以下有期徒刑、拘役或者管制。

第二百五十一条　非法剥夺公民宗教信仰自由罪;侵犯少数民族风俗习惯罪

国家机关工作人员非法剥夺公民的宗教信仰自由和侵犯少数民族风俗习惯，情节严重的，处二年以下有期徒刑或者拘役。

文献:赵秉志主编:《中国刑法案例与学理研究·分则篇(三)》,法律出版社2001年版;顾梁莎:《少数民族习惯法的"合法化"路径——刑法视域下的思考》,中国社会科学出版社2017年版;张明楷:《刑法学》(第6版),法律出版社2021年版。阿不都塞买提:《非法剥夺宗教信仰自由罪初探》,载《人民检察》1983年第8期;吴仕民:《略论侵犯少数民族风俗习惯罪》,载《法学》1984年第6期;张国吉:《论侵犯少数民族风俗习惯罪》,载《新疆社会科学》1985年第6期;金子桐:《析非法剥夺宗教信仰自由罪》,载《法学》1985年第9期;刘松:《侵犯少数民族风俗习惯罪若干问题研究》,载《云南高等专科学校学报》2001年第4期;马章民:《非法剥夺公民宗教信仰自由罪论要》,载《河北法学》2008年第1期;潘海生:《论侵犯少数民族风俗习惯罪的几个法律问题》,载《铜仁学院学报》2008年第4期;高巍:《侵犯少数民族风俗习惯罪中的几个问题研究》,载《云南民族大学学报(哲学社会科学版)》2011年第2期;柴阳:《侵犯少数民族风俗习惯的法律问题研究——以满族为例》,载《满族研究》2011年第3期;韩轶:《侵犯少数民族风俗习惯罪探解》,载《商品与质量》2012年第2期;金泽:《宗教与法治:"宗教信仰自由"的理解》,载《世界宗教研究》2018年第3期;田伟:《德国宪法上宗教自由保护范围的扩张与反思》,载《法学评论》2019年第5期。

细目录

Ⅰ　主旨
Ⅱ　沿革
Ⅲ　客体
　一、非法剥夺公民宗教信仰自由罪的客体
　二、侵犯少数民族风俗习惯罪的客体
Ⅳ　行为
　一、非法剥夺公民宗教信仰自由罪的行为
　二、侵犯少数民族风俗习惯罪的行为

Ⅴ　主体
Ⅵ　故意
Ⅶ　与非罪的界限
Ⅷ　与他罪的区别
一、非法剥夺公民宗教信仰自由罪与煽动民族仇恨、民族歧视罪的区别
二、非法剥夺公民宗教信仰自由罪与侵犯少数民族风俗习惯罪的区别
三、侵犯少数民族风俗习惯罪与煽动民族仇恨、民族歧视罪的区别
四、侵犯少数民族风俗习惯罪与出版歧视、侮辱少数民族作品罪的区别
五、侵犯少数民族风俗习惯罪与侮辱罪的区别
Ⅸ　处罚

Ⅰ　主旨

1　本条是对非法剥夺公民宗教信仰自由罪与侵犯少数民族风俗习惯罪的规定。《宪法》第4条第4款规定:"各民族都有使用和发展自己的语言文字的自由,都有保持或者改革自己的风俗习惯的自由。"第36条第1、2款规定:"中华人民共和国公民有宗教信仰自由。任何国家机关、社会团体和个人不得强制公民信仰宗教或者不信仰宗教,不得歧视信仰宗教的公民和不信仰宗教的公民。"为了保障党的民族政策和宪法规定的贯彻实施,保护公民的宗教信仰自由权利以及少数民族保持或者改革自己的风俗习惯的权利,刑法设立了本条。

Ⅱ　沿革

2　1979年《刑法》第147条规定:"国家工作人员非法剥夺公民的正当的宗教信仰自由和侵犯少数民族风俗习惯,情节严重的,处二年以下有期徒刑或者拘役。"

3　在修订刑法的过程中,有人认为,非法剥夺公民宗教信仰自由罪、侵犯少数民族风俗习惯罪规定得比较笼统,实践中也很少发生,建议删除。但是,保留非法剥夺公民宗教信仰自由罪和侵犯少数民族风俗习惯罪,不仅具有重大的政治意义,而且可以避免引起信教公民和少数民族产生不必要的误解,一旦发生情节严重的非法剥夺公民宗教信仰自由或侵犯少数民族风俗习惯的案件,就可以依法查处。故立法机关没有采纳这一建议。就实践来看,非法剥夺公民的宗教信仰自由的案件,真正由国家工作人员所为的极少,多为一般人所为,有人建议应将非法剥夺公民宗教信仰自由罪的主体改为一般主体,但立法机关没有采纳这一建议。

4　1994年3月3日全国人大常委会法制工作委员会《刑法分则条文汇集》曾经将非法剥夺公民宗教信仰自由罪、侵犯少数民族风俗习惯罪归入"渎职罪和违反职业义务罪",其他一些修改稿曾经对此二罪增设管制刑。但立法机关最终放弃了这些修改。由于宗教信仰自由(而不是封建迷信活动)必然是正当的,不正当的必然就不是

宗教信仰自由(而是封建迷信活动),不正当的宗教信仰自由是不存在的,故“正当的”宗教信仰自由这一修饰语完全是多余的,因而1996年10月10日全国人大常委会法制工作委员会《刑法(修订草案)》(征求意见稿)第228条取消了“正当的”一语。在1997年2月17日第八届全国人大常委会第二十四次会议《刑法(修订草案)》(修改稿)中,第251条不但没有扩大非法剥夺公民宗教信仰自由罪、侵犯少数民族风俗习惯罪的主体范围,相反进一步缩小了主体范围,将1979年《刑法》中的“国家工作人员”修改为“国家机关工作人员”。该条为现行刑法所采用。

Ⅲ　客体

一、非法剥夺公民宗教信仰自由罪的客体

5 非法剥夺公民宗教信仰自由罪的客体是公民的宗教信仰自由。所谓宗教信仰自由,是指是否信仰宗教是公民个人的自由;每个公民既有信仰宗教的自由,也有不信仰宗教的自由;有信仰这种宗教的自由,也有信仰那种宗教的自由;有信仰这个教派的自由,也有信仰那个教派的自由;有过去不信仰宗教现在信仰宗教的自由,也有过去信仰宗教现在不信仰宗教的自由。宗教信仰自由是公民的基本权利,任何人都无权非法干涉。宗教信仰自由属于思想范畴的问题,非法剥夺公民的宗教信仰自由,是对公民世界观、人生观进而对公民本人的粗暴否定,是法律所不允许的。因此,确保公民的宗教信仰自由,在我国具有重大意义;对于非法剥夺公民宗教信仰自由,情节严重的行为,应依法严惩。

二、侵犯少数民族风俗习惯罪的客体

6 侵犯少数民族风俗习惯罪的客体为少数民族保持或者改革本民族风俗习惯的自由。所谓少数民族的风俗习惯,是指少数民族在日常生产、生活中一贯遵循的具有广泛群众基础的为公序良俗所认可的惯例、习俗,包括饮食起居、婚丧嫁娶、岁时节日等风俗习惯。保持或者改革本民族的风俗习惯的自由,是少数民族所享有的宪法权利,因为少数民族的风俗习惯是他们在长期的生产、生活过程中,历史地形成和逐步发展起来的,是他们所熟悉的生活方式、情感表达方式和信仰寄托方式。保护少数民族的风俗习惯,在本质上是对少数民族本身的肯定,这对于维护民族团结、平等,巩固国家的统一,促进经济的繁荣与发展都具有十分重大的意义。对于侵犯少数民族风俗习惯的行为,必须用法律加以否定,对于其中情节严重的应以犯罪论处。

Ⅳ　行为

一、非法剥夺公民宗教信仰自由罪的行为

7 非法剥夺公民宗教信仰自由罪在客观上表现为非法剥夺公民的宗教信仰自

由,情节严重的行为。

1. 本罪的行为指向是公民的宗教信仰自由

8 宗教信仰自由在我国主要表现为信仰佛教、道教、基督教、天主教、伊斯兰教的自由。宗教信仰自由和迷恋邪教是有原则区别的。所谓邪教组织,是指冒用宗教、气功或者其他名义建立,神化首要分子,利用制造、散布迷信邪说等手段蛊惑、蒙骗他人,发展、控制成员,危害社会的非法组织。邪教不是宗教。禁止、干涉他人迷恋邪教的,属于正当行为,是法律所允许的,不存在构成非法剥夺公民宗教信仰自由罪的问题。只有剥夺公民的宗教信仰自由,才有可能构成非法剥夺公民宗教信仰自由罪。

2. 剥夺公民的宗教信仰自由必须是非法的

9 没有合法根据地剥夺公民的宗教信仰自由。中国共产党党章规定中国共产党党员不得信仰宗教,党员在入党前都自愿不信仰宗教,故如果有共产党党员改变自己的信念开始信仰宗教,党组织依据党章进行适当干预、教育,对行为人给予党的纪律处分或者要求行为人在退党与信仰宗教之间进行选择的,并不违法,有关人员不构成非法剥夺公民宗教信仰自由罪。

3. 行为人非法剥夺了公民的宗教信仰自由

10 行为人的非法行为使得被害人丧失了按照自己的意志信仰或不信仰宗教的自由。强迫信教公民不信仰宗教、退出宗教团体,或者强迫不信教公民信仰宗教、加入某个宗教团体,或者强迫信此教公民信仰彼教、退出此宗教团体加入彼宗教团体,等等,都属于剥夺公民宗教信仰自由的行为。非法剥夺公民宗教信仰自由的形式有:①对被害人进行人身方面的限制、打击。如殴打、威胁信教公民或不信教公民,给信教公民或不信教公民办“学习班”进行“洗脑”,非法拘禁信教公民或不信教公民,打击报复信教公民或不信教公民,侮辱教民与非教民,等等。②对宗教信仰自由的物质设施进行破坏。如非法封闭或捣毁合法宗教场所及其他宗教设施(如宗教经书、宗教刊物等)、非法撤销宗教组织,等等。③禁止正常的宗教活动。正常的宗教活动是宗教信仰的表现,禁止正常的宗教活动,显然是对他人宗教信仰自由的剥夺。

11 需要研究的是,故意扰乱正常的宗教活动是否属于非法剥夺公民宗教信仰自由的行为?对此,我国刑法的理论与实践均此肯定态度。但是,故意扰乱正常的宗教活动,虽然是对他人宗教信仰自由的一种破坏,但在本质上还远远没有达到剥夺公民宗教信仰自由的程度。在 1979 年《刑法》时代,认为故意扰乱正常的宗教活动属于非法剥夺公民宗教信仰自由的行为是可以接受的,因为类推在当时是合法的。但在现行刑法中,将故意扰乱正常的宗教活动解释为非法剥夺公民宗教信仰自由的行为,这一解释是否符合罪刑法定原则,让人怀疑。事实上,1989 年最高人民检察院《人民检察院直接受理的侵犯公民民主权利人身权利和渎职案件立案标准的规定》也没有规定扰乱正常的宗教活动构成非法剥夺公民宗教信仰自由罪。故不能将扰乱正常的宗教活动的行为认定为非法剥夺公民宗教信仰自由罪。

4. 非法剥夺公民的宗教信仰自由必须情节严重

只有情节严重的非法剥夺公民的宗教信仰自由的行为,才构成非法剥夺公民宗教信仰自由罪。情节严重主要是指多次侵犯他人的宗教信仰自由,剥夺多人的宗教信仰自由,出于卑劣动机剥夺他人的宗教信仰自由,采用殴打、捆绑等暴力剥夺他人的宗教信仰自由,采用限制人身自由、破坏名誉或者损坏财产等手段剥夺他人的宗教信仰自由,引起被害人精神失常、自杀等严重后果的,引起信教或不信教公民广泛抗议或者产生较大的社会影响,等等。 12

二、侵犯少数民族风俗习惯罪的行为

侵犯少数民族风俗习惯罪在客观上表现为侵犯少数民族风俗习惯,情节严重的行为。 13

(1) 本罪的行为指向的是汉族以外的少数民族的风俗习惯。少数民族的风俗习惯很多,如在饮食方面,从事畜牧业的民族,喜吃肉、奶制品,喝奶茶、酥油茶;满族人不吃狗肉。在丧葬方面,我国少数民族中除土葬外,还有火葬、天葬、水葬、塔葬等。[1]作为我国宪法所保护的少数民族的风俗习惯,一定是公序良俗所认可的风俗习惯。在广东,有的民族有"食人命"的习俗,这是指两家发生纠纷时,双方串联亲戚杀猪吃酒,共商械斗或讲和条件。如果调解不成,就由中人宣布日期进行械斗,这时双方抓人、杀人不算违反惯例。[2] 抓人、杀人既为公序良俗所不允,亦为法律所不容,故这样一种"食人命"的习俗不属于《刑法》第 251 条中的少数民族风俗习惯的范畴,在双方抓人、杀人时国家工作人员予以制止的,不构成侵犯少数民族风俗习惯罪;相反,双方抓人、杀人者应承担刑事责任。对于不具有广泛群众基础的个别少数民族公民的个人习性,也不属于本罪的保护对象。 14

(2) 行为人侵犯了少数民族的风俗习惯。所谓侵犯少数民族风俗习惯,是指行为人不尊重少数民族的意愿,以强制手段非法干涉、否定、破坏、改变少数民族风俗习惯。干涉、破坏等的形式表现为使用暴力、胁迫、运用行政手段、利用权势等。强制性是侵犯行为所必须具有的属性。如强迫吃牛肉的民族改吃猪肉,禁止少数民族过自己的传统节日等。以宣传教育的方法,劝说少数民族自愿放弃、改革落后风俗习惯的,不构成本罪。行为人侵犯的必须是少数民族的风俗习惯,因此,侵犯汉族风俗习惯,不构成本罪。侵犯少数民族风俗习惯的行为,必须具有非法性,如果行为人依法执行职务的行为属于正当行为,则不存在侵犯少数民族的风俗习惯问题。如在一些少数民族聚居的地区,已经明令禁止土葬的,国家机关工作人员阻止少数民族群众举 15

1　参见苏长青:《侵犯公民民主权利和妨害婚姻家庭罪》,中国人民公安大学出版社 1999 年版,第 107—108 页。

2　参见苏长青:《侵犯公民民主权利和妨害婚姻家庭罪》,中国人民公安大学出版社 1999 年版,第 115 页。

行土葬的,就不构成侵犯少数民族风俗习惯罪。

16 (3) 行为人侵犯少数民族的风俗习惯,必须情节严重。所谓情节严重,主要是指一贯或者多次侵犯少数民族的风俗习惯的,侵犯多个少数民族的风俗习惯的,出于卑劣动机的,引起少数民族群众广泛抗议的,引起民族冲突和民族纠纷的,产生恶劣的社会影响或者政治影响的,等等。

V 主体

17 非法剥夺公民宗教信仰自由罪与侵犯少数民族风俗习惯罪的主体均为特殊主体,即只有国家机关工作人员才能构成本条之罪。当然,非国家机关工作人员与国家机关工作人员共谋,非法剥夺公民的宗教信仰自由或者侵犯少数民族风俗习惯的,可以构成非法剥夺公民宗教信仰自由罪或侵犯少数民族风俗习惯罪的共犯。

18 国家机关工作人员是我国宗教政策、民族政策的执行者、维护者,其非法剥夺公民的宗教信仰自由、侵犯少数民族的风俗习惯,政治影响、社会影响都很坏,其社会危害性才达到应予刑事处罚的程度;而普通公民非法剥夺他人宗教信仰自由、侵犯少数民族风俗习惯,无论其规模、社会影响还是少数民族群众的感受,都无法与国家机关工作人员实施这些行为相提并论。正因为如此,立法机关没有将非法剥夺公民宗教信仰自由罪与侵犯少数民族风俗习惯罪的主体修改为一般主体,而是规定只有国家机关工作人员才能构成这两个罪。需要注意的是,非法剥夺公民宗教信仰自由罪与侵犯少数民族风俗习惯罪的主体是国家机关工作人员,而不是国家工作人员;因此,国有公司、企业、事业单位、人民团体中从事公务的人员,国家机关、国有公司、企业、事业单位委派到非国有公司、企业、事业单位、社会团体从事公务的人员,以及其他依照法律从事公务的人员,都不能单独构成本罪。

VI 故意

19 非法剥夺公民宗教信仰自由罪与侵犯少数民族风俗习惯罪的罪过形式都是故意犯罪,即明知自己的行为会发生剥夺公民宗教信仰自由的危害结果,并希望或者放任危害结果的发生;或者明知自己的行为会发生侵犯少数民族的风俗习惯的危害结果,并且希望或者放任危害结果的发生。行为人犯罪的动机如何,不影响犯罪的成立。过失剥夺他人宗教信仰自由或者侵犯了少数民族风俗习惯的,不构成本罪。如果行为人因政策水平不高,法律意识不强或者对少数民族的风俗习惯缺乏了解,导致侵犯少数民族风俗习惯的情形,不宜以本罪论处。

VII 与非罪的界限

20 首先,是否构成非法剥夺公民宗教信仰自由罪,一是看主体是否是国家机关工作人员。只有在立法、行政、司法等国家机关中从事公务的人员才能构成本罪,除此之外的其他国家工作人员以及一般群众即使侵犯非法剥夺公民宗教信仰自由的，也不构成本罪，对其只能进行批评教育或者给予治安处罚。二是看行为人主观上是否出于故意。行为人误认为正常的宗教活动是迷信活动而加以干预的，或者过失损毁宗教设施的，不构成本罪。在实践中，首先，应注意区分合法的宗教组织和一贯道、九宫道、先天道、法轮功等非法组织。后者的主张、见解不属于宪法所保护的宗教信仰自由的范畴，对之加以取缔、禁止的不构成犯罪。其次，应注意划清正常的宗教活动与封建迷信的界限。求神问卜、驱鬼治病、相面、算命、看风水都属于封建迷信活动的范畴，对之加以取缔、禁止的也不构成犯罪。最后，应注意划清合法的宗教活动与利用宗教从事违法活动的界限。如有些人以宗教的名义骗取钱财、玩弄女性，这些活动在本质上已经不再属于宗教活动，对之加以干涉的，属于合法行为，不构成犯罪。此外，信教公民有传播宗教的自由，同样不信教公民也有传播、宣传无神论的自由。以适当、合理的方式宣传无神论的，不属于对公民宗教信仰自由的侵犯；但是，以暴力、胁迫等手段向信教公民宣传无神论，情节严重的，可以构成本罪。

行为人是否构成侵犯少数民族风俗习惯罪，必须严格围绕本罪的犯罪构成来认定。①如果行为人干涉的不是少数民族的风俗习惯，而是一些少数民族群众参与的迷信活动的，如禁止少数民族的“神汉”“巫婆”从事巫术诈骗钱财的违法活动的，不构成本罪。②只有在立法、行政、司法等国家机关中从事公务的人员才能构成本罪，除此之外的其他国家工作人员以及一般群众即使侵犯少数民族的风俗习惯的，也不构成本罪。③如果国家机关工作人员不是出于故意，而是由于政策水平不高、法律意识不强或者对少数民族的风俗习惯缺乏了解，从而作出了一些错误举动的，因其缺乏犯罪故意，即使产生了一些不良影响，也不能以本罪论处。 21

Ⅷ　与他罪的区别

一、非法剥夺公民宗教信仰自由罪与煽动民族仇恨、民族歧视罪的区别

一般而言，非法剥夺公民宗教信仰自由罪与煽动民族仇恨、民族歧视罪的区别是明显的：①犯罪客体不同。非法剥夺公民宗教信仰自由罪侵犯的客体是公民的宗教信仰自由；而煽动民族仇恨、民族歧视罪侵犯的客体则是民族的团结与民族的平等。②客观行为不同。非法剥夺公民宗教信仰自由罪在客观上表现为非法剥夺公民的宗教信仰自由，情节严重的行为；而煽动民族仇恨、民族歧视罪则表现为故意煽动民族仇恨、民族歧视，情节严重的行为。③犯罪主体不同。非法剥夺公民宗教信仰自由罪的主体为特殊主体，只有国家机关工作人员才能构成；而煽动民族仇恨、民族歧视罪的主体则为一般主体。④故意内容不同。非法剥夺公民宗教信仰自由罪为故意非法剥夺他人的宗教信仰自由，而煽动民族仇恨、民族歧视罪则为故意煽动民族仇恨、民族歧视，破坏民族之间的团结与平等。在行为人以侵犯公民宗教信仰自由的手段故意挑起民族仇恨、民族歧视的场合，行为人不仅构成非法剥夺公民宗教信仰自由 22

罪,而且构成煽动民族仇恨、民族歧视罪,属于想象竞合犯(行为人属于以实际行动来煽动民族仇恨、民族歧视,也构成了煽动民族仇恨、民族歧视罪),应以煽动民族仇恨、民族歧视罪论处。

二、非法剥夺公民宗教信仰自由罪与侵犯少数民族风俗习惯罪的区别

23 非法剥夺公民宗教信仰自由罪与侵犯少数民族风俗习惯罪被规定在同一条文中,有区分的必要。其区别如下:①犯罪客体不同。非法剥夺公民宗教信仰自由罪的客体为公民的宗教信仰自由;而侵犯少数民族风俗习惯罪的客体则是少数民族保持或者改革本民族风俗习惯的自由。民族风俗习惯与宗教信仰显然是不相同的。②行为对象不同。非法剥夺公民宗教信仰自由罪的对象既包括汉族公民,也包括少数民族的公民;而侵犯少数民族风俗习惯罪所侵犯的对象只限于少数民族的风俗习惯,不包括汉族风俗习惯。③客观行为不同。非法剥夺公民宗教信仰自由罪在客观方面表现为剥夺公民的宗教信仰自由,情节严重的行为;而侵犯少数民族风俗习惯罪则表现为侵犯少数民族风俗习惯,情节严重的行为。④主观故意不同。非法剥夺公民宗教信仰自由罪意在改变他人的宗教信仰,而侵犯少数民族风俗习惯罪则意在改变、干涉少数民族的风俗习惯。事实上,少数民族的一些宗教活动已经成为少数民族风俗习惯的一部分,如信仰伊斯兰教的少数民族群众喜欢定期去清真寺,《古兰经》已经成为其日常生活的一部分。此时,如果行为人焚烧《古兰经》、不准少数民族群众去清真寺参拜,行为人到底是构成非法剥夺公民宗教信仰自由罪还是构成侵犯少数民族风俗习惯罪,不易分清。应当认为,这种情况构成想象竞合犯,应以行为人的主观故意对行为人进行定性:如果行为人是企图侵犯少数民族风俗习惯的,构成侵犯少数民族风俗习惯罪;如果行为人是企图剥夺他人的宗教信仰自由的,构成非法剥夺公民宗教信仰自由罪。

三、侵犯少数民族风俗习惯罪与煽动民族仇恨、民族歧视罪的区别

24 两罪具有相似之处,如都是针对民族的犯罪,都破坏了民族之间平等、团结、互助关系,但两罪的区别也是十分明显的:①犯罪客体不同。侵犯少数民族风俗习惯罪的客体是少数民族保持或者改革本民族风俗习惯的自由,而煽动民族仇恨、民族歧视罪侵犯的客体则是民族的团结与民族的平等。②客观方面不同。侵犯少数民族风俗习惯罪在客观上表现为侵犯少数民族风俗习惯,情节严重的行为;而煽动民族仇恨、民族歧视罪在客观方面则表现为行为人故意煽动民族仇恨、民族歧视,情节严重的行为。③主体要件不同。侵犯少数民族风俗习惯罪的主体为特殊主体,只有国家机关工作人员才能触犯此罪,而煽动民族仇恨、民族歧视罪的主体为一般主体。行为人以侵犯少数民族风俗习惯的手段故意挑起民族矛盾,引起民族仇恨、民族歧视的,属于以实际行动来煽动民族仇恨、民族歧视,对此应当认定为煽动民族仇恨、民族歧视罪。

四、侵犯少数民族风俗习惯罪与出版歧视、侮辱少数民族作品罪的区别

侵犯少数民族风俗习惯罪与出版歧视、侮辱少数民族作品罪，都是针对少数民族的故意犯罪，出版歧视、侮辱少数民族的作品，完全可能以丑化、嘲讽、蔑视少数民族风俗习惯的方式来进行，因而有必要区分出版歧视、侮辱少数民族作品罪与侵犯少数民族风俗习惯罪的界限。二者的主要区别如下：①犯罪客体不同。侵犯少数民族风俗习惯罪侵犯的客体为少数民族保持或者改革本民族风俗习惯的自由，而出版歧视、侮辱少数民族作品罪的客体则为各民族平等的权利以及少数民族的尊严。②客观行为不同。侵犯少数民族民俗习惯罪表现为侵犯少数民族风俗习惯，情节严重的行为，而出版歧视、侮辱少数民族作品罪则表现为在出版物中刊载歧视、侮辱少数民族的内容，情节恶劣，造成严重后果的行为。③犯罪主体不同。侵犯少数民族风俗习惯罪的主体为特殊主体，只能由国家机关工作人员构成，而出版歧视、侮辱少数民族作品罪的主体为一般主体。④主观故意不同。侵犯少数民族风俗习惯罪为故意破坏少数民族风俗习惯，而出版歧视、侮辱少数民族作品罪为故意损害各民族的平等以及少数民族的尊严。 25

五、侵犯少数民族风俗习惯罪与侮辱罪的区别

侵犯少数民族风俗习惯罪与侮辱罪的界限是较为明显的：①犯罪客体不同。侵犯少数民族风俗习惯罪的客体为少数民族保持或者改革本民族风俗习惯的自由，而侮辱罪的客体是公民的名誉。②客观行为不同。侵犯少数民族风俗习惯罪表现为侵犯少数民族风俗习惯，情节严重的行为；而侮辱罪表现为以暴力或者其他方法公然侮辱他人且情节严重的行为。③犯罪主体不同。本罪的主体为特殊主体，只有国家机关工作人员才能构成侵犯少数民族风俗习惯罪；而侮辱罪的主体则为一般主体。④主观故意不同。侵犯少数民族风俗习惯罪的行为人有否定、破坏、改变、干涉少数民族的风俗习惯的意思，而侮辱罪的行为人则有破坏他人名誉的意思。当国家机关工作人员以少数民族禁忌的方式侮辱少数民族公民时，如当众强迫回族公民吃猪肉的，对行为人定侮辱罪还是侵犯少数民族风俗习惯罪，容易产生分歧。此时，行为人既符合侵犯少数民族风俗习惯罪的构成要件，也符合侮辱罪的构成要件，属于想象竞合犯，应按照侮辱罪论处；但是，如果国家机关工作人员的侮辱行为不具有公然性的，对其仍应以侵犯少数民族风俗习惯罪追究刑事责任。 26

Ⅸ　处罚

根据本条的规定，犯非法剥夺公民宗教信仰自由罪与侵犯少数民族风俗习惯罪的，处 2 年以下有期徒刑或拘役。 27

第二百五十二条 侵犯通信自由罪

隐匿、毁弃或者非法开拆他人信件，侵犯公民通信自由权利，情节严重的，处一年以下有期徒刑或者拘役。

文献:王作富主编:《刑法分则实务研究》,中国方正出版社 2001 年版;赵秉志主编:《中国刑法实用》,河南人民出版社 2001 年版;张明楷:《刑法学》(第 6 版),法律出版社 2021 年版。邓小秋:《私拆信件有罪》,载《民主与法制》1979 年第 4 期;杨立新:《试论邮政侵权行为》,载《当代法学》1988 年第 1 期;殷东伟:《非法截获删除他人电子邮件行为的定性——俞磊侵犯通信自由案》,载《法制资讯》2009 年第 C1 期;王欣元、高丹丹:《QQ 盗号行为之定性研究——从三起典型判例谈起》,载《河南警察学院学报》2016 年第 2 期;王蔚:《新形势下的盗窃罪探析——以网络虚拟财产为对象》,载《太原学院学报(社会科学版)》2017 年第 4 期;何萍、张金钢:《窃取网络虚拟财产行为的教义学阐释》,载《青少年犯罪问题》2019 年第 2 期。

细目录

Ⅰ 主旨
Ⅱ 沿革
Ⅲ 客体
Ⅳ 对象
Ⅴ 行为
Ⅵ 主体
Ⅶ 故意
Ⅷ 罪数
Ⅸ 与非罪的界限
Ⅹ 处罚

Ⅰ 主旨

1 本条是对侵犯通信自由罪的规定。侵犯通信自由罪是指隐匿、毁弃或者非法开拆他人信件,侵犯公民通信自由权利,情节严重的行为。《宪法》第 40 条规定:“中华人民共和国公民的通信自由和通信秘密受法律的保护。除因国家安全或者追查刑事犯罪的需要,由公安机关或者检察机关依照法律规定的程序对通信进行检查外,任何组织或者个人不得以任何理由侵犯公民的通信自由和通信秘密。”《邮政法》第 3 条第1款规定："公民的通信自由和通信秘密受法律保护。除因国家安全或者追查刑事犯罪的需要，由公安机关、国家安全机关或者检察机关依照法律规定的程序对通信进行检查外，任何组织或者个人不得以任何理由侵犯公民的通信自由和通信秘密。"为了保护公民的通信自由不受侵犯，禁止侵犯通信自由的行为，刑法设立了本罪。

Ⅱ　沿革

1979年《刑法》第149条规定："隐匿、毁弃或者非法开拆他人信件，侵犯公民通信自由权利，情节严重的，处一年以下有期徒刑或者拘役。"在修订《刑法》的过程中，有人认为侵犯通信自由的方式不应限于隐匿、毁弃或者非法开拆他人信件，还应加上"其他方法"（如利用特殊手段窃看信函内容，窃听、窃看有声邮件等）。但立法机关没有采纳这一建议，对侵犯通信自由罪的规定未作修改。 2

Ⅲ　客体

本罪的客体为公民的通信自由权利。通信自由权利是指公民的通信自由和通信秘密不受非法侵犯的权利。通信自由权利由通信自由和通信秘密两方面组成。通信自由是指公民在与他人交往的过程中，有通过信件来表达个人意愿的自由。[1] 通信秘密是指未经公民同意，通信的内容是不可以公开的，严禁任何组织或者个人偷听、偷看或者涂改其信件的内容。如果只承认通信自由，而不承认通信秘密，公民的通信自由权利就没有保障；如果只承认通信秘密，而无通信自由，公民的通信自由权利也就无法实现。因此，非法开拆他人信件后，又将信件原样封好的仍可以构成侵犯通信自由罪。 3

公民的通信自由权利为公民日常生活中必不可少的基本权利。任何公民都有通信自由权利，孩子、学生也不例外。一些家长、老师即使善意私自开拆偷看或者隐匿、毁弃孩子、学生的信件的，也属于违法行为，如果情节严重的，也可以本罪论处。 4

Ⅳ　对象

由本罪的客体所决定，本罪的对象为"信件"。2015年修正的《邮政法》中同时使用"邮件"与"信件"的概念，但并未解释两者的内涵与外延。但1986年《邮政法》第41条规定"信件是指信函和明信片"。这一界定显然与现实不符，范围过于狭窄，三十多年前出台的法律是不可能预料到电子时代的到来与发展的。如今，大量的通 5

1　一般而言，通信自由也包括通过电报、电话或者其他邮件等方式来表达其个人意愿的自由。但在《刑法》第252条中，通信自由权利仅限于通过信件来表达其个人意愿这一种情形。在《刑法》第253条私自开拆、隐匿、毁弃邮件、电报罪中，通信自由权利要宽于《刑法》第252条中的通信自由权利。

信是通过互联网发送电子邮件完成的。非法截获、篡改、删除他人电子邮件的,自然也侵犯了公民的通信自由权利,故对于电子邮件,也应当受到刑法的保护。2000年全国人大常委会《关于维护互联网安全的决定》第4条规定,非法截获、篡改、删除他人电子邮件或者其他数据资料,侵犯公民通信自由和通信秘密的,应负刑事责任。据此,在通信自由和通信秘密范围内的电子邮件,也属于"信件"的范畴。电报、电话显然不属于信件的范畴,故隐匿、毁弃或者非法开拆他人电报或者偷听他人电话,不能构成本罪;对此确有追究刑事责任必要的,应根据具体情况认定行为人构成侵犯商业秘密罪、非法使用窃听、窃照专用器材罪等犯罪。

6 本罪的对象为他人的信件,不包括单位的公函。有人认为,法人及非法人组织的信件也属于《刑法》第252条中"他人的信件"。[2] 这不准确。应当承认,法人及非法人组织寄给公民个人的信件属于他人的信件,但法人及非法人组织间的公函并不属于他人的信件;这是因为,侵犯通信自由罪属于侵犯公民人身权利、民主权利的犯罪,隐匿、毁弃或者非法开拆单位的公函,不存在侵犯公民的通信自由权利问题,故单位之间的公函不包含在本罪的对象之中;如果对此确有追究刑事责任必要的,应根据具体情况认定行为人构成毁灭国家机关公文罪、故意(过失)泄露国家秘密罪、侵犯商业秘密罪等犯罪。

7 《刑法》第252条中的他人既包括收信人,也包括发信人。如果发信人的信件尚未发出,此时隐匿、毁弃或者非法开拆的,显然侵犯了他人的通信自由,可以构成侵犯通信自由罪。有人认为,"他人"在这里是指活着的自然人,如果收件人死亡,行为人亦明知,对这种信件进行隐匿、毁弃或者非法开拆的,不构成本罪。[3] 其言下之意是,人之不存,通信自由权利安在?但是,通信自由与通信秘密,不单为收信人所享有,亦为发信人所享有。隐匿、毁弃或者非法开拆死者信件的,能够侵犯发信人的通信秘密,故也可以构成侵犯通信自由罪。有人认为,如果收件人已经收到并开拆了信件,行为人即使偷看了信件,亦不能构成本罪。[4] 收件人收到并开拆信件之后,行为人偷看了信件,虽然没有侵犯他人的通信自由,但未经他人同意偷看他人信件显然侵犯了他人的通信秘密,故只要情节严重的,一样可以构成侵犯通信自由罪。因此,侵犯通信自由罪中的信件不限于处于邮递过程中的信件。

8 从立法演变来看,《刑法》第252条中的信件不限于封缄信件。没有封缄的信件,如明信片、贺年片,虽然不存在通信秘密问题(由没有封缄的事实可以合理推定发信人并不在意他人知悉信件的内容),但存在通信自由问题,故也可以成为本罪的对象。任何人隐匿、毁弃他人没有封缄的信件的,可以构成侵犯通信自由罪。

---

2 参见苏长青:《侵犯公民民主权利和妨害婚姻家庭罪》,中国人民公安大学出版社1999年版,第138页。

3 参见颜茂昆、贺小电、翟玉华:《刑法适用新论》,吉林人民出版社2001年版,第1209页。

4 参见颜茂昆、贺小电、翟玉华:《刑法适用新论》,吉林人民出版社2001年版,第1208页。

V 行为

本罪在客观上表现为隐匿、毁弃或者非法开拆他人信件,侵犯公民通信自由,情节严重的行为。 9

(1)必须具有隐匿、毁弃或者非法开拆他人信件的行为。所谓隐匿,是指藏匿他人信件。隐匿既可以是永久的,也可以是短期的(但时间过短的除外)。隐匿不限于使发信人无法发信或者使收信人无法收信。行为人(邮政工作人员除外)故意延误他人信件致使收信人收到信件时该信件已经丧失信息传达功能的,也属于隐匿。因此,单位收发室的工作人员明知信件中是他人的研究生复试通知书,却故意拖延发放信件,致使他人收到信件时已经错过了研究生复试时间的,行为人就属于隐匿信件,情节严重的,应构成侵犯通信自由罪。所谓毁弃,是指将信件销毁、丢弃。毁弃的本质是使信件丧失通信自由和通信秘密功能,因此,用水浸泡使信件字迹模糊不清不能辨认的,或者完全篡改信件内容的,即使收信人收到了该信件,也属于毁弃信件。所谓非法开拆,是指未经他人同意或者没有合法根据擅自开拆他人信件的行为。只要信件封缄,无论是何种形式的封缄,任何人都不可以非法开拆。非法开拆包括有形开拆与无形开拆。有形开拆是指直接打开信件封缄。无形开拆是指借助某种手段(如借助仪器等),在不开拆信件的情况下得知信件的内容。无形开拆是随着科技的发展而产生的新的开拆方式。承认无形开拆也属于非法开拆信件并不违反罪刑法定原则。非法截获他人电子邮件,显然就是无形开拆。《关于维护互联网安全的决定》承认这种情形可以构成侵犯通信自由罪,这就表明立法上已经正式承认了无形开拆。只要行为人非法开拆他人信件,至于开拆后是否窥视信件内容,不影响本罪的成立;即使行为人非法开拆信件之后又将信件原样加封复原的,因行为人已经侵犯他人通信秘密,故仍然构成本罪。[5] 开拆行为不同于隐匿、毁弃行为,后两种行为方式本身就带有非法性,任何人都不能擅自隐匿、毁弃他人的信件。而开拆行为,如果他人同意,或者存在合法根据,就属于合法行为,不可能构成本罪。根据《邮政法》第 36 条之规定:"因国家安全或者追查刑事犯罪的需要,公安机关、国家安全机关或者检察机关可以依法检查、扣留有关邮件,并可以要求邮政企业提供相关用户使用邮政服务的信息。邮政企业和有关单位应当配合,并对有关情况予以保密。"这种情况下开拆信件就不属于非法开拆。只要行为人实施了上述隐匿、毁弃或者非法开拆他人信件行为之一的,即构成本罪;即使行为人三种行为方式都实施的,也只构成本罪一罪,无须数罪并罚,当然对此在量刑时应有适当考虑。 10

5 严格来说,如果行为人果真没有窥视信件内容,就没有侵犯他人的通信秘密,不应当构成犯罪。但是,在非法开拆他人信件之后,一方面,任何人都会合理地认为行为人窥视了信件内容;另一方面,行为人在法律上很难证明自己没有窥视信件内容。因此,只要非法开拆他人信件之后,不论行为人是否窥视了信件内容,在法律上都认定行为人侵犯了他人的通信秘密。

11 (2)隐匿、毁弃或者非法开拆他人信件,侵犯公民通信自由,只有情节严重的,才构成本罪。所谓情节严重,主要是指隐匿、毁弃或者非法开拆他人信件,次数较多或者数量较大的;隐匿、毁弃或者非法开拆他人信件,致使他人工作、生活受到严重影响或身体、精神受到严重损害的;非法开拆他人信件、涂改信中内容,或者张扬他人隐私、侮辱他人人格、破坏他人名誉的;隐匿、毁弃或者非法开拆他人信件,造成其他严重后果的等。

Ⅵ 主体

12 本罪主体为一般主体,凡是年满16周岁具有刑事责任能力的自然人均可构成本罪。但是,邮政工作人员隐匿、毁弃或者非法开拆他人信件的,应以私自开拆、隐匿、毁弃邮件罪论处,不构成本罪。

Ⅶ 故意

13 本罪为故意犯罪,即明知是他人的信件而故意隐匿、毁弃,或者明知不存在合法根据仍非法开拆信件。过失积压、毁损、遗失或误拆他人信件的,不构成本罪。本罪的动机多样,如过分关心、窥探他人秘密、报复泄愤、窃取财物等,无论动机如何,都不影响本罪的成立。

Ⅷ 罪数

14 在侵犯通信自由罪中,需要正确认定罪数问题。1995年11月6日,最高人民检察院发布了《关于非邮电工作人员非法开拆他人信件并从中窃取财物案件定性问题的批复》,认为非邮电工作人员开拆他人信件,侵犯公民通信自由权利,情节严重,并从中窃取汇票或汇款支票,冒名骗取汇兑款数额较大的,应依照刑法关于侵犯公司通信自由罪和诈骗罪的规定,依法实行数罪并罚。对此,要视情况分析:行为人非法开拆他人信件,侵犯公民通信自由权利,情节严重,并从中窃取少量财物,或者窃取汇票、汇款支票,骗取汇兑款数额不大的,构成侵犯通信自由罪一罪,从重处罚。行为人以取财为目的,非法开拆他人信件,侵犯公民通信自由权利,情节严重,并从中窃取财物数额较大的,或者从中窃取汇票或汇款支票,冒名骗取汇兑款数额较大的,构成牵连犯,对此应以盗窃罪或者票据诈骗罪一罪从重处罚。如果行为人非法开拆他人信件(情节严重),临时见财起意的,构成侵犯通信自由罪与盗窃罪或票据诈骗罪,由于这种情形不属于一罪的情形,故对此应当数罪并罚。

Ⅸ 与非罪的界限

15 行为人是否构成侵犯通信自由罪,一是看主观上行为人是否出于故意,过失隐匿、毁弃或者非法开拆他人信件的,不构成本罪。二是看开拆他人信件时是否存在合法根据。司法工作人员依法检查犯罪嫌疑人、罪犯信件的行为,显然不存在侵犯公民通信自由权利的问题。三是看侵犯公民通信自由是否情节严重。侵犯公民通信自由情节一般的,不构成本罪,应依照《治安管理处罚法》的相关规定处罚。

需要注意的是,实践中有人单纯盗窃他人信件上的邮票,将邮票撕下后,并没有 16
将信件隐匿、毁弃,也没有开拆他人信件的,对此不能认定为侵犯通信自由罪。如果撕下的是尚未使用的邮票且数量较大的,可以盗窃罪追究其刑事责任;如果其撕下的都是已经使用过的邮票的,只要不是特别珍贵的邮票,对行为人只能进行治安处罚;但是,如果行为人撕邮票时也将信封撕破并且数量较大的,可以认定为行为人非法开拆他人信件,应以侵犯通信自由罪追究其刑事责任。

X 处罚

根据本条的规定,犯侵犯通信自由罪的,处 1 年以下有期徒刑或者拘役。本罪属 17
于刑种、刑度都较轻的轻罪,一般可以考虑对行为人宣告缓刑;但行为人犯罪情节特别严重的,也可以不宣告缓刑。

第二百五十三条　私自开拆、隐匿、毁弃邮件、电报罪

邮政工作人员私自开拆或者隐匿、毁弃邮件、电报的，处二年以下有期徒刑或者拘役。

犯前款罪而窃取财物的，依照本法第二百六十四条的规定定罪从重处罚。

文献：赵秉志主编：《疑难刑事问题司法对策》(第5集)，吉林人民出版社1999年版；张明楷：《刑法学》(第6版)，法律出版社2021年版。韩向阳：《妨害邮电通讯罪与贪污罪的性质不能混淆》，载《法学》1983年第12期；刘立宪：《也谈妨害邮电通讯罪与贪污罪的性质不能混淆》，载《法学》1984年第6期；丁原：《关于刑法第一百九十一条第二款规定的犯罪的罪名问题探讨》，载《法学评论》1987年第3期；石永生、方祖池：《浅谈当前私拆、隐匿、毁弃邮件、电报犯罪的特点及办案中应注意的问题》，载《河北法学》1988年第4期；杨源俊：《刑法第一百九十一条犯罪构成浅析》，载《中南政法学院学报》1989年第4期；范德繁：《新刑法第二百五十三条第二款的犯罪形态》，载《行政与法》1999年第4期；高继德：《邮政工作人员私拆邮件窃取财物如何定罪》，载《中国邮政》2001年第2期；吴占英：《私自开拆、隐匿、毁弃邮件、电报罪若干问题探讨》，载《法学杂志》2003年第6期；温文治、陈洪兵：《论个人秘密的刑法保护》，载《河北法学》2004年第12期；姚兵、张志佳：《私自开拆、隐匿、毁弃邮件、电报罪探疑》，载《河南公安高等专科学校学报》2006年第5期；孟平：《邮政部门聘用人员窃取邮件中的财物该定何罪》，载《人民检察》2006年第23期；王守俊：《电子商务时代私自开拆、隐匿、毁弃邮件电报罪的修改与完善》，载《现代商业》2019年第31期。

细目录

Ⅰ　主旨
Ⅱ　沿革
Ⅲ　客体
Ⅳ　行为
Ⅴ　主体
Ⅵ　故意
Ⅶ　罪数
Ⅷ　与非罪的界限
Ⅸ　与他罪的区别
　一、与侵犯通信自由罪的区别

二、与故意延误投递邮件罪的区别

X 处罚

I 主旨

本条是对私自开拆、隐匿、毁弃邮件、电报罪的规定。私自开拆、隐匿、毁弃邮件、电报罪是指邮政工作人员私自开拆或者隐匿、毁弃邮件、电报的行为。《宪法》第40条规定:"中华人民共和国公民的通信自由和通信秘密受法律的保护。除因国家安全或者追查刑事犯罪的需要,由公安机关或者检察机关依照法律规定的程序对通信进行检查外,任何组织或者个人不得以任何理由侵犯公民的通信自由和通信秘密。"就实践中来看,邮政工作人员侵犯公民通信自由的不在少数。为了保护公民的通信自由权利,打击邮政工作人员侵犯公民通信自由权利的犯罪行为,刑法设立了本罪。 1

II 沿革

1979年《刑法》第191条规定:"邮电工作人员私自开拆或者隐匿、毁弃邮件、电报的,处二年以下有期徒刑或者拘役。犯前款罪而窃取财物的,依照第一百五十五条贪污罪从重处罚。" 2

在修订《刑法》的过程中,前几个修订稿都沿用了1979年《刑法》的规定。但在1996年8月31日全国人大常委会法制工作委员会《刑法》(修改草稿)中,第一次将本罪由渎职罪移至侵犯公民人身权利、民主权利罪中,并将本罪与侵犯通信自由罪规定在一个条文中;该稿分则第四章第24条规定:"隐匿、毁弃或者非法开拆他人信件,侵犯公民通信自由权利,情节严重的,处一年以下有期徒刑或者拘役。邮电工作人员私自开拆或者隐匿、毁弃邮件、电报的,处二年以下有期徒刑或者拘役。犯前款罪而窃取财物的,依照侵占罪规定从重处罚。"1996年10月10全国人大常委会法制工作委员会《刑法(修订草案)》(征求意见稿)又将本罪与侵犯通信自由罪分立,并规定邮电工作人员私自开拆或者隐匿、毁弃邮件、电报的,不属于侵占罪,而是构成盗窃罪。该稿第230条规定:"邮电工作人员私自开拆或者隐匿、毁弃邮件、电报的,处二年以下有期徒刑或者拘役。犯前款罪而窃取财物的,依照盗窃罪的规定从重处罚。"1997年3月13日第八届全国人民代表大会第五次会议通过的《刑法(修订草案)》将本罪的主体由"邮电工作人员"修改为"邮政工作人员",由此形成了现行《刑法》的规定。 3

III 客体

本罪的客体为公民的通信自由权利。关于本罪的客体是简单客体还是复杂客体, 4

存在分歧。在简单客体说中,有人认为本罪的客体是公民的通信自由权利[1],有人认为本罪的客体是邮政部门的正常活动[2]。目前,复杂客体说是多数人的观点,认为本罪的客体是"公民的通信自由权利和邮电部门的正常活动"[3],或者是"公民的通讯自由和通讯秘密以及邮电部门的正常活动"[4]。

5 在计划经济体制下,邮政工作人员被视为国家工作人员,其利用职务上的便利私自开拆或者隐匿、毁弃邮件、电报的,属于渎职行为,故在1979年《刑法》中,本罪被放在渎职罪当中。如今,邮政部门作为一个企业部门,其工作人员已经不再属于国家工作人员,其私自开拆或者隐匿、毁弃邮件、电报的,自然不再具有渎职罪的性质,而是侵犯了公民的通信自由权利,所以现行《刑法》将私自开拆、隐匿、毁弃邮件、电报罪从渎职罪中移至侵犯公民人身权利、民主权利罪中。由此,必须从侵犯公民人身权利、民主权利的角度把握私自开拆、隐匿、毁弃邮件、电报罪的犯罪客体。单纯认为本罪客体乃邮政部门正常活动的人显然无视私自开拆、隐匿、毁弃邮件、电报罪的法益变更,是不妥当的。

6 现在的问题是,在私自开拆、隐匿、毁弃邮件、电报罪的法益变更之后,邮政部门的正常活动是否还是私自开拆、隐匿、毁弃邮件、电报罪的客体(次要客体)?答案是否定的。第一,私自开拆、隐匿、毁弃邮件、电报罪的法定刑之所以重于侵犯通信自由罪,其根据并不在于私自开拆、隐匿、毁弃邮件、电报罪还同时侵犯了邮政部门的正常活动,而是邮政工作人员这一特殊身份使其刑罚加重。在刑法中,单纯因为特殊身份而加重刑罚的并不罕见。因此,私自开拆、隐匿、毁弃邮件、电报罪的法定刑重于侵犯通信自由罪,并不表明邮政部门的正常活动也是本罪的客体。第二,私自开拆、隐匿、毁弃邮件、电报罪的确一般都破坏了邮政部门的正常活动,但这仅是一个生活事实,并非法律的规定。我们并不能从这个生活事实中得出邮政部门的正常活动也是私自开拆、隐匿、毁弃邮件、电报罪的客体的结论。一方面,某一犯罪一定侵犯的社会关系,学界有时也会认为其不是犯罪客体;如在国家工作人员索取他人财物的场合,他人的财产所有权必然受到了侵犯,但现在没有人认为公私财产所有权也是受贿罪的客体。同样的道理,私自开拆、隐匿、毁弃邮件、电报行为虽然必然侵犯邮政部门的正常活动,但可以认为其不是私自开拆、隐匿、毁弃邮件、电报罪的客体。另一方面,普通公民私自开拆或者隐匿、毁弃尚处于邮递过程中的邮件、电报,自然也影响了邮政部门的正常活动(因为邮政部门将因此而承担额外的投诉、邮件查询或理赔工作),但并不因此就认为侵犯邮政部门的正常活动也是侵犯通信

---

1 参见张明楷:《法益初论》,中国政法大学出版社2000年版,第234页。

2 参见颜茂昆、贺小电、翟玉华:《刑法适用新论》,吉林人民出版社2001年版,第1212页。

3 高铭暄、马克昌主编:《刑法学》(第9版),北京大学出版社、高等教育出版社2019年版,第480页。

4 赵长青主编:《刑法学》(中),法律出版社2000年版,第709页。

自由罪的客体。因此,私自开拆、隐匿、毁弃邮件、电报罪的客体仅仅为公民的通信自由权利。

Ⅳ 行为

本罪在客观上表现为邮政工作人员私自开拆或者隐匿、毁弃邮件、电报的行为。 7

首先,行为人私自开拆或者隐匿、毁弃的对象为邮件、电报。邮件是指处于邮政部门传递过程中的函件(包括信函、明信片、印刷品、盲人读物)和包件,传递中的报纸杂志和汇票也视为邮件。电报,是指用电报装置传递的文字、图表等。一般而言,构成本罪,要求邮件、电报必须已经投递。此外,本罪属于侵犯公民通信自由权利的犯罪,故这里的邮件、电报必须为发件人或者收件人为公民个人的邮件、电报,单位之间的公函性质的邮件、电报并非本罪的对象;行为人私自开拆或者隐匿、毁弃单位之间的邮件、电报,如符合为境外窃取、刺探国家秘密、情报罪、侵犯商业秘密罪、毁灭国家机关公文、证件等犯罪的构成要件的,应以这些犯罪追究行为人的刑事责任。 8

其次,行为人私自开拆或者隐匿、毁弃邮件、电报。私自开拆是指没有合法根据开拆邮件、电报。经收件人同意或有其他合法根据而开拆邮件、电报的,不属于私自开拆。如根据《邮政法》第 36 条之规定:“因国家安全或者追查刑事犯罪的需要,公安机关、国家安全机关或者检察机关可以依法检查、扣留有关邮件,并可以要求邮政企业提供相关用户使用邮政服务的信息。邮政企业和有关单位应当配合,并对有关情况予以保密。”私自开拆并不以破坏邮件、电报的封缄为条件。所谓隐匿,是指隐藏、藏匿他人邮件、电报而不送交收件人。与侵犯通信自由罪不同,私自开拆、隐匿、毁弃邮件、电报罪中的“隐匿”一般不包括故意延误他人的邮件、电报,因为《刑法》第 304 条已经规定,邮政工作人员严重不负责任,故意延误投递邮件,致使公共财产、国家和人民利益遭受重大损失的,构成故意延误投递邮件罪。[5] 所谓毁弃,是指将邮件、电报销毁、丢弃。毁弃的本质是使邮件、电报丧失通信自由和通信秘密功能,因此,行为人完全篡改电报内容的,即使收件人收到该电报,也属于毁弃电报。只要行为人实施了私自开拆或者隐匿、毁弃邮件、电报行为之一的,即构成本罪;即使三种行为方式行为人都实施的,也只构成本罪一罪,不适用数罪并罚,当然对此在量刑时应有适当考虑。 9

一般认为,利用职务之便是本罪客观方面的重要特征,如果行为人没有利用职务之便,即使私自开拆或者隐匿、毁弃邮件、电报,如甲邮政部门的行为人私自开拆、隐匿、毁弃乙邮政部门管理、投递的邮件、电报的,也不能构成本罪。[6] 但是,利用职务 10

---

5 需要指出的是,故意延误投递邮件罪中的“邮件”的外延宽于私自开拆、隐匿、毁弃邮件、电报罪中的“邮件”,前者之“邮件”应当包含电报在内,而私自开拆、隐匿、毁弃邮件、电报罪中的邮件并不包括电报在内。

6 参见高铭暄、马克昌主编:《刑法学》(下编),中国法制出版社 1999 年版,第 868 页。

之便并非本罪的构成要件。

11 (1)如果将利用职务之便作为本罪的构成要件,就会人为产生刑法上的盲点:邮政工作人员没有利用职务上的便利私自开拆或者隐匿、毁弃他人电报的,按照一般见解,因其欠缺“利用职务之便”这一要件因而不构成私自开拆、隐匿、毁弃邮件、电报罪;同时,由于电报与信件是不同之物,信件不包含电报,故行为人也不构成侵犯通信自由罪。由此,对行为人将无法以犯罪论处。如果认为利用职务之便并非本罪构成要件,那么行为人就构成了私自开拆、隐匿、毁弃邮件、电报罪,这一盲点就会消失。

12 (2)将利用职务上的便利作为本罪构成要件与《刑法》第253条第2款规定不合,该第2款规定,邮政工作人员犯本罪而窃取财物的,依照盗窃罪定罪从重处罚。如果认为利用职务上的便利是本罪的构成要件,那么,邮政工作人员利用职务上的便利私自开拆或者隐匿、毁弃邮件、电报从中窃取财物的,就不应当按盗窃罪处理,而应按职务侵占罪处理更为合适。因为:①邮政工作人员符合职务侵占罪的主体身份特征,即属于公司、企业或者其他单位的人员。②邮政工作人员这种窃取财物的行为利用了职务上的便利。③这种行为侵犯的客体是本单位的财物所有权。根据《刑法》第91条之规定,私人在邮政部门邮寄的包裹等私人财产,应视为公共财产。邮政工作人员从包裹等私人投寄的物品中窃取财物的,视为对本单位财物所有权的侵犯。因此,行为人应构成职务侵占罪,而不是盗窃罪。[7] 如果将利用职务上的便利作为本罪的构成要件,这就意味着《刑法》第253条第2款将邮政工作人员的职务侵占行为规定为盗窃罪,这就没有任何道理了。只有认为构成本罪不需要利用职务上的便利,才能肯定第253条第2款的合理性:邮政工作人员完全可以不利用职务上的便利进行开拆或者隐匿、毁弃邮件、电报并从中窃取财物,对此不能一概认定为职务侵占罪,因而只能一概认定为盗窃罪。

13 (3)利用职务之便是否私自开拆、隐匿、毁弃邮件、电报罪的构成要件,其实是与本罪的客体是简单客体还是复杂客体密切相关的。如果认为私自开拆、隐匿、毁弃邮件、电报罪的客体仅是公民的通信自由权利,那么,不论邮政工作人员是否利用职务上的便利,只要其私自开拆或者隐匿、毁弃邮件、电报的,就必然侵犯了公民的通信自由权利,就应当构成本罪。

V　主体

14 本罪主体为特殊主体,即由邮政工作人员,包括管理人员、发行员、分拣员、投递员、收发员、押运员等人员构成。非邮政工作人员,如机关单位的收发人员、值班

7　参见陈兴良主编:《新旧刑法比较研究——废、改、立》,中国人民公安大学出版社1998年版,第114页。事实上,1996年8月31日全国人大常委会法制工作委员会《刑法》(修改草稿)就曾尝试如此立法。

人员，交通部门的职工等，不能构成本罪。离、退休的邮政工作人员利用自己对邮政部门的熟悉这一有利条件私自开拆、隐匿、毁弃邮件、电报的，也不能构成本罪。根据有关法律规定，国际邮件的出入境、开拆与封发，由海关人员监管，故监管国际邮件的海关人员应视为邮政工作人员，他们私自开拆、隐匿、毁弃邮件的，也应以本罪论处。[8] 需要注意的是，普通公民与邮政工作人员相勾结，伙同开拆或者隐匿、毁弃邮件、电报的，构成共同犯罪，对行为人双方都以私自开拆、隐匿、毁弃邮件、电报罪论处。

Ⅵ 故意

本罪的罪过行式为故意，即明知邮件、电报属于他人而决意隐匿或者毁弃，或者 15
明知没有合法根据而私自开拆。过失不能构成本罪。

Ⅶ 罪数

行为人私自开拆、隐匿、毁弃邮件、电报并从中窃取财物时，存在罪数问题。私自 16
开拆、隐匿、毁弃邮件、电报并从中窃取财物，包括两种情形：一是行为人以盗窃财物为目的，私自开拆、隐匿、毁弃邮件、电报并从中窃取财物；二是行为人本无窃取财物的意思，私自开拆、隐匿、毁弃邮件、电报后发现财物，临时见财起意，从中窃取财物。《刑法》第253条第2款规定，私自开拆、隐匿、毁弃邮件、电报并窃取财物的，依照盗窃罪定罪从重处罚。问题是，这两种情形是否都为《刑法》第253条第2款所包含？如果回答是肯定的，则行为人只构成盗窃罪一罪；如果回答是否定的，认为私自开拆、隐匿、毁弃邮件、电报后临时见财起意不为《刑法》第253条第2款所包含，则行为人就构成私自开拆、隐匿、毁弃邮件、电报罪与盗窃罪两罪，需要数罪并罚。两种见解都具有一定的合理性。

Ⅷ 与非罪的界限

行为人是否构成私自开拆、隐匿、毁弃邮件、电报罪，一是看主观上行为人是否出 17
于故意。过失开拆、隐匿、毁弃邮件、电报的，不构成本罪。二是看私自开拆、隐匿、毁弃邮件、电报的情节如何。刑法虽然没有要求构成本罪必须情节严重，但是，私自开拆或者隐匿、毁弃他人邮件、电报情节显著轻微的，不能认为属于刑法上的私自开拆或者隐匿、毁弃他人邮件、电报（这属于《治安管理处罚法》上的私自开拆或者隐匿、毁弃他人邮件、电报）。从实践中来看，只有情节比较严重的私自开拆、隐匿、毁弃邮件、电报行为，才以本罪论处。私自开拆、隐匿、毁弃邮件、电报，情节显著轻微危害不大的，由邮电部门对行为人进行行政处分并责令其承担赔偿责任即可，或由公

---

8 参见张明楷：《刑法学》（第6版），法律出版社2021年版，第1205页。

安机关依照《治安管理处罚法》的相关规定处罚。一般认为,具有以下情节,即属于情节严重:私拆或者隐匿、毁弃邮件、电报,次数较多或数量较大的;私拆或者隐匿、毁弃邮件,从中窃取财物的;私拆或者隐匿、毁弃邮件、电报,给国家、集体利益以及公民合法权益造成严重损失的;私拆或者隐匿、毁弃邮件、电报,造成其他危害后果的;等等。

Ⅸ　与他罪的区别

一、与侵犯通信自由罪的区别

18　本罪与侵犯通信自由罪的区别主要在于:①行为对象不同。本罪的行为对象为邮件、电报,包括各种信件、包裹、电报、电传以及传递中的报纸杂志和汇票等;而侵犯通信自由罪的行为对象仅为信件,信件是特定人向特定人转达意思、表达感情、记载事实的文书、语音(包括电子邮件以及微信、QQ 中的语音等)。对象的范围比本罪窄。②客观表现不同。虽然利用职务上的便利并非本罪的构成要件,但在事实上构成私自开拆、隐匿、毁弃邮件、电报罪常常表现为行为人利用职务上的便利私自开拆或者隐匿、毁弃邮件、电报;而侵犯通信自由罪不具有这种可能性。③犯罪主体不同。本罪属于特殊主体,只有邮政工作人员才可以构成本罪;而侵犯通信自由罪则为一般主体犯罪。

二、与故意延误投递邮件罪的区别

19　本罪与故意延误投递邮件罪都是由邮政工作人员实施的犯罪,二者的区别在于:①犯罪客体不同。本罪的客体为公民的通信自由权利,而故意延误投递邮件罪的客体则为邮政通信管理秩序。②客观行为不同。本罪的客观行为为私自开拆或者隐匿、毁弃邮件、电报,而故意延误投递邮件罪的客观行为则为故意延误投递邮件。③成立犯罪的限制不同。构成本罪,并不要求行为人必须造成公共财产、国家和人民利益遭受重大损失的结果;但构成故意延误投递邮件罪,行为人必须致使公共财产、国家和人民利益遭受重大损失。

Ⅹ　处罚

20　犯私自开拆、隐匿、毁弃邮件、电报罪的,处 2 年以下有期徒刑或者拘役。根据本条第 2 款规定,私自开拆、隐匿、毁弃邮件、电报并窃取财物的,依照盗窃罪定罪从重处罚。

第二百五十三条之一　侵犯公民个人信息罪

违反国家有关规定，向他人出售或者提供公民个人信息，情节严重的，处三年以下有期徒刑或者拘役，并处或者单处罚金；情节特别严重的，处三年以上七年以下有期徒刑，并处罚金。

违反国家有关规定，将在履行职责或者提供服务过程中获得的公民个人信息，出售或者提供给他人的，依照前款的规定从重处罚。

窃取或者以其他方法非法获取公民个人信息的，依照第一款的规定处罚。

单位犯前三款罪的，对单位判处罚金，并对其直接负责的主管人员和其他直接责任人员，依照各该款的规定处罚。

文献：周汉华：《中华人民共和国个人信息保护法（专家建议稿）及立法研究报告》，法律出版社 2006 年版；齐爱民：《拯救信息社会中的人格——个人信息保护法总论》，北京大学出版社 2009 年版；洪海林：《个人信息的民法保护研究》，法律出版社 2010 年版；皮勇、王肃之：《智慧社会环境下个人信息的刑法保护》，人民出版社 2018 年版；喻海松：《最高人民法院、最高人民检察院侵犯公民个人信息罪司法解释与适用》，中国法制出版社 2018 年版；李媛：《大数据时代个人信息保护研究》，华中科技大学出版社 2019 年版；汪东升：《个人信息的刑法保护》，法律出版社 2019 年版；项振茂、王亢：《公民个人信息与数字财产保护》，浙江大学出版社 2019 年版；张明楷：《侵犯人身罪与侵犯财产罪》，北京大学出版社 2021 年版。陈起行：《资讯隐私权法理探讨——以美国法为中心》，载《政大法学评论》2000 年总第 64 期；梅绍祖：《个人信息保护的基础性问题研究》，载《苏州大学学报》2005 年第 2 期；齐爱民：《中华人民共和国个人信息保护法示范法草案学者建议稿》，载《河北法学》2005 年第 6 期；刘德良：《个人信息的财产权保护》，载《法学研究》2007 年第 3 期；劳东燕：《公共政策与风险社会的刑法》，载《中国社会科学》2007 年第 3 期；沈玉忠：《个人信息与刑法干预的正当性——兼评〈刑法修正案（七）〉第七条》，载《燕山大学学报（哲学社会科学版）》2009 年第 2 期；刘宪权、方晋晔：《个人信息权刑法保护的立法及完善》，载《华东政法大学学报》2009 年第 3 期；黄太云：《刑法修正案（七）解读》，载《人民检察》2009 年第 6 期；王昭武、肖凯：《侵犯公民个人信息犯罪认定中的若干问题》，载《法学》2009 年第 12 期；王立志：《出售、非法提供公民个人信息罪若干问题》，载《政治与法律》2010 年第 1 期；蔡军：《侵犯个人信息犯罪立法的理性分析——兼论对该罪立法的反思与展望》，《现代法学》2010 年第 4 期；张磊：《司法实践中侵犯公民个人信息犯罪的疑难问题及其对策》，载《当代法学》2011 年第 1 期；庄晓晶、林洁、白磊：《非法获取公民个人信息犯罪区域性实证分析》,载《人民检察》2011 年第 9 期;金昌伟:《侵犯公民个人信息犯罪中情节严重的认定》,载《人民司法》2011 年第 24 期;利子平、周建达:《非法获取公民个人信息罪“情节严重”初论》,载《法学评论》2012 年第 5 期;皮勇:《我国新网络犯罪立法若干问题》,载《中国刑事法杂志》2012 年第 12 期;卢建平、常秀娇:《我国侵犯公民个人信息犯罪的治理》,载《法律适用》2013 年第 4 期;韩玉胜、赵桂民:《侵犯公民个人信息犯罪客观方面辨析》,载《人民检察》2013 年第 19 期;赵秉志:《公民个人信息刑法保护问题研究》,载《华东政法大学学报》2014 年第 1 期;董纯朴:《公民个人信息安全犯罪防控研究——以多元体参与信息时代保护公民隐私为视角》,载《犯罪研究》2014 年第 1 期;付强:《非法获取公民个人信息罪的认定》,载《国家检察官学院学报》2014 年第 2 期;张玉洁:《论“非法获取公民个人信息罪”的司法认定——基于 190 件案例样本的分析》,载《华东政法大学学报》2014 年第 11 期;李源粒:《网络数据安全与公民个人信息保护的刑法完善》,载《中国政法大学学报》2015 年第 4 期;曲新久:《论侵犯公民个人信息犯罪的超个人法益属性》,载《人民检察》2015 年第 11 期;李玉萍:《侵犯公民个人信息罪的实践与思考》,载《法律适用》2016 年第 9 期;最高人民检察院检察理论研究所课题组、王守安:《互联网领域侵犯公民个人信息犯罪问题研究》,载《人民检察》2017 年第 2 期;高富平、王文祥:《出售或提供公民个人信息入罪的边界——以侵犯公民个人信息罪所保护的法益为视角》,载《政治与法律》2017 年第 2 期;陈冉:《论大数据背景下隐私权的刑法保护》,载《中国刑事法杂志》2017 年第 3 期;陈璐:《论〈网络安全法〉对个人信息刑法保护的新启示——以两高最新司法解释为视角》,载《法治研究》2017 年第 4 期;刘宪权、房慧颖:《侵犯公民个人信息罪定罪量刑标准再析》,载《华东政法大学学报》2017 年第 6 期;时延安:《个人信息保护与网络诈骗治理》,载《国家检察官学院学报》2017 年第 6 期;王肃之:《侵犯公民个人信息罪行为体系的完善》,载《河北法学》2017 年第 7 期;王肃之:《被害人教义学核心原则的发展——基于侵犯公民个人信息罪法益的反思》,载《政治与法律》2017 年第 10 期;于志刚、吴尚聪:《我国网络犯罪发展及其立法、司法、理论应对的历史梳理》,载《政治与法律》2018 年第 1 期;敬力嘉:《大数据环境下侵犯公民个人信息罪法益的应然转向》,载《法学评论》2018 年第 2 期;石聚航:《侵犯公民个人信息罪“情节严重”的法理重述》,载《法学研究》2018 年第 2 期;江海洋:《侵犯公民个人信息罪超个人法益之提倡》,载《交大法学》2018 年第 3 期;徐翕明:《“网络隐私权”刑法规制的应然选择——从“侵犯公民个人信息罪”切入》,载《东方法学》2018 年第 5 期;马忠泉:《侵犯公民个人信息犯罪的实证分析》,载《中国刑警学院学报》2018 年第 6 期;周洪波、岳向阳:《〈网络安全法〉与〈刑法〉衔接问题研究》,载《首都师范大学学报(社会科学版)》2018 年第 6 期;于冲:《侵犯公民个人信息罪中“公民个人信息”的法益属性与入罪边界》,载《政治与法律》2018 年第 7 期;岳林:《超越身份识别标准——从侵犯公民个人信息罪出发》,载《法律适用》2018 年第 7 期;郑旭江:《侵犯公民个人信息罪的述与评——以〈关于办理侵犯公民个人信息刑事案件适用法律若干问题的解释〉为视角》,载《法律适用》2018 年第 7 期;李翔:《侵犯公民个人信息罪司法适用疑难问题探究》,载《法律适用》2018 年第 7 期;庄绪龙:《侵犯公民个人信息罪的基本问题——以“两高”最新颁布的司法解释为视角展开》,载《法律适用》2018 年第 7 期;祝志晓等:《侵犯公民个人信息黑灰产业链现状及防范》,载《人民检察》2018 年第 18 期;尹振国:《侵犯公民个人信息罪司法适用疑难问题探析》,载《人民检察》2018 年第 18 期;李振林:《非法利用个人金融信息行为刑法规制强化论》,载《华东政法大学学报》2019 年第 1 期;张勇:《个人信用信息法益及刑法保护:以互联网征信为视角》,载《东方法学》2019 年第 1 期;高楚南:《刑法视野下公民个人信息法益重析及范围扩充》,载《中国刑事法杂志》2019 年第 2 期;罗点飞:《侵犯公民个人信息犯罪的对象研究——基于 724 份案例》,载《江西警察学院学报》2019 年第 2 期;江海洋:《“广东人肉搜索第一案”再解读——以侵犯公民个人信息罪视角展开》,载《东北大学学报(社会科学版)》2019 年第 2 期;汪明亮:《治理侵犯公民个人信息犯罪之刑罚替代措施》,载《东方法学》2019 年第 2 期;冀洋:《法益自决权与侵犯公民个人信息罪的司法边界》,载《中国法学》2019 年第 4 期;储陈城:《大数据时代个人信息保护与利用的刑法立场转换——基于比较法视野的考察》,载《中国刑事法杂志》2019 年第 5 期;晋涛:《刑法中个人信息“识别性”的取舍》,载《中国刑事法杂志》2019 年第 5 期;李川:《个人信息犯罪的规制困境与对策完善——从大数据环境下滥用信息问题切入》,载《中国刑事法杂志》2019 年第 5 期;刘艳红:《侵犯公民个人信息罪法益:个人法益及新型权利之确证——以〈个人信息保护法(草案)〉为视角之分析》,载《中国刑事法杂志》2019 年第 5 期;刘艳红:《网络爬虫行为的刑事规制研究——以侵犯公民个人信息犯罪为视角》,载《政治与法律》2019 年第 11 期;张平寿:《网络犯罪计量对象海量化的刑事规制》,载《政治与法律》2020 年第 1 期。周光权:《侵犯公民个人信息与妥当的刑罚处罚》,载《检察日报》2020 年 1 月 13 日。

细目录

Ⅰ 主旨
Ⅱ 沿革
Ⅲ 客体
Ⅳ 行为
Ⅴ 主体
Ⅵ 故意
Ⅶ 与非罪的界限
Ⅷ 与他罪的区别
　一、与窃取、收买、非法提供信用卡信息罪的区别
　二、与侵犯商业秘密罪的区别
　三、与侵犯通信自由罪的区别

Ⅸ　罪数

Ⅹ　处罚

Ⅰ　主旨

1　本条是对侵犯公民个人信息罪的规定。侵犯公民个人信息罪,是指违反国家有关规定,向他人出售或者提供公民个人信息,或者将在履行职责或者提供服务过程中获得的公民个人信息,出售或者提供给他人,以及窃取或者以其他方法非法获取公民个人信息,情节严重的行为。随着我国经济社会快速发展与信息化建设的不断推进,信息资源已经成为重要的生产要素与社会财富,在各类信息中,公民个人信息越来越凸显其重要价值,并成为数字经济最重要的元素之一。与此同时,公民个人信息被泄露的问题也日趋严重,个人信息泄露问题成为全社会高度关注的问题之一。为切实加大对公民个人信息的保护力度,2009 年 2 月 28 日起施行的《刑法修正案(七)》增设了《刑法》第 253 条之一,规定了出售、非法提供公民个人信息罪和非法获取公民个人信息罪。鉴于对新增立法实施效果的考量,2015 年 8 月 29 日全国人大常委会通过了《刑法修正案(九)》,对原第 253 条之一进行了修订,并通过司法解释,将此确立为"侵犯公民个人信息罪"一个罪名。

Ⅱ　沿革

2　1997 年修订《刑法》时并未针对公民个人信息的保护作出专门规定。《宪法》以及《商业银行法》《居民身份证法》《护照法》《消费者权益保护法》《旅游法》《社会保险法》《统计法》等部门法律中都有保护公民个人信息的相关规定。如《宪法》第 40 条;《居民身份证法》第 13 条、第 20 条;《护照法》第 12 条、第 20 条;《反洗钱法》第 5 条;《商业银行法》第 29 条、第 30 条;《消费者权益保护法》第 14 条、第 29 条、第 50 条;《旅游法》第 52 条、第 86 条;《出境入境管理法》第 85 条;《社会保险法》第 92 条《统计法》第 9 条;《网络安全法》第 40、41、42、43、44、45 以及第 76 条等。除此之外,2020 年的《民法典》在人格权编中加入了个人信息保护的内容,而 2021 年《个人信息保护法》的诞生更具有划时代的意义,它将"个人信息权益"的私权保护与"个人信息处理"的公法监管融为一体,标志着我国将个人信息的保护提升至前所未有的高度。这些法律在保护公民个人信息不被泄露,保护公民的人身、财产安全和个人隐私以及正常的工作、生活不受侵害和干扰等方面发挥了重要的积极作用。但随着公民个人信息价值的日益凸显,侵犯公民个人信息的问题也日趋严重。为了更有效地保护公民个人信息,维护公民的人身、财产安全和生活安宁,刑法作为其他部门法的保障法,对此作出了积极的回应。2009 年 2 月 28 日出台的《刑法修正案(七)》在《刑法》第 253 条后新增了一条,作为第 253 条之一,将国家机关等单位在履行职责或者提供服务过程中获得的公民人信息出售、非法提供给他人的行为,以及窃取、非法获取公民个人信息的行为规定为犯罪，条文共 3 款：第 1 款规定“国家机关或者金融、电信、交通、教育、医疗等单位的工作人员，违反国家规定，将本单位在履行职责或者提供服务过程中获得的公民个人信息，出售或者非法提供给他人，情节严重的，处三年以下有期徒刑或者拘役，并处或者单处罚金”；第 2 款规定“窃取或者以其他方法非法获取上述信息，情节严重的，依照前款的规定处罚”；第 3 款规定“单位犯前两款罪的，对单位判处罚金，并对其直接负责的主管人员和其他直接责任人员，依照各该款的规定处罚”。“两高”将上述条款概括出了两个罪名，即“出售、非法提供公民个人信息罪”和“非法获取公民个人信息罪”。

3 但之后出售、非法提供和非法获取公民个人信息的犯罪出现了一些新情况。《刑法修正案（七）》立法上的这一变化并未使侵害公民个人信息的违法犯罪现象得到有效遏制，互联网上非法买卖公民个人信息的继续泛滥，由此滋生的电信诈骗、网络诈骗、敲诈勒索、绑架和非法讨债等犯罪屡禁不绝。2012 年以来，公安部门在全国先后开展数次打击侵害公民个人信息犯罪专项行动，破获一大批出售、非法提供和非法获取公民个人信息的案件，查获被盗取的各类公民个人信息数十亿条，涉及金融、电信、公安、交通、教育、医疗、国土、工商、房产、物业、保险、快递等部门和行业。而根据《刑法修正案（七）》的规定，只能打击国家机关或者金融、电信、交通、教育、医疗等单位的工作人员出售、非法提供公民个人信息的犯罪行为，对于一般主体违背公民个人意愿出售、非法提供其个人信息的，难以依法惩治。不仅如此，由于倒卖公民个人信息犯罪是网络犯罪的上游环节，现有规定亦无法打击倒卖行为。有鉴于此，为从源头上打击利用公民个人信息实施的其他侵害公民权益的违法犯罪行为，切断出售、非法提供公民个人信息的黑色产业链，实现对公民个人信息与其他权益的有效保护，根据实践需要和有关方面的意见，2015 年 8 月 29 日全国人大常委会通过了《刑法修正案（九）》对《刑法》第 253 条之一作了修改，将原条文由 3 款增至 4 款：第 1 款规定“违反国家有关规定，向他人出售或者提供公民个人信息，情节严重的，处三年以下有期徒刑或者拘役，并处或者单处罚金；情节特别严重的，处三年以上七年以下有期徒刑，并处罚金”；第 2 款规定“违反国家有关规定，将在履行职责或者提供服务过程中获得的公民个人信息，出售或者提供给他人的，依照前款的规定从重处罚”；第 3 款规定“窃取或者以其他方法非法获取公民个人信息的，依照第一款的规定处罚”；第 4 款规定“单位犯前三款罪的，对单位判处罚金，并对其直接负责的主管人员和其他直接责任人员，依照各该款的规定处罚”。对照新旧条款可见，《刑法修正案（九）》的修订内容主要是：扩大了犯罪主体的范围，将违反国家有关规定，向他人出售或者提供公民个人信息，情节严重的行为规定为犯罪；规定将在履行职责或者提供服务过程中获得的公民个人信息，出售或者提供给他人的，从重处罚；提升法定刑配置，增加规定“情节特别严重的，处三年以上七年以下有期徒刑，并处罚金”。与此同时，2015 年 10 月 30 日发布的最高人民法院、最高人民检察院《关于执行〈中华人民共和国刑法〉确定罪名的补充规定（六）》取消了出售、非法提供公民个人信息罪和非法获取公民个人信息罪的罪名,并将两者整合为“侵犯公民个人信息罪”一个罪名。

Ⅲ　客体

4　关于本罪的客体,由于本罪设置在《刑法》分则第四章“侵犯公民人身权利、民主权利罪”中,因此,学者们对于本罪客体整体上为公民的人身权利并不存在异议。但对人身权利的具体内容的诠释却存在分歧。部分学者认为本罪的客体是“个人信息所体现的公民的隐私权”[1];“只有个人信息中体现着个人隐私权的那一部分信息才属于刑法保障的范围”[2]。实际上,本罪客体的界定取决于对“公民个人信息”内涵、外延与属性的把握。

5　作为本罪对象的“公民个人信息”,2017年5月8日公布的最高人民法院、最高人民检察院《关于办理侵犯公民个人信息刑事案件适用法律若干问题的解释》第1条规定:“刑法第二百五十三条之一规定的‘公民个人信息’,是指以电子或者其他方式记录的能够单独或者与其他信息结合识别特定自然人身份或者反映特定自然人活动情况的各种信息,包括姓名、身份证件号码、通信通讯联系方式、住址、账号密码、财产状况、行踪轨迹等。”由此可见,“公民个人信息”包括两大类:公民身份识别信息与公民身体活动情况信息。《关于办理侵犯公民个人信息刑事案件适用法律若干问题的解释》对“公民个人信息”的界定参考了2016年11月7日全国人民代表大会常务委员会发布,自2017年6月1日起施行的《网络安全法》第76条的规定“个人信息,是指以电子或者其他方式记录的能够单独或者与其他信息结合识别自然人个人身份的各种信息,包括但不限于自然人的姓名、出生日期、身份证件号码、个人生物识别信息、住址、电话号码等”。《网络安全法》将“个人信息”界定为“能够识别自然人个人身份的各种信息”,强调个人信息是具有个人身份“识别性”的信息。尽管《网络安全法》中规定了个人信息不限于自然人的姓名、出生日期、身份证件号码、个人生物识别信息、住址、电话号码等,但对于是否将行踪轨迹信息纳入其中,态度并不明确。个人的行踪轨迹信息明显有别于“身份识别信息”,难以纳入《网络安全法》所界定的“个人信息”的范畴。

6　然而,从实践中来看,具体个人的行踪轨迹信息是关系到个人人身安全的高度敏感信息,无疑应纳入刑法保护范围,如果将此类信息排除在“个人信息”的范围外,恐难以体现刑法保护公民个人信息的立法精神。有鉴于此,最高人民法院、最高人民检察院《关于办理侵犯公民个人信息刑事案件适用法律若干问题的解释》第1条中首先明确“公民个人信息”包括身份识别信息和活动情况信息。从司法解释的界定看,尽

1　王昭武、肖凯:《侵犯公民个人信息犯罪认定中的若干问题》,载《法学》2009年第12期。

2　蔡军:《侵犯个人信息犯罪立法的理性分析——兼论对该罪立法的反思与展望》,载《现代法学》2010年第4期。

管仍将“识别性”作为认定个人信息的核心属性，但“识别性”并不等同于“隐私性”。其实，最高人民法院、最高人民检察院《关于办理侵犯公民个人信息刑事案件适用法律若干问题的解释》中确立的我国刑法所保护的“公民个人信息”并不限于隐私信息，也并非只有公民的身份识别信息。对此，2020 年的《民法典》第 1034 条第 2 款对个人信息的界定采取了与该解释相同的态度。即：“个人信息是指以电子或者其他方式记录的能够单独或者与其他信息结合识别特定自然人的各种信息，包括自然人的姓名、出生日期、身份证件号码、生物识别信息、住址、电话号码、电子邮箱、健康信息、行踪信息等。”2021 年的《个人信息保护法》第 4 条亦立场相同，该条第 1 款规定：“个人信息是以电子或其他方式记录的与已识别或者可识别的自然人有关的各种信息，不包括匿名化处理后的信息。”所以，认为本罪的客体是“个人信息所体现的公民的隐私权”的观点失之偏颇。作为公民个人信息其本身具有社会性、公共性，个人信息本质上并非不能为他人使用，只是使用时不得侵犯公民个人信息的自决权，所谓的信息自决权，是指“个人依照法律控制自己的个人信息并决定是否被收集和利用的权利”[3]。因此，侵犯公民个人信息罪的客体应该为公民个人信息的自决权。个人信息的自决权产生于一般人格权的基础之上，仍属于人身权利的范畴。

Ⅳ 行为

本罪在客观上表现为行为人实施了以下三类行为之一： 7

(1)违反国家有关规定，向他人出售或者提供个人信息。《刑法修正案(九)》将 8
本罪的前提条件由“违反国家规定”修改为“违反国家有关规定”。最高人民法院、最高人民检察院《关于办理侵犯公民个人信息刑事案件适用法律若干问题的解释》第 2 条规定：“违反法律、行政法规、部门规章有关公民个人信息保护的规定的，应当认定为刑法第二百五十三条之一规定的‘违反国家有关规定’。”具体而言，该条将“国家有关规定”明确限于法律、行政法规、部门规章等国家层面的规定，不包括地方性法规等非国家层面的规定。如《民法典》第 111 条规定：“自然人的个人信息受法律保护。任何组织或者个人需要获取他人个人信息的，应当依法取得并确保信息安全，不得非法收集、使用、加工、传输他人个人信息，不得非法买卖、提供或者公开他人个人信息。”《居民身份证法》第 19 条第 1 款：“国家机关或者金融、电信、交通、教育、医疗等单位的工作人员泄露在履行职责或者提供服务过程中获得的居民身份证记载的公民个人信息，构成犯罪的，依法追究刑事责任；尚不构成犯罪的，由公安机关处十日以上十五日以下拘留，并处五千元罚款，有违法所得的，没收违法所得。”《网络安全法》第 44 条：“任何个人和组织不得窃取或者以其他非法方式获取个人信息，不得非法出售或者非法向他人提供个人信息。”第 45 条：“依法负有网络安全监督管理职责的部门

---

3 王利明：《论个人信息权的法律保护——以个人信息权与隐私权的界分为中心》，载《现代法学》2013 年第 4 期。

及其工作人员,必须对在履行职责中知悉的个人信息、隐私和商业秘密严格保密,不得泄露、出售或者非法向他人提供。"这里的"出售",是指行为人将自己掌握的公民信息出卖给他人的行为。是一种有偿转让。"提供",即能使他人知悉公民个人信息的行为。原本"出售"也应属于"提供",是一种有偿提供的行为,但既然法条将出售和提供分别规定,也就意味着这里的提供不包括出售,因此,这里的提供是无偿转让的情形。"提供"既包括向特定人提供公民个人信息,还包括通过信息网络或者其他途径发布公民个人信息,即向不特定多数人提供公民个人信息的情形。未经被收集者同意,将合法收集的公民个人信息向他人提供的,属于本条规定的"提供公民个人信息",但是经过处理无法识别特定个人且不能复原的除外。因为,经过处理无法识别特定个人且不能复原的信息,已经不具备"公民个人信息"与特定人的关联性和识别性,提供这类信息的,不能作为犯罪处理。由于法律层面允许个人信息的合法流动,对于未违反国家有关规定,经被收集者同意,将合法收集的公民个人信息提供给他人的,也不构成犯罪。对于出售、非法提供公民个人信息行为,以"情节严重"为入罪要件,关于"情节严重"的具体认定标准,《关于办理侵犯公民个人信息刑事案件适用法律若干问题的解释》第5条第1款已作了细化规定,以下10种非法获取、出售或者提供公民个人信息的情形,属于"情节严重":①出售或者提供行踪轨迹信息,被他人用于犯罪的;②知道或者应当知道他人利用公民个人信息实施犯罪,向其出售或者提供的;③非法获取、出售或者提供行踪轨迹信息、通信内容、征信信息、财产信息50条以上的;④非法获取、出售或者提供住宿信息、通信记录、健康生理信息、交易信息等其他可能影响人身、财产安全的公民个人信息500条以上的;⑤非法获取、出售或者提供第(三)项、第(四)项规定以外的公民个人信息5000条以上的;⑥数量未达到第(三)项至第(五)项规定标准,但是按相应比例合计达到有关数量标准的;⑦违法所得5000元以上的;⑧将在履行职责或者提供服务过程中获得的公民个人信息出售或者提供给他人,数量或者数额达到第(三)项至第(七)项规定标准一半以上的;⑨曾因侵犯公民个人信息受过刑事处罚或者2年内受过行政处罚,又非法获取、出售或者提供公民个人信息的;⑩其他情节严重的情形。

9 (2)违反国家有关规定,将在履行职责或者提供服务过程中获得的公民个人信息,或提供给他人。本款中的公民个人信息,必须是利用职权或者在提供服务过程中获得的信息,即作为主体的自然人以及单位在履行职责或者提供服务过程中依法获得的公民个人信息。例如,金融机构办理具体业务时获得的储户个人信息,酒店工作人员在旅客入住登记时获得的旅客信息,网络、电信服务商在提供网络、电信服务过程中获得的公民个人信息,等等。实践中,在政府行政管理以及金融、电信、交通、医疗、物业管理、宾馆住宿服务、快递等社会公共服务领域,收集和储存了大量的公民个人信息。这些信息为提高行政管理和各项公共服务的质量和效率提供了便利。同时,一些组织或个人,违反职业道德和保密义务,将公民个人的信息资料出售或提供给他人,并从中获取非法利益。这一行为容易引发公民个人信息的大范围的信息泄露,有时被一些犯罪分子用于其他犯罪活动。第二种类型与普通向他人出售或者提供公民个人信息犯罪行为相比,具有更大的社会危害性,对公民的人身、财产安全、个人隐私以及正常的工作、生活构成更为严重的侵害,为体现对这一类型的从严打击,从重惩处。《关于办理侵犯公民个人信息刑事案件适用法律若干问题的解释》第5条第1款第(八)项将此种类型的入罪标准做了"减半"的处理,即此种情形下出售或者提供公民个人信息,认定"情节严重"的数量、数额标准减半计算。

(3)窃取或者以其他方法非法获取公民个人信息。"窃取"是指采用不为人知的 10
方法取得他人个人信息的行为。如在ATM机旁用望远镜偷看或用摄像机偷拍他人银行卡密码、卡号或身份证号或通过网络技术手段获得他人的个人信息等情况。"窃取"也是"非法获取"的方式之一,只是由于该种方式较为常见,故法条将其独立规定。这里的"其他方法",是指"窃取"以外的非法获取公民个人信息的方法。对于"以其他方法非法获取公民个人信息"的认定,《关于办理侵犯公民个人信息刑事案件适用法律若干问题的解释》第4条规定了两种情形:一是违反国家有关规定,通过购买、收受、交换等方式获取公民个人信息;二是违反国家有关规定,在履行职责、提供服务过程中收集公民个人信息的。另外,根据《关于办理侵犯公民个人信息刑事案件适用法律若干问题的解释》第5条第1款规定,对于"非法获取型"的入罪也需考虑"情节严重";《关于办理侵犯公民个人信息刑事案件适用法律若干问题的解释》第6条规定:"为合法经营活动而非法购买、收受本解释第五条第一款第三项、第四项规定以外的公民个人信息,具有下列情形之一的,应当认定为刑法第二百五十三条之一规定的'情节严重':(一)利用非法购买、收受的公民个人信息获利五万元以上的;(二)曾因侵犯公民个人信息受过刑事处罚或者二年内受过行政处罚,又非法购买、收受公民个人信息的;(三)其他情节严重的情形。实施前款规定的行为,将购买、收受的公民个人信息非法出售或者提供的,定罪量刑标准适用本解释第五条的规定。"

Ⅴ　主体

本罪的主体包括年满16周岁具有刑事责任能力的自然人和单位。《刑法修正案 11
(九)》扩大了本罪的主体范围,使本罪的犯罪主体不再限于国家机关或者金融、电信、交通、教育、医疗等单位的工作人员。但是,对于具有一定身份的主体将自己在履行职责或者提供服务过程中获得的公民个人信息出售或提供给他人的,不仅降低了入罪门槛,而且还要从重处罚。对于单位实施侵犯公民个人信息犯罪的,适用自然人犯罪的定罪标准。

Ⅵ　故意

本罪的罪过形式为故意,即行为人明知自己非法获取、出售或者提供公民个人信 12
息的行为侵害了个人信息的自决权,从而导致信息泄露或者引发其他严重后果,却仍对造成这一结果持希望或放任态度。过失不能构成本罪。司法实践中,行为人往往基于非法牟利这一特定目的而实施本罪行为,但是特定目的与动机不是本罪的主观要件。

Ⅶ　与非罪的界限

13　本条规定构成本罪必须“情节严重”,关于“情节严重”的认定标准,《关于办理侵犯公民个人信息刑事案件适用法律若干问题的解释》第5条第1款对非法获取、出售或者提供公民个人信息“情节严重”作了细化解读,共有的10种具体情形,主要包括对侵犯个人信息的数量、信息类型、信息的用途、违法所得数额、主体身份和行为人的主观恶性等六方面内容的考察。这就意味着,如果未达到“情节严重”的程度,如系初犯、涉案公民个人信息数量较小、获利较少等,则不构成犯罪,可以根据具体情况予以相应的行政处罚。

Ⅷ　与他罪的区别

一、与窃取、收买、非法提供信用卡信息罪的区别

14　本罪与窃取、收买、非法提供信用卡信息罪的主要区别在于:①两罪的客体不同。本罪的客体应该为公民个人信息的自决权。个人信息的自决权产生于一般人格权的基础之上,仍属于人身权利的范畴;而窃取、收买、非法提供信用卡信息罪的客体是国家对信用卡信息资料的管理秩序。②行为对象不尽相同。本罪的对象为“公民个人信息”,是指以电子或者其他方式记录的能够单独或者与其他信息结合识别特定自然人身份或者反映特定自然人活动情况的各种信息,包括姓名、身份证件号码、通信通讯联系方式、住址、账号密码、财产状况、行踪轨迹等;而窃取、收买、非法提供信用卡信息罪的对象为信用卡信息。可见,对象的范围远远窄于本罪。但是我们可以发现,信用卡信息资料与公民个人信息存在紧密的联系,就自然人来说,个人的信用卡信息资料其实就是其个人信息的一部分;但是从单位信用卡信息来说,因单位信息与个人信息的刑法属性不同,因此单位的信用卡信息不能被纳入个人信息中去,因此,信用卡信息资料就与公民个人信息存在交叉的关系。[4] ③客观表现不尽相同。本罪客观上表现为三种类型,即违反国家有关规定,向他人出售或者提供个人信息;违反国家有关规定,将在履行职责或者提供服务过程中获得的公民个人信息,出售或提供给他人;窃取或者以其他方法非法获取公民个人信息。“以其他方法非法获取公民个人信息”则具体包括两种情形:一是违反国家有关规定,通过购买、收受、交换等方式获取公民个人信息;二是违反国家有关规定,在履行职责、提供服务过程中收集

4　参见刘宪权:《涉信用卡犯罪对象的评析及认定》,载《法律科学》2014年第1期。

公民个人信息的。另外,本罪的成立条文中规定要求“情节严重”;而窃取、收买、非法提供信用卡信息罪的客观行为方式相对较少,只有窃取、收买、非法提供三种,而且条文中并未规定“情节严重”。④主体不同。本罪的主体包括年满 16 周岁具有刑事责任能力的自然人和单位;窃取、收买、非法提供信用卡信息罪只能是自然人,不包括单位。

二、与侵犯商业秘密罪的区别

本罪与侵犯商业秘密罪的主要区别在于:①两罪的客体不同。本罪的客体应该 15
为公民个人信息的自决权。个人信息的自决权产生于一般人格权的基础之上,仍属于人身权利的范畴;侵犯商业秘密罪的客体是商业秘密权利人对商业秘密所享有的权益。②行为对象不同。本罪的对象为“公民个人信息”,是指以电子或者其他方式记录的能够单独或者与其他信息结合识别特定自然人身份或者反映特定自然人活动情况的各种信息;而侵犯商业秘密罪的对象为“商业秘密”,是指不为公众所知悉,能为权利人带来经济利益,具有实用性并经权利人采取保密措施的技术信息和经营信息。③两罪的客观行为方式也存在较大区别。本罪的客观行为方式有出售、提供、窃取、购买、收受、交换、收集等。侵犯商业秘密罪的客观行为方式有盗窃、利诱、胁迫、披露、使用以及允许他人使用等。

三、与侵犯通信自由罪的区别

本罪与侵犯通信自由罪的主要区别在于:①两罪的客体不同。本罪的客体应该 16
为公民个人信息的自决权;侵犯通信自由罪的客体为公民的通信自由权利。通信自由权利是指公民通信自由和通信秘密不受非法侵犯的权利。②行为对象不同。本罪的对象为“公民个人信息”,是指以电子或者其他方式记录的能够单独或者与其他信息结合识别特定自然人身份或者反映特定自然人活动情况的各种信息;侵犯通信自由罪的行为对象为他人信件。信件是特定人向特定人转达意思、表达感情、记载事实的文书、语音(包括电子邮件以及微信、QQ 中的语音等)。③两罪的客观行为方式不同。本罪的客观行为方式有出售、提供、窃取、购买、收受、交换、收集等。侵犯通信自由罪的行为方式主要是隐匿、毁弃、非法开拆他人信件。④主体不同。本罪的主体包括年满 16 周岁具有刑事责任能力的自然人和单位;侵犯通信自由罪的主体只能是自然人。

Ⅸ　罪数

对于设立用于实施非法获取、出售或者提供公民个人信息违法犯罪活动的网站、 17
通讯群组,情节严重的,应当依照《刑法》第 287 条之一的规定,以非法利用信息网络罪定罪处罚;同时构成侵犯公民个人信息罪的,依照侵犯公民个人信息罪定罪处罚;网络服务提供者拒不履行法律、行政法规规定的信息网络安全管理义务,经监管部门责令采取改正措施而拒不改正,致使用户的个人信息泄露,造成严重后果的,应当依照《刑法》第 286 条之一的规定,以拒不履行信息网络安全管理义务罪定罪处罚。对于行为人非法获取公民个人信息后又出售或者提供给他人的,也只认定成立侵犯公民个人信息罪一罪。但如果行为人以实施其他犯罪的故意,在实施他罪行为的过程中意外获取了他人的个人信息,而后将该信息出售给他人的,对此,应该以他罪与本罪数罪并罚。

X　处罚

18　根据本条规定,犯侵犯公民个人信息罪的,处 3 年以下有期徒刑或者拘役,并处或者单处罚金;情节特别严重的,处 3 年以上 7 年以下有期徒刑,并处罚金。单位犯本罪的,对单位判处罚金,并对其直接负责的主管人员和其他直接责任人员,依照上述规定处罚。这里的"情节特别严重",根据《关于办理侵犯公民个人信息刑事案件适用法律若干问题的解释》第 5 条第 2 款的规定:"实施前款规定的行为,具有下列情形之一的,应当认定为刑法第二百五十三条之一第一款规定的'情节特别严重':(一)造成被害人死亡、重伤、精神失常或者被绑架等严重后果的;(二)造成重大经济损失或者恶劣社会影响的;(三)数量或者数额达到前款第三项至第八项规定标准十倍以上的;(四)其他情节特别严重的情形。"单位犯本条规定之罪的,依照本解释规定的相应自然人犯罪的定罪量刑标准,对直接负责的主管人员和其他直接责任人员定罪处罚,并对单位判处罚金。实施侵犯公民个人信息犯罪,不属于"情节特别严重",行为人系初犯,全部退赃,并确有悔罪表现的,可以认定为情节轻微,不起诉或者免予刑事处罚;确有必要判处刑罚的,应当从宽处罚。

第二百五十四条　报复陷害罪

国家机关工作人员滥用职权、假公济私，对控告人、申诉人、批评人、举报人实行报复陷害的，处二年以下有期徒刑或者拘役；情节严重的，处二年以上七年以下有期徒刑。

文献:赵微:《报复陷害罪的适用与法治化进程中的民主权利保障》,载《法律科学》1999 年第 5 期;赵微:《关于"报复陷害罪"罪名的新构想》,载《法学》2000 年第 2 期;张成法:《诬告陷害罪与报复陷害罪比较研究》,载《中国刑事警察学院学报》2003 年第 1 期;王敏:《报复陷害罪若干问题探析》,载《井冈山学院学报》2007 年第 4 期;张平:《论打击报复统计人员罪与报复陷害罪的界限》,载《统计与决策》2007 年第 7 期;李永升:《我国刑法应当增设栽赃陷害罪》,载《法治研究》2013 年第 9 期;程毅:《论报复陷害罪与诬告罪之辨析》,载《科技展望》2014 年第 21 期;王家伦:《报复陷害罪的犯罪构成新论》,载《兰州教育学院学报》2019 年第 2 期。王婧、王伯渠:《报复陷害罪主体不应限于国家机关工作人员》,载《检察日报》2004 年 11 月 15 日;温波:《报复陷害罪主体应包括农村基层组织成员》,载《法制日报》2005 年 11 月 3 日;宋琳琳:《报复陷害罪宜扩大主体范围》,载《检察日报》2007 年 8 月 27 日。

细目录

Ⅰ　主旨
Ⅱ　沿革
Ⅲ　客体
Ⅳ　行为
Ⅴ　主体
Ⅵ　故意
Ⅶ　与非罪的界限
Ⅷ　与他罪的区别
Ⅸ　处罚

Ⅰ　主旨

本条是对报复陷害罪的规定。报复陷害罪是指国家机关工作人员滥用职权、假公济私,对控告人、申诉人、批评人、举报人实行报复陷害的行为。《宪法》第 41 条第 1、2 款规定:"中华人民共和国公民对于任何国家机关和国家工作人员,有提出批评 1

和建议的权利;对于任何国家机关和国家工作人员的违法失职行为,有向有关国家机关提出申诉、控告或者检举的权利,但是不得捏造或者歪曲事实进行诬告陷害。对于公民的申诉、控告或者检举,有关国家机关必须查清事实,负责处理。任何人不得压制和打击报复。"为了贯彻宪法的规定,保护公民的控告权、申诉权、批评权和举报权以及国家机关的正常活动,刑法设立了本罪。

Ⅱ 沿革

2 1979 年《刑法》第 146 条规定:"国家工作人员滥用职权、假公济私,对控告人、申诉人、批评人实行报复陷害的,处二年以下有期徒刑或者拘役;情节严重的,处二年以上七年以下有期徒刑。"在修订《刑法》的过程中,有人认为非国家工作人员报复陷害的情况也非常严重,如非国家工作人员对执法人员、证人、举报人、企业负责人报复案件也很多,同时,报复陷害的对象往往并不限于控告人、申诉人、批评人,还包括这些人的亲属以及执法人员、要求罢免的人等,因此建议将本罪的主体改为一般主体,并扩大报复陷害罪的保护对象。但是,立法机关除了在 1996 年 8 月 31 日全国人大常委会法制工作委员会《刑法》(修改草稿)中增加了报复陷害的对象"举报人"之外,没有采纳这些立法建议。[1] 相反,1997 年 2 月 17 日第八届全国人大常委会第二十四次会议《刑法(修订草案)》(修改稿)第 247 条将报复陷害罪的主体由"国家工作人员"缩小为"国家机关工作人员";由此,形成了现行《刑法》的规定。

Ⅲ 客体

3 本罪的客体为复杂客体,包括公民的控告权、申诉权、批评权和举报权以及国家机关的正常活动。控告权、申诉权、批评权和举报权是公民参与国家和社会管理的基本政治权利,任何人对此都不得侵害。国家机关工作人员作为人民的公务员,应当虚心听取人民群众的批评、建议、检举、控告和申诉。唯有如此,才能实现权力机制的制约,才能保证权力机制的健康运行。国家机关工作人员对控告人、申诉人、批评人、举报人实行报复陷害,不但侵犯了公民的控告权、申诉权、批评权和举报权,而且滥用职权、假公济私进行报复陷害,显然也扰乱了国家机关的正常活动,在深层次上破坏了国家权力机制的均衡,践踏了人民民主与社会主义法制,因此必须严厉打击。

4 1979 年《刑法》与现行《刑法》之所以将报复陷害罪规定在侵犯公民人身权利、民主权利罪中,是认为本罪的危害主要是对公民控告权、申诉权、批评权和举报权的侵犯,大大打击了广大公民参与国家、社会管理的积极性,这是总结"文革"的教训得出

---

1 当然,《刑法》设立第 308 条打击报复证人罪,可以视为是对扩大报复陷害罪保护对象这一立法建议的肯定。

的深刻结论；报复陷害行为破坏国家机关的正常活动，其危害是次要的。

由报复陷害罪的客体所决定，本罪的对象为下列四种人：①控告人，即向司法机关或者其他国家机关以及有关单位指控有关人员违法犯罪的人。②申诉人，是指对有关的判决、裁定或者决定不服，提出申诉意见的人。③批评人，是指对国家机关及其工作人员提出批评建议的人。④举报人，是指向司法机关或者其他有关机关报告、揭发、检举违法犯罪或者提供相关线索的人。需要指出的是，1982 年 3 月 8 日第五届全国人民代表大会常务委员会第二十二次会议通过的《关于严惩严重破坏经济的罪犯的决定》第 1 条规定："……对执法人员和揭发检举作证人员进行阻挠、威胁、打击报复的，按刑法第一百五十七条妨害社会管理秩序罪或者第一百四十六条报复陷害罪的规定处罚。"据此，在 1979 年《刑法》时代，执法人员和作证人员也属于报复陷害罪的对象。但是，根据现行《刑法》第 452 条的规定，《关于严惩严重破坏经济的罪犯的决定》已经于 1997 年 10 月 1 日废止。因此，执法人员和作证人员不再是报复陷害罪的对象；打击报复作证人员的，应以《刑法》第 308 条打击报复证人罪处理；打击报复执法人员，如果符合其他犯罪的构成要件的，按照故意伤害、妨害公务等犯罪处理，否则不能以犯罪处理。 5

Ⅳ 行为

本罪在客观上表现为国家机关工作人员滥用职权、假公济私，对控告人、申诉人、批评人、举报人实行报复陷害的行为。 6

（1）行为人报复陷害的对象为控告人、申诉人、批评人、举报人。对此之外的其他人进行报复陷害的，不构成报复陷害罪。这里的控告人、申诉人、批评人、举报人，并不限于对实施本罪的国家机关工作人员进行控告、申诉、批评、举报的人，例如，被害人向国家机关工作人员甲提出控告，国家机关工作人员乙滥用职权进行报复陷害的，仍然构成报复陷害罪。再如，被害人举报某国家机关工作人员子女的犯罪行为，该国家机关工作人员滥用职权进行报复陷害的，也构成报复陷害罪。另外，本罪也不要求其控告、申诉、批评、举报的内容完全属实。只要报复陷害的是控告人、申诉人、批评人、举报人，那么不论被害人控告、申诉、批评、举报的是谁，不论其控告、申诉、批评、举报的内容是否与客观事实有出入，都侵犯了公民的控告权、申诉权、批评权和举报权。行为人不直接打击报复控告人、申诉人、批评人、举报人，而是报复陷害这些人的家属、亲属的，只要能够查明行为人是借报复陷害家属、亲属达到报复陷害控告人、申诉人、批评人、举报人的目的的，就应认为是对控告人、申诉人、批评人、举报人本人的报复陷害，可以构成报复陷害罪。 7

需要讨论的是，这里的控告人、申诉人、批评人、举报人是否必须是实际实行了控告、申诉、批评、举报行为的人。对这一问题的不同回答将会导致对以下问题的不同处理：①行为人的违法、违纪行为被他人所知，他人并没有对此进行控告、检举、举报，而行为人认为他人控告、检举、举报了自己，于是报复陷害的，是否构成报复陷害 8

罪？②行为人知道自己的违法违纪行为受到了举报、检举，但不知是何人所为，根据自己的分析、判断，认为是某人所为，于是对某人报复陷害的，是否构成报复陷害罪？如果认为控告人、申诉人、批评人、举报人必须是实际实行了控告、申诉、批评、举报行为的人，那么这两种情形中的被害人不符合对象条件，行为人就不构成报复陷害罪。但是，这样的结论是不合理的。行为人主观上有侵犯他人控告权、申诉权、批评权和举报权的故意，客观上实施了报复陷害行为，虽然由于行为人认识错误，打击了错误的对象，但这种认识错误属于同一构成要件范围内的认识错误，不影响报复陷害罪的成立。因此，报复陷害罪的对象不要求是实际实行了控告、申诉、批评、举报行为的人，完全无辜的人也可以成为本罪的对象，故上述两种情形下行为人都构成报复陷害罪。就实践来看，相当一部分报复陷害案件都是这一类型，人民法院对此都是以报复陷害罪来处理的。[2] 当然，如果行为人明知他人不是控告人、申诉人、批评人、举报人而进行报复陷害的，就不构成报复陷害罪。如刘某是某国家机关的负责人，一天晚上看见本单位女同志林某一个人值夜班，便以谈话为由把林某叫到自己宿舍，先对其调戏，后按倒在床上欲行奸污，林某拼力反抗，强奸未遂。刘某因林某没满足他的欲望，便对林某报复陷害。有人认为，行为人因其非法要求遭到被害人的拒绝，便怀恨在心，产生报复意图，对被害人实行报复陷害，此时被害人也可以成为本罪的侵害对象。[3] 这是不妥的。在本案中，被害人林某无论如何都不属于控告人、申诉人、批评人、举报人的范畴，刘某也没有侵犯他人控告权、申诉权、批评权和举报权的故意，因此刘某的行为不符合报复陷害罪的构成要件；虽然刘某滥用职权、假公济私报复陷害林某，但这仅是事实上的报复陷害行为，并非《刑法》第 254 条中的报复陷害行为，故刘某不构成报复陷害罪(当然，刘某构成其他犯罪的，按其他犯罪处理)。

9 (2)行为人滥用职权、假公济私，对控告人、申诉人、批评人、举报人实行报复陷害。[4] 滥用职权，通常表现为行为人直接滥用本人的职权来“收拾”“整治”控告人、申诉人、批评人、举报人。滥用本人职务上所形成的便利条件报复陷害他人的，也属于滥用职权报复陷害他人。滥用职权，也可以表现为行为人在背后指使、策划，让其他国家机关工作人员来报复陷害控告人、申诉人、批评人、举报人。此时，指使、策划者与直接滥用职权者构成报复陷害罪的共犯。报复陷害的行为方式是多种多样的，常见的形式有：克扣工资、奖金、不按规定提升薪水，或降职降级、停止工作，或调动工作岗位，或在各种场合对他人进行批判、羞辱，甚至滥用行政或者纪律处罚手段，等等。如果行为人对他人进行报复陷害时，并没有利用职权，如行为人直接对他人进行人身

2　参见张国斌主编:《诬告陷害罪 报复陷害罪》，中国检察出版社 1996 年版，第 167—170 页。

3　参见张国斌主编:《诬告陷害罪 报复陷害罪》，中国检察出版社 1996 年版，第 169 页。

4　正是因为行为人滥用职权、假公济私，使得报复陷害罪带有非常明显的渎职性质，所以应当肯定国家机关的正常活动也是本罪的客体之一。

伤害的，或匿名写信到司法机关诬告控告人犯罪的，或在暗地里侮辱、诽谤批评人、举报人的，都不构成本罪；如果构成犯罪的，按照故意伤害、侮辱、诽谤等犯罪处理。

所谓假公济私，是指行为人为其私利，滥用职权对控告人、申诉人、批评人、举报 10
人实行报复陷害。“假公济私”只是“滥用职权”的一种表现形式，而不是独立于“滥用职权”之外的一种行为类型。[5] 假公济私中的“私”不仅包括一己之私，也包括自己的亲属、亲戚、领导、朋友以及本单位之“私”。如何理解“假公济私”的含义，不是个简单的问题。换言之，报复陷害行为是否需要披上“为公”的外衣？赤裸裸地滥用职权进行私人报复是否构成报复陷害罪？有人认为，报复陷害，应打着“为公”的旗号[6]，或要以执行公务为名[7]。那么，在这两种情况下，行为人就不构成报复陷害罪。但是，这是不合理的。就实践来看，报复陷害的表现形式是不同的，有的“假公”非常明显，有的“假公”则不明显，而有的就是赤裸裸的以权报复。赤裸裸地以权报复同样侵犯了公民的控告权、申诉权、批评权和举报权以及国家机关的正常活动，而且其危害重于明显的“假公”报复陷害——后者还企图给自己的行为披上形式合法的外衣，还不敢公开利用权力为非作歹，而前者竟然公开将权力私有化，作为报复陷害的工具，使人们对国家机关工作人员的形象以及国家机关的信赖大打折扣。因此，将赤裸裸的以权报复排除在报复陷害罪之外，缩小了报复陷害罪的适用范围，是没有道理的。由此，必须重新理解“假公济私”。只要行为人滥用职权对控告人、申诉人、批评人、举报人实行报复陷害，就是“假公”来“济私”。因为“国家工作人员只要行使其职权，实施职务行为就具有‘公’的性质，为了达到报复他人的个人目的而利用职权，实施职务行为，就是假公济私”[8]。但是，如果所采取的报复陷害行为与职权没有关系，则不构成本罪。

V　主体

本罪的主体，只能是国家机关工作人员。除国家机关工作人员之外的其他国家 11
工作人员以及一般公民，都不能成为本罪的主体。这些人报复陷害他人的，不能构成本罪，只能考虑以其他犯罪追究其刑事责任。如公司、企业、事业单位、机关、团体的领导人，打击报复依法履行职责、抵制违反会计法、统计法行为的会计、统计人员的，应以打击报复会计、统计人员罪来处理。

实践中，经常发生乡镇村民小组长报复陷害他人的案件。1990 年 10 月 12 日最 12
高人民法院研究室《关于乡镇村民小组长能否成为报复陷害罪主体问题的复函》指

5　参见张明楷：《刑法学》（第 6 版），法律出版社 2021 年版，第 1206—1207 页。

6　参见赵秉志主编：《侵犯公民人身权利犯罪疑难问题司法对策》，吉林人民出版社 2001 年版，第 463 页。

7　参见高铭暄、马克昌主编：《刑法学》（下编），中国法制出版社 1999 年版，第 870 页。

8　张国斌主编：《诬告陷害罪 报复陷害罪》，中国检察出版社 1996 年版，第 170 页。

出,根据有关法律规定,村民小组长不属于村民委员会的组成人员,不是国家工作人员,不能成为报复陷害罪的主体。因此,村民小组长报复陷害他人的,不能构成报复陷害罪;构成侮辱、诽谤、故意毁坏财物等犯罪的,按相应犯罪处理。

Ⅵ　故意

13　本罪为故意犯罪,即行为人明知自己是在滥用职权、假公济私,报复陷害控告人、申诉人、批评人、举报人,明知报复陷害行为侵犯了公民的控告权、申诉权、批评权和举报权以及国家机关的正常活动,并意欲危害结果的发生。过失不能构成本罪。至于行为人出于何种犯罪动机,不影响构成本罪。

Ⅶ　与非罪的界限

14　虽然本条并没有规定构成本罪必须情节严重或者造成严重后果,但这并不意味着凡国家机关工作人员一经实施报复陷害,即构成报复陷害罪。根据2006年7月26日发布的最高人民检察院《关于渎职侵权犯罪案件立案标准的规定》的规定,报复陷害案,涉嫌下列情形之一的,应予立案:①报复陷害,情节严重,导致控告人、申诉人、批评人、举报人或者其近亲属自杀、自残造成重伤、死亡,或者精神失常的;②致使控告人、申诉人、批评人、举报人或者其近亲属的其他合法权利受到严重损害的;③其他报复陷害应予追诉的情形。换言之。报复陷害行为只有达到一定程度的社会危害性,才构成报复陷害罪。因此,应注意划清报复陷害罪与一般报复陷害行为的界限。对于一般报复陷害行为,对行为人应进行批评教育或者予以纪律处分。在实践中,还应注意划清报复陷害罪与国家工作人员正确履行职务的界限以及划清报复陷害罪与国家工作人员正常履行职责过程中发生的不当行为的界限。国家机关工作人员在执行法律、政策或在对有关人员的处理中,由于业务素质不高,对有关事实情况了解不细、不准、工作方法主观片面等原因,而对有关控告人、申诉人、批评人、举报人等的处理不当的,不构成报复陷害罪。

Ⅷ　与他罪的区别

15　主要是与诬告陷害罪的区别。报复陷害罪与诬告陷害都是对他人的一种陷害,应注意划清二者的界限:①犯罪客体不同。本罪侵犯的客体是公民的控告权、申诉权、批评权和举报权以及国家机关的正常活动;而诬告陷害罪侵犯的客体则是公民的人身权利和司法机关的正常活动。②行为对象不同。本罪的对象仅限于控告人、申诉人、批评人、举报人;而诬告陷害罪的对象不受限制,可以是任何公民。③客观表现不同。本罪在客观上表现为行为人滥用职权、假公济私,对控告人、申诉人、批评人、举报人实行报复陷害的行为;而诬告陷害罪则表现为捏造他人犯罪的事实,向国家司法机关或其他有关单位告发,情节严重的行为。④犯罪主体不同。本罪为特殊主体,只有国家机关工作人员才构成本罪;而诬告陷害罪的主体为一般主体。⑤故意内容不同。本罪的行为人具有报复陷害的意思,没有使他人受刑事追究的意思;而诬告陷害罪的行为人则有使他人受到刑事追究的意思。

如果国家机关工作人员为了报复陷害控告人、申诉人、批评人、举报人,滥用职权、假公济私诬告陷害他人犯罪并向有关机关告发的,属于诬告陷害罪与报复陷害罪的想象竞合犯,对行为人应以诬告陷害罪论处。 16

Ⅸ 处罚

根据本条规定,犯报复陷害罪的,处 2 年以下有期徒刑或者拘役;情节严重的,处 2 年以上 7 年以下有期徒刑。所谓情节严重的,指对报复陷害多人多次,报复陷害的手段恶劣,报复陷害造成严重后果,等等。此外,根据有关法律规定,国家机关工作人员侵犯公民的控告权、申诉权、批评权和举报权,给被害人造成损失的,应当对被害人进行赔偿,被害人有获得赔偿的权利。 17

第二百五十五条　打击报复会计、统计人员罪

公司、企业、事业单位、机关、团体的领导人，对依法履行职责、抵制违反会计法、统计法行为的会计、统计人员实行打击报复，情节恶劣的，处三年以下有期徒刑或者拘役。

文献：荣国萱、周勇军：《打击报复会计人员是犯罪》，载《会计之友》1998 年第 1 期；张斌：《如何理解打击报复会计、统计人员罪》，载《统计与咨询》2000 年第 1 期；李娜：《打击报复会计人员罪有关问题探讨》，载《河南教育学院学报（哲学社会科学版）》2010 年第 1 期；王松：《论统计数字腐败的刑法规制》，载《北京电子科技学院学报》2018 年第 2 期；杨通新、黄良：《打击报复网络举报人行为的刑法分析》，载《大众科技》2018 年第 4 期。葛恒万：《应扩大"打击报复会计、统计人员罪"的保护对象》，载《检察日报》2011 年 5 月 30 日。

细目录

Ⅰ　主旨
Ⅱ　沿革
Ⅲ　客体
Ⅳ　行为
Ⅴ　主体
Ⅵ　故意
Ⅶ　与他罪的区别
Ⅷ　处罚

Ⅰ　主旨

1　本条是对打击报复会计、统计人员罪的规定。打击报复会计、统计人员罪是指公司、企业、事业单位、机关、团体的领导人，对依法履行职责、抵制违反会计法、统计法行为的会计、统计人员实行打击报复，情节恶劣的行为。《会计法》第 5 条第 3 款规定："任何单位或者个人不得对依法履行职责、抵制违反本法规定行为的会计人员实行打击报复。"《会计法》第 46 条规定："单位负责人对依法履行职责、抵制违反本法规定行为的会计人员以降级、撤职、调离工作岗位、解聘或者开除等方式实行打击报复，构成犯罪的，依法追究刑事责任；尚不构成犯罪的，由其所在单位或者有关单位依法给予行政处分。对受打击报复的会计人员，应当恢复其名誉和原有职务、级别。"

《统计法》第 6 条规定："统计机构和统计人员依照本法规定独立行使统计调查、统计报告、统计监督的职权，不受侵犯。地方各级人民政府、政府统计机构和有关部门以及各单位的负责人，不得自行修改统计机构和统计人员依法搜集、整理的统计资料，不得以任何方式要求统计机构、统计人员及其他机构、人员伪造、篡改统计资料，不得对依法履行职责或者拒绝、抵制统计违法行为的统计人员打击报复。"《统计法》第 37 条规定："地方人民政府、政府统计机构或者有关部门、单位的负责人有下列行为之一的，由任免机关或者监察机关依法给予处分，并由县级以上人民政府统计机构予以通报：(一)自行修改统计资料、编造虚假统计数据的；(二)要求统计机构、统计人员或者其他机构、人员伪造、篡改统计资料的；(三)对依法履行职责或者拒绝、抵制统计违法行为的统计人员打击报复的；(四)对本地方、本部门、本单位发生的严重统计违法行为失察的。"《统计法》第 47 条规定："违反本法规定，构成犯罪的，依法追究刑事责任。" 为了保护会计、统计人员依法履行职责时其人身权利和其他权利不受侵犯，维护会计资料、统计资料的真实性、准确性和完整性，刑法设立了本罪。

Ⅱ　沿革

1979 年《刑法》中无打击报复会计、统计人员罪的规定。虽然《会计法》《统计法》规定严禁打击报复会计、统计人员，构成犯罪的要依法追究刑事责任，但在修订《刑法》的过程中，在很长一段时间内对此并未予以重视。直到 1997 年 3 月第八届全国人民代表大会第五次会议召开时，有的代表提出，单位领导人对依法履行职责、抵制违反会计法、统计法行为的会计、统计人员实行打击报复的，应规定为犯罪。于是，1997 年 3 月 13 日第八届全国人民代表大会第五次会议主席团第三次会议通过的《刑法》(修订草案)中增加了打击报复会计、统计人员罪的规定。该修订草案第 255 条规定："公司、企业、事业单位、机关、团体的领导人，对依法履行职责、抵制违反会计法、统计法行为的会计、统计人员实行打击报复，情节恶劣的，处三年以下有期徒刑或者拘役。"此规定为现行《刑法》所沿用。 2

Ⅲ　客体

对于本罪的客体，存在不同看法。有人认为本罪属于侵犯公民民主权利的犯罪。[1] 有人认为本罪侵犯了公民的人身权利和民主权利。[2] 有人认为本罪既侵犯了 3

1　参见高铭暄、马克昌主编：《刑法学》，北京大学出版社、高等教育出版社 2000 年版，第 468 页。

2　参见张凤阁主编：《新刑法理论与实务》，警官教育出版社 1997 年版，第 370 页。

会计、统计人员的人身、民主权利,又侵犯了国家有关财务会计、统计的管理制度。[3]但是,打击报复会计、统计人员,很难说是侵犯了会计、统计人员的民主权利;民主权利是指公民依法享有的参加国家管理和社会政治活动的权利,属于政治权利的范畴,会计、统计人员依法履行职责,难以认为是会计、统计人员参加国家管理和社会政治活动。故应当认为,打击报复会计、统计人员罪没有侵犯公民的民主权利。

4 本罪的客体是会计、统计人员的自我发展权。所谓会计、统计人员的自我发展权,是指会计、统计人员在本单位中维持现状并正常发展的权利,或者说是会计、统计人员即使依法履行职责,抵制违反会计法、统计法的行为,也不影响其在本单位的正常工作岗位、正常升职发展等诸利益的权利。对会计、统计人员进行降级、撤职、调离工作岗位、解聘或者开除等各种打击报复行为,正是对会计、统计人员自我发展权的侵犯。打击报复会计、统计人员罪作为侵犯公民人身权利、民主权利的犯罪,其所保护的就是会计、统计人员的自我发展权。通过保护会计、统计人员的自我发展权,即可达到维护国家有关财务会计、统计的管理制度。因此,打击报复会计、统计人员的行为虽然往往破坏了国家有关财务会计、统计的管理制度,但国家有关财务会计、统计的管理制度不是本罪的客体。

5 本罪的对象为会计、统计人员。会计人员是指取得会计从业资格证书,从事会计工作的人员,包括专职会计人员、会计主管人员、会计机构负责人、总会计师等。统计人员,是指包括国务院和地方各级人民政府的各部门设立的统计机构中的统计人员、统计负责人,以及企业事业组织根据统计任务的需要设立的统计机构中的统计人员、统计负责人。对上述会计人员、统计人员之外的人实施打击报复,即使情节恶劣的,也不构成本罪。

Ⅳ 行为

6 本罪在客观上表现为对依法履行职责、抵制违反会计法、统计法行为的会计、统计人员实行打击报复,情节恶劣的行为。

7 (1)打击报复的对象是依法履行职责、抵制违反会计法、统计法行为的会计、统计人员。并非凡是打击报复会计、统计人员的都构成本罪,只有打击依法履行职责、抵制违反会计法、统计法行为的会计、统计人员的,才构成本罪。所谓依法履行职责,是指依据《会计法》《统计法》等会计、统计法规履行职责。如根据《统计法》的规定,统计机构和统计人员依照本法规定独立行使统计调查、统计报告、统计监督的职权,不受侵犯,不得对依法履行职责或者拒绝、抵制统计违法行为的统计人员进行打击报复,否则将要承担相应的责任。虽为会计、统计人员,但并非因为依法履行职责、抵制违反会计法、统计法行为而遭受打击报复,而是由于其他原因(如女会计拒绝了领导

3 参见苏长青:《侵犯公民民主权利和妨害婚姻家庭罪》,中国人民公安大学出版社1999年版,第228页。

性要求的)而遭受打击报复的,行为人不构成本罪;构成其他犯罪的,按其他犯罪处理。

(2)有打击报复的行为。所谓打击报复,是指故意损害会计、统计人员的合法权益,使其承受不该承受的不利。会计、统计人员本身有违纪行为,单位领导人履行正常职责对其进行处分的,即使存在"公报私仇"的可能性,但只要处分适当,就不构成犯罪。打击报复的方式多样,如开除会计、统计人员的党籍、团籍,篡改人事档案,出具虚假政审材料,压制正常晋级晋升,无故降级、撤职、调动工作岗位、解聘、缓聘、辞退或者开除,强迫提前退休,非法克扣、停发工资、奖金及其他物质利益,或者殴打、谩骂、侮辱、非法拘禁他人,等等。打击报复行为既可以是对会计、统计人员进行肉体、精神摧残,也可以为对其进行经济制裁,或者进行政治上的干扰甚至迫害。与报复陷害罪不同,刑法并没有规定构成本罪必须"利用职权"。故虽然行为人通常都是利用职权打击报复会计、统计人员,但是利用职权并非本罪的构成要件;即使行为人没有利用职权的,只要存在报复陷害行为,如背地里侮辱、诽谤会计、统计人员情节恶劣的,一样可以构成本罪。需要注意的是,如果行为人的打击报复手段又单独构成其他犯罪的,如为打击报复而当众侮辱会计、统计人员造成他人精神失常的,由于只存在一个犯罪行为,故对此应按想象竞合犯的处断原则进行处理。 8

(3)打击报复行为必须情节恶劣。仅有打击报复行为,但情节不太恶劣的,不构成本罪。所谓情节恶劣,主要是指一贯或者多次打击报复的;打击报复造成恶劣影响的;引起群众公愤的;导致被害人精神失常或自杀以及造成其他严重后果的;等等。由于本罪是情节犯,故本罪不存在未遂。 9

V　主体

本罪为特殊主体,即只有公司、企业、事业单位、机关、团体的领导人才能构成本罪。这里的公司、企业、事业单位、机关、团体,没有所有制性质的限制。公司、企业、事业单位、机关、团体的领导人,既包括负责整个公司、企业、事业单位、机关、团体全面工作的领导人,也包括具体职能部门的负责人、领导人。一般职工与公司、企业、事业单位、机关、团体的领导人相勾结,共同对依法履行职责、抵制违反会计法、统计法行为的会计、统计人员实行打击报复的,构成本罪的共犯。 10

Ⅵ　故意

本罪罪过形式为故意。即明知会计、统计人员依法履行职责、抵制了自己所要求的违反会计法、统计法的行为,而决意损害会计、统计人员的合法权益,希望危害结果的发生。构成本罪,行为人必须认识到会计、统计人员依法履行职责、抵制违反会计法、统计法的行为与打击报复之间的因果关系。换言之,行为人虽然知道会计、统计人员依法履行职责、抵制了违反会计法、统计法的行为,但并非因此而产生打击报复 11

之心,而是由于其他原因决定对会计、统计人员进行打击报复的,不构成本罪。

Ⅶ　与他罪的区别

12　主要是与报复陷害罪的区别问题。在没有设立本罪之前,对依法履行职责、抵制违反会计法、统计法行为的会计、统计人员实行打击报复的,如符合报复陷害罪的,都是按照报复陷害罪处理的。因此,有区分本罪与报复陷害罪的必要。两罪的界限在于:①犯罪客体不同。本罪的客体是会计、统计人员的自我发展权,而报复陷害罪的客体则为复杂客体,包括公民的控告权、申诉权、批评权和举报权以及国家机关的正常活动。②行为对象不同。本罪的对象为依法履行职责,抵制违反会计法、统计法行为的会计人员和统计人员;而报复陷害罪的对象则是控告人、申诉人、批评人或举报人。③客观行为不同。本罪既可以通过滥用职权、假公济私的方式实施,也可以不利用职权而直接打击报复被害人;而报复陷害罪则必须表现为滥用职权、假公济私进行报复陷害,否则就不能构成报复陷害罪。④犯罪主体不同。本罪的主体是公司、企业、事业单位、机关、团体的领导人。只要是公司、企业、事业单位、机关、团体的领导人,不论其是否是国家机关工作人员;而报复陷害罪的主体仅限于国家机关工作人员,且不要求是领导人。

13　国有公司、企业、事业单位或者国家机关中的会计、统计人员依法履行职责、抵制领导人违反会计法、统计法的行为,并对领导人的错误行为进行控告或者批评,领导人因而滥用职权、假公济私对会计、统计人员进行打击报复的,构成本罪与报复陷害罪的想象竞合犯,应分以下情况处理:如果打击报复情节恶劣的,按照打击报复会计、统计人员罪处理(此时打击报复会计、统计人员罪属于重罪);如果情节特别恶劣的,按照报复陷害罪论处(此时报复陷害罪属于重罪)。

Ⅷ　处罚

14　根据《刑法》第255条的规定,犯打击报复会计、统计人员罪的,处3年以下有期徒刑或者拘役。此外,对受打击报复的会计、统计人员,应当恢复其名誉和其他待遇。

第二百五十六条 破坏选举罪

在选举各级人民代表大会代表和国家机关领导人员时，以暴力、威胁、欺骗、贿赂、伪造选举文件、虚报选举票数等手段破坏选举或者妨害选民和代表自由行使选举权和被选举权，情节严重的，处三年以下有期徒刑、拘役或者剥夺政治权利。

文献：赵秉志主编：《疑难刑事问题司法对策》(第4集)，吉林人民出版社1999年版。魏元泽：《从三起破坏选举案件中引发的思考》，载《人大研究》1998年第1期；杨长富：《选举后的思考——对9起破坏选举案件的剖析》，载《人大研究》1999年第7期；李伯均：《关于贿选的思考》，载《法学杂志》2002年第5期；张笑英、王晓光：《浅析妨害村民委员会选举行为的法律规制》，载《法学杂志》2009年第10期；王佳：《村委会选举中的贿选及其治理：基于法律的视角》，载《求实》2011年第5期；刘俊祥、葛恒万：《试论将政党的选举作为破坏选举罪的保护对象》，载《中国检察官》2011年第12期；王芳：《破坏选举罪中"贿选"若干法律问题探讨》，载《中国刑事法杂志》2014年第6期；沈寿文：《人大代表"贿选"的逻辑——"辽宁贿选案"的警示》，载《东方法学》2017年第1期；袁保伟、常乐：《鼓动选民为非正式代表候选人投票如何定性》，载《中国检察官》2017年12期；童策：《贿选刑事制裁的经验研究》，载《法律和社会科学》2018年第2期。

细目录

Ⅰ 主旨
Ⅱ 沿革
Ⅲ 客体
Ⅳ 行为
Ⅴ 主体
Ⅵ 故意
Ⅶ 与非罪的界限
Ⅷ 与他罪的区别
Ⅸ 处罚

Ⅰ 主旨

本条是对破坏选举罪的规定。破坏选举罪是指在选举各级人民代表大会代表和 1

国家机关领导人员时,以暴力、威胁、欺骗、贿赂、伪造选举文件、虚报选举票数等手段破坏选举或者妨害选民和代表自由行使选举权和被选举权,情节严重的行为。《宪法》第34条规定:"中华人民共和国年满十八周岁的公民,不分民族、种族、性别、职业、家庭出身、宗教信仰、教育程度、财产状况、居住期限,都有选举权和被选举权;但是依照法律被剥夺政治权利的人除外。"选举权和被选举权是公民的基本政治权利,是实现人民当家作主的有效手段。破坏公民的选举权、被选举权和国家的选举制度,不仅违反了公民的意愿,而且可能使国家政权掌握、操纵在一小部分人手中,影响到整个国家的前途和民族的命运,因此对此必须坚决予以打击。为了保护公民的选举权、被选举权以及正常的选举秩序,刑法设立了本罪。

Ⅱ 沿革

2 1979年《刑法》第142条规定:"违反选举法的规定,以暴力、威胁、欺骗、贿赂等非法手段破坏选举或者妨害选民自由行使选举权和被选举权的,处三年以下有期徒刑或者拘役。"

3 在修订《刑法》的过程中,对选举的外延、行使选举权与被选举权的主体以及破坏选举的客观表现,都有一个变化的过程。1988年11月16日全国人大常委会法制工作委员会《刑法》(修改稿)第122条规定:"以暴力、威胁、欺骗、贿赂等非法手段破坏国家权力机关的选举或者妨害选民自由行使选举权和被选举权的,处三年以下有期徒刑、拘役或者剥夺政治权利。"1994年3月3日全国人大常委会法制工作委员会刑法修改小组《刑法分则条文汇集》单列出"侵犯公民民主权利和其他权利罪",并在该章第2条规定:"破坏选举,有下列情形之一的,处三年以下有期徒刑、拘役,可以单处或者并处剥夺政治权利:(一)以暴力、威胁、欺骗、行贿等手段,妨害公民自由行使选举权和被选举权的;(二)伪造选举证件、文件、资料的;(三)伪造、更改选举结果的。"1996年8月8日全国人大常委会法制工作委员会《刑法分则修改草稿》又将侵犯公民人身权利罪与侵犯民主权利罪合并,在第四章"侵犯公民人身权利、民主权利罪"第21条规定:"违反选举法的规定,破坏选举,有下列情形之一的,处三年以下有期徒刑、拘役或者剥夺政治权利:(一)以暴力、威胁、欺骗、行贿等手段,妨害公民自由行使选举权和被选举权的;(二)伪造选举证件、文件、资料的;(三)伪造、更改选举结果的。"1996年10月10全国人大常委会法制工作委员会《刑法(修订草案)》(征求意见稿)第227条规定:"违反选举法的规定,破坏选举,有下列情形之一,情节严重的,处三年以下有期徒刑、拘役或者剥夺政治权利:(一)以暴力、威胁、欺骗、贿赂等手段破坏选举或者妨害选民和代表自由行使选举权和被选举权的;(二)以伪造选举证件、虚报选举票数或者有其他违法行为的;(三)对于控告、检举选举中违法行为的人,或者对于提出要求罢免代表的人进行压制、报复的。"1997年2月17日第八届全国人大常委会第二十四次会议《刑法(修订草案)》(修改稿)第250条规定:"在选举各级人民代表大会代表和国家机关领导人员时,以暴力、威胁、欺骗、贿赂、伪造选举文件、虚报选举票数等手段破坏选举或者妨害选民和代表自由行使选举权和被选举权,情节严重的,处三年以下有期徒刑、拘役或者剥夺政治权利。”由此,形成了现行《刑法》的规定。

从以上立法沿革可以看出:①在现行《刑法》中,破坏选举罪所保护的范围宽于1979年《刑法》。1979年《刑法》中“违反选举法的规定”仅指违反《全国人民代表大会和地方各级人民代表大会选举法》,因而只保护各级人民代表大会代表的选举;而现行《刑法》则包括破坏对国家机关领导人员的选举。②行使选举权与被选举权的主体由“选民”到“公民”变为“选民和代表”。③虽然现行《刑法》没有明文规定“伪造、更改选举结果”也构成破坏选举罪,但是,伪造、更改选举结果显然属于“以暴力、威胁……等手段”破坏选举,故也构成破坏选举罪。 4

Ⅲ 客体

本罪的客体为公民的选举权、被选举权以及正常的选举秩序。选举,是公民按照法定的程序和方式推举民意机关代表或者国家公职人员的政治活动。民主选举是政治民主化的基础。我国是工人阶级领导的、以工农联盟为基础的人民民主专政的社会主义国家,国家的一切权力属于人民。由此,作为国家权力机关的全国人民代表大会和地方各级人民代表大会的代表,以及国家机关的领导人员,必然都由民主选举产生,对人民负责,受人民监督。为了实现人民当家作主,保证公民的选举权、被选举权以及正常的选举秩序不受侵犯,就尤为重要。为了禁止破坏选举的行为,保护公民的选举权、被选举权以及正常的选举秩序不受侵犯,刑法设立了本罪。 5

Ⅳ 行为

本罪在客观上表现为在选举各级人民代表大会代表和国家机关领导人员时,以暴力、威胁、欺骗、贿赂、伪造选举文件、虚报选举票数等手段破坏选举或者妨害选民和代表自由行使选举权和被选举权,情节严重的行为。 6

(1)行为人破坏的选举是各级人民代表大会代表和国家机关领导人员的选举。社会上存在各种形式的选举,小到选举班长、村民小组长、厂长,大到选举国家主席、总理。并非破坏一切选举都构成破坏选举罪,只有破坏选举各级人民代表大会代表和国家机关领导人员的,才构成破坏选举罪。选举各级人民代表大会的代表,包括选举全国人民代表大会的代表,省、自治区、直辖市、设区的市、自治州的人民代表大会的代表,不设区的市、市辖区、县、自治县、乡、民族乡、镇的人民代表大会的代表。选举国家机关领导人员,是指依法由各级人民代表大会选举中央以及地方国家行政机关、审判机关、检察机关以及权力机关的常设机关的领导人员,在中央包括选举中华人民共和国主席、副主席、国务院总理、副总理、最高人民法院院长、最高人民检察院检察长等领导人员;在地方包括选举省长、副省长、自治区主席、副主席、市长、副市 7

长、地方各级人民法院院长和人民检察院检察长等领导人员。

8　破坏党内选举,是否构成破坏选举罪,是个值得研究的问题。实践中已经出现了相关案例。破坏党内选举,有时其社会危害性是极其巨大的,如破坏市委、省委选举的,其危害性绝不低于破坏市人大、省人大的选举。因此,对于破坏党内选举的行为,如果后果特别严重,影响特别恶劣的,有处罚的必要。尽管没有明文规定,但事实上党的机关是按照行政机关的模式运作的;党的机关中的党委等人员也是被视为国家机关工作人员的(如他们贪污、受贿的,也是按贪污罪、受贿罪来处理的)。因此,破坏党内选举的,可以构成破坏选举罪。只要对"国家机关领导人员"作实质上的理解,那么,认为破坏党内选举可以构成破坏选举罪的观点就没有违背罪刑法定原则。

9　(2)行为人以各种方式破坏了各级人民代表大会代表和国家机关领导人员的选举。"破坏"选举的行为主要表现为三个方面:一是破坏选举工作的正常进行,如伪造选举文件、虚报选举票数、扰乱选举会场、强行宣布合法选举结果无效等;二是妨害选民与代表自由行使选举权与被选举权,如诱使或迫使选民违反自己的意志选举某人或不选举某人,阻碍他人充当被选举人;三是采取不正当方式影响选举结果。[1] 破坏选举的手段有暴力、胁迫、欺骗、贿赂、伪造选举文件、虚报选举票数等。其中,暴力、威胁、欺骗、贿赂的对象,主要是选民、代表(含候选人)以及选举工作人员。其本质是违背或者有偿改变选民、代表及选举工作人员的意愿,产生行为人所意图追求的选举结果。如果行为人采取暴力、贿赂等手段又触犯其他犯罪,如又构成故意伤害罪、行贿罪的,属于牵连犯,对于行为人应按一重罪处罚,不实行数罪并罚。伪造选举文件,是指行为人伪造选民证、选票、代表资格审查报告等关系到选举资格、选举效力及选举公正性的选举文件。伪造选举文件时如果行为人伪造了国家机关的公文、证件、印章的,属于破坏选举罪与伪造国家机关公文、证件、印章罪的牵连犯,对行为人应按其中的一重罪处罚。虚报选举票数,是指选举工作人员(包括监票、唱票人员)对于选举总票数以及其中的赞成票、反对票、弃权票和无效票的票数作虚假报告。破坏选举的手段不限于以上几种手段,一切非法的能够影响到选举的客观公正性、可能改变选举结果的手段,如伪造、更改选举结果,强行宣布合法选举无效、非法选举有效,等等,都属于破坏选举的手段。凡是一切妨害选民和代表自由行使选举权和被选举权的行为,诸如对候选人作拔高性的虚假介绍,用喝酒等手段延误选民和代表参加选举,等等,都属于破坏选举行为,情节严重的可以构成破坏选举罪。

10　需要讨论的是,在修订《刑法》的过程中,数个修订草案中规定:对于控告、检举选举中违法行为的人,或者对于提出要求罢免代表的人进行压制、报复,情节严重的,构成破坏选举罪。现行《刑法》没有采取这一规定,那么如果发生这样的行为,是否构成破坏选举罪?修改草案之所以作此规定,乃是出于与 2010 年 3 月 14 日通过并实施的《全国人民代表大会和地方各级人民代表大会选举法》第 55 条规定相协调的考虑。

1　参见张明楷:《刑法学》(第 6 版),法律出版社 2021 年版,第 1207 页。

该条规定:"为保障选民和代表自由行使选举权和被选举权,对有下列行为之一,破坏选举,违反治安管理规定的,依法给予治安管理处罚;构成犯罪的,依法追究刑事责任:……(四)对于控告、检举选举中违法行为的人,或者对于提出要求罢免代表的人进行压制、报复的……"对控告、检举选举中违法行为的人,或者对于提出要求罢免代表的人进行压制、报复的行为,在本质上属于侵犯公民控告权、举报权的报复陷害行为,而不是破坏选举的行为,将其定性为破坏选举罪是不当的,其应构成报复陷害罪。《全国人民代表大会和地方各级人民代表大会选举法》第 55 条仅是指出对于这些行为构成犯罪的需要追究刑事责任,并没有要求对此必须以破坏选举罪来追究刑事责任。因此,现行《刑法》没有采纳这一规定是正确的。实践中,如果发生对于控告、检举选举中违法行为的人或对于提出要求罢免代表的人进行压制、报复的,不应认定为破坏选举罪,而应认定为报复陷害罪。

(3)破坏选举,必须情节严重。只有情节严重的破坏选举,才构成破坏选举罪。 11
根据 2006 年 7 月 26 日最高人民检察院发布的《关于渎职侵权犯罪案件立案标准的规定》规定,国家机关工作人员利用职权破坏选举,涉嫌下列情形之一的,应予立案:①以暴力、威胁、欺骗、贿赂等手段,妨害选民、各级人民代表大会代表自由行使选举权和被选举权,致使选举无法正常进行,或者选举无效,或者选举结果不真实的;②以暴力破坏选举场所或者选举设备,致使选举无法正常进行的;③伪造选民证、选票等选举文件,虚报选举票数,产生不真实的选举结果或者强行宣布合法选举无效、非法选举有效的;④聚众冲击选举场所或者故意扰乱选举场所秩序,使选举工作无法进行的;⑤其他情节严重的情形。

V 主体

本罪主体为一般主体,即任何年满 16 周岁具有刑事责任能力的自然人都可以构 12
成本罪。就实践来看,本罪既可由有选举权的公民实施,也可由无选举权的公民(如已满 16 周岁不满 18 周岁的人或者被剥夺政治权利的人)实施;既可由普通公民实施,也可由国家工作人员实施;既可由选民和代表实施,也可由非选民和非代表实施;既可由主持选举的工作人员实施,也可由一般参选人员实施。

VI 故意

本罪的罪过形式为故意。即行为人明知自己的行为会破坏各级人民代表大会代 13
表和国家机关领导人员的选举,明知自己的行为侵犯了公民的选举权、被选举权以及正常的选举秩序,并希望或放任危害结果的发生。本罪的动机多样,如出于个人的政治野心、对他人进行报复陷害等;行为人的动机如何,不影响定罪,但在量刑时应予适当考虑。过失破坏选举的,例如,将本无选举资格的人列入选民名单、误报选票数等,不构成本罪。

Ⅶ　与非罪的界限

14　行为人是否构成破坏选举罪,一看其所破坏的是否是各级人民代表大会代表和国家机关领导人员的选举。如果行为人破坏的是团组织及其他社会团体、企事业单位内部的选举等,不能构成破坏选举罪。二看行为人主观上是否出于故意。如果是因为疏忽大意造成选票统计错误或者误报了选票数的,不构成本罪。三看行为人破坏选举情节是否严重。对于情节不严重的破坏选举行为,不能认定为破坏选举罪,此时应对行为人进行批评教育或者给予处分。

15　在实践中,破坏村委会选举的行为时常发生,对此不能以破坏选举罪论处。如2009年6月,某村准备进行村民委员会换届选举,现任村委会主任张某和村里的王某被提名为村委会主任候选人。选举前,张某公开承诺如果当选将发给村民每人100元。虽然张某为争取选票做了很多工作,但仍担心自己不能当选。选举当天,张某指使其兄弟三人,每人手持十多张选票到秘密写票室写票。指导该村选举工作的镇政府工作人员发现了这一违法行为,及时予以制止。张某便召集亲友冲击选举会场,毁坏选举票箱,致使当天的村委会选举无法正常进行。事后,公安机关依法对这一严重破坏村委会选举的事件进行了处理,对张某和他的三位兄弟处以行政拘留10天并处罚款500元的行政处罚。但王某对公安机关的处罚决定提出异议,认为对张某4人的处罚太轻,应当以破坏选举罪追究法律责任。本案中,对张某破坏村委会选举的行为如何定性,存在分歧。公安机关认为张某的行为触犯《治安管理处罚法》,应处以行政拘留和罚款,但王某认为张某的行为触犯了《刑法》,构成破坏选举罪。公安机关所作的行政处罚是正确的。根据《宪法》第111条的规定,城市和农村按居民居住地区设立的居民委员会或者村民委员会是基层群众性自治组织。故村民委员会的选举不属于"各级人民代表大会代表和国家机关领导人员的选举"的范畴,所以,破坏村委会选举的,不能构成破坏选举罪,符合其他犯罪的,如构成聚众扰乱社会秩序罪的,按照其他犯罪处理。

Ⅷ　与他罪的区别

16　主要是与寻衅滋事罪的区别。司法实践中,行为人以打、砸等暴力手段破坏选举活动或者妨害选民和代表行使选举权和被选举权时,往往会造成选举会场秩序严重混乱,易与破坏社会秩序的寻衅滋事罪混淆。事实上,两罪的区别是明显的:①犯罪客体不同。本罪侵犯的客体为公民的选举权和被选举权以及正常的选举秩序;而寻衅滋事罪侵犯的客体则是社会公共秩序。②行为对象不同。本罪侵犯的对象为选民、代表以及与选举有关的物质设施;而寻衅滋事罪的对象则为不特定的人或者财物。③客观表现不同。本罪在客观方面表现为行为人以暴力、威胁、欺骗、贿赂、伪造选举文件、虚报选举票数等手段破坏选举或者妨害选民和代表自由行使选举权和被选举权;而寻衅滋事罪则表现为行为人随意殴打他人、追逐、拦截、辱骂他人、强拿硬要或者任意毁损、占用公私财物或者在公共场所起哄闹事。④故意内容不同。本罪的行为人具有破坏选举的意思;而寻衅滋事罪的行为人则具有破坏、扰乱社会秩序的意思。当行为人雇佣社会闲散人员,采用在选举现场起哄闹事的手段破坏选举,造成选举秩序严重混乱的,构成破坏选举罪与寻衅滋事罪的想象竞合犯,对行为人应以寻衅滋事罪论处。

Ⅸ 处罚

根据《刑法》第256条的规定,犯破坏选举罪的,处3年以下有期徒刑、拘役或者 17
剥夺政治权利。需注意的是,这里的剥夺政治权利是一种独立适用的刑种,不能作为有期徒刑或拘役的附加刑适用。

第二百五十七条　暴力干涉婚姻自由罪

以暴力干涉他人婚姻自由的，处二年以下有期徒刑或者拘役。

犯前款罪，致使被害人死亡的，处二年以上七年以下有期徒刑。

第一款罪，告诉的才处理。

文献:赵秉志主编:《疑难刑事问题司法对策》(第4集),吉林人民出版社1999年版;张明楷:《刑法学》(第6版),法律出版社2021年版;张明楷:《侵犯人身罪与侵犯财产罪》,北京大学出版社2021年版。李志敏等:《试析买卖婚姻》,载《法学研究》1980年第2期;王秀红:《家庭内部暴力干涉婚姻自由的现象、成因和防治对策》,载《当代法学》1995年第3期;俞小海:《暴力干涉婚姻自由罪之"暴力"反思》,载《安徽警官职业学院学报》2009年第6期;刘延东:《我国反对家庭暴力地方法规、政策比较研究》,载《时代法学》2011年第2期;陈敏:《家庭暴力是暴力而不是纠纷》,载《人民司法》2014年第7期;郭自力、陈文昊:《客观归责还是中国特色——兼评暴力干涉婚姻自由罪致人死亡》,载《潍坊学院学报》2016年第4期。

细目录

Ⅰ　主旨
Ⅱ　沿革
Ⅲ　客体
Ⅳ　行为
Ⅴ　主体
Ⅵ　故意
Ⅶ　与非罪的界限
Ⅷ　与他罪的区别
Ⅸ　处罚

Ⅰ　主旨

1　本条是对暴力干涉婚姻自由罪的规定。暴力干涉婚姻自由罪是指以暴力方法干涉他人婚姻自由,严重侵犯他人婚姻自由权利的行为。婚姻自由权利乃公民的基本人权。《宪法》第49条规定,禁止破坏婚姻自由。《民法典》第110条第1款规定:"自然人享有生命权、身体权、健康权、姓名权、肖像权、名誉权、荣誉权、隐私权、婚姻自主权等权利。"《民法典》第1042条第1款规定"禁止包办、买卖婚姻和其他干涉婚姻自由的行为”。在我国古代,婚姻乃由“父母之命、媒妁之言”促成。受封建糟粕的影响,在我国,干涉他人婚姻自由的行为时有出现。为了保障公民的婚姻自由,《刑法》设立了本罪。

Ⅱ 沿革

1979年《刑法》第179条规定:“以暴力干涉他人婚姻自由的,处二年以下有期徒 2
刑或者拘役。犯前款罪,引起被害人死亡的,处二年以上七年以下有期徒刑。第一款罪,告诉的才处理。”就实践中来看,在暴力干涉婚姻自由案件中,有不少是致使男女青年双方自杀身亡,而“引起被害人死亡的”最高刑为7年有期徒刑,刑罚似有过轻之嫌。故在修改《刑法》的过程中,有人提议应适当提高致人死亡的法定刑。但此建议没有被立法机关采纳。

Ⅲ 客体

本罪的客体,是公民的婚姻自由权利与人身自由。所谓婚姻自由权利,是指公民 3
有按照个人意愿缔结婚姻或解除婚姻而不受他人非法干涉的权利。婚姻自由包括结婚自由和离婚自由;结婚自由包括是否结婚、和谁结婚以及何时结婚的自由;离婚自由包括是否离婚、何时离婚的自由。结婚自由是婚姻自由的前提,没有结婚自由就没有婚姻自由;离婚自由是婚姻自由的补充,没有离婚自由的婚姻自由是残缺不全的。结婚自由和离婚自由相辅相成,共同组成了完整的婚姻自由。婚姻乃个人终身大事,关系到个人切身利益,应由个人自主决定,他人(包括父母)都无权决定。暴力干涉他人婚姻自由的,应以犯罪论处。另外,构成本罪,要求行为人必须实施暴力行为,因此也必然会侵害到他人的人身自由。

Ⅳ 行为

本罪在客观上表现为使用暴力干涉他人婚姻自由。①行为人实施了暴力行为。 4
构成本罪,行为人必须实施了暴力,即行为人对他人的人身实施了捆绑、殴打、禁闭、抢掠等不法有形力。如果行为人仅以暴力相威胁进行干涉的,不构成本罪。若行为人的“暴力”极其轻微,如只打了被害人一耳光的,一般不能视为本罪中的暴力。行为人使用暴力的目的是干涉他人婚姻自由,如果实施暴力并不是为了干涉婚姻自由,不能构成本罪。行为人采用暴力以外的其他方法干涉婚姻自由,如以断绝家庭关系相威胁或者采取哭闹等手段来干涉婚姻自由的,即使造成一定后果,也不构成本罪;在行为人以暴力相威胁的场合,只要暴力没有付诸实施,行为人也不能构成暴力干涉婚姻自由罪。②行为人还必须实施了干涉他人婚姻自由的行为。上述的暴力行为只是干涉他人婚姻自由的手段。干涉婚姻自由主要表现为强制他人与某人结婚或者离婚,禁止他人与某人结婚或者离婚。如果行为人干涉的不是婚姻自由,而是其他内容,如父母干涉子女与异性恋爱、同居的行为,即使采用了暴力手段,哪怕致使被害人死亡的,也不构成本罪。总之,如果暴力行为不是干涉婚姻自由的手段,或者干涉婚姻自由而没有使用暴力的,均不构成本罪。

V　主体

5　本罪的主体为一般主体,凡年满16周岁具有刑事责任能力的自然人即可构成本罪。构成本罪,不要求行为人与被害人必须存在亲属关系或者有利害关系。就实践中来看,行为人往往多为被害人的家庭成员或者其他亲属;其中,又以父母干涉子女的婚姻自由最为突出。本罪常常为共同犯罪,对此在量刑时应注意区分主犯与从犯。

6　丈夫可以构成暴力干涉婚姻自由罪的主体。在婚姻关系破裂时,一方要求离婚,另一方不同意并以暴力进行干涉的,干涉方(就实践中来看,这主要表现为丈夫以暴力干涉妻子离婚)是否构成暴力干涉婚姻自由罪?一般认为,“考虑到夫妻双方特定的关系,妻子要求离婚涉及丈夫的切身利益,他不同意离婚,是可以理解的。当然,他使用暴力是不对的,应该进行批评,或给予党纪、政纪处分,一般不宜按照暴力干涉婚姻自由罪来处理”[1]。对此,“如果符合虐待罪的构成要件,可按虐待罪论处”[2]。笔者认为,丈夫暴力干涉妻子离婚自由的,可以构成暴力干涉婚姻自由罪。对此,主张以虐待罪论处的观点,无视丈夫暴力干涉妻子离婚自由的实质——丈夫的行为在本质上不是虐待行为,而是干涉他人婚姻自由的行为,故有所不妥。就实践中来看,曾经发生这样一个案子:崔某(女)与蒋某婚后初期感情尚好,但不久双方缺点便暴露出来,以至于逐渐发生吵骂、扭打。后崔某提出离婚,蒋某不同意,反而时常打骂崔某,有时甚至当众对她加以羞辱、谩骂。崔某不堪忍受向法院起诉离婚。蒋某回家即对其又一顿毒打。崔某遂含恨自杀身亡。此案被告人蒋某能否构成暴力干涉结婚自由罪呢?一审法院判决是持肯定态度的。[3] 因此,对于丈夫因不同意妻子与自己离婚而对妻子实施暴力的,不排除本罪的成立。但考虑到夫妻之间的特定关系,应当特别慎重。

VI　故意

7　本罪的罪过形式为故意,即行为人明知自己暴力干涉婚姻自由的行为会发生侵害他人婚姻自由与人身自由的结果,并希望或者放任这种结果发生。行为人的目的

1　王作富:《中国刑法研究》,中国人民大学出版社1988年版,第706—707页。

2　苏惠渔主编:《刑法学》(修订本),中国政法大学出版社1999年版,第624页。

3　参见郭海英:《暴力干涉婚姻自由罪的司法适用》,载赵秉志主编:《疑难刑事问题司法对策》(第4集),吉林人民出版社1999年版,第153页。

是使被害人按照行为人的意思解决其婚姻问题。本罪的动机多样,如贪图他人钱财,或为"门当户对",或为高攀权贵,或为保持奸情,或为霸占他人妻女,等等。动机虽并非本罪的构成要件,但能够反映行为人的主观恶性,故在量刑时对此应适当予以考虑。

Ⅶ　与非罪的界限

构成本罪,必须具备两个基本条件:一是实施了暴力;二是干涉他人的婚姻自由。 8
如果没有同时具备这两个条件的,就不构成本罪。如行为人并不反对他人的婚姻,但对他人之间的交往方式不满(如父母不准男女双方夜间往来或不准其搂搂抱抱),而以暴力进行干涉的,因其干涉的不是婚姻自由,故不构成本罪。再如,行为人以上吊自杀相威胁,干涉子女婚姻自由的,因其没有采用暴力,故即使子女想不通而轻生自杀,行为人也不构成暴力干涉婚姻自由罪。

实践中,对于抢婚案件(主要是男方强抢女方成亲的),应当区分不同情况,具体 9
分析。如果男子向女方求婚,遭到拒绝,于是纠集多人,用暴力手段将女方抢回家中成亲的,这明显侵犯了女方的结婚自由,故可构成本罪;如果男子强行与女性发生性关系的,还应构成强奸罪;但是,如果该地区一直有抢婚的传统的,如在一些少数民族聚居的地方有抢婚的风俗,对此则可不以本罪论处。如果男女双方早有缔结婚姻的意思,只是按照当地的风俗例行抢婚习惯的,这里并不存在对他人婚姻自由的侵犯,故不能构成本罪。如果男女双方登记结婚以后,女方不同意与男方同居,男方把女方抢回并强行同居的,这严格来说已经不属于抢婚的范畴,因为婚姻关系在结婚登记时已经成立,并非强迫女方缔结婚姻关系,故不存在侵犯女方结婚自由的问题;同时,既然婚姻关系已经成立,女方只是不同意同居,而没有要求离婚,故也不存在对女方离婚自由的侵犯,所以行为人不构成暴力干涉婚姻自由罪。登记结婚后男方把女方抢走并强行同居的,属于婚内强奸的范畴,对此可以强奸罪论处。如果认为婚内强奸不构成强奸罪的,那么对此可以非法拘禁罪论处。[4]

Ⅷ　与他罪的区别

主要是本罪与故意伤害罪的区别。行为人暴力干涉他人婚姻自由时,往往可能 10
给他人造成一定的伤害,因此,有必要明确本罪与故意伤害罪的界限。一般而言,本罪与故意伤害罪的区别是明显的:①犯罪客体不同。本罪侵犯的是公民的婚姻自由权利,而故意伤害罪侵犯的是公民的健康权。②犯罪手段不同。本罪限于以暴力手段干涉他人婚姻自由;而构成故意伤害罪并不限于暴力手段,还包括其他一切足以造成人身伤害的手段,如故意投放危险物质伤害他人,故意恐吓他人使他人精神分

4　参见李立众:《婚内强奸定性研究》,载《中国刑事法杂志》2001年第1期。

裂,故意使他人患上严重影响健康的疾病,等等。③主观故意不同。本罪的行为人意在干涉他人的婚姻自由,而故意伤害罪的行为人则意在伤害他人的身体健康。

11 在行为人暴力干涉他人婚姻自由时,若是仅仅造成他人轻微伤以下的伤害,对行为人以暴力干涉婚姻自由罪论处;若是造成他人轻伤的,故意伤害罪(轻伤)的法定刑重于暴力干涉婚姻自由罪,故对行为人应以故意伤害罪论处;故意重伤他人的,即使没有出现重伤结果,对行为人也应以故意伤害罪(未遂)论处。有人认为,暴力干涉婚姻自由罪中的暴力包括造成他人轻伤的暴力。[5] 其实不然。根据《刑法》第 234 条的规定,一般轻伤他人的,就应处以 3 年以下有期徒刑、拘役或者管制,暴力干涉他人婚姻自由时轻伤他人的危害性显然重于一般情形下的轻伤害的危害性,故对于暴力干涉他人婚姻自由时的伤害的处罚不应低于 3 年以下有期徒刑、拘役或者管制,而《刑法》第 257 条暴力干涉婚姻自由罪规定一般判处 2 年以下有期徒刑或者拘役,如果认为暴力干涉婚姻自由罪中的暴力包括轻伤的暴力,则造成了危害重的行为处罚反而轻的罪刑不均衡的结果。只有认为暴力干涉婚姻自由罪中的暴力不包括轻伤的暴力,才可以克服这一不合理现象。

12 如果以故意杀人、故意重伤、非法拘禁、强奸(企图通过"生米做成熟饭"的方法迫使女性答应成亲的)等方法干涉他人婚姻自由的,属于想象竞合犯,应从一重罪处罚。对于长期以暴力干涉婚姻自由,如果其中一次属于故意杀人或故意伤害行为,就构成暴力干涉婚姻自由罪与故意杀人罪或故意伤害罪,实行数罪并罚;如果行为人暴力干涉他人婚姻自由时,还公然侮辱或者诽谤第三方的(如父母干涉女儿婚姻自由时,还公然侮辱或者诽谤男方的),应以暴力干涉婚姻自由罪与侮辱罪或者诽谤罪进行数罪并罚。

Ⅸ 处罚

13 根据本条规定,犯暴力干涉婚姻自由罪的,处 2 年以下有期徒刑或者拘役,告诉的才处理。暴力干涉婚姻自由罪属于亲告罪,只有被害人告诉的,才可以追究行为人的刑事责任。当然,如果被害人因受强制、威吓无法告诉的,人民检察院和被害人的近亲属也可以告诉;工会、青联、妇联等群众组织和有关单位也可以向人民检察院检举揭发,由人民检察院查实后提起公诉。本罪主要发生在亲属之间,且多数人还是为了被害人的"幸福"才暴力干涉婚姻自由的;被害人大多只是希望干涉者改正错误,不再干涉其婚姻自由,并不真的希望司法机关对干涉者定罪判刑;如果司法机关直接干预,对干涉者定罪判刑,可能破坏被害人在熟人社会中的原有关系,使其更加被孤立,反而有损被害人的利益。因此,将暴力干涉婚姻自由罪设计为亲告罪,有利于维护人民内部的安定团结。

---

5 参见高铭暄主编:《刑法学》,北京大学出版社 1989 年版,第 682 页。

根据本条第 2 款的规定,犯暴力干涉婚姻自由罪致使被害人死亡的,处 2 年以上 7 年以下有期徒刑。此时,不适用“告诉才处理”的规定,检察机关可以直接对案件提起公诉。这里所谓“致使被害人死亡”,只限于两种情况:一是暴力干涉婚姻自由行为导致被干涉者自杀身亡。当被干涉者自杀时,应当查明暴力干涉行为与自杀之间是否具有因果关系,只有当二者之间存在事实上的因果关系时,才能令行为人承担“致使被害人死亡”的刑事责任。二是在实施暴力干涉婚姻自由行为时,暴力行为过失致人死亡。如行为人极度气愤时用木棒打人,结果不慎打中脾脏,致使他人脾脏破裂而死亡的情形即是如此。行为人故意致人死亡的不属于这里的“致使被害人死亡”。 14

本条第 2 款仅规定了致使被害人死亡的刑罚,没有规定致使被害人重伤的刑罚。那么,行为人暴力干涉婚姻自由,过失致使被害人重伤的,如何量刑?行为人暴力干涉婚姻自由过失致人重伤的,完全符合过失致人重伤罪的构成要件,此时构成暴力干涉婚姻自由罪与过失致人重伤罪的想象竞合犯,对行为人应以过失致人重伤罪在 3 年以下有期徒刑或者拘役中从重量刑。 15

第二百五十八条　重婚罪

有配偶而重婚的，或者明知他人有配偶而与之结婚的，处二年以下有期徒刑或者拘役。

文献:赵秉志主编:《疑难刑事问题司法对策》(第2集),吉林人民出版社1999年版;赵秉志主编:《中国刑法案例与学理研究·分则篇(三)》,法律出版社2001年版;王作富主编:《刑法分则实务研究》,中国方正出版社2001年版;张明楷:《刑法学》(第6版),法律出版社2021年版。董敬文等:《谈重婚与通奸》,载《法学》1957年第4期;杨肇生、华卯生:《浅析重婚罪的认定和处理》,载《法学》1982年第10期;巫昌祯:《重婚行为与重婚罪》,载《学习与辅导》1990年第3期;丁伯俨:《试析重婚纳妾问题》,载《政法学刊》1990年第3期;陈苇:《简析事实重婚罪的构成》,载《现代法学》1991年第1期;乌呼勒:《重婚罪客观要件新议及其立法完善》,载《法律适用》1995年第5期;金云娥:《试论重婚和重婚罪》,载《南昌大学学报(人文社会科学版)》1996年第4期;邱利军、廖慧兰:《两次事实婚姻是否构成重婚罪》,载《河北法学》1998年第1期;石经海、石长起:《略论"事实重婚行为"之罪与非罪》,载《探索》1998年第1期;苏锦昌、宋飞:《该案是否构成重婚罪——兼谈现行婚姻法律对事实婚姻规定的弊端和立法完善》,载《法学》1998年第2期;刘淑媛:《论对事实重婚行为的认定和处理》,载《宁夏大学学报(哲学社会科学版)》1999年第1期;李希慧、黄明儒:《重婚的界定》,载《律师世界》2001年第2期;万长源:《谈谈重婚罪与一夫一妻制》,载《律师世界》2001年第3期;陈紫芸:《放宽〈刑法〉中认定重婚罪的标准》,载《中国律师》2001年第3期;张学军:《事实婚姻的效力》,载《法学研究》2002年第1期;欧锦雄:《略论事实婚的重婚罪》,载《湖南公安高等专科学校学报》2002年第2期;钱叶卫:《浅议重婚罪》,载《广西政法管理干部学院学报》2002年第3期;余延满:《试论近、现代法上婚姻的本质属性》,载《法学评论》2002年第3期;王志祥、姚兵:《论事实婚姻在重婚罪犯罪构成中的地位》,载《河南省政法管理干部学院学报》2008年第6期;张洪波:《事实婚姻的立法冲突及解决》,载《法学论坛》2009年第1期;齐晓伶、张训:《重婚罪内涵之实践检视——从一则"同性恋非法同居"案例说起》,载《甘肃社会科学》2010年第4期;张光君:《重婚罪的司法衰微及理论回应》,载《中国刑事法杂志》2010年第11期;李胜渝:《新中国建国初期西南地区惩处违反婚姻法犯罪的史实刍析》,载《中国刑事法杂志》2011年第6期;王良顺:《论重婚罪中的"有配偶"和"结婚"》,载《中国刑事法杂志》2012年第1期;潘大礼:《南京国民政府时期的重婚罪及其司法实践:以湖北为例》,载《江汉论坛》2014年第12期;苏永生:《刑法的认同:问题、方法及机制——由一个重婚习俗引发的思考》,载《北方法学》2015 年第 6 期;陈伟、阮能文:《事实婚姻与重婚罪的关系辨析与厘定——以刘某某重婚案为视角》,载《净月学刊》2017 年第 3 期;曾粤兴、李英辉:《论重婚罪的认定——与陈伟、阮能文同志商榷》,载《河南警察学院学报》2018 年第 6 期;林淯:《重婚罪认定标准问题研究》,载《鄂州大学学报》2018 年第 6 期;陈洪兵:《继续犯范围厘定及适用研究》,载《兰州学刊》2019 年第 11 期。

细目录

Ⅰ 主旨
Ⅱ 沿革
Ⅲ 客体
Ⅳ 行为
Ⅴ 主体
Ⅵ 故意
Ⅶ 与非罪的界限
一、离婚诉讼期间重婚行为的定性
二、"包二奶"的定性
三、假结婚、假离婚后缔结新的婚姻关系行为的定性
四、因强迫、包办婚姻而外逃重婚的定性
五、同性婚姻与变性后婚姻的重婚问题
Ⅷ 处罚

Ⅰ 主旨

本条是对重婚罪的规定。重婚罪是指有配偶而又结婚的,或者明知他人有配偶而与之结婚的行为。一夫一妻制度是人类社会经过长期演进而产生的,基本为世界各国普遍接受的婚姻制度。目前,除了个别国家以外,都不允许一夫多妻或一妻多夫。对此,《民法典》第 1041 条第 2 款规定:"实行婚姻自由、一夫一妻、男女平等的婚姻制度。"第 1042 条第 2 款前段规定:"禁止重婚。"为了维护一夫一妻制度,《刑法》规定了本罪。 1

Ⅱ 沿革

1979 年《刑法》第 180 条规定:"有配偶而重婚的,或者明知他人有配偶而与之结婚的,处二年以下有期徒刑或者拘役。"在修订《刑法》的过程中,有人建议对于事实婚姻应明确规定构成重婚罪;有人建议对于情节特别恶劣的重婚行为,应加重处罚,适当提高重婚罪的法定刑;还有人认为,对于婚姻存续期间的非法同居行为也应 2

予以惩罚,建议增加一条,即"有配偶而与他人同居的,或者明知他人有配偶而与之同居的,处二年以下有期徒刑或者拘役"。但立法机关没有采纳这些建议,仍维持了1979年《刑法》的规定。

Ⅲ 客体

3 本罪的客体是一夫一妻制婚姻关系。在我国,一夫一妻制度意指男人只能有一个妻子,女人只能有一个丈夫,任何人都不能同时拥有两个以上的配偶。一夫一妻制反映了男女性别比例的自然要求,有利于人口的优化与人类社会的延续、发展。就家庭内部而言,一夫一妻制有利于家庭的和睦与稳定,便于家庭职能的充分发挥。一夫一妻制既是男女平等的要求,也是男女平等的保障。对于破坏一夫一妻制度的行为,应当予以制裁。

4 需要指出的是,本罪虽然属于侵犯公民人身权利(一夫一妻制婚姻权利,属于广义上的人身权利)的犯罪,但是一夫一妻制这一法益同时涉及社会公益,故即使公民承诺放弃这一个人法益,这一承诺也不能成为刑法上的正当事由,不能阻却重婚行为的违法性。这就意味着,即使一方同意甚至怂恿配偶再次缔结婚姻关系,即使事实上一夫二妻或一妻二夫和睦共处的,再次缔结婚姻关系的行为人仍然构成重婚罪。

Ⅳ 行为

5 构成重婚罪,行为人必须实施了重婚行为。所谓重婚行为,是指行为人在原有婚姻关系尚未解除的情况下,又建立新的婚姻关系的行为,即有配偶而重婚或者明知他人有配偶而与之结婚。涉及重婚的有两种情况:①重婚者又和第三者登记结婚,或者相婚者明知他人有配偶而与之登记结婚(可称之为法律上的重婚);②重婚者又和第三者建立事实婚姻,或者相婚者明知他人有配偶而与之建立事实婚姻(可称之为事实上的重婚)。对于第一种情况,即两个以上的婚姻关系都履行了法定的婚姻登记手续,那么缔结后一婚姻关系的行为属于重婚行为,行为人构成重婚罪,当属毫无疑问。而对后一种情况是否构成重婚则存在争议。

6 全部否定论认为,1994年《婚姻登记管理条例》规定,未办理婚姻登记即以夫妻名义同居生活的,都按非法同居关系处理。这就是说,我国法律不承认事实婚姻。那么重婚也就不存在事实上的重婚了。重婚专指法律上的重婚。而1980年《婚姻法》对于以夫妻名义或其他形式公开或秘密同居生活的行为没有进行规范。这是法律存在的漏洞。《民法典》第1042条第2款中明确规定"禁止有配偶者与他人同居",就对此漏洞进行了填补。[1] 有人认为,1994年《婚姻登记管理条例》施行后,所有的事实

1 参见巫昌祯主编:《中华人民共和国婚姻法讲话》,中央文献出版社2001年版,第75页。

婚都将被认定为非法同居关系，不存在"重婚"的问题。只有在《婚姻登记管理条例》发布之前，事实婚被承认有法律效力时，才被确认为一种婚姻关系，才谈得上与其他婚姻关系的重合，从而可以构成重婚罪。若事实婚姻不具有法律效力而被认定为非法同居关系，则当事人所谓的"夫妻关系"不但得不到法律的确认，反而会受到法律的制裁，因而所谓"重婚"也就无从谈起了。[2]

部分否定论认为，只有已经登记结婚的人，又与他人以夫妻名义同居生活，或者明知他人已经登记结婚，还与之以夫妻名义同居生活，才构成重婚罪。对于先有事实婚姻，又与他人登记结婚和两次及两次以上均是事实婚姻的，则依法不构成重婚罪。[3] 理由有二：其一，在前婚为事实婚姻时，其属于违法婚姻，法律原则上不承认其效力，不予以保护，故无论后婚是法律婚，还是事实婚，都未侵犯法律保护的一夫一妻制婚姻关系，并不满足重婚罪的客体要件。其二，在前婚是事实婚时，当事人没有合法配偶身份关系，不具备重婚罪的主体要件。所以，在前婚为事实婚时，既缺乏犯罪主体，又缺乏犯罪客体，无论后婚是事实婚或法律婚，均不构成重婚罪。[4] 7

全部肯定论认为，重婚罪中的"有配偶"和"结婚"都包括事实婚姻；重婚罪中的两个婚姻关系，可以是两个登记婚姻，可以是一个登记婚姻，一个事实婚姻，也可以表现为两个事实婚姻。[5] 理由是：首先，重婚实质上是婚姻关系的重合，即在前一婚姻关系尚未合法解除时，又缔结新的婚姻关系，从而形成一夫多妻或一妻多夫的事实。而事实婚姻不失为一种婚姻关系，若事实婚姻关系未经合法解除尚在存续之中，当事人又与第三人形成新的婚姻关系（法律婚或事实婚），这自然侵犯了重婚罪的客体——一夫一妻的婚姻关系。其次，法条规定的"有配偶"并非仅指有合法配偶，在此所谓有配偶既指法律上的配偶，也包括事实上的配偶，泛指婚姻关系中的相对方。那种认为"前婚是事实婚时，当事人没有合法配偶身份关系，不具备重婚罪的主体要件"的观点，把事实重婚罪的主体仅理解为法律上的配偶，显然有违立法本意，缩小了重婚罪的范围，客观上不利于法律对一夫一妻制婚姻关系的保护。[6] 8

全部否定论更具合理性。事实婚姻在性质上是否属于一种婚姻关系？这是一个为学界所忽略的根本问题。如果事实婚姻是一种婚姻关系，那么事实重婚自然属于重婚行为，行为人可以构成重婚罪；反之，如果事实婚姻是一种非婚姻关系，那么就不 9

---

2 参见苏长青：《侵犯公民民主权利和妨害婚姻家庭罪》，中国人民公安大学出版社 1999 年版，第 328 页。

3 参见最高人民法院刑事审判第一庭编：《刑事审判参考》（合订本·第 1 卷），法律出版社 2000 年版，第111 页。

4 参见陈苇：《简析事实重婚罪的构成》，载《现代法学》1991 年第 1 期。

5 参见杨遂全主编：《第三人侵害婚姻家庭的认定与处理》，法律出版社 2001 年版，第 220 页。

6 转引自王作富主编：《刑法分则实务研究》，中国方正出版社 2001 年版，第 1032—1033 页。

存在重婚行为,就不具备构成重婚罪的条件,因为当事人在婚姻法上无婚可离,在刑法上却有婚可重,这是不可理解的。婚姻虽然属于民事契约的范畴,应体现当事人的意思自治。但并非仅有婚姻合意即足以成立婚姻。婚姻并非纯粹私人行为,同时涉及社会公益,故对于婚姻契约加以形式要件的限制是必要的。所以,“每一社会对两性结合的社会形式、实质要件、社会效力等都有符合于该社会统治阶级意志的特定要求。男女的结合符合这种要求,就成为该社会所承认和保护的婚姻关系,反之则不为社会所承认”[7]。由此,一定的形式要件是成立婚姻关系不可或缺的条件。只有符合结婚的形式要件,婚姻关系才能成立,当事人才能在法律上享有夫妻之间的权利义务关系。[8] 作为结婚的形式要件,可以是到法定机关进行结婚登记,也可以是举行一定的结婚仪式,甚至可以是一定的共同生活的事实。这完全取决于一国法律的规定。虽然我国婚姻法仅规定了进行结婚登记这一种结婚形式要件,但鉴于特定的国情,为了保护妇女和儿童的合法权益,在很长一段时期内,最高人民法院以司法解释的方法承认一定的共同生活的事实同结婚登记一样,也具有结婚形式要件的功能,是一种特殊的结婚形式要件。是以,当时事实婚姻也具备结婚的形式要件。正因为如此,事实婚姻在很长一段时期内就成为一种具有法律约束力的婚姻关系(以致人们至今都惯性地认为事实婚姻仍然是一种婚姻关系);也正因为如此,事实婚姻才得以顺理成章地构成重婚罪。

10　但是,1989 年 12 月 13 日,最高人民法院发布了《关于人民法院审理未办结婚登记而以夫妻名义同居生活案件的若干意见》。这一意见开始改变无条件承认一定共同生活的事实也属于结婚形式要件的一贯做法,对一定共同生活的事实作为结婚的形式要件开始进行限制,即 1986 年 3 月 15 日《婚姻登记办法》施行之前,没有配偶的男女,未办结婚登记手续即以夫妻名义同居生活,群众也认为是夫妻关系的,一方向人民法院起诉“离婚”,如起诉时双方均符合结婚的法定条件,可认定为事实婚姻关系;如起诉时一方或双方不符合结婚的法定条件,应认定为非法同居关系。1986 年 3 月 15 日《婚姻登记办法》施行之后,没有配偶的男女,未办结婚登记手续即以夫妻名义同居生活,群众也认为是夫妻关系的,一方向人民法院起诉“离婚”,如同居时双方均符合结婚的法定条件,可认定为事实婚姻关系;如同居时一方或双方不符合结婚的法定条件,应认定为非法同居关系。该意见同时明确规定:“自民政部新的婚姻登记管理条例施行之日起,未办结婚登记即以夫妻名义同居生活,按非法同居关系对待。”1994 年《婚姻登记管理条例》第 24 条进一步明确规定:“未到法定结婚年龄的公民以夫妻名义同居的,或者符合结婚条件的当事人未经结婚登记以夫妻名义同居的,其婚

7　曾庆敏主编:《法学大辞典》,上海辞书出版社 1998 年版,第 1633 页。

8　需要指出的是,两性的结合只有符合结婚的形式要件,才能构成一个婚姻关系。但是该婚姻关系并不一定必然合法有效。现行婚姻法设立的无效婚姻,即是如此。形式上有效的婚姻关系是否实质有效,还取决于是否符合结婚的实质要件。

姻关系无效,不受法律保护。”[9]《民法典》第 1049 条再次重申:“要求结婚的男女双方应当亲自到婚姻登记机关申请结婚登记。符合本法规定的,予以登记,发给结婚证。完成结婚登记,即确立婚姻关系。未办理结婚登记的,应当补办登记。”2001 年 12 月 25 日发布的最高人民法院《关于适用〈中华人民共和国婚姻法〉若干问题的解释(一)》彻底否认了 1994 年 2 月 1 日以后一定共同生活的事实具有结婚形式要件的功能。该解释第 5 条规定:“未按婚姻法第八条(现《民法典》第 1049 条——笔者注)规定办理结婚登记而以夫妻名义共同生活的男女,起诉到人民法院要求离婚的,应当区别对待:(一)1994 年 2 月 1 日民政部《婚姻登记管理条例》公布实施以前,男女双方已经符合结婚实质要件的,按事实婚姻处理。(二)1994 年 2 月 1 日民政部《婚姻登记管理条例》公布实施以后,男女双方符合结婚实质要件的,人民法院应当告知其在案件受理前补办结婚登记;未补办结婚登记的,按解除同居关系处理。”如今,没有办理结婚登记而以夫妻名义共同生活的男女,其欠缺结婚的形式要件,因而该事实婚姻就不再成为婚姻法上的婚姻。

在同一法律体系内,法律术语的基本含义应当相同,此乃法治统一性的要求。 11
“婚姻”“结婚”的含义不能在婚姻法中是一个意思,在刑法中又是另一个意思。既然事实婚姻在婚姻法上属于非婚姻关系(非法同居关系),则在刑法上认为事实婚姻是一种婚姻关系就是没有道理的。既然事实婚姻不再属于婚姻的范畴,则事实重婚可以构成重婚罪的观点在逻辑上就是矛盾的。[10] 不存在婚姻关系,何来重婚?1994 年 12 月 14 日最高人民法院在《关于〈婚姻登记管理条例〉施行后发生的以夫妻名义非法同居的重婚案件是否以重婚罪定罪处罚的批复》中指出,新的《婚姻登记管理条例》(1994 年 1 月 12 日国务院批准,1994 年 2 月 1 日民政部发布)施行后,有配偶的人与他人以夫妻名义同居生活的,或者明知他人有配偶而与之以夫妻名义同居生活的,仍应按重婚罪定罪处罚。虽然目前我们仍然依据最高人民法院的《关于〈婚姻登记管理条例〉施行后发生的以夫妻名义非法同居的重婚案件是否以重婚罪定罪处罚的批复》在追究部分事实重婚者重婚罪的刑事责任,但是我们必须清楚,该批复的法理依据当前已经不复存在,以此为据打击重婚行为有违反罪刑法定原则之嫌。

有人认为,结婚登记这一“结婚的形式要件,只是法律婚的成立要件;对于事实 12
婚,则不可能有此成立要件,否则其就不是事实婚了”。“结婚形式要件的是否具

---

9 “婚姻关系无效”的表述容易使人产生“事实婚姻是婚姻,不过婚姻关系无效”的误解。这里所谓“婚姻关系无效”,本意是指无结婚登记即无婚姻,事实婚姻的当事人之间属于非法同居关系,不存在婚姻关系。

10 需要指出的是,“事实婚姻”与“事实重婚”的提法,虽然存在一定的逻辑矛盾,但是这两个语词还有一定的生命力。即在 1994 年 2 月 1 日民政部《婚姻登记管理条例》公布实施以前,未办理结婚登记而以夫妻名义共同生活的男女,如果双方已经符合结婚实质要件的,如今仍构成事实婚姻,而不是非法同居关系,此时的事实重婚可构成重婚罪。

备,只是决定该婚姻是法律婚还是事实婚,从而影响已成立婚姻的效力。”[11]该论值得商榷。首先,该论不符合现行婚姻法的精神。法律婚、事实婚如今仅是理论分类的结果,而不是法律规定的结果或司法解释所承认的结果。现行婚姻法并没有将婚姻分为法律婚与事实婚。在修订婚姻法的过程中,不少人呼吁在婚姻法中应对事实婚姻作出明确规定,但该建议并没有被立法机关采纳。这表明立法机关否认事实婚是一种婚姻关系。根据现行婚姻法,婚姻只有一种,即法律婚。因此,只有进行结婚登记,才存在婚姻关系。是否进行结婚登记,不是决定该“婚姻”是法律婚还是事实婚,而是决定该“婚姻”是否是婚姻。其次,既然现行婚姻法不承认事实婚是一种婚姻关系,那么“事实婚是婚姻”就是一个法律上的假命题,虽然可以对这一命题进行理论上的讨论,但在司法实务对于婚姻的认定上没有意义。再次,《民法典》第 1049 条“补办登记”的规定,并非相对地承认了事实婚也是一种婚姻。根据《民法典》第 1049 条的规定,如今,要确立夫妻关系,必须无条件地进行结婚登记(无论是事前登记还是事后补办);没有进行结婚登记的,不论以什么名义,不论一起生活多长时间,也不论是否生育子女,都属于非法同居关系,而不是婚姻关系。只有补办了结婚登记,当事人之间的“婚姻”才是真正的婚姻关系。可见,“补办登记”的规定是从积极的角度重申了办理结婚登记的必要性。对此,最高人民法院《关于适用〈中华人民共和国婚姻法〉若干问题的解释(一)》第 5 条已经解释得非常明白。最后,在理论上认为事实婚也是婚姻,客观上可能贬损结婚登记制度。

13 还有人认为,“事实婚姻是否有效与事实婚姻是否构成重婚罪完全是两回事;任何重婚罪中至少有一个婚姻关系是无效的,不受法律保护;要求两个以上的婚姻关系均有效才构成重婚罪,则是自相矛盾的”[12]。这里存在误解。构成重婚罪的前提不是事实婚姻是否有效,而是事实婚姻是否是婚姻。构成重婚罪,并没有要求两个以上的婚姻关系均有效,而是要求客观上存在两个以上的婚姻关系。根据现行婚姻法及相关司法解释,如今识别、判断是否存在婚姻关系的唯一依据就是是否存在结婚登记。是否进行结婚登记,不是事实婚姻是否有效的问题,而是客观上是否存在婚姻关系的问题。没有进行结婚登记的事实婚姻根本就不属于婚姻的范畴,自然谈不上构成重婚罪。

14 退一步讲,即使认为事实婚姻可以构成重婚罪,也很难达到惩治重婚罪的效果。传统婚姻法理论认为,构成事实婚姻,必须具备两个基本条件:一是行为人以夫妻名义同居生活,二是群众公认他们是夫妻。但是,“大陆认定事实婚姻的重要标志之一,即为是否以夫妻名义同居,不以夫妻名义同居者,无论同居多长时间,是否生育子女,均不可认定为事实婚。这种不重视共同生活的本质,仅注重其形式的做法,实际

---

[11] 余延满:《试论近、现代法上婚姻的本质属性》,载《法学评论》2002 年第 3 期。

[12] 苏惠渔、杨兴培主编:《刑事疑难案例法理评析》,法律出版社 2000 年版,第 167 页。

上是本末倒置的”[13]。这一见解很有道理。①实践中，重婚者很少公开以夫妻名义同居生活，对外多数是以秘书、保姆甚至兄妹等形式长期保持同居关系，有的还生了孩子。有的人甚至在生了几个孩子之后都没有以夫妻名义同居生活。②当事人互称“老公老婆”者属于以夫妻名义同居生活，构成重婚罪；而同居生活时直呼其名或者其他称呼者就不具备“夫妻名义”，就不构成重婚罪。这是荒唐的。构成犯罪的不是当事人之间的称呼，而是共同生活的事实侵犯了一夫一妻制度。从形式上把握“夫妻名义”，是欠妥的。③楼房文化使得人们之间愈来愈陌生，同一单元的人甚至对门的人互不认识是常事。邻里间很难知道隔壁主人是谁，是不是夫妻。同时，随着人口流动性的增强，“群众公认”变得越来越不可能。将“以夫妻名义同居生活”“群众公认”作为认定事实婚姻关系的标准，显然极大地限制了重婚罪的适用范围，使得承认事实婚姻可以构成重婚罪几乎失去意义，非常不利于打击重婚犯罪。[14] 既然如此，认为事实婚姻可以构成重婚罪又有什么意义呢？

综上所述，事实婚姻不再是婚姻关系，所以，如果两个以上的“婚姻关系”中有 15
一个“婚姻关系”没有履行法定的婚姻登记手续，那么就没有婚姻关系的重合，就不存在重婚行为，行为人自然就不构成重婚罪。只有两个以上的婚姻关系都履行了结婚登记手续，才存在重婚罪中的重婚行为，才构成重婚罪。由此，我们便不难理解，为什么这些年来重婚罪一直在衰微的原因。[15]

V 主体

本罪为一般主体。无论男女，都可以构成本罪。虽然婚姻法规定男子必须年满 16
22周岁，女子必须年满20周岁才能结婚。但是，不排除未达法定婚龄之人采取虚假手段重复登记结婚，故未达法定婚龄之人可以构成本罪。

重婚的主体可以分为两类：一是重婚者，即已有配偶并且婚姻关系尚未解除，又 17
与他人结婚的人。所谓“有配偶”，是指男子有妻、女子有夫，而且夫妻关系处于存续期间。二是相婚者，即明知对方有配偶而与之结婚的人。后一种主体就其本身而

---

13 夏吟兰：《澳门“事实婚”与大陆“事实婚姻”之比较研究》，载中国政法大学民商法教研室主编：《民商法纵论》，中国法制出版社2000年版，第523页。

14 广东省追究重婚罪的数量之所以高于全国其他省份，就在于其放宽了事实婚姻的认定标准。2000年5月30日，广东省高级人民法院、广东省人民检察院、广东省公安厅、广东省司法厅联合发布的《关于处理婚姻关系中违法犯罪行为及财产等问题的意见》规定：“有以下情形之一的，应视为以夫妻名义共同生活：1.有配偶的人与他人举行结婚仪式的；2.有配偶的人虽未与他人举行结婚仪式，但以夫妻相称或者对外以夫妻自居的。”

15 所谓重婚罪的衰微，是指刑法中的重婚罪在司法实践中已不能应对日益增多的重婚问题，重婚罪被适用的频率越来越低，有渐近名存实亡的趋势。关于重婚罪的衰微，是一个需要专文讨论的问题。

言,并没有“重婚”,即并不存在两个以上的婚姻关系,但从重婚关系的整体来看,这种主体仍然是重婚的一方,在行为性质上与重婚者完全相同,侵犯了一夫一妻的婚姻关系,故我国刑法明文规定这种主体构成重婚罪。

Ⅵ　故意

18　本罪罪过形式是故意。对于重婚者与相婚者而言,其故意内容是不同的。重婚者明知自己有配偶且婚姻关系尚未解除,又故意与他人结婚。如果行为人有合理的理由认为自己的配偶已经死亡(如配偶失踪多年杳无音讯的)的,不构成重婚罪。相婚者是明知他人有配偶而与之结婚,如果相婚者确实不知道对方有配偶而与之结婚的,即使存在过失,也不构成重婚罪。

19　学界对重婚罪的主观要件一般都不加限制,只要行为人主观上是故意重婚的,即满足重婚罪的主观要件。这是否妥当,值得研究。一般认为,以下情形属于一般重婚行为,不构成重婚罪:因遭受自然灾害外流谋生而重婚的;因配偶长期外出下落不明,造成家庭生活严重困难,又与他人结婚的;被拐卖、被绑架后再婚的。对此的传统解释是:行为人重婚行为情节显著轻微,危害不大,所以不构成犯罪。但是,行为是否构成犯罪应以行为是否符合刑法规定的犯罪构成为依据;如果肯定行为符合犯罪构成,又根据《刑法》第13条的但书宣告无罪,那么就没有法治可言。[16] 看来,只有将上述行为排除在重婚罪的犯罪构成要件之外,认为其无罪才是合理的。对此的第二种解释是:这些行为具有紧急避险的性质,就不能按照通常那种基于资产阶级思想而实施的重婚罪处理。[17] 这一解释显然考虑了行为人的动机,以合理限制处罚范围。但此解释没有从构成要件的角度来解释行为人为什么不构成重婚罪。上述行为不构成重婚罪的第三种解释是:由于受客观条件所迫,且主观恶性较小,不以重婚罪论。[18] 应当认为,这一思路是正确的。为了将不得已的情形下而重婚的行为排除在重婚罪之外,应对重婚罪的主观要件进行限制:构成重婚罪,不仅要求行为人认识到自己缔结了新的婚姻关系,而且要求行为人认识到缔结新的婚姻关系并非不得已,并希望重婚结果的发生。如此一来,行为人虽然认识到自己缔结了新的婚姻关系,但同时认识到这是不得已的,则行为人因受客观条件所迫,且主观恶性较小,不具备重婚罪的成立要件,故不构成重婚罪。

Ⅶ　与非罪的界限

20　行为人是否缔结了新的婚姻关系,是构成重婚与否的关键。只有进行了两次以

16　参见张明楷:《法益初论》,中国政法大学出版社2000年版,第498页。

17　参见高铭暄:《中华人民共和国刑法的孕育与诞生》,法律出版社1981年版,第243页。

18　参见高铭暄、马克昌主编:《刑法学》(第9版),北京大学出版社、高等教育出版社2019年版,第484页。

上结婚登记的,行为人才构成重婚罪;如果两个以上的婚姻关系中有一个婚姻关系没有经过结婚登记,行为人就不构成重婚罪。问题是:办理结婚登记时要求当事人出具身份证、户口簿等证件,重婚者即使想进行结婚登记,也是比较困难的;另一方面,就重婚者而言,重婚是违法行为,会受到法律制裁,所以重婚者也不愿办理结婚登记,以免给自己留下重婚的证据。从这一角度看,法律上的重婚几乎绝迹,则刑法对于重婚罪的规定就几乎失去了存在的意义。当前,如何合乎罪刑法定原则地惩治侵犯一夫一妻制的行为,是一个重要课题。在实践中,有下列行为需要注意。

一、离婚诉讼期间重婚行为的定性

在一些离婚案件中,法院判决离婚以后,在离婚判决书尚未生效期间,有些人持没有生效的离婚判决书与他人登记结婚的,对此不能一概认定行为人都构成重婚罪。只有有证据证明行为人明知判决书尚未生效的,才可以认为行为人构成犯罪。有些离婚的当事人没有法律知识,以为法院判决离婚之后,自己就可以建立新的婚姻关系。此时,行为人对于离婚判决书是否已经生效没有注意,对于重婚行为只有过失,没有故意,故不能认定行为人构成重婚罪。尤其是离婚判决以后,一方不服上诉,但没有告诉对方,对方也没有收到法院的任何上诉通知,在合理的期间之后,行为人又登记结婚的,不能认定行为人构成重婚罪。 21

二、"包二奶"的定性

"包二奶"不构成重婚罪。行为人"包二奶"时,只要其没有进行结婚登记,那么当事人之间的关系就不是婚姻关系,自然就不能构成重婚罪。再者最高人民法院《关于适用〈中华人民共和国婚姻法〉若干问题的解释(一)》第2条规定:"婚姻法第三条、第三十二条、第四十六条规定的'有配偶者与他人同居'(现《民法典》第1042条第2款——笔者注)的情形,是指有配偶者与婚外异性,不以夫妻名义,持续、稳定地共同居住。"而"'有配偶者与他人同居'与重婚的最大区别就在于是否以夫妻名义共同生活"[19]。显然,这一解释已经将"包二奶"(以夫妻名义的除外)排除在重婚之外,故"包二奶"自无可能构成重婚罪。对于"包二奶",有人认为可以按照引诱卖淫罪来处理。理由是:"包二奶"的基本含义就是一方以物质条件换取对方的性服务,具有卖淫和嫖娼的属性,是普通卖淫嫖娼的延伸,是一种特殊的卖淫嫖娼。既然法律打击普通的卖淫嫖娼,就更应打击高级的卖淫嫖娼。"拉皮条"但不嫖不卖者有罪,而又卖又嫖者反而无罪,这样的解释似乎有失公平。所以,在刑法还没有对"包二奶"形式的卖淫嫖娼行为作出专门规定之前,本罪名宜作扩张解释,适用于包者和被包者的卖淫嫖娼行为。[20] 这一思路甚为不妥。其一,多数"包二奶"的当事人之 22

19 吴晓芳:《有关适用〈婚姻法〉司法解释的几个问题》,载《法律适用》2002年第1期。

20 参见曾庆敏:《关于"包二奶"性质的探析》,载《人民法院报》2000年12月9日。

间有一定的感情,将当事人说成是高级嫖客与高级妓女,似乎是对当事人人格的贬损。"包二奶"者应受制裁,但不能因此就可以任意贬损其人格。其二,将"包二奶"评价为引诱卖淫罪,注重的是初始的引诱行为,而忽略了长期的包养行为,是本末倒置的。其三,引诱卖淫罪的法定刑为5年以下有期徒刑、拘役或者管制,并处罚金,情节严重的可处5年以上有期徒刑,并处罚金。"包二奶"的本质是对一夫一妻制度的侵犯,而侵犯一夫一妻制的重婚罪的法定最高刑只有2年有期徒刑。二者相对比,将"包二奶"按照引诱卖淫罪来处理,显然对当事人过于严厉,不符合罪责刑相适应原则。

三、假结婚、假离婚后缔结新的婚姻关系行为的定性

23 假结婚是指婚姻当事人并无缔结婚姻的真实意图,但为达到某种目的而自愿进行结婚登记的行为。如只有结婚的人才可以分房,有人为了分房就随便拉上一个人去进行婚姻登记。假结婚的行为人如果在没有解除婚姻登记的情况下,又与他人进行结婚登记,缔结新的婚姻关系的,行为人构成重婚罪。因为在刑法上判断是否存在婚姻关系是以形式要件为准,即只要进行了婚姻登记,不问行为人主观真实意图如何,都认定存在婚姻关系。既然行为人缔结了两个以上的婚姻关系,当然构成重婚罪。不过由于行为人主观恶性较小,对行为人可以从轻处罚。

24 所谓假离婚是指,行为人双方或一方本无离婚的真实意图,但为了达到某种目的而自愿(也包含被欺骗)离婚并履行了离婚登记的行为。如行为人为躲避计划生育的罚款而假离婚。如果假离婚后,行为人与第三人又登记结婚缔结新的婚姻关系的,行为人不构成重婚罪。虽然是假离婚,但毕竟婚姻关系已经现实地解除,行为人与第三人缔结婚姻关系时,不能形成婚姻关系的重合[21],故假离婚之行为人与第三人缔结婚姻关系,虽然应受道德之谴责,但不构成重婚罪。

四、因强迫、包办婚姻而外逃重婚的定性

25 一般认为,因强迫、包办婚姻而外逃重婚的,不构成重婚罪。[22] 但这一结论目前是否仍然合适,尚可研究。《民法典》第1052条规定:"因胁迫结婚的,受胁迫的一方可以向人民法院请求撤销婚姻。请求撤销婚姻的,应当自胁迫行为终止之日起一年内提出。被非法限制人身自由的当事人请求撤销婚姻的,应当自恢复人身自由之日起一年内提出。"该条规定的目的是鼓励强迫、包办婚姻的当事人积极主张其婚姻无效,而不能消极逃避,因为逃避无助于问题的解决;如果被胁迫的当事人非常消极,自

---

[21] 参见1979年12月31日最高人民法院《关于陈建英诉张海平"假离婚"案的请示报告的复函》。

[22] 参见高铭暄、马克昌主编:《刑法学》(第9版),北京大学出版社、高等教育出版社2019年版,第484页。

结婚登记之日起1年内不向婚姻登记机关或人民法院请求撤销该婚姻,则将承受该婚姻合法有效的不利后果——强迫、包办婚姻在法律上将正式合法有效。因此,如果在刑法上对因强迫、包办婚姻而外逃后重婚的行为不认为是犯罪,似有承认、默许甚至鼓励行为人消极逃婚之嫌疑,有违《民法典》第1052条之本旨。故对于强迫、包办婚姻而外逃重婚的,应认为行为人构成重婚罪。考虑到行为人是因强迫、包办的婚姻而外逃,且重婚之目的在于追求幸福生活,因此,可判处极轻的刑罚。

五、同性婚姻与变性后婚姻的重婚问题

同性婚姻在我国还没有得到承认,故行为人有一个异性婚姻,同时有事实上的同性婚姻的,不以重婚罪论处。但是,如果行为人在承认同性婚姻的国家登记了同性婚姻,又在我国与异性登记结婚的,应认定为重婚罪;对于一方变性后,双方均在未解除婚姻关系的前提下又与他人结婚的情形,例如,甲男与乙女登记结婚后,甲变性为女性,在没有解除与乙的婚姻关系的前提下,甲又与丙男登记结婚;乙女见甲变性为女性,而与丁男登记结婚。对甲、乙应以重婚罪论处。而对于丙、丁则不宜认定为重婚罪。 26

Ⅷ 处罚

根据《刑法》第258条的规定,犯重婚罪的,处2年以下有期徒刑或者拘役。具体对重婚案件裁定刑罚时,应综合考虑行为人的犯罪动机、采用的手段、非法婚姻的个数、重婚的时间长短、重婚造成的后果、社会影响大小等情节,作出符合罪刑相适应原则的判决。在对重婚罪定罪量刑的同时,应宣告解除其已形成的非法婚姻关系。需要说明的是,重婚罪在刑法上并不属于告诉才处理的案件。 27

第二百五十九条　破坏军婚罪

明知是现役军人的配偶而与之同居或者结婚的，处三年以下有期徒刑或者拘役。

利用职权、从属关系，以胁迫手段奸淫现役军人的妻子的，依照本法第二百三十六条的规定定罪处罚。

文献:赵秉志主编:《疑难刑事问题司法对策》(第1集),吉林人民出版社1999年版;张明楷:《刑法学》(第6版),法律出版社2021年版;高铭暄、马克昌主编:《刑法学》(第10版),北京大学、高等教育出版社2022年版。金桦楚、张建田:《论破坏军婚罪条文修改的必要性》,载《法学》1984年第2期;叶三芳:《试析构成破坏军婚罪的"同居"》,载《法学评论》1985年第5期;张建田、刘暖宁:《关于破坏军婚罪主体认定的几个问题》,载《现代法学》1994年第2期;潘胜忠:《破坏军婚罪若干问题探讨》,载《政法论坛》1998年第4期;姜瑞云:《现行法律对军婚保护的不足及完善》,载《河北法学》2008年第10期;李拥军:《我国军婚特殊保护制度的困境与出路》,载《当代法学》2009年第3期;张高彬、肖衡:《论我国军婚保护制度的理论和实践》,载《广西政法管理干部学院学报》2011年第2期;胡波:《论"同居"在破坏军婚罪中的认定》,载《中国检察官》2014年第4期;岳谦厚:《抗战时期中国共产党军婚保障机制——以华北抗日根据地为中心的考察》,载《华中师范大学学报(人文社会科学版)》2017年第1期;王彦强:《对向参与行为的处罚范围》,载《中外法学》2017年第2期;张训:《家事犯罪理论的初步构设——基于家庭安全的需要》,载《河南财经政法大学学报》2019年第4期。

细目录

Ⅰ　主旨
Ⅱ　沿革
Ⅲ　客体
Ⅳ　行为
Ⅴ　主体
Ⅵ　故意
Ⅶ　与非罪的界限
Ⅷ　与他罪的区别
　一、与重婚罪的区别

二、与强奸罪的区别

Ⅸ 处罚

Ⅰ 主旨

本条是对破坏军婚罪的规定。破坏军婚罪是指明知是现役军人的配偶而与之同居或者结婚的行为。现役军人常年在外,其夫妻感情可能因为时空的距离而淡漠,此时其他人可能乘虚而入;现役军人的婚姻关系一旦受到破坏,必然影响到现役军人的意志,影响部队的巩固与战斗力的提高。为了解除现役军人的后顾之忧,使其能够安心部队工作,更好地担负起军人职责,保护军人的婚姻关系是非常必要的。为了保护现役军人的婚姻关系,禁止破坏军婚的行为,刑法设立了本罪。 1

Ⅱ 沿革

1979 年《刑法》第 181 条规定:“明知是现役军人的配偶而与之同居或者结婚的,处三年以下有期徒刑。” 2

在实践中,与现役军人的配偶实际结婚的很少,长期通奸的很多。在修订《刑法》的过程中,有人从稳定军心的角度建议,明知是现役军人的配偶而与之通奸造成严重后果的,或造成军婚破裂危险,情节严重的,属于破坏军婚罪。但是,一方面,人们对“造成严重后果”或“情节严重”的认识不一;另一方面,通奸属于道德范畴,将此予以犯罪化并不妥当,因而这一建议并没有被立法机关采纳。在修订《刑法》的过程中,立法机关主要关注的是对奸淫现役军人妻子行为的定性。1997 年 2 月 17 日第八届全国人大常委会第二十四次会议《刑法(修订草案)》(修改稿)第 257 条规定:“明知是现役军人的配偶而与之同居或者结婚的,处三年以下有期徒刑、拘役或者管制。利用职权、从属关系,以威胁、利诱手段,多次奸淫现役军人的妻子,现役军人告诉的,以破坏军人婚姻论,依照前款的规定处罚。”据此,利用职权、从属关系,以威胁、利诱手段多次奸淫现役军人的妻子,虽然完全符合强奸罪的构成要件,却不是强奸罪,而是定为破坏军婚罪,而且要经现役军人告诉的才能定罪。这一规定显然非常不合理。1997 年 3 月 1 日第八届全国人民代表大会第五次会议《刑法》(修订草案)作了与此完全不同的规定。该草案第 258 条规定:“明知是现役军人的配偶而与之同居或者结婚的,处三年以下有期徒刑或者拘役。利用职权、从属关系,以胁迫手段奸淫现役军人的妻子的,依照本法第二百三十条的规定(即强奸罪——笔者注)定罪处罚。”由此形成了现行《刑法》的规定。 3

Ⅲ 客体

本罪的客体为现役军人的婚姻关系。婚姻关系包括夫妻之间的人身关系与财产关系。从本条的规定来看,破坏现役军人的婚姻关系,仅指破坏现役军人夫妻之间的 4

人身关系,而不包括单纯破坏现役军人夫妻之间的财产关系。

Ⅳ　行为

5　本罪在客观上表现为与现役军人的配偶同居或者结婚的行为。

6　(1)行为人与之同居或者结婚的对象必须是现役军人的配偶。现役军人,是指具有军籍,正在中国人民解放军或者中国人民武装警察部队服役的军人,包括中国人民解放军、中国人民武装警察部队的现役军官、文职干部、士兵等军人。现役军人不包括转业军人、复员退伍军人、革命残废军人、人民警察以及在军事部门、人民武装警察部队中工作但没有军籍的工作人员,与这些"军人"的配偶同居或者结婚的,不构成本罪;构成重婚的,可以重婚罪追究行为人的刑事责任。所谓现役军人的配偶,是指与现役军人登记结婚的人。自 1994 年 2 月 1 日以后,事实婚姻不再是一种婚姻关系,故即使与现役军人形成事实上的婚姻关系的人,也不属于现役军人的"配偶";与这样的"配偶"同居或者结婚的,不构成破坏军婚罪。以往认为,现役军人的配偶是指与现役军人登记结婚,建立合法婚姻关系的人。[1] 在婚姻法没有修改之前,这一观点是成立的。但是,《民法典》中规定了无效婚姻与被撤销的婚姻[2],无效婚姻与被撤销的婚姻属于婚姻的范畴,却是不合法的婚姻。无效婚姻与被撤销的婚姻中的对方在法律上属于现役军人的配偶。对于军人而言,破坏此种婚姻关系的,自然也影响到军人的军心,与这种配偶同居或者结婚的,构成破坏军婚罪。[3] 所以对于现役军人的配偶,不能再采取以往的理解,而应认为是指与现役军人登记结婚的人(而不论这种登记结婚是否合法有效)。

7　(2)有破坏军婚的行为,即行为人与现役军人的配偶同居或者结婚。破坏军婚的行为表现有两种:①与现役军人的配偶同居。所谓同居,是指与现役军人的配偶持续、稳定地共同居住的情形。同居的实质是以两性关系为基础的共同生活。同居既可以夫妻名义,也可不以夫妻名义;既可以是公开的,也可以是秘密的;既可以是长期的,也可以是短期的(但时间过于短暂的,如只同居几天的不宜认定为"同居")。②与现役军人的配偶结婚。所谓结婚,是指与现役军人的配偶进行登记结婚。根据

1　参见高铭暄、马克昌主编:《刑法学》(第 10 版),北京大学出版社、高等教育出版社 2022 年版,第 492 页。

2　如现役军人在结婚时,与配偶有禁止结婚的亲属关系的,或者其配偶婚前患有医学上认为不应当结婚的疾病,婚后尚未治愈的;或者其配偶未到法定婚龄的,就属于无效婚姻。

3　以往的司法实践也承认破坏军人无效婚姻的可以构成重婚罪(当然,由于时代的局限性,其理由现在未必站得住脚)。如 1977 年最高人民法院《关于处理破坏军婚案件中几个问题的批复》就认为,有些军人在入伍前夕,未达婚龄就草率结婚,男方入伍后,女方又与人通奸的,虽然这种婚姻是违反婚姻法的,应当进行批评教育,而且要严防此种情况发生,但是,他们已经成了事实上的婚姻,为了安定军心,巩固人民解放军,就应视为军婚,加以保护。

《民法典》第 1049 条的规定，要确立夫妻关系，必须无条件地进行结婚登记（无论是事前登记还是事后补办）；没有进行结婚登记的，不论以什么名义，不论在一起生活多长时间，也不论是否生育子女，都属于非法同居关系，而不是婚姻关系。因此，与现役军人的配偶结婚仅指与现役军人的配偶登记结婚。当然，没有与现役军人的配偶登记结婚而形成的事实婚姻，虽然不属于“结婚”的范畴，但属于“同居”的范畴，故同样构成破坏军婚罪。[4]

V　主体

本罪为一般主体。任何年满 16 周岁具有刑事责任能力的自然人都可以构成本罪。未成年人虽然不大可能与现役军人的配偶结婚，但可能与之同居，故未成年人亦可构成本罪。就实践中来看，犯本罪的大多是男性非现役军人。女性与现役军人的丈夫（即现役军人是女性的）同居或结婚的，也可以构成本罪。现役军人与其他现役军人的配偶同居或结婚的，同样可以构成本罪。 8

现役军人的配偶是否也是破坏军婚罪的主体，是一个值得研究的问题。同居或者结婚显然是两人之行为，故破坏军婚罪似乎属于“必要共犯”的范畴，那么，除了行为人构成破坏军婚罪之外，现役军人的配偶是否也构成本罪？能否根据《刑法》总则关于共同犯罪的规定直接认定现役军人的配偶构成破坏军婚罪？对此，有人认为现役军人的配偶可以成为破坏军婚罪的犯罪主体，理由是：①破坏军婚属于必要共犯，仅单独地处理与军人的配偶同居或结婚的一方是不恰当的，应将双方视为一个犯罪整体，分清各自的罪责，按其个人在共同犯罪中所起的作用，罚当其罪。②保护军婚是保护军人的婚姻关系，而不是保护军人的配偶。③军人配偶破坏军婚的行为数量逐年增多，有的情节恶劣造成了极坏的社会影响。[5] 这一观点值得商榷。 9

根据《刑法》第 259 条之规定，只有明知是现役军人的配偶而“与之同居或者结婚”的才构成破坏军婚罪。这表明，刑法认为现役军人的配偶是行为人的行为对象，而不是破坏军婚罪的行为主体，现役军人的配偶自然就不能构成破坏军婚罪。或许有人会认为现役军人的配偶是他人破坏军婚行为的帮助犯，因为没有现役军人配偶的“帮助”，他人不可能与现役军人的配偶同居或者结婚。但是并非存在事实上的帮助行为的，就一定构成帮助犯。如贩卖毒品罪，没有买方的买进行为，贩卖行为也就无法存在，毒品的买卖双方朝着毒品买卖这同一个方向努力。但是，贩卖毒品的肯定构成贩卖毒品罪，而单纯买进毒品用于自吸的，就不构成贩卖毒品罪。如果认为买方是贩卖方的“帮助犯”，那么，买方为什么不构成犯罪？买方不构成犯罪的事 10

4　与现役军人的配偶形成事实婚姻的，也构成破坏军婚罪，这一结论不论是在 1979 年《刑法》还是在现行《刑法》中都是一致的，但其之所以能够构成破坏军婚罪的理由却是不同的。

5　参见苏长青：《侵犯公民民主权利和妨害婚姻家庭罪》，中国人民公安大学出版社 1999 年版，第 355—357 页。

实足以说明买方虽然存在帮助行为,但并不构成共同犯罪中的帮助犯。同理,虽然现役军人配偶之行为属于"帮助"行为,但不能就因此而认为其属于共同犯罪中的帮助犯,除非能够给出其他的充足理由,否则不能直接适用《刑法》总则关于共同犯罪的规定来认定现役军人的配偶构成破坏军婚罪。就立法目的来看,设立本罪的目的是防止第三人乘虚而入,破坏军人的婚姻关系。因此,惩治第三者才是刑法真正关注的。既然设立破坏军婚罪的目的是保护军人的婚姻关系,自然不宜认定现役军人的配偶构成本罪,在军人的婚姻关系尚能维持、军人仅要求追究第三者责任的场合,宣布现役军人的配偶构成破坏军婚罪,显然是对军人婚姻关系的"破坏",而不是保护。

Ⅵ 故意

11 本罪罪过形式为故意,即明知对方是现役军人的配偶而与之结婚或同居。

Ⅶ 与非罪的界限

12 破坏军婚罪与非罪的界限:①看行为人主观上是否存在故意。如果行为人不知道对方已经结婚,或者虽知道对方已经结婚,但确实不知道是现役军人的配偶,而与之结婚或同居的,不构成本罪。②看客观上是否存在结婚或同居行为。仅与现役军人的配偶通奸,而没有结婚或同居的,不构成本罪。最高人民法院曾于1985年7月18日印发了《〈关于破坏军人婚姻罪的四个案例〉的通知》,认为与现役军人的配偶长期通奸,破坏军人的婚姻家庭,造成军人夫妻关系破裂的严重后果的,应当以破坏军婚罪定罪判刑。同居行为要求存在男女共同生活的事实,而通奸行为是没有共同生活事实的婚外性行为,可见,通奸行为与同居行为是两类性质不同的行为。在允许类推的1979年《刑法》时代,认为通奸行为也可以构成破坏军婚罪的观点是可以被接受的。但在现行《刑法》已确立罪刑法定原则的当下,今天,通奸行为不同于同居行为,类推解释是不允许的,故行为人与现役军人的配偶通奸的,不构成犯罪。

Ⅷ 与他罪的区别

一、与重婚罪的区别

13 破坏军婚罪与重婚罪一般是容易区分的。二者的界限如下:①行为对象不同。本罪的对象只能是现役军人的配偶;而重婚罪的对象没有限制,可以是任何人。②成立犯罪的范围不同。构成本罪,只有行为人一方,现役军人的配偶并不构成破坏军婚罪;而在重婚罪中,行为双方都要构成重婚罪(相婚者确实不知道对方有配偶而与之结婚的除外)。③客观行为不同。本罪在客观方面表现为与现役军人的配偶同居或者结婚的行为;而重婚罪在客观方面表现为有配偶的人与他人结婚,或者无配偶的人明知他人有配偶而与之结婚的行为。仅有同居的事实而没有进行结婚登记的,不构成重婚罪。

需要注意的是,如果行为人与现役军人的配偶登记结婚的,属于破坏军婚罪与重婚罪的想象竞合犯,破坏军婚罪与重婚罪的关系如何,值得研究。如果只承认包容型的法条竞合,那么,破坏军婚罪不能为重婚罪所包容——破坏军婚罪中处罚同居的行为,而单纯的同居行为并不构成重婚罪——则破坏军婚罪与重婚罪就不是法条竞合的关系,而是想象竞合的关系。由于破坏军婚罪的法定刑重于重婚罪,故应认定行为人构成破坏军婚罪。 14

二、与强奸罪的区别

破坏军婚罪与强奸罪的界限是非常明显的:破坏军婚罪为破坏军人婚姻关系的犯罪,而强奸罪则是侵犯女性性自主权的犯罪。《刑法》第 259 条第 2 款规定:“利用职权、从属关系,以胁迫手段奸淫现役军人的妻子的,依照本法第二百三十六条的规定定罪处罚。”有人认为,本条第 1 款规定的是破坏军婚罪,第 2 款规定的是强奸罪,第 2 款完全是一种多余的重复性的规定。因为第 236 条第 1 款明确规定“以暴力、胁迫或者其他手段强奸妇女的,处三年以上十年以下有期徒刑”;这里的“其他手段”自然包含第 259 条的“利用职权、从属关系”,而且,多年来,司法实践中一直是把利用职权、从属关系奸淫妇女的行为按强奸罪论处的;至于这里的“胁迫手段”自然是与第 259 条的胁迫手段完全相同的;这里的“妇女”,自然也包括现役军人的妻子。这就是说,第 259 条第 2 款规定的内容,在第 236 条中已经作过规定了。即使第 259 条不作第 2 款的规定,利用职权、从属关系,以胁迫手段奸淫现役军人妻子的,自然也是要按第 236 条依强奸罪论处的。此处第 259 条第 2 款是注意规定。“注意规定是在刑法已有相关规定的前提下,提示司法人员注意,以免司法人员忽略的规定;注意规定的设置并没有改变相关规定的内容,只是对相关规定内容的重申;即使没有注意规定,也存在相应的法律适用根据(即按相关规定处理)。”[6] 这一规定提示司法人员,只有当行为符合第 236 条规定的强奸罪的犯罪构成时,才能适用第 236 条。换言之,行为人以暴力、胁迫或者其他手段,违反现役军人妻子的意志,强行与之性交的,应认定为强奸罪。行为人虽然利用了职权或者从属关系,而没有进行胁迫的,不能认定为强奸罪。[7] 15

Ⅸ 处罚

根据《刑法》第 259 条的规定,犯破坏军婚罪的,处 3 年以下有期徒刑或者拘役。 16

---

6 张明楷:《简论“携带凶器抢夺”》,载《法商研究》2000 年第 4 期。

7 参见张明楷:《刑法学》(第 6 版),法律出版社 2021 年版,第 1210 页。

第二百六十条　虐待罪

虐待家庭成员，情节恶劣的，处二年以下有期徒刑、拘役或者管制。

犯前款罪，致使被害人重伤、死亡的，处二年以上七年以下有期徒刑。

第一款罪，告诉的才处理，但被害人没有能力告诉，或者因受到强制、威吓无法告诉的除外。

文献：赵秉志主编：《疑难刑事问题司法对策》（第2集），吉林人民出版社1999年版；王作富主编：《刑法分则实务研究》，中国方正出版社2001年版；张明楷：《刑法学》（第6版），法律出版社2021年版；张明楷：《侵犯人身罪与侵犯财产罪》，北京大学出版社2021年版。刘守芬：《虐待罪和侵犯人身权利罪的区别》，载《民主与法制》1981年第4期；江放：《谈谈对虐待致死罪与适用刑罚的看法》，载《人民司法》1981年第6期；郝力挥、刘杰：《谈谈虐待罪的几个问题》，载《政法论坛》1985年第1期；沈玮玮、赵晓耕：《家国视野下的唐律亲亲原则与当代刑法——从虐待罪切入》，载《当代法学》2011年第3期；何剑：《论"虐童"行为的刑法规制》，载《中国刑事法杂志》2013年第2期；徐文文、赵秉志：《关于虐待罪立法完善问题的研讨》，载《法治研究》2013年第3期；于改之：《儿童虐待的法律规制——以日本法为视角的分析》，载《法律科学》2013年第3期；孙运梁：《我国刑法中应当设立"暴行罪"——以虐待儿童的法律规制为中心》，载《法律科学》2013年第3期；黄明儒、向夏厅：《虐童行为入罪及路径选择》，载《湘潭大学学报（哲学社会科学版）》2013年第5期；高铭暄、李彦峰：《虐待罪"告诉才处理"除外规定的司法适用》，载《法学》2016年第11期；张训、任成：《家庭暴力犯罪的刑法规制问题》，载《江苏警官学院学报》2017年第1期；朱萍萍：《虐童行为的处理、防范与刑法规制》，载《预防青少年犯罪研究》2017年第6期；常锋：《惩治虐童行为：刑事立法仍需完善》，载《人民检察》2018年第1期；杜国伟，曾姗姗：《虐待家庭成员又实施伤害行为致死的行为定性》，载《中国检察官》2018年第3期；龙敏：《父母虐待儿童犯罪追诉机制的困境与出路》，载《青少年犯罪问题》2019年第2期；方晴、陈栩栖：《新时代虐童问题的刑法规制研究》，载《新西部》2019年第2期；方明：《论我国对老年人权益的刑法保障》，载《人权》2019年第4期。何剑：《处罚"家事"犯罪的理念与技艺》，载《检察日报》2018年3月1日。

细目录

Ⅰ　主旨

Ⅱ　沿革

Ⅲ　客体
Ⅳ　行为
Ⅴ　主体
Ⅵ　故意
Ⅶ　与非罪的界限
Ⅷ　与他罪的区别
Ⅸ　处罚

Ⅰ　主旨

本条是对虐待罪的规定。虐待罪是指对家庭成员进行肉体和精神上的折磨、摧残,情节恶劣的行为。家庭是社会的细胞,平等、友爱、和睦的家庭关系是构建和谐社会的基础。家庭成员之间尊老爱幼,相互扶助是中华民族的传统美德,中华人民共和国成立以后,注重扫除封建残余思想,尤其是倡导人人平等的家庭关系。对此,我国宪法、婚姻法、继承法等一系列法律从公民权利、婚姻、财产权等方面在制度上加以规定和保障。如《宪法》第 49 条第 4 款规定:“禁止破坏婚姻自由,禁止虐待老人、妇女和儿童。”《民法典》第 1042 条第 3 款规定:“禁止家庭暴力。禁止家庭成员间的虐待和遗弃。”但在现实生活中,虐待家庭成员的现象仍时有发生,有的甚至手段恶劣,后果严重,受害人也多为妇女、儿童、老人等弱势群体。为了保证家庭成员的平等的生活权益,维护正常的家庭关系,《刑法》设立了本罪。 1

Ⅱ　沿革

1979 年《刑法》第 182 条规定:“虐待家庭成员,情节恶劣的,处二年以下有期徒刑、拘役或者管制。犯前款罪,引起被害人重伤、死亡的,处二年以上七年以下有期徒刑。第一款罪,告诉的才处理。”在 1997 年修订《刑法》时,有人认为虐待的对象多为年幼的儿童与卧床无行动能力的老人,其根本就没有告诉的能力,因此应取消亲告罪的限制。有人认为虐待致使被害人重伤、死亡,最高刑仅为 7 年有期徒刑,法定刑显然过低。但立法机关没有采纳这些建议,除了将“引起”一词改为“致使”外,仍然维持了原规定。不过在 2015 年的《刑法》修改完善过程中,针对司法实践中经常发生的重病老人、儿童等被虐待者没有能力告诉或因受到强制、威吓无法告诉的情况,经广泛征求意见终于达成共识,为加强对弱势群体的保护,《刑法修正案(九)》第 18 条对本条第 3 款的规定进行了修改,增加了“但被害人没有能力告诉,或者因受到强制、威吓无法告诉的除外”的规定。被害人没有能力告诉,或者因受到强制、威吓无法告诉的也按照公诉案件处理,即由国家主动介入追究虐待者的刑事责任。 2

Ⅲ　客体

本罪的客体为共同生活的家庭成员平等的生活权益。社会主义的家庭关系是平 3

等的,在家庭中所有的家庭成员,不论性别、年龄、生理状况、精神状况、收入状况、政治地位如何,都与其他家庭成员一样享有平等的生活权益。这种生活权益是多方面的,既包括物质方面的内容,如同其他家庭成员一样吃饭、穿衣、身体不受伤害等,也包括精神方面的内容,如家庭成员之间的团结互爱、心灵不受伤害等;既包括生理上的,如正常的休息,也包括心理上的,如自信心、名誉等;既包括正常的升学、进修、交往等社会权利,也包括得到应有的尊重等家庭权利。虐待罪正是侵犯了共同生活的家庭成员的平等生活权益,进而侵犯了共同生活的家庭成员的身心健康,破坏了正常的家庭关系。

4 由本罪的客体所决定,本罪的对象只能是共同生活的家庭成员。根据我国婚姻法、收养法等法律规定,家庭成员由四部分成员构成:一是由婚姻关系而形成的家庭成员,如丈夫和妻子、继父母和继子女等。二是由血缘关系而产生的家庭成员,包括两类:其一,由直接血缘关系联系起来的家庭成员,如父母与子女等,其二,由旁系血缘关系而联系起来的家庭成员,如兄、弟、姐、妹等。三是由收养关系而产生的家庭成员,即养父母与养子女。四是因法律行为而形成的家庭成员,如根据遗赠扶养协议而形成的事实上的家庭成员。虐待家庭成员以外的其他社会成员,如师傅虐待徒弟、老师虐待学生,牢头狱霸虐待其他囚犯的,都不构成本罪。

Ⅳ 行为

5 本罪在客观上表现为剥夺家庭成员平等的生活权益,对其从肉体上和精神上进行折磨、摧残,情节恶劣的行为。首先,虐待行为在质上表现为剥夺家庭成员平等的生活权益,使得家庭成员在肉体上和精神上遭受折磨和摧残。剥夺家庭成员平等的生活权益,往往表现为使家庭成员吃不饱、穿不暖、睡不安,不准上学、择友、参加社会活动,有病不给治疗,强迫作超体力劳动,侮辱、谩骂,等等。对此可以分为两个基本类型,即肉体虐待和精神虐待。肉体虐待与精神虐待往往是交替使用的。其次,虐待行为在量上表现为一贯性、经常性。无论是肉体虐待,还是精神虐待,这种虐待行为都是经常的,具有持续性、一贯性。如果不具有持续性、一贯性,而是偶尔发生的打骂、冻饿等行为,就不属于刑法上的虐待行为。显然,虐待罪属于继续犯,由此,本罪的追诉时效自虐待行为终了之日起开始计算。再次,虐待的手段是多样的,如殴打、捆绑、针扎、烟烫等肉体虐待和挖苦、讽刺等精神虐待。虐待大多数表现为作为,也可以是不作为,但不可能是单纯的不作为。单纯的有病不给治疗、不提供饮食的行为,只能构成遗弃罪。[1] 最后,构成虐待罪,虐待行为必须情节恶劣。情节是否恶劣,要从虐待的手段、持续的时间、对象、结果等方面进行综合评价。按照《关于依法办理家庭暴力犯罪案件的意见》第17条的规定,根据司法实践,具有虐待持续时间较

1 参见王作富:《中国刑法研究》,中国人民大学出版社1988年版,第717页。

长、次数较多;虐待手段残忍;虐待造成被害人轻微伤或者患较严重疾病;对未成年人、老年人、残疾人、孕妇、哺乳期妇女、重病患者实施较为严重的虐待行为等情形,属于情节恶劣。

Ⅴ 主体

本罪为特殊主体,即年满 16 周岁具有刑事责任能力的与被害人共同生活的家庭成员。非家庭成员,不能构成本罪的主体。实践中常见的有丈夫虐待妻子、父母虐待子女、子女虐待父母(包括继子女虐待继父或继母)、儿媳虐待公婆、女婿虐待岳父母等。 6

Ⅵ 故意

本罪在主观上为故意,即明知自己的行为剥夺了家庭成员平等的生活权益,使其遭受了肉体与精神的折磨,并希望或放任这一危害结果的发生。 7

Ⅶ 与非罪的界限

行为人是否构成虐待罪,一是取决于行为人与被害人之间的关系,只有家庭成员之间才有可能构成虐待罪。虐待者不是家庭成员或者被虐待者不是家庭成员的,不能构成虐待罪(构成其他犯罪的,按其他犯罪处理)。二是取决于虐待行为是否情节恶劣。虽有虐待行为,但只是轻微打骂,偶尔不给饭吃的,或者父母教育子女的方法简单粗暴的,不能认为行为人构成虐待罪;只有情节恶劣的虐待行为才能构成虐待罪。实践中特别需要注意的是,不能将一般的家庭纠纷认定为虐待罪。在认定本罪时,应切实贯彻宽严相济刑事政策。对于情节轻微不需要判处刑罚的,人民检察院可以不起诉,人民法院可以判处免予刑事处罚。对于虐待行为情节显著轻微危害不大的,不应作为犯罪处理。 8

Ⅷ 与他罪的区别

主要是本罪与故意伤害罪、故意杀人罪的区别。虐待行为在客观上可能造成致人伤亡的结果,因而在实践中容易和故意伤害罪、故意杀人罪发生混淆。虐待罪与故意伤害罪、故意杀人罪的区别如下:①客观表现上不同。一般而言,虐待行为与故意伤害、故意杀人行为在外观上是可以区分的:前者具有一贯性、经常性,而后者通常具有一次性,但也并非只有一次行为致人伤亡的,才能认定为故意伤害罪与故意伤害罪。②犯罪主体不同。虐待罪是特殊主体犯罪,要求加害人与被害人之间存在家庭成员关系,而故意伤害罪、故意杀人罪则是一般主体犯罪。③主观故意不同。虐待罪的行为人在主观方面仅是故意剥夺家庭成员平等的生活权益,使其遭受肉体与精神的折磨,但并没有希望或者放任被害人受伤害或者死亡的意思;而故意伤害罪、故意 9

杀人罪的行为人主观上是希望或者放任被害人的身体健康受到伤害或者生命被剥夺。

10　要做到准确区分虐待犯罪致人重伤、死亡与故意伤害、故意杀人犯罪致人重伤、死亡的界限,应根据被告人的主观故意、所实施的暴力手段与方式、是否立即或者直接造成被害人伤亡后果等进行综合判断。对于被告人主观上不具有侵害被害人健康或者剥夺被害人生命的故意,而是出于追求被害人肉体和精神上的痛苦,长期或者多次实施虐待行为,逐渐造成被害人身体损害,过失导致被害人重伤或者死亡的;或者因虐待致使被害人不堪忍受而自残、自杀,导致重伤或者死亡的,属于《刑法》第 260 条第 2 款规定的虐待"致使被害人重伤、死亡",应当以虐待罪定罪处罚。对于被告人虽然实施家庭暴力呈现出经常性、持续性、反复性的特点,但其主观上具有希望或者放任被害人重伤或者死亡的故意,持凶器实施暴力,暴力手段残忍,暴力程度较强,直接或者立即造成被害人重伤或者死亡的,应当以故意伤害罪或者故意杀人罪定罪处罚。对于同一行为同时触犯多个罪名的,依照处罚较重的规定定罪处罚。

11　此外,在情节恶劣的经常性虐待过程中,其中一次产生伤害或杀人故意,进而实施伤害或杀人行为的,则构成虐待罪与故意伤害罪或故意杀人罪,实行数罪并罚。但是,行为人在长期虐待的过程中同时实施伤害行为,最终导致被害人重伤或者死亡,却不能证明重伤或者死亡由伤害行为引起的,只能认定为虐待罪。以禁闭方式虐待被害人的,属于本罪与非法拘禁罪的想象竞合,从一重罪处罚。虐待行为同时构成其他犯罪的,应当从一重罪处罚。[2]

Ⅸ　处罚

12　根据本条规定,犯虐待罪的,处 2 年以下有期徒刑、拘役或者管制,告诉的才处理,但被害人没有能力告诉或者因受到强制、威吓无法告诉的除外;致使被害人重伤、死亡的,处 2 年以上 7 年以下有期徒刑。

13　在处理本罪时,应当根据罪刑法定、罪刑相适应原则,兼顾维护家庭稳定、尊重被害人意愿等因素综合考虑,宽严并用,区别对待。根据司法实践,对于实施虐待等暴力手段残忍或者造成严重后果;出于恶意侵占财产等卑劣动机实施虐待行为;因酗酒、吸毒、赌博等恶习而长期或者多次实施虐待行为;曾因实施家庭暴力受到刑事处罚、行政处罚;或者具有其他恶劣情形的,可以酌情从重处罚。对于实施虐待暴力犯罪情节较轻,或者被告人真诚悔罪,获得被害人谅解,从轻处罚有利于被扶养人的,可以酌情从轻处罚。对于构成虐待罪被判处管制或者宣告缓刑的犯罪分子,应充分运用禁止令措施。

14　在没有出现被害人重伤、死亡的场合,虐待罪属于亲告罪,只有被害人亲自告诉

2　参见张明楷:《刑法学》(第 6 版),法律出版社 2021 年版,第 1190 页。

的才处理,但被害人没有能力告诉或者因受到强制、威吓无法告诉的除外。之所以将虐待罪设计为亲告罪,是因为行为人和被害人之间具有特定的家庭关系,被害人往往是家庭中的弱势者,其在经济上甚至在精神上都需要行为人的照料,直接给行为人定罪判刑,不但可能影响到被害人日后的正常生活,也会对其他家庭成员产生不利影响。因此,被害人不亲自告诉的,司法机关就不主动追究行为人的刑事责任;即使被害人告诉后,法院也可以进行调解,被害人在宣告判决前,可以同被告人自行和解或撤回自诉。

根据最高人民检察院指导性案例第 44 号"于某虐待案"的要旨, 被虐待的未成年人,因年幼无法行使告诉权利的,属于《刑法》第 260 条第 3 款规定的"被害人没有能力告诉"的情形,应当按照公诉案件处理,由检察机关提起公诉,并可以依法提出适用禁止令的建议。 15

在致使被害人重伤、死亡的场合,虐待罪为公诉罪,不适用"告诉的才处理"的规定。这里应正确理解"致使被害人重伤、死亡"的含义。"致使被害人重伤、死亡",是指被害人由于长期受虐待,日积月累身体机能逐渐衰弱,以致重伤或者死亡,或者被害人因不堪忍受虐待而自杀、自伤,以致出现死亡或重伤结果。在这里,虐待行为与被害人重伤、死亡之间只存在间接的因果关系;如果被害人重伤、死亡与虐待行为之间存在直接的因果关系,如行为人狠下毒手,用开水将被害人烫成重伤的,行为人构成虐待罪与故意伤害罪,应当进行数罪并罚。 16

第二百六十条之一　虐待被监护、看护人罪

对未成年人、老年人、患病的人、残疾人等负有监护、看护职责的人虐待被监护、看护的人，情节恶劣的，处三年以下有期徒刑或者拘役。

单位犯前款罪的，对单位判处罚金，并对其直接负责的主管人员和其他直接责任人员，依照前款的规定处罚。

有第一款行为，同时构成其他犯罪的，依照处罚较重的规定定罪处罚。

文献：张明楷：《刑法学》（第6版），法律出版社2021年版；张明楷：《侵犯人身罪与侵犯财产罪》，北京大学出版社2021年版。韩耀元、宋丹：《〈最高人民检察院关于强制隔离戒毒所工作人员能否成为虐待被监管人罪主体问题的批复〉理解和适用》，载《人民检察》2015年第6期；周宇蕾：《关于完善虐待犯罪立法的思考——以〈刑法修正案（九）〉第18条和第19条为视角》，载《公民与法》2016年第4期；张占军：《论虐待被监护、看护人罪》，载《河北法学》2016年第9期；谢望原：《虐待被监护、被看护人罪的客观要素与司法认定》，载《法学杂志》2016年第10期；姚建龙、林需需：《托幼机构虐童案司法疑难分析与对策建议——以虐待被看护人罪的司法适用为分析视角》，载《中国青年社会科学》2018年第2期；王思维：《论虐待被监护、看护人罪的适用》，载《青少年犯罪问题》2018年第3期；王吉春、佟心：《虐待被监护、看护人罪的司法认定及立法完善》，载《河北青年管理干部学院学报》2019年第1期；吴云鹏：《虐待被监护人、被看护人罪的法律适用》，载《重庆城市管理职业学院学报》2019年第3期。

细目录

Ⅰ　主旨
Ⅱ　沿革
Ⅲ　客体
Ⅳ　行为
Ⅴ　主体
Ⅵ　故意
Ⅶ　与非罪的界限
Ⅷ　与他罪的区别
　一、与虐待罪的区别
　二、与故意伤害罪的区别

Ⅸ 处罚

Ⅰ 主旨

本条是对虐待被监护、看护人罪的规定。虐待被监护、看护人罪,是指对未成年人、老年人、患病的人、残疾人等负有监护、看护职责的人虐待被监护、看护的人,情节恶劣的行为。1997 年《刑法》第 260 条规定了家庭成员之间的虐待犯罪,此外刑法中还规定了虐待被监管人罪、虐待部属罪、虐待俘虏罪等特殊虐待情形的犯罪,而对于其他虐待行为没有规定具体的罪名。司法实践中对于虐待家庭成员以外的人如何处理,做法与认识不一,对于造成被害人伤害、死亡等结果的,一般以故意伤害、故意杀人或者过失致人重伤、过失致人死亡等罪名处理;对于情节较轻的,有的以寻衅滋事、侮辱等罪名处理,有的则不作为犯罪处理。未成年人、老年人、患病的人、残疾人等属于我们这个社会中相对弱势的群体,是需要扶助和照顾的对象。近些年来,幼儿园教师虐待幼儿,保姆虐待幼儿、老人,医院护工虐待病人、老人,养老院工作人员虐待老人等事件频繁发生,引发全社会高度关注。面对当今社会上出现的新型虐待行为,如果适用虐待罪的规定进行处罚显得较为牵强,而在现有立法框架下,任何解释论上的努力,对于解决这些发生在共同生活的家庭成员之外的虐待案件也均显苍白。为此,一些全国人大代表和有关方面多次强烈呼吁对这类行为运用刑法进行规制,以切实加强对弱势群体人身权利的保护。在广泛征求各方面意见的基础上,2015 年 8 月 29 日正式通过并公布的《刑法修正案(九)》第 19 条中增设了虐待被监护、看护人罪。其规范目的旨在对社会上这些特殊群体予以特殊的刑法保护。 1

Ⅱ 沿革

1979 年《刑法》及 1997 年修订后《刑法》均无本罪的规定。对违反监护、看护职责行为的处罚分散规定在刑法以外的其他法律文件中,如《未成年人保护法》第 27 条规定学校、幼儿园的教职员工不得体罚、变相体罚和侮辱未成年人;1999 年《预防未成年人犯罪法》第 36 条规定,家庭、学校不得体罚和歧视未成年人;2018 年修订的《中小学教师违反职业道德行为处理办法》第 4 条规定侮辱、歧视、虐待、伤害学生的都要受到处罚;《老年人权益保障法》第 79 条规定,养老机构及其工作人员侵害老年人人身和财产权益的应该给予处罚;2020 年 11 月 1 日起施行的《养老机构管理办法》第 46 条也规定对养老机构虐待、侮辱或歧视老年人以及其他侵犯老年人合法权益的违法行为进行处罚;等等。但仅仅依靠这些法律规范打击这些新类型虐待行为是远远不够的,这也暴露了刑法在虐待犯罪规定上的滞后。为了弥补立法上的遗漏,及时有效地保护被监护、看护人的人身权利,立法机关在《刑法修正案(九)》第 19 条中新增设了虐待被监护、看护人罪,作为《刑法》第 260 条之一。 2

Ⅲ 客体

3 本罪的客体是被监护、看护人的人身权利。主要包括生命权、身体权与健康权等。所谓生命权,是指人身不受伤害和杀害的权利或得到保护以免遭伤害和杀害的权利,它是取得维持生命和最低限度的健康保护的物质所必需的权利,也是全部人权中最基本的权利。所谓身体权,是指自然人对保持其肢体、器官和其他组织的完整而依法享有的权利。身体权有其独特的保护范围,对身体权的侵害行为,不以对身体的侵害造成生命、健康的损害为必要。所谓健康权,是指自然人保持其正常的生理和心理的机能状态和社会适应能力的权利。[1] 本罪中,行为人的虐待行为通常是以积极或消极的物理的或精神的力量作用于未成年人、老年人、残疾人、病人等被虐待人,侵害了他们的身心健康。

4 本罪的对象为未成年人、老年人、残疾人、病人等。这里的未成年人,根据《未成年人保护法》第 2 条之规定,未成年人指不满 18 周岁的公民;老年人,我国《老年人权益保障法》第 2 条规定:"本法所称老年人是指六十周岁以上的公民。"本罪中是否老年人的判断应当以此为标准;残疾人,是指医学上认为符合《残疾人评残标准》所列类型之一的人。该标准将残疾分为:视力残疾标准、听力残疾标准、言语残疾标准、智力残疾标准、肢体残疾标准、精神残疾标准。凡符合其中之一者,即为残疾人。患病的人,是指患有疾病,生活难以自理,需要扶助与照顾的人。本罪的对象均为没有独立生活能力或者独立生活能力低下的人。

Ⅳ 行为

5 本罪在客观上表现为对未成年人、老年人、患病的人、残疾人等负有监护、看护职责的人虐待被监护、看护的人,情节恶劣的行为。对客观方面的理解应注意以下几个方面:

6 (1)行为人负有监护、看护的职责。关于本罪中监护、看护的职责的来源,应根据不作为的义务来源作具体判断,主要有法律规定、法律行为以及先行行为等。基于法律规定产生的职责,如《未成年人保护法》第 27 条规定:"学校、幼儿园的教职员工应当尊重未成年人人格尊严,不得对未成年人实施体罚、变相体罚或者其他侮辱人格尊严的行为。"基于法律行为产生的职责,如基于雇佣合同约定而产生的职责;基于先行行为产生的职责,如行为人在同情心支配下将捡拾幼儿带回自己家照顾,但经过一段较长时间之后,行为人失去耐心与爱心,进而虐待该幼儿的情形。行为人将捡拾幼儿带回家的行为属先行行为,也是基于该行为产生了相应的监护、

1 参见谢望原:《虐待被监护、被看护人罪的客观要素与司法认定》,载《法学杂志》2016 年第 10 期。

看护职责。

(2)必须有虐待行为。虐待行为既包括以积极的方式给被害人造成肉体上或者精神上痛苦的一切行为,也包括以消极的方式不满足未成年人、老年人、患病的人、残疾人生活需要的行为。[2] 另外,虐待行为在量上表现为一贯性、经常性。如果仅仅是偶尔的打骂、冻饿等行为,就不属于刑法上的虐待行为。总之,对虐待行为的具体表现形式与内容可以与虐待罪作相同的解释。 7

(3)被虐待的必须是未成年人、老年人、患病的人、残疾人等,如果被虐待的是身体健康、心理正常且独立生活能力较强的成年人,行为人则不构成本罪。 8

(4)虐待行为必须情节恶劣。2015 年 3 月 2 日发布的最高人民法院、最高人民检察院、公安部、司法部《关于依法办理家庭暴力犯罪案件的意见》第 17 条的规定,根据司法实践,具有虐待持续时间较长、次数较多;虐待手段残忍;虐待造成被害人轻微伤或者患较严重疾病;对未成年人、老年人、残疾人、孕妇、哺乳期妇女、重病患者实施较为严重的虐待行为等情形,属于情节恶劣。另外,根据 2019 年 11 月 18 日发布的最高人民法院《关于审理走私、非法经营、非法使用兴奋剂刑事案件适用法律若干问题的解释》第 3 条的规定,对未成年人、残疾人负有监护、看护职责的人组织未成年人、残疾人在体育运动中非法使用兴奋剂,具有下列情形之一的,应当认定为《刑法》第 261 条之一规定的"情节恶劣",以虐待被监护、看护人罪定罪处罚:①强迫未成年人、残疾人使用的;②引诱、欺骗未成年人、残疾人长期使用的;③其他严重损害未成年人、残疾人身心健康的情形。 9

V 主体

本罪的主体为特殊主体,即对未成年人、老年人、患病的人、残疾人等负有监护、看护职责的具有刑事责任能力自然人和单位。自然人主体,如被雇请看护未成年人、老年人、患病的人、残疾人的人员;单位主体,如养老院、孤儿院、幼儿园等单位。 10

VI 故意

本罪的罪过形式是故意,即行为人明知自己的虐待行为会给被监护、看护人造成精神和肉体上的痛苦与伤害,并希望和放任这一危害结果发生的主观心理态度。 11

VII 与非罪的界限

应当注意三方面问题:①要考察行为人对被虐待人是否具有监护、看护的职责。如果双方不存在监护、看护的职责关系,即使行为人实施了"虐待行为"也不成立本 12

---

2 参见张明楷:《刑法学》(第 6 版),法律出版社 2021 年版,第 1191 页。

罪。如住院患者甲在住院期间经常要求同住一个病房的另一个病人的家属乙帮自己拿药、倒水、送饭,但乙却置之不理,即使甲因没有及时吃饭、吃药影响了治疗与恢复,乙的不作为也不构成犯罪。②要考察行为人具有履行监护、看护职责的能力,否则不能以本罪论处。③要考察行为人的虐待行为是否“情节恶劣”。如果行为人仅仅是偶尔的打骂、冻饿等行为,就不属于本罪的虐待行为。

Ⅷ　与他罪的区别

一、与虐待罪的区别

13　尽管两罪在客观方面均表现为行为人以作为或不作为方式对被害人实施了“虐待”行为,且都要求“情节严重”,但依然存在以下区别:①两罪发生的场合不同。虐待罪发生于家庭生活中;而本罪则一般发生在家庭生活之外。②犯罪对象不同。虐待罪的对象为与行为人共同生活的家庭成员;而本罪的对象却是未成年人、老年人、患病的人、残疾人等被监护、看护的人。③犯罪主体也不相同。虐待罪的主体是年满16周岁具有刑事责任能力的与被害人共同生活的家庭成员,非家庭成员与单位,不能构成本罪的主体;而本罪的主体是对未成年人、老年人、患病的人、残疾人等负有监护、看护职责的具有刑事责任能力的自然人和单位,一般为非家庭成员。④虐待罪属于亲告罪,一般需由被害人或其亲属“告诉”法院才会予以处理;而本罪属非亲告罪。

14　还需注意的是,本罪与虐待罪存在交叉关系,但不是法条竞合关系,而是想象竞合关系。换言之,当行为人不仅对未成年人、老年人、患病的人、残疾人等负有监护、看护职责,而且与被虐待的被监护、看护人属于家庭成员时,行为同时触犯了本罪与虐待罪,成立想象竞合。由于本罪的法定刑高于虐待罪,故应按本罪的法定刑处罚。[3]

二、与故意伤害罪的区别

15　行为人对未成年人、老年人、患病的人、残疾人等实施的虐待行为,在客观上可能造成被监护、看护人的伤害结果,在实践中容易与故意伤害罪发生混淆。本罪与故意伤害罪的区别如下:①客观表现不同。一般而言,本罪的虐待行为具有一贯性、经常性;而故意伤害罪对被害人身体的伤害行为通常具有一次性。②犯罪主体不同。本罪的主体为特殊主体,即对未成年人、老年人、患病的人、残疾人等负有监护、看护职责的具有刑事责任能力自然人和单位;而故意伤害罪则是一般主体,且单位不能构成。③主观故意不同。本罪的故意是行为人明知自己的虐待行为会给被监护、看护

3　参见张明楷:《刑法学》(第6版),法律出版社2021年版,第1191页。

人造成精神和肉体上的痛苦与折磨,并希望和放任这一危害结果的发生,但并没有希望或者放任被害人受伤害(轻伤)的意思;而故意伤害罪的行为人主观上则是希望或者放任被害人的身体健康受到伤害。

如何区分虐待被监护、看护人罪致人伤害与故意伤害罪致人伤害的界限,主要应对行为人的主观故意、所实施的暴力手段与方式、是否立即或者直接造成被害人伤亡后果等进行综合判断。对于行为人主观上不具有侵害被害人健康的故意,而是出于追求被害人肉体和精神上的痛苦,长期或者多次实施虐待行为,逐渐造成被害人身体损害,或者因虐待致使被害人不堪忍受而自残致伤的,应当以虐待被监护、看护人罪定罪处罚。对于行为人实施的暴力虽然呈现出经常性、持续性、反复性的特点,但其主观上具有希望或者放任造成被害人伤害(轻伤以上)的故意,或持凶器实施暴力,暴力手段残忍,暴力程度较强,直接或者立即造成被害人伤害(轻伤以上)的,应当以故意伤害罪定罪处罚。 16

Ⅸ 处罚

根据《刑法》第 260 条之一的规定,犯本罪的,处 3 年以下有期徒刑或者拘役。单位犯本罪的,对单位判处罚金,并对其直接负责的主管人员和其他直接责任人员,依照上述规定处罚。 17

第二百六十一条　遗弃罪

对于年老、年幼、患病或者其他没有独立生活能力的人，负有扶养义务而拒绝扶养，情节恶劣的，处五年以下有期徒刑、拘役或者管制。

文献:张明楷:《刑法学》(第6版),法律出版社2021年版;张明楷:《侵犯人身罪与侵犯财产罪》,北京大学出版社2021年版。江任天:《弃婴行为定性问题探疑》,载《中南政法学院学报》1986年第3期;苏彩霞:《遗弃罪之新诠释》,载《法律科学》2001年第1期;杨新京:《遗弃罪追诉期的认定》,载《人民检察》2001年第9期;陈兴良:《非家庭成员间遗弃行为之定性研究——王益民等遗弃案之分析》,载《法学评论》2005年第4期;吴学斌:《现行刑法体系下遗弃罪内涵的重新建构》,载《河北法学》2006年第9期;李立众:《事实婚姻中的遗弃行为能否认定遗弃罪》,载《人民检察》2008年第1期;王志祥:《遗弃罪构成要件的新思考》,载《法治研究》2009年第7期;马涛:《论遗弃罪的论争与完善》,载《汕头大学学报(人文社会科学版)》2013年第3期;赵靖:《遗弃罪的司法认定及立法完善》,载《中国检察官》2016年第12期;袁翠清:《女大学生非婚生子后弃婴问题法律探讨》,载《预防青少年犯罪研究》2017年第1期;韩嘉兴:《遗弃致死与不作为故意杀人之界分研究》,载《邢台学院学报》2017年第1期;余倩棠:《交通肇事逃逸的性质》,载《社会科学家》2017年第2期;苏轲:《遗弃罪适用范围研究》,载《江苏警官学院学报》2017年第4期;谢秀苑:《遗弃罪之再探析》,载《牡丹江大学学报》2017年第8期;戴建军:《遗弃罪的规制困境与评价机制拓宽研究——以医疗养老机构新型遗弃为视角》,载《黑龙江省政法管理干部学院学报》2018年第1期;王志远、齐一村:《遗弃罪规制方式的社会转向》,载《国家检察官学院学报》2018年第2期;胡平仁、邓栩健:《论刑事法上"年幼"的规范含义》,载《中南大学学报》2018年第2期;罗关洪、李晓红:《以无监护权为由拒不履行抚养责任构成遗弃罪》,载《中国检察官》2018年第10期。

细目录

Ⅰ　主旨
Ⅱ　沿革
Ⅲ　客体
Ⅳ　行为
Ⅴ　主体
Ⅵ　故意

Ⅶ 与非罪的界限
Ⅷ 与他罪的区别
一、与故意杀人罪的区别
二、与虐待罪的区别
三、与虐待被监护、看护人罪的区别
Ⅸ 处罚

Ⅰ 主旨

本条是对遗弃罪的规定。遗弃罪是指对于年老、年幼、患病或者其他没有独立生活能力的人,负有扶养义务而拒绝扶养,情节恶劣的行为。《民法典》第1042条第3款规定:“禁止家庭暴力。禁止家庭成员间的虐待和遗弃。”为了保护公民在家庭中受扶养的权利,保障年老、年幼、患病或者其他没有独立生活能力的弱势家庭成员的正常生活,刑法设立了本罪。 1

Ⅱ 沿革

1979年《刑法》第183条规定:“对于年老、年幼、患病或者其他没有独立生活能力的人,负有扶养义务而拒绝扶养,情节恶劣的,处五年以下有期徒刑、拘役或者管制。” 2

在修订《刑法》的过程中,有人认为实践中遗弃婴儿的现象比较严重,故应增加遗弃婴儿罪。但是,遗弃婴儿完全可以按遗弃罪处理,所以立法机关没有采纳这一建议。现行《刑法》对遗弃罪条文没有修改。 3

Ⅲ 客体

在1979年《刑法》中,遗弃罪属于妨害婚姻、家庭的犯罪,其客体必然是公民在家庭中受扶养的权利。但是,现行《刑法》将遗弃罪置于侵犯公民人身权利、民主权利罪中,那么,遗弃罪的客体是否发生了变化,就值得研究。对此有两种观点。一种观点认为,既然现行《刑法》将1979年《刑法》中的妨害婚姻、家庭罪全部移至侵犯公民人身权利、民主权利罪之中,遗弃罪已经归属于侵犯公民人身权利、民主权利罪,那么,就不能认为遗弃罪的法益是家庭成员间的权利义务关系等,而应认为其法益是生命、身体的安全(客体变更说)[1];或者说,遗弃罪的客体是公民的生命、健康[2]。但大多数人对遗弃罪的法益变更没有加以注意,仍然认为遗弃罪的客体是家庭成员之间 4

1 参见张明楷:《刑法的基本立场》,中国法制出版社2002年版,第140—143页。

2 参见苏彩霞:《遗弃罪之新诠释》,载《法律科学》2001年第1期。

相互扶养的权利义务关系(客体不变说)。[3]

5 如何认定遗弃罪的客体,关系到对遗弃罪构成要件的解释,涉及遗弃罪的处罚范围。如果认为遗弃罪的客体是公民的生命、健康,那么,遗弃罪的对象就不限于亲属之间,而可以是任何年老、年幼、患病或者其他没有独立生活能力的人;遗弃罪的主体也必不限于家庭中负有扶养义务的成员。如果认为遗弃罪的客体仍然是家庭成员之间相互扶养的权利义务关系,那么,遗弃罪的对象就必须限于亲属之间,遗弃罪的主体也必为家庭中负有扶养义务的成员。因此,研究遗弃罪的客体,意义重大。对此,客体变更说敏锐地注意到了遗弃罪在《刑法》分则中位置的变化,从客观解释论的角度对遗弃罪的客体重新进行解释,能够解决一些实际问题[4],是非常有价值的。但是,客体变更说在理论上也是存在问题的。①从条文位置来看,遗弃罪处于暴力干涉婚姻自由罪与拐骗儿童罪之间。暴力干涉婚姻自由罪等犯罪毫无疑问属于妨害婚姻、家庭的犯罪。在遗弃罪上一条的虐待罪要求虐待的对象为"家庭成员",非常清楚地表明了此点。故从体系解释的角度看,可以得出遗弃罪的同类客体仍然是婚姻、家庭权利的结论。公民的婚姻、家庭权利在广义上属于与公民人身密切相关的人身权利。因此,认为遗弃罪的客体是公民的婚姻、家庭权利,与遗弃罪处于侵犯公民人身权利、民主权利罪之中并不矛盾。侵犯公民在家庭中受扶养的权利显然就是对人身权利的侵犯,而不是对其他权利的侵犯。②虽然《刑法》第 261 条并没有明文将遗弃罪的对象限于家庭成员中的年老、年幼、患病或者其他没有独立生活能力的人,法条中根本就没有出现家庭成员的字眼,但是,不可忽略的是,《刑法》第 261 条扶养义务中的"扶养"一词对此已经作出了强烈的暗示。扶养的日常意思是指因亲属关系而发生的一方对他方承担生活供养义务。[5] 从扶养一词的基本含义出发,扶养人与被扶养人之间一定存在着亲密关系,这种亲密关系来源于他们属于同一家庭成员。对《刑法》条文的解释一般不能超出常识的范畴,否则法律就不再具有可预测性。将扶养解释为"维持他人的生存,使其生命得以延续","根据'举重以明轻'的当然解释,救助应是扶养义务的当然内涵,拒不救助当然是拒绝扶养的表现"[6],显然是对扶养作了超出字面含义的扩大解释。如果不是家庭成员,很难想象人们之间存在扶养关系。即使行为人由于某种行为(如交通肇事的司机在将被害人送往医院的途中,又遗弃被

3　参见苏长青:《侵犯公民民主权利和妨害婚姻家庭罪》,中国人民公安大学出版社 1999 年版,第 383 页。

4　如甲驾车过失撞倒他人后,在旁人的要求下,拦一辆出租车,请求出租车司机乙协助将被害人送往医院抢救。去医院途中,甲谎称买烟送给医生而乘机逃走。乙见甲逃走,在行驶途中将被害人拖下出租车,没有送往医院,被害人因失血过多而死亡。按照客体变更说,可以认定司机乙构成遗弃罪,否则就不能认定乙构成犯罪(参见张明楷:《法益初论》,中国政法大学出版社 2000 年版,第 233 页)。

5　参见《辞海》(第 6 版彩图本),上海辞书出版社 2009 年版,第 636 页。

6　苏彩霞:《遗弃罪之新诠释》,载《法律科学》2001 年第 1 期。

害人的)而负有维持他人的生存使其生命得以延续的法律义务,这种义务也不能称之为扶养义务。既然从常识来看,扶养仅限于家庭成员之间,那么,除非给出更加充分的理由,否则就不能单纯由遗弃罪从妨害婚姻家庭罪中被移到侵犯公民人身权利、民主权利罪中,直接得出本罪的客体就发生了变更的结论。③将遗弃非家庭成员的案件解释为遗弃罪,不符合我国一贯的理论与实践。的确,实践中发生了不少遗弃非家庭成员的案件,对此也有追究刑事责任的应然性,但是,解决此类案件存在其他途径,并非只有将此解释为遗弃罪这一条途径。对于遗弃没有自救能力、需要扶助的人,确需要追究刑事责任的,可以从不作为犯的角度来考虑。如冬天夜间巡逻的警察发现有酩酊大醉者醉卧街头,警察未予理睬,致使酩酊大醉者被冻死。作为警察,在法律上有义务将酩酊大醉者移至安全地带,其能够履行该义务而不履行该义务,致使他人死亡,如果说警察构成不作为的过失致人死亡罪的结论过于苛刻,警察至少构成不作为的玩忽职守罪。综上,在现行《刑法》中,遗弃罪的客体没有发生改变,仍然是公民在家庭中受扶养的权利。

由本罪的客体所决定,本罪遗弃的对象是家庭中年老、年幼、患病或者其他没有独立生活能力的人,包括:因年老、伤残、疾病而丧失劳动能力的家庭成员,虽有稳定的生活来源(如退休金等),但因年老、伤残、疾病而生活不能自理的家庭成员,因年幼尚无独立生活能力的家庭成员,以及其他一切没有独立生活能力的家庭成员,如严重痴呆者、精神病患者。这些人具有共同的特征:没有独立生活的能力,即离开他人的扶养将不能正常存活。如果行为人遗弃非家庭成员的,或者拒绝扶养有独立生活能力的家庭成员的,都不能构成本罪。 6

Ⅳ 行为

本罪在客观上表现为对于年老、年幼、患病或者其他没有独立生活能力的家庭成员,负有扶养义务而拒绝扶养,情节恶劣的行为。 7

(1)行为人必须负有扶养义务。这是构成本罪的前提条件。扶养义务的实质是保证被扶养人能够像类似于其他的人一样,正常、稳定地生活。扶养,不仅包括日常生活上的相互照料,提供生活所必需的物质或经济来源,而且包括在被扶养人生命、健康面临危险时必须尽其所能地排除危险。《刑法》第261条中的扶养义务包括民法上的“抚养”“赡养”和“扶养”义务。这些义务是法律明确规定了的。根据民法的规定,夫妻有互相扶养的义务;父母对子女(含养父母对养子女)有抚养教育的义务;子女对父母(含养子女对养父母)有赡养扶助的义务;有负担能力的祖父母、外祖父母,对于父母已经死亡或父母无力抚养的未成年的孙子女、外孙子女,有抚养的义务;有负担能力的孙子女、外孙子女,对于子女已经死亡或子女无力赡养的祖父母、外祖父母,有赡养的义务;有负担能力的兄、姐,对于父母已经死亡或父母无力抚养的未成年的弟、妹,有扶养的义务;由兄、姐扶养长大的有负担能力的弟、妹,对于缺乏劳动能力又缺乏生活来源的兄、姐,有扶养的义务。行为人只有负有扶养义务,才能够构成 8

本罪。根据《民法典》第1111条的规定,养子女和生父母间的权利和义务关系,因收养关系的成立而消除,所以生父母拒绝抚养养子女的,以及养子女拒绝赡养生父母的,因为他们之间不再存在法律上的扶养义务,不构成遗弃罪。同理,并非由兄、姐扶养长大的弟、妹,也不负有扶养缺乏生活来源的兄、姐的法律义务,其遗弃兄、姐的,在伦理上虽然具有可谴责性,但不构成遗弃罪。

9 (2)行为人能够履行扶养义务。行为人除了能够维持自己的正常生活之外,完全有能力负担起年老、年幼、患病或者其他没有独立生活能力的家庭成员的正常生活。行为人能否履行扶养义务,是一种客观的判断,即从行为人正常的收入、合理的开支以及当地居民的生活水准来看,行为人担负起无独立生活能力的家庭成员的正常生活,不会使行为人的生活水准大幅度下降以致达不到当地居民的一般生活水准。与行为人个人的物质追求或其他享受相比,保障没有独立生活能力的家庭成员的正常生活是更为重要的。因此,行为人不能以自己"专款专用"为借口(如称自己要买房子或者做生意资金紧张等)而否认自己的扶养能力。

10 (3)行为人拒绝履行扶养义务。行为人在事实上没有扶养自己应该扶养的没有独立生活能力的家庭成员。拒绝履行扶养义务的表现形式有:①积极弃置,即行为人以积极的方式将被遗弃人从其日常生活的安全场所移至危险场所。如父母将年幼的子女丢弃在马路边。②消极离去,即行为人与被遗弃人生活或处于同一场所,但行为人从该处所离去,不管被遗弃人的死活。如产妇在生产后偷偷溜走,将刚生下的婴儿留在医院,或者丈夫丢下重病的妻子独自进城打工。在积极弃置与消极离去的场合,行为人与被遗弃人都存在场所上的隔离。③单纯的不保护,即行为人与被遗弃人虽然没有场所上的隔离,但行为人不给被遗弃人生存所必要的保护,如不提供必要的食物、对病人不提供必要的治疗等。[7] 无论是积极弃置、消极离去还是单纯的不保护,从规范的角度看,行为人都违反了应当履行扶养义务的命令性规范,故不论遗弃的方式如何,遗弃罪都属于不作为犯罪。行为人勉强照料无独立生活能力人的生活,但经常打骂的,属于履行了扶养义务,不能构成遗弃罪(但可以构成虐待罪)。子女不愿意与年迈的父母共同生活但给付父母赡养费的,或者父母虽然抛弃子女但给付抚养费的,视为履行了扶养义务。

11 (4)行为人拒绝履行扶养义务,情节恶劣。遗弃罪是一种比较特殊的不作为犯,并非只要行为人拒绝履行扶养义务即构成遗弃罪。只有拒绝履行扶养义务,情节恶劣的,才构成遗弃罪。之所以如此,是因为只有情节恶劣的遗弃行为,才能在实质上使得公民的生命、健康处于危险状态,才有处罚的必要。同时,被遗弃人需要行为人的扶养,因此对情节一般的遗弃行为,不应认为构成遗弃罪,否则反而有损被遗弃人的权益。根据2015年3月2日最高人民法院、最高人民检察院、公安部、司法部《关于依法办理家庭暴力犯罪案件的意见》第17条之规定,所谓情节恶

---

7 参见张明楷:《外国刑法纲要》(第3版),法律出版社2020年版,第426页。

劣,是指具有对被害人长期不予照顾、不提供生活来源;驱赶、逼迫被害人离家,致使被害人流离失所或者生存困难;遗弃患严重疾病或者生活不能自理的被害人;遗弃致使被害人身体严重损害或者造成其他严重后果等情形。对此,应当依法以遗弃罪定罪处罚。

V　主体

本罪的主体是特殊主体,只能由对被遗弃者负有扶养义务的家庭成员构成。①本罪的主体必须是家庭成员。这里的家庭成员包括由因婚姻关系、血缘关系、收养关系以及因法律行为而形成的家庭成员(如根据遗赠扶养协议而形成的事实上的家庭成员)。老保姆不计较待遇,多年帮助雇主抚育子女、操持家务等,雇主一方言明赡养其晚年,对于这种赡养扶助关系,应予以确认和保护。[8] 通过双方的约定,老保姆在事实上已经成为雇主家的家庭成员,双方存在共同生活关系,故雇主遗弃老保姆的,也可以构成遗弃罪。②并非所有的家庭成员都可以构成遗弃罪,只有负有扶养义务的家庭成员才能构成本罪。因此,本罪的主体范围(即是否负有扶养义务)需要根据婚姻法的规定来确定。当然,没有扶养义务的家庭成员与负有扶养义务的家庭成员共谋,遗弃没有独立生活能力的家庭成员的,可以构成遗弃罪的共犯。 12

VI　故意

本罪的罪过形式是故意,即行为人明知自己对于年老、年幼、患病或者其他丧失独立生活能力的家庭成员负有扶养义务,明知自己有能力扶养,明知自己不扶养的行为侵犯了公民在家庭中受扶养的权利,而故意拒绝扶养。无论本罪的动机如何,都不影响本罪的成立。 13

VII　与非罪的界限

构成遗弃罪需要具备四个条件:①行为人负有扶养义务;②被害人没有独立生活的能力,需要扶养;③行为人有能力却拒不履行扶养义务;④情节恶劣。只有同时具备这四个条件,才发生遗弃问题。对于没有扶养义务的“遗弃”行为(如行为人在冬夜将在家门口过夜的流浪汉赶走),不愿扶养有独立生活能力的人(如丈夫将妻子赶回娘家),以及虽有扶养义务但自己已经自顾不暇而没有履行扶养义务的,都不应视为刑法上的遗弃。另外,遗弃行为必须情节恶劣,才构成遗弃罪。对于情节一般的遗弃行为,居民委员会、村民委员会以及所在单位应当予以劝阻、调解,不能认定行为人 14

8　参见马克昌、杨春洗、吕继贵主编:《刑法学全书》,上海科学技术文献出版社 1993 年版,第 400—401 页。

构成遗弃罪。对被拐卖后被解救的未成年人,其父母及其他监护人应当接收并认真履行抚养义务;拒绝接收、拒不履行抚养义务的,可以遗弃罪追究刑事责任。

Ⅷ　与他罪的区别

一、与故意杀人罪的区别

15　遗弃罪属于侵犯家庭成员受扶养权利的犯罪,故意杀人罪属于剥夺公民生命权利的犯罪,二者在罪质与危害程度方面相差是巨大的,因而一般容易区分遗弃罪与故意杀人罪。但在负有扶养义务的行为人将没有独立生活能力的人积极弃置于危险场合等情况下,遗弃罪与故意杀人罪往往不易区分。

16　准确区分遗弃罪与故意杀人罪的界限,应根据被告人的主观故意、所实施行为的时间与地点、是否立即造成被害人死亡以及被害人对被告人的依赖程度等进行综合判断。对于只是为了逃避扶养义务,并不希望或者放任被害人死亡,将生活不能自理的被害人弃置在福利院、医院、派出所等单位或者广场、车站等行人较多的场所,希望被害人得到他人救助的,一般以遗弃罪定罪处罚。对于希望或者放任被害人死亡,不履行必要的扶养义务,致使被害人因缺乏生活照料而死亡,或者将生活不能自理的被害人带至荒山野岭等人迹罕至的场所扔弃,使被害人难以得到他人救助的,应当以故意杀人罪定罪处罚。

二、与虐待罪的区别

17　遗弃罪和虐待罪都是以家庭成员为对象的故意犯罪,有相似之处,如都可以表现为有饭不给吃、有衣不给穿等,都要求必须情节恶劣的才构成犯罪,但二者的区别是明显的:①行为对象不同。本罪的对象为家庭成员中的年老、年幼、患病或者其他没有独立生活能力的人;而虐待罪的对象则可以是任何家庭成员,有独立生活能力的人(如有工作的妻子)也可以成为虐待罪的对象。②客观表现不同。本罪在客观上表现为负有扶养义务而拒绝扶养,情节恶劣的行为,在本质上属于不作为犯罪;而虐待罪则表现为剥夺家庭成员平等的生活权益,对家庭成员从肉体上和精神上进行折磨、摧残,在本质上属于作为犯罪。虐待行为具有一贯性和经常性,而遗弃行为不具有这一特征。③主体范围不同。本罪的主体要求更为严格,必须是负有扶养义务并能够履行扶养义务的家庭成员,而虐待罪的主体只要求是家庭成员即可。④主观方面不同。遗弃罪的行为人主观上意图逃避履行扶养义务,而虐待罪的行为人主观上追求给被害人造成肉体和精神上的痛苦。

18　在负有扶养义务的家庭成员经常打骂、冻饿没有独立生活能力的家庭成员的场合,行为人到底构成遗弃罪还是构成虐待罪,取决于犯罪行为本身的属性。如果犯罪行为本身主要是不履行扶养义务的,构成遗弃罪;如果犯罪行为本身主要是以造成被害人肉体与精神痛苦为内容的,则构成虐待罪。

三、与虐待被监护、看护人罪的区别

19 两罪的区别主要表现在以下方面:①客体不同。本罪的客体是公民在家庭中受扶养的权利。而虐待被监护、看护人罪的客体是未成年人、老年人、患病的人、残疾人等被监护、看护人的身心健康。②犯罪对象不同。本罪的对象为家庭成员中的年老、年幼、患病或者其他没有独立生活能力的人;而虐待被监护、看护人罪的对象一般为非家庭成员中的未成年人、老年人、患病的人、残疾人等被监护、看护人。③犯罪主体也不相同。本罪的主体是特殊主体,只能由对被遗弃者负有扶养义务的家庭成员构成;而虐待被监护、看护人罪的犯罪主体是对未成年人、老年人、患病的人、残疾人等负有监护、看护职责的具有刑事责任能力的自然人,且一般为非家庭成员。另外,单位也可以是犯罪主体。④主观方面不同。本罪的行为人主观上意图逃避履行扶养义务,而虐待被监护、看护人罪的行为人主观上追求给被害人造成肉体和精神上的痛苦。

Ⅸ 处罚

20 根据本条的规定,犯遗弃罪的,处 5 年以下有期徒刑、拘役或管制。一般而言,没有独立生活能力的人需要行为人的扶养,故遗弃行为除非情节特别恶劣的以外,首先考虑的是能否对行为人适用管制刑;不能适用管制刑的,可以考虑拘役;不能适用拘役刑的,应考虑判处行为人有期徒刑缓刑;在致使被害人自杀死亡的场合,可以考虑对行为人判处相对较高的有期徒刑实刑。

21 遗弃行为,只要情节恶劣的,就应追究行为人的刑事责任。有人认为,遗弃情节虽然比较恶劣,但行为人确有悔改表现,愿意重新承担义务的,也可以不作为犯罪处理。[9] 如此一来,犯罪构成就不再是判断罪与非罪的唯一标准,行为人是否构成犯罪尚需取决于诸如行为人的表现等其他不确定的因素,这是有问题的。行为人确有悔改表现,仅是量刑从轻的依据,而不是判断罪与非罪的依据。

---

9 参见苏长青:《侵犯公民民主权利和妨害婚姻家庭罪》,中国人民公安大学出版社 1999 年版,第 397 页。

第二百六十二条　拐骗儿童罪

拐骗不满十四周岁的未成年人，脱离家庭或者监护人的，处五年以下有期徒刑或者拘役。

文献:赵秉志主编:《疑难刑事问题司法对策》(第1集),吉林人民出版社1999年版;赵秉志主编:《中国刑法案例与学理研究·分则篇(三)》,法律出版社2001年版;赵秉志主编:《中国刑法实用》,河南人民出版社2001年版;张明楷:《刑法学》(第6版),法律出版社2021年版。姜伟、陈正云:《罪刑法定与刑法解释——兼析为收养而偷盗婴幼儿的行为应否定罪》,载《人民检察》2001年第1期;蒋毅、徐晓丽:《论拐骗儿童罪的立法完善》,载《重庆理工大学学报(社会科学版)》2011年第10期;李凯:《抢婴自养行为的刑法定性分析——兼与张明楷教授商榷》,载《刑事法判解》2018年第1期;刘司墨:《拐骗儿童罪的立法缺陷与修正进路》,载《青少年学刊》2018年第5期;吕小红:《以"非法定目的"偷盗婴幼儿行为的刑法教义学分析》,载《青少年犯罪问题》2018年第6期;李凯、张笑荷:《抢婴自养行为定性的刑法教义学分析——以丰台抢婴案为切入点》,载《西部学刊》2019年第20期。

细目录

Ⅰ　主旨
Ⅱ　沿革
Ⅲ　客体
Ⅳ　行为
Ⅴ　主体
Ⅵ　故意
Ⅶ　与非罪的界限
Ⅷ　与他罪的区别
　一、与拐卖儿童罪、收买被拐卖的儿童罪的区别
　二、与绑架罪的区别
Ⅸ　处罚

Ⅰ　主旨

1　本条是对拐骗儿童罪的规定。拐骗儿童罪是指拐骗不满14周岁的未成年人,使其脱离家庭或者监护人的行为。儿童享有受其家庭或者监护人抚养的权利。家庭是

儿童最适宜的生活环境、生长环境，只有在家庭或者监护人的抚养之下，儿童才能够健康、茁壮地成长。为了保护儿童受其家庭或者监护人抚养的权利不受侵犯，维护他人稳定的家庭关系，防止拐骗儿童脱离家庭或者监护人的行为的发生，刑法设立了本罪。

Ⅱ 沿革

1979年《刑法》第184条规定："拐骗不满十四岁的男、女，脱离家庭或者监护人的，处五年以下有期徒刑或者拘役。"在修订《刑法》的过程中，人们建议对拐骗儿童罪应作如下修改：第一，对犯罪对象的表述应当严密。第二，应明文将非营利目的作为拐骗儿童罪的主观要件，以明示本罪与拐卖妇女、儿童罪的区别，避免歧义。第三，在罪状方面应增加"偷盗或者其他方法"。第四，对于情节严重的拐骗儿童行为应提高法定刑。但立法机关除了将拐骗儿童罪中"不满十四岁的男、女"表述为"不满14周岁的未成年人"之外，对于其他立法建议未予采纳。 2

Ⅲ 客体

本罪的客体是不满14周岁的未成年人的人身自由与安全。儿童享有的受其家庭或者监护人抚养的权利，同时家庭或者监护人有抚养和监护儿童的义务，但是本罪的客体并非监护权。行为人拐骗不满14周岁未成年人的行为，导致其脱离了本来的生活状态，侵害了被拐骗者在原来生活状态下的人身自由与安全。 3

本罪的对象为儿童，即不满14周岁的未成年人。有人认为，拐骗儿童罪这一罪名不能包括《刑法》第262条的全部内容，因为不满14周岁的未成年人，并非都可归入"儿童"的范畴，因为通常所谓的儿童仅指12周岁以下的小孩。[1] 这是一个误解。第一，按照习惯，14周岁以下的人称儿童[2]，儿童并非仅指12周岁以下的小孩。第二，对于《刑法》第237条第3款猥亵儿童罪中的"儿童"，联系到《刑法》第237条第1款，应解释为不满14周岁的人。故可以将《刑法》第262条中的"不满十四周岁的未成年人"称为儿童。因此，将本罪的罪名归纳为拐骗儿童罪是适宜的。当然，将本罪罪名归纳为拐骗不满14周岁的未成年人罪，也是可以的，但稍显冗长。 4

Ⅳ 行为

本罪在客观上表现为拐骗不满14周岁的未成年人，使其脱离家庭或者监护人的 5

---

1 参见赵秉志主编：《中国刑法案例与学理研究 · 分则篇(三)》，法律出版社2001年版，第405页。

2 参见商务印书馆辞书研究中心编：《应用汉语词典》，商务印书馆2000年版，第320页。

行为。所谓“拐骗”,一般是指用欺骗手段弄走。[3] 故拐骗儿童,简单地说就是用欺骗手段弄走儿童,使其脱离家庭或者监护人的抚养。但这只是形式主义的观点,没有揭示拐骗儿童罪的全部内涵。拐骗儿童罪的客体是不满 14 周岁的未成年人的人身自由与安全。行为人拐骗不满 14 周岁未成年人的行为,导致其脱离本来的生活状态。从这一角度看,“拐骗”并未征得被拐骗儿童的家庭或者监护人的同意,违背他们的意志,弄走儿童。因此,拐骗儿童不仅包括利用蒙蔽、欺骗或利诱等典型的“拐骗”手段弄走儿童,也包括采取秘密窃取婴幼儿、抢夺甚至抢劫儿童(主要是婴幼儿)等非法手段弄走儿童。就形式上观之,构成拐骗儿童罪,行为人既可以实施明显的拐骗行为,也可以实施不太明显的拐骗行为(如直接从路上抱走婴幼儿等);如果行为人实施拐骗行为,拐骗手段既可以针对儿童本人进行(事实上行为人也有可能告诉被拐儿童事实真相),也可以针对儿童的家人或者监护人进行。所有这些行为在本质上都违背了被拐骗儿童的家庭或者监护人的意志,故都属于拐骗儿童行为。

6　构成拐骗儿童罪,不仅要求行为人实施了拐骗儿童的行为,而且要求拐骗行为实际发生了被拐骗儿童脱离家庭或者监护人的结果。所谓“家庭”,是指由婚姻、血缘或收养关系而产生的亲属间的生活共同体;“监护人”则是指对无民事行为能力或限制民事行为能力的人的人身、财产以及其他一切合法收益负责监督和保护的人;“脱离家庭或者监护人”,是指被拐骗儿童脱离了家庭或者监护人的控制,或者说家庭或监护人失去了对被拐骗儿童的控制。至于被拐骗儿童脱离家庭或者监护人的时间长短,在所不问,只要客观上使得被拐骗儿童脱离了家庭或者监护人的控制即可。当然,时间过于短暂的,则难以认定存在拐骗儿童的行为。行为人实施了拐骗儿童的行为,但尚未使被拐骗儿童脱离家庭或者监护人的,不构成犯罪。这是因为,尚未使被拐骗儿童脱离家庭或者监护人的行为并不具有构成犯罪的社会危害性。由此决定了本罪虽然在理论上可以存在犯罪预备与犯罪未遂,但将其认定为预备犯与未遂犯是没有意义的。就实践中来看,几乎没有处罚拐骗儿童罪的预备犯或未遂犯的实例。

7　拐骗行为既可以针对未成年人实施,也可以针对未成年人的家长或监护人实施;将儿童偷走、抢走的行为也成立本罪。从收买者、拐骗者、拐卖者处拐骗儿童的,也成立本罪。拐骗行为即使征得未成年人同意的,也不影响本罪的成立。行为人拐骗儿童以后,对被拐骗儿童采取禁闭等方法防止其逃走的,或者对之加以虐待的,甚至奸淫女童的,另构成非法拘禁罪、虐待罪或强奸罪,应与拐骗儿童罪进行数罪并罚。

V　主体

8　本罪主体是一般主体,即年满 16 周岁具有刑事责任能力的自然人。单位不能构成本罪。

3　参见中国社会科学院语言研究所词典编辑室编:《现代汉语词典》(第 7 版),商务印书馆 2016 年版,第 477 页。

Ⅵ 故意

本罪在主观上是故意,即行为人明知自己的行为侵犯了儿童的家庭或者监护人抚养和监护儿童的权利,明知自己的行为会发生使儿童脱离其家庭或者监护人的结果,并且希望这一结果的发生。拐骗儿童的目的一般是收养,但也不排除其他目的(如奴役等);但是,如果行为人以出卖为目的而拐骗儿童的,不构成本罪,应构成拐卖儿童罪;如果行为人拐骗女童是为了奸淫的,属于牵连犯,应认定行为人构成强奸罪(即使尚未实际强奸的,也构成强奸罪预备或者未遂)。 9

Ⅶ 与非罪的界限

构成本罪,行为人必须实施了拐骗儿童的行为。如果行为人并无拐骗儿童的行为,仅是拾到了被遗弃的婴儿,或者把与父母、亲属失散的儿童领回收养的,并不构成犯罪。行为人虽然明知儿童是被拐卖的儿童,但没有收买行为而仅仅是单纯领养的,也不构成本罪。但是,如果行为人唆使他人拐骗儿童的(常常表现为行为人指使他人拐骗儿童而后自己领养该儿童),或者参与了拐骗儿童的谋划以及对拐骗儿童的行为给予帮助的,行为人应构成拐骗儿童罪的共犯。 10

Ⅷ 与他罪的区别

一、与拐卖儿童罪、收买被拐卖的儿童罪的区别

在实践中,应注意把拐骗儿童罪与拐卖儿童罪、收买被拐卖的儿童罪区别开来。其区别如下:①客观行为不同。本罪表现为拐骗不满 14 周岁的未成年人脱离家庭或者监护人的行为;拐卖儿童罪则表现为以出卖为目的,拐骗、绑架、收买、贩卖、接送或中转儿童的行为;收买被拐卖的儿童罪则表现为行为人支付财物有偿占有被拐卖的儿童。②主观上不同。本罪行为人主观上并无出卖儿童的目的,也无收买儿童的意思,而是出于收养等考虑;构成拐卖儿童罪,要求行为人主观上具有出卖儿童的目的;构成收买被拐卖的儿童罪,要求行为人明确认识到儿童是被拐卖的儿童并以占有的意思买下该儿童。行人为明知儿童是被拐卖的儿童,虽出于收养的目的,但有收买行为的,应构成收买被拐卖的儿童罪(当然对其处罚时可适当从轻)。 11

二、与绑架罪的区别

一般而言,拐骗儿童罪与绑架罪不难区分,但在以勒索财物为目的而拐骗儿童的情况下,应注意把握两者的界限:绑架罪具有使儿童成为人质、迫使第三人作为或者不作为的目的;而拐骗儿童罪一般以收养、奴役为目的,没有使儿童成为人质、迫使第三人作为或者不作为的目的。故行为人拐骗儿童使儿童成为人质来进行勒索财物 12

(债务除外)的,对行为人应以绑架罪定罪处罚。

IX 处罚

13 根据本条规定,犯拐骗儿童罪的,处5年以下有期徒刑或者拘役。对行为人裁量刑罚时,应综合考虑行为人拐骗儿童的手段、被拐骗儿童的特点、事后对被拐骗儿童的态度、行为人再犯的可能性等情节,处以罪刑相适应的刑罚。对于拐骗儿童情节严重的,如多次拐骗儿童的,拐骗儿童多人的,致使被拐骗儿童身心健康受到严重损伤的,给被拐骗儿童的家庭或者监护人造成重大经济损失的,致使被拐骗儿童的亲属精神失常或者死亡的,应考虑在有期徒刑中选择相对较长的刑期。

第二百六十二条之一　组织残疾人、儿童乞讨罪

以暴力、威胁手段组织残疾人或者不满十四周岁的未成年人乞讨的，处三年以下有期徒刑或者拘役，并处罚金；情节严重的，处三年以上七年以下有期徒刑，并处罚金。

文献：李洁、张军、贾宇主编：《中国刑法学年会文集（2007 年度）》，中国人民公安大学出版社 2007 年版；张明楷：《刑法学》（第 6 版），法律出版社 2021 年版。石经海：《组织残疾人、儿童乞讨罪的若干问题》，载《法学杂志》2007 年第 1 期；康均心：《组织残疾人、儿童乞讨罪若干疑难问题研究》，载《长江大学学报（社会科学版）》2008 年第 2 期；吴郯光、刘志洪：《组织残疾人、儿童乞讨罪若干问题研究》，载《中国检察官》2008 年第 3 期；邱赛兰：《组织残疾人及儿童乞讨罪罪数研究》，载《湘潮（理论版）》2008 年第 11 期；曾月英、李常远：《组织残疾人、儿童乞讨罪的若干问题研究》，载《法制与社会》2008 年第 18 期；潘家永：《组织残疾人、儿童乞讨罪若干问题探讨》，载《河南司法警官职业学院学报》2009 年第 1 期；黄瑛琦：《乞讨行为的刑法意义思考》，载《东北大学学报（社会科学版）》2009 年第 2 期；黄瑛琦：《组织残疾人、儿童乞讨罪及其他组织性乞讨行为浅析》，载《河南公安高等专科学校学报》2009 年第 2 期；冷必元：《组织残疾人、儿童乞讨罪犯罪客体辩正》，载《西部法学评论》2009 年第 6 期；谭观秀、徐卫刚：《组织残疾人、儿童乞讨罪主观方面探究》，载《湖南工业大学学报（社会科学版）》2010 年第 3 期；肖世杰、陈忠：《组织残疾人、儿童乞讨罪犯罪对象析疑》，载《湖南工业大学学报（社会科学版）》2010 年第 3 期；徐跃飞：《论组织乞讨罪的“暴力、胁迫”手段》，载《湖南工业大学学报（社会科学版）》2010 年第 3 期；武清华、江勇：《强迫组织残疾人、儿童乞讨罪刍议》，载《法制与社会》2011 年第 13 期；王志祥、董妍：《组织残疾人、儿童乞讨罪的构成要件辨析》，载《黄河科技大学学报》2013 年第 3 期；胡胜：《组织残疾人、儿童乞讨罪之实践样态与规范内涵——基于对近十年相关司法判决的实证分析》，载《福建警察学院学报》2016 年第 4 期；简筱昊：《职业型乞讨的刑法规制——以武汉职业型乞讨现象为例》，载《湖北职业技术学院学报》2018 年第 2 期。

细目录

Ⅰ　主旨
Ⅱ　沿革
Ⅲ　客体

Ⅳ　行为
Ⅴ　主体
Ⅵ　故意
Ⅶ　与非罪的界限
Ⅷ　与他罪的区别
Ⅸ　处罚

Ⅰ　主旨

1　本条是对组织残疾人、儿童乞讨罪的规定,所谓组织残疾人、儿童乞讨罪,是指以暴力、胁迫手段组织残疾人或者不满14周岁的未成年人乞讨的行为。立法当时,考虑到在我国经济较为发达的一线、二线城市,乞讨人员急剧增多,甚至形成丐帮势力。一旦乞讨行为从一种谋生手段演化为聚敛钱财、发家致富的途径,乞讨职业化、有组织的乞讨等行为将会成为社会治安管理的新隐患。[1] 一些不法分子利用残疾人、儿童身心的缺陷或不成熟无力自救的特点,使用暴力、胁迫手段强行组织残疾人、儿童进行乞讨,强占他们的乞讨所得。这些行为使未成年人丧失受教育的机会,在恶劣环境下成长,形成畸形世界观,使残疾人的疾病拖延无法得到治疗,有的时候甚至造成被害人人身伤亡等严重后果,严重地侵犯了残疾人、儿童的人格尊严、人身自由及财产权,扰乱社会秩序,因此,有必要将以暴力、胁迫等手段组织残疾人、未成年人乞讨的行为规定为犯罪,加大打击的力度。2006年6月29日第十届全国人大常委会第二十二次会议通过的《刑法修正案(六)》,在现行《刑法》第262条之后增加了本条规定。这是继2005年颁布的《治安管理处罚法》对利用他人乞讨行为予以处罚之后的另一项重要立法,对于打击利用他人进行乞讨等犯罪行为具有极为重要的意义。

Ⅱ　沿革

2　本条由2006年6月29日通过的《刑法修正案(六)》第17条所创设,作为《刑法》第262条之一,其明确规定本条之罪的构成特点和处罚规则。2007年10月25日颁布的最高人民法院、最高人民检察院《关于执行〈中华人民共和国刑法〉确定罪名的补充规定(三)》将本条之罪的罪名确定为"组织残疾人、儿童乞讨罪"。

Ⅲ　客体

3　本罪的客体是残疾人、儿童的人身权利以及社会管理秩序。暴力、胁迫的手段所

1　参见黄太云:《立法解读:刑法修正案及刑事立法解释》,人民法院出版社2006年版,第194页。

侵犯的是残疾人、儿童的人身权利,组织非法行乞所侵犯的则是社会管理秩序。但由于本罪设置于《刑法》分则第四章“侵犯公民人身权利、民主权利罪”之中,所以主要客体是残疾人、儿童的人身权利,次要客体是社会管理秩序。

本罪的对象是残疾人和儿童。《残疾人保障法》第 2 条第 1、2 款规定:“残疾人是指在心理、生理、人体结构上,某种组织、功能丧失或者不正常,全部或者部分丧失以正常方式从事某种活动能力的人。残疾人包括视力残疾、听力残疾、言语残疾、肢体残疾、智力残疾、精神残疾、多重残疾和其他残疾的人。”根据刑法的相关规定,这里的“儿童”,是指不满 14 周岁的未成年人。残疾人、儿童因生理、心理的不健全或尚未发育成熟,属于社会中相对弱势的群体,因而需要法律的特别保护。 4

Ⅳ 行为

本罪的客观上表现为行为人以暴力、威胁手段组织残疾人、儿童乞讨的行为。主要包括如下几个方面: 5

(1)暴力、胁迫。作为本罪行为手段的“暴力”与“胁迫”,仅限于最广义的暴力与广义的胁迫。[2] 最广义的暴力,包括不法行使有形力的一切情况,其对象不仅可以是人(对人暴力),而且可以是物(对物暴力)。对人暴力,即行为人针对残疾人、儿童的人身所实行的强制手段,对人暴力如殴打、捆绑等,意在使残疾人、儿童不敢反抗、不能反抗,至于是否达到该效果,则在所不问。对物暴力,即行为人对物品施以强力损害,以使残疾人、儿童受行为人之牵制,如对残疾人、儿童的监护人或者残疾人所使用的轮椅、拐杖等物品实施的暴力等。最广义的胁迫,是指以使他人产生恐惧心理为目的,以恶害相通告的行为。[3] 如行为人以使他人产生恐惧心理为目的,对残疾人、儿童以杀害、伤害、拘禁、不给饭吃、言语恐吓等方式相威胁,对其进行精神强制,至于是否达到该效果,不影响对胁迫的认定。暴力、胁迫是本罪的手段行为,行为人通过其他方式来组织残疾人、未成年人乞讨的不构成本罪。例如,行为人通过雇佣、利诱的方式来组织残疾人、儿童乞讨的行为就不能认定为本罪。暴力行为、胁迫手段另构成其他犯罪的,视具体案情从一重罪处罚或者实行数罪并罚。 6

(2)“组织”,是指行为人将残疾人或者不满 14 周岁的未成年人控制在自己的实力支配下从事乞讨的行为。关于被组织者的人数是否应当达到 3 人以上的问题,学界认识不一。有学者认为,不应当将“组织”一概解释为被组织的对象都应当 7

2 参见张明楷:《刑法学》(第 6 版),法律出版社 2021 年版,第 1192 页。

3 参见张明楷:《刑法学》(第 6 版),法律出版社 2021 年版,第 906 页。

是 3 人以上。[4] 也有学者认为,被组织乞讨的人员必须是多人,为 3 人或者 3 人以上。[5] 后一种观点要求被组织者人数必须为 3 人或者 3 人以上,限缩了本罪的成立范围。首先本罪的主要客体是残疾人、儿童的人身权利,行为是否侵害这一客体与人数无关,人数多少是考察是否"情节严重"的要素,而"情节严重"并非本罪的成立条件。从本罪的次要客体社会管理秩序考察,不法分子长期操纵 2 名残疾人、儿童,长期、多地流窜乞讨的行为对社会管理秩序的危害并不比行为人控制 3 人或以上的所有情形低,显然也符合本罪的犯罪构成。因此,不应将本罪中的被组织者人数限定为 3 人或 3 人以上。

8　(3)所谓"乞讨"是指以身体动作、姿态或者语言等方式祈求公众或者特定人予以财物施舍的行为。乞讨有三个特征:第一,乞讨是一种无偿索取的行为,即行为人以自己的不幸遭遇等因素来博取他人的同情和怜悯,换取他人赠与的利益;第二,乞讨一般是以哀求、乞求等方法打动他人;第三,乞讨一般是索取经济利益,不能是名誉、情感等。[6] 乞讨在我国是合法的行为,但是法律禁止以暴力、胁迫手段组织残疾人或者儿童乞讨的行为。行为人使用暴力、胁迫的方法组织残疾人、儿童实施的不是乞讨行为的不构成本罪。

Ⅴ　主体

9　依据刑法的规定,本罪的主体是一般主体,即年满 16 周岁具有刑事责任能力的自然人。父母、兄弟姐妹及其他任何人以暴力、胁迫组织残疾人、儿童乞讨的都能够构成本罪。如果父母、兄弟姐妹等家庭成员对儿童、残疾人所实施的暴力行为达到了构成虐待罪所需要的程度,则应当以虐待罪定罪处罚。

Ⅵ　故意

10　本罪故意表现为行为人明知是残疾人或者不满 14 周岁的人而以暴力、胁迫手段组织乞讨。是否出于牟利目的,以及客观上是否牟利,不影响本罪的成立。行为人实施本罪的动机如何,也不影响成立本罪。

Ⅶ　与非罪的界限

11　对于行为人以利诱、欺骗等手段组织残疾人、儿童乞讨,而没有使用限制人身自

4　参见付立忠:《论刑法修正案(六)新增设的组织残疾人、儿童乞讨罪》,载《中国人民公安大学学报(社会科学版)》2007 年第 4 期。

5　参见王志祥、董妍:《组织残疾人、儿童乞讨罪的构成要件辨析》,载《黄河科技大学学报》2013 年第 3 期。

6　参见吴郊光、刘志洪:《组织残疾人、儿童乞讨罪若干问题研究》,载《中国检察官》2008 年第 3 期。

由的强制性方法,且被组织者人数不多、规模不大,对社会秩序的影响小,不构成犯罪。另外,对于因自然灾害,为生活所迫,父母带着自己和亲戚家多名年幼的子女乞讨的,也不应认定构成犯罪。

Ⅷ 与他罪的区别

(1)本罪与抢劫罪的区别。两罪有一定的相似之处:都要求有暴力、胁迫的手段 12
行为;都以追求钱财为目的。但两罪的区别是明显的:本罪的主要客体是残疾人、儿童的人身权利,抢劫罪的主要客体是他人的财产权;本罪的被害人是残疾人、儿童,抢劫罪的被害人是一般人;本罪的胁迫手段可以是暴力性胁迫,也可以是非暴力性胁迫,而抢劫罪的胁迫手段只能是暴力性胁迫;本罪是通过组织强迫被害人乞讨获取钱财,抢劫罪是行为人通过暴力、胁迫手段直接从被害人处取得或迫使对方交出而获取钱财。如果被组织者实施了以暴力或威胁、要挟手段索取财物的行为,则其乞讨行为就具有抢劫或敲诈勒索的行为性质,应视具体情况按抢劫罪、敲诈勒索罪定罪处罚。如组织残疾人以擦车、开车门等手段,强行索取费用,否则就不让车主离开的行为,即以提供被害人并不需要的服务为手段,强行索要他人财物的情形。

(2)本罪与强迫劳动罪的区别。两罪有一定相似之处:都要求有暴力、胁迫的手 13
段行为,都要求有强迫他人"劳动"的行为。但两罪的区别也是明显的:本罪的强迫手段是暴力、胁迫,强迫劳动罪的强迫手段除暴力、胁迫外,还包括限制他人人身自由的方法;本罪行为人是通过强迫手段组织他人乞讨,而强迫劳动罪则是强迫他人劳动;本罪的被害人是残疾人、儿童,强迫劳动罪的被害人是一般人。对于行为人以暴力、胁迫手段组织已满 14 周岁的没有残疾的人乞讨的,不成立本罪,但可能成立强迫劳动罪。

Ⅸ 处罚

犯组织残疾人、儿童乞讨罪的,处 3 年以下有期徒刑或者拘役,并处罚金;情节严 14
重的,处 3 年以上 7 年以下有期徒刑,并处罚金。这里所说的"情节严重",是指以暴力或者胁迫手段组织残疾人、未成年人乞讨,严重扰乱社会秩序或者造成其他恶劣影响的情形。比如长期强迫他人乞讨,获利较大的;强迫乞讨导致残疾人、未成年人身体衰弱,得不到治疗,健康状况严重恶化的;被害人无法忍受折磨自杀、自残的;组织乞讨人数较多,造成恶劣社会影响的;其他严重扰乱社会秩序或者影响恶劣的情形等。

第二百六十二条之二　组织未成年人进行违反治安管理活动罪

组织未成年人进行盗窃、诈骗、抢夺、敲诈勒索等违反治安管理活动的，处三年以下有期徒刑或者拘役，并处罚金；情节严重的，处三年以上七年以下有期徒刑，并处罚金。

文献:张明楷:《刑法学》(第6版),法律出版社2021年版。陈荣飞:《组织未成年人进行违反治安管理活动罪若干问题探析》,载《黑龙江省政法管理干部学院学报》2009年第5期;张璇:《组织未成年人进行违反治安管理活动罪解析》,载《中国检察官》2009年第6期;朱晶晶、黄应生:《组织未成年人进行违反治安管理活动罪的理解和适用》,载《中国审判》2009年第11期;蒋娜:《我国未成年人权益刑法保护的新动向》,载《宁夏社会科学》2010年第1期;杨金彪:《组织未成年人进行违反治安管理活动罪的立法重构》,载《北京人民警察学院学报》2010年第2期;魏军、王立华《组织未成年人进行违反治安管理活动罪几个问题探析》,载《犯罪研究》2010年第2期;何萍:《组织未成年人进行违反治安管理活动罪探析》,载《华东政法大学学报》2010年第2期;朱本欣、陶卫东:《组织未成年人进行违反治安管理活动罪之解析》,载《法学杂志》2010年第3期;张贵勇:《组织未成年人违反治安管理活动罪若干问题探讨》,载《法制与社会》2010年第22期;伍昭:《组织未成年人进行违反治安管理活动罪若干问题研究》,载《法制与社会》2010年第24期;文立彬:《组织未成年人进行违反治安管理活动罪的法益分析》,载《湖北警官学院学报》2012年第4期;沈晓明、戴建军:《组织未成年人有偿陪侍行为的定性》,载《中国检察官》2019年第20期。张浩杰:《以组织未成年人有偿陪侍为目的的非法限制人身自由行为的认定》,载《人民法院报》2017年6月1日。

细目录

Ⅰ　主旨
Ⅱ　沿革
Ⅲ　客体
Ⅳ　行为
Ⅴ　主体
Ⅵ　故意
Ⅶ　与非罪的界限
Ⅷ　与他罪的区别

一、与故意伤害罪、非法拘禁罪的区别

二、与拐骗儿童罪,组织残疾人、儿童乞讨罪的区别

Ⅸ 处罚

Ⅰ 主旨

本条是对组织未成年人进行违反治安管理活动罪的规定。所谓组织未成年人进行违反治安管理活动罪,是指组织未成年人进行盗窃、诈骗、抢夺、敲诈勒索等违反治安管理活动的行为。由于在我国部分大中城市,经常出现一些不法分子利用未成年人生理、心理的不成熟或因某种原因造成其精神上的空虚,物质上的缺乏等弱点,组织其从事一些谋利性的违法活动。如以小偷、小摸、扒窃等形式,窃取他人财物;以欺骗的方法骗取他人钱财;公开场合抢夺他人包括路人、学生的财物等。这种现象不仅损害了未成年人的身心健康,还严重扰乱了社会治安秩序,对家庭、社会和国家都造成了非常恶劣的影响。有鉴于此,公安部经与有关部门研究,建议在刑法中对组织未成年人进行违反治安管理活动的行为作出专门规定。2009 年 2 月 28 日通过的《刑法修正案(七)》第 8 条在《刑法》第 262 条之一后增加一条,作为第 262 条之二,创设了组织未成年人进行违反治安管理活动罪。 1

Ⅱ 沿革

本条由《刑法修正案(七)》第 8 条所创设,作为第 262 条之二,其明确规定本条之罪的构成特点和处罚规则。2009 年 10 月 16 日实施的最高人民法院、最高人民检察院出台了《关于执行〈中华人民共和国刑法〉确定罪名的补充规定(四)》,将这一条文的罪名确定为“组织未成年人进行违反治安管理活动罪”。 2

Ⅲ 客体

关于本罪的客体,本罪是复杂客体,由于其规定在《刑法》分则的第四章侵犯公民人身权利、民主权利罪中,因而其主要客体是未成年人的人身自由与身心健康。除此之外,本罪中行为人组织未成年人进行违反治安管理活动的行为,也会侵害到社会治安管理秩序。不过,社会管理秩序是本罪的次要客体。 3

本罪的对象为未成年人。根据《未成年人保护法》第 2 条的规定,未成年人是指未满 18 周岁的公民。可见,该规定将未成年人的年龄上限确定为 18 周岁。而作为本罪对象的未成年人是否应存在年龄下限的要求呢?根据 2006 年 1 月 11 日发布的最高人民法院《关于审理未成年人刑事案件具体应用法律若干问题的解释》第 1 条也规定:“本解释所称未成年人刑事案件,是指被告人实施被指控的犯罪时已满十四周岁不满十八周岁的案件。”另外,根据《治安管理处罚法》第 12 条规定:“已满十四周岁不满十八周岁的人违反治安管理的,从轻或者减轻处罚;不满十四周岁的人违反治 4

安管理的,不予处罚,但是应当责令其监护人严加管教。"尽管以上规定中都对未成年人作了已满14周岁的下限规定。但这些规定均是对未成年人承担刑事责任和行政责任年龄下限的规定,本罪中未成年人只要求进行违反治安管理活动,并未要求其以承担相应的刑事责任或行政责任为前提。另外,司法实践中,与行为人而言,不满14周岁的未成年人较之已满14周岁的未成年人往往更容易受控制和操纵,因此,如果将本罪中未成年人的年龄设下限,无疑会缩小本罪的成立范围,从而放纵组织不满14周岁的未成年人进行违反治安管理活动的行为。因此,不应对本罪中未成年人的年龄设置下限。对于行为人组织不满14周岁的未成年人进行违反治安管理活动的,也应构成本罪。

Ⅳ　行为

5　本罪在客观上表现为组织未成年人进行盗窃、诈骗、抢夺、敲诈勒索等违反治安管理活动的行为。

6　"组织"是指采用强制性或非强制性手段控制未成年人的行为。强制性手段如暴力、胁迫等手段,非强制性手段主要是如招募、雇佣、拉拢、引诱、容留、介绍等手段。由于本罪的条文中未明确规定本罪组织行为的具体行为方式,所以不能排除暴力、胁迫等手段。在司法实践中,组织者为了更好地控制未成年人,以达到自己的目的,往往不择手段。如果将行为人使用暴力、胁迫等手段组织未成年人进行违反治安管理活动的情形排斥在本罪调整范围之外,将会人为地缩小本罪的范围,这与立法初衷是相违背的,不利于对未成年人的人身权利及正常社会秩序的保护。因此,本罪中的组织行为既可以是强制性的,也可以是非强制性的。但是如果组织者的暴力、胁迫等手段另构成其他犯罪的,视具体案情按想象竞合犯从一重罪处罚或者认定数罪实行并罚。

7　本罪对于组织者没有最低人数要求,即组织者可以是一人,也可以是多人,当多人实施组织行为时,组织者成立共同犯罪。但是对于被组织者的人数是否有最低要求,从既往的研究成果看,绝大多数论者认为,被组织者的人数应限定为3人或3人以上。如有学者认为,组织行为所针对的对象一般应为多人,两人或两人以下不能构成组织行为。[1] 也有学者从文义解释的角度入手,认为被组织的对象若达不到3人或者以上的多数,就会超出组织一词的含义。[2] 亦有学者从本罪的立法目的着眼,认为组织3人以下的未成年人进行本罪规定的违法活动,不具有犯罪所要求的严重的

1　参见王文华:《组织未成年人进行违反治安管理活动罪若干问题研究》,载《南都学坛》2010年第1期。

2　参见何萍:《组织未成年人进行违反治安管理活动罪探析》,载《华东政法大学学报》2010年第2期。

社会危害性,只有涉及的人数达到3人或3人以上时才有构成本罪的可能。[3] 上述观点恐会人为地缩小本罪的范围。首先,从立法目的不难看出,本罪侧重保护的是未成年人的人身权利,因而"组织"一词的核心是对未成年人的控制与操纵。其行为性质不会因被组织的未成年人在数量上的微小差别而发生改变。其次,在司法实践中,即使被组织的未成年人人数少于3人,其组织行为的社会危害性程度并不必然低于组织3人或3人以上进行盗窃、诈骗、抢夺等违反治安管理活动的所有情形。例如,不法分子长期操纵1至2名未成年人长期实施盗窃、诈骗、抢夺等违反治安管理活动的行为,且在多地流窜作案,这种情形显然符合本罪构成要件的要求。因此,不应将本罪中的被组织者人数限定为3人或3人以上。

本罪中"……等违反治安管理活动"是指与条文所列举的盗窃、抢夺、诈骗、敲诈勒索等相类似的具有侵犯财产权属性的违法犯罪行为。首先对条文中"等"的兜底表述,由于法条中已明确列举了作为本罪构成要件要素的盗窃、诈骗、抢夺、敲诈勒索四种行为方式,根据体系解释中同类解释规则的具体要求,对于其后的"等"这一概念就应作出与前面所列举的四种行为要素性质相同的解释。因此,这里"等"是指除盗窃、诈骗、抢夺、敲诈勒索四种行为方式以外,其他具有侵犯财产权属性的违法犯罪行为。对于"违反治安管理活动"的理解,尽管法条的表述为"违反治安管理活动",但并不意味着未成年人的行为不能是符合刑法规定且构成犯罪的行为,只是不要求未成年人的行为必须符合刑法所规定的犯罪构成。这是因为,既然组织未成年人进行盗窃、诈骗、抢夺、敲诈勒索等违反治安管理活动的行为能够成立本罪,那么,即使未成年人盗窃、诈骗、抢夺、敲诈勒索的财物数额较大,也完全符合违反治安管理活动的条件。另外,对于未成年人客观上盗窃、诈骗、抢夺、敲诈勒索的财物数额较大或者巨大,虽然因为没有达到法定年龄,不具备责任条件,但对于组织者而言其行为仍可构成盗窃、诈骗、抢夺、敲诈勒索等罪的共犯或者间接正犯。因此,组织者的行为同时触犯了盗窃、诈骗、抢夺、敲诈勒索等罪与本罪,属于一个行为同时触犯两个罪名的想象竞合犯。由于盗窃、诈骗、抢夺、敲诈勒索等罪的法定刑总体上重于本罪的法定刑,如果对上述情况不考虑想象竞合犯,而是直接认定为本罪,就将导致处罚不当的问题。 8

V　主体

本罪主体是一般主体,即由年满16周岁具有刑事辨认、控制能力的自然人构成。 9
单位不能构成本罪。在我国,由于未满18周岁的自然人都属于未成年人,因此,已满16周岁的未成年人,也可以成为本罪的主体。

3　参见李连嘉、杜邈:《组织未成年人从事违法活动的司法认定》,载《检察日报》2009年7月14日。

Ⅵ 故意

10 本罪的罪过形式是故意,即行为人明知自己的行为会侵害未成年人的人身自由与身心健康,危害社会治安管理秩序,却希望这种结果发生的主观心理态度。本罪的主观认识因素中要求行为人明知被组织者为未成年人,只要可以确定组织者知道或可能知道被组织者是未成年人,就可以确定行为人具有本罪的犯罪故意,否则不能以本罪论处。至于行为人是否“以牟利为目的”而实施本罪行为,不影响本罪的成立。

Ⅶ 与非罪的界限

11 应将本罪与一般的违法行为区分开来。由于“情节严重”并非本罪的构罪要件,理论上只要行为人实施了组织未成年人进行盗窃、诈骗、抢夺、敲诈勒索等违反治安管理活动的行为,即可构成犯罪。但如果行为人所实施的行为显著轻微,危害不大,如组织 1 名未成年人在相对固定场所偶尔实施盗窃行为的,应按照我国《刑法》第 13 条的规定,不以犯罪论处。这时虽然行为人的行为不构成犯罪,但应按照《治安管理处罚法》第 17 条的规定对行为人给予相应的治安管理处罚。

Ⅷ 与他罪的区别

一、与故意伤害罪、非法拘禁罪的区别

12 (1)本罪与故意伤害罪的区别。行为人以暴力方法组织未成年人进行盗窃、诈骗、抢夺、敲诈勒索等违反治安管理活动时,往往可能给未成年人的身体造成一定的伤害,因此,有必要明确本罪与故意伤害罪的界限。本罪与故意伤害罪的区别是明显的:①犯罪客体不同。本罪的客体是未成年人的身心健康与社会管理秩序。而故意伤害罪侵犯的是公民的健康权。②犯罪对象不同。本罪的对象是未成年人,而故意伤害罪侵犯的对象无特别限制,可以是任何公民。③客观表现不同。本罪的“组织”行为,是指采用强制性或非强制性手段控制未成年人的行为。可见除了暴力、胁迫等强制性手段外,还包括其他一切不会造成未成年人人身伤害的非强制性手段。而且本罪的“暴力”并非要求造成未成年人轻伤以上的伤害结果,只要通过暴力能够实际控制未成年人即可。可见,“暴力”并非指向伤害未成年人的身体健康,而是人身自由。而故意伤害罪中的伤害行为尽管并不限于暴力手段,还包括其他一切足以造成人身伤害的手段,暴力手段直接指向他人的身体健康,且构成故意伤害罪,还要求轻伤以上的伤害结果。④主观故意不同。本罪的行为人意在组织未成年人进行盗窃、诈骗、抢夺、敲诈勒索等违反治安管理活动,而故意伤害罪的行为人则意在伤害他人的身体健康。

13 (2)本罪与非法拘禁罪的区别。不排除行为人以非法拘禁方法组织未成年人进

行盗窃、诈骗、抢夺、敲诈勒索等违反治安管理活动,故有区分二罪的必要。①犯罪客体不同。本罪的客体除了侵害了未成年人的人身自由外,还侵犯了社会管理秩序。而非法拘禁罪仅仅侵犯了公民的人身权利。②犯罪对象不同。本罪的对象是未成年人,而非法拘禁罪侵犯的对象无特别限制,可以是任何公民。③客观表现不同。本罪在客观方面表现为以非法拘禁的手段组织未成年人进行盗窃、诈骗、抢夺、敲诈勒索等违反治安管理活动的行为。而非法拘禁罪在客观方面一般表现为非法剥夺他人的人身自由。④主观故意不同。本罪的行为人意在组织未成年人进行盗窃、诈骗、抢夺、敲诈勒索等违反治安管理活动,而非法拘禁罪的行为人则是要剥夺他人的人身自由。

如果行为人采取故意伤害、非法拘禁等暴力方式组织未成年人实施违反治安管理活动,应如何处理呢?对此应区别对待:如果组织者所实施的伤害、非法拘禁等行为本身就构成犯罪,那么应属于刑法理论上想象竞合犯的情形。对此,应依照“从一重处罚”原则进行处罚。如果组织者所实施的伤害、非法拘禁等行为本身不符合犯罪的要求,由于这种行为本身能够为本罪的“暴力”所包含,因而组织者只构成本罪。 14

二、与拐骗儿童罪,组织残疾人、儿童乞讨罪的区别

本罪与拐骗儿童罪的区别主要表现在以下方面:①犯罪客体不同。本罪的客体是未成年人的身心健康与社会管理秩序。拐骗儿童罪的客体是不满 14 周岁的未成年人的人身自由与安全。②犯罪对象不同。本罪的对象是未成年人,即未满 18 周岁的公民。而拐骗儿童罪的对象为儿童,即不满 14 周岁的未成年人。③客观表现不同。本罪在客观方面表现为组织未成年人进行盗窃、诈骗、抢夺、敲诈勒索等违反治安管理活动的行为。拐骗儿童罪在客观方面表现为拐骗不满 14 周岁的未成年人脱离家庭或者监护人的行为。④主观故意不同。本罪的行为人意在组织未成年人进行盗窃、诈骗、抢夺、敲诈勒索等违反治安管理活动,即行为人明知自己的行为侵犯了儿童的家庭或者监护人抚养和监护儿童的权利,拐骗儿童罪则表现为行为人明知自己的行为会发生使儿童脱离其家庭或者监护人的结果,并且希望这一结果的发生。拐骗儿童的目的一般是收养。如果行为人在拐骗儿童后,又组织儿童进行盗窃、诈骗、抢夺、敲诈勒索等违反治安管理活动的,应实行数罪并罚;如果行为人为了组织未成年人实施违反治安管理活动而拐骗儿童的,应以牵连犯“从一重处断”的原则进行处罚。 15

本罪与组织残疾人、儿童乞讨罪的区别主要表现在以下方面:①犯罪客体不同。本罪的客体是未成年人的身心健康与社会管理秩序。组织残疾人、儿童乞讨罪的客体是残疾人、儿童的人身权利。②犯罪对象不同。本罪的对象是未成年人,即未满 18 周岁的公民。而组织残疾人、儿童乞讨罪的对象是残疾人、儿童。③客观表现不同。本罪在客观方面表现为行为人采用强制性或非强制性手段控制未成年人,进行盗窃、诈骗、抢夺、敲诈勒索等违反治安管理活动的行为。而组织残疾人、儿童乞讨罪的客 16

观方面表现为行为人采用暴力、威胁手段组织残疾人、儿童乞讨。行为手段仅限于最广义的暴力与广义的胁迫。以利诱、欺骗等手段组织他人乞讨的,不成立组织残疾人、儿童乞讨罪。

17 如果行为人组织的未成年人既进行了违反治安管理活动,又实施了乞讨行为,对此,应数罪并罚。如果行为人仅组织未成年人乞讨,但未成年人在乞讨过程中,自行实施了盗窃、诈骗、抢夺、敲诈勒索等违反治安管理活动的行为,这种情况下对行为人仍以组织残疾人、儿童乞讨罪论处。

IX　处罚

18 根据本条规定,犯组织未成年人进行违反治安管理活动罪的,处 3 年以下有期徒刑或者拘役,并处罚金;情节严重的,处 3 年以上 7 年以下有期徒刑,并处罚金。这里的"情节严重"应结合案件的具体情况判断。影响情节严重判断的有以下因素:如被组织的未成年人的人数与年龄;进行违反治安管理活动的次数、时间的长短、地点与范围;对被组织的未成年人身心的伤害程度;非法获利数额的大小;组织行为造成的社会影响;等等。

第五章　侵犯财产罪

前　注

文献:赵秉志主编:《侵犯财产罪研究》,中国法制出版社 1998 年版;刘明祥:《财产罪比较研究》,中国政法大学出版社 2001 年版;张明楷:《诈骗罪与金融诈骗罪研究》,清华大学出版社 2006 年版;童伟华:《财产罪基础理论研究》,法律出版社 2012 年版;刘艳红主编:《财产犯研究》,东南大学出版社 2017 年版;徐凌波:《存款占有的解构与重建:以传统侵犯财产犯罪的解释为中心》,中国法制出版社 2018 年版;刘明祥:《财产罪专论》,中国人民大学出版社 2019 年版。刘明祥:《论侵犯财产罪的对象》,载《法律科学》1999 年第 6 期;刘明祥:《刑法中的非法占有目的》,载《法学研究》2000 年第 2 期;刘明祥:《论刑法中的占有》,载《法商研究》2000 年第 3 期;阮齐林:《金融财产控制的特点与侵犯财产罪的认定》,载《法学》2001 年第 8 期;张明楷:《论财产罪的非法占有目的》,载《法商研究》2005 年第 5 期;陈洪兵:《经济的财产说之主张》,载《华东政法大学学报》2008 年第 1 期;黎宏:《论财产犯罪的保护法益》,载《人民检察》2008 年第 23 期;黎宏:《论财产犯中的占有》,载《中国法学》2009 年第 1 期;周光权:《死者的占有与犯罪界限》,载《法学杂志》2009 年第 4 期;付立庆:《论刑法对财产权保护中的均衡性原则》,载《法学》2011 年第 5 期;张明楷:《无权处分与财产犯罪》,载《人民检察》2012 年第 7 期;陈洪兵:《财产犯的排除意思与利用意思》,载《辽宁大学学报(哲学社会科学版)》2013 年第 3 期;蒋铃:《论刑法中“非法占有目的”理论的内容和机能》,载《法律科学》2013 年第 4 期;高翼飞:《侵犯财产罪保护法益再探究——为本权说辩护》,载《中国刑事法杂志》2013 年第 7 期;白洁:《刑法中占有的认定》,载《政治与法律》2013 年第 12 期;车浩:《占有概念的二重性:事实与规范》,载《中外法学》2014 年第 5 期;王骏:《财产权区分制与财产罪法益观》,载《法学》2015 年第 11 期;梁云宝:《财产罪占有之立场:缓和的事实性占有概念》,载《中国法学》2016 年第 3 期;陈璇:《财产罪中非法占有目的要素之批判分析》,载《苏州大学学报(法学版)》2016 年第 4 期;江溯:《财产犯罪的保护法益:法律—经济财产说之提倡》,载《法学评论》2016 年第 6 期;陈兴良:《虚拟财产的刑法属性及其保护路径》,载《中国法学》2017 年第 2 期;徐凌波:《虚拟财产犯罪的教义学展开》,载《法学家》2017 年第 4 期;刘宪权:《网络侵财犯罪刑法规制与定性的基本问题》,载《中外法学》2017 年第 4 期;王俊:《非法占有目的的不同意义——基于对盗窃、侵占、诈骗的比较研究》,载《中外法学》2017 年第 5 期;李强:《财产犯中财产性利益的界定》,载《法学》2017 年第 12 期;徐凌波:《财产罪法益的讨论范式及其解构》,载《中外法学》2018 年第 1 期;付立庆:《论刑法中的财产概念》,载《中国人民大学学报》2018 年第 2 期;吴允锋:《人工智能时代侵财犯罪刑法适用的困境与出路》,载《法学》2018 年第 5 期;王骏:《财产罪中“损失”要素的体系性定位》,载《政治与法律》2019 年第 1 期;陈兴良:《刑民交叉案件的刑法适用》,载《法律科学》2019 年第 2 期;钱叶六:《存款占遥归属与财产犯罪的界限》,载《中国法学》2019 年第 2 期;刘俊杰:《财产犯罪中占有判断的类型化》,载《现代法学》2019 年第 4 期;张开骏:《非法占有目的之利用意思的疑难问题和理论深化》,载《法学家》2020 年第 4 期;陈兴良:《民法对刑法的影响与刑法对民法的回应》,载《法商研究》2021 年第 2 期。

细目录

Ⅰ 概念与类型
Ⅱ 客体
Ⅲ 对象
一、财物是否仅限于有体物
二、财物是否仅限于动产
三、财物是否仅限于有经济价值之物
四、财物是否包含违禁品
五、财物是否包含祭葬物
六、财物是否包含人的身体
七、财物是否包含财产性利益
Ⅳ 侵犯财产行为
Ⅴ 结果
Ⅵ 主体
Ⅶ 故意与目的
Ⅷ 排除犯罪的事由
Ⅸ 既遂与未遂
Ⅹ 罪数

Ⅰ 概念与类型

1 侵犯财产罪,又称为财产犯罪、财产罪、财产犯,是侵犯他人财产的犯罪行为的总称。

2 对侵犯财产罪,各国和地区刑法的规定不一。一般是以对财产所实施的侵害行为的手段,来区分不同的侵犯财产罪。只不过有的国家和地区刑法规定得细一些,有的规定得粗一些,也就是有的侵犯财产罪的罪名在有些国家和地区的刑法中有规定,而在另一些国家和地区的刑法中没有规定。不过,未作规定的并不一定就不予处罚,而是有可能采用扩张解释的办法,包容到其他罪名中去。另外,有的国家和地区的刑法作为侵犯财产罪规定的罪,在另一些国家和地区则可能视为另一类犯罪。例如,日本现行刑法中,赃物罪与盗窃、强盗等罪并列放在财产罪一章,而在我国赃物犯罪则是作为一种妨害司法活动的犯罪,规定在妨害社会管理秩序罪一章中。但是,对盗窃、抢劫、诈骗、敲诈勒索、侵占、毁损财物等罪,各国和地区刑法大多是作为侵犯财产罪予以规定的。

对刑法规定的侵犯财产罪,采取不同的标准,可以分成不同的类型。在德国、日本等大陆法系国家和地区的刑法学论著中,最常见的是根据行为人的主观目的和行为手段的不同,把侵犯财产罪分为取得罪与毁弃罪两类。其中,取得罪是不正当利用他人财产的犯罪;毁弃罪则是使他人财物的价值毁灭或减少的犯罪。前者包括盗窃罪、抢劫罪、诈骗罪、敲诈勒索罪、侵占罪等,后者则只限于故意毁坏财物罪。对取得罪,根据他人财物是否被转移占有,又可以进一步分为转移占有罪与不转移占有罪两类。盗窃、抢劫等绝大部分侵犯财产罪,都是将他人占有的财物转移到自己或者第三者的占有或控制之下,因而是转移占有罪;而侵占罪则是取得自己占有之下的他人财物,所以属于不转移占有罪。在转移占有罪中,盗窃罪、抢劫罪、诈骗罪、敲诈勒索罪等罪,学者们又称之为“夺取罪”。而其中的盗窃罪与抢劫罪,又被称为“盗罪”或“盗取罪”。 3

我国刑法理论界对侵犯财产罪的分类存在不同的见解。1997 年《刑法》公布之前,学者们以 1979 年《刑法》分则第五章侵犯财产罪的规定为根据,有的主张将财产罪分为以非法占有为目的而攫取公私财物的犯罪和故意毁坏公私财物罪两大类,前者包括抢劫、盗窃、诈骗、抢夺、敲诈勒索、贪污等罪,后者则是指故意毁坏公私财物罪;也有的主张把财产罪分为三类,即利用各种手段非法占有公私财物的犯罪(如抢劫、盗窃、诈骗、抢夺、敲诈勒索等罪)、利用职务非法占有公共财物的犯罪(如贪污罪)和毁坏公私财物的犯罪(如故意毁坏公私财物罪)[1];还有的主张按犯罪手段的不同,把财产罪具体分为若干种。[2] 4

1997 年《刑法》公布之后,我国一些刑法教科书采用的一种有影响的分类是,按照犯罪目的不同,把侵犯财产罪分为三类,即以非法占有为目的的犯罪,包括抢劫、抢夺、聚众哄抢、敲诈勒索、盗窃、诈骗、侵占等罪;以挪用为目的的犯罪,包含挪用资金罪、挪用特定款物罪;以破坏为目的的犯罪,包括故意毁坏公私财物罪、破坏生产经营罪。[3] 还有一种比较有特色的分类是,根据犯罪客观方面手段的类似性,将侵犯财产罪分为四种类型:①暴力、胁迫型,包括抢劫罪、抢夺罪、聚众哄抢罪、敲诈勒索罪;②窃取、骗取型,包括盗窃罪、诈骗罪;③侵占、挪用型,包括侵占罪、职务侵占罪、挪用资金罪、挪用特定款物罪;④毁坏、破坏型,包括毁坏财物罪、破坏生产经营罪。[4] 2011 年通过的《刑法修正案(八)》增设拒不支付劳动报酬罪之后,出版的一些刑法教 5

---

1 参见金凯主编:《侵犯财产罪新论》,知识出版社 1988 年版,第 21 页。

2 参见赵秉志、吴振兴主编:《刑法学通论》,高等教育出版社 1993 年版,第 659 页。

3 参见高铭暄主编:《新编中国刑法学》,中国人民大学出版社 1998 年版,第 761 页。

4 参见张明楷:《刑法学》(第 2 版),法律出版社 2003 年版,第 752 页。

科书大多将此罪与毁坏(含破坏)类犯罪相并列,纳入毁坏、拒付型的财产罪中。[5]

Ⅱ 客体

6 侵犯财产罪的客体[6]是财产权,这在各国刑法理论上几乎已无异议。但是,这里的"财产权"是指所有权及其他本权,还是仅指占有权?中外刑法理论界有较大争议。

7 在日本,存在本权说、占有说与折中说之争。在德国,关于财产罪的保护法益问题,存在法律的财产说、经济的财产说与法律的·经济的财产说的争论。从德、日两国关于财产罪保护法益的学说之争可以看出,本权说与法律的财产说、占有说与经济的财产说、折中说与法律的·经济的财产说比较接近,争论的焦点在于,不法原因给付物(如嫖客支付给妓女的预付款)、他人占有之下的自己的财物、用不法手段(如盗窃)取得的物、法律禁止持有的违禁品能否成为财产罪的侵害对象。归根到底是扩大还是缩小或适当限制财产罪的处罚范围的问题。本权说与法律的财产说是主张缩小,占有说与经济的财产说是主张扩大,而折中说与法律的·经济的财产说则是采取调和折中的办法。

8 我国的传统观点认为,侵犯财产罪的客体(或法益)是财产所有权,即采取本权说,但近些年来,也有学者开始采用占有说或折中说。[7] 笔者认为,从马克思主义关于犯罪本质的学说来看,侵犯财产罪的本质是侵犯了财产所有权,刑法规定处罚侵犯财产罪的目的也是为了保护财产所有权。由此而论,前述本权说(或法律的财产说)较为可取。而占有说(或经济的财产说)把占有本身视为财产罪的保护法益,这没有触及财产罪的本质,并且有扩大财产罪处罚范围的危险,与刑法的谦抑性原则也不符。不过,传统的(或狭义的)本权说,完全以民事法律作为判断是否侵犯了财产所有权的根据,否定刑法可以采用相对独立的实质标准来作判断,这又走向了另一个极端,会过于缩小财产罪的处罚范围,不利于保护财产所有权。

9 同时,也应当看到,财产所有权与占有(或持有)有紧密联系,在占有与所有权未分离的情况下,自然是占有者享有所有权。当占有与所有权相分离时,财物的占有者不是所有者,第三者采用盗窃等非法手段取得或者毁坏这种财物,无疑会侵害他人的财产所有权,肯定可以构成侵犯财产罪。如果是非法占有,如采用盗窃等非法手段取得的赃物,第三者又采用盗窃等非法手段夺走,这又应如何解释呢?有学者认为,这是对原所有者的所有权的再次侵害。这样解释也有一定道理。不过,应当注意,对所有权的侵害,与占有者本身对财产的占有是合法还是非法并无直接关系。只要某物能体现财产所有权关系,所有者之外的第三人采用刑法规定的盗窃等非法手段取得

---

5 参见黎宏:《刑法学各论》(第2版),法律出版社2016年版,第342页;张明楷:《刑法学》(第6版),法律出版社2021年版,第1342页。

6 在大陆法系国家和地区称之为财产罪的保护法益。

7 参见张明楷:《刑法学》(第6版),法律出版社2021年版,第1211页以下。

或毁坏,就可以构成侵害所有权的财产罪。如果所有者将他人非法占有的自己的所有物取回,自然不存在侵害所有权的问题,不可能构成盗窃罪。如果自己所有的财物在他人合法占有之下,所有者采用秘密手段窃取,则有可能构成盗窃罪。之所以如此,是因为这会给他人带来财产损失,从根本上损害他人的财产所有权。例如,某人把自己的电视机送到修理店修理,夜间撬开修理店门把电视机搬回家之后,又找修理店索赔,修理店不明真相,只好作价赔偿。表面上看,行为人窃取的是自己所有的财物,但实际上这同修理店花相当的价格买下这台电视机后被其偷走,没有太大差别,当然是侵犯了店主的所有权,因而构成盗窃罪。反过来,如果取回他人合法占有的自己的财物,不会给对方造成财产损失,如擅自溜进旅馆服务台,将自己存放的提包私下取走,只是为了图省事,并不想找旅馆索赔,也未给旅馆造成财产损失,这当然谈不上侵犯了旅馆的财产所有权,因而也不构成盗窃罪。

Ⅲ 对象

侵犯财产罪的对象是“公私财物”或“他人财物”。关于财物的概念,各国和地区刑法大多未作明文规定,因此而产生众多分歧。其中主要涉及如下几个问题。 10

一、财物是否仅限于有体物

关于侵犯财产罪对象的财物是否仅限于有体物的问题,在刑法理论上早就有争议,各国司法实践中的做法也不一样。例如,对窃电行为,德国过去的帝国裁判所从有体性说的立场出发,认为电不具有财物性,对盗用电的行为应该另外立法(另定处罚规则),而不能按盗窃罪处罚;但法国的审判实践则把财物的范围扩大到了包含电力。在日本,关于刑法是否应该与民法一样把财物限定为有体物的问题,在理论界和实务界有较大争议,主要存在有体性说与管理可能性说两种观点的对立。有体性说认为,刑法上的财物仅指有体物。但有体物不以固体为限,还包括液体和气体。如盗取煤气、蒸气和冷气,就可能构成盗窃罪。不过,电等能源不是财物,即使是不当使用了,也不能评价为夺取了财物。但是,管理可能性说认为,财物是指人有管理可能性的东西。不仅有体物,有管理可能性的无体物也是财物。此说又可以分为两种:一种是“事务的管理可能性说”,认为不只是有物理管理可能性的东西是财物,债权之类的权利等仅有事务管理性的东西也是财物。按这种学说,“盗窃权利”可能成立盗窃罪。另一种是“物理的管理可能性说”,认为财物应限定在有物理的管理可能性的范围内,仅有事务管理可能性,而无物理管理可能性的东西不是财物。如电、热等有物理管理可能性的能源是财物,但权利等观念上的东西不是财物。还有广播电视台发送的电波、企业秘密,也同样因为不具有物理管理可能性而不被认为是财物。此说是日本刑法理论界的通说,也是日本法院判例所持的基本主张。 11

12 我国台湾地区有学者倾向于有体性说[8],但我国大陆学者大多不赞成此说,认为刑法上的财物应包括有体物与无体物。[9] 现行《刑法》和过去的司法实践,都是采取后一种主张。《刑法》第265条就是一个例证,该条明文规定:"以牟利为目的,盗接他人通信线路、复制他人电信码号或者明知是盗接、复制的电信设备、设施而使用的",应依照盗窃罪的规定定罪处罚。最高人民法院在2000年5月12日公布的《关于审理扰乱电信市场管理秩序案件具体应用法律若干问题的解释》中明确指出,"将电信卡非法充值后使用,造成电信资费损失数额较大的","盗用他人公共信息网络上网账号、密码上网,造成他人电信资费损失数额较大的",应依照《刑法》第264条的规定,以盗窃罪定罪处罚。至于把电力、煤气、天然气等作为盗窃罪的对象,则在过去的司法解释中早就有规定。应当注意的是,尽管1992年最高人民法院、最高人民检察院的有关司法解释对重要技术成果是否可以成为盗窃罪的对象持肯定态度,但现行《刑法》已将技术成果排除在盗窃罪的对象范围之外,《刑法》第219条把盗窃技术成果归属于侵犯商业秘密罪中。由此可见,无物理管理可能性的权利,不能成为我国刑法规定的盗窃等侵犯财产罪的对象。

13 比较以上两说,不难看出两者各有利弊。有体性说对财物范围的界定很明确,便于司法实践中掌握和认定,并且符合罪刑法定主义的要求。其弊病在于,对财物的范围限定过窄,不利于保护公民的某些特殊财产权利。例如,盗用电力、盗打电话等同盗窃他人金钱、实物并无实质的差别,都会使所有者遭受财产损失,没有理由不给予同等保护。管理可能性说正是为了克服这一弊病,才提出将财物扩大到包括有管理可能性的无体物的范围。但这样一来,又出现了范围难以界定,并有违反罪刑法定主义的嫌疑。最好的办法是以有体性说为原则,同时,法律明文规定哪些无体物以财物论,对法律无明文规定的无体物,不得任意解释为属于侵犯财产罪对象的财物。

二、财物是否仅限于动产

14 在大陆法系国家和地区,不动产可以成为诈骗罪、敲诈勒索罪、侵占罪的侵害对象已无异议。至于不动产能否成为盗窃罪、抢劫罪的侵害对象,则有认识上的分歧。一般认为,在他人的土地上挖取沙土、从他人的果树上采摘果实,由于沙土、果实作为不动产的一部分已被动产化,当然可能构成盗窃罪、抢劫罪。但是,如果私下移动边界线,侵占邻人的土地,这类纯粹以不动产为侵害对象的行为,能否构成盗窃罪、抢劫罪,则是一个有争议的问题。特别值得一提的是,在日本,20世纪60年代以前,对这一问题也有较大争议,但1960年对刑法作部分修改时,增设了境界损坏罪、不动产侵夺罪。此后,由于对这类行为均按侵夺不动产罪定罪处罚,有关盗窃罪的对象是否包

8 参见林山田:《刑法各罪论(上册)》(修订5版),北京大学出版社2012年版,第211页。

9 参见张明楷:《刑法学》(第6版),法律出版社2021年版,第1213页。

含不动产的争论,也就随之消失。[10]

我国刑法理论界对抢夺罪、聚众哄抢罪、挪用资金罪的对象只限于动产已无异议,但对盗窃罪、抢劫罪的对象是否以动产为限有不同认识。有的学者认为,盗窃、抢劫罪的侵害对象不包括不动产[11];另有学者认为,抢劫罪的对象既可以是动产,也可以是不动产[12];盗窃罪的对象除了动产之外,还可以是不动产[13]。在笔者看来,由于不动产可以通过向一定的管理部门登记而取得法律上的支配权,所以,采用欺诈手段变更登记,或者采用威胁讹诈的方式,迫使所有者作转移占有的登记,从而使他人丧失对不动产的占有权乃至所有权的现象有可能发生,因而不动产可以成为诈骗罪、敲诈勒索罪的侵害对象。同样道理,不动产也可以成为侵占罪的对象。至于毁损不动产可以构成毁损财物罪,更是不争之论。但是,盗窃罪是以窃取他人财物为本质特征,一般是采取不被财物的所有者发觉的方式而取得其财物。正因为如此,所有者的财物一旦被窃,往往一时难以发现行窃者。但不动产的不可移动性决定了它不可能成为窃取的对象。通过移动边界线等手段固然可以侵夺土地等不动产,但由于侵夺者是谁往往一目了然,因而很难说是窃取。即使有必要予以犯罪化,也是要另立罪名的问题,而不应当归属于盗窃罪。抢劫罪的特点有所不同,它是以暴力、胁迫等侵害人身的手段当场夺取他人财物。行为人要当场夺取他人不动产,并转移财产的所有权,往往是不可能的。采用暴力、胁迫等手段强行占用他人不动产以获取财产上的利益,倒是有可能发生,在设有"抢劫利益"之法律规定的国家(如日本),按抢劫利益罪处罚也无可非议。但不能以此作为不动产可以成为抢劫罪侵害对象的理由,因为在这种情况下,行为人所劫取的只是财产性利益,而非不动产本身。 15

三、财物是否仅限于有经济价值之物

作为盗窃罪对象的财物是否以有价值为必要?财物的价值是否仅限于经济价值?财物有无价值是从客观方面还是从主观方面来判断?这都是外国刑法理论上有争议的问题。我国刑法理论界对财产罪侵害对象的财物必须有价值已无异议,至于这种物是否必须有经济价值以及是从客观上还是从主观上来判断其有无价值,学者们认识不一。一种观点认为,作为侵犯财产罪对象的财物,并不要求具有客观的经济价值,只要所有人、占有人主观上认为该物具有价值,即使它客观上没有经济价值,也不失为侵犯财产罪的对象。"例如,某些纪念品……等,本身不一定具有经济价值或者经济价值很小,但对所有人、占有人它具有一定使用价值,社会观念也认为对这种 16

10 参见〔日〕大塚仁:《刑法概说(各论)》,有斐阁 1996 年版,第 174—175 页。

11 参见金凯主编:《侵犯财产罪新论》,知识出版社 1988 年版,第 7 页。

12 参见张明楷:《刑法学》(第 6 版),法律出版社 2021 年版,第 1271 页。

13 参见高铭暄、王作富主编:《新中国刑法的理论与实践》,河北人民出版社 1988 年版,第 588 页。

物品的占有值得刑法保护,因而属于财物。”[14]但另一种观点认为,只有具有一定经济价值的财物,才能成为财产罪的侵害对象。“判断某种物品是否具有经济价值,其标准应是客观的,不能以主观上的标准来评判。经济价值是指能够用客观的价值尺度衡量的经济效用。某件物品是否具有经济价值,主要通过市场关系来体现。”[15]

17 笔者认为,作为财产罪侵害对象的财物必须是有价值之物,无任何价值的东西,刑法当然不必给予保护。并且财物的价值只限于金钱价值或交换价值,只能从客观上来作判断。如果某种物品不具有金钱价值或金钱价值很低,但却有其他方面的重要价值,如打印在一张纸上的重要国家机密,刑法固然要给予保护,但却不应该当作财物来保护。盗窃、抢夺这张纸,即使构成了犯罪,也不应认为构成盗窃罪、抢夺罪之类的财产罪。因为行为对象所体现的社会关系或法益并非是财产所有权。如果某种物品不具有金钱价值,但所有者、占有者认为有特殊价值,如情人写给自己的信,即使收信者认为极为珍贵,也由于它体现的不是财产所有权关系,同样不能成为财产罪侵害的对象。另外,财物价值的大小对决定侵害财产行为的社会危害性程度有重要意义,主观上意图侵害和客观上实际侵害的财物价值很低者,其社会危害性程度通常也很低,因而没有必要当作犯罪来处罚。

四、财物是否包含违禁品

18 违禁品是法律禁止私人所有、占有的物品,如毒品、淫秽物品、伪造的货币、枪支弹药等。那么,这类物品能否成为财产罪的侵害对象,也就是说采用盗窃、欺诈、抢夺、抢劫等手段,从他人手中夺取这类违禁品,能否构成盗窃等财产罪呢?我国刑法学界主要有两种观点:一种观点认为,枪支弹药、鸦片烟毒、淫书淫画等违禁品,均不属于非所有物,所以也可以成为财产罪的侵害对象。[16] 另一种观点认为,违禁品能否成为侵犯财产罪的对象,关键在于刑法是否已就取得违禁品的行为规定了相应的其他性质的犯罪。因此,在我国刑法已规定了盗窃、抢夺、抢劫、私藏枪支弹药等罪名的情况下,枪支弹药显然不再属于侵犯财产罪的对象。至于对未规定相应罪名的其他违禁品则有可能成为侵犯财产罪的对象。[17]这两种观点中,前者是一种肯定说,后者是一种折中说。

19 笔者认为,违禁品不能成为财产罪的侵害对象。因为作为财产罪侵害对象的财物,理应是足以体现一定的所有权关系的物,违禁品既然是法律禁止所有的物品,不能体现所有权,那也就不能成为财产罪的侵害对象。但是,这并不意味着采用盗窃等手段夺取违禁品就完全不可能构成犯罪。相反,按照我国和其他一些国家的法律规

---

14 张明楷:《刑法学》(第6版),法律出版社2021年版,第1215页。

15 赵秉志主编:《侵犯财产罪研究》,中国法制出版社1998年版,第159页。

16 参见金凯主编:《侵犯财产罪新论》,知识出版社1988年版,第11页。

17 参见赵秉志主编:《侵犯财产罪研究》,中国法制出版社1998年版,第30—31页。

定,夺取某些违禁品的行为本身就构成犯罪。如盗窃、抢夺、抢劫枪支弹药,构成盗窃、抢夺、抢劫枪支弹药罪。另外,即使对夺取违禁品的行为本身不治罪,对夺取之后非法持有、利用的行为,往往也是可以按有关罪名定罪处罚的。例如,盗窃毒品之后非法持有的,可以定非法持有毒品罪,盗窃毒品后予以销售的,可以定贩卖毒品罪。但是,按这些罪名来处罚行为者,并不意味着是对原来持有违禁品者的“持有权(或占有权)”“所有权”的保护,也不是因为行为人的行为侵犯了他人的财产权,而是侵犯了其他方面的社会关系,构成了其他的犯罪。

五、财物是否包含祭葬物

祭葬物是指尸体、遗骨、遗发等放在棺内埋葬,在宗教或感情上作为祭葬对象的 20
物。[18]祭葬物是否属于财物,掘坟盗墓取得祭葬物能否构成盗窃等财产罪,这也是理论上有争议的问题。过去,我国刑法理论界的通说认为,埋葬在坟墓中的物品,可以成为盗窃罪的对象。[19]最高人民法院、最高人民检察院在1992年的有关司法解释中也明确指出,如果为窃取财物而盗掘古墓葬之外的其他墓葬,窃取财物数额较大或者情节严重的,以盗窃罪论处。至于尸体能否成为财产罪的侵害对象,特别是对盗掘坟墓取得尸体而予以出卖的行为如何定罪的问题,由于过去的刑事法律无明文规定,因而在定性上时常产生争议。但是,1997年《刑法》颁布之后,由于该法第302条将盗窃、侮辱尸体的行为单独规定了罪名,上述争议也就随之消失了。

笔者认为,财物的所有权是以权利人对财物占有、使用、收益、处分为内容的。放 21
在棺内埋葬的人的尸体和其他随葬物品,一般只是作祭祀之用,不会当作财物来占有、使用、收益、处分,因此,应该认为是放弃了所有权的物,从而也就不能成为财产罪的侵害对象。掘坟盗墓取得祭葬物的实质,不是侵犯了他人对财产的所有权关系,而是伤害了他人对死者的感情,妨害了社会秩序。对这样的行为,刑法有必要单独设处罚规定。1997年《刑法》第302条增设盗窃、侮辱尸体罪就是一个例证。但是,1997年《刑法》修订颁布时只是对盗窃、侮辱尸体的行为作了单独的处罚规定,2015年通过的《刑法修正案(九)》虽然对该条作了修改补充,将故意毁坏尸体的行为也纳入处罚范围,并且把侵害对象扩大到包含尸骨、骨灰,该条罪名也因而改变为“盗窃、侮辱、故意毁坏尸体、尸骨、骨灰罪”,但对盗窃坟墓中的随葬物品,仍然没有纳入其中。这是立法上的一个漏洞,今后应当作进一步的修改补充。在刑法没有作这样的规定的情况下,对盗窃古墓葬之外的一般墓葬中的财物数额较大的,还是只能酌情以盗窃罪论处。不过,这只是权宜之计,并非最佳选择。

---

18 这里的祭葬物不包括无主的或者有珍贵历史、考古价值的古墓葬内的物。

19 参见高铭暄、王作富主编:《新中国刑法的理论与实践》,河北人民出版社1988年版,第583页。

六、财物是否包含人的身体

22 人的身体是人格权的对象,不是所有权的对象,所以不能视为财物。杀伤人的行为自然不构成毁坏财物罪,盗窃婴儿的行为也不可能构成盗窃罪。但是,人的肢体、脏器等与人的身体相分离后,能否成为财物呢?在德国和日本,有学者持肯定态度,认为与身体相分离的脏器、组织是财物,不仅其所有权归属于本人,而且本人还可以将所有权转移给他人。因此,采用盗窃等非法手段取得被分离的脏器、组织,自然可以构成盗窃等财产罪。[20] 我国也有学者认为,人体的某一部分与人体分离后,可以成为财产罪的对象。比如,从人身上剪下来的头发被用作道具时,就成为具有经济价值之物;从人体上抽取出来的血液,经医学上处理、贮藏后,自然可以成为盗窃等财产罪的侵害对象。[21] 甚至还有学者认为,活人的器官也可以成为盗窃罪的对象。因为随着医学的发展,人体器官移植成为现实,因而具有了某种经济价值。[22] 但是,笔者不赞成这种观点。因为不得为追求财产上的利益而移植脏器、禁止买卖脏器,已成为国际上公认的生命伦理原则。如果把与人体分离的脏器视为财物,显然有悖于这一原则。况且,人的脏器是留在身体上还是分离出来了,作为人格权的对象的性质并无差异,为何一旦与身体相分离,就突然由人格权的对象变成了财产所有权的对象呢?不过,上述肯定说也有一定的道理。脏器与人体分离经过特殊加工处理后作为治疗疾病的备用品时,无疑是具有经济价值的,自然可能成为盗窃等财产罪的侵害对象。这是因为它已渗入了医务人员或其他人的劳动,这种创造性的劳动本身也是有经济价值的。只不过未经本人同意对其施行手术从其身体上摘取器官出卖牟利,则是一种严重侵害人身的伤害行为,不能以盗窃等侵害财产的犯罪来论处。

七、财物是否包含财产性利益

23 有些国家的刑法专门规定了利益罪(或利得罪),如《日本刑法》第 236 条第 2 项、第 246 条第 2 项、第 249 条第 2 项,分别规定了利益强盗罪、利益诈欺罪和利益恐吓罪。在这些国家,作为财产罪侵害对象的财物与财产性利益是相并列的概念,两者之间不存在包容关系。但是,我国刑法并未对利益罪作明确规定,只是在解释论上学者及司法实务上认为,财产性利益也可以成为诈骗等财产罪的侵害对象。因此,在我国,作为财产罪侵害对象的财物是从广义上而言的,自然包括财产性利益。只不过由于盗窃等财产罪的性质决定了财产性利益不可能成为其侵害对象,这就意味着对具体财产罪而言,作为其侵害对象的财物有的包含财产性利益,有的则不包含。从立法

---

20 参见〔日〕町野朔:《犯罪各论的现在》,有斐阁 1996 年版,第 112—113 页。

21 参见金子桐、郑大群、顾肖荣:《罪与罚——侵犯财产罪和妨害婚姻、家庭罪的理论与实践》,上海社会科学院出版社 1987 年版,第 54 页。

22 参见陈兴良等:《案例刑法教程》(下卷),中国政法大学出版社 1994 年版,第 296 页。

论上说,像日本刑法那样明确规定利益罪似乎更合理一些。因为法律明文规定利益罪,实际上也就确定了财产性利益可以成为哪些罪的侵害对象,这既符合罪刑法定主义的要求,又可以避免在解释上产生分歧,以维持执法的统一性。

一般认为,财产性利益是指财物以外的有财产价值的利益。这种利益既可能是永久的利益,也可能是暂时的利益;既可能是积极利益,也可能是消极利益。积极利益是指取得权利之类的含有积极增加财产意义的利益;消极利益是指免除债务之类的不消极减少财产而产生的利益。 24

Ⅳ 侵犯财产行为

在我国,侵犯财产罪的行为表现形式多种多样,概括起来,主要有以下几种:一是采用非法手段将他人占有或控制之下的财物,转移到行为人自己或与之相关的第三人的控制之下,如抢劫、抢夺、盗窃、诈骗等罪。二是将自己合法占有之下的他人财物,拒不退还或拒不交出,非法据为己有,如侵占罪。三是擅自动用自己经手管理的他人财物(主要包括单位财物或救灾、救济等特定款物),如挪用资金罪、挪用特定款物罪。四是采用非法手段使公私财物丧失使用价值和价值,如故意毁坏财物罪、破坏生产经营罪。五是拒不支付劳动报酬,使他人付出的劳动得不到回报,从而使之失去应得的财产性利益。 25

侵犯财产罪的行为方式大多只能是作为,如抢劫、盗窃、敲诈勒索等罪,就不可能以不作为方式实施。而侵占罪则既可能采用作为形式,也可能采用不作为形式实施。拒不支付劳动报酬罪,则只能采取不作为的形式实施。 26

Ⅴ 结果

侵犯财产罪属于结果犯,一般以侵害财产的危害结果发生作为既遂的标志。但是,对不同的财产罪,结果的表现形式有所不同。一般来说,对取得罪而言,应以行为人取得财物作为结果发生或既遂的标志,盗窃、诈骗、抢夺、敲诈勒索等罪就是适例。但对于故意毁坏财物罪来说,则应以公私财物被毁坏作为结果发生的标志。这两类侵犯财物罪的结果往往都是使被害人遭受财产损失。不过,应当注意的是,只有直接损失才能视为侵犯财产罪的结果,间接损失则不应计算在内。另外,对挪用型的犯罪而言,其危害结果一般不是表现为单位的财物遭受了直接损失,而只是影响到对财物的占有、使用、收益和处分权能的实现。 27

值得一提的是,我国刑法对绝大多数财产罪的成立都有“数额较大”的要求,因此,行为人意图侵害与实际侵害财物的数额大小,对行为是否构成犯罪具有决定性的意义。但是,侵犯财产的数额大小,并非决定行为的社会危害性程度的唯一根据,处理这类案件时,要注意研究和掌握不同罪的定罪量刑的不同数额标准,并且要与其他情节相结合,综合判断。至于具体的数额标准,一般由最高司法机关作出司法解释规 28

定幅度,地方在幅度内作具体数额规定。

Ⅵ 主体

29 根据我国《刑法》第17条的规定,抢劫罪的主体是年满14周岁,具有辨认控制自己行为能力的自然人,其他侵犯财产罪的主体必须是年满16周岁,具有辨认控制自己行为能力的自然人。此外,有少数犯罪的主体还要求具有某种特定的身份或者职务才能构成,如挪用资金罪、职务侵占罪等。单位可以成为《刑法修正案(八)》增设的拒不支付劳动报酬罪这种特殊的侵犯财产罪的主体,但不能成为其他普通的侵犯财产罪的主体。

Ⅶ 故意与目的

30 侵犯财产罪都只能由故意构成,但是不同的侵犯财产罪的故意内容有所不同。如前所述,侵犯财产罪可以分为取得财物的犯罪与毁坏财物的犯罪两类。毁坏财物的犯罪,要求行为人明知自己的行为会发生使他人财物丧失价值(或使用价值)的危害结果,并且希望或者放任这种结果的发生。取得财物的犯罪,则要求行为人对自己行为手段的性质以及对自己的行为会发生使他人永久失去财物的危害结果有认识,并且希望这种结果发生。但挪用型的犯罪,则只有暂时动用他人财物的故意,而无取得的意思,也就是只想暂时使用,用后予以归还。若无明确的归还意思,则可能构成取得型犯罪,不可能构成挪用型的侵犯财产罪。

31 此外,关于“非法占有目的”是不是盗窃等取得财物的犯罪主观方面的要件以及它的内涵和外延如何界定的问题,中外刑法理论界有较大争议。在大陆法系国家,对非法占有的目的[23]有三种不同理解:一是排除权利者的意思说,认为非法占有的目的,是指排除权利者行使所有权的内容,自己作为财物的所有者而行动的意思。二是利用处分的意思说,认为非法占有的目的,是指按财物经济的(本来的)用法利用、处分的意思。还有一种折中说,认为非法占有的目的,是指排除权利者对财物的占有,把他人之物作为自己的所有物,按其经济的用法利用或处分的意思。[24]

32 我国刑法没有明文规定盗窃、诈骗、抢夺、敲诈勒索等取得财物的犯罪必须以非法占有为目的,但理论上的通说一直认为,应该要以非法占有为目的。[25]只不过对非法占有目的的理解,学者们的认识不完全一致。一种是“意图占有说”,认为“所谓非法占有目的,是指明知是公共的或他人的财物,而意图把它非法转归自己或第三者占

---

23 在日本的刑法学论著中,通常被称为“不法领得的意思”,为了避免概念上的混乱,以下统称为“非法占有的目的”。

24 参见〔日〕曾根威彦:《刑法的重要问题》(各论),成文堂1996年版,第130页。

25 参见高铭暄、马克昌主编:《刑法学》(下编),中国法制出版社1999年版,第889—890页。

有”。这是我国刑法理论界的通说。[26]另一种是“不法所有说”,认为“从刑法所描述的构成要件来看,要求盗窃等罪具有不法所有的目的是理所当然的”。“不法所有的意思,是指排除权利人、将他人的财物作为自己的所有物,并遵从财物的用法进行利用、处分的意思。”[27]还有一种与此类似的观点认为,由于犯罪分子实施侵犯财产的犯罪,并不仅仅是为了占有或控制财物,而是为了使用或者处分财物,也就是说其目的是想得到所有权的全部内容,因此,应该把“非法所有目的”(而不是把“非法占有目的”)作为盗窃等取得罪的要件。[28]另外,还有一种“非法获利说”,认为盗窃等非法取得他人财物的犯罪都属于图利性的犯罪,其主观要件不是以非法占有或不法所有为目的,而是以非法获利为目的。[29]这种观点实质上与前述大陆法系国家的第二种学说(即利用处分意思说)比较接近。

从各国刑法的规定和中外刑法理论上的解释来看,非法占有目的的内涵并不十分清楚。如果仅从字面含义来理解,所谓“非法占有目的”,无非是指非法掌握控制财物的目的。[30]我国刑法理论界多数人采用的“意图占有说”就是从这种意义上来理解的。这种从字面的、本来的含义上理解的非法占有目的,可以称之为“本义的非法占有目的”。笔者也赞成作这样的理解。而大陆法系国家多数学者和我国部分学者所作的前述解释大多超出了其字面含义的范围,附加了一些特殊的内容。对这种附加了特定含义的非法占有目的,可以称之为“附加含义的非法占有目的”。 33

非法占有的目的是盗窃等取得财物的犯罪的故意内容之一,还是故意之外的独立的主观要件?这也是刑法理论上有争议的问题。我国刑法理论界有两种不同的认识,多数学者认为,盗窃等取得财物“这类犯罪故意的内容,主要表现为以非法占有为目的而侵犯公私财物的所有权”[31]。这也就是说非法占有目的是盗窃等取得财物的犯罪的故意内容。但也有学者认为,非法占有目的是目的犯的目的,是盗窃等犯罪故意之外的主观要件。[32] 34

笔者认为,之所以出现上述认识上的分歧,是因为学者们对非法占有目的的内涵和外延有不同理解。如果从本义上理解,非法占有目的是指非法掌握控制财物的目的(意思),这是盗窃等取得财物的犯罪的故意所包含的内容。因为这类犯罪的故意是对窃取等构成要件的客观事实有认识,而仍有意为之的心理态度。非法掌握控制财物的目的(意思),是这种心理态度所能包容的。反过来,如果给非法占有目的附加 35

---

[26] 参见高铭暄主编:《中国刑法学》,中国人民大学出版社 1989 年版,第 502—503 页。

[27] 张明楷:《刑法学》(第 2 版),法律出版社 2003 年版,第 750—751 页。

[28] 参见刘白笔、刘用生:《经济刑法学》,群众出版社 1989 年版,第 385—386 页。

[29] 参见张瑞幸主编:《经济犯罪新论》,陕西人民教育出版社 1991 年版,第 255—256 页。

[30] 日本刑法论著中的“不法领得(取得)的意思”,其字面含义也是指非法取得或得到财物的意思(目的)。

[31] 高铭暄主编:《中国刑法学》,中国人民大学出版社 1989 年版,第 502 页。

[32] 参见刘明祥:《论目的犯》,载《河北法学》1994 年第 1 期。

上某种特定含义,无论是按前述“排除权利者意思说”“利用处分意思说”“折中说”,还是按“不法所有说”“非法获利说”,非法占有目的都不属于故意的内容,行为人是否有排除权利者权利的意思以及有无利用处分财物的意图或非法获利目的,也均不影响盗窃等取得财物犯罪的故意的成立。实际上,这种附加含义的非法占有目的是推动行为人实施盗窃等取得财物犯罪的内心起因(即犯罪动机)。这也正是一些学者把盗窃等取得财物的犯罪当作目的犯(或意图犯)的原因所在。[33] 在笔者看来,完全没有必要把上述任何一种附加了某种特定含义的非法占有目的,作为盗窃、诈骗、抢夺等取得财物的犯罪的主观要件。因为只要行为人主观上有永久取得(即不返还)他人财物的意思,就具备了各种取得财物的犯罪故意的核心要素,从而也就不影响这类犯罪的成立,根本不需要另外再加上某种特定的目的(即附加了特定含义的非法占有目的)。如果行为人窃取、骗取他人财物只是为了暂时使用,准备用后归还,这就表明其不具有取得他人财物的意思(即不是想“取”而“得”之),也就不具有取得财物的犯罪故意,自然也不可能构成盗窃罪、诈骗罪等取得财物的犯罪,而只是有可能构成挪用型的侵犯财产罪。

Ⅷ 排除犯罪的事由

36 行为人基于某种客观原因认为自己有取得对方占有之财产的权利,因而采用盗窃、抢劫、诈骗、敲诈勒索等非法手段取得了财产。这种所谓“行使财产权利”的行为,能否成为排除财产犯罪的事由,是西方刑法理论上颇有争议的问题。我国刑法理论界对这一问题尚缺乏系统而深入的研究,学者们提出的处理意见也不完全一致。

37 关于采用盗窃等手段取回自己所有而被财产犯占有的赃物的行为,是否构成相关的侵犯财产罪的问题,我国刑法理论界的意见比较一致,认为不能构成。[34] 笔者也赞成这种意见。因为在这种情况下,非法持有人没有获得该物的所有权,没有正当理由来对抗财物合法所有者取回自己的财物;行为人主观上只是想要取回自己的财物,没有非法占有他人财物的故意;实质上也只是恢复了自己的财产权,并没有侵害他人的财产所有权。

38 但是,如果自己的财物被盗之后,反过来窃取对方与自己被盗物价值相当的财物(不是原物),对这种行为,我国刑法理论界有一种观点认为,原则上应作盗窃罪处理。因为双方的行为都属于违法行为,都侵犯了他人的财产所有权,这如同互殴行为一样,双方都造成了对方身体的伤害,因而都应该负法律责任。[35] 笔者认为,这种观点值得商榷。它实际上是将行使财产权利的行为,按夺取的财物是特定物还是种类物作罪与非罪的区分,而忽视了行为人的主观心理状态和行为的实质并无差别这一点。

---

33 参见〔日〕中山研一等编:《现代刑法讲座》(第4卷),成文堂1982年版,第248页。

34 参见张明楷:《刑法学》(第6版),法律出版社2021年版,第1226页。

35 参见王礼仁:《盗窃罪的定罪与量刑》,人民法院出版社1999年版,第82页。

况且,从盗窃犯那里取回自己的被盗物与取回价值相当的财物,客观上的效果是相同的,一方面行为人的财产损害被挽回,另一方面也未给盗窃犯或其他人带来实质的财产损害,不存在侵害他人财产权的问题。上述观点把行为人从盗窃犯那里秘密取回相当价值的财物,与行为人双方之间互相殴斗的伤害行为进行类比,显然是没有看到财产具有可转移性、可替代性,以及财产上损害具有可补偿性的特点,忽略了侵犯财产罪与侵害人身罪的本质区别。事实上,人一旦被杀害、伤害,其损害后果往往无法挽回,被害人或其亲友反过来杀害、伤害行为人也无济于事,所以,只能依靠国家法律来惩处犯罪人;但财物被盗后,被害人不通过正当法律程序而直接从盗窃犯那里取回财物,就可以挽回其财产上的损失,正因为如此,现代各国对这种“自力救济”行为都予以认可。另外,如果说被害人窃取盗窃犯所有的与自己被盗价值相当的财物构成盗窃罪,那么,被害人发现自己的财物被盗窃犯已销赃或损坏,于是采用暴力、威胁手段强令其赔偿相当数额的金钱或以其他实物相抵,是否也构成抢劫罪、敲诈勒索罪等罪呢?再说,如果盗窃犯窃取的是金钱,按上述主张是否意味着,被害人只有取回自己被窃的特定钞票才不构成犯罪,如果秘密取回数额相同但属于盗窃犯所有的钞票,是否构成盗窃罪呢?

此外,关于债权人采用盗窃、抢劫、诈骗、勒索等非法手段,从债务人那里取得相 39
当数额的财物,以实现自己的债权的行为,是否构成相关的财产罪。我国刑法理论界有不同的主张。一种是否定说,认为这不可能构成财产罪。例如,采取暴力、胁迫手段强取债务人的财物用来抵债,就不构成抢劫罪。因为债务人有向债权人交付财物履行债务的义务,债权人强取其财物抵债,不存在给债务人造成财产损害、侵犯其财产权的问题;行为人的主观目的是实现债权,收回自己应得到的财产,并无非法占有他人财物的意图;即便其手段是非法的,也不能以抢劫罪论处。[36] 又如,以欺骗手段讨债,债权人“向债务人追还的只要是等量的债务,其行为均不构成诈骗罪。因为行为人主观上都是从债的抵偿性出发,讨还债务,而不具有非法占有公私财物的故意”[37]。但是,另一种肯定说认为,上述行为可以构成财产罪。例如,“借贷合同到期后,出借人秘密取回其所借财产的,成立盗窃罪”。这是因为“随着财产关系的复杂化,占有与所有相分离的现象日益增多,为了保护财产所有权,首先必须保护对财物的占有本身”[38]。

上述肯定说与否定说虽然都有一定道理,但笔者更倾向于否定说。因为侵犯财 40
产罪是一种侵犯所有权的犯罪,而侵犯所有权的最基本的表现是给权利人带来财产上的损害,不可能造成实质上的财产损害的行为,就不具有侵犯财产的性质。由此而论,既然债权人有从债务人那里得到财物的权利,反过来,债务人又有向债权人交付

---

36 参见陈兴良等:《案例刑法教程(下卷)》,中国政法大学出版社 1994 年版,第 262 页。

37 曹江轮等编著:《诈骗罪个案研究》,四川大学出版社 1993 年版,第 55 页。

38 张明楷:《刑法学》(下),法律出版社 1997 年版,第 757 页。

财产的义务,行为人采用非法手段实现了自己的债权,不能说是非法取得了他人的财物;债务人履行了他本来应该履行的交付财产的义务,也不能说有财产上的损害,不存在侵犯其财产所有权的问题;行为人主观上是为了实现自己的债权,也并无非法取得他人财物的恶意;再说,欠债者还债是我国乃至全人类几千年以来共同的道德观念和行为准则,把上述行使财产权利的行为按侵犯财产罪处理,与传统观念不符,不能为社会公众所接受。从国外的立法与司法实践来看,对上述行使权利的行为,总的趋势也是不以侵犯财产罪论处。[39] 特别值得一提的是,目前在我国对行使财产权利的行为不以侵犯财产罪论处有一定法律根据。我国现行《刑法》第 238 条第 3 款明文规定,“为索取债务非法扣押、拘禁他人的”,依照非法拘禁罪的规定处罚(而不是按抢劫或绑架勒索的规定来处罚),这表明立法者认为这种索取债务行为不侵犯财产所有权,只是其采用的非法手段侵犯了他人的人身权利,因而只处罚其手段行为,而不处罚其取得财物之目的行为。这一规定还表明,行使财产权利的行为虽然不构成侵犯财产罪,但其所用非法手段若侵害了他人的人身或其他权利,则有可能构成其他犯罪。

41　还应当指出,以上所述行使财产权利的行为,是以权利人从对方取得的财物在其财产权利范围之内为条件的,如果超出了其权利范围,比如债务人只欠 1 万元的债,而债权人非法夺取其 10 万元的财物,这就侵犯了债务人对 9 万元财产的所有权,有可能构成侵犯财产罪。另外,行使财产权利的行为只能是针对相对义务人实施的,才有可能成为排除财产罪的事由。如果是故意夺取第三人的财产(如自己的财物被盗,而去盗窃第三人的财物来“补偿”),则不影响财产罪的成立。但如果误以为是相对义务人的财物而夺取,按有关处理事实错误的原则,通常的结论是因缺乏财产罪的故意而否定财产罪成立。

IX　既遂与未遂

42　如前所述,侵犯财产罪有几种不同的类型,不同类型的侵犯财产罪的既遂标准也有所不同。就盗窃、诈骗、抢夺等取得财产的犯罪而言,应以行为人是否取得他人财物作为既遂的标志;而对毁坏财物的犯罪来说,自然应以他人数额较大的财物被毁坏作为既遂的标志。至于挪用型的犯罪,则应以使用财物为既遂的标志,挪而未用者不可能构成挪用型犯罪,从而也就不可能是犯罪既遂。

43　行为人已着手实行某种侵犯财产的犯罪而未得逞者,也就是未达既遂状态的,属于犯罪未遂。在司法实践中,除抢劫、重大盗窃等特别严重的财产罪外,对普通侵犯财产犯罪未遂的案件,一般视为《刑法》总则第 13 条规定的“情节显著轻微危害不大的”情形,不以犯罪论处。

39　参见刘明祥:《财产罪比较研究》,中国政法大学出版社 2001 年版,第 82 页以下。

X 罪数

侵犯财产罪的罪数,也应当按《刑法》总则关于一罪与数罪的标准来区分。一般 44
来说,对取得型的侵犯财产罪,通常是按取得财物的手段来定。例如,行为人某日在被害人家中骗取了其价值数额较大的金银首饰,同时又趁机窃取了其数额较大的现金。尽管受害人是同一人,并且是在同一场所、同一段时间作案,但因行为人是采取盗窃、诈骗两种不同手段取得财物的,分别具备了这两种犯罪的构成要件,因而应定盗窃罪与诈骗罪两罪,应数罪并罚。反过来,行为人采取同一种手段作案,虽然是在不同地点、不同时间、非法取得了不同种类的数额较大的财物,使不同的人受到了数额较大的财产损失,但因为取得财物的手段相同(如连续盗窃或诈骗),则只能定一罪,累计计算犯罪数额,酌情选择适用相应的法定刑处罚,而不实行数罪并罚。另外,行为人预谋采取此种非法手段取得他人财物,但因为情况发生变化而改用其他非法手段取得他人财物的,一般应以现实采用的手段来定罪,而不能实行数罪并罚。例如,行为人采用欺骗手段,意图骗取对方数额较大的财物,但因被对方识破骗局而未得逞,于是当场改变犯意,采用暴力手段直接夺取了对方的财物。对于这种情况,就应以抢劫罪一罪定罪处罚,而不能按诈骗罪(未遂)与抢劫罪(既遂)数罪并罚。同样道理,行为人原来想要采用非法手段取得他人数额较大财物,但后来犯意发生改变而予以毁坏,或者反过来的情形,均只能按实际完成的犯罪定罪处罚,不能实行数罪并罚。

第二百六十三条　抢劫罪

以暴力、胁迫或者其他方法抢劫公私财物的，处三年以上十年以下有期徒刑，并处罚金；有下列情形之一的，处十年以上有期徒刑、无期徒刑或者死刑，并处罚金或者没收财产：

（一）入户抢劫的；

（二）在公共交通工具上抢劫的；

（三）抢劫银行或者其他金融机构的；

（四）多次抢劫或者抢劫数额巨大的；

（五）抢劫致人重伤、死亡的；

（六）冒充军警人员抢劫的；

（七）持枪抢劫的；

（八）抢劫军用物资或者抢险、救灾、救济物资的。

文献：赵秉志：《侵犯财产罪》，中国人民公安大学出版社 1999 年版；刘明祥：《财产罪比较研究》，中国政法大学出版社 2001 年版；张国轩：《抢劫罪的定罪与量刑》，人民法院出版社 2001 年版；但未丽编著：《抢劫罪专题整理》，中国人民公安大学出版社 2007 年版；刘明祥：《财产罪专论》，中国人民大学出版社 2019 年版。杨敦先：《试论抢劫罪的几个问题》，载《法学研究》1983 年第 2 期；肖中华：《论抢劫罪适用中的几个问题》，载《法律科学》1998 年第 5 期；李建国等：《浅析"入户抢劫"和"在公共交通工具上抢劫"》，载《国家检察官学院学报》2000 年第 1 期；金泽刚：《抢劫杀人案的定性问题》，载《法律适用》2000 年第 9 期；李亮：《对不动产能否成为抢劫罪对象的探析》，载《河北法学》2001 年第 2 期；逄锦温：《抢劫罪司法认定中若干问题的探讨》，载《法学评论》2002 年第 1 期；刘明祥：《论抢劫罪的加重犯》，载《法律科学》2003 年第 1 期；刘明祥：《论抢劫的方法行为与目的行为》，载《河南省政法管理干部学院学报》2005 年第 1 期；黄祥青：《论抢劫罪情节加重犯的认定思路与方法》，载《政治与法律》2005 年第 6 期；杨兴培：《抢劫罪既遂、未遂的司法解释质疑——兼论司法解释的现实得失与应然走向》，载《政法论坛》2007 年第 6 期；李希慧：《抢劫罪的对象、标准及转化问题研究》，载《人民检察》2007 年第 18 期；王骏：《抢劫、盗窃利益行为探究》，载《中国刑事法杂志》2009 年第 2 期；刘明祥：《抢劫信用卡并使用行为之定性》，载《法学》2010 年第 11 期；王志祥：《抢劫罪加重犯的既遂问题新论》，载《法治研究》2011 年第 12 期；林亚刚：《论抢劫罪司法认定中的几个疑难问题》，载《法学评论》2013 年第 3 期；陈洪兵：《论"抢劫致人重伤、死亡"》，载《法学论坛》2013 年第 5 期；张明楷：

《论入户抢劫》,载《现代法学》2013 年第 5 期;付立庆:《论抢劫罪与强拿硬要型寻衅滋事罪之间的关系——以孙某寻衅滋事案为切入点》,载《法学》2015 年第 4 期;车浩:《抢劫罪与敲诈勒索罪之界分:基于被害人的处分自由》,载《中国法学》2017 年第 6 期;黎宏:《入户抢劫中"入户目的非法性"的要求应当取消》,载《上海政法学院学报》2019 年第 6 期。

细目录

Ⅰ 主旨
Ⅱ 沿革
Ⅲ 客体
Ⅳ 对象
Ⅴ 抢劫行为
一、方法行为
二、目的行为
Ⅵ 结果
Ⅶ 主体
Ⅷ 故意
Ⅸ 加重犯
一、入户抢劫
二、在公共交通工具上抢劫
三、抢劫银行或者其他金融机构
四、多次抢劫或者抢劫数额巨大
五、抢劫致人重伤、死亡
六、冒充军警人员抢劫
七、持枪抢劫
八、抢劫军用物资或者抢险、救灾、救济物资
Ⅹ 排除犯罪的事由
Ⅺ 既遂、未遂、不能犯
Ⅻ 共犯
XIII 罪数
XIV 与非罪的界限
XV 与他罪的区别
一、与抢劫枪支、弹药、爆炸物、危险物质罪的区别
二、与故意杀人罪的区别
三、与绑架罪的区别
四、与强迫交易罪的区别

五、与寻衅滋事罪的区别
六、与信用卡诈骗罪的区别
XVI 处罚
一、抢劫罪刑罚适用的基本问题
二、抢劫罪加重犯的刑罚适用
三、抢劫共同犯罪的刑罚适用

I 主旨

1 刑法规定抢劫罪的目的在于保护国家、集体和公民个人的财产所有权与公民的人身权。财产所有权包括对财物占有、使用、收益、处分四方面的权能。抢劫罪的特点是通过强行夺取他人占有的财物,以侵犯所有权的其他内容。另外,由于抢劫罪必须采用暴力、胁迫等侵害人身的方法实施,因而必定侵犯他人的人身权利。本来,人身权利包括生命、身体、健康、自由、人格、名誉等多方面的内容,但由于抢劫的方法必须具有侵害生命健康的特点,这就决定了它所侵犯的人身权利仅限于生命、身体健康权。

II 沿革

2 中华人民共和国成立后,1979 年《刑法》颁布前,历次的刑法草案都对抢劫罪作了规定。1979 年《刑法》第 150 条则完全保持了刑法草案第 33 次稿相应条文的规定。[1] 1979 年《刑法》第 150 条第 1 款规定:“以暴力、胁迫或者其他方法抢劫公私财物的,处三年以上十年以下有期徒刑。”第 2 款规定:“犯前款罪,情节严重的或者致人重伤、死亡的,处十年以上有期徒刑、无期徒刑或者死刑,可以并处没收财产。”此外,该法第 153 条还对盗窃、诈骗、抢夺转化的抢劫及事后抢劫作了处罚规定。

3 鉴于 1979 年《刑法》第 150 条第 1 款对抢劫罪未规定财产刑,而第 2 款对抢劫罪加重犯的规定过于笼统,即“情节严重”的含义不明确、范围不确定,司法实践中不好掌握,与罪刑法定原则不相符合,因此,1997 年《刑法》有针对性地作了修改,除对普通抢劫罪增加了“并处罚金”的规定外,还对抢劫罪的加重犯作了明确的列举规定,弥补了 1979 年《刑法》的上述不足。

III 客体

4 抢劫罪的客体是复杂客体,即公私财产所有权和公民人身权利。这是因为抢劫罪是复行为犯,行为人必须采用暴力、胁迫等侵害人身的方法夺取财物才可能构成抢

---

1 参见高铭暄:《中华人民共和国刑法的孕育诞生和发展完善》,北京大学出版社 2012 年版,第 129—130 页。

劫罪,其方法行为侵害他人的人身权利,其目的行为侵害他人的财产所有权,是抢劫罪客体的一大特色。

那么,在抢劫罪的双重客体中,何者为主要客体呢?对此,理论界有几种不同认识[2]:第一种观点(通说)认为,公私财产所有权是抢劫罪的主要客体。因为抢劫罪是以非法占有为目的的,实施暴力、胁迫行为只是一种手段,这就是刑法不把它列入侵犯公民人身权利、民主权利罪之章,而仍归属于侵犯财产罪一章中的决定性因素。第二种观点认为,公民人身权利是抢劫罪的主要客体。理由在于,使用暴力等手段抢劫公私财物,会危及他人的健康和生命,其危害大于对公私财物的侵犯,因而其主要客体应是人身权利。第三种观点认为,对抢劫罪的两款规定应当区别对待,公私财产权利是抢劫罪第 1 款(现行《刑法》第 263 条前半段)的主要客体,公民人身权利是抢劫罪第 2 款(现行《刑法》第 263 条后半段)的主要客体。其中,第一种观点是我国刑法理论界的通说,后两种观点为少数学者所主张。 5

比较以上三种观点,不难看出第一种观点较为可取。这首先是因为抢劫罪的罪质是一种以强取他人财物为特征的财产罪。众所周知,抢劫、盗窃、诈骗、抢夺、敲诈勒索等罪,区分的标志就在于取得财物的方法不同,抢劫是采用暴力、胁迫等侵害人身的方法强取他人财物,盗窃是采用秘密方法窃取他人财物,诈骗是采用欺骗方法骗取他人财物,抢夺是公然夺取他人财物,敲诈勒索是采用威胁讹诈的方法诈取他人财物,这些犯罪都只是在取得财物的方法上有差异,在罪质上并无不同。正因为如此,大陆法系各国无论是在立法上还是在刑法理论上都毫无争议地认为,抢劫罪是一种财产罪。我国 1979 年《刑法》和 1997 年《刑法》也都将抢劫罪置于侵犯财产罪一章中。所以,认为抢劫罪的主要客体是公私财产所有权的观点,不仅有理论基础,而且有法律根据。相反,如果仅以人身权利重于财产权利为由,就认为抢劫罪的主要客体是人身权利,那么,妨害公务罪等一些以暴力、胁迫为方法的犯罪,也存在同样的侵犯人身权利的现象,如果都将人身权利作为主要客体,纳入侵犯人身权利罪的范畴,除了不能准确揭示这类犯罪的本质之外,还会导致侵犯人身权利罪的恶性膨胀。另外,认为有部分抢劫罪的主要客体是公私财产所有权,而另一部分抢劫罪的主要客体是公民人身权利,这种观点显然不符合有关犯罪客体的理论。因为同种犯罪的基本构成与加重构成,只有危害程度上的差异,并无罪质的不同,而决定罪质的主要客体自然应该相同。 6

应当注意的是,公民人身权利虽然是抢劫罪的次要客体,但它对抢劫罪的社会危害性程度有重要影响。抢劫罪之所以成为财产罪之首,被规定比其他财产罪更重的法定刑,根本的原因就在于它同时还侵犯他人的人身权利。另外,在处理不同的抢劫案件时,处罚的轻重不仅受强取财物的价值数额影响,很大程度上取决于抢劫手段、侵害人身的程度及其所造成的后果。 7

---

2 参见赵秉志:《侵犯财产罪》,中国人民公安大学出版社 1999 年版,第 49 页。

Ⅳ　对象

8　抢劫行为的对象一般认为是他人的财物。至于这里的财物是否包括不动产,有的国家刑法明文规定仅限于动产,不包括不动产。如《德国刑法典》第 249 条规定,“意图不法占有他人财物,以暴力或危害身体或生命相胁迫抢劫他人动产的”,才构成抢劫罪。另有一些国家刑法对此未作明文规定,只是将抢劫的对象概括为财物或财产,日本、韩国、俄罗斯等国刑法就是适例。在日本,通说认为,不动产不能成为普通抢劫罪的对象。但也有学者认为,采用暴力、胁迫手段侵夺不动产,有可能构成抢劫利益罪。[3]

9　我国《刑法》第 263 条规定,抢劫的对象是“公私财物”。对这里的“财物”是否包括不动产,理论界有两种不同观点。一种观点认为,抢劫罪的对象只能是动产。抢劫罪的性质决定了行为人只能是当场取得财物,而当场可以取得的财物只能是动产,因为只有动产才便于携带移离,不动产是难以当场取走并非法占有的。另外,从我国刑法规定的抢劫罪的构成要件也可以看出,不动产不能成为抢劫的对象,不能以国外存在把不动产作为抢劫对象的立法例,作为我国刑法中的抢劫罪的对象包括不动产的理由。[4] 另一种观点认为,不宜将不动产一概排除在抢劫罪的对象范围之外。因为在实践中完全有可能发生抢劫不动产的现象,例如,甲采用暴力、胁迫方法,将乙一家赶出家门,强占其住房,这就构成抢劫罪。在一些国家和地区的刑法中,抢劫的对象包括财产上的不法利益,抢劫不动产就等于劫取了财产上的不法利益。我国刑法虽无此种规定,但从有利于保护公私财产和人身安全出发,有必要把不动产纳入抢劫罪的对象范围。[5]

10　笔者认为,抢劫罪的特点是用暴力、胁迫等侵害人身的手段,排除他人对财物的占有而当场夺取其财物,不动产的不可移动性决定了行为人不可能当场夺取,只可能强行占用。由于强行无偿占用可以取得财产上的利益,因而在刑法规定了抢劫利益罪的国家,这种行为当依此罪处罚。但即使是在这些国家,也并不认为行为人取得了不动产本身,而只是认为其取得了利用不动产所带来的财产性利益。我国刑法没有规定抢劫利益罪,根据罪刑法定的原则,不能把外国刑法所包含的抢劫利益的情形解释为构成抢劫罪。从司法实践中遇到的强占住房等不动产的案件来看,其要么是由民事纠纷引起,要么是寻衅滋事,前者属于民事侵权行为,不宜当犯罪处理;后者是《刑法》第 293 条列举的“强拿硬要或者任意损毁、占用公私财物”所包含的内容,应该按寻衅滋事罪定罪处罚。至于我国刑法有无必要增设抢劫利益罪,还有研究的余地。

3　参见〔日〕大谷实:《刑法讲义各论》(第 4 版),成文堂 1990 年版,第 214 页。

4　参见赵秉志:《侵犯财产罪》,中国人民公安大学出版社 1999 年版,第 52—53 页。

5　参见高铭暄、马克昌主编:《刑法学》(第 9 版),北京大学出版社、高等教育出版社 2019 年版,第 490 页。

另外,在日本,有学者提出,本罪的行为对象除了他人的财物之外,还包括他人的“身体、自由”。[6] 因为抢劫罪是一种复行为犯,作为其手段的暴力、胁迫行为,一般是针对他人人身;即使不是针对他人人身,起码也会使他人精神上受到压抑,也就是说,侵害他人的精神自由是无疑的。早期我国有关抢劫罪的著述在论及抢劫罪的犯罪对象时,往往只提到公私财物,而忽视了被害人的人身。后来有学者指出,“这样就使得抢劫罪的犯罪对象与其双重客体间发生不协调的现象,使公民人身权利这一客体失去了犯罪对象上的对应与体现。……由抢劫罪的双重客体所决定,其犯罪对象也是双重的。被害人人身是抢劫罪的手段行为指向的对象……公私财物是抢劫罪的目的行为借助其手段行为指向的对象”[7]。笔者赞成这种意见。 11

至于“他人”的身体、自由中的“他人”,是否仅限于自然人,日本刑法理论界有不同观点。有的学者认为,作为本罪暴力行为对象的人,只能是自然人,法人是一种社会组织,应该被排除在外,但是,胁迫行为的对象,则不以自然人为限,作为法人也能受到胁迫。例如,行为人到某公司,告诉公司职员,若不交出公司财物,就要放火烧毁其公司。在这种场合,受胁迫的被害对象与财物的被害对象就是公司(或法人)。当然,这是以公司职员(自然人)作为中介的,公司职员作为法人组织的一员,也会间接地受到精神上的强制。问题是当受害法人是国家时,它是否也能成为抢劫罪胁迫的对象呢?一般来说,国家是刑罚权的主体,国家的意思自由不应该被制约,因此,在国家财产受到抢劫罪的胁迫行为侵害时,应该认为受胁迫的对象是管理国家的公务员。由此可见,受胁迫的对象与财物的所有者即使不同,也不影响本罪的成立。[8] 12

应该肯定,作为抢劫罪行为对象的受胁迫者与财物的所有者可以是不同的人,但是,被胁迫的对象只能是自然人(不能是法人)。因为作为抢劫罪方法之一的胁迫,其直接效果是使他人精神上受到压制、不敢反抗,被迫交出财物或让犯罪人劫走财物。这就要求被胁迫的对象必须是能够理解胁迫内容的有意识的自然人,法人没有意识能力,自然不可能产生这样的效果。实际上,当法人的财产成为抢劫罪的侵害对象时,受胁迫的对象仍然是作为法人组织成员的自然人。 13

V 抢劫行为

抢劫行为表现为以暴力或以当场实施暴力相威胁,或者采用其他使被害人不知反抗、不敢反抗、不能反抗的人身强制方法,当场劫取公私财物。抢劫行为是复行为,由方法行为和目的行为两部分组成。方法行为是指为了劫取财物而实施的暴力、胁迫或其他人身强制行为;目的行为则是指劫取公私财物的行为,即当场夺取财物,或者迫使他人当场交付财物的行为。二者结合才构成完整的抢劫行为。只有前 14

---

6 参见〔日〕大塚仁等编:《刑法解释大全》(第9卷),青林书院1988年版,第306页。

7 赵秉志:《侵犯财产罪》,中国人民公安大学出版社1999年版,第48—49页。

8 参见〔日〕大塚仁等编:《刑法解释大全》(第9卷),青林书院1988年版,第309页。

者而无后者,一般只构成抢劫未遂。

一、方法行为

(一)暴力、胁迫方法

15 根据《刑法》第 263 条的规定,暴力、胁迫是抢劫罪的两种普通方法。

16 (1)暴力主要是指对人身实施猛烈的打击或强制,如殴打、捆绑、掐脖子、堵嘴巴等。应当注意的是,这里的暴力是行为人为排除或压制被害人的反抗,以便当场夺取其占有的财物而实施的。如果是基于其他目的而对被害人实施暴力,之后临时起意当场占有其财物的,即使此种暴力行为在客观上为行为人当场占有财物提供了方便,也不能视为作为抢劫方法的暴力,对这种拿走财物的行为也不应定为抢劫罪。如强奸犯将被害妇女打昏并强奸后,见被害人的手提包掉在地上,遂起意将手提包拿走。由于强奸犯殴打被害妇女不是为了劫取财物,与拿走被害人手提包没有主观联系,所以,不构成抢劫罪。

17 从广义而言,暴力是指使用非法的有形力,包括对人身的暴力和对财物的暴力。但对抢劫罪而言,是否包括对财物的暴力,有待进一步研究。有的国家(如意大利)刑法明文规定,只能"采用对人身的暴力";也有的国家(如日本、韩国、越南)刑法没有作明确的限定。日本刑法理论认为,暴力必须是指向人的,但却不一定是直接对人的身体施行的,即使是对物施加有形力,若能抑制被害者的意思、行动自由,一般就能视为本罪的暴力手段。[9] 我国也有学者认为,"暴力方法,主要是指对人身实施强烈的打击或强制……但是,根据《刑法》第 289 条规定,在'聚众打砸抢'中,'毁坏或者抢走公私财物的,除判令退赔外,对首要分子,依照本法第二百六十三条的规定定罪处罚',即以抢劫罪论处,这里包含了对财产的暴力"[10]。但是,笔者认为,抢劫罪的暴力是用来排除被害人反抗的,而对财产实施暴力(如砸毁等),则并不能直接排除被害人的反抗,只有可能使被害人产生恐惧而不敢反抗,也就是说,其实质是胁迫。至于《刑法》第 289 条规定,对"聚众打砸抢",毁坏公私财物的,也与抢走公私财物一样,要依照抢劫罪定罪处罚,这显然是不合适的。因为定罪的前提是行为必须符合刑法规定的某罪的构成要件,而故意毁坏公私财物符合《刑法》第 275 条"故意毁坏财物罪"的构成要件,并不符合抢劫罪的构成要件,对这种行为不按故意毁坏财物罪定罪处罚,反而按抢劫罪定罪处罚,无疑是有悖于定罪的基本原则的。

18 (2)作为抢劫方法的胁迫,是指为了使被害人不敢反抗,以便当场占有其财物,而以当场实施暴力相威胁。至于行为人是否真有实施暴力的意思以及是否确有实施暴力的能力,则在所不问。采用胁迫方法抢劫的特点有二:①以行为人自己或受其支配的他人将立即对被害人实施暴力相威胁,例如,以当场杀害、伤害、殴打等相恐吓。威

---

9 参见〔日〕大塚仁:《刑法概说(各论)》,有斐阁 1992 年版,第 208 页。

10 高铭暄主编:《新编中国刑法学》(下册),中国人民大学出版社 1998 年版,第 763 页。

胁的方式多种多样,既可能是口头的,也可能是书面的;既可能是手势、动作,也可能是眼神或表情。但如果没有任何胁迫的表现,只是因为被害人自己胆小怕事感到恐惧,眼见行为人拿走其财物而不敢制止,则不能构成抢劫罪。②胁迫的目的是使被害人不敢反抗,而当场夺取或者迫使被害人当场交付财物。如果制造恐怖威胁他人,不是为了排除被害人的反抗,而是要引起混乱,趁机窃取财物,则不构成抢劫罪;如果采用胁迫方法,要求被害人答应日后交付财物,也不能构成抢劫罪,而有可能构成敲诈勒索罪。

作为抢劫罪方法的暴力、胁迫是否必须达到一定程度?我国刑法对暴力、胁迫达 19
到何种程度才构成抢劫罪并无明文规定。我国刑法理论和司法实践一般不主张要求暴力达到压制被害人反抗的程度,认为只要行为人有抢劫的意图,并且为了占有财物而对被害人施加暴力,一般就应以抢劫罪论处。理由是:有时同样的暴力对不同的被害人可能产生不同程度的作用,要确定暴力是否达到了足以使被害人不能抗拒的程度,难以用具体的标准来认定。[11] 但是,近年来,也有著述认为,只有足以危害被害人的生命与健康的暴力,才能构成抢劫罪的暴力行为,未达此程度的侵犯人身而非法占有他人财物的行为,只能构成抢夺罪。例如,将被害人绊倒或按倒后夺走财物;趁被害人拿出钱包之机猛击其手臂,将钱包打落在地后,拿起钱包逃离;甲将被害人抱住而由乙夺走其财物,如此等等,由于暴力均未达到危害被害人健康的程度,不能定抢劫罪,而只能构成抢夺罪。[12] 笔者认为,上述两种观点都失之偏颇。如前所述,抢劫罪的本质特征是用暴力、胁迫等方法排除被害人的反抗,以夺取其财物,这就要求暴力、胁迫必须达到一定的程度,如果是很轻微的暴力,根本不足以排除被害人的反抗,那就不能视为作为抢劫方法的暴力,行为人取得财物的行为也就不具有强取的性质,即不能评价为抢劫。由此可见,抢劫罪的暴力、胁迫必须达到抑制被害人反抗的程度,这是由抢劫罪的性质决定的,那种认为只要夺取财物时施行了暴力就构成抢劫罪的观点,显然是忽视了这一点。但是,认为暴力必须达到危害被害人的生命与健康之程度的观点,则又走向了另一个极端。因为排除被害人反抗的暴力虽然通常会达到危及被害人生命或健康的程度,但也有例外的情况,以上述甲将被害人抱住而由乙夺取其财物的案件为例,行为人的暴力固然是没有达到危害被害人身体健康的程度(一般也无此种可能性),但却是一种有效排除被害人反抗的方法,在此基础上夺取财物,自然应该认定为抢劫。

那么,怎样判断暴力、胁迫是否达到抑制对方反抗的程度呢?日本刑法理论界有 20
两种不同主张:一种是主观说,主张以行为人是否预见到暴力、胁迫能够抑制对方反

11　参见高铭暄主编:《新编中国刑法学》(下册),中国人民大学出版社 1998 年版,第 764 页。

12　参见赵秉志主编:《侵犯财产罪疑难问题司法对策》,吉林人民出版社 2000 年版,第 36 页。

抗,即以行为人的主观认识作为判断的标准。如果行为人认识到即使采用客观上轻微的暴力、胁迫方法,就能抑制对方的反抗,那就应该视为抢劫罪的暴力、胁迫。例如,犯罪人用玩具手枪胁迫对方夺取其财物的场合,被害者以为是真枪而不敢反抗,由于犯人预见到会达到这样的效果,因此构成抢劫罪。[13] 另一种是客观说,认为应该从暴力、胁迫的性质来作判断,也就是以是否达到足以抑制普通人反抗的程度作为客观的判断标准。就前述用玩具手枪胁迫的实例来说,由于从客观上看,这种胁迫不能认为是抢劫的方法,所以不能构成抢劫罪。客观说是日本法院判例和通说的主张。[14]

21　但是,社会上的普通人是一个抽象的概念,所谓"足以抑制普通人反抗的程度"这种标准也很难掌握。因此,主张客观说的学者建议对这一标准予以具体化。一般认为,应该综合考虑被害者的有关情况(如被害者的人数、年龄、性别、性格等)、行为的状况(如作案的时间、场所等)、行为人的有关情况(如暴力、胁迫行为的表现形式、行为人的外貌等)。即使是用同样的威胁言辞,白天与晚上可能会使对方产生不同程度的恐惧反应;行为人的服装、神态不同,也会使人产生不同的心理反应;还有对未成年人和妇女,采用轻微的暴力、胁迫,往往就能抑制其反抗。总之,综合各种因素判断,如果认为某种暴力、胁迫从社会观念上,足以使一般人陷入不能反抗的状态,那就可以认为其是抢劫罪的方法行为;反过来,如果达不到使一般人陷入不能反抗状态的程度,只是因为被害人有臆病,而实际上产生了抑制其反抗的效果,就不能构成抢劫罪。不过,也有持客观说的论者提出,判断暴力、胁迫的程度时,综合考虑的各种因素中,还应该包含行为人特别认识的情况。按照这种观点,如果行为人知道被害人患有特殊的臆病,即便是采用不足以抑制一般人反抗的胁迫方法夺取其财物,也可以构成抢劫罪。[15] 这实际上就与前述主观说没有差别了。

22　相比而言,客观说更合理一些。因为作为抢劫罪实行行为的暴力、胁迫行为存在与否是一种客观事实,不会因为行为人主观上的认识不同而有所改变,当然应该从客观方面来判断。判断时无疑要考虑案件的各种具体因素,但不能把行为人对某种事实认识与否也纳入其中,否则,就背离了客观说的基本立场,所作出的判断也就失去了客观性。

23　一般来说,对人身体实施的暴力,其最严重程度是致人死亡。那么,抢劫罪的暴力方法是否包含故意杀人,换句话说,为非法占有他人财物而当场故意杀死被害人,是否应以抢劫罪论处?这涉及对《刑法》第263条规定的抢劫"致人死亡"这一严重情节的理解问题,下文会展开论述。

13　参见〔日〕宫本英修:《刑法大纲》,弘文堂1935年版,第357页。

14　参见〔日〕前田雅英:《刑法各论讲义》(第2版),东京大学出版会1995年版,第217页。

15　参见〔日〕团藤重光:《刑法纲要各论》(第3版),创文社1990年版,第586页。

(二)其他方法

如前所述,抢劫罪的特征是强取他人财物,为了强取通常就得采用暴力或胁迫方法以排除被害人的反抗。但除此之外,还有无其他方法?也就是说,作为抢劫罪方法的行为,是否以暴力、胁迫为限?对此,各国刑法的规定不一。多数国家刑法规定仅以暴力、胁迫为限,德国、日本、意大利、韩国、泰国、奥地利、俄罗斯等国刑法就是如此。但也有一些国家刑法规定,抢劫罪的方法除了暴力和胁迫之外,还包括其他方法,至于其范围则并未加以限定。越南、瑞士等国刑法就是采取这种立法形式。我国刑法也是如此。相比而言,将抢劫罪的方法限定在暴力、胁迫的范围内,并像日本刑法那样,明文规定"使他人昏醉而盗取其财物的,以强盗论",可能是一种较好的立法方式。因为"其他方法"是一个不明确的概念,与罪刑法定原则所要求的明确性不符。并且,从我国的司法实践和通说的解释来看,抢劫罪的"其他方法"无非是指用酒灌醉、用药物麻醉、使用催眠术等"昏醉"方法。[16] 既然如此,则不如用具体列举的方式来取代抽象概括式的规定。 24

鉴于我国《刑法》第263条中的"其他方法"不够明确,有必要作严格限制解释。①"其他方法"必须是与暴力、胁迫相类似的侵害人身的方法(不包括欺骗等不侵害人身的方法);②"其他方法"是针对财物的占有人实施的暴力与胁迫之外的用来排除其反抗的方法(通常是使被害人失去保护财物的能力);③采用"其他方法"是为了便于当场夺取被害人占有的财物。如果不是行为人的行为导致被害人昏睡并使之失去保护财物的能力,而是被害人自己因酗酒、生病等引起昏睡,行为人趁机拿走其财物的,则不属于采用"其他方法"抢劫,而只可能构成盗窃罪;如果行为人以帮被害人看守财物为名哄骗其入睡,趁对方处于熟睡状态而拿走其财物,行为人的哄骗虽与被害人的熟睡有密切联系,但由于哄骗他人入睡的行为不具有侵害人身的特性,不属于抢劫罪的"其他方法",也不可能构成抢劫罪;如果行为人为实施其他犯罪而采用麻醉等方法,使被害人处于昏睡状态后,临时起意拿走其身边的财物,如行为人为强奸妇女,在其食物中投放安眠药,致其昏睡并奸淫后,发现被害妇女携带的手提包内有大量现金,遂起意拿走其手提包,对这种取得财物的行为就不能认为是抢劫罪,而只能视为盗窃罪,应该与强奸罪数罪并罚。 25

另外,对以酒灌醉被害人,趁其昏睡之机拿走其财物的行为,能否认定为采用"其他方法"抢劫,在我国刑法理论界有两种不同认识:一种观点认为,不构成抢劫罪而应认定为盗窃罪。因为醉酒在一般情况下并不危害人的健康,因而不能认为将人灌醉是侵犯人身权利的行为;将人灌醉只是盗窃罪的预备行为,其后趁人昏睡时拿走其钱物的行为符合盗窃罪的特征。[17] 另一种观点认为,灌醉同麻醉一样都是侵犯他人人身的行为,是行为人对被害人人身的一种非法强制,它排除了被害人对财物的有效保 26

---

16 参见高铭暄、马克昌主编:《刑法学》(第9版),北京大学出版社、高等教育出版社2019年版,第492页。

17 参见刘明祥:《财产罪专论》,中国人民大学出版社2019年版,第43页。

护,因此,对把被害人灌醉、趁其昏睡取其财物的行为,应认定为以其他侵害人身的行为实施的抢劫罪。[18] 笔者认为,对先以酒灌醉,尔后趁被害人昏睡而拿走其财物的行为,不可一概而论。如果被害人喝酒达到一定量后拒绝再喝,而行为人强行将其灌醉;或者在不容易致醉的低度酒中掺进大量高度酒,在被害人不知情时骗其过量饮用致醉,并以此作为使被害人失去保护财物能力的方法,趁其昏睡拿走其财物的,同强行使被害人服用安眠药或在其食物中秘密投放安眠药,致被害人昏睡后取走其财物具有同样的性质,应该以抢劫罪论处。因为行为人的行为直接导致被害人醉酒昏睡,并且醉酒也是有损身体健康的行为。但是,即便行为人有趁被害人醉酒昏睡后拿走其财物的意图,如果只是用言词劝诱、刺激被害人过量饮酒,被害人对是否继续饮用还有自主决定的余地,由于被害人不服输而过量饮酒致醉,行为人趁机拿走其财物的,则不属于用"其他方法"抢劫,而只可能构成盗窃罪。在这种场合,被害人醉酒是由他自己的行为引起的,行为人的劝诱、刺激只是其过量饮酒的诱因,显然不能将劝诱、刺激有意思能力人饮酒的行为评价为与暴力、胁迫相当的侵害人身的行为。

27 在司法实践中,经常发生这样的案件:行为人趁财物所有人或保管人在屋内之机,将屋门锁上、拧住或堵住,在财物所有人或保管人知晓的情况下,非法拿走其屋外的财物,但并未对其实施胁迫或强力打击。对这类案件的定性,有的认为应定盗窃罪,有的认为构成抢夺罪,还有的认为属于抢劫罪。主张定抢劫罪的论者中,对这类案件是采用"暴力"方法还是"其他方法"抢劫,又有不同认识。其中,一种比较权威的观点认为,这类案件的实质是利用禁闭财物所有者或占有者的手段,使之无法保护财物,从而夺取其财物,但不属于抢劫罪"暴力"的禁闭。因为行为人并非采用强行绑架、推拉等手段强力禁闭被害人,而是利用被害人在屋内的便利,关锁门窗将其禁闭,这属于抢劫罪"其他方法"的禁闭。如果把未对人身施加强力的禁闭视为暴力,则与暴力的含义和人们的一般理解都不符。[19] 笔者认为,对这类案件认定为抢劫较为合理。因为行为人是在明知财物的占有者已发现并试图阻止其拿走财物的情况下拿走财物的,显然不属于盗窃。当着财物占有者的面违背其意愿夺取其财物,一般只可能构成抢劫罪或抢夺罪,二者区分的标志是看有无抑制被害人反抗的侵害人身行为。在上述类型的案件中,行为人利用客观有利条件,并采取锁住、堵住门窗等手段,将被害人禁闭于屋内,这显然是一种抑制被害人反抗的侵害人身的行为,以此作为夺取财物的手段,自然属于抢劫。但这是采用"暴力"方法,而不是采用"其他方法"抢劫。如前所述,作为抢劫方法的"暴力"并非要达到危害人的生命或健康的程度,只要是针对人实施的并足以抑制被害人反抗的即可。将被害人禁闭于一定场所,剥夺其自由,使其失去保护财物的能力,这应该是作为抢劫方法的"暴力"所能包容的。至于禁闭的手段可能多种多样,例如,将被害人推拉进房间后关闭门窗,诱骗进房间后关闭

18 参见赵秉志主编:《侵犯财产罪研究》,中国法制出版社 1998 年版,第 62 页。

19 参见赵秉志:《侵犯财产罪》,中国人民公安大学出版社 1999 年版,第 65 页。

门窗，趁其在房间时将门锁上，如此等等，只有形式的差异，并无实质的不同。假如趁某人熟睡时用渔网将其网住，使之不能挣脱，在其惊醒后当面搬走其家中的财物，这同趁其入睡时将其卧室门锁上，在其知晓的情况下搬走其客厅的财物相似，只不过前者是利用渔网将其网住，而后者则是利用房间的封闭性能将其禁闭，显然对二者应该同等看待，视为使用"暴力"方法（而不是采用"其他方法"）抢劫才合适。

二、目的行为

抢劫罪的目的行为是强取（或劫取）他人财物。即在使用暴力、胁迫等侵害人身的方法排除对方反抗的基础上，行为人自己夺取对方的财物；但也有由对方交付财物的情形。某种取得财物的行为是否具有强取的性质，是抢劫罪成立与否的关键。与强取相关的理论上有争论的问题主要来自以下几方面： 28

（1）暴力、胁迫是否必须达到抑制反抗的效果？行为人尽管采用了足以抑制对方反抗的暴力、胁迫方法，但被害人只是产生了一点恐惧，不是在被抑制反抗的状态下交付财物的。在这种情况下应该如何处理？对此，日本刑法理论界主要有两种不同回答：一种是抢劫既遂说，认为只要客观上采用了抢劫方法，并且取得了对方的财物，就构成抢劫罪既遂。因为"抑制反抗"并不是抢劫罪成立所必需的要件。日本法院的判例也持这种主张。[20] 另一种是抢劫未遂说，认为抢劫罪既然以"强取"作为要件，那么，只有行为人的暴力、胁迫抑制了被害人的反抗，在此基础上取得财物才能视为强取。没有抑制被害人的反抗而取得财物，自然不是强取。因此，上述设例的实质是，行为人出于抢劫的意思而着手实行犯罪，但没有充足强取的要件，因而只能成立抢劫罪未遂。[21] 29

如果将上述既遂说贯彻到底，只要行为人采用了抢劫罪所必要的暴力、胁迫方法，即使对方连恐惧之心也未产生，只是基于怜悯之情交给其财物，也同样构成抢劫既遂。但这样的结论是不合理的。在这种场合，似乎采用未遂说即认为构成抢劫未遂比较合适。 30

正如有的论者所述，基于恐惧心理交付财物与基于怜悯之情交付财物，毕竟不是一回事。况且，在通常情况下，把抑制反抗的状态完全发生作为既遂的要件也不妥当。不过，从抢劫罪的本质而论，某种程度的抑制反抗是必要的。因为抢劫罪除了侵犯财产之外，还侵犯被害者的生命、身体、健康、自由。如果行为人虽然使用了抢劫方法，但却是在完全没有产生抑制对方反抗的效果时而取得财物的，那就应该以抢劫未遂论。反过来，又不能把抑制反抗的标准定得过高，要求被害人处于完全不能反抗的状态时，才认为达到了抑制反抗的程度，才构成抢劫既遂，这是不合情理并且在实践中也很难掌握认定的。因此，只要行为人采用的暴力、胁迫方法，从社会观念上可以 31

---

20 参见〔日〕前田雅英：《刑法各论讲义》（第2版），东京大学出版会1995年版，第220页。

21 参见〔日〕团藤重光：《刑法纲要各论》（第3版），创文社1990年版，第588页。

被认为是抢劫方法,即使对方只是产生一点恐惧而交付了财物,就应该认为转移财物是抑制被害人反抗的结果,自然构成抢劫既遂。[22]

32 (2)暴力、胁迫与取得财物之间的因果关系。一般认为,强取财物意味着暴力、胁迫与取得财物之间必须有因果关系。在通常情况下,行为人总是先采取暴力、胁迫方法,抑制被害人的反抗,之后再直接夺取其财物或者迫使其交出财物。不过,也有先夺取财物紧接着对被害人施行暴力、胁迫的抢劫实例。在这种场合,行为人在抢劫意思支配下的方法行为与目的行为在先后顺序上是颠倒的,但实质上暴力、胁迫行为是确保其取得财物的方法,如果没有暴力、胁迫,其最终也不可能取得财物。所以,仍然可以说两者之间有因果关系。

33 应该指出,在有些国家的司法实践中,并不一定很重视两者之间的因果关系。例如,日本法院有判例认为,行为人趁被抑制反抗的被害者不注意时拿走其财物的行为,构成抢劫罪;还有判例认为,由于被告人的暴力、胁迫,使被害人将所持财物放置现场而逃走,此后予以夺取的行为,也成立抢劫罪。不过,也有判例认为,行为人为了强取他人财物而对其进行胁迫,被害人因恐惧而逃走时丢下了财物,尔后取得这种财物的行为,不构成抢劫罪。据此,有学者认为,只要实施了暴力、胁迫行为,并趁机取得占有了财物,就可以认为是强取,并不一定要求两者之间有严格意义上的因果关系。但是,如果暴力、胁迫与取得财物之间没有直接联系,也就应该否定两者之间有因果关系,抢劫罪也就不能成立。[23]

Ⅵ 结果

34 抢劫罪的结果是指抢劫行为对法益造成的实际损害。由于抢劫行为由方法行为与目的行为两部分组成,侵害人身的方法行为往往会对被害人的人身造成损害,包括轻伤、重伤、死亡等;劫取财物的目的行为则会给被害人带来财产上的损害。又因为抢劫罪是一种侵害财产罪,其主要客体是他人财产所有权,因此,法定的结果是夺取他人财物并给他人带来财产上的损害。

35 应当注意的是,抢劫罪是一种性质严重的犯罪,对于公民人身及财产安全具有很大危害性,因此,《刑法》第263条并未把劫取财物“数额较大”作为本罪的成立要件。但这并不意味着财产损害的结果对本罪的成立毫无意义。例如,为当场夺取他人价值很低(数额很小)的财物,使用了轻微的暴力,情节显著轻微危害不大的,就不应以本罪论处;若实施了严重暴力行为,并造成了重伤等严重后果,也不应定抢劫罪。因为行为人明知某物价值微薄而采用伤害、杀害对方的手段夺取,其实质不是侵犯财产所有权,而是侵犯人身权利,有可能构成故意伤害罪或故意杀人罪。

---

[22] 参见〔日〕前田雅英:《刑法各论讲义》(第2版),东京大学出版会1995年版,第221页。

[23] 参见〔日〕前田雅英:《刑法各论讲义》(第2版),东京大学出版会1995年版,第221—222页。

Ⅶ 主体

根据《刑法》第 17 条的规定,抢劫罪的主体是已满 14 周岁、具有辨认和控制自己行为能力的自然人;单位不可能成为本罪主体。 36

Ⅷ 故意

抢劫罪只能是出于直接故意。根据我国《刑法》第 14 条关于故意犯罪的规定,结合抢劫罪的客观要件,本罪的故意内容是:明知自己是采用暴力、胁迫或其他侵害人身的方法强行夺取他人财物,而希望这种结果发生。如果不是为了取得他人财物,而只是强行占用,用后立即归还,例如,为了快速到某地取一件急需的物品,将某过路人的摩托车强行夺过来使用,十分钟后返还给对方,这就不构成抢劫罪。因为行为人只是强行占用而没有取得他人财物(非法所有)的意图,因此,不具有抢劫罪的故意。另外,虽有取得他人财物的意图,但并非故意采用暴力、胁迫等侵害人身的方法强行夺取财物的,也不具有抢劫的故意,不构成抢劫罪。例如,行为人趁被害人不备,抓住其夹在腋下装有大量现金的小手袋就跑,不料因被害人用手去抓小袋而将其拉倒在地,造成轻伤。表面上看,行为人有夺取财物的行为,并且在夺取的过程中,对被害人的身体造成了伤害,这似乎是采用暴力方法抢劫,但是,行为人主观上并非故意实施暴力,更无排除被害人反抗的意思,而只有乘人不备公然夺取的故意,也就是不具备强行夺取这一抢劫故意的内容,因而不构成抢劫罪,只可能构成抢夺罪。 37

Ⅸ 加重犯

《刑法》第 263 条分八项规定了抢劫罪的加重犯,即犯抢劫罪而又具有该条规定的八项严重情节之一的,要处以比普通抢劫罪更重的法定刑。 38

一、入户抢劫

关于"入户抢劫"的含义,学术界有不同的解释。第一种观点认为,"入户抢劫"是指非法闯入或潜入居民家中实施抢劫,不包括进入机关、团体、企业事业单位的办公室、教室、仓库,以及公共娱乐场等抢劫。[24] 第二种观点认为,"入户抢劫"是指在公民长期、固定生活、起居或者栖息的场所抢劫,除了私人住宅之外,以船为家的渔民的渔船、牧民居住的帐篷,甚至宾馆房间、固定值班人员的宿舍等在实际功能和心里感觉上与私人住宅相同的场所,也应纳入"户"的范围。[25] 第三种观点认为,入户抢劫是指在公民生产、生活的封闭性场所抢劫,除了私人住宅之外,其他供人们生活、学习的 39

---

[24] 参见高铭暄主编:《新编中国刑法学》,中国人民大学出版社 1998 年版,第 769 页。

[25] 参见周振想、林维:《抢劫罪特别类型研究》,载《人民检察》1999 年第 1 期。

建筑物,如国家机关、企业事业单位、人民团体、社会团体的办公场所、公众生产、生活的封闭性场所,也在“户”的范围之内。[26] 第四种观点认为,“入户抢劫”是指在允许特定人员出入、生活、工作的地方抢劫,这里的“户”既包括公民的住宅和院落,也包含机关、团体、企业事业等单位的院落和办公室,还包括以船为家的渔民的渔船和旅客在旅店居住的房间等。[27] 以上几种观点的分歧在于,对“入户抢劫”中的“户”,是从严格意义上理解还是作扩大范围的解释,以及扩大至何种范围。笔者认为,应该作严格限制的解释。

40 (1)因为《刑法》第263条规定“入户抢劫”是抢劫罪的加重犯,其处刑标准明显重于普通抢劫罪,如果作扩大范围的解释,那就会使一些依法本来只能适用普通抢劫罪法定刑的被告人适用加重法定刑处罚,这自然是对被告人不利的,而根据罪刑法定原则,应该禁止不利于被告人的扩张解释。

41 (2)按照《现代汉语词典》的解释,“户”是指“门、人家、住户”。可见,“入户抢劫”的本来含义是指进入私人住宅抢劫。之所以对进入私人住宅抢劫要作为加重犯看待,是因为私人住宅关系到公民的人身、财产安全和生活安宁,入户抢劫不仅侵犯公民的人身权和财产权,还危及公民的住宅居住安全。现代世界各国都非常重视保护公民的住宅居住安全,我国也不例外。《宪法》第39条规定:“中华人民共和国公民的住宅不受侵犯。禁止非法搜查或者非法侵入公民的住宅。”以此为根据,《刑法》第245条规定了独立的“非法侵入住宅罪”。“入户抢劫”除了抢劫财物之外,还存在非法侵入住宅的问题,这也是刑法把“入户抢劫”规定为抢劫罪加重犯的根本理由。

42 (3)2000年11月最高人民法院《关于审理抢劫案件具体应用法律若干问题的解释》也基本上是从严格限制的立场来解释“入户抢劫”的。该司法解释明确指出,“‘入户抢劫’,是指为实施抢劫行为而进入他人生活的与外界相对隔离的住所,包括封闭的院落、牧民的帐篷、渔民作为家庭生活场所的渔船、为生活租用的房屋等进行抢劫的行为”。对这一规定,2005年6月8日发布的最高人民法院《关于审理抢劫、抢夺刑事案件适用法律若干问题的意见》中进一步指出,“认定‘入户抢劫’时,应当注意以下三个问题:一是‘户’的范围。‘户’在这里是指住所,其特征表现为供他人家庭生活和与外界相对隔离两个方面,前者为功能特征,后者为场所特征……二是‘入户’目的的非法性。进入他人住所须以实施抢劫等犯罪为目的。抢劫行为虽然发生在户内,但行为人不以实施抢劫等犯罪为目的进入他人住所,而是在户内临时起意实施抢劫的,不属于‘入户抢劫’。三是暴力或者暴力胁迫行为必须发生在户内。入户实施盗窃被发现,行为人为窝藏赃物、抗拒抓捕或者毁灭罪证而当场使用暴力或者以暴力威胁的,如果暴力或者暴力胁迫行为发生在户内,可以认定为‘入户抢劫’;如

---

26 参见肖中华:《论抢劫罪适用中的几个问题》,载《法律科学》1998年第5期。

27 参见最高人民检察院刑事检察厅编:《最新刑法释义与适用指南》,中国检察出版社1997年版,第427页。

果发生在户外,不能认定为‘入户抢劫’”。至于机关、团体、企业事业单位的院落、办公室,旅馆的客房,学校的学生宿舍,单位职工的集体宿舍,则不属于私人住宅(不能视为“户”)。[28] 进入这样的场所抢劫,通常不危及公民的住宅居住安全,不存在刑法中的“非法侵入住宅”的问题,因而一般不能认定为“入户抢劫”。问题在于,如果某种场所既被用来从事经营又被用作生活起居,进入这种场所抢劫能否认定为“入户抢劫”？2016 年 1 月 6 日发布的最高人民法院《关于审理抢劫刑事案件适用法律若干问题的指导意见》明确指出:“对于部分时间从事经营、部分时间用于生活起居的场所,行为人在非营业时间强行入内抢劫或者以购物等为名骗开房门入内抢劫的,应认定为‘入户抢劫’。对于部分用于经营、部分用于生活且之间有明确隔离的场所,行为人进入生活场所实施抢劫的,应认定为‘入户抢劫’;如场所之间没有明确隔离,行为人在营业时间入内实施抢劫的,不认定为‘入户抢劫’,但在非营业时间入内实施抢劫的,应认定为‘入户抢劫’”。

(4)虽然在他人住宅内抢劫了财物,但进入住宅时并无抢劫意图,并且有合法理由进入住宅的,同样不存在非法侵入住宅的问题,不宜认定为“入户抢劫”。上述《关于审理抢劫刑事案件适用法律若干问题的指导意见》明确指出:“认定‘入户抢劫’,要注重审查行为人‘入户’的目的,将‘入户抢劫’与‘在户抢劫’区别开来。以侵害户内人员的人身、财产为目的,入户后实施抢劫,包括入户实施盗窃、诈骗等犯罪而转化为抢劫的,应当认定为‘入户抢劫’。因访友办事等原因经户内人员允许入户后,临时起意实施抢劫,或者临时起意实施盗窃、诈骗等犯罪而转化为抢劫的,不应认定为‘入户抢劫’。”例如,甲出高价买乙的名牌服装,但乙给甲的是冒牌货,甲发现之后,到乙家里要求退货,乙不仅不退货,反而不承认甲要求退换的服装是自己所卖的货。甲一气之下,突发抢劫意念,将乙打倒在地,强行夺取其装有几千元的提包一个。对这样的案件,应按一般抢劫罪处理。但是,如果行为人出于其他动机目的非法侵入他人住宅,譬如,为了报复伤害他人,或者强奸妇女,侵入他人住宅从事犯罪活动过程中或之后,临时起意进行抢劫的,则与先有抢劫故意而入户抢劫的情形没有实质的差别,都存在非法侵入他人住宅的问题,应以“入户抢劫”论处。由此可见,“入户抢劫”并非只有行为人为抢劫而入户才能成立,先非法侵入他人住宅、后起意抢劫的,也能成立“入户抢劫”;只不过基于合法目的或理由进入他人住宅后,临时起意抢劫的,不成其为“入户抢劫”。 43

特别值得一提的是,根据 2014 年 9 月 10 日最高人民检察院《关于印发第五批指导性案例的通知》中“陈邓昌抢劫、盗窃,付志强盗窃案”(检例第 17 号)的要旨,对于入户盗窃,因被发现而当场使用暴力或者以暴力相威胁的行为,应当认定为“入户抢劫”。 44

---

[28] 除非有极为特殊的情况,确实具备“户”的两个基本特征,才可能例外地被认定为“户”。

二、在公共交通工具上抢劫

(一)在公共交通工具上抢劫的一般特征

45 一般来说,在公共交通工具上抢劫,不仅受侵害的人数较多,而且涉及的面广,会造成乘客和驾驶人员的恐惧,引起秩序混乱,危及交通运输的安全。如驾驶人员因恐惧或注意力分散而出现操作失误,引发交通事故;轮船上的乘客因遇抢劫而引起船上秩序混乱,导致轮船倾覆;等等。正因为这类抢劫具有危害交通运输安全的特殊性,有些国家的刑法将其规定为独立的犯罪,纳入危害公共安全的犯罪之中,规定了比普通抢劫罪更重的法定刑。如《德国刑法典》第 316a 条(对汽车司机的强盗攻击)规定:"利用道路交通的特殊情况,对汽车司机或某一乘客的身体、生命或自由进行攻击,犯抢劫(第 249 条和第 250 条)、窃后抢劫(第 252 条)、敲诈勒索(第 255 条)罪的,处 5 年以上自由刑。"我国《刑法》虽然没有对"在公共交通工具上抢劫"单独规定罪名,只是将其作为一种加重犯,判处比普通抢劫罪更重的法定刑。笔者认为,立法者可能是考虑到这种抢劫同普通抢劫相比,还存在危及交通运输安全的特殊性,因而有必要加重其法定刑。在公共交通工具上抢劫,必须具备如下几个基本特征:

46 (1)抢劫行为发生在公共交通工具上。如果不是发生在交通工具上,而是发生在机场、车站、码头、隧道等场所,自然不能认定为"在公共交通工具上抢劫"。另外,即使是在公共交通工具旁边(如守在汽车、轮船门边)对刚下车、下船的乘客、驾驶员等实施抢劫行为的,也不能扩大解释为"在公共交通工具上抢劫",这是罪刑法定原则的基本要求。

47 (2)抢劫行为是针对运行过程中的公共交通工具上的人员实施的。如果不是针对运行过程中的公共交通工具的旅客、司售、乘务人员实施的,而是针对停驶期间其他在交通工具上活动的人员实施的,例如,行为人见外出打工的被害人夜间在一辆停在车站的公共汽车上睡觉,便采用暴力手段夺取了其价值 1000 余元的财物,这样的抢劫犯罪案件虽然发生在公共交通工具上,但因不危及交通运输安全,不属于《刑法》第 263 条所指的"在公共交通工具上抢劫"。甚至按前述最高人民法院《关于审理抢劫、抢夺刑事案件适用法律若干问题的意见》的规定,"在未运营中的大、中型公共交通工具上针对司售、乘务人员抢劫的",也同样"不属于'在公共交通工具上抢劫'"。

48 (3)抢劫的目的行为所指向的对象是交通工具之外的财物。如果为劫取交通工具本身,而采用暴力手段驱赶走或杀害交通工具上的人员,以夺取交通工具的,虽然也构成抢劫罪,并且可能因抢劫数额巨大而要适用加重犯的法定刑,但却不能认定为"在交通工具上抢劫"。如果采用暴力、胁迫或者其他方法劫持航空器或船只、汽车,则构成《刑法》第 121 条规定的"劫持航空器罪"或第 122 条规定的"劫持船只、汽车罪",同样不能认定为"在交通工具上抢劫"。应当注意的是,行为人在飞行中的民用航空器上实施的抢劫,虽然有可能危及飞行安全,并且《刑法》第 123 条规定了独立的“暴力危及飞行安全罪”,但不论是否造成了严重后果,均应认定为抢劫罪,并应适用第263条第(二)项“在公共交通工具上抢劫”之规定来处罚,而不能适用《刑法》第123条认定为“暴力危及飞行安全罪”,同时,也不能实行数罪并罚。

(二)有争议的几种情形

关于“在公共交通工具上抢劫”,理论界对应当包括在城市公共汽车、有轨电车、无轨电车、客运中巴车、高架列车、地铁列车、长途客车、旅客列车、民航客机、载客船只等大型公共交通工具上抢劫,认识比较一致。最高人民法院《关于审理抢劫刑事案件适用法律若干问题的指导意见》也认为,“公共交通工具”,包括“从事旅客运输的各种公共汽车、大、中型出租车、火车、船只、飞机等”。并且,“对于虽不具有商业营运执照,但实际从事旅客运输的大、中型交通工具”,也同样“可认定为‘公共交通工具’”。只不过对以下几种情形是否属于“在公共交通工具上抢劫”,目前理论界还存在认识分歧: 49

(1)针对小型出租车司机及其所载人员的抢劫。一般来说,为社会公众提供运输服务的机动交通工具,包括小型出租汽车,都属公共交通工具。1984年公安部发布的《城市公共交通车船乘坐规则》明确把出租汽车(包括小型出租车)列为公共交通管理的对象,就是一个法律依据。因此,在小型出租车上抢劫司机或乘客的财物,也属于“在公共交通工具上抢劫”。不过,考虑到小型出租车只能乘坐几个人,在这种车上抢劫,一般不如在公共汽车、电车、大中型出租车上抢劫的危害性大,为了体现罪刑相适应原则,最高人民法院《关于审理抢劫刑事案件适用法律若干问题的指导意见》中明确指出,公共交通工具“不含小型出租车”。笔者认为,作这样的限制解释,将小型出租车排除在外是合理的。因为作这种有利于被告人的限制解释,并不违反罪刑法定原则。但是,处理其他在大、中型公共交通工具上抢劫的案件,不应以其中实际乘坐的人数多少来决定是否认定为“在公共交通工具上抢劫”,也不问实际抢了几个人,都应认定为“在公共交通工具上抢劫”。只有这样才有利于遏制和消除以公共交通工具为袭击目标,危及广大旅客人身、财产安全的犯罪现象。[29] 50

(2)在单位内部接送职工上下班的大型机动交通工具上抢劫。对于这种案件,能否认定为“在公共交通工具上抢劫”?按最高人民法院《关于审理抢劫刑事案件适用法律若干问题的指导意见》的规定,“接送职工的单位班车、接送师生的校车等大、中型交通工具,视为‘公共交通工具’”。在其中抢劫无疑也属于“在公共交通工具上抢劫”。至于为何作这样的解释,这涉及对“公共”二字的理解以及公共交通工具范围的界定问题。有的论者认为,公共交通工具是指供公众(不特定的多数人)使用的交通工具,因而供单位内部使用的交通工具如工厂、学校班车并非公共交通工具。[30] 也 51

---

29 参见王作富:《认定抢劫罪的若干问题》,载姜伟主编:《刑事司法指南》(总第1辑),法律出版社2000年版。

30 参见肖中华:《论抢劫罪适用中的几个问题》,载《法律科学》1998年第5期。

有论者认为,对在公共交通工具上的抢劫行为作加重处理,是由于这种抢劫的社会危害性大,对于社会秩序的侵害也更加严重。在刑法将个人人身、财产等合法权益抽象为社会利益予以保护时,应当重视其社会性,即重视量的多数性。多数是“公共”的核心,显然,校车或厂车应当被界定为公共交通工具。[31] 笔者认为,公共交通工具一般具有两个特点:一是乘坐对象的公众性;二是行驶区间的社会性。前者是指乘坐对象要么是社会上不特定的个人(如小型出租车的乘客),要么是不特定或特定的多数人(如社区或单位内的众多职工)。如果乘坐对象只是特定的个人(如私人小轿车的主人、单位专用小轿车的使用者),则由于不具有公众性,不能视为公共交通工具。行驶区间的社会性,是指交通工具必须是在城市或乡村公路上行驶的。如果车辆只是被用于本单位内部(不出单位界限)的空间范围内,定点接送职工上下班,则由于行驶区间不具有社会性,在这种车辆上抢劫通常不会危及社会交通运输的安全,其影响范围也有限,同样不能认定为“在公共交通工具上抢劫”。但是,如果单位内部接送职工上下班的大型交通工具要经过城市的街道或乡村的公路,则应该视为公共交通工具。因为这种交通工具同城市的公共汽车具有相同的性质,不能因为通常只是本单位职工乘坐,就否定其“公共”性。假如行为人混上某单位接送职工上下班的大客车后,在汽车行驶进繁华的街道或偏僻公路段时抢劫,这同在公共汽车上抢劫就很难说有何差别,显然没有理由实行区别对待。何况,单位用自己的车运送职工集体外出旅游、参观、考察、学习,这同租用公共汽车运送更谈不上有何不同,在其来去途中遇到犯罪分子上车抢劫,如果不认为是在公共交通工具上抢劫,显然不合情理。正因为如此,主张在单位接送职工上下班的大型机动交通工具上抢劫不能认定为“在公共交通工具上抢劫”的论者也认为,这种情形应当作为例外,即应当认为是“在公共交通工具上抢劫”。[32] 但是,同样是在单位大型公车上抢劫,并且抢劫的对象都是同一单位职工的财物,甚至有可能发生在同一路段,如果只是因为职工所要从事的具体活动不同,就在是否适用加重犯的法定刑即处刑轻重上出现明显的差异,无疑是不妥当的。

52 (3)对运输途中的机动公共交通工具加以拦截后抢劫。最高人民法院《关于审理抢劫案件具体应用法律若干问题的解释》明确指出:“刑法第二百六十三条第(二)项规定的‘在公共交通工具上抢劫’……也包括对运行途中的机动公共交通工具加以拦截后,对公共交通工具上的人员实施的抢劫。”笔者认为,这样解释对严厉打击近些年来严重危害社会治安的车匪路霸,无疑是有积极意义的。但是,如果拦截长途客运汽车后,并未上车对车上的人员实施抢劫,而是在车外强令司机或车上其他人员交付财物后才放行,那么,把这种发生在车外的抢劫也解释为“在公共交通工具上抢劫”,显然是一种不利于被告人的解释,是违反罪刑法定原则的。即便对这种抢劫有必要作为加重犯来处罚,也应该通过修改《刑法》增设这方面的规定,在《刑法》没

---

[31] 转引自张国轩:《抢劫罪的定罪与量刑》,人民法院出版社2001年版,第346页。

[32] 参见张国轩:《抢劫罪的定罪与量刑》,人民法院出版社2001年版,第347页。

有明文规定之前,不能任意作扩大解释。况且,拦截车辆后在车外抢劫,并不直接危及交通运输的安全,同拦截车辆后把车上人员赶下车后抢走车辆有相似之处,既然拦截车辆后直接抢走车辆不以"在公共交通工具上抢劫"论处[33],那么,拦截车辆强令车上人员交付财物后放行,所劫财物数额还要少一些,为何还要认定为"在公共交通工具上抢劫",作为加重犯来处罚?

三、抢劫银行或者其他金融机构

根据最高人民法院《关于审理抢劫案件具体应用法律若干问题的解释》的规 53
定,"'抢劫银行或者其他金融机构',是指抢劫银行或者其他金融机构的经营资金、有价证券和客户的资金等。抢劫正在使用中的银行或者其他金融机构的运钞车的,视为'抢劫银行或者其他金融机构'"。这里所说的"银行",包括国家设立的各种银行、民营银行,以及外国在我国设立的银行。"其他金融机构",是指银行以外的从事货币资金的融通和信用业务的机构,包括证券公司、保险公司、信托投资公司、信用社等。刑法之所以把"抢劫银行或者其他金融机构"作为抢劫罪的加重犯,是因为金融安全关系到国家经济的稳定和民心的安定,而抢劫金融机构的经营资金、有价证券和客户资金,势必危及国家的金融安全,所以具有特殊的危险性和危害性,因而有必要严厉打击。但是,如果在银行办公地点抢劫一般办公用品、生活用品,甚至银行职员个人的现金,均不具有这样的特殊危害性,不能认定为"抢劫银行或者其他金融机构"。抢劫银行客户提取的存款或准备交存的现金,也不能视为"抢劫银行或者其他金融机构"。

四、多次抢劫或者抢劫数额巨大

按照最高人民法院《关于审理抢劫、抢夺刑事案件适用法律若干问题的意见》的 54
规定,"'多次抢劫'是指抢劫三次以上","对于'多次'的认定,应以行为人实施的每一次抢劫行为均已构成犯罪为前提,综合考虑犯罪故意的产生、犯罪行为实施的时间、地点等因素"。一般要求在不同时间、不同地点作案。如果在同一地点,不间断地对两个以上的人依次实施抢劫,则应视为一次抢劫。[34] "对于行为人基于一个犯意实施犯罪的,如在同一地点同时对在场的多人实施抢劫的;或基于同一犯意在同一地点实施连续抢劫犯罪的,如在同一地点连续地对途经此地的多人进行抢劫的;或在一次

---

33 最高人民法院的司法解释指出,拦截公共交通工具后对公共交通工具上的人员实施的抢劫,才视为"在公共交通工具上抢劫",其隐含的意思是,抢走公共交通工具本身,则不能认为是"在交通工具上抢劫"。

34 参见王作富:《认定抢劫罪的若干问题》,载姜伟主编:《刑事司法指南》(总第1辑),法律出版社2000年版。

犯罪中对一栋居民楼中的几户居民连续实施入户抢劫的,一般应认定为一次犯罪。”[35]

55 另外,笔者认为,这里的多次抢劫不应包括多次预备抢劫、多次抢劫未遂的情形。因为“多次抢劫”作为抢劫罪的加重犯,其法定刑比普通抢劫罪重得多,应该从严掌握,预备抢劫固然也可能构成犯罪,但毕竟未着手实行,抢劫未遂虽已着手实行,而同抢劫既遂相比危害性还是要小一些。顺便指出,《刑法》第263条把“多次抢劫”规定为抢劫罪的加重犯不妥当。因为作案的次数对抢劫罪的社会危害性程度并不起决定作用,起决定作用的是抢劫的手段和侵害的对象乃至抢劫数额的多少以及造成的危害后果等。如果行为人多次采用一般的威胁手段在乡间小路上抢劫了数额较小的财物,并未造成严重后果,按现行《刑法》的规定,作为抢劫罪的加重犯处10年以上有期徒刑,这就未免有处罚过重的嫌疑。况且,刑法对盗窃、诈骗、抢夺、敲诈勒索等财产罪,都有加重犯的规定,但大多未把多次作案作为加重犯来规定,盗窃罪中“多次盗窃”只是与盗窃“数额较大”相并列的构成犯罪的情节,而在抢劫罪中“多次抢劫”却成为与“抢劫数额巨大”相并列的加重法定刑的情节,这显然有失协调、统一性。

56 所谓“抢劫数额巨大”,是指行为人实际抢得的财物价值数额巨大。如果行为人以数额巨大的财物作为抢劫目标,但实际抢到手的财物并未达到数额巨大标准,或者因意志以外的原因未能抢到数额巨大的财物,对此能否认定为“抢劫数额巨大”?有论者认为,可以按“抢劫数额巨大”的未遂犯处罚。[36] 最高人民法院《关于审理抢劫刑事案件适用法律若干问题的指导意见》也认为,“对以数额巨大的财物为明确目标,由于意志以外的原因,未能抢到财物或实际抢得的财物数额不大的,应同时认定‘抢劫数额巨大’和犯罪未遂的情节,根据刑法有关规定,结合未遂犯的处理原则量刑”。但是,笔者认为,《刑法》第263条是把“抢劫数额巨大”作为加重犯来规定的,而加重犯并无未遂可言。也就是说,只有犯罪分子实际抢到了数额巨大的财物,才能认定为“抢劫数额巨大”,适用加重犯的法定刑来处罚。否则,只要不存在其他加重犯的情节,就只能按普通抢劫罪处理。至于抢劫财物达到多少数额才算“巨大”,按最高人民法院《关于审理抢劫案件具体应用法律若干问题的解释》的规定,“‘抢劫数额巨大’的认定标准,参照各地确定的盗窃罪数额巨大的认定标准执行”。

57 最高人民法院《关于审理抢劫、抢夺刑事案件适用法律若干问题的意见》还对如下几种特殊类型的抢劫数额的计算提出了指导意见:①抢劫信用卡后使用、消费的,其实际使用、消费的数额为抢劫数额;抢劫信用卡后未实际使用、消费的,不计数额,根据情节轻重量刑。所抢信用卡数额巨大,但未实际使用、消费或者实际使用、消费的数额未达到数额巨大标准的,不适用“抢劫数额巨大”的法定刑。②为抢劫其他

---

[35] 2005年6月8日最高人民法院《关于审理抢劫、抢夺刑事案件适用法律若干问题的意见》。

[36] 参见张国轩:《抢劫罪的定罪与量刑》,人民法院出版社2001年版,第363页。

财物，劫取机动车辆当作犯罪工具或者逃跑工具使用的，被劫取机动车辆的价值计入抢劫数额。③抢劫存折、机动车辆的数额计算，参照执行《关于审理盗窃案件具体应用法律若干问题的解释》的相关规定。另外，根据最高人民法院《关于审理抢劫刑事案件适用法律若干问题的指导意见》的规定，“通过银行转账或者电子支付、手机银行等支付平台获取抢劫财物的，以行为人实际获取的财物为抢劫数额”。

五、抢劫致人重伤、死亡

(一)立法概况

在司法实践中，抢劫致人死伤的现象时有发生，由于它既侵犯财产权益，又严重危及人身健康和生命安全，因而，有些国家(如日本)刑法在普通抢劫罪之外，往往还设有抢劫致死伤罪这种加重类型的抢劫罪，规定了更重的法定刑。我国刑法虽然没有单独设立此罪，但把抢劫致人重伤、死亡作为抢劫罪的加重犯，规定了比普通抢劫罪更重的法定刑。 58

抢劫致人重伤、死亡可能有两种类型：一是对重伤、死亡结果无故意，即作为抢劫罪的典型结果加重犯而出现的情形，这是严格意义上的抢劫致人重伤、死亡；二是对重伤、死亡结果有故意，即行为人故意重伤或杀害他人以夺取财物的情形。后一种类型是否作为抢劫罪的加重犯，各国刑法的规定并不一致。有的国家(如韩国)刑法明文规定包括故意“伤害”“杀害”他人的情形；也有的国家把抢劫杀人作为独立的犯罪予以规定，“抢劫致死”也就不包含故意杀害他人以夺取其财物的情形；我国和日本等国刑法对此未作明文规定，因而对这一问题存在理论上的争议。 59

另外，抢劫致伤(包括致人重伤)与抢劫致死是两种不同的危害后果，据此，一些国家刑法将其作为两种不同的犯罪，分别规定了轻重不同的法定刑。例如，《韩国刑法》第337条规定的是强盗伤害、致伤罪，第338条规定的则是强盗杀人、致死罪，对前者“处无期或者七年以上劳役”，对后者则“处死刑或者无期劳役”。我国对“抢劫致人重伤、死亡”适用相同的法定刑，可能有失妥当。因为重伤与死亡的后果毕竟有所不同，法定刑也应该有一定差别。这也是许多国家刑法对抢劫致死与致伤分别规定轻重不同法定刑的理由所在，我们也有必要效仿。 60

(二)行为对象

抢劫致死伤的对象是人。至于是否仅限于抢劫行为的被害人，各国刑法的规定并不完全相同。有的国家刑法明文规定仅限于被害人，但多数国家刑法并无这样的限制。[37] 至于这里所指的“人”(或“他人”)是否包括被害人之外的第三人，日本学者认识不一。有的认为，死伤的对象必须是抢劫的被害者，如果抢劫犯人为了免受逮捕而致第三人死伤，则不能定抢劫致死伤罪，应该根据其主观心理状态的不同，分别定 61

37 参见刘明祥：《财产罪专论》，中国人民大学出版社2019年版，第53页。

杀人罪、伤害罪或过失致死罪等罪。[38] 但也有学者认为,死伤的对象不以抢劫的被害者为限,只要是在抢劫时,由抢劫犯人的行为引起了死伤结果的发生,不论死伤者是不是抢劫的被害人,都应以本罪论。[39] 我国刑法学者也有不同认识。有的认为,我国《刑法》第263条中的"抢劫致人重伤、死亡",是指为了抢劫公私财物实施暴力行为,造成被害人重伤或者死亡的后果。[40] 这与上述前一种观点基本相同。另有论者认为,"这里的'致人重伤、死亡',应该是指行为人在抢劫财物的过程中,使用暴力致人重伤或死亡"[41]。这与上述后一种观点相似。

62 笔者认为,相比而言,后一种观点比较合理。因为把致人重伤、死亡作为抢劫罪的加重情节,主要考虑的是抢劫行为所造成的危害后果严重,因而有必要加重法定刑,至于死伤的是抢劫的被害人还是第三人,其实质并无多大差别,没有理由区别对待;况且,事后抢劫(或转化抢劫)致人死伤,也要按抢劫致死伤处理,而在事后抢劫中,暴力、胁迫行为在许多场合是针对第三人实施的。但是,应该指出,死伤的对象必须是抢劫犯之外的他人,如果是抢劫犯本人(如抢劫犯实施暴力行为时,因用力过猛造成本人手臂骨折),或者是抢劫犯的同案犯,则由于这与致他人死伤在性质上有较大差别,因而不能认定为"抢劫致人重伤、死亡"。还应该注意,除了暴力行为外,胁迫行为等其他方法同样能致人死伤,在司法实践中,就经常发生被害人因受抢劫犯的暴力威胁而引起心脏病突发死亡或严重精神失常的案例,这自然也应该认为是"抢劫致人重伤或死亡"的情形。因此,上述认为抢劫致人重伤、死亡是指"使用暴力致人重伤或死亡"的观点,有失片面。

(三)行为与结果之间的联系

63 "抢劫致人重伤、死亡"的成立,以抢劫犯引起了重伤或死亡结果的发生为条件。至于死伤结果是否必须由作为抢劫手段的暴力、胁迫行为所产生,刑法理论上有不同认识。[42] 一种是手段说(或限定说),认为死伤结果只能是由作为抢劫手段的暴力、胁迫行为直接产生的。因为抢劫致死伤是抢劫罪的结果加重犯,加重结果自然要由抢劫行为引起,否则,就只能对引起死伤的行为另外单独定罪。另一种是机会说(或非限定说),认为只要是在抢劫的时机引起了死伤结果的发生即可,并不要求死伤结果是由作为抢劫手段的暴力、胁迫行为引起的。因为在实践中抢劫引起死伤结果的情况比较复杂,并非只有暴力、胁迫手段引起死伤结果这一种情形。还有一种关联性说(或折中说),认为既不能要求死伤结果必须由作为抢劫手段的暴力、胁迫行为直接产

38 参见〔日〕西村克彦:《强盗罪考述》,一粒社1983年版,第57页。

39 参见〔日〕大塚仁等编:《刑法解释大全》(第9卷),青林书院1988年版,第376页。

40 参见蔡兴教主编:《财产贪贿犯罪的疑难和辨症》,中国人民公安大学出版社1999年版,第198页。

41 陈明华主编:《刑法学》,中国政法大学出版社1999年版,第605页。

42 参见〔日〕曾根威彦:《刑法的重要问题(各论)》,成文堂1995年版,第178—179页。

生,又不能不作任何限制,至少死伤的结果必须是由与抢劫相关联的行为引起的,才能认定为抢劫致死伤。日本法院的判例历来是采取机会说。过去,日本学者中有很多人赞成手段说,但现在此说已失去了支持者。[43]

从理论上分析,抢劫犯为了取得财物,首先必须排除被害人的反抗,因而有必要 64
采用一定强度的暴力、胁迫手段或者其他手段,并有可能危及被害人的生命、身体的安全,刑法正是为了有效抑止那种采用危险的特别强烈的暴力、胁迫手段的抢劫犯罪,才对采用暴力、胁迫手段致人死伤的情形作了加重法定刑的规定。但是,根据一些国家刑法的规定,事后抢劫致人死伤也要按抢劫致死伤罪论处,而事后抢劫引起他人死伤的暴力、胁迫行为,并非用来排除被害人反抗以夺取其财物,而是为了防止财物被夺回或者为免受逮捕、湮灭罪证而实施的。如果在普通抢劫的场合,抢劫犯为了免受逮捕、湮灭罪证,将他人打伤甚至打死,只是因为这种暴力手段不是用来排除被害人反抗的抢劫手段,就不以抢劫致死伤处理,那就与事后抢劫致人死伤的情形不协调。另一方面,机会说又有过于扩大抢劫致死伤之范围的弊病。例如,抢劫犯在对被害人实施暴力行为时,误伤了同案犯,或者抢劫犯之间发生争斗造成死伤。如果仅仅因为死伤结果发生在抢劫时,就对这类案件按抢劫致死伤处理,显然不妥。因为对抢劫致死伤加重法定刑的理由是行为人实施了特别危险的抢劫行为,而上述情形不能说明抢劫行为具有特别的危险性。由此可见,对死伤的结果应该有所限制。关联说认为死伤的结果应该是由与抢劫相关联的行为引起的,有一定的道理。但何种行为与抢劫相关联的行为,还需要作进一步的解释。为了与事后抢劫相协调,应该把为夺取财物、窝藏赃物或者为免受逮捕、毁灭证据而实施的行为,理解为是与抢劫相关联的行为。这种行为当然是要在"抢劫的时机(或机会)"实施的,即使不是抢劫的手段行为,也必须与手段行为和取得财物的行为在时间、场所很接近的范围内,并且死伤的结果与这类行为之间要有因果关系,否则,不能让行为人对死伤结果负刑事责任。例如,被害人在追捕未抵抗的抢劫犯时摔倒致死伤,被害人在反击抢劫犯时自己弄伤了手臂等,日本就有判例认为,这不构成抢劫致死伤。[44] 另外,死伤的对象还必须是直接或间接对抢劫相关联行为有妨碍的人。

(四)主观要件

关于抢劫致人重伤、死亡的主观要件,涉及以下两个有争议的问题: 65

(1)抢劫致人重伤、死亡的成立,是否至少要有实行暴力的故意?例如,抢劫犯胁 66
迫被害人时,被害人逃跑途中摔成重伤(或死亡)。在抢劫犯既无实施暴行的意思、也无伤害意图的场合,能否构成抢劫致人重伤、死亡?对此,日本等大陆法系国家的学

---

43 参见〔日〕阿部纯二等编:《刑法基本讲座》(第5卷),法学书院1993年版,第129—130页。

44 参见〔日〕前田雅英:《刑法各论讲义》(第2版),东京大学出版会1995年版,第237页。

者有不同认识。[45] 第一种观点认为,刑法规定抢劫致死伤罪主要是考虑到抢劫之际,容易发生不是基于故意的死伤结果,为了强调保护被害人的人身安全,因而对只有胁迫的故意,没有暴行的故意,甚至纯粹是过失致死伤的情形,也以抢劫致死伤罪论处。这是日本刑法理论上的通说。第二种观点认为,从刑法关于抢劫致死伤罪的规定来看,所谓"致人伤害",自然要具备伤害罪的要件,行为人至少要有实行暴力的故意;同样道理,"致人死亡"与伤害致死罪一样,即使没有伤害的意图,也至少要有实行暴力的意思。如果只有胁迫的意思,没有暴行的故意,只是由过失的暴力引起了死伤结果的发生,那就应该单独定过失致死伤罪。第三种观点认为,本罪的成立仅有实行暴力的故意是不够的,还应该要求行为人对作为产生死伤结果的行为的高度危险性基础的事实有认识。例如,抢劫犯采用一般方式威胁被害人交出钱财,被害人后退一步时掉到台阶下摔死或摔伤。行为人完全不知道被害人背后有台阶,所采用的行为手段也无特别的危险性,死伤结果纯粹是意外。即便是有暴行的故意,按抢劫致死伤适用重的法定刑,也还是不妥当。因为作为结果加重犯的抢劫致死伤,并不只是故意犯与过失犯简单复合的形态,而是以基本犯具有高度的具体的危险性作为前提的,并且由该危险行为直接引起结果的发生,使该高度危险性得以证实时,才作为加重法定刑的根据。

67 以上三种观点中,第二种观点认为,行为人必须要有实行暴力的故意,即故意实施暴力引起死伤结果,才可能构成抢劫致死伤。但是,在司法实践中,由抢劫犯人的胁迫行为导致被害人精神失常、引起被害人心脏病发作而死亡的情形时有发生,当被害人受到暴力或胁迫时逃跑摔倒而致死伤更是常有的事,很难说抢劫犯有实行暴力的故意时造成的死伤,与只有胁迫的故意时造成的死伤有多大差别,对两者实行区别对待是没有充分根据的。至于第三种观点认为,仅有实行暴力的故意还不够,还要对产生死伤结果的行为的高度危险性基础的事实有认识,这就把对死伤结果的发生有疏忽大意过失(无认识的过失)的情形,完全排除在抢劫致死伤的范围之外,但既然抢劫致死伤包含结果加重犯,那就不应该把行为人对加重结果有疏忽大意过失的情形排除在外。总之,抢劫致死伤的成立,并非要求行为人必须有实行暴力的故意,仅有胁迫的故意(没有实行暴力的故意)也能构成。

68 (2)如果抢劫犯有杀害被害人的故意,能否构成抢劫致死罪?对此,有的国家刑法明文规定包括有杀人故意的情形。例如,《韩国刑法典》第 338 条规定,"因强盗而杀害他人,或者致他人死亡的",构成"强盗杀人、致死"罪。其中,有杀人故意的,定强盗杀人罪,无杀人故意而致人死亡的,定强盗致死罪。但许多国家刑法并无这样的明文规定。例如,《日本刑法典》第 240 条后段规定,抢劫"致人死亡的,处死刑或者无期徒刑"。我国刑法关于抢劫致死的规定同日本的这一规定相似,也没有指明是否

---

45 参见〔日〕阿部纯二等编:《刑法基本讲座》(第 5 卷),法学书院 1993 年版,第 133—137 页。

包含故意杀害他人而当场取走财物的情形。只不过最高人民法院2001年5月23日发布的《关于抢劫过程中故意杀人案件如何定罪问题的批复》明确指出:"行为人为劫取财物而预谋故意杀人,或者在劫取财物过程中,为制服被害人反抗而故意杀人的,以抢劫罪定罪处罚。行为人实施抢劫后,为灭口而故意杀人的,以抢劫罪和故意杀人罪定罪,实行数罪并罚。"刑法理论界对这一问题仍存在以下几种不同认识:一种观点认为,抢劫"致人死亡"是指因抢劫而过失致人死亡,不包括故意杀人。如果为占有他人财物,而当场故意致人死亡,应另定故意杀人罪,与抢劫罪实行并罚。因为其故意杀人行为完全具备故意杀人罪的构成特征,如果只定抢劫罪一罪,会轻纵罪犯。[46] 另一种观点认为,抢劫"致人死亡"一般是故意伤害而过失致人死亡,也有可能是间接故意致人死亡,但不包括故意杀人。因为如果是为了劫取财物而直接故意杀人,则超过了抢劫的暴力范围,应分别定抢劫罪和故意杀人罪,实行并罚。[47] 还有一种观点认为,抢劫"致人死亡"包括因抢劫过失和故意(含直接故意与间接故意)致人死亡。理由是:其一,为了当场取得财物而当场故意杀人的与抢劫没有本质区别,行为人事实上是以抢劫的故意实行其行为的,故应认定为抢劫罪;其二,《刑法》第263条并没有明文将"致人死亡"限定为过失,认为只能是过失与间接故意的观点,不符合犯罪构成原理。既然过失致人死亡的,属于抢劫致人死亡;故意致人死亡的,当然也属于抢劫致人死亡。其三,将当场杀死他人取得财物的行为认定为抢劫罪,完全可以做到罪刑相适应,不会轻纵抢劫罪;其四,将当场杀害他人取得财物的行为认定为抢劫罪,便于区分抢劫罪与故意杀人罪,可以避免在区分二者时造成混乱;其五,将当场杀害他人取得财物的行为认定为抢劫罪,才能与故意重伤他人后当场取走财物的行为定抢劫罪相协调。[48] 笔者赞成最后这种观点,并认为上述争议的发生,与我国和日本等国刑法没有把抢劫致死与抢劫杀人分开作规定有重要关系。如果分开作了规定,前者作为结果加重犯,仅限于过失致死;后者作为结合犯,只能是故意杀害,并且对后者规定比前者更重的法定刑。这样一来,既可避免上述不必要的争论,又能保证定罪的科学性和量刑上的均衡。

六、冒充军警人员抢劫

冒充军警人员抢劫,是指假冒军警人员的身份实施抢劫的情形。这种抢劫犯罪 69
除了具有普通抢劫的危害性之外,还会损害军警的声誉,造成很坏的社会影响,因此,刑法把它规定为加重犯予以严厉打击。这里的"军警人员"是指现役军人、武装警

---

46 转引自高铭暄主编:《新编中国刑法学》(下册),中国人民大学出版社1998年版,第764页。

47 参见马克昌、杨春洗、吕继贵主编:《刑法学全书》,上海科学技术文献出版社1993年版,第345页。

48 参见张明楷:《刑法学》(第6版),法律出版社2021年版,第1293页。

察、公安和国家安全机构的警察、司法警察,不包括其他执法人员或者司法人员。所谓"冒充",是指通过出示假证件、假着装、假标志或者口头宣称的方式,向被害人表明自己是军警人员。假冒的方式多种多样,既包括非军警人员冒充军警人员,也包括军人冒充警察、警察冒充军人、甚至此种军警人员冒充彼种军警人员的情形。但士兵冒充军官,一般警察冒充警察局长,则不属于这里所指的"冒充军警人员"。至于冒充是否达到以假乱真的程度,被害人是否确实以为是军警人员,则在所不问。特别要注意的是,不要把冒充军警人员"执行公务"、胁迫他人交付财物的敲诈勒索,当作冒充军警人员抢劫来处理。

70 值得研究的是,真正的军警人员显示军警人员身份实施抢劫的,应如何处理?最高人民法院《关于审理抢劫刑事案件适用法律若干问题的指导意见》指出:"军警人员利用自身的真实身份实施抢劫的,不认定为'冒充军警人员抢劫',应依法从重处罚。"有学者认为,军警人员显示其真实身份抢劫比冒充军警人员抢劫更为严重,更具有提升法定刑的理由。并且,"'冒充'包括假冒(不是军警人员)与充任(是军警人员)两种情形,……故军警人员显示其身份抢劫的,应认定为冒充军警人员抢劫"[49]。笔者也不否认,真正的军警人员抢劫同样会损害军警的声誉,造成社会公众心理的不安。同一般人抢劫相比,其社会危害性确实更大。但是,认为真正的军警人员显示其真实身份抢劫比冒充军警人员抢劫更为严重,则有失妥当。因为冒充军警人员的行为本身就具有严重的社会危害性,这也是《刑法》第372条规定独立的"冒充军人招摇撞骗罪"、第279条第2款规定"冒充人民警察招摇撞骗的"应按招摇撞骗罪从重处罚的理由所在。因此,应该肯定,冒充军警人员抢劫比真正的军警人员抢劫具有更为严重的社会危害性,将真正的军警人员显示军警人员身份抢劫解释为符合'冒充军警人员抢劫'的规定,是不具有合理性的。即便是认为真正的军警人员抢劫有必要作为抢劫罪的加重犯予以规定,那也只能通过今后立法予以增补,而不能随意作不符合立法原意的扩大解释,否则,就违反了罪刑法定原则。

71 根据最高人民法院《关于审理抢劫刑事案件适用法律若干问题的指导意见》的规定,认定"冒充军警人员抢劫",要注重对行为人是否穿着军警制服、携带枪支、是否出示军警证件等情节进行综合审查,判断是否足以使他人误以为是军警人员。对于行为人仅穿着类似军警的服装或仅以言语宣称系军警人员但未携带枪支,也未出示军警证件而实施抢劫的,要结合抢劫地点、时间、暴力或威胁的具体情形,依照普通人的判断标准,确定是否认定为"冒充军警人员抢劫"。

七、持枪抢劫

72 根据最高人民法院《关于审理抢劫案件具体应用法律若干问题的解释》的规定,"'持枪抢劫',是指行为人使用枪支或者向被害人显示持有、佩带的枪支进行抢

---

49 张明楷:《刑法学》(第6版),法律出版社2021年版,第1294—1295页。

劫的行为”。从这一司法解释可以看出,持枪抢劫除了直接使用枪支作为抢劫的暴力或胁迫手段外,还包括向被害人显示持有、佩带的枪支,以此作为威胁被害人手段的情形。如果行为人并未携带枪支,但却谎称有枪,以此来威胁被害人的;或者虽然携带了枪支,但并未使用,也没有向被害人显露,而是暗藏在身上,准备在特殊情况下使用的,则不能认为是“持枪抢劫”。刑法之所以把持枪抢劫规定为抢劫罪的加重犯,是因为这种抢劫对被害人或周围群众的生命安全构成重大威胁。

关于“枪支”的概念和范围,上述司法解释指出,应该“适用《中华人民共和国枪支管理法》的规定”。该法第46条规定:“本法所称枪支,是指以火药或者压缩气体等为动力,利用管状器具发射金属弹丸或者其他物质,足以致人伤亡或者丧失知觉的各种枪支。”主要包括军用的枪支、射击运动用的枪支、狩猎用的有膛线枪、散弹枪、火药枪等具有较大杀伤力的枪支。私人非法制造的能发射金属弹丸、具有杀伤力的枪支,也应包括在内。至于是否包含假枪,即手持假枪抢劫,能否视为“持枪抢劫”,理论界有不同意见。有的论者认为,立法者将“持枪抢劫”列为抢劫罪的严重情节之一,其用意不只在于从严打击那些携带真枪、在客观上有可能给被害人生命健康造成严重危害的抢劫行为,而且也包括严惩那些携带假枪、足以给被害人造成巨大威胁、产生巨大恐惧的抢劫行为。并且,从司法实践的需要来说,将持假枪抢劫理解为“持枪抢劫”是十分必要的。因为大多数持枪抢劫的犯罪分子,都是以枪支作威胁,而持假枪与持真枪造成的威胁几乎没有什么区别。[50] 但是,笔者不赞成这种观点。因为持玩具枪等假枪抢劫,对被害人和周围群众的生命安全并不构成现实的威胁,与普通抢劫并无不同,没有持真枪抢劫所具有的特殊危险性或危害性。至于在被害人误以为是真枪的情况下,持假枪威胁与持真枪威胁的客观效果相同,只是表明这种威胁的程度比普通威胁要严重一些,但法律规定对持枪抢劫作为加重犯处罚,很大程度上是因为持枪抢劫具有危害公共安全的性质,而持假枪抢劫并不具有这种性质。另外,《枪支管理法》中所指的枪支,也显然仅限于真枪,不包括玩具枪等假枪。按最高人民法院的上述司法解释,也只能得出这样的结论:持假枪抢劫不是这里所说的“持枪抢劫”。 73

八、抢劫军用物资或者抢险、救灾、救济物资

所谓“军用物资”是指除枪支、弹药、爆炸物之外的,供军事上使用的其他物资,如军用被服、粮食、油料、建筑材料、药品等。但只限于正在使用的和储存备用的军事物资,不包括在工厂制造过程中的或已经报废的军事物资。因为不是正在使用或储存备用的物资,或者是已经报废的物资,即便是被抢走,也不会直接影响部队的战斗力,没有特殊的危害性,因而不能作为抢劫的加重犯处罚。军用物资的范围不能扩大,不能把抢劫军队的现金和有价证券以及军人个人所有的生活用品的行为,当作“抢劫军用物资”处理,也不能把抢劫警用物品包括在内。 74

50 参见肖中华:《论抢劫罪适用中的几个问题》,载《法律科学》1998年第5期。

75 所谓“抢险、救灾、救济物资”,是指已经确定将要用于或者正在用于抢险、救灾、救济的物资,包括正处于保管、运输、调拨、储存过程中,但已确定其抢险、救灾、救济之特定用途的物资。如果是抢劫曾经用于或准备用于抢险、救灾、救济,但现已不再用于或不准备用于这方面的物资,则不能认定为“抢劫抢险、救灾、救济物资”。另外,抢劫军用物资或者抢险、救灾、救济物资,必须以行为人明知是有这些特定用途的物资为成立条件,如果实施行为前或者实施过程中并不知道其特定用途,则不能构成本罪的加重犯。

X 排除犯罪的事由

76 财物的所有者采用暴力、胁迫手段将对方非法占有的自己的财物夺回,或者债权人采用暴力、胁迫手段强迫债务人交付财物履行债务,这类行使财产权利的行为,表面上似乎符合抢劫罪的构成要件,但由于这类行为不具备侵害对方财产所有权的实质,并且行为人主观上只是想要实现自己的财产所有权,并无非法取得他人财物的主观恶意,因而不构成抢劫罪。如果行为人的暴力、胁迫行为引起了死伤后果的发生,而又不符合正当防卫的条件,则有可能构成故意杀人罪或故意伤害罪等罪。如果为索取债务非法扣押、拘禁他人的,则既不构成抢劫罪,也不构成绑架罪,根据我国《刑法》第 238 条第 3 款的规定,应当按非法拘禁罪定罪处罚。

XI 既遂、未遂、不能犯

77 抢劫罪的未遂或既遂的成立,以行为人已着手实行抢劫为前提。一般来说,抢劫罪实行的着手,以行为人出于强取财物的目的,实施足以抑制被害人反抗的暴力、胁迫开始时为起点。以抢劫为目的,侵入他人住宅,但如果没有实施暴力、胁迫行为,仍然不能说已着手实行抢劫罪。如果行为人有抢劫的犯意,并做好了相应的准备,但到现场之后并没有采用暴力、胁迫等手段,就很顺利地拿到财物而离去,这也不能认为已着手实行抢劫,只能认定为盗窃。

78 关于普通抢劫罪既遂与未遂的区分,最高人民法院《关于审理抢劫、抢夺刑事案件适用法律若干问题的意见》指出:“抢劫罪侵犯的是复杂客体,既侵犯财产权利又侵犯人身权利,具备劫取财物或者造成他人轻伤以上后果两者之一的,均属抢劫既遂;既未劫取财物,又未造成他人人身伤害后果的,属抢劫未遂。”除了这种区分标准之外,我国刑法理论界还有两种有影响的主张:一种主张是以是否侵犯人身权利为标准。理由是:抢劫罪不仅侵犯财产权利,同时还侵犯人身权利,而且人身权利是更重要的权利。因此,只要抢劫犯罪分子在着手实行抢劫过程中,对被害人的人身权利以暴力、胁迫或者其他方法加以侵犯,不论财物是否到手,均构成抢劫罪的既遂。[51] 另

51 参见朱晓斌:《抢劫罪中的既遂与未遂的探讨》,载《法学》1981 年第 1 期。

一种主张是以是否取得财物为标准。理由是:抢劫罪是侵犯财产罪,虽然它侵犯的是复杂客体,但其主要客体是财产所有权,并且普通抢劫罪的犯罪结果只能是对财物的强行非法占有,因此,应该以这种结果是否发生作为犯罪既遂与未遂的区分标志,也就是说不论是否造成被害人的伤害,只要因行为人意志以外的原因未能非法占有财物的,均属于抢劫未遂;如果已强行非法占有财物的,则构成抢劫既遂。[52] 这是我国刑法理论界的通说。笔者也赞成这种主张。因为抢劫罪毕竟是一种侵犯财产罪,并且它与盗窃、诈骗、敲诈勒索等罪都属于取得罪的范畴(只是取得财物的方式有所不同),取得罪的特点是非法取得他人占有下的财物,取得占有既是行为人的主观目的之所在,又是其行为的社会危害性的具体表现,这也是许多国家的判例和学说都把取得财物作为取得罪既遂标志的根本理由。如果不以是否取得财物来区分抢劫罪的既遂与未遂,那就不符合财产罪的基本理论。再说,如果以是否侵犯人身权利作为区分标准,实际上就意味着否定抢劫罪存在未遂的问题。因为按照这种观点,只要对被害人实施暴力、胁迫行为,就会侵犯其人身,即构成抢劫既遂,自然也就没有成立犯罪未遂的余地。这样的结论显然既不具有合理性,也不符合司法实际。

关于加重抢劫罪(或抢劫罪的加重犯)既遂与未遂的区分,最高人民法院《关于 79
审理抢劫、抢夺刑事案件适用法律若干问题的意见》指出:“刑法第二百六十三条规定的八种处罚情节中除‘抢劫致人重伤、死亡的’这一结果加重情节之外,其余七种处罚情节同样存在既遂、未遂问题,其中属抢劫未遂的,应当根据刑法关于加重情节的法定刑规定,结合未遂犯的处罚原则量刑。”对这里所说的“其余七种处罚情节同样存在既遂、未遂问题”,刑法学者大多表示赞同。但对“抢劫致人重伤、死亡的”是否一概均属既遂(即无未遂),学者们的认识很不一致。一种意见认为,只要因抢劫而致人重伤、死亡,那就完全齐备了《刑法》第263条所规定的抢劫罪的加重构成要件,根据我国刑法理论中加重构成无未遂的原则,不论行为人是否取得财物,均应以抢劫既遂论。[53]这与最高人民法院《关于审理抢劫、抢夺刑事案件适用法律若干问题的意见》的规定相同,也是我国刑法理论界的通说。另一种意见认为,抢劫罪属于侵犯财产的犯罪,应以行为人是否占有财物作为区分既遂与未遂的标准,抢劫致人重伤、死亡也不例外,即便是结果加重犯,理论上仍然有成立未遂的余地。只不过由于发生了致人重伤、死亡的严重后果,对抢劫财物未遂的,也可以不从轻、减轻处罚。[54] 笔者倾向于后一种意见。由于《刑法》第263条第(五)项列举的“抢劫致人重伤、死亡的”,只是加重法定刑的一种情节,不是一种独立的犯罪,自然只能以实际发生这样的结果为适用

---

52 参见高铭暄、马克昌主编:《刑法学》(第9版),北京大学出版社、高等教育出版社2019年版,第495页。

53 参见高铭暄、马克昌主编:《刑法学》(第9版),北京大学出版社、高等教育出版社2019年版,第495页。

54 参见张明楷:《刑法学》(第6版),法律出版社2021年版,第1287页。

该条后段所规定的更重的法定刑的条件,因而不存在由于未造成死伤结果而构成抢劫致死伤罪的未遂问题。但是,抢劫致人重伤或死亡而未取得财物的现象有可能出现,对此是定抢劫既遂还是未遂,则有讨论的余地。如前所述,抢劫罪是财产罪中的一种取得罪,取得罪都是以行为人取得财物作为既遂的标志,抢劫致人重伤、死亡也不应当例外。况且,我国的通说也认为,普通抢劫罪的既遂与未遂,以行为人是否取得财物为标准,而对定同一罪名的抢劫致人重伤、死亡,却又另立既遂、未遂的认定标准,这在理论上显然是矛盾的。固然,抢劫致人重伤、死亡所造成的后果特别严重,应该予以重罚,但即便是被害人死亡结果已经发生,如果行为人并未取得财物,这同既造成被害人死亡又取得了其大量财物的情形相比,在危害性程度上还是有差别的,仍然有必要实行区别对待,对之以未遂论也无可厚非。况且,以未遂论并非就会出现轻纵罪犯的不良后果。因为我国《刑法》第 23 条规定对未遂犯只是可以比照既遂犯从轻或者减轻处罚,对其中罪大恶极者,完全可以不从轻处罚。

80　值得进一步研究的是,窃取部分财物之后被人发现,又接着采用暴力、胁迫手段强取,也构成抢劫罪("突变抢劫")。这同事后抢劫(或转化抢劫)有相似之处,但事后抢劫是为了防止被抓捕或被夺回财物,而实施暴力、胁迫行为的。"突变抢劫"则往往在采用暴力、胁迫后,又有进一步的夺取财物的行为,一般认为,开始的行为构成盗窃罪,后来的行为成立抢劫既遂,后者吸收前者。这种"突变抢劫",同样是以实施暴力、胁迫行为时为着手,以进一步取得财物为既遂的标志。但是,如果窃取财物被人发现后,又实施暴力、胁迫行为,想要夺取财物,而未能进一步夺取到财物,这是抢劫既遂还是未遂呢?在日本刑法理论界,有肯定说与否定说两种观点。肯定说认为,行为人既然已经取得了部分财物,紧接着又实施了暴力、胁迫行为,就应该把全案作为一个整体,评价为抢劫既遂。否则,以抢劫未遂论,就会出现与事后抢劫不协调的问题。因为事后抢劫也是先窃取财物,尔后又施加暴力、胁迫的情形,事后抢劫为既遂,那么,突然转化成的抢劫也应该是既遂。但是,否定说认为,取得财物只是盗窃行为的结果,与暴力、胁迫行为并没有因果关系,仅有暴力、胁迫行为,而没有在此基础上夺取财物,则仍然只能视为抢劫未遂。[55]笔者认为,后一种观点比较合理。

81　此外,行为人意图抢劫他人财物,但由于对象认识错误,将自己的财物视为他人之物而予以抢劫的,属于不能犯的问题。例如,被告人的摩托车被盗之后,想到要抢回一辆摩托车以弥补损失。但采用暴力手段夺取之后,发现是自己被盗的摩托车。对这种所谓对象不能犯案件的处理,理论界有不同认识。有的认为不应该当犯罪处理。但笔者认为,这构成抢劫罪(未遂)。因为行为人如果不发生认识错误,危害结果是有可能发生的,因而对法益构成现实的威胁;况且,抢劫罪是复行为犯,行为人夺取的财物虽然是自己的,不存在侵犯财产所有权的问题,但其实施的暴力、胁迫行为构成对他人人身权利的侵害则是无疑的,从这个意义上说,上述案件又有不同于一般的

55　参见〔日〕前田雅英:《刑法各论讲义》(第 2 版),东京大学出版会 1995 年版,第 226 页。

对象不能犯案件的特殊性，所以，有必要按照抢劫未遂来处理。

XII 共犯

二人以上共同故意犯抢劫罪的，构成抢劫的共同犯罪，应当根据《刑法》总则关于共同犯罪的规定，以及《刑法》分则关于抢劫罪的具体规定来认定和处理。由于抢劫罪是复行为犯，在二人以上共同实行抢劫犯罪的场合，完全可能出现一部分人实施暴力、胁迫或其他手段行为，另一部分人实施夺取财物行为的现象，其共同故意既可以产生于实行犯罪之前，也可以产生于实行犯罪的过程中。例如，甲在路过一偏僻地段时，恰遇其好友乙正在夺丙的提包，丙将提包抛在旁边，将乙抱住并呼救；甲跑上去将丙的提包拿走，尔后二人平分了包中价值1000余元的财物。此案中的甲虽然事前与乙并未共谋抢劫，并且只实施了拿走被害人提包的行为，并未实施暴力、胁迫行为，但他在明知乙正在实行抢劫的情况下，与其积极配合，夺取了被害人的财物，这是一种在犯罪过程中产生共同故意，并实行了共犯行为一部分的共同实行犯，在德、日等大陆法系国家刑法理论上称之为“承继的共犯”。其特点是后行为人在先行为人实施部分行为后参与进去，双方对后行为人参与后的行为构成共犯。但是，对后行为人参与之前的先行为人所实行的行为及其所产生的结果，是否构成共犯，即后行为人对之是否应承担责任，这是德、日等国刑法理论上有争论的问题。如果肯定这种“承继的共犯”，当乙的暴力行为致丙死亡时，甲是否也应负抢劫致死的责任？这是一个有待进一步研究的问题。 82

XIII 罪数

对于抢劫罪的罪数问题，应该特别注意的是，不要把行为人所采用的暴力手段抽取出来单独定罪（如定故意伤害罪、故意杀人罪等），与抢劫罪实行所谓的数罪并罚，否则，就会出现对同一行为作双重评价的不合理现象。但是，对采用暴力、胁迫或者其他手段夺取财物后，而另起犯意“杀人灭口”的，则应在抢劫罪之外，另定故意杀人罪，与抢劫罪实行数罪并罚；抢劫之后又趁机强奸妇女的，自然要另定强奸罪，与抢劫罪并罚。行为人出于盗窃的故意，潜入他人住宅窃取财物后被主人发现，接着产生了抢劫的故意，又采取暴力、胁迫手段夺取了部分财物（或未得到财物），对这类案件，日本有判例认为，应该把前面的盗窃纳入后来的抢劫中，按抢劫罪一罪处罚，而不另定盗窃罪与抢劫罪并罚。[56] 笔者认为，这样处理比较合理。因为盗窃与抢劫都是侵犯财产的犯罪，只是取得财物的手段不同，当侵害对象同一，并且发生在同一时间、同一场所时，把两者纳入同一整体进行统一的评价，以现实发生的重罪——抢劫罪一罪处罚是可取的。但是，如果侵害对象不一，即便是在同一场所、同一段时间内实 83

---

56 参见〔日〕大塚仁：《刑法概说（各论）》，有斐阁1992年版，第212页。

施的盗窃、抢劫两种行为,也应该对两者分开评价、分别定罪,并实行数罪并罚。例如,行为人先到一家小旅店行窃,窃取了旅客数额较大的财物,但觉得与预定目标还有较大差距,转而产生抢劫犯意,接着又找到店主采用暴力、威胁手段,抢劫了店主几千元财物。日本最高法院曾对这类案件作出过按盗窃罪与抢劫罪并罚的判决。[57] 这种做法值得我们参考借鉴。

84 另外,根据《刑法》第263条的规定,行为人多次抢劫的,虽然有可能构成同种数罪,但不能实行数罪并罚,而只能作为抢劫罪的加重犯处理。如前所述,行为人按计划在同一段时间连续作案,抢劫多人财物的,应该视为连续犯,以一个抢劫罪论处,不能视为犯了几个抢劫罪,即不能以"多次抢劫"论处。

85 最高人民法院《关于审理抢劫、抢夺刑事案件适用法律若干问题的意见》规定:"行为人实施伤害、强奸等犯罪行为,在被害人未失去知觉,利用被害人不能反抗、不敢反抗的处境,临时起意劫取他人财物的,应以此前所实施的具体犯罪与抢劫罪实行数罪并罚;在被害人失去知觉或者没有发觉的情形下,以及实施故意杀人犯罪行为之后,临时起意拿走他人财物的,应以此前所实施的具体犯罪与盗窃罪实行数罪并罚。"另外,为实施抢劫以外的其他犯罪劫取机动车辆的,以抢劫罪和实施的其他犯罪实行数罪并罚。例如,采用暴力手段劫取别人的机动车后,用来盗窃他人存放的大量货物的,应当按抢劫罪与盗窃罪实行数罪并罚。抢劫违禁品后又以违禁品实施其他犯罪的,应以抢劫罪与具体实施的其他犯罪实行数罪并罚。例如,抢劫毒品后又贩卖该毒品的,应当以抢劫罪与贩卖毒品罪实行数罪并罚。

XIV　与非罪的界限

86 抢劫罪是一种重罪,对于人身及公私财产安全具有很大危害性,因此,《刑法》第263条并未把抢劫财物"数额较大"或"情节严重"作为构成要件要素予以规定。但是,这并非意味着采用很轻微的暴力、胁迫手段,夺取了他人数额很小的财物,也构成抢劫罪。在司法实践中,未成年人为抢劫少量财物使用了轻微暴力的案件时有发生,一般也并未作为犯罪处理。之所以如此,是因为根据我国《刑法》总则第13条的规定,"情节显著轻微危害不大的,不认为是犯罪",只有社会危害性达到相当严重的程度,才能作为犯罪处理,这是刑法总论的一般原理,对抢劫罪也可以适用。并且抢劫罪是一种侵犯财产的犯罪,侵犯财物数额大小,对决定其社会危害性程度具有重要意义。如果行为人主观上只想夺取价值数额很小的财物,即使采用的暴力手段对被害人造成了重伤的后果,有必要当犯罪处理,那也应该按故意伤害罪定罪处罚,而不宜定为抢劫罪。因为其罪质不是侵犯财产所有权,而是侵犯人身权利。

87 在司法实践中,还经常发生因民事纠纷引起的强行抢走对方财物的案件,对此不

57　参见〔日〕大塚仁:《刑法概说(各论)》,有斐阁1992年版,第212页。

可轻易认定为抢劫罪。比如,因婚姻、家庭纠纷,女方娘家的兄弟强行抢走男方家里的财物;丈夫发现妻子与他人通奸,一气之下抢走奸夫的财物;双方合伙做生意,一方发现另一方占了便宜,为此强行抢走对方的财物,如此等等,表面上似乎符合抢劫罪的构成要件,但实质上行为人往往不具有非法占有他人财物的主观故意,并且还有某种可以为社会公众所谅解的"理由",因此,不能认定为抢劫罪。只要没有造成人身伤害等严重后果,都应当按一般违法行为处理。

应当特别注意的是,按最高人民法院《关于审理抢劫、抢夺刑事案件适用法律若干问题的意见》的规定,"为个人使用,以暴力、胁迫等手段取得家庭成员或近亲属财产的,一般不以抢劫罪定罪处罚,构成其他犯罪的,依照刑法的相关规定处理;教唆或者伙同他人采取暴力、胁迫等手段劫取家庭成员或近亲属财产的,可以抢劫罪定罪处罚"。另外,行为人仅以其所输赌资或所赢赌债为抢劫对象的,一般不以抢劫罪定罪处罚。构成其他犯罪的,依照刑法的相关规定处罚。但是,抢劫他人的赌资、犯罪所得的赃款赃物的,应以抢劫罪定罪处罚。 88

XV 与他罪的区别

一、与抢劫枪支、弹药、爆炸物、危险物质罪的区别

抢劫枪支、弹药、爆炸物、危险物质罪,是指以非法占有为目的,采用暴力、胁迫或者其他方法强行夺取枪支、弹药、爆炸物,或者强行夺取毒害性、放射性、传染病病原体等危险物质,危害公共安全的行为。 89

此罪与抢劫罪的区别,主要表现为劫取对象的性质不同,前者以枪支、弹药、爆炸物、危险物质这类与公共安全密切相关的特定物品为对象,后者以一般财物为对象,因此,前者是一种危害公共安全的犯罪,后者是一种侵犯财产所有权的犯罪。在发生认识错误,如故意抢劫财物但实际上抢劫了枪支、弹药、爆炸物、危险物质或者相反的情况下,应在重合限度内认定为抢劫罪。如果明知自己抢劫的对象既有财物,又有枪支、弹药、爆炸物、危险物质,只要不是明显具有两个行为,应视为一行为触犯两个罪名即想象竞合的情形,按从一重罪处断的原则来处理。 90

二、与故意杀人罪的区别

故意杀人罪是故意非法剥夺他人生命的行为。它与抢劫罪一般不难区分,只是在以同一被害人为侵害对象,既实施了杀人行为又实施了夺取财物行为的场合,区分二者就成为一个难题。对此,应分别以下几种不同情况作不同处理: 91

(1)对于行为人以杀人作为排除被害人反抗的手段并当场夺取其财物的,最高人民法院《关于抢劫过程中故意杀人案件如何定罪问题的批复》规定:"行为人为劫取财物而预谋故意杀人,或者在劫取财物过程中,为制服被害人反抗而故意杀人的,以抢劫罪定罪处罚。"也就是应定抢劫罪一罪,不能定故意杀人罪和抢劫罪(或盗窃 92

罪)实行数罪并罚,也不能定故意杀人罪一罪。如前所述,抢劫的暴力手段包括故意杀死被害人的情形,因为杀死被害人是排除其反抗的最有效手段,并且刑法对抢劫罪所规定的最高法定刑与故意杀人罪相同,按抢劫罪处罚不会出现罪刑不相适应的问题,因而把抢劫罪的“暴力”手段解释为包含故意杀人,符合《刑法》第 263 条的立法精神。反过来,如果把作为暴力手段的故意杀人单独定为故意杀人罪,另将夺取财物的行为定为抢劫罪,就会出现对一个行为作双重评价的不合理现象;如果把前者定为故意杀人罪,后者定为盗窃罪,虽然不存在这样的弊病,但却等于把手段行为与目的行为完全割裂开来评价,并未揭示这种犯罪的实质。

93 (2)行为人在杀害被害人之后,立刻产生了占有其生前所持有的财物的意图,紧接着又拿走了其财物。对前面实施的杀人行为应单独定为故意杀人罪,这在中外刑法理论上均无异议。但对后面实施的取得财物的行为应该如何评价,则是颇有争议的问题。在日本等大陆法系国家,有人主张定抢劫罪;另有人主张定盗窃罪;也有人主张定脱离占有物侵占罪;还有人主张通常应定脱离占有物侵占罪,但也有定盗窃罪的特殊例外情况。[58] 在我国,则主要有如下两种观点:一种观点认为,行为人拿走死者财物的行为应定为抢劫罪,并应与前面实施的故意杀人罪实行数罪并罚。[59] 但是,行为人先行的杀人行为并非取财的手段,并且其主观上也没有抢劫罪强行占有他人财物的目的,因而不符合抢劫罪的主客观特征。如果硬把前行为的杀人行为作为后行为取财的手段,则是对同一行为双重评价,有悖于我国刑法学以犯罪构成的个数作为罪数认定标准的原则。[60] 另一种观点认为,“出于其他目的杀害他人后,产生窃取财物的故意的,由于他人死亡后其继承人便占有该财物,仍然属于窃取他人占有的财物”,因而构成盗窃罪。[61] 应该肯定,在继承人已占有死者生前所持财物的情况下,拿走该财物当然可能构成盗窃罪。例如,在被害人家中将其杀害后,产生了取得其所戴金银首饰的意图,并当场拿走了该财物。由于死者与其继承人同住一室,死者所在的位置是家中,其生前所持财物应视为在继承人的占有之下,行为人拿走该财物,实质上是侵害了继承人对该财物的占有。但是,从刑法学上来论,占有只限于事实上对财物的支配或控制,因此,继承人并非在所有情况下,都自然占有死者(被继承人)的财物。比如,被害人在荒郊野外被杀害,其随身所持物品在其死后虽然已归继承人所有,但却不在继承人的占有之下(属于脱离占有物),所以,拿走这种财物不构成盗窃罪。

94 (3)行为人为谋取钱财而先将被害人杀死,尔后通过其他途径取得财物的,应该定为故意杀人罪,不能定为抢劫罪。例如,继承人为了早点继承财产,杀死被继承

58　参见刘明祥:《财产罪比较研究》,中国政法大学出版社 2001 年版,第 57—60 页。

59　参见赵秉志主编:《侵犯财产罪研究》,中国法制出版社 1998 年版,第 99 页。

60　参见赵秉志:《侵犯财产罪》,中国人民公安大学出版社 1999 年版,第 108 页。

61　参见张明楷:《刑法学》(下),法律出版社 1997 年版,第 773 页。

人,或者为了多继承遗产而杀死其他继承人;投保人、受益人为了骗取保险金而杀害被保险人的;如此等等,所谓“图财杀人”的案件,与抢劫罪中的杀人有两点差别:一是图财杀人是为了事后取得被害人或其他人的财物,而抢劫杀人是在杀人的当场取得其财物的;二是图财杀人既可能是图谋取得不动产(如继承房产),也可能是图谋取得动产(如骗取保险金),而抢劫杀人只可能是取得动产。

(4)行为人抢劫取得财物后又基于其他动机目的而杀人的,如抢劫犯被对方认出后为防止其告发又将其杀害的,按最高人民法院《关于抢劫过程中故意杀人案件如何定罪问题的批复》的规定,“行为人实施抢劫后,为灭口而故意杀人的,以抢劫罪和故意杀人罪定罪,实行数罪并罚”。有所不同的是,《刑法》第 269 条规定的转化型抢劫是行为人先犯盗窃、诈骗、抢夺罪,为窝藏赃物、抗拒抓捕或者毁灭罪证而当场使用暴力或者以暴力威胁,由于对这里的暴力也应该与普通抢劫的暴力作同样理解,所以也包括故意杀人的情形,那么,犯上述三种罪后基于上述三种目的而故意杀死被害人的,就应按抢劫罪定罪处罚,而不能以盗窃、诈骗或抢夺罪与故意杀人罪来合并处罚。 95

三、与绑架罪的区别

以勒索财物为目的而绑架他人是绑架罪的最常见的形式,抢劫罪中的暴力也可能以绑架被害人的形式出现,因此,两罪有时很难区分。最高人民法院《关于审理抢劫、抢夺刑事案件适用法律若干问题的意见》指出,两罪的区别在于:第一,主观方面不尽相同。抢劫罪中,行为人一般出于非法占有他人财物的故意实施抢劫行为,绑架罪中,行为人既可能为勒索他人财物而实施绑架行为,也可能出于其他非经济目的实施绑架行为;第二,行为手段不尽相同。抢劫罪表现为行为人劫取财物一般应在同一时间、同一地点,具有“当场性”;绑架罪表现为行为人以杀害、伤害等方式向被绑架人的亲属或其他人或单位发出威胁,索取赎金或提出其他非法要求,劫取财物一般不具有“当场性”。在笔者看来,两罪最根本的区别在于,绑架罪是绑架他人作为人质而向第三者勒索财物,抢劫罪则是直接迫使被害人交付财物。如果行为人采用暴力、胁迫手段将被害人关押在某场所或押往某场所,仍然向其勒索财物的,只能认定为抢劫罪;若是向其亲属或其他有关人员勒索财物的,则成立绑架罪。 96

最高人民法院《关于审理抢劫、抢夺刑事案件适用法律若干问题的意见》还指出:“绑架过程中又当场劫取被害人随身携带财物的,同时触犯绑架罪和抢劫罪两罪名,应择一重罪定罪处罚。”笔者认为,要注意将抢劫之后又产生绑架犯意的情形与此区分开来。例如,两行为人基于抢劫犯意将被害人拖入车内,采用暴力手段强行夺取了其身上携带的几百元钱后,仍不满足,于是继续殴打被害人,逼迫其说出亲属的电话号码,随后打电话索要赎金。对此案中的行为人就要定抢劫罪与绑架罪,并应实行数罪并罚。因为行为人实施的前后两个行为明显具有相对独立性,是在抢劫犯罪既遂之后又另起犯意实施绑架罪,不属于想象竞合或牵连犯的情形,无择一重罪定罪处罚的理论根据。 97

四、与强迫交易罪的区别

98 对以暴力、胁迫手段索取超出正常交易价钱、费用的钱财的行为如何定性,是同抢劫罪与强迫交易罪的区分密切相关的问题。一般来说,两罪区分的关键在于,行为人实质上是通过不公平的交易获取金钱利益,还是以交易为借口无偿取得他人财物,前者可能构成强迫交易罪,后者则构成抢劫罪。最高人民法院《关于审理抢劫、抢夺刑事案件适用法律若干问题的意见》指出:“从事正常商品买卖、交易或者劳动服务的人,以暴力、胁迫手段迫使他人交出与合理价钱、费用相差不大钱物,情节严重的,以强迫交易罪定罪处罚;以非法占有为目的,以买卖、交易、服务为幌子采用暴力、胁迫手段迫使他人交出与合理价钱、费用相差悬殊的钱物的,以抢劫罪定罪处刑。在具体认定时,既要考虑超出合理价钱、费用的绝对数额,还要考虑超出合理价钱、费用的比例,加以综合判断。”

五、与寻衅滋事罪的区别

99 强拿硬要他人财物,既是寻衅滋事罪的一种常见表现形式,又与抢劫罪的强行索取或夺取他人财物相似,对这种行为的定性同样涉及两罪的区分问题。最高人民法院《关于审理抢劫、抢夺刑事案件适用法律若干问题的意见》指出,寻衅滋事罪中强拿硬要的行为与抢劫罪的区别在于:“前者行为人主观上还具有逞强好胜和通过强拿硬要来填补其精神空虚等目的,后者行为人一般只具有非法占有他人财物的目的;前者行为人客观上一般不以严重侵犯他人人身权利的方法强拿硬要财物,而后者行为人则以暴力、胁迫等方式作为劫取他人财物的手段。司法实践中,对于未成年人使用或威胁使用轻微暴力强抢少量财物的行为,一般不宜以抢劫罪定罪处罚。其行为符合寻衅滋事罪特征的,可以寻衅滋事罪定罪处罚。”

六、与信用卡诈骗罪的区别

100 不以使用为目的,抢劫到信用卡后并未使用的,即便卡内存有数额巨大的现款,按最高人民法院《关于审理抢劫、抢夺刑事案件适用法律若干问题的意见》的规定,也不计数额(不认定为有抢劫数额),从而也就不能认定其抢劫信用卡的行为构成抢劫罪。问题在于,如果行为人有使用的目的,并使用抢到的信用卡取得了大量财物,对这种行为是定抢劫罪还是信用卡诈骗罪,或者是定两罪并实行数罪并罚?这就涉及抢劫罪与信用卡诈骗罪的区分。由于对这种行为的定性不可一概而论,而有必要根据抢劫信用卡后是当场使用还是事后使用,或者既当场使用又事后使用,来作不同的处理,为此,下面分三种情形展开论述。

(一)抢劫信用卡并当场使用

101 抢劫信用卡后又当场使用抢得的信用卡的案件,主要有三种类型:一是当着被害人的面使用信用卡,并当场取得了财物;二是部分犯罪人将被害人控制在一定场所,另一部分犯罪人使用信用卡取得财物后,将被害人释放;三是抢劫信用卡后当场使用但并未取得财物。

(1)就第一种类型的案件而言,行为人采用暴力、胁迫等强制手段劫取他人信用卡后,当场使用抢得的信用卡取得财物,一般是迫使被害人告知密码后在自动取款机上取款,也有的是信用卡未设密码,直接用信用卡在自动取款机上取款。那么,这种取款行为能否视为《刑法》第196条规定的"冒用他人信用卡"的信用卡诈骗行为呢?笔者的回答是否定的。所谓"冒用",顾名思义,是指冒名顶替使用,即未经权利人授权而使用。在权利人在场的情况下使用其物品,如果经其同意后使用,肯定不属于"冒用";虽未征求权利人的意见,当着其面使用,而权利人未阻止,则应视为默许使用,也不属于"冒用"。同样道理,行为人采用暴力、胁迫等强制手段劫取信用卡后当着被害人的面使用,这属于权利人被迫同意或无法阻止他人使用的情形,显然也不属于"冒用",也就是说行为人不是通过冒用他人信用卡取得财物,而是通过强制手段排除被害人的反抗而迫使其同意或无法阻止行为人使用其信用卡取得其财物,这与采取暴力胁迫手段排除被害人的反抗或阻止而当场拿走其财物具有相同性,所以,应当认定为抢劫罪。 102

(2)就第二种类型的案件而论,通常是多人共同作案,互相配合完成犯罪,虽然不是当着被害人的面使用信用卡取得财物,但在实质上可以作这样的评价。例如,甲、乙、丙、丁四人合谋于某日晚趁被害人在自动取款机上取款之机,强行夺取其信用卡,并将其劫持到一偏僻地段,强迫其说出密码。尔后,甲、乙负责看守被害人,丙、丁持卡到自动取款机上取款。丙、丁取款失败后,用手机联系甲、乙,二人再次殴打被害人,迫使其说出真实密码。丙、丁取出5000元钱后,告知甲、乙逃离。如前所述,行为人强行夺取被害人信用卡的行为本身并不构成抢劫罪,但是,采用暴力手段迫使被害人说出信用卡上的密码,在强行控制住被害人的情况下,使用信用卡在自动取款机上取款的行为,应该视为被害人被迫同意行为人使用其信用卡的情形,不属于"冒用他人信用卡"。又由于行为人是在强行控制住被害人的情况下,按照其提供的密码从自动取款机上取款的,虽然取款机离被害人有相当的距离,被害人也看不到行为人取款,但是,被害人知道几个行为人之间是有分工合作并有紧密联系的,当他告诉对方错误的密码后,对方取不到钱就会用移动电话告诉控制他的行为人,殴打逼迫他说出真实的密码,直至取到钱为止。这同当着被害人的面取走其信用卡上的大量现金没有实质的区别,因此,应当认定为当场强行夺取了被害人财物,构成抢劫罪。 103

(3)就第三种类型的案件来说,行为人抢到信用卡之后当场使用,未取得财物的原因多种多样,有的是密码不正确,有的是取款机出故障,还有的是被他人发现,等等。只要行为人抢到信用卡后当着被害人的面使用了信用卡,就表明其主观上有当场强行劫取他人财物的故意,客观上有强行劫取财物的行为,并且这种行为对他人的财产权构成现实的威胁,这与采用暴力手段抢他人的钱包因包中无钱而一无所获 104

一样,应该按抢劫未遂论处。

(二)抢劫信用卡并事后使用

105 对抢劫信用卡后不当场使用而是事后加以使用,特别是事后自己破解密码又使用的案件如何定性,学者们有不同认识。第一种观点认为,按照《刑法》第196条第3款有关盗窃信用卡并使用的,以盗窃罪定罪处罚的立法精神,对于以诈骗、抢夺、抢劫等方式取得他人信用卡并加以使用的,应以行为人先前的行为作为定性的依据,即应以诈骗罪、抢夺罪或抢劫罪等罪论处。[62] 第二种观点认为,"即使是单独抢劫信用卡的行为,也有可能构成抢劫罪。如此,其后的使用行为如果达到数额较大标准,又构成信用卡诈骗罪,二者存在牵连关系,可以按牵连犯的处理原则处理"[63]。第三种观点认为,抢劫信用卡本身构成抢劫罪;事后使用所抢劫的信用卡取得财物的行为,则要分两种情况来论,如果是在银行柜台或者在特约商户向职员冒用,就构成信用卡诈骗罪,如果是在自动取款机上使用,则构成盗窃罪。对事后使用信用卡构成的信用卡诈骗罪或盗窃罪,应与事前构成的抢劫罪实行数罪并罚。[64]

106 在笔者看来,以上三种观点都值得商榷。第一种观点以我国刑法有盗窃信用卡并使用的按盗窃罪定罪处罚的规定,作为对抢劫信用卡并使用的行为定抢劫罪的根据,显然不具有妥当性。这涉及《刑法》第196条第3款是法律拟制还是注意规定的问题。《刑法》第196条第3款明文规定:"盗窃信用卡并使用的,依照本法第二百六十四条的规定(盗窃罪的规定——笔者注)定罪处罚。"如果这一规定只是注意(或提示)性的规定,那么,上述第一种观点就具有合理性,也就是说盗窃信用卡并使用的,本来就是完全具备盗窃罪的构成要件的行为,立法者只是提醒司法人员注意,不要与别的罪相混淆。由此推论,诈骗、抢夺、抢劫信用卡的,自然也是要按诈骗罪、抢夺罪或抢劫罪定罪处罚。因为注意规定只具有提示作用,即便是没有这样的规定,也不影响按有关法条所规定的犯罪定罪处罚。但是,法律拟制则有所不同,它是对原本不同的行为按照相同的行为处理(包括将原本不符合某种规定的行为也按照该规定处理)。就盗窃信用卡并使用的行为而言,由于盗窃信用卡的行为本身并不能构成盗窃罪,而盗窃之后使用信用卡本来是属于冒用他人信用卡,构成信用卡诈骗罪,但《刑法》第196条第3款将这种行为规定要按盗窃罪定罪处罚,这就意味着把本来不具备盗窃罪构成要件(而具备信用卡诈骗罪构成要件)的行为,规定为按盗窃罪定罪处罚,这显然是法律拟制性规定,并非注意(或提示)性规定。"因此,不能将本规定的拟制内容'推而广之'。例如,行为人骗得他人信用卡之后又对自然人使用的,不能认

---

62 转引自刘宪权:《信用卡诈骗罪若干疑难问题研究》,载《政治与法律》2008年第10期。

63 赵秉志、许成磊:《盗窃信用卡并使用行为的定性分析与司法适用》,载《浙江社会科学》2000年第6期。

64 参见张明楷:《诈骗罪与金融诈骗罪研究》,清华大学出版社2006年版,第720页。

定为诈骗罪,而应认定为信用卡诈骗罪(冒用他人信用卡)”[65];抢劫信用卡事后使用的,不能认定为抢劫罪,而应该定信用卡诈骗罪。

以上第二、三种观点都认为,抢劫信用卡本身就构成抢劫罪,事后使用信用卡的 107
行为,则又触犯了其他罪名。但是,如前所述,如果行为人以抢劫财物为目的,在抢劫其他物品的同时取得了信用卡,当然可以构成抢劫罪,但这是因为抢劫了其他物品(并非抢劫了信用卡)而构成抢劫罪。如果只是以抢劫信用卡为目的,且仅仅是当场夺取了信用卡(未夺取其他物品),并且也未使用信用卡,那就不能认定其构成抢劫罪。因此,认为抢劫信用卡事后予以使用的行为,既触犯抢劫罪又触犯信用卡诈骗罪的观点,与我国法律的规定和有关财产罪的解释论不符。固然,在日本等大陆法系国家,由于其刑法对抢劫、盗窃、诈骗等财产罪构成要件的规定并无数额的要求,因此,行为人盗窃、抢劫信用卡之后又予以使用的,自然对盗窃、抢劫信用卡的行为可以视为构成盗窃罪、抢劫罪,之后的使用行为则另构成诈骗罪或计算机诈骗罪等罪。但是,根据我国刑法的规定和有关财产罪的基本理论,盗窃、抢劫一张价值很低的信用卡,并不能单独评价为构成盗窃罪、抢劫罪。既然如此,认为抢劫信用卡事后使用的行为,既触犯抢劫罪又触犯信用卡诈骗罪,就不妥当。因此,认为两罪之间存在牵连关系、想象竞合关系或者认为后罪属于不可罚的事后行为[66],也就失去了立论的基础。因为无论是牵连犯、想象竞合犯、还是不可罚的事后行为(或共罚的事后行为),均是以行为触犯两个以上罪名为成立的前提条件的。并且,即便是认为抢劫信用卡事后予以使用的行为触犯了抢劫罪和信用卡诈骗罪等两个以上的罪名,也不宜实行数罪并罚。因为抢劫信用卡事后使用的行为最终是给同一个被害人造成了同一个危害结果(财产损失)。在日本等大陆法系国家,学者们大多认为这属于包括的一罪,即作为犯罪结果的违法评价上是一罪,因而不实行数罪并罚,仅按其中的一个重罪来处断。[67] 至于按上述第三种观点将事后使用信用卡的行为还要分两种情况作不同处理,即在自动取款机上取款定盗窃罪,在银行柜台或者特约商户对自然人冒用定信用卡诈骗罪,则更值得商榷。鉴于笔者已发表论文就此展开过论述,在此不赘述。[68]

从以上分析不难看出,正确的结论是:对抢劫信用卡并事后使用的行为,一般只 108
能定信用卡诈骗罪,不能另定抢劫罪或单独定为抢劫罪,更不能将信用卡诈骗罪与抢劫罪数罪并罚。不过,如果是使用达到伤害、杀人程度的暴力手段抢劫信用卡,则手

65 张明楷:《诈骗罪与金融诈骗罪研究》,清华大学出版社 2006 年版,第 693 页。

66 参见张宁:《谈冒用型信用卡诈骗罪》,载《辽宁警专学报》2008 年第 5 期。

67 参见〔日〕西田典之:《刑法各论》(第 4 版),弘文堂 2007 年版,第 202 页。

68 参见刘明祥:《用拾得的信用卡在 ATM 机上取款行为之定性》,载《清华法学》2007 年第 4 期;刘明祥:《再论用信用卡在 ATM 机上恶意取款的行为性质——与张明楷教授商榷》,载《清华法学》2009 年第 1 期。

段行为有可能另外构成故意伤害罪或故意杀人罪,应当与事后使用信用卡所构成的信用卡诈骗罪数罪并罚。

109　值得进一步研究的是,行为人采用暴力、胁迫等侵害人身的手段强行夺取他人信用卡,卡上未设密码、或者强迫他人说出密码后,并未立即到自动取款机上取款,而是经过一段时间后,在被害人不在场的情况下,到自动取款机取款或到特约商户购物。例如,某日晚被告人李某发现女青年张某持一张存有4000元钱的借记卡到一自动取款机前取款,因自动取款机出故障未取到款,即采用暴力手段强行夺取其借记卡,并强迫其说出密码。次日早晨到另一自动取款机上取走了4000元现金。对这类案件,能否认定行为人当场夺取了财物,构成抢劫罪呢?有人认为,采用暴力、胁迫等手段抢劫信用卡,如果信用卡未设密码或者当场强迫持卡人说出密码,由于信用卡内可使用的金钱已置于行为人的控制之下,因而应认定行为人抢劫了同样数额的财物。就上述案件而言,李某抢到张某的借记卡知道密码后,即可认定其抢劫到了卡内4000元钱,不论其是否取出钱以及实际取到了多少钱。但是,笔者认为,这种观点不妥当。即便行为人采用暴力手段夺取了他人信用卡并知道了密码,且当场就可以使用信用卡取得财物,但只要其并未当场使用信用卡,就不具备采用强制手段排除被害人反抗当场劫取财物的抢劫罪的构成要件,从而不能认定其构成抢劫罪,尔后使用(非当场使用)的,可能构成信用卡诈骗罪。这是因为行为人抢到信用卡并不等于抢到了信用卡中的钱款。信用卡只是一种金融票证,信用卡上的存款是在信用卡发放者(通常为金融机构)的管理或占有之下的,只要不使用信用卡在自动取款机上取款或在特约商户购物消费,即使信用卡卡片毁坏、消失了,信用卡账户上的存款也不会消失,持卡人并不会遭受财产损失。正因为如此,行为人抢到信用卡知悉了卡上的密码,并不等于就取得了卡上的钱款,只是为获取钱款创造了便利条件。如同抢到了他人的开放式存物柜的钥匙一样,只要行为人未当场用抢到的钥匙打开柜门取走他人存放的财物,就不能认定其构成抢劫罪。事后(非当场)用钥匙打开存物柜取走他人财物的,可以构成盗窃罪。

(三)抢劫信用卡既当场使用又事后使用

110　行为人抢劫信用卡后,既当场使用取一部分款,又事后使用取一部分款。例如,甲、乙、丙三人于某日晚使用暴力抢劫了A的信用卡,并强行将A带到附近的取款机旁,逼迫A说出密码。由于每次从自动取款机上只能取出5000元。甲、乙、丙三人取出5000元后,发现A的信用卡内还有4000元。甲、乙、丙三人将A放走后,于次日持A的信用卡从自动取款机上取出剩下的4000元。对这类案件,有论者认为,当场使用与事后使用,分别构成不同的罪,应当实行数罪并罚[69];也有论者认

69　参见张明楷:《诈骗罪与金融诈骗罪研究》,清华大学出版社2006年版,第721页。

为,无论是当场使用还是事后使用,应一律定抢劫罪[70]。笔者赞成前一种观点。如前所述,抢劫信用卡并使用的行为定性的关键是看使用行为,而当场使用与事后使用具有不同的性质,当场使用抢来的信用卡取得他人财物,具有当场强取财物(采用强制手段排除被害人反抗当场夺取其财物)的特性,因而构成抢劫罪。但事后使用抢来的信用卡取得他人财物,则不具有当场强取财物的特性,而具备“冒用他人信用卡”的特征,所以,成立信用卡诈骗罪。

那么,用抢得的同一张信用卡同样是到自动取款机上取款,为何当场用来取款与事后用来取款,不按同一罪处罚,而要定不同的罪实行数罪并罚呢?如前所述,有论者提出,抢得信用卡,迫使被害人告知密码后,信用卡中所存的钱款就已置于行为人的控制之下,因此,应认定其抢到了信用卡中的所有钱款。按照这种观点,抢到信用卡之后,无论是当场使用还是事后使用,都只可能构成抢劫一罪。但这种把抢到信用卡与抢到装有货币的钱包等同看待的主张,显然是忽视了信用卡自身的特性,没有看到当场使用抢得的信用卡取得财物与事后使用这种信用卡取得财物在取得财物的手段上的差异(前者是强行劫取他人财物,后者是“冒用他人信用卡”骗取财物),而这正是要对二者分别定抢劫罪与信用卡诈骗罪的根据所在。 111

XVI 处罚

我国《刑法》第 263 条对抢劫罪规定了两个幅度的法定刑,即对抢劫罪的基本犯(或普通抢劫),处 3 年以上 10 年以下有期徒刑,并处罚金;对抢劫罪的加重犯(或加重抢劫),处 10 年以上有期徒刑、无期徒刑或者死刑,并处罚金或者没收财产。 112

根据 2021 年 7 月 1 日起实施的最高人民法院、最高人民检察院《关于常见犯罪的量刑指导意见(试行)》的规定,构成抢劫罪的,根据下列情形在相应的幅度内确定量刑起点:①抢劫 1 次的,在 3 年至 6 年有期徒刑幅度内确定量刑起点。②有下列情形之一的,在 10 年至 13 年有期徒刑幅度内确定量刑起点:入户抢劫的;在公共交通工具上抢劫的;抢劫银行或者其他金融机构的;抢劫 3 次或者抢劫数额达到数额巨大起点的;抢劫致 1 人重伤的;冒充军警人员抢劫的;持枪抢劫的;抢劫军用物资或者抢险、救灾、救济物资的。依法应当判处无期徒刑以上刑罚的除外。在量刑起点的基础上,根据抢劫情节严重程度、抢劫次数、数额、致人伤害后果等其他影响犯罪构成的犯罪事实增加刑罚量,确定基准刑。罚金数额应根据抢劫的数额、次数、手段、危害后果等犯罪情节,综合考虑被告人缴纳罚金的能力决定。缓刑的适用应综合考虑抢劫的起因、手段、危害后果等犯罪事实、量刑情节,以及被告人的主观恶性、人身危险性、认罪悔罪表现等因素。 113

---

70 参见丁春锋:《信用卡诈骗罪若干问题研究》,载《北京人民警察学院学报》2009 年第 1 期。

一、抢劫罪刑罚适用的基本问题

114　根据刑法理论,对各种具体犯罪都应该在法定刑幅度内,按照行为的社会危害性的大小及主观恶性程度的高低,适当选择适用轻重不同的刑罚。对普通抢劫罪来说,主要考虑的因素有:犯罪的时间、地点,是否持有凶器,是否采用了暴力手段,是否造成了人身伤害以及伤害的程度高低,是否劫取到财物以及劫取财物的数额大小,等等。

115　应当指出,影响抢劫罪社会危害性程度以及反映行为人主观恶性大小的因素很多,在量刑时应该全面综合考虑,不能只顾及或强调一面而忽视另一面。要体现区别对待的刑事政策思想,注意区分抢劫共同犯罪及抢劫集团中的主犯、从犯与胁从犯,严格分清累犯、再犯与偶犯,严格区分成年犯与未成年犯,严格区分抗拒与坦白、自首、立功等不同情节,对抢劫罪中的主犯、累犯、再犯、抗拒交待罪行者应依法从严惩处;"对于多次结伙抢劫,针对农村留守妇女、儿童及老人等弱势群体实施抢劫,在抢劫中实施强奸等暴力犯罪的,要在法律规定的量刑幅度内从重判处"[71]。对从犯、胁从犯、偶犯、未成年犯、自首、立功者,应依法从宽处罚。特别是"对因家庭成员就医等特定原因初次实施抢劫,主观恶性和犯罪情节相对较轻的,要与多次抢劫以及为了挥霍、赌博、吸毒等实施抢劫的案件在量刑上有所区分"[72]。不能因为抢劫罪是重罪,就一概不适用缓刑、不免予刑事处分,对于具备法定从轻、减轻或免除处罚条件的罪犯,如果确属犯罪情节轻微不需要判处刑罚的,如抢劫罪的中止犯,又没有造成损害的,就应当依法免除处罚;对于具备法定减轻处罚情节,综合全案情况来看,确属犯罪较轻的,可以适用缓刑或者在最低法定刑 3 年有期徒刑以下处刑。

116　最高人民法院《关于审理抢劫刑事案件适用法律若干问题的指导意见》规定:"抢劫犯罪被告人具有累犯情节的,适用刑罚时要综合考虑犯罪的情节和后果,所犯前后罪的性质、间隔时间及判刑轻重等情况,决定从重处罚的力度。对于前罪系抢劫等严重暴力犯罪的累犯,应当依法加大从重处罚的力度。对于虽不构成累犯,但具有抢劫犯罪前科的,一般不适用减轻处罚和缓刑。对于可能判处死刑的罪犯具有累犯情节的也应慎重,不能只要是累犯就一律判处死刑立即执行;被告人同时具有累犯和法定从宽处罚情节的,判处死刑立即执行应当综合考虑,从严掌握。"

二、抢劫罪加重犯的刑罚适用

117　符合《刑法》第 263 条规定的八项严重情节之一的,构成抢劫罪的加重犯,一般

71　2016 年 1 月 6 日最高人民法院《关于审理抢劫刑事案件适用法律若干问题的指导意见》第一部分。

72　2016 年 1 月 6 日最高人民法院《关于审理抢劫刑事案件适用法律若干问题的指导意见》第一部分。

应当按该条规定的加重法定刑幅度的刑罚处罚。如前所述，笔者认为，抢劫罪的加重犯不存在犯罪预备、未遂和中止等未完成形态，例如，对意图抢劫数额巨大的财物，但实际上未抢到手的，不能按“抢劫数额巨大”这一加重犯的法定刑处罚。[73] 另外，行为人连续或多次犯抢劫罪，并且具备抢劫罪八项严重情节中的两种以上的，不能数罪并罚，也不能一概处死刑，应根据案件的具体情况，选择适用恰当的刑种或刑期。

特别应当注意的是，最高人民法院《关于审理抢劫刑事案件适用法律若干问题的指导意见》对具有《刑法》第263条规定的八种严重情节的加重犯之刑罚适用，提出了如下几点指导意见：“1.根据刑法第二百六十三条的规定，具有‘抢劫致人重伤、死亡’等八种法定加重处罚情节的，处十年以上有期徒刑、无期徒刑或者死刑，并处罚金或者没收财产。应当根据抢劫的次数及数额、抢劫对人身的损害、对社会治安的危害等情况，结合被告人的主观恶性及人身危险程度，并根据量刑规范化的有关规定，确定具体的刑罚。判处无期徒刑以上刑罚的，一般应并处没收财产。2.具有下列情形之一的，可以判处无期徒刑以上刑罚：(1)抢劫致3人以上重伤，或者致人重伤造成严重残疾的；(2)在抢劫过程中故意杀害他人，或者故意伤害他人，致人死亡的；(3)具有除‘抢劫致人重伤、死亡’外的两种以上加重处罚情节，或者抢劫次数特别多、抢劫数额特别巨大的。3.为劫取财物而预谋故意杀人，或者在劫取财物过程中为制服被害人反抗、抗拒抓捕而杀害被害人，且被告人无法定从宽处罚情节的，可依法判处死刑立即执行。对具有自首、立功等法定从轻处罚情节的，判处死刑立即执行应当慎重。对于采取故意杀人以外的其他手段实施抢劫并致人死亡的案件，要从犯罪的动机、预谋、实行行为等方面分析被告人主观恶性的大小，并从有无前科及平时表现、认罪悔罪情况等方面判断被告人的人身危险程度，不能不加区别，仅以出现被害人死亡的后果，一律判处死刑立即执行。4.抢劫致人重伤案件适用死刑，应当更加慎重、更加严格，除非具有采取极其残忍的手段造成被害人严重残疾等特别恶劣的情节或者造成特别严重的后果的，一般不判处死刑立即执行。5.具有刑法第二百六十三条规定的‘抢劫致人重伤、死亡’以外其他七种加重处罚情节，且犯罪情节特别恶劣、危害后果特别严重的，可依法判处死刑立即执行。认定‘情节特别恶劣、危害后果特别严重’，应当从严掌握，适用死刑必须非常慎重、非常严格。” 118

三、抢劫共同犯罪的刑罚适用

对抢劫共同犯罪的刑罚适用，最高人民法院《关于审理抢劫刑事案件适用法律若干问题的指导意见》提出了如下几点指导意见：“1.审理抢劫共同犯罪案件，应当充分 119

73 笔者的这一主张与最高人民法院的《关于审理抢劫刑事案件适用法律若干问题的指导意见》有所不同。

考虑共同犯罪的情节及后果、共同犯罪人在抢劫中的作用以及被告人的主观恶性、人身危险性等情节,做到准确认定主从犯,分清罪责,以责定刑,罚当其罪。一案中有两名以上主犯的,要从犯罪提意、预谋、准备、行为实施、赃物处理等方面区分出罪责最大者和较大者;有两名以上从犯的,要在从犯中区分出罪责相对更轻者和较轻者。对从犯的处罚,要根据案件的具体事实、从犯的罪责,确定从轻还是减轻处罚。对具有自首、立功或者未成年人且初次抢劫等情节的从犯,可以依法免除处罚。2.对于共同抢劫致一人死亡的案件,依法应当判处死刑的,除犯罪手段特别残忍、情节及后果特别严重、社会影响特别恶劣、严重危害社会治安的外,一般只对共同抢劫犯罪中作用最突出、罪行最严重的那名主犯判处死刑立即执行。罪行最严重的主犯如因系未成年人而不适用死刑,或者因具有自首、立功等法定从宽处罚情节而不判处死刑立即执行的,不能不加区别地对其他主犯判处死刑立即执行。3.在抢劫共同犯罪案件中,有同案犯在逃的,应当根据现有证据尽量分清在押犯与在逃犯的罪责,对在押犯应按其罪责处刑。罪责确实难以分清,或者不排除在押犯的罪责可能轻于在逃犯的,对在押犯适用刑罚应留有余地,判处死刑立即执行应格外慎重。”

第二百六十四条　盗窃罪

盗窃公私财物，数额较大的，或者多次盗窃、入户盗窃、携带凶器盗窃、扒窃的，处三年以下有期徒刑、拘役或者管制，并处或者单处罚金；数额巨大或者有其他严重情节的，处三年以上十年以下有期徒刑，并处罚金；数额特别巨大或者有其他特别严重情节的，处十年以上有期徒刑或者无期徒刑，并处罚金或者没收财产。

文献:董鑫主编:《盗窃罪个案研究》,四川大学出版社 1994 年版;王礼仁:《盗窃罪的定罪与量刑》,人民法院出版社 1999 年版;赵秉志主编:《侵犯财产罪疑难问题司法对策》,吉林人民出版社 2000 年版;刘明祥:《财产罪比较研究》,中国政法大学出版社 2001 年版;董玉庭:《盗窃罪研究》,中国检察出版社 2002 年版;刘明祥:《财产罪专论》,中国人民大学出版社 2019 年版。刘明祥:《试论盗窃罪犯罪构成中的主客观相统一问题》,载《法学评论》1985 年第 2 期;赵长青:《家庭内部盗窃案件探析》,载《法学季刊》1985 年第 3 期;孙力:《试论盗窃罪的客观特征及主观意图》,载《法学研究》1989 年第 4 期;邓又天:《再论盗窃犯罪的几个问题》,载《贵州大学学报》1993 年第 3 期;陈立:《海峡两岸盗窃罪比较》,载《法学杂志》1993 年第 6 期;赵廷光、皮勇:《关于利用计算机实施盗窃罪的几个问题》,载《中国刑事法杂志》2000 年第 1 期;齐文远、张克文:《对盗窃罪客体要件的再探讨》,载《法商研究》2000 年第 1 期;董玉庭:《盗窃罪客观方面再探》,载《吉林大学社会科学学报》2001 年第 3 期;董玉庭:《论盗窃罪特殊对象》,载《北方论丛》2004 年第 2 期;张明楷:《论盗窃故意的认识内容》,载《法学》2004 年第 11 期;董玉庭:《盗窃罪司法疑难问题研究——几种特殊行为罪与非罪的思考》,载《北方论丛》2005 年第 3 期;于佳佳:《论盗窃罪的边界》,载《中外法学》2008 年第 6 期;刘明祥:《许霆案的定性:盗窃还是信用卡诈骗》,载《中外法学》2009 年第 1 期;陈兴良:《利用柜员机故障恶意取款行为之定性研究》,载《中外法学》2009 年第 1 期;张明楷:《许霆案的刑法学分析》,载《中外法学》2009 年第 1 期;黎宏:《论盗窃罪中的多次盗窃》,载《人民检察》2010 年第 1 期;刘明祥:《"盗窃信用卡并使用"的含义解析与司法认定》,载《中国法学》2010 年第 1 期;山口厚:《盗窃罪研究》,王昭武译,载《东方法学》2011 年第 6 期;张明楷:《盗窃罪的新课题》,载《政治与法律》2011 年第 8 期;车浩:《盗窃罪中的被害人同意》,载《法学研究》2012 年第 2 期;王充:《论盗窃罪中的非法占有目的》,载《当代法学》2012 年第 3 期;车浩:《"扒窃"入刑:贴身禁忌与行为人刑法》,载《中国法学》2013 年第 1 期;黎宏:《论盗窃财产性利益》,载《清华法学》2013 年第 6 期;刘宪权:《盗窃罪新司法解释若干疑难问题解析》,载《华东政法大学学报》2013 年第 6 期;武良军:《论入户盗窃、扒窃等新型盗窃罪的既遂与未遂——〈刑法修正案(八)〉实施中的问题与省思》,载《政治与法律》2013 年第 9 期;阮齐林:《论盗窃罪数额犯的既遂标准》,载《人民检察》2014 年第 19 期;徐光华:《"公开盗窃说"质疑》,载《法商研究》2015 年第 3 期;王莹:《盗窃罪"非法占有目的"对象刍议》,载《中外法学》2015 年第 6 期;刘明祥:《窃取网络虚拟财产行为定性探究》,载《法学》2016 年第 1 期;王莹:《论财产性利益可否成为盗窃罪行为对象——"介入行为标准"说之提倡》,载《政法论坛》2016 年第 4 期;黎宏:《论盗窃罪数额犯的未遂》,载《环球法律评论》2018 年第 1 期;刘宪权:《盗窃信用卡并使用行为定性的困境与破解》,载《法学评论》2018 年第 6 期;胡东飞:《盗窃及其在侵犯财产罪中的体系地位》,载《法学家》2019 年第 5 期;刘明祥:《论窃取财产性利益》,载《政治与法律》2019 年第 8 期;王骏:《盗窃罪中"数量较大"的认定规则》,载《政治与法律》2020 年第 2 期;刘之雄:《"公开盗窃论"的理论根基匡谬》,载《法学家》2021 年第 1 期;彭文华:《盗窃罪量刑规范化问题实证研究》,载《华东政法大学学报》2021 年第 2 期;王骏:《财产性利益盗窃的客观构造》,载《政治与法律》2021 年第 3 期。

细目录

Ⅰ　主旨
Ⅱ　沿革
Ⅲ　客体
Ⅳ　对象
一、盗窃罪的对象是否包括财产性利益
二、盗窃罪的对象是否包括网络虚拟财产
Ⅴ　盗窃行为
一、盗窃行为的特点
二、盗窃财物数额较大
三、多次盗窃
四、入户盗窃
五、携带凶器盗窃
六、扒窃
Ⅵ　结果
Ⅶ　主体
Ⅷ　故意
Ⅸ　排除犯罪的事由
Ⅹ　既遂、未遂、不能犯
一、盗窃的着手实行
二、盗窃的既遂

三、不能犯
XI 共犯
XII 罪数
XIII 与非罪的界限
XIV 与他罪的区别
XV 处罚

I 主旨

刑法规定盗窃罪的目的在于保护他人财产所有权。财产所有权以对财物的占有、使用、收益、处分四方面的权能为内容。这里所说的“他人财产”,既包括自然人的财产,也包括法人或非法人组织的财产,公共财产既可能是国家、集体所有制单位的财产,也可能是私营或民营单位的财产。盗窃罪是一种取得罪,即通过夺取他人占有的财物,从根本上侵犯他人财产所有权。 1

II 沿革

1979 年《刑法》把盗窃、诈骗、抢夺三种罪规定在同一个条文中。这主要是立法者当时考虑到,这三种罪的轻重程度大体相同,法定刑也相同,而且犯罪分子兼有其中两种行为的为数不少,为处理上的方便,就合成一个条文(第 151 条)来加以规定[1],并在另一条文(第 152 条)对这三种罪的加重犯的处刑标准作了专门规定。根据这两个条文的规定,盗窃公私财物数额较大的,处 5 年以下有期徒刑、拘役或者管制;惯窃或者盗窃公私财物数额巨大的,处 5 年以上 10 年以下有期徒刑;情节特别严重的,处 10 年以上有期徒刑或者无期徒刑,可以并处没收财产。1979 年《刑法》施行以后,由于盗窃公私财物的犯罪活动日益猖獗,危害日趋严重,全国人大常委会于 1982 年 3 月 8 日通过的《关于严惩严重破坏经济的罪犯的决定》,对盗窃罪的处刑标准作了修改,规定盗窃情节特别严重的,可以判处死刑。 2

1979 年《刑法》对盗窃罪的规定存在明显的缺陷:一是把盗窃罪与诈骗罪、抢夺罪规定在一起,不便于三种犯罪立法的细化和司法适用;二是把“数额较大”“数额巨大”“情节特别严重”作为盗窃罪的三种情形,在法定刑的递进上不太协调;三是对财产刑的适用明显不足(没有规定罚金刑);四是将惯窃作为单一罪名来加以规定意义不大。[2] 3

针对上述不足,1997 年《刑法》作了如下几点修改:①把“多次盗窃”与盗窃财物“数额较大”并列作为盗窃罪的构成要件,使盗窃罪不再只受盗窃数额的限制,多次盗 4

---

1 参见高铭暄:《中华人民共和国刑法的孕育诞生和发展完善》,北京大学出版社 2012 年版,第 130—131 页。

2 参见赵秉志:《侵犯财产罪》,中国人民公安大学出版社 1999 年版,第 135—136 页。

窃即使数额未达较大的标准,也同样构成盗窃罪。②取消了惯窃罪,把惯窃作为盗窃数额之外的一个影响行为的社会危害程度的因素来考虑。③修改了盗窃罪的法定刑,将普通盗窃罪的最高法定刑由原来的 5 年有期徒刑降为 3 年有期徒刑,并增设了罚金刑;把盗窃财物“数额巨大或者有其他严重情节”这种加重犯的最低法定刑,由原来的 5 年有期徒刑减为 3 年有期徒刑,并增设了罚金刑;对盗窃财物“数额特别巨大或者有其他特别严重情节”的加重犯,增设了罚金刑。特别值得一提的是,在《刑法》修订过程中,关于盗窃罪的最高法定刑是恢复到 1979 年《刑法》规定的无期徒刑,还是保留后来全国人大常委会增设的死刑,存在激烈的争论,立法者采取了折中的态度,即保留死刑但严格限制适用,明文规定只有“盗窃金融机构,数额特别巨大的”或者“盗窃珍贵文物,情节严重的”,才有可能适用死刑。另外,1997 年《刑法》还用专条(第 265 条)对“以牟利为目的,盗接他人通信线路、复制他人电信码号或者明知是盗接、复制的电信设备、设施而使用的”,明文规定以盗窃罪定罪处罚。这是对原有司法解释的立法化,可以避免刑法理论和司法实践中产生一些不必要的争论。

5 由于 1997 年《刑法》对盗窃罪可以适用死刑的情形作了严格的限定,加上盗窃罪属于非暴力性的财产犯罪,司法实践中极少适用死刑,因而 2011 年 2 月 25 日第十一届全国人大常委会第十九次会议通过的《刑法修正案(八)》,删除了原刑法条文中的“盗窃金融机构,数额特别巨大”或者“盗窃珍贵文物,情节严重”的“处无期徒刑或者死刑,并处没收财产”的规定,从而彻底废除了盗窃罪的死刑;同时,修订增加了“入户盗窃、携带凶器盗窃、扒窃”成立盗窃罪的规定。

Ⅲ 客体

6 盗窃罪是一种最常见的财产罪,以盗窃罪为中心的财产罪保护法益问题,在日本等大陆法系国家存在本权说、占有说与修正说等学说之争。

7 我国的传统观点认为,盗窃等财产罪的客体(法益)是财产所有权,即采取本权说,但近些年来,也有学者开始采用占有说。笔者赞成传统观点。由于本章前注部分对这一问题已作详细论述,在此不作重复阐述。

Ⅳ 对象

8 盗窃罪的对象是他人占有的财物。财物是否属于他人占有的财物,对确定取得这种物品的行为是否构成盗窃罪具有决定性意义。由于本章前注部分对作为侵犯财产罪对象的“公私财物”或“他人财物”已作详细论述,在此不赘述。这里仅就近年来刑法学界有关盗窃罪的对象争议较多的两个问题作进一步的探讨。

一、盗窃罪的对象是否包括财产性利益

9 德国、日本等大陆法系国家和地区的刑法大多将财产性利益排除在盗窃罪的对象

范围之外。我国刑法虽然没有这样的明文规定,但传统的通说是持这种否定态度的。[3]不过,近些年来,也有不少学者持肯定主张,并认为德国、日本等国刑法之所以不承认财产性利益可以成为盗窃罪的侵害对象,是因为这些国家“刑法规定的盗窃罪不以数额较大为起点,倘若承认盗窃罪的对象可以是财产性利益,则会无限扩大盗窃罪的范围”。又由于在这些国家,“许多盗窃财产性利益的行为,事实上被评价为盗窃了有体物而认定为盗窃罪。例如,盗窃他人存折、银行卡的,就存折、银行卡这种有体物本身成立盗窃罪;如果事后又从银行柜台取出现金或者在特约商户消费的,另成立诈骗罪,而且属于并合罪”[4]。言下之意是刑法也没有必要把财产性利益规定为盗窃罪的对象。笔者认为,这一解释并非完全没有道理,但至少是带有片面性和不准确性。德国、日本等国刑法规定的盗窃罪虽然不以数额较大为起点,但并非对盗窃他人一张手纸、偷摘他人枣树上一颗枣都要当盗窃罪来处罚,而是运用可罚的违法性(或实质的违法性)理论将这种行为排除在处罚范围之外。所谓“盗窃财产性利益”的价值数额,一般不会小到一张手纸、一颗枣的程度,为何大陆法系国家的法官不能同样运用可罚的违法性(或实质的违法性)理论将其排除在外呢?又怎么能得出“倘若承认盗窃罪的对象可以是财产性利益,则会无限扩大盗窃罪的范围”的结论呢?另外,上述肯定论者所举盗窃他人存折、银行卡后又取出现金或者在特约商户消费的,这并非取得了财产性利益的实例,而是取得了财物。因而所谓在德国、日本“许多盗窃财产性利益的行为,事实上被评价为盗窃了有体物而认定为盗窃罪”的说法也不够准确。日本的通说认为,上述盗窃他人存折、银行卡的案件,就把他人占有之下的存折、银行卡夺走而言,构成盗窃罪;但尔后用存折、银行卡取款或到特约商户消费的行为,并非定盗窃罪而是定诈骗罪。[5] 很明显,这类犯罪的实质或者说危害性之所在是后面这一部分行为。用他人存折、银行卡通过计算机将他人的款项转入自己的账户或第三人账户,才是上述论者所指“盗窃财产性利益”的情形,对此在德国、日本并非定盗窃罪,而是定使用计算机诈骗罪。

从德国、日本等大陆法系国家和地区的刑法规定和理论解释来看,“认为债权等 10
财产性利益不能成为盗窃罪的对象,可谓19世纪的观念”[6]。德国、日本等大陆法系国家和地区至今仍不改变这种观念,在笔者看来,仍然是因为只有“基于被害人有瑕疵的意思,才可能转移债权等财产性利益,所以,这些国家和地区的刑法往往规定抢

3 参见刘明祥:《论窃取财产性利益》,载《政治与法律》2019年第8期。

4 张明楷:《也论用拾得的信用卡在ATM机上取款的行为性质——与刘明祥教授商榷》,载《清华法学》2008年第1期。

5 参见〔日〕西田典之:《日本刑法各论》(第3版),刘明祥、王昭武译,中国人民大学出版社2007年版,第164页。

6 张明楷:《也论用拾得的信用卡在ATM机上取款的行为性质——与刘明祥教授商榷》,载《清华法学》2008年第1期。

劫罪、诈骗罪、敲诈勒索罪的对象可以是财产性利益”[7]。而不把财产性利益规定为盗窃罪的对象,还是由于前文所述的盗窃的特点是行为人直接夺取他人占有的财物,债权等财产性利益是一种无形的法律上的权利或利益,不可能直接被人夺取。况且,刑法理论关于盗窃既遂与未遂的区分,也是以财物是否脱离被害人的占有或行为人是否占有财物为标志的。债权等财产权利不能被人事实上占有,只是在民事法律的观念上才可以被占有,因而不能成为刑法中盗窃罪的侵害对象。如果将债权等财产性利益规定或解释为也可以成为盗窃罪的侵害对象,显然与侵犯财产罪的刑法理论不符。

11　应当指出,我国《刑法》第 265 条规定,“以牟利为目的,盗接他人通信线路、复制他人电信码号或者明知是盗接、复制的电信设备、设施而使用的”,依照盗窃罪的规定定罪处罚。因此,上述肯定论者认为,“我国刑法的规定与审判实践也肯定了财产性利益可以成为盗窃罪的对象”[8]。笔者也不否认,盗用这些设备设施,免费享受某种服务,的确是获取了财产性利益,但毕竟同《刑法》第 264 条规定的“盗窃公私财物”有差异,正因为如此,刑法才有必要用专条作规定。如果说“盗窃公私财物”当然包含这种情形,那么刑法单独用一条作此规定就是画蛇添足了。应当认为,我国《刑法》第 265 条将盗用他人电信设备、设施的行为规定以盗窃罪定罪处罚,这实质上是一种法律的拟制。不过,应当看到,许多国家的刑法在“盗窃罪”之外,单独规定有相关的所谓“盗用罪”,如《德国刑法典》在盗窃罪之外,另规定有“盗用电力罪”(第 248c 条)、“交通工具的无权使用罪”(第 248b 条);特别值得一提的是,《挪威刑法典》第 403 条规定:“没有支付固定费用而试图骗取封闭场所的演出、展览或者聚会,或者乘坐船舶、火车等旅行的,处罚金或者 3 年以下监禁。”该条之罪不仅与盗窃罪不在一章中,而且被纳入轻罪的范围,处罚比盗窃罪轻得多。由此可见,盗用某些设施、骗取某种服务固然可以获取财产性利益,但同盗窃财物毕竟不同,这正是一些国家和地区刑法在盗窃罪之外单独规定相关盗用罪的原因所在。因此,不能认为作为盗窃罪对象的“财物”当然包含财产性利益。我国《刑法》第 265 条作出拟制性的规定,将盗用电信设备、设施的行为以盗窃罪论处,这只是解决对这类行为处罚问题的一种权宜之计,最佳途径还是借鉴一些国家和地区的立法经验,单独设立罪名与处罚规定。但在刑法还没有作这样的修改的条件下,对上述法律拟制性的规定,只能适用于所拟制的情形,不能作类比推理适用于相似的案件,也就是不能因为《刑法》第 265 条将盗用电信设备、设施的行为规定以盗窃罪论处,就将其他盗用行为(如盗用他人网络游戏装备等)也按盗窃罪来论。否则,就与罪刑法定原则相悖。

7　张明楷:《也论用拾得的信用卡在 ATM 机上取款的行为性质——与刘明祥教授商榷》,载《清华法学》2008 年第 1 期。

8　张明楷:《也论用拾得的信用卡在 ATM 机上取款的行为性质——与刘明祥教授商榷》,载《清华法学》2008 年第 1 期。

二、盗窃罪的对象是否包括网络虚拟财产

网络虚拟财产有广义与狭义之分。广义的网络虚拟财产,是指一切存在于特定网络虚拟空间的专属性的虚拟物,包括ID(如QQ账号、电子邮箱)、虚拟货币、虚拟装备等。网络域名也在广义的虚拟财产的范围内。2017年10月12日最高人民检察院发布的第九批指导性案例检例第37号“张四毛盗窃案”中指出,网络域名具备法律上的财产属性,盗窃网络域名可以认定为盗窃行为。但狭义的网络虚拟财产,则仅指大型多人在线网络游戏中的物品,如特定网络游戏中的游戏币、武器、服装、土地或其他具有价值的物品。此处的虚拟财产是从狭义而言的,即仅指这类虚拟物品。[9] 12

网络虚拟财产能否成为盗窃罪的侵害对象,即对窃取网络虚拟财产的行为能否定盗窃罪,是近年来刑法学界颇有争议的问题,存在肯定说与否定说两种对立的主张。[10]要正确回答这一问题,首先必须弄清网络虚拟财产的法律性质以及窃取网络虚拟财产行为的本质所在。对网络虚拟财产是否属于法律上的财产以及属于何种财产,目前学术界有财产否认说、物权说、债权说、知识产权说、特殊财产说(或新型财产说)、分阶段权利说、分类型权利说等几种不同学说,并且“整体上呈现出学说上的多歧样态”,难以形成较为一致的认识。[11] 笔者倾向于债权说。因为债权不同于物权,它是一种请求权,必须以相对人的意志作为中介,并需要他人的积极协助才能实现。而网络虚拟财产须依附于网络空间存在,人们行使任何网络虚拟财产的权利,都必须依靠特定的网络运营商的配合。如果运营商不再维持服务器的运行,不再积极地处理玩家发布的每一条指令,那么玩家对网络虚拟财产的任何权利都将无法实现——甚至连删除都不可能。由此可见,网络虚拟财产权的本质是一种需要网络运营商积极配合才能实现的权利,是请求权而不是支配权,是债权而不是物权。 13

即使能肯定网络虚拟财产是法律上的财产,也不能由此得出这样的结论:窃取网络虚拟财产的行为侵害的法益主要是财产法益,因而应按盗窃罪定罪处罚。众所周知,我国刑法将许多盗窃特定财产(或物品)的行为,规定为侵犯财产的盗窃罪之外的其他犯罪。如枪支、弹药、爆炸物、危险物质,这些物品或物质固然也是有经济价值的财物,但考虑到盗窃这类财物具有危害公共安全的特殊危险性,因而将其规定为独立的犯罪;又如盗伐他人承包经营管理的森林,也是盗窃他人财物,并会给他人造成财产损失,但由于这种行为破坏了国家的森林资源,因而要按盗伐林木罪而不是盗窃罪处罚;再如盗窃商业秘密,是盗窃无形的知识财产,无疑也会给权利人带来财产损 14

9 参见刘明祥:《窃取网络虚拟财产行为定性探究》,载《法学》2016年第2期。

10 参见王志祥、袁宏山:《论虚拟财产刑事保护的正当性——与侯国云教授商榷》,载《北方法学》2010年第4期;刘明祥:《窃取网络虚拟财产行为定性探究》,载《法学》2016年第1期。

11 参见董笃笃:《虚拟财产法律学说的回顾与反思》,载《重庆邮电大学学报(社会科学版)》2013年第5期。

失,但其侵犯的法益主要是知识产权,因而刑法将其纳入侵犯知识产权罪范围内的侵犯商业秘密罪中,如此等等,充分说明行为侵害法益的核心所在才是刑法所要保护的侧重点,并非只要有窃取某种对象的行为,同时给他人造成了财产损失,就要定盗窃罪这种侵犯财产的犯罪。由此可见,窃取网络虚拟财产的行为虽然会给游戏玩家带来财产损失,但这并不意味着就应当对其按盗窃罪来定罪处罚,关键要看其侵害法益的核心所在,同时还得考虑其是否符合刑法规定的盗窃罪的构成要件。

15　那么,窃取网络游戏中的装备等虚拟财产行为的本质或侵害法益的核心何在?要回答这一问题,还必须弄清网络游戏及其装备(或虚拟物品)的特点。据有的熟悉网络游戏的专业人士介绍,所有的网络游戏都是计算机应用程序(软件),游戏里的各种工具、装备,是软件开发人员编写的一段段功能不同的程序,即功能软件模块。同一种网络游戏中,有大炮装备与没有大炮装备的角色相比,只是同一种游戏软件功能配置的区别,前者用起来功能更强大,玩家玩得更开心。这些功能软件通过有形的载体表现出来就不是虚拟财产,而是无形资产,在法律上表现为权利人拥有的一种权利。作为权利人的游戏运营商可以许可玩家使用游戏软件,通常是由玩家付费而获得游戏软件使用权,双方之间形成许可使用与被许可使用的法律关系。所谓装备被盗,形式上表现为运营商服务器里玩家账号项下的相关数据丢失,法律上表现为不同的权利人的权利受到了侵害。[12] 玩家失去的是使用具有该种功能软件的权利,从而使其享受不到应有的游戏娱乐服务,同时,导致运营商提供给玩家的服务不能到位,自然会使用户减少、经营收益降低。可见,窃取网络游戏中的装备等虚拟财产行为的本质或侵害法益的核心所在,并非侵犯财产所有权,而是妨碍网络游戏娱乐与经营活动,因而不具备盗窃罪的本质。

16　有论者提出,窃取网络游戏中的装备后又转卖给他人,行为人不仅自己得到了金钱,而且由于游戏装备大多是游戏玩家花钱获取的,实际上使被害人损失了金钱,这同盗窃实物后通过销赃获取金钱并无本质差别,为何不能构成盗窃罪呢?[13] 在笔者看来,窃取网络游戏中的装备与窃取现实世界中的实物有重大差异。如前所述,网络游戏装备是计算机的功能软件(或电子数据、电磁记录),游戏运营商可以大量复制拥有这种功能的软件,游戏玩家花钱取得游戏装备并非取得(或独占控制)了该功能软件,而只是具有了使用该功能软件的权利或条件,窃取网络游戏玩家花钱买来的游戏装备,也同样只是非法获取了游戏装备的使用权,并非取得(或独占控制)了游戏装备本身。因为网络游戏装备只能存在于特定的网络游戏系统之中,离开了该网络游戏系统,其中的游戏装备也就不复存在。这就决定了窃取网络游戏装备者,不可能转移

---

[12] 参见青锋:《网络虚拟财产:刑法保护中的价值冲突和选择》,载《理论视野》2007年第5期。

[13] 参见许富仁:《关于盗窃虚拟财产的价值及其行为本质的分析》,载《学术交流》2006年第5期。

占有游戏装备,通俗地说就是拿不走,而只可能排除他人使用,自己非法使用或以让他人使用来收取费用。如同行为人将某游戏娱乐场中特定轨道游戏车的锁换掉,使花钱取得钥匙来开游戏车的人因打不开车锁而无法使用,行为人自己开车玩乐或让别人开车玩乐收取费用,但他不可能将游戏车开出游戏场地,置于自己的独立占有或掌控之下。对这种妨碍权利人使用游戏装备,并通过让他人使用来非法收取费用的行为,按盗窃定罪处罚,显然不具有合理性。因为盗窃罪是一种夺取财物占有的犯罪,即财物在他人的占有之下,行为人采用窃取的方式使之脱离他人的占有而置于自己的占有之下。不转移财物的占有,只是未经授权而非法使用(包括盗用)他人财物的,有可能构成盗用性的其他犯罪,但在法律没有特别规定的条件下,不能定为盗窃罪。

还应当看到,对窃取网络游戏装备的行为按盗窃罪定罪处罚,将网络游戏中的虚拟财产当作财产来保护,这就意味着国家事实上承认虚拟财产与真实财产在法律上具有同等地位,虚拟财产与真实财产的兑换就成了顺理成章的事,虚拟财产的价值也就会不断飙升,网络游戏行业就可能偏离其发展轨道,并且会为洗钱、赌博等犯罪提供方便。[14] 事实上,国家有关行政机关已经意识到了这一点,并已采取相应的防范措施。我国的有关行政规范性文件已明确规定,包括虚拟货币在内的网络游戏虚拟财产只能在网络游戏中使用,不能用来交易,也不能变相兑换现金、财物。[15] 不仅我国的有关行政主管机关对网络游戏虚拟财产持这种态度,而且境外也有一些国家和地区的法律有这方面的明文规定。如在网络游戏最发达的韩国,法律早已禁止虚拟物品的交易。[16] 既然法律法规禁止用网络游戏中的虚拟物品来交易,那就表明它不是财物,而只是网络游戏运营商已经或即将提供的游戏服务,窃取网络游戏装备等虚拟物品(包括虚拟货币)的实质是剥夺了玩家本来可以享受的游戏服务,因而侵犯的主要不是财产所有权,也就不可能构成盗窃罪。 17

另外,从其他国家和地区的立法和司法情况来看,据笔者所知,德国、瑞士等许多国家和地区都不将盗窃网络虚拟财产的行为按盗窃罪来定罪处罚。例如,《德国刑法典》第303a条规定了专门的“变更数据罪”,对非法消除、扣押、使其不能使用或变更计算机信息系统数据(或电磁记录)的行为,规定了单独的法定刑。由于窃取网络游戏装备等虚拟财产实质上是非法获取计算机信息系统数据的行为,自然也在此种犯罪之列。又如,《瑞士刑法典》第143条单独设立了“非法获取数据罪”,明确规定“为使自己或他人非法获利,为自己或他人获取以电子或以类似方式储存或转送的非本人的已经采取特殊保安措施的数据的,处5年以下重惩役或监禁刑”。窃取网络游戏 18

[14] 参见侯国云:《论网络虚拟财产刑事保护的不当性——让虚拟财产永远待在虚拟世界》,载《中国人民公安大学学报(社会科学版)》2008年第3期。

[15] 参见刘明祥:《窃取网络虚拟财产行为定性探究》,载《法学》2016年第1期。

[16] 参见施凤芹:《对“网络虚拟财产”问题的法律思考》,载《河北法学》2006年第3期。

装备等虚拟财产,无疑也是非法获取电子数据的行为,当然得按该条的规定定罪处罚,而不是按盗窃罪定罪处罚。

19 特别值得一提的是,我国台湾地区为了有效打击盗窃网络游戏中虚拟财产的行为,曾在1997年的“刑法”修正案中,增列电磁记录以动产论之规定,将这种行为纳入盗窃罪的处罚范围。但是,2003年的“刑法”修正案又删除了这一规定。台湾地区“立法院”在说明其中的原因时指出:由于台湾地区刑法学界及司法实务界普遍的观点认为,将电磁记录窃盗纳入窃盗罪章规范,与刑法传统之窃盗罪构成要件不符合。为了使电脑及网络犯罪规范体系更为完整,2003年从立法上将此条有关电磁记录部分修正删除,将窃取电磁记录的行为改为纳入新增之妨害电脑使用罪章中规范。[17]即新增设了一条这样的规定:“无故取得、删除或变更他人电脑或其相关设备之电磁记录,致生损害于公众或他人者,处五年以下有期徒刑、拘役或科或并科二十万元以下罚金。”台湾地区学者普遍认为,这一条中的“电磁记录”,包括所有虚拟世界的账号、点数等虚拟财产。根据此条的规定,对盗窃虚拟财产的行为,应按非法取得或破坏电磁记录罪(而不是盗窃罪)定罪处罚。[18] 台湾地区“刑法”对电磁记录定位的戏剧性变化表明,将电磁记录视为动产不具有科学性,把窃取网络游戏中的虚拟财产这类窃取电磁记录的行为按盗窃罪定罪处罚,也明显不具有合理性。

V　盗窃行为

一、盗窃行为的特点

20 盗窃罪的行为是窃取(或盗取)他人财物。窃取是指违反占有人的意思,排除其对财物的占有,将财物转移给自己或者第三者占有。窃取的本义应该是秘密取走财物。但在德国、日本等国并不这样严格解释,一般认为只要行为人没有使用暴力、胁迫手段而取走财物,就可以认为是窃取。之所以如此,是因为德国、日本等国刑法没有规定抢夺罪,只好将公然夺取财物的行为也解释为窃取,纳入盗窃罪的范围来处罚。意大利刑法甚至将抢夺明文规定为一种加重盗窃。我国刑法规定了抢夺罪,显然不能像德国、日本等大陆法系国家那样对窃取作宽泛的解释。

21 在俄罗斯,由于刑法规定了独立的抢夺罪,加上其第158条规定,盗窃是指“秘密窃取他人财产的”行为,所以,对盗窃行为自然是从本义上解释,限定在秘密取走财物的范围内。我国刑法对侵犯财产罪的规定与俄罗斯刑法的规定比较接近,通说也认为,盗窃罪的行为只能表现为秘密窃取(不包括公然夺取)他人财物的行为。并且中

17　参见刘守芬、申柳华:《网络犯罪新问题刑事法规制与适用研究》,载《中国刑事法杂志》2007年第3期。

18　参见于志刚:《论网络游戏中虚拟财产的法律性质及其刑法保护》,载《政法论坛》2003年第6期。

国、俄罗斯两国学者都认为,秘密窃取包括主客观两方面的内容,即客观上是采取隐秘方式取走其财物,主观上行为人自认为被害人不知晓。只不过我国的通说认为,只要行为人采取秘密的、自认为不为财物的所有人或保管人所知晓的方法将财物取走,不管第三人是否知晓,也不问行为人是否以为第三人知晓,均不影响盗窃罪的成立。而俄罗斯学者认为,秘密窃取必须以行为人自认为不被财物的所有人或其他人所觉察的方式取走财物为条件,如果行为人不顾自己侵害他人财产所有权的事实已被第三人所知悉,明目张胆地拿走所盗财物,则构成抢夺罪(不能定盗窃罪)。[19]

以上两种解释争议的焦点在于:行为人避开财物的所有人、管理人,在明知第三人知悉的情况下,拿走了他人财物,这是否属于秘密窃取?笔者认为,不可一概而论。在以私人财物作为侵害对象的场合,行为人避开财物的所有人或管理人的视线拿走其财物,即使第三人知晓,甚至行为人也明知第三人知晓,仍然应视为秘密窃取。因为盗窃、抢劫、抢夺、诈骗等侵犯财产的取得罪,是以取得财物的方式(或手段)来区分的。而取得财物的方式是相对于财物的所有者、管理者而言的。例如,抢劫罪的暴力、胁迫手段是指行为人对财物的所有人或管理人施行暴力、胁迫;诈骗罪的欺骗手段也只能是对财物的所有人、管理人实施。盗窃罪的秘密窃取自然也不例外。因此,财物的所有人、管理人之外的第三人是否知悉,行为人是否知道第三人知悉,原则上不影响秘密窃取乃至盗窃罪的成立。但是,国家所有与集体所有的财产具有一定的特殊性。在财产管理者不在场的情况下,行为人当着其他人的面,明知其他人(甚至很多人)知悉,明目张胆地拿走国家、集体所有的财物,这同管理人在场时的公然夺取,并无多大差异,将这种夺取财物的行为认定为秘密窃取,似乎不够妥当。 22

秘密窃取与公然夺取是两种不同的侵犯财产的行为,其社会危害程度也有差异。一般来说,后者重于前者。因而把两者区别开来,规定为不同的犯罪是必要的。但是,在司法实践中,有时两者又很难区分。按中国、俄罗斯两国刑法理论上的通说,只有行为人采取隐秘的、自认为不为财物所有人或管理人知晓的方式将财物取走,才可以认定为秘密窃取。假如扒手作案时对被害人是否已发觉漠不关心,也就是说他预见到自己的作案意图有可能已被对方发觉(也有可能尚未被发觉),在这种情况下仍掏走其钱包。这是秘密窃取还是公然夺取,按上述通说就无法认定。但是,在德国、日本等没有规定抢夺罪的国家,由于盗窃罪中包括秘密窃取与公开夺取两种情形,自然不会发生这种定罪上的困难。从这种意义上说,不单独规定抢夺罪,也有其司法上的便利性与理论上的合理性。 23

窃取的手段与方法多种多样。窃取与欺骗手段有可能并用,此时就会发生是定盗窃罪还是定诈骗罪的问题。一般来说,如果行为人实施窃取行为时,所采用的欺骗手段并没有使对方基于认识错误而交付财物,仍然构成盗窃罪。例如,行为人伪装成 24

---

19 参见俄罗斯联邦总检察院编:《俄罗斯联邦刑法典释义》(下册),黄道秀译,中国政法大学出版社 2000 年版,第 407—409 页。

顾客到商店试穿衣服,然后穿着衣服伪装上洗手间而逃走。对这样的案件应该认定为构成盗窃罪。因为被害人并没有基于认识错误而交付衣服。如果行为人试穿衣服后对店员说:"我将衣服穿回去后马上就送钱来。"店员信以为真,同意其穿走衣服,但行为人并未送钱到商店来,这就构成诈骗罪。

25 窃取还有可能采用欺骗方法、以公开的形式进行,此时容易与诈骗罪、抢夺罪相混淆。例如,火车车皮卸货时,冒充搬运工拿走了一件货物。就冒充搬运工而言,这带有欺骗性;从当着众多人的面拿走财物来看,则具有公开性。但其行为的实质仍然是采取自认为不为财物的所有人、管理人发觉的方式取得其财物,因而应该认定为盗窃。又如,把他人所有、管理的财物谎称为自己的财物,出卖给不知情的善意第三人使其搬运走。这是利用不知情的第三者盗窃所有者的财物,是一种间接实行的盗窃,不能认定为诈骗罪。

26 还应当注意,盗窃的对象不同,其行为的表现形式也有较大差异。一般来说,盗窃可移动的有体物,通常是将财物秘密转移到行为人控制之下,并且脱离财物所有人或持有人的控制范围,如从他人口袋里掏出钱包放到自己口袋里;把他人的电视机从其房间搬出运到自己家里,等等。盗窃电力、煤气、天然气等无体物,通常表现为通过传输系统加以使用和消耗,而不可能像有体物那样转移占有,不存在转移的有形时空问题,往往只要行为人启动开关,就意味着已开始盗用,所有人就会产生财产上的损失。正因为这类行为的实质是盗用,有不同于传统盗窃的特色,所以,有些国家刑法将其规定为独立的犯罪,值得我们借鉴。

27 如前所述,我国《刑法》第 265 条所规定的是一种特殊类型的盗窃罪,其行为表现形式包括:①偷接他人的电话线路,利用他人的电信码号,偷打电话;②盗用他人移动电话码号,进行非法并机;③明知自己使用的电话或移动电话是盗接在他人电话线路上的,或者是非法并机的伪机,而继续使用。这些行为虽然没有直接将他人的财物非法转为己有,但所有通话费用都记在他人账上,要由他人来支付,无疑会给他人造成财产损失,这同上述盗用他人电力等能源的行为具有相同性质。

28 另外,最高人民法院指导案例 27 号"臧进泉等盗窃、诈骗案"中指出,行为人利用信息网络,诈骗他人点击虚假链接而实际通过预先植入的计算机程序窃取财物构成犯罪的,以盗窃罪定罪处罚。

二、盗窃财物数额较大

29 如前所述,盗窃罪作为一种侵犯财产的犯罪,其社会危害性大小、罪与非罪的区分,主要是由盗窃财物的价值数额决定的。1979 年《刑法》第 151 条规定,盗窃"数额较大"的才构成盗窃罪。在修订《刑法》的过程中,考虑到盗窃财物数额大小,虽然是盗窃罪成立与否以及罪轻罪重的决定性因素,但也不是唯一因素,还可能有特殊情况,如多次盗窃,每次被抓获查实的数额都不太大,甚至加在一起也达不到"数额较大"的标准,而行为的社会危害性程度并不比一次盗窃就达到"数额较大"标准者低,为此,1997年《刑法》又在盗窃"数额较大"之外,增补"多次盗窃"作为构成犯罪的情节。但除此之外,并非就再没有盗窃财物未达"数额较大"标准而有必要当犯罪处理的情形了,事实上,还有一些盗窃行为,如入户盗窃、携带凶器盗窃、扒窃等,虽然严重危害公民的财产安全,并对被害人的人身安全形成威胁,具有严重的社会危害性,但往往由于案犯一次作案案值达不到定罪标准,无法对其定罪处理,只能给予治安处罚,打击力度不够,为此,《刑法修正案(八)》基于司法实践的需要,又补充增加"入户盗窃""携带凶器盗窃""扒窃"为构成盗窃罪的情形。即便如此,也仍然还有一些盗窃未达"数额较大"的普通标准,又不在法条明文列举的构成盗窃罪的几种情形之中,但却有严重社会危害性而有必要当盗窃罪处罚的情形,为此,最高人民法院、最高人民检察院《关于办理盗窃刑事案件适用法律若干问题的解释》通过降低"数额较大"标准的方式,将其作为盗窃财物"数额较大"的特殊情形纳入盗窃罪的处罚范围之中。根据该司法解释的规定,盗窃公私财物,具有下列情形之一的,"数额较大"的标准可以按照普通标准(盗窃财物价值1000元至3000元)的50%确定:①曾因盗窃受过刑事处罚的;②一年内曾因盗窃受过行政处罚的;③组织、控制未成年人盗窃的;④自然灾害、事故灾害、社会安全事件等突发事件期间,在事件发生地盗窃的;⑤盗窃残疾人、孤寡老人、丧失劳动能力人的财物的;⑥在医院盗窃病人或者其亲友财物的;⑦盗窃救灾、抢险、防汛、优抚、扶贫、移民、救济款物的;⑧因盗窃造成严重后果的。应该肯定,这样处理比较符合司法实际情况,也与根据社会危害性程度区分犯罪与一般违法行为的刑法原理相一致。

另外,盗窃公私财物,达到了数额较大的标准,是否可能因具备其他情节而使行 30
为的社会危害性达不到犯罪的程度呢?回答应该是肯定的。根据最高人民法院、最高人民检察院《关于办理盗窃刑事案件适用法律若干问题的解释》第7条的规定,盗窃公私财物数额较大,行为人认罪、悔罪,退赃、退赔,且具有下列情形之一,情节轻微的,可以不起诉或者免予刑事处罚;必要时,由有关部门予以行政处罚:①具有法定从宽处罚情节的;②没有参与分赃或者获赃较少且不是主犯的;③被害人谅解的;④其他情节轻微、危害不大的。那么,作这样的解释是否妥当呢?我国现行《刑法》第13条明文规定,"情节显著轻微危害不大的,不认为是犯罪",这就意味着行为人的行为即便符合《刑法》分则规定的某种犯罪的所有要件,也还得考虑其社会危害程度大小,社会危害性很小的,不能当犯罪处理,因此,这一司法解释不违反刑法的规定。

三、多次盗窃

所谓"多次盗窃",本义是指3次以上盗窃。但按最高人民法院、最高人民检察院 31
《关于办理盗窃刑事案件适用法律若干问题的解释》,只有3次盗窃均发生在2年之内,才能认定为多次盗窃。如果有2次盗窃发生在2年内,过了2年后又盗窃1次被抓获,盗窃次数虽已达3次,但不能认定为多次盗窃。之所以在时间上予以限制,是因为在比较短的时间内盗窃,表明行为人的主观恶性较大,因而即便是没有达到盗窃财物数额较大的标准,也有必要当犯罪处罚。盗窃时间间隔过长,就表明行为人的主观恶性不大,所以不能作为定罪的因素来考虑。但是,如果是在同一时间、同一地点,针对同一被害人,分 3 次拿走其财物;或者是针对 3 位被害人,分 3 次拿走财物,则不能认定为多次盗窃。有论者持相反的主张,认为“对于基于一个概括的犯意,连续在一定场所三次盗窃不同被害人的财物,或者对一栋办公楼中的几个办公室连续实施盗窃的,应当按客观行为认定为多次盗窃,而不能按主观心理状态认定为一次盗窃”[20]。笔者认为,行为人既然是基于一个犯意连续实施盗窃行为,就应评价为实施了一个盗窃行为(一次盗窃),而不能认定为实施了多个盗窃行为(多次盗窃)。最高人民法院在有关司法解释中对“多次抢劫”的认定,就从一个侧面对这种主张的合理性给予了有力的佐证。[21] 归根到底还是因为这种连续盗窃的情形,不能表明行为人的主观恶性大,因而不能视为定罪的严重情节。

32 “《刑法》第 264 条规定多次盗窃是为了扩大盗窃罪的处罚范围”[22],也就是将行为人多次盗窃财物但每次盗窃财物的数额、甚至累计数额均未达到“数额较大”标准的情形,纳入盗窃罪的处罚范围。但是,这并不意味着只要有多次盗窃的行为,不论其是否盗窃到财物或盗窃财物数额多少,一概都要按盗窃罪定罪处罚。众所周知,我国自古以来都是把盗窃财物的数额大小作为判定盗窃罪能否成立以及决定处罚轻重的关键因素看待的。在通常情况下,只有盗窃财物数额较大才能定罪处罚,在特殊情况下,其他的因素虽然也应考虑,但不能过分夸大其在定罪与处罚上的作用或意义。从《关于办理盗窃刑事案件适用法律若干问题的解释》也不难看出这一点。该解释所列的几种严重情形,如“组织、控制未成年人盗窃”“自然灾害、事故灾害、社会安全事件等突发事件期间,在事件发生地盗窃”“盗窃残疾人、孤寡老人、丧失劳动能力人的财物”“盗窃救灾、抢险、防汛、优抚、扶贫、移民、救济款物”等,并不比“多次盗窃”的严重性程度低,但能否构成犯罪还要看盗窃财物的数额,即只有达到了“数额较大”标准的 50%,才能定罪处罚。因此,对多次盗窃财物累计数额过小的所谓“小偷小摸”案件,显然不能按盗窃罪定罪处罚。一般来说,对多次盗窃财物接近数额较大标准的,有必要认定为盗窃罪。另外,多次盗窃虽不以每次都盗窃到财物为前提,但如果每次均盗窃未遂,则至少要有一次是以数额巨大的财物或珍贵文物为盗窃目标或者有其他严重情节,才能定罪处罚。

---

[20] 张明楷:《刑法学》(第 6 版),法律出版社 2021 年版,第 1243 页。

[21] 2005 年 6 月 8 日最高人民法院《关于审理抢劫、抢夺刑事案件适用法律若干问题的意见》指出:“对于行为人基于一个犯意实施犯罪的,如在同一地点同时对在场的多人实施抢劫的;或基于同一犯意在同一地点实施连续抢劫犯罪的,如在同一地点连续地对途经此地的多人进行抢劫的;或在一次犯罪中对一栋居民楼房中的几户居民连续实施入户抢劫的,一般应认定为一次犯罪。”

[22] 张明楷:《刑法学》(第 6 版),法律出版社 2021 年版,第 1242 页。

四、入户盗窃

入户盗窃,是指非法进入他人住所内盗窃。依据最高人民法院、最高人民检察院《关于办理盗窃刑事案件适用法律若干问题的解释》,非法进入供他人家庭生活,与外界相对隔离的住所盗窃的,应当认定为“入户盗窃”。对这里的“户”,最高人民法院在 1999 年 10 月 27 日的《全国法院维护农村稳定刑事审判工作座谈会纪要》中指出:“‘入户盗窃’中的‘户’,是指家庭及其成员与外界相对隔离的生活场所,包括封闭的院落、为家庭生活租用的房屋、牧民的帐篷以及渔民作为家庭生活场所的渔船等。集生活、经营于一体的处所,在经营时间内一般不视为‘户’。”最高人民法院在 2005 年 6 月 8 日的《关于审理抢劫、抢夺刑事案件适用法律若干问题的意见》进一步指出:“‘户’在这里是指住所,其特征表现为供他人家庭生活和与外界相对隔离两个方面,前者为功能特征,后者为场所特征。一般情况下,集体宿舍、旅店宾馆、临时搭建工棚等不应认定为‘户’,但在特定情况下,如果确实具有上述两个特征的,也可以认定为‘户’。”之所以将“户”限定在家庭生活之用并与外界相对隔离的住所这样的范围内,主要是考虑到“入户盗窃”的特殊危害性在于侵犯公民的居住隐秘与居住安宁的权益,因而盗窃财物即便是没有达到数额较大的标准,也有必要定罪处罚。如果是在多人居住的集体宿舍、临时搭建工棚内盗窃财物,则没有这样的特殊危害性,所以没有必要特殊对待。 33

入户盗窃是否要求身体入户,即行为人身在户外,仅用工具将户内衣物挑钩出来,甚至是手伸进户内拿走财物,能否认定为入户盗窃?回答应该是否定的。因为这种盗窃行为对被害人的居住安宁,特别是其人身安全并不构成威胁,与一般的盗窃并无多大差别,因而不能作为盗窃的严重情节纳入“入户盗窃”之中。 34

入户盗窃者“入户”是否要有违法性,即是否要将“入户”限定在“非法入户”的范围内,对基于合法的事由入户,尔后趁机窃取财物的,能否认定为“入户盗窃”?回答也应该是否定的。由于因合法事由入户,不存在侵犯户主居住隐秘与居住安宁的问题,也不会造成其心理上的恐惧感或不安感,不具有“入户盗窃”不同于普通盗窃的特殊危害性与危险性,同样不能认定为“入户盗窃”。否则,就会不当扩大盗窃罪的处罚范围,特别是将亲友间、朋友间趁串门之机,顺手牵羊窃取户内财物的行为,按“入户盗窃”处理,明显不具有合理性。至于非法入户者在入户之前是否要有盗窃的犯意,则另当别论。例如,为了骗取财物而入户,因诈骗未得逞而趁机盗窃户内财物的;为了抢劫财物而入户,但因被害人不在户内而窃取其财物的;为了报复伤害对方而入户,但因被害人不在家或逃离,而窃取其财物的,均应认定为入户盗窃。 35

入户盗窃虽不要求盗窃时户内有人,即便是进入已有一段时间无人居住的户内盗窃,也可以认定为入户盗窃。但如果是进入很长时间无人居住(如户主外出几年,一直空置)的户内盗窃,则不宜认定为入户盗窃。另外,趁被害人不在家时撬锁破门入户盗窃或者夜间趁被害人熟睡之机钻窗入户盗窃,与在被害人门户大开外出时 36

溜进去盗窃,虽同属入户盗窃,但在情节轻重上有较大差异,定罪处罚时也应区别对待。

37 应当注意的是,入户盗窃虽然也是在盗窃财物未达数额较大标准时,因有"入户"这一严重情节而认定犯罪成立的情形,但同样也应当考虑盗窃财物的数额。对本来只想入户盗窃价值数额很小财物者,如非法进入农户窃取几个鸡蛋、偷拿几个苹果的,就不能认定为盗窃罪。

五、携带凶器盗窃

38 所谓携带凶器盗窃,从字面含义理解,是指携带对人具有杀伤力的器具盗窃的情形。携带凶器盗窃,同样不以窃取数额较大财物为成立盗窃罪的条件。也就是说,只要是携带凶器盗窃,不论是否窃取到财物,也不管取得财物的价值数额是否较大,均可认定为盗窃罪。之所以如此,是因为携带凶器盗窃意味着行为人在实施盗窃行为的过程中,如果被人发现或被追捕,就有可能使用凶器,从而严重威胁他人的人身安全,其社会危害性和人身危险性比普通盗窃明显要大,因而要按盗窃罪来定罪处罚。

39 对"携带凶器"之中的"凶器"如何理解?是需要进一步研究的问题。一般来说,凶器包括性质上的凶器与用法上的凶器两类。性质上的凶器,是指枪支弹药、管制刀具等本身用于杀伤人的物品;用法上的凶器,是指从使用的方法来看,可能用于杀伤他人的物品。如家用菜刀、手杖,用于切菜时、用于支撑行走时不是凶器,但用于或准备用于杀人、伤人时为凶器。对这里的"凶器",是应从狭义上理解为仅限于性质上的凶器,还是应从广义上理解为包含用法上的凶器,在刑法学界有不同认识。最高人民法院、最高人民检察院《关于办理盗窃刑事案件适用法律若干问题的解释》采取折中的主张,明确指出"携带枪支、爆炸物、管制刀具等国家禁止个人携带的器具盗窃,或者为了实施违法犯罪携带其他足以危害他人人身安全的器械盗窃的,应当认定为'携带凶器盗窃'"。按这一解释,"携带凶器盗窃"中的"凶器"除了"国家禁止个人携带的器械"这种性质上的凶器之外,还包括"其他足以危害他人人身安全的器械",同时强调携带后一种器械还必须有"为了实施违法犯罪"的主观意图。可见,后一种器械虽然在用法上的凶器的范围之内,但并非所有用法上的凶器都能被囊括其中,而是仅限于"足以危害他人人身安全的"器械,例如,啤酒瓶固然可以用来砸伤、砸死人,却不属于足以危害他人人身安全的器械,携带啤酒瓶盗窃,当然不能认定为携带凶器盗窃。

40 有论者认为,最高人民法院、最高人民检察院《关于办理盗窃刑事案件适用法律若干问题的解释》中的上述规定"不当缩小了盗窃罪中凶器的范围"[23],但笔者认为,适当缩小是必要的。因为在现实生活中,许多日常用品、劳动工具(如老虎钳、扳手等)都是可以作为凶器来使用的,临时起意的盗窃案也时常发生,如果行为人事先

23 张明楷:《刑法学》(第6版),法律出版社2021年版,第1245页。

携带了劳动工具或生活用品,但并未想到作案时用来杀伤他人,事实上也未使用,仅因其携带了这样的器械而盗窃,就认定为携带凶器盗窃予以定罪处罚,显然是不适当地扩大了盗窃罪的处罚范围。

携带凶器盗窃时,要求行为人认识到自己随身携带了凶器。如果盗窃时忘记了自己随身携带的包中放有匕首,则不能认定为携带凶器盗窃。至于是否要求行为人具有随时对被害人使用的意思,从最高人民法院、最高人民检察院《关于办理盗窃刑事案件适用法律若干问题的解释》的上述规定来看,携带国家禁止个人携带的器具(性质上的凶器)盗窃,不要求行为人有使用的意思。这是因为携带这类器具本身就有违法性,对社会公共安全构成威胁,将其作为盗窃的一种严重情形看待是合适的。但如果是"携带其他足以危害他人人身安全的器械"(用法上的凶器)盗窃,则必须要有使用(备用)的意思。如果无这种意思,那就不属于"为了实施违法犯罪"而携带,其行为(如携带刚购买准备切菜用的菜刀)本身并不具有违法性,对社会公共安全也不构成威胁,自然也就不能作为盗窃的严重情节看待。不过,无论是携带哪一种凶器,只要是在盗窃的过程中,因被人发现,为窝藏赃物、毁灭罪证、抗拒抓捕而当场使用凶器施暴或威胁,则构成抢劫罪。 41

如前所述,携带凶器盗窃,并不以窃取数额较大财物为构成盗窃罪的条件,但是,也并非完全不看盗窃数额。如果行为人只想盗窃数额很小的财物,即便是携带管制刀具之类的凶器作案,也不能按盗窃罪定罪处罚。例如,甲与乙携带管制刀具准备到邻村去殴打丙,路过一块西瓜地时,甲与乙各摘一个西瓜在路边吃时,被种瓜人抓住。如果以甲、乙携带凶器盗窃作为定盗窃罪的依据,显然不妥。因为盗窃罪毕竟是一种侵犯财产的犯罪,如果行为人主观上仅想盗窃价值数额很小的财物,客观事实也是如此,那就表明其行为对他人财产权的侵害程度很低,自然也就没有必要按侵犯财产的犯罪定罪处罚。 42

六、扒窃

扒窃是一个含义不太清晰的概念,一般民众大多将其理解为扒手从别人身上偷窃财物。[24] 扒手多为职业惯犯,成为职业扒手之前,往往要经过较长时间的训练。因此,职业扒手实施的典型的扒窃往往有较强的技术性,大多动作轻巧麻利,窃取他人放在衣服口袋中的钱包等财物时不易被发觉。并且,其一旦被发觉、抓获,大多属于盗窃未遂,即便是盗窃既遂,通常也达不到数额较大的标准,均无法按盗窃罪定罪处罚。2011 年 2 月 25 日通过的《刑法修正案(八)》增列"扒窃"为盗窃罪的一种特殊情形,无疑是为了有效惩罚这类特殊的盗窃犯罪。从《全国人大常委会法律委员会关于〈中华人民共和国刑法修正案(八)(草案)〉修改情况的汇报》就不难看出这一点,该 43

---

24 参见中国社会科学院语言研究所词典编辑室编:《现代汉语词典》(第 5 版),商务印书馆 2005 年版,第 1014 页。

文件指出:“有的常委委员、部门和地方指出,扒窃行为严重侵犯公民的人身和财产安全,社会危害性较为严重,且这种犯罪技术性强,多为惯犯,应当在刑法中作出明确规定。法律委员会经同有关方面研究,建议采纳这一意见”。由此可见,《刑法修正案(八)》增列“扒窃”的立法动因,主要是为了有效地惩罚扒手扒窃。但是,由于“扒手”是一个更难界定的概念,因此,只能从“扒窃”行为来界定这类盗窃罪的范围。

44 根据最高人民法院、最高人民检察院《关于办理盗窃刑事案件适用法律若干问题的解释》的规定,在公共场所或者公共交通工具上盗窃他人随身携带的财物的,应当认定为扒窃。扒窃在客观上必须具备以下条件:①窃取财物的行为发生在公共场所或公共交通工具上。公共场所,是指不特定的多数人可以进入停留的地方,如车站、码头、民用航空站、商场、公园、影剧院、展览馆、运动场等。公共交通工具,是指从事旅客运输的各种公用汽车,大、中型出租车,火车、船只、飞机等正在营运中的机动交通工具。只要窃取财物的行为发生在这种场所,即便是当时人不多,扒窃也可能成立。②窃取他人随身携带的财物。所谓随身携带,就是通常所说的带在身上或放置在身上,如放在衣服口袋中或提在手上、背在背上、扛在肩上的包袋等容器中。离身放置的物品,即便就在眼前,也不能成为扒窃的对象。有论者提出,“在飞机、火车、地铁上窃取他人置于货架上、床底下的财物的,均属于扒窃”[25],笔者不赞成这种主张,“不仅盗窃被害人放置于火车或汽车等交通工具行李架上的财物不成立扒窃,即使是盗窃被害人放置于座位旁边的财物,甚至是盗窃被害人挂在座椅背上的衣服口袋或者包中的财物,也都不构成扒窃”[26]。因为扒窃的特点就是盗窃随身携带或贴身放置的体积小的物品,窃取离身的物品,特别是离身的体积较大的物品,如将他人放在火车货架上体积较大的行李箱拎走,无疑也是盗窃,但明显不具有扒窃的特点,不能认定为扒窃。

45 应当注意的是,对具备扒窃的上述基本特征,即在公共场所或者公共交通工具上盗窃他人随身携带财物的情形,尽管不以数额较大作为盗窃罪成立的前提,但也并非一概都要定罪处罚,还得区分不同情况作不同处理。如果是经过一段时间训练的扒手实施的扒窃,即便是第一次作案就被抓获,并且其所扒窃钱包内只有几元钱,也应定罪处罚。因为行为人已做好了长期反复盗窃的主观心理和行动技能上的准备,其主观恶性较大,对社会已形成严重威胁。但如果是在公交车上,看见他人衣袋中的钱包裸露在外,临时起意,初次盗窃即被抓获,窃取的钱包内仅有几元钱,类似这种非扒手偶尔初犯的扒窃,且数额较小的,则不宜定罪处罚。

Ⅵ 结果

46 盗窃罪的结果是非法取得他人财物,并因而给他人造成财产损失。根据我国《刑

---

25 张明楷:《刑法学》(第6版),法律出版社2021年版,第1246页。

26 黎宏:《刑法学各论》(第2版),法律出版社2016年版,第319页。

法》第264条的规定,一般要求盗窃财物数额达到较大的标准,才构成盗窃罪;盗窃“数额巨大”“数额特别巨大”是处更重法定刑的根据。

各国刑法对盗窃罪的规定中,大都直接或间接涉及盗窃数额问题,只不过规定方式各不一样。有的国家(如我国)刑法把盗窃数额作为犯罪成立的条件;有的国家(如美国)是把盗窃数额作为区分犯罪等级的依据;另有的国家(如西班牙)是把盗窃数额作为处罚轻重的依据;还有的国家(如英国)则把盗窃数额作为选择不同审判方式的依据;但也有一些国家(如日本、法国)的刑法完全没有提及盗窃数额问题,即便是在这些国家,也并非在定罪处罚时完全不考虑盗窃数额大小。另外,在刑法中明文规定盗窃数额的国家,对数额的具体规定也有所不同。主要有两种形式:一是用概括性的词语确定若干数额等级。如较大、巨大(巨额)、特别巨大(特别巨额)、小量、菲薄、轻微等。中国、意大利、瑞士、泰国、俄罗斯等国即采用此种立法形式;二是明确规定具体的数额标准。美国、英国、加拿大、西班牙等国就是采取这种立法方式。 47

应当指出,明确规定具体的数额标准,其优点是标准统一,便于司法实践中掌握认定;其缺点是随着国民生活水平的提高,货币价值的变化,在不同时期、不同地区盗窃同样数额的财物,在社会危害程度上会有较大差异,而刑法具有相对的稳定性,不可能经常修改,这样,在刑法施行一段时期后就会出现它所规定的数额标准与社会发展的实际情况不相适应的问题。反过来,概括规定“数额较大”“数额巨大”等若干数额等级,则由于可以根据实际需要对具体数额标准作灵活解释,不至于出现上述问题,这是其显著优点;其最大的缺点是不符合严格的罪刑法定主义的要求。因为,在现代社会,刑事法律对犯罪与刑罚的规定应该具有明确性,这是罪刑法定原则的一项基本要求。但如果把盗窃财物价值“数额较大”作为犯罪构成的要件,把“数额巨大”“数额特别巨大”作为加重刑罚的根据,而“较大”“巨大”“特别巨大”的含义并不明确,只能由司法机关或法官任意解释,就很难保证执法的统一性,并且会使被告人处于不知道自己的盗窃行为是否构成犯罪或者是否要处更重刑罚的不利地位。正因为如此,在一些西方发达国家,大多不采取此种立法形式。即便是刑法中包含某种关于盗窃数额的概括性词语,往往也是从有利于被告人的角度规定的。例如,《德国刑法典》第243条第(1)项对情节特别严重的盗窃作了列举规定,并规定了比普通盗窃更重的法定刑,该条第(2)项同时规定:“所盗窃的物品价值甚微的,不属于情节特别严重。”《意大利刑法典》第626条规定,“如果行为是针对价值不大的物品并且为了满足重要的和紧迫的需要而实施的”,那就属于须经被害人告诉才处罚的盗窃。“价值甚微”与“价值不大”虽然也是一种不明确的概念,但由于法官把某件具体案件解释为盗窃财物价值“甚微”“不大”,是对被告人有利的事,因此,西方学者认为,这不违反罪刑法定主义。由此而论,对盗窃数额不像我国刑法那样从正面作积极的规定(如把盗窃数额作为犯罪构成的要件或处更重刑罚的条件),而是像德国、意大利刑法这样从反面作消极的规定,或许更好一些。 48

一般来说,所谓盗窃数额,是指行为人窃取的公私财物数额(或价值)。作为盗窃 49

结果的窃取财物数额大小,对决定盗窃罪是否成立乃至处刑的轻重有重要意义。因此,准确认定被盗财物的数额,是正确定罪和恰当量刑的前提。但是,在司法实践中,由于被盗财物种类繁多、情况复杂,有时难以准确判定其价值。为了尽可能维护司法的统一性,最高人民法院、最高人民检察院《关于办理盗窃刑事案件适用法律若干问题的解释》第 4 条明确指出:“盗窃的数额,按照下列方法认定:(一)被盗财物有有效价格证明的,根据有效价格证明认定;无有效价格证明,或者根据价格证明认定盗窃数额明显不合理的,应当按照有关规定委托估价机构估价;(二)盗窃外币的,按照盗窃时中国外汇交易中心或者中国人民银行授权机构公布的人民币对该货币的中间价折合成人民币计算;中国外汇交易中心或者中国人民银行授权机构未公布汇率中间价的外币,按照盗窃时境内银行人民币对该货币的中间价折算成人民币,或者该货币在境内银行、国际外汇市场对美元汇率,与人民币对美元汇率中间价进行套算;(三)盗窃电力、燃气、自来水等财物,盗窃数量能够查实的,按照查实的数量计算盗窃数额;盗窃数量无法查实的,以盗窃前六个月月均正常用量减去盗窃后计量仪表显示的月均用量推算盗窃数额;盗窃前正常使用不足六个月的,按照正常使用期间的月均用量减去盗窃后计量仪表显示的月均用量推算盗窃数额;(四)明知是盗接他人通信线路、复制他人电信码号的电信设备、设施而使用的,按照合法用户为其支付的费用认定盗窃数额;无法直接确认的,以合法用户的电信设备、设施被盗接、复制后的月缴费额减去被盗接、复制前六个月的月均电话费推算盗窃数额;合法用户使用电信设施、设备不足六个月的,按照实际使用的月均电话费推算盗窃数额;(五)盗接他人通信线路、复制他人电信码号出售的,按照销赃数额认定盗窃数额。盗窃行为给失主造成的损失大于盗窃数额的,损失数额可以作为量刑情节考虑。”

50　最高人民法院、最高人民检察院《关于办理盗窃刑事案件适用法律若干问题的解释》第 5 条还指出:“盗窃有价支付凭证、有价证券、有价票证的,按照下列方法认定盗窃数额:(一)盗窃不记名、不挂失的有价支付凭证、有价证券、有价票证的,应当按票面数额和盗窃时应得的孳息、奖金或者奖品等可得收益一并计算盗窃数额;(二)盗窃记名的有价支付凭证、有价证券、有价票证,已经兑现的,按照兑现部分的财物价值计算盗窃数额;没有兑现,但失主无法通过挂失、补领、补办手续等方式避免损失的,按照给失主造成的实际损失计算盗窃数额。”

Ⅶ　主体

51　盗窃罪的主体是一般主体,即年满 16 周岁、具有刑事责任能力的人。邮政工作人员私自开拆邮件,从中窃取财物的,以盗窃罪论处,从重处罚。单位不能成为本罪主体。这首先是因为现行《刑法》规定,单位犯罪以法律有明文规定为限,而盗窃罪的法条中并未明文规定单位可以构成盗窃罪。另外,对于实践中发生的单位组织实施的盗窃,最高司法机关在现行《刑法》公布之前曾作出过只处罚有关个人的解释。如最高人民检察院于 1996 年 1 月 23 日作出的《关于单位盗窃行为如何处理问题的批复》明确指出:“单位组织实施盗窃,获取财物归单位所有,数额巨大、影响恶劣的,应对其直接负责的主管人员和其他主要的直接责任人员按盗窃罪依法批捕、起诉。”最高人民法院、最高人民检察院《关于办理盗窃刑事案件适用法律若干问题的解释》第13条也明确指出:“单位组织、指使盗窃,符合刑法第二百六十四条及本解释有关规定的,以盗窃罪追究组织者、指使者、直接实施者的刑事责任。”

Ⅷ 故意

盗窃罪在主观方面要求行为人必须有盗窃的故意,即明知是他人数额较大的财物,为了非法取得而实施窃取行为。误认他人的财物为自己的财物而取走,因不具有取得他人财物的意思,不构成盗窃罪。但是,如果发现自己误拿了他人财物,且数额较大,不仅不予归还,反而产生取得意思的,则有可能构成盗窃罪。误认自己的财物为他人的财物,基于取得的意思而窃取的,则属于客体不能犯的未遂。 52

关于盗窃罪的故意是否要求行为人主观上有窃取数额较大财物的意思内容,我国刑法理论界有肯定与否定两种不同观点。[27] 笔者认为,由于盗窃财物数额对盗窃罪的成立具有决定意义,如果意图盗窃的财物数额很小,实际结果也是如此,即便是有其他严重情节或严重危害性,也不构成盗窃罪(有可能构成其他犯罪)。因为盗窃罪是一种财产罪,应该根据侵害财产所有权的程度来确定是否构成犯罪。而判断财产权侵害的程度高低,关键要看侵害财产的数额大小。由此而论,如果只有窃取很少量财物的意思,显然就不能认为有盗窃的犯罪故意。问题是在现实生活中经常发生这样的案件:行为人只有取得他人很少量财物的意思,但窃取的财物数额很大。例如,行为人以为他人的食品盒里装的是食品,顺手牵羊拿回家之后发现里面装有上万元现金。只要其立即采取了返还的行动,就因为不具有盗窃罪的故意而不能当犯罪处理。但如果行为人发现是数额很大的财物后,产生了取得的意图(并无返还的意思和行动),则应认为其主观方面有盗窃罪的故意,构成盗窃罪。至于行为人以为是数额较大的财物而予以窃取,但实际上财物的价值数额很小,属于盗窃未遂。 53

另外,关于“非法占有目的”是不是盗窃罪主观方面的要件,以及它的内涵和外延如何界定的问题,由于本章前注部分已作解说,在此不赘述。 54

在社会生活中,有的人窃取他人财物,只是为了一时使用(不是为了取得或永久占有)。例如,将他人放在特定场所的自行车私自骑走,办完事之后返还原处。在日本等大陆法系国家,称这种案件为“使用盗窃”,其性质应该如何认定,实际上成为应不应该把非法占有目的作为盗窃等取得罪的主观要件的议论焦点。[28] 我国刑法理论界的通说认为,“私自将他人物品拿走,用完即归还的,不构成盗窃罪”。理由是行为 55

---

27 参见王礼仁:《盗窃罪的定罪与量刑》,人民法院出版社1999年版,第97—99页。

28 参见〔日〕大塚仁等编:《刑法解释大全》(第9卷),青林书院1998年版,第225页。

人主观上“不具有非法占有的目的”[29]。但是,也有学者认为,私自拿走他人财物,用后归还的,通常不构成犯罪,但如果财物的价值数额大,造成的后果严重,也可能构成犯罪。不构成犯罪是由于财物的价值数额小,用后又归还给了对方,其社会危害性达不到犯罪的程度,并不是因为主观上无非法占有的目的(事实上,非法占有目的还是有的)。[30]

56 笔者以为,关于使用盗窃行为的主观方面是否有非法占有目的,也是与对非法占有目的作何种理解密切相关的问题。如前所述,从本义上理解,非法占有目的就是意图占有或控制财物。由此而论,使用盗窃者不可能没有此种目的(意图)。因为不占有或控制财物就无法使用,行为人对此不可能没有认识。反过来,如果给非法占有目的附加上前述特定含义,并要求行为人有“处分财物的意图”或“非法获利的目的”,才认为有此种目的,那么使用盗窃者就没有非法占有目的。由此可见,中外刑法理论界的上述争议,是由于各家对非法占有目的的理解不同而产生的。

57 至于使用盗窃是否可罚,从主观方面是无法区分的。因为,行为人同样是基于一时使用的意思擅自动用他人的财物,并且动用时就打算归还[31],这种主观心理状态,不会因为其所动用的财物的价值大小的差别而有所不同。比如说,某人将他人停放在同一地点的自行车和高级轿车,分别擅自使用了5小时,并且按原计划返还了原处。如果认为其动用自行车时无非法占有目的,动用轿车时有非法占有目的,显然是不合情理的。事实上,判断对某种使用盗窃行为有无必要动用刑罚处罚,关键要看其社会危害性是否严重。而决定这种行为的社会危害程度的因素,主要来自客观方面。比如,行为人与所有者的关系(是亲戚朋友还是互不相识)、财物的价值大小(是极为贵重之物还是廉价之物)、对财物价值的损耗程度(损耗程度明显还是不明显)以及使用时间的长短、对所有者的影响,等等,并且只有把这些因素综合起来考虑,才能作出准确判断。

58 另外,对可罚的使用盗窃行为如何定罪,在日本等国似乎没有争论,大多认为应定盗窃罪。但是,毋庸置疑,使用盗窃与盗窃罪在主客观方面有较大差异。从客观方面看,由于行为人只是一时使用、用后返还了财物,所有者不会因此而丧失财物,这就表明行为人实际上并未取得(或得到)财物,这同以秘密取得他人财物为特征、并会导致他人丧失财物的盗窃行为的差别是明显的;从主观方面而言,由于行为人有一时使用、用后返还的意思,这就否定了其有取得(或得到)他人财物的意思,也就是无盗窃罪的故意。事实上,这种使用盗窃行为的实质是非法盗用他人财物,对这种行为有的国家刑法单独设有处罚规定。例如,《德国刑法典》第248b条对“违背汽车或自行车

29 高铭暄、马克昌主编:《刑法学》(下编),中国法制出版社1999年版,第900页。

30 参见刘明祥:《论诈骗罪的主客观特征》,载《中南政法学院学报》1986年第2期。

31 不打算归还,短期使用后将财物丢掉的,与有意归还的情形有实质差别,应该按盗窃罪处理。

所有人意愿，擅自使用的”行为，《意大利刑法典》第626条对“只是为了暂时使用被窃物，并且在暂时使用后立即予以归还”的情形，均单独作了处罚规定。这种立法经验也值得我们借鉴。

Ⅸ 排除犯罪的事由

财物的所有人采用秘密窃取的手段取回被他人非法占有的自己的财物，如发现自己的财物被某人盗走后，又从盗窃犯家里将自己被盗的原物窃取回，这种所谓行使财产权利的行为，不构成盗窃罪。因为行为人不具有取得他人财物的主观恶意，客观上并未侵害他人的财产所有权，因而排除行为的违法性。由此推论，行为人从非法占有者那里秘密窃取的即便不是原物，而是与原物价值相当的财物，也不宜当犯罪处理。但如果窃取的财物价值数额超出被对方非法占有的财物价值数额较大，则有可能构成盗窃罪。应当注意的是，如果行为人的财物被盗后，想盗窃他人的同类财物以弥补损失，但碰巧盗回的是自己被盗的原物，如甲的摩托车被盗后，想从别人那里偷回一辆作补偿，某日晚从邻村偷回一辆摩托车后，发现是自己被盗的摩托车。这就不是行使财产权利的行为，而属于客体（或对象）不能犯的未遂问题。 59

Ⅹ 既遂、未遂、不能犯

一、盗窃的着手实行

在我国的司法实践中，对盗窃未遂一般不予定罪处罚。根据最高人民法院、最高人民检察院《关于办理盗窃刑事案件适用法律若干问题的解释》的规定，盗窃未遂，只有情节严重者，如以数额巨大的财物、珍贵文物为盗窃目标或者有其他严重情节的，才定罪处罚。因此，离盗窃既遂还有相当距离的实行着手，在司法实践中没有受到重视，理论上的研究也尚未展开。但是，在德、日等国，由于刑法规定盗窃罪的未遂也应受处罚，盗窃预备不受处罚，而未遂与预备相区别的标志是是否已着手实施犯罪。因此，确定盗窃罪着手实行的时间，具有极其重要的意义。德国、日本学者一般认为，实行行为的着手，以具有引起构成要件结果发生的现实危险性的行为开始时为标志。就盗窃罪而言，侵害他人占有财物的行为开始时，就是盗窃罪的着手。之所以如此，是因为盗窃罪的实行行为是窃取，而所谓窃取是指违反占有者的意思，排除财物的占有者对财物的占有，将财物转移给自己或第三人占有。从这一定义可以看出，窃取行为的着手时间，只能是侵害他人对财物占有的行为开始时。在通常情况下，只要没有特殊的障碍，某种行为有使他人的财物转移到自己或第三人支配之下的可能性时，就可以认定为盗窃罪实行的着手。[32] 60

---

32 参见〔日〕大谷实：《刑法各论的重要问题》，立花书房1990年版，第119—220页。

61 现实生活中的盗窃犯罪有各种各样的类型,如侵入住宅盗窃、进入仓库盗窃、扒窃,等等。各种不同类型的盗窃,其着手实行的时间可能有所不同,因此,在日本刑法理论上一般是分别进行讨论,并分别采取不同的认定着手实行的标准。[33] 应当肯定,针对不同类型的盗窃案件,采用不同的认定盗窃着手实行的标准,这种务实精神和思辨方法是可取的。但对侵入住宅盗窃与侵入仓库盗窃,采取两种完全不同的认定着手实行的标准,则不一定妥当。在现实生活中,仓库并非完全无人留守,侵入有人留守的仓库盗窃就很难说与侵入有人在家的住宅盗窃有多大差别;同时,住宅也并非时常住人,进入户主外出旅行无人居住的住宅盗窃,同进入无人留守的仓库盗窃,也难说有何不同。因此,对两者区别看待并无足够的理由。相反,把两者都作为入室盗窃一类,再根据室内有人或无人以及行为人是否知晓室内有没有人,分别采取不同的认定着手实行的标准,也许更合理一些。比如,进入无人居住的室内盗窃,只要一进入室内,即可认为已着手实行;侵入有人居住的室内盗窃,则以开始物色财物为着手实行。撬门扭锁、凿壁挖洞,尚未入室者,由于不可能发生盗窃罪的结果(转移财物的占有),因而,不应当认定为着手实行。已着手实行盗窃,由于意志以外的原因而未取得财物者,为盗窃未遂。

二、盗窃的既遂

(一)盗窃既遂的标准

62 盗窃是否已既遂,直接关系到对盗窃犯处罚的轻重。在我国,由于司法实践中对盗窃未遂一般不予处罚,因此,在许多场合,盗窃既遂与否关系到犯罪能否成立以及是否需要追究刑事责任的问题。

63 在德国、日本等大陆法系国家,关于盗窃罪的既遂时间或认定标准,主要有接触说、取得说、转移说和隐匿说四种学说。其中,取得说是通说。[34] 我国刑法理论界除了存在与大陆法系国家完全相同的接触说、转移说、隐匿说之外,还有一种控制说,与上述取得说相当,因为控制说主张以盗窃犯是否已获得对被盗财物的实际控制为标准,认为已实际控制财物的为既遂,未实际控制财物的为未遂。[35] 这与把取得占有作为既遂标志的取得说的实质内容是相同的。与上述四种学说不同的主要有以下几种:一是损失说,主张以盗窃行为是否造成公私财物损失为标准,认为盗窃行为造成公私财物损失的为既遂,未造成公私财物损失的为未遂。这是 1992 年发布的最高人民法院、最高人民检察院《关于办理盗窃刑事案件具体应用法律若干问题的解释》所采用的观点。二是失控说,认为应以财物的所有人或保管人是否丧失对财物的占有即控制为标准,凡盗窃行为已使财物所有人或保管人实际丧失了对财物的控制的即

---

33 参见刘明祥:《财产罪比较研究》,中国政法大学出版社 2001 年版,第 186—188 页。

34 参见刘明祥:《财产罪专论》,中国人民大学出版社 2019 年版,第 90—91 页。

35 参见赵秉志:《侵犯财产罪》,中国人民公安大学出版社 1999 年版,第 181—182 页。

为盗窃既遂;而财物尚未脱离所有人或保管人的控制的,为盗窃未遂。三是失控加控制说,认为应以被盗财物是否脱离所有人或保管人的控制并且实际置于行为人控制之下为标准,被盗财物已脱离所有人或保管人的控制并且已实际置于行为人控制之下的为盗窃既遂,反之为盗窃未遂。[36] 四是失控或控制说,认为盗窃行为已经使被害人丧失了对财物的控制时,或者行为人已经控制了所盗财物时,都是既遂。[37] 五是折中说,主张对于一般财物的盗窃,以失控加控制说为标准,对于某些特殊财物的盗窃则以控制说为标准。这里的"特殊财物"是指某些被盗后在空间上不发生移动的无形财物,如拍摄、复制或利用计算机盗窃的财物。这些无形财物,由于其本身的特点,在其失窃后,所有人、持有人、使用人并未完全失去控制,但又不能认为这种情况是盗窃未遂。[38]

从中外刑法理论上关于盗窃既遂标准的各种学说可以看出,区分既遂、未遂的立足点有所不同。有的是立足于行为人一方,即以行为人是否已接触、取得(或控制)、转移或隐匿被盗财物作为区分既遂、未遂的标志;也有的是立足于财物的所有者或占有者一方,即以所有者或占有者是否遭受财产损失或者是否失去对财物的控制(或占有)作为区分既遂、未遂的标准;还有的是把两方面结合起来,既考虑所有者或占有者是否已失去对财物的控制(或占有),又兼顾行为人是否已取得(或控制)被盗财物,两方面同时具备才能视为既遂;另有的认为只要具备其中某一方面就是既遂。 64

就方法论而言,立足于行为人一方来确定既遂、未遂的标准是可取的。因为行为人既是行为的主体也是犯罪的主体,认定犯罪乃至确定犯罪既遂与否,自然应该从行为人及其所实施的行为来作判断。盗窃罪也不例外。以财物的所有者或占有者是否遭受财产损失或是否失去对财物的控制(或占有)作为标准来判断既遂与否,在方法论上是有缺陷的。况且,从我国《刑法》第 23 条的规定来看,区分既遂与未遂的总标准是犯罪得逞与否,犯罪已得逞者是既遂,未得逞者是未遂。得逞与未得逞都是相对于行为人(而不是第三人)而言的。对盗窃罪来说,行为人的主观目的是取得他人财物,取得(或控制)他人的财物才可能认为盗窃罪已得逞,未取得(或控制)他人财物,即便是他人已失去对财物的控制,仍然只能视为盗窃罪未得逞。另外,从刑法理论上讲,盗窃罪既然是一种非法取得他人财物的取得罪,理应以行为人是否取得(或控制)意图取得的财物作为认定既遂、未遂的标准。 65

不过,如果侧重于刑法的保护机能,由于刑法以保护合法权益为目的,惩罚盗窃罪的目的无非是要保护财产所有者、占有者对财产的权利,并且盗窃罪社会危害性的大小,不在于行为人是否控制了财物,而在于被害人是否丧失了对财物的控制,那么从此种意义上说,行为人即使没有取得(或控制)财物,但如果被害人失去了对财物的 66

36 参见赵秉志主编:《侵犯财产罪研究》,中国法制出版社 1998 年版,第 197—198 页。

37 参见张明楷:《刑法学》(第 6 版),法律出版社 2021 年版,第 1256 页。

38 参见高铭暄、马克昌主编:《刑法学》(下编),中国法制出版社 1999 年版,第 903 页。

控制,视为盗窃既遂也是有道理的。因此,在认定盗窃既遂、未遂时,原则上采用取得说,特殊情况下(行为人未取得财物但被害人失去了对财物的控制时)采用失控说,这可能是符合司法实际的最佳选择。

(二)盗窃既遂的判断

67 在大陆法系国家,学者们认为,即使是采用作为通说的取得说,在一些具体的盗窃案件中,还要根据所窃财物的性质、形状、被害人对财物的占有状态、窃取行为的表现形式等来进行判断。一般来说,对体积小的财物,只要行为人将财物藏到自己身上,如拿在手中、夹在腋下、放入口袋、藏入怀中等,就认为是盗窃既遂。对体积大的难以搬走的财物,只有行为人使该财物处于可以搬走的状态,才构成盗窃既遂。例如,盗窃汽车时,只要使汽车发动可以逃走,就属于盗窃既遂。另外,从被害人对财物的占有状态来看,如果行为人使财物脱离了被害人的监视、控制,就认为其取得了财物,构成盗窃既遂。例如,在被害人住宅、店铺内盗窃的场合,由于被害人对财物的占有、控制力强,除了可以藏在身上的物品外,只有行为人将财物搬出住宅、店铺外,脱离了居住者、店员的监视,才能视为盗窃既遂。但如果被害人对财物的控制力弱,则以财物处于可能被搬出的状态,作为盗窃既遂的标志。例如,在被害人外出时进入其住宅盗窃,取出其衣物等装入包中,即为盗窃既遂。[39]

68 由于盗窃行为的表现形式多种多样,有时采用取得说的标准认定某一具体案件,也会产生认识上的分歧。特别是当行为人取得财物与被害人失去对财物的占有不一致时,就会出现认定上的困难。例如,列车上的乘务员在列车运行时把列车上的货物抛到列车外,打算返回来取走。在这种情况下,将财物抛出车外,只是意味着被害人已经失去了对财物的占有,行为人并没有实际取得财物。但是,日本最高裁判所有判例认为,将财物抛出车外时即构成盗窃既遂。持取得说的学者一般也持此种观点。[40] 这显然是从宽泛意义上解释"取得财物"所得出的结论。一般来说,如果列车员记住了抛下财物的地点,而且其他人难以发现该财物的所在处,即使行为人还没有回到该场所取走财物,认定其取得了财物构成盗窃既遂也有一定道理。如果他抛下了财物但忘记了所抛投的地点,则很难认定其取得了财物。若要把这种情形解释为盗窃既遂,取得说就显得无能为力了。

69 我国学者也主张,认定盗窃既遂应根据案件的不同情况,综合考虑多种因素,实行区别对待。一般来说,如果进入不能随便进出的场所盗窃,原则上应以财物被盗出室外(或控制区外)作为既遂的标志;在允许自由进出的场所(如商店、旅馆等)盗窃的,对于不能随身携带之物,应以窃出该场所为既遂,对可以随身携带之物,以隐藏在身上(或包内)为既遂的标志;在无特定控制区的室外公共场所行窃,要看财物是否有人在现场监管,有人监管的,应以财物脱离监管人的监控为既遂标志,无人监管的,则

---

39 参见〔日〕新保义隆:《刑法各论》(第4版),早稻田经营出版1997年版,第146页。

40 参见〔日〕前田雅英:《刑法各论讲义》,东京大学出版会1989年版,第227页。

以财物移离原处为既遂标志；对在现代化交通运输工具上盗窃的，则要根据交通工具所处的状态与所窃财物的性质而定，如果在运行中的货车上盗窃货物的，只要货物脱离了运输工具即为既遂；如果在停驶的运输工具上盗窃货物，一般以财物脱离管理人监视、警戒为既遂，如果在运输工具上盗窃轻便货物或旅客携带的物品，则以财物脱离旅客监控或者行为人将财物隐藏于身作为既遂的标志。[41]

三、不能犯

盗窃的不能犯一般表现为客体（或对象）不能犯，即他人财物事实上不存在，而行为人误以为存在而对之实施盗窃行为，如误认自己之物为他人之物而窃取，误将他人丢弃的废品当作贵重之物偷回，如此等等，均属于客体不能犯的未遂问题，一般不能作为犯罪处理。 70

XI 共犯

二人以上共同故意犯盗窃罪的，构成盗窃罪的共犯。在这种共犯案件中，各共犯人参与共同盗窃所得的总数额，与个人分赃数额，通常是不一致的。而个人分赃所得的数额大小，又不能完全反映行为人在共同犯罪中所起作用的大小，因此，不能按分赃数额来确定各共犯人的刑事责任。但是，共同盗窃毕竟与单个人盗窃有所不同，不能完全不考虑分赃多少。总之，处理共同盗窃案件时，既不能忽视共同犯罪的主客观特点，仅以个人分赃数额为准，也不能忽视罪责自负的原则，要同案的犯罪人都对其他案犯实施的犯罪承担刑事责任。为此，应当根据案件的具体情况对各行为人分别作出处理：①对犯罪集团的首要分子，应当按照集团盗窃的总数额处罚；②对共同犯罪中的其他主犯，应当按照其所参与的或者组织、指挥的共同盗窃的数额处罚；③对共同犯罪中的从犯，应当按照其所参与的共同盗窃的数额确定量刑幅度，并依照《刑法》第27条第2款的规定，从轻、减轻处罚或者免除处罚。这就表明在盗窃集团或团伙多次作案的场合，并非每次都是全体成员参与作案，除首要分子外，其他主犯和从犯都只按他们组织、指挥或者参与共同盗窃的数额，承担不同的刑事责任。 71

值得研究的是，对事前与盗窃犯人通谋，事后收购或者代为销售其赃物从中牟利的行为，能否以盗窃的共犯论处？我国刑法理论界对这一问题有两种不同认识：一种意见认为，现行《刑法》第312条（掩饰、隐瞒犯罪所得、犯罪所得收益罪）没有像第310条（窝藏、包庇罪）第2款那样明确规定，“事前通谋的，以共同犯罪论处”，因而，事前通谋的窝赃、销赃，只能当掩饰、隐瞒犯罪所得、犯罪所得收益罪处理，而不能以共犯论处。另一种意见认为，对事前通谋的窝赃、销赃，应以共犯论处，不应定掩饰、隐瞒犯罪所得、犯罪所得收益罪。主要理由是，事前答应为盗窃犯窝赃、销赃，是 72

---

41 参见王礼仁：《盗窃罪的定罪与量刑》，人民法院出版社1999年版，第167—169页。

与盗窃犯事前通谋,并使窝赃、销赃成为盗窃计划的一个有机组成部分,等于是为盗窃犯人处理赃物提供了担保,对坚定其犯罪决心具有举足轻重的作用。[42] 1992 年 12 月 11 日发布的最高人民法院、最高人民检察院《关于办理盗窃案件具体应用法律的若干问题的解释》第 8 条也明确规定:"与盗窃犯罪分子事前通谋,事后对赃物予以窝藏或代为销售或者购买的,应以盗窃共犯论处。"但是,笔者认为,如果仅仅只是答应待盗窃犯窃取财物后予以收购或代为销赃从中牟利,而不存在教唆盗窃或帮助盗窃的问题,则不能以盗窃的共犯论处。因为共同犯罪的成立在客观方面必须具有共同犯罪行为,这种行为既可能是实行行为,也可能是教唆或帮助行为,尽管帮助行为既可能是有形帮助,也可能是无形帮助,但在存在买卖关系的场合,即便是购买非法物品的行为,在客观上会刺激或促进卖方的犯罪活动,甚至帮助其实现犯罪目的,也不能将之评价为共犯行为。例如,甲知道乙是毒品贩子,某日为自己吸食而找乙购买毒品,但乙手中无货,乙见有了销路,又从他人处购买毒品卖给了甲。尽管甲的行为客观上对乙的此次贩毒行为有刺激或帮助作用,但如果把甲按贩卖毒品罪的共犯处理显然不妥当。又如,甲知道乙想伪造货币后对乙说:"你造出来后卖一部分给我,也让我赚点钱。"乙造出假币后,甲果真买了一批又转卖给第三人。虽然甲的购买行为客观上对乙伪造货币有帮助作用,但在刑法明文规定了购买假币罪的情况下,不按此罪定罪处罚,反而以伪造货币罪的共犯论处,显然是违反罪刑法定原则的。同样道理,行为人事先承诺事后收购赃物的行为,即便对盗窃行为有帮助作用,也不能以盗窃的共犯论处。否则,就意味着对符合刑法规定的此罪的构成要件的行为,不按此罪却依彼罪定罪处罚,自然是违反罪刑法定原则的。至于《刑法》第 312 条未像第 310 条那样,规定事前通谋的以共犯论处,这绝不是立法的疏漏,而是考虑到了上述特殊性。因此,不能无视《刑法》第 312 条与第 310 条的差异,随意作扩张解释。

XII 罪数

73 对于盗窃罪的罪数,应当按照刑法总论关于一罪与数罪的标准来区分。值得注意的是,对连续多次作案、盗窃多人财物的,在我国不实行数罪并罚,一般是累计计算盗窃数额,酌情选择适用相应的法定刑处罚。多次盗窃,如果都构成犯罪,只要是在追诉时效期限内的,应当把每次盗窃的数额累计起来,达到何种数额标准,就选择何种幅度的法定刑处罚,已过追诉时效期限的,则不计入盗窃数额。

74 还应当注意,如果行为人盗窃的多种财物中,既有作为普通盗窃罪对象的一般财物,也有作为特殊盗窃罪(如盗窃武器装备、军用物资罪)对象的特殊财物,那就应当根据不同情况分别作不同处理。如果行为人是分别数次作案,有多个独立的盗窃行为,并对盗窃对象的性质有明确认识,那就应该分别定罪(如盗窃罪和盗窃武器装备、

---

42 转引自王礼仁:《盗窃罪的定罪与量刑》,人民法院出版社 1999 年版,第 128 页。

军用物资罪),并实行数罪并罚;如果行为人是一次作案,只有一个窃取行为,例如,行为人窃取某公安干警的一个手提包,包内装有一支手枪和几千元现金。这是定盗窃罪还是定盗窃枪支罪,或者定二罪实行数罪并罚?对此类案件,不能实行数罪并罚。因为行为只有一个,不符合定数罪的前提条件。如果行为人不知提包内有手枪,只有窃取财物的主观故意,那就只能定盗窃罪;如果行为人只有盗窃枪支的故意,并非想窃取钱财,则应定盗窃枪支罪;如果行为人明知包内既有钱又有枪,二者都想取得,这就属于想象竞合的问题,应按其中的一个重罪(通常是盗窃枪支罪)定罪处罚。

至于行为人为了窃取某种财物,而毁坏了其他的财物,并因而触犯了其他的罪 75
名,这属于牵连犯的问题。对于此类案件,是按其中的一罪处理,还是实行数罪并罚?理论界有不同意见,最高人民法院的司法解释有明确规定。由于这涉及与其他罪的区分,为避免重复,留待下文叙述。

XIII 与非罪的界限

盗窃罪与非罪的区分,主要是要分清盗窃罪与一般盗窃行为的界限。一般盗窃 76
行为,是指盗窃他人财物数额较小,并且不属于多次盗窃、入户盗窃、携带凶器盗窃、扒窃等情形的。一般盗窃行为属于违反治安管理法规的违法行为,可以依法给予行政处罚。由于盗窃罪是一种侵犯财产的犯罪,在通常情况下,盗窃财物数额的大小对于行为的社会危害程度高低具有决定性的意义,因而盗窃数额成为区分罪与非罪的一个重要标准。

但是,盗窃亲属财物(亲属相盗)是一个特殊问题,不能按通常的规则来作判断。 77
盗窃亲属的财物是否要追究刑事责任?在肯定盗窃罪成立的前提下,是否与一般盗窃罪区别对待或是否减免处罚?这是各国刑事立法和刑事司法所面临的一个十分微妙且需妥善对待的问题。有些国家刑法对此有明文规定。至于处理方式,又有所不同,有的采取自诉原则,有的免除处罚,也有的不予定罪。也有一些国家的刑法对亲属相盗无明文规定,如我国、俄罗斯等。但即便是在这些国家,也并非对亲属相盗与一般盗窃在处理上完全没有区别。[43] 相反,一般是通过判例或司法解释来体现区别对待的精神。例如,我国最高人民法院、最高人民检察院《关于办理盗窃刑事案件适用法律若干问题的解释》第 8 条明确指出:“偷拿家庭成员或者近亲属的财物,获得谅解的,一般可不认为是犯罪;追究刑事责任的,应当酌情从宽。”

应当注意,各国的刑事立法与司法对亲属相盗予以特别对待的理由何在,这是理 78
论上颇有争议的问题。[44] 我国的通说认为,家庭成员或近亲属之间的盗窃与普通盗窃不完全相同,这种盗窃发生的原因是多方面的,案发后被害人知道作案者是自己的家庭成员或近亲属之后,往往不希望司法机关追究行为人的刑事责任。但是,也有的

43 参见刘明祥:《财产罪比较研究》,中国政法大学出版社 2001 年版,第 201 页。

44 参见刘明祥:《财产罪比较研究》,中国政法大学出版社 2001 年版,第 201—203 页。

是家庭成员或近亲属经常违法乱纪,其他家庭成员或近亲属对其深恶痛绝,甚至有的已与其断绝关系,行为人盗窃了他们的财物,他们也往往希望追究其刑事责任。因此,对家庭成员或近亲属之间的盗窃,一般不宜按犯罪处理,但也不能完全不管,处理时应与一般盗窃有所区别。[45]

79　在笔者看来,对亲属相盗作有别于一般盗窃的处理,有多方面的原因。从被盗财物的性质而言,亲属或家庭成员之间对财产的所有、占有关系往往不是十分明确,有的甚至是大家共有的财产;从被害人的感受而论,一旦发现财物是被自己的亲属或家庭成员所盗,大多不愿意使行为人受刑事追究,而愿意作为自己亲属或家庭内部的事务来处理;从行为人一方来看,盗窃亲属或家庭成员的财物与盗窃其他人的财物,在心理感受上也有较大差别,很多人往往缺乏违法性认识。从社会公众的态度来说,传统观念一般认为,亲属相盗是亲属之间或家庭内部的事,"清官难断家务事",交由亲属或家庭内部自行处理能为公众所接受;从刑事政策的立场来说,法律(包括刑事法律)是用来调整社会关系的,对财产关系的保护应该充分尊重财产所有者或占有者的意愿,要考虑有利于维护社会秩序,因此,把亲属相盗交由亲属间自行处理,有利于维护家庭和社会的秩序。由此而论,对亲属相盗在刑法中明文规定作为自诉案件处理(告诉乃论),处罚时采取减免刑罚的从宽政策,是最佳选择。

80　应当指出,亲属相盗只适用于亲属之间,亲属范围如何界定,也是值得研究的问题。对此,各国刑法的规定不一。有的国家(如加拿大)刑法规定只限于有同居关系的夫妻;也有的国家(如法国)刑法规定仅限于同居的配偶和尊、卑直系亲属;还有的国家(如日本)刑法规定包括所有的亲属,但对近亲属与一般亲属采取从宽幅度不同的处罚原则;另有的国家(如德国)刑法规定除了亲属之外,还包括监护人、同居于一室的人。一般来说,对亲属相盗采取不予定罪或不追究刑事责任原则的国家,往往对亲属关系的范围限定较窄。反过来,对亲属相盗要以犯罪论处,但是采取自诉或减免处罚原则的国家,则对亲属的范围规定得较宽。

81　另外,亲属关系究竟是指谁与谁之间有亲属关系,各国刑法一般未作明文规定,各国学者对此也有不同认识。在日本,就存在四种不同观点:第一种观点认为,亲属关系是指盗窃行为人与财物的所有人及占有人之间都要有亲属关系;第二种观点认为,亲属关系只要求盗窃行为人与所有者之间有亲属关系(不要求其与占有者之间有亲属关系);第三种观点认为,亲属关系只要求盗窃行为人与财物的占有者之间有亲属关系(不要求与所有者之间有亲属关系);第四种观点则认为,亲属关系是指盗窃行为人与财物的所有者或占有者中的一方有亲属关系即可。这四种观点的分歧与学者们对盗窃罪侵害的法益的不同认识有密切关系。一般来说,主张盗窃罪侵害的法益是所有权及其他本权的学者,往往持第二种观点;认为盗窃罪侵害的法益只是占有权的学者,通常采取第三种观点;主张盗窃罪侵害的法益包括占有权与本权(所有

---

[45] 参见赵秉志:《侵犯财产罪》,中国人民公安大学出版社 1999 年版,第 157 页。

权)的学者,大多持第一种观点。[46]

如前所述,我国刑法对亲属相盗未作明文规定,只是最高司法机关在有关司法解释中指出,对偷窃自己家里或近亲属财物的,应从宽处理。至于亲属关系的范围,按照1985年3月最高人民检察院《关于〈要把偷窃自己家里或近亲属的同在社会上作案的加以区别〉如何理解和处理的请示报告》的批复解释,"'近亲属'是指夫、妻、父、母、子、女、同胞兄弟姐妹。偷窃近亲属的财物,应包括偷窃已分居生活的近亲属的财物;偷窃自己家里的财物,既包括偷窃共同生活的近亲属财物;也包括偷窃共同生活的他方非近亲属的财物"。另外,关于亲属相盗的亲属关系是相对于财物的所有者还是占有者而言的问题,我国刑法理论界尚缺乏研究。笔者认为,以占有者与行为人有亲属关系较为妥当。当占有者与所有者为同一人时,采用此种观点自然是合理的。即便是占有者与所有者相分离时,只要占有者与行为人有亲属关系,就意味着盗窃被自己亲属所占有的财物,自己的亲属将要对所有者作出赔偿,最终受损害的还是自己的亲属,同盗窃亲属所有并在亲属占有之下的财物没有本质差别。相反,盗窃自己亲属所有而在他人占有之下的财物,由于他人要对自己的亲属作出赔偿,受损害者是与自己没有亲属关系的他人,所以,不能视为亲属相盗(应视为一般盗窃)。 82

XIV 与他罪的区别

盗窃财物构成犯罪的行为,并非都定盗窃罪。我国现行《刑法》对多种盗窃特定财物的行为,根据其侵害法益的特殊性,规定了不同的罪名,这些罪名与盗窃罪之间形成特别法条与普通法条的关系,一般应该按特别法条定罪量刑。例如,枪支、弹药、爆炸物也是有经济价值的财物,但由于盗窃这类财物会危及公共安全,刑法单独设立了盗窃枪支、弹药、爆炸物、危险物质罪(第127条);武器装备、军用物资,由于与国家的军事利益有直接关系,刑法专门设立了盗窃武器装备、军用物资罪(第438条);生长在土地上的森林或成片林木,由于是国家的重要环境资源,要予以特殊保护,刑法单独设立了盗伐林木罪(第345条),因此,对于盗窃这类特定财物的行为,应分别按相关特别法条规定的罪名定罪量刑,而不能定盗窃罪。 83

另外,犯其他罪而牵连触犯盗窃罪,或者一案之中既有盗窃财物的行为又有其他犯罪行为的情形,在司法实践中比较常见,因此,区分盗窃罪与其他相关犯罪具有重要意义。最高人民法院、最高人民检察院《关于办理盗窃刑事案件适用法律若干问题的解释》第11条指出:"盗窃公私财物并造成财物损毁的,按照下列规定处理:(一)采取破坏性手段盗窃公私财物,造成其他财物损毁的,以盗窃罪从重处罚;同时构成盗窃罪和其他犯罪的,择一重罪从重处罚;(二)实施盗窃犯罪后,为掩盖罪行或者报复等,故意毁坏其他财物构成犯罪的,以盗窃罪和构成的其他犯罪数罪并罚; 84

46 参见〔日〕法曹同人法学研究室编:《详说刑法(各论)》,法曹同人1990年版,第204页。

(三)盗窃行为未构成犯罪,但损毁财物构成其他犯罪的,以其他犯罪定罪处罚。”

85 与此相似的还有为盗窃财物而偷开他人机动车的案件,司法实践中也经常发生,对这类案件如何定性处理,也容易产生分歧。为保证法的统一性,最高人民法院、最高人民检察院《关于办理盗窃刑事案件适用法律若干问题的解释》第10条明确指出:“偷开他人机动车的,按照下列规定处理:(一)偷开机动车,导致车辆丢失的,以盗窃罪定罪处罚;(二)为盗窃其他财物,偷开机动车作为犯罪工具使用后非法占有车辆,或者将车辆遗弃导致丢失的,被盗车辆的价值计入盗窃数额;(三)为实施其他犯罪,偷开机动车作为犯罪工具使用后非法占有车辆,或者将车辆遗弃导致丢失的,以盗窃罪和其他犯罪数罪并罚;将车辆送回未造成丢失的,按照其所实施的其他犯罪从重处罚。”

86 盗窃广播电视设施、公用电信设施价值数额不大,也不属于多次盗窃、入户盗窃、携带凶器盗窃、扒窃,但危害公共安全的,依照《刑法》第124条的规定定罪处罚;盗窃广播电视设施、公用电信设施同时构成盗窃罪和破坏广播电视设施、公用电信设施罪的,择一重罪处罚。盗窃使用中的电力设备,同时构成盗窃罪和破坏电力设备罪的,择一重罪处罚。

87 盗窃技术成果等商业秘密,符合侵犯商业秘密罪的构成要件的,按照《刑法》第219条的规定定罪处罚。入户盗窃、携带凶器盗窃、扒窃他人的商业秘密载体,如果不符合侵犯商业秘密罪的构成要件,也可能成立盗窃罪。

XV 处罚

88 本条对盗窃罪规定了三个档次的量刑幅度:盗窃公私财物,数额较大的,或者多次盗窃、入户盗窃、携带凶器盗窃、扒窃的,为盗窃罪的基本犯,处3年以下有期徒刑、拘役或者管制,并处或者单处罚金;盗窃公私财物,数额巨大或者有其他严重情节的,为盗窃罪的加重犯,处3年以上10年以下有期徒刑,并处罚金;盗窃公私财物,数额特别巨大或者有其他特别严重情节的,为盗窃罪的特别加重犯,处10年以上有期徒刑或者无期徒刑,并处罚金或者没收财产。

89 按照2021年7月1日起实施的最高人民法院、最高人民检察院《关于常见犯罪的量刑指导意见(试行)》的规定,构成盗窃罪的,根据下列情形在相应的幅度内确定量刑起点:①达到数额较大起点的,两年内3次盗窃的,入户盗窃的,携带凶器盗窃的,或者扒窃的,在1年以下有期徒刑、拘役幅度内确定量刑起点。②达到数额巨大起点或者有其他严重情节的,在3年至4年有期徒刑幅度内确定量刑起点。③达到数额特别巨大起点或者有其他特别严重情节的,在10年至12年有期徒刑幅度内确定量刑起点。依法应当判处无期徒刑的除外。在量刑起点的基础上,根据盗窃数额、次数、手段等其他影响犯罪构成的犯罪事实增加刑罚量,确定基准刑。多次盗窃,数额达到较大以上的,以盗窃数额确定量刑起点,盗窃次数可作为调节基准刑的量刑情节;数额未达到较大的,以盗窃次数确定量刑起点,超过3次的次数作为增加刑罚量的事实。罚金数额应根据盗窃的数额、次数、手段、危害后果等犯罪情节,综合考虑被告人缴纳罚金的能力,在1000元以上盗窃数额2倍以下决定。缓刑的适用应综合考虑盗窃的起因、数额、次数、手段、退赃退赔等犯罪事实、量刑情节,以及被告人的主观恶性、人身危险性、认罪悔罪表现等因素。

根据最高人民法院、最高人民检察院《关于办理盗窃刑事案件适用法律若干问题 90
的解释》的规定,盗窃公私财物价值1000元至3000元以上的,为“数额较大”;盗窃公私财物价值3万元至10万元以上的,为“数额巨大”;盗窃公私财物价值30万元至50万元以上的,为“数额特别巨大”。各省、自治区、直辖市高级人民法院、人民检察院可以根据本地区经济发展状况,并考虑社会治安状况,在上述数额幅度内,确定本地区执行的具体数额标准。另外,在跨地区运行的公共交通工具上盗窃,盗窃地点无法查证的,盗窃数额是否达到“数额较大”“数额巨大”“数额特别巨大”,应当根据受理案件所在地省、自治区、直辖市高级人民法院、人民检察院确定的有关数额标准认定。

2015年12月30日最高人民法院、最高人民检察院《关于办理妨害文物管理等刑 91
事案件适用法律若干问题的解释》第2条规定:“盗窃一般文物、三级文物、二级以上文物的,应当分别认定为刑法第二百六十四条规定的‘数额较大’‘数额巨大’‘数额特别巨大’。”针对不可移动文物整体实施盗窃行为的,根据所属不可移动文物的等级按上述解释的相关规定定罪量刑,其中,尚未被确定为文物保护单位的不可移动文物,适用一般文物的定罪量刑标准;市、县级文物保护单位,适用三级文物的定罪量刑标准;全国重点文物保护单位、省级文物保护单位,适用二级以上文物的定罪量刑标准。针对不可移动文物中的建筑构件、壁画、雕塑、石刻等实施盗窃行为的,根据建筑构件、壁画、雕塑、石刻等文物本身的等级或者价值,依照上述解释的相关规定定罪量刑。建筑构件、壁画、雕塑、石刻等所属不可移动文物的等级,应当作为量刑情节予以考虑。案件涉及不同等级的文物的,按照高级别文物的量刑幅度量刑;有多件同级文物的,5件同级文物视为1件高一级文物,但是价值明显不相当的除外。盗窃文物,无法确定文物等级,或者按照文物等级定罪量刑明显过轻或者过重的,按照盗窃的文物价值定罪量刑。依照文物价值定罪量刑的,根据涉案文物的有效价格证明认定文物价值;无有效价格证明,或者根据价格证明认定明显不合理的,根据销赃数额认定,也可以由有关价格认证机构作出价格认证。盗窃文物的行为虽已达到应当追究刑事责任的标准,但行为人系初犯,积极退回或者协助追回文物,未造成文物损毁,并确有悔罪表现的,可以认定为犯罪情节轻微,不起诉或者免予刑事处罚。

依照《刑法》第196条第3款、第210条第1款的规定,盗窃信用卡并使用的,以 92
盗窃罪定罪处罚;盗窃增值税专用发票或者可以用于骗取出口退税、抵扣税款的其他发票的,以盗窃罪定罪处罚。按照过去有关司法解释的规定,对盗窃并使用信用卡的案件,应当根据行为人盗窃后使用的数额来认定其盗窃数额;对盗窃上述发票的案件,则以盗窃的数量来认定盗窃数额,即数量在25份以上的,为“数额较大”,数量在250份以上的,为“数额巨大”,数量在2500份以上的,为“数额特别巨大”。

93 至于《刑法》第264条中的“其他严重情节”“其他特别严重情节”如何掌握认定，按照最高人民法院、最高人民检察院《关于办理盗窃刑事案件适用法律若干问题的解释》的规定，盗窃数额达到“数额巨大”“数额特别巨大”的50%，且具有下列严重情形之一的，可以分别认定为《刑法》第264条规定的“其他严重情节”或者“其他特别严重情节”：①组织、控制未成年人盗窃的；②自然灾害、事故灾害、社会安全事件等突发事件期间，在事件发生地盗窃的；③盗窃残疾人、孤寡老人、丧失劳动能力人的财物的；④在医院盗窃病人或者其亲友财物的；⑤盗窃救灾、抢险、防汛、优抚、扶贫、移民、救济款物的；⑥因盗窃造成严重后果的；⑦入户盗窃的；⑧携带凶器盗窃的。

94 此外，根据最高人民法院、最高人民检察院《关于办理盗窃刑事案件适用法律若干问题的解释》第14条的规定，因犯盗窃罪，依法判处罚金刑的，应当在1000元以上盗窃数额的2倍以下判处罚金；没有盗窃数额或者盗窃数额无法计算的，应当在1000元以上10万元以下判处罚金。

95 值得研究的是，对行为人潜入银行、商店等场所意图盗窃数额巨大或者特别巨大财物，但由于意志以外的原因而未得逞的，应当选择盗窃罪哪一档法定刑的问题，刑法学界有不同认识。最高人民法院、最高人民检察院《关于办理盗窃刑事案件适用法律若干问题的解释》第12条第2款规定：“盗窃既有既遂，又有未遂，分别达到不同量刑幅度的，依照处罚较重的规定处罚；达到同一量刑幅度的，以盗窃罪既遂处罚。”笔者对此持否定态度。因为我国刑法中的所谓数额加重情形，仅为法定刑升格的条件，都不是真正意义上的加重构成要件，只是量刑规则，因而不存在加重犯罪的未遂问题。[47] 在行为人没有盗窃到财物的场合，不能以其意图盗窃数额巨大财物，作为对其按盗窃罪的未遂犯适用“数额巨大”的法定刑量刑的根据，仍然只能适用基本法定刑，并适用《刑法》总则关于未遂犯的处罚规定。如果行为人的多次盗窃行为中既有既遂又有未遂的，只能按既遂数额选择法定刑，未遂仅作为量刑情节考虑。[48]

---

47 参见张明楷：《刑法学》（第5版），法律出版社2016年版，第965页。

48 参见张明楷：《刑法分则的解释原理》（第2版），中国人民大学出版社2011年版，第181页以下。

第二百六十五条　盗窃罪(特别规定)

以牟利为目的，盗接他人通信线路、复制他人电信码号或者明知是盗接、复制的电信设备、设施而使用的，依照本法第二百六十四条的规定定罪处罚。

文献:赵廷光等:《计算机犯罪的定罪与量刑》,人民法院出版社2000年版;刘明祥:《财产罪专论》,中国人民大学出版社2019年版。张瑞幸:《盗窃罪的几种特殊形式》,载《法律科学》1985年第3期;桑红华:《科技活动中盗窃罪的认定和处理》,载《现代法学》1991年第4期;赵廷光、皮勇:《关于利用计算机实施盗窃罪的几个问题》,载《中国刑事法杂志》2000年第1期;董玉庭:《盗窃罪客观方面再探》,载《吉林大学社会科学学报》2001年第3期;吴志鹏:《电信领域"盗窃"行为不能笼统以盗窃罪论处》,载《通讯世界》2006年第6期;马嫦云:《"使用盗窃罪"若干问题探析》,载《理论界》2009年第6期;胡巧绒:《盗接电信线路购买游戏点卡 盗窃数额如何计算》,载《中国检察官》2011年第6期;刘宪权:《论新型支付方式下网络侵财犯罪的定性》,载《法学评论》2017年第5期;蔡桂生:《新型支付方式下诈骗与盗窃的界限》,载《法学》2018年第1期。

细目录

Ⅰ　立法背景
Ⅱ　定罪条件
　一、主观要件
　二、客观要件
Ⅲ　处罚

Ⅰ　立法背景

随着我国经济建设的发展,先进的现代化通信手段日益普及,盗用长途电话号码、偷接他人电话线路以及盗用移动电话码号、非法并机等违法犯罪现象越来越严重。这种违法犯罪行为发案范围广,非法并机的数量大,且手段隐蔽多样、趋于现代化,使用户的合法利益受到严重侵害。它不仅使被害人经济上蒙受重大损失,而且扰乱了国家的通信秩序,严重干扰和破坏了通信网的正常运行,影响了邮电信誉。但由于1979年《刑法》对这类犯罪没有明确规定,司法实践中对于这种行为应当如何适用法律存在一些问题,因此,1997年修订《刑法》时,增加本条规定,明确对这类行为依 1

照盗窃罪的规定定罪处罚。[1]

Ⅱ 定罪条件

一、主观要件

2 以牟利为目的是盗用电信服务构成盗窃罪的主观要件。所谓“以牟利为目的”,是指以牟取非法经济利益为目的。与普通盗窃不同的是,普通盗窃是通过窃取具有经济价值的财物来牟取非法经济利益,而盗用电信服务,则是通过由他人支付服务费用或免除服务费用,即通过免除自己应支付的费用来获取经济利益。当然,如果行为人不是通过自己直接盗用电信服务牟利,而是通过出租、出卖复制的电信码号等牟利,那也可能是以直接获取金钱的形式表现出来。

二、客观要件

3 本条对盗用电信服务构成盗窃罪的客观行为作了如下列举规定:

4 (1)盗接他人通信线路。这是指未经权利人的许可,采取秘密的方法连接他人的通信线路,无偿使用或转给他人使用,从而给权利人带来较大经济损失的行为。这里所说的“通信线路”,是指传递信息的媒介或通路,如架空明线、通信电缆、光缆以及无线电信道等。

5 (2)复制他人电信码号。这是指未经批准或者许可,利用现代化仪器秘密记录他人的电信设备(如移动电话)的码号,并将盗得的码号复制到新的电信设备上,使该码号的合法使用人负担通信费用的行为。这里所说的“电信”是指利用有线电、无线电、光等电磁系统传递信息的通信方式,一般是指电报、电话等通信方式。这里的“电信码号”是从广义而言的,包括电话磁卡、长途电话账号和移动通信码号,如移动电话的出厂号码、电话号码、用户密码等。

6 (3)明知是盗接、复制的电信设备、设施而使用的。这是指虽然不是行为人盗接、复制了电信设备、设施,但他在明知为盗接、复制的电信设备、设施的情况下仍然使用。如果主观上不知是盗接、复制的而使用,则不构成盗窃罪。这里所说的“电信设备、设施”,主要是指交换机、电话机、通信线路等。

7 另外,本条虽然没有明文规定盗用电信服务构成盗窃罪,必须要牟取“数额较大”的利益,但从《刑法》第 264 条关于盗窃罪的规定以及有关司法解释来看,应该有这样的要求。如果盗用他人长途电话账号、移动电话码号造成的经济损失,没有达到盗窃罪“数额较大”的标准,不能以盗窃罪论处,只能作为一般违法行为,给予行政处罚。至于数额标准如何掌握,根据 2000 年 4 月通过的最高人民法院《关于审理扰乱电信

---

1 参见郎胜主编:《〈中华人民共和国刑法〉释解》,群众出版社 1997 年版,第 354 页。

市场管理秩序案件具体应用法律若干问题的解释》的规定,应当以造成电信资费损失的数额为准。对于这种数额的认定方法,最高人民法院、最高人民检察院《关于办理盗窃刑事案件适用法律若干问题的解释》作了明文规定,即"按照合法用户为其支付的费用认定盗窃数额;无法直接确认的,以合法用户的电信设备、设施被盗接、复制后的月缴费额减去被盗接、复制前六个月的月均电话费推算盗窃数额;合法用户使用电信设备、设施不足六个月的,按照实际使用的月均电话费推算盗窃数额"。

Ⅲ 处罚

根据本条的规定,对盗用电信服务构成犯罪的,应依照《刑法》第 264 条盗窃罪的 8
规定定罪处罚。由于该条对盗窃罪规定了三个幅度的法定刑,那么,对盗用电信服务构成盗窃罪的也应分不同情况适用不同的法定刑,即盗用数额较大或者多次盗接、复制、使用的,处 3 年以下有期徒刑、拘役或者管制,并处或者单处罚金;数额巨大或者有其他严重情节的,处 3 年以上 10 年以下有期徒刑,并处罚金;数额特别巨大或者有其他特别严重情节的,处 10 年以上有期徒刑或者无期徒刑,并处罚金或者没收财产。

第二百六十六条　诈骗罪

诈骗公私财物，数额较大的，处三年以下有期徒刑、拘役或者管制，并处或者单处罚金；数额巨大或者有其他严重情节的，处三年以上十年以下有期徒刑，并处罚金；数额特别巨大或者有其他特别严重情节的，处十年以上有期徒刑或者无期徒刑，并处罚金或者没收财产。本法另有规定的，依照规定。

文献：欧阳涛、王永昌：《诈骗罪的剖析与对策》，中国人民公安大学出版社1988年版；曹江轮等编著：《诈骗罪个案研究》，四川大学出版社1993年版；赵俊新：《诈骗犯罪研究》，陕西人民出版社1997年版；崔南山主编：《诈骗罪》，中国检察出版社1997年版；王晨：《诈骗犯罪的定罪与量刑》，人民法院出版社1999年版；刘明祥：《财产罪比较研究》，中国政法大学出版社2001年版；张明楷：《诈骗罪与金融诈骗罪研究》，清华大学出版社2006年版；刘明祥：《财产罪专论》，中国人民大学出版社2019年版。王作富：《略论诈骗罪认定中的两个界限问题》，载《法律学习与研究》1987年第6期；刘明祥：《论诈骗罪中的财产损害》，载《湘潭工学院学报》2001年第1期；刘明祥：《论诈骗罪中的交付财产行为》，载《法学评论》2001年第2期；董玉庭：《论诉讼诈骗及其刑法评价》，载《中国法学》2004年第2期；张明楷：《论三角诈骗》，载《法学研究》2004年第2期；张明楷：《财产性利益是诈骗罪的对象》，载《法律科学》2005年第3期；张明楷：《论诈骗罪的欺骗行为》，载《甘肃政法学院学报》2005年第3期；张明楷：《论诈骗罪中的财产损失》，载《中国法学》2005年第5期；王志祥：《英美法系刑法中诈骗罪构成条件之比较》，载《江西科技师范学院学报》2007年第5期；童伟华：《诈欺不法原因给付财物与利益之刑法分析》，载《汕头大学学报（人文社会科学版）》2009年第1期；高艳东：《诈骗罪与集资诈骗罪的规范超越：吴英案的罪与罚》，载《中外法学》2012年第2期；蒋铃：《论诈骗罪中的处分行为》，载《政治与法律》2012年第8期；陈洪兵：《不法交易与诈骗罪》，载《中国刑事法杂志》2013年第8期；邱帅萍：《论受害人给付不法对诈骗罪成立的影响》，载《政治与法律》2013年第10期；王钢：《德国刑法诈骗罪的客观构成要件——以德国司法判例为中心》，载《政治与法律》2014年第10期；王立志：《认定诈骗罪必需“处分意识”——以“不知情交付”类型的欺诈性取财案件为例》，载《政法论坛》2015年第1期；马卫军：《论诈骗罪中的被害人错误认识》，载《当代法学》2016年第6期；黎宏：《电信诈骗中的若干难点问题解析》，载《法学》2017年第5期；蔡桂生：《新型支付方式下诈骗与盗窃的界限》，载《法学》2018年第1期；阮齐林：《“二维码替换案”应定性诈骗》，载《中国检察官》2018年第2期；陈毅坚：《被害人目的落空与诈骗罪基于客观归责理论的教义学展开》，载

《中外法学》2018年第2期；蔡桂生：《缄默形式诈骗罪的表现及其本质》，载《政治与法律》2018年第2期；马寅翔：《限缩与扩张：财产性利益盗窃与诈骗的界分之道》，载《法学》2018年第3期；陈毅坚：《诈骗罪中财产损失的概念与认定——以混合型交易为中心》，载《政法论坛》2019年第1期；姜涛：《网络型诈骗罪的拟制处分行为》，载《中外法学》2019年第3期；杨兴培：《"三角诈骗"的法理质疑与实践批判》，载《东方法学》2019年第4期；张明楷：《领取无正当原因汇款的行为性质》，载《法学》2020年第11期；陈少青：《刑民界分视野下诈骗罪成立范围的实质认定》，载《中国法学》2021年第1期；彭文华：《对价欺诈交易刑民界限的法教义学分析》，载《政治与法律》2021年第2期；徐凌波：《欺骗行为的体系位置与规范本质》，载《法学》2021年第4期。

细目录

Ⅰ　主旨
Ⅱ　沿革
Ⅲ　客体
Ⅳ　对象
　一、财产性利益能否成为本罪的对象
　二、抛弃物能否成为本罪的对象
　三、不法原因给付物能否成为本罪的对象
Ⅴ　诈骗行为
　一、欺诈行为
　二、对方的错误
　三、交付(处分)行为
　四、财产的损害
Ⅵ　结果
Ⅶ　主体
Ⅷ　故意
Ⅸ　排除犯罪的事由
Ⅹ　既遂与未遂
Ⅺ　共犯
Ⅻ　罪数
ⅩⅢ　与非罪的界限
ⅩⅣ　与他罪的区别
　一、与其他特殊诈骗罪的区别
　二、与生产、销售伪劣商品罪的区别
　三、与盗窃罪的区别
ⅩⅤ　处罚

I　主旨

1　刑法规定诈骗罪的目的在于保护他人的财产所有权。这里所说的“他人财产”,既包括公民个人的财产,也包含法人或单位的财产,其中,单位的财产既可以是国家、集体所有制单位的财产,也可以是私营或民营单位的财产。这里所指的“财产所有权”,包括占有、使用、收益、处分四方面的权能。诈骗罪与盗窃罪、抢劫罪等罪一样,是采用非法手段从根本上取得他人财物的犯罪,自然也就包含对财产所有权全部内容的侵犯。

Ⅱ　沿革

2　1979年《刑法》在吸收历次刑法草案之所长的基础上,在第151条、第152条中,与盗窃、抢夺罪相并列,规定了诈骗罪。其中,第151条规定,诈骗公私财物数额较大的,处5年以下有期徒刑、拘役或者管制;第152条规定,惯骗或者诈骗公私财物数额巨大的,处5年以上10年以下有期徒刑;情节特别严重的,处10年以上有期徒刑或者无期徒刑,可以并处没收财产。

3　随着国家改革开放政策的实行和经济的迅速发展,诈骗犯罪的数额越来越大,手段不断翻新,如信用证诈骗、信用卡诈骗、金融票据诈骗、贷款诈骗、保险诈骗、合同诈骗、出口退税诈骗等新型诈骗犯罪越来越严重。为此,立法机关在有关特别刑事法律中增补了一些新的诈骗犯罪罪名。如1992年9月4日通过的全国人大常委会《关于惩治偷税、抗税犯罪的补充规定》,将企业事业单位骗取出口退税款的行为,从普通诈骗罪中分离出来,独立成罪;1995年6月30日发布的全国人大常委会《关于惩治破坏金融秩序犯罪的决定》,将集资诈骗、贷款诈骗、金融票据诈骗、信用证诈骗、信用卡诈骗、保险诈骗从普通诈骗罪中分离出来,规定为独立的罪名。

4　在对1979年《刑法》进行修订的过程中,关于诈骗罪的法条多有反复,变化较大。其中一种颇有特色的草案是将诈骗罪分为基本犯(或普通犯)、加重犯和特别加重犯,分别规定轻重不同的法定刑,对特别加重犯又作具体列举性的规定,如1988年11月16日的《刑法(修改稿)》规定:“有下列情形之一,情节特别严重的,处十年以上有期徒刑或者无期徒刑,并处没收财产:(一)诈骗公私财物数额特别巨大的;(二)惯骗;(三)诈骗集团的首要分子;(四)有其他特别严重情节的。”“鉴于诈骗罪是一种以侵犯他人财产权利为特征的犯罪,立法上对其设定法定刑主要应以骗取数额的大小为依据。对于诈骗集团而言,对其定罪量刑也主要应以涉案金额的大小而定,如果涉案金额较小,即使是集团的首要分子也不足以适用于本罪最严重档次的法定刑。”[1]

1　高铭暄:《中华人民共和国刑法的孕育诞生和发展完善》,北京大学出版社2012年版,第489页。

5 1997年《刑法》对1979年《刑法》有关诈骗罪的规定作了如下几方面的修订：①将诈骗罪与盗窃罪、抢夺罪分离开来，规定在不同的条文中。②将1979年《刑法》第151条、第152条关于诈骗罪的内容集中在一个条文中作规定。③废除了惯骗的概念，将其纳入严重情节。④将一部分特殊类型的诈骗犯罪从普通诈骗罪中分离出去，规定为独立的罪名。包括骗取出口退税款罪、集资诈骗罪、贷款诈骗罪、金融票据诈骗罪、信用证诈骗罪、信用卡诈骗罪、保险诈骗罪、证券诈骗罪、合同诈骗罪，等等。⑤调整了法定刑。将基本诈骗罪的法定最高刑，由原来的5年有期徒刑调整为3年有期徒刑；将诈骗数额巨大或者情节严重的加重犯的法定最低刑，由原来的5年有期徒刑调整为3年有期徒刑；同时，在诈骗罪3个不同幅度的法定刑中都增加了罚金刑。

6 我国1979年《刑法》和1997年《刑法》，在诈骗罪的立法上，分别代表了两种不同的立法形式：一是只概括规定一种诈骗罪，以包容社会生活中的所有诈骗犯罪现象。我国1979年《刑法》的规定就是适例。二是在普通诈骗罪之外，还另外规定特别诈骗罪。我国现行《刑法》的规定就是如此。比较这两种立法形式，可以说都是利弊并存。在普通诈骗罪之外另设特别诈骗罪的立法形式，便于把不同的诈骗犯罪区别开来给予轻重不同的处罚，能更好地体现罪刑相适应原则。但是，如果行为人从事了多种诈骗犯罪活动，分别而论既构成普通诈骗罪，又构成了多种特别诈骗罪，是否应分别定罪实行数罪并罚？如果定数罪，就要分别获取数罪的证据、分别计算数罪的犯罪数额、分别考虑不同罪的情节、分别判处不同的刑罚，最后还要按数罪并罚原则来确定实际应该执行的刑罚，这无形之中大大增加了司法人员的工作难度。采取概括规定一种诈骗罪的立法形式，则可以把行为人分别实施的各种诈骗活动概括认定为一个诈骗罪，就不会出现上述问题。然而，从事几种诈骗活动与从事一种诈骗活动在定罪上毫无差别，这似乎也不合理，并且很难做到罪刑相适应。

Ⅲ　客体

7 关于诈骗罪的客体（或法益）问题，中外刑法理论界均有争论。德国、日本等大陆法系国家通说认为，诈骗罪的保护法益是个人财产所有权。在我国，类似于大陆法系国家的对诈骗罪保护法益问题的争论同样存在，即诈骗罪的客体是简单客体还是复杂客体的问题。对此，刑法理论界有三种不同观点[2]：第一种观点认为，诈骗罪的客体是简单客体，即侵犯公私财产的所有权。这是我国传统的通说。第二种观点认为，诈骗罪的客体是复杂客体，它不仅侵犯公私财产的所有权，还侵犯社会主义经济秩序。因为在商品经济已相当发达的今天，诈骗犯罪已不仅仅是造成被害人财产损失，而且还会使其生产经营受到影响，甚至导致企业或公司破产等危害结果的发

2　参见赵秉志主编：《侵犯财产罪研究》，中国法制出版社1998年版，第239—242页。

生,严重破坏金融、投资、商品生产和销售等社会主义经济秩序。第三种观点认为,传统类型诈骗罪的客体是简单客体,即公私财产的所有权,但新型诈骗罪的客体是复杂客体,除了侵犯财产所有权之外,还同时侵犯社会主义经济秩序。所谓新型诈骗,除1997年《刑法》独立成罪的金融诈骗、合同诈骗等之外,还包括利用新的科学技术进行诈骗而刑法尚未将其独立成罪的情形。

8 在笔者看来,所谓犯罪的复杂客体,按我国通说的解释,是指某种犯罪一经实施必定侵犯两种以上社会关系的情形。有的犯罪在某种条件下采用某种方式实施,可能侵犯两种以上的社会关系,而在另一种条件下实施则只能侵犯一种社会关系,那就只能视为简单客体。由此可见,如果从广义上讲,把诈骗罪视为包容各种诈骗犯罪行为的概念,那么,这种诈骗罪的客体就只可能是简单客体。因为毕竟有些诈骗行为只侵犯财产所有权这种单一的社会关系。如果从狭义而言,刑法规定在侵犯财产罪一章中的诈骗罪的客体是简单客体,那么规定在破坏经济秩序罪一章中的金融诈骗等诈骗罪的客体则是复杂客体,也就是既侵犯财产所有权,又破坏金融管理等经济秩序。

Ⅳ 对象

9 诈骗罪的对象是公私财物。一般认为,既可以是有形物,也可以是无形物;既包括动产,也包括不动产。至于财产性利益、抛弃物、不法原因给付物能否成为本罪的对象,在刑法理论界存在争议。

一、财产性利益能否成为本罪的对象

10 我国刑法理论界的通说认为,对作为诈骗罪对象的"公私财物"应作广义的理解,即凡是有价值或有效用的财物,包括财产性利益都可成为诈骗罪的侵害对象。[3]但也有人认为,财物和财产性利益是有区别的,现实中的诈骗行为,其对象并非限于财物,往往还包括财产性利益,如采用欺骗手段免除1万元债务,与诈骗1万元财物实质上并无差别,所以,对骗取财产性利益应与骗取财物同样看待。[4] 笔者认为,后一种观点比较符合司法实际,但与《刑法》第266条的规定不符。因为该条明文规定,"诈骗公私财物"才能构成诈骗罪,既然财产性利益不是财物,就不能成为诈骗罪的侵害对象,否则,就违反了罪刑法定原则。通说正是为了避免这种矛盾而将财产性利益纳入"财物"的范围之中,这固然是避免了上述矛盾,并能很好地适应司法实践的需要,但也带来了新的问题。因为刑法对盗窃罪、抢夺罪、故意毁坏财物罪等罪的规定中使用的"公私财物"一词,显然不包括财产性利益,如果将诈骗罪侵害对象的"公私财物"解释为包含财产性利益,就会出现对刑法中的同一概念作不同解释的不合理

3 参见高铭暄、马克昌主编:《刑法学》(下编),中国法制出版社1999年版,第906页。

4 参见王晨:《诈骗犯罪的定罪与量刑》,人民法院出版社1999年版,第25页。

现象。为了从根本上解决这一问题，今后修改《刑法》时，有必要像日本等国刑法那样，把财物与财产性利益区别开来，明确规定财产性利益可以成为诈骗等罪的侵害对象。

骗取财产性利益的方法，主要有三种类型：一是使对方负担债务；二是使自己免除债务（或延期履行债务）；三是接受别人提供的劳务。[5] 不过，最后一种类型，即劳务是否属于财产性利益，日本刑法理论界尚有争议：一种观点认为，所有劳务都属于财产性利益；另一种观点认为，只有附带等价报酬的劳务才属于财产性利益；还有一种观点认为，劳务本身并不是财产性利益，只有免除支付相应的劳务报酬才属于财产性利益。[6] 在这三种观点中，第一种观点有扩大财产性利益范围的弊病。因为得到财物、利益并不是犯罪，只有剥夺他人的财物、利益，才侵犯了他人的财产所有权，才可能构成财产罪。而不附带报酬的劳务，比如，甲编造谎言使乙产生恻隐之心，自愿开车将其送到某地，由于乙本来就没有想到通过提供这种劳务而得到利益的回报，所以不存在甲剥夺乙财产性利益的问题，这种劳务也就不可能成为诈骗罪侵害对象的财产性利益。反过来，如果是租用出租车到达目的地后，不付租金而逃走，则由于这种劳务是以付相应报酬为条件的，乘车后不付租金，实际上是剥夺了司机应得的报酬，所以，构成对其财产权的侵害。也正因为如此，这种劳务才可以成为诈骗罪对象包含的财产性利益。由此可见，第二种观点是有道理的。第二种观点与第三种观点相比，前者说接受附带报酬的劳务是接受了财产性利益，后者则说免除应付的劳务报酬从而使自己在财产上受益，两者只是论说问题的角度不同，并无实质上的区别。 11

二、抛弃物能否成为本罪的对象

被所有者抛弃的财物，如果不在任何人的占有之下，自然不能成为诈骗罪的对象；但如果已在他人的占有之下，行为人谎称是自己遗失之物而骗取，则有可能构成诈骗罪。这在中外刑法理论上均无争议。 12

有问题的是，行为人实施欺诈行为，使他人抛弃财物，如行为人欺骗不识货的所有者，使其将有很高经济价值的文物当作废物扔掉，尔后行为人拾得该财物，这能否构成诈骗罪？对此，日本刑法理论界有三种不同观点[7]：第一种观点是盗窃罪说。其认为行为人欺骗他人，使之抛弃财物尔后拾得，这种行为具有侵害占有的性质，不通过对方交付而对财物取得事实上的支配，应视为盗窃。又由于诈骗必须要有被骗者交付财产的行为，所谓“交付”，是直接把财物的占有转移给欺诈者，但抛弃财物并不 13

5 参见〔日〕前田雅英：《刑法各论讲义》，东京大学出版会 1995 年版，第 166 页。

6 参见〔日〕阿部纯二等编：《刑法基本讲座》（第 5 卷），法学书院 1993 年版，第 154—155 页。

7 参见〔日〕新保义隆：《刑法各论》，早稻田经营出版 1997 年版，第 199—130 页。

具有使财物转移给欺诈者的直接性,所以,不能认定为诈骗罪。第二种观点是侵占脱离占有物说。其认为被抛弃的财物已经变成失去占有之物,拾得该财物不存在夺取占有的问题,自然不可能构成盗窃罪、诈骗罪这类侵害占有的犯罪,只能构成侵占脱离占有物罪。第三种观点是诈骗罪说。其认为被欺诈者基于认识错误抛弃财物的行为,仍然是一种处分行为,行为人虽然是事后取得,但从整体而言应该说是骗取。处分行为并不以具有向对方转移所有权的意思为必要,也不以直接交给对方为必要。"交付"虽然含有直接经手交给对方的意思,但也包括通过第三者转交的情形。此说是日本刑法理论上的通说。我国也有学者持此种主张,认为"行为人实施欺诈行为,使他人放弃财物,行为人拾取该财物的,也应以诈骗罪论处"[8]。

14 以上前两种观点对交付(处分)行为理解得比较窄,认为交付(处分)行为必须是基于错误而将财物交给对方,但上述情形是抛弃财物,因而不构成诈骗罪。后一种观点对交付(处分)行为理解得比较宽,认为被害者抛弃财物是行为人的欺诈行为所致,抛弃财物本身也是一种处分行为,行为人又因而取得了该财物,实质上是骗取,当然构成诈骗罪。前两种观点没有从行为人行为的整体来考虑问题,要么只看到行为人取得财物时财物已成为无人占有之物,而忽视了被害人放弃占有的原因是受了行为人的欺诈;要么是片面强调交付(处分)行为在诈骗罪中的意义,而又对交付(处分)行为的含义作了过于狭窄的理解。后一种观点把行为人利用欺诈手段取得财物作为一个统一的整体来考察,抓住行为的实质是骗取,同时对被骗者交付(处分)行为作适当宽泛的理解,其方法论和结论都是可取的。

三、不法原因给付物能否成为本罪的对象

15 行为人实施欺诈行为,使对方陷于错误并交付了财物,但行为人取得的该财物是不法原因给付物。例如,甲女骗乙男,谎称只要乙先给她一笔钱,就可以向乙卖淫若干次,乙预付现金给甲后,甲携款溜走;又如,A 得知 B 想雇人杀 C 后,对 B 谎称自己愿意干,待 B 向其支付巨款后,携款潜逃。在民法上,这种基于不法原因给付对方财物者,对所给付之物失去返还请求权。那么,骗取这种民法上不受保护的财产,能否构成诈骗罪?这在德国、日本等国刑法理论界有肯定与否定两种完全不同的主张。[9]更加疑难的问题是,行为人采用欺诈手段使卖淫妇女免收嫖宿费的,是否构成诈骗罪?这包括两种情况:一是行为人谎称会支付嫖宿费而使妇女卖淫,但性交之后不付费而溜走;二是行为人使卖淫妇女与自己性交后,欺骗妇女使之免除嫖宿费。对此,日本学者有不同认识。[10]

16 我国刑法理论界对采用欺骗手段骗取不法原因给付物的行为,尚缺乏深入的研

---

8 张明楷:《刑法学》(下),法律出版社 1997 年版,第 780 页。

9 参见〔日〕大塚仁等编:《刑法解释大全》(第 10 卷),青林书院 1989 年版,第 18 页。

10 参见〔日〕内田文昭:《刑法各论》(第 2 版),青林书院 1984 年版,第 306 页。

究。在涉及对设置骗局骗取赌资、骗取从事非法经营等非法活动款物的行为应如何定性的问题时,虽然也有学者认为,这类用来从事非法活动的财产不受国家法律保护,不能成为诈骗罪的侵害对象,因而这类行为不可能构成诈骗罪[11];但多数学者认为,完全可能成立诈骗罪。因为用来从事违法犯罪活动的财物,应该收归国有,行为人骗取这类财物,实质是侵犯了国家对这类财产的所有权;况且,处罚这类诈骗行为,也并非对从事违法犯罪活动者的非法利益的保护,而是为了维护国家的利益,避免出现"黑吃黑"或违法犯罪的"恶性循环"现象。[12]

笔者认为,采用欺骗手段骗取不法原因给付,并且对方给付的是财物时,完全可能构成诈骗罪。因为受欺诈的对方虽然是基于不法原因给付(如雇人杀人、花钱嫖娼等),但所交付的对象本身是能够体现财产所有权关系的财物,即便民法上不承认交付者有返还请求权,但国家有权没收这种财物,能够成为这种财物的占有支配者,因此,采用欺骗手段骗取这种财物,同样存在侵害财产权的问题。无论财物是合法所有物,还是犯罪所得的赃物,或用于从事违法犯罪活动之物,都能成为财产罪的侵害对象;再说,诈骗罪的本质是骗取他人占有的财产,骗取不法原因给付物的行为,也同样具备这种本质特征。 17

但是,如果实施欺诈行为所骗取的不是财物,而是对方提供的某种非法劳务或服务,例如,甲骗乙说,如果乙去杀了丙,他就会给乙 10 万元钱,乙杀了丙,但甲却不给钱;又如,A 骗卖淫女 B,称嫖宿后给钱,事后却不给钱。这里面被骗者虽然向欺诈者提供了杀人、性交这样的劳务或服务,但正如前文所述,这种劳务或服务本身既未为社会创造财富,也不具有财产性价值,相反,是危害社会并为国家法律所禁止的,所以,欺骗对方提供非法劳务、非法服务,既不是骗取财物也不是骗取财产性利益的行为,当然不可能构成诈骗罪。不过,对欺诈行为人也并非完全不能处罚。对上述甲骗乙杀丙的行为,就应该视为一种教唆行为,对甲应该按杀人罪的教唆犯来处罚;对上述 A 骗卖淫女 B 与其性交的行为,自然应视为嫖娼行为,由于各国刑法大多未规定嫖娼罪,不能当犯罪来处罚。在我国,可以依照有关行政法律、法规的规定给予行政处罚。 18

V 诈骗行为

诈骗罪与其他财产罪相比,其结构形式更为复杂。一般认为有五个要素:行为人的欺诈行为—被害人产生错误认识—被害人基于错误认识而交付(或处分)财产—行为人获得或使第三人获得财产—被害人遭受财产损害。大陆法系国家刑法理论上的通说认为,这五个要素也就是诈骗罪的构成要件要素。但是,各国刑法的规定并非都 19

---

11 参见欧阳涛、马长生主编:《经济犯罪的定罪与量刑》,广西人民出版社 1988 年版,第 348 页。

12 参见曹江轮等编著:《诈骗罪个案研究》,四川大学出版社 1993 年版,第 71 页;王晨:《诈骗犯罪的定罪与量刑》,人民法院出版社 1999 年版,第 25 页。

如此。例如,德国刑法与瑞士刑法只规定了其中的三个要素,即欺诈行为、使被害人陷入错误、被害人遭受财产损害,其余两个要素,则被认为是不成文的构成要件要素。[13]

一、欺诈行为

20 所谓欺诈行为,简单地说是指使他人陷入错误的行为。[14] 对欺诈行为,有的国家刑法作了概括性的描述,我国《刑法》第 266 条只有"诈骗公私财物"的抽象规定。

21 诈骗罪的欺诈行为必须具有使他人产生错误而导致其实施处分财产行为的作用。如果不具有这样的作用,即便使他人产生了错误行为,并遭受了财产损失,也不属于诈骗罪的欺诈行为。如甲欺骗在家看守房子的乙说:"你看那边失火了",乙急忙跑出家门去看,甲趁机窃取其家中的财物。这种行为虽然也含有欺骗的因素,但它不能使行为人处分(或交付)财物,因而不是诈骗罪的欺诈行为,而是一种盗窃行为。

22 作为诈骗罪欺诈内容的事实,必须是具体的事实(如谎称给对方提供某种价廉物美的商品以骗取其货款),如果仅仅只是抽象的夸张,则不能视为诈骗罪的欺诈行为。至于这种事实是过去的事实、还是现在的事实、或者将来的事实,一般认为均不影响欺诈行为的成立。

23 欺诈行为必须有使一般人陷入错误的可能性。也就是说,欺诈行为只有达到一定程度,才能成为诈骗罪客观方面所要求的行为。因为,在日常的商业活动中,商人为了出卖自己的商品,会对商品作些夸张性的介绍,对事实有一定的歪曲,但只要没有超出商业惯例许可的范围,就不能认为违反了诚实信用原则,自然也就不能视为诈骗罪的欺诈行为。但是,也并不是说,商品交易活动中发生的欺诈都不可能构成诈骗罪。相反,如果超过了一定的程度,属于有关交易上重要事实的欺诈,使他人陷于错误并影响其作出购买决定,则有可能成为诈骗罪的欺诈行为。例如,把某种普通野果吹嘘为有抗癌作用,使顾客相信并花高价购买;将一般物品说成是古董,使他人信以为真而购买,这就有可能构成诈骗罪。至于欺诈行为达到何种程度才有可能构成诈骗罪,这是刑法理论和司法实践中的一大难题。一般认为,应以是否达到足以使一般人陷入错误并处分财产的程度作为认定的标准。但是,欺诈的程度与欺诈的对象有密切关系。如果被欺诈者是缺乏知识与经验的人,他就比一般人更容易受骗。又如,药剂师与一般人相比,在药品方面的知识、经验会有很大的差别,卖药者所编造的相同的虚假言词,对两者可能产生不同的效果。一般来说,当被害者是知识、经验丰富的人时,就会减轻行为人的告知义务,不能因为行为人没有向其特别明示,就认为是采用隐瞒事实真相的方式实行欺诈。

24 欺诈行为的手段或方法多种多样。2017 年 10 月 12 日公布的最高人民检察院

---

13 参见张明楷:《外国刑法纲要》,清华大学出版社 1999 年版,第 627 页。

14 参见〔日〕平川宗信:《刑法各论》,有斐阁 1995 年版,第 367 页。

《关于印发最高人民检察院第九批指导性案例的通知》中“董亮等四人诈骗案”(检例第 38 号)的诈骗手段较为特殊,即行为人以非法占有为目的,采用自我交易方式,虚构提供服务事实,骗取互联网公司垫付费用及订单补贴,数额较大,被认定为诈骗罪。但总体而言,欺诈行为既可以是语言欺诈,也可以是动作欺诈;既可以是积极地虚构事实,也可以是消极地隐瞒事实真相。至于欺诈行为能否以不作为的形式表现出来,刑法学者大多持肯定态度,认为不作为的欺诈通常表现为行为人负有告知事实的法律义务而不告知,例如,被保险人隐瞒自己的重大病情而与保险公司签订生命保险合同,就是一种不作为的欺诈行为。

在笔者看来,诈骗罪中的欺诈行为可以表现为不作为,这是无可争议的事实。25 一些国家刑法关于诈骗罪的规定中所指的“隐瞒事实”,就是不作为欺诈的典型形式。但这并不意味着诈骗罪可以由不作为构成,那种认为由不作为欺诈行为构成的诈骗罪是一种不作为犯的主张,显然是不恰当的,这也可以说是上述争论产生的一个重要原因。事实上,诈骗罪是一种取得罪,欺诈行为只是其取得财物的手段,并非其行为的全部。行为人采用欺诈手段,使他人陷于错误并交付财物,他自己或第三人在此基础上取得了财物,这是一个有机结合的行为整体,简单地说就是骗取财物。即便是采用隐瞒事实真相的不作为欺诈手段骗取财物,作为整体的骗取行为显然是违反刑法禁止规范的积极的活动,只能视为作为而不是不作为。从这种意义上说,诈骗罪只能是一种作为犯,而不可能是不作为犯。

另外,利用对方的错误能否视为不作为的欺诈,也是德日刑法理论上有争论的问 26 题。例如,顾客向商家付购货款,由于商家的错误多找了钱给顾客,顾客拿走了本应退给商家的钱。在这种场合,多数德日学者认为,按照诚实信用原则,顾客有告知商家的法律义务,但他保持沉默领受了财物,可以说是采用不作为的欺诈取得财物的。还有学者认为,对这类案件不可一概而论。如果顾客当时就发现对方多找了钱,而保持沉默乐于领受,这是不作为欺诈,可以构成诈骗罪;如果是拿回家之后,才发现对方多找了钱,而不予退还,由于在领受之时并未发现,故不能视为采用不作为欺诈取得财物,又因为发现之时财物已被拿回了家,脱离了所有者的占有,也就是说这种财物变成了脱离占有物,行为人有归还的义务而不归还,反而恶意侵吞,因而构成侵占脱离占有物罪。另有学者认为,如果商家把钱交给顾客之后,发现多找了钱又去找顾客询问,而顾客否认不予退还,应该构成诈欺得利罪。但也有学者不同意这种观点,认为不能对同一财物作二重的刑法评价,顾客否认多拿了钱,这是一种不可罚的事后行为,是一种维持侵占脱离占有物罪的违法状态的行为,不能因此而改变行为的性质。[15]

笔者认为,严格说来,纯粹利用对方的错误占有其财物,不能视为不作为的欺诈。27 因为不作为的欺诈是行为人有告知某种事实真相的法律义务而不告知,因而引起对

---

15 参见〔日〕新保义隆:《刑法各论》,早稻田经营出版 1997 年版,第 186 页。

方产生错误认识并处分财产,也就是说对方的错误是行为人的不作为引起的。但上述纯粹利用对方的错误占有其财物的事例表明,商家多找钱给顾客并不是顾客的行为所引起的,而是其自身的原因导致的。顾客此后保持沉默领受其财物,这是一种不当得利,不能评价为骗取财物,自然也不能构成诈骗罪。必要时可以通过民事诉讼程序追回,一般不宜作为犯罪处理。

二、对方的错误

28 行为人实施欺诈行为是要让对方陷入错误然后交付财产。对方的错误与行为人的欺诈行为之间必须有因果关系,同时,在欺诈行为与对方交付财产之间,对方的错误又是必不可少的中介环节,即必须是由于欺诈行为使对方产生错误从而交付财产,才成立诈骗罪,也就是说对方的错误与交付财产之间同样要有因果关系,否则,即便对方交付了财产,也不能构成诈骗罪。例如,行为人虽然实施了欺诈行为,但对方知道事情的真相,并没有陷入错误,只是基于怜悯之心交付了财物,就只能视为诈骗未遂。又如,骗子欺骗被害人,被害人把钱交给了骗子,但他根本不信骗子的谎言,交钱给骗子是为了抓住把柄便于控告。这也只成立诈骗未遂。[16]

29 所谓错误,是指人的主观认识与客观事实不一致。但这里所说的对方的错误不是泛指任何错误,而是仅指使对方产生交付财产之动机的错误。比如,使对方认为应当将自己占有的某种财物转移给行为人或第三人;使对方认为自己占有的财物属于他人所有,应当归还给他人;使对方认为将自己的财物转移给行为人后会得到更大的回报;使对方相信将自己的财物交给行为人后他会按承诺短时间内返还,等等。

30 一般来说,只有人才会陷入错误,机械不会陷入错误,也不可能成为诈骗的对象。因此,把与硬币相似的东西投入自动售货机取得其中的物品的行为,不构成诈骗罪。因为诈骗罪必须要有足以使他人陷入错误的欺诈行为,而机械没有人的意识不可能陷入错误,把与硬币相似之物投入自动售货机取出财物的行为,自然不属于骗取,应该视为窃取,成立盗窃罪。这是日本刑法理论上的通说,也是日本的判例所持的基本立场。[17] 但是,也有学者不赞成这种主张,认为自动售货机是按一定程序来运作的,程序的设置是人的意志的体现,人设置程序时设想的是顾客支付了相当数额的金钱才会提供相应价值的物品,所以,预先设置的自动售货机的程序是“人的意思、心理的代行物”,行为人投假货币到自动售货机中,应该认为是欺诈行为,由此而导致其程序误认,实质上等于使程序设置者陷入错误,自动售货机提供物品的行为,实际上也是代替设置者完成的交付行为。因此,应当认定为诈骗罪。[18]

31 上述盗窃罪说与诈骗罪说的争论,对于从自动售货机中取出物品的案件,在处理

---

16 参见储槐植:《美国刑法》(第2版),北京大学出版社1996年版,第236页。

17 参见〔日〕西田典之:《刑法各论》,弘文堂1999年版,第180页。

18 参见〔日〕法曹同人法学研究室编:《详说刑法(各论)》,法曹同人1990年版,第266页。

上不会有太大的区别。因为盗窃罪与诈骗罪的法定刑相当,无论按哪种学说,处理的结果都大体相同。但是,如果用类似货币的金属片代替货币,使用投币电话、投币行李存放柜、投币游戏机等,取得了财产上的不法利益,按上述两说处理所得出的结论可能会有很大差别。这是因为各国刑法大多没有规定盗窃财产性利益可能构成盗窃罪,按盗窃罪说,对这类行为就不可能定罪处罚;而按诈骗罪说,则由于骗取财产性利益可能构成诈骗罪(日本等国刑法有明文规定),所以,不存在定罪处罚上的问题。

32 应当指出,为了避免上述争论发生,最好的办法是在刑法中对不正当利用自动设备的行为单独设处罚规定。目前已有一些国家的刑法设置了这样的规定。例如,《德国刑法典》第265a条规定:“意图无偿地骗取自动售货机或公用通讯网的给付,骗取无偿使用交通工具,或骗取无偿进入某一活动场所或某一机构的入场券的,若在其他规定中未规定更为严厉的刑罚,处一年以下自由刑或罚金刑。”与德日等发达国家不同,我国目前社会公用的自动设备较少,不正当利用自动设备的现象不太多,立法机关和刑法理论界对这类问题也尚未给予足够的重视。但是,可以预料,随着社会的发展,自动设备的普遍利用,上述犯罪现象必定会大量发生,因此,有必要借鉴德国等国的立法经验,尽早在刑法中作出明文规定。

三、交付(处分)行为

(一)立法概况

33 被欺诈者陷入错误之后,接着便会交付(或处分)财产。大陆法系国家的学者一般认为,这种交付(处分)行为是诈骗罪的构成要件要素。但是,各国刑法对此不一定有明文规定。我国刑法对诈骗罪没有采用叙明罪状的立法形式,因而对诈骗罪中的交付(处分)行为未作明文规定。但理论上的通说认为,被骗者交付(处分)财物是诈骗罪完成的必备条件。[19]

(二)交付行为是否必要

34 关于交付(处分)行为是不是诈骗罪的构成要件要素,或者说交付(处分)行为对诈骗罪的成立是否必要,在大陆法系国家的刑法理论界存在不要说与必要说两种观点的对立。我国刑法理论界也存在相类似的两种不同观点。其中,不要说认为,所谓诈骗罪,是指“以非法占有他人财物所有权为目的,采用欺骗手段,使人陷于错误,或利用他人的错误,无偿取得数额较大的公私财物之行为”。也就是说,诈骗罪包括非法占有目的、欺骗手段、他人的错误、无偿取得财物四方面的成立条件,但被骗者交付(处分)财物并非诈骗罪的必备要件。[20] 必要说则认为,“诈骗犯罪行为的最突出特

---

19 参见高铭暄、马克昌主编:《刑法学》(下编),中国法制出版社1999年版,第906页。

20 参见赵秉志等编:《全国刑法硕士论文荟萃》,中国人民公安大学出版社1989年版,第717页。

点,就是行为人设法使被害人在认识上产生错觉,以致'自愿地'将自己所有或持有的财物交付给行为人",因此,被骗者的交付行为是诈骗罪成立必不可少的条件。另外,在偷窃与欺骗手段并用的犯罪案件中,"区分盗窃罪与诈骗罪的关键,就是看被害人是否因受骗而自愿将财物交付行为人。只要不是被害人因受蒙蔽而自愿交付财物给行为人,就不构成诈骗罪,而只能构成盗窃罪"[21]。目前,这种必要说是我国刑法理论界绝大多数学者的主张。

35 比较中外刑法理论界以上两种不同学说,不难看出必要说比较妥当。因为存在被骗者交付(处分)财产的行为,既是诈骗罪不同于其他侵犯财产罪的本质特征,也是司法实践中区分盗窃罪与诈骗罪的关键所在。另外值得一提的是,我国的通说强调诈骗罪的完成不仅必须要有被骗者的交付(处分)行为,而且还要求这种交付(处分)是在其错误认识的基础上"自愿地"进行的。强调这一点很有必要,有利于把诈骗罪中的交付(处分)行为与抢劫罪、敲诈勒索罪中的交付(处分)行为区别开来。因为抢劫罪、敲诈勒索罪中,行为人受到威胁后也会有交付(处分)财物的行为,但这种交付(处分)是违反被害人意志的、不自愿的交付(处分),这与诈骗罪中被害人基于瑕疵意思而"自愿地"交付(处分)财物有较大的区别。

(三)交付意思是否必要

36 如果认为交付(处分)行为不是诈骗罪的构成要件要素,有无交付(处分)意思自然也不会影响诈骗罪的成立,因此,交付(处分)意思是否必要,不是持交付(处分)行为不要说的学者所要讨论的问题。只有在肯定交付(处分)行为是诈骗罪必不可少的要件的前提下,才要进一步弄清有无交付(处分)意思对交付(处分)行为的存在与否产不产生影响。

37 关于交付(处分)意思是否必要的问题,国外刑法理论界有较大争议,主要有三种学说:一是必要说,认为交付(处分)行为的成立,不仅要在客观方面有交付(处分)财产的事实,主观方面还必须要有交付(处分)财产的意思。二是不要说,认为交付(处分)行为的内容是转移财物的占有,只要有事实上的使占有转移的行为就够了,不必对此有认识,无意识的交付(处分)也可以。三是折中说(或缓和说),认为交付(处分)行为通常要有交付(处分)的意思,但在特殊场合可能发生无意思的交付(处分)现象,可以通过缓和交付(处分)意思内容的途径,将其解释为有交付(处分)行为存在,认定诈骗罪成立。[22]

38 以上三种学说中,不要说存在明显的缺陷。因为既然认为诈骗罪是一种交付罪,是以被骗者陷于错误而交付(处分)财产为特征的犯罪,那么,这种交付(处分)行为就应该是被骗者有意识的行为,如果认为无意识的"交付"("处分")也不影响诈骗罪的成立,就同前述交付(处分)行为不要说没有实质的区别了;再者,把交付(处

---

[21] 高铭暄主编:《新编中国刑法学》,中国人民大学出版社 1998 年版,第 783—784 页。

[22] 参见刘明祥:《财产罪专论》,中国人民大学出版社 2019 年版,第 190 页。

分)行为作为诈骗罪的构成要件要素的一条重要理由,就是它具有区分盗窃罪与诈骗罪的作用,但按交付(处分)意思不要说,它就会失去这种作用,并且有可能出现把盗窃罪定为诈骗罪的问题。例如,行为人到商店购物,趁店员不备将商店贵重物品混在所购商品中拿走。表面上看是店员为行为人把商品(包括夹在其中的贵重物品)包装好后交给他拿走的,在客观上无疑是一种交付(处分)财物的行为,但由于店员对贵重之物夹在其中没有认识,不能认为其有交付(处分)的意思,因而只能定盗窃罪不能定诈骗罪。但按交付(处分)意思不要说,则会得出相反的结论。另外,各国刑法规定盗窃的对象只限于财物(不包括财产性利益),盗窃财产性利益不具有可罚性,但按交付意思不要说,就会使一些本来属于盗窃财产性利益不能当犯罪处罚的行为,要按诈骗罪处理,这无疑是扩大了刑事处罚的范围。折中说看到了不要说的上述缺陷,采用宽泛理解交付(处分)意思内容的办法,把一些无交付(处分)意思的行为也视为交付(处分)行为,试图以此来避免必要说有可能缩小刑事处罚范围的弊病。应该肯定,折中说有其一定的合理性。但是,折中说不能合理说明为什么有的交付(处分)行为要有交付(处分)意思,而有的却不要求有这种意思。相比而言,交付(处分)意思必要说也许更为合理一些。

应当注意,在德国,一种很有力的见解认为,交付(处分)行为必须是"直接"引起损害发生的行为。例如,佯装成顾客到服装店试穿衣服,穿上之后以就近上厕所为名而逃走。这就不构成诈骗罪。理由是衣服的损失并非由店员的行为直接造成的,而是介入了行为人的行为。也就是说,交付(处分)行为是否成立只从客观上作判断,不必考虑被骗者主观上有无交付(处分)的意思。[23] 但是,这种观点并不妥当。即便不是由交付(处分)行为直接引起损害的发生,也并非完全不可能构成诈骗罪。譬如,在诉讼诈骗的场合,交付(处分)行为是由裁判官作出的,但损害是由执行员的强制执行行为造成的,交付(处分)行为与损害之间介入了执行员的行为,显然不具有直接性。又如,在不作为的交付(处分)的场合,被害者的不作为与损害之间也介入了行为者的行为,也不具有直接性。可见,以交付(处分)行为与损害之间不具有直接性来否定诈骗罪的成立,是毫无道理的。反过来,具备了直接性的条件,也不一定能构成诈骗罪。例如,上门推销者拿出合同书要求对方签字,谎称只是要对方证明自己上门询问过,对方信以为真签了字,合同因此而生效并直接给对方造成了损害。如果以对方的行为直接造成了自己财产上的损害为由,认定为交付(处分)行为成立,显然是不妥当的。 39

(四)交付意思的内容

交付(处分)行为必须是使占有转移的行为,仅有使占有变得松散的行为是不够的。例如,佯装成顾客到服装店试穿衣服,穿上之后以就近上厕所为名而逃走。日本 40

---

23 参见〔日〕林美月子:《不正当使用信用卡与诈欺罪》,载《平野龙一先生古稀祝贺论文集》(上卷),有斐阁1990年版,第465页。

的判例认为这不构成诈骗罪但成立盗窃罪。之所以如此,日本学者认为,是因为在这种场合,从客观上看店员同意行为人上厕所只是使占有“松散”,并非“转移”了对财物的占有。而为了认定存在交付(处分)行为,必须有某种程度的客观的财产转移。[24]

41 占有的“松散”与占有的“转移”的区分,在多数情况下必须看交付(处分)行为者的意思内容。就上述案例而言,要看店员让行为人穿衣服时,是基于让其试穿的意思,还是出于卖的意思,以此来确定店员是否有转移占有的行为。不过,转移占有的意思并不以所有权发生转移为必要内容。比如,被告人假装向被害人借自行车,并表示短时间内将返还,被害人信以为真将车交给被告人,而他实际上并不想返还,以此方式骗取了被害人的自行车。虽然被害人并未想转移自行车的所有权,但还是应该认为他实施了交付(处分)自行车的行为。由此可见,只要交付(处分)时意识到财产从自己的支配下转移到对方的支配下,就应当认为有交付(处分)的意思。

42 交付(处分)的意思要求被骗者必须认识到对财产的转移是自己“自由”意思的决定。如果行为人伪装成警察扣押某种物品,被害人被迫交出;或者伪装成警察要求盗窃犯人交出所盗赃物,犯人因而交出的,都不是对方基于自由意思转移财产占有的情形,即没有交付(处分)的意思,交付(处分)行为不成立,自然也就不构成诈骗罪。

43 关于交付(处分)意思的内容,在德日等大陆法系国家,有的学者主张严格限定,即交付(处分)者除了有把财产的占有转移给对方的认识之外,还必须对交付(处分)的内容(包括交付的对象、数量、价值等)有全面的认识。否则,就不能认为有交付(处分)的意思,交付(处分)的行为也不存在。但也有学者主张,对交付(处分)意思的内容应放宽认定,至少被欺骗者只是对交付(处分)财物的价值有误认时,应该认定为有交付(处分)意思,肯定交付(处分)行为成立。例如,卖鱼者不知道“买鱼者”把第一箱鱼混入第二箱之中,只收了一箱鱼的价款却交给对方两箱鱼,卖鱼者有将鱼的占有转移给“买鱼者”的意思,只是对转交的鱼的数量及其价值有误认,应该肯定交付(处分)行为成立。按照这种观点,只要被骗者对财物或利益的外形有转移的意思与认识,就认为其具备了交付(处分)意思的内容,其结果就与交付(处分)意思不要说非常接近了。[25]

44 笔者认为,只要被骗者认识到自己的行为是把某种财产转移给对方占有,而根据自己的“自由”意思作出此决定,就应该认为具备了交付(处分)的意思内容。至于所交付(处分)的财产的性质、数量、质量、价值等,则不一定要求其有全面的、正确的认识。在出现盗窃与诈骗相竞合的现象时,要特别注意考察行为人对特定的财物有无认识、有无转移占有的意思。例如,行为人在买鱼时,看到店员装有大量现金的钱包放在柜台上,便趁其不备将钱包丢进装鱼的袋中,店员称了重量收了钱后,将装有鱼和钱包的袋子交给了行为人。在此例中,问题的实质是对行为人非法占有店员钱包

---

24 参见〔日〕林干人:《刑法各论》,东京大学出版会 1999 年版,第 237 页。

25 参见〔日〕山口厚:《刑法各论问题探究》,有斐阁 1999 年版,第 152—153 页。

的行为如何评价,表面上看是店员将装鱼和钱包的袋子交给行为人的,但店员并不知道袋子里面有自己的钱包,没有把钱包这种特定的财物转移给行为人占有的意思,因而不能认为有交付钱包的行为,以钱包为对象的诈骗罪当然不可能成立。实际上,行为人把店员的钱包放入装鱼的袋中时,就已经构成了盗窃罪,后来店员交付鱼的行为,只是为其实现对钱包的占有起了帮助作用,不能另外构成诈骗罪。

另外,还有必要指出的是,诈骗罪以被骗者对损害内容无认识为成立条件,如果 45
对自己交付(处分)的利益与对方交付(处分)的利益的内容有全面正确的认识,即便是自己受了损害,对方也不可能构成诈骗罪。在这种场合,由于财产的交换是经受害者同意的,作为财产罪处罚根据的对财产权的侵害并未发生,因此,不能作为犯罪来处理。如果认为诈骗罪的成立,要求被骗者对自己交付(处分)的利益必须有全面、正确的认识,那么,他对诈骗者给自己交付(处分)的利益就必定没有正确认识。反过来,如果认为被骗者对自己交付(处分)的利益即使没有全面、正确的认识,也不影响诈骗罪的成立,则有可能是被骗者对诈骗者交付(处分)的利益有全面、正确的认识,但对自己交付(处分)的利益缺乏正确认识。

四、财产的损害

(一)财产的损害是否必要

诈骗罪的成立是否必须要求有财产上的损害?从各国刑法的规定来看,有的明 46
文要求必须有财产的损害。但也有的国家刑法没有这方面的明文规定。我国《刑法》第 266 条虽然没有明文把财产的损害作为诈骗罪的成立要件,但由于条文中把“数额较大”作为它的成立条件,一般认为,“数额较大”也就是对被害人造成了数额较大的财产损失,因此,财产的损害自然是诈骗罪必不可少的要件。[26]

(二)财产损害的内容

对财产损害是从整体上考察,还是仅从对方交付的财产来作判断?在德日刑法 47
学界,学者们有不同认识。我国刑法理论界对诈骗罪中的财产损害内容的理解也不一致。一种观点认为,我国《刑法》明文规定,“诈骗公私财物,数额较大的”,才构成诈骗罪。所谓“数额较大”,是指“受骗人因为行骗人的行骗行为造成的直接损失数额”较大。[27] 因此,不仅采用欺骗手段骗取对方财物同时向其支付了相当款物的行为,不可能构成诈骗罪,而且利用签订虚假合同,骗取对方预付款供自己经营使用,赢利后偿还了的,也不能当诈骗罪处理。[28] 这是我国过去多数学者的主张,与德国、日

---

[26] 参见张明楷:《刑法学》(第 6 版),法律出版社 2021 年版,第 1310 页。

[27] 参见王晨:《诈骗犯罪的定罪与量刑》,人民法院出版社 1999 年版,第 49 页。

[28] 参见马克昌、杨春洗、吕继贵主编:《刑法学全书》,上海科学技术文献出版社 1993 年版,第 352 页。

本的"整体财产减少说"比较接近。但是,近些年来,我国也有一些学者开始支持德国、日本的"个别财产减少说",认为"诈骗罪是对个别财产的犯罪,而不是对整体财产的犯罪。被害人因被欺诈花 3 万元人民币购买 3 万元的物品,虽然财产的整体没有受到损害,但从个别财产来看,如果没有行为人的欺诈,被害人不会花 3 万元购买该物品,花去 3 万元便是个别财产的损害。因此,使用欺诈手段使他人陷于错误认识骗取财物的,即使支付了相当价值的物品,也应认定为诈骗罪"[29]。笔者认为,对作为诈骗罪成立要件的财产损害,应该理解为整体的或实质的财产损害,不能视为个别财产的损害,不应该把骗取财物的同时支付了相当价值的物品者,当诈骗罪来处理。主要理由是:

48 (1)按个别财产减少说,被骗者交付财物或财产上的利益(特定财物等的转移),本身就是财产的损害,这就意味着财产的损害与财产的交付是同一回事,在财产交付之外,另外考察有无财产损害就失去了意义,自然也就没有必要把它作为诈骗罪的成立要件来看待,这同前述不要求实质的财产损害的"财产损害不要说"也就没有什么差别了。[30] 但个别财产减少说是以把财产损害作为诈骗罪的成立要件为前提的。由此可见,个别财产减少说存在内在的逻辑上的矛盾。

49 (2)包括诈骗罪在内的财产罪的本质是侵犯他人的财产权,侵犯财产权的突出表现就是在实质上造成(或可能造成)他人的财产损害,如果某种行为没有造成(也不可能造成)他人的财产损害,即使存在严重侵权的问题,那也不可能构成财产罪(有可能成立其他犯罪)。又由于在现代市场经济的社会里,财产的损害是以经济价值的减少为尺度的,在存在实质上的商品交换的场合,必须把权利人失去的财产与其所得到的回报两方面结合起来考察,才能最终确定其是否有实质的经济上的损害以及损害数量的多寡。如果只考虑被骗者交付财产,以此作为判断财产损害的根据,完全不考虑行为人同时向其交付了价值相当的财物,这是不公平合理,也不能为社会公众所接受的。至于上述持"个别财产减少说"的论者提出,在骗卖商品的场合,被害人虽然得到了价格相当的商品,但他是在不明真相的情况下交付金钱而得到该商品的,如果没有行为人的欺诈行为,他就不会交付金钱去购买该商品。被害人交付了本来不应交付的金钱,这就意味着他遭受了财产损害,行为人侵犯了其财产权。但是,在这种场合,毕竟存在实质上的商品交换关系,只要行为人提供的是国家允许自由买卖、符合质量标准的商品[31],并且其价值与被骗者所交付的金钱数额相当,就不存在财产损害的问题,行为的实质也不是侵犯财产所有权,而是违反了商业道德,扰乱了商品交换的正常秩序。另外,对财产的价值应该以社会公众一般的认识标准来作判断,不能因

---

29 高格:《定罪与量刑》(下卷),中国方正出版社 1999 年版,第 670 页。

30 参见〔日〕西田典之:《刑法各论》,弘文堂 1999 年版,第 191 页。

31 如果是国家不允许自由买卖的物品或者是伪劣商品,则在情节严重的情况下,要按非法经营罪或生产销售伪劣产品罪等罪处罚。

为被骗者基于特定目的用途购买某种物品,买回去之后派不上用场、达不到预定的目的,他认为其是废物就是无价值;反过来,如果某种物品对被骗者来说,有某种特殊的价值(如恋人赠送的工艺品),他认为其价值连城就视为有极高价值。而应该从一般人的立场,按商品或服务的市场价格,对被害人交付的财物、提供的服务与欺诈行为人向对方提供的商品或服务进行综合评价,以确定被骗者有无经济上的实际损害以及实际损害的大小。

(3)把财产犯罪分为相对于个别财产的犯罪与相对于整体财产的犯罪两类,并认为盗窃等相对于个别财产的犯罪,只要行为人取得了特定财物,占有者丧失了对财物的占有,即便是行为人同时给付了相当价值的财物,也不影响这类财产罪的成立。这种观点本身就是值得商榷的。如前所述,财产罪的本质是侵犯财产权,给权利人造成财产损害,即导致经济上利益的丧失或减少。如果某种行为不会给权利人带来经济上的损害,即使有侵权的问题那也不是侵犯财产权,不可能构成财产罪。例如,卖香烟的小店的店主不在,行为人拿走了货架上摆放的一条香烟,同时放了价值相当的现金。当然不能认为这种行为构成盗窃罪。同样道理,骗取店主一箱烟,同时向其支付了相当数额的金钱,无疑也不成立诈骗罪。对同一类的财产罪,采用不同的认定财产损害的标准,自然也是不合理的。[32] 50

(4)包括诈骗罪在内的所有财产罪都必须要有实质的经济利益的损害,这在我国刑法之中可以找到根据。我国《刑法》第 226 条规定,以暴力、威胁手段强买强卖商品、强迫他人提供服务或者强迫他人接受服务,情节严重的,构成强迫交易罪,这是一种扰乱市场秩序的犯罪。既然如此,在我国,就更没有理由把诈骗罪视为所谓相对于个别财产的犯罪,也就是说,既然对以暴力、威胁手段强买强卖不以抢劫罪论处,那么,对骗取财物同时支付了相当款物的骗买骗卖,自然也就没有理由要以诈骗罪论处。 51

(5)在我国过去长期的司法实践中,对采用欺骗手段骗取他人财物,即便不是同时支付相当数额的款物,而是以后用骗来的财物归还的,也不计算在诈骗数额中,可见,以诈骗行为人最终给被害人造成的实际经济损失数额来定罪量刑,是我国司法实践中的基本做法。 52

Ⅵ 结果

诈骗罪的结果是非法取得他人财物,并因而给他人造成财产损失。根据《刑法》第 266 条的规定,诈骗公私财物,数额较大的,才构成诈骗罪。这就意味着诈骗行为只有已经造成或可能造成数额较大财产损失的结果,才可能构成犯罪。如果行为人主观上只想骗取数额较小的财物,客观上也只骗取到数额较小的财物,即便是有其他 53

32 参见〔日〕林干人:《刑法各论》,东京大学出版会 1999 年版,第 152 页。

严重情节,也不可能构成诈骗罪。

Ⅶ　主体

54　本罪的主体是一般主体,即年满16周岁、具有刑事责任能力的自然人。《刑法》第266条没有规定单位可以成为本罪主体。但是,不排除单位直接负责的主管人员为了单位利益、以单位名义也可以实施诈骗犯罪行为,正因为如此,1996年12月16日发布的最高人民法院《关于审理诈骗案件具体应用法律的若干问题的解释》明确规定,单位直接负责的主管人员和其他直接责任人员以单位名义实施诈骗行为,诈骗所得归单位所有,数额在5万至10万元以上的,应依照《刑法》第151条关于诈骗罪的规定追究上述人员的刑事责任。这就意味着虽然单位不能构成诈骗罪,但行为人为了单位的利益,诈骗所得没有中饱私囊的,仍然应该认为是行为人个人犯罪,追究他们个人的刑事责任。只是对单位不能判处罚金,因为单位并未犯罪,对单位判处刑罚无法律根据。

55　应当指出,现行《刑法》虽然没有规定单位可以成为普通诈骗罪的主体,但却规定单位可以成为集资诈骗罪、票据诈骗罪、金融凭证诈骗罪、信用证诈骗罪、合同诈骗罪等特殊诈骗罪的主体,在处理这类案件时,要注意严格依法办事。

Ⅷ　故意

56　诈骗罪只能由故意构成,其故意内容是:行为人明知是他人数额较大的财物,为了非法取得,而采用虚构事实或隐瞒真相的欺骗方法骗取。如果行为人不是为了永久取得他人财物,只是为了利用他人财物为自己生利(所谓的"借鸡生蛋"),采用欺骗手段骗取他人财物,使用一段时间后予以归还,例如,行为人谎称自己能为对方买到某种紧俏商品,将其巨额款项骗到手后用来作为自己做生意的周转资金,一年以后连本带息归还,这实质上是一种骗借骗用行为,由于不具有诈骗罪主观方面所必须具备的取得他人财物的意思,因而不构成诈骗罪。

57　间接故意能否构成诈骗罪,是我国刑法学界有较大争议的问题。肯定论者认为,间接故意也可以构成诈骗罪。但是,否定论者认为,诈骗罪只能由直接故意构成。[33]

58　笔者赞成否定论,认为间接故意不能构成诈骗罪。因为诈骗罪同盗窃、抢劫、敲诈勒索等罪都属于取得罪,均以非法取得对他人财物的占有为基本特征,其主观方面要求行为人必须有永久取得他人财物的目的,如果不是想要永久取得,而只是想一时占用,用后归还,就不可能构成盗窃、诈骗等取得罪,而有可能构成挪用资金罪等。既然诈骗罪成立的客观方面必须要有采用欺骗手段骗取他人财物的行为,主观方面必

33　参见赵秉志:《侵犯财产罪》,中国人民公安大学出版社1999年版,第205—207页。

须有欺骗他人的故意,并且还要有取得他人财物的目的,自然不可能是出于间接故意。至于肯定论者所指的所谓间接故意诈骗的案件,无非是说行为人采用欺骗手段骗取他人财物时,想要日后履行合同或归还财物,但后来情况发生变化,导致其既没有履行合同也没有归还财物,由于其骗取财物时对能否履行合同或归还财物持放任态度,结果又造成了他人财产损失,所以,是一种间接故意诈骗。但是,在笔者看来,这主要涉及对这类案件应该如何定性的问题,即是认定为"诈骗"还是认定为"骗借骗用"(或"借鸡生蛋")的问题。由于在这类案件中,有部分是行为人的主观心理状态后来发生了变化,或由原先的不确定转变为确定状态,产生了不想履行合同或不想归还财物的意思,即具有永久取得他人财物的目的,对这部分案件自然应该按诈骗罪定罪处罚。这类案件的特殊性在于,其主观方面的直接故意形成的时间或得到证实的时间,不是在采用欺骗手段掌握对方财物时,而是在此之后,但并不在于这种故意是间接故意。我国历来的司法解释也认为诈骗罪只能由直接故意构成,要求行为人主观上必须"以骗取财物为目的"或"以非法占有为目的"。例如,1985 年 7 月 18 日发布的最高人民法院、最高人民检察院《关于当前办理经济犯罪案件中具体应用法律的若干问题的解答(试行)》规定,只有以骗取财物为目的,采用欺骗手段签订合同并骗取其他单位、经济组织或个人财物的,才能构成诈骗罪。最高人民法院《关于审理诈骗案件具体应用法律的若干问题的解释》规定,只有以非法占有为目的,利用经济合同进行诈骗的,才构成诈骗罪。并非只要采用欺骗手段与他人签订合同,后来既未履行合同又未归还财物的,就一概以诈骗罪论处。该解释还对应当认定为具有非法占有目的的情形作了列举规定,如虚构主体、冒用他人名义与对方签订合同的;合同签订后携带对方当事人交付的货物、货款、预付款或者定金、保证金等担保合同履行的财产逃跑的;挥霍对方当事人交付的货物、货款、预付款或者定金、保证金等担保合同履行的财产,致使上述款物无法返还的;隐匿合同货物、货款、预付款或者定金、保证金等担保合同履行的财产,拒不返还的,等等。这些情形显然都是表明行为人有诈骗的直接故意的因素。

Ⅸ 排除犯罪的事由

债权人为了让债务人履行债务,采用欺骗手段骗取债务人价值相当的财物,或者所有人采用欺骗手段骗取被对方非法占有的自己之财物的,属于行使财产权利的行为。由于行为人主观上不具有非法取得他人财物的目的,客观上也只是取得了自己应得的财物,没有给对方造成财产损失,因而不构成诈骗罪。但是,如果所骗取的财物远远超出了自己应得的部分,并且债权人或所有权人有非法取得对方数额较大财物的主观恶意的,则有可能构成诈骗罪。只不过在计算诈骗数额时,应当扣除其应得部分的财物数额。 59

X 既遂与未遂

60 关于诈骗罪的既遂与未遂的区分标准,刑法理论界有不同意见。一种观点认为,应以被骗者是否已交付财物并造成财产损失为标准。至于行为人是否已达到诈取财物之目的,则在所不问。[34] 另一种观点认为,应以犯罪分子是否取得被骗财物为标准。[35] 1996 年 12 月最高人民法院《关于审理诈骗案件具体应用法律的若干问题的解释》也持此种主张,认为"已经着手实行诈骗行为,只是由于行为人意志以外的原因而未获取财物的,是诈骗未遂"。在笔者看来,按这两种不同观点认定具体案件,一般不会得出不同的结论。只是在通过银行转账结算等少数场合,才有可能出现分歧。按前一种观点,被骗者通过银行办理了转账手续,即便是钱款还未到诈骗分子指定的账户,也应该认为其交付了财物,并且此时发现受骗而委托银行收回款项是要付费的,被骗者遭受财产损失也是难免的,所以,应该认为是诈骗既遂。但是,按后一种观点,只有行为人实际取得了财物才算诈骗既遂,既然钱还未到诈骗分子指定的账户上,他就不可能支配这笔款项,不能说取得了财物,因而应视为诈骗未遂。那么,究竟哪一种观点可取呢？笔者认为,后者更为可取。如前所述,诈骗罪是一种取得罪,取得罪的既遂应该以取得财物的占有为准,即实际掌握或控制了财物的,才是既遂。就上述通过银行转账结算的情形而言,款项未到行为人指定或控制的账户,他就无法动用或支配,自然不应该视为诈骗既遂。

61 与此相关的一个特殊问题是,使用计算机诈骗的既遂与未遂如何认定？我国刑法学界对这一问题也有争论。一种观点认为,只要行为人非法将他人的电子资金划入自己的账户,就成立犯罪既遂。因为行为人将他人的电子资金划拨进自己的账户中,就意味电子资金已经转移,脱离了被害人的控制而置于行为人的控制之下。另一种观点认为,行为人非法将他人电子资金划入自己的账户,在没有提取现金或作其他使用之前,仍然不能成立犯罪既遂。主要理由是电子资金即便是划到了行为人的账户,若被金融安全防护系统或被害人发现,经有关方面及时采取措施将行为人的账户冻结,则仍然可以避免损失,因此,应该视为犯罪未遂。只有在行为人已经提取现金或作其他使用时,才是犯罪既遂。[36] 笔者认为,后一种观点较为可取。按前一种观点,则有可能扩大侵犯财产的计算机犯罪的既遂范围,把一些本来是犯罪未遂的情形当作犯罪既遂处理。事实上,盗窃、诈骗等取得财产的犯罪之既遂,应该毫不例外地以是否取得财物或财产上的利益为标志,这是由这类犯罪的本质决定的。对使用计算机诈骗来说,利用计算机将他人的资金划拨到自己的账户,并非实际掌握控制了财

---

34 参见林山田:《刑法特论》,三民书局 1978 年版,第 334 页。

35 参见熊选国:《论合同诈骗罪》,载赵秉志等编:《全国刑法硕士论文荟萃》,中国人民公安大学出版社 1989 年版,第 718 页。

36 参见单长宗、梁华仁主编:《新刑法研究与适用》,人民法院出版社 2000 年版,第 592 页。

物或得到了财产上的利益。因为行为人的银行账户是由银行管理着的,行为人要动用自己账户上的资金,还得通过银行,一旦其罪行败露,银行可以冻结其账户,账上的资金也就可以完璧归赵。

另外值得一提的是,诈骗罪同盗窃、抢夺等取得罪相比,其结构更为复杂,诈骗罪的完成需要经过几个环节,行为人先要实施欺诈行为,对方要产生错误认识,并在此基础上交付财物,行为人最后取得财物,此时犯罪才为既遂。行为人实施欺诈行为之后,到取得财物之前,若有某个环节不具备,都只能是未遂,不可能是既遂。例如,行为人实施欺骗行为后,对方并未陷入错误,一般也就不会交付财物给行为人,诈骗的结果不会发生,从而不可能构成既遂;如果被骗者并未受骗,只是基于怜悯之心才交付了财物,或者向警察报告后,警察让其佯装受骗并交付财物,以便抓捕罪犯,在这样的情况下,表面上似乎有对方交付财物的行为,诈骗分子也得到了财物,但实质上这并非骗取的财物,不具备"骗取"的构成要件,因而仍然属于诈骗未遂。受骗者交付财物后、行为人尚未取得财物前案发,如受骗者通过银行转账付款后,发现自己受骗上当,并采取了有效的避免损害的措施,致使行为人未能提取到款项;又如,受骗者按约通过铁路办理货物托运手续后,发现了受骗上当的事实,迅速向公安机关报案,致使行为人未能提取到货物,如此等等,都应该认定为诈骗未遂。 62

还应当指出,《刑法》第 266 条规定,诈骗公私财物,只有达到"数额较大"标准者,才构成犯罪。但这并不是指行为人只有骗取到了"数额较大"财物,即只有诈骗既遂才处罚,诈骗未遂不处罚。对此,最高人民法院、最高人民检察院《关于办理诈骗刑事案件具体应用法律若干问题的解释》明确指出,"诈骗未遂,以数额巨大的财物为诈骗目标的,或者具有其他严重情节的,应当定罪处罚"。 63

XI 共犯

二人以上共同故意犯诈骗罪的,构成诈骗罪的共犯。在共同诈骗犯罪案件中,共同诈骗的总数额与个人参与数额、个人分赃数额,往往是不一致的。那么,究竟应该以哪一数额作为对各共犯人定罪处罚的根据呢?我国刑法学界主要有三种不同观点:一是责任一致说,认为所有共同诈骗犯罪分子不论是首要分子,还是从犯、胁从犯、教唆犯,都应对他们共同诈骗的总额负责。二是独立责任说,认为共同诈骗中的各个犯罪成员,应对他们自己实际所得的数额承担刑事责任。三是结合责任说,认为共同诈骗中的各个犯罪成员,应按照其个人实际所得的数额,再考虑他在共同犯罪中的地位和作用,来确定该行为人的刑事责任。也就是说,既要考虑各共犯人所得的实际数额,又要考虑他们在犯罪中的情节,根据这两方面情况承担各自应当承担的责任;诈骗集团的首要分子,应对其所操纵和犯罪集团所骗取的全部数额负责。[37] 64

---

37 参见赵秉志:《侵犯财产罪》,中国人民公安大学出版社 1999 年版,第 213—214 页。

65 根据我国《刑法》总则的规定和共同犯罪的理论,共同犯罪人应当对共同犯罪故意支配下的共同犯罪行为及其所造成的危害结果负责。在复杂共同诈骗犯罪案件中,由于各共犯人的具体分工不同,参与作案的次数多少不一,分赃所得数额也有差异,因此,以共同诈骗的总数额作为对各共犯人定罪处罚的基础,就会使那些参与次数少、分赃数额不多的一般共犯人承担由其他人作案所造成之后果的刑事责任,有违刑事责任的一般原理;反过来,如果以个人分赃所得数额为根据,就忽视了共同犯罪不同于单个人犯罪的特殊性,并且在共犯人所起作用大但分赃所得少,甚至未分赃的情况下,就会出现罪刑不相适应的问题。因此,原则上以各共犯人参与的诈骗犯罪数额作为处罚的根据,才与共同犯罪的理论相一致。只不过诈骗犯罪集团的首要分子,是集团犯罪的组织、策划、指挥者,所以,对其应该按集团全部犯罪总数额来处罚。这样,既符合《刑法》总则第 26 条之规定[38],又与最高人民法院《关于审理诈骗案件具体应用法律的若干问题的解释》相一致[39]。

66 特别值得一提的是,近些年来,电信网络诈骗、信用卡诈骗犯罪不仅十分猖獗,而且呈现出大规模有组织的共同犯罪的态势,为了有效打击这类犯罪,最高人民法院、最高人民检察院《关于办理诈骗刑事案件具体应用法律若干问题的解释》第 7 条明确指出:“明知他人实施诈骗犯罪,为其提供信用卡、手机卡、通讯工具、通讯传输通道、网络技术支持、费用结算等帮助的,以共同犯罪论处。”

XII 罪数

67 行为人连续诈骗,分别骗取了多人的财物,分开来论每次骗取的财物都达到了“数额较大”的标准,构成了数个诈骗罪,对此,是认定为连续犯,以一罪论处,还是认定为同种数罪?在认定为同种数罪的情况下,是否实行数罪并罚?这都只是在理论上有争论的事,在司法实践中,由于同种数罪不并罚,只是作为一罪的严重情节,并且对财产犯之类的涉及财产数额的犯罪,我国的立法和司法实践,一般都是按数额大小,设定轻重不同的处罚标准,大多都是将数次犯罪的数额累计起来处罚,所以,对连续数次诈骗的,无论是视为一罪,还是同种数罪,司法实践中的处理结果是相同的。因此,理论上的这种争论也就没有太大的意义。

68 值得研究的是,司法实践中经常发生所谓“拆东墙补西墙”的诈骗案件,即诈骗分子连续诈骗,不断地以后一次骗得的财物偿还前一次诈骗所得的财物。对于此类诈

---

[38] 《刑法》第 26 条第 3、4 款规定:“对组织、领导犯罪集团的首要分子,按照集团所犯的全部罪行处罚。对于第三款规定以外的主犯,应当按照其所参与的或者组织、指挥的全部犯罪处罚。”

[39] 最高人民法院《关于审理诈骗案件具体应用法律的若干问题的解释》第 1 条第 4 款规定:“对共同诈骗犯罪,应当以行为人参与共同诈骗的数额认定其犯罪数额,并结合行为人在共同犯罪中的地位、作用和非法所得数额等情节依法处罚。”

骗案件，如果认为是同种数罪，自然应该把每次诈骗所得的数额累计起来计算诈骗数额，并以此作为选择适用法定刑的根据；但是，如果认为是连续犯，以一罪论处，在计算数额时，则有可能要考虑把已经归还的数额从诈骗总额中扣除。对于如何计算这类诈骗案件的数额，我国刑法理论界有四种不同意见：①全部计算说，认为应以累计数额作为诈骗数额。②最后数额说，认为应以最后一次所骗取的数额计算。③实际用途说，认为要根据行为人连续行骗所得财物的用途来计算其数额。如果把行骗所得的财物用于个人合法的营利活动，给对方造成的危害不大，已经偿还的数额，可以不予累计计算；如果将行骗所得的财物用于个人挥霍享受或从事非法活动的，虽然已经偿还也应累计计算。④未偿还数额说，认为应按其最后一次行骗使被害人实际支付的数额，加上前几次所骗得尚未偿还的数额来计算，而对前几次诈骗已经偿还的数额，则作为定罪量刑的一个重要情节来考虑。[40] 最高人民法院《关于审理诈骗案件具体应用法律的若干问题的解释》也采取这种主张，该解释明确指出，"对于多次进行诈骗，并以后次诈骗财物归还前次诈骗财物，在计算诈骗财物数额时，应当将案发前已经归还的数额扣除，按实际未归还的数额认定，量刑时可将多次行骗的数额作为从重情节予以考虑"。

在笔者看来，对"拆东墙补西墙"的诈骗案件，应该从整体上把握，视为一个诈骗行为。因为行为人对骗取他人财物后是否归还处于一种不确定状态，每次作案时都可能存在这样一种心理：能不归还就不归还，对方逼急了再骗下一家的财物来归还。而诈骗罪是以行为人具有永久取得他人财物（不想归还）的主观目的为成立条件的，如果采用欺骗手段骗取他人财物，只是为了一时使用，用后归还的，其实质是"骗用"而非诈骗，所以，把诈骗分子已经归还的部分，不认定为诈骗，不计算在诈骗数额中是合理的。但按上述"全部计算说"，把诈骗分子已经归还的数额仍计算在诈骗数额中，就意味着把一些本来不属于诈骗的行为认定为诈骗，无疑是扩大了刑事责任的范围。按"最后数额说"处理，也会出现不合理现象。如行为人行骗多次，最后行骗的一次归还了，前几次未归还，如果将归还的数额认定为诈骗数额，未归还的反而不予认定，显然是不妥当的。至于"实际用途说"也存在缺陷。因为骗取财物作何种用途，对定罪没有影响，只是量刑时要考虑的情节，所以，不应该把赃物的用途与犯罪数额挂起钩来。 69

另外，为了骗取他人财物而伪造国家机关的公文、证件、印章的案件也时有发生，在分开而论都构成犯罪的条件下，是定数罪合并处罚，还是按一罪定罪处罚？我国刑法理论上的通说认为，这属于手段行为与目的行为相牵连的牵连犯问题，应该按从一重处断的原则处理，即选择其中的一个重罪定罪处罚，而不实行数罪并罚。 70

---

40 参见赵秉志：《侵犯财产罪》，中国人民公安大学出版社 1999 年版，第 215 页。

XIII　与非罪的界限

71　根据《刑法》第 266 条的规定,诈骗公私财物,数额较大的,才构成诈骗罪。如前所述,行为人主观上只想骗取数额较小的财物,客观上也仅骗取到了数额较小的财物的,不可能构成诈骗罪;主观上想要骗取数额较大的财物,并已着手实行诈骗,但由于意志以外的原因,实际上只骗取到数额较小的财物、甚至没有骗取到财物的,属于诈骗未遂。诈骗未遂,情节一般的,不构成犯罪,必要时给予治安行政处罚;但如果具有“以数额巨大的财物为诈骗目标”等严重情节的,则应以诈骗罪定罪处罚,

72　诈骗公私财物固然只有达到“数额较大”的标准才可能以诈骗罪定罪处罚,但这并不意味着只要达到“数额较大”的标准,就都构成诈骗罪,一律要定罪处罚。按最高人民法院、最高人民检察院《关于办理诈骗刑事案件具体应用法律若干问题的解释》第 3 条的规定,诈骗公私财物虽已达到“数额较大”的标准,但具有下列情形之一,且行为人认罪、悔罪的,可以根据《刑法》第 37 条、《刑事诉讼法》第 142 条的规定不起诉或免予刑事处罚:①具有法定从宽处罚情节;②一审宣判前全部退赃、退赔的;③没有参与分赃或者获赃较少且不是主犯的;④被害人谅解的;⑤其他情节轻微、危害不大的。

73　在司法实践中,以借贷为名行诈骗之实的案件时有发生,这类案件与编造谎言借贷的所谓“骗借”案件,有许多相似之处,但却有本质的区别。以借贷为名骗取他人数额较大财物的,构成诈骗罪;而编造谎言骗借,如果按期归还了财物,一般不会发生纠纷,如果到期没有归还,双方发生了纠纷,也只属于民事上的借贷纠纷,应按民事法律处理,不存在追究刑事责任的问题。由于这两种不同行为,关系到罪与非罪的界限,因而要严格区分开来。一般认为,应注意分析如下事实:①借用人与出借人在借贷前的关系。借贷关系大多发生在相互了解、互有往来的亲友之间,建立在相互信任的基础上。而以借贷为名的诈骗,往往是双方过去不相识,或者虽相识但已离别多年素无往来,还有的是萍水相逢,行为人以假姓名、假地址、假事实,骗取被害人信任,财物到手后即逃之夭夭。②发生借贷关系的原因。一般来说,正常的借贷关系中,借用人确实遇到了困难,一时无力解决,才向他人借贷,虽然有的借用人为了能借到财物,会编造某种谎言(如谎称短期内能归还),但并不赖账且积极争取归还。而以借贷为名实行诈骗的,则往往会编造虚假的困难事实,骗取他人的同情与信任。③借用人不能按期归还的原因。正当的借贷关系中,借用人不能按期归还,往往是由于遇到了天灾人祸等不以其意志为转移的困难。而以借贷为名诈骗财物,则往往表现为携款潜逃、大肆挥霍或者用骗来的财物从事赌博等违法活动,根本不可能归还。④借用人的态度。在借贷的场合,借用人会积极争取按期归还,即使遇到意外不能按期归还,也不会赖账,并且会继续努力,争取归还。而以借贷为名的诈骗,行为人既没有归还的意图,也不可能有归还的实际行动,要么逃之夭夭,要么公然赖账。不过,应当注意,在借贷的场合,借用人也可能因一时无力归还而采取躲债的方式,不与出借人见

面。对此,应当综合案件的各种因素判断行为人有无永久拒不还债的主观目的。无此目的者,只能按借贷纠纷处理。总而言之,要综合以上几方面的事实,判断行为人有无永久取得他人财物的主观意思,或案发前有无归还财物的真实意愿,以确定其行为的性质是诈骗罪还是借贷纠纷。

诈骗近亲属财物的案件在司法实践中也时有发生,是否按犯罪处理,不可一概而 74
论。最高人民法院、最高人民检察院《关于办理诈骗刑事案件具体应用法律若干问题的解释》第 4 条明确指出:“诈骗近亲属的财物,近亲属谅解的,一般可不按犯罪处理。诈骗近亲属的财物,确有追究刑事责任必要的,具体处理也应酌情从宽。”这里所说的“确有追究刑事责任必要的”,一般是指近亲属不谅解,要求追究行为人的刑事责任,并且诈骗财物数额大大超过了诈骗罪的数额标准或具有其他严重情节的情形。

另外,近些年来,骗取社会保障金或者其他社会保障待遇的案件也呈多发的态 75
势,对这类案件能否按诈骗定性,过去有较大争议。为了统一认识,避免出现执法不一的现象,全国人大常委会于 2014 年 4 月 24 日通过了《关于〈中华人民共和国刑法〉第二百六十六条的解释》,明确指出:“以欺诈、伪造证明材料或者其他手段骗取养老、医疗、工伤、失业、生育等社会保险金或者其他社会保障待遇的,属于刑法第二百六十六条规定的诈骗公私财物的行为。” 公安部于 2002 年 6 月 26 日作出的《关于对伪造学生证及贩卖、使用伪造学生证的行为如何处理问题的批复》也与此立法解释精神相似,该批复指出:“对使用伪造的学生证购买半价火车票,数额较大的,应当依照《中华人民共和国刑法》第 266 条的规定,以诈骗罪立案侦查;尚不够刑事处罚的,应当依照《中华人民共和国治安管理处罚条例》第 23 条第(一)项的规定以诈骗定性处罚。”应当注意的是,在计算诈骗数额时,只能将其实际获得的优惠数额认定为诈骗数额。如行为人用伪造的学生证仅花 150 元购买一张全票价为 300 元的火车票,其诈骗数额就是 150 元,而不是 300 元。

XIV 与他罪的区别

一、与其他特殊诈骗罪的区别

在我国现行《刑法》中,除本条规定的普通诈骗罪之外,《刑法》分则第三章“破坏 76
社会主义市场经济秩序罪”第五节和第八节,还规定了集资诈骗罪(第 192 条)、贷款诈骗罪(第 193 条)、票据诈骗罪(第 194 条第 1 款)、金融凭证诈骗罪(第 194 条第 2 款)、信用证诈骗罪(第 195 条)、信用卡诈骗罪(第 196 条)、有价证券诈骗罪(第 197 条)、保险诈骗罪(第 198 条)、合同诈骗罪(第 224 条)等特殊诈骗罪,当行为人实施其中某种特别诈骗罪时,其行为就不仅符合特别诈骗罪的构成要件,而且也符合普通诈骗罪的构成要件,形成特别法条与普通法条之间的法条竞合关系。《刑法》第 266 条后段所述“本法另有规定的,依照规定”,就是指明了在上述情况下要适用特别法条的规定,即采用特别法优于普通法的原则,而不能按普通诈骗罪定罪处罚。

77 上述几种特殊诈骗罪与普通诈骗罪有如下几点区别:①犯罪主体不完全相同。后者是一般主体,不包括单位,但前者有一部分犯罪的主体包括单位,如集资诈骗罪、票据诈骗罪、金融凭证诈骗罪、信用证诈骗罪、合同诈骗罪等。②犯罪客观方面不完全相同。前者发生在集资、贷款、保险等特定的经济领域中,或者是信用卡、信用证、有价证券等特定金融物品的使用活动中,或者是在经济合同的签订、履行过程中,因而其诈骗手段具有一定的特殊性,而后者的诈骗活动大多发生在一般社会生活领域,其犯罪手段具有一般性,即不受特殊限制。③犯罪客体不完全相同。后者只侵犯财产所有权,而前者除此之外,还侵犯金融管理制度或合同制度。

二、与生产、销售伪劣商品罪的区别

78 生产、销售假冒、伪劣商品也明显具有欺骗性,表面上与诈骗罪很相似,并且在现实生活中,有些诈骗案件也以"卖假货"的形式出现,因而两者很容易混淆。区分的关键在于,生产、销售伪劣商品罪在客观方面不是无偿取得他人财物,而是以一种不公平的交易获取非法利润,行为人在主观方面也不具有无偿取得他人财物的目的;而诈骗罪虽然有可能以买卖的形式出现,但实质上是无偿取得他人财物,买卖只是表面现象,行为人给对方的财物与得到的财物价值相差悬殊。例如,以黄铜制品冒充黄金制品卖给对方,构成犯罪的,就应该定诈骗罪。

三、与盗窃罪的区别

79 诈骗罪与盗窃罪一般不难区分,但在行为人实施犯罪活动过程中,既使用了欺骗手段,又使用了秘密窃取手段的场合,则难以区分。例如,使用调虎离山计将被害人骗走,乘机窃取其财物;窃取他人的银行存款单、凭证、汇款单,冒领他人的存款、汇款;盗窃他人信用卡,冒名使用;盗窃他人存放包裹的凭证,冒领他人的包裹,等等。在上述情况下,究竟是定诈骗罪,还是定盗窃罪?区分的标准应当如何掌握?对此,我国刑法理论界有不同意见:一种观点认为,在这类案件中,区分盗窃罪与诈骗罪的关键,就是看被害人是否因受骗而自愿将财物交付给行为人,只要不是被害人因受蒙蔽而自愿交付财物给行为人,就不构成诈骗罪,而只能构成盗窃罪。如盗窃他人存折后,到银行冒领存款。由于银行不承担损害后果,被害人是存款的所有者,而被害人并未向行为人交付财物,所以,不能定诈骗罪,而只能定盗窃罪。[41] 另一种观点认为,在这类案件中,区分盗窃罪与诈骗罪的关键,是要看窃取某种凭证后冒领财物能否视为盗窃行为的延续。一般而言,盗窃的支票、提货单、入库单等,如果是已经加盖了公章或者签名,并在有效期内凭该单据就可以直接提取财物的,应认定为构成盗窃罪。因为这类票证本身已经包含实际价值,盗窃得手就等于已经窃取了该财物的价

41 参见高铭暄主编:《新编中国刑法学》(下册),中国人民大学出版社1998年版,第784页。

值,至于窃取后的冒领行为,只是实现已经窃取到手的价值的一种手段,应当视为盗窃行为的延续。如果窃取的票证、证券、凭据等手续不全或已失效,也就不能代表该财物的实际价值,行为人又进一步伪造印章等,并用来冒领财物的,则不能视为盗窃行为的延续,只能构成诈骗罪。[42] 还有一种观点认为,在这类案件中,区分盗窃与诈骗的关键在于,对行为人非法占有财物起主要作用的手段是什么。如果起主要作用的手段是欺骗,就应定诈骗罪;如果起主要作用的手段是秘密窃取,则应定盗窃罪。例如,行为人盗窃没有加盖公章、签名的空白支票,然后伪造公章和签名,自填金额,骗领财物,对其非法获得财物起主要作用的是欺骗手段,盗窃行为只是为其冒领财物创造必要条件,故应定诈骗罪。反之,如果行为人盗窃的是印鉴齐全的支票,然后假冒他人骗领财物,对其非法获得财物起主要作用的是盗窃,欺骗手段在这里降为次要地位,故应定盗窃罪。[43]

以上三种观点的立足点尽管有所不同,但对案件的处理结论却是一致的,即如果 80
盗窃的是领取某种财物的有效凭证或票证,行为人冒名领取了财物,受害人是财物的所有人(不是银行或其他代为保管财物的单位等),那么,就构成盗窃罪,如果盗窃的不是有效凭证或票证,行为人又进一步伪造印章、签名等,冒名领取财物,受害人是原所有人之外的第三人(如银行、保管财物者)的,则构成诈骗罪。但是,在笔者看来,盗窃罪与诈骗罪都属于取得罪,从刑法理论上而言,区分不同取得罪的关键是看行为人取得财物的手段,如果是采取秘密窃取的手段直接取得财物的,构成盗窃罪;如果是采用欺骗手段通过他人交付而间接取得财物的,构成诈骗罪。由此而论,盗窃支票、提货单、包裹存放证后,冒名领取财物的,是诈骗而非盗窃。因为这些票据、凭证等并非财物,其自身的经济价值甚微,不能等同于货币,盗窃这些票据、凭证后,如果未去冒领,即便是烧毁了这些物品,也不会使财物的所有者失去财物,行为人"冒领"是取得财物的手段,也是造成财物所有者财产损失的根本原因。而所谓"冒领"也就是冒名顶替,使对方误以为是财物的所有者或者是所有者授权代领财物的人,因而将财物交给行为人,如果对方明知事实真相,就不会交付,所以,行为的实质是诈骗,此其一。其二,如果行为人窃取支票、提货单、包裹存放证后,将这些东西扔掉,没有去冒领,即便是第三人拾得后去冒领了财物,也不能追究盗窃行为人的责任,充其量只能在量刑时适当考虑,而对拾得票证后冒领财物的第三人,通说认为只能按诈骗罪处理,也就是说票证本身并非财物,但对同样的"冒领"财物的行为,却要分别定盗窃罪与诈骗罪两种不同的罪,显然是违反刑法基本理论的。其三,认为盗窃支票、提货单、包裹存放证后去"冒领"财物的行为实质上是盗窃行为的延续,这种观点也值得商榷。因为盗窃罪作为一种取得罪,是以窃取财物作为实行的着手、以取得财物作为既遂标志的,不存在中间有较长时间间隔的"延续"问题。并且在司法实践中,有的盗窃犯人窃

42 参见周道鸾等主编:《刑法罪名精释》,人民法院出版社 1998 年版,第 557—558 页。

43 参见高铭暄、马克昌主编:《刑法学》(下编),中国法制出版社 1999 年版,第 908 页。

取他人某种财产凭证后,经过很长时间才去冒领,若认为后来冒领财物的行为还是前一个盗窃行为的延续,这也是很难令人信服的。其四,认为诈骗罪的成立必须有被害人向行为人交付财物的行为,而窃取有效支票、提货单、包裹存放证后冒领财物,由于被害人并未交付财物,向行为人交付财物的银行、货运单位、包裹保管单位等并未遭受财产损失,因此,不能构成诈骗罪。这种观点也不够妥当。因为在司法实践中,虽然绝大多数诈骗案件都是被害人受骗后向行为人交付财物的,但也有受骗者未受害,受害者未受骗,即被骗者是此人而被害者却是彼人的情形,这种发生在三者之间的诈骗案件,在德日等国刑法理论上称之为"三角欺诈"。[44] 上述窃取有效支票、提货单、包裹存放证后冒领财物的情形,就是这种"三角欺诈"的适例。其特殊性就表现在受骗交付财物的银行等单位并未受害,受害的财物所有者并未受骗。

81　顺便指出,在司法实践中,经常会遇到这样一类案件:行为人拾得他人信用卡及密码、或者猜出密码后,用信用卡在自动取款机上取走了大量现金。对这种行为是应定性为诈骗还是盗窃,目前在我国刑法学界存在较大争议。有一种观点认为,用拾得的他人信用卡在自动取款机上取款,应认定为盗窃(以下简称"盗窃罪说"),不能认定为诈骗(信用卡诈骗)。主要理由在于,信用卡诈骗罪是诈骗罪的一种特殊类型,同样应该具备诈骗罪的"因受欺骗而处分财产"的本质要素,而只有人才可能受骗,"机器不可能被骗";用拾得的信用卡在自动取款机上取款,如同拾得他人的钥匙后用钥匙开门取走财物,这属于盗窃而不是诈骗。[45] 但是,笔者认为,这种观点值得商榷。[46] 至于具体理由在此不赘述。

82　特别值得一提的是,2008 年 5 月 7 日起施行的最高人民检察院《关于拾得他人信用卡并在自动柜员机(ATM 机)上使用的行为如何定性问题的批复》也明确指出:"拾得他人信用卡并在自动柜员机(ATM 机)上使用的行为,属于刑法第一百九十六条第一款第(三)项规定的'冒用他人信用卡'的情形,构成犯罪的,以信用卡诈骗罪追究刑事责任。"

XV　处罚

83　我国《刑法》第 266 条对诈骗罪规定了三个幅度的法定刑:诈骗公私财物数额较大的,为诈骗罪的基本犯(或普通诈骗罪),处 3 年以下有期徒刑、拘役或者管制,并处或者单处罚金;诈骗公私财物,数额巨大或者有其他严重情节的,为诈骗罪的加重犯,处 3 年以上 10 年以下有期徒刑,并处罚金;诈骗公私财物,数额特别巨大或者有

44　参见〔日〕山口厚:《诈欺罪中的处分行为》,载《平野龙一先生古稀祝贺论文集》,有斐阁 1990 年版,第 459 页。

45　参见李文燕主编:《金融诈骗犯罪研究》,中国人民公安大学出版社 2002 年版,第 321 页。

46　参见刘明祥:《财产罪专论》,中国人民大学出版社 2019 年版,第 219 页以下。

其他特别严重情节的,处 10 年以上有期徒刑或者无期徒刑,并处罚金或者没收财产。

根据 2021 年 7 月 1 日起实施的最高人民法院、最高人民检察院《关于常见犯罪的量刑指导意见(试行)》的规定,构成诈骗罪的,根据下列情形在相应的幅度内确定量刑起点:①达到数额较大起点的,在 1 年以下有期徒刑、拘役幅度内确定量刑起点。②达到数额巨大起点或者有其他严重情节的,在 3 年至 4 年有期徒刑幅度内确定量刑起点。③达到数额特别巨大起点或者有其他特别严重情节的,在 10 年至 12 年有期徒刑幅度内确定量刑起点。依法应当判处无期徒刑的除外。在量刑起点的基础上,根据诈骗数额等其他影响犯罪构成的犯罪事实增加刑罚量,确定基准刑。罚金数额应根据诈骗的数额、手段、危害后果等犯罪情节,综合考虑被告人缴纳罚金的能力决定。缓刑的适用应综合考虑诈骗的起因、手段、数额、危害后果、退赃退赔等犯罪事实、量刑情节,以及被告人的主观恶性、人身危险性、认罪悔罪表现等因素。对实施电信网络诈骗的,应从严把握缓刑的适用。 84

按照最高人民法院、最高人民检察院《关于办理诈骗刑事案件具体应用法律若干问题的解释》第 1 条的规定,诈骗公私财物价值 3000 元至 1 万元以上、3 万元至 10 万元以上、50 万元以上的,应当分别认定为刑法第 266 条规定的"数额较大""数额巨大""数额特别巨大"。各省、自治区、直辖市高级人民法院、人民检察院可以结合本地区经济社会发展状况,在上述数额幅度内,共同研究确定本地区执行的具体数额标准。 85

另外,最高人民法院、最高人民检察院《关于办理诈骗刑事案件具体应用法律若干问题的解释》第 2 条还明确指出,诈骗公私财物达到上述数额标准,具有下列五种严重情形之一的,可以依照《刑法》第 266 条的规定酌情从严惩处:①通过发送短信、拨打电话或者利用互联网、广播电视、报纸杂志等发布虚假信息,对不特定多数人实施诈骗的;②诈骗救灾、抢险、防汛、优抚、扶贫、移民、救济、医疗款物的;③以赈灾募捐名义实施诈骗的;④诈骗残疾人、老年人或者丧失劳动能力人的财物的;⑤造成被害人自杀、精神失常或者其他严重后果的。诈骗数额接近上述"数额巨大""数额特别巨大"的标准,并具有这五种严重情形之一或者属于诈骗集团的首要分子的,应当分别认定为《刑法》第 266 条规定的"其他严重情节""其他特别严重情节"。该解释第 5 条规定,对利用发送短信、拨打电话、互联网等电信技术手段对不特定多数人实施诈骗,诈骗数额难以查证的,具有下列情形之一的,应当认定为《刑法》第 266 条规定的"其他严重情节",以诈骗罪(未遂)定罪处罚:①发送诈骗信息 5000 条以上的;②拨打诈骗电话 500 人次以上的;③诈骗手段恶劣、危害严重的。实施这类诈骗行为,数量达到这里的第①、②项规定标准 10 倍以上的,或者诈骗手段特别恶劣、危害特别严重的,应当认定为《刑法》第 266 条规定的"其他特别严重情节",以诈骗罪(未遂)定罪处罚。 86

2016 年 12 月 19 日最高人民法院、最高人民检察院、公安部《关于办理电信网络诈骗等刑事案件适用法律若干问题的意见》进一步指出,实施电信网络诈骗犯罪,犯 87

罪嫌疑人、被告人实际骗得财物的,以诈骗罪(既遂)定罪处罚。诈骗数额难以查证,但具有下列情形之一的,应当认定为《刑法》第266条规定的“其他严重情节”,以诈骗罪(未遂)定罪处罚:①发送诈骗信息5000条以上的,或者拨打诈骗电话500人次以上的;②在互联网上发布诈骗信息,页面浏览量累计5000次以上的。具备上述情形,数量达到相应标准10倍以上的,应当认定为《刑法》第266条规定的“其他特别严重情节”,以诈骗罪(未遂)定罪处罚。上述“拨打诈骗电话”,包括拨出诈骗电话和接听被害人回拨电话。反复拨打、接听同一电话号码以及反复向同一被害人发送诈骗信息的,拨打、接听电话次数、发送信息条数累计计算。电信网络诈骗既有既遂,又有未遂,分别达到不同量刑幅度的,依照处罚较重的规定处罚;达到同一量刑幅度的,以诈骗罪既遂处罚。

第二百六十七条　抢夺罪

抢夺公私财物，数额较大的，或者多次抢夺的，处三年以下有期徒刑、拘役或者管制，并处或者单处罚金；数额巨大或者有其他严重情节的，处三年以上十年以下有期徒刑，并处罚金；数额特别巨大或者有其他特别严重情节的，处十年以上有期徒刑或者无期徒刑，并处罚金或者没收财产。

携带凶器抢夺的，依照本法第二百六十三条的规定定罪处罚。

文献:赵秉志主编:《侵犯财产罪研究》,中国法制出版社 1998 年版;赵秉志:《侵犯财产罪》,中国人民公安大学出版社 1999 年版;赵秉志主编:《侵犯财产罪疑难问题司法对策》,吉林人民出版社 2000 年版;刘明祥:《财产罪专论》,中国人民大学出版社 2019 年版。唐若愚:《抢夺罪犯罪既遂标准之我见》,载《法学与实践》1992 年第 4 期;张明楷:《简论“携带凶器抢夺”》,载《法商研究》2000 年第 4 期;田宏杰:《海峡两岸抢夺罪比较研究》,载《法商研究》2002 年第 2 期;刘树德:《析抢夺、抢劫及盗窃之界分》,载《法律适用》2004 年第 7 期;张明楷:《盗窃与抢夺的界限》,载《法学家》2006 年第 2 期;王飞跃、李平:《抢夺罪客观要件论》,载《中国刑事法杂志》2006 年第 4 期;王志祥:《“飞车行抢”案件的定性问题探讨》,载《学术论坛》2010 年第 5 期;董玉庭:《盗窃与抢夺的新界分说质疑——兼与张明楷教授商榷》,载《人民检察》2010 年第 15 期;何荣功:《也论盗窃与抢夺的界限——兼与张明楷教授商榷》,载《当代法学》2012 年第 4 期;何显兵:《再论盗窃与抢夺的界限——对公然盗窃论的质疑》,载《中国刑事法杂志》2012 年第 5 期;阮齐林:《论盗窃与抢夺界分的实益、倾向和标准》,载《当代法学》2013 年第 1 期;徐光华:《“公开盗窃说”质疑》,载《法商研究》2015 年第 3 期;李至:《抢夺罪与抢劫罪的界分——基于刑事本土资源的考察》,载《法律适用》2017 年第 7 期;刘明祥:《也谈盗窃与抢夺的区分》,载《国家检察官学院学报》2019 年第 5 期;刘明祥:《论抢夺行为》,载《人民检察》2019 年第 21 期。

细目录

Ⅰ　主旨

Ⅱ　沿革

Ⅲ　客体

Ⅳ　对象

Ⅴ　抢夺行为

Ⅵ　结果

Ⅶ　主体
Ⅷ　故意
Ⅸ　排除犯罪的事由
Ⅹ　既遂、未遂、不能犯
Ⅺ　共犯
Ⅻ　罪数
XIII　与非罪的界限
XIV　与他罪的区别
一、与其他包含抢夺行为之犯罪的区别
二、与抢劫罪的区别
XV　处罚

Ⅰ　主旨

1　刑法规定抢夺罪的目的在于保护他人的财产所有权,包括国家、集体和公民个人的财产所有权。由于抢夺是采取公然夺取的方式取得他人的财物,因而对社会治安会产生较大的破坏。由此可见,惩罚抢夺罪对维护社会秩序也有重大意义。

Ⅱ　沿革

2　1979年《刑法》和现行《刑法》均设有独立的抢夺罪。有所不同的是,1979年《刑法》把抢夺罪与盗窃罪、诈骗罪规定在同一条文中,而现行《刑法》则将三者分别规定在不同条文中;1979年《刑法》把抢夺财物“数额巨大”作为加重法定刑的情节,“情节特别严重”作为处最重幅度法定刑的根据,但现行《刑法》则把数额和其他情节结合起来作为适用轻重不同法定刑的条件,即抢夺财物“数额巨大”或者有“其他严重情节”的,处3年以上10年以下有期徒刑;抢夺财物“数额特别巨大”或者有“其他特别严重情节”的,处10年以上有期徒刑或者无期徒刑;另外,1979年《刑法》对抢夺罪没有规定罚金刑,现行《刑法》增补了罚金刑,同时将普通抢夺罪的最高法定刑由原来的5年有期徒刑降为3年有期徒刑,把抢夺财物“数额巨大”这种加重犯的最低法定刑由原来的5年有期徒刑减为3年有期徒刑。本条第2款规定“携带凶器抢夺的,依照本法第二百六十三条的规定定罪处罚”,这是1979年《刑法》所没有的内容。现行《刑法》增补这一内容,或许是考虑到这类抢夺行为具有特殊的危险性,按抢劫罪处罚能更好地体现罪刑相应原则。

3　2015年8月29日全国人大常委会通过的《刑法修正案(九)》第20条对本条予以修订,将“多次抢夺”增补为构成抢夺罪的情形。

4　另外,在我国一些行政法律中,也有关于惩处抢夺犯罪行为的原则规定。例如,1986年1月20日颁布的《渔业法》第29条规定,抢夺他人养殖的水产品的,由渔政行政主管部门或者其他所属的渔政监督管理机构责令赔偿损失,并处罚款;数额较大,情节严重的,依照《刑法》(指1979年《刑法》)第151条或者第156条的规定对个人或者单位直接责任人员追究刑事责任;1986年3月19日通过的《矿产资源法》第41条规定,抢夺矿山企业和勘查单位的矿产品和其他财物的,按照《刑法》(指1979年《刑法》)有关规定追究刑事责任;情节显著轻微的,依照《治安管理处罚条例》有关规定予以处罚。

Ⅲ 客体

抢夺罪的客体是他人财产所有权。与盗窃罪、诈骗罪有所不同的是,由于抢夺罪是采取公然夺取的方式取得他人的财物,虽然行为人主观上并未想到要使用暴力并对他人身体造成损害,但在司法实践中经常发生被害人为保护财物而出现身体损伤的结果,那么,能否认为本罪的客体是复杂客体,即人身健康或安全也是本罪的侵害客体呢?回答应该是否定的。按照我国刑法理论界的通说,所谓复杂客体,是指某种犯罪一经实施必定同时侵害两种以上的社会关系。如果某种犯罪有时侵害两种以上的社会关系,有时只侵害一种社会关系,则不能被认为是具有复杂客体的犯罪。由于社会生活中发生的大多数抢夺犯罪都不会造成他人人身的损害,因此,不能把人身健康或安全作为其侵害客体,应该认为抢夺罪的客体是单一客体(或简单客体)。 5

Ⅳ 对象

抢夺罪的对象是他人占有的财物,不在他人占有之下的财物(如遗失物等),不能成为其侵害对象。不动产的特性决定了其不能成为抢夺的对象,即便是动产也只有便于立刻带走的才能成为抢夺的对象,如大件家具、大件家用电器,由于其不便携带,也不能立刻转移占有,一般不能成为抢夺罪的侵害对象。摩托车、小汽车虽然不能随身携带,但如果停在路边并处于发动状态,即便是车主站在车边,也有可能被他人迅速开走,因而可能成为抢夺罪的对象。由此可见,认为抢夺罪的对象"只能是便于携带的财物"[1],未免有点绝对化。另外,无体物(如电、煤气等能源)虽然可能成为盗窃等财产罪的侵害对象,但由于不能立刻夺取并被迅速拿走,同样不能成为抢夺罪的侵害对象。 6

Ⅴ 抢夺行为

抢夺行为表现为公然夺取他人财物,但未使用暴力、胁迫等强制手段。它有如下两个基本特征:①公然夺取他人财物。这是抢夺行为同盗窃行为的一个重要区别。一般认为,盗窃是采用秘密窃取的方式取得他人财物,因而是秘密夺取财物,而抢夺 7

---

1 赵秉志主编:《侵犯财产罪研究》,中国法制出版社1998年版,第274页。

是公开夺取财物。但对“公然夺取”不应理解为仅限于在公共场所或者当众实施,而应理解为当着财物所有人或保管人的面或者采用可以使其立即发觉的方法夺取财物。其中,有的是直接从财物的所有人或保管人手中或身上夺走财物,如乘人不备,夺取其手中的提包或肩上的挎包;有的是拿起被害人放在身边的财物就跑,如拿起货摊上的财物迅速逃离,等等。②没有使用暴力、胁迫等强制手段。这是抢夺行为同抢劫行为的根本区别。虽然抢劫行为也是一种公然夺取财物的行为,但它是以采用暴力、胁迫等强制手段排除被害人反抗作为前提的,而抢夺行为未采用这样的手段夺取财物。

8 关于是否应该把“乘人不备”作为抢夺行为的特征,在我国刑法理论界有较大争议。第一种观点是肯定说,认为乘人不备是抢夺行为的基本特征之一。因为抢夺罪的客观方面表现为乘人不备,公然夺取数额较大公私财物的行为。乘人不备是指行为人乘被害人或其他人没有觉察或无防备的情况下,使被害人或其他人来不及抗拒,夺走财物;公然夺取是指行为人当着被害人或第三人的面,从被害人手中或被害人和其他人对财物的直接看管中公开夺取财物。[2] 第二种观点是否定说,认为只有公然夺取才是抢劫行为的基本特征,而乘人不备并非抢夺罪的客观要件,虽然抢夺罪大多是乘人不备实施的,但有时也表现为在他人有准备的情况下公然夺取财物,这也符合抢夺罪的特征,应以抢夺罪论处。[3] 第三种观点是折中说,认为乘人不备或公然夺取,是抢夺罪客观方面的选择要件,只要具备其中之一就符合抢夺罪的客观要件,并非两者必备。按照这种观点,抢夺罪客观方面表现为乘人不备或他人有准备而公然夺取数额较大的公私财物的行为。[4] 笔者赞同否定说,主要是考虑到尽管大多数抢夺案件都是乘人不备而实施的,但也有例外的情形,即财物的所有人或保管人对行为人抢夺财物的意图已有所觉察或防备,行为人甚至也明知这一点,但却利用当时的客观条件(如治安秩序混乱,所有人或管理人无力保护财物等),不采用暴力、胁迫等强制手段而公然夺取其财物。例如,被告人进入一家住宅行窃,正在房间内寻找财物时,被卧病在床的老人发现,老人劝阻其说:“别拿走我的东西!”被告人先大吃一惊,但发现老人不能动弹后,继续寻找并当面拿走了其数额较大的财物。对这种公然夺取财物,但并非乘人不备,也未采用暴力、胁迫等强制手段的案件,定抢劫罪显然不合适。因为行为人未采用暴力、胁迫等强制手段,不具有强取财物的性质。同时,也不具有秘密窃取的特性,定盗窃罪也不恰当。由于这种行为的实质是公然夺取,与抢夺具有同样的性质和相同的危害性,因而应当定抢夺罪。因此,笔者认为,应当将“乘人不备”排除在抢夺行为的客观要件之外。

2 参见高铭暄主编:《刑法学》,法律出版社 1982 年版,第 485 页。

3 参见赵秉志、吴振兴主编:《刑法学通论》,高等教育出版社 1993 年版,第 668—669 页。

4 参见高铭暄主编:《中国刑法学》,中国人民大学出版社 1989 年版,第 510 页。

Ⅵ 结果

抢夺罪的结果是非法取得他人财物,并因而给他人造成财产损失。根据我国《刑法》第267条的规定,抢夺公私财物,通常只有达到数额较大的标准,才能构成抢夺罪;抢夺财物"数额巨大""数额特别巨大"则是处更重的法定刑的条件。 9

关于抢夺罪是否必须发生夺得"数额较大"财物的结果才能成立的问题,我国刑法理论界有不同认识。有的认为,只有行为人抢夺所得的财物已经达到较大数额的,才构成抢夺罪,如果抢夺财物未达数额较大或者未能抢到财物,不管行为人意图侵犯的财物数额是较大还是巨大,都不构成抢夺罪,抢夺罪不存在未遂问题;也有的认为,对抢夺罪"数额较大"的规定不宜理解为罪与非罪的界限,因为财物数额只是决定抢夺行为社会危害性大小的重要因素之一,但并不是唯一的因素;还有的认为,法律把"数额较大"作为抢夺罪等犯罪的必备要件来规定不妥当,因为侵犯财物数额虽是影响和决定抢夺等案件危害程度的重要因素之一,但并非唯一因素,法律对数额作硬性要求,难免导致不合理的现象发生。如综合全案各种因素,行为的危害性已达到犯罪的程度,仅因为抢夺财物未达数额较大的标准就难以认定为犯罪,反过来,有的案件抢夺财物虽已达到数额较大标准,但综合全案各种因素,行为的危害性还达不到犯罪的程度,却要一律定罪处罚。为了避免这样的不合理现象的发生,可以考虑把作为抢夺罪构成要件之一的"数额较大",改为"情节严重"这一有较大概括性的词语,以求定罪时全面考察全案的情节及危害程度。[5] 应当肯定,这种观点具有一定的合理性。我国立法机关正是考虑到将抢夺"数额较大"作为定罪的必备条件存在缺陷,因而在《刑法修正案(九)》中又增列"多次抢夺"为成立犯罪的情形。但这并没有从根本上解决问题。因为司法实践中还存在抢夺虽未达到"数额较大"标准,也不属于"多次抢夺",却因有其他的严重情节有必要按照犯罪处罚的情形。 10

在笔者看来,认为只有抢夺得到了"数额较大"的财物才能构成抢夺罪,也就是认为抢夺罪不存在未遂的观点值得商榷。因为《刑法》第267条虽然把"数额较大"作为抢夺罪的要件,但并未把夺得财物"数额较大"作为本罪的成立条件,这就意味着,只要抢夺行为指向的是"数额较大"的财物,原则上就符合本罪的客观要件;况且,刑法也把"数额较大"规定为盗窃、诈骗、敲诈勒索等罪的成立要件,理论上和实践中都认为这些罪存在犯罪未遂的问题,为何只有抢夺罪例外呢?事实上,如果行为人针对极为贵重的财物或数额巨大的财物实施抢夺行为,即便是由于意志以外的原因而未得逞(如未抢到手或者被当场追回),也应认定为构成抢夺罪。 11

---

5 参见赵秉志主编:《侵犯财产罪疑难问题司法对策》,吉林人民出版社2000年版,第124—127页。

Ⅶ　主体

12　抢夺罪的主体是一般主体。根据《刑法》第 17 条和第 267 条的规定,只有已满 16 周岁,具有刑事责任能力的人,才能成为抢夺罪的主体。单位不能成为抢夺罪主体。

Ⅷ　故意

13　抢夺罪是一种直接故意犯罪,行为人主观上明知是他人占有之物,当着财物的所有人或管理人的面,而公然夺取其财物。抢夺的故意与盗窃的故意的区别在于,前者有公然夺取的故意,即明知财物的所有人或管理人立刻就会发现而当面夺取;后者只有秘密窃取的故意,即自认为拿走财物不会被财物的所有者或管理者发现,二者在主观故意内容上有较大差别。顺便指出,过去,我国刑法理论界的一种很流行的观点认为,盗窃、诈骗、抢夺等财产罪的区别,就在于它们的客观表现形式不同,其主观要件是一样的。笔者认为,这种观点不够妥当。应该肯定,这几种财产罪都是以夺取财物的占有为特征的取得罪,因而其主观方面都必定具有取得他人财物的目的,如果不是想取得他人财物,只是想一时使用并会迅速归还的,则不能构成这几种取得罪。但是,盗窃、诈骗、抢夺等取得罪的故意内容是有区别的,并且有时对区分这几种犯罪具有十分重要的作用。如对在小商贩摊位上拿走财物的行为,是定盗窃罪还是定抢夺罪,关键要看行为人主观上是否认为小商贩会立刻发现,如果他认为小商贩不会立刻发现,那就应该认为其只有盗窃的故意,只能定盗窃罪;如果他认为小商贩会立刻发现,但自己拿了财物就跑,对方不可能抓住自己,这就应该认为其有抢夺的故意,构成抢夺罪。

14　另外,行为人主观上还必须基于取得的目的而公然夺取他人财物,才可能构成抢夺罪。如果公然夺取只是为了一时急用,用后立刻归还的,则由于不具有取得他人财物的目的,不能构成抢夺罪。

Ⅸ　排除犯罪的事由

15　财物的所有人采取公然夺取的方式取回被他人非法占有的自己的财物,或者债权人乘债务人不备公然夺取其价值相当的财物以履行其债务,这类所谓行使财产权利的行为,不构成抢夺罪。

Ⅹ　既遂、未遂、不能犯

16　关于抢夺罪既遂、未遂的区分,目前我国刑法理论界有三种不同观点:第一种观点认为,应以财物是否已经脱离所有人或保管人的控制、支配及行为人是否已控制为准。行为人已抢到财物,不论占有时间多么短暂,即使被追赶就弃赃逃逸,也应视为既遂。[6] 第二种观点认为,行为人只有夺取数额较大的财物并携赃逃离现场,即实际控制所夺取的财物的,才能认定为抢夺既遂;虽夺得财物但未能携赃逃离现场,即未实际控制所夺取的财物的,是抢夺未遂。[7] 第三种观点认为,抢夺罪应以行为人已实际控制所夺取的财物为既遂的标志,但并非只有携赃逃离了现场才能认定为已实际控制所夺取的财物,在有些特殊场合,如列车即将开动时,在站台上公然夺取列车上乘客的财物(提包、手表等),这时火车很快离开火车站,行为人不需逃离现场就可以控制财物,达到抢夺既遂状态。[8] 笔者认为,第一种观点把行为人夺取财物但当场被追回的情形也视为抢夺既遂,这显然扩大了抢夺既遂的范围。抢夺罪同盗窃、抢劫等取得罪一样,其既遂、未遂的标志是行为人是否已取得财物,虽夺取财物但当场被追回或为了逃脱而扔掉财物的,这属于"夺"而未"取",即未得到财物的情形,视为犯罪未得逞才合适。至于第二种观点认为,只有行为人携赃逃离了现场才能认定为抢夺既遂,按此标准认定在绝大多数场合都不会出现问题,但在第三种观点所列举的特殊场合,按此标准认定就会得出不当的结论,因为行为人虽然未离开作案现场,但财物的所有人或保管人已经离去,自然失去了对财物的控制,这同行为人抢夺财物后逃离了现场,摆脱了所有人、保管人或其他人的追捕是一样的效果,因而应同样认定为抢夺既遂。笔者赞成第三种观点。

行为人误将自己之物作为他人之物抢夺的,是对象不能犯的问题,通常应视为抢夺未遂。 17

如前所述,对于抢夺未遂,没有造成其他严重后果的,一般可以视为情节显著轻微危害不大,不以犯罪论处;但如果是抢夺贵重财物或数额巨大的财物而未遂的,则有可能构成抢夺罪。 18

XI　共犯

二人以上共同故意参与抢夺犯罪的,构成抢夺罪的共犯。这里所说的参与,既包括共同实行抢夺犯罪,也包含组织、指挥、教唆或帮助抢夺犯罪的情形。司法实践中发生较多的利用驾驶中的车辆抢夺的案件,如坐在摩托车后座的人抢夺路边行人的财物,驾驶摩托车的人并未实施抢夺行为,但其驾驶行为对坐在后座的人抢夺到财物有重要作用,因而在其主观上有与实行抢夺者配合完成犯罪之意思的情况下,应认定为抢夺罪的共犯;但在其主观上并无配合后面的人抢夺他人财物之犯意的情况下,对 19

6　参见金子桐、郑大群、顾肖荣:《罪与罚——侵犯财产罪和妨害婚姻、家庭罪的理论与实践》,上海社会科学院出版社 1987 年版,第 119 页。

7　参见唐若愚:《抢夺罪犯罪既遂标准之我见》,载《法学与实践》1992 年第 4 期。

8　参见赵秉志主编:《侵犯财产罪疑难问题司法对策》,吉林人民出版社 2000 年版,第 128 页。

驾车者不能以抢夺罪的共犯论处。

20 抢夺罪的共犯与盗窃罪的共犯一样,原则上应按各共犯人所参与的抢夺财物的数额处罚。参与抢夺公私财物数额较大的,对其应以“数额较大”的法定刑为处刑基准;参与抢夺公私财物“数额巨大”或“数额特别巨大”的,则应以“数额巨大”或“数额特别巨大”的法定刑作为处刑基准。如果是从犯,就应在此基础上从轻、减轻处罚或者免除处罚;如果是胁从犯,则应在此基础上减轻处罚或者免除处罚。

XII 罪数

21 在抢夺时,偶然造成被害人身体伤害的,例如,因用力夺他人手中的提包,致他人摔倒受伤的,因无伤害故意,不构成抢劫罪。那么,对这类在抢夺过程中致人伤害甚至死亡的案件,是否应该按抢夺罪与过失致人重伤罪或过失致人死亡罪数罪并罚呢?对此,1997 年《刑法》公布之前,主要有三种不同意见[9]:一种意见认为,应按抢夺罪和过失致人重伤罪或过失致人死亡罪数罪并罚。另一种意见认为,如果抢夺数额巨大又造成被害人重伤或死亡的,应作为“情节特别严重”的抢夺罪定罪处罚;对于抢夺数额较小或者刚刚达到“较大数额”而又造成被害人重伤或者死亡的,可以作为“情节特别恶劣”的过失致人重伤罪或过失致人死亡罪定罪处罚。还有一种意见认为,如果抢夺财物过程中因用力过猛,而无意中造成被害人轻伤的,应按抢夺罪从重处罚;若造成被害人重伤甚至死亡的,是抢夺与过失致人重伤(过失致人死亡)罪的牵连犯,如果抢夺侵犯的财物数额尚不构成犯罪的,按照过失致人重伤罪或者过失致人死亡罪从重处罚,如果抢夺行为本身也构成犯罪的,则应从一重罪定罪并从重处断,考虑到抢夺罪加重构成的刑罚更重,而且犯罪的基本性质是抢夺,故应按照抢夺罪“情节特别严重”的规定处罚。

22 笔者认为,抢夺时偶然造成被害人身体伤害甚至死亡,一般只限于夺取财物的行为连带造成这种后果的情形,如果这种后果是抢夺前故意造成或者抢夺后故意使用暴力引起的,则应认定为抢劫罪。抢夺行为连带造成被害人重伤或死亡(如用力夺他人手中的提包,致他人摔倒受重伤),由于行为只有一个(如夺提包),自然只可能定一罪,不能定数罪而数罪并罚。同时,也不可能构成牵连犯,因为牵连犯是实质的数罪,以有两个以上的犯罪行为为成立条件,一个行为不可能构成牵连犯。但一个行为可能构成想象的数罪(或想象竞合),上述情形就属于想象的数罪,即行为人实施一个抢夺财物的行为,但造成了他人财产的损失和重伤(或死亡)两种后果的发生,在观念上存在抢夺罪与过失致人重伤罪(或过失致人死亡罪)竞合的问题,应按从一重罪处断的原则处理。由于犯抢夺罪而有其他“严重情节”或“特别严重情节”的法定刑,比过失致人重伤罪或过失致人死亡罪的法定刑重,所以,通常应该定抢夺罪,把

9　参见赵秉志:《侵犯财产罪》,中国人民公安大学出版社 1999 年版,第 225—226 页。

致人重伤或死亡视为“严重情节”或“特别严重情节”,选择适用其中一种加重犯的法定刑处罚。[10] 当然,如果抢夺行为指向的财物价值数额很小,但造成被害人重伤或死亡后果发生的,则由于抢夺行为不能构成抢夺罪,不存在想象的数罪的问题,因而只能按过失致人重伤罪或过失致人死亡罪定罪处罚。

XIII 与非罪的界限

根据本条第1款的规定,抢夺公私财物“数额较大”或者“多次抢夺”是构成抢夺罪的法定条件。如前所述,抢夺罪作为一种侵犯财产的犯罪,抢夺财物的价值数额大小是决定其行为的社会危害程度高低的关键因素。在通常情况下,抢夺他人财物如果达不到“数额较大”的标准,就表明其行为的社会危害性达不到犯罪的程度。但是,也有例外,“多次抢夺”就是刑法确认不需要达到数额较大标准即可构成犯罪的情形。所谓“多次抢夺”,按最高人民法院、最高人民检察院《关于办理抢夺刑事案件适用法律若干问题的解释》,是指1年内抢夺3次以上。判断是一次抢夺还是多次抢夺,要综合考虑行为人犯意的产生、行为实施的时间、地点等因素。对于行为人基于一个犯意实施抢夺行为,如在同一地点同时抢夺多人之财物的,应认定为一次抢夺。“多次抢夺”不要求每次都已既遂,抢到手的财物累计数额也不要求达到“数额较大”的标准,但也并非完全不考虑抢夺数额,每次针对数额很小的财物实施抢夺行为,且没有造成被害人人身伤害后果的,一般不能以犯罪论处,只能作为一般违法行为给予行政处罚。正是基于此种考虑,最高人民法院、最高人民检察院《关于办理抢夺刑事案件适用法律若干问题的解释》对因具有“多次抢夺”等严重情节而构成犯罪的数额标准作了适当的调整,即具有下列情形之一的,抢夺“数额较大”的标准按达到普通抢夺构成犯罪的“数额较大”标准的50%来确定:①曾因抢劫、抢夺或者聚众哄抢受过刑事处罚的;②1年内曾因抢夺或者哄抢受过行政处罚的;③1年内抢夺3次以上的;④驾驶机动车、非机动车抢夺的;⑤组织、控制未成年人抢夺的;⑥抢夺老年人、未成年人、孕妇、携带婴幼儿的人、残疾人、丧失劳动能力人的财物的;⑦在医院抢夺病人或者其亲友财物的;⑧抢夺救灾、抢险、防汛、优抚、扶贫、移民、救济款物的;⑨自然灾害、事故灾害、社会安全事件等突发事件期间,在事件发生地抢夺的;⑩导致他人轻伤或者精神失常等严重后果的。 23

反过来,抢夺公私财物数额较大,但未造成他人轻伤以上伤害,行为人系初犯,认罪、悔罪,退赃、退赔,且具有下列情形之一的,最高人民法院、最高人民检察院《关于办理抢夺刑事案件适用法律若干问题的解释》明确指出,可以认定为犯罪情节轻微,不起诉或者免予刑事处罚;必要时,由有关部门依法予以行政处罚:①具有法定从宽处罚情节的;②没有参与分赃或者获赃较少,且不是主犯的;③被害人谅解的;④其 24

10 参见2013年11月最高人民法院、最高人民检察院《关于办理抢夺刑事案件适用法律若干问题的解释》第3条、第4条。

他情节轻微、危害不大的。

XIV 与他罪的区别

一、与其他包含抢夺行为之犯罪的区别

25 抢夺行为构成犯罪者,并非一概认定为抢夺罪。我国刑法根据抢夺物品侵害客体(或法益)的性质不同,规定了若干种不同的罪名。如抢夺枪支、弹药、爆炸物、危险物质罪(第127条),抢夺国家机关公文、证件、印章罪(第280条),抢夺国有档案罪(第329条),抢夺武装部队公文、证件、印章罪(第375条),抢夺武器装备、军用物资罪(第438条),等等。这些抢夺犯罪的对象,有的本身是能够体现财产所有权关系的财物,如武器装备、军用物资、枪支、弹药、爆炸物等,行为人抢夺这些特定财物时,就可能既符合这些特殊罪名的构成要件,也符合抢夺罪的构成要件,由于二者之间存在法条竞合关系,一般应按特别法优于普通法的原则来处理,即按特别法条定罪量刑,不按抢夺罪定罪量刑。还有的抢夺犯罪的对象不是财物(或价值低廉的财物),如公文、证件、印章、档案,由于这些物品不能成为抢夺罪的侵害对象,所以,不存在与抢夺罪相竞合的问题,自然只能按抢夺这些特殊物品的犯罪定罪处罚。

26 值得注意的是,《刑法》第438条规定的抢夺武器装备、军用物资罪不仅对抢夺的对象有特殊要求(只限于武器装备、军用物资),而且对主体有特殊限制,即仅限于军职人员,非军职人员单独抢夺这类特殊财物的,不能定此罪,只能定抢夺罪。但非军职人员可以成为此罪的共犯。

二、与抢劫罪的区别

27 抢夺罪与抢劫罪都属于公然夺取他人财物,侵犯他人财产所有权的犯罪。有所不同的是:抢夺罪只是公然夺取财物但并未实施侵犯人身的行为,是侵犯单一法益的犯罪,抢劫罪是以暴力、胁迫或者其他侵犯人身的手段强行夺取他人财物的行为,是侵犯复数法益的犯罪;抢夺罪的主体必须是已满16周岁的人,抢劫罪的主体则可以是已满14周岁不满16周岁的人;抢夺罪的主观方面表现为行为人有公然夺取他人财物的故意,但没有实施暴力、胁迫的故意,而抢劫罪的主观方面表现为行为人故意采用暴力、胁迫等侵犯人身的手段强取他人财物。

28 在近年来的司法实践中,经常发生一些人趁火车、电车、公共汽车开动时夺取他人的手表、提包等财物的案件。对这类案件是定抢夺罪还是定抢劫罪?理论界有不同意见。[11] 有的主张定抢劫罪,认为这是行为人利用了被害人不能反抗或不能有效反抗的状态,可视为抢劫罪的“其他方法”;也有的主张定抢夺罪,因为被害人不能有

11 参见赵秉志:《侵犯财产罪》,中国人民公安大学出版社1999年版,第234页。

效反抗的状态,并非行为人所造成,行为人只是对客观存在的状态加以利用,因此不能认为是采用"其他方法"抢劫,而只能视为抢夺。笔者赞成后一种观点。因为趁火车等高速交通工具开动时,交通工具之外的人员夺取乘客的财物,交通工具上的乘客确实不能反抗,但这如同醉汉横卧街头行人拿走其财物一样,被害人虽然处于无法反抗的状态,但由于不是行为人将其灌醉的,自然不能认为是采用"其他方法"抢劫。另外,近年来还出现了行为人骑摩托车用力夺取行人财物立即加速逃走的案件,对这类案件的定性也容易产生分歧。笔者认为,应该区分不同情况作不同处理:如果行为人突然就抢走了财物,或者未抢走财物就开车逃离,则应该定抢夺罪;如果行为人抢夺财物时被害人不撒手,行为人利用机动车辆的行进力量强行拖拽,而致被害人倒地死伤的,应认为是抢夺过程中遇反抗而直接施行暴力夺取财物,自然是构成抢劫罪。2005 年 6 月最高人民法院《关于审理抢劫、抢夺刑事案件适用法律若干问题的意见》指出:"对于驾驶机动车、非机动车(以下简称'驾驶车辆')夺取他人财物的,一般以抢夺罪从重处罚。但具有下列情形之一,应当以抢劫罪定罪处罚:(1)驾驶车辆,逼挤、撞击或强行逼倒他人以排除他人反抗,乘机夺取财物的;(2)驾驶车辆强抢财物时,因被害人不放手而采取强拉硬拽方法劫取财物的;(3)行为人明知其驾驶车辆强行夺取他人财物的手段会造成他人伤亡的后果,仍然强行夺取并放任造成财物持有人轻伤以上后果的。"2013 年 6 月最高人民法院、最高人民检察院《关于办理抢夺刑事案件适用法律若干问题的解释》第 6 条也将此内容纳入其中,对各地司法机关处理这类案件具有重要的指导作用。

另外值得一提的是,根据我国《刑法》第 267 条第 2 款的规定,携带凶器抢夺 29
的,应当依照抢劫罪的规定定罪处罚。对"携带凶器抢夺",目前我国刑法理论界有各种不同的解释,其中的争论主要涉及"凶器"的范围如何界定。"携带"是指明携还是暗带或两者兼而有之?"抢夺"财物是否要求数额较大?关键在于对"携带凶器抢夺"是仅从字面含义上理解还是应作严格限制解释。一种观点主张应从字面含义上理解,只要行为人实施抢夺行为时携带可以用于行凶的物品,就属于"携带凶器抢夺"的准抢劫罪(或转化型抢劫罪)[12];另一种观点主张应作严格限制性的解释,"携带凶器抢夺构成抢劫罪,至少要求行为人显示出凶器,如果行为人携带凶器抢夺但没有显示凶器,则不能构成抢劫罪"[13]。最高人民法院《关于审理抢劫案件具体应用法律若干问题的解释》指出:"'携带凶器抢夺',是指行为人随身携带枪支、爆炸物、管制刀具等国家禁止个人携带的器械进行抢夺或者为了实施犯罪而携带其他器械进行抢夺的行为。"这与前一种观点相似。在笔者看来,无论是按哪一种解释,都有难以避免的缺陷。如果仅从字面含义理解,抢夺时背包里藏有匕首但并未打算利用且实际上也

---

[12] 参见姜翠玉:《浅谈"携带凶器抢夺"认定中应注意的问题》,载《山东法学》1999 年第 4 期。

[13] 高铭暄、马克昌主编:《刑法学》(下编),中国法制出版社 1999 年版,第 896 页。

未利用的,同样构成抢劫罪,这无疑是把不具备抢劫性质的抢夺行为当抢劫罪处理,肯定会扩大准抢劫罪的范围。反过来,如果作严格限制解释,要求携带者夺取他人财物时,向他人显示自己所携带的凶器,这就意味着行为人是用显示凶器的举动来向对方表示威胁,自然是属于《刑法》第263条规定的以"胁迫"方法抢劫财物的行为,完全没有适用《刑法》第267条第2款之规定的余地。最高人民法院《关于审理抢劫、抢夺刑事案件适用法律若干问题的意见》也明确指出,"行为人将随身携带凶器有意加以显示、能为被害人觉察到的,直接适用刑法第二百六十三条的规定定罪处罚"。可见,行为人携带凶器抢夺,只要没有利用凶器来实施暴力或胁迫,就与一般的抢夺没有实质上的差别,不可能转化为抢劫;如果已加以利用(包括向他人显示凶器)的,则是典型的抢劫罪,应直接适用《刑法》第263条的规定定罪处罚。因此,我国《刑法》第267条第2款的规定是一种法律拟制,即将本来属于抢夺(只不过是携带凶器去抢夺)的行为拟制为抢劫。对这种法律拟制性的规定应当严格解释,否则就有可能不适当地扩大适用范围,从而将本来应当按轻罪处理的案件以重罪定罪处罚,这自然是违反罪刑法定原则的。笔者认为,携带凶器抢夺的行为人,必须对自己携带凶器并有可能予以使用有认识,否则,即便是携带管制刀具之类的凶器并实施了抢夺行为,也不能以抢劫罪定罪处罚。最高人民法院《关于审理抢劫、抢夺刑事案件适用法律若干问题的意见》对是否要求行为人认识到携带凶器并有使用的可能性采取折中的立场,明确指出"行为人随身携带国家禁止个人携带的器械以外的其他器械抢夺,但有证据证明该器械确实不是为了实施犯罪准备的,不以抢劫罪定罪";言下之意是,如果携带的属国家禁止个人携带的器械,即便是"有证据证明该器械确实不是为了实施犯罪准备的",也要以抢劫罪定罪。在笔者看来,既然抢夺时携带的都是凶器,行为人均不是为实施犯罪准备的,其主客观状态完全相同,为何定性上有如此重大的差别?这可以说是该项解释的一个缺陷。

XV 处罚

30 我国《刑法》第267条对抢夺罪规定了三个幅度的法定刑:抢夺公私财物数额较大的,或者多次抢夺的,是抢夺罪的基本犯,处3年以下有期徒刑、拘役或者管制,并处或者单处罚金;抢夺公私财物,数额巨大或者有其他严重情节的,是抢夺罪的加重犯,处3年以上10年以下有期徒刑,并处罚金;抢夺公私财物,数额特别巨大或者有其他特别严重情节的,则是抢夺罪的特别加重犯,处10年以上有期徒刑或者无期徒刑,并处罚金或者没收财产。

31 根据2021年7月1日起实施的最高人民法院、最高人民检察院《关于常见犯罪的量刑指导意见(试行)》的规定,构成抢夺罪的,根据下列情形在相应的幅度内确定量刑起点:①达到数额较大起点或者2年内3次抢夺的,在1年以下有期徒刑、拘役幅度内确定量刑起点。②达到数额巨大起点或者有其他严重情节的,在3年至5年有期徒刑幅度内确定量刑起点。③达到数额特别巨大起点或者有其他特别严重情节的，在 10 年至 12 年有期徒刑幅度内确定量刑起点。依法应当判处无期徒刑的除外。在量刑起点的基础上，根据抢夺数额、次数等其他影响犯罪构成的犯罪事实增加刑罚量，确定基准刑。多次抢夺，数额达到较大以上的，以抢夺数额确定量刑起点，抢夺次数可作为调节基准刑的量刑情节；数额未达到较大的，以抢夺次数确定量刑起点，超过 3 次的次数作为增加刑罚量的事实。罚金数额应根据抢夺的数额、次数、手段、危害后果等犯罪情节，综合考虑被告人缴纳罚金的能力决定。缓刑的适用应综合考虑抢夺的起因、数额、手段、次数、危害后果、退赃退赔等犯罪事实、量刑情节，以及被告人的主观恶性、人身危险性、认罪悔罪表现等因素。

按照最高人民法院、最高人民检察院《关于办理抢夺刑事案件适用法律若干问题 32
的解释》第 1 条的规定，抢夺公私财物价值 1000 元至 3000 元以上、3 万元至 8 万元以上、20 万元至 40 万元以上的，应当分别认定为《刑法》第 267 条规定的“数额较大”“数额巨大”“数额特别巨大”。各省、自治区、直辖市高级人民法院、人民检察院可以根据本地区经济发展状况，并考虑社会治安状况，在该数额幅度内，确定本地区执行的具体数额标准。

另外，按最高人民法院、最高人民检察院《关于办理抢夺刑事案件适用法律若干 33
问题的解释》的规定，《刑法》第 267 条规定的“其他严重情节”，包括如下几种情形：①导致他人重伤的；②导致他人自杀的；③具有如下八种情形之一，数额达到上述“数额巨大”标准的 50%的：1 年内抢夺 3 次以上的；驾驶机动车、非机动车抢夺的；组织、控制未成年人抢夺的；抢夺老年人、未成年人、孕妇、携带婴幼儿的人、残疾人、丧失劳动能力人的财物的；在医院抢夺病人或者其亲友财物的；抢夺救灾、抢险、防汛、优抚、扶贫、移民、救济款物的；自然灾害、事故灾害、社会安全事件等突发事件期间，在事件发生地抢夺的；导致他人轻伤或者精神失常等严重后果的。“其他特别严重情节”，则包括如下几种情形：①导致他人死亡的；②具有上述八种情形之一，且数额达到上述“数额特别巨大”标准的 50%的。

第二百六十八条　聚众哄抢罪

聚众哄抢公私财物，数额较大或者有其他严重情节的，对首要分子和积极参加的，处三年以下有期徒刑、拘役或者管制，并处罚金；数额巨大或者有其他特别严重情节的，处三年以上十年以下有期徒刑，并处罚金。

文献：金凯主编：《侵犯财产罪新论》，知识出版社1988年版；赵秉志主编：《侵犯财产罪研究》，中国法制出版社1998年版；赵秉志：《侵犯财产罪》，中国人民公安大学出版社1999年版；赵秉志主编：《侵犯财产罪疑难问题司法对策》，吉林人民出版社2000年版；刘明祥：《财产罪专论》，中国人民大学出版社2019年版。刘建平：《建议刑法增设"哄抢"罪》，载《法学》1987年第6期；余学群：《建议我国刑法增设哄抢罪》，载《法律学习与研究》1990年第3期；李忠诚：《哄抢罪》，载《中国刑事法杂志》1998年第2期；王英松：《论聚众哄抢罪》，载《山西高等学校社会科学学报》2000年第11期；牛晓鹏：《对聚众犯罪若干问题的思考》，载《湖南公安高等专科学校学报》2005年第1期；吴秀云、王义树：《聚众哄抢罪的多视角分析》，载《江西公安专科学校学报》2007年第3期；刘德法、孔德琴：《关于聚众犯罪客观行为的司法认定》，载《中国检察官》2009年第1期；张开骏：《聚众哄抢财物与聚众"打砸抢"的刑法教义学》，载《北方法学》2017年第2期；金燚：《聚众哄抢罪的类型限定与司法适用》，载《中国武警学院学报》2021年第1期。

细目录

Ⅰ　主旨
Ⅱ　沿革
Ⅲ　客体
Ⅳ　对象
Ⅴ　聚众哄抢行为
Ⅵ　结果
Ⅶ　主体
Ⅷ　故意
Ⅸ　排除犯罪的事由
Ⅹ　既遂与未遂
Ⅺ　共犯
Ⅻ　罪数

XIII 与非罪的界限
XIV 与他罪的区别
一、与抢劫罪的区别
二、与抢夺罪的区别
三、与盗窃罪的区别
XV 处罚

I 主旨

刑法规定聚众哄抢罪的目的在于保护公私财产所有权。由于聚众哄抢的特点是聚集多人、明目张胆地夺取公私财物,除了会对国家财产秩序的稳定状态造成破坏之外,对社会秩序、社会风气、社会的道德风尚乃至社会治安都会产生很大的破坏作用。因此,严厉打击聚众哄抢财物的犯罪具有十分重要的意义。 1

II 沿革

我国 1979 年《刑法》并未规定聚众哄抢罪,但改革开放以后,许多地方聚众哄抢公私财物的案件时有发生,个别地方甚至哄抢成风,尤其是在哄抢国家、集体所有的煤炭、林木、仓储、运输的货物、物资等方面表现特别突出,危害十分严重。 2

明文规定对哄抢公私财物的违法犯罪行为进行惩治,最先见于有关非刑事法律和行政法规、规章、文件之中。1981 年 3 月 6 日第五届全国人大常委会通过的《关于防止关停企业和停建缓建工程国家财产遭受损失的决议》中指出,对哄抢国家财产的行为必须依法追究责任。1982 年 5 月 15 日国务院在《关于坚决制止哄抢和侵占国家资财的决定》中,也要求依法严厉打击聚众哄抢公私财物的犯罪行为。1987 年的《渔业法实施细则》第 39 条规定,对于哄抢渔具、渔船、渔获物的,由公安机关依照《治安管理处罚条例》的规定进行处罚;构成犯罪的,由司法机关依法追究刑事责任。1990 年 3 月的《盐业管理条例》第 12 条和第 28 条规定,对于哄抢制盐企业依法使用的盐矿资源,制盐企业的生产工具、设备和产品,制盐企业的盐化石、卤水及其他盐田生物,情节严重,构成犯罪的,由司法机关依法追究刑事责任。特别值得一提的是,1990 年通过的《铁路法》第 64 条,不仅使用了"聚众哄抢"一词,而且对这种犯罪行为适用的刑法条文乃至从重处罚的情节都作了明文规定,即"聚众哄抢铁路运输物资的,对首要分子和骨干分子依照刑法(指 1979 年《刑法》——笔者注)第一百五十一条或者一百五十二条的规定追究刑事责任。铁路职工与其他人员勾结犯前款罪的,从重处罚"。1986 年 9 月颁布的《治安管理处罚条例》第 23 条规定,对哄抢国家、集体、个人财物,尚不够刑事处罚的,处 15 日以下拘留或者警告,可以单处或者并处 200 元以下罚款。 3

但是,1979 年《刑法》毕竟没有规定聚众哄抢罪,尽管有关行政法律将聚众哄抢 4

规定为犯罪行为,但还是只能适用抢夺罪的规定定罪处罚,并且由于行政法律所规定的聚众哄抢对象是特殊财物,对于哄抢上述特殊财物之外的财物的行为,司法机关在处理时仍感到无所适从,从而使得许多聚众哄抢案件得不到及时正确的处理,甚至在有的地区出现以行政处罚代替刑罚的现象。为了从根本上解决这类问题,1997 年《刑法》增设了聚众哄抢罪。

Ⅲ 客体

5 聚众哄抢罪的客体是他人的财产所有权。尽管有些聚众哄抢果园、渔场、矿山等的犯罪案件,对生产经营也会产生很大的破坏作用,但不能认为本罪的客体是复杂客体。因为毕竟有许多聚众哄抢的犯罪,仅仅侵害财产所有权这种单一客体。

Ⅳ 对象

6 聚众哄抢罪的对象是他人占有下的财物,通常表现为处于运输、保管、储存状态的财物,果园、渔场、养殖场的水果、鱼类、牲畜等。不在他人占有之下的财物,如货车在行进途中,掉下一件贵重货物散落在路旁,货运司机和押运员并不知道,村民发现后在为首者的带领下,将这种遗失物哄抢走,就不能构成聚众哄抢罪。但是,无人看守的财物并非都不在所有人占有之下,例如,生长在果树上的水果、放养在鱼塘中的鱼类,即使所有者、管理者不在近处看守,甚至出差在外地,也仍然应该认为在其占有之下,可以成为聚众哄抢罪的侵害对象。

Ⅴ 聚众哄抢行为

7 聚众哄抢行为表现为聚集多人,不采用暴力、胁迫等强制手段,而公然夺取他人财物。它有如下主要特征:

8 (1)公然性,即明目张胆地夺取他人财物。这是本罪不同于盗窃罪、诈骗罪等取得罪的重要之处,盗窃、诈骗的行为人往往会刻意掩饰、隐瞒其取得他人财物的真相,而聚众哄抢的行为人则往往是当着财物所有者、保管者的面,毫不掩饰地公开将财物抢走。

9 (2)聚众性,即聚集多人,少则几人,多则几十人,甚至几百人上千人,规模大、人数多是本罪的一个显著特点,也是其不同于一般抢夺罪的重要之处。抢夺罪虽然在公然夺取他人财物这一点上与聚众哄抢罪相同,但它可以是单个人实施犯罪,在共同实施的情况下,有责任能力的人原则上构成共同犯罪,而聚众哄抢罪单个人不可能实施,必须是聚众实施,并且有责任能力的一般参与者并不构成共同犯罪。聚众性是聚众哄抢罪的最典型特征,也是其不同于其他财产罪的最突出特点。在司法实践中,本罪一般表现为大规模地一哄而上,趁机乱抢乱拿他人财物。

10 (3)非强制性,即不采用暴力、胁迫等强制手段,只是哄抢他人财物,这是本罪不同于抢劫罪的一个重要特征。虽然抢劫罪一般也是公然夺取他人财物,但它是以暴力、胁迫等强制手段为前提的,因而具有强取财物的特性,而本罪的公然夺取不具有这种特性。所谓哄抢,是指一哄而起,乘混乱之机抢走他人财物。在司法实践中,通常表现为采取吵闹、哄扰行为,造成公私财物的所有人、保管人、看护人无法阻止、无力顾及而乱拿乱抢,还有的是趁交通事故、秩序混乱、自然灾害之际进行哄抢。

以上三个特征同时具备,才成其为聚众哄抢行为。但是,在司法实践中,完全具备这些特征的典型聚众哄抢案件并不多见,最常见的是哄抢而未聚众的情形,即一哄而起抢夺他人财物,有带头先动手者,但并无聚众者,多人聚集在一起大多是自发的,并非有人召集。对这类案件定聚众哄抢罪并不妥当。因为此罪的成立,不仅要求有哄抢行为,而且还要有聚众行为。如果对“聚众”不作要求或者作扩张解释,把上述行为纳入聚众哄抢的范围,则又违反了罪刑法定原则。刑法增设此罪的目的,主要是考虑到这种哄抢案件,有不同于一般抢夺的特点,并且按过去的传统观点,抢夺是乘人不备、公然夺取,而哄抢并非乘人不备,财物的所有人、管理人可能早有防备,只是因为哄抢者人多,而导致其防不胜防,所以,才增设此罪。但是,笔者认为,乘人不备并非抢夺行为的必备要件,哄抢也能为抢夺行为所包容;并且,现行《刑法》对聚众哄抢罪所规定的法定刑与抢夺罪并无太大差别,体现不出有作特殊规定的必要性;再说,世界各国刑法也大多没有规定这一罪名。由此可见,刑法并无必要增设聚众哄抢罪。 11

Ⅵ 结果

聚众哄抢罪的结果是非法取得他人财物,因而给他人造成财产损失。根据《刑法》第 268 条的规定,只有聚众哄抢财物,数额较大或者有其他严重情节的,才构成本罪。这里所说的“数额较大”,不是仅指构成犯罪应负刑事责任的首要分子或者积极参加者本人所抢得的财物数额较大,也不是指所有参与哄抢者中有人抢得的财物数额较大,而是指所有参加者实际哄抢所得的财物的总和达到了数额较大的标准,至于首要分子和积极参加者是否抢到了财物以及抢得财物的多少,并不影响本罪的构成。换言之,由于本罪是聚众型犯罪,首要分子对聚众犯罪的后果自然应承担全部责任。但是,如果不是行为人召集他人来到现场,而是多人自发地聚集到一起,行为人趁人多势众带头哄抢他人财物,那么,将这种案件定为聚众哄抢罪,并要行为人对所有参与者实际抢得财物的总数额负责,无疑有客观归罪的嫌疑。 12

Ⅶ 主体

本罪的主体只限于首要分子和积极参加者。《刑法》第 97 条规定:“本法所称首要分子,是指在犯罪集团或者聚众犯罪中起组织、策划、指挥作用的犯罪分子。”据此应该认为,只有在聚众哄抢犯罪中起组织、策划或指挥作用的犯罪分子,才能认定为 13

首要分子。所谓积极参加者,则是指在聚众哄抢犯罪活动中,除首要分子以外的其他起主要作用的犯罪分子,如带头哄抢的犯罪分子,哄抢公私财物数额较大的犯罪分子等。不能把所有自觉参加者都认定为“积极”参加者。一般认为,“积极参加者”是相对于普通参加者而言的,如其比普通参加者抢得的财物更多,带头起哄制造混乱,排除哄抢的障碍物(如推倒护栏、砸毁门锁),等等。

Ⅷ 故意

14 本罪的主观方面只能是出于故意,并且是直接故意,行为人具有取得他人财物的主观恶意。对于首要分子而言,只有公然夺取他人财物的故意是不够的,还必须要有聚众的故意,即有意组织、策划、指挥他人哄抢财物。至于首要分子和积极参加者的犯罪动机,则可能是多种多样的,除了贪财图利之外,还可能是出于泄愤报复、嫉妒等。动机如何,不影响本罪的成立。

Ⅸ 排除犯罪的事由

15 债权人发现债务人有转移资产等逃债嫌疑或者即将破产,为了使自己不受或少受损失,而邀约多人哄抢债务人价值相当财物的,应该认为是一种行使财产权利的行为,不能以聚众哄抢罪处理。具体理由与前述抢劫罪、盗窃罪中涉及的行使财产权利问题相当,在此不赘述。

Ⅹ 既遂与未遂

16 聚众哄抢罪与盗窃罪、抢夺罪等罪一样,也是一种取得他人占有之财物的取得罪,仍然要以是否取得财物作为既遂与未遂的区分标准。哄抢者抢到了财物,财物的所有者、管理者失去了对财物的控制的,应该视为既遂。哄抢者拿到了财物但被当场夺回,或者当时就被追回的,应该视为未遂。对聚众哄抢而未遂者,一般不能以犯罪处理。

Ⅺ 共犯

17 在聚众哄抢的犯罪案件中,由于法律规定只处罚首要分子和积极参加者,不受刑事处罚的一般参加者与首要分子不能构成共犯。受刑事处罚者完全可能只有首要分子一人,因此,不能认为本罪是必要共同犯罪。在有几个首要分子或既有首要分子又有积极参加者,即有几人构成本罪的场合,则存在共同犯罪问题。它们之间存在区分主、从犯,并根据《刑法》总则的有关规定承担轻重不同的刑事责任的问题。

Ⅻ 罪数

18 在司法实践中,经常发生聚众哄抢财物,同时又毁坏了财物或破坏了生产经营的案件，对于此类案件，是按一罪处理，还是按数罪并罚，就成为一个有必要认真考虑的问题。笔者认为，应该根据案件的具体情况作不同处理。如果既有聚众哄抢财物的行为，又有毁坏财物的行为或破坏生产经营的行为，侵害的具体对象各不相同，并且两种行为都构成犯罪，那就应该分别定罪、实行数罪并罚。例如，先聚集十几人砸毁被害人厂房内价值几十万元的财物，尔后又哄抢厂房内存放的价值十余万元的家电产品。这就既构成聚众哄抢罪，又构成故意毁坏财物罪，而且应该实行数罪并罚。如果侵害的是同一对象的财物，如数人聚众闹事，将外地业主建造的工厂的厂房拆毁，搬走砖瓦、房梁、门窗等值钱之物。这种行为既可以视为聚众哄抢财物，又可以评价为故意毁坏公私财物（拆毁他人房屋），但由于是同一对象的财物，应认为是想象的数罪（或想象竞合）而非实质的数罪，因而不能实行数罪并罚，应按从一重处断的原则，以其中的一个重罪定罪量刑。

XIII 与非罪的界限

如前所述，根据我国刑法的规定，聚众哄抢公私财物，只有数额较大或者有其他严重情节的，才能构成本罪。对“数额较大”的标准，最高人民法院、最高人民检察院尚无明确的司法解释。笔者认为，由于聚众哄抢的财物数额的确定，是以所有哄抢者所抢得的财物总数额作为依据，因此，有必要将本罪“数额较大”的标准定得比抢夺、盗窃等罪高一些，以免扩大刑事处罚的范围。并且，构成本罪的情节与盗窃、诈骗、抢夺罪有所不同，“数额较大”并非构成犯罪的唯一情节，即便是聚众哄抢财物未达到“数额较大”标准，如果有“其他严重情节”仍然可以构成本罪，所以，将本罪的数额标准定得高一些，不会出现放纵犯罪的问题。这里所说的“其他严重情节”，一般是指聚众哄抢并采用破坏性手段造成公私财产重大损失的；聚众哄抢国家救灾、抢险、防汛、优抚、扶贫、移民、救济、医疗款物，造成严重后果的；聚众哄抢生产资料，严重影响生产的；聚众哄抢导致被害人死亡、精神失常或者其他严重后果的；等等。 19

聚众哄抢公私财物未达到数额较大标准，又不具有其他严重情节的，属于违反治安管理的一般违法行为；另外，聚众哄抢犯罪中的一般参加者的行为，也在此范围内，均应按《治安管理处罚法》的规定，给予行政处罚。 20

XIV 与他罪的区别

一、与抢劫罪的区别

如前所述，抢劫罪是采用暴力、胁迫等侵害人身的强制方法强取他人财物，其特点是采用强制方法，使财物的所有者、管理者不敢反抗、不能反抗或不知反抗时夺取其财物；而聚众哄抢罪是采用“哄闹”“哄抚”，借人多势众一哄而上，使财物的所有者、管理者防不胜防、无力保护财物时，夺取其财物。虽然在某些聚众哄抢犯罪活动 21

中,可能伴有针对财物所有者、管理者的推搡等轻微暴力行为,但这并非用来排除对方反抗以取得财物的手段,因而与抢劫罪中的暴力行为有根本区别。应当注意的是,在聚众哄抢犯罪活动中,如果哄抢者直接对财物的所有者、管理者使用暴力或者以暴力相威胁,以排除其反抗,进而夺取其财物的,应该以抢劫罪论处。

22 值得研究的是,哄抢者抢到财物后,所有者或管理者跑过来夺财物,双方在争夺的过程中,哄抢者使用暴力(如将被害人推倒或打翻在地),排除“障碍”后携财物逃离,对这类案件,能否适用《刑法》第269条的规定,按转化型抢劫(或事后抢劫)来定性处理呢?最高人民法院在《刑法》修改之前的有关司法解释中是持肯定态度的,认为应该按抢劫罪定罪处罚。[1] 这在当时是有法律根据的。因为1979年《刑法》没有规定聚众哄抢罪,对这种行为是按抢夺罪处理的,那么,在实施聚众哄抢犯罪活动的过程中,为窝藏赃物、抗拒逮捕、毁灭罪证而当场使用暴力或者以暴力威胁的,根据1979年《刑法》的规定,自然应该按转化型抢劫处理。但是,现行《刑法》将聚众哄抢作为独立罪名予以规定后,由于转化型抢劫成立的前提条件仍然是“犯盗窃、诈骗、抢夺罪”,不包括犯聚众哄抢罪,并且聚众哄抢毕竟同抢夺有差异,因此,犯聚众哄抢罪,为窝藏赃物、抗拒抓捕或者毁灭罪证而当场使用暴力或者以暴力相威胁的,适用《刑法》第269条的规定即按转化型抢劫罪处理,似乎有违反罪刑法定原则的嫌疑。笔者主张,只能对首要分子或积极参加者,按聚众哄抢罪定罪处罚,并把使用暴力或以使用暴力相威胁作为聚众哄抢的严重情节看待。但如果首要分子和积极参加者基于上述目的,故意伤害相关人员并致人重伤或死亡的,则应在聚众哄抢罪之外,另定故意伤害罪,实行数罪并罚。如果是一般参加哄抢者,基于上述目的对相关人员使用暴力并造成伤害后果的,虽然不能构成聚众哄抢罪,但可以按故意伤害罪定罪处罚。

二、与抢夺罪的区别

23 如前所述,聚众哄抢罪与抢夺罪都是不采用暴力、胁迫等强制手段公然夺取他人财物的犯罪。有所不同的是,抢夺罪一般是乘人不备、公然夺取他人财物,而聚众哄抢罪大多是财物的所有者、管理者已有所觉察,只不过防不胜防即无力防备,行为人等利用人多势众的条件,一哄而起抢走他人财物;聚众哄抢罪在客观方面还必须有“聚众”即聚集多人的行为,而抢夺罪则无此要求;另外,聚众哄抢罪的主体只限于首要分子和积极参加者,一般参与哄抢财物者并不构成犯罪,而抢夺罪的主体并无这样的限制。

三、与盗窃罪的区别

24 在司法实践中,趁渔场、林场、果园、仓库、货场等无人看守之际而聚众哄抢财物

---

1 参见1993年10月最高人民法院发布的《关于执行〈中华人民共和国铁路法〉中刑事罚则若干问题的解释》。

的犯罪案件时有发生,很容易与共同盗窃犯罪相混淆。其区别在于:聚众哄抢罪的行为人主观方面并非想不让财物的所有者、管理者发现,趁无人看守之际哄抢只是为了减少阻力;而共同盗窃一般都是有意避开财物所有人、管理人的视线作案,以达到秘密窃取财物的目的。聚众哄抢表现为聚集多人公然夺取他人财物,即便是趁所有人、管理人不在现场时作案,也往往并不回避社会公众;而共同盗窃作案时,行为人不仅要避开所有人、管理人的视线,往往还会尽可能不让第三人知道,以便逃避刑事责任,所以其行为的实质是秘密窃取。另外,聚众哄抢犯罪案件中,必须有起组织、策划、指挥作用的犯罪分子即首要分子;而一般共同盗窃犯罪中并无首要分子。

XV 处罚

我国《刑法》第 268 条对聚众哄抢罪规定了两个幅度的法定刑:聚众哄抢公私财物,数额较大或者有其他严重情节的,为聚众哄抢罪的基本犯,对首要分子和积极参加的,处 3 年以下有期徒刑、拘役或者管制,并处罚金;聚众哄抢公私财物,数额巨大或者有其他特别严重情节的,为聚众哄抢罪的加重犯,对首要分子和积极参加的,处 3 年以上 10 年以下有期徒刑,并处罚金。 25

关于聚众哄抢公私财物“数额较大”“数额巨大”的具体标准,刑法未作明确规定,最高司法机关也尚未作明确的解释。基于前述理由,笔者认为,各地司法机关可根据本地区经济社会发展的实际情况,参考最高人民法院有关抢夺“数额较大”“数额巨大”的标准,制定比抢夺数额标准适当高一点的具体标准在本地区执行。至于“其他严重情节”如何掌握认定,笔者主张,可以参考最高人民法院、最高人民检察院 2013 年 11 月 11 日发布的《关于办理抢夺刑事案件适用法律若干问题的解释》之规定,以聚众哄抢公私财物的数额达到“数额较大”标准的 50%,同时具有下列情形之一作为认定的条件:①曾因聚众哄抢受过刑事处罚的;②1 年内曾因聚众哄抢受过行政处罚的;③1 年内聚众哄抢 3 次以上的;④驾驶机动车、非机动车聚众哄抢的;⑤组织、控制未成年人聚众哄抢的;⑥聚众哄抢老年人、未成年人、孕妇、携带婴幼儿的人、残疾人、丧失劳动能力人的财物;⑦聚众哄抢救灾、抢险、防汛、优抚、扶贫、移民、救济物资的;⑧自然灾害、事故灾害、社会安全事件等突发事件期间,在事件发生地聚众哄抢的;⑨导致他人轻伤或者精神失常等严重后果的。至于“其他特别严重情节”,则以聚众哄抢公私财物数额达到“数额巨大”标准的 50%,同时具有这些情形之一作为认定的依据。 26

应当注意的是,2000 年 11 月 22 日发布的最高人民法院《关于审理破坏森林资源刑事案件具体应用法律若干问题的解释》第 14 条对聚众哄抢林木的数额标准有特别规定,即“聚众哄抢林木五立方米以上的,属于聚众哄抢‘数额较大’;聚众哄抢林木二十立方米以上的,属于聚众哄抢‘数额巨大’,对首要分子和积极参加的,依照刑法第二百六十八条的规定,以聚众哄抢罪定罪处罚”。 27

如前所述,聚众哄抢罪的主体仅限于首要分子和积极参加者,对一般参与者不能 28

以犯罪论处。另外,还应当注意,对首要分子和积极参加者在处罚上也应该实行区别对待的政策,应当把首要分子作为打击的重点。这是因为首要分子的主观恶性和人身危险性明显大于积极参加者。我国刑法在对有些聚众型犯罪(如聚众扰乱社会秩序罪)的规定中,对首要分子与积极参加者的法定刑是分开规定的,前者的法定刑明显重于后者的;而在有些聚众型犯罪(如聚众扰乱公共场所秩序、交通秩序罪)的规定中,则只处罚首要分子而不处罚积极参加者,这都充分体现了对首要分子与积极参加者实行区别对待的刑事政策。虽然《刑法》第268条未规定对于聚众哄抢的首要分子应当处以比积极参加者更重的法定刑,但是在1997年《刑法》通过之前于1996年8月31日制定的《刑法修改草案》中,对于聚众哄抢的首要分子规定了独立的法定刑,而对于"积极参加"聚众哄抢的,则规定"应当比照首要分子从轻或者减轻处罚"。[2] 这一规定虽然最后未被采纳,但却是可以参考和借鉴的,也就是说,对犯聚众哄抢罪的首要分子和积极参加者在处罚上要有区别,前者应该重于后者。

2　参见高铭暄:《中华人民共和国刑法的孕育诞生和发展完善》,北京大学出版社2012年版,第492页。

第二百六十九条　事后抢劫罪

犯盗窃、诈骗、抢夺罪，为窝藏赃物、抗拒抓捕或者毁灭罪证而当场使用暴力或者以暴力相威胁的，依照本法第二百六十三条的规定定罪处罚。

文献：李益前：《简论抢劫罪》，中国政法大学出版社 1986 年版；赵秉志主编：《侵犯财产罪疑难问题司法对策》，吉林人民出版社 2000 年版；刘明祥：《财产罪比较研究》，中国政法大学出版社 2001 年版；张国轩：《抢劫罪的定罪与量刑》，人民法院出版社 2001 年版；刘明祥：《财产罪专论》，中国人民大学出版社 2019 年版。罗翔：《论转化型抢劫罪》，载《北京政法管理干部学院学报》2001 年第 2 期；刘明祥：《事后抢劫问题比较研究》，载《中国刑事法杂志》2001 年第 3 期；陈凌：《论事后抢劫的既遂与未遂》，载《人民检察》2005 年第 21 期；熊劲松：《转化型抢劫罪的立法重构》，载《河海大学学报（哲学社会科学版）》2007 年第 1 期；刘艳红：《具有财产性质的特殊盗窃、诈骗、抢夺罪可以转化为抢劫罪》，载《法学》2007 年第 4 期；刘艳红：《转化型抢劫罪前提条件范围的实质解释》，载《刑法论丛》2008 年第 1 期；张明楷：《事后抢劫的共犯》，载《政法论坛》2008 年第 1 期；冯辉：《转化型抢劫的特点及认定》，载《重庆工商大学学报（西部论坛）》2008 年第 S1 期；李希慧、徐光华：《论转化型抢劫罪的主体——以已满 14 周岁不满 16 周岁的人为视角》，载《法学杂志》2009 年第 6 期；姚万勤：《论事后抢劫罪未遂形态》，载《中国刑事法杂志》2011 年第 9 期；郑泽善：《转化型抢劫罪新探》，载《当代法学》2013 年第 2 期；张明楷：《事后抢劫罪的成立条件》，载《法学家》2013 年第 5 期；娄永涛：《事后抢劫罪的未遂研究——兼及对“着手是实行行为的开始”的修正》，载《政治与法律》2014 年第 1 期；顾文达：《事后抢劫的未遂形态》，载《北京政法职业学院学报》2016 年第 3 期；马荣春、张红梅：《论事后抢劫的三个关联问题》，载《中国人民公安大学学报（社会科学版）》2016 年第 3 期；张佳：《相对刑事责任年龄人转化型抢劫问题探析》，载《中国检察官》2016 年第 12 期；赵益奇：《转化型抢劫法律认定的逻辑顺序解构》，载《中国检察官》2018 年第 16 期。

细目录

Ⅰ　主旨
Ⅱ　沿革
Ⅲ　客体
Ⅳ　对象
Ⅴ　事后抢劫行为

Ⅵ 结果
Ⅶ 主体
Ⅷ 目的
Ⅸ 加重犯
Ⅹ 既遂与未遂
Ⅺ 共犯
Ⅻ 罪数
XIII 与非罪的界限
XIV 与他罪的区别
XV 处罚

Ⅰ 主旨

1 一般来说,普通抢劫是先采用暴力、胁迫等强制手段抑制被害人的反抗,尔后夺取其财物;转化的抢劫(或事后抢劫、转化型抢劫)则是先盗窃、诈骗或抢夺他人财物,紧接着实施暴力、胁迫行为,两者的顺序虽然有所不同,但从整体上观察,并无实质上的差异,因而,刑法明文规定对这种行为按抢劫罪定罪处罚,以加强对国家、集体和公民个人的财产所有权与人身权的保护。

Ⅱ 沿革

2 1979年《刑法》第153条规定:"犯盗窃、诈骗、抢夺罪,为窝藏赃物、抗拒逮捕或者毁灭罪证而当场使用暴力或者以暴力相威胁的,依照本法第一百五十条抢劫罪处罚。"这一条文对事后抢劫罪的构成特征及处罚原则作了明确规定。其不足之处在于:"抗拒逮捕"中的"逮捕",容易使人误认为仅限于公安机关的逮捕,而把一般公民的抓捕、扭送排除在外;另外,"依照本法第一百五十条抢劫罪处罚",容易使人误解为仅指依照抢劫罪的法定刑处罚,定罪仍然定为盗窃罪、诈骗罪或抢夺罪。

3 现行《刑法》第269条基本上继承了1979年《刑法》第153条的规定,但同时针对上述缺陷作了两处修改:一是将原来的"抗拒逮捕"改为"抗拒抓捕",从字面上即可看出不限于公安机关的逮捕,并且主要是指一般公民的抓捕;二是把原来的"依照本法第一百五十条抢劫罪处罚"改为"依照本法第二百六十三条的规定定罪处罚",明确了既要定抢劫罪,又要按该罪的法定刑处罚,从而避免了不必要的争论和误解。

4 顺便指出,在《刑法》修订过程中,关于事后抢劫罪的前置行为和主观目的等的表述多有变化和反复。一些学者和部门提出,不应要求盗窃、抢夺等构成犯罪,才能转化为抢劫,因为盗窃、抢夺达不到数额较大,而实施了上述行为的,同数额较大而实施上述行为的性质相同,可将"罪"改为"行为"。另有部门和学者提出,实践中未见到诈骗转化为抢劫的案例,从理论上分析这种转化的可能性也不大,因而有必要删除法条中的“诈骗”这种犯罪类型。[1]

Ⅲ 客体

事后抢劫侵犯的客体同普通抢劫一样,也是公私财产所有权和公民人身权利。有所不同的是,事后抢劫是先侵犯财产所有权后侵犯人身权,而普通抢劫则是先侵犯人身权后侵犯财产所有权。这是由侵犯人身的暴力、胁迫行为与侵犯财产权的取得他人财物的行为实施的先后顺序不同所决定的。 5

Ⅳ 对象

事后抢劫的对象与普通抢劫相同,即主要是以他人财物为侵害对象,同时其暴力、胁迫行为又以相关的人为对象。与普通抢劫有所不同的是,普通抢劫的暴力、胁迫一般是针对财物的所有人或占有人实施的,而事后抢劫的暴力、胁迫则往往是针对妨碍其逃离(或逃避追究)的人实施的,既可能是针对财物的所有者或占有者,也可能是针对毫无关系的第三人。 6

Ⅴ 事后抢劫行为

事后抢劫行为由两部分组成,即先行实施的盗窃、诈骗或抢夺行为与后行的暴力或以暴力相威胁的行为,二者缺一则不属于事后抢劫。 7

一般来说,为了把某种行为评价为事后抢劫罪,先行实施的盗窃等行为与暴力、胁迫之间还必须具有紧密联系。之所以这样要求,是因为事后抢劫与普通抢劫属于同一性质的犯罪,必须能够将行为人实施的暴力、胁迫评价为夺取财物的手段,而要做到这一点,就要求暴力、胁迫是在先行的盗窃等行为之后,或者放弃盗窃等犯意后很短的时间内实施的,使得在社会观念上(不是在刑法上)认为盗窃等行为还没有终了。也只有在这种状态下实施暴力、胁迫行为,才能被视为与普通抢劫罪具有相同性质的事后抢劫。另外,两者之间的联系通常是由实施两种行为的场所、时间距离的远近所决定的。如果在相隔很远的时间和场所实施暴力、胁迫行为,则不属于事后抢劫。 8

从《刑法》第 269 条的规定可以看出,事后抢劫的前行为必须是“犯盗窃、诈骗、抢夺罪”,后行为(暴力、以暴力威胁)必须是“当场”实施的。但由于我国刑法规定,盗窃、诈骗、抢夺公私财物,一般只有达到“数额较大”的标准,才构成相应的犯罪。那么,对作为事后抢劫罪成立前提条件的“犯盗窃、诈骗、抢夺罪”,是否也应该作严格解释,理解为盗窃、诈骗、抢夺财物数额较大构成犯罪的情形呢?一种观点认为,行为 9

1 参见高铭暄:《中华人民共和国刑法的孕育诞生和发展完善》,北京大学出版社 2012 年版,第 493 页。

人实施的盗窃、诈骗、抢夺行为必须达到“数额较大”构成犯罪的程度[2];另一种观点认为,不要求行为人的盗窃、诈骗、抢夺行为达到“数额较大”构成犯罪的程度,但也不能是数额很小的小偷小摸行为[3]。后一种观点是通说。最高人民法院《关于审理抢劫刑事案件适用法律若干问题的指导意见》也明确指出:“‘犯盗窃、诈骗、抢夺罪’,主要是指行为人已经着手实施盗窃、诈骗、抢夺行为,一般不考察盗窃、诈骗、抢夺行为是否既遂。但是所涉财物数额明显低于‘数额较大’的标准,又不具有《两抢意见》第五条所列五种情节之一的,不构成抢劫罪。”笔者认为,从严格的罪刑法定主义的立场而言,对刑法所规定的“犯盗窃、诈骗、抢夺罪”,只能理解为构成犯罪的情形。如果解释为只要有盗窃、诈骗、抢夺行为,就有可能构成事后抢劫罪,那就是一种不利于被告人的扩张解释,有违反罪刑法定原则的嫌疑。但是,作上述严格解释,又有不合理之处。因为普通抢劫罪的成立并无数额限制,而事后抢劫与普通抢劫只是在暴力、胁迫与取财的先后顺序上有差别,并无实质的不同,在成立犯罪的条件上也不应有差别。事实上,在德国、意大利等许多国家刑法中都明文规定,只要在“盗窃时”或“窃取物品后”当场或立即实施暴力、胁迫行为,就有可能构成事后抢劫罪,并非只有“犯盗窃罪时”或“盗窃犯罪后”才构成事后抢劫罪。由此可见,我国刑法将事后抢劫罪的前行为规定为“犯盗窃、诈骗、抢夺罪”存在缺陷,有必要修改。

10 与此相关并有待进一步研究的是,实施其他特殊类型的盗窃、诈骗、抢夺行为(如盗伐林木;盗窃广播电视设施;盗窃、抢夺军用物资;金融诈骗;合同诈骗),为窝藏赃物、抗拒抓捕或者毁灭罪证而当场使用暴力或以暴力相威胁,这能否转化为抢劫罪?有的学者持肯定态度,认为盗窃广播电视设施、公用电信设施、电力设备的行为,不影响其在 1997 年《刑法》第 269 条规定的条件下可以转化为抢劫罪。还有集资诈骗罪、贷款诈骗罪、票据诈骗罪、金融票证诈骗罪、信用证诈骗罪、信用卡诈骗罪、有价证券诈骗罪、保险诈骗罪和合同诈骗罪……这些特殊诈骗罪和普通诈骗罪一样,在具备《刑法》第 269 条规定的法定条件的情况下,都可转化为抢劫罪。[4] 但是,如前所述,从严格的罪刑法定主义的立场而言,我国《刑法》第 269 条规定的“犯盗窃、诈骗、抢夺罪”,自然只限于侵犯财产罪一章所规定的普通盗窃、诈骗、抢夺罪,因为对于其他特殊类型的盗窃、诈骗、抢夺,既然刑法规定了单独的罪名和法定刑,其就是有别于普通盗窃、诈骗、抢夺的犯罪,在刑法没有明文规定的条件下,认为实施这类行为也可能转化为抢劫罪,同样有违反罪刑法定主义的嫌疑。不过,也应当看到,金融诈骗,合同诈骗,盗窃广播电视等设施,盗窃、抢夺军用物资,都是比普通盗窃、诈骗、抢夺有更大的社会危害性的行为,认为实施这类行为后采用暴力、胁迫手段等不可能转化为抢

---

2 参见孙园琍、郑昌济:《刑法第一百五十三条的法理浅析》,载《法学评论》1983 年第 2 期。

3 参见陈兴良、曲新久:《案例刑法教程》(下卷),中国政法大学出版社 1994 年版,第 278 页。

4 参见肖中华:《论抢劫罪适用中的几个问题》,载《法律科学》1998 年第 5 期。

劫,这似乎不太合情理。况且,过去刑法未单独规定金融诈骗、合同诈骗时,这类诈骗犯罪都是被包容在一个统一的诈骗罪中的,实施这类诈骗行为后,为抗拒抓捕等而当场使用暴力或以暴力相威胁,也构成事后抢劫罪。现在由于刑法对这类诈骗单独规定了罪名,反而不能转化为抢劫了,这明显缺乏合理性。为了更好地解决这一问题,有必要在相应条款中规定实施这类特殊的盗窃、诈骗、抢夺行为后,为窝藏赃物、抗拒抓捕或毁灭罪证而当场使用暴力或者以暴力相威胁的,适用有关抢劫的处罚规定。但是,在刑法尚未作这样的修改完善的情况下,从刑事司法的必要性与合理性的立场出发,对上述《刑法》条文中的"犯盗窃、诈骗、抢夺罪"作适当的扩大解释,将实施上述特殊类型的盗窃、诈骗、抢夺犯罪的情形也纳入其中,认定为可能构成事后抢劫罪,无疑是必要的。

应当指出,我国刑法规定的事后抢劫成立条件中的"当场",在司法实践中往往难 11
以认定。对"当场"的理解,刑法理论和司法实践中有几种不同观点。第一种观点认为,"当场"就是实施盗窃、诈骗、抢夺犯罪的现场。[5] 第二观点认为,"当场"是指与窝藏赃物、抗拒抓捕、毁灭罪证有关的地方。从时间上看,可以是盗窃等行为实施时或刚实施完不久,也可以是数天后;从地点上看,可以是盗窃等的犯罪地,也可以是离开盗窃等犯罪地的途中,还可以是行为人的住所等地。[6] 第三种观点认为,"当场"一是指实施盗窃等犯罪的现场;二是指以犯罪现场为中心与犯罪分子活动有关的一定空间范围,此外只要犯罪分子尚未摆脱监视者力所能及的范围,都属于"当场"。如盗窃存折、支票,当场的范围应从盗窃的时间、场所扩大到兑换货币或提取货物的时间和场所。[7] 第四种观点认为,"当场"是指实施盗窃、诈骗、抢夺罪的现场,或者刚一逃离现场即被人发现和追捕的过程中,可以视为现场的延伸。[8] 这是我国刑法理论界的通说。最高人民法院《关于审理抢劫刑事案件适用法律若干问题的指导意见》也明确指出:"'当场'是指在盗窃、诈骗、抢夺的现场以及行为人刚离开现场即被他人发现并抓捕的情形。"笔者也赞成这种观点。其他三种观点要么是对"当场"的范围限制得过窄(如将"当场"理解为犯罪现场),要么是把"当场"的范围划得太宽(如延长到作案后数天,或远离现场的兑换、提货场所等),忽视了"当场"在时间、场所上应有的密接性和认定过程中必须贯彻的灵活性。通说的观点则避免了这两方面的缺陷,因而具有较大的可取性。

另外,作为事后抢劫手段的暴力、胁迫是否必须达到一定程度?这也是理论上有 12
争论的问题。如前所述,在德国、日本等国,对作为普通抢劫罪的手段的暴力、胁

---

5 参见赵秉志主编:《侵犯财产罪疑难问题司法对策》,吉林人民出版社 2000 年版,第 98 页。

6 参见赵秉志:《侵犯财产罪》,中国人民公安大学出版社 1999 年版,第 118 页。

7 参见赵秉志主编:《侵犯财产罪研究》,中国法制出版社 1998 年版,第 129 页。

8 参见高铭暄主编:《新中国刑法学》(下册),中国人民大学出版社 1998 年版,第 768 页。

迫,一般认为应该达到足以抑制对方反抗的程度。那么,事后抢劫的暴力、胁迫行为是否也必须达到这种程度呢？学者们大多认为,事后抢劫同普通抢劫有相同程度的危险性和反社会性,尽管暴力、胁迫与夺取财物的时间先后顺序有所不同,但罪质相同,因此,暴力、胁迫的程度也应相同。但是,也有学者认为,事后抢劫大多是在已经取得财物时实施暴力、胁迫行为,往往采用比普通抢劫轻的暴力、胁迫手段,就能达到目的,因而,事后抢劫的暴力、胁迫程度可以轻于普通抢劫罪。[9] 可是,在现实生活中,行为人如果已被人发现而被抓捕时,为了逃走总会实施一定的暴力行为,如果不论暴力程度轻重,一概以事后抢劫论罪,特别是在出现致人伤害的后果时,更要按法定刑很重的抢劫伤人罪定罪处罚,这就势必造成处罚过苛的不良后果。正因为如此,日本近来的判例对本罪的暴力程度有从严掌握的倾向。[10] 我国刑法理论上的通说也认为,事后抢劫中的"使用暴力或者以暴力相威胁",是指犯罪分子对抓捕他的人实施足以危及身体健康或者生命安全的行为,或者以将要实施这种行为相威胁。暴力、威胁的程度,应当以抓捕人不敢或者不能抓捕为条件。如果没有伤害的意图,只是为了摆脱抓捕,而推推撞撞,可以不认为是使用暴力。[11]

Ⅵ　结果

13　事后抢劫的结果也与普通抢劫相同,即夺取财物的行为结果是造成他人财产损害,暴力、胁迫行为的结果是对他人人身造成损害,但法定的结果是财产损害而不是人身损害。行为人已经取得财物因而给他人造成损害的,因为法定的结果已经发生,自然应以既遂论。因此,是否对他人人身造成损害,或者说他人人身受伤害的后果是否已发生,对事后抢劫的既遂、未遂不产生影响。

Ⅶ　主体

14　对事后抢劫罪的主体范围,各国刑法的规定不一。日本、意大利、奥地利、韩国、泰国等绝大多数国家只限于盗窃行为人,而我国刑法规定,除此之外还包括诈骗、抢夺行为人。

15　在我国第一部《刑法》的起草过程中,曾有草案(如1957年的草案)规定,"犯偷窃、抢夺罪"者,才可能构成转化型抢劫(事后抢劫)。当时之所以没有规定诈骗罪的转化问题,是因为考虑到诈骗罪是骗取他人的信任而获得财物,转化为抢劫罪的可能

9　参见〔日〕大塚仁等编:《刑法解释大全》(第9卷),青林书院1988年版,第360页。

10　参见〔日〕前田雅英:《刑法各论讲义》(第2版),东京大学出版会1995年版,第232页。

11　参见马克昌、杨春洗、吕继贵主编:《刑法学全书》,上海科学技术文献出版社1993年版,第345页。

性不大；后来又想到不能完全排除先行诈骗、尔后向抢劫转化的情况，因而增加了诈骗罪。[12] 在我国现行《刑法》的修订过程中，也曾有多个修订草案将诈骗排除在转化抢劫的范围之外。如1996年10月、1996年12月和1997年2月全国人大常委会法制工作委员会的修订草案，都未将诈骗纳入有关转化抢劫的条文中。[13] 从各国刑法的规定和我国的立法情况来看，诈骗能否转化为抢劫或有无必要将其纳入事后抢劫的范畴，还有待进一步研究。

根据我国《刑法》第17条的规定，已满14周岁不满16周岁的人，可以成为抢劫罪的主体。由于《刑法》第269条规定，对事后抢劫要按抢劫罪定罪处罚，据此，似乎可以认为已满14周岁不满16周岁的人，能够成为事后抢劫的主体。但是，《刑法》第269条规定，事后抢劫成立的前提条件是"犯盗窃、诈骗、抢夺罪"，而上述未成年人不能构成这三种罪，由此而论，也就不可能成为事后抢劫的主体。2006年1月11日发布的最高人民法院《关于审理未成年人刑事案件具体应用法律若干问题的解释》第10条第1款明确指出："已满十四周岁不满十六周岁的人盗窃、诈骗、抢夺他人财物，为窝藏赃物、抗拒抓捕或者毁灭罪证，当场使用暴力，故意伤害致人重伤或者死亡，或者故意杀人的，应当分别以故意伤害罪或者故意杀人罪定罪处罚。"因此，只有年满16周岁的人才可成为转化抢劫的主体。 16

Ⅷ 目的

事后抢劫罪属于目的犯，行为人在实施了盗窃等行为后，除了要故意实施暴力或以暴力相威胁的行为外，还要求实施这种行为时必须是出于特定目的。至于特定目的的内容，各国刑法的规定并不一致。根据日本刑法的规定，实施暴力、胁迫行为必须是出于三种目的之一，即保护赃物的目的、免受逮捕的目的、湮灭罪证的目的；但意大利、巴西刑法规定必须是为了保护赃物或者逃避逮捕；而德国、奥地利刑法规定只能是为了保护赃物。我国刑法的规定与日本相似，即必须具有窝藏赃物、抗拒抓捕或毁灭罪证三种目的之一。 17

所谓"窝藏赃物"，实际上是指行为人把已经非法盗得、骗得、夺得的财物即赃物藏起来，不让被害人或其他制止、追捕者夺回去，而不是指作案得逞后把赃物放在自己或他人家里隐藏起来。[14] 18

所谓"抗拒抓捕"，是指行为人在"犯盗窃、诈骗、抢夺罪"后，当场被受害人或者 19

---

12 参见高铭暄：《中华人民共和国刑法的孕育诞生和发展完善》，北京大学出版社2012年版，第130页。

13 参见赵秉志主编：《新刑法全书》，中国人民公安大学出版社1997年版，第1754页、第1780页、第1811页。

14 参见高铭暄：《中华人民共和国刑法的孕育诞生和发展完善》，北京大学出版社2012年版，第130页。

其他在场人发现时,为免被抓捕归案,而予以抗拒。"抗拒抓捕"是对 1979 年《刑法》第 153 条"抗拒逮捕"修改而成。由于过去对该条中的"抗拒逮捕"理解不一,有的认为"抗拒逮捕"中的逮捕,仅限于或主要是指经人民检察院批准或由人民法院决定并由公安机关执行的逮捕;有的认为对"逮捕"应作广义理解,不能仅限于依法批准执行的逮捕,还包括公安人员和广大群众抓捕扭送盗窃、诈骗、抢夺犯的行为。这种认识不一导致对案件的定性和处理出现分歧,正是为了避免出现这样的现象,也是为了保证立法用语的准确性和科学性,现行《刑法》作了上述修改。[15]

20 所谓"毁灭罪证",是指销毁或消灭行为人犯盗窃、诈骗、抢夺罪的痕迹或者人证、物证、书证等,以掩盖其罪行。例如,行为人入户盗窃时,被回家的主人碰见,行为人慌忙逃跑,但发现自己装有身份证的小包掉在了现场,又立刻返回,将户主打昏强行将包夺走。这也属于为"毁灭罪证"而实施暴力行为的情形。

21 事后抢劫的目的决定了行为人实施的暴力或以暴力相威胁的行为,同普通抢劫罪中的暴力、胁迫行为的性质和作用有所不同。后者是用来排除被害人反抗,为夺取财物创造条件的行为,因此,是手段行为;而前者是取得财物后,为了窝赃、拒捕或毁证而实施的,不是夺取财物的手段行为,而是实现其他目的的行为。因此,如果行为人正在盗窃时,被物主发现,为了取得财物,对物主实施暴力或以暴力相威胁的,则不属于事后抢劫,而是普通抢劫。在日本刑法理论界,许多学者把这种抢劫称之为"突变抢劫",视为一种独立的抢劫罪的类型,并认为这种"突变抢劫"与事后抢劫极为相似,两者都是在盗窃财物后,进一步实施了暴力、胁迫行为,主要差别是主观目的有所不同,前者实施暴力、胁迫行为一般是为了进一步夺取财物,后者则是为了防止财物被夺回或为了免受逮捕、湮灭罪证。但是,在日本刑法中,对"突变抢劫"并没有作明文规定,学者们给它所下的定义又各不相同,其范围有大有小,无法准确界定。因而,有学者提出,"突变抢劫"的概念应该废除,不要把它作为一种独立的抢劫罪的类型看待。[16]

Ⅸ　加重犯

22 根据《刑法》第 269 条的规定,对事后抢劫应该按《刑法》第 263 条抢劫罪的规定定罪处罚,由于第 263 条有两个法定刑幅度,即对普通犯与加重犯要按不同的法定刑处罚,并且该条明文规定了若干种适用加重法定刑的情节。那么,事后抢劫也就因而有了普通犯与加重犯之分,凡具备第 263 条所规定的加重情节的,也就构成事后抢劫的加重犯。2016 年 1 月 6 日发布的最高人民法院《关于审理抢劫刑事案件适用法律若干问题的指导意见》指出:"入户或者在公共交通工具上盗窃、诈骗、抢夺后,为了窝藏赃物、抗拒抓捕或者毁灭罪证,在户内或者公共交通工具上当场使用暴力或者以暴

---

15 参见赵秉志:《侵犯财产罪》,中国人民公安大学出版社 1999 年版,第 121—122 页。

16 参见〔日〕香川达夫:《强盗罪的再构成》,成文堂 1992 年版,第 92—93 页。

力相威胁的,构成'入户抢劫'或者'在公共交通工具上抢劫'。"基于同样的理由,盗窃、抢夺银行或者其他金融机构的经营资金、有价证券和客户的资金等,因被人发现而当场使用暴力或者以暴力相威胁的,应当认定为"抢劫银行或者其他金融机构";实施事后抢劫并有多次作案、取得的财物数额巨大或者致人重伤、死亡的情节的,应分别认定为"多次抢劫""抢劫数额巨大"或"抢劫致人重伤、死亡";实施事后抢劫过程中,行为人有冒充军警人员、持枪作案或者侵害对象是军用物资或抢险、救灾、救济物资等情节的,则应分别认定为"冒充军警人员抢劫""持枪抢劫"或者"抢劫军用物资或者抢险、救灾、救济物资"。

值得研究的是,入户盗窃被发现后,在被追捕的途中(离开了作案现场后)使用暴力或者以使用暴力相威胁的,能否认定为"入户抢劫"?在公共交通工具上盗窃被人发现后,在被追捕途中(离开了交通工具后)使用暴力或者以使用暴力相威胁的,能否认定为"在公共交通工具上抢劫"?2005年6月8日发布的最高人民法院《关于审理抢劫、抢夺刑事案件适用法律若干问题的意见》明确指出:"入户实施盗窃被发现,行为人为窝藏赃物、抗拒抓捕或者毁灭罪证而当场使用暴力或者以暴力相威胁的,如果暴力或者暴力胁迫行为发生在户内,可以认定为'入户抢劫';如果发生在户外,不能认定为'入户抢劫'。"由此推论,在公共交通工具上盗窃被发现,在公共交通工具外实施暴力或者以暴力相威胁的,同样不能认定为"在公共交通工具上抢劫"。在笔者看来,这是因为事后抢劫实行行为的起点是使用暴力或胁迫时,此前的盗窃等行为并非事后抢劫的实行行为,由此而论,上述前一种情形是入户盗窃、出户后才实行抢劫,后一种情形则是在公共交通工具上盗窃、离开交通工具后才实行抢劫,并不符合"入户抢劫"或"在公共交通工具上抢劫"的特征。 23

X 既遂与未遂

我国刑法学者一般认为,事后抢劫罪既然要按《刑法》第263条所规定的一般抢劫罪定罪处罚,那么,其既遂、未遂的标准也应该与一般抢劫罪相同,因此,我国的刑法学论著,大多未将其作为特殊问题提出来作专门研究。但是,日本刑法理论界对这一问题有比较深入的研究,可以供我们参考。日本学者大致提出了以下几种主张:第一种主张是,事后抢劫罪[17]只有在盗窃既遂的场合才能成立,其既遂、未遂的标准,应该根据盗窃行为人采用暴力、胁迫手段是否达到防止所窃财物被他人夺回的目的而定,如果财物未被他人夺回(目的已达到),那就是既遂;如果已被夺回(目的未达到),则是未遂。第二种主张是,以暴力、胁迫行为本身作为认定既遂、未遂的标准,只要盗窃行为人基于刑法规定的三种目的而实施了暴力、胁迫行为,即使是盗窃未遂,事后抢劫罪也是既遂;只有着手实行暴力、胁迫而未遂者,才能视为事后抢劫未 24

17 日本的事后强盗(或事后抢劫)即为我国的转化型抢劫。

遂。第三种主张是,以盗窃行为是既遂还是未遂作为认定事后抢劫罪既遂、未遂的标准,即盗窃既遂事后抢劫也为既遂,盗窃未遂则事后抢劫也是未遂。这是日本刑法理论上的通说,也是日本法院的判例所采取的主张。第四种主张是,以最终是否取得财物作为判断事后抢劫罪既遂、未遂的标准,即便是盗窃既遂,如果采用暴力、胁迫手段没有达到目的,财物还是被他人夺回,这仍然属于事后抢劫未遂;如果盗窃未遂,为免受逮捕、湮灭罪迹而实施暴力、胁迫行为,尽管达到了这样的目的,但由于没取得财物,自然只能是事后抢劫未遂。[18]

25　在笔者看来,以上第一种主张认为只有盗窃既遂者才可能构成事后抢劫罪,这不符合事实。因为盗窃未遂者虽然不可能出现为防止所盗财物被夺回而采用暴力、胁迫的问题,但为免受逮捕、湮灭罪迹而实施暴力、胁迫行为,则完全有可能发生,当然也可能构成事后抢劫罪;况且,事后抢劫罪是一种目的犯,防止所盗财物被夺回的目的是否达到,并不影响既遂、未遂的认定。第二种主张以侵犯人身的暴力、胁迫行为本身的既遂、未遂作为事后抢劫罪既遂、未遂的认定标准,显然是忽视了事后抢劫罪的本质是以取得财物为内容的贪利犯,它同以生命、身体作为保护重点的抢劫致死伤罪有重要差别,如果不把财物取得与否作为既遂、未遂的认定标准,反而注重侵犯人身的方面,这不免有本末倒置的嫌疑;再说,按第二种主张,只要基于刑法规定的三种目的实施了暴力、胁迫行为就成立事后抢劫罪的既遂,那么,本罪的未遂事实上就不可能有存在的余地,但根据《日本刑法典》第 243 条的规定,本罪的未遂是有可能出现的。第三种主张以盗窃的既遂、未遂作为认定事后抢劫既遂、未遂的标准,但按通说的解释,事后抢劫罪是身份犯,暴力、胁迫行为是实行行为,未遂、既遂都只能发生在实行着手之后,以实行行为前的盗窃行为的既遂、未遂作为本罪既遂、未遂的认定根据,在理论上是难以自圆其说的;况且,盗窃既遂之后,如果当场被所有者发现,尽管行为人为防止财物被夺回而实施了暴力行为,但还是被夺走了财物,在这种场合,若按事后抢劫既遂论罪,也不太妥当。因为在普通抢劫的场合,采用暴力手段而未得到财物,或当场被物主夺回了财物,一般只能算是抢劫未遂;事后抢劫的危害性和危险性不至于超过普通抢劫罪,把普通抢劫当未遂处罚的情形,在事后抢劫罪中按既遂处理,显然也有失公允。第四种主张则不存在这样的弊病,以暴力、胁迫行为之后,最终是否得到了财物作为既遂、未遂的划分标准,这一方面不违反既遂、未遂只能发生在实行行为之后的理论,另一方面注重了事后抢劫的保护法益,同时,也能与认定普通抢劫罪既遂、未遂的标准相协调。

XI　共犯

26　事后抢劫的特点是行为人先犯盗窃、诈骗、抢夺罪,后为窝藏赃物、抗拒抓捕或者

18　参见〔日〕曾根威彦:《刑法的重要问题(各论)》,成文堂 1995 年版,第 172—174 页。

毁灭罪证而当场使用暴力或者以暴力相威胁,那么,先行为人盗窃、诈骗、抢夺他人财物后,在逃跑的过程中,后行为人在明知事实真相的情况下,为了帮助其逃脱,对追捕者实施暴力,是否构成事后抢劫的共犯?在笔者看来,由于先行为人事先并无抢劫的故意,只要他并没有要求后行为人对追捕者实施暴力帮助其逃跑,就不能因为后行为人的行为使其行为的性质转化为抢劫罪,否则,就违反了罪责自负的原则。至于对后行为人的暴力行为,由于其并非先行为人行为的一部分,不能以"承继的共犯"论处,应该单独评价,只有可能构成故意伤害罪等侵害人身罪,不能以事后抢劫论处。

但是,如果先行为人要求后行人提供上述帮助,后行为人在明知事实真相并与先行为人有意思联络时,对追捕者当场使用暴力或者以暴力相威胁,双方能否构成"承继的共犯"?对此,日本学者有比较细致的研究,可以供我们参考。其中,一种观点认为,事后抢劫罪是真正身份犯,并且从《日本刑法典》第 65 条第 1 项的立法精神而言,真正身份犯中非身份者事实上也可能实行犯罪,该条项中的"加功"就包含真正身份犯的共同正犯,因此,不具有盗窃行为人这种身份者,也能成为事后抢劫罪的共同正犯。日本曾有地方法院的判例采取这种主张。另一种观点认为,事后抢劫罪是不真正身份犯,上述情形自然也能成立共犯,但按《日本刑法典》第 65 条第 2 项的规定,应该依照暴行罪或胁迫罪的法定刑处罚(在致被害人伤害或死亡时,按伤害罪或伤害致死罪的法定刑处罚)。还有一种观点认为,事后抢劫罪不是身份犯,而是一种结合犯,非盗窃行为人与盗窃行为人之间可能构成承继的共同正犯。其中,认为构成承继的共同正犯,并且采取行为共同说的立场者认为,由于后行为者的行为引起伤害结果发生时,成立事后抢劫罪与伤害罪的共同正犯。[19] 27

在笔者看来,按照日本的上述身份犯说,"盗窃"并非事后抢劫罪的实行行为,由于是根据窃取的有无来决定本罪的既遂、未遂,承继的共同正犯也就不可能成立。不过,如果以最终是否得到财物来确定本罪的既遂、未遂,站在身份犯说的立场,承继的共同正犯仍有可能成立。因为盗窃行为人即便是窃取到了财物,也还没有进入事后抢劫罪的既遂状态,非身份者(非盗窃行为人)也还可以承继身份者使财物不被他人夺回,以达到本罪的既遂状态。但是,按照我国的共同犯罪理论,只要双方有共同故意并实施了共同的行为,不论实施的是实行行为还是教唆、帮助行为,也不管是参与实施了实行行为的全部,还是只实施了其中的一部分,都可能成立共同犯罪。在上述情况下,既然先行为人与后行为人有意思联络即有共同故意,二人又分别实施了事后抢劫行为的一部分,因而应作为一个整体的行为来评价,认定为事后抢劫的共犯成立。 28

两人以上共同实施盗窃、诈骗、抢夺犯罪,其中部分行为人为窝藏赃物、抗拒抓捕或者毁灭罪证而当场使用暴力或者以暴力相威胁的,对于其他行为人是否以抢劫罪共犯论处?2016 年最高人民法院《关于审理抢劫刑事案件适用法律若干问题的指导 29

---

19 参见〔日〕曾根威彦:《刑法的重要问题(各论)》,成文堂 1995 年版,第 174—175 页。

意见》明确指出:“主要看其对实施暴力或者以暴力相威胁的行为人是否形成共同犯意、提供帮助。基于一定意思联络,对实施暴力或者以暴力相威胁的行为人提供帮助或实际成为帮凶的,可以抢劫共犯论处。”

30 另外,在司法实践中还经常发生这样的案件:甲乙双方共谋入室盗窃,甲在门外望风,乙入室后发现室内有人,并被主人抓住了胳膊,乙为了挣脱便用随身携带的小刀将对方刺成重伤后逃离。乙构成事后抢劫并要按致人重伤处刑,这自然没有问题。但甲能否与乙构成事后抢劫的共犯,则要作进一步的研究。如果双方对此事先有商议,并带了备用的小刀,那么,乙的行为就并未超出事先预谋的范围,甲也就构成事后抢劫的共犯。反过来,如果双方事先并未商议当遇到有人在室内时应采取何种措施,或者事先商议只谋财而不害命也不伤人,那么,乙的行为显然是超过了共谋的范围,是一种过限行为,在门外望风的甲也就不应对乙的过限行为负刑事责任,也就是说甲只构成盗窃罪,乙构成抢劫罪。

Ⅻ 罪数

31 行为人先犯盗窃、诈骗、抢夺罪,后为窝藏赃物、抗拒抓捕或者毁灭罪证而当场使用暴力或者以暴力相威胁的,先后行为虽然是两个,但并非构成两罪,即不能定盗窃罪、诈骗罪或抢夺罪,另外再定抢劫罪或故意伤害罪、故意杀人罪,根据《刑法》第269条的规定,只能定事后抢劫罪一罪。至于具体理由,有日本学者认为,盗窃等罪被事后抢劫罪吸收,这是不能另外再定罪的根本理由。[20] 但是,在笔者看来,由于先行为与后行为之间有内在的联系,都是事后抢劫行为的有机组成部分,无论是缺少哪一方面,事后抢劫罪均不可能成立,因此,不存在后行为吸收前行为或者前行为吸收后行为的问题。

32 行为人基于盗窃财物的目的,窃取他人数额较大财物后,当场被物主发现,行为人又出于抢劫的目的,当场采用暴力手段,强迫物主交出大量财物的,属于由盗窃突变为典型抢劫的情形。前一个盗窃行为本身就构成盗窃罪,后一个行为又构成了典型的抢劫罪,从理论上而言,似乎应该数罪并罚。不过,在司法实践中,一般是按抢劫罪一罪定罪处罚。笔者认为,考虑到侵害对象同一,并且是在同一时间发生的,盗窃罪与抢劫罪又同属于侵犯财产的犯罪,可以采用重罪吸收轻罪的原则,按抢劫罪一罪处罚,把盗窃作为量刑时考虑的情节。但盗窃财物的数额不宜计算到抢劫数额中,否则,就有可能出现处罚过重的不合理现象。

33 另外,行为人先非法侵入他人住宅,因室内无人而产生盗窃的犯意,搜寻到大量财物正准备离开时,被回家的主人发现,行为人为窝藏赃物、抗拒抓捕或者毁灭罪证而当场使用暴力或者以暴力相威胁,这就可能存在既触犯非法侵入住宅罪的罪名,又

---

20 参见〔日〕大塚仁:《刑法概说(各论)》,有斐阁1992年版,第219页。

构成事后抢劫罪的问题。一般认为,这属于牵连犯的情形,虽然属于实质的数罪,但只按其中的一个重罪处罚,通常是按“入户抢劫”这种抢劫罪的加重犯处罚。

XIII　与非罪的界限

事后抢劫行为并非一经实施,就一律构成犯罪,如行为人盗窃财物数额较小,为抗拒抓捕所采用的暴力威胁手段也很一般,就属于《刑法》第 13 条所规定的“情节显著轻微危害不大”的情形,不能以犯罪论处。对此,1988 年最高人民法院、最高人民检察院作出的《关于如何适用刑法第一百五十三条的批复》曾明确指出,被告人实施盗窃、诈骗、抢夺行为,未达到“数额较大”的标准,“如果使用暴力或者以暴力相威胁情节不严重、危害不大的,不认为是犯罪”。2005 年 6 月 8 日发布的最高人民法院《关于审理抢劫、抢夺刑事案件适用法律若干问题的意见》又进一步指出,行为人实施盗窃、诈骗、抢夺行为,未达到“数额较大”,为窝藏赃物、抗拒抓捕或者毁灭罪证当场使用暴力或者以暴力相威胁,情节较轻、危害不大的,一般不以犯罪论处;但具有下列情节之一的,可依照《刑法》第 269 条的规定,以抢劫罪定罪处罚:①盗窃、诈骗、抢夺接近“数额较大”标准的;②入户或在公共交通工具上盗窃、诈骗、抢夺后在户外或交通工具外实施上述行为的;③使用暴力致人轻微伤以上后果的;④使用凶器或以凶器相威胁的;⑤具有其他严重情节的。2016 年 1 月最高人民法院《关于审理抢劫刑事案件适用法律若干问题的指导意见》还明确指出:“对于以摆脱的方式逃脱抓捕,暴力强度较小,未造成轻伤以上后果的,可不认定为‘使用暴力’,不以抢劫罪论处。” 34

XIV　与他罪的区别

在司法实践中,经常发生行为人盗窃、诈骗、抢夺财物数额较大,为窝藏赃物、抗拒抓捕或者毁灭罪证,而当场采用非常轻微的暴力和很一般的威胁性言词的案件。对这类案件,笔者主张不定事后抢劫罪,而应该定盗窃罪、诈骗罪或抢夺罪。因为,事后抢劫罪是由盗窃、诈骗、抢夺转化而成的,除主观方面的目的之外,转化的实质条件是行为人当场使用的暴力或者以暴力相威胁,具有侵害人身的性质,在社会危害性程度上与典型抢劫相当,因而以抢劫罪论处。如果行为人采用的暴力很轻微(如只是一般的推拉以便逃离),或者只是很轻微的暴力威胁,那么,就不具有侵害人身的性质,不宜以抢劫罪论处,否则,就会出现轻罪重罚、罪刑不适应的现象。 35

反过来,行为人主观上意图盗窃、诈骗、抢夺财物数额很小,客观上也是如此,但为抗拒抓捕等目的,而当场使用较严重的暴力,甚至造成被害人重伤、死亡等严重后果的,对这类案件,是否应该以事后抢劫罪论处?笔者持否定态度。因为事后抢劫罪是一种财产罪,财产罪的本质是侵犯财产所有权,对财产所有权侵害程度的严重与否,是与财产价值数额的大小密不可分的。如果行为人主观上意图侵害的财物价值数额很小,客观上造成的后果也是如此,那就表明行为对财产所有权的侵害程度很 36

低,不宜以财产罪论处。即便行为人以暴力手段造成了被害人的死伤等严重后果,也不构成抢劫罪之类的财产罪,而只能以故意杀人罪、故意伤害(致死)罪等侵害人身的犯罪论处。

XV　处罚

37 根据本条的规定,对事后抢劫罪应依照《刑法》第 263 条(抢劫罪)的规定定罪处罚。由于《刑法》第 263 条为抢劫规定了两个幅度的法定刑,即对抢劫罪的基本犯(或普通犯)处 3 年以上 10 年以下有期徒刑,并处罚金;对抢劫罪的加重犯处 10 年以上有期徒刑、无期徒刑或者死刑,并处罚金或者没收财产,那么,事后抢劫罪也就因而有普通犯与加重犯之分。凡具备《刑法》第 263 条所规定的严重情节的,也就构成事后抢劫的加重犯,应按抢劫罪的加重犯的法定刑处罚;否则,就只能按抢劫罪的普通犯的法定刑处罚。

38 如前所述,入户盗窃因被人发现而当场使用暴力或者以暴力相威胁的,按最高人民法院《关于审理抢劫刑事案件适用法律若干问题的指导意见》的规定,应当认定为"入户抢劫";但要注意审查行为人"入户"的目的,如果是因访友办事等原因经户内人员允许入户后,临时起意实施盗窃、诈骗等犯罪而转化为抢劫的,不应认定为"入户抢劫"。基于同样的理由,在公共交通工具上盗窃、诈骗、抢夺因被人发现而当场使用暴力或者以暴力相威胁的,应当认定为"在公共交通工具上抢劫";盗窃、抢夺银行或者其他金融机构的经营资金、有价证券和客户的资金等,因被人发现而当场使用暴力或者以暴力相威胁的,应当认定为"抢劫银行或者其他金融机构";事后抢劫并有多次作案、取得的财物数额巨大或者致人重伤、死亡的情节的,应分别认定为"多次抢劫""抢劫数额巨大"或"抢劫致人重伤、死亡";事后抢劫过程中,行为人有冒充军警人员、持枪作案或者侵害对象是军用物资或抢险、救灾、救济物资等情节的,则应分别认定为"冒充军警人员抢劫""持枪抢劫"或者"抢劫军用物资或抢险、救灾、救济物资"。

第二百七十条　侵占罪

将代为保管的他人财物非法占为己有，数额较大，拒不退还的，处二年以下有期徒刑、拘役或者罚金；数额巨大或者有其他严重情节的，处二年以上五年以下有期徒刑，并处罚金。

将他人的遗忘物或者埋藏物非法占为己有，数额较大，拒不交出的，依照前款的规定处罚。

本条罪，告诉的才处理。

文献:赵秉志主编:《侵犯财产罪疑难问题司法对策》,吉林人民出版社2000年版;刘志伟:《侵占犯罪的理论与司法适用》,中国检察出版社2000年版;刘明祥:《财产罪比较研究》,中国政法大学出版社2001年版;于世忠:《侵占罪研究》,吉林人民出版社2002年版;逄锦温、臧冬斌:《侵占犯罪的定罪与量刑》,人民法院出版社2002年版;马松建编著:《侵占罪专题整理》,中国人民公安大学出版社2007年版;刘明祥:《财产罪专论》,中国人民大学出版社2019年版。王作富:《略论侵占罪的几个问题》,载《法学杂志》1998年第1期;周少华:《侵占埋藏物犯罪的若干问题探析》,载《法律科学》1998年第3期;赵秉志、于志刚:《论侵占罪的犯罪对象》,载《政治与法律》1999年第2期;王光华、刘锁民:《论侵占罪的构成要件》,载《现代法学》1999年第4期;叶高峰:《侵占罪若干问题研究》,载《郑州大学学报》1999年第5期;夏朝晖:《论侵占罪的司法适用问题:兼评侵占罪的立法不足与完善》,载《中国刑事法杂志》1999年第5期;赵秉志、刘志伟:《各国侵占犯罪立法比较研究》,载《中国刑事法杂志》2000年第2期;于世忠:《拒不退还或拒不交出的含义探微》,载《当代法学》2000年第3期;黄祥青:《侵占罪若干适用问题探析》,载《法学评论》2000年第4期;刘明祥:《论侵占遗忘物、埋藏物》,载《国家检察官学院学报》2001年第1期;刘明祥:《论侵吞不法原因给付物》,载《法商研究》2001年第2期;陈立:《非法占有遗忘物行为问题新论》,载《法学杂志》2001年第4期;赵秉志、周加海:《侵占罪疑难实务问题》,载《现代法学》2001年第5期;郑丽萍:《侵占罪行为构成要件研究》,载《华东政法学院学报》2004年第3期;臧冬斌:《侵占罪中"拒不退还"的法律分析》,载《郑州大学学报(哲学社会科学版)》2005年第4期;魏东:《侵占罪犯罪对象要素之解析检讨》,载《中国刑事法杂志》2005年第5期;刘三木:《关于侵占罪客观行为方面几个争议问题的探讨》,载《法学评论》2005年第6期;陈灿平:《谈侵占罪中刑民交错的两个疑难问题》,载《法学》2008年第4期;童伟华:《日本刑法中"不法原因给付与侵占"述评》,载《环球法律评论》2009年第6期;刘明祥:《办理侵占罪案件应注意区分的几个问题》,载《人民检察》2009 年第 15 期;涂龙科:《论不当得利情形下侵占罪的成立》,载《河南师范大学学报(哲学社会科学版)》2010 年第 1 期;李强:《日本刑法中的"存款的占有":现状、借鉴与启示》,载《清华法学》2010 年第 4 期;顾文虎:《侵占罪司法适用若干疑难问题解析》,载《中国刑事法杂志》2010 年第 7 期;孟强:《物权法占有制度与侵占罪的认定》,载《法学》2011 年第 10 期;陈洪兵:《通说误读了侵占犯罪构成要件》,载《东北大学学报(社会科学版)》2014 年第 4 期;高国其:《论侵占罪中的占有与代为保管》,载《政治与法律》2014 年第 4 期;陈璇:《论侵占罪处罚漏洞之填补》,载《法商研究》2015 年第 1 期;马寅翔:《侵吞不法原因给付物的处理观念之辨正》,载《苏州大学学报(法学版)》2016 年第 4 期;王钢:《不法原因给付与侵占罪》,载《中外法学》2016 年第 4 期;马寅翔:《侵占罪保护法益的反思与修正》,载《苏州大学学报(法学版)》2019 年第 1 期;晋涛:《侵占罪:一个被误解已久的立法范例》,载《政治与法律》2020 年第 1 期;柏浪涛:《侵占罪的保护法益是返还请求权》,载《法学》2020 年第 7 期;陈少青:《侵占不法原因给付物的法律规制——以刑民评价冲突的消解为切入点》,载《法律科学》2021 年第 2 期。

细目录

Ⅰ　主旨
Ⅱ　沿革
Ⅲ　客体
Ⅳ　对象
一、普通侵占罪的对象
二、特殊侵占罪的对象
Ⅴ　侵占行为
一、侵占的含义
二、相关争议问题
Ⅵ　结果
Ⅶ　主体
Ⅷ　故意
Ⅸ　排除犯罪的事由
Ⅹ　既遂与未遂
Ⅺ　共犯
Ⅻ　罪数
XIII　与非罪的界限
XIV　与他罪的区别
一、与盗窃罪的区别
二、与诈骗罪的区别

XV 处罚

I 主旨

1 刑法规定侵占罪的目的在于保护他人的财产所有权。一般来说,财产所有权包括占有、使用、收益、处分四方面的权能。但由于侵占的对象通常是他人委托行为人占有的财物,占有对方财物本身是合法的,并不侵犯他人对财物的占有权,只是由于行为人不将财物归还给对方,使委托者从根本上丧失了财物,从而也破坏了双方之间的委托信任关系。所以,惩罚侵占罪不仅具有保护财产所有权的意义,而且有维护公民之间的委托信任关系的作用。

II 沿革

2 中华人民共和国成立后拟定的《刑法草案》第 22 稿、第 33 稿中曾规定了侵占公私财物罪,但却未被 1979 年《刑法》采纳,主要是由于当时的立法者考虑到,国家工作人员或受国家机关、企业、事业单位、人民团体委托从事公务的人员,利用职务上的便利侵占公共财物的,要按贪污罪论处,剩下的其他侵占公私财物行为数量一般比较有限,可以不作犯罪论处。[1]

3 改革开放之后,随着我国经济的高速发展,财产关系越来越复杂,侵占个人财产的现象越来越严重。由于 1979 年《刑法》只对国家工作人员利用职务上的便利侵占公共财产规定按贪污罪处罚,没有规定普通侵占罪,司法机关只好对少数情节严重有必要作为犯罪处罚的侵占行为,类推比照有关盗窃罪的规定处罚。例如,最高人民法院于 1990 年 2 月 2 日以判决确认过上海市高级人民法院报请核准的马某侵占他人财产案,类推比照 1979 年《刑法》关于盗窃罪的规定,以侵占他人财产罪的罪名定罪处罚。这种类推定罪的做法尽管可以用来处罚个别情节非常严重的侵占行为,但毕竟只是"头痛医头,脚痛医脚"的权宜之计。有鉴于此,1997 年《刑法》增设了侵占罪。

4 应当指出,在《刑法》的修订过程中,有关侵占罪的法条,较早的刑法修改草案基本上是立足于弥补贪污罪立法处理类似行为的不足而草拟的,有的草案甚至用侵占罪取代了贪污罪。1995 年 2 月 28 日通过了全国人大常委会《关于惩治违反公司法的犯罪的决定》,该决定将职务侵占行为予以犯罪化。自此之后的修改草案,侵占罪的法条就不再将原本属于职务侵占的行为包含其中。1996 年 8 月的《刑法(修改草案)》将侵占罪作为告诉才处理的犯罪予以规定,1996 年 10 月的《刑法(修改草案)》对侵占罪的成立增加了"拒不退还"的限制性规定。1997 年《刑法》第 270 条对原有

1 参见高铭暄:《中华人民共和国刑法的孕育诞生和发展完善》,北京大学出版社 2012 年版,第 33 页。

草案中的“将自己代为收管的他人财物非法占为己有”,修订为“将代为保管的他人财物非法占为己有”。[2]

Ⅲ　客体

5 侵占罪的客体是他人财产所有权。这里所说的“他人”,既包括个人,也包括法人或非法人组织。就法人或非法人组织的所有权性质而言,既可能是私人所有的,也可能是国家、集体所有的。在我国刑法理论界,有一种观点认为,本罪侵犯的客体仅仅是私人财产所有权,犯罪对象只能是私人财物。[3] 这种观点值得商榷。至于具体理由,留待下文阐述。

Ⅳ　对象

一、普通侵占罪的对象

(一)对“财物”的理解

6 一般来说,普通侵占罪的对象是自己占有的他人财物。首先,对作为侵占对象的“财物”,应当如何理解呢?关于这一问题,理论上的解释不一。其中,最有争议的问题是不动产、无体物、知识产品、财产性利益能否成为侵占罪的对象?笔者在此作一些介绍和评析。

1. 不动产能否成为侵占罪的对象?

7 如前所述,财物有动产与不动产之分。不动产是指在空间上具有固定位置、不能移动或者移动就会影响其经济价值的财物,如土地、森林、建筑物等。关于不动产能否成为侵占对象的问题,国外大致有两种立法例:一是明确将侵占罪的对象限定为动产(不包含不动产),如德国、瑞士、新加坡等国刑法就是如此;二是只将侵占罪的对象规定为“物”或“财物”,而未说明是否包括不动产,如日本、奥地利等国刑法就采取这种立法形式。不过,这些国家的判例和学说对其一般解释为包括不动产。[4] 我国刑法也同日本等国刑法一样,只规定本罪的对象为“财物”。我国刑法理论界的通说认为,这里的“财物”既可以是动产,也可以是不动产。[5]

8 笔者赞成通说的解释。不过,在我国,并非所有不动产都能成为侵占罪的对象。

2　参见高铭暄:《中华人民共和国刑法的孕育诞生和发展完善》,北京大学出版社 2012 年版,第 494—495 页。

3　参见高铭暄、马克昌主编:《刑法学》(下编),中国法制出版社 1999 年版,第 913 页。

4　参见〔日〕新保义隆:《刑法各论》,早稻田经营出版 1997 年版,第 222 页。

5　参见高铭暄主编:《新编中国刑法学》(下册),中国人民大学出版社 1998 年版,第 789 页。

例如,根据我国有关法律的规定,土地属于国家所有,个人只能取得土地的使用权,不可能取得所有权,既然如此,某人将自己代管的他人的土地长期占用而不归还,就只是一种恶意占用的行为,不是从根本上取得财物的行为,而侵占罪是一种取得所有权的犯罪,因此,土地不能成为侵占罪的对象。如果拒不归还他人委托自己管理的耕地并非法改作他用,严重违反了土地管理法规,造成耕地大量毁坏的,构成《刑法》第342条规定的非法占用耕地罪。但是,个人对承包种植的森林享有所有权,如果某人受他人委托代管其森林,而私下将森林转卖给他人,则可能构成侵占罪。房屋可以通过登记而取得所有权,把代管的他人房屋以自己的名义登记取得所有权,或者将房屋私自卖给他人取得金钱,都有可能构成侵占罪。总之,某种不动产能否成为侵占的对象,既要看它能否被委托给他人代管,又要看行为人是否可能取得其所有权,只有在两者同时具备时,才可能成为侵占的对象。

2. 无体物能否成为侵占罪的对象?

如前所述,财物还可以分为有体物与无体物。无体物是指看不见、摸不着,不具有有形的物体形态的物。可能成为财产罪侵害对象的无体物,主要包括电力、热能等无形的能源。至于这类无体物能否成为侵占罪的对象,各国刑法的规定不一。有少数国家的刑法明文规定,侵占某种无体物可以构成侵占罪。但是,多数国家的刑法对无体物能否成为侵占罪的对象并无明文规定,只能由判例和学说来作解释。例如,日本的判例和通说认为,作为侵占罪对象的财物并不限于有体物,还包含有管理可能性的无体物,如电力、煤气、人工冷气,等等。[6] 9

我国刑法如同日本等国刑法一样,对电力、热能等无体物能否成为侵占罪的对象并无明文规定。我国的通说认为,本罪的对象可以是有体物(各种生产资料和生活资料),也可以是电力、煤气、天然气等无体物。[7] 但也有学者认为,除极少数情况外,无形能源并不能成为侵占的对象。[8] 笔者认为,只要是人可以管理控制的具有经济价值的无体物,就可以成为侵占罪的对象。既然电力、煤气等无体物可以成为盗窃的对象,就意味着其是人可以管理控制或占有的财物,不仅所有人能管理控制,所有人还可以委托其他人管理控制,这种被委托管理的电力、煤气等无体物,自然可以成为侵占罪的对象。尤其是当电能、天然气等被制作成成品时,如用电能充电而成的电箱,用天然气、液化气充气而成的气罐,由于其以一定的有形物作为载体的形式出现,比较容易管理和控制,自然也可以委托他人代为保管,如果将代为保管的电箱、气罐整体侵吞,拒不退还,无疑可能构成侵占罪,这在某种意义上可以视为侵占有体物。 10

---

6 参见〔日〕大塚仁等编:《刑法解释大全》(第10卷),青林书院1989年版,第311页。

7 参见高铭暄、马克昌主编:《刑法学》(第9版),北京大学出版社、高等教育出版社2019年版,第507页。

8 参见刘志伟:《侵占罪研究》,载高铭暄、赵秉志主编:《刑法论丛》(第2卷),法律出版社1999年版,第113—114页。

如果保管者不是侵占电箱、气罐的整体,而是取得其中的内容物,如将自己保管的他人气罐中的液化气全部抽取到其他气罐中转卖或者全部使用消耗掉,这同整体侵吞并无实质的差别,同样可以构成侵占罪。

11 成为问题的是,电在输电线路中、液化气在管道中时,能否成为侵占罪的对象?有人认为其不可能成为侵占的对象。但笔者认为,其同样有可能成为侵占的对象。例如,某人长期外出,请人代为看管自己的房屋,包括屋内水电、煤气设施。而代管者私下大量用电、用气,导致供电、供气公司从房主账户上扣掉了大量的使用费,代管者又拒不退还这笔费用,造成房主较大的财产损失,就有可能构成侵占罪。因为这同上述将代为保管的他人电箱中的电能、气罐中的液化气全部使用消耗掉并无实质的不同,只是储电、藏气的处所不同,委托者支付电能、燃气之费用的时间先后有差异[9],对侵占行为的定性不应该有任何影响。

3. 知识产品能否成为侵占罪的对象?

12 知识产品是指经过人的思想创造并能够带来经济利益的有价值和交换价值的精神产品或智力成果,包括作品、商标、专利、发明、发现、技术秘密、技术成果、商业秘密等。关于知识产品能否成为侵占罪对象的问题,各国刑法大多未作明文规定,中外学者的意见也不尽一致。日本学者大多认为,企业秘密或企业情报之类的信息本身并不能成为侵占罪的对象,但是,这类信息或情报的载体(如记录公司之商业秘密的文件)可能成为本罪的侵害对象。[10] 我国刑法理论界则有两种不同观点:一种观点认为,精神财富或智力成果也可以成为侵占罪的对象[11];另一种观点认为,"作为知识产权的无形财产,例如,专利权、商标权、著作权以及商业秘密等,除其有形的载体以外,是很难想象成为侵占的对象的"[12]。笔者倾向于后一种观点。有些知识产品的特性决定了它明显不可能成为侵占罪的对象。例如,专利是通过专利申报向社会公开的技术。既然已公开,就不具备代为保管的必要性和可能性。再说,专利权的获得只能通过法律赋予的方式,而非专利权人不可能把专利据为己有,所以,专利权不能成为侵占的对象。商标也是公之于众的,商标权也要通过法律赋予,而通过侵占无法获得。商标标识虽然是有形物,可以委托他人代为保管,但把商标标识非法据为已有,价值数额较大又拒不退还的,即使构成侵占罪那也只是侵占商标标识这种有体的财物本身,而不是侵占商标权这种知识产权。至于说取得商标标识后还可以进一步使用从而侵犯商标权,那也只能构成假冒注册商标罪,不可成立侵占罪。但是,有些

9　前者的电能、燃气储藏在电箱、气罐中,后者则储藏在电线、管道中;前者是先交费买下再使用,后者则是先使用后按用量付费。

10　参见〔日〕大塚仁等编:《刑法解释大全》(第10卷),青林书院1989年版,第311页。

11　参见高西江主编:《中华人民共和国刑法的修订与适用》,中国方正出版社1997年版,第609页。

12　王作富:《略论侵占罪的几个问题》,载《法学杂志》1998年第1期。

知识产品(如著作、商业秘密、技术秘密等)与商标、专利不同,它们的存在不以公开为必要,它们的载体(如设计图纸、计算机软件资料等)有委托他人代为保管的可能性与必要性,委托人对之有所有权,受托保管者不得擅自披露,更不得据为己有。如果设计图纸、计算机软件资料等凝聚了权利人大量物化劳动的知识产品的载体是唯一的,则如同名画、珍贵工艺品一样,其本身就成为有巨大经济价值的有体物,把代为保管的这类物品非法据为己有、拒不退还的,在刑法没有作特别处罚规定的情况下,自然可能构成侵占罪。但如果只是取得其无形的智力成果,不侵吞其有形的原物,如复印、复制之后转卖给他人,则属于侵犯知识产权的问题,不能成立侵占罪。如果知识产品的载体有多份,交给他人保管的只是其中的一份,保管者即便是非法据为己有,也不会使权利人因而丧失其对知识产品的所有权,不会妨碍其利用自己的智力成果(因为著作、商业秘密、技术秘密仍在其控制之下)。侵吞这种知识产品载体的保管者,如果将其出让给其他人或自己直接使用内含的智力成果,以牟取非法利益,则构成相应的侵犯知识产权罪。

4. 财产上的利益能否成为侵占罪的对象?

财产上的利益是指金钱、实物以外的具有财产价值的利益。作为侵占罪对象的 13
财物是否包括财产上的利益?对此,我国刑法未作明确规定,学术界的意见也有分歧。一种观点认为,财产上的利益不能成为侵占罪的对象[13];另一种观点认为,财产性利益(如有偿性服务)也可以成为侵占的对象[14]。笔者赞成前一种观点。一般来说,财产上的利益是基于债权债务关系而产生的,取得财产上的利益有三种方式:一是使对方负担债务;二是使自己免除债务;三是接受他人提供的有偿性劳务。[15] 由于财产上的利益是一种无形的财物,它通过债权来体现,而债权始终在财产上的利益获得者一方,债权人不可能把债权委托给他方"代为保管",他方也不可能把属于别人的债权据为己有,因此,财产上的利益不可能成为侵占的对象。

同时,作为普通侵占罪对象的财物,还必须是由行为人自己占有的。对"自己占 14
有"作何种理解?这也是理论上有争议的问题。一般来说,占有或支配他人财物的原因有三:一是基于委托信任关系占有(如受委托代为保管等);二是由于偶然原因占有(如拾得遗失物、漂流物,掘出埋藏物等);三是夺取(如盗窃、抢劫等)。其中,基于偶然原因占有支配他人财物,在许多国家刑法中都有单独规定,属于特殊侵占罪的范畴,因而不能成为普通侵占罪的占有之原因。另外,采用抢劫、盗窃、诈骗、敲诈勒索等手段夺取,本身就构成相应的侵犯财产罪,又由于这些罪是状态犯,夺取财物的行为人事后处分财物的行为是不可罚的事后行为,不可能有构成侵占罪的余地。所

13　参见王振兴:《刑法分则实用》(第3册),三民书局1987年版,第444页。

14　参见江晓阳:《外国刑法中的侵占罪》,载《刑事法学要论》,北京大学出版社1999年版,第690页。

15　参见〔日〕前田雅英:《刑法各论讲义》,东京大学出版会1989年版,第186页。

以,作为普通侵占罪的占有原因,通常只能是基于委托关系而由行为人占有,这种委托关系是根据当事者之间的信任关系所产生的。委托信任关系的发生原因又是多方面的,如使用借贷、委任、寄存等。并且,委托信任关系不一定要有成文的合同,只要按日常的惯例,事实上存在这种委托信任关系即可。至于在法律上委托者对目的物是否有委托受托者保管的权限,则在所不问。即使委托合同在法律上无效,对这种合同被取消时应该交出之物的占有,也仍然可以认为是基于委托信任关系的占有。[16]

15 我国《刑法》第 270 条第 1 款规定,普通侵占罪的对象必须是"代为保管的他人财物",也就是说行为人占有他人财物的原因只能是"代为保管"。对这里的"代为保管",有人认为,是指基于"委托、信任关系所拥有的对他人财物的持有、管理"[17];也有人认为,"代为保管"并不以存在委托关系为限,还包括基于租赁关系、借用关系、担保关系、无因管理等合同关系或其他关系而形成的对他人财物的管理状态[18]。笔者认为,从狭义上理解,委托"代为保管",就是委托人出于对受托人的信任将财物交给受托人代替自己保藏和管理。而在把自己的财物租给别人以取得租金或者借给别人无偿使用时,如果认为租借者是委托使用者代为"保管"其财物,则不太合情理。但租用、借用他人财物后又拒不归还,这是现实生活中常见的侵占行为,按许多国家刑法的规定,都构成侵占罪,如果将其排除在侵占罪的范围之外,显然不合适。正如有的学者所述,对"'代为保管',不应过于狭隘地理解为仅指受他人委托暂时代为保管或看护财物"[19]。但如果从广义上解释,把基于租赁关系、借用关系、担保关系、无因管理等事由而占有他人财物的情形,包含于委托"代为保管"之中也并非不可能。因为在租借的场合,出租、出借者实际上是基于对承租、借用者的信任而将财物交给其使用,自然含有委托其"代为保管"并依约返还之意;在抵押、担保的场合,提供抵押物、担保物给对方,本身就意味着委托对方代为保管自己的财物;无因管理者代他人管理某物,虽然没有权利人的委托,也无法律上的义务,但可以从事实上推定其行为是受委托"代为保管"他人财物。因此,从广义而言,将"代为保管"理解为受委托"代为保管"也未尝不可。

16 还有必要指出,我国《刑法》第 270 条中的"代为保管的他人财物",很容易使人从本义(或狭义)上理解为仅限于受他人委托代为保管或看护的财物。虽然从各国刑法的规定和刑法解释论上讲,这样理解并不合适,只有从上述广义上理解才合乎法理。但是,把某罪的适用条件作扩大化的解释,在实际适用时就会出现不利于被告人的结果,就是一种不利于被告人的解释,是违反罪刑法定主义的。为了解决这一矛

---

16 参见〔日〕大塚仁:《刑法概说(各论)》,有斐阁 1992 年版,第 276 页。

17 参见胡康生等主编:《〈中华人民共和国刑法〉释义》,法律出版社 1997 年版,第 383 页。

18 参见王作富:《略论侵占罪的几个问题》,载《法学杂志》1998 年第 1 期。

19 高铭暄、马克昌主编:《刑法学》(第 9 版),北京大学出版社、高等教育出版社 2019 年版,第 507 页。

盾,有必要在修改《刑法》时把“代为保管”改为“自己占有”。

(二)“他人财物”的理解

另外,作为普通侵占罪对象的财物,还必须是他人的。在司法实践中,判断某种财物是否属于“他人财物”,有时会遇到难题。这主要表现在如下几方面: 17

1.“他人财物”是否包括公有财物?

作为侵占罪对象的“他人财物”是否包括公有财物?对此,各国刑法大多没有明文规定。我国刑法关于普通侵占罪的规定中,将其侵害对象限定为“代为保管的他人财物”,而在有关抢劫、盗窃、诈骗、抢夺、敲诈勒索等罪的规定中,指明侵害对象为“公私财物”。那么,这是否意味着公有财物不能成为侵占的对象呢?目前我国刑法理论界有两种完全不同的认识:一种观点认为,作为侵占罪对象的“他人财物”不包括国有财产,也不包括公司、企业及其他单位的财物,只限于私人所有财物。理由是,《刑法》第270条第3款规定侵占罪是“告诉的才处理”的犯罪,而告诉者必须是被害人,被害人又只能是自然人,既然国家、企业、事业单位等不能作为告诉主体,那就说明公有财产不能成为侵占的对象;再说,贪污罪、职务侵占罪包含了侵占公有财物的行为,剩下的就只有侵占私有财物的行为才能作为侵占罪的内容了,1997年《刑法》之所以增设普通侵占罪,也正是为了弥补过去立法上的这一漏洞。[20] 另一种观点认为,《刑法》第270条所指的“他人财物”包括国家、集体所有的公共财物和个人所有的财物。因为这里所说的“人”,应包括自然人和法人。固然,《刑法》第271条规定有职务侵占罪,其犯罪对象包括国有、集体所有的财物,但是,其犯罪主体只限于公司、企业或其他国有单位的人员,而不包括单位以外的个人。然而,事实上,根据合同关系或事实关系,个人合法持有公共财物,并非法占为己有,是完全可能的,对此只能以侵占罪论处。[21] 18

笔者倾向于上述后一种观点。其一,在现实生活中,非国有、集体单位的人员侵占国有、集体所有之财物的现象完全有可能发生。例如,个人基于加工承揽、寄存、托运等合同关系持有国有、集体单位的财物后予以侵吞;国有、集体单位在给个人发货时因某一方的错误多发了货物,个人予以侵吞。特别是由单位的业务人员将国有、集体所有的财物交给他人代为保管,他人予以侵吞的现象更容易发生。譬如,企业采购员朱某携带巨款到广州采购,借住在朋友某乙家中,为防止公款遗失,暂托朋友某乙保管,某乙将代为保管的公款非法据为己有,拒不退还,这就是构成侵占罪的适例。[22] 其二,刑法在抢劫、盗窃、诈骗、抢夺等侵犯财产罪中将犯罪对象规定为“公私财物”,而将侵占罪的对象规定为“他人财物”,两者表述上的差异是不能否定的。但这 19

20 参见王光华、刘锁民:《论侵占罪的构成要件》,载《现代法学》1999年第4期。

21 参见王作富:《略论侵占罪的几个问题》,载《法学杂志》1998年第1期。

22 参见叶高峰:《侵占罪若干问题研究》,载《郑州大学学报(哲学社会科学版)》1999年第5期。

并不意味着“他人财物”仅限于私人财物,否则,为何不直接用“私人财物”来取代“他人财物”以避免理解上的分歧呢?之所以把侵占罪的对象规定为“他人财物”,而没有像其他财产罪的规定那样用“公私财物”一词,或许是立法者考虑到将代为保管的“公有财物”非法占为己有大多属于贪污的问题,为了避免侵占罪与贪污罪、职务侵占罪相混淆,因而不直接用“公私财物”的概念,但同时考虑到存在非单位人员侵占公有财物的现象,又不能把本罪对象仅限定在“私人财物”的范围内,所以,就用了有较大解释余地的“他人财物”的概念。不过,从日本刑法的规定来看,盗窃、抢劫、侵占等财产罪的对象都是“他人的财物”,日本刑法理论上也不认为作为侵占罪对象的财物同其他财产罪的对象在所有权性质上有何不同。事实上,所有财产罪的本质都是侵犯他人的财产权,这就决定了其犯罪对象都只能是他人的财物。而“公私财物”的概念给人的印象是还包含自己的财物,但自己的财物又不可能成为财产罪的侵害对象,由此可见,今后有必要将我国刑法所规定的作为各种财产罪之侵害对象的“公私财物”修改为“他人财物”。其三,我国刑法规定侵占罪“告诉的才处理”,告诉的主体是被害人,这里的被害人一般是指自然人。但是,也可能有特殊例外的情况。根据最高人民法院、最高人民检察院、公安部、国家安全部、司法部、全国人大常委会法制工作委员会《关于刑事诉讼法实施中若干问题的规定》第 4 条第 1 款第(八)项之规定,《刑法》分则第四章、第五章规定的犯罪,对被告人可以判处 3 年以下有期徒刑之刑罚的,也属于人民法院直接受理的“被害人有证据证明的轻微刑事案件”。这就意味着轻微盗窃、诈骗、故意毁坏公私财物等犯罪,可以适用刑事自诉程序,而这些犯罪的侵害对象包括公有财物,其被害人也完全有可能是国有、集体所有制的单位。由此可见,单位也可以作为被害人提起刑事自诉。既然如此,以侵占罪是属于“告诉才处理”的犯罪来否定单位的公有财物可以成为其侵害对象,就显得不够有力了。并且,从外国的立法情况来看,德国、日本等许多国家刑法并未将侵占罪列入“告诉才处理”的范围,《意大利刑法典》虽然规定侵占罪“经被害人告诉”才处理,但具备某些情节还可以“实行公诉”,而不是像我国刑法规定侵占罪一律实行自诉。显然,我国刑法的规定不利于惩治侵占罪,因而有必要予以修改。

2. “他人财物”是否包括种类物?

20 种类物(不特定物),是指具有共同特征,可以用品种、规格、数量、长度、容积、重量等标记和抽象单位加以计算确定,并且可以用同种类、同质量的物代替的物,如金钱、小麦等。种类物是相对于特定物而言的,特定物不能用其他物来替代,而种类物具有可代替性,因而又称为可代替物。对以金钱为代表的可代替物的所有权归属的认定,如果完全以民法理论作为依据,就会得出不合理的结论。按民法上的通说,金钱的占有与所有权是一起转移的。如果把这种观点运用到侵占罪中,就不会出现对金钱的侵占问题。因为受委托为他人保管金钱者既然对所保管的金钱有所有权,就意味着他既是金钱的占有者又是所有者。而侵占罪的对象只能是自己占有的他人之物,占有者与所有者不同才可能成立侵占罪。然而,现实生活中的侵占罪又大多是以金钱为对象,因此,不能完全按民法的所有权理论来解释作为侵占对象的“他人财物”。[23] 日本的判例对侵占金钱的案件就是从刑法的立场来解释其“他人”性的。例如,把受委托购买不动产的资金消费掉的、侵吞受委托讨债而收回的现金的、擅自处分受委托催收的欠账款的、侵吞代售货物所得的现金的,日本的判例认为构成侵占罪。[24]

在大陆法系国家刑法理论上,对种类物在何种情况下可能成为侵占罪的对象有不同认识,概括起来主要有所有权转移说、处分权转移说、允许消费说、超越权限说、违背委托者意旨说等多种学说。[25] 我国有学者认为,种类物在某些场合可以成为侵占罪的对象。至于在哪些场合不可以成为侵占罪的对象,应以所有权转移说为判断的标准。具体而言,可将种类物分成两种情况来讨论:一类是不可消费的种类物,一般不发生所有权转移的问题,可能成为侵占罪的对象;另一类是可以消费的种类物,有可能出现(也有可能不出现)所有权转移的现象,因而在有的场合可能成为侵占罪的对象,但在另一些场合则会得出相反的结论。[26] 21

上述诸种学说中,后两种学说是从受委托者的行为是否违背委托者客观的授权或主观的意旨来判断侵占罪是否成立,这都有可能扩大侵占罪的成立范围。因为受委托者侵吞受委托占有的种类物的行为自然违背了委托者意旨,同时也从根本上超越了受委托的权限,按上述后两种学说,似乎所有受委托占有的种类物均可能成为侵占罪的对象。但事实上,在某些场合种类物的特殊性决定了它不可能成为侵占罪的对象。如借钱使用后拒不偿还,就不可能构成侵占罪。而前三种学说从种类物的持有人是否对种类物拥有所有权或者所有权中最核心的处分权[27]来判断其是否属于他人的财物,从而确定其能否成为侵占罪的对象,应该说其立足点是正确的。因为侵占罪的实质是将自己占有的他人财物据为己有,行为人占有的种类物的所有权如果还在他人名义之下,就可以成为侵占罪的对象;如果占有种类物的同时该物的所有权就已转到其名下或者意味着其有处分权、消费权,就不属于“他人财物”,不能成为侵占罪的对象。具体而言,在消费借贷的场合,虽然借贷者最终要归还相当数量质量的种类物给所有人,但借贷者从所有人处取得种类物进行消费、使用,这本身就意味着此种种类物的所有权已转移给借贷者,并且最终归还的种类物也并不是原物而是替代物,同时也不存在借贷者受所有人委托而代为其保管种类物的问题。例如,甲向乙借10万元人民币,甲拿到钱时就意味着他已拥有这10万元人民币钞票的所有权,他可以任意使用、处分,还款期到来时,也并不要求其归还原来所借的那10万元人民币钞 22

---

23 参见〔日〕前田雅英:《刑法各论讲义》,东京大学出版会1989年版,第315页。

24 参见〔日〕大塚仁:《刑法概说(各论)》,有斐阁1992年版,第277—279页。

25 参见刘明祥:《财产罪专论》,中国人民大学出版社2019年版,第271页。

26 参见刘志伟:《侵占罪研究》,载高铭暄、赵秉志主编:《刑法论丛》(第2卷),法律出版社1999年版,第110—111页。

27 消费物或消耗物也是处分财物的一种表现。

票,而是只要其用面值数量相同的人民币替代还款。即便是甲借用后“赖帐”而拒不还款,也由于不存在将“代为保管的他人财物非法占为已有”的问题,而不构成侵占罪。这同借用特定物而拒不归还的情况有较大差别。例如,丙借用丁的价值10万元的小轿车后,擅自将车卖掉取得卖车款,既不还车也不退款,这就构成侵占罪。因为根据民法的所有权理论,借用特定物者占用时并不能取得物的所有权,相反有妥善保管并如期归还特定物的义务。丙将所借用的丁的小轿车卖掉而取得车款,这是一种将自己占有的他人之物据为已有的行为,自然构成侵占罪。问题是从刑法学的立场而论,借用10万元钱不归还与借用价值10万元的车不归还只有形式上的不同,其侵害财产权的实质并无差别,却得出罪与非罪两种完全不同的结论,似乎并不合理。这一问题还有待进一步研究。

23　与消费借贷不同的是,委托代为保管种类物的场合,由于持有人仅有保管义务而无加以使用、消费的权利,该种类物的所有权并未转移给持有人,持有人所持有的仍然是他人的财物,当然可能成为侵占的对象。例如,将别人交给自己保管的大量现金侵吞;将他人委托自己购物的货款侵吞;把代他人收回的欠款侵吞;将他人交给自己加工成面粉的小麦卖掉取得现金;如此等等,均有可能构成侵占罪。那么,无论是委托代管还是借贷消费,拒不返还同种、同质、同量的种类物的后果是相同的,为何定性上有如此大的差别呢?一般认为,按民法理论,在消费借贷时,所有人将种类物转让出去让对方用于消费,这意味着他对原物已不再有返还请求权,他已将物的全部所有权用来与持有人设定债权债务关系,其物的所有权已通过债权形式来实现。因而,当持有人拒绝返还相同品质、数量的种类物时,所有人只能通过债权请求权而不是物权请求权主张自己的财产权利,所以,这种拒还种类物的行为属于民事侵权行为。而在委托代为保管的场合,所有人并没有赋予持有人消费、使用的权利,也就是没有以物的返还请求权设定债权,由于只是委托代为保管种类物,因而这种情形的种类物实际上已被特定化[28],所有人对物仍有所有权,持有人侵吞这种财物,也就是侵占自己占有下的他人之物,有可能构成侵占罪。应当指出,尽管受他人委托代为保管种类物,按约应该归还原物而不能私自动用,但如果保管者擅自动用后用同种、同质、同量的种类物予以填补,也不能构成侵占罪。虽然日本最高裁判所有判例认为这同样构成侵占罪,而有些日本著名学者并不赞成判例的主张,认为行为人有填补的资力与意思时,就不能说有取得行为,从而不具备侵占罪的构成要件。[29] 实际上,这种擅自动用代为保管的他人财物的行为的性质是挪用。在我国,如果挪用的对象是公共财物或单位资金,而行为人又具备国家工作人员或单位人员的主体身份,就有可能构成挪用公款罪或挪用资金罪;如果挪用的是私人的现金或其他种类物,则不构成犯罪。

28　参见甘雨沛、何鹏:《外国刑法学》(下册),北京大学出版社1985年版,第946页。

29　参见〔日〕前田雅英:《刑法各论讲义》,东京大学出版会1989年版,第316页。

3.“他人财物”是否包括不法原因委托物?

不法原因委托物,是指那种基于不法原因委托而交给对方的财物,这种财物本身是委托者合法所有的(不是犯罪所得的赃物),那么,它能否成为侵占罪的对象呢?例如,甲为了向公务员乙行贿,委托同乙有良好关系的丙将贿赂款交给乙,丙接受委托后并没有转交给乙而是自己私下挥霍掉。这是否构成侵占罪呢?根据民法的原理,在不法原因给付的场合,对所给付之“物”是没有返还请求权的,也不能得到私法上的救济。由于刑法上的侵占罪是以“他人的财物”为侵害对象,那么,这种不受民法所保护的“物”,其所有权归属于谁,即是否为“他人的财物”,就成为问题的焦点。 24

在大陆法系国家的刑法理论上,对基于不法原因而委托给对方的财物能否成为侵占罪对象的问题,历来有较大争议。[30] 我国刑法理论界对这一问题也存在肯定说与否定说两种不同的观点。肯定说认为,对基于不法原因而交付的财物而言,虽然交付人已无返还请求权,但并不意味着收受人就取得了该财物的所有权。事实上,该财物的所有权应属于国家(依法应追缴归国家所有)。因此,该财物对于收受人而言,仍是他人之物,可以成为侵占罪的对象。并且,即使从民法上看,收受人将他人不法交付的财物占为己有也是非法的。[31] 但否定说认为,基于不法原因而委托给付的财物不能成为侵占罪的对象,因为它不属于“他人的财物”,并且委托人与受托人之间不存在法律上的委托信任关系。[32] 25

笔者认为,从我国刑法的规定来看,主张因不法原因委托而给付的财物不能成为侵占罪对象的观点或许更妥当。其一,根据我国《刑法》第 270 条的规定,侵占罪的对象只能是“代为保管的他人财物”,这里的“代为保管”一般是指委托代为保管。虽然刑法没有明文规定必须是合法的(不能是非法的)委托代为保管,但从刑法规定处罚侵占罪是为了保护合法的财产所有权和合法的委托信任关系,就可以得出这样的结论。因为委托他人用自己交付的钱从事违法犯罪活动是法律所禁止的,委托者与受托者之间形成的这种非法的委托信任关系当然不受法律保护。其二,作为侵占罪对象的“他人财物”中的“他人”,应该理解为委托对方“代为保管”财物的人,这种委托者必须对财物拥有所有权,如果没有所有权,他就不可能成为被害人,被委托代为保管的财物也就不能成为侵占的对象。而在不法原因委托的场合,委托的非法性决定了委托者对交给对方的财物已丧失返还请求权,也就是对委托物已不再拥有所有权,既然如此,受托者占有的也就不是“他人财物”。其三,根据我国刑法的规定,“拒不退还”代为保管的他人财物,才可能构成侵占罪。所谓“拒不退还”,一般是指委托 26

30 参见刘明祥:《财产罪比较研究》,中国政法大学出版社 2001 年版,第 341—343 页。

31 参见刘志伟:《侵占罪研究》,载高铭暄、赵秉志主编:《刑法论丛》(第 2 卷),法律出版社 1999 年版,第 103—104 页。

32 参见张明楷:《刑法学》(第 6 版),法律出版社 2021 年版,第 1263 页。

人向代为保管财物的受托人请求返还但受托人拒不归还。可是,在不法原因给付的场合,按民法的规定,给付者无返还请求权,也就是说法律不要求受托者向委托者返还财物,这就意味着不存在受托者“拒不退还”的问题。其四,我国《刑法》第 270 条第 3 款规定,侵占罪“告诉的才处理”,根据《刑法》第 98 条的规定,告诉是指被害人告诉。而在不法原因给付的场合,委托者交给受托者代为保管的财物依法应予没收或追缴,委托者并非遭受财产损害的被害人,其他人也不可能成为被害人,既然无被害人,没有告诉者,侵占罪也就不可能成立。其五,肯定说提出,根据我国民事法律的规定,对故意实施危害国家利益和社会利益的民事行为,应追缴其取得或约定取得的财产归国家,因此,因不法原因而交付的财物,属于国家所有。但正如有的论者所述,“应当收归国有的财物不等于已经是国家所有的财物,在国家还没有实施没收行为的情况下,该财物并不属于国家所有,因此,行为人的行为根本没有侵犯国家的财产所有权……如果认为收受人的行为侵害了国家的财产所有权,那就意味着收受人从收到该财物开始就是在‘代国家保管国家所有的财物’,这是非常牵强的”[33]。其六,对侵吞因不法原因委托而给付的财物的行为,并非只有以侵占罪处罚才不至于让行为人逍遥法外,而是还有可能按其他犯罪定罪处罚。例如,甲委托乙大量购买伪造的货币,乙接受委托后没有去购买而将其交付的“购货款”侵吞;甲欲向国家工作人员乙行贿,委托丙去拉关系并将大量贿赂款转交给乙,结果丙予以侵吞。这类接受犯罪之委托的行为本身就是一种共犯行为,可能与委托者构成共同犯罪。因为根据我国刑法规定,原则上对所有犯罪的预备犯、中止犯都要追究刑事责任。委托者与受托者之间共谋策划犯罪的行为,是一种犯罪的预备行为,情节严重的,即使后来未着手实行,也应该定罪并追究刑事责任。况且,在我国,即使侵吞不法原因委托物的行为不构成其他犯罪,对其取得的财物依法也应当予以没收或追缴。

4. “他人财物”是否包括犯罪所得的赃物?

27 如果明知受委托占有之物是犯罪所得的赃物而予以侵吞,能否构成侵占罪呢?这与上述不法原因委托物相似,从广义上说,也属于不法原因委托物的范畴。但由于其涉及是否构成有关赃物罪的问题,并且还牵涉受托者与原物主之间、原物主与委托者(盗窃等犯人)之间的关系问题,因而有必要作专门研究。

28 我国刑法理论界的通说认为,赃物也可能成为侵占罪的对象。主要理由有二:一是尽管将赃物交付行为人保管的人对所交付之物没有所有权,但这种财物并非无主物,原所有人对之仍拥有所有权,受托保管赃物的人所保管的仍然是“他人的财物”,并且赃款赃物应当由国家主管机关依法追缴,返还原主或者没收归公,不准他人侵占。侵吞赃款赃物实质上还是侵犯了国家、集体或者个人的合法财产所有权。二是无论个人所有的财产是合法的还是非法的,都应该受刑法保护,但这并不意味着保护犯罪人的非法取财行为或者非法使用行为,而在于保护所有社会财富都免受非

---

33 张明楷:《法益初论》,中国政法大学出版社 2000 年版,第 587 页。

法侵犯,保护社会关系和社会秩序的稳定。另外,我国刑法理论界的通说还认为,行为人如果明知是赃物而又代为保管或销售并侵吞赃物或销赃款,除了构成侵占罪之外,还构成有关赃物罪。[34] 至于如何处罚,则有不同意见。有的认为,应该实行数罪并罚[35];也有的认为,应以牵连犯从一重处断[36]。还有的认为,只有在行为人最初代他人保管财物的目的即是事后非法侵占,而不是窝赃后再起意非法占有的情况下,才构成有关赃物罪与侵占罪的牵连犯。[37]

笔者认为,如果行为人始终不知是犯罪所得的赃物,善意接受委托而代为保管或销售其赃物尔后予以侵吞的,属于对侵占对象的性质缺乏认识的事实错误问题,虽然阻却有关赃物罪故意的成立,不能构成有关赃物罪,但却不影响侵占罪故意的成立,构成侵占罪。如果行为人事先明知是犯罪所得的赃物,受犯人的委托而代为保管或销售赃物,尔后侵吞赃物或销赃所得财物,由于行为人主观上有窝赃、销赃的故意,客观上实施了代为保管或代为销售赃物的行为,完全具备有关赃物罪的成立条件,无疑构成这类赃物罪。至于是否还构成侵占罪,从外国刑法理论来看,争论的焦点有三:一是侵吞的赃物是否属于"他人的财物"？二是刑法是否保护非法的委托信任关系？三是侵吞赃物的行为能否为有关赃物罪所包容？对这三个问题均存在肯定说与否定说两种不同的主张。[38] 29

受托者事前不知但收受委托者交付的财物之后发现是赃物而予以侵吞,与事前即知尔后侵吞的情形相比,其特殊性在于行为人有无赃物罪的故意,能否构成有关赃物罪？上述各种观点的分歧也主要在于此。正如前述肯定有关赃物罪成立的观点所述,窝赃罪是继续犯,从行为人收受赃物开始直到交出赃物,行为都一直处于继续状态,行为人即使收受时不知但后来发现是赃物之后,仍然基于自己的自由意思为对方保管赃物,就应该认为有窝赃的故意,不影响窝赃犯罪的成立;对销赃犯罪来说,只要行为人为犯人代为销售赃物之时明知是赃物,就能肯定有销赃的故意,构成有关销赃之罪。至于侵吞赃物或销赃所得财物的行为是否构成侵占罪,则与上述事先明知是赃物尔后又予以侵吞的情形,在结论和理由上完全相同。 30

我国刑法理论界的通说认为,受托代为保管或销售赃物者侵吞赃物或销赃所得财物的行为,除了构成有关赃物罪之外,还构成侵占罪,所述两点理由与上述肯定说基本相同,也存在与肯定说相似的缺陷。并且,从我国刑法的规定来看,认为上述侵吞赃物的行为构成侵占罪似乎没有法律根据,具体理由与前述笔者提出的侵吞不法 31

---

34 参见赵秉志:《侵犯财产罪》,中国人民公安大学出版社 1999 年版,第 260—261 页。

35 参见赵秉志、于志刚:《论侵占罪的犯罪对象》,载《政治与法律》1999 年第 2 期。

36 参见叶高峰:《侵占罪若干问题研究》,载《郑州大学学报(哲学社会科学版)》1999 年第 5 期。

37 参见赵秉志:《侵犯财产罪》,中国人民公安大学出版社 1999 年版,第 261 页。

38 参见刘明祥:《财产罪专论》,中国人民大学出版社 2019 年版,第 289 页。

原因委托物不构成侵占罪的理由相同,在此不赘述。特别值得一提的是,侵吞赃物的行为无非在委托者索要赃物或销赃所得时“拒不退还”,其结果大多是继续保管或持有赃物,这可以视为窝赃、销赃行为或不法状态的继续,不宜作为独立的犯罪来看待,否则,就可能出现把作为整体行为一部分的保管赃物行为抽出来独立定罪的现象,显然有悖于刑法中的行为理论。由此而论,认为在上述场合既构成有关赃物罪,又成立侵占罪,并且应该实行数罪并罚的观点,也有失妥当。因为数罪并罚是以具有两个以上的行为、具备两个以上独立的犯罪构成为条件的,而在上述场合,行为只有一个(保管或持有赃物),只不过评价的角度不同,在观念上会出现既触犯有关赃物罪、又构成侵占罪的现象,是一种想象的数罪并非实质的数罪,日本的通说也持此种主张。同样道理,牵连犯也是以有两个以上的独立的犯罪行为为条件的,既然只有一个行为也就不可能构成牵连犯。况且,如果行为人并无代他人保管赃物的意思,收受赃物时就想到要侵吞的,就根本不存在委托关系,以委托物为对象的普通侵占罪就不可能成立,而有可能构成诈骗罪。

二、特殊侵占罪的对象

32 侵占脱离占有物是侵占罪的一种特殊类型,与其他类型的侵占罪不同的是,由于其侵占的对象是脱离占有物,行为人与所有人之间不存在委托信任关系,因而也不发生侵害委托信任关系的问题。所谓脱离占有物,是指不在任何人占有之下的他人财物,主要包括遗失物、漂流物、埋藏物等。许多国家刑法对侵占脱离占有物设立了单独的罪名和处罚规定。我国《刑法》第 270 条第 2 款则明文规定,侵占他人遗忘物和埋藏物,数额较大,拒不交出的,要按普通侵占罪的规定处罚。由此可见,遗忘物与埋藏物是我国刑法中侵占罪所侵犯的两种特定对象。

(一)遗忘物

33 从世界各国刑法的规定来看,大多将遗失物明文列为侵占脱离占有物罪的对象,而未提到遗忘物。只不过在有些国家(如日本)的判例中,把我国刑法所指的遗忘物解释为属于遗失物。我国刑法与外国刑法关于特殊侵占罪的规定正好相反,将遗忘物明文规定为侵占罪的对象,却未提到遗失物。那么,遗忘物与遗失物有无区别呢?目前我国刑法理论界有较大争议。一种观点认为,遗忘物是指财物的所有人或持有人有意识地将所持财物放在某处,因一时疏忽忘记拿走。遗失物是指财物的所有人或持有人,因为疏忽大意偶然将其财物失落在某处。二者有一定的区别:一是前者经回忆一般都能知道财物所在位置,容易找回,而后者一般不知失落在何处,也不容易找回;二是前者一般尚未完全脱离物主的控制范围,而后者则完全脱离了物主的控制。[39] 这是我国刑法理论界的通说。另一种观点认为,我国《刑法》第 270 条所指

---

[39] 参见王作富:《论侵占罪》,载《法学前沿》编辑委员会编:《法学前沿》(第 1 辑),法律出版社 1997 年版,第 45 页。

的遗忘物，实际上就是遗失物。因为遗忘与遗失是不可分的，对物品丧失占有首先是物主或物之占有人对所携带的财物不能识记，即走时遗忘没有带走，其次才是将其丢失。遗忘是失落的前提，失落是遗忘的必然结果，两者互为联系、相互依存。没有遗忘，就没有失落，反过来，没有任何遗失物不是由遗忘而引起的，不能把同一丧失占有状态的两个阶段分开称谓。况且，把遗忘物的概念和外延限制得过死也是不科学的，不仅不利于保护失主的合法财产权益，而且实践中也难以区分。[40]

在笔者看来，遗失物原本是民法上的概念，按照我国民法学者的解释，是指非基 34
于占有人之意思而丧失占有，现又无人占有且非为无主之动产。[41] 简而言之，就是指因所有人或占有人不慎所丢失的动产。[42] 遗忘物既然是因一时疏忽忘记拿走之物，从民法上讲，也就属于占有人不慎丢失或非基于本意而脱离占有之物，无疑也在遗失物的范围内。但是，我国《刑法》第 270 条中所说的“遗忘物”，并不等同于遗失物，也就是说它同遗失物是有区别的概念，不可混为一谈。首先是因为立法上使用“遗忘物”一词是经过了慎重选择的，并非把它与“遗失物”不加区别、任意混用的结果。早在 1979 年《刑法》颁布前的一些刑法草案中，就曾有关于“侵占遗失物犯罪”的规定。例如，1956 年的《刑法草案》第 149 条规定：“侵占遗失的公共财物或者公民财物的，处训诫或者一百元以下罚金。”[43]在修订 1979 年《刑法》的过程中，也有刑法修改稿使用过“遗失物”的概念。例如，1995 年 8 月的《刑法（修改稿）》第五章第 7 条第 2 款规定：“侵占埋藏物、漂流物或者遗失物，数额较大的，依照前款的规定处罚。”[44]但在以后的刑法修改草案中却没有出现“遗失物”的字样，而统一换成了“遗忘物”。其次，我国刑法提出“遗忘物”的概念有其特殊的历史渊源。由于我国 1979 年《刑法》中没有侵占罪以及侵占遗失物等罪的规定，对于实践中发生的非法占有他人遗失物的行为如何处理，就成为一个难题。因为在通常情况下遗失物的所有人或占有人已完全失去对财物的控制，把所有取得遗失物的行为都当盗窃罪处理显然不妥当。但是，一概不作为犯罪处理也有弊病。于是，学者们提出了遗忘物的概念，主张对非法占有遗忘物的行为以盗窃论处，并将遗忘物与遗失物区别开来，认为遗忘物是所有人或占有人有意放置某处，只是由于一时疏忽而忘记拿走的财物，应将其视为尚未完全脱离所有人或占有人控制的财物，因而非法占有这种财物有可能构成盗窃罪。至于非法占有遗忘物之外的遗失物，则不能当犯罪处理。虽然也有不少学者并不赞成这种观点，但作为我国刑法理论上具有特定含义的“遗忘物”的概念，已被刑法理论

40 参见陈运光：《关于侵占罪中遗忘物、埋藏物的探讨》，载《人民检察》1998 年第 9 期。

41 参见谢在全：《民法物权论》（上册），中国政法大学出版社 1999 年版，第 237 页。

42 参见王利明等编著：《民法新论》（下册），中国政法大学出版社 1988 年版，第 62 页。

43 参见赵秉志主编：《新刑法全书》，中国人民公安大学出版社 1997 年版，第 1444 页。

44 参见赵秉志主编：《新刑法全书》，中国人民公安大学出版社 1997 年版，第 1701 页。

界和司法实务界广泛接受。[45] 最后,从立法精神来看,我国《刑法》第 270 条对侵占罪的处罚范围是严格加以限制的,该条之中用“遗忘物”而未用“遗失物”的概念,也是为了限制侵占罪的处罚范围,即对侵占一般遗失物的行为不以犯罪论处,只对侵占放置在特定场所、占有者忘记拿走的特殊遗失物(遗忘物)的行为,才酌情以犯罪处理。

35　应当指出,肯定遗忘物与遗失物是有差别的概念的论者,对遗忘物所作的解释大多只是强调行为人一时忘记拿走财物,但很快能回忆起来,而忽视了其财物遗留场所的特殊性。如有的论者认为,遗忘物是刚刚遗忘的财物,失主一般会很快回想起来,回去寻找,拾捡人一般也知道失主;而遗失物是物主对所有物长时间地丧失占有,失主当时无法明确地知道丢失在何处。[46] 还有论者提出,遗忘物是指财产所有人遗忘在某一场所,但有明确记忆的物品,不同于所有人失去明确记忆的遗失物。[47] 但是,笔者以为,把财物丢失后失主是否很快回想起来、是否及时返回寻找、拾得人是否知道失主或者失主是否有明确记忆,作为区分遗忘物与遗失物的根据并不合理。例如,某人醉酒后将手机丢在乘坐的出租车上,第二天才发现手机丢失,但并不知遗留在何处,几个月之后才通过打本机号码,找到了拾得此物的车主,而车主拒不交出。又如,某人在公共广场草地上歇息时,将手机丢在坐过的草地上,离开 5 分钟后回想起来,迅速回原地寻找,但手机已被行人拾走。10 分钟后物主找到拾得者,但他拒不交出。按上述论者对遗忘物所作的解释,前一例中车主的行为显然不是侵占遗忘物,而后一例中行人的行为是侵占遗忘物。这样的结论显然不合情理,也与立法精神不符。事实上,遗忘物与遗失物最大的差别不在于丢失财物者是否立刻回想起财物遗留的场所、是否及时寻找、拾得者是否知道失主,而在于财物是否遗留在属于管理者能有效管理、控制该财物的场所,能否认定丢失的财物已置于管理者的占有或控制之下。例如,旅馆的客房、居民的住宅、出租的汽车等是属于管理者、主人能有效管理控制的场所,客人将财物遗留在这样的场所忘记带走,这种财物就是遗忘物,一般应认为财物已置于管理者、主人的占有或控制之下,管理者、主人有代客人保管其遗留之财物的义务,如果违背该义务而予以侵吞,就可能构成侵占罪。反过来,如果财物丢失在公共广场、街道、马路、车站码头、荒郊野外等有很多人出入、管理者很难有效控制的公共场所,或者是无人管理的场所,则不论丢失者是否立刻回想起准确的丢失地点、是否马上返回寻找,都不能认为是遗忘物,而只能视为一般的遗失物。

36　基于以上分析,我们可以得出这样的结论:遗忘物是持有者因疏忽未带走而遗留在他人能有效管理之场所的财物。遗失物则是不慎丢失在无人管理之场所或有很多人进出、管理人不能有效控制之公共场所的财物。二者在刑法上是有区别的概念。

---

[45] 参见刘志伟:《侵占罪研究》,载高铭暄、赵秉志主编:《刑法论丛》(第 2 卷),法律出版社 1999 年版,第 120—121 页。

[46] 参见郎胜主编:《〈中华人民共和国刑法〉释解》,群众出版社 1997 年版,第 361 页。

[47] 参见张穹主编:《修订刑法条文实用解说》,中国检察出版社 1997 年版,第 356 页。

(二)埋藏物

37 对作为特殊侵占罪对象的埋藏物,理论界在如下几个问题上有争议:一是埋藏的含义是什么?二是作为侵占罪对象的埋藏物是否等同于民法上的埋藏物?三是埋藏物的归属是否应该有所限制?

38 (1)何谓"埋藏"?一种意见认为,物品被埋藏必须是所有人有意而为的,其才能被称为埋藏物,否则,如果是因自然原因而埋藏于地下的物,那就不是埋藏物,而是遗失物。另一种意见认为,只要物品是被掩埋在地下的,不论是所有人有意埋藏,还是因自然原因而被埋藏,都应该视为埋藏物。[48] 笔者认为,作为本罪对象的埋藏物,是就财物所处的状况而言的,即财物被埋在地下或地面建筑物中,处于不为任何人所占有的状态。至于是所有人有意掩埋,还是因自然灾害等被掩埋,则对财物所处的这种客观状态不发生任何影响。况且,对于被埋在地下年代久远、所有人不明之物,也无法判断当时是所有人有意为之,还是因天灾人祸而被掩埋。因此,上述后一种意见是正确的。

39 (2)作为本罪对象的埋藏物是否等同于民法上的埋藏物?这在我国刑法理论界存在肯定说与否定说两种不同论点。肯定说认为,埋藏物是指埋藏于地下的所有人不明的财物,这些财物根据《民法通则》第 79 条的规定应归国家所有。[49] 否定说认为,民法上的埋藏物只是指所有人不明的地下埋藏物,而刑法上的埋藏物并不以此为限,还包括有明确所有人的埋藏物以及被埋藏的属于国家所有的文物等。[50] 笔者赞成后一种观点。正如有的学者所述,"《民法通则》讲到,所有人不明的埋藏物、隐藏物,归国家所有,但是……这并非是把埋藏物定义为所有人不明之地下埋藏物。换言之,有明确所有人的埋藏物,也可构成侵占的对象,关键在于占有该物的行为是否符合侵占的特征"[51]。并且,从我国刑法规定侵占罪"告诉的才处理"这一点来看,也不能排除个人明确有所有权的埋藏物可能成为本罪的侵害对象。因为告诉的主体是被害人,而被害人一般是个人。

40 (3)关于埋藏物的归属是否应该有所限制的问题,理论界也有不同认识。有人认为,刑法中的埋藏物,是可以查明合法所有人的埋藏物,所有人不明的埋藏物属国家所有,不在此列[52];也有人认为,埋藏物是指埋藏于地下应当归国家所有的财物[53];还

---

48 参见陈运光:《关于侵占罪中遗忘物、埋藏物的探讨》,载《人民检察》1998 年第 9 期。

49 参见陈兴良:《刑法疏议》,中国人民公安大学出版社 1997 年版,第 442 页。

50 参见王作富:《论侵占罪》,载《法学前沿》编辑委员会编:《法学前沿》(第 1 辑),法律出版社 1997 年版,第 37—38 页。

51 王作富:《略论侵占罪的几个问题》,载《法学杂志》1998 年第 1 期。

52 参见杜发全主编:《新刑法教程》,西北大学出版社 1997 年版,第 701 页。

53 参见张明楷:《刑法学》(下),法律出版社 1997 年版,第 785 页。

有人认为,既可以是私人所有的埋藏物,也可以是国家或集体所有的埋藏物[54];另有人认为,既可以是有主物,也可以是无主物[55]。笔者认为,首先应该肯定埋藏物是有所有权归属之物,即使是所有人早已死亡且无继承人或者是所有人不明的埋藏物,根据我国民事法律的规定,应归国家所有。既然埋藏物既可能归国家、集体所有,也可能归个人所有,理所当然都可能成为侵占罪的对象。因为我国《刑法》第 270 条第 2 款并没有对埋藏物的所有权归属作任何限制,并且我国刑法对国家、集体和个人的财产都是给予同等保护的,在对埋藏物的保护上,也不会出现厚此薄彼的现象。

41 总而言之,埋藏物是埋藏于地下属于他人(包括国家、集体与个人)所有而又不在任何人占有之下的财物。虽埋藏于地下但在他人占有之下的财物,如埋藏在自家庭院内的金银财宝,由于是在主人占有之下,自然不能成为本罪的侵害对象。这是因为从刑法理论而言,侵占埋藏物是侵占脱离占有物的一种基本表现形式,自然要以脱离占有物为侵害对象,因此,作为本罪对象的埋藏物必须具有脱离占有物的基本特征。

42 应当注意,在日本等许多大陆法系国家,刑法规定所有脱离占有物都可能成为侵占犯罪的对象,但我国《刑法》第 270 条第 2 款只对侵占遗忘物与埋藏物的行为明确规定予以处罚,而对侵占其他脱离占有物的行为没有明文规定是否予以处罚。那么,在我国,对侵占遗忘物与埋藏物之外的脱离占有物的行为能否作为侵占罪处理呢?回答应该是否定的。因为按罪刑法定原则,只有刑法明文规定为犯罪的行为,才能作为犯罪处理。如果把刑法没有明文规定的侵占漂流物等脱离占有物的行为,也作为侵占罪处理,就违反了罪刑法定原则。但是,有不少学者在如何处理侵占遗失物行为的问题上,却忽视了这一点。如有的学者认为,遗忘物不同于遗失物,应该将二者区别开来,但这并不意味着遗忘物之外的遗失物不能成为侵占罪的对象。[56] 还有学者提出,遗失物的拾得或者是属于无因管理、或者是属于不当得利,不论是哪一种情形,拾得人对拾得物都具有代为保管的义务,并且遗失物也属他人之物,因此,将遗失物非法据为己有,拒不退还的行为,完全符合《刑法》第 270 条第 1 款所规定的侵占罪的构成要件,应直接按该款定罪处罚,而不必以该条第 2 款论处,更没有必要去和遗忘物进行比较来论证遗忘物是否可作为侵占罪的对象。笔者认为,从我国《刑法》第 270 条第 1 款和第 2 款的逻辑关系来看,前者是关于侵占委托物的规定,后者则是有关侵占脱离占有物的规定,之所以要对后者作特别规定,是因为行为人与所有人之间无委托信任关系,同有委托信任关系的前者相比有一定的特殊性。如果认为拾得遗失物者因为有保管并返还财物的义务,拒不退还就完全符合《刑法》

---

54 参见高西江主编:《中华人民共和国刑法的修订与适用》,中国方正出版社 1997 年版,第 610 页。

55 参见周少华:《侵占埋藏物犯罪的若干问题探析》,载《法律科学》1998 年第 3 期。

56 参见刘志伟:《侵占罪研究》,载高铭暄、赵秉志主编:《刑法论丛》(第 2 卷),法律出版社 1999 年版,第 121 页。

第 270 条第 1 款的规定,那么,拾得遗忘物、取得埋藏物而拒不退还又何尝不是如此,刑法为何还要另立一款单独规定呢? 况且,捞起漂流物而拒不退还同拾得遗失物不退还性质相同,依此而论岂不也要以《刑法》第 270 条第 1 款规定的侵占罪论处? 但事实上,在《刑法》的修订过程中,就曾有草案将漂流物与遗忘物、埋藏物并列规定为侵占罪的对象,后来之所以将其排除在外,无非考虑到不宜将侵占漂流物的行为规定为犯罪。由此可见,对侵占遗忘物、埋藏物之外的遗失物、漂流物等脱离占有物的行为,不能当侵占罪定罪处罚,只能依照民事法律的规定,作为不当得利处理。

V 侵占行为

一、侵占的含义

关于侵占的含义,大陆法系国家刑法理论上,存在取得行为说与越权行为说之争。取得行为说认为,所谓侵占,是指非法取得自己占有的他人之物的行为,也就是实现非法取得意思的行为。越权行为说认为,侵占是指破坏委托信任关系,对自己占有的他人之物实施超越权限的行为。侵占罪的成立,不以行为人有非法取得的意思为必要。两说的差异在于,按取得行为说,侵占行为的成立以客观上有实现非法取得意思的行为为必要,而按越权行为说,只要实施了违反委托旨意的行为就足够了,并不要求有非法取得的意思,显然越权行为说比取得行为说所界定的侵占行为的范围要广。两说争议的焦点主要在于,究竟达到何种程度的越权才构成侵占罪? 即使按取得行为说,实际上也不得不考虑是否超越权限的问题。因为侵占罪往往是以财物被委托管理为前提的,如果按委托者的旨意,受托者被给予一定的对物加以利用的权限,如质权者在债权范围内被允许转质,在此范围内的行为就不能认为是侵占,只有超越这个范围才能视为侵占。判断侵占行为有无时,也不得不考虑是否存在超越委托旨意(权限)的取得行为。[57] 另一方面,采用越权行为说时,对权限的内容如何把握是一个难题,如果对权限的范围理解得过宽,就会过于扩大侵占罪的处罚范围。比如说,弄破封装袋看看里面装有何种物品,这也是一种越权行为,但如果把这种不可能造成财产损害的行为当侵占罪处罚,显然是不恰当的。此外,根据财产罪的基本理论,侵占罪是一种取得罪,一般认为,取得罪的成立以行为人客观上有非法取得的行为、主观上有非法取得的意思为必要。缺少其中任何一方面的要件,均不可能成立侵占罪。由此可见,取得行为说较为可取。 43

二、相关争议问题

由于我国刑法比西方国家刑法对侵占罪的成立条件有更严格的限制,因而我国 44

57 参见〔日〕前田雅英:《刑法各论讲义》,东京大学出版会 1989 年版,第 321 页。

刑法理论界几乎无人支持上述越权行为说。我国学者大多认为,侵占行为是指将自己暂时占有的他人财物不法转变为自己所有,不按协议与要求退还给他人;或者以财物的所有人自居,享受财物的所有权的内容,实现其不法所有的意图。[58] 这与上述取得行为说基本相同。目前,我国刑法理论界对侵占行为存在争议的,主要有以下几个问题:

45 (1)"非法占为己有"能否等同于"非法占有"? 根据我国《刑法》第 270 条的规定,侵占罪的侵占行为是指把自己占有的他人财物"非法占为己有"。有人把这里的"非法占为己有"与"非法占有"等同起来,认为"侵占罪客观方面必须具有非法占有的行为。所谓非法占有的行为就是据为己有"[59]。但是,在笔者看来,作为侵占行为实质内容的"非法占为己有"与通常所说的"非法占有"是有重要差别的概念。所谓占有,是指对财物在事实上的掌握或控制。一般来说,在盗窃、抢劫等转移占有的犯罪中,由于财物在他人的占有之下,行为人采用盗窃、抢劫等手段夺取财物的占有,这种"非法占有"行为的实质就是把他人财物"非法占为己有",自然是侵犯了他人的财物所有权。但是,侵占罪是以行为人事先占有他人财物为成立前提的,这种占有一般是因为受他人的委托,占有本身不存在侵害委托者财产权的问题。正因为如此,大陆法系国家学者认为,侵占罪是一种不转移占有的犯罪(或者说是不侵害占有的犯罪)。侵占罪的实质是把自己占有之下的他人财物非法变为已有,即"非法占为已有",也就是我国台湾地区学者通常所说的"易持有为所有之'取得行为'"[60],我国大陆学者则称之为"变合法持有(或占有)为非法所有"[61]。由此可见,把侵占罪中的侵占行为说成是"非法占有",有失妥当性。

46 (2)"非法占为己有"是主观要件还是客观要件? 关于我国《刑法》第 270 条中的"非法占为己有",究竟是对侵占行为的客观要件的规定,还是对其主观要件的规定? 理论界有不同认识。有人认为,这里的"非法占为己有",是指行为人意图使自己具有类似于所有人的地位,或者说有"归己所有"的非法意图。[62] 也有人认为,"非法占为己有"仅仅是对侵占行为的规定,即只要行为人将其代为保管的他人财物加以扣留,应退还而不退还,就有可能构成侵占罪。[63] 还有人认为,"非法占为己有"作为一种行为,是指行为人将自己持有的他人财物非法转变为自己所有的主观意图在客

58　参见张明楷:《刑法学》(第 6 版),法律出版社 2021 年版,第 1264 页。

59　周其华:《新刑法各罪适用研究》,中国法制出版社 1997 年版,第 306 页。

60　林山田:《刑法特论》(上),三民书局 1978 年版,第 295 页。

61　叶高峰:《侵占罪若干问题研究》,载《郑州大学学报(哲学社会科学版)》1999 年第 5 期。

62　参见王光华、刘锁民:《论侵占罪的构成要件》,载《现代法学》1999 年第 4 期。

63　参见刘家琛主编:《新刑法条文释义》,人民法院出版社 1997 年版,第 1197 页。

观上的表现。[64] 笔者倾向于最后一种意见。因为我国刑法对犯罪主观要件的规定,一般都含有“故意”“过失”“明知”“目的”“意图”等词语,而《刑法》第270条中的“非法占为己有”之前并没有冠以“意图”一词,之后也没有加上“目的”二字,因此,不能说是关于侵占罪主观要件的规定。事实上,该条文规定“将代为保管的他人财物非法占为己有”“将他人的遗忘物或者埋藏物非法占为己有”,显然是对侵占行为的描述。但这并不意味着认定侵占行为可以不考虑主观因素,相反,按照主客观相统一的基本原则,侵占行为必须是在侵占故意支配下的行为,也就是说把自己占有的他人财物“非法占为己有”,必须是在“非法占为已有”故意支配之下实施的,否则,不能视为侵占行为。所以,那种认为只要行为人具有变持有为所有的意思即为侵占[65],或者认为只要事实上将自己占有的他人财物“非法占为己有”就构成侵占的观点,都是违反主客观相统一原则,并且与《刑法》第270条之规定的精神相违背的。

(3)拒不退还或交出是侵占行为的要件还是犯罪的情节?我国《刑法》第270条 47
规定,将代为保管的他人财物“拒不退还”的,或将他人的遗忘物或者埋藏物“拒不交出”的,才有可能构成侵占罪,反过来,如果退还或交出了的,则不可能构成侵占罪。那么,拒不退还或交出,究竟是侵占行为的要素,还是侵占罪的犯罪情节呢?有人认为,“拒不退还或交出不是一般的犯罪情节,而是侵占行为的一部分”[66]。也有人认为,“侵占行为的成立的核心要素是对代管的他人财物拒不退还,对他人的遗忘物、埋藏物拒不交出,并非只要有‘非法占为己有’的事实就成立侵占行为”[67]。还有人认为,作为侵占罪客观方面的行为,就是指在合法权利人提出要求时,拒不退还代为保管的他人财物或者拒不交出他人的遗忘物、埋藏物,侵占行为的实质是不按权利人的要求返还财物。[68] 但是,笔者认为,拒不退还或交出并非侵占行为的组成部分或核心要素,更不能把拒不退还或交出的行为与侵占行为等同起来,事实上,它只是侵占罪成立的一个情节或要素。因为侵占行为的实质是把自己占有的他人财物变为己有,从前述各国刑法对侵占行为的描述来看,无论是“侵吞”“据为己有”还是“攫取”“转变”所有,都表明侵占是一种非法取得他人财物的行为;从中外刑法理论对侵占的解释而论,通说也认为侵占是一种变持有(占有)为所有(或“变合法持有为非法所有”)的行为,而拒不退还或交出是非法取得(或非法所有)之后的行为,它并不能揭示侵占行为的本质,此其一。其二,外国刑法大多没有把“拒不退还”或“拒不交出”

64　参见刘志伟:《侵占罪研究》,载高铭暄、赵秉志主编:《刑法论丛》(第2卷),法律出版社1999年版,第125页。

65　参见刘辉:《侵占罪若干问题的研究》,载《法律科学》1999年第1期。

66　刘志伟:《侵占罪研究》,载高铭暄、赵秉志主编:《刑法论丛》(第2卷),法律出版社1999年版,第129页。

67　刘辉:《侵占罪若干问题的研究》,载《法律科学》1999年第1期。

68　参见陈明华主编:《刑法学》,中国政法大学出版社1999年版,第617页。

作为侵占罪的成立要件,但是,侵占罪的成立必须要有侵占行为是毋庸置疑的,侵占行为作为一种基本的侵犯财物的犯罪行为,如同盗窃、抢劫、诈骗等行为一样,各国刑法的规定也大致相同。只是对各种财产罪的成立条件,各国刑法的规定有所不同。其三,我国《刑法》第270条所规定的“将代为保管的他人财物非法占为己有”“将他人的遗忘物或者埋藏物非法占为己有”,就是对侵占行为的完整描述,之后所述“数额较大,拒不退还的”(或“拒不交出的”),则是为限制侵占罪的处罚范围,而在侵占行为之外附加的成立要素,如同在“抢夺公私财物”之外另把“数额较大的,或者多次抢夺的”作为抢夺罪的成立条件一样,不能认为只有抢夺数额较大或多次抢夺才是抢夺行为、数额较小的一次抢夺不是抢夺行为。其四,拒不退还或交出是我国刑法规定的与“数额较大”相并列且必须同时具备的成立侵占罪的条件之一,也就是说实施了侵占行为、侵占财物的数额较大而又拒不退还或交出的,才构成侵占罪,如果经权利人索要而退还或交出的,即便是侵占财物数额较大,也不能作为侵占罪处理。但是,侵占之后退还或交出财物,并不能否定其行为的侵占性质。例如,甲乘乙的出租车时将装有10万元现金的手提包遗忘在乙的车上,乙发现后产生了侵吞的意图,并已将这笔钱用来买了住房。后来,甲通过多种途径找到了乙,乙开始矢口否认,甲拿出确凿证据后,乙才不得不承认侵占了这笔钱。甲多次上门追款,乙总以各种理由搪塞,当甲要提起诉讼时,乙才还了款。此案中的乙主观上有明确的侵占意图,客观上已实施了处分他人财物的“非法占为己有”行为,如果以已退还为由来否定其实施了侵占行为,显然是不符合客观事实与法理的。

48 (4)侵占行为是否仅限于不作为?关于侵占行为是否只能表现为不作为的问题,我国刑法理论界有两种不同观点。一种观点认为,“合法的权利人提出交还要求,是本罪成立的必要前提;不按权利人要求履行交还财物的作为义务,是本罪客观方面的实质,从理论角度讲,本罪只能由不作为构成”[69]。另一种观点认为,“侵占行为既可以是作为,也可以是不作为,具体表现为将自己代为保管的财物出卖、赠与、消费、抵偿债务等”[70]。在笔者看来,这种分歧源于对上述“拒不退还”或“拒不交出”的不同认识。如果认为拒不退还或拒不交出是侵占行为的实质内容或表现形式,就会得出侵占行为只能表现为不作为的结论。因为行为人有退还(或交出)的义务,应该退还(或交出)而不退还(或交出),显然是“当为而不为”的不作为。但是,如前所述,拒不退还或拒不交出只是与“数额较大”相并列、具有相似性质的犯罪情节,并非等同于侵占行为。侵占行为的实质是变持有为所有,通常表现为非法实施只有所有人才能实施的处分财物的行为,而这种处分财物的行为大多是作为,如出卖、赠与、消费等积极地处分财物的行为,也可能出现不阻止而听任他人拿走财物的消极处分财物的现象,这就是不作为的侵占行为。侵占行为既可以是作为也可以是不作为,可以

---

69 陈明华主编:《刑法学》,中国政法大学出版社1999年版,第617—618页。

70 张明楷:《刑法学》(下),法律出版社1997年版,第784页。

说是德国、日本等大陆法系国家刑法理论上没有争议的问题。[71] 如果仅以我国刑法对侵占罪的成立有“拒不退还”或“拒不交出”的特殊要求为由，认为我国的侵占罪只能由不作为构成，难以令人信服。

Ⅵ 结果

侵占罪的结果是非法取得他人财物。与盗窃、抢劫、抢夺等取得罪不同的是，其非法取得他人财物的形式有所不同。盗窃、抢劫、抢夺等罪所取得的财物是在他人的占有之下，行为人采用非法手段夺取，而侵占罪的行为人占有他人财物往往是合法的，只是行为人应该“退还”或“交出”，但他拒不退还、拒不交出，从而造成非法取得他人财物的结果。根据我国《刑法》第 270 条的规定，侵占他人财物，数额较大，而又拒不退还或拒不交出的，才构成侵占罪。这就意味着侵占行为只有已经造成数额较大财产损失的结果，才可能构成犯罪。 49

Ⅶ 主体

侵占罪的主体只限于已满 16 周岁、具有刑事责任能力的自然人。并且，只能是他人之物的占有者。由此而论，本罪是一种身份犯[72]，不具有占有他人财物之身份的人，不能成为本罪主体。但是，应当注意，倘若国家工作人员利用职务上的便利，实施了侵占单位委托管理的公共财物的行为，则不构成我国刑法所规定的侵占罪，而构成贪污罪。这是由于我国刑法把部分业务侵占行为纳入贪污罪范畴的缘故。 50

Ⅷ 故意

侵占罪是故意罪，主观上必须要有侵占的故意。大陆法系国家的学者一般认为，侵占故意的内容是对侵占自己占有的他人财物具有认识、容认的态度。至于在故意之外，是否还要求有某种目的或意图，学者们的意见不一。如前所述，持越权行为说的学者认为，只要有侵占的故意，就完全具备了侵占罪的主观要件，侵占罪的成立并不要求行为人有非法取得（或所有）自己占有的他人财物的意思。但持取得行为说的学者认为，侵占罪的主观要件除了故意之外，还要求有非法取得（或所有）的意图，即具有像财物的所有人那样处分财物的意思。 51

我国刑法理论界的通说认为，侵占罪主观方面只能是故意，并且具有非法占有他人财物的目的。换言之，行为人明知是自己代为保管的他人财物，或是他人的遗忘物或者埋藏物，自己有义务按照约定或者法律规定将它退还给所有人或者交出，但拒不 52

71 参见〔日〕新保义隆：《刑法各论》，早稻田经营出版 1997 年版，第 230 页。

72 参见〔日〕大塚仁：《刑法概说（各论）》，有斐阁 1992 年版，第 274 页。

退还或拒不交出,意图为自己非法占有。[73] 可见,我国刑法理论界的通说与大陆法系国家的上述取得行为说基本上相同。判断行为人主观上有无不法取得的意图(或非法占有目的)时,在以下几个问题上容易产生争议:

53 (1)基于毁弃、隐匿的意思而处分委托物。行为人有毁弃、隐匿委托物的意思时,能否认为有不法取得的意图(或非法占有目的)?是否影响侵占罪的成立呢?由于越权行为说认为,不法取得的意图并非侵占罪成立的要件,因而行为人有毁弃、隐匿委托物的意思时,无论是否可以认为有不法取得的意图,均不妨碍侵占罪的成立。另外,日本的判例和通说虽然认为不法取得的意图是侵占罪必备的主观要件,但同时又认为只要有像所有者那样处分财物的意思,就是具有不法取得的意图,而毁弃、隐匿是处分财物的常见表现形式,这就意味着毁弃、隐匿的意思是包含在不法取得的意思之中的,所以,不影响侵占罪的成立。但是,日本也有一部分持取得行为说的论者把不法取得的意图理解为按财物的经济用途利用的意思,这样一来,由于毁弃、隐匿的意思不能包容于不法取得的意图之中,行为人不具备侵占罪的主观要件,因而不成立侵占罪。我国也有学者持类似观点。[74]

54 笔者认为,行为人将自己占有的他人之物据为己有也可能表现为隐匿而不加以利用,甚至将持有物毁损,这些行为是非法占有之后的处分行为,不影响侵占罪的成立。侵占罪作为一种不侵害占有权只侵害所有权的取得罪,其突出表现是非法处分自己占有的他人财物,因此,其主观方面的不法取得意图,也应该理解为作为所有人处分他人财物的意图。如果只是按财物的经济用途利用财物,如违背所有人的旨意擅自使用自己占有的他人财物,这虽然有按财物的经济用途利用的行为与意思,但一般不能认为这是一种据为己有的行为,也不能说行为人有不法取得的意图。行为人接受他人委托代为保管他人财物之后,将代为保管之物毁弃、隐匿,拒不退还或赔偿损失的,自然是从根本上侵害了所有人对财物的所有权,对其造成了财产上的损害,应该按侵占罪处理。

55 (2)出于挪用的目的而把委托物擅自拿出去使用。对出于挪用的目的而把委托物擅自拿出去使用的行为,能否认为有不法取得的意思(或非法占有目的)?是否可以定侵占罪?许多国家刑法对此并无明文规定,而只能由判例和学说来作解释。但也有国家刑法有明文规定。《新加坡刑法典》第 403 条规定,“转移动产归自己使用”,第 404 条规定,把死者的财产“归于己用”,是“侵占财产罪”的基本表现形式之一。

56 根据大陆法系国家的越权行为说,由于只要有超越委托者委托权限的行为就能构成侵占罪,因而即使只是出于暂时挪用的目的而把委托者不允许使用的财物拿出去使用,尔后归还给了委托者,也不妨碍侵占罪的成立。但是,取得行为说认为,这种

[73] 参见赵秉志:《侵犯财产罪》,中国人民公安大学出版社 1999 年版,第 271 页。

[74] 参见张明楷:《刑法学》(第 6 版),法律出版社 2021 年版,第 1265 页。

“使用侵占”与“使用盗窃”一样，一般因为欠缺不法取得的意图而不构成侵占罪。但是，如果挪用行为对所有人的财产造成了实际损害，则认为构成侵占罪。日本的判例就是持此种观点。[75]

我国刑法学者一般认为，对委托物如果只是暂时挪用，用后打算归还的，就不具有非法所有（或占有）的目的，因而缺乏侵占罪的主观要件，不构成侵占罪。笔者认为，侵占罪作为一种取得罪，不仅客观方面要有从根本上取得财物的行为，而且主观上也要有非法取得的意图，如果行为人只是暂时挪用委托物，并非想从根本上剥夺委托者对财物的所有权，而且不属于消耗性使用，不会给所有者造成大的财产损失，就不能认为其有非法取得的意图，从而也没有成立侵占罪的余地。但是，如果是消耗性使用，又未经委托者允许，使用的结果是导致物的价值大大降低甚至完全丧失，即使行为人意图返还原物（但拒绝赔偿），也应该认为有不法取得的意图，有可能构成侵占罪。例如，甲因出国留学将一辆使用时间不长的轿车交给乙保管，乙擅自长期使用，到甲归国返还时该车已达到报废的程度，甲要求乙赔偿，但被乙拒绝。此例从表面上看，乙只是擅自使用委托保管之物，最终返还了原物，并没有取得的意图或者变占有为所有的目的，但从实质而言，财物是有经济价值之物，取得财物自然是要取得其经济价值，而取得财物的经济价值可以是一次性取得，也可以通过消耗性使用逐渐取得。因此，应该认为乙有取得甲委托其保管之轿车的使用价值和经济价值的行为和目的。 57

（3）有今后补偿的意思而处分委托物。行为人有今后补偿的意思而处分了委托物，能否认为有不法取得的意图（或非法占有目的）？是否成立侵占罪呢？对此，大陆法系国家的越权行为说认为，擅自处分他人的委托物自然是一种越权行为，无论行为人是否有补偿的意思以及有无非法取得的意图，均不影响侵占罪的成立。取得行为说虽然认为侵占罪的成立以有非法取得的意图为必要，但同时认为取得是相对于被委托的财物而言的，行为人故意处分委托物的行为本身就表明其有非法取得的意图，至于行为人有今后用金钱或同种类的财物补偿的意思，也不妨碍侵占罪的成立。因为侵占罪同盗窃罪一样，是一种对个别财产的犯罪，并不以被害人在整体上有实际财产损害为成立条件，即使盗窃、侵占财物时用同等价值的财物给被害人以补偿，也同样认为有非法取得的意图。日本的判例和通说就是持此种观点。但也有持取得行为说的学者认为，如果有用金钱或其他替代物补偿的能力和意思，只是一时挪用委托物的，不能认为有非法取得意图，也不能作为侵占罪处理。[76] 58

我国刑法学者大多认为，行为人在非法处分他人财物时，如果主观上确有补偿的 59

---

75 参见〔日〕大塚仁：《刑法概说（各论）》，有斐阁 1992 年版，第 295 页。

76 参见〔日〕大塚仁：《刑法概说（各论）》，有斐阁 1992 年版，第 295 页。

愿望,就不能认为其有非法所有(或占有)的目的,因而不能构成侵占罪。[77] 笔者赞成这种观点。如前所述,侵犯财产罪的本质是侵犯财产所有权,盗窃、侵占之类的取得罪,都是有可能给他人造成财产损失的,如果某种行为实质上不可能给他人带来财产上(经济上)的损失,如窃取时留下了等价的现金,将受委托保管的他人财物卖掉后,付给了委托者等价的金钱,或者购买同种、同质、同量的财物予以补偿,就不可能构成侵犯财产罪。因此,对我国《刑法》第 270 条中的"拒不退还""拒不交出",不能从狭义上理解为仅限于拒不退还或拒不交出原物。用同种类物替代或支付相当数额的金钱赔偿的,应该视为已"退还"或"交出"。既然如此,行为人处分自己占有的他人财物时,只要确有用金钱或同种财物补偿的真实意愿,并且始终不"赖帐",就不能认为其有非法取得或剥夺他人财产的意图,即使案发时尚未补偿,也只能视为一般的民事违约或侵权行为,不能作为侵占罪处理。

60 (4)为了委托者本人的利益而处分委托物。关于为委托者本人的利益而处分其委托物能否构成侵占罪的问题,越权行为说持肯定态度。主要理由是只要受托人实施了超出委托权限范围的行为,就可能构成侵占罪,受托者是为了自己的利益,还是为了委托者本人的利益,或者是为了第三人的利益,均在所不问。但取得行为说认为,在这种场合,不能认定行为人有不法取得的意图,因而不构成侵占罪。日本的判例和通说持此种主张。[78] 笔者认为,为了委托者本人的利益处分委托物,例如,为了防止受托保管的财物腐烂、变质,未经委托者授权而将财物卖掉并交给委托者所得的货款,当然不属于侵犯财产所有权的侵占行为,也不能认为行为人主观上有不法取得的意图。另外,有些国家(如瑞士、奥地利)的刑法明文规定,只有"为自己或第三人不法之利益"才可能构成侵占罪,这就隐含了"为委托者本人的利益"处分委托物不构成侵占罪之意。

Ⅸ 排除犯罪的事由

61 债权人为了让债务人履行债务,拒不退还债务人委托自己代为保管的价值相当之财物的,属于行使财产权利的行为。由于行为人主观上是想用对方的财物抵偿自己的债务,主观上无非法取得对方财物的恶意,客观上也只是取得了自己应得的财物,没有给对方造成财产损失,因而不构成侵占罪。但是,如果所侵占的财物远远超出自己应得的部分,则有可能构成侵占罪。但在计算侵占数额时,应该扣除其应得的部分财物数额。

---

77 参见刘志伟:《侵占罪研究》,载高铭暄、赵秉志主编:《刑法论丛》(第 2 卷),法律出版社 1999 年版,第 134 页。

78 参见〔日〕新保义隆:《刑法各论》,早稻田经营出版 1997 年版,第 232 页。

X 既遂与未遂

侵占罪与盗窃罪、诈骗罪、抢夺罪、抢劫罪等罪一样,都属于取得罪的范畴。取得罪的既遂一般是以行为人得到他人财物,即实际掌握控制他人财物为标准。不同的是,盗窃、诈骗、抢夺、抢劫等取得型犯罪是以转移占有为特征的犯罪,因而被称为转移占有罪,其既遂的标志是他人财物从所有人或持有人转移到行为人或第三人的占有或控制之下;而侵占罪是一种不转移占有的取得型犯罪,在侵占行为发生之前,他人财物已经处在行为人的合法控制之下,因此,不能以行为人是否占有或控制财物作为判断既遂、未遂的标准,而应当以行为人事实上已取得即变持有为所有作为既遂的标志。一般来说,只要行为人无理由拒绝退还基于正当事由早已占有的他人财物,就足以证明其已事实上取得了该占有物,其侵占行为已处于既遂状态。 62

对侵占罪有无未遂,从我国《刑法》总则的规定和刑法理论来看,似乎应该作肯定回答。但由于《刑法》第270条把"拒不退还""拒不交出"作为侵占罪的成立条件,并且这也是司法实践中认定犯罪既遂的重要依据,就表明行为人拒不退还委托物、拒不交出遗忘物和埋藏物,才构成侵占罪,并且已处于犯罪既遂状态;反过来,如果行为人开始虽然表示拒不退还或拒不交出,但经过说服教育同意退还或交出,就不构成犯罪,也不构成侵占罪未遂。由此可见,在我国,侵占罪的未遂事实上无存在的余地。 63

XI 共犯

二人以上共同故意犯侵占罪的,构成侵占罪的共犯。如前所述,普通侵占罪的主体是他人之物的占有者,不具有这种身份者不能实行侵占他人财物的行为,即不能成为本罪的实行犯,但是,可以实施教唆、帮助行为,可以成为本罪的教唆犯或帮助犯。 64

XII 罪数

关于侵占罪的罪数标准,在日本等国刑法理论界有较大争议,有的认为应该以侵害法益或所有权的个数为标准;有的认为应当以委托关系的个数为标准;有的认为应当以占有行为的个数为标准;有的认为应以侵占行为的个数为标准;还有的认为应以委托关系的个数或者所有权关系的个数、侵占行为的个数为标准。[79] 我国刑法理论界对这一问题尚缺乏研究。笔者认为,如果是针对一个委托信任关系所占有的财物实施一个侵占行为,使所有权关系受到一次侵犯的,构成一罪;如果是针对数个委托信任关系所占有的财物实施了数个侵占行为,使所有权关系受到数次侵犯的,构成数罪(同种数罪);如果是基于一个犯意,在较短的时间内,连续实施数个侵占行为,侵害数个所有权关系的,属于连续犯。对侵占罪的同种数罪,一般不实行数罪并罚,只是 65

79 参见〔日〕大塚仁:《刑法概说(各论)》,有斐阁1992年版,第299页。

要将每次侵占财物的数额累计计算,以数额大小作为处刑轻重的主要依据;对侵占罪的连续犯,自然只能以一个概括的侵占罪定罪处罚,同样要对每次侵占财物的数额累计计算。

XIII　与非罪的界限

66 侵占罪与盗窃罪、诈骗罪、抢夺罪、敲诈勒索罪等财产罪相比,在构成犯罪的条件上有更为严格的要求,除了侵占财物必须达到"数额较大"的标准之外,还增加了其他财产罪所没有的"拒不退还"或"拒不交出"的要件,并且还附加了"告诉的才处理"的条件。因此,如果侵占财物数额未达较大的标准,或者虽达了数额较大的标准,并且表示拒不退还,但经过说服教育,行为人退还或交出了意欲侵吞的财物的,或者虽然侵占财物数额较大,并且拒不退还,但权利人并不告诉的,均不能当犯罪处理。

XIV　与他罪的区别

一、与盗窃罪的区别

67 侵占罪与盗窃罪都属于财产罪中的取得罪,二者有许多相同之处。其主要区别在于:①犯罪对象不同。侵占罪的对象仅限于行为人自己占有之下的他人财物,一般是他人委托自己代为保管的委托物,另外还包括遗忘物和埋藏物;而盗窃罪的对象可以是各种公私财物。②犯罪客观方面的表现不同。侵占行为是将自己合法占有的他人财物予以侵吞;盗窃行为是采用秘密窃取的手段,将他人占有的财物转移为自己占有。侵占罪在客观方面还必须要有"拒不退还"或"拒不交出"的表现,如果行为人经说服教育退还或交出了财物,则不构成犯罪;而盗窃罪只要有窃取财物的行为就可能成立,即便是被害人找行为人索要时,行为人退还或交出了财物,也不影响盗窃罪的成立。③犯罪主体不同。侵占罪的主体只能是他人之物的占有者,不占有控制他人财物的人,不可能成为侵占罪的实行犯,只可能成为侵占罪的教唆犯或帮助犯;盗窃罪的主体则可以是任何达到法定刑事责任年龄、具有刑事责任能力的人。

68 侵占罪与盗窃罪在如下几种特殊情况下比较难以区分:

1. 侵占被包装物与盗窃罪的界限

69 受委托保管、搬运的财物被装在容器中,并且盖有封印或者已被锁住,如果受托者私自打开包装物拿走了其中的财物,例如,李某乘火车到外地出差,将携带的一个大行李箱交用电动车送快递的王某从家门前运到火车站,自己乘公交车到火车站。王某在中途将行李箱的锁撬开,取出箱内价值近万元的钱物。李某在火车站收到王某交给自己的行李箱时没有仔细查看就办了托运,到达目的地收到行李箱之后才发现箱内财物被掏空。对于此类案件,应该如何定性呢?在我国刑法理论界,有人认为应该定为盗窃罪,也有人认为应该定为侵占罪。[80] 分歧的焦点在于,行李箱内所装的财物(内容物)的占有是属于委托者,还是属于受委托者,或者属于两者共同占有。对此,理论界大致有以下几种主张[81]:①受托者占有说。此说重视物理地、现实地控制财物这一面,认为委托者既然将财物交给受托者保管、搬运,财物的整体已与委托者相分离,转由受托者掌握控制,就应该认为财物的占有已完全由委托者转向受托者。因此,受托者无论是取得被包装物的整体,还是抽取其中的内容物,都构成侵占罪。②委托者占有说。此说注重规范的一面,强调财物被包装封印、被锁住在法律上的特殊性,认为这种财物虽然已交给受托者保管、搬运,但受托者并不能拆封或开锁,更不能对里面所装的物质加以处分,实质上对财物没有支配权,只不过是委托者支配财物的一种手段,所以,受托者虽然现实地掌握或管理着财物,但作为刑法上的占有,不管是相对于被包装物的整体,还是其内容物,都应该归属于委托者。受托者无论是取得被包装物的整体,还是抽取其内容物,都存在侵害委托者对被包装物的占有问题,因而构成盗窃罪。③区别说。此说认为,对被包装物的占有问题,不可一概而论,应该将被包装物的整体与其内容物分别开来谈论。由于被包装物的整体已交给受托者,受托者现实地支配着它,当然是由受托者占有。但是,对其内容物,由于委托者加了封印、上了锁,受托者不能拆封,也不能打开,根本无处分的权利,这就意味着受托者只是委托者支配这部分财物的工具,因此,对被包装的内容物委托者仍然保留占有。如果受托者取得了被包装物的整体,就构成侵占罪;如果只是抽取里面装的财物,则构成盗窃罪。④修正区别说。此说基本上立足于区别说,认为被包装物的整体是由受托者占有,其内容物则不仅仅是由委托者占有。因为被包装物的整体是由受托者掌握,从物理的侧面考虑,受托者也同时占有内容物,即由双方共同占有。如果受托者抽取被包装的内容物,当然也就侵害了共同占有者的另一方对财物的占有,构成盗窃罪;假如取得了整体被包装物,则意味着被包装的内容物也遭到了侵害,相对于被包装物的整体而言,构成侵占罪,而相对于其内容物来说,则成立盗窃罪,两者之间是观念的竞合。按处理观念竞合的原则,就要以法定刑更重的盗窃罪定罪处罚。这样一来,结论就与委托者占有说完全相同了。⑤还有一种修正说认为,被包装物的整体是受托者占有,内容物则是受托者与委托者共同占有。受托者拆封或开锁取得内容物,无疑是侵害了共同占有,但这属于侵占罪与盗窃罪之间的法条竞合问题,按处理法条竞合的原则,应认定为侵占罪。另外,取得(或处分)被包装物的整体,也构成侵占罪。这样的结论与前述受托者占有说完全一致。

以上几种学说中,委托者占有说的弊病是片面强调被包装物在法律上的特殊性,而忽视了受托者实际掌握财物的一面。但刑法上的占有具有事实性,即必须是事 70

80 参见赵秉志:《侵犯财产罪》,中国人民公安大学出版社1999年版,第273页。

81 参见刘明祥:《财产罪比较研究》,中国政法大学出版社2001年版,第50—51页。

实上支配财物。既然被包装物已交给受托者保管、搬运,财物已与委托者分离,委托者怎么能排除受托者成为独立的占有者呢?例如,快递员受委托为顾客投送包裹,离开快递公司后行进在投送途中时,还认为包裹不在快递员的占有之下,而是在委托者的独立占有之下,显然不合情理。区别说的弊病在于把被包装物的整体与其内容物完全割裂开来,认为被包装物的整体是由受托者占有,而其内容物则由委托者占有。但是,整体是由部分组成的,把组成整体的所有部分都抽掉了,那么,整体就成了虚幻的东西。就被包装物而言,如果内容物属委托者占有,剩下的就只是作为外壳的包装箱等属于受托者占有,那么这种占有就失去了实质意义。再说,受托者取得(或侵吞)整体的被包装物,按区别说的逻辑推论,也不能笼统地说只构成侵占罪,而应该认为相对于包装箱等外壳,构成侵占罪,相对于其内容物则成立盗窃罪。另外,按区别说处理案件,还会产生刑罚不均衡问题。因为侵占罪的法定刑比盗窃罪轻得多,如果取得被包装物的整体构成侵占罪,抽取其内容物的一部分成立盗窃罪,这就意味着对侵害程度严重者反而处比侵害程度轻者更轻的刑罚,当然是不合理的。但是,也有持区别说的论者辩解说,刑罚不均衡的问题不会发生。以快递员把自己所要投送的里面装有贵重财物的包裹据为己有为例,表面上看是取得被包装物的整体的职务侵占行为,但是,从行为人的目的来看,其是想取得其中的贵重财物,其实质是取得属于委托人占有的内容物,所以,应该定为盗窃罪。这同从包裹之中抽取部分财物在定罪上并没有差别,不会导致不合理的结论。[82] 可是,在现实生活中,受托者取得被包装物的整体,绝非想得到一个没有多少金钱价值的包装箱等外壳,而是想要取得其中的内容物,如果把这种行为也定为盗窃罪,那么,受托者取得被包装物的整体与抽取其中的内容物就没有区别了,实际的结论也就与前述委托者占有说相同了。还有持区别说的论者解释说,取得被包装物的整体与拆封之后抽取其中的内容物,在行为方式上有差别,后者的罪状更重,所以,对后者处罚比对前者重一点也是合理的。[83] 但是,如果说加进了拆封这种手段就使罪状加重,甚至使行为的性质也发生了改变,这是很难令人信服的。况且,受托者将被包装物完整地拿回去之后,必定也会拆封取出其中的内容物,如果认为在单位内拆封抽取内容物罪状就重,拿回家拆封取出内容物罪状就轻,这也不合情理。只不过在保管、搬运过程中开封抽取部分内容物,尔后又恢复其外貌,比那种侵吞整体被包装物的行为更具有隐蔽性,更容易逃避法律责任而已。两种修正区别说由于都是以区别说为理论基础,所以,也存在与区别说相类似的弊病。与区别说有所不同的是,修正区别说认为,被包装的内容物不只是由委托者一方占有,而是由委托者与受托者双方共同占有。但是,如果被包装物的整体已由受托者单独占有,那么,其内容物也就没有另由委托者占有的余地。既然对被包装物的整体与其内容物不能分割开来区别对待,也就不存在修正区别说所提出的观念竞合、法条竞

---

82 参见〔日〕藤木英雄:《刑法讲义各论》,弘文堂 1976 年版,第 276 页。

83 参见〔日〕大谷实:《刑法各论的重要问题》,立花书房 1990 年版,第 198 页。

合问题。

相比之下,受托者占有说较为合理。因为委托者将被包装物交给受托者保管、搬运之后,受托者就在事实上成为财物的支配者,财物一旦丢失或损坏,相应地他就要承担赔偿责任。这就具备了刑法上占有的基本特征。反过来,委托者将财物交给受托者之后,就在事实上失去了对财物的控制。至于说对被包装的财物,受托者只负责按合同规定的方式妥善保管、搬运,对被包装的内容物出现腐败变质、泄漏等损失,不承担赔偿责任,并且受托者也不能拆开包装处分其中的内容物,这似乎表明受托者对内容物并无处分权,相反,委托者有这种权利。但这是从民事法律的角度而言的,而民法上的占有并不等于刑法上的占有,前者可以是观念上、规范上的占有,后者则必须是事实上的占有。正因为受托者事实上支配着被包装物,委托者只是在观念上、法律上支配着被包装物,事实上失去了对其控制,所以,只有受托者才是刑法上的占有者。不管受托者是取得被包装物的整体,还是抽取其中的内容物,都应该定为侵占罪。 71

2. 侵占遗忘物与盗窃罪的界限

如前所述,遗忘物是持有者因疏忽未带走而遗留在有人能有效管理之场所的财物,一般认为,这种财物已置于管理者的占有或控制之下,管理者发现之后,有代为保管财物并将其返还所有人的义务,如果管理者不履行这种义务,拒不退还遗忘物,这同侵占他人委托自己保管的财物具有同样的性质,因而构成侵占罪。但如果是管理者之外的第三人将财物拿走,如与他人同住一间客房的某旅客,将先离店的另一位旅客留在房间的遗忘物拿走,乘坐出租车的客人下车时将前一位客人留在车上的遗忘物拿走,都不属于侵占遗忘物而是盗窃行为。因为遗留在这种特定场所的遗忘物已置于旅馆主人、出租车司机的占有之下,所有人之外的第三者私自拿走,是一种侵害他人对财物之占有的行为,不具有侵占罪的本质特征。而避开财物占有者的视线取得其占有之下的大量财物,完全符合盗窃罪的构成要件,应该定盗窃罪。我国的司法机关过去对这类案件就是这样处理的。在1979年《刑法》施行时期,由于没有规定侵占罪,对于侵占他人遗忘物的,只能按类推的方法,比照盗窃罪的条文定"侵占他人遗忘财物罪"。从已经判决的案件看,这是指行为人明知是他人遗忘在自己合法控制范围之内的财物,而加以侵占,拒不归还。例如,顾客在商贩摊位上购买物品,将手提包(内有价值万元的财物)遗忘在摊位上忘记拿走,商贩明知是该顾客的遗忘物,见财起意将其藏匿,在顾客回来寻找时,谎称未发现,拒不交出,即以上述犯罪论处。对于物主将财物遗忘在他人控制范围内,行为人趁他人不知,秘密将该遗忘物窃为己有的,则以盗窃罪论处。[84] 总之,"认定侵占遗忘物,必须把握以下几点:一是他人的财物遗忘在行为人的直接控制范围之内,例如,行为人的家中、货摊上、汽车上等。二是 72

---

84 参见高铭暄主编:《新编中国刑法学》(下册),中国人民大学出版社1998年版,第791页。

行为人没有用犯罪的方法使他人财物处于自己的控制之下,即具有持有的合法性和无罪过性。三是明知是他人的遗忘物,而占为己有,拒不交出”[85]。

3. 侵占埋藏物与盗窃罪的界限

73 一般来说,对无意之中挖掘出埋藏物而拒不交出的行为,认定为侵占埋藏物,这在理论和实践上都没有分歧。但对有意挖掘他人埋藏物的行为,是认定为盗窃还是侵占,在理论上则有争议。通说认为,侵占埋藏物是指在对地面挖掘时,无意中发现地下埋藏物,明知不归本人所有,而非法占为已有,拒不交出的行为。如果行为人明知某处埋藏有某人的财物,或者明知某处(如古墓)埋藏有古代珍贵文物,以非法占有为目的去挖掘,将所得之物据为已有,则应分别以盗窃罪或盗窃古墓葬罪论处,不能定侵占罪。[86] 但也有学者认为,对此不可一概而论,关键要看埋藏物是否已脱离物主的占有,已脱离物主占有的,即使行为人明知是他人埋藏之物,以非法占有为目的而掘取,也只能定侵占罪;如果埋藏之物未脱离物主的占有,行为人明知并以非法占有为目的而掘取,则构成盗窃罪。前者如行为人发现物主在荒山上埋藏财物,待其离开后即去挖取。由于埋藏者对埋藏物已失去了实际上的控制,该财物属于脱离占有物,而盗窃罪所窃取之物必须是在他人占有之下的,所以,只可能构成侵占罪。后者如埋藏在自家庭院中的财物,自然是在主人的占有之下,他人去盗掘,构成盗窃罪。[87]

74 笔者认为,作为侵占罪对象的埋藏物只能是脱离占有物,如果是所有者占有的掩埋物,如在自家庭院所埋之物,就不属于我们这里所指的埋藏物,自然可以成为盗窃罪的侵害对象。另外,即便是掩埋在荒郊野外,只要所有人知道掩埋地,并可以随意挖取,就仍不失去对财物的占有,这同所有人把汽车停放在离主人居住较远的地方一样,不能因为离主人有较远的距离,就认为不在其占有之下。如果是由于天灾人祸、年代久远或者是其他原因,物主已不知财物的埋藏地,或者埋藏物的所有人不明,或者无继承人,这才成为脱离占有物,也才是刑法中所指的埋藏物。如果明知某处有脱离占有的埋藏物,而埋藏地又在他人管理、控制范围内,就应该视为该埋藏物由他人占有,行为人以非法占有为目的而掘取,自然构成盗窃罪。这同前述乘坐出租车的人将他人留在车上的遗忘物拿走是一样的道理,该物虽然脱离了物主的占有,并且出租车司机并未发现该物,但在法律上应该推定为已被司机占有,司机侵吞这种遗忘物有可能构成侵占罪,而第三者拿走则有可能构成盗窃罪(不构成侵占罪),因此,在自己管理、控制范围内的土地上,无论是有意还是无意挖掘出他人的埋藏物(不包括古墓葬等珍贵文物),只可能构成侵占罪(不构成盗窃罪),但以非法占有为目的有意在他人(包括国家、集体单位)管理、控制的土地上挖掘埋藏物,则只能构成盗窃

85 王作富:《略论侵占罪的几个问题》,载《法学杂志》1998 年第 1 期。

86 参见高铭暄、马克昌主编:《刑法学》(第 9 版),北京大学出版社、高等教育出版社 2019 年版,第 508 页。

87 参见于世忠:《论侵占罪》,吉林大学 2000 年博士学位论文,第 114—115 页。

罪(不构成侵占罪)。不过,如果是以非法占有为目的,有意挖掘古墓葬、古文化遗址、古人类化石、古脊椎动物化石,则无论是在自己还是在他人管理、控制的土地上掘取,均不构成侵占罪,只能构成盗掘古文化遗址、古墓葬罪等罪。

二、与诈骗罪的区别

一般来说,侵占罪与诈骗罪的区别比较明显,实践中并不难区分。但是,在某些特殊情况下,则存在容易混淆的现象。例如,行为人谎称自己代为保管的他人财物被窃或遗失等,而不退还委托物。在这种场合,行为人虽然使用了虚构事实或隐瞒真相的方法,并且使对方信以为真,放弃了进一步索要委托物,但因为行为人占有财物是合法的,是被害人主动交给行为人代为保管的,二者之间存在委托信任关系,只是后来行为人产生了取得对方财物(不退还财物)的意图,而采用虚构事实、隐瞒真相的欺骗方法,不退还财物,所以,行为的实质是侵占而不是诈骗。诈骗罪是采用虚构事实、隐瞒真相等欺骗手段,骗取他人占有的财物的行为。虽然有可能是采用编造代被害人保管财物的谎言,使被害人信以为真并将财物交给行为人“保管”,尔后行为人携财物逃离。但由于行为人一开始就没有接受委托代为保管财物的诚意,所以,委托信任关系并不成立,行为人实质上是采用欺骗手段将他人占有的财物骗归自己所有,由于占有本身是非法的,不具备侵占罪成立的前提条件,自然不可能构成侵占罪。 75

XV 处罚

我国刑法为侵占罪规定了两个幅度的法定刑,即侵占他人财物,数额较大,拒不退还的,是侵占罪的普通犯(或基本犯),处 2 年以下有期徒刑、拘役或者罚金;侵占他人财物,数额巨大或者有其他严重情节的,为侵占罪的加重犯,处 2 年以上 5 年以下有期徒刑,并处罚金。但是,对侵占罪,告诉的才处理。 76

如前所述,我国刑法对侵占罪的成立所规定的限制条件比较多,除了要求侵占财物“数额较大”之外,还要求“拒不退还”,并要有被害人告诉。至于侵占罪“数额较大”的标准,目前最高司法机关尚未作司法解释。有的论者提出,可参照有关盗窃罪的数额认定标准,即以盗窃“数额较大”作为本罪“数额较大”的起点。[88] 但是,笔者认为,由于侵占行为的社会危害程度低于盗窃,法律对侵占罪规定的法定刑也明显低于盗窃罪,因而,认定犯罪的数额标准也应高于盗窃罪。“从司法实践来看,本罪‘数额较大’的起点远远超过了盗窃罪‘数额较大’的起点。”[89]另外,由于“告诉”是构成本罪的程序条件,一般来说,被害人不亲自告诉的,司法机关不主动追究行为人的刑事责任。即使被害人提出告诉请求的,法院也本着先调解的原则进行调解,调解不 77

88 参见张穹主编:《刑法各罪司法精要》,中国检察出版社 2002 年版,第 536 页。

89 张明楷:《刑法学》(第 6 版),法律出版社 2021 年版,第 1265 页。

成,再行宣判;宣判前,自诉人还可以与被告人自行和解或撤回自诉。[90]

78 至于侵占罪"数额巨大"的标准,可以考虑在侵占"数额较大"10倍以上确定。"其他严重情节",则主要是指因侵占他人重要生产资料而影响他人进行生产并造成重大损失的;因侵占而造成被害人精神失常、病情加重甚至死亡的;因侵占外国人财物造成恶劣影响的;侵占无固定生活来源的残疾人、老年人等无生活来源之人的财物的;等等。[91]

---

90 参见张穹主编:《刑法各罪司法精要》,中国检察出版社2002年版,第535页。

91 参见赵秉志主编:《侵犯财产罪疑难问题司法对策》,吉林人民出版社2000年版,第329页。

第二百七十一条　职务侵占罪

公司、企业或者其他单位的工作人员，利用职务上的便利，将本单位财物非法占为己有，数额较大的，处三年以下有期徒刑或者拘役，并处罚金；数额巨大的，处三年以上十年以下有期徒刑，并处罚金；数额特别巨大的，处十年以上有期徒刑或者无期徒刑，并处罚金。

国有公司、企业或者其他国有单位中从事公务的人员和国有公司、企业或者其他国有单位委派到非国有公司、企业以及其他单位从事公务的人员有前款行为的，依照本法第三百八十二条、第三百八十三条的规定定罪处罚。

文献：赵秉志主编：《侵犯财产罪研究》，中国法制出版社1998年版；赵秉志：《侵犯财产罪》，中国人民公安大学出版社1999年版；赵秉志主编：《侵犯财产罪疑难问题司法对策》，吉林人民出版社2000年版；刘明祥：《财产罪比较研究》，中国政法大学出版社2001年版；毕志强、肖介清：《职务侵占罪研究》，人民法院出版社2001年版；刘明祥：《财产罪专论》，中国人民大学出版社2019年版。赵秉志、田宏杰：《海峡两岸职务侵占罪比较研究》，载《政法论坛》1999年第6期；张旭、于世忠：《职务侵占罪的沿革、比较与借鉴》，载《现代法学》2000年第2期；顾肖荣：《职务侵占罪若干问题研究》，载《政治与法律》2001年第3期；毕志强：《论职务侵占罪的犯罪对象》，载《法律适用》2001年第10期；黄祥青：《职务侵占罪的立法分析与司法认定》，载《法学评论》2005年第1期；肖中华、闵凯：《职务侵占罪认定中的三个争议问题剖析》，载《政治与法律》2007年第3期；郭泽强：《关于职务侵占罪主体问题的思考——以对"利用职务上的便利"之理解为基点》，载《法学评论》2008年第6期；刘根娣：《职务侵占罪与盗窃罪若干疑难问题辨析》，载《犯罪研究》2010年第6期；钱立春：《职务侵占罪认定法律问题探讨》，载《上海政法学院学报(法治论丛)》2015年第1期；刘伟琦：《"利用职务上的便利"的司法误区与规范性解读——基于职务侵占罪双重法益的立场》，载《政治与法律》2015年第1期；陈洪兵：《体系性诠释"利用职务上的便利"》，载《法治研究》2015年第4期；刘伟琦：《职务侵占罪中"职务"范围的合目的性解读》，载《当代法学》2015年第6期；付立庆：《交叉式法条竞合关系下的职务侵占罪与盗窃罪——基于刑事实体法与程序法一体化视角的思考》，载《政治与法律》2016年第2期；周啸天：《职务侵占罪中"利用职务上的便利"要件之再解读——以单一法益论与侵占手段单一说为立场》，载《政治与法律》2016年第7期；王彦强：《业务侵占：贪污罪的解释方向》，载《法学研究》2018年第5期；魏东：《职务侵占的刑法解释及其法理》，载《法学家》2018年第6期；周光权：《职务侵占罪客观要件争议问题研究》,载《政治与法律》2018 年第 7 期。

细目录

Ⅰ 主旨
Ⅱ 沿革
Ⅲ 客体
Ⅳ 对象
Ⅴ 职务侵占行为
一、利用职务上的便利
二、非法取得本单位财物
Ⅵ 结果
Ⅶ 主体
Ⅷ 故意
Ⅸ 排除犯罪的事由
Ⅹ 既遂与未遂
Ⅺ 共犯
Ⅻ 罪数
ⅩⅢ 与非罪的界限
ⅩⅣ 与他罪的区别
一、与盗窃罪、诈骗罪的区别
二、与侵占罪的区别
ⅩⅤ 处罚

Ⅰ 主旨

1 刑法规定职务侵占罪的目的在于保护公司、企业或者其他单位的财产所有权。由于职务侵占罪是公司、企业或者其他单位人员,利用职务上的便利实施的将本单位财物非法占为己有的行为,因而对单位职务行为的廉洁性和正常的职务、业务活动,也会产生较大的破坏作用,所以,惩罚职务侵占罪不仅具有保护单位财产所有权的意义,而且对维护单位人员职务行为的廉洁性和正常职务、业务活动的开展,具有重要作用。

Ⅱ 沿革

2 1979 年《刑法》未规定职务侵占罪,只是将国家工作人员利用职务上的便利侵占公共财物的行为,纳入贪污罪,规定按贪污罪定罪处罚。1995 年,全国人大常委会颁布了《关于惩治违反公司法的犯罪的决定》,该决定第 10 条规定:“公司董事、监事或者职工利用职务或者工作上的便利，侵占本公司财物，数额较大的，处五年以下有期徒刑或者拘役；数额巨大的，处五年以上有期徒刑，可以并处没收财产。”一般认为，该条是关于公司、企业人员侵占本单位财物罪的规定。该决定第12条规定，国家工作人员实施上述行为的，依照有关贪污罪的规定处罚。该决定第14条还规定，有限责任公司、股份有限公司以外的企业职工有该决定第10条规定的犯罪行为的，适用该决定。

1997年《刑法》第271条规定的职务侵占罪，是在上述决定所规定的公司、企业人员侵占本单位财物罪的基础上修订形成的。该条第1款规定：“公司、企业或者其他单位的人员，利用职务上的便利，将本单位财物非法占为己有，数额较大的，处五年以下有期徒刑或者拘役；数额巨大的，处五年以上有期徒刑，可以并处没收财产。”同上述决定的规定相比，法定刑没有变化，只是将犯罪主体范围由原来决定中规定的公司、企业人员扩展到各种单位的人员；该条第2款还明确规定，国有单位中从事公务的人员以及国有单位委派到非国有单位从事公务的人员，利用职务上的便利侵占单位财物的，以贪污罪定罪处罚。 3

应当指出，在刑法修订过程中，曾有草案将职务侵占罪的客观要件表述为“利用职务或者工作上的便利，侵占本单位财物”，这与全国人大常委会上述决定第10条的规定相似；还有草案规定，单位人员利用职务或工作上的便利非法将用于扶贫和其他公益事业的社会捐助或者专项基金的财物占为己有的，依照贪污罪的规定定罪处罚。[1] 4

2020年12月26日全国人大常委会通过的《刑法修正案（十一）》对《刑法》第271条规定的职务侵占罪的法定刑作了修改，即增设了“数额特别巨大的”法定刑档次，使原来的两档法定刑变为三档法定刑，并将此罪的最高法定刑提高到无期徒刑。同时，将原来的两档法定刑的幅度也作了相应调整，并在每一档次的法定刑中增设了罚金刑这一附加刑，删除了对加重犯“可以并处没收财产”的规定。 5

Ⅲ 客体

职务侵占罪的客体是公司、企业或者其他单位的财产所有权。单位的财产所有权，是指对单位财产占有、使用、收益和处分的权能。本罪对单位财产所有权的侵犯，包含了对作为财产所有权之根本的处分权的侵犯，因而比不侵犯财产处分权的挪用单位资金罪具有更为严重的社会危害性。 6

Ⅳ 对象

本罪的对象是公司、企业或者其他单位的各种财物。既可能是有体物，也可能是 7

1 参见高铭暄：《中华人民共和国刑法的孕育诞生和发展完善》，北京大学出版社2012年版，第496页。

无体物(如电、煤气等能源);既可能是已在单位控制中的财物,也可能是应归单位收入的财物(如单位在银行存款应得的利息)。另外,在本单位管理、使用或者运输中的私人财物,应以本单位财物论,也可以成为本罪侵害的对象。因为这些财物若在单位管理、使用、运输期间遭受损失,单位负有赔偿责任,实际受损失的是单位。

8 关于国有财产能否成为职务侵占罪的对象问题,学者们有不同意见。有的认为,国有财产、集体财物都可以成为职务侵占罪的对象[2];但也有人认为,虽然集体企业的财产可以成为侵占罪的对象,但国有公司、企业或者其他单位的财产,却不可能成为职务侵占罪的对象[3]。笔者赞成前一种观点。如同私人财产一样,国有财产如果在非国有公司、企业或者其他单位管理、使用、运输过程中,无疑可以成为职务侵占罪的对象;况且,国有公司、企业或者其他国有单位内部职工,利用职务上的便利,将本单位财物非法占为己有,也并非一概构成贪污罪,而是只有从事公务的人员才构成贪污罪,不从事公务而是从事一般劳务的,如国有商场的售货员侵吞大量销售款或贵重商品,就不宜定贪污罪,而应该按职务侵占罪定罪处罚。

V 职务侵占行为

9 职务侵占行为表现为利用职务上的便利,非法取得本单位财物。

一、利用职务上的便利

10 对"利用职务上的便利"应该如何理解?这是目前我国刑法理论界有争议的问题。主要存在两种不同观点:一种观点认为,利用职务上的便利就是指行为人利用自己在管理本单位经营、生产过程中进行领导、指挥、监督的职权。[4] 另一种观点认为,利用职务上的便利是指利用自己主管、经手、管理单位财物的便利条件。[5] 两种观点的差别在于:前者将职务等同于公务,即强调职务活动是一种管理性的活动;后者则不以此为限,而将劳务活动也包含在职务活动的范围之内。应该肯定,在1995年全国人大常委会颁布《关于惩治违反公司法的犯罪的决定》之前,将职务等同于公务也未尝不可。因为凡是刑法中规定的利用职务上的便利实施的犯罪(如贪污罪、受贿罪等),都是由从事公务的人员利用从事公务活动的便利实施的,不存在非从事公务的人员利用从事劳务活动的便利而实施贪污罪、受贿罪的问题,所以,将职务等同于公务,不会出现不当的结论。但是,在上述决定颁布之后,特别是1997年《刑法》施行后,仍将职务等同于公务,就与法律的规定不相吻合了。因为1997年《刑法》不仅规定了国家工作人员利用职务上的便利而实施的犯罪,也规定了不少非国家工作人

---

2 参见周其华:《新刑法各罪适用研究》,中国法制出版社1997年版,第307页。

3 参见周振想主编:《刑法学教程》,中国人民公安大学出版社1997年版,第536页。

4 参见张翔飞:《论职务侵占罪的几个问题》,载《现代法学》1997年第4期。

5 参见黎宏:《刑法学各论》(第2版),法律出版社2016年版,第337页。

员利用职务上的便利实施的犯罪,如职务侵占罪、非国家工作人员受贿罪等。而非国家工作人员从事的经手、管理非国有单位财物的活动,完全有可能只是一种劳务,如商店售货员从事的销售商品、收取货款的活动,就不属于公务活动的范畴,但商店售货员利用职务上的便利侵吞单位的售货款,自然有可能构成职务侵占罪。由此可见,把职务侵占罪中的"利用职务上的便利"理解为包含利用从事公务和劳务的便利,可能更符合实际。

一般来说,利用职务上的便利所包含的"利用主管财物的便利",主要是指单位领导利用自己在职务上具有对单位财物的购置、调配、流向等决定权。"利用经手财物的便利",主要是指利用自己因执行职务而领取、使用、支配单位的财物等权力。如采购员在采购活动中经手单位的货款和货物,单位人员出差时经手差旅费等。"利用管理财物的便利",则主要是指利用自己保管与管理财物的便利。如财会人员对单位现金的管理,保管人员对单位物资的管理,等等。利用职务上的便利非法取得单位财物,是本罪不同于盗窃、诈骗等普通财产罪的关键所在。在通常情况下,只要因行为人的职务关系而主管、经手、管理单位财物,就能为非法取得单位财物提供便利条件。反之,如果不主管、经手、管理单位财物,也就不具备这种便利条件,只有通过其他非法手段才能取得单位财物。值得注意的是,如果行为人只是利用在本单位工作,熟悉作案环境等条件,则不能视为利用职务上的便利。例如,某单位会计得知本单位财会室存放有大量未发放出去的工资款,晚上伙同他人撬开单位财会室门锁作案,盗走大量现金。这就不存在利用职务上的便利窃取财物的问题,不构成职务侵占罪,而构成盗窃罪。 11

二、非法取得本单位财物

职务侵占罪是一种职务上的取得罪,客观方面既要利用职务上的便利,又要有非法取得本单位财物的行为。至于取得财物的手段,《刑法》第 271 条并未作具体规定,而只是概括规定为"将本单位财物非法占为己有"。如前所述,由于最高人民法院的司法解释将本条罪名定为"职务侵占罪",因而理论界对本罪的手段行为包括"侵占"(或侵吞)已无异议,但对是否包含盗窃、骗取等非法手段,则有较大争议。一种观点认为,职务侵占罪的手段只含"侵占"(或侵吞)一种,不包括盗窃、诈骗及其他非法手段。因为《刑法》第 271 条在职务侵占罪的罪状中只规定了非法占有行为,而未规定其他行为,如果采用盗窃、诈骗及其他非法手段也能构成本罪,那么刑法之中就应该作明确规定;况且,本罪的最高法定刑只有 15 年有期徒刑,而盗窃罪、诈骗罪的最高刑都包含无期徒刑,其中特殊的盗窃罪还可以处死刑,如果认为职务侵占罪的手段包含盗窃、诈骗,显然不符合罪责刑相适应的原则。[6] 另一种观点认为,职务侵占罪的手段除"侵占"(或侵吞)外,还包括盗窃、诈骗等其他非法手段。因为设立职务 12

6 参见张翔飞:《论职务侵占罪的几个问题》,载《现代法学》1997 年第 4 期。

侵占罪,在很大程度上是由于过去属于贪污的部分行为,有必要从贪污罪中分离出去,归入职务侵占罪,因此,贪污的手段也必然会成为职务侵占罪的手段;此外,如果说贪污的手段包括盗窃、骗取等多种手段,而职务侵占罪同样是利用职务之便,其手段仅限于合法持有非法所有(侵占)一种,就会出现对公司、企业中的国家工作人员来说,采用不同手段定罪相同,而对其中的非国家工作人员来说,却因利用上述几种不同手段而分别定不同罪名的现象,显然有违定罪的一般原则。[7]

13 笔者赞成上述后一种观点。首先从贪污罪与职务侵占罪的立法演进过程来看,1979 年《刑法》只规定了国家工作人员才能构成的贪污罪,但是随着国家政治经济形势的发展变化,集体经济组织和其他单位人员利用职务上的便利非法侵犯单位财产的现象越来越严重,为了保护集体财产和惩治这类犯罪,1988 年 1 月 21 日全国人大常委会颁布的《关于惩治贪污罪贿赂罪的补充规定》扩大了贪污罪的主体范围,即把集体经济组织工作人员和其他经手、管理公共财物的人员,也纳入贪污罪的主体范围,这虽然在一定程度上弥补了过去刑法规定的不足,但又带来了与从严治吏的刑事政策不协调等新的问题,同时,对于某些公司、企业或其他非集体所有制单位人员利用职务上的便利非法占有本单位财物的行为,仍然无法有效且合理地处置。为此,1995 年 2 月 28 日全国人大常委会颁布的《关于惩治违反公司法的犯罪的决定》增设了公司、企业人员侵占罪,将集体经济组织工作人员,受企业委托从事公务的人员,全民所有制企业、集体所有制企业的承包经营者等人员的贪污行为从贪污罪中分离出来,纳入公司、企业人员侵占罪。1997 年《刑法》第 271 条职务侵占罪,就是在全国人大常委会《关于惩治违反公司法的犯罪的决定》所规定的公司、企业人员侵占罪的基础上修订而成的。从贪污罪与职务侵占罪这一立法演进过程可以看出,现行刑法已将相当一部分原来属于贪污范畴的行为,纳入职务侵占罪的范围,其中当然包括采用盗窃、侵吞、骗取等非法手段取得单位财物的情形。其次,1995 年 2 月 25 日发布的最高人民法院《关于办理违反公司法受贿、侵占、挪用等刑事案件适用法律若干问题的解释》明确指出,上述"《决定》第十条规定的'侵占',是指行为人以侵吞、盗窃、骗取或者以其他手段非法占有本公司、企业财物的行为"。最高司法机关之所以对《关于惩治违反公司法的犯罪的决定》规定的公司、企业人员侵占罪中的"侵占"作扩张解释,是因为公司、企业人员利用职务上的便利盗窃、骗取或者以其他手段非法占有本公司、企业的财物,与这些人员利用职务上的便利侵占本公司、企业财物具有同样的社会危害性,有必要同等对待。也正因为如此,后来修订的《刑法》第 271 条将《关于惩治违反公司法的犯罪的决定》第 10 条中的"侵占"一词,改为"非法占为己有",使之具有更大的包容性。这更进一步表明职务侵占罪客观方面的手段除侵占之外,还包含盗窃、骗取等其他非法手段。

7　参见赵秉志主编:《侵犯财产罪疑难问题司法对策》,吉林人民出版社 2000 年版,第 294—295 页。

一般认为,所谓侵占,是指行为人利用职务上的便利,将合法管理、使用、经手的公司、企业(或其他单位)的财物非法占为己有的行为。如私自消费、转卖、扣留、隐匿不交,等等。所谓盗窃,是指行为人利用职务上的便利,窃取本单位的财物,也就是通常所说的“监守自盗”。如仓库保管员值班期间窃取库房内的贵重物资卖给他人。所谓骗取,是指行为人利用职务上的便利,使用欺骗的方法,非法获取本单位财物。如公司、企业的财会人员开假支票到银行提取现金;出差人员伪造、涂改单据,虚报冒领差旅费,等等。所谓其他手段,是指利用职务上的便利,采取侵占、盗窃、骗取以外的其他方法,非法取得本单位财物的行为。如利用职权巧立名目私分公司、企业的财物等。 14

VI 结果

职务侵占罪的结果是非法取得本单位财物。与盗窃罪、诈骗罪、抢劫罪、抢夺罪、侵占罪等取得罪不同的是,其非法取得本单位财物必须利用职务上的便利。另外,根据我国《刑法》第 271 条的规定,“将本单位财物非法占为已有,数额较大的”,才构成本罪。这表明职务侵占行为只有已经造成或可能造成本单位数额较大财产损失的结果,才可能构成本罪。 15

VII 主体

职务侵占罪的主体是特殊主体,即只能是公司、企业或者其他单位的人员。这里的“公司”主要是指依照我国《公司法》的规定,经过国家主管机关批准设立的各种有限责任公司和股份有限公司。“企业”是指根据我国企业登记法规,经过国家主管机关批准设立的,以营利为目的的各种经济组织。至于个人或家庭经营的个体工商户,一般不属于企业的范畴,其从业人员不能成为本罪的主体。“其他单位”则是指公司、企业以外的其他组织,如城镇的居民委员会、农村的村民委员会、医院、学校、文艺团体,等等。 16

上述公司、企业或其他单位,包括私营公司、企业,外资公司、企业,中外合资经营或者合作经营公司、企业或单位,这在理论上已无异议。但是,是否包含国有公司、企业以及其他国有单位,则存在较大争议。否定论者认为,由于《刑法》第 271 条第 2 款规定,“国有公司、企业或者其他国有单位中从事公务的人员和国有公司、企业以及其他国有单位委派到非国有公司、企业以及其他单位从事公务的人员有前款行为的”,要依照有关贪污罪的规定定罪处罚,这就表明国有单位的人员不能成为本罪的主体。但肯定论者认为,上述规定只是说明国有公司、企业以及其他国有单位中从事公务的国家工作人员,不能成为职务侵占罪的主体,但是,不能由此得出结论说,国有单位中非从事公务的人员都不能成为职务侵占罪的主体,例如,国有商场的售货员,不是从事公务的国家工作人员,但可以成为职务侵占罪的主体。因为售货员从事 17

的是服务性的劳务,而不是带有管理性的公务,不宜把他们与从事公务的国家工作人员同等看待。[8] 笔者赞成肯定论者的主张。虽然在1979年《刑法》修订以前,由于刑法没有关于侵占罪的规定,实践中一直把国有单位或集体商店售货员纳入贪污罪主体的范围,但是,现行刑法规定了侵占罪和职务侵占罪之后,把国有单位中从事劳务的人员(如商店售货员)仍作为贪污罪的主体,显然就不妥当了。因为从事服务性的劳务与从事管理性的公务毕竟在性质上有较大差别,并且《刑法》第271条第2款只是规定国有单位从事公务的人员利用职务上的便利,将本单位财物非法占为己有数额较大的,才按贪污罪定罪处罚,并不包含从事劳务的人员。因此,应将国有公司、企业或者其他国有单位中从事劳务的人员,视为职务侵占罪的主体。

18 应当指出,《刑法》第271条规定职务侵占罪的主体是公司、企业或者其他单位的人员,而未进一步限定为必须是主管、管理或经手本单位财物的人员。但是,如果不主管、管理或经手本单位的财物,一般也就没有取得本单位财物的职务上的便利。如单纯从事劳务的生产工人、农场的农工、勤杂工等,由于没有职务上的便利,不能成为本罪的单独犯(只有可能构成共犯)。一般来说,单位中能够成为本罪主体的人员,主要是担任一定的管理性的职务,或者在工作中经手、管理单位财物的人员,包括公司、企业的董事、监事、经理、厂长,以及从事人事、财务、计划、供销、信贷、物资采购、保管等工作的人员。

19 另外,村民委员会等村基层组织人员,如村委会主任、村民小组长,利用职务上的便利将村里的集体财产非法占为己有,数额较大的,以职务侵占罪论处[9];但如果是在协助人民政府从事行政管理工作时,利用职务上的便利侵占公共财物的,则构成贪污罪。在国有资本控股、参股的股份有限公司中从事管理工作的人员,除受国家机关、国有公司、企业、事业单位委派从事公务的以外,不属于国家工作人员。对其利用职务上的便利,将本单位财物非法占为己有,数额较大的,应当以职务侵占罪定罪处罚。[10]

20 值得注意的是,公司、企业或者其他单位中具有国家工作人员身份的人员,不能成为本罪的主体。如前所述,根据《刑法》第271条第2款规定,国有单位中从事公务的人员和国有单位委派到非国有单位中从事公务的人员,如果利用职务上的便利,将本单位财物非法占为己有的,应当以贪污罪定罪处罚,而不能以职务侵占罪定罪处罚。之所以如此,是因为这些人员非法占有单位财物的行为,不仅侵犯了单位的财产所有权,而且侵犯了国家工作人员的职务廉洁性,为了体现对国家工作人员从严要求

8 参见高铭暄主编:《新编中国刑法学》,中国人民大学出版社1998年版,第795页。

9 参见最高人民法院1999年6月25日发布的《关于村民小组组长利用职务便利非法占有公共财物行为如何定性问题的批复》。

10 参见最高人民法院2001年5月23日发布的《关于在国有资本控股、参股的股份有限公司中从事管理工作的人员利用职务便利非法占有本公司财物如何定罪问题的批复》。

的立法精神，因而采取特殊的处理原则。但是，这却带来了与贪污罪的规定不一致的问题。因为《刑法》第 382 条规定，贪污罪的对象仅限于公共财物，而国有单位委派到非国有单位从事公务的人员，利用职务上的便利所非法占有的非国有单位的财物，并非都是公共财物，完全有可能是私有财物，所以，将这类非法占有私有财物的行为以贪污罪论处，就会出现与贪污罪的构成要件不完全吻合的现象。这是有待今后修改刑法时予以完善的问题。

Ⅷ 故意

21 职务侵占罪只能由故意构成，其故意内容是明知为本单位所有的财物，而希望利用职务之便非法占为己有。应当注意的是，对这里所说的希望非法占为己有（或非法占为己有的目的），不能仅从狭义上理解，而应该理解为包含为第三人非法占有的情形。例如，单位人员利用职务上的便利，弄虚作假，将部分货款转到自己亲友的账户上，归亲友所有。表面上行为人似乎没有将本单位财物非法占为己有，甚至一开始行为人就未想到自己要取得这部分财物，而是要为自己的亲友谋利，但行为人利用职务上的便利，将单位财物转给第三者，这是其非法处分单位财物的一种表现形式，也是其取得单位财物的一种形式，同样应该以本罪论处。

Ⅸ 排除犯罪的事由

22 公司、企业或者其他单位的人员，为了让单位兑现自己应得的奖金或劳务报酬，利用职务上的便利，采用非法手段取得了单位的财物，但所得数额在自己应得财物数额范围内的，属于行使财产权利的行为，不能以本罪论处。例如，某单位推销员与单位事先签订协议，约定按推销货物收回的货款数额的比例提取奖金。该推销员因工作效率高，推销量大，按约定所应得的奖金数额也很大，因担心单位会不遵守协议，自己拿不到大量奖金，于是利用职务上的便利，将自己应得的部分奖金隐藏起来。在这种场合，由于行为人主观上并非想要非法取得本单位的财物，客观上利用职务便利先行扣留的部分财物又是自己应得的，并未给单位造成财产损失，因而不具备本罪主客观方面的要件。

Ⅹ 既遂与未遂

23 职务侵占罪作为一种取得罪，虽然其取得财物的手段包括窃取、骗取、侵占等多种类型，但既遂与未遂的区分也同盗窃罪、诈骗罪、侵占罪等取得罪一样，应该以是否取得财物作为标准。具体来说，单位人员利用职务上的便利窃取单位财物的，应以实际窃取到单位财物，即把单位财物置于自己的掌控之下为既遂的标志；单位人员利用职务便利骗取单位财物，如到财会室报假账、虚报冒领，则应以财会人员向行为人交付财物，行为人因而实际取得财物为既遂的标志，等等。

24 单位人员利用职务上的便利,已实施窃取、骗取或侵占等行为,但由于意志以外的原因(如因被其他人发现等),而未取得单位财物的,属于职务侵占未遂。如果行为人意图取得的财物数额巨大,即便是未遂,也应以犯罪论处。但如果行为人意图取得的财物只是在“数额较大”的范围内而又未遂的,一般可以视为情节显著轻微,不以犯罪论处。

XI 共犯

25 二人以上共同故意犯职务侵占罪的,构成职务侵占罪的共犯。由于职务侵占罪是单位人员利用职务便利实施的,并且对单位中从事公务而又有国家工作人员身份的人,利用职务便利非法占有本单位财物的,要按贪污罪定罪处罚,这就决定了具有不同身份的人共同作案时,如何定罪处罚,成为一个相当复杂的问题。从司法实践的情况来看,具有不同身份的人共同作案,主要表现为三种形式:①公司、企业或其他单位之外的人员与公司、企业或其他单位中的国家工作人员共同作案,利用国家工作人员的职务便利,非法占有本单位财物;②公司、企业或者其他单位之外的人员与公司、企业或者其他单位中的非国家工作人员共同作案,利用不具有国家工作人员身份的单位人员的职务便利,非法占有本单位财物;③公司、企业或者其他单位中的国家工作人员与非国家工作人员共同作案,利用一方的职务便利或利用各自的职务便利,非法占有本单位财物。

26 对这几种不同形式的共同犯罪案件,采用何种原则定罪处罚,在刑法理论界存在较大争议。主要有以下几种不同观点:①第一种观点是分别定罪说,认为应根据主体的不同身份分别定罪。即对公司、企业或其他单位中的国家工作人员定贪污罪,对公司、企业或其他单位中的非国家工作人员定职务侵占罪。[11] ②主犯决定说,认为应以主犯的身份来确定共同犯罪的罪名。即主犯是国家工作人员的,应定为贪污罪,对不具有国家工作人员身份的人,也按贪污罪定罪处罚;主犯是公司、企业或其他单位中的非国家工作人员的,应认定为职务侵占罪,对其他共同犯罪人也按职务侵占罪处罚;主犯是公司、企业或其他单位之外的人员的,应认定为侵占罪,对其他共同犯罪人也按侵占罪定罪处罚。[12] ③折中说,即把主犯决定说与分别定罪说折中起来认定,如果主犯是公司、企业或其他单位中的非国家工作人员,全案都定职务侵占罪;如果主犯是公司、企业或其他单位中的国家工作人员,则对具有国家工作人员身份者定贪污罪,对非国家工作人员定职务侵占罪。[13] ④区别对待说,认为如果实施共同犯罪行为时利用了国家工作人员的职务便利,就应该定贪污罪;如果实施共同犯罪行为时,仅

---

11 参见张凤阁主编:《最新刑法释义与适用指南》,中国检察出版社1997年版,第459页。

12 参见赵秉志主编:《侵犯财产罪疑难问题司法对策》,吉林人民出版社2000年版,第307页。

13 参见刘家琛主编:《新罪通论》,人民法院出版社1996年版,第437页。

仅是利用了公司、企业或其他单位中的非国家工作人员的职务便利,则应定职务侵占罪。如前所述,2000 年 6 月 27 日通过的最高人民法院《关于审理贪污、职务侵占案件如何认定共同犯罪几个问题的解释》第 2 条明确规定:“行为人与公司、企业或者其他单位的人员勾结,利用公司、企业或者其他单位人员的职务便利,共同将该单位财物非法占为己有,数额较大的,以职务侵占罪共犯论处。”该解释第 3 条规定:“公司、企业或者其他单位中,不具有国家工作人员身份的人与国家工作人员勾结,分别利用各自的职务便利,共同将本单位财物非法占为己有的,按照主犯的犯罪性质定罪。”显然,该司法解释采取的是“主犯决定说”。

仔细推敲以上几种不同观点,不难看出其都存在缺陷。“分别定罪说”不符合共同犯罪的定罪原理,因为共同犯罪不同于单个人犯罪的重要之处在于,各共同犯罪人所实施的行为、所起的作用尽管各不相同,但都构成同一种犯罪,并都应对共同犯罪行为所引起的危害结果承担刑事责任。“主犯决定说”认为应按主犯的犯罪性质定罪,实际上是按主犯的身份定性,即主犯有国家工作人员身份的,对所有共犯人都定贪污罪;主犯不具有国家工作人员身份,则对所有共犯人都定职务侵占罪。但是,如果 2 个以上的主犯中,既有国家工作人员,又有非国家工作人员,按“主犯决定说”,就会出现无所适从的现象。折中说实质上是主张在有的场合采用主犯决定说,在另一些场合采用分别定罪说,它不仅没有克服两者的缺陷,而且还兼含有两者的弊病。相比之下,区别说以实施犯罪时利用了职务便利的人的身份来确定罪名,具有一定的合理性。因为利用职务便利是本罪实行行为的重要组成部分,而以实行犯的实行行为的性质来确定共犯的罪名,是符合共犯的定罪原理的。但是,如果单位内从事公务的国家工作人员与非国家工作人员共同作案,各自都利用了自己的职务便利,按区别说同样会出现无法定罪的问题。 27

笔者认为,上述难题和争论是由现行立法带来的。由于《刑法》第 271 条第 2 款规定,国有公司、企业或者其他国有单位中从事公务的人员和国有公司、企业以及其他国有单位委派到非国有公司、企业以及其他单位从事公务的人员,利用职务上的便利将本单位财物非法占为己有的,依照贪污罪的规定定罪处罚,这样就会出现在共同犯罪的场合,是定贪污罪还是定职务侵占罪的问题。如果将该款规定改为只是按贪污罪的法定刑标准处罚(仍然定职务侵占罪),就不会出现上述定罪上的不合理现象,同时又能充分体现对国家工作人员从严要求的刑事政策思想。不过,在刑法未作上述修改的情况下,还是应该严格依法行事。按照最高人民法院的上述司法解释,单位中的非国家工作人员与非单位人员相勾结,利用职务上的便利,非法占有数额较大的本单位财物的,对双方均定为职务侵占罪;单位中不具有国家工作人员身份的人与国家工作人员相勾结,分别利用各自的职务便利,共同将本单位财物非法占为己有的,按照主犯的犯罪性质定罪,即主犯是从事公务的国家工作人员的,对各共犯人均按贪污罪定罪处罚;主犯是非国家工作人员的,则均按职务侵占罪定罪处罚。如果主犯中既有从事公务的国家工作人员,又有非国家工作人员的,笔者主张,看谁发挥的 28

作用更大,若前者发挥的作用更大,对各共犯人均应按贪污罪定罪处罚,若后者发挥的作用更大,则对各共犯人均以职务侵占罪论处。

XII　罪数

29　职务侵占罪的罪数应当以行为人实施的行为符合犯罪构成的个数为认定标准,即行为人基于一个职务侵占罪的故意,实施一个职务侵占行为,一次侵犯本单位财产所有权的,构成一罪。如果基于一个概括的犯意,在较短时间内,连续实施数个职务侵占行为,侵犯数个所有权关系的,属于连续犯,不实行数罪并罚,应将多次非法取得财物的数额累计计算,以一个职务侵占罪定罪处罚。

XIII　与非罪的界限

30　职务侵占罪与一般职务侵占行为是涉及罪与非罪界限的不同情形,应该注意严格区分开来。区分两者的关键在于社会危害性程度不同。由于《刑法》第 271 条把“数额较大”作为构成职务侵占罪的必备要件,因此,公司、企业或者其他单位的人员,利用职务上的便利,将本单位财物非法占为己有,数额是否达到较大标准,成为职务侵占罪与一般职务侵占行为的分界线。也就是说,达到“数额较大”标准的,构成职务侵占罪,应依法追究刑事责任;未达到“数额较大”标准的,属于一般职务侵占行为,应由其所在单位责令其退还非法占有的本单位的财物,并依照有关规定给予相应的处分;或者由公安机关依照治安管理处罚法给予行政处罚。

XIV　与他罪的区别

一、与盗窃罪、诈骗罪的区别

31　职务侵占罪与盗窃罪、诈骗罪的主要区别是:①职务侵占罪的对象只能是公司、企业或其他单位的财物,而盗窃罪、诈骗罪的对象可以是任何公私财物;②职务侵占罪只能是利用职务上的便利实施,行为方式包括窃取、骗取、侵吞等多种,而盗窃罪、诈骗罪取得财物与职务无关,并且行为方式只能是窃取或骗取;③职务侵占罪的主体是特殊主体,只能是本单位的人员,而盗窃罪、诈骗罪的主体是一般主体,可以是任何有责任能力的自然人。

二、与侵占罪的区别

32　职务侵占罪与侵占罪同属非法取得他人财物,侵犯他人财产权利的犯罪。二者的区别主要在于:①犯罪对象不同。职务侵占罪的对象是公司、企业或其他单位的财物;侵占罪的对象是“代为保管的他人财物”“他人的遗忘物或埋藏物”。②犯罪客观方面不同。职务侵占罪在客观方面必须是利用职务上的便利,而侵占罪并无这方面的要求;职务侵占罪取得财物的方式并不以“侵占”为限,还包括窃取、骗取等非法手段,而侵占罪取得财物的方式仅限于“侵占”;侵占罪的成立要求侵占行为完成之后还必须有拒不退还或拒不交出侵占物的表现,而职务侵占罪则不论行为人是否已退还或交出非法占有的财物均可能构成。③犯罪主体不同。职务侵占罪的主体仅限于公司、企业或者其他单位的人员;而侵占罪的主体是一般主体,不受此种范围的限制。④犯罪主观方面不同。职务侵占罪的故意表现为行为人明知是本单位财物,而利用职务上的便利非法占为己有;侵占罪的故意则表现为行为人明知是自己代为保管的他人财物或者明知是他人的遗忘物或埋藏物,非法占为己有,而又拒不退还或交出。另外,根据我国刑法的规定,侵占罪,告诉的才处理;而职务侵占罪并无此要求。

XV 处罚

《刑法》第 271 条为职务侵占罪规定了三个幅度的法定刑,即单位人员利用职务 33
上的便利,将本单位财物非法占为己有,数额较大的,是职务侵占罪的普通犯(或基本犯),处 3 年以下有期徒刑或者拘役,并处罚金;将本单位财物非法占为己有,数额巨大的,处 3 年以上 10 年以下有期徒刑,并处罚金;数额特别巨大的处 10 年以上有期徒刑或者无期徒刑,并处罚金。

按照 2016 年 4 月 18 日起施行的最高人民法院、最高人民检察院《关于办理贪污 34
贿赂刑事案件适用法律若干问题的解释》第 11 条第 1 款的规定,职务侵占罪中的“数额较大”“数额巨大”的数额起点,按照该解释关于受贿罪、贪污罪相对应的数额标准规定的 2 倍、5 倍执行(6 万元以上为职务侵占“数额较大”,100 万元以上为职务侵占“数额巨大”,1500 万元以上为职务侵占“数额特别巨大”)。

根据 2021 年 7 月 1 日起实施的最高人民法院、最高人民检察院《关于常见犯罪 35
的量刑指导意见(试行)》,构成职务侵占罪的,根据下列情形在相应的幅度内确定量刑起点:①达到数额较大起点的,在 1 年以下有期徒刑、拘役幅度内确定量刑起点;②达到数额巨大起点的,在 3 年至 4 年有期徒刑幅度内确定量刑起点;③达到数额特别巨大起点的,在 10 年至 11 年有期徒刑幅度内确定量刑起点。依法应当判处无期徒刑的除外。在量刑起点的基础上,根据职务侵占数额等其他影响犯罪构成的犯罪事实增加刑罚量,确定基准刑。罚金数额应根据职务侵占的数额、危害后果等犯罪情节,综合考虑被告人缴纳罚金的能力决定。缓刑的适用应综合考虑职务侵占的数额、手段、危害后果、退赃退赔等犯罪事实、量刑情节,以及被告人的主观恶性、人身危险性、认罪悔罪表现等因素。

另外,本条虽然把数额作为适用轻重不同法定刑的唯一根据,但在司法实践 36
中,在法定刑幅度内处刑时,还得考虑犯罪动机、作案手段、危害后果、退赃情况、案发后的表现等多方面的因素。

第二百七十二条　挪用资金罪

公司、企业或者其他单位的工作人员，利用职务上的便利，挪用本单位资金归个人使用或者借贷给他人，数额较大、超过三个月未还的，或者虽未超过三个月，但数额较大、进行营利活动的，或者进行非法活动的，处三年以下有期徒刑或者拘役；挪用本单位资金数额巨大的，处三年以上七年以下有期徒刑；数额特别巨大的，处七年以上有期徒刑。

国有公司、企业或者其他国有单位中从事公务的人员和国有公司、企业或者其他国有单位委派到非国有公司、企业以及其他单位从事公务的人员有前款行为的，依照本法第三百八十四条的规定定罪处罚。

有第一款行为，在提起公诉前将挪用的资金退还的，可以从轻或者减轻处罚。其中，犯罪较轻的，可以减轻或者免除处罚。

文献:赵秉志主编:《侵犯财产罪研究》,中国法制出版社 1998 年版;赵秉志:《侵犯财产罪》,中国人民公安大学出版社 1999 年版;鲜铁可主编:《国家工作人员经济犯罪界限与定罪量刑研究》,中国方正出版社 2000 年版;赵秉志主编:《侵犯财产罪疑难问题司法对策》,吉林人民出版社 2000 年版;单长宗、梁华仁主编:《新刑法研究与适用》,人民法院出版社 2000 年版。吴安清:《挪用刍议》,载《中南政法学院学报》1987 年第 2 期;潘经民:《浅谈挪用资金罪》,载《上海会计》2000 年第 5 期;赵杰:《职务侵占罪与挪用资金罪的区别》,载《上海市政法管理干部学院学报》2000 年第 6 期;赵奎伟:《完善挪用资金罪主体范围规定》,载《理论与实践》2000 年第 23 期;刘秀:《挪用资金罪构成要件探析》,载《贵州警官职业学院学报》2009 年第 2 期;安文录、程兰兰:《论挪用资金罪"借贷给他人"构罪之转变》,载《河南师范大学学报(哲学社会科学版)》2011 年第 5 期;李鹏、樊天忠:《挪用资金罪司法认定中的若干疑难新问题》,载《政治与法律》2011 年第 5 期;孙万怀:《挪用公款罪判例体系中的司法展拓》,载《法学评论》2011 年第 6 期;阎慧鸣:《论单位债权能否成为挪用资金罪的犯罪对象》,载《山西警察学院学报》2017 年第 4 期;黄点点、姜小川:《企业实际控制人"挪用资金"行为的法律认定》,载《中国检察官》2018 年第 4 期;戴民杰:《挪用资金罪中"归个人使用"的教义学诠释》,载《政治与法律》2020 年第 2 期。

细目录

Ⅰ　主旨
Ⅱ　沿革

Ⅲ 客体
Ⅳ 对象
Ⅴ 挪用资金行为
Ⅵ 构成犯罪的情节
Ⅶ 主体
Ⅷ 故意
Ⅸ 加重犯
Ⅹ 既遂与未遂
Ⅺ 共犯
Ⅻ 罪数
XIII 与非罪的界限
一、区分罪与非罪的标准
二、挪用与借用的区分
XIV 与他罪的区别
XV 处罚

Ⅰ 主旨

刑法规定挪用资金罪的目的在于保护公司、企业或者其他单位的财产权利。由于挪用资金罪是公司、企业或者其他单位人员,利用职务上的便利实施的将本单位资金挪归个人使用或者借贷给他人,因而对单位的财经管理制度会产生较大的破坏作用,所以,惩罚挪用资金罪对于保护单位的财产权益,维护单位的财经管理制度,具有重要作用。 1

Ⅱ 沿革

挪用资金罪是挪用型犯罪的一种。1979 年《刑法》对挪用公共财物归个人使用从而侵犯公共财物使用权的行为未作处罚规定。1985 年 7 月 18 日发布的最高人民法院、最高人民检察院《关于当前办理经济犯罪案件中具体应用法律的若干问题的解答(试行)》中指出:“关于挪用公款归个人使用的问题,首先应区别是否归还。如果归还了,则性质是挪用,除按刑法第一百二十六条规定应判刑的外,一般属于违反财经纪律,应由主管部门给予行政处分。如果不归还,在性质上则是将国家和集体所有的公共财产转变为私人所有,可以视为贪污。但确定挪用公款是否归还、是否构成贪污在时间上需要有一个期限,在金额上需要达到一定数量。当然,还要注意挪用公款的其他情节。司法实践中,国家工作人员、集体经济组织工作人员和其他经手、管理公共财物的人员,挪用公款归个人使用,超过六个月不还的,或者挪用公款进行非法活动的,以贪污论处。”这一司法解释虽然在一定程度上解决了国家工作人员和集体 2

经济组织等单位人员挪用公款行为的定罪处罚问题,但是,挪用公款毕竟不同于贪污,按贪污罪定罪处罚并不合理,而且上述司法解释也存在越权解释的弊病。为此,1988年1月21日通过的全国人大常委会《关于惩治贪污罪贿赂罪的补充规定》增设了挪用公款罪并明文规定:"国家工作人员、集体经济组织工作人员或者其他经手、管理公共财物的人员,利用职务上的便利,挪用公款归个人使用,进行非法活动的,或者挪用公款数额较大、进行营利活动的,或者挪用公款数额较大、超过3个月未还的,是挪用公款罪,处5年以下有期徒刑或者拘役;情节严重的,处5年以上有期徒刑。挪用公款数额较大不退还的,以贪污论处。挪用救灾、抢险、防汛、优抚、救济款物归个人使用的,从重处罚。挪用公款进行非法活动构成其他罪的,依照数罪并罚的规定处罚。"从这一规定可以看出,这里的挪用公款罪实际上包含了现行刑法规定的挪用资金罪的相当一部分行为。

3 上述补充规定的颁布,无疑对完善我国有关挪用型犯罪的立法具有重要意义。但是,它仍然不能包容所有有必要予以刑事处罚的挪用行为。因为根据1989年11月6日最高人民法院、最高人民检察院发布的《关于执行〈关于惩治贪污罪贿赂罪的补充规定〉若干问题的解答》的规定,"集体经济组织工作人员"是指在集体经济组织中从事公务的人员;"其他经手、管理公共财物的人员"包括1979年《刑法》第155条中规定的"受国家机关、企业、事业单位、人民团体委托从事公务的人员",基层群众性自治组织(如居民委员会、村民委员会)中经手管理公共财物的人员,全民所有制企业、集体所有制企业的承包经营者,以全民所有制和集体所有制企业为基础的股份制企业中经手、管理财物的人员,中方是全民所有制或集体所有制企业性质的中外合资经营企业、中外合作经营企业中经手、管理财物的人员。而个体投资、家庭投资、合伙人投资的私人经营的工商户不属于集体经济组织,其人员就当然不能成为挪用公款罪的主体。直接从事生产、运输劳动的工人、农民、机关勤杂人员、个体劳动者、部队战士,经手公共财物的,如果他们所从事的仅仅是劳务,也不能成为挪用公款罪的主体。1995年2月28日全国人大常委会通过的《关于惩治违反公司法的犯罪的决定》中增设了公司、企业人员挪用本单位资金罪,明文规定"公司董事、监事或者职工利用职务上的便利,挪用本单位资金归个人使用或者借贷给他人,数额较大,超过三个月未还的,或者虽未超过三个月,但数额较大,进行营利活动的,或者进行非法活动的,处三年以下有期徒刑或者拘役"。挪用本单位资金数额较大不退还的,依照该决定关于公司企业人员侵占罪的规定定罪处罚。该决定还规定,有限责任公司、股份有限公司以外的企业职工也可以成为公司、企业人员挪用本单位资金罪的主体。[1]

4 1997年《刑法》第272条关于挪用资金罪的规定,是对全国人大常委会上述决定的内容加以修订而形成的,只不过同过去的规定相比,作了如下几方面的修改:①就犯罪主体而言,将"公司董事、监事或者职工"修改为"公司、企业或者其他单位的工

---

1 参见赵秉志主编:《新刑法全书》,中国人民公安大学出版社1997年版,第967页。

作人员”。②增加规定了第 2 款的内容,即规定国有公司、企业或者其他国有单位中从事公务的人员和国有公司、企业或者其他国有单位委派到非国有公司、企业以及其他单位从事公务的人员有挪用本单位财物行为的,应当以挪用公款罪依法追究刑事责任。③对“挪用本单位资金数额巨大的”,增设了一个量刑幅度。④对挪用本单位资金数额较大不退还的行为,规定了独立的处刑标准(定罪仍然定挪用资金罪),而不再依照职务侵占罪(上述决定称为侵占罪)论处。[2]

2020 年 12 月 26 日全国人大常委会通过的《刑法修正案(十一)》对《刑法》第 5
272 条规定的挪用资金罪作了如下几方面的修改:①删除了原来将挪用资金“数额较大不退还的”,按此罪的加重犯处罚的规定;②增设了挪用资金“数额特别巨大的,处七年以上有期徒刑”这一法定刑档次,将此罪的最高法定刑由原来的 10 年有期徒刑提高到现在的 15 年有期徒刑,同时,将原来的挪用资金“数额巨大”的法定刑调整为“三年以上七年以下有期徒刑”;③补充规定,有挪用资金的犯罪行为,“在提起公诉前将挪用的资金退还的,可以从轻或者减轻处罚。其中,犯罪较轻的,可以减轻或者免除处罚”。

Ⅲ 客体

挪用资金罪的客体是什么?它应当归属于哪类犯罪?这是理论和实践上有争议 6
的问题。一种观点认为,挪用资金罪侵犯的直接客体是本单位资金的使用权,而侵犯使用权就必定侵犯到资金所有权的整体,因此,其同类客体是财产所有权,应当归入侵犯财产罪中。另一种观点认为,挪用资金罪侵犯的直接客体,具体地说是资金的使用权,概括地说是国家财经管理制度中的资金使用制度,其同类客体是社会主义经济秩序,应当归入破坏社会主义市场经济秩序罪中。[3] 还有一种观点认为,挪用资金罪只侵犯单位对财产的占有权、使用权和收益权,但不侵犯处分权。由于占有权、使用权、收益权也是属于财产所有权的重要内容,所以,本罪的客体是财产所有权,应将其归入侵犯财产罪中。[4] 笔者赞成最后一种观点。根据我国有关民事法律的规定,财产所有权是指所有人依法对自己的财产享有占有、使用、收益和处分的权利。所有权所包含的四方面的权利既有联系又具有相对的独立性,表面上看挪用资金罪只是侵犯本单位对资金的使用权,但由于使用是以占有即掌握控制财物为前提的,即占有后才能使用,所以,必定也侵犯单位对资金的占有权。又由于挪用资金罪的特点是“借鸡下蛋”,即使用单位资金为自己取得收益,因而必定侵犯单位对资金的收益权。只

---

2 参见高铭暄:《中华人民共和国刑法的孕育诞生和发展完善》,北京大学出版社 2012 年版,第 496—497 页。

3 参见赵秉志主编:《侵犯财产罪研究》,中国法制出版社 1998 年版,第 389 页。

4 参见高铭暄主编:《新编中国刑法学》(下册),中国人民大学出版社 1998 年版,第 798 页。

不过挪用资金罪等挪用型犯罪与盗窃等取得型犯罪有所不同的是,前者不侵犯财产的处分权,而后者则由于以取得他人财物为特点,因而必定侵犯他人对财产的处分权。

Ⅳ 对象

7 挪用资金罪的对象是本单位的资金,即公司、企业或其他单位财产中呈货币或者有价证券形态的那一部分,包括人民币、外国货币、支票、股票、国库券、债券等有价证券。尚未注册成立但正在准备设立过程中的公司在银行开设的临时账户上的资金,可以成为本罪侵害的对象。[5]

8 此外,公司、企业或者其他单位的物资设备能否成为本罪的侵害对象呢?对此,刑法理论界有不同的意见。一种意见认为,公司、企业或其他单位的物资设备一般不能成为本罪的对象,但若挪用情节较为严重,确有给予刑事制裁的必要,可以将挪用的物资折成价款,依照挪用资金罪的规定定罪量刑。[6] 另一种意见认为,挪用资金罪的对象只限于本单位的资金,不包括本单位的物资设备。[7] 笔者认为,从罪刑法定主义的立场而言,单位的物资设备等实物不是资金,自然不能成为本罪侵害的对象。因为刑法明文规定本罪的对象是本单位的资金,就是为了限制处罚范围。如果把挪用的物资折算成价款,以挪用资金罪论处,那就达不到限制的目的,并且作这种不利于被告人的扩大处罚范围的解释,显然是违反罪刑法定原则的,因而在刑法未作修改的情况下,不能将挪用物资设备等实物的行为,以挪用资金罪定罪量刑。

9 至于今后有无必要修改现行刑法的规定,把单位的物资也纳入本罪的处罚范围,确实是一个值得研究的问题。应该肯定,现行刑法把单位物资排除在本罪对象范围之外,具有一定的合理性。因为在现实生活中,擅自动用单位的物资设备等实物的现象比较普遍,实物的价值通常也很大,如果按财物的价值,与挪用本单位资金同等来论,势必会扩大本罪处罚范围,有违刑法的谦抑性原则;况且,物资设备等实物有较大的物理外形,一旦被挪用往往比较容易被发现并得到纠正;过去有一段时期,司法实践中虽然也把挪用公物的行为当犯罪处理过,但效果并不好,且执行很困难。例如,擅自动用本单位价值几十万元的高级小轿车,用来从事营利活动,时间仅两三天。如果把这种行为与挪用本单位几十万元资金从事营利活动同样看待,显然不够妥当。不过,对所有挪用本单位实物的行为,均不以犯罪论处,也存在弊病。例如,将本单位存放在仓库的大量钢材卖给他人获取数额巨大的现金,用来从事营利活动,几个月后

---

5 参见2000年10月9日发布的最高人民检察院《关于挪用尚未注册成立公司资金的行为适用法律问题的批复》。

6 参见赵秉志主编:《侵犯财产罪研究》,中国法制出版社1998年版,第390页。

7 参见高铭暄主编:《新编中国刑法学》(下册),中国人民大学出版社1998年版,第798页。

赚了钱又买了同种同质同量的钢材返还。这同把本单位存放在银行账户上数额巨大的款项挪用来从事营利活动,很难说有实质的差别,不以犯罪论处明显不够合理。况且,我国《刑法》第 384 条第 2 款规定,挪用用于救灾、抢险、防汛、优抚、扶贫、移民、救济款物归个人使用的,以挪用公款罪从重处罚,这表明挪用公款罪的对象一般是公款,但也有例外的情况,如果挪用的公物有上述特殊用途,也可以犯罪论处。由此推论,挪用本单位公物也有必要规定在特殊情形下,以挪用资金罪论处。至于如何规定才合适,则有待进一步研究。

V　挪用资金行为

挪用资金罪的成立在客观方面必须要有挪用资金行为。挪用资金行为表现为利用职务上的便利,挪用本单位资金归个人使用或者借贷给他人使用。该行为具有以下几方面的特征: 10

(1)利用职务上的便利。这是挪用的前提,如果没有职务上的便利,即便是行为人想挪用也不能如愿。所谓利用职务上的便利,是指利用本人在职务上主管、经管或经手单位资金的方便条件。例如,公司主管财务的经理利用调动本单位资金的权力;出纳员利用保管现金的职务;采购员利用经手购货款的便利;推销员利用经手销货款的便利;等等。 11

(2)挪用本单位资金。挪用的本义是指擅自改变既定用途而使用。其中,“挪”是指违反财经纪律,擅自取得对本单位资金的占有或控制。“用”是指私自使用挪出的本单位资金。“挪”是前提,“用”是目的,二者结合而构成对单位资金所有权的侵犯。只“挪”而不“用”,如将单位的资金拿到家里存放起来,以作为单位履行与自己签订的合同的保证,这就不能称为挪用单位资金。但是,并非所有挪用资金的行为,都可以将“挪”与“用”两个环节明显地区分开来,相反,在许多案件中二者几乎是融为一体无法分割的。一般来说,挪用本单位资金的特点是擅自动用本单位资金,即未经合法批准也未办理正当的借款手续,而为个人利益私自使用本单位资金。 12

(3)归个人使用或者借贷给他人。如前所述,擅自改变单位资金的既定用途而使用,这虽然也可以说是挪用,但作为刑法规定的挪用资金罪的挪用,是一种侵犯单位财产所有权的行为,如果单位的资金仍然是用于单位,即便是改变了其既定用途,那也只是违反了财经纪律,不存在侵犯单位财产所有权的问题。反过来,如果擅自将单位资金挪归个人使用,那就违反了“单位资金单位使用”的原则,侵犯了单位对资金的所有权。因此,本罪的挪用资金行为只能是挪用资金归个人使用,或者在实质上与归个人使用相同的借贷给他人的行为。 13

根据最高人民法院《关于如何理解刑法第二百七十二条规定的“挪用本单位资金归个人使用或者借贷给他人”问题的批复》的精神,挪用本单位资金归个人使用,是指挪用本单位资金归本人或者其他自然人使用;挪用本单位资金借贷给他人,则是指挪 14

用人以个人名义将所挪用的资金借给其他自然人和单位。如果是以单位名义并为单位利益而将单位资金借贷给他人,那就不存在侵犯单位对资金的所有权问题,因而不能以本罪论处。另外,根据 2002 年 4 月 28 日通过的全国人民代表大会常务委员会《关于〈中华人民共和国刑法〉第三百八十四条第一款的解释》的精神,虽然是以单位名义将单位资金供其他单位使用,但如果是个人作决定(不是单位决定),并谋取个人利益的,也应当视为挪用单位资金的行为。并且,无论使用公款的是个人还是单位以及单位的性质如何,均应认定为归个人使用。[8]

Ⅵ 构成犯罪的情节

15 根据《刑法》第 272 条的规定,挪用本单位资金归个人使用或者借贷给他人使用,并非都构成犯罪。只有具有下列情形之一的,才能构成本罪:

16 (1)挪用本单位资金,进行非法活动的。所谓"非法活动",是指国家法律禁止的一切活动,既包括犯罪行为(如贩毒等),也包含一般违法行为(如赌博、嫖娼等)。如果是挪用资金给其他人使用,而其他人用来从事非法活动的,在挪用人事前明知的情况下,以挪用本单位资金进行非法活动论。由于挪用本单位资金进行非法活动的行为,不仅侵犯单位对资金的占有、使用等权利,而且会对社会造成其他危害,因此,《刑法》第 272 条对挪用数额和挪用时间未作特别限制。但是,这并非意味着完全不必考虑这两方面的因素,对挪用单位资金数额很小、时间很短的,只要是用来从事非法活动的,都一概要以本罪论处。相反,根据 2016 年《关于办理贪污贿赂刑事案件适用法律若干问题的解释》第 5 条的规定,"挪用公款归个人使用,进行非法活动,数额在三万元以上的……以挪用公款罪追究刑事责任"。挪用公款未达这一数额标准的,则不构成此罪。基于同样的理由,挪用资金归个人使用,进行非法活动的,也必须达到一定的数额标准,才能构成挪用资金罪。按照该解释第 11 条第 2 款的规定,这一数额标准确定为 6 万元以上。

17 (2)挪用本单位资金,数额较大,进行营利活动的。所谓"营利活动",是指挪用本单位资金进行经营或者其他谋取利润的活动。如以挪用的资金作为资本,从事经商、投资、炒股、购买债券等。应当注意的是,这里的营利活动不包括非法的营利活动。另外,如果是挪用资金给其他人使用,而其他人用来从事营利活动的,同样只有在挪用人事前明知的条件下,才能视为挪用本单位资金进行营利活动。由于挪用资金进行营利活动,同上述进行非法活动的情形相比,社会危害性小一些,因而刑法规定的构成犯罪的条件有数额方面的限制,即只有挪用资金数额较大者,才能构成犯罪,但挪用时间长短以及案发前是否归还,原则上不影响定罪。根据最高人民法院、

---

8 参见 2002 年 5 月 13 日发布的最高人民检察院《关于认真贯彻执行全国人大常委会〈关于刑法第二百九十四条第一款的解释〉和〈关于刑法第三百八十四条第一款的解释〉的通知》。

最高人民检察院《关于办理贪污贿赂刑事案件适用法律若干问题的解释》第6条和第11条第2款的规定,数额在10万元以上的,为这里的"数额较大"。挪用本单位资金未达此数额标准的,只能作为违反财经纪律的行为处理。

(3)挪用本单位资金,数额较大,超过3个月未还的。这里所说的挪用,是指将单 18
位资金既非用于从事非法活动,亦非用于营利活动,而是用于其他方面,如购买生活资料、建造住宅、旅游观光等。构成此项犯罪情节,还必须具备两个条件:一是挪用资金数额较大。对这里的"数额较大",应与上述挪用本单位资金进行营利活动中的"数额较大"作同样的理解(即10万元以上为起点)。二是挪用资金超过3个月未还。至于如何理解这里所指的"超过3个月未还",目前尚无明确的司法解释,学术界有几种不同的观点[9]:①认为"超过3个月未还"是指从挪用之日起3个月内没有归还挪用款项。这包括案发时尚未归还挪用款项并且时间已经超过3个月、案发时已经归还但归还时已超过3个月这两种情况。至于挪用时间已超过3个月但在案发时已经归还了的,只能作为影响量刑、相对从宽的一种情节。②认为"超过3个月未还"仅仅是指挪用时间已超过3个月而在案发时又尚未归还这一种情况。如果挪用数额较大的本单位资金,虽在3个月内未归还,但在案发前已经归还的,不宜作为犯罪处理。因为,如果认为挪用本单位资金数额较大超过3个月即构成犯罪,那么,法条中的"未还"二字就纯属多余,应写为"超过三个月"即可。③认为上述第一种观点比较符合法条的字面含义,其用意在于从严惩处,结果是打击面过宽;后一种观点则比较符合司法实践的需要,意在缩小打击面。两种观点都失之片面。对于挪用资金数额较大超过3个月但案发前已归还的行为,既不能一概作为犯罪处理,也不能一概不以犯罪论处,应当具体情况具体对待。也就是对情节严重、危害巨大的挪用行为,即使案发前归还了本息,也可以依法追究刑事责任,只不过可以把归还本息视为一种从宽处理的量刑情节;如果挪用资金的情节一般,危害性不是很大,案发前归还了本息的,可以不追究刑事责任。

笔者倾向于以上第一种观点。"超过3个月未还"是对挪用时间提出的特殊要 19
求,一般来说,挪用型犯罪的社会危害性及其程度主要是由挪用数额和挪用时间所决定的,挪用数额大、时间长的,社会危害性也就大。至于案发前是否归还,这只是量刑时有必要酌情考虑的一个因素,但不能将其作为区分罪与非罪的标准。否则,既违反刑法理论,又可能出现不合理现象。假如某人挪用本单位资金数额特别巨大,1年之后归还了本息,此后几天案发;另一人挪用资金数额较大,刚过3个月案发,案发前未归还但案发后很快归还了本息。如果以案发前是否归还作为罪与非罪的界限,那么,前者挪用数额大、时间长不构成犯罪,后者挪用数额小、时间短反而构成犯罪,这显然极不合理。特别值得一提的是,1998年4月29日发布的最高人民法院《关于审

---

[9] 参见赵秉志主编:《侵犯财产罪疑难问题司法对策》,吉林人民出版社2000年版,第339—340页。

理挪用公款案件具体应用法律若干问题的解释》第2条在对“挪用公款归个人使用,数额较大、超过3个月未还的”作解释时指出,“挪用正在生息或者需要支付利息的公款归个人使用,数额较大,超过三个月但在案发前全部归还本金的,可以从轻处罚或者免除处罚。给国家、集体造成的利息损失应予追缴。挪用公款数额巨大,超过三个月,案发前全部归还的,可以酌情从轻处罚”。这表明案发前是否归还只是一个从宽处罚的情节,并非决定挪用公款罪能否成立的条件。这虽然是关于挪用公款罪的司法解释,但对挪用资金罪无疑是有参照意义的。

20　另外,司法实践中经常出现这样的情况:行为人多次挪用本单位资金,并且有时是用来从事非法活动,有时是用来从事营利活动,也有时是用来从事其他活动;有时挪用之后归还了,也有时没有归还;有的挪用时间超过3个月,也有的未超过3个月。如何认定和处理这类案件,是困扰司法机关的难点之一。对此,应当分别情况作不同处理:①对于多次挪用本单位资金,用来从事非法活动和营利活动之外的其他活动的,如果每次挪用数额较大,但都在3个月内归还的,不能连续计算挪用时间(只能以每一次挪用的时间为准),即不能以犯罪论处。②多次挪用本单位资金,并以后次挪用的资金归还前次挪用的资金的,参照最高人民法院《关于审理挪用公款案件具体应用法律若干问题的解释》第4条的规定,挪用资金数额应当以案发时未还的实际数额认定(不能累计计算);但是如果多次挪用本单位资金不还,挪用资金数额应累计计算。应当注意的是,如果挪用本单位资金从事非法活动和营利活动之外的其他活动,发案时虽然未还但时间尚未超过3个月的,则不应计入挪用总数额中。③多次挪用本单位资金,既有用来从事非法活动、营利活动的,也有用来从事其他一般活动的,并且分开而论每次都构成了犯罪的,属于犯同种数罪的问题,一般不实行数罪并罚,只按挪用资金罪一罪,累计挪用数额,酌情从重处罚。

Ⅶ　主体

21　挪用资金罪的主体是特殊主体,即公司、企业或其他单位的工作人员,但不包括国有公司、企业或者其他国有单位中从事公务的人员和国有公司、企业或者其他国有单位委派到非国有公司、企业以及其他单位从事公务的人员,这类人员利用职务之便挪用本单位财物的,应依照《刑法》第384条的规定,以挪用公款罪论处。另外,作为挪用资金罪主体的公司、企业或其他单位的人员,只能是这些单位中从事一定管理性职务的人员,单纯从事劳务的人员不能成为本罪的主体。根据最高人民法院的有关批复,受国家机关、国有公司、企业、事业单位、人民团体委托,管理、经营国有财产的非国家工作人员,利用职务上的便利,挪用国有资金归个人使用构成犯罪的,应当依照挪用资金罪定罪处罚。[10]

---

[10] 参见2000年2月16日发布的最高人民法院《关于对受委托管理、经营国有财产人员挪用国有资金行为如何定罪问题的批复》。

Ⅷ　故意

本罪主观上只能表现为故意，即明知是本单位的资金，为了本人或者他人使用，而故意擅自动用，但准备日后归还，而不是为了从根本上取得本单位的资金。至于挪用资金的动机则可能是多种多样的，如有的是为了经商办企业，有的是为了解决家庭生活困难，有的是为了从事非法活动，等等。 22

Ⅸ　加重犯

根据《刑法》第 272 条的规定，挪用本单位资金数额巨大的，构成本罪的加重犯，应处比普通挪用资金罪更重的法定刑；挪用本单位资金数额特别巨大的，是《刑法修正案(十一)》增加的一种更为严重的加重犯，其法定刑又上了一个档次。 23

Ⅹ　既遂与未遂

如前所述，"挪用"是由"挪"与"用"两种行为结合而成的。一般来说，"挪"是前提，"用"是目的。那么，是否只有完成了两种行为才能成为挪用资金罪的既遂呢？有一种观点认为，并不是行为人实现了用的目的，才构成既遂。因为只要行为人已将资金转移到本人或他人控制之下，单位失去了对该资金的控制，即标志着其占有权、使用权已经实际地受到了损害，行为人使用与否，对此毫无影响。因此，本罪应以行为人或他人对资金的实际控制为既遂的标准。行为人已经着手实施，因意志以外的原因而未能实际控制资金的，构成本罪的未遂。[11] 但是，在笔者看来，就挪用资金行为而言，"用"是目的行为，也是决定挪用行为不同于其他侵犯财产之行为的关键所在，如果只实施了"挪"的行为，而"用"的行为尚未实施，那就意味着行为尚未完成，不能认为是既遂；况且，行为人的目的是使用单位资金，尚未使用就被发现，显然不能认为是犯罪已得逞，但从《刑法》第 23 条的规定可以看出，只有犯罪已得逞的，才可能是既遂；另外，根据《刑法》第 272 条的规定，并非所有挪用本单位资金的行为都构成犯罪，而是只有具备三种严重情节之一的才构成犯罪，而三种严重情节是根据资金的用途、使用的时间和数额等来确定的，挪而未用者根本不可能构成挪用资金罪，自然也就不可能是犯罪既遂。总之，是否擅自使用本单位资金，是区分本罪既遂与未遂的标志。 24

Ⅺ　共犯

二人以上共同故意犯挪用资金罪的，构成本罪的共犯。本罪是一种身份犯，一般 25

---

[11] 参见高铭暄、马克昌主编：《刑法学》(第 9 版)，北京大学出版社、高等教育出版社 2019 年版，第 512 页。

来说,只有具有职务上便利的本单位工作人员才能成为本罪的实行犯,非本单位的人员通常只能成为本罪的教唆犯和帮助犯。但是,从最高人民法院《关于审理挪用公款案件具体应用法律若干问题的解释》第8条的规定可以看出,挪用本单位资金给他人使用,使用人与挪用人共谋,指使或者参与策划取得挪用款的,应以挪用资金罪的共犯论处。[12] 由于在这种场合,“挪”与“用”两个行为环节是分别由不同的人实施的,双方实施的均是本罪实行行为的一部分,因而,都属于本罪的实行犯。这充分说明不具有职务便利的非本单位人员,在特殊情况下也可能成为本罪的实行犯。

Ⅻ　罪数

26 行为人挪用本单位资金从事非法活动,不仅构成了挪用资金罪,而且非法活动本身还构成走私等其他罪的,能否成立实质的数罪?是否应该实行数罪并罚?对此,学术界有不少学者持肯定态度,也有学者持反对意见。反对实行数罪并罚的论者中,大多认为此种情况属于刑法理论上的牵连犯,即行为人挪用本单位资金的行为是一种手段行为,其所从事的构成犯罪的“活动”则是结果行为,因而应当按牵连犯的处罚原则从一重罪论处。[13] 笔者也认为不能实行数罪并罚,但不认为这属于牵连犯的情形。因为牵连犯是实质的数罪,即两个以上的行为都构成独立的犯罪,只不过有内在的牵连关系而不实行数罪并罚(处断的一罪)。而在挪用资金从事非法活动的场合,如果把利用本单位资金从事“非法活动”作为独立的犯罪评价,就意味着把“挪用”行为中的“用”(使用资金的行为)抽取出来定了罪,那么剩下的“挪”一种行为也就不能构成挪用资金罪了;如果把从事“非法活动”既作为独立的犯罪,又作为挪用资金罪中的一种犯罪情节,那就是对一种犯罪行为作了两次重复评价,即按两种独立的犯罪评价或处罚,显然是违反刑法理论的。实际上,挪用资金从事非法活动只可能构成实质的一罪,不可能成立实质数罪,但有可能成为想象的数罪。按想象数罪从一重处罚的原则,如果以挪用资金罪处罚更重,应按挪用资金罪定罪处罚;如果按挪用资金从事的非法活动所构成的其他罪(如走私罪)处罚更重,则应按其他罪定罪处罚。

ⅫⅠ　与非罪的界限

一、区分罪与非罪的标准

27 如前所述,挪用本单位的资金,并非一经挪用即构成犯罪,而是只有情节严重、社

---

[12] 1998年4月29日发布的最高人民法院《关于审理挪用公款案件具体应用法律若干问题的解释》第8条规定:“挪用公款给他人使用,使用人与挪用人共谋,指使或者参与策划取得挪用款的,以挪用公款罪的共犯论处。”

[13] 参见赵秉志主编:《侵犯财产罪疑难问题司法对策》,吉林人民出版社2000年版,第346页。

会危害性大的,才构成犯罪。对情节轻微、危害性不大的挪用本单位资金的行为,应当作为一般违法和违反财经纪律的行为处理。至于如何判断情节是否严重、社会危害性是否达到犯罪的程度,根据《刑法》第 272 条的规定,主要应该考虑如下因素:

(1)挪用的数额。挪用资金的数额大小是衡量挪用资金行为的社会危害性程度 28
的决定性因素。这是因为挪用资金罪是一种侵犯财产权利的犯罪,侵犯财产的价值数额越大,其社会危害性越大,这是所有财产罪的共同特点。因此,《刑法》第 272 条所规定的构成挪用资金罪的三种严重情节中,有两种把"数额较大"作为必备条件,即挪用资金进行营利活动以及其他合法活动的,只有挪用资金达到"数额较大"的标准,才构成犯罪。至于挪用资金从事非法活动,由于行为本身具有严重的社会危害性,所以,刑法未把"数额较大"明确规定为构成犯罪的条件。但是,如前所述,从最高人民法院的有关司法解释可以看出,并非完全不考虑挪用资金数额的大小,而是还要达到一定的数额标准,如果挪用资金数额很小,即便是非法活动本身构成了其他的犯罪,也不能以挪用资金罪论处。

(2)挪用的时间。挪用资金的时间长短,对反映挪用资金行为的社会危害性程度 29
也有重要作用。这是因为挪用资金罪的特点不是取得资金,而只是使用资金,用后归还。使用时间越长,对单位财产所有权侵害的程度就越高,反过来,如果使用时间很短,则对财产所有权侵害的程度就越低。正因为如此,我国刑法明文规定,挪用本单位资金从事非法活动或营利活动之外的其他活动的,只有挪用时间"超过三个月未还的",才构成犯罪。对挪用公款从事非法活动与营利活动,刑法虽然没有明确从时间上加以限制,但在认定犯罪时,也并非完全不考虑时间的长短。假如某人挪用本单位数额较大的购货款赌博,几小时后就全部归还了,未造成危害后果。对于这样的案件,就不宜以犯罪论处。

(3)资金的用途。挪用本单位资金从事何种活动,对于说明行为的社会危害性程 30
度也有意义。一般来说,用来从事非法活动比用来从事合法活动的社会危害性大;用来从事合法活动时,如果从事的是营利活动,则比从事非营利活动的危害性大。正因为如此,我国刑法根据挪用资金的具体用途的不同,规定了宽严有别的认定犯罪的标准。

总而言之,对《刑法》第 272 条所列举的挪用资金数额的大小、时间的长短以及资 31
金的用途等因素,应该综合起来考虑,不能只顾及某一方面。此外,挪用的对象、造成的后果、归还的情况等因素,对于说明挪用行为的社会危害程度也有重要作用,刑法没有明文列举,可谓是一个缺憾。顺便指出,明文列举构成犯罪的情节,有利于限制犯罪的范围,也便于司法实践中掌握认定,但是,社会生活中的犯罪现象是错综复杂的,法律往往不可能将构成犯罪的严重情节列举穷尽,采用列举式的立法,势必会出现漏洞,并有可能导致一些不合理的现象发生。如何解决这一问题,还值得进一步研究。

二、挪用与借用的区分

32 借用以债权人同意为前提,大多是借用人公开向资金所有人或者保管人提出借用的要求,并履行相关手续以取得资金的使用权;挪用单位资金则表现为违反财经管理制度,未经合法批准或许可,私下擅自动用单位的资金。前者不存在侵犯所有人财产所有权的问题,是一种单纯的民事行为,不可能构成犯罪;后者存在侵犯单位财产所有权的问题,情节严重的构成犯罪。如果不将两者严格区分开来,就有可能混淆罪与非罪的界限。但是,在司法实践中,有许多挪用单位资金的犯罪行为,往往是打着借用的旗号实施的,这就给区分两者增加了难度。

33 一般来说,挪用与借用的主要区别在于:①借用大多会办理正当的财务手续,如留下借条、在单位财务账目上作如实记载等。而挪用单位资金通常是私下秘密进行的,一般不会留下借条等文字凭证。当然,也有人挪用资金后为防备检查或便于开脱罪责,在挪用时就留下了“借条”等。但只要未经合法批准,均改变不了行为的挪用性质。②借用通常会履行必要的审批手续,如经主管资金的负责人批准或集体研究决定。而挪用单位资金则表现为未经合法批准擅自使用本单位资金。应当注意的是,并非只要行为人通过一定程序获得主管人员许可或批准,就不可能构成挪用资金罪。相反,如果通过贿赂等非法手段获得单位负责人的许可,而许可行为本身是违法的,则不影响挪用资金罪的成立。

XIV　与他罪的区别

34 挪用资金罪与职务侵占罪,都是公司、企业或者其他单位的人员,利用职务上的便利,侵犯单位财产的行为。两者的主要区别是:①犯罪客体有所不同。前者只侵犯本单位资金的占有权、使用权、收益权,不侵犯处分权,而后者侵犯单位财产所有权的全部内容(包含财产处分权)。②犯罪对象有所不同。前者的犯罪对象仅限于资金,而后者的犯罪对象除资金外,还包括其他具有经济价值的各种财物。③犯罪的行为方式不同。前者表现为利用职务上的便利,挪用本单位资金归个人使用或者借贷给他人的行为,后者表现为利用职务上的便利,将本单位财物非法占为己有的行为。④犯罪的主观方面不同。前者的行为人只是想暂时使用本单位资金,打算用后归还,后者的行为人则有取得单位财物的意图,不打算归还。

XV　处罚

35 《刑法》第 272 条为挪用资金罪规定了三个幅度的法定刑:对犯普通挪用资金罪的(普通犯或基本犯),处 3 年以下有期徒刑或者拘役;对挪用本单位资金数额巨大的,处 3 年以上 7 年以下有期徒刑;数额特别巨大的处 7 年以上有期徒刑。

36 根据最高人民法院、最高人民检察院《关于办理贪污贿赂刑事案件适用法律若干问题的解释》的规定，挪用资金进行非法活动数额在200万元以上的，挪用资金进行营利活动或者其他个人活动数额在400万元以上的，为“数额巨大”。

37 在处罚挪用资金罪时，除挪用数额因素外，还应综合考虑挪用的动机、挪用资金的用途、挪用时间的长短、归还的情况、造成的后果等各种主客观因素。此外，挪用本单位数额较大资金因生意亏本等而无法归还的，还要看其间接后果如何。如果造成本单位的正常工作无法开展、影响其他职工的生活待遇、造成企业倒闭等严重后果，则应当在本罪加重犯的法定刑幅度内从重处罚。

第二百七十三条　挪用特定款物罪

挪用用于救灾、抢险、防汛、优抚、扶贫、移民、救济款物，情节严重，致使国家和人民群众利益遭受重大损害的，对直接责任人员，处三年以下有期徒刑或者拘役；情节特别严重的，处三年以上七年以下有期徒刑。

文献:赵秉志主编:《侵犯财产罪研究》,中国法制出版社 1998 年版;赵秉志:《侵犯财产罪》,中国人民公安大学出版社 1999 年版;赵秉志主编:《侵犯财产罪疑难问题司法对策》,吉林人民出版社 2000 年版;鲜铁可主编:《国家工作人员经济犯罪界限与定罪量刑研究》,中国方正出版社 2000 年版;胡驰:《国家工作人员滥用职权犯罪界限与定罪量刑研究》,中国方正出版社 2000 年版。晓英:《谈挪用特定款物罪的有关规定》,载《行政与法》1998 年第 6 期;张成法、徐庆勋:《挪用特定款物罪与挪用公款罪比较研究》,载《辽宁公安司法管理干部学院学报》2001 年第 3 期;徐芳宁:《对挪用社会保障资金犯罪行为法律规定的反思》,载《陕西理工学院学报(社会科学版)》2007 年第 4 期;蒋毅:《挪用特定款物罪的立法缺陷与完善》,载《西南政法大学学报》2008 年第 5 期;汪琼枝、丁天球:《挪用法律援助办案专款行为的性质认定》,载《法学杂志》2010 年第 1 期;周洪波:《单位冒领扶贫资金挪作他用的行为定性》,载《中国检察官》2010 年第 4 期;金礼国:《挪用特定款物罪的几个问题》,载《法制与社会》2011 年第 27 期。

细目录

Ⅰ　主旨
Ⅱ　沿革
Ⅲ　客体
Ⅳ　对象
Ⅴ　挪用特定款物的行为
Ⅵ　严重后果
Ⅶ　主体
Ⅷ　故意
Ⅸ　既遂与未遂
Ⅹ　共犯
Ⅺ　罪数
Ⅻ　与非罪的界限

XIII　与他罪的区别

一、与挪用资金罪的区别

二、与职务侵占罪的区别

XIV　处罚

I　主旨

刑法规定挪用特定款物罪的目的在于保证特定款物用于特定的方面,以满足救灾、抢险、防汛、优抚、扶贫、移民、救济等事关国计民生之事务的需要,确保社会的稳定和国家经济建设的顺利进行。 1

II　沿革

在中华人民共和国刑法史上,挪用特定款物罪,最早出现在1979年《刑法》中,该法第126条规定:"挪用国家救灾、抢险、防汛、优抚、救济款物,情节严重,致使国家和人民群众利益遭受重大损害的,对直接责任人员,处三年以下有期徒刑或者拘役;情节特别严重的,处三年以上七年以下有期徒刑。"1979年《刑法》施行前,司法实践中对一般的挪用救灾救济款物的行为,通常是给予党纪政纪处分。对挪用数额巨大,造成严重后果的,按贪污罪论处。[1] 1979年《刑法》施行后,针对挪用上述特定款物归个人使用具有不同于归单位使用的特殊性,1988年1月21日全国人大常委会颁布的《关于惩治贪污罪贿赂罪的补充规定》将其纳入增设的挪用公款罪中,并明确指出:"挪用救灾、抢险、防汛、优抚、救济款物归个人使用的,从重处罚。"根据该决定的规定,挪用上述特定款物归个人使用,数额较大不退还的,以贪污论处;挪用上述特定款物归个人使用,进行非法活动构成其他罪的,依照数罪并罚的规定处罚。 2

1997年《刑法》第273条挪用特定款物罪,是在1979年《刑法》第126条的基础上修订而成的。主要作了如下几方面的修改:①增加"扶贫""移民"两种款物为本罪的对象,使本罪的对象范围由原来的5种扩大到现在的7种特定款物。②将1979年《刑法》第126条所规定的"挪用国家救灾、抢险、防汛、优抚、救济款物"中的"国家"一词删除,使得公众捐助、外国援助及其他公益资金、物资也可以成为本罪的对象。③把本罪从原来的《刑法》分则破坏社会主义经济秩序罪一章,移到1997年《刑法》分则侵犯财产罪一章,表明立法者对本罪同类客体的认识发生变化。 3

1　参见高铭暄:《中华人民共和国刑法的孕育诞生和发展完善》,北京大学出版社2012年版,第108页。

Ⅲ 客体

4 我国刑法学界现在的通说认为,本罪的客体是复杂客体,既有特定款物的公共财产所有权,还有特定款物专用的财经管理制度。之所以说本罪侵犯公共财产所有权,是因为救灾救济等特定款物属于国有财产,挪用这些特定款物也就侵犯了国有财产的占有权、使用权、收益权,自然也就构成对公共财产所有权的侵犯。[2] 但是,在笔者看来,认为本罪的客体包含对公共财产所有权的侵犯,值得商榷。①财产所有权是指所有者对财产占有、使用、收益和处分的权利,非所有人未经所有人许可,并且不是为了所有人的利益而占有、使用、收益或处分所有者的财物,才构成对所有权的侵犯。财产所有人或者管理人为了所有人的利益,把原定用于某一方面的财物用于另一方面,如县长决定把县里的防汛款物挪用来建县里的中学教学楼,就根本不存在侵犯所有人的财产所有权的问题。②1997 年《刑法》颁布之前,我国刑法理论界的通说认为,挪用特定款物罪的客体是简单客体,即国家对特定款物专用的财经管理制度。[3] 如前所述,1997 年《刑法》对 1979 年《刑法》所规定的挪用特定款物罪并未作实质的修改,只是适当扩大了其犯罪对象的范围,并将其从破坏社会主义经济秩序罪一章移到了侵犯财产罪一章,如果认为同一种罪仅仅因为所置的章节不同,就使其犯罪客体由简单客体变为复杂客体,这是难以令人信服的。③本罪的客体实际上是国家对特定款物专款专物专用的财经管理制度,1997 年《刑法》将其移到侵犯财产罪中有失妥当。今后修改《刑法》时,有必要让其重新回到破坏社会主义市场经济秩序罪一章。

5 众所周知,我国是社会主义国家,国家在财政支出中专设民政事业费一项,从中拨放救灾、抢险、防汛、优抚、救济等款物。这是党和政府对人民群众的关怀,是社会主义制度优越性的体现,对社会的稳定和经济建设的顺利进行,有十分重大而现实的意义。使用上述特定款物必须坚持专款专用原则,谋利于人民,绝对不允许把"救命款"当作"万能款""机动款",以任何理由挪用、挥霍,否则,就会加重人民群众的痛苦,妨害社会的安定,使国家和人民群众的利益遭受重大损害。因此,特定款物的专款专物专用管理制度不容许任何人侵犯。[4]

Ⅳ 对象

6 本罪的对象是救灾、抢险、防汛、优抚、扶贫、移民、救济七种特定用途的款物,既包括用于上述七方面由国家预算安排的民政事业费,也包含临时调拨的救灾、抢险、

2 参见赵秉志主编:《侵犯财产罪疑难问题司法对策》,吉林人民出版社 2000 年版,第 349 页。

3 参见高铭暄主编:《刑法学》,北京大学出版社 1989 年版,第 483 页。

4 参见高铭暄主编:《刑法学》,北京大学出版社 1989 年版,第 483 页。

防汛、救济等款物,还包括社会各界、海外人士等捐赠的救灾救济款物。挪用七种特定款物之外的其他款物的,即便是专款(如教育经费、科研经费、医疗经费、桥梁建设经费等),也不能以本罪追究刑事责任。所谓救灾款物,是指国家调拨和社会捐赠给遭受自然灾害地区,用来救助灾民或抵御灾害的专项资金和物资。所谓抢险款物,是指国家调拨和社会捐赠给出现灾害险情地区,用来抢救人员或财物等的专项资金和物资。所谓防汛款物,是指国家调拨和社会捐赠用于防备水灾和防潮的专项资金和物资。所谓优抚款物,是指国家调拨和社会捐赠用于安置或扶助优待抚恤对象的专项资金和物资。所谓扶贫款物,是指国家调拨和社会捐赠用于扶助贫困对象的专项资金和物资。所谓移民款物,是指国家拨付的用于移民安置的专项资金和物资。所谓救济款物,是指国家调拨和社会捐赠用于社会救济和自然灾害救济的专项资金和物资。应当注意的是,基于救灾、抢险、防汛、优抚、扶贫、移民、救济的需要,国家临时调拨、募捐或者用上述专款购置的食品、被服、药品、器材、设备等物资,也应纳入本罪的对象范围。[5] 另外,按照最高人民检察院《关于挪用失业保险基金和下岗职工基本生活保障资金的行为适用法律问题的批复》,失业保险基金和下岗职工基本生活保障资金属于救济款物。挪用失业保险基金和下岗职工基本生活保障资金,情节严重,致使国家和人民群众利益遭受重大损害的,对直接责任人员,应当依照《刑法》第 273 条的规定,以挪用特定款物罪追究刑事责任。

V 挪用特定款物的行为

挪用特定款物的行为表现为利用职务上的便利,未经合法批准或者授权,改变特定款物的既定用途,将其用于其他方面的公共事务的行为,具有如下几方面的特征: 7

(1)利用职务上的便利,即利用主管、管理或经手救灾、救济等特定款物的便利。 8 如果没有这样的便利条件,也就不可能挪用这些特定款物。采用盗窃等非法手段取得特定款物的,则构成盗窃罪等罪,而不能构成挪用特定款物罪。如某厂长组织单位职工,将防汛部门放在江堤上的防汛物资用车运到厂里,用来扩建厂房。这虽然也改变了防汛物资的既定用途,并且不是归个人使用而是归单位使用,但由于该厂长不是防汛物资的经管者,防汛物资也不在该单位的占有控制下,不具有挪用的职务便利,行为的实质是采用盗窃手段非法取得国家的防汛物资,因而构成盗窃罪。

(2)改变特定款物的既定用途。这是行为违反专款专物专用制度的具体表现。 9 特定款物的特定性,即在于其用途的特定性。根据国家关于特定款物的管理和使用规定,救灾款物只能用于解决灾区群众的吃饭、穿衣、住房等基本生活困难和重灾中的抢救、转移、安置等项目;抢险款物只能用于购买抢险工作所需的物料、通信器材、设备、医药和遇险人员的生活用品等有关开支;防汛款物必须用于修筑堤坝、维护通

5 参见赵秉志:《侵犯财产罪》,中国人民公安大学出版社 1999 年版,第 313 页。

信设施和其他有关防止水灾洪涝发生的方面;优抚款物主要用于烈属、军属、残废军人等的抚恤、生活补助以及疗养、安置等;扶贫款物主要用于帮助老、少、边、穷地区人民群众解决生活困难,发展生产,脱贫致富;移民款物主要用于国家根据经济建设的需要而迁移居民,为妥善安置这些迁移居民所需的方面;救济款物则主要用于农村中的五保户、贫困户的生活救济,城镇居民中无依无靠、无生活来源的孤、老、残、幼和无固定职业、无固定收入的贫困户的生活救济,无依无靠、无生活来源的散居归侨、外侨以及其他人员的生活困难救济等。[6] 上述特定款物的特定用途一经确定,非经法定程序批准或授权不得改变。否则,就可能构成挪用特定款物罪。

10 值得研究的是,将上述七种特定款物相互混用,是否可能构成挪用特定款物罪?有一种观点认为,将上述七种款物混用,违反了专款专用制度,本质上确实是一种挪用行为,但这种行为并没有从根本上改变其救灾救济的性质。因为这种行为尽管混淆了特定款物的具体用途,但仍是将特定款物使用于救灾救济,仍然解除了一部分困难和危险,一般不可能造成挪用特定款物罪所要求的法定严重结果,因而不属于《刑法》第 273 条规定的挪用行为。[7] 但是,在笔者看来,将上述七种特定款物相互混用,虽然都是用于救灾救济,在通常情况下,往往都具有可宽恕的一面,一般不会当犯罪来处罚,但仍然不能否认这是一种挪用特定款物的行为,不排除有构成本罪的可能性。因为专款专物专用制度表明,七种特定款物有七方面的特定用途,它们均在不同的方面发挥各自独特的作用,不能互相代替。例如,防汛款物是防止洪涝灾害的必备物资条件,如果将这种款物作救济城乡贫困居民之用,表面上固然是做了好事,但如果导致无力防汛,造成河堤溃口,形成大范围的水灾,无疑应该追究有关直接责任人员挪用防汛款物的刑事责任。由此可见,认为将上述七种特定款物混用,“一般不可能造成挪用特定款物罪所要求的法定严重结果”的说法是缺乏根据的;另外,以“仍是将特定款物用于救灾救济,仍然解除了一部分困难和危险”,作为否定行为是《刑法》第 273 条所规定的挪用行为的理由,也是难以令人信服的。因为在实践中,挪用特定款物用来从事七种特定用途之外的活动,也仍然可能是“解除了一部分困难和危险”,如用防汛款物来改建公立学校的危房,这就解除了当地学校办学的困难和师生的人身受伤害的危险。但显然不能以此为由否定直接责任人员的行为具有挪用防汛款物的性质。

11 (3)未经合法批准或授权。对上述特定款物的管理和使用,国家财政、民政、审计等部门规定了严格的管理和审批制度。例如,1962 年 3 月原国家内政部、财政部联合发布的《抚恤、救济事业费管理使用办法》规定,国家特定款物只能专款专用,未经有关部门的合法批准,任何人不得随意将特定款物挪作他用。1984 年 7 月民政部、财政

6 参见赵秉志主编:《侵犯财产罪疑难问题司法对策》,吉林人民出版社 2000 年版,第 352 页。

7 参见赵秉志主编:《侵犯财产罪研究》,中国法制出版社 1998 年版,第 409 页。

部又发布《民政事业费使用管理办法》,对救灾、救济、优抚等费用的使用原则、使用范围、预算管理、财务管理、财务监督等重新作了规定,要求特定款物的使用和发放,必须严格按照该管理办法进行。如果动用上述特定款物未经批准或授权,或者虽经批准但并不合法的,均属于挪用特定款物的行为。

(4)不是归个人使用。挪用特定款物行为虽然改变了特定款物的既定用途,但“公款公物公用”的原则并未改变。如果将上述特定款物挪作私用(归个人使用),那也就使行为的性质发生了改变。根据我国《刑法》第384条的规定,国家工作人员利用职务上的便利,“挪用用于救灾、抢险、防汛、优抚、扶贫、移民、救济款物归个人使用的”,应以挪用公款罪“从重处罚”。归个人使用除了归挪用者本人使用外,依照全国人民代表大会常务委员会2002年颁布的《关于〈中华人民共和国刑法〉第三百八十四条第一款的解释》的规定,将上述特定款物供本人、亲友或者其他自然人使用的,以个人名义将上述特定款物供其他单位使用的,个人决定以单位名义将上述特定款物供其他单位使用,谋取个人利益的,也属于挪用特定款物归个人使用。 12

Ⅵ 严重后果

挪用特定款物的行为并非一经实施就构成犯罪,而是必须情节严重,并且要造成严重后果,才构成犯罪。所谓严重后果,是指挪用行为致使国家和人民群众利益遭受重大损害。尚未造成严重后果的,属于一般违反财经纪律的行为,不能以犯罪论处,只能由有关部门或单位给予行政处分。至于“致使国家和人民群众利益遭受重大损害”这一严重后果如何认定,目前尚无明确的司法解释。一般来说,主要包括如下几种情形:挪用特定款物数额巨大,给灾区群众生活造成极大困难,严重妨害恢复生产、重建家园的;挪用特定款物导致灾情扩大的;挪用特定款物,导致抢险工作无法顺利进行,致使本可减少的人身伤亡或重大财产损失发生的;挪用特定款物,致使防汛工作无法顺利开展,导致堤防溃口,造成水灾的;挪用特定款物,致使移民工作受阻,严重影响国家重大工程建设的;挪用特定款物,导致众多优抚、救济对象失去生活保障并发生死伤等后果的,等等。 13

Ⅶ 主体

我国《刑法》第273条虽然没有明确规定本罪的主体范围,但我国刑法理论界的通说认为,本罪的主体是特殊主体,即只能是经手、掌管国家救灾、抢险、防汛、优抚、扶贫、移民、救济款物的人员,包括国家工作人员、集体经济组织工作人员、事业单位工作人员、社会团体工作人员,以及受上述单位委托经手、管理上述特定款物的人员。[8] 非上述人员不能成为本罪主体。之所以如此,是因为根据国家的有关规定,上 14

---

8 参见黎宏:《刑法学各论》(第2版),法律出版社2016年版,第341页。

述特定款物的发放和使用有着严格管理和监督制度,一般只能由国家统一调配,而且是由县级以上主管部门统一掌握,所以,只有依法或者经授权经手、管理这些财物的人员,才能利用职务上的便利实施,普通公民不具有挪用这些款物的职务便利,因而不可能实行这种犯罪。

Ⅷ 故意

15 挪用特定款物罪只能由直接故意构成,其故意内容为行为人明知是国家救灾、抢险、防汛、优抚、扶贫或救济款物,并且明知挪用行为违反国家财经管理制度,但仍然擅自挪作他用。如果行为人不知是救灾救济等特定款物而挪用的,不构成本罪。至于挪用的动机目的,则多种多样。有的是为了兴办企业;有的是为了修路建桥;有的是为了购买小轿车、建办公楼;有的是为了建宾馆、饭店;还有的是为了给干部职工发工资,如此等等,都是为了国家或集体的眼前利益,而忽视了长远的或全局的利益。如果是为了自己个人的利益,将上述特定款物挪归本人使用或其他自然人使用乃至供其他单位使用的,则不属于挪用特定款物的行为,而应该以挪用公款罪定罪处罚。

Ⅸ 既遂与未遂

16 挪用特定款物罪以将特定款物挪作他用的行为完成为既遂的标准。由于《刑法》第 273 条规定,本罪以“情节严重,致使国家和人民群众利益遭受重大损害”为成立条件,因此,“挪”而未“用”的未遂行为一般不可能构成本罪。

Ⅹ 共犯

17 挪用特定款物的案件中,大多有多人参与,有的甚至经过相当级别的党政组织集体讨论决定,因而不可避免地会涉及共同犯罪问题。但是,多人参与作决定,并非每个参与者均构成共犯。因为根据《刑法》第 273 条的规定,只追究直接责任人员的刑事责任,对只是一般参与的非直接责任人员,不能追究刑事责任,自然也就不能以共犯论处。否则,就会混淆罪与非罪的界限,扩大本罪的处罚范围。因此,在有多人参与“决策”的场合,要注意分清责任大小,把一般参与者与直接责任人员区分开来。另外,挪用特定款物的挪用人与使用人还有可能出现分离的现象,使用人一般不能与挪用人一起构成本罪的共犯。

Ⅺ 罪数

18 行为人先后挪用几种特定款物,如既挪用救灾款物,又挪用防汛款物,还挪用救济款物等,是构成一罪还是数罪?从最高人民法院 1997 年 12 月作出的《关于执行〈中华人民共和国刑法〉确定罪名的规定》来看,《刑法》第 273 条的罪名被确定为“挪用特定款物罪”,其中包含挪用七种特定款物的行为,只要挪用七种特定款物之一,情节严重,致使国家和人民群众利益遭受重大损害的,就构成犯罪;如果挪用其中几种款物,也只构成一个概括的挪用特定款物罪,而不成立数罪。在笔者看来,把该条规定的罪名视为一种选择性罪名,或许更妥当。当行为人实施挪用某种特定款物的行为时,就将该款物直接反映到罪名上,如挪用救灾款物的,定为挪用救灾款物罪;既挪用救灾款物,又挪用救济款物的,则定为挪用救灾、救济款物罪。这样,既简单明了,又不会出现把挪用数种特定款物的行为当作数罪来并罚的现象,并且挪用几种特定款物与挪用一种特定款物在所定罪名上就能体现出差别。

另外,挪用特定款物用于单位从事走私等非法活动,如果分别而论,既构成挪用特定款物罪又构成走私罪等罪的。这是否属于实质的数罪?是否应该实行数罪并罚?对此,刑法理论界有人持肯定态度。[9] 但笔者认为,这属于想象的数罪,应该按从一重罪处断的原则处理,不能实行数罪并罚。至于具体理由,与前述挪用资金罪关于“罪数”问题所述相同,在此不赘述。 19

XII 与非罪的界限

根据《刑法》第 273 条的规定,挪用救灾、抢险、防汛、优抚、扶贫、移民、救济款物,情节严重,致使国家和人民群众利益遭受重大损害的,才构成犯罪并追究直接责任人员的刑事责任;挪用上述特定款物,情节不严重,或者未使国家和人民群众利益遭受重大损害的,只是一般违纪违法行为,只能受党纪政纪或行政处分,不能追究刑事责任。应该注意的是,刑法条文既然把“情节严重”与“致使国家和人民群众利益遭受重大损害”并列规定为本罪成立的条件,就不应该存在包容关系,即不能认为“情节严重”包含“致使国家和人民群众利益遭受重大损害”的情形,也不能说“致使国家和人民利益遭受重大损害”就是“情节严重”的具体表现。从立法精神而言,或许前者侧重于行为本身,后者则侧重于危害后果,都是为了严格限制本罪成立的范围。但严格来说,很难将两者分割开来。因为两者都是从情节上来限制成立范围的,都是有很大包容性的模糊概念,与罪刑法定的明确性要求不符,因此,有待今后予以修改。不过,在未修改之前,对两者还是应该分开来理解,即挪用行为的情节虽然严重,但并未造成严重后果,即未使国家和人民群众利益遭受重大损害的,不构成犯罪;反过来,后果虽然严重,但挪用行为情有可原即情节不严重的,同样不能当犯罪处理。 20

根据 2010 年 5 月 7 日最高人民检察院、公安部《关于公安机关管辖的刑事案件立案追诉标准的规定(二)》第 86 条的规定,挪用用于救灾、抢险、防汛、优抚、扶贫、移民、救济款物,涉嫌下列情形之一的,应予立案追诉:①挪用特定款物数额在 5000 21

9　参见赵秉志主编:《侵犯财产罪研究》,中国法制出版社 1998 年版,第 416 页。

元以上的;②造成国家和人民群众直接经济损失数额在5万元以上的;③虽未达到上述数额标准,但多次挪用特定款物的,或者造成人民群众的生产、生活严重困难的;④严重损害国家声誉,或者造成恶劣社会影响的;⑤其他致使国家和人民群众利益遭受重大损害的情形。

XIII 与他罪的区别

一、与挪用资金罪的区别

22 挪用特定款物罪与挪用资金罪,都是特殊主体利用职务上的便利,违反财经管理制度,将一定的财物挪作他用的行为。但是,两者又有本质区别,主要表现在以下几方面:①犯罪客体不同。挪用资金罪侵犯了单位对资金的占有、使用、收益等方面的所有权,挪用特定款物罪则只是违反了专款专物专用的财经管理制度。②犯罪对象不同。挪用资金罪的对象只限于单位的资金,不包括实物,而挪用特定款物罪的对象除公款外,还包含公物;另外,挪用资金罪的对象包括单位所有的用于各方面的资金,但挪用特定款物罪的对象只限于七种被确定了特定用途的款物。③犯罪客观方面不同。挪用资金罪是将单位资金挪归个人使用(包括借贷给他人),改变了单位资金单位使用(或"公款公用")的原则("公款私用"),而挪用特定款物罪仍然是把公款公物用于公务方面,并未改变"公款公物公用"的原则。正因为如此,刑法对两种犯罪的成立条件的规定有较大差别,挪用资金罪主要是从挪用的数额、时间、用途等方面来限定其成立范围,而挪用特定款物罪则主要是从挪用行为的情节和造成的严重后果方面来界定成立条件;挪用本单位资金即便是没有造成任何危害后果,也仍然可能构成挪用资金罪,但挪用特定款物只有造成严重后果,即致使国家和人民群众利益遭受重大损害,才可能构成犯罪。④犯罪主观方面不同。挪用资金罪的特点是"公款私用",行为人的主观目的是暂时占有使用单位资金,必须有用后归还的意图;而挪用特定款物罪虽然改变了特定款物的既定用途,但仍然是用于其他公共事务,如用特定款物修建办公楼、购买公务用车、经商办企业,等等,在实践中,行为人挪用特定款物时大多未想到要返还,不过,也有的是应一时急需而动用,打算用后再用其他款物来填补。⑤犯罪主体不同。挪用资金罪的主体是公司、企业或者其他单位的工作人员,但不能是这些单位中的国家工作人员,而挪用特定款物罪的主体一般是国家工作人员,大多是具有一定领导职务、掌管特定款物的国家工作人员。另外,在有多人参与的情况下,挪用特定款物罪只追究直接责任人员的刑事责任,而挪用资金罪没有这样的限制。

二、与职务侵占罪的区别

23 职务侵占罪是公司、企业或者其他单位的人员,利用职务上的便利,将本单位的财物非法占为己有,数额较大的行为。挪用特定款物罪与职务侵占罪虽然都是特殊主体利用职务上的便利实施的涉及财物的犯罪行为，但二者也有本质的区别。①犯罪客体不同。职务侵占罪侵犯的是单位对财物的所有权，挪用特定款物罪侵犯的是专款专物专用的财经管理制度。②犯罪对象不同。职务侵占罪的对象可以是公司、企业或者其他单位的各种财物，挪用特定款物罪的对象则只限于救灾、救济等七种特定款物。③犯罪客观方面不同。职务侵占罪的行为表现为单位人员利用职务上的便利，将本单位财物非法占为己有，挪用特定款物罪的行为则表现为违反专款专物专用的财经管理制度，将特定款物挪作他用的行为。④犯罪主观方面不同。职务侵占罪的行为人主观上有将单位财物非法占为己有的目的，挪用特定款物罪的行为人主观上不具有此种目的，而只是想改变特定款物的既定用途，仍有将特定款物用于公共事务方面的主观意愿。

XIV 处罚

我国《刑法》第 273 条为挪用特定款物罪规定了两个幅度的法定刑：对本罪的普通犯，处 3 年以下有期徒刑或者拘役；对本罪的加重犯（情节特别严重的），处 3 年以上 7 年以下有期徒刑。对作为本罪加重犯成立条件的"情节特别严重"如何掌握认定，目前最高司法机关尚未作司法解释，理论界一般认为，这主要是指挪用自然灾害救灾款数额巨大的；挪用孤、老、残、幼社会救济费、无生活来源的散居归侨、外侨及其他人员的生活困难补助费数额巨大的；挪用受灾人员急需的吃穿用等基本生活资料数额巨大的；挪用救灾、抢险、防汛、优抚、扶贫、移民、救济款物数额特别巨大的；其他挪用特定款物，致使国家和人民利益遭受特别重大损害，影响特别恶劣的情况。[10] 24

10 参见赵秉志：《侵犯财产罪》，中国人民公安大学出版社 1999 年版，第 323 页。

第二百七十四条　敲诈勒索罪

敲诈勒索公私财物，数额较大或者多次敲诈勒索的，处三年以下有期徒刑、拘役或者管制，并处或者单处罚金；数额巨大或者有其他严重情节的，处三年以上十年以下有期徒刑，并处罚金；数额特别巨大或者有其他特别严重情节的，处十年以上有期徒刑，并处罚金。

文献:赵秉志主编:《侵犯财产罪研究》,中国法制出版社 1998 年版;赵秉志:《侵犯财产罪》,中国人民公安大学出版社 1999 年版;赵秉志主编:《侵犯财产罪疑难问题司法对策》,吉林人民出版社 2000 年版;刘明祥:《财产罪比较研究》,中国政法大学出版社 2001 年版;刘明祥:《财产罪专论》,中国人民大学出版社 2019 年版。叶良芳:《权利行使与敲诈勒索的界限》,载《犯罪研究》2007 年第 2 期;肖本山:《消费纠纷领域敲诈勒索罪的认定》,载《法学》2009 年第 5 期;陈兴良:《敲诈勒索罪与抢劫罪之界分——兼对"两个当场"观点的质疑》,载《法学》2011 年第 2 期;高翼飞:《索赔还是勒索:民刑分界的模糊地带——如何区别消费纠纷中的"维权过度"与敲诈勒索》,载《犯罪研究》2011 年第 6 期;陈洪兵:《敲诈勒索罪与抢劫罪区分中"两个当场"的坚持——兼与陈兴良教授商榷》,载《江苏社会科学》2013 年第 3 期;王琳、张伟珂:《从罪质到行为:敲诈勒索罪行为方式的再解释》,载《中国人民公安大学学报(社会科学版)》2016 年第 1 期;李会彬:《扩张与限制:过度维权行为与敲诈勒索罪界分》,载《中国人民公安大学学报(社会科学版)》2016 年第 5 期;车浩:《抢劫罪与敲诈勒索罪之界分:基于被害人的处分自由》,载《中国法学》2017 年第 6 期;周洁:《刑法视野下消费维权行为正当性的实质考察》,载《北方法学》2018 年第 4 期;陈文涛:《权利行使行为与敲诈勒索罪的类型分析》,载《中国刑警学院学报》2019 年第 2 期;蔡桂生:《敲诈勒索罪中"被害人处分必要说"之辨析》,载《政治与法律》2019 年第 3 期;周洁:《敲诈勒索手段行为的教义学检讨》,载《时代法学》2020 年第 2 期;熊琦:《敲诈勒索罪中的逻辑"悖论"研究》,载《中国刑事法杂志》2020 年第 5 期。

细目录

Ⅰ　主旨
Ⅱ　沿革
Ⅲ　客体
Ⅳ　对象
Ⅴ　敲诈勒索行为

一、恐吓行为
二、对方的畏惧
三、交付(处分)财产
四、财产转移与财产损害
Ⅵ 结果
Ⅶ 主体
Ⅷ 故意
Ⅸ 排除犯罪的事由
Ⅹ 既遂与未遂
Ⅺ 共犯
Ⅻ 罪数
ⅩⅢ 与非罪的界限
ⅩⅣ 与他罪的区别
一、与抢劫罪的区别
二、与诈骗罪的区别
三、与绑架罪的区别
四、与招摇撞骗罪的区别
ⅩⅤ 处罚

Ⅰ 主旨

刑法规定敲诈勒索罪的主要目的在于保护公私财产所有权。敲诈勒索罪是一种取得罪,即采用威胁讹诈的方法取得他人占有的财物,其犯罪手段又会侵犯他人的人身或其他权利,所以,惩治敲诈勒索罪,对保护公民的人身权利和维持社会的安定有重要意义。 1

Ⅱ 沿革

1979 年《刑法》第 154 条规定:"敲诈勒索公私财物的,处三年以下有期徒刑或者拘役;情节严重的,处三年以上七年以下有期徒刑。"这一关于敲诈勒索罪的规定,简单明了,易于理解和掌握,基本上能适应同这类犯罪作斗争的需要。为了使敲诈勒索罪的规定更加科学合理,并与盗窃罪、诈骗罪、抢夺罪的规定相协调,1997 年《刑法》第 274 条对本罪作了如下修改和调整:①将"数额较大"作为敲诈勒索罪的必备要件,使之与盗窃罪等财产罪的规定相一致;②增设了管制刑,以适应对情节较轻的犯本罪者的处罚的需要;③将本罪的最高法定刑由原来的 7 年有期徒刑,提高到 10 年有期徒刑,以便严厉打击情节严重的敲诈勒索犯罪行为。修改调整后形成的《刑法》第 274 条的规定是:"敲诈勒索公私财物,数额较大的,处三年以下有期徒刑、拘役或 2

者管制;数额巨大或者有其他严重情节的,处三年以上十年以下有期徒刑。”

3 　但是,近些年来,敲诈勒索已成为黑恶势力攫取财富积聚经济实力的一种常用手段,它们往往凭借人多势众、恶名昭著,频繁实施敲诈勒索行为,而且手段日益复杂多样,给打击此类犯罪带来困难。即便案件被侦破,由于该罪的最高法定刑只有 10 年有期徒刑,存在打击不力的问题。为了适应司法实践惩治黑社会性质组织犯罪的需要,2011 年全国人大常委会通过《刑法修正案(八)》对本条规定从两方面作了修改补充:调整了本罪的入罪门槛,将“多次敲诈勒索”的行为补充规定为本罪的基本构成要件行为;提高了本罪的最高法定刑,同时增添了罚金刑,加大了处罚力度。[1]

4 　2018 年 1 月最高人民法院、最高人民检察院、公安部、司法部《关于办理黑恶势力犯罪案件若干问题的指导意见》指出,黑恶势力以非法占有为目的强行索取公私财物,有组织地采用滋扰、纠缠、哄闹、聚众肇事等手段扰乱正常的工作、生活秩序,同时符合《刑法》第 274 条规定的其他犯罪构成条件的,应当以敲诈勒索罪定罪处罚。同时,由多人实施或者以统一着装、显露文身、特殊标识以及其他明示或者暗示方式,足以使对方感知相关行为的有组织性的,应当认定为《关于办理敲诈勒索刑事案件若干问题的解释》第 2 条第(五)项规定的“以黑恶势力名义敲诈勒索”。

Ⅲ　客体

5 　我国刑法理论界的通说认为,本罪的客体是复杂客体,即主要是侵犯公私财产所有权,同时也对他人的人身权利或其他权益构成侵犯或威胁。[2] 之所以如此,是因为除本罪的目的行为侵犯财产所有权外,行为人所采取的威胁或要挟方法,还会使被害人产生恐惧心理,危及或威胁其人身权利,包括生命权、健康权、自由权、人格权、名誉权等。

6 　敲诈勒索罪对财产所有权的侵犯,除了表现为强迫被害人交付一定数额的现金或实物即取得财物外,是否还包含不取得财物,而只是侵犯所有权中的某项或某几项权能的情形呢?有论者持肯定态度,认为“在租赁法律关系中,承租人采取恐吓手段强迫出租人延长租赁期,这就侵害了所有人对财产的使用权和处分权。……诸如此类对财产所有权某项或某几项权能实施侵害的敲诈勒索行为,就是刑法理论上所谓的敲诈勒索取财行为”[3]。但是,在笔者看来,敲诈勒索罪是一种取得罪,同时又是一种“交付罪”,即采取恐吓手段,迫使他人无偿交付财物。如果只是强迫出租人延长租赁期,并且还会照常付租金,而又不想从根本上取得承租物的,就不符合“采用非法

1　参见高铭暄:《中华人民共和国刑法的孕育诞生和发展完善》,北京大学出版社 2012 年版,第 501 页。

2　参见高铭暄、马克昌主编:《刑法学》(第 9 版),北京大学出版社、高等教育出版社 2019 年版,第 514 页。

3　赵秉志主编:《侵犯财产罪研究》,中国法制出版社 1998 年版,第 435—436 页。

手段取得他人财物”这一取得罪的基本特征,自然也就不属于“敲诈勒索取财行为”,不可能构成敲诈勒索罪。

Ⅳ 对象

我国《刑法》第 274 条规定,“敲诈勒索公私财物,数额较大或者多次敲诈勒索的”,构成本罪。对这里的“公私财物”,能否理解为除了财物之外还包括财产性利益?对此,理论界有两种不同意见。一种意见认为,财产性利益也是我国刑法所规定的敲诈勒索罪的侵害对象。因为“敲诈勒索他人财产性利益的犯罪在现实生活中是客观存在的,例如强索他人无偿提供劳务、无偿提供运输工具或生产工具等。尽管我国刑法不像其他一些国家那样在敲诈勒索罪的刑法条文中将财产性利益作为一类犯罪对象专门列举出来,但是,财产性利益本身就是由财产所有权关系派生出来的,法理上将‘公私财物’扩大解释为包括财产性利益,司法实践中参照执行,也是未尝不可的”[4]。另一种意见认为,“用勒索的方法迫使他人交付具有经济价值的财物,同用同样的方法迫使他人无偿提供劳务,占有其劳动价值相比较,前者行为人的财产增加了(积极增加),后者行为人应当付出而不付出,实质上是以另一种方式使财产增加(消极增加),二者没有本质区别。但是,因为我国刑法没有规定‘财产性利益’,而且这一概念的内涵、外延不易确定,从贯彻罪刑法定原则考虑,上述主张是否可行,还有待研究”[5]。 7

笔者认为,从立法科学化的角度而论,应该把财产性利益规定为敲诈勒索罪的对象。因为财产性利益与财物并无实质的区别,无论是通过勒索而取得他人的财物还是获取财产性利益,都会造成他人财产上的损失,侵犯他人的财产权。这也是多数国家刑法明文把财产上的利益纳入本罪侵害对象范围的关键所在。至于“财产性利益”的内涵、外延不易确定的问题,既然其没有成为其他国家立法的障碍,我们也就无必要为此而担忧。事实上,刑法中的许多概念或规定在一定程度上都存在这一问题,都需要作进一步的解释或界定。西方国家主要是通过判例来作解释,我国可以通过司法解释来界定。因此,今后有必要通过修改刑法,把财产性利益明文规定在本罪的对象范围之中。但是,在刑法未作这样的修改之前,将“敲诈勒索公私财物”中的“财物”解释为包含“财产性利益”,似乎有违反罪刑法定原则的嫌疑。因为按罪刑法定的基本要求,原则上不能对刑法条文作不利于被告人的扩大解释。不过,应当注意的是,在刑法对敲诈勒索罪的对象范围之规定存在缺陷的情况下,对“财物”的范围作适当宽泛而不超出其本来含义的解释也是必要的。例如,甲向乙借款 1 万元,并写了借据给乙。到了还款期限,乙要求甲还款,甲无意还款,就以揭发乙的隐私相要挟,令乙将借据交给他撕毁,不再要求其还款。此例中,甲采用威胁手段似乎只是免除了债 8

4 赵秉志主编:《侵犯财产罪研究》,中国法制出版社 1998 年版,第 442 页。

5 高铭暄主编:《新编中国刑法学》,中国人民大学出版社 1998 年版,第 802 页。

务,取得的是财产上的利益,并没有得到财物,但是,实质上甲等于是向乙勒索了 1 万元现金,应该认为其索取的对象是财物,因而构成敲诈勒索罪。

V 敲诈勒索行为

9 敲诈勒索罪在客观上表现为行为人实施恐吓行为,使对方产生畏惧,在此基础上交付(处分)财产,行为人因而取得财产(被害人遭受财产损害)。这四者之间必须具有因果关系,即恐吓行为—对方畏惧—交付财产—转移财产(财产损害),四者完全具备才可能成为敲诈勒索罪的既遂。[6]

一、恐吓行为

10 敲诈勒索罪的行为表现为恐吓他人,使之交付财物或财产性利益。所谓恐吓,通常是指为了使他人交付财物或财产性利益对之实行胁迫,而尚未达到抑制其反抗的程度。否则,构成抢劫罪。而判断胁迫行为是否达到抑制他人反抗的程度,则是十分困难的事。

11 一般认为,胁迫是指以恶害相通告,即告知对方如果不按要求交付财产,就会遭受某种恶害。恶害的种类没有限制,包括对对方或其亲属的生命、身体、自由、名誉或财产的各种恶害。甚至告知对方将要对其朋友、故旧等第三人予以加害,也可以被视为胁迫。行为人所通告对方的恶害,只要足以使其产生畏惧即可。至于恶害是否会立刻到来,攻击的强度如何,有无实现的可能,行为人是否确有实现恶害的意思,则在所不问。另外,行为人告知对方恶害将由第三人实现,这也同样可能构成胁迫。但在这种场合,行为人必须告诉对方自己能够影响第三人,或者让对方推测到他能影响第三人。不过,行为人实际上能不能影响第三人,则不必深究。作为胁迫手段的行为,如果通常情况下并不足以使对方产生畏惧,但由于有其他的事情相伴使畏惧的结果发生时,也视为胁迫行为。其他的事情包括行为者的地位、职业等因素。例如,新闻记者等地位、职业往往容易被用来胁迫他人。另外,恶害的实现并不要求其自身是违法的。即便是包含正当权利的事项,如果作为使他人交付财物的手段来使用时,也可能成为胁迫行为。例如,知道他人的犯罪事实的人,向司法机关举报是合法的,但如果以对方提供钱财作为不告发的条件,向对方索要财物,则可能构成敲诈勒索罪。告知恶害的方法、手段没有限制,既可以是明示也可以是暗示;既可以用语言文字,也可以用动作手势;既可以直接告诉对方,也可以通过第三人转告。[7]

12 关于恐吓行为是否包括暴力,各国刑法的规定不完全相同。[8] 我国刑法对敲诈

6 参见张明楷:《刑法学》(第 6 版),法律出版社 2021 年版,第 1329 页。

7 参见〔日〕大塚仁:《刑法概说(各论)》,有斐阁 1992 年版,第 265—266 页。

8 参见刘明祥:《财产罪专论》,中国人民大学出版社 2019 年版,第 249 页。

勒索的手段未作明文规定,理论上的通说认为,“敲诈勒索仅限于威胁,不当场实施暴力”[9]。然而,笔者认为,不可一概而论。敲诈勒索罪的本质固然是采用胁迫手段使他人产生畏惧而交付财产,但在现实生活中,行为人当场实施暴力并以将来会进一步实施暴力相威胁的敲诈勒索案件时有发生。例如,甲得知商人乙与自己的妻子多次发生不正当性关系的信息后,找到乙的办公室将乙痛打一顿,并威胁乙 3 天之内必须交 1 万元钱给他“私了”,否则,还会打断其一条腿,乙为了免受甲进一步的伤害,当场给其 1 万元。此案之中,甲虽然是当场实施了暴力并当场取得了财物,但其行为的实质不是抢劫,而是敲诈勒索。因为抢劫罪的暴力、胁迫是用来排除被害人反抗,以夺取其财物的手段,抢劫行为的特点是强取财物,被害人没有选择的余地。而敲诈勒索罪是行为人胁迫对方使之畏惧后交付财物,被胁迫者还可以作出不交付财物的选择。此案中甲殴打乙并不是用来排除乙的反抗而夺取其财物的手段,而是对其实施胁迫的手段,甲是通过乙交付而取得乙的财物的,并非直接强取,并且乙完全可以不当场交付。因此,应该认定为敲诈勒索。或许是由于这类案件在司法实践中会经常遇到,一些国家的刑法明文规定暴力手段是本罪的基本表现形式之一。不过,应当注意的是,本罪的暴力是以向对方作出一种明示或暗示今后会继续反复实施,因而使对方产生畏惧为特色的[10],暴力的背后必须隐含胁迫,但这种暴力及其所产生的胁迫效果,不能达到抑制对方反抗的程度。

二、对方的畏惧

行为人实施恐吓行为是为了使对方产生畏惧并交付财产。一般来说,敲诈勒索罪的既遂,也是以恐吓行为导致对方处于畏惧状态并因而交付财产为成立条件的。如果行为人的恐吓行为完全没有使对方产生畏惧,对方只是出于怜悯之心交付了财物,则只能成立本罪的未遂。恐吓行为使被害人产生畏惧之心后,被害人向警察报案,警察为了逮捕行为人而让被害人前往约定地点交付了财物,这也只成立本罪的未遂。因为以警察作为后盾交付财物,是协助警察逮捕罪犯的行为,不是基于畏惧所作的交付行为,两者之间缺乏必要的因果关系。[11] 13

我国刑法理论界关于是否要求被胁迫者产生畏惧的问题,存在不同意见。一种意见认为,“被害人是否确实产生恐惧,并被迫交付财物,不影响本罪的构成,而是只要行为人意图使被害人恐惧,并且一般能够使人恐惧,也就足够了”[12]。但另一种意见认为,行为人所实施的针对被害人的威胁或要挟行为,还必须对受害人实际产生了威胁、要挟的作用。即行为人所实施的威胁或要挟方法,实际使公私财物的所有者、 14

9 高铭暄、马克昌主编:《刑法学》(下编),中国法制出版社 1999 年版,第 927 页。

10 参见〔日〕大塚仁:《刑法概说(各论)》,有斐阁 1992 年版,第 266 页。

11 参见〔日〕前田雅英:《刑法各论讲义》,东京大学出版会 1989 年版,第 304 页。

12 高铭暄主编:《新编中国刑法学》,中国人民大学出版社 1998 年版,第 803 页。

保管者精神上受到强制,心理上产生恐惧。[13] 笔者认为,被胁迫者是否实际上产生畏惧,并不妨碍敲诈勒索罪的构成,但却影响其既遂的成立。当被胁迫者实际上并不畏惧,不予理睬或予以告发时,行为人往往就不可能取得财产,或者虽然取得了财产,但并非被胁迫者基于畏惧而交付的,在这样的场合,由于缺少本罪既遂所必要的要件而只能以未遂论。

15 另外,关于如何判断恐吓行为是否使被害人心理上产生恐惧,我国刑法学界有三种不同观点:①主张应以财物的所有者、保管者是否因威胁或要挟而丧失其自由意思为标准,也就是以被害人对威胁、要挟在主观上的反应、感受为标准。②主张以财物所有者、保管者所遭受的威胁或要挟,相对于一般人是否会因此丧失自由意思为标准。③主张以行为人所实施的精神强制是否使一般人或被害人心理产生恐惧,不敢反抗,从而被迫交出财物或提供财产性利益为标准。[14] 在这三种观点中,前两种观点主张以威胁或要挟是否使人丧失自由意思作为判断的标准,值得商榷。因为敲诈勒索罪与抢劫罪均可以采用以暴力相威胁的手段实施,两者之间的重要差别是威胁的程度不同,后者的威胁是使被害人达到丧失自由意思的程度,用以排除被害人反抗并夺取其财物,而前者的威胁则不能达到这样的严重程度,只可能是使被害人产生一定的恐惧,被害人尚有作出不交付财产的选择的余地。正因为如此,大陆法系国家的通说认为,敲诈勒索罪是以被害人基于瑕疵意思(并非丧失自由意思)而交付财产为其特色的。[15] 后一种观点主张把一般人的心理感受包括在认定被害人能否产生恐惧的范围内,这也有失妥当。正如有的论者所述,“同一性质的威胁或要挟方法对一人来讲可能使他产生恐惧,并被迫交付财物。但对另一人来讲则不一定。例如未成年人、体弱者、残疾者、妇女等,其承受能力就相对差一些。因而如果以某种威胁或要挟方法不可能对社会大多数人造成恐惧来否定被害人实际遭受的精神恐惧,则可能导致有罪不究”[16]。

三、交付(处分)财产

16 一般来说,被恐吓者受胁迫之后,紧接着就会实施交付(处分)财产的行为。被害人交付(处分)财物的行为,并不以其本人直接交付为限,也可以是因为畏惧而默许行为人取得财产。但是,如果被害人对行为人取得财产完全无认识,例如,被恐吓的被害人的手表掉在地上后,行为人在被害人完全不知道的情况下而拾取。对这样的案件,国外有学者认为构成本罪既遂,但也有些学者持反对意见。反对的理由是不能认为被害人交付了财物,而刑法对此有明文的要求。因此,行为人拾取被害人手表的行

---

13 参见赵秉志:《侵犯财产罪》,中国人民公安大学出版社 1999 年版,第 327 页。

14 参见金凯主编:《侵犯财产罪新论》,知识出版社 1988 年版,第 325 页。

15 参见〔日〕川端博:《刑法各论概要》,成文堂 1996 年版,第 218 页。

16 赵秉志:《侵犯财产罪》,中国人民公安大学出版社 1999 年版,第 328 页。

为构成盗窃罪。[17]

与诈骗罪一样,被恐吓者与交付财产者必须同一,但与被害者可以是不同的人,即被恐吓者没有遭受财产损失、遭受财产损失者没有被恐吓的现象可能发生。在这种情况下,根据日本判例的解释,被恐吓者必须是对恐吓行为所指向的目的物有处分权限或地位的人,也就是要与被害的第三人之间有特殊关系。 17

我国刑法没有将被恐吓者交付(处分)财产明文规定为本罪的成立要件,但理论界的通说认为,"采用威胁或要挟的方法,目的是迫使他人交付财物。亦即行为人的上述行为与他人交付财物之间,必须存在直接因果关系。如果交付财物不是受到威胁或要挟的结果,不可能构成敲诈勒索罪"[18]。笔者也赞成通说的观点。 18

四、财产转移与财产损害

在通常情况下,被害者向行为人交付财产,就意味着财产的占有从被害人(或第三人)转移给了行为人(或第三人),从而造成被害人财产上的损失。一些国家的刑法明文规定,本罪的成立必须要有被害人财产的损害;另有一些国家,不仅刑法没有明文规定本罪的成立必须要有给被害人造成财产上的损害,而且理论上的解释也不把有无财产损害作为区分本罪既遂、未遂的标志。[19] 我国刑法规定,敲诈勒索公私财物,数额较大或者多次敲诈勒索的,才构成犯罪。"当然,'数额较大'不是仅指实际占有的数额。勒索的数额较大,情节严重,即使未遂也应定罪判刑,勒索数额不大,情节显著轻微危害不大的,不构成犯罪。"[20]可见,在我国,并不以实际发生被害人的财产损害作为本罪的成立条件,但通常要有造成"数额较大"财产损害的可能性,否则,本罪就不能成立。 19

VI 结果

敲诈勒索罪的结果是非法取得他人财物,并因而给他人造成财产损害。如前所述,敲诈勒索公私财物,并非一经实施就构成犯罪,通常必须达到"数额较大"的标准,也就是只有已经造成或可能造成数额较大财产损害的结果,才可能构成本罪。尽管《刑法修正案(八)》将"多次敲诈勒索"增补为成立本罪的情形,但也并非只要是多次敲诈勒索就完全不考虑敲诈勒索的数额,而是应以达到一定的数额(以已经造成或有可能造成一定的财产损害结果)作为定罪处罚的基础。如果行为人主观上只是想敲诈勒索数额很小的财物,事实上也只取得了数额很小的财物,即便是多次作案甚至造成了其他严重后果(如造成被害人精神失常等),也不能以本罪论处。如果出现了 20

17 参见〔日〕林干人:《刑法各论》,东京大学出版会1999年版,第263页。

18 高铭暄主编:《新编中国刑法学》,中国人民大学出版社1998年版,第804页。

19 参见刘明祥:《财产罪专论》,中国人民大学出版社2019年版,第252页。

20 高铭暄主编:《新编中国刑法学》,中国人民大学出版社1998年版,第805页。

敲诈勒索公私财物“数额巨大”或“数额特别巨大”的结果,则构成本罪的加重犯或特别加重犯,应处比普通敲诈勒索罪(普通犯或基本犯)更重的法定刑。

Ⅶ 主体

21 敲诈勒索罪的主体是一般主体,即年满 16 周岁、具有刑事责任能力的自然人。我国刑法没有规定单位可以成为本罪主体。单位直接负责的主管人员为了单位的利益、以单位名义实施敲诈勒索行为,数额较大或者多次敲诈勒索的,应当认为是自然人犯罪,追究其个人的刑事责任,不能视为单位犯罪,追究单位的刑事责任。

Ⅷ 故意

22 本罪只能由故意构成。本罪的故意是指有意实施威胁或恐吓行为,以强索他人数额较大的财物,并且有无偿取得他人财物的意图。如果采用威胁手段不是为了无偿取得他人财物,而是为了强行出卖或购买商品,或者是为了索取自己的财物、为了使对方履行债务,则不具备本罪的主观要件,不能以本罪论处。

23 值得研究的是,如果行为人对被害人实施威胁行为时,并无取得其财物的意图,但被害人为了“消灾”,主动给行为人财物的,能否构成敲诈勒索罪?对此,有学者认为,“行为人实施恐吓、威胁行为时,如果没有要求被害人交付财物的表示,而被害人出于摆脱困难的愿望主动给以财物,那就要看行为人收与不收而定。照收不误的,说明他已具有非法取财的目的,构成犯罪的,可按本罪论处。拒收的,那就不能构成犯罪”[21]。另有学者认为,“只有在行为人存在非法占有数额较大的公私财物或非法索取数额较大的财产性利益的目的支配下所实施的威胁、要挟行为,才能被称为敲诈勒索行为。……如果行为人实施恐吓行为的目的不是勒索财物,而是实现其他个人目的,则当然不是敲诈勒索。如果不问行为人实施恐吓行为的真实主观意图,而仅仅凭最终收与不收被恐吓人的财物来确定是否有敲诈勒索罪的发生,易导致定性的错误”[22]。笔者倾向于后一种观点。但同时认为,如果不是被恐吓人主动给予财物,而是行为人临时见财起意,利用威胁行为产生的效果拿走被害人财物,则有可能构成本罪。例如,甲得知乙与自己的妻子有不正当两性关系后,到乙开办的小店里找到乙,扬言要强奸乙在外地上学的女儿,以作为对乙的报复。在离开时,甲见乙桌上放有一台新笔记本电脑,于是当着乙的面将电脑拿走。乙为了“消灾”也未予阻止。此案中甲实施恐吓行为时虽然没有取财之意,但在恐吓行为对被害人产生了威胁效果的情况下,临时见财起意,利用被害人因畏惧而默许的有利条件取得其财物,仍然

---

[21] 金子桐、郑大群、顾肖荣:《罪与罚——侵犯财产罪和妨害婚姻、家庭罪的理论与实践》,上海社会科学院出版社 1987 年版,第 131 页。

[22] 赵秉志主编:《侵犯财产罪疑难问题司法对策》,吉林人民出版社 2000 年版,第 401 页。

符合恐吓取财的主客观特征,应该认定为敲诈勒索罪。

Ⅸ 排除犯罪的事由

24 行为人在法律上有从他人那里取得财物或财产上利益的权利,为实现这种权利而采用胁迫手段取得其财物或财产上的利益,是否构成敲诈勒索罪?这就是理论上所要研究的“行使权利与敲诈勒索罪”的问题。它包括两种类型:①采用胁迫手段把对方非法占有的自己的财物取回;②债权人胁迫债务人交付财物履行债务。前者如行为人采用胁迫手段从盗窃犯手中取回自己被盗的财物;后者如甲借钱给乙,过了约定的还款日期,经甲再三请求但乙仍不归还,于是甲采用胁迫手段,使乙归还了欠款。对前者,大陆法系刑法理论上的本权说与占有说的结论相反;对后者,由于对方占有的合法性不成问题,行为人采用胁迫手段夺取其合法占有的财产,如果说构成敲诈勒索罪,是否意味着行使财产权的问题完全不应该考虑?如果说不构成敲诈勒索罪,其理论和法律根据何在?这成为问题的要害和争议的焦点。[23]

25 在笔者看来,财产罪的本质是侵犯他人的财产权,损害他人财产上的利益,而采用威胁手段行使财产权时,由于对方有向行为人(权利人)交付财产的义务,他并无实质上的财产损失,特别是在行为人采用胁迫手段从非法占有者(如盗窃犯)手中索回自己的财物时,更不可能发生侵害非法占有者之财产权的问题,因而不具备财产罪的本质,从而也就不可能成立作为财产罪之一的敲诈勒索罪。《刑法》第 238 条第 3 款规定,“为索取债务非法扣押、拘禁他人的”,依照非法拘禁(而不是绑架勒索)的规定处罚,就足以证明这一点。如前所述,这一条款的规定还表明,采用非法手段行使财产权虽然不构成相关的财产罪,但其手段行为却有可能构成非法拘禁等侵害人身的犯罪。问题是我国刑法没有将单纯威胁(或胁迫)他人的行为规定为犯罪,因此,采用威胁手段行使权利的行为一般不构成犯罪。如果威胁手段特别恶劣,导致他人患精神病或者有其他严重损害身体健康之后果的,则可能构成伤害罪等罪。在日本等其他国家,由于刑法规定了胁迫罪,采用胁迫手段行使财产权,即便是不构成敲诈勒索罪,也可能成立胁迫罪。不过,在这些国家也并非对所有采用胁迫手段行使权利的行为都以犯罪论处,如果胁迫的情节轻微,则由于不具有可罚的违法性而否定犯罪成立。同样道理,假如我国今后修改《刑法》增设了胁迫罪(或恐吓罪),对上述行使权利的行为一般也不能以胁迫罪论处,而只能对个别情节恶劣、造成的后果严重的,才可能以犯罪论处。因为在现实生活中,从非法占有者手中取回自己的财物或者向拖欠债务者讨债时,往往会有一些不当的举动或威胁性的言词,社会公众大多认为这情有可原,因而持容忍态度。如果只要采用了威胁手段就一概定胁迫罪,显然不合情理与法理,也不能为人们所接受。

---

23 参见刘明祥:《财产罪比较研究》,中国政法大学出版社 2001 年版,第 301 页。

X　既遂与未遂

26　敲诈勒索罪是否存在犯罪未遂形态？如有，应采用何种标准来区分？对此，我国刑法理论界的认识不一。第一种观点认为，本罪是行为犯，不存在未遂形态。只要行为人实施了以威胁或要挟方法迫使被害人交付财物的行为，即构成既遂。[24] 第二种观点认为，只要行为人以非法占有财物为目的，实施了足以使他人产生恐惧的威胁、要挟行为，已造成他人精神上的恐惧，即使没有占有财物，也构成既遂。[25] 第三种观点认为，只要行为人实施敲诈勒索行为后，又到约定地点提取索要的财物，即使没有非法占有财物，也构成既遂。[26] 第四种观点认为，本罪属于结果犯，即行为人使用了恐吓、威胁等手段，使被害人产生恐惧感，从而被迫交出财物的，即为既遂；如果被害人并未因被告人的行为而产生恐惧或者虽有恐惧感，但未交出财物的，是未遂。[27] 笔者赞成第四种观点。敲诈勒索罪作为一种侵害财产占有的犯罪，自然应该以行为人取得对他人财物的占有作为既遂的成立条件。这是因为非法取得他人财物既是行为人主观目的之所在，又是包括敲诈勒索罪在内的所有取得罪侵害他人财产权的实质或要害。上述前三种观点都忽视了这一点，而片面强调威胁或要挟造成他人精神恐惧、侵害人身的一面，但即便是抢劫这种对人身侵害的程度远远超过敲诈勒索的犯罪，国内外刑法理论界的通说都认为，基本抢劫罪要以取得财物作为既遂的标志，抢劫致被害人轻伤而未取得财物的，通常也只能以未遂论处。因此，行为人未取得被害人的财物，不可能是犯罪既遂。例如，行为人虽然实施了恐吓行为，但被害人并未产生恐惧；或者虽然产生了恐惧，但还未交付财物；或者被害人虽然交付了财物，但行为人或第三人尚未取得财物，都只能视为犯罪未遂。如前所述，即使行为人取得了被害人的财物，但如果不是被害人基于恐惧而交付的，也同样不应当视为犯罪既遂，而有必要认定为犯罪未遂。

27　另外，本罪实行行为的着手以开始实施恐吓或威胁行为时为准。已经开始实施恐吓行为，意图取得数额较大财物但尚未取得的，均属于犯罪未遂。由于敲诈勒索罪的恐吓行为可以对被害人当面实施，也可以通过打电话、发电子邮件、写信等途径实施，这就可能出现刑法理论上所说的“隔地犯”的问题。关于“隔地犯”的着手实行的时间，是以行为人完成行为时为准，还是以行为对被害人产生作用或有产生作用的现实危险时为准，如将恐吓内容写在信里面，通过邮寄方式送到被害人手上，是以将信

---

[24] 参见成国平等：《关于用恐吓信进行敲诈勒索问题》，载《法律学习与研究》1990 年第 3 期。

[25] 参见李光灿主编：《中华人民共和国刑法论》(下册)，吉林人民出版社 1984 年版，第 566 页。

[26] 参见王平铭等：《浅论敲诈勒索罪的几个问题》，载《审判研究》1991 年第 1 期。

[27] 参见赵秉志：《侵犯财产罪》，中国人民公安大学出版社 1999 年版，第 337 页。

寄出时为本罪实行行为的着手，还是以被害人收到信件或打开信阅读时为实行行为的着手，这在国外刑法理论界有较大争议。我国刑法学界对这一问题尚缺乏研究，笔者认为有进一步研究的必要。

XI 共犯

28 二人以上共同故意犯敲诈勒索罪的，构成本罪的共犯，应当根据《刑法》总则关于共同犯罪的规定以及《刑法》分则关于敲诈勒索罪的具体规定来认定和处理。由于敲诈勒索罪是复行为犯，在二人以上共同犯罪的场合，就有可能是一部分人实施威胁或恐吓行为，而另一部分人实施取财行为，其共同故意既可以产生于实施威胁或恐吓行为之前，也可以产生在实施威胁或恐吓行为之后取得财物之前。当先行为人完成了威胁或恐吓行为之后，后行为人参与进来实施了后一部分取财行为时，如甲给被害人打电话威胁其在某日某时某地交现金 1 万元之后，才邀约乙到指定地点取钱，尔后均分。对这样的案件，在德国、日本等大陆法系国家刑法理论上称为“承继的共犯”。至于后行为人是否应该对其参与之前的先行为人的行为及其后果也承担刑事责任，在理论上有争论，有待进一步研究。另外，最高人民法院、最高人民检察院《关于办理敲诈勒索刑事案件适用法律若干问题的解释》第 7 条规定：“明知他人实施敲诈勒索犯罪，为其提供信用卡、手机卡、通讯工具、通讯传输通道、网络技术支持等帮助的，以共同犯罪论处。”

XII 罪数

29 行为人实施一个恐吓行为，迫使同一被害人分几次向其交付财物的，属于概括的一罪而不是数罪；行为人的一个恐吓行为，使几个人产生畏惧，几个人分别向其交付财物的，属于同种想象数罪的问题，也只能按一个敲诈勒索罪处罚，而不能实行数罪并罚，只不过要把几个人分别交付的财物累计起来计算数额。行为人基于一个概括的犯罪故意，连续分别对多人实施几个敲诈勒索行为的，属于敲诈勒索的连续犯，也只是累计计算数额，按一罪处理，不实行数罪并罚。

30 在敲诈勒索犯罪案件中，还经常出现牵连犯的情况。如为了勒索某人的财物，先将其关押起来，以作为恐吓的手段，在被害人同意按约定时间地点交钱后才将其放出，其手段行为又构成了非法拘禁罪；又如，行为人冒充警察找卖淫女勒索钱财，威胁其不给钱就将其拘留，这种冒充警察的手段行为又构成了招摇撞骗罪，如此等等，通常应以一重罪定罪处罚，而不实行数罪并罚。

XIII 与非罪的界限

31 如前所述，根据《刑法》第 274 条的规定，敲诈勒索财物“数额较大”或者虽未达到“数额较大”的标准但属于“多次敲诈勒索”的，才构成敲诈勒索罪。按照最高人民法院、最高人民检察院《关于办理敲诈勒索刑事案件适用法律若干问题的解释》的规定,2 年内敲诈勒索 3 次以上的,为“多次敲诈勒索”;敲诈勒索公私财物价值 2000 元至 5000 元以上的,为“数额较大”。但是,敲诈勒索公私财物,如果具有下列严重情形之一的,“数额较大”的标准可以按这一标准的 50%确定:①曾因敲诈勒索受过刑事处罚的;②1 年内曾因敲诈勒索受过行政处罚的;③对未成年人、残疾人、老年人或者丧失劳动能力人敲诈勒索的;④以将要实施放火、爆炸等危害公共安全犯罪或者故意杀人、绑架等严重侵犯公民人身权利犯罪相威胁敲诈勒索的;⑤以黑恶势力名义敲诈勒索的;⑥利用或者冒充国家机关工作人员、军人、新闻工作者等特殊身份敲诈勒索的;⑦造成其他严重后果的。

32 如果不属于“多次敲诈勒索”的情形,敲诈勒索财物又未达到“数额较大”的标准,应认定为《刑法》第 13 条所规定的“情节显著轻微危害不大”的情形,不认为是犯罪。并且,对敲诈勒索达到了数额较大标准的,也并非一概要定罪处罚,按最高人民法院、最高人民检察院《关于办理敲诈勒索刑事案件适用法律若干问题的解释》第 5 条的规定,只要行为人认罪、悔罪,退赃、退赔,并具有下列情形之一的,可以认定为犯罪情节轻微,不起诉或者免予刑事处罚,由有关部门依法予以行政处罚:①具有法定从宽处罚情节的;②没有参与分赃或者获赃较少且不是主犯的;③被害人谅解的;④其他情节轻微、危害不大的。另外,最高人民法院、最高人民检察院《关于办理敲诈勒索刑事案件适用法律若干问题的解释》第 6 条规定:“敲诈勒索近亲属财物,获得谅解的,一般不认为是犯罪;认定为犯罪的,应当酌情从宽处理。被害人对敲诈勒索的发生存在过错的,根据被害人过错程度和案件其他情况,可以对行为人酌情从宽处理;情节显著轻微危害不大的,不认为是犯罪。”

XIV 与他罪的区别

一、与抢劫罪的区别

33 敲诈勒索罪与抢劫罪都是既侵犯财产所有权,同时还侵犯公民人身权利的犯罪,主观上都以取得他人财物为目的,客观上敲诈勒索罪的威胁或要挟方法同抢劫罪的胁迫方法同属于精神强制方法,其内容也有相同之处(如都能以暴力相威胁),因此,在某些场合,区分二者既非常必要又有相当的难度。其主要区别在于:①抢劫罪必须是行为人对被害人当面威胁;而敲诈勒索罪则既可以当面威胁,也可以不当面威胁,可以由自己发出,也可以通过第三者转达威胁。②抢劫罪的威胁只能是以直接侵犯人的生命健康等为内容的暴力威胁,如以杀害、伤害相威胁;敲诈勒索罪的威胁则不以此为限,还可以是以毁坏名誉、揭发隐私、设置困境、举报犯罪等相威胁。③抢劫罪必须是以当场实现威胁的内容相恐吓,而敲诈勒索罪则既可能是以当场实现威胁内容,也可能是以日后实现威胁内容相恐吓。④抢劫罪威胁索取的只能是动产,而敲诈勒索罪威胁索取的则既可以是动产,也可以是不动产。⑤抢劫罪非法取得财物的时间只能是当场,而敲诈勒索罪取得财物的时间既可以是当场,也可以是日后(一般是罪犯指定或约定的时间)。如果行为人为当场取得财物而以当场实施暴力相威胁的,则构成抢劫罪。⑥抢劫罪的暴力威胁是用来排除被害人反抗的手段,必须达到相当严重的程度,即足以抑制被害人的反抗,使其没有选择的可能性,而敲诈勒索罪的威胁达不到这样的严重程度,行为人尚有选择的余地。

34 按照 2005 年 6 月 8 日最高人民法院《关于审理抢劫、抢夺刑事案件适用法律若干问题的意见》的规定,"行为人冒充治安联防队员'抓赌'、'抓嫖'、没收赌资或者罚款的行为,构成犯罪的,以敲诈勒索罪定罪处罚;在实施上述行为中使用暴力或者暴力威胁的,以抢劫罪定罪处罚"。

二、与诈骗罪的区别

35 敲诈勒索罪与诈骗罪中都含有"诈"字,敲诈勒索案件中,有的也可能包含欺诈的成分,如谎称某人的儿子与自己的妻子有不正当两性关系,如果不给 2 万元,就杀死其儿子。在这种"敲诈"和"欺诈"相交叉的案件中,如何定性就成为一个难题。应当特别注意从以下几方面将二者区分开来:①犯罪客体不同。诈骗罪侵犯的是公私财产所有权,而敲诈勒索罪除了侵犯公私财产所有权之外,还侵犯他人的人身权利或其他权益。②犯罪手段不同。诈骗罪是采用欺诈手段,即虚构事实或者隐瞒真相的方法,使被害人产生错误认识,从而"自愿"地将财物交付给行为人,而敲诈勒索罪则是采用威胁或恐吓方法,造成被害人心理或精神上的恐惧,从而被迫交付财物给行为人。在上述"敲诈"与"欺诈"相交叉的犯罪案件中,要看是哪一种手段对被害人交付财物起决定作用。由此而论,行为人虚构被害人之子与自己的妻子有不正当两性关系的事实,固然是一种欺诈,但其并不是靠这种欺诈蒙骗的方法使被害人"自愿"交钱,而是以杀其子相威胁使其产生畏惧被迫交钱,也就是说起决定作用的手段是"敲诈",因而应当定敲诈勒索罪。③故意内容不同。诈骗罪的行为人有采用欺骗方法骗取他人财物的故意,而敲诈勒索罪的行为人有采用威胁或恐吓的方法勒索他人财物的故意。

三、与绑架罪的区别

36 以勒索财物为目的的绑架罪(绑架勒索罪)与敲诈勒索罪,都是采用恐吓手段,使他人产生畏惧,由他人交付财物给行为人或行为人指定的第三人的情形。从广义而言,绑架勒索罪也属于敲诈勒索的范畴,在 1979 年《刑法》施行的过程中,全国人大常委会决定增设绑架勒索罪之前,对绑架勒索行为大多也是以敲诈勒索罪论处。刑法之所以在敲诈勒索罪之外对绑架勒索另设处罚规定,主要是因为这种以绑架人质作为手段的勒索财物行为,具有比普通敲诈勒索行为更大的社会危害性和特殊的危险性。在现行《刑法》将绑架勒索行为纳入单独设立的绑架罪的情况下,区分二者具有十分重要的意义。

37 敲诈勒索罪与绑架罪中的绑架勒索的区别在于:①敲诈勒索罪的手段行为多种多样,除了不能实施绑架人质的行为并以交换人质为条件向第三人勒索财物外,各种威胁或恐吓手段均可以采用,而绑架勒索则只能采用绑架人质并以交换人质为条件向第三人勒索财物这种特定的手段。如果绑架某人后不是以其作为人质要挟第三人交付财物,而是令其承诺某日某时在某地交付财物,则不构成绑架勒索,而有可能构成敲诈勒索罪。②敲诈勒索罪的威胁既可能是以实施暴力相威胁,也可能是以毁坏名誉、揭发隐私等不实施暴力的威胁,而绑架勒索则大多是以杀害、伤害人质相威胁,并且由于人质已在行为人的控制之下,所发出威胁的内容随时都可能付诸实施,具有加害的现实性和紧迫性。③敲诈勒索罪大多是由受恐吓的被害人直接交付财物,而绑架勒索中被绑架的人质不可能直接交付财物,只能由受恐吓的人质的亲友等第三人交付财物。

四、与招摇撞骗罪的区别

38 在司法实践中,犯罪分子冒充国家工作人员要挟他人交付财物的案件时有发生,最为常见的是冒充公安、工商、税务、缉私、联防等执法人员向赌徒、走私犯、贩毒分子、盗窃犯、卖淫女等勒索财物。这类案件表面上看既符合招摇撞骗罪的特征,又具备敲诈勒索罪的要件,区分的关键在于抓住行为的本质,即是否利用国家机关的威严、权力来敲诈钱财。换言之,冒充国家工作人员进行敲诈勒索是利用公安机关等执法机关的威慑力、强制性,形成无形的精神压力,震慑对方,迫使其交付财物,从而据为己有。而招摇撞骗罪的本质在于其“欺骗性”,即行为人主要是利用国家机关的威信、信誉,假冒国家机关工作人员的身份、名义,加以炫耀、欺骗,除了骗取财物外,还包括骗取荣誉、爱情等。在冒充国家机关工作人员招摇撞骗,骗取财物的场合,受骗者交付财物具有“自愿”性,即不是因为害怕受国家机关或国家工作人员的处罚而被迫向其交付财物,而是因为对国家机关工作人员的信任、崇拜,“自愿”向其交付财物。

XV 处罚

39 《刑法》第 274 条对敲诈勒索罪规定了 3 个幅度的法定刑,即敲诈勒索公私财物,数额较大或者多次敲诈勒索的,是本罪的普通犯,处 3 年以下有期徒刑、拘役或者管制,并处或者单处罚金;敲诈勒索公私财物,数额巨大或者有其他严重情节的,是本罪的加重犯,处 3 年以上 10 年以下有期徒刑,并处罚金;敲诈勒索公私财物,数额特别巨大或者有其他特别严重情节的,为本罪的特别加重犯,处 10 年以上有期徒刑,并处罚金。

40 按照 2021 年 7 月 1 日起实施的最高人民法院、最高人民检察院《关于常见犯罪的量刑指导意见(试行)》的规定,构成敲诈勒索罪的,根据下列情形在相应的幅度内确定量刑起点:①达到数额较大起点的,或者 2 年内 3 次敲诈勒索的,在 1 年以下有期徒刑、拘役幅度内确定量刑起点;②达到数额巨大起点或者有其他严重情节的,在 3

年至5年有期徒刑幅度内确定量刑起点；③达到数额特别巨大起点或者有其他特别严重情节的，在10年至12年有期徒刑幅度内确定量刑起点。在量刑起点基础上，根据敲诈勒索数额、次数、犯罪情节严重程度等其他影响犯罪构成的犯罪事实增加刑罚量，确定基准刑。多次敲诈勒索，数额达到较大以上的，以敲诈勒索数额确定量刑起点，敲诈勒索次数可作为调节基准刑的量刑情节；数额未达到较大的，以敲诈勒索次数确定量刑起点，超过3次的次数作为增加刑罚量的事实。对犯敲诈勒索罪的被告人，应当根据其敲诈勒索的数额、手段、次数、危害后果等犯罪情节，综合考虑被告人缴纳罚金的能力，在2000元以上敲诈勒索数额的2倍以下决定罚金数额；被告人没有获得财物的，在2000元以上10万元以下判处罚金。缓刑的适用应综合考虑敲诈勒索的手段、数额、次数、危害后果、退赃退赔等犯罪事实、量刑情节，以及被告人的主观恶性、人身危险性、认罪悔罪表现等因素。

另外，按照最高人民法院、最高人民检察院《关于办理敲诈勒索刑事案件适用法 41
律若干问题的解释》，敲诈勒索公私财物价值2000元至5000元以上、3万元至10万元以上、30万元至50万元以上的，应当分别认定为《刑法》第274条规定的“数额较大”“数额巨大”“数额特别巨大”。敲诈勒索公私财物，具有下列情形之一，数额达到这里的“数额巨大”“数额特别巨大”标准的80%的，可以分别认定为《刑法》第274条规定的“其他严重情节”“其他特别严重情节”：①对未成年人、残疾人、老年人或者丧失劳动能力人敲诈勒索的；②以将要实施放火、爆炸等危害公共安全犯罪或者故意杀人、绑架等严重侵犯公民人身权利犯罪相威胁敲诈勒索的；③以黑恶势力名义敲诈勒索的；④利用或者冒充国家机关工作人员、军人、新闻工作者等特殊身份敲诈勒索的；⑤造成其他严重后果的。

第二百七十五条　故意毁坏财物罪

故意毁坏公私财物，数额较大或者有其他严重情节的，处三年以下有期徒刑、拘役或者罚金；数额巨大或者有其他特别严重情节的，处三年以上七年以下有期徒刑。

文献：赵秉志主编：《侵犯财产罪研究》，中国法制出版社1998年版；赵秉志：《侵犯财产罪》，中国人民公安大学出版社1999年版；赵秉志主编：《侵犯财产罪疑难问题司法对策》，吉林人民出版社2000年版；刘明祥：《财产罪比较研究》，中国政法大学出版社2001年版；刘明祥：《财产罪专论》，中国人民大学出版社2019年版。鄢传瑞：《论故意毁坏财物罪的几个问题》，载《法学杂志》2000年第4期；陈兴良：《故意毁坏财物行为之定性研究——以朱建勇案和孙静案为线索的分析》，载《国家检察官学院学报》2009年第1期；王震、范伟：《试论故意毁坏财物罪的客观方面及犯罪对象》，载《黑龙江省政法管理干部学院学报》2009年第4期；黄国盛：《盗窃罪与故意毁坏财物罪的区别研究——兼论〈关于审理盗窃案件具体运用法律若干问题的意见〉第12条第4项的理解与适用》，载《中国检察官》2010年第24期；罗猛、王波峰：《故意毁坏财物罪疑难问题研究》，载《中国刑事法杂志》2011年第6期；左袖阳：《盗窃罪与故意毁坏财物罪的区分》，载《中国检察官》2013年第2期；张梓弦：《论故意毁坏财物罪中的“毁坏”——“有形的影响说”之提倡》，载《法学》2018年第7期。

细目录

Ⅰ　主旨
Ⅱ　沿革
Ⅲ　客体
Ⅳ　对象
Ⅴ　毁坏财物行为
Ⅵ　结果
Ⅶ　主体
Ⅷ　故意
Ⅸ　排除犯罪的事由
　一、正当防卫与紧急避险
　二、基于被害人承诺的行为
　三、法令行为

Ⅹ 既遂、未遂、不能犯

Ⅺ 共犯

Ⅻ 罪数

ⅩⅢ 与非罪的界限

ⅩⅣ 与他罪的区别

一、与其他财产罪的区别

二、与有关危害公共安全罪的区别

ⅩⅤ 处罚

Ⅰ 主旨

1 刑法规定故意毁坏财物罪的目的在于保护他人财产所有权。由于这种犯罪的特点是毁灭、损坏他人财物,所以,惩罚这种犯罪对于避免社会财富的减少,消除社会的不安定因素,具有重要意义。

Ⅱ 沿革

2 我国1979年《刑法》第156条规定:"故意毁坏公私财物,情节严重的,处三年以下有期徒刑、拘役或者罚金。"从这一规定可以看出,对过失毁坏他人财物的行为,一概不作为犯罪处理,一般只要求作民事赔偿;另外,对故意毁坏他人财物价值不大、情节较轻的,也不作为犯罪处理,而只是作为一般违法行为,依照《治安管理处罚法》的有关规定,给予行政处罚。

3 1997年修订的《刑法》施行之前,我国法律中关于故意毁坏财物罪的规定,除1979年《刑法》第156条外,许多行政法律的附属刑事条款,也规定对毁坏某些特定财物的行为,以故意毁坏财物罪论处。如1986年通过的《渔业法》第29条规定,破坏他人养殖水体、养殖设施的,由渔业行政主管部门或者其所属的渔政监督管理机构责令赔偿损失,并处罚款;数额较大,情节严重的,依照1979年《刑法》第156条故意毁坏财物罪的规定,对个人或者对单位直接责任人员追究刑事责任。1986年通过的《矿产资源法》第39条、第40条规定,对非法采矿和破坏性采矿的行为,应当按故意毁坏财物罪处罚。[1] 1986年通过的《邮政法》第38条规定,故意损毁邮筒等邮政公用设施,尚不够刑事处罚的,依照《治安管理处罚条例》第25条的规定处罚,情节严重的,依照《刑法》第156条的规定追究刑事责任。1988年施行的《档案法》第24条规定,对于损毁、丢失或者擅自销毁国家所有的档案,构成犯罪的,应当追究刑事责任。1986年的《义务教育法》第16条规定,对于破坏学校的场地、房屋和设备,情节严

1 1997年《刑法》已将此二条规定的行为独立成罪,即第343条第1、2款规定的非法采矿罪和破坏性采矿罪。

重,构成犯罪的,依法追究刑事责任。这里所说的"追究刑事责任",实际上是指以故意毁坏财物罪追究刑事责任。

4 1997年《刑法》第275条是在1979年《刑法》第156条的基础上修订而成的,虽然并未作实质的修改,但也有以下两方面大的变动:一是将故意毁坏财物罪客观方面的情节要件,由原来的"情节严重",改为"数额较大或者有其他严重情节的",这样就明确了毁坏财物价值数额对本罪成立具有决定性意义,同时也与盗窃罪、诈骗罪的规定相协调。二是增加了一个法定刑幅度,即对于故意毁坏公私财物"数额巨大或者有其他特别严重情节的",规定了比普通故意毁坏财物罪更重的法定刑,以适应惩治重大故意毁坏财物犯罪的需要。

Ⅲ　客体

5 故意毁坏财物罪的客体是他人财产所有权。如前所述,财产所有权包括占有、使用、收益、处分四方面的权能。与盗窃、诈骗等其他财产罪不同的是,其他财产罪大多只是造成财物所有权即占有、使用、收益、处分等权利的转移,而财物本身的经济价值或使用价值并不丧失,作为社会财富仍然保留在社会上,而故意毁坏财物罪对所有权的侵犯则表现为使他人乃至整个社会都失去了财物,或者说使财物从根本上灭失或失去经济价值、使用价值。由此而论,故意毁坏财物罪的危害性似乎比盗窃等取得罪的危害性更大。因为被盗窃等非法夺取的财物在被利用完之前,往往还有返还的可能性,而财物一旦被毁坏,也就没有返还的余地了。但是,我国和外国刑法大多对盗窃等取得罪比故意毁坏财物罪规定了更重的法定刑,这就意味着对危害性大的犯罪反而处罚轻。有学者认为,之所以出现这种反常现象,是因为从各国的犯罪统计情况来看,盗窃等取得罪的发生率非常高,有必要用较重的刑罚来惩治。[2]

Ⅳ　对象

6 故意毁坏财物罪的对象是他人财物,即能够体现财产所有权关系的他人所有的物,既可能是有体物(如电视机、电冰箱等),也可能是无体物(如液化石油气、热能等);既可以是动产(如录像机等),也可以是不动产(如房屋等)。一般来说,自己所有的财物不能成为本罪侵害的对象,对他人所有的财物自己采用非法手段取得后予以毁坏的,不能构成本罪。例如,将某人的贵重财物窃取之后故意砸毁的,构成盗窃罪,不成立本罪。因为盗窃等非法手段取得他人财物的行为,本身就构成盗窃等相应的取得罪,尔后毁坏财物的行为,是一种事后不可罚的处分赃物的行为。

7 另外,某种财物除了体现财产所有权关系之外,还体现其他更重要的社会关系,刑法将其规定为其他犯罪之特定对象的,这类特定财物一般也不能成为本罪的对

2　参见〔日〕前田雅英:《刑法各论讲义》,东京大学出版会1995年版,第161页。

象。在这种场合,毁坏特定对象既触犯了故意毁坏财物罪的罪名,又触犯了把毁坏特定对象规定为独立犯罪之特别法条的罪名,两者之间是一种法条竞合关系,应按照特别法优于普通法的原则,以特别法条所规定的罪名定罪量刑。主要包括如下物品:①正在使用过程中的火车、汽车、电车、船只、航空器,桥梁、轨道、灯塔等交通设施,电力煤气设备,易燃易爆设备,广播电台、电报电话或其他通信设施等。由于破坏这些特定对象,就会危及公共安全,《刑法》单独设立了罪名,规定了更重的法定刑,凡故意毁坏这些特定对象的,都应该按有关危害公共安全的犯罪定罪处罚,而不能按故意毁坏财物罪定罪处罚。②正在使用过程中的机器设备,用于农业生产的耕畜等。由于破坏这类特定对象会妨害工农业生产的正常进行,《刑法》将其规定为单独的犯罪,因而也不能成为本罪的对象。③国家的珍贵文物、名胜古迹。由于这类物品是重要的文化遗产,国家将其纳入特殊保护的范围,刑法将毁坏这类物品的行为单独设立了罪名,这类物品也不能成为本罪的侵害对象。另外,还有武器装备、军事设施,界碑、界桩、永久性测量标志等,也是基于同样的理由,不能成为本罪的侵害对象。

V 毁坏财物行为

故意毁坏财物罪在客观方面必须要有对财物的毁坏(或毁损)行为。一般来说,毁坏行为是指毁弃、破坏或损坏财物的行为。关于毁损(或毁坏)的含义,德国、日本等国刑法理论上有较大争议,主要有效用侵害说、有形侵害说、物质的毁损说等不同主张。[3] 我国刑法理论界对故意毁坏财物罪中的“毁坏”的解释,也存在与此类似的几种意见分歧。一种观点认为,毁坏不限于从物理上变更或者消灭财物的形体,而是包括使财物的效用丧失或者减少的一切行为。[4] 这与上述“效用侵害说”基本相同。另一种观点认为,“这里的‘毁坏’,是指通过改变公私财物自然形态的方式,来消灭财物的形体或减少财物的价值(效用)”[5]。这与上述“有形侵害说”相似。还有一种观点认为,毁坏公私财物,指毁灭或者损坏公私财物。所谓毁灭,就是对公私财物进行物理毁坏,使其变得不存在,或者完全丧失其本来功能或者利用价值;所谓损坏,就是对公私财物进行物理破坏,使其部分丧失其本来功能或者利用价值。[6] 这同上述“物质的毁损说”相近。 8

上述效用侵害说抓住了财物的本质在于其经济价值和使用价值,因而把导致财物经济价值和使用价值丧失或明显降低(侵害其效用)的行为,认定为毁损财物的行为,这自然有一定的合理性。但是,效用侵害说也有如下几方面的缺陷:其一,效用侵害说强调,只要使财物不能使用或者损害其效用,就应视为对财物的毁损,可是,使鱼 9

---

3 参见刘明祥:《财产罪专论》,中国人民大学出版社 2019 年版,第 296—297 页。

4 参见张明楷:《刑法学》(第 6 版),法律出版社 2021 年版,第 1342 页。

5 陈明华主编:《刑法学》,中国政法大学出版社 1999 年版,第 623 页。

6 参见黎宏:《刑法学各论》(第 2 版),法律出版社 2016 年版,第 342 页。

池中的鲤鱼流失、将笼中小鸟放飞、把金银首饰丢弃到湖海中的行为,并不会导致财物(鱼、鸟、首饰)本身不能按其本来的用法使用,也不会损害这些财物固有的效用。因为鱼、鸟、首饰若被主人或他人再次捕获或拾取,则照样能发挥其效用。只不过由于行为人的上述侵害行为,对物的所有者的权利造成了侵害,使其丧失了对物的占有,导致其事实上不能直接使用该财物。这固然是给所有者带来了财产上的损害,侵害了其财产所有权,但却与毁坏财物罪有较大差别。正因为如此,日本有学者提出,这是一种"侵夺占有"行为,应该作为民事赔偿问题来处理。今后可以通过立法把它当作与毁损罪不同的特别犯罪类型来处罚。[7] 其二,效用侵害说认为,在他人餐具中投入粪尿,就会导致餐具不能使用,因而构成毁坏财物罪。但是,餐具本身并未被破坏、毁损,消毒之后并非不能使用,并且也不能否定不知情的第三人还有使用的可能性,况且知情者只是在感情上不愿再将其作餐具使用,并非客观事实上不能作餐具使用,并且例外的不介意者也还有可能存在。其三,效用侵害说认为,拆卸财物的组成部分(如将汽船上的舵取走)使财物不能使用(如船不能航行),在他人字画上涂抹污物,由于没有造成物质的破坏或毁坏,按物质的毁损说就不构成毁坏财物罪,只有按效用侵害说才能得到合理的处理。但是,如果被拆卸财物的某个部件很容易恢复原状,字画上的污物很容易被清除,并非完全不能恢复原貌,对其以毁坏财物罪处罚显然不恰当,只有被拆卸的财物不能或很难恢复原状,不能发挥其效用者,才能当毁坏财物罪处理,而在这样的场合,即便是采用物质的毁损说,也同样认为毁损行为成立。其四,效用侵害说认为,在他人建筑物的墙壁或窗户玻璃上大量张贴广告或宣传品,这也构成破坏建筑物罪,而这种仅仅影响建筑物的美观或外观,对所有者、占有者使用建筑物不会有实质妨害的情形,显然不宜作为毁坏财物罪处理。总之,效用侵害说有过于扩大毁坏财物罪的成立范围的危险,存在违反罪刑法定主义的弊病。[8] 至于英美国家存在的比效用侵害说更宽泛解释"毁损"的观点,其缺陷更是不言而喻。

10　有形侵害说认为,即便是使财物不能使用或不能发挥效用,但如果明显没有施加有形力,则毁损不能成立。此说是为了克服效用侵害说无限扩大毁坏财物罪的范围的缺陷而提出来的,自然有其积极意义。但按此说,前述在餐具中投入粪尿、在建筑物的墙壁或窗户玻璃上张贴广告的行为,由于对财物施加了有形力,因而与效用侵害说的结论一样,也存在与效用侵害说相同的上述缺陷。再说,所谓施加有形力的含义并不明确,界限也很难掌握。正因为如此,就难免出现前述隐匿财物的行为,持此说的论者中,有的认为属于施加了有形力的毁损行为,而有的则认为没有施加有形力不属于毁损。

11　物质的毁损说强调毁损的有形性与实质性,注重从客观上考察财物有无恢复原状的可能性,在实践中比较容易判断和认定,可以避免扩大毁坏财物罪的处罚范

7　参见〔日〕阿部纯二等编:《刑法基本讲座》(第5卷),法学书院1993年版,第344页。

8　参见〔日〕阿部纯二等编:《刑法基本讲座》(第5卷),法学书院1993年版,第346页。

围,自然也是符合罪刑法定主义要求的。但是,按照此说,一些没有直接破坏或毁坏财物却给所有者带来损失的情形,如前述将他人鱼池的闸门打开让鲤鱼流失、将金银首饰投弃到湖海之中的行为,就不可能构成毁坏财物罪,但这类行为具有侵害财产所有权的性质是无法否认的,对所有者来说,将鱼池之中的鱼杀死与放入河湖之中,其损害后果是相同的,如果作出罪与非罪的不同处理,显然也是不恰当的。由此可见,物质的毁损说走向了另一个极端,即过于缩小了毁坏财物罪的范围,不利于对这类犯罪的惩治和保护财产所有权。

笔者倾向于上述"效用侵害说"中的"本来的用法侵害说",但主张作更进一步的限制。认为只有使他人财物永久地失去其效用的行为,才能视为毁损行为。具体说来,如果行为造成了财物实质上的破坏(包括拆卸、部分毁坏或整体毁灭),使之永久性地完全失去效用或部分失去效用,自然可以构成毁坏财物罪。虽然没有对财物本身造成破坏,但却使之永久地脱离他人的占有,或者尽管所有者仍占有该物,但已不可能发挥其原有效用的,也可以构成毁坏财物罪。例如,将他人的金戒指抛弃到大海之中,使他人鱼池中的鱼流失到河湖之中,这无疑是一种使他人永久失去财物的行为,其客观后果与直接毁灭相同,其侵犯财产所有权的性质也是毋庸置疑的,因而有必要视为毁损行为。又如,在他人的珍贵字画上泼墨,将其内容全部覆盖,无法清除墨迹恢复原貌,这虽然没有造成原物的破损,所有者也未失去原物,但其效用已永久丧失,因而,应认为是一种毁损行为。不过,如果只是暂时使某物失去其效用,如将机器拆卸,并未毁坏或拿走零部件,他人不难将其重新组装起来的,就不能认为是毁损行为。如果拆卸毁坏机器的一个重要零部件,导致机器完全报废的,则应认为是对机器之整体的毁损。另外,使他人财物永久地失去其效用,是就客观事实而言的,不能以财物所有者或一般人的认识为依据。例如,在他人餐具中投入粪尿,将人的尸体拖到他人住宅停放,虽然所有者可能认为餐具已不能再继续使用,住宅已不能再继续住人,但这并不符合科学规律,因此,不能认为行为人的行为构成对餐具、住宅的毁损。 12

特别值得一提的是,毁坏财物的方法多种多样,如砸毁、撕毁、压毁,等等。但是,如果使用放火、爆炸、决水、投毒等方法毁坏公私财物,危害公共安全的,应当以放火罪、爆炸罪等危害公共安全罪定罪量刑。不过,这并非意味着只要采取这些方法毁坏公私财物,就不可能构成故意毁坏财物罪,关键要看所采取的方法是否危害公共安全,不危害公共安全的,仍然只可能构成故意毁坏财物罪,不可能构成放火罪、爆炸罪等危害公共安全的犯罪。 13

Ⅵ 结果

本罪的结果是造成公私财物的毁坏,即财物的价值或使用价值的丧失。根据我国《刑法》第 275 条的规定,一般只有已经造成或可能造成数额较大公私财物被毁坏的结果,才能构成本罪。 14

Ⅶ 主体

15 本罪的主体是一般主体,即年满 16 周岁具有刑事责任能力的自然人。单位不能成为本罪的主体。单位负责人组织单位人员故意毁坏其他单位或个人财物的,应当以自然人个人犯罪论处。

Ⅷ 故意

16 本罪的主观方面表现为行为人有毁坏他人财物的故意,即明知自己的行为会造成公私财物的毁坏,而希望这种结果的发生。行为人不具有取得财物的目的,而是为了将财物毁坏,使其丧失价值或者使用价值。这是本罪与盗窃罪等取得罪在主观上的重要差别。毁坏公私财物的动机,则是多种多样的。如为泄愤报复、嫉妒他人,为了不正当竞争,出于空虚无聊寻求刺激,等等。动机如何,对本罪的成立不起决定性作用,只不过量刑时可酌情考虑。过失毁坏公私财物的,不论损害后果多么严重,均不能以本罪论处,如果危及公共安全,可以按有关危害公共安全的犯罪(如失火罪、过失损坏交通工具罪等)定罪处罚,如果是国家机关工作人员失职造成的,可以按玩忽职守罪等罪处罚。损害后果不严重的,则不构成犯罪,只按民事侵权处理。

17 关于本罪的故意是否仅限于直接故意,目前我国刑法理论界有两种不同的观点。一种观点认为,本罪只有出于直接故意才能构成[9];另一种观点认为,本罪的故意包括直接故意和间接故意[10]。有的论者更明确地指出,本罪绝大多数由直接故意构成,间接故意则主要表现在牵连犯中。[11] 笔者赞成前一种观点。因为故意毁坏财物罪是一种财产罪,在刑法所规定的各种财产罪中,故意毁坏财物罪之外的所有财产罪都只能由直接故意构成,这是由财产罪的特点决定的。本来有些侵犯财产的行为也能以间接故意实施,如侵占、诈骗等,但刑法对财产罪的处罚范围不能太宽,因此,中外刑法理论大多认为,成立盗窃、诈骗、侵占等取得罪行为人在主观上必须有取得财物的目的,有此目的就表明行为人的主观恶性大,才有必要动用刑罚。而对过失和间接故意侵犯财产权的行为,可以通过民事法律来调整。同样的道理,行为人出于间接故意也确实可能毁坏公私财物,造成对公私财产所有权的侵害,有时侵害的后果可能还很严重,但是,从刑法的谦抑性要求出发,不能当犯罪来处理,而应该通过民事赔偿等途径来解决。也就是说,故意毁坏财物罪要求行为人主观上有毁坏他人财物的目

---

9 参见张穹主编:《中国经济犯罪罪刑论》,大地出版社 1989 年版,第 219 页。

10 参见高铭暄、马克昌主编:《刑法学》(第 9 版),北京大学出版社、高等教育出版社 2019 年版,第 517 页。

11 参见赵秉志主编:《侵犯财产罪疑难问题司法对策》,吉林人民出版社 2000 年版,第 420 页。

的,并且有使他人丧失财物的价值和使用价值,从而造成经济损失的主观恶意。如果主观上虽有毁坏某物的直接故意,但行为时就有赔偿其经济损失的意图,不会给所有人的所有权造成实质的侵害,就不能以本罪论处。

IX 排除犯罪的事由

一、正当防卫与紧急避险

根据《刑法》第20条的规定,因正当防卫而造成不法侵害人财产损害的,不负刑事责任。例如,为了制止不法侵害而毁坏不法侵害者作为犯罪工具使用的贵重财物就是一种正当防卫行为,不构成故意毁坏财物罪。另外,根据《刑法》第21条的规定,因紧急避险而毁坏他人财物的,也不负刑事责任。例如,因发生火灾,为了避免被大火烧死,不得不将商店放有大量贵重工艺品的柜子推倒,以逃离火灾现场,结果砸毁了大量贵重财物。这就是一种紧急避险行为,不能以故意毁坏财物罪追究避险者的刑事责任。 18

二、基于被害人承诺的行为

基于被害人承诺的行为,历来是作为犯罪阻却事由特别是违法阻却事由看待的。在现代社会,财产所有权被视为公民一项不可侵犯的权利,而财产所有权的一项重要内容是财产处分权。财产所有人同意(或承诺)其他人毁坏自己的财产,被认为是所有权人行使处分权的一种形式。正因为如此,基于所有权人(被害人)同意(或承诺)而毁坏其财物的行为,被认为是按所有人的意思而帮助所有人处分其财产,自然不存在侵犯其所有权的问题,因而,不构成故意毁坏财物罪。 19

一般来说,基于被害人承诺毁坏其财物作为排除犯罪的事由,必须具备以下几方面的条件:①承诺者对财物有处分权。要求承诺者不仅对财物有排他的所有权,不存在与他人共同所有财物的问题,即他人对财物没有所有权,而且财物不是作为抵押担保的标的物,也没有被公务机关查封,不在他人的合法占有之下,否则,所有人就不能行使处分权,自然也就不能承诺(同意)他人毁坏财物。②承诺者有承诺(同意)的能力。前提条件是承诺者有辨认能力,即对承诺(同意)对方毁坏自己的财物的含义、范围、后果具有理解能力。③被害者具有承诺(同意)对方毁坏自己财物的真实意思表示。如果承诺者承诺(同意)行为人毁坏自己的财物只是一句玩笑话,行为人对此也明知,那就不排除故意毁坏财物罪的刑事责任。④行为人认识到被害者承诺(同意)毁坏某种财物。⑤毁坏的财物正是被害人承诺(同意)毁坏的对象,并且所采取的毁坏方法没有危害其他人的利益。如果行为人所采取的方法危害了公共安全,如得到被害人承诺,放火烧毁其房屋,因而危及邻居房屋安全的,虽然不构成故意毁坏财物罪,但有可能构成放火罪。 20

另外,被害人事先虽然没有现实的承诺(同意)存在,但如果被害人知道了事实真 21

相,按社会一般人的观念,当然会作出承诺,这种推定被害人的意思所实施的行为,就是基于推定承诺的行为。例如,发生火灾之际,屋主不在场,为了避免烧毁其房屋及其他财产,而拆除房屋的一部分。这种故意毁坏财物的行为,就是推定屋主会承诺(同意)的行为,与被害人在现场事先承诺(同意)具有相同的意义,因而阻却违法性。一般认为,基于推定承诺的行为,必须具备以下几个条件:①被害人自身没有现实的承诺。②推定被害人知道真情会承诺。这种推定要以社会一般人的正常观念为准。③必须是为了被害人的利益而实施行为。如上所述,为了避免其更重大的财产被烧毁,而拆毁其一部分房屋就是适例。④必须是针对被害人有处分权限的个人法益实施的行为。⑤基于推定承诺的行为,必须是一种社会的相当行为。[12]

三、法令行为

22　只有非法实施的毁坏公私财物的行为才可能构成本罪,而法令行为是直接根据成文法律、法令的规定,作为行使权利或者承担义务所实施的行为。[13] 例如,国家工作人员在执行公务中,依照法律和政策,实施拆毁违章建筑、烧毁假冒伪劣商品等毁坏财物的行为,因为具有合法性,自然不可能构成故意毁坏财物罪。

X　既遂、未遂、不能犯

23　符合犯罪主体条件的人,在毁坏财物故意支配下实施了毁坏财物的行为,并已造成他人价值数额较大财物毁坏的,即可认定为故意毁坏财物罪既遂。至于“毁坏”的标准,笔者认为,应该以财物基本上失去经济价值或使用价值为准。如果只是使某物的经济价值或使用价值减少了一部分,大部分经济价值或使用价值并未丧失的,则不能认定为本罪的既遂。另外,由于《刑法》第 275 条把“数额较大”作为本罪成立的一个基本条件,因而,在通常情况下,只有毁坏财物数额较大者,才是本罪的既遂。意图毁坏财物数额较大,但实际上只毁坏数额较小财物的,如意图将被害人鱼塘中价值上万元的鱼全部毒死,但因所使用的农药是假货,只导致价值几十元的少量小鱼被毒死的,则只能视为犯罪未遂。

24　如前所述,故意毁坏财物罪的对象必须是他人的财物,自己的财物不能成为本罪的对象。如果行为人由于主观上的认识错误,误将自己之物当作仇人之物而故意毁坏,属于不可罚的不能犯。另外,行为人采用不可能使财物毁坏的方法实施侵害行为的,如误把假农药当作真农药用来毒杀他人的牛羊等,属于手段不能犯的问题,除了由于迷信无知而把本来不可能造成财物毁坏的手段当作毁坏财物的手段使用的“迷信犯”之外,情节严重的,可以作为本罪的未遂犯处理。

12　参见张明楷:《外国刑法纲要》(第 2 版),清华大学出版社 2007 年版,第 186—187 页。

13　参见张明楷:《外国刑法纲要》(第 2 版),清华大学出版社 2007 年版,第 177 页。

XI 共犯

二人以上共同故意毁坏公私财物,数额较大或者有其他严重情节的,构成故意毁坏财物的共同犯罪,应当根据《刑法》总则关于共同犯罪的成立条件以及《刑法》第275条规定的故意毁坏财物罪的构成要件来认定。 25

实践中经常发生甲教唆乙毁坏被害人的财物,乙采用放火、爆炸等危险方法实施,因而造成危害公共安全的后果的案件。对乙按放火罪、爆炸罪或其他危害公共安全的犯罪定罪处罚不成问题,但对甲能否以有关危害公共安全的教唆犯处罚,则值得研究。笔者认为,应该根据案件的具体情况作不同处理。如果教唆犯事先对毁坏财物的具体方法有明确的指示或建议,而教唆使用的方法不具有危害公共安全的性质,只是由于被教唆人自己决定改变方法,才导致危害公共安全的后果发生的,例如,甲教唆乙带几个人把丙开办的小商店砸毁,但乙为了“省事”采用放火的方法将丙的小店烧毁,同时殃及邻居,造成重大火灾后果,对此案中的教唆犯甲,显然不能以放火罪的共犯论处。但是,如果对甲定故意毁坏财物罪,认为是被教唆的人没有犯被教唆的罪的情形,适用《刑法》第29条第2款的规定,从轻或者减轻处罚,明显不具有合理性。因为教唆犯甲所预期的财物被毁坏的结果事实上已经发生,对甲自然也就应按故意毁坏财物罪的既遂犯处罚。 26

XII 罪数

对于故意毁坏财物罪的罪数区分,应当按照有关区分一罪与数罪的标准来解决。所要注意的是,如果采用放火、爆炸等危险方法毁坏公私财物并危害公共安全,则构成放火罪、爆炸罪或其他危害公共安全的犯罪,而不得认定为故意毁坏财物罪,也不得认定为数罪。 27

如前所述,行为人故意毁坏某种特定财物,而刑法将毁坏这种特定财物规定为独立罪名的,如故意毁坏正在使用中的交通工具、交通设施的,既触犯了故意毁坏财物罪的罪名,又触犯了破坏交通工具、交通设施罪的罪名,这是属于法条竞合的问题(不属于数罪),应该按照处理法条竞合的原则,适用特别法条定罪量刑。 28

在司法实践中,经常发生行为人为毁坏被害人的贵重财物而实施行为,结果既毁坏了贵重财物,又导致他人死伤结果发生的案件。如甲为泄愤而拿一块大石头砸向乙的贵重工艺品,乙出面阻挡,结果被大石击中头部致死,同时贵重工艺品也被大石摧毁。此案中,由于只有一个行为动作,造成人的死亡和财物损失两个结果,相对于人的死亡而言,成立过失致人死亡罪,相对于财物被毁来说,则构成故意毁坏财物罪,二者之间是一种想象竞合(或想象数罪)关系,而不是实质的数罪,不能实行数罪并罚,只能以其中的一个重罪定罪处罚,把造成的另一种危害结果作为量刑情节考虑。应当指出,如果砸毁财物是由数个行为动作完成的,其中某一个行为动作引起了 29

人死伤结果的发生,就成为实质的数罪,应该实行数罪并罚。例如,甲因生意上的利害关系与乙发生矛盾,某日到乙的商店交涉而与乙发生争吵,甲非常恼怒,抄起乙商店的座椅,乱砸其商店的贵重财物,造成了重大财产损失,在甲继续砸毁财物时,邻店的丙出面阻拦,而被甲误伤,导致死亡结果发生。此案中,行为人过失致人死亡,只是其砸毁财物的一个动作产生的后果,可以将这一行为认定为过失致人死亡罪,其他的毁坏财物的动作作为整体构成一个故意毁坏财物罪,对二罪应当实行数罪并罚。

30 另外,故意毁坏财物被作为其他犯罪的手段而实施的现象时有发生,在这种场合,如果作为手段的行为已经构成故意毁坏财物罪,目的行为又构成了其他的罪,这就属于牵连犯的问题。传统刑法理论认为,牵连犯是实质的数罪、处断的一罪,应按其中的一个重罪定罪处罚(从一重罪处断),而不实行数罪并罚。但我国现行《刑法》对部分牵连犯的情形,明文规定数罪并罚。[14] 例如,《刑法》第 198 条规定,“投保人、被保险人故意造成财产损失的保险事故,骗取保险金的”,如果除构成保险诈骗罪外,同时构成其他犯罪(包含故意毁坏财物罪)的,应依照数罪并罚的规定处罚。笔者认为,对故意毁坏财物罪涉及的牵连犯问题,如果刑法明文规定了处罚原则,自然应该按刑法的规定处理。但刑法没有明文规定的,应该采取从一重罪从重处断的原则处理。这样既考虑到了数罪之间的内在牵连关系,便于司法实践,又能做到罪刑相应。

31 顺便指出,2013 年最高人民法院、最高人民检察院《关于办理盗窃刑事案件适用法律若干问题的解释》第 11 条指出,“采用破坏性手段盗窃公私财物,造成其他财物损毁的,以盗窃罪从重处罚;同时构成盗窃罪和其他犯罪的,择一重罪从重处罚”;“实施盗窃犯罪后,为掩盖罪行或者报复等,故意毁坏其他财物构成犯罪的,以盗窃罪和构成的其他犯罪数罪并罚”;“盗窃行为未构成犯罪,但损毁财物构成其他犯罪的,以其他犯罪定罪处罚”。该条中数处提到的“其他犯罪”,主要是指故意毁坏财物罪。

XIII 与非罪的界限

32 根据《刑法》第 275 条的规定,并非只要实施了故意毁坏公私财物的行为就构成犯罪,而是毁坏财物必须达到数额较大的标准或者有其他严重情节,才能构成。按照 2008 年 6 月最高人民检察院、公安部《关于公安机关管辖的刑事案件立案追诉标准的规定(一)》第 33 条的规定,故意毁坏公私财物,涉嫌下列情形之一的,应予立案追诉:①造成公私财物损失 5000 元以上的;②毁坏公私财物 3 次以上的;③纠集 3 人以上公然毁坏公私财物的;④其他情节严重的情形。该条所列应予立案的第①种情形,实际上是对《刑法》第 275 条故意毁坏财物罪中的“数额较大”标准作了界定,第②、③种情形是对“其他严重情节”的列举,但不够明确并且范围很有限。如“毁坏公

---

14 我国现行《刑法》对有些牵连犯也规定采取从一重罪处断或从一重罪从重处断的原则。

私财物3次以上”,就并未像其他司法解释那样限于1年或2年之内,笔者主张,应以一年之内3次以上为限。另外,所谓“其他严重情节”,应当根据案件的具体情况,从行为人的犯罪动机、对象、后果、作案次数、社会影响等方面综合分析判断。一般来说,毁坏财物接近“数额较大”标准,而又具有动机卑劣,手段恶劣,毁坏抢险、救灾、防汛、优抚、扶贫、救济等特殊财物,多次作案,聚众作案,或教唆未成年人犯罪,事后嫁祸他人等情况的,属于有其他严重情节,应当以故意毁坏财物罪定罪处罚。

XIV 与他罪的区别

一、与其他财产罪的区别

故意毁坏财物罪与其他财产罪虽然都是侵犯财产所有权的犯罪,但有以下几方面的重要区别:①客观行为不同。故意毁坏财物罪是使财物丧失价值或使用价值,而盗窃、诈骗、抢夺等取得罪,只是非法取得、占有财物;挪用资金罪等挪用型犯罪则只是将财物挪作他用,并非想从根本上取得财物,因而都不存在使财物丧失价值或使用价值的问题。②犯罪既遂与未遂的标准不同。故意毁坏财物罪是以财物是否被毁坏,或者财物的价值或使用价值是否丧失,作为区分犯罪既遂、未遂的标准;而盗窃、诈骗等取得罪是以行为人是否取得财物作为区分既遂、未遂的标准,挪用资金罪等挪用型犯罪则是以使用行为完成为既遂的标志。③犯罪目的与动机不同。故意毁坏财物罪的犯罪目的是毁坏财物,也就是使财物从根本上丧失价值或使用价值,并非想利用财物;而盗窃、诈骗等取得罪是想非法取得财物并进一步利用财物的经济价值或使用价值,挪用资金罪等挪用型犯罪则是以临时利用财物的经济价值或使用价值为目的。 33

二、与有关危害公共安全罪的区别

如前所述,我国《刑法》分则第二章危害公共安全罪中,有相当一部分具体犯罪会造成公私财物的毁坏,这些犯罪大致可以分为两类:一类是以放火、决水、爆炸、投放危险物质等危险方法危害公共安全,其危害结果除造成不特定多数人死伤外,还有可能造成重大公私财产被毁坏;另一类是某些特定对象的财物与公共安全有密切联系,毁坏这些特定财物就会危及公共安全,如毁坏正在使用中的大型现代化交通工具、交通设施,毁坏电力、煤气、易燃易爆设备、通信设备等,正因为毁坏这些特定对象会进一步造成不特定或多数人死伤等危害公共安全的后果,所以,刑法对毁坏这些特定对象单独设立罪名,规定了比故意毁坏财物罪更重的法定刑。毁坏这些特定财物就会出现法条竞合的现象,应该采用特别法优于普通法的原则,按有关危害公共安全罪的罪名定罪量刑。 34

具体来说,故意毁坏财物罪与上述危害公共安全罪主要有以下几方面的区别:①侵犯的客体不同。故意毁坏财物罪的客体是公私财产所有权,而上述危害公共安 35

全罪的客体是公共安全,包含不特定或多数人的生命健康或重大公私财产的安全。②犯罪客观方面的表现形式不完全相同。故意毁坏财物罪是将公私财物毁坏,使公私财物的价值或使用价值丧失,成立犯罪以毁坏财物数额较大或者有其他严重情节为要件。如果财物被毁坏的结果未发生,一般不构成犯罪。而危害公共安全罪,并不以财物被毁坏作为犯罪成立和既遂的条件。另外,毁坏财物是故意毁坏财物罪的唯一行为形式,而危害公共安全罪还可能是造成人身方面的侵害,而并不毁坏财物。③犯罪主观方面不同。故意毁坏财物罪的主观方面仅限于故意,过失毁坏财物不构成此罪。但危害公共安全的犯罪则不以故意为限,还包括过失毁坏财物危害公共安全的情形,如过失毁坏汽车等交通工具,危害公共安全的,构成过失损坏交通工具罪。

XV　处罚

36　我国《刑法》第 275 条对故意毁坏公私财物规定了两个幅度的法定刑:犯普通故意毁坏财物罪的,即故意毁坏公私财物,数额较大或者有其他严重情节的,处 3 年以下有期徒刑、拘役或者罚金;故意毁坏公私财物,数额巨大或者有其他特别严重情节的,构成本罪的加重犯,处 3 年以上 7 年以下有期徒刑。至于这里所说的"数额较大"和"其他严重情节",前文已有论述,在此不赘述。关于"数额巨大"的标准,由于最高司法机关没有作司法解释,只能由各地司法机关根据本地的实际情况具体掌握认定。从已有的关于盗窃等财产罪的司法解释来看,"数额巨大"的标准一般比"数额较大"高出 10 倍左右,以此为根据,可以将本罪"数额巨大"的标准定得比"数额较大"高 10 倍左右。另外,本罪"其他特别严重情节",一般是指故意毁坏难以具体估价的、具有不可恢复性和特别重要性的物品,造成严重损失的;致被害人自杀或者精神错乱的;故意毁坏公私财物接近数额巨大标准,又有前述"其他严重情节"的,等等。

第二百七十六条　破坏生产经营罪

由于泄愤报复或者其他个人目的，毁坏机器设备、残害耕畜或者以其他方法破坏生产经营的，处三年以下有期徒刑、拘役或者管制；情节严重的，处三年以上七年以下有期徒刑。

文献：赵秉志主编：《侵犯财产罪研究》，中国法制出版社1998年版；赵秉志：《侵犯财产罪》，中国人民公安大学出版社1999年版；赵秉志主编：《侵犯财产罪疑难问题司法对策》，吉林人民出版社2000年版。黄泽林、李少平：《破坏专业户生产的刑事责任初探》，载《法学研究》1985年第2期；阮方民：《对破坏专业户生产定罪问题的再认识》，载《法学》1985年第6期；王守俊：《破坏生产经营罪若干问题探析》，载《法制与社会》2009年第24期；柏浪涛：《破坏生产经营罪问题辨析》，载《中国刑事法杂志》2010年第3期；孙道萃：《破坏生产经营罪的网络化动向与应对》，载《中国人民公安大学学报(社会科学版)》2016年第1期；李凌旭、阎二鹏：《新实质解释视域下的破坏生产经营罪之构成要件——以"恶意好评"行为入罪为视角》，载《湖南师范大学社会科学学报》2016年第2期；高艳东：《破坏生产经营罪包括妨害业务行为——批量恶意注册账号的处理》，载《预防青少年犯罪研究》2016年第2期；冀洋：《网络时代破坏生产经营罪的司法逻辑》，载《法治研究》2018年第1期；李世阳：《互联网时代破坏生产经营罪的新解释——以南京"反向炒信案"为素材》，载《华东政法大学学报》2018年第1期；刘仁文：《网络时代破坏生产经营的刑法理解》，载《法学杂志》2019年第3期。

细目录

Ⅰ　主旨
Ⅱ　沿革
Ⅲ　客体
Ⅳ　对象
Ⅴ　破坏生产经营行为
　一、破坏方法
　二、"生产经营"的含义
Ⅵ　主体
Ⅶ　故意
Ⅷ　目的与动机
Ⅸ　排除犯罪的事由

Ⅹ 既遂与未遂
Ⅺ 共犯
Ⅻ 罪数
ⅩⅢ 与非罪的界限
ⅩⅣ 与他罪的区别
一、与故意毁坏财物罪的区别
二、与有关危害公共安全罪的区别
ⅩⅤ 处罚

Ⅰ 主旨

1 刑法规定破坏生产经营罪的目的在于保障生产经营活动的正常进行。由于生产经营活动关系到人类的生存和发展,所以,惩治破坏生产经营活动的犯罪,具有十分重要的意义。

Ⅱ 沿革

2 破坏生产经营罪来源于1979年《刑法》中的破坏集体生产罪。而"破坏集体生产罪"的最早立法,可以追溯到1950年7月中央人民政府法制委员会起草的《刑法大纲草案》,以后历次刑法草案都有关于该罪的规定,直到1979年《刑法》第125条将本罪法定化。该条规定:"由于泄愤报复或者其他个人目的,毁坏机器设备、残害耕畜或者以其他方法破坏集体生产的,处二年以下有期徒刑或者拘役;情节严重的,处二年以上七年以下有期徒刑。"

3 1997年《刑法》第276条(破坏生产经营罪)是在对1979年《刑法》第125条(破坏集体生产罪)修订的基础上形成的。相比而言,主要作了如下几方面的修改:①犯罪归属的变化。1979年《刑法》将破坏集体生产罪归属于《刑法》分则第三章破坏社会主义经济秩序罪中,而1997年《刑法》将破坏生产经营罪置于《刑法》分则第五章侵犯财产罪中。前者是将该罪作为经济犯罪的一种,后者则是将该罪作为财产罪的一种,这一改变关系到对该罪罪质的评价。②罪名的变化。1997年《刑法》将"破坏集体生产罪"改为"破坏生产经营罪",这意味着"生产"的范围不是限于"集体生产"(还包括"个体生产"),除了"生产"之外,还包括非生产性的"经营"活动。之所以如此,是因为改革开放后,各种非公有制性质的所有制形式,如私营经济、外资经济迅速发展,它们为国家经济建设作出了巨大贡献,因而成为我国社会主义市场经济的重要组成部分。但是,一般认为,集体生产只包含国有企业的生产和集体所有制单位的生产,乃至在这两种所有制基础上实行的个体承包和租赁,不包括私营经济等其他所有制性质经济单位的生产。[1]

---

1 参见赵秉志主编:《新刑法全书》,中国人民公安大学出版社1997年版,第980页。

这就表明按 1979 年《刑法》第 125 条的规定，破坏非公有制性质的“非集体生产”，不能构成“破坏集体生产罪”，显然不利于保护市场经济的发展。另外，随着形势的发展变化，非生产性的商业等经营活动，在国民经济中占有越来越重要的地位，也有必要用刑法来保护。③法定刑的调整。同 1979 年《刑法》第 125 条相比，1997 年《刑法》第 276 条提高了破坏生产经营罪的法定刑，即把本罪普通犯的法定刑由原来的“二年以下有期徒刑、拘役”，修改为“三年以下有期徒刑、拘役或者管制”；将本罪加重犯的法定刑由原来的“二年以上七年以下有期徒刑”，调为“三年以上七年以下有期徒刑”。

Ⅲ 客体

4 破坏生产经营罪侵犯的客体是生产经营活动的正常进行。关于本罪客体问题，特别值得一提的是，在 1997 年《刑法》颁布之前，由于罪名是破坏集体生产罪，1979 年《刑法》将其置于破坏社会主义经济秩序罪一章中，有关其客体的认识，理论界基本上是一致的，即认为其侵犯的客体是集体生产的正常进行。但 1997 年《刑法》颁布后，由于破坏生产经营罪被移入侵犯财产罪一章，因而导致理论界对本罪的客体产生认识分歧。一种观点认为，本罪所在章节虽然发生了变化，但侵犯的客体仍然是生产经营活动的正常进行。[2] 另一种观点认为，本罪侵犯的客体是复杂客体，既侵犯了生产经营活动的正常进行，又侵犯了公私财产所有权。[3] 之所以说本罪还同时侵犯财产所有权，是因为行为人破坏生产经营活动的犯罪行为，通常是通过破坏与生产经营活动有密切关系的公私财物来实现的，因而其不可能不侵犯公私财产所有权；另外，1997 年《刑法》将本罪由 1979 年《刑法》第三章破坏社会主义经济秩序罪一章调整划入侵犯财产罪一章，也证明了此类犯罪归根结底是对公私财产所有权的侵犯。[4]

5 但是，笔者倾向于前一种观点。理由有四：①从刑法理论而言，财产罪的本质是侵犯财产权，其表现形式要么是非法夺取、侵吞财物，要么是毁坏财物，要么是挪用财物，归根到底是对财物的占有、使用、收益和处分这几方面权能的侵害。但破坏生产经营的主要危害不在于财物本身被毁、被盗（造成了财物所有权的侵害），而在于使生产经营无法正常进行并导致他人遭受间接的经济损失。例如，对某种价值低廉的机器设备故意予以毁坏，导致生产长时间无法进行，造成重大间接经济损失。如果认为这类案件侵犯的主要是财产所有权，显然是没有抓住问题的实质。②破坏生产经营罪虽然大多要通过毁坏一定财物的形式来实现，但也有例外的情形，如通过断电的方式使生产经营无法进行，就并未使财物直接遭受毁坏，不存在侵犯财产所有权的问

---

2 参见周振想主编：《中国新刑法释论与罪案》，中国方正出版社 1997 年版，第 1169 页。

3 参见樊凤林等主编：《中国新刑法理论研究》，人民法院出版社 1997 年版，第 695 页。

4 参见赵秉志主编：《侵犯财产罪疑难问题司法对策》，吉林人民出版社 2000 年版，第 433 页。

题。如果认为本罪是复杂客体,并且侵犯财产所有权是主要客体,那么,将这类行为作为破坏生产经营罪处理,就失去了理论根据。③如前所述,1979 年《刑法》将破坏集体生产罪置于破坏社会主义经济秩序罪一章中时,理论界一致认为本罪的客体是单一客体,即破坏集体生产的正常进行,现行《刑法》将本罪放在侵犯财产罪一章,其实质内容并未改变,只是因为所置章节发生变化,就认为其由单一客体变为复杂客体,并且主要客体是侵犯财产所有权,即罪质变为财产罪,这在理论上是难以自圆其说的。④从大陆法系各国刑法的规定和刑法理论学说来看,似乎没有把破坏生产经营罪视为财产罪的先例。这也在一定程度上表明,我国现行《刑法》将破坏生产经营罪放在侵犯财产罪一章中是存在缺陷的,有必要让其回到原来的位置。

Ⅳ　对象

6 关于本罪的对象问题,我国刑法理论界有较大争议。第一种观点认为,本罪的对象必须是用于生产活动和与生产活动有密切联系的生产资料、生产工具、生产对象及生产工艺等。第二种观点认为,本罪的对象为生产经营中正在使用的设备和用具。如果是闲置不用的设备、用具或者非生产、经营性的设备和用具,均不构成本罪。第三种观点认为,本罪侵害的对象是用于生产经营或与生产经营密切相关的物品。第四种观点认为,本罪的对象必须是正在使用的机器设备或用具等,也可以是即将使用的专门设计制造的特种设备。第五种观点认为,本罪的对象在种类上没有具体限制,只是必须与生产经营活动有较为密切的联系,并且正在生产经营中使用或正准备投入使用。[5] 笔者赞成最后这种观点。如前所述,本罪的本质是破坏生产经营活动的正常进行,如果某种对象与生产经营活动有密切关系,对之施加某种影响,就会导致生产经营无法正常进行,从而带来较大的损失,那就可能成为本罪的侵害对象。否则,就不能成为本罪对象。

Ⅴ　破坏生产经营行为

7 成立破坏生产经营罪在客观方面必须要有破坏生产经营的行为。

一、破坏方法

8 破坏生产经营行为的表现形式(或方法)多种多样,《刑法》第 276 条列举了最常见的两种,即“毁坏机器设备”和“残害耕畜”,另用“其他方法”一词囊括其余的形式。

9 (1)毁坏机器设备。这里所指的“机器设备”,包括工业、农(副)业、渔(养殖)业、林业、牧业及手工业生产经营中使用的各种机器、仪表、仪器、交通工具等。这里

5　参见赵秉志主编:《侵犯财产罪疑难问题司法对策》,吉林人民出版社 2000 年版,第 433—435 页。

所说的“毁坏”，与《刑法》第275条故意毁坏财物罪中的“毁坏”含义基本相同，即导致机器设备失去其效用的行为才能视为“毁坏机器设备”。具体说来，如果行为造成了机器设备实质上的破坏（包括拆卸、部分毁坏或整体毁灭），使之永久性地完全失去效用或部分失去效用，自然应该视为“毁坏机器设备”。虽然没有对机器设备本身造成破坏，但却使之永久地脱离他人的占有，或者尽管所有者仍占有该机器设备，但已不可能发挥其原有效用的，也可以视为“毁坏机器设备”。如将某种机器设备抛弃于江河湖泊之中，用激光照射等高科技手段使某种机器设备永久失去效用，等等。

（2）残害耕畜。所谓耕畜，是指用来进行农业生产的农用牲畜，常见的有耕牛、耕 10
马、骡子、毛驴等。所谓残害，主要是指杀害、伤害。如毒死耕牛、耕马，将耕牛、耕马眼睛挖掉，使之丧失耕作能力，等等。以残害耕畜为手段的破坏生产经营行为，一般发生在农村。应当注意的是，残害耕畜的结果是使耕畜完全或部分丧失耕作能力，从而影响农业生产的进行。如果残害的结果，只是使耕畜丧失生殖能力（如将公牛的生殖器割除），对其耕作能力没有大的影响，就不在这里所说的“残害耕畜”的范围内。

（3）其他方法。对《刑法》第276条中的“以其他方法破坏生产经营”如何理解？ 11
也就是“其他方法”的含义是什么？这是理论上仍有争议的问题。有论者认为，破坏的方法多种多样，只要足以使生产活动遭到干扰破坏，甚至无法进行，或者使已经进行的生产归于失败即可；也有论者认为，其他方法是指其他与毁坏机器设备、残害耕畜相类似的足以破坏生产经营活动的方法，如切断电源、毁坏设计图纸、干扰生产经营控制系统、毁坏种子等方法；另有论者认为，所谓其他方法，是指法条所列方法以外的其他任何方法，如切断水源，颠倒生产程序，砸坏机器设备等破坏生产经营的方法；还有论者认为，所谓其他方法，是指“毁坏机器设备、残害耕畜”之外的、足以破坏生产经营活动的各种方法。[6] 笔者认为，《刑法》第276中的“其他方法”，应该是指该条明文列举的“毁坏机器设备、残害耕畜”之外的所有破坏生产经营的方法。这些方法都必须具有破坏生产经营的功能，否则，就不可能成为本罪的“其他方法”。在司法实践中，比较常见的“其他方法”有：破坏电源，制造停电事故；破坏种子、秧苗；毁坏庄稼、果树；制造设备事故或者质量事故；毒害养殖场（或专业户）养殖的动物，等等。

二、“生产经营”的含义

破坏方法影响正常的生产经营活动是决定本罪行为性质的关键要素。如果某种 12
破坏方法，虽然造成了重大财产的损害，但对生产经营活动没有直接的影响，那么有可能构成故意毁坏财物罪等罪，而不可能构成破坏生产经营罪。由此可见，正确理解“生产经营”的含义，对于准确认定本罪行为的性质具有重要意义。

对《刑法》第276条中的“生产经营”一词，我国刑法理论界有不同认识。有论者 13
认为，所谓生产经营，既包括生产活动，也包括商业活动；另有论者认为，所谓“经

6 参见赵秉志：《侵犯财产罪》，中国人民公安大学出版社1999年版，第362—363页。

营”,是指流通领域和第三产业中的经营行为;还有论者认为,所谓生产经营活动,是指一切生产、流通、交换、分配环节中的正常生产和经营行为。[7] 相比而言,后一种观点更合理一些。正如有的论者所述,前两种认识要么是把根本不能并列的“生产活动”与“商业活动”相并列,要么是把“流通领域”与“第三产业”两个互有交叉的概念相提并论。而后一种认识有两方面的优势:一是明确了生产经营活动的合理范围,即可以是一切生产、流通、交换、分配环节中的生产和经营行为;二是强调此种生产和经营行为必须是正常的,而不能是非法的、为社会或者国家所不允许的生产和经营行为。[8]

Ⅵ 主体

14 破坏生产经营罪的主体是一般主体,即年满16周岁、具有刑事责任能力的自然人均可以成为本罪主体。单位不能成为本罪主体。

Ⅶ 故意

15 本罪只能由故意构成。故意的内容是:行为人明知自己实施的毁坏机器设备、残害耕畜或其他破坏行为会使他人的生产经营活动无法正常进行,而希望或放任这种结果发生。行为人有毁坏机器设备的故意,但不知该机器设备正处于生产经营中,也就是说对造成生产经营无法正常进行的危害结果缺乏认识的,不能认为有破坏生产经营的故意,也不可能构成本罪,而有可能构成盗窃罪、故意毁坏财物罪等罪。

Ⅷ 目的与动机

16 关于本罪的主观目的,1979年《刑法》与1997年《刑法》都采取列举和概括相结合的方式作了明文规定,即必须是“由于泄愤报复或者其他个人目的”。对“泄愤报复”的目的,理论界认识比较一致,大多认为是指为发泄心中的不满、嫉妒、愤恨等而产生的报复心理。如对举报自己罪行的人不满,对领导未满足自己的要求不满,仇恨提出与自己中止恋爱关系的对象,等等。至于“其他个人目的”,理论界认识不一。有的认为,所谓“其他个人目的”,一般是指出于个人恩怨而产生的不正当心理追求,如憎恨、厌恶、不满等;也有的认为,“其他个人目的”,是指因与集体生产活动有关的原因而产生的个人目的,如由于某种个人恩怨,而企图陷害他人或者企图毁坏某人或者生产单位的声誉,或者使其遭受经济损失等;还有的认为,“其他个人目的”,主要是指为了称霸一方,打击竞争对手或者达到其他不正当目的,如意图通过破坏设备而达到

7 参见赵秉志主编:《侵犯财产罪研究》,中国法制出版社1998年版,第491页。

8 参见赵秉志:《侵犯财产罪》,中国人民公安大学出版社1999年版,第365页。

怠工、停工不劳动的目的等。[9] 正如有的论者所述,这些解释都忽视了一个重要问题,即这里所述的"泄愤报复或者其他个人目的"究竟是犯罪目的还是犯罪动机?[10] 根据刑法总论的原理,犯罪目的是指犯罪人希望通过实施犯罪行为达到某种危害社会结果的心理态度;而犯罪动机则是推动犯罪人实施犯罪行为的内心起因。犯罪目的只能有一个,犯罪动机则可能是多种多样的。就破坏生产经营罪而言,破坏生产经营活动是犯罪人的犯罪目的,它是唯一的;而泄愤报复或者其他个人目的则是推动犯罪人实施破坏生产经营犯罪行为的内心起因,它是多种多样的。

有论者提出,既然"泄愤报复或者其他个人目的"是本罪的犯罪动机,那它就可 17
能是多种多样的,不应该作任何限制。也就是说,行为人实施各类破坏生产经营行为的动机可以是任何正当和不正当心理追求,只要其目的是破坏生产经营活动的正常进行即可。[11] 但是,在笔者看来,刑法把"泄愤报复或者其他个人目的"这种特定的目的作为构成要件规定在法条中,就表明破坏生产经营罪是一种目的犯(或意图犯)。目的犯的目的具有限制刑事处罚范围的重要功能。本罪的"泄愤报复或者其他个人目的"也不例外。因为在社会生活中,一些国有、集体所有制单位的职工,为了要求上级满足正当的更换机器设备等条件,或者是为了单位的某种利益,而故意毁坏机器设备造成停产的现象时有发生,把这种行为作为犯罪处理不合适。而把出于"个人目的"作为本罪的主观要件,就可以将这类情形排除在破坏生产经营罪的范围之外。

IX 排除犯罪的事由

工商等执法人员依法砸毁非法从事生产经营活动者的机器设备等,使其非法生 18
产经营活动无法继续进行下去的,是正当职务行为;在遇到火灾、水灾等灾害事故时,为了减少或避免损害的发生,在不得已的情况下毁坏机器设备等,导致生产经营活动无法进行的,是紧急避险行为;对以上行为均不负刑事责任。

X 既遂与未遂

本罪以破坏行为使生产经营无法正常进行为既遂的标志。虽然毁坏了机器设 19
备,并且意图使他人的生产经营无法进行,但事实上对他人的生产经营活动并无妨害的,属于犯罪未遂。

---

9 参见赵秉志主编:《侵犯财产罪疑难问题司法对策》,吉林人民出版社 2000 年版,第 442 页。

10 参见赵秉志:《侵犯财产罪》,中国人民公安大学出版社 1999 年版,第 366—367 页。

11 参见赵秉志主编:《侵犯财产罪研究》,中国法制出版社 1998 年版,第 490 页。

XI　共犯

20 二人以上共同故意破坏生产经营的,构成破坏生产经营罪的共同犯罪,应当根据《刑法》总则关于共同犯罪的成立条件,以及《刑法》分则第 276 条规定的破坏生产经营罪的构成要件来认定。

XII　罪数

21 破坏生产经营罪涉及的罪数问题,应当按照刑法总论关于一罪与数罪的原理来处理。在司法实践中,由于破坏生产经营罪通常是采用毁坏机器设备、残害耕畜的方式实施的,当被毁坏的财物价值数额较大时,就可能出现既触犯故意毁坏财物罪又构成破坏生产经营罪的现象,这属于想象的数罪,而不是实质的数罪,因而不能实行数罪并罚,应当按照其中的一个重罪定罪处罚。

22 另外,还有一种比较常见的涉及罪数的现象是:行为人为盗窃财物而毁坏机器设备,结果使生产经营活动遭受重大损害。在这类案件中,毁坏机器设备破坏生产经营是盗窃的手段行为,窃取财物是目的行为,如果二者都构成了犯罪,就属于手段行为与目的行为相牵连的牵连犯,应该按处理牵连犯的一般原则,即从一重罪从重处断。

XIII　与非罪的界限

23 《刑法》第 276 条对破坏生产经营罪所规定的构成要件,既没有破坏财物价值数额的限制,也没有情节后果等方面的要求,但这并非意味着只要是出于泄愤报复或其他个人目的,故意实施了毁坏机器设备等破坏生产经营的行为,就一概构成本罪。事实上,由于本罪的法定刑较低,应该认为是一种轻罪,只有破坏生产经营行为达到一定严重危害程度才能作为犯罪处理。这是从我国《刑法》总则第 13 条的规定所得出的当然结论。根据 2008 年 6 月最高人民法院、公安部制定的《关于公安机关管辖的刑事案件立案追诉标准的规定(一)》第 34 条的规定,破坏生产经营,涉嫌下列情形之一的,应予立案追诉:①造成公私财物损失 5 000 元以上的;②破坏生产经营 3 次以上的;③纠集 3 人以上公然破坏生产经营的;④其他破坏生产经营应予追究刑事责任的情形。如果破坏生产经营行为的手段一般,后果不严重,那就属于“情节显著轻微危害不大的”情形,“不认为是犯罪”。当然,不构成犯罪不追究刑事责任的,应依照有关规定给予行政处罚或者纪律处分。

XIV　与他罪的区别

一、与故意毁坏财物罪的区别

24 如前所述,由于破坏生产经营的犯罪通常是以毁坏机器设备、残害耕畜的方式进行的，这本身含有毁坏财物的成分，与故意毁坏财物罪容易混淆。二者的主要区别在于：破坏生产经营罪的客体是生产经营活动的正常进行，而故意毁坏财物罪的客体是公私财产的所有权。故意毁坏财物罪在客观方面一般要求毁坏财物数额较大，毁坏财物数额较小的不构成犯罪，而破坏生产经营罪客观方面所注重的不是毁坏机器设备等财物的价值数额大小，而是对生产经营的破坏程度，即便毁坏机器设备的价值数额很小，但毁坏的结果导致生产无法进行，造成的间接损失很大，同样构成破坏生产经营罪。另外，对故意毁坏财物罪的犯罪动机法律未作任何限制，但对破坏生产经营罪法律明文规定要出于"泄愤报复或者其他个人目的"。

在司法实践中，处理涉及破坏生产经营和故意毁坏财物的案件时，要注意透过现象看到行为的实质，以保证定罪量刑的准确性。一般来说，如果毁坏机器设备等财物的价值数额较小，但对生产经营的破坏性很大，那就应该按破坏生产经营罪定罪处罚；如果毁坏机器设备等财物的价值数额较大，但对生产经营的破坏性很小，就应该以故意毁坏财物罪定罪处罚，把破坏生产经营作为量刑情节考虑。此外，有些案件毁坏机器设备的价值数额特别巨大，但对生产经营的破坏性不是很大，如果按破坏生产经营罪处理，只能认定为普通犯，处刑较轻；若以故意毁坏财物罪定罪，则属于该罪的加重犯，处刑较重。对这类案件应该按处刑更重的故意毁坏财物罪定罪处罚。反过来，毁坏机器设备等财物的价值数额较大，但对生产经营的破坏性很大，造成的后果很严重，那就应该定破坏生产经营罪并按其加重犯的法定刑处罚。 25

二、与有关危害公共安全罪的区别

破坏生产经营罪与危害公共安全的某些犯罪，如破坏交通工具罪、破坏交通设施罪等，在犯罪构成特征上有许多相似之处。如主观上都是出于故意，并且都有可能是出于泄愤报复或其他个人目的；客观上都是对一定对象实施破坏行为，造成的后果也有相同之处。而且，在司法实践中，经常发生采用放火、爆炸、投放危险物质等危险方法破坏生产经营的案件，从而使案件更难以准确定性。区分的关键在于行为是否危害公共安全，如果危害或足以危害公共安全的，即使行为人的目的只是破坏生产经营，也应该按放火罪、爆炸罪、投放危险物质罪、破坏交通工具罪等危害公共安全的罪名定罪处罚。如果根本不可能危害公共安全的，比如放火烧毁养殖专业户在野外的养猪场的，应以破坏生产经营罪定罪处罚。 26

XV　处罚

《刑法》第 276 条为破坏生产经营罪规定了两个幅度的法定刑，即对本罪的普通犯，处 3 年以下有期徒刑、拘役或者管制；对本罪的加重犯（情节严重的），处 3 年以上 7 年以下有期徒刑。所谓"情节严重"，一般是指破坏重要机器设备，严重影响生产经营，造成重大经济损失的；造成长时间停工、停产，间接经济损失严重的；残害大量耕畜，延误农时，使农业生产遭受重大损失的；造成极坏的社会影响的，等等。 27

第二百七十六条之一　拒不支付劳动报酬罪

以转移财产、逃匿等方法逃避支付劳动者的劳动报酬或者有能力支付而不支付劳动者的劳动报酬，数额较大，经政府有关部门责令支付仍不支付的，处三年以下有期徒刑或者拘役，并处或者单处罚金；造成严重后果的，处三年以上七年以下有期徒刑，并处罚金。

单位犯前款罪的，对单位判处罚金，并对其直接负责的主管人员和其他直接责任人员，依照前款的规定处罚。

有前两款行为，尚未造成严重后果，在提起公诉前支付劳动者的劳动报酬，并依法承担相应赔偿责任的，可以减轻或者免除处罚。

文献：王作富主编：《刑法分则实务研究》（第5版），中国方正出版社2013年版。张建：《拒不支付劳动报酬罪之我见》，载《上海政法学院学报（法治论丛）》2011年第4期；孟传香：《拒不支付劳动报酬罪法律适用问题研究》，载《行政与法》2011年第10期；杜邈、商浩文：《拒不支付劳动报酬罪的司法认定》，载《法学杂志》2011年第10期；谢天长：《拒不支付劳动报酬罪的法律适用问题探讨》，载《中国刑事法杂志》2011年第11期；赵秉志、张伟珂：《拒不支付劳动报酬罪立法研究》，载《南开学报（哲学社会科学版）》2012年第2期；章建军：《拒不支付劳动报酬罪初探》，载《中国刑事法杂志》2012年第4期；蒙娜：《拒不支付劳动报酬罪若干问题研究》，载《中国刑事法杂志》2013年第3期；詹红星：《论拒不支付劳动报酬罪中的"劳动报酬"》，载《黑龙江省政法管理干部学院学报》2013年第3期；王海军：《拒不支付劳动报酬罪的规范性解读——基于"双重法益"的新立场》，载《法学评论》2013年第5期；洪灶发：《论支付能力在拒不支付劳动报酬罪中的认定问题》，载《中国刑事法杂志》2014年第1期；洪灶发：《拒不支付劳动报酬罪中的逃避支付问题》，载《中国检察官》2014年第6期；李姗：《拒不支付劳动报酬罪的适用与完善路径》，载《江西社会科学》2015年第6期；杨俊：《论恶意欠薪行为的刑法规制——对拒不支付劳动报酬罪犯罪构成的思考》，载《江苏社会科学》2016年第4期；罗军：《论行政前置对拒不支付劳动报酬罪犯罪构成的影响》，载《中国劳动关系学院学报》2018年第4期；董丽君：《拒不支付劳动报酬罪适用中宽严相济刑事政策之贯彻》，载《中国人民公安大学学报（社会科学版）》2018年第6期。

细目录

Ⅰ　主旨

Ⅱ　沿革
Ⅲ　客体
Ⅳ　对象
Ⅴ　危害行为
Ⅵ　危害结果
Ⅶ　主体
Ⅷ　故意
Ⅸ　排除犯罪的事由
Ⅹ　既遂与未遂
Ⅺ　共犯
Ⅻ　罪数
ⅩⅢ　与非罪的界限
ⅩⅣ　与他罪的区别
ⅩⅤ　处罚

Ⅰ　主旨

近些年来,拖欠劳动者报酬一直是引起劳动争议的突出问题,尤其是拒不支付劳动者的劳动报酬的情形最为恶劣。拒不支付劳动者的报酬不仅严重侵犯劳动者的合法权益,而且还会败坏社会风气、破坏社会的正常经济秩序,并可能引发群体性事件和诸多社会矛盾,成为影响社会安定的重要因素。[1] 刑法设立此罪就是为了有效地打击或惩治拒不支付劳动者的劳动报酬的犯罪行为,维护劳动者的合法权益。 1

Ⅱ　沿革

1979年《刑法》和1997年《刑法》均未设立本罪。由于近些年来拒不支付劳动者的劳动报酬的现象越来越严重,一些劳动者在讨薪无果的情况下,往往聚集起来以阻断道路、围堵政府机关等过激方式要求解决问题,引发了一些群体性事件。为此,一些全国人大代表和政府有关部门多次提出议案、建议,认为恶意欠薪本质上是一种盘剥和欺诈行为,侵犯了劳动者有权获得报酬的最基本人权,在行政手段难以遏制此类现象发生的情况下,应当动用刑事制裁的手段,将该类行为增设为犯罪,以有效威慑、遏制这一现象。[2] 立法机关采纳了这一建议,在2011年2月通过的《刑法修正案 2

1　参见王作富主编:《刑法分则实务研究》(第5版),中国方正出版社2013年版,第1032页。

2　参见王作富主编:《刑法分则实务研究》(第5版),中国方正出版社2013年版,第1032页。

(八)》中增设了本罪。

3 从立法草案的演变来看,拒不支付劳动者的劳动报酬行为入罪的条件经历过一些变化。在2010年8月的草案中,并未将由政府有关部门责令支付作为本罪成立的条件。后来在草案审议过程中,有全国人大常委会委员提出,《劳动法》第91条、《劳动合同法》第85条及《劳动保障监察条例》第26条对不支付劳动者报酬的行为,规定了由劳动行政部门责令其支付的措施。为了更好地维护广大劳动者的合法权益,宜将刑事处罚与行政监管措施相衔接,建议在法条中增加经政府有关部门责令支付仍不支付的内容。立法机关采纳了这一建议。[3]

Ⅲ　客体

4 关于本罪的客体(或保护客体、保护法益),学者们有不同认识。一种观点认为,"本罪的保护客体是劳动者所应获得的报酬这种财产性利益"[4]。另一种观点认为,本罪的保护法益是国家对劳动市场的监管秩序。[5] 还有一种观点认为,"本罪犯罪客体是复杂客体,即国家劳动秩序和劳动者获得劳动报酬的权利"[6]。毋庸置疑,拒不支付劳动报酬确实侵犯了劳动者获得劳动报酬的权利,无疑也会破坏正常的劳动秩序或国家对劳动市场的监管秩序,但是,如果将其侵害的客体(或法益)更进一步具体化,即作更进一步的考察,就不难发现劳动者没有得到其本来应得的劳动报酬,其实质就是遭受了财产损失,也就是其财产权利受到了侵害。从行为人一方来看,则是通过不支付劳动者的劳动报酬的形式获得了财产性利益,即让他人免费给自己提供了劳务,如果是采用欺骗手段实施,认定其构成诈骗罪,谁也不会否定其侵害的法益是财产所有权。基于同样的理由,笔者认为,本罪的客体是财产所有权。

Ⅳ　对象

5 本罪侵害的对象是劳动者的劳动报酬。按照最高人民法院《关于审理拒不支付劳动报酬刑事案件适用法律若干问题的解释》的规定,劳动者依照《劳动法》和《劳动合同法》等法律的规定应得的劳动报酬,包括工资、奖金、津贴、补贴、延长工作时间的工资报酬及特殊情况下支付的工资等。由于劳动者为行为人提供了有偿的劳务,行

3　参见高铭暄:《中华人民共和国刑法的孕育诞生和发展完善》,北京大学出版社2012年版,第503—504页。

4　黎宏:《刑法学各论》(第2版),法律出版社2016年版,第344页。

5　参见赵秉志主编:《刑法修正案(八)理解与适用》,中国法制出版社2011年版,第341页。

6　高铭暄、马克昌主编:《刑法学》(第9版),北京大学出版社、高等教育出版社2019年版,第517页。

为人因而承担向对方支付劳动报酬的义务,其不予支付,就意味着其非法获取了财产性利益。这也是其行为构成侵犯财产的犯罪的实质理由或根据所在。

V 危害行为

本罪的危害行为是拒不支付劳动报酬。法条将其分为以下两种类型: 6

(1)以转移财产、逃匿等方法逃避支付劳动者的劳动报酬。所谓转移财产,是指 7
行为人将经营收益等财产转移到他处,以便使行政机关、司法机关或被害人无法查找到。所谓逃匿,是指逃离当地或躲藏起来。按照最高人民法院《关于审理拒不支付劳动报酬刑事案件适用法律若干问题的解释》第 2 条的规定,以逃避支付劳动者的劳动报酬为目的,具有下列情形之一的,应当认定为“以转移财产、逃匿等方法逃避支付劳动者的劳动报酬”:①隐藏财产、恶意清偿、虚构债务、虚假破产、虚假倒闭或者以其他方法转移、处分财产的;②逃跑、藏匿的;③隐匿、销毁或者篡改账目、职工名册、工资支付记录、考勤记录等与劳动报酬相关的材料的;④以其他方法逃避支付劳动报酬的。

(2)有能力支付而不支付劳动者的劳动报酬。所谓有能力支付劳动报酬,是指有 8
可用来支付劳动报酬的资金或者资产。如果确实没有能力支付,如因遇到意外事件,导致资不抵债,根本无用作支付劳动报酬的资金或资产,即便是有不支付劳动报酬并逃跑、藏匿躲债的行为,也不能以本罪论处。不支付劳动报酬主要有两种类型:一是雇主承认与对方存在劳资关系并应当向其支付劳动报酬(欠薪)而不支付;二是雇主不承认应向对方支付劳动报酬(不存在欠薪问题)而不支付。在后一种场合,行为人有可能不承认与对方存在劳资关系,也有可能是谎称早已支付,还有可能是编造各种不存在的不应支付的“理由”而不支付。如果要求雇工证明与雇主存在劳资关系以及雇主应支付而未支付劳动报酬,有时不具有可行性,为了更好地保护劳动者的合法权益,应免除劳动者的证明责任,必要时,应由司法机关介入,证明劳资关系和未支付工资事实的存在。

根据《刑法》的规定,只有经过政府有关部门责令支付仍不支付的行为,才可能构 9
成本罪。这意味本罪的不支付劳动报酬的行为不是一般的应支付而不支付,而必须是在政府有关部门责令支付后仍不支付。即便是行为人声称拒不支付,甚至有转移财产、逃匿的行为,但在政府有关部门责令支付后支付了劳动报酬的,则不成立本罪。这里的“政府有关部门”,主要是指地方政府劳动行政部门,即人力资源和社会保障部门。责令应采取正式的方式,包括书面方式及会议、谈话等方式。另外,按照最高人民法院《关于审理拒不支付劳动报酬刑事案件适用法律若干问题的解释》的规定,经人力资源社会保障部门或者政府其他有关部门依法以限期整改指令书、行政处理决定书等文书责令支付劳动者的劳动报酬后,在指定的期限内仍不支付的,应当认定为“经政府有关部门责令支付仍不支付”,但有证据证明行为人有正当理由未知悉责令支付或者未及时支付劳动报酬的除外。由于行为人逃匿,无法将责令支付文书送交其本人、同住成年家属或者所在单位负责收件的人的,如果有关部门已通过在行为人的住所地、生产经营场所等地张贴责令支付文书等方式责令支付,并采用拍照、录像等方式记录的,应当视为“经政府有关部门责令支付”。

Ⅵ　危害结果

10　本罪的危害结果是行为人拒不支付劳动报酬给劳动者带来的直接财产损失,或者说是行为人因而非法取得的财产性利益。至于劳动者为讨薪而付出的车船交通费等间接损失,则不应计算在本罪危害结果之中。根据刑法规定,拒不支付劳动报酬,数额较大的,即造成或可能造成这种较严重的危害结果,才构成本罪。

Ⅶ　主体

11　关于本罪的主体,有的认为,“本罪的主体是一般主体,包括自然人和单位”[7];也有的认为,“本罪犯罪主体是特殊主体,即负有向劳动者支付劳动报酬义务的自然人和单位”[8]。在笔者看来,这种不同认识,与是否将义务犯视为身份犯有密切关系。一般来说,身份犯是特殊主体。如果认为仅负有某种义务的人才能实行的犯罪即所谓义务犯是身份犯,那么,义务犯的主体当然是特殊主体,即要求具有特定身份(或特定义务)的人才能实行。反过来,如果认为所有的人都有可能产生某种义务而成为义务犯,如尽管逃税罪的主体是负有纳税义务的人,但由于所有国民都有纳税义务,因而都可能成为逃税罪的主体,由此而论,认为义务犯不是身份犯,或者说其犯罪主体不是特殊主体,也是有道理的。

12　作为本罪主体的自然人和单位必须是雇佣他人的自然人和单位。雇佣他人的自然人,既可能是名义上的雇主,也可能是实际上的控制人(非雇主)。[9] 用人单位,则是指《劳动合同法》中所说的用人单位,包括具备合法经营资格的用人单位和不具备合法经营资格的用人单位及劳务派遣单位。最高人民法院指导案例28号“胡克金拒不支付劳动报酬案”的裁判要点中指出,不具备用工主体资格的单位或者个人(包工头),违法用工且拒不支付劳动者报酬,数额较大,经政府有关部门责令支付仍不支付的,应当以拒不支付劳动报酬罪追究刑事责任。不具备用工主体资格的单位或者个人(包工头)拒不支付劳动报酬,即使其他单位或者个人在刑事立案前为其垫付了劳动报酬,也不影响追究该用工单位或者个人(包工头)拒不支付劳动报酬罪的刑事责任。

7　黎宏:《刑法学各论》(第2版),法律出版社2016年版,第344页。

8　高铭暄、马克昌主编:《刑法学》(第9版),北京大学出版社、高等教育出版社2019年版,第518页。

9　参见2013年1月16日最高人民法院《关于审理拒不支付劳动报酬刑事案件适用法律若干问题的解释》第8条。

Ⅷ 故意

行为人主观上有拒不支付劳动报酬的犯罪故意,即明知自己有向劳动者支付劳动报酬的义务且有能力履行而故意不履行,并对这种行为有可能使劳动者遭受财产损失的危害结果持希望或放任的态度。如果是因失误而漏发劳动报酬的,不构成本罪。但在发现漏发并经政府有关部门责令支付后仍不支付的,不妨碍本罪的成立。如果因经营失误或受灾害影响导致无力支付劳动者的劳动报酬,或者因资金周转障碍而暂时拖欠劳动者的工资(欠薪),则不具备本罪的主观要件,不能以本罪论处。 13

Ⅸ 排除犯罪的事由

劳动者(或职工)违反与用人单位或雇主依法签订的合同,或者违反用人单位或雇主依法制定的管理规定,因而被扣发工资、奖金、津贴、补贴等报酬,并且不违反合同或相关管理规定的,是正当行为,不存在侵犯劳动者获取劳动报酬权利的问题,自然不构成本罪。 14

Ⅹ 既遂与未遂

行为人拒不支付劳动者的劳动报酬,经政府有关部门责令支付仍不支付,指定支付的最后期限到达时,即为犯罪既遂。由于本罪的成立即标志着犯罪既遂,因而犯罪未遂也就无存在的余地。政府有关部门指定支付期限过后,被依法采取强制执行措施支付或者是迫于外在压力支付、基于悔改之意支付,均不影响本罪既遂的成立,只能视为挽回或避免了被害人财产损失的情形,可考虑酌情从宽处理。 15

Ⅺ 共犯

由于本罪是义务犯,义务犯的共犯的特殊性在于,无义务者不能成为义务犯的实行犯,只可能成为教唆犯和帮助犯。因此,不具有支付劳动者劳动报酬之义务的人,虽然也可能与有这种义务者共同犯本罪,但只能成为本罪的教唆犯或帮助犯。在德国、日本等采取区分制立法体系的刑法中,只有具有义务的人才能成为义务犯的正犯,无义务者通常只能成为义务犯的共犯(教唆犯、帮助犯),对前者的处罚也明显重于后者。笔者认为,我国是采取不区分正犯与共犯的单一正犯体系,实行犯可能是主犯也可能是从犯,教唆犯在通常情况下是主犯,但也可能是从犯,帮助犯通常是从犯。因此,在确定数人构成本罪的共同犯罪的情况下,应根据行为人在共同犯罪中所起作用的大小,来分别认定主从犯。并非有支付劳动报酬义务的行为人当然是主犯,无此种义务的教唆犯就肯定是从犯,相反,前者完全有可能成为从犯甚至胁从犯,后者则在多数案件中都要认定为主犯。 16

XII　罪数

17　行为人如果采取虚假破产的方法转移、处分财产,逃避支付劳动者的劳动报酬,则除了可能构成本罪之外,还可能同时成立虚假破产罪。由于这是本罪的方法行为又触犯其他罪名的情形,属于牵连犯的问题,按处理牵连犯的原则,在刑法没有明确的特别规定的情况下,从一重罪处罚,不实行数罪并罚。行为人不支付劳动报酬,由政府有关部门责令支付仍不支付,后经法院判决支付劳动报酬,行为人仍不执行判决、裁定的,是本罪与拒不执行判决、裁定罪的想象竞合,从一重罪处罚。

XIII　与非罪的界限

18　如前所述,拒不支付劳动者的劳动报酬,并非一经实施即构成犯罪,而是还要求数额较大,并要经政府有关部门责令支付仍不支付,才成立本罪。按最高人民法院《关于审理拒不支付劳动报酬刑事案件适用法律若干问题的解释》第 3 条的规定,具有下列情形之一的,应当认定为"数额较大":①拒不支付 1 名劳动者 3 个月以上的劳动报酬且数额在 5000 元至 2 万元以上的;②拒不支付 10 名以上劳动者的劳动报酬且数额累计在 3 万元至 10 万元以上的。即便是拒不支付劳动报酬的"数额较大",并经政府有关部门责令支付仍不支付,但如果属于《刑法》第 13 条情节显著轻微危害不大的情形,则同样不构成犯罪。最高人民法院《关于审理拒不支付劳动报酬刑事案件适用法律若干问题的解释》第 6 条明确指出,"拒不支付劳动者的报酬,尚未造成严重后果,在刑事立案前支付劳动者的劳动报酬,并依法承担相应赔偿责任的,可以认定为情节显著轻微危害不大,不认为是犯罪"。行为人向劳动者支付了基本工资,因合同内容不明确,在奖金、津贴、补贴等的支付方面产生纠纷,行为人不支付这部分费用的,不能以本罪论处。

XIV　与他罪的区别

19　本罪与采用欺骗手段骗取他人提供劳务的诈骗罪十分相似,应当注意区分开来。区分的关键在于,双方之间是否存在雇用与被雇用的劳资关系,行为人客观上是否有骗取对方提供劳务的行为,主观上是否有采用欺骗手段免于支付劳务费的目的。例如,行为人承担了一项筑路工程后,到劳务市场找到了 10 位农民工,用伪造的身份信息与对方签订了合同,约定两个月完工拿到工程款之后,给每人支付 1 万元的劳务费。但工程完工行为人拿到了发包方的全部工程款之后,逃到了几百公里外的另一城市去包工,此时 10 位农民工才发现行为人提供的身份信息全部是假的,很长时间都无法找到行为人"讨薪"。此案中,行为人一开始就有明确的骗取他人无偿提供劳务(骗取财产性利益)的目的,双方之间实质上无劳资关系存在[10],因此行为的性质是诈骗,不是拒不支付劳动报酬。

XV 处罚

根据《刑法》276条之一的规定,对拒不支付劳动报酬罪的普通犯(或基本犯),处 20
3年以下有期徒刑或者拘役,并处或者单处罚金;对拒不支付劳动报酬罪的加重犯(造成严重后果的),处3年以上7年以下有期徒刑,并处罚金。单位犯此罪的,对单位判处罚金,并对其直接负责的主管人员和其他直接责任人员,依照此罪的规定处罚。按最高人民法院《关于审理拒不支付劳动报酬刑事案件适用法律若干问题的解释》的规定,拒不支付劳动者的劳动报酬,数额较大并具有下列情形之一的,应当认定为"造成严重后果":①造成劳动者或者其被赡养人、被扶养人、被抚养人的基本生活受到严重影响、重大疾病无法及时医治或者失学的;②对要求支付劳动报酬的劳动者使用暴力或者进行暴力威胁的;③造成其他严重后果的。

有拒不支付劳动报酬的犯罪行为,尚未造成严重后果,在提起公诉前支付劳动者 21
的劳动报酬,并依法承担相应赔偿责任的,刑法上述条文明确规定,可以减轻或者免除处罚。按最高人民法院《关于审理拒不支付劳动报酬刑事案件适用法律若干问题的解释》第6条的规定,在一审宣判前支付劳动者的劳动报酬,并依法承担相应赔偿责任的,可以从轻处罚。对于免除刑事处罚的,可以根据案件的不同情况,予以训诫、责令具结悔过或者赔礼道歉。拒不支付劳动者的劳动报酬,造成严重后果,但在宣判前支付劳动者的劳动报酬,并依法承担相应赔偿责任的,可以酌情从宽处罚。所谓"在提起公诉前支付劳动者的报酬",是指在人民检察院提起公诉前,行为人全部支付了劳动报酬。所谓"依法承担相应赔偿责任",是指行为人按《劳动合同法》的要求向劳动者支付了赔偿金或者承担了经济补偿责任。

---

10 雇用与被雇用的劳资关系的存在,是以雇用方有向对方支付报酬的意愿为前提条件的。

中国刑法评注

（全三卷）

冯军　梁根林　黎宏

主　编

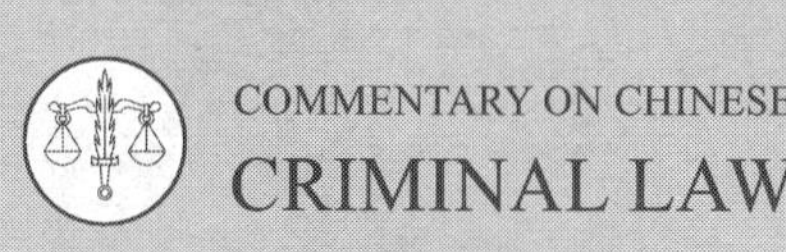

中国刑法评注

第3卷

分则 第277条—第451条
附则 第452条

冯军 梁根林 黎宏 主 编

主编简介

冯　军

中国人民大学法学院教授，博士生导师，中国人民大学刑事法律科学研究中心中德刑法学研究所所长，洪堡学者。湖北财经学院法学学士（1984）、中南政法学院法学硕士（1987）、中国人民大学法学博士（1994）。

梁根林

北京大学法学院教授，博士生导师，中国刑法学研究会副会长，中德刑法学者联合会（CDSV）中方召集人，最高人民检察院专家咨询委员。北京大学法学学士（1984）、北京大学法学硕士（1987）、北京大学法学博士（1997）。

黎　宏

清华大学法学院教授，博士生导师，中国刑法学研究会副会长，北京市法学会副会长。武汉大学法学学士（1988）、法学博士（1996），日本同志社大学法学硕士（1995）、法学博士（1999）。

本书作者

（按撰写顺序排序）

冯　军　中国人民大学

陈兴良　北京大学

赵书鸿　北京师范大学

谭　淦　西南政法大学

陈家林　武汉大学

戴民杰　浙江省人民检察院

时延安　中国人民大学

陈于思　中国人民大学

陈　璇　中国人民大学

李立众　中国人民大学

何庆仁　中国社会科学院大学

王良顺　中南财经政法大学

杨　丹　暨南大学

毛乃纯　郑州大学

陈　山　四川师范大学

杨　萌　暨南大学

王剑波　首都经济贸易大学

张　伟　华东师范大学

刘　荣　海南大学

周光权　清华大学

李邦友　中央财经大学

李　洁　吉林大学

王志远　中国政法大学

黎　宏　清华大学

杜治晗　华中科技大学

于改之　上海交通大学

钱叶六　华东师范大学

邓毅丞　华南师范大学

周啸天　山东大学

李志恒　清华大学

张明楷　清华大学

程　红　中南财经政法大学

刘明祥　中国人民大学

梁根林　北京大学

江　溯　北京大学

柏浪涛　华东师范大学

王华伟　北京大学

陈银珠　安徽师范大学

田宏杰　中国人民大学

肖　鹏　北京理工大学

阮柏云　宁波银行股份有限公司

宋建军　海关总署

阎二鹏　海南大学

付玉明　西北政法大学

侯艳芳　华东政法大学

何荣功　武汉大学

徐凌波　南京大学

王芳凯　中国社会科学院大学

阴建峰　北京师范大学

刘艳红　中国政法大学

梁云宝　东南大学

储陈城　安徽大学

欧阳本祺　东南大学

钱小平　东南大学

李　川　东南大学

王　俊　苏州大学

冀　洋　东南大学

夏　伟　中国政法大学

黄明儒　湘潭大学

杜　宣　南京市人民检察院

魏　超　苏州大学

杨志琼　东南大学

刘建利　东南大学

劳东燕　清华大学

谭　堃　西北政法大学

马　乐　大连海事大学

王彦强　南京师范大学

夏　勇　中南财经政法大学

序

在北京大学出版社特别是蒋浩副总编辑的精心组织策划下，在陈兴良、张明楷等著名学者的鼎力支持下，由我们三位联合近七十位活跃在当今中国刑法学界一线的学者撰写的《中国刑法评注》一书即将出版，这实在是一件令人欣喜且感慨万千的事情。

众所周知，刑法评注书是学习、研究和运用刑法不可缺少的工具，它是沟通刑法立法和刑法司法的桥梁，是刑法教义学的重要组成部分。在成文刑法的规定相对完备、学术文献卷帙浩繁的德国、日本，都出版了小型、中型和大型的刑法评注书。我国刑法学者也有这方面的尝试，例如，李立众博士编写的《刑法一本通》和喻海松博士编写的《实务刑法评注》就是如此，但是，中型和大型的刑法评注书却付诸阙如。从此意义上讲，由中国学者自 2015 年 4 月至今，历经七年反复修改，呕心沥血，终于完成的三卷本、共六百余万字的《中国刑法评注》，可以说在一定程度上填补了我国中型刑法评注书的空白。

本书对我国刑法的规定进行了逐条解释和评论，内容包括前注、条文、文献、细目录和正文五个部分。前注部分阐述了刑法各则、各章和各节的意义、作用和共同问题；条文部分原文引用了刑法条文；文献部分收录了公开出版的重要著作、发表的文章及其出处；细目录部分列举了正文内容的名目；正文部分揭示相关条文的主旨，阐述其历史沿革，说明相关的司法解释，阐释相关的典型司法判例，论证有关具体问题的解决方案。

本书的目标是，既在总结我国刑法实践活动的基础上解释刑法规定的含义，又运用刑法教义学的方法评析各种刑法学说和刑法判例，既展现我国当今刑法立法、刑法司法和刑法理论的大致样貌，又体现各位作者基本的刑法理念和见解。简言之，本书的重点是解释和评析。因此，在某些问题上，本书作者对我国刑法立法、刑法司法和刑法理论的通说见解，表达不同意见，是并不奇怪的事情。我们知道，在一个充满不确定性的世界里，刑法立法、刑法司法和刑法理论

都不可能一成不变。我们作为这个时代的亲历者和见证人,有义务、有责任为我国刑法应有的未来状态贡献我们的智识和洞见。

在组织本书撰写的过程中,我们也遇到了一些体例上的困难。我国当今刑法学的现状是,既存在犯罪论体系中“四要件论”与“三阶层论”的对峙,又存在“犯罪客体”与“法益”及“犯罪主观方面”与“罪责”等含义类似但用词不同的混杂。这种局面,虽然可以说是刑法学中学术自由、百花齐放的体现,但不可否认的是,其也给我们的刑法教学和学术交流造成了某种程度的障碍。尽管如此,在本书中,我们既没有对我国的犯罪论体系作出抉择,也没有统一“犯罪客体”与“法益”及“犯罪主观方面”与“罪责”等术语的使用。我们认为,就我国刑法学界目前的研究状况而言,既无法得出必须建构统一的犯罪论体系的结论,也无法得出必须使用统一的各种刑法术语的结论。因此,在涉及犯罪论体系的选择和相似刑法术语的使用时,我们采用了“客体”或“法益”及“主观方面”或“罪责”“罪过”的处理方式。虽说这种做法是尊重学术自由和承认现实学术生态的无奈之举,但我们还是要为这种用语的前后不一甚至某些论述上的叠床架屋请求大家谅解。

本书完成过程中,得到了许多人的帮助。除在我国当今的学术评价体系之下,不计名利,纯粹本着学者的良心和使命,无怨无悔地为本书撰稿,做出贡献的各位作者之外,还有本书的责任编辑王建君、陈晓洁、孙嘉阳女士及编务赵臣臣先生、北京宁启律师事务所主任汤宁先生、河南韬涵律师事务所主任陈宁女士和内蒙古蒙益律师事务所主任田永伟先生。他们的支持为本书主编在启动本工程时提供了信心。另外,本书的出版还得到了国家出版基金的资助。在此也谨向国家出版基金管理委员会以及推荐我们申请该基金的人民教育家高铭暄教授、著名刑法学家储槐植教授表示诚挚的谢意。

万事开头难。我们希望本书的出版能够促进我国刑法理论的完善和刑法实践的发展,也期待本书能够成为我国刑法学者撰写大型刑法评注书的重要参考,更祈盼本书能够在刑法学界同仁的关怀和各位读者的指导下,持续更新、长期存在。

冯军　梁根林　黎宏

2022年10月6日

详　目

第一编　总　则

第一章　刑法的任务、基本原则和适用范围

第一条　立法目的与根据 …………………… 0015
第二条　刑法的任务 ………………………… 0029
第三条　罪刑法定原则 ……………………… 0044
第四条　适用法律人人平等原则 ………… 0054
第五条　罪刑相适应原则 ………………… 0060
第六条　属地管辖 ………………………… 0076
第七条　属人管辖 ………………………… 0093
第八条　保护管辖 ………………………… 0110
第九条　普遍管辖 ………………………… 0124
第十条　域外刑事判决的消极承认 ……… 0138
第十一条　外交豁免 ………………………… 0152
第十二条　刑法的溯及力 ………………… 0166

第二章　犯　罪

第一节　犯罪和刑事责任

第十三条　犯罪概念 ……………………… 0205
第十四条　故意犯罪 ……………………… 0238
第十五条　过失犯罪 ……………………… 0246
第十六条　不可抗力与意外事件 ……… 0253
第十七条　关于刑事责任年龄的规定 ……… 0255
第十七条之一　年龄对老年人责任能力的影响 … 0263
第十八条　关于精神病人和醉酒人的刑事责任能力的规定 …………………… 0267
第十九条　聋哑人、盲人的刑事责任 ………… 0274

第二十条　正当防卫 …… 0277
第二十一条　紧急避险 …… 0310
第二节　犯罪的预备、未遂和中止
第二十二条　犯罪预备 …… 0346
第二十三条　犯罪未遂 …… 0358
第二十四条　犯罪中止 …… 0390
第三节　共同犯罪
第二十五条　共同犯罪 …… 0441
第二十六条　主　犯 …… 0464
第二十七条　从　犯 …… 0483
第二十八条　胁从犯 …… 0502
第二十九条　教唆犯 …… 0514
第四节　单位犯罪
第三十条　单位犯罪的特征和成立范围 …… 0546
第三十一条　单位犯罪的处罚原则 …… 0565

第三章　刑　罚
第一节　刑罚的种类
第三十二条　主刑和附加刑 …… 0586
第三十三条　主刑的种类 …… 0589
第三十四条　附加刑的种类 …… 0597
第三十五条　驱逐出境 …… 0603
第三十六条　赔偿经济损失与民事赔偿优先原则 …… 0611
第三十七条　免予刑事处罚与非刑罚处罚措施 …… 0617
第三十七条之一　从业禁止 …… 0624
第二节　管　制
第三十八条　管制的期限与执行机关 …… 0644
第三十九条　被管制罪犯的义务与权利 …… 0653
第四十条　管制期满解除 …… 0657
第四十一条　管制刑期的计算和折抵 …… 0659
第三节　拘　役
第四十二条　拘役的期限 …… 0669
第四十三条　拘役的执行 …… 0671
第四十四条　拘役刑期的计算与折抵 …… 0676
第四节　有期徒刑、无期徒刑
第四十五条　有期徒刑的期限 …… 0684

第四十六条 有期徒刑与无期徒刑的执行 …………………………… 0691
第四十七条 有期徒刑的刑期计算与折抵 …………………………… 0705
第五节 死 刑
第四十八条 死刑的适用条件、执行方式与核准程序 ……………… 0722
第四十九条 不适用死刑的对象 ……………………………………… 0746
第五十条 死缓的法律后果 …………………………………………… 0757
第五十一条 死缓期间与减为有期徒刑的刑期计算 ………………… 0777
第六节 罚 金
第五十二条 决定罚金数额的根据 …………………………………… 0782
第五十三条 罚金的缴纳 ……………………………………………… 0790
第七节 剥夺政治权利
第五十四条 剥夺政治权利的含义 …………………………………… 0803
第五十五条 剥夺政治权利的期限 …………………………………… 0809
第五十六条 剥夺政治权利的附加、独立适用 ……………………… 0812
第五十七条 对死刑、无期徒刑罪犯剥夺政治权利的适用 ………… 0819
第五十八条 剥夺政治权利的刑期计算、效力与执行 ……………… 0823
第八节 没收财产
第五十九条 没收财产的范围 ………………………………………… 0834
第六十条 正当债务的偿还 …………………………………………… 0844

第四章 刑罚的具体运用
第一节 量 刑
第六十一条 量刑的一般原则 ………………………………………… 0861
第六十二条 从重处罚与从轻处罚 …………………………………… 0881
第六十三条 减轻处罚 ………………………………………………… 0894
第六十四条 涉罪款物的处置 ………………………………………… 0901
第二节 累 犯
第六十五条 一般累犯 ………………………………………………… 0907
第六十六条 特别累犯 ………………………………………………… 0917
第三节 自首和立功
第六十七条 自首与坦白 ……………………………………………… 0923
第六十八条 立 功 …………………………………………………… 0943
第四节 数罪并罚
第六十九条 判决宣告前一人犯数罪的并罚 ………………………… 0953
第七十条 发现漏罪的并罚 …………………………………………… 0967
第七十一条 再犯新罪的并罚 ………………………………………… 0972

第五节　缓　刑
第七十二条　缓刑的条件 …… 0978
第七十三条　缓刑考验期 …… 0986
第七十四条　缓刑的限制 …… 0988
第七十五条　缓刑考察内容 …… 0990
第七十六条　对缓刑犯的社区矫正、缓刑考验合格 …… 0992
第七十七条　缓刑的撤销 …… 0994
第六节　减　刑
第七十八条　减刑的适用条件与限度 …… 0999
第七十九条　减刑程序 …… 1008
第八十条　无期徒刑减刑的刑期起算 …… 1010
第七节　假　释
第八十一条　假释适用条件 …… 1014
第八十二条　假释程序 …… 1021
第八十三条　假释考验期限 …… 1023
第八十四条　假释考验的内容 …… 1025
第八十五条　假释监督主体、假释法律后果 …… 1027
第八十六条　假释的撤销 …… 1029
第八节　时　效
第八十七条　追诉时效期限 …… 1034
第八十八条　追诉期限的延长 …… 1039
第八十九条　追诉期限的计算 …… 1045

第五章　其他规定
第九十条　民族自治地方刑法适用的变通 …… 1050
第九十一条　公共财产的含义与范围 …… 1054
第九十二条　公民私人所有的财产范围 …… 1060
第九十三条　国家工作人员 …… 1065
第九十四条　司法工作人员 …… 1074
第九十五条　重　伤 …… 1079
第九十六条　违反国家规定 …… 1081
第九十七条　首要分子 …… 1084
第九十八条　告诉才处理 …… 1089
第九十九条　关于以上、以下、以内的规定 …… 1091
第一百条　前科报告制度 …… 1093
第一百零一条　总则规范的适用 …… 1096

第二编　分　则

第一章　危害国家安全罪

第一百零二条　背叛国家罪 …… 1106
第一百零三条　分裂国家罪;煽动分裂国家罪 …… 1110
第一百零四条　武装叛乱、暴乱罪 …… 1118
第一百零五条　颠覆国家政权罪;煽动颠覆国家政权罪 …… 1123
第一百零六条　与境外勾结的从重处罚规定 …… 1129
第一百零七条　资助危害国家安全犯罪活动罪 …… 1131
第一百零八条　投敌叛变罪 …… 1135
第一百零九条　叛逃罪 …… 1139
第一百一十条　间谍罪 …… 1144
第一百一十一条　为境外窃取、刺探、收买、非法提供国家秘密、情报罪 …… 1150
第一百一十二条　资敌罪 …… 1155
第一百一十三条　本章之罪死刑、没收财产的适用 …… 1159

第二章　危害公共安全罪

第一百一十四条　放火罪;决水罪;爆炸罪;投放危险物质罪;以危险方法危害公共安全罪 …… 1173
第一百一十五条　放火罪;决水罪;爆炸罪;投放危险物质罪;以危险方法危害公共安全罪;失火罪;过失决水罪;过失爆炸罪;过失投放危险物质罪;过失以危险方法危害公共安全罪 …… 1190
第一百一十六条　破坏交通工具罪 …… 1198
第一百一十七条　破坏交通设施罪 …… 1203
第一百一十八条　破坏电力设备罪;破坏易燃易爆设备罪 …… 1208
第一百一十九条　破坏交通工具罪;破坏交通设施罪;破坏电力设备罪;破坏易燃易爆设备罪;过失损坏交通工具罪;过失损坏交通设施罪;过失损坏电力设备罪;过失损坏易燃易爆设备罪 …… 1214
第一百二十条　组织、领导、参加恐怖组织罪 …… 1220
第一百二十条之一　帮助恐怖活动罪 …… 1227
第一百二十条之二　准备实施恐怖活动罪 …… 1232
第一百二十条之三　宣扬恐怖主义、极端主义、煽动实施恐怖活动罪 … 1237
第一百二十条之四　利用极端主义破坏法律实施罪 …… 1242

第一百二十条之五　强制穿戴宣扬恐怖主义、极端主义服饰、标志罪 …… 1248
第一百二十条之六　非法持有宣扬恐怖主义、极端主义物品罪 ………… 1253
第一百二十一条　劫持航空器罪 ………… 1258
第一百二十二条　劫持船只、汽车罪 ………… 1264
第一百二十三条　暴力危及飞行安全罪 ………… 1268
第一百二十四条　破坏广播电视设施、公用电信设施罪;过失损坏广播电视设施、公用电信设施罪 ………… 1272
第一百二十五条　非法制造、买卖、运输、邮寄、储存枪支、弹药爆炸物罪;非法制造、买卖、运输、储存危险物质罪 …… 1279
第一百二十六条　违规制造、销售枪支罪 ………… 1288
第一百二十七条　盗窃、抢夺枪支、弹药、爆炸物、危险物质罪;抢劫枪支、弹药、爆炸物、危险物质罪 ………… 1292
第一百二十八条　非法持有、私藏枪支、弹药罪;非法出租、出借枪支罪 ………… 1297
第一百二十九条　丢失枪支不报罪 ………… 1303
第一百三十条　非法携带枪支、弹药、管制刀具、危险物品危及公共安全罪 ………… 1307
第一百三十一条　重大飞行事故罪 ………… 1312
第一百三十二条　铁路运营安全事故罪 ………… 1315
第一百三十三条　交通肇事罪 ………… 1318
第一百三十三条之一　危险驾驶罪 ………… 1327
第一百三十三条之二　妨害安全驾驶罪 ………… 1333
第一百三十四条　重大责任事故罪;强令、组织他人违章冒险作业罪 … 1340
第一百三十四条之一　危险作业罪 ………… 1348
第一百三十五条　重大劳动安全事故罪 ………… 1352
第一百三十五条之一　大型群众性活动重大安全事故罪 ………… 1357
第一百三十六条　危险物品肇事罪 ………… 1360
第一百三十七条　工程重大安全事故罪 ………… 1365
第一百三十八条　教育设施重大安全事故罪 ………… 1369
第一百三十九条　消防责任事故罪 ………… 1372
第一百三十九条之一　不报、谎报安全事故罪 ………… 1376

第三章　破坏社会主义市场经济秩序罪

第一节　生产、销售伪劣商品罪

第一百四十条　生产、销售伪劣产品罪 ………… 1391
第一百四十一条　生产、销售、提供假药罪 ………… 1401

第一百四十二条　生产、销售、提供劣药罪 …… 1411
第一百四十二条之一　妨害药品管理罪 …… 1418
第一百四十三条　生产、销售不符合安全标准的食品罪 …… 1424
第一百四十四条　生产、销售有毒、有害食品罪 …… 1431
第一百四十五条　生产、销售不符合标准的医用器材罪 …… 1440
第一百四十六条　生产、销售不符合安全标准的产品罪 …… 1447
第一百四十七条　生产、销售伪劣农药、兽药、化肥、种子罪 …… 1453
第一百四十八条　生产、销售不符合卫生标准的化妆品罪 …… 1459
第一百四十九条　对生产、销售伪劣商品行为的法条适用 …… 1464
第一百五十条　单位犯本节之罪的处罚 …… 1466
第二节　走私罪
第一百五十一条　走私武器、弹药罪;走私核材料罪;走私假币罪;走私文物罪;走私贵重金属罪;走私珍贵动物、珍贵动物制品罪;走私国家禁止进出口的货物、物品罪 …… 1469
第一百五十二条　走私淫秽物品罪;走私废物罪 …… 1477
第一百五十三条　走私普通货物、物品罪 …… 1482
第一百五十四条　后续性走私 …… 1487
第一百五十五条　准走私 …… 1489
第一百五十六条　走私共同犯罪 …… 1491
第一百五十七条　对武装掩护走私及以暴力、威胁方法抗拒缉私的处罚 …… 1493
第三节　妨害对公司、企业的管理秩序罪
第一百五十八条　虚报注册资本罪 …… 1499
第一百五十九条　虚假出资、抽逃出资罪 …… 1504
第一百六十条　欺诈发行证券罪 …… 1509
第一百六十一条　违规披露、不披露重要信息罪 …… 1515
第一百六十二条　妨害清算罪 …… 1521
第一百六十二条之一　隐匿、故意销毁会计凭证、会计帐簿、财务会计报告罪 …… 1526
第一百六十二条之二　虚假破产罪 …… 1530
第一百六十三条　非国家工作人员受贿罪 …… 1534
第一百六十四条　对非国家工作人员行贿罪;对外国公职人员、国际公共组织官员行贿罪 …… 1541
第一百六十五条　非法经营同类营业罪 …… 1545
第一百六十六条　为亲友非法牟利罪 …… 1548

第一百六十七条　签订、履行合同失职被骗罪 …… 1552
第一百六十八条　国有公司、企业、事业单位人员失职罪;国有公司、企业、事业单位人员滥用职权罪 …… 1555
第一百六十九条　徇私舞弊低价折股、出售国有资产罪 …… 1559
第一百六十九条之一　背信损害上市公司利益罪 …… 1562
第四节　破坏金融管理秩序罪
第一百七十条　伪造货币罪 …… 1568
第一百七十一条　出售、购买、运输假币罪;金融工作人员购买假币、以假币换取货币罪 …… 1572
第一百七十二条　持有、使用假币罪 …… 1577
第一百七十三条　变造货币罪 …… 1581
第一百七十四条　擅自设立金融机构罪;伪造、变造、转让金融机构经营许可证、批准文件罪 …… 1584
第一百七十五条　高利转贷罪 …… 1589
第一百七十五条之一　骗取贷款、票据承兑、金融票证罪 …… 1592
第一百七十六条　非法吸收公众存款罪 …… 1597
第一百七十七条　伪造、变造金融票证罪 …… 1603
第一百七十七条之一　妨害信用卡管理罪;窃取、收买、非法提供信用卡信息罪 …… 1607
第一百七十八条　伪造、变造国家有价证券罪;伪造、变造股票、公司、企业债券罪 …… 1611
第一百七十九条　擅自发行股票、公司、企业债券罪 …… 1615
第一百八十条　内幕交易、泄露内幕信息罪;利用未公开信息交易罪 …… 1619
第一百八十一条　编造并传播证券、期货交易虚假信息罪;诱骗投资者买卖证券、期货合约罪 …… 1625
第一百八十二条　操纵证券、期货市场罪 …… 1629
第一百八十三条　职务侵占罪、贪污罪例示规定 …… 1634
第一百八十四条　非国家工作人员受贿罪、受贿罪例示规定 …… 1636
第一百八十五条　挪用资金罪、挪用公款罪例示规定 …… 1638
第一百八十五条之一　背信运用受托财产罪;违法运用资金罪 …… 1640
第一百八十六条　违法发放贷款罪 …… 1643
第一百八十七条　吸收客户资金不入帐罪 …… 1647
第一百八十八条　违规出具金融票证罪 …… 1650
第一百八十九条　对违法票据承兑、付款、保证罪 …… 1653
第一百九十条　逃汇罪 …… 1657

第一百九十一条 洗钱罪 …… 1662
第五节 金融诈骗罪
第一百九十二条 集资诈骗罪 …… 1673
第一百九十三条 贷款诈骗罪 …… 1681
第一百九十四条 票据诈骗罪;金融凭证诈骗罪 …… 1690
第一百九十五条 信用证诈骗罪 …… 1705
第一百九十六条 信用卡诈骗罪 …… 1713
第一百九十七条 有价证券诈骗罪 …… 1723
第一百九十八条 保险诈骗罪 …… 1730
第一百九十九条 根据《刑法修正案(九)》删去本条内容 …… 1745
第二百条 单位犯本节之罪的处罚 …… 1746
第六节 危害税收征管罪
第二百零一条 逃税罪 …… 1751
第二百零二条 抗税罪 …… 1762
第二百零三条 逃避追缴欠税罪 …… 1768
第二百零四条 骗取出口退税罪 …… 1773
第二百零五条 虚开增值税专用发票、用于骗取出口退税、抵扣税款发票罪 …… 1780
第二百零五条之一 虚开发票罪 …… 1793
第二百零六条 伪造、出售伪造的增值税专用发票罪 …… 1797
第二百零七条 非法出售增值税专用发票罪 …… 1802
第二百零八条 非法购买增值税专用发票、购买伪造的增值税专用发票罪 …… 1806
第二百零九条 非法制造、出售非法制造的用于骗取出口退税、抵扣税款发票罪;非法制造、出售非法制造的发票罪;非法出售用于骗取出口退税、抵扣税款发票罪;非法出售发票罪 …… 1810
第二百一十条 盗窃、骗取增值税专用发票或者其他相关发票的处罚的规定 …… 1816
第二百一十条之一 持有伪造的发票罪 …… 1818
第二百一十一条 单位犯危害税收征管罪的处罚规定 …… 1821
第二百一十二条 优先追缴税款、出口退税款 …… 1822
第七节 侵犯知识产权罪
第二百一十三条 假冒注册商标罪 …… 1827
第二百一十四条 销售假冒注册商标的商品罪 …… 1836
第二百一十五条 非法制造、销售非法制造的注册商标标识罪 …… 1842

第二百一十六条 假冒专利罪 …… 1849
第二百一十七条 侵犯著作权罪 …… 1853
第二百一十八条 销售侵权复制品罪 …… 1866
第二百一十九条 侵犯商业秘密罪 …… 1870
第二百一十九条之一 为境外窃取、刺探、收买、非法提供商业秘密罪 …… 1880
第二百二十条 单位犯罪 …… 1884
第八节 扰乱市场秩序罪
第二百二十一条 损害商业信誉、商品声誉罪 …… 1888
第二百二十二条 虚假广告罪 …… 1897
第二百二十三条 串通投标罪 …… 1905
第二百二十四条 合同诈骗罪 …… 1909
第二百二十四条之一 组织、领导传销活动罪 …… 1916
第二百二十五条 非法经营罪 …… 1921
第二百二十六条 强迫交易罪 …… 1927
第二百二十七条 伪造、倒卖伪造的有价票证罪;倒卖车票、船票罪 …… 1938
第二百二十八条 非法转让、倒卖土地使用权罪 …… 1956
第二百二十九条 提供虚假证明文件罪;出具证明文件重大失实罪 …… 1965
第二百三十条 逃避商检罪 …… 1979
第二百三十一条 单位犯扰乱市场秩序罪的处罚规定 …… 1986

第四章 侵犯公民人身权利、民主权利罪
第二百三十二条 故意杀人罪 …… 1997
第二百三十三条 过失致人死亡罪 …… 2023
第二百三十四条 故意伤害罪 …… 2032
第二百三十四条之一 组织出卖人体器官罪 …… 2054
第二百三十五条 过失致人重伤罪 …… 2069
第二百三十六条 强奸罪 …… 2073
第二百三十六条之一 负有照护职责人员性侵罪 …… 2109
第二百三十七条 强制猥亵、侮辱罪;猥亵儿童罪 …… 2120
第二百三十八条 非法拘禁罪 …… 2139
第二百三十九条 绑架罪 …… 2153
第二百四十条 拐卖妇女、儿童罪 …… 2174
第二百四十一条 收买被拐卖的妇女、儿童罪 …… 2195
第二百四十二条 聚众阻碍解救被收买的妇女、儿童罪 …… 2203

第二百四十三条　诬告陷害罪 …… 2208
第二百四十四条　强迫劳动罪 …… 2219
第二百四十四条之一　雇用童工从事危重劳动罪 …… 2226
第二百四十五条　非法搜查罪;非法侵入住宅罪 …… 2232
第二百四十六条　侮辱罪;诽谤罪 …… 2243
第二百四十七条　刑讯逼供罪;暴力取证罪 …… 2259
第二百四十八条　虐待被监管人罪 …… 2272
第二百四十九条　煽动民族仇恨、民族歧视罪 …… 2279
第二百五十条　出版歧视、侮辱少数民族作品罪 …… 2283
第二百五十一条　非法剥夺公民宗教信仰自由罪;侵犯少数民族风俗习惯罪 …… 2289
第二百五十二条　侵犯通信自由罪 …… 2298
第二百五十三条　私自开拆、隐匿、毁弃邮件、电报罪 …… 2304
第二百五十三条之一　侵犯公民个人信息罪 …… 2311
第二百五十四条　报复陷害罪 …… 2323
第二百五十五条　打击报复会计、统计人员罪 …… 2330
第二百五十六条　破坏选举罪 …… 2335
第二百五十七条　暴力干涉婚姻自由罪 …… 2342
第二百五十八条　重婚罪 …… 2348
第二百五十九条　破坏军婚罪 …… 2360
第二百六十条　虐待罪 …… 2366
第二百六十条之一　虐待被监护、看护人罪 …… 2372
第二百六十一条　遗弃罪 …… 2378
第二百六十二条　拐骗儿童罪 …… 2386
第二百六十二条之一　组织残疾人、儿童乞讨罪 …… 2391
第二百六十二条之二　组织未成年人进行违反治安管理活动罪 …… 2396

第五章　侵犯财产罪
第二百六十三条　抢劫罪 …… 2420
第二百六十四条　盗窃罪 …… 2465
第二百六十五条　盗窃罪(特别规定) …… 2499
第二百六十六条　诈骗罪 …… 2502
第二百六十七条　抢夺罪 …… 2533
第二百六十八条　聚众哄抢罪 …… 2546
第二百六十九条　事后抢劫罪 …… 2555
第二百七十条　侵占罪 …… 2569

第二百七十一条 职务侵占罪 …… 2605
第二百七十二条 挪用资金罪 …… 2618
第二百七十三条 挪用特定款物罪 …… 2632
第二百七十四条 敲诈勒索罪 …… 2642
第二百七十五条 故意毁坏财物罪 …… 2658
第二百七十六条 破坏生产经营罪 …… 2671
第二百七十六条之一 拒不支付劳动报酬罪 …… 2680

第六章 妨害社会管理秩序罪

第一节 扰乱公共秩序罪

第二百七十七条 妨害公务罪;袭警罪 …… 2708
第二百七十八条 煽动暴力抗拒法律实施罪 …… 2725
第二百七十九条 招摇撞骗罪 …… 2730
第二百八十条 伪造、变造、买卖国家机关公文、证件、印章罪;盗窃、抢夺、毁灭国家机关公文、证件、印章罪;伪造公司、企业、事业单位、人民团体印章罪;伪造、变造、买卖身份证件罪 …… 2738
第二百八十条之一 使用虚假身份证件、盗用身份证件罪 …… 2758
第二百八十条之二 冒名顶替罪 …… 2763
第二百八十一条 非法生产、买卖警用装备罪 …… 2769
第二百八十二条 非法获取国家秘密罪;非法持有国家绝密、机密文件、资料、物品罪 …… 2772
第二百八十三条 非法生产、销售专用间谍器材、窃听、窃照专用器材罪 …… 2778
第二百八十四条 非法使用窃听、窃照专用器材罪 …… 2781
第二百八十四条之一 组织考试作弊罪;非法出售、提供试题、答案罪;代替考试罪 …… 2785
第二百八十五条 非法侵入计算机信息系统罪;非法获取计算机信息系统数据、非法控制计算机信息系统罪;提供侵入、非法控制计算机信息系统的程序、工具罪 …… 2796
第二百八十六条 破坏计算机信息系统罪 …… 2816
第二百八十六条之一 拒不履行信息网络安全管理义务罪 …… 2826
第二百八十七条 利用计算机实施有关犯罪的规定 …… 2840
第二百八十七条之一 非法利用信息网络罪 …… 2847
第二百八十七条之二 帮助信息网络犯罪活动罪 …… 2856
第二百八十八条 扰乱无线电通讯管理秩序罪 …… 2865

第二百八十九条 故意伤害罪;故意杀人罪;抢劫罪 …… 2871
第二百九十条 聚众扰乱社会秩序罪;聚众冲击国家机关罪;扰乱国家机关工作秩序罪;组织、资助非法聚集罪 …… 2878
第二百九十一条 聚众扰乱公共场所秩序、交通秩序罪 …… 2885
第二百九十一条之一 投放虚假危险物质罪;编造、故意传播虚假恐怖信息罪;编造、故意传播虚假信息罪 …… 2890
第二百九十一条之二 高空抛物罪 …… 2899
第二百九十二条 聚众斗殴罪 …… 2903
第二百九十三条 寻衅滋事罪 …… 2911
第二百九十三条之一 催收非法债务罪 …… 2919
第二百九十四条 组织、领导、参加黑社会性质组织罪;入境发展黑社会组织罪;包庇、纵容黑社会性质组织罪 …… 2923
第二百九十五条 传授犯罪方法罪 …… 2941
第二百九十六条 非法集会、游行、示威罪 …… 2945
第二百九十七条 非法携带武器、管制刀具、爆炸物参加集会、游行、示威罪 …… 2948
第二百九十八条 破坏集会、游行、示威罪 …… 2951
第二百九十九条 侮辱国旗、国徽、国歌罪 …… 2954
第二百九十九条之一 侵害英雄烈士名誉、荣誉罪 …… 2958
第三百条 组织、利用会道门、邪教组织、利用迷信破坏法律实施罪;组织、利用会道门、邪教组织、利用迷信致人重伤、死亡罪 …… 2962
第三百零一条 聚众淫乱罪;引诱未成年人聚众淫乱罪 …… 2969
第三百零二条 盗窃、侮辱、故意毁坏尸体、尸骨、骨灰罪 …… 2973
第三百零三条 赌博罪;开设赌场罪;组织参与国(境)外赌博罪 … 2976
第三百零四条 故意延误投递邮件罪 …… 2986
第二节 妨害司法罪
第三百零五条 伪证罪 …… 2994
第三百零六条 辩护人、诉讼代理人毁灭证据、伪造证据、妨害作证罪 …… 3006
第三百零七条 妨害作证罪;帮助毁灭、伪造证据罪 …… 3023
第三百零七条之一 虚假诉讼罪 …… 3038
第三百零八条 打击报复证人罪 …… 3055
第三百零八条之一 泄露不应公开的案件信息罪;披露、报道不应公开的案件信息罪 …… 3069
第三百零九条 扰乱法庭秩序罪 …… 3079

第三百一十条　窝藏、包庇罪 …………………………………………………… 3086
第三百一十一条　拒绝提供间谍犯罪、恐怖主义犯罪、极端主义犯罪证据罪 …………………………………… 3107
第三百一十二条　掩饰、隐瞒犯罪所得、犯罪所得收益罪 ……………… 3114
第三百一十三条　拒不执行判决、裁定罪 ………………………………… 3143
第三百一十四条　非法处置查封、扣押、冻结的财产罪 ………………… 3154
第三百一十五条　破坏监管秩序罪 ……………………………………… 3160
第三百一十六条　脱逃罪;劫夺被押解人员罪 …………………………… 3164
第三百一十七条　组织越狱罪;暴动越狱罪;聚众持械劫狱罪 ………… 3172
第三节　妨害国(边)境管理罪
第三百一十八条　组织他人偷越国(边)境罪 …………………………… 3187
第三百一十九条　骗取出境证件罪 ……………………………………… 3192
第三百二十条　提供伪造、变造的出入境证件罪;出售出入境证件罪 ………………………………………………… 3199
第三百二十一条　运送他人偷越国(边)境罪 …………………………… 3204
第三百二十二条　偷越国(边)境罪 ……………………………………… 3210
第三百二十三条　破坏界碑、界桩罪;破坏永久性测量标志罪 ………… 3218
第四节　妨害文物管理罪
第三百二十四条　故意损毁文物罪;故意损毁名胜古迹罪;过失损毁文物罪 ………………………………………………… 3228
第三百二十五条　非法向外国人出售、赠送珍贵文物罪 ………………… 3235
第三百二十六条　倒卖文物罪 …………………………………………… 3239
第三百二十七条　非法出售、私赠文物藏品罪 …………………………… 3244
第三百二十八条　盗掘古文化遗址、古墓葬罪;盗掘古人类化石、古脊椎动物化石罪 ……………………………………… 3249
第三百二十九条　抢夺、窃取国有档案罪;擅自出卖、转让国有档案罪 ………………………………………………… 3257
第五节　危害公共卫生罪
第三百三十条　妨害传染病防治罪 ……………………………………… 3267
第三百三十一条　传染病菌种、毒种扩散罪 ……………………………… 3273
第三百三十二条　妨害国境卫生检疫罪 ………………………………… 3278
第三百三十三条　非法组织卖血罪;强迫卖血罪 ………………………… 3282
第三百三十四条　非法采集、供应血液、制作、供应血液制品罪;采集、供应血液、制作、供应血液制品事故罪 ………………… 3286
第三百三十四条之一　非法采集人类遗传资源、走私人类遗传资源材料罪 ………………………………………………… 3293

第三百三十五条　医疗事故罪 …… 3298
第三百三十六条　非法行医罪;非法进行节育手术罪 …… 3301
第三百三十六条之一　非法植入基因编辑、克隆胚胎罪 …… 3310
第三百三十七条　妨害动植物防疫、检疫罪 …… 3314
第六节　破坏环境资源保护罪
第三百三十八条　污染环境罪 …… 3323
第三百三十九条　非法处置进口的固体废物罪;擅自进口固体废物罪 …… 3330
第三百四十条　非法捕捞水产品罪 …… 3334
第三百四十一条　危害珍贵、濒危野生动物罪;非法狩猎罪;非法猎捕、收购、运输、出售陆生野生动物罪 …… 3338
第三百四十二条　非法占用农用地罪 …… 3345
第三百四十二条之一　破坏自然保护地罪 …… 3349
第三百四十三条　非法采矿罪;破坏性采矿罪 …… 3351
第三百四十四条　危害国家重点保护植物罪 …… 3356
第三百四十四条之一　非法引进、释放、丢弃外来入侵物种罪 …… 3359
第三百四十五条　盗伐林木罪;滥伐林木罪;非法收购、运输盗伐、滥伐的林木罪 …… 3361
第三百四十六条　破坏环境资源保护罪的单位犯罪 …… 3367
第七节　走私、贩卖、运输、制造毒品罪
第三百四十七条　走私、贩卖、运输、制造毒品罪 …… 3373
第三百四十八条　非法持有毒品罪 …… 3398
第三百四十九条　包庇毒品犯罪分子罪;窝藏、转移、隐瞒毒品、毒赃罪 …… 3406
第三百五十条　非法生产、买卖、运输制毒物品、走私制毒物品罪 …… 3412
第三百五十一条　非法种植毒品原植物罪 …… 3418
第三百五十二条　非法买卖、运输、携带、持有毒品原植物种子、幼苗罪 …… 3422
第三百五十三条　引诱、教唆、欺骗他人吸毒罪;强迫他人吸毒罪 …… 3425
第三百五十四条　容留他人吸毒罪 …… 3428
第三百五十五条　非法提供麻醉药品、精神药品罪 …… 3432
第三百五十五条之一　妨害兴奋剂管理罪 …… 3436
第三百五十六条　毒品犯罪的再犯 …… 3440
第三百五十七条　毒品的范围及毒品数量的计算 …… 3444

第八节　组织、强迫、引诱、容留、介绍卖淫罪
第三百五十八条　组织卖淫罪;强迫卖淫罪;协助组织卖淫罪 ……… 3456
第三百五十九条　引诱、容留、介绍卖淫罪;引诱幼女卖淫罪 ……… 3470
第三百六十条　传播性病罪 ……… 3478
第三百六十一条　特定人员组织卖淫罪,强迫卖淫罪,引诱、容留、介绍卖淫罪,引诱幼女卖淫罪的注意规定 ……… 3482
第三百六十二条　特定人员窝藏、包庇卖淫、嫖娼的注意规定 ……… 3484
第九节　制作、贩卖、传播淫秽物品罪
第三百六十三条　制作、复制、出版、贩卖、传播淫秽物品牟利罪;为他人提供书号出版淫秽书刊罪 ……… 3489
第三百六十四条　传播淫秽物品罪;组织播放淫秽音像制品罪 ……… 3505
第三百六十五条　组织淫秽表演罪 ……… 3513
第三百六十六条　单位犯本节规定之罪的处罚 ……… 3517
第三百六十七条　淫秽物品的范围 ……… 3519

第七章　危害国防利益罪
第三百六十八条　阻碍军人执行职务罪;阻碍军事行动罪 ……… 3532
第三百六十九条　破坏武器装备、军事设施、军事通信罪;过失损坏武器装备、军事设施、军事通信罪 ……… 3544
第三百七十条　故意提供不合格武器装备、军事设施罪;过失提供不合格武器装备、军事设施罪 ……… 3553
第三百七十一条　聚众冲击军事禁区罪;聚众扰乱军事管理区秩序罪 ……… 3560
第三百七十二条　冒充军人招摇撞骗罪 ……… 3569
第三百七十三条　煽动军人逃离部队罪;雇用逃离部队军人罪 ……… 3577
第三百七十四条　接送不合格兵员罪 ……… 3583
第三百七十五条　伪造、变造、买卖武装部队公文、证件、印章罪;盗窃、抢夺武装部队公文、证件、印章罪;非法生产、买卖武装部队制式服装罪;伪造、盗窃、买卖、非法提供、非法使用武装部队专用标志罪 ……… 3588
第三百七十六条　战时拒绝、逃避征召、军事训练罪;战时拒绝、逃避服役罪 ……… 3601
第三百七十七条　战时故意提供虚假敌情罪 ……… 3606
第三百七十八条　战时造谣扰乱军心罪 ……… 3610
第三百七十九条　战时窝藏逃离部队军人罪 ……… 3614
第三百八十条　战时拒绝、故意延误军事订货罪 ……… 3617

第三百八十一条　战时拒绝军事征收、征用罪 …………………………… 3620

第八章　贪污贿赂罪

第三百八十二条　贪污罪 …………………………………………………… 3632
第三百八十三条　贪污罪的处罚 …………………………………………… 3665
第三百八十四条　挪用公款罪 ……………………………………………… 3669
第三百八十五条　受贿罪 …………………………………………………… 3738
第三百八十六条　受贿罪的处罚 …………………………………………… 3828
第三百八十七条　单位受贿罪 ……………………………………………… 3849
第三百八十八条　受贿罪 …………………………………………………… 3870
第三百八十八条之一　利用影响力受贿罪 ………………………………… 3882
第三百八十九条　行贿罪 …………………………………………………… 3914
第三百九十条　行贿罪的处罚规定;关联行贿罪 ………………………… 3960
第三百九十条之一　对有影响力的人行贿罪 ……………………………… 3966
第三百九十一条　对单位行贿罪 …………………………………………… 3976
第三百九十二条　介绍贿赂罪 ……………………………………………… 4013
第三百九十三条　单位行贿罪 ……………………………………………… 4055
第三百九十四条　贪污罪的特别规定 ……………………………………… 4085
第三百九十五条　巨额财产来源不明罪;隐瞒境外存款罪 ……………… 4092
第三百九十六条　私分国有资产罪;私分罚没财物罪 …………………… 4125

第九章　渎职罪

第三百九十七条　滥用职权罪;玩忽职守罪 ……………………………… 4164
第三百九十八条　故意泄露国家秘密罪;过失泄露国家秘密罪 ………… 4215
第三百九十九条　徇私枉法罪;民事、行政枉法裁判罪;执行判决、裁定失职罪;执行判决、裁定滥用职权罪 ………………………………… 4231
第三百九十九条之一　枉法仲裁罪 ………………………………………… 4262
第四百条　私放在押人员罪;失职致使在押人员脱逃罪 ………………… 4269
第四百零一条　徇私舞弊减刑、假释、暂予监外执行罪 ………………… 4277
第四百零二条　徇私舞弊不移交刑事案件罪 ……………………………… 4283
第四百零三条　滥用管理公司、证券职权罪 ……………………………… 4288
第四百零四条　徇私舞弊不征、少征税款罪 ……………………………… 4292
第四百零五条　徇私舞弊发售发票、抵扣税款、出口退税罪;违法提供出口退税凭证罪 ………………………………………………………… 4296
第四百零六条　国家机关工作人员签订、履行合同失职被骗罪 ………… 4301
第四百零七条　违法发放林木采伐许可证罪 ……………………………… 4305

第四百零八条　环境监管失职罪 …… 4310
第四百零八条之一　食品、药品监管渎职罪 …… 4314
第四百零九条　传染病防治失职罪 …… 4324
第四百一十条　非法批准征收、征用、占用土地罪;非法低价出让国有土地使用权罪 …… 4331
第四百一十一条　放纵走私罪 …… 4342
第四百一十二条　商检徇私舞弊罪;商检失职罪 …… 4350
第四百一十三条　动植物检疫徇私舞弊罪;动植物检疫失职罪 …… 4360
第四百一十四条　放纵制售伪劣商品犯罪行为罪 …… 4369
第四百一十五条　办理偷越国(边)境人员出入境证件罪;放行偷越国(边)境人员罪 …… 4377
第四百一十六条　不解救被拐卖、绑架妇女、儿童罪;阻碍解救被拐卖、绑架妇女、儿童罪 …… 4385
第四百一十七条　帮助犯罪分子逃避处罚罪 …… 4395
第四百一十八条　招收公务员、学生徇私舞弊罪 …… 4404
第四百一十九条　失职造成珍贵文物损毁、流失罪 …… 4411

第十章　军人违反职责罪
第四百二十条　军人违反职责罪的概念 …… 4430
第四百二十一条　战时违抗命令罪 …… 4434
第四百二十二条　隐瞒、谎报军情罪;拒传、假传军令罪 …… 4453
第四百二十三条　投降罪 …… 4465
第四百二十四条　战时临阵脱逃罪 …… 4471
第四百二十五条　擅离、玩忽军事职守罪 …… 4476
第四百二十六条　阻碍执行军事职务罪 …… 4483
第四百二十七条　指使部属违反职责罪 …… 4490
第四百二十八条　违令作战消极罪 …… 4496
第四百二十九条　拒不救援友邻部队罪 …… 4502
第四百三十条　军人叛逃罪 …… 4509
第四百三十一条　非法获取军事秘密罪;为境外窃取、刺探、收买、非法提供军事秘密罪 …… 4516
第四百三十二条　故意泄露军事秘密罪;过失泄露军事秘密罪 …… 4528
第四百三十三条　战时造谣惑众罪 …… 4537
第四百三十四条　战时自伤罪 …… 4542
第四百三十五条　逃离部队罪 …… 4548
第四百三十六条　武器装备肇事罪 …… 4554

第四百三十七条　擅自改变武器装备编配用途罪 …………………… 4560
第四百三十八条　盗窃、抢夺武器装备、军用物资罪 ………………… 4565
第四百三十九条　非法出卖、转让武器装备罪 ………………………… 4570
第四百四十条　遗弃武器装备罪 ……………………………………… 4575
第四百四十一条　遗失武器装备罪 …………………………………… 4580
第四百四十二条　擅自出卖、转让军队房地产罪 …………………… 4585
第四百四十三条　虐待部属罪 ………………………………………… 4589
第四百四十四条　遗弃伤病军人罪 …………………………………… 4595
第四百四十五条　战时拒不救治伤病军人罪 ……………………… 4599
第四百四十六条　战时残害居民、掠夺居民财物罪 ………………… 4605
第四百四十七条　私放俘虏罪 ………………………………………… 4611
第四百四十八条　虐待俘虏罪 ………………………………………… 4615
第四百四十九条　战时缓刑 …………………………………………… 4619
第四百五十条　军人违反职责罪的主体 …………………………… 4628
第四百五十一条　战　时 ……………………………………………… 4633

附　则

第四百五十二条　刑法施行时间、废止以前的单行刑法、保留的以前的单行刑法 ………………………………………………………… 4637

第六章　妨害社会管理秩序罪

前　注

文献:高铭暄、赵秉志编:《新中国刑法立法文献资料总览》(上、中、下),中国人民公安大学出版社 1998 年版;高铭暄、赵秉志编:《中国刑法立法文献资料精选》,法律出版社 2007 年版;周道鸾、张军主编:《刑法罪名精释》(第 3 版),人民法院出版社 2007 年版;高铭暄:《中华人民共和国刑法的孕育诞生和发展完善》,北京大学出版社 2012 年版;周道鸾、张军主编:《刑法罪名精释》(第 4 版),人民法院出版社 2013 年版;郎胜主编:《中华人民共和国刑法释义》(第 6 版),法律出版社 2015 年版;黎宏:《刑法学各论》(第 2 版),法律出版社 2016 年版;孔利民:《刑法实用全典》,中国法制出版社 2018 年版;刘志伟编:《刑法规范总整理》(第 11 版),法律出版社 2019 年版;李立众编:《刑法一本通》,法律出版社 2021 年版;周光权:《刑法各论》(第 4 版),中国人民大学出版社 2021 年版;张明楷:《刑法学》(第 6 版),法律出版社 2021 年版。

细目录

Ⅰ　主旨
Ⅱ　沿革
一、1979 年《刑法》时期
二、1997 年《刑法》时期
Ⅲ　特征
一、客体
二、行为
三、结果与情节
四、主体
五、罪过

Ⅰ　主旨

妨害社会管理秩序罪是指违反社会生活的基本行为准则,妨害国家机关依法对社会事务进行管理,破坏社会管理秩序,依法应当受到刑罚处罚的行为。人类自脱离野蛮状态以来即基于人的社会性而形成社会有机体,在社会交往中追求和平、有序、安宁与祥和的社会生活。这样的社会生活有赖于人们自觉遵守社会交往的基本行为准则,遵从国家机关依法对社会事务进行管理所形成的公共秩序。为了维护社会生 1

活的基本行为准则与国家机关对社会事务的管理秩序,对破坏社会生活秩序、妨害国家对社会事务依法进行管理的行为,必须予以必要的刑法规制。

Ⅱ 沿革

一、1979年《刑法》时期

2 1979年7月1日全国人大通过了《中华人民共和国刑法》,自1980年1月1日起施行。作为新中国第一部《刑法》,其在第二编分则第六章正式规定了“妨害社会管理秩序罪”,其第157条至第178条分别规定了妨害公务罪,扰乱社会秩序罪,聚众扰乱公共场所秩序、交通秩序罪,流氓罪,脱逃罪,窝藏、包庇罪,私藏枪支、弹药罪,制造、贩卖假药罪,神汉巫婆借迷信造谣、诈骗罪,招摇撞骗罪,伪造、变造、盗窃、抢夺、毁灭公文、证件、印章罪,赌博罪,引诱、容留妇女卖淫罪,制作、贩卖淫书、淫画罪,制造、贩卖、运输毒品罪,窝赃、销赃罪,盗运珍贵文物出口罪,破坏珍贵文物、名胜古迹罪,破坏界碑、界桩、永久性测量标志罪,偷越国(边)境罪,组织、运送他人偷越国(边)境罪,违反国境卫生检疫规定罪,共22种犯罪。该刑法对妨害社会管理秩序罪规定的法定刑总体比较轻缓,对绝大多数犯罪规定了管制、拘役、有期徒刑或者罚金、没收财产,仅将盗运珍贵文物出口罪的最高法定刑规定为无期徒刑。

3 1982年3月8日全国人大常委会的《关于严惩严重破坏经济的罪犯的决定》鉴于当时盗卖珍贵文物、贩卖毒品等犯罪活动猖獗,决定将《刑法》第171条贩毒罪、第173条盗运珍贵文物出口罪的法定刑分别补充或者修改为“情形特别严重的,处十年以上有期徒刑、无期徒刑或者死刑,可以并处没收财产”。

4 1982年9月2日,为配合中央关于开展依法从重从快严厉打击严重危害社会治安的犯罪分子的斗争,全国人大常委会通过了《关于严惩严重危害社会治安的犯罪分子的决定》,该决定第1条规定:“对下列严重危害社会治安的犯罪分子,可以在刑法规定的最高刑以上处刑,直至判处死刑:1. 流氓犯罪集团的首要分子或者携带凶器进行流氓犯罪活动,情节严重的,或者进行流氓犯罪活动危害特别严重的;2. 故意伤害他人身体,致人重伤或者死亡,情节恶劣的,或者对检举、揭发、拘捕犯罪分子和制止犯罪行为的国家工作人员和公民行凶伤害的;3. 拐卖人口集团的首要分子,或者拐卖人口情节特别严重的;4. 非法制造、买卖、运输或者盗窃、抢夺枪支、弹药、爆炸物,情节特别严重的,或者造成严重后果的;5. 组织反动会道门,利用封建迷信,进行反革命活动,严重危害社会治安的;6. 引诱、容留、强迫妇女卖淫,情节特别严重的。”该决定第2条则增设了传授犯罪方法罪,规定:“传授犯罪方法,情节较轻的,处五年以下有期徒刑;情节严重的,处五年以上有期徒刑;情节特别严重的,处无期徒刑或者死刑。”

5 1988年11月8日,为加强对国家重点保护的珍贵、濒危野生动物的保护,全国人大常委会通过《关于惩治捕杀国家重点保护的珍贵、濒危野生动物犯罪的补充规定》,对刑法补充规定:“非法捕杀国家重点保护的珍贵、濒危野生动物的,处七年以下有期徒刑或者拘役,可以并处或者单处罚金;非法出售倒卖、走私的,按投机倒把罪、走私罪处刑。"

1990年6月28日,全国人大常委会通过《关于惩治侮辱中华人民共和国国旗国徽罪的决定》,增设侮辱国旗、国徽罪,规定:"在公众场合故意以焚烧、毁损、涂划、玷污、践踏等方式侮辱中华人民共和国国旗、国徽的,处三年以下有期徒刑、拘役、管制或者剥夺政治权利。" 6

鉴于"走私、制作、贩卖、传播淫秽的书刊、影片、录像带、录音带、图片等淫秽物品的违法犯罪情况很严重。这些违法犯罪活动,严重毒化社会风气,腐蚀人们的思想,危害社会治安"[1],1990年12月28日全国人大常委会通过《关于惩治走私、制作、贩卖、传播淫秽物品的犯罪分子的决定》,明确规定,以牟利或者传播为目的,走私淫秽物品的,依照关于惩治走私罪的补充规定处罚。增设制作、复制、出版、贩卖、传播淫秽物品牟利罪、提供书号出版淫秽书刊罪、传播淫秽物品罪、组织播放淫秽音像制品罪。明确要求对利用淫秽物品进行流氓犯罪的,依照《刑法》第160条流氓罪的规定处罚;对流氓犯罪集团的首要分子,或者进行流氓犯罪活动危害特别严重的,可以在刑法规定的最高刑以上处刑,直至判处死刑。利用淫秽物品传授犯罪方法的,情节特别严重的,处无期徒刑或者死刑。单位犯罪的,对其直接负责的主管人员和其他直接责任人员,依照各该条的规定处罚,对单位判处罚金。此外,该决定还规定了从重处罚情节,具体包括:①犯罪集团的首要分子;②国家工作人员利用工作职务便利,走私、制作、复制、出版、贩卖、传播淫秽物品的;③管理录像、照相、复印等设备的人员,利用所管理的设备,犯有该决定第2条、第3条、第4条规定的违法犯罪行为的;④成年人教唆不满18岁的未成年人走私、制作、复制、贩卖、传播淫秽物品的。该规定还对淫秽物品的内涵与外延、种类与目录进行了界定。该决定关于淫秽物品犯罪的上述规定,构成了1997年《刑法》分则第六章第九节"制作、贩卖、传播淫秽物品罪"的基础。 7

1990年12月28日,为严惩走私、贩卖、运输、制造毒品和非法种植毒品原植物等犯罪活动,严禁吸食、注射毒品,保护公民身心健康,维护社会治安秩序,全国人大常委会通过《关于禁毒的决定》,界定了毒品的定义,加重和细化了对走私、贩卖、运输、制造毒品罪的处罚,增设:非法持有毒品罪,包庇毒品犯罪分子罪,窝藏、转移、隐瞒毒品、毒赃罪,非法运输、携带麻醉药品、精神药品进出境罪,非法种植毒品原植物罪,引诱、教唆、欺骗他人吸食、注射毒品罪,强迫他人吸食、注射毒品罪。单位非法运输、携带麻醉药品、精神药品进出境、非法提供麻醉药品、精神药品的,以单位犯罪论。国家工作人员实施毒品犯罪的,从重处罚。此外,该决定还创设了毒品犯罪再犯从重处罚 8

1 顾昂然:《〈关于惩治走私、制作、贩卖、传播淫秽物品的犯罪分子的决定(草案)〉的说明》,转引自高铭暄、赵秉志编:《新中国刑法立法文献资料总览》(上),中国人民公安大学出版社1998年版,第617—618页。

制度,即“因走私、贩卖、运输、制造、非法持有毒品罪被判过刑,又犯本决定规定之罪的,从重处罚”。该决定的主要内容被1997年《刑法》全面继承,转化为1997年《刑法》第六章第七节的“走私、贩卖、运输、制造毒品罪”。

9 1991年6月29日,鉴于当时盗掘古文化遗址、古墓葬的犯罪活动十分严重,全国人大常委会通过《关于惩治盗掘古文化遗址古墓葬犯罪的补充规定》,增设盗掘古文化遗址、古墓葬罪,最高法定刑为死刑。

10 为严惩拐卖、绑架妇女、儿童的犯罪分子,保护妇女、儿童的人身安全,维护社会治安,1991年9月4日全国人大常委会通过《关于严惩拐卖、绑架妇女、儿童的犯罪分子的决定》,要求对以暴力、威胁方法阻碍国家工作人员解救被收买的妇女、儿童的,依照《刑法》第157条妨害公务罪处罚。同时,增设了聚众阻碍解救被收买的妇女、儿童罪。

11 1991年9月4日全国人大常委会通过《关于严禁卖淫嫖娼的决定》,加重对组织卖淫罪的处罚,最高法定刑提升为死刑。将组织卖淫罪的帮助行为正犯化,增设了协助组织卖淫罪。增设了强迫卖淫罪,最高法定刑亦为死刑。将刑法规定的引诱、容留卖淫罪修改为引诱、容留、介绍卖淫罪,明确引诱不满14周岁的幼女卖淫的,以强迫卖淫罪处罚。增设传播性病罪,明确嫖宿不满14周岁的幼女的,以强奸罪处罚。此外,该决定还对服务行业的人员组织、强迫、引诱、容留、介绍他人卖淫的定罪处罚以及服务行业的负责人和职工在公安机关查处卖淫、嫖娼活动时隐瞒情况或为违法犯罪分子通风报信的以窝藏、包庇罪处罚等作了具体规定。这些规定同样成为1997年《刑法》分则第六章第八节“组织、强迫、引诱、容留、介绍卖淫罪”的基础。

12 1994年3月5日,全国人大常委会通过《关于严惩组织、运送他人偷越国(边)境犯罪的补充规定》,将刑法规定的组织、运送他人偷越国(边)境拆分为组织他人偷越国(边)境和运送他人偷越国(边)境,提高了法定刑,细化了量刑标准;增设了提供伪造、变造的出入境证件、倒卖出入境证件罪、办理偷越国(边)境人员出入境证件、放行偷越国(边)境人员罪。这些规定除办理偷越国(边)境人员出入境证件、放行偷越国(边)境人员罪被纳入1997年修订的《刑法》第九章渎职罪外,其余基本上被1997年修订后的《刑法》分则第六章第三节“妨害国(边)境管理罪”吸纳。

二、1997年《刑法》时期

13 1997年3月14日全国人大通过了全面修订后的现行《刑法》,并在第二编分则第六章规定了“妨害社会管理秩序罪”,下辖扰乱公共秩序罪,妨害司法罪,妨害国(边)境管理罪,妨害文物管理罪,危害公共卫生罪,破坏环境资源保护罪,走私、贩卖、运输、制造毒品罪,组织、强迫、引诱、容留、介绍卖淫罪,制作、贩卖、传播淫秽物品罪。这九类犯罪吸纳、整合了1979年《刑法》规定的妨害社会管理秩序犯罪、1979年《刑法》生效以来通过单行刑法增设或者修改的妨害社会管理秩序的犯罪,并根据打击犯罪、维护秩序的新的需要进行了必要的增删修改,从而形成了现行《刑法》规定的相对比较完整、严密的妨害社会管理秩序罪的罪刑规范体系。

1997年《刑法》生效后,国家立法机关根据打击犯罪、维护秩序、保护人民和保障改革开放与社会主义现代化建设的新的需要以及实践中出现的新问题、新情况、新挑战,继续不断地对《刑法》进行修改、补充与完善,并自1999年12月25日起采用刑法修正案的模式。 14

2001年8月31日,为了惩治毁林开垦和乱占滥用林地的犯罪,切实保护森林资源,全国人大常委会通过《刑法修正案(二)》,将《刑法》第342条修改为:"违反土地管理法规,非法占用耕地、林地等农用地,改变被占用土地用途,数量较大,造成耕地、林地等农用地大量毁坏的,处五年以下有期徒刑或者拘役,并处或者单处罚金。" 15

2001年12月29日,为了惩治恐怖活动犯罪,保障国家和人民生命、财产安全,维护社会秩序,全国人大常委会通过《刑法修正案(三)》,增设了投放虚假危险物质罪,编造、故意传播虚假恐怖信息罪。 16

2002年12月28日,为了惩治破坏社会主义市场经济秩序、妨害社会管理秩序和国家机关工作人员的渎职犯罪行为,保障社会主义现代化建设的顺利进行,保障公民的人身安全,全国人大常委会通过《刑法修正案(四)》。修改了《刑法》第339条第3款的规定,将原条文"以原料利用为名,进口不能用作原料的固体废物的,依照本法第一百五十五条的规定定罪处罚",修改为"以原料利用为名,进口不能用作原料的固体废物、液态废物和气态废物的,依照本法第一百五十二条第二款、第三款的规定定罪处罚"。修改了《刑法》第344条的规定,将原条文规定的非法采伐、毁坏珍贵树木罪,修改为非法采伐、毁坏国家重点保护植物罪、非法收购、运输、加工、出售国家重点保护植物、国家重点保护植物制品罪。修改了《刑法》第345条的规定,将原条文第3款规定的非法收购、盗伐、滥伐林木罪修改为非法收购、运输盗伐、滥伐林木罪,并取消了原条文所要求的"以牟利为目的"的超过主观要素。 17

2006年6月29日,全国人大常委会通过《刑法修正案(六)》,对赌博罪进行了重要修改,将原《刑法》第303条规定的"以营利为目的,聚众赌博、开设赌场或者以赌博为业"拆解为两个条款,第1款规定赌博罪,即"以营利为目的,聚众赌博或者以赌博为业",第2款规定开设赌场罪,即"开设赌场",提升了对开设赌场罪的法定刑。此外,该修正案还修改了《刑法》第312条,将原条文规定的窝藏、转移、收购、销售赃物罪,修改为掩饰、隐瞒犯罪所得、犯罪所得收益罪。 18

2009年2月28日,全国人大常委会通过《刑法修正案(七)》,在《刑法》第285条中增加两款作为第2款、第3款,增设非法获取计算机信息系统数据、非法控制计算机信息系统罪,提供侵入、非法控制计算机信息系统程序、工具罪;增加了单位犯掩饰、隐瞒犯罪所得、犯罪所得收益罪的规定;将《刑法》第337条第1款规定的逃避动植物检疫罪修改为妨害动植物防疫、检疫罪,增设危险犯构成要件,即将原条文"违反进出境动植物检疫法的规定,逃避动植物检疫,引起重大动植物疫情",修改为"违反 19

有关动植物防疫、检疫的国家规定,引起重大动植物疫情的,或者有引起重大动植物疫情危险,情节严重";修改了《刑法》第 375 条第 2 款,将原条文规定的非法生产、买卖武装部队专用标志罪,拆分、修改为非法生产、买卖武装部队制式服装罪和伪造、盗窃、买卖、非法提供、非法使用武装部队专用标志罪。

20 2011 年 2 月 25 日,全国人大常委会通过《刑法修正案(八)》,将恐吓他人纳入寻衅滋事罪的行为类型,增设对纠集他人多次寻衅滋事、严重破坏社会秩序的行为加重处罚的规定。调整组织、领导、参加黑社会性质组织罪的构成要件与法定刑,将全国人大常委会对黑社会性质的组织的立法解释纳入刑法,加重了包庇、纵容黑社会性质组织罪的法定刑。取消了《刑法》第 295 条传授犯罪方法罪、《刑法》第 328 条盗掘古文化遗址、古墓葬罪的死刑。将原《刑法》第 338 条规定的重大环境污染事故罪,修改为污染环境罪;修改了《刑法》第 343 条第 1 款规定的非法采矿罪的构成要件,取消了原条文规定的"经责令停止开采后拒不停止开采、造成矿产资源破坏"的成立要件,代之以"情节严重"。将《刑法》第 358 条协助组织卖淫罪的构成要件由"协助组织他人卖淫",修改为"为组织卖淫的人招募、运送人员或者有其他协助组织他人卖淫行为"。

21 2015 年 8 月 29 日,全国人大常委会通过《刑法修正案(九)》,增设了对暴力袭击正在依法执行职务的人民警察的,依照《刑法》第 277 条妨害公务罪从重处罚的规定。对《刑法》第 280 条规定的伪造、变造、买卖国家机关公文、证件、印章罪,盗窃、抢夺、毁灭国家机关公文、证件、印章罪,伪造公司、企业、事业单位、人民团体印章罪,增设了罚金刑,将该条第 3 款规定的伪造、变造居民身份证罪,修改为伪造、变造、买卖身份证件罪,增设了罚金刑。以《刑法》第 280 条之一的序列增设了使用虚假身份证件、盗用身份证件罪的构成要件与法定刑。将《刑法》第 283 条规定的非法生产、销售专用间谍器材罪,修改为非法生产、销售专用间谍器材、窃听、窃照专用器材罪,调整和加重了法定刑,增加了罚金刑。以《刑法》第 284 条之一的序列增设了组织考试作弊罪,非法出售、提供试题、答案罪,代替考试罪,规定了相应的法定刑。对《刑法》第 285 条规定的非法侵入计算机信息系统罪,非法获取计算机信息系统数据、非法控制计算机信息系统罪,提供侵入、非法控制计算机信息系统程序、工具罪,《刑法》第 286 条规定的破坏计算机信息系统罪,增设了单位犯罪的处罚规定。以《刑法》第 286 条之一的序列增设了拒不履行信息网络安全管理义务罪,以《刑法》第 287 条之一的序列,增设了非法利用信息网络罪,以《刑法》第 287 条之二的序列,增设了帮助信息网络犯罪活动罪。修改了《刑法》第 288 条规定的扰乱无线电通讯管理秩序罪的构成要件,删除了原条文"经责令停止使用后拒不停止使用,干扰无线电通讯正常进行,造成严重后果"的规定,代之以"干扰无线电通讯秩序,情节严重",并增加单位犯罪的处罚规定。将《刑法》第 290 条第 1 款规定的聚众扰乱社会秩序罪的对象扩展至包括医疗秩序;增加扰乱国家机关工作秩序罪、组织、资助他人非法聚集罪的规定。以《刑法》第 291 条之一第 2 款的序列,增设编造、故意传播虚假信息罪。调整、加重《刑法》

第 300 条规定的组织、利用会道门、邪教组织、利用迷信破坏法律实施罪的法定刑,调整犯本罪又有奸淫妇女、诈骗财物等犯罪行为的定罪处罚原则,由原条文规定的依照强奸罪、诈骗罪定罪处罚,修改为以强奸罪、诈骗罪与本罪数罪并罚。将《刑法》第 302 条规定的盗窃、侮辱尸体罪修改为盗窃、侮辱、故意毁坏尸体、尸骨、骨灰罪。以《刑法》第 307 条之一的序列,增设虚假诉讼罪,规定相关的处罚原则。以《刑法》第 308 条之一的序列,增设泄露不应公开的案件信息罪,披露、报道不应公开的案件信息罪。增加《刑法》第 309 条规定的扰乱法庭秩序罪的行为类型。扩大《刑法》第 311 条的适用范围,将罪名由原刑法规定的拒绝提供间谍犯罪证据罪,修改为拒绝提供间谍犯罪、恐怖主义犯罪、极端主义犯罪证据罪。加重对《刑法》第 313 条规定的拒不执行判决、裁定罪的处罚,增设单位犯罪的处罚规定。对《刑法》第 322 条规定的偷越国(边)境罪,增加了"为参加恐怖活动组织、接受恐怖活动培训或者实施恐怖活动,偷越国(边)境的,处一年以上三年以下有期徒刑,并处罚金"的规定。调整了《刑法》第 350 条规定的非法生产、买卖、运输制毒物品、走私制毒物品罪的构成要件和法定刑。废除了《刑法》第 358 条规定的组织、强迫卖淫罪的死刑。删除了原《刑法》第 360 条第 2 款规定的嫖宿幼女罪,对嫖宿幼女的行为直接论以强奸罪。

2017 年 11 月 4 日,为了惩治侮辱国歌的犯罪行为,切实维护国歌奏唱、使用的严肃性和国家尊严,全国人大常委会通过了《刑法修正案(十)》。该修正案以《刑法》第 299 条第 2 款的序列,将"在公共场合,故意篡改中华人民共和国国歌歌词、曲谱,以歪曲、贬损方式奏唱国歌,或者以其他方式侮辱国歌,情节严重的"行为,规定为侮辱国歌罪,处 3 年以下有期徒刑、拘役、管制或者剥夺政治权利。 22

2020 年 12 月 26 日,全国人大常委会通过《刑法修正案(十一)》,对妨害社会管理秩序罪进行了增补与修改。以《刑法》第 277 条第 5 款的序列,增设袭警罪。以《刑法》第 280 条之二的序列,增设冒名顶替罪,规定了组织、指使他人实施冒名顶替行为按本罪从重处罚以及国家工作人员犯本罪同时构成其他犯罪的予以数罪并罚的定罪处罚原则。以《刑法》第 291 条之二的序列,增设高空抛物罪,规定了犯本罪同时构成其他犯罪的依照处罚较重的规定定罪处罚的原则。以《刑法》第 293 条之一的序列,增设催收非法债务罪。以《刑法》第 299 条之一的序列,增设侵害英雄烈士名誉、荣誉罪。调整《刑法》第 303 条开设赌场罪的法定刑和适用范围,增设组织参与国(境)外赌博罪。修改《刑法》第 330 条妨害传染病防治罪的成立条件,将妨害依法确定采取甲类传染病预防、控制措施的行为纳入本罪规制范围,调整了妨害传染病防治行为成立犯罪的具体条件。以《刑法》第 334 条之一的序列,增设了非法采集人类遗传资源、走私人类遗传资源材料罪。以《刑法》第 336 条之一的序列,增设非法植入基因编辑、克隆胚胎罪。调整了《刑法》第 338 条规定的污染环境罪的加重处罚规则,取消原《刑法》"后果特别严重的,处三年以上七年以下有期徒刑,并处罚金"的规定,在基本法定刑基础上设置"情节严重的,处三年以上七年以下有期徒刑,并处罚金"的规定,并进一步规定了"处七年以上有期徒刑,并处罚金"的"情节特别严重"或者造成 23

其他严重后果的情形,规定了犯本罪同时构成其他犯罪的依照处罚较重的规定定罪处罚的原则。以《刑法》第341条第3款的序列,增设非法猎捕、收购、运输、出售陆生野生动物罪。以《刑法》第342条之一的序列,增设破坏自然保护地罪,并规定了犯本罪同时构成其他犯罪的依照处罚较重的规定定罪处罚的原则。以《刑法》第344条之一的序列,增设非法引进、释放、丢弃外来入侵物种罪。以《刑法》第355条之一的序列,增设妨害兴奋剂管理罪,并规定了组织、强迫运动员使用兴奋剂参加国内、国际重大体育竞赛的按本罪从重处罚的原则。

Ⅲ 特征

一、客体

24 妨害社会管理秩序罪侵犯的客体是社会管理秩序。社会管理秩序是人类在社会交往与社会生活过程中遵守基本行为准则、服从国家机关依法履行管治职能、管理国家事务或者其他方面的社会公共事务所形成的平和、稳定、有序状态,包括生产秩序、工作秩序、教学科研秩序、公共生活秩序等。

25 但是,作为妨害社会管理秩序罪法益的社会管理秩序并不泛指包括生产秩序、工作秩序、教学科研秩序与公共生活秩序在内的所有方面、各个领域与全部环节的社会管理秩序,而仅指未被《刑法》分则其他各章规定的各种犯罪侵犯的法益以外的社会管理秩序。在一般意义上,刑法无论是作为法益保护法,规制侵犯各种不同法益的犯罪,还是作为规范保障法,规制否定不同法规范效力的犯罪,都具有维护社会管理秩序的基础功能。但是,由于我国《刑法》分则其他各章已经对许多同时或间接侵犯社会管理秩序法益的犯罪进行了专门规定,因而本类犯罪侵犯的社会管理秩序自然不包含这些犯罪侵犯同时或间接侵犯的社会管理秩序。例如,重大责任事故罪是《刑法》分则第二章规定的危害公共安全的犯罪,其侵犯的法益是作为公共安全的不特定或多数人的生命、健康或者重大公私财产的安全,但该罪亦必然同时破坏国家安全生产监管部门对生产、作业活动的安全监管,妨害正常的生产作业秩序。刑法只是考虑到该罪侵犯的双重法益中,公共安全是更能体现该罪不法内涵与程度的法益,才将其纳入危害公共安全罪加以规制。因此,凡是在生产、作业中违反安全管理的规定,因而造成重大伤亡事故或者造成其他严重后果的,只能以危害公共安全的重大责任事故罪论处。

二、行为

26 妨害社会管理秩序罪的客观方面表现为违反社会生活的基本行为准则,妨害国家机关依法对社会事务进行管理,破坏社会管理秩序的行为。

27 根据《刑法》分则第六章的规定,妨害社会管理秩序罪的行为类型包括:扰乱公共秩序,妨害司法,妨害国(边)境管理,妨害文物管理,危害公共卫生,破坏环境资源保护,走私、贩卖、运输、制造毒品,组织、强迫、引诱、容留、介绍卖淫以及制作、贩卖、传播淫秽物品九类。在这九类行为中,根据刑法规定的每一种妨害社会管理秩序罪构成要件的不同,每一种妨害社会管理秩序罪又各有其不同的行为类型与行为方式。

在犯罪类型上,妨害社会管理秩序罪既包含自然犯,又包括法定犯或行政犯。作为自然犯,其本质是违反人类社会共同生活的基本行为准则特别是基于人类社会共有的怜悯、正直、良善等人性基础而形成的底线伦理与公序良俗。在妨害社会管理秩序罪中,一般认为,组织、强迫、引诱、容留、介绍卖淫的行为,不仅是对卖淫妇女的性剥削与性自主决定权的侵犯,而且破坏了公序良俗与社会风化。制作、贩卖、传播淫秽物品的行为,不仅破坏公序良俗与社会风化,而且可能毒害心智与生理尚未成熟的未成年人,影响未成年人健康成长。因而这些犯罪既是风化犯,也是自然犯,不仅为我国社会公共伦理所谴责,而且为我国刑法所禁止。 28

除少数自然犯外,妨害社会管理秩序罪的大多数犯罪都是法定犯或行政犯。行为违反国家机关对国家事务或者其他方面的社会公共事务依法进行管理的法律、法规或者其他国家规定,或者违反国家机关在依法管理国家事务或者其他社会公共事务时发布的规章、命令或者采取的措施的,才能该当犯罪构成要件。因此,是否存在作为妨害社会管理秩序的法定犯、行政犯的行政前置法或者依据行政前置法发布的规章、命令或者采取的措施,这些行政前置法或者依据行政前置法发布的规章、命令或者采取的措施是否合乎宪法、法律或者其他上位法的规定,行为是否违反这些行政前置法或者依据行政前置法发布的规章、命令或者采取的措施,往往直接决定行为是否该当妨害社会管理秩序罪的构成要件,并在理论与实务中成为判断与争议的焦点。 29

我国刑法规定的大多数妨害社会管理秩序罪的构成要件中,以不同的形式对妨害社会管理秩序罪的行政前置法要素作出了明确规定。例如,《刑法》第 277 条规定,以暴力、威胁方法阻碍国家机关工作人员"依法执行职务"的,成立妨害公务罪。如果国家机关工作人员不具有相关职责与职权,或者严重超越法定职责与职权范围,或者明知是严重违法的命令而公然违法服从命令执行职务的,行为人以暴力、威胁方法予以阻碍的,则不构成妨害公务罪。 30

再如,《刑法》第 282 条规定,以窃取、刺探、收买方法,"非法获取国家秘密"的,是非法获取国家秘密罪。成立本罪,首先要根据《保守国家保密法》的规定,判断行为人获取的信息与情报是否为关系国家的安全和利益,依照法定程序确定,在一定时间内只限一定范围的人员知悉的事项。其次要根据《保守国家保密法》等相关法律、法规与行为人的身份、职责等情况,具体判断其是否有合法权限知悉与获取国家秘密。如果行为人以窃取、刺探、收买方法,非法获取的不是国家秘密,或者虽然是国家秘密,但行为人依法具有知悉与获取的权限的,则不构成非法获取国家秘密罪。 31

又如,《刑法》第 286 条之一规定,网络服务提供者不履行法律、行政法规规定的信息网络安全管理义务,经监管部门责令采取改正措施而拒不改正,致使违法信息大 32

量传播的,致使用户信息泄露、造成严重后果的,致使刑事案件证据灭失,情节严重的,或者有其他严重情节的,成立拒不履行信息网络安全管理义务罪。根据该条规定,信息网络服务提供者首先负有法律、行政法规规定的信息网络安全管理义务,这是成立本罪的法定前提。因此,是否成立本罪,首先就必须考察法律、行政法规是否对特定种类的信息网络服务的提供者设定了具体的信息网络安全管理义务。在此基础上,再具体判断该信息网络服务提供者是否履行了法律、行政法规规定的信息网络安全管理义务。如果没有履行法律、行政法规规定的信息网络安全管理义务,还必须进一步考察监管部门有无责令采取改正措施。如果信息网络服务提供者虽然违反了法律、行政法规规定的信息网络安全管理义务,但是负有信息网络安全监管职责的国家监管部门疏于监管,没有依法责令其采取改正措施,仍然不能成立本罪。只有经监管部门责令采取改正措施而拒不改正,因而造成严重后果或情节严重的,才能最终成立本罪。

三、结果与情节

33 我国对行政违法行为实行由行政执法机关依法予以行政处罚与司法机关依法通过刑事诉讼、追究刑事责任予以刑事制裁的二元制裁体系。对违反社会生活基本行为准则,违反公序良俗、社会风化,妨害国家机关对国家事务或者其他方面的社会公共事务依法进行管理,破坏社会正常秩序,尚未达到应受刑罚惩罚的严重程度的,即使在行为类型上与妨害社会管理秩序罪的行为类型一致,亦不以犯罪论处,而仅作为一般行政违法行为予以行政处罚。只有违反社会生活基本行为准则,违反公序良俗、社会风化,妨害国家机关对国家事务或者其他方面的社会公共事务依法进行管理,破坏社会正常秩序,达到应受刑罚惩罚的严重程度的,才能以妨害社会管理秩序的犯罪论处。为明确妨害社会管理秩序罪与妨害社会管理秩序的一般行政违法行为的界限,《刑法》分则第六章对多数妨害社会管理秩序罪明文规定了罪量要素,行为符合《刑法》分则明文规定的行为类型,并且达到法定的罪量要素的,才能以犯罪论处。

34 刑法明文规定的罪量要素具有不同的形式。有的法条将妨害社会管理秩序罪规定为情节犯,明文规定"情节严重"是妨害社会管理秩序罪的罪量要素。例如,《刑法》第 280 条之一规定,在依照国家规定应当提供身份证明的活动中,使用伪造、变造的或者盗用他人的居民身份证、护照、社会保障卡、驾驶证等依法可以用于证明身份的证件,情节严重的,才能以使用虚假身份证件、盗用身份证件罪论处。虽然实施了使用上述虚假身份证件、盗用身份证件的行为,情节轻微的,则不以犯罪论,仅作为一般行政违法行为给予行政处罚。有的法条将妨害社会管理秩序罪规定为结果犯,明文规定以"造成严重后果"或者类似后果为构成犯罪的罪量要素。例如,《刑法》第 284 条规定,非法使用窃听、窃照专用器材,造成严重后果的,才能以非法使用窃听、窃照专用器材罪论处。虽然实施了非法使用窃听、窃照器材的行为,但未造成严重后果,如未将窃听、窃照获得的他人隐私信息予以扩散,未对他人名誉实际造成贬损的,或者未对国家对窃听、窃照器材的管理秩序造成严重干扰和破坏的,则不以犯罪论,仅作为一般行政违法行为给予行政处罚。《刑法》第 304 条规定,邮政工作人员严重不负责任,故意延误投递邮件,致使公共财产、国家和人民利益遭受重大损失的,才能成立故意延误投递邮件罪。邮政工作人员虽然故意延误投递邮件,但未造成公共财产、国家和人民利益遭受重大损失的,则不以犯罪论。

在作为结果犯的妨害社会管理秩序犯罪中,多数属于要求造成实害结果的实害犯,但是有的条文则仅要求造成某种危害结果发生的具体危险甚至抽象危险,即成立犯罪。如《刑法》第 334 条规定,非法采集、供应血液或者制作、供应血液制品,不符合国家规定的标准,足以危害人体健康的,成立非法采集、供应血液、制作、供应血液制品罪。这一规定表明,非法采集、供应血液、制作、供应血液制品罪,是具体危险犯,行为人实施非法采集、供应血液或者制作、供应血液制品的行为,必须并且只要达到足以危害人身健康的程度,即使未实际危害人体健康,亦成立犯罪。反之,虽然实施了上述行为,但其行为尚不足以危害人体健康的,则不以犯罪论。司法实践需要结合个案的具体情况具体判断行为是否"足以危害人体健康"。 35

有的法条将妨害社会管理秩序罪规定为数额犯。如《刑法》第 345 条规定,盗伐森林或者其他林木,数量较大的,构成盗伐林木罪。如果盗伐森林或者其他林木,数量不大的,则不以犯罪论,仅作为一般行政违法行为予以行政处罚。 36

还有的法条同时规定了构成犯罪的数额与后果要素。如《刑法》第 342 条规定,违反土地管理法规,非法占用耕地、林地等农用地,改变被占用土地用途,数量较大,造成耕地、林地等农用地大量毁坏的,成立非法占用农用地罪。这就意味着,非法占用农用地,改变被占用土地用途,必须同时达到数量较大与造成农用地大量毁坏双重罪量标准,才能以犯罪论,否则仍然作为一般行政违法行为给予行政处罚。 37

除上述明文规定了不同形式的罪量要素的犯罪外,《刑法》分则第六章对许多妨害社会管理秩序的犯罪,并未明文规定罪量要素以区分罪与非罪。例如,《刑法》第 294 条规定,组织、领导、参加黑社会性质的组织的,即成立犯罪。《刑法》第 295 条规定,传授犯罪方法的,即构成传授犯罪方法罪。《刑法》第 305 条规定,在刑事诉讼中,证人、鉴定人、记录人、翻译人对与案件有重要关系的情节,故意作虚假证明、鉴定、记录、翻译,意图陷害他人或者隐匿罪证的,即为伪证罪。这些犯罪的成立以行为符合《刑法》分则条文规定的构成要件行为类型为条件。一般说来,只要行为该当法定的构成要件行为类型,即成立犯罪,而不必在此基础上进一步具体考察该当构成要件行为类型的行为是否情节严重或者造成严重后果。在立法者看来,该当这些构成要件行为类型的行为,或者具有严重的反社会性、反规范性,或者侵犯重大法益,因而只要实施这类行为,原则上即具有刑事可罚性。尽管如此,在个案裁判时,仍然要例外地根据《刑法》第 13 条但书的规定,具体判断是否存在"情节显著轻微危害不大"因而不应以犯罪论的情况。 38

除上述行为符合《刑法》分则条文规定的构成要件行为类型原则上即得成立犯罪 39

的情形外,《刑法》分则第六章还规定了许多没有犯罪成立的罪量要素的妨害社会管理秩序的犯罪。比较典型的罪名就是《刑法》第359条规定的引诱、容留、介绍卖淫罪。该条明确规定:“引诱、容留、介绍他人卖淫的,处五年以下有期徒刑、拘役或者管制;情节严重的,处五年以上有期徒刑,并处罚金。”根据该条文义,只要实施引诱、容留、介绍他人卖淫行为的,不论引诱、容留、介绍卖淫的次数、人数多寡,也不问引诱、容留、介绍卖淫的情节与后果轻重,形式上似乎均该当引诱、容留、介绍卖淫罪的构成要件。但是,这种纯粹的文义解释与形式判断显然并不妥当,这不仅是因为本罪的成立同样要受到《刑法》第13条但书的限制,对确属“情节显著轻微危害不大”的引诱、容留、介绍卖淫行为,当然不应当以犯罪论处,而且是因为《治安管理处罚法》第67条亦明确规定:“引诱、容留、介绍他人卖淫的,处十日以上十五日以下拘留,可以并处五千元以下罚款;情节较轻的,处五日以下拘留或者五百元以下罚款。”根据该条文义,只要实施引诱、容留、介绍他人卖淫行为的,不论引诱、容留、介绍卖淫的次数、人数多寡,也不问引诱、容留、介绍卖淫的情节与后果轻重,即得依法给予拘留、罚款等行政处罚。但是,这种纯粹的文义解释与形式判断同样并不合适。唯一正确的解释只能是根据《治安管理处罚法》作为第一次法、《刑法》作为第二次法的法律体系定位,以及以此为前提的我国行政处罚与刑罚二元制裁体系,分别对《刑法》第359条与《治安管理处罚法》第67条规定的引诱、容留、介绍他人卖淫进行限缩解释,该当引诱、容留、介绍卖淫罪构成要件的引诱、容留、介绍他人卖淫行为,原则上只能被限定为引诱、容留、介绍他人卖淫,人数、次数较多、情节与后果比较严重,因而达到刑事可罚的严重程度的情形。作为行政违法行为的引诱、容留、介绍他人卖淫行为,原则上只能被限定为引诱、容留、介绍他人卖淫,人数、次数较少、情节与后果比较轻微,综合全案情况确属“情节显著轻微危害不大”、不具刑事可罚性的情形。因此,最高人民检察院、公安部2008年发布的《关于公安机关管辖的刑事案件立案追诉标准的规定(一)》第78条明确规定:“引诱、容留、介绍他人卖淫,涉嫌下列情形之一的,应予立案追诉:(一)引诱、容留、介绍二人次以上卖淫的;(二)引诱、容留、介绍已满十四周岁未满十八周岁的未成年人卖淫的;(三)被引诱、容留、介绍卖淫的人患有艾滋病或者患有梅毒、淋病等严重性病;(四)其他引诱、容留、介绍卖淫应予追究刑事责任的情形。”

四、主体

40 妨害社会管理秩序罪的主体多数为一般主体,犯罪的成立对主体的身份无特别要求,少数犯罪的主体则为特殊主体,刑法明文规定了对主体的身份的特别要求。例如,《刑法》第335条规定,医务人员由于严重不负责任,造成就诊人死亡或者严重损害就诊人身体健康的,成立医疗事故罪。该罪的主体只能是医务人员,包括依法取得执业医师资格或者执业助理医师资格,经注册在医疗、预防、保健机构中执业的专业医务人员,经执业注册取得护士执业证书,从事护理活动,履行保护生命、减轻痛苦、增进健康职责的卫生技术人员以及取得《执业药师资格证书》并经注册登记，在药品生产、经营、使用单位中执业的药学技术人员。非医务人员不能成立本罪。与《刑法》第335条相对应，《刑法》第336条则规定，未取得医生执业资格的人非法行医，情节严重的，成立非法行医罪。理论上将这种不具有特定资格的人才能实施的犯罪叫作消极的身份犯，以区别于诸如医疗事故罪等积极的身份犯。

妨害社会管理秩序罪的主体一般是自然人，但是，近年来的《刑法》修改、补充与完善表明，立法者正在对妨害社会管理秩序罪设置越来越多的单位犯罪的规定，甚至还有个别犯罪的主体只能是单位。例如，《刑法》第334条第2款规定："经国家主管部门批准采集、供应血液或者制作、供应血液制品的部门，不依照规定进行检测或者违背其他操作规定，造成危害他人身体健康后果的，对单位判处罚金，并对其直接负责的主管人员和其他直接责任人员，处五年以下有期徒刑或者拘役。"该条规定表明，采集、供应血液、制作、供应血液制品事故罪的主体只能是单位，即经国家主管部门批准采集、供应血液或者制作、供应血液制品的部门，自然人作为本罪的直接负责的主管人员和其他直接责任人员，不能成为本罪独立的行为主体。 41

五、罪过

妨害社会管理秩序罪的主观罪过一般表现为故意，个别犯罪表现为过失。 42

尽管对行为结果的认知与意欲是犯罪故意的必备要素，妨害社会管理秩序的故意犯罪也要求行为人明知自己的行为可能发生危害社会的结果，并且希望或者放任危害结果的发生，但是，立法者考虑到一些妨害社会管理秩序的行为与社会生活的紧密联系，为避免刑法不当压缩社会生活与社会交往的自由空间，严格控制定罪范围，在某些妨害社会管理秩序的故意犯罪构成要件中，对这些犯罪的明知要素作出了特别规定，旨在提醒司法实务人员在认定这些妨害社会管理秩序的故意犯罪时，要特别注意查明行为人行为时对特定客观构成要件要素具有明知，即知道或者应当知道特定客观构成要件要素，并基于明知而实施构成要件行为。如果不能查明行为人行为时知道或者应当知道特定客观构成要件要素的，则不能认定为故意犯罪。如《刑法》第285条第3款规定，明知他人实施侵入、非法控制计算机信息系统的违法犯罪行为而为其提供程序、工具，情节严重的，构成提供侵入、非法控制计算机信息系统程序、工具罪。《刑法》第287条之二规定，明知他人利用信息网络实施犯罪，为其犯罪提供互联网接入、服务器托管、网络存储、通讯传输等技术支持，或者提供广告推广、支付结算等帮助，情节严重的，成立帮助信息网络犯罪活动罪。《刑法》第291条之一第1款规定，明知是编造的恐怖信息而故意传播，严重扰乱社会秩序的，成立故意传播虚假恐怖信息罪。《刑法》第291条之一第2款规定，明知是虚假的险情、疫情、灾情、警情，故意在信息网络或者其他媒体上传播，严重扰乱社会秩序的，成立故意传播虚假信息罪。《刑法》第310条规定，明知是犯罪的人而为其提供隐藏处所、财物，帮助其逃匿或者作假证明包庇的，成立窝藏、包庇罪。《刑法》第311条规定，明知 43

他人有间谍犯罪或者恐怖主义、极端主义犯罪行为,在司法机关向其调查有关情况、收集有关证据时,拒绝提供,情节严重的,成立拒绝提供间谍犯罪、恐怖主义犯罪、极端主义犯罪证据罪。《刑法》第 312 条规定,明知是犯罪所得及其产生的收益而予以窝藏、转移、收购、代为销售或者以其他方法掩饰、隐瞒的,成立掩饰、隐瞒犯罪所得、犯罪所得收益罪。《刑法》第 345 条第 3 款规定,非法收购、运输明知是盗伐、滥伐的林木,情节严重的,成立非法收购、运输盗伐、滥伐的林木罪。《刑法》第 360 条规定,明知自己患有梅毒、淋病等严重性病卖淫、嫖娼的,成立传播性病罪。

44 除认知与意欲要素外,个别妨害社会管理秩序的故意犯罪还要求具有作为超过主观要素的特定目的。如《刑法》第 303 条赌博罪要求"以营利为目的",《刑法》第 304 条伪证罪要求"意图陷害他人或者隐匿罪证",《刑法》第 326 条倒卖文物罪要求"以牟利为目的",《刑法》第 363 条制作、复制、出版、贩卖、传播淫秽物品牟利罪要求"以牟利为目的"。如果不是出于上述特定目的,即使该当构成要件其他要素,亦不成立相关犯罪。

第一节　扰乱公共秩序罪

前　注

文献:高铭暄、赵秉志编:《新中国刑法立法文献资料总览》(上、中、下),中国人民公安大学出版社 1998 年版;高铭暄、赵秉志编:《中国刑法立法文献资料精选》,法律出版社 2007 年版;周道鸾、张军主编:《刑法罪名精释》(第 3 版),人民法院出版社 2007 年版;高铭暄:《中华人民共和国刑法的孕育诞生和发展完善》,北京大学出版社 2012 年版;周道鸾、张军主编:《刑法罪名精释》(第 4 版),人民法院出版社 2013 年版;郎胜主编:《中华人民共和国刑法释义》(第 6 版),法律出版社 2015 年版;高铭暄、赵秉志编:《新中国刑法立法文献资料总览》(第 2 版),中国人民公安大学出版社 2015 年版;张明楷:《刑法学》(第 5 版),法律出版社 2016 年版。赵秉志、刘志伟:《论扰乱公共秩序罪的基本问题》,载《政法论坛》1999 年第 2 期。

细目录

Ⅰ　主旨
Ⅱ　沿革
Ⅲ　特征
一、法益
二、行为
三、结果与情节
四、主体
五、罪过
Ⅳ　种类

Ⅰ　主旨

扰乱公共秩序罪,系指故意扰乱公共秩序,情节严重,依照刑法应当予以刑罚处罚的行为。刑法设置本类罪的目的,就是维护社会公共生活正常开展所必须具备的不混乱、有条理的状态,具体而言,包括生产、经营、管理等多方面的秩序。 1

Ⅱ　沿革

本节犯罪的立法沿革,可以追溯到前刑法时期。中央人民政府法制委员会 1950 年制定的《刑法大纲草案》中,有些条文可以与现行刑法扰乱公共秩序罪中的部分条 2

文大致对应,只不过被分配在不同的章节,体现了不同种类的法益侵害。比如,根据《刑法大纲草案》第 69 条的规定,“以妨害公务之正确处理为目的,而窃取、隐匿、涂改、或毁损公私文书,或为其他不正行为者,处三年以下监禁或批评教育”。在内容上,类似于现行《刑法》第 280 条的规定,“伪造、变造、买卖或者盗窃、抢夺、毁灭国家机关的公文、证件、印章的,处三年以下有期徒刑、拘役、管制或者剥夺政治权利,并处罚金;情节严重的,处三年以上十年以下有期徒刑,并处罚金。”只不过,在《刑法大纲草案》中,对应内容被规定于妨害国家统治罪中。再比如,《刑法大纲草案》第 59 条规定:“组织领导封建会道门,造谣惑众,扰乱治安者处一年以上五年以下监禁。组织领导或利用封建会道门聚众暴动者,其首要分子处七年以上十五年以下监禁,情节严重者处死刑或终身监禁,并没收其全部财产。”该条同样规定于第五章妨害国家统治秩序罪中。《刑法大纲草案》第九章为妨害公共秩序与公共卫生罪。其中规制了破坏选举行为、伪造国家公文印章行为、破坏文物行为、盗掘坟墓行为、持有和吸食毒品行为等。与现行《刑法》比较后发现,《刑法大纲草案》中对公共秩序的界定,是较为广泛的,《刑法大纲草案》中的“公共秩序”基本等于现在的“社会秩序”。

3 根据 1954 年 9 月 30 日的《刑法指导原则草案(初稿)》[以下简称《草案(初稿)》],组织封建会道门犯罪,由妨害国家统治罪中,被挪到反革命罪中加以规定。第三章第三节为破坏公共秩序的犯罪,其中规制了诸如聚众骚乱、破坏选举、破坏交通、制造、贩卖毒品等犯罪。

4 根据《刑法草案》(第 13 次稿),利用会道门进行反革命活动的犯罪,仍规定于反革命罪这一章中。《草案(初稿)》中破坏选举、破坏交通的犯罪等,由破坏公共秩序的犯罪这一章中移除。另外,“破坏公共秩序罪”更名为“妨害管理秩序罪”。

5 相比前几次的修正草案,接下来的几次刑法修正草案并未发生太大变化。不过,在规定细节上仍有所改动。比如,根据《刑法草案》(第 21 次稿),“妨害管理秩序罪”被更名为“妨害其他管理秩序罪”。而在《刑法草案》(第 27 次稿)中,章节名称又改了回去。在第七章妨害管理秩序罪中,规制了诸如破坏选举、妨害公务、脱逃、诬告、包庇、制售假药、伪造文书、容留卖淫、吸食毒品等犯罪行为。在《刑法草案》(第 34 次稿)中,诬告陷害和破坏选举犯罪从妨害管理秩序罪中独立出来,单独列为一章。除此之外,并无太大变化。在《刑法草案》(第 37 次稿)中,“妨害管理秩序罪”更名为“妨害社会管理秩序罪”。

6 在 1979 年《刑法》中,分则第六章妨害社会管理秩序罪相比前几个刑法草案修正稿,并没有发生太大的变动。相比现行《刑法》的“妨害公共秩序罪”,有很多差别。比如,1979 年《刑法》第 102 条规定的“以反革命为目的,进行下列行为之一的……(一)煽动群众抗拒、破坏国家法律、法令实施的”,类似于现行《刑法》第 278 条的规定:“煽动群众暴力抗拒国家法律、行政法规实施的,处三年以下有期徒刑、拘役、管制或者剥夺政治权利;造成严重后果的,处三年以上七年以下有期徒刑。”类似的差异,还可以体现在 1979 年《刑法》第 99 条:“组织、利用迷信、会道门进行反革命活动的，处五年以上有期徒刑；情节较轻的，处五年以下有期徒刑、拘役、管制或者剥夺政治权利。”

1988 年 9 月的《刑法（修改稿）》，在扰乱公共秩序罪方面，大体上还是维持了 1979 年《刑法》的格局。1988 年 11 月的《刑法（修改稿）》在分则第七章妨害社会管理秩序罪中，增加了诸多新的罪名。与现行《刑法》扰乱公共秩序罪相关的，是新增了传授犯罪方法罪的规定。在该修改稿中还提到，“本章条文较多，内容繁杂，不便适用，因此将一部分条文分出，另立一章‘妨害公务罪’”。可见，随着条文的增多，妨害社会管理秩序罪变得愈发繁杂，给适用带来了困难。另外，1988 年 12 月的《刑法（修改稿）》新增了聚众骚乱罪等犯罪的规定。 7

令人耳目一新的变化出现在 1993 年。《刑法分则条文汇集》把《刑法》分则原有的 8 章、103 条，调整扩充为 28 章、292 条。从结构上看，其为日后《刑法》分则章下设节奠定了基础。自从《刑法草案》（第 13 次稿）将“破坏公共秩序罪”更名为“妨害管理秩序罪”后，“公共秩序”作为章节名称又一次出现在刑法“扰乱公共秩序罪”这一章中。其名称已经和现行《刑法》分则第六章第一节“扰乱公共秩序罪”相同。具体包括以下罪名：扰乱社会秩序罪，聚众扰乱公共场所秩序或者破坏交通秩序罪，非法集会、游行、示威罪，扰乱、破坏依法举行的集会、游行、示威罪，破坏戒严罪，损毁、侮辱国旗国徽罪，流氓罪，制造、散布谣言罪，赌博罪，传授犯罪方法罪，封建迷信活动罪，破坏计划生育罪。而且，在这次汇集中，删去了妨害社会管理秩序这一章节，并将其中诸多条文分散到其他章节中。 8

不过，在之后的条文汇集中，“扰乱公共秩序罪”又被删掉，改为“扰乱社会管理秩序罪”。原“扰乱公共秩序罪”中的条文，大部分被纳入其中。 9

起到重要作用的改动发生在 1996 年。1996 年的《刑法分则修改草稿》，将此前讨论稿中的诸多章节合并，采取章下设节的方式编排分则结构。其中，第六章“妨害社会管理秩序罪”被分为九节，第一节就是“扰乱公共秩序罪”。此后的修改稿大致延续了这种编排模式。此后，1997 年《刑法》对妨害社会管理秩序罪所含小节的内容进行了调整，却仍将扰乱公共秩序罪保留下来。 10

在此之后的对刑法的修正，维持了原有的体系，仅仅是对罪名进行增设或者删改。此处不再一一列举。值得一提的是，第十二届全国人大常委会第十六次会议通过《刑法修正案（九）》。此次修正，对于扰乱公共秩序罪改动巨大，增设诸多罪名，同时修改了既有罪名的构成要件和法定刑。《刑法修正案（十一）》对于扰乱公共秩序罪同样作出了较大变动，除了增设袭警罪、高空抛物罪等罪之外，还对部分犯罪的行为类型进行了调整，回应了社会关切，具有相当的现实意义。 11

Ⅲ 特征

扰乱公共秩序罪是指违反社会生活的基本行为准则，破坏公共秩序，依法应当受到刑罚处罚的行为。 12

一、法益

13 社会管理秩序是公共秩序的上级概念。若要明确公共秩序的含义,就应先明确社会管理秩序的含义。所谓社会管理秩序,是国家对社会各方面依法进行管理而形成的稳定有序的社会状态。由于所有的犯罪在不同程度上均侵犯了社会管理秩序,所以,刑法分则第六章犯罪所侵犯的法益,只能是狭义的社会管理秩序,即"国家对社会日常生活进行管理而形成的有条不紊的秩序,特指刑法分则其他各章规定之罪所侵犯的同类客体以外的社会管理秩序"[1]。可见,狭义的社会管理秩序仍然比较宽泛。

14 至于如何理解公共秩序,主要还是得从立法沿革和具体条文出发。从对立法沿革的梳理过程中可以发现,在很长一段时期,公共秩序与社会管理秩序的概念没有同时出现,甚至有非此即彼的关系。因而,曾经有过一段二者无法区分、相互替代的阶段。现在将二者区分开来,还是应当从具体条文入手,得到公共秩序的准确内涵,再通过对整个章节条文的理解,总体把握社会管理秩序的内涵。比如我国学者指出,所谓公共秩序,是指"社会作为一个整体,人们在其间正常生活、工作或者从事科教等活动的一种状态。而破坏这种秩序的表现是,人们不能正常地在通常的时间和地点从事上述活动"[2]。这就是在梳理条文的基础上,得出归纳式的结论。

二、行为

15 本节犯罪既有作为犯,也有不作为犯。以作为犯为主,并有少量的纯正不作为犯,还有一部分犯罪,既可以由作为构成,也可以由不作为构成。本节犯罪相对本章其他几节犯罪,行为方式种类繁多,在认定时需要结合分则的具体规定,把握行为的特点。

三、结果与情节

16 本节犯罪,既有行为犯,也有结果犯,还有情节犯。所谓行为犯,是指以特定行为,而不以特定结果作为构成要件内容的犯罪。典型的行为犯如煽动暴力抗拒法律实施罪等。而结果犯,构成要件不仅包括行为,也包括特定的结果要素。典型的结果犯则包括破坏计算机信息系统罪等。所谓情节犯,是指"不仅要求行为人实施了法定的犯罪行为,而且还必须达到情节严重或情节恶劣的程度才构成犯罪的情况"。在本节犯罪中,一般认为主要包括非法生产、买卖警用装备罪、聚众扰乱公共场所秩序罪等。

---

1 马克昌主编:《百罪通论》(下卷),北京大学出版社 2014 年版,第 882 页。

2 侯帅:《论刑法对网络造谣行为的规制》,载《四川警察学院学报》2014 年第 5 期。

四、主体

本节所规定的犯罪,既有自然人犯罪,也有单位犯罪。在自然人犯罪中,大多数犯罪仅要求一般主体,少数犯罪则要求特殊主体。比如对“邮政工作人员”的规定,就体现出了对特殊主体的要求。另外,需要注意的是,根据《刑法》第30条的规定,“法律规定为单位犯罪的,应当负刑事责任”。因而法律未明文规定的,不属于单位犯罪。 17

五、罪过

一般认为,过失犯罪以法律明文规定为限。因此,本节犯罪都是故意犯罪。 18

Ⅳ 种类

根据《刑法》分则第六章第一节第277条至第304条的规定,本节具体包括妨害公务罪、袭警罪;煽动暴力抗拒法律实施罪;招摇撞骗罪;伪造、变造、买卖国家机关公文、证件、印章罪;盗窃、抢夺、毁灭国家机关公文、证件、印章罪;伪造公司、企业、事业单位、人民团体印章罪;伪造、变造、买卖身份证件罪;使用虚假身份证件、盗用身份证件罪;冒名顶替罪,非法生产、买卖警用装备罪;非法获取国家秘密罪;非法持有国家绝密、机密文件、资料、物品罪;非法生产、销售专用间谍器材、窃听、窃照专用器材罪;非法使用窃听、窃照专用器材罪等罪名。 19

第二百七十七条　妨害公务罪；袭警罪

以暴力、威胁方法阻碍国家机关工作人员依法执行职务的，处三年以下有期徒刑、拘役、管制或者罚金。

以暴力、威胁方法阻碍全国人民代表大会和地方各级人民代表大会代表依法执行代表职务的，依照前款的规定处罚。

在自然灾害和突发事件中，以暴力、威胁方法阻碍红十字会工作人员依法履行职责的，依照第一款的规定处罚。

故意阻碍国家安全机关、公安机关依法执行国家安全工作任务，未使用暴力、威胁方法，造成严重后果的，依照第一款的规定处罚。

暴力袭击正在依法执行职务的人民警察的，处三年以下有期徒刑、拘役或者管制；使用枪支、管制刀具，或者以驾驶机动车撞击等手段，严重危及其人身安全的，处三年以上七年以下有期徒刑。

文献：周道鸾、张军主编：《刑法罪名精释》（第3版），人民法院出版社2007年版；赵秉志主编：《刑法分则要论》，中国法制出版社2010年版；高铭暄：《中华人民共和国刑法的孕育诞生和发展完善》，北京大学出版社2012年版；周道鸾、张军主编：《刑法罪名精释》（第4版），人民法院出版社2013年版；郎胜主编：《中华人民共和国刑法释义》（第6版），法律出版社2015年版；陈兴良主编：《刑法各论精释》（下），人民法院出版社2015年版；许永安主编：《中华人民共和国刑法修正案（十一）解读》，中国法制出版社2021年版；张明楷：《刑法学》（第6版），法律出版社2021年版。陈旭玲、彭凤莲：《刑法第277条探疑——兼论刑法第242条》，载《法学杂志》2003年第2期；张利兆：《析妨害公务罪的暴力、威胁手段》，载《法学》2004年第10期；赵秉志、袁彬：《中国刑法立法改革的新思维——以〈刑法修正案（九）〉为中心》，载《法学》2015年第10期；付晓雅：《〈中华人民共和国刑法修正案（九）〉专题研究》，载《法学杂志》2015年第11期；刘宪权：《刑事立法应力戒情绪——以〈刑法修正案（九）〉为视角》，载《法学评论》2016年第1期；杨金彪：《暴力袭警行为的体系地位、规范含义及司法适用》，载《北方法学》2018年第2期；王展：《暴力袭警问题的刑法学思考》，载《刑法论丛》2019年第2期；赵旭辉：《国外袭警罪概述》，载《现代世界警察》2019年第9期；《赵克志建议：在刑法中单独增设袭警罪》，载《派出所工作》2020年第9期；石魏：《暴力袭警的准确认定》，载《人民司法》2020年第11期；张开骏：《公务保护与人权保障平衡下的袭警罪教义学分析》，载《中外法学》2021年第6期；刘艳红：《袭警罪中"暴力"的法教义学分析》，载《法商研究》2022年第1期。黄义涛:《首例“袭警罪”案具有警示意义》,载《梅州日报》2021 年 3 月 10 日;黄义涛:《单设袭警罪强化法律权威》,载《人民法院报》2021 年 4 月 19 日。

细目录

Ⅰ 主旨
Ⅱ 沿革
Ⅲ 客体
Ⅳ 对象
一、妨害公务罪对象的界定
二、袭警罪对象的界定
Ⅴ 行为
一、妨害公务罪行为的界定
二、袭警罪行为的界定
Ⅵ 主体
Ⅶ 罪过
Ⅷ 排除犯罪的事由
Ⅸ 既遂与未遂
Ⅹ 罪数
一、妨害公务罪的罪数问题
二、袭警罪的罪数问题
Ⅺ 与他罪的区别
一、妨害公务罪与聚众阻碍解救被收买的妇女、儿童罪的区别
二、妨害公务罪与窝藏、包庇罪的区别
三、妨害公务罪与拒不执行判决、裁定罪的区别
Ⅻ 处罚

Ⅰ 主旨

国家机关工作人员代表国家执行职务,是国家的抽象方针、政策和规定落实到具体实践中重要的一环。只有国家机关工作人员依法充分履职,才能确保国家机器的有效运转和人民生活的安定有序。不法分子通过暴力、威胁方法在国家机关工作人员执行职务时设置种种障碍,使得公务无法执行,政策不能实施的,不仅严重扰乱社会秩序,而且对国家的正常管理活动造成不利影响,更可能对公务执行人员的人身健康造成侵害。因此,有必要对国家机关工作人员依法执行职务的行为予以刑事保护。同时,暴力袭击正在执行职务的人民警察的行为,不仅威胁到人民警察自身的人身安全,而且还妨害到社会管理秩序,有损国家法律的尊严,应当依法严惩。《刑法修正案(十一)》将袭警罪单独设罪,就是为了遏制此类犯罪行为的发生,保障人民警察执行 1

公务不被袭扰。

Ⅱ　沿革

2　早在1950年7月25日起草的《刑法大纲草案》中就对妨害公务罪有较为明确的规定。1979年《刑法》对《刑法大纲草案》作了一定的修改:将犯罪方法明确规定为"暴力、威胁方法";将犯罪侵犯对象规定为"国家工作人员";将国家机关工作人员执行的职务活动限定为"依法执行职务";删除了对聚众犯首要分子从重处罚的规定。

3　就本条第1款来看,1997年《刑法》与1979年《刑法》相比作了如下修改:增加了管制刑;将犯罪侵犯对象由国家工作人员改为国家机关工作人员;删除了剥夺政治权利的规定。

4　本条第2款为1996年12月中旬的修订草案第一次提出,并为历次修正案所采纳。

5　本条第3款是为了与1993年10月31日通过的《红十字会法》相衔接,该法第15条第2款规定,"在自然灾害和突发事件中,以暴力、威胁方法阻碍红十字会工作人员依法履行职责的,比照刑法第一百五十七条的规定追究刑事责任"。值得注意的是,2017年2月24日修订的《红十字会法》中,取消了上述规定,该法第27条规定:"自然人、法人或其他组织有下列情形之一……构成犯罪的,依法追究刑事责任:……(五)阻碍红十字会工作人员依法履行救援、救助、救护职责;(六)法律、法规规定的其他情形。"

6　本条第4款规定的是妨害国家安全机关和公安机关依法执行职务的规定,该规定也是为了与1993年2月22日通过的《国家安全法》相衔接,该法对是否使用暴力、威胁方法阻碍国家安全机关依法执行国家安全工作任务进行区分,因此在1997年《刑法》修改时,直接规定为:"故意阻碍国家安全机关、公安机关依法执行国家安全工作任务,未使用暴力、威胁方法,造成严重后果的,依照第一款的规定处罚。"

7　2015年8月,全国人大常委会通过的《刑法修正案(九)》,在《刑法》第277条中增加一款作为第5款:"暴力袭击正在依法执行职务的人民警察的,依照第一款的规定从重处罚。"

8　虽然全国人民代表大会常务委员会办公厅《关于第十二届全国人民代表大会第三次会议代表建议、批评和意见办理情况的报告》中指出,"刑法修正案(九)增加了'袭警罪'",但是,我国学界和实务界普遍认为,《刑法修正案(九)》将袭警罪作为妨害公务罪的从重情节。[1] 我国学者认为,此种立法方式旨在回应社会热点问题,在"当前社会矛盾多发,暴力袭警案件时有发生的实际情况"下,将袭警行为作为妨害公务罪的从重处罚情节进行规定,有利于震慑犯罪,维护警察的执法权威。[2]

1　参见王展:《暴力袭警问题的刑法学思考》,载《刑法论丛》2019年第2期。

2　参见赵秉志、袁彬:《中国刑法立法改革的新思维——以〈刑法修正案(九)〉为中心》,载《法学》2015年第10期。

在《刑法修正案(九)》研究起草的过程中,有人提出,袭警行为应当单独入罪。反对意见则认为,既有的刑法规定已经能够较为完整地保护民警的合法权益,暂时并不存在袭警行为单独入罪的必要性。而且,相比其他类型的公务人员,警察具有较强的自我保护手段和自我保护能力,并不需要在此基础上单独予以特别保护。实践中出现的警察执法受侵害的问题,可以通过提高有关机关的法律意识、提高警察的执法能力、完善警用器械的配置等改善。除此之外,一些国家虽然单独规定了袭警罪,但是这些国家针对管制刀具等危险物品的管制政策往往较为宽松,因而警察的执法环境不同于我国。不仅如此,警察执法权益受到侵害,部分情况下也是警察执法水平不高、不能较好地化解民间矛盾所导致的。对此,《刑法修正案(九)》最终采取了一种折中的立场,一方面没有将袭警罪作为独立罪名进行规定,另一方面将袭警行为作为妨害公务罪的从重情节进行了规定。[3] 9

对于此种规定方式,有观点认为,《刑法修正案(九)》之所以将其作为妨害公务罪的从重处罚情节进行规定,也是为了防止司法实践中袭警罪被滥用。[4] 也有观点认为,刑法上对人民警察进行特别保护的意义十分有限,因此法律才将侵害手段限制为暴力袭击手段。[5] 而且,这一立法方式也将导致罪刑失衡的问题。因为,如果认为暴力袭击警察的应当从重处罚,那么暴力袭击检察官、法官的,是不是也要从重处罚?基于此,《刑法修正案(九)》对于袭警行为的规定显得非常突兀。还有学者认为,《刑法修正案(九)》将袭警行为作为妨害公务罪的从重情节,是一种情绪化的立法,体现了刑法的从重倾向。[6] 而且,此种立法方式背离了现代刑法"锄强扶弱"的法治精神。在警民发生冲突时,立法应当重点保护普通的市民,而不是全副武装的警察。[7] 10

基于此,《刑法修正案(九)》的折中立场并未平息理论上对于袭警罪的争议。随着近年来暴力袭警案件的增多,虽然理论上存在诸多反对的声音,但是单独规定袭警罪的主张仍然非常强势。在此背景下,《刑法修正案(十一)》对袭警犯罪作出了独立规定,其中明确,"暴力袭击正在依法执行职务的人民警察的,处三年以下有期徒刑、拘役或者管制;使用枪支、管制刀具,或者以驾驶机动车撞击等手段,严重危及其人身安全的,处三年以上七年以下有期徒刑"。 11

---

3 参见杨金彪:《暴力袭警行为的体系地位、规范含义及司法适用》,载《北方法学》2018年第2期。

4 参见付晓雅:《〈中华人民共和国刑法修正案(九)〉专题研究》,载《法学杂志》2015年第11期。

5 参见杨金彪:《暴力袭警行为的体系地位、规范含义及司法适用》,载《北方法学》2018年第2期。

6 参见刘宪权:《刑事立法应力戒情绪——以〈刑法修正案(九)〉为视角》,载《法学评论》2016年第1期。

7 参见刘宪权:《刑事立法应力戒情绪——以〈刑法修正案(九)〉为视角》,载《法学评论》2016年第1期。

12 在《刑法修正案(十一)》征求意见的过程中,针对袭警罪是否应当单独入刑引起了较大争议。首先,从比较法的视角展开分析,可以发现许多大陆法系国家并未将袭警行为单独入罪,而是将其作为妨害公务行为的一种加以处罚。[8] 虽然说部分英美法系国家针对袭警犯罪作出了单独的规定,但是直接借鉴这种规定方式是否符合我国的国情,则是一个需要深入探讨的问题。[9] 其次,有的人指出,《刑法修正案(九)》对于袭警行为的规定,足以保障警察的执法权益不受侵害,没有必要将其作为单独的罪名进行规定。再次,通过增设罪名是否能够产生足够的威慑效力也有待考证,刑法的威慑效力主要是通过刑罚来实现的。最后,我国人民警察的职责具有一定的特殊性。具体而言,社会生活的许多方面,比如户口管理,交通管理等领域,都与警察的职责密切相关。与之相对,警察与群众之间发生的矛盾,一些情况下确实是因为有些群众法治观念淡薄,但也有一些情况是警察的执法水平不高,警民矛盾更多地属于人民内部矛盾,没有必要将其作为独立的罪名加以规定。[10]

13 在十三届全国人大常委会第二十一次会议第二次全体会议上,公安部部长赵克志认为,虽然刑法中有妨害公务罪的规定,但尚不足以对暴力袭警行为形成有效震慑。应当进一步完善有关公安工作的立法;建议在刑法中单独增设袭警罪。[11] 最终立法者接受了增设袭警罪的立法建议,并且提高了袭警罪的刑罚处罚力度。

Ⅲ 客体

14 一般认为妨害公务罪的法益是国家机关的公务和红十字会的职责。国家机关的公务又分为国家机关工作人员依法执行职务和全国人民代表大会与地方人民代表大会代表依法执行代表职务。国家机关工作人员执行职务背后体现的是国家的正常管理活动,任何社会的有序发展都离不开管理活动的顺利进行,这些管理活动通常都是通过国家机关工作人员具体的执行职务行为实现的。然而公务又是一个抽象的范畴,这个抽象的范畴需要通过人和事体现出来,这里的人就是本条规定的行为对象,这里的事就是行为对象所依法履行的职务或者职责。

15 有的学者认为,本罪侵犯的是复杂法益,国家的正常管理活动是主要法益,国家机关工作人员、红十字会工作人员的职务活动是次要法益,并认为国家机关工作人员及红十字会工作人员的人身权利也是本罪保护法益之一,因为行为人在以暴力、威胁手段妨害公务时,必然会对执行公务的人员的身体健康或其他人身权利造成侵害。

---

[8] 参见赵旭辉:《国外袭警罪概述》,载《现代世界警察》2019 年第 9 期。

[9] 参见许永安主编:《中华人民共和国刑法修正案(十一)解读》,中国法制出版社 2021 年版,第 279 页。

[10] 参见许永安主编:《中华人民共和国刑法修正案(十一)解读》,中国法制出版社 2021 年版,第 278 页。

[11] 《赵克志建议:在刑法中单独增设袭警罪》,载《派出所工作》2020 年第 9 期。

由于本条第 4 款并不要求使用暴力,因此本罪对国家机关工作人员人身权利的侵害就有了随机发生的特点。

对此,反对观点则认为,每个刑法罪名所保护的法益都不可能是单一的,由于社会关系的复杂性,对于任何一个违法行为的禁止都会附带地保护其他的法益,不能就此说该条文所保护的法益就包含了所有映射到的法益。比如故意杀人罪除了保护生命权外,还能在一定程度上维护社会秩序稳定,但不能因此说故意杀人罪的保护法益包括社会秩序。同样,当妨害公务罪的保护法益可能映射到执行公务人员的人身权利时,也不能说本罪的法益就是公务人员的人身权利,因为这种保护只是本罪名的一个附带效应。况且大多数妨害公务罪案件中公务人员所受伤害尚未构成轻微伤,甚至当犯罪人采取言语威胁手段妨害公务时,很难说公务人员的权利遭受了实质上的侵害。 16

袭警罪保护的法益是复合法益,一方面保护的是警察正常执行职务不受袭扰,另一方面也保护警察的人身安全不受侵害。司法实务中有观点认为,人民警察的工作涉及公共安全,因此需要特别保护。理论上有观点认为,人民警察的人身安全并不需要特别保护,法律作出特别规定的原因,也许仅仅在于人民警察执行公务内容的特殊性,其直接关乎公共安全的维持和社会秩序的稳定,因而针对该公务行为的袭扰行为具有一定的特殊性。[12] 目前较为权威的观点认为,本款规定的核心在于通过维护警察执法权威进而维护法律的权威,这里的法律既包括作为执法依据的法律也包括规范管理对象的实体与程序权利的法律。[13] 同时也有学者认为,将人身法益作为本罪保护法益没有意义,本罪保护法益应仅限于警察公务。[14] 17

Ⅳ 对象

一、妨害公务罪对象的界定

依照法条的规定,本罪的对象包括以下几种: 18

1.国家机关工作人员

国家机关工作人员包括在立法机关、行政机关、司法机关中从事公务的人员,在中国共产党的各级机关、中国人民政治协商会议的各级机关中从事公务的人员,受国家机关委托代表国家机关行使职权的组织中从事公务的人员。 19

---

12 参见杨金彪:《暴力袭警行为的体系地位、规范含义及司法适用》,载《北方法学》2018年第 2 期。

13 参见许永安主编:《中华人民共和国刑法修正案(十一)解读》,中国法制出版社 2021年版,第 277—292 页。

14 参见张开骏:《公务保护与人权保障平衡下的袭警罪教义学分析》,载《中外法学》2021年第 6 期。

20 现实中存在,虽然未列入国家机关人员编制但是在国家机关中从事公务的人员,比如受委托从事行政执法活动的事业单位编制人员。因此,判断是否为国家机关工作人员,不能单单考察行为人的身份,而是看其所在组织的性质和从事活动的性质。其所在组织包括国家机关和受委托行使公共管理职能的组织。本条第4、5款规定的国家安全机关的工作人员、公安机关的工作人员、人民警察就是最为典型的国家机关工作人员。

2.人大代表

21 人大代表包括全国人大代表和地方各级人大代表,对于阻碍人大代表执行职务的行为能否包含在本条第1款规定的"阻碍国家机关工作人员执行职务"之中,学界有不同的看法。在笔者看来,学界的争论并非人大代表是否包含在国家机关工作人员之中,而是《刑法》第277条第2款是否违宪,是否有必要删除。根据我国《宪法》和《全国人民代表大会组织法》的规定,全国人大代表和地方各级人大代表是国家权力机关的工作人员,而国家权力机关当然属于国家机关。但是有学者认为,本条第2款的规定把依法执行代表职务的人大代表排除在本条第1款规定的国家机关工作人员之外。笔者认为,人大代表属于国家机关工作人员没有问题,但是这只是一个身份,我们需要将人大代表执行职务行为与其本职工作相区分,只有在行为人阻碍人大代表执行职务时才可以构成本条第2款规定的妨害公务罪。而本条第2款的规定并不是将执行职务的人大代表排除出国家机关工作人员之外,相反只是法律的注意规定,用以提醒司法者注意。即使没有该款的规定,也可以将这种情况认定为妨害公务罪。

3.红十字会工作人员

22 红十字会工作人员的职责只有在自然灾害和突发事件中受到阻碍才可以构成本罪,因此,红十字会工作人员为本罪的受害对象时必须满足三个条件:红十字会工作人员;依法履行职责;在自然灾害和突发事件中。

23 需要注意的是,并非国家机关工作人员、人大代表、红十字会工作人员的任何行为都可以成为妨害公务罪的侵害对象,本罪要求以上人员必须是依法执行职务或依法履行职责。因此,该职务或职责需要具备以下要件:

1.执行职务或履行职责行为必须具有合法性

24 如果执行职务或者履行职责的行为缺乏合法性,则失去认定行为人构成妨害公务罪的前提。对这里的合法性应作广义上的理解,即不仅包括合乎宪法、法律、行政法规、地方性法规、政府规章等规范性文件,而且包括合乎国家机关、红十字会内部的涉及组织机构、职能划分、纪律约束等的非规范性文件。合法性的判断标准在理论上有三种学说:主观说认为应由执行公务的人员本人作出这一判断,如果他确信其行为合法,则具有合法性。客观说主张由法院对法律、法规进行解释,作出客观判断。折中说认为应当以社会上一般人的见解作为判断标准。主观说的标准能够最大限度地给予国家机关工作人员执法便利,但是也有容易导致其独断专行的危险。折中说的一般人标准难以界定,失之模糊。学界通说一般接受客观的判断标准,其一方面能够避免主观说与一般人标准说中的不确定性,另一方面能够为合法与否的判断提供一个客观、中立的标准。法院依据现行法律规定进行判断,能够在保证国家公务得以执行与公民个人权利之间找到一个合理的平衡点。这种客观说亦为司法实务所采纳。例如,在"梁树杰妨害公务案案"中就采用了客观说。

合法性判断要求执行职务的行为必须在法定的职务权限之内,以法定的条件、方式和程序进行。在合法性的判断上还有一个判断的时间点问题,即是依据执行人员执行职务行为时来判断还是进行事后的判断。这涉及职务行为的公定力问题,即具体行政行为一经作出,除非自始无效的情形,否则应当推定为合法有效;在未经法律上有权机关通过法定程序和方式否定其效力之前,任何人和组织都应当遵守。因此,除非是重大明显违法的行政行为,出于对国家行为的权威性和公定力的维护,公民必须服从。职务行为的这种公定力决定了其合法性应当以具体的公务行为作出时进行判断,而不能进行事后的抽象判断,否则无益于国家意志的执行和社会秩序的管理。 25

2.公务行为必须是正在进行的

这里的正在进行的公务行为应该是一个期间,而不是一个点,具体而言包括从准备执行公务开始到执行行为最终完成的整个过程。执行公务的准备工作和执行公务之后的收尾工作都是整个执行公务活动的必要环节,对有些具有连续性的公务行为应当进行整体的考量,而不能分割成几个条块看待,更不能将暂时中断或偶尔停止的行为认定为完成状态。 26

二、袭警罪对象的界定

本罪的对象是正在执行职务的人民警察。正在执行职务的人民警察,不仅包括执行刑事追诉相关职责的人民警察,也包括执行其他法律规定职责的人民警察。根据最高人民法院、最高人民检察院、公安部《关于依法惩治袭警违法犯罪行为的指导意见》的规定,正在执行职务的人民警察(包括在非工作时间),是指依照《人民警察法》等法律履行职责的人民警察。需要注意的是,在目前的规范背景下,不宜将辅警作为袭警罪的犯罪对象,否则就有可能因为违反罪刑法定原则的要求而属于不正当的类推解释。 27

针对如何理解"正在执行职务",我国学者认为,警察"过度执法"时,不应被视为袭警罪的对象。并且应当注意,人民警察在执行职务完毕后,也不应作为袭警罪的对象。[15] 28

---

15 参见张开骏:《公务保护与人权保障平衡下的袭警罪教义学分析》,载《中外法学》2021年第6期。

V 行为

一、妨害公务罪行为的界定

(一)暴力

29 本罪中的暴力一般表现为对国家机关工作人员、人大代表或红十字会工作人员的身体实施的直接、有形的侵害。所谓直接的侵害是指直接对上述人员的身体实施的暴力侵害,包括捆绑、殴打、强行拘禁、伤害等。而针对上述人员的间接的侵害一般是指对物暴力,典型的情况是打砸国家机关工作人员的公务用车、执法工具等。所谓有形侵害是指行为人的侵害是对上述人员施加的有形力的侵害,比如打一耳光、捶一拳。与此相对的无形侵害是否构成暴力存在争论,有学者认为这里的暴力包括用酒灌醉、药物麻醉、催眠术等方式,因为这种无形暴力依然会导致公务活动无法正常进行,危害国家正常管理活动。也有学者认为,如果将无形侵害纳入这里的暴力范围,会与刑法的其他罪名不协调,比如劫持航空器罪、强奸罪、抢劫罪中除了规定暴力、威胁手段以外,还规定了其他方法,如果认为施加无形力也属于这里的暴力,则这些罪中的其他方法就失去意义了,而且也会不当扩大本罪的处罚范围。[16] 前者是从立法目的角度来诠释暴力的范围,后者更多地考虑刑法的体系协调性。单从语义上讲,很难将用酒灌醉、用药麻醉归入暴力的范围,但如果使用麻醉枪将执行公务的国家机关工作人员麻倒,似乎又有暴力的嫌疑,因此,针对不同的手段应当具体地分析,不能一概地入罪或者出罪。

30 本罪所谓的暴力不包含危及不特定的人或者多数人的生命、健康的暴力。妨害公务时所使用的暴力行为是否足以危及不特定的人或者多数人的生命、健康,是区分妨害公务罪与危害公共安全犯罪的关键。《刑事审判参考》案例第 731 号"周洪宝妨害公务案"的裁判理由认为:"以放火的方式实现其他犯罪目的的行为属牵连犯,处理原则是择一重罪论处,但适用该原则应以一行为触犯数罪名为前提,即该行为须同时符合数罪的构成要件……因此,本案是单纯的妨害公务案件。"

(二)威胁

31 与暴力手段对人的身体进行的物理强制不同的是,威胁更多的是一种精神强制,一般认为是以侵犯人身、破坏财产、毁坏名誉相胁迫,对国家机关工作人员实施精神上的强制,意图通过这种恐惧感来阻碍其依法执行职务。这种威胁可以是口头的,也可以是书面的或者通过肢体语言传达的。威胁的内容可以是暴力性的,也可以是非暴力性的,可以直接向国家机关工作人员传达,也可以通过间接方式向其传达。

32 需要关注的问题是这种威胁是否包含以自杀相威胁?有学者认为,威胁的行为结

---

16 参见陈兴良主编:《刑法各论精释》(下),人民法院出版社 2015 年版,第 914 页

构决定了侵害的对象和承受者只能是被害人,而不可能是行为者自己。但是笔者认为,这不是威胁的行为结构问题,而是威胁的内容问题。最典型的威胁是行为人对执行公务人员的人身进行伤害,除此之外还包括对执行公务人员的家人的伤害。不可否认的是,还会发生劫持人质的情况,行为人随机抓到一个人以对其进行伤害来威胁执行公务的人员,这种情况下不能说不是威胁。正常的执行公务的人员在此种情况下都会产生精神上受强制的感觉。当行为人以自杀相威胁的时候,不能说不会对执行公务的人员产生任何的精神强制,这种精神的强制足以达到阻碍公务执行的程度,因此应当认定本罪的威胁包括以自杀相要挟,也包括以杀害或伤害无辜的第三者相要挟。

(三)暴力、威胁的程度

关于本罪的暴力、威胁程度,有抽象危险说、具体危险说和实害说。实害说要求造成一定程度的实际侵害,由于难以从法律条文上找到依据而难以成立。抽象危险说的危险判断不具有明确性,缺乏供实际判断的标准。因此,只有具体危险说是比较合适的,该说认为,对暴力、威胁的程度应当根据行为的情状、执行职务的情况进行具体的判断,既不能让轻微的暴力、威胁随意入罪,也不能等到严重侵害发生时才认定构成犯罪,而是在一般违法和犯罪之间合理地协调保护公务行为与保障公民权利之间的关系。《人民法院案例选》2005 年第 2 辑"宋永强妨害公务案"的裁判要旨指出:"驾车强行闯关逃避检查,并造成检查人员轻伤的,属于以暴力、威胁方法阻碍国家机关工作人员依法执行职务,应以妨害公务罪论处。妨害公务罪的暴力、威胁方法是多种多样的,可以包括驾车强行闯关逃避检查,威胁检查人员人身安全并造成其人身伤害的行为。在本案中,被告人通过高速驾车的危险方法胁迫交警放弃正常执行公务,且造成交警轻伤的后果,其行为阻碍了国家机关工作人员依法履行职务,构成妨害公务罪应该没有疑义……而即使被告人的行为成立故意伤害罪,由于其仅造成被害人轻伤的后果,按照想象竞合犯的处断原则,并综合考虑被告人的犯罪目的,还是以妨害公务罪处罚为宜。" 33

二、袭警罪行为的界定

本罪的实行行为是"暴力袭击"行为。根据最高人民法院、最高人民检察院、公安部《关于依法惩治袭警违法犯罪行为的指导意见》的规定,暴力袭击包括"1.实施撕咬、踢打、抱摔、投掷等,对民警人身进行攻击的;2.实施打砸、毁坏、抢夺民警正在使用的警用车辆、警械等警用装备,对民警人身进行攻击的"。如果行为人仅使用暴力威胁、辱骂等手段干扰警察执行公务,则不构成本罪,可依照妨害公务罪处理,尚不构成犯罪的,可依法给予治安管理处罚。[17] 34

在袭警罪确立之后,全国各地陆续出现以涉嫌袭警罪而进行处理的案件,此类案 35

17 参见许永安主编:《中华人民共和国刑法修正案(十一)解读》,中国法制出版社 2021 年版,第 291 页。

件的处理对于危害警察执法权威的行为起到了一定的警示和威慑作用。比如,2021年3月2日晚,江宁分局开发区警务站值班民警在处理一起纠纷的过程中,当事人李某的丈夫齐某情绪激动辱骂调处民警,站内其他民警立即上前劝阻和制止,齐某和儿子不听劝阻,在警务站门口推搡民警、辅警,同时大喊“警察打人”制造混乱。其间,齐某儿子趁乱掐住一名民警的脖子将民警摔倒在地,二人随后继续与现场民警、辅警纠缠,致使一名民警和两名辅警全身多处受伤。[18] 根据警方的通报,齐某柱和齐某二人因涉嫌袭警罪而被刑事拘留。再比如,浙江诸暨警方处理了一起袭警案件,葛某酒后驾驶电瓶车被交警拦截,遂对警察破口大骂,并拿出刀具威胁执法民警。民警为确保过往行人及自身安全,上前夺刀,一人被割伤。后葛某将随身携带的,装有硬币的袋子向民警头上砸去,并躺在地上撒泼打滚。该案中,葛某因涉嫌袭警罪而被处理。[19] 在袭警罪确立之后,此类案件并不少见。通过对相关判决的梳理可以发现,针对警察的暴力行为通常较为轻微,包括推搡、抓咬等行为。对此我国学者认为,袭警罪中的暴力必须达到“硬暴力”的程度。[20] 换言之,这种暴力必须达到对人体的物理强制力的程度。

36 需要注意的是,司法解释中对于袭警行为的界定仍然停留在《刑法修正案(十一)》之前,目前尚未作出更新,但是针对袭警行为的理解却需要依据立法的变化作出及时调整。

37 首先,在《刑法修正案(十一)》之前,袭警罪并不是一个独立的罪名,袭警行为仅仅是妨害公务罪的一个从重情节,也因此,对袭警行为进行刑事处罚要以构成妨害公务罪为前提,在此基础上才有可能从重处罚。如果袭警行为并没有实质上干扰或者可能干扰警察正常执行公务,那么就难以依据该条对行为人以妨害公务罪从重处罚。

38 其次,在《刑法》修正后,袭警罪的法定刑相比妨害公务罪的法定刑在一定程度上作了提升,删去了对罚金刑的规定,而且相比妨害公务罪,另设置“三年以上七年以下有期徒刑”这一档升格法定刑。由于将袭警罪作为一个独立的罪名加以确立,那么其与妨害公务罪之间的关系逻辑上存在两种可能,即想象竞合关系和法条竞合关系。从限缩袭警罪的成立范围这一角度出发,认为两罪属于法条竞合关系更加合理。一方面,单纯的辱骂行为,暴力威胁行为,或者情节轻微的袭扰行为,都难以认定为本罪中的“暴力袭击”行为。[21] 另一方面,当暴力袭击已经不再局限于一般的肢体冲突

18　参见济南公安:《袭警罪第一案,两人被刑拘!》,载 https://www.thepaper.cn/newsDetail_forward_11570861,访问时间:2021 年 5 月 12 日。

19　参见《严惩! 袭警罪入刑,浙江—诸暨第一案》,载 https://www.163.com/dy/article/G4UPIHPN05338AF8.html,访问时间:2021 年 5 月 12 日。

20　参见刘艳红:《袭警罪中“暴力”的法教义学分析》,载《法商研究》2022 年第 1 期。

21　参见许永安主编:《中华人民共和国刑法修正案(十一)解读》,中国法制出版社 2021 年版,第 291 页。

时,针对正在执行职务的人民警察所实施的暴力袭击行为,通常就直接满足了妨害公务罪基本条款的构成要件,因此,理论上认定两罪之间属于法条竞合关系更加合适,暴力袭击行为只有在达到实质上能够干扰职务执行的程度时才有可能认定为袭警罪,否则只能认定为违反治安管理的行为,或者按照其他犯罪处理。类似的观点认为,考虑到我国已经将袭警罪作为一个单独罪名,且设置了更高的法定刑,就应对袭警罪的行为方式作出更为严格的规定,比如应将行为方式限制为狭义的暴力。[22]

除此之外,从规范袭警罪的适用角度出发,有必要在既有规定的基础上,对袭警罪进行更加细致的类型化探讨,这可能需要未来的司法解释进一步明确。举例而言,在刑法修正之前,我国司法工作人员针对袭警行为的正确认定就已经进行了细致的分类。有人将袭警行为的主要考察要素分为以下几方面的内容:首先是案发的时间和地点。在不同的时间和地点,相同的袭警行为可能具有不同的危害性。比如,在大型活动期间,袭警行为可能就会造成相当的社会混乱,因此应当严惩。其次是主观恶性。需要考察行为人是一时发泄不满,还是蓄谋已久。最后是犯罪人数。需要考察袭警行为是否属于恶势力犯罪,后者具有更大的社会危害性。[23] 应当认为,这种理解即便是在袭警罪正式确立之后,对于袭警罪的类型化、规范袭警罪的适用、限缩袭警罪的处罚范围而言,仍具有一定的启发意义。 39

Ⅵ 主体

妨害公务罪和袭警罪的主体为一般主体,凡是年满16周岁、具有刑事责任能力的自然人都可以构成上述犯罪,国家机关工作人员、红十字会工作人员也可以成为上述犯罪的主体,单位不可以构成上述犯罪。 40

Ⅶ 罪过

妨害公务罪的罪过形式只能表现为故意,也就是说行为人明知自己的行为侵犯的是正在依法执行职务、履行职责的国家机关工作人员、人大代表或者红十字会工作人员,明知其行为可能会阻碍上述人员执行职务或履行职责,而希望或者放任这一结果发生。行为人的犯罪动机多种多样,可以是为了徇私泄愤、报复私仇,也可以是为了包庇他人逃避法律责任,但是动机不影响犯罪的成立。同样,袭警罪也是故意犯罪,行为人必须明知自己正在暴力袭击人民警察,并且希望或者放任危害结果的发生。 41

Ⅷ 排除犯罪的事由

妨害公务罪要求行为人既要认识到行为对象是国家机关工作人员、人大代表或 42

---

22 参见张明楷:《刑法学》(第6版),法律出版社2021年版,第1356页。

23 参见石魏:《暴力袭警的准确认定》,载《人民司法》2020年第11期。

红十字会工作人员,又要认识到上述人员正在执行职务或履行职责。如果行为人没有这种认识,则有可能阻却犯罪。比如,在偏僻的街巷,行为人看到便衣民警在抓捕卖淫女,卖淫女大喊抢劫,行为人为伸张正义出手帮助“无辜少女”而打伤便衣民警放走卖淫女的,由于行为人缺乏对国家机关工作人员执行职务的认识,应当按照事实错误来处理,行为人没有妨害公务罪的故意,不能认为是妨害公务罪。如果其行为导致民警重伤,行为人又有过失的,可能成立过失致人重伤罪;如果没有过失的,则可能是意外事件。如果行政诉讼判决确认公务行为违法,认定当事人构成妨害公务罪缺乏公务行为合法性的前提。

43 袭警罪同样要求行为人一方面要认识到自己的行为对象是人民警察,另一方面也要认识到人民警察正在依法执行职务。否则不构成本罪。

Ⅸ 既遂与未遂

44 本条第1、2、3、5款不存在犯罪停止形态问题,对于行为人以暴力、威胁方法阻碍上述主体执行职务或履行职责的行为直接以妨害公务罪或袭警罪处理,不存在既遂、未遂的问题。具体而言,只要行为人实施了以暴力、威胁方法妨害公务的行为,或者实施了暴力袭击正在执行职务的人民警察的行为,就构成犯罪。行为人尚未实施暴力、威胁行为的,则不认为是犯罪。

45 本条第4款的规定存在犯罪停止形态问题,该款要求造成严重后果,属于结果犯。因此,对于国家安全机关、公安机关工作人员执行职务的行为,即使未使用暴力、威胁的手段,只要造成严重后果,就构成妨害公务罪。相反,如果行为人实施了阻碍行为,但是没有造成严重后果的,仅构成本罪的未遂犯。如果在实施阻碍行为过程中尚未造成严重后果,行为人自动停止犯罪的,可以成立中止犯。

X 罪数

一、妨害公务罪的罪数问题

1.本罪与抗税罪、扰乱法庭秩序罪、拒绝提供间谍犯罪证据罪、阻碍军人执行职务罪、阻碍执行军事职务罪之间存在法条竞合关系

46 行为人在实施抗税、扰乱法庭秩序、阻碍军人执行职务的行为的同时一般都会构成妨害公务罪。只是行为人的行为发生时空不同或者对象不同,比如抗税行为发生在税收征管环节,扰乱法庭秩序行为发生在法庭审判环节,而阻碍军人执行职务针对的是军人。拒绝提供间谍证据罪恰好与本条第4款规定发生竞合,这种拒绝不需要用暴力、胁迫方法,只要造成严重后果就完全符合本罪的规定。以上罪名中,本罪是一般法条,其余罪名是特殊法条。发生竞合时应当依照竞合的种类不同,分别按照特别法优先于普通法、重法优于轻法等原则处理。

2.本罪与故意杀人罪、故意伤害罪、非法拘禁罪、故意毁坏财物罪、侮辱罪、诽谤罪等侵犯公民人身权利、财产权利的犯罪之间的想象竞合

行为人在以暴力手段实施的妨害公务罪过程中有可能造成被害人受伤、死亡、被 47
拘禁等情况,此时应当按照想象竞合犯的处断原则从一重罪处理。

3.本罪与抢夺枪支罪、寻衅滋事罪、破坏监管秩序罪、劫夺被押解人员罪之间的想象竞合

行为人在暴力妨害公务时可能与执法人员拉扯、厮打甚至抢夺执法人员枪支,殴 48
打监管人员、劫夺押解途中的罪犯、被告人、犯罪嫌疑人时也有可能构成妨害公务罪,属于想象竞合,应按想象竞合犯的处断原则从一重罪处理。

4.本罪与组织他人偷越国(边)境罪、运送他人偷越国(边)境罪、走私罪之间的牵连

在组织运送他人偷越国(边)境时以暴力、胁迫方法抗拒检查的构成组织运送他 49
人偷越国(边)境罪的加重处罚情节。在走私过程中以暴力、胁迫方法抗拒缉私的,以走私罪和妨害公务罪并罚。

5.本罪与危险驾驶罪的数罪并罚

如果行为人在醉酒驾驶过程中遇到交警执法检查,以暴力、威胁方法抗拒检 50
查,符合危险驾驶罪与妨害公务罪构成要件的,应当数罪并罚。例如,《刑事审判参考》案例第901号"于岗危险驾驶、妨害公务案"中,被告人在不同故意的支配下,先后实施了两个不同行为,分别符合危险驾驶罪和妨害公务罪的构成特征,应当按照数罪并罚的原则予以处罚。

二、袭警罪的罪数问题

暴力袭击正在执行职务的人民警察,同时构成以危险方法危害公共安全罪、故意 51
伤害罪、故意杀人罪等罪的,依照处罚较重的规定定罪处罚。行为人如果以暴力方法抗拒人民警察缉私的,应当依照走私罪和本条第5款规定的袭警罪数罪并罚。

XI 与他罪的区别

就袭警罪而言,如果行为人在构成袭警罪的同时触犯了其他的犯罪,比如故意杀 52
人罪等,宜按照想象竞合择一重罪处理。至于袭警罪和妨害公务罪的关系,上文已经说明,其与妨害公务罪之间的关系逻辑上存在两种可能,即想象竞合关系和法条竞合关系。从限缩袭警罪的成立范围这一角度出发,认为两罪属于法条竞合关系更加合理。在此基础上,需要着重论证的是妨害公务罪与他罪的区别。

一、妨害公务罪与聚众阻碍解救被收买的妇女、儿童罪的区别

二者的犯罪构成具有以下区别: 53

(1)侵害的法益不同。妨害公务罪侵害的法益是国家正常管理活动,聚众阻碍解 54

救被收买的妇女、儿童罪侵害法益是公民人身权利,具体而言是被收买的妇女、儿童的人身自由权。

55 (2)行为方式不同。妨害公务罪行为人通常表现是以暴力、威胁方法阻碍国家机关工作人员执行职务,而聚众阻碍解救被收买的妇女、儿童罪通常表现是以聚众方式阻碍国家机关工作人员解救被收买的妇女、儿童。因此,二者在手段上的最大区别在于是否聚众,如果行为人没有聚众,只是少数几个人以暴力、威胁方法阻碍国家机关工作人员解救被收买的妇女、儿童的,构成妨害公务罪。

56 (3)犯罪主体不同。妨害公务罪的主体是一般主体,任何具有法定刑事责任能力的参与者都可以构成本罪。聚众阻碍解救被收买的妇女、儿童罪只有在聚众阻碍解救中进行组织、策划、指挥的首要分子才能构成,其他参与者不认为是犯罪。如果其他参与人使用了暴力、胁迫手段,则有可能构成妨害公务罪。

二、妨害公务罪与窝藏、包庇罪的区别

57 妨害公务罪与窝藏、包庇罪存在许多相同之处,二者都可能对国家机关正常管理活动造成妨害,都是一般主体,都是故意犯,但是二者也有较大区别:

58 (1)侵害的法益不同。妨害公务罪侵害的法益是国家的正常管理活动,窝藏、包庇罪侵害的法益是司法机关惩治犯罪的正常活动。

59 (2)行为方式的不同。妨害公务罪的行为方式是以暴力、威胁方法阻碍国家机关工作人员、人大代表执行职务或者红十字会工作人员履行职责,或者虽未使用暴力、威胁方法,但却阻碍国家安全机关、公安机关依法执行国家安全职务且后果严重的情况。而窝藏、包庇罪的行为人是通过为犯罪人提供住所、财物,帮助其逃匿或者作假证明包庇的行为。

60 (3)主观认识上的不同。妨害公务罪需要行为人明知自己的行为是在阻碍国家机关工作人员、红十字会工作人员执行职务或履行职责,窝藏、包庇罪则要求行为人明知自己的行为是对犯罪的人进行窝藏、包庇。如果行为人在国家安全机关、公安机关依法执行国家安全工作任务时,向实施了危害国家安全犯罪的人提供处所、财物,帮助其逃匿或作假证明包庇,以窝藏、包庇罪认定即可,因为如果该窝藏、包庇行为没有造成严重后果的,不符合本条第4款的规定,如果造成严重后果的成立法条竞合,按照法条竞合的特别法优于一般法的规则,仍然应当以窝藏、包庇罪定罪量刑。

三、妨害公务罪与拒不执行判决、裁定罪的区别

61 二者区别体现在:

62 (1)主体不同。妨害公务罪的主体是一般主体,但是单位不可以构成本罪。拒不执行判决、裁定罪的主体是对人民法院的判决、裁定有执行义务的人,单位也可以成为犯罪主体。

63 (2)行为方式不同。妨害公务罪的手段是在执行公务期间对执行人员的暴力、威

胁,而拒不执行判决、裁定罪一般表现是消极抵制,且不需要发生在依法执行职务期间。因此,一般认为,当行为人以暴力、威胁手段阻碍司法工作人员依法执行判决、裁定的案件时,构成妨害公务罪与拒不执行判决、裁定罪的法条竞合,应当以特别法优于普通法的规则,以拒不执行判决、裁定罪处理。1998 年 4 月发布的最高人民法院《关于审理拒不执行判决、裁定案件具体应用法律若干问题的解释》第 3 条曾规定:"负有执行人民法院判决、裁定义务的人具有下列情形之一的,应当认定为拒不执行人民法院判决、裁定的行为'情节严重':(一)在人民法院发出执行通知以后,隐藏、转移、变卖、毁损已被依法查封、扣押或者已被清点并责令其保管的财产,转移已被冻结的财产,致使判决、裁定无法执行的;(二)隐藏、转移、变卖、毁损在执行中向人民法院提供担保的财产,致使判决、裁定无法执行的;(三)以暴力、威胁方法妨害或者抗拒执行,致使执行工作无法进行的;(四)聚众哄闹、冲击执行现场,围困、扣押、殴打执行人员,致使执行工作无法进行的;(五)毁损、抢夺执行案件材料、执行公务车辆和其他执行器械、执行人员服装以及执行公务证件,造成严重后果的;(六)其他妨害或者抗拒执行造成严重后果的。"另外,该解释第 5 条规定:"与被执行人共同实施本解释第三条第(三)、(四)、(五)、(六)项规定所列行为之一,情节严重的,以拒不执行判决、裁定罪的共犯依法追究刑事责任。"该解释第 6 条规定:"暴力抗拒人民法院执行判决、裁定,杀害、重伤执行人员的,依照刑法第二百三十二条、第二百三十四条第二款的规定定罪处罚。"该司法解释将暴力抗拒、以威胁方法妨害执行、聚众哄闹、冲击执行现场,围困、扣押、殴打执行人员等具有一定暴力、胁迫内容的抗拒行为,以拒不执行判决、裁定罪定罪处罚,而将严重暴力抗拒执行,有杀害、重伤情形的,以故意杀人罪、故意伤害罪论处。

但是,鉴于"针对执行人员具有明显的暴力、胁迫内容的妨害执行判决、裁定的行 64
为与仅针对被执行财产的非暴力的拒不执行行为,如隐藏、转移、故意毁损财产或者无偿转让财产、以明显不合理的低价转让财产等相比具有显著不同的社会危害性,犯罪人的主观恶性深重程度、再犯可能性也有区别,呈现在犯罪构成上也不一样,应当将其区分开来",2002 年 8 月 29 日全国人大常委会作出的《关于〈中华人民共和国刑法〉第三百一十三条的解释》对《刑法》第 313 条规定的"有能力执行而拒不执行,情节严重"的情形,作了立法解释,不再包含最高人民法院相关解释中的以暴力、威胁方法妨害或者抗拒执行,致使执行工作无法进行;聚众哄闹、冲击执行现场,围困、扣押、殴打执行人员,致使执行工作无法进行;以及毁损、抢夺执行案件材料、执行公务车辆和其他执行器械、执行人员服装、执行公务证件,造成严重后果等内容。严格来讲,这些拒不执行生效法律文书的行为严重妨害了司法执行人员执行公务,性质上属于以暴力、威胁方法阻碍国家机关工作人员依法执行职务的行为,符合妨害公务罪的构成特征。根据我国的立法体系,上位法优于下位法,下位法不得与上位法相抵触。据此,立法解释的效力要高于司法解释的效力,适用到具体案件时,应当优先适用立法解释。根据上述理由,《刑事审判参考》案例第 302 号"朱荣根、朱梅华等妨害公务案"中,人民法院对被告人以暴力、威胁方法妨害或者抗拒人民法院执行判决、裁定的行为,未以拒不执行法院判决、裁定罪定罪处罚,而是对各被告人分别以妨害公务罪定罪处罚。

Ⅻ 处罚

65 根据《刑法》第 277 条的规定,犯妨害公务罪的,处 3 年以下有期徒刑、拘役、管制或者罚金。

66 最高人民法院、最高人民检察院《关于常见犯罪的量刑指导意见(试行)》就妨害公务罪的量刑,规定:"1.构成妨害公务罪的,在二年以下有期徒刑、拘役幅度内确定量刑起点。2.在量刑起点的基础上,可以根据妨害公务造成的后果、犯罪情节严重程度等其他影响犯罪构成的犯罪事实增加刑罚量,确定基准刑。3.构成妨害公务罪,依法单处罚金的,根据妨害公务的手段、危害后果、造成的人身伤害以及财物毁损情况等犯罪情节,综合考虑被告人缴纳罚金的能力,决定罚金数额。4.构成妨害公务罪的,综合考虑妨害公务的手段、造成的人身伤害、财物的毁损及社会影响等犯罪事实、量刑情节,以及被告人的主观恶性、人身危险性、认罪悔罪表现等因素,决定缓刑的适用。"

67 暴力袭击正在依法执行职务的人民警察的,处 3 年以下有期徒刑、拘役或者管制;使用枪支、管制刀具,或者以驾驶机动车撞击等手段,严重危及其人身安全的,处 3 年以上 7 年以下有期徒刑。

第二百七十八条　煽动暴力抗拒法律实施罪

煽动群众暴力抗拒国家法律、行政法规实施的，处三年以下有期徒刑、拘役、管制或者剥夺政治权利；造成严重后果的，处三年以上七年以下有期徒刑。

文献： 李希慧主编:《妨害社会管理秩序罪新论》,武汉大学出版社2001年版;高铭暄:《中华人民共和国刑法的孕育诞生和发展完善》,北京大学出版社2012年版;孙国祥主编:《刑法学》(第2版),科学出版社2012年版;张军主编:《刑法[分则]及配套规定新释新解》(第3版),人民法院出版社2013年版;周道鸾、张军主编:《刑法罪名精释》(第4版),人民法院出版社2013年版。

细目录

Ⅰ　主旨
Ⅱ　沿革
Ⅲ　客体
Ⅳ　对象
Ⅴ　行为
Ⅵ　结果
Ⅶ　主体
Ⅷ　罪过
Ⅸ　共犯
Ⅹ　与非罪的界限
Ⅺ　与他罪的区别
　一、与煽动分裂国家罪、煽动颠覆国家政权罪的区别
　二、与煽动民族仇恨、民族歧视罪的区别
　三、与组织、利用会道门、邪教组织、利用迷信破坏国家法律实施罪的区别
　四、与妨害公务罪的区别
Ⅻ　处罚

Ⅰ　主旨

法者,国之重器,是治国安邦的重要手段。法律的生命在于实施,法律的权威也在于实施。无论是维护社会稳定、保证经济建设顺利进行,还是建设法治国家,都要求必须保障法律、行政法规的实施。因此,若暴力抗法,必为法律所不能忍,而煽动群 1

众暴力抗法更为刑法所不能容。

Ⅱ 沿革

2 1979 年《刑法》并没有明确规定煽动暴力抗拒法律实施罪,但是第 102 条将“煽动群众抗拒、破坏国家法律、法令实施”的行为作为反革命宣传煽动罪的行为方式之一。

3 1997 年《刑法》将煽动群众暴力抗拒、破坏国家法律、法令实施的行为独立规定为本罪。《刑法》第 278 条规定:“煽动群众暴力抗拒国家法律、行政法规实施的,处三年以下有期徒刑、拘役、管制或者剥夺政治权利;造成严重后果的,处三年以上七年以下有期徒刑。”与 1979 年《刑法》相比,1997 年《刑法》降低了法定刑,提高了入罪门槛,明确了煽动的内容为暴力抗拒国家法律、行政法规的实施,并且取消了反革命的目的要求。

Ⅲ 客体

4 目前,学界对该罪侵犯法益的表述有:国家法律和行政法规的正常实施秩序[1];公共秩序,主要是社会公共生活的安宁[2];国家的法律秩序[3];社会管理秩序[4]。笔者认为,由于社会管理秩序与公共秩序的提法比较宽泛,虽然本罪位于妨害社会管理秩序的章节之下,但是对社会管理秩序的维护毕竟不是本罪能够独自承担的,因此,基于文义与立法目的,本条之罪侵犯的法益应该是国家法律、行政法规的实施。

Ⅳ 对象

5 本罪行为直接指向的对象包括国家法律、行政法规。由于刑法并未明确“国家法律、行政法规”的范围,因此刑法理论上形成两种观点:一种观点是将“国家法律、行政法规”的范围作扩大解释,将地方性法规、民族自治地方的自治条例和单行条例、经济特区的规范性文件、特别行政区的基本法和其他规范性文件、国际条约中为中国所承认的部分、国务院各部门制定的行政规章和条例也包含于这里的法律和行政法规的范围。[5] 另外一种观点是作限制解释,该观点认为法律和行政法规的范围只能是全国人大及其常委会通过的法律和国务院制定的有关国家行政管理活动的规范性文件。[6] 在笔者看来,对这里的法律和行政法规作限制解释是比较合适的,虽然刑法并未明确国家法律、行政

---

1 参见李希慧主编:《妨害社会管理秩序罪新论》,武汉大学出版社 2001 年版,第 16 页。

2 参见张军主编:《刑法[分则]及配套规定新释新解》(第 3 版),人民法院出版社 2013 年版,第 1112 页。

3 参见周道鸾、张军主编:《刑法罪名精释》(第 4 版),人民法院出版社 2013 年版,第 685 页。

4 参见孙国祥主编:《刑法学》(第 2 版),科学出版社 2012 年版,第 540 页。

5 参见李希慧主编:《妨害社会管理秩序罪新论》,武汉大学出版社 2001 年版,第 16 页。

6 参见张军主编:《刑法[分则]及配套规定新释新解》(第 3 版),人民法院出版社 2013 年版,第 1128 页。

法规的范围,但是刑法作为我国现行法律体系的一部分,应当遵循法秩序统一的原理,《宪法》《立法法》中已经明确规定的法律、行政法规的范围,应当对刑法有拘束力,这也符合刑法作为第二位阶法的定位。

除此以外还应注意的是,煽动暴力抗拒《宪法》实施的,是否可以适用本罪?如果 6
单纯从字面意义上讲,本条规定的法律和行政法规是不包含宪法的。但是宪法作为国家的根本大法,规定的是国家的根本制度和根本任务,其效力在法律体系中是最高的,依据举轻以明重的当然解释原则,煽动暴力抗拒宪法实施理应包含于本条文效力所涵摄的范围。

V　行为

煽动,即煽惑、鼓动,是指通过鼓动性的语言或文字、图形劝诱、引导、怂恿群众的 7
行为。其表现形式是多种多样的,既可以是公开的,也可以是秘密的。煽动的方式也是多种多样的,常见的是通过语言、文字、图形、音频、视频等形式,随着自媒体时代的到来,微博、博客、贴吧、论坛、QQ、微信以及众多直播平台的发展,煽动的方式也日益更新,甚至表情包、网络语言也可以成为煽动的方式。

煽动的内容是"以暴力方式抗拒法律、行政法规实施",如果仅仅以消极方式或者 8
和平方式抵制法律实施则不构成本罪,比如静坐、围观或者上访、请愿等。抗拒法律实施即故意不遵守法律、行政法规,不履行法律、行政法规设定的义务,公然对抗并拒绝法律、行政法规的实际生效。需要注意的是本罪并不要求行为人自己实施其所煽动的行为。

煽动的对象是群众,一般是指 3 人以上的特定或不特定的多数人。实践中对群 9
众的认定不应机械地以实际参与的人数多少来衡量,而应考虑煽动者指向的对象,因此要区分开本罪的煽动行为与教唆行为。

根据最高人民法院、最高人民检察院《关于办理非法生产、销售烟草专卖品等刑 10
事案件具体应用法律若干问题的解释》,煽动群众暴力抗拒烟草专卖法律实施,构成犯罪的以本罪论处。

Ⅵ　结果

本条文规定的是行为犯,只要行为人实施了煽动的行为就可以构成本罪,因此无 11
须群众听信了其煽动,更无须造成法律、行政法规实施受阻的实际后果。

Ⅶ　主体

本罪的主体是一般主体,凡是年满 16 周岁、具有刑事责任能力的自然人都可以构成。 12

Ⅷ　罪过

本罪的罪过形式为故意,即行为人明知自己实施的煽动行为会引起群众暴力抗 13

拒国家法律、行政法规的实施,仍然对此后果持希望或放任的心态。同时本罪是目的犯,要求行为人具有煽动群众暴力抗拒国家法律、行政法规实施的目的。

Ⅸ 共犯

14 当两人以上共同实施煽动行为时就可以成立共同犯罪,在本罪的共同犯罪中可以有分工,比如有人负责起草煽动文书,有人编制煽动方案,有人设计煽动标语、图形,有人负责网络传播。但是对于本罪的教唆的认定应具体分析。严格意义上讲,煽动本身就是一种教唆行为,如果教唆实施本罪,如煽动他人煽动群众暴力抗拒法律实施,构成本罪的共同犯罪。如果行为人不仅煽动暴力抗拒法律实施,而且自己也参与具体的暴力抗拒法律实施活动,则构成数罪。

Ⅹ 与非罪的界限

15 没有煽动行为,即如果行为人主观上没有煽动群众暴力抗拒法律实施的目的,只是自己对法律、行政法规有不满和抵触情绪,公开抱怨或者通过媒体发泄不满,此时的行为只能认为是公民行使言论和表达的自由,而不能认定为煽动行为。有煽动行为,但是煽动的不是暴力抗拒行为,而是通过请愿、静坐或者游行示威等非暴力、和平的行为抗拒法律实施的,也不能构成本罪。有煽动行为,有煽动暴力抗拒的内容,但是如果抗拒的对象不是法律、行政法规,而是国务院各部委的规章、地方各级政府规章、决定、命令的,也不构成本罪。但是如果该规章、决定、命令是对国家法律、行政法规的贯彻、落实的,可以构成本罪。

Ⅺ 与他罪的区别

一、与煽动分裂国家罪、煽动颠覆国家政权罪的区别

16 本罪与煽动分裂国家罪、煽动颠覆国家政权罪同属于煽动型罪名,而且是行为犯,区别主要表现为:①保护法益不同,本罪侵犯的法益是国家法律、行政法规的实施,后两罪侵犯的法益是国家的安全。②煽动内容不同,本罪煽动的是暴力抗拒法律实施,而后两罪煽动的是分裂国家和颠覆国家政权。③主观目的不同,本罪主观目的是抗拒法律、行政法规的实施,而后两罪目的是危害国家安全。

二、与煽动民族仇恨、民族歧视罪的区别

17 主要表现为:①侵犯的法益不同,本罪侵犯的是国家法律、行政法规的实施,后两罪侵犯的法益是民族的团结和民族平等,也包括个别民族成员的人身权利、政治权利。②煽动内容不同,本罪煽动的是群众暴力抗拒法律、行政法规的实施,而后两罪煽动的是民族仇恨和民族歧视。③主观目的不同,本罪主观目的是抗拒法律、行政法

规的实施,后两罪的目的是激起民族仇恨、民族歧视。

三、与组织、利用会道门、邪教组织、利用迷信破坏国家法律实施罪的区别

本罪与组织、利用会道门、邪教组织、利用迷信破坏国家法律实施罪有较多重合之处,但是也有以下区别:①实施手段不同,虽然会道门、邪教组织、迷信中也不免有煽动的成分,但是其与纯粹的煽动最大的不同在于这里的会道门、邪教、迷信利用的是对信徒的精神控制,其精神强制要比普通的煽动强。②实施的内容手段不同,本罪主要是煽动群众采用暴力手段抗拒法律、行政法规的实施,而组织、利用会道门、邪教组织、迷信则不限于暴力,也可以包括静坐、集会、游行、示威等手段。③煽动的对象不同,本罪煽动的对象是群众,具有开放性、大众性,而会道门、邪教组织、迷信一般组织利用的都是其成员和信徒。 18

四、与妨害公务罪的区别

法律、行政法规的实施需要落实到具体的公务活动中,但是本罪与妨害公务罪有以下区别:①侵犯的法益不同,本罪侵犯的法益是法律、行政法规的实施,而妨害公务罪侵犯的法益是国家工作人员的履职活动和其人身权利。②犯罪行为针对的对象不同,本罪针对的对象是群众,后者针对的是国家机关工作人员、人大代表、红十字会工作人员、国家安全机关、公安机关的人员。③客观行为不同,本罪是以煽动群众方法暴力抗拒法律实施,后者是行为人以暴力、威胁方法阻碍国家机关工作人员、人大代表、红十字会工作人员履职,或者未使用暴力、威胁方法,但是阻碍国家安全机关、公安机关依法履行职务。 19

Ⅻ 处罚

根据《刑法》第 278 条的规定,构成本罪的处 3 年以下有期徒刑、拘役、管制或者剥夺政治权利;造成严重后果的,处 3 年以上 7 年以下有期徒刑。在量刑时,应当考虑被煽动的人数、实施的场合方式、犯罪的结果以及行为人的身份。如果煽动的人数多、场所公开性强、损害结果严重,行为人具有国家工作人员身份,那么应当酌情考虑量刑从重。造成严重后果,一般是指严重妨害了法律、行政法规的实施;煽动行为造成的公私财产损失较大;造成生产、生活秩序不能正常进行,社会秩序动荡不安;造成人身伤亡等情形。 20

第二百七十九条　招摇撞骗罪

冒充国家机关工作人员招摇撞骗的，处三年以下有期徒刑、拘役、管制或者剥夺政治权利；情节严重的，处三年以上十年以下有期徒刑。

冒充人民警察招摇撞骗的，依照前款的规定从重处罚。

文献：王作富：《中国刑法研究》，中国人民大学出版社 1988 年版；赵秉志主编：《扰乱公共秩序罪》，中国人民公安大学出版社 1999 年版；陈兴良主编：《罪名指南（下册）》（第 2 版），中国人民大学出版社 2008 年版；王作富主编：《刑法分则实务研究》（第 4 版），中国方正出版社 2010 年版；张军主编：《刑法[分则]及配套规定新释新解》（第 3 版），人民法院出版社 2013 年版；魏东主编：《刑法各论》，法律出版社 2015 年版；利子平、蒋帛婷：《新中国刑法的立法源流与展望》，知识产权出版社 2015 年版；张明楷：《刑法学》（第 6 版），法律出版社 2021 年版。

细目录

Ⅰ　主旨
Ⅱ　沿革
Ⅲ　客体
Ⅳ　行为
Ⅴ　主体
Ⅵ　罪过
Ⅶ　既遂与未遂
Ⅷ　罪数
Ⅸ　与非罪的界限
Ⅹ　与他罪的区别
一、与冒充军人招摇撞骗罪的区别
二、与敲诈勒索罪的区别
三、与诈骗罪的区别
Ⅺ　处罚

Ⅰ　主旨

1　国家机关工作人员代表国家履行职务，其职责的特殊性决定了其身份对于国家形象、国家威严的影响，国家工作人员的一举一动代表着国家的信誉和国家机关的声誉。因此,冒充国家工作人员招摇撞骗不仅侵害了被欺骗者的利益,更损害了国家的形象。在国家工作人员中,人民警察属于经常为大众所感知并接触的一类人员,不仅肩负着治安防控、侦查犯罪的任务,更担负着维护人民生命、财产安全的重担,是人民群众心目中国家形象的代表。因此,对于冒充人民警察招摇撞骗的理应予以从重处罚。

Ⅱ 沿革

早在 1950 年,《刑法大纲草案》第 109 条就规定了冒充工作人员罪:"冒充军人或 2
者政府工作人员,足以损害公众或他人者,处六个月以下监禁,或批评教育。"1954 年《刑法指导原则草案》第 46 条第 1 款规定的冒充罪首次增加了"招摇撞骗"的内容,1957 年的《刑法草案》(第 22 次稿)在上述规定基础上,调整了基本犯的法定刑,并增加了加重犯的规定。[1] 1979 年《刑法》第 166 条对本罪的法定刑作了进一步调整:"冒充国家工作人员招摇撞骗的,处三年以下有期徒刑、拘役、管制或者剥夺政治权利;情节严重的,处三年以上十年以下有期徒刑。"1997 年《刑法》修改时,考虑到实践中经常有冒充人民警察的情况,因此增加了"冒充人民警察招摇撞骗的,依照前款的规定从重处罚"的规定。

Ⅲ 客体

关于本罪的法益,有学者认为是国家机关工作人员的正常活动秩序及其身份的 3
纯洁性。[2] 有学者认为是复杂法益,主要法益是国家机关的威信及对社会的正常管理秩序,次要法益是公共利益和公民、法人及其他组织的合法权益。[3] 但是更多的学者认为本罪侵犯的法益是国家机关的威信及其正常活动。[4]

不可否认的是,行为人在实施招摇撞骗的过程中会因为其"骗"的行为使得他人 4
的合法权益受到损失,但是本罪主要保护的法益还是国家机关工作人员身份所体现出来的国家机关的威信,以及由此威信所保证的国家管理秩序的顺利运行。因此笔者认同大多数学者的意见,以国家机关的威信及其正常活动为法益是合理的。

---

1 参见利子平、蒋帛婷:《新中国刑法的立法源流与展望》,知识产权出版社 2015 年版,第 956 页。

2 参见魏东主编:《刑法各论》,法律出版社 2015 年版,第 203 页。

3 参见王作富主编:《刑法分则实务研究》(第 4 版),中国方正出版社 2010 年版,第 1161 页。

4 参见陈兴良主编:《罪名指南(下册)》(第 2 版),中国人民大学出版社 2008 年版,第 12 页。

Ⅳ　行为

5 本罪的客观行为包含两方面:

6 (1)行为人必须有冒充国家机关工作人员的行为。本罪的“冒充”是指不具有特定国家机关工作人员身份或职务的人员,对外假称其具有国家机关工作人员的身份或者职务,并以此进行招摇撞骗的活动。具体包括三种情况:①无国家机关工作人员身份的冒充。包括自始就无国家机关工作人员身份的人冒充国家机关工作人员,这类人又分为在国家机关工作的和不在国家机关工作的,前者比如国家机关的工勤人员,后者如农民、工人、无业人员。另外,就是嗣后不具有国家机关工作人员身份的人冒充国家机关工作人员,比如曾经具有国家机关工作人员身份,但是已经辞职、退休、被开除等不再具有国家机关工作人员身份的人。②有国家机关工作人员身份的人员冒充。包括国家机关工作人员的身份和职务种类不同的冒充,比如检察官冒充人民警察。另外还包括级别上的冒充、地域上的冒充,比如级别较低的国家机关工作人员冒充比自己级别高的国家机关工作人员,此地区的国家机关工作人员冒充彼地区的国家机关工作人员。

7 《刑法》第93条规定,“国家机关工作人员”是指“国家机关中从事公务的人员”,国家机关指各级国家权力机关、行政机关、司法机关。另外考虑到我国政治生活的实际情况,中国共产党的各级机关、中国人民政治协商会议的各级机关也属于国家机关。此外,在行政机构改革之后,一些原来是行政机关的机构改为事业单位(比如国家体育总局),还有一些具有行政管理职能的机构性质为企业,这些机构都具有行政管理职能,冒充这些机构的工作人员进行招摇撞骗的,仍然应当构成本罪。在现实生活中还有一些组织的工作人员不具有国家机关工作人员身份,但通过法律法规授权或者国家机关委派而从事管理社会公共事务的活动,冒充这类人员进行招摇撞骗的,也构成本罪。

8 本条第2款规定的“人民警察”应按照《人民警察法》的规定加以确定,是指公安机关、国家安全机关、监狱的人民警察和人民法院、人民检察院的司法警察。

9 (2)行为人必须实施了招摇撞骗的行为。所谓招摇撞骗就是假借名义,到处炫耀,进行诈骗。具体而言就是利用公众对国家机关工作人员身份的信任,实施骗取非法利益的行为。一般来讲,招摇撞骗行为具有两个特点,一个是行为的多样性,一个是结果的多样性。[5]

10 冒充国家机关工作人员与骗取利益之间的关系。有学者认为,二者是有机联系、缺一不可的。[6] 也正是因为如此,如果行为人只是出于虚荣心而冒充国家机关工作

5　参见王作富:《中国刑法研究》,中国人民大学出版社1988年版,第649页。

6　参见王作富主编:《刑法分则实务研究》(第4版),中国方正出版社2010年版,第1163页。

人员到处炫耀,没有骗取非法利益的,不构成本罪。[7] 但是也有学者认为,招摇撞骗是以假冒的身份进行炫耀、欺骗,但不以骗取某种利益为要件。[8] 从文义上讲,本罪只规定了冒充国家机关工作人员身份和招摇撞骗两种行为的复合,并没有规定冒充国家机关工作人员和骗取非法利益的复合,而骗取利益是招摇撞骗这一行为的应有之义。招摇撞骗可以分解为"招摇"与"撞骗"两方面。如果行为人只是冒充国家机关工作人员招摇过市,而没有具体的行骗行为,则不构成本罪。

本罪的骗取利益,既包括骗取财物,也包括骗取职位、荣誉、待遇等,但是不以实际骗取到利益为必备要件,作为行为犯,只要有骗取的行为就可以认定构成本罪。 11

对于骗取爱情的问题,虽然爱情也是一种利益,但是在爱情当中的欺骗更多的是道德问题,而法律尤其是刑法不必过早地介入这种情感关系,因此行为人冒充国家机关工作人员骗取女性情感,甚至欺骗女性结婚的,一般不构成招摇撞骗罪。对这种情况可以通过婚姻法和治安管理处罚法给予受害人救济。如果行为人冒充国家机关工作人员强行与女性发生性关系的,则可能构成强奸罪。 12

对于骗取合法利益的情况,鉴于本罪的立法目的是维护国家机关的荣誉、信誉和正常活动,因此,如果行为人冒充国家机关工作人员,骗取群众信任而维护了社会秩序的,则不构成本罪。比如行为人在公共场所冒充人民警察要求大家一起抓住小偷的行为,虽然也冒充了国家机关工作人员,也有"骗"的因素,但是这里的"骗"与招摇撞骗的骗是不一样的,这里的"骗"更像是一个善意的谎言,在没有损坏国家机关威信的前提下,换来的是秩序的稳定和社会整体利益的正向增加。相反,如果行为人冒充国家机关工作人员骗回被其他单位、组织非法占有的自己的合法利益,行为人虽然维护了自己的合法利益,但是手段违法,更侵犯了国家机关的专属权限,因为法律不允许通过一个违法的手段来维护一个合法的利益,该行为属于自救权利的滥用,因此,其行为构成本罪。 13

V 主体

本罪的主体是一般主体,即凡是年满 16 周岁具有刑事责任能力的自然人都能构成本罪,既可以是本国公民,也可以是外国公民。单位不能构成本罪。实践中,如果行为人以单位的意志冒充国家机关工作人员招摇撞骗的,应当以招摇撞骗罪论处。 14

VI 罪过

本罪的罪过形式为故意。有学者认为本罪的故意包括两方面的内容:一是故意 15

7　参见张军主编:《刑法[分则]及配套规定新释新解》(第 3 版),人民法院出版社 2013 年版,第 1131 页。

8　参见张明楷:《刑法学》(第 6 版),法律出版社 2021 年版,第 1357 页。

冒充国家机关工作人员,即明知自己的行为是冒充国家机关工作人员而为之。二是故意地以冒充国家机关工作人员的身份到处炫耀,进行欺骗。[9] 笔者同意本罪的主观方面可以作如此划分,行为人在实施招摇撞骗行为时,必然伴随着冒充国家机关工作人员的行为。但是行为人完全可以先实施冒充国家机关工作人员的行为,过一段时间再进行招摇撞骗。此时行为人的主观故意仍然是以招摇撞骗为目的,但是却包含两个具体的故意。有学者以本罪存在骗取非法利益的特定目的而得出结论,认为本罪只能是直接故意[10],这种说法可能过于极端。不可否认的是,对于骗取非法利益的目的,行为人具有直接故意、积极追求的心态,但是对于自己冒充国家机关工作人员的行为给国家机关的威信造成损害的结果而言,行为人主观上则可以持间接故意。毕竟对国家机关威信造成损害的判断是一个主观的判断,行为人对于自己的行为造成的这一结果很可能是听之任之的态度,甚至很可能行为人根本不关注这样的损害结果。因此,当行为人以间接故意的心态实施冒充国家机关工作人员的行为之后,又以直接故意实施了招摇撞骗的行为,对于其此时的主观心态,如果生硬地认定为直接故意并不能完全囊括行为人的主观心态。

Ⅶ 既遂与未遂

16 本罪是行为犯,构成既遂不要求犯罪结果的发生,也就是说不要求行为人骗取到利益或者损害了国家机关的威信。只要行为人实施了冒充国家机关工作人员招摇撞骗的行为,就可以构成既遂。如果行为人只是冒充国家机关工作人员,还没来得及行骗就由于意志以外的原因而未得逞的,则构成未遂。

Ⅷ 罪数

17 由于本罪与其他犯罪具有并发性,为了冒充国家机关工作人员,行为人往往伪造、变造国家机关公文、证件、印章,实施招摇撞骗罪过程中往往又实施敲诈勒索、强制猥亵、侮辱妇女、强奸妇女,甚至冒充人民警察拦路抢劫等。这些罪往往与本罪构成牵连关系,因此应当择一重罪论处。但是,如果本罪与行为人实施这些罪的关系不大或者相差较远的,则可能进行数罪并罚,实践中要区分具体情形区别对待。

Ⅸ 与非罪的界限

18 对本罪的罪与非罪的认定,重要的是分清行为人为了保护合法利益而冒充国家机关工作人员的情况,比如行为人为了避免游行队伍发生踩踏而冒充警察维护秩序

---

9 参见赵秉志主编:《扰乱公共秩序罪》,中国人民公安大学出版社 1999 年版,第 88 页。

10 参见王作富主编:《刑法分则实务研究》(第 4 版),中国方正出版社 2010 年版,第 1165 页。

的,此时严格上讲行为人只是冒充了国家机关工作人员,不符合招摇撞骗的行为,即使是行为人有一定程度的炫耀,也不能认定构成本罪。

19 此外,需要注意本罪与《治安管理处罚法》第51条的关系,该条文规定:"冒充国家机关工作人员或者以其他虚假身份招摇撞骗的,处五日以上十日以下拘留,可以并处五百元以下罚款;情节较轻的,处五日以下拘留或者五百元以下罚款;冒充军警人员招摇撞骗的,从重处罚。"《治安管理处罚法》第51条中规定的招摇撞骗行为与《刑法》中规定的招摇撞骗罪只有危害程度上的区别,行为人实施的招摇撞骗危害后果不严重的,应当依照《治安管理处罚法》的规定进行行政处罚,而非一律入刑。

X 与他罪的区别

一、与冒充军人招摇撞骗罪的区别

20 两罪的区别主要表现在:①侵犯的法益不同,本罪侵犯的法益是国家机关的威信和正常活动,后者侵犯的法益是军队的威信和正常活动。②冒充的对象不同,本罪冒充的是国家机关工作人员,后者冒充的对象仅限于军人。在区分二者的时候需要注意,如果行为人冒充的是武装警察,应当以冒充军人招摇撞骗罪论处,因为在我国武警部队中服役的属于现役军人,不属于公务员。

二、与敲诈勒索罪的区别

21 行为人在实施招摇撞骗罪时会有敲诈他人钱财的行为,但本罪与敲诈勒索罪依然有以下不同:①侵犯的法益不同,本罪侵犯的法益是国家机关的威信和正常活动,而后者侵犯的法益是公私财产所有权。②行为特征不同,本罪中行为人的核心特征仍然是"骗",使得被害人自愿交出利益,而敲诈勒索罪的核心是一种心理强制,通过要挟、恐吓来迫使被害人交出财产。③入罪数额不同,本罪是行为犯,不要求招摇撞骗达到一定数额才能入罪,而敲诈勒索罪需要达到数额较大才能构成犯罪。

三、与诈骗罪的区别

22 本罪与诈骗罪都有可能骗取他人的财产,都可能编造谎言隐瞒真相骗取他人信任。但是二者又有以下区别:①侵犯的法益不同,本罪侵犯的法益是国家机关的威信和正常活动,而诈骗罪侵犯的法益是公私财产所有权。②犯罪目的不同,本罪行为人的目的是获取非法利益,而诈骗罪行为人的目的是非法占有公私财物。③行为手段不同,本罪手段仅限于冒充国家机关工作人员的身份或职称进行招摇撞骗,而后者手段比较多样,可以利用一切隐瞒真相、虚构事实的方式进行。④入罪有无数额限制不同,本罪是行为犯,入罪无数额限制,后者必须达到一定数额才能入罪。

23 但是,当行为人冒充国家机关工作人员骗取财物时,两个罪还是有许多共同之处的,此时适用哪个罪名就出现了争论。因为按照《刑法》第266条的规定,诈骗罪与招摇撞骗罪是交互竞合的法条竞合,应当按照重法优于轻法的原则进行处理。最高人民法院相关司法解释也一贯采取这一立场。《刑事审判参考》案例第162号“李志远招摇撞骗、诈骗案”亦是如此。《刑事审判参考》中的评析意见认为,冒充国家机关工作人员以骗取他人信任,非法占有他人数额较大的财物的行为,既符合诈骗罪的犯罪构成,又符合招摇撞骗罪的犯罪构成,这种情况属于法条竞合。该案被告人冒充国家机关工作人员多次行骗,既骗财又骗色以及其他非法利益,由于是在一个概括故意支配下的连续性行为,仍可以一罪论处。

24 不过,由于招摇撞骗罪的法定最高刑要低于诈骗罪的法定最高刑,行为人如果冒充国家机关工作人员诈骗定招摇撞骗罪,就会出现罪刑不均衡的情况。因此,在与上述“李志远招摇撞骗、诈骗案”类似的《刑事审判参考》案例第264号“梁其珍招摇撞骗案”的裁判理由中即指出,显然不能认为无论行为人招摇撞骗了多少财物都符合招摇撞骗罪的构成,进而依照《刑法》第266条后半段的规定,均只能适用《刑法》第279条规定,对其以招摇撞骗罪论处。否则,便会导致罪刑明显有失均衡。那么究竟应当如何厘定招摇撞骗罪的构成要件、如何评价以冒充国家机关工作人员身份的方式骗取财物的行为?“裁判理由”认为,即便是冒充国家机关工作人员骗取数额巨大的财物,也宜认为符合招摇撞骗罪的构成条件,进而依照《刑法》第266条后半段所确立的特别法优于普通法原则,仍宜以招摇撞骗罪追究行为人的刑事责任;只有在冒充国家机关工作人员骗取数额特别巨大的财物的情况下,方宜认为此种行为已超出《刑法》第279条规定的招摇撞骗罪所能评价的范围,而只符合《刑法》第266条规定的诈骗罪的构成要件。主要理由是,在行为人冒充国家机关工作人员骗取财物,数额并非特别巨大的情况下,适用《刑法》第279条规定,以“情节严重”的招摇撞骗罪追究其刑事责任,并不存在罪刑明显失衡的问题(目前虽尚无关于招摇撞骗罪中“情节严重”之含义的司法解释,但通过比较招摇撞骗罪与诈骗罪,应当可以确认,招摇撞骗数额巨大公私财物的,属于招摇撞骗“情节严重”范畴。而招摇撞骗“情节严重”的法定刑是3年以上10年以下有期徒刑,诈骗“数额巨大”的法定刑是3年以上10年以下有期徒刑,并处罚金,二者区别仅在于是否并处罚金),且如此处理,更能全面地反映行为人行为的性质、特点……通过对《刑法》第279条规定的招摇撞骗罪的构成要件作如上的适当解释,避免明显违背罪责刑相适应之刑法基本原则的定罪量刑结论,应当是恰当地反映了立法者的本来意思。但是笔者以为这样认定明显与诈骗罪条文规定相抵触。

25 也有学者认为,行为人冒充国家机关工作人员的身份或职称骗取财物属于想象竞合犯,应当贯彻从一重罪处断原则。该学者结合两个罪的法定刑区分了三种情况:如果骗取财物数额较大的,由于诈骗罪法定刑为3年以下有期徒刑,而招摇撞骗罪没有数额限制法定刑却是10年以下有期徒刑,此时以招摇撞骗罪论处;如果骗取财物数额巨大和特别巨大的,由于诈骗罪法定最高刑是无期徒刑,并处罚金或者没收财产,所以应以诈骗罪论处。[11] 这样安排虽然实现了罪刑均衡,但是仍然面临着与诈骗罪的法条相抵触的困境。因此,最好的解决方法只能是修改法律时提高招摇撞骗罪的法定刑。毕竟以骗取的数额来区分诈骗罪的量刑是合适的,但是用数额标准来区分招摇撞骗罪的法定刑并不符合招摇撞骗罪所保护法益的旨意。

XI 处罚

按照《刑法》第 279 条的规定,冒充国家机关工作人员招摇撞骗的,处 3 年以下有期徒刑、拘役、管制或者剥夺政治权利;情节严重的,处 3 年以上 10 年以下有期徒刑。冒充人民警察招摇撞骗的,依照前款的规定从重处罚。 26

对于条文中的“情节严重”,应当是指行为人作案具有一贯性、流窜性,屡教不改、影响极坏,手段卑劣、后果严重。具体参考指标包括所冒充国家机关工作人员的职务高低,被冒充国家机关性质、级别,是否还冒用职权,招摇撞骗的具体手段,等等。 27

[11] 参见赵秉志主编:《扰乱公共秩序罪》,中国人民公安大学出版社 1999 年版,第 92 页。

第二百八十条　伪造、变造、买卖国家机关公文、证件、印章罪；盗窃、抢夺、毁灭国家机关公文、证件、印章罪；伪造公司、企业、事业单位、人民团体印章罪；伪造、变造、买卖身份证件罪

伪造、变造、买卖或者盗窃、抢夺、毁灭国家机关的公文、证件、印章的，处三年以下有期徒刑、拘役、管制或者剥夺政治权利，并处罚金；情节严重的，处三年以上十年以下有期徒刑，并处罚金。

伪造公司、企业、事业单位、人民团体的印章的，处三年以下有期徒刑、拘役、管制或者剥夺政治权利，并处罚金。

伪造、变造、买卖居民身份证、护照、社会保障卡、驾驶证等依法可以用于证明身份的证件的，处三年以下有期徒刑、拘役、管制或者剥夺政治权利，并处罚金；情节严重的，处三年以上七年以下有期徒刑，并处罚金。

文献：〔日〕大谷实：《刑法讲义各论》(新版第2版)，黎宏译，中国人民大学出版社2008年版；黎宏：《刑法学各论》(第2版)，法律出版社2016年版；周光权：《刑法各论》(第4版)，中国人民大学出版社2021年版；张明楷：《刑法学》(第6版)，法律出版社2021年版。

细目录

Ⅰ　主旨
Ⅱ　沿革
Ⅲ　法益
Ⅳ　对象
一、伪造、变造、买卖国家机关公文、证件、印章罪的对象
二、盗窃、抢夺、毁灭国家机关公文、证件、印章罪的对象
三、伪造公司、企业、事业单位、人民团体印章罪的对象
四、伪造、变造、买卖身份证件罪的对象
Ⅴ　行为
一、伪造、变造、买卖国家机关公文、证件、印章罪的行为
二、盗窃、抢夺、毁灭国家机关公文、证件、印章罪的行为
三、伪造公司、企业、事业单位、人民团体印章罪的行为
四、伪造、变造、买卖身份证件罪的行为

Ⅵ　主体

Ⅶ　罪过

一、伪造、变造、买卖国家机关公文、证件、印章罪的罪过

二、盗窃、抢夺、毁灭国家机关公文、证件、印章罪的罪过

三、伪造公司、企业、事业单位、人民团体印章罪的罪过

四、伪造、变造、买卖身份证件罪的罪过

Ⅷ　既遂与未遂

Ⅸ　罪数

一、伪造、变造、买卖国家机关公文、证件、印章罪的罪数

二、盗窃、抢夺、毁灭国家机关公文、证件、印章罪的罪数

三、伪造、变造、买卖身份证件罪的罪数

Ⅹ　处罚

Ⅰ　主旨

为了保护国家机关公文、证件、印章的公共信用,公司、企业、事业单位、人民团体的印章的公共信用以及身份证件的公共信用和证明作用,刑法设立了本条的罪名。 1

Ⅱ　沿革

1979 年《刑法》第 167 条规定:"伪造、变造或者盗窃、抢夺、毁灭国家机关、企业、事业单位、人民团体的公文、证件、印章的,处三年以下有期徒刑、拘役、管制或者剥夺政治权利;情节严重的,处三年以上十年以下有期徒刑。" 2

1997 年《刑法》第 280 条第 1 款对伪造、变造、买卖国家机关公文、证件、印章罪作了修订,在行为方式上增加了"买卖",将原行为对象"企业、事业单位、人民团体的公文、证件、印章"纳入独立增设的伪造公司、企业、事业单位、人民团体印章罪之中。 3

1998 年 12 月 29 日全国人大常委会《关于惩治骗购外汇、逃汇和非法买卖外汇犯罪的决定》第 2 条规定:"买卖伪造、变造的海关签发的报关单、进口证明、外汇管理部门核准件等凭证和单据或者国家机关的其他公文、证件、印章的,依照刑法第二百八十条的规定定罪处罚。" 4

2015 年 11 月 1 日生效的《刑法修正案(九)》对伪造、变造、买卖国家机关公文、证件、印章罪,盗窃、抢夺、毁灭国家机关公文、证件、印章罪作了修订,在法定刑上增加了"并处罚金"。 5

1997 年《刑法》设置了独立的伪造、变造居民身份证罪。2015 年《刑法修正案(九)》对该罪作了重大修订,主要体现在三方面:第一,将行为对象由"居民身份证"扩大到"居民身份证、护照、社会保障卡、驾驶证等依法可以用于证明身份的证件"。第二,对行为方式增加了"买卖"。第三,在法定刑上增加了"并处罚金"。 6

Ⅲ 法益

7 伪造、变造、买卖国家机关公文、证件、印章罪与盗窃、抢夺、毁灭国家机关公文、证件、印章罪的保护法益是国家机关公文、证件、印章的公共信用。

8 国家机关公文、证件、印章的公共信用主要是指在法律交往中国家机关公文、证件、印章的安全性和可靠性。[1] 在现代法律交往中,公文、证件、印章将国家机关的意思表示内容予以固定化,具有很强的证明效力,因此,应当确保公文、证件、印章的真实性,由此保证国家机关从事法律交往的安全性和可靠性。伪造、变造、买卖、盗窃、抢夺、毁灭国家机关公文、证件、印章,破坏了这种安全性和可靠性,进而破坏了诸多法益,包括财产法益,例如利用伪造的国家机关公文、证件、印章骗取他人财物;也包括生命、身体法益及公共安全法益,例如持伪造的药品检疫合格证书出售假药,持伪造的医师执业证书非法行医等。由此可见,本罪保护的直接法益是国家机关公文、证件、印章的公共信用,保护的间接法益是这种公共信用所保护的个人法益(生命、财产)及公共安全法益。我国刑法将本罪设置于妨害社会管理秩序罪一章,注重的是本罪的直接法益。德国刑法将伪造文书罪(Urkundenfälschung)设置于诈骗罪、背信罪之后,同时注重本罪的间接法益,亦即个人的财产法益。

9 伪造公司、企业、事业单位、人民团体印章罪与伪造、变造、买卖身份证件罪侵犯的法益分别是公司、企业、事业单位、人民团体的印章的公共信用以及身份证件的证明作用和公共信用。

Ⅳ 对象

一、伪造、变造、买卖国家机关公文、证件、印章罪的对象

10 对于本罪的行为对象,需要根据行为方式具体分析。就伪造、变造国家机关公文、证件、印章罪而言,不存在行为对象。可能有人认为,行为对象是伪造、变造的国家机关公文、证件、印章。然而,确定行为对象时,需要遵守行为与行为对象同时存在原则,如此行为才能作用于行为对象,例如,故意杀人时,要有个人存在,人就是行为对象。然而,在行为人实施伪造、变造行为时,尚不存在伪造的、变造的国家机关公文、证件、印章。质言之,伪造的、变造的国家机关公文、证件、印章是行为孳生之物,而非行为作用的对象。

11 可能有人认为,变造是对真实的国家机关公文、证件、印章进行改动,所以此时行为对象是真实的国家机关公文、证件、印章。然而,行为对象要体现行为的法益侵害性,而且是本罪的法益侵害性。例如,刺杀一个人,体现了刺杀行为的法益侵害性,也

1 Vgl. Kindhäuser, Strafrecht Besonderer Teil Ⅰ, 6. Aufl., 2014, § 55, Rn. 1.

即剥夺人的生命，这是故意杀人罪的法益侵害性。而对真实的国家机关公文、证件、印章进行改动，这种改动本身并没有体现变造国家机关公文、证件、印章罪的法益侵害性。该罪侵害的法益是国家机关公文、证件、印章的公共信用，而非对国家机关公文、证件、印章的形体的破坏。变造行为对国家机关公文、证件、印章的形体进行了破坏，但刑法谴责的不是这一点。刑法谴责这一点是通过毁灭国家机关公文、证件、印章罪来实现的。变造行为的重点不在于对真实的国家机关公文、证件、印章形体的破坏，而在于制造出一个假的国家机关公文、证件、印章，由此侵害了真实的国家机关公文、证件、印章的公共信用。在此过程中，被改动的真实的国家机关公文、证件、印章只是供犯罪行为使用之物，也即犯罪工具、犯罪材料等，而非行为对象。与之不同的是，毁灭国家机关公文、证件、印章罪的行为对象的确是真实的国家机关公文、证件、印章。

就买卖国家机关公文、证件、印章罪而言，存在行为对象，亦即真实的或伪造、变造的国家机关公文、证件、印章。这是因为，在买卖时，必然事先存在一个被买卖的国家机关公文、证件、印章。问题是，当买卖的对象是伪造、变造的国家机关公文、证件、印章时，该罪的行为对象是虚假的国家机关公文、证件、印章，还是真实的国家机关公文、证件、印章？与该问题类似的问题是，出售假币罪的行为对象是假币还是真币？销售伪劣产品罪的行为对象是伪劣产品还是相应的合格产品？基于以下理由，这些犯罪的行为对象应是虚假的物品或伪劣产品。第一，行为对象应是行为作用的对象。“作用”的内容是使对象的形状、样态等发生改变。如果行为没有作用于某个物品，该物品不能成为行为对象。买卖虚假的国家机关公文、证件、印章，行为没有作用于真实的国家机关公文、证件、印章，而是作用于虚假的国家机关公文、证件、印章。第二，根据主客观相一致原则，行为人在买卖虚假的国家机关公文、证件、印章时，应认识到买卖的是虚假的国家机关公文、证件、印章。如果要求认识到买卖的是真实的国家机关公文、证件、印章，就无法处理对象认识错误问题。第三，有人可能认为，虚假的国家机关公文、证件、印章无法体现本罪的保护法益，亦即国家机关公文、证件、印章的公共信用，因此不应成为本罪的行为对象，因为行为对象应体现该罪的保护法益。然而，这种看法过于片面。不能要求孤立的行为对象体现该罪的保护法益，需要结合行为才能体现该罪的保护法益。孤立的虚假的国家机关公文、证件、印章不能体现国家机关公文、证件、印章的公共信用，但是买卖虚假的国家机关公文、证件、印章却侵害了国家机关公文、证件、印章的公共信用。 12

（一）国家机关

基于我国的政治实际情况，这里的国家机关包括立法机关、行政机关及司法机关，包括中国人民政治协商会议的各级机关，也包括中国共产党的各级机关，但是，不包括村委会。这里的国家机关不包括军事机关，因为《刑法》第 375 条单独规定了伪造、变造、买卖武装部队公文、证件、印章罪。2003 年 6 月 3 日最高人民检察院法律政 13

策研究室《关于伪造、变造、买卖政府设立的临时性机构的公文、证件、印章行为如何适用法律问题的答复》指出,伪造、变造、买卖各级人民政府设立的行使行政管理权的临时性机构的公文、证件、印章行为,构成犯罪的,应当依照《刑法》第280条第1款的规定,以伪造、变造、买卖国家机关公文、证件、印章罪追究刑事责任。本罪的国家机关仅限于我国的国家机关,不包括外国的国家机关。亦即,伪造、变造、买卖外国国家机关的公文、证件、印章,不构成本罪。这是因为本罪的保护法益是我国国家机关的公文、证件、印章的公共信用。不过,如果伪造、变造、买卖外国国家机关的公文、证件、印章的行为侵犯了我国国家机关公文、证件、印章的公共信用,则构成本罪。例如,甲是美国人,持有美国护照,我国领事馆对该护照进行了签证盖章,乙伪造该护照,构成伪造国家机关印章罪。

(二)公文、证件、印章

14 (1)公文。是指国家机关依照职权,以其名义制作的处理公务的文书。文书,是指使用文字、符号、图像等制作的,具有一定持续存在状态,表达意思内容的文件。文书包括公文书和私文书。我国刑法仅保护公文书,也即公文。公文的构成要件包括形式要件和实质要件。①形式要件:第一,有体性和可读性。公文需要有体物作为载体,使人通过视觉可以感知其意思内容。因此,录音带、录像带等不能成为公文。生活中的公文的主要载体是纸张、图片,也包括PDF等电子文件。第二,稳定性和持久性。公文需要将国家机关的意思内容固定下来,让相对人知晓,并具有证据效力,因此公文的载体在物理特征上应具有稳定性和持久性。例如,用粉笔、铅笔在黑板或布告栏上书写的内容,不属于公文。在沙盘上书写的内容,不属于公文。国家机关领导的口头指示,不属于公文。②实质要件:第一,公文必须具有意思表示内容。公文表达的是国家机关的意思表示。因此,仅有国家机关印章的空白文书不属于公文,没有填写内容的空白表格不属于公文。第二,公文必须明示名义人。这里的名义人,是指在公文上作出意思表示的表意人,而不是指制作或书写公文的人。公文的名义人就是指具体的国家机关或其法定代表人。公文必须让一般人知晓名义人是哪个具体的国家机关。为此,名义人一般需要在公文上签字或盖章。如果缺少名义人的签字或盖章,但是如果通过其内容、形式、附件及其他资料可以确定名义人,则仍可视为公文。但是,国家机关公文用纸、信笺、公用表格、证件外皮、无印章的证件文本等,不属于完整的国家机关公文、证件。

15 需要注意的是,这里的名义人是否要求真实存在?如果伪造一个现实不存在的国家机关的公文、证件、印章,是否构成伪造国家机关公文、证件、印章罪?例如,伪造"中华人民共和国贸易部"的公文、证件、印章。考虑到本罪保护的是国家机关公文、证件、印章的公共信用,虽然伪造现实不存在的国家机关,但如果破坏了国家机关公文、证件、印章的公共信用,也应构成本罪。因此,这里的名义人不需要是现实存在的国家机关。但是,如果虚构的国家机关不足以使一般人相信其现实存在,不足以破坏国家机关的公共信用,则不构成本罪。行政机关的公务员一般不会相信现实中存在

“中华人民共和国贸易部”,但是考虑到我国国民认识水平参差不齐,而且国家机关的改革、机构的调整比较频繁,许多国民有可能相信现实中存在“中华人民共和国贸易部”,故伪造“中华人民共和国贸易部”的公文、证件、印章,构成本罪。但是,如果虚构“中华人民共和国兵部”,则一般人不会相信,不构成本罪。这表明,本罪是具体危险犯,成立本罪不要求对保护法益造成实害结果,只要求造成危险即可,也即有侵害国家机关公共信用的可能性,如果没有任何危险,则不构成犯罪。

需要探讨的问题是,本罪的保护对象是否包括公文、证件的复印件?伪造、变造公文、证件的复印件,是否构成本罪?否定意见认为,由于任何人都可以对公文、证件进行复印,复印者就是复印件的制作人和名义人,而本罪保护的是国家机关及法定代表人作为制作人、名义人的权利。如果保护复印件,就等于保护了普通复印者的权利。当然,如果复印件上加盖了国家机关、法定代表人的认证字样,则该复印件值得本罪保护。[2] 16

然而,复印件的制作人(复印者)虽然可以是国家机关之外的一般人,但是这并不意味着复印件的名义人是复印者。复印件的名义人是根据复印件的意思内容来确定的,而非根据制作复印件的人来确定的。由于复印件与原件的意思内容完全相同,因此原件的名义人是国家机关及法定代表人,那么复印件的名义人也是国家机关及法定代表人。因此,对复印件应当一体保护。因此,伪造、变造公文、证件的复印件,构成本罪。例如,将公文的复印件进行篡改,然后进行复印,属于变造公文罪。此外,本罪也保护公文、证件的副本。副本一般与原件同时制作,在法律交往中具有与原件同等效力,因此,伪造、变造、买卖公文、证件的副本,应构成本罪。 17

需要研究的问题是,伪造、变造、买卖已经失效的国家机关公文、证件、印章,是否构成本罪?对此,应联系本罪的保护法益予以考察。如果行为具有侵犯国家机关公文、证件、印章的公共信用的危险性,则构成本罪。对此应根据失效时间的长短加以分析。如果失效时间较短,失效的事项尚不为公众所知悉,则伪造、变造、买卖这种失效的国家机关公文、证件、印章,应构成本罪,因为这种行为同样侵犯了国家机关的公共信用。如果失效时间较长,能够推定一般公众已经知晓失效事项,则伪造、变造、买卖这种失效的国家机关公文、证件、印章,不构成本罪。[3] 18

(2)证件。是指有权制作的国家机关颁发的,用以证实一些法律事项的凭证,例如证明身份、权利义务等。需要注意的是,民用机动车号牌是否属于本罪中的国家机关证件?对此,2009年最高人民法院研究室《〈关于伪造、变造、买卖民用机动车号牌行为能否以伪造、变造、买卖国家机关证件罪定罪处罚问题的请示〉的答复》中指出,伪造、变造、买卖民用机动车号牌行为不能以伪造、变造、买卖国家机关证件罪定 19

2　参见〔日〕大谷实:《刑法讲义各论》(新版第2版),黎宏译,中国人民大学出版社2008年版,第407页。

3　参见黎宏:《刑法学各论》(第2版),法律出版社2016年版,第355页。

罪处罚。理由在于:机动车牌照是一种标志,只具有识别功能,而不具有证明作用。虽然证件(如身份证、结婚证等)也是一种标志,但既具有识别功能,也具有证明作用。所以,机动车牌照不能被认定为国家机关证件。

20 (3)印章。国家机关印章是国家机关行使职权的符号和标记。①从构造上看,印章包括印形和印影。印形,是指印体上的图案,也即国家机关刻制的表示国家机关名称等内容的图案。印影,是指印形加盖在纸张等物品上所呈现的图像。伪造印章,既包括伪造印形,也包括伪造印影。②从用途上看,印章包括表示单位名称的公章和具有特殊用途的专用章(财务专用章、税务专用章)。问题是,专用章与省略文书该如何区分?例如,法院在判决书上加盖的"本件与原本核对无异"的正本核对章属于印章还是省略文书?印章的主要功能是通过文字、图案来证明主体的同一性,是一种主体身份的证明。文书主要功能是通过文字、图案来表达思想内容。正本核对章的主要功能是通过"本件与原本核对无异"这段文字表达一种思想内容,也即经过核对,本件的内容与原件的内容是相同的,而非用来证明法院的主体身份。因此,正本核对章应属于省略性质的文书。③从主体结构看,国家机关印章应包括国家机关内设机构或派出机构的公章,例如公安局下设的派出所的"户口专用章"等。这些机构虽然不是独立的国家机关,但是也行使国家职权,其印章也是国家机关行使职权的标记和证明。④从主体身份看,国家机关印章包括自然人的签名章。一是包括国家机关法定代表人的签名章。二是私人签名章,当其用于公务,发挥国家机关证明作用时,也属于国家机关印章。

二、盗窃、抢夺、毁灭国家机关公文、证件、印章罪的对象

21 本罪的行为对象是国家机关已经制作的真实的公文、证件、印章。

22 (1)本罪的行为对象不包括伪造、变造的国家机关公文、证件、印章,因为本罪的保护法益是国家机关公文、证件、印章的证明作用,而非公共信用,盗窃、抢夺、毁灭伪造的国家机关公文、证件、印章不会侵害国家机关公文、证件、印章的证明作用,甚至毁灭伪造的国家机关公文、证件、印章,还可能有利于维护国家机关公文、证件、印章的证明作用及公共信用。

23 (2)本罪的行为对象不包括国家机关公文、证件、印章的复印件。由于伪造、变造、买卖国家机关公文、证件、印章罪的保护法益是公文、证件、印章的公共信用,因此该罪的行为对象包括公文、证件、印章的复印件。但是,盗窃、抢夺、毁灭国家机关公文、证件、印章罪的保护法益是公文、证件、印章的证明作用。即使盗窃、抢夺、毁灭了国家机关公文、证件的复印件,只要不盗窃、抢夺、毁灭国家机关公文、证件的原件,便不会损害公文、证件、印章的证明作用。因此,盗窃、抢夺、毁灭国家机关公文、证件的复印件,不构成盗窃、抢夺、毁灭国家机关公文、证件罪。

24 (3)有些国家机关公文不会因为被盗窃、抢夺、毁灭而影响证明作用,这些国家机关公文不属于本罪的行为对象。例如,盗窃、抢夺、毁灭当事人持有的判决书,不构成

本罪。

(4)民用机动车号牌不属于国家机关证件,因此,盗窃、抢夺民用机动车号牌,不构成盗窃、抢夺国家机关证件罪,如果多次盗窃、抢夺,可认定为盗窃罪、抢夺罪。 25

(5)空白因私护照属于本罪的行为对象。2000 年 5 月 16 日公安部《关于盗窃空白因私护照有关问题的批复》中指出:"一、李博日韦、万明亮等人所盗取的空白护照属于出入境证件。护照不同于一般的身份证件,它是公民国际旅行的身份证件和国籍证明。在我国,公民因私护照的设计、研制、印刷统一由公安部出入境管理局负责。护照上设计了多项防伪措施,每本护照(包括空白护照)都有一个统一编号,空白护照是签发护照的重要构成因素,对空白护照的发放、使用有严格的管理程序。空白护照丢失,与已签发的护照一样,也由公安部出入境管理局宣布作废,空白护照是作为出入境证件加以管理的。因此,空白护照既是国家机关的证件,也是出入境证件。二、李博日韦、万明亮等人所盗护照不同于一般商品,在认定其盗窃情节时,不能简单依照护照本身的研制、印刷费用计算盗窃数额,而应依照所盗护照的本数计算。一次盗窃 2000 本护照,中华人民共和国成立以来是第一次,所造成的影响极其恶劣。应当认定为'情节严重',不是一般的盗窃,而应按照刑法第 280 条规定处理。" 26

三、伪造公司、企业、事业单位、人民团体印章罪的对象

本罪不存在行为对象。可能有人认为,行为对象是伪造的公司、企业、事业单位、人民团体的印章。然而,确定行为对象时,需要遵守行为与行为对象同时存在原则,如此行为才能作用于行为对象,例如,故意杀人时,要有个人存在,人就是行为对象。然而,在行为人实施伪造行为时,尚不存在伪造的公司、企业、事业单位、人民团体印章。质言之,伪造的公司、企业、事业单位、人民团体印章是行为孳生之物,而非行为作用的对象。 27

公司,是指以营利为目的,由股东出资,依法设立的企业法人。企业,是指除公司以外的其他营利组织。本罪中的公司、企业没有所有制属性的限定,包括不同所有制的企业,也包括外资企业。事业单位,是指从事非营利性的社会各项公益事业的单位,包括教育、卫生、文化等单位。本罪中的事业单位没有所有制属性的限定。人民团体,是指人民群众自愿参加组成的,为实现一定目的而成立的团体,常见的有共青团、妇联、工会等组织机构。人民团体不同于社会团体。 28

刑法只将伪造公司、企业、事业单位、人民团体的印章规定为犯罪,没有将伪造公司、企业、事业单位、人民团体的公文、证件规定为犯罪,主要是考虑到公司、企业、事业单位、人民团体所制作的公文、证件,一般情况下不具有独立性,必须加盖印章后方能生效。[4] 印章包括印形和印影。印形,是指印体上的图案,也即公司、企业、事业单位、人民团体刻制的表示公司、企业、事业单位、人民团体名称等内容的图案。印 29

4　参见黎宏:《刑法学各论》(第 2 版),法律出版社 2016 年版,第 356 页。

影,是指印形加盖在纸张等物品上所呈现的图像。伪造印章,既包括伪造印形,也包括伪造印影。应注意的是,公司、企业、事业单位、人民团体的法定代表人的签名章属于公司、企业、事业单位、人民团体的印章,因为这种签名章在性质上不属于私人印章,而属于公章。

30 由于刑法没有将伪造公司、企业、事业单位、人民团体的公文规定为犯罪,因此需要注意区分公文与印章。印章的主要功能是通过文字、图案来证明主体的同一性,是一种主体身份的证明。文书主要功能是通过文字、图案来表达思想内容。如前文所述,省略文书不属于印章。问题是,邮政局的邮戳是否属于印章？由于邮戳上显示了邮政局的名称,也即表明了处理信件的主体,这是一种主体身份的证明,因此可以认定为印章。

31 关于高等院校学历、学位证明,2001 年 7 月 3 日公布的最高人民法院、最高人民检察院《关于办理伪造、贩卖伪造的高等院校学历、学位证明刑事案件如何适用法律问题的解释》规定:“对于伪造高等院校印章制作学历、学位证明的行为,应当依照刑法第二百八十条第二款的规定,以伪造事业单位印章罪定罪处罚。”该司法解释主要是为了遏制假文凭泛滥的现象。司法解释认为对此可以认定为伪造事业单位印章罪,并没有违反罪刑法定原则。这是因为,第一,如果行为人私刻事业单位印章,然后在伪造的文凭上盖章,属于伪造事业单位印章。第二,如果行为人没有私刻事业单位印章,而是直接在假文凭上伪造事业单位印章的印影,亦即印章的图案文字,也属于伪造事业单位印章。此外,根据最高人民法院、最高人民检察院《关于办理妨害信用卡管理刑事案件具体应用法律若干问题的解释》第 4 条的规定,为信用卡申请人制作、提供虚假的财产状况、收入、职务等资信证明材料,涉及伪造、变造、买卖国家机关公文、证件、印章,或者涉及伪造公司、企业、事业单位、人民团体印章,应当追究刑事责任的,依照刑法第 280 条的规定,分别以伪造、变造、买卖国家机关公文、证件、印章罪和伪造公司、企业、事业单位、人民团体印章罪定罪处罚。

四、伪造、变造、买卖身份证件罪的对象

32 关于本罪的行为对象,需要根据行为方式具体分析。就伪造、变造身份证件罪而言,不存在行为对象。可能有人认为,行为对象是伪造、变造的身份证件。然而,确定行为对象时,需要遵守行为与行为对象同时存在原则。然而,在行为人实施伪造、变造行为时,尚不存在伪造的、变造的身份证件。伪造的、变造的身份证件是行为孳生之物,而非行为作用的对象。就买卖身份证件罪而言,存在行为对象,亦即真实的或伪造、变造的身份证件。这是因为,在买卖时,必然事先存在一个被买卖的身份证件。

(一)身份证件的构成要件

33 (1)制作人必须是国家机关,不包括公司、企业、事业单位、人民团体。

34 (2)证明功能。身份证件具有证明持证人身份特征的功能。这种功能既可以是

身份证件的唯一功能,也可以是其兼具的功能。例如,居民身份证的唯一功能就是证明身份。又如,社会保障卡、驾驶证的初始功能是社会保障领域的证件、交通领域的证件,但是兼具身份特征证明功能,所以也属于本罪的身份证件。但是,房产证不是本罪的身份证件。房产证主要用来证明财产权属,但由于其记载的持证人的身份信息很简单,不具有证明身份特征的功能,所以不属于本罪的身份证件。而户口簿虽然是用来证明户籍的,但是其记载的持证人的身份信息很详细,具有证明身份特征的功能,因此属于本罪的身份证件。

(3)组成部分。由于身份证件用于证明持证人的身份特征,其必须显示持证人的唯一性身份特征,所以必须有姓名、照片及其他重要身份特征。因此,如果机动车驾驶证只有身份证号码,却无持证人照片,不属于合格的身份证件。 35

(4)适用领域。国家机关制作的身份证件具有公共信用,是在公共领域证明持证人的身份。因此,仅在某些特定领域适用的身份证件不属于本罪的身份证件。例如,某些国家机关为其工作人员制作的出入证,仅在单位内部使用,不属于本罪的身份证件。某些国家机关为其工作人员制作的工作证,是为了证明该工作人员是该国家机关的正式职员,只是在工作场合或特定领域使用,不具有对外的普遍适用性,因此不属于本罪的身份证件。 36

(5)时效。身份证件既可以是长期的甚至终身的,也可以是临时性的,例如甲在机场丢失了身份证,在机场公安部门办理的临时身份证,属于本罪的身份证件。 37

(二)身份证件的种类

(1)居民身份证。这是由公安机关负责印制、管理、发放的能够证明本人身份的证件,其中主要记载了持证人的姓名、性别、民族、出生日期、常住户口所在地、居民身份证号码、本人证件照、证件的有效期、签发机关。这些信息是基本的身份信息。 38

(2)护照。这是由本国政府发给本国公民的证明该公民国籍和身份的证件,是公民出入本国国境及到外国旅行时的一种通行证明。 39

(3)社会保障卡。这是由政府社会保障部门面向社会发行的、用于人力资源和社会保障各项业务领域的集成电路卡。卡面记载的信息有:持卡人姓名、卡号、居民身份证号码、发卡日期、有效期等。卡内记载的信息有:持卡人的就业状态,如就业、失业、退休等,社会保险交费情况。 40

(4)驾驶证。这是政府交通管理部门核发的许可某些公民驾驶某类机动车的许可证。持证人必须是依法允许学习驾驶机动车,并经过学习,掌握了交通法规知识和驾驶技能,经交通管理部门考试合格的人员。驾驶证上记载的内容有:车辆管理机构的签注内容,驾驶人的姓名、性别、出生日期、国籍、住址、身份证号码、本人照片等。 41

(5)其他依法可以用于证明身份的证件。例如,军官证、港澳通行证、港澳台居民的回乡证、华侨身份证明、外国人身份证明等。 42

V 行为

一、伪造、变造、买卖国家机关公文、证件、印章罪的行为

(一) 伪造

43 伪造包括有形伪造与无形伪造。有形伪造,是指没有制作权限的人,冒用国家机关的名义制作公文、证件、印章。无形伪造,是指有制作权限的人,以国家机关名义制作与事实不符的公文、证件、印章。例如,甲为了非法获取土地补偿费,向某派出所管理户籍的警察乙行贿,乙明知甲不符合户口迁移条件,却在空白的户口迁移证上加盖户口专用章。这种行为属于无形伪造国家机关证件,虽然印章真实,但是内容虚假,侵害了国家机关证件的公共信用。

44 伪造印章包括两种情形:一是伪造印形(私刻公章),也即没有权限的人制造国家机关印章的印形。二是伪造印影,也即没有权限的人在纸张上或电脑上设计出印章的文字图案,例如在纸张上描画,或在电脑上设计,然后彩色打印出来。[5]

45 需要注意的是伪造的相似程度。由于本罪的保护法益是国家机关公文、证件、印章的公共信用,因此,只要伪造行为具有侵犯该法益的危险性,就成立本罪。基于此,伪造国家机关公文、证件、印章,不要求与真实的国家机关公文、证件、印章完全相同。例如,将"北京市通州区人民检察院"的印章伪造成"北京市通州区人民检查院",也属于伪造国家机关印章。不过,伪造的相似程度要求达到足以使一般人相信是国家机关的公文、证件、印章,例如,伪造"北京市通州区东升镇田家村人民检察院"印章,由于不会使一般人相信,不构成伪造国家机关印章罪。

(二)变造

46 变造,是指对真实的国家机关公文、证件、印章进行加工、改动。伪造与变造的区别在于,伪造是无中生有,变造是在已有的基础上进行改动。当然,在已有的真实的国家机关公文、证件、印章上进行改动,也存在两种情形。一种是主体结构性的改动,仍属于伪造;另一种是非主体结构性的改动,属于变造。例如,对人民法院的判决书进行改动,将其中判决赔偿的金额进行修改,属于变造;将 3 份人民法院的判决书拼凑成一份判决书,属于主体结构的改动,构成伪造。[6]

(三)买卖

47 买卖,是指购买或者出售国家机关公文、证件、印章。这里的"卖",包括先买进后卖出,也包括单纯的卖出。这里的"买",包括为卖出而买进,也包括为自己使用而买进。

---

5 参见张明楷:《刑法学》(第 6 版),法律出版社 2021 年版,第 1359 页。

6 参见周光权:《刑法各论》(第 4 版),中国人民大学出版社 2021 年版,第 392 页。

需要注意的是,买卖的对象不限于真实的国家机关公文、证件、印章。买卖伪造的国家机关公文、证件、印章,同样可以侵犯国家机关公文、证件、印章的公共信用,因此,买卖的对象包括伪造的国家机关公文、证件、印章。相关立法、司法解释佐证了这一点。1998 年 12 月 29 日全国人大常委会《关于惩治骗购外汇、逃汇和非法买卖外汇犯罪的决定》第 2 条规定,买卖伪造、变造的海关签发的报关单、进口证明、外汇管理部门核准件等凭证和单据或者国家机关的其他公文、证件、印章的,构成买卖国家机关公文、证件、印章罪。根据 1999 年 6 月 21 日最高人民检察院法律政策研究室《关于买卖伪造的国家机关证件行为是否构成犯罪的问题的答复》,买卖伪造的国家机关证件的行为,构成买卖国家机关证件罪。 48

需要研究的是,伪造、变造民事判决书构成伪造、变造国家机关公文罪,但买卖民事判决书是否构成买卖国家机关公文罪?买卖国家机关公文罪中的国家机关公文,应是只宜在特定领域传播,不宜进入公共领域、不宜为一般公众知晓的公文。买卖这种公文,就意味着使这种文件流入公共领域,这样便有可能侵犯国家机关的正常活动及公共信用。如果买卖可以进入公共领域、可以为公众知晓或应当为公众知晓的公文,则不构成买卖国家机关公文罪。例如,买卖国家机关出台的有些通告,不构成买卖国家机关公文罪。我国最高人民法院已经将一般的民事判决书向社会予以公开,这些民事判决书已经进入公共领域,为一般公众所知晓,因此,买卖这种民事判决书不构成买卖国家机关公文罪。 49

二、盗窃、抢夺、毁灭国家机关公文、证件、印章罪的行为

(一)盗窃

盗窃,是指通过平和手段将他人占有的国家机关公文、证件、印章转移为自己占有。应注意的是,盗窃行为不要求具有秘密性。秘密性只是盗窃行为的常见情形,而非盗窃行为的必要条件。申言之,既然秘密地将他人占有的物品转移为自己占有的构成盗窃,那么基于当然解释原理,公开地将他人占有的物品转移为自己占有的更应构成盗窃。 50

(二)抢夺

抢夺,是指对物暴力。对物暴力的含义是,这种手段对物的占有者的人身具有危险性。这就要求占有者对物紧密占有。例如,甲手里拎着公文包,乙从甲的手里将公文包快速夺走,构成抢夺。又如,甲将公文包放在公园长椅上,自己站着打电话,距离公文包有两米远,乙将公文包快速拿走,不构成抢夺,而是盗窃。可见,抢夺与盗窃的区分不在于公开与秘密,而在于手段的暴力程度。盗窃,对物的占有是通过平和手段实现的,对占有者的人身没有危险。抢夺,对物的占有是通过暴力手段实现的,对占有者的人身具有危险。而抢劫,是对人采取暴力,且暴力程度达到足以压制反抗的程度。 51

52 应注意的是,盗窃、抢夺、抢劫是 A 与 A+B 的包容评价关系,而非 A 与-A 的对立排斥关系,亦即,抢劫可以包容评价为抢夺,抢夺可以包容评价为盗窃。基于此,虽然本罪没有规定抢劫的行为方式,但是如果行为人抢劫国家机关公文、证件、印章,可以认定为抢夺国家机关公文、证件、印章罪。这种认定也符合当然解释的原理,亦即,抢夺国家机关公文、证件、印章便构成犯罪,那么抢劫国家机关公文、证件、印章更应构成犯罪。如果以本罪没有规定抢劫为由,而使抢劫国家机关公文、证件、印章无罪,显然是错误地制造处罚漏洞。将抢劫解释为抢夺,是因为抢劫符合了抢夺的所有要件,而且比抢夺多了一些要件(如对人暴力),因此并不违反罪刑法定原则。

(三)毁灭

53 关于毁灭的含义,大致存在两种观点。[7] 第一种观点认为,毁灭是指将物品的外在有形体毁坏掉或消灭掉。第二种观点认为,毁灭是指使物品的效用丧失,而不要求将物品的外在有形体毁坏掉。合理的看法应是,结合本罪的保护法益来解释毁灭。本罪的保护法益是国家机关公文、证件、印章的证明作用。因此,毁灭在本罪中的含义应是,使国家机关公文、证件、印章的证明作用减损或丧失的行为。基于此,毁灭国家机关公文、证件、印章应包括以下情形:①从物理上毁坏或毁灭国家机关公文、证件、印章的外在有形体。这种行为显然会使国家机关公文、证件、印章的证明作用减损或丧失。②没有从物理上毁坏或毁灭国家机关公文、证件、印章的外在有形体,但是使国家机关公文、证件、印章的证明作用减损或丧失。③既没有从物理上毁坏或毁灭国家机关公文、证件、印章的外在有形体,也没有使其证明作用减损或丧失,而是隐匿了国家机关公文、证件、印章,亦即,使国家机关失去对公文、证件、印章的占有,而行为人也不予以占有。将隐匿解释为毁灭,并非类推解释。这是因为,国家机关公文、证件、印章的证明作用具有主体依附性,亦即,本罪保护的是国家机关的公文、证件、印章的证明作用。虽然公文、证件、印章自身没有丧失证明作用,但是国家机关对公文、证件、印章失去了占有,此时公文、证件、印章的证明作用对于国家机关而言没有意义。因此,毁灭不仅包括使公文、证件、印章自身的证明作用丧失,也包括使国家机关丧失所拥有的公文、证件、印章的证明作用。

三、伪造公司、企业、事业单位、人民团体印章罪的行为

54 本罪的行为是伪造。伪造包括有形伪造与无形伪造。有形伪造,是指没有制作权限的人,冒用公司、企业、事业单位、人民团体的名义制作印章。无形伪造,是指有制作权限的人,擅自以公司、企业、事业单位、人民团体名义制作与事实不符的印章。伪造印章包括两种情形。一是伪造印形(私刻公章),即没有权限的人制造公司、企业、事业单位、人民团体印章的印形。二是伪造印影,即没有权限的人在纸张上或电

7　参见〔日〕山口厚:《刑法各论》(第 2 版),王昭武译,中国人民大学出版社 2011 年版,第 409 页。

脑上设计出印章的文字图案,例如在纸张上描画,或在电脑上设计,然后彩色打印出来。[8]

既然刑法只将伪造规定为本罪的实行行为,因此本罪的行为不应包括变造。而 55
且,一般而言,对公文可以进行变造,但对印章很难进行变造。如果对印章进行所谓的变造,实际效果属于伪造,则按照伪造论处。由于刑法未将买卖规定为本罪的实行行为,因此,买卖公司、企业、事业单位、人民团体的印章,不构成本罪。但是,非法获取并出售载有国家经济秘密的国有公司、企业、事业单位、人民团体的公文的,可构成非法获取国家秘密罪。

四、伪造、变造、买卖身份证件罪的行为

(一)伪造

本罪的伪造包括有形伪造与无形伪造。有形伪造,是指没有制作权限的人,冒用 56
国家机关的名义制作身份证件。无形伪造,是指有制作权限的人,以国家机关名义制作与事实不符的身份证件。例如,负责制作居民身份证的公安人员李某为张某制作姓名为赵某某的居民身份证,这属于无形伪造。又如,张某拥有有效的居民身份证,请求公安人员李某为其再制作一张居民身份证,李某便为张某制作一张身份证号码不同的有效居民身份证,这也属于无形伪造。

问题是,张某欺骗负责制作居民身份证的公安人员李某,使李某以为张某的姓名 57
是赵某某,为张某制作了姓名为赵某某的居民身份证,对此该如何处理?有观点认为,由于该身份证是负责制作居民身份证的公安人员制作的,而公安人员并不知情,故该身份证在形式上是真实的,因此张某不构成伪造身份证件罪。然而,伪造包括无形伪造,亦即,有制作权限的人以国家机关名义制作与事实不符的身份证件。本案中,公安人员在客观上制作了与事实不符的身份证件,只是在主观上并不知情。而无形伪造既包括主客观相统一的无形伪造,也包括仅符合客观条件的无形伪造。当公安人员主观不知情,客观却制作了虚假的身份证件时,公安人员成为张某伪造身份证件的工具,张某利用公安人员,构成伪造身份证件罪的间接正犯。

(二)变造

变造,是指对真实的身份证件进行加工、改动。伪造与变造的区别在于,伪造是 58
无中生有,变造是在已有的基础上进行改动。当然,在已有的真实的身份证件上进行改动,也存在两种情形:一种是主体结构的改动,仍属于伪造;另一种是非主体结构性的改动,属于变造。例如,更改身份证件的姓名、照片、身份证号码,属于主体结构性的改动,属于伪造。更改身份证件上的住址或有效日期,属于非主体结构性的改动,属于变造。

8　参见张明楷:《刑法学》(第6版),法律出版社2021年版,第1359页。

(三)买卖

59 买卖的对象,既包括真实的身份证件,也包括伪造、变造的身份证件。买卖有三种情形,第一种情形是先买进后卖出,第二种情形是仅有卖出行为,第三种情形是仅有买进行为。这里的买进的目的既包括为卖出而买进,也包括为自己使用而买进。例如,甲在大街上捡到乙的身份证,卖给丙,丙用来骗领信用卡。甲构成买卖身份证件罪。又如,甲将自己的身份信息、照片提供给乙,让乙为自己伪造身份证,然后给乙费用。甲构成买卖身份证件罪,乙构成伪造身份证件罪。

60 有观点认为,本罪中的"买卖"不包括伪造、变造身份证件中仅承担贩卖分工的共犯;在伪造、变造活动中被分工为贩卖者,直接作为伪造、变造身份证件罪的共犯处理。[9] 然而,在伪造、变造活动中承担贩卖任务的贩卖者既符合伪造、变造身份证件罪的共犯的条件,又符合买卖身份证件罪的条件,二者并不矛盾,不是对立排斥关系,而属于想象竞合关系,可以择一重罪论处。

61 需要研究的问题是,盗窃、抢夺、毁灭身份证件的行为是否构成犯罪?能否以盗窃、抢夺、毁灭国家机关证件罪论处?答案应是否定的。这是因为,虽然身份证件可以评价为国家机关证件,但是刑法将身份证件从国家机关证件中独立出来,仅仅设立伪造、变造、买卖身份证件罪,并且该罪的法定最高刑低于伪造、变造、买卖国家机关证件罪,这表明,立法者认为身份证件的受保护程度应低于一般国家机关证件的受保护程度。基于此,立法者没有设置盗窃、抢夺、毁灭身份证件罪,因此对盗窃、抢夺、毁灭身份证件罪不应以盗窃、抢夺、毁灭国家机关证件罪论处。当然,身份证件也是一种值得刑法保护的财物,因此如果多次盗窃、入户盗窃、携带凶器盗窃、扒窃身份证件,或者多次抢夺身份证件,可构成盗窃罪、抢夺罪。

Ⅵ　主体

62 本条之罪均为自然人犯罪,责任年龄是16周岁。犯罪主体属于一般主体,没有特殊身份要求。

Ⅶ　罪过

一、伪造、变造、买卖国家机关公文、证件、印章罪的罪过

63 本罪的罪过形式是故意,亦即行为人明知自己在伪造、变造、买卖国家机关公文、证件、印章,仍然实施。需要研究的问题是,本罪的主观方面是否要求具有行使目的?有些国家的刑法对此类罪名规定了行使目的,我国刑法没有规定。然而,虽然我国刑法没有规定行使目的,但是对此应具体分析。对于伪造、变造国家机关公文、证件、印

9　参见黎宏:《刑法学各论》(第2版),法律出版社2016年版,第357页。

章的行为,应要求行为人具有行使目的。这是因为,如果行为人没有行使目的,而是为了收藏、自我欣赏而伪造、变造国家机关公文、证件、印章,是不会侵犯国家机关公文、证件、印章的公共信用的,不具有侵犯公共信用的危险性。行使目的是本罪的主观不法要素。如果成立本罪不要求行使目的,则行为人为了练习美术技艺,制作一枚公章图案,用于自我欣赏,也会构成本罪,显然不当地扩大了本罪的处罚范围。问题是,我国刑法没有规定行使目的,要求成立本罪须具有行使目的,是否违反了罪刑法定原则?答案应是否定的。第一,罪刑法定原则是为了保障人权和限制刑罚权。成立本罪要求行使目的,不会扩大刑罚范围,而是限制了刑罚范围,有利于保障人权。第二,刑法的构成要件要素并非均是成文的构成要件要素,还包括不成文的构成要件要素。例如,抢劫罪、盗窃罪、诈骗罪的条文中均没有规定"非法占有目的",但毫无疑问的是,成立这些犯罪,均要求行为人具有非法占有目的。该目的属于不成文的构成要件要素。因此,行使目的也是伪造、变造国家机关公文、证件、印章罪的不成文的构成要件要素。

对于买卖国家机关公文、证件、印章的行为,是否要求行为人具有行使目的,需要具体分析。如果是购买国家机关公文、证件、印章,应要求行为人具有行使目的,亦即按照国家公文、证件、印章的正常用途使用的目的。如果行为人为了收藏、自我欣赏而购买,则不构成本罪。如果是出售国家机关公文、证件、印章,则不要求行为人具有行使目的,因为出售行为本身就是一种行使行为,将国家机关公文、证件、印章出售给他人,这种行为本身就侵犯了国家机关公文、证件、印章的公共信用。 64

二、盗窃、抢夺、毁灭国家机关公文、证件、印章罪的罪过

本罪的罪过形式是故意,亦即行为人明知自己在盗窃、抢夺、毁灭国家机关公文、证件、印章,仍然实施。需要注意的是,行为人若实施盗窃、抢夺行为,则在主观上要求有非法占有目的。非法占有目的包括排除意思和利用意思。排除意思,是指排除占有者对物品占有控制的意思。排除意思的主要机能是将不值得刑罚处罚的盗用行为排除在犯罪之外。例如,甲悄悄骑走乙的摩托车,到附近超市买瓶酱油,然后将车放回原处。这种盗用行为具有归还意思,没有排除主人占有控制财物的意思,因此不构成盗窃罪。但是,与作为财产罪的盗窃罪有所不同,就盗窃、抢夺国家机关公文、证件、印章而言,在认定排除意思时,需要具体分析:①行为人具有永久或长期排除国家机关占有公文、证件、印章的意思,亦即不具有归还国家机关的意思,则可以认定行为人具有排除意思。②行为人短暂地排除国家机关对公文、证件、印章的占有,具有归还意思。在这种情形下,需要考察行为人使用用途。如果行为人窃得后,并未使用,而是欣赏,然后很快归还国家机关,可认为行为人不具有排除意思,不构成盗窃国家机关公文、证件、印章罪。当然,如果国家机关公文记载了国家秘密,即使阅读后很快归还,也构成非法获取国家秘密罪。如果行为人窃得后,使用国家机关公文、证件、印章,然后很快归还国家机关,应认为行为人具有排除意思,构成盗窃国家机关公文、 65

证件、印章罪。这是因为,本罪的保护法益不是国家机关公文、证件、印章的财产属性,而是其证明作用。行为人窃取后予以使用,即使很快归还,也侵害了国家机关公文、证件、印章的证明作用,因此构成本罪。简言之,盗用行为也构成本罪。当然,这里的使用是指按照公文、证件、印章的正常用途去使用。如果窃得后,作为玩具使用两下后,很快归还国家机关,则不构成盗窃国家机关公文、证件、印章罪。

66 非法占有目的还包括利用意思。如果行为人没有利用意思,而是为了毁坏或隐匿,则构成毁灭国家机关公文、证件、印章罪。因此,利用意思是盗窃、抢夺国家机关公文、证件、印章与毁灭国家机关公文、证件、印章的区分标准。不过,应注意的是,这里的利用意思应限于按照公文、证件、印章的正常用途来使用。如果行为人为了给孩子找个玩具,窃得国家机关公文、证件、印章后,当玩具来使用,也不归还国家机关,则不构成盗窃国家机关公文、证件、印章罪,而构成毁灭国家机关公文、证件、印章罪。这一点与取得型财产犯罪不同,后者中利用意思不限于按照财物的正常用途来使用。

三、伪造公司、企业、事业单位、人民团体印章罪的罪过

67 本罪的罪过形式是故意,亦即行为人明知自己在伪造公司、企业、事业单位、人民团体的印章,仍然实施。需要研究的问题是,本罪在罪过形式上是否要求行使目的?结论应是肯定的。这是因为,如果行为人没有行使目的,而是为了收藏、自我欣赏而伪造印章,是不会侵犯印章的公共信用的。

四、伪造、变造、买卖身份证件罪的罪过

68 本罪的罪过形式是故意,亦即行为人明知自己在伪造、变造、买卖身份证件,仍然实施。需要研究的问题是,本罪在罪过形式上是否要求行使目的?虽然我国刑法没有规定行使目的,但是对此应具体分析。对于伪造、变造身份证件的行为,应要求行为人具有行使目的。这是因为,如果行为人没有行使目的,而是为了收藏、自我欣赏而伪造、变造身份证件,是不会侵犯身份证件的公共信用的,不具有侵犯公共信用的危险性。

69 对于买卖身份证件的行为,是否要求行为人具有行使目的,需要具体分析。如果行为人购买身份证件,应要求行为人具有行使目的,亦即按照身份证件的正常用途使用的目的。如果为了收藏、自我欣赏而购买,则不构成本罪。如果是出售身份证件,则不要求行为人具有行使目的,因为出售行为本身就是一种行使行为,将身份证件出售给他人,这种行为本身就侵犯了身份证件的公共信用。

Ⅷ 既遂与未遂

70 成立伪造、变造、买卖国家机关公文、证件、印章罪,要求伪造、变造、买卖足以使一般人信以为真的国家机关公文、证件、印章。关于本罪的既遂条件,就伪造、变造而

言，只要伪造、变造出来，就构成既遂，不要求有使用行为。虽然行使目的是主观不法要素，但是不要求客观上有对应的行使行为，也即行使目的属于主观的超过要素。就买的行为而言，为了行使目的而买入，就构成既遂。就卖的行为而言，卖掉就构成既遂。

成立盗窃、抢夺、毁灭国家机关公文、证件、印章罪，要求实施了盗窃、抢夺、毁灭行为。关于本罪的既遂，就盗窃、抢夺行为而言，要求行为人将国家机关公文、证件、印章转移为自己占有，亦即取得控制了公文、证件、印章，才构成既遂。就毁灭行为而言，要求达到明显减损公文、证件、印章的证明作用的程度，才构成既遂。否则，只能成立未遂。 71

成立伪造公司、企业、事业单位、人民团体印章罪，要求伪造足以使一般人信以为真的公司、企业、事业单位、人民团体印章，否则，即使实施了伪造行为，情节恶劣的，充其量只能成立未遂。成立本罪的既遂，要求将印章伪造出来，不要求有使用行为。虽然行使目的是主观不法要素，但是不要求客观上有对应的行使行为，也即行使目的属于主观的超过要素。 72

成立伪造、变造、买卖身份证件罪，要求伪造、变造、买卖足以使一般人信以为真的身份证件。关于本罪的既遂条件，就伪造、变造而言，只要伪造、变造出来，就构成既遂，不要求有使用行为。虽然行使目的是主观不法要素，但是不要求客观上有对应的行使行为，也即行使目的属于主观的超过要素。就买的行为而言，为了行使而买入，就构成既遂。就卖的行为而言，卖掉就构成既遂。 73

IX　罪数

一、伪造、变造、买卖国家机关公文、证件、印章罪的罪数

（一）选择性罪名

本罪是选择性罪名，既在行为方式上存在选择要素，亦即伪造、变造、买卖，又在行为对象上存在选择要素，亦即国家机关公文、证件、印章。如果在起诉前实施了伪造、变造、买卖等三种实行行为，不需要数罪并罚，而认定为一个完整的伪造、变造、买卖国家机关公文、证件、印章罪。结合行为对象，存在以下具体情形：第一，同一个行为对象。例如，伪造某个国家机关公文，然后卖掉，只需认定为伪造、买卖国家机关公文罪。第二，同一种行为对象。例如，伪造此国家机关公文，出售彼国家机关公文，只需认定为伪造、买卖国家机关公文罪。第三，不同种行为对象。例如，伪造某个国家机关公文，出售某个国家机关证件，只需认定为伪造、买卖国家机关公文、证件罪，不需要数罪并罚。 74

不过，应注意的是，如果涉及两个独立罪名，则需要数罪并罚。例如，甲伪造某个国家机关公文，出售某个国家机关证件，又盗窃某个国家机关印章，构成伪造、买卖国 75

家机关公文、证件罪和盗窃国家机关印章罪,两罪并罚。

(二)牵连犯

76 一般而言,伪造、变造、买卖国家机关公文、证件、印章,然后利用该公文、证件、印章实施其他犯罪,例如实施诈骗罪、招摇撞骗罪等,属于牵连犯,一般择一重罪论处。但是,如果前后两个行为不具有常见常发的类型性的牵连关系,则应当数罪并罚。例如,2004年3月30日最高人民法院研究室《关于对行为人通过伪造国家机关公文、证件担任国家工作人员职务并利用职务上的便利侵占本单位财物、收受贿赂、挪用本单位资金等行为如何适用法律问题的答复》规定,行为人通过伪造国家机关公文、证件担任国家工作人员职务以后,又利用职务上的便利实施侵占本单位财物、收受贿赂、挪用本单位资金等行为,构成犯罪的,应当分别以伪造国家机关公文、证件罪和相应的贪污罪、受贿罪、挪用公款罪等追究刑事责任,实行数罪并罚。此外,在罪数认定方面还存在一些特殊规定。例如:①最高人民法院、最高人民检察院《关于办理与盗窃、抢劫、诈骗、抢夺机动车相关刑事案件具体应用法律若干问题的解释》第2条规定,伪造、变造、买卖机动车行驶证、登记证书,累计3本以上的,依照伪造、变造、买卖国家机关证件罪定罪。②最高人民法院《关于审理破坏森林资源刑事案件具体应用法律若干问题的解释》第13条规定,对于伪造、变造、买卖林木采伐许可证、木材运输证件,森林、林木、林地权属证书,占用或者征用林地审核同意书、育林基金等缴费收据以及其他国家机关批准的林业证件构成犯罪的,依照伪造、变造、买卖国家机关公文、证件罪定罪处罚。

(三)本罪与非法经营罪

77 非法经营罪的行为类型之一是买卖进出口许可证、进出口原产地证明以及其他法律、行政法规规定的经营许可证或者批准文件。对非法经营罪的这种行为类型与本罪的关系需要具体分析。①如果所买卖的这些经营许可证或批准文件不属于国家机关公文、证件,则不构成买卖国家机关公文、证件罪。②如果所买卖的这些经营许可证或批准文件属于国家机关公文、证件,但没有达到非法经营罪所要求的扰乱市场秩序、情节严重的,则不构成非法经营罪,但构成买卖国家机关公文、证件罪。③如果买卖这些经营许可证或批准文件,既构成非法经营罪,又构成买卖国家机关公文、证件罪的,则属于想象竞合,择一重罪论处。在此,不应将两罪对立排斥起来,亦即这两罪不是A与-A的对立关系,而是A与B的中立关系,完全可能形成想象竞合关系。

二、盗窃、抢夺、毁灭国家机关公文、证件、印章罪的罪数

(一)选择性罪名

78 本罪是选择性罪名,既在行为方式上存在选择要素,亦即盗窃、抢夺、毁灭,又在行为对象上存在选择要素,亦即国家机关公文、证件、印章。如果在起诉前实施了盗窃、抢夺、毁灭等三种实行行为,不需要数罪并罚,而认定为一个完整的盗窃、抢夺、毁

灭国家机关公文、证件、印章罪。结合行为对象,存在以下具体情形:①同一个行为对象。例如,盗窃某个国家机关公文,然后毁灭掉,只需认定为盗窃、毁灭国家机关公文罪。②同一种行为对象。例如,盗窃此国家机关公文,抢夺彼国家机关公文,只需认定为盗窃、抢夺国家机关公文罪。③不同种行为对象。例如,盗窃某个国家机关公文,抢夺某个国家机关证件,只需认定为盗窃、抢夺国家机关公文、证件罪,不需要数罪并罚。不过,应注意的是,如果涉及两个独立罪名,则需要数罪并罚。例如,甲盗窃某个国家机关公文,抢夺某个国家机关证件,又伪造某个国家机关印章,构成盗窃、抢夺国家机关公文、证件罪和伪造国家机关印章罪,两罪并罚。

(二)牵连犯

一般而言,盗窃、抢夺国家机关公文、证件、印章,然后利用该公文、证件、印章实施其他犯罪,例如实施诈骗罪、招摇撞骗罪等,属于牵连犯,一般择一重罪论处。 79

(三)盗窃、抢夺武装部队公文、证件、印章罪

《刑法》第 375 条第 1 款规定了盗窃、抢夺武装部队公文、证件、印章罪,但没有规定毁灭武装部队公文、证件、印章罪。如果行为人毁灭武装部队公文、证件、印章,可认定为毁灭国家机关公文、证件、印章罪,因为武装部队可以包容评价为国家机关。 80

三、伪造、变造、买卖身份证件罪的罪数

本罪是选择性罪名,在行为方式上存在选择要素,亦即伪造、变造、买卖。如果在起诉前实施了伪造、变造、买卖等三种实行行为,不需要数罪并罚,而认定为一个完整的伪造、变造、买卖身份证件罪。一般而言,伪造、变造、买卖身份证件,然后利用该身份证件实施其他犯罪,例如实施妨害信用卡管理罪、诈骗罪、招摇撞骗罪等,属于牵连犯,一般择一重罪论处。 81

X　处罚

根据《刑法》第 280 条第 1 款的规定,犯伪造、变造、买卖或者盗窃、抢夺、毁灭国家机关的公文、证件、印章罪的,处 3 年以下有期徒刑、拘役、管制或者剥夺政治权利,并处罚金;情节严重的,处 3 年以上 10 年以下有期徒刑,并处罚金。 82

根据《刑法》第 280 条第 2 款的规定,犯伪造公司、企业、事业单位、人民团体印章罪的,处 3 年以下有期徒刑、拘役、管制或者剥夺政治权利,并处罚金。 83

根据《刑法》第 280 条第 3 款的规定,犯伪造、变造、买卖身份证件罪的,处 3 年以下有期徒刑、拘役、管制或者剥夺政治权利,并处罚金;情节严重的,处 3 年以上 7 年以下有期徒刑,并处罚金。 84

第二百八十条之一　使用虚假身份证件、盗用身份证件罪

在依照国家规定应当提供身份证明的活动中，使用伪造、变造的或者盗用他人的居民身份证、护照、社会保障卡、驾驶证等依法可以用于证明身份的证件，情节严重的，处拘役或者管制，并处或者单处罚金。

有前款行为，同时构成其他犯罪的，依照处罚较重的规定定罪处罚。

文献：林山田：《刑法各罪论（下册）》（修订5版），北京大学出版社2012年版；黎宏：《刑法学各论》（第2版），法律出版社2016年版；周光权：《刑法各论》（第4版），中国人民大学出版社2021年版；张明楷：《刑法学》（第6版），法律出版社2021年版。翟涛：《略谈使用虚假身份证件罪的司法适用》，载《中国检察官》2017年第9期。

细目录

Ⅰ　主旨
Ⅱ　沿革
Ⅲ　客体
Ⅳ　对象
Ⅴ　行为
一、发生领域
二、使用虚假身份证件
三、盗用身份证件
四、“情节严重”
Ⅵ　主体
Ⅶ　罪过
Ⅷ　罪数
Ⅸ　处罚

Ⅰ　主旨

1　本条是对使用虚假身份证件、盗用身份证件罪的规定。为了保护身份证件的公共信用和证明作用，刑法设立了本罪。

Ⅱ 沿革

1979 年《刑法》、1997 年修订的《刑法》没有设置本罪。本罪是 2015 年《刑法修正案(九)》增设的罪名。 2

Ⅲ 客体

本罪的保护法益是身份证件的证明作用和公共信用。身份证件在法律交往中具有很强的证明效力,因此必须保障身份证件的证明作用和公共信用。 3

Ⅳ 对象

本罪是选择性罪名,存在不同的行为对象。就使用虚假身份证件罪而言,行为对象是虚假的身份证件,亦即伪造、变造的身份证件。伪造的身份证件包括有形伪造与无形伪造的身份证件。有形伪造,是指没有制作权限的人,冒用国家机关的名义制作身份证件。无形伪造,是指有制作权限的人,以国家机关名义制作与事实不符的身份证件。变造的身份证件,是指对真实的身份证件进行加工、改动后形成的虚假的身份证件。就盗用身份证件罪而言,行为对象是他人真实的身份证件。本罪中身份证件包括居民身份证、护照、社会保障卡、驾驶证以及其他依法可以用于证明身份的证件,例如,军官证、港澳通行证、港澳台居民的回乡证、华侨身份证明、外国人身份证明等。 4

Ⅴ 行为

一、发生领域

生活中,使用身份证件的场合很多。本罪的发生领域不可能是所有的使用身份证件的场合。本罪条文规定,本罪行为必须发生在依照国家规定应当提供身份证明的活动中。这里的“国家规定”,依照《刑法》第 96 条的规定,是指全国人大及其常委会制定的法律和决定,国务院制定的行政法规、规定的行政措施、发布的决定和命令。因此,只有在依照全国人大及其常委会和国务院的决定和命令,应当提供身份证明的场合,才有可能成立本罪。例如,根据《居民身份证法》第 14 条第 1 款的规定,有下列情形之一的,公民应当出示居民身份证证明身份:①办理常住户口登记项目变更;②兵役登记;③婚姻登记、收养登记;④申请办理出境手续;⑤法律、行政法规规定需要用居民身份证证明身份的其他情形。根据《反洗钱法》第 16 条的规定,金融机构在与客户建立业务关系或者为客户提供规定金额以上的现金汇款、现钞兑换、票据兑付等一次性金融服务时,应当要求客户出示真实有效的身份证件或者其他身份证明文件,进行核对并登记。根据《出境入境管理法》第 11 条的规定,中国公民出境入境时 5

应当向出入境边防检查机关交验本人的护照或者其他旅行证件等出境入境证件。国务院颁布的《铁路安全管理条例》属于刑法中的“国家规定”,该条例第 64 条规定,铁路运输企业应当按照国务院铁路行业监督管理部门的规定实施火车票实名购买、查验制度。实施火车票实名购买、查验制度的,旅客应当凭有效身份证件购票乘车;对车票所记载身份信息与所持身份证件或者真实身份不符的持票人,铁路运输企业有权拒绝其进站乘车。此外,在申请社会保障、购买商业保险等时,依照国家规定也应当提供有效身份证明。

二、使用虚假身份证件

6 这是指将伪造、变造的身份证件作为真实的身份证件而使用。这里的使用,是指使身份证件的身份信息处于相对方知晓或可能知晓的状态。常见的使用方式有出示、出具、提交等。例如,负责查验身份证件的一方要求查验身份证件时,行为人出示、提交伪造、变造的身份证件,这属于使用虚假身份证件。不过,仅仅持有伪造、变造的虚假身份证件,不属于使用虚假身份证件。

7 值得注意的是,使用虚假的身份证件,应包括使用虚假的身份证件的复印件。例如,相对方要求行为人提供身份证件的复印件,行为人提供虚假的身份证件的复印件,应构成使用虚假的身份证件罪。这是因为,复印件具有证明力,使用虚假的身份证件的复印件,在效果上与使用虚假的身份证件没有本质区别,均侵害了身份证件的证明作用和公共信用。

三、盗用身份证件

8 这里的身份证件是指他人真实的身份证件,不包括虚假的身份证件。如果使用虚假的身份证件,以使用虚假的身份证件罪论处。

9 这里的盗用,不是指盗窃后使用,也即不要求有盗窃身份证件的行为,而是指盗用他人的名义而使用,亦即重点在于使用行为,至于如何取得他人的身份证件,则并不重要。因此,所谓盗用,是指违背身份证件持有人的意愿,以身份证件持有人的名义使用其身份证件。例如,盗窃、诈骗、抢夺、拾取他人身份证件而冒用的,属于盗用。

10 需要研究的问题是,征得身份证件持有人的同意,或者与持有人串通,以持有人名义冒用其身份证件,是否构成盗用身份证件罪?例如,张三经过李四的同意,使用李四的身份证件办理收养登记,验证方(民政部门)以为张三是李四。张三是否构成盗用身份证件罪?第一种观点认为,经过身份证件持有人本人同意或者与其串通,冒用证件持有人名义从事相关经济活动的,行为因为不存在盗用本人名义的情况,因而不属于盗用身份证件罪。[1] 如果将这种行为解释为盗用,与“盗

---

1 参见郎胜主编:《中华人民共和国刑法释义》(第 6 版),法律出版社 2015 年版,第 476—477 页。

用”的含义不符。[2] 第二种观点认为，本罪的设立是为了保护身份证件的公共信用，而不只是为了保护身份证件持有人的利益；即便征得身份证件持有人的同意，也会侵害身份证件的公共信用，所以，身份证件持有人的同意，并不阻却违法性。[3]

从目的解释的角度看，征得身份证持有人的同意而冒用身份证件，会侵害验证方的利益，会侵害身份证件的证明作用和公共信用，因此这种行为具有实质的违法性。 11
所以，从应然角度看，征得身份证件持有人的同意而冒用身份证件，应作为犯罪论处。然而，目的解释只是提供了一种解释理由，即使其解释结论具有正当性和合理性，基于罪刑法定原则，从解释技巧上也应当能够从法条表述上解释出该结论。亦即，在此可以扩大解释，但不能类推解释。刑法在此设立的罪名是盗用身份证件罪，法条表述是“盗用他人的居民身份证、护照、社会保障卡、驾驶证等依法可以用于证明身份的证件”。所谓“盗用他人的居民身份证”，是指违背他人意愿，盗用他人名义，冒用他人的居民身份证。如果他人同意行为人使用其居民身份证，行为人就不属于“盗用他人的居民身份证”。可以看出，将“他人同意行为人使用其居民身份证”解释为“行为人盗用他人的居民身份证”，明显超出了词语的含义的可能射程，明显超出了国民的预测可能性，属于类推解释，违背了罪刑法定原则。在此需要仔细辨别“盗用”与“冒用”的含义。“冒用”是指以身份证件持有人的名义使用其身份证件，欺骗相对方（验证方）。“冒用”包括两种情形：一是违背身份证件持有人的意愿而冒用，欺骗相对方。二是符合身份证件持有人的意愿而冒用，欺骗相对方。“盗用”包括两种情形：一是违背身份证件持有人的意愿而使用其身份证件，欺骗相对方。二是违背身份证件持有人的意愿而使用其身份证件，并未欺骗相对方，亦即相对方（验证方）知道行为人盗用身份证件持有人的名义，但仍予以配合办理事项。可以看出，“冒用”与“盗用”既不是A与-A的对立排斥关系，也不是A与A+B的包容评价关系，而是A+C与B+C的交叉重合关系。“冒用”的重点在于欺骗相对方（验证方）。“盗用”的重点在于违背身份证件持有人的意愿。当行为人没有违背身份证件持有人的意愿而使用其身份证件，欺骗相对方，虽然可以称为“冒用”，但不能称为“盗用”。

然而，上述第二种观点认为，盗用不是相对于身份证件的持有人而言的，而是相 12
对于验证身份的一方而言的，不是侵犯持有人的利益，而是侵犯验证方的利益。因此，即使持有人同意，但冒用持有人身份证件，欺骗验证方，也构成盗用。[4] 然而，如此结论，如上文所述，属于类推解释。而且，依如此结论，“盗用”行为必须欺骗验证方，侵犯验证方利益。然而，这种观点又认为，相对方明知行为人盗用他人的身份证件，仍然办理相关事项的，行为人依然构成盗用身份证件罪，相对方构成本罪的共

---

2 参见周光权：《刑法各论》（第4版），中国人民大学出版社2021年版，第396页。

3 参见张明楷：《刑法学》（第6版），法律出版社2021年版，第1365页。

4 参见张明楷：《刑法学》（第6版），法律出版社2021年版，第1364页。

犯。[5] 不难看出,这两种结论存在矛盾之处。

四、"情节严重"

13 成立本罪,要求情节严重。"情节严重"的常见情形有:多次使用虚假的身份证件或盗用他人身份证件;一次使用数种虚假身份证件;严重损害身份证件持有人的利益;用身份证件实施其他违法犯罪等。例如,犯罪分子盗用他人身份证件购买火车票,以便潜逃。吸毒人员盗用他人身份证件在酒店开设房间,进行吸毒。诈骗分子使用虚假的身份证件诈骗他人财物等。

Ⅵ 主体

14 本罪是自然人犯罪,责任年龄是 16 周岁。本罪主体属于一般主体,没有特殊身份要求。

Ⅶ 罪过

15 本罪的罪过形式是故意,亦即行为人明知自己在使用虚假的身份证件或盗用他人的身份证件,仍然实施。

Ⅷ 罪数

16 本罪是选择性罪名,存在两个罪名,一是使用虚假身份证件罪,二是盗用身份证件罪。如果在起诉前实施了这两种犯罪,不需要数罪并罚,而认定为一个完整的使用虚假身份证件、盗用身份证件罪。本罪第 2 款规定表明,使用虚假的身份证件或盗用他人身份证件,同时构成其他犯罪如诈骗罪、招摇撞骗罪等,属于想象竞合,择一重罪论处。

Ⅸ 处罚

17 根据《刑法》第 280 条之一的规定,犯本罪的,处拘役或者管制,并处或者单处罚金。本罪的法定最高刑是拘役。这表明本罪属于轻罪。

5　参见张明楷:《刑法学》(第 6 版),法律出版社 2021 年版,第 1365 页。

第二百八十条之二 冒名顶替罪

盗用、冒用他人身份，顶替他人取得的高等学历教育入学资格、公务员录用资格、就业安置待遇的，处三年以下有期徒刑、拘役或者管制，并处罚金。

组织、指使他人实施前款行为的，依照前款的规定从重处罚。

国家工作人员有前两款行为，又构成其他犯罪的，依照数罪并罚的规定处罚。

文献：侯艳芳：《冒名顶替上学问题的刑法回应》，载《新疆师范大学学报(哲学社会科学版)》2021 年第 3 期。

细目录

Ⅰ 主旨

Ⅱ 沿革

Ⅲ 客体

Ⅳ 对象

Ⅴ 行为

一、盗用、冒用他人身份

二、顶替他人取得的高等学历教育入学资格、公务员录用资格、就业安置待遇

Ⅵ 主体

Ⅶ 罪过

Ⅷ 罪数

Ⅸ 处罚

Ⅰ 主旨

本条是对盗用、冒用他人身份顶替高等学历教育入学资格、公务员录用资格、就业安置待遇等犯罪的规定。为了保护国家公平的教育录取、公务员录用、就业安置秩序和公民受教育权等人身权，刑法设立了本罪。 1

Ⅱ 沿革

1979 年《刑法》及 1997 年修订的《刑法》没有设置本罪。本罪为 2020 年 12 月 26 日通过的《刑法修正案(十一)》增设的罪名。2020 年 6 月，陈某秀被冒名顶替上大学 2

的事件引起热议，后又有多起同类事件见诸报道，引发社会强烈关注，相关人员的刑事责任追究亦成为公众普遍关注的问题。十三届全国人大常委会第二十次会议召开期间，在分组审议会议上，全国人大常委会组成人员普遍建议增设相应罪名，并提高量刑标准，保障公民“前途的安全”。[1] 最终，《刑法修正案（十一）》增设本罪，以刑法规制冒名顶替上学的行为，回应了社会关切，同时亦规制冒名顶替公务员录用资格及就业安置待遇的行为。

Ⅲ　客体

3　本罪规定于扰乱公共秩序罪之中，因此首要保护法益是国家公平的教育录取、公务员录用、就业安置秩序，同时亦附带保护公民的受教育权等人身权。冒名顶替的行为一方面侵害了国家正常的公平录取录用秩序、就业安置秩序，影响国家对优秀人才的选拔，动摇社会对相关制度的信任基础，破坏社会公平正义；另一方面，该行为剥夺了被顶替者原本享有的受教育、就业的机会，给其造成难以挽回的巨大损失，改变其人生轨迹，因此必须给予惩治，以保护国家公平的录用、录取、就业安置秩序及公民的受教育权等人身合法权益。

Ⅳ　对象

4　由于本罪包含手段行为与目的行为，因此行为对象有两类：一是他人的身份证明材料；二是他人的高等学历教育入学资格、公务员录用资格、就业安置待遇。

Ⅴ　行为

一、盗用、冒用他人身份

5　盗用、冒用他人身份是本罪的手段行为。“身份”一词有多种内涵解释，在本条文语境下应当指人在社会或法律上的地位，当然，这种抽象的地位无法被直接盗走，因此，盗用、冒用他人身份一般表现为盗用、冒用他人能够证明身份的证件、档案资料等，这些身份证明材料的范围较广，包括身份证、护照、户籍证明、军官证、学籍档案、录取通知书等。由于身份与相应的资格或待遇存在对应关系，因此盗用、冒用这些材料，取代他人相应的法律地位，便可取得他人的相应资格或待遇。被盗用、冒用的他人身份，通常应当是真实的。

6　“盗用”他人身份系指违背他人的意愿使用他人身份证明资料，例如盗窃、骗取、

1　参见梁晓辉：《立法机关回应“前途的安全”：建议将“冒名顶替上学”入刑》，载中国新闻网（https://www.chinanews.com/gn/2020/06-30/9225271.shtml），访问时间：2021 年 1 月 24 日。

勒索、抢夺、拾取他人身份证明资料而使用,均属于盗用。如果行为人并未违背他人意愿,而是经过他人同意甚至与他人串通后使用他人的身份证明资料,则不能被评价为“盗用”。但不同于《刑法》第280条之一中仅有“盗用”之规定,本条规定的行为方式中还有“冒用”他人身份,因此上述情形可以评价为“冒用”,因此是否违背他人意愿使用他人身份不影响本罪之成立。另外,不论取得他人相关身份证明材料的方式合法与否,只要是冒用了他人的身份,就属于本条规定的行为方式。

二、顶替他人取得的高等学历教育入学资格、公务员录用资格、就业安置待遇

行为人必须将获取的他人身份用于顶替被冒名人已取得的高等学历教育入学资格、公务员录用资格或就业安置待遇,换言之,冒名顶替的领域是特定的。一方面,如果顶替他人获取的其他资格或者待遇,依照文义解释不能被本条所涵盖,会有类推适用之嫌;另一方面,如果他人尚未取得相应资格,顶替也无从谈起。 7

关于高等学历教育入学资格,根据《高等教育法》第16条的规定,高等学历教育分为专科教育、本科教育和研究生教育。该法第19条规定:“高级中等教育毕业或者具有同等学力的,经考试合格,由实施相应学历教育的高等学校录取,取得专科生或者本科生入学资格。本科毕业或者具有同等学力的,经考试合格,由实施相应学历教育的高等学校或者经批准承担研究生教育任务的科学研究机构录取,取得硕士研究生入学资格。硕士研究生毕业或者具有同等学力的,经考试合格,由实施相应学历教育的高等学校或者经批准承担研究生教育任务的科学研究机构录取,取得博士研究生入学资格。允许特定学科和专业的本科毕业生直接取得博士研究生入学资格,具体办法由国务院教育行政部门规定。”由此,“高等学历教育入学资格”应当是指通过《高等教育法》规定的考试合格等程序依法获取的专科生、本科生或研究生入学资格。2021年修正的《教育法》亦完善了冒名顶替入学行为的法律责任,规定了盗用、冒用他人身份,顶替他人取得入学资格行为的相应法律后果,其中,构成犯罪的,依法追究刑事责任。[2] 这一修正呼应了《刑法修正案(十一)》的出台,有利于实现与《刑法》相关规定的有效对接。 8

有学者将冒名顶替上学的行为方式划分为直接被冒名顶替、自动放弃被冒名、自己交易被冒名、冒用学籍自行考试四种模式。[3] 第一种模式是最常见的模式,以本罪论处不存在疑问。第二种模式中,被顶替者已经自动放弃了入学资格,但对于被冒用身份的事实并不知晓。第三种模式中,被顶替者则知晓并同意行为人顶替其资格,甚至还以交易的方式获取了金钱等利益。就第二、三种模式而言,无论是被顶替者自动 9

---

2 参见《教育法》第77条的规定。

3 参见侯艳芳:《冒名顶替上学问题的刑法回应》,载《新疆师范大学学报(哲学社会科学版)》2021年第3期。

放弃资格还是直接同意被顶替，均不能阻却本罪成立。一方面，这些行为同样属于冒用他人身份顶替他人高等学历教育入学资格；另一方面，顶替者并未通过法律规定的考试合格或其他程序却获取了入学机会，这种行为无疑扰乱了国家公平的招生秩序，具有实质的违法性，故应当以本罪追究刑事责任。对于第四种模式，例如麻某某被冒名顶替上学事件中，"高考移民"考生许某某冒用麻某某的身份信息考入大学。[4] 此类案件中，冒名顶替者以自己考取的真实成绩参与录取程序，但是其身份信息不真实，且以真实身份往往无法获取相应考试资格。从国家公平招生秩序的角度看，原本不具有考试资格的人顶替他人身份获取了考试资格，难言公平，但是，由于被顶替者尚未获得高等学历教育入学资格，因此不符合本罪构成要件。

10 法律对公务员录用有着严格的程序规定。例如，根据《公务员法》第四章的各条文规定，录用担任一级主任科员以下及其他相当职级层次的公务员，采取公开考试、严格考察、平等竞争、择优录取的办法。招录机关根据报考资格条件对报考申请进行审查。报考者提交的申请材料应当真实、准确。公务员录用考试采取笔试和面试等方式进行，考试内容根据公务员应当具备的基本能力和不同职位类别、不同层级机关分别设置。招录机关根据考试成绩确定考察人选，并进行报考资格复审、考察和体检。体检的项目和标准根据职位要求确定。具体办法由中央公务员主管部门会同国务院卫生健康行政部门规定。招录机关根据考试成绩、考察情况和体检结果，提出拟录用人员名单，并予以公示。公示期不少于 5 个工作日。录用特殊职位的公务员，经省级以上公务员主管部门批准，可以简化程序或者采用其他测评办法。因此，"公务员录用资格"应当是指依照《公务员法》规定的相应程序取得的录用资格。

11 就业安置待遇是指政府依据相关法律和政策针对特定的特殊主体实施的安排就业或优惠就业的待遇，范围相对广泛。例如，《退役军人保障法》第 21 条第 3 款规定了对退役的军官"以转业方式安置的，由安置地人民政府根据其德才条件以及服现役期间的职务、等级、所做贡献、专长等和工作需要安排工作岗位，确定相应的职务职级"，该法第 22 条第 4 款、第 23 条第 3 款规定了对退役的军士、义务兵"以安排工作方式安置的，由安置地人民政府根据其服现役期间所做贡献、专长等安排工作岗位"；《英雄烈士保护法》第 21 条第 1 款有"英雄烈士遗属按照国家规定享受教育、就业、养老、住房、医疗等方面的优待"之规定，其中可能涉及英雄烈士遗属的就业安置待遇；国家体育总局《关于进一步做好退役运动员就业安置工作有关问题的通知》规定了"根据退役运动员德才表现、专业特长、业绩贡献、运龄、年龄等因素，结合工作需要，采取直接考核、转岗聘任等方式合理安排工作和职务"等，地方政策中亦有更为明确的规定，如湖南省娄底市出台的《娄底市安置退役运动员实施细则》中规定了"加

4　参见侯艳芳：《冒名顶替上学问题的刑法回应》，载《新疆师范大学学报（哲学社会科学版）》2021 年第 3 期。

大对优秀运动员退役后政府指令性安置力度,对获得全运会冠军、世界锦标赛冠军、奥运会前三名的优秀运动员实行退役后政策性就业安置"等;此外还有被征地农民等的就业安置等,均属于本条规定的"就业安置待遇"。在就业安置工作中,政府部门需要核验主体身份才能够给予相应待遇,这在相关法律和政策中均有体现。至于一些面向不特定主体的岗前技能培训、提供就业信息等服务,则不属于这里的就业安置待遇。

Ⅵ 主体

本罪是自然人犯罪,责任年龄是 16 周岁。本罪主体属于一般主体,但本条第 3 款中规定的主体则有特殊身份要求,即国家工作人员。在冒名顶替的整个行为过程中,涉及多环节和多主体,其中利用职权对冒名顶替行为进行加功之行为具有严重社会危害性,绝不容忽视,例如冒名顶替上学行为过程中的户籍管理部门工作人员、教育行政部门工作人员、高校或中学的管理人员及负责招生工作的教师等。在《刑法修正案(十一)(草案二次审议稿)》中,尚无本条第 3 款的规定。在第二次审议过程中,有的常委会组成人员建议对国家机关工作人员组织、指使或者帮助实施冒名顶替的行为进一步明确法律适用和从严惩处[5],故三审稿中增加了第 3 款,主体是"国家机关工作人员"。然而,在冒名顶替类案件中,部分直接参与人员并非国家机关工作人员,如高校管理人员等,系接受委托从事招生等活动,其在行为过程中同样运用了公权力,因而最终《刑法修正案(十一)》将本条第 3 款的行为主体确定为"国家工作人员"。《刑法》第 93 条规定:"国家工作人员是指国家机关中从事公务的人员。国有公司、企业、事业单位、人民团体中从事公务的人员和国家机关、国有公司、企业、事业单位委派到非国有公司、企业、事业单位、社会团体从事公务的人员,以及其他依照法律从事公务的人员,以国家工作人员论。"因此,高校或中学的管理人员、从事高等学历教育招生工作的教师等主体的行为如果同时构成其他犯罪,仍然应当数罪并罚。 12

Ⅶ 罪过

本罪的罪过形式是故意,亦即行为人明知自己是在盗用、冒用他人身份顶替他人已经取得的高等学历教育入学资格、公务员录用资格、就业安置待遇,仍然实施。 13

Ⅷ 罪数

依照本条第 3 款的规定,"国家工作人员有前两款行为,又构成其他犯罪的,依照 14

5 参见《全国人民代表大会宪法和法律委员会关于〈中华人民共和国刑法修正案(十一)(草案)〉审议结果的报告》,载中国人大网(http://www.npc.gov.cn/npc/c30834/202012/0e966f5773c348cb964f19fb05cf0e88.shtml),访问时间:2021 年 1 月 24 日。

数罪并罚的规定处罚”。具体而言，国家工作人员在冒名顶替行为过程中可能涉及渎职、贿赂、扰乱公共秩序、侵犯个人信息类犯罪。例如，若要冒名顶替，往往要获取被顶替者信息，若国家工作人员违反国家有关规定，实施了将被顶替者的姓名、身份证号、户籍信息等个人信息提供给他人等行为，情节严重的将成立《刑法》第 253 条之一的侵犯公民个人信息罪；在以往的案件中，多有截取被顶替者录取通知书的行为，若邮政工作人员实施该行为，可能成立《刑法》第 253 条规定的私自开拆、隐匿、毁弃邮件、电报罪；在冒用身份时，为使冒名者顺利通过相关部门的身份核验，可能会有伪造国家机关印章、户口簿、户口迁移证等行为，可能成立《刑法》第 280 条规定的伪造、变造、买卖国家机关公文、证件、印章罪；若国家机关工作人员为冒名顶替者办理虚假学籍档案、办理虚假体检材料、伪造户籍材料等，情节严重的将构成《刑法》第 418 条规定的招收公务员、学生徇私舞弊罪；如果不涉及招收公务员、学生工作，亦有可能成立《刑法》第 397 条规定的滥用职权罪；如果国家工作人员有行贿或受贿行为，可能成立《刑法》第 385 条规定的受贿罪、第 389 条规定的行贿罪等。当国家工作人员实施了上述犯罪行为，又实施了本条规定的行为，则应数罪并罚。不过，如果实施一个行为，同时触犯两个罪名，则属于想象竞合犯，择一重罪论处。

Ⅸ　处罚

15　根据《刑法》第 280 条之二第 1 款的规定，犯本罪的，处 3 年以下有期徒刑、拘役或者管制，并处罚金。若组织、指使他人实施本条第 1 款行为的，依照第 1 款的规定从重处罚。在已经发生的冒名顶替上学案件中，由于冒名顶替者尚处于学生阶段，能力有限，因此具体策划并操纵整个流程的往往是其成年亲属，亲属成立本罪的共同犯罪。考虑到幕后组织、指使人员作为“始作俑者”，其行为具有更大的社会危害性，且在共同犯罪中所起的作用也十分重要，法律规定了从重处罚条款。而国家工作人员作为公权力的行使者，利用手中职权实施冒名顶替行为或者组织、指使他人实施冒名顶替行为，不仅是对社会管理秩序和个人权益的侵害，也是对职务行为的廉洁性、公正性、有效性的侵害，损害公民对公权力的信任，应当从严惩治。因此，本条第 3 款规定，国家工作人员有前两款行为，又构成其他犯罪的，依照数罪并罚的规定处罚。

第二百八十一条　非法生产、买卖警用装备罪

非法生产、买卖人民警察制式服装、车辆号牌等专用标志、警械，情节严重的，处三年以下有期徒刑、拘役或者管制，并处或者单处罚金。

单位犯前款罪的，对单位判处罚金，并对其直接负责的主管人员和其他直接责任人员，依照前款的规定处罚。

文献：〔日〕大谷实：《刑法讲义各论》（新版第2版），黎宏译，中国人民大学出版社2008年版；林山田：《刑法各罪论（下册）》（修订5版），北京大学出版社2012年版；黎宏：《刑法学各论》（第2版），法律出版社2016年版；周光权：《刑法各论》（第4版），中国人民大学出版社2021年版；张明楷：《刑法学》（第6版），法律出版社2021年版。

细目录

Ⅰ　主旨
Ⅱ　沿革
Ⅲ　客体
Ⅳ　对象
Ⅴ　行为
Ⅵ　主体
Ⅶ　罪过
Ⅷ　处罚

Ⅰ　主旨

本条是关于非法生产、买卖警用装备罪的规定。为了保护警用装备的合法生产、使用，刑法设立了本罪。 1

Ⅱ　沿革

1979年《刑法》没有设置本罪。本罪是1997年《刑法》增设的罪名。 2

Ⅲ　客体

本罪的保护法益是关于警用装备的生产、使用方面的管制制度。警用装备属于警 3

务人员专用的装备。非法生产、买卖警用装备,会侵害公安机关及人员的公众信赖感。

Ⅳ　对象

4　本罪的行为对象是人民警察制式服装、车辆号牌等专用标志、警械。制式服装,是指统一设计、制作并有别于其他服装的专用服装。车辆号牌,是指为便于管理而制作的用以标明汽车归属、类型、排列顺序等的牌照。专用标志,主要是指警衔、警号、胸章、臂章、帽徽、警灯等警用标志。警械,是指人民警察按照规定装备的警棍、催泪弹、高压水枪、特种防暴枪、手铐、脚镣、警绳等警用器械。这些物品属于禁止自由流通的物品,也即属于管制物品。

Ⅴ　行为

5　本罪的实行行为包括非法生产和非法买卖。非法生产包括无生产资格而生产和有生产资格的单位或个人违反规定的规格、品种、数量、标号等进行生产两种情况。非法买卖,从买卖资格上看,包括无买卖资格而买卖与有买卖资格的单位或个人违反规定擅自买卖两种情况。非法买卖,从行为环节上看包括卖(亦即销售、出售)和买。关于购买的动机,既包括为了卖出而买进,也包括为了非法使用而买进。

6　成立本罪,要求行为达到情节严重的程度。根据 2008 年 6 月 25 日最高人民检察院、公安部《关于公安机关管辖的刑事案件立案追诉标准的规定(一)》第 35 条的规定,非法生产、买卖人民警察制式服装、车辆号牌等专用标志、警械的“情节严重”的情形有:①成套制式服装 30 套以上,或者非成套制式服装 100 件以上的;②手铐、脚镣、警用抓捕网、警用催泪喷射器、警灯、警报器单种或者合计 10 件以上的;③警棍 50 根以上的;④警衔、警号、胸章、臂章、帽徽等警用标志单种或者合计 100 件以上的;⑤警用号牌、省级以上公安机关专段民用车辆号牌 1 副以上,或者其他公安机关专段民用车辆号牌 3 副以上的;⑥非法经营数额 5000 元以上,或者非法获利 1000 元以上的;⑦被他人利用进行违法犯罪活动的;⑧其他情节严重的情形。

Ⅵ　主体

7　本罪的主体包括自然人和单位。自然人的责任年龄是 16 周岁,没有特殊身份要求。

Ⅶ　罪过

8　本罪的罪过形式是故意,亦即明知自己在非法生产、买卖警用装备,仍然实施。需要注意的问题有:①如果对行为对象的特殊性的确不明知,亦即不知道对象是警用装备,则不构成本罪。②非法出售警用装备,不要求行为人具有营利目的。非法购买,不要求必须有出售目的。

9 需要研究的问题是，行为人主观上认为自己在非法生产、买卖警用制式服装，实际上该款警用制式服装已经被更换，但行为人不知情。对此该如何处理？有观点认为，行为人构成本罪的未遂。[1] 对此需要明确的问题是，本罪的警用制式服装是仅指"现役"的制式服装，还是包括"退役"的制式服装？虽然普通公民穿着"退役"的警用制式服装冒充警察，有可能侵犯警察的公众信赖感，但是，本罪的警用制式服装应仅指"现役"的制式服装，如果包括"退役"的制式服装，则会扩大处罚范围，而且，国家只是对"现役"的警用制式服装的生产、买卖进行管制，而没有对"走进历史"的警用制式服装进行管制。因此，生产、买卖"退役"的警用制式服装，不属于非法生产、买卖警用制式服装。基于此，行为人客观上生产、买卖"退役"的警用制式服装，不会侵犯本罪的保护法益，也没有侵犯的危险性，因此不构成本罪。当行为人对此不知情时，该行为属于对象不能犯或手段不能犯，不具有可罚性。

Ⅷ 处罚

10 根据《刑法》第 281 条的规定，自然人犯本罪的，处 3 年以下有期徒刑、拘役或者管制，并处或者单处罚金。单位犯本罪的，对单位判处罚金，并对其直接负责的主管人员和其他直接责任人员，依照前款的规定处罚。

1 参见周光权：《刑法各论》（第 4 版），中国人民大学出版社 2021 年版，第 397 页。

第二百八十二条　非法获取国家秘密罪；非法持有国家绝密、机密文件、资料、物品罪

以窃取、刺探、收买方法，非法获取国家秘密的，处三年以下有期徒刑、拘役、管制或者剥夺政治权利；情节严重的，处三年以上七年以下有期徒刑。

非法持有属于国家绝密、机密的文件、资料或者其他物品，拒不说明来源与用途的，处三年以下有期徒刑、拘役或者管制。

文献：刘建宏、李永升主编：《刑法学分论》，法律出版社 2011 年版；林山田：《刑法各罪论（下册）》（修订 5 版），北京大学出版社 2012 年版；黎宏：《刑法学各论》（第 2 版），法律出版社 2016 年版；周光权：《刑法各论》（第 4 版），中国人民大学出版社 2021 年版；张明楷：《刑法学》（第 6 版），法律出版社 2021 年版。高瑞祥：《论非法获取国家秘密罪》，载《河南公安高等专科学校学报》2008 年第 1 期；林杰：《故意泄露国家秘密罪与非法获取国家秘密罪的界限探讨》，载《法制与经济（中旬刊）》2011 年第 10 期；张曙光：《论持有型犯罪的"附加条件"》，载《法学家》2015 年第 2 期。

细目录

Ⅰ　主旨
Ⅱ　沿革
Ⅲ　客体
Ⅳ　对象
　一、非法获取国家秘密罪的对象
　二、非法持有国家绝密、机密文件、资料、物品罪的对象
Ⅴ　行为
　一、非法获取国家秘密罪的行为
　二、非法持有国家绝密、机密文件、资料、物品罪的行为
Ⅵ　主体
Ⅶ　罪过
Ⅷ　既遂与未遂
Ⅸ　罪数
　一、非法获取国家秘密罪的罪数
　二、非法持有国家绝密、机密文件、资料、物品罪的罪数

X　处罚

I　主旨

本条是关于非法获取国家秘密罪与非法持有国家绝密、机密文件、资料、物品罪的规定。为了保护国家秘密,刑法设立了本条之罪。 1

II　沿革

1979 年《刑法》没有设置非法获取国家秘密罪与非法持有国家绝密、机密文件、资料、物品罪,两罪均为 1997 年《刑法》增设。 2

III　客体

非法获取国家秘密罪与非法持有国家绝密、机密文件、资料、物品罪的保护法益是国家秘密的保密性和安全性。由于国家秘密涉及国家安全,刑法有必要对国家秘密予以严格保护。 3

IV　对象

一、非法获取国家秘密罪的对象

本罪的行为对象是国家秘密。国家秘密,是指关系国家安全和利益,在一定时间内仅限于一定范围的人知晓的事项。这里的国家安全与利益,包括国家在政治、经济、国防、外交等领域的安全与利益。因此,国家秘密包括:国家事务重大决策中的秘密事项;国家经济、社会发展中的秘密事项;外交活动中的秘密事项;国防、军事领域的秘密事项;科学技术中的秘密事项;维护国家安全活动和追查刑事犯罪中的秘密事项;经国家保密行政管理部门确定的其他秘密事项。政党的秘密事项符合上述条件的,属于国家秘密。我国《保守国家秘密法》第 10 条规定将国家秘密分为绝密、机密和秘密三个等级。绝密级国家秘密是最重要的国家秘密,泄露会使国家安全和利益遭受特别严重的损害。机密级国家秘密是重要的国家秘密,泄露会使国家安全和利益遭受严重的损害。秘密级国家秘密是一般的国家秘密,泄露会使国家安全和利益遭受损害。需要注意的是:①国家秘密的保密期限已满,自行解密后,便不是本罪的国家秘密。②虽然有国家秘密标志,但原本不属于国家秘密的,不是本罪的国家秘密。③客观上不是国家秘密,而行为人主观上以为是国家秘密,以窃取、刺探、收买方法非法获取,属于不可罚的对象不能犯,不能以犯罪未遂论处。 4

二、非法持有国家绝密、机密文件、资料、物品罪的对象

5 本罪的行为对象是国家绝密、机密文件、资料、物品。本罪中的国家秘密仅指绝密级国家秘密和机密级国家秘密,不包括秘密级国家秘密。本罪的行为对象实为承载绝密级和机密级国家秘密的载体。

V 行为

一、非法获取国家秘密罪的行为

6 本罪的实行行为是以窃取、刺探、收买方法,非法获取国家秘密。①窃取,是指通过盗窃手段非法获取国家秘密。应注意的是,虽然刑法没有规定使用抢劫、抢夺手段非法获取国家秘密,但是,由于抢劫、抢夺可以包容评价为盗窃,因此可以视为以窃取方法非法获取国家秘密。②刺探,是指使用探听、偷窥等方法获取国家秘密。窃取的方式可以是秘密的,刺探的方式也可以是秘密的。二者的区别在于,窃取是将承载国家秘密的载体如文件资料、光盘等非法转移为自己占有,而刺探的方式没有将承载国家秘密的载体非法转移占有,但是获悉了国家秘密,亦即不转移占有载体,但知悉内容。③收买,是指利用金钱、物质或其他利益换取国家秘密。

7 需要研究的问题是,刑法在本条文中没有规定以诈骗、胁迫(敲诈勒索)的方法非法获取国家秘密,也没有在“窃取、刺探、收买”后使用“等”“其他方法”的词语,那么行为人以诈骗、胁迫的方法非法获取国家秘密,该如何处理?很显然,这种行为值得刑罚处罚。诈骗、胁迫的方法与盗窃的方法的共同点在于将他人占有的国家秘密非法转移为自己占有,因此,本罪中的“窃取”应当扩大解释为将他人占有的国家秘密非法转移为自己占有,亦即诈骗、胁迫的方法也属于窃取的方法。

二、非法持有国家绝密、机密文件、资料、物品罪的行为

8 本罪的实行行为是非法持有,并且拒不说明其来源与用途。①非法持有,非法持有的情形包括没有资格知悉某项国家绝密、机密的人员持有该项国家绝密、机密的载体及有资格知悉某项国家绝密、机密的人员,未经法定程序,私自持有该项国家绝密、机密的载体两种情况。②拒不说明来源与用途,是指有关机关责令行为人说明来源与用途,行为人拒不回答或者虚假回答。行为人应当既说明来源,又说明用途。拒不说明来源与用途,表明行为人具有说明义务,这是一项作为义务。行为人拒不履行该作为义务,简言之,拒不说明来源与用途是一种不作为的表现。成立本罪,要求非法持有,并且拒不说明来源与用途。如果行为人非法持有,但应要求说明了来源与用途,则不构成本罪。如果说明的来源是非法来源,可构成其他犯罪如非法获取国家秘密罪。

9 问题是,如何认识本罪的实行行为?本罪属于作为犯、不作为犯抑或作为与不作

为的结合?

第一种观点认为,本罪属于纯正的不作为犯罪,实行行为是拒不说明来源与用途,而非法持有只是本罪的前提条件。这就如同巨额财产来源不明罪,国家工作人员非法持有来源不明的巨额财产,只是该罪的前提条件,当被责令说明来源与用途时拒不说明,就构成该罪。[1] 然而,本罪与巨额财产来源不明罪有所不同。后者持有的对象是来源不明的巨额财产。巨额财产不等于非法财产,因此,持有巨额财产的行为不一定具有违法性,所以这种行为不能成为巨额财产来源不明罪的实行行为,只能作为一种前提条件。而非法持有国家绝密、机密文件、资料、物品罪中,非法持有的对象是国家绝密、机密文件、资料、物品,这类物品属于特殊管制的物品。一般公民持有这种物品的行为本身就具有违法性,例如非法持有枪支罪、持有假币罪、非法持有毒品罪等,持有本身就具有违法性。如果去掉持有行为的违法性,本罪的违法性就无法得到完整说明和评价。因此,非法持有行为应当成为本罪的实行行为。 10

第二种观点认为,本罪属于持有型犯罪,持有型犯罪是作为犯,“拒不说明来源与用途”只是一种客观附加条件,亦即如果说明了来源与用途,便不予处罚。[2] 然而,虽然本罪的罪名是非法持有国家绝密、机密文件、资料、物品罪,但本罪不是纯正的持有型犯罪。如果认为本罪是持有型犯罪,而“拒不说明来源与用途”只是客观处罚条件,那么构成要件行为的违法性就应当由持有行为全部提供。然而,如此说来,就无法解释刑法为何在非法持有枪支罪、非法持有毒品罪、持有假币罪等其他持有型犯罪中没有类似规定,而仅仅在本罪中有如此规定。合理的解释应当是,其他持有型犯罪的持有行为提供了完整、充分的构成要件行为的违法性,而本罪的持有行为尚未提供完整、充分的构成要件行为的违法性,还需再规定符合“拒不说明来源与用途”的条件才能提供完整、充分的构成要件行为的违法性。造成这种局面的原因是,枪支、毒品、假币等违禁品属于社会危害性很严重的违禁品,不用关注其来源与用途,因为其来源一般都是非法来源,例如普通公民非法购买的枪支、非法制造的毒品、自己伪造的假币;其用途一般都是非法用途,例如普通公民用枪支实施犯罪、用毒品危害他人、用假币欺骗他人等。而国家绝密、机密文件、资料、物品与上述违禁品有所不同,其本身并不像上述违禁品一样具有社会危害性,其本身是国家正常运行的必要组成部分,获取、保守、使用这些文件、资料、物品是国家保密行政部门和安全部门的职责;其来源不一定具有违法性,其用途也不一定具有违法性。因此,只有行为人拒不说明其来源与用途,才表明行为人的法益侵害性达到了值得科处刑罚的程度。因此,“拒不说明来源与用途”对持有行为的违法性具有补充性,不能抹杀拒不说明行为的构成要件违法性。因此,本罪不属于纯正的持有型犯罪。 11

基于以上分析,本罪应是复行为犯,是作为与不作为的结合,持有是一种作为的 12

1　参见刘建宏、李永升主编:《刑法学分论》,法律出版社 2011 年版,第 270 页。

2　参见张曙光:《论持有型犯罪的“附加条件”》,载《法学家》2015 年第 2 期。

表现,拒不说明是不作为的表现。

Ⅵ 主体

13 本条之罪均为自然人犯罪,责任年龄是16周岁。本罪主体属于一般主体,没有特殊身份要求。

Ⅶ 罪过

14 本罪的罪过形式是故意,亦即明知自己在非法获取国家秘密,仍然实施。成立本罪,行为人需要认识到自己非法获取的是国家秘密。在此有可能存在行为人没有认识到的情况。一般的国家秘密具有秘密标志,行为人会认识到对象是国家秘密。但有些国家秘密没有秘密标志,在判断行为人有无认识到对象是国家秘密时,需要具体分析,对此需要考虑行为人获取的途径是否正当、有无特殊的手段等。《保守国家秘密法》第20条规定:"机关、单位对是否属于国家秘密或者属于何种密级不明确或者有争议的,由国家保密行政管理部门或者省、自治区、直辖市保密行政管理部门确定。"行为人在获取这类信息资料时,行为人认为其不属于国家秘密,但该信息资料是否属于国家秘密存在争议,后经国家保密行政管理部门确定属于国家秘密。对此,宜认定行为人没有认识到这类信息资料属于国家秘密。

15 此外,行为人意图盗窃普通财物,客观上盗窃了国家秘密,可以认定为盗窃罪,但不能认定为非法获取国家秘密罪;在知道是国家秘密后,继续持有,并且拒不说明来源与用途的,则可能构成非法持有国家绝密、机密文件、资料、物品罪。

16 非法持有国家绝密、机密文件、资料、物品罪的罪过形式亦为故意,亦即明知自己非法持有国家绝密、机密文件、资料、物品,仍然持有,并且故意拒不说明其来源与用途。

Ⅷ 既遂与未遂

17 非法获取国家秘密罪的既遂标准是非法获得了国家秘密。这种非法获得包括以下情形:①就窃取方法而言,非法获取国家秘密是指取得控制了承载国家秘密的载体,亦即将承载国家秘密的载体转移为自己占有,置于自己控制范围内。②就刺探方法而言,非法获取国家秘密是指获悉了国家秘密的信息内容。③就收买方法而言,非法获取国家秘密,既包括占有了国家秘密的载体,也包括获悉了国家秘密的内容。

Ⅸ 罪数

一、非法获取国家秘密罪的罪数

18 本罪与为境外窃取、刺探、收买、非法提供国家秘密、情报罪的区别在于,二者主观内容不同。后罪要求行为人主观上具有为境外的机构、组织、个人窃取、刺探、收买国家秘密的目的，而前罪不要求这一点。因此，如果行为人为了向境外的机构、组织、个人提供而非法获取国家秘密，就应定后罪。

19 行为人实施窃取、刺探、收买国家秘密的行为时，没有非法向境外机构、组织、个人非法提供的故意，但非法获取国家秘密之后，产生了这种故意，并非法提供给境外机构、组织、个人。行为人先构成非法获取国家秘密罪，后构成为境外非法提供国家秘密罪。由于两个行为侵害的法益具有同一性，只定后罪可以包容评价整体的法益侵害性，因此，只需以后罪论处，而不需数罪并罚。

二、非法持有国家绝密、机密文件、资料、物品罪的罪数

20 本罪与非法获取国家秘密罪具有补充关系。行为人非法持有国家绝密、机密文件、资料、物品，但说明了是以窃取、刺探、收买方法获取的，则不定本罪，而定非法获取国家秘密罪。行为人非法持有国家绝密、机密文件、资料、物品，司法机关没有责令行为人说明来源与用途，而是自行查明这些物品是行为人窃取、刺探、收买来的，则行为人不构成本罪，而构成非法获取国家秘密罪。

X　处罚

21 根据《刑法》第 282 条第 1 款的规定，犯非法获取国家秘密罪的，处 3 年以下有期徒刑、拘役、管制或者剥夺政治权利；情节严重的，处 3 年以上 7 年以下有期徒刑。

22 根据《刑法》第 282 条第 2 款的规定，犯非法持有国家绝密、机密文件、资料、物品罪的，处 3 年以下有期徒刑、拘役或者管制。

第二百八十三条　非法生产、销售专用间谍器材、窃听、窃照专用器材罪

非法生产、销售专用间谍器材或者窃听、窃照专用器材的，处三年以下有期徒刑、拘役或者管制，并处或者单处罚金；情节严重的，处三年以上七年以下有期徒刑，并处罚金。

单位犯前款罪的，对单位判处罚金，并对其直接负责的主管人员和其他直接责任人员，依照前款的规定处罚。

文献：〔日〕大谷实：《刑法讲义各论》（新版第2版），黎宏译，中国人民大学出版社2008年版；林山田：《刑法各罪论（下册）》（修订5版），北京大学出版社2012年版；黎宏：《刑法学各论》（第2版），法律出版社2016年版；周光权：《刑法各论》（第4版），中国人民大学出版社2021年版；张明楷：《刑法学》（第6版），法律出版社2021年版。邹顺平：《非法生产、销售专用间谍器材罪应增加适用罚金刑》，载《福建法学》2002年第2期；李小波：《窃听、窃照专用器材立法完善思考》，载《北京警察学院学报》2015年第2期。

细目录

Ⅰ　主旨
Ⅱ　沿革
Ⅲ　客体
Ⅳ　对象
Ⅴ　行为
Ⅵ　主体
Ⅶ　罪过
Ⅷ　处罚

Ⅰ　主旨

1　本条是关于非法生产、销售专用间谍器材或者窃听、窃照专用器材罪的规定。为了防止专用间谍器材或者窃听、窃照专用器材被非法生产、销售，刑法设立了本罪。

Ⅱ　沿革

2　1979年《刑法》没有设置本罪。本罪是1997年《刑法》增设的罪名。2015年8月

29日《刑法修正案(九)》对本罪作了重大修订。第一,将本罪的行为主体从自然人扩大到单位。单位也可构成本罪。第二,将本罪的行为对象“窃听、窃照等专用间谍器材”修改为“专用间谍器材或者窃听、窃照专用器材”。第三,在法定刑上增加了罚金刑。从而,本罪的罪名由“非法生产、销售间谍专用器材罪”修改为“非法生产、销售专用间谍器材、窃听、窃照专用器材罪”。

Ⅲ 客体

本罪的保护法益是国家对专用间谍器材或者窃听、窃照专用器材的管控制度。 3
这些专用器材只有国家的特定机关和人员才能使用。如果这些器材流入一般人手里,会侵害公民的合法权益。

Ⅳ 对象

本罪的行为对象是专用间谍器材或者窃听、窃照专用器材。 4

(1)专用间谍器材。根据2014年11月1日《反间谍法》第25条的规定,专用间 5
谍器材由国务院国家安全主管部门依据国家有关规定确认,通常是指用于间谍活动特殊需要的下列器材:①暗藏式窃听、窃照器材;②突发式收发报机、一次性密码本、密写工具;③用于获取情报的电子监听、截听器材;④其他专用间谍器材。

(2)窃听、窃照专用器材。这是指用于秘密监听、录音、拍摄影像的专用器材。依 6
照2014年12月23日国家工商行政管理总局、公安部、国家质量监督检验检疫总局《禁止非法生产销售使用窃听窃照专用器材和“伪基站”设备的规定》第3条、第4条的规定,窃听专用器材,是指以伪装或者隐蔽方式使用,经公安机关依法进行技术检测后作出认定结论,认定为窃听专用器材的,包括以下器材:①具有无线发射、接收语音信号功能的发射、接收器材;②微型语音信号拾取或者录制设备;③能够获取无线电通信信息的电子接收器材;④利用搭接、感应等方式获取通讯线路信息的器材;⑤利用固体传声、光纤、微波、激光、红外线等技术获取语音信息的器材;⑥利用可遥控语音接收器件或者电子设备中的语音接收功能,获取相关语音信息,且无明显提示的器材(含软件);⑦其他具有窃听功能的器材。窃照专用器材,是指以伪装或者隐蔽方式使用,经公安机关依法进行技术检测后作出认定结论,认定为窃照专用器材的,包括以下器材:①具有无线发射功能的照相、摄像器材;②微型针孔式摄像装置以及使用微型针孔式摄像装置的照相、摄像器材;③取消正常取景器和回放显示器的微小相机和摄像机;④利用搭接、感应等方式获取图像信息的器材;⑤利用可遥控照相、摄像器件或者电子设备中的照相、摄像功能,获取相关图像信息,且无明显提示的器材(含软件);⑥其他具有窃照功能的器材。

需要注意的是,本罪的行为对象是专用的间谍器材及专用的窃听、窃照器材。当 7
前的智能手机等电子产品,虽然能够用于窃听、窃照,但其主要功能是日常生活中的照相、摄像、录音等功能,不是专门用于窃听、窃照的器材,不是本罪的行为对象。

V 行为

8 本罪的实行行为是非法生产、销售行为。非法生产包括无生产资格而生产及有生产资格的单位或个人违反规定的规格、品种、数量、标号等进行生产两种情况。非法销售,从销售资格上看包括无销售资格而销售与有销售资格的单位或个人违反规定擅自销售两种情况。非法销售,从行为环节上看包括两种情形:非法生产然后销售;非法销售,例如购买他人的违法器材,然后销售。应注意的是,刑法对本罪规定的是"销售"而非"买卖",这便意味着,为了收藏而购买,不构成本罪;为了销售而购买,则是非法销售的预备行为。

Ⅵ 主体

9 本罪的主体包括自然人和单位。自然人的责任年龄是16周岁,没有特殊身份要求。

Ⅶ 罪过

10 本罪的罪过形式是故意,亦即明知自己在非法生产、销售专用间谍器材或者窃听、窃照专用器材,仍然实施。需要注意的问题有:①如果对行为对象的特殊性的确不明知,亦即不知道对象是专用间谍器材或者窃听、窃照专用器材,则不构成本罪。②非法销售专用间谍器材或者窃听、窃照专用器材,不要求行为人具有营利目的。

Ⅷ 处罚

11 根据《刑法》第283条的规定,自然人犯本罪的,处3年以下有期徒刑、拘役或者管制,并处或者单处罚金;情节严重的,处3年以上7年以下有期徒刑,并处罚金。单位犯本罪的,对单位判处罚金,并对其直接负责的主管人员和其他直接责任人员,依照前款的规定处罚。

第二百八十四条　非法使用窃听、窃照专用器材罪

非法使用窃听、窃照专用器材，造成严重后果的，处二年以下有期徒刑、拘役或者管制。

文献：林山田：《刑法各罪论（下册）》（修订5版），北京大学出版社2012年版；黎宏：《刑法学各论》（第2版），法律出版社2016年版；周光权：《刑法各论》（第4版），中国人民大学出版社2021年版；张明楷：《刑法学》（第6版），法律出版社2021年版。李小波：《窃听、窃照专用器材立法完善思考》，载《北京警察学院学报》2015年第2期。

细目录

Ⅰ　主旨
Ⅱ　沿革
Ⅲ　客体
Ⅳ　对象
Ⅴ　行为
Ⅵ　结果
Ⅶ　主体
Ⅷ　罪过
Ⅸ　罪数
Ⅹ　处罚

Ⅰ　主旨

本条是关于非法使用窃听、窃照专用器材罪的规定。非法使用窃听、窃照专用器材，会严重侵犯公民的合法权益，因此刑法设立了本罪。 1

Ⅱ　沿革

1979年《刑法》没有设置本罪。本罪是1997年《刑法》增设的罪名。 2

Ⅲ　客体

本罪的保护法益包括两个层面：①个人法益，亦即个人的隐私权。非法使用窃 3

听、窃照专用器材,获知他人个人生活中不愿为外人知晓的事项,侵害了个人权利。②社会法益,亦即国家关于窃听、窃照专用器材的管控制度。2014 年《反间谍法》第 25 条规定,任何个人和组织不得非法持有、使用间谍活动特殊需要的专用间谍器材。窃听、窃照专用器材只能由法定的组织、个人经法定程序许可后才能使用。非法使用行为违反了国家对这类专用器材的管控制度。

Ⅳ 对象

4 (1)窃听专用器材。依照 2014 年 12 月 23 日国家工商行政管理总局、公安部、国家质量监督检验检疫总局《禁止非法生产销售使用窃听窃照专用器材和"伪基站"设备的规定》第 3 条的规定,窃听专用器材,是指以伪装或者隐蔽方式使用,经公安机关依法进行技术检测后作出认定结论,认定为窃听专用器材的,包括以下器材:①具有无线发射、接收语音信号功能的发射、接收器材;②微型语音信号拾取或者录制设备;③能够获取无线电通信信息的电子接收器材;④利用搭接、感应等方式获取通讯线路信息的器材;⑤利用固体传声、光纤、微波、激光、红外线等技术获取语音信息的器材;⑥利用可遥控语音接收器件或者电子设备中的语音接收功能,获取相关语音信息,且无明显提示的器材(含软件);⑦其他具有窃听功能的器材。

5 (2)窃照专用器材。根据国家工商行政管理总局、公安部、国家质量监督检验检疫总局《禁止非法生产销售使用窃听窃照专用器材和"伪基站"设备的规定》第 4 条的规定,窃照专用器材,是指以伪装或者隐蔽方式使用,经公安机关依法进行技术检测后作出认定结论,认定为窃照专用器材的,包括以下器材:①具有无线发射功能的照相、摄像器材;②微型针孔式摄像装置以及使用微型针孔式摄像装置的照相、摄像器材;③取消正常取景器和回放显示器的微小相机和摄像机;④利用搭接、感应等方式获取图像信息的器材;⑤利用可遥控照相、摄像器件或者电子设备中的照相、摄像功能,获取相关图像信息,且无明显提示的器材(含软件);⑥其他具有窃照功能的器材。

6 应注意的是,刑法没有将"专用间谍器材"规定为本罪的行为对象,并不意味着非法使用专用间谍器材不构成犯罪。在《刑法》第 283 条的非法生产、销售专用间谍器材、窃听、窃照专用器材罪中,"专用间谍器材"与"窃听、窃照专用器材"是并列关系,互不包含。但是,在非法使用窃听、窃照专用器材罪中,"专用间谍器材"与"窃听、窃照专用器材"不应是并列关系。该罪中的窃听、窃照专用器材应当包括具有窃听、窃照功能的专用间谍器材。根据 2014 年《反间谍法》第 25 条的规定,专用间谍器材由国务院国家安全主管部门依据有关规定确认,通常是指用于间谍活动特殊需要的下列器材:①暗藏式窃听、窃照器材;②突发式收发报机、一次性密码本、密写工具;③用于获取情报的电子监听、截听器材;④其他专用间谍器材。可以看出,专用间谍器材的种类很多,有些属于窃听、窃照器材,有些属于具有其他功能的器材。其中的窃听、窃照器材属于非法使用窃听、窃照专用器材罪中的窃听、窃照专用器材。

V 行为

本罪的实行行为是非法使用。非法使用从是否有授权角度看,包括两种情形:第一,无权使用而使用。第二,有权使用但是违反规定而使用。非法使用的具体方式没有限制,可以是秘密使用,也可以公开使用。只要行为人利用专用器材窃听他人谈话、录音、电话等或者利用专用器材拍摄有关景物、设施、信息资料、文书等,就是非法使用。 7

VI 结果

成立本罪,要求造成严重后果。这里的严重后果,一般是指因为侵犯他人隐私而引起他人精神失常、自杀、家庭破裂,或者造成国家秘密泄露,危害了国家安全,或者泄露了商业秘密。应注意的是,非法使用行为与严重后果之间的因果关系,不要求是严格的相当的因果关系,只要求具有条件关系即可,亦即"无 A 则无 B,A 即 B 因"。如果要求严格的相当的因果关系,或者要求严格的客观归责标准,那么由于被害人自杀往往属于被害人自陷风险,不能归属于非法使用行为。这样认定不利于保护被害人的法益。因此,只要认定"没有非法使用行为"就"没有被害人的自杀",那么非法使用行为就是被害人自杀身亡的原因,被害人自杀身亡就是非法使用行为造成的严重后果。 8

VII 主体

本罪的主体是自然人,责任年龄是 16 周岁,没有特殊身份要求。 9

VIII 罪过

本罪的罪过形式是故意,即明知自己在非法使用窃听、窃照专用器材,并会造成严重后果,仍然实施。 10

IX 罪数

(1)非法生产窃听、窃照专用器材,然后非法使用,构成非法生产窃听、窃照专用器材罪和非法使用窃听、窃照专用器材罪,数罪并罚。 11

(2)非法使用窃听、窃照专用器材窃取国家秘密、商业秘密,例如,将窃听、窃照专用器材秘密放在国家机关办公场所或国家工作人员使用的车辆、住处,获取国家秘密。这种行为既构成非法使用窃听、窃照专用器材罪,又构成非法获取国家秘密罪、侵犯商业秘密罪。关于二者的关系,第一种观点认为,二者属于想象竞合关系,择一重罪论处。[1] 第 12

---

1 参见张明楷:《刑法学》(第 6 版),法律出版社 2021 年版,第 1369 页。

二种观点认为,二者属于牵连关系,非法使用属于手段行为,获取国家秘密、商业秘密属于目的行为,择一重罪论处。[2] 这里涉及行为的个数的认定。想象竞合是一个行为,牵连是两个行为。非法使用窃听、窃照专用器材窃取国家秘密、商业秘密,应当是一个行为,因为非法使用窃听、窃照专用器材行为本身就在窃取国家秘密或商业秘密。虽然非法使用窃听、窃照专用器材是使用工具,是手段行为,但是该行为本身也是目的行为。例如,持枪杀人,持枪是手段行为,杀人是目的行为,但是二者是同一个行为,不能将此认定为牵连关系。同理,虽然将非法使用行为与获取国家秘密、商业秘密行为可以评价为手段行为与目的行为,但由于二者是同一关系,所以不属于牵连关系。

13 (3)非法使用窃听、窃照专用器材,获取他人隐私信息,然后将这些隐私信息加以散布,侵害他人名誉,既构成非法使用窃听、窃照专用器材罪,又构成侮辱罪,应数罪并罚。

X 处罚

14 根据《刑法》第 284 条的规定,犯本罪的,处 2 年以下有期徒刑、拘役或者管制。

2 参见黎宏:《刑法学各论》(第 2 版),法律出版社 2016 年版,第 360 页。

第二百八十四条之一　组织考试作弊罪；非法出售、提供试题、答案罪；代替考试罪

在法律规定的国家考试中，组织作弊的，处三年以下有期徒刑或者拘役，并处或者单处罚金；情节严重的，处三年以上七年以下有期徒刑，并处罚金。

为他人实施前款犯罪提供作弊器材或者其他帮助的，依照前款的规定处罚。

为实施考试作弊行为，向他人非法出售或者提供第一款规定的考试的试题、答案的，依照第一款的规定处罚。

代替他人或者让他人代替自己参加第一款规定的考试的，处拘役或者管制，并处或者单处罚金。

文献：林山田：《刑法各罪论(下册)》(修订5版)，北京大学出版社2012年版；黎宏：《刑法学各论》(第2版)，法律出版社2016年版；周光权：《刑法各论》(第4版)，中国人民大学出版社2021年版；张明楷：《刑法学》(第6版)，法律出版社2021年版。叶良芳、应家赟：《考试作弊行为的刑事责任》，载《山东警察学院学报》2015年第3期；朱丽欣：《〈刑法修正案(九)〉组织考试作弊罪解析》，载《中国检察官》2015年第11期；桂亚胜：《组织考试作弊罪若干问题研究》，载《华东政法大学学报》2016年第2期；何素军、鲁海军：《组织考试作弊罪的司法认定》，载《人民司法》2016第19期。

细目录

Ⅰ　主旨
Ⅱ　沿革
Ⅲ　客体
Ⅳ　行为
　一、组织考试作弊罪的行为
　二、非法出售、提供试题、答案罪的行为
　三、代替考试罪的行为
Ⅴ　主体
Ⅵ　罪过

Ⅶ 既遂与未遂
Ⅷ 共犯
Ⅸ 罪数
一、组织考试作弊罪的罪数
二、非法出售、提供试题、答案罪的罪数
三、代替考试罪的罪数
Ⅹ 处罚

Ⅰ 主旨

1 本条是关于组织考试作弊罪、非法出售、提供试题、答案罪、代替考试罪的规定。国家考试关系到考生和国家的重大利益。为了保护国家考试的公平竞争秩序和诚实信用要求,刑法设立本条各罪。

Ⅱ 沿革

2 1979 年《刑法》和 1997 年《刑法》都没有本条各罪相应的规定。本条各罪是 2015 年 11 月 1 日生效的《刑法修正案(九)》增设的罪名。

Ⅲ 客体

3 本条各罪侵犯的法益是国家考试的公平竞争秩序和诚实信用要求。近年来,在国家考试中,考试作弊现象呈现高度组织化特点,参与人数众多,涉及面广,危害严重。这种现象破坏了诚信的社会环境,扰乱了公平竞争的考试秩序,破坏了人才选拔的公平机制。有些考试是选拔性考试,具有竞争性,如果作弊,会侵害其他考生的利益,此时侵犯的法益是国家考试的公平竞争秩序和其他考生的合法权益。有些考试是达标性的考试,不具有竞争性,如果作弊,不会侵害其他考生的利益,此时侵犯的法益是国家考试对考生的诚实信用要求,以及由此形成的诚实考试的秩序。

4 非法出售、提供试题、答案罪的行为对象是法律规定的国家考试的试题、答案。这里的法律规定的国家考试,是指国家机关依照全国人大及其常委会制定的法律或决定而组织的考试。这里的试题、答案必须是真实的试题、答案,但不要求完全真实,只要有一部分真实即可。2019 年 9 月 4 日最高人民法院、最高人民检察院《关于办理组织考试作弊等刑事案件适用法律若干问题的解释》第 6 条规定:“为实施考试作弊行为,向他人非法出售或者提供法律规定的国家考试的试题、答案,试题不完整或者答案与标准答案不完全一致的,不影响非法出售、提供试题、答案罪的认定。”如果是完全虚假的试题、答案,对考生没有任何实际帮助,则不构成本罪。如果以此欺骗考生的钱财,则构成诈骗罪。如果行为人以为自己提供的是真实的试题、答案,实际上是完全虚假的试题、答案,则属于对象不能犯,不以犯罪论处。

Ⅳ 行为

一、组织考试作弊罪的行为

本罪在客观方面表现为实施了在法律规定的国家考试中,组织作弊的行为。 5

(一)"在法律规定的国家考试中"

本罪的实行行为是组织考试作弊,但是该考试并非泛指一切考试,而是指法律规定的国家考试。2019 年 9 月 4 日最高人民法院、最高人民检察院《关于办理组织考试作弊等刑事案件适用法律若干问题的解释》第 1 条规定:"刑法第二百八十四条之一规定的'法律规定的国家考试',仅限于全国人民代表大会及其常务委员会制定的法律所规定的考试。根据有关法律规定,下列考试属于'法律规定的国家考试':(一)普通高等学校招生考试、研究生招生考试、高等教育自学考试、成人高等学校招生考试等国家教育考试;(二)中央和地方公务员录用考试;(三)国家统一法律职业资格考试、国家教师资格考试、注册会计师全国统一考试、会计专业技术资格考试、资产评估师资格考试、医师资格考试、执业药师职业资格考试、注册建筑师考试、建造师执业资格考试等专业技术资格考试;(四)其他依照法律由中央或者地方主管部门以及行业组织的国家考试。前款规定的考试涉及的特殊类型招生、特殊技能测试、面试等考试,属于'法律规定的国家考试'。"譬如,《公务员法》第 23 条第 1 款规定:"录用担任一级主任科员以下及其他相当职级层次的公务员,采取公开考试、严格考察、平等竞争、择优录取的办法。"该法第 30 条还规定,"公务员录用考试采取笔试和面试等方式进行"。又如,《注册会计师法》第 7 条规定,"国家实行注册会计师全国统一考试制度"。基于此,国家统一法律职业资格考试(司法考试)、高等院校入学考试、研究生入学考试、医师资格考试、注册会计师资格考试、公务员考试等均属于这里的"法律规定的国家考试"。再如,大学英语四、六级考试的设立来源于国家教委 1985 年《批准实施〈大学英语教学大纲〉的通知》,该通知指出:"凡执行本大纲的学校,教育部将……对结束四、六级学习的学生进行统一的标准测试。"由于大学英语四、六级考试不是"法律规定"的国家考试,所以不属于本罪中的考试。 6

依据国务院制定的行政法规、规定的行政措施、发布的决定和命令所确定的考试,不属于这里的法律规定的国家考试。依据各省地方性法规所组织的考试,不属于这里的法律规定的国家考试。各个学校自行组织的考试不属于这里的法律规定的国家考试。国外有关机构组织的外语水平考试如托福、雅思等,不属于这里的法律规定的国家考试。 7

(二)"组织作弊"

本罪的实行行为是组织作弊。所谓"组织",是指将多人组织起来,人数上具有一定规模,对参与者具有一定支配,行为具有明确目标。在本罪中,组织就是指采用 8

招募、雇佣、强迫、引诱等手段,策划、指挥、协调、管理多人进行考试作弊。这里被组织者仅限于考生,而非泛指全部参与作弊活动的人。所谓“作弊”,依照教育部2012年《国家教育考试违规处理办法》第6条的规定,是指考生违背考试公平、公正原则,以不正当手段获得或者试图获得试题答案、考试成绩的行为。以下情形应当认定为考试作弊:①携带与考试内容相关的材料或者存储有与考试内容相关的资料的电子设备参加考试的;②抄袭或者协助他人抄袭试题答案或者与考试内容相关的资料的;③抢夺、窃取他人试卷、答卷或者胁迫他人为自己抄袭提供方便的;④携带具有发送或者接收信息功能的设备的;⑤由他人冒名代替参加考试的;⑥故意销毁试卷、答卷或者考试材料的;⑦在答卷上填写与本人身份不符的姓名、考号等信息的;⑧传、接物品或者交换试卷、答卷、草稿纸的;⑨其他以不正当手段获得或者试图获得试题答案、考试成绩的行为。根据该处理办法第7条规定,教育考试机构、考试工作人员在考试过程中或者在考试结束后发现下列行为之一的,应当认定相关的考生实施了考试作弊行为:①通过伪造证件、证明、档案及其他材料获得考试资格、加分资格和考试成绩的;②评卷过程中被认定为答案雷同的;③考场纪律混乱、考试秩序失控,出现大面积考试作弊现象的;④考试工作人员协助实施作弊行为,事后查实的;⑤其他应认定为作弊的行为。此外,根据最高人民法院《关于审理走私、非法经营、非法使用兴奋剂刑事案件适用法律若干问题的解释》第4条的规定,在普通高等学校招生、公务员录用等法律规定的国家考试涉及的体育、体能测试等体育运动中,组织考生非法使用兴奋剂的,应当依照组织考试作弊罪定罪处罚。明知他人实施前述犯罪而为其提供兴奋剂的,依照前款规定定罪处罚。最高人民法院、最高人民检察院在发布《关于办理组织考试作弊等刑事案件适用法律若干问题的解释》的同时发布的“考试作弊犯罪典型案例”之一“章无涯、吕世龙、张夏阳等组织考试作弊案”中,裁判法院认为,研究生招生考试社会关注度高、影响大、涉及面广,属于国家级重要考试。被告人在研究生招生考试中,组织多名考生作弊,构成组织考试作弊罪,且属“情节严重”。[1]

9 需要注意的是,考试作弊与考试违纪的区别。《国家教育考试违规处理办法》第5条规定:“考生不遵守考场纪律,不服从考试工作人员的安排与要求,有下列行为之一的,应当认定为考试违纪:(一)携带规定以外的物品进入考场或者未放在指定位置的;(二)未在规定的座位参加考试的;(三)考试开始信号发出前答题或者考试结束信号发出后继续答题的;(四)在考试过程中旁窥、交头接耳、互打暗号或者手势的;(五)在考场或者教育考试机构禁止的范围内,喧哗、吸烟或者实施其他影响考场秩序的行为的;(六)未经考试工作人员同意在考试过程中擅自离开考场的;(七)将试卷、答卷(含答题卡、答题纸等,下同)、草稿纸等考试用纸带出考场的;(八)用规定以外的笔或者纸答题或者在试卷规定以外的地方书写姓名、考号或者以其他方式在答卷

1　参见《考试作弊犯罪典型案例》,载 http://courtapp. chinacourt. org/zixun-xiangqing-181082. html,访问时间:2020年1月14日。

上标记信息的;(九)其他违反考场规则但尚未构成作弊的行为。”

(三)“为他人实施前款犯罪提供作弊器材或者其他帮助”

这是本条第 2 款的规定。对他人组织考试作弊提供帮助的情形多种多样,例如,为他人组织考试作弊提供无线对讲设备、试题或答案。又如,监考人员、巡考人员明知他人在组织考试作弊,故意视而不见。再如,为组织者运送作弊考生、寻找替考者。2019 年 9 月 4 日最高人民法院、最高人民检察院《关于办理组织考试作弊等刑事案件适用法律若干问题的解释》第 3 条规定:“具有避开或者突破考场防范作弊的安全管理措施,获取、记录、传递、接收、存储考试试题、答案等功能的程序、工具,以及专门设计用于作弊的程序、工具,应当认定为刑法第二百八十四条之一第二款规定的‘作弊器材’。对于是否属于刑法第二百八十四条之一第二款规定的‘作弊器材’难以确定的,依据省级以上公安机关或者考试主管部门出具的报告,结合其他证据作出认定;涉及专用间谍器材、窃听、窃照专用器材、‘伪基站’等器材的,依照相关规定作出认定。” 10

对该款的性质,有意见认为,尽管帮助组织作弊行为是组织考试作弊罪的帮助犯,二者之间构成共同犯罪,但既然刑法将其和正犯即组织行为分别加以规定,同等对待,因此,二者之间不再存在共犯关系了。[2] 依这种意见,帮助者是否构成犯罪,不再需要遵守共犯从属性原则,而是采取共犯独立性原则,亦即即使实行者不构成犯罪,帮助者仍可以构成犯罪。然而,这种意见值得商榷。如果帮助者为实行者组织考试作弊提供了作弊器材,但是实行者并没有实施组织考试作弊行为,此时帮助者的帮助行为便不具有任何法益侵害和危险,因此不构成犯罪。只有当实行者利用帮助者提供的作弊器材组织考试作弊,才能认定帮助者构成组织考试作弊罪。[3] 因此,本罪第 2 款并非将帮助行为正犯化,帮助者成立犯罪仍需遵守共犯从属性原则。该款的意义仅在于量刑方面,亦即帮助犯依然是帮助犯,而非实行犯,只是在量刑上,不需要适用《刑法》总则关于从犯(帮助犯)的处罚规定,而直接适用本罪的处罚规定,亦即在量刑上,帮助犯适用与实行犯同样的处罚规定。 11

二、非法出售、提供试题、答案罪的行为

本罪的实行行为是非法出售、提供试题、答案。出售,是指将试题、答案有偿转让给他人。提供,是指将试题、答案转移占有给他人。由于本罪将出售与提供相并列,因此,这里的提供只能指无偿提供,如果是有偿提供,则应视为出售。应注意的是,接收试题、答案的人不要求是考生,也可以是考生家长或组织考试作弊的人,亦即对接收者没有身份要求。 12

在行为时间上,要求非法出售、提供试题、答案的行为发生在考试前或考试过程 13

2　参见黎宏:《刑法学各论》(第 2 版),法律出版社 2016 年版,第 361 页。

3　参见张明楷:《刑法学》(第 6 版),法律出版社 2021 年版,第 1369 页。

中。考试结束后出售、提供试题、答案,不构成本罪。有些国家考试在考试结束后并不公布试题和答案,或者只公布试题,或者只公布答案,即使如此,行为人在考试结束后出售、提供试题、答案,也不构成本罪。当然,有些国家考试在考试结束不公布试题和答案,是因为这些试题以后还要反复使用,也即这些试题属于题库中的一部分试题,未来考试还可能被使用。这种试题和答案则仍属于国家秘密,不能公开流通。因此,在这种国家考试结束后,提供这种试题、答案,可构成本罪。

14　本罪在本质上是一种考试作弊的帮助行为。甲组织考试作弊,乙为其提供试题、答案。乙既构成非法提供试题、答案罪,也构成本条第 2 款组织考试作弊罪,亦即“为他人实施前款犯罪提供作弊器材或者其他帮助”,此时属于想象竞合犯,择一重罪论处。不过,二者在成立犯罪的条件上存在区别。非法出售、提供试题、答案罪是独立罪名,是典型的正犯行为,亦即这种帮助行为被完全正犯化,因此在成立犯罪的条件上不需要遵守共犯从属性原则,换言之,即使组织者拿到试题、答案后没有组织考试作弊,提供者也构成非法提供试题、答案罪。同理,甲欲考试作弊,乙非法出售试题、答案给甲。甲拿到试题、答案后没有利用这些试题、答案进行作弊。乙仍构成非法出售试题、答案罪。然而,本条第 2 款“为他人实施前款犯罪提供作弊器材或者其他帮助”属于帮助犯的情形,成立犯罪仍需要遵守共犯从属性原则,如果组织者不构成犯罪,则帮助者也不构成犯罪。

三、代替考试罪的行为

15　本罪的实行行为是代替他人或者让他人代替自己参加法律规定的国家考试,也即替考行为。从行为主体的角度看,替考行为包括以下方式:第一,替考者(俗称“枪手”)代替他人参加考试。第二,被替考者让他人(“枪手”)代替自己参加考试。作为考生而言,实施考试作弊行为,只有代替考试这种作弊行为,才构成犯罪。刑法既处罚替考者,也处罚被替考者。二者属于对向犯的关系,属于对向性的共同正犯。但是,这并不意味着,一方构成犯罪,另一方必然构成犯罪。例如,甲即将参加国家考试,甲的父亲乙认为甲肯定考不上,便对甲说:“我找一位‘枪手’丙替你考试。”但甲不答应,要求自己亲自考试。乙将甲关进屋子,然后让丙代替甲参加考试。丙由于代替他人参加考试,构成代替考试罪的实行犯。乙不属于代替他人参加考试,也不属于让他人代替自己参加考试,而是让他人代替自己的儿子参加考试。乙教唆丙代替甲参加考试,构成代替考试罪的教唆犯。但是,甲虽然是被替考者,但不构成代替考试罪。

16　一般情形下,替考者和被替考者具有对向关系,不能同时出现在考场上,二者属于代替关系,亦即择一关系。但是,二者有没有可能同时出现在考场上呢?例如,张三和李四依照自己的真正身份进入考场,二人座位较近,在交卷时,张三在自己的答卷上写上李四的身份信息,与此对应,李四在自己的答卷上写上张三的身份信息。张三与李四应该属于代替考试。在自己的答卷上填写其他考生的身份信息,属于替考行为,因为替考的本质是假他人身份代为考试,其最终表现都是实际参加考试的人和答卷上的考生身份信息所反映出来的人并不一致,以此获得不真实的成绩。考生在自己答卷上填写其他考生信息,雇佣的“枪手”参加考试时也同样是在答卷上填写他人信息,二者在表现方式上和社会危害上并无不同,都是刑法上的替考行为。[4]

V 主体

本条各罪的主体均为自然人,责任年龄是16周岁,没有特殊身份要求。代替考试罪是对向犯,替考者与被替考者均可以成为本罪主体。最高人民法院、最高人民检察院在发布《关于办理组织考试作弊等刑事案件适用法律若干问题的解释》的同时发布的“考试作弊犯罪典型案例”之五“侯庆亮、虎凯代替考试案”中,法院认为,被告人虎凯让他人代替自己参加研究生招生考试,被告人侯庆亮代替他人参加研究生招生考试,二人的行为均构成代替考试罪。[5] 17

VI 罪过

本条之罪的罪过形式均为故意,亦即明知自己在组织考试作弊行为、明知自己在非法出售、提供国家考试的试题、答案或者明知自己在代替他人或者让他人代替自己参加考试,仍然实施。 18

VII 既遂与未遂

组织考试作弊罪是组织型犯罪。关于组织型犯罪的既遂标准,理论上存在不同观点。例如,就组织出卖人体器官罪而言,第一种观点认为,实施完组织行为还不是既遂,而应当以出卖者的身体受到伤害为既遂标准。行为人虽然实施了雇佣、介绍、引诱、寻找出卖者等行为,但还没有摘取他人人体器官的,不应认定为本罪的既遂。[6] 第二种观点认为,刑法将组织出卖人体器官罪设定为行为犯,而不是结果犯,是否实际获取、出卖人体器官并不影响组织出卖人体器官罪的成立,只要行为人组织他人出卖人体器官的行为实施完毕,对刑法所保护的法益构成实际的威胁,即可认定为犯罪既遂。因而,出卖人体器官的行为并非组织出卖人体器官罪既遂的必备要素,出卖人是否实际实施出卖行为并不影响本罪的既遂。[7] 又如,就组织偷越国(边)境罪而 19

4　参见黎宏:《刑法学各论》(第2版),法律出版社2016年版,第362页。

5　参见《考试作弊犯罪典型案例》,载 http://courtapp. chinacourt. org/zixun-xiangqing-181082. html,访问时间:2020年1月14日。

6　参见张明楷:《组织出卖人体器官罪的基本问题》,载《吉林大学社会科学学报》2011年第5期。

7　参见王志祥、张伟珂:《论〈刑法修正案(八)〉中的人体器官犯罪》,载《山东警察学院学报》2011年第3期。

言,第一种观点认为该罪为行为犯,应以组织者组织行为的完成为既遂的标准,至于被组织的偷渡者是否已经偷渡成功,不影响对组织偷越国(边)境罪既遂的认定。[8]第二种观点认为,偷渡人员在组织者的安排下,成功越过国(边)境的,才构成组织他人偷越国(边)境罪的既遂。2012 年最高人民法院、最高人民检察院《关于办理妨害国(边)境管理刑事案件应用法律若干问题的解释》第 1 条第 3 款规定,"以组织他人偷越国(边)境为目的,招募、拉拢、引诱、介绍、培训偷越国(边)境人员,策划、安排偷越国(边)境行为,在他人偷越国(边)境之前或者偷越国(边)境过程中被查获的,应当以组织他人偷越国(边)境罪(未遂)论处"。实际上,犯罪既遂这个概念是建立在"行为制造危险→危险发展为实害结果"的模型上的。例如,甲用刀砍杀乙,直到砍死,甲便构成杀人既遂。但是,刑法中并非每个罪名的行为结构均属于上述模型。此时,要求造成实害结果才构成既遂,便不合适。这些较特殊的罪名大致分为三种情形。

20　(1)危险与实害结果难以区分。有些犯罪的行为类型,根据其行为逻辑特征,很难区分出危险与实害结果。认定这些犯罪的既遂,就无法用实害结果的标准,常常用危险的严重程度来衡量。应注意的是,对这些犯罪的既遂,也不能认为只要实施了行为、产生了危险就构成既遂,而应是危险达到一定程度才构成既遂。例如,组织、领导、参加黑社会性质组织罪。并非一旦实施组织行为就构成既遂,只有组织成立了黑社会性质组织(具备四个条件),才构成既遂。并非一旦参加该组织就构成既遂,只有参加后实施了某些违法活动才构成既遂。又如,煽动民族仇恨、民族歧视罪。并非一旦实施了煽动行为就构成既遂,只有一定程度上破坏了民族团结才构成既遂。

21　(2)如果按照有些实害结果来认定既遂,会造成保护法益为时过晚的局面。此时只能根据危险发展到一定程度来认定既遂。仍应注意的是,对这些犯罪的既遂,也不能认为只要实施了行为、产生了危险就构成既遂,而应是危险达到一定程度才构成既遂。例如,诬告陷害罪。并非一旦实施了诬告陷害的行为就构成既遂,但是要等到他人被错判下狱、陷害意图得逞才构成既遂,会为时过晚。所以,司法机关收到并看到诬告材料时就构成既遂。伪证罪也是同理。又如,颠覆国家政权罪,并非一旦实施颠覆活动就构成既遂,但也不能等到颠覆了国家政权才构成既遂。所以,颠覆活动达到一定危险程度就构成既遂。

22　(3)有些危险犯的实害结果被规定为其他罪名的要件,则该危险犯的既遂标准就只能用危险的严重程度来衡量。例如,危险驾驶罪,其实害结果(造成交通事故)被规定为交通肇事罪及以危险方法危害公共安全罪。所以,对其使用危险达到一定程度来衡量既遂,而不能要求造成交通事故才构成既遂。

23　就组织考试作弊罪而言,如果要求产生实害结果如考试作弊成功时犯罪才构

---

[8] 参见林亚刚:《组织他人偷越国(边)境罪若干问题的探讨》,载《法学评论》2010 年第 4 期。

成既遂,则保护法益为时过晚,但如果要求组织行为实施完毕,考试尚未开始,就构成犯罪既遂,则保护法益为时过早,因为这时候虽然行为对法益产生了危险,但危险程度并不高。本罪的既遂应以法益受到的危险达到一定严重程度时为准。基于此,应当以考试开始时为既遂标准。这只是原则标准。2019 年 9 月 4 日最高人民法院、最高人民检察院《关于办理组织考试作弊等刑事案件适用法律若干问题的解释》第 4 条规定:"组织考试作弊,在考试开始之前被查获,但已经非法获取考试试题、答案或者具有其他严重扰乱考试秩序情形的,应当认定为组织考试作弊罪既遂。"

Ⅷ　共犯

关于代替考试罪的共犯认定,需要注意:①甲作为"枪手"代替乙参加考试,监考人员丙在考场上发现甲是替考者,但未予制止。甲、乙构成代替考试罪。丙是否构成代替考试罪的帮助犯?丙作为监考人员,负有监督考试的职责,看到替考行为,必须予以制止。丙不予制止,属于不作为的帮助犯。如果该国家考试属于公务员考试、高考等,则丙还构成《刑法》第 418 条规定的招收公务员、学生徇私舞弊罪。二者属于想象竞合关系,择一重罪论处。②甲寻找"枪手"代替自己参加考试,寻找未果,便请求乙帮助寻找。乙找到丙,丙代替甲参加考试。甲与丙构成代替考试罪。乙为此提供了牵线搭桥的中介作用,构成代替考试罪的帮助犯。 24

Ⅸ　罪数

一、组织考试作弊罪的罪数

为了组织考试作弊,先伪造、变造身份证件,然后组织考试作弊,既构成伪造、变造身份证件罪,又构成组织考试作弊罪,属于牵连关系,择一重罪论处。 25

二、非法出售、提供试题、答案罪的罪数

(1)法律规定的国家考试的试题、答案在考试前均属于机密级以上的国家秘密,开考后即解密。行为人先通过窃取、刺探、收买方法,非法获取试题、答案,然后非法出售给他人。行为人既构成非法获取国家秘密罪,又构成非法出售试题、答案罪,应数罪并罚。最高人民法院、最高人民检察院在发布《关于办理组织考试作弊等刑事案件适用法律若干问题的解释》的同时发布的"考试作弊犯罪典型案例"之六"王学军、翁其能等非法获取国家秘密、非法出售、提供试题、答案案"中,一审法院认为,被告人王学军作为命题组成员,受被告人翁其能的授意,非法获取属于国家秘密的试题、答案,并提供给翁其能在对外培训中使用获利。被告人王学军、翁其能构成 26

非法获取国家秘密罪和非法出售、提供试题、答案罪,数罪并罚。[9]

27 (2)提供者与接收者的关系。第一种情形,甲向乙非法出售、提供试题、答案,甲构成非法出售、提供试题、答案罪,但乙作为购买者不构成该罪。第二种情形,乙教唆甲向自己非法出售、提供试题、答案,甲答应照办,乙获得试题、答案。甲构成非法出售、提供试题、答案罪,乙是否构成该罪的教唆犯?答案应当是否定的,因为刑法在设立本罪时所用动词是“出售”而非“买卖”,是“提供”而非“交易”,这表明刑法将接收者排除在本罪之外。需要研究的问题是,购买者虽然不构成非法出售、提供试题、答案罪,但是否构成非法获取国家秘密罪?答案应当是肯定的,因为国家考试的试题、答案属于国家秘密,非法获取国家秘密罪的行为方式包括以收买方法非法获取国家秘密。购买者完全符合非法获取国家秘密罪的构成要件。值得注意的问题是,提供者构成非法出售、提供试题、答案罪,同时也构成泄露国家秘密罪的,属于想象竞合,择一重罪论处。

28 (3)组织考试作弊的人在组织考试作弊过程中,向考生非法出售、提供试题、答案,不以非法出售、提供试题、答案罪论处,因为这种行为是组织考试作弊罪的组成部分,应以组织考试作弊罪论处。

三、代替考试罪的罪数

29 组织考试作弊者如果组织的作弊方式是替考行为,则组织者既构成组织考试作弊罪,也构成代替考试罪的教唆犯、帮助犯。二者属于想象竞合关系,择一重罪论处。为了代替考试,先伪造、变造身份证件,然后让他人代替自己参加考试,既构成伪造、变造身份证件罪,又构成代替考试罪,属于牵连关系,择一重罪论处。甲代替乙考试,使用虚假身份证件,该身份证上身份信息是乙的身份信息,但照片是甲的照片。甲既构成代替考试罪,又构成使用虚假身份证件罪,属于想象竞合关系,择一重罪论处。

X　处罚

30 根据《刑法》第 284 条之一的规定,犯组织作弊罪的,无论是实行犯还是帮助犯,均处 3 年以下有期徒刑或者拘役,并处或者单处罚金;情节严重的,处 3 年以上 7 年以下有期徒刑,并处罚金。2019 年 9 月 4 日最高人民法院、最高人民检察院《关于办理组织考试作弊等刑事案件适用法律若干问题的解释》第 2 条规定:“在法律规定的国家考试中,组织作弊,具有下列情形之一的,应当认定为刑法第二百八十四条之一第一款规定的‘情节严重’:(一)在普通高等学校招生考试、研究生招生考试、公务员录用考试中组织考试作弊的;(二)导致考试推迟、取消或者启用备用试题的;

9　参见《考试作弊犯罪典型案例》,载 http://courtapp. chinacourt. org/zixun-xiangqing-181082. html,访问时间:2020 年 1 月 14 日。

(三)考试工作人员组织考试作弊的;(四)组织考生跨省、自治区、直辖市作弊的;(五)多次组织考试作弊的;(六)组织三十人次以上作弊的;(七)提供作弊器材五十件以上的;(八)违法所得三十万元以上的;(九)其他情节严重的情形。”

根据《刑法》第284条之一第3款的规定,犯非法出售、提供试题、答案罪的,处3年以下有期徒刑或者拘役,并处或者单处罚金;情节严重的,处3年以上7年以下有期徒刑,并处罚金。关于这里的“情节严重”,根据2019年9月4日最高人民法院、最高人民检察院《关于办理组织考试作弊等刑事案件适用法律若干问题的解释》第5条的规定,主要包括下列情形:①非法出售或者提供普通高等学校招生考试、研究生招生考试、公务员录用考试的试题、答案的;②导致考试推迟、取消或者启用备用试题的;③考试工作人员非法出售或者提供试题、答案的;④多次非法出售或者提供试题、答案的;⑤向30人次以上非法出售或者提供试题、答案的;⑥违法所得30万元以上的;⑦其他情节严重的情形。 31

根据《刑法》第284条之一第4款的规定,犯代替考试罪的,处拘役或者管制,并处或者单处罚金。 32

第二百八十五条　非法侵入计算机信息系统罪；非法获取计算机信息系统数据、非法控制计算机信息系统罪；提供侵入、非法控制计算机信息系统的程序、工具罪

违反国家规定，侵入国家事务、国防建设、尖端科学技术领域的计算机信息系统的，处三年以下有期徒刑或者拘役。

违反国家规定，侵入前款规定以外的计算机信息系统或者采用其他技术手段，获取该计算机信息系统中存储、处理或者传输的数据，或者对该计算机信息系统实施非法控制，情节严重的，处三年以下有期徒刑或者拘役，并处或者单处罚金；情节特别严重的，处三年以上七年以下有期徒刑，并处罚金。

提供专门用于侵入、非法控制计算机信息系统的程序、工具，或者明知他人实施侵入、非法控制计算机信息系统的违法犯罪行为而为其提供程序、工具，情节严重的，依照前款的规定处罚。

单位犯前三款罪的，对单位判处罚金，并对其直接负责的主管人员和其他直接责任人员，依照各该款的规定处罚。

文献：王作富主编：《刑法分则实务研究》，中国方正出版社 2010 年版；周光权主编：《刑法历次修正案权威解读》，中国人民大学出版社 2011 年版；高铭暄：《中华人民共和国刑法的孕育诞生和发展完善》，北京大学出版社 2012 年版；周道鸾、张军主编：《刑法罪名精释》（第 4 版），人民法院出版社 2013 年版；黄太云：《刑法修正案解读全编——根据〈刑法修正案（九）〉全新阐释》，人民法院出版社 2015 年版；臧铁伟、李寿伟主编：《〈中华人民共和国刑法修正案（九）〉条文说明、立法理由及相关规定》，北京大学出版社 2016 年版；张凌、于秀峰编译：《日本刑法及特别刑法总览》，人民法院出版社 2017 年版；蒋惠岭主编：《网络司法典型案例》（刑事卷 · 2017），人民法院出版社 2018 年版；高铭暄、马克昌：《刑法学》（第 9 版），北京大学出版社、高等教育出版社 2019 年版；张明楷：《刑法学》（第 6 版），法律出版社 2021 年版。赵秉志、于志刚：《论非法侵入计算机信息系统罪》，载《法学研究》1999 年第 2 期；张明楷：《论表面的构成要件要素》，载《中国法学》2009 年第 2 期；黄太云：《〈刑法修正案（七）〉解读》，载《人民检察》2009 年第 6 期；周道航、葛恒万：《非法侵入、破坏计算机信息系统犯罪主体之缺失》，载《人民检察》2009 年第 7 期；张明楷：《法条竞合中特别关系的确定与处理》，载《法学家》2011 年第 1 期；梁根林：《虚拟财产的刑法保护——以首例盗卖 QQ 号案的刑法适用为视角》，载《人民检察》2014 年第 1 期；张明楷：《非法获取虚

拟财产的行为性质》,载《法学》2015 年第 3 期;刘明祥:《窃取网络虚拟财产行为定性探究》,载《法学》2016 年第 1 期;张明楷:《论帮助信息网络犯罪活动罪》,载《政治与法律》2016 年第 2 期;于冲:《帮助行为正犯化的类型研究与入罪化思路》,载《政法论坛》2016 年第 4 期;陈兴良:《虚拟财产的刑法属性及其保护路径》,载《中国法学》2017 年第 2 期;徐凌波:《犯罪竞合的体系位置与原则——以德国竞合理论为参照》,载《比较法研究》2017 年第 6 期;周光权:《通过刑罚实现积极的一般预防:国内首起"黄牛"抢购软件案评析》,载《中国法律评论》2018 年第 2 期;庄永廉等:《撞库打码牟利行为如何定性》,载《人民检察》2018 年第 14 期;蒋筱悦:《打码平台的规制——以国内首例"打码撞库"案为分析样本》,载《人民检察》2018 年第 19 期;皮勇:《全国首例撞库打码案的法律适用分析》,载《中国检察官》2019 年第 6 期。

细目录

Ⅰ　主旨
Ⅱ　沿革
Ⅲ　客体
一、非法侵入计算机信息系统罪的客体
二、非法获取计算机信息系统数据、非法控制计算机信息罪的客体
三、提供侵入、非法控制计算机信息系统程序、工具罪的客体
Ⅳ　对象
一、非法侵入计算机信息系统罪的对象
二、非法获取计算机信息系统数据、非法控制计算机信息罪的对象
Ⅴ　行为
一、非法侵入计算机信息系统罪的行为
二、非法获取计算机信息系统数据、非法控制计算机信息罪的行为
三、提供侵入、非法控制计算机信息系统程序、工具罪的行为
Ⅵ　情节
一、非法获取计算机信息系统数据、非法控制计算机信息系统罪的情节
二、提供侵入、非法控制计算机信息系统程序、工具罪的情节
Ⅶ　主体
Ⅷ　罪过
Ⅸ　与非罪的界限
Ⅹ　与他罪的区别
一、非法侵入计算机信息系统罪与破坏武器装备、军事设施、军事通信罪的区别
二、非法获取计算机信息系统数据、非法控制计算机信息系统罪与非法侵入计算机信息系统罪的区别

三、非法获取计算机信息系统数据、非法控制计算机信息系统罪与破坏计算机信息系统罪的区别
四、非法获取计算机信息系统数据、非法控制计算机信息系统罪与侵犯商业秘密罪、侵犯通信自由罪、侵犯公民个人信息罪之间的区别
五、非法获取计算机信息系统数据、非法控制计算机信息系统罪与盗窃罪之间的区别
六、提供侵入、非法控制计算机信息系统程序、工具罪与非法侵入计算机信息系统罪、非法控制计算机信息系统罪的区别
七、提供侵入、非法控制计算机信息系统程序、工具罪与破坏计算机信息系统罪的区别
Ⅺ 处罚

Ⅰ 主旨

1 本条规定了三个罪名,即非法侵入计算机信息系统罪,非法获取计算机信息系统数据、非法控制计算机信息系统罪和提供侵入、非法控制计算机信息系统程序、工具罪。以下分别论述三项罪名的立法主旨。

2 本条第1款是非法侵入计算机信息系统罪的规定。随着信息和网络社会的发展,计算机信息系统的安全变得越来越重要。为此,国家制定了关于保护计算机信息系统安全的规定,如国务院1994年2月18日发布的《计算机信息系统安全保护条例》。为了进一步落实对特殊领域计算机信息系统安全的重点保护,刑法专门设立了本罪。

3 本条第2款是非法获取计算机信息系统数据、非法控制计算机信息系统罪的规定。随着网络社会的纵深发展以及网络犯罪形势的不断恶化,在国家事务、国防建设、尖端科学技术领域以外的计算机信息系统越来越频繁地受到不法分子的侵害,而这些计算机信息系统构成了社会日常生活的重要组成部分,因此亟待刑法予以保护。有鉴于此,立法机关进一步拓宽计算机信息系统的保护范围,在刑法中设立本罪。

4 本条第3款是提供侵入、非法控制计算机信息系统的程序、工具罪的规定。由于网络犯罪朝着链条化、产业化的方向发展,仅仅处罚犯罪链条中的目的行为显然不足以应对逐渐恶化的网络犯罪态势。侵入、非法控制计算机信息系统犯罪帮助行为的法益侵害性逐渐增强,其中,为这类犯罪提供相应程序、工具的行为尤为典型。在司法实践中,传统共犯理论在这类帮助行为的定罪处罚中遭遇不少难题,有鉴于此,立法机关采纳了“共犯正犯化”的理念,将此类行为在《刑法》分则中予以独立入罪。

Ⅱ 沿革

5 我国1979年《刑法》没有关于非法侵入计算机信息系统罪的规定。随着信息技

术的发展和计算机应用的推广,针对计算机信息系统所进行的犯罪日趋增多。有鉴于此,我国 1997 年《刑法》新增了非法侵入计算机信息系统罪。此罪的表述最初见于 1996 年 10 月 10 日《刑法(修订草案)》(征求意见稿)中,该稿第 254 条规定:"违反规定,侵入国家事务、国防建设、尖端科学技术领域的计算机信息系统的,处三年以下有期徒刑或者拘役,可以单处或者并处罚金。"在之后讨论中,考虑到罪刑法定明确性的要求,将"违反规定"修改为"违反国家规定";同时,在此罪的法定刑中增设了管制。此后,1997 年 3 月 1 日的《刑法(修订草案)》第 283 条将原来法条表述中的管制和罚金规定予以删除,形成了 1997 年《刑法》中非法侵入计算机信息系统罪的最终版本。[1]

非法获取计算机信息系统数据、非法控制计算机信息系统罪是 2009 年《刑法修正案(七)》所增加的罪名。在此之前,仅仅特定领域的计算机信息系统得到了刑法的重点保护。然而,随着我国网络信息技术的迅速发展,互联网的普及率越来越高,我国所面临的网络信息安全问题也越发严重,因而亟待刑法加以调整。首先,计算机系统被植入病毒、木马程序,"后门""天窗"等破坏性程序的案件大幅增加,给网络安全带来极大隐患。据国家计算机病毒应急处理中心统计,2007 年我国接入互联网的计算机中约有 91. 47%被植入病毒、木马程序,被植入 3 种以上病毒、木马程序的占 53. 64%。[2] 其次,需要通过刑法保护的计算机信息系统领域亟待扩展。此前,《刑法》第 285 条第 1 款所保护的范围较为狭窄,而随着计算机信息技术在金融、电信、医疗、教育等各个方面应用的普及,这些领域的计算机网络安全问题日益突出,同样需要刑法保护。[3] 再次,侵入他人计算机信息系统进而窃取计算机信息系统数据以及控制计算机信息系统的案件迅猛增长。最后,犯罪人员由专业技术人员向普通人员蔓延。[4] 正是在这样的背景下,立法机关拓宽了《刑法》第 285 条的保护范围,新增了规制非法获取计算机信息系统数据和非法控制计算机信息系统行为的罪名。 6

提供侵入、非法控制计算机信息系统程序、工具罪也是 2009 年《刑法修正案(七)》所增加的罪名。在修正案起草、修改的过程中,立法机关对于该罪名中的行为是作为相关犯罪的共犯来处理还是单独规定为犯罪问题进行了讨论。立法机关认为,提供实施侵入、非法控制计算机信息系统程序、工具的行为在网络犯罪中起到重要作用且对网络信息安全造成的实际危害严重,如果将提供者作为使用这些程序和 7

---

1 参见高铭暄:《中华人民共和国刑法的孕育诞生和发展完善》,北京大学出版社 2012 年版,第 512 页。

2 参见黄太云:《〈刑法修正案(七)〉解读》,载《人民检察》2009 年第 6 期。

3 参见周光权主编:《刑法历次修正案权威解读》,中国人民大学出版社 2011 年版,第 244 页。

4 参见黄太云:《刑法修正案解读全编——根据〈刑法修正案(九)〉全新阐释》,人民法院出版社 2015 年版,第 224 页。

工具进行犯罪的共犯处理,假如使用这些程序的人员实施的行为不够刑事处罚,则无法将提供者作为共犯处理。另外,提供者通常是以层层代理的方式销售的,规模庞大,要查清每个销售出去的程序和工具是否被用于实施网络攻击几乎是不可能的,获利最大的提供者很容易逃避打击。因此,提供行为与使用行为相对独立,单独入罪,可以减少在移送起诉、审判之间的相互牵连,更有利于对此类危害社会行为的打击。[5] 由此可见,《刑法修正案(七)》对这种提供网络犯罪程序、工具的帮助行为采取了严厉打击的立场,对其处罚不再依赖于利用这些犯罪程序、工具具体实施犯罪的行为。

Ⅲ　客体

一、非法侵入计算机信息系统罪的客体

8 关于非法侵入计算机信息系统罪,通说认为其客体是国家事务、国防建设、尖端科学技术领域计算机信息系统的安全和/或管理秩序。[6] 随着网络技术的广泛运用,几乎所有国家机关、国防单位以及科学研究机构都使用计算机信息系统进行日常管理与业务运营,而违反国家规定擅自侵入国家事务、国防建设、尖端科学技术领域的计算机信息系统,则会严重妨害这些单位的正常工作和管理,扰乱公共秩序,甚至泄露相关国家机密。鉴于网络社会计算机信息系统安全的重要性,非法侵入计算机信息系统罪在世界范围内都得到了重视。例如,2001 年由欧洲委员会的 26 个欧盟成员国以及美国、加拿大、日本和南非等 30 个国家所共同签署的《网络犯罪公约》第 2 条规定,成员国应当采取立法或其他必要措施在国内法中将没有授权而故意侵入全部或部分计算机系统的行为确立为刑事犯罪。[7] 此外,2005 年欧盟理事会《关于攻击信息系统的理事会框架决议》第 2 条也作了类似规定。[8]《日本非法网络链接禁止法》第 3 条和第 11 条规定,实施不正当的侵入网络行为的,处 3 年以下惩役或者 100 万日元以下罚金。[9]《德国刑法典》第 202a 条也存在类似的数据探查罪(Ausspähen von Daten)。而我国 2016 年通过的《网络安全法》第 27 条也再次明确,任何个人和组

5　参见黄太云:《〈刑法修正案(七)〉解读》,载《人民检察》2009 年第 6 期。

6　参见周道鸾、张军主编:《刑法罪名精释》(第 4 版),人民法院出版社 2013 年版,第 702 页;王作富主编:《刑法分则实务研究》,中国方正出版社 2010 年版,第 1192 页;高铭暄、马克昌主编:《刑法学》(第 9 版),北京大学出版社、高等教育出版社 2019 年版,第 530 页。

7　See Article 2- Illegal Access, Convention on Cybercrime 2001.

8　See Article 2- Illegal Access to Information Systems, Council Framework Decision 2005/222/JHA of 24 February 2005 on Attacks Against Information Systems.

9　参见张凌、于秀峰编译:《日本刑法及特别刑法总览》,人民法院出版社 2017 年版,第 236 页以下。

织不得从事非法侵入他人网络等危害网络安全的活动。

二、非法获取计算机信息系统数据、非法控制计算机信息罪的客体

9 关于非法获取计算机信息系统数据、非法控制计算机信息罪,通行的观点认为,本罪的客体是计算机信息系统的安全。[10] 此外也有观点指出,非法获取计算机信息系统数据、非法控制计算机信息罪,一方面侵犯了计算机系统所有人关于存储、处理和传输数据的排他性权益,另一方面也扰乱、侵害甚至破坏了国家计算机信息安全管理秩序。[11] 笔者认为,本条保护的法益属于一种择一性的复合法益(客体),实际是把计算机信息系统中的数据安全和计算机信息系统的不可侵犯性(支配权)这两种法益糅合在一个条文之中。

三、提供侵入、非法控制计算机信息系统程序、工具罪的客体

10 提供侵入、非法控制计算机信息系统程序、工具罪保护的法益(客体)是计算机信息系统的安全和秩序。由于本罪行为属于《刑法》第 285 条第 1 款和第 285 条第 2 款事实意义上的帮助行为,因此,尽管本罪属于独立犯罪,但是其客体(或保护法益)仍然具有一定的类似性和从属性。

Ⅳ　对象

一、非法侵入计算机信息系统罪的对象

11 非法侵入计算机信息系统罪的行为对象是国家事务、国防建设、尖端科学技术领域的计算机信息系统。按照 2011 年最高人民法院、最高人民检察院《关于办理危害计算机信息系统安全刑事案件应用法律若干问题的解释》第 11 条的规定,“计算机信息系统”和“计算机系统”,是指具备自动处理数据功能的系统,包括计算机、网络设备、通信设备、自动化控制设备等。而按照国务院《计算机信息系统安全保护条例》(2011 年修订)第 2 条的规定,计算机信息系统是指由计算机及其相关的和配套的设备、设施(含网络)构成的,按照一定的应用目标和规则对信息进行采集、加工、存储、传输、检索等处理的人机系统。在司法实践中,国家机关和政府部门职能网站是本罪较为常见的犯罪对象。[12] 国家组织、认证的专业资质考试的管理网站和查询系统

10　参见高铭暄、马克昌主编:《刑法学》(第 9 版),北京大学出版社、高等教育出版社 2019 年版,第 531 页。

11　参见王作富主编:《刑法分则实务研究》,中国方正出版社 2010 年版,第 1201 页。

12　参见黄某非法侵入计算机信息系统案,浙江省长兴县人民法院(2015)湖长刑初字第 246 号刑事判决书。

等,也属于国家事务领域的计算机信息系统。[13] 此外,按照上述最高人民法院、最高人民检察院《关于办理危害计算机信息系统安全刑事案件应用法律若干问题的解释》第10条的规定,如果对于是否属于《刑法》第285条规定的"国家事务、国防建设、尖端科学技术领域的计算机信息系统"难以确定的,应当委托省级以上负责计算机信息系统安全保护管理工作的部门检验。司法机关根据检验结论,并结合案件具体情况认定。

12 此外,该罪中的国家事务、国防建设、尖端科学技术领域的计算机信息系统是否需要联网可能存在疑问。例如,《网络犯罪公约》第2条规定,成员国在国内法中规定非法侵入信息网络罪时可以要求被侵入的计算机系统是与其他计算机系统相连接的。[14] 而国务院发布的《计算机信息系统安全保护条例》第5条第2款也规定,未联网的微型计算机的安全保护办法,另行制定。但是,根据1998年11月25日公安部《关于对破坏未联网的微型计算机信息系统是否适用〈刑法〉第286条的请示的批复》,国务院《计算机信息系统安全保护条例》第5条第2款的规定主要是考虑到未联入网络的单台微型计算机系统所处环境和使用情况比较复杂,且基本无安全功能,需针对这些特点另外制定相应的安全管理措施。然而,未联网的计算机信息系统也属于计算机信息系统,《计算机信息系统安全保护条例》第2、3、7条的安全保护原则、规定,对未联网的微型计算机系统完全适用。虽然上述公安部的批复是针对《刑法》第286条的法律适用作出的,但是其道理同样可以适用于本罪。而且事实上,出于保密和安全的需要,不少国家事务、国防建设、尖端科学技术领域的计算机信息系统往往采用独立封闭的内部网络。因此,可以认为,作为本罪犯罪对象的国家事务、国防建设、尖端科学技术领域的计算机信息系统并没有联网的要求。

二、非法获取计算机信息系统数据、非法控制计算机信息罪的对象

13 非法获取计算机信息系统数据、非法控制计算机信息系统罪的行为对象是国家事务、国防建设、尖端科学领域之外的计算机信息系统。同样,依照最高人民法院、最高人民检察院《关于办理危害计算机信息系统安全刑事案件应用法律若干问题的解释》第11条的规定,这里的"计算机信息系统"和"计算机系统",也指具备自动处理数据功能的系统,包括计算机、网络设备、通信设备、自动化控制设备等。整体来看,"计算机信息系统"涵盖范围较广,尤其是在三网融合的大背景下,电信网、广播电视网、互联网的业务逐步趋同,"计算机信息系统"也不再仅限于以计算机为载体的信息系统,而是也包含移动互联网在内的多种信息系统。事实上,在司法实践中,以智

---

[13] 参见吴某某等非法侵入计算机信息系统案,湖北省崇阳县人民法院(2015)鄂崇阳刑初字第2号刑事判决书;冯某非法侵入计算机信息系统案,山东省济南高新技术开发区人民法院(2014)高刑初字第36号刑事判决书。

[14] See Article 2– Illegal Access, Convention on Cybercrime 2001.

能手机为载体的移动互联网信息系统越来越频繁地成为非法侵入的对象。[15] 此外,根据1998年11月25日公安部《关于对破坏未联网的微型计算机信息系统是否适用〈刑法〉第286条的请示的批复》,未联网的微型计算机系统同样可以适用本罪的规定,本罪中的微型计算机信息系统也没有联网的要求。

V　行为

一、非法侵入计算机信息系统罪的行为

非法侵入计算机信息系统罪的行为是违反国家规定,侵入国家事务、国防建设、尖端科技领域的计算机信息系统。本罪属于典型的行为犯,只要行为人实施了侵入行为,即可构成本罪,也正因如此立法者为其设定了相对较低的法定刑幅度。[16] 14

首先,该行为必须违反国家规定。依据《刑法》第96条的规定,"违反国家规定"是指违反全国人民代表大会及其常委会制定的法律和决定,国务院制定的行政法规、规定的行政措施、发布的决定和命令。例如,国务院颁布的《计算机信息系统安全保护条例》第4条规定:"计算机信息系统的安全保护工作,重点维护国家事务、经济建设、国防建设、尖端科学技术等重要领域的计算机信息系统的安全。"此外,《保守国家秘密法》以及其他一些部门法也为保护计算机信息系统的安全提供了法律保障。非法侵入特定计算机信息系统的行为,正是对以上法律和法规的违反。 15

其次,行为的具体表现为侵入计算机信息系统。所谓侵入,是指在未得到国家有关主管部门的合法授权或批准的情况下,通过计算机终端擅自访问有关计算机信息系统或者进行数据截收的行为。如利用所掌握的计算机知识、技术,以非法手段获取指令或者许可后,冒充合法使用者进入特定的计算机信息系统,或者擅自将自己的计算机与某些特定的计算机信息系统联网等。具体来说,常见的非法用户的侵入方法有以下几种:①冒充合法用户进入计算机信息系统;②采用计算机技术进行技术攻击;③通过"后门"[17]进行非法入侵;④通过"陷阱门"[18]进行非法入侵。[19] 此外,理论 16

15　相关案例,可参见杨小慧等非法获取计算机信息系统数据、非法控制计算机信息系统案,北京市朝阳区人民法院(2014)朝刑初字第1743号刑事判决书。

16　参见臧铁伟、李寿伟主编:《〈中华人民共和国刑法修正案(九)〉条文说明、立法理由及相关规定》,北京大学出版社2016年版,第199页。

17　"后门"一般是由软件制作者出于维护或其他理由而设置的一个隐藏或伪装的程序或系统的入口。

18　"陷阱门"也叫"活门",在计算机技术中,是指为了调试程序或者处理计算机内部意外事件而预先设计的自动转移条件。

19　参见王作富主编:《刑法分则实务研究》,中国方正出版社2010年版,第1194—1195页。

上认为,除非法用户的无权访问之外,合法用户的越权访问,也可以构成本罪。[20]

二、非法获取计算机信息系统数据、非法控制计算机信息罪的行为

17 非法获取计算机信息系统数据、非法控制计算机信息系统罪的行为是指违反国家规定,侵入国家事务、国防建设、尖端科学技术领域以外的计算机系统,或者采用其他技术手段,获取该计算机信息系统中存储、处理或者传输的数据,或者对该计算机信息系统实施非法控制,情节严重的行为。具体来说,本罪具有两种行为类型:

18 (1)违反国家规定,侵入国家事务、国防建设、尖端科学技术领域以外的计算机信息系统,或者采用其他技术手段,获取该计算机信息系统中存储、处理或者传输的数据。

19 本罪是复合行为,手段行为是侵入计算机信息系统或者采用其他技术手段,而目的行为则是获取该计算机信息系统中存储、处理或者传输的数据。所谓侵入计算机信息系统的行为,可能存在多种形式,并且这种手段会随着信息技术的发展呈现出新的类型,其既可以包括非法用户即无权访问者对特定计算机信息系统的侵入,也包括合法用户未经授权对于无权访问的系统资源进行访问的行为。

20 对此,最高人民检察院第 36 号指导性案例"卫梦龙、龚旭、薛东东非法获取计算机信息系统数据案"提供了参考的依据。在本案中,被告人卫梦龙曾于 2012 年至 2014 年在北京某大型网络公司工作,被告人龚旭供职于该大型网络公司运营规划管理部,两人原系同事。被告人薛东东系卫梦龙商业合作伙伴。因工作需要,龚旭拥有登录该大型网络公司内部管理开发系统的账号、密码、Token 令牌(计算机身份认证令牌),具有查看工作范围内相关数据信息的权限。但该大型网络公司禁止员工私自在内部管理开发系统查看、下载非工作范围内的电子数据信息。2016 年 6 月至 9 月,经事先合谋,龚旭向卫梦龙提供自己所掌握的该大型网络公司内部管理开发系统账号、密码、Token 令牌。卫梦龙利用龚旭提供的账号、密码、Token 令牌,违反规定多次在异地登录该大型网络公司内部管理开发系统,查询、下载该计算机信息系统中储存的电子数据。后卫梦龙将非法获取的电子数据交由薛东东通过互联网出售牟利,违法所得共计 37000 元。针对以上案件事实,北京市海淀区人民法院作出判决,认定被告人卫梦龙、龚旭、薛东东的行为构成非法获取计算机信息系统数据罪。本案的裁判要旨指出,超出授权范围使用账号、密码登录计算机信息系统,属于侵入计算机信息系统的行为;侵入计算机信息系统后下载其储存的数据,可以认定为非法获取计算机信息系统数据。[21]

21 所谓利用其他技术手段,主要是指不进入计算机信息系统而获取计算机系统存储、处理或传输的数据,比如 ARP 欺骗、网络 Sniffer、DNS 劫持、钓鱼网站欺骗、CSS 跨

---

[20] 参见赵秉志、于志刚:《论非法侵入计算机信息系统罪》,载《法学研究》1999 年第 2 期。

[21] 参见最高人民检察院第 36 号指导性案例。

站盗取 Cookie 等手段。[22] 实践中行为人常常假冒或者设立虚假网站,或者利用网关欺骗技术,但是行为人并不需要进入他人计算机信息系统就可获取其计算机信息系统存储、处理或传输的数据。[23] 目前,司法实践中出现了利用"撞库"方式获取数据信息的行为,法院判决也将其认定为非法获取计算机信息系统数据罪。所谓"撞库",是指行为人购买大量邮箱用户名和密码信息,借助相关技术手段在淘宝网上进行批量筛选、测试,非法获取匹配的淘宝网身份认证信息。法院生效判决认为,这种"撞库"属于该罪中的"采用其他技术手段"。[24] 最高人民检察院第 68 号指导性案例"叶源星、张剑秋提供侵入计算机信息系统程序、谭房妹非法获取计算机信息系统数据案"也确认了这一立场。[25]

(2)违反国家规定,侵入国家事务、国防建设、尖端科学技术领域以外的计算机信息系统,或者采用其他技术手段,非法控制计算机信息系统。同样,这一行为类型也是以非法侵入计算机信息系统或者采用其他技术手段作为前提的。所谓非法控制,比较常见的是行为人利用网站漏洞将木马植入网站,在用户访问网站时利用客户端漏洞将木马移植到用户计算机上,或在互联网上捆绑有木马的程序或文件。当用户连接到因特网时,这个程序就会通知黑客并报告用户 IP 地址以及预设端口,黑客利用这些信息和潜伏程序即可达到控制用户的计算机的目的。[26] 此外,非法控制是指没有正当权限对计算机信息系统进行的控制,如果行为人以租赁、购买等途径已经取得了计算机信息系统的实际支配控制权限,则不能认定为非法控制。[27] 22

在司法实践中,关于如何认定"非法控制"存在一定疑问。原因在于,"控制"这一概念的含义并不清楚,究竟应当对计算机信息系统实现何种程度的支配没有定论。例如,实务中大量存在非法侵入计算机信息系统设置"黑链"的行为,其能否构成非法控制计算机信息系统罪就不无疑问。[28] 所谓设置"黑链",是指行为人利用木马病毒等手段侵入相关网站,然后在该网站中加入隐藏的链接,借助该网站来提升链接网站在搜索引擎中的排名和影响力的做法。目前,设置"黑链"的行为在网络空间非常猖獗,非法买卖"黑链"的行为也非常泛滥,这对网络空间的安全带来了极大损害。显 23

---

22 参见王作富主编:《刑法分则实务研究》(第 4 版),中国方正出版社 2010 年版,第 1202 页。

23 参见黄太云:《〈刑法修正案(七)〉解读》,载《人民检察》2009 年第 6 期。

24 参见蒋惠岭主编:《网络司法典型案例》(刑事卷 · 2017),人民法院出版社 2018 年版,第 85 页。

25 参见最高人民检察院第 68 号指导性案例。

26 参见黄太云:《〈刑法修正案(七)〉解读》,载《人民检察》2009 年第 6 期。

27 参见蒋惠岭主编:《网络司法典型案例》(刑事卷 · 2017),人民法院出版社 2018 年版,第 207 页以下。

28 参见范某等非法侵入计算机信息系统、非法控制计算机信息系统案,载 http://www.scio.gov.cn/wlcb/blxxjbygl/document/862241/862241.htm,访问时间:2022 年 6 月 10 日。

然,“黑链”设置者无法通过隐藏的链接完全支配被设链的网站。但是,客观上行为人可以利用被设链的网站来提升链接网站的影响力。笔者认为,本罪中的“非法控制”不应理解为完全意义上的事实支配,客观上对计算机信息系统加以利用从而实现非法目的即可构成本罪。

三、提供侵入、非法控制计算机信息系统程序、工具罪的行为

24 提供侵入、非法控制计算机信息系统程序、工具罪的行为是指提供专门用于侵入、非法控制计算机信息系统的程序、工具,或者明知他人实施侵入、非法控制计算机信息系统的违法犯罪行为而为其提供程序、工具,情节严重的行为。具体来说,本罪具有两种行为类型:

1. 提供专门用于侵入、非法控制计算机信息系统的程序、工具

25 这里的提供,既包括有偿的提供,也包括无偿的给予;既包括向特定对象提供;也包括向不特定对象提供;既包括提供自己制作和开发的程序和工具,也包括提供从他人处取得的程序和工具。

26 所谓“专门用于侵入计算机系统的程序、工具”,主要是指专门用于非法获取他人登录网络应用服务、计算机系统的账号、密码等认证信息以及智能卡等认证工具的计算机程序、工具。所谓“专门用于非法控制计算机信息系统的程序、工具”,主要是指可用于绕过计算机信息系统或者相关设备的防护措施,进而实施非法入侵或者获取目标系统中数据信息的计算机程序,比如具有远程控制、盗取数据等功能的木马程序、“后门”程序等恶意代码。[29]

27 按照2011年最高人民法院、最高人民检察院《关于办理危害计算机信息系统安全刑事案件应用法律若干问题的解释》第2条的规定,具有下列情形之一的程序、工具,应当认定为《刑法》第285条第3款规定的“专门用于侵入、非法控制计算机信息系统的程序、工具”:①具有避开或者突破计算机信息系统安全保护措施,未经授权或者超越授权获取计算机信息系统数据的功能的;②具有避开或者突破计算机信息系统安全保护措施,未经授权或者超越授权对计算机信息系统实施控制的功能的;③其他专门设计用于侵入、非法控制计算机信息系统、非法获取计算机信息系统数据的程序、工具。

28 在司法实务中,“专门用于侵入、非法控制计算机信息系统的程序、工具”的认定存在一定争议。在国内首起“黄牛”抢购软件案中,抢购软件被认定为“专门用于侵入、非法控制计算机信息系统的程序、工具”。鉴定意见指出,“黑米天猫”抢购软件为恶意程序,该程序具有以非常规的方式构造网络请求并发送给淘宝网站服务器,实现模拟用户手动登录淘宝账号并进行批量下单的功能。同时,该程序具有通过调用第三方打码平台发送非常规图形验证码绕过淘宝安全防护系统的人机识别验证机制

---

[29] 参见黄太云:《〈刑法修正案(七)〉解读》,载《人民检察》2009年第6期。

的功能，还具有通过重新拨号的方式更换 IP 地址以绕过淘宝安全防火墙对同一 IP 地址不能频繁发送网络请求的限制。法院判决最终认定，被告人构成提供侵入、非法控制计算机信息系统程序、工具罪，这一定性得到了学者的认同。[30] 类似的，在通过“撞库”“打码”的方式非法获取计算机信息系统数据的案件中，不少学者亦认为，“撞库”软件属于“专门用于侵入、非法控制计算机信息系统的程序、工具”。[31] 最高人民检察院第 68 号指导性案例“叶源星、张剑秋提供侵入计算机信息系统程序、谭房妹非法获取计算机信息系统数据案”也肯定了这种理解。[32]

2. 明知他人实施侵入、非法控制计算机信息系统的违法犯罪行为而为其提供程序、工具

首先，这里提供的是非专门用于侵入、非法控制计算机信息系统的程序、工具。 29
这种程序、工具的技术设计初衷不是用来侵入和非法控制计算机信息系统，它在其他领域具有正当的技术功能。其次，这一行为的前提是行为人已经明确认识到他人实施侵入、非法控制计算机信息系统的违法犯罪行为。如果行为人对他人的违法犯罪行为没有认知，或者仅具有模糊的认识可能性，从而中立性地提供非专门用于侵入、非法控制计算机信息系统的程序、工具的，不构成本罪。

Ⅵ　情节

一、非法获取计算机信息系统数据、非法控制计算机信息系统罪的情节

实施非法获取计算机信息系统数据、非法控制计算机信息系统罪的行为，只有符 30
合情节严重的要求，才构成犯罪。如果情节特别严重，则加重处罚。按照 2011 年最高人民法院、最高人民检察院《关于办理危害计算机信息系统安全刑事案件应用法律若干问题的解释》第 1 条的规定，非法获取计算机信息系统数据或者非法控制计算机信息系统，具有下列情形之一的，应当认定为《刑法》第 285 条第 2 款规定的“情节严重”：①获取支付结算、证券交易、期货交易等网络金融服务的身份认证信息 10 组以上的；②获取第①项以外的身份认证信息 500 组以上的；③非法控制计算机信息系统 20 台以上的；④违法所得 5000 元以上或者造成经济损失 1 万元以上的；⑤其他情节严重的情形。实施前款规定行为，具有下列情形之一的，应当认定为《刑法》第 285 条第 2 款规定的“情节特别严重”：①数量或者数额达到前款第①项至第④项规定标准

30　参见周光权：《通过刑罚实现积极的一般预防：国内首起“黄牛”抢购软件案评析》，载《中国法律评论》2018 年第 2 期。

31　参见庄永廉等：《撞库打码牟利行为如何定性》，载《人民检察》2018 年第 14 期；皮勇：《全国首例撞库打码案的法律适用分析》，载《中国检察官》2019 年第 6 期；蒋筱悦：《打码平台的规制——以国内首例“打码撞库”案为分析样本》，载《人民检察》2018 年第 19 期。

32　参见最高人民检察院第 68 号指导性案例。

5倍以上的;②其他情节特别严重的情形。

二、提供侵入、非法控制计算机信息系统程序、工具罪的情节

31 实施提供侵入、非法控制计算机信息系统程序、工具的行为,也需要达到情节严重的标准才构成犯罪。对此,最高人民法院、最高人民检察院《关于办理危害计算机信息系统安全刑事案件应用法律若干问题的解释》第3条规定,提供侵入、非法控制计算机信息系统的程序、工具,具有下列情形之一的,应当认定为《刑法》第285条第3款规定的"情节严重":①提供能够用于非法获取支付结算、证券交易、期货交易等网络金融服务身份认证信息的专门性程序、工具5人次以上的;②提供第①项以外的专门用于侵入、非法控制计算机信息系统的程序、工具20人次以上的;③明知他人实施非法获取支付结算、证券交易、期货交易等网络金融服务身份认证信息的违法犯罪行为而为其提供程序、工具5人次以上的;④明知他人实施第③项以外的侵入、非法控制计算机信息系统的违法犯罪行为而为其提供程序、工具20人次以上的;⑤违法所得5000元以上或者造成经济损失1万元以上的;⑥其他情节严重的情形。实施前款规定行为,具有下列情形之一的,应当认定为提供侵入、非法控制计算机信息系统的程序、工具"情节特别严重":①数量或者数额达到前款第①项至第⑤项规定标准5倍以上的;②其他情节特别严重的情形。

Ⅶ 主体

32 本条所规定3项罪名的主体都是一般主体,即年满16周岁、具有刑事责任能力的自然人。此外,单位也可以成为本条3项罪名的主体。在《刑法修正案(九)》之前,《刑法》第285条前3款规定的非法侵入计算机信息系统罪、非法获取计算机信息系统数据、非法控制计算机信息系统罪和提供侵入、非法控制计算机信息系统的程序、工具罪都没有规定单位犯罪,关于单位能否成为该罪主体在理论上存在争议。[33]但是实践中,存在单位实施以上犯罪的情况,且单位实施以上犯罪往往影响范围更广、危害更为严重,因此《刑法修正案(九)》对这3项罪名都增加了单位犯罪的规定,明确采取了"双罚制",即对单位判处罚金,并对其直接负责的主管人员和其他直接责任人员依照各款规定处罚。[34]

Ⅷ 罪过

33 本条3项罪名的罪过形式都是故意,过失不构成犯罪。值得注意的是,关于本条

---

[33] 参见赵秉志、于志刚:《论非法侵入计算机信息系统罪》,载《法学研究》1999年第2期;周道航、葛恒万:《非法侵入、破坏计算机信息系统犯罪主体之缺失》,载《人民检察》2009年第7期。

[34] 参见臧铁伟、李寿伟主编:《〈中华人民共和国刑法修正案(九)〉条文说明、立法理由及相关规定》,北京大学出版社2016年版,第205页。

第 2 款非法获取计算机信息系统数据、非法控制计算机信息系统罪中的"违反国家规定",并不要求行为人对具体的规定有明确的认识,只要行为人认识到自己的行为是非法或未经授权即可。[35] 此外,关于本条第 3 款提供侵入、非法控制计算机信息系统程序、工具罪,在行为人提供专门用于侵入、非法控制计算机信息系统的程序、工具时,无须对他人利用该程序、工具实施违法犯罪行为具有认识;但是,在行为人提供非专门用于侵入、非法控制计算机信息系统的程序、工具时,必须对他人实施侵入、非法控制计算机信息系统的违法犯罪行为具有明知。

Ⅸ 与非罪的界限

关于非法侵入计算机信息系统罪与非罪的区分,应当注意,只有故意侵入特定的计算机信息系统,即国家事务、国防建设、尖端科技领域的计算机信息系统的行为才能构成本罪。如果仅仅是故意侵入不属于上述领域的计算机信息系统,而没有进一步非法获取数据或控制该系统的意图或行为,则不构成犯罪。不过,"国家事务、国防建设、尖端科技领域的计算机信息系统"的判断在司法实践中容易产生争议,例如,何谓"尖端科技"就众说纷纭。目前的司法解释仅仅原则性地规定,如果难以确定,应当委托省级以上负责计算机信息系统安全保护管理工作的部门检验。这一点还有待今后在司法解释中进一步予以明确。 34

Ⅹ 与他罪的区别

一、非法侵入计算机信息系统罪与破坏武器装备、军事设施、军事通信罪的区别

按照 2007 年最高人民法院《关于审理危害军事通信刑事案件具体应用法律若干问题的解释》第 6 条第 3 款的规定,违反国家规定,侵入国防建设、尖端科学技术领域的军事通信计算机信息系统,尚未对军事通信造成破坏的,依照《刑法》第 285 条的规定定罪处罚;对军事通信造成破坏,同时构成《刑法》第 285 条、第 286 条、第 369 条第 1 款规定的犯罪的,依照处罚较重的规定定罪处罚。 35

二、非法获取计算机信息系统数据、非法控制计算机信息系统罪与非法侵入计算机信息系统罪的区别

一般来说,非法获取计算机信息系统数据、非法控制计算机信息系统罪与非法侵入计算机信息系统罪的区分是较为清楚的,因为后者的行为对象是国家事务、国防建 36

35 参见周光权主编:《刑法历次修正案权威解读》,中国人民大学出版社 2011 年版,第 246 页。

设、尖端科学技术领域的计算机信息系统,而前者的行为对象是国家事务、国防建设、尖端科学技术领域以外的计算机信息系统。

37 但是,如果行为人虽然侵入了国家事务等领域的计算机信息系统,但误以为只是侵入普通计算机信息系统进而获取相关数据的情形如何处理则存在疑问。有观点认为,本罪中的"前款规定以外"并不是真正的构成要件要素,只是表面要素或者界限要素,因此这种情形不能认定为非法侵入计算机信息系统罪,但应认定为非法获取计算机信息系统数据罪。此外,这种观点还认为,如果行为人侵入国家事务、国防建设、尖端科学技术领域的计算机信息系统,获取该计算机信息系统中存储、处理或者传输的数据,或者对该计算机信息系统实施非法控制,情节特别严重的,应当认定为非法获取计算机信息系统数据、非法控制计算机信息系统罪。[36] 但是,这种观点值得商榷。

38 首先需要指出,目前《刑法》第 285 条第 1 款非法侵入计算机信息系统罪和第 285 条第 2 款非法获取计算机信息系统数据、非法控制计算机信息系统罪所形成的立法结构确实存在不足。《刑法》第 285 条第 1 款和第 285 条第 2 款无疑属于两个独立的罪名。但是,对于应受重点保护的国家事务、国防建设、尖端科学技术领域的计算机信息系统,刑法仅仅规定了非法侵入行为的构成要件,却没有进一步规定更具刑事应罚性的非法数据获取行为和计算机信息系统控制行为。[37] 假定行为人侵入国家事务、国防建设、尖端科学技术领域的计算机信息系统,并且获取了该计算机信息系统中存储、处理或者传输的数据,或者对该计算机信息系统实施非法控制,情节严重或情节特别严重的,如果不能构成其他章节的相关重罪(如非法获取国家秘密罪、非法获取军事秘密罪),那么这种行为反而可能比针对上述领域以外的计算机信息系统所实施的同样犯罪行为处罚更轻,造成罪刑不均衡的局面。

39 上述表面要素理论旨在解决这一刑罚结构的均衡性问题。按照这种观点,"前款规定以外"并不涉及违法性,仅仅具有类型界分功能,因此无须对其具有主观认识。然而,这种观点的实际意图并不仅限于处理构成要件要素的认识问题,而是将这里的"前款规定以外"虚化乃至完全抛弃,以至于《刑法》第 285 条第 2 款被扩张成为"违

---

[36] 参见张明楷:《刑法学》(第 6 版),法律出版社 2021 年版,第 1372 页;张明楷:《论表面的构成要件要素》,载《中国法学》2009 年第 2 期。

[37] 此外,按照我国《刑法》第 285 条第 2 款的规定,仅仅侵入国家事务、国防建设、尖端科学技术领域之外的计算机信息系统的行为,尚不足以构成犯罪。这意味着,不以获取数据或控制计算机信息系统为目标的黑客入侵行为是不可罚的。面对日益恶化的网络安全态势,将来的立法有必要重新考虑这种行为的可罚性。例如,在德国刑法学界,曾经一度对这种不以获取数据为目标的黑客行为的可罚性进行争论。在 2007 年 8 月《为打击计算机犯罪的第 41 次刑法修正案》生效后,数据探查罪不再以行为人获取数据为必要条件,单纯侵入计算机系统的行为也被包含进来。Vgl. Lenckner/Eisele, in: Schönke/Schröder, Strafgesetzbuch Kommentar, 29. Aufl., 2014, § 202 a, Rn. 18; Hilgendorf/Valerius, Computer-und Internetstrafrecht, 2. Aufl., 2012, Rn. 561.

反国家规定,侵入计算机信息系统或采取其他技术手段,获取数据或非法控制系统的行为”。如此一来,《刑法》第 285 条第 1 款完全被《刑法》第 285 条第 2 款所包含,而不再是相互独立并行的两个罪名。尽管这种观点有利于克服上述罪刑不均衡的问题,但是这种解释方法显然超出语义射程的范围,并不可取。对此,今后通过进一步的立法完善是更为可取的做法。

笔者认为,由于行为对象截然不同,非法侵入计算机信息系统罪和本罪属于并不重合的犯罪构成。在行为人虽然侵入了国家事务等领域的计算机信息系统,但误以为只是侵入普通计算机信息系统进而获取相关数据的情形中,行为人客观上侵入的不是国家事务、国防建设、尖端科学技术领域以外的计算机信息系统,因此不能构成《刑法》第 285 条第 2 款的非法获取计算机信息系统数据、非法控制计算机信息系统罪,而只能考虑是否构成《刑法》第 285 条第 1 款的非法侵入计算机信息系统罪。笔者认为,《刑法》第 285 条第 1 款非法侵入计算机信息系统罪中的“国家事务、国防建设、尖端科学技术领域”这一要素属于规范的构成要件要素,对其认识应当采取“外行人领域的平行评价”标准,而不是一种非常精确的法律概念认定。[38] 因此,如果结合具体案情分析,按照外行人领域的平行评价,“国家事务、国防建设、尖端科学技术领域”的社会含义对行为人来说是基本清楚的,那么就不能否定行为人的故意,应当构成《刑法》第 285 条第 1 款的非法侵入计算机信息系统罪。 40

此外,如果行为人侵入国家事务、国防建设、尖端科学技术领域的计算机信息系统,获取该计算机信息系统中存储、处理或者传输的数据,或者对该计算机信息系统实施非法控制的,也不应按照《刑法》第 285 条第 2 款所规定的非法获取计算机信息系统数据、非法控制计算机信息系统罪来处罚,而只能按照《刑法》第 285 条第 1 款非法侵入计算机信息系统罪来处理。如果其行为同时符合《刑法》第 282 条非法获取国家秘密罪或《刑法》第 431 条非法获取军事秘密罪的,应当从一重罪处罚。 41

三、非法获取计算机信息系统数据、非法控制计算机信息系统罪与破坏计算机信息系统罪的区别

两罪主要的差别在于行为实施方式。非法获取计算机信息系统数据、非法控制计算机信息系统罪的行为方式可以细分为手段行为和目的行为,前者是指侵入计算机信息系统或者采用其他技术手段的行为,而后者则是指非法获取计算机信息系统中存储、处理或传输的数据,或者非法控制计算机信息系统的行为。而破坏计算机信息系统罪则是通过删除、增加、修改、干扰等破坏计算机信息系统的手段来实施的。在司法实务中,本罪的目的行为与破坏计算机信息系统行为可能存在一定类型性重合。例如,本罪中的“计算机信息系统控制行为”与破坏计算机信息系统罪中的“增 42

---

38 Vgl. Roxin, Strafrecht Allgemeiner Teil, Band I, Grundlagen der Aufbau der Verbrechenslehre, 4. Aufl., Verlag C. H. Beck, 2006, § 12 B, Rn 101.

加、修改行为"就可能难以区分。在设置"黑链"提高点击流量的情形中,行为人客观上控制了计算机信息系统,也对该计算机信息系统功能作出了一定程度的修改和增加。有法院判决认为这种情形应构成破坏计算机信息系统罪[39],但是综合考察还是定性为非法控制计算机信息系统罪更为合适。上文中已经阐明,非法设置"黑链"的行为由于利用目标网站作为工具,来非法提升链接网站的影响力和搜索引擎排名,所以可以构成非法控制计算机信息系统罪,此处不再赘述。真正核心的问题在于,设置"黑链"的行为是否也同时构成破坏计算机信息系统罪。从行为的表面特征来看,设置"黑链"的行为确实是对计算机信息系统功能进行了某种修改与增加。但是,该罪第 1 款的规定还要求行为造成计算机信息系统不能正常运行,且后果严重。一般而言,设置"黑链"行为确实会给目标网站带来安全隐患,存在系统数据被窃取、网站在搜索引擎的查询中受到影响等风险。但是,通常情况下,单纯设置"黑链"行为并不会直接影响目标网站(计算机信息系统)的正常运行,且难以达到后果严重的要求。此外,设置"黑链"行为也对计算机信息系统中的数据进行了一定的修改与增加的操作,但是该行为未对信息系统内有价值的数据进行增加、删改,没有实质性地影响计算机信息系统安全,也不符合本条第 2 款的规定。因此,这种行为不宜定性为破坏计算机信息系统罪。最高人民法院第 145 号指导性案例"张竣杰等非法控制计算机信息系统案"实际上已经确认了这一点。

四、非法获取计算机信息系统数据、非法控制计算机信息系统罪与侵犯商业秘密罪、侵犯通信自由罪、侵犯公民个人信息罪之间的区别

43 在司法实践中,非法获取计算机信息系统数据、非法控制计算机信息系统罪与侵犯商业秘密罪、侵犯通信自由罪、侵犯公民个人信息罪可能发生竞合关系。因为,《刑法》第 219 条侵犯商业秘密的行为,《刑法》第 252 条侵犯通信自由权利的行为,《刑法》第 253 条之一第 3 款非法获取公民个人信息的行为,都可能以非法获取计算机信息系统数据的形式进行。例如,2000 年全国人大常委会通过的《关于维护互联网安全的决定》(2009 年修正)第 4 条第 2 项规定,非法截获、篡改、删除他人电子邮件或者其他数据资料,侵犯公民通信自由和通信秘密构成犯罪的,依照刑法有关规定追究刑事责任。

44 因此,在行为人非法获取计算机信息系统数据、非法控制计算机信息系统时,如果同时侵犯了商业秘密,给商业秘密的权利人造成重大损失的;或者同时侵犯了公民通信自由权利,情节严重的;或者同时非法获取公民个人信息,符合想象竞合犯的构

---

[39] 参见郭加得等破坏计算机信息系统、非法侵入计算机信息系统案,河南省郑州市中级人民法院(2014)郑刑一终字第 91 号刑事裁定书。

成特征,应当从一重罪处罚。[40]

五、非法获取计算机信息系统数据、非法控制计算机信息系统罪与盗窃罪之间的区别

对于窃取虚拟财产的行为,应当认定为盗窃罪还是非法获取计算机信息系统数据罪,在理论上存有争论。第一种观点认为,虚拟财产不属于盗窃罪中的“财物”,因此不符合盗窃罪的构成要件,如果这种行为是以非法侵入计算机信息系统或其他技术手段来实施的,则构成非法获取计算机信息系统数据罪。[41] 第二种观点认为,虽然窃取虚拟财产的行为可以构成盗窃罪,但是相对于盗窃罪这一一般规定而言,非法获取计算机信息系统数据罪是特别规定,根据法条竞合原理应当优先适用后者。[42] 第三种观点则认为,将非法获取他人虚拟财产的行为认定为计算机犯罪的观点,无法处理未利用计算机非法获取他人虚拟财产的案件,存在明显的局限性;而将虚拟财产解释为刑法上的财物不会侵害国民的预测可能性,没有违反罪刑法定原则,故将非法获取他人虚拟财产的行为认定为财产犯罪具有合理性。[43] 45

笔者认为,这里问题的根源之一在于虚拟财产的特殊属性。一方面,虚拟财产无疑具有相当的价值和使用价值,因此具有财物属性;另一方面,虚拟财产并非实体,以数据的形式存在,因此也具有数据属性。这种财物和数据的双重属性造成了罪名适用上的争议。在中国刑法语境中,尤其是伴随信息社会的深度发展和普通民众的观念变迁,将虚拟财产理解为盗窃罪中的“财物”在解释论上完全可以成立。真正的问题主要在于盗窃罪和非法获取计算机信息系统数据罪之间的竞合关系。法条竞合和想象竞合的区分尚未达成普遍共识,不过较为实质性的观点一般认为,法条竞合时只有一个法益侵害事实,而想象竞合时则有数个法益侵害事实。[44] 因此,这里还是要回到以上两罪保护法益的比较。笔者认为,盗窃罪和非法获取计算机信息系统数据罪的法益保护的侧重是不同的。盗窃罪的保护法益是财物所有权和占有权,而非法获取计算机信息系统数据罪的保护法益则侧重于数据安全,同时也包括计算机信息系统本身的不可侵犯性和安全性。就非法获取计算机信息系统数据罪而言,数据本身是否具有价值并不重要,对计算机信息系统中数据本身的支配权以及与此关联的信 46

---

40 参见王作富主编:《刑法分则实务研究》(第4版),中国方正出版社2010年版,第1204页。

41 参见刘明祥:《窃取网络虚拟财产行为定性探究》,载《法学》2016年第1期。

42 参见梁根林:《虚拟财产的刑法保护——以首例盗卖QQ号案的刑法适用为视角》,载《人民检察》2014年第1期。

43 参见张明楷:《非法获取虚拟财产的行为性质》,载《法学》2015年第3期。类似观点参见陈兴良:《虚拟财产的刑法属性及其保护路径》,载《中国法学》2017年第2期。

44 参见张明楷:《法条竞合中特别关系的确定与处理》,载《法学家》2011年第1期。

息系统安全的侵犯才是关键。[45] 有鉴于此,如果窃取虚拟财产的行为同时符合以上两罪的构成要件,定位为想象竞合,从一重罪处罚更为恰当,而不是非法获取计算机信息系统数据罪排除盗窃罪的适用,也不是盗窃罪完全排除非法获取计算机信息系统数据罪的适用。例如,非法侵入他人游戏账户窃取虚拟财产的行为,不仅侵害了他人的财产法益,同时也侵害了他人计算机信息系统的安全,在量刑时不应完全忽视对后一法益的侵害,否则可能违背竞合论中的"全面评价原则"(Ausschöpfungsgebot)。[46]

六、提供侵入、非法控制计算机信息系统程序、工具罪与非法侵入计算机信息系统罪、非法控制计算机信息系统罪的区别

47　如上文所言,提供侵入、非法控制计算机信息系统程序、工具罪属于"共犯正犯化"的立法,因此,该罪行为与非法侵入计算机信息系统罪和非法控制计算机信息系统罪的帮助犯可能形成重合。但是,二者的区别在于,该罪由于已经"正犯化",所以并不必须以他人构成非法侵入计算机信息系统罪和非法控制机计算机信息系统罪为前提。理论上,学者们进一步区分了帮助犯的绝对正犯化和相对正犯化[47],前者使得被正犯化的帮助行为的认定完全独立于实际的正犯,而后者则以法益保护的判断为纽带仍然保留了一定的从属性。提供侵入、非法控制计算机信息系统程序、工具罪实际上融合了两种不同程度的帮助行为正犯化模式。由于专门用于侵入、非法控制计算机信息系统的程序、工具具有明显的违法犯罪连带属性,因此提供这类程序、工具的行为被绝对地正犯化,而无须再依赖于被帮助犯罪行为的认定。而除此之外一般性的程序和工具并不具有违法犯罪连带属性,提供这类程序和工具的行为的可罚性,应当以"明知他人实施侵入、非法控制计算机信息系统的违法犯罪行为"为前提。此时,被正犯化的帮助行为对于事实的正犯仍然有一定的从属性,其可罚性应当依据实际的法益侵害加以具体判断。

七、提供侵入、非法控制计算机信息系统程序、工具罪与破坏计算机信息系统罪的区别

48　通常情况下,提供侵入、非法控制计算机信息系统程序、工具罪与破坏计算机信

45　可供比较的是,《德国刑法典》第 202a 条数据探查罪的法益一般定义为数据的支配权(Verfügungsrecht über die Daten)。Vgl. Hilgendorf/Valerius, Computer-und Internetstrafrecht, 2. Aufl., 2012, Rn. 536.

46　一个并不完全准确的类比,假设在其他条件都一样的情形中,入户盗窃也应当比普通盗窃相对量刑更重。这也是为什么有学者主张"想象竞合从一重罪"不仅意味着根据重罪定罪,而且要求在重罪所确定的法定刑幅度范围内,考虑轻罪从重处罚。参见徐凌波:《犯罪竞合的体系位置与原则——以德国竞合理论为参照》,载《比较法研究》2017 年第 6 期。

47　参见张明楷:《论帮助信息网络犯罪活动罪》,载《政治与法律》2016 年第 2 期;类似观点,也可参见于冲:《帮助行为正犯化的类型研究与入罪化思路》,载《政法论坛》2016 年第 4 期。

息系统罪的区分是清楚的。但是故意制作、传播计算机病毒等破坏性程序,影响计算机系统正常运行,后果严重的行为也构成破坏计算机信息系统罪。在这一点上,提供侵入、非法控制计算机信息系统程序、工具罪与破坏计算机信息系统罪在特定行为方式上具有一定的相似性。但是,"专门用于非法控制计算机信息系统的程序、工具"的特点是其通常不会对计算机系统原有的功能和数据造成破坏,不会影响计算机的正常使用,但行为人可以通过此类程序对他人计算机系统进行非法控制。[48] 破坏计算机信息系统罪所涉及的是影响计算机系统正常运行的破坏性程序。

XI 处罚

根据《刑法》第 285 条第 1 款的规定,犯非法侵入计算机信息系统罪的,处 3 年以下有期徒刑或者拘役。 49

根据《刑法》第 285 条第 2 款的规定,犯非法获取计算机信息系统数据、非法控制计算机信息系统罪的,处 3 年以下有期徒刑或者拘役,并处或者单处罚金;情节特别严重的,处 3 年以下 7 年以上有期徒刑,并处罚金。 50

根据《刑法》第 285 条第 3 款的规定,犯提供侵入、非法控制计算机信息系统程序、工具罪的,依照前款规定处罚。 51

此外,单位犯前三款罪的,对单位判处罚金,并对其直接负责的主管人员和其他直接责任人员进行处罚。 52

此外,根据《网络安全法》第 63 条第 3 款的规定,行为人非法侵入他人网络,或窃取网络数据,或提供专门用于从事侵入网络、干扰网络正常功能及防护措施、窃取网络数据等危害网络安全活动的程序、工具,因此受到刑事处罚的,终身不得从事网络安全管理和网络运营关键岗位的工作。 53

---

48 参见黄太云:《〈刑法修正案(七)〉解读》,载《人民检察》2009 年第 6 期。

第二百八十六条　破坏计算机信息系统罪

违反国家规定，对计算机信息系统功能进行删除、修改、增加、干扰，造成计算机信息系统不能正常运行，后果严重的，处五年以下有期徒刑或者拘役；后果特别严重的，处五年以上有期徒刑。

违反国家规定，对计算机信息系统中存储、处理或者传输的数据和应用程序进行删除、修改、增加的操作，后果严重的，依照前款的规定处罚。

故意制作、传播计算机病毒等破坏性程序，影响计算机系统正常运行，后果严重的，依照第一款的规定处罚。

单位犯前三款罪的，对单位判处罚金，并对其直接负责的主管人员和其他直接责任人员，依照第一款的规定处罚。

文献：王作富主编：《刑法分则实务研究》（第4版），中国方正出版社2010年版；蒋惠岭主编：《网络司法典型案例》（刑事卷·2017），人民法院出版社2018年版；高铭暄、马克昌主编：《刑法学》（第9版），北京大学出版社、高等教育出版社2019年版；张明楷：《刑法学》（第6版），法律出版社2021年版。周光权：《刑法软性解释的限制与增设妨害业务罪》，载《中外法学》2019年第4期。

细目录

Ⅰ　主旨
Ⅱ　沿革
Ⅲ　客体
Ⅳ　对象
Ⅴ　行为
　一、破坏计算机信息系统功能
　二、破坏计算机信息系统数据和应用程序
　三、故意制作、传播计算机病毒等破坏程序
Ⅵ　后果
Ⅶ　主体
Ⅷ　罪过
Ⅸ　与他罪的关系
　一、与非法侵入计算机信息系统罪的关系
　二、与非法控制计算机信息系统罪的关系

三、与故意毁坏财物罪的关系

X 处罚

I 主旨

本条是对破坏计算机信息系统罪的规定。计算机信息系统是现代信息社会工作和生活中不可或缺的组成部分。为了保护计算机的信息系统的安全,促进计算机的应用和发展,保证良好的社会管理秩序,保障社会主义经济建设的顺利进行,1994年2月18日国务院颁布了《计算机信息系统安全保护条例》(2011年修订)。该条例比较全面地规定了计算机信息系统安全保护制度、安全监督制度、法律责任等内容。其第24条规定,违反本条例的规定,构成违反治安管理行为的,依照《治安管理处罚条例》的有关规定处罚,构成犯罪的,依法追究刑事责任。为了贯彻对计算机信息系统安全的保护,1997年《刑法》设立了本罪。 1

II 沿革

我国1979年《刑法》没有关于此罪的规定。随着世界信息技术革命的来临,计算机越来越广泛地应用于社会各个领域。计算机在近些年来,在我国各行各业迅速普及应用和发展,大量的敏感性数据逐步被存储到计算机信息系统。而对计算机信息系统功能进行破坏,对计算机信息系统中数据、应用程序进行破坏,以及故意制造计算机病毒的行为,严重影响了计算机信息系统的正常运作。因此,1997年《刑法》第286条分3款规定了破坏计算机信息系统罪,从而弥补了刑事立法中的不足,使刑法更加完善。 2

III 客体

一种较具有影响力的观点认为,本罪的客体是国家对计算机信息系统安全的管理秩序。[1] 此外,还有观点认为,本罪的客体是国家对计算机信息系统的安全运行管理制度和计算机信息系统的所有人与合法用户的权益。[2] 本罪设立于1997年,当时我国计算机和网络的普及程度很低,计算机信息系统主要由相关国家机构、事业单位来管理和运营。而且,本罪被安排在《刑法》分则第六章(妨害社会管理秩序罪)第一节(扰乱公共秩序罪)中,在此背景下来理解,则上述观点尚具有一定道理。然而,时至今日,计算机和网络技术已被深度普及,计算机信息系统可以说已经成为人 3

---

1 参见王作富主编:《刑法分则实务研究》(第4版),中国方正出版社2010年版,第1209页。

2 参见高铭暄、马克昌主编:《刑法学》(第9版),北京大学出版社、高等教育出版社2019年版,第532页。

们日常生活的一部分。尤其是在电信网、广播电视网、互联网“三网融合”的背景下,几乎每个人的智能手机都可以称得上是一个计算机信息系统。因此,计算机信息系统的安全与国家性、公共性的社会管理秩序逐渐脱钩,而慢慢朝着个体化客体的方向演变。[3] 可资比较的是,《德国刑法典》将破坏计算机罪(Computersabotage)和数据变更罪(Datenveränderung)置于第303条毁坏财物罪(Sachbeschädigung)而非针对公共秩序的犯罪之下。在2007年德国《为打击计算机犯罪的第41次刑法修正案》生效之前,破坏计算机罪需要针对他人的经营体、他人的公司、机构作出。但是立法者认为,为了与欧盟规范更好地协调,有必要将这里的保护对象拓展到一般性的数据处理系统。而且,这也涉及构成要件保护方向的转变。原来认为保护的法益是数据处理功能方面的经济制度和管理秩序,而现在则变成了数据处理运营者和用户正常运营的利益。[4] 我国破坏计算机信息系统罪保护法益的定位同样面临这样一种转型。该罪的法益主要就是计算机信息系统的运行安全,而计算机信息系统是公有抑或私有,以及这种破坏行为是否危害了国家的某种管理秩序并不重要。

Ⅳ 对象

4 破坏计算机信息系统罪的对象是计算机信息系统,以及计算机信息系统中存储、处理或者传输的数据和应用程序。2011年最高人民法院、最高人民检察院《关于办理危害计算机信息系统安全刑事案件应用法律若干问题的解释》第11条规定,“计算机信息系统”和“计算机系统”,是指具备自动处理数据功能的系统,包括计算机、网络设备、通信设备、自动化控制设备等。随着信息技术的迅猛发展和深度普及,为了更好地实现本罪的规范保护目的,对“计算机信息系统”不宜作过于严格的解释。按照1998年11月25日公安部《关于对破坏未联网的微型计算机信息系统是否适用〈刑法〉第286条的请示的批复》,未联网的计算机信息系统也属于本罪中的计算机信息系统。

5 此外,智能手机终端也可以构成计算机信息系统,对此,最高人民检察院第35号指导性案例“曾兴亮、王玉生破坏计算机信息系统案”提供了参考依据。在该案中,被告人曾兴亮与王玉生结伙或者单独使用聊天社交软件,冒充年轻女性与被害人聊天,谎称自己的苹果手机因故障无法登录“iCloud”(云存储),请被害人代为登录,诱骗被害人先注销其苹果手机上原有的ID,再使用被告人提供的ID及密码登录。随后,曾兴亮、王玉生二人立即在电脑上使用新的ID及密码登录苹果官方网站,利用苹果手机相关功能将被害人的手机设置修改,并使用“密码保护问题”修改该ID的密码,从而远程锁定被害人的苹果手机。曾兴亮、王玉生二人再在其个人电脑上,用网

---

3 当然,妨害社会管理秩序和扰乱公共秩序的破坏计算机信息系统行为仍然存在。

4 Vgl. BT-Drucks. 16/3656, S. 13; Hilgendorf/Valerius, Computer-und Internetstrafrecht, 2. Aufl., 2012, Rn. 600.

络聊天软件与被害人联系,以解锁为条件索要钱财。江苏省海安县人民法院作出判决,认定被告人曾兴亮、王玉生的行为构成破坏计算机信息系统罪。本案的裁判要旨指出,智能手机终端应当被认定为刑法保护的计算机信息系统。[5] 另外,同样值得注意的是,最高人民法院指导案例 103 号“徐强破坏计算机信息系统案”的要旨进一步指出,企业的机械远程监控系统也属于计算机信息系统。[6]

V 行为

本罪的客观行为表现为违反国家规定,对计算机信息系统功能进行删除、修改、增加、干扰,造成计算机信息系统不能正常运行;或者对计算机信息系统中存储、处理或者传输的数据和应用程序进行删除、修改、增加的操作;或者故意制作、传播计算机病毒等破坏性程序,影响计算机系统正常运行,并且都是造成了严重后果的行为。 6

一、破坏计算机信息系统功能

“计算机信息系统”是指具备自动处理数据功能的系统,包括计算机、网络设备、通信设备、自动化控制设备等。破坏计算机信息系统功能,则是指违反《计算机信息系统安全保护条例》《计算机软件保护条例》等法规,对计算机中按照一定的应用目标和规则进行采集、加工、存储、传输、检索信息的功用和能力予以删除、改动、增加或干扰,使计算机信息系统失去正常功能,不能运行或者不能按原来设计的要求运行。 7

司法实践中,破坏计算机信息系统功能的具体行为方式多种多样,其中,DDOS (Distributed Denial of Service)攻击是一种常见的类型。[7] DDOS 攻击就是常说的分布式拒绝服务攻击,其通过黑客软件控制多台傀儡机(俗称“肉鸡”)联合起来作为攻击手段,对一个或多个目标发动攻击。这里常用的攻击手段就是在短时间内迅速利用大量的合理服务请求来占用大量网络资源,从而使正常用户无法得到服务响应。这种 DDOS 攻击的后果,往往就是对计算机信息系统功能产生极大干扰,使计算机信息系统不能正常运行,是一种典型的破坏计算机信息系统行为。 8

近年来,“流量劫持”也成为一种重要的破坏计算机信息系统数据和应用程序的行为类型。所谓“流量劫持”,是指利用各种恶意软件修改浏览器、锁定主页或不停弹出新窗口,强制网络用户访问某些网站、从而造成用户流量被迫流向特定网页的行为。其中,最为典型的一种行为方式是 DNS 劫持,又称为域名劫持,即行为人通过修 9

---

5 参见最高人民检察院指导性案例第 35 号。

6 参见最高人民法院指导案例 103 号。

7 可参见向宝非法控制计算机信息系统案,上海市徐汇区人民法院(2011)徐刑初字第 287 号刑事判决书。

改 DNS 域名解析服务器[8]的方式,使行为人的网址访问发生偏离,给用户、网站运营者带来损失的行为。[9]

10 对此,最高人民检察院指导性案例第 33 号“李丙龙破坏计算机信息系统案”[10]提供了规则指引。在本案中,李丙龙冒充某知名网站工作人员,采取伪造该网站公司营业执照等方式,骗取该网站注册服务提供商信任,获取网站域名解析服务管理权限。其后,李丙龙通过其在域名解析服务网站平台注册的账号,利用该平台相关功能自动生成了该知名网站二级子域名部分 DNS(域名系统)解析列表,修改该网站子域名的 IP 指向,使其连接至自己租用境外虚拟服务器建立的赌博网站广告发布页面。李丙龙对该网站域名解析服务器指向的修改生效,致使该网站不能正常运行。上海市徐汇区人民法院对此作出判决,认定李丙龙的行为构成破坏计算机信息系统罪。本案的裁判要旨指出,以修改域名解析服务器指向的方式劫持域名,造成计算机信息系统不能正常运行,是破坏计算机信息系统的行为。域名劫持行为的实质是对计算机信息系统功能的修改、干扰,符合《刑法》第 286 条第 1 款“对计算机信息系统功能进行删除、修改、增加、干扰”的规定。[11]

11 同样,最高人民法院指导案例 102 号“付宣豪、黄子超破坏计算机信息系统案”也对此作出了法律适用上的指引。在本案中,被告人付宣豪、黄子超等人租赁多台服务器,使用恶意代码修改互联网用户路由器的 DNS 设置,进而使用户登录“2345. com”等导航网站时跳转至其设置的“5w. com”导航网站,被告人付宣豪、黄子超等人再将获取的互联网用户流量出售给杭州久尚科技有限公司谋取非法利益。上海市浦东新区人民法院对此作出判决,认定被告人付宣豪、黄子超构成破坏计算机信息系统罪。本案的裁判要旨指出,通过修改路由器、浏览器设置、锁定主页或者弹出新窗口等技术手段,强制网络用户访问指定网站的“DNS 劫持”行为,属于破坏计算机信息系统,后果严重的,构成破坏计算机信息系统罪。对于“DNS 劫持”,应当根据造成不能正常运行的计算机信息系统数量、相关计算机信息系统不能正常运行的时间,以及所造成的损失或者影响等,认定其是“后果严重”还是“后果特别严重”。[12]

12 但是,应当注意的是,对本罪中的“破坏”行为不应作过于形式化的解读,避免破

[8] 在互联网中,计算机只能识别 IP 地址,但是 IP 地址不便于人们记忆、识别,因此用域名予以代替,以此和 IP 地址对应。DNS 域名系统的主要功能就是实现二者的转换。

[9] 参见蒋惠岭主编:《网络司法典型案例》(刑事卷 · 2017),人民法院出版社 2018 年版,第 101 页以下。

[10] 参见上海市第一中级人民法院(2015)沪一中刑终字第 2349 号刑事裁定书。类似案例参见付宣豪、黄子超破坏计算机信息系统案,上海市浦东新区人民法院(2015)浦刑初字第 1460 号刑事判决书。

[11] 参见最高人民检察院指导性案例第 33 号。

[12] 参见最高人民法院指导案例 102 号。

坏计算机信息系统罪的处罚范围过于扩张。在最高人民法院发布的指导案例104号“李森、何利民、张锋勃等人破坏计算机信息系统案”中,就存在这种值得警惕的宽松化解释趋势。该案的被告人李森利用协助子站搬迁之机私自截留子站钥匙并偷记子站监控电脑密码,此后,被告人李森、张锋勃多次进入长安子站,用棉纱堵塞采样器的方法,干扰子站内环境空气质量自动监测系统的数据采集功能。被告人何利民明知李森等人的行为而没有阻止,只是要求李森把空气污染数值降下来。被告人李森还多次指使被告人张楠、张肖采用上述方法对子站自动监测系统进行干扰,造成该站自动监测数据多次出现异常,多个时间段内监测数据严重失真,影响了国家环境空气质量自动监测系统正常运行。对此,陕西省西安市中级人民法院判决认定,被告人李森、何利民、张锋勃、张楠、张肖构成破坏计算机信息系统罪。[13] 该案的裁判要旨指出,环境质量监测系统属于计算机信息系统,用棉纱等物品堵塞环境质量监测采样设备,干扰采样,致使监测数据严重失真的,构成破坏计算机信息系统罪。[14]

然而,如学者所言,本案中被告人的行为仅在计算机外实施,从来就没有侵入计算机系统内部实施,而仅仅是改变了大气监测设备取样的外部物理环境。对于并未通过技术手段侵入环境监测计算机系统的内部,并未通过改变或干扰监测系统内部应用程序的功能进而改变监测结果的情形,难以认定为对系统自身的功能有干扰。[15] 破坏计算机信息系统罪中的“干扰”型破坏行为,应当是针对计算机信息系统本身,而非其所依存的硬件载体。例如,将他人的苹果手机摔毁仅可能构成故意毁坏财物罪,而将他人苹果手机内部数据处理系统锁死,则可能构成破坏计算机信息系统罪。在李森、何利民、张锋勃等人破坏计算机信息系统案中,环境监测系统本身的运行并没有被干扰和破坏,只是待处理、尚未进入系统的数据被人为影响和操纵,因而相应出现了错误和偏离实际的环境监测结果。换言之,被告人的行为只是干扰了将要进入计算机信息系统进行处理的数据和最终的环境监测结果,并没有破坏计算机信息系统本身。 13

二、破坏计算机信息系统数据和应用程序

破坏计算机信息系统数据和应用程序,是指违反《计算机信息系统安全保护条例》等规定,对计算机信息系统中实际处理的一切有意义的文字、符号、声音、图像等 14

13 该判决援引了最高人民法院、最高人民检察院《关于办理环境污染刑事案件适用法律若干问题的解释》第10条,即违反国家规定,针对环境质量监测系统实施下列行为,或者强令、指使、授意他人实施下列行为的,应当依照刑法第286条的规定,以破坏计算机信息系统罪论处:(1)修改参数或者监测数据的;(2)干扰采样,致使监测数据严重失真的;(3)其他破坏环境质量监测系统的行为。

14 参见最高人民法院指导案例104号。

15 参见周光权:《刑法软性解释的限制与增设妨害业务罪》,载《中外法学》2019年第4期。

内容的组合,以及用户按计算机数据库授予的子模式的逻辑结构、书写方式进行数据操作运算的程序予以全部或部分删除、更改或者增加。

15 目前,司法实践中出现了非法获取和利用买家信息为电商卖家修改差评的行为。最高人民检察院指导性案例第 34 号“李骏杰等破坏计算机信息系统案”对此情形作出了法律适用上的指引。在该案中,被告人李骏杰在工作单位及自己家中,单独或伙同他人通过聊天软件联系需要修改中差评的某购物网站卖家,并从被告人黄福权等处购买发表中差评的该购物网站买家信息 300 余条。李骏杰冒用买家身份,骗取客服审核通过后重置账号密码,登录该购物网站内部评价系统,删改买家的中差评 347 个,获利 9 万余元。对此,杭州市滨江区人民法院作出判决,认定被告人李骏杰的行为构成破坏计算机信息系统罪。本案的裁判要旨指出,冒用购物网站买家身份进入网站内部评价系统删改购物评价,属于对计算机信息系统内存储数据进行修改操作,应当认定为破坏计算机信息系统的行为。[16]

三、故意制作、传播计算机病毒等破坏程序

16 按照 2011 年最高人民法院、最高人民检察院《关于办理危害计算机信息系统安全刑事案件应用法律若干问题的解释》第 5 条规定,具有下列情形之一的程序,应当认定为《刑法》第 286 条第 3 款规定的“计算机病毒等破坏性程序”:①能够通过网络、存储介质、文件等媒介,将自身的部分、全部或者变种进行复制、传播,并破坏计算机系统功能、数据或者应用程序的;②能够在预先设定条件下自动触发,并破坏计算机系统功能、数据或者应用程序的;③其他专门设计用于破坏计算机系统功能、数据或者应用程序的程序。此外,按照该司法解释第 10 条的规定,对于是否属于“计算机病毒等破坏性程序”难以确定的,应当委托省级以上负责计算机信息系统安全保护管理工作的部门检验。司法机关根据检验结论,并结合案件具体情况认定。在这里,不仅包含故意设计、制作、生产计算机病毒等破坏性程序的行为,而且也包含故意传播、扩散此类计算机病毒等破坏性程序的行为。

Ⅵ 后果

17 按照本条的规定,以上三种破坏计算机信息系统的行为都需要符合“后果严重”的罪量条件才能构成犯罪。按照最高人民法院、最高人民检察院《关于办理危害计算机信息系统安全刑事案件应用法律若干问题的解释》第 4 条的规定,破坏计算机信息系统功能、数据或者应用程序,具有下列情形之一的,应当认定为《刑法》第 286 条第 1 款和第 2 款规定的“后果严重”:①造成 10 台以上计算机信息系统的主要软件或者硬件不能正常运行的;②对 20 台以上计算机信息系统中存储、处理或者传输的数据

---

16 参见最高人民检察院指导性案例第 34 号。

进行删除、修改、增加操作的;③违法所得 5000 元以上或者造成经济损失 1 万元以上的[17];④造成为 100 台以上计算机信息系统提供域名解析、身份认证、计费等基础服务或者为 1 万以上用户提供服务的计算机信息系统不能正常运行累计 1 小时以上的;⑤造成其他严重后果的。实施前款规定行为,具有下列情形之一的,应当认定为破坏计算机信息系统"后果特别严重":①数量或者数额达到前款第①项至第③项规定标准 5 倍以上的;②造成为 500 台以上计算机信息系统提供域名解析、身份认证、计费等基础服务或者为 5 万以上用户提供服务的计算机信息系统不能正常运行累计 1 小时以上的;③破坏国家机关或者金融、电信、交通、教育、医疗、能源等领域提供公共服务的计算机信息系统的功能、数据或者应用程序,致使生产、生活受到严重影响或者造成恶劣社会影响的;④造成其他特别严重后果的。

按照最高人民法院、最高人民检察院《关于办理危害计算机信息系统安全刑事案件应用法律若干问题的解释》第 6 条的规定,故意制作、传播计算机病毒等破坏性程序,影响计算机系统正常运行,具有下列情形之一的,应当认定为《刑法》第 286 条第 3 款规定的"后果严重":①制作、提供、传输计算机病毒等破坏性程序,导致该程序通过网络、存储介质、文件等媒介传播的;②造成 20 台以上计算机系统被植入第 5 条第②③项规定的程序的;③提供计算机病毒等破坏性程序 10 人次以上的;④违法所得 5000 元以上或者造成经济损失 1 万元以上的;⑤造成其他严重后果的。实施前款规定行为,具有下列情形之一的,应当认定为破坏计算机信息系统"后果特别严重":①制作、提供、传输本解释第 5 条第(一)项规定的程序,导致该程序通过网络、存储介质、文件等媒介传播,致使生产、生活受到严重影响或者造成恶劣社会影响的;②数量或者数额达到前款第②项至第④项规定标准 5 倍以上的;③造成其他特别严重后果的。 18

Ⅶ 主体

本罪的主体是一般主体,即年满 16 周岁、具有刑事责任能力的自然人。此外,鉴于实践中也存在单位实施此类犯罪的情况,所以《刑法修正案(九)》规定单位也可以成为本罪的主体。 19

---

17 值得注意的是,实践中,往往倾向于依据犯罪违法所得数额或造成的经济损失认定破坏计算机信息系统罪的危害后果。但是,在一些案件中,违法所得或经济损失并不能全面、准确反映出犯罪行为所造成的危害,应当结合受影响的计算机信息系统数量或用户数量、受影响或被攻击的计算机信息系统不能正常运行的累计时间、对被害企业造成的影响等,综合予以认定。参见"姚晓杰等 11 人破坏计算机信息系统案",最高人民检察院指导性案例第 69 号。相关研究,参见王华伟:《破坏计算机信息系统罪的教义学反思与重构》,载《东南大学学报(哲学社会科学版)》2021 年第 6 期。

Ⅷ 罪过

20 本罪的罪过形式为故意,即行为人明知自己对计算机信息系统功能进行删除、修改、增加、干扰的行为会造成计算机不能正常运行,或明知自己对计算机信息系统中存储、处理或者传输的数据和应用程序进行删除、修改、增加的操作行为会影响计算机的正常运行,或明知计算机病毒对计算机正常工作的影响,而为破坏计算机信息系统的行为,并且希望或放任这种后果发生的心理状态。过失不构成本罪。

Ⅸ 与他罪的关系

一、与非法侵入计算机信息系统罪的关系

21 根据《刑法》第285条的规定,非法侵入计算机信息系统罪是指违反国家规定,侵入国家事务、国防建设、尖端科学技术领域的计算机信息系统的行为。它与破坏计算机信息系统罪的区别主要表现在:①两罪侵害的犯罪对象不同。前者侵害的是特定的计算机信息系统,即国家事务、国防建设、尖端科学技术领域的计算机信息系统;而后者侵害的则是泛指的计算机信息系统。②两罪在客观方面不同。前者只是非法侵入特定的计算机信息系统,并没有破坏行为;而后者则是违反有关规定破坏计算机信息系统的行为。

二、与非法控制计算机信息系统罪的关系

22 在司法实践中,本罪与非法控制计算机系信息系统罪常常容易发生混淆。两罪的差别主要体现在客观行为方式上。非法控制计算机信息系统主要体现为对计算机信息系统的支配、操纵与利用;而破坏计算机信息系统则主要体现为对计算机信息系统功能的删除、修改、增加和干扰,并导致该系统不能正常运行。由于“控制”和“破坏”两个概念都具有较大解释空间,而且“控制”行为中常常伴有对计算机信息系统的修改、干扰等行为,而“破坏”行为中也常常会出现对计算机信息系统的操纵和支配,因此二者的认定在实践中常常产生争议。

23 在张寅等破坏计算机信息系统案中,行为人通过非法修改“苹果”账户密码及其绑定电子邮箱,并进一步锁定相应“苹果”设备。公诉机关和法院都认为,被告人张寅、姚某通过“iCloud”将“查找我的iphone”功能设置成丢失或抹掉,进而锁住被害人的“苹果”设备,系对计算机信息系统功能进行修改,造成计算机信息系统无法正常运行,构成破坏计算机信息系统罪。但辩护人提出,被告人通过“苹果”设备自带的功能远程锁定“苹果”设备,以此达到对“苹果”设备的控制,并未对设备及其功能进行破

坏,故本案应定性为非法控制计算机信息系统罪。[18] 在这里,关键的问题在于如何理解“破坏”和“计算机信息系统不能正常运行”。最高人民检察院指导性案例第 35 号“曾兴亮、王玉生破坏计算机信息系统案”的要旨中指出,锁定智能手机导致其不能使用的行为,可认定为破坏计算机信息系统。[19] 可见,在该案中,法院和最高人民检察院在这里对“破坏”采取了较为实质的效用侵害说的立场[20],即并不以计算机信息系统功能本身的损毁为必要条件,只要行为使计算机信息系统的所有人不能正常使用该系统即已符合构成要件。在本案中,实际上行为人既实现了对计算机信息系统的控制,也实现了对计算机信息系统(扩张解释意义上)的破坏,应当从一重罪定罪处罚。

三、与故意毁坏财物罪的关系

根据《刑法》第 275 条的规定,故意毁坏财物罪是指故意毁坏公私财物,数额较大或者有其他严重情节的行为。它与破坏计算机信息系统罪的区别主要表现在:①两罪侵犯的保护法益不同。前者侵犯的客体是公私财物的所有权;后者侵犯的客体是计算机信息系统的运行安全。②两罪的客观方面不同。前者通常是采取物理性手段对公私财物加以毁损;后者则主要是通过技术手段来破坏计算机信息系统,从而影响计算机信息系统的正常运行。前者的行为主要针对硬件,后者的行为则主要指向软件。如果行为人采用暴力手段对计算机及其他设备本身进行破坏,则不构成破坏计算机信息系统罪,而应构成故意毁坏财物罪。 24

X 处罚

根据《刑法》第 286 条的规定,犯本罪的,处 5 年以下有期徒刑或者拘役;后果特别严重的,处 5 年以上有期徒刑。单位犯本罪的,对单位判处罚金,并对其直接负责的主管人员和其他直接责任人员,依照前款的规定处罚。此外,按照《网络安全法》第 63 条第 3 款的规定,干扰他人网络正常功能受到刑事处罚的人员,终身不得从事网络安全管理和网络运营关键岗位的工作。 25

---

18 参见张寅等破坏计算机信息系统案,浙江省温州市瓯海区人民法院(2016)浙 0304 刑初 495 号刑事判决书。

19 参见最高人民检察院指导性案例第 35 号。

20 物理毁损说与效用侵害说的对立,参见故意毁坏财物罪的相关探讨。参见张明楷:《刑法学》(第 6 版),法律出版社 2021 年版,第 1342—1343 页。

第二百八十六条之一　拒不履行信息网络安全管理义务罪

网络服务提供者不履行法律、行政法规规定的信息网络安全管理义务，经监管部门责令采取改正措施而拒不改正，有下列情形之一的，处三年以下有期徒刑、拘役或者管制，并处或者单处罚金：

（一）致使违法信息大量传播的；

（二）致使用户信息泄露，造成严重后果的；

（三）致使刑事案件证据灭失，情节严重的；

（四）有其他严重情节的。

单位犯前款罪的，对单位判处罚金，并对其直接负责的主管人员和其他直接责任人员，依照前款的规定处罚。

有前两款行为，同时构成其他犯罪的，依照处罚较重的规定定罪处罚。

文献：臧铁伟主编：《中华人民共和国刑法修正案（九）解读》，中国法制出版社2015年版；高铭暄、马克昌主编：《刑法学》（第9版），北京大学出版社、高等教育出版社2019年版；张明楷：《刑法学》（第6版），法律出版社2021年版。周光权：《论主要罪过》，载《现代法学》2007年第2期；劳东燕：《犯罪故意的要素分析模式》，载《比较法研究》2009年第1期；于志刚：《网络空间中犯罪帮助行为的制裁体系与完善思路》，载《中国法学》2016年第2期；王华伟：《网络服务提供者的刑法责任比较》，载《环球法律评论》2016年第4期；欧阳本祺、王倩：《〈刑法修正案（九）〉新增网络犯罪的法律适用》，载《江苏行政学院学报》2016年第4期；王文华：《拒不履行信息网络安全管理义务罪适用分析》，载《人民检察》2016年第6期；谢望原：《论拒不履行信息网络安全管理义务罪》，载《中国法学》2017年第2期；李本灿：《拒不履行信息网络安全管理义务罪的两面性解读》，载《法学论坛》2017年第3期；王华伟：《要素分析模式之提倡——罪过形式难题新应》，载《当代法学》2017年第5期；王华伟：《网络服务提供者刑事责任的认定路径——兼评快播案的相关争议》，载《国家检察官学院学报》2017年第5期；皮勇：《论网络服务提供者的管理义务及刑事责任》，载《法商研究》2017年第5期；赖早兴：《论拒不履行信息网络安全管理义务罪中的"经监管部门责令改正"》，载《法学杂志》2017年第10期；王华伟：《避风港原则的刑法教义学理论建构》，载《中外法学》2019年第6期。陈兴良：《在技术与法律之间：评快播案一审判决》，载《人民法院报》2016年9月14日。

细目录

Ⅰ　主旨

Ⅱ 沿革
Ⅲ 客体
Ⅳ 主体
Ⅴ 行为
Ⅵ 结果
Ⅶ 罪过
Ⅷ 与他罪的区别
一、与其他涉及违法内容型犯罪的区别
二、与帮助信息网络犯罪活动罪的区别
Ⅸ 处罚

Ⅰ 主旨

本条是对拒不履行信息网络安全管理义务罪的规定。随着互联网的推广适用,互联网服务的运营主要不再由国家进行,而是逐渐层层分包给公司和企业,由此形成了多种多样的网络服务提供者,并且在社会生活的许多方面发挥了越来越重要的功能。由于网络服务提供者在网络空间扮演了类似于“守门人”的角色,如果缺少其必要的参与配合和对安全管理义务的履行,网络空间的安全治理难以达成。有鉴于此,立法者制定了针对网络服务提供者的拒不履行信息网络安全管理义务罪,进一步从刑法上明确网络服务提供者的义务范围和责任。 1

Ⅱ 沿革

本罪是2015年《刑法修正案(九)》所增加的罪名。立法机关认为,互联网服务提供者不履行网络安全管理义务的社会危害性,主要体现在以下几方面:一是为不法分子利用网络实施违法犯罪提供了条件;二是妨碍公安机关查处和打击网络违法犯罪行为;三是危害公民的个人信息安全。鉴于实践中一些网络服务提供者不履行法律、行政法规规定的义务的情况比较常见,有的甚至造成了严重的危害后果,所以立法机关根据有关方面的意见增加了本条规定。[1] 理论上,也有观点十分认同这种所谓“平台责任”的犯罪化。[2] 2

可以看出,我国立法机关在网络服务提供者的刑事责任问题上,采取了一种扩张性规定的立场。而与此不同,欧盟2000年通过的《电子商务指令》(Directive on 3

1 参见臧铁伟主编:《中华人民共和国刑法修正案(九)解读》,中国法制出版社2015年版,第190—191页。

2 参见于志刚:《网络空间中犯罪帮助行为的制裁体系与完善思路》,载《中国法学》2016年第2期。

Electronic Commerce)和德国2007年颁布的《电信媒体法》(Telemediengesetz)以单独立法的方式,对网络服务提供者的法律责任进行限缩性的规定,这种立法和相关的理论体现出一种体系化与层次化的网络服务提供者责任模式,其以负面清单和概括规定相结合的法律形式,旗帜鲜明地采取了责任限制立场。[3] 当然,近年来欧洲也有加强网络服务提供者管理义务的动向[4],但整体的免责框架和责任限缩立场尚未动摇。欧美国家关于网络服务提供者因不履行协助执法等管理义务而承担相应的法律责任,主要是民事责任和行政责任。因此,我国刑法理论上也有学者批判设置该罪的必要性和适当性。[5] 笔者认为,为了在网络安全与信息自由和媒体自由之间取得平衡,在立法已经大大扩张网络服务提供者刑事义务范围的情况下,应当在司法上对拒不履行信息网络安全管理义务罪进行限缩解释。

Ⅲ　客体

4　一般认为,本罪侵犯的客体是信息网络安全管理秩序。[6] 由于网络服务提供者在网络空间扮演着日益重要的角色,赋予其一定的信息网络安全管理义务势在必行。如果其不履行这些义务又拒不改正则会造成网络空间安全秩序的混乱。

Ⅳ　主体

5　本罪的主体是特殊主体,即只有网络服务提供者才能构成本罪。然而,在我国的法律体系中,并没有关于网络服务提供者的统一定义。"网络服务提供者"这一概念在刑法、民法规范以及一般性的行政法规、部门规章中都存在。2000年国务院《互联网信息服务管理办法》的多条规定中就明确规定了"互联网信息服务提供者",而2016年通过的《网络安全法》则不仅提及网络服务提供者,而且还使用了涵盖范围更宽的"网络运营者"这一概念。在刑法领域,2010年最高人民法院、最高人民检察院《关于办理利用互联网、移动通讯终端、声讯台制作、复制、出版、贩卖、传播淫秽电子信息刑事案件具体应用法律若干问题的解释(二)》第6条中也提及了"电信业务经营者""互联网信息服务提供者"的概念。[7] 在民法领域,2006年《信息网络传播权保

3　参见王华伟:《网络服务提供者的刑法责任比较》,载《环球法律评论》2016年第4期。

4　例如,2017年10月1日,德国议会通过了《网络执行法》(Netzwerkdurchsetzungsgesetz),强化了大型社交平台(如Facebook)的内容管理义务。

5　参见皮勇:《论网络服务提供者的管理义务及刑事责任》,载《法商研究》2017年第5期。

6　参见高铭暄、马克昌主编:《刑法学》(第9版),北京大学出版社、高等教育出版社2019年版,第533页。

7　更早则可以追溯到2004年最高人民法院、最高人民检察院《关于办理利用互联网、移动通讯终端、声讯台制作、复制、出版、贩卖、传播淫秽电子信息刑事案件具体应用法律若干问题的解释》第7条。

护条例》的多条规定和2009年《侵权责任法》第36条也都使用了“网络服务提供者”这一概念。而2005年公安部通过的《互联网安全保护技术措施规定》第18条还曾对“互联网服务提供者”作出明确界定,即向用户提供互联网接入服务、互联网数据中心服务、互联网信息服务和互联网上网服务的单位。但是,以上规定要么回避了对网络服务提供者的直接定义,要么并不具有明确和科学的界定标准。[8] 事实上,不论是在我国还是境外,网络服务提供者的范围都非常宽泛。例如,德国2007年《电信媒体法》第2条规定,服务提供者是指提供自有的或者第三方电信服务,或介绍利用途径的自然人、法人或团体;或者有影响力地控制了被提供的视听媒体服务内容选择和设计的自然人或法人。2000年欧盟通过的《电子商务指令》第2条b款更是规定,网络服务提供者是指提供信息社会服务的任何自然人或法人。在这种情况下,网络服务提供者内涵的确定,在很大程度上就取决于其类型化的标准和体系。

从具体业务领域来看,网络服务提供者包括通过计算机互联网、广播电视网、固 6
定通信网、移动通信网等信息网络,向用户提供网络服务的机构和个人。[9] 从功能类型的角度来说,网络服务提供者可以进一步区分为内容提供者、接入服务提供者、缓存服务提供者、存储服务提供者以及搜索引擎运营者和链接设置者。这种功能类型的区分,是德国和美国等国所普遍采纳的主体分类方式。例如,美国1998年通过的《数字千年版权法案》、欧盟2000年通过的《电子商务指令》和德国2007年通过的《电信媒体法》都明确采用这种分类。这种以技术功能为基础的分类,与网络服务提供者的实际控制能力紧密联系在一起,因此将其作为责任认定的基础较为合理。对此,德国刑法学界也普遍认为,网络服务提供者的类型化,不应当根据人事的或者抽象的地位来区分,而是应当根据具体的功能性活动来区分。[10] 这是因为当评价网络服务提供者的责任时,任何法律探讨都必须首先对服务提供者行为实施控制的技术可能性进行分析。当考虑控制的可能性时,技术性的分析表明网络基础设施的责任人必须根据其功能来进行类型化。[11]

为了明确刑法中网络服务提供者的概念,确定拒不履行信息网络安全管理义务 7
罪的适用范围,2019年10月发布的最高人民法院、最高人民检察院《关于办理非法利用信息网络、帮助信息网络犯罪活动等刑事案件适用法律若干问题的解释》第1条对此作出了明确规定:“提供下列服务的单位和个人,应当认定为刑法第二百八十

8 参见王华伟:《网络服务提供者的刑法责任比较研究》,载《环球法律评论》2016年第4期。

9 参见臧铁伟主编:《中华人民共和国刑法修正案(九)解读》,中国法制出版社2015年版,第190—191页。

10 Vgl. Eric Hilgendorf, Thomas Frank, Brian Valerius, Computer- und Internetstrafrecht: Ein Grundriss, Springer-Verlag Berlin Heidelberg 2005, S. 79.

11 See Sieber, Responsibility of Internet- Providers-A Comparative Legal Study with Recommendations for Future Legal Policy, The Computer Law and Security Report, Vol. 15, p. 292.

六条之一第一款规定的'网络服务提供者':(一)网络接入、域名注册解析等信息网络接入、计算、存储、传输服务;(二)信息发布、搜索引擎、即时通讯、网络支付、网络预约、网络购物、网络游戏、网络直播、网站建设、安全防护、广告推广、应用商店等信息网络应用服务;(三)利用信息网络提供的电子政务、通信、能源、交通、水利、金融、教育、医疗等公共服务。"由上可见,司法解释对网络服务提供者的定义实际上几乎无所不包,从技术功能、服务类型、适用领域等多个角度进行了总结性描述。笔者认为,虽然随着网络社会的发展日益复杂化,网络服务提供者的功能也逐渐呈现交叉型、复合型的特征,但是,以内容提供者、接入服务提供者、缓存服务提供者、存储服务提供者为主体的四分法仍然具有基础性的借鉴意义。尽管上述司法解释尽可能全面地概括了网络服务提供者的主体形态和适用场景,但是在具体评价其刑事责任时,仍然只能回到基本的技术功能类型,否则就无法准确把握行为的内在性质。[12] 在以上四种类型中,接入服务提供者的控制可能性最低,缓存服务提供者和存储服务提供者的控制可能性较强,内容服务提供者则具有完全控制的可能性,这种以技术支配强弱为标准的功能性类型划分,在具体刑事义务的实质判断中能够发挥重要的指引作用。[13]

V 行为

8 本罪的行为是指不履行法律、行政法规规定的信息网络安全管理义务,经监管部门责令采取改正措施而拒不改正。具体来说,本罪的行为由以下两部分构成:

1. 不履行法律、行政法规规定的信息网络安全管理义务

9 从行为形式上看,本罪属于典型的纯正的不作为犯罪,不履行法律、行政法规规定的信息网络安全管理义务是构成本罪的前提。我国目前有多部法律、行政法规、部门规章对网络服务提供者的信息网络安全管理义务作出了规定,其中包括全国人民代表大会常务委员会《关于加强网络信息保护的决定》,国务院《互联网信息服务管理办法》《计算机信息网络国际联网安全保护管理办法》《电信条例》,以及公安部《互联网安全保护技术措施规定》,国家广播电影电视总局、信息产业部通过的《互联网视听节目服务管理规定》,文化部《互联网文化管理暂行规定》,等等。但是,学界多数观点认为,这里应当对刑法条文进行严格的解读,即网络服务提供者的信息网络安全管理义务只能来源于法律和行政法规,而不能包括部门规章和其他地方性法规。[14]

10 本罪中"信息网络安全管理义务"的具体内容和范围并不明确,这也是本罪饱受

12　参见王华伟:《避风港原则的刑法教义学理论建构》,载《中外法学》2019 年第 6 期。

13　参见王华伟:《网络服务提供者刑事责任的认定路径——兼评快播案的相关争议》,载《国家检察官学院学报》2017 年第 5 期。

14　参见皮勇:《论网络服务提供者的管理义务及刑事责任》,载《法商研究》2017 年第 5 期;王文华:《拒不履行信息网络安全管理义务罪适用分析》,载《人民检察》2016 年第 6 期。

诟病的主要原因。从教义学的角度来看,对“信息网络安全管理义务”予以类型化限缩是较为可行的路径。较为权威的观点认为,根据法律、行政法规的规定,网络服务提供者的安全管理义务主要有:①落实信息网络安全管理制度和安全保护技术措施,包括建立网站安全保障制度、信息安全保密管理制度、用户信息完全管理制度等;②及时发现、处置违法信息,即当网络服务提供者发现他人利用互联网制作、复制、查阅和传播违法信息后,应当立即停止传输该信息,采取删除网络中含有上述内容的地址、目录或者关闭服务器等处置措施,同时保留有关原始记录,并向主管部门报告;③在提供服务过程中,应当对网上信息和网络日志信息记录进行备份和留存。[15] 以上三种义务总结起来主要就是数据保护、内容管理和记录备份,这与本罪列明的三种行为后果(致使违法信息大量传播、致使用户信息泄露、致使刑事案件证据灭失)也是基本契合的。此外,还有观点通过援引《网络安全法》第 21 条的规定来界定网络服务提供者的一般安全管理义务,然后再结合网络运营与管理法律、法规中的禁止性规范和命令性规范来确定网络服务提供者各项具体的网络安全管理义务。[16] 但是,这种观点将《网络安全法》中的安全保护义务与刑法中网络服务提供者的信息网络安全管理义务直接画等号,可能会导致网络服务提供者刑法责任的过度扩张。

以上从法律、法规中类型化提炼出的三种信息网络安全管理义务,仍然是一种形式的作为义务,不能直接将其与刑法中的实质作为义务等同。从理论上来说,将法律规定直接作为义务来源的形式主义保证人义务认定方法已经被摒弃。[17] 刑法中不作为义务来源的最终确立,仍然有待于更加实质性的判断和论证。虽然本罪属于纯正的不作为犯,但是由于本罪中“法律、行政法规规定的信息网络安全管理义务”并没有被明确,为了避免处罚范围不当扩张,还是应当对其进行实质性的限缩解释。具体来说,网络服务提供者实质作为义务的确定,还需要结合网络服务提供者的具体类型及其不同的事实控制可能性来加以具体判断。例如,就内容管理义务而言,理论上一般认为,纯粹的接入服务提供者由于其事实控制可能性很弱,因而原则上不应具有作为义务而形成保证人地位;而缓存服务提供者和存储服务提供者由于对自己支配的存储空间具有较强的事实控制可能性,因此,当其已经明确认识到存在违法内容时,应当肯定其具有作为义务,形成保证人地位。[18] 换言之,本罪信息网络安全管理义务的最终确认,应当在具有形式法律来源的基础上,再次进行个别性、实质性的判断,而不 11

15　参见臧铁伟主编:《中华人民共和国刑法修正案(九)解读》,中国法制出版社 2015 年版,第 192—193 页。

16　参见谢望原:《论拒不履行信息网络安全管理义务罪》,载《中国法学》2017 年第 2 期。

17　Vgl. Roxin, Strafrecht Allgemeiner Teil, Band II, Besondere Erscheinungsformen der Straftat, Verlag C. H. Beck, 2003, § 32. Rn. 11.

18　Vgl. Sieber, Teil 19. 1 Allgemeine Probleme des Internetstrafrecht, in Hoeren/Sieber/Holznagel, Multimedia-Recht Handbuch, Rechtsfragen des elektronischen Geschäftsverkehrs, Verlag C. H. Beck, 2013, Rn. 45ff.

可简单地对号入座。

12 在目前的司法实践中,存在宽泛化、形式化理解拒不履行信息网络安全管理义务的案例。比如,在胡某拒不履行信息网络安全管理义务案中,被告人为非法牟利,租用国内、国外服务器,自行制作并出租"土行孙""四十二"翻墙软件,为境内2000余名网络用户非法提供境外互联网接入服务。2016 年 3 月、2016 年 6 月上海市公安局浦东分局先后两次约谈胡某,并要求其停止联网服务。2016 年 10 月 20 日,上海市公安局浦东分局对胡某利用上海丝洱网络科技有限公司擅自建立其他信道进行国际联网的行为,作出责令停止联网、警告、并处罚款人民币 15000 元,没收违法所得人民币 40445.06 元的行政处罚。胡某拒不改正,于 2016 年 10 月至 2016 年 12 月 30 日,继续出租"土行孙"翻墙软件,违法所得共计人民币 236167 元。经鉴定,"土行孙"翻墙软件采用了 gotunnel 程序,可以实现代理功能,适用本地计算机通过境外代理服务器访问境外网站。法院认为,胡某非法提供国际联网代理服务,拒不履行法律、行政法规规定的信息网络安全管理义务,经监管部门责令采取改正措施后拒不改正,情节严重,其行为已构成拒不履行信息网络安全管理义务罪。[19] 但是,这样理解可能过度增加了网络服务提供者信息网络安全管理义务的内容。如前所述,按照全国人大常委会法工委相关负责人的解读,网络服务提供者的安全管理义务主要是落实信息网络安全管理制度和安全保护技术措施,收到通知后及时删除或封锁违法信息,对网上信息和网络日志信息记录进行备份和留存。[20] 而上述非法提供国际联网代理服务的行为,在行为形式上体现为积极的作为,在内容上也并不属于上述的数据保护义务、内容管理义务、记录备份义务。实际上,提供翻墙软件的行为虽然违反了我国相关部门网络接入的管理制度,但是其并不必然会导致违法内容的传播,该种行为不宜被直接评价为对刑法中信息网络安全管理义务的违反。

2. 经监管部门责令采取改正措施而拒不改正

13 最高人民法院、最高人民检察院《关于办理非法利用信息网络、帮助信息网络犯罪活动等刑事案件适用法律若干问题的解释》第 2 条规定,《刑法》第 286 条之一第 1 款规定的"监管部门责令采取改正措施",是指网信、电信、公安等依照法律、行政法规的规定承担信息网络安全监管职责的部门,以责令整改通知书或者其他文书形式,责令网络服务提供者采取改正措施。

14 首先,按照我国《刑法》和上述司法解释的规定,这里的监管部门只能是指由法律、行政法规明确规定的具有监管职责的部门。目前,我国相关的监管部门尚未完全统一,容易造成监管的冲突和漏洞。例如,《互联网信息服务管理办法》第 18 条规定:"国务院信息产业主管部门和省、自治区、直辖市电信管理机构,依法对互联网信息服

19 参见上海市浦东新区人民法院(2018)沪 0115 刑初 2974 号刑事判决书。

20 参见臧铁伟主编:《中华人民共和国刑法修正案(九)解读》,中国法制出版社 2015 年版,第 192—193 页。

务实施监督管理;新闻、出版、教育、卫生、药品监督管理、工商行政管理和公安、国家安全等有关主管部门,在各自职责范围内依法对互联网信息内容实施监督管理。”《计算机信息网络国际联网安全保护管理办法》第 3 条规定,公安部计算机管理监察机构负责计算机信息网络国际联网的安全保护管理工作。此外,国务院还授权国家互联网信息办公室负责全国互联网信息内容管理工作,并负责监督管理执法。《网络安全法》第 8 条第 1 款规定:“国家网信部门负责统筹协调网络安全工作和相关监督管理工作。国务院电信主管部门、公安部门和其他有关机关依照本法和有关法律、行政法规的规定,在各自职责范围内负责网络安全保护和监督管理工作。”可见,目前我国网络服务提供者的法律监管主体较为混乱,今后应当尽快在立法上加以统一,并明确监管主体职权的不同层级。

15 其次,责令改正不仅在内容上应当于法有据,具有实质合理性,而且在形式上也应当清楚明确。按照最高人民法院、最高人民检察院《关于办理非法利用信息网络、帮助信息网络犯罪活动等刑事案件适用法律若干问题的解释》第 2 条的规定,认定“经监管部门责令采取改正措施而拒不改正”,应当综合考虑监管部门责令改正是否具有法律、行政法规依据,改正措施及期限要求是否明确、合理,网络服务提供者是否具有按照要求采取改正措施的能力等因素进行判断。而且,责令改正只能以文书形式作出,而不能仅仅口头通知。通过书面形式发布通知,不仅可以使责令改正的具体内容更加明确,而且也便于在此过程中保留诉讼证据。[21]

16 最后,“拒不改正”应当从客观和主观两方面来把握。客观上,责令改正的内容应当在网络服务提供者技术控制可能性范围之内,亦即能改正而不改正。法律不会强人所难,互联网服务提供者根本没有能力做到而不是拒不执行的,不作为犯罪追究。[22] 但是,技术控制可能性应当再次区分为事实的控制可能性和规范的控制可能性,前者是纯粹基于网络技术作出的评估,而后者是基于法律规范评价得出的结论。在控制可能性的规范评价中,应当适当考量企业的监控成本,行业的普遍做法,网络空间安全管理义务在不同主体(如司法机关、行政执法机关、网络服务提供者、网络用户等)之间的责任分工与协作,以及信息自由与媒体自由的合理空间。在认定网络服务提供者的刑事责任时,应当将这种事实的控制可能性与规范的控制可能性结合起来。主观上,应当是网络服务提供者已经明确收到了责令改正的通知,确切认知到其提供的网络服务中含有违法内容,并且仍然不采取相关措施加以改正。

---

[21] 参见赖早兴:《论拒不履行信息网络安全管理义务罪中的“经监管部门责令改正”》,载《法学杂志》2017 年第 10 期。

[22] 参见《法工委解读〈刑法修正案(九)〉涉网络条款》,载 http://www.npc.gov.cn/zgrdw/npc/fzgzwyh/2015-11/18/content_1952070.htm,访问时间:2018 年 4 月 20 日。

Ⅵ　结果

17 本罪结果包括:①致使违法信息大量传播;②致使用户信息泄露,造成严重后果;③致使刑事案件证据灭失,情节严重;④其他严重情节。

18 违法信息,主要是指以下类型的信息:①反对宪法所确定的基本原则的;②危害国家安全,泄露国家秘密,颠覆国家政权,破坏国家统一的;③损害国家荣誉和利益的;④煽动民族仇恨、民族歧视,破坏民族团结的;⑤破坏国家宗教政策,宣扬邪教和封建迷信的;⑥散布谣言,扰乱社会秩序,破坏社会稳定的;⑦散布淫秽、色情、赌博、暴力、凶杀、恐怖或者教唆犯罪的;⑧侮辱或者诽谤他人,侵害他人合法权益的;⑨含有法律、行政法规禁止的其他内容的。这一点,在国务院《互联网信息服务管理办法》第15条、《电信条例》第57条,国家广电总局《互联网等信息网络传播视听节目管理办法》第19条,国家广电总局、信息产业部《互联网视听节目服务管理规定》第16条,文化部《互联网文化管理暂行规定》第16条都作了规定。

19 "大量传播"主要通过传播的次数、传播的受众范围等因素来确定,对于仅在小范围内、影响较小的违法信息传播行为,不应作为犯罪处理。最高人民法院、最高人民检察院《关于办理非法利用信息网络、帮助信息网络犯罪活动等刑事案件适用法律若干问题的解释》第3条规定:"拒不履行信息网络安全管理义务,具有下列情形之一的,应当认定为刑法第二百八十六条之一第一款第一项规定的'致使违法信息大量传播':(一)致使传播违法视频文件二百个以上的;(二)致使传播违法视频文件以外的其他违法信息二千个以上的;(三)致使传播违法信息,数量虽未达到第一项、第二项规定标准,但是按相应比例折算合计达到有关数量标准的;(四)致使向二千个以上用户账号传播违法信息的;(五)致使利用群组成员账号数累计三千以上的通讯群组或者关注人员账号数累计三万以上的社交网络传播违法信息的;(六)致使违法信息实际被点击数达到五万以上的;(七)其他致使违法信息大量传播的情形。"

20 《网络安全法》第76条规定,个人信息,是指以电子或者其他方式记录的能够单独或者与其他信息结合识别自然人个人身份的各种信息,包括但不限于自然人的姓名、出生日期、身份证件号码、个人生物识别信息、住址、电话号码等。2017年通过的最高人民法院、最高人民检察院《关于办理侵犯公民个人信息刑事案件适用法律若干问题的解释》第1条也规定,《刑法》第253条之一规定的"公民个人信息",是指以电子或者其他方式记录的能够单独或者与其他信息结合识别特定自然人身份或者反映特定自然人活动情况的各种信息,包括姓名、身份证件号码、通信通讯联系方式、住址、账号密码、财产状况、行踪轨迹等。具体说来,这里的用户信息可以分为三类:一是关于用户基本情况信息,如网络服务提供者在服务的过程中收集的个人用户的姓名、出生日期、身份证件号码、住址、电话号码等,以及企业用户商业信息等。二是用户的行为类信息,如用户购买服务或者产品的记录;与企业的联络记录;用户的消费行为、偏好、生活方式等相关信息。三是与用户行为相关的,反映和影响用户行为和心理的相关信息，包括用户的满意度、忠诚度、对产品或服务的偏好、竞争对手行为等。[23]

这里的严重后果主要是指导致用户信息的大规模泄露，给用户生活或企业经营带来巨大损失等。最高人民法院、最高人民检察院《关于办理非法利用信息网络、帮助信息网络犯罪活动等刑事案件适用法律若干问题的解释》第 4 条规定："拒不履行信息网络安全管理义务，致使用户信息泄露，具有下列情形之一的，应当认定为刑法第二百八十六条之一第一款第二项规定的'造成严重后果'：(一)致使泄露行踪轨迹信息、通信内容、征信信息、财产信息五百条以上的；(二)致使泄露住宿信息、通信记录、健康生理信息、交易信息等其他可能影响人身、财产安全的用户信息五千条以上的；(三)致使泄露第一项、第二项规定以外的用户信息五万条以上的；(四)数量虽未达到第一项至第三项规定标准，但是按相应比例折算合计达到有关数量标准的；(五)造成他人死亡、重伤、精神失常或者被绑架等严重后果的；(六)造成重大经济损失的；(七)严重扰乱社会秩序的；(八)造成其他严重后果的。" 21

《互联网信息服务管理办法》第 14 条规定："从事新闻、出版以及电子公告等服务项目的互联网信息服务提供者，应当记录提供的信息内容及其发布时间、互联网地址或者域名；互联网接入服务提供者应当记录上网用户的上网时间、用户账号、互联网地址或者域名、主叫电话号码等信息。互联网信息服务提供者和互联网接入服务提供者的记录备份应当保存 60 日，并在国家有关机关依法查询时，予以提供。"《网络安全法》第 21 条第(三)项也规定，"网络运营者应当采取监测、记录网络运行状态、网络安全事件的技术措施，并按照规定留存相关的网络日志不少于六个月"。网络服务提供者没有履行以上记录备份义务，则可能造成刑事案件证据的灭失。 22

这里的"情节严重"应当根据相关刑事案件的性质、危害程度、对刑事诉讼程序的影响等因素综合予以判断。按照最高人民法院、最高人民检察院《关于办理非法利用信息网络、帮助信息网络犯罪活动等刑事案件适用法律若干问题的解释》第 5 条的规定："拒不履行信息网络安全管理义务，致使影响定罪量刑的刑事案件证据灭失，具有下列情形之一的，应当认定为刑法第二百八十六条之一第一款第三项规定的'情节严重'：(一)造成危害国家安全犯罪、恐怖活动犯罪、黑社会性质组织犯罪、贪污贿赂犯罪案件的证据灭失的；(二)造成可能判处五年有期徒刑以上刑罚犯罪案件的证据灭失的；(三)多次造成刑事案件证据灭失的；(四)致使刑事诉讼程序受到严重影响的；(五)其他情节严重的情形。" 23

其他严重情节，则是指导致违法信息大量传播、用户信息泄露、刑事案件证据灭失之外的其他严重后果。最高人民法院、最高人民检察院《关于办理非法利用信息网络、帮助信息网络犯罪活动等刑事案件适用法律若干问题的解释》第 6 条规定："拒不 24

[23] 参见臧铁伟主编：《中华人民共和国刑法修正案(九)解读》，中国法制出版社 2015 年版，第 195—196 页。

履行信息网络安全管理义务,具有下列情形之一的,应当认定为刑法第二百八十六条之一第一款第四项规定的'有其他严重情节':(一)对绝大多数用户日志未留存或者未落实真实身份信息认证义务的;(二)二年内经多次责令改正拒不改正的;(三)致使信息网络服务被主要用于违法犯罪的;(四)致使信息网络服务、网络设施被用于实施网络攻击,严重影响生产、生活的;(五)致使信息网络服务被用于实施危害国家安全犯罪、恐怖活动犯罪、黑社会性质组织犯罪、贪污贿赂犯罪或者其他重大犯罪的;(六)致使国家机关或者通信、能源、交通、水利、金融、教育、医疗等领域提供公共服务的信息网络受到破坏,严重影响生产、生活的;(七)其他严重违反信息网络安全管理义务的情形。"值得特别注意的是,此解释将实名制身份认证义务也纳入《刑法》第286条之一的规制范围,对此笔者个人持保留态度。不履行实名制身份认证义务和实际造成的危害后果之间,因果链条过长,如此严苛地规定互联网企业的刑事义务,是否必要值得进一步探讨。"其他严重情节"这一规定属于兜底条款,原则上应当尽量避免适用,以维护信息网络安全管理义务的类型化定型。即使在例外情形的适用中,其解释也应当与前款规定具有比例性和适应性,即其他严重情节应当与前款规定的法益侵害程度具有相当性。[24]

25　此外,最高人民法院、最高人民检察院《关于办理非法利用信息网络、帮助信息网络犯罪活动等刑事案件适用法律若干问题的解释》第16条规定:"多次拒不履行信息网络安全管理义务、非法利用信息网络、帮助信息网络犯罪活动构成犯罪,依法应当追诉的,或者二年内多次实施前述行为未经处理的,数量或者数额累计计算。"

Ⅶ　罪过

26　关于本罪的罪过形式,学说上存在多种不同观点。多数观点认为,本罪是故意犯罪。[25] 这类观点甚至进一步认为,由于本罪使用了"经监管部门责令采取改正措施而拒不改正"这样的语句,所以本罪只能由直接故意构成,而不包含间接故意。[26] 但是,相反的观点则认为,如果将本罪理解为故意犯罪,则会导致本罪与《刑法》第287条之二帮助信息网络犯罪活动罪出现功能重合,显得立法过剩,因此应当将本罪理解为过失犯罪。[27] 还有观点则认为,基于对平台责任的强化,拒不履行信息网络安全管理义务罪实际上是引入了一种"过失"责任。不过这种观点又认为,由于该罪主观心

---

[24] 参见王文华:《拒不履行信息网络安全管理义务罪适用分析》,载《人民检察》2016年第6期。

[25] 参见张明楷:《刑法学》(第6版),法律出版社2021年版,第1379页。

[26] 参见谢望原:《论拒不履行信息网络安全管理义务罪》,载《中国法学》2017年第2期。

[27] 参见李本灿:《拒不履行信息网络安全管理义务罪的两面性解读》,载《法学论坛》2017年第3期。

理结构的三个层次具有不同的主观心态,本罪应当定位为一种复合罪过。[28]

笔者认为,拒不履行信息网络安全管理义务罪属于故意犯罪,而非过失犯罪。其 27
一,虽然本罪与帮助信息网络犯罪活动罪可能存在部分重合,但是整体上看二者各有侧重,前者强调网络服务提供者的信息网络安全管理义务,属于纯正的不作为犯,而后者是将网络犯罪的帮助行为予以正犯化处理,一般由作为犯构成,二者的局部性交叉并不构成将本罪解释为过失犯的正当理由。其二,本罪的客观方面由多重要素构成,但是本罪属于典型的义务犯,不履行信息网络安全管理义务且拒不改正才是主观罪过评价的重点[29],因此,即使结果性要素中存在"致使"这样的过失性提示要素,也不能影响本罪最终被定位为故意犯罪。其三,如果将本罪定位为过失犯罪,则使本罪成为一种过失不作为犯罪,网络服务提供者兼有作为义务和注意义务,这不但无法从法条字面含义中得出,违背过失犯法律有规定才负刑事责任的规定,也将使网络服务提供者承担过于苛刻的注意义务和刑事责任。[30]

Ⅷ　与他罪的区别

一、与其他涉及违法内容型犯罪的区别

由于本罪实际上可能涉及第三方提供违法内容的行为,因此触犯该罪的行为也 28
可能同时构成我国《刑法》第 120 条之三宣扬恐怖主义、极端主义、煽动实施恐怖活动罪,第 363 条传播淫秽物品牟利罪,第 364 条传播淫秽物品罪等。本罪与这些罪名的最大区别在于,本罪属于不作为犯罪,而以上这些罪名属于作为犯罪。因此,当行为同时也构成上述涉违法内容型犯罪时,其实际是以不作为的形式实现了作为犯的构成要件,理论上称之为不纯正的不作为,需要特别注意该行为与作为犯构成要件的等价性判断。按照《刑法》第 286 条之一第 3 款的规定,符合本罪同时构成其他犯罪的,依照处罚较重的规定定罪处罚。例如,在快播案[31]中,快播公司和主要负责人的行为就同时符合拒不履行信息网络安全管理义务罪和传播淫秽物品牟利罪。一方面,在围绕快播播放器和相应缓存服务器建立的视频文件传输平台中,在快播主管人员对违法内容具有主观认知的情况下,按照危险源监督理论,其已经具有不纯正不作

28　参见于志刚:《网络空间中犯罪帮助行为的制裁体系与完善思路》,载《中国法学》2016 年第 2 期。

29　关于此处罪过要素分析方法的介绍,可参见周光权:《论主要罪过》,载《现代法学》2007 年第 2 期;劳东燕:《犯罪故意的要素分析模式》,载《比较法研究》2009 年第 1 期;王华伟:《要素分析模式之提倡——罪过形式难题新应》,载《当代法学》2017 年第 5 期。

30　参见王华伟:《避风港原则的刑法教义学理论建构》,载《中外法学》2019 年第 6 期。

31　参见《海淀法院就被告单位快播公司、被告人王欣等传播淫秽物品牟利案作出一审判决》,载 http://bjhdfy. chinacourt. org/public/detail. php? id=4343,访问时间:2018 年 4 月20 日。

为犯的保证人地位。[32] 另一方面,本案的涉案行为属于典型的网络服务提供者拒不履行信息网络安全管理义务行为,即快播公司在具有法律、行政法规规定的删除、封锁违法内容义务的情况下,经监管部门责令采取改正措施而拒不改正,最终致使淫秽视频大量传播。但是,本案由于法律时间效力的问题,并没有适用《刑法》第 286 条之一的拒不履行网络安全管理义务罪。今后如果出现类似的案件,按照本罪第 3 款的规定,应当依照处罚较重的规定定罪处罚。[33]

29　此外,2016 年 12 月 19 日最高人民法院、最高人民检察院、公安部《关于办理电信网络诈骗等刑事案件适用法律若干问题的意见》第 3 条第 6 款规定,网络服务提供者不履行法律、行政法规规定的信息网络安全管理义务,经监管部门责令采取改正措施而拒不改正,致使诈骗信息大量传播,或者用户信息泄露造成严重后果的,依照《刑法》第 286 条之一的规定,以拒不履行信息网络安全管理义务罪追究刑事责任;同时构成诈骗罪的,依照处罚较重的规定定罪处罚。

二、与帮助信息网络犯罪活动罪的区别

30　本罪的行为主体是网络服务提供者,其服务通常就包括网络接入服务、通讯传输服务、网络存储服务等内容。而《刑法》第 287 条之二帮助网络犯罪活动罪的客观行为是为他人的犯罪行为提供互联网接入、服务器托管、网络存储、通讯传输等技术支持,或者提供广告推广、支付结算等帮助,前一部分技术支持行为通常是由网络服务提供者来实施。因此,两罪在客观行为内容上有一定的重合。

31　但是,两罪的区别还是明显的。其一,从立法主旨来看,本罪主要着眼于规制网络服务提供者拒不履行相应网络安全管理义务的现象,而帮助信息网络犯罪活动罪则旨在应对网络共同犯罪中的处罚难题。其二,本罪是身份犯,只能由网络服务提供者构成,而帮助信息网络犯罪活动罪则是由一般主体构成。理论上有学者认为,帮助信息网络犯罪活动罪的犯罪主体也是网络服务提供者[34],但是这种观点显然对该罪作了过于狭窄的解释,而且也无法将提供广告推广、支付结算等帮助行为囊括在内。其三,本罪属于纯正的不作为犯,行为核心是拒不履行信息网络安全管理义务,而如上文所言,内容管理、数据保护和记录备份构成了这种义务的主体。而帮助信息网络犯罪活动罪属于作为犯,且是帮助行为正犯化的体现,行为主要体现为网络信息技术支持和商业运作支持两种帮助类型,行为对象则较为宽泛,只要是他人利用信息网络

---

[32] 参见王华伟:《网络服务提供者刑事责任的认定路径——兼评快播案的相关争议》,载《国家检察官学院学报》2017 年第 5 期。

[33] 参见陈兴良:《在技术与法律之间:评快播案一审判决》,载《人民法院报》2016 年 9 月 14 日。

[34] 参见欧阳本祺、王倩:《〈刑法修正案(九)〉新增网络犯罪的法律适用》,载《江苏行政学院学报》2016 年第 4 期。

实施的犯罪即可。其四,本罪需要在拒不履行信息安全管理义务且经责令采取改正措施而拒不改正的基础上,进一步造成特定的后果(如违法信息大量传播)才可构成。而帮助信息网络犯罪活动罪则没有犯罪结果方面的要求,仅笼统地作出了“情节严重”的规定。

Ⅸ 处罚

按照《刑法》第 286 条之一的规定,犯本罪的,处 3 年以下有期徒刑、拘役或者管制,并处或者单处罚金。按照最高人民法院、最高人民检察院《关于办理非法利用信息网络、帮助信息网络犯罪活动等刑事案件适用法律若干问题的解释》第 18 条的规定,应当综合考虑犯罪的危害程度、违法所得数额以及被告人的前科情况、认罪悔罪态度等依法判处罚金。单位犯本罪的,对单位判处罚金,并对其直接负责的主管人员和其他直接责任人员,依照前款的规定处罚。 32

此外,最高人民法院、最高人民检察院《关于办理非法利用信息网络、帮助信息网络犯罪活动等刑事案件适用法律若干问题的解释》第 15 条规定:“综合考虑社会危害程度、认罪悔罪态度等情节,认为犯罪情节轻微的,可以不起诉或者免予刑事处罚;情节显著轻微危害不大的,不以犯罪论处。”按照该解释第 17 条的规定,对于实施拒不履行信息网络安全管理义务罪被判处刑罚的,可以根据犯罪情况和预防再犯罪的需要,依法宣告职业禁止;被判处管制、宣告缓刑的,可以根据犯罪情况,依法宣告禁止令。 33

第二百八十七条　利用计算机实施有关犯罪的规定

利用计算机实施金融诈骗、盗窃、贪污、挪用公款、窃取国家秘密或者其他犯罪的，依照本法有关规定定罪处罚。

文献：高铭暄：《中华人民共和国刑法的孕育诞生和发展完善》，北京大学出版社2012年版。皮勇：《我国网络犯罪刑法立法研究——兼论我国刑法修正案(七)中的网络犯罪立法》，载《河北法学》2009年第6期；于志刚：《"双层社会"中传统刑法的适用空间——以"两高"〈网络诽谤解释〉的发布为背景》，载《法学》2013年第10期；梁根林：《虚拟财产的刑法保护——以首例盗卖QQ号案的刑法适用为视角》，载《人民检察》2014年第1期；胡云腾、周加海、周海洋：《〈关于办理盗窃刑事案件适用法律若干问题的解释〉的理解与适用》，载《人民司法》2014年第15期；张明楷《非法获取虚拟财产的行为性质》，载《法学》2015年第3期；于志刚：《防止网络成为两个意义上的"无法空间"》，载《中国检察官》2015年第6期；刘明祥：《窃取网络虚拟财产行为定性探究》，载《法学》2016年第1期；高艳东：《破坏生产经营罪包括妨害业务行为——批量恶意注册账号的处理》，载《预防青少年犯罪研究》2016年第2期；张明楷：《三角诈骗的类型》，载《法学评论》2017年第1期；陈兴良：《虚拟财产的刑法属性及其保护路径》，载《中国法学》2017年第2期；梁根林：《传统犯罪网络化：归责障碍、刑法应对与教义限缩》，载《法学》2017年第2期；柏浪涛：《论诈骗罪中的"处分意识"》，载《东方法学》2017年第2期；欧阳本祺：《论网络时代刑法解释的限度》，载《中国法学》2017年第3期；刘艳红：《网络时代刑法客观解释新塑造："主观的客观解释论"》，载《法律科学》2017年第3期；陈兴良：《刑法阶层理论：三阶层与四要件的对比性考察》，载《清华法学》2017年第5期；李世阳：《互联网时代破坏生产经营罪的新解释——以南京"反向炒信案"为素材》，载《华东政法大学学报》2018年第1期；高艳东：《信息时代非法经营罪的重生——组织刷单案评析》，载《中国法律评论》2018年第2期；劳东燕：《功能主义刑法解释论的方法与立场》，载《政法论坛》2018年第2期；叶良芳：《刷单炒信行为的规范分析及其治理路径》，载《法学》2018年第3期；王华伟：《刷单炒信的刑法适用与解释理念》，载《中国刑事法杂志》2018年第6期；陈洪兵：《双层社会背景下的刑法解释》，载《法学论坛》2019年第2期；姜涛：《网络型诈骗罪的拟制处分行为》，载《中外法学》2019年第3期；周光权：《刑法软性解释的限制与增设妨害业务罪》，载《中外法学》2019年第4期；刘仁文：《网络时代破坏生产经营的刑法理解》，载《法学杂志》2019年第5期；王华伟：《网络时代的刑法解释论立场》，载《中国法律评论》2020年第1期；劳东燕：《功能主义刑法解释的体系性控制》，载《清华法学》2020年第2期。刘仁文、杨学文:《用刑法规制电子商务失范行为》,载《检察日报》2015年8月26日;范跃红、赵浩瑶:《全国首例组织刷单炒信刑事案件宣判》,载《检察日报》2017年6月21日;李世阳:《不妨强化对信用的刑罚保护》,载《法制日报》2017年6月22日。

细目录

Ⅰ　主旨
Ⅱ　法条性质
Ⅲ　理解适用

Ⅰ　主旨

1997年《刑法》增加了第287条利用计算机实施有关犯罪的规定,其主旨在于明确有关法律的界限,供司法实践中办理与计算机关联的犯罪时遵循。 1

从立法修订的过程来看,该条的写法始见于1997年2月17日的《刑法修订草案(修改稿)》,其后被1997年《刑法》第287条沿用。[1] 按照这一概括性的注意规定,利用计算机实施金融诈骗、盗窃、贪污、挪用公款、窃取国家秘密或者其他犯罪的,依照刑法有关规定定罪处罚。这一概括性条款与1997年《刑法》另外增设的非法侵入计算机信息系统罪和破坏计算机信息系统罪一起,构成了当时我国网络犯罪的罪名基础,被学者形象地称为“两点一面”的罪名体系。[2] 2

Ⅱ　法条性质

本条规定的法律性质属于注意性规定。即使没有该条规定,也并不影响对利用计算机实施金融诈骗、盗窃、贪污、挪用公款、窃取国家秘密或者其他犯罪行为的认定。立法者意识到,计算机犯罪的范围并不局限于非法侵入计算机信息系统、破坏计算机信息系统这样的特殊罪名,计算机完全可能被作为工具和手段运用于传统犯罪的实施。因此,立法者试图通过本条的规定提示司法者,当行为人利用计算机来实施相关传统犯罪时,同样应当依照相关罪名来定罪处罚。有判例认为,凡是利用计算机来实施金融诈骗、盗窃、贪污、挪用公款、窃取国家秘密或者其他犯罪的,不论手段行为是否构成相关计算机犯罪,均应以金融诈骗罪、盗窃罪、贪污罪、挪用公款罪等目的 3

1　参见高铭暄:《中华人民共和国刑法的孕育诞生和发展完善》,北京大学出版社2012年版,第514页。

2　参见皮勇:《我国网络犯罪刑法立法研究——兼论我国刑法修正案(七)中的网络犯罪立法》,载《河北法学》2009年第6期。

犯罪定罪处罚。[3] 但是笔者不认同这一观点。当手段行为和目的行为分别构成相关犯罪时,二者形成牵连关系,应当从一重罪论处。

Ⅲ 理解适用[4]

4 虽然利用计算机实施传统犯罪应当依照相关规定定罪处罚是不言自明的道理,但是在网络时代,传统罪名的适用确实遭遇了不少解释论上的难题。一般而言,传统犯罪的网络化在总体上不会改变传统犯罪的构造及其所决定的不法与内涵,因此刑法分则教义学原理基本上仍可适用于将网络作为犯罪工具或犯罪场域的传统犯罪。尽管如此,传统犯罪的网络化还是在相当程度上改变了传统犯罪的不法属性与不法程度,给刑事归责带来了诸多挑战。[5] 由于互联网的逐步普及和信息技术的深度渗透,与现实世界对应的虚拟空间全面铺开,由此形成了所谓的双层社会。[6] 这种社会急剧变化无法被早期的立法者预料,因为诸多刑法罪名的构成要件都以对现实世界的想象为基础而创设。当传统的犯罪手法(借助信息技术手段)被转移到网络空间时,能否继续适用传统刑法罪名加以处理就充满了争议。

5 例如,关于非法获取虚拟财产的刑法评价问题,在我国仍然缺少基本的共识。在理论研究中,有的学者主张可以将虚拟财产解释为刑法上的财物,将窃取虚拟财产的行为评价为盗窃并不违背罪刑法定的基本原则[7];而相反的见解则认为,虚拟财产不属于刑法上的财物,不应按照盗窃罪来处理[8]。在司法判例中,这类案件也存在盗窃罪[9]和非法获取计算机信息系统数据罪[10]两种不同的定性。此外,最高人民法院法官

---

3 参见最高人民法院刑事审判第一、二、三、四、五庭主办:《刑事审判参考》总第 110 集(第 1202 号),法律出版社 2018 年版,第 62 页。

4 本部分的主要内容节选自王华伟:《网络时代的刑法解释论立场》,载《中国法律评论》2020 年第 1 期。

5 参见梁根林:《传统犯罪网络化:归责障碍、刑法应对与教义限缩》,载《法学》2017 年第 2 期。

6 参见于志刚:《"双层社会"中传统刑法的适用空间——以"两高"〈网络诽谤解释〉的发布为背景》,载《法学》2013 年第 10 期。

7 参见张明楷:《非法获取虚拟财产的行为性质》,载《法学》2015 年第 3 期;陈兴良:《虚拟财产的刑法属性及其保护路径》,载《中国法学》2017 年第 2 期;梁根林:《虚拟财产的刑法保护——以首例盗卖 QQ 号案的刑法适用为视角》,载《人民检察》2014 年第 1 期。

8 参见刘明祥:《窃取网络虚拟财产行为定性探究》,载《法学》2016 年第 1 期。

9 参见孟动、何立康盗窃案,上海市黄浦区人民法院(2006)黄刑初字第 186 号刑事判决书;雒彬彬盗窃案,北京市第三中级人民法院(2014)三中刑终字第 66 号刑事判决书。

10 参见杨灿强非法获取计算机信息系统数据案,北京市朝阳区人民法院(2014)朝刑初字第 3017 号刑事判决书;岳曾伟等人非法获取计算机信息系统数据案,宿迁市中级人民法院(2014)宿中刑终字第 0055 号刑事判决书。

在对盗窃罪司法解释的阐述中也明确否定了认定为盗窃罪的做法。[11]

6 再如,关于偷换二维码非法获取财物的问题,在理论上也存在极为多样的学说观点。有的学者认为,这种行为成立一种非传统型的三角诈骗,即行为人实施欺骗行为,受骗人产生认识错误并基于认识错误处分自己的财产,进而使被害人遭受损失。[12] 也有的观点认为,这类案件中行为人利用顾客和第三方支付平台的认识错误处分第三人财物,两者只是被行为人利用的无过错的工具,行为人是诈骗的间接正犯。[13] 不同于诈骗罪的思路,有学者主张,行为人构成盗窃的间接正犯,盗窃的对象是商家的财产性利益(享有针对顾客的债权)。[14] 而案件审理法院认为,被告人秘密调换二维码类似于秘密用自己的收银箱换掉商家的收银箱,使得顾客交付的款项落入自己的收银箱,从而占为己有,因而符合盗窃罪的构成要件。[15]

7 在这类情形中,犯罪的行为形式本身并不新奇,它只是在网络因素介入以后发生了部分形变。在非法获取虚拟财产的案件中,行为对象——财物被虚拟化,因而带来理论分歧。在偷换二维码的案件中,非法获取财物行为从移动支付系统切入,引发了理论争议。此外,关于在网络上散布虚假信息能否被认定为寻衅滋事罪的争议,关键问题也在于网络虚拟空间能否被评价为人们通常所理解的"公共场所"。[16] 信息技术和网络因素在我们这个时代无孔不入,它"修改"了传统犯罪认定中的部分构成要件,由此造成了刑法评价上的困难。

8 此外,伴随网络和信息技术的发展,不法分子的犯罪手段也不断"推陈出新"。新型的犯罪手法借助信息网络技术严重侵犯法益,但是这类行为在现有《刑法》中却可能找不到十分贴切的构成要件。例如,不同类型的刷单炒信行为给司法适用和刑法解释造成了不少难题。正向的刷单炒信是指不法分子组织、培训大量刷手,通过虚构合同、发空包裹等手段,在网络销售平台对特定商品或服务作出虚假好评,从而提高商家的信誉等级,从中谋取非法利益。对这种类型的行为,浙江省杭州市余杭区人民法院首次判决其构成非法经营罪。[17] 然而,对此判决理论上争议极大。不少理论与实务界的人士认为,专业从事虚假交易服务的炒信平台,其发布的与虚假交易相关的

---

11 参见胡云腾、周加海、周海洋:《〈关于办理盗窃刑事案件适用法律若干问题的解释〉的理解与适用》,载《人民司法》2014 年第 15 期。

12 参见张明楷:《三角诈骗的类型》,载《法学评论》2017 年第 1 期。

13 参见姜涛:《网络型诈骗罪的拟制处分行为》,载《中外法学》2019 年第 3 期。

14 参见柏浪涛:《论诈骗罪中的"处分意识"》,载《东方法学》2017 年第 2 期。

15 参见福建省石狮市人民法院(2017)闽 0581 刑初 1070 号刑事判决书。

16 参见 2013 年最高人民法院、最高人民检察院《关于办理利用信息网络实施诽谤等刑事案件适用法律若干问题的解释》第 5 条。

17 参见范跃红、赵浩瑶:《全国首例组织刷单炒信刑事案件宣判》,载《检察日报》2017 年 6 月 21 日。

信息与最高人民法院、最高人民检察院《关于办理利用信息网络实施诽谤等刑事案件适用法律若干问题的解释》中的“虚假信息”具有同质性,可以适用该解释第 7 条(非法经营罪)来加以规制。[18] 上述案件中的行为人不具备增值电信业务经营许可的条件,而且刷单炒信行为显然扰乱了市场经济秩序的运转,将其认定为非法经营罪符合罪刑法定原则。[19] 与此相对,部分学者则认为,将该种行为诉诸口袋罪名——非法经营罪的兜底条款并不妥当。理由在于,刷单炒信是《反不正当竞争法》所禁止的违法行为,即使提出申请,有关部门也不可能发给经营许可证,因此根本不存在违法经营许可的问题[20],将组织刷单炒信行为认定为非法经营罪,违背了该罪的规范保护目的。[21]

9 而在反向刷单案中,也同样存在解释论上的极大争议。所谓反向刷单,是指故意以网络刷单作为手段,引起平台监管者的注意,使得平台监管者根据既定规则对网络商家进行“降权”处罚,从而带来财产损失。早在 2017 年,全国首例反向刷单炒信案就在南京宣判,被告人被法院以破坏生产经营罪定罪处罚[22];2018 年,浙江义乌又有类似案件被认定构成破坏生产经营罪。[23] 对此,支持的意见认为,从“毁坏机器设备、残害耕畜”与“以其他方法破坏生产经营”的关系来看,《刑法》第 267 条所规定的罪状对构成要件行为的勾勒,重心明显是放在“破坏”概念上,“毁坏机器、残害耕畜”只是“破坏”概念的典型行为表现的列举。[24] “恶意好评”导致搜索降权是以类似破坏机器设备的方式削减电商生产经营规模,乃至使其完全无法进行生产经营,完全可能按照破坏生产经营罪制裁。[25] 反向刷单属于破坏生产经营罪中的“其他方法”,这种客观解释不违背罪刑法定原则。[26] 反对性的见解则认为,破坏生产经营罪规制的是纯

---

[18] 参见刘仁文、杨学文:《用刑法规制电子商务失范行为》,载《检察日报》2015 年 8 月 26 日;高艳东:《信息时代非法经营罪的重生——组织刷单案评析》,载《中国法律评论》2018 年第 2 期。

[19] 参见李世阳:《不妨强化对信用的刑罚保护》,载《法制日报》2017 年 6 月 22 日。

[20] 参见陈兴良:《刑法阶层理论:三阶层与四要件的对比性考察》,载《清华法学》2017 年第 5 期;周光权:《刑法软性解释的限制与增设妨害业务罪》,载《中外法学》2019 年第 4 期。

[21] 参见王华伟:《刷单炒信的刑法适用与解释理念》,载《中国刑事法杂志》2018 年第 6 期。

[22] 参见南京市中级人民法院(2016)苏 01 刑终 33 号刑事判决书。

[23] 参见王春:《浙江宣判首例反向刷单案件》,载 http://legal. people. com. cn/n1/2018/0904/c42510-30270504. html,访问时间:2020 年 4 月 5 日。

[24] 参见劳东燕:《功能主义刑法解释的体系性控制》,载《清华法学》2020 年第 2 期。

[25] 参见于志刚:《防止网络成为两个意义上的“无法空间”》,载《中国检察官》2015 年第 6 期。

[26] 参见刘仁文:《网络时代破坏生产经营的刑法理解》,载《法学杂志》2019 年第 5 期;李世阳:《互联网时代破坏生产经营罪的新解释——以南京“反向炒信案”为素材》,载《华东政法大学学报》2018 年第 1 期。

粹的物理空间的行为,是一种特殊形式的故意毁坏财物行为,行为应当表现为暴力和有形的破坏[27],只有采用故意毁坏财物的方法破坏生产经营,才能构成破坏生产经营罪[28]。

除此之外,在互联网黑灰产业链逐步形成的背景下,批量恶意注册账号的行为 10
如何处理也没有定论。在实名制越来越普遍的中国网络语境中,诸多网络服务和网络活动的开展都以注册账号为前提,网络账号具有了越来越重要的意义。因此,不法分子借助相关软件和设备大量恶意注册网络账号(如社交媒体账号、电商平台账号等)的行为,为下游的网络犯罪创造了重要的条件。有学者主张,这类行为也可以被认定为破坏生产经营罪。[29] 而更多的观点还是认为,这类行为构成妨害业务罪,但是在我国尚未规定妨害业务罪的情况下,将其作为破坏生产经营罪处理属于类推。[30]

综上可知,就网络时代传统罪名的刑法适用而言,司法者应当在回应社会现实需 11
要与坚守罪刑法定原则之间,格外注意拿捏好解释的尺度。面对这样的状况,人们应当重新思考刑法解释论的基本立场。在刑法解释论的范畴内,主观解释论与客观解释论的争议扮演了非常重要的角色。主观解释论强调立法原意的决定性意义,它从权力分工制衡的制度基础上去寻找刑法规范的正当性含义。而客观解释论则注重刑法概念与表述在现实社会语境中的含义,在语义流转与变迁的过程中把握其当下的内涵。在对"破坏生产经营""财物""公共场所"等概念的解释中,可以非常明显地看出上述解释论立场的对立。对此,有学者指出,针对双层社会背景下层出不穷的网络犯罪,理应在罪刑法定原则的框架下,坚持客观解释。[31] 还有学者认为,应以"主观的客观解释论"重新塑造网络时代刑法的客观解释论,即以客观解释论为基础,同时其解释不能超出"刑法条文的语言原意"之范围。[32] 也有观点借鉴了宪法领域对原旨主义与实用主义进行调和的解释论立场,仿照框架原旨主义理论的类似逻辑,提出了活的主观解释论。[33] 甚至还有学者提出一种功能主义的刑法解释论,强调刑法解释便

---

27 参见欧阳本祺:《论网络时代刑法解释的限度》,载《中国法学》2017 年第 3 期;叶良芳:《刷单炒信行为的规范分析及其治理路径》,载《法学》2018 年第 3 期。

28 参见陈兴良:《刑法阶层理论:三阶层与四要件的对比性考察》,载《清华法学》2017 年第 5 期。

29 参见高艳东:《破坏生产经营罪包括妨害业务行为——批量恶意注册账号的处理》,载《预防青少年犯罪研究》2016 年第 2 期。

30 参见欧阳本祺:《论网络时代刑法解释的限度》,载《中国法学》2017 年第 3 期。

31 参见陈洪兵:《双层社会背景下的刑法解释》,载《法学论坛》2019 年第 2 期。

32 参见刘艳红:《网络时代刑法客观解释新塑造:"主观的客观解释论"》,载《法律科学》2017 年第 3 期。

33 参见王华伟:《网络时代的刑法解释论立场》,载《中国法律评论》2020 年第 1 期。

是刑法本身,解释者也积极参与了规范的形成,其在规范意义的建构过程中的作用并不逊于立法者。[34] 可见,在当下的信息网络时代,面对社会形态的深刻变革与刑事立法的相对滞后状况,采取何种基本的立场来解释刑法,仍是有待深入研究的问题。此外,也有学者注意到,关于网络犯罪的法律适用,除了从解释学的内在哲学方法论上寻找突破以外,也应当关注影响刑法解释的外部因素及其影响[35],从更宏观的角度探讨刑法解释的外部限度[36]。

34 参见劳东燕:《功能主义刑法解释论的方法与立场》,载《政法论坛》2018 年第 2 期。

35 参见王华伟:《网络时代的刑法解释论立场》,载《中国法律评论》2020 年第 1 期。

36 参见欧阳本祺:《论网络时代刑法解释的限度》,载《中国法学》2017 年第 3 期。

第二百八十七条之一　非法利用信息网络罪

利用信息网络实施下列行为之一，情节严重的，处三年以下有期徒刑或者拘役，并处或者单处罚金：

（一）设立用于实施诈骗、传授犯罪方法、制作或者销售违禁物品、管制物品等违法犯罪活动的网站、通讯群组的；

（二）发布有关制作或者销售毒品、枪支、淫秽物品等违禁物品、管制物品或者其他违法犯罪信息的；

（三）为实施诈骗等违法犯罪活动发布信息的。

单位犯前款罪的，对单位判处罚金，并对其直接负责的主管人员和其他直接责任人员，依照第一款的规定处罚。

有前两款行为，同时构成其他犯罪的，依照处罚较重的规定定罪处罚。

文献：臧铁伟主编：《中华人民共和国刑法修正案（九）解读》，中国法制出版社2015年版；高铭暄、马克昌主编：《刑法学》（第9版），北京大学出版社、高等教育出版社2019年版；张明楷：《刑法学》（第6版），法律出版社2021年版。梁根林：《预备犯普遍处罚原则的困境与突围——〈刑法〉第22条的解读与重构》，载《中国法学》2011年第2期；谭和平、吴加明：《网络背景下涉毒违法犯罪实务问题研究》，载《政治与法律》2013年第6期；车浩：《刑事立法的法教义学反思——基于〈刑法修正案（九）〉的分析》，载《法学》2015年第10期；欧阳本祺、王倩：《〈刑法修正案（九）〉新增网络犯罪的法律适用》，载《江苏行政学院学报》2016年第4期；阎二鹏：《预备行为实行化的法教义学审视与重构——基于〈中华人民共和国刑法修正案（九）〉的思考》，载《法商研究》2016年第5期；喻海松：《网络犯罪的立法扩张与司法适用》，载《法律适用》2016年第9期；于志刚：《共犯行为正犯化的立法探索与理论梳理——以“帮助信息网络犯罪活动罪”立法定位为角度的分析》，载《法律科学》2017年第3期；何荣功：《预防刑法的扩张及其限度》，载《法学研究》2017年第4期；商浩文：《预备行为实行化的罪名体系与司法限缩》，载《法学评论》2017年第6期；孙道萃：《非法利用信息网络罪的适用疑难与教义学表述》，载《浙江工商大学学报》2018年第1期。吴加明：《新形势下“组织吸毒”入罪之必要性》，载《上海法治报》2013年6月5日；吴劲松、吴桂华：《为推销保健品利用微信群传播淫秽物品》，载《人民公安报》2018年12月10日。

细目录

Ⅰ　主旨
Ⅱ　沿革
Ⅲ　客体
Ⅳ　行为
Ⅴ　情节
Ⅵ　主体
Ⅶ　罪过
Ⅷ　与他罪的关系
　一、与其他涉网络违法犯罪的关系
　二、与拒不履行信息网络安全管理义务罪的关系
　三、与帮助信息网络犯罪活动罪的关系
Ⅸ　处罚

Ⅰ　主旨

1　在信息社会深化发展的同时,网络犯罪的恶化态势越发严峻。网络犯罪逐渐呈现出链条化、产业化的发展态势。如果刑罚规制仅仅局限在犯罪链条的终端,显然无法遏制这种态势。有鉴于此,立法者设置本罪,将刑罚处罚范围前置,以实现对网络犯罪的早期控制,因此也有学者称其为预防刑法。[1]

Ⅱ　沿革

2　本罪是2015年《刑法修正案(九)》增加的罪名。立法机关认为,随着互联网应用的普及,一些传统犯罪出现了网络时代的新特点,实践中打击网络犯罪在证据提取、事实认定、法律适用等方面面临着新的问题和困难。例如,由于互联网犯罪的跨地域性,行为人很容易在短时间内组织不特定人共同实施违法犯罪,或者针对不特定人实施违法犯罪行为。此外,大量案件仅能查实行为人在网络上实施联络或者其他活动,对于分布在不同地点的人员,在网络下实际实施的各种危害行为,很难一一予以查实。为此,《刑法修正案(九)》对为实施犯罪设立网站、发布信息等行为作出专门规定。[2] 可见,本条的立法特色在于针对所有违法犯罪活动的某一特定预备行为

1　参见何荣功:《预防刑法的扩张及其限度》,载《法学研究》2017年第4期。

2　参见臧铁伟主编:《中华人民共和国刑法修正案(九)解读》,中国法制出版社2015年版,第200—201页。

的实行化。这种立法体例也是 1997 年大修《刑法》以来的第一次。[3] 这种预备行为实行化的立法使法益保护提前,大大地降低了控方的证明责任。

Ⅲ 客体

3 一般认为,本罪的客体是信息网络安全的管理秩序。[4] 此外,也有观点认为,本罪法益应当是一般性或基础性的网络社会安全的管理秩序。[5] 确实,本罪的核心特征就是利用信息网络来实施实际的犯罪预备行为,因此其重要的立足点当然是网络空间的安全与秩序。然而,时至今日,网络空间与现实空间高度融合,网络空间的安全秩序和现实空间的法益也紧密联系在一起。例如,电信诈骗、网络诈骗虽然借助信息网络技术实施,但是其侵害法益绝不仅仅是网络空间的安全秩序,更多的仍然是公民的财产利益。同理,利用信息网络实施的犯罪预备行为,其侵害法益也绝不仅仅是抽象化、一般化的网络空间安全秩序,而是也应当追溯到其为未来相关犯罪实行行为提供条件所创造的风险。

Ⅳ 行为

4 本罪的行为是指利用信息网络,设立用于实施诈骗、传授犯罪方法、制作或者销售违禁物品、管制物品等违法犯罪活动的网站、通讯群组;或者发布有关制作或者销售毒品、枪支、淫秽物品等违禁物品、管制物品或者其他违法犯罪信息;或者为实施诈骗等违法犯罪活动发布信息,情节严重的行为。具体来说,这里存在三种行为类型:

1. 设立用于实施诈骗、传授犯罪方法、制作或者销售违禁物品、管制物品等违法犯罪活动的网站、通讯群组

5 "网站"是指为了展示相关内容,传递相关信息而建立的网页的集合。"通讯群组"是指为了实现网络用户之间的文字、图片、音频、视频交流而建立的网络小组或网络平台,例如 QQ 群、微信群、论坛和贴吧等。按照本罪的语义内涵,行为人设立相关网站和通讯群组的主观目的必须是实施诈骗、传授犯罪方法、制作或者销售违禁物品、管制物品等违法犯罪活动。不过,2019 年最高人民法院、最高人民检察院《关于办理非法利用信息网络、帮助信息网络犯罪活动等刑事案件适用法律若干问题的解释》对此作出了扩张性解释,其第 8 条规定,以实施违法犯罪活动为目的而设立或者设立后主要用于实

---

3 参见车浩:《刑事立法的法教义学反思——基于〈刑法修正案(九)〉的分析》,载《法学》2015 年第 10 期。

4 参见高铭暄、马克昌主编:《刑法学》(第 9 版),北京大学出版社、高等教育出版社 2019 年版,第 533 页。

5 参见孙道萃:《非法利用信息网络罪的适用疑难与教义学表述》,载《浙江工商大学学报》2018 年第 1 期。

施违法犯罪活动的网站、通讯群组,应当认定为《刑法》第 287 条之一第 1 款第(一)项规定的"用于实施诈骗、传授犯罪方法、制作或者销售违禁物品、管制物品等违法犯罪活动的网站、通讯群组"。此外,理论上一般认为,行为目的既可以是为自己也可以是为他人而实施。[6] 例如,在最高人民法院 2019 年发布的典型案例"谭张羽、张源等非法利用信息网络案"中,被告人谭张羽、张源、秦秋发为他人(而非自己)在网络上通过"阿里旺旺"向不特定淘宝用户发送"刷单获取佣金"的诈骗信息,被江苏省沭阳县人民法院一审判决、宿迁市中级人民法院二审判决认定构成非法利用信息网络罪。[7]

6 另外,本规定仅仅列举了几种常见的利用网站、通讯群组实施的违法犯罪活动,诈骗、传授犯罪方法、制作或者销售违禁物品、管制物品之外的其他违法犯罪活动也可以包含在内。实践中常见的其他违法犯罪活动还包括传播宣扬恐怖主义、极端主义信息、侵犯知识产权、传销、侵犯公民个人信息、组织考试作弊等。[8] 例如,最高人民法院、最高人民检察院《关于办理组织考试作弊等刑事案件适用法律若干问题的解释》第 11 条规定,设立用于实施考试作弊的网站、通讯群组或者发布有关考试作弊的信息,情节严重的,应当依照刑法第 287 条之一的规定,以非法利用信息网络罪定罪处罚;同时构成组织考试作弊罪、非法出售、提供试题、答案罪、非法获取国家秘密罪等其他犯罪的,依照处罚较重的规定定罪处罚。

7 但是,如何理解这里的"违法犯罪活动",理论上存在争议。一种观点出于处罚必要性、降低证明难度等考虑,认为应当对其进行扩张解释,"违法犯罪活动"实际被解读为"违法行为"和"犯罪行为"。[9] 而另一种观点则认为,如果采取这种理解会导致本罪沦为口袋罪名,因此应当将"违法犯罪活动"理解为犯罪,开放性表述的范围也应当限定在与诈骗、传授犯罪方法、制造或者销售违禁物品等犯罪性质相近、危害性相当的犯罪。[10] 然而,2019 年颁布的最高人民法院、最高人民检察院《关于办理非法利

6　参见喻海松:《网络犯罪的立法扩张与司法适用》,载《法律适用》2016 年第 9 期。

7　参见"谭张羽、张源等非法利用信息网络案",载 https://www.chinacourt.org/article/detail/2019/10/id/4589067.shtml,访问时间:2020 年 2 月 12 日。

8　参见喻海松:《网络犯罪的立法扩张与司法适用》,载《法律适用》2016 年第 9 期。

9　参见于志刚:《共犯行为正犯化的立法探索与理论梳理——以"帮助信息网络犯罪活动罪"立法定位为角度的分析》,载《法律科学》2017 年第 3 期;孙道萃:《非法利用信息网络罪的适用疑难与教义学表述》,载《浙江工商大学学报》2018 年第 1 期。

10　参见车浩:《刑事立法的法教义学反思——基于〈刑法修正案(九)〉的分析》,载《法学》2015 年第 10 期;欧阳本祺、王倩:《〈刑法修正案(九)〉新增网络犯罪的法律适用》,载《江苏行政学院学报》2016 年第 4 期;商浩文:《预备行为实行化的罪名体系与司法限缩》,载《法学评论》2017 年第 6 期;阎二鹏:《预备行为实行化的法教义学审视与重构——基于〈中华人民共和国刑法修正案(九)〉的思考》,载《法商研究》2016 年第 5 期。张明楷教授也持类似观点,他认为只有发布违法犯罪信息属于相应犯罪的预备行为,而且情节严重时,才可以成立非法利用信息网络罪。参见张明楷:《刑法学》(第 6 版),法律出版社 2021 年版,第 1381 页。

用信息网络、帮助信息网络犯罪活动等刑事案件适用法律若干问题的解释》采纳了一种折中的观点,其第 7 条规定,《刑法》第 287 条之一规定的“违法犯罪”,包括犯罪行为和属于刑法分则规定的行为类型但尚未构成犯罪的违法行为。这意味着,本罪中的“违法犯罪”行为无须达到我国《刑法》分则相关罪名所要求的罪量要素。对此,笔者认同限缩解释论的观点。预备犯由于尚未着手实行犯罪,在刑罚正当性根据上本身就存在不足。[11] 因此,一般认为,仅能在例外情况下对特定个罪的预备行为予以处罚。而此处如果对“违法犯罪活动”作宽泛解释,势必会导致预备行为的处罚范围过度扩张,失去刑罚的正当化根基。在我国的二元制裁体系中,许多治安管理违法行为与刑事犯罪的界限仅仅就在于罪量要素的有无。尽管本罪对网络犯罪“打早打小”的立法初衷值得充分肯定,但是如果此处“违法犯罪”无须满足罪量要素的要求,很有可能会导致大量轻微治安管理处罚的预备行为被不当纳入犯罪圈。

2. 发布有关制作或者销售毒品、枪支、淫秽物品等违禁物品、管制物品或者其他违法犯罪信息

与设立用于实施违法犯罪活动的网站、通讯群组相对应,这里的行为主要是指发布相关违法犯罪信息。发布有关制作或者销售毒品、枪支、淫秽物品等违禁物品、管制物品的违法信息,是目前司法实践中多发的情形。但是,在此范围之外的其他违法犯罪信息,也可以包含在内。实践中比较常见的发布“其他违法犯罪信息”的行为,有发布销售假证、赌博、传销的信息等。[12] 此外,“信息网络”是指由信息传输渠道构成的网络结构,其不仅仅指计算机网络。通过电信网络、广播、电视等渠道发布违法犯罪信息也构成本罪。在司法实务中,有行为人为了推销性保健品,创建下级代理微信群,并在其中发布淫秽视频链接以吸引人关注,达到广告效应,该种行为被法院认定为构成非法利用信息网络罪。[13] 此外,对“发布”的含义不宜作过于狭义的理解。最高人民法院、最高人民检察院《关于办理非法利用信息网络、帮助信息网络犯罪活动等刑事案件适用法律若干问题的解释》第 9 条规定,利用信息网络提供信息的链接、截屏、二维码、访问账号密码及其他指引访问服务的,应当认定为《刑法》第 287 条之一第 1 款第(二)项、第(三)项规定的“发布信息”。 8

3. 为实施诈骗等违法犯罪活动发布信息

与第二项行为类型相似,这里的行为也是以发布信息的形式进行的。但二者的关键差别在于,本行为所发布的信息,从表面上看往往不具有违法性,但行为人发布 9

11　参见梁根林:《预备犯普遍处罚原则的困境与突围——〈刑法〉第 22 条的解读与重构》,载《中国法学》2011 年第 2 期。

12　参见臧铁伟主编:《中华人民共和国刑法修正案(九)解读》,中国法制出版社 2015 年版,第 203 页。

13　参见吴劲松、吴桂华:《为推销保健品利用微信群传播淫秽物品》,载《人民法院报》2018 年 12 月 10 日。

信息的目的,是吸引他人关注,借以实施诈骗等违法犯罪活动,相关信息只是其从事犯罪的幌子。如通过发布低价机票、旅游产品、保健品等商品信息,吸引他人购买,进而实施诈骗、传销等违法犯罪活动。[14] 可以说,较之于前两项行为类型,这一规定对法益的保护进一步前置了。为了防止犯罪圈不当扩张,对这一规定应当进行更为严格的认定。由于这里所发布的信息本身并没有违法性,因此,证明行为人主观上具有为实施诈骗等违法犯罪活动而发布信息的目的就更为困难,司法实践中应当主要结合其他客观情形来进行严格认定。此外,与上述第2项行为的理解相同,按照最高人民法院、最高人民检察院《关于办理非法利用信息网络、帮助信息网络犯罪活动等刑事案件适用法律若干问题的解释》第9条的规定,对这里"发布信息"的形式也应当作相对广义的理解。

10 近年来,利用"伪基站"实施违法犯罪的行为日益泛滥,严重影响了公民的通信安全。"伪基站"就是指假冒的基站,其设备一般由主机和笔记本电脑等部分组成。行为人通过短信群发器等工具,利用第二代移动通信系统单向认证机制的缺陷,搜索一定范围内的手机卡信息,并伪装成运营商,冒用其他手机号码向用户发送诈骗、非法广告等各种内容的短信。不仅如此,在行为人利用"伪基站"强行向不特定用户的手机发送短信时,其同时非法占用公众移动通信频率,可能局部阻断公众移动通信网络信号。有鉴于此,2014年最高人民法院等部门《关于依法办理非法生产销售使用"伪基站"设备案件的意见》规定,非法生产、销售"伪基站"设备,达到相应罪量标准的,依照《刑法》第225条非法经营罪处罚;而非法使用"伪基站"设备干扰公用电信网络信号,危害公共安全的,依照《刑法》第124条第1款的规定,以破坏公用电信设施罪追究刑事责任;同时构成虚假广告罪、非法获取公民个人信息罪、破坏计算机信息系统罪、扰乱无线电通讯管理秩序罪的,依照处罚较重的规定追究刑事责任。在《刑法修正案(九)》新增了非法利用信息网络罪以后,利用"伪基站"发布违法犯罪信息、为实施诈骗等违法犯罪活动发布信息的,也可以按照本罪来进行处罚。

V 情节

11 以上三种行为,都需要达到"情节严重"的标准。判断这里的"情节严重",可以考察设立用于违法犯罪活动网站、通讯群组的数量、影响力;发布相关违法犯罪信息的数量、覆盖面,违法犯罪信息的严重程度;发布为实施违法犯罪活动的信息的数量、频次、受众范围、引起的后果等。2019年最高人民法院、最高人民检察院《关于办理非法利用信息网络、帮助信息网络犯罪活动等刑事案件适用法律若干问题的解释》第10条对"情节严重"的适用作出了细化认定,按照该规定,"非法利用信息网络,具有

[14] 参见臧铁伟主编:《中华人民共和国刑法修正案(九)解读》,中国法制出版社2015年版,第203—204页。

下列情形之一的,应当认定为刑法第二百八十七条之一第一款规定的'情节严重':(一)假冒国家机关、金融机构名义,设立用于实施违法犯罪活动的网站的;(二)设立用于实施违法犯罪活动的网站,数量达到三个以上或者注册账号数累计达到二千以上的;(三)设立用于实施违法犯罪活动的通讯群组,数量达到五个以上或者群组成员账号数累计达到一千以上的;(四)发布有关违法犯罪的信息或者为实施违法犯罪活动发布信息,具有下列情形之一的:1.在网站上发布有关信息一百条以上的;2.向二千个以上用户账号发送有关信息的;3.向群组成员数累计达到三千以上的通讯群组发送有关信息的;4.利用关注人员账号数累计达到三万以上的社交网络传播有关信息的;(五)违法所得一万元以上的;(六)二年内曾因非法利用信息网络、帮助信息网络犯罪活动、危害计算机信息系统安全受过行政处罚,又非法利用信息网络的;(七)其他情节严重的情形。"

此外,最高人民法院、最高人民检察院《关于办理非法利用信息网络、帮助信息网络犯罪活动等刑事案件适用法律若干问题的解释》第 16 条规定,多次非法利用信息网络构成犯罪,依法应当追诉的,或者两年内多次实施前述行为未经处理的,数量或者数额累计计算。 12

Ⅵ 主体

本罪的主体是一般主体,即年满 16 周岁、具有刑事责任能力的自然人。此外,单位也可以成为本罪的主体。 13

Ⅶ 罪过

本罪的罪过形式为故意,即行为人明知自己是为网络违法犯罪活动行为做准备,而希望或放任地设立用于违法犯罪活动的网站、通讯群组,发布违法犯罪信息,为实施违法犯罪活动发布信息。 14

Ⅷ 与他罪的关系

一、与其他涉网络违法犯罪的关系

2016 年 4 月 6 日公布的最高人民法院《关于审理毒品犯罪案件适用法律若干问题的解释》第 14 条规定:"利用信息网络,设立用于实施传授制造毒品、非法生产制毒物品的方法,贩卖毒品,非法买卖制毒物品或者组织他人吸食、注射毒品等违法犯罪活动的网站、通讯群组,或者发布实施前述违法犯罪活动的信息,情节严重的,应当依照刑法第二百八十七条之一的规定,以非法利用信息网络罪定罪处罚。实施刑法第二百八十七条之一、第二百八十七条之二规定的行为,同时构成贩卖毒品罪、非法买卖制毒物品罪、传授犯罪方法罪等犯罪的,依照处罚较重的规定定罪处罚。"值得注意 15

的是,这一司法解释实际上对本罪中的"违法犯罪活动"进行了广义解释,因为按照我国现行刑法的规定,单纯的组织吸毒行为尚不构成犯罪,尽管实务上一直有将这种行为入罪的呼声。[15] 如前文所述,为了防止本罪处罚范围不当扩张,宜对本罪中的"违法犯罪活动"进行限缩解释,因此司法解释采取的这种立场值得质疑。

16 如上所言,本条实际上是其他相关涉网络违法犯罪的预备行为,例如诈骗罪、传授犯罪方法罪、非法买卖枪支、弹药、爆炸物罪等。如果行为同时构成了本罪和上述犯罪既遂或未遂的,那么一般情况下本罪行为作为预备行为被实行行为所触犯的罪名吸收。按照本条第 3 款的规定,有本罪行为,同时构成其他犯罪的,依照处罚较重的规定定罪处罚。而一般来说,以上提及的罪名相较于本条规定的罪名,都是处罚较重的罪名。

17 此外,2016 年 12 月 19 日最高人民法院、最高人民检察院、公安部《关于办理电信网络诈骗等刑事案件适用法律若干问题的意见》第 3 条第 7 款规定,实施《刑法》第 287 条之一规定之行为,构成非法利用信息网络罪,同时构成诈骗罪的,依照处罚较重的规定定罪处罚。另外,2017 年通过的最高人民法院、最高人民检察院《关于办理侵犯公民个人信息刑事案件适用法律若干问题的解释》第 8 条也规定,设立用于实施非法获取、出售或者提供公民个人信息违法犯罪活动的网站、通讯群组,情节严重的,应当依照《刑法》第 287 条之一的规定,以非法利用信息网络罪定罪处罚;同时构成侵犯公民个人信息罪的,依照侵犯公民个人信息罪定罪处罚。

二、与拒不履行信息网络安全管理义务罪的关系

18 本罪与拒不履行信息网络安全管理义务罪可能产生一定重合,尤其是当涉及违法信息大量传播之时。但是从整体来看二者的区别仍然是清楚的。首先,两罪的立法主旨侧重不同。本罪立足于惩治网络犯罪链条中的早期违法犯罪行为,实际处罚的是传统犯罪的预备行为。而拒不履行信息网络安全管理义务罪则旨在强化网络服务提供者的信息安全管理义务,目的在于拓宽特定主体刑事义务的边界。其次,两罪的主体身份不一样。本罪的主体是一般主体,而拒不履行信息网络安全管理义务罪的主体是特殊主体,即网络服务提供者。但是,这种区分并不绝对,例如,当行为人设立用于实施违法犯罪活动的网站时,也具有网络服务提供者的身份。最后,在客观行为方面,本罪一般是积极作为行为,即主动设立用于违法犯罪活动的网站、通讯群组,主动发布违法犯罪信息,主动为实施违法犯罪活动发布信息。而拒不履行信息网络安全管理义务罪是典型的不作为犯罪,其行为核心在于拒不履行信息安全管理

---

[15] 参见谭和平、吴加明:《网络背景下涉毒违法犯罪实务问题研究》,载《政治与法律》2013 年第 6 期;吴加明:《新形势下"组织吸毒"入罪之必要性》,载《上海法治报》2013 年 6 月 5 日。

义务。

三、与帮助信息网络犯罪活动罪的关系

本罪与帮助信息网络犯罪活动罪存在较多重合。一般说来,网络犯罪的预备行为与网络犯罪的帮助行为本身就可能重合。具体到这两项罪名,在司法实践中,本罪中为犯罪设立网站、通讯群组,发布违法犯罪信息的行为,与帮助信息网络犯罪活动罪中的技术支持行为经常重合。不过,总的来说,在以下几方面两罪存在明显区别:其一,如前文所述,本罪所采用的立法理念是"预备行为实行化",属于在犯罪行为阶段上纵向前置处罚边界,而帮助信息网络犯罪活动罪则是"帮助行为正犯化"的体现,旨在解决司法实践中网络共同犯罪的处罚难题,属于在犯罪参与面上横向扩张处罚范围。其二,在客观行为类型上,本罪主要体现为设立网站、通讯群组、发布信息,更多地体现为对信息技术的运用,而帮助信息网络犯罪活动罪则更侧重网络信息技术的提供,而且除此之外还涵盖商业手段的支持。其三,本罪的行为目的既可以是为他人的犯罪行为,也可以为是为自己的犯罪行为做准备,而帮助信息网络犯罪活动罪则只能是为他人网络犯罪行为提供帮助。 19

Ⅸ 处罚

按照《刑法》第 287 条之一的规定,犯本罪的,处 3 年以下有期徒刑或者拘役,并处或者单处罚金。按照最高人民法院、最高人民检察院《关于办理非法利用信息网络、帮助信息网络犯罪活动等刑事案件适用法律若干问题的解释》第 18 条的规定,依法判处罚金应当综合考虑犯罪的危害程度、违法所得数额以及被告人的前科情况、认罪悔罪态度等。单位犯本罪的,对单位判处罚金,并对其直接负责的主管人员和其他直接责任人员,依照前款的规定处罚。 20

按照最高人民法院、最高人民检察院《关于办理非法利用信息网络、帮助信息网络犯罪活动等刑事案件适用法律若干问题的解释》第 15 条的规定,综合考虑社会危害程度、认罪悔罪态度等情节,认为犯罪情节轻微的,可以不起诉或者免予刑事处罚;情节显著轻微危害不大的,不以犯罪论处。按照该解释第 17 条的规定,对于实施非法利用信息网络罪被判处刑罚的,可以根据犯罪情况和预防再犯罪的需要,依法宣告职业禁止;被判处管制、宣告缓刑的,可以根据犯罪情况,依法宣告禁止令。 21

第二百八十七条之二　帮助信息网络犯罪活动罪

明知他人利用信息网络实施犯罪，为其犯罪提供互联网接入、服务器托管、网络存储、通讯传输等技术支持，或者提供广告推广、支付结算等帮助，情节严重的，处三年以下有期徒刑或者拘役，并处或者单处罚金。

单位犯前款罪的，对单位判处罚金，并对其直接负责的主管人员和其他直接责任人员，依照第一款的规定处罚。

有前两款行为，同时构成其他犯罪的，依照处罚较重的规定定罪处罚。

文献：臧铁伟主编：《中华人民共和国刑法修正案（九）解读》，中国法制出版社2015年版；高铭暄、马克昌主编：《刑法学》（第9版），北京大学出版社、高等教育出版社2019年版；张明楷：《刑法学》（第6版），法律出版社2021年版。于志刚：《网络犯罪与中国刑法应对》，载《中国社会科学》2010年第3期；王新：《我国刑法中"明知"的含义和认定——基于刑事立法和司法解释的分析》，载《法制与社会发展》2013年第1期；陈兴良：《刑法分则规定之明知：以表现犯为解释进路》，载《法学家》2013年第3期；车浩：《刑事立法的法教义学反思——基于〈刑法修正案（九）〉的分析》，载《法学》2015年第10期；刘科：《帮助信息网络犯罪活动罪探析——以为网络知识产权犯罪活动提供帮助的犯罪行为为视角》，载《知识产权》2015年第12期；胡云腾：《谈〈刑法修正案（九）〉的理论与实践创新》，载《中国审判》2015年第20期；张明楷：《论帮助信息网络犯罪活动罪》，载《政治与法律》2016年第2期；刘艳红：《网络犯罪帮助行为正犯化之批判》，载《法商研究》2016年第3期；欧阳本祺、王倩：《〈刑法修正案（九）〉新增网络犯罪的法律适用》，载《江苏行政学院学报》2016年第4期；于志刚：《共犯行为正犯化的立法探索与理论梳理——以"帮助信息网络犯罪活动罪"立法定位为角度的分析》，载《法律科学》2017年第3期；何荣功：《预防刑法的扩张及其限度》，载《法学研究》2017年第4期；王华伟：《网络服务提供者刑事责任的认定路径——兼评快播案的相关争议》，载《国家检察官学院学报》2017年第5期；黎宏：《论"帮助信息网络犯罪活动罪"的性质及其适用》，载《法律适用》2017年第21期；陈洪兵：《帮助信息网络犯罪活动罪的限缩解释适用》，载《辽宁大学学报（哲学社会科学版）》2018年第1期；王莹：《网络信息犯罪归责模式研究》，载《中外法学》2018年第5期；孙运梁：《帮助信息网络犯罪活动罪的核心问题研究》，载《政法论坛》2019年第2期；王华伟：《网络语境中的共同犯罪与罪量要素》，载《中国刑事法杂志》2019年第2期；王华伟：《网络语境中帮助行为正犯化的批判解读》，载《法学评论》2019年第4

期;王华伟:《避风港原则的刑法教义学理论建构》,载《中外法学》2019 年第 6 期。

细目录

Ⅰ 主旨
Ⅱ 沿革
Ⅲ 客体
Ⅳ 行为
Ⅴ 情节
Ⅵ 主体
Ⅶ 罪过
Ⅷ 与他罪的区别
Ⅸ 处罚

Ⅰ 主旨

随着网络技术对传统社会的影响越来越深入,传统的共同犯罪问题也受到越来越多的冲击。从犯罪的组织结构上来看,网络犯罪的帮助行为较之于传统的帮助行为,对于完成犯罪起着越来越大的决定性作用,社会危害性凸显,有的如果全案衡量,甚至超过实行行为。这种以互联网为纽带,分工配合实施犯罪的方式,大大降低了网络犯罪的门槛和成本。而且,许多情形下按照刑法共同犯罪的规定追寻刑事责任也越来越困难。[1] 因为,从客观方面来看,随着犯罪"产业化"和"分工化"的深入,不同犯罪分工行为之间客观联系逐渐减弱;从主观方面来看,不法分子主观联系也越发难以证明。有鉴于此,立法者通过《刑法修正案(九)》新增了本罪,以便更有效地打击各种网络犯罪,更好地保护公民人身、财产法益,维护社会公共利益。由于这一罪名在犯罪参与范围层面扩张了刑事责任的范围,也有学者将其归入"预防刑法"的范畴中。[2] 1

Ⅱ 沿革

本罪是 2015 年《刑法修正案(九)》所增加的罪名。这样一种立法模式一般被学界称为"共犯正犯化"或"帮助行为正犯化"。但是,也有观点否认这种定性,而认为该条属于量刑规则。[3] 但是,这种解读显然与立法原意不符,而且量刑规则本身由法 2

1 参见臧铁伟主编:《中华人民共和国刑法修正案(九)解读》,中国法制出版社 2015 年版,第 206 页。

2 参见何荣功:《预防刑法的扩张及其限度》,载《法学研究》2017 年第 4 期。

3 参见张明楷:《论帮助信息网络犯罪活动罪》,载《政治与法律》2016 年第 2 期;黎宏:《论"帮助信息网络犯罪活动罪"的性质及其适用》,载《法律适用》2017 年第 21 期。

官自由裁量适用,如此理解也将导致帮助信息网络犯罪活动罪的司法适用陷入不确定状态。

3 本罪一经颁布,其正当性依据便引发了学界激烈争议。支持的观点认为,网络环境下帮助行为的社会危害性常常超过正犯实行行为,所以应当将具有严重社会危害性的帮助行为独立入罪。[4] 甚至还有观点认为这种"共犯正犯化"不仅会为惩治网络犯罪提供更为有力的利器,具有重大实践意义,同时也丰富、发展了共同犯罪处理规则,具有重要理论研究价值。[5] 而反对的观点则指出,帮助犯正犯化会使得间接帮助犯的可罚性得到肯定,这种立法没有认真考虑过中立帮助行为的惩罚与社会存续进步之间的关系,特别是相关立法在互联网领域的后果和影响。[6] 笔者认为,总体来看这种体现"帮助行为正犯化"的立法模式应当肯定。因为,这种立法与中立帮助行为的出罪并不矛盾。作为本罪重要主体之一的网络服务提供者兼具自由市场主体和(特定条件下)监督主体的双重身份,其身份并非总是完全中立的。[7] 而且,本罪以行为人明知他人利用信息网络实施犯罪为前提,也已经很大程度避免了与中立帮助行为的重合。再者,中立帮助行为理论本身就是对帮助犯的犯罪构成予以实质判断出罪,立法者将帮助行为上升为正犯行为也并不影响这种理论上的实质限缩。所以,中立帮助行为理论的考量并不是质疑本罪正当性的有力根据。着眼于应对网络共同犯罪中从属性原则带来的种种共犯定罪难题,总的来说还是应当肯定这种"共犯正犯化"或"帮助行为正犯化"的罪名设置。但是,由于本罪构成要件表述具有较大的开放性,为了防止处罚范围过度扩张,仍然应当从实质的角度加以适当限缩性解读。[8]

Ⅲ 客体

4 一般认为,本罪侵犯的客体是信息网络安全管理秩序。[9] 一方面,对他人利用信息网络实施犯罪予以帮助和支持,显然会侵害网络空间的安全管理秩序。但是另一方面,由于本罪体现了"帮助行为正犯化"的立法理念,属于事实上的帮助行为,所以最终法益侵害的实现在很大程度上仍有赖于被帮助的具体犯罪行为和类型。因

---

4 参见于志刚:《网络犯罪与中国刑法应对》,载《中国社会科学》2010 年第 3 期。

5 参见胡云腾:《谈〈刑法修正案(九)〉的理论与实践创新》,载《中国审判》2015 年第 20 期。

6 参见刘艳红:《网络犯罪帮助行为正犯化之批判》,载《法商研究》2016 年第 3 期;车浩:《刑事立法的法教义学反思——基于〈刑法修正案(九)〉的分析》,载《法学》2015 年第 10 期。

7 参见王华伟:《网络服务提供者刑事责任的认定路径——兼评快播案的相关争议》,载《国家检察官学院学报》2017 年第 5 期。

8 参见王华伟:《网络语境中帮助行为正犯化的批判解读》,载《法学评论》2019 年第 4 期。

9 参见高铭暄、马克昌主编:《刑法学》(第 9 版),北京大学出版社、高等教育出版社 2019 年版,第 533 页。

此,笔者认为,本罪的法益既包括信息网络中的秩序和安全,同时也包括被帮助犯罪的相应保护法益。

Ⅳ 行为

本罪的行为是指明知他人利用信息网络实施犯罪,为其犯罪提供互联网接入、服务器托管、网络存储、通讯传输等技术支持,或者提供广告推广、支付结算等帮助,情节严重的行为。因此,这里主要存在两大类型的帮助行为。 5

第一种是从技术功能角度而言的,即提供互联网接入、服务器托管、网络存储、通讯传输等技术支持。所谓"互联网接入",就是指为他人提供接入互联网或者特定网络信息系统通道的行为。提供该种服务的主体,属于网络服务提供者的类型之一,即接入服务提供者(Access Service Provider)。所谓"服务器托管",则是指为了使服务器更稳定、更快速、更安全地运行,将服务器交由具有良好机房设施、优质网络环境、丰富带宽资源的网络数据中心管理的行为。"网络存储"是指在网络空间中,以各种不同形式为他人的网络信息内容提供存储服务的行为。提供该种服务的主体,也属于网络服务提供者的固定类型之一,即存储服务提供者(Host Service Provider)。目前较为常见的网络存储服务是网盘存储服务,如新浪微盘、百度网盘等。"通讯传输"是指用户之间传输信息的通路。比如电信诈骗犯罪中犯罪分子常用的 VOIP(Voice over Internet Protocol)网络电话,这种技术能将语音信号通过技术处理(压缩、封包)后通过互联网传输,从而实现通讯的功能。另一种常见的通讯传输手段是 VPN(Virtual Private Network)虚拟专用网络,该技术可以在公用网络上建立专用网络,进行加密通讯。目前,很多网络犯罪嫌疑人使用 VPN 技术隐藏其真实位置。[10] 6

第二种类型的帮助行为是从业务形式角度而言的,即广告推广、支付结算等形式的帮助。所谓"广告推广",是指为了促进他人利用信息网络实施犯罪,对相关信息和内容予以宣传,扩大受众范围的行为。支付结算是指为了有利于他人利用信息网络实施犯罪,并最终顺利获取非法利益,提供收款、付款、转账、结算、提现等服务的行为。 7

值得注意的是,本罪构成要件的结构具有相当大的开放性,其采取了列举加兜底的表述方式,因此理论上前述两种帮助行为并没有穷尽本罪的全部行为类型。然而,由于支持和帮助行为本身缺乏行为定型性,再加之本罪帮助对象范围十分宽泛,故应当对本罪的开放性表述进行类型化的目的性限缩解释。原则上,本罪的帮助行为应当限定在网络信息技术支持和商业运营性支持两大类型,超出以上列举范围的帮助行为,也应当严格按照同类解释规则进行相当性判断。此外,这里的帮助行为 8

---

10 参见臧铁伟主编:《中华人民共和国刑法修正案(九)解读》,中国法制出版社 2015 年版,第 209 页。

本身也应当进行实质判断,只有这种帮助行为确实能够对他人的网络犯罪起到推动、促进、强化等实际作用才可归入构成要件之中。[11]

V 情节

9 本罪的构成,还需要达到"情节严重"的罪量标准。本罪中"情节严重"的认定,可以通过帮助网络犯罪活动行为的行为次数和数量、服务范围、涉案金额等标准来进行判断。2019 年最高人民法院、最高人民检察院《关于办理非法利用信息网络、帮助信息网络犯罪活动等刑事案件适用法律若干问题的解释》第 12 条第 1 款对"情节严重"的适用作出了细化认定,按照该规定,"明知他人利用信息网络实施犯罪,为其犯罪提供帮助,具有下列情形之一的,应当认定为刑法第二百八十七条之二第一款规定的'情节严重':(一)为三个以上对象提供帮助的;(二)支付结算金额二十万元以上的;(三)以投放广告等方式提供资金五万元以上的;(四)违法所得一万元以上的;(五)二年内曾因非法利用信息网络、帮助信息网络犯罪活动、危害计算机信息系统安全受过行政处罚,又帮助信息网络犯罪活动的;(六)被帮助对象实施的犯罪造成严重后果的;(七)其他情节严重的情形"。

10 此外,《关于办理非法利用信息网络、帮助信息网络犯罪活动等刑事案件适用法律若干问题的解释》第 16 条规定,多次帮助信息网络犯罪活动构成犯罪,依法应当追诉的,或者两年内多次实施前述行为未经处理的,数量或者数额累计计算。

VI 主体

11 理论上有观点认为,本罪同拒不履行信息网络安全管理义务罪一样,主体也是网络服务提供者。[12] 但是这种限缩本罪主体范围的做法并没有可靠根据。笔者认为,本罪的主体是一般主体,即年满 16 周岁、具有刑事责任能力的自然人。同时,单位也可以成为本罪的主体。

VII 罪过

12 本罪的主观罪过形式是故意,即行为人明知他人利用信息网络实施犯罪,而故意为其犯罪提供技术支持和帮助。在理论上,《刑法》分则中的"明知"是否包含"应知"一直存在争论。但是,实际上这取决于"应知"的具体内涵。一般认为,《刑法》分则中的"明知"在"确知"之外仅包含刑事推定意义上"应当知道",而不包含过失意义上

---

11 参见王华伟:《网络语境中帮助行为正犯化的批判解读》,载《法学评论》2019 年第 4 期。

12 参见欧阳本祺、王倩:《〈刑法修正案(九)〉新增网络犯罪的法律适用》,载《江苏行政学院学报》2016 年第 4 期。

的“应当知道”,否则会造成故意与过失罪过形式的混乱,也会导致刑事责任没有根据地扩张。[13] 本罪中的明知,应当是指行为人确切地知道他人利用信息网络实施犯罪,而不包括或然性的认知[14],否则可能会造成网络服务提供者承担过重的内容审查和监督调查义务。[15] 如果行为人没有认识到,或者仅仅是或然性地认识到他人可能利用信息网络事实犯罪,则不构成本罪。

在司法实践中,本罪中“明知”的认定有时被把握得相当宽松,最高人民法院 13
2019 年发布的典型案例“赵瑞帮助信息网络犯罪活动案”即体现了这一点。在该案中,被告人赵瑞经营的网络科技有限公司的主营业务为第三方支付公司网络支付接口代理,在明知申请支付接口需要提供商户营业执照、法人身份证等五证信息和网络商城备案域名,且明知非法代理的网络支付接口可能被用于犯罪资金走账和洗钱的情况下,仍通过事先购买的企业五证信息和假域名备案在第三方公司申请支付账号,以每个账号收取 2 000 至 3 500 元不等的接口费将账号卖给他人,并收取该账号入账金额千分之三左右的分润。此后,被害人赵某被骗 600 万元,其中,被骗资金 50 万元经他人账户后转入在第三方某股份有限公司开户的某贸易有限公司商户账号内流转,该商户账号由赵瑞通过上述方式代理。在本案中,被告人赵瑞对他人是否实施犯罪尚且最多只具有一种可能的认识,更不用说他人实施犯罪的具体类型,因此其行为能否达到帮助信息网络犯罪活动罪所要求的“明知”的程度严重存疑。[16]

对于明知的认定,需要通过客观事实的辅助来进行。对此,《关于办理非法利用 14
信息网络、帮助信息网络犯罪活动等刑事案件适用法律若干问题的解释》第 11 条规定:“为他人实施犯罪提供技术支持或者帮助,具有下列情形之一的,可以认定行为人明知他人利用信息网络实施犯罪,但是有相反证据的除外:(一)经监管部门告知后仍然实施有关行为的;(二)接到举报后不履行法定管理职责的;(三)交易价格或者方式明显异常的;(四)提供专门用于违法犯罪的程序、工具或者其他技术支持、帮助的;(五)频繁采用隐蔽上网、加密通信、销毁数据等措施或者使用虚假身份,逃避监管或者规避调查的;(六)为他人逃避监管或者规避调查提供技术支持、帮助的;(七)其他足以认定行为人明知的情形。”

关于“他人利用信息网络实施犯罪”如何理解,理论上存在较大争议。相对扩张 15

13　参见王新:《我国刑法中“明知”的含义和认定——基于刑事立法和司法解释的分析》,载《法制与社会发展》2013 年第 1 期;张明楷:《刑法学》(第 6 版),法律出版社 2021 年版,第 347 页;陈兴良:《刑法分则规定之明知:以表现犯为解释进路》,载《法学家》2013 年第 3 期。

14　参见王莹:《网络信息犯罪归责模式研究》,载《中外法学》2018 年第 5 期;孙运梁:《帮助信息网络犯罪活动罪的核心问题研究》,载《政法论坛》2019 年第 2 期。

15　参见王华伟:《网络语境中帮助行为正犯化的批判解读》,载《法学评论》2019 年第 4 期。

16　参见王华伟:《避风港原则的刑法教义学理论建构》,载《中外法学》2019 年第 6 期。

的观点认为,此处的"犯罪"无需达到刑法中相应犯罪的罪量标准[17],而更扩张的观点则认为,这里的"犯罪"还可以包括《刑法》分则没有覆盖的违法行为[18]。与此不同,相对限缩性的观点则主张,这里"犯罪"原则上还是应当符合《刑法》分则罪名的罪量要求。[19] 在此问题上,司法解释有条件地采纳了相对扩张论的立场。《关于办理非法利用信息网络、帮助信息网络犯罪活动等刑事案件适用法律若干问题的解释》第 12 条第 2 款规定:"实施前款规定的行为,确因客观条件限制无法查证被帮助对象是否达到犯罪的程度,但相关数额总计达到前款第二项至第四项规定标准五倍以上,或者造成特别严重后果的,应当以帮助信息网络犯罪活动罪追究行为人的刑事责任。"此外,《关于办理非法利用信息网络、帮助信息网络犯罪活动等刑事案件适用法律若干问题的解释》第 13 条还规定:"被帮助对象实施的犯罪行为可以确认,但尚未到案、尚未依法裁判或者因未达到刑事责任年龄等原因依法未予追究刑事责任的,不影响帮助信息网络犯罪活动罪的认定。"该司法解释的规定意味着,在特定条件下,即使被帮助的行为没有达到刑法规定的罪量要求,而帮助行为的罪量很高时,也可以构成本罪。

16 笔者认为,此处应当采取限缩解释论的立场。因为,虽然本罪中的帮助行为已经在《刑法》分则中实现了正犯化,但是从法益保护的实质判断出发,如果其所帮助的违法行为尚未达到值得刑法规制的程度,那么处罚这种帮助行为的正当性也存在疑问。而如果将此处的"犯罪"理解成为"违法行为"则更是明显突破了语义的解释边界,上述司法解释的规定实际上也间接否定了这种观点。司法解释整体上采取相对限缩的观点值得肯定,而其用(被正犯化的)帮助行为罪量补强被帮助行为罪量的思路也颇具启发性。但是,《关于办理非法利用信息网络、帮助信息网络犯罪活动等刑事案件适用法律若干问题的解释》第 12 条第 2 款的规定也不无疑问。一方面,"确因客观条件限制无法查证被帮助对象是否达到犯罪的程度"这一表述可能会引发理解和适用上的争议。如果客观条件上确实可以查证,被帮助对象符合《刑法》分则规定的犯罪类型但尚未达到犯罪的程度,能否适用这一款规定?如果认为可以适用,则可能违背了该款规定的字面含义;如果认为不可以适用,似乎又与司法解释制定者的初衷相违背。另一方面,如果被帮助行为的违法程度非常轻微,仅仅是一种治安管理处罚行

---

17 参见陈洪兵:《帮助信息网络犯罪活动罪的限缩解释适用》,载《辽宁大学学报(哲学社会科学版)》2018 年第 1 期。

18 参见于志刚:《共犯行为正犯化的立法探索与理论梳理——以"帮助信息网络犯罪活动罪"立法定位为角度的分析》,载《法律科学》2017 年第 3 期。类似观点参见刘科:《帮助信息网络犯罪活动罪探析——以为网络知识产权犯罪活动提供帮助的犯罪行为为视角》,载《知识产权》2015 年第 12 期。

19 参见黎宏:《论"帮助信息网络犯罪活动罪"的性质及其适用》,载《法律适用》2017 年第 21 期。

为,那么即使帮助者支付结算金额较高,提供资金较多,违法所得较多,帮助者的行为真的达到了应当通过刑罚处罚的必要性吗?换言之,在解释权限上,将"犯罪"降格解释为"违法犯罪",还需要更多正当性的证成。即使认为在网络共同犯罪"一对多"的参与结构中上述罪量补强的思路尚且有合理性,但是《关于办理非法利用信息网络、帮助信息网络犯罪活动等刑事案件适用法律若干问题的解释》第12条的规定并没有把这种逻辑明确限定在"一对多"参与结构中。笔者认为,面对网络空间中存在的"一对多"型共犯处罚难题,可以考虑借助连续犯、集合犯的法理,采取规范性视角进行行为多数的认定,在此基础上实现共犯不法叠加的整体性判断,以此应对信息网络技术对共犯参与模式带来的冲击。[20]

Ⅷ 与他罪的区别

由于本罪的构成要件实际上属于一种帮助行为,因此符合本罪构成要件的行为可能同时构成其他相关罪名的帮助犯,例如诈骗罪、传播淫秽物品罪等。但是,如上文所言,本罪是一种"帮助行为正犯化"的特殊立法形式,因此相比于以往共同犯罪的认定而言,本罪帮助行为不再需要具备对实际正犯的严格从属性。对于上述竞合的情况,按照本罪第3款的规定,依照处罚较重的规定定罪处罚。此外,2016年最高人民法院《关于审理毒品犯罪案件适用法律若干问题的解释》第14条第2款也规定,实施《刑法》第287条之二规定的行为,同时构成贩卖毒品罪、非法买卖制毒物品罪、传授犯罪方法罪等犯罪的,依照处罚较重的规定定罪处罚。2016年最高人民法院、最高人民检察院、公安部《关于办理电信网络诈骗等刑事案件适用法律若干问题的意见》第3条第7款也规定,实施《刑法》第287条之二规定之行为,构成帮助信息网络犯罪活动罪,同时构成诈骗罪的,依照处罚较重的规定定罪处罚。从目前的司法实践来看,本罪和诈骗罪发生竞合的情况较为多见,不过多数案件最终都按处罚较重的诈骗罪共犯予以处理。 17

Ⅸ 处罚

按照《刑法》第287条之二的规定,犯本罪的,处3年以下有期徒刑或者拘役,并处或者单处罚金。按照《关于办理非法利用信息网络、帮助信息网络犯罪活动等刑事案件适用法律若干问题的解释》第18条的规定,依法判处罚金应当综合考虑犯罪的危害程度、违法所得数额以及被告人的前科情况、认罪悔罪态度等。单位犯本罪的,对单位判处罚金,并对其直接负责的主管人员和其他直接责任人员,依照前款的规定处罚。 18

---

20 参见王华伟:《网络语境中的共同犯罪与罪量要素》,载《中国刑事法杂志》2019年第2期。

19 按照《关于办理非法利用信息网络、帮助信息网络犯罪活动等刑事案件适用法律若干问题的解释》第 15 条的规定,综合考虑社会危害程度、认罪悔罪态度等情节,认为犯罪情节轻微的,可以不起诉或者免予刑事处罚;情节显著轻微危害不大的,不以犯罪论处。按照《关于办理非法利用信息网络、帮助信息网络犯罪活动等刑事案件适用法律若干问题的解释》第 17 条的规定,对于实施帮助信息网络犯罪活动罪被判处刑罚的,可以根据犯罪情况和预防再犯罪的需要,依法宣告职业禁止;被判处管制、宣告缓刑的,可以根据犯罪情况,依法宣告禁止令。《网络安全法》第 63 条第 3 款也规定,明知他人从事危害网络安全的活动而为其提供技术支持、广告推广、支付结算等帮助,因此受到刑事处罚的人员,终身不得从事网络安全管理和网络运营关键岗位的工作。

第二百八十八条　扰乱无线电通讯管理秩序罪

违反国家规定，擅自设置、使用无线电台（站），或者擅自使用无线电频率，干扰无线电通讯秩序，情节严重的，处三年以下有期徒刑、拘役或者管制，并处或者单处罚金；情节特别严重的，处三年以上七年以下有期徒刑，并处罚金。

单位犯前款罪的，对单位判处罚金，并对其直接负责的主管人员和其他直接责任人员，依照前款的规定处罚。

文献：王作富主编：《刑法分则实务研究》（第4版），中国方正出版社2010年版；高铭暄：《中华人民共和国刑法的孕育诞生和发展完善》，北京大学出版社2012年版；臧铁伟主编：《中华人民共和国刑法修正案（九）解读》，中国法制出版社2015年版；高铭暄、马克昌主编：《刑法学》（第9版），北京大学出版社、高等教育出版社2019年版。王永茜：《论〈刑法〉第288条的法律适用之困境及完善》，载《北京航空航天大学学报（社会科学版）》2016年第3期；赵远、商浩文：《论扰乱无线电通讯管理秩序罪的立法修改》，载《法学杂志》2016年第8期。

细目录

Ⅰ　主旨
Ⅱ　沿革
Ⅲ　客体
Ⅳ　行为
Ⅴ　情节
Ⅵ　主体
Ⅶ　罪过
Ⅷ　与他罪的区别
Ⅸ　处罚

Ⅰ　主旨

无线电频谱资源和无线电通讯管理秩序对国家和社会的发展具有举足轻重的地位。然而，现实生活中出现了许多未经国家许可而擅自设置、使用无线电台（站），擅自使用无线电频率的行为，严重扰乱了国家无线电管理秩序，有些甚至造成重大经济损失。有鉴于此，国家在1997年《刑法》中设立本罪来规制以上违法行为。 1

Ⅱ 沿革

2 1997年2月17日《刑法修订草案》第285条最先规定了本罪,其后正式在1997年《刑法》第288条中予以确立。[1] 1997年《刑法》为本罪设置了较高的犯罪门槛。按照原有规定,实施本罪行为只有在经责令停止使用后拒不停止使用,干扰无线电通讯正常进行,造成严重后果的,才构成犯罪。然而,近些年这类违法犯罪行为数量快速增长,实时监管难度很大,往往等到行为造成严重后果才被发现。此外,实务部门反映,一些不法者将无线电台放置在隐蔽的地点予以远程遥控,导致"责令停止使用"的通知无法发出和送达。由于缺少"责令"程序,难以追究刑事责任,导致惩处力度不够,造成此类行为有蔓延之势。[2] 结果犯加"责令"程序的模式,使得本罪在司法认定上存在很大困难,几乎沦为"废条"。[3] 有鉴于此,《刑法修正案(九)》对本罪进行了趋严的修改,将原来的"责令"程序予以删除,并将"严重后果"要件变更为"情节严重"要件,同时增加了"情节特别严重"的加重处罚幅度。

Ⅲ 客体

3 无线电频谱资源是国家的战略性资源,由国家所有[4],亦由国家统一规划、管理和使用。因此,本罪所侵犯的客体是国家对无线电通讯及无线电频谱资源的管理秩序。[5]

Ⅳ 行为

4 本罪的行为是指违反国家规定,擅自设置、使用无线电台(站),或者擅自使用无线电频率,干扰无线电通讯秩序,情节严重的行为。经过《刑法修正案(九)》的修订,本罪从原来的"结果犯"变成了"情节犯"[6],不再以行为造成严重后果为必备要

---

1 参见高铭暄:《中华人民共和国刑法的孕育诞生和发展完善》,北京大学出版社2012年版,第514页。

2 参见臧铁伟主编:《中华人民共和国刑法修正案(九)解读》,中国法制出版社2015年版,第212页。

3 参见王永茜:《论〈刑法〉第288条的法律适用之困境及完善》,载《北京航空航天大学学报(社会科学版)》2016年第3期。

4 参见《民法典》第252条、《无线电管理条例》第3条。

5 参见王作富主编:《刑法分则实务研究》(第4版),中国方正出版社2010年版,第1214页;高铭暄、马克昌主编:《刑法学》(第9版),北京大学出版社、高等教育出版社2019年版,第534页。

6 参见赵远、商浩文:《论扰乱无线电通讯管理秩序罪的立法修改》,载《法学杂志》2016年第8期。

件,拓宽了处罚范围。

5 按照《刑法》第 96 条的定义,“违反国家规定”是指违反全国人大及其常委会制定的法律和决定,国务院制定的行政法规、规定的行政措施、发布的决定和命令。由于无线电通讯在各个行业被广泛运用,因此许多法律、行政法规都对其管理与运用有所涉及,例如 2014 年《军事设施保护法》、2016 年《电信条例》等。而专门针对无线电管理运营的行政法规则是 2016 年《无线电管理条例》。该条例第 3 条规定:“无线电频谱资源属于国家所有。国家对无线电频谱资源实行统一规划、合理开发、有偿使用的原则。”该条例第 6 条规定:“任何单位或者个人不得擅自使用无线电频率,不得对依法开展的无线电业务造成有害干扰,不得利用无线电台(站)进行违法犯罪活动。”

6 《无线电管理条例》第 15 条规定:“使用无线电频率应当取得许可,并满足以下条件:(一)所申请的无线电频率符合无线电频率划分和使用规定,有明确具体的用途;(二)使用无线电频率的技术方案可行;(三)有相应的专业技术人员;(四)对依法使用的其他无线电频率不会产生有害干扰。”此外,按照《无线电管理条例》第 27 条和第 28 条的规定,设置、使用无线电台(站)应当向无线电管理机构申请取得无线电台执照,并满足以下条件:①有可用的无线电频率;②所使用的无线电发射设备依法取得无线电发射设备型号核准证且符合国家规定的产品质量要求;③有熟悉无线电管理规定、具备相关业务技能的人员;④有明确具体的用途,且技术方案可行;⑤有能够保证无线电台(站)正常使用的电磁环境,拟设置的无线电台(站)对依法使用的其他无线电台(站)不会产生有害干扰。擅自设置、使用无线电台(站),或者擅自使用无线电频率,就是指没有满足以上要求、没有取得无线电管理机构许可和执照而设置、使用无线电台(站)、使用无线电频率的行为。

7 2017 年 6 月 27 日最高人民法院、最高人民检察院发布的《关于办理扰乱无线电通讯管理秩序等刑事案件适用法律若干问题的解释》第 1 条进一步规定:“具有下列情形之一的,应当认定为刑法第二百八十八条第一款规定的‘擅自设置、使用无线电台(站),或者擅自使用无线电频率,干扰无线电通讯秩序’:(一)未经批准设置无线电广播电台(以下简称‘黑广播’),非法使用广播电视专用频段的频率的;(二)未经批准设置通信基站(以下简称‘伪基站’),强行向不特定用户发送信息,非法使用公众移动通信频率的;(三)未经批准使用卫星无线电频率的;(四)非法设置、使用无线电干扰器的;(五)其他擅自设置、使用无线电台(站),或者擅自使用无线电频率,干扰无线电通讯秩序的情形。”

8 此外,该解释第 9 条还规定:“对案件所涉的有关专门性问题难以确定的,依据司法鉴定机构出具的鉴定意见,或者下列机构出具的报告,结合其他证据作出认定:(一)省级以上无线电管理机构、省级无线电管理机构依法设立的派出机构、地市级以上广播电视主管部门就是否系‘伪基站’‘黑广播’出具的报告;(二)省级以上广播电视主管部门及其指定的检测机构就‘黑广播’功率、覆盖范围出具的报告;(三)省级以上航空、铁路、船舶等主管部门就是否干扰导航、通信等出具的报告。对移动终端用户受影响的情况,可以依据相关通信运营商出具的证明,结合被告人供述、终端用户证言等证据作出认定。”

V 情节

9 按照本条的规定,实施本罪行为需要“干扰无线电通讯秩序,情节严重”才构成犯罪。《无线电管理条例》第 70 条和《治安管理处罚法》第 28 条都对扰乱无线电通讯管理秩序的行为作出了行政处罚的规定,并且构成要件类型几乎一致,因此刑事处罚的标准主要就在于对刑法中罪量要素的把握。

10 2017 年 6 月 27 日最高人民法院、最高人民检察院发布的《关于办理扰乱无线电通讯管理秩序等刑事案件适用法律若干问题的解释》第 2 条规定:“违反国家规定,擅自设置、使用无线电台(站),或者擅自使用无线电频率,干扰无线电通讯秩序,具有下列情形之一的,应当认定为刑法第二百八十八第一款规定的‘情节严重’:(一)影响航天器、航空器、铁路机车、船舶专用无线电导航、遇险救助和安全通信等涉及公共安全的无线电频率正常使用的;(二)自然灾害、事故灾难、公共卫生事件、社会安全事件等突发事件期间,在事件发生地使用‘黑广播’‘伪基站’的;(三)举办国家或者省级重大活动期间,在活动场所及周边使用‘黑广播’‘伪基站’的;(四)同时使用三个以上‘黑广播’‘伪基站’的;(五)‘黑广播’的实测发射功率五百瓦以上,或者覆盖范围十公里以上的;(六)使用‘伪基站’发送诈骗、赌博、招嫖、木马病毒、钓鱼网站链接等违法犯罪信息,数量在五千条以上,或者销毁发送数量等记录的;(七)雇佣、指使未成年人、残疾人等特定人员使用‘伪基站’的;(八)违法所得三万元以上的;(九)曾因扰乱无线电通讯管理秩序受过刑事处罚,或者二年内曾因扰乱无线电通讯管理秩序受过行政处罚,又实施刑法第二百八十八条规定的行为的;(十)其他情节严重的情形。”

11 该解释第 3 条规定:“违反国家规定,擅自设置、使用无线电台(站),或者擅自使用无线电频率,干扰无线电通讯秩序,具有下列情形之一的,应当认定为刑法第二百八十八条第一款规定的‘情节特别严重’:(一)影响航天器、航空器、铁路机车、船舶专用无线电导航、遇险救助和安全通信等涉及公共安全的无线电频率正常使用,危及公共安全的;(二)造成公共秩序混乱等严重后果的;(三)自然灾害、事故灾难、公共卫生事件和社会安全事件等突发事件期间,在事件发生地使用‘黑广播’‘伪基站’,造成严重影响的;(四)对国家或者省级重大活动造成严重影响的;(五)同时使用十个以上‘黑广播’‘伪基站’的;(六)‘黑广播’的实测发射功率三千瓦以上,或者覆盖范围二十公里以上的;(七)违法所得十五万元以上的;(八)其他情节特别严重的情形。”

12 此外,该解释第 8 条还规定:“为合法经营活动,使用‘黑广播’‘伪基站’或者实施其他扰乱无线电通讯管理秩序的行为,构成扰乱无线电通讯管理秩序罪,但不属于'情节特别严重',行为人系初犯,并确有悔罪表现的,可以认定为情节轻微,不起诉或者免予刑事处罚;确有必要判处刑罚的,应当从宽处罚。"

Ⅵ 主体

13 本罪的主体是一般主体,即达到法定刑事责任年龄、具有刑事责任能力的自然人。此外,单位也可以成为本罪的主体。

Ⅶ 罪过

14 本罪的主观罪过形式是故意,包括直接故意和间接故意。

Ⅷ 与他罪的区别

15 由于无线电通讯技术的广泛适用性,本罪与多项其他罪名都可能发生竞合。2000年5月12日最高人民法院《关于审理扰乱电信市场管理秩序案件具体应用法律若干问题的解释》第5条规定:"违反国家规定,擅自设置、使用无线电台(站),或者擅自占用频率,非法经营国际电信业务或者涉港澳台电信业务进行营利活动,同时构成非法经营罪和刑法第二百八十八条规定的扰乱无线电通讯管理秩序罪的,依照处罚较重的规定定罪处罚。"

16 2007年6月26日最高人民法院《关于审理危害军事通信刑事案件具体应用法律若干问题的解释》第6条第4款规定:"违反国家规定,擅自设置、使用无线电台、站,或者擅自占用频率,经责令停止使用后拒不停止使用,干扰无线电通讯正常进行,构成犯罪的,依照刑法第二百八十八条的规定定罪处罚;造成军事通信中断或者严重障碍,同时构成刑法第二百八十八条、第三百六十九条第一款规定的犯罪的,依照处罚较重的规定定罪处罚。"

17 2016年12月19日最高人民法院、最高人民检察院、公安部联合发布的《关于办理电信网络诈骗等刑事案件适用法律若干问题的意见》第3条第1款规定,在实施电信网络诈骗活动中,非法使用"伪基站""黑广播",干扰无线电通讯秩序,符合《刑法》第288条规定的,以扰乱无线电通讯管理秩序罪追究刑事责任。同时构成诈骗罪的,依照处罚较重的规定定罪处罚。

18 2017年6月27日最高人民法院、最高人民检察院发布的《关于办理扰乱无线电通讯管理秩序等刑事案件适用法律若干问题的解释》第6条规定:"擅自设置、使用无线电台(站),或者擅自使用无线电频率,同时构成其他犯罪的,按照处罚较重的规定定罪处罚。明知他人实施诈骗等犯罪,使用'黑广播''伪基站'等无线电设备为其发送信息或者提供其他帮助,同时构成其他犯罪的,按照处罚较重的规定定罪处罚。"该解释第 7 条第 2 款还规定:"有查禁扰乱无线电管理秩序犯罪活动职责的国家机关工作人员,向犯罪分子通风报信、提供便利,帮助犯罪分子逃避处罚的,应当依照刑法第四百一十七条的规定,以帮助犯罪分子逃避处罚罪追究刑事责任;事先通谋的,以共同犯罪论处。"

IX 处罚

19 根据《刑法》第 288 条的规定,犯本罪的,处 3 年以下有期徒刑、拘役或者管制,并处或者单处罚金;情节特别严重的,处 3 年以上 7 年以下有期徒刑,并处罚金。

20 单位犯本罪的,对单位判处罚金,并对其直接负责的主管人员和其他直接责任人员,依照前款的规定处罚。

第二百八十九条　故意伤害罪；故意杀人罪；抢劫罪

聚众“打砸抢”，致人伤残、死亡的，依照本法第二百三十四条、第二百三十二条的规定定罪处罚。毁坏或者抢走公私财物的，除判令退赔外，对首要分子，依照本法第二百六十三条的规定定罪处罚。

文献：高铭暄、赵秉志编：《新中国刑法立法文献资料总览》(第2版)，中国人民公安大学出版社2015年版；高铭暄、马克昌主编：《刑法学》(第8版)，北京大学出版社2017年版；张明楷：《刑法学》(第6版)，法律出版社2021年版。丁文华：《聚众“打砸抢”罪的犯罪类型研究》，载《江西大学学报(社会科学版)》1990年第8期；杨春洗、苗生明：《论刑法法益》，载《北京大学学报(哲学社会科学版)》1996年第6期；刘德法：《论聚众犯罪的转化犯问题》，载《北方法学》2010年第1期；陈世伟：《立法含混的法教义学弥补：以刑法第289条为分析样本》，载《时代法学》2010年第2期；肖扬宇：《“聚众”的刑法解读》，载《政法学刊》2012年第2期；肖本山、赵永红：《转化犯基本问题探究》，载《法学评论》2012年第4期；侯帅：《论刑法对网络造谣行为的规制》，载《四川警察学院学报》2014年第5期；张开骏：《聚众哄抢财物与聚众“打砸抢”的刑法教义学》，载《北方法学》2017年第2期。肖扬宇：《首要分子问题研究》，武汉大学2010年博士学位论文。

细目录

Ⅰ　主旨
Ⅱ　沿革
Ⅲ　客体
Ⅳ　行为
Ⅴ　法条关系

Ⅰ　主旨

本条的立法主旨，在于吸取“文化大革命”的历史教训，惩罚威胁人民群众人身财产安全，威胁社会秩序稳定的“打砸抢”行为，通过法律维护社会管理秩序、公共秩序的稳定，保护人民群众的生命、财产不受非法侵犯。 1

Ⅱ　沿革

研究立法沿革，既要明确有哪些立法文件规定了类似条款，也要明确哪些立法文 2

件并未规定类似条款,从而结合具体社会历史背景,探究立法原意。至今,少有文献系统梳理此条之立法沿革,基本不会关注历次立法草案。立法草案完整展现了立法轨迹,应当予以重视。1950 年 7 月 25 日印发的《刑法大纲草案》中,并没有"聚众打砸抢"的规定。第九章妨害公共秩序与公共卫生罪,仅在第 113 条对赌博犯罪的规定中,有"聚众"的表述。第十章侵害生命健康与人格自由罪,对故意杀人和故意伤害等罪的规定中,同样没有与"聚众打砸抢"相关的表述。

3 在 1954 年 9 月 30 日印发的《刑法指导原则草案(初稿)》,相比 1950 年的草案,于第 41 条规定了聚众骚乱犯罪。这是"聚众"第一次作为犯罪核心特征规定于《刑法》分则之中。在 1956 年印发的《刑法草案(草稿)》(第 13 次稿)中,却并未将其列入其中。1957 年印发的《刑法草案(草稿)》(第 21 次稿)中,于第 198 条规定了"聚众斗殴"行为。在后续的草稿中,比如第 22 次稿、第 27 次稿、第 30 次稿、第 33 次稿、第 34 稿、第 35 次稿中,均未规定类似条款。

4 1979 年 3 月 31 日印发的《刑法草案(法制委员会修正第一稿)》(第 36 次稿)中,"聚众打砸抢"横空出世。第四章侵犯公民人身权利、民主权利罪中,第 142 条规定,"严禁聚众'打砸抢'。因'打砸抢'致人伤残、死亡的,其首要分子,以伤害罪、杀人罪论处。毁坏或者抢走公私财物的,其首要分子以抢劫罪论处"。

5 1979 年 5 月 12 日印发的《刑法草案(法制委员会修正第二稿)》(第 37 次稿)。在第四章侵犯公民人身权利、民主权利罪中,第 135 条规定,"严禁聚众'打砸抢'。因'打砸抢'致人伤残、死亡的首要分子,以伤害罪、杀人罪论处。毁坏或者抢走公私财物的,除判令退赔外,首要分子以抢劫罪论处"。第 137 条第 2 款规定,"犯前款罪,可以单独判处剥夺政治权利"。在第六章妨害管制秩序罪中,第 165 条、第 166 条、第 167 条集中出现"聚众"之表述。《刑法草案(法制委员会修正第二稿)》(第 37 次稿)基本延续了此种规定方式。1979 年《关于刑法(草案)刑事诉讼法(草案)的说明(节录)》中指出,"刑法增加规定'保护公民的人身权利、民主权利和其他权利,不受任何人、任何机关非法侵犯'(第一百二十九条)。还规定了,严禁刑讯逼供(第一百三十四条),严禁聚众'打、砸、抢'……这是吸取了文化大革命的经验教训,用法律的形式,保护人民的人身权利、民主权利和其他权利。是很多干部、群众所迫切要求的"。"刑法既要充分保护人民行使民主权利,又要充分维护社会秩序、生产秩序、工作秩序、教学科研秩序和人民群众生活秩序。"

6 在 1979 年 6 月 30 日印发的《刑法草案》(第 38 次稿)第 137 条第 1 款规定:"严禁聚众'打砸抢'。因'打砸抢'致人伤残、死亡的,以伤害罪、杀人罪论处。毁坏或者抢走公私财物的,除判令退赔外,首要分子以抢劫罪论处。"第 137 条第 2 款规定:"犯前款罪,可以单独判处剥夺政治权利。"

7 1979 年《刑法》第 137 条第 1 款之规定:"严禁聚众'打、砸、抢'。因'打、砸、抢'致人伤残、死亡的,以伤害罪、杀人罪论处。毁坏或者抢走公私财物的,除判令退赔外,首要分子以抢劫罪论处。"第 137 条第 2 款规定:"犯前款罪,可以单独判处剥夺政治权利。"

以1979年《刑法》为标志,聚众“打砸抢”经历了一个从无到有的过程。在1979年之后的几次立法草案中,相关条款发生着微妙的变化。首先,主体的变化。实施聚众“打砸抢”行为,认定为伤害罪和杀人罪,是否以首要分子为前提条件?按照1979年3月31日印发的《刑法草案(法制委员会修正第一稿)(第36次稿)》的规定,“其首要分子,以伤害罪、杀人罪论处”。结合下文的规定,立法者此时似乎有意将聚众打砸抢的实施主体限制为首要分子,从而限制处罚范围。不过,在其后的立法草案和1979年《刑法》中,删去了这一表述,仅保留了“毁坏或者抢走公私财物的,其首要分子以抢劫罪论处”。其次,相比《刑法草案(法制委员会修正第一稿)》(第36次稿),后续的立法草案和1979年《刑法》中都增加了“犯前款罪,可以单独判处剥夺政治权利”之规定。因为具有独立罪刑规定,相比杀人罪、伤害罪以及抢劫罪,此条规定具有了独立意义。 8

部分立法方面的资料值得引起重视。最高人民法院1989年提出的《关于刑法分则修改的若干问题(草稿)》中,提出应当删去1979年《刑法》第137条,原因是“此条属空白罪状,设立此条也主要是针对‘文革’期间发生的一种社会现象,现已无实际意义。打砸抢行为该定什么罪,就定什么罪”。在1996年《关于对〈中华人民共和国刑法(修订草案)〉(征求意见稿)的修改意见》中,最高人民法院坚持了上述观点,建议取消“打砸抢”罪,理由是:①现行《刑法》中规定的“打砸抢”犯罪是当时总结“文革”十年的教训作出的规定,是特定历史条件下的产物,现在已经时过境迁,没有保留的必要。②“打砸抢”不是法律用语,而是“文革”时期创造的社会政治术语,并没有明确的内涵和外延。③实施该条规定的行为,按照刑法的其他条文,都能得到处理。④关于“打砸抢”犯罪的规定在实践中早已废而不用了。⑤这样的条文和罪名在外国刑法和我国刑法史上都未采用过。 9

不过1997年《刑法》并没有采纳此种观点。根据1997年《刑法》第289条的规定,聚众“打砸抢”,致人伤残、死亡的,依照本法第234条、第232条的规定定罪处罚。毁坏或者抢走公私财物的,除判令退赔外,对首要分子依照本法第263条的规定定罪处罚。相比1979年《刑法》的规定,1997年《刑法》在此条作出了重大的调整,主要有以下几个方面:首先,删去“严禁聚众‘打、砸、抢’”这一禁止性规定。其次,明确杀人罪、伤害罪所应援引的条文。之后,删去1979年《刑法》第137条第2款的独立罪刑规定,即“犯前款罪,可以单独判处剥夺政治权利”。最后,调整条文所处章节,将其由侵害公民人身权利、民主权利罪移至妨害社会管理秩序罪中。 10

自此以后,聚众“打砸抢”作为《刑法》第289条被固定下来。而且,删去此条的建议也几乎销声匿迹。这似乎可以从侧面印证,《刑法》第289条在司法实践中并没有产生太大的问题。 11

Ⅲ 客体

聚众“打砸抢”在刑法中的位置发生过变化。最初规定在侵犯公民人身权利、民 12

主权利罪中。而在现行《刑法》中,则规定于妨害社会管理秩序罪中。体系定位的变化,必然反映了此类犯罪所侵犯的主要法益的变化。对此我国有学者认为,体系位置的变更反映了立法技术的进步。最初将聚众"打砸抢"规定于侵犯公民人身权利、民主权利罪中,导致了体系的混乱。根据条文的规定,聚众"打砸抢"是由两类行为构成的,一类是致人伤残、死亡的"打砸抢"行为,另一类是毁坏或者抢走公私财物的"打砸抢"行为。前者侵犯人身法益,后者侵犯财产法益,将二者汇聚在侵犯公民人身权利、民主权利这一章,就是把两类侵犯不同法益的犯罪行为规定在同一章节犯罪中,是"明显不合时宜的"[1]。

13 一般认为,条文所保护的同类法益取决于条文所处章节。在《刑法》修正以前,将聚众"打砸抢"规定于侵犯人身法益、财产法益罪中,确实存在条文所保护的同类法益,与条文内部犯罪行为所侵犯的具体法益不一致的问题。这种不一致,集中体现在毁坏或者抢走公私财物的"打砸抢"行为并不侵犯人身法益。修正后的《刑法》,并没有将聚众"打砸抢"规定于侵犯公民人身权利罪中,也没有将其规定于侵犯财产罪中,而是规定于妨害社会管理秩序罪中。这种规定方式的合理性在于,在两类聚众打砸抢行为所侵害的法益中,找到社会管理秩序这个公约数,从而避免了体系上的混乱,也更容易发挥法益对刑法适用的指引作用。

14 法益通常认为具有立法论和司法论作用。一方面,法益能够指引立法过程,另一方面,法益也能指引具体条文之适用。[2] 不过,从实际出发,司法论作用更应得到重视。详言之,《刑法》第 289 条规定于第六章妨害社会管理秩序罪第一节扰乱公共秩序罪中。只有在犯罪行为实际上侵犯了公共秩序法益时,才可适用《刑法》第 289 条之规定。

Ⅳ 行为

15 《刑法》第 289 条规定的犯罪行为,核心就是"聚众'打砸抢'"。司法机关曾经认为"打砸抢"是一个政治用语,过于模糊难以适用。不过现在在司法实践和学理讨论中,就条文的明确性而言,并不存在太大问题。

16 首先,如何理解聚众。所谓"众",在刑法或者司法解释没有特别规定的情况下,一般认为就是指 3 人以上,包括本数。至于"聚",我国有学者指出,"聚"需要根据处罚范围理解。处罚范围不同,"聚"的含义也就各不相同。比如,有的聚众犯罪只处罚首要分子,有的则只处罚部分参与者,还有的处罚全部参与者。[3] 就《刑法》第

1 陈世伟:《立法含混的法教义学弥补:以刑法第 289 条为分析样本》,载《时代法学》2010 年第 2 期。

2 参见杨春洗、苗生明:《论刑法法益》,载《北京大学学报(哲学社会科学版)》1996 年第 6 期。

3 参见肖扬宇:《"聚众"的刑法解读》,载《政法学刊》2012 年第 2 期。

289 条而言,前半部分和后半部分就有差别。前半部分规定,“聚众‘打砸抢’,致人伤残、死亡的,依照本法第二百三十四条、第二百三十二条的规定定罪处罚”,而后半部分则规定,“毁坏或者抢走公私财物的,除判令退赔外,对首要分子,依照本法第二百六十三条的规定定罪处罚”。可见,不同于前半部分之规定,后半部分的拟制规定以首要分子为必要条件。因而,就前半部分而言,所谓“聚”是指首要分子组织、聚集众人的行为,以及首要分子以外的参加者参与聚集的行为。就后半部分而言,“聚”特指首要分子组织、聚集众人的行为,单纯参与聚集,不能适用《刑法》第 289 条后半段的规定。

其次,如何理解“打砸抢”。“打”一般指殴打或者伤害,对象是人。“砸”一般是指破坏、毁坏,对象是物。“抢”一般是指哄抢、抢劫、抢夺等,对象是物。从语义上,打、砸、抢之间可能存在“或”的关系、“且”的关系,抑或者兼而有之。在司法实践中,这三者通常是兼而有之的,不过也不应排除三者仅具其一的可能性。法益应在解释刑法条文时发挥指导作用,显然,“打砸抢”中哪一种行为,都会威胁到公共秩序的安宁,进而侵犯《刑法》第 289 条所保护的法益。因此,三种行为具备其一即可。 17

V 法条关系

《刑法》第 289 条有两部分内容。前半部分主要与故意伤害罪、故意杀人罪相关,后半部分则与抢劫罪相关。《关于办理妨害预防、控制突发传染病疫情等灾害的刑事案件具体应用法律若干问题的解释》第 9 条也规定,在预防、控制突发传染病疫情等灾害期间,聚众“打砸抢”,致人伤残、死亡的,以故意伤害罪、故意杀人罪定罪处罚。对毁坏或者抢走公私财物的首要分子,依照《刑法》第 289 条、第 263 条的规定,以抢劫罪定罪,依法从重处罚。一般认为,《刑法》第 289 条前半部分属于注意规定,只有在满足故意伤害罪、故意杀人罪的构成要件的基础之上,才可认定成立故意伤害罪、故意杀人罪。[4] 不过也有观点认为,《刑法》第 289 条前半部分的规定属于法律拟制,行为人不需要对故意杀人、伤害后果有故意,只要有预见可能性即可。[5] 笔者认为,前半部分属于注意规定。立法者作出此规定,只是为了提醒司法者在此种情形下应当按照故意伤害罪或者故意杀人罪定罪处罚。不过,此种伤害行为或者杀人行为同时侵犯了公共秩序法益,这一点需要在量刑时予以考虑。 18

关于《刑法》第 289 条与抢劫罪之间的关系,通常认为,《刑法》第 289 条后半部分属于法律拟制。换言之,《刑法》第 289 条后半部分所规定行为,本来意义上不符合抢劫罪构成要件,法律在此作出特别规定,认定其属于抢劫行为。详言之,依据《刑法》第 289 条的规定,“毁坏或者抢走公私财物的,除判令退赔外,对首要分子,依照本法第二百六十三条的规定定罪处罚”。单纯毁坏公私财物的,也要依据抢劫罪定罪 19

---

4 参见陈世伟:《立法含混的法教义学弥补:以刑法第 289 条为分析样本》,载《时代法学》2010 年第 2 期。

5 参见张明楷:《刑法学》(第 6 版),法律出版社 2021 年版,第 1120 页。

处罚。

20 既然《刑法》第289条后半部分是法律拟制,那么当行为人出于非法占有的目的“打砸抢”时,应当直接认定为抢劫罪,无须援引法律拟制条款。有学者认为,法律拟制的实质是法益侵害相同或者相似。抢劫罪侵害的法益是人身法益和财产法益,而适用《刑法》第289条后段的前提,也应该是行为同时侵害了人身法益和财产法益。所以,不仅需要毁坏或者抢走财物的行为,还必须有对人的暴力。[6] 此种观点存在的问题是,法律拟制的本质为法益侵害相同或相似,而暴力侵犯财产法益的行为,毫无疑问与抢劫罪是具有一定相似之处的,不必要求法益侵害完全相同,只要有所重叠即可。并且,依据法条语义,只要在聚众“打砸抢”的过程中,毁坏或者抢走公私财物的,就可成立抢劫罪。而从法益的司法指导作用出发,无论是打、砸、抢中的哪一种行为,都将严重损害公共秩序的安宁。据此,无论聚众打、砸、抢中哪一种行为都可认定为“聚众‘打砸抢’”,在毁坏或者抢走公私财物后,可直接认定成立抢劫罪。

21 因为在行为和主观因素上放宽了抢劫罪的认定条件,立法者将适用主体限制为“首要分子”。认定何为首要分子,是依据《刑法》第289条准确认定抢劫罪的必要条件。聚众犯罪中的首要分子,指的是在聚众犯罪中起组织、策划、指挥作用的犯罪人。组织者,就是纠集他人聚众实施犯罪的人。策划者,就是为参与聚众犯罪的犯罪分子出谋划策的人。我国有学者认为,聚众犯罪中,其策划作用的首要分子,必须作出决定性、全局性的策划。实践中通常会出现聚众犯罪的参与者策划犯罪部分过程这样一种情形,这样的参与者不属于首要分子,他们对整个犯罪构成并不起到决定性作用。[7] 指挥者,则是指引导聚众犯罪的犯罪分子,并且对他们发号施令的人。指挥者应当在犯罪开始之后,而不是犯罪开始之前指挥聚众犯罪活动,否则就无法与组织者区分开来。因而,组织行为开始于犯罪之前,而指挥行为开始于犯罪之后。

22 刑法理论上,针对《刑法》第289条与《刑法》第234条、《刑法》第232条以及《刑法》第263条之间的关系是否构成转化关系,有肯定说和否定说。否定说认为,转化犯是罪与罪之间的转化,而不是非罪向罪的转化,后者是犯罪成立问题,而不是转化问题。[8]《刑法》第289条并不是一个独立的罪名,而转化犯应该是罪与罪之间的转化,因此,《刑法》第289条并不属于转化犯的研究范畴。肯定说则认为,转化犯并不一定是罪与罪的转化,还包括非罪与罪之间的转化。聚众“打砸抢”行为,在实践中是一种很难预期的行为,在没有发生特定的危害结果之前,并不构成犯罪。比如,如果没有致人伤残、死亡,或者毁坏、抢走公私财物的,“打砸抢”行为就不构成犯罪,而只

6 参见张开骏:《聚众哄抢财物与聚众“打砸抢”的刑法教义学》,载《北方法学》2017年第2期。

7 参见肖扬宇:《首要分子问题研究》,武汉大学2010年博士学位论文。

8 参见肖本山、赵永红:《转化犯基本问题探究》,载《法学评论》2012年第4期。

是一般的违法行为。当发生特定危害结果时,即可成立转化犯。[9] 关于《刑法》第289条是否可以用转化犯去解读,取决于如何界定转化犯。笔者在此赞同肯定说的观点,即这里确实存在一个转化关系。转化犯不一定必须是罪与罪的转化,还可能是违法行为到犯罪行为的转化。如果坚持认为,转化犯是罪与罪之间的转化,那么一些典型的转化犯就无法解释。除此之外,即便没有独立的罪名,也完全可以出现转化关系。因此,《刑法》第289条与第234条、第232条以及第263条之间存在转化关系。

9 参见刘德法:《论聚众犯罪的转化犯问题》,载《北方法学》2010年第1期。

第二百九十条　聚众扰乱社会秩序罪;聚众冲击国家机关罪;扰乱国家机关工作秩序罪;组织、资助非法聚集罪

聚众扰乱社会秩序，情节严重，致使工作、生产、营业和教学、科研、医疗无法进行，造成严重损失的，对首要分子，处三年以上七年以下有期徒刑；对其他积极参加的，处三年以下有期徒刑、拘役、管制或者剥夺政治权利。

聚众冲击国家机关，致使国家机关工作无法进行，造成严重损失的，对首要分子，处五年以上十年以下有期徒刑；对其他积极参加的，处五年以下有期徒刑、拘役、管制或者剥夺政治权利。

多次扰乱国家机关工作秩序，经行政处罚后仍不改正，造成严重后果的，处三年以下有期徒刑、拘役或者管制。

多次组织、资助他人非法聚集，扰乱社会秩序，情节严重的，依照前款的规定处罚。

文献:王作富主编:《刑法分则实务研究》(第5版),中国方正出版社2013年版;马克昌主编:《百罪通论》(下卷),北京大学出版社2014年版;黎宏:《刑法学各论》(第2版),法律出版社2016年版;陈兴良、张军、胡云腾主编:《人民法院刑事指导案例裁判要旨通纂》(第2版),北京大学出版社2018年版;周光权:《刑法各论》(第4版),中国人民大学出版社2021年版;张明楷:《刑法学》(第6版),法律出版社2021年版;高铭暄、马克昌主编:《刑法学》(第10版),北京大学出版社、高等教育出版社2022年版。吴大华、任忠臣:《聚众扰乱社会秩序罪若干问题探讨》,载《江西警察学院学报》2011年第1期;陈浩、魏国勇:《法条竞合视野下〈刑法〉第290条的个案分析》,载《中国检察官》2011年第2期;姜涛:《集体劳资争议与聚众扰乱社会秩序罪的关系》,载《环球法律评论》2012年第5期;林维:《聚众扰乱医疗秩序的定性》,载《人民司法》2015年第22期;黄磊、周开源:《聚众扰乱医院秩序的刑责认定》,载《人民司法》2015年第22期;尤金亮:《"医闹"入刑的司法适用研究》,载《南京医科大学学报(社会科学版)》2016年第2期;夏勇:《维权过激行为犯罪化评论》,载《法商研究》2016年第3期;秦雪娜:《论涉医犯罪的刑事法规制》,载《北方法学》2018年第3期。

细目录

Ⅰ　主旨

Ⅱ 沿革
Ⅲ 客体
Ⅳ 对象
Ⅴ 行为
Ⅵ 结果与情节
Ⅶ 主体
Ⅷ 罪过
Ⅸ 既遂与未遂
Ⅹ 罪数
Ⅺ 与非罪的界限
Ⅻ 与他罪的区别
一、聚众扰乱社会秩序罪与妨害公务罪的区别
二、聚众冲击国家机关罪与聚众扰乱社会秩序罪的区别
三、聚众冲击国家机关罪与妨害公务罪的区别
四、扰乱国家机关工作秩序罪与聚众冲击国家机关罪的区别
ⅩⅢ 处罚

Ⅰ 主旨

刑法规定本条各罪旨在保护社会秩序。这里的"社会秩序"具体是指国家机关、企业、事业单位、人民团体等组织的工作、生产、营业、教学、科研、医疗秩序。社会秩序是包括刑法在内的整个法律体系的基础性价值。如果社会陷入混乱,那么法律保护的自由和权利就失去了存在的基础。国家机关的工作秩序则是整个社会秩序的重要组成部分。我国《宪法》第 51 条规定,中华人民共和国公民在行使自由和权利的时候,不得损害国家的、社会的、集体的利益和其他公民的合法的自由和权利。《宪法》第 53 条规定,中华人民共和国公民必须遵守公共秩序。 1

Ⅱ 沿革

1979 年《刑法》第 158 条规定:"禁止任何人利用任何手段扰乱社会秩序。扰乱社会秩序情节严重,致使工作、生产、营业和教学、科研无法进行,国家和社会遭受严重损失的,对首要分子处五年以下有期徒刑、拘役、管制或者剥夺政治权利。" 2

1997 年《刑法》第 290 条第 1 款对原刑法进行了如下修改:①删除了第一句的禁止性规定,在"扰乱社会秩序"前增加"聚众"二字;②提高了法定刑,将法定最高刑由 5 年提高到 7 年;③区分首要分子与其他积极参加的分子,分别设置了不同的法定刑。《刑法》第 290 条第 2 款增设了聚众冲击国家机关罪。 3

2015 年 8 月 29 日全国人大常委会通过的《刑法修正案(九)》对 1997 年《刑法》 4

条款进行了修订,增加了“医疗”二字,并以第 290 条第 3 款增设了扰乱国家机关工作秩序罪,以第 290 条第 4 款增设了组织、资助非法聚集罪。

Ⅲ 客体

5 本条各罪侵犯的客体是社会秩序。其中,聚众扰乱社会秩序罪与组织、资助非法聚集罪侵犯的客体是社会秩序,聚众冲击国家机关罪与扰乱国家机关工作秩序罪侵犯的客体是社会秩序中的国家机关工作秩序。

Ⅳ 对象

6 聚众扰乱社会秩序罪与组织、资助非法聚集罪的对象通常是相关单位的场所、财物、设施、工作人员等。

7 聚众冲击国家机关罪与扰乱国家机关工作秩序罪的对象是国家机关,包括各级权力机关、行政机关、监察机关、审判机关、检察机关、军事机关、党的机关等,具体体现为国家机关的工作人员、办公场所、办公设施等。

Ⅴ 行为

8 聚众扰乱社会秩序罪的行为要件是实施聚众扰乱社会秩序的行为。“聚众”是指组织、策划、指挥、纠集 3 人以上的多数人于特定时间聚集于特定地点的行为方式。这里的聚众对象包括纠集者本人,也包括积极参加者和一般参加者。“扰乱社会秩序”既包含行为,也包含结果。此处从行为方式角度来看,它是指对正常社会秩序的干扰、破坏。既包括暴力性干扰,比如围攻、殴打有关人员,砸毁财物,抢占有关工作场所等,也包括非暴力性干扰,比如胁迫、辱骂有关人员,在有关工作场所哄闹、纠缠等。

9 聚众冲击国家机关罪的行为要件是聚众冲击国家机关的行为。对于首要分子而言,行为人或者仅实施聚众行为,或者既实施聚众行为又参加冲击国家机关的行为。对于其他积极参加者而言,行为人只要在首要分子组织、指挥、策划下实施冲击国家机关的行为,即符合行为要件。“聚众”指的是行为人组织、策划、指挥、纠集 3 人以上的多数人于特定时间聚集于特定地点的行为方式。“冲击国家机关”指的是强行进入、围攻国家机关的行为。

10 扰乱国家机关工作秩序罪的行为要件体现为行为人多次实施扰乱国家机关工作秩序的行为,经行政处罚后仍不改正。“多次”通常是指 3 次以上。“扰乱”既包括暴力性扰乱,比如强行闯入国家机关、殴打有关工作人员、打砸毁坏公私财物等,也包括非暴力性扰乱,比如在国家机关工作场所哄闹、纠缠、辱骂等。

11 组织、资助非法聚集罪的行为要件是多次组织、资助他人非法聚集的行为。“多次”通常是指 3 次以上。“组织”是指策划、指挥、协调非法聚集活动。“资助”是指筹集、提供非法聚集的活动经费、物资以及其他物质便利的行为。“非法聚集”是指未经批准在公共场所集结的行为。

Ⅵ　结果与情节

聚众扰乱社会秩序罪的结果要件体现为行为人实施聚众扰乱社会秩序的行为,情节严重,致使工作、生产、营业或教学、科研、医疗无法进行,造成严重损失。结果要件的判断,需要综合情节严重,致使正常活动无法进行,造成严重损失等进行考虑。“情节严重”是需要司法者综合判断的要件,它反映的是体现行为客观危害、行为人主观可谴责性和人身危险性的主客观事实,比如犯罪动机恶劣、扰乱时间长、聚集人数多、实施次数多、造成恶劣影响、经有关部门批评教育拒不散去、聚众扰乱重要单位的正常秩序等。“致使工作、生产、营业和教学、科研、医疗无法进行,造成严重损失”,这种严重损失特指因正常活动无法进行导致的损失,通常体现为严重经济损失、科研实验失败、由于扰乱行为致使教学计划无法完成影响多人学业的、扰乱医疗单位秩序致使严重病人不能得到及时救治而死亡或者伤残的等,而不应泛指任何损失。在最高人民法院发布的典型案例“李红军等聚众扰乱社会秩序案”中,被告人欲给卫生院施加压力,将李某尸体停放在该院观察室内;被告人纠集庄邻、亲友等五十余人至卫生院,聚集在观察室、输液室、大厅等处;被告人煽动庄邻等阻止公安人员执行公务;被告人纠集、指使他人用输液座椅堵住走道,拍摄视频在网络上发布;被告人携带煤气罐、汽油等危险物品至卫生院门诊楼,公安人员要求运走,但被告人拒不运走;被告人采取封堵卫生院门诊楼大门、输液室、观察室、过道,辱骂,冲撞,投掷汽油瓶,向自己身上浇汽油欲自焚等方式阻碍公安人员正常执行公务,造成财产损失两万余元等。法院认为这些情节和结果属于聚众扰乱社会秩序罪的结果和情节要件。[1] 12

聚众冲击国家机关罪的结果要件是国家机关工作无法进行,造成严重损失。“致使国家机关工作无法进行”是指国家机关工作人员执行职务的活动因为聚众冲击行为而被迫中断或者停止。“造成严重损失”是指严重损害国家机关的权威,或者因长时间无法行使管理职能导致严重影响工作秩序,或者给国家、集体和个人造成严重的经济损失等。 13

扰乱国家机关工作秩序罪的结果要件是造成严重后果。“严重后果”是指因为实施扰乱国家机关工作秩序的行为所导致的后果,主要是指国家机关长时间无法正常工作。 14

组织、资助非法聚集罪的结果要件是扰乱社会秩序、情节严重。“扰乱社会秩序”是指造成社会秩序混乱,包括致使工作、生产、营业和教学、科研、医疗等活动无法正 15

1　参见《人民法院依法惩处涉医犯罪典型案例》,载 http://www.court.gov.cn/zixun-xiangqing-228681.html,访问时间:2020 年 5 月 11 日。

常进行,或者致使机场、车站、码头、商场、影剧院、运动场馆等公共场所秩序混乱,或者影响航空器、列车、船舶等大型交通工具无法正常运行等。"情节严重"是指反映行为社会危害性的其他主客观事实,比如组织人数较多、持续时间较长、社会影响较大、动机恶劣等。

Ⅶ 主体

16 本条各罪的主体均为一般主体,即年满16周岁,且具有辨认、控制自己行为能力的自然人。其中,聚众扰乱社会秩序罪、聚众冲击国家机关罪属于聚众型犯罪,根据刑法规定,只有首要分子和积极参加者才构成本罪。

Ⅷ 罪过

17 本条各罪均为故意犯罪。其中,聚众扰乱社会秩序罪、聚众冲击国家机关罪作为聚众型犯罪,除要求行为人对于自己的行为及其结果具有故意外,还要求行为人具有集体行为的意识和意志。对于首要分子而言,其除明知自己聚众扰乱社会秩序、聚众冲击国家机关的行为会发生扰乱社会秩序、国家机关工作秩序的结果,且希望或者放任这种结果发生以外,还要具有与他人共同扰乱社会秩序、国家机关工作秩序的意识和意志。对于积极参加者而言,其除明知自己扰乱社会秩序、国家机关工作秩序的行为会发生扰乱社会秩序、国家机关工作秩序的结果,且希望或者放任这种结果发生以外,还要认识到自己作为扰乱社会秩序、国家机关工作秩序群体的成员从事扰乱社会秩序、国家机关工作秩序的行为。

Ⅸ 既遂与未遂

18 我国有代表性的刑法教科书没有专门讨论本条各罪的既遂标准问题。[2] 笔者认为,根据《刑法》第13条"但书",情节显著轻微危害不大的行为不成立犯罪,大量轻微犯罪的未遂形态一般属于情节显著轻微危害不大的行为,应当排除于犯罪之外,只有少数严重的犯罪的未遂形态才应当成立犯罪。基于此,本条各罪的未遂形态不宜成立犯罪,但是可以按照《治安管理处罚法》处理。根据《治安管理处罚法》第23条的规定,扰乱机关、团体、企业、事业单位秩序,致使工作、生产、营业、医疗、教学、科研不能正常进行,尚未造成严重损失的,处警告或者200元以下罚款;情节较重的,处5日以上10日以下拘留,可以并处500元以下罚款;聚众实施前款行为的,对首要分子

---

2 比如高铭暄、马克昌主编:《刑法学》(第10版),北京大学出版社、高等教育出版社2022年版,第544—546页;马克昌主编:《百罪通论》(下卷),北京大学出版社2014年版;张明楷:《刑法学》(第6版),法律出版社2021年版,第1387—1389页;周光权:《刑法各论》(第4版),中国人民大学出版社2021年版,第413—416页。

处10日以上15日以下拘留,可以并处1000元以下罚款。

X　罪数

行为人聚众扰乱社会秩序、聚众冲击国家机关的行为,如果导致他人伤亡、毁坏公共财物、破坏生产经营等,应按照想象竞合处理。 19

聚众冲击国家机关罪与聚众扰乱社会秩序罪的关系是法条竞合的关系。聚众冲击国家机关的行为也属于聚众扰乱社会秩序的行为,聚众冲击国家机关罪是特殊法条,而且法定刑更重,对聚众冲击国家机关的行为,应当按照聚众冲击国家机关罪论处。 20

XI　与非罪的界限

如何处理群体性事件与聚众扰乱社会秩序罪之间的关系。对群众以集体抗争的方式表达利益诉求的行为,尤其是因为党政领导对涉及群众利益的事情处理违法、不当或者工作失误等引发的群体性事件,应当保持刑法的谦抑性。《宪法》第35条规定,中华人民共和国公民有言论、出版、集会、结社、游行、示威的自由。集会、游行、示威是公民的一项宪法权利。行为人违反《集会游行示威法》,未申请或者申请未被许可,或者未按照主管机关许可的起止时间、地点、路线进行的,应当依照该法处罚。只有违反《集会游行示威法》,而且达到聚众扰乱社会秩序罪所要求的情节严重,致使工作、生产、营业和教学、科研、医疗无法进行,造成严重损失的,才可能构成本罪。 21

要区分首要分子、积极参加者与一般参加者、围观群众。首先要区分参加者与围观者,围观者不构成本罪。其次要区分积极参加者与一般参加者,只有在扰乱社会秩序行为中所起作用较大的参加者才属于积极参加者。 22

XII　与他罪的区别

一、聚众扰乱社会秩序罪与妨害公务罪的区别

两者都有可能破坏国家机关工作秩序,使得公务人员无法正常工作。两者的主要区别在于:聚众扰乱社会秩序罪的行为方式是聚众,妨害公务罪的主要方式是暴力、威胁;聚众扰乱社会秩序罪的成立要求情节严重,妨害公务罪没有这个要求;聚众扰乱社会秩序罪的成立要求造成严重损失,妨害公务罪没有这个要求。在现实案件中,行为人的行为可能既构成聚众扰乱社会秩序罪,也构成妨害公务罪,可以按照想象竞合处理。 23

二、聚众冲击国家机关罪与聚众扰乱社会秩序罪的区别

聚众冲击国家机关罪与聚众扰乱社会秩序罪的关系是法条竞合的关系。聚众冲 24

击国家机关的行为也属于聚众扰乱社会秩序的行为,聚众冲击国家机关罪是特殊法条,而且法定刑更重,对聚众冲击国家机关的行为,应当按照聚众冲击国家机关罪论处。两者之间除了存在竞合关系,也存在重要区别。其区别主要在于:第一,侵犯的法益不同。聚众冲击国家机关罪侵犯的法益是国家机关的正常秩序;而聚众扰乱社会秩序罪侵犯的法益是国家机关、企事业单位、人民团体的工作、生产、营业、教学、科研、医疗秩序。第二,犯罪对象不同。聚众冲击国家机关罪的对象是国家机关;聚众扰乱社会秩序罪的对象通常是国家机关、企事业单位和人民团体。第三,行为方式不同。聚众冲击国家机关罪的行为方式是聚众冲击;聚众扰乱社会秩序罪的行为方式没有限制,既包括暴力性的,也包括非暴力性的。第四,是否要求情节严重不同。聚众冲击国家机关罪不要求情节严重,聚众扰乱社会秩序罪则要求情节严重。

三、聚众冲击国家机关罪与妨害公务罪的区别

25 两者主要的区别在于行为对象不同,聚众冲击国家机关罪的对象是作为特定场所的国家机关,后者的对象是个别国家机关工作人员。聚众冲击国家机关罪的法益侵害体现为致使特定国家机关工作无法进行,或者是全部或者绝大多数国家机关工作人员无法正常工作。后者的法益侵害体现为致使个别国家机关工作人员无法执行职务。

四、扰乱国家机关工作秩序罪与聚众冲击国家机关罪的区别

26 两者都扰乱了国家机关的工作秩序,对象都是国家机关。区别在于:①行为方式不同,扰乱国家机关工作秩序的行为方式是多次扰乱国家机关工作秩序,经行政处罚后仍不改正;后者的行为方式是聚众冲击国家机关。②处罚对象不同。扰乱国家机关工作秩序罪不区分首要分子与参加者,后者区分首要分子与积极参加者。

XIII 处罚

27 根据《刑法》第 290 条的规定,犯聚众扰乱社会秩序罪的,对首要分子,处 3 年以上 7 年以下有期徒刑;对其他积极参加者,处 3 年以下有期徒刑、拘役、管制或者剥夺政治权利。犯聚众冲击国家机关罪的,对首要分子,处 5 年以上 10 年以下有期徒刑;对其他积极参加者,处 5 年以下有期徒刑、拘役、管制或者剥夺政治权利。犯扰乱国家机关工作秩序罪的,处 3 年以下有期徒刑、拘役或者管制。犯组织、资助非法聚集罪的,依照《刑法》第 290 条第 3 款的规定处罚,即处 3 年以下有期徒刑、拘役或者管制。

第二百九十一条　聚众扰乱公共场所秩序、交通秩序罪

聚众扰乱车站、码头、民用航空站、商场、公园、影剧院、展览会、运动场或者其他公共场所秩序，聚众堵塞交通或者破坏交通秩序，抗拒、阻碍国家治安管理工作人员依法执行职务，情节严重的，对首要分子，处五年以下有期徒刑、拘役或者管制。

文献：黎宏：《刑法学各论》（第2版），法律出版社2016年版；周光权：《刑法各论》（第4版），中国人民大学出版社2021年版；张明楷：《刑法学》（第6版），法律出版社2021年版；高铭暄、马克昌主编：《刑法学》（第10版），北京大学出版社、高等教育出版社2022年版。葛立刚：《聚众扰乱交通秩序罪中的"情节严重"如何认定》，载《中国检察官》2013年第7期。

细目录

Ⅰ　主旨
Ⅱ　沿革
Ⅲ　客体
Ⅳ　对象
Ⅴ　行为
Ⅵ　结果与情节
Ⅶ　主体
Ⅷ　罪过
Ⅸ　既遂与未遂
Ⅹ　罪数
Ⅺ　与非罪的界限
Ⅻ　与他罪的区别
　一、本罪与妨害公务罪的区别
　二、本罪与聚众扰乱社会秩序罪的区别
ⅩⅢ　处罚

Ⅰ　主旨

本罪的主旨在于保护公共场所秩序和交通秩序。公共场所秩序和交通秩序是社 1
会秩序的重要组成部分。《宪法》第51条规定，中华人民共和国公民在行使自由和权

利的时候,不得损害国家的、社会的、集体的利益和其他公民的合法的自由和权利。《宪法》第53条规定,中华人民共和国公民必须遵守公共秩序。

Ⅱ 沿革

2 1979年《刑法》第159条规定:"聚众扰乱车站、码头、民用航空站、商场、公园、影剧院、展览会、运动场或者其他公共场所秩序,聚众堵塞交通或者破坏交通秩序,抗拒、阻碍国家治安管理工作人员依法执行职务,情节严重的,对首要分子处五年以下有期徒刑、拘役、管制或者剥夺政治权利。"与1979年《刑法》相比,1997年《刑法》删除了剥夺政治权利。

Ⅲ 客体

3 本罪侵犯的客体是公共场所秩序和交通秩序。"公共场所秩序",是指公众顺利地出入、使用公共场所以及在公共场所停留的状态。公共场所秩序包括车站、码头、民用航空站、商场、公园、影剧院、展览会、运动场等公共场所的秩序。"交通秩序",是指交通工具与行人依照交通规则在交通线路上安全顺利通行的正常状态。交通秩序包括铁路、水路、公路、航空等交通秩序。

Ⅳ 对象

4 本罪的对象通常体现为公共场所、交通场所、公共场所和交通场所的设施、公共场所和交通场所的工作人员、国家治安管理工作人员等。"公共场所",是指具有公共性的特点,对公众开放,供不特定的多数人随时出入、停留、使用的场所,主要有车站、码头、民用航空站、商场、公园、影剧院、展览会、运动场等;"其他公共场所",主要是指礼堂、公共食堂、游泳池、浴池、农村集市等。

Ⅴ 行为

5 本罪的行为要件体现为两种类型:①行为人聚众扰乱车站、码头、民用航空站、商场、公园、影剧院、展览会、运动场或者其他公共场所秩序,且抗拒、阻碍国家治安管理工作人员依法执行职务,情节严重的行为;②行为人聚众堵塞交通或者破坏交通秩序,且抗拒、阻碍国家治安管理工作人员依法执行职务,情节严重的行为。这里规定的"聚众扰乱"公共场所秩序,是指纠集多人以各种方法对公共场所秩序进行干扰和捣乱,主要是故意在公共场所聚众起哄闹事。"聚众堵塞交通或者破坏交通秩序",是指纠集多人堵塞交通使车辆、行人不能通过,或者故意违反交通规则,破坏正常的交通秩序,影响顺利通行和通行安全的行为。本条规定的"抗拒、阻碍国家治安管理工作人员依法执行职务",是指抗拒、阻碍治安民警、交通民警以及其他依法执行治安管理职务的工作人员依法维护公共场所秩序或者交通秩序的行为。

VI 结果与情节

6 本罪的结果要件体现为"情节严重",即上述两种行为类型都要达到情节严重的程度。这里的"情节严重"主要是指聚众扰乱公共场所秩序或者聚众破坏交通秩序,人数多或者时间长的;造成人员伤亡、建筑物损坏、公私财物受到重大损失等严重后果的;影响或者行为手段恶劣的;经有关部门教育、劝阻拒不解散的;在重大节假日、庆典、重要国事活动期间聚众扰乱公共场所秩序、交通秩序的等。司法者对于"情节严重"需要综合判断。"余胜利、尤庆波聚众扰乱交通秩序案"的裁判理由中指出,这里的"情节严重"不要求"聚众堵塞交通或者破坏交通秩序"和"抗拒、阻碍国家治安管理工作人员依法执行职务"同时达到"情节严重"的程度。行为人聚众堵塞交通或者破坏交通秩序达到情节严重的程度,又实施抗拒、阻碍国家治安管理工作人员依法执行职务的行为,即使后者没有达到情节严重的程度,行为人应当构成聚众扰乱交通秩序罪。这样理解的主要理由在于,聚众堵塞交通或者破坏交通秩序,情节严重的行为已经侵害了交通秩序,不需要再对抗拒、阻碍国家治安管理工作人员依法执行职务的行为的严重程度进行单独评价。在"余胜利、尤庆波聚众扰乱交通秩序案"中,法院从犯罪动机、聚集人数和行为影响三个方面进行综合判断,认为行为人聚众扰乱交通秩序的行为达到情节严重的程度。[1]

VII 主体

7 本罪的主体是年满16周岁且具有辨认和控制自己行为能力的自然人。按照刑法规定,只有首要分子才能构成本罪。根据《刑法》第97条的规定,首要分子是指在犯罪集团或者聚众犯罪中起组织、策划、指挥作用的犯罪分子。"组织"是指采用拉帮结派、煽动教唆等方式使他人产生冲动、狂热情绪,并借此将其纠集在一起;"策划"是指在聚众犯罪活动具体实施之前,对犯罪时间地点、犯罪采取的手段、各参与人员的分工等犯罪方案进行谋划的活动;"指挥"是指在犯罪实施之前或者实施过程中统率、调度、协调、指使,指挥者在聚众犯罪中处于核心地位。总之,聚众犯罪中的首要分子是聚众犯罪的犯意发动者、参与人员的聚集者、犯罪实施过程的指挥操纵者,首要分子在整个犯罪中起着关键性作用。在"余胜利、尤庆波聚众扰乱交通秩序案"中,法院认为,聚众扰乱活动的造意者、煽动者应当被认定为聚众扰乱交通秩序罪中的首要分子。"组织、策划、指挥"为选择性要件,只需具备其中之一即可被认定

---

1 参见最高人民法院刑事审判第一、二、三、四、五庭主办:《刑事审判参考》总第95集(第934号),法律出版社2014年版。

为首要分子。[2]

Ⅷ 罪过

8 本罪的罪过形式是故意,即行为人明知实施聚众扰乱车站、码头、民用航空器、商场、公园、影剧院、展览会、运动场或者其他公共场所秩序,聚众堵塞交通或者破坏交通秩序,抗拒、阻碍国家治安管理工作人员依法执行职务的行为,会破坏公共场所秩序和交通秩序,并且希望或者放任这种结果发生。

Ⅸ 既遂与未遂

9 本罪是情节犯,即以情节严重作为既遂的标准。本罪的未遂形态不宜按照犯罪处理。

Ⅹ 罪数

10 如果行为人以暴力、威胁方法阻碍国家治安管理工作人员依法执行职务,情节严重的,那么这种行为既符合妨害公务罪的构成要件,又符合本罪的构成要件,宜按照想象竞合处理。

Ⅺ 与非罪的界限

11 因跳楼或跳桥等引起围观而导致公共场所秩序、交通秩序受到严重影响的情况应如何处理?有的人为了吸引他人注意,达到某种目的,通过假装跳楼或者跳桥的方式,吸引他人围观,严重扰乱公共场所秩序或者交通秩序。这种情况虽然客观上引起了多人的聚集,而且严重扰乱公共场所秩序或者交通秩序,但是不宜成立本罪。因为在本罪中,聚集者与被聚集者之间需达成扰乱公共场所秩序或者交通秩序的共同意思,刑法只处罚聚集者,不处罚被聚集者。而在上述行为中,跳楼或者跳桥者与围观者之间并没有达成扰乱公共场所秩序或者交通秩序的共同意思。围观者被聚集起来,不是因为他们同意与跳楼或者跳桥者共同扰乱公共场所秩序或者交通秩序,而是基于好奇、看热闹的心理。

Ⅻ 与他罪的区别

一、本罪与妨害公务罪的区别

12 本罪与妨害公务罪的区别主要有两点:第一,行为手段不同。本罪的行为手段既

---

2 参见最高人民法院刑事审判第一、二、三、四、五庭主办:《刑事审判参考》总第95集(第934号),法律出版社2014年版。

包括暴力、威胁,也包括其他手段。而妨害公务罪的行为手段是暴力、威胁手段。第二,对象不同。本罪的对象仅仅是国家治安管理工作人员,而妨害公务罪的对象是国家机关工作人员。

二、本罪与聚众扰乱社会秩序罪的区别

主要区别在于:①根据这两个犯罪的立法宗旨来看,二者侧重不同。本罪旨在保护公共场所的秩序和交通场所的秩序,而聚众扰乱社会秩序罪旨在保护国家机关、企事业单位、人民团体等的工作、生产、营业、教学、科研、医疗秩序。②对象各有侧重。本罪的对象是公共场所和交通场所,而聚众扰乱社会秩序罪的对象是国家机关、企事业单位、人民团体等的工作场所。③从结果要件来看,本罪仅仅要求情节严重,而聚众扰乱社会秩序罪的结果要件不仅要求情节严重,还要求致使相关单位正常活动无法进行,且造成严重损失。④本罪只有首要分子构成犯罪,聚众扰乱社会秩序罪首要分子和积极参加者都可以构成犯罪。 13

XIII　处罚

本罪只处罚首要分子。对于首要分子,处 5 年以下有期徒刑、拘役或者管制。 14

第二百九十一条之一　投放虚假危险物质罪；编造、故意传播虚假恐怖信息罪；编造、故意传播虚假信息罪

投放虚假的爆炸性、毒害性、放射性、传染病病原体等物质，或者编造爆炸威胁、生化威胁、放射威胁等恐怖信息，或者明知是编造的恐怖信息而故意传播，严重扰乱社会秩序的，处五年以下有期徒刑、拘役或者管制；造成严重后果的，处五年以上有期徒刑。

编造虚假的险情、疫情、灾情、警情，在信息网络或者其他媒体上传播，或者明知是上述虚假信息，故意在信息网络或者其他媒体上传播，严重扰乱社会秩序的，处三年以下有期徒刑、拘役或者管制；造成严重后果的，处三年以上七年以下有期徒刑。

文献：高铭暄：《中华人民共和国刑法的孕育诞生和发展完善》，北京大学出版社2012年版；黎宏：《刑法学各论》（第2版），法律出版社2016年版；周光权：《刑法各论》（第4版），中国人民大学出版社2021年版；张明楷：《刑法学》（第6版），法律出版社2021年版；高铭暄、马克昌主编：《刑法学》（第10版），北京大学出版社、高等教育出版社2022年版。李洪川：《论投放虚假危险物质罪》，载《法律适用》2003年第10期；张波：《论投放虚假危险物质罪——以案例分析为视角》，载《北京航空航天大学学报（社会科学版）》2005年第1期；秦明华：《编造虚假恐怖信息罪若干问题探析》，载《犯罪研究》2005年第2期；于同志、陈伶俐：《编造、故意传播虚假恐怖信息罪若干问题研究》，载《人民司法》2005年第12期；袁建伟、赵静：《投放虚假危险物质罪研究》，载《法治研究》2008年第6期；江晓燕：《投放虚假危险物质罪初探——以新疆“针刺”事件为例》，载《新疆社科论坛》2009年第5期；贾学胜：《编造、故意传播虚假恐怖信息罪之实证解读》，载《暨南学报（哲学社会科学版）》2010年第6期；鲜铁可：《编造、故意传播虚假恐怖信息罪司法适用辨析》，载《人民检察》2013年第22期；于志刚：《全媒体时代与编造、传播虚假信息的制裁思路》，载《法学论坛》2014年第2期；赵秉志、徐文文：《论我国编造、传播虚假信息的刑法规制》，载《当代法学》2014年第5期；黄成：《编造、故意传播虚假恐怖信息罪的认定——基于司法案例的考察》，载《福建警察学院学报》2015年第3期；王尚明：《关于编造、传播虚假恐怖信息罪的实务研究》，载《中国刑事法杂志》2015年第3期；李怀胜：《编造、传播虚假信息犯罪的罪名体系调整思路》，载《重庆邮电大学学报（社会科学版）》2015年第6期；时斌：《编造、故意传播虚假恐怖信息罪的制裁思路——兼评刑法修正案（九）相关条

款》,载《政法论坛》2016 年第 1 期;殷勤:《网络谣言的犯罪化及其限度——以刑法修正案(九)编造、故意传播虚假信息罪为依据》,载《人民司法》2016 年第 1 期;时斌:《编造、故意传播虚假恐怖信息罪的客观方面反思与立法完善》,载《学术探索》2016 年第 5 期;金经纬:《编造、故意传播虚假信息罪主观方面探析》,载《黑龙江省政法管理干部学院学报》2016 年第 5 期;李永升、张楚:《公共事件网络谣言的刑法规制》,载《理论月刊》2016 年第 8 期;苏青:《网络谣言的刑法规制——基于〈刑法修正案(九)〉的解读》,载《当代法学》2017 年第 1 期;马路瑶:《编造、故意传播虚假信息罪中"严重扰乱社会秩序"的认定标准探析》,载《西部法学评论》2019 年第 3 期。

细目录

Ⅰ　主旨
Ⅱ　沿革
Ⅲ　客体
Ⅳ　对象
　一、投放虚假危险物质罪的对象
　二、编造、故意传播虚假恐怖信息罪的对象
　三、编造、故意传播虚假信息罪的对象
Ⅴ　行为
　一、投放虚假危险物质罪的行为
　二、编造、故意传播虚假恐怖信息罪的行为
　三、编造、故意传播虚假信息罪的行为
Ⅵ　结果
Ⅶ　主体
Ⅷ　罪过
Ⅸ　既遂与未遂
Ⅹ　罪数
Ⅺ　与他罪的区别
　一、投放虚假危险物质罪与投放危险物质罪的区别
　二、编造、故意传播虚假恐怖信息罪与敲诈勒索罪的区别
　三、编造、故意传播虚假恐怖信息罪与以危险方法危害公共安全罪的区别
　四、编造、故意传播虚假信息罪与编造、故意传播虚假恐怖信息罪的区别
Ⅻ　处罚

Ⅰ　主旨

刑法规定本条之罪的主旨在于维护社会秩序。2001 年美国发生"9·11"恐怖袭击事件以后,陆续出现了投放炭疽病毒、寄送虚假的炭疽病毒制造社会恐慌的事 1

件,故意编造其他虚假恐怖信息、人为地制造社会恐慌的事件。此后,我国也出现了将类似于炭疽杆菌的食品干燥剂装入信封,寄送至国家机关与新闻媒体,编造传播虚假恐怖信息或者虚假的险情、疫情、灾情、警情,以制造社会心理恐慌的事件。在现代信息社会与全媒体时代,通过互联网的即时、无限传播,虚假信息的传播速度与虚假信息的影响深度都与以往不可同日而语,虚假信息泛滥对社会秩序的危害日益突出。[1] 为有效惩治和预防此类行为,维护社会心理稳定,本条将上述行为设置为投放虚假危险物质罪,编造、故意传播虚假恐怖信息罪,编造、故意传播虚假信息罪。

Ⅱ　沿革

2　2001 年 12 月 29 日全国人大常委会通过的《刑法修正案(三)》增设了投放虚假危险物质罪与编造、故意传播虚假恐怖信息罪。2015 年 8 月 29 日全国人大常委会通过的《刑法修正案(九)》增设了编造、故意传播虚假信息罪。

Ⅲ　客体

3　本条各罪侵犯的客体是社会秩序。无论是投放虚假危险物质,还是编造、故意传播虚假恐怖信息或者虚假的险情、疫情、灾情、警情,均会引发一定范围的社会心理恐慌,破坏公众正常的生活和工作秩序。

Ⅳ　对象

一、投放虚假危险物质罪的对象

4　投放虚假危险物质罪的对象是虚假的危险物质,包括虚假的爆炸性、毒害性、放射性、传染病病原体等物质。根据客体对客观构成要件的指导作用,这里虚假的危险物质外观上应当类似于真实的危险物质,足以使一般人感觉到行为人投放了真实的危险物质。

二、编造、故意传播虚假恐怖信息罪的对象

5　编造、故意传播虚假恐怖信息罪的对象是虚假恐怖信息。根据 2013 年 9 月 18 日发布的最高人民法院《关于审理编造、故意传播虚假恐怖信息刑事案件适用法律若干问题的解释》第 6 条的规定,“虚假恐怖信息”,是指以发生爆炸威胁、生化威胁、放射威胁、劫持航空器威胁、重大灾情、重大疫情等严重威胁公共安全的事件为内容,可能引起社会恐慌或者公共安全危机的不真实信息。根据 2003 年 5 月 14 日公布的最

1　参见袁彬:《全媒体时代虚假信息犯罪的刑法治理——兼议〈刑法修正案(九)〉的立法选择》,载《内蒙古社会科学(汉文版)》2014 年第 3 期。

高人民法院、最高人民检察院《关于办理妨害预防、控制突发传染病疫情等灾害的刑事案件具体应用法律若干问题的解释》第10条的规定,编造与突发传染病疫情等灾害有关的恐怖信息,或者明知是编造的此类恐怖信息而故意传播,严重扰乱社会秩序的,以编造、故意传播虚假恐怖信息罪定罪处罚。这里的虚假恐怖信息,不应当理解为泛指任何令人恐怖、令人害怕的信息。随意扩大虚假恐怖信息的范围,可能导致这个条文成为"口袋",从而违背罪刑法定原则。

三、编造、故意传播虚假信息罪的对象

编造、故意传播虚假信息罪的对象是虚假的一般险情、疫情、灾情、警情,但不包括作为编造、故意传播虚假恐怖信息罪对象的虚假的重大灾情、疫情等严重威胁公共安全的不真实信息。"险情"包括突发可能造成重大人员伤亡或者财产损失的情况以及其他危险情况;"疫情"包括疫病尤其是传染病的发生、发展等情况;"灾情"包括火灾、水灾、地质灾害等灾害情况;"警情"包括有违法犯罪行为发生需要出警等情况。这四个术语具有很大的模糊性,需要根据本罪的目的去限定。一般情况下,这四类虚假信息需要具备以下特征:严重的紧迫性、与居民生活直接相关性、易扩散性等。[2] 6

V 行为

一、投放虚假危险物质罪的行为

投放虚假危险物质罪的行为要件体现为投放虚假的爆炸性、毒害性、放射性、传染病病原体等物质的行为。这里的投放行为指以邮寄、放置、丢弃等方式将假的类似于爆炸性、毒害性、放射性、传染病病原体等物质的物品置于他人或者公众面前或者周围。行为人投放虚假危险物质针对的对象可以是特定的人,也可以是不特定的人,投放地点可以是公共场合,也可以是非公共场合,只要足以扰乱社会秩序即可满足行为要件。在"杨国栋投放虚假危险物质案"中,法院认为,被告人持铁锥扎人的行为不符合投放虚假危险物质的投放行为;所使用的犯罪工具是一把实心的锥子,不可能存放任何物质,不存在投放的问题。[3] 7

二、编造、故意传播虚假恐怖信息罪的行为

编造、故意传播虚假恐怖信息罪的行为要件体现为,编造爆炸威胁、生化威胁、放射威胁等恐怖信息,或者明知是编造的恐怖信息而故意传播的行为。这里的"编造"应当理解为无中生有、凭空捏造或者对某些信息进行加工修改,并且向特定对象散布 8

2 参见李永升、张楚:《公共事件网络谣言的刑法规制》,载《理论月刊》2016年第8期。

3 参见最高人民法院刑事审判第一庭、第二庭编:《刑事审判参考》总第28辑(第206号),法律出版社2003年版。

的行为。编造虚假恐怖信息则是指行为人无中生有、凭空捏造要发生爆炸、生物化学物品泄漏、放射性物品泄漏以及使用生化、放射性武器等虚假信息,或者对这些信息进行加工修改,并且向特定对象散布的行为。这里需要注意的是,编造虚假恐怖信息罪的行为要件既包括编造行为,又包括向特定对象散布的行为。如果仅有编造行为而没有散布行为,因为没有侵害法益,所以不构成本罪。如果行为人编造虚假恐怖信息后,向不特定对象散布的,应当以编造、故意传播虚假恐怖信息罪定罪处刑。在"金建平编造虚假恐怖信息案"中,法院认为,行为人编造虚假恐怖信息后,仅向公安机关散布,并未向公众传播,尚未造成大范围的公众恐慌的行为,应当认定为编造虚假恐怖信息罪。[4] 明知是编造的恐怖信息而故意传播的行为,是指明知该恐怖信息出于他人编造,是假的信息,而故意向不特定对象散布的行为。最高人民检察院第9号指导性案例"李泽强编造、故意传播虚假恐怖信息案"的要旨指出,编造恐怖信息以后向特定对象散布,严重扰乱社会秩序的,构成编造虚假恐怖信息罪;编造恐怖信息以后向不特定对象散布,严重扰乱社会秩序的,构成编造、故意传播虚假恐怖信息罪。

三、编造、故意传播虚假信息罪的行为

9 编造、故意传播虚假信息罪的行为要件体现为,编造虚假的险情、疫情、灾情、警情,在信息网络或者其他媒体上传播,或者明知是上述虚假信息,故意在信息网络或者其他媒体上传播的行为。具体行为方式分为两种类型,即编造虚假信息并且传播和明知是虚假信息予以传播。"编造"是指出于各种目的故意虚构并不存在的险情、疫情、灾情、警情的情况。"传播"虚假信息,是对编造的虚假信息在信息网络上发布、转发、转帖,或者在其他媒体上登载、刊发等。从传播方式来看,可分为信息网络传播和其他媒体传播。根据2013年9月6日发布的最高人民法院、最高人民检察院《关于办理利用信息网络实施诽谤等刑事案件适用法律若干问题的解释》第10条的规定,"信息网络"包括以计算机、电视机、固定电话机、移动电话机等电子设备为终端的计算机互联网、广播电视网、固定通信网、移动通信网等信息网络,以及向公众开放的局域网络。其他媒体是指除信息网络之外的报纸等传统媒体。

VI 结果

10 对于本条各罪,实施投放危险物质,编造、故意传播虚假恐怖信息或者虚假的险情、疫情、灾情、警情,严重扰乱社会秩序的,才能成立犯罪。

11 "严重扰乱社会秩序",根据最高人民法院《关于审理编造、故意传播虚假恐怖信息刑事案件适用法律若干问题的解释》第2条的规定,是指具有下列情形之一的:

---

4 参见最高人民法院刑事审判第一庭、第二庭编:《刑事审判参考》总第28辑(第207号),法律出版社2003年版。

①致使机场、车站、码头、商场、影剧院、运动场馆等人员密集场所秩序混乱,或者采取紧急疏散措施的;②影响航空器、列车、船舶等大型客运交通工具正常运行的;③致使国家机关、学校、医院、厂矿企业等单位的工作、生产、经营、教学、科研等活动中断的;④造成行政村或者社区居民生活秩序严重混乱的;⑤致使公安、武警、消防、卫生检疫等职能部门采取紧急应对措施的;⑥其他严重扰乱社会秩序的。

另外,根据最高人民检察院第10号指导性案例"卫学臣编造虚假恐怖信息案"的 12
要旨,关于编造虚假恐怖信息造成"严重扰乱社会秩序"的认定,应当结合行为对正常的工作、生产、生活、经营、教学、科研等秩序的影响程度,对公众造成的恐慌程度以及处置情况等因素进行综合分析判断。对于编造、故意传播虚假恐怖信息威胁民航安全,引起公众恐慌,或者致使航班无法正常起降的,应当认定为"严重扰乱社会秩序"。

另据最高人民法院发布的依法惩处妨害疫情防控犯罪典型案例"刘某某编造、故 13
意传播虚假信息案",被告人刘某某 2020 年 1 月 24 日在北京市通州区某小区暂住地内,利用微信号编造其感染新型冠状病毒后到公共场所通过咳嗽方式向他人传播的虚假信息,发送至其另一微信号,并将聊天记录截图后通过微信朋友圈、微信群、QQ群传播,直接覆盖人员共计 2700 余人,并被其他个人微博转发。公安机关掌握该信息后,采取了相应的紧急应对措施。法院认为,被告人刘某某在疫情防控期间编造虚假疫情信息,在信息网络上传播,严重扰乱社会秩序,其行为构成编造、故意传播虚假信息罪。在该案件中,严重扰乱社会秩序体现为致使公安机关采取了相应的紧急应对措施。

Ⅶ 主体

本条各罪的主体均为一般主体,即年满 16 周岁且具有辨认和控制自己行为能力 14
的自然人。

Ⅷ 罪过

本条各罪的罪过形式均为故意,即行为人明知自己投放虚假的爆炸性、毒害性、 15
放射性、传染病病原体等物质,会造成社会心理恐慌、严重扰乱社会秩序,并且希望或者放任这种结果发生,或者故意编造虚假的恐怖信息、险情、疫情、灾情、警情予以传播,或者明知是虚假的恐怖信息、险情、疫情、灾情、警情而故意予以传播,希望或者放任社会心理恐慌、社会秩序严重扰乱的结果发生。行为人确实不知是虚假的危险物质,虚假的恐怖信息、险情、疫情、灾情、警情,或者行为人认为上述信息可能是真实的,而予以传播的,不构成本条之罪。

Ⅸ 既遂与未遂

本条之罪以造成"严重扰乱社会秩序"的结果为犯罪既遂的成立条件。行为人 16

实施了本条之罪的行为,未严重扰乱社会秩序的,不应按照犯罪处理。也就是说,本条之罪的未遂不应成立犯罪。对这种行为,可以按照《治安管理处罚法》处理。根据《治安管理处罚法》第 25 条的规定,有下列行为之一的,处 5 日以上 10 日以下拘留,可以并处 500 元以下罚款;情节较轻的,处 5 日以下拘留或者 500 元以下罚款:①散布谣言,谎报险情、疫情、警情或者以其他方法故意扰乱公共秩序的;②投放虚假的爆炸性、毒害性、放射性、腐蚀性物质或者传染病病原体等危险物质扰乱公共秩序的;③扬言实施放火、爆炸、投放危险物质扰乱公共秩序的。

X 罪数

17 关于编造、故意传播虚假恐怖信息罪的罪数,最高人民检察院第 9 号指导性案例"李泽强编造、故意传播虚假恐怖信息案"的要旨指出,对于实施数个编造、故意传播虚假恐怖信息行为的,不实行数罪并罚,但应当将其作为量刑情节予以考虑。根据最高人民法院《关于审理编造、故意传播虚假恐怖信息刑事案件适用法律若干问题的解释》第 5 条的规定,编造、故意传播虚假恐怖信息,严重扰乱社会秩序,同时又构成其他犯罪的,择一重罪处罚。根据最高人民法院、最高人民检察院《关于办理利用信息网络实施诽谤等刑事案件适用法律若干问题的解释》第 9 条的规定,利用信息网络实施诽谤、寻衅滋事、敲诈勒索、非法经营等犯罪,同时又构成编造、故意传播虚假恐怖信息罪的,依照处罚较重的规定定罪处罚。最高人民检察院第 11 号指导性案例"袁才彦编造虚假恐怖信息案"的要旨是,以编造虚假信息的方式,实施敲诈勒索等其他犯罪的,择一重罪处断。在"贾志攀编造、故意传播虚假恐怖信息案"中,行为人利用掌握的计算机技术,在非法侵入陕西省地震局官方网站后,编造并发布虚假的地震信息,严重扰乱社会秩序的行为既构成非法侵入计算机信息系统罪,又构成编造、故意传播虚假恐怖信息罪,两者属于手段行为与目的行为的牵连关系,宜按照牵连犯的原理定罪。[5]

XI 与他罪的区别

一、投放虚假危险物质罪与投放危险物质罪的区别

18 投放虚假危险物质罪与投放危险物质罪都涉及危险物质,但是二者存在根本的区别。第一,对象不同,前者的对象是虚假的危险物质,后者的对象是真实的危险物

5 参见《贾志攀编造、故意传播虚假恐怖信息案[第 559 号]——虚假地震信息能否认定为虚假恐怖信息》,载最高人民法院刑事审判第一、二、三、四、五庭主办:《刑事审判参考》(总第 68 集),法律出版社 2009 年版。

质；第二，犯罪客体不同，前者的客体是社会秩序，后者的客体是不特定或者多数人的人身、财产安全；第三，主观要件不同，前者要求行为人明知是虚假的危险物质，后者要求行为人明知是真实的危险物质。

二、编造、故意传播虚假恐怖信息罪与敲诈勒索罪的区别

以编造、传播虚假恐怖信息相要挟，要求相关机构交付财物的行为，容易与敲诈勒索罪混淆。编造、故意传播虚假恐怖信息罪与敲诈勒索罪的区别在于：①法益不同。前者侵犯的法益是社会秩序，后者侵犯的法益是财产权。②目的不同。在编造、故意传播虚假恐怖信息罪中，行为人的目的是扰乱社会秩序；在敲诈勒索罪中，行为人的目的是非法占有他人财物。③手段不同。编造、故意传播虚假恐怖信息罪的手段不具有可逆性，即编造、传播虚假恐怖信息的行为一旦实施，就会造成扰乱社会秩序的后果，且不可逆转。在敲诈勒索罪中，行为人以威胁、要挟或者恫吓的手段索取财物，一旦受害人交出财物，行为人一般不会对威胁、要挟或者恫吓的内容付诸实施，具有可逆性。 19

三、编造、故意传播虚假恐怖信息罪与以危险方法危害公共安全罪的区别

编造、故意传播虚假恐怖信息罪与以危险方法危害公共安全罪的主要区别在于法益不同。前者侵犯的法益在于社会秩序，而后者侵犯的法益在于公共安全，即不特定或者多数人的人身和财产安全。编造、故意传播虚假恐怖信息的行为，一般情况下不会危害到公共安全，不能按照以危险方法危害公共安全罪定罪量刑。但是在特殊情况下，也有适用的空间。比如在公众集会、节日游园等人群密集场所，编造、故意传播虚假恐怖信息，引起秩序大乱，造成人员践踏伤亡的，如果行为人明知或者足以认识到自己的行为会造成人员践踏死伤的后果，仍然希望或者放任该危害结果发生的，应当定性为以危险方法危害公共安全罪。[6] 20

四、编造、故意传播虚假信息罪与编造、故意传播虚假恐怖信息罪的区别

编造、故意传播虚假信息罪与编造、故意传播虚假恐怖信息罪的区别在于对象不同。前者的对象是险情、疫情、灾情、警情，后者的对象是爆炸威胁、生化威胁、放射威胁等恐怖信息。关键的问题在于，最高人民法院《关于审理编造、故意传播虚假恐怖信息刑事案件适用法律若干问题的解释》第6条规定，虚假恐怖信息是指以发生爆炸威胁、生化威胁、放射威胁、劫持航空器威胁、重大灾情、重大疫情等严重威胁公共安全的事件为内容，可能引起社会恐慌或者公共安全危机的不真实信息。根据该司法 21

---

6 参见最高人民法院刑事审判第一庭、第二庭编：《刑事审判参考》总第47集（第372号），法律出版社2006年版。

解释,虚假恐怖信息包括重大灾情、重大疫情。编造、故意传播虚假信息罪对象中的灾情、疫情应当狭义地理解为一般灾情、疫情;而编造、故意传播虚假恐怖信息罪的对象是重大灾情、重大疫情。这样理解也符合罪刑相适应原则,编造、故意传播一般灾情、疫情,按照编造、故意传播虚假信息罪定罪,法定最高刑是7年有期徒刑;编造、故意传播重大灾情、疫情,按照编造、故意传播虚假恐怖信息罪定罪,法定最高刑是15年有期徒刑。

XII 处罚

22 根据《刑法》第291条之一的规定,犯投放虚假危险物质罪或者编造、故意传播虚假恐怖信息罪的,处5年以下有期徒刑、拘役或者管制;造成严重后果的,处5年以上有期徒刑。犯编造、故意传播虚假信息罪的,处3年以下有期徒刑、拘役或者管制;造成严重后果的,处3年以上7年以下有期徒刑。

23 根据最高人民法院《关于审理编造、故意传播虚假恐怖信息刑事案件适用法律若干问题的解释》第3条的规定,编造、故意传播虚假恐怖信息,严重扰乱社会秩序,具有下列情形之一的,应当依照《刑法》第291条之一的规定,在5年以下有期徒刑范围内酌情从重处罚:①致使航班备降或返航;或者致使列车、船舶等大型客运交通工具中断运行的;②多次编造、故意传播虚假恐怖信息的;③造成直接经济损失20万元以上的;④造成乡镇、街道区域范围居民生活秩序严重混乱的;⑤具有其他酌情从重处罚情节的。

24 根据最高人民检察院第11号指导性案例"袁才彦编造虚假恐怖信息案"的要旨,对于编造虚假恐怖信息造成有关部门实施人员疏散,引起公众极度恐慌的,或者致使相关单位无法正常营业,造成重大经济损失的,应当认定为"造成严重后果"。最高人民法院《关于审理编造、故意传播虚假恐怖信息刑事案件适用法律若干问题的解释》第4条进一步规定,编造、故意传播虚假恐怖信息,严重扰乱社会秩序,具有下列情形之一的,应当认定为《刑法》第291条之一的"造成严重后果",处5年以上有期徒:①造成3人以上轻伤或者1人以上重伤的;②造成直接经济损失50万元以上的;③造成县级以上区域范围居民生活秩序严重混乱的;④妨碍国家重大活动进行的;⑤造成其他严重后果的。指导性案例与司法解释对编造、故意传播虚假恐怖信息罪"造成严重后果"的认定,可以比照适用于投放虚假危险物质罪与编造、故意传播虚假信息罪中的"造成严重后果"的认定。

第二百九十一条之二　高空抛物罪

从建筑物或者其他高空抛掷物品，情节严重的，处一年以下有期徒刑、拘役或者管制，并处或者单处罚金。

有前款行为，同时构成其他犯罪的，依照处罚较重的规定定罪处罚。

文献:李江蓉、黎乃忠:《高空向公共场所抛物致人死亡的刑事责任认定》,载《人民司法》2015年第20期;李晓明:《"高空抛物"入罪的法教义学分析与方案选择》,载《天津法学》2020年第4期;张明楷:《高空抛物案的刑法学分析》,载《法学评论》2020年第3期;赵香如:《论高空抛物罪的罪刑规范构造——以〈刑法修正案(十一)(草案)〉为背景》,载《法治研究》2020年第6期;周光权:《论通过增设轻罪实现妥当的处罚——积极刑法立法观的再阐释》,载《比较法研究》2020年第6期;曹波:《高空抛物"入刑"的正当根据及其体系性诠释》,载《河北法学》2021年第2期。

细目录

Ⅰ　主旨
Ⅱ　沿革
Ⅲ　客体
Ⅳ　对象
Ⅴ　行为
Ⅵ　结果与情节
Ⅶ　主体
Ⅷ　罪过
Ⅸ　既遂与未遂
Ⅹ　罪数
Ⅺ　与非罪的界限
Ⅻ　与他罪的区别
XIII　处罚

Ⅰ　主旨

刑法规定本条之罪的主旨在于保护社会秩序。改革开放以后,随着经济不断发展,高楼大厦日益增多,高空抛物现象不断发生,严重影响行人、楼下居民的人身和财 1

产安全,引发社会矛盾,影响社会和谐稳定。

Ⅱ 沿革

2 为了惩治高空抛物行为,2019年10月21日最高人民法院颁布的《关于依法妥善审理高空抛物、坠物案件的意见》明确规定了惩治高空抛物行为的法律适用。根据该意见的规定,故意从高空抛弃物品,尚未造成严重后果,但足以危害公共安全的,依照《刑法》第114条规定的以危险方法危害公共安全罪定罪处罚;致人重伤、死亡或者使公私财产遭受重大损失的,依照《刑法》第115条第1款的规定处罚。为伤害、杀害特定人员实施上述行为的,依照故意伤害罪、故意杀人罪定罪处罚。过失导致物品从高空坠落,致人死亡、重伤,符合《刑法》第233条、第235条规定的,依照过失致人死亡罪、过失致人重伤罪定罪处罚。在生产、作业中违反有关安全管理规定,从高空坠落物品,发生重大伤亡事故或者造成其他严重后果的,依照《刑法》第134条第1款的规定,以重大责任事故罪定罪处罚。2020年12月26日全国人大常委会通过的《刑法修正案(十一)》增设了本罪。

Ⅲ 客体

3 本罪侵犯的客体是社会秩序。高空抛物行为重则危害公共安全、人身权利,轻则引发社会纠纷、破坏社会秩序。在立法过程中,《刑法修正案(十一)(草案)》将本罪规定在第二章危害公共安全罪,最终《刑法修正案(十一)》将本罪规定在第六章妨害社会管理秩序罪,旨在通过惩治和预防高空抛物行为,保护社会秩序。刑法设立本罪的目的是惩治破坏社会秩序的高空抛物行为,危害公共安全的高空抛物行为则不构成本罪。

Ⅳ 对象

4 本罪的对象是物品。

Ⅴ 行为

5 本罪的行为要件体现为从建筑物或者其他高空抛掷物品的行为。这里的"建筑物"是指由人工建筑而成的东西,包括居住建筑、公共建筑和构筑物。居住建筑是指供人们居住使用的建筑;公共建筑是指供人们购物、办公、学习、娱乐、运动、医疗等活动而使用的建筑,包括商店、超市、办公楼、影剧院、体育馆、展览馆、医院等;构筑物是指不具备人类居住功能的人工建筑,包括桥梁、堤坝、隧道、水塔、电塔、纪念碑、围墙、水泥杆等。这里的"其他高空"是指距离地面有一定高度的空间位置,如飞机、热气球、脚手架、井架、施工电梯、吊装机械等。这里的"抛掷物品"是指向外投、扔、丢弃物品的行为。

VI 结果与情节

本罪的成立要求实施从建筑物或者其他高空抛掷物品的行为，情节严重的，才构成犯罪。这里的“情节严重”主要是指多次实施高空抛物行为的、高空抛掷物品数量较大的、在人员密集场所实施的、造成一定损害的等。“情节严重”是需要司法者综合判断的犯罪成立要素，需要在具体案例中总结。 6

VII 主体

本罪的主体是一般主体，即年满 16 周岁且具有辨认和控制能力的自然人。 7

VIII 罪过

本罪的罪过形式是故意，即行为人明知自己从建筑物或者其他高空抛掷物品的行为会危害社会秩序，并且希望或者放任这种危害发生的心理状态。 8

IX 既遂与未遂

本罪是情节犯，以情节严重作为犯罪既遂的标准，本罪的未遂形态不应当成立犯罪。 9

X 罪数

按照刑法规定，实施高空抛物行为同时构成其他犯罪的，依照处罚较重的规定定罪处罚。从理论上来看，这属于本罪与其他犯罪的想象竞合。在司法实践中，高空抛物行为可能涉及的罪名主要是以危险方法危害公共安全罪、故意杀人罪、故意伤害罪、过失致人死亡罪、过失致人重伤罪、重大责任事故罪、故意毁坏财物罪等。 10

XI 与非罪的界限

如果行为人没有抛掷物品的行为，物品是由于刮风、下雨等原因，从建筑物或者其他高空坠落的，即使该物品属于行为人所有，也不构成本罪。另外，本罪的成立要求情节严重，如果行为人从建筑物或者其他高空抛掷物品的行为没有达到情节严重的，不构成本罪。 11

XII 与他罪的区别

本罪与尚未造成严重后果的以危险方法危害公共安全罪的区别。同样是高空抛物行为，既可能危害秩序也可能危害公共安全，在尚未造成他人重伤、死亡或者公私财产遭受重大损失的情况下，两者如何区分将会成为司法实践的难题。应该根据两 12

罪侵犯的法益进行区别,本罪侵犯的法益是社会秩序,以危险方法危害公共安全罪侵犯的法益是公共安全。如果高空抛物行为与放火、决水、爆炸、投放危险物质的客观危害相当,那么应当认定为以危险方法危害公共安全罪;如果高空抛物行为与上述行为不相当,可能构成本罪。高空抛物行为与以危险方法危害安全行为相当性的判断取决于抛掷物品的高度、抛掷物品的重量、抛掷物品场所的人群密集度等因素。最高人民法院在《关于依法妥善审理高空抛物、坠物案件的意见》中指出,故意从高空抛弃物品,尚未造成严重后果,但足以危害公共安全的,依照《刑法》第 114 条规定的以危险方法危害公共安全罪定罪处罚。在增设本罪以后,有些先前被认定为以危险方法危害公共安全罪的情形可能纳入本罪的适用范围。

XIII 处罚

13 根据《刑法》第 291 条之二的规定,犯本罪的,处一年以下有期徒刑、拘役或者管制,并处或者单处罚金。

第二百九十二条　聚众斗殴罪

聚众斗殴的，对首要分子和其他积极参加的，处三年以下有期徒刑、拘役或者管制；有下列情形之一的，对首要分子和其他积极参加的，处三年以上十年以下有期徒刑：

（一）多次聚众斗殴的；

（二）聚众斗殴人数多，规模大，社会影响恶劣的；

（三）在公共场所或者交通要道聚众斗殴，造成社会秩序严重混乱的；

（四）持械聚众斗殴的。

聚众斗殴，致人重伤、死亡的，依照本法第二百三十四条、第二百三十二条的规定定罪处罚。

文献：王作富、刘树德：《刑法分则专题研究》，中国人民大学出版社 2013 年版；马克昌主编：《百罪通论》（下卷），北京大学出版社 2014 年版；陈兴良主编：《刑法各论精释》（下），人民法院出版社 2015 年版；黎宏：《刑法学各论》（第 2 版），法律出版社 2016 年版；陈兴良、张军、胡云腾主编：《人民法院刑事指导案例裁判要旨通纂》（第 2 版），北京大学出版社 2018 年版；周光权：《刑法各论》（第 4 版），中国人民大学出版社 2021 年版；张明楷：《刑法学》（第 6 版），法律出版社 2021 年版；高铭暄、马克昌主编：《刑法学》（第 10 版），北京大学出版社、高等教育出版社 2022 年版。孙国祥、魏昌东：《试析聚众斗殴罪中的转化犯》，载《法学》2002 年第 11 期；张菁：《聚众斗殴罪的司法认定》，载《法学》2006 年第 3 期；刘伟：《聚众斗殴罪基本问题新探究——以沪、苏、浙三地司法意见为样本》，载《云南大学学报（法学版）》2008 年第 2 期；刘德法：《论聚众犯罪的转化犯问题》，载《北方法学》2010 年第 1 期；杜文俊：《聚众斗殴罪的成立及司法适用再探讨——兼评该罪的废除论》，载《政治与法律》2012 年第 5 期；戚建龙：《〈刑法〉第 292 条第 2 款的属性辨析》，载《中国检察官》2014 年第 6 期；陈兴良：《施某某等聚众斗殴案：在入罪与出罪之间的法理把握与政策拿捏——最高人民检察院指导性案例的个案研究》，载《法学论坛》2014 年第 5 期；蒋毅、肖洪：《“聚众斗殴致人伤亡”的理解与适用》，载《重庆大学学报（社会科学版）》2015 年第 1 期；袁博：《论聚众斗殴罪中的“械”——以扩张解释的适用限度为视角》，载《江苏警官学院学报》2015 年第 5 期；陈伟：《聚众斗殴“致人重伤、死亡”的定性困惑及教义厘定》，载《法学》2019 年第 3 期。

细目录

Ⅰ　主旨

Ⅱ 沿革
Ⅲ 客体
Ⅳ 对象
Ⅴ 行为
Ⅵ 结果与情节
Ⅶ 主体
Ⅷ 罪过
Ⅸ 既遂与未遂
Ⅹ 共犯
Ⅺ 罪数
Ⅻ 与非罪的界限
XⅢ 与他罪的区别
XⅣ 处罚

Ⅰ 主旨

1 本罪的主旨在于保护社会秩序。

Ⅱ 沿革

2 本罪是从1979年《刑法》第160条规定的流氓罪中分解出来的。1979年《刑法》第160条规定:"聚众斗殴,寻衅滋事,侮辱妇女或者进行其他流氓活动,破坏公共秩序,情节恶劣的,处七年以下有期徒刑、拘役或者管制。流氓集团的首要分子,处七年以上有期徒刑。"1997年《刑法》对1979年《刑法》进行了修订:①明确处罚范围。只有首要分子和积极参加者具有可罚性。②法定刑分为两档。第一档为3年以下有期徒刑、拘役或者管制,第二档为3年以上10年以下有期徒刑。③明确了聚众斗殴致人重伤、死亡如何处理。聚众斗殴致人重伤、死亡按照故意伤害罪、故意杀人罪定罪处刑。

Ⅲ 客体

3 本罪侵犯的客体是社会秩序。聚众斗殴行为虽然也可能侵犯公民的健康权和生命权,但是刑法设置本罪的目的在于保护社会秩序。聚众斗殴行为因为涉及人数较多,会影响到一定范围内社会民众的正常生活和工作秩序。

Ⅳ 对象

4 如果是相互斗殴,那么对于其中一方而言,另一方就是对象;如果甲方殴打乙方,乙方并没有殴打甲方,那么对于甲方而言,乙方就是对象。对象对于定罪没有实质意义。

V 行为

本罪的行为要件体现为聚众斗殴的行为。聚众斗殴是指一方聚集 3 人以上成员攻击对方的身体或者双方以上分别聚集 3 人以上成员相互攻击对方身体的行为。在“倪以刚等聚众斗殴案”中,裁判要旨确认,单方有聚众斗殴故意的也可以构成聚众斗殴罪。[1] 该案强调的是,聚众斗殴罪的典型形态是双方均在 3 人以上,且均有与对方斗殴的故意,而该案中仅有一方具有斗殴的故意,另一方没有,仍然成立聚众斗殴罪。一方 2 人殴打对方 1 人,或者一方 2 人与对方 2 人相互殴打,因为不足以侵害社会秩序所以不应当属于聚众斗殴。聚众斗殴可以是双方,也可以是双方以上多方。被聚集者可以是没有达到刑事责任年龄或者没有刑事责任能力的人,但不承担刑事责任。 5

聚众斗殴行为是一个行为还是两个行为,或者说是单行为犯还是复行为犯？这个问题涉及着手的判断,也涉及本罪的处罚范围。陈兴良教授主张本罪是复行为犯[2],张明楷教授主张本罪是单行为犯[3]。笔者赞同单行为犯的观点,即聚众斗殴是指以聚集多人的方式攻击一方身体或者相互攻击对方身体,它与单独斗殴或者 2 人与 1 人斗殴、2 人与 2 人斗殴相对。主要理由是:第一,如果认为是复行为犯,那么不能很好地解释积极参加者的可罚性问题。积极参加者并没有实施聚众行为,仅仅实施了斗殴行为,那么不符合本罪的行为要件。这是不合理的。第二,为了合法目的聚集在一起,临时起意打群架的行为,是具有可罚性的。如果认为是复行为犯,那么不能很好地解释,这种行为如何构成本罪。 6

VI 结果与情节

虽然《刑法》第 292 条没有直接规定本罪的结果要件,但是无论从犯罪的本质,还是从刑法与治安管理处罚法之间的关系来看,本罪的成立需要危害社会秩序。 7

VII 主体

本罪的主体是一般主体,即年满 16 周岁且具有辨认和控制自己行为能力的自然 8

---

1 参见最高人民法院刑事审判第一庭、第二庭编:《刑事审判参考》总第 44 集(第 350 号),法律出版社 2006 年版。

2 复行为犯说,即聚众斗殴罪的行为要件由聚众和斗殴两部分组成。参见陈兴良:《施某某等聚众斗殴案:在入罪与出罪之间的法理把握与政策拿捏——最高人民检察院指导性案例的个案研究》,载《法学论坛》2014 年第 5 期。

3 单行为犯说,即聚众斗殴罪的行为要件是以聚众的方式实施斗殴行为。聚众并不是独立于斗殴的行为,它只是斗殴的方式。参见张明楷:《刑法学》(第 6 版),法律出版社 2021 年版,第 1395 页。

人。只有首要分子和积极参加者才构成本罪,一般参加者不构成本罪。

Ⅷ　罪过

9　本罪的罪过形式为故意。对于首要分子而言,明知聚众斗殴行为会侵害社会秩序,并且希望或者放任这种结果发生。对于积极参加者而言,明知参加斗殴行为会侵害社会秩序,并且希望或者放任这种结果发生。

10　本罪的成立是否要求具有流氓动机?有的学者持否定观点[4],有的学者持肯定观点[5]。笔者支持否定观点,主要理由在于:①刑法没有规定本罪成立要求具有流氓动机;②即使没有流氓动机,聚众斗殴仍然会扰乱社会秩序,且具有应受刑罚处罚性。

Ⅸ　既遂与未遂

11　聚众斗殴罪是行为犯。以聚众的方式实施斗殴行为即成立既遂。笔者将本罪视为单行为犯,因此开始实施斗殴行为是本罪实行行为的开始。对于首要分子而言,首要分子聚集众人实施斗殴或者被聚集者在首要分子的组织、指挥下实施斗殴,首要分子成立犯罪既遂。对于积极参加者而言,行为人被聚集起来并实施斗殴行为,成立犯罪既遂。如果首要分子在为了斗殴实施聚众行为之后,首要分子或者被聚集者实施斗殴之前,由于意志以外的原因未能够实施斗殴行为的,可以认定为本罪的预备。如果积极参加者为了斗殴而聚集起来,在实施斗殴行为之前,由于意志以外的原因未能够实施斗殴行为的,可以认定为本罪的预备。一般情况下,本罪的预备不宜按照犯罪处理。

Ⅹ　共犯

12　本罪属于必要的共犯。首要分子一般认定为主犯,应当为其组织的全部犯罪行为承担刑事责任。积极参加者根据其所起作用大小,可认定为主犯或从犯。

Ⅺ　罪数

13　聚众斗殴致人轻伤或者造成财产损失,同时触犯聚众斗殴罪、故意伤害罪、故意毁坏财物罪的犯罪构成要件的,按照想象竞合处理。聚众斗殴致人轻伤时,如果有《刑法》第292条规定的加重情节,那么根据从一重罪处罚的原则应当按照聚众斗殴

4　参见高铭暄、马克昌主编:《刑法学》(第10版),北京大学出版社、高等教育出版社2022年版,第549页;张明楷:《刑法学》(第6版),法律出版社2021年版,第1395页;周光权:《刑法各论》(第4版),中国人民大学出版社2021年版,第421页。

5　参见陈兴良:《施某某等聚众斗殴案:在入罪与出罪之间的法理把握与政策拿捏——最高人民检察院指导性案例的个案研究》,载《法学论坛》2014年第5期。

罪处理；如果没有这些加重情节，聚众斗殴罪与故意伤害罪的法定刑相同，根据聚众斗殴罪的评价更为全面的原则应当按照聚众斗殴罪处理。在聚众斗殴过程中，聚众斗殴既致人死亡又致人轻伤的，应该怎样处理？在“王乾坤故意杀人案”中，裁判理由确认，应当以故意杀人罪一罪定罪处罚，但没有对该结论进行充分论证。[6] 笔者认为，这种情况应该属于聚众斗殴罪与故意杀人罪的想象竞合，从一重罪按照故意杀人罪处理。

在公共场所或者交通要道聚众斗殴，造成社会秩序严重混乱的，既符合聚众扰乱公共场所秩序、交通秩序罪，也符合聚众斗殴罪加重犯。两者之间是法条竞合的关系，聚众斗殴罪加重犯属于特别法条，且法定刑更高。所以这种情形宜按照本罪加重犯处理。 14

聚众斗殴，致人重伤、死亡的，依照故意伤害罪、故意杀人罪处理。对于本条第2款的理解存在以下几个问题：①是否只要聚众斗殴行为造成重伤、死亡结果，行为人就按照故意伤害罪或者故意杀人罪定罪处罚？换言之，是否考虑行为人对重伤、死亡结果的故意？笔者认为，行为人要按照故意伤害罪或者故意杀人罪定罪处罚，应当要求行为人具有对于重伤、死亡结果的故意。主要根据在于，只有这样才符合罪刑相适应原则。如果行为人聚众斗殴致人重伤或者死亡，行为人对于重伤或者死亡结果仅仅具有预见可能性，那么行为人不能按照故意伤害罪或者故意杀人定罪处罚。[7] 有的学者认为，要成立本款的转化犯要求故意内容的转化，即故意内容由斗殴故意转化为致对方重伤或者死亡的故意。[8] 这仍然承认，要转化成故意伤害罪或者故意杀人罪必须具有伤害或者杀人的故意。聚众斗殴行为转化为故意伤害或故意杀人行为，不但要看结果，还要看故意的内容。“李景亮聚众斗殴案”的裁判要旨认为，聚众斗殴致人死亡的行为，如果只是伤害故意，那么应当符合故意伤害罪的构成要件。[9] ②甲乙双方聚众斗殴，如果甲方1人被乙方打成重伤或者死亡，那么甲方其他人是否转化为故意伤害罪或者故意杀人罪？笔者认为，不能转化。原因是，甲方其他人不符合故意伤害罪或者故意杀人罪的犯罪构成要件。甲方其他人没有实施伤害或者杀害该受害人的行为，甲方其他人也没有伤害或者杀害该受害人的故意。要求对没有实施伤害或者杀人行为也没有伤害或者杀人故意的行为人承担故意伤害罪或者故意杀人罪的刑事责任，违反罪责自负原则。[10] ③甲乙双方聚众斗殴，如果甲方1人被乙方 15

---

6 参见最高人民法院刑事审判第一、二、三、四、五庭主办：《刑事审判参考》总第66集（第521号），法律出版社2009年版。

7 相反观点参见张明楷：《刑法学》（第6版），法律出版社2021年版，第1395—1396页。

8 参见孙国祥、魏昌东：《试析聚众斗殴罪中的转化犯》，载《法学》2002年第11期。

9 参见“李景亮聚众斗殴案”，载陈兴良、张军、胡云腾主编：《人民法院刑事指导案例裁判要旨通纂》（第2版），北京大学出版社2018年版，第1348页。

10 不同观点参见张明楷：《刑法学》（第6版），法律出版社2021年版，第1396页；陈伟：《聚众斗殴“致人重伤、死亡”的定性困惑及教义厘定》，载《法学》2019年第3期。

的某人打成重伤或者死亡,那么乙方的其他人是否转化为故意伤害罪或者故意杀人罪?笔者的观点是,乙方其他人是否转化取决于他们的行为与受害人的重伤、死亡是否具有类型性的因果关系,以及对受害人重伤、死亡结果是否具有故意。通常情况下,甲方1人重伤或死亡,乙方的首要分子、伤害或者杀人行为的实施者、伤害或者杀人行为的帮助者都应当转化。“倪以刚等聚众斗殴案”的裁判要旨也支持这个观点,即认为在聚众斗殴致人伤害案件中,首要分子对全部犯罪事实负责,无论其是否实施实行行为;其他行为人互相配合,实施殴打行为的,均应转化为故意伤害罪。[11]在例外情况下,如果参加者的伤害或者杀人行为完全超出了首要分子罪责范围,那么首要分子不宜转化为故意伤害罪或者故意杀人罪。④甲乙双方聚众斗殴致人重伤或者死亡,无法查明是谁的行为导致的,如何处理?这涉及事实认定问题。如果对案件事实的认定没有达到证明标准,那么不能作为定罪和处罚的依据。如果能够证明重伤或者死亡结果是由死者对方的行为导致的,但是不能确定是谁,那么通常情况下,死者对方的首要分子应当转化为故意伤害罪或者故意杀人罪。

XII 与非罪的界限

16 如何区分互殴行为与正当防卫?互殴行为与正当防卫从形式上看,都是双方互相损害对方的身体,但是性质完全不同,前者具有可谴责性,可能成立聚众斗殴罪,后者应当予以鼓励。但是,如果不能明确两者的界限,可能导致司法者误把正当防卫作为犯罪来处理。笔者认为,两者的区别在于:第一,目的不同。互殴行为的目的在于侵害对方;正当防卫的目的在于通过侵害对方制止对方对自己或者他人的侵害。第二,限度不同。互殴行为没有限度,往往是相互的暴力行为不断升级;正当防卫有限度的要求,正当防卫是在制止对方侵害的前提下采取对对方造成最小损害的方法。第三,是否主动不同。互殴行为是互为主动;正当防卫是在面临对方侵害的情况下,被动地采取的制止对方侵害的行为。

17 处理因群体性事件引发的聚众斗殴案件,是否将所有参与者都认定为有罪,一方面要判断参与者参与斗殴的具体情节、程度与后果,依法确定追究刑事责任的范围;另一方面亦要兼顾办案的法律效果与社会效果的统一,避免不当扩大追究刑事责任的范围。最高人民检察院第1号指导性案例“施某某等17人聚众斗殴案”的要旨对该案不起诉决定予以肯定,并明确要求:“检察机关办理群体性事件引发的犯罪案件,要从促进社会矛盾化解的角度,深入了解案件背后的各种复杂因素,依法慎重处理,积极参与调处矛盾纠纷,以促进社会和谐,实现法律效果与社会效果的有机统一。”

18 没有扰乱公共秩序的聚众斗殴行为,不应当认定为本罪,可以按照《治安管理处罚法》处理。根据《治安管理处罚法》第26条的规定,结伙斗殴的,处5日以上10日

---

[11] 参见最高人民法院刑事审判第一庭、第二庭编:《刑事审判参考》总第44集(第350号),法律出版社2006年版。

以下拘留，可以并处500元以下罚款；情节较重的，处10日以上15日以下拘留，可以并处1000元以下罚款。

XIII 与他罪的区别

19 甲方3人以上与乙方1人或者2人相互斗殴，甲方可以认定为本罪，乙方可以认定为故意伤害罪或者寻衅滋事罪。

20 聚众斗殴罪与故意伤害罪之间存在竞合和转化关系，但是也存在区别。第一，法益不同。前者侵犯的法益是社会秩序；后者侵犯的法益是身体健康权。第二，行为方式不同。前者以聚众的方式实施攻击对方或者相互攻击；后者为故意伤害他人身体的行为。第三，既遂标准不同。前者的既遂标准在于聚众斗殴行为的实施，不要求伤害结果发生；后者则是要求轻伤以上结果的发生。

XIV 处罚

21 本罪的法定刑分为两档：一般情况下，对犯罪分子处3年以下有期徒刑、拘役或者管制；存在加重情节的情况下，对犯罪分子处3年以上10年以下有期徒刑。这些加重情节包括：①多次聚众斗殴的，一般是指聚众斗殴3次以上的。聚众斗殴次数的认定，应综合考虑聚众斗殴故意，在时间上是否有明显的间隔，在场所上是否为不同地方，客观上针对的对象情况等因素。在“倪以刚等聚众斗殴案”中，法院认为，被告人的行为在时间、地点、针对的对象上均有不同，虽然是同一个故意支配，但在行为上不是持续而是连续，在可以两地均可以独立地构成聚众斗殴罪，应认定为两次。②聚众斗殴人数多，规模大，社会影响恶劣的。③在公共场所或者交通要道聚众斗殴的，造成社会秩序严重混乱的。④持械聚众斗殴的。在“李天龙、高政聚众斗殴案”[12]中，行为人利用车辆撞击聚众斗殴一方的行为，可以认定为“持械聚众斗殴”。帮助指认对象，明知行为人持械斗殴而未实施任何阻止的，应当认定为持械斗殴的共同故意行为。[13]

22 根据2021年6月16日发布的最高人民法院、最高人民检察院《关于常见犯罪的量刑指导意见（试行）》“四、常见犯罪的量刑”中“（十七）聚众斗殴罪”的规定，构成聚众斗殴罪的，根据下列情形在相应的幅度内确定量刑起点：①犯罪情节一般的，在2年以下有期徒刑、拘役幅度内确定量刑起点。②有下列情形之一的，在3年至5年有期徒刑幅度内确定量刑起点：聚众斗殴3次的；聚众斗殴人数多，规模大，社会影响

---

12 参见最高人民法院刑事审判第一庭、第二庭编：《刑事审判参考》总第44集（第350号），法律出版社2006年版。

13 参见最高人民法院刑事审判第一、二、三、四、五庭主办：《刑事审判参考》总第93集（第882号），法律出版社2014年版。

恶劣的;在公共场所或者交通要道聚众斗殴,造成社会秩序严重混乱的;持械聚众斗殴的。在量刑起点的基础上,根据聚众斗殴人数、次数、手段严重程度等其他影响犯罪构成的犯罪事实增加刑罚量,确定基准刑。构成聚众斗殴罪的,综合考虑聚众斗殴的手段、危害后果等犯罪事实、量刑情节,以及被告人主观恶性、人身危险性、认罪悔罪表现等因素,决定缓刑的适用。

第二百九十三条　寻衅滋事罪

有下列寻衅滋事行为之一，破坏社会秩序的，处五年以下有期徒刑、拘役或者管制：

（一）随意殴打他人，情节恶劣的；

（二）追逐、拦截、辱骂、恐吓他人，情节恶劣的；

（三）强拿硬要或者任意损毁、占用公私财物，情节严重的；

（四）在公共场所起哄闹事，造成公共场所秩序严重混乱的。

纠集他人多次实施前款行为，严重破坏社会秩序的，处五年以上十年以下有期徒刑，可以并处罚金。

文献：王作富、刘树德：《刑法分则专题研究》，中国人民大学出版社 2013 年版；马克昌主编：《百罪通论》（下卷），北京大学出版社 2014 年版；陈兴良主编：《刑法各论精释》（下），人民法院出版社 2015 年版；黎宏：《刑法学各论》（第 2 版），法律出版社 2016 年版；陈兴良、张军、胡云腾主编：《人民法院刑事指导案例裁判要旨通纂》（第 2 版），北京大学出版社 2018 年版；周光权：《刑法各论》（第 4 版），中国人民大学出版社 2021 年版；张明楷：《刑法学》（第 6 版），法律出版社 2021 年版；高铭暄、马克昌主编：《刑法学》（第 10 版），北京大学出版社、高等教育出版社 2022 年版。徐岱、张维：《刑事政策下的寻衅滋事罪立法及其完善——以〈中华人民共和国刑法修正案（八）草案〉为视角》，载《当代法学》2010 年第 6 期；徐立明、周波：《寻衅滋事罪与聚众斗殴罪的区分》，载《人民司法》2010 年第 8 期；聂立泽、胡洋：《寻衅滋事罪与故意伤害罪之关系新探》，载《政治与法律》2011 年第 3 期；张维、黄佳宇：《寻衅滋事罪司法困境之评析》，载《法学杂志》2011 年第 5 期；樊华中：《寻衅滋事罪规范内的追问与规范外的反思——以随意殴打型切入分析》，载《中国刑事法杂志》2011 年第 8 期；关振海：《规范与政策：寻衅滋事与故意伤害的二重区分——以 20 个公检法争议案件为切入》，载《国家检察官学院学报》2012 年第 1 期；张训：《口袋罪视域下的寻衅滋事罪研究》，载《政治与法律》2013 年第 3 期；陈庆安：《恐吓类寻衅滋事罪的客观要件研究》，载《政治与法律》2013 年第 7 期；刘红艳：《随意殴打型寻衅滋事罪研究》，载《中国刑事法杂志》2014 年第 1 期；傅跃建：《论"网络寻衅滋事"的刑法规制》，载《江西警察学院学报》2014 年第 6 期；陈兴良：《寻衅滋事罪的法教义学形象：以起哄闹事为中心展开》，载《中国法学》2015 年第 3 期；付立庆：《论抢劫罪与强拿硬要型寻衅滋事罪之间的关系——以孙某寻衅滋事案为切入点》，载《法学》2015 年第 4 期；张千帆：《刑法适用应遵循宪法的基本精神——以"寻衅滋事"的司法解释为例》，载《法学》

2015年第4期;王爱鲜:《论敲诈勒索罪与寻衅滋事罪的界分》,载《江西社会科学》2015年第10期;陈劲阳:《徘徊在歧义与正义之间的刑法释义——网络寻衅滋事罪司法解释妥当性反思》,载《法制与社会发展》2016年第6期。

细目录

Ⅰ　主旨
Ⅱ　沿革
Ⅲ　客体
Ⅳ　对象
Ⅴ　行为
Ⅵ　结果与情节
Ⅶ　主体
Ⅷ　罪过
Ⅸ　既遂与未遂
Ⅹ　罪数
Ⅺ　与非罪的界限
Ⅻ　与他罪的区别
　一、随意殴打型寻衅滋事罪与故意伤害罪的区别
　二、强拿硬要型寻衅滋事罪与抢劫罪的区别
ⅩⅢ　处罚

Ⅰ　主旨

1 本罪的主旨在于保护社会秩序。寻衅滋事行为的本质在于侵犯不特定或者多数人正常的生活和工作秩序。

Ⅱ　沿革

2 本罪是从1979年《刑法》第160条规定的流氓罪中分解出来的。1979年《刑法》第160条规定:“聚众斗殴,寻衅滋事,侮辱妇女或者进行其他流氓活动,破坏公共秩序,情节恶劣的,处七年以下有期徒刑、拘役或者管制。流氓集团的首要分子,处七年以上有期徒刑。”1997年《刑法》修订如下:第一,对寻衅滋事进行详细规定,分为四种类型;第二,法定刑由两档变为一档,不再区分首要分子与一般参加者;第三,最高刑由15年有期徒刑降低为5年有期徒刑。2011年2月25日全国人大常委会通过的《刑法修正案(八)》对1997年《刑法》修订如下:第一,增加了第2款,即“纠集他人多次实施前款行为,严重破坏社会秩序的,处五年以上十年以下有期徒刑,可以并处罚金”。第二,在原条文第(二)项中增加“恐吓”类型。

Ⅲ 客体

木罪侵犯的客体是社会秩序。虽然本罪也侵害了人的身体健康、行动自由、名誉或财产等权益,但是本条侧重于保护与社会秩序紧密相连的人的身体健康、人的行动自由、名誉或者财产权益。与社会秩序没有直接联系的人的身体健康、行动自由、名誉或者财产权益通常不在本条的保护范围之内。 3

Ⅳ 对象

犯罪类型不同,对象亦不同。随意殴打型寻衅滋事罪的对象是他人;追逐、拦截、辱骂、恐吓型寻衅滋事罪的对象也是他人;强拿硬要型寻衅滋事罪的对象是公私财物;起哄闹事型寻衅滋事罪的对象是公共场所的人,包括行为人本人。 4

Ⅴ 行为

本罪的行为要件体现为行为人实施寻衅滋事破坏社会秩序的行为。具体而言,行为要件分为四种类型。 5

第一,随意殴打他人,情节恶劣的。"随意殴打他人"是指没有合理的理由或者超出合理的范围殴打他人。"随意"的判断可以综合以下几个方面进行:①殴打动机不合理,比如行为人因为受害人向其提出良好建议而殴打受害人;②殴打对象不合理,比如数人之中只有一人得罪行为人,行为人殴打在场的数人③殴打次数不合理,受害人得罪行为人,行为人却屡次殴打受害人等。"情节恶劣"是指行为结果、行为次数、行为手段、行为对象、行为地点等因素对于社会秩序的危害程度较大。根据2013年7月15日公布的最高人民法院、最高人民检察院《关于办理寻衅滋事刑事案件适用法律若干问题的解释》第2条的规定,"情节恶劣"包括:①致一人以上轻伤或者二人以上轻微伤的;②引起他人精神失常、自杀等严重后果的;③多次随意殴打他人的;④持凶器随意殴打他人的;⑤随意殴打精神病人、残疾人、流浪乞讨人员、老年人、孕妇、未成年人,造成恶劣社会影响的;⑥在公共场所随意殴打他人,造成公共场所秩序严重混乱的;⑦其他情节恶劣的情形。 6

第二,追逐、拦截、辱骂、恐吓他人,情节恶劣的。追逐是妨碍他人停留在特定场所的行为,拦截是妨碍他人转移场所的行为,辱骂是以言语侮辱或贬低他人人格的行为,恐吓是以恶害相通告使他人产生恐惧的行为。根据2013年9月10日施行的最高人民法院、最高人民检察院《关于办理利用信息网络实施诽谤等刑事案件适用法律若干问题的解释》第5条的规定,利用信息网络辱骂、恐吓他人,情节恶劣,破坏社会秩序的,以本罪定罪处罚。这些行为只有达到情节恶劣才成立犯罪。"情节恶劣"是指行为结果、行为次数、行为手段、行为对象等因素对于社会秩序的危害程度较大。根据最高人民法院、最高人民检察院《关于办理寻衅滋事刑事案件适用法律若干问题 7

的解释》第3条的规定,这里的“情节恶劣”包括:①多次追逐、拦截、辱骂、恐吓他人,造成恶劣社会影响的;②持凶器追逐、拦截、辱骂、恐吓他人的;③追逐、拦截、辱骂、恐吓精神病人、残疾人、流浪乞讨人员、老年人、孕妇、未成年人,造成恶劣社会影响的;④引起他人精神失常、自杀等严重后果的;⑤严重影响他人的工作、生活、生产、经营的;⑥其他情节恶劣的情形。

8 第三,强拿硬要或者任意损毁、占用公私财物,情节严重的。强拿硬要是指违背受害人意志强行取得公私财物,这里的强制程度既包括足以压制受害人反抗的程度,也包括轻微的暴力。任意损毁公私财物是指没有合理理由或者超出合理范围损毁公私财物。任意占用公私财物是指没有合理理由或者超出合理范围占用公私财物。“情节严重”是指行为结果、行为次数、行为对象、强制程度、任意程度等因素对于社会秩序的危害程度较大。根据最高人民法院、最高人民检察院《关于办理寻衅滋事刑事案件适用法律若干问题的解释》第4条的规定,这里的“情节严重”包括:①强拿硬要公私财物价值1000元以上,或者任意损毁、占用公私财物价值2000元以上的;②多次强拿硬要或者任意损毁、占用公私财物,造成恶劣社会影响的;③强拿硬要或者任意损毁、占用精神病人、残疾人、流浪乞讨人员、老年人、孕妇、未成年人的财物,造成恶劣社会影响的;④引起他人精神失常、自杀等严重后果的;⑤严重影响他人的工作、生活、生产、经营的;⑥其他情节严重的情形。

9 第四,在公共场所起哄闹事,造成公共场所秩序严重混乱的。公共场所是指允许不特定人或者多数人自由出入的场所,比如车站、码头、机场、医院、商场、公园、影剧院、展览会、运动场或者其他公共场所。起哄闹事是指以语言、行动等方式无事生非、制造事端,吸引众人聚集围观或者造成公众恐慌离散,使得公共场所的活动无法正常进行的行为。造成公共场所秩序严重混乱应当根据公共场所的性质、公共活动的重要程度、公共场所的人数、起哄闹事的时间、公共场所所受影响的范围与程度等因素进行综合判断。

10 根据最高人民法院、最高人民检察院《关于办理利用信息网络实施诽谤等刑事案件适用法律若干问题的解释》第5条的规定,编造虚假信息,或者明知是编造的虚假信息,在信息网络上散布,或者组织、指使人员在信息网络上散布,起哄闹事,造成公共秩序严重混乱的,以本罪定罪处罚。该司法解释的争议在于其是否违反罪刑法定原则,具体表现为:信息网络是否属于公共场所?网络传谣是否属于起哄闹事?张明楷教授质疑了第一个问题。他认为,公共场所是公众可以自由出入的场所,这里的自由出入是指身体的自由出入,而不是言论的自由出入。公众可以在网络空间发表言论,但是不可能进入网络空间。因此,他认为网络空间不是公共场所,该司法解释将网络空间解释为刑法所规定的公共场所属于类推,违反罪刑法定原则。[1] 陈兴良教授质疑了第二个问题。他认为,网络传谣与起哄闹事之间有区别:①起哄闹事的起哄

---

1 参见张明楷:《刑法学》(第6版),法律出版社2021年版,第1400—1401页。

所使用的语言具有刺激性和煽动性,目的是煽动受众;网络传谣使用的是虚假性和欺骗性的信息,目的是使他人上当受骗;②起哄闹事的闹事行为具有当场性和当面性,而网络传谣不具有当场性和当面性;③起哄闹事与公共场所秩序遭受破坏之间具有共时性和共体性,而网络传谣不会造成信息系统及其公共场所的空间秩序混乱。因此网络传谣不属于刑法规定的起哄闹事,该司法解释违反罪刑法定原则。[2] 笔者认为,上述意见具有合理性。鉴于该司法解释已经生效,笔者认为应该严格解释“造成公共秩序严重混乱的”。这里的“公共秩序严重混乱”,不仅包括虚假信息被大量转发、评论等造成的网络秩序混乱,还包括因此导致的生产、生活、工作、营业、教学等现实社会公共秩序的混乱。[3]

Ⅵ 结果与情节

本罪的结果要件体现为破坏社会秩序。在不同的寻衅滋事类型中,结果要件的体现也不同,有的体现为情节恶劣,有的体现为情节严重,有的体现为造成公共场所秩序严重混乱等。具体内容在上一部分已经详述。 11

Ⅶ 主体

本罪的主体是一般主体,即年满 16 周岁且具有辨认和控制自己行为能力的自然人。 12

Ⅷ 罪过

本罪的罪过形式为故意,即行为人明知自己实施寻衅滋事的行为会破坏社会秩序,并且希望或者放任这种结果的发生。犯罪动机是否属于构成要件,理论上存在争议。最高人民法院、最高人民检察院《关于办理寻衅滋事刑事案件适用法律若干问题的解释》对犯罪动机是否属于构成要件规定得模棱两可。该司法解释第 1 条规定,行为人为寻求刺激、发泄情绪、逞强耍横等,无事生非,实施《刑法》第 293 规定的行为的,应当认定为“寻衅滋事”。这个条文只是说明,有这种动机的行为属于寻衅滋事,但是并没有说没有这种动机就不属于寻衅滋事。换言之,该条文只是说明哪种情况属于寻衅滋事,但没有说明寻衅滋事是什么。笔者认为,犯罪动机不应该成为构成要件。换言之,即使没有这种动机,只要符合寻衅滋事罪犯罪构成要件的,应当按照寻衅滋事罪进行处理。主要理由在于:第一,这种犯罪动机不影响对社会秩序的侵 13

---

2 参见陈兴良:《寻衅滋事罪的法教义学形象:以起哄闹事为中心展开》,载《中国法学》2015 年第 3 期。

3 参见陈兴良、张军、胡云腾主编:《人民法院刑事指导案例裁判要旨通纂》(第 2 版),北京大学出版社 2018 年版,第 1368 页。

害;第二,这种动机具有模糊性,无法发挥区别犯罪类型的构成要件功能。"许军令等寻衅滋事案"的裁判要旨支持了这个观点,认为对于寻衅滋事罪,流氓动机并非必要条件;只要其行为严重侵害了社会秩序,行为人对自己的行为扰乱公共场所秩序具有认识与希望或者放任,就具备了本罪的主观故意。[4]

Ⅸ 既遂与未遂

14 本罪有的类型属于情节犯,有的类型属于结果犯。本罪的未遂不宜按照犯罪处理,可以按照《治安管理处罚法》处理。根据《治安管理处罚法》第26条的规定,有下列行为之一的,处5日以上10日以下拘留,可以并处500元以下罚款;情节较重的,处10日以上15日以下拘留,可以并处1000元以下罚款:①结伙斗殴的;②追逐、拦截他人的;③强拿硬要或者任意损毁、占用公私财物的;④其他寻衅滋事行为。

Ⅹ 罪数

1.本罪与他罪的想象竞合关系

15 根据最高人民法院、最高人民检察院《关于办理寻衅滋事刑事案件适用法律若干问题的解释》第7条的规定,实施寻衅滋事行为,同时符合寻衅滋事罪和故意杀人罪、故意伤害罪、故意毁坏财物罪、敲诈勒索罪、抢夺罪、抢劫罪等罪的构成要件的,依照处罚较重的犯罪定罪处罚。这种情况在理论上属于想象竞合。

2.本罪与编造、传播虚假信息罪的关系

16 编造虚假的险情、疫情、灾情、警情,或者明知是编造的险情、疫情、灾情、警情,在信息网络上散布,起哄闹事,造成公共秩序严重混乱的,既符合本罪的构成要件,也符合编造、传播虚假信息罪的构成要件。从刑法理论来看,二者更符合法条竞合的关系,起哄闹事型寻衅滋事罪是一般法条,编造、传播虚假信息罪是特别法条。但是,在适用刑法的时候不能一律按照编造、传播虚假信息罪处理,因为有的情况下本罪法定刑更高,有的情况下后者的法定刑更高。

3.辱骂型寻衅滋事罪与侮辱罪的关系

17 无论是在信息网络上辱骂他人,还是在现实社会中辱骂他人,都可能存在寻衅滋事罪与侮辱罪的想象竞合。

Ⅺ 与非罪的界限

18 关于随意殴打型寻衅滋事罪与非罪的界限,根据《治安管理处罚法》第43条的规定,殴打他人的,或者故意伤害他人身体的,处5日以上10日以下拘留,并处200元

---

4 参见陈兴良、张军、胡云腾主编:《人民法院刑事指导案例裁判要旨通纂》(第2版),北京大学出版社2018年版,第1356页。

以上500元以下罚款；情节较轻的，处5日以下拘留或者500元以下罚款。有下列情形之一的，处10日以上15日以下拘留，并处500元以上1000元以下罚款：①结伙殴打、伤害他人的；②殴打、伤害残疾人、孕妇、不满14周岁的人或者60周岁以上的人的；③多次殴打、伤害他人或者一次殴打、伤害多人的。总体而言，随意殴打型寻衅滋事罪与殴打他人的违法行为之间的区别在于是否具有随意性和情节是否恶劣。具有随意性且情节恶劣的，按照本罪处理；不具有随意性或者情节不恶劣的，按照《治安管理处罚法》处理。这需要司法者根据具体案例进行综合判断。

XII 与他罪的区别

一、随意殴打型寻衅滋事罪与故意伤害罪的区别

随意殴打型寻衅滋事罪与故意伤害罪有竞合之处，即随意殴打他人致人轻伤以上的行为，既属于寻衅滋事罪，也属于故意伤害罪。二者的主要区别在于：①前者侧重对社会秩序的保护，后者是对人身健康权的保护；②前者情节恶劣才成立犯罪，后者根据危害结果来判断；③前者造成轻微伤也可能成立犯罪，后者只有达到轻伤才成立犯罪。在“肖胜故意伤害案”中，裁判理由认为，寻衅滋事罪与故意伤害罪的区别应该结合案发起因、犯罪对象、侵犯客体等因素进行判断。如果行为人殴打对象是为其治疗的医务人员，或者是其误认为参与治疗的医务人员，作案对象相对特定，一般不认定为寻衅滋事，若经有关部门批评制止或者处理处罚后，继续殴打医务人员，破坏公共场所秩序的，则可构成寻衅滋事。如果行为人进入医疗机构后不加区分，见医务人员就动手殴打，作案对象具有随意性，“滋事”的故意十分明显，则认定为寻衅滋事。[5] 19

二、强拿硬要型寻衅滋事罪与抢劫罪的区别

最高人民法院《关于审理抢劫、抢夺刑事案件适用法律若干问题的意见》认为，强拿硬要型寻衅滋事罪与抢劫罪的区别在于：①前者行为人主观上还具有逞强好胜和通过强拿硬要来填补其精神空虚等目的，后者行为人一般只具有非法占有他人财物的目的；②前者行为人客观上一般不以严重侵犯他人人身权利的方法强拿硬要财物，而后者行为人则以暴力、胁迫等方式作为劫取他人财物的手段。司法实践中，对于未成年人使用或威胁使用轻微暴力强抢少量财物的行为，一般不宜以抢劫罪定罪处罚。其行为符合寻衅滋事罪特征的，可以寻衅滋事罪定罪处罚。“张彪等寻衅滋事案”表明，未成年人出于教训、报复他人的目的，使用轻微暴力强拿硬要财物的行为扰 20

---

5 参见最高人民法院刑事审判第一、二、三、四、五庭主办：《刑事审判参考》总第100集（第1026号），法律出版社2015年版。

乱了正常的社会秩序,应以寻衅滋事罪定罪。[6]

XIII 处罚

21 本罪有两档法定刑。第一档法定刑是,犯本罪的,处5年以下有期徒刑、拘役或者管制;第二档法定刑是,纠集他人多次实施《刑法》第293条第1款的行为,严重破坏社会秩序的,处5年以上10年以下有期徒刑,可以并处罚金。根据最高人民法院、最高人民检察院《关于办理寻衅滋事刑事案件适用法律若干问题的解释》的规定,纠集他人3次以上实施寻衅滋事犯罪,未经处理,应当适用第二档法定刑。

22 根据2021年6月16日发布的最高人民法院、最高人民检察院《关于常见犯罪的量刑指导意见(试行)》"四、常见犯罪的量刑"中"(十八)寻衅滋事罪"的规定,构成寻衅滋事罪的,根据下列情形在相应的幅度内确定量刑起点:①寻衅滋事1次的,在3年以下有期徒刑、拘役幅度内确定量刑起点。②纠集他人3次寻衅滋事(每次都构成犯罪),严重破坏社会秩序的,在5年至7年有期徒刑幅度内确定量刑起点。在量刑起点的基础上,根据寻衅滋事次数、伤害后果、强拿硬要他人财物或任意损毁、占用公私财物数额等其他影响犯罪构成的犯罪事实增加刑罚量,确定基准刑。构成寻衅滋事罪,判处5年以上10年以下有期徒刑,并处罚金的,根据寻衅滋事的次数、危害后果、对社会秩序的破坏程度等犯罪情节,综合考虑被告人缴纳罚金的能力,决定罚金数额。构成寻衅滋事罪的,综合考虑寻衅滋事的具体行为、危害后果、对社会秩序的破坏程度等犯罪事实、量刑情节,以及被告人主观恶性、人身危险性、认罪悔罪表现等因素,决定缓刑的适用。

23 根据2003年5月14日公布的最高人民法院、最高人民检察院《关于办理妨害预防、控制突发传染病疫情等灾害的刑事案件具体应用法律若干问题的解释》第11条的规定,在预防、控制突发传染病疫情等灾害期间,强拿硬要或者任意损毁、占用公私财物情节严重,或者在公共场所起哄闹事,造成公共场所秩序严重混乱的,以寻衅滋事罪定罪,依法从重处罚。

---

6 参见最高人民法院刑事审判第一、二、三、四、五庭主办:《刑事审判参考》总第65集(第517号),法律出版社2009年版。

第二百九十三条之一　催收非法债务罪

有下列情形之一，催收高利放贷等产生的非法债务，情节严重的，处三年以下有期徒刑、拘役或者管制，并处或者单处罚金：

（一）使用暴力、胁迫方法的；

（二）限制他人人身自由或者侵入他人住宅的；

（三）恐吓、跟踪、骚扰他人的。

文献：涂龙科：《“套路贷”犯罪的刑法规制研究》，载《政治与法律》2019 年第 12 期；彭文华：《“套路贷”犯罪司法适用中的疑难问题研究》，载《法学家》2020 年第 5 期；魏东、赵天琦：《刑法修正案的规范目的与技术选择——以〈刑法修正案（十一）（草案）〉为参照》，载《法治研究》2020 年第 5 期；周光权：《论通过增设轻罪实现妥当的处罚——积极刑法立法观的再阐释》，载《比较法研究》2020 年第 6 期。

细目录

Ⅰ　主旨
Ⅱ　沿革
Ⅲ　客体
Ⅳ　对象
Ⅴ　行为
Ⅵ　结果与情节
Ⅶ　主体
Ⅷ　罪过
Ⅸ　既遂与未遂
Ⅹ　罪数
Ⅺ　与非罪的界限
Ⅻ　与他罪的区别
XIII　处罚

Ⅰ　主旨

本罪的主旨在于保护社会秩序。行为人通过暴力或者软暴力的方式对非法债务 1
进行催收，不仅侵害了被害人的人身权和财产权，而且会侵害社会秩序。司法实践中，催收非法债务的行为易演变为组织性、职业性的团伙行为，甚至催生黑社会性质组织。催收非法债务的行为主要是为了将非法利益合法化,在行为上表现为使用暴力、胁迫、限制人身自由、恐吓、跟踪、骚扰等,会导致民众人心惶惶,影响民众的生活和工作秩序。

Ⅱ 沿革

2 1979 年《刑法》和 1997 年《刑法》对本罪都未作规定。近些年来,伴随着暴力胁迫、软暴力滋扰等手段的使用,催债行为严重扰乱了市场秩序和社会秩序,成为社会治理的一大顽疾。2020 年 12 月 26 日全国人大常委会通过的《刑法修正案(十一)》增设了本罪。设置本罪主要在于回应实践中急剧爆发的催债公司、催债团伙等恶性讨债势力扰乱社会秩序的乱象。[1]

Ⅲ 客体

3 本罪侵犯的客体是社会秩序。

Ⅳ 对象

4 本罪的对象是他人。催收非法债务的行为表现为暴力、胁迫、限制人身自由、侵入住宅、恐吓、跟踪、骚扰等,这些行为的对象都是他人。

Ⅴ 行为

5 本罪的行为要件体现为通过特定方法或者手段催收高利放贷等产生的非法债务的行为。这里的"非法债务"既包括高利放贷等非法行为直接产生的,也包括由非法债务产生的孳息、利息等。对于以合法形式掩盖非法目的,其实质属于高利放贷等非法行为产生的债务,应认定为"非法债务"。

6 刑法规定了三种催收非法债务的方法或者手段。第一,使用暴力、胁迫方法的。这里的"暴力"是身体强制,是指以殴打、伤害他人身体的方法,使被害人不能抗拒。这里的"胁迫"是精神强制,是指以不利后果相要挟,使被害人不敢抗拒,包括以伤害、杀害、奸淫、猥亵被害人及其亲属相要挟,以披露被害人及其亲属的隐私相要挟,利用被害人的危难或者孤立无援的境地相要挟等。第二,限制他人人身自由或者侵入他人住宅的。限制他人人身自由的方式包括捆绑、关押、扣留身份证件不让随意外出或者不允许其与外界联系等。这里的"侵入他人住宅"是指未经住宅用户的同意,非法强行闯入他人住宅,或者无正当理由进入他人住宅,经住宅用户要求其退出仍拒不退出的行为。第三,恐吓、跟踪、骚扰他人的。这里的"恐吓"是指以某种手段或者方法

1 参见魏东、赵天琦:《刑法修正案的规范目的与技术选择——以〈刑法修正案(十一)(草案)〉为参照》,载《法治研究》2020 年第 5 期。

使他人产生心理恐惧的行为。比如以邮寄子弹等威胁他人人身安全,故意携带、展示管制刀具、枪械,宣扬传播疾病,利用信息网络发送恐怖信息,以统一标记、服装、阵势等方式。这里的"跟踪"是指通过尾随、守候、贴靠、盯梢等方式,使他人产生心理恐惧的行为。这里的"骚扰"是指通过各种方法或者手段对他人造成心理负担的行为,比如破坏生活设施、设置生活障碍、贴报喷字、拉挂横幅、燃放鞭炮、播放哀乐、摆放花圈、断水断电、通过摆场架势示威、聚众哄闹滋扰等。

Ⅵ 结果与情节

本罪的成立要求情节严重,情节不严重的不构成本罪。如果行为人使用暴力、胁迫方法催收非法债务,情节不严重的,不构成本罪,可以按照《治安管理处罚法》第 43 条的规定进行处罚。如果行为人通过限制他人人身自由或者侵入他人住宅的方式催收非法债务,情节不严重的,不构成本罪,可以按照《治安管理处罚法》第 40 条的规定进行处罚。如果行为人通过恐吓、跟踪、骚扰他人的方式催收非法债务,情节不严重的,可以按照《治安管理处罚法》第 42 条的规定进行处罚。 7

Ⅶ 主体

本罪的主体是一般主体,即年满 16 周岁且具有辨认、控制自己行为能力的自然人。 8

Ⅷ 罪过

本罪的罪过形式为故意。行为人明知自己以使用暴力、胁迫方法,限制他人人身自由或者侵入他人住宅,恐吓、跟踪、骚扰他人的方式催收非法债务的行为,会危害社会秩序,并且希望或者放任这种危害的发生。 9

Ⅸ 既遂与未遂

本罪是情节犯,以情节严重作为既遂标准。行为人的行为未完成或者已经完成但情节不严重的,一般情况下不宜成立犯罪。 10

Ⅹ 罪数

本罪与非法拘禁罪是法条竞合的关系。非法拘禁罪是一般法条,本罪是特别法条,而且两者的法定刑相当,因此通过限制人身自由催收非法债务的行为应当按照本罪定罪处罚。2000 年 7 月 13 日发布的最高人民法院《关于对为索取法律不予保护的债务非法拘禁他人行为如何定罪问题的解释》规定,行为人为索取高利贷、赌债等法律不予保护的债务,非法扣留、拘禁他人的,依照非法拘禁罪定罪处罚。由于刑法增设本罪,因此该司法解释应当不予适用。 11

12 本罪与非法侵入他人住宅罪是法条竞合的关系。非法侵入他人住宅罪是一般法条,本罪是特别法条,且法定刑大致相当,因此通过侵入他人住宅催收非法债务的行为,应当按照本罪定罪处刑。

13 本罪与故意伤害罪是想象竞合的关系。行为人使用暴力方式催收非法债务,造成被害人轻伤以上后果的,属于故意伤害罪与本罪的想象竞合,按照处罚较重的犯罪进行处理。

XI　与非罪的界限

14 关于非法债务的认定。有的非法债务披着合法的外衣,在非法债务认定过程中应当仔细甄别。有的是被害人通过签订虚假的借款协议"自愿"对财产性利益予以让与、抵押、交付、承兑;有的借助诉讼、仲裁、公证等手段确认"债务"的合法性;有的通过"保证金""中介费""服务费""违约金"等名目扣除或者收取额外费用,作为被害人自愿交付等。这些债务,以合法形式掩盖非法目的,其实质属于高利放贷等非法行为产生的债务,应当认定为"非法债务"。

XII　与他罪的区别

15 本罪与抢劫罪、敲诈勒索罪的区别。这三种犯罪都可能使用暴力或者胁迫方法获取财物,区别的关键在于使用暴力、胁迫方法是否为了催收非法债务。行为人使用暴力、胁迫方法催收非法债务的,构成本罪;行为人使用暴力、胁迫方法抢劫公私财物,与催收非法债务没有关系的,构成抢劫罪;行为人使用胁迫方法敲诈勒索财物,与催收非法债务没有关系的,构成敲诈勒索罪。

16 本罪与非法拘禁罪的区别。通过限制人身自由的方式催收合法债务的,构成非法拘禁罪;通过限制人身自由的方式催收非法债务的,构成本罪。

17 为了索取合法债务,扣押、拘禁他人,伤害他人身体或者杀害债务人的,应当按照非法拘禁罪、故意伤害罪、故意杀人罪定罪处罚。

18 本罪与寻衅滋事罪的区别。在增设本罪以前,通过跟踪、辱骂、滋扰等方式催收非法债务的行为,在索债过程中实施的殴打、辱骂、恐吓他人或者毁损、占用他人财物等行为,司法实践多以寻衅滋事罪定罪处罚。[2] 本罪与寻衅滋事罪具有相同的行为手段,比如殴打、恐吓、跟踪、骚扰等,两罪侵害的法益都是社会秩序。两罪区别的关键在于目的不同,本罪的目的是催收非法债务,寻衅滋事罪则是基于其他目的或者动机,包括寻求刺激、发泄情绪、逞强耍横等。

XIII　处罚

19 根据《刑法》规定,犯本罪的,处3年以下有期徒刑、拘役或者管制,并处或者单处罚金。

2　参见周光权:《论通过增设轻罪实现妥当的处罚——积极刑法立法观的再阐释》,载《比较法研究》2020年第6期。

第二百九十四条　组织、领导、参加黑社会性质组织罪；入境发展黑社会组织罪；包庇、纵容黑社会性质组织罪

组织、领导黑社会性质的组织的，处七年以上有期徒刑，并处没收财产；积极参加的，处三年以上七年以下有期徒刑，可以并处罚金或者没收财产；其他参加的，处三年以下有期徒刑、拘役、管制或者剥夺政治权利，可以并处罚金。

境外的黑社会组织的人员到中华人民共和国境内发展组织成员的，处三年以上十年以下有期徒刑。

国家机关工作人员包庇黑社会性质的组织，或者纵容黑社会性质的组织进行违法犯罪活动的，处五年以下有期徒刑；情节严重的，处五年以上有期徒刑。

犯前三款罪又有其他犯罪行为的，依照数罪并罚的规定处罚。

黑社会性质的组织应当同时具备以下特征：

（一）形成较稳定的犯罪组织，人数较多，有明确的组织者、领导者，骨干成员基本固定；

（二）有组织地通过违法犯罪活动或者其他手段获取经济利益，具有一定的经济实力，以支持该组织的活动；

（三）以暴力、威胁或者其他手段，有组织地多次进行违法犯罪活动，为非作恶，欺压、残害群众；

（四）通过实施违法犯罪活动，或者利用国家工作人员的包庇或者纵容，称霸一方，在一定区域或者行业内，形成非法控制或者重大影响，严重破坏经济、社会生活秩序。

文献：何秉松：《有组织犯罪研究：中国大陆黑社会（性质）犯罪研究》，中国法制出版社 2002 年版；何秉松：《中国有组织犯罪研究》（第 2 卷），群众出版社 2010 年版；高铭暄：《中华人民共和国刑法的孕育诞生和发展完善》，北京大学出版社 2012 年版；王作富主编：《刑法分则实务研究》（第 5 版），中国方正出版社 2013 年版；马克昌主编：《百罪通论》（下卷），北京大学出版社 2014 年版；黎宏：《刑法学各论》（第 2 版），法律出版社 2016 年版；陈兴良、张军、胡云腾主编：《人民法院刑事指导案例裁判要旨通纂》（第 2 版），北京大学出版社 2018 年版；周光权：《刑法各论》（第 4 版），中国人民大学出版社 2021 年版；张明楷：《刑法学》（第 6 版），法律出版社 2021 年版；高

铭暄、马克昌主编:《刑法学》(第10版),北京大学出版社、高等教育出版社2022年版。孙国祥:《黑社会性质组织犯罪研究》,载《南京大学法律评论》1997年第2期;丘志馨:《试论入境发展黑社会组织成员罪》,载《政法学刊》2001年第2期;田宏杰:《包庇、纵容黑社会性质组织罪研究》,载《湖南公安高等专科学校学报》2001年第4期;黄永常:《试论组织、领导、参加黑社会性质组织罪的认定》,载《中国刑事法杂志》2001年第6期;王燕飞:《论入境发展黑社会组织罪》,载《中国刑事法杂志》2002年第1期;刘志伟:《包庇、纵容黑社会性质组织罪主体与主观方面疑难问题研析》,载《国家检察官学院学报》2002年第1期;刘志伟:《包庇、纵容黑社会性质组织罪客观要件中疑难问题研析》,载《政治与法律》2002年第4期;黄京平、石磊:《试论组织、领导、参加黑社会性质组织罪的几个问题》,载《法学论坛》2002年第6期;方明:《黑社会性质组织犯罪及司法认定的若干问题》,载《现代法学》2003年第6期;余波:《包庇、纵容黑社会性质组织罪的几个司法问题》,载《中国检察官》2009年第9期;王晨:《黑社会性质组织犯罪的立法变化及其进一步完善——以刑法修正案(八)为观照》,载《时代法学》2011年第5期;阴建峰、万育:《黑社会性质组织行为特征研析》,载《政治与法律》2011年第7期;赵秉志、张伟珂:《中国惩治有组织犯罪的立法演进及其前瞻——兼及与〈联合国打击跨国有组织犯罪公约〉的协调》,载《学海》2012年第1期;陈建清、胡学相:《我国黑社会性质组织犯罪立法之检讨》,载《法商研究》2013年第6期;于冲:《黑社会性质组织与"恶势力"团伙的刑法界分》,载《中国刑事法杂志》2013年第7期;石经海:《黑社会性质组织犯罪的重复评价问题研究》,载《现代法学》2014年第6期;周光权:《黑社会性质组织非法控制特征的认定——兼及黑社会性质组织与恶势力团伙的区分》,载《中国刑事法杂志》2018年第3期;魏东:《"涉黑犯罪"重要争议问题研讨》,载《政法论坛》2019年第3期;陈兴良:《恶势力犯罪研究》,载《中国刑事法杂志》2019年第4期;叶小琴、刘彦修:《涉黑犯罪组织领导者的司法认定——以刘某等人组织、领导、参加黑社会性质组织案为中心展开》,载《法律适用》2019年第4期;童春荣:《黑社会性质组织犯罪之预防性刑法规制研究》,载《当代法学》2019年第5期。

细目录

Ⅰ　主旨
Ⅱ　沿革
Ⅲ　客体
Ⅳ　对象
Ⅴ　行为
一、组织、领导、参加黑社会性质组织罪的行为
二、入境发展黑社会组织罪的行为
三、包庇、纵容黑社会性质组织罪的行为

Ⅵ　结果
Ⅶ　主体
Ⅷ　罪过
一、组织、领导、参加黑社会性质组织罪的罪过
二、入境发展黑社会组织罪的罪过
三、包庇、纵容黑社会性质组织罪的罪过
Ⅸ　既遂与未遂
Ⅹ　罪数
Ⅺ　与非罪的界限
Ⅻ　与他罪的区别
一、组织、领导、参加黑社会性质组织罪与他罪的区别
二、包庇、纵容黑社会性质组织罪与他罪的区别
XIII　处罚
一、组织、领导、参加黑社会性质组织罪的处罚
二、入境发展黑社会组织罪的处罚
三、包庇、纵容黑社会性质组织罪的处罚

Ⅰ　主旨

本条各罪的主旨在于保护社会秩序。相对于个人犯罪或者团伙犯罪，有组织犯罪对社会秩序的危害更为严重。20 世纪 90 年代初期至 90 年代末期，我国黑社会性质组织加速了自身的成熟化和向黑社会组织的转化，有的地方已出现了黑社会组织。[1] 与此同时，随着我国对外开放的日益扩大和境内外人员往来的不断增多，境外黑社会组织对我国渗透日益突出，在我国发展组织、扩充黑社会势力的现象，在沿海省市都有发生，广东、福建、上海等省市尤为突出。[2] 在黑社会性质的犯罪组织坐大及其犯罪活动过程中，往往有国家机关工作人员充当其保护伞，包庇黑社会性质组织或者纵容黑社会性质的组织进行违法犯罪活动。为了打击黑社会性质组织犯罪，维护社会秩序，我国 1997 年《刑法》规定了本条各罪。 1

Ⅱ　沿革

1997 年《刑法》首次规定了本条各罪。 2

1　参见何秉松：《有组织犯罪研究：中国大陆黑社会（性质）犯罪研究》，中国法制出版社 2002 年版，第 112 页。

2　参见何秉松：《有组织犯罪研究：中国大陆黑社会（性质）犯罪研究》，中国法制出版社 2002 年版，第 136—137 页。

3 为了保障全国开展的“打黑除恶”专项斗争的顺利进行,消除最高司法机关对“黑社会性质的组织”在认定上存在的分歧,2002 年 4 月 28 日全国人大常委会通过了《关于〈中华人民共和国刑法〉第二百九十四条第一款的解释》,对“黑社会性质的组织”的含义进行了解释,规定了黑社会性质组织的四个特征。

4 2011 年 2 月 25 日全国人大常委会通过的《刑法修正案(八)》对原条文进行了修订。修订内容如下:①将全国人大常委会对于“黑社会性质的组织”的立法解释吸收到刑法条文中。②将原来的两档法定刑修改为三档法定刑,对组织、领导的,积极参加的和其他参加的配置相应的法定刑。③修改法定刑幅度。对于组织、领导的,法定刑由原来 3 年以上 10 年以下有期徒刑修改为 7 年以上有期徒刑,并处没收财产;对于积极参加的,法定刑由原来 3 年以上 10 年以下有期徒刑修改为 3 年以上 7 年以下有期徒刑,可以并处罚金或者没收财产;对于其他参加的,法定刑由原来的 3 年以下有期徒刑、拘役、管制或者剥夺政治权利,修改为 3 年以下有期徒刑、拘役、管制或者剥夺政治权利,可以并处罚金。

5 2011 年 2 月 25 日全国人大常委会通过的《刑法修正案(八)》对包庇、纵容黑社会性质组织罪的法定刑进行了修改,体现从严处罚精神。主要修改为:将一般情节的最高刑由 3 年提高到 5 年,并且删除拘役和管制;将情节严重的最低刑由 3 年提高到 5 年,最高刑由 10 年提高到 15 年。

Ⅲ　客体

6 本罪的客体是社会秩序。黑社会性质组织因其组织性、经济实力、违法犯罪行为、非法控制等特征,严重破坏特定范围的社会民众正常生活和工作秩序,甚至使特定地域的政府处于失灵状态。无论是组织、领导、参加黑社会性质组织,还是入境发展黑社会组织,抑或包容、纵容黑社会性质组织,均严重破坏社会秩序。

Ⅳ　对象

7 组织、领导、参加的对象是黑社会性质组织,这里的组织是人的集合。

8 入境发展黑社会组织罪的对象是人,既包括境内人员,也包括境外人员。

9 包庇、纵容黑社会性质组织罪的对象是黑社会性质组织及其成员。

Ⅴ　行为

一、组织、领导、参加黑社会性质组织罪的行为

(一)行为表现

10 本罪的行为要件体现为组织、领导、积极参加和其他参加黑社会性质的组织的行为。之所以称为黑社会性质组织而不是黑社会组织,是因为 1997 年修订《刑法》时明

显的、典型的黑社会组织还没有出现,当时出现的是带有黑社会性质的犯罪集团。[3]根据黑社会性质组织成员的分工和作用不同,组织成员可以划分为组织者、领导者、积极参加者和其他参加者。组织者、领导者,是指黑社会性质组织的发起者、创建者,或者在组织中实际处于领导地位,对整个组织及其运行、活动起着决策、指挥、协调、管理作用的犯罪分子,既包括通过一定形式产生的有明确职务、称谓的组织者、领导者,也包括在黑社会性质组织中被公认的事实上的组织者、领导者。积极参加者,是指接受黑社会性质组织的领导和管理,多次积极参与黑社会性质组织的违法犯罪活动,或者积极参与较严重的黑社会性质组织的犯罪活动且作用突出,以及其他在组织中起重要作用的犯罪分子,如具体主管黑社会性质组织的财务、人员管理等事项的犯罪分子。其他参加者,是指除上述组织成员之外,其他接受黑社会性质组织的领导和管理的犯罪分子。2018 年 1 月 16 日发布的最高人民法院、最高人民检察院、公安部、司法部《关于办理黑恶势力犯罪案件若干问题的指导意见》进一步明确,发起、创建黑社会性质组织,或者对黑社会性质组织进行合并、分立、重组的行为,应当认定为"组织黑社会性质组织";实际对整个组织的发展、运行、活动进行决策、指挥、协调、管理的行为,应当认定为"领导黑社会性质组织"。黑社会性质组织的组织者、领导者,既包括通过一定形式产生的有明确职务、称谓的组织者、领导者,也包括在黑社会性质组织中被公认的事实上的组织者、领导者。知道或者应当知道是以实施违法犯罪为基本活动内容的组织,仍加入并接受其领导和管理的行为,应当认定为"参加黑社会性质组织"。没有加入黑社会性质组织的意愿,受雇到黑社会性质组织开办的公司、企业、社团工作,未参与黑社会性质组织违法犯罪活动的,不应认定为"参加黑社会性质组织"。参加黑社会性质组织并具有以下情形之一的,一般应当认定为"积极参加黑社会性质组织":多次积极参与黑社会性质组织的违法犯罪活动,或者积极参与较严重的黑社会性质组织的犯罪活动且作用突出,以及其他在组织中起重要作用的情形,如具体主管黑社会性质组织的财务、人员管理等事项。

(二)黑社会性质组织的特征

1. 黑社会性质组织的组织特征

形成较稳定的犯罪组织,人数较多,有明确的组织者、领导者,骨干成员基本固 11
定,这是黑社会性质组织的组织特征。2009 年 12 月 9 日发布的最高人民法院、最高人民检察院、公安部《办理黑社会性质组织犯罪案件座谈会纪要》要求,黑社会性质组织不仅有明确的组织者、领导者,骨干成员基本固定,而且组织结构较为稳定,并有比较明确的层级和职责分工。当前,一些黑社会性质组织为了增强隐蔽性,往往采取各种手段制造"人员频繁更替、组织结构松散"的假象。因此,在办案时,要特别注意审查组织者、领导者,以及对组织运行、活动起着突出作用的积极参加者等骨干成员

3　参见高铭暄:《中华人民共和国刑法的孕育诞生和发展完善》,北京大学出版社 2012 年版,第 520 页。

是否基本固定、联系是否紧密,不要被其组织形式的表象所左右。

12 在最高人民法院、最高人民检察院、公安部《办理黑社会性质组织犯罪案件座谈会纪要》的基础上,2015年10月13日发布的最高人民法院《全国部分法院审理黑社会性质组织犯罪案件工作座谈会纪要》进一步指出,黑社会性质组织存续时间的起点,可以根据涉案犯罪组织举行成立仪式或者进行类似活动的时间来认定。没有前述活动的,可以根据足以反映其初步形成核心利益或强势地位的重大事件发生时间进行审查判断。没有明显标志性事件的,也可以根据涉案犯罪组织为维护、扩大组织势力、实力、影响、经济基础或按照组织惯例、纪律、活动规约而首次实施有组织的犯罪活动的时间进行审查判断。存在、发展时间明显过短、犯罪活动尚不突出的,一般不应认定为黑社会性质组织。黑社会性质组织应当具有一定规模,人数较多,组织成员一般在10人以上。其中,既包括已有充分证据证明但尚未归案的组织成员,也包括虽有参加黑社会性质组织的行为但因尚未达到刑事责任年龄或因其他法定情形而未被起诉,或者根据具体情节不作为犯罪处理的组织成员。黑社会性质组织应有明确的组织者、领导者,骨干成员基本固定,并有比较明确的层级和职责分工,一般有三种类型的组织成员,即组织者、领导者,积极参加者,以及一般参加者(也即"其他参加者")。骨干成员,是指直接听命于组织者、领导者,并多次指挥或积极参与实施有组织的违法犯罪活动或者其他长时间在犯罪组织中起重要作用的犯罪分子,属于积极参加者的一部分。对于黑社会性质组织的组织纪律、活动规约,应当结合制定、形成相关纪律、规约的目的与意图来进行审查判断。凡是为了增强实施违法犯罪活动的组织性、隐蔽性而制定或者自发形成,并用以明确组织内部人员管理、职责分工、行为规范、利益分配、行动准则等事项的成文或不成文的规定、约定,均可认定为黑社会性质组织的组织纪律、活动规约。

13 为配合在全国范围内开展扫黑除恶专项斗争,最高人民法院、最高人民检察院、公安部、司法部《关于办理黑恶势力犯罪案件若干问题的指导意见》进一步规定,组织形成后,在一定时期内持续存在,应当认定为"形成较稳定的犯罪组织"。黑社会性质组织一般在短时间内难以形成,而且成员人数较多,但鉴于"恶势力"团伙和犯罪集团向黑社会性质组织发展是个渐进的过程,没有明显的性质转变的节点,故对黑社会性质组织存在时间、成员人数问题不宜作出"一刀切"的规定。黑社会性质组织未举行成立仪式或者进行类似活动的,成立时间可以按照足以反映其初步形成非法影响的标志性事件的发生时间认定。没有明显标志性事件的,可以按照本意见中关于黑社会性质组织违法犯罪活动认定范围的规定,将组织者、领导者与其他组织成员首次共同实施该组织犯罪活动的时间认定为该组织的形成时间。

14 在"邓伟波等组织、领导、参加黑社会性质组织案"中,裁判理由要求对黑社会性质的组织特征可以从以下几个方面进行理解和把握:①审查犯罪组织的目的性。普通共同犯罪、犯罪集团中的各被告人也有可能多次纠集在一起实施违法犯罪活动,其中不乏成员众多、纠集时间长、犯罪次数多的犯罪组织,但在犯罪目的上与黑社会性质组织相比存在一定区别。前者违法犯罪的目的是实现组织成员个人的目标和利益,故犯罪目的比较直接、明显。而后者违法犯罪的目的在于维护其组织的利益,是为了组织的安全、稳定和发展,最终实现其对一定区域或者行业的非法控制。②审查核心成员的稳定性。黑社会性质组织为了增强隐蔽性。其外围成员可能会经常更换,甚至会有意地制造“人员频繁更替、组织结构松散”的假象。这就要求办案人员要抓住此类黑社会性质组织“外松内紧”的本质,认真鉴别组织的核心与框架是否具有严密性和稳定性,只要组织头目和对组织的运行、活动起着重要作用的骨干成员相对比较固定、相互之间联系紧密,则不管其组织结构的外在表现是否松散,均不影响组织特征的认定。③审查犯罪组织内部的组织性、纪律性。普通犯罪团伙为了更好地实施犯罪、逃避惩罚,在多次违法犯罪活动中也会总结出自己的经验,但更多的是依靠成员之间的相互配合;对于成员个人的行为,尤其是实施犯罪活动之外的行为,不会进行过多的干涉。实践证明,缺乏内部管理的犯罪组织结构上比较松散,很难发挥出组织的能效,难以坐大成势。而黑社会性质组织经历了从普通的犯罪团伙逐步发展壮大的过程,其间必定有一定的组织纪律、活动规约来确保组织自身的生存和发展。因此,最高人民法院、最高人民检察院、公安部《办理黑社会性质组织犯罪案件座谈会纪要》将“具有一定的组织纪律、活动规约”作为认定黑社会性质组织时的重要参考依据。以上是把握组织特征最基本的三个方面,实践中还可以结合该组织其他方面的特点来对组织特征予以更加全面的认定,如犯罪组织的内部分配机制。普通犯罪团伙通常依据各犯罪人在具体犯罪中的地位、作用来进行分配,且通常在实施每一起具体犯罪后“坐地分赃”,获利后的分配模式相对直接、简单。而对于犯罪所得,黑社会性质组织内部一般会有相对稳定的分配模式,组织成员的收入与各人在犯罪组织中的地位、作用成正比。犯罪所得的分配既包括组织成员的工资、福利支出,也包括组织自身发展资金的支出。[4]

2. 黑社会性质组织的经济特征

有组织地通过违法犯罪活动或者其他手段获取经济利益,具有一定的经济实 15
力,以支持该组织的活动,这是黑社会性质组织的经济特征。最高人民法院、最高人民检察院、公安部《办理黑社会性质组织犯罪案件座谈会纪要》指出:一定的经济实力是黑社会性质组织坐大成势,称霸一方的基础。由于不同地区的经济发展水平、不同行业的利润空间均存在很大差异,加之黑社会性质组织存在、发展的时间也各有不同,因此,在办案时不能一般性地要求黑社会性质组织所具有的经济实力必须达到特定规模或特定数额。此外,黑社会性质组织的敛财方式也具有多样性。实践中,黑社会性质组织不仅会通过实施赌博、敲诈、贩毒等违法犯罪活动攫取经济利益,而且还往往会通过开办公司、企业等方式“以商养黑”“以黑护商”。因此,无论其财产是通

4 参见最高人民法院刑事审判第一、二、三、四、五庭主办:《刑事审判参考》总第74集(第619号),法律出版社2010年版。

过非法手段聚敛,还是通过合法的方式获取,只要将其中部分或全部用于违法犯罪活动或者维系犯罪组织的生存、发展即可。

16 在最高人民法院、最高人民检察院、公安部《办理黑社会性质组织犯罪案件座谈会纪要》的基础上,最高人民法院《全国部分法院审理黑社会性质组织犯罪案件工作座谈会纪要》进一步指出,"一定的经济实力",是指黑社会性质组织在形成、发展过程中获取的,足以支持该组织运行、发展以及实施违法犯罪活动的经济利益。包括:①有组织地通过违法犯罪活动或其他不正当手段聚敛的资产;②有组织地通过合法的生产、经营活动获取的资产;③组织成员以及其他单位、个人资助黑社会性质组织的资产。通过上述方式获取的经济利益,即使是由部分组织成员个人掌控,也应计入黑社会性质组织的"经济实力"。各高级人民法院可以根据本地区的实际情况,对黑社会性质组织所应具有的"经济实力"在20~50万元幅度内,自行划定一般掌握的最低数额标准。是否将所获经济利益全部或部分用于违法犯罪活动或者维系犯罪组织的生存、发展,是认定经济特征的重要依据。无论获利后的分配与使用形式如何变化,只要在客观上能够起到豢养组织成员、维护组织稳定、壮大组织势力的作用即可认定。

17 最高人民法院、最高人民检察院、公安部、司法部《关于办理黑恶势力犯罪案件若干问题的指导意见》重申和细化了黑社会性质组织的经济特征。根据该指导意见,在组织的形成、发展过程中通过以下方式获取经济利益的,应当认定为"有组织地通过违法犯罪活动或者其他手段获取经济利益":①有组织地通过违法犯罪活动或其他不正当手段聚敛;②有组织地以投资、控股、参股、合伙等方式通过合法的生产、经营活动获取;③由组织成员提供或通过其他单位、组织、个人资助取得。通过上述方式获得一定数量的经济利益,应当认定为"具有一定的经济实力",同时也包括调动一定规模的经济资源用以支持该组织活动的能力。通过上述方式获取的经济利益,即使是由部分组织成员个人掌控,也应计入黑社会性质组织的"经济实力"。组织成员主动将个人或者家庭资产中的一部分用于支持该组织活动,其个人或者家庭资产可全部计入"一定的经济实力",但数额明显较小或者仅提供动产、不动产使用权的除外。由于不同地区的经济发展水平、不同行业的利润空间均存在很大差异,加之黑社会性质组织存在、发展的时间也各有不同,在办案时不能一般性地要求黑社会性质组织所具有的经济实力必须达到特定规模或特定数额。

18 在"王平等组织、领导、参加黑社会性质组织案"中,裁判理由认为,在认定黑社会性质组织罪的经济特征时,应当注意把握以下几点:①黑社会性质组织获取经济利益的手段具有选择性。黑社会性质组织既可以通过有组织地实施违法犯罪活动敛财,也可以通过形式合法的经营来获取经济利益。需要注意的是,以暴力、威胁为手段是黑社会性质组织的基本行为方式,但在具体的敛财过程中,并不要求前者中的"违法犯罪活动"都具有暴力性。黑社会性质组织既可以通过抢劫、绑架、敲诈勒索等暴力犯罪获取不法利益,又可以通过赌博、贩毒等非暴力犯罪扩充经济实力。②所获经济利益应足以支持黑社会性质组织生存、发展和实施违法犯罪活动。考虑到当前我国各地区经济发展的不平衡,不对“经济实力”规定具体数额是符合实践需要的。不过,应当注意的是,没有明确的数额标准并不等于没有要求。对此,要结合不同地区、不同行业的经济发展水平、利润空间等因素,综合评判黑社会性质组织所获经济利益是否足以支持该组织的生存、发展和实施违法犯罪活动。③所获经济利益应用于犯罪组织或组织犯罪活动所需。攫取经济利益,具备经济实力,不仅是黑社会性质组织实施违法犯罪活动的主要目标,而且是其非法控制社会并向黑社会组织发展过渡的物质基础。因此,获利之后是否用于支持犯罪组织的生存、发展或者实施违法犯罪活动,历来是认定黑社会性质组织“经济特征”的重要参考指标。同时,由于在发展水平、组织化程度等方面存在差异,不同的黑社会性质组织在分配、使用非法所得时也会有所区别,故根据最高人民法院、最高人民检察院、公安部《办理黑社会性质组织犯罪案件座谈会纪要》的精神,只要将所获经济利益部分用于组织或者组织犯罪即可,并不要求黑社会性质组织将获利的全部或绝大部分用于“犯罪再生产”。[5]

3. 黑社会性质组织的行为特征

以暴力、威胁或者其他手段,有组织地多次进行违法犯罪活动,为非作恶,欺压、残害群众,这是黑社会性质组织的行为特征。最高人民法院、最高人民检察院、公安部《办理黑社会性质组织犯罪案件座谈会纪要》指出,暴力性、胁迫性和有组织性是黑社会性质组织行为方式的主要特征,但有时也会采取一些“其他手段”。根据司法实践经验,“其他手段”主要包括:以暴力、威胁为基础,在利用组织势力和影响已对他人形成心理强制或威慑的情况下,采取所谓的“谈判”“协商”“调解”以及滋扰、哄闹、聚众等其他干扰、破坏正常经济、社会生活秩序的非暴力手段。“黑社会性质组织实施的违法犯罪活动”主要包括以下情形:由组织者、领导者直接组织、策划、指挥、参与实施的违法犯罪活动;由组织成员以组织名义实施,并得到组织者、领导者认可或者默许的违法犯罪活动;多名组织成员为逞强争霸、插手纠纷、报复他人、替人行凶、非法敛财而共同实施,并得到组织者、领导者认可或者默许的违法犯罪活动;组织成员为组织争夺势力范围、排除竞争对手、确立强势地位、谋取经济利益、维护非法权威或者按照组织的纪律、惯例、共同遵守的约定而实施的违法犯罪活动;由黑社会性质组织实施的其他违法犯罪活动。 19

在最高人民法院、最高人民检察院、公安部《办理黑社会性质组织犯罪案件座谈会纪要》的基础上,最高人民法院《全国部分法院审理黑社会性质组织犯罪案件工作座谈会纪要》进一步指出,涉案犯罪组织仅触犯少量具体罪名的,是否应认定为黑社会性质组织要结合组织特征、经济特征和非法控制特征(危害性特征)综合判断,严格把握。黑社会性质组织实施的违法犯罪活动包括非暴力性的违法犯罪活动,但暴力 20

5 参见最高人民法院刑事审判第一、二、三、四、五庭主办:《刑事审判参考》总第74集(第625号),法律出版社2010年版。

或以暴力相威胁始终是黑社会性质组织实施违法犯罪活动的基本手段,并随时可能付诸实施。因此,在黑社会性质组织所实施的违法犯罪活动中,一般应有一部分能够较明显地体现出暴力或以暴力相威胁的基本特征。否则,定性时应当特别慎重。属于最高人民法院、最高人民检察院、公安部《办理黑社会性质组织犯罪案件座谈会纪要》规定的五种情形之一的,一般应当认定为黑社会性质组织实施的违法犯罪活动,但确与维护和扩大组织势力、实力、影响、经济基础无任何关联,亦不是按照组织惯例、纪律、活动规约而实施,则应作为组织成员个人的违法犯罪活动处理。组织者、领导者明知组织成员曾多次实施起因、性质类似的违法犯罪活动,但并未明确予以禁止的,如果该类行为对扩大组织影响起到一定作用,可以视为是按照组织惯例实施的违法犯罪活动。

21 最高人民法院、最高人民检察院、公安部、司法部《关于办理黑恶势力犯罪案件若干问题的指导意见》重申和细化了黑社会性质组织的行为特征。该指导意见重申了黑社会性质组织实施的违法犯罪活动包括非暴力性的违法犯罪活动,但暴力或以暴力相威胁始终是黑社会性质组织实施违法犯罪活动的基本手段,并随时可能付诸实施。暴力、威胁色彩虽不明显,但实际是以组织的势力、影响和犯罪能力为依托,以暴力威胁的现实可能性为基础,足以使他人产生恐惧、恐慌进而形成心理强制或者足以影响、限制人身自由,危及人身财产安全或者影响正常生产、工作、生活的手段,属于《刑法》第294条第5款第(三)项中的"其他手段",包括但不限于所谓的"谈判""协商""调解"以及滋扰、纠缠、哄闹、聚众造势等手段。为确立、维护、扩大组织的势力、影响、利益或者按照纪律规约、组织惯例多次实施违法犯罪活动,侵犯不特定多人的人身权利、民主权利、财产权利,破坏经济秩序、社会秩序,应当认定为"有组织地多次进行违法犯罪活动,为非作恶,欺压、残害群众"。符合以下情形之一的,应当认定为是黑社会性质组织实施的违法犯罪活动:①为该组织争夺势力范围打击竞争对手、形成强势地位、谋取经济利益、树立非法权威、扩大非法影响、寻求非法保护、增强犯罪能力等实施的;②按照该组织的纪律规约、组织惯例实施的;③组织者、领导者直接组织、策划、指挥、参与实施的;④由组织成员以组织名义实施,并得到组织者、领导者认可或者默许的;⑤多名组织成员为逞强争霸、插手纠纷、报复他人、替人行凶、非法敛财而共同实施,并得到组织者、领导者认可或者默许的;⑥其他应当认定为黑社会性质组织实施的。

22 在"符青友等人敲诈勒索,强迫交易,故意销毁会计账簿,对公司、企业人员行贿,行贿案"中,裁判理由进一步强调,黑社会性质组织的行为应具有以下几个特征:①行为的有组织性。行为的有组织性,是指为了黑社会性质组织的组织利益,由组织成员有计划、有安排、有分工地实施违法犯罪活动。司法实践中,为了组织利益,一般而言主要表现是争夺势力范围、排除竞争对手、确立强势地位、谋取经济利益、维护非法权威等。②行为的违法性。行为的违法性,是指行为违反法律规定,既包括违反刑法规定的犯罪行为,也包括尚不构成犯罪的其他违法行为。③行为危害的严重性。

行为危害的严重性，一方面体现在黑社会性质组织存续期间需要多次实施违法犯罪行为，同时，根据实现非法控制目的的需要，一般应触犯多个罪名；另一方面也体现在违法犯罪行为所造成的危害后果应达到一定的严重程度。④行为的暴力性。最高人民法院、最高人民检察院、公安部《办理黑社会性质组织犯罪案件座谈会纪要》指出，暴力性、胁迫性和有组织性是黑社会性质组织行为方式的主要特征，而“其他手段”主要包括以暴力、威胁为基础，在利用组织势力和影响力对他人形成心理强制和威慑的情况下，采取所谓的“谈判”“协商”“调解”以及滋扰、哄闹、聚众等其他干扰、破坏正常经济、社会生活秩序的非暴力手段。可见暴力性是黑社会性质组织行为特征中的必备属性，即便是黑社会性质组织的非暴力行为，也往往是以暴力或以暴力威胁为后盾的。最高人民法院《全国部分法院审理黑社会性质组织犯罪案件工作座谈会纪要》明确指出，在黑社会性质组织所实施的违法犯罪活动中，一般应有一部分能够较明显地体现出暴力或以暴力相威胁的基本特征。这一点其实不难理解：黑社会性质组织之所以能够实现对人民群众的心理强制或威慑，进而实现非法控制，依靠的正是暴力血腥的违法犯罪手段。黑社会性质组织并不排斥非暴力性犯罪，甚至当其发展到一定阶段后会以非暴力性的违法犯罪为主要活动，但这并不是说黑社会性质组织会自动放弃使用暴力手段，更不是说在黑社会性质组织发展过程中可以没有明显的暴力性违法犯罪活动。[6]

4. 黑社会性质组织的危害性特征

通过实施违法犯罪活动，或者利用国家工作人员的包庇或者纵容，称霸一方，在 23
一定区域或者行业内，形成非法控制或者重大影响，严重破坏经济、社会生活秩序，这是黑社会性质组织的危害性特征。最高人民法院、最高人民检察院、公安部《办理黑社会性质组织犯罪案件座谈会纪要》明确规定：“称霸一方，在一定区域或者行业内，形成非法控制或者重大影响，从而严重破坏经济、社会生活秩序，是黑社会性质组织的本质特征，也是黑社会性质组织区别于一般犯罪集团的关键所在……区域的大小具有相对性，且黑社会性质组织非法控制和影响的对象并不是区域本身，而是在一定区域中生活的人，以及该区域内的经济、社会生活秩序。因此，不能简单地要求‘一定区域’必须达到某一特定的空间范围，而应当根据具体案情，并结合黑社会性质组织对经济、社会生活秩序的危害程度加以综合分析判断……黑社会性质组织所控制和影响的行业，既包括合法行业，也包括黄、赌、毒等非法行业。这些行业一般涉及生产、流通、交换、消费等一个或多个市场环节。通过实施违法犯罪活动，或者利用国家工作人员的包庇、纵容，称霸一方，并具有以下情形之一的，可认定为‘在一定区域或者行业内，形成非法控制或者重大影响，严重破坏经济、社会生活秩序’：对在一定区域内生活或者在一定行业内从事生产、经营的群众形成心理强制、威慑，致使合法

---

6 参见最高人民法院刑事审判第一、二、三、四、五庭主办：《刑事审判参考》总第 107 集(第 1157 号)，法律出版社 2017 年版。

利益受损的群众不敢举报、控告的;对一定行业的生产、经营形成垄断,或者对涉及一定行业的准入、经营、竞争等经济活动形成重要影响的;插手民间纠纷、经济纠纷,在相关区域或者行业内造成严重影响的;干扰、破坏他人正常生产、经营、生活,并在相关区域或者行业内造成严重影响的;干扰、破坏公司、企业、事业单位及社会团体的正常生产、经营、工作秩序,在相关区域、行业内造成严重影响,或者致使其不能正常生产、经营、工作的;多次干扰、破坏国家机关、行业管理部门以及村委会、居委会等基层群众自治组织的工作秩序,或者致使上述单位、组织的职能不能正常行使的;利用组织的势力、影响,使组织成员获取政治地位,或者在党政机关、基层群众自治组织中担任一定职务的;其他形成非法控制或者重大影响,严重破坏经济、社会生活秩序的情形。"

24　在最高人民法院、最高人民检察院、公安部《办理黑社会性质组织犯罪案件座谈会纪要》的基础上,最高人民法院《全国部分法院审理黑社会性质组织犯罪案件工作座谈会纪要》进一步指出,黑社会性质组织所控制和影响的"一定区域",应当具备一定空间范围,并承载一定的社会功能。既包括一定数量的自然人共同居住、生活的区域,如乡镇、街道、较大的村庄等,也包括承载一定生产、经营或社会公共服务功能的区域,如矿山、工地、市场、车站、码头等。对此,应当结合一定地域范围内的人口数量、流量、经济规模等因素综合评判。如果涉案犯罪组织的控制和影响仅存在于一座酒店、一处娱乐会所等空间范围有限的场所或者人口数量、流量、经济规模较小的其他区域,则一般不能视为是对"一定区域"的控制和影响。黑社会性质组织所控制和影响的"一定行业",是指在一定区域内存在的同类生产、经营活动。黑社会性质组织通过多次有组织地实施违法犯罪活动,对黄、赌、毒等非法行业形成非法控制或重大影响的,同样符合非法控制特征(危害性特征)的要求。

25　最高人民法院、最高人民检察院、公安部、司法部《关于办理黑恶势力犯罪案件若干问题的指导意见》重申和细化了黑社会性质组织的危害性特征。该指导意见要求,鉴于黑社会性质组织非法控制和影响的"一定区域"的大小具有相对性,不能简单地要求"一定区域"必须达到某一特定的空间范围,而应当根据具体案情,并结合黑社会性质组织对经济社会生活秩序的危害程度加以综合分析判断。通过实施违法犯罪活动,或者利用国家工作人员的包庇或者不依法履行职责,放纵黑社会性质组织进行违法犯罪活动的行为,称霸一方,并具有以下情形之一的,可认定为"在一定区域或者行业内,形成非法控制或者重大影响,严重破坏经济、社会生活秩序":①致使在一定区域内生活或者在一定行业内从事生产、经营的多名群众,合法利益遭受犯罪或严重违法活动侵害后,不敢通过正当途径举报、控告的;②对一定行业的生产、经营形成垄断,或者对涉及一定行业的准入、经营、竞争等经济活动形成重要影响的;③插手民间纠纷、经济纠纷,在相关区域或者行业内造成严重影响的;④干扰、破坏他人正常生产、经营、生活,并在相关区域或者行业内造成严重影响的;⑤干扰、破坏公司、企业、事业单位及社会团体的正常生产、经营、工作秩序,在相关区域、行业内造成严重影响,或者致使其不能正常生产、经营、工作的;⑥多次干扰、破坏党和国家机关、行业管理部门以及村委会、居委会等基层群众自治组织的工作秩序,或者致使上述单位、组织的职能不能正常行使的;⑦利用组织的势力、影响,帮助组织成员或他人获取政治地位,或者在党政机关、基层群众自治组织中担任一定职务的;⑧其他形成非法控制或者重大影响,严重破坏经济、社会生活秩序的情形。

在“刘烈勇等组织、领导、参加黑社会性质组织案”中,裁判理由对“如何结合具体案情认定黑社会性质组织的非法控制特征”进行了界定。该裁判理由指出:非法控制特征(也即危害性特征)是黑社会性质组织的本质特征。黑社会性质组织并非单纯为了实施犯罪而存在,其往往谋求在一定地区范围内或者特定行业内形成一种非法控制或者重大影响,使正常的社会管理和行业管理制度不能得以运行,借以公然对抗主流社会。此特征在以刘烈勇为首的黑社会性质组织中表现得尤为明显。该黑社会性质组织通过两种方式对湖北省仙桃市的经济、社会生活秩序形成了严重危害:一种方式是通过入股加入某一经济实体,使用暴力、威胁等手段,在该行业逐步形成垄断,扰乱正常的市场经济秩序;另一种方式是有组织地通过故意杀人、故意伤害等犯罪行为,或者通过敲诈勒索、寻衅滋事等违法犯罪行为欺压、残害群众,不断扩大该黑社会性质组织的影响力,称霸一方,扰乱正常的社会秩序……黑社会性质组织,一方面,在通过违法犯罪活动积累经济基础;另一方面,也在社会生活方面不断谋求影响力,并借以削弱合法政权的控制力。这两个方面互为依托、互相促进,不断破坏、侵蚀正常的经济、社会生活秩序,并最终形成黑社会性质组织掌控的非法秩序,这正是此类犯罪严重社会危害性的根本所在。[7] 26

二、入境发展黑社会组织罪的行为

本罪的行为要件是境外的黑社会组织的成员到中华人民共和国境内发展组织成员的行为。“到中华人民共和国境内发展组织成员”,是指境外黑社会组织通过引诱、拉拢、腐蚀、强迫、威胁、暴力、贿赂等手段,在我国境内将境内或者境外人员吸收为该黑社会组织成员的行为。对黑社会组织成员进行内部调整等行为,可视为“发展组织成员”。 27

三、包庇、纵容黑社会性质组织罪的行为

本罪的行为要件表现为包庇黑社会性质组织或者纵容黑社会性质组织进行违法犯罪活动。这里的“包庇”,是指国家机关工作人员为使黑社会性质组织及其成员逃避查禁,而通风报信,隐匿、毁灭、伪造证据,阻止他人作证、检举揭发,指使他人作伪证,帮助逃匿,或者阻挠其他国家机关工作人员依法查禁等行为。这里的“纵容”,是指国家机关工作人员不依法履行职责,放纵黑社会性质组织进行违法犯罪活动的行为。 28

7　参见最高人民法院刑事审判第一、二、三、四、五庭主办:《刑事审判参考》总第74集(第623号),法律出版社2010年版。

Ⅵ 结果

29 本条各罪均属于行为犯。犯罪的成立不要求具体危害结果的发生。组织、领导、参加黑社会性质组织,入境发展黑社会组织,包庇、纵容黑社会性质组织的行为本身,就表明对社会秩序的破坏达到应受刑罚惩罚的不法程度。

Ⅶ 主体

30 组织、领导、参加黑社会性质组织罪的主体是一般主体,即年满16周岁且具有辨认和控制自己行为能力的自然人。

31 入境发展黑社会组织的主体是特殊主体,除要求年满16周岁且具有辨认和控制自己行为能力的自然人以外,还要求是境外的黑社会组织的成员。这里的"境外的黑社会组织",是指被境外国家和地区确定为黑社会的组织,既包括外国的黑社会组织,也包括我国台湾地区和香港、澳门特区的黑社会组织。

32 包庇、纵容黑社会性质组织罪的主体是特殊主体,即必须是国家机关工作人员。

Ⅷ 罪过

一、组织、领导、参加黑社会性质组织罪的罪过

33 本罪的罪过形式为故意。对于组织者、领导者而言,行为人明知创建、领导的组织具有一定规模,而且以实施违法犯罪为主要活动,并且明知组织、领导这样的组织会破坏社会秩序,并且希望或者放任这种危害结果的发生。对于积极参加者和其他参加者而言,行为人明知自己参加的是黑社会性质组织,明知参加这种组织会破坏社会秩序,并且希望或者放任这种危害结果的发生。行为人对于黑社会性质组织的认识,并不要求行为人明知自己参加的组织是法律意义的黑社会性质组织,只要行为人知道或者可能知道该组织具有一定规模,并且以实施违法犯罪为主要活动即可。在"李军等参加黑社会性质组织案"中,裁判理由认为,行为人构成参加黑社会性质组织罪不以明确知道组织的黑社会性质为前提。行为人必须知道或者应当知道自己所参与的是具有一定规模的组织。[8]

二、入境发展黑社会组织罪的罪过

34 本罪的罪过形式为故意,即行为人明知在中华人民共和国境内发展组织成员会危害社会秩序,并且对社会秩序的危害持希望或者放任的心理状态。

---

8 参见最高人民法院刑事审判第一、二、三、四、五庭主办:《刑事审判参考》总第74集(第621号),法律出版社2010年版。

三、包庇、纵容黑社会性质组织罪的罪过

本罪的罪过形式为故意。明知是黑社会性质组织,明知自己是国家机关工作人员,明知自己实施的是包庇或者纵容黑社会性质组织的行为,明知自己实施这种行为会危害社会秩序,并且对这种危害持希望或者放任心理状态。对于行为人明知包庇或者纵容的是黑社会性质组织这个主观要件,我国司法机关作了比较宽泛的解释。根据最高人民法院、最高人民检察院、公安部《办理黑社会性质组织犯罪案件座谈会纪要》的规定,只要行为人知道或者应当知道是从事违法犯罪活动的组织,仍对该组织及其成员予以包庇,或者纵容其实施违法犯罪活动,即可认定为本罪。至于行为人是否明知该组织系黑社会性质组织,不影响本罪的成立。 35

Ⅸ 既遂与未遂

组织、领导、参加黑社会性质组织罪为行为犯,即只要实施了组织、领导、参加黑社会性质组织的行为,就构成犯罪既遂。实际上,本罪既遂的成立取决于组织、领导、参加的违法犯罪活动已经属于黑社会性质组织。本罪虽然可能存在未遂,但未遂形态不应成立犯罪。 36

入境发展黑社会组织罪是行为犯,以发展组织成员行为的完成作为既遂的标准,不要求被发展的人同意或者正式加入组织。 37

包庇、纵容黑社会性质组织罪是行为犯,实施包庇、纵容黑社会性质组织的行为本身即构成破坏社会秩序,构成犯罪既遂,而不以包庇、纵容行为发生具体危害结果为标准区分本罪的既遂与未遂。本罪虽然可能存在未遂,但未遂形态不应成立犯罪。 38

Ⅹ 罪数

根据《刑法》第 294 条第 4 款的规定,犯本条之罪包括组织、领导、参加黑社会性质组织罪,入境发展黑社会组织罪,包庇、纵容黑社会性质组织罪,又有其他犯罪行为的,依照数罪并罚的规定处罚。本条之罪的行为人通常情况下还会实施开设赌场、非法拘禁、故意杀人、故意伤害、寻衅滋事、强迫交易、故意毁坏财物、敲诈勒索、非法持有枪支等行为,应当按照本条之罪和相应犯罪数罪并罚。 39

Ⅺ 与非罪的界限

根据 2000 年 12 月 5 日发布的最高人民法院《关于审理黑社会性质组织犯罪的案件具体应用法律若干问题的解释》,对于参加黑社会性质组织,没有实施违法犯罪活动,或者受蒙蔽、胁迫参加黑社会性质组织,情节轻微的,可以不作为犯罪处理。 40

根据最高人民法院、最高人民检察院、公安部、司法部《关于办理黑恶势力犯罪案件若干问题的指导意见》,没有加入黑社会性质组织的意愿,受雇到黑社会性质组织 41

开办的公司、企业、社团工作,未参与黑社会性质组织违法犯罪活动的,不应认定为“参加黑社会性质组织”。行为人单纯参与黑社会性质组织所实施的犯罪行为,但并未参加黑社会性质组织的,不应成立参加黑社会性质组织罪。[9] 无论是积极参加者,还是一般参加者,接受黑社会性质组织的领导和管理,是判断参加行为是否存在的重要依据。

XII　与他罪的区别

一、组织、领导、参加黑社会性质组织罪与他罪的区别

1.本罪与单位犯罪的区别

42 两者都体现为根据组织意志实施犯罪行为,都是为了组织利益。二者的区别在于:①组织性质不同。黑社会性质组织本身就是非法的,因为它主要通过违法犯罪活动获取经济利益,主要通过违法犯罪活动形成非法控制或者重大影响。犯罪单位在通常情况下,单位是合法的,以合法的生产经营活动为主。②罪名的法定性不同。犯罪单位实施的犯罪,只有法律明文规定单位可以成为犯罪主体的,才成立单位犯罪;而黑社会性质组织实施的犯罪没有此种限制。③承担责任方式不同。黑社会性质组织实施的犯罪行为以单个成员的行为作为承担刑事责任的基础;犯罪单位实施的犯罪以单位整体作为承担刑事责任的主体,一般对单位处以罚金,同时追究单位主管人员或者直接责任人员的刑事责任。

2.本罪与组织、领导、参加恐怖组织罪的区别

43 能够把黑社会性质组织与恐怖组织这两种组织区分开来,就可以把本罪与组织、领导、参加恐怖组织罪区分开来。黑社会性质组织与恐怖组织的区别在于:①组织目的不同。黑社会性质组织的目的在于追求经济利益;恐怖组织的直接目的在于制造社会恐慌、危害公共安全或者胁迫国家机关、国际组织。②两者侵害法益不同。组织、领导、参加黑社会性质组织侵害的法益是社会秩序;组织、领导、参加恐怖组织侵害的是法益是公共安全。③组织手段不同。黑社会性质组织的主要手段是为获得经济利益的违法犯罪手段,包括走私、贩毒、洗钱、诈骗、敲诈勒索、非法移民、组织卖淫、开设赌场、行贿等,还包括打击竞争对手的手段,比如杀人、伤害等;恐怖组织的主要手段是制造社会恐慌的违法犯罪手段,包括爆炸、放火、投毒、绑架、杀人等。

二、包庇、纵容黑社会性质组织罪与他罪的区别

1.包庇黑社会性质组织罪与窝藏、包庇罪的区别

44 国家机关工作人员包庇黑社会性质组织的行为可能同时构成窝藏、包庇罪,两者

9　参见最高人民法院刑事审判第一、二、三、四、五庭主办:《刑事审判参考》总第74集(第618号),法律出版社2010年版。

属于法条竞合的关系,本罪是特别法条,而且本罪的法定刑高于窝藏、包庇罪。应当按照特别法优于普通法的原则,优先适用包庇黑社会性质组织罪。

2.包庇黑社会性质组织罪与帮助毁灭、伪造证据罪的关系

国家机关工作人员为了使黑社会性质组织或者成员逃避处罚,帮助当事人毁灭、伪造证据的行为,既符合包庇黑社会性质组织罪,也符合帮助毁灭、伪造证据罪。两者属于法条竞合的关系,本罪属于特别法条,而且本罪的法定刑高于后者。应当按照特别法优于普通法的原则,优先适用包庇黑社会性质组织罪。 45

3.纵容黑社会性质组织罪与玩忽职守罪的关系

两者都涉及有职责的国家机关工作人员不依法履行职责。两者的区别表现为:①行为要件不同,本罪的行为要件体现为纵容黑社会性质的组织进行违法犯罪活动,后者则不限于此;②结果要件不同,本罪不以具体危害结果的发生作为成立条件,而后者则要求公共财产、国家和人民利益遭受重大损失;③主观要件不同,本罪的主观要件是故意,后者的主观要件是过失。 46

XIII 处罚

一、组织、领导、参加黑社会性质组织罪的处罚

根据《刑法》第294条第1款的规定,犯组织、领导、参加黑社会性质罪的,根据黑社会性质组织成员的分工和作用不同分别处罚:组织、领导黑社会性质组织的,处7年以上有期徒刑,并处没收财产;积极参加的,处3年以上7年以下有期徒刑,可以并处罚金或者没收财产;其他参加的,处3年以下有期徒刑、拘役、管制或者剥夺政治权利,可以并处罚金。 47

最高人民法院《关于审理黑社会性质组织犯罪的案件具体应用法律若干问题的解释》明确规定,对于黑社会性质组织的组织者、领导者,应当按照其所组织、领导的黑社会性质组织所犯的全部罪行处罚;对于黑社会性质组织的参加者,应当按照其所参与的犯罪处罚。国家机关工作人员组织、领导、参加黑社会性质组织的,从重处罚。最高人民法院、最高人民检察院、公安部《办理黑社会性质组织犯罪案件座谈会纪要》进一步规定,对黑社会性质组织的组织者、领导者,应根据法律规定和本纪要中关于“黑社会性质组织实施的违法犯罪活动”的规定,按照该组织所犯的全部罪行承担刑事责任。组织者、领导者对于具体犯罪所承担的刑事责任,应当根据其在该起犯罪中的具体地位、作用来确定。对黑社会性质组织中的积极参加者和其他参加者,应按照其所参与的犯罪,根据其在具体犯罪中的地位和作用,依照罪责刑相适应的原则,确定应承担的刑事责任。最高人民法院《全国部分法院审理黑社会性质组织犯罪案件工作座谈会纪要》补充规定,对于在黑社会性质组织形成、发展过程中已经退出的组织者、领导者,或者在加入黑社会性质组织之后逐步发展成为组织者、领导者的犯罪分子,应对其本人参与及其实际担任组织者、领导者期间该组织所犯的全部罪行承担 48

刑事责任。最高人民法院、最高人民检察院、公安部、司法部《关于办理黑恶势力犯罪案件若干问题的指导意见》规定,对于组织者、领导者和因犯参加黑社会性质组织罪被判处5年以上有期徒刑的积极参加者,可以根据《刑法》第56条第1款的规定适用附加剥夺政治权利。对于符合《刑法》第37条之一规定的组织成员,应当依法禁止其从事相关职业。符合《刑法》第66条规定的组织成员,应当认定为累犯,依法从重处罚。对于因有组织的暴力性犯罪被判处死刑缓期执行的黑社会性质组织犯罪分子,可以根据《刑法》第50条第2款的规定同时决定对其限制减刑。对于因有组织的暴力性犯罪被判处10年以上有期徒刑、无期徒刑的黑社会性质组织犯罪分子,应当根据《刑法》第81条第2款规定,不得假释。对于组织者、领导者一般应当并处没收个人全部财产。对于确属骨干成员或者为该组织转移、隐匿资产的积极参加者,可以并处没收个人全部财产。对于其他组织成员,应当根据所参与实施违法犯罪活动的次数、性质、地位、作用、违法所得数额以及造成损失的数额等情节,依法决定财产刑的适用。

49 认罪认罚从宽制度可以适用于涉黑涉恶犯罪案件。根据最高人民检察院第84号指导性案例"林某彬等人组织、领导、参加黑社会性质组织案"的要旨,认罪认罚从宽制度可以适用于所有刑事案件,没有适用罪名和可能判处刑罚的限定,涉黑涉恶犯罪案件依法可以适用该制度。认罪认罚从宽制度贯穿刑事诉讼全过程,适用于侦查、起诉、审判各个阶段。检察机关办理涉黑涉恶犯罪案件,要积极履行主导责任,发挥认罪认罚从宽制度在查明案件事实、提升指控效果、有效追赃挽损等方面的作用。

二、入境发展黑社会组织罪的处罚

50 根据《刑法》第294条第2款的规定,犯本罪的,处3年以上10年以下有期徒刑。

三、包庇、纵容黑社会性质组织罪的处罚

51 根据《刑法》第294条第3款的规定,犯本罪的,处5年以下有期徒刑;情节严重的,处5年以上有期徒刑。这里的"情节严重"包括:①包庇、纵容黑社会性质组织跨境实施违法犯罪活动的;②包庇、纵容境外黑社会组织在境内实施违法犯罪活动的;③多次实施包庇、纵容行为的;④致使某一区域或者行业的经济、社会生活秩序遭受黑社会性质组织特别严重破坏的;⑤致使黑社会性质组织的组织者、领导者逃匿,或者致使对黑社会性质组织的查禁工作严重受阻的;⑥具有其他严重情节的。

第二百九十五条　传授犯罪方法罪

传授犯罪方法的，处五年以下有期徒刑、拘役或者管制；情节严重的，处五年以上十年以下有期徒刑；情节特别严重的，处十年以上有期徒刑或者无期徒刑。

文献：王作富主编：《刑法分则实务研究》（第5版），中国方正出版社2013年版；黎宏：《刑法学各论》（第2版），法律出版社2016年版；陈兴良、张军、胡云腾主编：《人民法院刑事指导案例裁判要旨通纂》（第2版），北京大学出版社2018年版；周光权：《刑法各论》（第4版），中国人民大学出版社2021年版；张明楷：《刑法学》（第6版），法律出版社2021年版；高铭暄、马克昌主编：《刑法学》（第10版），北京大学出版社、高等教育出版社2022年版。赵秉志：《试论传授犯罪方法罪》，载《法学杂志》1983年第6期；杜志娅：《试论传授犯罪方法罪》，载《北京人民警察学院学报》2001年第6期；李怀胜：《网络传授黑客技术的刑法学思索——以“黑客学校”现象为背景》，载《中国刑事法杂志》2009年第10期；于志刚：《网络空间中培训黑客技术行为的入罪化》，载《云南大学学报（法学版）》2010年第1期；于同志、臧德胜：《网络传授犯罪方法罪的司法认定》，载《人民司法》2011年第8期；范莉、程德兵：《传授制毒方法行为的定罪处罚》，载《人民司法》2012年第12期。

细目录

Ⅰ　主旨
Ⅱ　沿革
Ⅲ　客体
Ⅳ　对象
Ⅴ　行为
Ⅵ　结果与情节
Ⅶ　主体
Ⅷ　罪过
Ⅸ　既遂与未遂
Ⅹ　罪数
Ⅺ　与非罪的界限
Ⅻ　与他罪的区别
XIII　处罚

陈银珠

I 主旨

1 本罪的主旨在于保护社会秩序。

II 沿革

2 1979年《刑法》未规定本罪。1983年9月2日第六届全国人大常委会通过的《关于严惩严重危害社会治安的犯罪分子的决定》,增设了本罪,规定:“传授犯罪方法,情节较轻的,处五年以下有期徒刑;情节严重的,处五年以上有期徒刑;情节特别严重的,处无期徒刑或者死刑。”1997年《刑法》对该决定进行了修订,主要体现为删除了“情节较轻的”说法,并且对于一般的传授犯罪方法,增加了管制和拘役。2011年2月25日全国人大常委会通过的《刑法修正案(八)》对1997年《刑法》又进行了修订。这种修订主要是降低了情节严重和情节特别严重的法定最高刑,降低了情节特别严重的法定最低刑。对于情节严重的,将法定最高刑由15年有期徒刑降到10年;对于情节特别严重的,将法定最高刑由死刑降到无期徒刑,将法定最低刑由无期徒刑降到10年有期徒刑。

III 客体

3 本罪侵害的客体是社会秩序。

IV 对象

4 本罪的对象是他人,既包括达到刑事责任年龄的人,也包括没有达到刑事责任年龄的人;既包括具备刑事责任能力的人,也包括不具备刑事责任能力的人。

V 行为

5 这里的“犯罪方法”是指犯罪的经验和技能,包括犯罪手段、步骤、反侦查方法等。这里的“传授犯罪方法”是指以语言、文字、动作、图像或者其他方法将实施犯罪的经验和技能传授给他人。传授方法多种多样,直接的或者间接的,公开的或者秘密的,口头的或者书面的,单独的或者群体的等。

VI 结果与情节

6 本罪的成立不要求具体危害结果的发生。无论被传授人是否实施了被传授的犯罪方法,无论被传授人是否造成危害结果,都不影响本罪的成立。

Ⅶ 主体

本罪的主体是一般主体,即年满 16 周岁且具有辨认和控制自己行为能力的自然人。 7

Ⅷ 罪过

本罪的罪过形式为故意,既包括直接故意,也包括间接故意,即行为人明知传授犯罪方法会危害社会秩序,并且希望或者放任这种危害结果发生的心理状态。"冯庆钊传授犯罪方法案"表明,无论是直接故意还是间接故意,均可构成传授犯罪方法罪。在信息网络上传授犯罪方法,由于信息接受者的不特定性以及传授者与接受者之间联系的非直接性等特征,要求传授者对他人接受其传授的内容全部持积极追求的心态,不切实际,必然会存在一些放任的情况。[1] 8

Ⅸ 既遂与未遂

本罪是行为犯,以行为完成作为既遂的标准。传授犯罪方法的完成是本罪既遂的标准。传授犯罪方法的行为已经开始,由于意志以外的原因而未完成的,属于本罪的未遂。未遂是否成立犯罪应视情节而定。 9

Ⅹ 罪数

行为人既教唆他人犯罪,为实现所教唆的犯罪又传授犯罪方法的,可以按照牵连犯的原理,从一重罪定罪处罚。"李祥英传授犯罪方法案"表明,行为人向他人传授犯罪方法,并胁迫他人实施犯罪行为的,构成传授犯罪方法罪与其所胁迫实施犯罪的教唆犯,属于手段行为与目的行为的牵连犯,应当从一重罪处断。[2] 10

Ⅺ 与非罪的界限

医生教授解剖人体的方法,警察教授擒拿格斗的方法,修锁的匠人将配钥匙的技艺传授给徒弟,属于正当行为。讲故事、表演、出版作品等,对犯罪过程和犯罪方法的描述,不构成本罪。 11

传授中性的技能、方法是否成立本罪。对于传授中性的技能、方法的,一般不应 12

1 参见最高人民法院刑事审判第一、二、三、四、五庭主办:《刑事审判参考》总第 79 集(第 688 号),法律出版社 2011 年版。

2 参见最高人民法院刑事审判第一、二、三、四、五庭主办:《刑事审判参考》总第 76 集(第 651 号),法律出版社 2011 年版。

成立本罪。“冯庆钊传授犯罪方法案”表明,有些技能、方法的应用范围只能是违法犯罪,比如扒窃技术;更多的技能、方法是中性的,既可以用于违法犯罪也可以用于正当合法的行为。行为人向他人传授只能用于违法犯罪的技能、方法,符合本罪的行为要件;行为人向他人传授中性的技能、方法是否成立本罪,需要结合整体传授过程,并根据社会通常观念作出判断。具体而言,应当结合以下情况予以认定:行为人的个人情况;向他人传授该种方法的原因;在何种场合下或者利用何种途径传授该方法;被传授人会基于何种原因向行为人学习该种方法;行为人和被传授人言行的倾向性(如有无指明该种方法是实行某种犯罪的方法)等。该案旨在表明,如果传授中性的技能、方法与犯罪联系在一起,将使原本的中性方法类型化为犯罪方法。在网络上传授犯罪方法,有的属于原创型,有的属于转发型。前者应当从严惩治,而后者应根据传授行为的性质、途径、方法、次数、危害结果等综合判断。如果情节显著轻微,危害不大的,可不作为犯罪处理。[3]

Ⅻ 与他罪的区别

13 本罪与教唆犯罪的区别。本罪是一个独立的罪名,且有独立的法定刑;教唆犯罪不是独立罪名,依照所教唆的犯罪定罪处罚。两者最主要的区别在于行为人目的不同。传授犯罪方法罪中,行为人的目的是传授给他人犯罪的经验和技能,如教授他人用什么方法、什么工具、在什么时间、什么地点实施盗窃他人财物等具体行为。而教唆他人犯罪中,行为人的目的是通过语言、示意或旁敲侧击等方法,促使他人产生犯意。总之,本罪的目的体现为使他人的犯罪变得易行,教唆犯罪的目的体现为使他人产生犯意。

ⅫⅠ 处罚

14 犯本罪的,处 5 年以下有期徒刑、拘役或者管制;情节严重的,处 5 年以上 10 年以下有期徒刑;情节特别严重的,处 10 年以上有期徒刑或者无期徒刑。这里“情节严重”的,一般是指传授的内容是一些较为严重的犯罪方法的,可能对国家和公共安全、社会治安、公共财产和公民合法财产的安全,以及对他人的人身权利、民主权利和其他合法权利等造成严重威胁的,传授的对象人数较多的,向未成年人传授犯罪方法的,被传授人实施了其所传授的犯罪方法,对社会造成危害的,以及其他严重情节。这里“情节特别严重”的,主要是指所传授的方法已实际造成严重后果,传授的对象人数众多,向未成年人传授且人数较多以及其他特别严重情节。

---

[3] 参见最高人民法院刑事审判第一、二、三、四、五庭主办:《刑事审判参考》总第 79 集(第 688 号),法律出版社 2011 年版。

第二百九十六条　非法集会、游行、示威罪

举行集会、游行、示威，未依照法律规定申请或者申请未获许可，或者未按照主管机关许可的起止时间、地点、路线进行，又拒不服从解散命令，严重破坏社会秩序的，对集会、游行、示威的负责人和直接责任人员，处五年以下有期徒刑、拘役、管制或者剥夺政治权利。

文献:黎宏:《刑法学各论》(第 2 版),法律出版社 2016 年版;周光权:《刑法各论》(第 4 版),中国人民大学出版社 2021 年版;张明楷:《刑法学》(第 6 版),法律出版社 2021 年版;高铭暄、马克昌主编:《刑法学》(第 10 版),北京大学出版社、高等教育出版社 2022 年版。

细目录

Ⅰ　主旨
Ⅱ　沿革
Ⅲ　客体
Ⅳ　行为
Ⅴ　结果与情节
Ⅵ　主体
Ⅶ　罪过
Ⅷ　既遂与未遂
Ⅸ　处罚

Ⅰ　主旨

本罪的主旨在于保护社会秩序。本罪涉及集会游行示威的自由与公共秩序之间 1
的关系。政治自由与公共秩序都是法律的价值。我国《宪法》第 33 条第 4 款规定,任何公民享有宪法和法律规定的权利,同时必须履行宪法和法律规定的义务。第 35 条规定,中华人民共和国公民有言论、出版、集会、结社、游行、示威的自由。第 51 条规定,中华人民共和国公民在行使自由和权利的时候,不得损害国家的、社会的、集体的利益和其他公民的合法的自由和权利。

Ⅱ　沿革

1979 年《刑法》没有专门规定本罪。但是根据 1989 年 10 月 31 日通过的《集会 2

游行示威法》第29条第3款规定,未依照本法规定申请或者申请未获许可,或者未按照主管机关许可的起止时间、地点、路线进行,又拒不服从解散命令,严重破坏社会秩序的,对集会、游行、示威的负责人和直接责任人员依照《刑法》第158条的规定追究刑事责任。1979年《刑法》第158条规定,禁止任何人利用任何手段扰乱社会秩序。扰乱社会秩序情节严重,致使工作、生产、营业和教学、科研无法进行,国家和社会遭受严重损失的,对首要分子处五年以下有期徒刑、拘役、管制或者剥夺政治权利。1997年《刑法》专门规定本罪。

Ⅲ 客体

3 本罪侵犯的客体是社会秩序。

Ⅳ 行为

4 刑法规定两种行为类型:一是举行集会、游行、示威,未依照法律规定申请或者申请未获许可,又拒不服从解散命令,严重扰乱社会秩序的行为;二是未按照主管机关许可的起止时间、地点、路线进行,又拒不服从解散命令,严重扰乱社会秩序的行为。这里规定的"集会",是指聚众于公共场所,发表意见、表达意愿的活动;"游行",是指在公共道路、露天公共场所列队行进、表达共同意愿的活动;"示威",是指在公共场所或者公共道路上以集会、游行、静坐等方式,表达要求、抗议或者支持、声援等共同意愿的活动。"未依照法律规定申请或者申请未获许可,或者未按照主管机关许可的起止时间、地点、路线进行",是指未依照《集会游行示威法》的规定进行申请或者申请没有得到许可,或者没有按照主管机关许可的起止时间、地点、路线进行。《集会游行示威法》第7条第1款规定,举行集会、游行、示威,必须依照本法规定向主管机关提出申请并获得许可;第8条、第25条明确规定了集会、游行、示威必须严格按照主管机关许可的起止时间、地点、路线进行,不得违反。这里规定的"主管机关",根据《集会游行示威法》的规定,是指集会、游行、示威举行地的市、县公安局、城市公安分局;游行、示威路线经过两个以上区、县的,主管机关为所经过区、县的公安机关的共同上一级公安机关。"拒不服从解散命令",是指违反以上规定进行集会、游行、示威,主管机关依法发出解散命令,拒不服从命令。

Ⅴ 结果与情节

5 本罪以严重破坏社会秩序作为犯罪成立的条件。"严重破坏社会秩序",是指扰乱社会秩序,造成社会秩序混乱,使生产、工作、生活和教学、科研无法正常进行,如致使国家机关、单位和团体的工作无法正常进行的,致使工厂、企业生产停工的,致使教学和科研停顿的,造成交通瘫痪的等。

Ⅵ 主体

本罪的主体是一般主体，且是集会、游行、示威的负责人和直接责任人员。这里的“负责人”，根据《集会游行示威法》，是指组织、领导非法集会、游行、示威并明确代表全体参加人利益的人。“直接责任人员”，是指在非法的集会、游行、示威过程中具体实施了严重破坏社会秩序的行为的人。 6

Ⅶ 罪过

本罪的罪过形式为故意，即行为人明知举行集会、游行、示威，未依照法律规定申请或者申请未获许可，或者未按照主管机关许可的起止时间、地点、路线进行，又拒不服从解散命令，会严重破坏社会秩序，并且希望或者放任这种危害发生的心理状态。 7

Ⅷ 既遂与未遂

本罪是结果犯，以严重破坏社会秩序作为既遂的标准。本罪的未遂不宜成立犯罪，但是可以按照《集会游行示威法》处理。根据《集会游行示威法》第 28 条第 2 款的规定，举行集会、游行、示威，有下列情形之一的，公安机关可以对其负责人和直接责任人员处以警告或者 15 日以下拘留：(1) 未依照本法规定申请或者申请未获许可的；(2) 未按照主管机关许可的目的、方式、标语、口号、起止时间、地点、路线进行，不听制止的。 8

Ⅸ 处罚

本罪只处罚负责人和直接责任人员。犯本罪的，处 5 年以下有期徒刑、拘役、管制或者剥夺政治权利。 9

第二百九十七条　非法携带武器、管制刀具、爆炸物参加集会、游行、示威罪

违反法律规定，携带武器、管制刀具或者爆炸物参加集会、游行、示威的，处三年以下有期徒刑、拘役、管制或者剥夺政治权利。

文献:高铭暄:《中华人民共和国刑法的孕育诞生和发展完善》,北京大学出版社2012年版;黎宏:《刑法学各论》(第2版),法律出版社2016年版;周光权:《刑法各论》(第4版),中国人民大学出版社2021年版;张明楷:《刑法学》(第6版),法律出版社2021年版;高铭暄、马克昌主编:《刑法学》(第10版),北京大学出版社、高等教育出版社2022年版。

细目录

Ⅰ　主旨
Ⅱ　沿革
Ⅲ　客体
Ⅳ　行为
Ⅴ　结果与情节
Ⅵ　主体
Ⅶ　罪过
Ⅷ　既遂与未遂
Ⅸ　罪数
Ⅹ　与他罪的区别
Ⅺ　处罚

Ⅰ　主旨

1 本罪的主旨在于保护社会秩序。

Ⅱ　沿革

2 1979年《刑法》没有专门规定本罪,但是根据1989年10月31日通过的《集会游行示威法》第29条第2款规定,携带武器、管制刀具或者爆炸物的,比照《刑法》第163条的规定追究刑事责任。1979年《刑法》第163条规定,违反枪支管理规定,私藏

枪支、弹药,拒不交出的,处2年以下有期徒刑或者拘役。1997年《刑法》专门规定本罪。

Ⅲ　客体

本罪的客体是社会秩序。 3

Ⅳ　行为

本罪的行为要件体现为,违反法律规定,携带武器、管制刀具或者爆炸物参加集会、游行、示威的行为。这里所说的"违反法律规定",主要是指违反《集会游行示威法》的有关规定。《集会游行示威法》第5条规定,集会、游行、示威应当和平地进行,不得携带武器、管制刀具和爆炸物,不得使用暴力或者煽动使用暴力。"武器",是指直接可用于杀伤人体的发火器械及弹药,主要是各种枪支、弹药等;"管制刀具",是指国家法律、法规规定限定特定人员配置,用于特定范围和特定用途,禁止民间私自生产、运输、贩卖、购买、持有的刀具。根据公安部门的有关规定,管制刀具主要包括匕首、三棱刀、带有自锁装置的弹簧刀以及其他相类似的单刃、双刃刀和三棱尖刀等;"爆炸物",是指具有爆发力和破坏性,可以瞬间造成人畜伤亡、物品毁坏的危险物品。这里的"携带",既包括随身藏带,也包括利用他人身体、容器、运输工具夹带武器、管制刀具或者爆炸物。只要违反法律规定,带着这些禁止携带的武器、管制刀具或者爆炸物品参加集会、游行、示威的,无论行为人对这些物品是非法持有还是合法持有,均构成本罪。 4

Ⅴ　结果与情节

本罪的成立不以具体危害结果的发生作为必要条件。 5

Ⅵ　主体

本罪的主体是一般主体,即年满16周岁且具有辨认和控制自己行为能力的自然人。 6

Ⅶ　罪过

本罪的罪过形式为故意,即行为人明知违反法律规定,携带武器、管制刀具或者爆炸物参加集会、游行、示威的行为会危害社会秩序,并且希望或者放任这种危害发生的心理状态。 7

Ⅷ　既遂与未遂

本罪是行为犯,即只要非法携带武器、管制刀具、爆炸物参加集会、游行、示威 8

的,即成立犯罪既遂。本罪的预备形态和未遂形态不宜成立犯罪。

Ⅸ 罪数

9 对非法持有、私藏枪支弹药同时又携带枪支参加集会、游行、示威的,应当依照数罪并罚的规定处罚。

Ⅹ 与他罪的区别

10 应当注意区分非法携带武器、管制刀具、爆炸物参加集会、游行、示威罪与非法持有、私藏枪支弹药罪。非法持有、私藏枪支弹药罪在客观上表现为没有合法依据,持有、私自藏匿枪支弹药的行为;非法携带武器、管制刀具、爆炸物参加集会、游行、示威罪仅限于在集会、游行、示威活动中携带。

Ⅺ 处罚

11 犯本罪的,处 3 年以下有期徒刑、拘役、管制或者剥夺政治权利。

第二百九十八条 破坏集会、游行、示威罪

扰乱、冲击或者以其他方法破坏依法举行的集会、游行、示威，造成公共秩序混乱的，处五年以下有期徒刑、拘役、管制或者剥夺政治权利。

文献:高铭暄:《中华人民共和国刑法的孕育诞生和发展完善》,北京大学出版社2012年版;黎宏:《刑法学各论》(第2版),法律出版社2016年版;周光权:《刑法各论》(第4版),中国人民大学出版社2021年版;张明楷:《刑法学》(第6版),法律出版社2021年版;高铭暄、马克昌主编:《刑法学》(第10版),北京大学出版社、高等教育出版社2022年版。

细目录

Ⅰ 主旨
Ⅱ 沿革
Ⅲ 客体
Ⅳ 对象
Ⅴ 行为
Ⅵ 结果与情节
Ⅶ 主体
Ⅷ 罪过
Ⅸ 既遂与未遂
Ⅹ 处罚

Ⅰ 主旨

本罪的主旨在于保护社会秩序。具体而言,本罪的主旨在于保护集会、游行、示 1
威的秩序以及集会、游行、示威所在地的场所秩序和交通秩序。

Ⅱ 沿革

1979年《刑法》没有专门规定本罪,但是根据1989年10月31日通过的《集会游 2
行示威法》第30条规定,扰乱、冲击或者以其他方法破坏依法举行的集会、游行、示威的,公安机关可以处以警告或者15日以下拘留;情节严重,构成犯罪的,依照刑法有关规定追究刑事责任。1997年《刑法》专门规定本罪。

Ⅲ　客体

3　本罪的客体是社会秩序。具体而言是依法举行集会、游行、示威的秩序以及集会、游行、示威所在地的场所秩序和交通秩序。

Ⅳ　对象

4　本罪的对象是依法举行集会、游行、示威的人。

Ⅴ　行为

5　根据本条规定,破坏依法举行的集会、游行、示威犯罪,是指扰乱、冲击或者以其他方法破坏依法举行的集会、游行、示威,造成公共秩序混乱的行为。这里规定的"扰乱",主要是指针对集会、游行、示威队伍起哄、闹事,破坏其正常秩序的行为;"冲击",主要是指冲散、冲入依法举行的集会、游行、示威队伍,使集会、游行、示威不能正常进行的行为;"其他方法",是指扰乱、冲击方法以外的破坏依法举行的集会、游行、示威的方法,如堵塞集会、游行、示威队伍行进、停留的通道、场所等。"破坏",是指采用扰乱、冲击或者其他方法捣乱,致使依法举行的集会、游行、示威不能正常进行;"依法举行的集会、游行、示威",是指依照《集会游行示威法》规定提出申请并获得许可且按照主管机关许可的起止时间、地点、路线进行的集会、游行、示威。本罪破坏的必须是依法举行的集会、游行、示威,如果针对的不是依法举行的集会、游行、示威,不构成本罪。

Ⅵ　结果与情节

6　本罪的结果要件体现为造成公共秩序混乱。这里规定的"造成公共秩序混乱的",主要是指造成集会、游行、示威行经地或举行地的场所秩序或交通秩序混乱。

Ⅶ　主体

7　本罪的主体是一般主体,即年满16周岁且具有辨认和控制自己行为能力的自然人。

Ⅷ　罪过

8　本罪的罪过形式为故意,即行为人明知扰乱、冲击或者以其他方法破坏依法举行的集会、游行、示威会造成公共秩序混乱,并且希望或者放任这种危害结果发生的心理状态。

IX 既遂与未遂

本罪是结果犯,以公共秩序混乱作为既遂的标准。本罪的未遂不宜成立犯罪,但是可以按照《集会游行示威法》处理。根据《集会游行示威法》第 30 条的规定,扰乱、冲击或者以其他方法破坏依法举行的集会、游行、示威的,公安机关可以处以警告或者 15 日以下拘留;情节严重,构成犯罪的,依照刑法有关规定追究刑事责任。 9

X 处罚

犯本罪的,处 5 年以下有期徒刑、拘役、管制或者剥夺政治权利。 10

第二百九十九条　侮辱国旗、国徽、国歌罪

在公共场合，故意以焚烧、毁损、涂划、玷污、践踏等方式侮辱中华人民共和国国旗、国徽的，处三年以下有期徒刑、拘役、管制或者剥夺政治权利。

在公共场合，故意篡改中华人民共和国国歌歌词、曲谱，以歪曲、贬损方式奏唱国歌，或者以其他方式侮辱国歌，情节严重的，依照前款的规定处罚。

文献:高铭暄:《中华人民共和国刑法的孕育诞生和发展完善》,北京大学出版社2012年版;黎宏:《刑法学各论》(第2版),法律出版社2016年版;周光权:《刑法各论》(第4版),中国人民大学出版社2021年版;张明楷:《刑法学》(第6版),法律出版社2021年版;高铭暄、马克昌主编:《刑法学》(第10版),北京大学出版社、高等教育出版社2022年版。刘德法:《试论侮辱国旗国徽罪》,载《政治与法律》1990年第6期;杨新培:《侮辱国旗国徽罪探》,载《法学》1990年第10期;邱可嘉、王利荣:《侮辱国歌行为的入罪分析:基于〈刑法修正案(十)〉的解读》,载《学术论坛》2017年第6期;蔡士林:《侮辱国歌罪"情节严重"的解释立场与司法认定》,载《政法学刊》2018年第1期;刘黎明、刘缘:《总体国家安全观视域下的〈刑法修正案(十)〉》,载《政法学刊》2018年第3期;梅传强、严磊:《侮辱国歌罪的立法解读与司法适用》,载《常州大学学报(社会科学版)》2018年第5期;邱可嘉:《再论侮辱国歌的刑法规制——以体系解释为切入点》,载《河北法学》2018年第8期;罗翊乔:《侮辱国歌罪之评析——兼论〈刑法〉第299条第2款的理解与适用》,载《法律适用》2018年第13期。

细目录

Ⅰ　主旨
Ⅱ　沿革
Ⅲ　客体
Ⅳ　对象
Ⅴ　行为
　一、侮辱国旗、国徽罪的行为
　二、侮辱国歌罪的行为
Ⅵ　结果与情节
Ⅶ　主体
Ⅷ　罪过
Ⅸ　既遂与未遂

Ⅹ 与非罪的界限

Ⅺ 处罚

Ⅰ 主旨

国旗、国徽与国歌代表着国家尊严和国家形象。侮辱国旗、国徽、国歌,不仅损害国家尊严和国家形象,而且伤害中国民众的爱国情感。刑法制定本罪旨在控制和防止此类现象发生。 1

Ⅱ 沿革

1990年6月28日,全国人大常委会通过《国旗法》。1990年《国旗法》第19条规定,在公共场合故意以焚烧、毁损、涂划、玷污、践踏等方式侮辱中华人民共和国国旗的,依法追究刑事责任;情节较轻的,由公安机关处以15日以下拘留。为了实现刑法与《国旗法》的衔接,共同保护国旗、国徽的尊严,1990年6月28日全国人大常委会通过了《关于惩治侮辱中华人民共和国国旗国徽罪的决定》。这个决定后来被吸收到1997年《刑法》第299条中,即:在公众场合故意以焚烧、毁损、涂划、玷污、践踏等方式侮辱中华人民共和国国旗、国徽的,处三年以下有期徒刑、拘役、管制或者剥夺政治权利。2017年11月4日全国人民代表大会常务委员会通过的《刑法修正案(十)》对其作了修改,将"公众场合"修改为"公共场合"。 2

2017年9月1日,全国人大常委会通过《国歌法》。第15条规定,在公共场合,故意篡改国歌歌词、曲谱,以歪曲、贬损方式奏唱国歌,或者以其他方式侮辱国歌的,由公安机关处以警告或者15日以下拘留;构成犯罪的,依法追究刑事责任。为了规定侮辱国歌行为的刑事责任,从而与《国歌法》相协调,《刑法修正案(十)》规定了侮辱国歌罪。 3

Ⅲ 客体

本条之罪的客体是国家尊严和国家形象。国家对于国旗、国徽、国歌的管理规则和管理活动体现了国家对于国旗、国徽、国歌的管理秩序。本罪通过侵犯国家对于国旗、国徽、国歌的管理秩序,损害国家尊严和国家形象。 4

Ⅳ 对象

本条之罪的对象是中华人民共和国国旗、国徽、国歌。中华人民共和国国旗是五星红旗。中华人民共和国国徽,中间是五星照耀下的天安门,周围是谷穗和齿轮。中华人民共和国国歌是《义勇军进行曲》。中华人民共和国国旗、国徽与国歌是中华人民共和国的象征和标志,代表国家尊严和国家形象。 5

V 行为

一、侮辱国旗、国徽罪的行为

6 本罪的行为要件体现为,在公共场合以焚烧、毁损、涂划、玷污、践踏等方式侮辱中华人民共和国国旗、国徽的行为。这里所说的"公共场合",是指允许不特定或者多数人进出的场所。《刑法修正案(十)》将"公众场合"修改为"公共场合",一方面是为了将《刑法》中的侮辱国旗、国徽罪与《国旗法》《国徽法》的规定相一致;另一方面,"公众场合"强调的是不特定或者多数人有目共睹的场所,而"公共场合"强调的是允许不特定或者多数人进出的场所,至于实施侮辱国旗、国徽的行为时是否有不特定或者多数人有目共睹则不再是必要条件。《刑法修正案(十)》将"公众场合"修改为"公共场合",实际上扩大了处罚范围。本罪的犯罪行为必须发生在公共场合,如果发生在非公共场合,不构成本罪。"焚烧",是指放火燃烧国旗、国徽的行为;"毁损",是指撕毁、砸毁或者以其他破坏方法使国旗、国徽遭到毁坏、损坏的行为;"涂划",是指用笔墨、颜料等在国旗、国徽上涂画的行为;"玷污",是指用唾沫、粪便等玷污国旗、国徽的行为;"践踏",是指将国旗、国徽放在脚下、车轮下等处进行踩踏、碾压的行为。侮辱国旗、国徽的具体行为不止上述五种,本条还规定了"等方式",以包括其他侮辱国旗、国徽的情况。

二、侮辱国歌罪的行为

7 本罪的行为要件体现为,在公共场合,故意篡改中华人民共和国国歌歌词、曲谱,以歪曲、贬损方式奏唱国歌,或者以其他方式侮辱国歌,情节严重的行为。可以看出,侮辱国歌罪的行为要件体现为两种类型:第一种是,在公共场合,故意篡改中华人民共和国国歌歌词、曲谱,以歪曲、贬损方式奏唱国歌,情节严重的行为;第二种是,在公共场合,以其他方式侮辱国歌,情节严重的行为。

VI 结果与情节

8 侮辱国旗、国徽罪的成立不以具体危害结果的发生或者情节严重作为必要条件。

9 侮辱国歌罪的成立以情节严重作为必要条件。情节严重需要根据行为时间、行为地点、行为影响、行为动机、行为次数、行为后表现等综合判断。

VII 主体

10 本条之罪的主体为一般主体,即年满16周岁且具有辨认和控制自己行为能力的自然人。

Ⅷ 罪过

本条之罪的罪过形式均为故意,即行为人明知是中华人民共和国国旗、国徽、国歌,在公共场合以焚烧、毁损、涂划、玷污、践踏等方式侮辱中华人民共和国国旗、国徽,篡改中华人民共和国国歌歌词、曲谱,以歪曲、贬损方式奏唱国歌,或者以其他方式侮辱国歌,会危害国家尊严和国家形象,并且希望或者放任这种危害发生的心理状态。 11

Ⅸ 既遂与未遂

侮辱国旗、国徽罪为行为犯,以行为完成作为既遂标准;侮辱国歌罪是情节犯,以情节严重作为既遂标准。本条之罪的未遂不宜成立犯罪,但是可以按照其他法律处理。 12

Ⅹ 与非罪的界限

根据《刑法》第 299 条第 1 款的规定,在公共场合侮辱国旗、国徽的,原则上即构成犯罪。情节较轻的,根据《国旗法》《国徽法》予以行政处罚。《国旗法》第 23 条规定,在公共场合故意以焚烧、毁损、涂划、玷污、践踏等方式侮辱中华人民共和国国旗的,依法追究刑事责任;情节较轻的,由公安机关处以 15 日以下拘留。《国徽法》第 18 条规定,在公共场合故意以焚烧、毁损、涂划、玷污、践踏等方式侮辱中华人民共和国国徽的,依法追究刑事责任;情节较轻的,由公安机关处以 15 日以下拘留。 13

根据《刑法》第 299 条第 2 款的规定,侮辱国歌,情节严重的,才能构成犯罪。侮辱国歌,尚未达到情节严重程度的,则根据《国歌法》予以行政处罚。《国歌法》第 15 条规定,在公共场合,故意篡改国歌歌词、曲谱,以歪曲、贬损方式奏唱国歌,或者以其他方式侮辱国歌的,由公安机关处以警告或者 15 日以下拘留;构成犯罪的,依法追究刑事责任。 14

Ⅺ 处罚

根据《刑法》第 299 条第 1 款的规定,犯侮辱国旗、国徽罪的,处 3 年以下有期徒刑、拘役、管制或者剥夺政治权利。 15

根据《刑法》第 299 条第 2 款的规定,犯侮辱国歌罪的,援引《刑法》第 299 条第 1 款的规定处罚,即处 3 年以下有期徒刑、拘役、管制或者剥夺政治权利。 16

第二百九十九条之一　侵害英雄烈士名誉、荣誉罪

侮辱、诽谤或者以其他方式侵害英雄烈士的名誉、荣誉，损害社会公共利益，情节严重的，处三年以下有期徒刑、拘役、管制或者剥夺政治权利。

文献:劳东燕主编:《〈刑法修正案(十一)〉条文要义》,中国法制出版社 2021 年版;赵秉志主编:《〈刑法修正案(十一)〉理解与适用》,中国人民大学出版社 2021 年版;周光权:《刑法各论》(第 4 版),中国人民大学出版社 2021 年版;张明楷:《刑法学》(第 6 版),法律出版社 2021 年版;高铭暄、马克昌主编:《刑法学》(第 10 版),北京大学出版社、高等教育出版社 2022 年版。王钢:《刑法新增罪名的合宪性审查——以侵害英雄烈士名誉、荣誉罪为例》,载《比较法研究》2021 年第 4 期。

细目录

Ⅰ　主旨
Ⅱ　沿革
Ⅲ　客体
Ⅳ　对象
Ⅴ　行为
Ⅵ　结果与情节
Ⅶ　主体
Ⅷ　罪过
Ⅸ　既遂与未遂
Ⅹ　与非罪的界限
Ⅺ　与他罪的区别
Ⅻ　处罚

Ⅰ　主旨

1　本罪的主旨在于保护英雄烈士的名誉和荣誉。《英雄烈士保护法》第 2 条规定:“国家和人民永远尊崇、铭记英雄烈士为国家、人民和民族作出的牺牲和贡献。近代以来,为了争取民族独立和人民解放,实现国家富强和人民幸福,促进世界和平和人类进步而毕生奋斗、英勇献身的英雄烈士,功勋彪炳史册,精神永垂不朽。”第 3 条第 1 款规定:“英雄烈士事迹和精神是中华民族的共同历史记忆和社会主义核心价值观的重要体现。”可见,英雄烈士是中华民族最优秀群体的代表,英雄烈士事迹及其精神

是中华民族精神的内核之一,也是社会主义核心价值观的重要体现。

Ⅱ 沿革

1979 年《刑法》和 1997 年《刑法》对本条都未作规定。近年以来,有些人通过互联网、书刊等形式公开对英雄烈士进行诋毁、丑化、质疑和否定,造成了恶劣的社会影响。比较典型的案例有,侮辱、诽谤狼牙山五壮士、邱少云等英雄烈士。我国《英雄烈士保护法》第 26 条规定:"以侮辱、诽谤或者其他方式侵害英雄烈士的姓名、肖像、名誉、荣誉,损害社会公共利益的,依法承担民事责任;构成违反治安管理行为的,由公安机关依法给予治安管理处罚;构成犯罪的,依法追究刑事责任。"《民法典》和《治安管理处罚法》为追究侮辱、诽谤英雄烈士名誉和荣誉的行为的民事和行政责任提供了法律依据。为了进一步保护英雄烈士的名誉和荣誉,与《英雄烈士保护法》相衔接,2020 年 12 月 26 日全国人大常委会通过的《刑法修正案(十一)》增设了本罪。 2

Ⅲ 客体

本罪侵犯的客体是英雄烈士的名誉和荣誉。英雄烈士的名誉和荣誉属于社会公共利益。刑法增设侵害英雄烈士名誉、荣誉罪对英雄烈士的名誉、荣誉加以保护,同时也是维护在英雄烈士的英勇奉献的壮举和鼓舞人心的精神中所体现的对于维系社会共同体不可或缺的文化价值观念。对这种社会共同价值观念的公然蔑视极易强烈冲击国民的道德情感,构成对国民的严重冒犯,甚至进一步激起其他国民的激烈反应,损害社会秩序的安宁和稳定。[1] 3

Ⅳ 对象

本罪的对象是英雄烈士。最高人民法院、最高人民检察院、公安部《关于依法惩治侵害英雄烈士名誉、荣誉违法犯罪的意见》第 1 条规定,根据《英雄烈士保护法》第 2 条的规定,这里的"英雄烈士",主要是指近代以来,为了争取民族独立和人民解放,实现国家富强和人民幸福,促进世界和平和人类进步而毕生奋斗、英勇献身的英雄烈士。司法适用中,对英雄烈士的认定,应当重点注意把握以下几点:①英雄烈士的时代范围主要为"近代以来",重点是中国共产党、人民军队和中华人民共和国历史上的英雄烈士。英雄烈士既包括个人,也包括群体;既包括有名英雄烈士,也包括无名英雄烈士。②对经依法评定为烈士的,应当认定为《刑法》第 299 条之一规定的"英雄烈士";已牺牲、去世,尚未评定为烈士,但其事迹和精神为我国社会普遍公认的 4

---

1 参见王钢:《刑法新增罪名的合宪性审查——以侵害英雄烈士名誉、荣誉罪为例》,载《比较法研究》2021 年第 4 期。

英雄模范人物或者群体,可以认定为"英雄烈士"。③英雄烈士是指已经牺牲、去世的英雄烈士。对侮辱、诽谤或者以其他方式侵害健在的英雄模范人物或者群体名誉、荣誉,构成犯罪的,适用刑法有关侮辱、诽谤罪等规定追究刑事责任。但是,被侵害英雄烈士群体中既有已经牺牲的烈士,也有健在的英雄模范人物的,可以统一适用侵害英雄烈士名誉、荣誉罪。在"仇某侵害英雄烈士名誉、荣誉案"(检例第136号)中,案例要旨与上述司法解释相一致。案例要旨表明,侵害英雄烈士名誉、荣誉罪中的"英雄烈士",是指已经牺牲、逝世的英雄烈士。在同一案件中,行为人所侵害的群体中既有烈士,又有健在的英雄模范人物时,应当整体评价为侵害英雄烈士名誉、荣誉的行为,不宜区别适用侵害英雄烈士名誉、荣誉罪和侮辱罪、诽谤罪。

V 行为

5 本罪的行为要件体现为侮辱、诽谤或者以其他方式侵害英雄烈士的名誉、荣誉的行为。这里的"侮辱"主要是指通过语言、文字或者其他方式辱骂、贬低、嘲讽英雄烈士的行为。"诽谤"是指捏造针对英雄烈士的事实并进行散布,公然丑化、贬损英雄烈士,损害英雄烈士名誉、荣誉的行为。"其他方式"是指虽未采用侮辱、诽谤方式,但是以"还原历史""探究细节"等名义否定、贬损、丑化英雄烈士,或者非法披露涉及英雄烈士隐私的信息或者图片等。

VI 结果与情节

6 本罪的成立既需要结果要件,也需要情节要件。本罪的结果要件体现为损害社会公共利益。这里的"损害社会公共利益"是指侮辱、诽谤或者其他方式侵害英雄烈士的名誉、荣誉导致的结果。本罪的情节要件体现为情节严重。最高人民法院、最高人民检察院、公安部《关于依法惩治侵害英雄烈士名誉、荣誉违法犯罪的意见》第2条规定,司法实践中,对侵害英雄烈士名誉、荣誉的行为是否达到"情节严重",应当结合行为方式,涉及英雄烈士的人数,相关信息的数量、传播方式、传播范围、传播持续时间,相关信息实际被点击、浏览、转发次数,引发的社会影响、危害后果以及行为人前科情况等综合判断。根据案件具体情况,必要时,可以参照适用最高人民法院、最高人民检察院《关于办理利用信息网络实施诽谤等刑事案件适用法律若干问题的解释》(法释〔2013〕21号)的规定。在"仇某侵害英雄烈士名誉、荣誉案"(检例第136号)中,案例要旨表明,行为人利用信息网络侵害英雄烈士名誉、荣誉,引起广泛传播,造成恶劣社会影响的,应当认定为"情节严重"。

VII 主体

7 本罪的主体是一般主体,即年满16周岁且具有辨认、控制自己行为能力的自然人。

Ⅷ 罪过

本罪的罪过形式为故意,即行为人明知自己侮辱、诽谤或者以其他方式侵害英雄烈士的名誉、荣誉的行为会危害社会公共利益,并且希望或者放任这种危害发生的心理状态。 8

Ⅸ 既遂与未遂

本罪是情节犯,以情节严重作为犯罪既遂的标准。行为未完成或者情节不严重的行为,不宜按照犯罪处理。 9

Ⅹ 与非罪的界限

本罪是情节犯。侮辱、诽谤或者以其他方式侵害英雄烈士的名誉、荣誉,情节不严重的,可以按照《民法典》《英雄烈士保护法》和《治安管理处罚法》追究民事责任或者行政责任,不构成本罪。最高人民法院、最高人民检察院、公安部《关于依法惩治侵害英雄烈士名誉、荣誉违法犯罪的意见》第 2 条规定,侵害英雄烈士名誉、荣誉,情节显著轻微危害不大的,不以犯罪论处;构成违反治安管理行为的,由公安机关依法给予治安管理处罚。 10

Ⅺ 与他罪的区别

本条规定的"英雄烈士"都是已经牺牲、去世的,如果行为人侮辱、诽谤或者以其他方式侵害健在的英雄模范人物的名誉、荣誉,可以构成侮辱罪、诽谤罪。 11

Ⅻ 处罚

根据刑法规定,犯本罪的处 3 年以下有期徒刑、拘役、管制或者剥夺政治权利。在定罪量刑过程中,司法机关应当坚持宽严相济的刑事政策。最高人民法院、最高人民检察院、公安部《关于依法惩治侵害英雄烈士名誉、荣誉违法犯罪的意见》第 3 条规定,对利用抹黑英雄烈士恶意攻击我国基本社会制度、损害社会公共利益,特别是与境外势力勾连实施恶意攻击,以及长期、多次实施侵害行为的,要依法予以严惩。对没有主观恶意,仅因模糊认识、好奇等原因而发帖、评论的,或者行为人系在校学生、未成年人的,要以教育转化为主,切实做到教育大多数、打击极少数。 12

第三百条　组织、利用会道门、邪教组织、利用迷信破坏法律实施罪；组织、利用会道门、邪教组织、利用迷信致人重伤、死亡罪

组织、利用会道门、邪教组织或者利用迷信破坏国家法律、行政法规实施的，处三年以上七年以下有期徒刑，并处罚金；情节特别严重的，处七年以上有期徒刑或者无期徒刑，并处罚金或者没收财产；情节较轻的，处三年以下有期徒刑、拘役、管制或者剥夺政治权利，并处或者单处罚金。

组织、利用会道门、邪教组织或者利用迷信蒙骗他人，致人重伤、死亡的，依照前款的规定处罚。

犯第一款罪又有奸淫妇女、诈骗财物等犯罪行为的，依照数罪并罚的规定处罚。

文献：高铭暄：《中华人民共和国刑法的孕育诞生和发展完善》，北京大学出版社2012年版；黎宏：《刑法学各论》（第2版），法律出版社2016年版；周光权：《刑法各论》（第4版），中国人民大学出版社2021年版；张明楷：《刑法学》（第6版），法律出版社2021年版；高铭暄、马克昌主编：《刑法学》（第10版），北京大学出版社、高等教育出版社2022年版。王世洲：《关于适用刑法第300条惩治邪教和迷信的几个问题》，载《法学》1999年第12期；张俊霞：《对我国刑法中的邪教犯罪》，载《河南省政法管理干部学院学报》2000年第2期；郑玮：《对我国反邪教立法的思考》，载《犯罪研究》2002年第5期；刘仁文：《宗教的刑法保护与规制》，载《杭州师范大学学报》（社会科学版）2011年第2期；王占洲、林苇：《组织、利用邪教组织致人死亡的构成分析——以两高〔2017〕3号司法解释为视角》，载《四川警察学院学报》2018年第2期；李红梅、王顺安：《论组织、利用会道门、邪教组织、利用迷信致人重伤、死亡罪及其适用的困境》，载《新疆社科论坛》2018年第6期。

细目录

Ⅰ　主旨
Ⅱ　沿革
Ⅲ　客体
Ⅳ　对象
Ⅴ　行为
一、组织、利用会道门、邪教组织、利用迷信破坏法律实施罪的行为

二、组织、利用会道门、邪教组织、利用迷信致人重伤、死亡罪的行为
Ⅵ　结果与情节
Ⅶ　主体
Ⅷ　罪过
一、组织、利用会道门、邪教组织、利用迷信破坏法律实施罪的罪过
二、组织、利用会道门、邪教组织、利用迷信致人重伤、死亡罪的罪过
Ⅸ　既遂与未遂
一、组织、利用会道门、邪教组织、利用迷信破坏法律实施罪的既遂与未遂
二、组织、利用会道门、邪教组织、利用迷信致人重伤、死亡罪的既遂与未遂
Ⅹ　共犯
Ⅺ　罪数
Ⅻ　与他罪的区别
XIII　处罚

Ⅰ　主旨

刑法设置本条之罪的主旨在于保护社会秩序。没有规矩,不成方圆,良好的社会秩序依赖于国家法律和行政法规的有效实施。行为人组织、利用会道门、邪教组织或者利用迷信破坏国家法律、行政法规实施的行为,扰乱了社会秩序,破坏了民众的生活和工作秩序,危害了公民的身体健康乃至生命。 1

Ⅱ　沿革

本条之罪是 1997 年《刑法》增设的罪名。 2

1997 年《刑法》第 300 条第 1 款规定:“组织和利用会道门、邪教组织或者利用迷信破坏国家法律、行政法规实施的,处三年以上七年以下有期徒刑;情节特别严重的,处七年以上有期徒刑。” 3

2015 年 8 月 29 日全国人大常委会通过的《刑法修正案(九)》对 1997 年《刑法》第 300 条第 1 款进行了修订:①对一般情节的,增加了罚金;②对情节特别严重的,法定最高刑提高到无期徒刑,并且增加罚金和没收财产;③增加情节较轻的情形下的法定刑设置,即情节较轻的,处 3 年以下有期徒刑、拘役、管制或者剥夺政治权利,并处或者单处罚金;④将原文“组织和利用”修改为“组织、利用”,从字面含义和语法结构来看,修改后的条文扩大了处罚的范围。 4

1997 年《刑法》第 300 条第 2 款规定:“组织和利用会道门、邪教组织或者利用迷信蒙骗他人,致人死亡的,依照前款的规定处罚。” 5

《刑法修正案(九)》对 1997 年《刑法》第 300 条第 2 款进行了修订,将“组织和利用”修改为“组织、利用”;增加了“致人重伤”情形,扩大了犯罪圈。 6

7 1997年《刑法》第300条第3款规定:"组织和利用会道门、邪教组织或者利用迷信奸淫妇女、诈骗财物的,分别依照本法第二百三十六条、第二百六十六条的规定定罪处罚。"《刑法修正案(九)》对1997年《刑法》第300条第3款作了如下修改,明确了组织、利用会道门、邪教组织或者利用迷信破坏法律实施,又有奸淫妇女、诈骗财物等犯罪行为的,依法实行数罪并罚。

Ⅲ　客体

8 组织、利用会道门、邪教组织、利用迷信破坏法律实施罪的客体是社会秩序。

9 组织、利用会道门、邪教组织、利用迷信致人重伤、死亡罪的客体则是社会秩序和公民的健康权、生命权。

Ⅳ　对象

10 组织、利用会道门、邪教组织、利用迷信破坏法律实施罪的对象是国家法律和行政法规。根据《立法法》的规定,法律由全国人民代表大会和全国人民代表大会常务委员会制定;行政法规由国务院根据宪法和法律制定;地方性法规由省、自治区、直辖市的人民代表大会及其常务委员会制定,设区的市的人民代表大会及其常务委员会可以制定部分地方性法规;军事法规由中央军事委员会制定;自治条例和单行条例由民族自治地方的人民代表大会制定;国务院部门规章由国务院各部、委员会、中国人民银行、审计署和具有行政管理职能的直属机构制定;地方政府规章由省、自治区、直辖市和设区的市、自治州的人民政府制定;军事规章由中央军事委员会各总部、军兵种、军区、中国人民武装警察部队制定。在这些规范性文件中,只有法律和行政法规是本罪的对象。

11 《立法法》第87条规定:"宪法具有最高的法律效力,一切法律、行政法规、地方性法规、自治条例和单行条例、规章都不得同宪法相抵触。"第88条规定:"法律的效力高于行政法规、地方性法规、规章。行政法规的效力高于地方性法规、规章。"因为法律、行政法规具有较高等级的效力,所以破坏法律、行政法规实施的行为,对社会秩序的危害更大。

12 组织、利用会道门、邪教组织、利用迷信致人重伤、死亡罪的犯罪对象是人,既可以是邪教组织、会道门的成员,也可以是邪教组织和会道门以外的人。

Ⅴ　行为

一、组织、利用会道门、邪教组织、利用迷信破坏法律实施罪的行为

13 本罪的行为要件体现为,组织、利用会道门、邪教组织或者利用迷信破坏国家法律、行政法规实施的行为。"组织、利用会道门、邪教组织",是指建立或者借助会道

门、邪教组织进行违法犯罪活动的行为。其中"会道门",是封建迷信活动组织的总称,如我国历史上曾经出现的一贯道、九宫道、哥老会、先天道、后天道等组织。这些带有封建迷信色彩或者反社会性质的会道门组织,新中国成立后曾经被彻底取缔,但近些年来在有些地方死灰复燃,秘密进行一些破坏社会秩序的活动。"邪教组织",是指冒用宗教、气功或者以其他名义建立,神化、鼓吹首要分子,利用制造、散布迷信邪说等手段蛊惑、蒙骗他人,发展、控制成员,危害社会的非法组织。"利用迷信",是指利用占卜、算命、看风水、看星象、掐八字、做道场等形式招摇撞骗、蛊惑群众。

这里的"破坏国家法律、行政法规实施"的行为有两种方式。 14

第一是组织、利用会道门、邪教组织破坏国家法律、行政法规的实施。该种犯罪行为,最高人民法院、最高人民检察院《关于办理组织、利用邪教组织破坏法律实施等刑事案件适用法律若干问题的解释》列举了 12 种情形和 1 个兜底条款,主要情形包括:①建立邪教组织,或者邪教组织被取缔后又恢复、另行建立邪教组织的。②聚众包围、冲击、强占、哄闹国家机关、企业事业单位或者公共场所、宗教活动场所,扰乱社会秩序的。③非法举行集会、游行、示威,扰乱社会秩序的。④使用暴力、胁迫或者以其他方法强迫他人加入或者阻止他人退出邪教组织的。⑤组织、煽动、蒙骗成员或者他人不履行法定义务的。⑥使用"伪基站""黑广播"等无线电台(站)或者无线电频率宣扬邪教的。⑦曾因从事邪教活动被追究刑事责任或者 2 年内受过行政处罚,又从事邪教活动的。⑧发展邪教组织成员 50 人以上的。⑨敛取钱财或者造成经济损失 100 万元以上的。⑩以货币为载体宣扬邪教,数量在 500 张(枚)以上的。⑪制作、传播邪教宣传品,达到下列数量标准之一的:传单、喷图、图片、标语、报纸 1000 份(张)以上的;书籍、刊物 250 册以上的;录音带、录像带等音像制品 250 盒(张)以上的;标识、标志物 250 件以上的;光盘、U 盘、储存卡、移动硬盘等移动存储介质 100 个以上的;横幅、条幅 50 条(个)以上的。⑫利用通讯信息网络宣扬邪教,具有下列情形之一的:制作、传播宣扬邪教的电子图片、文章 200 张(篇)以上,电子书籍、刊物、音视频 50 册(个)以上,或者电子文档 500 万字符以上、电子音视频 250 分钟以上的;编发信息、拨打电话 1000 条(次)以上的;利用在线人数累计达到 1000 以上的聊天室,或者利用群组成员、关注人员等账号数累计 1000 以上的通讯群组、微信、微博等社交网络宣扬邪教的;邪教信息实际被点击、浏览数达到 5000 次以上的。⑬其他情节严重的情形。 15

第二是利用迷信破坏国家法律、行政法规实施,主要是利用占卜、算命、看风水、看星象、掐八字、做道场等形式,散布迷信谣言,制造混乱,煽动群众抗拒、破坏国家法律、行政法规的实施。 16

二、组织、利用会道门、邪教组织、利用迷信致人重伤、死亡罪的行为

本罪的行为要件体现为,组织、利用会道门、邪教组织或者利用迷信蒙骗他人,致人重伤、死亡的行为。根据最高人民法院、最高人民检察院《关于办理组织、利用邪教 17

组织破坏法律实施等刑事案件适用法律若干问题的解释》的规定,组织、利用邪教组织蒙骗他人致人重伤、死亡,是指组织、利用邪教组织,制造、散布迷信邪说,蒙骗成员或者他人绝食、自虐等,或者蒙骗病人不接受正常治疗,致人重伤、死亡的行为。组织、利用会道门或者利用迷信蒙骗他人,致人重伤、死亡的理解与此相似。

Ⅵ 结果与情节

18 组织、利用会道门、邪教组织、利用迷信破坏法律实施罪的成立不要求具体危害结果的发生。组织、利用会道门、邪教组织、利用迷信致人重伤、死亡罪的成立则要求致人重伤、死亡结果的发生。

Ⅶ 主体

19 本条之罪的主体是一般主体,即年满16周岁且具有辨认和控制自己行为能力的自然人。

Ⅷ 罪过

一、组织、利用会道门、邪教组织、利用迷信破坏法律实施罪的罪过

20 本罪的罪过形式为故意。行为人明知是会道门、邪教组织或者迷信,明知组织、利用会道门、邪教组织或者利用迷信破坏国家法律、行政法规实施会危害社会秩序,并且希望或者放任这种危害发生的心理状态。

二、组织、利用会道门、邪教组织、利用迷信致人重伤、死亡罪的罪过

21 关于本罪的罪过形式,不同的刑法教科书观点不同。有的教科书并没有明确说明本罪的罪过形式是什么[1],高铭暄、马克昌教授主编的教科书认为,本罪的主观要件是故意[2],周光权教授认为,对于不同的要素具有不同的主观要件,对于组织、利用的会道门、邪教组织、迷信活动的非法性具有认识,对于妨害社会管理秩序、蒙骗他人的后果持希望或者放任态度,对于重伤、死亡结果的发生具有过失[3]。笔者认为,本罪的罪过形式是行为人认识到组织、利用的是会道门、邪教组织或者迷信,认识到蒙骗他人绝食、自虐或者蒙骗病人不接受正常治疗可能会导致重伤、死亡,对重伤、死亡

1 参见张明楷:《刑法学》(第6版),法律出版社2021年版,第1412页;黎宏:《刑法学各论》(第2版),法律出版社2016年版,第390页。

2 参见高铭暄、马克昌主编:《刑法学》(第10版),北京大学出版社、高等教育出版社2022年版,第559页。

3 参见周光权:《刑法各论》(第4版),中国人民大学出版社2021年版,第441页。

结果的发生可能是过失,也可能是故意。这样理解本罪罪过形式的主要理由在于:①不会不当缩小处罚范围。行为人对于组织、利用会道门、邪教组织或者利用迷信蒙骗他人,致人重伤、死亡的后果,无论是故意还是过失都具有可罚性,如果将本罪的罪过限定为故意,那么对于过失的行为就无法通过本罪进行评价和处罚。②体现实践理性。组织、利用会道门、邪教组织或者利用迷信蒙骗他人,致人重伤、死亡的行为,行为人对于他人重伤、死亡结果的发生是故意还是过失,存在模糊性,难以界定是故意还是过失,可能是故意,也可能是过失。在这种情况下,将本罪的罪过形式界定为可能是故意,也可能是过失,或者说最低是过失,不再纠缠于故意与过失的难以分辨之处,更符合实践理性。③不违背罪刑法定原则。本罪并没有明确规定本罪的主观要件是什么,而且《刑法》第 14 条、第 15 条并没有禁止一个犯罪不能有两种罪过。④不违背罪刑相适应原则。本罪的罪过形式虽然包括故意,但是它与最严重的故意伤害罪、故意杀人罪相比,本罪社会危害性较小。本罪的最高刑是无期徒刑,足以体现罪刑相适应原则的要求。

Ⅸ　既遂与未遂

一、组织、利用会道门、邪教组织、利用迷信破坏法律实施罪的既遂与未遂

本罪是行为犯,以组织、利用会道门、邪教组织或者利用迷信破坏国家法律、行政法规实施行为完成作为既遂标准。这种组织、利用、破坏国家法律、行政法规实施的行为已经开始,由于意志以外的原因而未完成的,是本罪的未遂。 22

根据最高人民法院、最高人民检察院《关于办理组织、利用邪教组织破坏法律实施等刑事案件适用法律若干问题的解释》的规定,为了传播而持有、携带,或者传播过程中被当场查获,邪教宣传品数量达到司法解释规定的有关标准。如果邪教宣传品是行为人制作的,以犯罪既遂处理;如果邪教宣传品不是行为人制作,部分已经传播出去的,以犯罪既遂处理,对于没有传播的部分,可以在量刑时酌情考虑;如果邪教宣传品不是行为人制作,尚未传播的,以犯罪预备处理;邪教宣传品不是行为人制作,传播过程中被查获的,以犯罪未遂处理。 23

二、组织、利用会道门、邪教组织、利用迷信致人重伤、死亡罪的既遂与未遂

本罪是结果犯,以具体危害结果的发生作为犯罪既遂的标准。如果行为人已经着手组织、利用会道门、邪教组织或者利用迷信蒙骗他人,由于意志意外的原因,而没有发生具体危害结果的,属于本罪的未遂。本罪的未遂是否成立本罪,应当考虑各种情节综合判断。 24

X 共犯

25 根据最高人民法院、最高人民检察院《关于办理组织、利用邪教组织破坏法律实施等刑事案件适用法律若干问题的解释》的规定,明知他人组织、利用邪教组织实施犯罪,而为其提供经费、场地、技术、工具、食宿、接送等便利条件或者帮助的,以共同犯罪论处。

XI 罪数

26 根据《刑法》第300条第3款的规定,犯本罪又有奸淫妇女、诈骗财物等犯罪行为的,依照数罪并罚的规定处罚。

27 根据最高人民法院、最高人民检察院《关于办理组织、利用邪教组织破坏法律实施等刑事案件适用法律若干问题的解释》的规定,组织、利用邪教组织破坏国家法律、行政法规实施的过程中,又有煽动分裂国家、煽动颠覆国家政权或者侮辱、诽谤他人等犯罪行为的,依照数罪并罚的规定定罪处罚。

XII 与他罪的区别

28 组织、利用会道门、邪教组织、利用迷信致人重伤、死亡罪与故意杀人罪的区别。两者行为要件不同。本罪的行为要件体现为组织、利用会道门、邪教组织或者利用迷信蒙骗他人实施绝食、自虐或者蒙骗病人不接受正常治疗,从而致人重伤、死亡。这种蒙骗行为致人死亡的风险较为间接、偶然。故意杀人罪的行为要件体现为行为具有致人死亡的类型性风险,即通常情况下都会发生死亡。最高人民法院、最高人民检察院《关于办理组织、利用邪教组织破坏法律实施等刑事案件适用法律若干问题的解释》规定,组织、利用邪教组织,制造、散布迷信邪说,组织、策划、煽动、胁迫、教唆、帮助其成员或者他人实施自杀、自伤的,依照故意杀人罪、故意伤害罪定罪处罚。

XIII 处罚

29 根据《刑法》第300条第1款的规定,组织、利用会道门、邪教组织、利用迷信破坏国家法律、行政法规实施的,处3年以上7年以下有期徒刑,并处罚金;情节特别严重的,处7年以上有期徒刑或者无期徒刑,并处罚金或者没收财产;情节较轻的,处3年以下有期徒刑、拘役、管制或者剥夺政治权利,并处或者单处罚金。

30 根据《刑法》第300条第2款的规定,组织、利用会道门、邪教组织、利用迷信致人重伤、死亡的,依照前款的规定处罚,即处3年以上7年以下有期徒刑,并处罚金;情节特别严重的,处7年以上有期徒刑或者无期徒刑,并处罚金或者没收财产;情节较轻的,处3年以下有期徒刑、拘役、管制或者剥夺政治权利,并处或者单处罚金。

第三百零一条　聚众淫乱罪;引诱未成年人聚众淫乱罪

聚众进行淫乱活动的，对首要分子或者多次参加的，处五年以下有期徒刑、拘役或者管制。

引诱未成年人参加聚众淫乱活动的，依照前款的规定从重处罚。

文献:王作富主编:《刑法分则实务研究》(第5版),中国方正出版社2013年版;黎宏:《刑法学各论》(第2版),法律出版社2016年版;周光权:《刑法各论》(第4版),中国人民大学出版社2021年版;张明楷:《刑法学》(第6版),法律出版社2021年版;高铭暄、马克昌主编:《刑法学》(第10版),北京大学出版社、高等教育出版社2022年版。蔡曦蕾:《论聚众淫乱罪的法理缺陷与完善》,载《时代法学》2010年第4期;陈伟:《"虚幻的道德"抑或"真实的法律"——以"南京换偶案"为视角》,载《法制与社会发展》2010年第6期;姜涛:《刑法中的聚众淫乱罪该向何处去》,载《法学》2010年第6期;欧爱民:《聚众淫乱罪的合宪性分析——以制度性保障理论为视角》,载《法商研究》2011年第1期;黎宇霞:《"裸聊"问题的法律规制——由"分贝网"案件引发的思考》,载《甘肃社会科学》2011年第2期;何剑:《我国未成年性被害人刑法保护之缺弱及完善》,载《青少年犯罪问题》2013年第6期;高永明:《聚众淫乱罪的历史、现状及未来》,载《法治研究》2013年第11期;周晓霞:《支付费用之聚众性行为的定性问题——聚众淫乱罪抑或卖淫嫖娼行为》,载《中国检察官》2016年第10期。

细目录

Ⅰ　主旨
Ⅱ　沿革
Ⅲ　客体
Ⅳ　对象
Ⅴ　行为
　一、聚众淫乱罪的行为
　二、引诱未成年人聚众淫乱罪的行为
Ⅵ　结果与情节
Ⅶ　主体
Ⅷ　罪过
Ⅸ　既遂与未遂

Ⅹ 罪数

Ⅺ 处罚

Ⅰ 主旨

1 刑法设立本条之罪的主旨首先在于保护社会秩序与善良风俗。设置引诱未成年人聚众淫乱罪的主旨除保护社会秩序与善良风俗外,还在于保护未成年人的身心健康。

Ⅱ 沿革

2 1979年《刑法》未专门规定聚众淫乱罪与引诱未成年人淫乱罪,但规定了流氓罪,对实践中的聚众淫乱包括引诱未成年人聚众淫乱行为,严重败坏社会风气的,一般作为流氓罪定罪处罚。

3 1997年《刑法》取消了流氓罪的罪名,将其分解为若干具体的犯罪,其中包括聚众淫乱罪与引诱未成年人聚众淫乱罪。

Ⅲ 客体

4 聚众淫乱罪侵犯的客体是社会秩序与善良风俗。具体体现为众人不得进行淫乱活动的社会准则。这个社会准则是人类社会发展过程中逐渐形成的,被认为是正当的。这个准则的目的在于保护社会公众对于性行为的羞耻心。

5 引诱未成年人聚众淫乱罪侵犯的客体是社会秩序、善良风俗和未成年人的身心健康。

Ⅳ 对象

6 聚众淫乱罪的对象是他人。既可以是男性多人,也可以是女性多人,还可以是男女混杂多人。司法实践的判例也表明,本罪的对象可以是男性多人。[1]

7 引诱未成年人聚众淫乱罪的对象是未成年人,即未满18周岁的男女。

Ⅴ 行为

一、聚众淫乱罪的行为

8 本罪的行为要件体现为,聚众进行淫乱活动的行为。这里所说的"聚众",是指在首要分子的组织、纠集下,3人以上的多人聚集在一起进行淫乱活动。"淫乱活

---

1 参见《南京首例同性聚众淫乱案宣判 四名"同志"获刑》,载http://news.ifeng.com/c/7fZ1E79gNmc,访问时间:2017年9月1日。

动”,是指包括被聚集的多人实施性交、手淫、口交、鸡奸等满足性欲的行为。本罪的行为要件宜理解为是单行为犯,即以聚众形式进行淫乱活动,而不是聚众行为和淫乱行为。当行为人以淫乱为目的而实施聚众,由于主客观原因而没有实施淫乱活动时,不宜成立犯罪。

有的学者认为,聚众淫乱要成立犯罪必须具备公开化的特征,即只有当3人以上以不特定人或者多数人当场可能认识到的方式实施淫乱行为时,才宜以本罪论处。有学者指出将私下的聚众淫乱进行惩罚存在以下问题,包括司法部门选择性执法、降低民众对法律的尊重、权力过度侵扰公民的私生活等问题。[2] 虽然这些学者主张本罪的成立应当具备公开化的特征,但是司法实践的判例似乎对此并不认同。在南京某大学副教授马某等22人聚众淫乱案件中,马某的辩护人提出一条辩护意见,马某所参加的“换妻”或性聚会具有封闭性、隐蔽性,不涉及公共生活和公共秩序,不构成聚众淫乱罪,故不应当以刑法处罚。法院判决认为,聚众淫乱侵犯了公共秩序,无论是私密还是公共场所,都不影响对此类行为的认定。[3] 是否要求公开化的观点体现了对法益侵害方式的不同理解。要求公开化意味着只有当公众可能认识到聚众淫乱行为时,该行为才会侵犯公共秩序和善良风俗。不要求公开化则意味着只要公众认识到有聚众淫乱行为存在,哪怕该行为是秘密实施的,也会侵犯公共秩序和善良风俗。 9

二、引诱未成年人聚众淫乱罪的行为

本罪的行为要件体现为,引诱未成年人参加淫乱活动的行为。这里所说的“引诱”,是指通过语言、观看录像、表演及作示范等手段,诱惑未成年的男女参加淫乱活动的行为。实践中,往往是通过传播淫秽物品、宣讲性体验、性感受甚至直接进行性表演等方法进行拉拢、腐蚀、引诱未成年男女参与淫乱活动。根据本款规定,引诱未成年人参加聚众淫乱活动,不需具备“多次”的条件。需要注意的是,本罪的行为要件要求行为人以拉拢未成年人参加淫乱活动为目的而实施引诱行为,不要求未成年人参加淫乱活动。换言之,行为人实施引诱行为,而未成年人未参加淫乱活动的,行为人仍然成立本罪。 10

Ⅵ 结果与情节

本条之罪的成立不以具体危害结果的发生作为必要条件。组织、策划、指挥3人以上进行淫乱活动或者参加聚众淫乱活动3次以上的,才能构成聚众淫乱罪。凡引 11

---

2 参见张明楷:《刑法学》(第6版),法律出版社2021年版,第1413页;罗翔:《从风俗到法益——性刑法的惩罚边界》,载《暨南学报(哲学社会科学版)》2012年第1期。

3 参见《南京22人聚众淫乱案一审宣判 副教授获刑3年半》,载http//news.qq.com/a/20100520/002103.htm,访问时间:2017年9月1日。

诱未成年人参加聚众淫乱活动的,一般即构成引诱未成年人聚众淫乱罪。

Ⅶ 主体

12 本条之罪的主体为一般主体,年满16周岁且具有辨认和控制自己行为能力的自然人均可构成。但在聚众淫乱行为中,只有首要分子或者多次参加者才构成聚众淫乱罪。这里的"首要分子",是指在聚众淫乱行为中起策划、组织、指挥、纠集作用的行为人;"多次参加的",一般是指3次或者3次以上参加聚众淫乱的。对偶尔参加者,应当进行批评教育或者给予必要的治安处罚,不宜定罪处刑。

Ⅷ 罪过

13 聚众淫乱罪的罪过形式是故意,即行为人明知是淫乱活动,明知聚集、组织、多次参加淫乱活动会危害社会秩序,并且希望或者放任这种危害发生。引诱未成年人聚众淫乱罪的罪过形式是故意,即行为人明知对方是未成年人,明知引诱未成年人参加聚众淫乱活动会危害社会秩序和未成年人的身心健康,并且希望或者放任这种结果发生。

Ⅸ 既遂与未遂

14 聚众淫乱罪是行为犯,以聚众进行淫乱活动的行为完成作为既遂的标准。如果行为人开始着手聚众进行淫乱活动,由于意志以外的原因没有完成,那么应当属于本罪未遂。本罪的未遂形态不宜成立犯罪。

15 引诱未成年人聚众淫乱罪是行为犯,以引诱未成年人参加聚众淫乱活动的行为实施完毕作为既遂标准。本罪的未遂形态是否构成犯罪,应当综合考虑行为的客观危害和行为人的可谴责性而定。

Ⅹ 罪数

16 行为人使用暴力、胁迫等违背妇女意志的方式强迫妇女参加聚众淫乱活动的,同时构成强奸罪、强制猥亵罪、强制侮辱妇女罪的,根据具体情形,可能构成强奸罪、强制猥亵罪、强制侮辱妇女罪与聚众淫乱罪的想象竞合,应当从一重罪论处。

17 如果行为人引诱未满14周岁的幼女参加聚众淫乱活动的,并且与该幼女发生性关系的,构成引诱未成年人聚众淫乱罪与强奸罪的想象竞合,应当从一重罪论处。

Ⅺ 处罚

18 犯聚众淫乱罪的,对于首要分子或者多次参加的,处5年以下有期徒刑、拘役或者管制。犯引诱未成年人聚众淫乱罪的,依照前款的规定从重处罚。

第三百零二条　盗窃、侮辱、故意毁坏尸体、尸骨、骨灰罪

盗窃、侮辱、故意毁坏尸体、尸骨、骨灰的，处三年以下有期徒刑、拘役或者管制。

文献:高铭暄:《中华人民共和国刑法的孕育诞生和发展完善》,北京大学出版社2012年版;黎宏:《刑法学各论》(第2版),法律出版社2016年版;周光权:《刑法各论》(第4版),中国人民大学出版社2021年版;张明楷:《刑法学》(第6版),法律出版社2021年版;高铭暄、马克昌主编:《刑法学》(第10版),北京大学出版社、高等教育出版社2022年版。高丽丽:《盗窃、侮辱、故意毁坏尸体、尸骨、骨灰罪疑难问题研析——兼谈〈刑法修正案(九)〉对民族习俗的特殊保护》,载《政法论丛》2016年第4期。

细目录

Ⅰ　主旨
Ⅱ　沿革
Ⅲ　客体
Ⅳ　对象
Ⅴ　行为
Ⅵ　结果与情节
Ⅶ　主体
Ⅷ　罪过
Ⅸ　既遂与未遂
Ⅹ　与非罪的界限
Ⅺ　与他罪的区别
Ⅻ　处罚

Ⅰ　主旨

本罪的主旨在于保护社会秩序。对于尸体、尸骨、骨灰的尊重,有利于寄托和表达对于先人的怀念,从而涵养人的情感,培养公序良俗。 1

Ⅱ　沿革

本罪是1997年《刑法》增设的犯罪。1997年《刑法》第302条规定:“盗窃、侮辱 2

尸体的,处三年以下有期徒刑、拘役或者管制。”

3 2015 年 8 月 29 日,全国人大常委会通过的《刑法修正案(九)》对其进行了修订。第一,将行为方式由盗窃、侮辱修改为盗窃、侮辱、故意毁坏;第二,将犯罪对象由尸体修改为尸体、尸骨、骨灰。

Ⅲ 客体

4 本罪的客体是社会秩序。具体体现为不得盗窃、侮辱、故意毁坏尸体、尸骨、骨灰的社会规则。这种社会规则体现了公众对于尸体、尸骨、骨灰的虔敬感情,也体现了社会善良风俗。

Ⅳ 对象

5 本罪的对象是尸体、尸骨、骨灰。“尸体”是指人死亡后遗留的躯体,尚未死亡的被害人的身体,不是尸体。“尸骨”是指人死后留下的遗骨。“骨灰”是指人的尸体焚烧后骨骼化成的灰。

Ⅴ 行为

6 本罪的行为要件体现为,盗窃、侮辱、故意毁坏尸体、尸骨、骨灰的行为。这里的“盗窃”,是指行为人秘密窃取尸体、尸骨、骨灰的行为,也就是采取不被他人知晓的方法将尸体、尸骨、骨灰置于行为人或者第三人实际控制支配之下,如从墓地、停尸房或其他场所秘密窃取尸体、尸骨、骨灰等。“侮辱”,主要是指直接对死者尸体、尸骨、骨灰进行奸淫、猥亵、鞭打、遗弃、抛撒等凌辱行为。这里的侮辱行为应当是直接针对尸体、尸骨、骨灰实施的,如果只是以书面、文字或言词等侮辱贬损死者名誉的,不应适用本罪。“故意毁坏”,主要是指对尸体、尸骨、骨灰予以物理上或者化学性的损伤或破坏,既包括对整个尸体、尸骨、骨灰的毁损或破坏,也包括对尸体、尸骨、骨灰的一部分的损坏,如肢解、割裂或非法解剖尸体,毁损死者的面容等。

Ⅵ 结果与情节

7 刑法没有直接规定具体的危害结果。

Ⅶ 主体

8 本罪的主体是一般主体,即年满 16 周岁且具有辨认和控制自己行为能力的自然人。

Ⅷ 罪过

9 本罪的罪过形式为故意,即行为人明知是尸体、尸骨、骨灰,明知盗窃、侮辱、毁坏尸体、尸骨、骨灰的行为会危害社会秩序,并且希望或者放任这种结果的发生。

Ⅸ 既遂与未遂

10 盗窃行为的既遂标准是行为人实际控制尸体、尸骨、骨灰。侮辱、故意毁坏尸体、尸骨、骨灰以行为的完成作为既遂标准。本罪的未遂形态不宜成立犯罪。

Ⅹ 与非罪的界限

11 侮辱、故意毁坏尸体罪的成立要求行为人具有侮辱、故意毁坏尸体的故意,尤其是行为人认识到自己处置尸体的行为是违法的或者不为社会所认可的。医务人员、司法工作人员因履行职责依法对尸体进行解剖,殡仪馆工作人员依照规定火化尸体等,没有侮辱、故意毁坏尸体的故意,因此不成立本罪。

Ⅺ 与他罪的区别

12 盗窃尸体、尸骨罪与盗窃罪和盗掘古文化遗址、古墓葬罪的区别。三种罪主观上都是以非法占有为目的,客观上都采取秘密窃取的方法。区别主要在于犯罪对象不同,盗窃尸体、尸骨罪的犯罪对象是尸体、尸骨;盗窃罪的犯罪对象是他人的财物;盗掘古文化遗址、古墓葬罪的犯罪对象是具有历史、艺术、科学价值的古文化遗址、古墓葬。比如从墓葬中盗窃明代女尸,则不能以盗窃尸体罪论处,而应以盗掘古文化遗址、古墓葬罪定罪处罚。

13 侮辱尸体、尸骨罪与侮辱罪和强制侮辱妇女罪的区别。三种罪在主观上都具有侮辱的故意,行为方式上也具有一定的相似性。三种罪的主要区别是:首先,对象不同。侮辱尸体、尸骨罪的犯罪对象是尸体、尸骨;侮辱罪的犯罪对象是他人;强制侮辱妇女罪的犯罪对象是妇女。其次,犯罪的客观表现不同。侮辱尸体、尸骨罪不要求公然性,但必须是直接对尸体、尸骨加以侮辱,尸体、尸骨不在场难以构成本罪;侮辱罪必须具有公然性,使不特定人或多数人得以听见、看见的方式进行侮辱,被害人不在场,不影响本罪的成立;强制侮辱妇女罪必须以暴力、胁迫或者其他方法,违背妇女意愿,以偷剪妇女发辫、衣服,向妇女身上泼洒腐蚀物,故意向妇女显露生殖器,追逐、堵截妇女等手段实施侮辱行为,且被害妇女也应在现场。

Ⅻ 处罚

14 根据《刑法》规定,犯本罪的,处 3 年以下有期徒刑、拘役或者管制。

第三百零三条　赌博罪；开设赌场罪；组织参与国（境）外赌博罪

以营利为目的，聚众赌博或者以赌博为业的，处三年以下有期徒刑、拘役或者管制，并处罚金。

开设赌场的，处五年以下有期徒刑、拘役或者管制，并处罚金；情节严重的，处五年以上十年以下有期徒刑，并处罚金。

组织中华人民共和国公民参与国（境）外赌博，数额巨大或者有其他严重情节的，依照前款的规定处罚。

文献：高铭暄：《中华人民共和国刑法的孕育诞生和发展完善》，北京大学出版社2012年版；黎宏：《刑法学各论》（第2版），法律出版社2016年版；周光权：《刑法各论》（第4版），中国人民大学出版社2021年版；张明楷：《刑法学》（第6版），法律出版社2021年版；高铭暄、马克昌主编：《刑法学》（第10版），北京大学出版社、高等教育出版社2022年版。杜国强、胡学相：《赌博罪的司法困境及出路》，载《法律适用》2007年第11期；陈国庆等：《〈关于办理网络赌博犯罪案件适用法律若干问题的意见〉理解与适用》，载《人民检察》2010年第20期；冯宁：《担任赌博网站代理接受投注构成开设赌场罪》，载《人民司法》2011年第10期；姚珂、田申：《论利用网络开设赌场犯罪的法律适用》，载《中国检察官》2012年第5期；赵慧萍、徐宣文：《倒卖虚拟货币供他人赌博构成赌博罪》，载《人民司法》2014年第24期；于志刚：《网络开设赌场犯罪的规律分析与制裁思路——基于100个随机案例的分析和思索》，载《法学》2015年第3期；许晓娟、张龙：《对在住宅中开设赌场的认定分析》，载《法学杂志》2015年第11期；罗开卷、赵拥军：《组织他人抢发微信红包并抽头营利的应以开设赌场罪论处》，载《中国检察官》2016年第18期；陈峰：《开设赌场罪情节严重的司法认定》，载《人民司法》2017年第20期；尹淑艳：《建微信群组织赌博构成开设赌场罪》，载《人民司法》2019年第5期。

细目录

Ⅰ　主旨
Ⅱ　沿革
Ⅲ　客体
Ⅳ　对象

Ⅴ 行为
一、赌博罪的行为
二、开设赌场罪的行为
三、组织参与国(境)外赌博罪的行为
Ⅵ 结果与情节
Ⅶ 主体
Ⅷ 罪过
Ⅸ 既遂与未遂
Ⅹ 共犯
一、赌博罪的共犯
二、开设赌场罪的共犯
Ⅺ 罪数
Ⅻ 与非罪的界限
一、赌博罪与非罪的界限
二、开设赌场罪与非罪的界限
三、组织参与国(境)外赌博罪与非罪的界限
XIII 与他罪的区别
一、赌博罪与他罪的区别
二、开设赌场罪与聚众赌博型赌博罪的区别
XIV 处罚

Ⅰ 主旨

本条之罪的主旨在于保护社会秩序。赌博行为破坏了热爱劳动的社会风气,甚至导致家庭矛盾和违法犯罪。刑法只是将最严重的赌博行为与开设赌场行为分别规定为犯罪。 1

Ⅱ 沿革

1979年《刑法》规定了本罪。1979年《刑法》第168条规定:“以营利为目的,聚众赌博或者以赌博为业的,处三年以下有期徒刑、拘役或者管制,可以并处罚金。” 2

1997年刑法对本条之罪进行了修订,修订后的《刑法》第303条规定:“以营利为目的,聚众赌博、开设赌场或者以赌博为业的,处三年以下有期徒刑、拘役或者管制,并处罚金。”修订表现为:第一,增加了开设赌场罪,对于开设赌场,情节严重的,专门规定了法定刑;第二,将“可以并处罚金”修改为“并处罚金”。 3

2006年6月29日全国人大常委会通过的《刑法修正案(六)》第18条对1997年《刑法》进行了修订。主要表现为:第一,将开设赌场的行为从原规定中独立出来;第 4

二,增加了一档法定刑。

5 2020年12月26日全国人大常委会通过的《刑法修正案(十一)》第36条修订如下:第一,提高了开设赌场的行为的法定刑;第二,增加了组织中华人民共和国公民参与国(境)外赌博的行为的处罚条款。

Ⅲ 客体

6 本条之罪侵犯的客体是社会秩序。赌博不但助长投机心理,损害正常生活,而且可能诱发其他犯罪。刑法设立本条之罪的目的在于保护以诚实劳动换取经济利益的善良风俗。

Ⅳ 对象

7 赌博罪的对象是财物,既可以是金钱,也可以是有价值的物品,还可以是财产性利益。

8 开设赌场罪的对象是参与赌博的人,开设赌场是为参与赌博的人提供场所和服务。组织参与国(境)外赌博罪的对象是中华人民共和国公民。

Ⅴ 行为

一、赌博罪的行为

9 不是所有的赌博行为都成立犯罪,刑法只是将两种危害最严重的赌博行为纳入犯罪的范畴。①以营利为目的的聚众赌博的行为。此种类型的"以营利为目的"是指通过抽头渔利或者收取各种名义的手续费、入场费等获取财物的目的。"聚众赌博"是指较多的人纠集在一起进行赌博的行为,纠集人是否参与不影响对于聚众赌博的认定。实践中常见的多是一些人临时纠集在某宅院、某宾馆等地方聚众进行赌博。2005年5月11日发布的最高人民法院、最高人民检察院《关于办理赌博刑事案件具体应用法律若干问题的解释》第1条规定:"以营利为目的,有下列情形之一的,属于刑法第三百零三条规定的'聚众赌博':(一)组织3人以上赌博,抽头渔利数额累计达到5000元以上的;(二)组织3人以上赌博,赌资数额累计达到5万元以上的;(三)组织3人以上赌博,参赌人数累计达到20人以上的;(四)组织中华人民共和国公民10人以上赴境外赌博,从中收取回扣、介绍费的。"②以营利为目的以赌博为业的行为。这种类型的"以营利为目的"是指参与赌博的人是以获取财物为目的,主要包括通过赌博活动取胜而获取财物的目的。以赌博为业,即以赌博所得为其生活或者挥霍的主要来源的行为。既包括没有正式职业和其他正当收入而以赌博为生的情形,也包括那些虽然有职业或其他正当收入而其经济收入的主要部分来自于赌博活动的情形。

二、开设赌场罪的行为

本罪的行为要件体现为开设赌场的行为。所谓"开设赌场",是指开设专门用于进行赌博的场所。实践中,常见的多是不法分子利用一些偏僻的场院、宾馆或地下室等不易被发现的地方,雇用一些打手,配有专门用于进行赌博的设备,如老虎机、轮盘机、牌桌等。 10

应当注意的是,随着科技的发展,开设赌场的形式也在发生变化,在网上进行赌博的情况不断增加。最高人民法院、最高人民检察院《关于办理赌博刑事案件具体应用法律若干问题的解释》第2条明确规定,以营利为目的,在计算机网络上建立赌博网站,或者为赌博网站担任代理,接受投注的,属于《刑法》第303条规定的"开设赌场"。2010年8月31日发布的最高人民法院、最高人民检察院、公安部《关于办理网络赌博犯罪案件适用法律若干问题的意见》对网上开设赌场作了更为具体的规定。该意见第1条规定,利用互联网、移动通讯终端等传输赌博视频、数据,组织赌博活动,具有下列情形之一的,属于开设赌场行为:①建立赌博网站并接受投注的;②建立赌博网站并提供给他人组织赌博的;③为赌博网站担任代理并接受投注的;④参与赌博网站利润分成的。行为人是否参与赌博,不影响行为要件的成立。在司法实践中,开设网络赌博场所的行为有三种形式:①以营利为目的,在计算机网络上建立赌博网站,招引赌博客户,或通过发展赌博代理人招引赌博客户,接受投注的行为。这种行为人一般是赌博网站的股东及其经营者。②以营利为目的,为赌博网站充当地区代理人招引赌博客户或通过发展下级代理人招引赌博客户,接受投注的行为。③以营利为目的,充当赌博网站地区代理人的下级代理人,通过发展下级代理人招引赌博客户或同时自己招引赌博客户,接受赌注的行为。这种行为人往往是地区代理人的下级代理人。[1] 11

2014年3月26日发布的最高人民法院、最高人民检察院、公安部《关于办理利用赌博机开设赌场案件适用法律若干问题的意见》进一步规定,设置具有退币、退分、退钢珠等赌博功能的电子游戏设施设备,并以现金、有价证券等贵重款物作为奖品,或者以回购奖品方式给予他人现金、有价证券等贵重款物(以下简称设置赌博机)组织赌博活动的,应当认定为《刑法》第303条第2款规定的"开设赌场"行为。设置赌博机组织赌博活动,具有下列情形之一的,应当按照《刑法》第303条第2款规定的开设赌场罪定罪处罚:①设置赌博机10台以上的;②设置赌博机2台以上,容留未成年人赌博的;③在中小学校附近设置赌博机2台以上的;④违法所得累计达到5000元以上的;⑤赌资数额累计达到5万元以上的;⑥参赌人数累计达到20人以上的;⑦因设置赌博机被行政处罚后,两年内再设置赌博机5台以上的;⑧因赌博、开设赌场犯罪 12

1 参见最高人民法院刑事审判第一庭、第二庭编:《刑事审判参考》总第44集(第351号),法律出版社2006年版。

被刑事处罚后,5 年内再设置赌博机 5 台以上的;⑨其他应当追究刑事责任的情形。

13 通过建立、管理微信群的方式组织赌博活动的,可以成立开设赌场罪。最高人民法院第 105 号指导案例即“洪小强、洪礼沃、洪清泉、李志荣开设赌场案”的裁判要旨明确指出,以营利为目的,通过邀请人员加入微信群的方式招揽赌客,根据竞猜游戏网站的开奖结果等方式进行赌博,设定赌博规则,利用微信群进行控制管理,在一段时间内持续组织网络赌博活动的,属于《刑法》第 303 条第 2 款规定的“开设赌场”。最高人民法院第 106 号指导案例即“谢检军、高垒、高尔樵、杨泽彬开设赌场案”的裁判要旨进一步指出,以营利为目的,通过邀请人员加入微信群,利用微信群进行控制管理,以抢红包方式进行赌博,在一段时间内持续组织赌博活动的行为,属于《刑法》第 303 条第 2 款规定的“开设赌场”。开设赌场罪的犯罪圈通过司法解释和指导案例进行了扩张,由现实赌场扩张到虚拟赌场。这是司法实践通过扩大解释的方法对网络赌博和微信赌博活动进行的打击。

14 与“押大小、赌输赢”本质相同的“二元期权”交易行为属于赌博行为。最高人民法院第 146 号指导案例即“陈庆豪、陈淑娟、赵延海开设赌场案”的裁判要点指出,以“二元期权”交易的名义,在法定期货交易场所之外利用互联网招揽“投资者”,以未来某段时间外汇品种的价格走势为交易对象,按照“买涨”“买跌”确定盈亏,买对涨跌方向的“投资者”得利,买错的本金归网站(庄家)所有,盈亏结果不与价格实际涨跌幅度挂钩的,本质是“押大小、财输赢”,是披着期权交易外衣的赌博行为。对相关网站应当认定为赌博网站。

三、组织参与国(境)外赌博罪的行为

15 本罪的行为要件体现为组织中华人民共和国公民参与国(境)外赌博的行为。包括直接组织中华人民共和国公民赴国(境)外赌博,也包括以旅游、公务的名义组织中华人民共和国公民赴国(境)外赌博,或者以提供赌博场所、提供赌资、设定赌博方式等组织中华人民共和国公民赴国(境)外赌博,或者利用信息网络、通讯终端等传输赌博视频、数据,组织中华人民共和国公民参与国(境)外赌博等。

VI 结果与情节

16 赌博行为构成犯罪,仅限于法定的聚众赌博与以赌博为业的两种赌博行为,这是对赌博行为构成犯罪的情节限制。开设赌场罪的成立不以具体危害结果的发生作为必要条件。

17 组织参与国(境)外赌博罪的成立,以数额巨大或者有其他严重情节作为必要条件。这里的“数额巨大”主要是指赌资数额巨大,具体数额应当通过司法解释予以明确。赌资主要是指赌博行为中用作赌注的款物、换取筹码的款物和通过赌博赢取的款物。“有其他严重情节”是指赌资虽未达到数额巨大的标准,但是有严重侵害法益的其他情节,比如抽头渔利的数额较多,参赌人数较多,组织、胁迫、引诱、教唆、容留

未成年人参与赌博,强迫他人参与赌博等。

Ⅶ 主体

赌博罪和开设赌场罪的主体均为一般主体,即年满16周岁且具有辨认和控制自己行为能力的自然人。组织参与国(境)外赌博罪的主体是组织者。这里的组织者是指组织、策划、召集中华人民共和国公民参与国(境)外赌博的人员。既包括犯罪集团,也包括比较松散的犯罪团伙,还包括个人。既包括中国大陆地区公民,也包括国(境)外人员。 18

Ⅷ 罪过

本条之罪的罪过形式均为故意。其中,赌博罪还必须具有营利的目的。以营利为目的是赌博罪超过的主观要素,赌博罪的成立不以行为人实际上赢得钱财为条件。即使行为人输钱赔本,也属于以营利为目的。 19

Ⅸ 既遂与未遂

赌博罪和开设赌场罪均系行为犯,以聚众赌博行为或者开设赌场行为的完成作为既遂的标准。赌博罪的未遂、开设赌场罪的未遂一般不宜成立犯罪。组织参与国(境)外赌博罪是数额犯和情节犯,以数额巨大或者其他严重情节作为既遂标准。组织他人参与国(境)外赌博罪的未遂是否成立犯罪应视案例具体情况而定。 20

Ⅹ 共犯

一、赌博罪的共犯

根据最高人民法院、最高人民检察院《关于办理赌博刑事案件具体应用法律若干问题的解释》第4条的规定,明知他人实施赌博犯罪活动,而为其提供资金、计算机网络、通讯、费用结算等直接帮助的,以赌博罪的共犯论处。 21

二、开设赌场罪的共犯

网上开设赌场共同犯罪的成立,不但需要共同犯罪的客观要件,还需要主观要件。根据最高人民法院、最高人民检察院、公安部《关于办理网络赌博犯罪案件适用法律若干问题的意见》第2条的规定,明知是赌博网站,而为其提供下列服务或者帮助的,属于开设赌场罪的共同犯罪:①为赌博网站提供互联网接入、服务器托管、网络存储空间、通讯传输通道、投放广告、发展会员、软件开发、技术支持等服务,收取服务费数额在2万元以上的;②为赌博网站提供资金支付结算服务,收取服务费数额在1万元以上或者帮助收取赌资20万元以上的;③为10个以上赌博网站投放与网址、赔 22

率等信息有关的广告或者为赌博网站投放广告累计100条以上的。行为人实施上述行为,具有下列情形之一的,应当认定行为人"明知",但是有证据证明确实不知道的除外:①收到行政主管机关书面等方式的告知后,仍然实施上述行为的;②为赌博网站提供互联网接入、服务器托管、网络存储空间、通讯传输通道、投放广告、软件开发、技术支持、资金支付结算等服务,收取服务费明显异常的;③在执法人员调查时,通过销毁、修改数据、账本等方式故意规避调查或者向犯罪嫌疑人通风报信的;④其他有证据证明行为人明知的。

23 根据最高人民法院、最高人民检察院、公安部《关于办理利用赌博机开设赌场案件适用法律若干问题的意见》第3条的规定,明知他人利用赌博机开设赌场,具有下列情形之一的,以开设赌场罪的共犯论处:①提供赌博机、资金、场地、技术支持、资金结算服务的;②受雇参与赌场经营管理并分成的;③为开设赌场者组织客源,收取回扣、手续费的;④参与赌场管理并领取高额固定工资的;⑤提供其他直接帮助的。

24 在开设赌场的犯罪活动中,有的行为人不参与开设赌场赢利的分成,仅领取报酬而提供帮助行为的,以开设赌场罪的共犯论处。

XI 罪数

25 根据2005年1月10日发布的最高人民法院、最高人民检察院、公安部《关于开展集中打击赌博违法犯罪活动专项行动有关工作的通知》,对实施贪污、挪用公款、职务侵占、挪用单位资金、挪用特定款物、受贿等犯罪,并将犯罪所得的款物用于赌博的,分别依照刑法有关规定从重处罚;同时构成赌博罪的,应依照刑法规定实行数罪并罚。

26 开设赌场罪与聚众赌博型的赌博罪是法条竞合的关系。开设赌场罪是特别法条,且此罪法定刑更重。行为人开设赌场并聚众赌博的,应当优先以开设赌场罪定罪处罚。如果行为人开设赌场,并且以赌博为业的,则应当以开设赌场罪与赌博罪数罪并罚处理。

27 明知是赌博网站仍为其提供资金结算便利的行为,构成帮助信息网络犯罪活动罪与开设赌场罪的共同犯罪,属于想象竞合,应当依照处罚较重的规定定罪处罚。

XII 与非罪的界限

一、赌博罪与非罪的界限

28 赌博罪与违反《治安管理处罚法》的赌博行为之间的区别。《治安管理处罚法》第70条规定:"以营利为目的,为赌博提供条件的,或者参与赌博赌资较大的,处五日以下拘留或者五百元以下罚款;情节严重的,处十日以上十五日以下拘留,并处五百元以上三千元以下罚款。"总体而言,危害较大的赌博行为构成赌博罪,危害较小的赌博行为属于违反《治安管理处罚法》的行为。具体而言,聚众赌博行为如果达到司法解释规定的入罪标准,可以成立本罪;如果没有达到司法解释规定的入罪标准,可以成立一般违法行为。参与赌博如果达到以赌博为业的程度,可以成立本罪;如果没有达到这种程度,且赌资较大的,可以成立一般违法行为。

赌博罪与娱乐活动的区别。根据最高人民法院、最高人民检察院《关于办理赌博刑事案件具体应用法律若干问题的解释》第 9 条的规定,不以营利为目的,进行带有少量财物输赢的娱乐活动的,不以赌博论处。 29

二、开设赌场罪与非罪的界限

提供棋牌室等娱乐场所,只收取正常的场所和服务费用的,不成立本罪。 30

对于赌场的受雇佣者,不是所有的人都成立本罪共犯。通常来讲,对于开设、运营赌场起直接和重要作用的人可以纳入本罪共犯范围,对于赌场开设、运营没有起到直接和重要作用的人不宜纳入本罪共犯范围。根据最高人民法院、最高人民检察院、公安部《关于办理利用赌博机开设赌场案件适用法律若干问题的意见》第 7 条的规定,对于受雇佣为赌场从事接送参赌人员、望风看场、发牌坐庄、兑换筹码等活动的人员,除参与赌场利润分成或者领取高额固定工资的以外,一般不追究刑事责任,可由公安机关依法给予治安管理处罚。 31

三、组织参与国(境)外赌博罪与非罪的界限

组织中华人民共和国公民参与国(境)外赌博的行为,如果达不到数额巨大或者没有其他严重情节的,则不构成本罪。如果组织者的行为构成赌博罪或者开设赌场罪的,则根据相应犯罪定罪处罚。 32

XIII 与他罪的区别

一、赌博罪与他罪的区别

本罪与非法经营罪的区别。根据最高人民法院、最高人民检察院《关于办理赌博刑事案件具体应用法律若干问题的解释》第 6 条的规定,未经国家批准擅自发行、销售彩票,构成犯罪的,依照《刑法》第 225 条第(四)项的规定,以非法经营罪定罪处罚。"周帮权等赌博案"的裁判要旨指出,在内地利用香港"六合彩"开奖信息进行竞猜赌博的行为,属于赌博,而不是擅自发行、销售彩票。两者的区别在于获取利益的来源不同:擅自发行、销售彩票取得除返奖、发行费用后的余额;赌博的获利则是凭借运气、技巧等因素。[2] 33

通过赌博或者为国家工作人员赌博提供资金的形式实施行贿、受贿行为,构成犯 34

2 参见最高人民法院刑事审判第一、二、三、四、五庭主办:《刑事审判参考》总第 84 集(第 752 号),法律出版社 2012 年版。

罪的,依照刑法关于贿赂犯罪的规定定罪处罚。

35 本罪与诈骗罪的区别。对于设置圈套诱骗他人参与赌博,使用欺骗方法获取钱财的行为,应当构成诈骗罪。行为人诱使他人参与赌博,约定由行为人本人直接参赌,他人与其共同承担输赢责任。在行为人故意输给其他参赌人后,要求被诈骗人承担还款责任,骗取钱款数额巨大的,应以诈骗罪追究刑事责任。两罪的主要区别在于获利手段不同。本罪的获利手段在于运气和技巧,诈骗罪的获利手段在于虚构事实、隐瞒真相。

36 应当将诱骗参与赌博行为与赌博过程中的诱骗行为区别开来。前者的手段体现在诱骗他人参与赌博,通过他人参与赌博获取钱财,这仍然属于赌博罪的行为;后者的手段体现为在赌博过程中虚构事实、隐瞒真相骗取钱财,这属于诈骗罪。

二、开设赌场罪与聚众赌博型赌博罪的区别

37 开设赌场罪与聚众赌博型的赌博罪的区别。二者有竞合的部分,也有区别的部分。二者都要为他人赌博提供场所、赌具等,其区别主要在于,是否存在相对固定的且为一定范围的人们所知悉的赌场。在网络赌博犯罪中,聚众赌博行为与开设赌场行为的区别在于行为人是否发展了下级代理人。如果行为人只是充当赌博网站地区代理人的下级代理人,通过提供赌博网站的账户和密码招引赌博客户,没有再发展下级代理人的,应当认定为聚众赌博行为。

XIV 处罚

38 根据《刑法》第 303 条的规定,犯赌博罪的,处 3 年以下有期徒刑、拘役、管制,并处罚金。犯开设赌场罪的,处 5 年以下有期徒刑、拘役或者管制,并处罚金;情节严重的,处 5 年以上 10 年以下有期徒刑,并处罚金。组织中华人民共和国公民参与国(境)外赌博,数额巨大或有其他严重情节的,处 5 年以下有期徒刑、拘役或者管制,并处罚金;情节严重的,处 5 年以上 10 年以下有期徒刑,并处罚金。

39 根据最高人民法院、最高人民检察院、公安部《关于办理网络赌博犯罪案件适用法律若干问题的意见》第 1 条第 2 款的规定,网上开设赌场,具有下列情形之一的,应当认定为开设赌场罪的"情节严重":①抽头渔利数额累计达到 3 万元以上的;②赌资数额累计达到 30 万元以上的;③参赌人数累计达到 120 人以上的;④建立赌博网站后通过提供给他人组织赌博,违法所得数额在 3 万元以上的;⑤参与赌博网站利润分成,违法所得数额在 3 万元以上的;⑥为赌博网站招募下级代理,由下级代理接受投注的;⑦招揽未成年人参与网络赌博的;⑧其他情节严重的情形。

40 根据最高人民法院、最高人民检察院、公安部《关于办理利用赌博机开设赌场案件适用法律若干问题的意见》第 2 条的规定,设置赌博机组织赌博活动,具有下列情形之一的,应当认定为《刑法》第 303 条第 2 款规定的"情节严重":①数量或者数额达到第 2 条第 1 款第(一)项至第(六)项规定标准 6 倍以上的;②因设置赌博机被行政处罚后,两年内再设置赌博机 30 台以上的;③因赌博、开设赌场犯罪被刑事处罚

后,5 年内再设置赌博机 30 台以上的;④其他情节严重的情形。

根据最高人民法院、最高人民检察院《关于办理赌博刑事案件具体应用法律若干 41
问题的解释》第 5 条的规定,实施赌博犯罪,有下列情形之一的,从重处罚:①具有国家工作人员身份的;②组织国家工作人员赴境外赌博的;③组织未成年人参与赌博,或者开设赌场吸引未成年人参与赌博的。

第三百零四条　故意延误投递邮件罪

邮政工作人员严重不负责任，故意延误投递邮件，致使公共财产、国家和人民利益遭受重大损失的，处二年以下有期徒刑或者拘役。

文献:高铭暄:《中华人民共和国刑法的孕育诞生和发展完善》,北京大学出版社2012年版;黎宏:《刑法学各论》(第2版),法律出版社2016年版;周光权:《刑法各论》(第4版),中国人民大学出版社2021年版;张明楷:《刑法学》(第6版),法律出版社2021年版;高铭暄、马克昌主编:《刑法学》(第10版),北京大学出版社、高等教育出版社2022年版。蒋毅:《故意延误投递邮件罪构成要件宜修改》,载《人民检察》2012年第7期;徐剑:《故意延误投递邮件罪若干问题探析——兼论牵连犯等罪数问题》,载《法律适用》2017年第7期。

细目录

Ⅰ　主旨
Ⅱ　沿革
Ⅲ　客体
Ⅳ　对象
Ⅴ　行为
Ⅵ　结果与情节
Ⅶ　主体
Ⅷ　罪过
Ⅸ　既遂与未遂
Ⅹ　共犯
Ⅺ　处罚

Ⅰ　主旨

1　本罪的主旨在于保护社会秩序。

Ⅱ　沿革

2　本罪是1997年《刑法》增设的犯罪。

Ⅲ 客体

本罪的客体是社会秩序。 3

Ⅳ 对象

本罪的犯罪对象是邮件。"邮件",是指通过邮政企业及其分支机构寄送、递交的信件、电报、传真、印刷品、邮包、汇款通知、报纸杂志等。 4

Ⅴ 行为

本罪的行为要件体现为,邮政工作人员严重不负责任,故意延误投递邮件,致使公共财产、国家和人民利益遭受重大损失的行为。"严重不负责任",是指邮政工作人员违背国家法律赋予的职责和任务,情节严重的行为。根据《邮政法》第6条、第20条等有关规定,邮政企业应当为用户提供迅速、准确、安全、方便的服务;邮政企业寄递邮件,应当符合国务院邮政管理部门规定的寄递时限和服务规范。"延误投递",是指邮政工作人员故意拖延、耽误邮件的分发、递送,没有按照国务院邮政管理部门规定的时限投交邮件。 5

Ⅵ 结果与情节

本罪是结果犯,以具体危害结果的发生作为犯罪成立的条件。"公共财产",是指《刑法》第91条规定的各项财产;"国家和人民利益",是指关系到国家的政治、经济、国防、外交、社会发展等方面的各项事业的利益,以及关系到人民的生命、健康、财产、名誉等的各项权利和利益。最高人民检察院、公安部《关于公安机关管辖的刑事案件立案追诉标准的规定(一)》第45条规定,邮政工作人员严重不负责任,故意延误投递邮件,涉嫌下列情形之一的,应予立案追诉:①造成直接经济损失2万元以上的;②延误高校录取通知书或者其他重要邮件投递,致使他人失去高校录取资格或者造成其他无法挽回的重大损失的;③严重损害国家声誉或者造成其他恶劣社会影响的;④其他致使公共财产、国家和人民利益遭受重大损失的情形。 6

Ⅶ 主体

本罪的主体是邮政工作人员。这里所说的"邮政工作人员",是指邮政企业及其分支机构的营业员、投递员、押运员以及其他从事邮政工作的人员。快递企业的工作人员应该属于本罪的主体。邮政工作人员以外的人员,如一般单位收发室人员故意延误邮件收发的,不构成本罪。 7

Ⅷ 罪过

8 本罪的罪过形式为过失。行为人对于延误投递邮件行为是故意,但是对于危害结果的发生为过失,即行为人应当预见延误投递邮件可能会导致公共财产、国家和人民利益遭受重大损失,因为疏忽大意而没有预见或者已经预见而轻信能够避免,以致发生这种结果的心理状态。如果行为人对于危害结果的发生是故意,那么可以考虑按照故意毁坏财物罪等进行处理。

Ⅸ 既遂与未遂

9 本罪没有既遂与未遂的问题,只有是否成立的问题。

Ⅹ 共犯

10 本罪没有共犯的问题,如果二人以上共同过失犯罪,根据《刑法》第 25 条的规定,可以按照他们所犯的罪分别处罚。

Ⅺ 处罚

11 犯本罪的,处 2 年以下有期徒刑或者拘役。

第二节　妨害司法罪

前　注

文献：高铭暄编著：《中华人民共和国刑法的孕育和诞生》，法律出版社 1981 年版；甘雨沛、何鹏：《外国刑法学》（下册），北京大学出版社 1985 年版；林山田：《刑法特论》，三民书局 1985 年版；金子桐、郑大群、顾肖荣：《罪与罚——侵犯公民人身权利、民主权利罪的理论与实践》，上海社会科学院出版社 1986 年版；杨敦先、张文：《刑法简论》，北京大学出版社 1986 年版；高铭暄主编：《中国刑法学》，中国人民大学出版社 1989 年版；鲜铁可：《妨害司法犯罪的定罪与量刑》，人民法院出版社 1999 年版；周其华：《中国刑法罪名释考》，中国方正出版社 2000 年版；李希慧主编：《妨害社会管理秩序罪新论》，武汉大学出版社 2001 年版；张穹主编：《人民检察院检控案例定性指导》（第 2 卷），中国检察出版社 2002 年版；王作富主编：《刑法分则实务研究》（第 4 版），中国方正出版社 2010 年版；高铭暄、马克昌主编：《刑法学》（第 9 版），北京大学出版社、高等教育出版社 2019 年版；张明楷：《外国刑法纲要》（第 3 版），法律出版社 2020 年版；张明楷：《刑法学》（第 6 版），法律出版社 2021 年版。

细目录

Ⅰ　主旨
Ⅱ　沿革
Ⅲ　特征
　一、客体
　二、行为
　三、主体
　四、罪过

Ⅰ　主旨

刑法分则第六章第二节以专节设立妨害司法罪的主旨，首先在于树立司法活动的权威。 1

树立司法活动的权威性，是现阶段加强社会主义民主和法治建设的需要。司法活动的过程，就是国家法律由条文变为现实的过程。蔑视司法活动，妨害正常的司法活动，实质上是对秩序的践踏。如果妨害司法活动的犯罪得不到及时、有效的惩处，人们就会对国家司法权的权威产生怀疑，社会各种潜在的不安定因素也会随之增 2

加。可见,惩治妨害司法罪的根本意义,在于建立一个在法治基础之上的安全、有序的社会,这是一个国家步入现代化的首要前提。

3 刑法分则专节设置妨害司法罪的目的,亦在于增进刑事实体法与程序法的配套协调。修正后的刑事诉讼法对于我国的庭审方式、刑事辩护制度和证据制度都作了重大的修改与完善。根据修正后的刑事诉讼法的有关规定,律师在刑事诉讼活动中的地位和作用以及律师的权利义务等都得到了进一步的明确,这为律师更好地履行其职责,维护当事人的合法权益,尊重和保障人权,促进我国司法活动的公正性创造了良好的条件。但是,也应当看到,律师从自身的经济利益出发,在诉讼活动中,毁灭、伪造证据,帮助当事人毁灭、伪造证据,甚至采用欺骗、贿赂、威胁等手段阻止证人依法作证等与我国法治建设相悖的违法犯罪现象已是屡见不鲜。尽管刑事诉讼法对于诉讼代理人、辩护人所实施的妨害诉讼活动正常顺利进行的行为有处罚的规定,但对于其中社会危害性已经达到犯罪程度的妨害诉讼的行为,如果没有刑罚作为强有力的后盾和保障,诉讼活动的正常进行将是难以想象的。因而刑法增设妨害司法罪专节,既使刑事诉讼法的规定得到了刑法的强有力支撑,也促进了刑法与刑事诉讼法的协调统一,有力地推动了我国刑事法治的建设。

4 将原来散见于刑法数章的妨害司法活动的犯罪集中起来单列一节,符合同类客体(法益)决定犯罪分类的科学标准,能够厘清 1979 年《刑法》对妨害司法活动的犯罪在分类上的混乱。

5 1979 年《刑法》未对妨害司法罪予以专门规定,在现行刑法颁布以前,所有的刑法教科书中也都没有对这类犯罪的集中论述。现行刑法将妨害司法罪集中起来加以规定,不仅为司法实务惩治妨害司法罪提供了明确的法律依据,而且有利于澄清犯罪成立标准和解决犯罪分类标准不一的难题。这也从一个侧面反映出我国刑事立法技术的日臻成熟与完善。

Ⅱ 沿革

6 1979 年《刑法》没有关于妨害司法罪的专门规定,致使司法实务部门对这类犯罪惩治不力。1997 年《刑法》修订时,立法机关听取了各方面的意见,并借鉴国外妨害司法罪刑事立法模式和有益经验,对妨害司法罪作了较大的修改和调整。具体表现在如下几个方面:①将散见于 1979 年《刑法》各章的妨害司法活动罪集中起来单列一节,即现行《刑法》分则第六章“妨害社会管理秩序罪”第二节“妨害司法罪”,既符合以犯罪客体(法益)作为犯罪分类标准的习惯,又摆脱了 1979 年《刑法》在妨害司法活动犯罪分类上的混乱。②将私放在押人员罪、失职致使在押人员脱逃罪等司法工作人员渎职犯罪规定在渎职罪而不是妨害司法罪之中,有利于对司法活动的规范。司法权涉及范围很广,而且对各种社会关系具有强制调整力。因此,如果不增强法律制约机制,很容易产生司法权力的滥用、误用等腐败现象。惩治妨害司法活动罪,是抑制司法权力腐败的有效途径之一。司法机关工作人员实施的妨害司法活动的犯罪与其他妨害司法罪相比,既有相同之处,也有不同的地方。现行刑法将这类司法渎职犯罪从妨害司法罪中分离出来,既反映了这类特殊的妨害司法罪与普通的妨害司法罪的本质区别,也有利于惩治司法活动中的腐败现象,为公正司法扫清通道。③现行刑法不但将1979年《刑法》所规定的一些妨害司法罪经过补充完善后集中规定于现行刑法中,而且还增加了若干新罪名,从而体现出国家对惩治妨害司法行为的重视程度,使得犯罪分类更加明确、具体。

Ⅲ 特征

一、客体

本节犯罪侵犯的客体(法益)是司法管理秩序,即国家司法机关依法行使司法权,进行各类司法活动所形成的有序状态。 7

当然,具体的妨害司法犯罪实际侵犯的法益有单一法益与复杂法益之分。有的犯罪在侵犯正常的司法活动和司法秩序的同时,还侵犯了公民的人身权利、民主权利或者其他法益。如《刑法》第306条规定的辩护人、诉讼代理人毁灭证据、伪造证据、妨害作证罪,第307条第1款规定的妨害作证罪,等等。其他犯罪侵犯的法益则是单一法益,其行为所侵犯的法益仅为国家司法活动和司法秩序。此类犯罪是否还可能同时侵犯其他法益则不尽然。有时,这类行为只可能对国家正常的司法活动和司法秩序构成侵犯,有时也可能在侵犯正常的司法活动和司法秩序的同时,还伴随着侵犯其他法益的情况发生。但由于某罪侵犯的法益是犯罪行为一旦实施就必然要侵犯的社会关系,因此,这种仅仅是在某些情况下才可能对其他法益构成侵犯的犯罪仍然应当属于单一法益侵犯型犯罪,而不是复合型犯罪。例如,现行《刑法》第305条规定的伪证罪属于单纯型犯罪,有的犯罪分子通过伪证的手段陷害他人,既妨害正常的司法秩序,又侵犯了公民的人身权利;有的犯罪分子则通过作伪证而庇护犯罪分子,仅侵犯了司法秩序。又如,《刑法》第315条规定的破坏监管秩序罪也属于单一法益侵犯型妨害司法罪,有的犯罪分子在破坏监管秩序的同时,因殴打监管人员,从而在侵犯国家司法机关正常的监管秩序的同时,还侵犯了监管人员的人身权利。我国现行《刑法》所规定的妨害司法罪中,如第308条规定的打击报复证人罪,第309条规定的扰乱法庭秩序罪,第310条规定的窝藏、包庇罪,第311条规定的拒绝提供间谍犯罪、恐怖主义犯罪、极端主义犯罪证据罪,第312条规定的掩饰隐瞒犯罪所得、犯罪所得收益罪,第313条规定的拒不执行判决、裁定罪,第314条规定的非法处置查封、扣押、冻结的财产罪,第316条第1款规定的脱逃罪和同条第2款规定的劫夺被押解人员罪等,都属于单一法益侵犯型妨害司法罪。 8

无论侵犯的法益是单一的还是复杂的,妨害司法罪侵犯的法益都是或主要是国家司法管理秩序。其中具体犯罪所侵犯的直接法益可能有所不同,如有的侵犯了正常的审判活动与审判秩序,有的则侵犯了监管秩序。 9

10　将妨害司法罪根据其侵犯的法益进行划分,不仅有助于认识妨害司法罪的复杂表现形式,而且更为重要的是有助于我们正确把握和评价妨害司法罪的社会危害性及其程度。侵犯单一法益的妨害司法犯罪必然侵犯的只是正常的司法活动和司法秩序;而侵犯复杂法益的犯罪除以国家正常的司法活动和司法秩序为其必然侵犯的主要法益外,还必然同时侵犯其他法益,如我国的刑事辩护制度和证人依法作证的权利等,其侵犯的法益的广泛性,决定了从总体而言其危害性要大于单纯妨害司法的犯罪。这种危害性质上的特点及危害程度上的差异,应当对有关犯罪的立法和司法有一定的影响。

二、行为

11　妨害司法犯罪的行为方式一般表现为作为,但也可能表现为不作为,如拒绝提供间谍犯罪、恐怖主义犯罪、极端主义犯罪证据罪,即明知他人有间谍犯罪或者恐怖主义、极端主义犯罪行为,在司法机关向其调查有关情况、收集有关证据时,拒绝提供。拒不执行判决、裁定罪,就表现为负有执行人民法院的判决、裁定义务的人有能力执行而拒不执行。妨害司法犯罪在行为形态上可以是暴力型的妨害司法,也可以是非暴力型的妨害司法。前者如扰乱法庭秩序罪,其主要行为形态即为聚众哄闹,冲击法庭,殴打司法工作人员或者诉讼参与人,毁坏法庭设施,抢夺、损毁诉讼文书、证据等;后者如伪证罪,表现为在刑事诉讼中,证人、鉴定人、记录人、翻译人对与案件有重要关系的情节,故意作虚假的证明、鉴定、记录、翻译,意图陷害他人或者隐匿罪证。

12　根据妨害司法犯罪的具体侵犯法益与行为性质、行为形态的差异,刑法对妨害司法的犯罪设定了不同的犯罪属性与罪量要求。有的犯罪直接侵犯的法益本身比较重要,行为性质严重,行为样态不法程度高,因此,刑法设定这些犯罪为抽象危险犯或者行为犯。行为人只要实施这些行为,即认为该当构成要件,原则上即构成犯罪,如组织越狱罪、暴动越狱罪等。有的犯罪直接侵犯的法益本身相对而言并不特别重大,或者行为性质并不特别严重,行为样态本身不法程度较低。因此,刑法针对这些犯罪设置了不同形式的罪量要求,有的要求情节严重的,才能成立犯罪,如前述拒不执行判决、裁定罪,非法处置查封、扣押、冻结的财产罪等;有的则明确要求造成严重后果的,才能成立犯罪,如泄露不应公开的案件信息罪,只有造成信息公开传播或者其他严重后果的,才能成立犯罪。

三、主体

13　妨害司法罪的主体既可以是一般主体,也可能是特殊主体。如《刑法》第 305 条规定的伪证罪,其主体必须是证人、鉴定人、记录人、翻译人;第 306 条规定的辩护人、诉讼代理人毁灭证据、伪造证据、妨害作证罪的主体只能是辩护人、诉讼代理人;第 315 条规定的破坏监管秩序罪的主体只能是依法被关押的罪犯、被告人、犯罪嫌疑人;等等。

14 确认主体是否具有特殊身份,对区分罪与非罪、此罪与彼罪均有重要意义。例如,不具备证人、鉴定人、记录人或者翻译人身份,即不能成立伪证罪。又如,非辩护人、诉讼代理人实施妨害作证行为的,不能构成《刑法》第 306 条规定的辩护人、诉讼代理人毁灭证据、伪造证据、妨害作证罪,而只能成立第 307 条第 1 款规定的妨害作证罪。

四、罪过

15 妨害司法罪的罪过形式均为故意,过失导致司法管理秩序受到妨害的,不能成立本类犯罪。

第三百零五条　伪证罪

在刑事诉讼中，证人、鉴定人、记录人、翻译人对与案件有重要关系的情节，故意作虚假证明、鉴定、记录、翻译，意图陷害他人或者隐匿罪证的，处三年以下有期徒刑或者拘役；情节严重的，处三年以上七年以下有期徒刑。

文献：高铭暄编著：《中华人民共和国刑法的孕育和诞生》，法律出版社 1981 年版；甘雨沛、何鹏：《外国刑法学》（下册），北京大学出版社 1985 年版；林山田：《刑法特论》，三民书局 1985 年版；金子桐、郑大群、顾肖荣：《罪与罚——侵犯公民人身权利、民主权利罪的理论与实践》，上海社会科学院出版社 1986 年版；杨敦先、张文：《刑法简论》，北京大学出版社 1986 年版；高铭暄主编：《中国刑法学》，中国人民大学出版社 1989 年版；赵秉志主编：《妨害司法活动罪研究》，中国人民公安大学出版社 1994 年版；鲜铁可：《妨害司法犯罪的定罪与量刑》，人民法院出版社 1999 年版；何秉松主编：《刑法教科书》（上卷），中国法制出版社 2000 年版；周其华：《中国刑法罪名释考》，中国方正出版社 2000 年版；李希慧主编：《妨害社会管理秩序罪新论》，武汉大学出版社 2001 年版；张穹主编：《人民检察院检控案例定性指导》（第 2 卷），中国检察出版社 2002 年版；王作富主编：《刑法分则实务研究》（第 4 版），中国方正出版社 2010 年版；高铭暄、马克昌主编：《刑法学》（第 9 版），北京大学出版社、高等教育出版社 2019 年版；张明楷：《外国刑法纲要》（第 3 版），法律出版社 2020 年版；张明楷：《刑法学》（第 6 版），法律出版社 2021 年版。陈兴良：《目的犯的法理探究》，载《法学研究》2004 年第 3 期；周少华、贾清波：《伪证罪主体问题探讨》，载《法学》2005 年第 6 期；刘仁文等：《被害人改变报案时陈述是否构成伪证罪》，载《人民检察》2007 年第 5 期；田宏杰：《行政犯的法律属性及其责任——兼及定罪机制的重构》，载《法学家》2013 年第 3 期。

细目录

Ⅰ　主旨
Ⅱ　沿革
Ⅲ　客体
Ⅳ　行为
Ⅴ　主体
　一、证人
　二、鉴定人
　三、记录人

四、翻译人
Ⅵ 罪过
Ⅶ 与他罪的区别
Ⅷ 既遂与未遂
Ⅸ 处罚

Ⅰ 主旨

本条是对伪证罪的规定。为了保护国家司法秩序和公民的人身、财产权利，立法者设立了本罪。 1

Ⅱ 沿革

1979 年《刑法》第 148 条正式规定了伪证罪：“在侦查、审判中，证人、鉴定人、记录人、翻译人对与案情有重要关系的情节，故意作虚假证明、鉴定、记录、翻译，意图陷害他人或者隐匿罪证的，处二年以下有期徒刑或者拘役；情节严重的，处二年以上七年以下有期徒刑。”1982 年 3 月 8 日全国人大常委会通过的《关于严惩严重破坏经济的罪犯的决定》规定，为走私、投机倒把、盗窃、贩毒、盗运珍贵文物出口、受贿等经济犯罪分子销毁罪证或制造伪证的，按 1979 年《刑法》第 148 条伪证罪的规定处罚。在总结长期司法实践经验的基础上，1997 年《刑法》第 305 条将伪证罪修正规定为：“在刑事诉讼中，证人、鉴定人、记录人、翻译人对与案件有重要关系的情节，故意作虚假证明、鉴定、记录、翻译，意图陷害他人或隐匿罪证的，处三年以下有期徒刑或者拘役；情节严重的，处三年以上七年以下有期徒刑。” 2

Ⅲ 客体

关于伪证罪侵害的客体（法益），理论界有“单一客体说”“复杂客体说”和“区别说”三种不同的观点。单一客体说认为，伪证罪侵害的客体是国家司法机关的正常活动。[1] 复杂客体说认为，伪证罪在侵害国家正常的司法秩序的同时又侵犯了公民的人身权利。[2] 区别说则认为，对伪证罪侵害的客体应具体情况具体分析。伪证罪有两种情况：第一种情况是意图陷害他人而向司法机关提供虚假事实，这种情况下既侵犯了司法机关的正常活动，又侵犯了公民的人身权利。第二种情况是意图隐匿罪证包庇他人而作伪证，在这种情况下，就谈不上侵犯公民的人身权利，而仅仅侵犯了司 3

1 参见高铭暄、马克昌主编：《刑法学》（第 9 版），北京大学出版社、高等教育出版社 2019 年版，第 553 页。

2 参见王作富主编：《刑法分则实务研究》（第 4 版），中国方正出版社 2010 年版，第 1307 页。

法机关的正常活动。由于伪证罪并非在所有的情况下都侵犯公民的人身权利,因此,其客体为单一客体,即司法机关的正常活动。也正因为侵犯公民的人身权利仅仅是伪证罪的特殊情况,因此,1997年《刑法》修订时才将伪证罪从原来的侵犯公民人身权利、民主权利罪这一章调至妨害社会管理秩序罪中的第二节妨害司法罪中。[3]笔者赞同第一种观点,即认为伪证罪侵犯的客体仅限于司法机关的正常活动。这是因为:①证人、鉴定人、记录人、翻译人所作的证言、鉴定意见或者翻译,都是证据的重要组成部分,而证据作为联系案件事实与法律适用的桥梁,不仅是查清事实、正确认定案件性质的基本前提,而且是准确适用法律的关键。由此决定了在刑事诉讼活动中,不管行为人的犯罪动机如何,犯罪目的怎样,只要其提供虚假的证据,就必然会对司法机关诉讼活动的顺利进行造成干扰和破坏,当然也就必然侵犯到司法活动的正常秩序。在中国刑法理论中,犯罪的直接客体就是刑法所保护而为某种具体犯罪行为所侵害的某种具体的社会关系或者法益,因此,伪证罪所侵害的直接客体包括司法活动的正常秩序当无异议。②犯罪客体与犯罪结果的区别在于,犯罪客体是犯罪构成的必要要件,而犯罪结果仅仅是犯罪构成的选择要件。这也就意味着,只要有犯罪行为的事实,就必然会遭受侵害的某种具体社会关系才是犯罪的直接法益,而犯罪行为的实施仅仅可能会而不是必然会侵犯到的社会关系,则只能是犯罪结果。伪证罪中,由于行为人的犯罪目的既可能是陷害他人,也可能是包庇他人,在这样的情况下,伪证行为的实施,也就并非必然会侵害到他人的人身权利。既然如此,公民的人身权利怎么可能成为伪证罪所侵害的直接客体呢?所以,笔者认为,伪证罪侵犯的法益只能是司法活动的正常秩序,至于对公民人身权利的侵害,则只能是伪证行为的实施所可能造成而非必然造成的危害结果。

Ⅳ 行为

4 伪证罪的行为要件方面表现为,在刑事诉讼中,对与案件有重要关系的情节作虚假的证明、鉴定、记录、翻译。可见,伪证行为的成立,必须同时具备以下三个要素:

1. 证人、鉴定人、记录人、翻译人实施了法定的伪证行为

5 根据刑法规定,伪证行为共包括虚假证明、虚假鉴定、虚假记录、虚假翻译四种形式。

6 (1)虚假证明行为。对于“虚假证明”的认定,刑法理论上则一直存在着客观说、主观说和折中说三种不同的见解。客观说以陈述的内容是否符合客观真实性为标准,认为本罪的设立在于保障司法活动的正确性。陈述内容与客观事实有出入,那么陈述就是虚伪的,即使陈述人主观上故意作虚伪陈述,但只要不违反客观真实性,没有实际危害结果,陈述就是真实的。[4] 主观说则认为判断陈述内容是否虚伪,并不决

---

3 参见李希慧主编:《妨害社会管理秩序罪新论》,武汉大学出版社2001年版,第222页。

4 参见张明楷:《外国刑法纲要》(第3版),法律出版社2020年版,第685页。

定于陈述内容是否符合客观事实,而决定于陈述者主观上是否将他所经历的事实作准确无误的陈述,如是,那么陈述就是真实的。即使与客观内容不符,也是真实的。反之,如果陈述是违反经历事实的,即使陈述内容符合客观真实,也是虚伪的。[5] 折中说则认为,我国刑法坚持主客观相统一的原则,因而"虚假"是指违反行为人记忆且不符合客观事实的陈述,如果违反证人的记忆但符合客观事实,对于司法活动并无妨碍,不能认定为伪证罪;如果符合证人的记忆但与客观事实不符,则因行为人没有伪证罪的故意,不能成立伪证罪。[6]

笔者支持客观说。因为本罪侵犯的法益是司法活动的正常秩序,而只有行为人进行了与客观事实不相符的陈述,才会侵犯司法活动的正常秩序。如果行为人进行了不符合自己主观记忆但与客观事实相符的陈述,由于并没有侵犯司法活动的正常秩序,也不属于虚伪陈述。需要指出的是,上述观点中的折中说是有名无实的,它并非真正意义上的折中。主客观相统一固然是我国刑法的基本原则,但这绝不意味着主客观要素的混淆。具体而言,某项陈述在客观上是否"虚假",和行为人在主观上是否具有伪证罪的故意,是两个不同的问题,不能混为一谈。 7

(2)虚假鉴定行为。"虚假鉴定",是指鉴定人作出的鉴定意见,与根据鉴定材料所应当作出的鉴定意见不相一致甚至相互矛盾。司法活动中的刑事鉴定工作,一般包括法医等专门技术人员对遗留在犯罪现场的脚印、毛发、体液、物品等的鉴定,对犯罪嫌疑人和被害人的精神状况的鉴定,对被害人的伤情程度的鉴定等。虚假鉴定行为常常发生在上述鉴定工作中,例如,为本不患有精神疾病的犯罪嫌疑人故意作出犯罪时身患精神疾病的虚假鉴定意见等。 8

(3)虚假记录行为。"虚假记录",是指司法机关的书记员等记录人员,对调查,搜查,询问证人、被害人,审讯犯罪嫌疑人,开庭笔录等刑事诉讼环节的情况故意不作真实记录,而作与事实真相严重不符的甚至完全无中生有的记录的行为。例如,某公安局记录人郑某,在办理刘某强奸一案时随预审员担任记录。郑某故意隐瞒了与刘某的朋友关系,并且在指派讯问被害人陈某时,利用陈某不识字的情况,有意歪曲其对刘某强奸行为过程的描述,将刘某用暴力手段强奸陈某的情节,歪曲记录为陈某同意、半推半就地发生两性关系,致使移送起诉时,对刘某的强奸罪漏诉。后经法院、检察院查实,郑某被以伪证罪定罪处罚。[7] 9

(4)虚假翻译行为。"虚假翻译",是指在刑事诉讼过程中承担翻译任务的人员,在对不通晓当地通用语言的外国人、少数民族公民或者聋哑人等有关诉讼参与人 10

5 参见林山田:《刑法特论》,三民书局1985年版,第1008页。

6 参见高铭暄、马克昌主编:《刑法学》(第9版),北京大学出版社、高等教育出版社2019年版,第571页。

7 参见王作富主编:《刑法分则实务研究》(第4版),中国方正出版社2010年版,第1309页。

的陈述等进行翻译时,故意作与陈述人真实意思不同的翻译,或者对重要的情况故意不译、漏译等,以歪曲案件的事实真相,意图使无辜的人受到刑事追究,或者使犯罪人逃避刑事追究。

2. 伪证行为的内容针对的是与案件有重要关系的情节

11 “与案件有重要关系的情节”,是指对于行为人的行为是否构成犯罪、犯罪性质及罪刑轻重等有重大影响的情节[8],包括定罪情节和量刑情节。其中,定罪情节包括犯罪主体的年龄与精神健康状态、犯罪故意或者过失、危害行为及其实施的方式或者手段、时间、地点等认定犯罪的成立所不可缺少的情节。量刑情节则是对犯罪行为的社会危害性和犯罪人的人身危险性大小具有重要影响作用的、审判机关对犯罪人裁量刑罚时应当予以考虑的情节,包括法定量刑情节和酌定量刑情节,前者指刑法明文规定的对犯罪人从重、从轻、减轻、免除处罚的情节,如累犯应当从重、犯罪后自首可以从轻或者减轻处罚等;后者指刑法虽未予明文规定,审判机关量刑时也应予以掌握和考虑的案件具体情况,如犯罪动机、犯罪人的一贯表现以及认罪态度等。行为人作伪证的内容必须是与案件有重要关系的情节,伪证行为才得以成立;否则,行为人虽然作了伪证,但伪证的内容与案件的定罪量刑均没有什么重要关系,则不能以伪证罪定罪处理。

12 需要指出的是,本罪的既遂只需要行为人作伪证的内容足以影响定罪量刑,而不需要伪证行为现实地造成了错判。伪证行为如果造成了错判,则应在量刑中加以考虑。

3. 伪证行为必须发生在刑事诉讼中

13 这是伪证行为成立的时空范围。对此,应从以下两个层次加以理解:

14 (1)伪证行为只能发生在刑事诉讼活动过程中。如果是在民事、行政诉讼或者仲裁、公证等非诉讼活动中作虚假证明等,则无所谓伪证罪的成立。

15 (2)这里的“刑事诉讼”应从广义的角度理解,即从刑事案件立案之后到刑罚执行完毕之前的任何一个阶段,都属于刑事诉讼活动过程。具体而言,刑事诉讼活动不仅包括法院的刑事审判活动即一审、二审和再审活动,而且包括公安机关、国家安全机关、海关等侦查机关的刑事侦查活动,检察机关提起公诉的活动,监狱以及其他执行场所执行刑罚的活动等。伪证行为只有发生在上述某一个阶段,伪证罪才能成立;反之,如果行为人是在刑事案件立案之前或者刑罚执行完毕之后作了虚假证明,则不能以伪证罪论处。

V 主体

16 伪证罪的主体是特殊主体,即只能是刑事诉讼中的证人、鉴定人、记录人和翻译

---

8 参见高铭暄主编:《中国刑法学》,中国人民大学出版社 1989 年版,第 496—497 页。

人,除此以外的任何人,均不能以单独正犯的形式构成伪证罪。[9]

一、证人

证人就是当事人以外的、向司法机关陈述自己所经历或知悉的案件事实情况的人。《刑事诉讼法》第62条规定:“凡是知道案件情况的人,都有作证的义务。生理上、精神上有缺陷或者年幼,不能辨别是非、不能正确表达的人,不能作证人。”因此,除生理上、精神上及年幼的原因不能作证人之外,任何人不分性别、种族、社会地位以及与当事人有无利害关系等,都可以成为证人。以下几个问题值得进一步讨论。 17

(一)关于年幼之人的认定

根据刑事诉讼法的规定,年幼的人不能成为伪证罪的主体,但对于“年幼的人”的年龄认定标准,刑事诉讼法以及其他相关的法律、司法解释均没有明确说明。笔者认为,对此可参照《民法典》关于民事行为能力的年龄界限的规定予以认定。这是因为,民事行为能力是公民依法行使民事权利、履行民事义务的能力,而作证能力则仅仅是陈述自己所知悉或者所经历的案件事实的能力。因而似乎可以认为,民事行为能力的要求高于作证能力,故大致可以认为,完全民事行为能力人原则上具有作证的能力,而限制民事行为人在其能力范围内具有作证的能力。根据《民法典》第19条的规定,8周岁以上的未成年人为限制民事行为能力人,可以独立实施与其年龄、智力相适应的民事法律行为。因此,笔者倾向于认为,8周岁以上的人即可成为本条所规定的“证人”。当然,未成年人在心智上毕竟没有成年人那么成熟,在未成年人作证特别是出庭作证的场合,应当充分考虑其年龄特点,在程序上予以必要的照顾。 18

不过,具有作证能力能够依法成为证人的未成年人,并不必然符合本罪的主体要件。依照我国现行刑法的规定,伪证罪主体的刑事责任年龄应在16周岁以上,因而未满16周岁的未成年人,即使作为具体刑事案件的证人在刑事诉讼活动过程中作了伪证,也不能以伪证罪论处。如果其作伪证系受他人教唆或指使,则教唆或指使者成立伪证罪的教唆犯甚至是间接正犯。当然,由于我国现行刑法已对教唆或指使他人作伪证设置了独立的罪名,因而应该按照行为人在刑事诉讼活动过程中的具体身份,分别以辩护人、诉讼代理人毁灭证据、伪造证据、妨害作证罪或者妨害作证罪定罪处罚。 19

(二)被害人能否成为伪证罪的主体

另一个值得研究的问题是,被害人能否成为伪证罪的主体呢?有观点认为:“诚然,刑事诉讼法明确区分了证人证言与被害人陈述两个概念;但是,这并不意味着刑法理论只能按照刑事诉讼法的规定解释刑法概念。被害人陈述与证人证言都属于证据,被害人完全可能作虚假陈述,事实上也不乏其例;这种行为也具有妨害司法客观 20

9 需要指出的是,在共同犯罪中,无身份者仍然可以构成伪证罪。

公正的危险性。因此,本书认为,本罪行为主体中的证人应当包括被害人。"[10]也有观点认为,我国刑法并未将被害人纳入伪证罪的犯罪主体之中,但是将被害人虚假陈述的行为作为伪证罪来加以处理具有应然上的正当性,因而这是我国现行刑法的一个不合理之处。[11] 还有部分学者认为,依照刑事诉讼法的规定,证人并不包括当事人(包括被害人)和鉴定人,他们在立法上是并列关系,因此被害人不是证人。[12]

21 笔者支持上述最后一种观点,即被害人不符合伪证罪的主体要件,具体理由如下:首先,将被害人解释为证人的做法有类推解释之嫌。论者的逻辑是,被害人陈述和证人证言都属于证据,被害人的虚假陈述也会妨害司法的公正性,所以被害人也应当被解释为证人。这种论证思路并不是在说明被害人为什么是证人,而是在说被害人陈述和证人证言共同属于某个上位概念,因此被害人是证人。这种论证思路和"男人和女人都是人,强奸男人也会侵犯性自主权,所以强奸男人也构成强奸罪"如出一辙,这无疑属于类推解释。其次,刑法是其他所有部门法的后盾和保障,立足于保障法的地位,"对于行政犯构成要件中的法律术语的内涵及其外延的解读,不能仅仅拘泥于刑法的字面规定,而是必须以该行政犯所违反的具体前置法律条文,尤其是前置法中调整性规则的规定作为犯罪本质认定的核心"[13]。因此,对伪证罪的解释离不开刑事诉讼法的相关规定,而《刑事诉讼法》第50条将证人证言和被害人陈述作为两种不同的证据形式来加以规定,体现出被害人具有不同于证人的法律地位。既然刑事诉讼法已经将被害人和证人确定为并列关系,那么在解释伪证罪的时候就不应该再将被害人解释为证人的一种。最后,将被害人排除在证人的范围之外,是贯彻罪刑法定原则的必然结果,但这并不意味着刑法对于被害人实施的虚假陈述行为完全置之不理。事实上,伪证罪的犯罪目的要么是陷害他人要么是隐匿罪证,对于被害人虚假陈述意图陷害他人的,可以按照《刑法》第243条诬告陷害罪定罪处罚,而对于被害人隐匿罪证的,可以按照《刑法》第310条的包庇罪定罪处罚。在《刑事审判参考》案例第95号"金某伪证案"中,被害人金某在向司法机关报案时故意夸大犯罪事实并指使他人作伪证。检方指控金某的行为构成伪证罪,裁判法院经审理认定金某的行为构成诬告陷害罪。该案的裁判理由明确指出,证人和被害人是两个独立的概念,二者不存在种属包含关系。也就是说,证人不可能包含作为当事人之一的被害人。即使对证人作广义的理解,也不能将被害人列入证人范畴。被害人属于当事人范畴,证人属于其他诉讼参与人。证人和被害人通过各自不同的方式参加到刑事诉讼中,他们在刑事诉讼中的地位、作用不同,即证人通过听到、看到了什么的证言,被害人通过遭

10 张明楷:《刑法学》(第6版),法律出版社2021年版,第1419页。

11 参见周少华、贾清波:《伪证罪主体问题探讨》,载《法学》2005年第6期。

12 参见刘仁文等:《被害人改变报案时陈述是否构成伪证罪》,载《人民检察》2007年第5期。

13 田宏杰:《行政犯的法律属性及其责任——兼及定罪机制的重构》,载《法学家》2013年第3期。

受犯罪分子哪些侵害的陈述来发挥各自的诉讼功能,因而决定了证人和被害人的诉讼权利、义务方面都存在差别,两者的证明作用、证明手段、证明效力均不同,因而不能等同看待。该案中,金某的财物被蔡某所盗,属于盗窃案件中的被害人。金某向公安机关报案的同时又夸大部分犯罪事实,属于被害人向司法机关提供了虚假陈述,而不是伪证罪中的"证人作虚假的证言",因此,其行为不构成伪证罪。

二、鉴定人

鉴定人是司法机关指派或者聘请的、对案件的某些事实作出专门性结论的人。司法实践中,鉴定人包括两类:一类是司法机关内部附设的专职鉴定部门或鉴定人,如法医、化验人员等;另一类是根据办案需要,由司法机关临时聘请的、对案件的某种事实进行鉴定的具有某种专门知识的人员或者具有某种鉴定资质的鉴定部门。因此,作为伪证罪主体的鉴定人,应当只包括法定的鉴定部门及其指定的鉴定人员,还是也包括指定的鉴定部门及其指定的鉴定人员在内?对此,有学者主张,上述鉴定部门及其指定的鉴定人员都属于此处所说的"鉴定人"。笔者认为,一般意义上的鉴定人与作为伪证罪主体的鉴定人不能简单等同,而应区别看待。具体说来,根据《刑事诉讼法》第 146 条、第 147 条的规定,为了查明案情,需要解决案件中某些专门性问题的时候,应当指派、聘请有专门知识的人鉴定,鉴定人进行鉴定后,应当写出鉴定意见,并且签名。这里使用的鉴定人既可以是鉴定机构,也可以是自然人,但是,由于伪证罪的犯罪主体只能是自然人而不能是单位,所以作为伪证罪主体的鉴定人,只能是法定鉴定部门以及指定的鉴定部门所指定的鉴定人员,而不包括鉴定部门在内。 22

此外,还应指出的是,首先,专职鉴定人员不是司法工作人员。《刑法》第 94 条规定:"本法所称司法工作人员,是指有侦查、检察、审判、监管职责的工作人员。"专职鉴定部门或者鉴定人员虽然分属于司法机关内部某一机构或者某一行政部门,却不负有侦查、检察、审判、监管职责,故不属于司法工作人员。因此,这类人员作虚伪陈述的,不构成徇私枉法罪,只能构成伪证罪。其次,鉴定人与证人虽然都可以成为伪证罪的主体,并且在英美法系国家被视为证人中的两种不同类型,但在我国刑事立法和刑事司法实践中,鉴定人和证人并不等同,而实为两种不同的诉讼参与人,有着不同的诉讼权利和义务。鉴定人事先并不了解案情,而是在接受司法机关指派或者聘请后,通过对鉴定材料的鉴别、分析,就案件的某个专门性问题给出意见的具有某种专业知识的人员,而证人则是因对案件某一事实情况的知悉或者亲身经历而参与诉讼活动的人;鉴定人可以拒绝接受指派或者聘请,不予出具鉴定意见,而证人作证在我国是公民的义务,证人无权拒绝;鉴定人若与案件当事人或者案件处理结果有着法律上的利害关系,应当回避,而证人具有不可替代性,在任何情况下都不存在需要回避的问题。 23

三、记录人

记录人是在司法机关侦查、起诉、审判案件的过程中,在司法机关的调查、搜 24

查,询问证人、被害人或者审讯犯罪嫌疑人、被告人,开庭审理等活动中担任文字记录的人。此处的记录只限于在刑事案件中担任记录的人。只有刑事案件的记录人才可能成为伪证罪的主体,具体包括:①人民法院的记录人即法院审判活动的记录人。《人民法院组织法》第 49 条规定:"人民法院的书记员负责法庭审理记录等审判辅助事务。"《刑事诉讼法》第 207 条规定:"法庭审判的全部活动,应当由书记员写成笔录"。根据上述规定,人民法院由书记员担任记录人,而且仅指审判庭记录。但在司法实践中,人民法院的书记员的记录范围并不局限于审判庭记录,开庭前的讯问被告人,询问证人、被害人的过程等也都需要书记员制成笔录。②人民检察院的记录人即人民检察院的侦查、起诉等活动的记录人。《人民检察院组织法》第 44 条规定:"人民检察院的书记员负责案件记录等检察辅助事务。"据此,人民检察院也设有专门担任案件记录工作的书记员。实践中,检察机关办理刑事案件的活动,包括讯问犯罪嫌疑人、被告人,询问证人、被害人,搜查活动,出庭支持公诉活动等,都应由书记员做好记录。③公安机关、国家安全机关等除检察院以外的其他侦查机关的记录人。这些机关内部一般没有担任专门记录的书记员,有关侦查活动的情况,如询问证人、被害人,讯问犯罪嫌疑人,搜查、勘验、检查,以及对控告、检举材料的接收等,均是由侦讯人员担任记录,这一点与审判机关和检察机关不同。

25 对于记录人的伪证罪主体资格,有学者认为,记录人是司法机关内部担任记录工作的书记员等,不是诉讼参与人,而属于司法工作人员,因而记录人作虚假记录,不属于伪证形式,构成犯罪的,以徇私枉法罪处理更为适宜。[14] 从世界主要国家的刑法规定来看,也没有将司法机关内部的记录人员纳入伪证罪的犯罪主体之中的。从我国刑法制定的过程看,1979 年《刑法(草案)》第 22 稿和第 33 稿也均未将记录人作为伪证罪的主体,在对第 33 稿作修订时才增加了记录人。据介绍,当时这样规定,是因为他们都是同司法机关收集证据直接有关的人,记录人故意作虚假记录,同样也是危险的。[15] 但笔者认为,记录人之所以能够作虚假记录,与其所具有的在司法机关内部担任或者兼任记录工作的职务便利有着密切的关系,因而记录人的虚假记录行为已不是单纯的伪证行为,较之于证人的虚假证明行为以及鉴定人的虚假鉴定行为,更多地具有了渎职犯罪的性质。而中国现行刑法对此不加区别地一概按伪证罪论处,不仅混淆了诉讼参与人的妨害司法活动行为与国家工作人员利用职务便利所实施的滥用职权行为之间的本质区别,而且与从严惩处国家公职人员的职务犯罪这一世界刑法发展的基本趋势不相符合。故笔者建议,立法机关在今后对刑法进行修改时,应将记录人从伪证罪的法定主体中删除。

26 需要指出的是,笔者也不认为记录人作虚假记录的行为构成徇私枉法罪。因为

---

[14] 参见赵秉志主编:《妨害司法活动罪研究》,中国人民公安大学出版社 1994 年版,第 109—110 页。

[15] 参见高铭暄编著:《中华人民共和国刑法的孕育和诞生》,法律出版社 1981 年版,第 199 页。

《刑法》第94条所规定的司法工作人员是指具有侦查、检察、审判、监管职责的工作人员,而书记员的工作职责只是如实记录侦查、检察、审判等过程中发生的情况,并不是在行使侦查权、检察权或者审判权,正如鉴定人不属于司法工作人员一样,单纯负责记录的书记员也不属于司法工作人员,因而不符合徇私枉法罪的主体要件。

四、翻译人

27 翻译人是在诉讼中由司法机关指派或聘请担任外国语、少数民族语或者哑语等的翻译人员。翻译人属于诉讼参与人,因而翻译人不得与案件有利害关系,否则,应自行回避或者可被要求回避和更换。翻译人应当具有专门的语言技能,所担任的翻译既可以是书面的,也可以是口头或手势的。翻译人的翻译必须忠实于陈述人的原意,不得歪曲或者作虚假翻译,若对与刑事案件有重要关系的情节故意作虚假翻译的,可以构成伪证罪。

Ⅵ 罪过

28 伪证罪在主观方面出于故意,并且具有陷害他人或者包庇犯罪分子的目的。过失虚假陈述行为不构成本罪。具体而言,伪证罪的主观方面包含以下四方面的内容:①行为人明知自己所作的证明、鉴定、记录或者翻译与案件事实不符,是虚假的证明、鉴定、记录或者翻译。如果行为人主观上不存在作伪证的意识,只是因为时间久远记忆不清、语言表达能力或者业务水平、技术条件有限,而作了与事实本身不符的虚假证明、鉴定、记录或者翻译,不构成伪证故意中的明知;②行为人明知自己所作的虚假证明、鉴定、记录或者翻译会发生妨害刑事司法活动顺利进行的危害结果,或者会使无辜的人受到刑事追究,或者会使有罪的人逃脱法律的制裁。至于这种危害结果是否实际发生,不影响伪证故意的成立;③行为人对上述危害结果的发生持希望或放任的心理态度;④行为人主观上具有陷害他人或者包庇罪犯的目的。

29 值得研究的问题是,伪证罪的主观方面是否仅限于直接故意?质言之,间接故意是否可以构成伪证罪?对此,理论界几乎没有争议地认为,目的犯只存在于直接故意犯罪之中,"间接故意犯罪的行为人对其所放任的危害结果的发生,根本不可能存在以希望、追求一定危害结果发生为特征的犯罪目的"[16],"只有以直接故意为主观心态的犯罪才追求危害结果的发生,而间接故意或过失犯罪的行为人不追求危害结果的发生,也就不存在犯罪目的"[17]。但是在笔者看来,通说的上述立场并非无懈可击的不刊之论。诚然,在间接故意犯罪中,行为人对危害结果所持的心理态度只是放任,因而不可能有直接追求结果发生的犯罪目的。可问题是,犯罪故意和犯罪目的所

16 高铭暄、马克昌主编:《刑法学》(第9版),北京大学出版社、高等教育出版社2019年版,第138页。

17 何秉松主编:《刑法教科书》(上卷),中国法制出版社2000年版,第297页。

指向的内容并不相同,犯罪故意指向的是法定的危害结果,而犯罪目的所指向的内容则往往和法定的危害结果有一定的差别。毋宁说,犯罪目的之所以被理论界称为主观的超过要素,不要求有客观上的行为与之对应[18],就是因为其内容与故意不同,否则,如果犯罪目的所追求的是法定危害结果的发生,那么就必然存在客观上的行为与之对应,这样一来,犯罪目的也就不再是主观的超过要素了。例如《刑法》第 363 条的传播淫秽物品牟利罪是没有争议的目的犯,法律明文规定该罪的成立需要以牟利为目的。一方面,该罪的犯罪客体是国家对与性道德风尚有关的文化市场的管理秩序,因此,只要行为人认识到自己传播淫秽物品的行为可能会侵犯国家对与性道德风尚有关的文化市场的管理秩序,并且希望或者放任这种结果发生,就可以成立犯罪故意;另一方面,该罪的成立在故意之外还要求以牟利为目的。这一目的的内容与故意的内容并不相同,侵犯国家对与性道德风尚有关的文化市场的管理秩序的行为不必然以牟利为目的,在牟利目的下实施的行为也不必然会侵犯国家对与性道德风尚有关的文化市场的管理秩序。因此,完全可能出现行为人既对法定危害结果的发生持间接故意的态度,又存在法律所要求的特定目的的情况。事实上,这种情况已经出现了。在著名的快播案中,法院一方面认定了被告人对法定危害结果的发生持放任的态度,另一方面认定被告人存在牟利目的。[19] 这就表明,通说的立场在实践中并没有得到支持,目的犯和间接故意是可以兼容的。具体就伪证罪而言,实践中也完全可能发生在间接故意的心理态度下实施伪证罪的情况,例如证人只是隐约觉得凶手长得像被告人,但事实上并没有完全看清楚凶手的容貌,却出于陷害他人的目的,作出了"被告人就是凶手"的证言,这就属于间接故意的伪证罪。

Ⅶ 与他罪的区别

30 在司法实践中,应当注意划分伪证罪与某些近似罪的界限,这主要是指伪证罪与诬告陷害罪的界限区分问题。根据现行《刑法》第 243 条的规定,诬告陷害罪是指捏造他人的犯罪事实向有关机关告发,意图陷害他人,使其受到刑事追究,情节严重的行为。不难看出,伪证罪与诬告陷害罪存在着一些相似之处,例如,两罪侵犯的直接法益都包括司法活动的正常秩序,在犯罪客观方面都采取了弄虚作假的手段,主观方面都是出于故意。尽管如此,两罪在犯罪构成上的差异也是显而易见的,这主要体现在:①侵犯的法益不完全相同。诬告陷害罪侵犯的法益是司法机关的正常活动和公民的人身权利,伪证罪侵犯的法益则是司法活动的正常秩序。②犯罪行为的表现形式不同。诬告陷害罪在客观方面表现为,捏造他人的犯罪事实向有关机关告发;而伪证罪在客观方面则表现为,提供虚假的证明、鉴定、记录、翻译的行为。可见,伪证罪客观方面的行为样态较之于诬告陷害罪要更宽泛和多样。③犯罪主体不同。诬告陷

18 参见陈兴良:《目的犯的法理探究》,载《法学研究》2004 年第 3 期。

19 参见北京市海淀区人民法院(2015)海刑初字第 512 号刑事判决书。

害罪的主体是一般主体,任何达到刑事责任年龄、具有刑事责任能力的自然人,实施了诬告陷害行为,都可以成为诬告陷害罪的主体;而伪证罪的主体则是特殊主体,只包括证人、鉴定人、记录人、翻译人。④犯罪目的不同,两罪虽然都要求有特定目的,但是行为人实施诬告陷害行为的目的在于使他人受到刑事追究;而伪证罪的行为人之所以实施伪证行为,既可能是为了陷害他人,使他人受到刑事追究,也可能是为了包庇罪犯,使他人逃避法律制裁。

Ⅷ 既遂与未遂

伪证罪属于抽象危险犯,应当以法定危险状态的出现作为犯罪既遂的标志。换言之,行为人不仅需要在刑事诉讼活动过程中实施了伪证行为,还需要这种伪证行为在客观上足以影响案件的定罪量刑,只有这样,才构成犯罪既遂。当然,本罪的既遂不要求伪证行为实际导致了错误判决,该情节只在量刑时予以考虑。 31

Ⅸ 处罚

根据《刑法》第 305 条的规定,犯伪证罪的,处 3 年以下有期徒刑或者拘役;情节严重的,处 3 年以上 7 年以下有期徒刑。司法实践中一般认为,如果具有下列情形之一的,即可视为伪证行为情节严重:①对犯重罪的人或在重罪事实上作伪证的;②在一个案件诉讼过程中的不同阶段多次作伪证或对多人作伪证的;③与犯罪人恶意串通翻案作伪证的;④犯罪手段或动机特别恶劣的;⑤因伪证造成错捕、错判等而冤枉无辜、轻纵犯罪或者造成错杀等不可挽回的严重后果的;⑥因伪证造成当事人自杀等严重后果的;⑦因伪证给国家和社会造成不良影响的;等等。 32

第三百零六条　辩护人、诉讼代理人毁灭证据、伪造证据、妨害作证罪

在刑事诉讼中，辩护人、诉讼代理人毁灭、伪造证据，帮助当事人毁灭、伪造证据，威胁、引诱证人违背事实改变证言或者作伪证的，处三年以下有期徒刑或者拘役；情节严重的，处三年以上七年以下有期徒刑。

辩护人、诉讼代理人提供、出示、引用的证人证言或者其他证据失实，不是有意伪造的，不属于伪造证据。

文献:赵秉志、田宏杰、于志刚:《妨害司法罪》,中国人民公安大学出版社 2003 年版;高铭暄:《中华人民共和国刑法的孕育诞生和发展完善》,北京大学出版社 2012 年版;王作富主编:《刑法分则实务研究》(第 5 版),中国方正出版社 2013 年版;黎宏:《刑法学各论》(第 2 版),法律出版社 2016 年版;张军主编:《刑法[分则]及配套规定新释新解》(第 9 版),人民法院出版社 2016 年版;陈兴良:《规范刑法学》(第 4 版),中国人民大学出版社 2017 年版;高铭暄、马克昌主编:《刑法学》(第 9 版),北京大学出版社、高等教育出版社 2019 年版;周光权:《刑法各论》(第 4 版),中国人民大学出版社 2021 年版;张明楷:《刑法学》(第 6 版),法律出版社 2021 年版。田宏杰:《辩护人、诉讼代理人毁灭证据、伪造证据、妨害作证罪研究》,载《国家检察官学院学报》2000 年第 4 期;陈兴良:《辩护人妨害作证罪之引诱行为的研究——从张耀喜案切入》,载《政法论坛》2004 年第 5 期;魏东:《辩护人伪造证据、妨害作证罪的三个问题——以李庄案为例》,载《北方法学》2010 年第 4 期;孙万怀:《从李庄案看辩护人伪造证据、妨害作证罪的认定》,载《法学》2010 年第 4 期;王克先:《律师办理民商案件防范刑事风险刍议》,载《法治研究》2010 年第 10 期;尹晓红:《律师毁灭证据、伪造证据、妨害作证罪的宪法学分析》,载《政治与法律》2011 年第 2 期;王永杰:《论律师伪证罪与他罪竞合情形下的处理》,载《时代法学》2011 年第 4 期;张普定:《律师伪证非罪界限探析》,载《宁夏社会科学》2013 年第 2 期;蒋铃:《我国〈刑法〉第 306 条的批判及其救济路径》,载《法律适用》2013 年第 6 期;叶良芳:《程序视角下辩护人伪造证据、妨害作证罪的构成要件解释》,载《江淮论坛》2018 年第 4 期。

细目录

Ⅰ　主旨

Ⅱ　沿革

Ⅲ　客体
Ⅳ　行为
Ⅴ　主体
Ⅵ　罪过
Ⅶ　既遂与未遂
Ⅷ　共犯
Ⅸ　与他罪的区别
一、与伪证罪的区别
二、与包庇罪的区别
三、与徇私枉法罪的区别
Ⅹ　处罚

Ⅰ　主旨

本条是关于辩护人、诉讼代理人毁灭证据、伪造证据、妨害作证罪的规定。辩护人、诉讼代理人毁灭证据、伪造证据、妨害作证罪，是指在刑事诉讼中，辩护人、诉讼代理人毁灭、伪造证据，帮助当事人毁灭、伪造证据，威胁、引诱证人违背事实改变证言或者作伪证的行为。“1996 年修改后的《刑事诉讼法》实施后，辩护人、诉讼代理人在刑事诉讼中的作用得到了加强，其在刑事诉讼中的权利也有所扩大，作为辩护人和诉讼代理人必须依法正确行使法律所赋予的权利，不得利用这些权利妨害刑事诉讼的正常进行。如果帮助当事人毁灭证据，伪造证据妨害作证，不仅违背了其法定的义务，而且严重扰乱司法活动，妨害司法公正，因此，有必要对此类行为增加规定为犯罪。”[1] 1

Ⅱ　沿革

1979 年《刑法》中没有关于辩护人、诉讼代理人毁灭证据、伪造证据、妨害作证的规定。 2

1996 年 3 月 17 日第八届全国人民代表大会第四次会议修订通过的《刑事诉讼法》第 38 条（现行《刑事诉讼法》第 44 条有所修改）规定：“辩护律师和其他辩护人，不得帮助犯罪嫌疑人、被告人隐匿、毁灭、伪造证据或者串供，不得威胁、引诱证人改变证言或者作伪证以及进行其他干扰司法机关诉讼活动的行为。违反前款规定的，应当依法追究法律责任。”1996 年《律师法》第 45 条也规定，律师提供虚假证据，隐瞒重要事实或者威胁、利诱他人提供虚假证据，隐瞒重要事实，构成犯罪的，依 3

1　全国人大常委会法制工作委员会刑法室编：《〈中华人民共和国刑法〉条文说明、立法理由及相关规定》，北京大学出版社 2009 年版，第 628 页。

法追究刑事责任。为与上述法律的规定相一致,1997年《刑法》修订时,在第306条中增设了辩护人、诉讼代理人毁灭证据、伪造证据、妨害作证罪。

Ⅲ 客体

4 关于本罪的客体(法益),我国刑法学界的看法并不一致,主要存在以下几种观点:第一种观点认为,本罪侵犯的法益是司法机关的正常诉讼活动。[2] 第二种观点认为,本罪侵犯的法益是司法机关的刑事诉讼活动。[3] 第三种观点认为,本罪侵犯的法益是复杂法益,它既干扰了司法机关正常的刑事诉讼活动,又破坏了我国的刑事辩护制度,陷害他人的还会使他人的人身权利受到侵犯。[4] 笔者认为,根据我国刑事诉讼法的规定,犯罪嫌疑人、被告人有获得辩护人、代理人帮助的权利。刑事辩护制度是依法维护犯罪嫌疑人、被告人合法权益的一项基本法律制度,我国刑事诉讼法对这项制度作了全面的规定。根据法律规定,在整个刑事诉讼过程中,犯罪嫌疑人、被告人都享有辩护权。辩护权是犯罪嫌疑人、被告人依法享有的最重要的诉讼权利之一。辩护人享有《律师法》和《刑事诉讼法》所规定的各项权利,但与此同时,辩护人也应当根据事实和法律进行辩护,不能歪曲事实,应当准时出庭,遵守法庭纪律,对国家秘密、当事人的商业秘密和在办案中了解到的个人隐私应当保密。辩护人、诉讼代理人不得帮助犯罪嫌疑人、被告人隐匿、毁灭、伪造证据或者串供,不得威胁、引诱证人改变证言或者作伪证以及进行其他干扰司法机关诉讼活动的行为。如果辩护人、诉讼代理人在刑事诉讼中,利用自己的特定身份,通过毁灭证据、伪造证据、妨害作证等行为来使罪犯减轻处罚或者逃脱法律制裁,这不仅是对刑事诉讼活动的严重干扰,也是对我国刑事辩护制度的破坏。因此,辩护人、诉讼代理人毁灭证据、伪造证据、妨害作证罪侵犯的法益应当是司法机关刑事诉讼活动的正常顺利进行和刑事辩护制度,其中司法机关刑事诉讼活动的正常顺利进行是主要法益,而辩护制度是次要法益。

Ⅳ 行为

5 本罪在客观方面表现为,在刑事诉讼中实施了毁灭证据、伪造证据、妨害作证的行为。可见,本罪的行为包括以下两个要素:

1. 发生在刑事诉讼过程中

6 “在刑事诉讼过程中”,是指在刑事案件的立案侦查、审查起诉和审判过程中,其中包括公诉案件、刑事自诉案件的诉讼过程。这是本罪行为实施的时空条件,也是本

---

2 参见高铭暄主编:《新编中国刑法学》(下册),中国人民大学出版社1998年版,第852页。

3 参见高西江主编:《中华人民共和国刑法的修订与适用》,中国方正出版社1997年版,第650页;高铭暄、马克昌主编:《刑法学》(下编),中国法制出版社1999年版,第978页。

4 参见陈兴良主编:《刑法全书》,中国人民公安大学出版社1997年版,第1007页。

罪得以成立的前提条件。如果行为人不是在刑事诉讼过程中,而是在民事诉讼或者行政诉讼过程中,实施了毁灭证据、伪造证据或者妨害作证的行为,则不能以本罪追究行为人的刑事责任。

2. 行为人实施了毁灭证据、伪造证据、妨害作证的行为

根据刑法的规定,本罪的行为具体表现为以下三种形式: 7

(1)毁灭、伪造证据。这是指辩护人、诉讼代理人本人直接实施毁灭、伪造证据的 8
行为。其中有两个问题需要研究。第一,什么是“毁灭”,毁灭是仅限于物理上的损毁,还是也包括使证据的效力减少甚至丧失的一切行为? 例如,行为人将作为物证的金戒指丢弃到大海中,又如行为人将司法机关尚未掌握的证据隐匿起来,导致其无法作为呈堂证供。笔者认为,毁灭不仅仅包括物理上的损毁,也包括使证据丧失被支配、控制可能性的行为,因此,前述将金戒指扔入大海的行为属于本罪中的“毁灭”。有学者更进一步地认为,“毁灭”也包括隐藏作为证据的物体[5],但是笔者不赞成这种见解,因为无论怎么解释,“毁灭”一词的文义也不包括隐藏,论者的上述观点有类推解释之嫌。更何况,《刑事诉讼法》第 44 条规定“辩护人或者其他任何人,不得帮助犯罪嫌疑人、被告人隐匿、毁灭、伪造证据或者串供,不得威胁、引诱证人作伪证以及进行其他干扰司法机关诉讼活动的行为”,而《刑法》第 306 条只列举了毁灭、伪造两种行为而排除了隐匿行为,就说明立法者是有意将隐匿行为排除在本罪的构成要件范围之外。这种区别对待的实质理由在于:一方面,与毁灭、伪造证据相比,隐匿证据的行为在客观上并未导致证据的完全灭失,其法益侵害性相对较小;另一方面,与毁灭、伪造证据相比,隐匿证据的期待可能性相对较小,行为人的可谴责性也较小。因此,在立法者看来,对于辩护人、诉讼代理人隐匿证据的行为,只需要进行行政处罚即可,而不必作为犯罪处理。第二,这里的“伪造”是否包括变造? 笔者认为,只要是制作了不真实的证据即属于伪造证据,既包括“无中生有”地完全伪造,也包括对现有证据进行加工从而篡改其内容,因而这里的伪造也包括变造。

(2)帮助当事人毁灭、伪造证据。这里的主要问题在于,如何理解此处的“帮 9
助”? 对此,理论界主要有以下四种观点:第一种观点认为,“帮助”是指唆使或者提供便利条件,由当事人亲自实施毁灭、伪造证据的行为[6];第二种观点认为,“帮助”是指策划、指使当事人毁灭、伪造证据,以及为当事人毁灭、伪造证据提供帮助等[7];第三种观点认为,“帮助”是指以教唆、提供便利条件等方式指使当事人毁灭、伪造证据,以及唆使他人帮助当事人进行毁灭、伪造证据[8];第四种观点认为,“帮助”是指在共谋之下直接为当事人毁灭、伪造证据,或为当事人毁灭、伪造证据出谋划策、提供便

---

5 参见张明楷:《刑法学》(第 6 版),法律出版社 2021 年版,第 1422 页。

6 参见何秉松:《刑法教科书》,中国法制出版社 1997 年版,第 906 页。

7 参见胡康生、李福成:《中华人民共和国刑法释义》,法律出版社 1997 年版,第 436 页。

8 参见刘家琛:《新刑法条文释义》,人民法院出版社 1997 年版,第 1342 页。

利等,以及唆使他人帮助当事人毁灭、伪造证据。[9] 值得注意的是,从上述观点中可以看出,理论界几乎没有争议地认为,教唆当事人毁灭、伪造证据的行为也属于帮助当事人毁灭、伪造证据。可是,教唆行为真的可以被解释为帮助行为么?通说观点对于这个问题并没有给出任何说明,这不能不说是一个遗憾。

10 笔者在结论上大致赞成通说的结论,但通说的论证需要补强。笔者认为,对于"帮助"一词应当从实质上来加以理解。基于因果共犯论的基本立场,帮助犯之所以可罚,就是因为帮助行为和法益侵害结果之间有因果关系,并且这种因果联系既可以是物理上的,也可以是心理上的。既然强化他人已有犯意的行为已经足以构成帮助犯,那么当他人没有犯意而通过教唆行为引起他人犯意时,无疑是一种比帮助行为更为深入的犯罪参与行为,也完全符合帮助犯的成立条件。因此,教唆和帮助并不是互斥关系,而是位阶关系,教唆是一种比帮助更为严重的犯罪参与行为,将教唆解释为帮助并不违反罪刑法定原则。有学者认为,帮助并非共犯意义上的帮助,既包括参与当事人的毁灭、伪造证据的行为,也包括为了当事人的利益而毁灭、伪造证据的行为,还包括唆使当事人毁灭、伪造证据的行为。[10] 笔者不赞成这种观点,如果行为人为了当事人的利益而毁灭、伪造证据,应该直接属于本罪的第一种行为方式即"辩护人、诉讼代理人毁灭、伪造证据",否则本条前段的规定就失去了意义。

11 (3)威胁、引诱证人违背事实改变证言或者作伪证。威胁一般是指以某种恶害相要挟,使证人陷入恐惧心理从而违背事实改变证言或者作伪证,威胁的方式既可以是暴力手段(如身体伤害、财产损害),也可以是非暴力手段(如揭露隐私、损害名誉)。一个值得研究的问题是,如何理解这里的"引诱"?本罪之所以在实践中产生如此大的争议,一个重要的原因就在于"引诱"一词概念的模糊不清,实践中不仅存在将律师的诱导性询问解释为"引诱"的情况,甚至在李庄案中还出现了令人瞠目结舌的"眨眼引诱说"。[11] 理论界一般认为,这里的引诱是指以金钱、物质或者其他利益的方法诱使证人违背事实改变证言或者作伪证,不包括诱导性询问。[12] 这种观点无疑是正确的,但还不足以妥当限定本罪的成立范围。笔者进一步认为,既然刑法条文在这里将威胁与引诱并列规定,那么根据同类解释的规则,在解释时应当使"威胁"和"引诱"具有类似的性质。因此,这里的引诱必须是以不正当利益相引诱,基于此,如果辩护律师通过做工作,用支付一定金钱的方式换得被害人家属的谅解,则不属于这里的

---

[9] 参见赵长青:《刑法学》(下),法律出版社 2000 年版,第 820 页。

[10] 参见张明楷:《刑法学》(第 6 版),法律出版社 2021 年版,第 1422 页。

[11] 李庄案证人吴家友的证言证明:"龚刚模看了李庄的眼神和动作后明白了,龚刚模就说在警察讯问时遭到了刑讯逼供。"参见重庆市江北区人民法院(2009)江法刑初字第 711 号刑事判决书。

[12] 参见陈兴良:《辩护人妨害作证罪之引诱行为的研究——从张耀喜案切入》,载《政法论坛》2004 年第 5 期。

"引诱"。

根据《刑事审判参考》案例第 62 号"刘某犯辩护人妨害作证案",辩护人妨害作证罪不以发生危害后果为构成要件。原因在于:其一,只要辩护人在刑事诉讼中,实施了威胁、引诱证人违背事实改变证言或者作伪证的行为,即可以构成犯罪。至于证人在威胁、引诱下改变了证言或者作了伪证,是否足以或者已经导致案件处理或者裁判错误,不影响犯罪的成立。其二,实践中,对于辩护人故意引诱、威胁证人改变证言或者作伪证,但情节显著轻微,如证人坚持如实作证,或者辩护人最终没有将取得的虚假证言向司法机关提供的,不应追究辩护人刑事责任。根据《刑事审判参考》案例第 444 号"肖芳泉辩护人妨害作证案",对于辩护人、诉讼代理人妨害作证罪中的"证人"应作广义的理解,被害人、鉴定人应当可以成为本罪的犯罪对象。 12

V　主体

本罪的主体是特殊主体,即刑事诉讼中的辩护人和诉讼代理人。"辩护人",是指接受被告人或其代理人的委托,或者经人民法院指定,依据事实和法律在审查起诉和审判阶段为被告人的利益,向司法机关提出证明被告人无罪、罪轻或者应当从轻、减轻或者免除处罚的事实或材料,并依法为被告人进行辩护的人。根据现行《刑事诉讼法》第 33 条的规定,辩护人包括以下三种人:①律师;②人民团体或者犯罪嫌疑人、被告人所在单位推荐的人;③犯罪嫌疑人、被告人的监护人、亲友。"诉讼代理人",是指公诉案件的被害人及其法定代理人或近亲属、自诉案件的自诉人及其法定代理人、附带民事诉讼的当事人及其法定代理人委托代为参加诉讼的人。 13

本罪是纯正身份犯,不具有辩护人或者诉讼代理人身份的人不能独立地构成本罪。 14

VI　罪过

对于本罪的罪过,刑法学界和司法实务部门共同的看法是,本罪在主观方面是出于故意,过失不能成立本罪。因为,《刑法》第 306 条第 2 款明确规定,辩护人、诉讼代理人提供、出示、引用的证据失实,不是有意伪造的,不属于伪造证据。但是,这种故意究竟是直接故意,还是间接故意?刑法学界认识不一。有学者主张,本罪在主观方面既可以出于直接故意,也可以出于间接故意,即本罪在主观方面的故意内容是,行为人明知自己妨害证据的行为会发生影响、干扰司法机关正常活动的结果,并且希望或者放任这种结果发生的一种心理态度。[13] 但也有学者持不同意见,认为本罪在主 15

---

[13] 参见高铭暄主编:《新编中国刑法学》(下册),中国人民大学出版社 1998 年版,第 853 页。

观方面只能由直接故意构成。[14]

16 笔者认为,辩护人和诉讼代理人通常具有比一般人更高的法律知识水平,因而其实施的毁灭证据、伪造证据、妨害作证的行为通常是刻意追求的结果,因此,本罪通常由直接故意构成。但是,这并不意味着本罪就不可能由间接故意构成。在少数情况下,完全可能存在行为人基于间接故意的心态而实施本罪所规定的客观行为的情况,例如,证人甲隐约看见有一个人影出现在犯罪现场,但是不能认清是不是被告人乙,于是辩护人丙指使证人作证"犯罪发生的当晚没有看见被告人乙"。根据《刑法》的规定本罪的成立要求证人违背事实改变证言或者作伪证,因而如果证人的证言是真实的,则行为人就不构成本罪。而在上例中,连证人本人都不确定自己的证言是真实的还是虚假的,辩护人就更加不可能明知自己在指使证人作伪证,由于认识因素是意志因素的基础,辩护人当然也不可能对危害结果持追求的态度。在这种情况下,或许可以认为辩护人对于妨害司法秩序的结果持间接故意的态度,但无论如何不能认为其主观上是直接故意。

17 事实上,只要承认客观构成要件具有故意的规制机能,只要承认抽象的事实认识错误可以阻却故意的成立,那么就应当尽量避免认为"某某犯罪只能由直接故意构成,而不能由间接故意构成"。因为行为人对于客观构成要件仅存在模糊的、盖然性的认识而实施相应行为时,就不能认定为直接故意,而至多只能认定为间接故意。例如,通说观点认为强奸罪的主观方面只能是直接故意[15],可是,强奸罪的成立要求性行为的发生在客观上是违背妇女意志的,于是当行为人没有认真查明妇女是否同意发生关系,在明知自己的行为可能违背妇女意志的情况下,仍然趁妇女熟睡之际与其发生了性关系时,就只能认为是间接故意的强奸罪。又如理论界通常认为绑架罪只能由直接故意构成[16],可是,根据《刑法》第 238 条第 3 款的规定,为索取债务而非法扣押、拘禁他人的,应当按照非法拘禁罪而非绑架罪处理。当行为人仅仅是看到一个人长得像债务人,没有核对其身份就将其非法扣押、拘禁并索取财物,最后果真抓错了人的时候,就只能构成间接故意的绑架罪。总而言之,笔者倾向于认为,刑法中所有的故意犯罪既可能由直接故意构成,也可能由间接故意构成,当行为人对客观构成要件实施仅存在盖然性、模糊性认识而执意实施相关行为时,就构成间接故意犯罪。即便退一步来讲,承认"目的犯只能由直接故意构成"这一传统观点[17],也应当

---

14 参见张军等主编:《中国刑法罪名大全》,群众出版社 1997 年版,第 701 页。

15 参见高铭暄、马克昌主编:《刑法学》(第 9 版),北京大学出版社、高等教育出版社 2019 年版,第 482 页。

16 参见高铭暄、马克昌主编:《刑法学》(第 9 版),北京大学出版社、高等教育出版社 2019 年版,第 488 页。

17 值得注意的是,司法实践中已经有重要判决明确承认目的犯也可以由间接故意构成,这说明通说的上述立场也不是不容置疑的。参见北京市海淀区人民法院(2015)海刑初字第 512 号刑事判决书。

认为,在目的犯以外的场合,故意犯罪既可能由直接故意构成,也可能由间接故意构成。

Ⅶ 既遂与未遂

辩护人、诉讼代理人毁灭证据、伪造证据、妨害作证罪存在犯罪未遂形态吗?如果存在,其犯罪未遂与既遂的区分标准是什么?由于对于本罪有关问题的研究尚未全面、充分地展开,因而关于本罪未遂形态的认定及其与既遂形态的区分,迄今为止,仍然是一个困扰着理论界的问题。 18

“犯罪未遂”,根据现行《刑法》第23条的规定,是指已经着手实行犯罪,由于犯罪分子意志以外的原因而未得逞的一种故意犯罪的停止形态。可见,我国刑法中的犯罪未遂形态具有如下三个特征:①行为人已经着手实行犯罪,即行为人已经开始实施刑法分则所规定的某种具体犯罪构成要件中的实行行为,这是犯罪未遂形态与犯罪预备形态相区别的主要标志。②犯罪未得逞,即犯罪未完成而停止下来。这是犯罪未遂形态与犯罪既遂形态相区别的主要标志。犯罪没有完成这一未遂形态的特征,在存在既遂与未遂之分的下述三类直接故意犯罪里有着不同的具体含义和表现形式:一类是结果犯,即以法定的犯罪结果发生作为犯罪是否完成的标志,如现行《刑法》第232条规定的故意杀人罪,如果未发生将被害人杀死的结果,就只能成立故意杀人罪的未遂;另一类是行为犯,即以法定的犯罪行为是否完成作为犯罪是否既遂的标志,如现行《刑法》第316条第1款规定的脱逃罪,如果行为人未能逃出监管场所的警戒线,则认为脱逃行为未能完成,则只成立脱逃罪的未遂;还有一类是危险犯,即以法定的危险状态是否具备作为犯罪是否完成的标志,如现行《刑法》第116条第1款规定的破坏交通工具罪,行为人意图破坏交通工具而将车窗玻璃砸碎,如果这一破坏行为并不足以使电车发生倾覆、毁坏的危险,则不能成立破坏交通工具罪的既遂。③犯罪停止在未完成形态是由犯罪分子意志以外的原因所致。这是犯罪未遂形态的又一重要特征,是犯罪未遂形态与着手实施犯罪以后的犯罪中止形态相区别的关键。 19

根据犯罪未遂的上述三个特征,笔者认为,辩护人、诉讼代理人毁灭证据、伪造证据、妨害作证罪存在犯罪的未遂形态。因为,辩护人、诉讼代理人毁灭证据、伪造证据、妨害作证罪尽管不要求造成物质性或者有形的犯罪结果,也并不要求行为人意图包庇当事人的目的一定实现,但是辩护人、诉讼代理人毁灭证据、伪造证据、妨害作证罪并不是行为人一着手实施毁灭证据、伪造证据、妨害作证的行为,犯罪就宣告完成。按照法律的要求,这种行为有一个实行过程,并且,其行为的实施要求达到一定的程度,只有这样,才能视为行为的完成。申言之,辩护人、诉讼代理人毁灭证据、伪造证据、妨害作证罪是行为犯,而对于行为犯来说,是存在着犯罪未遂形态与既遂形态的区分的,具体来说就是,在着手实行犯罪的情况下,如果达到了法律要求的程度就是完成了犯罪行为,就应该认定为犯罪既遂;如果因犯罪人意志以外的原因未能达到法 20

律要求的程度,未能完成实行行为,就应认定为未完成犯罪而构成犯罪未遂。简单地说,对于行为犯来说,其犯罪未遂与犯罪既遂相区分的标准不是看是否发生了物质性的或者有形的犯罪结果,也不是看行为人的犯罪目的即包庇当事人、使其不受刑事追究的目的是否达到,而是以法定危害行为是否完成作为标志。如果行为人已经实施完毕辩护人、诉讼代理人毁灭证据、伪造证据、妨害作证罪的法定构成要件的实行行为,即毁灭证据、伪造证据或者妨害作证的行为,则构成本罪的既遂;如果行为人未能将毁灭证据、伪造证据或者妨害作证的行为实施完毕,则只能构成本罪的未遂。

21 由于本罪在客观方面表现为选择性行为,因而在不同的行为形式下,其既遂形态与未遂形态的区分标准也有不同,具体可以分为以下两种情况[18]:①毁灭、伪造证据或者帮助当事人毁灭、伪造证据的情形。这两种情形下,如果行为人毁灭、伪造证据的行为或者帮助当事人毁灭、伪造证据的行为已经实施完毕,即已使证据完全灭失,或者虽未使证据灭失,但已丧失证据的作用,或者虚假证据已经制造出来,则成立本罪既遂;反之,如果行为人已着手实施毁灭或者伪造证据的行为,但由于行为人意志以外的原因,致使行为没有实施完毕,或者证据尚未制造出来等,则只成立本罪未遂。②威胁、引诱证人改变证言或者作伪证的情形。这种情况下,只要行为人着手实施了威胁、引诱证人改变证言或者作伪证的行为,不管证人实际上是否改变了证言或者作伪证,均无碍于本罪既遂的成立。

Ⅷ 共犯

22 本罪是身份犯,只有辩护人、诉讼代理人实施本罪行为的,才有可能独立地构成本罪,但是这并不妨碍不具有辩护人、诉讼代理人身份的一般行为人成为本罪的共犯。辩护人、诉讼代理人以外的具有刑事责任能力的自然人与辩护人、诉讼代理人共同故意实施毁灭、伪造证据,帮助当事人毁灭、伪造证据,威胁、引诱证人违背事实改变证言或者作伪证的,可能构成辩护人、诉讼代理人毁灭证据、伪造证据、妨害作证罪的共犯。问题在于,如果犯罪人与辩护人、诉讼代理人共谋,指使或者胁迫辩护人、诉讼代理人实施本罪所规定的行为,能否构成共同犯罪?对此,刑法学界存在着较大的分歧:第一种观点认为,帮助者与被帮助者在共同故意支配下,共同实行某一为刑法规定的应由帮助犯构成犯罪的行为时,帮助者构成犯罪,被帮助者应构成帮助犯所成立罪名的共犯;第二种观点主张,帮助者与被帮助者具有共同故意、共同实施某一行为,而刑法特别规定只能由帮助者构成犯罪时,帮助犯单独成立犯罪,而被帮助者不成立犯罪;第三种观点则认为,对于帮助型犯罪,应当具体情况具体分析。在特定的情况下,被帮助者是可以成立共犯的。例如,根据最高人民法院的司法解释,挪用公款给他人使用,使用人与挪用人共谋,指使或者参与策划取得公款的,以挪用公款罪

18 参见郭立新、杨迎泽主编:《刑法分则适用疑难问题解》,中国检察出版社 2000 年版,第 287 页。

的共犯定罪处罚。但这一司法解释却不能推而广之适用于所有的帮助型犯罪，就一般的帮助型犯罪而言，被帮助者不成立共犯应当是一个基本原则。[19]

笔者在结论上大体支持第三种观点即区别说，但是上述第三种观点显然弄反了原则和例外的关系。对于刑法分则所规定的故意犯罪，根据是否可以由一人单独实施，可以分为任意的共犯与必要的共犯，如果既可以由一人单独实施，也可以由二人以上共同实施，则为任意的共犯；如果只能由二人以上共同实施，则为必要的共犯。在我国刑法分则中所规定的各个故意犯罪中，大多数都是任意的共犯，只有少数是必要的共犯。上述第三种观点的支持者所提到的“使用人和挪用人共谋实施挪用公款行为，对使用人按共犯处理”的例子，不过是共同犯罪中共犯借用正犯身份这一法理的运用罢了，这不是例外，而是原则。这一结论完全可以推广到所有的任意共犯的范围内，例如，国家工作人员和普通公民伙同贪污的，普通公民构成贪污罪的共犯；司法工作人员和普通公民共同实施刑讯逼供行为的，普通公民构成刑讯逼供罪的共犯等。真正成为问题的实际上是必要的共犯，特别是其中的对向犯，尤其是立法明文规定只处罚其中一方（即片面对向犯）的情况。 23

关于片面对向犯的可罚性问题，理论上主要有立法者意思说、实质说和并用说三种观点。其中立法者意思说认为，立法者在规定对向犯的时候必然会想到存在参与的双方，如果立法者只规定其中一方的处罚而不规定另一方的，那么就表明立法者认为其不具有可罚性，如果将其作为共犯论处，则违背了立法者的意图。[20] 实质说并不是从立法者意思的角度，而是从缺乏违法性或者责任的角度来说明对向参与行为为什么不具有可罚性。具体而言，一是缺乏违法性，这主要是当一方参与人本身就是被害人的场合，例如如果认为贩卖淫秽物品罪保护的是个人的性道德，那么之所以不处罚购买者，就是因为购买者本人就是被害人，所以阻却了违法性。在英国的 Tyell (1894) 案[21]中，未满 16 周岁的少女引诱他人与自己性交，尽管对方应该承担刑事责任，但是该少女因为本身就是法律所保护的对象，所以不能作为共犯来加以对待。[22] 二是缺乏责任，主要是缺乏期待可能性的考量，因为连正犯都不具有期待可能性的行为，作为共犯而言更加缺乏期待可能性。本罪即属此类，在实质说看来，由于行为人实施犯罪行为之后亲自毁灭证据的行为尚且因为缺乏期待可能性而不可罚，那么就更加不可能成立共犯了。并用说认为，对于对向必要参与行为的可罚性，首先是判断 24

19　参见龚培华、肖中华：《刑法疑难争议问题与司法对策》，中国检察出版社 2002 年版，第 530 页。

20　参见张明楷：《刑法学》（第 6 版），法律出版社 2021 年版，第 577 页；黎宏：《刑法学总论》（第 2 版），法律出版社 2016 年版，第 276 页；周光权：《刑法总论》（第 4 版），中国人民大学出版社 2021 年版，第 329 页。

21　[1894] 1 QB 710.

22　See Smith & Hogan, Criminal Law (10th Edition), The Bath Press, 2002, p. 178.

共犯处罚根据,对于违法性或者法益侵害阙如的情形,无论参与行为是否逾越通常的定型性均不可罚,而在存在违法性或者法益侵害的情形下,对于必不可少的参与行为,亦可能基于可罚的违法性、违法性程度、比例原则等因素而否定其可罚性。[23]

25 笔者原则上赞成实质说,但应当将实质说处理的范围限于法益侵害阙如的情形,而不包括缺乏期待可能性的行为。

26 立法者意思说虽然是通说,但并非不容置疑。基于限制的正犯概念这一基本立场,立法者之所以规定共同犯罪,其目的就是要扩大处罚范围。因此,在立法者只规定了对向犯一方的处罚规定而没有规定另一方时,不能简单地认为立法者的意思就是完全不处罚另一方,只能说立法者不希望按照单独正犯来处罚另一方。以贩卖淫秽物品罪为例,立法者之所以只规定了贩卖淫秽物品罪而没有规定购买淫秽物品罪,并不必然意味着购买淫秽物品的行为就一定不处罚,立法者的意思完全可能是:对于购买淫秽物品的行为,不能作为单独正犯来加以处罚,但可以作为贩卖淫秽物品罪的共犯来加以处罚。这样处理的意义在于,购买淫秽物品的行为虽然是可罚的,但是要受到共犯从属性原则的限制,亦即,即便购买人帮助甚至教唆出卖人实施了贩卖淫秽物品的行为,但是当出卖人还没有着手实施上述行为时,购买人就不构成犯罪。而立法者意思说的支持者对于这一种可能性并未予以充分回应,其论证是不够充分的。更为重要的是,立法者意思说的支持者往往还认为,对向参与行为在其定型性和通常性的范围内不可罚,如果对向参与行为超出了其通常性,则是可罚的。[24] 但是,究竟什么是通常的,什么不是通常的,为什么通常情况下的对向参与行为不可罚,而一旦超出了通常性之后又变得可罚了,论者并没有给出合理的说明。当然不可否认,在购买者极力鼓动、劝说出卖人向自己卖出淫秽物品的时候,购买者的违法性和有责性确实有所提升,然而一旦从违法性和有责性的角度来考虑对向参与行为的可罚性,就进入了实质说的分析模式,而偏离了立法者意思说的基本立场。

27 实质说的思路是妥当的。由于犯罪的实体是违法和责任,那么对于对向参与行为何者可罚何者不可罚也应当回到违法和责任这对范畴上来。不过,正如批评者所指出的那样,共犯理论旨在从违法层面上解决违法事实的客观归属,并不涉及责任问题,因而将期待可能性作为实质说的内容显然不妥当。[25] 简言之,在区分违法和责任这对基本范畴的前提之下,试图用期待可能性的缺乏来说明片面对向犯的不可罚性的做法,在方法论上就是错误的。我国有学者试图运用“不可罚的事后行为”的法理来解释这一问题。但问题是,某行为之所以属于不可罚的事后行为,其实质依据在于禁止重复评价原则,也就是说,事后行为之所以不可罚,并非其自身的违法性和

23 参见王彦强:《对向参与行为的处罚范围》,载《中外法学》2017 年第 2 期。

24 参见张明楷:《刑法学》(第 6 版),法律出版社 2021 年版,第 577—578 页。

25 参见王彦强:《对向参与行为的处罚范围》,载《中外法学》2017 年第 2 期。

责任达不到值得科处刑罚的程度,而在于其不法内涵已经在前行为中一并评价了。因此,在不可罚的事后行为中,主行为和后行为所侵犯的法益必须具有同一性,同时后行为侵犯法益的程度不能大于前行为。因为“后行为之所以不罚,就在于它与前行为侵犯的法益是相同的,如果后行为侵害了新的法益,那么对其便当然地进行双重评价”[26]。在行为人先实施其他犯罪后毁灭证据的例子中,前后两个行为侵犯的法益并不相同,自然也不能援引“不可罚的事后行为”的法理。

并用说虽然有折中说之名,但无折中说之实。在笔者看来,论者并不是将立法者意思说与实质说“并用”,而是对实质说作了重新的解读。例如论者认为不仅要考虑违法性的有无,还要考虑可罚的违法性、违法性程度、比例原则、体系解释等因素,可是唯独不提立法者在制定法律时的主观意思。因此,正如论者所言,这种并用说又可以称为“双重实质说”。[27] 在笔者看来,这种观点并非折中说,称为“修正的实质说”或许更为合适。 28

基于实质说的立场,在犯罪嫌疑人、被告人指使、帮助辩护人、诉讼代理人实施相关伪证行为时,能否对其按共犯处罚不可一概而论。必须承认,由于犯罪嫌疑人、被告人实施的相关犯罪行为和后来参与实施的伪证行为通常侵犯的不是同种法益,因而不属于不可罚的事后行为,也不能阻却其行为的违法性,至多在个案中考虑是否因为缺乏期待可能性而阻却责任罢了。虽然具体的判断标准有待于进一步的研究,但目前可以初步认为,当行为人实施了较为严重的犯罪时,为了掩饰犯罪而毁灭证据的行为,或许可以认为缺乏期待可能性从而不罚;但是如果行为人实施的前罪本身较轻,甚至轻于相关的妨害司法罪,恐怕就很难以缺乏期待可能性为由否定后行为的可罚性了。例如,行为人实施了醉酒驾驶行为之后,为了防止犯罪行为被发现,实施了伪造、毁灭证据等妨害作证行为,由于危险驾驶罪的最高法定刑不过是 6 个月的拘役,而辩护人、诉讼代理人毁灭证据、伪造证据、妨害作证罪的第一档法定最高刑为 3 年有期徒刑,无论如何不能说行为人后来实施的妨害作证行为是缺乏期待可能性的。 29

Ⅸ 与他罪的区别

一、与伪证罪的区别

根据现行《刑法》第 305 条的规定,伪证罪是指在刑事诉讼中,证人、鉴定人、记录人、翻译人对与案件有重要关系的情节,故意作虚假证明、鉴定、记录、翻译,意图陷害他人或者隐匿罪证的行为。可见,辩护人、诉讼代理人毁灭证据、伪造证据、妨害作证罪与伪证罪在构成特征上有一些共同或相似之处:两罪都是纯正身份犯,犯罪主体只 30

---

[26] 刘伟:《事后不可罚行为——兼论吸收犯之重构》,载《金陵法律评论》2005 年第 1 期。

[27] 参见王彦强:《对向参与行为的处罚范围》,载《中外法学》2017 年第 2 期。

能是特殊主体;在主观方面,两罪都是出于故意,过失都不能构成两罪;在客观方面,两罪都表现为在刑事诉讼中,破坏证据制度,妨害刑事诉讼正常顺利进行的行为;其犯罪行为的实施,都对司法机关的正常活动造成了侵害,因而有必要分清两罪的界限。根据刑法的有关规定,两罪的不同之处主要在于:①犯罪侵犯的法益不同。辩护人、诉讼代理人毁灭证据、伪造证据、妨害作证罪侵犯的法益是司法机关的正常刑事诉讼活动与刑事辩护制度,司法机关的正常刑事诉讼活动是主要法益,刑事辩护制度是次要法益;而伪证罪侵犯的法益仅限于司法机关的正常刑事诉讼活动。②犯罪对象不同。辩护人、诉讼代理人毁灭证据、伪造证据、妨害作证罪的犯罪对象是所有证据,而伪证罪的犯罪对象仅限于特定种类的证据,即证人证言、鉴定结论以及和刑事诉讼有关的记录材料、翻译资料等。③犯罪客观方面的表现形式不同。辩护人、诉讼代理人毁灭证据、伪造证据、妨害作证罪在客观方面表现为,在刑事诉讼中,辩护人、诉讼代理人毁灭、伪造证据,帮助当事人毁灭、伪造证据,威胁、引诱证人违背事实改变证言或者作伪证的行为;而伪证罪在客观方面表现为,在刑事诉讼中,证人、鉴定人、记录人、翻译人对与案件有重要关系的情节,故意作虚假证明、鉴定、记录、翻译,意图陷害他人或者隐匿罪证的行为。可见,伪证罪不存在威胁、引诱证人违背事实改变证言或者作伪证的情况。④犯罪主体的范围不同。尽管两罪主体都是特殊主体,但是,辩护人、诉讼代理人毁灭证据、伪造证据、妨害作证罪的主体只能是辩护人和诉讼代理人;而伪证罪的主体只能是证人、鉴定人、记录人和翻译人。

31 实践中只要紧紧抓住辩护人、诉讼代理人毁灭证据、伪造证据、妨害作证罪和伪证罪的构成特征,两罪的界限应当不难把握。但是,如果辩护人、诉讼代理人教唆、帮助证人作伪证的,对此应当如何处理?笔者认为,这种情况应该按照想象竞合处理。具体理由如下:

32 (1)辩护人、诉讼代理人教唆、帮助证人作伪证的,构成伪证罪的共同犯罪。共同犯罪,根据现行《刑法》第25条的规定,是指二人以上共同故意犯罪。共同犯罪的成立,要求在主观方面,行为人存在共同的犯罪故意;在客观方面,各个共同犯罪行为人的行为是一个有机联系的统一整体。辩护人、诉讼代理人尽管不是伪证罪的犯罪主体,不能单独实施伪证行为,单独构成伪证罪,但这只是就伪证罪的实行行为而言,实际上,不具有特殊主体资格的行为人是可以实施身份犯的教唆或者帮助行为的。在前述情况下,辩护人、诉讼代理人和实施伪证行为的证人在主观上对于作伪证行为的性质以及由此产生的危害社会、妨害刑事诉讼正常进行的后果是明知的,但各行为人却希望并积极促成这一危害结果的发生,并且,各行为人知道不是自己一个人在实施犯罪行为,而是与他人共同实施犯罪行为。具体地说,辩护人、诉讼代理人明知自己的行为是在使他人产生作伪证的犯罪故意,或者明知自己的行为是在为他人实施伪证行为提供帮助,而被教唆或者被帮助的证人同样明知自己不是一个人在单独实施犯罪,而是有人在教唆、帮助自己实施伪证行为。也就是说,这种情形下的辩护人、诉讼代理人和证人之间存在着共同伪证的犯罪故意。此外,辩护人、诉讼代理人和证人还实施了共同伪证的行为。辩护人、诉讼代理人尽管没有实施作为伪证罪构成要件的实行行为即伪证行为，这一行为是由证人实施的。但是，正是因为有了辩护人、诉讼代理人的教唆伪证行为，证人才产生了实施伪证行为的犯罪故意；正是因为辩护人、诉讼代理人的帮助伪证行为，证人的伪证行为才得以顺利实施。可见，辩护人、诉讼代理人的教唆行为，帮助行为与证人的伪证行为不是孤立的，而是目标一致，相互联系、紧密配合，共同构成了一个完整的伪证行为体系。在发生危害结果的情况下，无论是辩护人、诉讼代理人的教唆行为、帮助行为还是证人的实行行为，都是危害结果发生的直接原因，都与危害结果的发生有着刑法上的因果关系，都应当对造成的危害结果承担刑事责任。所以，辩护人、诉讼代理人教唆、帮助证人实施伪证行为的，应当构成伪证罪的共同犯罪。

(2)辩护人、诉讼代理人教唆、帮助证人作伪证的，还应当成立辩护人、诉讼代理人毁灭证据、伪造证据、妨害作证罪。因为，辩护人、诉讼代理人正是法定的辩护人、诉讼代理人毁灭证据、伪造证据、妨害作证罪的犯罪主体。在主观上，行为人对于自己实施的教唆、帮助证人作伪证的行为性质以及由此有可能产生的破坏刑事诉讼正常顺利进行以及刑事辩护制度健康发展的危害后果是明知的，但行为人却希望这一危害后果的发生，显然辩护人、诉讼代理人是具备辩护人、诉讼代理人毁灭证据、伪造证据、妨害作证罪的主观故意的；在客观方面，辩护人、诉讼代理人所实施的教唆、帮助证人作伪证的行为正是辩护人、诉讼代理人毁灭证据、伪造证据、妨害作证罪在客观方面的表现形式之一。所以，辩护人、诉讼代理人教唆、帮助证人作伪证的行为完全符合辩护人、诉讼代理人毁灭证据、伪造证据、妨害作证罪的构成特征。根据主客观相统一的犯罪构成原理，该行为当然应当成立辩护人、诉讼代理人毁灭证据、伪造证据、妨害作证罪。 33

(3)此种情形实际上属于刑法理论上的想象竞合。想象竞合又称想象数罪，是指行为人基于数个犯罪，实施的一个危害行为同时触犯数罪的一种犯罪形态。想象竞合犯与法条竞合比较相似，两者在客观上均表现为行为人实施的一个行为同时触犯数罪名的特征，但法条竞合所触犯的数罪在犯罪构成上存在着包容与被包容的关系，而想象竞合所触犯的数罪之间却不具有这样的特征。而在上述情形中，辩护人、诉讼代理人在主观上实际具有两个主观故意，一是帮助证人作伪证的犯罪故意，二是辩护人、诉讼代理人毁灭证据、伪造证据、妨害作证的犯罪故意；在客观上虽然只实施了一个教唆、帮助证人作证的行为，但却同时触犯了辩护人、诉讼代理人毁灭证据、伪造证据、妨害作证罪和伪证罪两个罪名，而这两个犯罪的犯罪构成之间，并不存在刑法理论上所说的包容与被包容的关系，因而这种情形并不符合法条竞合的特征，实属典型的想象竞合，按照想象竞合的处理原则，应择一重罪处断。 34

二、与包庇罪的区别

根据现行《刑法》第310条的规定，包庇罪是指明知是犯罪的人而作假证明予以 35

包庇的行为。辩护人、诉讼代理人毁灭证据、伪造证据、妨害作证罪与包庇罪在构成特征上有一些相似之处,例如,两罪在主观方面都是出于故意;在客观方面都可能表现为毁灭证据、伪造证据、妨害作证的行为;其犯罪行为的实施,都可能侵犯了司法机关的正常活动。因而有必要划清两罪的界限。根据刑法关于两罪的规定,辩护人、诉讼代理人毁灭证据、伪造证据、妨害作证罪与包庇罪的不同之处主要在于:①侵犯的法益不同。辩护人、诉讼代理人毁灭证据、伪造证据、妨害作证罪侵犯的法益包括司法机关的正常刑事诉讼活动与刑事辩护制度,司法机关的正常刑事诉讼活动是主要法益,刑事辩护制度是次要法益;而包庇罪侵犯的法益则是司法机关的刑事追诉和刑罚执行活动。②犯罪对象不同。辩护人、诉讼代理人毁灭证据、伪造证据罪的犯罪对象是证据;而包庇罪的犯罪对象则是犯罪的人。③犯罪客观方面的表现形式不同。辩护人、诉讼代理人毁灭证据、伪造证据、妨害作证罪在客观方面表现为,在刑事诉讼中,辩护人、诉讼代理人毁灭、伪造证据,帮助当事人毁灭、伪造证据,威胁、引诱证人违背事实改变证言或者作伪证的行为;而包庇罪在客观方面则表现为,明知是犯罪的人而作假证明予以包庇的行为。④犯罪主体不同。辩护人、诉讼代理人毁灭证据、伪造证据、妨害作证罪的主体是特殊主体,即只能是辩护人、诉讼代理人;而包庇罪的主体则是一般主体,只要是具有刑事责任能力,实施了作假证明包庇明知是犯罪的人的行为的,都可以成为包庇罪的主体,独立地构成包庇罪。⑤犯罪目的不同。辩护人、诉讼代理人毁灭证据、伪造证据、妨害作证罪的行为人在主观上既可能是出于包庇他人,也可能是出于陷害他人的目的;而包庇罪的行为人主观上应具有包庇犯罪分子,使其逃避法律追究的目的。

三、与徇私枉法罪的区别

36 根据现行《刑法》第 399 条第 1 款的规定,徇私枉法罪是指司法工作人员徇私枉法、徇情枉法,对明知是无罪的人而使他受追诉、对明知是有罪的人而故意包庇不使他受追诉,或者在刑事审判活动中故意违背事实和法律作枉法裁判的行为。辩护人、诉讼代理人毁灭证据、伪造证据、妨害作证罪与徇私枉法罪都发生在司法活动中;两罪的主体都是特殊主体;在主观方面都是出于故意,过失都不能构成两罪;在客观方面,徇私枉法罪也可能表现为毁灭证据、伪造证据、妨害作证的行为。因此,两罪容易混淆。两罪的区别主要在于:①侵犯的法益不同。辩护人、诉讼代理人毁灭证据、伪造证据、妨害作证罪侵犯的法益则包括司法机关的正常刑事诉讼活动与刑事辩护制度,司法机关的正常刑事诉讼活动是主要法益,刑事辩护制度是次要法益;而徇私枉法罪侵犯的法益则是司法机关的正常活动。②犯罪性质不同。辩护人、诉讼代理人毁灭证据、伪造证据、妨害作证罪不具有渎职的性质;而徇私枉法罪是一种典型的渎职犯罪。③犯罪客观方面的表现形式不同。辩护人、诉讼代理人毁灭证据、伪造证据、妨害作证罪在客观方面表现为,在刑事诉讼中,辩护人、诉讼代理人毁灭、伪造证据,帮助当事人毁灭、伪造证据,威胁、引诱证人违背事实改变证言或者作伪证的行为;而徇私枉法罪在客观方面表现为徇私枉法、徇情枉法,对明知是无罪的人而使其受追诉、对明知是有罪的人而故意包庇不使其受追诉,或者在刑事审判活动中故意违背事实和法律作枉法裁判的行为。可见,辩护人、诉讼代理人毁灭证据、伪造证据、妨害作证罪的实施,不存在利用行为人职务上的便利条件的问题;而徇私枉法罪的实施,则离不开行为人自己直接办理或者主管案件的便利条件的问题。④犯罪主体不同。尽管两罪的主体都是特殊主体,但辩护人、诉讼代理人毁灭证据、伪造证据、妨害作证罪的主体是辩护人、诉讼代理人;而徇私枉法罪的主体则只能是司法工作人员。

X 处罚

根据《刑法》第 306 条的规定,犯辩护人、诉讼代理人毁灭证据、伪造证据、妨害作证罪的,处 3 年以下有期徒刑或者拘役;情节严重的,处 3 年以上 7 年以下有期徒刑。 37

在对辩护人、诉讼代理人毁灭证据、伪造证据、妨害作证罪进行处罚时,应注意以下几个问题: 38

1. 关于辩护人、诉讼代理人毁灭证据、伪造证据、妨害作证罪的量刑幅度

我国现行《刑法》第 306 条对辩护人、诉讼代理人毁灭证据、伪造证据、妨害作证罪规定了两个量刑幅度,分别是:①基本构成的辩护人、诉讼代理人毁灭证据、伪造证据、妨害作证罪,处 3 年以下有期徒刑或者拘役。②加重构成的辩护人、诉讼代理人毁灭证据、伪造证据、妨害作证罪,处 3 年以上 7 年以下有期徒刑。所谓情节严重,一般是指在多个刑事诉讼中实施本罪行为,屡教不改的;犯罪手段极其恶劣,严重妨害刑事诉讼正常进行的;导致犯罪人逃避刑事追究的;使无罪的人受到刑事追究的;造成其他严重后果的;等等。因此,对辩护人、诉讼代理人毁灭证据、伪造证据、妨害作证罪适用刑罚时,首先应当确定其应具体适用的量刑幅度。对此应当把握的一个根本标准是犯罪危害性的大小,社会危害性大的,一般应考虑适用加重构成的本罪量刑幅度;社会危害性小的,才考虑适用基本构成的本罪量刑幅度。至于影响社会危害性大小的因素,既有主观方面的,也有客观方面的。例如,犯罪的时间、地点,是否采用了暴力手段,是否造成了证人的身体伤害,对案件处理结果的影响等,都会影响到案件危害程度的不同,对此应当在量刑幅度内予以区别对待。 39

2. 关于免予刑事处分、减轻处罚以及宣告缓刑的适用问题

现行《刑法》第 306 条第 1 款前半段规定的法定刑为 3 年以下有期徒刑或者拘役。这说明立法对辩护人、诉讼代理人毁灭证据、伪造证据、妨害作证罪的犯罪分子保留了免予刑事处分、减轻处罚以及适用缓刑等从宽处罚的可能,只是应当对其严格把握,只适用于个别或者少数确实符合这些刑罚制度的辩护人、诉讼代理人毁灭证据、伪造证据、妨害作证的案件。对于综合全案确实属于犯罪情节轻微不需要判处刑罚的,如辩护人、诉讼代理人毁灭证据、伪造证据、妨害作证罪的中止犯,可以依法免予刑事处分;对于符合减轻处罚条件的,如辩护人、诉讼代理人毁灭证据、伪造证据、 40

妨害作证罪的预备犯,或者具备其他酌定减轻情节的,可以依法减轻处罚,这种减轻既可以由有期徒刑减为拘役,也可以由拘役减为管制;对于辩护人、诉讼代理人毁灭证据、伪造证据、妨害作证罪的犯罪分子,根据其犯罪情节和悔罪表现,法院认为对其适用缓刑确实不致再危害社会的,可以依法宣告缓刑。

第三百零七条　妨害作证罪；帮助毁灭、伪造证据罪

以暴力、威胁、贿买等方法阻止证人作证或者指使他人作伪证的，处三年以下有期徒刑或者拘役；情节严重的，处三年以上七年以下有期徒刑。

帮助当事人毁灭、伪造证据，情节严重的，处三年以下有期徒刑或者拘役。

司法工作人员犯前两款罪的，从重处罚。

文献：赵秉志、田宏杰、于志刚：《妨害司法罪》，中国人民公安大学出版社2003年版；高铭暄：《中华人民共和国刑法的孕育诞生和发展完善》，北京大学出版社2012年版；王作富主编：《刑法分则实务研究》（第5版），中国方正出版社2013年版；黎宏：《刑法学各论》（第2版），法律出版社2016年版；张军主编：《刑法[分则]及配套规定新释新解》（第9版），人民法院出版社2016年版；陈兴良：《规范刑法学》（第4版），中国人民大学出版社2017年版；高铭暄、马克昌主编：《刑法学》（第9版），北京大学出版社、高等教育出版社2019年版；周光权：《刑法各论》（第4版），中国人民大学出版社2021年版；张明楷：《刑法学》（第6版），法律出版社2021年版。汪汛：《妨害作证罪司法适用问题研究》，载《法学杂志》2003年第3期；陈正沓：《帮助毁灭、伪造证据罪认定中的疑难问题探析》，载《政治与法律》2003年第4期；马荣春：《论帮助毁灭、伪造证据罪》，载《福建政法管理干部学院学报》2004年第1期；刘杰：《帮助毁灭、伪造证据罪若干问题研究》，载《中国人民公安大学学报》2004年第3期；陈洪兵：《帮助毁灭、伪造证据罪探析》，载《四川警官高等专科学校学报》2004年第3期；彭峰：《帮助毁灭、伪造证据罪客观方面认定问题探析》，载《太原师范学院学报（社会科学版）》2005年第4期；黄勇鹏：《帮助毁灭、伪造证据罪的立法疏漏与完善》，载《人民检察》2005年第11期；赵敏：《论帮助刑事案件的当事人毁灭、伪造证据的行为认定》，载《河南司法警官职业学院学报》2006年第4期；吴占英：《帮助毁灭、伪造证据罪若干问题探微》，载《中南民族大学学报（人文社会科学版）》2006年第4期；彭峰：《帮助毁灭、伪造证据罪客观要件再探》，载《前沿》2006年第4期；吴占英：《论妨害作证罪的几个问题》，载《法学评论》2006年第5期；张明楷：《论帮助毁灭、伪造证据罪》，载《山东审判》2007年第1期；张明楷：《论妨害作证罪》，载《人民检察》2007年第8期；赵敏：《浅析帮助毁灭、伪造证据罪的缺陷与立法完善》，载《河南司法警官职业学院学报》2008年第3期；冯江菊：《帮助当事人毁灭罪证行为的认定——兼论帮助毁灭、伪造证据罪与包庇罪的区分》，载《河南社会科学》2009年第1期；李岩、张鹏：《析帮助毁灭、伪造证据罪中之帮助行为》，载《人民司法》2009年第2期；郇习顶、郇习峰：《帮助毁灭、伪造证据罪若

干问题实证探微》,载《湖北社会科学》2009 年第 5 期;贺洪波:《帮助毁灭、伪造证据刑事责任的司法界分与立法完善》,载《重庆理工大学学报(社会科学)》2013 年第 12 期;王利荣、李奇:《修法视阈:证据犯罪罪名体系的重构》,载《江苏社会科学》2014 年第 3 期;黄继坤、王静云:《论帮助毁灭、伪造证据罪中的"当事人"的范围——基于"期待可能性"原理的实质考察》,载《湖北民族学院学报(哲学社会科学版)》2014 年第 5 期;陈锦城、聂永保:《妨害作证罪与帮助毁灭、伪造证据罪的区分》,载《中国检察官》2014 年第 20 期;赵冠男:《论我国〈刑法〉第 307 条的适用范围——从"帮助毁灭、伪造证据罪"之"帮助"切入》,载《法学杂志》2015 第 12 期。

细目录

Ⅰ　主旨
Ⅱ　沿革
Ⅲ　客体
Ⅳ　行为
　一、妨害作证罪的行为
　二、帮助毁灭、伪造证据罪的行为
Ⅴ　主体
Ⅵ　罪过
Ⅶ　既遂与未遂
Ⅷ　与非罪的界限
　一、妨害作证罪与非罪的界限
　二、帮助毁灭、伪造证据罪与非罪的界限
Ⅸ　与他罪的区别
　一、妨害作证罪与他罪的区别
　二、帮助毁灭、伪造证据罪与他罪的区别
Ⅹ　处罚

Ⅰ　主旨

1　本条是关于妨害作证罪与帮助毁灭、伪造证据罪的规定。刑法设置本条之罪的主旨在于,"在司法实践中,威胁、贿买证人以及指使他人作伪证的行为时有发生,首先,这种情况严重妨碍了诉讼的正常进行,影响了司法公正,既有可能放纵罪犯,也有可能冤枉无辜,具有极大的社会危害性,也会影响司法机关的公信力。其次,1996 年修改的《刑事诉讼法》对庭审方式进行了改革,在开庭前不进行实质性审查,而在开庭过程中核实证据,证人在案件审理中的作用更为重要,所以,必须加强对阻止证人作证和指使他人作伪证行为的打击力度。再次,作伪证的直接后果可能使无罪的人遭受刑事处罚,而有罪的人却逃脱应有的刑事处罚,不利于保护公民的合法权利。最后,司法工作人员是国家的执法人员,如果他们利用手中的职权弄虚作假则危害更大,不仅不能保护公民利益,还可能严重影响国家的司法公正形象,损害国家利益,因而对司法工作人员犯本罪的应当从重处罚"[1]。

Ⅱ 沿革

1979 年《刑法》没有规定本罪。1997 年《刑法》增设妨害作证罪与帮助毁灭、伪造证据罪。 2

Ⅲ 客体

妨害作证罪侵犯的客体(法益)是司法机关的正常诉讼活动和公民依法作证的权利。这里,司法机关的诉讼活动主要是指公安机关对刑事案件的立案侦查活动,检察机关对刑事案件的侦查、起诉活动,审判机关对刑事、民事、经济、海事、行政等案件的审判活动。近年来,采用不正当手段阻止证人作证或者指使他人作伪证的现象屡屡发生,这不仅侵犯了公民作证的权利,破坏了证人如实作证的客观条件和环境,而且严重妨害了司法机关的正常诉讼活动。 3

帮助毁灭、伪造证据罪侵犯的法益是司法机关的正常诉讼活动,其行为往往使当事人逃避法律的制裁,或者冤枉无辜,使他人的人身和财产权利受到侵犯。 4

Ⅳ 行为

一、妨害作证罪的行为

妨害作证罪在客观方面表现为以暴力、威胁、贿买等方法阻止证人作证或者指使他人作伪证的行为。本罪通常发生于诉讼活动过程之中,即刑事诉讼、民事诉讼或行政诉讼等一切诉讼活动过程中,也可以发生在诉讼活动之外。"暴力",是指使用殴打、绑架等人身强制的方法,使证人的人身自由受到严重限制甚至丧失而无法作证或不敢作证,但暴力中不包括杀害手段。如果杀害证人,则构成故意杀人罪而不是妨害作证罪。"威胁",是指以杀害、伤害证人及其亲属,毁坏其财产,揭露其隐私等方法相威胁,迫使证人不敢向司法机关作证。"贿买",是指给证人一定的金钱、财物或其他利益,或者向证人许诺给其一定的金钱、财物或其他利益,使证人因贪图钱财而不愿向司法机关作证。此外,还有使用暴力、威胁、贿买以外的其他方法阻止证人作证或者指使他人作伪证,如用药物方法致使证人丧失作证能力而不能作证,利用职务等身份迫使下属不要作证,等等。根据刑法规定,本罪的行为具体表现为以下两种形 5

1 全国人大常委会法制工作委员会刑法室编:《〈中华人民共和国刑法〉条文说明、立法理由及相关规定》,北京大学出版社 2009 年版,第 629 页。

式,只要实施其中一种,便可以构成本罪。

1. 阻止证人作证

6 所谓阻止,是指采用劝阻、唆使、引诱等方式不让证人作证。在刑事诉讼中,通常表现为阻止证人接受公安、检察、法院等司法机关的调查、询问,以及阻止证人出庭作证。在民事、经济和行政诉讼中,大多表现为阻止证人接受当事人委托的律师的调查、询问,以及阻止证人出庭作证。

2. 指使他人作伪证

7 这里指唆使、引诱、劝诱他人作伪证,包括出主意让他人作伪证,或者利用职务身份迫使下属作伪证等。如果阻止他人作证可以理解为不让作证,则指使他人作伪证,即是让其作假证。指使他人作伪证或者使了解案件情况的人向司法机关作虚假的证明,或者使不了解案件情况的人假称了解向司法机关作虚假的证明。他人,包括知道案件事实情况的人和不知道案件事实情况的人,也不排除诉讼中的鉴定人、记录人、翻译人。

8 有的学者提出,构成本罪,应当以"情节严重"作为界限,否则一经实施阻止他人作证或者指使、贿买、胁迫他人作伪证的行为,就构成犯罪,势必与现行民事诉讼法、行政诉讼法对惩处妨害作证的有关规定冲突。所以,尽管法律没有规定情节严重的构成犯罪,但在司法实践中必须通过总结经验,制定一个"量"的标志,否则,不利于本罪的正确认定。[2] 因为,刑法作为国家法律体系中的一个部门法,具有自己特殊的社会关系调整范围和调整手段,因而是一个独立的部门法。但是,刑法作为部门法,必须在一个国家法律体系中,在与其他部门法的相互联系中才能发生作用。尤其是由于刑法所调整的社会关系具有广泛的跨越性,从某种意义上说,它是作为其他法律关系的最后法律调整手段而存在的,这就是刑法的附属性。具体就妨害作证罪所侵犯的司法机关的正常诉讼活动和公民依法作证的权利这两种社会关系而言,民事诉讼法、刑事诉讼法和行政诉讼法以及其他规范性文件都作了规定,而且在通常情况下主要是通过上述法律来维护司法机关的正常诉讼活动和公民依法作证的权利。只有当司法机关的正常诉讼活动和公民依法作证的权利受到严重的侵犯,上述部门法的制裁手段不足以有效地保护司法机关的正常活动和公民依法作证的权利时,才有动用国家刑罚权进行刑事制裁的必要。所以,妨害作证的行为并非在任何情况下都构成犯罪,只有情节严重的,才需要追究行为人的刑事责任。这里的"情节严重",从长期的司法实践经验出发,应当主要是指行为人实施的妨害作证行为严重侵害了司法机关的正常诉讼活动,甚至使其根本无法进行;或者行为人所采取的手段十分恶劣;或者因行为人妨害作证的行为,造成冤、假、错案;或者行为人屡教不改,多次实施妨害作证的行为,社会影响恶劣;或者妨害作证的是涉及国家安全方面的案件,或者其他

---

[2] 参见高西江主编:《中华人民共和国刑法的修订与适用》,中国方正出版社 1997 年版,第 653 页。

特别重大的案件,或者必须及时侦破、审结的重大案件;等等。对于那些妨害作证行为情节不严重,危害不大;或者经批评教育后,认识到自己行为的错误,不再实施妨害作证行为;或者没有产生什么严重后果的,均不能认定为妨害作证罪。

此外,还应当注意,对于本罪行为发生的时间、空间,刑法并没有进行限制,因而从罪刑法定主义的精神出发,可以认为本罪的行为以发生在诉讼活动进行过程之中为原则,但也不应当排除在诉讼提起之前的阶段。这是因为,在诉讼提起之前,行为人如果实施妨害作证的行为同样会对以后发生的诉讼活动造成影响和妨碍,并且,这时实施的妨害作证行为与在诉讼活动过程之中所实施的妨害作证行为的社会危害性及其程度相比并没有什么实质的不同。因而如果将妨害作证的行为限定在诉讼活动过程之中,将有相当一部分社会危害严重的妨害作证行为不能纳入刑事制裁的范围,这对于妨害作证罪的惩治是极其不利的。 9

二、帮助毁灭、伪造证据罪的行为

帮助毁灭、伪造证据罪在客观方面表现为,帮助当事人毁灭、伪造证据,情节严重的行为。这里的当事人,不应当狭隘地理解为刑事案件的当事人,而应当包括民事、经济、行政案件的当事人。从现行《刑法》第 307 条第 2 款的规定来看,本罪的行为方式只能是作为,不作为不能构成本罪。这里的"帮助",既包括为当事人出谋划策,提供各种便利条件,也包括伙同当事人共同实施毁灭、伪造证据的行为。需要明确的是,本罪的成立,要求行为必须达到情节严重的程度。"情节严重",司法实践中一般是指因行为人的帮助,致使当事人毁灭、伪造了证据,严重妨害司法机关诉讼活动的正常进行或者使其根本无法进行的;犯罪手段特别恶劣的;因帮助当事人毁灭、伪造证据而造成冤、假、错案的;在大案、要案上帮助当事人毁灭、伪造证据,造成极其恶劣的社会影响的;帮助多个当事人毁灭、伪造证据或者多次帮助当事人毁灭、伪造证据的;等等。 10

在此,有一个问题值得研究:帮助当事人隐匿证据,情节严重的,应当如何处理?"隐匿"是指将物品隐藏起来,不让他人知道。显然,隐匿证据也会给诉讼活动的顺利进行带来一定程度的妨碍,但隐匿行为又是不同于毁灭、伪造的一种行为方式,而且我国现行刑法规定本罪的行为方式仅有毁灭、伪造。因而对于帮助当事人隐匿证据的情形应当如何定性,人们意见不一。笔者对此持否定态度,认为帮助当事人隐匿证据不符合本罪的行为要件。理由在于:首先,将"隐匿"解释为毁灭、伪造,与国民的日常用语习惯严重不符,超出国民的合理预期范围,有不利于被告人的类推解释之嫌。其次,《刑事诉讼法》第 44 条规定"辩护人或者其他任何人,不得帮助犯罪嫌疑人、被告人隐匿、毁灭、伪造证据或者串供……",明确将"隐匿"视作与"毁灭""伪造"并列的独立概念。基于法秩序统一原理与"前置法定性、刑事法定量"的犯罪认定原理,除非另有特别强势的解释理由,在法定犯中,应尽量保持刑法与前置法所使用的规范概念的统一性。而《刑法》第 306 条只列举了毁灭、伪造两种行为,没有列举隐匿行 11

为,这就说明立法者的本意就是将隐匿行为排除在本罪的构成要件范围之外。最后,犯罪的本质是侵犯法益且负有罪责的行为。一方面,与毁灭、伪造证据相比,隐匿证据的行为在客观上并未导致证据的完全灭失,证据仍然有重见天日、发挥作用的可能,其法益侵害程度相对较小;另一方面,与毁灭、伪造证据相比,隐匿证据的期待可能性相对较小,行为人的可谴责程度也较小。因此,结合刑法谦抑性的要求,对于隐匿证据的行为,只需进行行政处罚即可,不必作犯罪处理。

V 主体

12 妨害作证罪与帮助毁灭、伪造证据罪的主体是一般主体,即达到刑事责任年龄、具有刑事责任能力的自然人,都可以成为本罪的主体,单独构成本罪。从司法实践中的情况来看,本罪的主体多为与案件有利害关系的人,如犯罪嫌疑人、被告人的亲戚、朋友,或者民事、经济案件中的当事人等。

13 在此,有一个问题值得研究,犯罪嫌疑人、被告人自己采取非法手段妨害证人依法履行作证义务的,是否以本罪论处?答案应当是肯定的。立法上增设妨害作证罪这一新罪的目的,是为了给证人依法履行作证义务提供一个良好的外部环境,以保证诉讼活动的正常顺利进行。故从立法精神上来分析,立法上并未将犯罪嫌疑人、被告人所实施的妨害证人作证的行为排除在刑法规制的范围之外。实际上,由于证人证言在证据制度中占据着相当重要的地位,在一定程度上对被告人以及犯罪嫌疑人的命运起着决定性的关键作用,被告人和犯罪嫌疑人为逃避法律的制裁,往往不择手段来阻止证人作出对自己不利的证言。如果否认被告人、犯罪嫌疑人可以成为妨害作证罪的主体,无疑将使相当一部分社会危害十分严重的妨害作证行为不能纳入刑法惩治的范围,现行刑法增设妨害作证罪的意义也就大打折扣,证人的合法权益得不到保障,诉讼活动的正常进行也只能成为空幻的梦想,而刑法适用的这一"真空地带"的存在,必将使刑法的权威受到极大的削弱。所以,为避免出现变相鼓励妨害作证罪的不良后果,确保证据制度作用的充分发挥,对于被告人、犯罪嫌疑人所实施的妨害作证行为,也应当以妨害作证罪追究其刑事责任。

VI 罪过

14 妨害作证罪在主观方面是出于故意,其目的是通过种种手段使证人不能作证、不愿作证、不敢作证,或者使证人或其他人作伪证。

15 帮助毁灭、伪造证据罪在主观方面须出于故意,并具有使他人逃避法律制裁的目的,即行为人明知自己帮助当事人毁灭、伪造证据的行为会妨害国家司法机关的正常诉讼活动,仍决意为之,并希望这种危害社会结果的发生。过失不能构成本罪。

VII 既遂与未遂

16 妨害作证罪属于行为犯。只要行为人实施完毕现行《刑法》第 307 条第 1 款所规定的妨害证人作证的实行行为,即使对证人作证没有造成任何实际的妨碍,妨害作证罪即告既遂。作为行为犯,妨害作证罪的既遂形态与未遂形态的区分,以法定构成要件的实行行为即妨害证人作证的行为是否实施完毕为标准。实施完毕的,构成妨害作证罪的既遂;未实施完毕的,则构成妨害作证罪的未遂。至于证人是否因行为人所实施的妨害作证行为而没有作证,或者作了伪证,不影响妨害作证罪既遂未遂的区分,只在量刑时加以考虑。

帮助毁灭、伪造证据罪亦是典型的行为犯。并非行为人着手实施帮助当事人毁 17
灭、伪造证据的行为就构成犯罪的既遂,而是以将帮助当事人毁灭、伪造证据的行为实施完毕作为犯罪既遂的标志,行为未达此程度的是犯罪行为未完成,应成立犯罪未遂。至于当事人是否实际毁灭、伪造了证据,司法机关的正常诉讼活动是否因行为人所实施的帮助当事人毁灭、伪造证据的行为而实际受到妨害,则无碍于本罪既遂的成立。

Ⅷ 与非罪的界限

一、妨害作证罪与非罪的界限

司法实践中认定妨害作证罪时,应当注意以下几点:①妨害作证罪是故意犯罪。 18
因而行为人如果不是有意妨害证人作证,则不能以本罪追究行为人的刑事责任。②妨害作证罪行为虽然刑法未明确要求必须达到“情节严重”的程度才能成立,但行为人阻止他人作证或者指使他人作伪证,情节轻微的,一般不以犯罪论处,只要依照民事诉讼法、刑事诉讼法或者行政诉讼法以及其他有关法律、法规的规定,对行为人进行相应的处理即可。具体理由前已述及,不再赘述。③妨害作证罪是行为犯。只要行为人实施了阻止证人作证或者指使他人作伪证的行为,即构成本罪。但是,情节显著轻微、危害不大的,不构成本罪。需要明确的是,行为人所实施的暴力、威胁、贿买等手段是否实际阻止了证人作证或者作伪证,均不影响本罪的成立。

二、帮助毁灭、伪造证据罪与非罪的界限

实践中,对于帮助毁灭、伪造证据罪与非罪的区分,主要应当注意以下几点: 19

1. 帮助毁灭、伪造证据罪是直接故意犯罪,司法实践中由于行为人不知情,或受骗上当而过失实施帮助当事人毁灭、伪造证据的,则不构成本罪

区分本罪的故意与过失,关键是看行为人的认识因素和意志因素:①行为人是否 20
知道当事人是犯罪人,对自己帮助当事人毁灭、伪造证据的行为性质是否有明确认识;②帮助当事人毁灭、伪造证据是否违背行为人的意志。如果行为人确实不知情,或受当事人的哄骗上当而为之的,都不能认定为本罪的故意。实践中确定本罪的故意是一个难点,行为人可能借口对当事人是不是犯罪人认识不清,或借口对毁灭、伪造的证据不知是与犯罪人犯罪相关的证据,而否定具有犯罪故意,进而否定犯罪。

因此,办案人员在诉讼活动中应特别注意相关证据的调取,结合当时的具体情况,全面分析相关证据,在综合考察的基础上分析认定。

2. 帮助毁灭、伪造证据罪的构成以"情节严重"为必要条件

21 帮助当事人毁灭、伪造证据的行为情节是否严重是区分本罪与非罪的一个重要标准。如果行为人帮助当事人毁灭、伪造证据情节轻微,危害不大,或者经批评教育后,停止了行为的继续实施,没有造成严重后果的,则不构成本罪。司法实践中认定行为人的行为是否属于情节轻微,危害不大,没有造成严重后果,主要是看行为人帮助毁灭、伪造的证据的次数,是不是多次帮助当事人毁灭、伪造证据,帮助当事人毁灭、伪造的证据是不是与案件有重要关系的证据,帮助当事人毁灭、伪造证据的行为是否造成了恶劣的社会影响或是否严重干扰、破坏了诉讼活动的正常顺利进行等。结合司法实践经验,"情节严重"一般是指具有下列情形之一的[3]:①帮助当事人毁灭、伪造重要证据的,如该证据影响到案件能否准确定罪量刑的;②帮助当事人毁灭、伪造证据而严重影响、阻挠司法机关活动的,如因该证据的伪造致使司法机关办案过程中消耗大量人力财力等;③帮助毁灭、伪造证据造成国家和人民利益遭受重大损失的;④帮助当事人毁灭、伪造证据手段恶劣,影响极坏的;⑤多次、屡教不改地帮助当事人毁灭、伪造证据的。

Ⅸ 与他罪的区别

一、妨害作证罪与他罪的区别

(一)与非法拘禁罪的区别

22 根据现行《刑法》第238条的规定,非法拘禁罪是指非法拘禁他人或者以其他方法非法剥夺他人人身自由的行为。妨害作证罪和非法拘禁罪的不同之处主要在于:①犯罪客体不同。妨害作证罪侵犯的法益包括司法机关的正常诉讼活动和证人依法作证的权利;而非法拘禁罪侵犯的法益则是公民的人身自由权利。②犯罪客观方面的表现形式不同。妨害作证罪在客观方面表现为,以暴力、威胁、贿买或者其他方法阻止证人作证或者指使他人作伪证的行为;而非法拘禁罪在客观方面则表现为,非法拘禁他人或者以其他方法非法剥夺他人人身自由的行为。③犯罪故意的内容不同。尽管妨害作证罪和非法拘禁罪两罪都是故意犯罪,但妨害作证罪的故意内容是,行为人明知其妨害作证的行为会发生破坏司法机关诉讼活动正常顺利进行以及侵犯证人依法作证权利的危害结果,却希望这一危害结果的发生;而非法拘禁罪在主观方面的故意内容则是,行为人明知非法拘禁他人或者非法剥夺他人人身自由的行为会发生侵犯公民人身自由权利的危害结果,却希望这一危害结果的发生。

3　参见张穹主编:《刑法各罪司法精要》(修订版),中国检察出版社2002年版,第631页。

但是,由于妨害作证罪中阻止证人作证的方法中包括了暴力方法,而暴力方法包括非法剥夺他人人身自由的方法。因此,如果行为人采用非法拘禁或者非法剥夺他人人身自由的方法阻止证人作证,则既触犯了非法拘禁罪,又触犯了妨害作证罪。由于行为人只实施了一个行为,加之这一行为所触犯的非法拘禁罪与妨害作证罪在侵犯他人人身自由方面存在着包容与被包容的关系,因而这种情形实际上属于刑法理论上的"法条竞合"现象,根据"特别法条优先于普通法条适用"的法条竞合处理原则,对行为人应以其中的特别法条所规定之罪即妨害作证罪追究行为人的刑事责任。至于行为人所触犯的普通法条规定之罪即非法拘禁罪,就不再单独适用。 23

(二)与伪证罪的区别

根据现行《刑法》第305条的规定,伪证罪是指在刑事诉讼中,证人、鉴定人、记录人、翻译人对与案件有重要关系的情节,故意作虚假证明、鉴定、记录、翻译,意图陷害他人或者隐匿罪证的行为。妨害作证罪与伪证罪有一些相似之处,例如:两罪在主观方面都是出于故意;在客观方面,两罪都可以发生在刑事诉讼活动过程中;其犯罪行为的实施,都对司法机关的正常诉讼活动造成了破坏。因而有必要划清两罪的界限。根据刑法的有关规定,两罪主要存在以下不同:①犯罪侵犯的法益不同。两罪尽管都侵犯了司法机关的正常诉讼活动,但是,妨害作证罪侵犯的具体法益既包括司法机关的正常诉讼活动,也包括公民依法作证的权利;而伪证罪侵犯的具体法益则仅限于司法机关的正常诉讼活动。②客观方面的表现形式不同。妨害作证罪在客观方面表现为行为人以暴力、威胁、贿买等方法阻止证人作证或者指使证人作伪证的行为;而伪证罪在客观方面则表现为在刑事诉讼中,行为人对与案件有重要关系的情节,故意作虚假的证明、鉴定、记录、翻译的行为。③行为发生的时间不同。妨害作证罪可以发生在诉讼提起之前,也可以发生在诉讼活动进行的过程之中;而伪证罪则只能发生在诉讼活动进行的过程之中。④行为发生的空间不同。妨害作证罪既可以发生在刑事诉讼活动中,也可以发生在民事、行政诉讼活动中,发案范围较广;而伪证罪则只能发生在刑事诉讼活动中,具体地说,只能发生在刑事侦查、审判活动中,发案范围较窄。⑤犯罪主体不同。妨害作证罪的主体是一般主体,无论是证人、鉴定人、记录人、翻译人还是犯罪嫌疑人、被告人都可以成为本罪的主体;而伪证罪则是纯正的身份犯,其犯罪主体是特殊主体,只有证人、鉴定人、记录人、翻译人才能成为伪证罪的主体,非上述人员不能成为伪证罪的主体,单独构成伪证罪。⑥犯罪主观方面不完全相同。尽管两罪都是故意犯罪,但两罪故意的内容却不尽相同。妨害作证罪的故意内容是,行为人明知自己妨害证人依法作证的行为会导致危害司法机关刑事诉讼活动正常进行以及侵犯公民依法作证权利的危害结果,却希望或放任这一危害结果的发生;而伪证罪的故意内容则是,行为人明知自己作伪证的行为会妨害司法机关刑事诉讼活动的顺利进行,为了陷害他人或隐匿罪证,却希望或放任这种危害结果发生。 24

应当说,妨害作证罪与伪证罪的界限是比较清楚的,一般不容易发生混淆,但对于下述两种情况的定性,却需要特别加以注意: 25

26 (1)行为人在刑事诉讼活动过程之中,出于出入人罪的目的,采用强迫、威胁、唆使等方法使证人作伪证,且证人实施的行为构成伪证罪的,应当如何处理?对此情形应当按照法条竞合的处理原则进行处断。理由如下:①行为人实施的指使证人作伪证的行为应当成立妨害作证罪。因为,行为人在主观上具有妨害证人依法履行作证义务的主观故意;客观上,行为人实施了以强迫、威胁、唆使等方法使证人作伪证的行为,根据主客观相统一的犯罪构成原理,行为人的行为理应构成妨害作证罪。②行为人的行为还应构成伪证罪的共同犯罪。这是因为,所谓共同犯罪,根据现行《刑法》第25条的规定,是指二人以上共同故意犯罪。共同犯罪的成立,不仅要求犯罪主体须为二人以上,而且要求各行为人在主观上须具有共同的犯罪故意,客观上实施了共同的犯罪行为。在前述情形下,行为人在刑事诉讼活动过程中出于出入人罪的目的,采用种种手段使证人作伪证,显然,行为人对其所实施的使证人作伪证的行为性质,以及由此可能发生的促使证人产生作伪证的犯罪故意这一危害结果是明知的,而行为人不仅不采取措施阻止证人产生作伪证的犯罪故意,反而积极地促成并希望这一危害结果的发生。也就是说,行为人此时具有教唆他人实施伪证行为的故意,对于实施伪证行为的证人来说,对自己所实施的伪证行为的性质以及由此可能造成的妨害司法机关诉讼活动正常进行的危害结果同样明知,而且证人知道自己不是“孤军奋战”,而是有其他人在为自己助威,与自己共同实施伪证行为。而证人之所以不拒绝他人的教唆行为,是因为证人自己在主观上也是希望伪证行为所可能造成的危害结果的发生。简言之,各行为人在主观上具有共同的伪证故意。客观上,尽管只有证人实施了伪证罪的实行行为,行为人只是实施了使证人产生实施伪证行为的犯罪故意的教唆行为,但由于行为人的教唆行为与证人的实行行为并非各自独立,而是相互依存、紧密联系,从而共同构成了一个完整的伪证行为,缺少其中任何一个人的行为,其他人都不能单独完成伪证行为。不仅如此,在发生物质性或者有形危害结果的情况下,无论是行为人的行为还是证人的行为,都是该结果发生的原因,都与该行为的发生有着刑法上的因果关系。所以,行为人的行为在这种情形下实际上还构成了共同伪证罪。③尽管行为人所实施的唆使证人实施伪证的行为同时触犯了妨害作证罪和伪证罪两个罪名,但由于规定妨害作证罪和伪证罪的两个法条在关于唆使他人实施伪证行为这一点上,存在着包容与被包容的关系,因而这种情形实际上属于刑法理论上的法条竞合现象,根据“特别法条优先于普通法条适用”的法条竞合处理原则,对这种情形应当以特别法条所规定之罪即妨害作证罪论处,至于行为人所触犯的伪证罪法条就不再单独适用。

27 (2)如果在刑事诉讼活动中,鉴定人、记录人等以暴力、威胁、贿买的方法,指使证人对与案件有重要关系的情节作伪证,并据此制作虚假的鉴定、记录,以使他人逃避法律制裁。这种情况应该如何处理?这种情况下,行为人既实施了妨害作证罪的全部行为,即以暴力、威胁、贿买的方法指使证人作伪证的行为,又实施了伪证罪的全部行为,即在刑事诉讼中,对与案件有重要关系的情节作虚假鉴定、记录,以隐匿罪证的行为。显然,行为人在这种情况下的行为同样触犯了两个罪名,即妨害作证罪和伪证罪,但这种情况与前一个问题的情形有着根本的区别,前一种情形下,行为人的行为虽然触犯了两个罪名,但行为人只实施了一个行为;而在这种情形下,行为人的行为之所以触犯了两个罪名,是因为行为人一共实施了两个行为。但很显然,行为人实施的妨害作证行为与伪证行为之间具有刑法上的牵连关系,是一种目的行为与手段行为的牵连关系,其中,伪证行为是目的行为,妨害作证行为是为达到伪证目的而采取的手段行为,所以,这种情形实际上构成刑法理论上的“牵连犯”。根据牵连犯“从一重罪处断”的处理原则,考虑到伪证罪和妨害作证罪的法定刑完全相同,最终以目的行为所成立的罪名即伪证罪对行为人定罪处罚,至于行为人牵连触犯的妨害作证罪法条就不再单独适用。

(三)与辩护人、诉讼代理人毁灭证据、伪造证据、妨害作证罪的区别

根据现行《刑法》第306条的规定,辩护人、诉讼代理人毁灭证据、伪造证据、妨害 28
作证罪是指在刑事诉讼中,辩护人、诉讼代理人毁灭证据、伪造证据,帮助当事人毁灭证据、伪造证据,威胁、引诱证人违背事实改变证言或者作伪证的行为。妨害作证罪与辩护人、诉讼代理人毁灭证据、伪造证据、妨害作证罪有着许多共同或者相似之处,例如:两罪在主观方面都是出于故意;在客观方面,两罪都可以表现为威胁、引诱他人作伪证的行为;其犯罪行为的实施,都对司法机关的正常诉讼活动造成了侵害,因而有必要划清两罪的界限。尽管两罪极其相似,但两罪毕竟是刑法所规定的性质不同的两种犯罪,因而其不同之处还是比较明显的,主要有:①犯罪侵犯的法益不同。尽管妨害作证罪和辩护人、诉讼代理人毁灭证据、伪造证据、妨害作证罪都侵犯司法机关的正常诉讼活动,但妨害作证罪侵犯的具体法益,除司法机关的正常诉讼活动之外,还包括公民依法作证的权利;而辩护人、诉讼代理人毁灭证据、伪造证据、妨害作证罪侵犯的法益则是司法机关的正常刑事诉讼活动和刑事辩护制度。②犯罪客观方面的表现形式不完全相同。妨害作证罪在客观方面表现为,行为人实施了以暴力、威胁、贿买等手段阻止证人依法作证或者指使他人作伪证的行为;而辩护人、诉讼代理人毁灭证据、伪造证据、妨害作证罪在客观方面则表现为,行为人实施了毁灭证据、伪造证据,帮助当事人毁灭证据、伪造证据,威胁、引诱证人违背事实改变证言或者作伪证的行为。③行为发生的时间不同。妨害作证罪既可以发生在诉讼活动进行过程之中,也可以发生在诉讼提起之前的阶段;而辩护人、诉讼代理人毁灭证据、伪造证据、妨害作证罪则只能发生在诉讼活动进行过程之中。④行为发生的空间不同。妨害作证罪既可以发生在刑事诉讼活动过程之中,也可以发生在民事、经济、行政诉讼活动过程之中;而辩护人、诉讼代理人毁灭证据、伪造证据、妨害作证罪则只能发生在刑事诉讼活动过程之中。⑤犯罪主体不同。妨害作证罪的主体是一般主体,任何达到刑事责任年龄、具有刑事责任能力的自然人,包括犯罪嫌疑人和被告人,都可以成为妨害作证罪的主体,单独构成妨害作证罪;而辩护人、诉讼代理人毁灭证据、伪造证据、妨害作证罪则是纯正的身份犯,除辩护人、诉讼代理人以外的任何人,都不能成

为该罪的主体,单独构成该罪。

29 如果辩护人、诉讼代理人在刑事诉讼中,威胁、引诱证人作伪证,则既触犯了妨害作证罪,又触犯了辩护人、诉讼代理人毁灭证据、伪造证据、妨害作证罪,由于行为人只实施了一个行为,而触犯的这两个罪名的法条在内容上存在着包容与被包容的关系,因而成立妨害作证罪与辩护人、诉讼代理人毁灭证据、伪造证据、妨害作证罪的法条竞合。其中,妨害作证罪的法条是普通法条,而辩护人、诉讼代理人毁灭证据、伪造证据、妨害作证罪的法条属于特别法条,按照“特别法条优先于普通法条适用”的法条竞合处理原则,对这种情况下的行为人应按照辩护人、诉讼代理人毁灭证据、伪造证据、妨害犯罪定罪处罚。

(四)与行贿罪的区别

30 根据现行《刑法》第389条的规定,行贿罪是指为谋取不正当利益,给予国家工作人员以财物,或者在经济往来中,违反国家规定,给予国家工作人员以财物,数额较大的,或者违反国家规定,给予国家工作人员各种名义的回扣、手续费的行为。妨害作证罪和行贿罪之间的区别在一般情形下是十分明显的,具体说来,主要有以下几点:第一,侵犯的法益不同。妨害作证罪侵犯的法益是司法机关的正常诉讼活动和公民依法作证的权利;而行贿罪侵犯的法益则是国家工作人员职务行为的廉洁性。第二,犯罪客观方面的表现形式不同。妨害作证罪在客观方面表现为以暴力、威胁、贿买等方法阻止证人作证或者指使证人作伪证的行为;而行贿罪在客观方面则表现为给予国家工作人员以财物,或者在经济往来中,违反国家规定,给予国家工作人员以财物,数额较大的,或者违反国家规定,给予国家工作人员各种名义的回扣、手续费的行为。第三,犯罪目的不同。妨害作证罪和行贿罪尽管都是故意犯罪,但两罪的犯罪目的不同。妨害作证罪的行为人在主观上往往具有包庇当事人或者陷害无辜的目的;而行贿罪的行为人在主观上则具有谋取不正当利益的目的。可见,只要把握了妨害作证罪和行贿罪的构成特征,两罪就不难分清。但是,需要注意的是,如果证人是国家工作人员,用贿买的方法妨害该证人作证的,从形式上看,与行贿罪似乎有相近似之处。但是,行贿罪的实质在于,利用国家工作人员职务上的便利条件为自己谋取不正当利益,即行贿罪的实质在于“权钱交易”,而上述情况下,行为人贿买该国家工作人员的目的,是为了利用该国家工作人员的证人身份为自己谋取不正当利益,而不是利用其职务上的便利。因此,这种行为只能构成妨害作证罪,不可能成立行贿罪。

二、帮助毁灭、伪造证据罪与他罪的区别

(一)与辩护人、诉讼代理人毁灭证据、伪造证据、妨害作证罪的区别

31 根据现行《刑法》第306条的规定,辩护人、诉讼代理人毁灭证据、伪造证据、妨害作证罪是指在刑事诉讼中,辩护人、诉讼代理人毁灭、伪造证据,帮助当事人毁灭、伪造证据,威胁、引诱证人违背事实改变证言或者作伪证的行为。帮助毁灭、伪造证据

罪与辩护人、诉讼代理人毁灭证据、伪造证据、妨害作证罪之间,有一些共同之处,例如:两罪在主观方面都是直接故意;在客观方面,都可能表现为帮助当事人毁灭、伪造证据的行为;其犯罪行为的实施都侵犯了司法机关的正常诉讼活动。当然,作为刑法所规定的性质不同的两种犯罪,两罪的区别也是明显的,这主要表现在:①犯罪侵犯的法益的不同。帮助毁灭、伪造证据罪侵犯的法益仅限于司法机关的正常诉讼活动;而辩护人、诉讼代理人毁灭证据、伪造证据、妨害作证罪侵犯的法益,既包括司法机关的正常刑事诉讼活动,也包括刑事辩护制度。②犯罪客观方面的表现形式不完全相同。帮助毁灭、伪造证据罪在客观方面表现为帮助当事人毁灭证据、伪造证据,情节严重的行为;而辩护人、诉讼代理人毁灭证据、伪造证据、妨害作证罪在客观方面则表现为在刑事诉讼中,辩护人、诉讼代理人毁灭、伪造证据,帮助当事人毁灭、伪造证据,威胁、引诱证人违背事实改变证言或者作伪证的行为。③犯罪行为发生的时间条件不同。帮助毁灭、伪造证据罪的行为可以发生在诉讼活动进行过程之中,也可以发生在诉讼提起之前;而辩护人、诉讼代理人毁灭证据、伪造证据、妨害作证罪的行为则只能发生在诉讼活动进行过程之中。④犯罪行为发生的空间不同。帮助毁灭证据、伪造证据罪的行为既可以发生在刑事诉讼活动过程之中,也可以发生在民事、经济、行政诉讼活动过程之中;而辩护人、诉讼代理人毁灭证据、伪造证据、妨害作证罪的行为则只能发生在刑事诉讼活动过程之中。⑤犯罪主体不同。帮助毁灭、伪造证据罪的主体是一般主体,只要是达到刑事责任年龄、具有刑事责任能力的自然人,都可以成为帮助毁灭、伪造证据罪的主体;而辩护人、诉讼代理人毁灭证据、伪造证据、妨害作证罪的主体则是特殊主体,只有辩护人、诉讼代理人才能成为该罪的主体,单独构成该罪。⑥犯罪主观方面的内容不同。尽管帮助毁灭、伪造证据罪和辩护人、诉讼代理人毁灭证据、伪造证据、妨害作证罪在主观方面都是出于故意,但两罪的犯罪目的不完全相同。帮助毁灭、伪造证据罪在主观方面的犯罪目的是帮助当事人逃避法律制裁;而辩护人、诉讼代理人毁灭证据、伪造证据、妨害作证罪在主观方面的犯罪目的则不限于帮助当事人逃避法律制裁,还有可能是为了陷害无辜。

在此,有一个问题需要引起注意:如果辩护人、诉讼代理人在刑事诉讼中,帮助当 32
事人毁灭证据或者伪造证据的,应当如何处理?显然,这种情况下,行为人所实施的行为既符合帮助毁灭、伪造证据罪的构成特征,也符合辩护人、诉讼代理人毁灭证据、伪造证据、妨害作证罪的构成特征,因而行为人所实施的这一个行为实际上同时触犯了帮助毁灭、伪造证据罪和辩护人、诉讼代理人毁灭证据、伪造证据、妨害作证罪两个罪名。由于规定这两个罪名的法条之间存在着包容与被包容的关系,因此,这实际上发生了刑法理论上的“法条竞合”现象,根据“特别法条优先于普通法条适用”的法条竞合处理原则,对行为人应当以特别法条规定之罪即辩护人、诉讼代理人毁灭证据、伪造证据、妨害作证罪论处,至于行为人所触犯的普通法条所规定之罪,即帮助毁灭、伪造证据罪就不再单独适用。

（二）与妨害作证罪的区别

33 根据现行《刑法》第307条第1款的规定，妨害作证罪是指以暴力、威胁、贿买等方法阻止证人作证或者指使他人作伪证的行为。帮助毁灭、伪造证据罪与妨害作证罪有一些相似之处，例如：两罪的主体都是一般主体；在主观方面，两罪都是出于故意；在客观方面，两罪行为发生的时空范围较广，都既可以发生在诉讼活动进行过程之中，也可以发生在诉讼提起之前，既可以发生在刑事诉讼活动过程之中，也可以发生在民事、经济、行政诉讼活动过程之中；其犯罪行为的实施，都对司法机关的正常诉讼活动造成了侵害。当然，两罪的区别也是明显的，主要表现在：①犯罪侵犯的法益不同。帮助毁灭、伪造证据罪侵犯的法益是司法机关的正常诉讼活动；而妨害作证罪侵犯的法益，既包括司法机关的正常诉讼活动，也包括证人依法作证的权利。②犯罪对象不同。帮助毁灭、伪造证据罪的犯罪对象是诉讼活动中的当事人；而妨害作证罪的犯罪对象则是诉讼活动中依法作证的证人。③犯罪客观方面的表现形式不同。帮助毁灭、伪造证据罪在犯罪客观方面表现为为当事人毁灭、伪造证据出谋划策或者提供各种便利条件；而妨害作证罪在犯罪客观方面则表现为以暴力、威胁、贿买等手段阻止证人作证或者指使他人作伪证的行为。

（三）帮助毁灭、伪造证据罪与伪证罪的区别

34 根据现行《刑法》第305条的规定，伪证罪是指在刑事诉讼中，证人、鉴定人、记录人、翻译人对与案件有重要关系的情节，故意作虚假证明、鉴定、记录、翻译，意图陷害他人或者隐匿罪证的行为。帮助毁灭、伪造证据罪与伪证罪存在着一些相似之处，例如：两罪行为的实施，都侵犯了司法机关的正常诉讼活动；在客观方面，两罪都可以表现为伪造证据的行为；在主观方面，两罪都是出于故意过失，不能构成两罪。因而有必要划清两罪的界限。根据刑法对两罪构成要件的规定，可以看出，两罪的区别主要表现在以下几个方面：①犯罪侵犯的法益不同。帮助毁灭、伪造证据罪侵犯的法益是司法机关的正常诉讼活动；而伪证罪侵犯的法益则仅限于司法机关的正常刑事诉讼活动。②犯罪客观方面的表现形式不同。帮助毁灭、伪造证据罪在犯罪客观方面表现为在诉讼活动中，帮助当事人毁灭证据、伪造证据，情节严重的行为；而伪证罪在犯罪客观方面则表现为在刑事诉讼中，证人、鉴定人、记录人、翻译人对与案件有重要关系的情节，故意作虚假证明、鉴定、记录、翻译，意图陷害他人或者隐匿罪证的行为。③犯罪行为发生的时间阶段不同。帮助毁灭、伪造证据罪既可以发生在诉讼活动过程之中，也可以发生在诉讼提起之前；而伪证罪则只能发生在诉讼活动过程之中，不能发生在诉讼提起之前。④犯罪行为发生的空间条件不同。帮助毁灭、伪造证据罪既可以发生在刑事诉讼活动之中，也可以发生在民事、行政、经济等诉讼活动之中；而伪证罪则只能发生在刑事诉讼中。⑤犯罪主体不同。帮助毁灭、伪造证据罪的主体是一般主体，任何达到刑事责任年龄、具有刑事责任能力，实施了帮助当事人毁灭、伪造证据行为的自然人，都可以成为帮助毁灭、伪造证据罪的主体；而伪证罪的主体则

是特殊主体,只有证人、鉴定人、记录人、翻译人才能成为伪证罪的主体,独立地构成伪证罪。

(四)与包庇罪的区别

根据现行《刑法》第310条的规定,包庇罪是指明知是犯罪的人而作假证明包庇的行为。帮助毁灭、伪造证据罪中的帮助伪造证据行为与包庇罪中的作假证明行为比较相似,因而有必要划清两罪的界限,以免发生混淆。根据刑法关于两罪构成特征的规定,两罪的区别之处主要在于:①犯罪侵犯的法益不同。帮助毁灭、伪造证据罪侵犯的法益是司法机关的正常诉讼活动;而包庇罪侵犯的法益则是司法机关的正常刑事诉讼活动以及刑罚执行活动。②犯罪对象不同。帮助毁灭、伪造证据罪的犯罪对象不以犯罪人为限,可以是刑事、民事、经济、行政诉讼中的任何当事人;而包庇罪的犯罪对象则只能是犯罪人。③犯罪客观方面的表现形式不完全相同。帮助毁灭、伪造证据罪在客观方面表现为帮助当事人毁灭证据或者伪造证据的行为,行为人实施其中任何一种行为,都须有当事人的参加;而包庇罪在客观方面则表现为明知是犯罪的人而为其作假证明予以包庇的行为,这一行为可以由行为人自己独立完成,无须当事人的参加。此外,帮助毁灭、伪造证据罪的成立,只要行为人实施了帮助当事人毁灭证据或者伪造证据的行为即可,不以行为人向司法机关提供其帮助当事人伪造的证据为必要;而包庇罪的成立,往往要求行为人向司法机关提供有关的假证明。④犯罪行为发生的空间不同。帮助毁灭、伪造证据罪既可以发生在刑事诉讼活动中,也可以发生在民事、经济或者行政诉讼活动中;而包庇罪则只能发生在刑事诉讼活动中。 35

(五)与共同犯罪的区别

根据我国刑法规定的共同犯罪基本原理,如果行为人在犯罪分子实施犯罪前通谋,事后帮助其毁灭、伪造证据的,不构成帮助毁灭、伪造证据罪,而以所通谋之罪的共同犯罪论处;如果行为人与犯罪分子事先没有通谋,事后帮助犯罪人毁灭、伪造证据的,应以帮助毁灭、伪造证据罪定罪量刑。 36

X 处罚

根据《刑法》第307条的规定,犯妨害作证罪的,处3年以下有期徒刑或者拘役;情节严重的,处3年以上7年以下有期徒刑。司法工作人员犯妨害作证罪的,从重处罚。犯帮助毁灭、伪造证据罪的,处3年以下有期徒刑或者拘役。司法工作人员犯帮助毁灭、伪造证据罪的,从重处罚。 37

第三百零七条之一　虚假诉讼罪

以捏造的事实提起民事诉讼，妨害司法秩序或者严重侵害他人合法权益的，处三年以下有期徒刑、拘役或者管制，并处或者单处罚金；情节严重的，处三年以上七年以下有期徒刑，并处罚金。

单位犯前款罪的，对单位判处罚金，并对其直接负责的主管人员和其他直接责任人员，依照前款的规定处罚。

有第一款行为，非法占有他人财产或者逃避合法债务，又构成其他犯罪的，依照处罚较重的规定定罪从重处罚。

司法工作人员利用职权，与他人共同实施前三款行为的，从重处罚；同时构成其他犯罪的，依照处罚较重的规定定罪从重处罚。

文献：李翔、黄京平：《论诉讼欺诈的可罚性及其立法完善》，载《云南大学学报（法学版）》2004 年第 6 期；吴玉萍：《诉讼欺诈行为定性研究》，载《中国刑事法杂志》2005 年第 4 期；高铭暄、陈冉：《论"诉讼欺诈"行为的定性——与"诉讼欺诈"定性诈骗罪论者商榷》，载《法学杂志》2013 年第 4 期；于海生：《论诉讼欺诈行为的刑法评价——以〈刑法修正案（九）（草案）〉第 33 条为研究视角》，载《学术交流》2015 年第 9 期；王志祥、刘婷：《虚假诉讼罪：概念界定与学理分析》，载《南阳师范学院学报（社会科学版）》2016 年第 1 期；王志亮：《虚假诉讼行为入罪初探》，载《东方法学》2016 年第 4 期；李翔：《虚假诉讼罪的法教义学分析》，载《法学》2016 年第 6 期；张艳：《虚假诉讼类型化研究与现行法规定之检讨——以法院裁判的案件为中心》，载《政治与法律》2016 年第 7 期；肖怡：《〈刑法修正案（九）〉虚假诉讼罪探析》，载《法学杂志》2016 年第 10 期；张明楷：《虚假诉讼罪的基本问题》，载《法学》2017 年第 1 期；纪长胜：《虚假诉讼罪的认定与适用》，载《人民司法》2017 年第 7 期。陈东升、马岳君：《九成基层法官曾遇虚假诉讼》，载《法制日报》2011 年 3 月 14 日；梁根林：《虚假诉讼入罪要斟酌的三个问题》，载《检察日报》2015 年 1 月 29 日。

细目录

Ⅰ　主旨
Ⅱ　沿革
Ⅲ　客体
Ⅳ　行为
　一、如何理解"捏造的事实"

二、隐瞒真相是否可以作为虚假诉讼罪的行为方式
三、本罪是否仅限于民事诉讼领域
四、司法解释的规范见解
五、虚假诉讼的行为类型
Ⅴ 主体
Ⅵ 罪过
Ⅶ 罪量
Ⅷ 既遂与未遂
Ⅸ 罪数
一、以虚假诉讼的方式非法取得他人财物或者逃避债务
二、虚假诉讼过程中实施了妨害作证的行为
三、司法工作人员参与虚假诉讼
Ⅹ 处罚

Ⅰ 主旨

本条是对虚假诉讼罪的规定。为了打击虚假诉讼行为,保护司法秩序和公民的人身、财产权利,刑法设立了本罪。 1

Ⅱ 沿革

随着我国法治建设的不断推进和公民法治意识的不断提升,民事诉讼日益成为维护合法权益和解决民事争端的重要手段之一。但是,也有一些单位和个人出于种种目的,以捏造的事实向人民法院提起民事诉讼,意图骗取法院的裁判文书,从而实现其企图。这种行为不仅扰乱了正常诉讼活动的秩序、浪费了司法资源,损害了司法公信力,也侵害了其他公民的合法权益,具有很高的社会危害性。 2

为了有效遏制实践中大量存在的虚假诉讼行为,有效维护司法秩序和司法权威,惩治恶意运用司法资源的行为,2015 年 8 月 29 日全国人大常委会通过的《刑法修正案(九)》增设本罪,将虚假诉讼的行为纳入刑法规制。 3

Ⅲ 客体

关于虚假诉讼罪的客体(法益),理论界存在着不同的观点。多数学者认为,虚假诉讼罪侵犯了复杂客体或双重法益,它不仅侵犯了司法的客观公正性,也极大地损害了他人的合法权益。[1] 有学者在多数观点的基本立场上进一步认为:“本罪侵犯的客 4

1 参见莫洪宪、周天泓:《虚假诉讼罪的基本问题》,载赵秉志主编:《刑法论丛》(第 47 卷),法律出版社 2016 年版,第 338—339 页。

体是复杂客体,包括正常的司法秩序以及不限于财产性利益的他人的所有合法权益,其中正常的司法秩序是主要客体。”[2]有少数学者认为,虚假诉讼罪侵犯的法益是选择性的法益,只要虚假诉讼行为妨害了司法秩序或者侵犯了他人的合法权益,便具有违法性,只有两者都不侵犯,才不构成犯罪。[3] 笔者认为,虚假诉讼罪侵犯的法益只是司法活动的公正性,不包括他人的合法权益。张明楷教授也坦率地承认:“从立法论上来说,《刑法》第307条之一第1款没有必要将‘严重侵害他人合法权益’规定为构成要件结果。一方面,不管虚假诉讼行为是否严重侵害他人的合法权益,都必然妨害司法秩序,故不会形成处罚漏洞。另一方面,虚假诉讼行为严重侵害他人合法权益的,完全可能成立想象竞合,从一重处罚。”[4]虽然虚假诉讼的行为并不是必然会严重侵害他人的合法权益,但是由于利用虚假诉讼来侵害他人合法权益的情况较为常见,立法者在此特别提示司法人员,要注意运用本罪的规定来惩治上述犯罪行为。

Ⅳ 行为

5 虚假诉讼罪在客观方面表现为以捏造的事实提起民事诉讼,妨害司法秩序或者严重侵犯他人的合法权益的行为。关于如何理解“以捏造的事实提起民事诉讼”,需要进一步厘清以下几个问题。

一、如何理解“捏造的事实”

6 对此,理论界大致可以分为泛义说、广义说和狭义说三种观点。泛义说认为,所有在提起民事诉讼时伪造、篡改、隐匿证据,指使、贿买、胁迫他人作伪证的行为,都可以认定为以捏造的事实提起民事诉讼。[5] 广义说认为,本罪中的捏造是指对那些与提起民事诉讼具有紧密关系的诉由进行全部或部分的虚构。[6] 狭义说认为,本罪中捏造的事实是指无中生有、完全虚构的事实,如果只是就某一部分的事实有所夸大或虚构,则不属于这里的捏造。[7] 首先可以肯定的是,不能把任何妨害作证的行为都解释为本罪中的捏造,一方面,这种做法将使得“捏造”这个概念无限膨胀而失去构成要件所应有的定型性,另一方面,立法者之所以在此处增设虚假诉讼罪,一定是为了解决之前妨害作证罪无法处理的问题,因此虚假诉讼罪的客观构成要件一定与妨害作证罪存在不同,将妨害作证罪的客观构成要件套用到虚假诉讼罪,在思路上可能是南辕北辙的。其次,关于部分虚构事实是否属于捏造事实的问题,笔者也持肯定的态度。

---

2 王志亮:《虚假诉讼行为入罪初探》,载《东方法学》2016年第4期。

3 参见张明楷:《虚假诉讼罪的基本问题》,载《法学》2017年第1期。

4 张明楷:《虚假诉讼罪的基本问题》,载《法学》2017年第1期。

5 参见梁根林:《虚假诉讼入罪要斟酌的三个问题》,载《检察日报》2015年1月29日。

6 参见肖怡:《〈刑法修正案(九)〉虚假诉讼罪探析》,载《法学杂志》2016年第10期。

7 参见李翔:《虚假诉讼罪的法教义学分析》,载《法学》2016年第6期。

毫无疑问,并非只要是提起民事诉讼所依据的事实中存在虚构,就一律将行为人认定为虚假诉讼罪,仍然需要实质地判断该行为对法益的侵害程度。但是,此处所确定的罪量标准应该是一个绝对值而非相对值。具体而言,甲和乙本没有债权债务关系,甲通过伪造证据证明乙欠甲 100 元并提起诉讼,与甲和乙本来有债权债务关系,乙欠甲 10 万元,甲通过伪造证据证明乙欠甲 100 万元并提起诉讼相比,前者可谓是伪造了全部事实,后者只能被认定为伪造了部分事实,但显然,后者对法益的侵害程度和处罚必要性远远大于前者。因此,应当承认,一方面,捏造部分事实也属于本罪中的捏造事实,另一方面,需要在个案中实质地判断行为对法益的侵害程度,而非只要有捏造事实的行为就构成犯罪。具体而言,行为人捏造的事实必须足以影响法院的公正裁判,既包括使法院作出侵害他人合法权益的不公正裁决,也包括影响作出公正裁决的诉讼程序。[8] 7

二、隐瞒真相是否可以作为虚假诉讼罪的行为方式

有论者认为,虚假诉讼的行为方式只能是作为,表现为“虚构事实+提起诉讼”。而基于民事诉讼的特点,“隐瞒真相+提起诉讼”不能成为虚假诉讼罪的行为方式。[9] 也有观点认为,捏造事实的外延不仅包含积极地虚构事实,也包含消极地隐瞒事实,因为隐瞒事实也是对案件事实的一种不真实反映,也会对当事人的权利义务产生重要影响。[10] 笔者支持肯定说,根据《刑法》第 307 条之一的规定,本罪的客观构成要件是以捏造的事实提起民事诉讼,无论是伪造本来不存在的证据,还是隐瞒真相,都只不过是捏造事实的手段罢了。本罪的客观构成要件是“以捏造的事实提起民事诉讼”,也即本罪的实行行为是提起诉讼的行为,而非捏造事实的行为,本罪的成立也不要求行为人本人亲自实施了捏造事实的行为。因此,无论是虚构事实也好,隐瞒真相也罢,都不影响本罪的行为方式,毕竟本罪的实行行为是提起诉讼的行为,这无疑只能以作为的方式实施。 8

三、本罪是否仅限于民事诉讼领域

有学者认为:“诉讼欺诈行为通常发生在民事诉讼过程中,但也不排除发生在行政诉讼中的可能性。”[11]有学者认为:“虚假诉讼的情形在一定程度上还存在于仲裁程 9

---

8 参见张明楷:《虚假诉讼罪的基本问题》,载《法学》2017 年第 1 期。

9 参见吴玉萍:《诉讼欺诈行为定性研究》,载《中国刑事法杂志》2005 年第 4 期。

10 参见纪长胜:《虚假诉讼罪的认定与适用》,载《人民司法》2017 年第 7 期。

11 李翔、黄京平:《论诉讼欺诈的可罚性及其立法完善》,载《云南大学学报(法学版)》2004 年第 6 期。

序中。”[12]但也有观点认为,虚假诉讼罪仅能发生在民事诉讼中,既不包括行政诉讼,也不包括仲裁。[13] 笔者认为,或许将以虚假的事实提起行政诉讼的行为也纳入到本罪之中存在实质上的合理性,但是既然立法已经明确规定了本罪的构成要件是“以捏造的事实提起民事诉讼”,而行政诉讼无论如何不能被解释为民事诉讼,那么就应当认为,本罪不能发生在行政诉讼之中,否则就直接违反了罪刑法定原则。其次,根据《仲裁法》第9条的规定,裁决作出后,当事人就同一纠纷再申请仲裁或者向人民法院起诉的,仲裁委员会或者人民法院不予受理。这表明,仲裁和民事诉讼是两种不同的解决民事纠纷的途径,它和民事诉讼之间是并列关系,而非包含与被包含的关系。因此,同样不能将仲裁解释为民事诉讼。总之,既然刑法条文将本罪的成立范围规定为民事诉讼之中,就应该严格执行这一规定,否则就是对罪刑法定原则的直接违反。

四、司法解释的规范见解

10 2018年10月1日起施行的最高人民法院、最高人民检察院《关于办理虚假诉讼刑事案件适用法律若干问题的解释》在总结司法实践经验与学界合理意见的基础上,对“以捏造的事实提起民事诉讼”进行了具体界定。根据该解释第1条,采取伪造证据、虚假陈述等手段,实施下列行为之一,捏造民事法律关系,虚构民事纠纷,向人民法院提起民事诉讼的,应当认定为刑法第307条之一第1款规定的“以捏造的事实提起民事诉讼”:①与夫妻一方恶意串通,捏造夫妻共同债务的;②与他人恶意串通,捏造债权债务关系和以物抵债协议的;③与公司、企业的法定代表人、董事、监事、经理或者其他管理人员恶意串通,捏造公司、企业债务或者担保义务的;④捏造知识产权侵权关系或者不正当竞争关系的;⑤在破产案件审理过程中申报捏造的债权的;⑥与被执行人恶意串通,捏造债权或者对查封、扣押、冻结财产的优先权、担保物权的;⑦单方或者与他人恶意串通,捏造身份、合同、侵权、继承等民事法律关系的其他行为。隐瞒债务已经全部清偿的事实,向人民法院提起民事诉讼,要求他人履行债务的,以“以捏造的事实提起民事诉讼”论。向人民法院申请执行基于捏造的事实作出的仲裁裁决、公证债权文书,或者在民事执行过程中以捏造的事实对执行标的提出异议、申请参与执行财产分配的,属于《刑法》第307条之一第1款规定的“以捏造的事实提起民事诉讼”。

五、虚假诉讼的行为类型

11 对于司法实践中发生的虚假诉讼案件,有学者将其归纳为合谋型、恶意串通逃避

---

[12] 王志祥、刘婷:《虚假诉讼罪:概念界定与学理分析》,载《南阳师范学院学报(社会科学版)》2016年第1期。

[13] 参见张明楷:《虚假诉讼罪的基本问题》,载《法学》2017年第1期。

执行型、规避法律政策型、单方实施型四类。[14] 虽然论者对实践中案例进行的细致归纳和梳理值得肯定，但是论者的分类标准并不清晰。事实上，司法实践中发生的虚假诉讼只有两类，一是合谋型，二是单方实施型。论者虽然分成了四类，但无论是恶意串通逃避执行，还是规避法律政策，都是合谋型的虚假诉讼。这种区分的意义在于，在单方实施型虚假诉讼中，诉讼被告人往往是案件的被害人，而在合谋型虚假诉讼中，通常是由原被告双方串通实施，损害国家、公共利益或者案外第三人的合法权益。

值得特别注意的是，最高人民检察院于 2019 年 5 月 21 日发布的第十四批指导性案例，就检察机关依法展开虚假诉讼监督工作，强化对民事诉讼中虚假诉讼刑事追究，发布指导意见，并具体归纳了虚假诉讼的行为表现。其中，检例第 52 号“广州乙置业公司等骗取支付令执行虚假诉讼监督案”认定，当事人恶意串通、虚构债务，骗取法院支付令，并在执行过程中通谋达成和解协议，通过以物抵债的方式侵占国有资产，损害司法秩序，构成虚假诉讼。检例第 53 号“武汉乙投资公司等骗取调解书虚假诉讼监督案”认定，伪造证据、虚构事实提起诉讼，骗取人民法院调解书，妨害司法秩序、损害司法权威，不仅可能损害他人合法权益，而且损害国家和社会公共利益的，构成虚假诉讼。检察机关办理此类虚假诉讼监督案件，应当从交易和诉讼中的异常现象出发，追踪利益流向，查明当事人之间的通谋行为，确认是否构成虚假诉讼，依法予以监督。检例第 54 号“陕西甲实业公司等公证执行虚假诉讼监督案”认定，当事人恶意串通、捏造事实，骗取公证文书并申请法院强制执行，侵害他人合法权益，损害司法秩序和司法权威，构成虚假诉讼。检察机关对此类虚假诉讼应当依法监督，规范非诉执行行为，维护司法秩序和社会诚信。检例第 55 号“福建王某兴等人劳动仲裁执行虚假诉讼监督案”认定，为从执行款项中优先受偿，当事人伪造证据将普通债权债务关系虚构为劳动争议申请劳动仲裁，获取仲裁裁决或调解书，据此向人民法院申请强制执行，构成虚假诉讼。检例第 56 号“江西熊某等交通事故保险理赔虚假诉讼监督案”认定，假冒原告名义提起诉讼，采取伪造证据、虚假陈述等手段，取得法院生效裁判文书，非法获取保险理赔款，构成虚假诉讼。 12

V 主体

本罪的主体是一般主体，包括自然人和单位。此外，司法工作人员利用职权犯本罪的，应当从重处罚。值得研究的是，民事诉讼的被告能否成为本罪的主体？由于本罪的罪状要求行为人以捏造的事实提起民事诉讼。既然行为人必须是提起诉讼的人，那么除非被告人提出反诉，否则不能单独成为本罪的主体。不过，正如有的学者所言，在现阶段行为人多采用与他人或者同裁判机关串通，在民事案件审理过程 13

14 参见张艳：《虚假诉讼类型化研究与现行法规定之检讨——以法院裁判的案件为中心》，载《政治与法律》2016 年第 7 期。

中,由被告对原告所虚构的事实予以自认以获得对原告有利的判决的方式,实现不法目的。[15] 对于上述原被告串通损害他人利益的情况,如果不处罚被告也是不合适的。在这种情况下,应当将被告认定为虚假诉讼罪的共犯。

Ⅵ 罪过

14 本罪的主观方面必须是故意,过失不构成本罪,理论界对此基本没有争议。

1. 本罪的主观方面是仅限于直接故意,还是既包括直接故意也包括间接故意

15 有不少学者认为,本罪的主观方面必须是直接故意[16],"对于实施虚假诉讼行为人,捏造事实提起民事诉讼,就会认识到行为会侵犯国家的正常司法秩序或者损害他人的合法权益,在其认识到行为必然或者是可能发生危害社会结果的情况下仍然进行,这很显然是一种积极追求、希望发生的心态,而不可能是放任的心态"[17]。然而,这恐怕是一种想当然的见解。不可否认,虚假诉讼罪中的行为人在大部分情况下甚至在绝大部分情况下都是持直接故意的心态,但这并不意味着本罪就不能由间接故意构成。在一些复杂的情况下,行为人完全可能基于间接故意的心态而实施虚假诉讼行为。由于本罪的成立只需要行为人以捏造的证据提起民事诉讼,而不需要行为人本人亲自实施了捏造事实的行为,那么当行为人不能确定提起诉讼时所依据的证据的真实性,而是抱着侥幸心理提起诉讼时,就应当认定为间接故意的虚假诉讼罪。如果考虑共同犯罪,那么间接故意的情形就更加常见。例如甲捏造了证据并准备起诉乙,委托丙代写诉状,丙觉得证据很可疑,似乎是伪造的,但想着反正有钱赚管那么多干什么,就帮助甲代写了诉状,在这种情况下,丙就是以间接故意的方式构成了虚假诉讼罪。

16 事实上,我国刑法将直接故意和间接故意规定在了同一条款之中,并且适用了相同的法律后果,那就意味着,直接故意和间接故意在刑法中原则上应当受到同等评价。因此,除非有足够充分且正当的理由,不应认为某罪只能由直接故意构成而不能由间接故意构成。从故意的认识内容来看,由于客观构成要件是故意的认识内容,而理论界大多数观点认为抽象的事实认识错误阻却故意的成立,那么当行为人对于构成要件事实仅具有模糊性而非确定性的认识时,就至多只能成立间接故意。因此,原则上所有的故意犯罪既可以由直接故意构成,也可以由间接故意构成。[18]

2. 本罪的成立是否要求行为人有特定目的

17 对此,最高人民法院于 2016 年 6 月 20 日发布的《关于防范和制裁虚假诉讼的指

---

15 参见王飞跃:《虚假诉讼研究》,载《中南大学学报(社会科学版)》2013 年第 4 期。

16 参见肖怡:《〈刑法修正案(九)〉虚假诉讼罪探析》,载《法学杂志》2016 年第 10 期。

17 商浩文:《虚假诉讼罪的研析与思考》,载赵秉志主编:《刑法论丛》(第 51 卷),法律出版社 2017 年版,第 351 页。

18 如果认为教唆犯对于正犯的故意有从属性,或许可以认为,在教唆犯正犯化的情况下,该犯罪只能由直接故意构成。

导意见》第 1 条指出："虚假诉讼一般包含以下要素：(1)以规避法律、法规或国家政策谋取非法利益为目的；(2)双方当事人存在恶意串通；(3)虚构事实；(4)借用合法的民事程序；(5)侵害国家利益、社会公共利益或者案外人的合法权益。"但是理论界的多数观点倾向于认为，本罪不是目的犯，本罪的成立不要求行为人具有规避法律、法规或者国家政策的目的。[19] 笔者赞成学界的大多数观点，一方面，根据《刑法》第 307 条之一的表述，法律并没有将本罪规定为目的犯；另一方面，如果将本罪限定为目的犯，也会不当地缩小处罚的范围，例如，如果要求本罪的成立必须具有规避法律、法规或者国家政策谋取非法利益的目的，那么当行为人仅仅是出于报复泄愤的目的提起虚假诉讼损害他人利益时，就不能认定为虚假诉讼罪，而这显然不妥当。事实上，这个问题背后仍然是方法论的问题，不能因为实践中实施某罪的行为人通常具有特定目的，就想当然地认为某罪一定是目的犯，因为这背后的逻辑犯下了一种不完全归纳的谬误。在判断非法定目的犯的场合，只有认为不具有特定目的的行为不具有可罚性，才能将某罪认定为非法定目的犯，例如，理论界之所以要求盗窃罪的成立条件中有"非法占有目的"，本质上就是为了将盗窃行为与不可罚的盗用行为区分开来。就虚假诉讼罪而言，由于以其他目的实施的虚假诉讼行为仍然具有实质的可罚性，而法律又没有明文将本罪限定为目的犯，在解释时就不应轻易将本罪解释为非法定目的犯，否则就容易不当地缩小处罚范围。

Ⅶ 罪量

根据《刑法》第 307 条之一的规定，行为人以捏造的事实提起民事诉讼，妨害司法秩序或者严重侵害他人合法权益的，才能构成虚假诉讼罪。这是虚假诉讼行为构成虚假诉讼罪必须达到的罪量标准。最高人民法院、最高人民检察院《关于办理虚假诉讼刑事案件适用法律若干问题的解释》第 2 条具体规定了虚假诉讼构成犯罪的罪量标准，即以捏造的事实提起民事诉讼，有下列情形之一的，应当认定为刑法第 307 条之一第 1 款规定的"妨害司法秩序或者严重侵害他人合法权益"：①致使人民法院基于捏造的事实采取财产保全或者行为保全措施的；②致使人民法院开庭审理，干扰正常司法活动的；③致使人民法院基于捏造的事实作出裁判文书、制作财产分配方案，或者立案执行基于捏造的事实作出的仲裁裁决、公证债权文书的；④多次以捏造的事实提起民事诉讼的；⑤曾因以捏造的事实提起民事诉讼被采取民事诉讼强制措施或者受过刑事追究的；⑥其他妨害司法秩序或者严重侵害他人合法权益的情形。 18

19 参见张明楷：《虚假诉讼罪的基本问题》，载《法学》2017 年第 1 期；商浩文：《虚假诉讼罪的研析与思考》，载赵秉志主编：《刑法论丛》(第 51 卷)，法律出版社 2017 年版，第 351—352 页；张里安、乔博：《虚假诉讼罪若干问题研究》，载《河南社会科学》2017 年第 1 期。

Ⅷ　既遂与未遂

19　关于虚假诉讼罪的犯罪形态,有观点认为本罪是行为犯,即“行为人只要向法院提起恶意诉讼,就对司法秩序进行了破坏。如果法官受到虚假证据的影响作出了错误的判决,则该结果只能作为结果加重情节对行为人加重处罚”[20]。有的观点认为本罪是结果犯,需要根据法院错误的判决、错误的财产强制措施以及造成他人财产、名誉等损失的程度来判断其行为妨害司法秩序或侵害他人合法权益的具体程度。[21] 还有观点认为,应该根据本罪所保护的不同法益来区分犯罪形态,就虚假诉讼对司法秩序的妨害而言,本罪是行为犯,但就对他人合法权益的侵害而言,本罪则是结果犯。[22] 理论界之所以存在上述分歧,部分原因在于对于“行为犯”“结果犯”这对概念的理解不完全一致。我国传统刑法理论认为,行为犯是指以法定犯罪行为的完成作为既遂标志的犯罪,而结果犯是指不仅要实施具体犯罪构成客观要件的行为,而且必须发生法定的犯罪结果才构成既遂的犯罪。[23] 而大陆法系国家的刑法理论一般认为,区分行为犯和结果犯的关键在于行为人实施犯罪行为之后与法定犯罪结果发生之间是否具有间隔,行为犯是行为与结果同时发生,不需要对行为和结果之间的因果联系进行独立判断,而结果犯则需要对其进行独立判断。[24] 显然,我国传统刑法理论和大陆法系国家的刑法理论并不是在同一个含义上使用“行为犯”和“结果犯”这对范畴。相较而言,大陆法系刑法理论中的分类标准更为科学合理。因为基于法益保护的基本立场,(至少在支配犯的场合下)任何行为之所以构成犯罪,一定是因为它对法益造成了侵害(在未遂犯的场合,需要造成紧迫的危险),这样一来,犯罪既遂的标准一定是法益受到了侵害,而非特定行为的完成。在大多数情况下,无论是按照何种分类方法,得出的结论都大致相同,但是在少数复杂的案件中,按照我国传统刑法理论的分类就无法得出妥当的结论。例如甲男某日深夜潜入乙女家中试图奸淫乙女,在甲动手时乙就认出了甲,发现正是自己的梦中情人,于是顺水推舟地与之发生了关系。在此例中,按照传统观点,强奸罪属于毫无争议的行为犯,由于奸淫行为已经完成,那么对甲应该按照强奸罪既遂来定罪处罚,而这种结论并不妥当,因为存在被害人乙的同意,至多只能对甲的行为按照犯罪未遂来加以处罚。因此,大陆法系刑法理论对于行

---

[20] 于海生:《论诉讼欺诈行为的刑法评价——以〈刑法修正案(九)(草案)〉第33条为研究视角》,载《学术交流》2015年第9期。

[21] 参见李翔:《虚假诉讼罪的法教义学分析》,载《法学》2016年第6期。

[22] 参见张明楷:《虚假诉讼罪的基本问题》,载《法学》2017年第1期。

[23] 参见高铭暄、马克昌主编:《刑法学》(第9版),北京大学出版社、高等教育出版社2019年版,第145页。

[24] 参见[德]克劳斯·罗克辛:《德国刑法总论:犯罪原理的基础构造》,王世洲译,法律出版社2005年版,第216—217页。

为犯与结果犯的界定更为科学,但是我国传统通说中所使用的行为犯与结果犯的概念毕竟已经在学界有了约定俗成的特定含义,笔者也予以必要的尊重。如果认为行为犯是指以法定犯罪行为的完成作为既遂标志的犯罪,那么虚假诉讼罪是行为犯;如果认为行为犯是不需要对行为和结果之间的因果联系进行判断的犯罪,那么虚假诉讼罪也是行为犯。有观点认为:“本罪不是危险犯,行为必须妨害司法秩序或者严重侵害他人合法权益的,才能构成本罪。妨害司法秩序,是指捏造证据无端挑起诉讼,导致司法机关多次进行审理,或者调查取证,耗费了大量司法资源,甚至导致人民法院作出错误裁判。”[25]笔者不赞成这种观点,一方面,论者的这种思路实际上是将妨害司法秩序和严重侵害他人合法权益相混淆,导致刑法条文中的“妨害司法秩序”这一条件失去了独立的价值;另一方面,虚假诉讼罪和其他妨害司法的犯罪的法定刑类似,都是分为两档法定刑,第一档的法定最高刑为 3 年有期徒刑,第二档的法定最高刑为 7 年有期徒刑,因此,它们的实质违法的程度应该也较为相似。既然在其他的妨害司法的犯罪中,并不要求法院确实作出了错误的判决,而只要行为人的相关行为足以影响公正审判即可,那么在虚假诉讼罪中也没有必要要求法院作出错误的裁判。

在此基础上需要进一步讨论,虚假诉讼罪的既遂标准是什么?由于民事诉讼分为多个不同的阶段,究竟推进到哪一步,才构成本罪的既遂呢?有观点认为:“妨害司法秩序类型的虚假诉讼罪,以法院受理为既遂标准;行为人虽然以捏造的事实提起民事诉讼,但法院并未受理的,则是未遂。”[26]虽然诚如论者所言,法院对案件的受理、受理后为审理所作的准备,以及开庭审理,都是民事诉讼的必要条件,其中任何一个环节的进行,都是司法秩序的内容,但这并不意味着,只要法院受理案件,行为人就构成犯罪既遂。基于我国《刑法》第 13 条但书的规定,并不是任何侵犯法益的行为都构成犯罪,而只有那些对法益的侵害达到了一定的严重程度才能构成犯罪。因此,正如论者本人所一再强调的那样,“刑法的解释者、适用者在解释和适用刑法规定的犯罪构成要件时,也必须从实质上理解,只能将值得科处刑罚的违法行为解释为符合构成要件的行为”[27]。在立案登记制改革之后,民事诉讼在立案阶段采用登记制,原则上不再进行实质审查。也就是说,虽然不可否认在立案阶段的虚假诉讼也会妨害司法秩序,但在这个时候法院还没有实质性地为这起虚假诉讼投入司法资源,该行为对司法秩序的妨害也是相当轻微的,缺乏动用刑罚处罚的实质必要性。此外,如果将法院的受理作为既遂标准,也会使得本罪的既遂时点过于提前,不当地挤占了行政处罚的存在空间。 20

本罪的既遂应该以法院开庭为标准。换言之,虚假诉讼罪作为一种行为犯,应该将法院开庭作为其危害行为实施完毕的时点。一方面,从案件的受理到开庭,法院已 21

25 周光权:《刑法各论》(第 4 版),中国人民大学出版社 2021 年版,第 452 页。

26 张明楷:《虚假诉讼罪的基本问题》,载《法学》2017 年第 1 期。

27 张明楷:《刑法学》(第 6 版),法律出版社 2021 年版,第 119 页。

经对案件材料进行了初步审查,进行了庭前准备等活动,此时虚假诉讼行为已经实质性地耗费了司法资源,妨害了司法秩序,具有动用刑罚处罚的必要性;另一方面,将既遂时点确定为开庭,也为本罪中止犯的成立留下了空间。如果行为人以捏造的事实提起民事诉讼,后在案件开庭之前撤诉的,构成犯罪中止,能够享受减轻甚至免除处罚的待遇。有观点认为,虚假诉讼是理论上的行为犯,因而一旦行为人以捏造的事实提起民事诉讼,即构成犯罪既遂,也就不再成立犯罪中止。然而,论者同时也承认,在司法实践中,对于以捏造的案件提起民事诉讼后又撤诉的行为,由于该行为尚未发生较重的危害后果,未对司法机关公信力产生较大负面影响,也未损害他人合法权益,因而可以适用《刑法》第 13 条但书的规定从而出罪。[28] 上述立场似乎有自相矛盾之嫌,既然认为上述行为构成犯罪既遂,那么原则上就应当追究其刑事责任,怎么能一方面将其认定为犯罪,另一方面又直接适用第 13 条但书的规定加以出罪呢?与其采取这种别扭的立场,不如坦率地承认提起诉讼后撤诉的构成犯罪中止,这样不处罚的结论也就有了实际依据。

Ⅸ　罪数

一、以虚假诉讼的方式非法取得他人财物或者逃避债务

22 在司法实践中一种常见的行为类型是,行为人为了非法占有他人财物或者逃避债务而提起虚假诉讼。这时就涉及虚假诉讼罪和其他罪名之间的罪数问题。对此,《刑法》第 307 条之一第 3 款规定:“有第一款行为,非法占有他人财产或者逃避合法债务,又构成其他犯罪的,依照处罚较重的规定从重处罚。”基于上述规定,有以下几个问题值得进一步研究:

1. 通过虚假诉讼的方式非法侵犯他人财产权的行为是否构成诈骗罪

23 在《刑法修正案(九)》出台之前,理论界的多数观点认为,以虚假诉讼的方式侵犯他人财产权的行为属于刑法理论中的“三角诈骗”,构成诈骗罪。但是,仍然有不少学者主张上述行为并不符合诈骗罪的构成要件,并以此来衬托立法者增设虚假诉讼罪的必要性。例如,高铭暄教授认为,虽然三角诈骗是一种特殊的诈骗,但是诉讼诈骗并不是三角诈骗。[29] 杨兴培教授甚至认为三角诈骗是一个伪命题,因为三角诈骗理论将实际损害后果的承担者等同于诈骗罪中的被害人,而这种观点在我国刑法理论中很难成立。[30]

24 三角诈骗是诈骗罪的一种表现形式,并且以虚假诉讼的方式侵害他人财产权

28　参见纪长胜:《虚假诉讼罪的认定与适用》,载《人民司法》2017 年第 7 期。

29　参见高铭暄、陈冉:《论“诉讼欺诈”行为的定性——与“诉讼欺诈”定性诈骗罪论者商榷》,载《法学杂志》2013 年第 4 期。

30　参见杨兴培、田然:《诉讼欺诈按诈骗罪论处是非探讨——兼论〈刑法修正案(九)〉之诉讼欺诈罪》,载《法治研究》2015 年第 6 期。

的,属于三角诈骗进而构成诈骗罪。杨兴培教授反对“三角诈骗”这种提法的主要理由在于,在三角诈骗中存在两层法律关系,一是行为人与被骗人之间的法律关系,就此而言,行为人采用了欺骗的手段从财产管理人处获得了财物,因而管理人是受害人;二是被骗人与实际的财产损害人之间的法律关系,如果财产管理人恪尽职守仍然被骗的,他不需要承担赔偿责任,而且依据民事法律的规定,其受到的损失还可以向委托人、被代理人追偿。但是代理人、受托人基于相应的代理制度、监护制度或者当事人之间的约定不承担赔偿责任,其自身受到的损失还可以向被代理人、委托人追偿,不等于诈骗关系中的受害人身份也发生了转移。委托人、被代理人不是诈骗行为的直接受害人,而是基于代理制度、委托制度、管理制度承担损害后果而事后塑造出的受害者身份。[31] 然而,论者的上述分析是让人困惑的。一方面,没有必要把整个问题弄得如此复杂,因为诈骗罪是财产犯罪,谁的财产法益遭受了损失,谁就是案件的被害人。从这个意义上来讲,在对受托人使用诈骗手段从而取得委托人财产的例子中,由于受到损失的是委托人的财产,被害人当然也是委托人。至于委托人是否可以向受托人求偿,能够在多大范围内求偿,则是另外一个问题。应该说,只要对会计知识稍有了解,就不会犯下这种错误。另一方面,论者认为代理人、受托人根据民事法律的规定,其受到的损失可以向委托人、被代理人追偿,但是这种观点没有任何法律依据,也不符合民法的理论,只不过是论者的想当然罢了。行为人从代理人手中骗走了被代理人的财产,代理人能够免除自己的责任已经是谢天谢地,若要是向被代理人追偿,那真的是毫无道理了。总之在理论界经常使用的三角诈骗案例中,确实是受害人没有受骗,受骗人没有受害,这里并不存在论者所指责的问题。高铭暄教授虽然承认三角诈骗这种理论分类,但认为诉讼诈骗并非三角诈骗,其主要理由在于,一方面,法院不是三角诈骗中的财产处分人而是特定民事诉讼的裁判者;另一方面,法院是“中立方”,与诉讼欺诈中的各方当事人没有法律上的利害关系。[32] 可问题是,一方面,在诉讼诈骗的案件中,法院固然是民事诉讼的裁判者,但它当然也是财产的处分人,根据《物权法》第28条,人民法院生效的裁判文书可以直接改变物权归属,并且这种情况下理论上属于原始取得而非继受取得,这就清楚地表明了法院有处分财产的权力;另一方面,三角诈骗的核心特征是受害人与受骗人的分离,至于受骗人是不是中立方并不重要。行为人拿着伪造的提单去找船主提货,无疑属于三角诈骗,但在这种情况下,船主的地位就是中立的,并不归属于任何一方。因此,论者以法院的地位

---

31 参见杨兴培、田然:《诉讼欺诈按诈骗罪论处是非探讨——兼论〈刑法修正案(九)〉之诉讼欺诈罪》,载《法治研究》2015年第6期。需要指出的是,原文中对“委托人”“受托人”“代理人”“被代理人”这些术语的使用较为混乱,笔者在引用时按照原文的主旨对其中的错误之处进行了订正。

32 参见高铭暄、陈冉:《论“诉讼欺诈”行为的定性——与“诉讼欺诈”定性诈骗罪论者商榷》,载《法学杂志》2013年第4期。

作为论据,对于论证自己的观点是毫无作用的。

25 基于上述分析,应当承认《刑法》第307条之一第3款是注意规定。也就是说,即使没有虚假诉讼罪的规定,使用虚假诉讼的方式骗取财物或者骗免债务的行为也构成诈骗罪。

2. 在上述情况中,虚假诉讼罪和其他犯罪的关系究竟是想象竞合还是法条竞合

26 由于诈骗罪和虚假诉讼罪之间在逻辑上并不存在包含与被包含的关系,一个行为之所以同时构成诈骗罪和虚假诉讼罪,是由于案件事实的多样性所致,而非法条之间的逻辑关系所致。从这个意义上来讲,虚假诉讼罪和诈骗罪等其他犯罪的关系是想象竞合而非法条竞合。

27 有观点认为,对于这个问题应当分情况讨论,在虚假诉讼罪与诈骗罪的关系上,由于虚假诉讼罪将"严重侵犯他人合法权益"列为入罪标准之一,从而包括了"非法占有他人财产或者逃避合法债务"的情节,所以虚假诉讼罪既能评价为侵害被害人财产的不法,也能评价为妨害司法秩序的不法,从而构成法条竞合。而当虚假诉讼罪与贪污罪或者职务侵占罪竞合时,并不存在一个法条能够充分评价整个犯罪行为,因而两者是想象竞合的关系。诚然,在区分想象竞合与法条竞合时,可以使用"充分评价原则",即在法条竞合中,存在一个可以充分评价整个案件事实的法条,而在想象竞合中不存在这样的法条。但需要注意的是,这里的充分评价原则包括定性和定量两个方面,即法条竞合中的那个能够充分评价整个犯罪行为的法条,必须既能充分评价整个犯罪行为的性质,也能充分评价整个犯罪行为的不法程度。就虚假诉讼罪和诈骗罪的关系而言,虚假诉讼罪虽然能够充分评价整个犯罪行为的性质,但不能充分评价其行为的不法程度。因为虚假诉讼罪的法定最高刑不过7年有期徒刑,而诈骗罪的法定最高刑达到无期徒刑,于是,当行为人通过虚假诉讼的方式非法占有他人财物,数额特别巨大时,虚假诉讼罪最高7年的法定刑就不足以评价上述行为,而应当按照诈骗罪定罪处罚。因此,虚假诉讼罪和诈骗罪之间仍然是想象竞合的关系。

28 还有观点认为,想象竞合与法条竞合之间的区分既无必要,也不可能,应该倡导一种"大竞合论",只要构成要件的主要部分存在重叠,从一重罪处罚即可,否则原则上应当数罪并罚,以实现罪责刑相适应。[33] 必须指出的是,想象竞合与法条竞合之间的区分不仅是刑罚适用的问题,也关乎罪名的确定。在想象竞合中,法官应该在判决书中载明行为人所触犯的所有罪名,然后按照想象竞合的处罚原则从一重罪处断,这也被称为想象竞合的明示功能,因为这么做的意义在于向普通公民宣示行为人的行为在刑法上应当受到的评价;而在法条竞合中,法官在分析了法条之间的逻辑关系后,应该在判决书中指出最终应当适用的法条。只要承认想象竞合的明示功能,就必须区分想象竞合与法条竞合。

---

33 参见陈洪兵:《〈刑法修正案(九)〉中"同时构成其他犯罪"相关条款的理解适用——"大竞合论"立场再提倡》,载《政治与法律》2016年第2期。

3. 想象竞合的处理原则究竟是从一重处罚还是从一重从重处罚

学界的通说认为,除非法律有特别规定,对于想象竞合应该按"从一重处断原则"处理,但是对于相关理由语焉不详。[34] 也有观点认为:"一般来说,想象竞合犯的特点决定了可以在较重犯罪的法定刑之内再从重处罚,但不排除少数情况下不需要从重处罚。还需要注意的是,在选择了较重犯罪的法定刑之后,对想象竞合的量刑不得低于较轻犯罪的法定最低刑。"[35]这实际上是采取了"从一重从重"的处罚原则。笔者认为,相较于从一重罪处罚而言,从一重从重处罚更为合理,这是因为在想象竞合犯中,不存在任何一个法条能够充分评价整个犯罪行为,那么就应当把所认定罪名中不能评价的部分,作为酌定量刑情节来加以考虑。例如,行为人开一枪同时打死一个人和一个名贵花瓶,应该适用故意杀人罪的刑罚,但由于故意杀人罪本身并不能评价财产损害的结果,就应该把打碎花瓶的结果作为量刑情节来加以考虑,以尽可能实现量刑的公平公正。《刑法》第 307 条之一第 3 款的条文中使用了"依照处罚较重的规定从重处罚"这一表述,也支持了笔者的上述立场。最高人民法院、最高人民检察院《关于办理虚假诉讼刑事案件适用法律若干问题的解释》第 4 条亦明确规定:"实施刑法第三百零七条之一第一款行为,非法占有他人财产或者逃避合法债务,又构成诈骗罪,职务侵占罪,拒不执行判决、裁定罪,贪污罪等犯罪的,依照处罚较重的规定定罪从重处罚。" 29

二、虚假诉讼过程中实施了妨害作证的行为

司法实践中另一种常见的情况是,行为人不仅实施了捏造事实的行为,而且用捏造的事实提起民事诉讼,在这种情况下,应该如何评价行为人所实施的妨害作证的行为呢?对此,有观点认为:"行为人在诉讼中自己捏造事实,破坏或者伪造证据的行为并不同时触犯妨害作证罪或者帮助毁灭、伪造证据罪。基于期待可能性原理,诉讼当事人自己实施妨害作证或者帮助毁灭、伪造证据行为的,不应按照此罪认定,构成这两罪的只能是案件当事人之外的其他人,否则不具有期待可能性。"[36]诚然,利己是人类的本性,但这并不意味着期待可能性理论应当被任意使用。期待可能性作为阻却责任的事由,并不意味着行为人可以为了实现自己的目的不择任何手段,在适用期待可能性作为出罪事由的案件中,行为人违反规范的行为实属在困境中为保护重大法益而不得已为之,其忠诚于法规范的态度必须没有发生重大改变。[37] 因此也诚如冯军教授所言:"刑法中的期待可能性理论,不是从怎样才能最好地维护自己的最大利 30

---

34 参见高铭暄、马克昌主编:《刑法学》(第 9 版),北京大学出版社、高等教育出版社 2019 年版,第 203 页。

35 张明楷:《刑法学》(第 6 版),法律出版社 2021 年版,第 650 页。

36 肖怡:《〈刑法修正案(九)〉虚假诉讼罪探析》,载《法学杂志》2016 年第 10 期。

37 参见陈璇:《生命冲突、紧急避险与责任阻却》,载《法学研究》2016 年第 5 期。

益这个问题中产生的,而是从怎样才能避免自己最糟糕的困境这个问题中产生的,是刑法针对人性的脆弱洒下的同情之泪。"[38]事实上,如果认为行为人在诉讼过程中自己实施捏造事实、破坏或者伪造证据的行为缺乏期待可能性的话,那么单方实施型虚假诉讼罪也没有存在的必要,因为上述行为已经单独构成诈骗罪,行为人为了实施诈骗而采取的虚假诉讼行为也是缺乏期待可能性的。这样的结论显然不符合《刑法》第307条之一的规定。

31 应当承认,行为人在虚假诉讼过程中实施了妨害作证的行为,构成妨害作证罪。接下来的问题是,对于这种情况按照罪数理论应该怎样处理?有观点认为,以妨害作证形式捏造事实提起民事诉讼的,既构成妨害作证罪又符合虚假诉讼罪的犯罪构成,都侵害了司法机关的正常司法秩序,属于"一行为,侵害同一法益,成立数罪名"的法条竞合犯。[39] 也有观点认为,"若此种行为发生在诉讼过程中,则可能同时构成妨害诉讼罪,因为二者的具体行为方式和手段存在竞合关系,属于同一个行为同时触犯数个罪名的情形,构成想象竞合犯"[40]。还有观点认为,上述行为构成虚假诉讼罪和其他犯罪的牵连犯,应该从一重罪处罚。[41] 笔者认为,由于虚假诉讼罪的成立只要求行为人以捏造的事实提起民事诉讼,而不要求行为人亲自实施了捏造事实的行为,故如果行为人既捏造了事实,又以捏造的事实提起民事诉讼,则应当被评价为两个犯罪行为,分别构成妨害作证罪和虚假诉讼罪,由于两者具有手段和目的的关系,并且这种牵连关系具有通常性,应当认定为牵连犯,从一重罪处罚。[42] 因此,最高人民法院、最高人民检察院《关于办理虚假诉讼刑事案件适用法律若干问题的解释》第6条规定:"诉讼代理人、证人、鉴定人等诉讼参与人与他人通谋,代理提起虚假民事诉讼、故意作虚假证言或者出具虚假鉴定意见,共同实施刑法第三百零七条之一前三款行为的,依照共同犯罪的规定定罪处罚;同时构成妨害作证罪,帮助毁灭、伪造证据罪等犯罪的,依照处罚较重的规定定罪从重处罚。"

38　冯军:《刑法中的责任原则——兼与张明楷教授商榷》,载《中外法学》2012年第1期。

39　参见孙荣杰、储昱:《虚假诉讼罪的罪状、形态与罪数问题》,载《人民检察》2016年第11期。

40　吴芳:《虚假诉讼罪的司法认定》,载《人民检察》2015年第24期。

41　参见纪长胜:《虚假诉讼罪的认定与适用》,载《人民司法》2017年第7期。

42　需要指出的是,理论界关于牵连犯的处断原则并非没有争议,一种有力的观点认为对于牵连犯,除法律有明文规定的以外,应当数罪并罚。参见黄京平:《牵连犯处断原则辨析》,载《中国人民大学学报》1993年第3期。笔者实际上支持这种观点,但基于篇幅的限制和本文的主题,不在这里直接挑战理论通说,因此采取了一种折中的观点,即在承认牵连犯从一重处断的前提下,对牵连犯的范围作出进一步的限制,要求牵连犯中前后两个行为的牵连关系必须具有通常性。这种做法在名义上坚持了通说观点,但是在实际的处罚结论上,更接近牵连犯并罚说。

三、司法工作人员参与虚假诉讼

司法工作人员参与虚假诉讼的情形在实务中并不鲜见，由其参与的虚假诉讼往往手段更为高明，隐蔽性更强，也更容易得逞。[43] 因此，刑法条文也对这种情形作出了专门的规定。《刑法》第 307 条之一规定："司法工作人员利用职权，与他人共同实施前三款行为的，从重处罚；同时构成其他犯罪的，依照处罚较重的规定从重处罚。"最高人民法院、最高人民检察院《关于办理虚假诉讼刑事案件适用法律若干问题的解释》第 5 条进一步规定，司法工作人员利用职权，与他人共同实施刑法第 307 条之一前三款行为的，从重处罚；同时构成滥用职权罪，民事枉法裁判罪，执行判决、裁定滥用职权罪等犯罪的，依照处罚较重的规定定罪从重处罚。 32

当司法工作人员和提起虚假诉讼的人事前有通谋时，该司法工作人员一方面构成虚假诉讼罪的共犯，另一方面构成民事枉法裁判罪的正犯，应该按照想象竞合的处理原则，从一重罪处断，理论界对此基本没有争议。值得研究的是，在事前没有通谋的情况下，法官 B 对 A 捏造的事实信以为真在客观上作出了枉法裁判时，法官 B 的行为至多构成玩忽职守罪等过失犯罪，而不可能构成民事枉法裁判罪、虚假诉讼罪等故意犯罪，那么对行为人 A 能否以民事枉法裁判罪的教唆犯论处？有观点认为，上述情况下 A 成立民事枉法裁判罪的教唆犯，因为教唆犯不从属于正犯的故意，即教唆犯的成立不以被教唆者产生犯罪故意为前提。[44] 33

需要指出的是，在坚持限制从属性说的前提下，狭义共犯对正犯故意是否具有从属性，实际上就是论者在违法论上观点的直接延伸。限制从属性的基本内涵是，狭义正犯在构成要件符合性和违法性两个层面从属于正犯，而在责任层面不从属于正犯，对于结果无价值论者而言，由于故意过失不是违法要素，而是责任要素，那么狭义共犯对正犯的故意当然不具有从属性，因为这已经超出了限制从属性说要求的范围；相反，对于二元论者而言，由于故意过失是违法要素，影响行为的违法性，那么为了贯彻限制从属性说，必然会要求狭义共犯对正犯故意具有从属性。其次，论者所举的以教唆故意实现间接正犯效果的案例（"土药案"[45]）并不妥当。按照论者的批评，那种坚持狭义共犯对正犯故意的从属性的观点在这里会得出无罪的结论，但事实并非如此。诚然，由于教唆犯必须通过引起正犯的犯罪故意，从而通过正犯的行为来引起法益侵害的结果，因而当教唆行为没有引起正犯故意时，即便发生了法益侵害结果（如被害人死亡），也不能将其归责于教唆犯。但是，这并不意味着教唆者不承担任何刑事责任，由 34

43　参见莫洪宪、周天泓：《虚假诉讼罪的基本问题》，载赵秉志主编：《刑法论丛》（第 47 卷），法律出版社 2016 年版，第 355 页。

44　参见张明楷：《虚假诉讼罪的基本问题》，载《法学》2017 年第 1 期。

45　甲教唆乙说："丙是坏人，你将这个毒药递给他喝。"乙却听成了"丙是病人，你将这个土药递给他喝"，于是将毒药递给丙，丙喝下毒药后死亡，但乙并无杀人故意。

于这种情况属于“被教唆的人没有犯被教唆的罪”,根据《刑法》第 29 条第 2 款,对于教唆犯仍然可以按照犯罪未遂来加以处罚。因此,狭义共犯对正犯的故意具有从属性,因而在前述案例中,行为人 A 不构成民事枉法裁判罪的教唆犯。

X 处罚

35 根据《刑法》第 307 条之一第 1 款的规定,以捏造的事实提起民事诉讼,妨害司法秩序或者严重侵害他人合法权益的,处 3 年以下有期徒刑、拘役或者管制,并处或者单处罚金;情节严重的,处 3 年以上 7 年以下有期徒刑,并处罚金。单位犯本罪的,对单位判处罚金,并对其直接负责的主管人员和其他直接责任人员定罪处罚。司法工作人员实施上述行为的,应该从重处罚。同时构成其他犯罪的,依照处罚较重的规定定罪从重处罚。

36 关于本罪的处罚,有两个问题需要注意:第一,罚金刑的适用。虽然司法实践中大多数的虚假诉讼案件都存在经济上的贪利动机,因而适用罚金刑能够准确地惩治上述虚假诉讼行为,但基于司法实践的复杂性,并非所有的虚假诉讼案件都是为了牟取经济利益,在面对与财产利益无关的虚假诉讼时,应当对罚金刑的适用保持谨慎。第二,加重情节。根据最高人民法院、最高人民检察院《关于办理虚假诉讼刑事案件适用法律若干问题的解释》第 3 条的规定,以捏造的事实提起民事诉讼,有下列情形之一的,应当认定为“情节严重”:①有本解释第 2 条第(一)项情形,造成他人经济损失 100 万元以上的;②有本解释第 2 条第(二)项至第(四)项情形之一,严重干扰正常司法活动或者严重损害司法公信力的;③致使义务人自动履行生效裁判文书确定的财产给付义务或者人民法院强制执行财产权益,数额达到 100 万元以上的;④致使他人债权无法实现,数额达到 100 万元以上的;⑤非法占有他人财产,数额达到 10 万元以上的;⑥致使他人因为不执行人民法院基于捏造的事实作出的判决、裁定,被采取刑事拘留、逮捕措施或者受到刑事追究的;⑦其他情节严重的情形。

第三百零八条　打击报复证人罪

对证人进行打击报复的，处三年以下有期徒刑或者拘役；情节严重的，处三年以上七年以下有期徒刑。

文献：赵秉志、田宏杰、于志刚：《妨害司法罪》，中国人民公安大学出版社 2003 年版；高铭暄：《中华人民共和国刑法的孕育诞生和发展完善》，北京大学出版社 2012 年版；王作富主编：《刑法分则实务研究》（第 5 版），中国方正出版社 2013 年版；黎宏：《刑法学各论》（第 2 版），法律出版社 2016 年版；张军主编：《刑法[分则]及配套规定新释新解》（第 9 版），人民法院出版社 2016 年版；陈兴良：《规范刑法学》（第 4 版），中国人民大学出版社 2017 年版；高铭暄、马克昌主编：《刑法学》（第 9 版），北京大学出版社、高等教育出版社 2019 年版；周光权：《刑法各论》（第 4 版），中国人民大学出版社 2021 年版；张明楷：《刑法学》（第 6 版），法律出版社 2021 年版。王兆峰：《打击报复证人罪新探》，载《国家检察官学院学报》1999 年第 1 期；吴小英：《打击报复证人罪》，载《中国刑事法杂志》1999 年第 3 期；郝胡兰、那娜：《论打击报复证人罪中"证人"的界定》，载《人民检察》2004 年第 2 期；吴占英：《打击报复证人罪若干问题新解》，载《法学论坛》2006 年第 3 期。

细目录

Ⅰ　主旨
Ⅱ　沿革
Ⅲ　客体
Ⅳ　对象
　一、"证人"的含义
　二、证人所处的诉讼类型
　三、关于打击报复证人近亲属的定性
　四、知悉案情但尚未作证的人是否为本罪的犯罪对象
　五、关于共同犯罪人互相质证后的打击报复行为的认定
Ⅴ　行为
Ⅵ　主体
Ⅶ　罪过
Ⅷ　既遂与未遂
Ⅸ　与他罪的区别

一、与故意伤害罪的区别
二、与报复陷害罪的区别
三、与妨害作证罪的区别
四、与辩护人、诉讼代理人毁灭证据、伪造证据、妨害作证罪的区别
X　处罚

I　主旨

1　本条是关于打击报复证人罪的规定。作为案件的知情人,证人的证言是司法机关正确处理案件的重要依据之一,我国刑事诉讼制度改革后十分强调证据的作用,证人不仅要出庭作证,而且其所提供的证言需在法庭上经控辩双方质证无误后才能作为定案的证据。为保障证人依法作证,解除其后顾之忧,刑法规定了本罪。

II　沿革

2　我国 1979 年《刑法》没有关于打击报复证人罪的规定,实践中出现打击报复证人的犯罪行为,一般以报复陷害罪定罪处罚,致使证人的合法权益难以受到法律的有力保护,司法机关取证难、办案难的问题日益突出。为保证证人的安全,消除证人作证的顾虑,以使其顺利配合司法机关的诉讼活动,1997 年《刑法》修订时,在《刑法》第 308 条中增设了打击报复证人罪。

III　客体

3　打击报复证人罪侵犯的客体是复杂客体,即司法机关的正常诉讼活动和证人依法作证的权利。其中,司法机关的正常诉讼活动是主要客体,证人依法作证的权利是次要客体。《刑事诉讼法》第 62 条第 1 款规定:“凡是知道案件情况的人,都有作证的义务。”《民事诉讼法》第 75 条规定:“凡是知道案件情况的单位和个人,都有义务出庭作证……”公民作证有助于司法机关及时查明案件事实,正确适用法律,保障司法机关的诉讼活动正常进行。修订后的刑事诉讼法对审判方式进行了改革。新审判方式的重要特点是开庭审理中证人应当出庭作证,改变了过去那种只宣读证人证言的传统做法。但是,从新审判方式的实践来看,证人出庭仍是一个严重困扰审判方式改革的难题,证人出庭难的原因很复杂,其中一个重要的原因是证人害怕受到打击报复。为保证证人的人身安全,打消证人出庭作证后害怕受到打击报复的顾虑,清除证人作证道路上的各种障碍,以确保修订后的刑事诉讼法关于证人出庭作证的规定能够得到顺利实施,1997 年《刑法》修订时,立法机关在现行《刑法》第 308 条中增设了打击报复证人罪。因此,今后凡是打击报复证人情节严重的,都要作为犯罪追究行为人的刑事责任,而不仅仅是采取诉讼法中的强制措施,或者给予纪律处分。

Ⅳ 对象

打击报复证人罪的犯罪对象是诉讼案件中的证人。对于这里所说的"证人"的内涵以及外延的理解与把握,理论上和实践中均存在较大分歧。具体说来,主要涉及以下问题。 4

一、"证人"的含义

对此,主要存在着以下两种观点的对立:第一种观点认为,现行《刑法》第308条"证人"与诉讼法相关条文中规定的"证人"含义完全相同,即证人是知道案情并具有辨别是非和正确表达能力的自然人,并且是区别于被害人、被告人、鉴定人等其他诉讼参与人的一类诉讼参与人。在诉讼活动过程中,证人有着独立完整的诉讼地位,承担着特殊的法律义务,并依法享有相应的诉讼权利。因此,对"证人"应严格坚持"字面解释"的立场,不能将其与其他种类的诉讼参与人相混淆,从而不恰当地扩大《刑法》第308条的适用范围,违背罪刑法定原则。[1] 第二种观点则主张,对于"证人"不能作字面理解,不能拘泥于诉讼法对证人的定义,而应作扩大解释。具体地说,这里的证人应当是所有知道案件真实情况,并就自己了解的事实向司法机关提供证据的人,包括刑事诉讼中的被害人,民事、行政案件的原告、第三人,以及鉴定人、勘验人,而不仅仅是为司法机关提供书面或口头证言的人(即与诉讼法规定含义一致的证人)。只有对证人作这样的扩大解释,才能有效地遏制那些对被害人、原告、勘验人打击报复的行为,满足鼓励举报、打击犯罪的需要,保证公民依法行使诉讼权利。[2] 5

笔者赞同第一种观点。这是因为:①众所周知,证人一词在法律上有其严格的内涵和外延界定。鉴定意见、勘验笔录以及被害人陈述虽然是诉讼证据的重要组成部分,但鉴定人、勘验人和被害人却并非证人。现行刑法既然将本罪的犯罪对象明确限于"证人"而不是所有的诉讼参与人,这就意味着,将鉴定人、勘验人和被害人纳入本罪的犯罪对象之中,显然于法无据,有违罪刑法定原则的基本要求。②从证人与被害人、鉴定人以及勘验人在诉讼中的地位及其与案件处理结果的利害关系来看,被害人与案件处理结果无疑有着最为直接的利害关系,因而即使法律上没有特殊的保护措施,即使明知如实说出案件真相可能会遭到打击报复,基于对违法犯罪行为的义愤和对自己合法权益的维护,被害人也一般会积极参与诉讼活动,协助法庭调查了解案件真相。至于鉴定人和勘验人,虽然与案件处理结果没有什么直接利害关系,但依法进行鉴定和勘验却是其法定的职责要求。受职责所限,其一般不可能拒绝参与诉讼活动。而证人的情形就不一样了。证人参与诉讼活动,既非与案件处理结果有什么直 6

---

1 参见鲜铁可:《妨害司法犯罪的定罪与量刑》,人民法院出版社1999年版,第73—77页。

2 参见王兆峰:《打击报复证人罪新探》,载《国家检察官学院学报》1999年第1期。

接利害关系,又不存在什么职责上的要求,而是仅仅履行其法定的作证义务。但这种义务一方面不具有法律上的强制性,另一方面,履行这一义务不仅要耗费证人一定的时间和金钱,而且往往使证人在作证后面临着遭受打击报复的危险。在这样的情况下,如果不给予证人特殊的法律保护,证人不愿作证或者不敢作证的现象只会有增无减,调查难、取证难的状况就不会从根本上得到改善。由此看来,现行刑法将本罪的犯罪对象明确规定为证人,而不是包括被害人、鉴定人和勘验人在内的一切诉讼参与人,不是立法上的疏漏,而是实有其特殊的考虑。③从刑事法内部的协调一致来看,刑法与刑事诉讼法作为刑事法学内部紧密联系、不可分割的两个重要组成部分,其规定应当协调一致,已成为立法、司法和法学理论的共识。由此决定,相同的法律术语,在法律没有特别规定的情况下,在刑法和刑事诉讼法中的内涵和外延就应当保持一致,而不能各部门法自说自话,各自为政。既然证人在刑事诉讼法中仅是从狭义的角度而言,刑法中自然就不能任意扩大其范围,更何况这种扩张解释还是从不利于刑事被告人的角度出发的。所以,本罪的犯罪对象只能是严格意义上的证人,既不包括刑事被害人,也不包括鉴定人和勘验人。

二、证人所处的诉讼类型

7 这里所说的"证人",一种意见认为仅仅指刑事案件中的证人;另一种意见认为不仅包括刑事诉讼案件中的证人,而且应当包括民事、经济、海事、行政等诉讼案件中的证人。[3] 笔者认为,既然刑法对本罪的犯罪对象没有什么限制,而且,无论是刑事案件,还是经济案件、民事案件,抑或是行政案件的证人,其权利与义务并没有什么实质上的差异。无论对哪一类诉讼案件中的证人实行打击报复,都是对司法机关诉讼活动的一种破坏,情节严重的,都有必要予以刑事制裁。如果将本罪的犯罪对象限定为刑事案件中的证人,一方面,于法无据;另一方面,在司法实践中有可能助长民事、经济、行政诉讼案件中对证人的打击报复,从而使民事、经济、行政案件中证人合法权益的刑法保护成为一句空话,最终则必然破坏民事、经济、行政案件诉讼活动的正常顺利进行。因此,没有必要将本罪的犯罪对象限定为刑事案件中的证人,而应当将所有诉讼案件中的证人都纳入刑法保护的范围之内,使刑法能够真正为司法机关诉讼活动的正常开展提供有力的支持和保护。

三、关于打击报复证人近亲属的定性

8 司法实践中,对证人的近亲属进行打击报复的现象并不少见。为此,《刑事诉讼法》第 63 条特别规定,人民法院、人民检察院和公安机关应当保障证人及其近亲属的安全,对证人及其近亲属进行威胁、侮辱、殴打或者打击报复,构成犯罪的,依法追究

---

3 参见高西江主编:《中华人民共和国刑法的修订与适用》,中国方正出版社 1997 年版,第 655 页;陈兴良主编:《刑法全书》,中国人民公安大学出版社 1997 年版,第 1013 页。

刑事责任。那么,这是否意味着,证人的近亲属也是本罪的犯罪对象,对证人的近亲属进行打击报复的行为,也可以本罪论处呢?对于这一问题,学者们的看法则不尽相同。有学者认为,打击报复直接针对证人的近亲属的,由于涉及证人,所以应作为是对证人的打击报复。[4] 另有学者则主张,本罪侵害的对象,只限于证人。[5] 实际上,因证人作证而对证人近亲属进行打击报复的现象在司法实践中并不少见,且其给证人造成的负面影响往往并不亚于对证人本人的打击,因而如果不将证人的近亲属纳入本罪的保护范围之中,一方面,不能完全消除证人作证的顾虑,彻底实现鼓励证人作证的立法初衷;另一方面,还有可能因本罪对证人近亲属保护出现的"真空",起到暗示、消极鼓励行为人实施打击报复证人近亲属行为的负面作用。因而,本罪的犯罪对象除证人外,还应将证人的近亲属也包括在内。但由于现行《刑法》第 308 条将本罪的犯罪对象明确限定为证人,从严格的罪刑法定主义出发,目前似不宜将打击报复证人近亲属的行为一律以本罪论处,只有在打击报复证人近亲属的行为可以被评价为打击报复证人的情况下,才能对上述行为按照本罪论处。在其他情况下,只能视其案件的具体情况,符合其他罪犯罪构成的,以其他罪定罪处罚。不过,在今后对刑法进行修改时,应将证人的近亲属一并规定为本罪的犯罪对象,以严密法网,更好地惩治打击报复证人及其近亲属的犯罪,保障证人作证制度的健康发展。

四、知悉案情但尚未作证的人是否为本罪的犯罪对象

知悉案情但尚未作证的人,虽已取得证人资格,但因尚未作证,自然谈不上打击 9
报复的问题,至多以暴力或者胁迫等手段,妨害其作证而已。由此决定,知悉案情但尚未作证的人,不能成为本罪的犯罪对象,但以暴力、威胁等方法妨害其作证的,可以构成妨害作证罪。

五、关于共同犯罪人互相质证后的打击报复行为的认定

在共同犯罪的场合,共同犯罪人之间因互相质证、引发矛盾,事后一方对另一方 10
打击报复的,能否定打击报复证人罪?由于共同犯罪人的言词具有双重性,因而对此不可一概而论,而应分以下两种情况区别处理:第一,如果共同犯罪人互相质证的犯罪事实是共同犯罪事实,则共同犯罪人相互质证时的言词就仍是被告人供述,而不是证人证言,共同犯罪人此时也不具有证人的身份。在这种情况下,对共同犯罪人进行打击报复的,不能以本罪论处;第二,如果共同犯罪人所供述的不是共同犯罪事实,而是其他共同犯罪人在共同犯罪事实以外的其他犯罪事实,则此种情况下的共同犯罪人同时还是证人,对其进行打击报复的,则构成打击报复证人罪。

---

4 参见张穹主编:《修订刑法条文实用解说》,中国检察出版社 1997 年版,第 397 页。

5 参见张穹主编:《刑法适用手册》,中国人民公安大学出版社 1997 年版,第 1094 页。

V 行为

11 打击报复证人罪在客观方面表现为对证人进行打击报复的行为。所谓打击报复,是指因证人在诉讼案件中提供证言而对其实施侵害的行为。有观点认为,本罪必须以"滥用职权、假公济私"的形式实施。[6] 但是这种观点不仅缺少法律依据,也不符合实际情况。因为实践中打击报复证人的行为可以多种多样,并不一定局限于"滥用职权、假公济私"的形式。具体而言,这种打击报复行为通常表现为:①直接加害证人的人身,其方式是多种多样的,如人身侵害、精神威胁、侮辱人格、毁坏名誉、限制自由等;②间接侵害证人,如通过加害证人亲友,或者毁坏证人财产,或者骚扰证人生活安宁等方式,对证人进行打击报复;③滥用职权迫害证人,如降职、降薪、辞退、解雇、压制晋升、扣发工资或者奖金、调离原岗位或者无故令其下岗、非法关押或者组织批斗等。如果行为人的打击报复行为同时构成侮辱罪、故意伤害罪、故意杀人罪的,属于想象竞合,应按照想象竞合的处罚原则进行处罚。

12 对于本罪行为的表现形式,有的学者认为,本罪的行为既然是一种打击报复的行为,则本罪就只能以作为的方式实施,不作为的方式是不能对证人进行打击报复的。[7] 这一看法未免过于片面。对证人进行打击报复,固然通常以作为的方式表现出来,如暴力殴打证人,威胁、刁难证人等;但也不排除在现实生活中以不作为的方式对证人进行打击报复,如行为人滥用职权,对本应晋级、提升职称或者应当给予其他政治、经济利益的证人不给予其应得的利益,这显然就是以不作为的方式实施的打击报复证人的行为。所以,本罪行为表现的形式以作为为主,但以不作为的方式对证人进行打击报复的,也可以构成打击报复证人罪。

13 有不少学者认为,在打击报复证人罪中,打击报复证人的行为与证人作证存在因果关系。换言之,证人作证是"因",行为人打击报复证人是"果"。行为人的打击报复行为正是针对证人的作证行为实施的;如果行为人的打击报复行为是基于对证人的其他行为实施的,则不构成本罪。[8] 这种说法似是而非。不可否认,打击报复证人罪的成立,确实要求行为人实施的打击报复证人的行为与证人作证有某种关联,但这种关联并非刑法意义上的因果关系,而只需要是普通的相关关系即可。通说认为,刑法意义上的因果关系是指危害行为与危害结果之间的一种引起与被引起的关系[9],也就是说,在判断因果关系之前,首先需要确定的是,判断的对象是危害行为与

---

6 参见李培泽、周水清主编:《新刑法适用》,警官教育出版社 1997 年版,第 456 页。

7 参见张穹主编:《新刑法罪与非罪、此罪与彼罪的界限》,中国检察出版社 1998 年版,第 316 页。

8 参见吴占英:《妨害司法罪理论与实践》,中国检察出版社 2005 年版,第 98 页。

9 参见高铭暄、马克昌:《刑法学》(第 9 版),北京大学出版社、高等教育出版社 2019 年版,第 73 页。

危害结果之间的某种联系。反之,如果判断的对象根本不是刑法意义上的危害行为,那也根本没有判断因果关系的必要。虽然从事实层面而言,我们或许可以认为,被害人的姿容秀丽、家财万贯对行为人实施强奸罪、绑架罪起到了实质性的推动作用,但是,我们绝对不会认为被害人的容貌、财富和行为人实施犯罪之间具有刑法意义上的因果关系,因为那根本就不是刑法意义上的危害行为。类似地,证人作证既是在行使其权利,也是在履行其法律上的义务,也受到法律的保护,无论如何不能说证人作证和行为人的打击报复之间存在因果关系,至多只能说两者存在相关关系罢了。

对于本罪的客观构成要件,还有一个问题值得研究:刑法设立打击报复证人罪是为了保护证人的合法权益,保障司法活动的正常进行。那么,构成本罪是否应有一定的时间限制,也即构成打击报复证人罪,从证人作证到因作证而受到打击之间的时间间隔是否应有所限制?对此,理论界有两种不同观点:第一种观点认为,应对打击报复证人罪规定一定的时间限制。因为这有利于发挥刑罚的一般预防作用。当证人受到打击时,如果时间不长,大家还记得证人以前曾作过证,那么便很容易建立起作证——遭打击报复——惩罚打击报复者三者之间的逻辑联系,很容易理解法院的判决,从而能够很好地发挥打击报复证人罪立法和司法的宣喻功能,起到良好的一般预防效果。反之,如果对作证与打击报复之间的时间间隔不加限制,证人作证后经过很长时间才遭受打击报复,那么一般公民很难把以前的作证和证人后来受打击之间建立起联系,法院的判决也难以为公众所理解。第二种观点则主张,不应规定时间上的限制,因为法律对此并无规定。[10] 14

上述第二种观点更为合理。因为,对打击报复证人罪的成立在时间上进行限制,首先,有违立法的宗旨。打击报复证人的行为是否会随着时间间隔的延长,其危害性逐渐减小呢?回答是否定的。而且笔者认为,情况恰恰相反。倘若行为人在证人作证后已过了很长时间,却仍然对证人耿耿于怀,寻找机会实施报复,那么其行为表明:事隔多年,他对自己或者亲友的过错行为并没有丝毫的悔改之意,再加上报复证人的恶意,足以表明行为人的主观恶性较之短时间内实施打击报复的行为人主观恶性更大。既然主观恶性更大,在客观损害相同的情况下,其社会危害性也更大。对于这种危害性更大的行为,如果因对打击报复证人罪的成立加以时间限制而将其排除在打击报复证人罪之外,显然有违立法宗旨,也放纵了犯罪。其次,从预防犯罪的角度出发,对打击报复证人罪的构成要件作时间上的限制也是不合适的。那样容易给人造成假象,似乎过了法定的时限,对证人打击报复法律就管不着了。这样在客观上会鼓励一些人采取“君子报仇,十年不晚”的态度,等过了法定时限后再对证人实施打击报复。因此,很难想象这样的立法和司法会产生好的犯罪预防效果。最后,从立法和司法上讲,在时间上限制打击报复证人罪的成立,操作起来也有难度。到底限定 15

10 参见王兆峰:《打击报复证人罪新探》,载《国家检察官学院学报》1999 年第 1 期。

多长的时间才算合适？3 年、5 年还是 10 年？很难有一个科学的标准。[11] 综上所述,笔者认为,打击报复证人罪的成立不应有时间的限制。

Ⅵ 主体

16 打击报复证人罪的主体是一般主体,即任何达到刑事责任年龄、具有刑事责任能力的自然人,无论是国家工作人员,还是一般公民,都可以成为本罪的主体,单独构成本罪。不过,从司法实践中的情况来看,本罪的主体大多为诉讼活动的一方当事人及其亲友,或者与案件的处理结果有利害关系的人。

17 此外,单位不是本罪的犯罪主体,单位实施打击报复证人行为的,只能对其中直接实施上述行为的自然人定罪处罚。

Ⅶ 罪过

18 根据《刑法》第 308 条的规定,打击报复证人罪在主观方面是故意,过失不构成本罪。在此基础上,有以下两个问题需要研究:

1. 本罪是只能由直接故意构成,还是既能由直接故意,也能由间接故意构成

19 有观点认为,本罪只能由直接故意构成,因为本罪具有明确的目的性,即对作出对自己或者与自己有关的他人不利的证言的证人予以报复。[12] 笔者不赞成这种观点,首先,不能想当然地认为本罪是目的犯,因为从刑法条文的表述来看,并没有表明本罪的成立需要特定目的;其次,实践中完全有可能发生行为人在间接故意心态下实施打击报复证人行为的情况,如果将本罪的罪过形式限定为直接故意,就会不当地缩小本罪的处罚范围,不利于对被害人的保护。例如,行为人由于证人的某次作证,当时怀恨在心,觉得有机会一定要"教训"他,但随着时间的流逝,对这名证人的印象逐渐模糊,后来行为人在银行工作时审核一笔贷款,发现一个似曾相识的名字,行为人隐约记得那似乎是当时作出了对自己好朋友不利证言的证人,但并不是很确定。本着"宁可错杀,不可放过"的心态,行为人违规地拒绝了那笔贷款,给被害人造成了重大损失。由于犯罪故意中的认识因素是意志因素的基础,行为人对于犯罪对象是不是证人仅具有盖然性的、模糊的认识,无论如何不可能是直接故意,至多是间接故意。因而上述情况就属于以间接故意方式实施的打击报复证人的行为。

2. 本罪是不是目的犯

20 有观点认为本罪是目的犯,其主观方面要求为了达到报复的目的[13],笔者不赞成

---

11 参见赵秉志主编:《妨害司法罪疑难问题司法对策》,吉林人民出版社 2000 年版,第 103—104 页。

12 参见吴占英:《打击报复证人罪若干问题新解》,载《法学论坛》2006 年第 3 期。

13 参见赵秉志主编:《妨害司法罪疑难问题司法对策》,吉林人民出版社 2000 年版,第 107 页。

这种观点。一方面,上述观点没有法律依据,因为刑法条文并没有将本罪规定为目的犯;另一方面,上述观点也误解了目的犯的本质,因为犯罪目的是故意之外的主观要素,它与故意之内的目的是不同的。[14] 而上述认为本罪是目的犯的观点,往往认为本罪的犯罪目的就是“打击报复证人”。可问题是,本罪的客观构成要件已经是打击报复证人了,目的怎么可能还是打击报复证人呢?只要不误把犯罪目的等同于故意中的意志因素,上述观点就是不可能成立的。按照这种观点,所有犯罪都应当是目的犯,例如故意杀人罪的目的是“杀死他人”,故意伤害罪的目的是“伤害他人”,这样一来,目的犯这个概念存在的意义也就被取消了。

Ⅷ 既遂与未遂

打击报复证人罪是否存在犯罪的未遂形态?如果存在,其既遂与未遂相区分的具体标准是什么? 21

要解决上述问题,首先必须明确打击报复证人罪究竟是结果犯、行为犯、危险犯还是举动犯。由于现行《刑法》第308条对此未作明确规定,致使学界看法不一。有学者认为,本罪是行为犯,只要对证人实施了打击报复行为,犯罪即告成立。[15] 笔者认为,打击报复证人罪是结果犯。打击报复证人罪与其他妨害司法罪不一样,因为该罪的行为往往是在事后,如果证人尚未履行作证义务,当然也就谈不上打击报复的问题,至多表现为一种妨害作证的行为而已。换句话说,打击报复证人行为实施时,证人已经履行了依法作证的义务,也就是说,如果证人证言对行为人不利,那么,这种不利的后果已经造成,行为人无论采取什么办法已经无法挽回。所以,行为人对证人的打击报复往往是不计后果的。由此不难看出,刑事立法对于打击报复证人罪和其他妨害司法罪的立足点是不一样的,设置其他妨害司法罪的目的是保证证人能够行使其依法作证的权利,保证司法诉讼活动的顺利进行;而设置打击报复证人罪的目的是保证依法作证的证人的合法权益,对犯罪分子起到一个警示性的作用。所以,对于其他妨害司法罪,只要行为人实施完毕妨害司法诉讼活动顺利进行的行为,犯罪即告既遂,行为人就应当承担既遂的刑事责任;而对于打击报复证人罪来说,因为证人已经作证,所以,行为人打击报复证人行为尽管也会对司法诉讼活动的顺利进行造成妨害,但这种危害比起其他妨害司法罪来说,其社会危害程度相对较小,因而刑事立法对其他妨害司法罪的惩治态度较之打击报复证人罪而言,要严厉得多,不以物质性的、有形危害结果的发生作为犯罪既遂的标准,而对社会危害性相对较轻的打击报复证人罪来说,则要求以物质性的、有形危害结果的发生作为犯罪既遂的标准,如果行为人虽然已经实施完毕刑法分则所规定的打击报复证人罪的实行行为,但并未造成 22

14 参见陈兴良:《目的犯的法理探究》,载《法学研究》2004年第3期。

15 参见高西江主编:《中华人民共和国刑法的修订与适用》,中国方正出版社1997年版,第655页;李希慧主编:《妨害社会管理秩序罪新论》,武汉大学出版社2001年版,第250页。

严重的危害结果,则没有必要动用刑罚手段予以制裁,这也是刑罚适用经济性原则的要求。基于上述理由,打击报复证人罪是结果犯,如果行为人虽然实施了打击报复证人的行为,但并未因此给证人造成严重的物质性的或者其他有形的危害结果,则不能让行为人承担犯罪既遂的刑事责任,而只能论之以未遂;反之,如果行为人实施的打击报复证人行为造成了严重的危害后果,则应追究行为人打击报复证人既遂的刑事责任。

IX 与他罪的区别

一、与故意伤害罪的区别

23 根据现行《刑法》第 234 条的规定,故意伤害罪是指故意伤害他人身体,损害他人身体健康的行为。打击报复证人罪与故意伤害罪有一些相似之处,例如:两罪的主体都是一般主体,即任何达到刑事责任年龄、具有刑事责任能力的自然人,都可以成为两罪的主体;在主观方面,两罪都是出于故意,在客观方面,都可能表现为一种伤害他人身体的行为。因而有必要划清两罪之间的界限。根据刑法的有关规定,两罪的不同之处主要在于:①犯罪法益不同。打击报复证人罪侵犯的直接法益是复杂法益,即司法机关的正常诉讼活动和证人依法作证的权利,其中,司法机关的正常诉讼活动是主要法益,而证人依法作证的权利是次要法益,同类法益是司法机关的正常活动;而故意伤害罪侵犯的直接法益是公民的身体健康权利,同类法益是公民的人身权利。②犯罪对象的范围不同。打击报复证人罪的犯罪对象是特定的,仅限于证人,既可以是刑事诉讼中的证人,也可以是民事、经济、行政诉讼中的证人;而故意伤害罪的犯罪对象则较为广泛,是不特定的任何行为人以外的自然人。③犯罪客观方面的表现形式不完全相同。打击报复证人罪在客观方面表现为行为人采取种种手段打击报复证人的行为;而故意伤害罪在客观方面则表现为行为人实施了损害他人身体的行为。可见,打击报复证人罪的犯罪手段比故意伤害罪广泛,伤害他人身体仅是打击报复证人罪犯罪手段中的一种。④犯罪结果不同。打击报复证人罪与故意伤害罪都是结果犯,即两罪都以法定危害结果的发生作为犯罪既遂的标志,但是,打击报复证人罪的危害结果是多种多样的,既可以是对被害人的人身造成伤害,也可以是使被害人受到威吓、刺激而造成精神上的伤害;而故意伤害罪的危害结果则专指被害人人身所受到的伤害,至于被害人精神所受到的伤害不属于故意伤害罪的法定危害结果。⑤犯罪主观方面的故意内容不同。打击报复证人罪在主观方面的故意内容是,行为人明知自己所实施的打击报复证人的行为会发生破坏司法机关正常诉讼活动以及侵犯证人依法作证的权利的危害结果,却希望或放任这一危害结果发生的一种心理态度;而故意伤害罪的故意内容则是,行为人明知自己所实施的行为会发生伤害他人身体,损害他人身体健康的危害结果,却希望或者放任这一危害结果发生的一种心理态度。

24 在此,值得注意的一个问题是,如果行为人采取故意伤害证人身体的方法来打击报复证人,对此应当如何处理?很显然,这种情况下,行为人实际上只实施了一个行为,只不过,这一行为同时触犯了故意伤害罪和打击报复证人罪两个罪名,由于故意伤害罪和打击报复证人罪两罪的法条之间不存在包容与被包容的关系,因而这种情况不属于法条竞合,而是属于刑法理论上的想象竞合。根据"从一重罪处断"的想象竞合处理原则,对行为人应在故意伤害罪和打击报复证人罪中择一重罪处断。具体应当作如下处理[16]:由于故意伤害罪的法定刑有三个量刑幅度,打击报复证人罪有两个量刑幅度,其法定刑轻重的比较应当根据行为人的犯罪情节,选择确定其应分别适用的各罪的量刑幅度后,再在相应的量刑幅度内,先比较法定最高刑的轻重,法定最高刑重的是重罪,法定最高刑轻的是轻罪;如果法定最高刑相同,则比较法定最低刑,法定最低刑重的是重罪,法定最低刑轻的是轻罪;如果法定最高刑和法定最低刑均相同的,则以行为人的犯罪目的所指向的犯罪即打击报复证人罪定罪处罚。

二、与报复陷害罪的区别

根据现行《刑法》第254条的规定,报复陷害罪是指国家机关工作人员滥用职权、 25
假公济私,对控告人、申诉人、批评人、举报人实行报复陷害的行为。打击报复证人罪与报复陷害罪两罪存在着一些近似之处,例如:两罪都是故意犯罪;在客观方面,两罪都表现为一种打击报复的行为,且报复的方式有许多相同之处;犯罪行为的实施,都对公民的人身权利和民主权利构成了侵犯。不过,打击报复证人罪与报复陷害罪是性质不同的两种犯罪,因而两罪的区别也是明显的。具体而言,根据刑法有关两罪犯罪构成的规定,两罪的不同之处主要有:①侵犯的法益不同。打击报复证人罪侵犯的直接客体是复杂客体,即司法机关的正常诉讼活动和证人依法作证的权利,其中,司法机关的正常诉讼活动是主要客体,证人依法作证的权利是次要客体,同类客体是司法机关的正常诉讼活动;而报复陷害罪侵犯的直接客体是公民的民主权利,同类客体也是公民的民主权利。②犯罪对象不同。打击报复证人罪的犯罪对象是特定的对象,只能是证人,既可以是刑事诉讼中的证人,也可以是民事、经济、行政诉讼中的证人;而报复陷害罪的犯罪对象虽然也是特定的对象,但却只能是控告人、申诉人、批评人、举报人。③犯罪客观方面的表现形式不同。打击报复证人罪在客观方面表现为行为人实施了打击报复证人的行为,这一行为的实施与行为人的职权无关;而报复陷害罪在客观方面则表现为行为人滥用职权、假公济私,对控告人、申诉人、批评人、举报人实行报复陷害的行为,这一行为的实施与行为人的职权有着十分密切的关系。④犯罪主体不同。打击报复证人罪的主体是一般主体,只要是达到刑事责任年龄、具有刑事责任能力的自然人,无论是国家机关工作人员,还是普通公民,都可以成为打击报复证人罪的主体;而报复陷害罪则是纯正的身份犯,犯罪主体是特殊主体,只能

16　参见〔日〕前田雅英:《刑法总论讲义》(第6版),曾文科译,北京大学出版社2017年版,第354页。

是国家机关工作人员,非国家机关工作人员不能成为报复陷害罪的主体,不能单独构成报复陷害罪。

26 那么,对于国家机关工作人员打击报复证人的行为,应该如何定罪处罚呢?有观点认为,如果是国家机关工作人员打击报复证人的,只能论之以打击报复证人罪,而不能以报复陷害罪定罪量刑;如果国家机关工作人员打击报复控告人、申诉人、批评人、举报人的,则应成立报复陷害罪而不是打击报复证人罪;如果国家机关工作人员打击报复证人、控告人、申诉人、批评人、举报人以外的其他公民,则应根据刑法中所规定的其他相应罪名定罪量刑,如果没有相应罪名的,则只能对行为人进行相应的党纪、政纪处理,但不能以打击报复证人罪或者报复陷害罪论处。[17] 笔者不赞成这种观点。国家机关工作人员打击报复证人的,固然有可能构成打击报复证人罪,但这并不意味着上述行为就一定不构成报复陷害罪。因为"证人"和"控告人、申诉人、批评人、举报人"是从不同的角度进行界定的,两个范畴并非对立关系。一个人完全可能既是证人,又是控告人、申诉人、批评人、举报人,例如,一个人完全可能先举报某项违法犯罪行为,然后以证人的身份出庭作证。因此,打击报复证人罪和报复陷害罪也并非对立关系,两者完全可能发生竞合。有观点认为,在这种情况下,由于报复陷害罪与打击报复证人罪两罪之间客观上存在一种交叉关系,属于法条竞合。[18] 笔者不赞成这种观点,因为在这种情况下,打击报复证人罪不能评价上述行为中侵犯国家工作人员职务公正性的部分,报复陷害罪不能评价上述行为中妨害司法秩序的部分,也就是说,不存在一个法条可以充分评价整个犯罪行为,两者应该是想象竞合的关系。

三、与妨害作证罪的区别

27 根据现行《刑法》第 307 条第 1 款的规定,妨害作证罪是指以暴力、威胁、贿买等方法阻止证人作证或者指使证人作伪证的行为。打击报复证人罪与妨害作证罪的犯罪主体都是一般主体;在主观方面都是出于故意;犯罪对象都是证人;其犯罪行为的实施,都侵犯了司法机关的正常诉讼活动以及证人依法作证的权利。因而有必要划清两罪的界限。具体而言,根据刑法关于两罪犯罪构成的规定,两罪的不同之处主要在于:①犯罪客观方面的表现形式不完全相同。打击报复证人罪在客观方面表现为行为人采取暴力、威胁等手段对证人实施打击报复,造成证人人身、精神上的伤害的行为;而妨害作证罪在客观方面则表现为行为人以暴力、威胁、贿买等方法阻止证人作证或者指使证人作伪证的行为。②犯罪行为实施的时间阶段不同。打击报复证人罪的行为一般发生在证人依法作证之后;而妨害作证罪则发生在证人作证之前。

28 在此,有这样一个问题值得探讨:如果行为人以暴力、威胁、贿买等方法阻止证人

17 参见赵秉志主编:《妨害司法罪疑难问题司法对策》,吉林人民出版社 2000 年版,第 109 页。

18 参见吴占英:《妨害司法罪理论与实践》,中国检察出版社 2005 年版,第 101 页。

作证或者指使证人作伪证，事后又对证人进行打击报复的，应当如何处理？首先，这种情况下，行为人一共实施了两个行为，一个是以暴力、威胁、贿买等方法阻止证人作证或者指使证人作伪证的行为，另一个是对证人进行打击报复的行为；在主观上，行为人具有两个犯罪故意，一个是妨害作证的故意，另一个是打击报复证人的故意。因而根据主客观相统一的犯罪构成原理，行为人的行为应当成立妨害作证罪和打击报复证人罪两个罪名。这就排除了只能在实施一个犯罪行为的情况下才可能成立的法条竞合和想象竞合的可能性。其次，行为人所实施的打击报复证人的行为和妨害作证的行为，一是犯罪性质不同，排除了惯犯和连续犯成立的可能；二是不存在高度行为与低度行为的情况，从而排除了吸收犯的成立；三是两个行为之间不具有刑法上的原因行为与结果行为、方法行为与目的行为的牵连关系，因而也不存在构成牵连犯的情况。所以，行为人基于两个不同的犯罪故意，实施了性质不同的两个行为，应属于数罪并罚，对行为人应以其所触犯的打击报复证人罪和妨害作证罪两个罪名，根据现行《刑法》第 69 条的规定，实行数罪并罚。

四、与辩护人、诉讼代理人毁灭证据、伪造证据、妨害作证罪的区别

根据现行《刑法》第 306 条的规定，辩护人、诉讼代理人毁灭证据、伪造证据、妨害 29
作证罪是指在刑事诉讼中，辩护人、诉讼代理人毁灭、伪造证据，帮助当事人毁灭、伪造证据，威胁、引诱证人违背事实改变证言或者作伪证的行为。打击报复证人罪与辩护人、诉讼代理人毁灭证据、伪造证据、妨害作证罪都属于妨害司法罪，其犯罪行为的实施，都对司法机关的正常诉讼活动构成了侵犯；在主观方面，两罪都是出于故意。因而有必要划清两罪的界限。根据刑法有关两罪的规定，两罪的不同之处主要在于：①犯罪侵犯的法益不同。打击报复证人罪侵犯的法益是司法机关的正常诉讼活动与证人依法作证的权利，其中，司法机关的正常诉讼活动是主要法益，证人依法作证的权利是次要法益；而辩护人、诉讼代理人毁灭证据、伪造证据、妨害作证罪侵犯的法益却是司法机关的正常刑事诉讼活动和刑事辩护制度，其中，司法机关的正常刑事诉讼活动是主要法益，刑事辩护制度是次要法益。②犯罪客观方面的表现形式不同。打击报复证人罪在客观方面表现为打击报复证人的行为；而辩护人、诉讼代理人毁灭证据、伪造证据、妨害作证罪在客观方面则表现为在刑事诉讼中，辩护人、诉讼代理人毁灭、伪造证据，帮助当事人毁灭、伪造证据，威胁、引诱证人违背事实改变证言或者作伪证的行为。③犯罪行为所针对的诉讼活动不同。打击报复证人罪既可以针对刑事诉讼活动中的证人，也可以针对民事、经济、行政诉讼活动中的证人；而辩护人、诉讼代理人毁灭证据、伪造证据、妨害作证罪只能针对刑事诉讼中的证据活动而实施。④犯罪主体不同。打击报复证人罪的犯罪主体是一般主体，任何达到刑事责任年龄、具有刑事责任能力，实施了打击报复证人行为的自然人，都可以成为打击报复证人罪的犯罪主体，独立地构成本罪；而辩护人、诉讼代理人毁灭证据、伪造证据、妨害作证罪的主体则是特殊主体，只能是辩护人、诉讼代理人。

X 处罚

30 根据《刑法》第 308 条的规定,犯打击报复证人罪的,处 3 年以下有期徒刑或者拘役;情节严重的,处 3 年以上 7 年以下有期徒刑。所谓情节严重,一般是指打击报复证人的手段极其恶劣的;多次打击报复证人或者打击报复证人多人的;造成证人精神失常或自杀等严重后果的;因对证人亲友加害,致其婚姻家庭关系破裂,或者具有其他严重情节的;等等。

第三百零八条之一　泄露不应公开的案件信息罪；披露、报道不应公开的案件信息罪

司法工作人员、辩护人、诉讼代理人或者其他诉讼参与人，泄露依法不公开审理的案件中不应当公开的信息，造成信息公开传播或者其他严重后果的，处三年以下有期徒刑、拘役或者管制，并处或者单处罚金。

有前款行为，泄露国家秘密的，依照本法第三百九十八条的规定定罪处罚。

公开披露、报道第一款规定的案件信息，情节严重的，依照第一款的规定处罚。

单位犯前款罪的，对单位判处罚金，并对其直接负责的主管人员和其他直接责任人员，依照第一款的规定处罚。

文献：林山田：《刑法各罪论（上册）》（修订5版），北京大学出版社2012年版；〔德〕乌尔斯·金德霍伊泽尔：《刑法总论教科书》（第6版），蔡桂生译，北京大学出版社2015年版；沈德咏：《〈刑法修正案（九）〉条文及配套司法解释理解与适用》，人民法院出版社2015年版；高铭暄、马克昌主编：《刑法学》（第9版），北京大学出版社、高等教育出版社2019年版；张明楷：《刑法学》（第6版），法律出版社2021年版。曹波：《论不应公开的案件信息刑法保护的规范诠释》，载《科学经济社会》2017年第2期；雍自元：《"报道不应公开的案件信息罪"评析》，载《湖北警官学院学报》2017年第6期；李蔚：《披露、报道不应公开的案件信息罪之立法评析》，载《淮海工业学院学报（人文社会科学版）》2018年第2期。刘晓玲：《李某某案律师被律协处分》，载《北京青年报》2014年4月18日；罗灿：《自媒体时代不公开审理刑事案件的信息保护》，载《人民法院报》2014年5月7日。

细目录

Ⅰ　主旨
Ⅱ　沿革
Ⅲ　客体
Ⅳ　行为
　一、泄露不应公开的案件信息罪的行为
　二、披露、报道不应公开的案件信息罪的行为

Ⅴ 主体
一、泄露不应公开的案件信息罪的主体
二、披露、报道不应公开的案件信息罪的主体
Ⅵ 罪过
一、泄露不应公开的案件信息罪的罪过
二、披露、报道不应公开的案件信息罪的罪过
Ⅶ 既遂与未遂
一、泄露不应公开的案件信息罪的既遂与未遂
二、披露、报道不应公开的案件信息罪的既遂与未遂
Ⅷ 罪数
一、泄露不应公开的案件信息罪的罪数
二、披露、报道不应公开的案件信息罪的罪数
Ⅸ 处罚

Ⅰ 主旨

1 本条是对泄露不应公开的案件信息罪,披露、报道不应公开的案件信息罪的规定。为了保障司法机关独立公正审理不应公开审理的案件,保护特定权利主体的合法权利,刑法设立了本罪。

Ⅱ 沿革

2 1979年《刑法》与1997年《刑法》修订时均未规定本罪。2015年8月29日全国人大常委会通过的《刑法修正案(九)》在第308条之后增加一条,作为第308条之一,分别规定了泄露不应公开的案件信息罪与披露、报道不应公开的案件信息罪。

Ⅲ 客体

3 泄露不应公开的案件信息罪与披露、报道不应公开的案件信息罪侵犯的客体(法益)是司法机关的正常活动秩序。

Ⅳ 行为

一、泄露不应公开的案件信息罪的行为

4 本罪的行为要件是泄露依法不公开审理的案件中不应当公开的信息,造成信息公开传播或者其他严重后果。对此,有以下几个问题值得研究:

(一)如何理解"依法不公开审理的案件"

5 应当认为,这里的案件既包括刑事诉讼案件,也包括民事诉讼案件和行政诉讼案

件。对此，我国《宪法》第 130 条规定："人民法院审理案件，除法律规定的特别情况外，一律公开进行……"《人民法院组织法》第 7 条规定："人民法院实行司法公开，法律另有规定的除外。"《刑事诉讼法》第 188 条第 1 款规定："人民法院审判第一审案件应当公开进行。但是有关国家秘密或者个人隐私的案件，不公开审理；涉及商业秘密的案件，当事人申请不公开审理的，可以不公开审理。"第 285 条规定："审判的时候被告人不满十八周岁的案件，不公开审理。但是，经未成年被告人及其法定代理人同意，未成年被告人所在学校和未成年人保护组织可以派代表到场。"《民事诉讼法》第 137 条规定："人民法院审理民事案件，除涉及国家秘密、个人隐私或者法律另有规定的以外，应当公开进行。离婚案件，涉及商业秘密的案件，当事人申请不公开审理的，可以不公开审理。"《行政诉讼法》第 54 条规定："人民法院公开审理行政案件，但涉及国家秘密、个人隐私和法律另有规定的除外。涉及商业秘密的案件，当事人申请不公开审理的，可以不公开审理。"

本罪中"依法不公开审理的案件"是只包括法定的不公开审理的案件，还是也包括经当事人申请、法院决定不公开审理的案件在内？对此，有观点认为，"依法不公开审理的案件"包括上述两类案件，也有观点认为，"依法不公开审理的案件"仅包括前一类即法定不公开审理的案件，而不包括后一类酌定不公开审理的案件。后一种观点的理由在于：第一，从文义上来看，"依法不公开审理的案件"显然是指法律已经明确规定不公开审理的案件；第二，人民法院不公开审理案件的决定只能当案件进入审判阶段始能确定，如果承认这种情况也属于"依法不公开审理的案件"，则会使得在审理前的诉讼阶段向外界泄露商业案件秘密的行为是否被认定犯罪取决于人民法院的事后决定，这种回溯性评价无疑会极大地损害公民对自身行为的预测可能性；第三，即便不将上述行为纳入"依法不公开审理的案件"中，也不会造成无法忍受的处罚漏洞，因为对于行为人泄露、披露、报道上述信息的行为仍然可以按照侵犯商业秘密罪定罪处罚。[1] 6

笔者赞成前一种观点，反对后一种观点，理由如下：第一，从文义上来看，难以认为"依法"仅指法定事由而不包括酌定事由。因为法律并不是只有强制性规定，也包含任意性规定，不能认为只有依据强制性规定作出的决定才是依法，而依据任意性规定作出的决定就不是依法。司法实践中大量的行政活动和审判活动都需要行使裁量权，但显然不能认为这些行为都不是依法作出的。第二，将酌定不公开审理的案件也解释为"依法不公开审理的案件"不会使公民丧失预测可能性，因为无论如何解释构成要件，都不会改变对行为违法性判断的时点。理论界几乎没有争议地认为，对于行为的违法性判断，应该以行为时为标准，事后发生的状况原则上不会改变行为的违法性（除非是法律修改并且有利于被告）。因此，正如事后的被害人同意不会使之前不 7

1　参见曹波：《论不应公开的案件信息刑法保护的规范诠释》，载《科学经济社会》2017 年第 2 期。

合法的行为变得合法[2]，事后法院决定将某些案件不公开审理也不会使之前合法公开信息的行为变得不合法。因此，论者的上述担心是多余的。在将酌定不公开审理的案件也归入"依法不公开审理的案件"之中的情况下，只要坚持站在行为时判断行为的合法性，就不会得出"……行为是否被认定为犯罪行为，就只得取决于人民法院的事后决定"这种不合理的结论。第三，诚然，即便不将酌定不公开审理的案件也归入"依法不公开审理的案件"之中，对于泄露商业秘密的行为仍然可以按照侵犯商业秘密罪定罪处罚，但这并不意味着可以将其排除出本罪的构成要件，因为上述行为并不是简单地侵犯商业秘密，而是在人民法院已经依法决定不公开审理之后，泄露不应公开的案件信息，这种行为不仅侵犯了商业秘密，也妨害了司法机关的正常工作。仅用侵犯商业秘密罪不足以评价上述行为中侵犯司法秩序的性质，而只有将其同时认定为泄露不应公开的案件信息罪和侵犯商业秘密罪，并按照想象竞合的规则定罪处罚，才能充分评价整个案件的行为性质。如果仅仅因为可以认定为别的犯罪就将其排除出本罪的构成要件之外，那么在依法不应该公开审理的案件中泄露国家秘密的行为构成故意泄露国家秘密罪，泄露他人隐私的行为可能构成侵犯公民个人信息罪，岂不是也要被排除出本罪的构成要件范围？

（二）如何理解"不应当公开的信息"

8 在《刑法修正案（九）》草案讨论的过程中，有学者对于本罪设立的必要性和正当性提出了质疑，其中一个重要理由就在于"不应当公开的信息"这一概念的内涵和外延过于模糊，缺乏必要的界定。[3] 论者的批评是切中要害的，因为从现行的法律法规来看，对于什么样的信息是"不应当公开的信息"确实缺乏统一的界定。例如根据《律师法》第38条的规定，律师不应公开的信息包括在执业活动中知悉的国家秘密、商业秘密、当事人隐私、委托人或者其他人不愿透露的情况。最高人民法院《关于适用〈中华人民共和国刑事诉讼法〉的解释》第306条规定，除非经人民法院许可，任何人不得对庭审活动进行录音、录像、拍照或者使用即时通讯工具等传播庭审活动。《关于依法保障律师执业权利的规定》第14条规定，律师不得违反规定披露、散布案件信息和重要案卷材料。《律师办理刑事案件规范》第37条规定，律师参与刑事诉讼获取的案卷材料，不得向犯罪嫌疑人、被告人的亲友以及其他单位和个人提供，不得擅自向媒体或公众披露。上述规范性文件呈现出一个基本的趋势和价值倾向，那就是尽一切可能扩大律师所承担的保密义务的范围。这种做法或许能对规制律师职业过程中的不当行为起到一定的作用，但是如果将上述范围作为刑法中的"不应当公开的信息"，显然不具有构成要件所要求的明确性，也会使公民丧失对自己行动的预测

2　参见〔德〕乌尔斯·金德霍伊泽尔：《刑法总论教科书》（第6版），蔡桂生译，北京大学出版社2015年版，第120页。

3　参见韩旭：《〈刑法修正案（九）〉实施后如何善待律师权利——兼论泄露案件信息罪和扰乱法庭秩序罪的理解和适用》，载《法治研究》2015年第6期。

可能性。

因此,应对此处的"不应当公开的信息"作出限制解释。具体而言,此处的"不应当公开的信息"必须要符合这一案件之所以不公开审理的规范目的,即涉及国家秘密、商业秘密、公民个人隐私或者未成年人的合法权益。与上述不公开审理的事由无关,单纯是律师在执业过程中所获得的重要信息,例如不涉及国家秘密、商业秘密、公民隐私等的证据材料、检察院的起诉状、律师准备发表的辩护词等,不属于此处的"不应当公开的信息"。这是因为,对刑法条文的理解不能脱离规范的保护目的。几乎在所有案件之中,诉讼参与人都会因为自己参与诉讼而获知一些重要信息,但是刑法并没有将所有公开在案件中获知信息的行为都规定为犯罪,而仅仅将那些在依法不公开审理的案件中泄露不应当公开的信息的行为规定为犯罪。这就说明,立法者规定本罪的目的,并不在于禁止诉讼参与人披露那些自己在案件中获知的信息,而是在于保护我国的不公开审理制度。因此,"不应当公开的信息"必须与"依法不公开审理的案件"具有实质联系,也就是说,只有是涉及国家秘密、商业秘密、个人隐私或者未成年人合法权益的信息,才属于本罪中的"不应当公开的信息"。 9

(三)如何理解"泄露"

一般认为,泄露指"公开或宣泄秘密于本不知秘密或无权知悉这项秘密的他人,使其知悉或者持有这项秘密"[4]。值得研究的是,本罪中的泄露是否要求具有公然性?也就是说,如果只是将相关信息私下泄露给特定的少数人,是否构成本罪?有观点认为,本罪中的泄露既可以是对一个人泄露,也可以是对大多数人泄露,不要求具有公然性。[5] 上述观点可能不够准确。需要注意的是,在故意泄露国家秘密罪和过失泄露国家秘密罪中,泄露不需要具有公开性,向一人泄露也是泄露,但是本罪和泄露国家秘密并不完全一样,本罪的规范目的是保护不公开审理制度,而不单纯是国家秘密的隐秘性,因此,在行为人将不应公开的信息私下向特定少数人泄露时,由于该信息仍然处于不公开的状况,行为人不构成本罪(但这种行为仍然属于行政违法行为)。当然,此时行为人仍然有可能构成故意泄露国家秘密罪、侵犯商业秘密罪、侵犯公民个人信息罪等其他犯罪。 10

(四)如何理解"造成信息公开传播或者其他严重后果"

基于刑法的规定,本罪属于结果犯,泄露不应公开的案件信息的行为只有造成了信息公开传播或者其他严重后果才属于犯罪既遂。虽然目前还没有司法解释对这一问题作出进一步的具体规定,但大致可以认为,应综合考虑所涉及案件的性质、泄露信息的内容、传播的范围、对司法机关的正常审判活动和公民合法权益造成的实际 11

4　林山田:《刑法各罪论(上册)》(修订5版),北京大学出版社2012年版,第200页。

5　参见曹波:《论不应公开的案件信息刑法保护的规范诠释》,载《科学经济社会》2017年第2期。

影响来综合判断,其行为是否造成了其他严重后果。

二、披露、报道不应公开的案件信息罪的行为

12 《刑法》第308条之一第3款规定:"公开披露、报道第一款规定的案件信息,情节严重的,依照第一款的规定处罚。"由于此处引用了本条第1款的规定,故本罪与泄露不应公开的案件信息罪中对于"依法不公开审理的案件中不应当公开的信息"的理解是完全一致的。不过,本罪和泄露不应公开的案件信息罪也有不同之处,具体体现在以下两个方面:①行为方式不同。不同于泄露不应公开的案件信息罪,本罪的行为方式要求是"公开披露、报道"。这就意味着,私下向他人透露案件信息的行为不构成本罪,只有通过公开的方式向不特定多数人披露、报道相关信息才构成本罪。这里的"公开披露、报道"在实践中常常体现为通过广播、电视、报纸等媒介向公众发布、传播相关信息,不过需要注意的是,随着网络时代特别是自媒体时代的到来,行为人通过网络、手机等新媒体向公众传播信息的行为,也属于此处的"公开披露、报道"。②罪量要素不同。根据《刑法》第308条之一第1款和第3款的规定,泄露不应公开的案件信息罪的罪量要素是"造成信息公开传播或者其他严重后果",而本罪的罪量要素是"情节严重"。那么应该如何理解本罪中的"情节严重"呢?有观点认为:"由于公开披露、报道主要针对的是诉讼参与人以外的行为人,主要是新闻工作者,其法律义务与责任有所不同。故而,应当认为披露、报道不应公开的案件信息罪的入罪门槛要适当高于泄露不应公开的案件信息罪的情形,除造成信息公开传播或者其他严重后果外,还应适当考虑其他情节。"[6] 还有学者对上述观点表示赞同,认为情节是一种整体的评价要素,其内含相较于"严重后果"而言更为丰富,不仅包括行为所造成的危害社会的后果,而且还包括反映行为无价值的某些特殊情节。[7] 此外,披露、报道不应公开的案件信息罪除涉及不公开审理的案件中司法机关的正常活动秩序之外,还涉及社会公众对于热点事件的知情权。因而在将相关行为认定为犯罪的过程中必须特别谨慎,以免不当侵害新闻工作者的正当权益,特别是新闻工作者的言论自由。

V　主体

一、泄露不应公开的案件信息罪的主体

13 本罪的主体是司法工作人员、辩护人、诉讼代理人或者其他诉讼参与人。不具有上述身份的人不能单独构成本罪,而只能通过共同犯罪的形式构成本罪。对此,有以

6　喻海松:《刑法的扩张——刑法修正案九及新近刑法立法解释司法适用解读》,人民法院出版社2015年版,第312页。

7　参见曹波:《论不应公开的案件信息刑法保护的规范诠释》,载《科学经济社会》2017年第2期。

下两点需要注意:

1. 并不是任何司法工作人员、辩护人、诉讼代理人都是本罪的主体

根据同类解释的基本规则,用逻辑连接词“或者”相连接的前后两个语句在性质上应该是相同或相似的,也就是说,本罪中的司法工作人员、辩护人、诉讼代理人也必须是依法不公开审理的案件中的诉讼参与人。如果某法官泄露了不应公开的案件信息,但他并没有参与这一案件的审判工作,只是恰好具有司法工作人员这一身份,则并不符合本罪的主体要件,不构成本罪(当然,有可能构成其他犯罪)。 14

2. 单位不是本罪的主体

单位实施本罪所规定的构成要件行为的,只能对直接实施的人定罪处罚。关于立法论上单位不应成为本罪主体的理由,有学者认为:“在我国刑法理论和实践中,国家机关一般不应成为犯罪主体,而本款中所涉及的犯罪单位主要是司法机关。基于此,单位不应成为本罪的犯罪主体。”[8]笔者不赞成这种观点。一方面,国家机关能否成为单位犯罪的主体是一个有重大理论争议的问题,论者不能将“国家机关不是犯罪主体”作为其理论前提,而应给出论证;另一方面,即便承认国家机关不是单位犯罪的主体,但由于本罪主体包含所有诉讼参与人,完全可能出现案件当事人、鉴定人等是单位主体,在集体决策下为单位利益泄露了不应公开的案件信息的情况,将单位排除在本罪的主体之外无疑会形成处罚漏洞。 15

二、披露、报道不应公开的案件信息罪的主体

本罪的主体是一般主体,包括一切达到刑事责任年龄、具备刑事责任能力的自然人。与泄露不应公开的案件信息罪不同,本罪可以是单位犯罪。单位犯本罪的,对单位判处罚金,并对其直接负责的主管人员和其他直接责任人员判处刑罚。 16

Ⅵ 罪过

一、泄露不应公开的案件信息罪的罪过

泄露不应公开的案件信息罪的主观方面为故意,过失不构成本罪。有观点认为,泄露不应公开的案件信息罪没有限定故意,故本罪的主观方面似应包括故意和过失。[9] 但是根据《刑法》第15条第2款的规定,过失犯罪,法律有规定的才负刑事责任。这表明,如果认为某个罪名是过失犯罪,则需要有文义上的依据,但认为某个罪名是故意犯罪则不需要有这样的依据。因而虽然泄露不应公开的案件信息罪和其他 17

8　赵秉志、商浩文:《论妨害司法罪的立法完善——以〈刑法修正案(九)(草案)〉的相关修法为主要视角》,载《法律适用》2015年第1期。

9　参见沈德咏:《〈刑法修正案(九)〉条文及配套司法解释理解与适用》,人民法院出版社2015年版,第331页。

的泄露型犯罪相比略有差异,刑法的文字表述并没有像其他泄露型犯罪那样明确地将其限定为故意,但是基于刑法总则的规定,只要条文的表述中没有关于过失犯罪的规定,就应当认为其主观方面只能是故意。

18 本罪的主观方面包括直接故意和间接故意,即行为人既可以是明知自己泄露、披露、报道不应公开的案件信息的行为会造成信息公开传播或者其他严重后果,并希望这种结果发生,也可以使明知自己泄露、披露、报道不应公开的案件信息的行为可能会造成信息公开传播或者其他严重后果,并且放任这种结果发生。

二、披露、报道不应公开的案件信息罪的罪过

19 披露、报道不应公开的案件信息罪的主观方面是故意,包括直接故意和间接故意,即行为人既可以是明知自己公开披露、报道不应公开的案件信息的行为会造成信息公开传播或者其他严重后果,并希望这种结果发生,也可以使明知自己公开披露、报道不应公开的案件信息的行为可能会造成信息公开传播或者其他严重后果,并且放任这种结果发生。

Ⅶ 既遂与未遂

一、泄露不应公开的案件信息罪的既遂与未遂

20 关于本罪的既遂、未遂,可以从以下两个方面展开。

1. 本罪的着手时点

21 关于着手时点的判断,目前较为有力的观点大致包括形式的客观说和实质的客观说。前者认为实行行为是指“刑法分则中具体犯罪构成客观方面的行为”[10],后者认为,只有当具有发生既遂结果的具体危险时才能认定为实行的着手[11]。形式的客观说所言固然不错,但是在复杂的案件中并不能为判断行为人有没有着手实施犯罪提供一个科学合理可操作的标准。以故意杀人罪为例,形式的客观说往往会认为,杀人行为是故意杀人罪的实行行为。这一表述当然是正确的,但它回避了问题的关键。我们所有人都知道杀人行为是故意杀人罪的实行行为,真正的难题在于,什么样的行为才是“杀人行为”?用枪杀、用刀杀、用毒药下毒当然是典型意义上的杀人行为,可是劝说他人在雨天去树林里散步,导致他人被雷劈死是不是杀人行为?用巫毒娃娃诅咒他人出门被车撞死是不是杀人行为?对于这些问题,形式的客观说都给不出答案。相较而言,实质的客观说虽然也不是完美无缺,特别是在法益概念逐渐变得精神化、抽象化的大背景下,判断法益侵害的紧迫危险也变得愈发困难,但是它至少没有

10 高铭暄、马克昌主编:《刑法学》(第9版),北京大学出版社、高等教育出版社2019年版,第170页。

11 参见陈兴良:《教义刑法学》(第2版),中国人民大学出版社2014年版,第628页。

回避问题的核心,因而在方向上是妥当的。基于实质客观说的基本立场,只有行为人泄露不应公开的案件信息的行为,有造成相关信息公开传播或者其他严重后果的紧迫危险时,才能认定为实行的着手。

2. 本罪的既遂标准

根据《刑法》第 308 条之一第 1 款的规定,本罪是结果犯,应以法定结果的发生为既遂标志。因此,当行为人的行为造成了信息公开传播或者其他严重后果时,本罪既遂;如果行为人虽然实施了足以造成信息公开传播或者其他严重后果的泄露信息的行为,却因为意志以外的原因没有造成上述结果,则构成犯罪未遂。 22

二、披露、报道不应公开的案件信息罪的既遂与未遂

基于实质客观说的基本立场,和泄露不应公开的案件信息罪类似,披露、报道不应公开的案件信息罪的着手时点也应当以是否对法益造成了紧迫危险为判断标准。因此,只有将依法不公开审理的案件中不应公开的案件信息向不特定多数人披露时,才是本罪的着手。 23

由于本罪的罪量要素是“情节严重”,因而一个值得研究的问题是,本罪的既遂标准是什么?这里就涉及前文中所提到的泄露不应公开的案件信息罪和披露、报道不应公开的案件信息罪的入罪门槛有无差异的问题了。如果认为披露、报道不应公开的案件信息罪的入罪门槛高于泄露不应公开的案件信息罪,那么就会认为,即便在本罪中法律条文使用了“情节严重”的表述,本罪仍然是结果犯,因为泄露不应公开的案件信息罪已经是结果犯了,本罪不可能降低为危险犯或行为犯。相反,就会认为,本罪以情节严重为既遂标准,而“情节”一词的外延大于危害结果,可以是多个方面的因素。在这个意义上,本罪既可以是行为犯,也可以是危险犯,更可以是结果犯。笔者认为,披露、报道不应公开的案件信息罪是结果犯,其犯罪的既遂至少要求造成信息公开传播的结果,并伴有其他情节。 24

Ⅷ　罪数

一、泄露不应公开的案件信息罪的罪数

实践中依法不公开审理的案件主要是涉及国家秘密、商业秘密、公民个人隐私和未成年人的案件,而本罪中行为人所公开的信息必须与上述案件不公开审理的事由具有实质联系。这样一来就出现了一个问题,即当行为人在依法不公开审理的案件中公开了国家秘密、商业秘密或者公民个人隐私的时候,应当对其行为如何定性?对此,《刑法》第 308 条之一第 2 款规定:“有前款行为,泄露国家秘密的,依照本法第三百九十八条的规定定罪处罚。”基于上述规定,当行为人泄露的不应公开的案件信息是国家秘密,同时构成故意泄露国家秘密罪时,应当按照故意泄露国家秘密罪定罪处罚。不过需要注意的是,这里对行为人适用《刑法》第 398 条定罪处罚的前提是行 25

为人的行为构成故意泄露国家秘密罪。根据最高人民检察院《关于渎职侵权犯罪案件立案标准的规定》的规定,故意泄露国家秘密罪的入罪门槛是泄露绝密级1件以上或者机密级2件以上或者秘密级3件以上,因此,行为人在依法不应当公开审理的案件中泄露国家秘密的行为并不当然要按照《刑法》第398条的规定定罪处罚,如果行为人在依法不应当公开审理的案件中,泄露了1件机密级事项,并不构成故意泄露国家秘密罪,但如果造成了信息公开或者其他严重结果,此时仍然可以对行为人按照泄露不应公开的案件信息罪定罪处罚。

二、披露、报道不应公开的案件信息罪的罪数

26 和泄露不应公开的案件信息罪类似,如果行为人披露、报道依法不公开审理的案件中的国家秘密、商业秘密或者个人信息的,分别可能构成故意泄露国家秘密罪、侵犯商业秘密罪或者侵犯公民个人信息罪,然后按照和披露、报道不应公开的案件信息罪构成想象竞合,从一重罪处断。

IX 处罚

27 根据《刑法》第308条之一的规定,犯泄露不应公开的案件信息罪或者披露、报道不应公开的案件信息罪的,处3年以下有期徒刑、拘役或者管制,并处或单处罚金。单位犯披露、报道不应公开的案件信息罪的,对单位判处罚金,并对其直接负责的主管人员和其他责任人员,依照《刑法》第308条之一第1款的规定判处刑罚。此外,《刑法修正案(九)》增设了从业禁止的保安处分措施。新闻工作者披露、报道不应公开的案件信息的,属于滥用自身职业地位的情形,可以在判处刑罚的同时,根据情节轻重,在3～5年内禁止其从事新闻行业,以有效防止其再犯。

第三百零九条　扰乱法庭秩序罪

有下列扰乱法庭秩序情形之一的，处三年以下有期徒刑、拘役、管制或者罚金：

（一）聚众哄闹、冲击法庭的；

（二）殴打司法工作人员或者诉讼参与人的；

（三）侮辱、诽谤、威胁司法工作人员或者诉讼参与人，不听法庭制止，严重扰乱法庭秩序的；

（四）有毁坏法庭设施，抢夺、损毁诉讼文书、证据等扰乱法庭秩序行为，情节严重的。

文献：赵秉志、田宏杰、于志刚：《妨害司法罪》，中国人民公安大学出版社2003年版；高铭暄：《中华人民共和国刑法的孕育诞生和发展完善》，北京大学出版社2012年版；王作富主编：《刑法分则实务研究》（第5版），中国方正出版社2013年版；黎宏：《刑法学各论》（第2版），法律出版社2016年版；张军主编：《刑法［分则］及配套规定新释新解》（第9版），人民法院出版社2016年版；陈兴良：《规范刑法学》（第4版），中国人民大学出版社2017年版；高铭暄、马克昌主编：《刑法学》（第9版），北京大学出版社、高等教育出版社2019年版；周光权：《刑法各论》（第4版），中国人民大学出版社2021年版；张明楷：《刑法学》（第6版），法律出版社2021年版。王新清：《论对法庭秩序的刑法保护》，载《中国人民大学学报》1997年第2期；杭涛、路璐：《扰乱法庭秩序罪的法律适用》，载《法律适用》1998年第1期；邓又天、李永升：《扰乱法庭秩序罪研究》，载《西南政法大学学报》1999年第1期；韩旭：《〈刑法修正案（九）〉实施后如何善待律师权利——兼论泄露案件信息罪和扰乱法庭秩序罪的理解与适用》，载《法治研究》2015年第6期；叶良芳：《扰乱法庭秩序罪的立法扩张和司法应对——以〈中华人民共和国刑法修正案（九）〉第37条为评析对象》，载《理论探索》2015年第6期；谢望原：《扰乱法庭秩序罪的正确理解与适用》，载《人民检察》2015年第18期；陈兴良：《〈刑法修正案（九）〉的解读与评论》，载《贵州民族大学学报（哲学社会科学版）》2016年第1期；陈兴良：《扰乱法庭秩序罪的修订：以律师为视角的评判》，载《现代法学》2016年第1期；蒋华林、刘志强：《“死磕派律师”是否走向黄昏？——以〈刑法修正案（九）〉第37条的理解与适用为中心》，载《法治研究》2016年第2期；喻海松、邵新：《扰乱法庭秩序罪“落地”在〈法庭规则〉》，载《人民法治》2016年第5期；焦旭鹏：《论扰乱法庭秩序罪的修订与适用》，载《学术交流》2016年第10期；王利宾：《论扰乱法庭秩序罪的立法完善——以法律经济学为分析视角》，载

《中国人民公安大学学报(社会科学版)》2017 年第 1 期;张平:《法庭言辞入罪评析——兼论〈刑法修正案(九)〉第三十七条第三款之适用》,载《政法学刊》2017 年第 2 期;魏煜鑫:《扰乱法庭秩序罪的法律适用问题初探》,载《河南社会科学》2017 年第 10 期;叶亚杰:《藐视法庭行为的刑法规制》,载《江汉论坛》2018 年第 8 期。

细目录

Ⅰ 主旨
Ⅱ 沿革
Ⅲ 客体
Ⅳ 对象
Ⅴ 行为
Ⅵ 主体
Ⅶ 罪过
Ⅷ 与非罪的界限
Ⅸ 罪数
Ⅹ 与他罪的区别
一、与妨害公务罪的区别
二、与聚众冲击国家机关罪的区别
Ⅺ 处罚

Ⅰ 主旨

1 本条是关于扰乱法庭秩序的规定。各级人民法院是国家审判权的唯一代行机关,而法庭是人民法院行使国家审判权、审理诉讼案件、进行诉讼活动的场所,因此法庭的尊严不受侵犯。同时,法庭秩序是保障法庭开庭审理诉讼案件的各种活动得以正常顺利进行的前提性条件,也是人民法院正确适用法律,实现法院审判职能的重要法律保障。而破坏、扰乱、干扰法庭秩序的违法犯罪行为,是对于国家权力的藐视,是对法律权威与严肃性的粗暴践踏。此种行为不仅破坏法庭审理活动的正常进行,而且对诉讼参与人的人格、人身安全和公私财产带来极大的威胁和损害,具有严重的社会危害性,因而应当依法予以追究。

Ⅱ 沿革

2 1979 年《刑法》对于扰乱法庭秩序行为的刑事制裁没有具体规定。此后,1989 年《行政诉讼法》第 49 条第(五)项规定,诉讼参与人或者其他人“以暴力、威胁或者其他方法阻碍人民法院工作人员执行职务或者扰乱人民法院工作秩序”,构成犯罪的,依法追究刑事责任。1991 年《民事诉讼法》第 101 条第 3 款规定:“人民法院对哄闹、冲击法庭、侮辱、诽谤、威胁、殴打审判人员，严重扰乱法庭秩序的人，依法追究刑事责任；情节较轻的，予以罚款、拘留。”1996 年《刑事诉讼法》第 161 条规定：“在法庭审判过程中，如果诉讼参与人或者旁听人员违反法庭秩序，审判长应当警告制止。对不听制止的，可以强行带出法庭；情节严重的，处以一千元以下的罚款或者十五日以下的拘留。罚款、拘留必须经院长批准。被处罚人对罚款、拘留的决定不服的，可以向上一级人民法院申请复议。复议期间不停止执行。对聚众哄闹、冲击法庭或者侮辱、诽谤、威胁、殴打司法工作人员或者诉讼参与人，严重扰乱法庭秩序，构成犯罪的，依法追究刑事责任。”

1997 年刑法修订时在妨害司法罪中增设了扰乱法庭秩序罪。具体规定如下：“聚众哄闹、冲击法庭，或者殴打司法工作人员，严重扰乱法庭秩序的，处三年以下有期徒刑、拘役、管制或者罚金。”2015 年 8 月 29 日全国人大常委会通过的《刑法修正案（九）》对本罪的构成要件进行了重大修改，增加了扰乱法庭秩序的行为类型。 3

Ⅲ 客体

扰乱法庭秩序罪侵犯的客体（法益）是法院庭审活动的正常秩序。法庭是人民法院行使国家审判权，依法审理案件，进行诉讼活动的庄严场所。严重扰乱法庭秩序的行为，不仅极大地破坏了庭审活动的正常顺利进行，而且是对法律权威和尊严的藐视和践踏，具有严重的社会危害性。 4

Ⅳ 对象

扰乱法庭秩序罪的行为对象，可归纳为四类[1]：一是无形对象，如哄闹法庭，在法庭中肆意喧哗、吵闹，在法庭附近实施噪声干扰等。二是财产对象，如冲击法庭，砸烂、损坏法庭的门窗、桌椅、广播等法庭开庭审理的设备。三是人身对象，如对有关诉讼参与人进行侮辱、诽谤、殴打、围攻、责骂、指责等。这里的诉讼参与人既包括审判人员，也包括书记员、诉讼当事人、辩护人、代理人、证人、翻译人、法警等，在刑事案件中，还包括公诉人。凡是依法参与诉讼活动的人都可以成为本罪的犯罪对象。四是综合对象，如在法庭上进行非法录音、录像、摄影、抢夺、损毁诉讼文书、证据等。不论侵犯哪类对象，扰乱法庭秩序行为侵犯的法益都是法庭审理案件的正常活动和秩序。 5

Ⅴ 行为

扰乱法庭秩序罪在客观方面表现为，聚众哄闹、冲击法庭；殴打司法工作人员或 6

---

1 参见赵秉志、田宏杰、于志刚：《妨害司法罪》，中国人民公安大学出版社 2003 年版，第 158 页。

诉讼参与人;侮辱、诽谤、威胁司法工作人员或者诉讼参与人,不听法庭制止,严重扰乱法庭秩序的;以及毁坏法庭设施,抢夺、损毁诉讼文书、证据等扰乱法庭秩序行为,情节严重的。该行为须同时具备以下四个要素:

1. 表现形式

7 扰乱法庭秩序包括以下四种形式:①聚众哄闹、冲击法庭,指聚集多人在法庭内外起哄、喧闹;或者未经许可,纠集多人强行冲进法庭,干扰庭审活动的正常进行等。②殴打司法工作人员或者诉讼参与人,司法工作人员包括参加庭审活动的公诉人、审判人员、书记员、法警等。诉讼参与人包括:刑事诉讼参与人:当事人和其他诉讼参与人;民事诉讼参与人:诉讼参加人,包括当事人和诉讼代理人,以及其他诉讼参与人;行政诉讼参与人:诉讼参加人和证人、鉴定人、勘验人员和翻译人员。③侮辱、诽谤、威胁司法工作人员或者诉讼参与人,不听法庭制止,严重扰乱法庭秩序的。侮辱是指以暴力、言词或者其他方法,公然损害他人人格,破坏他人名誉的行为;而诽谤是指故意捏造事实,并进行散布,损害他人人格和名誉的行为;威胁是指以对司法工作人员或诉讼参与人本人或其亲属的生命、身体、自由、名誉或者财产将施加恶害相通告进行胁迫的行为。④在法庭审理案件过程中破坏法庭设施,抢夺、损毁诉讼文书、证据等扰乱法庭秩序行为,情节严重的。

2. 犯罪时间

8 扰乱法庭秩序行为只能发生在庭审过程中,即从宣布开庭时起到宣布闭庭止,包括开庭前的准备、开庭、法庭调查、法庭辩论、法庭调解、法庭评议、合议及法庭宣判等各个阶段。

3. 犯罪地点

9 扰乱法庭秩序行为的实施,只能是在开庭审理案件的法庭内。这里的“法庭”,是指人民法院依法审理诉讼案件的场所,既包括专门用于审理案件的正规固定场所,如审判庭等,也包括非正规的临时审理案件的场所,如巡回法庭在案发地临时开庭的场所。最高人民法院 2016 年修订实施的《人民法院法庭规则》第 2 条把“法庭”的含义确定为“人民法院代表国家依法审判各类案件的专门场所”。至于“法庭内”则应作广义理解,既包括行为人在法庭内干扰法庭程序,也包括在法庭附近干扰法庭秩序,如在法庭外用高音喇叭高声喧叫干扰法庭审理活动,或向法庭内投掷石块,或在法庭外对正在参加诉讼活动的诉讼参与人进行侮辱、殴打或将其从法庭内追赶到法庭外进行侮辱、殴打等,都应视为发生在法庭内的干扰法庭秩序行为。

4. 危害程度

10 扰乱法庭秩序行为,达到严重扰乱法庭秩序的程度的,才能成立犯罪。实践中,严重扰乱法庭秩序一般是指造成法庭设施严重损坏;造成司法工作人员、诉讼参与人人身、精神损害;导致法庭秩序严重混乱,审理活动被迫中断;案件材料严重毁损;造成严重不良社会影响等。

Ⅵ 主体

扰乱法庭秩序罪的主体是一般主体,凡是达到刑事责任年龄、具有刑事责任能力的自然人都可以构成扰乱法庭秩序罪。值得注意的是,由于现行刑法未将本罪规定为单位犯罪,因而单位法定代表人或者诉讼代表人纠集本单位职工哄闹、冲击法庭,严重扰乱法庭秩序的,不能以单位犯罪处罚,而只能对单位的法定代表人或者诉讼代表人等直接责任人员以本罪予以刑事制裁。 11

Ⅶ 罪过

扰乱法庭秩序罪在主观方面出于故意,过失不构成本罪。但对于间接故意能否构成本罪,理论上则有不同看法。一种观点认为,本罪可以由间接故意构成[2];另一种观点则主张,只有直接故意才能构成本罪[3]。笔者认为,第二种观点更为合理。诚然,在英美法系有的国家里,藐视法庭罪包括间接藐视法庭和直接藐视法庭罪两种类型。所谓间接藐视法庭罪主要是指在法庭外或在审理案件前后对法庭或法官实施藐视行为,足以损害法庭尊严,妨害法庭执行职务的情况,而且主要是指新闻、广播、舆论、宣传、报道对正在审理的案件或对虽已审理但尚未定案的案件进行宣传、报道或评论,从而使未决案件的公正审判面临实际危害,例如,发表容易影响证人的材料,公布匿名证人的姓名,暗示被告人有罪或无罪,以及评论诉讼某一方的品格等。[4]而在我国,实践中的聚众哄闹、冲击法庭或者殴打司法工作人员、扰乱法庭秩序的行为人中,同样不能排除个别人或者少数人是出于对法庭尊严的漠视而参与哄闹,放任扰乱法庭秩序后果的发生。但由于我国现行刑法明确要求,扰乱法庭秩序罪的成立,必须达到严重扰乱法庭秩序的程度,因而在上述情况下,对扰乱法庭秩序结果的发生持放任心理的一般参与者,其行为显然没有严重到须以本罪论处的程度,刑法所处罚的,实际上只是其中的首要分子和积极参与者,而这两类人是无论如何不可能在放任心理的支配下,实施组织、指挥、领导或者积极参与扰乱法庭秩序的行为。所以,扰乱法庭秩序罪的主观罪过形式只能是直接故意,不可能包括间接故意在内。 12

---

2 参见李希慧主编:《妨害社会管理秩序罪新论》,武汉大学出版社 2001 年版,第 303 页。

3 参见赵秉志、田宏杰、于志刚:《妨害司法罪》,中国人民公安大学出版社 2003 年版,第 159—160 页;王作富主编:《刑法分则实务研究》(第 2 版),中国方正出版社 2003 年版,第 1337 页。

4 参见〔英〕特纳:《肯尼刑法原理》,王国庆等译,华夏出版社 1989 年版,第 473—474 页;〔英〕克罗斯·琼斯:《英国刑法导论》,赵秉志等译,中国人民大学出版社 1991 年版,第 294—303 页。

Ⅷ 与非罪的界限

13 实践中,对于扰乱法庭秩序罪的认定,应当注意把握以下两点:

1. 主观上是否出于直接故意

14 本罪的成立,在主观上只能是出于直接故意。因而行为人如果主观上并不追求扰乱法庭秩序结果的发生,只是由于情绪过于激动而难以自制甚至失控,或者因性情刚直、暴躁等,在法庭上出现过激言词,举止失当等,不构成本罪。

2. 客观上是否达到了严重扰乱法庭秩序的程度

15 扰乱法庭秩序的行为只有达到严重扰乱法庭秩序程度的,才能以本罪论处。因而行为人虽有扰乱法庭秩序的行为,但情节轻微、危害不大,并未严重破坏庭审活动的正常进行,或者一经劝阻即停止违法行为的,均不能成立本罪。

Ⅸ 罪数

16 对于扰乱法庭秩序罪的罪数形态的认定,实践中主要应当注意其与故意伤害罪、故意毁坏财物罪以及聚众冲击国家机关罪等犯罪的竞合问题。如果行为人以殴打司法工作人员,或者故意损害法庭设施,或者聚众冲击法庭等形式严重扰乱法庭秩序时,其行为除分别触犯故意伤害罪,或者故意毁坏财物罪,或者聚众冲击国家机关罪等罪名外,还将同时触犯扰乱法庭秩序罪。由于行为人在客观上只实施了一个危害行为,而这一个危害行为所触犯的上述各罪在犯罪构成上并不存在包容或者交叉关系,因而此种情形实际上属于刑法理论上所说的想象竞合犯,应视案件具体情形,从一重罪处断。

Ⅹ 与他罪的区别

一、与妨害公务罪的区别

17 根据我国现行《刑法》第277条的规定,妨害公务罪是指以暴力、威胁方法阻碍国家机关工作人员依法执行职务的行为。显然,扰乱法庭秩序的行为因其行为实施的特定时空范围,必然会对检察人员、审判人员等司法工作人员依法提起公诉、行使审判职能等正常职务活动构成妨害,因而两罪容易发生混淆,实践中应当注意划清两罪的界限。具体说来,两罪的区别主要在于:①侵犯的法益不同。妨害公务罪侵犯的法益是国家工作人员的正常公务活动;而扰乱法庭秩序罪侵犯的法益仅为庭审活动的正常秩序。②犯罪客观方面的表现形式不同。妨害公务罪在客观方面只能是以暴力、威胁的方法阻碍国家工作人员依法执行公务的行为;而扰乱法庭秩序罪在客观方面则表现为聚众哄闹、冲击法庭;殴打司法工作人员或诉讼参与人;侮辱、诽谤、威胁司法工作人员或者诉讼参与人,不听法庭制止严重干扰法庭秩序的行为;以及毁坏法庭设施,抢夺、损毁诉讼文书、证据等扰乱法庭秩序,情节严重的行为。既包括暴力或威胁方式,也包括非暴力的方式。③犯罪发生的时空范围不同。在时间上,妨害公务罪发生在国家工作人员依法执行职务期间;而扰乱法庭秩序罪则只能发生在庭审过程中。在空间上,妨害公务罪可以发生在执行职务的任何场所,包括国家机关内以及执行职务的其他特定场所;而扰乱法庭秩序罪则只能发生在法庭内或者法庭附近。不难看出,妨害公务罪成立的时空范围比扰乱法庭秩序罪宽广得多。因而司法实践中,如果行为人在法庭外的其他场所对正在执行公务的司法工作人员进行殴打、谩骂,或者冲击工作场所的,只能构成妨害公务罪,不能以扰乱法庭秩序罪定罪处罚。

二、与聚众冲击国家机关罪的区别

根据我国现行《刑法》第 290 条第 2 款的规定,聚众冲击国家机关罪是指聚众冲击国家机关,致使国家机关工作无法正常进行,造成严重损失的行为。聚众冲击国家机关罪与扰乱法庭秩序罪有许多相似之处,例如,两罪行为的实施,都妨害了国家机关工作的正常进行;在行为方式上都包括聚众哄闹、冲击;主观上都是出于故意。两罪的区别主要在于:①侵犯的法益不同。聚众冲击国家机关罪侵犯的法益是一般国家机关的正常工作秩序;而扰乱法庭秩序罪侵犯的法益则是法院庭审活动的正常秩序。②犯罪客观方面的表现形式不同。聚众冲击国家机关罪只能以聚众的形式实施;而扰乱法庭秩序罪则既可以聚众哄闹、冲击法庭的形式实施,也可以聚众或者单个人殴打司法工作人员或诉讼参与人的形式实施,还可以表现为侮辱、诽谤、威胁司法工作人员或者诉讼参与人,不听法庭制止,严重扰乱法庭秩序的行为,以及有毁坏法庭设施,抢夺、损毁诉讼文书、证据等扰乱法庭秩序、情节严重的行为。③犯罪行为实施的场所不同。聚众冲击国家机关罪可以发生在任何国家机关的办公场所;而扰乱法庭秩序罪则只能发生在法庭内或者法庭附近。 18

XI 处罚

根据现行《刑法》第 309 条的规定,犯扰乱法庭秩序罪的,处 3 年以下有期徒刑、拘役、管制或者罚金。 19

第三百一十条　窝藏、包庇罪

明知是犯罪的人而为其提供隐藏处所、财物，帮助其逃匿或者作假证明包庇的，处三年以下有期徒刑、拘役或者管制；情节严重的，处三年以上十年以下有期徒刑。

犯前款罪，事前通谋的，以共同犯罪论处。

文献：赵秉志、田宏杰、于志刚：《妨害司法罪》，中国人民公安大学出版社2003年版；高铭暄：《中华人民共和国刑法的孕育诞生和发展完善》，北京大学出版社2012年版；王作富主编：《刑法分则实务研究》（第5版），中国方正出版社2013年版；黎宏：《刑法学各论》（第2版），法律出版社2016年版；张军主编：《刑法[分则]及配套规定新释新解》（第9版），人民法院出版社2016年版；陈兴良：《规范刑法学》（第4版），中国人民大学出版社2017年版；高铭暄、马克昌主编：《刑法学》（第9版），北京大学出版社、高等教育出版社2019年版；周光权：《刑法各论》（第4版），中国人民大学出版社2021年版；张明楷：《刑法学》（第6版），法律出版社2021年版。汪永乐：《关注刑法的人伦精神——以新刑法第310条规定的窝藏、包庇罪为视角》，载《政法论坛》2001年第1期；李朝晖、陆诗忠：《论窝藏、包庇罪的行为对象——"犯罪的人"含义辨析》，载《河南师范大学学报（哲学社会科学版）》2002年第1期；陈玉范：《论包庇罪》，载《社会科学战线》2003年第1期；周光权：《指使交通肇事者逃逸应当以窝藏罪定性》，载《人民检察》2005年第14期；吴学斌、田期智：《不作为形式窝藏罪的司法认定》，载《人民检察》2006年第10期；吴占英：《论窝藏、包庇罪的几个问题》，载《法学杂志》2007年第5期；王燕飞：《包庇毒品犯罪分子罪疑难问题探讨》，载《湖南大学学报（社会科学版）》2008年第1期；杜文俊、陈洪兵：《不作为的窝藏、包庇否定论》，载《河南社会科学》2008年第4期；陈洪兵：《指使交通肇事者逃逸构成遗弃罪或者故意杀人罪的教唆犯——兼质疑周光权老师提出的"窝藏罪"说》，载《政治与法律》2008年第5期；文武、陈洪兵：《对刑法规范拒绝"亲属"概念的检讨与反思——以窝藏、包庇罪的实证分析为视角》，载《社会科学》2008年第8期；冯江菊：《帮助当事人毁灭罪证行为的认定——兼论帮助毁灭、伪造证据罪与包庇罪的区分》，载《河南社会科学》2009年第1期；樊建民：《中国现代刑法规定亲属包庇的必要性》，载《河北法学》2009第10期；鲁冠南：《窝藏、包庇罪立法遵循"亲亲相隐"原则探析》，载《中州学刊》2010年第6期；葛恒浩：《包庇罪行为类型的解释论重构》，载《法商研究》2015年第6期。

细目录

Ⅰ　主旨
Ⅱ　沿革
Ⅲ　客体
Ⅳ　对象
Ⅴ　行为
　一、窝藏罪的行为
　二、包庇罪的行为
Ⅵ　主体
Ⅶ　罪过
Ⅷ　既遂与未遂
Ⅸ　与非罪的界限
　一、窝藏、包庇罪是故意犯罪
　二、窝藏、包庇罪与知情不举的界限
Ⅹ　与他罪的区别
　一、包庇罪与窝藏罪的区别
　二、包庇罪与伪证罪的区别
　三、窝藏、包庇罪与辩护人、诉讼代理人毁灭证据、伪造证据、妨害作证罪的区别
　四、包庇罪与徇私枉法罪的区别
　五、包庇罪与帮助犯罪分子逃避处罚罪的区别
　六、包庇罪与包庇毒品犯罪分子罪的区别
　七、窝藏、包庇罪与事前有通谋的共同犯罪的区别
Ⅺ　处罚

Ⅰ　主旨

本条是关于窝藏、包庇的规定。“每个公民都应当遵守法律，坚决与犯罪行为作斗争，这样才能维护良好的社会秩序，建立和谐的社会。明知是犯罪分子而为其提供隐藏处所或者各种资助，作假证明包庇的，为司法机关发现和惩罚犯罪加大了难度，有可能使犯罪分子逃避法律的追究，甚至继续进行犯罪，既妨害了司法活动，也破坏了社会治安秩序，危害性很大。”[1] 1

1　全国人大常委会法制工作委员会刑法室编：《〈中华人民共和国刑法〉条文说明、立法理由及相关规定》，北京大学出版社 2009 年版，第 633 页。

Ⅱ 沿革

2 1979年《刑法》第162条规定:“窝藏或者作假证明包庇反革命分子的,处三年以下有期徒刑、拘役或者管制;情节严重的,处三年以上十年以下有期徒刑。窝藏或者作假证明包庇其他犯罪分子的,处二年以下有期徒刑、拘役或者管制;情节严重的,处二年以上七年以下有期徒刑。犯前两款罪,事前通谋的,以共同犯罪论处。”高铭暄教授在其著作《中华人民共和国刑法的孕育和诞生》中指出,本条包庇罪与第148条意图隐匿罪证的伪证罪以及第188条故意包庇有罪之人的徇私枉法罪有共同之处,但后二者或者是证人、鉴定人、记录人、翻译人在侦查、审判中所实施的,或者是司法工作人员利用职权在办案中所实施的,它们都是特殊主体在特殊场合下构成的犯罪,与本罪作为一般性的犯罪有所不同,因此不可混淆。对具体案件来说,凡具备上述这些特殊条件的,应分别按第148条或第188条治罪,只有不具备这些特殊条件的包庇行为,才按本条治罪。

3 考虑到1979年《刑法》关于窝藏、包庇罪的规定基本上符合司法实际情况,因而1997年《刑法》修订时,对窝藏、包庇罪未作大的改动,只在一些细节问题上作了一定的修改。其一,1979年《刑法》将窝藏、包庇罪的犯罪对象规定为“反革命分子”和“其他犯罪分子”,现行刑法则以“犯罪的人”一并概括规定。其二,1979年《刑法》未将“明知”规定为窝藏、包庇罪的主观要件,而现行刑法则将“明知”明文规定为窝藏、包庇罪的构成要件。其三,明确列举了窝藏、包庇罪的行为手段方式。通过上述修改,使得现行刑法关于窝藏、包庇罪的规定,较之1979年《刑法》的规定,更为详细、明确、具体,从而为司法实务部门提供了切实可依的法律依据,确保了罪刑法定原则的贯彻落实。这也从一个侧面表明,我国的刑事立法技术已日趋成熟、科学。

Ⅲ 客体

4 窝藏、包庇罪侵犯的客体(法益)是司法机关对犯罪分子的刑事追诉和刑罚执行活动。

Ⅳ 对象

5 我国现行《刑法》第310条规定:“明知是犯罪的人而为其提供隐藏处所、财物,帮助其逃匿或者作假证明包庇的,处……”这说明,我国刑法中的窝藏、包庇罪的对象是犯罪的人。所谓犯罪的人,既包括犯罪后尚未被抓获畏罪潜逃的犯罪人,也包括被逮捕、关押后脱逃的未决犯和已决犯。至于他们犯的是什么罪,可能判处或已经判处什么刑罚,则不影响本罪的成立。从总体上看,作为窝藏、包庇罪对象的犯罪人,既可以是判决前的犯罪分子,也可以是判决后的犯罪分子。其中,判决前的犯罪分子包括:犯罪后尚未被司法机关发现的犯罪分子;已被司法机关发现是犯罪分子但司法机关尚未决定采取强制措施,或者虽已决定采取强制措施但尚未执行的;已被司法机关执行强制措施,但尚未判决而破坏了强制措施后逃跑的。对于窝藏、包庇判决前的犯罪分子的,不论被窝藏、包庇者以后被判什么罪,也不论是否给予刑罚处罚,给予何种刑罚处罚,窝藏、包庇者都可构成窝藏、包庇罪。窝藏、包庇判决前的犯罪分子妨害的是司法机关对犯罪分子的刑事追诉。因此,已过追诉时效的犯罪分子就不能成为窝藏、包庇罪的对象。判决后的犯罪分子是指判决后应被执行刑罚的犯罪分子。因此,虽然经过判决,但不应被执行刑罚的人不是窝藏、包庇罪的对象。据此,下面几种人就不是窝藏、包庇罪的对象:被判处免予刑事处罚的人;刑罚已经执行完毕的人;被赦免获得自由的人;被宣告缓刑未犯新罪的犯罪分子;被假释后未犯新罪的犯罪分子。

需要注意的是,尽管我国现行刑法对于窝藏、包庇罪的犯罪对象有明确的规 6
定,但在具体如何理解“犯罪的人”的问题上,仍然存在着一些需要澄清的模糊认识。

1. 窝藏、包庇危害行为没有构成犯罪的人是否构成本罪

对此,有学者认为,虽然刑法规定窝藏、包庇罪的对象是犯罪的人,但不能就此得 7
出窝藏、包庇的对象不是犯罪的人就不能构成窝藏、包庇罪的结论。实际上,即使窝藏、包庇的对象不是犯罪的人,行为人也是可以构成窝藏、包庇罪的。其所持的理由是:中国刑法分则条文中规定的某一故意犯罪的对象是就该种犯罪的既遂而言的,也就是说,分则条文规定的故意犯罪的对象只是构成犯罪既遂的必要条件。因此,凡是行为构成犯罪既遂,行为的对象必然是分则条文所规定的某一犯罪的对象,如果行为的对象不是刑法分则条文规定的某一犯罪的对象,则该行为必然不可能构成该罪的既遂,但却可能构成该罪的未遂。例如,根据现行《刑法》第 232 条的规定,故意杀人罪的对象是“人”,这里的人是指有生命的人,因此,凡是故意杀人既遂的行为必然都是杀害了有生命的人,但是如果行为人误以尸体为活人而加以“杀害”,由于其行为所指向的不是有生命的人,所以行为人不可能构成故意杀人罪(既遂),但也不是根本不构成犯罪,而是构成故意杀人罪(未遂)。这就说明,法律规定的犯罪对象仅仅是成立某种犯罪既遂的必要条件,而不是构成犯罪(包括各种犯罪形态)的必要条件。缺乏犯罪既遂所要求的犯罪对象的行为固然不能构成犯罪既遂,但并不表示行为根本不构成犯罪,而是可能构成犯罪未遂。据此,该论者认为,根据《刑法》第 310 条的规定,窝藏、包庇罪的对象是犯罪的人,但这里的“犯罪的人”其实是作为窝藏、包庇罪既遂的对象,而不是窝藏、包庇罪(包括各种犯罪形态)的对象。[2] 不过,我国刑法学界多数学者均认为,如果窝藏、包庇的对象不是犯罪的人,是不能构成窝藏、包庇

---

2 参见赵秉志主编:《妨害司法活动罪研究》,中国人民公安大学出版社 1994 年版,第 254 页。

罪的。[3]

8 从现行《刑法》的规定及相关刑法理论来看,上述两种观点均值得商榷。众所周知,不管是犯罪预备、犯罪未遂、犯罪中止还是犯罪既遂,都是故意犯罪在其发展过程中停止下来不再向前发展的犯罪形态,其区别仅在于其所符合的是刑法分则所规定的某一具体犯罪构成的要件,还是仅仅符合刑法总则所规定的修正的犯罪构成要件,以及其距离犯罪完成的远近和由此所表现出来的犯罪危害社会程度的大小,但是,就其实质来说,上述犯罪形态有一个共同的特点,那就是,它们都是故意犯罪,都已经构成了犯罪。而根据上述第一种观点的看法,给人这样一种感觉:似乎犯罪未遂形态和犯罪预备形态等犯罪的未完成形态不构成犯罪,实施的行为未能达到犯罪既遂程度的行为人也不能认定为是"犯罪的人"。这显然有违故意犯罪形态的本质,因而是不妥当的。第二种观点克服了第一种观点的上述缺陷,比较符合故意犯罪形态的基本原理,也是我国刑法理论在这一问题上的通说,但由于我国现行《刑法》第362条规定,"旅馆业、饮食服务业、文化娱乐业、出租汽车业等单位的人员,在公安机关查处卖淫、嫖娼活动时,为违法犯罪分子通风报信,情节严重的,依照本法第三百一十条的规定(即窝藏、包庇罪——笔者注)定罪处罚",据此,包庇不构成犯罪的卖淫嫖娼违法人员的,也是同样可以构成包庇罪的。而第二种观点不加区别地将违法人员排除在窝藏、包庇罪的犯罪对象的范围之外,无疑与刑法的上述规定有所不合。所以,这一问题的处理应当是:对于行为不构成犯罪的人员实施窝藏、包庇行为,一般不构成窝藏、包庇罪;但若窝藏、包庇的是卖淫嫖娼的违法人员,对于其中已经达到犯罪程度的,应以窝藏、包庇罪追究其刑事责任。

2. 被判处管制、罚金等刑不予关押的人能否成为本罪的犯罪对象

9 对于这一问题,我国刑法学界存在着否定说和肯定说两种不同的主张。笔者赞成肯定说的观点,理由在于:否定说只看到被判处管制、罚金的人不需要关押,没有被剥夺人身自由,而没有进一步看到,对被判处管制、罚金等刑罚的人的窝藏、包庇行为,与对被判处剥夺自由刑罚的犯罪分子的窝藏、包庇行为,在社会危害性上并无二致,都妨害了司法机关对犯罪分子的刑罚执行活动,这种妨害与犯罪分子是否被剥夺自由无关。很明显,窝藏了被判处管制的犯罪分子,就使得管制刑无法执行;窝藏了被判处罚金的犯罪分子,就使得罚金刑无法执行。进一步分析起来,窝藏被判处管制、罚金等未被剥夺人身自由的刑罚的犯罪分子,不仅妨害了司法机关对犯罪分子执行刑罚的活动,而且也可能妨害司法机关的刑事追诉活动。被判处管制、罚金、没收财产、剥夺政治权利的犯罪分子,虽然因为未被剥夺人身自由,当其逃避刑罚的执行时不构成脱逃罪,但却可能构成拒不执行判决、裁定罪,因此,当然可以成为窝藏、包庇罪的对象。

---

3 参见高铭暄主编:《新编中国刑法学》(下册),中国人民大学出版社1998年版,第859页;陈兴良主编:《刑法疑案研究》,法律出版社2002年版,第449页。

3. 被宣告缓刑的犯罪分子及被假释的犯罪分子能否成为本罪的犯罪对象

窝藏、包庇被宣告缓刑的犯罪分子及被假释的犯罪分子,情况比较复杂,不能一概而论,而应分清情况,区别对待。缓刑和假释的共同之处在于,在一定期间暂不执行刑罚,但又保留着执行刑罚的可能性。因此,被宣告缓刑的犯罪分子和被假释的犯罪分子,既不同于判决后根本不需要执行刑罚的免予刑事处罚的犯罪分子,也不同于判决后必须要执行刑罚的犯罪分子。他们是否实际执行刑罚完全取决于在缓刑考验期间和假释考验期间是否犯了新罪。如果未犯新罪,原判刑罚或剩余未执行的刑罚不再执行;如果犯了新罪,不仅要追究新罪的刑事责任,而且原判刑罚或剩余刑罚也要一并执行。因此,犯了新罪的缓刑犯或假释犯,毫无疑问可以成为窝藏、包庇罪的对象,但是窝藏、包庇未犯新罪的缓刑犯或假释犯,根本谈不上妨害司法机关的刑罚执行活动及刑事追诉活动,所以未犯新罪的缓刑犯或假释犯不能成为窝藏、包庇罪的对象。当然,窝藏、包庇未犯新罪的缓刑犯或假释犯必然妨害对缓刑犯的"考察"或对假释犯的"监督",但是"考察"或"监督"都不是刑罚执行活动。不过,缓刑犯与假释犯如果不遵守规定,故意逃避"考察"或"监督",虽然未犯其他罪,但逃避考察或监督情节严重的,却可能构成拒不执行判决、裁定罪,这时,他们就成为犯了新罪的人,自然可以成为窝藏、包庇罪的对象。 10

根据《刑事审判参考》案例第 178 号"谢茂强等强奸、奸淫幼女案",对于行为人对同案犯实施包庇行为是否构成包庇罪,法院认为:行为人为掩盖本人罪行,而在案发后包庇同案犯的行为,不适用刑法关于包庇罪的规定。 11

V 行为

一、窝藏罪的行为

窝藏罪在客观方面表现为,明知是犯罪的人而为其提供隐藏的处所或者财物,使其逃匿的行为,如将犯罪的人藏匿于家中、山洞、地窖等处,以使其不被司法机关发现;为犯罪的人提供钱财、衣物、食物、交通工具或者其他物品,以利于犯罪人逃匿。 12

何谓"窝藏"? 1979 年《刑法》颁行初期,一般认为窝藏就是为犯罪分子提供隐藏处所。比如,将犯罪分子隐匿于家中、山洞、地窖等处,使其不被司法机关发现,从而逃避法律制裁。后来,在司法实践中发现,如果把窝藏仅仅理解为为犯罪分子提供隐藏处所,对于诸如为犯罪分子提供金钱、物质,帮助犯罪分子逃往他处隐藏等行为,就不能以窝藏罪论处。因为上述行为中,行为人并未直接为犯罪分子提供隐藏处所,而刑法中也没有其他更为合适的罪名能适用于这种行为,这样,对上述行为的处理就没有适当的法律依据,必然影响到对这种行为的打击。因此,有必要对"窝藏"一词作出意义更为广泛的解释,即扩大解释,以适应司法实践中处理这类犯罪案件的实际需要。因此,"窝藏"一词后来便被解释为:为犯罪分子提供隐藏处所,或者用资助财物等方法帮助犯罪分子逃往他处隐藏的行为。这一关于"窝藏"一词的新的解释便成为 13

中国刑法学界的通说,并在 1997 年《刑法》修订时,被立法机关所采纳,规定在现行《刑法》第 310 条之中。这样的规定及解释无疑是比较符合司法实际的,因而现行《刑法》第 310 条对 1979 年《刑法》第 162 条关于窝藏罪的"窝藏"一词的内涵进行扩大解释的做法,符合窝藏罪的本质特征,防止了因刑法规定得不够完善而放纵犯罪分子,有利于司法实践部门对窝藏罪的惩治。

14 把犯罪分子藏匿于一定的处所,这里的处所是否为行为人所有或占有、使用对窝藏行为的性质没有影响。行为人既可以把犯罪分子藏匿于自己所有或占有、使用的地方,如自己的家中、租用的旅馆房间、使用的单位宿舍等,也可以将犯罪分子藏匿于他人所控制、使用的地方,如自己的朋友、同学、亲戚等的家中、宿舍等,还可以将其藏匿于一般无人控制使用的地方,如野外的山洞、深山老林中等。因此,场所是否属于行为人所有、使用无关紧要,关键在于藏匿行为,即通过藏匿,使犯罪分子不容易被其他人发现,特别是不被司法机关发现,从而达到逃避搜查、追捕以最终达到逃避刑事处罚的目的。至于为犯罪分子提供钱财、衣物、食物及其他物品,如出国护照、签证等,则是司法实践中除藏匿行为以外帮助犯罪分子逃避法律制裁的另一常见方式。因而行为人无论实施的是藏匿犯罪分子的行为,还是提供钱财、食物等物品帮助犯罪分子逃避处罚的行为,均可以成立窝藏罪。如果行为人同时实施了藏匿犯罪的人和为犯罪的人提供金钱、财物以帮助犯罪的人逃避处罚两种行为方式的,仍然只能成立窝藏罪一罪,而不能对行为人实行数罪并罚。因为所有这些行为都是围绕着一个目的进行的,即使犯罪分子不被他人发现,从而逃避法律制裁。

15 对于窝藏犯罪分子的时间,刑法没有明确的限制,从司法实践中的具体情况来看,长短不一,有的长达数年,有的短至几小时。窝藏时间的长短对于窝藏罪的成立并无妨碍,但对具体窝藏行为的社会危害程度有一定的影响作用。窝藏行为的时间越长,致使犯罪分子长期逍遥法外,给司法机关正常的刑事追诉活动和刑罚执行活动造成的妨害显然就越大,行为的社会危害性也越大,因而在对行为人量刑时也就要相应地考虑从重处罚;而窝藏行为的时间越短,客观上虽然也对司法机关的刑事追诉活动造成一定妨害,但妨害的时间毕竟短暂,因而社会危害性一般较小,量刑时则可以考虑从轻处罚。如果妨害的时间非常短暂,综合其他情况认为应属于"情节显著轻微,危害不大"的,则可不认为是犯罪。

二、包庇罪的行为

16 现行《刑法》第 310 条对包庇的方式只规定"作假证明"一种,而司法实践中包庇的方式却多种多样,因而对于包庇罪究竟在客观方面有哪些行为表现,在理论上存在不同看法。多数观点认为,包庇的方法,不限于向有关机关提供假证明,还包括其他方法,例如隐匿证据、毁灭证据,就包括隐藏、毁灭有关物证、书证,制造虚假的证人证言,伪造犯罪现场等。[4] 但也有一种观点认为,对于现行《刑法》第 310 条规定的"作假证明"不应作扩大解释,认为对采用作假证明以外的其他方法实施包庇行为的,不能以包庇罪论处。[5]

以上两种观点都有一定的道理,只是侧重点有所不同。第一种观点从司法实践的需要出发,将现行《刑法》第 310 条没有明文规定而司法实践中经常出现的伪造、隐匿、毁灭罪证等行为也作为一种包庇行为对待,直接适用现行《刑法》第 310 条的规定;第二种观点则从严格的罪刑法定原则出发,认为隐匿、毁灭罪证等行为在现行《刑法》第 310 条中没有明文规定,故而不能适用该规定对这种行为以包庇罪进行处罚。出现这种矛盾的根本原因是法律规定用语上的疏漏。回顾现行《刑法》第 310 条的立法演进过程,不难发现问题的症结所在。1979 年《刑法草案》第 22 稿对窝藏、包庇罪的规定是,"事前没有通谋,事后隐藏犯罪分子或者为犯罪分子毁灭、隐藏罪证","事后隐藏反革命分子或者为反革命分子毁灭、隐藏罪证",刑法草案第 33 稿改为"窝藏、包庇反革命分子","窝藏、包庇其他犯罪分子"。为什么将"为犯罪分子毁灭、隐藏罪证"改为"包庇其他犯罪分子"呢？原因是毁灭、隐藏罪证包括不了所有的包庇行为。[6] 由此可见,刑法草案第 33 稿使用"包庇"一词代替第 22 稿的"为犯罪分子毁灭、隐藏罪证",用意在于照顾到司法实践中可能出现的各种包庇犯罪分子的行为,不是有所遗漏。在对第 33 稿进行修订时,将"包庇"一词改为"作假证明包庇",立法意图本来是想把包庇限于以积极作为的方式进行而排除不作为方式的单纯的"知情不举"[7],但是,实际上用"作假证明"限定包庇,不仅没有达到这个预期的效果,反而带来了问题:一是"作假证明"的含义不清,不易与现行《刑法》第 305 条伪证罪中证人的虚伪陈述区分;二是用"作假证明"来限定包庇,使包庇的范围大为缩小,甚至连第 22 稿中规定的"为犯罪分子毁灭、隐藏罪证"的包庇行为都无法体现。在这样的情况下,产生以上两种观点的对立就是情理之中的事了。在刑法修正完善之前,为了满足司法实践的需要,可以对"作假证明"作扩张解释,而且这样做,并不违背立法原意,没有必要将为犯罪分子毁灭、隐藏罪证的行为方式排除在包庇罪之外,否则,有可能放纵一些本应以包庇罪制裁的犯罪分子,而使其逍遥法外。 17

包庇的形式包括作假证明以及为犯罪分子毁灭、隐藏罪证,现在已经成为我国刑法学界的通说。但学界对什么是"作假证明",却有诸多不同的理解,非常混乱。比 18

---

4 参见高铭暄主编:《新编中国刑法学》(下册),中国人民大学出版社 1998 年版,第 859 页;张军等主编:《中国刑法罪名大全》,群众出版社 1997 年版,第 707 页;高铭暄、马克昌主编:《刑法学》(下册),中国法制出版社 1999 年版,第 985 页。

5 参见张明楷:《刑法学》(第 6 版),法律出版社 2021 年版,第 1443 页。

6 参见高铭暄编著:《中华人民共和国刑法的孕育与诞生》,法律出版社 1981 年版,第 221 页。

7 参见高铭暄编著:《中华人民共和国刑法的孕育与诞生》,法律出版社 1981 年版,第 222 页。

如,有学者认为,作假证明就是有意识地向司法机关和有关组织出具口头的或书面的假证明,另有学者则认为,作假证明就是"提供假的情况",如"采取销毁、转移、涂改对侦查犯罪有重要作用的物品或湮灭罪证等方法提供有利于犯罪分子的假情况"。[8]还有学者认为,作假证明的内容是多种多样的,如犯罪的动机、目的、时间、地点、手段、危害后果等各种犯罪事实、情节和证据以及犯罪分子本人的情况等。[9] 然而,上述解释仍然不能使我们对"作假证明"形成一个比较清晰的概念。要探究"作假证明"的准确含义,关键还得从"证据"着手。因为,从司法实践中出现的各种包庇行为来看,包庇基本上或者说一般都是围绕"证据"来进行的,即通过伪造(变造)证据、隐藏证据、毁灭证据的方式来对犯罪分子进行包庇。因为证据是处理刑事案件的根据,刑事案件的定案不是凭空决定的,而是根据证据决定的,所以,行为人包庇犯罪分子绝大多数也是通过妨害证据来进行的。我国现行《刑事诉讼法》第 50 条规定了八类证据,即物证,书证,证人证言,被害人陈述,犯罪嫌疑人、被告人供述和辩解,鉴定意见,勘验、检查、辨认、侦查实验等笔录,视听资料、电子数据。实践中,通过对证据的妨害包庇犯罪分子的行为主要有以下几类:

1. 隐藏、毁灭物证、书证

19 物证,是指以物体的外在性状来证明犯罪事实的证据;书证,是指以其所记载的内容来证明犯罪事实的证据。物证在许多犯罪案件中都是客观存在的,如杀人案件中犯罪分子所用的凶器,被害人的尸体,犯罪分子沾满血迹的衣服,盗窃案件中犯罪分子撬门损锁的工具、被盗的财物等都是物证;书证在一些案件中也存在,比如在敲诈勒索案件中犯罪分子所写的恐吓信,在贪污案件中犯罪分子所涂改的账据等。不论是物证,还是书证,一旦被隐藏、毁灭,都会对案件的处理造成一定的妨害。因此一些人为了包庇犯罪分子,积极帮助犯罪分子毁灭、隐藏罪证。

20 所谓隐藏罪证,是指隐藏或藏匿证据,使其不易被人发现,从而不能起到证据的作用,如将杀人犯使用的杀人凶器藏在一个隐蔽的处所,使司法机关难以搜查到。所谓毁灭罪证,是指使证据完全消灭或者完全丧失作用,如烧毁足以证明犯罪的书证,清除犯罪现场的血迹,将尸体沉入大海。隐藏或毁灭罪证是司法实践中常见的包庇犯罪分子的方式,尽管现行《刑法》第 310 条没有明确规定,但根据立法原意,它们是包庇的一种形式,凡意图包庇犯罪分子而隐藏或毁灭罪证的,应以包庇罪论处。

2. 制造虚伪的证人证言

21 证人是指了解案件真实情况的人。根据我国现行刑事诉讼法的规定,凡是知道案件真实情况的人都有作证的义务。证人证言,是指证人对所知道的案件的真实情况所作的陈述,是一种重要的刑事证据,特别是犯罪现场的证人,往往能够直接证明谁是犯罪者,以及犯罪的具体过程,其证言就更有价值。正因为证人证言对于定案的

---

8 李光灿等:《论共同犯罪》,中国政法大学出版社 1987 年版,第 187 页。

9 参见梁华仁主编:《刑法分论》,中国政法大学出版社 1988 年版,第 258 页。

重要性,一些人为了包庇犯罪分子,就想通过制造虚伪的证人证言或者让证人不予作证等方式,使司法机关缺乏必要的真实的证人证言。其常见的方式有三种:一是使证人不予作证或者使其作虚伪的证言,如通过言词劝说、金钱收买或暴力威胁等方式使证人不愿作证或不敢作证,甚至对证人进行非法拘禁,使其不能出庭作证。二是假冒证人作虚伪的证言。证人具有不可代替性,不了解案件情况的不能作证人。有些人为了包庇犯罪分子,尽管本人不了解案件的真实情况,却冒充知道案件真实情况的证人,向司法机关提供虚假的证言。假冒证人提供虚假证言与真实证人故意作虚假证言不同,前者构成包庇罪,后者构成伪证罪。三是指使他人假冒证人作虚伪证言。

3. 制造虚伪的被害人陈述

被害人是犯罪行为的直接受害者,有的被害人还与犯罪分子有过直接接触,对犯罪事实有一定的了解。因此,被害人的陈述是刑事案件定案的重要证据。司法实践中,行为人为了包庇犯罪分子,也往往采取以下三种方式妨害被害人陈述。一是收买、威胁被害人不告发犯罪人或推翻控告。司法机关发现犯罪案件,多数都是由于被害人或其亲属向司法机关告发。有许多案件,如果被害人或其亲属不作告发,司法机关便无从知晓,犯罪分子就不会被追究刑事责任,就可以逃避法律的制裁。因此,在许多情况下,被害人或其亲属的告发就成为司法机关立案的直接来源。正因为如此,许多人在犯罪分子犯了罪以后,为了使其逃避法律的制裁,便千方百计阻止被害人或其亲属向司法机关告发,或使其推翻控告。有的被害人或其亲属往往因此而不愿告发或不敢告发或推翻告发,致使犯罪分子逍遥法外。二是假冒被害人作虚伪陈述。被害人具有不可代替性,一个犯罪案件的被害人总是特定的,假冒被害人进行陈述,其内容必定是虚伪的,必然给司法机关正确认定犯罪事实带来妨害。三是使他人假冒被害人作虚伪陈述,包括用指使、收买、威胁等方法使他人假冒被害人向司法机关作虚伪陈述。在这种情况下,行为人与假冒的被害人实际上是共同犯罪关系,即共同包庇犯罪分子。 22

4. 制造虚伪的犯罪嫌疑人、被告人供述

犯罪嫌疑人和被告人的供述是一种重要的刑事证据,因为犯罪嫌疑人和被告人往往是犯罪活动的实施者,被告人对自己是否犯罪以及如何犯罪最了解。在古代,人犯的口供被当作“证据之王”。我国刑事诉讼法虽然规定“没有被告人供述,证据确实、充分的,可以认定被告人有罪和处以刑罚”,但这并不意味着被告人的口供可有可无。司法实践中真正没有被告人的口供而定案的还是少数。因此,对被告人的口供必须重视。为了包庇真正的犯罪分子,行为人往往采取下列三种方式制造虚伪的犯罪嫌疑人和被告人的供述:一是使真正的犯罪分子作虚伪的供述。如通过某种途径告诉犯罪分子,让其不承认犯罪事实,如果已经承认的,让其推翻原供。二是假冒犯罪分子作虚伪的供述。就是在司法机关没有发现真正的犯罪分子的情况下,行为人为了包庇真正的罪犯,而假冒犯罪分子承担罪责,作出虚伪的供述。三是指使他人假冒犯罪分子作虚伪供述。这种情况与前一种情况不同。在前一种情况下,行为人自 23

己假冒犯罪分子作虚伪供述。但无论是哪一种情形,行为人的目的都是一致的,即使真正的犯罪分子逃避法律制裁。

5. 指使、收买、威胁鉴定人作虚伪的鉴定意见

24 鉴定意见是鉴定人对案件中需要解决的专门性问题进行鉴定后作出的意见。鉴定意见是我国刑事诉讼法规定的八类证据之一,对案件的处理有重要影响。实践中,有些人为了包庇犯罪分子,通过各种途径使鉴定人作出虚伪的鉴定意见。因而指使、收买、威胁鉴定人作虚伪的鉴定意见也是实施包庇罪的一种方式。

6. 伪造犯罪现场

25 犯罪现场是犯罪后形成的一种客观状态。现场是否保持原貌,对于犯罪的侦破有很大的影响。我国刑事诉讼法规定的八类证据之一,就有勘验、检查笔录。所谓勘验、检查笔录,就包括对犯罪现场的勘验。如果现场遭到破坏或被伪造,则必然影响勘验结果的客观真实性。另外,有些人伪造犯罪现场,则是为了掩人耳目、混淆视听,使他人形成一种错误的印象,以制造出一种虚假的"证人证言"。

7. 剪辑、加工视听资料、电子数据

26 随着现代高科技的发展,录音、录像等视听资料、电子数据越来越普遍,而这些视听资料、电子数据往往真实地记录下了犯罪现场的一些活动情况,所以,视听资料、电子数据相对于其他证据来说,本来具有更强的再现效果,是一种证明力很强的证据。但视听资料、电子数据很容易被重新剪辑、合成,从而完全丧失证明力,甚至颠倒黑白。因而剪辑、加工视听资料、电子数据是在高科技社会中出现的一种新型的包庇犯罪行为形式。

27 以上七种行为都是与妨害刑事证据有关的包庇行为。司法实践中出现的包庇行为,也有一些与证据无关,比如向司法机关作假证明,隐瞒或用谎言编造犯罪分子逃跑的路线、方向及地点,以及向司法机关投递"恳求书"之类的书面材料,故意捏造事实,为犯罪分子鸣冤叫屈,对被害人污蔑诽谤的等,其意图都是包庇犯罪分子,使其逃避法律制裁,故而亦应认定为包庇罪。

Ⅵ 主体

28 窝藏、包庇罪的主体是一般主体,即任何具有刑事责任能力,实施了窝藏、包庇行为的自然人,都可以成为窝藏、包庇罪的主体,独立地构成窝藏、包庇罪。对此,有以下五个问题值得研究:

1. 犯罪分子本人能否成为窝藏、包庇罪的主体

29 犯罪分子在犯了罪以后,往往自行隐避或者毁灭、伪造证据,逃避司法机关的搜查、追捕。从客观上说,犯罪分子本人的这种行为也必然妨害司法机关对他的追查、搜捕、审判等活动,具有妨害司法机关对刑事案件的刑事追诉和刑罚执行活动的性质。但是,犯了罪以后自行藏匿或者毁灭、伪造证据的,这实际上仍然包括在行为人先行实施的行为所构成的犯罪构成要件之内,不具有刑法单独评价的意义,只有当行

为人后续实施的行为不能为先行行为构成的犯罪所包括，才具有另行评价的法律意义，构成新的犯罪。例如，行为人被逮捕、关押后又自行脱逃藏匿的，由于这一行为已经超出了先行行为成立之罪的犯罪构成之外，应当另行论罪。根据刑法的规定，这一后续行为并不构成窝藏、包庇罪，而是应当论之以脱逃罪。

2. 共同犯罪人相互之间能否成为窝藏、包庇罪的主体

共同犯罪即两人以上共同故意犯罪，如果共同犯罪的行为人相互窝藏、包庇，不 30
单独构成窝藏、包庇罪，而应按共同犯罪处理。当然，共同犯罪人之间的窝藏、包庇行为，在量刑时可以作为一个情节予以考虑。

3. 被窝藏、包庇的犯罪人教唆他人对自己实施窝藏、包庇行为是否构成窝藏、包庇罪的共犯

这在刑法理论上存在尖锐的对立。共犯成立说认为，在这种情况下，被窝藏、包 31
庇的犯罪人与窝藏、包庇者成立共犯。其理由是，刑法不处罚人自身的隐藏、逃匿行为，是因为没有期待可能性；但教唆他人窝藏、包庇自己，则使他人卷入了犯罪，也不缺乏期待可能性，故成立犯罪。[10] 共犯否认说认为，被窝藏、包庇的犯罪人不能成立本罪主体，因而不能与窝藏、包庇者成立共犯。因为在犯罪人自己窝藏、逃匿不构成犯罪的情况下，教唆他人对自己实施这种行为的，也不应成立犯罪。[11] 笔者赞同第二种观点。因为，前已述及，犯罪的人在犯罪以后，自己隐匿、逃跑或者毁灭、伪造犯罪证据的，属于不可罚的事后行为，不成立窝藏、包庇罪，那么，犯罪的人教唆他人实施窝藏、包庇自己的行为的，自然也不应以窝藏、包庇罪论处。

4. 犯罪人的亲属是否可以构成窝藏、包庇罪

众所周知，在我国封建社会，以儒家思想为指导的刑事立法，往往规定"亲亲相隐 32
不为罪""同居相隐不为罪""亲亲得相隐匿"等原则。根据这样的规定，如果藏匿、包庇犯了罪的亲属的，藏匿、包庇者不构成犯罪，也就是说，亲属不能成为窝藏、包庇罪的主体。新中国成立后，立法机关也曾在 1979 年《刑法（草案）》第 22 稿中规定，直系血亲、配偶，或者在一个家庭共同生活的亲属窝藏反革命分子以外的犯罪分子的，可以减轻或者免除处罚。但后来认为这条规定有容忍封建社会提倡的"亲属相隐""父为子隐、子为父隐"伦理道德之嫌，所以在草案第 33 稿中删除了该规定。1979 年《刑法》以及现行刑法均没有这方面的规定。尽管如此，考虑到亲属之间的窝藏、包庇行为毕竟不同于社会上一般人之间的窝藏、包庇行为，因而我国刑法理论和司法实务部门均一致认为，在处罚上可以酌情从轻考虑。对亲属之间的窝藏、包庇行为这样处理，是合理的。这是因为，法律如果漠视亲情的存在，对亲属之间的窝藏、包庇行为不加区别地与社会一般人的窝藏、包庇行为同等对待，效果往往适得其反。现实中大量存在的亲属之间的窝藏、包庇的案例，并非行为人不知法，而是在法与亲情之间选

---

10 参见张明楷：《刑法学》（第 6 版），法律出版社 2021 年版，第 1441 页。

11 参见张明楷：《刑法学》（第 6 版），法律出版社 2021 年版，第 1441 页。

择了后者而铤而走险。[12] 实际上,将“亲属相隐”简单地归结为封建思想的残余也有失武断。现代各国,包括许多发达国家的刑法中,目前仍有关于亲属相隐的规定。例如,日本现行刑法典就规定,犯人或脱逃者的亲属为犯人或脱逃者的利益而犯藏匿犯人罪或湮灭证据罪的,得免除其刑。奥地利刑法典也规定,以庇护近亲者之意图……而为庇护行为的不处罚。德国、瑞士刑法典也有类似规定。可见,对于亲属间的窝藏、包庇行为给予一定的从宽处理,并非全无合理之处,而是刑法尊重人性的体现。

5. 不满16周岁的未成年人能否成为窝藏、包庇罪的主体

33 根据现行《刑法》第17条的规定,窝藏、包庇罪的刑事责任年龄是16周岁,因而不满16周岁的未成年人不能成为窝藏、包庇罪的主体单独构成窝藏、包庇罪。同样,如果已满16周岁的人与未满16周岁的人共同实施了窝藏、包庇行为的,不能构成窝藏、包庇罪的共同犯罪,对其中已满16周岁的人应以单独犯罪处理。

Ⅶ 罪过

34 窝藏、包庇罪的主观方面是指行为人对自己所实施的窝藏、包庇行为所持的主观心理态度。根据现行《刑法》第310条的规定,窝藏、包庇罪的成立,要求行为人在主观上必须是出于故意,即明知是犯罪的人而实施窝藏、包庇行为。如果行为人开始并不知道对方是犯罪的人而为其提供了隐藏处所、财物或者为其作假证明,这时,行为人在主观上并不具备明知,而属于一种“无知”状态,但以后知道了对方是犯罪的人,却仍然继续为其提供隐藏处所、财物或者为其作假证明,因行为人主观心理状态发生了变化,即由“无知”而变为“明知”,因此,行为人为对方提供隐藏处所、财物或者作假证明的行为也就由一般的“留住”“资助”或者“作假”变为具有犯罪性质的“窝藏”“包庇”。

35 行为人必须明知是犯罪的人而隐藏或者包庇的才构成窝藏罪或者包庇罪,这是我国刑法主客观相统一原则的必然要求。只根据为犯罪的人提供隐藏住处或进行资助等客观存在的事实,就认定行为人构成窝藏罪,或者将行为人受犯罪亲友的蒙蔽,对犯罪亲友的谎言信以为真,从而将向司法机关提供虚假证明的行为认定为包庇罪,是一种客观归罪,是违背主客观相统一的基本原则的。只有行为人明知对方是犯罪的人而予以窝藏、包庇的,才能说明行为人具有反社会的主观恶性,才具有对其进行处罚的主观基础。既然“明知”在窝藏、包庇罪的成立中占据着如此重要的地位,那么,何谓“明知”? 有人认为,“明知”就是明确知道对方是犯罪分子。这种看法失之偏颇。从司法实践来看,确有不少案件,行为人明确知道对方是犯罪分子。比如犯罪分子自己承认杀了人,或者公安机关明确告知某某是杀人犯;但是也不能否认,有些案件中,行为人对对方是否为犯罪分子的认识是不清楚的、模糊的,行为人不能肯定

---

12 参见郭立新、杨迎泽主编:《刑法分则适用疑难问题解》,中国检察出版社2000年版,第296页。

对方一定是犯罪分子，而只是认识到对方可能是犯罪的人。但是出于一种放任而实施了窝藏、包庇行为，最终证明被窝藏、包庇的人确实是犯罪的人，对行为人应以窝藏罪或者包庇罪论处。此外，行为人实施窝藏、包庇行为时对于对方是犯罪人这一情况并不明知，但在发现对方是犯罪人后仍继续实施窝藏、包庇行为的，则应同样论之以本罪。

当然，行为人对被窝藏、包庇的人是否为犯罪的人在主观认识上可能发生错误，这包括两种情况：一是将犯罪分子误认为不是犯罪分子；二是将不是犯罪分子的误认为是犯罪分子。第一种情况下，行为人由于主观上不具有窝藏、包庇犯罪分子的故意，因而不构成窝藏罪或者包庇罪。第二种情况下，应该说行为人主观上是具有犯罪故意的，也实施了一定的行为，应该构成窝藏罪或者包庇罪，但是由于被窝藏、包庇的人根本不是犯罪分子，对国家司法权的正当行使危害不大，所以，在司法实践中一般可根据现行《刑法》第 13 条“情节显著轻微危害不大的，不认为是犯罪”的规定，不作为犯罪处理。 36

Ⅷ 既遂与未遂

实践中要正确认定窝藏、包庇罪的停止形态，即犯罪未遂形态与既遂形态的区分，首先必须明确窝藏、包庇罪的犯罪形态即窝藏、包庇罪究竟是结果犯、危险犯还是行为犯。对此，有学者认为，应将窝藏、包庇罪当作危险犯看待为宜，详细来说，应该当作抽象危险犯看待，即窝藏、包庇罪的既遂以行为人实施了窝藏、包庇行为，又出现了使案件判断发生错误的抽象危险结果为标准。如果行为人虽然实施了上述窝藏、包庇行为，但是他能够对出现抽象危险结果提出反证时，方可否定窝藏、包庇罪的既遂。[13] 这一观点值得研究。首先，所谓危险犯，是指以法定危险状态的出现作为犯罪既遂标志的犯罪。例如，现行《刑法》第 116 条关于破坏交通罪的规定，“破坏火车、汽车、电车、船只、航空器，足以使火车、汽车、电车、船只、航空器发生倾覆、毁坏危险，尚未造成严重后果的，处三年以上十年以下有期徒刑”，即是典型的适例。而对于窝藏、包庇罪，刑法既未以被窝藏、包庇的犯罪人逃避法律制裁的危害结果的发生，也未以足以造成犯罪人逃避法律制裁的危险状态的出现，作为犯罪既遂或者犯罪成立的标志，因而从刑法的规定来看，窝藏、包庇罪应当属于行为犯，只有犯罪是否成立的问题，并不存在既遂形态与未遂形态的区分。将窝藏、包庇罪视为危险犯，于法无据。其次，所谓“使案件判断发生错误的抽象危险结果”的标准，在司法实践中既难以划定一个统一的标准，也不好具体操作。所以，窝藏、包庇行为一旦实施完毕，即应视为窝藏、包庇罪的既遂。具体而言，行为人实施窝藏、包庇行为后，一般可能出现两种结果：一是犯罪的人因被窝藏、包庇而较长时间地逍遥法外；二是犯罪的人虽经窝藏、包 37

---

13 参见鲜铁可：《妨害司法犯罪的定罪与量刑》，人民法院出版社 1999 年版，第 100 页。

庇,但被司法机关及时发觉,捉拿归案。无论出现哪一种结果,都不影响窝藏、包庇罪的成立。

IX 与非罪的界限

一、窝藏、包庇罪是故意犯罪

38 这里的"故意",包括直接故意和间接故意,即明知是犯罪人而仍然实施窝藏、包庇行为,过失不构成窝藏、包庇罪。区分窝藏、包庇行为的故意和过失的关键在于:①行为人是否明确知道他人犯罪,如考察他人是否已明确告知行为人自己犯了罪,等等。②行为人是否应当知道他人犯罪,这一点可以从他人的言谈举止和向行为人提出的种种要求中推断出来。③窝藏、包庇行为是否违背了行为人的意志。司法实践中,认定行为人是否犯有窝藏、包庇罪,不能光看行为人的口供,而应根据行为人实施的行为和案件的具体情况,结合其口供和其他相关证据,予以综合认定。如果行为人确实不知道对方是犯罪人,或者受欺骗、蒙蔽而为其提供隐藏处所、财物,帮助其逃匿或者作虚假证明包庇的,不能认定其主观上的故意,也就不能以窝藏、包庇罪追究行为人的刑事责任。

二、窝藏、包庇罪与知情不举的界限

39 知情不举,是指明知他人犯罪而不检举、告发的行为。

40 窝藏、包庇罪与知情不举在表现形式上比较相似,因而有必要划清两者的界限。两者的不同之处主要在于:①行为客观方面的表现形式不完全相同。窝藏、包庇罪在客观方面表现为对明知是犯罪的人而为其提供隐藏处所、财物,帮助其逃匿或者作假证明包庇的行为;而知情不举在客观方面则表现为明知是逃匿的犯罪分子而不向司法机关举报,放任其逍遥法外的行为。②行为方式不同。窝藏、包庇罪是以积极的作为实施犯罪的;而知情不举则是以消极的不作为实施犯罪的。③行为性质及由此产生的法律后果不同。窝藏、包庇行为是一种犯罪行为,实施窝藏、包庇行为的行为人要受到国家司法机关的刑事制裁;而知情不举则由于行为人并没有实施帮助犯罪的人逃避法律制裁的行为,故在我国现行刑法中没有规定为犯罪。所以,根据罪刑法定主义的要求,对于知情不举的行为,应予批评教育或党纪、政纪处分,不能认为是犯罪。因此,《人民法院案例选》2014 年第 4 辑刊载的"张广现故意伤害、尹红丽被指控窝藏宣告无罪案"的裁判要旨确认,明知是犯罪人而有一般的交往,无窝藏意图的,应属于知情不举。此处的一般交往应解释为日常生活或业务行为的范畴,只要不超出这一范畴,仅仅是对犯罪行为有所知情或发生日常生活或业务接触,便不应认定为窝藏。本案中,尹红丽明知张广现是犯罪人以及张广现使用假名生活,而不向司法机关举报的行为属于单纯的知情不举,并没有实施妨害司法机关的活动。因此,明知亲属是犯罪人而与之共同生活,没有妨害司法机

关查获犯罪的,不构成窝藏罪。

知情不举虽然一般不以犯罪论,但是,法律有特别规定的除外。如根据现行《刑法》第311条的规定,明知他人犯有间谍犯罪行为,在司法机关向其调查有关情况、收集有关证据时,拒绝提供,情节严重的行为,构成拒绝提供间谍犯罪证据罪。具有追究犯罪职责的国家工作人员,对犯罪事实和犯罪人员知情不举,可能构成玩忽职守或滥用职权、徇私枉法等犯罪。 41

X 与他罪的区别

一、包庇罪与窝藏罪的区别

根据现行《刑法》第310条的规定,包庇罪是指明知是犯罪的人而作假证明予以包庇的行为;而窝藏罪是指明知是犯罪的人而为其提供隐藏处所、财物,帮助其逃匿的行为。包庇罪与窝藏罪之间有着十分密切的关系,例如,两罪的主体都是一般主体;在主观方面,关于两罪的成立,刑法均要求行为人在主观上必须明知是犯罪的人,即两罪都是故意犯罪;其犯罪行为的实施,都侵犯了司法机关的刑事追诉活动和刑罚执行活动,都起到了帮助犯罪分子逃避法律制裁的作用。正因为如此,现行刑法将两罪规定在同一条文之中。但是,必须划清两罪的界限,以免发生混淆。实际上,尽管包庇罪与窝藏罪在构成特征上存在着许多相同或相似之处,但两罪在行为客观方面的表现形式上则存在着很大的差异。具体而言,窝藏罪在客观方面主要表现为为犯罪分子提供隐藏处所,或者用资助财物的方法帮助犯罪分子逃往他处隐避,使犯罪分子不被他人或司法机关发现,从而逃避法律制裁;而包庇罪则主要表现为通过伪造、隐藏、毁灭证据的方法,掩盖犯罪分子的犯罪事实,使其逃避法律制裁。 42

二、包庇罪与伪证罪的区别

根据现行《刑法》第305条的规定,伪证罪是指在侦查、审判过程中,证人、鉴定人、记录人、翻译人,对与案件有重要关系的情节,故意作虚伪的陈述、鉴定、记录和翻译,意图陷害他人或者隐匿罪证的行为。包庇罪与伪证罪有一些共同之处,例如:两罪在主观方面都是出于故意,过失不能构成包庇罪和伪证罪,都可能有帮助犯罪人掩盖罪行、逃避法律制裁的目的;在客观上,两罪都可能表现为向司法机关提供虚假证明的行为;其犯罪行为的实施,都对司法机关的正常活动构成了侵犯。不过,包庇罪与伪证罪毕竟是刑法所规定的两种性质不同的犯罪,根据刑法的有关规定,两罪的不同之处主要在于:①犯罪直接客体不同。包庇罪的直接客体是简单客体,即司法机关的刑事追诉和刑罚执行活动的正常进行;而伪证罪的客体虽然也是简单客体,但却是司法机关的正常诉讼活动。②犯罪对象不同。包庇罪的犯罪对象,总的来说是犯罪的人,既可以是未经逮捕、审判而潜逃的犯罪分子,也可以是正在服刑而脱逃的犯罪分子,既包括未决犯,也包括已决犯;而伪证罪包庇的对象只能是未决犯。③包庇的 43

内容不同。包庇罪所掩盖的既可以是犯罪分子的全部犯罪事实,也可以是犯罪分子的主要罪行;而伪证罪则是为犯罪分子掩盖与案件有重要关系的情节。这里,所谓"与案件有重要关系的情节",是指对案件的处理有重大影响的情节,即与决定行为人的行为是否构成犯罪、犯什么罪以及量刑轻重有直接关系的情节,亦即犯罪情节与量刑情节,具体包括犯罪主体的情况、行为人主观方面的情况、犯罪客观方面的情况及影响量刑的各种情况。④犯罪的时间不同。包庇罪既可以发生在犯罪分子被逮捕、关押之前,也可以发生在犯罪分子服刑之后;而伪证罪则只能发生在判决以前的侦查、起诉、审判过程中。⑤犯罪主体不同。包庇罪的主体是一般主体,即任何一个具有刑事责任能力的自然人,都可以实施包庇行为,成为包庇罪的主体;而伪证罪的主体则是特殊主体,只能是刑事诉讼中证人、鉴定人、记录人、翻译人,除此以外的任何人,都不能单独成为伪证罪的主体。

44 以上是从总体上对包庇罪与伪证罪所作的区别,但在司法实践中最容易混淆的是包庇罪中的作虚假证明与伪证罪中的证人作虚伪陈述。对此,一是看作虚假证明及虚伪陈述的主体是否确实具有证人身份;二是看作虚假证明及虚伪陈述的内容是否确实是与案件有重要关系的情节。如果本不具有证人资格的人即本来不知道案件真实情况的人假冒证人的,尽管其所陈述的内容是与案件有重要关系的情节,也不能定伪证罪,而应定包庇罪;反之,尽管是确实知道案件真实情况的证人,如果陈述的内容不是与案件有重要关系的情节,也不成立伪证罪,而应以包庇罪论处。问题在于,对于既具有证人身份、所虚伪陈述的又确实是与案件有重要关系的情节,应当如何定性处理?行为人的行为此时显然同时触犯了伪证罪和包庇罪两罪,但由于伪证罪法条与包庇罪法条之间并不存在法条竞合的关系,因而此种情形实际上构成刑法理论上所说的"想象竞合",按照想象竞合的处理原则,应当择一重罪处断。

三、窝藏、包庇罪与辩护人、诉讼代理人毁灭证据、伪造证据、妨害作证罪的区别

45 根据现行《刑法》第306条的规定,辩护人、诉讼代理人毁灭证据、伪造证据、妨害作证罪是指在刑事诉讼中,辩护人、诉讼代理人毁灭、伪造证据,帮助当事人毁灭、伪造证据,威胁、引诱证人违背事实改变证言或者作伪证的行为。窝藏、包庇罪和辩护人、诉讼代理人毁灭证据、伪造证据、妨害作证罪在主观方面都是出于故意,犯罪行为的实施都对司法机关的正常活动构成了侵犯。两罪的不同之处主要表现在以下几点:①犯罪侵犯的直接客体不同。窝藏、包庇罪侵犯的直接客体是简单客体,仅限于司法机关刑事追诉和刑罚执行活动的正常进行;而辩护人、诉讼代理人毁灭证据、伪造证据、妨害作证罪侵犯的直接客体是复杂客体,既包括司法机关的正常刑事诉讼活动,也包括刑事辩护制度,并且司法机关的正常刑事诉讼活动是主要客体,刑事辩护制度是次要客体。②犯罪客观方面的表现形式不同。窝藏、包庇罪在客观方面表现为明知是犯罪的人而为其提供隐藏处所、财物,帮助其逃匿或者作假证明包庇的行

为;而辩护人、诉讼代理人毁灭证据、伪造证据、妨害作证罪在客观方面则表现为在刑事诉讼中毁灭证据、伪造证据,帮助当事人毁灭、伪造证据,威胁、引诱证人违背事实改变证言或者作伪证的行为。③犯罪主体不同。窝藏、包庇罪的主体是一般主体,任何具有刑事责任能力,实施了窝藏、包庇行为的自然人,都可以成为窝藏、包庇罪的主体;而辩护人、诉讼代理人毁灭证据、伪造证据、妨害作证罪的主体则是特殊主体,即只能是辩护人、诉讼代理人,除此以外的任何人都不能单独成为辩护人、诉讼代理人毁灭证据、伪造证据、妨害作证罪的主体。

四、包庇罪与徇私枉法罪的区别

根据现行《刑法》第 399 条第 1 款的规定,徇私枉法罪是指司法工作人员徇私枉 46
法、徇情枉法,对明知是无罪的人而使他受追诉、对明知是有罪的人而故意包庇不使他受追诉,或者在刑事审判活动中故意违背事实和法律作枉法裁判的行为。包庇罪与徇私枉法罪两罪比较相似,例如,两罪在主观方面都是故意犯罪;犯罪主体可能存在着交叉,即包庇罪的主体也可以是司法工作人员;在客观方面都可能表现为包庇犯罪人的行为;犯罪行为的实施,都对司法机关的正常活动构成了侵犯。但两罪属于性质不同的犯罪,根据刑法的有关规定,两罪的区别主要在于:①犯罪性质不同。包庇罪不具有渎职的性质;而徇私枉法罪则属于渎职罪。②犯罪客体不同。包庇罪侵犯的直接客体是司法机关的刑事追诉和刑罚执行活动;而徇私枉法罪侵犯的直接客体则是司法机关的正常活动。③犯罪对象不同。包庇罪的犯罪对象是犯罪的人;而徇私枉法罪的犯罪对象则是刑事诉讼活动中的当事人,既可能是犯罪的人,也可能是无辜的人。④犯罪客观方面的表现形式不同。包庇罪在客观方面表现为明知是犯罪的人而作假证明予以包庇的行为;而徇私枉法罪在客观方面则表现为徇私枉法、徇情枉法,对明知是无罪的人而使他受追诉,对明知是有罪的人而故意包庇不使他受追诉,或者在刑事审判活动中故意违背事实和法律作枉法裁判的行为。可见,包庇行为的实施不涉及利用行为人的职务之便的问题;而徇私枉法行为的实施,则须利用行为人自己直接办理或者主管案件的便利条件。此外,包庇罪在客观方面仅仅表现为包庇犯罪分子的行为;而徇私枉法罪在客观方面则既可以表现为包庇犯罪分子,使犯罪分子不受追诉或者使重罪者得到轻判的行为,也可以表现为使无辜者受到刑事追诉或者使罪轻者得到重判的行为。⑤犯罪实施的时间不同。包庇罪可以在刑事诉讼的任何一个阶段实施;而徇私枉法罪则只能在判决最终确定前实施。⑥犯罪主体的范围不同。包庇罪的主体是一般主体,即任何具有刑事责任能力的自然人,只要实施了包庇行为,都可以独立地成为包庇罪的主体;而徇私枉法罪的主体则是特殊主体,即只有司法工作人员才能成为徇私枉法罪的主体。⑦犯罪目的不尽相同。包庇罪的主观目的仅限于放纵犯罪分子、帮助犯罪分子逃避法律的制裁;而徇私枉法罪的目的则是出入人罪,既可以是以使他人受到不应有的刑事追诉或受到冤判、错判为目的,也可以是以放纵犯罪分子、帮助犯罪分子逃避法律制裁为目的。

五、包庇罪与帮助犯罪分子逃避处罚罪的区别

47 根据现行《刑法》第417条的规定,帮助犯罪分子逃避处罚罪是指负有查禁犯罪活动职责的国家机关工作人员,向犯罪分子通风报信、提供便利,帮助犯罪分子逃避处罚的行为。包庇罪与帮助犯罪分子逃避处罚罪,在主观方面都是出于故意,且行为人都具有帮助犯罪分子逃避处罚的目的;其犯罪行为的实施,都对司法机关的正常活动构成了侵犯。两罪的不同之处在于:①犯罪性质不同。包庇罪不具有渎职的性质;而帮助犯罪分子逃避处罚罪则属于渎职罪。②犯罪客体不同。包庇罪的直接客体是司法机关的刑事追诉和刑罚执行活动的正常进行,同类客体则是国家司法机关的正常活动;而帮助犯罪分子逃避处罚罪的直接客体和同类客体则都是国家机关的正常活动。③犯罪客观方面的表现形式不同。包庇罪在客观方面表现为对明知是犯罪的人作假证明予以包庇的行为;而帮助犯罪分子逃避处罚罪在客观方面则表现为向犯罪分子通风报信、提供便利,帮助犯罪分子逃避处罚的行为。④犯罪主体不同。包庇罪的主体是一般主体,即任何具有刑事责任能力的自然人,只要实施了包庇犯罪分子的行为,都可以成为包庇罪的主体,独立地构成包庇罪;而帮助犯罪分子逃避处罚罪的主体则是特殊主体,即只能是负有查禁犯罪活动职责的国家机关工作人员。

六、包庇罪与包庇毒品犯罪分子罪的区别

48 根据现行《刑法》第349条第1款的规定,包庇毒品犯罪分子罪指包庇走私、贩卖、运输、制造毒品的犯罪分子的行为。包庇罪与包庇毒品犯罪分子罪之间极其相似,例如:两罪在客观方面都表现为包庇犯罪分子的行为;在主观方面都是出于直接故意,且行为人都具有帮助犯罪分子逃避法律制裁的目的;犯罪主体都是一般主体,任何具有刑事责任能力的自然人,都可以成为包庇罪与包庇毒品犯罪分子罪的主体。但是,包庇罪与包庇毒品犯罪分子罪毕竟是刑法规定的两种性质不同的犯罪,因而两罪也有不同之处。根据刑法的有关规定,两罪的区别主要在于:①犯罪对象不同。包庇罪的犯罪对象是实施了普通刑事犯罪的犯罪分子;而包庇毒品犯罪分子罪的犯罪对象则只能是实施了走私、贩卖、运输、制造毒品的犯罪分子,其中既包括尚未被司法机关发觉的犯罪分子和作案后潜逃尚未捕获归案的犯罪分子,也包括脱逃出来的未决犯和已决犯,且走私、贩卖、运输、制造毒品之外的其他毒品犯罪分子不能成为包庇毒品犯罪分子罪的犯罪对象。所以,如果被包庇者虽然实施了毒品犯罪行为,但实施的不是法定的四种特殊的毒品犯罪,而是走私、贩卖、运输、制造毒品罪以外的其他毒品犯罪,如现行《刑法》第348条规定的非法持有毒品罪等,行为人的包庇行为也不能构成包庇毒品犯罪分子罪。②犯罪客体不同。包庇罪的直接客体是司法机关的刑事追诉活动和刑罚执行活动,同类客体是司法机关的正常活动;而包庇毒品犯罪分子罪的直接客体则是国家司法机关惩治走私、贩卖、运输、制造毒品的犯罪分子的正常活动。

不难发现,包庇罪与包庇毒品犯罪分子罪的法条之间存在着一种包容与被包容的关系,即普通法条与特别法条的关系,包庇罪是普通法条所规定的犯罪,包庇毒品犯罪分子罪是特别法条所规定的犯罪,根据特别法条优先于普通法条适用的法条竞合处理原则,如果行为人包庇的对象是走私、贩卖、运输、制造毒品犯罪分子,则以包庇毒品犯罪分子罪论处;如果包庇其他犯罪分子,则以包庇罪论处。 49

七、窝藏、包庇罪与事前有通谋的共同犯罪的区别

现行《刑法》第 310 条第 2 款规定:“犯前款罪,事前通谋的,以共同犯罪论处。”这就是说,如果实施窝藏、包庇行为的行为人与被窝藏、包庇的犯罪分子在犯罪之前有通谋的,对于窝藏、包庇的行为人不以窝藏、包庇罪论处,而是以与被窝藏、包庇的犯罪分子共同实施犯罪论处。因而事前是否有通谋,就成为区分共同犯罪与单独的窝藏、包庇犯罪的关键。最高人民法院 1986 年 1 月 15 日发布的《关于窝藏、包庇犯罪中“事前通谋的,以共同犯罪论处”如何理解的请示答复》中指出:“我国刑法第一百六十二条第三款所说的‘事前通谋’,是指窝藏、包庇犯与被窝藏包庇的犯罪分子,在犯罪活动之前,就谋划或合谋,答应犯罪分子作案后给以窝藏或包庇的,这和刑法总则规定共犯的主客观要件是一致的。如,反革命分子或其他刑事犯罪分子,在犯罪之前,与行为人进行策划,行为人分工承担窝藏或答应在追究刑事责任时提供虚假证明来掩盖罪行等等。因此,如果只是知道作案人员要去实施犯罪,事后予以窝藏、包庇或者事先知道作案人要去实施犯罪的,未去报案,犯罪发生后又窝藏、包庇犯罪分子的,都不应以共同犯罪论处,而单独构成窝藏、包庇罪。”这一解释在今天仍然具有法律效力,对司法实践中正确区分共同犯罪与单独犯罪具有积极意义。 50

XI 处罚

根据我国现行《刑法》第 310 条的规定,犯窝藏、包庇罪的,处 3 年以下有期徒刑、拘役或者管制;情节严重的,处 3 年以上 10 年以下有期徒刑。对于窝藏、包庇罪的处罚,应当注意以下两点: 51

1. 在对窝藏、包庇罪的行为人适用刑罚时,应当注意区分情节一般与情节严重两种情形,分别适用不同的法定刑

何谓“情节严重”,我国目前尚没有相关司法解释作出规定,司法实践中一般是指窝藏、包庇的对象是危害严重的犯罪分子,如重大的危害国家安全的犯罪分子、严重危害社会治安的犯罪分子、严重破坏经济秩序的犯罪分子;窝藏、包庇犯罪分子的人数较多或者多次窝藏、包庇犯罪分子的;窝藏、包庇犯罪分子的时间较长,致使犯罪分子长期逍遥法外,造成严重后果的;等等。 52

2. 对犯罪分子的亲属犯窝藏、包庇罪的,是否要给予从宽处罚

我国现行刑法没有明文规定,但 1979 年《刑法(草案)》第 22 稿曾规定,直系血亲、配偶或者在一个家庭共同生活的亲属窝藏反革命分子以外的犯罪分子的,可以减 53

轻或者免除处罚。后来认为,这样规定有容忍封建社会“亲属相隐”“父为子隐、子为父隐”伦理道德之嫌,所以在1979年《刑法(草案)》33稿中予以删除。[14] 实际上,对亲属犯窝藏包庇罪的,不仅在我国古代规定从宽处理,就是在现代许多国家也还有明确的规定。这种现象说明,对于亲属间的窝藏庇护行为给予一定的从宽处理,并非全无合理之处。当然,从保障司法机关活动正常进行的目的出发,我国刑法不作明文规定而是由司法人员在审判过程中根据案件的具体情况灵活掌握,更具主动性,因而是可取的。

---

14 参见高铭暄编著:《中华人民共和国刑法的孕育与诞生》,法律出版社1981年版,第222页。

第三百一十一条　拒绝提供间谍犯罪、恐怖主义犯罪、极端主义犯罪证据罪

明知他人有间谍犯罪或者恐怖主义、极端主义犯罪行为，在司法机关向其调查有关情况、收集有关证据时，拒绝提供，情节严重的，处三年以下有期徒刑、拘役或者管制。

文献:赵秉志主编:《妨害司法活动罪研究》,中国人民公安大学出版社 1994 年版;高西江主编:《中华人民共和国刑法的修订与适用》,中国方正出版社 1997 年版;赵秉志主编:《新刑法典的创制》,法律出版社 1997 年版;郭立新、杨迎泽主编:《刑法分则适用疑难问题解》,中国检察出版社 2000 年版;赵秉志、田宏杰、于志刚:《妨害司法罪》,中国人民公安大学出版社 2003 年版。袁春:《刑法应增加证人拒绝作证罪》,载《法学评论》1988 年第 3 期。

细目录

Ⅰ　主旨
Ⅱ　沿革
Ⅲ　客体
Ⅳ　对象
Ⅴ　行为
Ⅵ　主体
Ⅶ　罪过
Ⅷ　既遂与未遂
Ⅸ　与非罪的界限
Ⅹ　罪数
Ⅺ　处罚

Ⅰ　主旨

本条是对拒绝提供间谍犯罪、恐怖主义犯罪、极端主义犯罪证据罪的规定。为适应暴恐活动的变化,维护国家安全、公共安全和公民的生命财产安全,《刑法修正案(九)》将明知他人有间谍犯罪行为或者恐怖主义、极端主义犯罪行为的,以不作为的形式拒绝向司法机关提供犯罪证据且情节严重的行为,纳入刑法规制的范畴。 1

Ⅱ 沿革

2 我国 1979 年《刑法》中没有关于拒绝提供间谍犯罪证据罪的规定。因而证人拒绝提供间谍犯罪证据导致国家安全机关对间谍犯罪活动的侦破难度加大,成为当时我国司法实践中一个突出的问题。1997 年《刑法》修订时,立法机关经过反复论证,最终在《刑法》第 311 条中规定了“拒绝提供间谍犯罪证据罪”:明知他人有间谍犯罪行为,在国家安全机关向其调查有关情况、收集有关证据时,拒绝提供,情节严重的,处 3 年以下有期徒刑、拘役或者管制。2015 年 8 月 29 日全国人大常委会通过的《刑法修正案(九)》,针对恐怖主义、极端主义严峻的形势,从总体国家安全观出发,统筹考虑刑法反恐怖主义法、反间谍法等维护国家安全方面法律的衔接配套,在原有的罪状中,将拒绝向司法机关提供恐怖主义、极端主义犯罪证据且情节严重的行为纳入该条罪状。可见,本罪是出于保护重大法益的考量而施加给国民的特殊义务。

Ⅲ 客体

3 本罪侵犯的客体(法益)是国家司法机关对间谍犯罪、恐怖主义犯罪、极端主义犯罪的侦查活动。间谍罪是指参加间谍组织,或者接受间谍组织及其代理人的任务,或者为间谍组织窃取、刺探提供情报的行为,这是一种严重危害国家安全的行为;恐怖主义犯罪、极端主义犯罪,同样严重危害国家安全和人民群众生命财产安全,且具有较强的隐蔽性。为了维护国家安全,各国的国家司法机关都积极开展反间谍、反恐怖主义、反极端主义工作。为了稳、准、狠地打击间谍活动、恐怖主义、极端主义活动,必须收集到充分、准确的证据,这一方面要靠国家司法机关的专门工作,另一方面也要靠广大公民的积极协助配合。只有证人依法作证,才能证实犯罪,揭露犯罪,保证司法机关的刑事诉讼活动顺利进行。目前,证人拒不作证,已经成为司法机关诉讼活动的一大障碍。虽然法律规定了证人作证的法律义务,但并没有规定不履行该义务所应承担的法律责任,这使得证人作证义务的履行缺乏强有力的刑事法律保障。特别是有些证人面对危害国家重大利益的犯罪仍拒不作证,这必然会干扰国家司法机关依法执行国家安全任务的侦查活动,使犯有间谍罪、恐怖主义犯罪、极端主义犯罪的人逃避法律制裁,最终危害国家安全。基于此,1993 年 2 月 22 日公布的《国家安全法》第 26 条规定了拒绝提供证据的附属刑法规范,1997 年《刑法》修订时,吸收了该规定的合理内容,并将其纳入现行刑法中,从而为国家安全机关有效地履行打击间谍犯罪的职责提供了保障;《刑法修正案(九)》则将拒绝向司法机关提供恐怖主义、极端主义犯罪证据且情节严重的行为纳入该条罪状,为维护国家安全提供了有力的法律武器。

Ⅳ 对象

4 拒绝提供极端主义犯罪证据罪的犯罪对象是他人间谍犯罪、恐怖主义犯罪、极端主义犯罪活动的证据。

1. 间谍犯罪

所谓间谍犯罪,应当仅限于我国现行刑法明确规定以间谍罪论处的行为。我国现行《刑法》只在第110条中规定了间谍罪。根据该条的规定,间谍罪是指参加间谍组织,或者接受间谍组织及其代理人的间谍活动任务,或者为敌人指示轰击目标的行为。所谓间谍组织代理人,根据《国家安全法实施细则》第4条规定,间谍组织代理人是指受间谍组织或者其成员的指使、委托、资助,进行或者授意、指使他人进行危害中华人民共和国安全活动的人。不管是间谍组织还是间谍组织的代理人,都必须由中华人民共和国国家安全部确认。所以,如果行为人拒绝提供的不是他人间谍犯罪行为的证据,而是其他犯罪证据,如行为人明知他人有为境外机构、组织、人员窃取、刺探、收买、非法提供国家秘密、情报等危害国家安全的犯罪行为,在国家安全机关向其调查取证时,拒绝作证,即使行为十分恶劣,也不能以拒绝提供间谍犯罪证据罪追究行为人的刑事责任,而只能以刑法所规定的其他相应的罪名进行处罚。 5

2. 恐怖主义犯罪、极端主义犯罪

所谓恐怖主义犯罪、极端主义犯罪,具体为:一是现行《刑法》第120条规定的五种犯罪:①组织、领导、参加恐怖活动组织罪(《刑法》第120条);②帮助恐怖活动罪(《刑法》第120条之一);③准备实施恐怖活动罪(《刑法》第120条之二);④宣扬恐怖主义、极端主义、煽动实施恐怖活动罪(《刑法》第120条之三);⑤利用极端主义破坏法律实施罪(《刑法》第120条之四)。上述五种犯罪主观上有制造社会恐慌的目的,客观上实施了足以引发社会恐惧的严重危害后果的行为,属于通常意义的"恐怖主义、极端主义犯罪",对于《刑法》120条之五强制穿戴宣扬恐怖主义、极端主义服饰、标志罪和《刑法》第120条之六非法持有宣扬恐怖主义、极端主义物品罪,因其行为尚不足以引发社会恐惧的严重危害后果,故其最高刑亦在3年以下,不宜作为该罪的犯罪对象;二是有些普通的罪名如果由恐怖分子、极端分子实施,从而制造社会恐慌,实现其政治目的或其他社会目的,行为人"拒不提供"此种罪行的犯罪情况或证据的,也应当认定构成本罪。例如故意杀人罪、绑架罪,由于其造成的危害后果极其严重,往往由恐怖分子所实施以达到其制造社会恐慌的目的。例如极端组织发布到互联网上的斩首视频,就是以残忍的杀人方式在世界范围内达到引发社会恐慌的效果。刑法也明文规定,组织、领导、参加恐怖组织后,又实施了故意杀人、绑架等行为的,数罪并罚。由此可见,行为人"拒不提供"此种罪行的情况或证据的法益危害性与刑罚可罚性程度都极高,而且其恐怖主义的内在性质决定了处罚这种"拒不提供"的行为不会违反罪刑法定原则的明确性要求。 6

V　行为

本罪在客观方面表现为在国家司法机关向其调查有关情况、收集有关证据时,拒绝提供且情节严重的行为,是典型的不作为犯。可见,本罪行为的成立,必须同时具 7

备以下三个要素,缺少其中任何一个,都不能以本罪论:

1. 行为的时间要素

8 行为必须发生在国家司法机关向行为人调查了解间谍犯罪、恐怖主义犯罪、极端主义犯罪的有关情况或收集证据时。①本罪明确规定询问的主体是"司法机关",此处的"司法机关"包括侦查机关、检察机关、审判机关,将询问主体限定在司法机关是因为这三个机关分别具有侦查、起诉、审判职能,是打击间谍犯罪、恐怖主义犯罪、极端主义犯罪的直接国家机关,社会公信力也更强,拒绝向这三个机关提供恐怖主义犯罪的情况或证据会直接影响国家对恐怖主义犯罪的预防与惩罚。②本罪是出于保护重大法益的考量而施加给国民的特殊义务,因此,对此处"司法机关"的解释不宜采用扩大解释,其他政府机关、群众自治性组织或社会团体,询问行为人掌握的他人实施的恐怖主义犯罪的情况或证据时,行为人予以拒绝的,并不构罪。

2. 行为的内容要素

9 行为人必须实施了拒绝提供所知道的有关间谍犯罪、恐怖主义犯罪、极端主义犯罪的情况和证据的行为。所谓拒绝提供,就是知情人不将其所知道的情况和证据告诉和提供给国家司法机关。拒绝提供的表现形式是多种多样的,有的表现为推诿、躲避;有的表现为装糊涂;有的表现为只陈述枝节问题,而隐匿关键情节;有的甚至直接拒绝作证;等等。尽管如此,就拒绝的方式而言,不外乎以下两种:一种是明示拒绝,即知情人对知道的情况明确表示不知道或不说;另一种是暗示的拒绝,即知情人虽未明确表示拒绝,但对应该提供的情况采取推诿、躲避、装糊涂、东拉西扯故意隐瞒关键情节,使国家安全机关无法了解和掌握有关情况和证据,等等。所以,拒绝提供有积极和消极两种行为形式。

10 至于拒绝提供的内容,包括以下两个方面:①与间谍犯罪、恐怖主义犯罪、极端主义犯罪行为有关的情况,这里与间谍犯罪、恐怖主义犯罪、极端主义犯罪行为有关的情况,不是仅指间谍犯罪、恐怖主义犯罪、极端主义犯罪行为本身的情况,还包括参加间谍犯罪、恐怖主义犯罪、极端主义犯罪活动的人、规律、线索以及方法、手段、时间、地点等情况;②与间谍犯罪、恐怖主义犯罪、极端主义犯罪行为有关的证据。主要是指两类:一类是指能够证明间谍犯罪、恐怖主义犯罪、极端主义犯罪真实情况的证人证言;另一类是能够证明他人进行间谍犯罪、恐怖主义犯罪、极端主义犯罪行为的物证、书证,如间谍犯罪、恐怖主义犯罪、极端主义犯罪活动的工具、活动方案、组织名单等。

3. 行为的程度要素

11 行为必须达到情节严重的程度。拒绝提供间谍犯罪情况、证据的行为,必须是情节严重的才能构成本罪。"情节严重",主要是指:因行为人拒绝提供间谍犯罪、拒绝提供恐怖主义犯罪、拒绝提供极端主义犯罪情况和证据而延误重大间谍犯罪、恐怖主义犯罪、极端主义犯罪案件办理的;或者导致间谍犯罪、恐怖主义犯罪、极端主义犯罪分子逍遥法外,给国家造成重大损失的;或者致使间谍犯罪、恐怖主义犯罪、极端主义犯罪人员得手,严重损害国家安全利益的;出于对重大间谍犯罪活动、恐怖主义犯罪、极端主义犯罪活动进行包庇的意图而拒绝提供证据的;等等。

VI 主体

本罪的主体是一般主体,凡是达到刑事责任年龄、具有刑事责任能力的自然人,都可以成为本罪的主体,独立地构成本罪。但实际上,具体到某一案件时,行为人要成为本罪主体,还须具备以下条件[1]: 12

1. 行为人明知他人有间谍犯罪、恐怖主义犯罪、极端主义犯罪行为

这是指行为人要么掌握他人犯罪的有关证据,要么知悉有关犯罪情况。当然这并不要求行为人对间谍犯罪、恐怖主义犯罪、极端主义犯罪事实的一切情况掌握得一清二楚,而是知道主要的或基本的事实或重要的犯罪线索,具有提供证据或线索的能力即可。 13

2. 行为人不具备某种消极身份

所谓消极身份,是指刑法规定的某种犯罪不能成立或免除刑事责任的身份。作为本罪的主体,行为人必须不具备以下两种消极身份:①间谍犯罪、恐怖主义犯罪、极端主义犯罪的共同犯罪分子。共同犯罪分子彼此之间不揭发提供犯罪行为的,只能作为认罪态度不好酌情从重处罚,而不能另外成立本罪。②犯罪嫌疑人、被告人的辩护人。根据《刑事诉讼法》第37条的规定,辩护人的责任是根据事实和法律,提出证明犯罪嫌疑人、被告人无罪、罪轻或者免除刑事责任的材料和意见,维护犯罪嫌疑人、被告人的合法权益。辩护人在诉讼中不得实施不利于犯罪嫌疑人、被告人的诉讼行为。辩护人与委托人之间的信任与保守秘密关系,是世界各国律师制度建立的基础。因此,辩护人对自己因承担辩护案件而知道的犯罪嫌疑人、被告人的有关间谍犯罪、恐怖主义犯罪、极端主义犯罪的事实,不承担提供证据的义务。任何机关、个人不得强迫他们提供证据,否则即是违法。但是,如果行为人虽有辩护人的身份,但其掌握的间谍犯罪、恐怖主义犯罪、极端主义犯罪事实是从其他途径得来的,与其承办的案件和职业无关,此时行为人便负有提供证据的义务,其拒绝提供且情节严重的行为,便可能构成本罪。 14

VII 罪过

本罪在主观方面是出于故意,既包括直接故意,也包括间接故意,即明知他人间谍犯罪、恐怖主义犯罪、极端主义犯罪的情况,明知不向司法机关提供其所掌握的他人犯罪证据会发生影响国家司法机关对间谍犯罪、恐怖主义犯罪、极端主义犯罪案件 15

1　参见郭立新、杨迎泽主编:《刑法分则适用疑难问题解》,中国检察出版社2000年版,第297—298页。

的办理活动的危害结果,却希望或者放任这一危害结果的发生。过失不能构成本罪。这里的“明知”,不但包括确知,而且包括“应知”。至于明知、应知的程度,不影响本罪的构成。至于行为人拒绝提供间谍犯罪证据、恐怖主义犯罪证据、极端主义犯罪证据的犯罪动机,则是多种多样的,有的是怕影响自己的“名声”,有的是怕将来遭到打击报复,有的是怕麻烦,等等。由于犯罪动机不是本罪成立的法定必备要件,因而行为人的具体动机如何,对本罪的成立不产生影响。

Ⅷ 既遂与未遂

16 拒绝提供间谍犯罪、恐怖主义犯罪、极端主义犯罪证据罪是行为犯,即行为人一旦实施完毕《刑法》第 311 条所规定的拒绝提供间谍犯罪、恐怖主义犯罪、极端主义犯罪证据罪构成要件的实行行为,犯罪即告既遂。至于行为人拒绝提供犯罪证据的行为是否实际造成了间谍犯罪、恐怖主义犯罪、极端主义犯罪分子逍遥法外的危害结果,对本罪的既遂不产生影响,只在量刑时予以考虑。一言以蔽之,拒绝提供间谍犯罪、恐怖主义犯罪、极端主义犯罪证据罪存在着犯罪未遂形态,其犯罪既遂与未遂的区分,以行为人是否实施完毕刑法所规定的拒绝提供间谍犯罪、恐怖主义犯罪、极端主义犯罪证据罪的构成要件的实行行为为标准。如果行为人实施完毕拒绝提供间谍犯罪、恐怖主义犯罪、极端主义犯罪证据罪构成要件的实行行为,成立犯罪既遂;反之,如果行为人虽然已经着手实施拒绝提供间谍犯罪、恐怖主义犯罪、极端主义犯罪证据罪的实行行为,但由于行为人意志以外的原因,致使其未能实施完毕这一实行行为的,则属于犯罪未遂。

Ⅸ 与非罪的界限

17 实践中认定本罪时,应当注意以下几点:

18 (1)本罪的构成必须达到情节严重的程度。如果行为人虽然实施了拒绝提供间谍犯罪、恐怖主义犯罪、极端主义犯罪证据的行为,但没有影响到国家司法机关的正常活动,没有危害国家安全,没有阻挠国家司法机关工作的正常进行,也没有发生间谍犯罪、恐怖主义犯罪、极端主义犯罪分子逃避法律制裁等严重后果的,则不构成本罪。此外,如果行为人明知他人有间谍犯罪、恐怖主义犯罪、极端主义犯罪行为,但在国家司法机关未向其调查时,不主动检举、揭发、提供有关情况或有关证据的,属知情不举,不构成本罪。

19 (2)本罪是故意犯罪,包括直接故意和间接故意,过失不构成本罪。对于本罪故意的认定,应当注意把握以下两点:①是否明知他人有间谍犯罪、恐怖主义犯罪、极端主义犯罪行为。确实已知他人有间谍犯罪、恐怖主义犯罪、极端主义犯罪行为,或者通过他人的言谈举止、行为表现等方面推断出来,都可以认为是明知。②行为人在国家司法机关向其调查有关情况、收集有关证据时是否故意拒绝提供,或拒绝提供的行为是否违背行为人的意志。如果行为人确实不知道他人有间谍犯罪、恐怖主义犯罪、极端主义犯罪行为,或者应当知道他人有间谍犯罪行为、恐怖主义犯罪行为、极端主义犯罪行为,但在违背其意志的情况下而为之的,都不能认定是本罪的故意。所以,在司法实践中,办案人员要根据已掌握的证据材料,全面分析案件的各种具体情况,综合判断认定。

(3)必须是国家司法机关明确告知证人有提供间谍犯罪、恐怖主义犯罪、极端主义犯罪证据的法定义务,并且做了相应的说服教育工作后,证人仍拒绝提供间谍犯罪、恐怖主义犯罪、极端主义犯罪证据的,才能以本罪对行为人进行刑事制裁。对于经说服教育后,愿意提供间谍犯罪、恐怖主义犯罪、极端主义犯罪证据的证人,一开始虽有拒绝作证的行为,也不以犯罪论处。 20

X　罪数

本罪是选择性罪名,在行为对象上存在选择要素,亦即拒绝提供间谍犯罪的证据、拒绝提供恐怖主义犯罪的证据或拒绝提供极端主义犯罪的证据。例如,拒绝提供恐怖主义犯罪的证据,同时,又拒绝提供极端主义犯罪的证据,只需认定为拒绝提供恐怖主义犯罪证据罪、拒绝提供极端主义犯罪证据罪,不需要数罪并罚。当然,如果涉及两个独立罪名,则需要数罪并罚。例如,行为人拒绝提供恐怖主义犯罪证据,又为涉嫌其他犯罪的人提供隐藏处所、财物,帮助其逃匿的行为,则应以拒绝提供恐怖主义犯罪的证据罪和窝藏罪两罪并罚。 21

XI　处罚

根据现行《刑法》第 311 条的规定,犯拒绝提供间谍犯罪、恐怖主义犯罪、极端主义犯罪证据罪的,处 3 年以下有期徒刑、拘役或者管制。 22

第三百一十二条　掩饰、隐瞒犯罪所得、犯罪所得收益罪

明知是犯罪所得及其产生的收益而予以窝藏、转移、收购、代为销售或者以其他方法掩饰、隐瞒的，处三年以下有期徒刑、拘役或者管制，并处或者单处罚金；情节严重的，处三年以上七年以下有期徒刑，并处罚金。

单位犯前款罪的，对单位判处罚金，并对其直接负责的主管人员和其他直接责任人员，依照前款的规定处罚。

文献:高铭暄编著:《中华人民共和国刑法的孕育和诞生》,法律出版社 1981 年版;林山田:《刑法特论》,三民书局 1984 年版;金子桐、顾肖荣、郑大群:《罪与罚——妨害社会管理秩序罪的理论与实践》,上海社会科学院出版社 1989 年版;甘雨沛、何鹏:《外国刑法学》(下册),北京大学出版社 1985 年版;[日]木村龟二主编:《刑法学词典》,顾肖荣、郑树周等译,上海翻译出版公司 1991 年版;欧阳涛主编:《刑事犯罪案例丛书(窝藏、包庇、窝赃、销赃罪)》,中国检察出版社 1991 年版;王作富:《中国刑法研究》,中国人民大学出版社 1992 年版;蔡墩铭:《刑法各论》,三民书局股份有限公司 1995 年版;陈兴良主编:《刑法疏议》,中国人民公安大学出版社 1997 年版;高铭暄主编:《新编中国刑法学》,中国人民大学出版社 1998 年版;高铭暄、马克昌主编:《刑法学》(下编),中国法制出版社 1999 年版;鲜铁可:《妨害司法犯罪的定罪与量刑》,人民法院出版社 1999 年版;郭立新、杨迎泽主编:《刑法分则适用疑难问题解》,中国检察出版社 2000 年版;姜伟主编:《刑事司法指南》(总第 2 辑),法律出版社 2000 年版;赵秉志主编:《海峡两岸刑法各论比较研究》(下卷),中国人民大学出版社 2001 年版;张穹主编:《刑法各罪司法精要》(修订版),中国检察出版社 2002 年版;赵秉志、田宏杰、于志刚:《妨害司法罪》,中国人民公安大学出版社 2003 年版;王作富主编:《刑法分则实务研究》(第 5 版),中国方正出版社 2013 年版;张明楷:《外国刑法纲要》(第 3 版),法律出版社 2020 年版;张明楷:《刑法学》(第 6 版),法律出版社 2021 年版。刘银昌:《论窝赃、销赃罪》,载《法学研究》1985 年第 4 期。

细目录

Ⅰ　主旨

Ⅱ　沿革

Ⅲ　客体

Ⅳ　对象

一、正确理解犯罪所得
二、正确理解犯罪所得收益
Ⅴ 行为
一、窝藏
二、转移
三、收购
四、代为销售
五、以其他方法掩饰、隐瞒
Ⅵ 主体
Ⅶ 罪过
一、关于"明知"的判断
二、关于"明知"形成的时间
Ⅷ 既遂与未遂
Ⅸ 共犯
Ⅹ 与非罪的界限
Ⅺ 罪数
Ⅻ 处罚

Ⅰ 主旨

本条旨在规制掩饰、隐瞒犯罪所得、犯罪所得收益的行为,进而保障司法机关正常的侦查、起诉以及审判活动的顺利实施。 1

Ⅱ 沿革

1979 年《刑法》第 172 条规定:"明知是犯罪所得的赃物而予以窝藏或者代为销售的,处三年以下有期徒刑、拘役或者管制,可以并处或者单处罚金。" 2

1997 年《刑法》修订时,立法机关将赃物犯罪的客观行为特征从 1979 年《刑法》所规定的"窝藏或者代为销售"扩大为"窝藏、转移、收购或者代为销售"等四种行为方式,进一步完善了赃物犯罪的刑事立法规定,从而为司法实践惩治赃物犯罪提供了强有力的法律武器。此后,为了适应打击洗钱犯罪的需要,将具有遮盖犯罪所得、犯罪所得收益性质的行为纳入归责范围,并与洗钱罪联动截断犯罪经济利益的流动路线,2006 年 6 月 29 日全国人大常委会通过的《刑法修正案(六)》将赃物犯罪范围进一步扩大,在原有的窝藏、转移、收购或者代为销售四种行为方式上新增"其他方法"作为兜底规定。同时,提高了法定刑幅度,规定"情节严重的,处三年以上七年以下有期徒刑,并处罚金"。2009 年 2 月 28 日全国人大常委会通过的《刑法修正案(七)》在原条文基础上,对犯罪主体进行了修改,增加了单位作为本罪的犯罪 3

主体。

4 2014年4月24日全国人大常委会通过的《关于〈中华人民共和国刑法〉第三百四十一条、第三百一十二条的解释》明确了对收购珍贵、濒危野生动物之外的普通野生动物行为如何处罚的问题,指引适用《刑法》第312条。这是关于掩饰、隐瞒犯罪所得、犯罪所得收益罪的特殊规定。

Ⅲ 客体

5 正确认识掩饰、隐瞒犯罪所得、犯罪所得收益罪的客体或者说法益,有助于确立此种犯罪在刑法分则体系中的正确归属,有助于认定不同赃物犯罪的具体犯罪形态,从而划清赃物犯罪罪与非罪、此罪与彼罪的界限。从司法实践中的具体情况来看,掩饰、隐瞒犯罪所得、犯罪所得收益罪虽然与财产犯罪、经济犯罪关系密切,但其实质仍然是一种帮助犯罪分子逃避国家法律制裁且帮助其获得某种非法物质利益的行为。尽管如此,赃物犯罪侵犯的法益究竟是什么,国内外刑法学界长期以来一直存在着纷争,主要有以下几种不同的学说:①妨害追求权说(又称妨害返还请求权说)。该说认为,赃物罪是使本犯的被害人(即财产的所有人)对自己财物的追求产生困难的犯罪,其保护法益是本犯的被害人对自己财物的追求权。追求权的有无,与民法上追求权的有无是一致的。这种学说重视赃物罪的财产犯罪性质,只有当行为妨碍了财产的所有人对自己财产的追求权时,才可能具有财产犯罪的性质。这是日本判例采取的学说,基本上也是理论上的通说。但是这一学说也存在问题。因为根据这一学说,在民法上没有追求权的物,就不能成为赃物,这显然不合理。例如,根据民法规定,经过一定时间后,被害人对被盗物不再享有追求权,因而该物便不是赃物。行为人收受、搬运这种被盗物的,就不构成赃物犯罪。这是不能被人接受的。[1] ②违法状态维持说。该说认为,赃物犯罪的实质是稳固了侵犯财产行为或其他犯罪行为所造成的违法状态,使其难以或无法恢复原状,这是德国刑法学界的通说,日本也有不少学者采取这一学说。该说与妨害返还请求权说有相似之处,但两者也有不同之处:妨害返还请求权说认为,只有侵犯财产罪所得的财物才能构成赃物犯罪(因为只有对侵犯财产罪才有所谓返还请求权问题);而违法状态维持说则认为,违法状态不一定是由侵犯财产罪所引起的,其他行为也可引起。例如,由于违禁打猎所得到的猎物,伪造的公文证件印章等,都可视作赃物,代为销售、窝藏这些物品的也可构成赃物犯罪。[2] 但该说中的违法状态的内容,是十分暧昧的,人们难以据此确定什么行为维

---

1 参见张明楷:《外国刑法纲要》(第3版),法律出版社2020年版,第586页。

2 参见金子桐、顾肖荣、郑大群:《罪与罚——妨害社会管理秩序罪的理论与实践》,上海社会科学院出版社1989年版,第267—268页;《中国刑法词典》编委会编著:《中国刑法词典》,学林出版社1989年版,第728—729页。

持了违法状态。[3] ③并合说。由于上述两说都难以说明赃物犯罪的本质,所以有人提出了并合说。该说认为,上述各说虽然都有可取的一面,但都不能独立说明赃物犯罪的本质,需要根据各种赃物犯罪的具体情况全面考虑。首先,妨害追求权说与违法状态维持说是一种表里关系,从本犯的被害人方面来看,赃物犯罪妨碍了追求权,但从赃物犯方面来看,则是维持了违法状态。但违法状态维持只要求本犯是侵害了财产权的犯罪,而妨害追求权说要求本犯是侵害财产罪,二者并不一致。为了解决这一问题,并合说提出,妨害追求权说在判断有无追求权时,不应当以民法为根据,而应当根据刑法观点进行判断,这样便可使二者统一起来,将妨害追求权说与违法状态维持说结合起来,便能说明赃物犯罪的本质。日本刑法学者团藤重光、大塚仁等即持此说。[4] ④事后共犯说。该说认为,赃物犯罪只是维持和稳固了其他犯罪所造成的违法犯罪状态,所以,应将之视为其他犯罪的共同犯罪人的一种予以处罚,不再成立独立的罪名。这一理论在古代刑法中具有普遍意义,现代个别国家的刑法仍采此说。[5] ⑤得益说,又叫利益关联说。该说认为,赃物犯罪的本质在于行为人追求和享受不法利益,行为人以自己帮助本犯处理赃物的行为而从本犯所得的非法利益中获得一部分好处。该说一般为主张赃物犯罪需有特定目的的刑法学者所热衷。[6] ⑥隐匿说。在该说看来,赃物犯罪的本质在于隐匿本犯的犯罪行为。不过,现在已很少有人赞成此说。[7]

在上述诸说中,事后共犯说违背共同犯罪的一般原理,有悖于我国刑法的规定。 6
因为,根据我国现行《刑法》第 25 条的规定,共同犯罪是指 2 人以上共同故意犯罪。可见,共同犯罪的成立,要求各行为人在主观上必须具有共同犯罪的故意,客观上实施了共同的犯罪行为。只有主客观方面的要件同时齐备,才能成立共同犯罪。而一般的赃物犯罪,行为人与本犯在事先并没有通谋,谈不上共同的犯罪故意,自然也就难以论之以共同犯罪。而“妨害追求权说”“违法状态维持说”以及“得益说”等,都是实施赃物犯罪后,必然或可能出现的情况,将它们作为赃物犯罪的本质看待,既不能真正揭示赃物犯罪的本质,而且有主次颠倒、以偏概全之嫌,因而难谓合理。至于“并合说”,其主张对追求权有无的判断应以刑法而不是民法为根据,无疑割裂了民法与刑法之间的有机联系,有损法律体系内部的协调一致。至于“隐匿说”,将隐匿本犯

---

3 参见张明楷:《外国刑法纲要》(第 3 版),法律出版社 2020 年版,第 586 页。

4 参见张明楷:《外国刑法纲要》(第 3 版),法律出版社 2020 年版,第 586 页。

5 参见金子桐、顾肖荣、郑大群:《罪与罚——妨害社会管理秩序罪的理论与实践》,上海社会科学院出版社 1989 年版,第 267—268 页;《中国刑法词典》编委会编著:《中国刑法词典》,学林出版社 1989 年版,第 728—729 页。

6 参见金子桐、顾肖荣、郑大群:《罪与罚——妨害社会管理秩序罪的理论与实践》,上海社会科学院出版社 1989 年版,第 267—268 页;《中国刑法词典》编委会编著:《中国刑法词典》,学林出版社 1989 年版,第 728—729 页。

7 参见张明楷:《外国刑法纲要》,清华大学出版社 1999 年版,第 659 页。

的犯罪行为视为赃物犯罪的本质特征,显然未能从根本上划清赃物犯罪与窝藏罪、包庇罪的区别界限,其弊端更是显而易见。那么,赃物犯罪侵犯的直接法益究竟是什么?

7 (1)赃物犯罪的对象是由本犯犯罪所得或犯罪所得收益。它是证实犯罪、揭露犯罪的重要证据,在司法机关对本犯的定罪量刑活动中都发挥着十分重要的作用。财产犯罪、经济犯罪等发生以后,司法机关一方面要追缴赃物,将其中一部分没收、一部分退还被害人;另一方面要利用赃物证明犯罪人的犯罪事实,从而顺利进行侦查、起诉与审判。[8] 赃物犯罪则是将这一至关重要的证据隐藏起来,或加以转移、进行收购,抑或销售出去,这必然会对司法机关对案件的及时侦破构成阻碍,为犯罪分子逃避法律制裁创造有利条件。因此,赃物犯罪的社会危害性首先是妨害司法机关对刑事犯罪的追究,是对司法机关正常工作秩序的破坏。这也正是我国刑法将赃物犯罪列入刑法分则第六章妨害社会管理秩序罪第二节妨害司法罪的根本原因所在。

8 (2)赃物犯罪也侵害了本犯之被害人追索其财物的权利。由于掩饰、隐瞒犯罪所得、犯罪所得收益行为的存在,致使国家、集体和个人的财产难以或无法追回,从而蒙受财产上的损失,并使本犯所造成的违法状态得以维持和稳定,这是客观存在的事实,是任何人也不能否认的。

9 (3)赃物犯罪所侵犯的上述两方面关系中,妨害司法机关的正常活动是直接的、主要的,而妨害本犯之被害人的财产追索权利只不过是破坏司法机关正常活动以后所出现的相应后果。可以肯定,如果不是赃物犯罪妨害了司法机关对犯罪的及时查处和对犯罪分子刑事责任的正确追究,本犯之被害人的财产追索权也就不会必然遭受侵犯。从这个意义上说,赃物犯罪对本犯被害人财产追索权的侵犯是间接的、派生的。而犯罪法益是刑法所保护而为犯罪行为所侵犯的社会关系的某一部分或者某一方面,一种行为之所以被刑法规定为犯罪行为,正是因为这种行为对犯罪法益造成了侵害。因此,能够成为犯罪法益的社会关系,应当是某种犯罪行为的实施所必然直接侵犯的社会关系,如果不是必然直接侵犯的社会关系,而是可能或者间接侵犯的社会关系,则只不过是该种犯罪行为所造成的社会危害结果罢了。所以,从本质上讲,赃物犯罪侵犯的法益应当是司法机关的正常活动而不是被害人对财产的追索权利。

10 实际上,赃物犯罪的本质与立法机关的指导思想有着十分密切的关系。例如,日本刑法学界的通说认为,赃物犯罪的本质在于"妨害返还请求权",由此出发,他们认为赃物首先必须限于他人财产犯罪所得之物,即他人犯盗窃、诈骗、抢夺、强盗等罪而取得的财产。这样,由于侵犯财产犯罪以外的罪行而得到的物,例如贿赂罪中的贿款,走私罪中的走私物品,赌博罪中的赌资,违反狩猎法、渔业法而得到的捕获物等,尽管都具有财产上的价值,但都不是赃物。因为这些物要被国家没收,不能再返

8 参见张明楷:《刑法学》(第6版),法律出版社2021年版,第1444页。

还原主了。其次,根据这一学说,赃物还必须是被害人可以请求返还之物。这样,当善意第三人已经取得所有权的物,也就不再是赃物了;对那些被恶意占有的赃物,即知情而加以无偿或有偿占有的赃物,因占有人没有取得所有权,它们仍然是赃物;此外,由第三人善意取得,但尚无所有权的赃物(例如不知情而拾得的盗窃物),也没有失去赃物性。根据日本民法的规定,对这种物,被害人在一定期限内,可以向占有人请求返还。而我国刑事立法关于赃物犯罪的着眼点与日本刑法不同,我国刑事立法设立赃物犯罪的根本目的,是为了保证司法机关查处犯罪的各项工作的顺利开展和进行,因而司法机关的正常活动和秩序才是我国刑法所规定的赃物犯罪侵犯的法益。

Ⅳ 对象

赃物犯罪的犯罪对象是赃物。然而,什么是赃物,却聚讼纷纭。刑法理论和司法实践大都从赃物罪的本质出发对赃物予以界定,这样便因对赃物罪本质主张的不同,得出不同的结论。我国刑法将赃物界定为"犯罪所得及其产生的收益"。最高人民法院 2015 年 5 月 29 日发布的《关于审理掩饰、隐瞒犯罪所得、犯罪所得收益刑事案件适用法律若干问题的解释》第 10 条进一步规定:"通过犯罪直接得到的赃款、赃物,应当认定为刑法第三百一十二条规定的'犯罪所得'。上游犯罪的行为人对犯罪所得进行处理后得到的孳息、租金等,应当认定为刑法第三百一十二条规定的'犯罪所得产生的收益'。" 11

我国现行刑法中的赃物犯罪所侵犯的法益是司法机关的正常活动。在把握作为赃物犯罪对象的赃物的内涵和外延时,应根据赃物犯罪的本质特征,结合我国现行《刑法》第 312 条与司法解释的具体规定进行界定。一般说来,对我国刑法中的掩饰、隐瞒犯罪所得、犯罪所得收益罪的对象的把握,应当注意以下方面。 12

一、正确理解犯罪所得

(一)关于本条"犯罪"的内涵

对本犯之"犯罪"的理解,也有个宽严问题。日本、意大利等国以及我国台湾地区刑法学者均认为,本犯之"犯罪",只要具有违法性即可,不一定需要有责性。因此,欠缺刑事责任能力的人实施违法行为所得之物,也应视为赃物,因犯罪但具备处罚阻却事由而未实际受到处罚之行为所得之物,亦是赃物。[9]《意大利刑法典》则明确规定:"于金钱或财物所由来之犯罪正犯,不负刑责或不可处罚时亦适用之。"这是因为,依 13

---

9 参见〔日〕木村龟二主编:《刑法学词典》,顾肖荣、郑树周等译,上海翻译出版公司 1991 年版,第 737—738 页;蔡墩铭主编:《刑法分则论文选辑》(下),五南图书出版股份有限公司 1984 年版,第 852 页。

据追求权说,在上述情况下,被害人仍有追求权,刑法也应当保护被害人的这种追求权;依据违法状态维持说,赃物犯罪是维持、助长本犯所造成的违法财产状态的犯罪,因此,也只需要本犯的行为具有构成要件符合性与违法性。[10] 而在我国大陆,刑法学界通常认为,这里所称的“犯罪”,只是从行为的客观属性分析,已具备刑法分则各条所规定的构成特征,并具备应受刑罚处罚的社会危害性的行为,而不是严格意义上的完全符合四方面构成要件的犯罪。[11] 也有学者持反对观点。争议的焦点主要集中在以下两个问题:

1. 没有达到刑事责任年龄或没有刑事责任能力的人违法所得的财物是不是赃物

14 持通说立场的学者认为,赃物只要是由他人违法犯罪行为得来的物品就足够了,不一定非要符合犯罪构成的全部要件,或非要受到刑事处罚不可。例如,未满16周岁的少年或精神病人盗窃得来的物品仍然是赃物,尽管他们不构成犯罪。[12] 反对者则认为,对于没有达到法定年龄,没有辨认、控制能力的人,实施不合法行为所得的财物,不能认为是犯罪所得的赃物,否则,有违罪刑法定原则的要求。[13]

2. 尚未构成犯罪的违法行为所得的财物是不是赃物

15 通说主张犯罪的严格标准,认为违法所得不属赃物。但有学者认为,司法实践中常常遇到行为人多次或为多人窝藏、销售多人用非法手段获取的赃物的案件,他人的得财行为本身不构成犯罪,只是一般违法行为,但窝藏、销售赃物的行为却因累计计算赃物,而达到数额巨大、情节严重的程度,对这种窝藏、销售赃物行为应当定罪判刑。因而对赃物犯罪的犯罪对象应扩大解释为“非法所得的赃物”,包括犯罪所得和违法所得的财物。[14]

16 无论是从维护司法机关的正常活动出发,还是从保护被害人的利益出发,对本犯之行为采取广义的理解是可取的。也就是说,不管本犯之行为是违法行为还是犯罪行为,只要该物品是本犯违法犯罪行为得来之物,即为已足,并不以本犯之行为成立犯罪或者受到刑事制裁为必要。这是因为:一是实体意义上的犯罪认定是一个系统的过程,并不是所有案件一开始就能确定其不属于实体犯罪的范围。大多数都是在司法机关展开工作后才认定其性质的,掩饰、隐瞒行为在这个过程中同样可能造成妨害司法工作的客观效果。根据2009年公布的《最高人民法院关于审理洗钱等刑事案件具体应用法律若干问题的解释》第4条的规定:上游犯罪尚未依法裁判,但查证属实的,不影响本罪的认定。二是对“犯罪”作广义的理解并不违背罪刑法定原则“法

---

10 参见张明楷:《外国刑法纲要》(第3版),法律出版社2020年版,第588页。

11 参见赵秉志主编:《刑法争议问题研究》,河南人民出版社1996年版,第494页。

12 参见刘家琛主编:《新刑法条文释义》,人民法院出版社1997年版,第1365页。

13 参见郭立新、杨迎泽主编:《刑法分则适用疑难问题解》,中国检察出版社2000年版,第298页。

14 参见赵廷光主编:《中国刑法原理》(各论卷),武汉大学出版社1992年版,第98页。

无明文规定不为罪"的基本要求,按照这一原则规定,在解释刑法时不能超过国民对犯罪和刑罚的预测,即禁止类推解释,但并未禁止扩大解释。认为"犯罪"包括非实体意义上的犯罪,并没有超出国民对犯罪的预测。只是认为,刑法条文中规定的"犯罪"在此处过于狭隘,不能完整地表达其真实含义,故将其扩大解释而已。三是掩饰、隐瞒犯罪所得、犯罪所得收益罪具有独立性,一味强调犯罪的实体意义是过分注重其依附性忽视其独立性的表现。司法实践中,实体意义上的"犯罪"界定有一定的标准,这是罪刑法定原则的要求,如果将犯罪所得中的"犯罪"局限于实体意义上的"犯罪"将造成惩治很多掩饰、隐瞒犯罪所得、犯罪所得收益行为于法无据,放纵犯罪分子。

同时,这里的"犯罪"应该是实施完毕的。赃物犯罪经历了一个从共同犯罪到独 17
立犯罪的过程。立法之所以将其独立出来,是因为掩饰、隐瞒犯罪所得、犯罪所得收益行为等赃物犯罪是不同于共同犯罪的。共同犯罪是有二人以上共同故意的犯罪。犯罪实施过程中,行为人掩饰、隐瞒所得的,符合共同犯罪的要件,应该以共犯理论加以处理,不应单独成立掩饰、隐瞒犯罪所得、犯罪所得收益行为。如此,"犯罪"必须是实施完毕的。

(二)关于本条"犯罪"的范围

本罪所保护的法益在世界各国和地区就有不同的规定,因此也就会将本罪置于 18
刑法中不同的章节,比如日本就置于财产犯罪一章中,因此对"犯罪"的范围就仅限于财产犯罪,然而意大利刑法则明确规定犯罪的范围为一切犯罪行为[15]。我国刑法理论界也认为"犯罪"的范围是指一切犯罪行为。理由如下:①我国刑法条文并未明确规定犯罪的类型,犯罪所得表现为财或物,其主要源自财产性犯罪,但非财产性犯罪同样可能得到。不能因为非财产性犯罪这一部分较少而不予规制。②基于该罪的法益即司法机关追缴赃物和追查案件的活动,而不是财产性权利。本罪虽说是个派生性的罪名,但是又具有独立性,其具有的社会危害性与上游犯罪的范围并无关联性。③就司法实践而言,无论是何种犯罪行为,只要违反我国刑法规定,具有侵犯该罪的法益,就必然具有应罚性。例如,根据2020年12月17日"两高"、公安部、农业农村部发布的《依法惩治长江流域非法捕捞等违法犯罪的意见》的规定,明知是非法捕捞罪所得的水产品而收购、贩卖,价值1万元以上的,应当以本罪论处。

(三)关于本条"犯罪所得"的内涵

"犯罪所得"是指通过实施犯罪而获得的物。对于犯罪所得需把握以下四个方 19
面:①"犯罪所得"必须是他人犯罪所得之物,他人包括上游犯罪行为人及其共犯,行为人对自己的犯罪所得之物实施掩饰、隐瞒行为的,不以本罪论处,属于刑法中的事后不可罚的行为,行为人不具有期待可能性,刑法不再对其掩饰、隐瞒行为予以处罚。

15 参见〔意〕恩里科·菲利:《犯罪社会学》,郭建安译,中国人民公安大学出版社1990年版,第67页。

②“犯罪所得”必须是他人犯罪完成之后所得之物。“犯罪完成”也分既遂和未遂,但是我国刑法对此处的犯罪形态并未规定是既遂还是未遂,对于犯罪完成但处于未遂状态所得之物进行掩饰、隐瞒的,不能认为行为人就参与到上游犯罪之中,这与我国刑法共同犯罪理论不相符,如对于盗窃罪、诈骗罪因其数额未达到这类罪的数额要求,但是行为人掩饰、隐瞒盗窃诈骗所得之物,如果达到本罪的相关规定,则应认定为本罪。③犯罪所得不包括犯罪所生之物。犯罪所生之物是指本犯行为的实施所直接产生的财物,存在时间不同是犯罪所生之物和犯罪所得之物的区别之一。犯罪所生之物在犯罪行为的实施之前并不存在,而犯罪所得之物在犯罪行为实施之前就已经存在。如伪造货币中的“假币”,它在伪造犯罪行为之前并不存在,属于犯罪所生之物,将其视为犯罪所得之物会混淆掩饰、隐瞒犯罪所得、犯罪所得收益行为与其他犯罪行为的界限。④经过加工的犯罪所得性质不变。犯罪分子为了掩人耳目,逃避制裁,常常将所得赃物予以加工,或化整为零,或变卖、交换为别的形式。例如,将窃得的黄金块经过加工变成金首饰;将窃得的自行车零件经过装配成整车;将窃得的皮革制成皮鞋、皮包等,这些物品不能因为加工就改变其赃物的性质。以物易物、以钱换钱、以钱购物、以物变钱后所得的钱、物,不管这种加工花去了多少劳动,也不管加工后的物品形状发生了什么改变,只要物的本质部分未发生变化,就不能改变赃物的性质,窝藏、转移、收购、销售加工后的赃物的,仍然构成赃物罪。这一点在中外刑法理论中皆然。但对于赃物被出卖或交换后所得到的金钱或代替物,德、日刑法理论原则上不认为是赃物。[16] 例如,用所盗窃的金钱购买商品,该商品不被认为是赃物。但是,如果仍能肯定没有失去同一性,则能认定为赃物。例如,将盗窃来的现金换成另一种现金时,或者将盗窃来的支票兑换成现金时,后来的现金仍为赃物。

(四)关于本条“犯罪所得”的表现形式

1. 犯罪所得既可以是动产,也可以是不动产

20 虽然不能掩饰、隐瞒不动产的物理属性,但可以变动不动产的物权属性,如行为人代为销售他人诈骗而来的土地或者房屋。这种改变不动产的权利主体的情况,同样影响司法机关的正常活动。理由有二:①不动产虽不同于一般的财物但其仍然具备财物的物质属性,是财产的表现形式之一。或许不动产的客观性、稳固性等物理属性不易被掩饰、隐瞒,但通过一定的登记手续即可转移其法律上的控制权,掩饰、隐瞒其权利属性。②掩饰、隐瞒犯罪所得中的犯罪并未局限于某一种或某一类犯罪,只要不动产能够成为本犯的所得,就应该被视为犯罪所得。

2. 财产性利益是否属于“犯罪所得”应分情况讨论

21 认为犯罪所得既可以是有形财产也可以是无形财产的观点[17]和认为犯罪所得应排除无形财产的观点,都失之偏颇。一般情况下,掩饰、隐瞒行为的对象是有形财

16 参见张明楷:《外国刑法纲要》(第3版),法律出版社2020年版,第589页。

17 参见张明楷:《刑法学》(第6版),法律出版社2021年版,第1444页。

产,财产性利益无法满足掩饰、隐瞒行为方式的要求,不属于“犯罪所得”。但也不能一概而论。如果财产性利益具有有形载体,实践中可能成为掩饰、隐瞒行为的对象,行为人实施这些行为,将这些载体予以掩饰、隐瞒,客观上造成妨害司法机关正常工作的后果,可以纳入“犯罪所得”的范围,如银行存折、邮局汇款单、支票、股票、汇票、借据、证券等。根据2011年8月1日发布的“两高”《关于办理危害计算机信息系统安全刑事案件应用法律若干问题的解释》,明知是非法获取计算机信息系统数据犯罪所获取的数据以及非法控制计算机系统犯罪所获取的计算机信息系统控制权,均可纳入本罪规定的“犯罪所得”的范围。

3. 违禁品能成为“犯罪所得”

我国刑法学界对此问题仁者见仁,智者见智。[18] 一种意见认为,我国现行《刑法》 22
第64条规定:“犯罪分子违法所得的一切财物,应当予以追缴或者责令退赔;对被害人的合法财产,应当及时返还;违禁品和供犯罪所用的本人财物,应当予以没收,没收的财物和罚金,一律上缴国库,不得挪用和自行处理。”这里,将违禁品和供犯罪所用的本人财物列在一起,既然供犯罪所用的本人财物如前所述,不能成为赃物犯罪的对象,那么,违禁品也不能成为赃物犯罪的对象。另一种意见则认为,违禁品也可以成为赃物犯罪的对象。所谓违禁品,是指国家规定不准私自制造、销售、购买、使用、持有、储存、运输的物品。我国规定为违禁品的有武器、弹药、爆炸品、剧毒物品、麻醉品、放射物品等。对于窝藏、转移、收购、代为销售违禁品的行为,我国刑法有的设有特别的规定,将其列为独立的罪名,如私藏枪支弹药罪,运输、贩卖、持有毒品罪,运输、贩卖枪支、弹药、爆炸物罪等;有的则没有特别规定,如私藏爆炸物等行为,就没有规定为犯罪。因此,对于窝藏、转移、收购、代为销售或者以其他方法掩饰、隐瞒犯罪所得的违禁品的行为,应当区别对待,即有特别规定的,按特别规定处理。例如,窝藏他人盗窃所得枪支弹药的行为,就应定为私藏枪支弹药罪;没有特别规定的,就应定为掩饰、隐瞒犯罪所得、犯罪所得收益罪。例如,窝藏他人盗窃得来的爆炸物的行为,就应以掩饰、隐瞒犯罪所得罪论处。

笔者赞同第二种意见。这是因为,违禁品虽然为国家法律或者行政法规禁止私 23
人制造、持有、使用或者转移等,但是,不能仅凭此就否定违禁品的财物属性。只不过,违禁品因为法律的特别规定,是一种极其特殊的财物罢了。由此决定,对于他人犯罪所得的违禁品,显然符合赃物的上述几个特征,既然如此,没有理由将违禁品排除在赃物犯罪的对象范围之外,否则,对于法律没有特别规定的针对违禁品的掩饰、隐瞒的行为,将出现刑事打击的“真空地带”,这对于赃物犯罪的惩治以及其他犯罪的遏制无疑是极为不利的。所以,无论从罪刑法定原则的要求出发,还是从发挥刑法社会法益保护机能的角度出发,都应当将违禁品纳入赃物犯罪的犯罪对象的范畴。

18　参见《中国刑法词典》编委会编著:《中国刑法词典》,学林出版社1989年版,第731页;马克昌、杨春洗、吕继贵主编:《刑法学全书》,上海科学技术文献出版社1993年版,第388页。

4. 善意第三人有偿取得的赃物是否具有“犯罪所得”的性质

24 关于这一问题在中外刑法理论中都有很大争议。为了确保交易的安全,大多数国家的民法典,认为善意第三人对自己善意并有偿取得的盗窃物具有所有权,原所有人不得请求返还。日本、英国、美国、德国、匈牙利等国都有类似的规定。但也有例外,如《法国民法典》规定,占有的如系盗窃物、遗失物,可由原所有人在3年内请求返还,偿还原价取回原物。我国《民法典》第311条规定了物权的善意取得制度。有关司法解释中也有相应的规定。如1998年5月8日公布的最高人民法院、最高人民检察院、公安部、国家工商行政管理局制定的《关于依法查处盗窃、抢劫机动车案件的规定》第12条明确了对善意取得赃物的第三人的保护。因此,这一问题应采用折中的观点。即原则上第三人善意取得不改变犯罪所得的性质,但特定情况下可以适用善意取得制度。适用善意取得制度的特定情况应从以下几个方面予以考虑:①财物的形式,如果财物的种类难以明知是“犯罪所得及其产生的收益”或者是快速流通物追回极不符合经济效率的,如无记名证券等,可以适用善意取得制度。②取得的方式。如果是通过公开拍卖或者公开市场购买的,可以适用善意取得制度。③时间条件。在民法中,时间的规定常常是为保护现有的经济秩序而作出的权衡。在此,时效同样适用。犯罪行为经过一定的时效可以不被追究,那么经过一段时间后适用善意取得制度不会妨害司法机关的正常活动。司法实践中,对有偿取得的赃物,一般是按以下原则处理的:对不知情而有偿取得的盗窃物等,原物不存在的,应由犯罪分子按价赔偿原所有人的损失;如果犯罪分子确实无力赎回原物或者不可能赔偿损失时,可以根据买主和原所有人(即被害人)双方的具体情况进行调解,妥善处理;如果买主明知是赃物而故意购买的,应将赃物无偿追缴予以没收,或退还原所有人。

25 当然,在这里应当把犯罪所得的赃物同用于犯罪的物品区别开来。例如,非法制造、贩卖的淫书、淫画,是用于营利的标的物,而不是犯罪所得的赃物。甲制作了淫书、淫画之后准备贩卖,乙帮助其窝藏,乙构成贩卖淫书、淫画的共犯,而不是掩饰、隐瞒犯罪所得罪;丙走私进口一万只手表,丁帮助其销售,构成走私罪的共犯,也不能定掩饰、隐瞒犯罪所得罪。[19]

26 综上所述,“犯罪所得”是指通过他人犯罪所获得的财物。其形式多样,动产、不动产、有形载体的财产性利益、加工物、违禁品都可能成为犯罪所得。原则上第三人善意取得不改变犯罪所得的性质,但特定情况下可以适用善意取得制度。

二、正确理解犯罪所得收益

27 犯罪所得收益是《刑法修正案(六)》新增的行为对象。《刑法修正案(六)》的修正明确了犯罪所得收益属于赃物的范畴,止息了理论上的纷争。犯罪所得收益争议的焦点在于犯罪所得收益的界定和经过多个环节后的收益是否仍属于犯罪所得收益

---

[19] 参见王作富:《中国刑法研究》,中国人民大学出版社1992年版,第665页。

这两个问题。在普通用语中,“收益”是指生产和商业上的收入;在民法中,“收益”是指收取所有物的利益,具体可分为孳息和利润两类。孳息又可根据取得方式的不同,分为法定孳息和自然孳息。利润是把物投入社会生产过程、流通过程所取得的利益。[20]

犯罪所得收益应该具备以下特征:①犯罪所得收益是犯罪所得所产生的孳息和利润。只要是基于犯罪所得产生的,不论是自然孳息还是法定孳息都属于犯罪所得收益。孳息是随原物的。犯罪所得收益中的原物是犯罪所得,产生的孳息不能纳入犯罪所得的范围,应该视为犯罪所得收益。无论是自然孳息还是法定孳息都属于刑法中的“犯罪所得收益”。基于犯罪所得,通过一定行为方式所获得的利润也属于“犯罪所得收益”。将犯罪所得之物以合法或者非法方式用于经营、投资、储蓄等所获得的经济利益,比如将盗窃所得之物用于投资做生意所得的利润,由于其所得的利润是通过犯罪手段获得之物作为基础的,所以其非法性不言而喻了。将犯罪所得收益规制为该罪的行为对象有利于打击犯罪,也有利于对市场经济秩序的规制。②犯罪所得收益是由犯罪所得直接产生的,而非犯罪所获得的收益。犯罪所获得的收益范围明显大于犯罪所得收益。犯罪所得收益不包含犯罪直接获得之物。经过多个环节后的收益不应属于“犯罪所得收益”。犯罪所得收益应该是直接的收益,不能无限制地延伸。综上所述,“犯罪所得收益”应是指犯罪所得所产生的孳息和利润。 28

V 行为

本罪在客观方面表现为将犯罪所得或犯罪所得利益予以窝藏、转移、收购、代为销售或者以其他方法掩饰、隐瞒的行为。 29

一、窝藏

窝藏是指行为人为犯罪分子藏匿和保管犯罪所得及其产生的收益的行为,这也是我国目前刑法理论界占据主导地位的观点。[21] 而在刑法修订前,关于窝藏赃物的含义,传统的观点均认为,窝赃的形式是多种多样的,主要有收受、搬运、隐藏和寄藏等。[22] 最高人民法院、最高人民检察院 1992 年 12 月 11 日印发的《关于办理盗窃案件具体应用法律的若干问题的解释》第 8 条第(二)项也明确规定:“窝藏,既包括提供藏匿赃物的场所,也包括为罪犯转移赃物……”由此可见,我国过去的刑事立法和刑事司法都是从较为广泛的意义上理解“窝藏”一词的。 30

---

20 参见魏振瀛主编:《民法》,北京大学出版社、高等教育出版社 2000 年版,第 228 页。

21 参见高铭暄、马克昌主编:《刑法学》(下编),中国法制出版社 1999 年版,第 988 页;张军等主编:《中国刑法罪名大全》,群众出版社 1997 年版,第 712 页;高铭暄主编:《新编中国刑法学》(下册),中国人民大学出版社 1998 年版,第 861 页。

22 参见《中国刑法词典》编委会编著:《中国刑法词典》,学林出版社 1989 年版,第 731 页。

31 由于掩饰、隐瞒犯罪所得、犯罪所得收益罪的实质在于妨害司法机关对犯罪活动的正常查处,这一特征决定了对“窝藏”一词的理解,不能过于狭隘。凡是主观上具有窝藏的故意,客观上起到了帮助罪犯隐匿犯罪所得及其产生的收益的作用的行为,都应认定为窝藏行为。考虑到现行刑法已经将转移、收购行为规定为本罪的两种独立的客观行为表现形式,且有“其他方法”掩饰、隐藏作为兜底,故行为主要有两种表现形式:①隐藏。即为犯罪分子提供藏匿赃物的场所的行为,包含存放之义,如提供空置的房子给本犯,让其藏匿赃物;②保管(寄藏)。这是指受托而为他人管理赃物,不问是有偿还是无偿。如车库管理员受托为他人保管盗窃来的车辆。当然这只是基于客观方面的考虑,若行为人无主观过错,也不能认定为犯罪。加工和收受与隐藏的内涵并不相符合,可将其纳入“其他方法”中。如果开始不知道是犯罪所得予以受领,后来在保管过程中知道了是犯罪所得,也是窝藏。窝藏是以作为的方式实现对犯罪所得的隐瞒。

二、转移

32 转移是改变赃物存放地的行为。在现行刑法出台之前,转移赃物在以往的司法解释中是被作为窝藏赃物行为的一种表现形式看待的。由于转移赃物和窝藏赃物在字面含义上并不完全一致,因而从罪刑法定原则明确化的要求出发,1997年《刑法》修订时,立法机关将转移赃物的行为独立予以明示,从而结束了长期以来刑法理论界对于转移赃物行为究竟应当如何定性的争论。

33 具体而言,转移赃物是指搬动、运输赃物,也就是通过搬移运送使赃物离开原地点。对行为人来讲,只要行为人在主观上明知所转移的是他人犯罪所得之物即赃物,客观上实施了改变赃物存放地的行为,不论这种转移是有偿还是无偿,转移使用的是什么工具,转移的距离是远还是近,在转移的过程中行为人是否实际紧随或者接触赃物,都应当认为实施了转移赃物的行为。例如,盗窃犯某甲请求某乙帮助转移窃得的录像机,某乙利用其身为某公司销售部经理的职权,指派本公司一汽车司机帮助某甲转移赃物。本案就不能因为某乙没有亲临现场,甚至没有接触赃物,就否定某乙转移赃物罪的成立。但有一点应当注意的是,由于掩饰、隐瞒犯罪所得、犯罪所得收益罪是妨害司法罪的一种,其犯罪的本质特征就在于对司法机关查处犯罪活动的破坏,因而尽管法律上对转移赃物距离的远近没有明确限制,但是“转移赃物应达到足以妨害司法机关追缴赃物的程度”为限,如果行为人在同一房屋内转移赃物,因为这种行为对司法机关追缴赃物不足以构成妨害,不宜认定为转移赃物行为,但在某一建筑物的赃物从一个房间转移到另一房间的,不失为转移赃物。[23] 此外,转移的赃物必须是在犯罪完成后所取得的财物,如果在财产犯罪过程中转移财物,则不能成立掩饰、隐瞒犯罪所得、犯罪所得收益罪,而应以财产犯罪的共犯论处。

---

23 参见张明楷:《刑法学》(第6版),法律出版社2021版,第1447页。

三、收购

收购赃物是现行刑法对1979年《刑法》赃物犯罪客观构成特征所作的重大补充和修改。那么,以收购方式构成本罪,究竟是指凡购买赃物即可构成犯罪,还是只有大量购买或者说以出卖为目的而收购才能构成犯罪呢?依照《治安管理处罚法》第59条的规定,明知是赃物而购买的,是一种违法行为,应处500元以上1000元以下罚款;情节严重的,处5日以上10日以下拘留,并处500元以上1000元以下罚款。而违法不等于就是犯罪,所以,凡是购买赃物的行为并非都要以犯罪论处。我国有学者指出:从文字上说,买与购是同一意思,购买连在一起而成为一个词组。收购一词虽然从通常意思来说是从各处买进,似乎与购买区别不大,但收购已经成为一个约定俗成的用语,一般表示大量的、成批的购买之意,而不是一般的零星的、偶尔的购买。因此,这里的收购,不包括那些偶尔买赃自用,数额较小的情形,而应当是指成批量的大量收购。由此可见,立法机关在这里用收购一词而不用购买或收买一词,确实是经过推敲,用心良苦,可以看作立法用语明确、准确、精确的典范之一。[24] 可见,购买赃物的数量是决定买赃行为是否构成犯罪的一个基本界限。 34

可是,究竟何谓收购行为呢?对此,我国理论界有不同的认识和看法。具体而言,有代表性的观点主要有以下三种:第一种观点认为,收购赃物是指收买不特定赃物或者购买大量赃物的行为,对于购买特定的少量赃物自用的行为,不宜认定为犯罪。[25] 第二种观点则认为,所谓收购赃物,是指有偿地购买赃物,既包括买赃自用,也包括为给他人使用而买赃。[26] 第三种观点则认为,所谓收购,是指有偿取得赃物然后加以出卖的行为,一般是低价买进,高价卖出。[27] 35

可见,上述观点争论的焦点在于,买赃自用的行为是否构成收购赃物罪。所谓买赃自用,是指行为人明知是赃物,为贪图私利,以较低的价格购买赃物,供自己使用。这是最高人民法院、最高人民检察院在《关于办理盗窃案件具体应用法律的若干问题的解释》中明确规定的。根据这一解释,买赃自用,情节严重的,认定为销赃行为(笔者注,原解释以销赃罪论处)。这里的买赃自用,行为主体包括一般自然人,也包括企事业单位的有关人员购买赃物供本单位使用的情况。“情节严重”一般理解为一贯买赃自用或购买大量赃物,以及因购买赃物给国家、社会、个人造成重大损失或者严重妨害司法机关的侦破活动等几种情况。偶尔或少量买赃自用的行为,不能以掩饰、隐瞒犯罪所得、犯罪所得收益罪定罪论处。 36

上述司法解释将买赃自用的行为解释为我国1979年《刑法》第172条所规定的 37

---

24 参见陈兴良主编:《刑法疏议》,中国人民公安大学出版社1997年版,第495页。

25 参见张明楷:《刑法学》(第6版),法律出版社2021年版,第1447页。

26 参见高铭暄主编:《新编中国刑法学》(下册),中国人民大学出版社1998年版,第861页。

27 参见高铭暄、马克昌主编:《刑法学》(下编),中国法制出版社1999年版,第988页。

"代为销售",对于这一解释,刑法理论界有两种不同的看法。一种观点认为,对"代为销售"应作广义理解,故意大量购买赃物的,也应视为"代为销售";另一种观点认为,尽管中国古代和当代外国刑法中均有关于处罚故意购赃自用的规定,但各国对赃物犯罪的处罚范围规定并不一致,有的国家只处罚代销赃物者,有的国家只处罚购买赃物者,也有的国家明确规定二者都处罚,还有的国家对二者都不处罚。根据我国1979年《刑法》第172条规定"代为销售"的立法精神,并不包括买赃自用的情形,因此,单纯买赃自用的,不宜定罪判刑。[28]

38 现行《刑法》第312条将收购赃物与销售赃物行为两者并列规定,这说明,现行刑事立法也同样未将收购赃物视为销售赃物的一种形式,而是作为一种独立于窝藏赃物、销售赃物之外的单独的赃物掩饰、隐瞒行为加以规定的。考虑到立法机关增设收购赃物行为的用意是为了遏制司法实践中日益严重的收购赃物的活动,没有理由将情节严重的买赃自用行为排除在收购赃物罪的范围之外。否则,对于情节确实严重,已经达到犯罪程度的买赃自用行为,将无法给予应有的刑事制裁。这样一来,一方面放纵了犯罪分子;另一方面也不利于罪责刑相适应原则的贯彻落实。所以,上述关于收购赃物含义的三种解释,第一种观点和第二种观点都是可行的,第三种观点则过于狭隘,失之偏颇。

四、代为销售

39 刑法理论界对"代为销售"的具体表现形式,也没有深入的研究探讨。前述最高人民法院、最高人民检察院《关于办理盗窃案件具体应用法律的若干问题的解释》第8条第(二)项规定:"……代为销售,既包括把赃物卖给他人,也包括以低价买进、高价卖出的行为。买赃自用,情节严重的,也应按销赃罪定罪处罚。"而在外国刑法中,只要是对赃物有偿的法律上的处分进行周旋的行为,不管周旋行为本身是有偿还是无偿,是以本犯名义还是以行为人自己的名义进行,是直接与买主周旋还是通过第三者与买主周旋,均不影响牙保赃物行为(即销售赃物行为)的成立。[29] 结合我国司法实践中遇到的销售赃物行为,可以认为,销售赃物行为在客观方面主要有以下两种表现形式:

1. 推销赃物

40 这是指行为人以公开的名义,为本犯销售赃物,有的甚至以与他人签订合同的方式进行销售。例如,被告人李某,应其弟之要求,利用自己是农业生产资料公司经理的职权,将其弟诈骗所得的化肥40吨,分三次推销出售,得款1200元。李某的行为

---

[28] 参见王作富:《中国刑法研究》,中国人民大学出版社1992年版,第668—669页;赵秉志主编:《妨害司法活动罪研究》,中国人民公安大学出版社1994年版,第294页。

[29] 参见张明楷:《外国刑法纲要》,清华大学出版社1999年版,第662—663页。

就是销赃行为。[30]

2. 代销赃物

即行为人受本犯的委托,为本犯销售赃物,这是最狭义的代为销售行为。在这种情况下,行为人一般是对本犯提供的赃物,按照与本犯商定的价格出售,如未能售出,仍退还本犯。 41

不管行为人采取上述何种形式销售赃物,只要行为人在主观上明知是赃物,客观上实施了替犯罪分子销售赃物的行为,就应认定销售赃物行为。因此,关于销售赃物,应当注意以下几点:①销赃不一定需要实际接触实物。司法实践中,有的行为人为了掩人耳目,尽量减少赃物的移动,往往并不先交出赃物,而是物色好收赃人,与收赃人约定了接头的方法和地点后,由收赃人与本犯直接商定赃物的销售,行为人自己不再露面。②尽管司法实践中代为销售的行为人在主观上大多具有获取非法经济利益的目的,但由于犯罪目的不是赃物犯罪的必备构成要件,因此,不管行为人是有偿还是无偿替本犯销售赃物,均不影响掩饰、隐瞒犯罪所得、犯罪所得收益罪的成立。③层层转手变卖赃物的行为,只要某一环节上的行为人主观上明知自己买卖的是赃物,客观上也实施了转手倒卖的行为,就应视为销赃行为。 42

五、以其他方法掩饰、隐瞒

我国于 2006 年在《刑法修正案(六)》中对本罪的行为方式增加了“以其他方法掩饰、隐瞒”这一兜底条款,这是针对《刑法修正案(六)》之前的四种行为方式的填充,此兜底条款的增添是我国刑法有关本罪的立法模式由单一的列举式向并和的列举式和抽象概括式转型成功的体现,立法上增加兜底条款是合理和科学的。①虽说列举式的立法模式对本罪的行为方式作了详细且明确的列举,使得司法机关在判断时一目了然,而且罪状的描述详细具体且有保证刑法安定性的优点,但是难以弥补四种行为方式之外的行为的法律漏洞。②随着社会经济的发展,本罪的犯罪手段日益多样化和复杂化,列举式的立法模式是难以穷尽社会生活中应受法律制裁的行为的,而“以其他方法掩饰、隐瞒”这一兜底条款的增设,有利于应对社会上新的犯罪手段,使得司法机关适用法律有法可依,也能保障法律的权威性。③兜底性条款具有列举式和抽象式的双重特质,兜底性条款中的抽象性规定必须以列举式的规定为基础,法官的自由裁量权也会受到限制。当然,“其他方法”要与其他具体行为方式具有相似性、同质性,也要符合“掩饰、隐瞒”的本质,进而达到妨害正常刑事司法活动的程度。最高人民法院《关于审理掩饰、隐瞒犯罪所得、犯罪所得收益刑事案件适用法律若干问题的解释》对其他方法作了解释:“明知是犯罪所得及其产生的收益而采取窝藏、转移、收购、代为销售以外的方法,如居间介绍买卖,收受,持有,使用,加工,提供资金账户,协助将财物转换为现金、金融票据、有价证券,协助将资金转移、汇往境外 43

30 参见赵秉志主编:《妨害司法活动罪研究》,中国人民公安大学出版社 1994 年版,第 293 页。

等,应当认定为刑法第三百一十二条规定的‘其他方法’。”

44 司法实践比较常见的“其他方法”除典当、拍卖、抵押等方法之外,较为突出的还有以下三点:①收受。收受是指因本犯行为人赠与而无须支付对价取得的赃物。收受行为能起到隐匿赃物、妨害司法的效果,因而将其纳入其他方法掩饰、隐瞒比较妥当。②加工。“加工”就是通过一定程序、方式,改善赃物的外观、用途及其他性能。有些学者认为,对赃物的加工应达到对其价值的提升。笔者认为,此处的加工,与现实意义上的加工存在一定差异,应包括处理之义。因为本罪中“加工”行为的目的在于隐匿赃物本身,因而有无价值提升无关紧要,其可以表现为拆、装、变等,如2007年最高人民法院、最高人民检察院《关于办理与盗窃、抢劫、诈骗、抢夺机动车相关刑事案件具体应用法律若干问题的解释》中,列举了多种对于车辆的加工行为。无论对于赃物的加工出于何种目的,在司法实践中都妨碍了司法机关对于本犯行为的追查,因而,将其纳入“其他方法”中,符合立法目的。③介绍买卖。“介绍买卖”行为重在介绍,是一种中介行为,促进本犯与买主之间的沟通联系。其与代为销售有相似之处但并不相同,前者注重介绍,为买卖双方提供服务,促进交易的形成,但中介人并不是买卖方其中之一;而后者帮助的作用对象是销售行为,行为人的角色等同于卖方。我国台湾地区赃物犯罪中规定的牙保行为,便是一种居间介绍行为,至于行为人的牙保行为是否有偿,行为人是否曾领取执照而开设牙行,与本罪的成立无关。

45 从上述五种行为方式来看,“掩饰、隐瞒”是对本罪的行为方式的高度概括,要弄清楚本罪的行为方式。“掩饰”在本罪中是指行为人通过对犯罪所得及其产生的收益进行掩盖和粉饰,使得司法机关误以为是上游犯罪行为人的合法所得,以此逃避法律的追究。就“隐瞒”而言,是指行为人在司法机关对犯罪所得及其收益进行追缴或者追查上游犯罪时掩盖事实真相,扰乱司法活动,以使其逃避法律追究。此处的“掩饰、隐瞒”既包括作为,也包括不作为的行为方式。“掩饰、隐瞒”在刑法理论界和司法实践中的争议主要在于是否有必要将“掩饰”和“隐瞒”划分清楚?笔者认为是没有必要将其划分清楚的,理由如下:①两者内涵和外延存在很大的相似之处,尤其是其行为目的,再加上两者的表现形式也是相似且多种多样,强行分开,造成立法方面和司法解释方面的烦琐。②基于这种抽象的概括式的行为表述,具体分清是掩饰,还是隐瞒,也是没有必要的,甚至增加了司法机关追缴犯罪所得及其收益和追查案件的难度,使得司法机关对行为的定性出现混乱,也会增加司法成本、降低办案效率,造成理论和实践的不统一,最严重的情形下还会遗漏犯罪,造成冤假错案。③强行分开违背立法本意,难以实现刑法的统一性和完备性,因此没必要将两者严格划分,在实践中将两者统一对待,坚持主客观相统一的原则定罪和量刑即可。

Ⅵ 主体

46 根据现行《刑法》第312条的规定,掩饰、隐瞒犯罪所得、犯罪所得收益罪的主体既包括一般主体,即达到刑事责任年龄、具有刑事责任能力的自然人,也包括依法设立的单位。

单位作为本罪的主体是在《刑法修正案(六)》之后增加的,这在当时的理论界虽然存在争议,但在现在来看增设单位犯罪是有必要的。①单位在实施本罪时其本身有很大的优势,比如有资金、场所等做支撑,那么其行为的社会危害性就会更大,其就更应受到刑法的惩罚。②基于本罪与洗钱罪的特殊关系,洗钱罪包括单位犯罪主体,这就为本罪同样可以有单位作为主体提供了立法依据。③随着社会经济的不断发展,新的经济模式层出不穷,单位为了自己的利益实施掩饰、隐瞒行为不断增多,为了打击这类主体的犯罪行为和完善我国的刑法立法体系,增设单位犯罪作为本罪的主体也是必然的、合理的和科学的。从一定程度上讲,单位犯罪主体的增设,也是弥补了法律漏洞。 47

从刑法理论上分析,由于掩饰、隐瞒犯罪所得、犯罪所得收益罪必须依附于其他犯罪如盗窃罪、贪污罪等而存在,是由其他犯罪衍生而来的,因而本犯的行为人处理自己犯罪所得赃物的行为[31],为其先行行为所成立的犯罪所包容,自然不再另行成立独立的新罪,而是构成不可罚的事后行为。所以,本犯的行为人不能成为赃物犯罪的主体,不因处理自己犯罪所得而构成赃物犯罪。例如,某甲抢劫手机3个,而后勾结某乙进行销赃。甲的销赃行为是由其抢劫行为衍生而来,是甲的抢劫行为的继续发展,并未超过抢劫罪的犯罪构成所能涵盖的范围,故对甲不再论之以销赃罪。否则,就违背了"对同一犯罪行为不能重复评价"的定罪原则;而乙没有参与先行的抢劫犯罪,其帮助甲销赃的行为具有独立的刑法评价意义,则应以销赃罪论处。鉴于此,从严格意义上讲,掩饰、隐瞒犯罪所得、犯罪所得收益罪的主体尽管是一般主体,但并非所有达到刑事责任年龄、具有刑事责任能力的自然人都可以成为本罪的主体,只有本犯的行为人之外的其他具有刑事责任能力的自然人才能成为本罪的主体,单独构成该罪。 48

作为本犯的实行犯虽然不能成为本罪的主体,但相对于实行犯的其他共犯者,例如,教唆犯或者帮助犯能否成立赃物犯罪呢?对此,中外刑法理论有不同的看法。日本等国刑法理论的通说认为,本犯的实行犯实施窝藏赃物等行为的,不构成赃物犯罪,而教唆犯、帮助犯实施窝藏赃物等行为的,则成立赃物犯罪。例如,甲教唆他人犯盗窃罪以后,又收买所盗物品的,则成立盗窃罪与购买赃物罪的并合罪,而不是只成立盗窃罪。因为,事后处理赃物的行为,不能评价在教唆、帮助行为中。但是,也有人认为,本犯的教唆行为、帮助行为与事后处理赃物的行为之间,通常存在手段与结果的关系,所以,可以作为牵连犯处理。而在采取共犯独立性说的意大利等国,本犯的教唆犯、帮助犯不能成立赃物罪的主体。至于我国,学者们对此也是各执一端,意见不一。有学者认为,本犯的实行犯不能成为赃物犯罪的主体,但本犯的教唆 49

31 由于赃物犯罪与盗窃罪、贪污罪等其他犯罪具有不可分离的主从依附关系,因此,在刑法理论上,实施其他犯罪的行为人被称为"本犯",而赃物犯罪的行为人则被称为"从犯"。

犯或者帮助犯则可以构成赃物犯罪。如抱有销赃图利意图的某甲教唆某乙去盗窃,又将这种盗窃得来的赃物转手出卖的,就应成立盗窃教唆罪和掩饰、隐瞒犯罪所得、犯罪所得收益罪两罪。不过,对于这种情形的最终处理,学说上又有两种相异的见解。一种观点主张把这种情况作为牵连犯而从一重处断,另一种观点则主张对此实行数罪并罚。司法实践中采后一种观点的居多。[32] 上述观点实际上也是我国刑法理论的传统观点,有学者对传统观点提出了质疑,认为这样处理不合理。[33] 笔者对此持赞同意见,主要理由是:①主张本犯的教唆犯、帮助犯可以成为赃物犯罪主体的观点,违背了对同一行为不得进行重复评价的刑法基本原理。根据我国现行《刑法》第25条的规定,共同犯罪是指2人以上共同故意犯罪。共同犯罪尽管有不同于单独犯罪的特殊之处,但作为犯罪的一种表现形式,其与单独犯罪在构成特征上仍然存在着相似之处。即共同犯罪的成立,同样要求行为人在主观上具有共同犯罪的故意,在客观上实施了共同犯罪的行为。所谓共同犯罪行为,是指各行为人的行为不是彼此孤立,而是相互联系、相互配合,共同指向同一的犯罪,并形成一个有机的犯罪活动整体。尽管共同犯罪有机体中,各个行为人实施的行为可能不同,有的可能实施实行行为,有的可能实施教唆行为,还有的可能实施帮助行为,但是,每个行为人的行为,都是共同犯罪行为的一部分。在发生危害结果的情况下,每个人的行为都是危害结果发生的原因,都与危害结果之间具有因果关系。既然共同盗窃罪的实行犯事后实施的窝藏、转移、收购、代为销售赃物或其他方法的掩饰、隐瞒的行为为其先行实施的盗窃罪犯罪构成要件所涵盖,不再具有独立评价的价值和意义。同样,共同犯罪的教唆犯或者帮助犯教唆或者帮助实行犯实行财产犯罪、经济犯罪或者其他犯罪以后,又实施掩饰、隐瞒行为,这一后续行为实际上也并未超出本犯的教唆犯或者帮助犯的犯罪构成的范围。申言之,教唆犯或者帮助犯后来实施的赃物犯罪行为,实际上也已为先前的行为所涵盖,不应当再重新进行刑法评价,同样属于不可罚的事后行为。②主张本犯的教唆犯、帮助犯可以成为赃物犯罪主体的观点,有违罪责刑相适应的刑法基本原则。刑罚的轻重,应当与犯罪分子所犯的罪行和承担的刑事责任相适应,这是我国现行刑法所确立的基本原则。同罪同罚,重罪重罚,轻罪轻罚,罚当其罪自然也就成为罪责刑相适应原则的题中应有之义。作为共同犯罪的实行犯、教唆犯或者帮助犯,其犯罪行为在社会危害性的质上并没有区别,仅仅在社会危害程度即量上有所差异。既然如此,实行犯、教唆犯或者帮助犯如果实施相同的行为,在定罪上就不应该有什么不同,所不同的应当是在量刑上。既然本犯的实行犯实施窝藏、转移、收购、代为销售或以其他方法掩饰、隐瞒赃物行为不能另行成立赃物犯罪,有什么理由坚持本犯的教唆犯或者帮助犯实施相同的掩饰、隐瞒赃物行为可以另行构成赃物犯罪呢?这样的处理结果,岂不是对共同犯罪整体性的否定和对罪责刑相适应原则的违背?

---

[32] 参见《中国刑法词典》编委会编著:《中国刑法词典》,学林出版社1989年版,第732页。

[33] 参见张明楷:《刑法学》(第6版),法律出版社2021年版,第1448页。

综上所述,本犯的行为人,不论是实行犯,还是教唆犯,抑或是帮助犯在事后又实施窝藏、转移、收购、代为销售赃物或者以其他方法掩饰、隐瞒行为的,不能再另行成立赃物犯罪。 50

Ⅶ 罪过

掩饰、隐瞒犯罪所得、犯罪所得收益罪在主观方面是出于故意,即明知是他人犯罪所得的赃物,明知对他人犯罪所得的赃物予以窝藏、转移、收购、代为销售或者以其他方法掩饰、隐瞒的行为会发生妨害司法活动正常顺利进行的危害结果,却希望或者放任这一结果的发生。过失不能构成本罪。 51

从前面对赃物犯罪的立法回顾可以发现,要求赃物犯罪之行为人主观上须"明知"是赃物,是立法通例。之所以如此,主要有两方面的原因:①物之流转是社会生活中最普遍的现象,也是一个社会存在和发展的基础,赃物的流通也往往混杂于其中。如果不论行为人是否明知民事流转的法益是赃物,只要最后客观上认定为赃物,就要以赃物犯罪论处,定会使物资流转的主体处于惶惶不安的状态中,因担心所交换的财物有可能是赃物而不敢放心地进行物资的流通,这将会极大地阻碍商品经济的正常发展。因而要求行为人必须"明知"是赃物才能成立赃物犯罪,是刑法社会法益保护机能的应有之义,也是商品经济正常运行和健康发展的必然要求。②主客观相统一原则是世界各国和地区刑事立法和司法实践所确立的一项刑法基本原则,只有赃物犯罪的行为人在主观上具有对赃物的"明知",客观上实施了窝藏、转移、收购、销售赃物的行为,对行为人才有了进行刑事非难的主客观基础。如果行为人客观上虽然实施了窝藏、转移、收购、销售赃物或者以其他方法掩饰、隐瞒的行为,但行为人对于自己窝藏、转移、收购、销售或者以其他方法掩饰、隐瞒的是"赃物"在主观上并不明知,对此如果仍然要以赃物犯罪追究行为人的刑事责任,无疑违背了主客观相统一的犯罪构成原理,最终则必然陷入客观归罪的泥潭,有违刑法保障人权的宗旨。因此,行为人对赃物是否"明知",理所当然地也就成了认定赃物犯罪是否成立的关键。为此,有必要弄清有关"明知"的几个问题。 52

一、关于"明知"的判断

对于赃物犯罪主观要件"明知"的判断,世界各国和地区的刑事立法及司法实践均有不同的认识和做法,但总的发展趋势是从严格趋于宽泛。在我国刑法理论界,对如何判断掩饰、隐瞒犯罪所得、犯罪所得收益罪中行为人主观上的"明知",同样是众说纷纭,莫衷一是。归纳起来,主要有"确定说"和"可能说"两种对立的观点。确定说认为,"明知"就是确知,即行为人清楚地知道是赃物,对赃物具有确定性的认识。这种确定认识包括两方面,一是为犯罪所得或犯罪所得之收益;二是犯何罪所得。如果对赃物的认识不确定,就不可能认为是明知。可能说认为,明知有确知与可能知道之分。尽管它们之间存在程度上的差别,但都属于明知的范围。如果要求只有确知 53

才是明知,实践中就可能使一些赃物犯借口没有确知逃避惩罚。因此,对赃物的明知不限于确知,只要认识到可能来路不正即可。[34]

54 其一,上述问题争论的焦点实际上在于,间接故意能否构成掩饰、隐瞒犯罪所得、犯罪所得收益罪。如果主张间接故意也可以成立掩饰、隐瞒犯罪所得、犯罪所得收益罪,则明知就应当包括“确知”和“可能知道”两种情况;如果认为除直接故意外,间接故意不能成立掩饰、隐瞒犯罪所得、犯罪所得收益罪,则“明知”的内容就只能限于“确知”这一种情况。这是因为,直接故意和间接故意作为故意的两种表现形式,其区别不仅在于意志因素是希望还是放任,而且在认识因素上,两者也存在着较大的差异。直接故意的认识因素包括行为人认识到危害结果的必然发生以及可能发生两种情形,而间接故意的认识因素则只能限于可能发生这一种情况。从我国现行《刑法》第312条的规定来看,立法上并未将间接故意排除在赃物罪主观罪过形式之外,因此,如果一定要将明知限定为“确知”,就与法律的规定不相吻合。

55 其二,在司法实践中,有相当一部分掩饰、隐瞒赃物的行为人是出于帮助犯罪分子逃避法律制裁的目的,其行为具有明确的方向性。但也有一些行为人,出于种种私心,而放任帮助犯罪分子逃避法律制裁这一危害结果的发生,这在买赃自用而构成的赃物犯罪中表现得尤为突出。行为人在购买赃物时,虽然并不知道是赃物,但根据当时的种种情况,例如,价格反常的低廉,出售人闪闪烁烁的态度和眼神等,行为人对于自己所购买的物品是不是“赃物”是心存疑问的,但因贪图便宜,听之任之,仍然将已怀疑为是“赃物”的物品买走。这种情况无论是在外国的刑事立法还是司法实践中,都是作为赃物犯罪来处理的。因而如果一味坚持赃物犯罪的行为人必须“确知”是赃物才能构成赃物犯罪,将使赃物犯罪的刑法规定存在很大的“真空地带”,致使相当一部分社会危害相当严重、本应追究刑事责任的买赃自用行为不能纳入刑事打击的范围,从而有放纵赃物犯罪的危险。

56 其三,在现实生活中,本犯与赃物犯之间常常表现为心照不宣式的合作。本犯往往没有也没有必要明白说出自己所提供之物来源不正当,赃物犯为了逃避打击,也千方百计地制造自己不明知是赃物的“证据”。在这种情况下,坚持“确知说”显然是脱离实际的,不利于对赃物犯罪的有效惩治和防范。[35]

57 正是基于上述理由,应将赃物犯罪中的“明知”理解为既包括“确知”也包括“应知”的“可能说”的观点,只有这样,才符合刑事立法设立赃物犯罪的精神,有利于司法实践对赃物犯罪的惩治。

58 实际上,对赃物犯罪主观要件的“明知”的理解采用“可能说”的观点,已为中国司法实践所接受。最高人民法院、最高人民检察院1992年12月11日联合发布的

[34] 参见赵秉志主编:《妨害司法活动罪研究》,中国人民公安大学出版社1994年版,第297—298页;张穹主编:《刑法各罪司法精要》(修订版),中国检察出版社2002年版,第641页。

[35] 参见赵秉志主编:《妨害司法活动罪研究》,中国人民公安大学出版社1994年版,第298页。

《关于办理盗窃案件具体应用法律的若干问题的解释》第 8 条第(一)项明确规定:“认定窝赃、销赃罪的‘明知’,不能仅凭被告人的口供,应当根据案件的客观事实予以分析,只要证明被告人知道或者应当知道是犯罪所得的赃物而予以窝藏或者代为销售的,就可以认定。”现行刑法施行后,最高人民法院 1997 年 11 月 4 日通过的《关于审理盗窃案件具体应用法律若干问题的解释》取消了这一规定。

当然,对“明知”的认定采用广义说的观点,并不是意味着,司法人员在处理个案 59
时对行为人是否“明知”可以妄加推断,而是要在综合全部案件情况的基础上,进行实事求是的分析,使司法机关的裁判建立在确实充分的证据基础之上。根据司法实践经验,司法工作人员对行为人主观上是否存在“明知”的认定,应当着重考察以下几个因素[36]:①犯罪的时间。若赃物犯罪发生在深更半夜,或是某处发生了与该赃物有联系的某类案件之后不久,且行为人知晓该类案件发生,尽管行为人矢口否认不知是赃物,也可认定行为人在主观上对物品的赃物性是明知的。②犯罪的地点。一般而言,由于做贼心虚等原因,本犯往往不敢公开销售或者转移赃物,而是往往选择比较特殊的地方实施赃物犯罪。因而若赃物犯罪发生在特殊的场所,如某工厂、商店附近,或行为人是在其他较为偏僻无人之处接受某种财物,往往可以推定行为人对于该财物的赃物性是明知的。③收受物品的价格。一般来说,本犯为使赃物尽快脱手,变成可流通的财产形式,其转手赃物的价格往往相对低于同类同种物品的市场价格。如果行为人收受物品的价格明显低于市场价格的,就可作为判断行为人明知赃物的一个因素。④物品本身的特征。如本犯为避人耳目,往往将犯罪所得之物品拆整为零,或者将新物当旧物甚至废品处理。因之,销售的物品具有上述特征的,往往可以作为认定行为人明知是赃物的一个因素。⑤物品本身的性质。根据有关法律的规定,物品有流通物、限制流通物和禁止流通物之分。如果行为人收受的物品是限制流通物或禁止流通物,且出售人又无任何合法证明的,也可作为认定主观上明知是赃物的一个因素。⑥本犯的一贯表现。如果行为人知道本犯一贯进行犯罪活动,或者素有劣迹,则对其提供物品是赃物可能性的认识就较为明确。在这种情况下,行为人尽管不确知本犯提供的物品是赃物,但至少在主观上存在着知道的可能性,这同样可以认定行为人对于赃物是明知的。⑦行为的方式。从现实生活来看,行为人与本犯相互勾结,串通一气,行动诡秘,而且犯罪手段狡猾,不断花样翻新。在司法实践中,对于行为人故意玩弄手段、掩饰实情的,一般均可认定其主观上是明知。

应当指出的是,上述七个方面虽然是认定行为人对于赃物存在着明知的几种较 60
为重要的判断因素,但它们并没有也不可能穷尽认定行为人“明知”的所有方面。加之现实生活中个人经历不同,文化程度有异,可能出现一般人对赃物性能够认识而行为人不能认识,或者行为人能够认识到赃物性而一般人却不能认识的情况。此时,又

---

36 参见赵秉志主编:《妨害司法活动罪研究》,中国人民公安大学出版社 1994 年版,第 298—299 页。

应当以什么为标准来具体判断行为人是否“明知”呢？对此，又有客观说、主观说和折中说三种不同的主张。客观说认为，在具体的客观环境条件下，根据一般的经验、常识，通常人都能够认识到赃物性的，就可视为行为人已经“明知”；主观说认为，根据行为人的年龄、知识水平、社会阅历等个体情况，行为人应当或可以认识到赃物性时，才能认定为已经“明知”；折中说认为，客观说忽略了行为人自身内在认识能力上的差别，主观说则忽略了客观环境对人的认识能力的影响，二者均有缺陷，认定行为人的“明知”，既要考虑到行为人自身内在认识能力的特点，又要考虑案件发生时的具体情况。[37]

61 笔者赞同主观说的主张。这是因为，不同的人，因年龄状况、智力发育、文化水平、业务技术水平和工作、生活经验等因素的不同，必然在实际认识能力上存在着差异。这样一来，根据一般的经验、常识，通常人能够认识到赃物性，但行为人因自身认识能力较低或者因行为时的特殊条件而可能没有认识；反之，通常人在一般情况下不能认识到赃物性，而行为人因自身认识能力较强或者行为时的特殊条件而可能有认识。因此，对于具体判断行为人是否明知具有决定性意义的标准，只能是行为人自身的实际认识能力，而不能是一般人的认识能力。否则，在行为人对赃物性的认识能力与一般人不一致时，有可能导致冤枉无辜或者放纵罪犯的情形发生。因而客观说的主张并不合理。至于折中说，貌似公允，但由于其并未提出一个明确具体的判断“明知”的标准，不仅于问题的解决无益，而且导致了理论上的混乱、执法的不统一。

二、关于“明知”形成的时间

62 既然“明知”是赃物犯罪之行为人主观方面的一个极其重要的内容，界定“明知”在行为人主观上形成的时间，便成为更精确地把握“明知”的一个重要方面。对于明知的形成时间，应当注意以下两个问题：①所有赃物犯罪之行为人的“明知”均是在本犯既遂之后。它与本犯的分界之一就是行为人在主观方面与本犯没有共同的犯罪故意。如果行为人的掩饰、隐瞒行为是在事先与本犯通谋而为，他就与本犯一起构成共同犯罪，而不可能再构成独立的赃物犯罪。②掩饰、隐瞒犯罪所得、犯罪所得收益罪中因窝藏和转移赃物行为在一定的时间内均处于继续的状态，因而掩饰、隐瞒犯罪所得、犯罪所得收益罪在一定范围内具有继续犯的特征。由此决定，行为人主观上“明知”的形成时间，既可以是在窝赃或者转移赃物行为开始之时，也可以是在窝赃或者转移赃物行为的发展过程中，只要行为人在明知是赃物之时或明知是赃物之后仍然实施了窝赃或者转移赃物行为的，均可构成掩饰、隐瞒犯罪所得、犯罪所得收益罪。对于收购赃物和销赃行为来讲，由于收购赃物行为和销赃行为一般比较短暂，持续性较弱，因此一般要求行为人在进行收购赃物或者销赃时，就具备明知。特别是在那些居间介绍性质的收购赃物或者销赃行为中，更是如此。当然，由于现实生活的复杂

37　参见赖宇、陆德山主编：《中国刑法之争》，吉林大学出版社 1989 年版，第 326—327 页；赵廷光主编：《中国刑法原理》(各论卷)，武汉大学出版社 1992 年版，第 99 页。

性,也不能绝对排除行为人在收购赃物或者销赃过程中才知道是赃物而继续进行收购或者销赃,从而构成掩饰、隐瞒犯罪所得、犯罪所得收益罪的可能。

总之,对赃物犯罪行为人"明知"形成的时间,要把握一个核心问题,即弄清楚行为人行为时的主观心理状态。这里的"行为时",包括行为开始时和行为过程中。如果行为人在实施掩饰、隐瞒赃物之时或者在上述行为发展过程之中对赃物并不明知,而是在上述行为实施完毕,也就是上述行为之后才产生"明知",说明行为人对于自己所实施的窝藏、转移、收购、代为销售赃物或其他方法掩饰、隐瞒的行为性质以及由此可能产生的危害结果在主观上并无认识,因此,也就不能认为行为人存在掩饰、隐瞒犯罪所得、犯罪所得收益罪的故意,本罪因行为人主观要件的欠缺也就不能成立。 63

关于赃物犯罪的主观要件,还有一个需要注意的问题,这就是:赃物犯罪的成立是否需要行为人具备特定的犯罪目的或犯罪动机?从立法原意上看,赃物犯罪的成立,并不要求行为人具有特定的犯罪目的和出于特殊的犯罪动机。这样,无论行为人掩饰、隐瞒赃物是为他人还是为自己,也不论行为人的行为是有偿还是无偿,均无碍于掩饰、隐瞒犯罪所得、犯罪所得收益罪的成立。从司法实践的情况来看,销售赃物行为的绝大多数行为人往往具有牟利的目的,但也有一些是出于江湖义气而帮助销赃;而窝藏、转移赃物行为中的行为人则有相当一部分并不是为了牟利,而是碍于亲友、同事的情面;至于收购赃物的行为,则往往是因贪图便宜所致。 64

Ⅷ 既遂与未遂

实践中要正确认定掩饰、隐瞒犯罪所得、犯罪所得收益罪的停止形态,即犯罪未遂形态与既遂形态的区分,首先必须明确掩饰、隐瞒犯罪所得、犯罪所得收益罪究竟是结果犯、危险犯、举动犯还是行为犯。对于该罪的构成要件,刑法既未规定以物质性的、客观存在的和有形的危害结果出现为犯罪成立的标志,也未将足以造成犯罪人逃避法律制裁的危险状态出现作为犯罪成立的要素,因而从刑法的规定来看,该罪应当属于行为犯。对于行为犯,当然也就存在犯罪既遂与犯罪未遂的区分。其犯罪未遂与既遂的区分,应当以《刑法》第 312 条所规定的实行行为即窝藏、转移、收购、代为销售或者以其他方法掩饰、隐瞒犯罪所得或犯罪所得收益是否实施完毕作为具体的区分标准。如果行为人实施完毕窝藏、转移、收购、代为销售或者以其他方法掩饰、隐瞒犯罪所得或犯罪所得收益行为的,犯罪即告成立,且达到既遂形态;反之,如果行为人虽已着手实施窝藏、转移、收购、代为销售或者以其他方法掩饰、隐瞒犯罪所得或犯罪所得收益行为,但由于其意志以外的原因,尚未实施完毕的,则以犯罪未遂处理。例如双方达成代为销售意向,尚未实施销售行为即被抓获,等等。 65

Ⅸ 共犯

关于掩饰、隐瞒犯罪所得、犯罪所得收益罪的共同犯罪形态的认定,实践中主要 66

注意以下两个问题:

1. 事先未通谋的本犯与行为人共同实施掩饰、隐瞒赃物是否构成共同犯罪

67 对此,中外刑法理论一致认为,本犯掩饰、隐瞒自己犯罪所得的赃物,不管是单独实施还是与他人共同实施,均属事后不可罚的行为,仅以本犯成立之罪处罚即可,不能再论之以掩饰、隐瞒犯罪所得、犯罪所得收益罪。至于掩饰、隐瞒犯罪所得、犯罪所得收益罪的行为人,因其与本犯事先未通谋,不能构成本犯成立犯罪的共同犯罪,而只能单独构成掩饰、隐瞒犯罪所得、犯罪所得收益罪。因而事先未通谋的本犯与行为人共同实施窝藏、转移、收购、销售或者其他方法掩饰、隐瞒赃物的,不存在构成共同犯罪的问题。在《刑事审判参考》案例第483号“马俊、陈小灵等盗窃、隐瞒犯罪所得案”中,其裁判理由指出:对于与盗窃实行犯事先进行通谋,事后予以销赃成立盗窃共犯的依据在于一方面销赃犯与实行犯在主观上形成了共同犯罪的故意;另一方面在于销赃犯的行为对于实行犯决意、实施犯罪起到了鼓励、支持的帮助作用,因此,符合共同犯罪的构成要件,属于共同犯罪中的帮助犯,应当以共犯论处。

2. 数个掩饰、隐瞒赃物犯罪行为的行为人对同一赃物分别采取不同行为方式能否构成本罪的共犯

68 数个行为人对同一赃物分别实施不同的掩饰、隐瞒赃物的行为,例如,有的实施窝藏赃物行为,有的实施转移赃物行为,有的实施收购赃物行为,还有的实施销售赃物行为等。这种情形在司法实践中比较常见。那么,这种情形下的行为人能否构成掩饰、隐瞒犯罪所得、犯罪所得收益罪的共犯呢?解决这一问题的关键在于查明行为人主观上是否有共同犯罪的故意。这是因为,根据共同犯罪的基本原理,共同犯罪的成立,不仅要求各行为人的行为相互联系,互相配合,共同构成一个完整的共同犯罪行为,而且要求各行为人在主观上必须具有共同犯罪的故意,即各行为人既要认识到不是自己一个人实施犯罪,而是与他人共同实施犯罪,还要认识到自己与他人共同实施的犯罪行为会发生危害社会的结果,并对这一结果的发生持希望或者放任的态度。至于各行为人实施的共同犯罪行为是作为还是不作为,是实行行为还是教唆行为抑或帮助行为,则在所不问。由此决定,行为人尽管对同一赃物采取了不同的行为方式,但只要各行为人在主观上有共同犯罪的意思联络与沟通,客观上各行为人的行为相互联系与配合,共同构成一个完整的窝藏、转移、收购、销售赃物或者以其他方法掩饰、隐瞒赃物行为,即可成立掩饰、隐瞒犯罪所得、犯罪所得收益罪的共同犯罪。由于窝藏、转移、收购、销售均为客观方面的行为表现形式之一,即均是掩饰、隐瞒犯罪所得、犯罪所得收益罪的实行行为,因而各行为人不管具体实施的是窝藏行为,还是转移行为,抑或收购行为、销售行为,或者以其他方法掩饰、隐瞒赃物行为,均应成立共同掩饰、隐瞒犯罪所得、犯罪所得收益罪的实行犯。反之,各行为人若在主观上缺乏共同犯罪的意思联络与沟通,未形成共同犯罪故意,其对同一赃物分别实施的不同方式的行为,不能构成掩饰、隐瞒犯罪所得、犯罪所得收益罪共同犯罪。

X　与非罪的界限

司法实践中认定本罪时,应当注意以下几点: 69

1. 关于本罪主观故意的认定

本罪是以行为人主观上明知是犯罪所得赃物为其构成要件的,如果行为人不明知是犯罪所得赃物而予以保管、购买或者代为销售的,不构成犯罪。“明知”包括行为人确知或应当知道,过失则不构成本罪。区分本罪的故意和过失,关键看行为人的认识因素和意志因素,即:①行为人是否知道是他人犯罪所得的赃物;②行为人对自己掩饰、隐瞒赃物的行为性质是否有明确的认识;③掩饰、隐瞒赃物行为是否违背行为人的意志。如果行为人确实不知道是他人犯罪所得赃物而窝藏、转移、收购、销售,或者以其他方法掩饰、隐瞒的,或者行为人应当知道是赃物,但在违背其意志的情况下而为之的,都不能认定是本罪的故意。实践中确定本罪的故意是一个难点,行为人可能借口对是否为他人犯罪所得赃物认识不清,或借口受欺骗、蒙蔽上当而否认具有犯罪的故意,进而否定犯罪。因此办案人员在诉讼中应特别注意相关证据的调查,认定“明知”时,不能仅凭被告人的口供,应当根据案件的客观事实予以分析,只要证明行为人知道或应当知道是他人犯罪所得赃物而掩饰、隐瞒的,就可以认定。 70

2. 关于本罪与其他犯罪分子将本人犯罪所得的赃物自行窝藏、转移或者销售的行为的区别

其他犯罪分子将本人犯罪所得的赃物自行窝藏、转移或者销售,是由盗窃、诈骗等其他犯罪所派生,是原先犯罪行为的延伸,属于状态犯中不可罚的事后行为,不构成赃物罪,应按其所犯罪行处罚。如果行为人事先与犯罪人通谋,答应事后帮助犯罪人窝藏、转移、收购、代为销售或以其他方法掩饰、隐瞒的赃物,则不构成赃物罪,应以本犯的共同犯罪论处。 71

3. 关于“收购”赃物与“购买”赃物的区别

收购“赃物”与“购买”赃物虽然仅是一字之差,但却有着严格的区别。前者是为出卖而收购,动机是非法牟利;后者是为自己使用而购买,动机是贪图便宜。对司法实践中大量存在行为人因贪图便宜、买赃自用的情况则应具体分析认定:如果行为人不知道是赃物,因贪图便宜而购买自用,一般不以犯罪论处;如果行为人明知是赃物而购买自用,但数量不大,情节轻微的,一般也不以犯罪论处,可按《治安管理处罚法》以违法行为加以行政处罚;只有当行为人明知是赃物而购买自用,情节严重的,才构成本罪。 72

4. 关于本罪的数额

我国现行《刑法》第 312 条关于掩饰、隐瞒犯罪所得、犯罪所得收益罪构成的规定,没有犯罪情节或犯罪数额的要求,《刑法修正案(六)》增加了“情节严重”的加重处刑规定。对于这一问题,刑法学界存在以下四种观点:第一种观点认为,掩饰、隐瞒 73

犯罪所得、犯罪所得收益罪既然是独立的罪种,有自身的法定刑,就应该有自身的起算数额标准,不论赃物来自何种犯罪,只要达到本罪的数额起点,就应构成犯罪。第二种观点认为,掩饰、隐瞒犯罪所得、犯罪所得收益罪是一种派生性的犯罪,总是与先前之经济财产犯罪有联系,有联系就要有比较,因此要参照前罪的起算数额标准加以考虑,一般来说应相当于或大于前罪的数额标准。[38] 第三种观点认为,上述第一种观点强调赃物罪对前罪的独立性,但由于前罪的性质多种多样,前罪的起算数额标准各有差异,必然会对赃物罪产生影响;第二种观点强调赃物罪对前罪的依附性,在司法实践中较为通行,但在前面数个本犯之行为不构成犯罪,而赃物犯罪数额较大,或者数个本犯之行为成立不同的犯罪时,赃物罪的数额标准又难以确定。因此提出,在认定赃物罪时,要从赃物犯罪行为对司法机关的追查活动的实际妨害出发,结合其所犯之罪的数额及前罪的性质,予以全面的衡量。[39] 第四种观点主张,对于掩饰、隐瞒犯罪所得、犯罪所得收益罪的构成标准问题,应当将赃物数额、情节和危害程度等结合起来进行全面分析,而不能只看其中某一点。一般说来,掩饰、隐藏赃物必须达到"数额较大",才构成犯罪。但对那些经常窝藏、收买或介绍买卖"赃物"并从中渔利,或帮助未成年人窝藏、转移、收购、销售赃物的,以及窝藏、转移、收购、销售或以其他方法掩饰、隐瞒赃物情节恶劣,严重干扰司法机关正常活动的,尽管数额不够"较大"的标准,也应依法予以惩处。[40]

74 对于赃物犯罪的成立应否有数额标准的问题,应结合我国刑法中赃物罪的性质和赃物的范围来认识。从犯罪性质上讲,赃物犯罪主要是妨害司法机关正常活动的行为,而不是对财产权利的侵犯。因此,赃物罪的构成,应以行为人之行为对司法机关正常活动的危害程度为出发点,犯罪的数额只能是参考因素;从赃物的范围上看,刑法中赃物犯罪之赃物不仅仅限于由财产、经济犯罪所得的可以计价的财物,由其他犯罪所得之物如印章、公文等也可视为赃物,这样,如单纯以数额确定赃物罪与非罪的标准,势必将一部分无法计价的赃物排除出去,其结果自然与立法原意相悖。最高人民法院《关于审理掩饰、隐瞒犯罪所得、犯罪所得收益刑事案件适用法律若干问题的解释》亦采取了类似的价值取向,在确定赃物罪与非罪的界限,以情节是否严重为标准。对于可以计价的赃物犯罪,则可以将数额的大小视为情节是否严重的一个重要因素,确定行为人之行为的社会危害程度;对于无法计价的赃物犯罪,应根据其犯罪情节综合判断其危害性。具有下列情形之一的,以掩饰、隐瞒犯罪所得、犯罪所得收益定罪处罚:①掩饰、隐瞒犯罪所得及其产生的收益价值3000元至1万元以上的;②一年内曾因掩饰、隐瞒犯罪所得及其产生的收益行为受过行政处罚,又实施掩饰、隐瞒犯罪所得及其产生的收益行为的;③掩饰、隐瞒的犯罪所得系电力设备、

---

38 参见刘银昌:《论窝赃、销赃罪》,载《法学研究》1985年第4期。

39 参见陈兴良:《共同犯罪论》,中国社会科学出版社1992年版,第474—475页。

40 参见赵廷光主编:《中国刑法原理》(各论卷),武汉大学出版社1992年版,第101页。

交通设施、广播电视设施、公用电信设施、军事设施或者救灾、抢险、防汛、优抚、扶贫、移民、救济款物的;④掩饰、隐瞒行为致使上游犯罪无法及时查处,并造成公私财物损失无法挽回的;⑤实施其他掩饰、隐瞒犯罪所得及其产生的收益行为,妨害司法机关对上游犯罪进行追究的。以此为前提,该解释同时规定,行为人为自用而掩饰、隐瞒犯罪所得,财物价值刚达到本解释第1条第1款第(一)项规定的标准,认罪、悔罪并退赃、退赔的,一般可不认为是犯罪;依法追究刑事责任的,应当酌情从宽。

对赃物犯罪数额的认定,一般情况下依照本犯之数额认定。但在本犯之数额较多难以全部查证,或者本犯之数额应与掩饰、隐瞒的犯罪所得、犯罪所得收益犯罪之数额有所区别的情况下,如盗窃犯将所盗物品毁损后交由行为人掩饰、隐瞒时,赃物犯罪的数额就不应按本犯的标准计价。在对赃物犯罪中可计价之赃物计算数额时,可参照最高人民法院、最高人民检察院《关于审理掩饰、隐瞒犯罪所得、犯罪所得收益刑事案件适用法律若干问题的解释》中关于掩饰、隐瞒犯罪所得及其产生的收益的数额的计算标准。根据该司法解释,掩饰、隐瞒犯罪所得及其产生的收益的数额,应当以实施掩饰、隐瞒行为时为准。收购或者代为销售财物的价格高于其实际价值的,以收购或者代为销售的价格计算。多次实施掩饰、隐瞒犯罪所得及其产生的收益行为,未经行政处罚,依法应当追诉的,犯罪所得、犯罪所得收益的数额应当累计计算。 75

XI 罪数

刑法理论界一致认为,掩饰、隐瞒犯罪所得、犯罪所得收益罪是选择性罪名,窝藏、转移、收购、销售或以其他方法掩饰、隐瞒赃物的均是我国现行《刑法》第312条所规定之罪的行为特征,而不是独立的罪名,因此,只实施其中的一种或数种行为方式的,都只能成立一罪而不构成数罪。不过,具体罪名应根据具体犯罪行为及其指向的对象,确定适用的罪名。例如,行为人实施窝藏上游犯罪直接得到的赃款行为的,就定掩饰、隐瞒犯罪所得罪;行为人实施了转移上游犯罪所得的孳息行为,就以掩饰、隐瞒犯罪所得收益论处;行为人同时实施窝藏、转移、收购、销售或以其他方法掩饰、隐瞒犯罪所得和犯罪所得利益行为的,就定掩饰、隐瞒犯罪所得、犯罪所得收益罪。 76

根据司法解释,明知是犯罪所得及其产生的收益而予以掩饰、隐瞒,构成掩饰、隐瞒犯罪所得、犯罪所得收益罪,同时构成其他犯罪的,依照处罚较重的规定定罪处罚。 77

XII 处罚

根据《刑法》第312条规定,犯掩饰、隐瞒犯罪所得、犯罪所得收益罪的,处3年以下有期徒刑、拘役或者管制,并处或者单处罚金;情节严重的,处3年以上7年以下有期徒刑,并处罚金。单位犯前款罪的,对单位判处罚金,并对其直接负责的主管人员 78

和其他直接责任人员,依照自然人犯罪的规定处罚。

79 最高人民法院《关于审理掩饰、隐瞒犯罪所得、犯罪所得收益刑事案件适用法律若干问题的解释》中指出:为近亲属掩饰、隐瞒犯罪所得及其产生的收益,且系初犯、偶犯的,认罪、悔罪并退赃、退赔,可以认定为犯罪情节轻微,免予刑事处罚。将赃物犯罪行为人与本犯之间的亲属关系作为酌定量刑情节,提示审判人员在量刑时予以适当注意。这样处理,既维护了现代社会的新型道德准则,又适当兼顾了亲情。

第三百一十三条　拒不执行判决、裁定罪

对人民法院的判决、裁定有能力执行而拒不执行，情节严重的，处三年以下有期徒刑、拘役或者罚金；情节特别严重的，处三年以上七年以下有期徒刑，并处罚金。

单位犯前款罪的，对单位判处罚金，并对其直接负责的主管人员和其他直接责任人员，依照前款的规定处罚。

文献：高铭暄编著：《中华人民共和国刑法的孕育和诞生》，法律出版社 1981 年版；柴发邦主编：《民事诉讼法教程》，法律出版社 1983 年版；高格主编：《刑法教程》，吉林大学出版社 1987 年版；戴逸樵主编：《刑法理论与实践》（下），上海社会科学院出版社 1989 年版；金子桐、顾肖荣、郑大群：《罪与罚——妨害社会管理秩序罪的理论与实践》，上海社会科学院出版社 1989 年版；祝铭山主编：《中国刑事诉讼法教程》，人民法院出版社 1989 年版；林准主编：《中国刑法教程》，人民法院出版社 1989 年版；吴安清主编：《新编刑法学》，中国政法大学出版社 1990 年版；马原主编：《中国行政诉讼法讲义》，人民法院出版社 1990 年版；高铭暄、马克昌主编：《刑法学》（下编），中国法制出版社 1999 年版；赵秉志、田宏杰、于志刚：《妨害司法罪》，中国人民公安大学出版社 2003 年版；王作富主编：《刑法分则实务研究》（第 5 版），中国方正出版社 2013 年版。李俊杰：《论拒不执行判决罪的犯罪构成》，载《河北法学》1992 年第 1 期。

细目录

Ⅰ　主旨
Ⅱ　沿革
Ⅲ　客体
Ⅳ　对象
　一、犯罪对象的特征
　二、犯罪对象的类型
Ⅴ　行为
Ⅵ　主体
Ⅶ　罪过
Ⅷ　既遂与未遂
Ⅸ　共犯

X　与非罪的界限
一、与无力执行判决、裁定的界限
二、与因误解而未执行判决、裁定的界限
三、与抗拒执行错误裁判的界限
四、与抗拒错误执行行为的界限
XI　处罚

I　主旨

1 执行难有损司法的权威和公正,拒不执行判决、裁定罪正是为提升执行强制力、增强执行工作力度进行的刑法规制。人民法院是代表国家行使审判权的唯一机关,它对各类案件制作的判决和裁定,是代表国家行使审判权的具体形式。判决和裁定一经生效,就具有法律强制力,有关当事人以及负有执行责任的机关、单位,都必须坚持执行,即使有不同意见,也只能按照法律的有关规定进行申诉,而不允许抗拒执行。维护这种生效的判决、裁定的权威,就是维护法律和法制的权威,就是维护司法机关的正常活动。拒执犯罪作为不执行法院生效裁判最严重的表现形式,不仅使生效法律文书成为“一纸空文”,而且严重损害司法公信和法治权威;不仅使债权人的合法权益得不到实现,而且严重侵蚀社会诚信体系大厦的基石。为有效治理这类“老赖”现象,国家采取了多种措施。为进一步保障诉讼活动的顺利进行,维护社会诚信,刑法规定了本罪。

II　沿革

2 1979年《刑法》在第157条中规定了拒不执行判决、裁定罪:“……拒不执行人民法院已经发生法律效力的判决、裁定的,处三年以下有期徒刑、拘役、罚金或者剥夺政治权利。”在1997年《刑法》修订时,在第313条中对拒不执行判决、裁定罪作了两个方面的修改:①从严规定犯罪构成要件,将行为人拒不执行法院判决、裁定行为构成犯罪的范围,限定于有能力执行而拒不执行。②调整法定刑,增加刑罚种类,取消了对犯拒不执行法院判决、裁定罪的犯罪人可以单独适用剥夺政治权利这一资格刑的规定。

3 2002年8月29日全国人大常委会通过的《关于〈中华人民共和国刑法〉第三百一十三条的解释》,将《刑法》第313条规定的“人民法院的判决、裁定”“有能力执行而拒不执行,情节严重”进行了立法解释,并对国家工作人员的相关行为的处罚原则进行了规定。为进一步维护社会诚信,严惩失信、背信的行为,2015年8月29日全国人大常委会通过《刑法修正案(九)》对拒不执行判决、裁定罪作出修订,增设一档法定刑:对情节特别严重的,处3年以上7年以下有期徒刑,并处罚金;同时,修订扩大了犯罪主体的范围,负有执行人民法院判决、裁定义务的单位,拒不执行人民法院判决、裁定的，情节严重的，对单位判处罚金，并对直接负责的主管人员和其他直接责任人员，依照规定给予刑事处罚。

Ⅲ 客体

关于本罪的客体，我国刑法理论界存在着以下三种观点：第一种观点认为，本罪的客体是"司法机关的正常活动"。[1] 第二种观点主张，本罪的客体是"人民法院执行生效法律文书的正常活动"。[2] 第三种观点则认为，本罪的客体是"审判机关的正常审判活动"。[3] 笔者认为：①由于司法机关的活动不仅形形色色、多种多样，而且司法机关的正常活动是所有妨害司法犯罪的同类客体，因而第一种观点将司法机关的正常活动视为拒不执行判决、裁定罪侵犯的客体，既过于宽泛，又不能准确地揭示拒不执行判决、裁定罪区别于掩饰、隐瞒犯罪所得、犯罪所得收益罪以及脱逃罪等其他妨害司法犯罪的本质特征，难以为本罪的认定，尤其是本罪与其他相近犯罪的区分提供明确的、可资具体操作的标准，故不可取。②裁定不同于判决之处在于，裁定无须等待审判程序终结才能作出，相反，裁定可以适用于整个诉讼活动过程，包括审判阶段、执行阶段等，法院在审判阶段作出的裁定，如果当事人拒绝执行，显然也会影响司法机关审判活动的正常进行，并有损法律裁定的严肃性和权威性。所以，第二种观点将本罪的客体归纳为人民法院执行生效法律文书的正常活动，较之第一种观点无疑失之过窄。③相较之下，第三种观点则较为科学、合理。这是因为，人民法院是代表国家行使审判权的唯一机关，其依法审理案件所作出的判决、裁定一经生效，便具有国家权威和法律强制力，非经法定程序不得更改，有关义务人，包括负有履行责任的国家机关或者其他社会组织，都必须予以执行，否则，是对国家审判机关与法律权威性的蔑视，也是对国家审判机关正常活动的破坏。 4

Ⅳ 对象

一、犯罪对象的特征

拒不执行判决、裁定罪的犯罪对象，通常认为是指人民法院的判决、裁定，即人民法院依法作出的、具有执行内容并已经生效的判决、裁定。据此，本罪的犯罪对象应当具有如下特征：①判决、裁定的司法性。有学者认为，拒不执行判决、裁定罪法条所指的人民法院的判决、裁定，不是仅包括形式的判决和裁定，而是指包括判决、裁定在 5

1 参见吴安清主编：《新编刑法学》，中国政法大学出版社 1990 年版，第 260 页；高格主编：《刑法教程》，吉林大学出版社 1987 年版，第 402 页。

2 参见鲜铁可：《妨害司法犯罪的定罪与量刑》，人民法院出版社 1999 年版，第 149 页。

3 参见赵秉志、田宏杰、于志刚：《妨害司法罪》，中国人民公安大学出版社 2003 年版，第 309 页。

内的人民法院的各种决定。[4] 但其实,法院既是依法行使审判职能的国家审判机关,同时也是一个由内部各职能部门和司法工作人员所组成的组织机构,因而法院的工作活动除司法活动外,还包括内部的组织管理活动。因此,并非法院依法作出的任何判决、裁定都能成为本罪的犯罪对象。例如,法院对其内部工作人员就业务工作问题所作的奖惩决定或者人事任免决定,就不是其审判职能的自然延伸,而是内部管理活动的组成部分。拒不执行这类决定的行为,虽然会对法院的内部管理活动造成妨碍,但却不会影响到法院审判权的正常行使和审判职能的实现。所以,能够成为本罪犯罪对象的判决、裁定,只能是法院行使审判权所作出的判决、裁定,也只有拒不执行此类判决、裁定的行为,才会对法院裁判的权威性和审判活动的神圣性造成侵害,才会具有妨害司法罪的本质特征。②判决、裁定的执行性。判决、裁定应具有执行的内容,如果不具有执行内容,则不存在抗拒执行法院裁判的问题。比如,刑事诉讼中被告人死亡,法院就此作出终结诉讼的裁定,就不具有执行内容,也不存在当事人抗拒执行法院判决问题。③判决、裁定的有效性。只有生效的判决、裁定,在法律上才具有执行力;也只有拒不执行生效判决、裁定的行为,才会对法院裁判的权威和尊严构成挑战和侵害。所以,判决、裁定的有效性,是决定其能否成为拒不执行判决、裁定罪的犯罪对象的核心条件。根据诉讼法的有关规定,人民法院的判决有些是即时生效的,如二审判决、裁定,最高人民法院的判决、裁定等,但某些裁判却不是即时生效的,如一审判决,判决后当事人可以上诉,上诉期间一审判决不发生法律效力,从而也不能强制当事人执行。上述三个特征必须同时具备,缺少其中任何一个特征的判决、裁定,均不能成为本罪的对象。

二、犯罪对象的类型

6 根据法院判决、裁定的诉讼性质不同,可以将其分为三类:①民事、经济类判决、裁定。此即人民法院根据我国民事诉讼法的规定,在审理民事(经济)案件中作出的裁判。实践中,抗拒法院民事裁判执行的情况最为严重,尤其是关于经济案件的裁判,“执行难”的状况相当突出,比例相当之高。②刑事判决、裁定。此即人民法院根据我国刑事诉讼法的规定,在审理刑事案件中所作的裁判。③行政裁判。此即人民法院依照我国行政诉讼法的规定,在审理行政案件中所作的裁判。

7 需要指出的是,判决和裁定尽管都是拒不执行判决、裁定罪的犯罪对象,但两者无论在适用对象和范围,还是具体适用方式上都存在着较大差异。根据诉讼法的规定,判决是人民法院对审理终结的案件所作的实体性、结论性的决断,包括各种性质、各种审级的判决。判决是人民法院解决诉讼案件的最主要、最基本的形式,裁定则是人民法院就诉讼案件有关程序问题所作的决断。显然,判决解决的是案件的实体问

---

4 参见赵秉志、田宏杰、于志刚:《妨害司法罪》,中国人民公安大学出版社2003年版,第310页。

题,而裁定虽然可能涉及案件的部分实体问题,但主要解决的还是案件的程序问题,所以,判决只能采取书面的形式,而裁定则既可以采取书面形式,也可以口头形式作出;除最高人民法院的一审判决外,当事人不服一审判决的,可以上诉,而裁定除驳回起诉、不予受理、管辖权异议的裁定外,不能成为上诉的对象;判决只能在案件结束时作出,而裁定则较为灵活,可以适用于整个诉讼活动过程。

此外,根据2002年8月29日全国人大常委会通过的《关于〈中华人民共和国刑法〉第三百一十三条的解释》的规定,《刑法》第313条规定的"人民法院的判决、裁定",是指人民法院依法作出的具有执行内容并已发生法律效力的判决、裁定。根据这一解释,人民法院为依法执行支付令、生效的调解书、仲裁裁决、公证债权文书等所作的裁定,也可成为本罪的犯罪对象。 8

V 行为

拒不执行判决、裁定罪在客观方面表现为,对于人民法院作出的生效判决、裁定,有能力执行而拒不执行,情节严重的行为。具体说来,拒不执行判决、裁定行为的构成,应同时具备以下三个要素: 9

1. 有能力执行是构成拒不执行判决、裁定行为的前提

有能力执行是指根据查实的证据证明,负有执行人民法院判决、裁定义务的人有可供执行的财产或者具有履行特定义务的能力。如果行为人确实没有可供执行的财产,或者丧失履行特定义务的能力,不构成犯罪。 10

2. 拒不执行

何谓拒不执行,有的著述认为,构成本罪,必须是当事人以强暴的方法,公然抗拒法院裁判的执行,使用"强暴"的方法(暴力或以暴力相威胁)和"公然"的方式是构成本罪的必要的客观要件。[5] 11

上述观点值得商榷。这是因为:①从犯罪本质来看,拒不执行裁判、裁定罪的本质特征,关键在于行为人的行为损害了法院裁判的效力,动摇了法院裁判的权威性和严肃性。因而,原则上,无论行为人采取什么方法,不管是暴力手段还是非暴力手段,不管对裁判的执行是公然抗拒还是私下里秘密对抗,只要其行为具有损害法院裁判效力的特征,都可以构成本罪。申言之,满足拒不执行判决、裁定罪的犯罪构成,无须具备暴力和公然。②从立法渊源来看,拒不执行判决、裁定罪与妨害公务罪在1979年《刑法》中一起被规定于第157条之中,考察其立法原意,是要区分妨害法院裁判行为与妨害其他公务的行为,强调对法院裁判的特殊保护。1979年《刑法》在同一法条的用语上,对于妨害公务罪要求暴力方法而对拒不执行裁判、裁定罪却没有类似的要求。③从相关法律规定来看,我国现行《民事诉讼法》第114条第1款规定:"诉讼参 12

---

5 参见林准主编:《中国刑法教程》,人民法院出版社1989年版,第600页;李俊杰:《论拒不执行判决罪的犯罪构成》,载《河北法学》1992年第1期。

与人或者其他人有下列行为之一的,人民法院可以根据情节轻重予以罚款、拘留;构成犯罪的,依法追究刑事责任:……(五)以暴力、威胁或者其他方法阻碍司法工作人员执行职务的;(六)拒不履行人民法院已经发生法律效力的判决、裁定的。"这条法律规定的内容表明,以暴力方法抗拒法院裁判执行的,固然可以构成拒不执行法院裁判罪,但只是以非暴力方法破坏、阻碍、妨害、抗拒法院裁判的执行的,仍然可以构成拒不执行法院裁判罪。因此,最高人民法院发布的指导案例 71 号"毛建文拒不执行判决、裁定案"的裁判要点明确指出:"有能力执行而拒不执行判决、裁定的时间从判决、裁定发生法律效力时起算。具有执行内容的判决、裁定发生法律效力后,负有执行义务的人有隐藏、转移、故意毁损财产等拒不执行行为,致使判决、裁定无法执行,情节严重的,应当以拒不执行判决、裁定罪定罪处罚。"[6]

3. 情节严重

13 拒不执行判决、裁定罪是情节犯,即有能力执行而拒不执行人民法院判决、裁定的行为并非一经实施即构成犯罪,而是必须达到情节严重的程度,才能以犯罪论处。

14 根据 2002 年 8 月 29 日全国人大常委会通过的《关于〈中华人民共和国刑法〉第三百一十三条的解释》的规定,具有下列情形之一的,应当认定为拒不执行人民法院判决、裁定的行为"情节严重":①被执行人隐藏、转移、故意毁损财产或者无偿转让财产,以明显不合理的低价转让财产,致使判决、裁定无法执行的;②担保人或者被执行人隐藏、转移、故意毁损或者转让已向人民法院提供担保的财产,致使判决、裁定无法执行的;③协助执行义务人接到人民法院协助执行通知书后,拒不协助执行,致使判决、裁定无法执行的;④被执行人、担保人、协助执行义务人与国家机关工作人员通谋,利用国家机关工作人员的职权妨害执行,致使判决、裁定无法执行的;⑤其他有能力执行而拒不执行,情节严重的情形。

15 在此基础上,最高人民法院《关于审理拒不执行判决、裁定刑事案件适用法律若干问题的解释》第 2 条进一步规定,负有执行义务的人有能力执行而实施下列行为之一的,应当认定为全国人民代表大会常务委员会关于《刑法》第 313 条的解释中规定的"其他有能力执行而拒不执行,情节严重的情形":①具有拒绝报告或者虚假报告财产情况、违反人民法院限制高消费及有关消费令等拒不执行行为,经采取罚款或者拘留等强制措施后仍拒不执行的;②伪造、毁灭有关被执行人履行能力的重要证据,以暴力、威胁、贿买方法阻止他人作证或者指使、贿买、胁迫他人作伪证,妨碍人民法院查明被执行人财产情况,致使判决、裁定无法执行的;③拒不交付法律文书指定交付的财物、票证或者拒不迁出房屋、退出土地,致使判决、裁定无法执行的;④与他人串通,通过虚假诉讼、虚假仲裁、虚假和解等方式妨害执行,致使判决、裁定无法执行的;⑤以暴力、威胁方法阻碍执行人员进入执行现场或者聚众哄闹、冲击执行现

---

6 参见最高人民法院 2016 年 12 月 28 日发布的指导案例 71 号"毛建文拒不执行判决、裁定案"。

场，致使执行工作无法进行的；⑥对执行人员进行侮辱、围攻、扣押、殴打，致使执行工作无法进行的；⑦毁损、抢夺执行案件材料、执行公务车辆和其他执行器械、执行人员服装以及执行公务证件，致使执行工作无法进行的；⑧拒不执行法院判决、裁定，致使债权人遭受重大损失的。

2018 年 6 月 5 日，最高人民法院发布了 10 起拒不执行判决、裁定罪的典型案 16
例，对拒不执行判决、裁定的典型行为方式进行了归纳。案例一“曹某某拒不执行判决、裁定案”中认为，被执行人曹某某具有履行能力，以和妻子协议离婚的方法，将其名下全部财产转移到妻子名下，并私自将法院查封的房产予以出售，致使判决无法执行，情节严重，构成拒不执行判决、裁定罪。案例二“施某某拒不执行判决、裁定案”中认为，作为被执行人的昌缘合作社在具有履行能力的情况下，拒绝申报财产，以各种手段逃避执行，其法定代表人在被采取司法拘留措施后仍不执行，致使申请执行人遭受较大损失，属于“有能力执行而拒不执行，情节严重”的情形，构成拒不执行判决、裁定罪。同时本案属于单位犯罪，被告人施某某为单位法定代表人，系直接负责的主管人员，对于单位实施的拒不执行判决、裁定犯罪应当承担刑事责任。案例三“李某彬拒不执行判决、裁定案”中认为，被告人李某彬作为执行案件的被执行人，在法院向其发出执行通知书和报告财产令后，拒绝报告财产情况，拒不履行生效法律文书确定的义务，还擅自将已被法院依法查封的财产出卖并携款外逃，导致法院生效判决无法执行，符合“有能力执行而拒不执行，情节严重”的情形，构成拒不执行判决、裁定罪。案例四“林某某拒不执行判决、裁定案”中认为，在执行过程中，被执行人林某某名下银行账户多次发生存取款行为，累计存入金额达人民币 13 万余元。但林某某对生效判决确定的义务未做任何履行，且不按要求申报财产情况，经两次被采取拘留措施后仍不履行，情节严重，构成拒不履行生效判决、裁定罪。案例五“周某某拒不执行判决案”中认为，被执行人周某某拒收民事判决，拒不履行生效判决确定的义务，在执行法院对其财产采取查封措施的情况下，私自转让查封财产并将转让所得价款用于清偿其他债务和个人消费，致使生效判决无法执行，属于拒不执行生效判决情节严重的行为，构成拒不执行判决、裁定罪。案例六“肖某某非法处置查封的财产案”中认为，非法处置查封、扣押、冻结的财产，是被执行人规避、抗拒执行的一种典型方式。本案被执行人在强制执行过程中，对人民法院已经查封的财产私自变卖，并将变卖所得用于清偿其他债务，导致申请执行人的债权得不到执行，情节严重，构成非法处置查封的财产罪。由于本案执行依据是民事调解书，被执行人的拒不执行行为不能构成拒不执行判决、裁定罪。法院以非法处置查封的财产罪对被告人定罪处罚，符合法律规定。案例七“徐某某拒不执行判决、裁定案”中认为，本案被告人徐某某在执行过程中获得大额拆迁补偿款，但其将拆迁款取走，不用于履行生效裁定确定的义务，同时虚假申报个人财产，在执行法院对其实施两次拘留后仍不履行，属于有能力履行生效判决、裁定而拒不履行，情节严重，构成拒不执行判决、裁定罪。案例八“藏某稳拒不执行判决、裁定案”中认为，被告人藏某稳在明知案件进入执行程序后，隐匿行踪，转移财产,拒不履行判决确定的义务,致使生效裁判无法执行,情节严重,构成拒不执行判决、裁定罪。案例九"陈某、徐某某拒不执行判决、裁定案"中认为,本案被执行人陈某有履行能力而拒不履行法院生效判决,并与案外人恶意串通,以虚假交易的方式将自己名下的财产转移至其亲属名下,逃避履行义务,致使法院判决无法执行。不仅被执行人的行为构成拒不执行判决、裁定罪,案外人也构成拒不执行判决、裁定罪的共犯。案例十"重庆蓉泰塑胶有限公司、刘某设拒不执行判决、裁定案"中认为,被执行人蓉泰公司及公司负责人刘某设在法院强制执行过程中,明知公司账户被法院冻结的情况下,指使他人将本应进入公司账户的资金转移至他人账户,挪作他用,隐匿公司财产,逃避法院强制执行,致使法院生效裁判无法执行,情节严重,其行为构成拒不执行判决、裁定罪。这些典型案例为司法机关具体掌握拒不执行判决、裁定罪的行为类型以及"情节严重"的构罪标准,提供了具体参照。[7]

Ⅵ 主体

17 本罪的主体,包括自然人和单位。一是负有执行人民法院的判决、裁定义务的、已满16周岁且具有刑事责任能力的人,包括被执行人、担保人、协助执行义务人。国家工作人员有《关于〈中华人民共和国刑法〉第三百一十三条的解释》所列第四项行为的,以拒不执行判决、裁定罪的共犯追究刑事责任。二是负有执行人民法院的判决、裁定义务的单位。

Ⅶ 罪过

18 本罪的罪过形式为故意,即行为人不但明知自己负有执行人民法院判决、裁定的义务,且明知有执行能力而故意拒不执行,而且,其犯罪目的是逃避判决、裁定所规定的应予执行的义务。本罪的犯罪动机是多种多样的,如因不服法院判决、裁定产生抵触情绪,基于亲友义气或者家族观念而不愿执行,等等。

Ⅷ 既遂与未遂

19 拒不执行判决、裁定罪是情节犯。在刑法理论上,通说否定情节犯存在未完成形态。这一观点值得商榷。依据我国目前刑法理论的通说,从刑法分则条文的设置是"犯罪既遂模式说"的观点出发,情节犯中规定的"情节严重"应当是犯罪既遂的必要条件,这里的"情节严重"应作为基本犯罪既遂形态犯罪构成的定量因素。而且,从客观违法性的角度出发,这里的情节应是从客观方面表明法益侵害程度的情节。[8] 因

---

7 参见《最高法公布10起拒不执行判决、裁定罪典型案例》,载http://www.court.gov.cn/zixun-xiangqin-1001,访问时间:2020年3月16日。

8 参见陈兴良:《规范刑法学》(第2版),中国人民大学出版社2008年版,第197页。

此,“情节犯”中的“情节”不单单局限于危害结果或危害行为,不管是危害结果还是危害行为都可以对法益造成侵害或侵害的危险。因此,情节犯不仅可以是结果犯还可以是行为犯,抑或可以是危险犯。

根据我国刑法的有关规定,故意犯罪存在着犯罪未遂与既遂之分,主要有结果犯、行为犯、危险犯三种类型。因而判断拒不执行判决、裁定罪是否存在犯罪的未遂形态,就必须明确本罪是否属于结果犯、行为犯或者危险犯。如果本罪属于上述三种形态之一,则其当然存在犯罪的未遂形态;反之,如果本罪不属于上述三种犯罪形态,则其犯罪未遂形态也就不可能存在。从拒不执行判决、裁定罪的构成特征来看,本罪属于行为犯。这是因为,尽管刑法要求本罪的成立,必须达到“情节严重”的程度,也就是说,如果行为人实施完毕拒不执行判决、裁定罪的实行行为,但是,该行为并未达到“情节严重”程度的,则不能视为犯罪的成立,更谈不上犯罪的既遂问题。但“情节严重”并不是专指行为人拒不执行判决、裁定的行为造成了有形的、物质性的损害结果。因为如果行为人所实施的拒不执行判决、裁定虽然没有造成物质性的、有形的损害结果,但由于行为人的犯罪手段恶劣,社会影响极大,则在司法实践中也是可以视为“情节严重”而认定为本罪的;而如果行为人拒不执行判决、裁定行为实施完毕,并达到“情节严重”程度的,则不仅成立犯罪,且犯罪宣告既遂。可见,拒不执行判决、裁定罪是以行为人是否实施完毕刑法分则所规定的本罪的实行行为作为犯罪成立与既遂与否的标志的,而不是以法定危害结果的发生、法定危险状态的出现或者法定实行行为的着手实施作为犯罪成立的标志的。由此决定,拒不执行判决、裁定罪既不符合结果犯的特征,也不具备危险犯和举动犯的特征,而是完全符合行为犯的特征,是一种典型的行为犯,当然也就存在犯罪未遂形态,存在犯罪既遂与犯罪未遂的区分。犯罪未遂与既遂的区分,应当以《刑法》第 313 条所规定的拒不执行判决、裁定罪的实行行为,即有能力执行而拒不执行作为具体的区分标准。如果行为人已实施完毕拒不执行行为的,犯罪即告成立,且达到既遂形态;反之,如果行为人虽已着手实施拒不执行行为,但由于其意志以外的原因,尚未实施完毕的,则以犯罪未遂处理。 20

Ⅸ 共犯

2002 年 8 月 29 日全国人大常委会通过的《关于〈中华人民共和国刑法〉第三百一十三条的解释》规定:国家机关工作人员与被执行人、担保人、协助执行义务人通谋,利用国家机关工作人员的职权妨害执行,致使判决、裁定无法执行的,对国家机关工作人员以拒不执行判决、裁定罪的共犯追究刑事责任。国家机关工作人员收受贿赂或者滥用职权,同时又构成《刑法》第 385 条、第 397 条规定之罪的,依照处罚较重的规定定罪处罚。 21

Ⅹ 与非罪的界限

拒不执行判决、裁定罪的罪与非罪的界限,主要是区分犯罪与不能执行、一般性 22

拒不执行裁判的违法行为的界限。

一、与无力执行判决、裁定的界限

23 行为人是否具有执行能力,是拒不执行判决、裁定罪能否成立的前提条件。实践中,常常出现这样的情况,由于客观的原因,裁判下达时,应承担执行裁判义务的当事人,已经没有执行能力,如公民除必备生活费用外已无财物,企业连年亏损已无资金,遭受自然灾害等。对于这些由于客观原因造成的无能力履行裁判,不宜对行为人治罪。

24 实践中也存在因主观原因导致裁判不能履行的情况。就是说,裁判的义务人本来有能力履行裁判,但其通过实施某种行为,致使裁判无法履行。比如诉讼期间将财产转移,挪作他用。对此,不能不加区别地一概以犯罪论处,而应根据义务冲突的具体情形,综合分析判断之后再作处理。

二、与因误解而未执行判决、裁定的界限

25 实践中,有时出现因判决、裁定等法律文书表述不清,例如,主文叙述不明,归责不清楚,漏判诉讼事项,错、别、漏字等,导致当事人对裁判的误解,进而实施阻碍裁判执行的行为的,不宜认定为构成拒不执行判决、裁定罪。此外,当事人因缺乏必要的法律知识而误解判决或者裁定,进而实施阻碍裁判执行的行为的,一般也不宜作为犯罪处理。如果经执行人员讲解法律知识而当事人仍坚持抗拒执行的,就应予以治罪。但如果案件法律关系确实复杂,当事人确实属于误解而抗拒执行的,其主观恶性程度无疑小于明知裁判正确而予以抗拒的行为,对此,在量刑时也应予以适当考虑。

三、与抗拒执行错误裁判的界限

26 实践中,错误裁判有以下三种情况:①程序错误。下达裁判不符合法定程序,有违法现象,且该违法现象依法足以构成使该裁判被撤销的根据。实践中,违反法定程序而裁判的现象很多,诸如违法取证、非法剥夺当事人的诉讼权利,审判人受贿、贪赃、徇私枉法等,只要违反法定程序,其裁判就系错误裁判。②认定事实错误。包括认定的事实没有充分的证据,不能成立;认定事实颠倒黑白;认定的主要事实不清,不足以成为裁判结果的根据。③裁判归责错误,即实体的裁判结果错误。具体包括两种,一是根本性错误,即对当事人不应承担义务而裁判其承担义务或者根本上不应制裁而予以制裁;二是程度性错误,即裁判的定性正确,但归责(包括责令承担义务和给予某种制裁)在程度上有严重偏差。行为人虽然实施了抗拒执行裁判行为,但如果裁判确属错误裁判的,对行为人不宜按本罪处理。道理很简单,本罪的本质特征在于通过对作为国家审判权行使标志的法院判决和裁定的公然藐视和对抗,破坏法院审判活动的正常顺利进行,从而损害了法律的权威和尊严,而错误的判决或者裁定本来就不具有法律效力,不应交付执行,因而行为人抗拒执行错误裁判的行为,在本质上显

然并不同于拒不执行判决、裁定行为,故不能将两者等量齐观。若行为人抗拒执行错误裁判行为情节严重,致使司法工作人员人身或者精神受到损害,或者造成其他严重后果,符合故意伤害罪等其他犯罪的构成特征的,可按相应的其他犯罪定罪处罚,但不能论之以本罪。

四、与抗拒错误执行行为的界限

实践中,错误的执行行为主要表现为:执行程序错误,表现为执行人员违反法定的执行程序或者缺乏必要的法律手续;执行标的错误,表现为将别人的财产误认为被执行人的财产而予以强制执行、超出裁判文书指定的财产范围执行等。错误执行行为由于不存在执行的合法根据,因而抗拒错误执行行为并不符合拒不执行判决、裁定罪的本质特征,不能以本罪论处。 27

XI 处罚

根据现行《刑法》第 313 条的规定,拒不执行判决、裁定罪的法定刑为处 3 年以下有期徒刑、拘役或者罚金。情节特别严重的,处 3 年以上 7 年以下有期徒刑,并处罚金。单位犯前款罪的,对单位判处罚金,并对其直接负责的主管人员和其他直接责任人员,依照自然人犯罪的规定处罚。 28

根据司法解释,拒不执行判决、裁定的被告人在一审宣告判决前,履行全部或部分执行义务的,可以酌情从宽处罚。拒不执行支付赡养费、扶养费、抚育费、抚恤金、医疗费用、劳动报酬等判决、裁定的,可以酌情从重处罚。如果行为人以暴力抗拒人民法院执行判决、裁定,杀害、重伤执行人员的,依照《刑法》第 232 条、第 234 条第 2 款规定的故意杀人罪、故意伤害罪(重伤)定罪处罚。 29

第三百一十四条　非法处置查封、扣押、冻结的财产罪

隐藏、转移、变卖、故意毁损已被司法机关查封、扣押、冻结的财产，情节严重的，处三年以下有期徒刑、拘役或者罚金。

文献:马克昌:《刑法理论探索》,法律出版社1995年版;赵秉志主编:《侵犯财产罪研究》,中国法制出版社1998年版;周其华:《中国刑法罪名释考》,中国方正出版社2000年版;张穹主编:《刑法各罪司法精要》(修订版),中国检察出版社2002年版;赵秉志、田宏杰、于志刚:《妨害司法罪》,中国人民公安大学出版社2003年版;王作富主编:《刑法分则实务研究》(第5版),中国方正出版社2013年版。

细目录

Ⅰ　主旨
Ⅱ　沿革
Ⅲ　客体
Ⅳ　对象
Ⅴ　行为
Ⅵ　主体
Ⅶ　罪过
Ⅷ　既遂与未遂
Ⅸ　与非罪的界限
Ⅹ　处罚

Ⅰ　主旨

1　查封、扣押、冻结财产是国家司法机关为了保证诉讼活动的顺利进行,实现诉讼目的,而对诉讼活动中有关的财产实施的强制性措施。如人民法院在审理民事、经济纠纷案件中,在作出判决之前,为了保证将来发生法律效力的判决能够得到全部执行,而对当事人的财产或有争议的标的物予以查封、扣押、冻结。未经法定机关批准,任何人不得隐藏、转移、变卖、毁损已被查封、扣押、冻结的财产。对于隐藏、转移、变卖、故意毁损已被司法机关查封、扣押、冻结的财产的行为不仅可以采取民事强制措施、行政强制措施,对于其中情节严重的以非法处置查封、扣押、冻结的财产罪定罪量刑,不仅保证了法律体系内部的协调统一,而且为人民法院诉讼活动的正常顺利进行提供了有力的法律武器,有利于提高人民法院判决的执行率。

Ⅱ 沿革

我国1979年《刑法》并未规定本罪。但是，在司法实践中，有些人无视司法机关采取的强制性措施，对已被司法机关查封、扣押、冻结的财产予以隐藏、转移、变卖、毁损，这种行为不仅损害了司法机关的权威，而且使得诉讼活动受到严重妨害。例如，在民事诉讼活动中，当事人非法隐藏、转移、变卖或者故意毁损已被司法机关查封、扣押、冻结的财产，往往使得人民法院作出的生效判决或者裁定，因财产不知去向而无法实际执行，这极大地损害了司法机关的威信，使人民法院的裁判形同一纸空文，从而造成社会秩序的混乱。 2

因此1991年《民事诉讼法》第102条第1款第(三)项明确规定，隐藏、转移、变卖、毁损已被查封、扣押的财产，或者已被清点并责令其保管的财产，转移已被冻结的财产，构成犯罪的，依法追究刑事责任；1989年《行政诉讼法》第49条第1款第(四)项规定，隐藏、转移、变卖、毁损已被查封、扣押、冻结的财产，构成犯罪的，依法追究刑事责任。但是，由于1979年《刑法》中没有这方面的相应条文可以适用，致使附属刑法中的规定虚置，非法处置查封、扣押、冻结的财产的犯罪活动也有恃无恐，越演越烈，在一定程度上加剧了人民法院裁判执行难的状况。而对于广大公民来说，在提起诉讼时，首先感到望而生畏的不是自己能否胜诉，而是自己花费大量人力、物力、财力好不容易打赢的官司，其判决是否能够得到执行的问题，这使得有相当一部分本应通过司法活动解决的案件，因当事人不愿提起诉讼而“私了”，法律成了空泛的规定，在公民眼中不再神圣不可侵犯，而是那样软弱无力，这对于法律的权威无疑是极大的挑战。 3

为了有效地惩治这类危害行为，解决人民法院裁判执行难的问题，以维护法律的权威与尊严，1997年《刑法》修订时，立法机关在广泛听取刑法理论界、司法实务部门以及社会各界人士意见的基础上，经过反复分析、比较、论证，吸收了民事诉讼法和行政诉讼法相关规定的合理之处，同时考虑到司法实践的需要，在犯罪对象中删除了《民事诉讼法》规定的“已被清点并责令其保管的财产”，在行为方式上将“毁损”改为“故意毁损”，从而在现行《刑法》第314条中增设了非法处置查封、扣押、冻结的财产罪。 4

Ⅲ 客体

本罪的客体是司法机关财产保全措施的正常执行活动。司法机关查封、扣押、冻结财产的活动是司法机关在诉讼过程中，为了保证诉讼的正常进行，对有关的财产采取的保全措施。如果在司法机关对财产进行查封、扣押、冻结以后，隐藏、转移、变卖、故意毁损这些财产，不仅严重妨害了司法机关财产保全措施的正常执行，而且可能导致司法机关的裁判无法得到执行，造成国家、集体和公民个人财产的损失。 5

Ⅳ 对象

6 本罪的对象是已被司法机关查封、扣押、冻结的财产。查封,是指司法机关对需要采取财产保全措施的财物清点后,加贴封条,就地封存或易地封存,不准任何人转移和处理的强制性措施。扣押有刑事扣押和民事扣押两种。刑事诉讼中的扣押是指国家司法机关将与案件有关的物品、文件等暂时予以扣留的行为;民事诉讼中的扣押是指人民法院对特定物品予以扣留,易地保存,不允许当事人占有、使用、转移、处分的行为。冻结,是指司法机关在办理案件中,就被申请人在金融机构的存款,向有关银行或信用社等金融机构发出协助执行通知书,不准被申请人提取或转移的执行措施。上述强制性措施是保证司法机关依法办案的措施之一,根据有关法律规定,人民法院在以下两种情况可以查封、扣押、冻结有关财产:一是在财产保全中,人民法院可以根据申请人的请求,对与案件有关的财物采取查封、扣押、冻结的方法加以保全;二是被执行人未按执行通知履行法律文书确定的义务,人民法院有权查封、扣押、冻结被执行人应当履行义务部分的财产。

Ⅴ 行为

7 本罪在客观方面表现为非法处置被司法机关查封、扣押、冻结的财产,情节严重的行为。所谓非法处置,包括隐藏、转移、变卖、故意毁损四种行为方式。所谓隐藏,是指将已被查封、扣押的财产就地藏匿,使司法机关难以发现;所谓转移,是指将已被司法机关查封、扣押、冻结的财产从一个处所转移到另一个处所;所谓变卖,就是将司法机关查封、扣押的财产予以出卖;所谓毁损,就是毁灭、损坏,被毁灭的财产从物质形态上消失,被损坏的财产将失去或者减少其价值。隐藏、转移、变卖、故意毁损这四种行为,只要具备其中之一,即可构成本罪,不要求行为人同时实施上述四种行为;如果行为人实施了上述四种行为,也只能论之以一罪,而不能实行数罪并罚。

8 依照有关法律、法规的规定,作出查封、扣押、冻结决定的主体必须是司法机关,包括公安、安全、检察和审判机关,至于在法律上同样具有查封、扣押、冻结权力的市场监督、税务及其他有关行政机关、监察机关则不包括在内。非法处置查封、扣押、冻结的财产罪,往往与拒不执行法院、判决、裁定罪在行为方式上具有相似性甚至一致性。如何准确区分非法处置查封、扣押、冻结的财产罪与拒不执行判决、裁定罪,成为司法实践必须直面的问题。在《刑事审判参考》案例第 428 号“罗扬非法处置查封的财产案”中,被被告人罗扬非法转让的房屋是杨浦法院为了执行要求罗扬偿还债务的支付令,作出民事裁定而予以查封,对其行为是以拒不执行判决、裁定罪认定,还是以非法处置查封的财产罪认定,存在不同意见。裁判理由指出:区分非法处置查封、扣押、冻结的财产罪与拒不执行判决、裁定罪的关键就在于行为人是否具有拒不执行法院裁判的目的。因为从构成要件上看,非法处置查封、扣押、冻结的财产罪不要求特殊目的,而拒不执行判决、裁定罪则必须具有拒不执行法院裁判的目的。因此,如果在执行程序中负有执行生效裁判义务的人实施了此种行为,但并没有拒不执行法院生效裁判目的的,应当以非法处置查封、扣押、冻结的财产罪定罪;反之,如果行为人具有拒不执行法院生效裁判目的,因为该行为系作为拒不执行法院裁判的手段实施的,两罪法定刑相同,以拒不执行判决、裁定罪定罪更为适当。本案中,被告人罗扬虽然非法擅自出售法院已经查封的房产,但考察其主观目的,难以推断出拒不执行法院裁判的目的。相反,罗扬恰恰是基于想方设法及时履行法院裁判,希望将其被查封的房产予以解冻才实施了非法擅自处置查封房产的行为,而且事后其已经将有关款项归还了银行,用于冲减禧鑫公司所欠贷款本金,法院也根据其已履行了协议约定的义务而解除了对有关房产的查封。因此,应当对被告人罗扬以非法处置查封的财产罪定罪处罚。

本罪行为的成立,要求必须达到"情节严重"的程度。所谓情节严重,主要是指隐藏、转移、变卖、故意毁损已被司法机关查封、扣押、冻结的财产,严重妨害了诉讼活动的正常进行,或者给国家、集体、公民的利益带来了重大损失,或者造成了其他严重的后果;非法处置查封、扣押、冻结的财产数额巨大;多次实施非法处置查封、扣押、冻结的财产的;等等。 9

Ⅵ 主体

本罪的主体是一般主体,即任何达到刑事责任年龄、具有刑事责任能力的自然人,实施了本罪的行为,都可以单独构成本罪。不过,从司法实践中的情况来看,本罪的主体主要是被查封、扣押、冻结的财产的所有人、保管人,当然,其他人如果出于妨害司法机关的查封、扣押、冻结活动的意图实施上述行为的,也可以构成本罪。刑法未将单位规定为本罪的犯罪主体。司法实践中,单位实施非法处置查封、扣押、冻结的财产行为,情节严重的,应对其直接负责的主管人员和其他直接责任人员,以本罪追究其刑事责任。 10

Ⅶ 罪过

本罪的罪过形式为故意,即行为人明知自己的财产已被司法机关查封、扣押、冻结,如果隐藏、转移、变卖、毁损,会发生妨害诉讼活动正常顺利进行的危害结果,行为人不仅不采取措施予以阻止,却希望这一危害结果发生的一种心理态度。过失不能构成本罪。至于行为人的犯罪动机,则可能是多种多样的,有的可能是出于报复泄愤,有的可能是为了逃避人民法院生效裁判所确定的义务,等等。由于犯罪动机不是犯罪成立的必备要件,因此,行为人具体动机如何,无碍于本罪的成立。 11

Ⅷ 既遂与未遂

判断非法处置查封、扣押、冻结的财产罪是否存在犯罪的未遂形态,必须明确本 12

罪是否属于结果犯、行为犯或者危险犯。如果本罪属于上述三种形态之一,则其当然存在犯罪的未遂形态;反之,如果本罪不属于上述三种犯罪形态,则其犯罪未遂形态也就不可能存在。

13 从非法处置查封、扣押、冻结的财产罪的构成特征来看,本罪属于行为犯。这是因为,尽管刑法要求本罪的成立,必须达到"情节严重"的程度,也就是说,如果行为人实施完毕非法处置查封、扣押、冻结的财产罪的实行行为,却并未达到"情节严重"程度的,则不能视为犯罪的成立,更谈不上犯罪的既遂问题。但是,"情节严重"并不是专指行为人非法处置查封、扣押、冻结的财产行为造成了有形的、物质性的损害结果。如果行为人所实施的非法处置查封、扣押、冻结的财产行为虽然没有造成物质性的、有形的损害结果,但由于行为人的犯罪手段恶劣,社会影响极大,则在司法实践中也是可以视为"情节严重"而认定为本罪的;然而,即使因手段恶劣而视为情节严重,如果行为人尚未实施完毕非法处置查封、扣押、冻结的财产罪的实行行为,即隐藏、转移、变卖、故意毁损被司法机关查封、扣押、冻结的财产行为,则犯罪也是不能宣告既遂的;而如果行为人非法处置查封、扣押、冻结的财产行为实施完毕,并达到"情节严重"程度的,则不仅成立犯罪,且犯罪宣告既遂。可见,非法处置查封、扣押、冻结的财产罪是以行为人是否实施完毕刑法分则所规定的本罪的实行行为作为犯罪成立与既遂与否的标志的,而不是以法定危害结果的发生、法定危险状态的出现或者法定实行行为的着手实施作为犯罪成立的标志的。由此决定,非法处置查封、扣押、冻结的财产罪既不符合结果犯的特征,也不具备危险犯和举动犯的特征,而是完全符合行为犯的特征,是一种典型的行为犯,当然也就存在犯罪未遂形态,存在犯罪既遂与犯罪未遂的区分。其犯罪未遂与既遂的区分,应当以《刑法》第 314 条所规定的非法处置查封、扣押、冻结的财产罪的实行行为,即隐藏、转移、变卖、故意毁损被司法机关查封、扣押、冻结的财产行为是否实施完毕作为具体的区分标准。如果行为人实施完毕非法处置查封、扣押、冻结的财产的行为的,犯罪即告成立,且达到既遂形态;反之,如果行为人虽已着手实施非法处置查封、扣押、冻结的财产的行为,但由于其意志以外的原因,尚未实施完毕的,则以犯罪未遂处理。

14 在《刑事审判参考》案例第 428 号"罗扬非法处置查封的财产案"中,被告人罗扬虽然已与买方郭某签订了购房合同并收取了预付款,但未能如期将房屋交给买方郭某,因为房屋已被法院查封而不可能办理产权过户。就罗扬的行为是否属于犯罪未遂,裁判理由指出:根据《刑法》第 314 条的规定,非法处置查封、扣押、冻结的财产罪属于情节犯。关于情节犯是否存在犯罪未遂的问题,目前理论界对此看法不一。有的观点认为,对于情节犯而言,如果在具备实行行为的基础上又具备了法定情节,则不但构成犯罪,也符合犯罪构成的全部要件即达到既遂状态,故情节犯不存在既遂与未遂之分;有的观点则认为情节是否具备并不直接决定具体犯罪既遂的成立,情节犯也有可能成立犯罪未遂。笔者认为,我国刑法中的情节犯包括行为犯、结果犯、危险犯等类型,故对于情节犯是否存在未遂的问题不能一概而论,而要具体看案件所属的犯罪类型,然后根据刑法条文规定的既遂标准来判断。从刑法的规定看,非法处置查封、扣押、冻结的财产罪属于行为犯,其既遂应以行为人是否实行了非法处置有关财产这一法定构成要件行为为标准。本案中被告人罗扬已经与买方郭某签订了房屋买卖合同,并且收取了预付款,其行为已经齐备非法处置查封的财产罪的全部构成要件,应当认定为犯罪既遂。当然,同其他行为犯在实行行为未达到一定程度时仍属未遂一样,本罪同样存在犯罪未遂形态。以本案为例,如果罗扬在与买方进行洽谈阶段即案发,尚未签订房屋买卖合同,对其非法处置的行为则应认定为未遂。

Ⅸ　与非罪的界限

非法处置查封、扣押、冻结的财产罪是故意犯罪,过失不构成本罪。此外,构成本 15
罪,必须是情节严重的行为。因而行为人非法处置查封、扣押、冻结的财产行为情节是否严重,就成为区分非法处置查封、扣押、冻结的财产罪与非罪的一个主要界限。如果行为人虽然实施了非法处置查封、扣押、冻结的财产行为,但非法处置查封、扣押、冻结的财产数量不大,情节轻微,没有妨害司法机关诉讼活动的顺利进行,也没有造成其他严重后果的,对行为人就不能以非法处置查封、扣押、冻结的财产罪追究刑事责任,而应当按照《民事诉讼法》和《行政诉讼法》的有关规定,对行为人采取相应的诉讼强制措施,或者依据有关纪律法规,对行为人进行党纪、政纪处理。至于"情节严重"的认定,司法实践中一般应从以下几个方面来考虑[1]:①非法处置查封、扣押、冻结的财产行为的次数;②非法处置查封、扣押、冻结的财产的数量;③对被执行财产进行非法处置的故意内容和意图;④妨害诉讼活动正常进行的严重程度;⑤造成的恶劣影响和损害后果的程度等。

Ⅹ　处罚

根据现行《刑法》第 314 条的规定,犯非法处置查封、扣押、冻结的财产罪的,处 3 16
年以下有期徒刑、拘役或者罚金。

1　参见张穹主编:《刑法各罪司法精要》(修订版),中国检察出版社 2002 年版,第 646 页。

第三百一十五条　破坏监管秩序罪

依法被关押的罪犯，有下列破坏监管秩序行为之一，情节严重的，处三年以下有期徒刑：

（一）殴打监管人员的；

（二）组织其他被监管人破坏监管秩序的；

（三）聚众闹事，扰乱正常监管秩序的；

（四）殴打、体罚或者指使他人殴打、体罚其他被监管人的。

文献:马原主编:《中国行政诉讼法讲义》,人民法院出版社 1990 年版;鲜铁可:《妨害司法犯罪的定罪与量刑》,人民法院出版社 1999 年版;赵秉志、田宏杰、于志刚:《妨害司法罪》,中国人民公安大学出版社 2003 年版;王作富主编:《刑法分则实务研究》(第 5 版),中国方正出版社 2013 年版。

细目录

Ⅰ　主旨
Ⅱ　沿革
Ⅲ　客体
Ⅳ　行为
Ⅴ　主体
Ⅵ　罪过
Ⅶ　罪数
Ⅷ　与非罪的界限
Ⅸ　与他罪的区别
Ⅹ　处罚

Ⅰ　主旨

1 破坏监管秩序罪,是指依法被关押的罪犯,违反监管法规,破坏监管秩序,情节严重的行为。破坏监管秩序,既妨害监管机关对罪犯的依法监管与改造,又侵犯监管人员和其他被监管人的人身权利,必须予以严惩。

Ⅱ　沿革

2 1994 年《监狱法》第 58 条第 1 款规定:"罪犯有下列破坏监管秩序情形之一

的，监狱可以给予警告、记过或者禁闭：（一）聚众哄闹监狱，扰乱正常秩序的；（二）辱骂或者殴打人民警察的；（三）欺压其他罪犯的；（四）偷窃、赌博、打架斗殴、寻衅滋事的；（五）有劳动能力拒不参加劳动或者消极怠工，经教育不改的；（六）以自伤、自残手段逃避劳动的；（七）在生产劳动中故意违反操作规程，或者有意损坏生产工具的；（八）有违反监规纪律的其他行为的。”1997年《刑法》修订时，立法机关在吸收上述规定合理成分的基础上，以《刑法》第315条规定了破坏监管秩序罪。

Ⅲ 客体

破坏监管秩序罪的客体是国家监管机关对依法被关押的罪犯的监押管理秩序。监押管理秩序是保护刑罚顺利执行，促使罪犯认罪服法、改过自新，维护社会治安的重要保障。 3

Ⅳ 行为

破坏监管秩序罪在客观方面表现为被关押的罪犯在关押场所和关押期间，破坏监管秩序，情节严重的行为。根据刑法的规定，成立破坏监管秩序罪，须同时具备以下四个要素： 4

1. 行为形式

在行为形式上，《刑法》第314条以列举的方式规定了破坏监管秩序的行为形式，具体是：①殴打监管人员。监管人员是指监狱等监管机关行使执行刑罚、监管罪犯职责的工作人员。②组织其他被监管人破坏监管秩序。③聚众闹事，扰乱正常监管秩序。④殴打、体罚或者指使他人殴打、体罚其他被监管人。 5

2. 时间范围

在时间范围上，破坏监管秩序罪所发生的时间范围是罪犯在依法被关押期间。被监管者只有在被合法关押监管期间，实施破坏监管秩序的行为的，才能构成本罪。如果监狱、看守所、拘役所等监管机关违反法律规定，对不应收押的而予以收押，对应当释放的而不及时释放，这种错误羁押的时间，不是本罪的犯罪时间。亦即，在被违法羁押的时间内，被羁押者抗拒监管的，不构成破坏监管秩序罪。但如果被错押人实施教唆、领导、组织他人妨害监管秩序行为的，则应以本罪论处。 6

3. 空间范围

在空间范围上，破坏监管秩序行为实施的空间范围是罪犯在监管机关监管下服刑的任何场所，如监狱、未成年犯管教所和看守所等。其中，监狱是最主要的监管场所。不过，罪犯在下述几种特殊场所实施破坏监押管理活动的，也构成本罪：①外出劳动作业场所。犯人外出劳动时，仍处于实质上的被剥夺人身自由的状态中，受到监管机关的严格控制管理。在这些场所实施破坏监管改造行为的，构成破坏监管秩序罪。②在监押移送途中。主要是监管机关集体遣送一些犯人到特定的场所，如将内 7

地的罪犯集体遣送到新疆、甘肃等地监狱,在遣送途中,也存在监禁管理问题,也需要良好的监管秩序。被押解的犯人如果不服从管理,实施破坏活动的,构成破坏监管秩序罪。③其他临时监管场所。犯人在其他临时监管场所如监狱组织犯人集体外出参观学习的场所等实施破坏监管秩序行为的,也可以构成本罪。

4. 行为程度

8 在行为程度上,破坏监管秩序的行为只有达到情节严重的程度,才能成立本罪。这里,"情节严重",一般是指:①当众殴打监管人员,造成恶劣影响的;②组织多人抗拒改造,有预谋、有计划地破坏监管秩序的;③采取一定组织形式吵监闹监、抗拒改造的;④多次组织其他被监管人实施破坏监管秩序活动的;⑤挑动众多被监管人起哄闹事,辱骂甚至殴打监管人员,抗拒改造的;⑥在被监管人中拉帮结伙,争夺霸权,蓄意制造事端,造成集体闹狱的;⑦聚众冲击监管人员办公场所,毁坏财物的;⑧多次殴打、体罚或者指使他人殴打、体罚积极悔罪、认真改造的被监管人的;等等。

V 主体

9 破坏监管秩序罪的主体是特殊主体,即依法被关押的罪犯。被依法拘留、逮捕而关押的犯罪嫌疑人、被告人,只有被人民法院生效裁判认定有罪后,才能成为本罪的主体。如果生效裁判最终认定其无罪,即使在押期间实施了破坏监管秩序的行为,也不构成本罪。

10 据此,下列人员不能成为破坏监管秩序罪的主体:①因受行政处理而被剥夺或者限制人身自由的人,如被行政(治安)拘留的人。②依法被人民法院判决有罪但未被判处实际刑罚,或者虽然被判处实际刑罚,但却无须关押的犯罪分子,例如,被判处管制,被单处罚金或者没收财产或者剥夺政治权利的犯罪人;被判处拘役或者 3 年以下有期徒刑同时宣告缓刑的犯罪人;被假释的犯罪人;因生病保外就医或因其他原因监外执行的犯人;等等。③被采取刑事诉讼强制措施的犯罪嫌疑人和被告人。④被采取民事诉讼强制措施的当事人、其他诉讼参与人或案外人。

Ⅵ 罪过

11 破坏监管秩序罪的罪责形式为故意,即行为人明知自己的行为破坏监管秩序,而决意实施破坏行为。

Ⅶ 罪数

12 被监管人破坏监管秩序,殴打监管人员或者殴打、体罚其他被监管人员致人重伤、死亡的,属于想象竞合,按照从一重处断的处理原则,根据对致人重伤、死亡结果的心理态度,分别以故意伤害、故意杀人罪或者过失致人重伤、过失致人死亡罪定罪并适当从重处罚,不实行数罪并罚。

Ⅷ 与非罪的界限

破坏监管秩序罪是情节犯，只有情节严重的才能构成本罪。实践中，对于破坏监管秩序罪与非罪界限的划分，应当注意以下几个问题： 13

1. 破坏监管秩序罪与正当申诉、控告行为的界限

根据《宪法》第 41 条的规定，中华人民共和国公民对于任何国家机关和国家工作人员的违法失职行为，有向有关国家机关提出申诉、控告或者检举的权利。对于公民的申诉、控告或者检举，有关国家机关必须查清事实，负责处理，任何人不得压制和打击报复。由于国家机关和国家工作人员侵犯公民权利而受到损失的人，有依照法律规定取得赔偿的权利。监管机关对于犯罪分子提出的申诉或者举报信应及时转达或者转交，其中涉及监管机关干警的，则要及时作出妥善处理，而不得对申诉人、控告人进行压制、打击和报复，更不能以犯罪论处。但如果罪犯以行使申诉权或者控告权为名，在罪犯中散布谣言、煽动骚乱的，则可以构成本罪。 14

2. 破坏监管秩序罪与抗议性行为的界限

实践中，有些犯人因受到管教干警的不公正对待，甚至受到干警的打骂、体罚、虐待，内心委屈，但却苦于没有申冤的机会，因而产生抵触对立情绪，进而采取抗议性行动，如绝食、自伤、不服管教，等等。此时行为人的目的是引起监管机关的重视，以求得到公正待遇，而不是意图破坏监管秩序，因而对于此类行为，一般不宜作为犯罪论处。 15

Ⅸ 与他罪的区别

实践中，应当注意本罪与聚众扰乱社会秩序罪的区别。聚众扰乱社会秩序罪与破坏监管秩序罪在主观上都是出于故意，客观上都实施了扰乱社会秩序并且情节严重的行为，都有殴打、聚众闹事、破坏财物的行为表现。两罪的区别在于：①侵犯的法益不同。聚众扰乱社会秩序罪侵犯的法益是社会秩序，即工作、生产、营业和教学、科研秩序；而破坏监管秩序罪侵犯的法益则是对在押罪犯的监管秩序。②行为方式不同。聚众扰乱社会秩序罪只能以聚众的形式实施；而破坏监管秩序罪则不以聚众形式为必要条件。③行为地点不同。聚众扰乱社会秩序罪实施的地点一般是工作、生产、营业、教学、科研场所及其周围；而破坏监管秩序罪的犯罪地点则只能是专门性或临时性的监管场所。④行为主体不同。聚众扰乱社会秩序罪的主体是一般主体；而破坏监管秩序罪的主体则是特殊主体，只能是依法被关押的罪犯。 16

Ⅹ 处罚

根据现行《刑法》第 315 条的规定，犯破坏监管秩序罪的，处 3 年以下有期徒刑。 17

第三百一十六条　脱逃罪;劫夺被押解人员罪

依法被关押的罪犯、被告人、犯罪嫌疑人脱逃的，处五年以下有期徒刑或者拘役。

劫夺押解途中的罪犯、被告人、犯罪嫌疑人的，处三年以上七年以下有期徒刑；情节严重的，处七年以上有期徒刑。

文献:赵秉志、田宏杰、于志刚:《妨害司法罪》,中国人民公安大学出版社 2003 年版;高铭暄:《中华人民共和国刑法的孕育诞生和发展完善》,北京大学出版社 2012 年版;王作富主编:《刑法分则实务研究》(第 5 版),中国方正出版社 2013 年版;黎宏:《刑法学各论》(第 2 版),法律出版社 2016 年版;张军主编:《刑法[分则]及配套规定新释新解》(第 9 版),人民法院出版社 2016 年版;陈兴良:《规范刑法学》(第 4 版),中国人民大学出版社 2017 年版;高铭暄、马克昌主编:《刑法学》(第 9 版),北京大学出版社、高等教育出版社 2019 年版;周光权:《刑法各论》(第 4 版),中国人民大学出版社 2021 年版;张明楷:《刑法学》(第 6 版),法律出版社 2021 年版。张兴如、孙林森:《聚众从派出所劫走疑犯的行为分析》,载《人民检察》1998 年第 11 期;吴占英:《论劫夺被押解人员罪》,载《湖南省政法管理干部学院学报》2001 年第 5 期;余诤、栾广萍:《劫夺被押解人员罪与妨害公务罪的区别》,载《人民司法》2017 年第 35 期。

细目录

Ⅰ　主旨
Ⅱ　沿革
Ⅲ　客体
Ⅳ　行为
Ⅴ　主体
　一、脱逃罪的主体
　二、劫夺被押解人员罪的主体
Ⅵ　罪过
Ⅶ　既遂与未遂
　一、脱逃罪的既遂与未遂
　二、劫夺被押解人员罪的既遂与未遂
Ⅷ　与非罪的界限
Ⅸ　与他罪的区别

X 处罚

I 主旨

本条是关于脱逃罪、劫夺被押解人员罪的规定。刑法规定本条之罪的主旨在于维护监管秩序。“在监狱服刑的犯罪分子,应当遵守法律法规和监规纪律,认真改造成为守法的公民。组织和积极参加越狱的,不但没有真心悔罪,而且在断续实施犯罪行为,破坏了监管秩序,有很大的社会危险性,必须予以严惩。暴动越狱或者聚众持械劫狱的,公然对抗国家执法机关和法律秩序,而且对监管人员的人身造成极大的伤害和危险,严重破坏了监管秩序,而且对社会治安秩序造成了更大的隐患,需要从重处罚。”[1] 1

II 沿革

1979 年《刑法》第 161 条规定:“依法被逮捕、关押的犯罪分子脱逃的,除按其原犯罪行判处或者按其原判期执行外,加处五年以下有期徒刑或者拘役。以暴力、威胁方法犯前款罪的,处二年以上七年以下有期徒刑。” 1997 年《刑法》第 316 条规定了脱逃罪:“依法被关押的罪犯、被告人、犯罪嫌疑人脱逃的,处五年以下有期徒刑或者拘役。”同时将劫夺被押解人员的行为从聚众劫狱罪中分离出来,规定为独立的罪名,从而为司法工作人员准确认定此类行为的性质并正确适用刑罚提供了明确的法律标准。 2

III 客体

脱逃罪与劫夺被押解人员罪的客体是国家监管机关的正常监管秩序。 3

对于犯罪嫌疑人、被告人和罪犯进行拘留、逮捕、羁押和监管,是司法机关依照法定条件和程序施加于他们的法律强制。这是保护人民、维护社会秩序、预防犯罪的必要手段,也是保障司法机关正常活动的必要环节。接受司法机关依法羁押、监管,是犯罪嫌疑人、被告人和罪犯必须遵守的义务。违反这种义务而脱逃,或者劫夺被押解人员,就是破坏监管秩序,妨害司法机关的正常活动。 4

IV 行为

脱逃罪在客观上表现为违法摆脱被关押状态的行为。具体说来,脱逃行为的成立,必须同时具备以下三个要素:一是行为要素,指行为人因特定事实或理由而被公安、司法机关依法限制或剥夺人身自由之后,为摆脱强制监押状态而实施的脱身逃走 5

---

1 全国人大常委会法制工作委员会刑法室编:《〈中华人民共和国刑法〉条文说明、立法理由及相关规定》,北京大学出版社 2009 年版,第 64 页。

的行为。二是时间要素,即脱逃行为必须发生在行为人被依法关押期间。非法关押或关押超期中实施脱逃的行为的,不属于本罪的范围。三是空间要素,即脱逃行为必须实际离开强制措施或刑罚所实施的地域。

6 至于脱逃罪的行为方式,则可以分为暴力性脱逃和非暴力脱逃两种类型,两者的区别在于行为人实施脱逃行为所采取的手段不同,反映出脱逃行为在社会危害性以及行为人人身危险性方面的不同。前者是指使用暴力或以暴力相威胁而实施的脱逃犯罪;后者是指犯罪人在实施脱逃行为时没有采取暴力或以暴力相威胁的方法。非暴力性脱逃行为主要表现为以下形式:一是隐蔽性脱逃与公然脱逃;二是乘人不备脱逃与强行挣脱脱逃;三是室外伺机脱逃与破坏监狱设备或械具脱逃;四是只身空手脱逃与携带凶器脱逃。此外,还有突发性脱逃行为与预谋性脱逃行为等。[2]

7 劫夺被押解人员罪在客观方面表现为劫夺押解途中的罪犯、被告人、犯罪嫌疑人的行为。本罪在客观上必须具备以下三个要素:①必须有劫夺被押解人员的行为。这里的劫夺,是指以暴力、胁迫或者其他方式帮助被押解人员逃脱监管和控制。暴力,是指对于押解被监管人的司法人员采用直接人身打击或强制解救被监管人,例如采用杀害、伤害、捆绑、打昏等方式。胁迫,是指以暴力为后盾对押解人员进行恐吓,例如以枪支威逼等方式。其他方式,是指用麻醉等方法,使押解人员处于不能反抗、不知反抗的状态而劫夺被押解人员。但应注意的是,如果行为人在押解途中聚众持械劫夺被押解人员的,则应当按聚众持械劫狱罪定罪处罚。②劫夺的对象必须是被告人、犯罪嫌疑人及罪犯。如果是劫取其他人员,如强制戒毒人员等,则不构成本罪。③劫夺行为的时空范围必须发生在押解途中。如果是以暴力劫狱,则不能以劫夺被押解人员罪论处。

V 主体

一、脱逃罪的主体

8 脱逃罪的主体是指依法被关押的犯罪嫌疑人、被告人和罪犯,具体包括:①被拘传的犯罪嫌疑人、被告人;②被拘留的现行犯或者重大嫌疑分子;③被逮捕的犯罪嫌疑人或者被告人;④被人民法院判决有罪并判处必须通过关押来执行刑罚的罪犯。实践中,对于脱逃罪的主体,有以下几个问题值得研究。

(一)无罪而被错押者能否构成本罪

9 对于实际没有犯罪,但经法定程序而强制监押的人实施的脱逃行为如何看待,主

---

2 参见赵秉志、田宏杰、于志刚:《妨害司法罪》,中国人民公安大学出版社 2003 年版,第 366—367 页。

要存在两种观点:第一种观点认为,只要是被司法机关依法关押的罪犯、被告人或犯罪嫌疑人,即使实际上无罪,也能成为本罪的主体。[3] 也有的学者认为,司法机关监押活动是依照法律决定进行的。被监押的人如果认为自己无罪,可依法进行申诉或声辩,但绝不允许采取脱逃的方式。否则,必然会给司法机关监管秩序造成危害。所以,凡从强制监押状态中逃跑的人都构成本罪。[4] 第二种观点则认为,脱逃主体只能由被强制监押的犯罪分子构成。如果脱逃人是由于错捕错判而失去人身自由,则只能从执法失误中去寻找问题的症结。在此情况下,即使行为人从监押场所实施了脱逃,也不能以脱逃罪论处。否则,不仅与刑法规定相互冲突,而且也明显的不合情理。[5] 有的学者持近似观点,认为事实上无罪的人,即使被司法机关依法关押,也不能成为本罪主体。[6]

10 不难发现,上述两种意见争议的焦点,从实质上看,是保障国家利益还是个人利益的侧重点问题;从法律上看,主要是如何理解法条中的"依法"一词,也即"依法"是指形式上或程序上合法,还是必须在程序上与实体上(或实质上)都合法。根据我国现行刑事诉讼法的规定,未经人民法院依法判决,对任何人都不得确定有罪。因而立法机关肯定已经意识到了被告人、犯罪嫌疑人并不等于全部是罪犯,但仍将此两类人列为本罪的主体,这在某种程度上表明了立法原意,即只要司法机关的关押行为在实施时是合法的,就应认为是依法关押的。是否"依法"固然要同时考虑程序上的合法与实体条件,但是这种合法并不是事后判断,而应根据关押时的状况来进行判断。因此,原则上说,只要司法机关在关押时符合法定的程序和条件,就应当认为是依法关押,被关押的罪犯、被告人、犯罪嫌疑人就可以成为本罪的主体。但不能忽视的是,如果行为人本来无罪,完全由于司法机关的错误而导致其被关押,那么,行为人的脱逃行为应当被认定为缺乏期待可能性而无罪。[7]

11 根据《刑事审判参考》案例第 90 号"陈维仁等脱逃案",对于无罪被错捕羁押的人伙同他人共同脱逃的是否构成逃脱罪:行为人无罪被错捕羁押,虽然不具有脱逃罪的主体身份,但他与部分犯罪分子共同实施脱逃行为,而且从中起重要作用,其行为虽然不能独立构成脱逃罪,但却完全可以构成脱逃罪的共犯。

(二)被超期羁押的未决犯能否成为脱逃罪的主体

12 在司法实践中,对于因犯罪而被强制监押的未决犯在超期羁押过程中脱逃的,能否构成本罪主体,存在着不同看法。有学者认为,超期羁押是一种违反刑事诉讼法的行为。被监押的未决犯因超期羁押、久拖不决而脱逃的,不能构成脱逃罪,因为此种

3　参见郎胜主编:《〈中华人民共和国刑法〉释解》,群众出版社 1997 年版,第 421 页。

4　参见行知:《关于逃脱罪的几个问题》,载《劳动劳教理论研究》1988 年第 2 期。

5　参见高铭暄主编:《刑法学》,北京大学出版社 1989 年版,第 629 页。

6　参见陈兴良:《刑法疏议》,中国人民公安大学出版社 1997 年版,第 499 页。

7　参见张明楷:《刑法学》(第 6 版),法律出版社 2021 年版,第 1456 页。

脱逃行为是发生在司法机关先前违法的情况下。否则,不仅会使刑事诉讼法的尊严受到侵犯,而且还会人为地助长这种现象的蔓延。另有笔者主张,尽管超期羁押是违法现象,但却不能成为犯罪分子逃避刑罚的口实或盾牌。超期羁押固然是违法的,但同时也应看到,造成这种现象的原因又是十分复杂的。从某种意义上说,以权代法、以言代法以及立法本身的疏漏,都同这种现象之间存在着直接的关联。所以,不能因此而姑息和纵容了犯罪分子的脱逃罪责。[8] 笔者赞同第二种观点。这是因为,此处的"未决犯"限于本来有罪,只是因各种原因而被超期羁押的犯罪人。因此,在人民法院尚未最终对其作出判决之前,其仍有义务接受国家的审判,而不能通过脱逃行为来逃避法律的制裁。至于超期羁押问题,则应依法通过其他方式解决。

(三)罪行与罪名不符的在押犯能否构成本罪主体

13 司法实践中经常会出现这样一种情况:被告人因犯此罪而被逮捕,查讯待审期间趁机脱逃,后经审理,被告人原定罪名不能成立,只构成彼罪。在此情况下,被告人实施的脱逃行为是否构成犯罪,认识上存在分歧。有种观点认为,既然原定罪名不能成立,在此期间实施的脱逃行为就不能以脱逃罪论处。

14 显然,此种观点与立法原意相悖。理由是:此罪虽不能成立,但却构成了彼罪。说明被告人实施脱逃行为时仍旧具有犯罪人的身份。刑法对脱逃罪主体要件的规定,是以犯罪嫌疑人、被告人和罪犯作为前提的,它并不要求逮捕、起诉、判决所确定的罪名必须前后一致。鉴于此,这种情况的出现不能影响脱逃罪的成立,否则,就会使刑法有关脱逃罪主体的规定不能得到完整的体现。这样做,也势必与立法原意相冲突。

二、劫夺被押解人员罪的主体

15 劫夺被押解人员罪的主体是一般主体,凡是达到刑事责任年龄、具备刑事责任能力的自然人,均可以成为本罪的主体。

Ⅵ 罪过

16 脱逃罪的罪过形式为故意,犯罪目的在于逃离羁押和监管。至于犯罪动机,则于脱逃罪的成立不生影响。关于脱逃罪的故意内容,则是指犯罪人明知自己的脱逃行为会发生危害公安、司法机关正常监押秩序的结果,却希望或追求这种结果发生的心理态度。

17 劫夺被押解人员罪在主观方面同样是故意,而且只能是直接故意,其目的是协助罪犯、被告人、犯罪嫌疑人逃脱司法机关的监管控制。至于犯罪动机如何,则在所

8 参见王作富主编:《刑法分则实务研究》(第4版),中国方正出版社2010年版,第1375—1378页。

不问。

Ⅶ 既遂与未遂

一、脱逃罪的既遂与未遂

在司法实践中,对于脱逃罪既遂与未遂的区分标准,存在着三种不同的认识。第 18
一种观点认为应以是否逃出羁押、改造场所作为标准,已逃出的是既遂,未能逃出的是未遂;第二种观点认为应以是否逃出监管机关和监管人员的控制范围作为标准,已逃出这个范围的为既遂,未能逃出的为未遂;第三种观点则认为应以脱逃行为是否达到了刑法限定的完成程度作为标准,也就是说,凡达到了逃避羁押、监管程度的是既遂,未达到这种程度的,就是未遂。[9] 笔者同意第三种观点。在司法实践中,犯罪分子脱逃时所处的具体环境是十分复杂的。有些脱逃行为是发生在看守所、监狱、未成年犯管教所大院之内;有些脱逃行为是发生在院外劳动或作业的空旷地带;还有些脱逃行为是发生在押解犯罪分子的途中。在上述不同情形中,判断脱逃行为既遂或未遂的空间范围及其物质标准是不同的。在第一种情形下,可以用监押的房屋、围墙等作为区分的标准;在第二种情形下,确定和把握其空间范围及其物质标志则相对要困难得多。正因为如此,有些论著才提出了应把逃避监管机关和监管人员的控制范围作为判断脱逃行为既遂与未遂的标准。而这样做的结果,往往又使人们对于一些实际上已经实行终了的脱逃行为仍认定为未遂形态。例如,已逃出监押场所但被看守人员及时发现并紧追不舍直至抓获的脱逃罪犯,按照这种观点就属于犯罪未遂。这显然不甚妥当。所以,唯有把判断脱逃行为既遂与未遂的标准放在犯罪人实施的脱逃行为是否达到逃避羁押和关押的程度上,才更为贴切。[10]

这里需要强调的是,当我们把"是否达到逃避羁押和关押的程度"作为区分脱逃 19
既遂与未遂的标准时,对于这种"程度"的实际掌握,在不同情况下的反映形式是不同的。就大多数脱逃案例而言,判断其犯罪形态时,应以脱逃行为是否突破其有形的物质制约之标志作为依据,诸如,国家为实现对犯罪分子强制监押而设立的房屋、围墙等,监管人员在犯人院外劳动或作业时所处的空旷地带划定警戒线,以及公安司法人员押解犯罪分子途中所使用的汽车和火车等。因为就脱逃罪而言,物的制约往往是人的制约的前提,而人的制约又经常表现为物的制约结果。正因为如此,如果离开了物的制约去谈人的制约,就会使控制范围的确定性变得模糊起来。所以,只要脱逃行为在客观上已经突破了有形的物质制约之标志,就应视为脱逃既遂。当脱逃行为发

---

9 参见赵秉志:《犯罪未遂的理论与实践》,中国人民大学出版社 1987 年版,第 290—291 页;林准主编:《中国刑法教程》,人民法院出版社 1989 年版,第 569 页。

10 参见赵秉志、田宏杰、于志刚:《妨害司法罪》,中国人民公安大学出版社 2003 年版,第 376—377 页。

生在没有物质制约标志的情景中,对于既遂与未遂的判断则应以这种行为是否已经突破警力在“当时就地”条件下重新获取犯罪分子的实际控制作为依据。

二、劫夺被押解人员罪的既遂与未遂

20 劫夺被押解人员罪的未遂与既遂的区分,关键在于是否实际劫取了处于被押解途中的罪犯、被告人、犯罪嫌疑人,并使其实际摆脱了司法机关的实际控制,处于自由状态而不再处于押解人员的控制和支配之下。如果使犯罪人、被告人、犯罪嫌疑人摆脱被押解状态的,则成立既遂;否则则属于未遂。

Ⅷ 与非罪的界限

21 关于脱逃罪罪与非罪的认定,司法实践中应当注意以下两点:①注意考察行为人的身份,是否依法被关押的罪犯、被告人、犯罪嫌疑人。如果是被行政拘留的人逃跑的,则不构成脱逃罪。②注意脱逃行为实施的时间要素和空间要素。脱逃行为必须发生在依法被关押期间和被关押场所。被关押期间指行为人依法被司法机关限制人身自由的时间阶段,被关押场所包括监狱、看守所等场所。如果行为人虽被采取了强制措施或判处刑罚,但没有被关押在上述场所的,如只是采取拘传、取保候审、监视居住等强制措施,或依法被判处管制、拘役、有期徒刑缓期执行或假释、监外执行的罪犯,则不能构成本罪。此外,正在被群众扭送司法机关的犯罪嫌疑人逃跑的,也不构成本罪。

22 认定劫夺被押解人员罪时,应当注意把握以下两点:①主观上是否出于故意。如果行为人主观上不明知其劫夺的对象是罪犯、被告人、犯罪嫌疑人,则不构成本罪,但可能构成其他犯罪。②客观上是否达到了情节严重的程度。虽然刑法没有将情节严重规定为本罪的构成要件,但如果劫夺被押解人员的行为情节显著轻微,则不能作为犯罪处理。对于实践中由于群众不明真相或受人蒙骗唆使,妨碍司法机关押解人犯工作或带走人犯的情形,由于其主观上没有劫夺人犯的故意或情节显著轻微的,一般不以犯罪论处,但经司法人员说明情况或教育批评后,仍不改正,强行阻碍押解工作或强行带走人犯的,则应以本罪处罚。

Ⅸ 与他罪的区别

23 关于脱逃罪与他罪的区别,重点在于区分脱逃罪与拒不执行判决、裁定罪。两罪虽然都属于妨害司法的犯罪,但在犯罪构成上却存在着较大区别:①侵犯的法益不完全相同。拒不执行判决、裁定罪侵犯的法益是审判机关的正常活动;而脱逃罪侵犯的直接法益是司法机关的正常监管秩序。②犯罪对象不同。拒不执行判决、裁定罪的犯罪对象是具有执行力的法院的生效判决、裁定;而脱逃行为针对的则是公安机关、人民检察院的强制措施,以及刑罚执行机关的强制执行措施。③犯罪客观方面的表

现形式不同。拒不执行判决、裁定罪在客观方面表现为有能力执行而拒绝执行法院已经生效的判决、裁定的行为,既可以是作为的形式,也可以是不作为的形式;而脱逃罪在客观方面则表现为依法被关押的罪犯、被告人、犯罪嫌疑人违法逃离关押场所,或者违法摆脱羁押状态的行为,只能以作为的形式实施。

司法实践中,应当注意划清劫夺被押解人员罪与聚众持械劫狱罪的界限。劫夺被押解人员罪与聚众持械劫狱罪具有较多的相似之处,例如均是对于罪犯等处于司法机关控制之下的人犯的劫夺行为,主观方面都是故意,等等。但是,二者的区别也是显而易见的。这体现在以下几个方面:①犯罪发生的时空范围不同。聚众持械劫狱罪发生的时空范围只能是监狱等关押罪犯的场所;而劫夺被押解人员罪发生的时空范围,则只能是司法机关押解罪犯、被告人、犯罪嫌疑人的途中。②犯罪对象不同。聚众持械劫狱罪的对象仅限于关押于监狱内正在服刑的罪犯;而劫夺被押解人员罪所劫夺的对象,则是罪犯、犯罪嫌疑人、被告人。③犯罪行为方式不同。聚众持械劫狱罪必须以聚众且持械的方式实施才能构成;而劫夺被押解人员罪的成立,则不以聚众、持械的方式实施为必要。 24

X 处罚

根据我国《刑法》第 316 条第 1 款的规定,犯脱逃罪的,处 5 年以下有期徒刑或者拘役。 25

根据《刑法》第 316 条第 2 款的规定,犯有劫夺被押解人员罪的,处 3 年以上 7 年以下有期徒刑;情节严重的,处 7 年以上有期徒刑。这里的“情节严重”,实践中一般是指劫夺重要案犯或者重大犯罪的案犯;造成押解人员受伤或者交通工具受损的;造成其他危害后果或者恶劣社会影响的。 26

第三百一十七条　组织越狱罪;暴动越狱罪;聚众持械劫狱罪

组织越狱的首要分子和积极参加的，处五年以上有期徒刑；其他参加的，处五年以下有期徒刑或者拘役。

暴动越狱或者聚众持械劫狱的首要分子和积极参加的，处十年以上有期徒刑或者无期徒刑；情节特别严重的，处死刑；其他参加的，处三年以上十年以下有期徒刑。

文献:高铭暄编著:《中华人民共和国刑法的孕育和诞生》,法律出版社 1981 年版;韩忠谟:《刑法原理》,台北雨利美术印刷有限公司 1981 年版;林山田:《刑法特论》,三民书局 1985 年版;赵炳寿等译:《印度刑法典》,四川大学出版社 1988 年版;高铭暄主编:《中国刑法学》,中国人民大学出版社 1989 年版;陈兴良主编:《刑法各论的一般理论》,内蒙古大学出版社 1992 年版;马克昌、杨春洗、吕继贵主编:《刑法学全书》,上海科学技术文献出版社 1993 年版;赵秉志主编:《妨害司法活动罪研究》,中国人民公安大学出版社 1994 年版;赵秉志主编:《新刑法教程》,中国人民大学出版社 1997 年版;肖扬主编:《中国新刑法学》,中国人民公安大学出版社 1997 年版;张军等主编:《中国刑法罪名大全》,群众出版社 1997 年版;张明楷译:《日本刑法典》,法律出版社 1998 年版;高铭暄主编:《新编中国刑法学》(下册),中国人民大学出版社 1998 年版;周其华:《中国刑法罪名释考》,中国方正出版社 2000 年版;李希慧主编:《妨害社会管理秩序罪新论》,武汉大学出版社 2001 年版;金泽刚:《犯罪既遂的理论与实践》,人民法院出版社 2001 年版;赵秉志、田宏杰、于志刚:《妨害司法罪》,中国人民公安大学出版社 2003 年版;王作富主编:《刑法分则实务研究》(第 5 版),中国方正出版社 2013 年版。曹伟明:《组织越狱罪与脱逃罪可以合并》,载《法学》1989 年第 5 期。

细目录

Ⅰ　主旨

Ⅱ　沿革

Ⅲ　客体

Ⅳ　行为

　一、组织越狱罪的行为

　二、暴动越狱罪的行为

　三、聚众持械劫狱罪的行为

Ⅴ 主体
一、组织越狱罪与暴动越狱罪的主体
二、聚众持械劫狱罪的主体
Ⅵ 罪过
一、组织越狱罪、暴动越狱罪的罪过
二、聚众持械劫狱罪的罪过
Ⅶ 既遂与未遂
一、组织越狱罪的既遂与未遂
二、暴动越狱罪的既遂与未遂
三、聚众持械劫狱罪的既遂与未遂
Ⅷ 与非罪的界限
一、组织越狱罪与非罪的界限
二、暴动越狱罪与非罪的界限
三、聚众持械劫狱罪与非罪的界限
Ⅸ 罪数
Ⅹ 处罚

Ⅰ 主旨

本条是组织越狱罪、暴动越狱罪、聚众持械劫狱罪的规定,旨在维护国家对监狱等刑罚执行场所的正常监管秩序。 1

Ⅱ 沿革

在新中国刑事立法中,组织越狱罪、暴动越狱罪和聚众劫狱罪曾经作为反革命罪加以规定。在 1951 年通过的《惩治反革命条例》第 12 条中,组织越狱罪被称为“暴动越狱罪”。在起草 1979 年《刑法》的过程中,改为“组织越狱罪”。1979 年《刑法》将组织越狱罪和聚众劫狱罪规定在反革命罪一章中。 2

但是,反革命罪的成立需要有反革命目的,需要有危害国家安全的行为。而组织越狱、暴动越狱、聚众劫狱案件,行为人在主观上并非都是出于反革命的目的,而是可能单纯地逃脱国家司法机关的羁押和监管,非法地恢复人身自由,在客观上也并不一定实施了危害国家安全的行为。因此,1979 年《刑法》虽然设立了组织越狱罪、暴动越狱罪和聚众劫狱罪,但司法实践中以本罪定罪量刑的案件极少,刑法条文的规定与司法实际情况严重脱节。 3

1997 年《刑法》修订时,立法机关考虑到如果继续将组织越狱罪、暴动越狱罪、聚众劫狱罪规定在由反革命罪演变而来的危害国家安全罪中,不利于打击不具有危害国家安全目的或者只是单纯地组织从监狱、看守所等羁押场所逃离的犯罪活动,有必 4

要将其从危害国家安全罪中分离出来,因此,决定将组织越狱、暴动越狱与聚众持械劫狱罪一起纳入刑法分则第六章第二节“妨害司法罪”。

Ⅲ 客体

5 组织越狱罪、暴动越狱罪与聚众持械劫狱罪侵犯的客体(法益)是司法机关对在押人员的正常监管秩序,具体是指监管机关对被监管人行使羁押、看管、教育、改造等职能活动的正常秩序。这里的“狱”应作广义理解,既包括狭义的“狱”即监狱,又包括未成年犯管教所、看守所、人犯被押解途中和执行死刑的现场。“狱”是国家对涉嫌或者认定有罪的人进行监管与矫正的场所,对“狱”的司法监管活动是国家监管机关依法对在押人犯行使教育、改造、羁押等职能的司法管理活动,是国家刑事司法活动的重要组成部分。这一活动的目的在于充分发挥司法监管机关在维护社会秩序方面的重要作用,依法执行人民法院对罪犯所确定的刑罚,对犯罪分子实行强制性教育改造,并对被司法机关宣布拘留、逮捕但尚未经人民法院审判的人进行羁押看管,以保证预审、起诉、审判和执行等刑事诉讼活动的正常进行。作为被监管对象的在押人犯,无论是已决犯,还是未决犯,只有服从监管机关的监管,接受对自己的教育改造和羁押,才能成为对社会有用的新人。任何不服从监管,违反监管法规,破坏监管秩序的行为,都应该受到法律的制裁,情节严重的,还应追究行为人的刑事责任。而狱外的人结伙使用暴力或者其他方法,劫夺在押人犯的行为,则严重危害国家对在押人犯的监管活动,理应予以严刑惩治。

Ⅳ 行为

一、组织越狱罪的行为

6 组织越狱罪在客观方面表现为在押人员有组织、有计划地结伙从狱中逃跑的行为。首先,越狱行为往往是有组织、有计划地实行的。在首要分子的组织、策划、指挥下,在押人犯一般要制订越狱方案,制订越狱计划,进行人员分工和周密准备,选择适当时机、方法和手段之后,才将越狱逃跑行为付诸实施。其次,越狱犯罪多以暴力为其犯罪手段,如打伤、杀害监管人员和警卫,破坏监管设施,抢夺枪支弹药,捣毁监门、围墙,等等,但也不排除非暴力的手段,如挖通监房的墙壁或地道、集体秘密逃跑,等等。越狱的犯罪手段一般被制订在越狱方案中,是完成其越狱逃跑行为的不可或缺的条件。关于越狱的手段,有学者认为,越狱的手段通常是采取非暴力的方法,组织越狱,一般是指组织在押人员采取非暴力性或者只有较为轻微的暴力的方式越狱。[1]笔者对此不赞同。这是因为,首先,现行《刑法》第317条第1款对组织越狱的犯罪手

1 参见高铭暄主编:《新编中国刑法学》(下册),中国人民大学出版社1998年版,第870页。

段并没有任何限制,因此,将暴力手段排除在组织越狱的犯罪手段之外,是没有法律依据的;其次,从司法实践中发生的组织越狱案件来看,组织越狱的犯罪活动大多采取暴力的方式而不是以非暴力的方式实施,这种以暴力方式实施的组织越狱犯罪活动给国家监管机构在人、财、物方面造成的巨大损失,以及对正常的监管工作秩序所造成的破坏,与以非暴力方式实施的组织越狱犯罪活动相比较而言,只会有过之而无不及。因此,如果将组织越狱犯罪活动的方式人为地限制在非暴力的范围内,将使社会危害性十分严重的以暴力方式实施的组织越狱犯罪活动反而不能受到有效的刑事制裁,从而有可能起到变相助长暴力越狱犯罪活动发生的消极、负面作用,这在司法实践中是极为有害的。

二、暴动越狱罪的行为

暴动越狱罪在客观方面表现为暴动越狱的行为。所谓暴动,是指多人聚集在 7
一起使用枪械、棍棒等武器或者以其他武力方式对抗监管机关的行为。所谓越狱,是指逃脱监管羁押。暴动越狱,多为使用武器或其他器械集体越狱,但也不排除徒手对监管羁押或警卫人员施加暴力集体越狱的情况。暴动越狱罪是必要共同犯罪,即必须由 2 人以上共同故意实施才能构成,一般是有预谋、有计划地实行的,但不要求必须是有组织进行的。

三、聚众持械劫狱罪的行为

聚众持械劫狱罪在客观方面表现为聚集多人结伙使用枪械、棍棒等武器或者以 8
暴力方式劫夺被依法关押人员的行为。这里的结伙,指聚集众人,即狱外的人在首要分子的组织、策划下临时组成团伙去实现共同的犯罪目的。

根据《刑法》第 317 条的规定,构成聚众持械劫狱行为,必须同时具备以下三个要 9
素:①聚众。聚众指聚集众人。这是构成聚众持械劫狱罪的必要条件,单个人不能构成本罪。②持械。行为人聚集多人是为了劫夺在押人犯,为此,还须通过持械的方式来实现,持械的方式是行为人完成其劫夺在押人犯行为的必要手段或方法,持械的方式主要包括:使用刀斧、棍棒等工具杀害监管人员或者警卫人员,捣毁监门、围墙,破坏监狱设施,或者使用枪支弹药等。聚众劫狱多是在首要分子的组织、策划、指挥下集体实行的,一般都以暴力作为其犯罪手段。但是,由于现行刑法并没有把“暴力”规定为本罪法定的客观要件,故在司法实践中,行为人结伙以实现劫夺在押人犯为目的,采用了暴力以外的其他方法,只要这些方法是以持械的方式进行的,即构成聚众持械劫狱罪。③劫夺。即以暴力或者其他方法抢走在押人员或者便利其脱逃,使其逃避继续被关押的行为。所谓被依法关押的人员,是指被依法关押在监狱、看守所及其他羁押场所的罪犯、被告人、犯罪嫌疑人。

V　主体

一、组织越狱罪与暴动越狱罪的主体

10　组织越狱罪与暴动越狱罪的主体相同,均为特殊主体,即在押人员。

11　"在押人员"是仅限于被依法关押的已决犯,还是除已决犯外,也包括被羁押而判决尚未确定的犯罪嫌疑人和被告人在内?对此,我国刑法学界存在着肯定说和否定说两种对立的主张。[2] 肯定说认为,"本罪的主体只能是依法被关押的罪犯、被告人和犯罪嫌疑人",其范围同脱逃罪大体相同;否定说则主张,组织越狱的人员和参加越狱的人员只能是已决犯,即依法被判处死刑缓期2年执行、无期徒刑、有期徒刑、拘役的已决犯,尚未判决的被告人、犯罪嫌疑人不能构成本罪。已判死刑,虽经核准,但还未执行的犯罪分子,可构成本罪主体,但对死刑执行没有影响。持否定说的学者进一步指出,我国的"监狱"应作广义的解释,不仅包括监狱,还包括看守所,但看守所只有在关押已判决有罪但交付执行前余刑已不满1年的罪犯时,才能成为广义的监狱。[3]

12　笔者赞同肯定说的主张。道理很简单,组织越狱罪和暴动越狱罪在世界多数国家的刑法典中之所以被规定为脱逃罪的加重情节,根本原因就在于三者在犯罪主体、犯罪法益等方面有着共同或者相似之处,不同之处主要在于,脱逃罪是任意共同犯罪,而组织越狱罪与暴动越狱罪均是必要共同犯罪,其中,组织越狱罪是有组织、有计划地实施的组织越狱行为,暴动越狱罪是以暴力方式实施的共同越狱行为。申言之,组织越狱罪、暴动越狱罪的犯罪主体与脱逃罪的主体范围应当是一致的。此外,羁押在看守所的在押人员,不管是已决犯还是未决犯,其所实施的有组织、有计划地从看守所脱逃的行为,对看守所的正常监管秩序造成的危害显然是一样的,两者既没有质的区别,也没有量的差异,而按照否定说的主张,对于其中的已决犯,以组织越狱罪、暴动越狱罪论处;而对于其中的未决犯,则只能以脱逃罪的共同犯罪定罪量刑或者不以犯罪论处。这样的处理结果,岂不与罪责刑相适应原则的要求相悖吗?故在笔者看来,作为本罪主体的在押犯,就是指在押的罪犯、被告人、犯罪嫌疑人,既包括已被司法机关宣布拘留、逮捕但未经人民法院判决的未决犯,也包括已被人民法院判处刑罚正在服刑的已决犯,至于他们因何罪被判刑罚以及所判刑期的长短,不影响其成为组织越狱罪、暴动越狱罪的主体。

13　根据在组织越狱罪、暴动越狱犯罪活动中所起的作用,该二罪的主体可以分为首

2　参见赵秉志主编:《新刑法教程》,中国人民大学出版社1997年版,第734页;肖扬主编:《中国新刑法学》,中国人民公安大学出版社1997年版,第565页;高铭暄主编:《新编中国刑法学》(下册),中国人民大学出版社1998年版,第870页。

3　参见李希慧主编:《妨害社会管理秩序罪新论》,武汉大学出版社2001年版,第289页。

要分子、其他积极参加者和一般参与者。所谓首要分子,是指组织、策划、指挥他人越狱的犯罪分子,首要分子可以是一个,也可以是多个。其他积极参加者,是指虽然没有参与组织、策划、指挥的活动,但是在越狱行动中表现积极,按照首要分子的安排、布置在越狱行动中起了重要作用的人。其他参加者,是指受首要分子的组织、策划、指挥进行越狱,但在越狱活动中没有起主要作用,只是起次要作用或辅助作用的人。组织越狱罪、暴动越狱罪实际上是一种聚众性共同犯罪,凡是参与实施该罪的行为人均构成犯罪。根据各行为人在组织越狱罪、暴动越狱罪中所起作用的不同,对组织越狱罪、暴动越狱罪的首要分子以及积极参加的骨干成员,以主犯论,对一般参加者则以从犯处罚。

二、聚众持械劫狱罪的主体

聚众持械劫狱罪的主体是一般主体,但必须是在押人员以外的其他具有刑事责任能力的人。本罪作为一种聚众犯罪是聚集众人进行的犯罪活动,属于众合犯,因此,本罪的主体在人数上受到一定的限制,需三人以上。根据在犯罪中的地位和作用的不同,本罪主体有首要分子、积极参加者和一般参与者之分。狱内在押人犯结伙或者有组织地逃跑,不构成本罪,可视其情况,以脱逃罪或者组织越狱罪、暴动越狱罪论处。 14

Ⅵ 罪过

一、组织越狱罪、暴动越狱罪的罪过

组织越狱罪、暴动越狱罪的罪过形式为直接故意,目的是脱逃监管部门的羁押和监管,非法恢复人身自由。行为人明知从羁押场所有组织、有计划地逃跑的行为会发生破坏国家司法机关正常监管秩序的危害结果,但为了实现行为人逃脱监管部门的羁押,非法恢复人身自由的目的,却希望这一危害结果发生的心理态度。间接故意和过失都不能构成本罪。 15

具体而言,组织越狱的犯罪人在其实施集体脱逃行为之前,除了会制订越狱方案,还会对自己越狱后的未来出路作出选择:抢银行、砸商店、行凶报复、抢劫交通工具远逃和外逃,等等。为使这些目标得以顺利实现,他们准备工具、创造条件,一旦时机成熟,便使用暴力或者其他手段,有组织、有计划地实施集体从狱中逃跑的行为。这种犯罪严重地危害了国家的司法监管活动,而这正是行为人所希望看到的,因为只有实现从狱中逃跑,才能实现行为人逃避继续关押的目的。至于行为人的犯罪动机,则是多种多样的,如为了泄愤、报仇、报复、享受富贵、发财等,不同的动机不影响犯罪的成立。聚众持械劫狱罪的罪过形式为直接故意,其目的是将被依法关押者从羁押场所劫夺出来,使之逃避继续关押。也就是说,行为人明知聚集多人,有组织、有计划地持械劫夺依法被关押的罪犯、被告人和犯罪嫌疑人的行为会发生破坏司法机 16

关正常监管秩序的危害结果,但为了实现使被关押人逃避继续关押的目的,却希望这一危害结果的发生。间接故意和过失不能构成本罪。行为人聚众劫狱是为了把在押人犯从国家司法机关的监管中劫夺出来,使之逃避继续关押,在这种目的的支配下,他们必然要使用暴力或者其他方法,聚集众人劫夺在押人员。所以,本罪的犯罪目的在于使在押人员逃避继续关押,不具有这一目的的,不能构成本罪。

二、聚众持械劫狱罪的罪过

17 聚众持械劫狱罪的罪过形式为直接故意,其目的是将被依法关押者从羁押场所劫夺出来,使之逃避继续关押。也就是说,行为人明知聚集多人,有组织、有计划地持械劫夺依法被关押的罪犯、被告人和犯罪嫌疑人的行为会发生破坏司法机关正常监管秩序的危害结果,但为了实现使被关押人逃避继续关押的目的,却希望这一危害结果的发生。间接故意和过失不能构成本罪。行为人聚众劫狱是为了把在押人犯从国家司法机关的监管中劫夺出来,使之逃避继续关押,在这种目的的支配下,他们必然要使用暴力或者其他方法,聚集众人将在押人员劫夺走。所以,本罪的犯罪目的在于使在押人员逃避继续关押,不具有这一目的的,不能构成本罪。

Ⅶ 既遂与未遂

一、组织越狱罪的既遂与未遂

18 组织越狱罪是否存在犯罪的未遂形态,如果存在,其犯罪既遂与未遂相区分的标准是什么?对此,有观点认为,只要行为人完成了组织越狱等行为,即成立本罪的既遂;另有观点认为,这类组织型犯罪虽然客观方面的危害行为主要是组织行为,但其目的在于后面的越狱等行为,因此,欲达到既遂,不仅要求行为人完成组织行为,还须完成越狱等行为。还有观点认为,上述看法均有不足,具体而言:首先,这类组织型的犯罪,其构成要件在客观方面的齐备首先强调的是组织行为的完成,所以完成组织行为是必要的,对此以上观点认识一致;其次,越狱等目的行为是组织行为的进一步实施,它们当然也是这类犯罪构成要件的内容,完全抛弃后面的目的行为是不能齐备本罪的构成要件的;最后,那种以越狱之目的是否达到作为本罪既遂标志的观点显然是坚持既遂的目的说,不能成立。所以,该论者的主张是,行为人在已经完成组织行为后并着手实施越狱的,就是本罪的既遂形态。[4]

19 要正确认定组织越狱罪的停止形态,必须首先明确以下两点:第一,组织越狱罪是必要共同犯罪,即只能是由两人以上共同实施的故意犯罪。这就决定了组织越狱罪的犯罪未遂问题是犯罪未遂和共同犯罪的结合和交叉,故在犯罪未遂形态的认定

---

4 参见金泽刚:《犯罪既遂的理论与实践》,人民法院出版社 2001 年版,第 353—354 页。

上具有不同于单个人犯罪未遂问题的复杂性。第二,组织越狱罪的犯罪分子都是共同实行犯。共同实行犯是指两人以上共同故意实行某一具体犯罪实行行为的共同犯罪人,即每个共同犯罪人都是实行犯。这是因为,组织越狱罪的犯罪分子在主观上都具有直接实行和完成犯罪的故意,客观上都实施了刑法分则所规定的组织越狱的实行行为,各个共同犯罪的罪过和行为在主客观的统一上构成了共同犯罪的整体。这一特点直接影响到组织越狱罪各个犯罪人的未遂问题。下面就组织越狱罪的犯罪未遂问题,结合犯罪未遂的一般理论进行分析探讨。

(一)组织越狱罪的着手实行的认定

由于组织越狱罪的各个犯罪人都是组织越狱罪的共同实行犯,因此,只要一人着手实行组织越狱罪,整个犯罪即已进入着手实行状态。在这种情况下,如果在场的其他共同实行犯尚未来得及亲自直接实施犯罪,已着手实行者就被意志以外的原因所制止而使整个犯罪未能得逞的,全部共同实行犯都应承担犯罪未遂的责任,而不是着手实施犯罪者构成犯罪未遂,未着手实施犯罪者构成犯罪预备。例如,组织越狱罪的行为人经过周密的准备和部署,预备组织越狱,在某日晚上,一个行为人按照事先商定的计划,夺取监管人员手中的枪支,刚一着手,就被抓获。这种场合下,尽管其他组织越狱的行为人尚未着手实施实行行为,但都应当以犯罪未遂论处。 20

这里,应该注意的是,上述认定共同实行犯着手实行犯罪的原则,只适用于各个共同犯罪人都在犯罪现场并决意直接实行犯罪,而且已经有人开始实行犯罪的情况。如果几人预谋组织越狱,相约在某时分头赶往某处作案,其中有人虽已动身前往,但在途中因惧怕或因悔悟或因意外事件的阻挠而未到现场,或者虽到了现场但在犯罪开始实行前又离开了,其他在现场的共同实行犯实施犯罪而未遂,未到现场或在犯罪实行前就离开现场者与现场作案者之间仍成立共同犯罪关系,但是他们只是预备阶段的共犯,而不是实行阶段的共犯。犯罪实行时未在现场的,因其缺乏直接实行犯罪的故意和行为,只有预备犯罪的故意和行为,因而不能认定其也构成犯罪未遂,而应根据其未到现场或离开现场的具体原因,认定其为犯罪预备或预备过程中的犯罪中止,在现场的共同实行犯则都以犯罪未遂论处。 21

(二)组织越狱罪未遂中意志以外的原因的认定

导致各个共同实行犯犯罪未遂的意志以外的原因,除了单个人犯罪中的那些原因,还有其他共同犯罪人有效的犯罪中止这种特殊原因,因为某个共同实行犯的自动有效中止犯罪,对其他共同实行犯而言,完全属于他们意志以外的原因。这样,共同实行犯的场合就可能出现犯罪未遂和犯罪中止并存的情况,自动有效中止犯罪的实行犯成立犯罪中止,其他共同实行犯则成立犯罪未遂。 22

(三)组织越狱罪的犯罪未得逞的认定

在刑法理论上,存在着共同实行犯中犯罪既遂与犯罪未遂不能并存的较为通行的观点。那么,这一观点同样适用于组织越狱罪之既遂与未遂的认定吗? 23

24 从组织越狱罪的法定构成要件来看,组织越狱罪由于其犯罪的成立法律不要求发生有形的、物质性的损害结果,而是只要行为人实施完毕刑法分则所规定的组织越狱罪的实行行为,即有组织、有计划地从监狱、看守所等羁押、监管场所逃离的行为,犯罪即告既遂,因此,组织越狱罪应当属于行为犯而不是结果犯或者危险犯。在组织越狱罪这种行为犯中,各个共同实行犯在犯罪既遂或者未遂上表现出各自的独立性,一个实行犯的未遂或者既遂,并不标志着其他实行犯也是未遂或既遂,每个实行犯都只有在自己的行为直接完成了犯罪、符合了具体犯罪既遂的要件时才构成犯罪既遂。因此在组织越狱罪里,不但可能是全体共同实行犯都构成了犯罪既遂或者未遂,以及有人中止有人未遂即未遂与中止并存,而且可以出现有人既遂有人未遂即既遂与未遂并存的情况。因此,组织越狱罪整个犯罪既遂所要求的是每个共同实行犯均完成其实行行为,各个实行犯又都只能完成自己的犯罪行为而不能代替他人完成犯罪,犯罪过程中所可能发生的意志以外的原因,又往往阻止某些实行犯使其不能完成犯罪,这样就会出现有人既遂有人未遂即既遂未遂并存一案的情况。

25 综上所述,组织越狱罪是一种行为犯,因此,组织越狱罪是存在犯罪未遂形态的。但由于组织越狱罪是一种不同于单个人犯罪的必要共同犯罪形式,且组织越狱罪的每个行为人都是组织越狱罪的实行犯,所以,组织越狱罪既遂与未遂具有不同于一般共同犯罪和单个人犯罪的特点,各个行为人的行为具有一定的独立性和不可代替性,一个行为人行为的既遂,不意味着其他行为人的行为也构成既遂,而应分别予以考察。也就是说,组织越狱罪的行为人对其所实施的组织越狱行为,究竟应当承担既遂还是未遂的刑事责任,应以各个行为人是否已经独立地实施完毕刑法分则所规定的组织越狱罪的实行行为为标准。如果某个行为人已经实施完毕组织越狱罪的实行行为,就应负组织越狱罪既遂的刑事责任,至于其他行为人的行为是否也构成组织越狱罪的既遂,对该行为人应承担的既遂的刑事责任不生影响。

二、暴动越狱罪的既遂与未遂

26 根据我国刑法规定的犯罪未遂的特征,以及犯罪未遂与犯罪既遂相区别的有关刑法理论,存在犯罪既遂与犯罪未遂区别的,只能是结果犯、危险犯和行为犯。除此以外的其他故意犯罪,都不可能存在犯罪的未遂形态,也就不可能存在犯罪既遂与未遂的区分。那么,暴动越狱罪是否属于上述三类犯罪之一呢?

27 从刑法关于暴动越狱罪的规定来看,暴动越狱罪的成立,刑法并不要求一定要给犯罪法益造成物质性的、有形的损害结果,但是,暴动越狱罪又绝不是只要行为人一开始实施暴动越狱行为,犯罪就宣告完成,并达到既遂状态,而是以行为人是否达到了逃脱监禁羁押的状态和程度,作为犯罪行为完成和犯罪既遂成立的标志,未达到这一程度的暴动越狱行为在刑法上还属于没有完成,因而只能成立犯罪的未遂。所以,暴动越狱罪属于行为犯,既然如此,暴动越狱罪当然也就存在犯罪的未遂形态,存在着犯罪既遂与未遂的区分。

但是,暴动越狱罪既遂与未遂的区分,又具有不同于一般的行为犯的特殊之处。这是因为,暴动越狱罪是一种必要共同犯罪,而且,这一必要共同犯罪之中,各行为人之间不存在犯罪的分工,各行为人都是实行犯。所以,尽管各行为人的行为不是彼此孤立,而是相互配合、紧密联系的一个统一整体,但这并不意味着,各个共同实行犯在这类犯罪里的既遂与未遂形态的认定上也是整齐划一的。恰恰相反,在这类犯罪里,各个共同实行犯在犯罪既遂与未遂的认定上具有各自的独立性,一个实行犯的未遂或既遂,仅以他自己是否实施完毕暴动越狱罪的实行行为为标准,如果该共同实行犯实施完毕暴动越狱罪的实行行为,则应构成暴动越狱罪的既遂,而不管其他共同实行犯是成立暴动越狱罪的既遂还是未遂;同样,如果该共同实行犯尚未实施完毕暴动越狱罪的实行行为,即使其他共同实行犯已经实施完毕暴动越狱罪的实行行为,该共同实行犯也只能承担暴动越狱罪的未遂责任。也就是说,在暴动越狱罪里,各个共同实行犯行为的既遂与未遂是独立的,一个实行犯的未遂或者既遂,并不标志其他实行犯也构成未遂或者既遂,每个实行犯都只有在以自己的行为完成了犯罪、符合了暴动越狱罪既遂的要件时才构成犯罪既遂。因此,在暴动越狱罪里,不但可能是全体共同实行犯都构成犯罪既遂或者犯罪未遂,以及有人中止有人未遂即未遂与中止并存,而且可能出现有人既遂有人未遂即未遂与既遂并存的情况。 28

三、聚众持械劫狱罪的既遂与未遂

聚众持械劫狱罪是行为犯,即以刑法分则条文所规定的行为的完成作为具备全部犯罪构成要件的标志即既遂标志的犯罪。行为犯的既遂尽管不要求行为人所实施的行为产生物质性的、有形的危害结果,但并不是说,行为人只要一着手实施刑法分则所规定的某一具体犯罪构成要件的实行行为,犯罪即告既遂。实际上,行为犯的既遂要求犯罪构成要件的实行行为必须实施到一定程度,实施的具体程度如何,在不同的行为犯中有不同的标准,不能一概而论。就聚众持械劫狱罪来说,由于行为人聚众持械劫狱的目的是使在押人犯摆脱监管人员的监管与控制,逃避继续关押,因而聚众持械劫狱罪的既遂形态与未遂形态的区分,应当以被关押人员是否脱离了监管人员的控制为标准。考虑到聚众持械劫狱行为发生的具体场合不同,按照上述标准,则:①在狱所(包括押解途中和执行死刑现场)发生的聚众劫狱案,行为人将在押人犯劫走或者使之脱逃,且在押人犯已逃离监管机关的监管或押解人员控制范围的,应属本罪的既遂,此时,被关押人员构成脱逃罪的既遂;反之,如果行为人虽然实施了聚众持械劫狱的行为,但由于其意志以外的原因,未能使被关押人员脱离监管人员控制的,则应论之以聚众持械劫狱罪的未遂,而被关押人员构成脱逃罪的未遂。②行为人没有来得及劫夺被关押人员就被抓获,或者虽将在押人犯劫走或者使之逃走,但是在押人犯在狱所控制范围内被抓获或者虽然逃出狱外,当场被及时发觉并抓捕归案的,构成聚众持械劫狱罪的未遂,对于被关押人员,则以脱逃罪的未遂论处。 29

Ⅷ　与非罪的界限

一、组织越狱罪与非罪的界限

30 根据《刑法》第 317 条第 1 款的规定,司法实践中认定本罪时,应当注意以下两点:①组织越狱罪的主体必须是在押的罪犯、被告人、犯罪嫌疑人,如果是被行政拘留人员,有组织地集体逃跑的,则不构成本罪。②组织越狱罪是直接故意犯罪,如果行为人不是出于直接故意,而是受欺骗、蒙蔽而盲目参加的,一般不以犯罪论处。

二、暴动越狱罪与非罪的界限

31 实践中认定暴动越狱罪时,应当注意以下几点:①行为人在主观上是否具有以暴动方式越狱的目的;②客观上是否实施了暴动越狱行为;③是否以共同犯罪形式实施。尤其应当指出的是,暴动越狱罪是必要的共同犯罪,根据刑法的规定,凡是参与实施暴动越狱行为的行为人,不管其是首要分子、积极参加者还是一般参与人员,均构成本罪。但由于本罪的实施在实践中涉及的人员众多,其中首要分子和积极参加者才是打击的重点,对其应以本罪追究刑事责任。但对于那些不明真相,或因受蒙蔽、欺骗而参与实施本罪行为的,如果情节确实显著轻微,且没有造成严重后果的,一般不以犯罪论处。

三、聚众持械劫狱罪与非罪的界限

32 根据现行《刑法》第 317 条第 2 款的规定,司法实践中认定本罪时,应当注意从以下几个方面予以把握:①行为人在主观上是否具有劫狱的目的;②行为人在客观上是否实施了聚众劫狱行为;③聚众劫狱行为是否以暴动的方式实施。如果行为人基于劫狱的目的而实施了聚众持械劫狱的行为,不管劫狱行为是否得逞,均构成本罪。

33 在此,应当指出的是,划清罪与非罪、此罪与彼罪的界限,最根本的标准就是犯罪构成。而犯罪构成在世界各国和地区的刑法典中,都是通过罪状来表述的。因此,罪状表述得详尽与否,关系到司法实务部门对案件的正确定性和对犯罪分子刑事责任的准确裁量。而遗憾的是,我国现行刑法对聚众持械劫狱罪罪状的规定过于简单,既是罪状又是罪名,没有对本罪犯罪构成的基本特征进行详细描述。这就必然影响到聚众持械劫狱罪在司法实践中的可操作性,给司法机关对聚众持械劫狱类案件的正确定性和量刑造成一定的困难。

Ⅸ　罪数

34 在暴动越狱、聚众持械劫狱案件中,往往会发生行为人抢夺监管人员或者警卫人员的枪支弹药,打死、打伤监管人员,捣毁监门、围墙,破坏监狱设施的情况,对此情况应当如何处理?是以暴动越狱罪、聚众持械劫狱罪一罪实行从重处罚,还是以暴动越狱罪、聚众持械劫狱罪和抢夺枪支弹药罪、故意杀人罪、故意伤害罪或者故意毁坏公共财物罪实行数罪并罚?

对于上述情况,应当以暴动越狱罪、聚众持械劫狱罪一罪从重处罚,而不能实行 35
数罪并罚。这是因为,在暴动越狱罪、聚众持械劫狱罪中,行为人为了完成越狱或劫夺在押人犯的行为,一般以暴力作为其犯罪手段。"暴力"的内容无疑已经包括了上述抢夺枪支、打死打伤监管人员、破坏监狱设施等强制性方法,这事实上成为实现行为人犯罪目的并完成其越狱或劫夺在押人犯的主要犯罪方法。因此,对于行为人使用这些暴力性手段,越狱、劫夺在押人犯且齐备本罪全部构成要件的行为,应以暴动越狱罪或聚众持械劫狱罪定罪处刑,而不宜另定抢夺枪支弹药罪、故意伤害罪或故意杀人罪,并与暴动越狱罪或聚众持械劫狱罪实行并罚。

X　处罚

根据《刑法》第 317 条第 1 款的规定,犯组织越狱罪的,对首要分子和积极参加 36
者,处 5 年以上有期徒刑;其他参加的,处 5 年以下有期徒刑或者拘役。

根据《刑法》第 317 条第 2 款的规定,犯暴动越狱或者聚众持械劫狱罪的,对首要 37
分子和积极参加者,处 10 年以上有期徒刑或者无期徒刑;情节特别严重的,处死刑;其他参加的,处 3 年以上 10 年以下有期徒刑。

第三节　妨害国(边)境管理罪

前　注

文献:田宏杰:《妨害国(边)境管理罪》,中国人民公安大学出版社 2003 年版;王作富主编:《刑法分则实务研究》(第 2 版),中国方正出版社 2003 年版;熊选国、任卫华:《刑法罪名适用指南——妨害国(边)境管理罪》,中国人民公安大学出版社 2007 年版;全国人大常委会法制工作委员会刑法室编:《〈中华人民共和国刑法〉条文说明、立法理由及相关规定》,北京大学出版社 2009 年版;黎宏:《刑法学》,法律出版社 2012 年版;郎胜主编:《中华人民共和国刑法释义》(第 6 版),法律出版社 2015 年版;陈国庆主编:《中华人民共和国刑法最新释义》,中国人民公安大学出版社 2016 年版;王爱立、雷建斌主编:《中华人民共和国刑法释义及实用指南》,中国民主法制出版社 2016 年版;高铭暄、马克昌主编:《刑法学》(第 9 版),北京大学出版社、高等教育出版社 2019 年版;张明楷:《刑法学》(第 6 版),法律出版社 2021 年版。

细目录

Ⅰ　主旨
Ⅱ　沿革
Ⅲ　特征
一、客体
二、行为

Ⅰ　主旨

1　妨害国(边)境管理罪,是指违反国(边)境管理法规,破坏国(边)境管理秩序,依法应当受到刑法处罚的行为。

2　国家对出入境实行管理是国家主权的一个重要体现,关乎国家安全和利益。中国公民、外国人和无国籍人进出我国国(边)境均应遵守相关法律法规,刑法设立本节犯罪,以维护正常的国(边)境管理秩序。

Ⅱ　沿革

3　改革开放之前,我国基本不存在非法移民问题。随着国门的打开,我国东南沿海的福建、广东、浙江等地的一些人员逃避边防检查,从沿海、沿边的国(边)境直接偷越出境,也有些人采取偷登外国轮船、国内远洋运输船舶或者其他海上交通工具的方式进行偷渡。为惩处这一非法出入境活动，1979 年《刑法》在第六章妨害社会管理秩序罪中及时规定了两个罪名，即第 176 条“偷越国（边）境罪”和第 177 条“组织、运送他人偷越国（边）境罪”。但由于当时国门初开，我国非法移民活动尚不严重，同时受“宜粗不宜细”的刑事立法思想影响，所以 1979 年《刑法》没有专章专节规定妨害国（边）境管理罪，有关规定比较简单，一些新型的妨害国（边）境管理行为，如骗取出入境证件的行为，提供伪造、变造的出入境证件行为没有纳入刑事立法。同时，1979 年《刑法》中相关罪名的法定刑也较轻。

20 世纪 90 年代，我国对外开放程度显著提高。据统计，截至 1993 年年底，我 4
国对外开放口岸从 1978 年的 50 多个增加到 200 多个。与此同时，发达国家不断收紧其移民政策，合法移民国外的渠道被限制。在这种国际国内背景下，境内外一些不法分子在高额利润的驱使下，相互勾结，大肆组织他人非法移民。一些渔民专门从事运送他人非法出入境的活动；持用伪假证件从口岸蒙混出境人员也越来越多。非法移民活动从沿海扩展到内地，严重地影响了我国正常的出入境管理秩序，极大地败坏了我国在国际上的声誉。面对这种严峻形势，1979 年《刑法》有关规定不能满足执法部门有效惩治此类犯罪的需要，尤其对一些新型危害行为，如骗取出境证件行为，提供伪造、变造出入境证件行为等，1979 年《刑法》更是无能为力。为打压“蛇头”的嚣张气焰，遏制非法移民的蔓延势头，1994 年 3 月 5 日全国人大常委会通过《关于严惩组织、运送他人偷越国（边）境犯罪的补充规定》，对 1979 年《刑法》有关规定作了大幅修改和补充。与 1979 年《刑法》相比，《关于严惩组织、运送他人偷越国（边）境犯罪的补充规定》增加了 5 个新罪名，即“骗取出境证件罪”“提供伪造、变造出入境证件罪”“倒卖出入境证件罪”“非法办理出入境证件罪”和“非法放行偷越国（边）境人员罪”；修改了“组织、运送他人偷越国（边）境罪”，把一个选择性罪名分立为两个确定性罪名，即“组织他人偷越国（边）境罪”和“运送他人偷越国（边）境罪”，并明确规定了组织他人偷越国（边）境罪的 7 种特别严重情形；保留了“偷越国（边）境罪”这一基本犯罪。

1997 年《刑法》全面修订时，在妨害社会管理秩序罪中单设一节，专节规定了妨 5
害国（边）境管理罪。该节规定了 8 个具体罪名：第 318 条“组织他人偷越国（边）境罪”、第 319 条“骗取出境证件罪”、第 320 条“提供伪造、变造的出入境证件罪”和“出售出入境证件罪”、第 321 条“运送他人偷越国（边）境罪”和第 322 条“偷越国（边）境罪”、第 323 条“破坏界碑、界桩罪”和“破坏永久性测量标志罪”。1997 年《刑法》将《关于严惩组织、运送他人偷越国（边）境犯罪的补充规定》中规定的两种妨害国（边）境管理的职务性犯罪，即“办理偷越国（边）境人员出入境证件罪”和“放行偷越国（边）境人员罪”归入渎职罪一章。由于 1997 年《刑法》与《关于严惩组织、运送他人偷越国（边）境犯罪的补充规定》间隔时间较短，所以 1997 年《刑法》的有关规定基本上沿袭了《关于严惩组织、运送他人偷越国（边）境犯罪的补充规定》的内容。与《关于严惩组织、运送他人偷越国（边）境犯罪的补充规定》相比，1997 年《刑法》有关规定主要是在立法技术上进行了完善，如专门设置妨害国（边）境管理罪一节，使法律条文在排列上更加有序；采取“依照数罪并罚的规定处罚”之立法模式，减少刑法的死刑规定；降低偷越国（边）境罪法定刑，体现了罪刑相适应原则等。

Ⅲ　特征

一、客体

6 妨害国（边）境管理罪的客体是国（边）境管理秩序。国（边）境管理秩序，是指国家为了国家安全和利益，在人员出入国（边）境管理领域所设立的秩序，这些秩序通过《出境入境管理法》等出入境管理领域的法律法规所确立，妨害国（边）境管理罪属于行政刑法领域的犯罪。

二、行为

7 妨害国（边）境管理犯罪活动的表现形式多样，根据我国刑法的相关规定，本罪行为形式主要有：组织他人偷越国（边）境，骗取出境证件，提供伪造、变造的出入境证件，出售出入境证件，运送他人偷越国（边）境，偷越国（边）境，破坏界碑、界桩，破坏永久性测量标志。本罪一般为行为犯，以作为方式实施。

1. 主体

8 本类犯罪主体绝大多数为一般主体，大多数情况下，只要行为人达到责任年龄、具有责任能力就能成为本类犯罪的主体。本类犯罪中，骗取出境证件罪的主体既可以是自然人，也可以是单位，其他罪名皆为自然人犯罪。

2. 罪过

9 本类犯罪主观上均为故意，过失不构成本类犯罪。相关罪名的犯罪主体可能出于牟利目的而实施犯罪，但主观目的不影响本类犯罪的成立。

第三百一十八条　组织他人偷越国(边)境罪

组织他人偷越国（边）境的，处二年以上七年以下有期徒刑，并处罚金；有下列情形之一的，处七年以上有期徒刑或者无期徒刑，并处罚金或者没收财产：

（一）组织他人偷越国（边）境集团的首要分子；

（二）多次组织他人偷越国（边）境或者组织他人偷越国（边）境人数众多的；

（三）造成被组织人重伤、死亡的；

（四）剥夺或者限制被组织人人身自由的；

（五）以暴力、威胁方法抗拒检查的；

（六）违法所得数额巨大的；

（七）有其他特别严重情节的。

犯前款罪，对被组织人有杀害、伤害、强奸、拐卖等犯罪行为，或者对检查人员有杀害、伤害等犯罪行为的，依照数罪并罚的规定处罚。

文献：田宏杰：《妨害国(边)境管理罪》，中国人民公安大学出版社 2003 年版；王作富主编：《刑法分则实务研究》(第 2 版)，中国方正出版社 2003 年版；熊选国、任卫华主编：《刑法罪名适用指南——妨害国(边)境管理罪》，中国人民公安大学出版社 2007 年版；全国人大常委会法制工作委员会刑法室编：《〈中华人民共和国刑法〉条文说明、立法理由及相关规定》，北京大学出版社 2009 年版；黎宏：《刑法学》，法律出版社 2012 年版；郎胜主编：《中华人民共和国刑法释义》(第 6 版)，法律出版社 2015 年版；陈国庆主编：《中华人民共和国刑法最新释义》，中国人民公安大学出版社 2016 年版；王爱立、雷建斌主编：《中华人民共和国刑法释义及实用指南》，中国民主法制出版社 2016 年版；高铭暄、马克昌主编：《刑法学》(第 9 版)，北京大学出版社、高等教育出版社 2019 年版；张明楷：《刑法学》(第 6 版)，法律出版社 2021 年版。

细目录

Ⅰ　主旨
Ⅱ　沿革
Ⅲ　客体
Ⅳ　行为
Ⅴ　结果与情节

宋建军

Ⅵ 主体
Ⅶ 罪过
Ⅷ 既遂与未遂
Ⅸ 共犯
Ⅹ 罪数
Ⅺ 与非罪的界限
Ⅻ 与他罪的区别
ⅩⅢ 处罚

Ⅰ 主旨

1 本条是对组织他人偷越国(边)境罪的规定。国家为维护主权、安全和社会秩序,对国(边)境实施严格管理,《外国人入境出境管理法》等法规对出入国(边)境的正常管理秩序作了规定。为保护国(边)境的正常管理秩序,刑法设立了本罪。

Ⅱ 沿革

2 1979年《刑法》第177条规定:“以营利为目的,组织、运送他人偷越国(边)境的,处五年以下有期徒刑、拘役或者管制,可以并处罚金。”1997年《刑法》第318条规定:“组织他人偷越国(边)境的,处二年以上七年以下有期徒刑,并处罚金;有下列情形之一的,处七年以上有期徒刑或者无期徒刑,并处罚金或者没收财产:(一)组织他人偷越国(边)境集团的首要分子;(二)多次组织他人偷越国(边)境或者组织他人偷越国(边)境人数众多的;(三)造成被组织人重伤、死亡的;(四)剥夺或者限制被组织人人身自由的;(五)以暴力、威胁方法抗拒检查的;(六)违法所得数额巨大的;(七)有其他特别严重情节的。犯前款罪,对被组织人有杀害、伤害、强奸、拐卖等犯罪行为,或者对检查人员有杀害、伤害等犯罪行为的,依照数罪并罚的规定处罚。”

Ⅲ 客体

3 本罪的客体,理论上存在四种不同的观点。“管理制度说”认为,本罪的客体是国(边)境管理制度;“管理说”认为,本罪的客体是国家对国(边)境的管理;“管理活动说”认为,本罪的客体是国家对出入国(边)境的管理;“管理秩序说”认为,本罪的客体是国家对国(边)境的正常管理秩序。

4 现行《刑法》将组织他人偷越国(边)境罪规定在妨害国(边)境管理罪中,且妨害国(边)境管理罪又是妨害社会管理罪的一部分。因此,“管理秩序说”比较符合立法的精神。[1]

1 参见田宏杰:《妨害国(边)境管理罪》,中国人民公安大学出版社2003年版,第92页。

Ⅳ 行为

本罪在客观方面表现为行为人违反国(边)境管理法规,实施了组织他人偷越国(边)境的行为。这里的"组织"行为,是指《关于办理妨害国(边)境管理刑事案件应用法律若干问题的解释》第1条所规定的"领导、策划、指挥他人偷越国(边)境或者在首要分子指挥下,实施拉拢、引诱、介绍他人偷越国(边)境等行为"。偷越国(边)境,具体是指《关于办理妨害国(边)境管理刑事案件应用法律若干问题的解释》第6条规定的情形,包括:①没有出入境证件出入国(边)境或者逃避接受边防检查的;②使用伪造、变造、无效的出入境证件出入国(边)境的;③使用他人出入境证件出入国(边)境的;④使用以虚假的出入境事由、隐瞒真实身份、冒用他人身份证件等方式骗取的出入境证件出入国(边)境的;⑤采用其他方式非法出入国(边)境的。 5

Ⅴ 结果与情节

本罪是行为犯,只要行为人实施完毕组织他人偷越国边境的行为,即构成犯罪。 6

Ⅵ 主体

本罪的主体是一般主体,即达到刑事责任年龄、具有刑事责任能力,实施了组织他人偷越国(边)境的行为的自然人。单位不能成为本罪的主体。本罪主体没有国别及居住地的限制,中国公民(包括港澳台地区的居民)与外国人均可构成本罪。单位不能成为本罪的主体。但是,根据《关于办理妨害国(边)境管理刑事案件应用法律若干问题的解释》第7条的规定,以单位名义或者单位形式组织他人偷越国(边)境的,应当依照《刑法》第318条的规定追究直接负责的主管人员和其他直接责任人员的刑事责任。 7

Ⅶ 罪过

本罪的罪过形式为故意。牟利目的不属于本罪的犯罪构成,但应当在量刑时酌情考虑。故意的具体内容是:行为人明知自己采取煽动、拉拢、串联、诱使等方法,有计划地策划、指挥、安排他人偷越国(边)境的行为,会发生有计划、有组织地使他人偷越国(边)境的结果,行为人不仅不采取措施加以阻止,反而积极地希望这一结果的发生。 8

Ⅷ 既遂与未遂

本罪既遂与未遂的区分,理论上存在四种主张。[2] "偷越成功说"认为,被组织人 9

---

2 参见郭立新、杨迎泽主编:《刑法分则适用疑难问题解》,中国检察出版社2000年版,第313页。

在行为人的安排下偷越国(边)境是否成功,是区分本罪既遂与未遂的标准;“组织完毕说”认为,组织他人偷越国(边)境的组织行为是否实施完毕,是本罪既遂与未遂的区分标准;“分段说”认为,本罪的基本犯罪构成应当以“偷越成功说”为标准,加重犯罪构成应以“组织完毕说”为标准;“分段修正说”认为,基本犯罪构成以被组织人是否被组织起来为既遂标准,加重犯罪构成不存在未遂的情形。

10 《关于办理妨害国(边)境管理刑事案件应用法律若干问题的解释》第1条第3款规定,以组织他人偷越国(边)境为目的,招募、拉拢、引诱、介绍、培训偷越国(边)境人员,策划、安排偷越国(边)境行为,在他人偷越国(边)境之前或者偷越国(边)境过程中被查获的,应当以组织他人偷越国(边)境罪(未遂)论处;具有《刑法》第318条第1款规定的情形之一的,应当在相应的法定刑幅度基础上,结合未遂犯的处罚原则量刑。《刑事审判参考》案例第883号“农海兴组织他人偷越国境案”,对组织他人偷越国边境案的被组织者在偷越国境线过程中被抓获的,能否认定组织者组织他人偷越国境犯罪未遂作出界定,如果被组织者在偷越国边境之前或者偷越国边境过程中被查获的,应当认定组织者未遂。这表明,我国司法实践采取的是“偷越成功说”。

Ⅸ 共犯

11 二人以上的行为主体具有意思联络,共同实施领导、策划、指挥他人偷越国(边)境或者在首要分子指挥下,实施拉拢、引诱、介绍他人偷越国(边)境行为的,构成组织他人偷越国(边)境罪的共犯。

Ⅹ 罪数

12 现行《刑法》第318条第2款规定了本罪的法定数罪并罚情形:犯前款罪,对被组织人有杀害、伤害、强奸、拐卖等犯罪行为,或者对检查人员有杀害、伤害等犯罪行为的,依照数罪并罚的规定处罚。按照学术界的观点,为帮助犯罪分子逃避法律制裁而积极为其出谋划策,使犯罪分子偷越国(边)境的,既符合本罪的犯罪构成,也符合窝藏罪的犯罪构成,属于想象竞合,从一重罪论处。《关于办理妨害国(边)境管理刑事案件应用法律若干问题的解释》第8条规定,实施组织他人偷越国(边)境犯罪,同时构成骗取出境证件罪,提供伪造、变造的出入境证件罪,出售出入境证件罪,运送他人偷越国(边)境罪的,依照处罚较重的规定定罪处罚。

Ⅺ 与非罪的界限

13 本罪主体虽然是一般主体,但行为人必须是偷越国(边)境活动的组织者。此外,本罪的成立要求行为人在主观上必须出于故意,至于行为人是否具有营利的目的,不影响本罪的成立,但在量刑时应当酌情考虑。

XII 与他罪的区别

1. 本罪与运送他人偷越国(边)境罪的界限

①故意的内容不同:本罪的故意是行为人明知自己采取煽动、拉拢、串联、诱使等方法,有计划地策划、指挥、安排他人偷越国(边)境的行为,会发生有计划、有组织地使他人偷越国(边)境的结果,行为人不仅不采取措施加以阻止,反而积极地希望这一结果的发生;运送他人偷越国(边)境罪的故意是行为人明知自己运送他人偷越国(边)境的行为会发生将他人偷运出入国(边)境,从而破坏国家对出入国(边)境的正常管理秩序的危害结果,却仍然希望这一结果的发生。②犯罪客观方面不同:组织他人偷越国(边)境罪表现为通过拉拢、串联、诱使、煽动等方式,有计划地策划、指挥、安排他人偷越国(边)境的行为;运送他人偷越国(边)境罪的客观方面表现为通过步行或者车辆、船只、航空器等交通运输工具,陪伴、带出或者运送偷渡者进出国(边)境的行为。 14

2. 本罪与偷越国(边)境罪的界限

①犯罪主体不同:本罪的主体虽然是一般主体,但只有偷越国(边)境活动的组织者才能构成;偷越国(边)境罪的犯罪主体无特殊要求,只要是达到责任年龄、具备刑事责任能力,实施了偷越国(边)境行为的人,均可成为犯罪主体。②客观方面不同:本罪表现为违反国(边)境管理法规,实施了组织他人偷越国(边)境的行为;偷越国(边)境罪表现为违反国(边)境管理法规,偷越国(边)境的行为。 15

3. 本罪与骗取出境证件罪的界限

①犯罪主体不同:本罪的主体只包括自然人;骗取出境证件罪的主体包括自然人和单位。②客观方面不同:本罪表现为违反国(边)境管理法规,实施了组织他人偷越国(边)境的行为;骗取出境证件罪表现为采取各种虚假手段,骗取护照、签证等出境证件。③犯罪的直接客体不同:本罪的直接客体是国家对出入国(边)境的正常管理秩序;骗取出境证件罪的直接客体是国家对出境证件的正常管理秩序。 16

XIII 处罚

组织他人偷越国(边)境的,处 2 年以上 7 年以下有期徒刑,并处罚金;有下列情形之一的,处 7 年以上有期徒刑或者无期徒刑,并处罚金或者没收财产。这些情形具体是指:①组织他人偷越国(边)境集团的首要分子;②多次组织他人偷越国(边)境或者组织他人偷越国(边)境人数众多的;③造成被组织人重伤、死亡的;④剥夺或者限制被组织人人身自由的;⑤以暴力、威胁方法抗拒检查的;⑥违法所得数额巨大的;⑦有其他特别严重情节的。根据《关于办理妨害国(边)境管理刑事案件应用法律若干问题的解释》第 1 条第 2 款规定,组织他人偷越国(边)境人数在 10 人以上的,应当认定为刑法第 318 条第 1 款第(二)项规定的"人数众多";违法所得数额在 20 万元以上的,应当认定为《刑法》第 318 条第 1 款第(六)项规定的"违法所得数额巨大"。 17

第三百一十九条　骗取出境证件罪

以劳务输出、经贸往来或者其他名义，弄虚作假，骗取护照、签证等出境证件，为组织他人偷越国（边）境使用的，处三年以下有期徒刑，并处罚金；情节严重的，处三年以上十年以下有期徒刑，并处罚金。

单位犯前款罪的，对单位判处罚金，并对其直接负责的主管人员和其他直接责任人员，依照前款的规定处罚。

文献：田宏杰：《妨害国(边)境管理罪》，中国人民公安大学出版社 2003 年版；王作富主编：《刑法分则实务研究》(第 2 版)，中国方正出版社 2003 年版；熊选国、任卫华主编：《刑法罪名适用指南——妨害国(边)境管理罪》，中国人民公安大学出版社 2007 年版；全国人大常委会法制工作委员会刑法室编：《〈中华人民共和国刑法〉条文说明、立法理由及相关规定》，北京大学出版社 2009 年版；黎宏：《刑法学》，法律出版社 2012 年版；郎胜主编：《中华人民共和国刑法释义》(第 6 版)，法律出版社 2015 年版；陈国庆主编：《中华人民共和国刑法最新释义》，中国人民公安大学出版社 2016 年版；王爱立、雷建斌主编：《中华人民共和国刑法释义及实用指南》，中国民主法制出版社 2016 年版；高铭暄、马克昌主编：《刑法学》(第 9 版)，北京大学出版社、高等教育出版社 2019 年版；张明楷：《刑法学》(第 6 版)，法律出版社 2021 年版。

细目录

Ⅰ　主旨
Ⅱ　沿革
Ⅲ　客体
Ⅳ　对象
Ⅴ　行为
Ⅵ　结果与情节
Ⅶ　主体
Ⅷ　罪过
Ⅸ　既遂与未遂
Ⅹ　共犯
Ⅺ　罪数
Ⅻ　与非罪的界限

XIII 与他罪的区别

XIV 处罚

I 主旨

随着我国经济的迅猛发展以及对外交往活动的不断增多,国(边)境管理上面对 1
的形势也日益严峻。由于我国管理严格,一些不法分子和少数单位为了自身利益,利用某些人向往、追求国外生活的心理,千方百计地以劳务输出、经贸往来或者代办考察、旅游等其他名义骗取出境证件,进而为组织他人偷越国(边)境使用。这种妄图以合法出境的形式来掩盖组织他人偷越国(边)境的犯罪行为,进一步助长了偷渡犯罪活动的嚣张气焰。针对这种情况,为了有力打击偷越国(边)境的犯罪,不给犯罪分子以可乘之机,刑法设立了本罪。[1]

II 沿革

我国1979年《刑法》没有关于骗取出境证件罪的规定。 2

1993年9月24日最高人民法院发布的《关于严厉打击偷渡犯罪活动的通知》明 3
确规定,对以牟利为目的,以劳务出口、经贸往来以及进行其他公务活动等骗取护照、签证等出入境证件提供给他人的,应以组织他人偷越国(边)境罪论处。

1994年3月5日全国人大常委会通过的《关于严惩组织、运送他人偷越国 4
(边)境犯罪的补充规定》第2条进一步规定:"以劳务输出、经贸往来或者其他名义,弄虚作假,骗取护照、签证等出境证件,为组织他人偷越国(边)境使用的,依照本规定第一条的规定处罚。单位有前款规定的犯罪行为的,对单位判处罚金,并对直接负责的主管人员和其他直接责任人员,依照本规定第一条的规定处罚。"从而在我国开骗取出境证件罪刑事立法之先河,改变了以往对这种骗取出境证件的行为只能以组织他人偷越国(边)境罪定罪处罚的状况,也使得我国刑法在妨害国(边)境管理罪方面的规定更加全面、科学。

1997年《刑法》修订时,基本保留了《关于严惩组织、运送他人偷越国(边)境犯 5
罪的补充规定》的规定,对骗取出境证件罪的刑罚规定作了修改,取消了《关于严惩组织、运送他人偷越国(边)境犯罪的补充规定》中对骗取出境证件罪依照组织他人偷越国(边)境罪的法定刑处罚的规定,而为其设置了独立的法定刑。

III 客体

本罪的客体是国家机关对出境证件的正常管理活动和国家的出境管理秩序。 6

---

1 参见田宏杰:《妨害国(边)境管理罪》,中国人民公安大学出版社2003年版,第167页。

Ⅳ　对象

7　本罪的犯罪对象,是指护照、签证等出境证件,而不包括护照、签证等入境证件。“护照”,是指一个主权国家发给本国公民出入国境,在国外居留、旅行的合法身份证明和国籍证明;“签证”,是指一个主权国家同意外国人进入或经过该国国境而签署的一种许可证明。最高人民法院、最高人民检察院《关于办理妨害国(边)境管理刑事案件应用法律若干问题的解释》全面界定了出境证件的含义与范围,明确指出,《刑法》第319条第1款规定的“出境证件”,包括护照或者代替护照使用的国际旅行证件,中华人民共和国海员证,中华人民共和国出入境通行证,中华人民共和国旅行证,中国内地公民往来香港特区、澳门特区、台湾地区证件,边境地区出入境通行证,签证、签注,出国(境)证明、名单,以及其他出境时需要查验的资料。

Ⅴ　行为

8　本罪的行为方式是为了组织他人偷越国(边)境使用,弄虚作假地以劳务输出、经贸往来或者出境旅游、考察等名义向签发、管理机关骗取出境证件的行为。行为方式一般以作为的方式实施,但有告知国家出入境证件审批机关真实情况的义务而不履行该义务,故意取得出境证件的,也可以不作为的方式构成本罪。行为人弄虚作假,以欺骗手段,使国家出入境管理机关的有关工作人员发生错误认识,为其办理出境证件,从而能合法地获取出境证件。只有在行为人采用了欺骗的手段的情况下,才能构成骗取出境证件罪。

9　最高人民法院、最高人民检察院《关于办理妨害国(边)境管理刑事案件应用法律若干问题的解释》规定,为组织他人偷越国(边)境,编造出境事由、身份信息或者相关的境外关系证明的,应当认定为《刑法》第319条第1款规定的“弄虚作假”。

10　弄虚作假包括虚构事实和隐瞒真相两种情形。所谓的虚构事实,一般是指以语言、文字或者某种举动故意捏造根本不存在的事实或者故意夸大事实。就本罪而言,是指虚构劳务输出、经贸往来、代办考察、留学、旅游等名义。所谓的隐瞒真相,是指故意掩盖客观存在的事实。就本罪来说,主要指通过劳务输出、经贸往来以及其他合法名义来掩盖组织他人偷越国(边)境的目的。

Ⅵ　结果与情节

11　本罪是行为犯,所以成立本罪要求有弄虚作假,以劳务输出、经贸往来或者其他名义骗取护照、签证等出境证件的行为,并不要求将骗取的出境证件实际用于组织他人偷越国(边)境的过程之中产生了危害结果。

Ⅶ 主体

本罪的主体为一般主体,包括自然人和单位。主要是从事劳务输出、出国旅游、留学中介等业务的机构和个人。 12

Ⅷ 罪过

本罪的罪过形式为故意,即明知他人用于组织偷越国(边)境犯罪,而故意为其骗取出境证件,行为人是否具有营利目的,在所不问。本条规定的"为组织他人偷越国(边)境使用",究竟属于什么性质?理论上有两种观点,主观要件说与客观要件说。主观要件说主张将"为组织他人偷越国(边)境使用"作为骗取出境证件罪的主观要件。本罪在主观方面是故意,并具有为组织他人偷越国(边)境使用的目的。如果行为人骗取出境证件不是为组织他人偷越国(边)境使用,就不构成本罪。[2] 客观要件说认为"为组织他人偷越国(边)境使用"是客观方面的要件,行为人只有客观上实施了骗取出境证件,并且为组织他人偷越国(边)境使用的,才构成本罪。[3] 有论者认为"为组织他人偷越国(边)境使用",应属于责任要素。若将其解释为客观构成要件要素,不仅会导致本条无存在的必要,也无法处理本罪与组织他人偷越国(边)境罪的关系。[4] 所以,不论从语义上来看还是从认定犯罪问题方面出发,将其看作主观要件会更加合理。 13

Ⅸ 既遂与未遂

在刑法学界,对骗取出境证件罪的既遂与未遂形态的认定标准,主要有以下几种观点[5]:①应以是否骗取到护照、签证等出境证件为准。只要行为人骗取出境证件是为了用于组织他人偷越国(边)境,并且已经骗到出境证件的,即构成既遂。至于行为人所骗取的出境证件是否实际地被用于组织他人偷越国(边)境,不影响本罪的既遂。②应以行为人的犯罪目的是否实现作为标准。具体地说,如果行为人以劳务输出、经贸往来或者其他名义,骗取到了护照、签证等出境证件,并且行为人已经将其用于组 14

2 参见刘家琛主编:《新刑法条文释义》,人民法院出版社 1997 年版,第 1397—1398 页;张明楷:《刑法学》(下),法律出版社 1997 年版,第 841 页;周其华:《中国刑法罪名释考》,中国方正出版社 2000 年版,第 658—659 页;龚培华、肖中华:《刑法疑难争议问题与司法对策》,中国检察出版社 2002 年版,第 548—549 页。

3 参见郭立新、杨迎泽主编:《刑法分则适用疑难问题解》,中国检察出版社 2000 年版,第 314 页;李希慧主编:《妨害社会管理秩序罪新论》,武汉大学出版社 2001 年版,第 324—325 页。

4 参见张明楷:《刑法学》(第 6 版),法律出版社 2021 年版,第 1460 页。

5 参见田宏杰:《妨害国(边)境管理罪》,中国人民公安大学出版社 2003 年版,第 187—188 页。

织他人偷越国(边)境犯罪活动的,则构成骗取出境证件罪的既遂;但如果行为人虽然骗取到了出境证件,由于行为人意志以外的原因,未能将骗取的出境证件用于组织他人偷越国(边)境犯罪活动的,则只能成立骗取出境证件罪的未遂。有学者认为,只要实施了上述骗取出境证件的行为,即构成既遂。但法律规定了骗取出境证件这一法定犯罪结果。所以这一犯罪结果是否发生,就应成为划分骗取出境证件罪既遂与未遂的标准。如果行为人通过弄虚作假,骗取了护照、签证等出境证件,犯罪即是既遂;反之,如果行为人虽然实施了以劳务输出、经贸往来或者其他名义骗取出境证件的行为,但因行为人意志以外的原因,最终未能将出境证件骗取到手,只能以骗取出境证件罪的未遂论处。

X　共犯

15　两人以上基于为组织他人偷越国(边)境使用的目的,以劳务输出、经贸往来或者其他名义,弄虚作假,骗取护照、签证等出境证件的,可以成立共同犯罪。共同犯罪中各被告人并不一定参与犯罪的全过程,只要行为人实施的行为对共同犯罪后果产生一定的作用,就应视为行为人实施了共同犯罪的行为。

XI　罪数

16　(1)行为人以为组织他人偷越国(边)境使用为目的,实施了骗取出境证件行为,但未着手实施也未参与实施组织他人偷越国(边)境的,此种情形下,只构成骗取出境证件罪一罪。

17　(2)行为人与组织他人偷越国(边)境的组织者有合谋和分工的协议,而实施骗取出境证件行为的,此种情形下,行为人实施的骗取出境证件行为,实际上同时触犯了骗取出境证件罪和组织他人偷越国(边)境罪,由于两罪在犯罪构成上并不存在包容与被包容的关系,所以这种情形实际上构成刑法上的想象竞合,应从一重罪论处。

18　(3)行为人骗取出境证件后,又用骗取的出境证件亲自组织他人偷越国(边)境的,对此种情况的定性,刑法学界的观点也有所不同。第一种观点认为此种情况应该实行数罪并罚。第二种观点认为此种情况属于吸收犯,应以组织他人偷越国(边)境罪论处,但量刑时应该从重。第三种观点认为这种情况属于牵连犯,根据牵连犯"从一重罪处断"的原则,以组织他人偷越国(边)境罪论处。行为人实施了骗取出境证件和组织他人偷越国(边)境两个犯罪行为,符合两个犯罪构成,理应实行并罚。但利用骗取的出境证件组织他人偷越国(边)境的情况,两个行为方向、目标一致,时间过程相互衔接,两者联系十分紧密,骗取出境证件的行为实际上是为组织他人偷越国(边)境在准备工具、制造条件,从而失去了独立存在的意义,所以实行并罚并不合理,此种情形应该属于牵连犯,以组织他人偷越国(边)境罪论处。

19　因此,《刑事审判参考》案例第304号"顾国均、王建忠组织他人偷越国境案"指出:虽然实践中“骗取出境证件”可成为组织他人偷越国(边)境的方法之一,但就构成要件而言,组织他人偷越国(边)境罪与骗取出境证件罪不存在包含与被包含的关系。所以,二者不具有普通与特殊的关系,骗取出境证件罪并非为组织他人偷越国(边)罪的特殊形式。行为人骗取出境证件后又组织他人偷越国(边)境的,不能仅以骗取出境证件罪定罪。此种情况下,骗取出境证件的行为,构成骗取出境证件罪;而利用骗得的证件组织他人偷越国(边)境的,同时又触犯组织他人偷越国(边)境罪。那么,两罪关系如何呢?成立牵连犯还是吸收犯?笔者更赞同前一种观点。因为,根据刑法的规定,组织他人偷越国(边)境是行为人骗取出境证件的目的,当骗取出境证件后,行为人又实际组织他人偷越国(边)境,则组织他人偷越的行为是实现其骗取出境证件之目的行为,“骗证”与组织他人“偷越”的行为显然是手段行为与目的行为的关系。因此,虽然从犯罪的发展阶段看,骗取出境证件为组织他人偷越国(边)境的预备行为,但由于两者间手段与目的的关系,使之更符合牵连犯的特征,因此,应根据牵连犯“从一重罪处罚”的原则,以组织他人偷越国(边)境罪论处。

(4)骗取出境证件行为与伪造、变造、买卖国家机关公文、证件、印章行为交织在 20
一起的。①行为人为了骗取出境证件而实施了伪造、变造、购买国家机关公文、证件、印章行为,但由于意志以外的原因,尚未着手实施骗取出境证件行为的。行为人在主观上有两个犯罪故意,但在客观上却只有一个行为,这种情形应该构成伪造、变造、购买国家机关公文、证件、印章罪(既遂)与骗取出境证件罪(预备)的想象竞合,按“从一重罪处断”的原则,以伪造、变造、购买国家机关公文、证件、印章罪(既遂)定罪处罚。②行为人伪造、变造、买卖国家机关公文、证件、印章后,又用伪造、变造、购买的国家机关公文、证件、印章骗取出境证件的。此种情形构成骗取出境证件罪与伪造、变造、买卖国家机关公文、证件、印章罪(既遂)的牵连犯。若骗取出境证件行为未得逞的,以伪造、变造、买卖国家机关公文、证件、印章罪定罪处罚;若骗取出境证件行为得逞的,则以骗取出境证件罪论处。

XII 与非罪的界限

骗取护照、签证等出境证件,不是为组织他人偷越国(边)境使用,而是为了本人 21
或者他人出国的,不构成本罪。在组织劳务输出、经贸往来、出境旅游等活动过程中,申请审批出境证件时审查不严,导致出境人员逾期不归的,不构成本罪。

XIII 与他罪的区别

本罪要求骗取出境证件要“为组织他人偷越国(边)境使用”,所以不是为组织他 22
人偷越国(边)境使用,而是以营利为目的骗取出境证件并出售的,不构成骗取出境证件罪,应以出售出入境证件罪论处;为个别人偷越国(边)境使用的,也不构成本罪,应以偷越国(边)境罪的共犯论处。

1. 与组织他人偷越国(边)境罪的区别

23 ①犯罪主体不同。骗取出境证件罪的主体可以是自然人,也可以是单位;而组织他人偷越国(边)境罪的犯罪主体只能是自然人。②犯罪客观方面表现不同。骗取出境证件罪客观方面表现为弄虚作假,以劳务输出、经贸往来或者其他名义,骗取护照、签证等出境证件,是以形式"合法"的方式组织他人偷越国(边)境;而组织他人偷越国(边)境罪在客观方面则表现为以煽动、拉拢、诱使、串联等方式,有计划地策划、指挥、安排他人偷越国(边)境的行为。③犯罪侵犯的法益不同。骗取出境证件罪侵犯的法益是国家对出境证件的管理制度;而组织他人偷越国(边)境罪侵犯的法益是国家对出入国(边)境的正常管理秩序。

2. 与偷越国(边)境罪的区别

24 ①犯罪主体不同。骗取出境证件罪的犯罪主体可以是自然人,也可以是单位;而偷越国(边)境罪则只能由自然人构成。②犯罪主观方面不同。尽管两罪都是出于直接故意,但故意的具体内容不同。骗取出境证件罪的行为人在主观上是一种骗取出境证件的故意;而偷越国(边)境罪的行为人在主观上则是一种明知自己在实施违反国(边)境管理法规而偷越国(边)境的行为,却仍然希望这一危害结果发生的心理态度。③犯罪客观方面表现不同。骗取出境证件罪客观方面表现为弄虚作假,以劳务输出、经贸往来或者其他名义,骗取护照、签证等出境证件的行为;而偷越国(边)境罪在客观方面则表现为偷越国(边)境的行为。④犯罪侵犯的法益不同。骗取出境证件罪侵犯的法益是国家对出境证件的管理制度;而偷越国(边)境罪侵犯的法益则是国家对出入国(边)境的正常管理秩序。

XIV 处罚

25 根据本条规定,犯骗取出境证件罪,处3年以下有期徒刑,并处罚金;情节严重的,处3年以上10年以下有期徒刑,并处罚金。所谓"情节严重",根据最高人民法院、最高人民检察院《关于办理妨害国(边)境管理刑事案件应用法律若干问题的解释》的规定,主要是指骗取出境证件5份以上的;非法收取费用30万元以上的;明知是国家规定的不准出境的人员而为其骗取出境证件的;其他情节严重的情形。

26 单位犯本罪的,对单位判处罚金,并对直接负责的主管人员和其他直接责任人员,依照前款的规定处罚。"依照前款的规定处罚",是指单位犯骗取出境证件罪,对其直接负责的主管人员和其他直接责任人员,处3年以下有期徒刑,并处罚金;情节严重的,处3年以上10年以下有期徒刑,并处罚金。

第三百二十条　提供伪造、变造的出入境证件罪；出售出入境证件罪

为他人提供伪造、变造的护照、签证等出入境证件，或者出售护照、签证等出入境证件的，处五年以下有期徒刑，并处罚金；情节严重的，处五年以上有期徒刑，并处罚金。

文献：田宏杰：《妨害国（边）境管理罪》，中国人民公安大学出版社2003年版；全国人大常委会法制工作委员会刑法室编：《〈中华人民共和国刑法〉条文说明、立法理由及相关规定》，北京大学出版社2009年版；高铭暄、马克昌主编：《刑法学》（第9版），北京大学出版社、高等教育出版社2019年版；张明楷：《刑法学》（第6版），法律出版社2021年版。

细目录

Ⅰ　主旨
Ⅱ　沿革
Ⅲ　客体
Ⅳ　对象
Ⅴ　行为
Ⅵ　结果与情节
Ⅶ　主体
Ⅷ　罪过
Ⅸ　既遂与未遂
Ⅹ　共犯
Ⅺ　罪数
Ⅻ　处罚

Ⅰ　主旨

本条分为提供伪造、变造的出入境证件罪和出售出入境证件罪两个罪名，是对出 1
入境证件管理制度进行的一种刑法保护。从根本上说，规定本条的目的仍在于保护我国的国（边）境管理制度，它实质上是将妨害国（边）境管理秩序实行行为的两类预备行为实行化的规定。

Ⅱ 沿革

2 1979年《刑法》并没有规定提供伪造、变造的出入境证件罪和出售出入境证件罪这两个罪名。1993年9月24日最高人民法院发布的《关于严厉打击偷渡犯罪活动的通知》中规定,对以牟利为目的,为他人提供伪造、变造的护照、签证等出入境证件,或者以劳务出口、经贸往来以及进行其他公务活动等骗取护照、签证等出入境证件提供给他人的,应以组织他人偷越国(边)境罪论处。

3 1994年3月5日全国人大常委会通过的《关于严惩组织、运送他人偷越国(边)境犯罪的补充规定》第3条规定:"为他人提供伪造、变造的护照、签证等出入境证件,或者倒卖护照、签证等出入境证件的,处五年以下有期徒刑,并处罚金;情节严重的,处五年以上有期徒刑,并处罚金。"从而在我国刑事立法中首次增设了提供伪造、变造的出入境证件罪和倒卖出入境证件罪。

4 1997年《刑法》修订时,吸收了上述规定,并将上述规定中的"倒卖护照、签证等出入境证件"修改为"出售护照、签证等出入境证件",罪名也由"倒卖出入境证件罪"相应地修改为"出售出入境证件罪"。

Ⅲ 客体

5 提供伪造、变造的出入境证件罪、出售出入境证件罪的客体,是国家出入境证件的管理制度。

Ⅳ 对象

6 提供伪造、变造的出入境证件罪和出售出入境证件罪的对象都是出入境证件。"出入境证件",包括护照或者代替护照使用的国际旅行证件,中华人民共和国海员证,中华人民共和国出入境通行证,中华人民共和国旅行证,中国内地公民往来香港特区、澳门特区及台湾地区证件,边境地区出入境通行证,签证、签注,出入国(境)证明、名单,以及其他出入境时需要查验的资料。

7 如果进一步细分,提供伪造、变造的出入境证件罪的犯罪对象应该是伪造、变造的出入境证件,既包括伪造、变造的中国政府机构制作的出入境证件,也包括伪造、变造的外国(境外)政府机构制作的出入境证件。

8 考虑到与提供伪造、变造的出入境证件罪的关系,出售出入境证件罪的犯罪对象应该是真实的出入境证件,而不包括伪造、变造的出入境证件。

Ⅴ 行为

9 提供伪造、变造的出入境证件罪中的提供行为,既包括无偿提供,也包括有偿提供。所谓伪造出入境证件,是指无权制作护照、签证等出入境证件的人,非法制作假的出入境证件;所谓变造出入境证件,是指用剪贴、挖补、揭换、涂改、抹擦、拼接等方法,对真实的出入境证件进行加工改制,改变其真实内容的活动。当然,构成提供伪造、变造的出入境证件罪,只需要有为他人提供行为即可,而不需要有伪造、变造出入境证件的行为。

出售出入境证件罪中的出售行为,是指用出入境证件换取金钱财物等财产性利益。这里的"出售",既可以是出售本人出入境的证件,也可以是出售或者倒卖他人出入境的证件。对于出售伪造、变造的出入境证件的行为,应以提供伪造、变造的出入境证件罪论处。 10

Ⅵ 结果与情节

提供伪造、变造的出入境证件罪与出售出入境证件罪均为行为犯,实施完毕提供伪造、变造的出入境证件或者出售出入境证件的行为的,即构成犯罪。 11

Ⅶ 主体

提供伪造、变造的出入境证件罪、出售出入境证件罪的犯罪主体均为一般主体,即年满16周岁具备刑事责任能力的自然人,既可以是中国公民,也可以是外国公民(含无国籍人)。单位不能成为这两种犯罪的犯罪主体。单位实施提供伪造、变造的出入境证件罪或者出售出入境证件罪的,对直接负责的主管人员和其他直接责任人员按照自然人犯罪定罪处罚。 12

Ⅷ 罪过

提供伪造、变造的出入境证件罪与出售出入境证件罪都是故意犯罪。前者要求行为人犯本罪时认识到自己的提供行为,并且提供的对象是伪造、变造的出入境证件。后者要求行为人认识到自己的出售行为,并且出售的对象是出入境证件。如果发生对象认识错误,按照错误理论处理。 13

Ⅸ 既遂与未遂

提供伪造、变造的出入境证件罪,应以伪造、变造的出入境证件是否已经提供给他人作为既遂与未遂的划分标准,具体地说,应以被提供人是否已经实际控制伪造、变造的出入境证件作为本罪的既遂与未遂的划分标准。[1] 为提供伪造、变造的出入境证件而伪造、变造出入境证件的行为,只是提供伪造、变造的出入境证件罪的预备行为。 14

---

1 参见田宏杰:《妨害国(边)境管理罪》,中国人民公安大学出版社2003年版,第219页。

15 出售出入境证件罪,应以行为人是否将出入境证件售出作为划分既遂与未遂的标准。具体地说,也应以购买人是否实际控制了售卖的出入境证件为标准,而不宜以出售人是否实际获得了财物等财产性利益为标准。[2]

X 共犯

16 我国规定共同犯罪为二人以上共同故意犯罪,因此,对于二人以上的行为主体共同实施出售出入境证件行为且有意思联络的,构成提供伪造、变造的出入境证件罪或者出售出入境证件罪的共犯。

XI 罪数

17 伪造、变造出入境证件后又提供给他人的,刑法学通说认为应按提供伪造、变造的出入境证件罪与伪造、变造国家机关证件、印章罪的牵连犯处理[3];有的学者认为,这种情况应当按照吸收犯处理[4]。为了给他人提供伪造、变造的出入境证件而伪造、变造出入境证件的行为,既是提供伪造、变造出入境证件罪的预备行为,同时也触犯了《刑法》第280条,构成了其他犯罪,可以认为是手段行为又构成了其他犯罪,认定为构成牵连犯是合适的;把这种情况认定为吸收犯,没有考虑手段行为又触犯了其他罪名,是不正确的。但《刑法》第280条第1款还规定有买卖国家机关证件罪,特别是《刑法修正案(九)》将第280条第3款的犯罪行为扩大到"买卖"、犯罪对象扩大到"护照、社会保障卡、驾驶证等依法可以用于证明身份的证件","伪造、变造居民身份证罪"变成了"伪造、变造、买卖身份证件罪",再将伪造、变造出入境证件后又提供给他人的行为解释为应按提供伪造、变造的出入境证件罪与伪造、变造国家机关证件罪的牵连犯处理,就存在解释错误的问题。

18 按照现行刑法规定,伪造、变造出入境证件后又提供给他人的,可以分为两种情况。第一种情况,伪造、变造护照、中华人民共和国海员证等可以用于证明身份的出入境证件又提供给他人的,如果提供时没有提供财物对价,应按伪造、变造身份证件罪与提供伪造、变造的出入境证件罪的牵连犯处理;如果伪造、变造相关证件后又买卖该证件,应认为提供伪造、变造的出入境证件罪与伪造、变造身份证件罪构成了牵连犯,同时与买卖身份证件罪构成了想象竞合犯,都应该从一重罪处罚,根据现行刑法的法定刑规定,都应该按照提供伪造、变造的出入境证件罪定罪处罚。第二种情况,伪造、变造不能证明身份的出入境证件又提供给他人的,如果提供行为不属于买

---

2 参见田宏杰:《妨害国(边)境管理罪》,中国人民公安大学出版社2003年版,第252页。

3 参见高铭暄、马克昌主编:《刑法学》(第9版),北京大学出版社、高等教育出版社2019年版,第566页。

4 参见田宏杰:《妨害国(边)境管理罪》,中国人民公安大学出版社2003年版,第215—216页。

卖,应按提供伪造、变造的出入境证件罪与伪造、变造国家机关证件罪的牵连犯处理;如果伪造、变造不能证明身份的出入境证件又买卖的,提供伪造、变造的出入境证件罪与伪造、变造国家机关证件罪构成牵连犯,同时又与买卖国家机关证件罪构成想象竞合犯,也都应该从一重罪处罚,根据现行法定刑的规定,也都应该按照提供伪造、变造的出入境证件罪定罪处罚。

19 行为人提供伪造、变造的出入境证件给他人,用于组织他人偷越国边境的,应按提供伪造、变造的出入境证件罪与组织他人偷越国(边)境罪的牵连犯处理。

20 出售真实的出入境证件的,同时触犯了出售出入境证件罪与买卖身份证件罪或者买卖国家机关证件罪,应按照想象竞合犯处理。

Ⅻ 处罚

21 根据《刑法》第 320 条的规定,犯提供伪造、变造的出入境证件罪或出售出入境证件罪的,处 5 年以下有期徒刑,并处罚金;情节严重的,处 5 年以上有期徒刑,并处罚金。

22 根据最高人民法院、最高人民检察院《关于办理妨害国(边)境管理刑事案件应用法律若干问题的解释》第 3 条第 2 款的规定,具有下列情形之一的,应当认定为《刑法》第 320 条规定的“情节严重”:①为他人提供伪造、变造的出入境证件或者出售出入境证件 5 份以上的;②非法收取费用 30 万元以上的;③明知是国家规定的不准出入境的人员而为其提供伪造、变造的出入境证件或者向其出售出入境证件的;④其他情节严重的情形。

第三百二十一条　运送他人偷越国(边)境罪

运送他人偷越国（边）境的，处五年以下有期徒刑、拘役或者管制，并处罚金；有下列情形之一的，处五年以上十年以下有期徒刑，并处罚金：

（一）多次实施运送行为或者运送人数众多的；

（二）所使用的船只、车辆等交通工具不具备必要的安全条件，足以造成严重后果的；

（三）违法所得数额巨大的；

（四）有其他特别严重情节的。

在运送他人偷越国（边）境中造成被运送人重伤、死亡，或者以暴力、威胁方法抗拒检查的，处七年以上有期徒刑，并处罚金。

犯前两款罪，对被运送人有杀害、伤害、强奸、拐卖等犯罪行为，或者对检查人员有杀害、伤害等犯罪行为的，依照数罪并罚的规定处罚。

文献：田宏杰：《妨害国(边)境管理罪》，中国人民公安大学出版社 2003 年版；王作富主编：《刑法分则实务研究(第 2 版)》，中国方正出版社 2003 年版；熊选国、任卫华主编：《刑法罪名适用指南——妨害国(边)境管理罪》，中国人民公安大学出版社 2007 年版；全国人大常委会法制工作委员会刑法室编：《〈中华人民共和国刑法〉条文说明、立法理由及相关规定》，北京大学出版社 2009 年版；黎宏：《刑法学》，法律出版社 2012 年版；郎胜主编：《中华人民共和国刑法释义》(第 6 版)，法律出版社 2015 年版；陈国庆主编：《中华人民共和国刑法最新释义》，中国人民公安大学出版社 2016 年版；王爱立、雷建斌主编：《中华人民共和国刑法释义及实用指南》，中国民主法制出版社 2016 年版；高铭暄、马克昌主编：《刑法学》(第 9 版)，北京大学出版社、高等教育出版社 2019 年版；张明楷：《刑法学》(第 6 版)，法律出版社 2021 年版。

细目录

Ⅰ　主旨
Ⅱ　沿革
Ⅲ　客体
Ⅳ　对象
Ⅴ　行为
Ⅵ　结果与情节
Ⅶ　主体

Ⅷ 罪过
Ⅸ 既遂与未遂
Ⅹ 共犯
Ⅺ 罪数
Ⅻ 与非罪的界限
ⅩⅢ 与他罪的区别
ⅩⅣ 处罚

Ⅰ 主旨

本条是对运送他人偷越国(边)境罪的规定。国(边)境的管理事关国家主权和国家安全,对于维护一国的社会管理秩序具有重要意义。为了维护国(边)境管理秩序,刑法设立了本罪。 1

Ⅱ 沿革

1979年《刑法》第177条规定:"以营利为目的,组织、运送他人偷越国(边)境的,处五年以下有期徒刑、拘役或者管制,可以并处罚金。"改革开放初期,在我国沿海地区的广东、福建、浙江等地,运送他人偷渡犯罪活动十分猖獗,严重扰乱国家对国(边)境的正常管理秩序,破坏社会稳定,阻碍经济建设的顺利进行,损害我国的国际声誉和对外形象,必须通过刑法予以打击。 2

1993年最高人民法院《关于严厉打击偷渡犯罪活动的通知》明确规定,以牟利为目的,组织、运送他人偷越国(边)境的犯罪分子,是打击的重点,应当依照《刑法》第177条的规定从严惩处。对以走私、组织、强迫他人卖淫、诈骗、拐卖妇女、儿童等犯罪活动为目的,组织、运送他人偷越国(边)境的,应以其所犯罪行中的重罪论处;对为牟取暴利而不顾他人的人身安全,对偷渡者使用简陋、破旧、报废、通气状况很差的危险船只运送出海,已造成人身伤亡等严重后果的,以危害公共安全罪中的相应罪名定罪处罚;对在组织、运送他人偷越国(边)境的犯罪过程中,又犯杀人、强奸、抢劫、敲诈勒索等罪的,依法实行数罪并罚;犯有上述罪行特别严重,情节特别恶劣,依法应当判处死刑的,要坚决判处死刑。对组织、运送他人偷越国(边)境的犯罪分子在依法判处主刑的同时,应当根据其犯罪中获利的数额和其他具体情节,依法判处罚金。犯罪分子的非法所得和为实施犯罪使用的个人财产,如交通、通信工具等,要依法予以没收。最高人民法院的上述规定加大了对运送他人偷越国(边)境罪的处罚力度。1994年全国人民代表大会常务委员会《关于严惩组织、运送他人偷越国(边)境犯罪的补充规定》第4条专门规定了运送他人偷越国(边)境罪,主要作了以下修改和补充:一是运送他人偷越国(边)境罪从1979年《刑法》第177条规定的组织、运送他人偷越国(边)境罪中分离出来,单独规定为一条,成为一个独立的罪名。二是删去了 3

1979年《刑法》第177条中"以营利为目的"的规定,有利于对非以营利为目的运送他人偷越国(边)境的犯罪行为的依法惩处。三是完善了对运送他人偷越国(边)境罪的处罚规定,将1979年《刑法》第177条规定的"处五年以下有期徒刑、拘役或者管制,可以并处罚金"的处罚规定,修改为依照有无特别严重情节而分别规定的基本构成的运送他人偷越国(边)境罪和加重构成的运送他人偷越国(边)境罪两个轻重不同的法定刑幅度,对犯运送他人偷越国(边)境罪不具有法律明文规定的四种特别严重情节的,"处五年以下有期徒刑、拘役或者管制,并处罚金";对犯运送他人偷越国(边)境罪,具有明文规定的四种特别严重情节的,"处五年以上十年以下有期徒刑,并处罚金"。同时,在第2款中明确规定:"在运送他人偷越国(边)境中造成被运送人重伤、死亡,或者以暴力、威胁方法抗拒检查的,处七年以上有期徒刑,并处罚金。"在第3款中明确规定:"对被运送人有杀害、伤害、强奸、拐卖等犯罪行为,或者对检查人员有杀害、伤害等犯罪行为的,可以依照法律规定判处死刑。"在第4款中明确规定:"运送他人偷越国(边)境,情节轻微不需要判处刑罚的,由公安机关处十五日以下拘留,并处五千元以上五万元以下罚款。"

4 现行《刑法》第321条关于运送他人偷越国(边)境罪的规定分为三款,其中第1款、第2款是从1994年全国人民代表大会常务委员会《关于严惩组织、运送他人偷越国(边)境犯罪的补充规定》第4条第1款、第2款而来,未作变动。对"犯前两款罪,对被运送人有杀害、伤害、强奸、拐卖等犯罪行为,或者对检查人员有杀害、伤害等犯罪行为的",现行刑法将全国人民代表大会常务委员会《关于严惩组织、运送他人偷越国(边)境犯罪的补充规定》第4条第3款中的"可以依照法律规定判处死刑"的规定修改为"依照数罪并罚的规定处罚"。本条删去了全国人民代表大会常务委员会《关于严惩组织、运送他人偷越国(边)境犯罪的补充规定》第4条第4款关于"运送他人偷越国(边)境,情节轻微不需要判处刑罚的",由公安机关给予行政处罚的规定。

Ⅲ 客体

5 运送他人偷越国(边)境罪的客体是国家对出入国(边)境的管理秩序。

Ⅳ 对象

6 运送他人偷越国(边)境罪的行为对象不限于本国人,包括本国人、外国人或无国籍人。

Ⅴ 行为

1. 偷越国(边)境行为

7 根据最高人民法院、最高人民检察院《关于办理妨害国(边)境管理刑事案件应用法律若干问题的解释》第 6 条的规定,具有下列情形之一的,应当认定为刑法第六章第三节规定的“偷越国(边)境”行为:①没有出入境证件出入国(边)境或者逃避接受边防检查的;②使用伪造、变造、无效的出入境证件出入国(边)境的;③使用他人出入境证件出入国(边)境的;④使用以虚假的出入境事由、隐瞒真实身份、冒用他人身份证件等方式骗取的出入境证件出入国(边)境的;⑤采用其他方式非法出入国(边)境的。

2. 运送行为

根据我国刑法学界的主流观点,运送行为是指以车、船、航空器等交通工具或其他方法(包括徒步)将偷越国(边)境的人员接入或运出我国的国(边)境。[1] 8

VI 结果与情节

本罪的结果是违法将他人运送出入我国的国(边)境。 9

VII 主体

本罪的主体是已满 16 周岁、具有辨认和控制自己行为能力的自然人。单位不能成为本罪的主体。根据最高人民法院、最高人民检察院《关于办理妨害国(边)境管理刑事案件应用法律若干问题的解释》第 7 条的规定,以单位名义运送他人偷越国(边)境的,应当依照《刑法》第 321 条的规定追究直接负责的主管人员和其他直接责任人员的刑事责任。 10

VIII 罪过

本罪的罪过形式为故意,过失不能构成本罪。至于犯罪动机,不影响本罪的认定。 11

IX 既遂与未遂

由于本罪基本犯的结果是违法将他人运送出入我国的国(边)境,因此本罪的既遂的标准是被运送的人实现了非法出境或入境的结果,被运送的人没能成功出入境即被发现的,可能构成犯罪未遂等其他未完成形态。《刑事审判参考》案例第 1031 号“凌文勇组织他人偷越边境、韦德其等运送他人偷越边境案”的裁判理由指出:在司法解释未明确规定运送他人偷越边境罪既未遂认定标准的情况下,最高人民法院、最高人民检察院《关于办理妨害国(边)境管理刑事案件应用法律若干问题的解释》对组织他人偷越边境罪既未遂认定标准的规定具有参考意义。根据最高人民法院、最 12

1 参见王作富主编:《刑法分则实务研究》(第 5 版),中国方正出版社 2013 年版,第 1297 页;黎宏:《刑法学》,法律出版社 2012 年版,第 844 页。

高人民检察院《关于办理妨害国(边)境管理刑事案件应用法律若干问题的解释》第1条第3款的规定,组织他人偷越边境,在他人偷越边境之前或者偷越边境过程中被查获的,应当以组织他人偷越边境罪(未遂)论处。可见,司法解释明确规定只有发生了将被组织的偷渡者实际运送出入边境的危害后果才能构成组织他人偷越边境罪的既遂。而运送他人偷越边境犯是组织他人偷越边境犯的环节之一,从刑法规定的量刑幅度也可看出运送他人偷越边境罪的社会危害性低于组织他人偷越边境罪,根据举重以明轻的解释原理,亦应以运送的偷渡人员是否越过边境线作为区分运送他人偷越边境罪既未遂的认定标准。本案中,陈德成、邓文桃、韦德其、何邦太运送的偷渡人员,因船舶出现故障,在偷越边境之前被查获,对各被告人应以运送他人偷越边境罪(未遂)论处,依法可以比照既遂犯从轻或者减轻处罚。

X 共犯

13 我国规定共同犯罪为二人以上共同故意犯罪,因此,对于二人以上的行为主体共同实施运送他人偷越国(边)境的行为且有意思联络的,构成本罪的共犯。

XI 罪数

14 根据我国《刑法》第321条第3款的规定,在实施本罪行为过程中,对被运送人有杀害、伤害、强奸、拐卖等犯罪行为,或者对检查人员有杀害、伤害等犯罪行为的,构成数罪,依照本罪与故意杀人罪、故意伤害罪等犯罪数罪并罚。

15 根据《刑法》第321条第2款的规定,在运送他人偷越国(边)境中造成被运送人重伤、死亡,或者以暴力、威胁方法抗拒检查的,依本罪一罪定罪处罚,处7年以上有期徒刑,并处罚金。此处的"造成被运送人重伤、死亡",必须为行为人非故意状态下造成的结果,如果是行为人故意造成,则构成数罪,应数罪并罚。

XII 与非罪的界限

16 本罪成立的前提是行为人违反了我国的出入境管理法规,如果没有行政违法而将符合出入境条件的人员运送出入国(边)境,则不构成犯罪。

17 此外,根据我国《刑法》第13条"但书"的规定,对于虽然违反了出入境管理法规运送他人偷越国(边)境,但情节显著轻微的,可不认为是犯罪,由有关机关对行为人依法进行行政处罚即可。

XIII 与他罪的区别

18 本罪应与组织他人偷越国(边)境罪相区别。区别的关键在于二者的客观方面行为不同。本罪客观方面行为表现为运送他人偷越国(边)境,即通过提供交通工具等方式将他人偷运出或偷运入国(边)境;组织他人偷越国(边)境罪客观行为表现为组织他人偷越国(边)境,如以煽动、串联、拉拢、引诱、欺骗、强迫等手段,策划、联络安排他人偷越国(边)境。[2] 《刑事审判参考》案例第1031号"凌文勇组织他人偷越边境、韦德其等运送他人偷越边境案"的裁判理由中指出:区分组织他人偷越边境罪与运送他人偷越边境罪的关键在于判断行为是否具有组织性。组织他人偷越边境罪之所以是妨害国(边)境管理系列罪中法定刑最重的罪,原因在于其聚集分散的偷渡人员,使偷渡活动具有系统性、整体性,更容易实施犯罪、妨害侦查,还容易衍生其他犯罪,其组织行为带来的社会危害性更大。根据最高人民法院、最高人民检察院《关于办理妨害国(边)境管理刑事案件应用法律若干问题的解释》第1条的规定,组织他人偷越边境罪的"组织"行为,主要有两种方式:一是领导、策划、指挥他人偷越国(边)境的行为;二是在首要分子指挥下,实施拉拢、引诱、介绍他人偷越国(边)境等行为。由于组织他人偷越边境犯罪环节较多,参与人员情况复杂,对于拉拢、引诱、介绍三种方式以外的其他协助行为,一般不宜认定为"组织"行为。明知他人组织偷越边境,而参与购买、联系、安排船只、汽车等交通工具,提供运输服务,将非法出境人员送至离境口岸、指引路线,甚至是积极对偷渡人员进行英语培训以应付通关的需要,转交与出境人员身份不符的虚假证件,安排食宿等行为,均是为组织他人偷越边境提供帮助,且由于主观目的及行为缺乏组织性,不能认定为组织他人偷越边境罪的共同犯罪,而应认定为运送他人偷越边境罪。

当然,对于既有组织又有运送行为的,如果行为对象为同一批,则运送行为被组织行为所包含,只定组织他人偷越国(边)境罪;如果行为对象不是同一批,则分别定罪,以组织他人偷越国(边)境罪与运送他人偷越国(边)境数罪并罚。 19

XIV 处罚

《刑法》第321条规定了运送他人偷越国(边)境罪,并根据不同情形设定了不同幅度的法定刑。运送他人偷越国(边)境的行为,处5年以下有期徒刑、拘役或者管制,并处罚金;有下列情形之一的,处5年以上10年以下有期徒刑,并处罚金:①多次实施运送行为或者运送人数众多的;②所使用的船只、车辆等交通工具不具备必要的安全条件,足以造成严重后果的;③违法所得数额巨大的;④有其他特别严重情节的。在运送他人偷越国(边)境中造成被运送人重伤、死亡,或者以暴力、威胁方法抗拒检查的,处7年以上有期徒刑,并处罚金。对被运送人有杀害、伤害、强奸、拐卖等犯罪行为,或者对检查人员有杀害、伤害等犯罪行为的,依照数罪并罚的规定处罚。 20

2 参见王作富主编:《刑法分则实务研究》(第5版),中国方正出版社2013年版,第1297页;黎宏:《刑法学》,法律出版社2012年版,第844页。

第三百二十二条　偷越国(边)境罪

违反国（边）境管理法规，偷越国（边）境，情节严重的，处一年以下有期徒刑、拘役或者管制，并处罚金；为参加恐怖活动组织、接受恐怖活动培训或者实施恐怖活动，偷越国（边）境的，处一年以上三年以下有期徒刑，并处罚金。

文献:田宏杰:《妨害国(边)境管理罪》,中国人民公安大学2003年版;王作富主编:《刑法分则实务研究》(第3版),中国方正出版社2007年版;郎胜主编:《中华人民共和国刑法释义》(第6版),法律出版社2015年版;陈国庆主编:《中华人民共和国刑法最新释义》,中国人民公安大学出版社2016年版;王爱立、雷建斌主编:《中华人民共和国刑法释义及实用指南》,中国民主法制出版社2016年版。

细目录

Ⅰ　主旨
Ⅱ　沿革
Ⅲ　客体
Ⅳ　对象
Ⅴ　行为
Ⅵ　结果与情节
Ⅶ　主体
Ⅷ　罪过
Ⅸ　既遂与未遂
Ⅹ　共犯
Ⅺ　罪数
Ⅻ　与非罪的界限
ⅩⅢ　与他罪的区别
ⅩⅣ　处罚

Ⅰ　主旨

1　国家行使主权对国(边)境实行严格管理,这对维护国家主权、安全和社会秩序的稳定,有着重要意义。一些不法分子出于向往、追求境外生活,出境谋生或逃避法律制裁等动机,无视国(边)境的管理制度与管理秩序,偷越国(边)境,这种行为严重破坏了国家对国(边)境的管理,影响了社会秩序的稳定,并造成了恶劣的影响,必须追究法律责任。

Ⅱ 沿革

1997年《刑法》第322条规定,违反国(边)境管理法规,偷越国(边)境,情节严重的,处1年以下有期徒刑、拘役或者管制,并处罚金。 2

1997年《刑法》生效以来,随着恐怖主义、分裂主义和极端主义的日益猖獗,偷越国(边)境犯罪与恐怖活动犯罪的联系也越来越突出,给国(边)境管理带来一些新的情况和问题。司法实践表明,在我国一些地区,出境参加恐怖活动组织、接受恐怖活动培训、实施恐怖活动的人数不断增多,甚至出现国外或者境外恐怖活动组织向我国境内招募恐怖活动人员、进行恐怖主义宣传煽动、进行恐怖活动培训等情形。很多人在无法合法出入境的情况下,采用偷越国(边)境的方式,给国界和边境管控造成很大的压力。这些人偷越国(边)境的目的与一般的偷越国(边)境有很大的不同,他们偷渡出去不是为了定居或者务工,而是为实施参加恐怖活动组织或者进行恐怖活动等严重的犯罪行为,其中有的人是为了通过接受培训等提高自己实施恐怖活动的技术和能力,以便回国实施恐怖活动犯罪,造成更大的社会影响和危害后果。从某种意义上说,这些行为已经带有恐怖活动的性质,比一般的偷越国(边)境行为具有更大的社会危害性。在依照1997年《刑法》的规定进行打击处理的实践中遇到一些新的问题:一是《刑法》对偷越国(边)境的行为,规定情节严重的才追究刑事责任。如果按照一般偷越国(边)境犯罪的标准进行认定,对于只进行过一次偷越国(边)境且未遂的行为,一般不能认定为犯罪,而只能予以行政处罚;二是这些人主观恶性很大,从罪责刑相适应的原则出发,《刑法》所规定的最高刑为1年有期徒刑的刑罚,难以有效地起到惩罚、威慑和预防的作用。很多人在接受处罚、缴纳罚款或者短暂拘留后,会再次实施偷越国(边)境的行为。在偷越国(边)境一再受阻的情况下,甚至会就地实施爆炸、杀人等暴力恐怖活动,给社会治安和社会稳定造成很大的压力。对于这些行为,《刑法》所规定的刑罚也难以起到阻止其继续犯罪,防止发生社会危害的作用。 3

考虑到恐怖活动犯罪出现的上述新情况,《刑法修正案(九)》将《刑法》第322条修改为:"违反国(边)境管理法规,偷越国(边)境,情节严重的,处一年以下有期徒刑、拘役或者管制,并处罚金;为参加恐怖活动组织、接受恐怖活动培训或者实施恐怖活动,偷越国(边)境的,处一年以上三年以下有期徒刑,并处罚金。" 4

Ⅲ 客体

为了加强边境和出入境管理,我国制定了《出境入境管理法》《出境入境边防检查条例》《外国人入境出境管理条例》等一系列法律、法规。同时,根据《出境入境管理法》第90条的规定,同毗邻国家接壤的省、自治区,在经国务院批准后,也会根据中 5

国与有关国家签订的边界管理协定制定地方性法规,对两国边境接壤地区的居民往来作出规定。本罪的客体是上述法律法规中所确定的国(边)境管理秩序与管理制度。

Ⅳ 对象

6 在妨害国(边)境管理犯罪中,国境与边境是相对狭义的概念。所谓国境是指我国与邻国的交界;所谓边境,是指内地(大陆)与香港特区、澳门特区、台湾地区的分界。这里所说的"国(边)境",不能仅从地理意义上进行理解,国(边)境不仅限于两国(地区)接壤的区域,还包括能够出入境的机场、港口等。

Ⅴ 行为

7 本罪的客观方面表现为偷越国(边)境,情节严重的行为。"偷越国(边)境"行为,依据最高人民法院、最高人民检察院《关于办理妨害国(边)境管理刑事案件应用法律若干问题的解释》第 6 条的规定,具有下列情形之一的,应当认定为刑法第六章第三节规定的"偷越国(边)境"行为:①没有出入境证件出入国(边)境或者逃避接受边防检查的;②使用伪造、变造、无效的出入境证件出入国(边)境的;③使用他人出入境证件出入国(边)境的;④使用以虚假的出入境事由、隐瞒真实身份、冒用他人身份证件等方式骗取的出入境证件出入国(边)境的;⑤采用其他方式非法出入国(边)境的。

8 实践中偷越国(边)境的手段和方法多种多样,一般表现为在不准通过的地点秘密出入我国的国(边)境。有的是没有出入境证件在边防检查站蒙混过关,有的是在陆上、海上没有设立边防检查站的地方靠车马、步行或者用船非法穿越国(边)境线,有的是藏在进出国(边)境的飞机、船只、汽车或者集装箱、行李箱中穿越国(边)境,有的是使用伪造、变造、涂改的出入境证件或者冒用他人的出入境证件,有的是以虚假的出入境事由、隐瞒真实身份、冒用他人身份证件等方式骗取出入境证件或者用其他蒙骗方法和手段蒙混过关。

Ⅵ 结果与情节

9 "情节严重"是构成本罪的必要条件。对于偷越国(边)境的行为是否属于情节严重,应当根据行为人的主观意图、客观手段、危害后果等综合判断。依据最高人民法院、最高人民检察院《关于办理妨害国(边)境管理刑事案件应用法律若干问题的解释》第 5 条的规定,偷越国(边)境,具有下列情形之一的,应当认定为《刑法》第 322 条规定的"情节严重":①在境外实施损害国家利益行为的;②偷越国(边)境 3 次以上或者 3 人以上结伙偷越国(边)境的;③拉拢、引诱他人一起偷越国(边)境的;④勾结境外组织、人员偷越国(边)境的;⑤因偷越国(边)境被行政处罚后 1 年内又偷越国(边)境的;⑥其他情节严重的情形。其他情节严重的情形,可以根据犯罪的具体情况确定,比如伪造证件的、在出入境过程中行凶殴打或者威胁边防执勤人员的等。

根据 2016 年 8 月 2 日施行的最高人民法院《关于审理发生在我国管辖海域相关案件若干问题的规定(二)》第 3 条的规定,违反我国国(边)境管理法规,非法进入我国领海,具有下列情形之一的,应当认定为《刑法》第 322 条规定的“情节严重”:①经驱赶拒不离开的;②被驱离后又非法进入我国领海的;③因非法进入我国领海被行政处罚或者被刑事处罚后,1 年内又非法进入我国领海的;④非法进入我国领海从事捕捞水产品等活动,尚不构成非法捕捞水产品等犯罪的;⑤其他情节严重的情形。 10

Ⅶ 主体

本罪的主体是一般主体,中国公民和外国人均可以构成本罪。 11

Ⅷ 罪过

本罪的罪过形式为故意,即行为人明知自己违反国(边)境管理法规,仍然偷越国(边)境的。实施本罪的动机多种多样,不同的动机可能会影响其行为是否构成“情节严重”,同时也是确定刑罚轻重的一个因素。 12

Ⅸ 既遂与未遂

区分偷越国(边)境罪的既遂与未遂,理论上和实践中分歧较大,主要有以下三种不同的观点[1]:第一种观点认为,偷越国(边)境者到达足以偷越国(边)境地点的,就能认定既遂。第二种观点主张,行为人只有偷越国(边)境成功,才能认定是偷越国(边)境罪的犯罪既遂;如果行为人已经着手实施偷越国(边)境罪的实行行为即偷越行为,但最终未能偷越成功的,只能以偷越国(边)境罪的未遂论处。第三种观点则认为,从司法实践情况出发,实践中偷越国(边)境分子被抓获的、追究了刑事责任的,一般都是在边境还没有偷越过国(边)境的人员,如果对行为人越过国(边)境才认定既遂,不利于打击偷越国(边)境犯罪。我们认为,应以行为人偷越国(边)境是否成功,作为区分偷越国(边)境罪既遂与未遂的标准。上述第一、三种观点的主张,既不符合我国刑法理论一贯坚持的“构成要件标准说”这一区分犯罪既遂与犯罪未遂的一般标准的主张,也有违偷越国(边)境罪的刑事立法精神;第二种观点既坚持了“构成要件标准说”的主张,又符合偷越国(边)境罪的构成特征和立法精神,因而是科学的、合理的。 13

---

1 参见李兵:《〈关于审理组织、运送他人偷越国(边)境等刑事案件适用法律若干问题的解释〉的理解与适用》,载最高人民法院刑事审判第一庭、第二庭编:《刑事审判参考》(总第 25 辑),法律出版社 2002 年版。

X 共犯

14 由于我国刑法对于组织、帮助等偷越国边境行为规定了独立的罪名,也即组织他人偷越国(边)境罪(《刑法》第 318 条)、运送他人偷越国(边)境罪(《刑法》第 321 条),因此,对于偷越国边境的组织行为、运送行为不再成立偷越国(边)境罪的共同犯罪。需要注意的是,组织他人偷越国(边)境罪中的“组织”行为,是指领导、策划、指挥他人偷越国(边)境或者在首要分子指挥下,实施拉拢、引诱、介绍他人偷越国(边)境等的行为。对领导、策划、指挥者之外的其他人员,如果不是在首要分子指挥之下实施拉拢、引诱、介绍他人偷越国(边)境等行为的,不能认定为“组织”行为。因此,不是在首要分子的指挥下实施拉拢、引诱、介绍行为的,如果行为人只是出于牟利或者其他目的拉拢、引诱、介绍其他人偷越国(边)境的,或者是与行为人自己共同偷越国(边)境的,其行为完全符合共同犯罪的特征,可以按照偷越国(边)境罪的共犯论处。

XI 罪数

15 在偷越国(边)境犯罪中,其犯罪的方法行为或者结果行为往往又可能触犯其他罪名的犯罪,甚至在偷越国(边)境犯罪的预备阶段,行为人实施的预备行为亦可能触犯其他罪名的犯罪,例如,行为人为偷越国(边)境而事先伪造护照、签证等出入境证件,这一行为既是偷越国(边)境犯罪的预备行为,又是伪造国家机关证件罪的实行行为。再比如,行为人为实施走私、贩运毒品等犯罪活动,往往也需要偷越国(边)境,此时行为人在构成偷越国(边)境罪的同时,又触犯了走私罪、贩运毒品罪等其他罪名。对于这类情况,应按牵连犯的处理原则解决定罪量刑问题,即在行为人所触犯的数个罪名中,按其中法定刑最重的一个罪定罪判刑。如果行为人的行为触犯的数个罪名的法定刑相同,则一般按其目的行为或者结果行为所触犯的犯罪论处。至于行为牵连触犯的其他犯罪,作为量刑情节在量刑时酌情考虑、从重处罚。

XII 与非罪的界限

16 本罪与非罪的界限有两种情况:①根据《刑法》与相关司法解释之规定,偷越国(边)境的行为,只有“情节严重”的才构成犯罪,如果未达到司法解释所具有的“情节严重”的行为,则不成立犯罪。②根据《刑法》第 322 条规定,为参加恐怖活动组织、接受恐怖活动培训或者实施恐怖活动而偷越国(边)境的,本身就是“情节严重”的行为,当然成立本罪且应当判处更为严厉的第二档法定刑。

17 对于处于国(边)境地区的边民、渔民等为探访亲友、赶集、过境作业等原因偶尔非法出入国(边)境;或者是为了贪图方便省事非法出入国(边)境,情节不严重的;或者因听信他人唆使不知道偷越国边境是违法行为而予以偷越的情形一般不以犯罪论处。在国(边)境地区,尤其是毗邻地区误出误入的,更不宜以本罪论处。至于偷越国(边)境的一般违法行为,可给予治安行政处罚或者批评教育等,使其改正。

还需要提及的是,跳板偷渡型案件如何处理。所谓跳板偷渡型案件,即通过合法 18
手续出境进入第三国,以第三国作为跳板,再进入偷渡目的国。对此类型的偷渡案件,理论界和司法实务部门意见很不一致。[2] 多数人认为,跳板偷渡型犯罪,其预备行为发生在中华人民共和国领域内,从加大对此类犯罪活动打击力度,更好维护国家形象的角度考虑,应对其追究刑事责任。

XIII 与他罪的区别

1. 与组织他人偷越国(边)境罪的区别

两罪在客观方面的表现并不完全相同。本罪是行为人自己亲自偷越国(边) 19
境,并不带领他人;而组织他人偷越国(边)境罪的行为人常常是组织他人偷越国(边)境,主要实施领导、策划、指挥、拉拢、介绍、引诱等行为,行为人自己可能并不越境。

2. 与叛逃罪的区别

①犯罪主体不同。本罪的犯罪主体是一般主体,而叛逃罪的犯罪主体则是特殊 20
主体,即国家机关工作人员以及掌握国家秘密的其他国家工作人员。②客观方面不同。偷越国(边)境罪在客观上表现为,违反国(边)境管理法规,偷越国(边)境的行为。而且本罪的成立无时间上的要求,也即在任何时间实施偷越国(边)境且情节严重或者为参加恐怖活动组织、接受恐怖活动培训或者实施恐怖活动而偷越国(边)境的行为即成立本罪。而叛逃罪在客观方面表现为国家机关工作人员以及掌握国家秘密的其他国家工作人员在履行公务期间,擅离岗位,叛逃境外或者在境外叛逃,危害中华人民共和国国家安全的行为。③主观故意不同。本罪的主观方面表现为行为人明知偷越国(边)境的行为是违法行为,会给国家对国(边)境的正常管理秩序造成破坏,而仍然希望这一危害社会的结果发生;而叛逃罪直接故意的内容是行为人明知自己是国家机关工作人员不应叛逃,而仍然故意为之。

3. 与投敌叛变罪的区别

偷越国(边)境罪与投敌叛罪两罪有一些相似之处,例如两罪在主观方面都是出 21
自故意;在客观方面都有可能实施偷越国(边)境的行为。从刑法的有关规定来看,两罪的区别主要表现在以下几个方面:①犯罪主体不同。偷越国(边)境罪的犯罪主体是一般主体,既可以是中国公民,也可以是外国人或者无国籍人;而投敌叛变罪的犯罪主体则是特殊主体,只能是中国公民,外国人不能单独构成本罪。②犯罪故意的内

---

2 参见李兵:《〈关于审理组织、运送他人偷越国(边)境等刑事案件适用法律若干问题的解释〉的理解与适用》,载最高人民法院刑事审判第一庭、第二庭编:《刑事审判参考》(总第25辑),法律出版社2002年版。

容不同。偷越国(边)境罪在主观方面表现为行为人明知偷越国(边)境的行为是违法行为,会对国家出入国(边)境的正常管理秩序造成破坏,而仍然希望这一危害结果的发生;而投敌叛变罪直接故意的内容是,行为人明知自己投敌叛变的行为会发生危害国家安全的结果,却希望这一危害结果的发生。③犯罪客观方面的表现形式不同。偷越国(边)境罪在客观方面表现为违反国(边)境管理法规,偷越国(边)境的行为;而投敌叛变罪在客观方面则表现为背叛国家,投奔敌人营垒进行危害中华人民共和国国家安全的活动,或者在被敌人捕获后投降敌人进行危害中华人民共和国国家安全活动的行为。④犯罪侵犯的法益不同。偷越国(边)境罪侵犯的法益是国家对出入国(边)境的正常管理秩序;而叛逃罪侵犯的法益是中华人民共和国国家安全。

4. 与军人叛逃罪的区别

22 根据我国现行《刑法》第430条的规定,军人叛逃罪是指军人在履行公务期间,擅离岗位,叛逃境外或者在境外叛逃,危害国家军事利益的行为。偷越国(边)境罪与军人叛逃罪之间有一些共同之处,例如,两罪在主观方面均出自直接故意,在客观方面都表现为偷越国(边)境的行为,故两罪容易发生混淆。尽管如此,从刑法关于两罪构成特征的规定来看,两罪在以下方面的区别仍是比较明显的:①犯罪主体不同。偷越国(边)境罪的犯罪主体是一般主体,无论中国公民、外国人还是无国籍人均可成为偷越国(边)境罪的犯罪主体;而军人叛逃罪的犯罪主体则只能是现役军人。根据现行《刑法》第450条的规定,这里的现役军人是指中国人民解放军和中国人民武装警察部队的现役军官和警官、文职干部、士兵和具有军籍的学员,以及执行军事任务的预备役人员和其他人员。②犯罪客观方面的具体表现形式不同。偷越国(边)境罪在客观方面表现为违反国(边)境管理法规,偷越国(边)境,情节严重的行为;而军人叛逃罪在客观方面则表现为在履行公务期间,擅离岗位叛逃境外或者在境外叛逃,危害国家军事利益的行为。显然,当军人叛逃境外时,其行为必然同时触犯偷越国(边)境罪与军人叛逃罪两个罪名。对此,按照特别法条优先于一般法条适用的法条竞合处理原则,以军人叛逃罪论处。③犯罪侵犯的法益不同。偷越国(边)境罪侵犯的法益是国家对出入国(边)境的正常管理秩序;而军人叛逃罪侵犯的法益是国家的国防安全和军人永不叛国的职责。

5. 与走私罪的区别

23 走私罪与偷越国(边)境罪有一些相似之处,例如两罪主体都是一般主体;在主观方面都是出于故意。但是两罪的区别还是比较明显的:①犯罪主体的范围不同。两罪主体尽管都是一般主体,但偷越国(边)境罪的主体只能是自然人;而走私罪的主体既包括自然人,也包括单位。②犯罪客观方面的表现形式不同。偷越国(边)境罪在客观方面表现为违反国(边)境管理法规,偷越国(边)境的行为;而走私罪在客观方面则表现为违反海关法规,非法运输、携带、邮寄货物、物品、金银或者其他物品进出国(边)境,逃避海关监管,偷逃关税,破坏对外贸易管制,情节严重的行为。③犯罪侵犯的法益不同。偷越国(边)境罪侵犯的法益是国家对国(边)境的正常管理秩序;

而走私罪侵犯的法益则是国家的对外贸易管制。

XIV 处罚

24 根据《刑法》第 322 条的规定,犯本罪的,处 1 年以下有期徒刑、拘役或者管制,并处罚金;为参加恐怖活动组织、接受恐怖活动培训或者实施恐怖活动,偷越国(边)境的,处 1 年以上 3 年以下有期徒刑,并处罚金。

25 “恐怖活动”的范围根据《反恐怖主义法》第 3 条第 2 款的规定界定。“恐怖活动组织”,是指 3 人以上为实施恐怖活动而组成的犯罪组织。“接受恐怖活动培训”,是指到境外学习恐怖主义思想、主张,接受心理、体能、实战训练或者培训制造工具、武器、炸弹等方面的犯罪技能和方法等。

第三百二十三条　破坏界碑、界桩罪;破坏永久性测量标志罪

故意破坏国家边境的界碑、界桩或者永久性测量标志的，处三年以下有期徒刑或者拘役。

文献:田宏杰:《妨害国(边)境管理罪》,中国人民公安大学出版社 2003 年版;全国人大常委会法制工作委员会刑法室编:《〈中华人民共和国刑法〉条文说明、立法理由及相关规定》,北京大学出版社 2009 年版;高铭暄、马克昌主编:《刑法学》(第 9 版),北京大学出版社、高等教育出版社 2019 年版;张明楷:《刑法学》(第 6 版),法律出版社 2021 年版。

细目录

Ⅰ　主旨
Ⅱ　沿革
Ⅲ　客体
Ⅳ　对象
Ⅴ　行为
Ⅵ　主体
Ⅶ　罪过
Ⅷ　既遂与未遂
Ⅸ　共犯
Ⅹ　罪数
Ⅺ　与非罪的界限
Ⅻ　处罚

Ⅰ　主旨

1 本条是对破坏界碑、界桩罪和破坏永久性测量标志罪的规定。为了保护界碑、界桩和永久性测量标志,刑法设立了这两种犯罪。

Ⅱ　沿革

2 1979 年《刑法》第 175 条规定:“故意破坏国家边境的界碑、界桩或者永久性测量标志的,处三年以下有期徒刑或者拘役。以叛国为目的的,按照反革命罪处罚。”本条

规定包括两个罪名,即破坏界碑、界桩罪和破坏永久性测量标志罪。这两个罪虽然都属于妨害社会管理秩序罪,但两罪侵犯的法益并不相同,破坏界碑、界桩罪侵犯的法益是国家对国(边)境界碑、界桩的管理制度,属于妨害国(边)境管理的犯罪;而破坏永久性测量标志罪侵犯的法益是国家对永久性测量标志的管理制度,属于妨害国家机关正常活动的犯罪。我国1979年《刑法》之所以将破坏界碑、界桩罪和破坏永久性测量标志罪规定在同一条文,只是为了叙述上的方便,以满足条文简化的要求。1979年《刑法》分则第一章规定有反革命罪,立法者考虑到在司法实践中可能会有以反革命为目的,而故意破坏国家边境界碑、界桩的行为或者破坏永久性测量标志的犯罪,因此,第175条明确规定,以叛国为目的,故意破坏国家边境的界碑、界桩或者永久性测量标志的,按照反革命罪处罚。

1997年《刑法》修订时,立法机关将1979年《刑法》中的"反革命罪"修改为"危害国家安全罪",并取消了反革命破坏罪的规定,故与之相适应,现行刑法删去了1979年《刑法》第175条第2款"以叛国为目的的,按照反革命罪处罚"的规定。 3

Ⅲ 客体

破坏界碑、界桩罪的客体是国家对国(边)境界碑、界桩的管理秩序。 4

尽管有学者认为,破坏永久性测量标志罪的法益是国家对国(边)境的管理秩序[1],但是,许多永久性测量标志,如水准点、地形点、天文点、导线点等,并不位于国家边境,却值得刑法保护,破坏这些永久性测量标志的行为,并不会妨害国家对国(边)境的管理秩序。因此,可以认为,破坏永久性测量标志罪的规定放在现行《刑法》第323条中,并位于妨害国(边)境管理罪一节,只是出于条文叙述上的方便,破坏永久性测量标志罪并不当然属于妨害国(边)境管理罪所包含的犯罪。 5

Ⅳ 对象

破坏界碑、界桩罪的犯罪对象是国家边境的界碑、界桩。"国家边境的界碑、界桩",是指我国政府与邻国按照条约规定或者历史上实际形成的管辖范围,在陆地接壤地区埋设的指示边境分界及走向的标志物。[2] 6

破坏永久性测量标志罪的犯罪对象是永久性测量标志。"永久性测量标志",是指国家测绘单位在全国各地进行测绘工作所建设的地上、地下或者水上的各种测量标志物,包括各等级的三角点、基线点、导线点、军用控制点、重力点、天文点、水准点的木质觇标、钢制觇标和标石标志,全球卫星定位控制点以及用于地形测量、工程测量和形变测量的各种固定标志和海底大地点设施,等等。永久性测量标志属于国家 7

---

1 参见吴大华等:《新刑法罪名通论》,中国方正出版社1997年版,第342页。

2 参见郎胜主编:《中华人民共和国刑法释义》,法律出版社2015年版,第572页。

所有,是国家经济建设、国防建设和科学研究的基础设施。

V 行为

8 破坏界碑、界桩罪与破坏永久性测量标志罪在客观方面表现为破坏界碑、界桩或者永久性测量标志的行为。"破坏",是指将界碑、界桩、永久性测量标志砸毁、拆除、挖掉、盗走、移动或者改变其原样等,从而使其失去原有的意义和作用的行为。不论行为人采取什么样的行为,只要使界碑、界桩、永久性测量标志失去或者减少了其应有的功能,就应视为破坏。

VI 主体

9 破坏界碑、界桩罪与破坏永久性测量标志罪的主体都是一般主体,即年满16周岁具备刑事责任能力的自然人,中国公民、外国公民和无国籍人都可能成立这两种犯罪。单位不能成为这两种犯罪的主体。

VII 罪过

10 破坏界碑、界桩罪与破坏永久性测量标志罪是故意犯罪。行为人必须认识到是国家边境的界碑、界桩或者永久性测量标志而故意加以破坏。行为人破坏界碑、界桩、永久性测量标志的动机是多种多样的,但动机如何对破坏界碑、界桩罪与破坏永久性测量标志罪的成立一般并无影响。如果行为人过失毁坏国家边境的界碑、界桩、永久性测量标志的,不能以破坏界碑、界桩罪或者破坏永久性测量标志罪论处。

VIII 既遂与未遂

11 关于破坏界碑、界桩罪的既遂标准,我国刑法学界有三种观点:第一种观点认为,应以破坏界碑、界桩的行为是否给边境地区的管理和国防外交等造成了实际损害为标准,造成了实际损害的是既遂,否则认定为未遂。[3] 第二种观点认为,应以破坏行为是否使界碑、界桩失去了原有作用为标准,使界碑、界桩失去原有作用的是既遂;否则,就是未遂。[4] 第三种观点认为,应以破坏界碑、界桩的行为是否实施完毕为标准,行为实施完毕,无论界碑、界桩是否失去原有作用,都是既遂;破坏界碑、界桩的行为没有实施完毕的,是未遂。[5] 笔者支持第二种观点。司法实践中,往往是国(边)界限的界碑、界桩一旦遭到破坏,有关部门的有关人员立即会将其修复还原,并没有造

3 参见赵廷光主编:《中国刑法原理》(各论卷),武汉大学出版社1992年版,第319页。

4 参见李希慧主编:《妨害社会管理秩序罪新论》,武汉大学出版社2001年版,第359页。

5 参见田宏杰:《妨害国(边)境管理罪》,中国人民公安大学出版社2003年版,第346—347页。

成多大的实际损害后果。按照第一种观点,破坏界碑、界桩罪多数情况下只能成立未遂。第三种观点的根据是《刑法》第 323 条规定,行为人只要实施了破坏界碑、界桩的行为,就处以法定刑,因此,破坏界碑、界桩罪是行为犯,破坏行为实施完毕就是既遂。首先,第三种观点机械地按照破坏界碑、界桩罪的罪状确定破坏界碑、界桩罪的构成要件,没有考虑破坏界碑、界桩罪的保护法益。设置破坏界碑、界桩罪的主要目的是保障界碑、界桩能够正常地发挥确定边境线的作用,防止界碑、界桩遭到人为破坏,失去应有的作用。其次,处于同一条文中的破坏永久性测量标志罪,其罪状的表述方式与破坏界碑、界桩罪相同,但根据司法解释,破坏永久性测量标志罪却以破坏行为是否使永久性测量标志失去了作用作为划分既遂、未遂的标准。最后,如果机械地解释罪状,我国《刑法》第 232 条规定"故意杀人的,处死刑、无期徒刑或者十年以上有期徒刑;情节较轻的,处三年以上十年以下有期徒刑",故意杀人罪是不是也是行为犯,只要故意杀人罪实施完毕就是故意杀人罪的既遂,答案显然是否定的。因此,破坏界碑、界桩行为使界碑、界桩失去原有作用的,构成破坏界碑、界桩罪的既遂;否则,构成未遂。

Ⅸ 共犯

我国规定共同犯罪为二人以上共同故意犯罪,因此,二人以上共同实施破坏界 12
碑、界桩或者永久性测量标志行为且有意思联络的,即构成破坏界碑、界桩罪或者破坏永久性测量标志罪的共犯。

Ⅹ 罪数

行为人盗取界碑、界桩、永久性测量标志,如果界碑、界桩、永久性测量标志价值 13
较大,行为人同时成立盗窃罪时,应认定为破坏界碑、界桩罪或破坏永久性测量标志罪与盗窃罪的想象竞合,按照想象竞合犯处理。如果行为人破坏界碑、界桩、永久性测量标志,造成较大的经济损失或者具有其他严重情节,行为人同时成立故意毁坏财物罪,应认定为破坏界碑、界桩罪或破坏永久性测量标志罪与故意毁坏财物罪的想象竞合,按照想象竞合犯处理。如果行为人采用放火、爆炸等危险方法破坏界碑、界桩、永久性测量标志,同时危害到公共安全的,应按放火罪、爆炸罪等与破坏界碑、界桩罪、破坏永久性测量标志罪的想象竞合犯处理,从一重罪处罚。

Ⅺ 与非罪的界限

破坏界碑、界桩、永久性测量标志与合法迁移界碑、界桩、永久性测量标志,在客 14
观上的表现相同,两者在客观上都有可能表现为改变、移动界碑、界桩、永久性测量标志方位的行为。但破坏界碑、界桩、永久性测量标志是非法行为;而合法迁移界碑、界桩、永久性测量标志,则是根据国与国达成的领土疆界划分协议、国家规划,由国家特定部门指定特定人员依法对界碑、界桩、永久性测量标志进行改变、拆除或者移动的,是合法行为。合法改变、移动界碑、界桩、永久性测量标志的行为属于法令行为,不构成犯罪。

XII 处罚

15 根据《刑法》第 323 条的规定,犯破坏界碑、界桩罪或破坏永久性测量标志罪的,处 3 年以下有期徒刑或者拘役。

第四节　妨害文物管理罪

前　注

文献:谢望原主编:《妨害文物管理罪》,中国人民公安大学出版社 1999 年版;赵秉志主编:《疑难刑事问题司法对策》(第八集),吉林人民出版社 1999 年版;薛瑞麟:《文物犯罪研究》,中国政法大学出版社 2002 年版。李本、李丽英:《论盗掘古墓葬罪》,载《法律科学》1994 年第 5 期;赵秉志等:《中国刑法修改若干问题研究》,载《法学研究》1996 年第 5 期;郭玉军等:《论盗掘古文化遗址、古墓葬罪》,载《国家检察官学院学报》2001 年第 3 期;薛瑞麟:《论盗掘古人类化石、古脊椎动物化石罪》,载《中国刑事法杂志》2002 年第 6 期;薛瑞麟:《论盗掘古文化遗址、古墓葬罪》,载《政法论坛》2003 年第 3 期;薛瑞麟:《关于文物犯罪几个问题的思考》,载《杭州师范学院学报(社会科学版)》2005 年第 2 期;朱俊强:《论非物质文化遗产的刑法保护》,载《广州大学学报(社会科学版)》2007 年第 7 期;许桂敏:《文物犯罪的刑事政策分析》,载《山东警察学院学报》2012 年第 3 期;许桂敏:《文物安全刑法保护的不足与完善》,载《学术交流》2014 年第 8 期。

细目录

Ⅰ　主旨
Ⅱ　沿革
Ⅲ　特征
　一、客体
　二、行为
　三、主体
　四、罪过
Ⅳ　范围与种类

Ⅰ　主旨

文物、名胜古迹是国家和民族的历史记忆,是国家和民族认同的黏合剂,是彰显国家主权的历史印证,是祖先智慧结晶的人类遗产,是民众情感和精神的依托。《文物保护法》第 7 条规定:“一切机关、组织和个人都有依法保护文物的义务。”国家对文物的管理秩序是社会管理秩序的重要方面,为了保护国家对文物的管理秩序,刑法设立了本类犯罪。 1

Ⅱ 沿革

2 中华人民共和国成立后,文物概念之外延随着经济、社会之发展及人们思维观念之变化而得到不断拓展。从1982年第一部《文物保护法》之制定至2017年11月4日全国人大常委会《关于修改〈中华人民共和国会计法〉第十一部法律的决定》第五次修正,尽管在文物的分类、考古发掘之管理、民间收藏之管理等方面有不同规定,但对文物范畴之规定则基本保持一致,根据2017年新修正之《文物保护法》第2条之规定,在中华人民共和国境内,下列文物受国家保护:①具有历史、艺术、科学价值的古文化遗址、古墓葬、古建筑、石窟寺和石刻、壁画;②与重大历史事件、革命运动或者著名人物有关的以及具有重要纪念意义、教育意义或者史料价值的近代现代重要史迹、实物、代表性建筑;③历史上各时代珍贵的艺术品、工艺美术品;④历史上各时代重要的文献资料以及具有历史、艺术、科学价值的手稿和图书资料等;⑤反映历史上各时代、各民族社会制度、社会生产、社会生活的代表性实物。具有科学价值的古脊椎动物化石和古人类化石同文物一样受国家保护。从各时期文物保护法对"文物"范畴之界定来看,当今文物之范围早已超越古代"古器物""古物"等可移动实物概念的范围,而是将其扩展至具有历史、文化、科学价值的古文化遗址、古墓葬、古建筑、石窟寺、石刻、壁画、近代现代重要史迹和代表性建筑等不可移动文物,同时将具有科学价值的古脊椎动物化石和古人类化石同文物一样列入保护范围,最终形成一种"大文物"之观念。

3 1979年《刑法》中有关文物犯罪的罪名只有两个,即盗运珍贵文物出口罪和故意破坏珍贵文物、名胜古迹罪。之后又于1982年11月19日全国人大常委会颁布《文物保护法》。全国人大常委会通过的关于修改文物保护法的决定和《关于惩治盗掘古文化遗址古墓葬犯罪的补充规定》,以及最高人民法院和最高人民检察院发布的相关司法解释,如《关于办理盗窃、盗掘、非法经营和走私文物的案件具体应用法律的若干问题的解释》等,对我国文物犯罪案件定罪量刑等适用法律问题进行了修改和补充。

4 1997年《刑法》在总结相关立法、司法经验的基础上,于刑法《分则》第六章妨害社会管理秩序罪的第四节确立了"妨害文物管理罪"。本节共规定了6个刑法条文,经相关司法解释明确为10个罪名,分别为:故意损毁文物罪(第324条第1款),故意损毁名胜古迹罪(第324条第2款),过失损毁文物罪(第324条第3款),非法向外国人出售、赠送珍贵文物罪(第325条),倒卖文物罪(第326条),非法出售、私赠文物藏品罪(第327条),盗掘古文化遗址、古墓葬罪(第328条第1款),盗掘古人类化石、古脊椎动物化石罪(第328条第2款),抢夺、窃取国有档案罪(第329条第1款),擅自出卖、转让国有档案罪(第329条第2款)。

5 自2011年5月1日起施行的《刑法修正案(八)》取消了13个死刑罪名,涉及文物犯罪的有2个,即盗掘古文化遗址、古墓葬罪,盗掘古人类化石、古脊椎动物化石罪。

Ⅲ 特征

一、客体

妨害文物管理罪的客体是国家的文物管理制度。文物管理制度，是指由国家有关文物管理法规形成的关于文物的保护秩序。 6

二、行为

根据现行刑法分则第六章第四节的规定来看，妨害文物管理罪的行为主要有如下几种：①毁损文物、毁损名胜古迹；②非法向外国人出售、赠送珍贵文物；③倒卖文物；④非法出售、私赠文物藏品；⑤盗掘古文化遗址、古墓葬；⑥盗掘古人类化石、古脊椎动物化石；⑦抢夺、窃取国有档案；⑧擅自出卖、转让国有档案。 7

大多本类犯罪的对象为文物、名胜古迹以及国有档案。对犯罪对象即文物之等级并未作限定，但故意损毁文物罪、过失损毁文物罪与非法向外国人出售、赠送珍贵文物罪则对文物之范围作了限定。文物之等级在其他犯罪中虽不影响定罪，但可能影响量刑，故确定文物之等级至关重要。按照最高人民法院、最高人民检察院《关于办理妨害文物管理等刑事案件适用法律若干问题的解释》之规定，在行为人实施有关行为前，文物行政部门已作出文物认定（认定是否属于文物）和定级（将可移动文物确定为一级文物、二级文物、三级文物、一般文物；将不可移动文物确定为全国重点文物保护单位，省级文物保护单位，市、县级文物保护单位）的，可以直接对有关案件事实作出认定；同时，该解释明确，对案件涉及的有关文物鉴定、价值认定等专门性问题难以确定的，由司法鉴定机构出具鉴定意见，或者由国务院文物行政部门指定的机构出具报告。其中，对于文物价值，也可以由有关价格认证机构作出价格认证并出具报告。 8

国有档案与文物具有交叉关系，但抢夺、窃取国有档案罪与擅自出卖、转让国有档案罪中的犯罪对象当然不限于归属为“文物”之档案，亦包含不属于文物范围的档案。 9

本类犯罪客观方面一般只要求行为人实施特定之行为即可构成犯罪，但仍有4个罪名立法者设定了“情节严重”或“造成严重后果”之条件，即属于情节犯或者结果犯之规定。这四个罪名是，故意损毁名胜古迹罪、过失损毁文物罪、倒卖文物罪以及擅自出卖、转让国有档案罪。 10

三、主体

本类犯罪的主体绝大多数为一般主体，即绝大多数情况下，只要行为人达到责任年龄、具有责任能力就能成为本类犯罪的主体，但也有的犯罪只能由单位构成。从刑法分则第六章第四节规定的妨害文物管理罪的具体罪名来看，在主体之规定上呈现 11

出三种类型:①只能由单位(法人)构成,如非法出售、私赠文物藏品罪(第 327 条);②只能由自然人构成,如故意损毁文物罪(第 324 条第 1 款),故意毁损名胜古迹罪(第 324 条第 2 款),过失损毁文物罪(第 324 条第 3 款),盗掘古文化遗址、古墓葬罪(第 328 条第 1 款),盗掘古人类化石、古脊椎动物化石罪(第 328 条第 2 款),抢夺、窃取国有档案罪(第 329 条第 1 款)与擅自出卖、转让国有档案罪(第 329 条第 2 款);③既可由自然人构成,也可由单位构成,如非法向外国人出售、赠送珍贵文物罪(第 325 条),倒卖文物罪(第 326 条)。

12 对于公司、企业、事业单位、机关、团体等单位实施刑法规定的危害社会的行为,刑法分则和其他法律未规定追究单位的刑事责任的,如何处罚其中的自然人,在学理及司法实践中一直存有争议。不过,2014 年 4 月 24 日通过的全国人大常委会《关于〈中华人民共和国刑法〉第三十条的解释》规定“公司、企业、事业单位、机关、团体等单位实施刑法规定的危害社会的行为,刑法分则和其他法律未规定追究单位的刑事责任的,对组织、策划、实施该危害社会行为的人依法追究刑事责任”,终结了学理及司法实践中对此问题的争议。最高人民法院、最高人民检察院《关于办理妨害文物管理等刑事案件适用法律若干问题的解释》第 11 条第 2 款之规定亦遵循了上述立法解释之精神:“公司、企业、事业单位、机关、团体等单位实施盗窃文物,故意损毁文物、名胜古迹,过失损毁文物,盗掘古文化遗址、古墓葬等行为的,依照本解释规定的相应定罪量刑标准,追究组织者、策划者、实施者的刑事责任。”

四、罪过

13 在妨害文物管理罪的犯罪中,只有《刑法》第 324 条第 3 款规定的过失损毁文物罪的罪过形式为过失,其余各罪的罪过形式均为故意,包含直接故意与间接故意在内。且只有倒卖文物罪的成立要求行为人主观上必须具有“牟利”之目的,其他故意犯罪并未在立法上规定特殊之主观目的。

Ⅳ 范围与种类

14 “妨害文物管理罪”是刑法分则规定的一个类罪名,学理上亦有“文物犯罪”之提法,用以涵括涉“文物”类的犯罪。不过,从我国现行刑法规定来看,涉及“文物”的犯罪并非只有本节所规定的罪名,如刑法分则第三章规定的走私文物罪、刑法分则第九章规定的失职造成珍贵文物毁损、流失罪。除此之外,司法实践中盗窃文物犯罪亦属多发、常见犯罪。由于这些犯罪均以文物为犯罪对象,故相关司法解释亦将这些犯罪作为涉文物类犯罪统一予以解释。不仅如此,“妨害文物管理罪”一节之下亦涵盖了两种“档案类犯罪”即抢夺、窃取国有档案罪(第 329 条第 1 款),擅自出卖、转让国有档案罪(第 329 条第 2 款),这两个涉档案类的犯罪规定在本节之下,曾引发了学理上的争论。其实,如后文所述,我国《档案法》所规定的档案,是指过去和现在的国家机构、社会组织以及个人从事政治、军事、经济、科学、技术、文化、宗教等活动直接形成的对国家和社会有保存价值的各种文字、图表、声像等不同形式的历史记录。此一界定与《文物保护法》所确立之“大文物”概念存在一定交叉,两者并非排斥之概念,正是基于如此的考量,立法者才将上述两个罪名安排在本节之下。

15 由此亦可看出,“妨害文物管理罪”并非所有涉及“文物”类犯罪的总称,本类犯罪仅是对妨害文物管理制度,情节严重犯罪的归纳。故此,妨害文物管理罪指的是,实施刑法分则第六章第四节所规定的妨害文物管理制度行为,依法应受刑事处罚的犯罪行为。具体包括故意损毁文物罪,故意损毁名胜古迹罪,过失损毁文物罪,非法向外国人出售、赠送珍贵文物罪,倒卖文物罪,非法出售、私赠文物藏品罪,盗掘古文化遗址、古墓葬罪,盗掘古人类化石、古脊椎动物化石罪,抢夺、窃取国有档案罪,擅自出卖、转让国有档案罪 10 个罪名。

第三百二十四条　故意损毁文物罪；故意损毁名胜古迹罪；过失损毁文物罪

故意损毁国家保护的珍贵文物或者被确定为全国重点文物保护单位、省级文物保护单位的文物的，处三年以下有期徒刑或者拘役，并处或者单处罚金；情节严重的，处三年以上十年以下有期徒刑，并处罚金。

故意损毁国家保护的名胜古迹，情节严重的，处五年以下有期徒刑或者拘役，并处或者单处罚金。

过失损毁国家保护的珍贵文物或者被确定为全国重点文物保护单位、省级文物保护单位的文物，造成严重后果的，处三年以下有期徒刑或者拘役。

文献：谢望原主编：《妨害文物管理罪》，中国人民公安大学出版社 1999 年版；薛瑞麟：《文物犯罪研究》，中国政法大学出版社 2002 年版；张明楷：《刑法学》（第 6 版），法律出版社 2021 年版。刘志、段兵：《文物犯罪中的界定》，载《宁夏社会科学》2005 年第 2 期；许桂敏、郭淼：《毁损类文物犯罪的成因与立法完善》，载《山东警察学院学报》2014 年第 1 期；许桂敏：《论失职造成珍贵文物损毁、流失罪的立法问题》，载《郑州大学学报（哲学社会科学版）》2014 年第 1 期。常金国：《文物犯罪刑事立法进程及其未来完善》，载《中国文物报》2016 年 4 月 29 日。

细目录

Ⅰ　主旨
Ⅱ　沿革
Ⅲ　客体
Ⅳ　对象
　一、故意损毁文物罪的对象
　二、故意损毁名胜古迹罪的对象
　三、过失损毁文物罪的对象
Ⅴ　行为
Ⅵ　结果
Ⅶ　主体
Ⅷ　罪过
Ⅸ　与非罪的界限

一、故意损毁文物罪与非罪的界限
二、故意损毁名胜古迹罪与非罪的界限
三、过失损毁文物罪与非罪的界限
Ⅹ 既遂与未遂
Ⅺ 罪数
Ⅻ 处罚

Ⅰ 主旨

文物、名胜古迹作为物质性文化遗产,蕴含着丰富的民族文化信息和文化密码,文物犯罪不仅导致不可再生的文化遗产大量毁损和流失,也造成国家文化安全面临重大威胁。作为社会管理秩序的重要方面,国家对文物的管理秩序亦为刑法所重视,基于此,刑法设立了故意损毁文物罪、故意损毁名胜古迹罪与过失损毁文物罪。 1

Ⅱ 沿革

1979 年《刑法》第 174 条规定"故意破坏国家保护的珍贵文物、名胜古迹的,处七年以下有期徒刑或者拘役",从而确立了破坏珍贵文物、名胜古迹罪。1997 年《刑法》根据文物保护的实际情况对其进行了修正,形成了现行《刑法》第 324 条,其修正之内容包括:①将故意损毁文物罪与故意损毁名胜古迹罪分别规定,形成两个独立罪名;②将"故意破坏"的行为表述方式修改为"故意损毁";③将犯罪对象修改为国家保护的珍贵文物或者被确定为全国重点文物保护单位、省级文物保护单位的文物、国家保护的名胜古迹;④增加情节严重之规定,使本罪形成两个量刑幅度。此外,1997 年《刑法》修订时首次增设了过失损毁文物罪。 2

Ⅲ 客体

关于故意损毁文物罪、故意损毁名胜古迹罪与过失损毁文物罪的客体,学理上的解读较为一致,一般认为其客体是国家文物管理制度,属于广义上的社会管理秩序中的一类。 3

Ⅳ 对象

一、故意损毁文物罪的对象

故意损毁文物罪的对象是国家保护的珍贵文物或者被确定为全国重点文物保护单位、省级文物保护单位的文物。根据《文物保护法》第 2、3 条之规定,下列文物受国家保护:①具有历史、艺术、科学价值的古文化遗址、古墓葬、古建筑、石窟寺和石刻、壁画;②与重大历史事件、革命运动或者著名人物有关的以及具有重要纪念意义、教 4

育意义或者史料价值的近代现代重要史迹、实物、代表性建筑;③历史上各时代珍贵的艺术品、工艺美术品;④历史上各时代重要的文献资料以及具有历史、艺术、科学价值的手稿和图书资料等;⑤反映历史上各时代、各民族社会制度、社会生产、社会生活的代表性实物。具有科学价值的古脊椎动物化石和古人类化石同文物一样受国家保护。根据《文物保护法》之规定,文物亦可分为可移动文物和不可移动文物。可移动文物分为珍贵文物和一般文物;珍贵文物分为一级文物、二级文物、三级文物。不可移动文物则根据它们的历史、艺术、科学价值,可以分别确定为全国重点文物保护单位,省级文物保护单位,市、县级文物保护单位。故此,作为故意损毁文物罪、过失损毁文物罪的对象就是可移动文物中的一、二、三级文物和不可移动文物中的全国重点文物保护单位、省级文物保护单位内的文物。司法实践中对珍贵文物之理解争议不大。但是,对于故意损毁"被确定为全国重点文物保护单位、省级文物保护单位的文物"的具体含义,则存在不同认识。《文物保护法实施条例》第 9 条第 1 款规定:"文物保护单位的保护范围,是指对文物保护单位本体及周围一定范围实施重点保护的区域。"因此,究竟是文物保护单位的保护范围都可以成为故意损毁文物罪的对象,还是限于文物保护单位本体,需要作出明确。最高人民法院、最高人民检察院《关于办理妨害文物管理等刑事案件适用法律若干问题的解释》认为,《刑法》第 324 条第 1 款的表述是"被确定为全国重点文物保护单位、省级文物保护单位的文物",明显未将文物保护单位本体周围一定范围实施重点保护的区域规定在内,故该解释第 3 条第 1 款将"被确定为全国重点文物保护单位、省级文物保护单位的文物"明确为全国重点文物保护单位、省级文物保护单位的本体,而不包括周边的保护范围。

5 至于对文物等级的鉴定,根据最高人民法院、最高人民检察院《关于办理妨害文物管理等刑事案件适用法律若干问题的解释》第 15 条的规定,在行为人实施有关行为前,文物行政部门已对涉案文物及其等级作出认定的,可以直接对有关案件事实作出认定。对案件涉及的有关文物鉴定、价值认定等专门性问题难以确定的,由司法鉴定机构出具鉴定意见,或者由国务院文物行政部门指定的机构出具报告。

二、故意损毁名胜古迹罪的对象

6 故意损毁名胜古迹罪的对象为国家保护的名胜古迹,其包含名胜与古迹两类。其中,名胜,是指具有观赏、文化或科学价值,自然景物、人文景物比较集中,环境优美,具有一定规模和范围,可供人们游览、休息或进行科学文化活动的地区,即通常意义上的风景名胜区,学理及司法实践对此争议不大;相反,由于《文物保护法》等相关法律中并未见"古迹"概念之规定,故在学理及司法实践中产生争议。[1] 最高人民法院、最高人民检察院《关于办理妨害文物管理等刑事案件适用法律若干问题的解释》基于学理及司法实践的一贯理解,与相关法律及国际通行概念相协调的考量,将故意

1 参见常金国:《文物犯罪刑事立法进程及其未来完善》,载《中国文物报》2016 年 4 月 29 日。

损毁文物罪的对象以外的不可移动文物(市、县级文物保护单位及未被确定为文物保护单位的不可移动文物)也理解为“古迹”,具有合理性。需要说明的是,基于与故意损毁文物罪的对象界定相同的考虑,该解释将故意损毁名胜古迹罪的对象明确为风景名胜区的核心景区、不可移动文物的本体,而不包括周边的保护范围。故此,“国家保护的名胜古迹”是指,风景名胜区的核心景区以及未被确定为全国重点文物保护单位、省级文物保护单位的古文化遗址、古墓葬、古建筑、石窟寺、石刻、壁画、近代现代重要史迹和代表性建筑等不可移动文物的本体。此外,从实践来看,有的全国重点文物保护单位、省级文物保护单位位于风景名胜区内,对其进行故意损毁的行为实际构成《刑法》第 324 条第 1 款规定的故意损毁文物罪。为避免实践中发生争议,最高人民法院、最高人民检察院《关于办理妨害文物管理等刑事案件适用法律若干问题的解释》第 4 条予以明确,故意损毁风景名胜区内被确定为全国重点文物保护单位、省级文物保护单位的文物的,依照故意损毁文物罪的规定定罪量刑。

三、过失损毁文物罪的对象

本罪侵犯的对象与故意损毁文物罪相同。 7

V　行为

故意损毁文物罪、故意损毁名胜古迹罪、过失损毁文物罪在客观方面都表现为针 8
对犯罪对象实施了损毁行为。所谓损毁,是指损坏、毁坏、破坏文物以及其他使文物的历史、艺术、科学、史料、经济价值或纪念意义、教育意义丧失或减少的行为。[2] 其具体表现形式多种多样,一般表现为积极的作为方式,如摔、砸、撞、拆、烧以及涂抹等。[3] 但也不排除可以由消极的不作为方式构成。

Ⅵ　结果

故意损毁文物的结果可能使文物价值遭受损害或者毁灭,既可能是文物自身价 9
值的减弱、贬值,亦可能是其价值的毁灭。因此,故意损毁文物罪之成立并不要求“情节严重”,刑法学理上一般认为本罪属于行为犯。但是,根据《刑法》第 13 条但书之规定,认定故意损毁文物行为是否构成犯罪时,亦需对其结果进行限定,即根据损毁程度、损毁范围等因素综合确定行为的社会危害性程度是否达到构罪之标准。

故意损毁名胜古迹罪之成立除实施损毁行为之外,还要求“情节严重”,情节不严 10
重即使有损毁行为,也不能构成本罪。根据最高人民法院、最高人民检察院《关于办

2　参见张明楷:《刑法学》(第 6 版),法律出版社 2021 年版,第 1463 页。

3　参见许桂敏、郭淼:《毁损类文物犯罪的成因与立法完善》,载《山东警察学院学报》2014 年第 1 期。

理妨害文物管理等刑事案件适用法律若干问题的解释》第4条第2款的规定,具有下列情形之一的,应当认定为《刑法》第324条第2款规定的"情节严重":①致使名胜古迹严重损毁或者灭失的;②多次损毁或者损毁多处名胜古迹的;③其他情节严重的情形。

11 过失损毁文物罪之成立需"造成严重后果",根据最高人民法院、最高人民检察院《关于办理妨害文物管理等刑事案件适用法律若干问题的解释》第3、5条的规定,是指:①造成五件以上三级文物损毁的;②造成二级以上文物损毁的;③致使全国重点文物保护单位、省级文物保护单位的本体严重损毁或者灭失的。

Ⅶ 主体

12 故意损毁文物罪、故意损毁名胜古迹罪、过失损毁文物罪的主体均为一般主体,即已满16周岁具有刑事责任能力的自然人都可以成为本罪的主体,单位不能成为本罪主体。

Ⅷ 罪过

13 故意损毁文物罪、故意损毁名胜古迹罪的罪过形式为故意,即明知自己的行为会发生损毁文物、名胜古迹的结果,并且希望或者放任这种结果发生。由于本罪对象"国家保护的珍贵文物或者被确定为全国重点文物保护单位、省级文物保护单位的文物"和"国家保护的名胜古迹"属于特殊对象,故此,行为人主观上须有"认识",确定的认知与可能的认知均可。

14 过失损毁文物罪的主观方面则是过失。

Ⅸ 与非罪的界限

一、故意损毁文物罪与非罪的界限

15 本罪与非罪之区别主要表现为:一方面,本罪的犯罪对象为国家保护的珍贵文物或者被确定为全国重点文物保护单位、省级文物保护单位的文物,此为特殊之犯罪对象,损毁其他一般文物的不构成本罪;另一方面,是否成立本罪,需鉴别遭到损毁的是不是珍贵文物主要的、关键的部分,对其外观的破坏程度等,从经济价值、社会影响、危害后果等各种因素进行综合考虑。对某些损坏很轻、影响不大,或者被损坏后易于修复,情节显著轻微的,不认为是犯罪,可按照《治安管理处罚法》之规定予以行政处罚。

16 除此之外,在正当防卫或者紧急避险的场合,行为人实施本罪行为时排除犯罪成立之可能,如"博物馆的工作人员在与盗窃文物的犯罪分子搏斗,其人身遭到严重威胁的情况下,为了正当防卫而在情急之中顺手抓起一件文物砸向犯罪分子而将文物打坏的行为"[4]。成立正当防卫或者紧急避险的,则不属于犯罪行为。

二、故意损毁名胜古迹罪与非罪的界限

故意损毁名胜古迹罪与非罪之区别则在于是否符合立法中"情节严重"之限定,即是否属于致使名胜古迹严重损毁或者灭失的、多次损毁或者损毁多处名胜古迹的或者其他情节严重的情形之一的,否则,即属于一般违法行为。而对于"情节严重"的具体判别标准,在指导性案例"张永明、毛伟明、张鹭故意损毁名胜古迹案"(最高人民法院指导案例 147 号)中进行了说明:即"对核心景区内的世界自然遗产实施打岩钉等破坏活动,严重破坏自然遗产的自然性、原始性、完整性和稳定性的,综合考虑有关地质遗迹的特点、损坏程度等,可以认定为故意损毁国家保护的名胜古迹'情节严重'"。 17

三、过失损毁文物罪与非罪的界限

过失损毁文物,必须造成严重后果的,才能构成犯罪。否则,不成立犯罪。 18

X 既遂与未遂

就故意损毁文物罪而言,行为人着手实施故意损毁特定文物之行为,由于意志以外的原因未得逞的,即为本罪之未遂;对于本罪之既遂,应以特定文物之损毁结果出现作为其既遂标准,只不过,文物与一般财物相比,其效用、价值减损之判断标准必然不同,同样的行为如将墨水泼至古画上,对普通财物不会出现财物效用减少或者丧失之结果,但对古画这种文物而言显然应认定为本罪之既遂。 19

就故意损毁名胜古迹罪而言,行为人着手实施故意损毁名胜古迹之行为,由于意志以外的原因未得逞的,即为本罪之未遂;对于本罪之既遂,应以名胜古迹之损毁结果出现作为其既遂标准。 20

XI 罪数

故意损毁文物罪、故意损毁名胜古迹罪与故意毁坏公私财物罪之间属法条竞合之关系,前者为特殊法条,后者为一般法条。按照特殊法条优于一般法条之适用原则,当行为人毁坏之对象为特殊文物、名胜古迹时,应适用本罪;除此之外,在盗掘古文化遗址、古墓葬的过程中,造成古文化遗址、古墓葬中的珍贵文物等毁坏的,宜从一重罪处罚;但在盗掘古文化遗址、古墓葬后,故意毁坏古文化遗址、古墓葬中的珍贵文物的,则应实行数罪并罚。 21

---

4 刘志、段兵:《文物犯罪中的界定》,载《宁夏社会科学》2005 年第 2 期。

XII 处罚

22 根据《刑法》第324条第1款的规定,犯故意损毁文物罪的,处3年以下有期徒刑或者拘役,并处或者单处罚金;情节严重的,处3年以上10年以下有期徒刑,并处罚金。其中,“情节严重”按照最高人民法院、最高人民检察院《关于办理妨害文物管理等刑事案件适用法律若干问题的解释》之规定,是指符合下列情形之一:①造成5件以上三级文物损毁的;②造成二级以上文物损毁的;③致使全国重点文物保护单位、省级文物保护单位的本体严重损毁或者灭失的;④多次损毁或者损毁多处全国重点文物保护单位、省级文物保护单位的本体的;⑤其他情节严重的情形。

23 根据《刑法》第324条第2款的规定,犯故意损毁名胜古迹罪的,处5年以下有期徒刑或者拘役,并处或者单处罚金。

24 根据《刑法》第324条第3款的规定,犯过失损毁文物罪的,处3年以下有期徒刑或者拘役。

第三百二十五条　非法向外国人出售、赠送珍贵文物罪

违反文物保护法规，将收藏的国家禁止出口的珍贵文物私自出售或者私自赠送给外国人的，处五年以下有期徒刑或者拘役，可以并处罚金。

单位犯前款罪的，对单位判处罚金，并对其直接负责的主管人员和其他直接责任人员，依照前款的规定处罚。

文献:周道鸾等主编:《刑法的修改与适用》,人民法院出版社 1997 年版;谢望原主编:《妨害文物管理罪》,中国人民公安大学出版社 1999 年版;薛瑞麟:《文物犯罪研究》,中国政法大学出版社 2002 年版。翟中东:《论非法向外国人出售、赠送珍贵文物罪》,载《云南大学学报(法学版)》2001 年第 2 期;万克夫:《论非法向外国人出售赠送珍贵文物罪》,载《中南林业科技大学学报(社会科学版)》2008 年第 1 期。

细目录

Ⅰ　主旨
Ⅱ　沿革
Ⅲ　客体
Ⅳ　对象
Ⅴ　行为
Ⅵ　主体
Ⅶ　罪过
Ⅷ　与走私文物罪的区别
Ⅸ　处罚

Ⅰ　主旨

1 文物是不可再生的文化资源,根据《文物保护法》第 52 条第 3 款的规定,国家禁止出境的文物,不得转让、出租、质押给外国人,故本罪之设立显然意在防止我国禁止出口的珍贵文物流失出境。“妨害文物管理罪”一节中的非法向外国人出售、赠送珍贵文物罪,倒卖文物罪和非法出售、私赠文物藏品罪三个罪名可谓非法转让文物类的犯罪。

Ⅱ　沿革

2 本条之设立在历史立法沿革意义上与走私文物罪不无关联,最高人民法院、最高

人民检察院 1987 年颁发的《关于办理盗窃、盗掘、非法经营和走私文物的案件具体应用法律的若干问题的解释》中规定,将珍贵文物私自卖给外国人或者境外居民的,以盗运珍贵文物出口罪论处,走私珍贵文物(含一、二、三级)出口,也以盗运珍贵文物出口罪论处。其后,1991 年全国人大常委会《关于修改〈中华人民共和国文物保护法〉第三十条第三十一条的决定》中,规定任何组织或者个人将收藏的国家禁止出口的珍贵文物私自出售或者私自赠送给外国人的,以走私论。故此,国家禁止出口的珍贵文物私自出售或者私自赠送给外国人的行为一度是按照走私犯罪进行处罚的。

3 在 1997 年《刑法》修订过程中,基于本罪与走私犯罪在侵犯客体上的差异,为体现文物管理秩序与海关对外贸易管理制度保护之差异,故将本罪行为独立出来,单独设定本条文。

Ⅲ 客体

4 本罪的客体为国家对珍贵文物的管理制度。本罪客体之设定涉及珍贵文物的权利主体之判定问题:珍贵文物具有一般物之财产属性和商业价值,故集体、个人对文物之所有权亦受到法律保护,《文物保护法》第 6 条即规定,属于集体所有和私人所有的纪念建筑物、古建筑和祖传文物以及依法取得的其他文物,其所有权受法律保护。但文物同时亦承载着特殊之文化、历史、科学价值,所以,文物与一般物之间又存在本质区别。正是考虑到文物的此一特性,文物保护法等相关法律对文物所有者的所有权亦设定了限度,即必须遵守国家有关保护文物的法律、法规、规章的规定,从而形成对文物所有权的合理干预。故本罪的客体从根本上来说,“是国家对珍贵文物所有权行使的限制制度,或国家对文物私权的合理干预制度”[1]。

Ⅳ 对象

5 本罪的对象为国家禁止出口的珍贵文物,按照《文物保护法》第 60 条之规定,国有文物、非国有文物中的珍贵文物和国家规定禁止出境的其他文物,不得出境;但是依照本法规定出境展览或者因特殊需要经国务院批准出境的除外。本罪之对象显然比《文物保护法》中的禁止出境的文物范围要小,即仅限于国家禁止出口的“珍贵文物”,也就是经鉴定后属于一级、二级和部分三级文物的。

Ⅴ 行为

6 本罪的客观方面表现为违反文物保护法规,将收藏的国家禁止出口的珍贵文物私自出售或者私自赠送给外国人的行为。根据《文物保护法》之规定,文物收藏单位

---

1 万克夫:《论非法向外国人出售赠送珍贵文物罪》,载《中南林业科技大学学报(社会科学版)》2008 年第 1 期。

以外的公民、法人和其他组织收藏的文物可以依法流通，但同时对国有文物、非国有馆藏珍贵文物等特殊文物亦同时规定公民之间不得买卖。除此之外，对文物出境、出口等亦有严格的限定，按照《文物保护法》第 61 条的规定，应当经国务院文物行政部门指定的文物进出境审核机构审核。经审核允许出境的文物，由国务院文物行政部门发给文物出境许可证，从国务院文物行政部门指定的口岸出境。任何单位或者个人运送、邮寄、携带文物出境，应当向海关申报。海关凭文物出境许可证放行。故公民私自将国家禁止出境的珍贵文物私自出售或者赠送给外国人的行为是法律直接禁止的。除违反相关法律规定外，私自出售或者私自赠送的行为，其行为指向的必须是"外国人"，既包括居住在我国境外的外国人，也包括居住在我国境内的外国国籍的人、无国籍的人，同时亦应包含外国单位在内。

Ⅵ 主体

本罪的主体是一般主体，自然人与单位均可构成。对于自然人而言，从本罪行为 7
构造来看，应是珍贵文物的实际持有者，其他参与者可能成立本罪之共犯；就单位而言，刑法并未对其性质设立限制性规定，司法实践中多表现为有文物收藏职责的文物收藏单位如图书馆、博物馆或者依法实际占有珍贵文物的机构如公安、海关等部门。

Ⅶ 罪过

本罪的罪过形式为故意，直接故意与间接故意均可。就本罪的主观故意而言，关 8
键是对故意"明知"内容之判断：由于作为本罪对象之国家禁止出口的珍贵文物、外国人等概念均属于特殊之客观要素，故对行为人主观方面而言，应"明知"。只不过，此处的明知并不需要行为人对文物之等级、外国人的国籍有精确的认识，只是一种一般性或概念性的认识。而对危害后果之明知，即认识到"私自向外国人出售、赠送珍贵文物的行为造成的使珍贵文物流失境外的可能性后果"[2]。

Ⅷ 与走私文物罪的区别

刑法在设立本罪之外另有走私文物罪之规定，从形式上看，两者均有防止国家禁 9
止出口的文物外流之主旨，但由于两罪分属妨害社会管理秩序罪与破坏社会主义市场经济秩序罪的不同类罪名下，故本罪着重于对文物管理秩序之保护，而后者则着眼于对我国海关监管秩序之保护。同时，两者在行为方式、行为对象上也存在明显差别：非法向外国人出售、赠送珍贵文物罪客观方面表现为违反文物保护法规，将收藏的国家禁止出口的珍贵文物私自出售或者私自赠送给外国人的行为，而走私文物罪则表现为违反海关法规和文物保护法规，运输、携带、邮寄国家禁止出口的文物出境

2 谢望原主编：《妨害文物管理罪》，中国人民公安大学出版社 1999 年版，第 77 页。

的行为;行为对象上,非法向外国人出售、赠送珍贵文物罪是国家禁止出口的珍贵文物,而走私文物罪并未限定为“珍贵文物”。

Ⅸ 处罚

10 《刑法》第325条规定,犯本罪的,处5年以下有期徒刑或者拘役,可以并处罚金。单位犯本罪的,对单位判处罚金,并对其直接负责的主管人员和其他直接责任人员,依照前款的规定处罚。

第三百二十六条　倒卖文物罪

以牟利为目的，倒卖国家禁止经营的文物，情节严重的，处五年以下有期徒刑或者拘役，并处罚金；情节特别严重的，处五年以上十年以下有期徒刑，并处罚金。

单位犯前款罪的，对单位判处罚金，并对其直接负责的主管人员和其他直接责任人员，依照前款的规定处罚。

文献:谢望原:《妨害文物管理罪》,中国人民公安大学出版社1999年版;谢彤:《妨害国(边)境和文物管理犯罪司法适用》,法律出版社2005年版;张明楷:《刑法学》(第6版),法律出版社2021年版。谢望原主编:《论妨害文物管理罪》,载《国家检察官学院学报》1999年第3期;邱玉梅:《妨害文物保护犯罪研究》,载《政法论坛》2001年第3期;周锁成、薛瑞麟:《倒卖文物罪研究》,载《中国文物科学研究》2014年第1期。

细目录

Ⅰ　主旨
Ⅱ　沿革
Ⅲ　客体
Ⅳ　对象
Ⅴ　行为
Ⅵ　主体
Ⅶ　罪过
Ⅷ　与非罪的界限
Ⅸ　罪数
Ⅹ　处罚

Ⅰ　主旨

文物承载着中华民族特殊的人文、历史与科学等价值,我国是文物大国,倒卖文物的行为不仅严重破坏我国现有之文物管理秩序,给文物保护造成巨大隐患,亦可能诱发盗窃珍贵文物、盗掘古文化遗址和古墓葬及走私文物等多种犯罪行为,故刑法设立本条对此种犯罪行为进行规制。 1

Ⅱ 沿革

2 倒卖文物罪是1997年《刑法》新增设的罪名,1979年《刑法》及其之后的单行刑事法律中均未见到倒卖文物罪之规定。在1979年《刑法》之前,倒卖文物的犯罪行为在实践中是按照投机倒把罪进行规制的,1985年最高人民法院、最高人民检察院《关于当前办理经济犯罪案件中具体应用法律的若干问题的解答(试行)》中首次规定,倒卖文物(指具有历史、艺术、科学价值的文物)情节较轻的,由有关主管部门依法予以行政处罚;情节严重,构成犯罪的,应按投机倒把定罪判刑。其后1987年最高人民法院、最高人民检察院《关于办理盗窃、盗掘、非法经营和走私文物的案件具体应用法律的若干问题的解释》亦延续了此一规定。随着1997年《刑法》"取消投机倒把罪",而将其分为若干独立罪名后,倒卖文物罪获得了独立之地位。

Ⅲ 客体

3 本罪的客体为文物保护法所确立的文物合法交易制度。依据《文物保护法》第50条的规定,文物收藏单位以外的公民、法人和其他组织可以收藏通过下列方式取得的文物:①依法继承或者接受赠与;②从文物商店购买;③从经营文物拍卖的拍卖企业购买;④公民个人合法所有的文物相互交换或者依法转让;⑤国家规定的其他合法方式。但同时对不得买卖的文物范围如国有文物、非国有馆藏珍贵文物等亦有明确规定。

Ⅳ 对象

4 倒卖文物罪的对象是国家禁止经营的文物,关于本罪对象在学理上存有一定争议,早期学者曾提出,历史文物根据其历史、艺术、科学价值的大小可分为珍贵文物和一般文物。珍贵文物是国家禁止经营的文物,一般文物是国家允许经营的,但须由国家专营,所以国家禁止经营的文物即珍贵文物,故建议将本罪的罪名改为"倒卖珍贵文物罪"。[1] 此一学理上的限缩解释在今天看来并不成立,因为现行的《文物保护法》第51条规定,公民、法人和其他组织不得买卖下列文物:①国有文物,但是国家允许的除外;②非国有馆藏珍贵文物;③国有不可移动文物中的壁画、雕塑、建筑构件等,但是依法拆除的国有不可移动文物中的壁画、雕塑、建筑构件等不属于本法第20条第4款规定的应由文物收藏单位收藏的除外;④来源不符合本法第50条规定的文物。从此一法律规定来看,国家禁止经营的文物范围涵盖了珍贵文物与一般文物在内,相关司法解释亦未限定本罪之犯罪对象为"珍贵文物"。故对本罪犯罪对象宜界定为国家禁止经营的一切文物,包含珍贵文物与一般文物在内。

---

1 参见谢望原主编:《妨害文物管理罪》,中国人民公安大学出版社1999年版,第98页。

5 需要注意的是，作为本罪对象的“文物”既可能是可移动文物，亦可能是不可移动文物。且在司法实践中，对于倒卖不可移动文物的，既有针对不可移动文物整体实施倒卖行为的情形，如一些核定公布为文物保护单位或者尚未核定公布为文物保护单位的不可移动文物的单体文物，如石碑、石刻、经幢、石塔等，完全可能成为倒卖文物的对象；亦有针对不可移动文物的可移动部分如建筑构件、壁画、雕塑、石刻等实施倒卖行为的情形，而这些可移动部分依附于不可移动文物整体价值存在的，一般不予单独定级。因违法犯罪行为使其脱离不可移动文物，其不可移动文物的整体价值必然会受到影响。而脱离不可移动文物成为独立物存在的建筑构件、雕塑、壁画、碑刻等，依然具有历史、艺术或科学价值，则可以作为可移动文物对其认定等级。这是对这类文物涉案后进行认定的通常做法。正是考虑到倒卖不可移动文物的上述区别，最高人民法院、最高人民检察院《关于办理妨害文物管理等刑事案件适用法律若干问题的解释》第12条分别针对上述两种情形明确了其定罪量刑标准：针对不可移动文物整体实施走私、盗窃、倒卖等行为的，根据所属不可移动文物的等级，依照本解释第1条、第2条、第6条的规定定罪量刑：①尚未被确定为文物保护单位的不可移动文物，适用一般文物的定罪量刑标准；②市、县级文物保护单位，适用三级文物的定罪量刑标准；③全国重点文物保护单位、省级文物保护单位，适用二级以上文物的定罪量刑标准。针对不可移动文物中的建筑构件、壁画、雕塑、石刻等实施走私、盗窃、倒卖等行为的，根据建筑构件、壁画、雕塑、石刻等文物本身的等级或者价值，依照本解释第1条、第2条、第6条的规定定罪量刑。建筑构件、壁画、雕塑、石刻等所属不可移动文物的等级，应当作为量刑情节予以考虑。

V 行为

6 倒卖文物罪客观方面表现为倒卖国家禁止经营的文物，情节严重的行为。何谓“倒卖”行为，在学理上存在限制与扩张两种不同的理解：前者将倒卖行为解释为“为谋取利润而买进卖出”[2]的行为，后者则主张“倒卖不仅包括为卖出而收购、低价买入高价卖出的行为，还包括将自己收藏的或者占有的国家禁止经营的文物予以出售的行为”[3]。从立法条文表述来看，本罪之成立要求行为人具备“以牟利为目的”，但此种目的是否实现很显然不影响行为性质之认定，倒卖行为固然一般表现为低价买进、高价卖出的行为，但也不排除高价买进、高价卖出抑或按原价卖出的行为，这些行为都属于倒卖文物之行为。如果从体系解释的角度考量，刑法对本罪之客观行为表述为“倒卖”，而非与之相近似的诸如“出售”“贩卖”等词语，而倒卖按照普通国民一般之理解，是指先买进后卖出的行为方式，故将自己收藏的或者占有的国家禁止经营的文物予以出售的行为认定为倒卖文物行为，有类推解释之嫌。当然，在将倒卖行为解

2 周锁成、薛瑞麟：《倒卖文物罪研究》，载《中国文物科学研究》2014年第1期。

3 谢彤：《妨害国（边）境和文物管理犯罪司法适用》，法律出版社2005年版，第195页。

释为先买进后卖出的行为方式的前提下，行为人仅实施了非法收购文物之行为尚未进行转手牟利时，仍然构成本罪，只是属于犯罪的未完成形态而已。最高人民法院、最高人民检察院《关于办理妨害文物管理等刑事案件适用法律若干问题的解释》中将出售或者为出售而收购、运输、储存“国家禁止买卖的文物”的行为认定为倒卖文物的行为，宜应按照上述思路解读，即单纯的出售行为不宜认定为犯罪，而对于收购阶段即案发的行为可解读为“倒卖”行为的着手。

7 本罪之客观方面对倒卖文物的行为还有“情节严重”之要求，学理及司法实践一般从倒卖文物的数量、价值、倒卖次数、是否造成文物损坏等方面综合判定，最高人民法院、最高人民检察院《关于办理妨害文物管理等刑事案件适用法律若干问题的解释》对本罪情节严重进行了明确：倒卖国家禁止经营的文物，具有下列情形之一的，应当认定为《刑法》第 326 条规定的“情节严重”：①倒卖三级文物的；②交易数额在 5 万元以上的；③其他情节严重的情形。

Ⅵ 主体

8 倒卖文物罪既可以由自然人构成，也可由单位构成。自然人犯罪主体为一般主体，即年满 16 周岁的具有刑事责任能力的公民。就单位主体而言，一般为文物商店、文物拍卖企业等，但刑法并未设定本罪单位主体必须是有权从事文物经营活动的单位，故国家批准以外的法人及其他组织亦可成为本罪主体。

Ⅶ 罪过

9 倒卖文物罪的罪过形式为故意，且必须具备“以牟利为目的”，此即刑法学理上所指的目的犯。故本罪中倒卖国家禁止经营的文物，进而破坏文物管理秩序，可被称为行为人的直接目的，而牟利则是其终极目的。如前文所述，行为人主观上只需具备牟利目的，事实上是否实现了牟利目的则不重要，即使客观上亏本未谋得利益亦不影响本罪之成立。我国刑法传统理论认为，目的犯只能存在于直接故意犯罪中，但“如果从心理事实来说，当行为人所放任的结果与行为人所追求的目的不具有同一性时，即两者分别为不同内容时，二者完全可能并不矛盾地存在于行为人的主观心理中”[4]。且从我国刑法分则关于目的犯之规定来看，并未将间接故意排除在外，故本罪的罪过形式为直接故意与间接故意。

Ⅷ 与非罪的界限

10 《文物保护法》并不禁止合法的文物交易，民间收藏文物的行为亦在法律上得到认可，如依法继承或者接受赠与、从文物商店购买、从经营文物拍卖的拍卖企业购买、

---

4 张明楷：《刑法学》(第 6 版)，法律出版社 2021 年版，第 394 页。

公民个人合法所有的文物相互交换或者依法转让等国家规定的合法方式，是受到法律保护的。故本罪在司法实践中注意区分构成犯罪的倒卖文物罪与合法的文物交易行为。本罪之对象必须是国家禁止买卖的文物，即国有文物，非国有馆藏珍贵文物，国有不可移动文物中的壁画、雕塑、建筑构件等以及来源不合法的文物。显然，文物的合法收藏者之间的买卖并不为刑法所禁止。

Ⅸ 罪数

司法实践中可能发生行为人将禁止出口的珍贵文物倒卖给外国人的情形，此即 11
涉及倒卖文物罪与非法向外国人出售、赠送珍贵文物罪的法律适用问题。在罪数判断理论中，当一行为触犯数法条时，不可能进行数罪并罚，行为人将禁止出口的珍贵文物倒卖给外国人，同时触犯了倒卖文物罪与非法向外国人出售、赠送珍贵文物罪，属于狭义的包括一罪，从一重罪论处。至于学理上讨论的盗窃国家禁止经营的文物后出卖的行为，不宜认定为倒卖文物罪，因为上述情形并不属于倒卖文物罪中的“倒卖”行为。

X 处罚

《刑法》第326条为倒卖文物罪设置了两个幅度的法定刑：以牟利为目的，倒卖国 12
家禁止经营的文物，情节严重的，处5年以下有期徒刑或者拘役，并处罚金；情节特别严重的，处5年以上10年以下有期徒刑，并处罚金。其中“情节特别严重”，按照最高人民法院、最高人民检察院《关于办理妨害文物管理等刑事案件适用法律若干问题的解释》是指具有下列情形之一的：①倒卖二级以上文物的；②倒卖三级文物5件以上的；③交易数额在25万元以上的；④其他情节特别严重的情形。

单位犯前款罪的，对单位判处罚金，并对其直接负责的主管人员和其他直接责任 13
人员，依照前款的规定处罚。

第三百二十七条　非法出售、私赠文物藏品罪

违反文物保护法规，国有博物馆、图书馆等单位将国家保护的文物藏品出售或者私自送给非国有单位或者个人的，对单位判处罚金，并对其直接负责的主管人员和其他直接责任人员，处三年以下有期徒刑或者拘役。

文献：周振想：《中国新刑法释论与罪案》，中国方正出版社 1997 年版；张穹：《修订刑法条文实用解说》，中国检察出版社 1997 年版；周道鸾等主编：《刑法的修改与适用》，人民法院出版社 1997 年版；谢望原主编：《妨害文物管理罪》，中国人民公安大学出版社 1999 年版；薛瑞麟：《文物犯罪研究》，中国政法大学出版社 2002 年版。谢望原：《论妨害文物管理罪》，载《国家检察官学院学报》1999 年第 3 期；史卫忠、王兆敏：《非法出售、私赠文物藏品罪研究》，载《国家检察官学院学报》2000 年第 4 期；许桂敏：《文物犯罪的刑事政策分析》，载《山东警察学院学报》2012 年第 3 期。

细目录

Ⅰ　主旨
Ⅱ　沿革
Ⅲ　客体
Ⅳ　对象
Ⅴ　行为
Ⅵ　主体
Ⅶ　罪过
Ⅷ　与非罪的界限
Ⅸ　罪数
Ⅹ　处罚

Ⅰ　主旨

1　文物承载着中华民族特殊的人文、历史与科学等价值，我国是文物大国，非法出售、私赠文物藏品的行为不仅严重破坏我国现有之文物管理秩序，给文物保护造成巨大隐患，亦会使国有文物藏品面临流失的风险，故刑法设立本条对此种犯罪行为进行规制。

Ⅱ 沿革

长期以来,针对文物类犯罪的规制重点是盗窃文物、破坏珍贵文物、走私文物及盗掘古文化遗址、古墓葬等行为,非法出售、私赠文物藏品的行为一直未引起重视。当实践中非法出售、私赠文物藏品,致使国有文物藏品大量流失民间和海外的现象愈演愈烈时,相关行政管理部门首先出台规范性文件对其进行规制。1973 年国家文物事业管理局发布《关于严禁将馆藏文物图书出售作外销商品的通知》中规定,馆藏文物、图书非经国家批准不得自行出售,从而确立了私自出售国有文物藏品的行政违法地位。 2

非法出售、私赠文物藏品行为首次进入"刑法"视野肇始于 1991 年 6 月 29 日全国人大常委会通过的《关于修改〈中华人民共和国文物保护法〉第三十条第三十一条的决定》,该决定明确指出,全民所有制博物馆、图书馆等单位将文物藏品出售或者私自赠送给非全民所有制单位或者个人的,对主管人员和直接责任人员比照《刑法》第 187 条(玩忽职守罪)的规定追究刑事责任。这是我国附属刑法首次以立法比照的方式,将非法出售、私赠文物藏品的行为予以犯罪化。此一做法对非法出售、私赠文物藏品行为的入罪化固然提供了法律依据,但亦面临混淆故意与过失、立法类推、牺牲刑事立法的科学性等责难。[1] 3

在非法出售、私赠文物藏品行为的危害性为人们所熟知,立法将其犯罪化的必要性愈加显著之际,1997 年《刑法》增设了非法出售、私赠文物藏品罪,配置了独立的法定刑,并把《文物保护法》中"全民所有制博物馆、图书馆等单位"修订为"国有博物馆、图书馆等单位"这一与宪法有关规定相一致的表述。 4

Ⅲ 客体

非法出售、私赠文物藏品罪的客体,即国家对文物藏品的管理活动和国家对国有单位所收藏文物藏品的所有权。一方面,《文物保护法》规定,国有博物馆、图书馆和其他文物收藏单位对收藏的文物,必须区分文物等级,设置藏品档案,建立严格的管理制度,并报主管的文物行政部门备案,对文物收藏单位获得文物的方式亦有明确之规定。而对文物收藏单位调拨、因举办展览、科学研究等需借用馆藏文物的,亦设置了严格的审批程序。与此对应,《文物保护法》第 44 条明文规定"禁止国有文物收藏单位将馆藏文物赠与、出租或者出售给其他单位、个人"。由此可见,非法出售、私赠文物藏品的行为直接破坏了国家对馆藏文物藏品的管理活动,扰乱了国家保护文物藏品的管理秩序。另一方面,国有博物馆、图书馆等单位收藏的文物均属于国家所 5

---

1 参见史卫忠、王兆敏:《非法出售、私赠文物藏品罪研究》,载《国家检察官学院学报》2000 年第 4 期。

有,是中华民族宝贵的文化财富。而文物收藏单位只是受国家委托,代表国家对馆藏的文物进行科学管理、保护、整理研究及展览等活动,它们对文物藏品没有所有权,不能进行法律上的处分,以改变其归属。故此,非法出售、私赠文物藏品的行为实质上也侵犯了国家对文物藏品的所有权。

Ⅳ 对象

6 非法出售、私赠文物藏品罪的对象是受国家保护而为国有博物馆、图书馆等单位收藏或者管理的文物,即国有文物藏品。一方面,国有文物藏品必须是属于国家保护的文物。对此,《文物保护法》第2、3条已有相当明确的规定。另一方面,国有文物藏品必须是由国有博物馆、图书馆等国有单位收藏或管理的文物,至于此国有单位的级别、类型等并不影响本罪之成立。故此,未被国有博物馆、图书馆等单位收藏或者管理的文物,即使是国有文物,也不属于本罪的犯罪对象。同理,个人或者非国有单位收藏的文物亦不属于本罪的犯罪对象。

Ⅴ 行为

7 非法出售、私赠文物藏品罪客观方面表现为国有博物馆、图书馆等单位违反文物保护法规,将国家保护的文物藏品出售或者私自送给非国有单位或者个人的行为。

1. 非法出售、私赠的行为违反了文物保护法规

8 《文物保护法》禁止国有文物收藏单位将馆藏文物赠与、出租或者出售给其他单位、个人。对国有文物收藏单位调拨、交换、出借的行为亦规定了相当明确的审批程序,如《文物保护法》第40条规定,国有文物收藏单位之间因举办展览、科学研究等需借用馆藏文物的,应当报主管的文物行政部门备案;借用馆藏一级文物的,应当同时报国务院文物行政部门备案。非国有文物收藏单位和其他单位举办展览需借用国有馆藏文物的,应当报主管的文物行政部门批准;借用国有馆藏一级文物,应当经国务院文物行政部门批准。文物收藏单位之间借用文物的最长期限不得超过3年。非法出售、私赠国有文物藏品的行为显然违反了上述法律规定。

2. 实施了非法出售或者私赠的行为

9 此处"出售",是指把文物藏品当作商品以一定的价值加以出卖的行为;"私赠"则是指擅自将文物藏品无偿地给予受赠人的行为。并且,上述行为的实施是经单位集体研究决定或者负责的主管人员决定的。本罪是选择性罪名,故只要实施非法出售或者私赠行为之一的,即符合本罪客观行为要件。

3. 买受人和受赠人必须是非国有单位或者个人

10 非国有单位,指不占国家编制、不由政府划拨经费的各种类型的公司、企业、事业组织、社会团体等,具体包括集体所有制的公司、企业、事业组织、社会团体、私营企业、中外合资企业、外资企业等单位。对于"个人"的理解,学理上存有争议,有学者主

张应当包括中国人和外国人在内的任何人[2];另有学者主张,仅指中国人,如果私自出售或者赠送珍贵文物给外国人,则应认定为非法向外国人出售、私赠珍贵文物罪[3]。很显然,从《刑法》第327条对本罪的罪状表述来看,并未限定“个人”之范围,个人之国籍并不影响本罪之成立。至于私自出售或者赠送珍贵文物给外国人如何适用法条则涉及罪数问题,对此,详见下文分析。

Ⅵ 主体

非法出售、私赠文物藏品罪属于纯正的单位犯罪,其犯罪主体仅限于国有博物馆、图书馆以及其他国有单位,除此之外的其他单位或者个人不能构成本罪。从我国文物保护的实践来看,国有博物馆、图书馆虽是国有文物藏品的主要收藏单位,但本罪主体并不限于此两类单位,实践中有些国有公司购买文物后,出售或者私自送给非国有单位或者个人的,依然构成本罪,故本罪主体“国有博物馆、图书馆等单位”包括其他国有单位(即国有公司、企业、事业单位、机关、团体)。除此之外,在特殊情形下,一些非收藏文物的国有单位,在事实上履行管理文物职权的国有单位亦符合本罪主体条件。例如,根据《文物保护法》第79条之规定,人民法院、人民检察院、公安机关、海关和工商行政管理部门依法没收的文物应当登记造册,妥善保管,结案后无偿移交文物行政部门,由文物行政部门指定的国有文物收藏单位收藏,如果这些单位在管理文物过程中,将其管理的国家保护文物非法出售、私赠给非国有单位或者个人的,就构成本罪。这也是将本罪对象解读为“收藏或者管理的文物藏品”的缘由。 11

Ⅶ 罪过

非法出售、私赠文物藏品罪的罪过形式为故意,即行为人明知其非法出售、私赠行为违反文物保护法律、法规之规定,会造成国家保护的文物流失的危害后果,仍积极追求或者放任该结果之发生。由于本罪属于纯正的单位犯罪,故本罪客观方面的行为是单位意志支配下的结果,即直接负责的主管人员和其他直接责任人员所实施的非法出售、私赠文物藏品的行为体现的是单位意志,其主观方面亦要求为单位谋取利益,对于谋取利益的内容则在所不问。 12

Ⅷ 与非罪的界限

根据我国相关文物管理法律、法规的规定,合法的文物包括国有文物流通、交易行为受法律保护,国有单位的馆藏文物亦可在一定条件下进行调拨、交换、出借,实践中有些国有单位开办从事文物经营业务的文物商店的情形亦不鲜见。故此,需注意 13

---

2 参见周振想:《中国新刑法释论与罪案》,中国方正出版社1997年版,第1355页。

3 参见张穹:《修订刑法条文实用解说》,中国检察出版社1997年版,第418页。

非法出售、私赠文物藏品罪与非罪的界限:首先,本罪的对象是受国家保护而为国有博物馆、图书馆等单位收藏的文物。因此,如果国有文物收藏单位出售或者赠送的文物是国家允许流通的文物,则不属于国有馆藏文物藏品的范围,其行为不构成犯罪。其次,作为本罪的买受人或者受赠人必须是非国有单位或者个人,如果出售、私赠的对方是国有博物馆、图书馆等单位的,根据《文物保护法》相关规定,由县级以上人民政府文物主管部门责令改正,可以并处 2 万元以下的罚款,有违法所得的,没收违法所得,这只是行政处罚之结果,但这种行为并不构成本罪。再次,虽然《刑法》第 327 条对本罪罪状的设置并未明确有"情节严重"之规定,但由于《刑法》第 13 条"但书"之规定,如果情节显著轻微,危害不大的,不认为是犯罪,同样应适用于本罪,且就本罪而言,其最高法定刑只有 3 年有期徒刑,属于典型之轻罪,且属于单位犯罪,因此,认定本罪时更应注意结合"但书"之规定合理限定本罪之成立范围。如非法出售、私赠文物藏品的犯罪结果没有发生、非法出售或者私赠文物藏品属于一般文物且已追回等对社会没有造成实际损害或损害很小的,一般可不以犯罪论处。

Ⅸ 罪数

14 当出现私自出售或者赠送珍贵文物给外国人的情形时,如何适用法条?如前文所述,非法出售、私赠文物藏品罪中作为出售、私赠对象的"个人"并没有国籍之限定,故私自出售或者赠送珍贵文物给外国人的行为同时触犯了非法出售、私赠文物藏品罪与非法向外国人出售、私赠珍贵文物罪,一行为触犯数法条的结果在罪数论判断上不可能以数罪并罚,其处罚原则依法条竞合与想象竞合形态之不同而有所差别。从非法出售、私赠文物藏品罪与非法向外国人出售、私赠珍贵文物罪之法条关系而言,两者应属于法条竞合的关系。由于非法向外国人出售、私赠珍贵文物罪的犯罪对象限定为珍贵文物,而出售、私赠的对象则限定为外国人,与之不同,非法出售、私赠文物藏品罪的犯罪对象为受国家保护而为国有博物馆、图书馆等单位收藏的文物,文物级别并未限定,既可能是珍贵文物,也可能是一般文物,而非法出售、私赠的对象是非国有单位或者个人,对个人也没有限定,故在法条竞合的前提下,非法向外国人出售、私赠珍贵文物罪为特殊法条,非法出售、私赠文物藏品罪则为一般法条。对私自出售或者赠送珍贵文物给外国人的行为,应适用特殊法条以非法向外国人出售、私赠珍贵文物罪定罪量刑。

Ⅹ 处罚

15 《刑法》第 327 条对本罪设置了一个幅度的法定刑:国有博物馆、图书馆等单位将国家保护的文物藏品出售或者私自送给非国有单位或者个人的,对单位判处罚金,并对其直接负责的主管人员和其他直接责任人员,处 3 年以下有期徒刑或者拘役。

第三百二十八条　盗掘古文化遗址、古墓葬罪；盗掘古人类化石、古脊椎动物化石罪

盗掘具有历史、艺术、科学价值的古文化遗址、古墓葬的，处三年以上十年以下有期徒刑，并处罚金；情节较轻的，处三年以下有期徒刑、拘役或者管制，并处罚金；有下列情形之一的，处十年以上有期徒刑或者无期徒刑，并处罚金或者没收财产：

（一）盗掘确定为全国重点文物保护单位和省级文物保护单位的古文化遗址、古墓葬的；

（二）盗掘古文化遗址、古墓葬集团的首要分子；

（三）多次盗掘古文化遗址、古墓葬的；

（四）盗掘古文化遗址、古墓葬，并盗窃珍贵文物或者造成珍贵文物严重破坏的。

盗掘国家保护的具有科学价值的古人类化石和古脊椎动物化石的，依照前款的规定处罚。

文献：娄云生：《刑法新罪名集解》，中国检察出版社 1994 年版；周道鸾等主编：《刑法的修改与适用》，人民法院出版社 1997 年版；刘家琛主编：《新刑法条文释义》，人民法院出版社 1997 年版；赵秉志主编：《疑难刑事问题司法对策》（第八集），吉林人民出版社 1999 年版；薛瑞麟：《文物犯罪研究》，中国政法大学出版社 2002 年版。李本、李丽英：《论盗掘古墓葬罪》，载《法律科学》1994 年第 5 期；王源渊：《论盗掘古文化遗址古墓葬罪》，载《律师世界》1995 年第 11 期；谢望原：《盗掘古人类化石、古脊椎动物化石罪探析》，载《法学》2003 年第 2 期；薛瑞麟：《论盗掘古文化遗址、古墓葬罪》，载《政法论坛》2003 年第 3 期；胡万霞：《盗掘古人类化石、古脊椎动物化石罪认定中的若干问题》，载《前沿》2006 年第 1 期。

细目录

Ⅰ　主旨

Ⅱ　沿革

Ⅲ　客体

Ⅳ　对象

　一、盗掘古文化遗址、古墓葬罪的对象

二、盗掘古人类化石、古脊椎动物化石罪的对象

Ⅴ 行为

Ⅵ 主体

Ⅶ 罪过

Ⅷ 既遂与未遂

Ⅸ 处罚

Ⅰ 主旨

1 古文化遗址、古墓葬是反映人类生活的重要文化遗迹,具有重要的历史、艺术、科学价值。我国是历史悠久的文明古国,是世界上保存文物最多的国家之一,古文化遗址、古墓葬遍布中华大地,它们反映了中华民族上下五千年绵延不绝的生存、斗争、发展的历史,是全民族珍贵的文化遗产。近年来,盗掘古文化遗址、古墓葬的犯罪行为愈演愈烈,致使许多记载中华民族文明渊源的遗存毁于一旦,大量未经科学考古发掘而出土的文物因脱离特定的保护环境而失去珍贵的科学价值,不少文物尤其是壁画、漆器等重要文物,因得不到及时的科学处理而受到破坏。遏制这些犯罪行为,保卫中华民族的文化遗产,正是本条设置盗掘古文化遗址、古墓葬罪的旨意所在。

2 古人类化石、古脊椎动物化石是地质工作者鉴定和对比地层、了解地球历史的重要根据,是生物学家和人类学家研究动物和人类起源、发展历史及其规律的珍贵资料。化石的形成需数十万年,乃至数千万年的时间,它们在地层中的分布和埋藏数量有一定的限度,并且越接近地表面,可以采集的部分、数量就越少。这些古人类化石、古脊椎动物化石对研究人类发展史和自然科学具有极其重要的意义,《文物保护法》亦将其与文物同等保护。刑法设置盗掘古人类化石、古脊椎动物化石罪的目的,就是遏制盗掘古人类化石、古脊椎动物化石的行为,保护具有科学价值的古人类化石、古脊椎动物化石。

Ⅱ 沿革

3 新中国对盗掘古文化遗址、古墓葬的刑事制裁法律文件最早可追溯至 1950 年《刑法大纲草案》第 110 条的规定,破坏、盗卖有关历史、文化之古迹、古物,或未经政府允许擅自发掘古墓或其他埋藏古物之处所者, 处 3 年以下监禁。组织领导多人犯前项之罪者,处 1 年以上 5 年以下监禁。但是,1979 年《刑法》中并未将盗掘古文化遗址、古墓葬的行为规定为独立之犯罪,其后的司法实践中对此类犯罪行为一般是按照盗窃罪定罪量刑。

4 1982 年通过的《文物保护法》在第 31 条第 2 款明文规定:“私自挖掘古文化遗址、古墓葬的,以盗窃论处。”该条是首次以附属刑法的方式对私自挖掘古文化遗址、古墓葬的刑事责任的规定。嗣后 1987 年 11 月 27 日发布的最高人民法院、最高人民

检察院《关于办理盗窃、盗掘、非法经营和走私文物的案件具体应用法律的若干问题的解释》中亦有关盗掘古文化遗址、古墓葬的规定。该解释第二部分规定:①清代和清代以前的古墓葬、古遗址,受国家保护;辛亥革命以后,与著名历史事件有关的名人墓葬、遗址和纪念地,也视同古墓葬、古遗址,受国家保护。②私自挖掘古墓葬、古文化遗址的,以盗窃罪论处。处理这类案件,不以被盗掘的古墓葬、古遗址是否已确定为重点文物保护单位为限,但对于盗掘已被确定为重点文物保护单位的古墓葬、古遗址(包括国家级、省级和县级)的,应从重处罚。③对盗掘中窃取文物和破坏文物的,均应以盗窃罪论处,根据被盗、被毁文物所应评定的级别等情节予以处罚。④盗掘古墓葬、古遗址,以盗窃罪论处的案件,在量刑幅度上,可以参照盗窃馆藏文物的量刑标准,予以处罚。⑤盗窃古墓葬、古遗址,虽未窃取到文物,但情节严重的,也应以盗窃罪处罚;如在盗掘古墓葬、古遗址时,破坏了经鉴定属于不能移动的珍贵文物,应依法从重处罚。上述司法解释在实际执行过程中遇到了一些困境,如按照解释的规定,办理盗掘文物的案件,应当以文物的等级为标准,并结合考虑文物的数量、可评定的价格和其他情节。但在一部分盗掘古文化遗址、古墓葬的案件中,所盗掘的文物已经出手或者被毁,难以评定文物的等级,难以查清文物的数量,造成以盗窃罪定罪的困难。[1]

5 鉴于司法实践中适用法律面临的困境,全国人大常委会在 1991 年对《文物保护法》第 31 条作出修改的同时,颁布了《关于惩治盗掘古文化遗址古墓葬犯罪的补充规定》。该补充规定明确,盗掘具有历史、艺术、科学价值的古文化遗址、古墓葬的,处 3 年以上 10 年以下有期徒刑,可以并处罚金;情节较轻的,处 3 年以下有期徒刑或者拘役,可以并处罚金;有下列情形之一的,处 10 年以上有期徒刑、无期徒刑或者死刑,并处罚金或者没收财产:①盗掘确定为全国重点文物保护单位和省级文物保护单位的古文化遗址、古墓葬的;②盗掘古文化遗址、古墓葬集团的首要分子;③多次盗掘古文化遗址、古墓葬的;④盗掘古文化遗址、古墓葬,并盗窃珍贵文物或者造成珍贵文物严重破坏的。盗掘古文化遗址、古墓葬所盗窃的文物,一律予以追缴。这是立法机关首次明确将盗掘古文化遗址、古墓葬的行为单独定罪量刑。

6 1997 年《刑法》第 328 条基本沿用了上述规定,但进行了局部的调整:①罚金刑的适用由"可以并处"改为"并处";②对于情节较轻的,在刑种上增加了管制刑;③删除了"盗掘古文化遗址、古墓葬所盗窃的文物,一律予以追缴"之规定,将其内容纳入《刑法》第 64 条"犯罪分子违法所得的一切财物,应当予以追缴或者责令退赔"的规定中;④增加第 2 款规定"盗掘国家保护的具有科学价值的古人类化石和古脊椎动物化石的,依照前款的规定处罚"。这是由于从 1982 年修订的《文物保护法》起,历次修订的《文物保护法》中均规定,具有科学价值的古脊椎动物化石和古人类化石同文物一样受国家的保护,刑法的修订即是与相关法律体系的协调。

1　参见周道鸾等主编:《刑法的修改与适用》,人民法院出版社 1997 年版,第 658 页。

7 2011年2月25日通过的《刑法修正案(八)》第45条,取消了1997年《刑法》中盗掘古文化遗址、古墓葬罪与盗掘古人类化石、古脊椎动物化石罪的死刑的规定。

Ⅲ 客体

8 盗掘古文化遗址、古墓葬罪,盗掘古人类化石、古脊椎动物化石罪的客体为双重客体:①具有历史、艺术、科学价值的古文化遗址、古墓葬以及古人类化石、古脊椎动物化石本身就是一种文物,我国对古文化遗址、古墓葬、古人类化石、古脊椎动物化石等文化遗产制定了相关法律予以保护,根据现行的《文物保护法》第2条之规定,在中华人民共和国境内的有历史、艺术、科学价值的古文化遗址、古墓葬以及具有科学价值的古脊椎动物化石和古人类化石等文物受国家保护。故盗掘古文化遗址、古墓葬、古人类化石、古脊椎动物化石,必然侵犯了国家相应的文物管理秩序。②从物权法角度来看,文化遗产是继承关系的客体,它的主体是继承者。这种文化的创造者是整个民族,而不是个人。因此,作为文化遗产的古文化遗址、古墓葬、古人类化石、古脊椎动物化石的继承者应是国家,其所有权也属于国家。发掘古文化遗址、古墓葬、古人类化石、古脊椎动物化石须履行报批程序。未经批准,私自挖掘古文化遗址、古墓葬、古人类化石、古脊椎动物化石,不论是否窃得可移动的文物,都是对国家所有权的一种侵犯。[2]

Ⅳ 对象

一、盗掘古文化遗址、古墓葬罪的对象

9 盗掘古文化遗址、古墓葬罪的对象为具有历史、艺术、科学价值的古文化遗址、古墓葬。学理及司法实务中对古文化遗址、古墓葬的成立范围如是否包含内水、领海中的水下古文化遗址、古墓葬,以及如何理解"古代"这一时代范围存在争议。[3] 最高人民法院、最高人民检察院《关于办理妨害文物管理等刑事案件适用法律若干问题的解释》对这些问题进行了明确:①"古文化遗址、古墓葬"包括水下古文化遗址、古墓葬。我国南海管辖海域内,水下文物遗存丰富。当前,盗捞南海水下文物较为猖獗,为强化对水下文物的特别保护,这一解释具有合理性。②"古文化遗址、古墓葬"不以公布为不可移动文物的古文化遗址、古墓葬为限。实践中,一些被盗掘的古文化遗址、古墓葬并非文物保护单位,甚至尚未被公布为不可移动文物,行为人先于文物考古工作者发现该古文化遗址、古墓葬的案件时有出现,这一解释规定对打击此类犯罪行为确有必要。③"古文化遗址、古墓葬"不包括古建筑、石窟寺、石刻、壁画、近代现代重要

2 参见薛瑞麟:《论盗掘古文化遗址、古墓葬罪》,载《政法论坛》2003年第3期。

3 参见娄云生:《刑法新罪名集解》,中国检察出版社1994年版,第62页。

史迹和代表性建筑等其他不可移动文物。这是由于《文物保护法》第 4 条明确将“古文化遗址、古墓葬”与“古建筑、石窟寺、石刻、壁画、近代现代重要史迹和代表性建筑等不可移动文物”并列,故为与相关法律协调,不宜再将古建筑、石窟寺、石刻、壁画、近代现代重要史迹和代表性建筑等纳入“古文化遗址、古墓葬”的范围。而对于采用破坏性手段盗窃古文化遗址、古墓葬以外的古建筑、石窟寺、石刻、壁画、近代现代重要史迹和代表性建筑等其他不可移动文物的,应按照盗窃罪追究刑事责任。在此之前,《刑事审判参考》案例第 266 号“李生跃盗掘古文化遗址案”[4]的裁判理由中指出:《文物保护法》虽把石窟寺与古文化遗址并列,而《刑法》第 328 条所规定的犯罪对象则是古文化遗址、古墓葬,没有明确列出石窟寺,但这并不说明《刑法》第 328 条排除了对石窟寺的保护。从立法本意上讲,《刑法》第 328 条所称的古文化遗址应包括石窟寺等其他不可移动的文物在内……上诉人李生跃为了牟取非法利益,故意盗掘广元市观音岩摩崖佛造像头像,其行为破坏了国家文物的整体完整性和文物价值,对省级文物保护单位广元市观音岩摩崖佛造像造成了不可弥补的损失,已构成盗掘古文化遗址罪。司法解释改变了“李生跃盗掘古文化遗址案”指导案例的这一立场。因此,司法解释生效后,对此类案件应当一律认定为盗窃罪而非盗掘古文化遗址罪。

二、盗掘古人类化石、古脊椎动物化石罪的对象

盗掘古人类化石、古脊椎动物化石罪的对象是国家保护的具有科学价值的古人类化石和古脊椎动物化石,即距今一万年以前的古人类、古脊椎动物的遗骸和遗迹。古人类化石若按实体化石和遗迹化石划分,其内容应包括:距今一万年前的直立人,早期、晚期智人的遗骸,如牙齿、头盖骨、骨骼等,以及旧石器时代古人类的劳动工具、文化遗物等。古脊椎动物化石若按实体化石和遗迹化石划分,其内容应包括:距今一万年以前埋藏地下的古爬行动物、哺乳动物和鱼类化石等,以及古脊椎动物的足迹化石、排泄物化石或卵化石等。[5] 10

V 行为

盗掘古文化遗址、古墓葬罪和盗掘古人类化石、古脊椎动物化石罪在客观方面均表现为盗掘行为,如何理解盗掘行为在学理上存有争议。有学者将盗掘理解为复合行为,即“挖掘并盗取文物的行为,只掘不盗和只盗不掘,均不构成本罪”[6]。又或者表述为“盗掘既不是单纯的盗窃,也不是单纯损毁……可谓集盗窃与损毁于一体”[7]。 11

---

4 参见最高人民法院刑事审判第一庭、第二庭编:《刑事审判参考》总第 34 集(第 266 号),法律出版社 2004 年版。

5 参见谢望原:《盗掘古人类化石、古脊椎动物化石罪探析》,载《法学》2003 年第 2 期。

6 李本、李丽英:《论盗掘古墓葬罪》,载《法律科学》1994 年第 5 期。

7 张明楷:《刑法学》(第 6 版),法律出版社 2021 年版,第 1466 页。

将本罪理解为复行为犯或许并不符合立法本意:①盗掘行为与传统刑法学者所理解之秘密窃取的盗窃行为不同,其着重的是对财物所有权之侵害,但本罪之立法目的着重是为了保护古文化遗址、古墓葬的历史、艺术、科学价值,故盗掘行为亦应理解为相对于合法挖掘而言,即私自挖掘。《文物保护法》第三章对考古发掘的报批程序、发掘条件、管理机构发掘文物的保护措施等进行了严格的规定,故不符合相关法律规定进行的挖掘即属私自挖掘。因此,盗掘并不限于传统意义上的秘密挖掘,也包括明火执仗的公然挖掘。其具体方法或者手段多种多样,如挖、拆、炸、凿、割、砸等,甚至动用大型的或者现代化的机械设备挖掘。②既然盗掘是指私自挖掘,那么,是否盗取其中的文物就不是构成犯罪所必需的要件。从作为本罪加重法定刑条件之一的"盗掘确定为全国重点文物保护单位和省级文物保护单位的古文化遗址、古墓葬的"规定来看,只要盗掘了特殊级别的古文化遗址、古墓葬即适用加重之法定刑,而不管是否盗取其中的文物。同时,从另一加重法定刑条件即"盗掘古文化遗址、古墓葬,并盗窃珍贵文物或者造成珍贵文物严重破坏的"规定,亦可反证盗掘行为本身并不要求窃取其中的文物。也正是因为如此之缘由,最高人民法院、最高人民检察院《关于办理妨害文物管理等刑事案件适用法律若干问题的解释》中认为,只要盗掘行为已损害古文化遗址、古墓葬的历史、艺术、科学价值,即使未盗取到文物的,也应当认定为既遂。这样的理解较为符合本罪之保护法益要求。

Ⅵ 主体

12 盗掘古文化遗址、古墓葬罪与盗掘古人类化石、古脊椎动物化石罪的主体均为一般主体,并且只限于自然人。即年满 16 周岁并具有刑事责任能力的人,均可以成为两罪的主体。

Ⅶ 罪过

13 盗掘古文化遗址、古墓葬罪与盗掘古人类化石、古脊椎动物化石罪的罪过形式均为故意。两罪的故意的认识内容是,行为人认识到自己所盗掘的是具有历史、艺术、科学价值的古文化遗址、古墓葬或具有科学价值的古人类化石、古脊椎动物化石。这一认识只是一种概括的认识。实践中我国对县级或者县级以上的文物保护单位一般都划定保护范围, 并附有标志说明,对这些文物保护单位内的古文化遗址、古墓葬进行盗掘,行为人的主观明知一般不难判断,而对于没有明确标识特别是尚未核定公布为文物保护单位的古文化遗址、古墓葬,只要"证明行为人明确知道古文化遗址、古墓葬内有值钱的东西,就可以认定行为人明知自己盗掘的是具有历史、艺术、科学价值的古文化遗址、古墓葬"[8]。

---

8 薛瑞麟:《论盗掘古文化遗址、古墓葬罪》,载《政法论坛》2003 年第 3 期。

Ⅷ 既遂与未遂

盗掘古文化遗址、古墓葬罪的既遂与未遂，主要涉及盗取古文化遗址、古墓葬中的文物是否为本罪构成要件的判断。 14

从作为本罪加重法定刑条件之一的“盗掘确定为全国重点文物保护单位和省级文物保护单位的古文化遗址、古墓葬的”规定来看，只要盗掘了特殊级别的古文化遗址、古墓葬即适用加重之法定刑，而不管是否盗取其中的文物。同时，从另一加重法定刑条件即“盗掘古文化遗址、古墓葬，并盗窃珍贵文物或者造成珍贵文物严重破坏的”规定，可以反证盗掘行为本身并不要求窃取其中的文物。《刑事审判参考》案例第 485 号“孙立平等盗掘古墓葬案”的裁判理由中指出：盗掘古墓葬罪属于以完成一定的行为作为构成犯罪的行为犯，只要被告人有盗掘古墓葬的主观故意，客观上实施了一定的盗掘行为，就可认定既遂……立法规定成立该罪并不以实际盗得文物为构成要件，仅要求主观上为故意，客观上实施了盗掘具有历史、艺术、科学价值的古文化遗址、古墓葬的行为即可。这是因为，刑法设置该罪旨在保护在历史、艺术、科学等方面都具有很高的文物价值的古墓葬及其内部文物，但以目前的科技水平，对多数文物最好的保护方法仍是埋藏在地下，一旦挖掘出土，就可能对其造成不可逆转的破坏或毁坏，甚至迫使国家不得不对其进行抢救性的挖掘，其损失很可能是无法估量的，更遑论那些非法私自采取破坏性手段的盗掘行为了。为此，出于严厉打击此类犯罪的需要，刑法降低构罪门槛，将其规定为行为犯是符合国家严格保护文物政策的。盗掘古墓葬罪作为行为犯，其既遂是以一定行为的实施为标准，但一般来说，盗掘古墓葬行为在实践中会有一个实行过程，我们不能认为一着手实施即可构成犯罪，应当结合承担刑事责任所要求行为的社会危害程度进行具体分析，严格把握盗掘行为是否达到符合刑法规定的界限，如果盗掘行为刚刚开始，并未触及墓室或未对该墓葬的历史、艺术、科学价值造成一定影响的，可以不以犯罪论处。本案的被告人连续多次对古墓葬进行盗掘，除在小白山、五福村墓中掘得文物外，盗掘其他古墓葬均未掘得物品，但从被告人的行为来看，违反相关国家规定私自挖掘古墓葬，并且分别掘及墓室的主体或侧墓，已经对古墓葬造成了不可恢复的破坏，从其行为程度看，不仅已着手犯罪，而且其行为已造成了对古墓葬的破坏结果，严重侵犯了国家文物管理秩序，应当说符合《刑法》第 328 条规定的行为要件，应属既遂。最高人民法院、最高人民检察院《关于办理妨害文物管理等刑事案件适用法律若干问题的解释》确认了上述见解，明确规定，只要盗掘行为已损害古文化遗址、古墓葬的历史、艺术、科学价值，即使未盗取到文物的，也应当认定为既遂。 15

盗掘古人类化石、古脊椎动物化石罪亦为行为犯，其既遂、未遂的判断可以参照盗掘古文化遗址、古墓葬罪的既遂、未遂的判断标准，即不以行为人是否窃取古人类化石、古脊椎动物化石为标准，而以行为人是否完成盗掘行为为标准。 16

Ⅸ　处罚

17 《刑法》第 328 条为盗掘古文化遗址、古墓葬罪设置了独立的法定刑:盗掘具有历史、艺术、科学价值的古文化遗址、古墓葬的,处 3 年以上 10 年以下有期徒刑,并处罚金;情节较轻的,处 3 年以下有期徒刑、拘役或者管制,并处罚金;有下列情形之一的,处 10 年以上有期徒刑或者无期徒刑,并处罚金或者没收财产:①盗掘确定为全国重点文物保护单位和省级文物保护单位的古文化遗址、古墓葬的;②盗掘古文化遗址、古墓葬集团的首要分子;③多次盗掘古文化遗址、古墓葬的;④盗掘古文化遗址、古墓葬,并盗窃珍贵文物或者造成珍贵文物严重破坏的。

18 《刑法》第 328 条第 2 款对盗掘古人类化石、古脊椎动物化石罪规定了援引法定刑,根据该规定,犯盗掘古人类化石、古脊椎动物化石罪的,依照《刑法》第 328 条第 1 款盗掘古文化遗址、古墓葬罪的法定刑处罚。

第三百二十九条　抢夺、窃取国有档案罪；擅自出卖、转让国有档案罪

抢夺、窃取国家所有的档案的，处五年以下有期徒刑或者拘役。

违反档案法的规定，擅自出卖、转让国家所有的档案，情节严重的，处三年以下有期徒刑或者拘役。

有前两款行为，同时又构成本法规定的其他犯罪的，依照处罚较重的规定定罪处罚。

文献：赵秉志主编：《新刑法典的创制》，法律出版社 1997 年版；赵秉志主编：《新刑法教程》，中国人民大学出版社 1997 年版；张穹主编：《新刑法罪与非罪、此罪与彼罪的界限》，中国检察出版社 1998 年版；高铭暄、马克昌主编：《刑法学》，中国法制出版社 1999 年版；谢望原主编：《妨害文物管理罪》，中国人民公安大学出版社 1999 年版；周光权：《刑法各论》，中国人民大学出版社 2008 年版；陈兴良：《规范刑法学》（第 2 版），中国人民大学出版社 2008 年版；阮齐林：《刑法学》（第 2 版），中国政法大学出版社 2010 年版；张明楷：《刑法分则的解释原理》（第 2 版），中国人民大学出版社 2011 年版；张明楷：《刑法学》（第 6 版），法律出版社 2021 年版。王三山、黄明儒：《论抢夺、窃取国有档案罪》，载《荆州师范学院学报》2001 年第 6 期；向平生：《抢夺、窃取国有档案罪疑难问题分析》，载《山西档案》2010 年第 3 期；王骏：《档案保护刑事立法中的"三个应当"》，载《档案学通讯》2010 年第 4 期；张勇：《文化遗产法益的刑法保护》，载《新疆社会科学》2012 年第 4 期；张胜全：《抢夺、窃取国有档案罪疑难问题探究》，载《档案管理》2013 年第 3 期。

细目录

Ⅰ　主旨

Ⅱ　沿革

Ⅲ　客体

Ⅳ　对象

Ⅴ　行为

　一、抢夺、窃取国有档案罪的行为

　二、擅自出卖、转让国有档案罪的行为

Ⅵ　主体

Ⅶ 罪过

Ⅷ 处罚

Ⅰ 主旨

1 国家档案是国家机构、社会组织以及个人从事政治、军事、经济、科学、技术、文化、宗教等活动直接形成的对国家和社会有保存价值的各种文字、图表、声像等不同形式的历史记录,是国家宝贵的财富。《档案法》第5条亦明确规定,一切国家机关、武装力量、政党、团体、企业事业单位和公民都有保护档案的义务。刑法设立本条的宗旨即在于通过刑法加强对国有档案的管理和保护。

Ⅱ 沿革

2 1979年《刑法》第100条规定:"以反革命为目的,进行下列破坏行为之一的,处无期徒刑或者十年以上有期徒刑;情节较轻的,处三年以上十年以下有期徒刑:……(二)抢劫国家档案、军事物资、工矿企业、银行、商店、仓库或者其他公共财物的……"1979年《刑法》首次将抢劫国有档案的行为入罪化,这里关于档案保护的有限规定虽然把国家档案列入了刑法的保护范围,但毕竟仅限于档案被抢劫时,且主观上限定为"以反革命为目的",不利于对档案犯罪的打击。

3 全国人大常委会1987年9月5日通过的《档案法》对诸多妨害档案管理的行为如损毁、丢失或者擅自销毁属于国家所有的档案的,擅自提供、抄录、公布属于国家所有的档案,涂改、伪造档案的,出卖属于国家所有的档案的,倒卖档案牟利或者私自将档案卖给外国人的等行为规定构成犯罪的,依法追究刑事责任。但《档案法》颁行十余年的司法实践中很少有可以适用1987年《档案法》第24条所列举的破坏国家正常档案管理活动的犯罪行为的实际案例发生,其中一个不容忽视的原因就是1979年《刑法》并无相应的规定,也无近似的罪名。[1]

4 1997年《刑法》首次将抢夺、窃取国有档案与擅自出卖、转让国有档案的行为规定为独立的犯罪,但刑法并非将1987年《档案法》第24条规定的7种行为全部规定为犯罪,而是有重点地进行选择规定,"这样既有利于对档案的保护,又避免了刑罚的过度介入,形成对档案保护轻重结合的法律体系"[2]。

Ⅲ 客体

5 抢夺、窃取国有档案罪与擅自出卖、转让国有档案罪侵犯的法益(客体)是国家对

---

1 参见王三山、黄明儒:《论抢夺、窃取国有档案罪》,载《荆州师范学院学报》2001年第6期。

2 赵秉志主编:《新刑法典的创制》,法律出版社1997年版,第419页。

档案的管理制度和档案的国家所有权。现行的《档案法》对国有档案的管理、利用和公布等有明确之规定，形成了国有档案的管理制度，其中，第14条、第23条亦明确对国有档案不得据为己有或非法买卖、转让，体现了国家对国有档案的所有权。刑法对本罪之规定正是体现了对基于《档案法》所形成之国有档案管理制度及档案的国家所有权之保护。

Ⅳ　对象

抢夺、窃取国有档案罪与擅自出卖、转让国有档案罪的对象是国有档案。从档案所有权人的不同，可将其分为个人所有的档案、集体所有的档案、国家所有的档案。本罪侵犯的对象仅限于国家所有的档案，即国有档案。如果行为人抢夺、窃取的不是国有档案，则不构成本罪。学理上有人将作为本罪对象的国有档案理解为档案的内容，而非载体，并认为抢夺、窃取国有的档案复制件的行为，也应以本罪论处。[3] 档案复制件不同于档案，尽管档案复制件体现了档案的内容，但刑法条文既然明确将本罪对象限定为档案，那么上述解释结论很明显有类推解释之嫌。 6

按照《档案法》第2条之规定，档案，是指过去和现在的机关、团体、企业事业单位和其他组织以及个人从事经济、政治、文化、社会、生态文明、军事、外事、科技等方面活动直接形成的对国家和社会有保存价值的各种文字、图表、声像等不同形式的历史记录。而国有档案即国家所有的档案。学理上对档案犯罪的体系归属一直颇有微词，“把档案犯罪规定在妨害文物管理罪中，在体例上是不妥当的。因为，档案不同于文物，将档案犯罪归入妨害文物管理罪，不符合刑法按照同类客体对犯罪进行分类的标准。国有档案更接近于国家机密文件、资料，妨害国有档案的行为侵犯了国家对社会的管理秩序，因此，应将档案犯罪归入扰乱公共秩序罪一节中”[4]。这与作为本罪对象的档案的理解直接相关。如果将《文物保护法》关于文物范畴的规定与《档案法》对档案的界定相比较，会发现《文物保护法》第2条受国家保护的文物中所指的与重大历史事件、革命运动或者著名人物有关的以及具有重要纪念意义、教育意义或者史料价值的近代现代重要史迹、实物、代表性建筑，历史上各时代重要的文献资料以及具有历史、艺术、科学价值的手稿和图书资料等，反映历史上各时代、各民族社会制度、社会生产、社会生活的代表性实物，很明显与档案之范畴是有重叠的。《档案法》实际上也认可了这一现象，该法第18条规定，博物馆、图书馆、纪念馆等单位保存的文物、文献信息同时是档案的，依照法律和行政法规的规定，可以由上述单位自行管理。“由于文物与档案都具有物质性、社会性、历史性和不可再生性等特点，从而存在一定交叉，有些文物也是档案，有些档案也是文物，例如，具有记事性的甲骨刻文、 7

[3] 参见张穹主编：《新刑法罪与非罪、此罪与彼罪的界限》，中国检察出版社1998年版，第329页。

[4] 谢望原主编：《妨害文物管理罪》，中国人民公安大学出版社1999年版，第12页。

陶器铭文、石刻文等就具有文物与档案的双重属性。”[5]由此看来,“文物”的概念并非如一般人所设想的那样狭隘,将档案犯罪纳入妨害文物管理罪不仅具有实践基础,亦可凸显档案之特性,并无不妥。

V 行为

一、抢夺、窃取国有档案罪的行为

8 抢夺、窃取国有档案罪在客观方面表现为抢夺、窃取国有档案的行为。抢夺、窃取行为的理解与财产犯罪中抢夺、窃取行为的解读存在对应关系。传统学者主张抢夺是“乘人不备,公然夺取”,而盗窃是“秘密窃取”,故对抢夺、窃取国有档案的行为应解释为“乘人不备,公然夺取国有档案或者秘密窃取国有档案的行为”[6]。相反,将抢夺理解为“对他人占有的财物行使有形力”,将盗窃理解为“使用平和手段获得财物”时,对抢夺、窃取国有档案的行为则解释为“抢夺,是指行使有形力取得国有档案;窃取,是指使用平和手段取得国有档案”[7]。从体系解释的视角出发,对本罪抢夺、窃取行为的理解应与财产犯罪中抢夺、盗窃行为的解读保持一致。在学理及司法实践已承认公开盗窃的情形的前提下,将盗窃理解为秘密窃取就不合适,相应的,将抢夺理解为乘人不备也不符合司法实际,从抢夺与盗窃相区别的角度来看,两者最显著之区别在于前者的行为手段是暴力手段(对物暴力或者对人的轻微暴力),而后者则是非暴力的平和手段,故抢夺国有档案,就是通过对他人紧密占有的国有档案行使有形力,在被害人来不及反抗的情况下取得国有档案,乘人不备并非必备要素。窃取国有档案,就是指违背被害人的意志,使用平和手段即非暴力手段将国有档案转移为自己或第三人控制,秘密性并非必备要素。抢夺、窃取国有档案罪属于选择性罪名,如果行为人同时实施抢夺、窃取国有档案行为的,也只以一罪处罚,而不数罪并罚。另外,如果行为实施抢夺、窃取国有档案行为同时又触犯其他罪名的,则应根据《刑法》第 329 条第 3 款的规定,依照较重的规定定罪处罚。

9 刑法规定了抢夺、窃取国有档案罪,但并未将抢劫国有档案的行为进行明确规定,故在学理上必然引发抢劫国有档案的行为如何处理的问题。有学者主张,“抢劫国有档案的行为刑法无明文规定,应严格遵循罪刑法定主义的精神,将抢劫国有档案的行为不作为犯罪处理”[8]。亦有学者提出,“抢劫国有档案的行为直接按抢劫罪定

5 张胜全:《档案犯罪基本问题研究》,载《档案学研究》2012 年第 4 期。

6 中国检察理论研究所编写:《刑法新罪名通论》,中国法制出版社 1997 年版,第 259 页。

7 陈兴良主编:《刑法学》(第 2 版),复旦大学出版社 2009 年版,第 645 页。

8 张穹主编:《新刑法罪与非罪、此罪与彼罪的界限》,中国检察出版社 1998 年版,第 353 页。

罪处罚”[9]。还有人认为,“由于刑法没有对抢劫国有档案的行为进行规范,而抢夺行为本身可以以暴力方式实施。按照举轻以明重的刑法解释原则,如果实践中出现抢劫国有档案的行为,可以按抢夺国有档案罪定罪处罚”[10]。笔者认为,将抢劫国有档案的行为作无罪化处理是对罪刑法定原则机械、片面之解读,亦会严重背离民众的法感情和普世性的正义观念;将档案作为财物的下位概念,着眼于其财物属性,从而将抢劫国有档案的行为直接认定为抢劫罪的解决思路简洁明快,但此种解决方案最大之问题即在于对档案之属性归属的困惑。既然认为档案与文物类似都是一种历史记录,是记录人类活动的信息载体,其对国家、民族之意义绝非普通财物所能比拟,刑法将档案犯罪归为“妨害社会管理秩序罪”,显然关注的是档案的历史价值而非其财物属性,学理及司法实践中也毫无例外地将档案犯罪的客体或者主要客体界定为国家对档案形成的管理秩序,更何况很多档案不属于财物,故如果将抢劫国有档案的行为一律认定为抢劫罪的主张并不符合此类犯罪的本质特征;以“举轻以明重”的当然解释原理将抢劫认定为“抢夺”的思维模式亦不足取。因为“当然解释只是一种解释理由,而不是定罪的根据。如果解释结论不能为刑法用语所包含,即使是当然解释的结论,也不能采纳”[11]。换言之,举轻以明重的当然解释方法亦应受到罪刑法定原则的限制。故此,关键问题就是如何把握抢夺罪与抢劫罪的构成要件之间的关系。抢劫罪与抢夺罪并非排斥之关系,从犯罪构成要件来讲,抢夺行为的对象并非只能是物,也可能是人,只不过其暴力程度未达到压制被害人反抗的程度,故抢劫可以视为在构成要件上已经符合抢夺的前提下有超出之要素,并不缺少抢夺罪的构成要件要素。将抢劫行为评价为抢夺行为,是在规范意义上只评价其中的抢夺部分行为,并不会改变抢夺罪之构成要件,亦不会违反罪刑法定原则。故对抢劫国有档案的行为原则上应认定为抢夺国有档案罪,在国有档案本身可以评价为财物时,则形成抢夺国有档案罪与抢劫罪之想象竞合的情形,从一重罪论处。

二、擅自出卖、转让国有档案罪的行为

擅自出卖、转让国有档案罪的客观方面表现为违反档案法之规定,擅自出卖、转让国有档案,情节严重的行为。 10

“擅自”是指行为人不具有档案法要求的正当目的和未履行要求的申请、审批手续,而自作主张将自己无权支配的国有档案出卖或转让他人。《档案法》对档案的收购、征购、寄存、转让、买卖、交换均有严格之规定,其中第22条第1、2款规定:非国有企业、社会服务机构等单位和个人形成的档案,对国家和社会具有重要保存价值或者应当保密的,档案所有者应当妥善保管。对保管不符合要求或者存在其他原因可能 11

9 向平生:《抢夺、窃取国有档案罪疑难问题分析》,载《山西档案》2010年第3期。

10 周光权:《刑法各论》(第4版),中国人民大学出版社2021年版,第478页。

11 张明楷:《刑法分则的解释原理》(第2版),中国人民大学出版社2011年版,第44页。

导致档案严重损毁和不安全的,省级以上档案主管部门可以给予帮助,或者经协商采取指定档案馆代为保管等确保档案完整和安全的措施;必要时,可以依法收购或者征购。前款所列档案,档案所有者可以向国家档案馆寄存或者转让。严禁出卖或者赠送给外国人或者外国组织。而第23条亦规定,禁止买卖属于国家所有的档案。国有企业事业单位资产转让时,转让有关档案的具体办法,由国家档案行政管理部门制定。档案复制件的交换、转让,按照国家规定办理。擅自出卖、转让国有档案的行为必然违反了上述规定。而对于"出卖"的含义,学理上的理解较为一致,即为获取对价而交付国有档案的行为,但对于何谓"转让"则存在是否有偿的争议。部分学者认为,"擅自转让,是指未经批准而无偿送给他人"[12]。另有学者提出,"擅自转让,是指无偿赠送或者有偿交换档案"[13]。既然刑法条文表述将出卖与转让并列,则转让宜与出卖形成区别,故将转让理解为无偿转让即赠与较为合适,此一解释结论亦可以与《档案法》将买卖、交换、转让分别表述的立法现实相协调。

12　本罪客观方面除要求实施擅自出卖、转让国有档案的行为之外,亦要求"情节严重",目前尚未有司法解释对何谓"情节严重"进行明确规定,司法实践中一般可从行为人擅自出卖、转让的行为次数,出卖、转让的国有档案的历史意义、价值,行为是否造成国有档案无法追回或对国家的政治、经济、文化、科技、外交等造成重大不良影响等方面综合判断。

Ⅵ　主体

13　抢夺、窃取国有档案罪与擅自出卖、转让国有档案罪的主体均为一般主体,并且只限于自然人,即年满16周岁并具有刑事责任能力的人,均可以成为两罪的主体。

Ⅶ　罪过

14　抢夺、窃取国有档案罪与擅自出卖、转让国有档案罪的罪过形式均为故意,包含直接故意与间接故意。由于"国有档案"属于特殊之行为对象,故要求行为人尤其是实施抢夺、窃取、擅自转让、出卖国有档案的行为人主观上对此明知。但此种对档案所有权归属主体的认识只要求是一种盖然性的认识,一般而言,行为人认识到是国家机关、人民团体、事业单位、企业或者其他组织等单位的档案管理机构,仍然到这些机构实施抢夺、窃取、擅自出卖、转让国有档案行为的,就符合了构成犯罪的故意要求。

15　就抢夺、窃取行为而言,在财产犯罪中要求行为人主观方面具备"以非法占有为目的",而对非法占有目的之理解,一般认为"由排除意思与利用意思构成,是指排除权利人,将他人的财物作为自己的财物进行支配,并遵从财物的用途进行利用、处分

12　陈兴良:《规范刑法学》(第2版),中国人民大学出版社2008年版,第885页。

13　阮齐林:《刑法学》(第2版),中国政法大学出版社2010年版,第717页。

的意思”[14]。但在抢夺、窃取国有档案罪中并未有如此之限定,亦即抢夺、窃取国有档案的目的不一定限于非法占有的目的,如出于篡改、毁坏、损毁的目的而实施上述行为的,同样构成抢夺、窃取国有档案罪。

Ⅷ 处罚

犯抢夺、窃取国有档案罪的,处 5 年以下有期徒刑或者拘役。犯擅自出卖、转让国有档案罪的,处 3 年以下有期徒刑或者拘役。实施抢夺、窃取国有档案或者擅自出卖、转让国有档案行为,同时又构成本法规定的其他犯罪的,依照处罚较重的规定定罪处罚。换言之,行为人在实施抢夺、窃取、擅自出卖、转让国有档案的行为过程中,如果又触犯其他罪名,则按照处罚较重的规定来处理。例如,盗窃属于国家秘密的国家档案的,触犯了窃取国有档案罪与非法获取国家秘密罪,应从一重罪论处。 16

14 张明楷:《刑法学》(第 6 版),法律出版社 2021 年版,第 1248 页。

第五节　危害公共卫生罪

前　注

文献：刘远主编：《危害公共卫生罪》，中国人民公安大学出版社2003年版；高铭暄：《中华人民共和国刑法的孕育诞生和发展完善》，北京大学出版社2012年版；王作富主编：《刑法分则实务研究》（第5版），中国方正出版社2013年版；张军主编：《刑法［分则］及配套规定新释新解》（第9版），人民法院出版社2016年版；张明楷：《刑法学》（第6版），法律出版社2021年版。韩耀元、张玉梅：《〈关于办理非法采供血液等刑事案件具体应用法律若干问题的解释〉解读》，载《人民检察》2008年第20期；李晓：《〈关于办理非法采供血液等刑事案件具体应用法律若干问题的解释〉的理解与适用》，载《人民司法》2008年第21期；吴美满：《从苏某强迫卖血案看转化犯问题》，载《中国检察官》2014年第14期；冯军：《病患的知情同意与违法——兼与梁根林教授商榷》，载《法学》2015年第8期；刘彩灵：《非法行医罪认定中的问题与解决路径》，载《人民论坛》2016年第17期。

细目录

Ⅰ　主旨

Ⅱ　沿革

Ⅲ　特征

一、客体

二、行为

三、主体

四、罪过

Ⅰ　主旨

1　危害公共卫生罪，是指违反卫生管理法规，造成或者足以造成危害结果的行为。为了维护国家对于公共卫生的管理制度，保护公众的身体健康、生命安全，为了贯彻落实“预防为主”的卫生工作指导方针，刑法设立了本类犯罪。

Ⅱ　沿革

2　1979年《刑法》中仅有妨害国境卫生检疫罪一个罪名，之后全国人大常委会于1989年2月21日颁布的《传染病防治法》，首次将妨害传染病防治罪及传染病菌种、毒种扩散罪作为一个独立罪名。在此之前,我国司法实践对危害公共卫生行为的犯罪认定界限模糊,例如非法组织卖血行为,有的定性为扰乱社会秩序罪,有的则定性为以其他方式危害公共安全罪。又如强迫卖血行为,有的定性为故意伤害罪,有的则认定为抢劫罪。这些相关罪名都不能准确反映该类犯罪的社会危害性,不符合罪刑法定原则和罪刑相适应原则。

1997 年《刑法》在总结相关立法与司法经验的基础上,将《刑法》分则第六章妨害社会管理秩序罪的第五节确立为"危害公共卫生罪",共有 8 个刑法条文,经相关司法解释明确为 11 个罪名,分别为:妨害传染病防治罪(第 330 条)、传染病菌种、毒种扩散罪(第 331 条)、妨害国境卫生检疫罪(第 332 条)、非法组织卖血罪(第 333 条)、强迫卖血罪(第 333 条)、非法采集、供应血液或者制作、供应血液制品罪(第 334 条第 1 款)、采集、供应血液或者制作、供应血液制品事故罪(第 334 条第 2 款)、医疗事故罪(第 335 条)、非法行医罪(第 336 条第 1 款)、非法进行节育手术罪(第 336 条第 2 款)、妨害动植物检疫罪(第 337 条)[《刑法修正案(七)》将其修改为"妨害动植物防疫、检疫罪"]。《刑法修正案(十一)》新增了非法采集人类遗传资源、走私人类遗传资源材料罪(第 334 条之一)、非法植入基因编辑、克隆胚胎罪(第 336 条之一)。 3

Ⅲ 特征

一、客体

危害公共卫生罪的客体是国家对公共卫生的管理制度与管理秩序。根据世界卫生组织(WHO)对公共卫生的界定,公共卫生主要是为增进人体健康,预防疾病,改善和创造合乎生理要求的生产环境、生活条件所采取的涉及预防、医疗、保健、康复、健康的个人和社会的措施。公共卫生管理制度,则是有关根据公共卫生法规依法对公共卫生事务进行的管理以及据此形成的有序状态。目前我国关于公共卫生保护管理的行政法规、规章等规范性文件主要包括《传染病防治法》《国境卫生检疫法》《血液制品管理条例》《血站基本标准》《献血法》《医疗事故处理条例》《医疗机构管理条例》《进出境动植物检疫法》等。当然,本罪在破坏国家对公共卫生的管理秩序的同时,还对公众的健康、生命安全造成了威胁。 4

二、行为

危害公共卫生的行为主要是违反公共卫生管理法规,危害不特定或多数人的健康、生命安全的行为。根据现行刑法分则第六章第五节的规定来看,危害国内公共卫生罪的行为主要有以下几种:①引起甲类传染病以及依法确定采取甲类传染病预防、控制措施的传染病传播或者有传播严重危险的行为;②造成传染病菌种、毒种扩散的行为;③引起检疫传染病传播或者有传播严重危险的行为;④非法组织他人出卖血液的行为;⑤以暴力、威胁方法强迫他人出卖血液的行为;⑥非法采集、供应或者制作、 5

供应血液制品的行为;⑦违规采集、供应血液或者制作、供应血液制品的行为;⑧非法采集我国人类遗传资源或者非法运送、邮寄、携带我国人类遗传资源材料出境的行为;⑨医务人员严重不负责任的行为;⑩非法行医的行为;⑪非法进行节育手术的行为;⑫非法植入基因编辑、克隆胚胎的行为;⑬引起重大动植物疫情的行为。本类犯罪有的仅要求实施特定行为,即行为犯,如妨害传染病防治罪;而大多数则是结果犯、情节犯,要求"情节严重"或"造成严重结果",如非法行医罪、医疗事故罪,等等。

三、主体

6 本类犯罪的主体多数为一般主体,只有少数犯罪是特殊主体,即单位犯罪。从《刑法》分则第六章第五节规定的危害公共卫生罪的具体罪名来看,在主体上呈现为以下类型:其一,只能由自然人构成,如非法组织卖血罪(第 333 条),强迫卖血罪(第 333 条),非法采集、供应血液、制作、供应血液制品罪(第 334 条第 1 款),非法采集人类遗传资源材料罪(第 334 条之一),非法行医罪(第 336 条第 1 款),非法进行节育手术罪(第 336 条第 2 款),非法植入基因编辑、克隆胚胎罪(第 336 条之一),妨害动植物防疫、检疫罪(第 337 条);其二,自然人和单位都可以构成本罪主体,如妨害传染病防治罪(第 330 条)、妨害国境卫生检疫罪(第 332 条);其三,特殊主体,只有相关专业人员可构罪,如传染病菌种、毒种扩散罪(第 331 条)、医疗事故罪(第 335 条);其四,只有特殊单位可构罪,如采集、供应血液、制作、供应血液制品事故罪(第 334 条第 2 款)。

四、罪过

7 危害公共卫生犯罪一章的罪过形式,既有故意也有过失,非法组织卖血罪,强迫卖血罪,非法采集、供应血液或者制作、供应血液制品罪,非法采集人类遗传资源、走私人类遗传资源材料罪,非法行医罪,非法进行节育手术罪,非法植入基因编辑、克隆胚胎罪,妨害国境卫生检疫罪为故意犯罪;传染病菌种、毒种扩散罪,采集、供应血液或者制作、供应血液制品事故罪以及医疗事故罪为过失犯罪。至于妨害传染病防治罪,有人认为是故意,有人认为是过失。非法采集、供应血液或者制作、供应血液制品罪以及非法进行节育手术罪,行为人主观上一般具有牟利目的。

第三百三十条　妨害传染病防治罪

违反传染病防治法的规定，有下列情形之一，引起甲类传染病以及依法确定采取甲类传染病预防、控制措施的传染病传播或者有传播严重危险的，处三年以下有期徒刑或者拘役；后果特别严重的，处三年以上七年以下有期徒刑：

（一）供水单位供应的饮用水不符合国家规定的卫生标准的；

（二）拒绝按照疾病预防控制机构提出的卫生要求，对传染病病原体污染的污水、污物、场所和物品进行消毒处理的；

（三）准许或者纵容传染病病人、病原携带者和疑似传染病病人从事国务院卫生行政部门规定禁止从事的易使该传染病扩散的工作的；

（四）出售、运输疫区中被传染病病原体污染或者可能被传染病病原体污染的物品，未进行消毒处理的；

（五）拒绝执行县级以上人民政府、疾病预防控制机构依照传染病防治法提出的预防、控制措施的。

单位犯前款罪的，对单位判处罚金，并对其直接负责的主管人员和其他直接责任人员，依照前款的规定处罚。

甲类传染病的范围，依照《中华人民共和国传染病防治法》和国务院有关规定确定。

文献：刘远主编：《危害公共卫生罪》，中国人民公安大学出版社 2003 年版；高铭暄：《中华人民共和国刑法的孕育诞生和发展完善》，北京大学出版社 2012 年版；王作富主编：《刑法分则实务研究》（第 5 版），中国方正出版社 2013 年版；张军主编：《刑法［分则］及配套规定新释新解》（第 9 版），人民法院出版社 2016 年版；张明楷：《刑法学》（第 6 版），法律出版社 2021 年版。

细目录

Ⅰ　主旨

Ⅱ　沿革

Ⅲ　客体

Ⅳ　对象

Ⅴ　行为

Ⅵ　主体

Ⅶ 罪过
Ⅷ 与他罪的区别
一、与妨害国境卫生检疫罪的区别
二、与传播性病罪的区别
Ⅸ 处罚

Ⅰ 主旨

1 《传染病防治法》第1条规定:"为了预防、控制和消除传染病的发生与流行,保障人体健康和公共卫生,制定本法。"为维护国家关于传染病防治的管理制度,保护社会大众的集体健康,刑法设立了本罪。

Ⅱ 沿革

2 为与1989年通过的《传染病防治法》衔接,1997年《刑法》修订时新增本条犯罪。

3 1989年通过的《传染病防治法》第35条规定:"违反本法规定,有下列行为之一的,由县级以上政府卫生行政部门责令限期改正,可以处以罚款;有造成传染病流行危险的,由卫生行政部门报请同级政府采取强制措施:(一)供水单位供应的饮用水不符合国家规定的卫生标准的;(二)拒绝按照卫生防疫机构提出的卫生要求,对传染病病原体污染的污水、污物、粪便进行消毒处理的;(三)准许或者纵容传染病病人、病原携带者和疑似传染病病人从事国务院卫生行政部门规定禁止从事的易使该传染病扩散的工作的;(四)拒绝执行卫生防疫机构依照本法提出的其他预防、控制措施的。"第37条规定:"有本法第三十五条所列行为之一,引起甲类传染病传播或者有传播严重危险的,比照刑法第一百七十八条的规定追究刑事责任。"1996年8月8日的《刑法修改草稿》规定:违反传染病防治法的规定,引起甲类传染病传播或者有传播严重危险的,处3年以下有期徒刑或者拘役;可以并处或者单处罚金。单位犯前款罪的,对单位判处罚金,并对直接负责的主管人员和其他直接责任人员,依照前款的规定处罚。1996年8月31日的《刑法修改草稿》中将"三年"改为"七年"。后在1996年10月10日的《修订草案》(征求意见稿)修改为:违反传染病防治法的规定,有下列情形之一,引起甲类传染病传播或者有传播严重危险的,处3年以下有期徒刑或者拘役;后果特别严重的,处3年以上7年以下有期徒刑:①供水单位供应的饮用水不符合国家规定的卫生标准的;②拒绝按照卫生防疫机构提出的卫生要求,对传染病病原体污染的污水、污物、粪便进行消毒处理的;③准许或者纵容传染病病人、病原携带者和疑似传染病病人从事国务院卫生行政部门规定禁止从事的易使该传染病扩散的工作的;④拒绝执行卫生防疫机构依照传染病防治法提出的预防、控制措施的。单位犯前款罪的,对单位判处罚金,并对直接负责的主管人员和其他直接责任人员,依照前款的规定处罚。1996 年的修订草案在本条中增加了管制刑,到 1997 年又从草案中删除了管制刑。1997 年 2 月 17 日的《修订草案》删除了单位犯罪的规定,在同年 3 月 1 日的草案中又恢复,并在 1997 年 3 月 1 日的草案中增加了甲类传染病确定依据的规定。[1]

《刑法修正案(十一)》将本罪第 1 款修改为:“违反传染病防治法的规定,有下列情形之一,引起甲类传染病以及依法确定采取甲类传染病预防、控制措施的传染病传播或者有传播严重危险的,处三年以下有期徒刑或者拘役;后果特别严重的,处三年以上七年以下有期徒刑:(一)供水单位供应的饮用水不符合国家规定的卫生标准的;(二)拒绝按照疾病预防控制机构提出的卫生要求,对传染病病原体污染的污水、污物、场所和物品进行消毒处理的;(三)准许或者纵容传染病病人、病原携带者和疑似传染病病人从事国务院卫生行政部门规定禁止从事的易使该传染病扩散的工作的;(四)出售、运输疫区中被传染病病原体污染或者可能被传染病病原体污染的物品,未进行消毒处理的;(五)拒绝执行县级以上人民政府、疾病预防控制机构依照传染病防治法提出的预防、控制措施的。” 4

修改内容具体表现为:一是将本条规定的传染病的种类由“甲类传染病”修改为:“甲类传染病以及依法确定采取甲类传染病预防、控制措施的传染病”。二是与《传染病防治法》相衔接,在“后果特别严重的”情形中增加一项作为第(四)项“出售、运输疫区中被传染病病原体污染或者可能被传染病病原体污染的物品,未进行消毒处理的”。三是根据有关方面的意见,将“后果特别严重的”情形中原第(四)项改为第(五)项,同时将“卫生防疫机构”修改为“县级以上人民政府、疾病预防控制机构”。四是将“后果特别严重的”情形中第(二)项中“卫生防疫机构”修改为“疾病预防控制机构”,将“粪便”修改为“场所和物品”。 5

这样修改的主要考虑:一是充分总结新冠肺炎疫情爆发后的实践经验。2020 年年初,一场前所未有的新冠肺炎疫情突如其来。面对这种新型传染疾病,中国政府秉持科学精神合理应对,在决策指挥、病患治疗、技术攻关和社会治理等全过程中充分尊重科学规律,为顺利控制和战胜疫情奠定了坚实基础。在抗疫实践中,积累了许多有益经验,也暴露出一定问题,如个别地方出现一些行为人拒绝执行县级以上人民政府、疾病预防控制机构提出的防控措施,引起新型冠状病毒传播或者有传播严重危险的情况。针对这些情况,需要修改刑法作出回应。二是进一步与《传染病防治法》的有关规定相衔接。 6

Ⅲ 客体

妨害传染病防治罪的客体是国家关于传染病防治的管理制度。 7

---

1 高铭暄:《中华人民共和国刑法的孕育诞生和发展完善》,北京大学出版社 2012 年版,第 554 页。

Ⅳ 对象

8 由于传染病具有病原体、传染性、流行性、地方性和季节性的特点,因此妨害传染病防治罪具体的犯罪对象为不特定的人或多数人的生命健康。

Ⅴ 行为

9 妨害传染病防治罪的客观行为,表现为引起甲类传染病以及依法确定采取甲类传染病预防、控制措施的传染病传播或者有传播严重危险的五种行为:①供水单位供应的饮用水不符合国家规定的卫生标准的。"供水单位"主要是指城乡自来水厂和有自备水源的集中式供水单位。"饮用水"是传染病的主要传染源之一,必须严格把关。"国家规定的卫生标准"是指《传染病防治法实施办法》和《生活饮用水卫生标准》中规定的相关饮用水的卫生标准。②拒绝按照疾病预防控制机构提出的卫生要求,对传染病病原体污染的污水、污物、场所和物品进行消毒处理的。"疾病预防控制机构"是指卫生防疫站、结核病防治研究所、鼠疫防疫站等专业单位。"传染病病原体"是能引起疾病的微生物和寄生虫的统称。"消毒处理"是指对传染病人可能污染的环境、物品、空气、水源等使用化学、物理或其他方法杀灭或消除致病性微生物。③准许或者纵容传染病病人、病原携带者和疑似传染病病人从事国务院卫生行政部门规定禁止从事的易使该传染病扩散的工作的。"准许或者纵容"指的是行为人主观上明知是传染病病人、病原携带者和疑似传染病病人而同意、默许或者为其提供方便,使其从事国务院卫生行政部门规定禁止从事的易使该传染病扩散的工作。"传染病病人"和"疑似传染病病人"是指根据国务院卫生行政部门的有关规定,感染传染病并已经发病的人,或者是具备传染病全部或部分症状而尚未确诊为传染病人的人。"病原携带者"是指传染病病原体无临床症状,但能排出病原体的。④出售、运输疫区中被传染病病原体污染或者可能被传染病病原体污染的物品,未进行消毒处理的。"物品"必须同时符合以下条件:一是疫区中的物品,这里的"疫区"是指依照有关法律法规划定和公布的传染病发生区。二是被传染病病原体污染或可能被传染病病原体污染,一般是指传染病病人或疑似传染病病人及病原携带者直接使用过或接触过的旧衣物和生活用品,也可能是染疫动物的皮毛。三是没有进行消毒处理,即对于上述被传染病病原体污染或者可能污染的物品,没有采用化学、物理、生物的方法杀灭或者消除了病原微生物。只有出售、运输符合上述条件的物品,才能符合本项规定。⑤拒绝执行县级以上人民政府、疾病预防控制机构依照传染病防治法提出的预防、控制措施的。"预防、控制措施"是指县级以上人民政府、疾病预防控制机构根据预防传染的需要采取的措施。

10 《传染病防治法》将传染病分为甲乙丙三类,传染病是指由于致病性微生物,如细菌、病毒、立克次体、寄生虫等侵入人体,使人体健康受到某种损害以至于产生危及生命的疾病。但是,《刑法》规定实施了上述五种行为之一,引起甲类传染病以及依法确定采取甲类传染病预防、控制措施的传染病传播或者有传播严重危险的,才能构成本罪。这里所谓“甲类传染病”,是指鼠疫、霍乱。此外,根据最高人民检察院、公安部《关于公安机关管辖的刑事案件立案追诉标准的规定(一)》第 49 条的规定,引起“按甲类管理的传染病”传播或者有传播严重危险的,亦以本罪论处。这里所谓“按甲类管理的传染病”,是指乙类传染病中传染性非典型肺炎、炭疽中的肺炭疽、人感染高致病性禽流感以及国务院卫生行政部门根据需要报经国务院批准公布实施的其他需要按甲类管理的乙类传染病和突发原因不明的传染病。

最高人民法院、最高人民检察院、公安部、司法部《关于依法惩治妨害新型冠状病 11
毒感染肺炎疫情防控违法犯罪的意见》规定,故意传播新型冠状病毒感染肺炎病原体,具有下列情形之一,危害公共安全的,依照《刑法》第 114 条、第 115 条第 1 款的规定,以以危险方法危害公共安全罪定罪处罚:已经确诊的新型冠状病毒感染肺炎病人、病原携带者,拒绝隔离治疗或者隔离期未满擅自脱离隔离治疗,并进入公共场所或者公共交通工具的;新型冠状病毒感染肺炎疑似病人拒绝隔离治疗或者隔离期未满擅自脱离隔离治疗,并进入公共场所或者公共交通工具,造成新型冠状病毒传播的;其他拒绝执行卫生防疫机构依照传染病防治法提出的防控措施,引起新型冠状病毒传播或者有传播严重危险的,依照《刑法》第 330 条的规定,以妨害传染病防治罪定罪处罚。在最高人民法院于 2020 年 3 月 10 日发布的妨害疫情防控典型案例“田某某妨害传染病防治案”中,法院经审理认为,田某某故意隐瞒武汉旅居史,拒绝配合医护人员采取防治措施,造成新型冠状病毒传播的严重危险,致 37 人被隔离观察,其行为即构成妨害传染病防治罪,法院依法判处其有期徒刑 10 个月。[2]

Ⅵ 主体

本罪的主体是一般主体,自然人和单位都可以构成。自然人必须已满 16 周岁、 12
具有辨认和控制自己行为的能力;单位主要是指供水单位以及其他卫生防疫机构。

Ⅶ 罪过

对于本罪的罪过形式,刑法理论界有不同的观点。一种观点认为,本罪的罪过形 13
式是故意,但不要求行为人明知造成甲类传染病以及依法确定采取甲类传染病预防、控制措施的传染病的结果的发生,即将造成甲类传染病以及依法确定采取甲类传染病预防、控制措施的传染病传播或有传播严重危险的结果视为客观超过要素,行为人只要认识到有可能造成甲类以及依法确定采取甲类传染病预防、控制措施的传染病

---

2 参见《最高人民法院发布第一批 10 个依法惩处妨害疫情防控犯罪典型案例》,载 www.court.gov.cn/zixun-xiangqing-222481.html,访问日期:2020 年 3 月 23 日。

传播或有传播严重危险的结果而实施上述五种客观行为就构成本罪。另一种观点认为,本罪的罪过形式是过失。行为人对于造成甲类传染病传播或有传播严重危险的结果不是“明知并且希望或放任”,只能成立疏忽大意或过于自信的过失。

Ⅷ 与他罪的区别

一、与妨害国境卫生检疫罪的区别

14 妨害传染病防治罪与妨害国境卫生检疫罪的区别在于:①二者的客体不同。妨害传染病防治罪的客体是国家关于传染病防治的管理制度,而妨害国境卫生检疫罪的客体是国家对国境卫生检疫的正常管理制度。②二者的行为方式不同。妨害传染病防治罪的行为方式有前述五种。妨害国境卫生检疫罪的行为方式是违反国境卫生检疫规定,在入境、出境时采取逃避、蒙混或者其他手段,不接受国境卫生检疫机关对人身或者物品的医学检查、卫生检查和必要的卫生处理,以及其他违反应当接受国境卫生检疫规定的行为。③两罪所构成的危害结果不同。妨害传染病防治罪的危害结果仅限于甲类传染病以及依法确定采取甲类传染病预防、控制措施的传染病的传播,而妨害国境卫生检疫罪的危害结果包含甲类传染病的传播以及其他传染病的传播。

二、与传播性病罪的区别

15 妨害传染病防治罪与传播性病罪的区别在于:妨害传染病防治罪要求仅限于甲类传染病以及依法确定采取甲类传染病预防、控制措施的传染病的传播,而性病属于乙类传染病的范畴。另外二者的行为方式也存在差异,即传播性病罪的行为方式仅限于卖淫或者嫖娼的具体语境。

Ⅸ 处罚

16 《刑法》第 330 条规定了两个幅度的法定刑:犯妨害传染病防治罪,引起甲类传染病以及依法确定采取甲类传染病预防、控制措施的传染病传播或者有传播严重危险的,处 3 年以下有期徒刑或者拘役;后果特别严重的,处 3 年以上 7 年以下有期徒刑。单位犯本罪的,对单位判处罚金,并对其直接负责的主管人员和其他直接责任人员,依照前款的规定处罚。

第三百三十一条　传染病菌种、毒种扩散罪

从事实验、保藏、携带、运输传染病菌种、毒种的人员，违反国务院卫生行政部门的有关规定，造成传染病菌种、毒种扩散，后果严重的，处三年以下有期徒刑或者拘役；后果特别严重的，处三年以上七年以下有期徒刑。

文献：刘远主编：《危害公共卫生罪》，中国人民公安大学出版社 2003 年版；高铭暄：《中华人民共和国刑法的孕育诞生和发展完善》，北京大学出版社 2012 年版；王作富主编：《刑法分则实务研究》（第 5 版），中国方正出版社 2013 年版；张军主编：《刑法[分则]及配套规定新释新解》（第 9 版），人民法院出版社 2016 年版；张明楷：《刑法学》（第 6 版），法律出版社 2021 年版。

细目录

Ⅰ　主旨
Ⅱ　沿革
Ⅲ　客体
Ⅳ　对象
Ⅴ　行为
Ⅵ　主体
Ⅶ　罪过
Ⅷ　与他罪的区别
一、与妨害传染病防治罪的区别
二、与过失投放危险物质罪的区别
三、与危险物品肇事罪的区别
Ⅸ　处罚

Ⅰ　主旨

传染病菌种、毒种扩散罪，是指违反国务院卫生行政部门的有关规定，造成传染病菌种、毒种扩散的行为。为维护国家关于传染病菌种、毒种实验、保藏、携带、运输的管理制度，进而预防、控制和监督传染病菌种、毒种实验、保藏、携带、运输，保护社会的集体健康与公共卫生，刑法设立了本罪。 1

Ⅱ 沿革

2 1996年8月8日《刑法分则修改草稿》中首次增加了本条犯罪。其源于1989年《传染病防治法》第38条的规定:"从事实验、保藏、携带、运输传染病菌种、毒种的人员,违反国务院卫生行政部门的有关规定,造成传染病菌种、毒种扩散,后果严重的,依照刑法第一百一十五条的规定追究刑事责任;情节轻微的,给予行政处分。"并在此基础上增加了"三年以下有期徒刑或者拘役"。在1996年8月31日的《刑法修改草稿》中又将法定最高刑修改为"七年"。后在1996年10月10日的《修订草案》(征求意见稿)中,将法定刑修改为"后果严重的,处三年以下有期徒刑或者拘役;后果特别严重的,处三年以上七年以下有期徒刑"。另外,1996年12月的《修订草案》增加了管制刑,后在1997年3月1日的草案中又删除。经过以上多次的修订,最终形成条文:"从事实验、保藏、携带、运输传染病菌种、毒种的人员,违反国务院卫生行政部门的有关规定,造成传染病菌种、毒种扩散,后果严重的,处三年以下有期徒刑或者拘役;后果特别严重的,处三年以上七年以下有期徒刑。"[1]

Ⅲ 客体

3 关于传染病菌种、毒种扩散罪的客体,在刑法理论上存在不同观点。第一种观点认为,本罪的客体是简单客体,即侵害的是国家关于传染病菌种、毒种实验、保藏、携带、运输的管理制度。第二种观点认为,本罪的客体是复杂客体,是国家关于传染病菌种、毒种实验、保藏、携带、运输的管理制度和不特定多数人的生命健康权利。[2]

Ⅳ 对象

4 传染病菌种、毒种扩散罪的犯罪对象是传染病菌种、毒种。《传染病防治法实施办法》第16条规定,传染病的菌(毒)种分为下列三类:一类:鼠疫耶尔森氏菌、霍乱弧菌;天花病毒、艾滋病病毒;二类:布氏菌、炭疽菌、麻风杆菌;肝炎病毒、狂犬病毒、出血热病毒、登革热病毒;斑疹伤寒立克次体;三类:脑膜炎双球菌、链球菌、淋病双球菌、结核杆菌、百日咳嗜血杆菌、白喉棒状杆菌、沙门氏菌、志贺氏菌、破伤风梭状杆菌;钩端螺旋体、梅毒螺旋体;乙型脑炎病毒、脊髓灰质炎病毒、流感病毒、流行性腮腺炎病毒、麻疹病毒、风疹病毒。国务院卫生行政部门可以根据情况增加或者减少菌(毒)种的种类。

---

1 高铭暄:《中华人民共和国刑法的孕育诞生和发展完善》,北京大学出版社2012年版,第556页。

2 王作富主编:《刑法分则实务研究》(第5版),中国方正出版社2013年版,第1345页。

V 行为

5 传染病菌种、毒种扩散罪的客观方面表现为违反国务院卫生行政部门的有关规定,造成传染病菌种、毒种扩散,后果严重的行为。

6 "违反国务院卫生行政部门的有关规定"指的是违反《传染病防治法》和《传染病防治法实施办法》中关于对传染病菌种、毒种的采集、保藏、携带、运输和使用的有关法律规定。

7 传染病菌种、毒种扩散罪是结果犯。构成本罪必须造成传染病菌种、毒种扩散,产生后果严重的结果才能定罪。根据2008年6月25日最高人民检察院、公安部《关于公安机关管辖的刑事案件立案追诉标准的规定(一)》第50条的规定,"造成传染病菌种、毒种扩散,后果严重"具体是指,从事实验、保藏、携带、运输传染病菌种、毒种的人员,违反国务院卫生行政部门的有关规定,造成传染病菌种、毒种扩散,涉嫌下列情形之一的:①导致甲类和按甲类管理的传染病传播的;②导致乙类、丙类传染病流行、暴发的;③造成人员重伤或者死亡的;④严重影响正常的生产、生活秩序的;⑤其他造成严重后果的情形。

8 根据2020年2月6日发布的最高人民法院、最高人民检察院、公安部、司法部《关于依法惩治妨害新型冠状病毒感染肺炎疫情防控违法犯罪的意见》的规定,从事实验、保藏、携带、运输传染病菌种、毒种的人员,违反国务院卫生行政部门的有关规定,造成新型冠状病毒毒种扩散,后果严重的,依照《刑法》第331条的规定,以传染病毒种扩散罪定罪处罚。

VI 主体

9 根据《刑法》第331条的规定,传染病菌种、毒种扩散罪的犯罪主体是特殊主体,即从事实验、保藏、携带、运输传染病菌种、毒种的人员才能构成本罪。由于刑法没有规定单位犯罪的情形,因此单位不能成为本罪的犯罪主体。

VII 罪过

10 关于本罪的罪过形式,刑法学界普遍认为是过失,几无争议。但也有学者认为,由于缺乏"法律有规定"的文理根据,确定为故意犯罪比较合适。[3]

VIII 与他罪的区别

一、与妨害传染病防治罪的区别

11 妨害传染病防治罪是指违法传染病防治法的规定,引起传播甲类传染病以及依

3 张明楷:《刑法学》(第6版),法律出版社2021年版,第1469页。

法确定采取甲类传染病预防、控制措施的传染病传播或者有传播严重危险的行为。传染病菌种、毒种扩散罪与妨害传染病防治罪的区别在于:①行为方式不同。根据刑法规定,本罪的行为方式表现为违反国务院卫生行政部门的有关规定,造成传染病菌种、毒种扩散,后果严重的行为。而妨害传染病防治罪的行为方式表现为供水单位供应的饮用水不符合国家规定的卫生标准的;拒绝按照疾病预防控制机构提出的卫生要求,对传染病病原体污染的污水、污物、场所和物品进行消毒处理的;准许或者纵容传染病病人、病原携带者和疑似传染病病人从事国务院卫生行政部门规定禁止从事的易使该传染病扩散的工作的;出售、运输疫区中被传染病病原体污染或者可能被传染病病原体污染的物品,未进行消毒处理的;拒绝执行县级以上人民政府、疾病预防控制机构依照传染病防治法提出的预防、控制措施的行为。②主体不同。本罪是身份犯,即从事实验、保藏、携带、运输传染病菌种、毒种的人员才能构成本罪,且单位不能成为本罪的犯罪主体;而妨害传染病防治罪是一般主体,自然人与单位均能够构成。③构成要件的危害结果不同。本罪是结果犯,需要满足"造成传染病菌种、毒种扩散,后果严重"的条件;而妨害传染病防治罪是危险犯,只要引起甲类传染病以及依法确定采取甲类传染病预防、控制措施的传染病传播或者有传播严重危险,就可以构成。

二、与过失投放危险物质罪的区别

12 过失投放危险物质罪是指由于行为人的过失,投放了毒害性、放射性、传染病病原体等危险物质,致人重伤、死亡或者使公私财产遭受重大损失的行为。传染病菌种、毒种扩散罪与过失投放危险物质罪的区别在于:①行为方式不同。根据刑法规定,本罪的行为方式表现为违反国务院卫生行政部门的有关规定,造成传染病菌种、毒种扩散,后果严重的行为;而过失投放危险物质罪的行为方式表现为过失投放毒害性、放射性、传染病病原体等物质,危害公共安全的行为。②主体不同。本罪是身份犯,即从事实验、保藏、携带、运输传染病菌种、毒种的人员,且单位不能成为本罪的犯罪主体;而过失投放危险物质罪是一般主体,单位不能构成。③所侵害的法益不同。传染病菌种、毒种扩散罪侵害的是国家关于传染病菌种、毒种实验、保藏、携带、运输的管理制度和不特定多数人的生命健康权利;而过失投放危险物质罪侵害的法益是公共安全。

三、与危险物品肇事罪的区别

13 危险物品肇事罪是指违反爆炸性、易燃性、放射性、毒害性、腐蚀性物品的管理规定,在生产、储存、运输、使用中发生重大事故,造成严重后果的行为。传染病菌种、毒种扩散罪与危险物品肇事罪的区别在于:①行为方式不同。根据刑法规定,本罪的行为方式表现为违反国务院卫生行政部门的有关规定,造成传染病菌种、毒种扩散,后果严重的行为;而危险物品肇事罪的行为方式表现为违反爆炸性、易燃性、放射性、毒害性、腐蚀性物品的管理规定，在生产、储存、运输、使用中发生重大事故，造成严重后果的行为。②主体不同。本罪是身份犯，即从事实验、保藏、携带、运输传染病菌种、毒种的人员，且单位不能成为本罪的犯罪主体；而危险物品肇事罪是一般主体。③所侵害的法益不同。传染病菌种、毒种扩散罪侵害的是国家关于传染病菌种、毒种实验、保藏、携带、运输的管理制度和不特定多数人的生命健康权利；而危险物品肇事罪所侵害的法益是公共安全。

Ⅸ　处罚

《刑法》第 331 条传染病菌种、毒种扩散罪规定了两个幅度的法定刑：从事实验、保藏、携带、运输传染病菌种、毒种的人员，违反国务院卫生行政部门的有关规定，造成传染病菌种、毒种扩散，后果严重的，处 3 年以下有期徒刑或者拘役；后果特别严重的，处 3 年以上 7 年以下有期徒刑。 14

第三百三十二条　妨害国境卫生检疫罪

违反国境卫生检疫规定，引起检疫传染病传播或者有传播严重危险的，处三年以下有期徒刑或者拘役，并处或者单处罚金。

单位犯前款罪的，对单位判处罚金，并对其直接负责的主管人员和其他直接责任人员，依照前款的规定处罚。

文献:刘远主编:《危害公共卫生罪》,中国人民公安大学出版社 2003 年版;高铭暄:《中华人民共和国刑法的孕育诞生和发展完善》,北京大学出版社 2012 年版;王作富主编:《刑法分则实务研究》(第 5 版),中国方正出版社 2013 年版;张军主编:《刑法[分则]及配套规定新释新解》(第 9 版),人民法院出版社 2016 年版;张明楷:《刑法学》(第 6 版),法律出版社 2021 年版。

细目录

Ⅰ　主旨
Ⅱ　沿革
Ⅲ　客体
Ⅳ　行为
Ⅴ　主体
Ⅵ　罪过
Ⅶ　与他罪的区别
Ⅷ　处罚

Ⅰ　主旨

1　妨害国境卫生检疫罪,是指违反国境卫生检疫规定,引起检疫传染病传播或者有传播严重危险的行为。为维护国家关于国境卫生检疫的管理制度,保护社会大众的集体健康,刑法设立了本罪。

Ⅱ　沿革

2　妨害国境卫生检疫罪源于 1979 年《刑法》第 178 条的规定:“违反国境卫生检疫规定,引起检疫传染病的传播,或者有引起检疫传染病传播严重危险的,处三年以下有期徒刑或者拘役,可以并处或者单处罚金。”在 1988 年 11 月 16 日刑法修改稿中将本条修改为:“违反卫生检疫规定,引起检疫传染病的传播,或者有引起检疫传染病传播严重危险的,处一年以下有期徒刑或者拘役,可以并处或者单处罚金。”到 1988 年 12 月 25 日的草案中恢复“三年”的最高刑。在 1996 年 8 月 8 日的刑法分则修改草稿中将本条修改为:“违反国境卫生检疫法的规定,逃避国境卫生检疫,引起检疫传染病的传播,或者有引起检疫传染病传播严重危险的,处三年以下有期徒刑或者拘役,可以并处或者单处罚金。单位犯前款罪的,对单位判处罚金,并对其直接负责的主管人员和其他直接责任人员,依照前款的规定处罚。”到 1996 年 8 月 31 日的刑法分则修改草稿中又删除了 1996 年 8 月 8 日草稿新增的“逃避国境卫生检疫”“违反国境卫生检疫法的规定”,重新修改为“违反国境卫生检疫规定”,将“三年”改为“五年”,保留了单位犯罪的条款。到 1996 年 12 月的修改草稿中,增加了“管制刑”的规定。再到 1997 年 2 月 17 日的修改草案(修改稿)中将“或者有引起检疫传染病传播严重危险的”改为“或者有传播严重危险的”,并在 1997 年 3 月 1 日的修订草案中,删除了管制刑的规定。[1] 至此,形成了 1997 年《刑法》第 332 条的规定:“违反国境卫生检疫规定,引起检疫传染病传播或者有传播严重危险的,处三年以下有期徒刑或者拘役,并处或者单处罚金。单位犯前款罪的,对单位判处罚金,并对其直接负责的主管人员和其他直接责任人员,依照前款的规定处罚。”

Ⅲ 客体

妨害国境卫生检疫罪的客体,是国家对于国境卫生检疫的管理制度。国境卫生检疫具体指为防止传染病由国外传入或者由国内传出,保证口岸食品卫生安全,保障人体健康,由出入境检验检疫机关依照《国境卫生检疫法》及其实施细则、《传染病防治法》等法律法规的规定,在我国国境口岸对入境、出境的人员、交通工具、运输设备以及可能传播传染病的行李、货物、邮包等物品实施的行政执法活动。[2] 3

Ⅳ 行为

妨害国境卫生检疫罪的行为方式表现为违反国境卫生检疫规定,引起检疫传染病传播或者有传播严重危险的行为。 4

“违反国境卫生检疫规定”是指违反《国境卫生检疫法》及其实施细则等有关法律法规的相关规定。根据《国境卫生检疫法》第 20 条的规定,妨害国境卫生检疫罪的行为方式表现为以下行为:①逃避检疫,向国境卫生检疫机关隐瞒真实情况的;②入境的人员未经国境卫生检疫机关许可,擅自上下交通工具,或者装卸行李、货物、邮包 5

1 高铭暄:《中华人民共和国刑法的孕育诞生和发展完善》,北京大学出版社 2012 年版,第 557 页。

2 王作富主编:《刑法分则实务研究》(第 5 版),中国方正出版社 2013 年版,第 1351 页。

等物品,不听劝阻的。

6 “引起检疫传染病传播或者有传播严重危险的”行为,是指行为人违反国境卫生检疫规定的行为实际造成了检疫传染病传播的后果或者虽尚未造成检疫传染病的传播但具有检疫传染病传播的可能性。

7 根据《传染病防治法》第 3 条的规定,传染病分为甲类、乙类和丙类。甲类传染病是指:鼠疫、霍乱。乙类传染病是指:传染性非典型肺炎、艾滋病、病毒性肝炎、脊髓灰质炎、人感染高致病性禽流感、麻疹、流行性出血热、狂犬病、流行性乙型脑炎、登革热、炭疽、细菌性和阿米巴性痢疾、肺结核、伤寒和副伤寒、流行性脑脊髓膜炎、百日咳、白喉、新生儿破伤风、猩红热、布鲁氏菌病、淋病、梅毒、钩端螺旋体病、血吸虫病、疟疾。丙类传染病是指:流行性感冒、流行性腮腺炎、风疹、急性出血性结膜炎、麻风病、流行性和地方性斑疹伤寒、黑热病、包虫病、丝虫病,除霍乱、细菌性和阿米巴性痢疾、伤寒和副伤寒以外的感染性腹泻病。上述规定以外的其他传染病,根据其暴发、流行情况和危害程度,需要列入乙类、丙类传染病的,由国务院卫生行政部门决定并予以公布。根据《国境卫生检疫法》第 3 条规定,传染病是指检疫传染病和监测传染病。检疫传染病,是指鼠疫、霍乱、黄热病以及国务院确定和公布的其他传染病。监测传染病,由国务院卫生行政部门确定和公布。根据传染病的病原体、传染性和有流行性、地方性、季节性等特点,“检疫传染病”的范围不断发生变化,由相关卫生检疫机关随时确定和公布。

8 本罪是危险犯。妨害国境卫生检疫罪中的行为,不仅要违反国境卫生检疫规定,还要引起检疫传染病传播或者有传播严重危险,只有这样,才能构成本罪。“引起检疫传染病传播或者有传播严重危险”指的是行为人违反国境卫生检疫规定的行为,实际造成了检疫传染病传播的后果,或者虽尚未造成检疫传染病的传播但具有检疫传染病传播的现实可能性。

9 2020 年 3 月 13 日最高人民法院、最高人民检察院、公安部、司法部、海关总署联合发布的《关于进一步加强国境卫生检疫工作 依法惩治妨害国境卫生检疫违法犯罪的意见》具体规定了违反国境卫生检疫罪的行为方式。根据该规定,违反国境卫生检疫规定,实施下列行为之一的,属于妨害国境卫生检疫行为:①检疫传染病染疫人或者染疫嫌疑人拒绝执行海关依照国境卫生检疫法等法律法规提出的健康申报、体温监测、医学巡查、流行病学调查、医学排查、采样等卫生检疫措施,或者隔离、留验、就地诊验、转诊等卫生处理措施的;②检疫传染病染疫人或者染疫嫌疑人采取不如实填报健康申明卡等方式隐瞒疫情,或者伪造、涂改检疫单、证等方式伪造情节的;③知道或者应当知道实施审批管理的微生物、人体组织、生物制品、血液及其制品等特殊物品可能造成检疫传染病传播,未经审批仍逃避检疫,携运、寄递出入境的;④出入境交通工具上发现有检疫传染病染疫人或者染疫嫌疑人,交通工具负责人拒绝接受卫生检疫或者拒不接受卫生处理的;⑤来自检疫传染病流行国家、地区的出入境交通工具上出现非意外伤害死亡且死因不明的人员,交通工具负责人故意隐瞒情况的;⑥其他拒绝执行海关依照国境卫生检疫法等法律法规提出的检疫措施的。实施上述行为,引起鼠疫、霍乱、黄热病以及新冠肺炎等国务院确定和公布的其他检疫传染病传播或者有传播严重危险的,依照《刑法》第 332 条的规定,以妨害国境卫生检疫罪定罪处罚。

对于单位实施妨害国境卫生检疫行为,引起鼠疫、霍乱、黄热病以及新冠肺炎等 10
国务院确定和公布的其他检疫传染病传播或者有传播严重危险的,应当对单位判处罚金,并对其直接负责的主管人员和其他直接责任人员定罪处罚。

V 主体

本罪的主体是一般主体,自然人和单位都可以成为本罪的犯罪主体。 11

VI 罪过

对于本罪的罪过形式,刑法学界有不同的观点。一种观点认为本罪的罪过形式 12
是故意,即行为人明知违反国境卫生检疫规定,会引起检疫传染病传播或者有传播严重危险,而追求或放任此种结果的发生。另一种观点认为本罪的罪过形式是过失,认为行为人对于违反国境卫生检疫规定持有故意,但是对于引起检疫传染病传播或者有传播严重危险的结果是排斥的,因此是过失犯罪。笔者认为本罪是故意犯罪。

在司法实践中,当行为人实施走私普通货物、物品等走私活动或者偷越国(边)境等妨 13
害国(边)境犯罪,并且造成了引起检疫传染病传播或者有传播严重危险时,行为人同时触犯妨害国境卫生检疫罪与相关罪名,属于想象竞合,应按照处罚较重的犯罪定罪处罚。

VII 与他罪的区别

认定本罪时,需要注意本罪与以危险方法危害公共安全罪的区别,主要是从以下 14
三点来区分:①侵害的法益不同。妨害国境卫生检疫罪的法益是国家对国境卫生检疫的正常管理制度;以危险方法危害公共安全罪的法益是公共安全。②行为方式不同。妨害国境卫生检疫罪的行为方式表现为:违反国境卫生检疫规定,入境、出境时采取逃避、蒙混或者其他手段,不接受国境卫生检疫机关对人身或者物品的医学检查、卫生检查和必要的卫生处理,以及其他违反应当接受国境卫生检疫义务的行为;以危险方法危害公共安全罪的行为方式表现为:使用与放火、决水、爆炸、投放危险物质等危险方法,危害公共安全的行为。③主体不同。妨害国境卫生检疫罪的主体包括自然人和单位,以危险方法危害公共安全罪的主体仅限于自然人。

VIII 处罚

根据《刑法》第 332 条的规定,违反国境卫生检疫规定,引起检疫传染病传播或者有传 15
播严重危险的,处 3 年以下有期徒刑或者拘役,并处或者单处罚金。单位犯前款罪的,对单位判处罚金,并对其直接负责的主管人员和其他直接责任人员,依照前款的规定处罚。

第三百三十三条　非法组织卖血罪;强迫卖血罪

非法组织他人出卖血液的，处五年以下有期徒刑，并处罚金；以暴力、威胁方法强迫他人出卖血液的，处五年以上十年以下有期徒刑，并处罚金。

有前款行为，对他人造成伤害的，依照本法第二百三十四条的规定定罪处罚。

文献:刘远主编:《危害公共卫生罪》,中国人民公安大学出版社 2003 年版;高铭暄:《中华人民共和国刑法的孕育诞生和发展完善》,北京大学出版社 2012 年版;王作富主编:《刑法分则实务研究》(第 5 版),中国方正出版社 2013 年版;张军主编:《刑法[分则]及配套规定新释新解》(第 9 版),人民法院出版社 2016 年版;张明楷:《刑法学》(第 6 版),法律出版社 2021 年版。

细目录

Ⅰ　主旨
Ⅱ　沿革
Ⅲ　客体
Ⅳ　对象
Ⅴ　行为
Ⅵ　主体
Ⅶ　罪过
Ⅷ　与他罪的区别
一、非法组织卖血罪与他罪的区别
二、强迫卖血罪与他罪的区别
Ⅸ　处罚

Ⅰ　主旨

1　非法组织卖血罪,是指行为人违反法律规定,组织他人出卖血液的行为。强迫卖血罪,是指以暴力、威胁的方式强迫他人出卖血液的行为。为维护国家血液采集、供应管理制度,保护血液不被非法买卖,保障公民身体健康,刑法设立了非法组织卖血罪与强迫卖血罪。

Ⅱ 沿革

非法组织卖血罪是1997年《刑法》新增的犯罪。源于1996年10月10日刑法修订草案:“非法组织他人出卖血液的,处5年以下有期徒刑,可以并处罚金。有前款行为,对他人造成伤害的,依照伤害罪的规定处罚。”之后在1996年12月的修订草案中将“依照伤害罪的规定处罚”改为“依照伤害罪定罪处罚”。1997年2月17日的修订草案(修改稿)中将“可以并处罚金”改为“并处罚金”。[1] 2

强迫卖血罪亦是1997年《刑法》新增的犯罪。源于1996年10月10日刑修订草案:“以暴力、威胁方法强迫他人出卖血液的,处5年以上10年以下有期徒刑,并处罚金或者没收财产。有前款行为,对他人造成伤害的,依照伤害罪的规定处罚。”之后在1996年12月的修订草案中将“依照伤害罪的规定处罚”改为“依照伤害罪定罪处罚”。1997年3月13日的修订草案中删除了“没收财产”的规定。[2] 3

经过上述修订,最终形成了1997年《刑法》第333条的规定:“非法组织他人出卖血液的,处五年以下有期徒刑,并处罚金;以暴力、威胁方法强迫他人出卖血液的,处五年以上十年以下有期徒刑,并处罚金。有前款行为,对他人造成伤害的,依照本法第二百三十四条的规定定罪处罚。” 4

Ⅲ 客体

非法组织卖血罪、强迫卖血罪的客体是国家关于血液采集、供应的管理制度。 5

Ⅳ 对象

非法组织卖血罪的对象是自愿出卖血液的自然人,强迫卖血罪的对象是非自愿出卖血液的自然人。 6

Ⅴ 行为

非法组织卖血罪是指行为人违反法律规定,组织他人卖血液的行为。“违反法律规定”指的是行为人未经国家卫生行政部门的批准,不具有血液采集、供应许可资格,而组织他人出卖血液。“组织”指的是通过策划、动员、拉拢、联络、指挥、领导等方式使不特定多数人出卖血液的行为。而引诱特定的人出卖血液的行为,不构成本罪。 7

强迫卖血罪是指以暴力、威胁方法强迫他人出卖血液的行为。“暴力”指的是施 8

---

1 高铭暄:《中华人民共和国刑法的孕育诞生和发展完善》,北京大学出版社2012年版,第557页。

2 高铭暄:《中华人民共和国刑法的孕育诞生和发展完善》,北京大学出版社2012年版,第557页。

加于人身的强力打击和强制行为,达到使其不能反抗程度的侵犯公民人身自由权、健康权的行为,其外延包括捆绑、强力禁闭、扭抱、殴打、伤害等程度不同的表现形式。"威胁方法"指的是给予精神上的强制,造成其心理上一定程度的恐惧,以致不敢反抗的方法。"强迫"指的是违背其真实意愿,强行使其出卖血液的行为。

9 非法组织卖血罪与强迫卖血罪均为行为犯。行为人实施违反法律规定,组织他人卖血液的行为,或者以暴力、威胁方法强迫他人出卖血液的行为的,就构成本罪,并不要求造成伤害的结果。

Ⅵ 主体

10 非法组织卖血罪、强迫卖血罪的主体是一般主体,已满 16 周岁、具有辨认和控制自己行为能力的自然人都可以成为本罪主体;单位不能构成本罪。

Ⅶ 罪过

11 非法组织卖血罪、强迫卖血罪的罪过形式均为故意。

Ⅷ 与他罪的区别

一、非法组织卖血罪与他罪的区别

12 非法组织卖血的行为对他人造成重伤害的,不再成立本罪,而是以"故意伤害罪"定罪处罚。如果行为致人死亡,则认定为故意伤害致死。

13 组织艾滋病患者、乙型肝炎患者、丙型肝炎患者等出卖血液,并将血液提供给他人,另触犯故意伤害罪、以危险方法危害公共安全罪的,应当数罪并罚。

二、强迫卖血罪与他罪的区别

1.强迫卖血罪与非法组织卖血罪的区别

14 两罪的区别在于:①对象不同。非法组织卖血罪的对象是自愿出卖血液的自然人;强迫卖血罪的对象是非自愿出卖血液的自然人。②行为方式不同。非法组织卖血罪的行为方式表现为通过策划、动员、拉拢、联络、指挥、领导等方式使不特定多数人出卖血液的行为;强迫卖血罪的行为方式表现为以暴力、威胁方法强迫他人出卖血液的行为。这是区分非法组织卖血罪与强迫卖血罪的关键点。使用暴力组织他人出卖血液的,以强迫卖血罪论处。

2.强迫卖血罪与故意伤害罪的区别

15 以暴力、威胁方法强迫卖血的行为对他人造成重伤害的,不再成立本罪,而是以故意伤害罪定罪处罚。如果行为致人死亡,则认定为故意伤害致死。

IX 处罚

根据《刑法》第 333 条的规定,犯非法组织卖血罪的,处 5 年以下有期徒刑,并处罚金;对他人造成伤害的,依照本法第 234 条的规定以故意伤害罪定罪处罚。犯强迫卖血罪的,处 5 年以上 10 年以下有期徒刑,并处罚金。对他人造成伤害的,依照本法第 234 条的规定以故意伤害罪定罪处罚。 16

第三百三十四条　非法采集、供应血液、制作、供应血液制品罪；采集、供应血液、制作、供应血液制品事故罪

非法采集、供应血液或者制作、供应血液制品，不符合国家规定的标准，足以危害人体健康的，处五年以下有期徒刑或者拘役，并处罚金；对人体健康造成严重危害的，处五年以上十年以下有期徒刑，并处罚金；造成特别严重后果的，处十年以上有期徒刑或者无期徒刑，并处罚金或者没收财产。

经国家主管部门批准采集、供应血液或者制作、供应血液制品的部门，不依照规定进行检测或者违背其他操作规定，造成危害他人身体健康后果的，对单位判处罚金，并对其直接负责的主管人员和其他直接责任人员，处五年以下有期徒刑或者拘役。

文献：刘远主编：《危害公共卫生罪》，中国人民公安大学出版社2003年版；高铭暄：《中华人民共和国刑法的孕育诞生和发展完善》，北京大学出版社2012年版；王作富主编：《刑法分则实务研究》（第5版），中国方正出版社2013年版；张军主编：《刑法[分则]及配套规定新释新解》（第9版），人民法院出版社2016年版；张明楷：《刑法学》（第6版），法律出版社2021年版。

细目录

Ⅰ　主旨
Ⅱ　沿革
Ⅲ　客体
Ⅳ　对象
Ⅴ　行为
　一、非法采集、供应血液、制作、供应血液制品罪的行为
　二、采集、供应血液、制作、供应血液制品事故罪的行为
Ⅵ　主体
　一、非法采集、供应血液、制作、供应血液制品罪的主体
　二、采集、供应血液、制作、供应血液制品事故罪的主体
Ⅶ　罪过
Ⅷ　与非罪的界限
Ⅸ　与他罪的区别

一、非法采集、供应血液、制作、供应血液制品罪与他罪的区别
二、采集、供应血液、制作、供应血液制品事故罪与他罪的区别
X 罪数
XI 处罚
一、非法采集、供应血液、制作、供应血液制品罪的处罚
二、采集、供应血液、制作、供应血液制品事故罪的处罚

I 主旨

我国《献血法》《血液制品管理条例》明确规定了血液、血液制品的采集、供应制度。刑法规定非法采集、供应血液、制作、供应血液制品罪与采集、供应血液、制作、供应血液制品事故罪,旨在打击相关犯罪并保障血液的采集、供应以及血液制品的制作、供应安全。 1

II 沿革

1997 年修订《刑法》时,首次设立非法采集、供应血液、制作、供应血液制品罪与采集、供应血液、制作、供应血液制品事故罪。 2

1996 年 8 月 8 日的刑法分则修改草案规定:“以采集、供应不洁血液、投放传染病菌种、毒种或者其他方法故意传播、扩散传染病,情节严重的,处七年以下有期徒刑或者拘役;造成传染病流行或者致人死亡、重伤或者情节特别严重的,处七年以上有期徒刑、无期徒刑或者死刑。过失犯前款罪,造成传染病流行或者致人死亡、重伤的,处五年以下有期徒刑或者拘役;后果特别严重的,处五年以上十年以下有期徒刑。”可见,“采集、供应不洁血液”行为是作为传播、扩散传染病的一种犯罪方法。1996 年 8 月 31 日的修改草稿中,将上述关于过失犯罪的规定删去,“采集、供应不洁血液”行为也被单独规定为一种犯罪,具体规定为:“采集、供应不洁血液,危害人体健康,情节严重的,处七年以下有期徒刑;情节特别严重的,处七年以上有期徒刑或者无期徒刑。”1996 年 10 月 10 日的刑法修订草案(征求意见稿)第 299 条第 1、2 款规定了“非法采集、供应血液、制作、供应血液制品罪”,即:“非法采集、供应血液或者制作、供应血液制品,足以危害人体健康的,处五年以下有期徒刑或者拘役。非法采集、供应血液或者制作、供应血液制品,对人体造成严重危害的,处五年以上十年以下有期徒刑;造成特别严重后果的,处十年以上有期徒刑或者无期徒刑。”第 3 款规定了“采集、供应血液、制作、供应血液制品事故罪”,具体条文为:“经国家主管部门批准采集、供应血液或者制作、供应血液制品的部门,不依照规定进行检测或者违背其他操作规定,造成危害人民群众身体健康后果的,对单位判处罚金,并对其直接负责的主管人员和其他直接责任人员,处七年以下有期徒刑或者拘役。”此后,经过1996 年 12 月中旬、1997 年 2 月 17 日及同年 3 月 13 日的三次修改,本罪最终规定 3

在 1997 年《刑法》第 334 条。[1]

Ⅲ 客体

4 本条规定的两个罪名的客体是双重客体。其一为国家对血液、血液制品的采集、供应的管理制度和秩序;其二为不特定多数人的生命、健康。为了防控通过血液途径传播的疾病,保障献血者、供血者、用血者的身体健康,我国制定了《献血法》《血液制品管理条例》,明确规定了血液、血液制品的采集、供应制度。违反上述制度的行为,将会危害血液及血液制品供应者、使用者的身体健康,乃至生命安全。

Ⅳ 对象

5 本条规定的两罪的犯罪对象是血液和血液制品。根据《关于办理非法采供血液等刑事案件具体应用法律若干问题的解释》第 8 条规定,"血液",是指全血、成分血和特殊血液成分;"血液制品",是指各种人血浆蛋白制品。

Ⅴ 行为

一、非法采集、供应血液、制作、供应血液制品罪的行为

6 本罪的行为方式表现为违背国家法律法规,采集、供应血液或者制作、供应血液制品,不符合国家规定的标准,足以危害人体健康的行为。

1. 非法采集、供应血液或者制作、供应血液制品

7 根据《关于办理非法采供血液等刑事案件具体应用法律若干问题的解释》第 1 条的规定,所谓非法采集、供应血液或者制作、供应血液制品,是指未经国家主管部门批准或者超过批准的业务范围,采集、供应血液或者制作、供应血液制品的行为。《献血法》《血液制品管理条例》具体规定了下列违法采集、供应血液、制作、供应血液制品的情形:①未经国家主管部门批准,擅自设立血站,非法采集血液的;②将无偿献血的血液供应给临床用血以外的单采血浆站、血液制品生产单位或者其他单位的;③未经国家主管部门批准,擅自设立单采血浆站,非法采集单采血浆的;④单采血浆站向与其签订质量责任书的血液制品生产单位以外的单位供应原料血浆的;⑤未经国家主管部门批准,擅自设立血液制品生产单位,非法生产血液制品的;⑥未经国家主管部门批准,擅自设立血液制品经营单位,非法经营血液制品的;⑦其他非法采集、供应血液或者制作、供应血液制品的行为。

---

[1] 高铭暄:《中华人民共和国刑法的孕育诞生和发展完善》,北京大学出版社 2012 年版,第 558 页以下。

2. 不符合国家规定的标准,足以危害人体健康

本罪属于危险犯。行为人采集、供应的血液、制作、供应的血液制品,必须不符合国家规定的标准,并且足以危害人体健康的,才能构成本罪。根据《关于办理非法采供血液等刑事案件具体应用法律若干问题的解释》第2条的规定,具备下列情形之一的,应当认定为《刑法》第334条第1款所称的"不符合国家规定的标准,足以危害人体健康":①采集、供应的血液含有艾滋病病毒、乙型肝炎病毒、丙型肝炎病毒、梅毒螺旋体等病原微生物的;②制作、供应的血液制品含有艾滋病病毒、乙型肝炎病毒、丙型肝炎病毒、梅毒螺旋体等病原微生物,或者将含有上述病原微生物的血液用于制作血液制品的;③使用不符合国家规定的药品、诊断试剂、卫生器材,或者重复使用一次性采血器材采集血液,造成传染病传播危险的;④违反规定对献血者、供血浆者超量、频繁采集血液、血浆,足以危害人体健康的;⑤其他不符合国家有关采集、供应血液或者制作、供应血液制品的规定标准,足以危害人体健康的。 8

二、采集、供应血液、制作、供应血液制品事故罪的行为

本罪的行为方式表现为经国家主管部门批准采集、供应血液或者制作、供应血液制品的部门,在采集、供应血液或者制作、供应血液制品的过程中,不依照规定进行检测或者违背其他操作规定,造成危害他人身体健康后果的行为。 9

《关于办理非法采供血液等刑事案件具体应用法律若干问题的解释》第5条规定,对经国家主管部门批准采集、供应血液或者制作、供应血液制品的部门,具有下列情形之一的,应认定为"不依照规定进行检测或者违背其他操作规定":①血站未用两个企业生产的试剂对艾滋病病毒抗体、乙型肝炎病毒表面抗原、丙型肝炎病毒抗体、梅毒抗体进行两次检测的;②单采血浆站不依照规定对艾滋病病毒抗体、乙型肝炎病毒表面抗原、丙型肝炎病毒抗体、梅毒抗体进行检测的;③血液制品生产企业在投料生产前未用主管部门批准和检定合格的试剂进行复检的;④血站、单采血浆站和血液制品生产企业使用的诊断试剂没有生产单位名称、生产批准文号或者经检定不合格的;⑤采供血机构在采集检验标本、采集血液和成分血分离时,使用没有生产单位名称、生产批准文号或者超过有效期的一次性注射器等采血器材的;⑥不依照国家规定的标准和要求包装、储存、运输血液、原料血浆的;⑦对国家规定检测项目结果呈阳性的血液未及时按照规定予以清除的;⑧不具备相应资格的医务人员进行采血、检验操作的;⑨对献血者、供血浆者超量、频繁采集血液、血浆的;⑩采供血机构采集血液、血浆前,未对献血者或供血浆者进行身份识别,采集冒名顶替者、健康检查不合格者血液、血浆的;⑪血站擅自采集原料血浆,单采血浆站擅自采集临床用血或者向医疗机构供应原料血浆的;⑫重复使用一次性采血器材的;⑬其他不依照规定进行检测或者违背操作规定的。 10

Ⅵ 主体

一、非法采集、供应血液、制作、供应血液制品罪的主体

11 非法采集、供应血液、制作、供应血液制品罪的犯罪主体为一般主体。年满16周岁且具备刑事责任能力的自然人,均可构成本罪。

二、采集、供应血液、制作、供应血液制品事故罪的主体

12 本罪的犯罪主体是特殊主体,即经国家主管部门批准采集、供应血液或者制作、供应血液制品的部门。本罪主体仅限于此类单位,其他单位、自然人不能构成采集、供应血液、制作、供应血液制品事故罪。

13 《关于办理非法采供血液等刑事案件具体应用法律若干问题的解释》第7条规定:"经国家主管部门批准的采供血机构和血液制品生产经营单位,应认定为刑法第三百三十四条第二款规定的'经国家主管部门批准采集、供应血液或者制作、供应血液制品的部门'。"根据该解释第8条的规定,"采供血机构",包括血液中心、中心血站、中心血库、脐带血造血干细胞库和国家卫生行政主管部门根据医学发展需要批准、设置的其他类型血库、单采血浆站。

Ⅶ 罪过

14 非法采集、供应血液、制作、供应血液制品罪的罪过形式为故意。行为人进行非法采集、供应血液、制作、供应血液制品,犯罪目的往往在于攫取钱财谋取非法利益。

15 采集、供应血液、制作、供应血液制品事故罪的罪过形式为过失,包括疏忽大意的过失和过于自信的过失。[2]

Ⅷ 与非罪的界限

16 成立非法采集、供应血液、制作、供应血液制品罪,必须同时具备非法采集、供应血液、制作、供应血液制品的行为和不符合国家规定的标准、造成足以危害人体健康的危险。因此,具备国家批准的资质,依照相关法律、行政法规的规定进行采集、供应血液、制作、供应血液制品的单位及个人行为,属于合法行为,不构成本罪。行为人实施了采集、供应血液、制作、供应血液制品的非法行为,但符合国家规定的标准,或者不足以危害人体健康的,不构成本罪,可视具体情形认定为无罪,或者成立非法组织卖血罪、强迫卖血罪、故意伤害罪等罪名。

---

2 王作富主编:《刑法分则实务研究》(第5版),中国方正出版社2013年版,第1365页。

IX　与他罪的区别

一、非法采集、供应血液、制作、供应血液制品罪与他罪的区别

认定本罪时,需要注意其与非法组织卖血罪的区别。二者的主要区别在于:①行为方式不同。本罪的行为方式为行为人本人非法采集、供应血液、制作、供应血液制品;非法组织卖血罪的行为方式为行为人组织他人出卖血液。②成立条件不同。本罪是具体的危险犯,必须具备“足以危害人体健康”的条件;后罪是行为犯,只要行为人实施了非法组织他人出卖血液的行为,即可构成犯罪。 17

二、采集、供应血液、制作、供应血液制品事故罪与他罪的区别

认定本罪时,需要注意本罪与非法采集、供应血液、制作、供应血液制品罪的区别。二者的区别在于:①行为方式不同。本罪表现为不依照规定进行检测或者违背其他操作规定,造成危害他人身体健康后果的行为;非法采集、供应血液、制作、供应血液制品罪表现为非法采集、供应血液或者制作、供应血液制品,不符合国家规定标准,足以危害人体健康的行为。②犯罪形态不同。本罪是结果犯;非法采集、供应血液、制作、供应血液制品罪是危险犯。③主体不同。本罪的主体是特殊主体;非法采集、供应血液、制作、供应血液制品罪的主体是一般主体。④罪过形式不同。本罪的罪过形式为过失;非法采集、供应血液、制作、供应血液制品罪的罪过形式是故意。 18

X　罪数

行为人实施非法采集、供应血液、制作、供应血液制品罪,同时触犯故意杀人罪、故意伤害罪等犯罪,属于想象竞合,应择一重罪定罪处罚。行为人非法组织或强迫他人出卖血液后,从事非法供应血液、非法制作、供应血液制品行为,不符合国家规定的标准,足以危害人体健康的,应视具体情形,择一重罪处罚或实行数罪并罚。[3] 非法供应血液或血液制品、故意抬高价格,或大量提供血液,从中牟利的,不构成非法经营罪,只成立本罪。[4] 19

XI　处罚

一、非法采集、供应血液、制作、供应血液制品罪的处罚

根据《刑法》第334条第1款的规定,非法采集、供应血液或者制作、供应血液制 20

3　张明楷:《刑法学》(第6版),法律出版社2021年版,第1471页。

4　周光权:《刑法各论》(第3版),中国人民大学出版社2016年版,第416页。

品,不符合国家规定的标准,足以危害人体健康的,处5年以下有期徒刑或者拘役,并处罚金。对人体健康造成严重危害的,处5年以上10年以下有期徒刑,并处罚金。造成特别严重后果的,处10年以上有期徒刑或者无期徒刑,并处罚金或者没收财产。

21 根据《关于办理非法采供血液等刑事案件具体应用法律若干问题的解释》第3条、第4条之规定,“对人体健康造成严重危害”,是指具备下列情形之一:①造成献血者、供血浆者、受血者感染乙型肝炎病毒、丙型肝炎病毒、梅毒螺旋体或者其他经血液传播的病原微生物的;②造成献血者、供血浆者、受血者重度贫血、造血功能障碍或者其他器官组织损伤导致功能障碍等身体严重危害的;③对人体健康造成其他严重危害的。“造成特别严重后果”,是指具备下列情形之一:①因血液传播疾病导致人员死亡或者感染艾滋病病毒的;②造成5人以上感染乙型肝炎病毒、丙型肝炎病毒、梅毒螺旋体或者其他经血液传播的病原微生物的;③造成5人以上重度贫血、造血功能障碍或者其他器官组织损伤导致功能障碍等身体严重危害的;④造成其他特别严重后果的。

二、采集、供应血液、制作、供应血液制品事故罪的处罚

22 根据《刑法》第334条第2款的规定,犯本罪的,对单位判处罚金,并对其直接负责的主管人员和其他直接责任人员,处5年以下有期徒刑或者拘役。

第三百三十四条之一　非法采集人类遗传资源、走私人类遗传资源材料罪

违反国家有关规定，非法采集我国人类遗传资源或者非法运送、邮寄、携带我国人类遗传资源材料出境，危害公众健康或者社会公共利益，情节严重的，处三年以下有期徒刑、拘役或者管制，并处或者单处罚金；情节特别严重的，处三年以上七年以下有期徒刑，并处罚金。

文献:张明楷:《刑法学》(第6版),法律出版社2021年版。魏健馨、熊文钊:《人类遗传资源的公法保护》,载《法学论坛》2020年第6期;冯军、马丽丽:《危害国家人类遗传资源安全犯罪立法述评》,载《法学杂志》2021年第8期。

细目录

Ⅰ　主旨
Ⅱ　沿革
Ⅲ　客体
Ⅳ　对象
Ⅴ　行为
Ⅵ　主体
Ⅶ　罪过
Ⅷ　与非罪的界限
Ⅸ　处罚

Ⅰ　主旨

《生物安全法》和《人类遗传资源管理条例》严格规定了我国人类遗传资源和生物资源采集、保藏、利用、对外提供等活动的管理和监督制度。《刑法》规定非法采集人类遗传资源、走私人类遗传资源材料罪,旨在保障人类遗传资源安全,维护公众健康、国家安全和社会公共利益。 1

Ⅱ　沿革

2020年6月《刑法修正案(十一)》(草案一审稿)拟增设第334条之一:"违反国家有关规定,有下列情形之一,危害公众健康或者社会公共利益,情节严重的处3年 2

以下有期徒刑、拘役或者管制,并处或者单处罚金,情节特别严重的,处 3 年以上 7 年以下有期徒刑并处罚金:①非法采集国家人类遗传资源;②非法运送、邮寄、携带国家人类遗传资源材料出境的;③未经安全审查,将国家人类遗传资源信息向境外组织、个人及其设立或实际控制的机构提供或者开放使用的。”2020 年 10 月 13 日《刑法修正案(十一)》(草案二审稿)提请十三届全国人大常委会第二十二次会议审议。在二审稿中,删除了原一审稿中规定的“有下列情形之一”以及三种具体情形。2020 年 12 月 22 日《刑法修正案(十一)》(草案三审稿)提请十三届全国人大常委会第二十四次会议审议,三审稿保留了二审稿对于本条罪名表述的修改。本罪最终经《刑法修正案(十一)》增设定型为第 334 条之一。

Ⅲ 客体

3 本罪的客体是多重客体。其一为国家对人类遗传资源和生物资源采集、保藏、利用、对外提供等活动的管理秩序;其二为不特定多数人的生命、健康;其三为社会公共利益。为了加强对我国人类遗传资源和生物资源采集、保藏、利用、对外提供等活动的管理和监督,保障人类遗传资源和生物资源安全,我国制定了《生物安全法》《人类遗传资源管理条例》,严格规定了我国人类遗传资源和生物资源采集、保藏、利用、对外提供等活动的管理和监督制度。违反上述制度的行为,将严重侵犯人类遗传资源安全,危害公众健康或社会公共利益,乃至危害国家安全。

Ⅳ 对象

4 本罪的犯罪对象是我国的人类遗传资源和生物资源。根据《人类遗传资源管理条例》第 2 条的规定,人类遗传资源包括人类遗传资源材料和人类遗传资源信息。人类遗传资源材料是指含有人体基因组、基因等遗传物质的器官、组织、细胞等遗传材料;人类遗传资源信息是指利用人类遗传资源材料产生的数据等信息资料。

Ⅴ 行为

5 本罪的行为方式表现为违反国家有关规定,非法采集我国人类遗传资源或者非法运送、邮寄、携带我国人类遗传资源材料出境,危害公众健康或者社会公共利益,情节严重的行为。

1.非法采集我国人类遗传资源

6 根据本条规定,非法采集我国人类遗传资源是指违反国家有关规定,非法采集我国人类遗传资源的行为。我国法律法规等规范性文件对于“采集”程序、目的等需要满足的条件及采集我国人类遗传资源履行告知义务等有相关规定。《人类遗传资源管理条例》第 11 条规定,采集我国重要遗传家系、特定地区人类遗传资源或者采集国务院科学技术行政部门规定种类、数量的人类遗传资源的应经国务院科学技术行政部门批准,同时满足下列条件:①具有法人资格;②采集目的明确、合法;③采集方案合理;④通过伦理审查;⑤具有负责人类遗传资源管理的部门和管理制度;⑥具有与采集活动相适应的场所、设施、设备和人员。采集我国人类遗传资源履行告知义务是一个重要的环节,体现了采集程序正当及对被采集人权益的保障。《人类遗传资源管理条例》第 12 条规定,采集我国人类遗传资源,应当事先告知人类遗传资源提供者采集目的、采集用途、对健康可能产生的影响、个人隐私保护措施及其享有的自愿参与和随时无条件退出的权利,征得人类遗传资源提供者书面同意。在告知人类遗传资源提供者前款规定的信息时,必须全面、完整、真实、准确,不得隐瞒、误导、欺骗。

我国拥有丰富的人类遗传资源,特别是《人类遗传资源管理条例》第 11 条对采集 7
“我国重要遗传家系、特定地区人类遗传资源”作出规定,也是进一步加强对我国特有资源的保护。对此,科学技术部发布的《重要遗传家系和特定地区人类遗传资源申报登记办法(暂行)》对“我国重要遗传家系、特定地区人类遗传资源”的范围、采集上述人类遗传资源的程序和登记方式等作出明确规定。其中第 2 条规定:“本办法所称重要遗传家系是指患有遗传性疾病或具有遗传性特殊体质或生理特征的有血缘关系的群体,患病家系或具有遗传性特殊体质或生理特征成员五人以上,涉及三代。”第 3 条至第 5 条对采集重要遗传家系和特定地区人类遗传资源的申报登记方式和程序等作出规定。根据《人类遗传资源管理条例》第 3 条第 2 款的规定,对于为临床诊疗、采供血服务、查处违法犯罪、兴奋剂检测和殡葬等活动需要,采集、保藏器官、组织、细胞等人体物质及开展相关活动,依照相关法律、行政法规规定执行。

2.走私人类遗传资源材料出境的行为

根据本条规定,走私人类遗传资源材料出境是指违反国家有关规定,非法运送、 8
邮寄、携带我国人类遗传资源材料出境的行为。在行为方式上主要包括运送、邮寄、携带出境。运送和邮寄与携带行为的主要区别在于,携带通常是行为人亲自携带,可以是放置于衣服、背包甚至可以通过藏置体内等方式,运送和邮寄主要是借助交通工具或者其他载体。运送和邮寄的区别在于,邮寄是通过第三方邮局或者快递公司等方式出境。这里不论是运送、邮寄,还是运输行为都要求出境,在境内实施上述行为如果符合行政处罚的条件,予以行政处罚即可。

根据本条规定,非法采集我国人类遗传资源和非法运送、邮寄、携带我国人类遗 9
传资源出境的行为,要“危害公众健康或者社会公共利益”“情节严重”的才构成犯罪,才对其追究刑事责任。需要注意的是,与传统的人身、财产犯罪不同,非法采集人类遗传资源及运送、邮寄、携带人类遗传资源材料出境的行为后果通常短期内很难立即显现,实践中对于“危害公众健康或者社会公共利益”的理解和判断还要结合其具体情形来综合判断。危害公众健康或社会公共利益主要是指在采集过程中因采集方法、采集的设备或者程序等因素造成被采集人感染疾病、组织器官造成伤害、部分功能丧失或者造成我国特定地区或者种系的遗传资源受到严重破坏,等等。

Ⅵ 主体

10 本罪的犯罪主体为一般主体,即年满 16 周岁且具备刑事责任能力的自然人,均可构成本罪。

Ⅶ 罪过

11 非法采集人类遗传资源、走私人类遗传资源材料罪的罪过形式为故意。

Ⅷ 与非罪的界限

12 成立非法采集人类遗传资源、走私人类遗传资源材料罪,必须实施违反国家有关规定,非法采集我国人类遗传资源或者非法运送、邮寄、携带我国人类遗传资源材料出境,并且满足危害公众健康或者社会公共利益,情节严重的行为。因此,对于依照《生物安全法》《人类遗传资源管理条例》等国家规定合法采集我国人类遗传资源或者合法运送、邮寄、携带我国人类遗传资源材料出境的行为不构成犯罪。应当注意,对于境外组织、个人及其设立或者实际控制的机构,获取和利用我国人类遗传资源和生物资源分别作了不同的规定。《生物安全法》第 56 条第 4 款规定,境外组织、个人及其设立或者实际控制的机构不得在我国境内采集、保藏我国人类遗传资源,不得向境外提供我国人类遗传资源。经依法取得批准,境外组织、个人及其设立或者实际控制的机构可以获取和利用我国生物资源,但不得在我国境内采集、保藏我国人类遗传资源,不得向境外提供我国人类遗传资源。

13 此外,本条规定的保护对象是"我国人类遗传资源""我国人类遗传资源资料",对在我国境内采集非我国种族的遗传资源,刑法对此并没有作出限定,不宜根据本条规定追究刑事责任。如果采集的程序、目的、方式等违反国家有关规定,符合行政处罚条件的,予以行政处罚即可。

Ⅸ 处罚

14 《刑法》第 334 条之一根据情节的不同严重程度规定了两档法定刑:情节严重的,处 3 年以下有期徒刑、拘役或者管制,并处或者单处罚金;情节特别严重的,处 3 年以上 7 年以下有期徒刑,并处罚金。

15 对于"情节严重"及"情节特别严重",可以从行为方式上判断,也可以从造成危害结果的角度考量,如非法采集人类遗传资源及运送、邮寄、携带人类遗传资源材料的样本数量、采集地区、采集的方式、采集目的和用途、采集的年龄段等,也包括造成被采集人身体伤害、感染疾病或身体功能异常、为境外非法组织或基于非法目的获取我国人类遗传资源信息而研制某些生物制剂等。对于尚不构成犯罪的,应当根据《生物安全法》等相关规定予以行政处罚。《生物安全法》第 80 条规定,违反本法规定,境外组织、个人及其设立或者实际控制的机构在我国境内采集、保藏我国人类遗传资源,或者向境外提供我国人类遗传资源的,由国务院科学技术主管部门责令停止违法行为,没收违法所得和违法采集、保藏的人类遗传资源,并处 100 万元以上 1000 万元以下的罚款;违法所得在 100 万元以上的,并处违法所得 10 倍以上 20 倍以下的罚款。《人类遗传资源管理条例》第 36 条、第 38 条对于本条规定的非法采集人类遗传资源,以及将我国人类遗传资源材料运送、邮寄、携带出境的行为,规定了相应的行政处罚。

第三百三十五条　医疗事故罪

医务人员由于严重不负责任，造成就诊人死亡或者严重损害就诊人身体健康的，处三年以下有期徒刑或者拘役。

文献:刘远主编:《危害公共卫生罪》,中国人民公安大学出版社 2003 年版;高铭暄:《中华人民共和国刑法的孕育诞生和发展完善》,北京大学出版社 2012 年版;王作富主编:《刑法分则实务研究》(第 5 版),中国方正出版社 2013 年版;张军主编:《刑法[分则]及配套规定新释新解》(第 9 版),人民法院出版社 2016 年版;张明楷:《刑法学》(第 6 版),法律出版社 2021 年版。

细目录

Ⅰ　主旨
Ⅱ　沿革
Ⅲ　客体
Ⅳ　对象
Ⅴ　行为
Ⅵ　主体
Ⅶ　罪过
Ⅷ　与非罪的界限
Ⅸ　处罚

Ⅰ　主旨

1　医疗事故罪是指医务人员在医疗过程中,由于严重不负责任,造成就诊人死亡或者严重损害就诊人身体健康的行为。为了保障人民群众的就医安全与生命健康,督促医务人员恪尽职守,防止发生医疗事故,《刑法》规定本罪。

Ⅱ　沿革

2　1979 年《刑法》未规定医疗事故罪,因为当时对于此类行为是否应当犯罪化仍存争议。在社会生活中,医疗事故多发,对于合理规制医务人员的责任,提出了一定的要求。1987 年国务院发布《医疗事故处理办法》,规定“医务人员由于极端不负责任,致使病员死亡、情节恶劣已构成犯罪的,对直接责任人员由司法机关依法追究刑事责任”。1996年10月10日的《刑法修订草案(征求意见稿)》第300条规定:“医务人员由于严重不负责任,造成病人死亡或者严重损害病人身体健康的,处3年以下有期徒刑或者拘役。”1996年12月,对此罪的法定刑增加了管制刑,次年3月删除了关于管制刑的规定。1997年2月17日的《刑法修订草案(征求意见稿)》将“病人”改为“就诊人”,最终定型为《刑法》第335条。

Ⅲ 客体

医疗事故罪的客体是双重客体,包括国家对医疗工作的管理秩序和就诊人的生命健康权。 3

Ⅳ 对象

医疗事故罪的犯罪对象,是在医疗单位就诊的就诊人。 4

Ⅴ 行为

医疗事故罪表现为医务人员由于严重不负责任,造成就诊人死亡或者严重损害就诊人身体健康的行为。 5

1. 医务人员在医疗护理工作中,实施了严重不负责任的行为

严重不负责任的行为,是指医务人员在诊疗护理过程中严重违反规章制度和诊疗常规,不履行或者不正确履行医护职责。规章制度包括诊断、处方、麻醉、手术、输血、护理、化验、消毒、医嘱、查房等多个医务环节的各项规则、程序、制度等。诊疗常规包括在实践中被公认为行之有效的操作习惯和惯例。[1] 最高人民检察院、公安部《关于公安机关管辖的刑事案件立案追诉标准的规定(一)》第56条规定,医务人员具有下列情形之一的,认定为“严重不负责任”:①擅离职守的;②无正当理由拒绝对危急就诊人实行必要的医疗救治的;③未经批准擅自开展试验性医疗的;④严重违反查对、复核制度的;⑤使用未经批准使用的药品、消毒药剂、医疗器械的;⑥严重违反国家法律法规及有明确规定的诊疗技术规范、常规的;⑦其他严重不负责任的情形。 6

2. 造成了就诊人死亡或者损害就诊人身体健康的后果

根据前述规定第56条的规定,“严重损害就诊人身体健康”是指造成就诊人严重残疾、重伤,感染艾滋病、病毒性肝炎等难以治愈的疾病或者其他严重损害就诊人身体健康的后果。 7

Ⅵ 主体

医疗事故罪的主体是特殊主体,即具备行医资质的医务人员。医务人员是具有合 8

1 参见王作富主编:《刑法分则实务研究》(第5版),中国方正出版社2013年版,第1367页。

法职业资格的医疗工作者。此处的医务人员包括经过卫生行政机关批准、承认的从事医护诊疗工作的各类人员,如医生、护士、防疫人员、药剂人员、麻醉人员、医疗管理人员等。未取得合法职业资格的人员,不能构成本罪。因此,《刑事审判参考》案例第429号“孟广超医疗事故案”就“具有执业资格的医生根据民间验方、偏方制成药物,用于诊疗,造成就诊人死亡的行为是构成生产、销售假药罪,还是医疗事故罪”的争议,其裁判理由指出:“具有执业资格的医生在诊疗过程中,出于医治病患的目的,使用民间验方、偏方致人伤亡的行为,符合《刑法》第335条规定的可以医疗事故罪定罪处罚。”

Ⅶ 罪过

9 医疗事故罪的罪过形式为过失,包括疏忽大意的过失和过于自信的过失。疏忽大意的过失常常具体表现为,在医疗事故的发生中,根据行为人相应职称和岗位责任制要求,对自己的行为可能造成危害就诊人的结果,具有预见可能性。过于自信的过失一般表现为,行为人虽然预见到自己的行为可能给就诊人造成危害结果,但是轻信借助自己的技术、经验或有利的客观条件能够避免,因而导致判断上和行为上的失误,发生危害结果。[2]

Ⅷ 与非罪的界限

1. 与普通医疗过失的界限

10 区别在于:是否造成了就诊人死亡或严重损害就诊人身体健康的后果。如果给就诊人造成一般性的身体损害,不能构成医疗事故罪。

2. 与医疗技术事故的界限

11 “医疗技术事故”是指医务人员在医务工作中,由于业务水平低下,或者经验不足,或者医疗技术设备太差等客观原因,造成就诊人病情恶化或死亡的结果。这种情况一般不以犯罪论处。[3]

3. 与医疗意外的界限

12 医疗意外是因现代医疗水平的局限,在治疗过程中发生的难以预料、防范的不良后果。由于超出了当前治疗技术的极限,基于不能预见或不可抗拒的原因导致就诊人死亡或者严重损害就诊人身体健康的事故,医疗意外情形不构成犯罪。

Ⅸ 处罚

13 《刑法》第335条规定,犯医疗事故罪的,处3年以下有期徒刑或者拘役。

---

2 参见张明楷:《刑法学》(第6版),法律出版社2021年版,第1473页。

3 参见黎宏:《刑法学各论》(第2版),法律出版社2016年版,第438页。

第三百三十六条　非法行医罪;非法进行节育手术罪

未取得医生执业资格的人非法行医，情节严重的，处三年以下有期徒刑、拘役或者管制，并处或者单处罚金；严重损害就诊人身体健康的，处三年以上十年以下有期徒刑，并处罚金；造成就诊人死亡的，处十年以上有期徒刑，并处罚金。

未取得医生执业资格的人擅自为他人进行节育复通手术、假节育手术、终止妊娠手术或者摘取宫内节育器，情节严重的，处三年以下有期徒刑、拘役或者管制，并处或者单处罚金；严重损害就诊人身体健康的，处三年以上十年以下有期徒刑，并处罚金；造成就诊人死亡的，处十年以上有期徒刑，并处罚金。

文献:刘远主编:《危害公共卫生罪》,中国人民公安大学出版社 2003 年版;高铭暄:《中华人民共和国刑法的孕育诞生和发展完善》,北京大学出版社 2012 年版;王作富主编:《刑法分则实务研究》(第 5 版),中国方正出版社 2013 年版;张军主编:《刑法[分则]及配套规定新释新解》(第 9 版),人民法院出版社 2016 年版;张明楷:《刑法学》(第 6 版),法律出版社 2021 年版。

细目录

Ⅰ　主旨
Ⅱ　沿革
Ⅲ　客体
Ⅳ　对象
Ⅴ　行为
　一、非法行医罪的行为
　二、非法进行节育手术罪的行为
Ⅵ　主体
Ⅶ　罪过
Ⅷ　共犯
Ⅸ　罪数
　一、非法行医罪的罪数
　二、非法进行节育手术罪的罪数
Ⅹ　与他罪的区别

一、非法行医罪与医疗事故罪的区别
二、非法进行节育手术罪与非法行医罪的区别
XI　处罚
一、非法行医罪的处罚
二、非法进行节育手术罪的处罚

I　主旨

1　非法行医罪,是指未取得医生执业资格的人非法行医,情节严重的行为。非法进行节育手术罪,是指未取得医生执业资格的人擅自为他人进行节育复通手术、假节育手术、终止妊娠手术或者摘取宫内节育器,情节严重的行为。为了维护医疗管理秩序与计划生育管理秩序,保障人民群众的生命健康,《刑法》规定了非法行医罪与非法进行节育手术罪。

II　沿革

2　非法行医罪与非法进行节育手术罪系 1997 年《刑法》新增的罪名。1996 年 10 月 10 日《刑法修订草案(征求意见稿)》第 301 条规定:"未取得医生资格的人非法行医,情节严重的,处 3 年以下有期徒刑或者拘役,可以单处或者并处罚金;造成病人死亡或者严重损害病人身体健康的,依照伤害罪的规定处罚。"同年 12 月中旬的修订草案增设了管制刑。12 月 20 日的修订草案中,将"未取得医生资格的人"修改为"未取得医生执业资格的人"。其后,立法工作机关又将"病人"改为"就诊人",将"可以单处或者并处罚金"改为"单处或者并处罚金",并且明确规定了非法行医加重情节的法定刑。[1]

3　1988 年 9 月的刑法修改稿最早拟定了"破坏计划生育罪",即:"以营利为目的,破坏计划生育,情节严重的,处 2 年以下有期徒刑、拘役或者罚金。"1988 年 11 月 16 日的刑法修改稿第 187 条对该罪罪状进行细化,规定为"以营利为目的,非法为妇女摘取节育环、出具假出生证明或者以其他方法破坏计划生育,情节严重的,处三年以下有期徒刑、拘役、管制或者罚金"。1997 年 3 月 1 日的《刑法修订草案》第 333 条第 2 款规定:"未取得医生执业资格的人擅自为他人进行节育复通手术、假节育手术或者摘取宫内节育器,造成就诊人死亡或者严重损害就诊人身体健康的,依照本法第二百三十四条的规定定罪处罚。"由于故意伤害罪(即《刑法》第 234 条)有多档法定刑,对此罪援用故意伤害罪的规定处理,实践中将产生疑难问题。因此 1997 年 3 月 13 日的修订草案,对非法进行节育手术罪的法定刑作出了明确规定,并增加了"终止

1　参见高铭暄:《中华人民共和国刑法的孕育诞生和发展完善》,北京大学出版社 2012 年版,第 560 页。

妊娠手术”的罪状,最终定型为《刑法》第336条第2款。[2]

Ⅲ 客体

非法行医罪的犯罪客体是正常的医疗管理秩序,非法进行节育手术罪的客体是国家的计划生育管理秩序。 4

Ⅳ 对象

非法行医罪的犯罪对象,是向未取得医生执业资格的行为人寻求医疗诊治的就诊人。非法进行节育手术罪的犯罪对象是进行节育手术的人和进行过节育手术的人,包括育龄男性、育龄妇女、怀孕的妇女。 5

Ⅴ 行为

一、非法行医罪的行为

非法行医罪是指未取得医生执业资格的人非法行医,情节严重的行为。 6

1. 未取得医生执业资格的人非法行医

非法行医是指行为人在未取得医生执业资格的情况下,非法开展医疗活动。无 7
论挂牌行医、坐堂问诊、周游行医,还是挂靠于医疗单位,都是行为人非法行医的行为手段。另外,非法为孕妇接生,造成严重后果的,也以非法行医罪论处。[3]在界定非法行医行为时,必须注意区分行医行为与养生保健、美容整形。在司法实践中,一些不法机构或者不法分子往往打着养生保健或者美容整形的旗号,实际非法行医行为。例如,胡万林等非法行医案的裁判要旨指出:“行为人不具有医生执业资格,欺骗病人参与保健培训班实施医疗活动,致人死亡的,构成非法行医罪。区分医疗行为与养生保健行为应当从以下三个方面进行考察:①是否以治愈疾病为目的;②是否需要专业技术知识和规范流程来完成;③是否存在潜在危险性。”该案中,胡万林声称自己的吐故纳新疗法可以包治百病,对糖尿病、高血压、白血病、艾滋病等有特殊效果,可见其行为是以治疗疾病为目的的,并非普通的保健行为。其制作所谓“五味汤”时购买了作为中药的芒硝,具有通便功效,饮用后产生恶心、呕吐等现象,过量食用对人体有害。参加胡万林培训班的均为长年身患疾病的病人,跟随胡万林的目的是治疗其自身病症,并非仅仅进行养生保健,因此胡万林的行为并非养生保健,而是医疗行为。

---

2 参见高铭暄:《中华人民共和国刑法的孕育诞生和发展完善》,北京大学出版社2012年版,第560页。

3 参见王作富主编:《刑法分则实务研究》(第5版),中国方正出版社2013年版,第1374页。

被告人胡万林主观上具有非法行医的犯罪故意,客观上在不具有行医资格的情况下实施了非法行医的行为,并造成他人死亡的危害后果,不仅侵犯了他人的身体健康,也侵犯了国家对医疗机构和医务人员的管理秩序,符合非法行医罪的构成要件。[4]

8 需要特别注意的是，我国实行医师执业资格与医疗机构执业许可证制度。已经取得医师执业资格的人未取得医疗机构执业许可证而行医的,是否构成非法行医罪,成为问题。在《刑事审判参考》案例第 283 号“周兆钧被控非法行医案”中,一二审以及再审法院均认为,周兆钧虽然从事医师工作三十余年,获得医师资格证书,并曾于 1987 年至 1993 年期间合法行医,但自 1998 年年底至案发日,周兆钧在未取得“医疗机构执业许可证”的情况下擅自行医,是非法行医行为,并造成就诊人死亡的结果,其行为已构成非法行医罪。最高人民法院经审理后认为,原审被告人周兆钧于 1953 年获中央人民政府卫生部颁发的医师证书,已具备了医师从业资格,并多年从事医疗活动,具有一定的医学知识和医疗技术。周兆钧自湖南省靖县人民医院退休后,从 1998 年 10 月起从事医疗活动,虽未经注册,未取得“医疗机构执业许可证”,但不属于《刑法》第 336 条规定的“未取得医生执业资格的人”。周兆钧给被害人王建辉注射青霉素针,没有违反技术操作规范,王建辉因青霉素过敏而死亡系意外事件,周兆钧不应承担刑事责任。

9 2016 年 12 月 16 日发布的最高人民法院《关于审理非法行医刑事案件具体应用法律若干问题的解释》似乎推翻了最高人民法院在“周兆钧非法行医案”中的判解。根据该解释第 1 条的规定,“未取得医生执业资格的人非法行医”,是指下列情形之一:①未取得或者以非法手段取得医师资格从事医疗活动的;②被依法吊销医师执业证书期间从事医疗活动的;③未取得乡村医生执业证书,从事乡村医疗活动的;④家庭接生员实施家庭接生以外的医疗行为的。构成非法行医罪的行为,不限于法条罪状中概括的典型样态。

2. 达到“情节严重”的入罪标准

10 非法行医罪是典型的情节犯,需要具备严重的情节才能构成犯罪。最高人民法院《关于审理非法行医刑事案件具体应用法律若干问题的解释》第 2 条规定,具备下列情形之一的,可认定为《刑法》第 336 条第 1 款规定的“情节严重”:①造成就诊人轻度残疾、器官组织损伤导致一般功能障碍的;②造成甲类传染病传播、流行或者有传播、流行危险的;③适用假药、劣药或不符合国家规定标准的卫生材料、医疗器械,足以严重危害人体健康的;④非法行医被卫生行政部门行政处罚两次以后,再次非法行医的;⑤其他情节严重的情形。

11 此外,根据 2003 年 5 月 14 日发布的最高人民法院、最高人民检察院《关于办理

---

4 参见最高人民法院中国应用法学研究所编:《人民法院案例选》(总第 106 辑),人民法院出版社 2017 年版,第 99—101 页。

妨害预防、控制突发传染病疫情等灾害的刑事案件具体应用法律若干问题的解释》第12条的规定,未取得医师执业资格非法行医,具有造成突发传染病病人、病原携带者、疑似突发传染病病人贻误诊治或者造成交叉感染等严重情节的,以非法行医罪定罪,依法从重处罚。

需要特别注意的是,在非法行医中,患者的自愿求医并不阻却非法行医行为的非 12
法性,甚至不影响非法行医情节严重的判断。《刑事审判参考》案例第316号"周某某非法行医案"的裁判理由即明确指出:"在非法行医案件中,即使行为人非法行医时得到患者的承诺,也不能阻却其犯罪的成立,这是因为:第一,非法行医属于危害公共卫生的犯罪,侵害的是社会法益;任何人对社会法益都没有承诺权限,故患者的承诺是无效的。第二,对治疗行为的承诺,只能是一种具体的承诺,而且这种承诺只是对医疗行为本身的承诺,不包括对不当医疗行为致死致伤结果的承诺。在行为人非法行医的情况下,患者只是承诺行为人为其治疗,这是一种抽象的承诺。在被害人并不了解非法行医者的具体治疗方案的情况下,非法行医者的具体治疗行为并没有得到承诺。患者求医当然是希望医治疾病,因此不可能承诺对自己造成伤亡。所以,非法行医者致患者伤亡的行为,也不可能因为被害人承诺而阻却犯罪的成立。第三,在许多情况下,患者是因为不了解非法行医者的内情才去求医的,即非法行医者或者谎称自己具有医生执业资格,或者谎称自己具有高明的医术,使患者信以为真,从而在不了解真相的情况下向非法行医人求医。这显然不能认为是患者的真实意志,即患者在了解真相的情况下将不会向其求医。由于患者求医是基于误解,因而其承诺也是无效的。第四,非法行医行为违反了法律秩序,即使非法行医行为取得了患者的同意,也是法律所禁止的。由此可见,在非法行医案件中,如果行为人隐瞒其未取得医生执业资格的事实,从而致使被害人错误作出同意其对自己实施医疗行为的'承诺'的,则因该项'承诺'并非出自被害人的真实意志,故而不能构成可以排除行为人犯罪性的承诺;即便在行为人已告知被害人其未取得医生执业资格的事实,被害人仍然同意或者请求其为自己医疗的情况下,由于被害人的同意或者请求(承诺)仅是对医疗行为本身的抽象承诺,并不包括对非法医疗行为可能引致的伤亡结果的承诺,也不能构成可以排除行为人犯罪性的承诺;甚至,在行为人已告知被告人其未取得医生执业资格的事实,被害人仍然同意或者请求其为自己医疗,并明确表示自愿承担医疗'风险'的情况下,由于被害人对公共卫生这一社会法益并无承诺权限,其承诺仍然是无效的,仍然不能因此排除行为人非法行医行为的犯罪性。根据以上分析,在本案中,未取得医生执业资格的被告人周某某固然是应孕妇蒋某某亲属之邀出诊为蒋接生的,但其违规用药,引起蒋强烈宫缩致胎死宫内,应当认为其行为已至少达到刑法第三百三十六条规定的'情节严重'的程度,故认定其构成非法行医罪是正确的;周某某系因他人之邀为蒋某某接生这一情节,并不能排除其非法行医行为的犯罪性。"

二、非法进行节育手术罪的行为

非法进行节育手术罪表现为未取得医生执业资格的人擅自为他人进行节育复通 13

手术、假节育手术、终止妊娠手术或者摘取宫内节育器,情节严重的行为。“节育复通手术”,是指通过手术将就诊人原本被结扎的输精管或输卵管恢复畅通。“假节育手术”是给就诊人进行虚假的输精管、输卵管结扎手术。“终止妊娠手术”是对孕妇进行人工流产手术。“摘取宫内节育器”是将为计划生育而设置在育龄妇女子宫内的避孕环等宫内节育器摘除的行为。

14　非法进行节育手术罪是情节犯,实施上述行为,情节严重的,才能构成犯罪。最高人民检察院、公安部《关于公安机关管辖的刑事案件立案追诉标准的规定(一)》第58条规定,涉嫌下列情形之一的,应予立案追诉:①造成就诊人轻伤、重伤、死亡或者感染艾滋病、病毒性肝炎等难以治愈的疾病的;②非法进行节育复通手术、假节育手术、终止妊娠手术或者摘取宫内节育器5人次以上的;③致使他人超计划生育的;④非法进行选择性别的终止妊娠手术的;⑤非法获利累计5000元以上的;⑥其他情节严重的情形。

Ⅵ　主体

15　非法行医罪与非法进行节育手术罪的犯罪主体均为一般主体,即未取得医生执业资格的人。因两罪的主体限定为未取得医生执业资格的人,理论上亦称两罪的主体为消极的身份犯。故具有医生执业资格的人为他人进行非法节育手术的,不构成非法进行节育手术罪。[5]

16　在特定条件下,未取得医生执业资格的人实施医疗行为的,亦不构成非法行医罪。根据2002年6月21日全国人民代表大会常务委员会法制工作委员会就河北省人民代表大会常务委员会法制工作委员会“《刑法》第336条非法行医的含义”的法律询问的答复,医科大学本科毕业,分配到医院担任见习医生,在试用期内从事相应的医疗活动,不属于非法行医。

Ⅶ　罪过

17　非法行医罪与非法进行节育手术罪的罪过形式均为故意,行为人明知自己未取得医生执业资格而非法行医或非法进行节育手术。无论是非法行医还是非法进行节育手术,虽然行为人一般出于营利或者牟利的目的,但是构成犯罪不要求以营利为目的。实践中未取得医生执业资格为他人免费医治,造成严重后果的,以非法行医罪认定。

Ⅷ　共犯

18　非法行医罪的主体是自然人,凡数个自然人具备连续非法行医的故意,并且实施了无证行医的行为且情节严重的,即可构成本罪。具有医生执业资格的人不可能构

5　参见黎宏:《刑法学各论》(第2版),法律出版社2016年版,第440页。

成非法行医罪的正犯,但其如果教唆或帮助不具有医生执业资格的人进行非法行医活动的,可以构成本罪的教唆犯或帮助犯。又如取得医生执业资格的人雇请不具医生执业资格的人与自己一同行医的,可以成立非法行医罪的共同正犯。[6]

Ⅸ 罪数

一、非法行医罪的罪数

根据最高人民法院《关于审理非法行医刑事案件具体应用法律若干问题的解释》第5条的规定,实施非法行医犯罪,同时构成生产、销售假药罪,生产、销售劣药罪,诈骗罪等其他犯罪的,依照刑法处罚较重的规定定罪处罚。 19

行为人具有伤害、杀人的故意,而谎称为被害人进行诊断、医治,造成严重后果的,直接认定为故意伤害罪、故意杀人罪。 20

行为人不具备连续非法行医的故意,偶尔进行诊治活动,造成被害人重伤、死亡后果的,仅认定为过失致人重伤罪、过失致人死亡罪。 21

二、非法进行节育手术罪的罪数

行为人如果在进行非法节育手术的同时又实施了其他犯罪行为,比如猥亵、强奸就诊人的,应当对其数罪并罚。如果行为人既有进行非法节育手术的行为,又有其他非法行医的行为,应当对其数罪并罚。 22

Ⅹ 与他罪的区别

一、非法行医罪与医疗事故罪的区别

非法行医罪与医疗事故罪的主要区别在于:①主体不同。非法行医罪主体为未取得医生执业资格的人;医疗事故罪的主体是具备合法身份的医务人员。②罪过形式不同。非法行医罪的罪过形式为故意;医疗事故罪则为过失。③行为构成不同。非法行医罪是情节犯,具备严重情节即可构成犯罪;医疗事故罪是结果犯,必须造成就诊人死亡或者严重损害身体健康的,才能构成该罪。 23

二、非法进行节育手术罪与非法行医罪的区别

非法进行节育手术罪与非法行医罪的主体都是不具备医生执业资格的人,主观上都具有犯罪故意,客观上都实行了一定的诊疗行为。二者的主要区别在于:①对象不同。非法进行节育手术罪的对象是进行节育手术的人和进行过节育手术的人;非 24

---

6 参见张明楷:《刑法学》(第6版),法律出版社2021年版,第1476页。

法行医罪的对象可以是任何人。②行为方式不同。非法进行节育手术罪的行为人实施的仅限于法条规定的四类进行非法节育手术的行为;非法行医罪的行为人可以实施任何类型的诊疗活动。

XI 处罚

一、非法行医罪的处罚

25 《刑法》第336条第1款对非法行医罪规定了三个幅度的法定刑:“未取得医生执业资格的人非法行医,情节严重的,处三年以下有期徒刑、拘役或者管制,并处或者单处罚金;严重损害就诊人身体健康的,处三年以上十年以下有期徒刑,并处罚金;造成就诊人死亡的,处十年以上有期徒刑,并处罚金。”

26 根据最高人民法院《关于审理非法行医刑事案件具体应用法律若干问题的解释》第3条的规定,“严重损害就诊人身体健康”,是指下列情形之一:①造成就诊人中度以上残疾、器官组织损伤导致严重功能障碍的;②造成3名以上就诊人轻度残疾、器官组织损伤导致一般功能障碍的。解释所称“轻度残疾、器官组织损伤导致一般功能障碍”“中度以上残疾、器官组织损伤导致严重功能障碍”,参照原卫生部《医疗事故分级标准(试行)》予以认定。根据该解释第4条的规定,非法行医行为系造成就诊人死亡的直接、主要原因的,应认定为《刑法》第336条第1款规定的“造成就诊人死亡”。非法行医行为并非造成就诊人死亡的直接、主要原因的,可不认定为《刑法》第336条第1款规定的“造成就诊人死亡”;但是根据案件情况,可以认定为《刑法》第336条第1款规定的“情节严重”。

27 《刑事审判参考》案例第421号“贺淑华非法行医案”的裁判理由中指出,被告人在没有行医资格的前提下,故意长期非法行医,其行为已经构成非法行医的基本犯罪。被告人非法行医多年,具有一定的医学知识,对产妇在分娩过程中可能出现的各种风险比常人更能清楚地预见。但其出于追求非法利益的目的,存在侥幸能够避免的心理,在缺乏抢救设备、缺乏抢救措施的情况下仍然为其接生,违反了其实施基本犯罪行为时对其行为所带来的危险性的注意义务,主观上对产妇死亡的结果存在过于自信的过失;同时,客观上,由于被告人的医疗技术水平不高、医疗设施缺乏,致使产妇出现并发症时无力及时采取正确、有效的抢救措施;在产妇出现并发症时又因害怕承担责任,不及时将产妇转送正规医院进行抢救,延误了产妇的抢救时机,致使产妇在尚未送进医院抢救时即已死亡。该案被告人对产妇的死亡在主观上具有过失,客观上造成了产妇死亡的结果,其非法行医行为与产妇的死亡结果间具有因果关系,故其对产妇的死亡应当承担相应的刑事责任。

二、非法进行节育手术罪的处罚

28 《刑法》第336条第2款对非法进行节育手术罪规定了三个幅度的法定刑:“未取

得医生执业资格的人擅自为他人进行节育复通手术、假节育手术、终止妊娠手术或者摘取宫内节育器,情节严重的,处三年以下有期徒刑、拘役或者管制,并处或者单处罚金;严重损害就诊人身体健康的,处三年以上十年以下有期徒刑,并处罚金;造成就诊人死亡的,处十年以上有期徒刑,并处罚金。"

非法进行节育手术造成就诊人重伤,是否等同于作为非法进行节育手术罪加重结果的"严重损害就诊人身体健康",因而适用本罪的加重法定刑?司法实务界对此存在不同认识。在《刑事审判参考》案例第 732 号"徐如涵非法进行节育手术案"中,被告人徐如涵在沪未取得《医师执业证书》及《医疗机构执业许可》,擅自为他人进行摘取节育器手术,致人重伤,其行为构成非法进行节育手术罪,就诉讼过程中出现的非法进行节育手术致就诊人重伤是否能够认定为"严重损害就诊人身体健康"的争议,其裁判要旨指出:最高人民法院《关于审理非法行医刑事案件具体应用法律若干问题的解释》对于非法行医罪中严重损害就诊人身体健康的认定标准同样适用于非法进行节育手术罪。不应将致人重伤简单等同于严重损害就诊人身体健康。非法进行节育手术的行为广义上也是一种非法行医行为,只是为了突出保障计划生育政策的执行,刑法专门设立非法进行节育手术罪。就罪质而言,非法行医罪与非法进行节育手术罪之间是一般与特殊的关系。特殊法有规定的,依特殊法;没有特别规定的,依一般法。基于这一原理,由于法律、司法解释没有对非法进行节育手术罪作出特别解释,本罪中的严重损害就诊人身体健康的认定标准,应当参照非法行医罪的相关认定标准。 29

第三百三十六条之一　非法植入基因编辑、克隆胚胎罪

将基因编辑、克隆的人类胚胎植入人体或者动物体内，或者将基因编辑、克隆的动物胚胎植入人体内，情节严重的，处三年以下有期徒刑或者拘役，并处罚金；情节特别严重的，处三年以上七年以下有期徒刑，并处罚金。

文献:张明楷:《刑法学》(第6版),法律出版社2021年版。杨丹:《生命科技时代的刑法规制——以基因编辑婴儿事件为中心》,载《法学杂志》2020年第12期;吴梓源:《从个体走向共同体:当代基因权利立法模式的转型》,载《法制与社会发展》2021年第1期;姜涛:《基因编辑之刑法规制及其限度》,载《东方法学》2021年第2期。

细目录

Ⅰ　主旨
Ⅱ　沿革
Ⅲ　客体
Ⅳ　对象
Ⅴ　行为
Ⅵ　主体
Ⅶ　罪过
Ⅷ　与非罪的界限
Ⅸ　处罚

Ⅰ　主旨

1　非法植入基因编辑、克隆胚胎罪,是指实施将基因编辑、克隆的人类胚胎植入人体或者动物体内,或者将基因编辑、克隆的动物胚胎植入人体内,情节严重的行为。

2　为了维护国家安全,防范和应对生物安全风险,保障人民生命健康,促进生物技术健康发展,促进和保障生物技术的研究开发活动健康有序发展,国家制定了《生物安全法》《生物技术研究开发安全管理办法》以及《人胚胎干细胞研究伦理指导原则》等规范性文件。为了规范生物技术研究开发活动,避免出现直接或间接生物安全危害,有效维护生物安全,《刑法》规定了本罪。

Ⅱ 沿革

3 非法植入基因编辑、克隆胚胎罪是《刑法修正案(十一)》新增的罪名。2020年6月《刑法修正案(十一)》(草案一审稿)拟增设第336条之一:"违反国家有关规定,将基因编辑的胚胎、克隆的胚胎植入人类或者动物体内,情节严重的,处三年以下有期徒刑或者拘役,并处罚金,情节特别严重的,处三年以上七年以下有期徒刑,并处罚金。"在二审稿中,对本条表述进行了修改:"违反国家有关规定,将基因编辑、克隆的人类胚胎植入人体或者动物体内或者将基因编辑、克隆的动物胚胎植入人体内情节严重的,处三年以下有期徒刑或者拘役,并处罚金;情节特别严重的,处三年以上七年以下有期徒刑,并处罚金。"一审稿和二审稿罪状中均使用"违反国家有关规定",但对行为方式作出的限定不同:一审稿中在行为方式上包含基于科学研究目的并在一定条件下被允许的将经过基因编辑、克隆的动物胚胎植入动物体内的情况,"违反国家有关规定"的限定可以将被允许的合法行为排除;二审稿在罪状表述上将上述被允许的合法行为作了排除,对此有意见提出,罪状中的行为在我国本身即是非法的被禁止的,不存在被允许的前提,因此"违法国家有关规定"的表述从逻辑上并不周延,最终在三审稿中对此作出修改,即在二审稿的基础上将"违法国家有关规定"的表述删除。2020年12月22日《刑法修正案(十一)》(草案三审稿)提请第十三届全国人民代表大会常务委员会第二十四次会议审议,最终经《刑法修正案(十一)》增设本罪。

Ⅲ 客体

4 非法植入基因编辑、克隆胚胎罪的客体是国家对基因编辑、克隆胚胎有关生物技术的规范管理秩序。

Ⅳ 对象

5 非法植入基因编辑、克隆胚胎罪的犯罪对象是基因编辑、克隆的人类或动物胚胎。

Ⅴ 行为

6 非法植入基因编辑、克隆胚胎罪的行为方式表现为将基因编辑、克隆的人类胚胎植入人体或者动物体内,或者将基因编辑、克隆的动物胚胎植入人体内,情节严重的行为。

7 "基因编辑"是指改变细胞或生物体的DNA,包括插入、删除或修改基因或基因序列,以实现基因的沉默、增强或其他改变其特征的技术。"克隆"是为了制造一个与某一个体遗传上相同的复制品或后代而使用的技术。将基因编辑、克隆的人类胚胎植入人体或者动物体内,即经过基因编辑和克隆的人类胚胎不管是植入人体体内还是动物体内都是被禁止的。上述行为方式将目前可以用于科研实验的经过基因编辑或者克隆的动物胚胎植入动物体内的情况予以排除。

8 根据《刑法》第 336 条之一的规定,只有将基因编辑或者克隆的胚胎植入体内才构成犯罪,处于试验或者研究在体外进行的基因编辑或者克隆并不属于刑法的规制范围。"植入"即将体外培养的受精卵或者胚胎移植到子宫内的过程,至于是否着床或植入成功不影响"植入"行为的完成。

Ⅵ 主体

9 非法植入基因编辑、克隆胚胎罪的犯罪主体为一般主体,年满 16 周岁且具备刑事责任能力的自然人均可构成本罪。

Ⅶ 罪过

10 非法植入基因编辑、克隆胚胎罪的罪过形式为故意。

Ⅷ 与非罪的界限

11 从罪状表述上看,非法植入基因编辑、克隆胚胎罪的成立必须要有植入母体的行为,如果没有将基因编辑的胚胎植入母体,则不应成为刑法的评价对象。《人胚胎干细胞研究伦理指导原则》第 6 条规定:"进行人胚胎干细胞研究,必须遵守以下行为规范:(一)利用体外受精、体细胞核移植、单性复制技术或遗传修饰获得的囊胚,其体外培养期限自受精或核移植开始不得超过 14 天……"对于超出 14 天但没有以生殖为目的,或者行为人尚未将基因编辑的胚胎植入人体或动物体内,但有证据证明,是为了最终植入母体的,不宜按犯罪处理。这是因为,一方面尚未将基因编辑的胚胎植入母体的行为,并未产生实际的危害结果,从保护科学研究的视角,给予行政处罚即可;另一方面,该行为尚未达到"情节严重"的入罪门槛。

Ⅸ 处罚

12 《刑法》第 336 条之一根据情节的不同严重程度规定了两档法定刑:"非法基因编辑和克隆行为情节严重的,处三年以下有期徒刑或者拘役,并处罚金;情节特别严重的,处三年以上七年以下有期徒刑,并处罚金。"

13 本条采用的是"行为+情节"的立法模式。"情节严重"是非法植入基因编辑、克隆胚胎罪的入罪门槛,同时"情节严重""情节特别严重"也是适用两档法定刑的量刑条件。

14 根据目前我国的相关规定,可以对人体胚胎进行基因编辑等科学研究,但仍应遵守 14 天原则,即在自细胞受精或者核移植开始计算在体外培养的期限最长为 14

天,对于虽然超过14天但能及时(如胚盘的三胚层尚未建立或分化)销毁,未造成严重后果或恶劣影响的,通过职业禁止或给予相关行政处罚即可。关于“情节严重”“情节特别严重”的认定标准,可以参考《生物技术研究开发安全管理办法》中关于生物技术研究开发活动潜在风险程度,高风险等级、较高风险等级的标准。关于“情节严重”“情节特别严重”的考量因素主要有:

15 一是行为对象的人数。对生殖细胞的基因编辑是可以将被改变的生物性状代代遗传的,受基因编辑高概率脱靶风险的影响,基因编辑中即使是对于正常基因的破坏也将会遗传给后代,这些被改变的基因将会产生怎样的影响,短期内可能难以估量,代代相传将会使被改变基因的人数成几何倍数增长。因此,对于人体胚胎基因编辑犯罪而言,基因编辑操作的人数是行为危害后果的基数,也是衡量行为后果和危害性的重要因素。

16 二是被基因编辑的婴儿是否实际出生。人体胚胎基因编辑行为最直接的危害后果即体现于被基因编辑的婴儿的出生,由此带来的是最直接的现实危险。

17 三是是否严重损害或影响身体健康。这里的身体健康,既包括基因编辑的婴儿也包括被植入人体的身体健康情况。同正常胚胎一样,基因编辑的人类胚胎无法脱离母体环境独立发育,基因编辑婴儿植入人体后,可能会对母体造成身体伤害,特别是植入非卵细胞来源的母体时可能产生恶劣影响。而基因编辑婴儿则是最直接的行为对象,受脱靶风险的影响,在敲入或切除的过程中将有表达功能的正常基因破坏,则极可能会让被编辑的胚胎表现出异于正常的性状。这里对于基因编辑婴儿身体健康的影响与传统的人身伤残损害不完全相同,除肉眼可见的身体损伤外,还可能为某种功能的缺失或异常。

18 四是是否违反人类伦理道德。如将基因编辑的人类胚胎植入动物体内,在动物体内发育至分娩出生,或将基因编辑的动物胚胎植入人体并分娩出生;将分别来自动物和人类生殖细胞的杂合体经过基因编辑植入人体或动物体内并分娩等行为,都是违反人类伦理道德的。

19 五是基因编辑的目的是否正当。生殖系基因编辑目前大多建立在动物模型基础上,如基因编辑的目的是通过敲除等方式删除某些基因而比对某些基因缺失的影响,通过基因编辑探索基因的表达功能,通过人体生殖系基因编辑获取数据分析,等等。

20 六是是否产生恶劣社会影响、负面国际影响或使用其他手段。如社会关注度高、影响恶劣,或在国际造成恶劣影响,对我国科研领域造成负面影响的,或采用隐瞒、欺骗、个体暴力等手段,将基因编辑的胚胎植入第三人体内的,都可以成为定罪量刑的考量因素。

第三百三十七条　妨害动植物防疫、检疫罪

违反有关动植物防疫、检疫的国家规定，引起重大动植物疫情的，或者有引起重大动植物疫情危险，情节严重的，处三年以下有期徒刑或者拘役，并处或者单处罚金。

单位犯前款罪的，对单位判处罚金，并对其直接负责的主管人员和其他直接责任人员，依照前款的规定处罚。

文献:刘远主编:《危害公共卫生罪》,中国人民公安大学出版社 2003 年版;高铭暄:《中华人民共和国刑法的孕育诞生和发展完善》,北京大学出版社 2012 年版;王作富主编:《刑法分则实务研究》(第 5 版),中国方正出版社 2013 年版;张军主编:《刑法[分则]及配套规定新释新解》(第 9 版),人民法院出版社 2016 年版;张明楷:《刑法学》(第 6 版),法律出版社 2021 年版。

细目录

Ⅰ　主旨
Ⅱ　沿革
Ⅲ　客体
Ⅳ　对象
Ⅴ　行为
Ⅵ　主体
Ⅶ　罪过
Ⅷ　与非罪的界限
Ⅸ　与他罪的区别
Ⅹ　处罚

Ⅰ　主旨

1　妨害动植物防疫、检疫罪,是指违反有关动植物防疫、检疫的国家规定,引起重大动植物疫情的,或者有引起重大动植物疫情危险,情节严重的行为。

2　为保障公共卫生安全,国家对于动植物防疫、检疫管理工作有具体明确的规制,制定了《动物防疫法》《进出境动植物检疫法》《植物检疫条例》《进出境动植物检疫法实施条例》等法律法规。为了维护国家对动植物防疫、检疫的管理秩序,《刑法》规定了本罪。

Ⅱ 沿革

妨害动植物防疫、检疫罪是1997年《刑法》增加的罪名。1996年8月8日的刑法分则修改草稿规定:违反进出境动植物检疫法的规定,逃避进出境动植物检疫,引起重大动植物疫情的,处3年以下有期徒刑或者拘役,可以并处或者单处罚金。单位犯前款罪的,对单位判处罚金,并对直接负责的主管人员和其他直接责任人员,依照前款的规定处罚。1996年10月10日修订草案(征求意见稿)将前稿中的"逃避进出境动植物检疫"修改为"逃避动植物检疫",并在"直接负责的主管人员"之前加了"其"字。1997年3月1日的修订草案将"可以并处或者单处罚金"修改为"并处或者单处罚金",最终定型为1997年《刑法》规定的"逃避动植物检疫罪"。 3

2009年2月28日全国人民代表大会常务委员会通过的《刑法修正案(七)》,将《刑法》第337条第1款修改为"违反有关动植物防疫、检疫的国家规定,引起重大动植物疫情的,或者有引起重大动植物疫情危险,情节严重的,处三年以下有期徒刑或者拘役,并处或者单处罚金"。本罪的罪名也相应改为"妨害动植物防疫、检疫罪"。[1] 4

Ⅲ 客体

妨害动植物防疫、检疫罪的犯罪客体是国家对动植物防疫、检疫工作的管理秩序。 5

Ⅳ 对象

妨害动植物防疫、检疫罪的犯罪对象,是依据防疫、检疫法律法规,应当进行防疫、检疫的动植物、动植物产品,装载动植物、动植物产品和其他检疫物的装载容器、包装物,以及来自动植物疫区的运输工具。[2] 6

Ⅴ 行为

妨害动植物防疫、检疫罪表现为违反有关动植物防疫、检疫的国家规定,引起重大动植物疫情的,或者有引起重大动植物疫情危险,情节严重的行为。本罪的行为特征不仅表现为逃避防疫、检疫,还表现为其他违反国家防疫、检疫法律法规的行为。具体如逃避防疫、检疫,违法处置染疫动物、动物制品、排泄物、污染物,违反规定使用、运输病危动物致疫病扩散,藏匿、转移染疫或病危动物等。 7

本罪是情节犯,违反有关动植物防疫、检疫的国家规定,引起重大动植物疫情 8

1 参见高铭暄:《中华人民共和国刑法的孕育诞生和发展完善》,北京大学出版社2012年版,第561页。

2 参见周光权:《刑法各论》(第3版),中国人民大学出版社2016年版,第420页。

的,或者有引起重大动植物疫情危险,情节严重的,才能构成犯罪。2017年4月27日,最高人民检察院、公安部《关于公安机关管辖的刑事案件立案追诉标准的规定(一)的补充规定》修订了本罪的立案标准,实际上规定了本罪"情节严重"的具体情形。根据该补充规定,违反有关动植物防疫、检疫的国家规定,有引起重大动植物疫情危险,涉嫌下列情形之一的,应予立案追诉:①非法处置疫区内易感动物或者其产品,货值金额5万元以上的;②非法处置因动植物防疫、检疫需要被依法处理的动植物或者其产品,货值金额2万元以上的;③非法调运、生产、经营感染重大植物检疫性有害生物的林木种子、苗木等繁殖材料或者森林植物产品的;④输入《进出境动植物检疫法》规定的禁止进境物逃避检疫,或者对特许进境的禁止进境物未有效控制与处置,导致其逃逸、扩散的;⑤进境动植物及其产品检出有引起重大动植物疫情危险的动物疫病或者植物有害生物后,非法处置导致进境动植物及其产品流失的;⑥1年内携带或者寄递《中华人民共和国禁止携带、邮寄进境的动植物及其产品名录》所列物品进境逃避检疫2次以上,或者窃取、抢夺、损毁、抛洒动植物检疫机关截留的《中华人民共和国禁止携带、邮寄进境的动植物及其产品名录》所列物品的;⑦其他情节严重的情形。《刑法》第337条规定的"重大动植物疫情",按照国家行政主管部门的有关规定认定。

Ⅵ 主体

9 妨害动植物防疫、检疫罪的主体是一般主体,凡年满16周岁且具备刑事责任能力之自然人,均可构成本罪;单位亦可成为本罪主体。

Ⅶ 罪过

10 妨害动植物防疫、检疫罪的罪过形式为犯罪故意。[3]

Ⅷ 与非罪的界限

11 构成妨害动植物防疫、检疫罪必须要引起重大动植物疫情,或者有引起重大动植物疫情的危险,并且情节严重。若行为人具备逃避防疫、检疫的行为,但未引起重大动植物疫情,或者虽有引起动植物疫情的危险但情节轻微的,则不构成本罪。

Ⅸ 与他罪的区别

12 认定妨害动植物防疫、检疫罪时,需要注意本罪与妨害国境卫生检疫罪的区别。二者的区别在于:①违法依据不同。本罪违反的是进出境动植物防疫、检疫法律法

---

3 参见张明楷:《刑法学》(第6版),法律出版社2021年版,第1479页;王作富主编:《刑法》,中国人民大学出版社2011年版,第466页。

规;妨害国境卫生检疫罪违反的是国境卫生检疫规定。②客观特征不同。本罪涉及入境、出境检疫问题以及国内防疫问题;妨害国境卫生检疫罪仅涉及进出境检疫问题。

X 处罚

根据《刑法》第 337 条的规定:犯妨害动植物防疫、检疫罪的,处 3 年以下有期徒 13
刑或者拘役,并处或者单处罚金。单位犯本罪的,实行严格的双罚制,对单位判处罚金,并对直接责任人员、主管责任人员判处刑罚。

第六节　破坏环境资源保护罪

前　注

文献:杨春洗、向泽选、刘生荣:《危害环境罪的理论与实务》,高等教育出版社1999年版;赵秉志、王秀梅、杜澎:《环境犯罪比较研究》,法律出版社2004年版;蒋兰香:《污染型环境犯罪因果关系证明研究》,中国政法大学出版社2014年版;傅学良:《刑事一体化视野中的环境刑法研究》,中国政法大学出版社2015年版;侯艳芳:《环境资源犯罪常规性治理研究》,北京大学出版社2017年版;喻海松:《环境资源犯罪实务精释》,法律出版社2017年版;冯军、敦宁主编:《环境犯罪刑事治理机制》,法律出版社2018年版。王世洲:《德国环境刑法中污染概念的研究》,载《比较法研究》2001年第2期;刘清生:《认定非法采矿罪的三大难点与出路》,载《法学杂志》2009年第3期;叶旺春:《论我国土地刑法规范的缺陷及其完善》,载《现代法学》2009年第6期;侯艳芳:《环境刑法的伦理基础及其对环境刑法新发展的影响》,载《现代法学》2011年第4期;焦艳鹏:《法益解释机能的司法实现——以污染环境罪的司法判定为线索》,载《现代法学》2014年第1期;彭文华:《破坏野生动物资源犯罪疑难问题研究》,载《法商研究》2015年第3期;刘艳红:《环境犯罪刑事治理早期化之反对》,载《政治与法律》2015年第7期;侯艳芳:《中国环境资源犯罪的治理模式:当下选择与理性调适》,载《法制与社会发展》2016年第5期;李梁:《中德两国污染环境罪危险犯立法比较研究》,载《法商研究》2016年第3期;李川:《二元集合法益与累积犯形态研究——法定犯与自然犯混同情形下对污染环境罪"严重污染环境"的解释》,载《政治与法律》2017第10期;焦艳鹏:《生态文明保障的刑法机制》,载《中国社会科学》2017年第11期;侯艳芳:《污染环境罪疑难问题研究》,载《法商研究》2017年第3期;石亚淙:《污染环境罪中的"违反国家规定"的分类解读——以法定犯与自然犯的混同规定为核心》,载《政治与法律》2017年第10期;陈洪兵:《模糊罪过说之提倡——以污染环境罪为切入点》,载《法律科学》2017年第6期;侯艳芳:《单位环境资源犯罪的刑事责任:甄别基准与具体认定》,载《政治与法律》2017年第8期;张明楷:《污染环境罪的争议问题》,载《法学评论》2018年第2期;付立庆:《中国〈刑法〉中的环境犯罪:梳理、评价与展望》,载《法学杂志》2018年第4期;李冠煜:《污染环境罪客观归责的中国实践》,载《法学家》2018年第4期;田国宝:《我国污染环境罪立法检讨》,载《法学评论》2019年第1期;刘伟琦:《处置型污染环境罪的法教义学分析》,载《法商研究》2019年第3期;熊琦:《环境法益视野下长江流域非法采砂行为刑法规制的重构》,载《学习与实践》2019年第7期;刘凯:《非法狩猎罪的司法实践困境分析——基于421起案例的实证研究》,载《行政与法》2019年第7期;王勇:《再论环境犯罪的修订:理念演进与趋势前瞻》,载《重庆大学学报(社会科学版)》2021 年第 5 期。

细目录

Ⅰ 主旨
Ⅱ 沿革
Ⅲ 特征
　一、客体
　二、行为
　三、主体
　四、罪过
Ⅳ 种类

Ⅰ 主旨

1 破坏环境资源保护罪,是指违反国家规定或者未经许可,严重污染环境、破坏自然资源的行为。

2 蓝天碧水关系到公众的切身利益,是关涉经济发展和社会稳定的重要因素。环境保护已上升为国家的治理政策,明确而坚定的生态治国路线正在逐步形成。规范、促进、保障生态文明建设需要形成绿色法治思维,刑法设置破坏环境资源保护罪,有助于绿色法治思维的尽快形成与周全提升,有利于用最为严厉的手段实现对环境的周全保护。

Ⅱ 沿革

3 1979 年《刑法》仅在破坏社会主义经济秩序罪中规定了盗伐、滥伐林木罪,非法捕捞水产品罪与非法狩猎罪。该法第 128 条规定:“违反保护森林法规,盗伐、滥伐森林或者其他林木,情节严重的,处三年以下有期徒刑或者拘役,可以并处或者单处罚金。”第 129 条规定:“违反保护水产资源法规,在禁渔区、禁渔期或者使用禁用的工具、方法捕捞水产品,情节严重的,处二年以下有期徒刑、拘役或者罚金。”第 130 条规定:“违反狩猎法规,在禁猎区、禁猎期或者使用禁用的工具、方法进行狩猎,破坏珍禽、珍兽或者其他野生动物资源,情节严重的,处二年以下有期徒刑、拘役或者罚金。”

4 1997 年 3 月 14 日修订通过的《刑法》在分则第六章“妨害社会管理秩序罪”下设置“破坏环境资源保护罪”一节,共 9 条。其中,第 338 条规定了重大环境污染事故罪。2001 年 8 月 31 日通过的《刑法修正案(二)》将《刑法》第 342 条规定的非法占用耕地罪修改为非法占用农用地罪,在耕地之外增加了林地作为农用地进行保护,扩大了刑法调整的范围。2002 年 12 月 28 日通过的《刑法修正案(四)》对《刑法》第 339 条第 3 款进行了修改,针对擅自进口固体废物罪与走私废物罪在危害行为方面的区别进行了明确规定。《刑法修正案(四)》将刑法保护范围扩大到国家重点保护植物,相应调整罪名为非法采伐、毁坏国家重点保护植物罪;在将珍贵树木的范围扩大到国家重点保护植物的基础上,对非法收购、运输、加工、出售这些重点保护的植物及其制品的行为也作了入罪规定。《刑法修正案(四)》对《刑法》第345条第3款的罪状作了进一步的修改,规定"非法收购、运输明知是盗伐、滥伐的林木,情节严重的"行为成立犯罪,自此非法运输盗伐、滥伐林木的行为得以入刑。2011年2月25日通过的《刑法修正案(八)》第46条对重大环境污染事故罪进行了修订,将重大环境污染事故罪修改为污染环境罪。2020年12月26日通过的《刑法修正案(十一)》将污染环境罪"处三年以上七年以下有期徒刑,并处罚金"这一量刑档次的成立条件,由"后果特别严重"的结果要件修改为"情节严重"的程度条件,同时增加了"处七年以上有期徒刑,并处罚金"的量刑档次。《刑法修正案(十一)》从防范公共卫生风险角度出发,将以食用为目的非法猎捕、收购、运输、出售陆生动物的行为作了入罪规定。《刑法修正案(十一)》对第342条、第344条关于破坏自然保护地以及非法引进、释放、丢弃外来入侵物种的行为作了入罪规定。

Ⅲ 特征

一、客体

5 破坏环境资源保护罪侵犯了环境法益。环境法益是法所保护的人类与自然互动形成的生态系统利益,环境法益中的自然法益与人类法益具有一体性。其中,自然法益包括自然的自洁性利益和自然的完整性利益。污染环境罪、非法处置进口的固体废物罪和擅自进口固体废物罪,侵犯的是自然的自洁性利益和人类法益。非法捕捞水产品罪,危害珍贵、濒危野生动物罪,非法狩猎罪,非法猎捕、收购、运输、出售陆生野生动物罪,非法占用农用地罪,破坏自然保护地罪,非法采矿罪,破坏性采矿罪,危害国家重点保护植物罪,非法引进、释放、丢弃外来入侵物种罪,盗伐林木罪,滥伐林木罪和非法收购、运输盗伐、滥伐的林木罪,侵犯的则是自然的完整性利益和人类法益。

二、行为

6 破坏环境资源保护罪的行为包括污染环境的行为和破坏自然资源的行为。污染环境的行为包括:①违反国家规定,排放、倾倒或者处置有放射性的废物、含传染病病原体的废物、有毒物质或者其他有害物质,严重污染环境的;②违反国家规定,将境外的固体废物进境倾倒、堆放、处置的;③未经国务院有关主管部门许可,擅自进口固体废物用作原料,造成重大环境污染事故,致使公私财产遭受重大损失或者严重危害人体健康的。破坏自然资源的行为包括:①违反保护水产资源法规,在禁渔区、禁渔期或者使用禁用的工具、方法捕捞水产品,情节严重的;②非法猎捕、杀害国家重点保护的珍贵、濒危野生动物的，或者非法收购、运输、出售国家重点保护的珍贵、濒危野生动物及其制品的；③违反狩猎法规，在禁猎区、禁猎期或者使用禁用的工具、方法进行狩猎，破坏野生动物资源，情节严重的；④违反野生动物保护管理法规，以食用为目的非法猎捕、收购、运输、出售珍贵、濒危野生动物以外的在野外环境自然生长繁殖的陆生野生动物，情节严重的；⑤违反土地管理法规，非法占用耕地、林地等农用地，改变被占用土地用途，数量较大，造成耕地、林地等农用地大量毁坏的；⑥违反自然保护地管理法规，在国家公园、国家级自然保护区进行开垦、开发活动或者修建建筑物，造成严重后果或者有其他恶劣情节的；⑦违反矿产资源法的规定，未取得采矿许可证擅自采矿，擅自进入国家规划矿区、对国民经济具有重要价值的矿区和他人矿区范围采矿，或者擅自开采国家规定实行保护性开采的特定矿种，情节严重的；⑧违反矿产资源法的规定，采取破坏性的开采方法开采矿产资源，造成矿产资源严重破坏的；⑨违反国家规定，非法采伐、毁坏珍贵树木或者国家重点保护的其他植物的；⑩违反国家规定，非法收购、运输、加工、出售珍贵树木或者国家重点保护的其他植物及其制品的；⑪违反国家规定，非法引进、释放或者丢弃外来入侵物种，情节严重的；⑫盗伐森林或者其他林木，数量较大的；⑬违反森林法的规定，滥伐森林或者其他林木，数量较大的；⑭非法收购、运输明知是盗伐、滥伐的林木，情节严重的。

三、主体

破坏环境资源保护罪的主体为一般主体，已满16周岁且具有刑事责任能力的自然人和单位均可构成本罪。 7

多种因素造成的社会经济发展与环境资源保护之间的矛盾较为突出，环境资源承载能力已接近上限，社会经济与环境资源协调发展的难度不小，对法益侵害更大、存在范围更广之单位实施破坏环境资源保护罪的惩治尤为重要。单位在犯罪过程中具有相对独立的主导性和控制力，单位实施破坏环境资源保护罪之刑事责任的甄别基准是主要责任论。为有效治理破坏环境资源保护罪，有必要适度借鉴替代责任论，让单位在更大范围内对自然人的意志承担刑事责任并增加单位在刑法上的注意义务。单位实施破坏环境资源保护罪之刑事责任的认定宜从单位自身的行为特征与罪过形式方面进行具体判断、综合评价，采取代表单位意志和基于单位利益的双重标准，坚持先进行代表单位意志的认定后进行基于单位利益的认定的原则。 8

四、罪过

破坏环境资源保护罪的罪过形式为故意，包括直接故意和间接故意。对于污染环境罪的罪过，学界存在较大争议。污染环境罪的罪过形式应当为故意，即污染环境罪的行为人对环境法益中自然法益与人类法益的侵害后果持故意心态。 9

Ⅳ 种类

10 根据《刑法》分则第六章第 338 条至第 346 条之规定,破坏环境资源保护罪作为类罪,依据侵害的法益不同,可以划分为污染环境犯罪和破坏自然资源犯罪两类。其中,污染环境犯罪涉及的具体罪名为污染环境罪、非法处置进口的固体废物罪和擅自进口固体废物罪三个罪名;破坏自然资源犯罪包括非法捕捞水产品罪,危害珍贵、濒危野生动物罪,非法狩猎罪,非法猎捕、收购、运输、出售陆生野生动物罪,非法占用农用地罪,破坏自然保护地罪,非法采矿罪,破坏性采矿罪,危害国家重点保护植物罪,非法引进、释放、丢弃外来入侵物种罪,盗伐林木罪,滥伐林木罪和非法收购、运输盗伐、滥伐的林木罪。

11 此外,从保护法益的角度而言,《刑法》分则第三章“破坏社会主义市场经济秩序罪”第二节“走私罪”中,走私珍贵动物、珍贵动物制品罪和走私国家禁止进出口的货物、物品罪中走私珍稀植物及其制品的行为,也对环境法益造成了侵害。

第三百三十八条　污染环境罪

违反国家规定，排放、倾倒或者处置有放射性的废物、含传染病病原体的废物、有毒物质或者其他有害物质，严重污染环境的，处三年以下有期徒刑或者拘役，并处或者单处罚金；情节严重的，处三年以上七年以下有期徒刑，并处罚金；有下列情形之一的，处七年以上有期徒刑，并处罚金：

（一）在饮用水水源保护区、自然保护地核心保护区等依法确定的重点保护区域排放、倾倒、处置有放射性的废物、含传染病病原体的废物、有毒物质，情节特别严重的；

（二）向国家确定的重要江河、湖泊水域排放、倾倒、处置有放射性的废物、含传染病病原体的废物、有毒物质，情节特别严重的；

（三）致使大量永久基本农田基本功能丧失或者遭受永久性破坏的；

（四）致使多人重伤、严重疾病，或者致人严重残疾、死亡的。

有前款行为，同时构成其他犯罪的，依照处罚较重的规定定罪处罚。

文献：蒋兰香：《污染型环境犯罪因果关系证明研究》，中国政法大学出版社 2014 年版；侯艳芳：《环境资源犯罪常规性治理研究》，北京大学出版社 2017 年版；喻海松：《环境资源犯罪实务精释》，法律出版社 2017 年版；冯军、敦宁主编：《环境犯罪刑事治理机制》，法律出版社 2018 年版。焦艳鹏：《法益解释机能的司法实现——以污染环境罪的司法判定为线索》，载《现代法学》2014 年第 1 期；李梁：《中德两国污染环境罪危险犯立法比较研究》，载《法商研究》2016 年第 3 期；侯艳芳：《污染环境罪疑难问题研究》，载《法商研究》2017 年第 3 期；石亚淙：《污染环境罪中的“违反国家规定”的分类解读——以法定犯与自然犯的混同规定为核心》，载《政治与法律》2017 年第 10 期；李川：《二元集合法益与累积犯形态研究——法定犯与自然犯混同情形下对污染环境罪“严重污染环境”的解释》，载《政治与法律》2017 年第 10 期；张明楷：《污染环境罪的争议问题》，载《法学评论》2018 年第 2 期；李冠煜：《污染环境罪客观归责的中国实践》，载《法学家》2018 年第 4 期；田国宝：《我国污染环境罪立法检讨》，载《法学评论》2019 年第 1 期；刘伟琦：《处置型污染环境罪的法教义学分析》，载《法商研究》2019 年第 3 期；杨继文：《污染环境犯罪因果关系证明实证分析》，载《法商研究》2020 年第 2 期。

细目录

Ⅰ 主旨

Ⅱ 沿革
Ⅲ 客体
Ⅳ 行为
Ⅴ 主体
Ⅵ 罪过
Ⅶ 与非罪的界限
Ⅷ 与他罪的区别
Ⅸ 共犯
Ⅹ 处罚

Ⅰ 主旨

1 本条是对污染环境罪的规定。污染环境罪,是指违反国家规定,排放、倾倒或者处置有放射性的废物、含传染病病原体的废物、有毒物质或者其他有害物质,严重污染环境的行为。2015 年施行的《环境保护法》第四章"防治污染和其他公害"中规定了防治污染和其他公害的具体措施。为了打击严重污染环境行为,保护生态环境安全,《刑法》规定了本罪。

Ⅱ 沿革

2 1997 年《刑法》第 338 条规定:"违反国家规定,向土地、水体、大气排放、倾倒或者处置有放射性的废物、含传染病病原体的废物、有毒物质或者其他危险废物,造成重大环境污染事故,致使公私财产遭受重大损失或者人身伤亡的严重后果的,处三年以下有期徒刑或者拘役,并处或者单处罚金;后果特别严重的,处三年以上七年以下有期徒刑,并处罚金。"

3 2011 年 2 月 25 日通过的《刑法修正案(八)》第 46 条对 1997 年《刑法》第 338 条进行了修订,将重大环境污染事故罪修改为污染环境罪。较之于重大环境污染事故罪,污染环境罪扩大了污染物的范围,将原来规定的"其他危险废物"修改为"其他有害物质";降低了入罪门槛,不要求行为"造成重大环境污染事故,致使公私财产遭受重大损失或者人身伤亡的严重后果",只要行为"严重污染环境"即成立犯罪。2020 年 12 月 26 日通过的《刑法修正案(十一)》第 40 条对本条进行了修订:①将"处三年以上七年以下有期徒刑,并处罚金"这一量刑档次的适用条件,由"后果特别严重"的结果要件修改为"情节严重"的程度条件。②增加了"处七年以上有期徒刑,并处罚金"的量刑档次,并列明了具体情形:在饮用水水源保护区、自然保护地核心保护区等依法确定的重点保护区域排放、倾倒、处置有放射性的废物、含传染病病原体的废物、有毒物质,情节特别严重的;向国家确定的重要江河、湖泊水域排放、倾倒、处置有放射性的废物、含传染病病原体的废物、有毒物质,情节特别严重的;致使大量永久基本农田基本功能丧失或者遭受永久性破坏的;致使多人重伤、严重疾病,或者致人严重残疾、死亡的。③增加注意性规定,“有前款行为,同时构成其他犯罪的,依照处罚较重的规定定罪处罚”。

Ⅲ 客体

污染环境罪的客体为环境法益。环境法益是法所保护的人类与自然互动形成之生态系统的利益。污染环境罪侵犯的自然法益主要是指自然的自洁性利益,即法所保护的自然在自我代谢能力范围内保持其清洁性的利益。一方面,行为人对自然法益的侵害积聚到一定程度,必然会产生对人类法益的侵害后果,对自然法益进行独立保护,能够起到对人类法益提前保护的功效;另一方面,行为人对人类法益的侵害可通过对自然法益的侵害实现,自然法益构成侵害人类法益的传递性要素。正是基于环境法益中自然法益与人类法益的一体性,侵害自然法益或者人类法益的行为都会侵害到作为整体的环境法益。刑法不仅保护人类法益,而且保护自然法益,刑法对自然法益的保护不再依附于人类法益,具有独立性。 4

Ⅳ 行为

污染环境罪是违反国家规定,排放、倾倒或者处置有放射性的废物、含传染病病原体的废物、有毒物质或者其他有害物质,严重污染环境的行为。污染环境罪的行为首先违反了环境保护行政性法律规范。污染环境罪中排放、倾倒或者处置的对象,为有放射性的废物、含传染病病原体的废物、有毒物质或者其他有害物质。根据2016年12月23日公布的最高人民法院、最高人民检察院《关于办理环境污染刑事案件适用法律若干问题的解释》的规定,下列物质应当认定为《刑法》第338条规定的有毒物质:①危险废物,是指列入国家危险废物名录,或者根据国家规定的危险废物鉴别标准和鉴别方法认定的,具有危险特性的废物;②《关于持久性有机污染物的斯德哥尔摩公约》附件所列物质;③含重金属的污染物;④其他具有毒性,可能污染环境的物质。 5

污染环境罪表现为非法排放、倾倒或者处置行为。排放是指将有害物质直接排入环境的行为;倾倒是指将有害物质通过运载工具等转移至他处排入环境的行为;处置行为是法律规定的排放、倾倒行为之外的,与二者法益侵害程度相当的行为。以行为方式为标准,污染环境罪中的处置行为包括作为与不作为,其中作为是常态的表现形式。以行为主体为标准,污染环境罪中处置行为可分为生产者的处置行为和收购者的处置行为。以处置方式为标准,污染环境罪中处置行为可分为利用性质的处置行为和销毁性质的处置行为。 6

Ⅴ 主体

污染环境罪的主体为一般主体,已满16周岁且具有刑事责任能力的自然人和单 7

位均可构成本罪。

Ⅵ 罪过

8 刑法和司法解释都未对污染环境罪的罪过形式进行明确规定,学界对此目前主要存在故意说、过失说、故意加过失说三种不同观点。故意说与过失说是基于传统罪责理论而提出的观点。故意加过失说认为,依照立法者的立法原意,污染环境罪的罪过形式既包括故意,也包括过失。笔者应尽可能尊重理论与实践中的既有通说,在传统罪责理论的框架内对污染环境罪的罪过形式是故意还是过失进行探讨。污染环境罪的罪过形式应当认定为故意而非过失,这有利于解决对实践高发之共同污染行为追责难的问题,且不会明显增加污染环境罪整体追责的难度,符合从严打击污染环境犯罪的刑事政策。

9 污染环境罪的罪过形式为故意,污染环境罪的行为人对环境法益中自然法益与人类法益的受侵害后果持故意心态。具体表现为两种情形:①行为人明知自己的行为会对自然法益造成侵害后果而持追求或者放任态度,此时行为人持单纯侵害自然法益的心态或者为追求另一目的而对自然法益侵害采取听之任之的态度。②行为人明知自己的行为会通过侵害自然法益进而对人类法益造成侵害后果,仍对人类法益的侵害持追求或者放任态度,此时行为人必须认识到行为对具有中介性之自然法益的侵害性才具有污染环境罪的故意。上述两种情形具有共同之处,即都要求行为人对自然法益侵害后果具有认知。鉴于自然法益的整体性和脆弱性,向环境排放、倾倒和处置有害物质的行为必然会造成侵害自然法益的后果。

10 污染环境罪故意的认定通过认识要素和意志要素的证成实现。①就认识要素而言,要求行为人认识到行为对环境法益侵害的可能性。只要行为人对有害物质的性质(如行为人闻到有害物质的特殊气味进而认识到有害物质的强酸性)与不当处理具有认知,而无须行为人对有害物质的具体名称、处理方式以及不当处理后果等具有明确的认识,即可认定具备污染环境罪的认识要素。②就意志要素而言,对环境法益侵害后果持追求或者放任态度的认定具有顺序性。若依据行为人自身供述,其具有积极追求环境法益侵害后果心态的,成立直接故意。否则,应当对罪责认定为间接故意抑或过失进行进一步判断。若行为人已经对有害物质的性质和不当处理具有认知,却没有采取适当处理方式或者没有停止危害行为,对环境法益侵害后果任其自然,则应当认定行为人具有放任心态,成立间接故意。若行为人对环境法益侵害后果持排斥心态,如行为人较充分地验证了处理有害物质之封闭性装置的有效性,有依据相信能够避免将有害物质直接排放入环境进而造成环境法益侵害,但是由于验证失误等原因导致环境法益侵害后果的,则不能认定行为人持放任态度。

Ⅶ 与非罪的界限

11 污染环境罪的入罪条件为“严重污染环境”,即严重侵害环境法益中自然法益或者人类法益的行为成立污染环境罪。否则,行为人的行为只构成一般行政违法行为。

基于刑法对自然法益的独立保护,单纯严重侵害自然法益的行为可以成立污染环境罪。无论行为人是否侵害到人类法益,只要其严重侵害自然法益,犯罪即可成立。最高人民法院、最高人民检察院《关于办理环境污染刑事案件适用法律若干问题的解释》第1条对作为污染环境罪入罪条件的“严重污染环境”进行了明确规定。其中,前九项对造成严重超出自然“自我代谢能力”后果的行为予以规定,是为了保护环境而规定的否定性行为范式,是从侵害环境管理秩序角度规定的入罪条件。第(十)项首次明确将“造成生态环境严重损害的”作为污染环境罪的入罪条件,并根据该解释第17条的规定,应从“生态环境修复费用,生态环境修复期间服务功能的损失和生态环境功能永久性损害造成的损失,以及其他必要合理费用”方面认定是否造成“生态环境损害”,体现了对自然法益的独立保护。该解释第1条第(十一)项至第(十七)项是从传统刑法保护之人类法益的维度规定污染环境罪的入罪条件,第(十八)项则属兜底性规定。 12

必须严格区分作为污染环境罪行为方式的非法处置行为与合法利用危险废物行为。根据2020年11月5日经生态环境部部务会议审议通过,自2021年1月1日起施行的《国家危险废物名录》第2条的规定,危险废物是具有毒性、腐蚀性、易燃性、反应性或者感染性一种或者几种危险特性的,或者不排除具有危险特性,可能对生态环境或者人体健康造成有害影响,需要按照危险废物进行管理的固体废物(包括液态废物)。最高人民法院、最高人民检察院《关于办理环境污染刑事案件适用法律若干问题的解释》第16条规定:“无危险废物经营许可证,以营利为目的,从危险废物中提取物质作为原材料或者燃料,并具有超标排放污染物、非法倾倒污染物或者其他违法造成环境污染的情形的行为,应当认定为‘非法处置危险废物’。”该规定的行为是“从危险废物中提取物质作为原材料或者燃料”且“具有超标排放污染物、非法倾倒污染物或者其他违法造成环境污染的情形的行为”,其不同于一般意义上的排放、倾倒行为,因此将其作为非法处置行为探讨。只要以营利为目的,无证实施造成环境污染的行为,即使表现为“提取物质作为原材料或者燃料”的利用行为,仍应当认定为污染环境罪。该条规定应当仅适用于企业内部发生的利用危险废物行为。企业外部发生的利用危险废物行为,成立污染环境罪需具备无危险废物经营许可证且严重污染环境的要件,企业内部发生的利用危险废物行为,成立污染环境罪需具备无危险废物经营许可证、以营利为目的且具有超标排放污染物、非法倾倒污染物或者其他违法造成环境污染之情形的要件。 13

Ⅷ 与他罪的区别

注意区分污染环境罪与投放危险物质罪、以危险方法危害公共安全罪等相似犯罪。对环境法益中人类法益与自然法益的侵害方式的不同是污染环境罪区别于相似犯罪的关键。例如,污染环境罪与投放危险物质罪、以危险方法危害公共安全罪等危 14

害公共安全犯罪侵害的法益都包括人类法益,而是否侵害了自然法益是区分二者的关键。投放危险物质罪、以危险方法危害公共安全罪等危害公共安全犯罪是对公共安全的威胁、侵害,未侵害自然法益而单纯侵害人类法益(公共安全)的行为只能成立该类罪,单纯侵害自然法益的行为成立污染环境罪,不会与之产生竞合。只有通过侵害自然法益进而侵害人类法益(公共安全)的行为才会构成污染环境罪与投放危险物质罪、以危险方法危害公共安全罪等危害公共安全犯罪的竞合。

Ⅸ 共犯

15 最高人民法院、最高人民检察院《关于办理环境污染刑事案件适用法律若干问题的解释》第7条规定,明知他人无危险废物经营许可证,向其提供或者委托其收集、贮存、利用、处置危险废物,严重污染环境的,以共同犯罪论处。由于我国危险废物经营实行许可制度,行为人作为危险废物的管理者、经手者、经营者等,明知他人无危险废物经营许可证而向其提供或者委托其收集、贮存、利用、处置危险废物,就具有了污染环境罪共同的犯罪故意并实施了共同的犯罪行为,因此成立污染环境罪的共同犯罪。

Ⅹ 处罚

16 污染环境罪有三个幅度的法定刑:严重污染环境的,处3年以下有期徒刑或者拘役,并处或者单处罚金;情节严重的,处3年以上7年以下有期徒刑,并处罚金;有下列情形之一的,处7年以上有期徒刑,并处罚金:①在饮用水水源保护区、自然保护地核心保护区等依法确定的重点保护区域排放、倾倒、处置有放射性的废物、含传染病病原体的废物、有毒物质,情节特别严重的;②向国家确定的重要江河、湖泊水域排放、倾倒、处置有放射性的废物、含传染病病原体的废物、有毒物质,情节特别严重的;③致使大量永久基本农田基本功能丧失或者遭受永久性破坏的;④致使多人重伤、严重疾病,或者致人严重残疾、死亡的。单位犯本罪的,对单位判处罚金,并对其直接负责的主管人员和其他直接责任人员,依照自然人犯本罪的规定处罚。根据最高人民法院、最高人民检察院《关于办理环境污染刑事案件适用法律若干问题的解释》第3条的规定,适用3年以上7年以下有期徒刑、并处罚金的情形包括:①致使县级以上城区集中式饮用水水源取水中断12小时以上的;②非法排放、倾倒、处置危险废物100吨以上的;③致使基本农田、防护林地、特种用途林地15亩以上,其他农用地30亩以上,其他土地60亩以上基本功能丧失或者遭受永久性破坏的;④致使森林或者其他林木死亡150立方米以上,或者幼树死亡7500株以上的;⑤致使公私财产损失100万元以上的;⑥造成生态环境特别严重损害的;⑦致使疏散、转移群众15000人以上的;⑧致使100人以上中毒的;⑨致使10人以上轻伤、轻度残疾或者器官组织损伤导致一般功能障碍的;⑩致使3人以上重伤、中度残疾或者器官组织损伤导致严重功能障碍的;⑪致使1人以上重伤、中度残疾或者器官组织损伤导致严重功能障碍,并致使5人以上轻伤、轻度残疾或者器官组织损伤导致一般功能障碍的;⑫致使1人以上死亡或者重度残疾的;⑬其他后果特别严重的情形。《刑法修正案(十一)》将“后果特别严重”修改为“情节严重”后,司法解释的该条规定仍应适用。

对污染环境罪的惩治体现了宽严相济的刑事政策。根据最高人民法院、最高人 17
民检察院《关于办理环境污染刑事案件适用法律若干问题的解释》第4条的规定,实施《刑法》第338条规定的犯罪行为,具有下列情形之一的,应当从重处罚:①阻挠环境监督检查或者突发环境事件调查,尚不构成妨害公务等犯罪的;②在医院、学校、居民区等人口集中地区及其附近,违反国家规定排放、倾倒、处置有放射性的废物、含传染病病原体的废物、有毒物质或者其他有害物质的;③在重污染天气预警期间、突发环境事件处置期间或者被责令限期整改期间,违反国家规定排放、倾倒、处置有放射性的废物、含传染病病原体的废物、有毒物质或者其他有害物质的;④具有危险废物经营许可证的企业违反国家规定排放、倾倒、处置有放射性的废物、含传染病病原体的废物、有毒物质或者其他有害物质的。这是打击污染环境罪刑事政策从严的表现。根据该解释第5条的规定,实施《刑法》第338条规定的行为,刚达到应当追究刑事责任的标准,但行为人及时采取措施,防止损失扩大、消除污染,全部赔偿损失,积极修复生态环境,且系初犯,确有悔罪表现的,可以认定为情节轻微,不起诉或者免予刑事处罚;确有必要判处刑罚的,应当从宽处罚。这是打击污染环境罪刑事政策从宽的表现。

第三百三十九条　非法处置进口的固体废物罪；擅自进口固体废物罪

违反国家规定，将境外的固体废物进境倾倒、堆放、处置的，处五年以下有期徒刑或者拘役，并处罚金；造成重大环境污染事故，致使公私财产遭受重大损失或者严重危害人体健康的，处五年以上十年以下有期徒刑，并处罚金；后果特别严重的，处十年以上有期徒刑，并处罚金。

未经国务院有关主管部门许可，擅自进口固体废物用作原料，造成重大环境污染事故，致使公私财产遭受重大损失或者严重危害人体健康的，处五年以下有期徒刑或者拘役，并处罚金；后果特别严重的，处五年以上十年以下有期徒刑，并处罚金。

以原料利用为名，进口不能用作原料的固体废物、液态废物和气态废物的，依照本法第一百五十二条第二款、第三款的规定定罪处罚。

文献：杨春洗、向泽选、刘生荣：《危害环境罪的理论与实务》，高等教育出版社1999年版；蒋兰香：《污染型环境犯罪因果关系证明研究》，中国政法大学出版社2014年版；侯艳芳：《环境资源犯罪常规性治理研究》，北京大学出版社2017年版；喻海松：《环境资源犯罪实务精释》，法律出版社2017年版；冯军、敦宁主编：《环境犯罪刑事治理机制》，法律出版社2018年版。

细目录

Ⅰ　主旨
Ⅱ　沿革
Ⅲ　客体
Ⅳ　行为
　一、非法处置进口的固体废物罪的行为
　二、擅自进口固体废物罪的行为
Ⅴ　主体
Ⅵ　罪过
Ⅶ　与他罪的区别
Ⅷ　处罚

I 主旨

1 非法处置进口的固体废物罪,是指违反国家规定,将境外的固体废物进境倾倒、堆放、处置的行为。擅自进口固体废物罪,是指未经国务院有关主管部门许可,擅自进口固体废物用作原料,造成重大环境污染事故,致使公私财产遭受重大损失或者严重危害人体健康的行为。

2 为保护生态环境安全,防止出现重大环境污染事故,《刑法》专门规定了具有针对性的非法处置进口的固体废物罪与擅自进口固体废物罪。

II 沿革

3 1997 年《刑法》第 339 条第 1 款规定:"违反国家规定,将境外的固体废物进境倾倒、堆放、处置的,处五年以下有期徒刑或者拘役,并处罚金;造成重大环境污染事故,致使公私财产遭受重大损失或者严重危害人体健康的,处五年以上十年以下有期徒刑,并处罚金;后果特别严重的,处十年以上有期徒刑,并处罚金。"第 339 条第 2 款和第 3 款规定:"未经国务院有关主管部门许可,擅自进口固体废物用作原料,造成重大环境污染事故,致使公私财产遭受重大损失或者严重危害人体健康的,处五年以下有期徒刑或者拘役,并处罚金;后果特别严重的,处五年以上十年以下有期徒刑,并处罚金。以原料利用为名,进口不能用作原料的固体废物的,依照本法第一百五十五条的规定定罪处罚。"

4 《刑法修正案(四)》将《刑法》第 339 条第 3 款修改为:"以原料利用为名,进口不能用作原料的固体废物、液态废物和气态废物的,依照本法第一百五十二条第二款、第三款的规定定罪处罚。"

III 客体

5 非法处置进口的固体废物罪与擅自进口固体废物罪的客体均为环境法益,犯罪对象则是固体废物。根据《固体废物污染环境防治法》第 124 条第(一)项的规定,固体废物,是指在生产、生活和其他活动中产生的丧失原有利用价值或者虽未丧失利用价值但被抛弃或者放弃的固态、半固态和置于容器中的气态的物品、物质以及法律、行政法规规定纳入固体废物管理的物品、物质。经无害化加工处理,并且符合强制性国家产品质量标准,不会危害公众健康和生态安全,或者根据固体废物鉴别标准和鉴别程序认定为不属于固体废物的除外。

IV 行为

一、非法处置进口的固体废物罪的行为

6 非法处置进口的固体废物罪是违反国家规定,将境外的固体废物进境倾倒、堆

放、处置的行为。“违反国家规定”具体指违反《固体废物污染环境防治法》等环境保护法律规范的规定。例如,该法第23条规定:“禁止中华人民共和国境外的固体废物进境倾倒、堆放、处置。”倾倒是指将有害物质通过运载工具等由境外转移至境内排入环境的行为。堆放是指将境外固体废物放置于境内某处。处置是指将境外固体废物在境内采取焚烧和用其他改变固体废物的物理、化学、生物特性的方法,达到减少已产生的固体废物数量、缩小固体废物体积、减少或者消除其危险成分的活动,或者将固体废物最终置于符合环境保护规定要求的填埋场的活动。

7 非法处置进口的固体废物罪是行为犯,即只要行为人实施了将境外的固体废物进境倾倒、堆放、处置情形之一的行为,犯罪即告成立。

二、擅自进口固体废物罪的行为

8 擅自进口固体废物罪是未经国务院有关主管部门许可,擅自进口固体废物用作原料,造成重大环境污染事故,致使公私财产遭受重大损失或者严重危害人体健康的行为。

9 擅自进口固体废物罪是结果犯。根据最高人民法院、最高人民检察院《关于办理环境污染刑事案件适用法律若干问题的解释》第2条的规定,实施擅自进口固体废物的行为致使公私财产损失30万元以上,或者具有该解释第1条第(十)项至第(十七)项规定情形之一的,即“造成生态环境严重损害的”“致使乡镇以上集中式饮用水水源取水中断十二小时以上的”“致使基本农田、防护林地、特种用途林地五亩以上,其他农用地十亩以上,其他土地二十亩以上基本功能丧失或者遭受永久性破坏的”“致使森林或者其他林木死亡五十立方米以上,或者幼树死亡二千五百株以上的”“致使疏散、转移群众五千人以上的”“致使三十人以上中毒的”“致使三人以上轻伤、轻度残疾或者器官组织损伤导致一般功能障碍的”或者“致使一人以上重伤、中度残疾或者器官组织损伤导致严重功能障碍的”,应当认定为“致使公私财产遭受重大损失或者严重危害人体健康”。

V 主体

10 非法处置进口的固体废物罪与擅自进口固体废物罪的主体为一般主体,已满16周岁且具有刑事责任能力的自然人和单位均可构成两罪。

VI 罪过

11 非法处置进口的固体废物罪与擅自进口固体废物罪的罪过形式均为故意,即行为人明知是固体废物而进行非法处置或者擅自进口用作原料。

VII 与他罪的区别

12 擅自进口固体废物罪与走私废物罪的区别如下:以原料利用为名,进口不能用作原料的固体废物、液态废物和气态废物的,依照《刑法》第 152 条第 2 款、第 3 款规定的走私废物罪和相应的单位犯罪定罪处罚。走私废物罪的对象包括固体废物、液态废物和气态废物,擅自进口固体废物罪的对象仅包括固体废物。走私废物罪是行为犯,要求行为人具有将境外的固体废物、液态废物和气态废物运输进境且情节严重的行为。擅自进口固体废物罪是结果犯,要求发生致使公私财产遭受重大损失或者严重危害人体健康的后果。

Ⅷ　处罚

根据《刑法》第 339 条第 1 款的规定,非法处置进口的固体废物罪有三个幅度的法定刑:处 5 年以下有期徒刑或者拘役,并处罚金;造成重大环境污染事故,致使公私财产遭受重大损失或者严重危害人体健康的,处 5 年以上 10 年以下有期徒刑,并处罚金;后果特别严重的,处 10 年以上有期徒刑,并处罚金。单位犯本罪的,对单位判处罚金,并对其直接负责的主管人员和其他直接责任人员,依照自然人犯本罪的规定处罚。 13

根据《刑法》第 339 条第 2 款的规定,擅自进口固体废物罪有两个幅度的法定刑:造成重大环境污染事故,致使公私财产遭受重大损失或者严重危害人体健康的,处 5 年以下有期徒刑或者拘役,并处罚金;后果特别严重的,处 5 年以上 10 年以下有期徒刑,并处罚金。单位犯本罪的,对单位判处罚金,并对其直接负责的主管人员和其他直接责任人员,依照自然人犯本罪的规定处罚。 14

第三百四十条　非法捕捞水产品罪

违反保护水产资源法规，在禁渔区、禁渔期或者使用禁用的工具、方法捕捞水产品，情节严重的，处三年以下有期徒刑、拘役、管制或者罚金。

文献:杨春洗、向泽选、刘生荣:《危害环境罪的理论与实务》,高等教育出版社1999年版;蒋兰香:《污染型环境犯罪因果关系证明研究》,中国政法大学出版社2014年版;侯艳芳:《环境资源犯罪常规性治理研究》,北京大学出版社2017年版;喻海松:《环境资源犯罪实务精释》,法律出版社2017年版;冯军、敦宁主编:《环境犯罪刑事治理机制》,法律出版社2018年版。

细目录

Ⅰ　主旨
Ⅱ　沿革
Ⅲ　客体
Ⅳ　行为
Ⅴ　主体
Ⅵ　罪过
Ⅶ　与他罪的区别
Ⅷ　处罚

Ⅰ　主旨

1　非法捕捞水产品罪,是指违反保护水产资源法规,在禁渔区、禁渔期或者使用禁用的工具、方法捕捞水产品,情节严重的行为。为了加强渔业资源的保护、增殖、开发和合理利用,促进渔业生产的发展,保护水域环境和水产资源,《刑法》规定了本罪。

Ⅱ　沿革

2　1979年《刑法》第129条规定,违反保护水产资源法规,在禁渔区、禁渔期或者使用禁用的工具、方法捕捞水产品,情节严重的,处2年以下有期徒刑、拘役或者罚金。

3　1997年修订《刑法》时对前述刑罚进行了修改,将2年以下有期徒刑修改为3年以下有期徒刑,并增加了管制刑。

Ⅲ 客体

非法捕捞水产品罪的客体为法律保护的水域环境、水产资源的利益。 4

非法捕捞水产品罪的犯罪对象为“水产品”,是海洋和淡水产出的动植物及其加 5
工产品,但不包括人工养殖的动植物及其加工产品。

Ⅳ 行为

非法捕捞水产品罪是违反保护水产资源法规,在禁渔区、禁渔期或者使用禁用的 6
工具、方法捕捞水产品,情节严重的行为。非法捕捞水产品罪的行为首先违反了水产资源保护法律规范,即违反《渔业法》《水产资源繁殖保护条例》等环境保护规范性文件的规定。非法捕捞水产品罪的行为是在禁渔区、禁渔期或者使用禁用的工具、方法捕捞水产品,情节严重的行为。《渔业法》第 30 条规定:“禁止使用炸鱼、毒鱼、电鱼等破坏渔业资源的方法进行捕捞。禁止制造、销售、使用禁用的渔具。禁止在禁渔区、禁渔期进行捕捞。禁止使用小于最小网目尺寸的网具进行捕捞。捕捞的渔获物中幼鱼不得超过规定的比例。在禁渔区或者禁渔期内禁止销售非法捕捞的渔获物。重点保护的渔业资源品种及其可捕捞标准,禁渔区和禁渔期,禁止使用或者限制使用的渔具和捕捞方法,最小网目尺寸以及其他保护渔业资源的措施,由国务院渔业行政主管部门或者省、自治区、直辖市人民政府渔业行政主管部门规定。”第 31 条规定:“禁止捕捞有重要经济价值的水生动物苗种。因养殖或者其他特殊需要,捕捞有重要经济价值的苗种或者禁捕的怀卵亲体的,必须经国务院渔业行政主管部门或者省、自治区、直辖市人民政府渔业行政主管部门批准,在指定的区域和时间内,按照限额捕捞。在水生动物苗种重点产区引水用水时,应当采取措施,保护苗种。”《水产资源繁殖保护条例》规定了作为保护对象的重要或名贵的水生动植物种类和采捕原则、禁渔区和禁渔期以及渔具和渔法。

2008 年 6 月 25 日公布的最高人民检察院、公安部《关于公安机关管辖的刑事案 7
件立案追诉标准的规定(一)》第 63 条规定了非法捕捞水产品罪的立案追诉标准。涉嫌下列情形之一的,应予立案追诉:“(一)在内陆水域非法捕捞水产品五百公斤以上或者价值五千元以上的,或者在海洋水域非法捕捞水产品二千公斤以上或者价值二万元以上的;(二)非法捕捞有重要经济价值的水生动物苗种、怀卵亲体或者在水产种质资源保护区内捕捞水产品,在内陆水域五十公斤以上或者价值五百元以上,或者在海洋水域二百公斤以上或者价值二千元以上的;(三)在禁渔区内使用禁用的工具或者禁用的方法捕捞的;(四)在禁渔期内使用禁用的工具或者禁用的方法捕捞的;(五)在公海使用禁用渔具从事捕捞作业,造成严重影响的;(六)其他情节严重的情形。”

在上述立案标准的基础上,2016 年 8 月 1 日公布的最高人民法院《关于审理发生 8

在我国管辖海域相关案件若干问题的规定(二)》第4条规定了“情节严重”的认定标准。违反保护水产资源法规,在海洋水域,在禁渔区、禁渔期或者使用禁用的工具、方法捕捞水产品,具有下列情形之一的,应当认定为《刑法》第340条规定的“情节严重”:“(一)非法捕捞水产品一万公斤以上或者价值十万元以上的;(二)非法捕捞有重要经济价值的水生动物苗种、怀卵亲体二千公斤以上或者价值二万元以上的;(三)在水产种质资源保护区内捕捞水产品二千公斤以上或者价值二万元以上的;(四)在禁渔区内使用禁用的工具或者方法捕捞的;(五)在禁渔期内使用禁用的工具或者方法捕捞的;(六)在公海使用禁用渔具从事捕捞作业,造成严重影响的;(七)其他情节严重的情形。”上述立案标准与该解释不一致的,应当以该解释为准。

Ⅴ 主体

9 非法捕捞水产品罪的主体为一般主体,已满16周岁且具有刑事责任能力的自然人和单位均可构成本罪。

Ⅵ 罪过

10 非法捕捞水产品罪的罪过形式为故意,即明知是在禁渔区、禁渔期捕捞水产品或者明知是禁用的工具、方法而使用捕捞水产品。

Ⅶ 与他罪的区别

11 使用禁用的工具、方法捕捞水产品,如果危害公共安全的,应当以危险方法危害公共安全罪定罪处罚。

Ⅷ 处罚

12 非法捕捞水产品罪只有一个量刑幅度,即处3年以下有期徒刑、拘役、管制或者罚金。单位犯本罪的,对单位判处罚金,并对其直接负责的主管人员和其他直接责任人员,依照自然人犯本罪的规定处罚。

根据最高人民法院、最高人民检察院《关于办理破坏野生动物资源刑事案件适用法律若干问题的解释》第3条的规定,在内陆水域,违反保护水产资源法规,在禁渔区、禁渔期或者使用禁用的工具、方法捕捞水产品,具有下列情形之一的,应当认定为《刑法》第340条规定的“情节严重”,以非法捕捞水产品罪定罪处罚:①非法捕捞水产品500公斤以上或者价值1万元以上的;②非法捕捞有重要经济价值的水生动物苗种、怀卵亲体或者在水产种质资源保护区内捕捞水产品50公斤以上或者价值1000元以上的;③在禁渔区使用电鱼、毒鱼、炸鱼等严重破坏渔业资源的禁用方法或者禁用工具捕捞的;④在禁渔期使用电鱼、毒鱼、炸鱼等严重破坏渔业资源的禁用方法或者禁用工具捕捞的;⑤其他情节严重的情形。实施前款规定的行为,具有下列情形之一的,从重处罚:①暴力抗拒、阻碍国家机关工作人员依法履行职务,尚未构成妨害公务罪、袭警罪的;②2 年内曾因破坏野生动物资源受过行政处罚的;③对水生生物资源或者水域生态造成严重损害的;④纠集多条船只非法捕捞的;⑤以非法捕捞为业的。实施第 1 款规定的行为,根据渔获物的数量、价值和捕捞方法、工具等,认为对水生生物资源危害明显较轻的,综合考虑行为人自愿接受行政处罚、积极修复生态环境等情节,可以认定为犯罪情节轻微,不起诉或者免予刑事处罚;情节显著轻微危害不大的,不作为犯罪处理。

第三百四十一条　危害珍贵、濒危野生动物罪；非法狩猎罪；非法猎捕、收购、运输、出售陆生野生动物罪

非法猎捕、杀害国家重点保护的珍贵、濒危野生动物的，或者非法收购、运输、出售国家重点保护的珍贵、濒危野生动物及其制品的，处五年以下有期徒刑或者拘役，并处罚金；情节严重的，处五年以上十年以下有期徒刑，并处罚金；情节特别严重的，处十年以上有期徒刑，并处罚金或者没收财产。

违反狩猎法规，在禁猎区、禁猎期或者使用禁用的工具、方法进行狩猎，破坏野生动物资源，情节严重的，处三年以下有期徒刑、拘役、管制或者罚金。

违反野生动物保护管理法规，以食用为目的非法猎捕、收购、运输、出售第一款规定以外的在野外环境自然生长繁殖的陆生野生动物，情节严重的，依照前款的规定处罚。

文献：杨春洗、向泽选、刘生荣：《危害环境罪的理论与实务》，高等教育出版社1999年版；蒋兰香：《污染型环境犯罪因果关系证明研究》，中国政法大学出版社2014年版；侯艳芳：《环境资源犯罪常规性治理研究》，北京大学出版社2017年版；喻海松：《环境资源犯罪实务精释》，法律出版社2017年版；冯军、敦宁主编：《环境犯罪刑事治理机制》，法律出版社2018年版。彭文华：《破坏野生动物资源犯罪疑难问题研究》，载《法商研究》2015年第3期；刘凯：《非法狩猎罪的司法实践困境分析——基于421起案例的实证研究》，载《行政与法》2019年第7期。

细目录

Ⅰ　主旨

Ⅱ　沿革

Ⅲ　客体

　一、危害珍贵、濒危野生动物罪的客体

　二、非法狩猎罪的客体

　三、非法猎捕、收购、运输、出售陆生野生动物罪的客体

Ⅳ　行为

　一、危害珍贵、濒危野生动物罪的行为

　二、非法狩猎罪的行为

三、非法猎捕、收购、运输、出售陆生野生动物罪的行为
Ⅴ 主体
Ⅵ 罪过
Ⅶ 罪数
一、危害珍贵、濒危野生动物罪的罪数
二、非法狩猎罪的罪数
三、非法猎捕、收购、运输、出售陆生野生动物罪的罪数
Ⅷ 处罚
一、危害珍贵、濒危野生动物罪的处罚
二、非法狩猎罪的处罚
三、非法猎捕、收购、运输、出售陆生野生动物罪的处罚

Ⅰ 主旨

为保护、拯救珍贵、濒危野生动物,保护、发展和合理利用野生动物资源,维护生态平衡,《野生动物保护法》对野生动物保护进行了具体规定。刑法分别规定危害珍贵、濒危野生动物罪,非法狩猎罪和非法猎捕、收购、运输、出售陆生野生动物罪的主旨,即保障《野生动物保护法》的有效实施,保护珍贵、濒危野生动物资源以及其他野生动物资源及其管理秩序。 1

Ⅱ 沿革

根据1988年11月8日通过的全国人民代表大会常务委员会《关于惩治捕杀国家重点保护的珍贵濒危野生动物犯罪的补充规定》的规定,非法捕杀国家重点保护的珍贵、濒危野生动物的,处7年以下有期徒刑或者拘役,可以并处或者单处罚金;非法出售倒卖、走私的,按投机倒把罪、走私罪处刑。1997年修订《刑法》时将该规定纳入刑法,并一直沿用至今。 2

1997年《刑法》首次规定了非法收购、运输、出售珍贵、濒危野生动物、珍贵、濒危野生动物制品罪。 3

2014年4月24日通过的全国人民代表大会常务委员会《关于〈中华人民共和国刑法〉第三百四十一条、第三百一十二条的解释》规定了非法猎捕、杀害珍贵、濒危野生动物罪和非法收购、运输、出售珍贵、濒危野生动物、珍贵、濒危野生动物制品罪的具体适用。 4

1979年《刑法》第130条规定:"违反狩猎法规,在禁猎区、禁猎期或者使用禁用的工具、方法进行狩猎,破坏珍禽、珍兽或者其他野生动物资源,情节严重的,处二年以下有期徒刑、拘役或者罚金。" 5

1997年修订《刑法》时对上述规定进行了修改与调整,形成了现行《刑法》第341 6

条第 2 款的规定,并一直沿用至今。

7 2020 年《刑法修正案(十一)》增加一款作为《刑法》第 341 条第 3 款,对于违反野生动物保护管理法规,以食用为目的非法猎捕、收购、运输、出售第 1 款规定以外的在野外环境自然生长繁殖的陆生野生动物,情节严重的行为,以非法猎捕、收购、运输、出售陆生野生动物罪定罪处罚。同时最高人民法院、最高人民检察院《关于执行〈中华人民共和国刑法〉确定罪名的补充规定(七)》将《刑法》第 341 条第 1 款的罪名简化为危害珍贵、濒危野生动物罪。

Ⅲ 客体

一、危害珍贵、濒危野生动物罪的客体

8 危害珍贵、濒危野生动物罪的客体是法律保护的野生动物利益。危害珍贵、濒危野生动物罪的犯罪对象包括国家重点保护的珍贵、濒危野生动物和珍贵、濒危野生动物制品。根据最高人民法院、最高人民检察院《关于办理破坏野生动物资源刑事案件适用法律若干问题的解释》第 4 条的规定,国家重点保护的珍贵、濒危野生动物,包括列入《国家重点保护野生动物名录》的野生动物,以及经国务院野生动物保护主管部门核准按照国家重点保护的野生动物管理的野生动物。

9 珍贵、濒危野生动物制品的价值,依照国家野生动物保护主管部门的规定核定;核定价值低于实际交易价格的,以实际交易价格认定。

二、非法狩猎罪的客体

10 非法狩猎罪的客体是法律保护的野生动物利益。非法狩猎罪的犯罪对象是《野生动物保护法》保护的珍贵、濒危野生动物以外的其他野生动物。

三、非法猎捕、收购、运输、出售陆生野生动物罪的客体

11 非法猎捕、收购、运输、出售陆生野生动物罪的客体是法律保护的野生动物利益和表现为公共卫生安全的人类法益。非法猎捕、收购、运输、出售陆生野生动物罪的犯罪对象是珍贵、濒危野生动物以外的在野外环境自然生长繁殖的陆生野生动物。

Ⅳ 行为

一、危害珍贵、濒危野生动物罪的行为

12 危害珍贵、濒危野生动物罪,表现为违反《野生动物保护法》的规定,猎捕、杀害珍贵、濒危野生动物,收购、运输、出售珍贵、濒危野生动物及珍贵、濒危野生动物制品的

行为。根据最高人民法院、最高人民检察院《关于办理破坏野生动物资源刑事案件适用法律若干问题的解释》第5条的规定,“收购”包括以营利、自用等为目的的购买行为;“运输”包括采用携带、邮寄、利用他人、使用交通工具等方法进行运送的行为;“出售”包括出卖和以营利为目的的加工利用行为。本罪为行为犯,只要行为人实施了非法猎捕、杀害珍贵、濒危野生动物和非法收购、运输、出售珍贵、濒危野生动物及珍贵、濒危野生动物制品的行为之一,犯罪即成立。

收购珍贵、濒危野生动物时行为不构成犯罪,但出售时构成犯罪的,应当以非法出售珍贵、濒危野生动物罪论处。 13

二、非法狩猎罪的行为

非法狩猎罪表现为违反狩猎法规,在禁猎区、禁猎期或者使用禁用的工具、方法狩猎,破坏野生动物资源,情节严重的行为。首先,非法狩猎罪的行为违反了《野生动物保护法》等的规定。其次,非法狩猎罪具体表现为在禁猎区、禁猎期或者使用禁用的工具、方法狩猎的行为。最后,非法狩猎罪的行为还必须达到“情节严重”的程度。根据最高人民法院、最高人民检察院《关于办理破坏野生动物资源刑事案件适用法律若干问题的解释》第7条的规定,非法狩猎罪的“情节严重”是指非法狩猎、破坏野生动物资源,具有下列情形之一的:①非法猎捕野生动物价值1万元以上的;②在禁猎区使用禁用的工具或者方法狩猎的;③在禁猎期使用禁用的工具或者方法狩猎的;④其他情节严重的情形。 14

三、非法猎捕、收购、运输、出售陆生野生动物罪的行为

非法猎捕、收购、运输、出售陆生野生动物罪表现为违反野生动物保护管理法规,以食用为目的非法猎捕、收购、运输、出售珍贵、濒危野生动物以外的在野外环境自然生长繁殖的陆生野生动物,情节严重的行为。本罪为行为犯,只要行为人以食用为目的实施了非法猎捕、收购、运输、出售陆生野生动物的行为之一,犯罪即成立。 15

V 主体

本条规定的危害珍贵、濒危野生动物罪,非法狩猎罪和非法猎捕、收购、运输、出售陆生野生动物罪的主体均为一般主体,已满16周岁且具有刑事责任能力的自然人和单位均可构成三罪。 16

VI 罪过

本条规定的危害珍贵、濒危野生动物罪,非法狩猎罪和非法猎捕、收购、运输、出售陆生野生动物罪的罪过形式均为故意。全国人民代表大会常务委员会《关于〈中华人民共和国刑法〉第三百四十一条、第三百一十二条的解释》规定,“知道或者应当知 17

道是国家重点保护的珍贵、濒危野生动物及其制品,为食用或者其他目的而非法购买的,属于刑法第三百四十一条第一款规定的非法收购国家重点保护的珍贵、濒危野生动物及其制品的行为”。

Ⅶ 罪数

一、危害珍贵、濒危野生动物罪的罪数

18 构成危害珍贵、濒危野生动物罪,又以暴力、威胁方法抗拒查处,构成妨害公务罪等其他犯罪的,依照数罪并罚的规定处罚。

19 使用爆炸、投放危险物质、设置电网等危险方法破坏野生动物资源,构成危害珍贵、濒危野生动物罪,同时构成《刑法》第 114 条或者第 115 条规定之罪的,依照处罚较重的规定定罪处罚。

20 伪造、变造、买卖国家机关颁发的野生动物允许进出口证明书、特许猎捕证、狩猎证、驯养繁殖许可证等公文、证件构成犯罪的,依照《刑法》第 280 条第 1 款的规定以伪造、变造、买卖国家机关公文、证件罪定罪处罚。

21 构成危害珍贵、濒危野生动物罪,同时构成非法经营罪的,依照处罚较重的规定定罪处罚。

二、非法狩猎罪的罪数

22 构成非法狩猎罪,又以暴力、威胁方法抗拒查处,构成妨害公务罪等其他犯罪的,依照数罪并罚的规定处罚。

23 使用爆炸、投放危险物质、设置电网等危险方法破坏野生动物资源,构成非法狩猎罪,同时构成《刑法》第 114 条或者第 115 条规定之罪的,依照处罚较重的规定定罪处罚。

24 根据全国人民代表大会常务委员会《关于〈中华人民共和国刑法〉第三百四十一条、第三百一十二条的解释》的规定,知道或者应当知道是《刑法》第 341 条第 2 款规定的非法狩猎的野生动物而购买的,属于《刑法》第 312 条第 1 款规定的明知是犯罪所得而收购的行为,构成犯罪的,以掩饰、隐瞒犯罪所得罪论处。

三、非法猎捕、收购、运输、出售陆生野生动物罪的罪数

25 构成非法猎捕、收购、运输、出售陆生野生动物罪,又以暴力、威胁方法抗拒查处,构成妨害公务罪等其他犯罪的,依照数罪并罚的规定处罚。

26 使用爆炸、投放危险物质、设置电网等方法非法猎捕陆生野生动物,构成非法猎捕陆生野生动物罪,同时构成《刑法》第 114 条或者第 115 条规定之罪的,依照处罚较重的规定定罪处罚。

27 构成非法猎捕、收购、运输、出售陆生野生动物罪,同时构成非法经营罪的,依照

处罚较重的规定定罪处罚。

Ⅷ 处罚

一、危害珍贵、濒危野生动物罪的处罚

危害珍贵、濒危野生动物罪有三个幅度的法定刑:犯本罪的,处5年以下有期徒刑或者拘役,并处罚金;情节严重的,处5年以上10年以下有期徒刑,并处罚金;情节特别严重的,处10年以上有期徒刑,并处罚金或者没收财产。单位犯本罪的,对单位判处罚金,并对其直接负责的主管人员和其他直接责任人员,依照自然人犯本罪的规定处罚。 28

根据最高人民法院、最高人民检察院《关于办理破坏野生动物资源刑事案件适用法律若干问题的解释》第6条的规定,危害珍贵、濒危野生动物罪的刑罚适用为,非法猎捕、杀害国家重点保护的珍贵、濒危野生动物,或者非法收购、运输、出售国家重点保护的珍贵、濒危野生动物及其制品,价值2万元以上不满20万元的,应当依照《刑法》第341条第1款的规定,以危害珍贵、濒危野生动物罪处5年以下有期徒刑或者拘役,并处罚金;价值20万元以上不满200万元的,应当认定为"情节严重",处5年以上10年以下有期徒刑,并处罚金;价值200万元以上的,应当认定为"情节特别严重",处10年以上有期徒刑,并处罚金或者没收财产。实施前款规定的行为,具有下列情形之一的,从重处罚:①属于犯罪集团的首要分子的;②为逃避监管,使用特种交通工具实施的;③严重影响野生动物科研工作的;④2年内曾因破坏野生动物资源受过行政处罚的。实施第1款规定的行为,不具有第2款规定的情形,且未造成动物死亡或者动物、动物制品无法追回,行为人全部退赃退赔,确有悔罪表现的,按照下列规定处理:①珍贵、濒危野生动物及其制品价值200万元以上的,可以认定为"情节严重",处5年以上10年以下有期徒刑,并处罚金;②珍贵、濒危野生动物及其制品价值20万元以上不满200万元的,可以处5年以下有期徒刑或者拘役,并处罚金;③珍贵、濒危野生动物及其制品价值2万元以上不满20万元的,可以认定为犯罪情节轻微,不起诉或者免予刑事处罚;情节显著轻微危害不大的,不作为犯罪处理。 29

最高人民法院《关于审理发生在我国管辖海域相关案件若干问题的规定(二)》第5条规定:"非法采捕珊瑚、砗磲或者其他珍贵、濒危水生野生动物,具有下列情形之一的,应当认定为刑法第三百四十一条第一款规定的'情节严重':(一)价值在五十万元以上的;(二)非法获利二十万元以上的;(三)造成海域生态环境严重破坏的;(四)造成严重国际影响的;(五)其他情节严重的情形。实施前款规定的行为,具有下列情形之一的,应当认定为刑法第三百四十一条第一款规定的'情节特别严重':(一)价值或者非法获利达到本条第一款规定标准五倍以上的;(二)价值或者非法获利达到本条第一款规定的标准,造成海域生态环境严重破坏的;(三)造成海域生态环境特别严重破坏的;(四)造成特别严重国际影响的;(五)其他情节特别严重的 30

情形。”

31 最高人民法院《关于审理发生在我国管辖海域相关案件若干问题的规定(二)》第6条规定:“非法收购、运输、出售珊瑚、砗磲或者其他珍贵、濒危水生野生动物及其制品,具有下列情形之一的,应当认定为刑法第三百四十一条第一款规定的‘情节严重’:(一)价值在五十万元以上的;(二)非法获利在二十万元以上的;(三)具有其他严重情节的。非法收购、运输、出售珊瑚、砗磲或者其他珍贵、濒危水生野生动物及其制品,具有下列情形之一的,应当认定为刑法第三百四十一条第一款规定的‘情节特别严重’:(一)价值在二百五十万元以上的;(二)非法获利在一百万元以上的;(三)具有其他特别严重情节的。”

32 在具体认定猎捕、杀害珍贵、濒危野生动物,非法收购、运输、出售珍贵、濒危野生动物或其制品的情节时,应当严格遵守司法解释关于本罪的一般情节与加重处罚的“情节严重”和“情节特别严重”的规定。

二、非法狩猎罪的处罚

33 非法狩猎罪只有一个量刑幅度:处3年以下有期徒刑、拘役、管制或者罚金。单位犯本罪的,对单位判处罚金,并对其直接负责的主管人员和其他直接责任人员,依照自然人犯本罪的规定处罚。

三、非法猎捕、收购、运输、出售陆生野生动物罪的处罚

34 非法猎捕、收购、运输、出售陆生野生动物罪只有一个量刑幅度:处3年以下有期徒刑、拘役、管制或者罚金。单位犯本罪的,对单位判处罚金,并对其直接负责的主管人员和其他直接责任人员,依照自然人犯本罪的规定处罚。

第三百四十二条　非法占用农用地罪

违反土地管理法规，非法占用耕地、林地等农用地，改变被占用土地用途，数量较大，造成耕地、林地等农用地大量毁坏的，处五年以下有期徒刑或者拘役，并处或者单处罚金。

文献：杨春洗、向泽选、刘生荣：《危害环境罪的理论与实务》，高等教育出版社1999年版；蒋兰香：《污染型环境犯罪因果关系证明研究》，中国政法大学出版社2014年版；侯艳芳：《环境资源犯罪常规性治理研究》，北京大学出版社2017年版；喻海松：《环境资源犯罪实务精释》，法律出版社2017年版；冯军、敦宁主编：《环境犯罪刑事治理机制》，法律出版社2018年版。

细目录

Ⅰ　主旨
Ⅱ　沿革
Ⅲ　客体
Ⅳ　行为
Ⅴ　主体
Ⅵ　罪过
Ⅶ　与他罪的区别
Ⅷ　处罚

Ⅰ　主旨

《土地管理法》第3条规定，“十分珍惜、合理利用土地和切实保护耕地是我国的基本国策”。第4条规定，“严格限制农用地转为建设用地，控制建设用地总量，对耕地实行特殊保护”。为依法保护农用地资源，保障《土地管理法》的有效实施，《刑法》规定了非法占用农用地罪。 1

Ⅱ　沿革

1997年《刑法》第342条规定：“违反土地管理法规，非法占用耕地改作他用，数量较大，造成耕地大量毁坏的，处五年以下有期徒刑或者拘役，并处或者单处罚金。” 2

2001年8月31日通过的《刑法修正案（二）》将《刑法》第342条修改为“违反土 3

地管理法规,非法占用耕地、林地等农用地,改变被占用土地用途,数量较大,造成耕地、林地等农用地大量毁坏的,处五年以下有期徒刑或者拘役,并处或者单处罚金”。这一修改扩大了对土地资源的保护范围,将原非法占用耕地罪改为非法占用农用地罪,目的是惩治毁林开垦和乱占滥用林地的犯罪,切实保护森林资源。

4 2001 年 8 月 31 日通过的全国人民代表大会常务委员会《关于〈中华人民共和国刑法〉第二百二十八条、第三百四十二条、第四百一十条的解释》对“违反土地管理法规”的含义进行了明确规定,这有利于解决司法实践中土地管理规定适用不明的难题。

Ⅲ 客体

5 非法占用农用地罪的客体是法律保护的农用地的特定用途与农用地管理秩序。非法占用农用地罪的犯罪对象是农用地。

6 我国将土地分为农用地、建设用地和未利用地。根据《土地管理法》的规定,农用地是指直接用于农业生产的土地,包括耕地、林地、草地、农田水利用地、养殖水面等;建设用地是指建造建筑物、构筑物的土地,包括城乡住宅和公共设施用地、工矿用地、交通水利设施用地、旅游用地、军事设施用地等;未利用地是指农用地和建设用地以外的土地。根据《草原法》第 2 条和第 74 条的规定,草地是指天然草原和人工草地,天然草原包括草地、草山和草坡;人工草地包括改良草地和退耕还草地,不包括城镇草地。

Ⅳ 行为

7 非法占用农用地罪是违反土地管理法规,非法占用耕地、林地等农用地,改变被占用土地用途,数量较大,造成耕地、林地等农用地大量毁坏的行为。

8 行为人的行为必须违反了土地管理法规。根据全国人民代表大会常务委员会《关于〈中华人民共和国刑法〉第二百二十八条、第三百四十二条、第四百一十条的解释》的规定,“违反土地管理法规”是指违反土地管理法、森林法、草原法等法律以及有关行政法规中关于土地管理的规定。

9 非法占用农用地,改变被占用土地用途,是指未经自然资源主管部门的审批或者超过批准的用地数量而占用农用地以及骗取审批而占用农用地等改作他用的行为。非法占用农用地行为有三种类型:一是将农用地转为建设用地或者其他用地;二是将耕地、林地、草地、农田水利用地、养殖水面转为其他农用地;三是将农用地转为其他用途,如用于堆放物品。

10 非法占用农用地罪是结果犯,要求非法占用农用地数量较大,同时造成耕地、林地等农用地大量毁坏。根据 2000 年 6 月 19 日公布的最高人民法院《关于审理破坏土地资源刑事案件具体应用法律若干问题的解释》第 3 条的规定,违反土地管理法规,非法占用耕地改作他用,数量较大,造成耕地大量毁坏的,依照《刑法》第 342 条的规定,以非法占用耕地罪定罪处罚:①非法占用耕地"数量较大",是指非法占用基本农田 5 亩以上或者非法占用基本农田以外的耕地 10 亩以上。②非法占用耕地"造成耕地大量毁坏",是指行为人非法占用耕地建窑、建坟、建房、挖沙、采石、采矿、取土、堆放固体废弃物或者进行其他非农业建设,造成基本农田 5 亩以上或者基本农田以外的耕地 10 亩以上种植条件严重毁坏或者严重污染。

根据 2005 年 12 月 26 日公布的最高人民法院《关于审理破坏林地资源刑事案件 11
具体应用法律若干问题的解释》第 1 条的规定,违反土地管理法规,非法占用林地,改变被占用林地用途,在非法占用的林地上实施建窑、建坟、建房、挖沙、采石、采矿、取土、种植农作物、堆放或排泄废弃物等行为或者进行其他非林业生产、建设,造成林地的原有植被或林业种植条件严重毁坏或者严重污染,并具有下列情形之一的,属于《刑法》第 342 条规定的犯罪行为,应当以非法占用农用地罪判处 5 年以下有期徒刑或者拘役,并处或者单处罚金:①非法占用并毁坏防护林地、特种用途林地数量分别或者合计达到 5 亩以上;②非法占用并毁坏其他林地数量达到 10 亩以上;③非法占用并毁坏前述第①项、第②项规定的林地,数量分别达到相应规定的数量标准的 50%以上;④非法占用并毁坏前述第①项、第②项规定的林地,其中一项数量达到相应规定的数量标准的 50%以上,且两项数量合计达到该项规定的数量标准。

根据 2012 年 11 月 2 日公布的最高人民法院《关于审理破坏草原资源刑事案件 12
应用法律若干问题的解释》第 2 条的规定,非法占用草原,改变被占用草原用途,数量在 20 亩以上的,或者曾因非法占用草原受过行政处罚,在 3 年内又非法占用草原,改变被占用草原用途,数量在 10 亩以上的,应当认定为《刑法》第 342 条规定的"数量较大"。非法占用草原,改变被占用草原用途,数量较大,具有下列情形之一的,应当认定为《刑法》第 342 条规定的"造成耕地、林地等农用地大量毁坏":①开垦草原种植粮食作物、经济作物、林木的;②在草原上建窑、建房、修路、挖砂、采石、采矿、取土、剥取草皮的;③在草原上堆放或者排放废弃物,造成草原的原有植被严重毁坏或者严重污染的;④违反草原保护、建设、利用规划种植牧草和饲料作物,造成草原沙化或者水土严重流失的;⑤其他造成草原严重毁坏的情形。

V 主体

非法占用农用地罪的主体为一般主体,已满 16 周岁且具有刑事责任能力的自然 13
人和单位均可构成本罪。

VI 罪过

非法占用农用地罪的罪过形式为故意,即行为人明知非法占用耕地、林地等农用 14
地改作他用的行为,数量较大,可能造成耕地、林地等农用地大量毁坏,仍追求或者放任这种后果发生的主观心态。

Ⅶ 与他罪的区别

15 非法占用农用地罪与污染环境罪的区别如下:非法占用农用地罪要求实施了非法占用农用地的行为且数量较大,同时造成耕地、林地等农用地大量毁坏。如果行为人并没有占用农用地,但是自身行为导致农用地被污染,则构成污染环境罪。

Ⅷ 处罚

16 非法占用农用地罪只有一个量刑幅度,即处 5 年以下有期徒刑或者拘役,并处或者单处罚金。单位犯本罪的,对单位判处罚金,并对其直接负责的主管人员和其他直接责任人员,依照自然人犯本罪的规定处罚。

第三百四十二条之一　破坏自然保护地罪

违反自然保护地管理法规，在国家公园、国家级自然保护区进行开垦、开发活动或者修建建筑物，造成严重后果或者有其他恶劣情节的，处五年以下有期徒刑或者拘役，并处或者单处罚金。

有前款行为，同时构成其他犯罪的，依照处罚较重的规定定罪处罚。

文献：杨万明主编：《〈刑法修正案(十一)〉条文及配套〈罪名补充规定(七)〉理解与适用》,人民法院出版社2021年版。

细目录

Ⅰ　主旨
Ⅱ　沿革
Ⅲ　客体
Ⅳ　行为
Ⅴ　主体
Ⅵ　罪过
Ⅶ　处罚

Ⅰ　主旨

为了有效保护自然保护地,打击在国家公园、国家级自然保护区非法进行开垦、开发活动或者修建建筑物的行为,《刑法》规定了破坏自然保护地罪。 1

Ⅱ　沿革

2020年12月26日通过的《刑法修正案(十一)》在《刑法》第342条后增加一条,作为第342条之一,规定了破坏自然保护地罪。 2

Ⅲ　客体

破坏自然保护地罪的客体是法律保护的自然保护地的特定用途及自然保护地管理秩序。破坏自然保护地罪的犯罪对象是自然保护地。 3

Ⅳ　行为

4　破坏自然保护地罪是违反自然保护地管理法规,在国家公园、国家级自然保护区进行开垦、开发活动或者修建建筑物,造成严重后果或者有其他恶劣情节的行为。

Ⅴ　主体

5　破坏自然保护地罪的主体为一般主体,已满16周岁且具有刑事责任能力的自然人和单位均可构成本罪。

Ⅵ　罪过

6　破坏自然保护地罪的罪过形式为故意,即行为人明知在国家公园、国家级自然保护区进行开垦、开发活动或者修建建筑物等破坏自然保护地的行为会危害自然保护地,仍追求或放任这种后果发生的心态。

Ⅶ　处罚

7　破坏自然保护地罪只有一个量刑幅度,即处5年以下有期徒刑或者拘役,并处或者单处罚金。单位犯本罪的,对单位判处罚金,并对其直接负责的主管人员和其他直接责任人员,依照自然人犯本罪的规定处罚。

第三百四十三条　非法采矿罪;破坏性采矿罪

违反矿产资源法的规定，未取得采矿许可证擅自采矿，擅自进入国家规划矿区、对国民经济具有重要价值的矿区和他人矿区范围采矿，或者擅自开采国家规定实行保护性开采的特定矿种，情节严重的，处三年以下有期徒刑、拘役或者管制，并处或者单处罚金；情节特别严重的，处三年以上七年以下有期徒刑，并处罚金。

违反矿产资源法的规定，采取破坏性的开采方法开采矿产资源，造成矿产资源严重破坏的，处五年以下有期徒刑或者拘役，并处罚金。

文献:蒋兰香:《污染型环境犯罪因果关系证明研究》,中国政法大学出版社 2014 年版;侯艳芳:《环境资源犯罪常规性治理研究》,北京大学出版社 2017 年版;喻海松:《环境资源犯罪实务精释》,法律出版社 2017 年版;冯军、敦宁主编:《环境犯罪刑事治理机制》,法律出版社 2018 年版。刘清生:《认定非法采矿罪的三大难点与出路》,载《法学杂志》2009 年第 3 期;熊琦:《环境法益视野下长江流域非法采砂行为刑法规制的重构》,载《学习与实践》2019 年第 7 期。

细目录

Ⅰ　主旨
Ⅱ　沿革
Ⅲ　客体
Ⅳ　行为
一、非法采矿罪的行为
二、破坏性采矿罪的行为
Ⅴ　主体
Ⅵ　罪过
Ⅶ　罪数
Ⅷ　与非罪的界限
Ⅸ　处罚

Ⅰ　主旨

非法采矿罪,是指违反矿产资源法的规定,未取得采矿许可证擅自采矿,擅自进 1
入国家规划矿区、对国民经济具有重要价值的矿区和他人矿区范围采矿,或者擅自开采国家规定实行保护性开采的特定矿种,情节严重的行为。破坏性采矿罪,是指违反矿产资源法的规定,采取破坏性的开采方法开采矿产资源,造成矿产资源严重破坏的行为。

2 矿产资源不可再生、难以重获,是极为宝贵的自然资源。为了加强矿产资源的勘查、开发利用和保护工作,保障社会主义现代化建设的当前和长远需要,我国制定《矿产资源法》对矿产资源的保护、开发和利用进行了具体规定。《刑法》设立非法采矿罪和破坏性采矿罪的主旨就是保障《矿产资源法》的有效实施,依法保护矿产资源。

Ⅱ 沿革

3 1997年《刑法》第343条规定,"违反矿产资源法的规定,未取得采矿许可证擅自采矿的,擅自进入国家规划矿区、对国民经济具有重要价值的矿区和他人矿区范围采矿的,擅自开采国家规定实行保护性开采的特定矿种,经责令停止开采后拒不停止开采,造成矿产资源破坏的,处三年以下有期徒刑、拘役或者管制,并处或者单处罚金;造成矿产资源严重破坏的,处三年以上七年以下有期徒刑,并处罚金"。同时规定,"违反矿产资源法的规定,采取破坏性的开采方法开采矿产资源,造成矿产资源严重破坏的,处五年以下有期徒刑或者拘役,并处罚金"。

4 2011年2月25日通过的《刑法修正案(八)》,删除了1997年《刑法》第343条中"经责令停止开采后拒不停止开采,造成矿产资源破坏的"规定,将具有"责令停止开采"这一前置性程序且"拒不停止开采,造成矿产资源破坏的"结果犯,修改为按照"情节严重"的程度设置犯罪成立标准的情节犯。

Ⅲ 客体

5 非法采矿罪、破坏性采矿罪的客体为法律保护的矿产资源利益,犯罪对象为矿产资源。

6 根据《矿产资源法实施细则》的规定,矿产资源是指由地质作用形成的,具有利用价值的,呈固态、液态、气态的自然资源。矿产资源的矿种和分类依据《矿产资源分类细目》进行确定。根据《矿产资源法》的规定,矿产资源属于国家所有,由国务院代表国家行使国家对矿产资源的所有权。地表或者地下的矿产资源的国家所有权,不因其所依附的土地的所有权或者使用权的不同而改变。

Ⅳ 行为

一、非法采矿罪的行为

7 非法采矿罪是违反矿产资源法的规定,未取得采矿许可证擅自采矿,擅自进入国家规划矿区、对国民经济具有重要价值的矿区和他人矿区范围采矿,或者擅自开采国家规定实行保护性开采的特定矿种,情节严重的行为。

行为人的行为违反了矿产资源法的规定,即违反《矿产资源法》《水法》等法律法规有关矿产资源开发、利用、保护和管理的规定。 8

行为人实施了未取得采矿许可证擅自采矿,擅自进入国家规划矿区、对国民经济具有重要价值的矿区和他人矿区范围采矿,或者擅自开采国家规定实行保护性开采的特定矿种之行为。具体而言,非法采矿罪的行为方式有三种:①未取得采矿许可证擅自采矿的。根据最高人民法院、最高人民检察院《关于办理非法采矿、破坏性采矿刑事案件适用法律若干问题的解释》第2条的规定,"未取得采矿许可证"的情形具体是指:无许可证的,许可证被注销、吊销、撤销的,超越许可证规定的矿区范围或者开采范围的,超出许可证规定的矿种的(共生、伴生矿种除外),其他未取得许可证的情形。②擅自进入国家规划矿区、对国民经济具有重要价值的矿区和他人矿区范围采矿的。③擅自开采国家规定实行保护性开采的特定矿种的。后两种行为方式实质上也属于第一种"未取得采矿许可证擅自采矿"的方式,立法进行特别规定,旨在进一步具体列明行为方式。 9

非法采矿罪要求行为达到"情节严重"。根据最高人民法院、最高人民检察院《关于办理非法采矿、破坏性采矿刑事案件适用法律若干问题的解释》第3条的规定,实施非法采矿行为,具有下列情形之一的,应当认定为"情节严重":①开采的矿产品价值或者造成矿产资源破坏的价值在10万元至30万元以上的;②在国家规划矿区、对国民经济具有重要价值的矿区采矿,开采国家规定实行保护性开采的特定矿种,或者在禁采区、禁采期内采矿,开采的矿产品价值或者造成矿产资源破坏的价值在5万元至15万元以上的;③2年内曾因非法采矿受过两次以上行政处罚,又实施非法采矿行为的;④造成生态环境严重损害的;⑤其他情节严重的情形。 10

上述司法解释第4条还规定,在河道管理范围内采砂,具有下列情形之一,符合《刑法》第343条第1款和该解释第2条、第3条规定的,以非法采矿罪定罪处罚:①依据相关规定应当办理河道采砂许可证,未取得河道采砂许可证的;②依据相关规定应当办理河道采砂许可证和采矿许可证,既未取得河道采砂许可证,又未取得采矿许可证的。实施前述行为,虽不具有该解释第3条第1款规定的情形,但严重影响河势稳定,危害防洪安全的,应当认定为《刑法》第343条第1款规定的"情节严重"。第5条规定,未取得海砂开采海域使用权证,且未取得采矿许可证,采挖海砂,符合《刑法》第343条第1款和该解释第2条、第3条规定的,以非法采矿罪定罪处罚。实施前述行为,虽不具有该解释第3条第1款规定的情形,但造成海岸线严重破坏的,应当认定为《刑法》第343条第1款规定的"情节严重"。 11

二、破坏性采矿罪的行为

破坏性采矿罪是违反矿产资源法的规定,采取破坏性的开采方法开采矿产资源,造成矿产资源严重破坏的行为。 12

13　行为人的行为违反了矿产资源法的规定,即违反《矿产资源法》《矿产资源法实施细则》等法律法规的规定。

14　行为人实施了采取破坏性的开采方法开采矿产资源,造成矿产资源严重破坏的行为。根据最高人民法院、最高人民检察院《关于办理非法采矿、破坏性采矿刑事案件适用法律若干问题的解释》第6条的规定,"造成矿产资源严重破坏",是指包括造成矿产资源破坏的价值在50万元至100万元以上,或者造成国家规划矿区、对国民经济具有重要价值的矿区和国家规定实行保护性开采的特定矿种资源破坏的价值在25万元至50万元以上的。根据上述司法解释第8条的规定,多次破坏性采矿构成犯罪,依法应当追诉的,或者2年内多次破坏性采矿未经处理的,价值数额累计计算。

Ⅴ　主体

15　非法采矿罪的主体为一般主体,已满16周岁且具有刑事责任能力的自然人和单位均可构成本罪。矿山企业和个体开采户以及其他单位和具备刑事责任能力的人均可成为本罪的主体。

16　破坏性采矿罪的主体为特殊主体,即取得了采矿许可证的个人或者单位。

Ⅵ　罪过

17　非法采矿罪与破坏性采矿罪的罪过形式均为故意,即明知自己的行为会发生破坏矿产资源的后果,对该后果持追求或者放任的心态。

Ⅶ　罪数

18　根据最高人民法院《关于进一步加强危害生产安全刑事案件审判工作的意见》,违反安全生产管理规定,非法采矿、破坏性采矿或排放、倾倒、处置有害物质严重污染环境,造成重大伤亡事故或者其他严重后果,同时构成危害生产安全犯罪和破坏环境资源保护犯罪的,依照数罪并罚的规定处罚。

Ⅷ　与非罪的界限

19　对受雇佣为非法采矿、破坏性采矿犯罪提供劳务的人员,除参与利润分成或者领取高额固定工资的以外,一般不以犯罪论处,但曾因非法采矿、破坏性采矿受过处罚的除外。

Ⅸ　处罚

20　根据《刑法》第343条第1款和第346条的规定,非法采矿罪有两个量刑幅度:情节严重的,处3年以下有期徒刑、拘役或者管制,并处或者单处罚金;情节特别严重的,处 3 年以上 7 年以下有期徒刑,并处罚金。单位犯本罪的,对单位判处罚金,并对其直接负责的主管人员和其他直接责任人员,依照自然人犯本罪的规定处罚。

根据最高人民法院、最高人民检察院《关于办理非法采矿、破坏性采矿刑事案件适用法律若干问题的解释》第 3 条的规定,实施非法采矿行为,具有下列情形之一的,应当认定为《刑法》第 343 条第 1 款规定的“情节特别严重”:①数额达到该条第 1 款前两项规定标准 5 倍以上的;②造成生态环境特别严重损害的;③其他情节特别严重的情形。 21

根据《刑法》第 343 条第 2 款和第 346 条的规定,破坏性采矿罪只有一个量刑幅度:处 5 年以下有期徒刑或者拘役,并处罚金。单位犯本罪的,对单位判处罚金,并对其直接负责的主管人员和其他直接责任人员,依照自然人犯本罪的规定处罚。 22

第三百四十四条　危害国家重点保护植物罪

违反国家规定，非法采伐、毁坏珍贵树木或者国家重点保护的其他植物的，或者非法收购、运输、加工、出售珍贵树木或者国家重点保护的其他植物及其制品的，处三年以下有期徒刑、拘役或者管制，并处罚金；情节严重的，处三年以上七年以下有期徒刑，并处罚金。

文献:蒋兰香:《污染型环境犯罪因果关系证明研究》,中国政法大学出版社 2014 年版;侯艳芳:《环境资源犯罪常规性治理研究》,北京大学出版社 2017 年版;喻海松:《环境资源犯罪实务精释》,法律出版社 2017 年版;冯军、敦宁主编:《环境犯罪刑事治理机制》,法律出版社 2018 年版。

细目录

Ⅰ　主旨
Ⅱ　沿革
Ⅲ　客体
Ⅳ　行为
Ⅴ　主体
Ⅵ　罪过
Ⅶ　处罚

Ⅰ　主旨

1　《刑法》规定危害国家重点保护植物罪,旨在依法打击非法采伐、毁坏珍贵树木或者国家重点保护的其他植物等危害国家重点保护植物的行为,保护珍贵树木或者国家重点保护的其他植物资源。

Ⅱ　沿革

2　1979 年《刑法》并没有设置专门的条文对国家重点保护植物进行保护。

3　1997 年《刑法》第 344 条单独规定了非法采伐、毁坏珍贵树木罪,即"违反森林法的规定,非法采伐、毁坏珍贵树木的,处三年以下有期徒刑、拘役或者管制,并处罚金;情节严重的,处三年以上七年以下有期徒刑,并处罚金"。但对于非法收购、运输、加工、出售珍贵树木及其制品的行为并未作入罪规定。

《刑法修正案(四)》在将保护范围由珍贵树木扩大到国家重点保护植物的基础上,将非法采伐、毁坏珍贵树木罪修正为非法采伐、毁坏国家重点保护植物罪,同时对非法收购、运输、加工、出售这些重点保护的植物及其制品的行为也作了入罪规定。 4

《刑法修正案(十一)》未对本条条文进行修改,但施行后,最高人民法院、最高人民检察院《关于执行〈中华人民共和国刑法〉确定罪名的补充规定(七)》将罪名简化为危害国家重点保护植物罪。 5

Ⅲ 客体

危害国家重点保护植物罪的客体为法律保护的特殊植物的利益。危害国家重点保护植物罪的犯罪对象是国家重点保护的植物及其制品,具体包括珍贵树木和国家重点保护的其他植物及其制品。根据最高人民检察院、公安部《关于公安机关管辖的刑事案件立案追诉标准的规定(一)》第 70 条的规定,珍贵树木或者国家重点保护的其他植物,包括由省级以上林业主管部门或者其他部门确定的具有重大历史纪念意义、科学研究价值或者年代久远的古树名木,国家禁止、限制出口的珍贵树木以及列入《国家重点保护野生植物名录》的树木或者其他植物。 6

Ⅳ 行为

危害国家重点保护植物罪表现为违反国家规定,非法采伐、毁坏珍贵树木或者国家重点保护的其他植物,非法收购、运输、加工、出售珍贵树木或者国家重点保护的其他植物及其制品的行为。首先,行为人的行为违反了《森林法》《森林法实施条例》等法律法规。其次,行为人实施了非法采伐、毁坏珍贵树木或者国家重点保护的其他植物,非法收购、运输、加工、出售珍贵树木或者国家重点保护的其他植物及其制品的行为。 7

非法采伐,是指在未取得采伐许可证、与采伐许可证规定的具体内容不一致的情形下,擅自砍伐或采集珍贵树木或国家重点保护的植物;非法毁坏,是指造成珍贵树木、国家重点保护的植物死亡、生长受阻或者价值丧失的行为。收购就是有偿买入,包括以出售、自用为目的收购;运输是采用携带、邮寄、利用他人、使用交通工具等方法进行运送的行为;加工是指按照规定的要求进行制作;出售就是有偿转让。 8

危害国家重点保护植物罪为行为犯,实施非法采伐、毁坏国家重点保护植物行为,或者非法收购、运输、加工、出售珍贵树木或者国家重点保护的其他植物及其制品的行为的,即构成犯罪。 9

Ⅴ 主体

危害国家重点保护植物罪的主体为一般主体,已满 16 周岁且具有刑事责任能力的自然人和单位均可构成本罪。 10

Ⅵ 罪过

11 危害国家重点保护植物罪的罪过形式为故意,包括直接故意和间接故意。明知自己的行为是违反国家规定采伐、毁坏珍贵树木和国家重点保护的其他植物,或者明知是国家重点保护植物、国家重点保护植物制品而收购、运输、加工、出售,对该后果持追求或者放任的心态。行为人不知为国家重点保护植物而非法采伐、毁坏或者收购、运输、加工、出售的,一般不以本罪论处。

Ⅶ 处罚

12 犯危害国家重点保护植物罪的,处 3 年以下有期徒刑、拘役或者管制,并处罚金;情节严重的,处 3 年以上 7 年以下有期徒刑,并处罚金。单位犯本罪的,对单位判处罚金,并对其直接负责的主管人员和其他直接责任人员,依照自然人犯本罪的规定处罚。

13 根据最高人民法院《关于审理破坏森林资源刑事案件具体应用法律若干问题的解释》第 2 条的规定,具有下列情形之一的,属于非法采伐、毁坏珍贵树木行为“情节严重”:①非法采伐珍贵树木 2 株以上或者毁坏珍贵树木致使珍贵树木死亡 3 株以上的;②非法采伐珍贵树木 2 立方米以上的;③为首组织、策划、指挥非法采伐或者毁坏珍贵树木的;④其他情节严重的情形。

第三百四十四条之一　非法引进、释放、丢弃外来入侵物种罪

违反国家规定，非法引进、释放或者丢弃外来入侵物种，情节严重的，处三年以下有期徒刑或者拘役，并处或者单处罚金。

文献:杨万明主编:《〈刑法修正案(十一)〉条文及配套〈罪名补充规定(七)〉理解与适用》,人民法院出版社 2021 年版。胡云腾、余秋莉:《〈刑法修正案(十一)〉关于生物安全规定的理解与适用——基于疫情防控目的的解读》,载《中国法律评论》2021 年第 1 期。

细目录

Ⅰ　主旨
Ⅱ　沿革
Ⅲ　客体
Ⅳ　行为
Ⅴ　主体
Ⅵ　罪过
Ⅶ　处罚

Ⅰ　主旨

为了维护国家安全和生物安全,防范生物威胁,与《生物安全法》衔接,《刑法》规定了非法引进、释放、丢弃外来入侵物种罪。 1

Ⅱ　沿革

2020 年 12 月 26 日通过的《刑法修正案(十一)》在《刑法》第 344 条之后增加一条,作为第 344 条之一,规定了非法引进、释放、丢弃外来入侵物种罪。 2

Ⅲ　客体

非法引进、释放、丢弃外来入侵物种罪侵犯的法益是生物安全。非法引进、释放、丢弃外来入侵物种罪的犯罪对象是外来入侵物种。依据 2020 年 10 月 17 日通过的《生物安全法》第 18 条的规定,国家建立生物安全名录和清单制度。外来入侵物种的确定应根据前述名录和清单制度进行。 3

Ⅳ　行为

4　非法引进、释放、丢弃外来入侵物种罪表现为违反国家规定,非法引进、释放或者丢弃外来入侵物种的行为。

5　“违反国家规定”是指违反《生物安全法》《野生动物保护法》等规范性文件中关于生物安全的规定。例如,《生物安全法》第 60 条第 3 款规定:“任何单位和个人未经批准,不得擅自引进、释放或者丢弃外来物种。”

6　非法引进、释放、丢弃外来入侵物种罪的行为中,引进是指通过走私、携带、运输、邮寄等方式将外来入侵物种非法引入境内的行为;释放与丢弃是两种非法处置外来入侵物种的行为。非法引进、释放、丢弃外来入侵物种罪是情节犯,情节严重的才构成犯罪。

Ⅴ　主体

7　非法引进、释放、丢弃外来入侵物种罪的主体为一般主体,已满 16 周岁且具有刑事责任能力的自然人和单位均可构成本罪。

Ⅵ　罪过

8　非法引进、释放、丢弃外来入侵物种罪的罪过形式为故意。

Ⅶ　处罚

9　非法引进、释放、丢弃外来入侵物种罪只有一个量刑幅度,即处 3 年以下有期徒刑或者拘役,并处或者单处罚金。单位犯本罪的,对单位判处罚金,并对其直接负责的主管人员和其他直接责任人员,依照自然人犯本罪的规定处罚。

第三百四十五条　盗伐林木罪；滥伐林木罪；非法收购、运输盗伐、滥伐的林木罪

盗伐森林或者其他林木，数量较大的，处三年以下有期徒刑、拘役或者管制，并处或者单处罚金；数量巨大的，处三年以上七年以下有期徒刑，并处罚金；数量特别巨大的，处七年以上有期徒刑，并处罚金。

违反森林法的规定，滥伐森林或者其他林木，数量较大的，处三年以下有期徒刑、拘役或者管制，并处或者单处罚金；数量巨大的，处三年以上七年以下有期徒刑，并处罚金。

非法收购、运输明知是盗伐、滥伐的林木，情节严重的，处三年以下有期徒刑、拘役或者管制，并处或者单处罚金；情节特别严重的，处三年以上七年以下有期徒刑，并处罚金。

盗伐、滥伐国家级自然保护区内的森林或者其他林木的，从重处罚。

文献：蒋兰香：《污染型环境犯罪因果关系证明研究》，中国政法大学出版社2014年版；侯艳芳：《环境资源犯罪常规性治理研究》，北京大学出版社2017年版；喻海松：《环境资源犯罪实务精释》，法律出版社2017年版；冯军、敦宁主编：《环境犯罪刑事治理机制》，法律出版社2018年版。

细目录

Ⅰ　主旨

Ⅱ　沿革

Ⅲ　客体

Ⅳ　行为

一、盗伐林木罪的行为

二、滥伐林木罪的行为

三、非法收购、运输盗伐、滥伐的林木罪的行为

Ⅴ　主体

Ⅵ　罪过

一、盗伐林木罪的罪过

二、滥伐林木罪的罪过

三、非法收购、运输盗伐、滥伐的林木罪的罪过

Ⅶ 与他罪的区别
一、盗伐林木罪与他罪的区别
二、滥伐林木罪与盗伐林木罪的区别
三、非法收购、运输盗伐、滥伐的林木罪与掩饰、隐瞒犯罪所得、犯罪所得收益罪的区别
Ⅷ 处罚
一、盗伐林木罪的处罚
二、滥伐林木罪的处罚
三、非法收购、运输盗伐、滥伐的林木罪的处罚

Ⅰ 主旨

1 森林资源不仅具有重要的经济价值,而且具有珍贵的生态价值。为了保护森林资源,铲除盗伐、滥伐林木的犯罪产业链,《刑法》规定了盗伐林木罪,滥伐林木罪与非法收购、运输盗伐、滥伐的林木罪。

Ⅱ 沿革

2 1979年《刑法》第128条规定:“违反保护森林法规,盗伐、滥伐森林或者其他林木,情节严重的,处三年以下有期徒刑或者拘役,可以并处或者单处罚金。”

3 1997年《刑法》第345条规定将1979年《刑法》规定在一个条文中的盗伐林木罪与滥伐林木罪分成两款予以分别规定,并一直沿用至今。1997年《刑法》第345条第3款规定:“以牟利为目的,在林区非法收购明知是盗伐、滥伐的林木,情节严重的,处三年以下有期徒刑、拘役或者管制,并处或者单处罚金;情节特别严重的,处三年以上七年以下有期徒刑,并处罚金。”

4 《刑法修正案(四)》第7条对345条第3款的罪状进行了重要修改,规定“非法收购、运输明知是盗伐、滥伐的林木,情节严重的”,构成非法收购、运输盗伐、滥伐的林木罪。该修正案取消了原条文行为必须发生“在林区”以及行为必须“以牟利为目的”的规定,增加了运输明知是盗伐、滥伐的林木的行为类型,罪名相应地从非法收购盗伐、滥伐的林木罪修改为非法收购、运输盗伐、滥伐的林木罪。

Ⅲ 客体

5 盗伐林木罪,滥伐林木罪和非法收购、运输盗伐、滥伐的林木罪的客体为法律保护的森林或者其他林木资源利益,犯罪对象为森林和其他林木。森林是指大面积的原始森林和人造林,包括防护林、用材林、经济林、薪炭林和特种用途林等。其他林木是指小面积的树林和零星树木,但不包括农村农民房前屋后个人所有的零星树木。

Ⅳ　行为

一、盗伐林木罪的行为

盗伐林木罪是盗伐森林或者其他林木,数量较大的行为。 6

所谓盗伐,是指以不法所有为目的,擅自砍伐森林或者其他林木的行为。根据最高人民法院《关于审理破坏森林资源刑事案件具体应用法律若干问题的解释》第3条的规定,以非法占有为目的,具有下列情形之一,数额较大的,以盗伐林木罪定罪处罚:擅自砍伐国家、集体、他人所有或者他人承包经营管理的森林或者其他林木的;擅自砍伐本单位或者本人承包经营管理的森林或者其他林木的;在林木采伐许可证规定的地点以外采伐国家、集体、他人所有或者他人承包经营管理的森林或者其他林木的。 7

《刑法》第345条规定,盗伐林木,数量较大的,才能构成本罪。根据最高人民法院《关于审理破坏森林资源刑事案件具体应用法律若干问题的解释》的规定,盗伐林木"数量较大",以2～5立方米或者幼树100～200株为起点。对于一年内多次盗伐少量林木未经处罚的,累计其盗伐林木的数量,构成犯罪的,依法追究刑事责任。 8

二、滥伐林木罪的行为

滥伐林木罪是违反森林法的规定,滥伐森林或者其他林木,数量较大的行为。 9

行为人的行为违反了《森林法》《森林法实施条例》等法律法规的规定。 10

行为人实施了滥伐森林或者其他林木的行为。根据最高人民法院《关于审理破坏森林资源刑事案件具体应用法律若干问题的解释》第5条的规定,违反森林法的规定,具有下列情形之一,数量较大的,以滥伐林木罪定罪处罚:①未经林业行政主管部门及法律规定的其他主管部门批准并核发林木采伐许可证,或者虽持有林木采伐许可证,但违反林木采伐许可证规定的时间、数量、树种或者方式,任意采伐本单位所有或者本人所有的森林或者其他林木的;②超过林木采伐许可证规定的数量采伐他人所有的森林或者其他林木的。林木权属争议一方在林木权属确权之前,擅自砍伐森林或者其他林木,数量较大的,以滥伐林木罪论处。最高人民法院《关于在林木采伐许可证规定的地点以外采伐本单位或者本人所有的森林或者其他林木的行为如何适用法律问题的批复》进一步规定,违反森林法的规定,在林木采伐许可证规定的地点以外,采伐本单位或者本人所有的森林或者其他林木的,除农村居民采伐自留地和房前屋后个人所有的零星林木以外,数量较大的,以滥伐林木罪定罪处罚。 11

滥伐林木,数量较大的,才能构成犯罪。根据最高人民法院《关于审理破坏森林资源刑事案件具体应用法律若干问题的解释》规定,滥伐林木"数量较大",以10～20立方米或者幼树500～1000株为起点。对于一年内多次滥伐少量林木未经处罚的,累计其滥伐林木的数量,构成犯罪的,依法追究刑事责任。 12

三、非法收购、运输盗伐、滥伐的林木罪的行为

13 非法收购、运输盗伐、滥伐的林木罪是非法收购、运输明知是盗伐、滥伐的林木,情节严重的行为。收购包括以营利、自用等为目的的购买行为;运输包括采用携带、邮寄、利用他人、使用交通工具等方法进行运送的行为。

14 非法收购、运输明知是盗伐、滥伐的林木,情节严重的,才能构成犯罪。根据最高人民法院《关于审理破坏森林资源刑事案件具体应用法律若干问题的解释》的规定,"情节严重"是指行为具有下列情形之一的:①非法收购盗伐、滥伐的林木 20 立方米以上或者幼树 1000 株以上的;②非法收购盗伐、滥伐的珍贵树木 2 立方米以上或者 5 株以上的;③其他情节严重的情形。"情节特别严重"是指行为具有下列情形之一的:①非法收购盗伐、滥伐的林木 100 立方米以上或者幼树 5000 株以上的;②非法收购盗伐、滥伐的珍贵树木 5 立方米以上或者 10 株以上的;③其他情节特别严重的情形。

V 主体

15 盗伐林木罪,滥伐林木罪和非法收购、运输盗伐、滥伐的林木罪的主体为一般主体,已满 16 周岁且具有刑事责任能力的自然人和单位均可构成。

VI 罪过

一、盗伐林木罪的罪过

16 盗伐林木罪的罪过形式为故意,即行为人明知是国家、集体或者他人的林木而盗伐。本罪要求盗伐行为必须以非法占有为目的。

二、滥伐林木罪的罪过

17 滥伐林木罪的罪过形式为故意,即行为人明知采伐林木的行为违反了森林法的规定,故意未获许可或者超越许可时间、数量、树种、方式任意采伐本单位、本人所有的森林或者其他林木,或者超越许可的数量采伐他人所有的森林或者其他林木。

三、非法收购、运输盗伐、滥伐的林木罪的罪过

18 非法收购、运输盗伐、滥伐的林木罪的罪过形式为故意,行为人一般具有牟利的目的,但《刑法修正案(四)》取消了"以牟利为目的"这一超过的主观要素。因此,即使行为人不以牟利为目的而非法收购、运输盗伐、滥伐的林木,情节严重的,亦得成立本罪。

19 作为故意犯罪,非法收购、运输盗伐、滥伐的林木罪的故意认定要求行为人明

知自己运输、收购的对象是盗伐、滥伐的林木。根据最高人民法院《关于审理破坏森林资源刑事案件具体应用法律若干问题的解释》第 10 条的规定,"非法收购明知是盗伐、滥伐的林木"中的"明知",是指知道或者应当知道。具有下列情形之一的,可以视为应当知道,但是有证据证明确属被蒙骗的除外:①在非法的木材交易场所或者销售单位收购木材的;②收购以明显低于市场价格出售的木材的;③收购违反规定出售的木材的。如果确实不知是他人盗伐、滥伐的林木而收购或者运输的,不构成犯罪。

Ⅶ 与他罪的区别

一、盗伐林木罪与他罪的区别

根据最高人民法院《关于审理破坏森林资源刑事案件具体应用法律若干问题的解释》第 9 条的规定,将国家、集体、他人所有并已经伐倒的树木窃为己有,以及偷砍他人房前屋后、自留地种植的零星树木,数额较大的,构成盗窃罪。 20

盗伐珍贵树木,同时触犯《刑法》第 344 条规定的危害国家重点保护植物罪、第 21
345 条规定的盗伐林木罪的,依照处罚较重的规定定罪处罚。

二、滥伐林木罪与盗伐林木罪的区别

滥伐林木罪与盗伐林木罪的区别主要体现为:①侵犯的法益不同。滥伐林木罪 22
的法益是法律保护的森林或者其他林木资源利益;盗伐林木罪侵犯的法益既包括法律保护的森林或者其他林木资源利益,又包括人类对林木的所有权。②行为对象不同。滥伐林木罪的犯罪对象可能包括自己所有的林木;盗伐林木罪的对象不包括自己所有的林木。③行为方式不同。滥伐林木罪的行为方式是不按要求任意砍伐;盗伐林木罪的行为方式是盗伐。④是否要求以非法占有为目的不同。滥伐林木罪不要求以非法占有为目的;盗伐林木罪要求以非法占有为目的。

滥伐珍贵树木,同时触犯《刑法》第 344 条规定的危害国家重点保护植物罪、第 23
345 条规定的盗伐林木罪的,依照处罚较重的规定定罪处罚。

三、非法收购、运输盗伐、滥伐的林木罪与掩饰、隐瞒犯罪所得、犯罪所得收益罪的区别

非法收购、运输盗伐、滥伐的林木罪与掩饰、隐瞒犯罪所得、犯罪所得收益罪区分 24
的关键在于犯罪对象的不同。盗伐、滥伐的林木在广义上也属于一种赃物,故相应的非法收购、运输行为也属于掩饰、隐瞒犯罪所得,因而两个罪名存在竞合关系。根据特别法优于一般法的原理,非法收购、运输盗伐、滥伐的林木的,应以非法收购、运输盗伐、滥伐的林木罪论处,而非以掩饰、隐瞒犯罪所得罪论处。

Ⅷ 处罚

一、盗伐林木罪的处罚

25 根据《刑法》第345条第1款、第4款和第346条的规定：盗伐森林或者其他林木，数量较大的，处3年以下有期徒刑、拘役或者管制，并处或者单处罚金；数量巨大的，处3年以上7年以下有期徒刑，并处罚金；数量特别巨大的，处7年以上有期徒刑，并处罚金。盗伐国家级自然保护区内的森林或者其他林木的，从重处罚。单位犯本罪的，对单位判处罚金，并对其直接负责的主管人员和其他直接责任人员，依照自然人犯本罪的规定处罚。根据最高人民法院《关于审理破坏森林资源刑事案件具体应用法律若干问题的解释》第4条的规定，盗伐林木"数量巨大"，以20～50立方米或者幼树1000～2000株为起点；盗伐林木"数量特别巨大"，以100～200立方米或者幼树5000～10000株为起点。

二、滥伐林木罪的处罚

26 根据《刑法》第345条第2款、第4款和第346条的规定：违反森林法的规定，滥伐森林或者其他林木，数量较大的，处3年以下有期徒刑、拘役或者管制，并处或者单处罚金；数量巨大的，处3年以上7年以下有期徒刑，并处罚金。滥伐国家级自然保护区内的森林或者其他林木的，从重处罚。单位犯本罪的，对单位判处罚金，并对其直接负责的主管人员和其他直接责任人员，依照自然人犯本罪的规定处罚。根据最高人民法院《关于审理破坏森林资源刑事案件具体应用法律若干问题的解释》第6条的规定，滥伐林木"数量较大"，以10～20立方米或者幼树500～1000株为起点；滥伐林木"数量巨大"，以50～100立方米或者幼树2500～5000株为起点。

三、非法收购、运输盗伐、滥伐的林木罪的处罚

27 根据《刑法》第345条第3款和第346条的规定：非法收购、运输明知是盗伐、滥伐的林木，情节严重的，处3年以下有期徒刑、拘役或者管制，并处或者单处罚金；情节特别严重的，处3年以上7年以下有期徒刑，并处罚金。单位犯本罪的，对单位判处罚金，并对其直接负责的主管人员和其他直接责任人员，依照自然人犯本罪的规定处罚。根据最高人民法院《关于审理破坏森林资源刑事案件具体应用法律若干问题的解释》第11条的规定，具有下列情形之一的，属于非法收购盗伐、滥伐的林木"情节严重"：①非法收购盗伐、滥伐的林木20立方米以上或者幼树1000株以上的；②非法收购盗伐、滥伐的珍贵树木2立方米以上或者5株以上的；③其他情节严重的情形。具有下列情形之一的，属于非法收购盗伐、滥伐的林木"情节特别严重"：①非法收购盗伐、滥伐的林木100立方米以上或者幼树5000株以上的；②非法收购盗伐、滥伐的珍贵树木5立方米以上或者10株以上的；③其他情节特别严重的情形。

第三百四十六条　破坏环境资源保护罪的单位犯罪

单位犯本节第三百三十八条至第三百四十五条规定之罪的，对单位判处罚金，并对其直接负责的主管人员和其他直接责任人员，依照本节各该条的规定处罚。

文献:王志远:《环境犯罪视野下我国单位犯罪理念批判》,载《当代法学》2010年第5期;侯艳芳:《单位环境资源犯罪的刑事责任:甄别基准与具体认定》,载《政治与法律》2017年第8期;谢登科:《论污染环境罪犯罪主体司法认定的困境与出路——基于东北三省209个案例的实证分析》,载《学术交流》2020年第8期。

细目录

Ⅰ　主旨
Ⅱ　沿革
Ⅲ　单位犯罪

Ⅰ　主旨

1 单位是实施破坏环境资源保护罪的重要主体,应当对单位犯罪的刑事责任予以明确。本条旨在明确单位实施破坏环境资源保护罪的刑事责任追究实行双罚制,并指引性规定了具体标准。

Ⅱ　沿革

2 1997年《刑法》第346条即对单位实施破坏环境资源保护罪的刑事责任进行了规定,至今立法内容未有修改。

Ⅲ　单位犯罪

3 根据本条规定,单位犯污染环境罪,非法处置进口的固体废物罪,擅自进口固体废物罪,非法捕捞水产品罪,危害珍贵、濒危野生动物罪,非法狩猎罪,非法猎捕、收购、运输、出售陆生野生动物罪,非法占用农用地罪,破坏自然保护地罪,非法采矿罪,破坏性采矿罪,危害国家重点保护植物罪,非法引进、释放、丢弃外来入侵物种罪,盗伐林木罪,滥伐林木罪,非法收购、运输盗伐、滥伐的林木罪的,单位应当负刑事责任,并且实行双罚制,对犯罪的单位判处罚金,对其直接负责的主管人员和其他直接责任人员,依照规定上述各罪的法条规定的法定刑予以定罪处罚。

第七节　走私、贩卖、运输、制造毒品罪

前　注

文献：周道鸾、单长宗、张泗汉主编：《刑法的修改与适用》，人民法院出版社 1997 年版；李淳、王尚新主编：《中国刑法修订的背景与适用》，法律出版社 1998 年版；崔敏主编：《毒品犯罪发展趋势与遏制对策》，警官教育出版社 1999 年版；郑蜀饶：《毒品犯罪的法律适用》，人民法院出版社 2001 年版；高铭暄、赵秉志编：《中国刑法立法文献资料精选》，法律出版社 2007 年版；高贵君主编：《毒品犯罪审判理论与实务》，人民法院出版社 2009 年版；高铭暄：《中华人民共和国刑法的孕育诞生和发展完善》，北京大学出版社 2012 年版；何荣功：《毒品犯罪的刑事政策与死刑适用研究》，中国人民公安大学出版社 2012 年版；周道鸾、张军主编：《刑法罪名精释》（第 4 版），人民法院出版社 2013 年版；马克昌主编：《百罪通论》（下卷），北京大学出版社 2014 年版；郎胜主编：《中华人民共和国刑法释义》（第 6 版），法律出版社 2015 年版；刘志伟编：《刑法规范总整理》（第 11 版），法律出版社 2019 年版。

细目录

Ⅰ　主旨
Ⅱ　沿革
Ⅲ　特征
　一、客体
　二、行为
　三、主体
　四、罪过

Ⅰ　主旨

1　毒品严重危害公民的身心健康，扰乱社会秩序。《禁毒法》第 1 条规定："为了预防和惩治毒品违法犯罪行为，保护公民身心健康，维护社会秩序，制定本法。"为了落实禁毒法的规定，全面禁止毒品，保护公民身心健康，维护社会秩序，《刑法》专设了本节毒品犯罪。

Ⅱ　沿革

2　我国毒品犯罪的刑事立法随着毒品犯罪的发展趋势和禁毒斗争的实际需要而不

断发展完善。

1979年《刑法》第171条规定:“制造、贩卖、运输鸦片、海洛因、吗啡或者其他毒品的,处五年以下有期徒刑或者拘役,可以并处罚金。一贯或者大量制造、贩卖、运输前款毒品的,处五年以上有期徒刑,可以并处没收财产。”1979年《刑法》对毒品犯罪的规定相当简单:①在罪名上,只有制造、贩卖、运输毒品罪;②在处罚上,一般只判处5年以下有期徒刑,对于制造、贩卖、运输毒品罪的惯犯或大量制造、贩卖、运输相关毒品的,也只设置了有期徒刑。之所以作出如此规定,一方面与当时“宜粗不宜细”的立法指导思想有关,另一方面根本上取决于我国当时毒品犯罪的实际情况。1979年制定《刑法》时,毒品犯罪在我国尚未成为严重问题,当时我国还被视为“无毒国”,已经多年没有发现制造、贩卖、运输毒品的案件。即使偶尔发现个别的案件,其制造、贩卖、运输毒品的数量也很少,对整个社会尚不构成严重的危害。[1] 3

20世纪80年代以后,毒品日益成为严重的社会问题。国家根据毒品犯罪的新形势,陆续制定颁布了数部重要法律,开启了我国用“重刑”严打毒品犯罪的历史。①1982年3月8日,第五届全国人民代表大会常务委员会第二十二次会议通过了全国人民代表大会常务委员会《关于严惩严重破坏经济的罪犯的决定》,该决定第1条对1979年《刑法》第171条进行了补充和修改,规定贩卖毒品,“情节特别严重的,处十年以上有期徒刑、无期徒刑或者死刑,可以并处没收财产。国家工作人员利用职务犯前款所列罪行,情节特别严重的,按前款规定从重处罚”。该决定将贩毒罪视为我国最严重的犯罪类型之一,开启了我国刑法对毒品犯罪设置死刑的先河。②1987年1月22日,第六届全国人民代表大会常务委员会第十九次会议通过了《海关法》,根据该法第47条的规定,运输、携带、邮寄国家禁止进出口的毒品、武器、伪造货币进出境的,以牟利、传播为目的运输、携带、邮寄淫秽物品进出境的,或者运输、携带、邮寄国家禁止出口的文物出境的,是走私罪。《海关法》通过附属刑法的方式将逃避海关监管,运输、携带、邮寄国家禁止进出口的毒品的,规定为走私罪,第一次将走私毒品的行为犯罪化。另外,该法还首次在我国设置了单位犯罪的规定,从而为惩治单位走私毒品提供了法律依据。③1988年1月21日,第六届全国人民代表大会常务委员会第二十四次会议通过了全国人民代表大会常务委员会《关于惩治走私罪的补充规定》,该规定第1条指出:“走私鸦片等毒品……的,处7年以上有期徒刑,并处罚金或者没收财产;情节特别严重的,处无期徒刑或者死刑,并处没收财产;情节较轻的,处7年以下有期徒刑,并处罚金。”该补充规定将走私毒品罪的量刑标准进行了区分,使走私毒品罪的规定更加完备明确。 4

我国对毒品犯罪的立法完善主要是通过1990年全国人民代表大会常务委员会《关于禁毒的决定》和1997年《刑法》完成的。1990年12月28日,第七届全国人民 5

1 参见崔敏主编:《毒品犯罪发展趋势与遏制对策》,警官教育出版社1999年版,第306页。

代表大会常务委员会第十七次会议通过了全国人民代表大会常务委员会《关于禁毒的决定》,自公布之日起施行。全国人民代表大会常务委员会《关于禁毒的决定》是我国第一部有关毒品犯罪的专门立法,标志着我国禁毒立法的重大转折。从规定的内容看,全国人民代表大会常务委员会《关于禁毒的决定》吸收了国内外和国际公约中有关禁毒立法的合理做法,从我国毒品犯罪的实际情况和打击毒品犯罪的需要出发,系统、全面地规定了毒品犯罪的种类及其处罚标准,以及有关违法行为的行政处罚和行政措施,基本上实现了完善我国毒品犯罪规定的目的。第一,明确界定了毒品的概念。全国人民代表大会常务委员会《关于禁毒的决定》第 1 条规定:"本决定所称的毒品是指鸦片、海洛因、吗啡、大麻、可卡因以及国务院规定管制的其他能够使人形成瘾癖的麻醉药品和精神药品。"第二,对走私、贩卖、运输、制造毒品罪的量刑标准作了具体明确的规定。根据全国人民代表大会常务委员会《关于禁毒的决定》第 2 条的规定,走私、贩卖、运输、制造毒品,有下列情形之一的,处 15 年有期徒刑、无期徒刑或者死刑,并处没收财产:①走私、贩卖、运输、制造鸦片 1 千克以上、海洛因 50 克以上或者其他毒品数量大的;②走私、贩卖、运输、制造毒品集团的首要分子;③武装掩护走私、贩卖、运输、制造毒品的;④以暴力抗拒检查、拘留、逮捕,情节严重的;⑤参与有组织的国际贩毒活动的。走私、贩卖、运输、制造鸦片 200 克以上不满 1 千克、海洛因 10 克以上不满 50 克或者其他毒品数量较大的,处 7 年以上有期徒刑,并处罚金。走私、贩卖、运输、制造鸦片不满 200 克、海洛因不满 10 克或者其他少量毒品的,处 7 年以下有期徒刑、拘役或者管制,并处罚金。第三,对利用、教唆未成年人犯毒品罪的,全国人民代表大会常务委员会《关于禁毒的决定》规定从重处罚。第四,对多次走私、贩卖、运输、制造毒品,未经处理的,全国人民代表大会常务委员会《关于禁毒的决定》规定毒品数量累计计算。此外,全国人民代表大会常务委员会《关于禁毒的决定》大大扩展了刑法对毒品犯罪的调整范围,为严密刑事法网,设置了非法持有毒品罪(第 3 条);将包庇毒品罪犯,隐藏毒品、毒资,走私制毒配剂,非法种植罂粟、大麻等毒品原植物的行为规定为犯罪,予以严惩(第 4 条、第 5 条、第 6 条);对引诱、教唆、欺骗、强迫他人吸食、注射毒品的,容留他人吸食、注射毒品并出售毒品的行为也规定为犯罪等(第 7 条、第 9 条)。全国人民代表大会常务委员会《关于禁毒的决定》还对毒品犯罪的管辖权作了规定,第 13 条第 2 款指出:"外国人在中华人民共和国领域外犯前款罪进入我国领域的,我国司法机关有管辖权,除依照我国参加、缔结的国际公约或者双边条约实行引渡的以外,适用本决定。"这在很大程度上体现了我国对毒品犯罪的普遍管辖权。全国人民代表大会常务委员会《关于禁毒的决定》还强调了对毒品犯罪的经济制裁,对所有的毒品犯罪都作了附加财产刑的规定,或者附加罚金,或者附加没收财产。该决定被认为是我国禁毒立法的一个极其重要的里程碑。

6 1997 年 10 月 1 日现行《刑法》颁布施行,第六章第七节共 11 个条文规定了毒品犯罪。1997 年《刑法》在全面吸收全国人民代表大会常务委员会《关于禁毒的决定》规定的同时,根据我国禁毒中出现的新问题,也增加了一些新的规定。重要的如根据司法实践中出现毒品类型的新情况，1997 年《刑法》明确将“冰毒”（甲基苯丙胺）规定为毒品类型之一。为了体现对毒品犯罪的从严打击和避免毒品犯罪刑罚适用中的困难，1997 年《刑法》强调“毒品的数量以查证属实的走私、贩卖、运输、制造、非法持有毒品的数量计算，不以纯度折算”等。

1997 年《刑法》颁布施行以后，我国颁布数部与毒品犯罪有关的法律法规，最为引人瞩目的是 2007 年颁布施行的《禁毒法》。《禁毒法》在法律责任一章中，虽然设置有数个刑法条款，但并没有突破 1997 年《刑法》有关毒品犯罪的基本规定。 7

刑法修正案针对毒品犯罪的修改并不大，只有《刑法修正案（九）》将《刑法》第 350 条第 1 款、第 2 款进行了修改完善：增加了非法生产制毒物品罪，修改了走私制毒物品罪的表述，适当调整了法定刑幅度以及细化了构成制造毒品罪共犯的情形。[2] 8

Ⅲ 特征

一、客体

《禁毒法》第 1 条规定：“为了预防和惩治毒品违法犯罪行为，保护公民身心健康，维护社会秩序，制定本法。”国家为了保护公民身心健康，对毒品、制毒物品进行严格管制。本节之罪基本都是行政犯，构成本节之罪首先需要违反法律、行政法规、部门规章等。所以，实施本节之罪的，首先需要违反国家关于毒品、制毒物品等方面的法律、行政法规以及其他规范性文件，最终导致对公民身心健康的侵害（危险）。走私、贩卖、运输、制造毒品罪的客体宜理解为复合客体，即国家关于毒品、制毒物品的管制制度和公民的身心健康。 9

二、行为

值得注意的是，本节的罪名与《刑法》第 347 条规定的罪名是相同的，即都是走私、贩卖、运输、制造毒品罪。从刑法条文的规定看，本节主要有以下行为类型：①《刑法》第 347 条规定的走私、贩卖、运输、制造毒品的行为；②《刑法》第 348 条规定的非法持有毒品的行为，非法持有行为一般被认为是走私、贩卖、运输、制造毒品行为的兜底行为；③《刑法》第 349 条规定的包庇毒品犯罪分子的行为和窝藏、转移、隐瞒毒品、毒赃的行为；④《刑法》第 350 条规定的非法生产、买卖、运输制毒物品、走私制毒物品的行为；⑤《刑法》第 351 条规定的非法种植毒品原植物的行为；⑥《刑法》第 352 条规定的非法买卖、运输、携带、持有毒品原植物种子、幼苗的行为；⑦《刑法》第 353 条规定的引诱、教唆、欺骗他人吸毒的行为和强迫他人吸毒的行为；⑧《刑法》第 354 条规定的容留他人吸毒的行为；⑨《刑法》第 355 条规定的非法提供麻醉药品、精神药品 10

---

2 参见赵秉志主编：《〈中华人民共和国刑法修正案（九）〉理解与适用》，中国法制出版社 2016 年版，第 244—245 页。

的行为。刑法规定的行为类型贯穿毒品流通的各个环节,基本适应我国毒品犯罪惩治的需要。

三、主体

11 本节之罪的主体为一般主体。只是,根据《刑法》第 17 条第 2 款的规定,已满 14 周岁不满 16 周岁的人,犯贩卖毒品罪的,应负刑事责任。

12 另外,根据刑法规定,走私、贩卖、运输、制造毒品罪,非法生产、买卖、运输制毒物品、走私制毒物品罪,非法提供麻醉药品、精神药品罪,单位也可以构成。

四、罪过

13 本节之罪的罪过形式为故意,既可以是直接故意,也可以是间接故意。毒品犯罪本质上属于牟利型经济犯罪,行为人主观上一般具有非法牟利目的,但刑法并没有规定成立本节之罪需要特定目的。所以,即便行为人主观上不是出于牟利目的,也同样可以构成本节之罪。本节之罪多属于行为犯,行为人对行为及其对象有认识一般即可构成相应的犯罪。行为人不知道行为对象系毒品或者制毒物品的,不构成相应的犯罪。

第三百四十七条　走私、贩卖、运输、制造毒品罪

走私、贩卖、运输、制造毒品，无论数量多少，都应当追究刑事责任，予以刑事处罚。

走私、贩卖、运输、制造毒品，有下列情形之一的，处十五年有期徒刑、无期徒刑或者死刑，并处没收财产：

（一）走私、贩卖、运输、制造鸦片一千克以上、海洛因或者甲基苯丙胺五十克以上或者其他毒品数量大的；

（二）走私、贩卖、运输、制造毒品集团的首要分子；

（三）武装掩护走私、贩卖、运输、制造毒品的；

（四）以暴力抗拒检查、拘留、逮捕，情节严重的；

（五）参与有组织的国际贩毒活动的。

走私、贩卖、运输、制造鸦片二百克以上不满一千克、海洛因或者甲基苯丙胺十克以上不满五十克或者其他毒品数量较大的，处七年以上有期徒刑，并处罚金。

走私、贩卖、运输、制造鸦片不满二百克、海洛因或者甲基苯丙胺不满十克或者其他少量毒品的，处三年以下有期徒刑、拘役或者管制，并处罚金；情节严重的，处三年以上七年以下有期徒刑，并处罚金。

单位犯第二款、第三款、第四款罪的，对单位判处罚金，并对其直接负责的主管人员和其他直接责任人员，依照各该款的规定处罚。

利用、教唆未成年人走私、贩卖、运输、制造毒品，或者向未成年人出售毒品的，从重处罚。

对多次走私、贩卖、运输、制造毒品，未经处理的，毒品数量累计计算。

文献：蔺剑：《毒品犯罪的定罪与量刑》，人民法院出版社2000年版；郑蜀饶：《毒品犯罪的法律适用》，人民法院出版社2001年版；郦毓贝：《毒品犯罪司法适用》，法律出版社2005年版；高巍：《贩卖毒品罪研究》，中国人民公安大学出版社2007年版；高贵君主编：《毒品犯罪审判理论与实务》，人民法院出版社2009年版；李世清：《毒品犯罪刑法问题研究》，中国检察出版社2011年版；何荣功：《毒品犯罪的刑事政策与死刑适用研究》，中国人民公安大学出版社2012年版；马克昌主编：《百罪通论》（下卷），北京大学出版社2014年版；黎宏：《刑法学各论》（第2版），法律出版社2016年版；张明楷：《刑法学》（第6版），法律出版社2021年版。高贵君、王勇、吴光侠：《〈办

理毒品犯罪案件适用法律若干问题的意见〉的理解与适用》,载《人民司法》2008 年第 5 期;高贵君、竹莹莹:《吸毒人员在运输毒品过程中被查获的应如何定罪》,载《人民司法》2008 年第 11 期;何荣功:《运输毒品认定中的疑难问题再研究》,载《法学评论》2011 年第 2 期;林亚刚:《运输毒品罪的若干问题研究》,载《法学评论》2011 年第 3 期;马岩、李静然:《毒品犯罪审判中的几个法律适用问题》,载《法律适用》2015 年第 9 期;高贵君等:《〈全国法院毒品犯罪审判工作座谈会纪要〉的理解与适用》,载《人民司法》2015 年第 13 期。何荣功:《未成年人不应构成毒品犯罪再犯》,载《检察日报》2016 年 1 月 13 日。

细目录

Ⅰ 主旨
Ⅱ 沿革
Ⅲ 客体
Ⅳ 对象
Ⅴ 行为
一、走私毒品
二、贩卖毒品
三、运输毒品
四、制造毒品
Ⅵ 主体
Ⅶ 罪过
Ⅷ 既遂与未遂
一、走私毒品罪的既遂与未遂
二、贩卖毒品罪的既遂与未遂
三、运输毒品罪的既遂与未遂
四、制造毒品罪的既遂与未遂
五、评论与分析
六、其他问题
Ⅸ 共犯
一、关于主犯和从犯的区分
二、关于共同犯罪案件中主犯和从犯的毒品犯罪数量认定
三、关于共同犯罪人的刑罚
四、关于居间介绍买卖毒品的认定与处理
五、关于运输毒品共同犯罪的认定
Ⅹ 认定中的其他问题
一、罪名的确定

二、毒品数量、含量与犯罪认定
三、与他罪的关系
四、吸毒人员实施毒品犯罪的认定
五、为吸毒者代购毒品的定性
六、特情引诱与犯罪认定
七、非法贩卖麻醉药品、精神药品行为的定性问题
Ⅺ 处罚

Ⅰ 主旨

本条是关于走私、贩卖、运输、制造毒品罪的规定。全国人民代表大会常务委员会《关于禁毒的决定》规定:“为了……保护公民身心健康,维护社会治安秩序,保障社会主义现代化建设的顺利进行,特作如下决定……”《禁毒法》第 1 条规定:“为了预防和惩治毒品违法犯罪行为,保护公民身心健康,维护社会秩序,制定本法。”毒品严重危害公民的身心健康,为了保护公民身心健康,《刑法》设立本罪。 1

Ⅱ 沿革

1979 年《刑法》第 171 条规定:“制造、贩卖、运输鸦片、海洛因、吗啡或者其他毒品的,处五年以下有期徒刑或者拘役,可以并处罚金。一贯或者大量制造、贩卖、运输前款毒品的,处五年以上有期徒刑,可以并处没收财产。”1988 年全国人民代表大会常务委员会《关于惩治走私罪的补充规定》将走私毒品罪的法定最高刑提高到死刑。1990 年全国人民代表大会常务委员会《关于禁毒的决定》第 2 条规定:“走私、贩卖、运输、制造毒品,有下列情形之一的,处十五年有期徒刑、无期徒刑或者死刑,并处没收财产;(一)走私、贩卖、运输、制造鸦片一千克以上、海洛因五十克以上或者其他毒品数量大的;(二)走私、贩卖、运输、制造毒品集团的首要分子;(三)武装掩护走私、贩卖、运输、制造毒品的;(四)以暴力抗拒检查、拘留、逮捕,情节严重的;(五)参与有组织的国际贩毒活动的。走私、贩卖、运输、制造鸦片二百克以上不满一千克、海洛因十克以上不满五十克或者其他毒品数量较大的,处七年以上有期徒刑,并处罚金。走私、贩卖、运输、制造鸦片不满二百克、海洛因不满十克或者其他少量毒品的,处七年以下有期徒刑、拘役或者管制,并处罚金。利用、教唆未成年人走私、贩卖、运输、制造毒品的,从重处罚。对多次走私、贩卖、运输、制造毒品,未经处理的,毒品数量累计计算。”1997 年《刑法》对全国人民代表大会常务委员会《关于禁毒的决定》的修改补充主要有以下几点:①增加“走私、贩卖、运输、制造毒品,无论数量多少,都应当追究刑事责任,予以刑事处罚”的规定;②增加规定甲基苯丙胺的处刑数量标准;③增加单位犯走私、贩卖、运输、制造毒品罪的刑事责任条款。④增加规定“向未成年人出售毒品的,从重处罚”。 2

Ⅲ 客体

3 关于走私、贩卖、运输、制造毒品罪的客体,学界主要有复杂客体和单一客体的不同认识。持复杂客体论的学者认为本罪既侵犯国家的毒品管理制度,也侵犯公民的身体健康。[1] 单一客体论中有一种观点认为,本罪的客体只能是国家对毒品的管理制度,不应包括公民的身体健康。因为,一方面在走私毒品的场合,毒品到达吸食者手中使用无疑危害身体健康,但其走私行为却不直接损害公民的身体健康。尚处于流通环节即被查获的运输毒品行为,也没有直接损害公民的身体健康。另一方面,同样是麻醉药品和精神药品,如果经国家指定的单位或者部门按照规定的程序申请批准后,生产、运输、销售即为合法,而未经审批的即为非法。原因不在于麻醉药品和精神药品有损公众健康,出于医学目的的使用反而有利于病人健康,而在于国家基于这类药品的滥用对公众健康的潜在威胁而加以严格管制。[2] 与此相对,单一客体论中的另外一种观点认为,本罪的客体不是国家对毒品的管理制度,而是公众的健康。比如张明楷教授认为毒品犯罪侵犯的法益是国家对毒品管理制度的说法,没有现实意义,不能说明毒品犯罪的处罚范围,不能说明各种具体毒品犯罪在不法程度上的差异等。[3]

4 理解本罪的客体,有必要注意以下问题:①毒品的概念。在药理属性上,毒品与精神药品和麻醉药品的本质并无不同,但毒品并非科学或者医学概念,而是法律概念。某种精神药品和麻醉药品只有被纳入国家管制且脱离医学、生产、生活目的滥用时,才可能依法被认定为毒品。所以,凡是刑法规定为毒品的物质,就已超越了其医疗属性。前述主张认为"出于医学目的的使用反而有利于病人健康"的观点,没有正确理解毒品的法律属性以及毒品与药品之间的界限。②国家之所以建立对毒品的管制制度,根本原因在于毒品滥用具有损害公民健康的危险,将本罪的客体界定为国家对毒品的管理秩序(制度)和公民的健康的观点,分别从形式和实质揭示了本罪的客体。将国家对毒品的管理秩序(制度)和国家对公民健康保护对立起来的观点,并不合适。所以,将本罪的客体确定为国家的毒品管理制度和国民身体健康的复杂法益的观点是可取的。

Ⅳ 对象

5 走私、贩卖、运输、制造毒品罪的对象是毒品。根据《刑法》第357条的规定,毒品是指鸦片、海洛因、甲基苯丙胺(冰毒)、吗啡、大麻、可卡因以及国家规定管制的其他

1 参见黎宏:《刑法学各论》(第2版),法律出版社2016年版,第457—458页。

2 参见马克昌主编:《百罪通论》(下卷),北京大学出版社2014年版,第1085页。

3 参见张明楷:《刑法学》(第6版),法律出版社2021年版,第1504—1505页。

能够使人形成瘾癖的麻醉药品和精神药品。毒品的范围与认定请见第357条评注。

V 行为

一、走私毒品

6 走私毒品是指违反毒品管理法律法规和海关法,运输、携带、邮寄毒品进出国(边)境的行为。《海关法》第83条规定:“有下列行为之一的,按走私行为论处,依照本法第八十二条的规定处罚:(一)直接向走私人非法收购走私进口的货物、物品的;(二)在内海、领海、界河、界湖,船舶及所载人员运输、收购、贩卖国家禁止或者限制进出境的货物、物品,或者运输、收购、贩卖依法应当缴纳税款的货物,没有合法证明的。”所以,直接向走私毒品的犯罪人收购毒品的,或者在内海、领海、界河、界湖,船舶及所载人员运输、收购、贩卖毒品的,也属于走私毒品的行为。

二、贩卖毒品

7 就其词义而言,贩卖指的是商人买进货物再加价卖出以获取利润的行为,所以,贩卖的重点在于“卖出”行为。正因为如此,理论上一种有力的观点认为,购买毒品的行为不是贩卖毒品罪的实行行为。换言之,出于贩卖目的而非法购买毒品的,属于贩卖毒品的预备行为。[4] 1994年12月20日发布的最高人民法院《关于执行〈全国人民代表大会常务委员会关于禁毒的决定〉的若干问题的解释》规定了贩卖毒品的含义:“贩卖毒品,是指明知是毒品而非法销售或者以贩卖为目的而非法收买毒品的行为。”该解释将贩卖毒品罪的实行行为确定为两种:非法销售毒品的行为和以卖出为目的的毒品买入行为。该解释对贩卖的界定明显超出了贩卖的核心含义,但由于该解释的强制法律约束力,使得扩张后的贩卖毒品概念被司法实践广泛接受。

8 对贩卖行为本质的理解直接影响对贩卖行为的认定。笔者认为,无论是毒品的买入行为,还是毒品的卖出行为,贩卖毒品本质都是以毒品作为支付手段的交易行为。以此为基础,以下行为性质可以明确:①毒品赠与行为。毒品赠与是无偿的,不体现交易性质,不能评价为贩卖毒品的行为。②毒品互易。所谓毒品互易,是指类别、质量等不同的毒品之间的交换。毒品的互易同样促进了毒品的流通,交易是有偿的,毒品充当了支付手段,符合贩卖行为的本质。③“蹭吸”。“蹭吸”一般是指代购者以自身吸食为目的,从托购者处收取少量毒品作为酬劳的情形。“蹭吸”主要是行为人为了满足自身吸食毒品的要求,行为并不体现毒品作为支付手段的功能,不宜评价为贩卖毒品行为。④毒品“克扣”。比如甲请乙代购甲基苯丙胺10克,乙在交付甲毒品时故意克扣2克,能否认定乙构成变相贩卖毒品罪?在该情形下,乙实际上将8

---

4 参见张明楷:《刑法学》(第6版),法律出版社2021年版,第1508页。

克甲基苯丙胺谎称为10克,本质上属于骗取行为,不能理解为变相贩卖从而构成贩卖毒品罪。⑤以毒品支付债务或劳务报酬。比如,甲请乙处理建筑工地之事,一直未支付报酬,后给乙30克甲基苯丙胺作为乙的劳务报酬。在该情形下,毒品实际承担着支付手段功能,该行为可以评价为贩卖毒品行为。

9 另外,行为人之所以实施毒品的贩卖行为,根本原因在于通过毒品交易牟利,所以,一般而言,贩卖毒品行为人主观上具有非法牟利的目的,但并不能将其绝对化,一方面刑法并没有将贩卖毒品罪规定为目的犯;另一方面,实践中毒品作为支付手段的交易行为,形态多样,行为人主观上并非一概具有牟利目的,比如,行为人为了减少违法风险而低价转让毒品的行为,同样属于贩卖毒品行为。

10 司法实践中,以下情形通常被认为成立贩卖毒品罪:①买入毒品后又转手卖出,或者将盗、抢、骗、捡来的以及通过其他手段得到的毒品卖出,从中牟利。②以贩卖为目的购买毒品,在购买环节被抓获的。③将家中储存毒品卖出牟利的。④行为人自行配制、加工毒品又进行销售的(自制自销)。⑤以毒易货、以毒品支付各种费用或偿还债务的。⑥以贩卖为目的委托他人帮助购买、销售毒品,或者明知他人贩卖毒品而为其代买、代卖毒品的。⑦居间介绍买卖毒品的,即充当贩卖交易的中介人,帮助出卖或购买毒品,不论其是否获利,均应以贩卖毒品罪的共犯论处。⑧赊销毒品的。[5]

11 根据《刑法》第355条第2款规定,依法从事生产、运输、管理、使用国家管制的麻醉药品、精神药品的人员和单位,违反国家规定,向走私、贩卖毒品的犯罪分子或者以牟利为目的,向吸食、注射毒品的人提供国家规定管制的能够使人形成瘾癖的麻醉药品、精神药品的,属于贩卖毒品的行为,构成贩卖毒品罪。

三、运输毒品

12 运输毒品是指明知是毒品而采用携带、邮寄、利用他人或者使用交通工具等方法非法运送毒品的行为。刑法没有限制运输方式,可以是人力运输,也可以使用交通工具运输;既可以采取人货分离方式运输,也可以采取随身携带或者体内藏毒方式运输。根据刑法规定,运输毒品罪不是目的犯,运输的目的并不影响运输行为的界定。

四、制造毒品

13 制造毒品是指非法利用毒品原植物直接提炼或者用化学方法加工、配制毒品,或者以改变毒品成分和效用为目的,用混合等物理方法加工、配制毒品的行为。为了便于隐蔽运输、销售、使用、欺骗购买者,或者为了增重,对毒品掺杂使假,添加或者去除其他非毒品物质,不属于制造毒品的行为。毒品的分装、稀释也不属于制造毒品的

5 参见高贵君主编:《毒品犯罪审判理论与实务》,人民法院出版社2009年版,第183—184页。

行为。

Ⅵ　主体

根据《刑法》第 17 条的规定,贩卖毒品罪的主体是已满 14 周岁、具有刑事责任能力的自然人;走私、运输、制造毒品罪的主体则必须是已满 16 周岁、具有刑事责任能力的自然人。单位可以构成走私、贩卖、运输、制造毒品罪。 14

Ⅶ　罪过

走私、贩卖、运输、制造毒品罪的罪过形式为故意,即行为人明知是毒品而走私、贩卖、运输、制造。 15

行为人必须认识到自己走私、贩卖、运输、制造的是毒品。毒品犯罪中,判断被告人对涉案毒品是否明知,不能仅凭被告人供述,而应当依据被告人实施毒品犯罪行为的过程、方式,毒品被查获时的情形等证据,结合被告人的年龄、阅历、智力等情况,进行综合分析判断。根据《全国部分法院审理毒品犯罪案件工作座谈会纪要》的规定,具有下列情形之一,被告人不能作出合理解释的,可以认定其"明知"是毒品,但有证据证明确属被蒙骗的除外:①执法人员在口岸、机场、车站、港口和其他检查站点检查时,要求行为人申报为他人携带的物品和其他疑似毒品物,并告知其法律责任,而行为人未如实申报,在其携带的物品中查获毒品的;②以伪报、藏匿、伪装等蒙蔽手段,逃避海关、边防等检查,在其携带、运输、邮寄的物品中查获毒品的;③执法人员检查时,有逃跑、丢弃携带物品或者逃避、抗拒检查等行为,在其携带或者丢弃的物品中查获毒品的;④体内或者贴身隐秘处藏匿毒品的;⑤为获取不同寻常的高额、不等值报酬为他人携带、运输物品,从中查获毒品的;⑥采用高度隐蔽的方式携带、运输物品,从中查获毒品的;⑦采用高度隐蔽的方式交接物品,明显违背合法物品惯常交接方式,从中查获毒品的;⑧行程路线故意绕开检查站点,在其携带、运输的物品中查获毒品的;⑨以虚假身份或者地址办理托运手续,在其托运的物品中查获毒品的;⑩有其他证据足以认定行为人应当知道的。 16

明知的认定只要求行为人认识到行为对象是毒品即可,不要求行为人对毒品的种类、名称、化学成分和效用有确定认识。所以,行为人意图贩卖甲毒品而实际贩卖的是乙毒品的,不影响故意的成立。 17

Ⅷ　既遂与未遂

走私、贩卖、运输、制造毒品罪属于行为犯,而且,无论是走私、贩卖,还是运输、制造,行为的完成都需要一个过程,所以,行为的着手并不意味着犯罪既遂。那么,究竟行为实施到何种程度,才能认定为走私、贩卖、运输、制造毒品罪既遂,就成为需要探讨的问题。由于毒品犯罪的特殊性和从严打击毒品犯罪刑事政策的影响,司法实践 18

对于走私、贩卖、运输、制造毒品罪既遂与未遂的区分标准逐渐变得特殊复杂。

一、走私毒品罪的既遂与未遂

19 在刑法上,由于走私行为的类型多样,理论上多是区分走私行为具体形态并以此认定走私毒品罪的既遂与未遂。一种观点认为不论经陆路、海路还是空路,如果行为人是直接经过海关运输、邮寄或携带毒品,以通过海关为既遂;否则为未遂。如果行为人是绕过海关走私毒品的,则陆路以跨越国(边)境线为既遂,海路以船只靠岸或者离岸为既遂,空路以航空器、空投的毒品或者携带毒品之人着陆或者航空器起飞为既遂。[6] 另一种观点则根据走私行为是通过陆路、海路还是空路,具体认定走私罪的既遂与未遂。认为陆路输入应当以逾越国境线、使毒品进入我国领域内的时刻为既遂标准;关于海路和空路输入毒品的既遂,则以装载毒品的船舶到达本国港口或者航空器到达本国领土内时为既遂,否则为未遂。[7] 现有的司法解释并没有明确走私毒品罪既遂和未遂标准。2014 年最高人民法院、最高人民检察院《关于办理走私刑事案件适用法律若干问题的解释》针对走私犯罪的既遂标准有明确规定,该解释第 23 条指出:“实施走私犯罪,具有下列情形之一的,应当认定为犯罪既遂:(一)在海关监管现场被查获的;(二)以虚假申报方式走私,申报行为实施完毕的;(三)以保税货物或者特定减税、免税进口的货物、物品为对象走私,在境内销售的,或者申请核销行为实施完毕的。”该解释虽然不是专门针对毒品走私而言的,而且其规定的情形也并非都适用于毒品走私的实际情况,但该规定的精神和认定思路对于走私毒品罪既遂的认定并非没有借鉴意义。该解释第 23 条第(一)项将“在海关监管现场被查获的”规定为走私犯罪的既遂,并没有要求以“通过海关”为既遂标准,解释者之所以要如此规定,主要是考虑到此类犯罪查获具有“现场性”的特点。[8] 毒品犯罪的查获也具有“现场性”特点,能否将“在海关监管现场被查获的”作为既遂的标准,值得思考。

二、贩卖毒品罪的既遂与未遂

20 贩卖毒品罪既遂与未遂标准的确定首先需要明确贩卖毒品的实行行为。如前指出,如果认为贩卖毒品就是指出卖毒品,购买毒品的行为不是贩卖毒品罪的实行行为,那么,自然会认为出于贩卖目的而非法购买毒品的,属于贩卖毒品罪的预备行为。[9] 由于我国理论和司法实践普遍将贩卖的含义理解为卖出毒品和以卖出为目的非法买入毒品,关于贩卖毒品罪既遂与未遂标准的探讨,也是在此基础上展开的。归

---

6 参见高贵君主编:《毒品犯罪审判理论与实务》,人民法院出版社 2009 年版,第 177 页。

7 参见张明楷:《刑法学》(第 6 版),法律出版社 2021 年版,第 1513 页。

8 参见韩耀元、王文利、吴峤滨:《〈关于办理走私刑事案件适用法律若干问题的解释〉理解与适用》,载《人民检察》2014 年第 20 期。

9 参见高贵君主编:《毒品犯罪审判理论与实务》,人民法院出版社 2009 年版,第 187 页。

纳起来，主要有以下观点的争论：①“契约说”。认为贩卖毒品的双方当事人就毒品交易事项达成一致即构成本罪的既遂，而不管毒品是否交易。②“毒品交付说”。主张应以毒品是否实际交付为犯罪既遂的标准。只要尚未实际交付毒品，就不是犯罪既遂；即使交易款尚未支付，只要毒品已交付也构成犯罪既遂。③“毒品交易说”。强调应以毒品是否进入交易为本罪既遂和未遂的标准，而不论行为人是否已将毒品卖出获利或者是否已经实际转移毒品。[10] 持该观点的主要理由是：“在实际破获的贩卖毒品案件中，大量被抓获的毒品犯罪人均停顿在购买了毒品尚未卖出，或者正在进行毒品交易而人赃并获的场合，真正能够将毒品从卖方转移到买方手上，毒品交易全部完成以后被抓获的情形属于少数。如果以毒品是否实际交付为标准来判断贩卖毒品罪的既遂与未遂，则必然使大量的毒品案件作未遂处理，不利于对毒品犯罪的打击，反而会放纵毒品犯罪分子。”[11]

对于贩卖毒品罪的既遂标准，过去的司法实践曾一度采取“毒品交付说”，前最高 21
人民法院刘家琛副院长在讲话中曾指出：“贩卖毒品罪包括以出卖为目的的买入或者卖出的行为两种情况。行为人持有的毒品，一旦向他人卖出，即构成贩卖毒品罪的既遂；行为人为了贩卖而购进毒品，只要毒品已买到即为既遂。”[12]但是，《全国部分法院审理毒品犯罪案件工作座谈会纪要》颁布以来，最高人民法院的态度发生了转变，即只对实践中出现的极为典型的未遂案件，才按照犯罪未遂处理，原则上不按照未遂的刑法理论处理毒品犯罪案件，这主要源于两点考虑：一是打击毒品犯罪的实际需要。毒品犯罪隐蔽性极强，侦查和证明犯罪的难度极大，实践中多采取秘密侦查、特情介入等手段侦破案件，查获的案件多是在犯罪过程中“人赃俱获”。对此，如均按照传统理论认定为犯罪未遂，不符合打击毒品犯罪的实际需要，必然造成打击不力。二是符合理论与实践的辩证关系。毒品犯罪实践要求对刑法关于犯罪既遂与未遂的传统理论分别情形，作出最有利于打击犯罪的补充和完善。毒品犯罪的性质十分严重，对其犯罪既遂形态的认定也要充分考虑其特殊性。[13] 我国刑法并没有对毒品犯罪既遂和未遂的标准作出特殊规定，在这种情况下，司法机关能否以毒品犯罪具有特殊性和出于打击犯罪需要为由采取特殊立场，这不只是个刑法解释问题，更是关系到罪刑法定原则的贯彻问题。

三、运输毒品罪的既遂与未遂

理论上关于运输毒品罪既遂的标准主要有“起运说”和“到达目的说”。前者认 22

---

10 参见蔺剑：《毒品犯罪的定罪与量刑》，人民法院出版社 2000 年版，第 174 页。

11 高贵君主编：《毒品犯罪审判理论与实务》，人民法院出版社 2009 年版，第 187 页。

12 参见刘家琛：《在全国高级法院审理毒品犯罪暨涉外、涉侨、涉港澳台刑事案件工作座谈会上的讲话》(2000 年 1 月广西壮族自治区南宁市)。

13 参见高贵君主编：《毒品犯罪审判理论与实务》，人民法院出版社 2009 年版，第 748—749 页。

为只要行为人着手起运毒品,即犯罪既遂;后者要求毒品必须达到目的地才能既遂。司法实践中,运输毒品的案件大多数是在刚开始起运时或运输途中被查获的,到达目的地后被抓获的情况较少,如果以毒品到达目的地作为既遂标准,则使大量发生的运输毒品罪只能按照未遂处理,这样不仅在客观上放纵了犯罪,同时也有悖于运输毒品罪的立法精神[14],所以,"起运说"为司法实践所青睐。

四、制造毒品罪的既遂与未遂

23 理论和司法实践中对制造毒品罪既遂标准的认识比较一致,认为应以行为人客观上是否制造出毒品为标准。《全国部分法院审理毒品犯罪案件工作座谈会纪要》指出:"已经制造出粗制毒品或者半成品的,以制造毒品罪的既遂论处。购进制造毒品的设备和原材料,开始着手制造毒品,但尚未制造出粗制毒品或者半成品的,以制造毒品罪的未遂论处。"

五、评论与分析

24 理论上究竟如何科学界定走私、贩卖、运输、制造毒品罪的既遂标准,首先有必要明确以下方面问题:第一,关于既遂的标准,是否有必要保持走私、贩卖、运输、制造毒品罪的内部协调,因为从刑法规定看,走私、贩卖、运输、制造毒品罪属于选择性罪名,在性质上,都属于行为犯,四种行为分别属于毒品流通的不同环节。第二,根据刑法规定,走私、贩卖、运输、制造型犯罪,犯罪对象除毒品外,还包括假币、贵重金属、武器、枪支、弹药等,犯罪既遂标准的确定,是否有必要保持走私、贩卖、运输、制造型犯罪的统一性。第三,对于走私、贩卖、运输、制造毒品罪既遂的认定是否有必要考虑此类犯罪查获的特点。如前指出,对于走私、贩卖、运输、制造毒品罪既遂标准的认定,司法实践之所以采取特殊的既遂标准,其中的重要原因就是毒品犯罪的查获具有特殊性。

25 为了体现对毒品犯罪从严打击的立场,笔者过去对毒品犯罪的既遂标准也持比较提前的立场,比如在贩卖毒品罪的既遂问题上,笔者曾主张以"毒品是否实际进入交易状态"作为贩卖毒品罪既遂与未遂的标准。[15] 但现在看来,这种观点过度迁就司法实践打击毒品犯罪的需要,并无刑法依据,在理论上也是经不起推敲的。

26 首先,包括毒品犯罪在内,任何毒品犯罪的既遂与未遂标准的确定,都是事关罪刑法定的重要问题,在刑法没有特别规定的情况下,司法实践根据所谓打击犯罪需要,作出背离刑法规定的理论解释,确立特殊的犯罪既遂的标准,本身就不符合罪刑

---

14 参见高贵君主编:《毒品犯罪审判理论与实务》,人民法院出版社 2009 年版,第 210—211 页。

15 参见何荣功:《毒品犯罪的刑事政策与死刑适用研究》,中国人民公安大学出版社 2012 年版,第 198—200 页。

法定原则。

其次,犯罪既遂的本意在于犯罪的完成,只不过"完成"的标准并不是行为人犯罪目的是否实现,而是刑法规定的某一犯罪的构成要件是否齐备。对于结果犯而言,犯罪的完成需要构成要件结果的发生;在行为犯的场合,犯罪既遂需要构成要件行为的完成。根据刑法规定,走私、贩卖、运输、制造毒品罪属于行为犯,而且无论是走私、贩卖,还是运输、制造,其行为完成都需要一个过程,并非一着手即完成的。这种情况下,司法实践如果超越犯罪既遂的本意,不再坚持以构成要件行为是否完成作为认定走私、贩卖、运输、制造毒品罪的既遂标准,势必背离犯罪既遂的基本含义。 27

再次,从体系解释和刑法适用平等的角度看,刑法规定的走私、贩卖、运输、制造型犯罪的犯罪对象并不限于毒品,如前指出,还包括假币、枪支、弹药等违禁品和其他货物物品。犯罪行为和对象分属于不同性质的事物,犯罪既遂和未遂从来都是对行为实施程度的评价,对象并不决定行为实施的程度。在非法买卖枪支、弹药、假币场合,如果司法实践针对这些犯罪的既遂并没有采取特殊的立场,那么,对毒品的贩卖(也包括走私、制造和运输)特别对待,就将违反刑法平等原则。 28

最后,不可否认,毒品犯罪案件的破获具有人赃俱获的"现场性"特点,但案件破获的特点从来都不应该成为判断犯罪既遂与未遂的主要根据,盗窃罪、故意杀人罪也完全可能在犯罪现场抓获行为人,但我们却不能因为现场抓获的盗窃案件越来越多,就将盗窃罪的既遂标准提前至盗窃行为的着手实施阶段。 29

综上,根据刑法的规定,基于体系解释和刑法平等原则的要求,笔者并不赞同目前司法实践中对走私、贩卖、运输、制造毒品罪既遂标准采取的特殊立场。作为行为犯的一种具体类型,走私、贩卖、运输、制造毒品罪的既遂和未遂的界限应为走私、贩卖、运输、制造行为是否完成。具体来说,走私毒品罪的既遂标准在于毒品通过海关或进入我国国(边)境线;贩卖毒品罪的既遂标准是毒品的交付;运输毒品罪的既遂标准是毒品的运达;制造毒品罪的既遂标准是毒品被制造出来。为了严厉打击毒品犯罪,长期以来司法机关提前既遂标准的做法,虽然有刑事政策上的合理性,但缺乏刑法规范根据和理论正当性。 30

六、其他问题

毒品犯罪既遂与未遂认定中,以下问题还需要注意:为贩卖毒品向公安特情人员购买毒品的,该种情形下,充当毒品"卖方"的实际上是公安特情和公安机关,公安特情和公安机关事实上是不可能将毒品卖给行为人。对此应当认定为贩卖毒品罪未遂。"苏永清贩卖毒品案"就属于该种情形。[16] 31

---

16 参见最高人民法院刑事审判第一庭、第二庭编:《刑事审判参考》(总第 28 辑)(第 208 号),法律出版社 2003 年版,第 70—73 页。

Ⅸ 共犯

32 毒品犯罪的共同犯罪认定,应根据刑法总则的规定和共同犯罪的原理依法认定。《全国部分法院审理毒品犯罪案件工作座谈会纪要》和《全国法院毒品犯罪审判工作座谈会纪要》围绕以下五个方面问题作了专门规定。

一、关于主犯和从犯的区分

33 《全国部分法院审理毒品犯罪案件工作座谈会纪要》指出:区分主犯和从犯,应当以各共同犯罪人在毒品共同犯罪中的地位和作用为根据。要从犯意提起、具体行为分工、出资和实际分得毒赃多少以及共犯之间的相互关系等方面,比较各个共同犯罪人在共同犯罪中的地位和作用。在毒品共同犯罪中,为主出资者、毒品所有者或者起意、策划、纠集、组织、雇佣、指使他人参与犯罪以及其他起主要作用的是主犯;起次要或者辅助作用的是从犯。受雇佣、受指使实施毒品犯罪的,应根据其在犯罪中实际发挥的作用具体认定为主犯或者从犯。对于确有证据证明在共同犯罪中起次要或者辅助作用的,不能因为其他共同犯罪人未到案而不认定为从犯,甚至将其认定为主犯或者按主犯处罚。只要认定为从犯,无论主犯是否到案,均应依照刑法关于从犯的规定从轻、减轻或者免除处罚。

二、关于共同犯罪案件中主犯和从犯的毒品犯罪数量认定

34 《全国部分法院审理毒品犯罪案件工作座谈会纪要》规定,对于毒品犯罪集团的首要分子,应按集团毒品犯罪的总数量处罚;对一般共同犯罪的主犯,应按其所参与的或者组织、指挥的毒品犯罪数量处罚;对于从犯,应当按照其所参与的毒品犯罪的数量处罚。

三、关于共同犯罪人的刑罚

35 《全国部分法院审理毒品犯罪案件工作座谈会纪要》指出:要根据行为人在共同犯罪中的作用和罪责大小确定刑罚。不同案件不能简单类比,一个案件的从犯参与犯罪的毒品数量可能比另一案件的主犯参与犯罪的毒品数量大,但对这一案件从犯的处罚不是必然重于另一案件的主犯。共同犯罪中能分清主从犯的,不能因为涉案的毒品数量特别巨大,就不分主从犯而一律将被告人认定为主犯或者实际上都按主犯处罚,一律判处重刑甚至死刑。对于共同犯罪中有多个主犯或者共同犯罪人的,处罚上也应做到区别对待。应当全面考察各主犯或者共同犯罪人在共同犯罪中实际发挥作用的差别,主观恶性和人身危险性方面的差异,对罪责或者人身危险性更大的主犯或者共同犯罪人依法判处更重的刑罚。

四、关于居间介绍买卖毒品的认定与处理

《全国法院毒品犯罪审判工作座谈会纪要》指出：办理贩卖毒品案件，应当准确认定居间介绍买卖毒品行为，并与居中倒卖毒品行为相区别。居间介绍者在毒品交易中处于中间人地位，发挥介绍联络作用，通常与交易一方构成共同犯罪，但不以牟利为要件；居中倒卖者属于毒品交易主体，与前后环节的交易对象是上下家关系，直接参与毒品交易并从中获利。居间介绍者受贩毒者委托，为其介绍联络购毒者的，与贩毒者构成贩卖毒品罪的共同犯罪；明知购毒者以贩卖为目的购买毒品，受委托为其介绍联络贩毒者的，与购毒者构成贩卖毒品罪的共同犯罪；受以吸食为目的的购毒者委托，为其介绍联络贩毒者，毒品数量达到《刑法》第 348 条规定的最低数量标准的，一般与购毒者构成非法持有毒品罪的共同犯罪；同时与贩毒者、购毒者共谋，联络促成双方交易的，通常认定与贩毒者构成贩卖毒品罪的共同犯罪。居间介绍者实施为毒品交易主体提供交易信息、介绍交易对象等帮助行为，对促成交易起次要、辅助作用的，应当认定为从犯；对于以居间介绍者的身份介入毒品交易，但在交易中超出居间介绍者的地位，对交易的发起和达成起重要作用的被告人，可以认定为主犯。 36

五、关于运输毒品共同犯罪的认定

《全国法院毒品犯罪审判工作座谈会纪要》指出：两人以上同行运输毒品的，应当从是否明知他人带有毒品，有无共同运输毒品的意思联络，有无实施配合、掩护他人运输毒品的行为等方面综合审查认定是否构成共同犯罪。受雇于同一雇主同行运输毒品，但受雇者之间没有共同犯罪故意，或者虽然明知他人受雇运输毒品，但各自的运输行为相对独立，既没有实施配合、掩护他人运输毒品的行为，又分别按照各自运输的毒品数量领取报酬的，不应认定为共同犯罪。受雇于同一雇主分段运输同一宗毒品，但受雇者之间没有犯罪共谋的，也不应认定为共同犯罪。雇用他人运输毒品的雇主，及其他对受雇者起到一定组织、指挥作用的人员，与各受雇者分别构成运输毒品罪的共同犯罪，对运输的全部毒品数量承担刑事责任。 37

X　认定中的其他问题

一、罪名的确定

走私、贩卖、运输、制造毒品罪属于选择性罪名，关于本罪罪名的确定，《全国部分法院审理毒品犯罪案件工作座谈会纪要》有明确规定。具体来说，规定如下：①行为人对同一宗毒品实施了两种以上犯罪行为并有相应确凿证据的，应当按照所实施的犯罪行为的性质并列确定罪名，毒品数量不重复计算，不实行数罪并罚。②对同一宗毒品可能实施了两种以上犯罪行为，但相应证据只能认定其中一种或者几种行为，认定其他行为的证据不够确实充分的，则只按照依法能够认定的行为的性质定罪。如 38

涉嫌为贩卖而运输毒品,认定贩卖的证据不够确实充分的,则只定运输毒品罪。③对不同宗毒品分别实施了不同种犯罪行为的,应对不同行为并列确定罪名,累计毒品数量,不实行数罪并罚。对被告人一人走私、贩卖、运输、制造两种以上毒品的,不实行数罪并罚,量刑时可综合考虑毒品的种类、数量及危害,依法处理。④罪名不以行为实施的先后、毒品数量或者危害大小排列,一律以刑法条文规定的顺序表述。如对同一宗毒品制造后又走私的,以走私、制造毒品罪定罪。

二、毒品数量、含量与犯罪认定

39 《刑法》第347条第1款规定,走私、贩卖、运输、制造毒品,无论数量多少,都应当承担刑事责任,予以刑事处罚。

40 《刑法》第347条第7款规定,对多次走私、贩卖、运输、制造毒品,未经处理的,毒品数量累计计算。

41 关于未查获实物的混合型毒品数量认定,《全国法院毒品犯罪审判工作座谈会纪要》规定,对于未查获实物的甲基苯丙胺片剂(俗称"麻古"等)、MDMA片剂(俗称"摇头丸")等混合型毒品,可以根据在案证据证明的毒品粒数,参考案件或者本地区查获的同类毒品的平均重量计算出毒品数量。在裁判文书中,应当客观表述根据在案证据认定的毒品粒数。

42 关于走私、贩卖、运输、制造两种以上毒品的处理,《全国法院毒品犯罪审判工作座谈会纪要》规定,可以将不同种类的毒品分别折算为海洛因的数量,以折算后累加的毒品总量作为量刑的根据。对于刑法、司法解释或者其他规范性文件明确规定了定罪量刑数量标准的毒品,应当按照该毒品与海洛因定罪量刑数量标准的比例进行折算后累加。对于刑法、司法解释及其他规范性文件没有规定定罪量刑数量标准,但《非法药物折算表》规定了与海洛因的折算比例的毒品,可以按照《非法药物折算表》折算为海洛因后进行累加。对于既未规定定罪量刑数量标准,又不具备折算条件的毒品,综合考虑其致瘾癖性、社会危害性、数量、纯度等因素依法量刑。在裁判文书中,应当客观表述涉案毒品的种类和数量,并综合认定为数量大、数量较大或者少量毒品等,不明确表述将不同种类毒品进行折算后累加的毒品总量。

43 关于毒品成品和半成品的数量认定,根据刑法规定,毒品的成品、半成品属于毒品。《全国法院毒品犯罪审判工作座谈会纪要》规定,毒品成品、半成品的数量应当全部认定为制造毒品的数量。

三、与他罪的关系

44 行为人在一次走私活动中,既走私毒品又走私其他货物、物品的,应按照走私毒品罪和其他走私罪,实行数罪并罚。行为人明知是假毒品而以毒品进行贩卖的,属于诈骗行为,依法成立诈骗罪。

四、吸毒人员实施毒品犯罪的认定

吸毒人员实施毒品犯罪之所以需要特别研究,原因在于吸毒在我国被认为属于行为人自我伤害的行为,吸毒本身只是行政违法行为,并不构成犯罪,只是当毒品吸食者为吸食而持有毒品超出合理吸食量时,其行为可以成立非法持有毒品罪。另外,根据刑法的规定,走私、贩卖、运输、制造毒品罪并非身份犯,成立本罪的,行为人主体身份并没有限制,所以,即便行为人是吸毒人员,只要有证据证明其实施了走私、贩卖、运输、制造毒品的,行为人仍然构成走私、贩卖、运输、制造毒品罪,而不能因为吸毒行为本身不是犯罪,就对吸毒者实施的毒品犯罪从轻或者不予处罚。[17] 45

对于吸毒人员实施毒品犯罪场合罪名的认定,司法文件的规定和司法实践的做法并不完全一致。《全国法院审理毒品犯罪案件工作座谈会纪要》规定:"对于吸毒者实施的毒品犯罪,在认定犯罪事实和确定罪名上一定要慎重。吸毒者在购买、运输、存储毒品过程中被抓获的,如没有证据证明被告人实施了其他毒品犯罪行为的,一般不应定罪处罚,但查获的毒品数量大的,应当以非法持有毒品罪定罪;毒品数量未超过刑法第三百四十八条规定数量最低标准的,不定罪处罚。"《全国部分法院审理毒品犯罪案件工作座谈会纪要》指出:"对于吸毒者实施的毒品犯罪,在认定犯罪事实和确定罪名时要慎重。吸毒者在购买、运输、存储毒品过程中被查获的,如没有证据证明其是为了实施贩卖等其他毒品犯罪行为,毒品数量未超过刑法第三百四十八条规定的最低数量标准的,一般不定罪处罚;查获毒品数量达到较大以上的,应以其实际实施的毒品犯罪行为定罪处罚。" 46

对于吸毒人员实施毒品犯罪的定性,上述两个纪要的共同点在于:第一,都强调在吸毒者实施毒品犯罪的场合,犯罪事实的认定和罪名的确定要慎重。第二,吸毒者在购买、运输、存储毒品过程中被抓获的,如果没有证据证明被告人实施了其他毒品犯罪行为的,毒品数量未超过《刑法》第348条规定数量最低标准的,不应定罪处罚。二者规定的不同之处在于:对于吸毒者在购买、运输、存储毒品过程中被查获,如没有证据证明其是为了实施贩卖等其他毒品犯罪行为,查获数量大的(较大的),如何定性?《全国法院审理毒品犯罪案件工作座谈会纪要》认为"查获的毒品数量大的,应当以非法持有毒品罪定罪",而《全国部分法院审理毒品犯罪案件工作座谈会纪要》则强调"查获毒品数量达到较大以上的,应以其实际实施的毒品犯罪行为定罪处罚"。 47

既然吸毒本身在我国不是犯罪,当吸毒者携带合理吸食量的毒品时,如果没有证据证明其携带毒品是为了实施其他犯罪,按照存疑有利于被告人的原则,则应当推定为吸食。从《刑法》第348条关于非法持有毒品罪的规定看,合理吸食量的上限应当是《刑法》第348条规定的非法持有毒品罪的入罪数量标准,即鸦片200克、海洛因或 48

---

17 参见高贵君、竹莹莹:《吸毒人员在运输毒品过程中被查获的定罪问题》,载《人民司法》2008年第11期。

甲基苯丙胺 10 克或者其他毒品数量较大的。上述两个纪要规定,吸毒者在购买、运输、存储毒品过程中被抓获的,如没有证据证明被告人实施了其他毒品犯罪行为的,毒品数量未超过《刑法》第 348 条规定数量最低标准的,不应定罪处罚。考虑到吸毒在我国不是犯罪的现状和合理吸食量,这样规定是科学合理的。但是,《全国法院审理毒品犯罪案件工作座谈会纪要》指出,查获的毒品数量大的,应当以非法持有毒品罪定罪,这种定性意见并不妥当。首先,吸毒者在购买、运输、存储毒品过程中被抓获的,即便没有证据证明被告人实施了走私、贩卖、制造毒品的行为,因为行为人实施了运输毒品行为,完全可以构成运输毒品罪,而不是以非法持有毒品罪定罪。其次,《全国法院审理毒品犯罪案件工作座谈会纪要》没有解决查获的毒品数量较大的,行为应如何认定的问题。

49 《全国部分法院审理毒品犯罪案件工作座谈会纪要》注意到《全国法院审理毒品犯罪案件工作座谈会纪要》存在的上述两个方面问题,进而规定"查获毒品数量达到较大以上的,应以其实际实施的毒品犯罪行为定罪处罚"。但如何根据行为人实际实施的毒品犯罪行为定罪处罚,并没有进一步解释。

50 《全国法院毒品犯罪审判工作座谈会纪要》区分"购买、存储毒品过程中被查获"和"运输毒品过程中被查获"两种情形,分别规定:"吸毒者在购买、存储毒品过程中被查获,没有证据证明其是为了实施贩卖毒品等其他犯罪,毒品数量达到刑法第三百四十八条规定的最低数量标准的,以非法持有毒品罪定罪处罚"和"吸毒者在运输毒品过程中被查获,没有证据证明其是为了实施贩卖毒品等其他犯罪,毒品数量达到较大以上的,以运输毒品罪定罪处罚"。《全国法院毒品犯罪审判工作座谈会纪要》不仅注意到单纯吸毒行为在我国不属于犯罪以及合理吸食量,而且也注意到了运输毒品罪和非法持有毒品罪的区分,其规定是科学的。

51 根据《全国法院毒品犯罪审判工作座谈会纪要》的规定,吸毒者在购买、存储毒品过程中被查获,没有证据证明其是为了实施贩卖毒品等其他犯罪的,其性质可以简单总结如下:第一,毒品未达到数量较大标准的,推定其为吸食,不作为犯罪处理。第二,毒品数量达到较大以上的,根据其具体的行为状态定罪,处于购买、储存状态的,认定为非法持有毒品罪;处于运输状态的,认定为运输毒品罪。[18]

52 另外,吸毒人员实施毒品犯罪(尤其是贩卖毒品)时,毒品的数量认定也是一个事关行为人刑事责任轻重的重要问题。对此,三个毒品会议纪要都有涉及。《全国法院审理毒品犯罪案件工作座谈会纪要》规定:"对于以贩养吸的被告人,被查获的毒品数量应认定为其犯罪的数量,但量刑时应考虑被告人吸食毒品的情节。"《全国部分法院审理毒品犯罪案件工作座谈会纪要》规定:"对于以贩养吸的被告人,其被查获的毒品数量应认定为其犯罪的数量,但量刑时应考虑被告人吸食毒品的情节,酌情处理;被

[18] 参见高贵君等:《〈全国法院毒品犯罪审判工作座谈会纪要〉的理解与适用》,载《人民司法》2015 年第 13 期。

告人购买了一定数量的毒品后，部分已被其吸食的，应当按能够证明的贩卖数量及查获的毒品数量认定其贩毒的数量，已被吸食部分不计入在内。”《全国法院毒品犯罪审判工作座谈会纪要》规定：“对于有吸毒情节的贩毒人员，一般应当按照其购买的毒品数量认定其贩卖毒品的数量，量刑时酌情考虑其吸食毒品的情节；购买的毒品数量无法查明的，按照能够证明的贩卖数量及查获的毒品数量认定其贩毒数量；确有证据证明其购买的部分毒品并非用于贩卖的，不应计入其贩毒数量。”

相对于《全国法院审理毒品犯罪案件工作座谈会纪要》和《全国部分法院审理毒 53
品犯罪案件工作座谈会纪要》，《全国法院毒品犯罪审判工作座谈会纪要》在以下问题上作了重要修改：第一，将《全国法院审理毒品犯罪案件工作座谈会纪要》和《全国部分法院审理毒品犯罪案件工作座谈会纪要》使用的“以贩养吸”概念修改为“有吸毒情节的贩卖人员”，实际上扩大了适用主体的范围。第二，改变了贩卖毒品数量的认定规则。在《全国法院审理毒品犯罪案件工作座谈会纪要》和《全国部分法院审理毒品犯罪案件工作座谈会纪要》中，毒品的数量都是以“被查获的毒品数量”作为认定基准的，《全国法院毒品犯罪审判工作座谈会纪要》则将毒品数量的认定基准规定为“购买的毒品数量”。该修改被形象地称为该情形下毒品数量认定标准由“出口”改为“入口”。之所以如此修改，主要是考虑到如果根据《全国法院审理毒品犯罪案件工作座谈会纪要》和《全国部分法院审理毒品犯罪案件工作座谈会纪要》的规定，那么有吸毒情节的贩毒人员，因为吸毒违法行为而在认定贩毒数量时获益，特别是当其购买的毒品数量大，而能够证明的贩卖及查获的毒品数量小的情况下，这种认定不利于有效打击吸毒人员实施的毒品犯罪。[19]

五、为吸毒者代购毒品的定性

为毒品的吸食者代购毒品如何定性，三个毒品会议纪要都有明确规定，但其具体 54
规定并不完全一致，主要涉及以下四个方面的具体问题：

1. 不以牟利为目的，为吸毒者代购毒品，毒品数量没有超过《刑法》第 348 条规定的最低数量标准的行为定性

该种情形下，由于代购的毒品数量没有超过《刑法》第 348 条规定的最低数量标 55
准。换句话说，毒品数量在吸食者合理吸食量范围内的，吸毒者不构成犯罪，代购者也不成立犯罪。

2. 不以牟利为目的，为吸毒者代购毒品，毒品数量超过《刑法》第 348 条规定的最低数量标准的行为定性

该种情形下，由于毒品数量超过了合理吸食量，代购者和吸食者的行为符合《刑 56
法》第 348 条的规定，应当认定为非法持有毒品罪。《全国法院审理毒品犯罪案件工

19 参见高贵君等：《〈全国法院毒品犯罪审判工作座谈会纪要〉的理解与适用》，载《人民司法》2015 年第 13 期。

作座谈会纪要》与《全国部分法院审理毒品犯罪案件工作座谈会纪要》对此种情况都明确规定构成非法持有毒品罪。比如《全国部分法院审理毒品犯罪案件工作座谈会纪要》指出:“有证据证明行为人不以牟利为目的,为他人代购仅用于吸食的毒品,毒品数量超过刑法第三百四十八条规定的最低数量标准的,对托购者、代购者应以非法持有毒品罪定罪。”

3. 代购者加价牟利的认定

57 对此,《全国法院审理毒品犯罪案件工作座谈会纪要》没有涉及,《全国部分法院审理毒品犯罪案件工作座谈会纪要》指出:“代购者从中牟利,变相加价贩卖毒品的,对代购者应以贩卖毒品罪定罪。”关于何为“从中牟利”,《全国法院毒品犯罪审判工作座谈会纪要》进一步指出:“行为人为他人代购仅用于吸食的毒品,在交通、食宿等必要开销之外收取‘介绍费’、‘劳务费’,或者以贩卖为目的收取部分毒品作为酬劳的,应视为从中牟利,属于变相加价贩卖毒品,以贩卖毒品罪定罪处罚。”根据《全国法院毒品犯罪审判工作座谈会纪要》的规定,是否属于变相加价的贩卖毒品行为,关键在于考察代购者是否从代购行为中牟利,而是否牟利的认定标准在于代购者是否在交通、食宿等必要开销之外收取“介绍费”“劳务费”。至于收取“介绍费”“劳务费”的数额,《全国法院毒品犯罪审判工作座谈会纪要》并没有限定,这就导致司法实践中只要代购者收取“介绍费”“劳务费”,即便数额很小,也被认定为贩卖毒品罪。比如,被告人王某某接到购毒人员钱某要代购毒品并承诺给王某某现金 50 元作为报酬的电话后,即在他人处购得毒品一小包(净重 0.62 克)、麻古两颗(净重 0.2 克)交给钱某。人民法院审理认为,被告人王某某明知他人要购买毒品而为其代购并从中牟利,其行为已构成贩卖毒品罪。鉴于王某某归案后如实供述自己的罪行,依法可以从轻处罚,最终判处有期徒刑 8 个月,并处罚金 2000 元。[20]

58 笔者并不赞同《全国法院毒品犯罪审判工作座谈会纪要》关于代购毒品牟利认定的思路与方法。①从刑法解释的方法上看,贩卖毒品罪属于刑法规定的严重罪行,立法为其配置的法定刑很重,为了贯彻罪责刑相适应的刑法基本原则,在刑法解释的方法上,司法机关应当采取限制解释而不是扩张解释。②从贩卖行为的含义看,贩卖毒品罪的本质是以毒品作为支付手段的交易行为。代购,通俗地讲,就是找人帮忙购买需要的商品(毒品),代购在性质上更多具有帮助的属性,代购者即便获取报酬,其也可能只是代购行为的回报,而不是毒品转让的对价。代购者在毒品流通中具有的“帮忙”性质,决定了一般情况下不能将“代购”解释为代购者购买商品(毒品)后再次转卖给托购人的行为。只是在例外的情况下,比如代购者获得的酬劳明显背离代购的性质,将其行为仅仅评价为购买的帮助行为不符合普通社会观念的,才将代购行为解释为代购者购买商品(毒品)后再次转卖给托购人。在《全国法院毒品犯罪审判工作座谈会纪要》的指引下,很多地方司法机关采取了从严和不利于被告人行为定性的立

20　参见重庆市璧山区人民法院(2014)璧法刑初字第 00398 号刑事判决书。

场:原则上只要存在代购者从代购中“牟利”的事实,就解释为属于毒品贩卖,这种解释方法把本属于例外评价事项作为常态化事项评价,明显扩大了贩卖毒品罪的范围,既不符合贩卖行为的本质,在解释方法的选择上也是不值得提倡的。

4. 运输代购毒品行为的定性

行为人为吸毒者代购毒品后往往需要运输最终才能为吸食者使用。如果代购者 59
在运输途中被抓获,如何定性,这也是一个需要研究的问题。对此,《全国法院毒品犯罪审判工作座谈会纪要》规定:“行为人为吸毒者代购毒品,在运输过程中被查获,没有证据证明托购者、代购者是为了实施贩卖毒品等其他犯罪,毒品数量达到较大以上的,对托购者、代购者以运输毒品罪的共犯论处。”根据《全国法院毒品犯罪审判工作座谈会纪要》的规定,没有证据证明托购者、代购者是为了实施贩卖毒品等其他犯罪,毒品数量未达到“较大标准的”,不作为犯罪处理。笔者对此不持异议。《全国法院毒品犯罪审判工作座谈会纪要》之所以将托购者、代购者的行为认定为运输毒品罪的共犯,主要是因为代购毒品查获时处于运输状态中,这种认定意见侧重于从物理意义上评价运输的含义,是否科学,值得再研究。

六、特情引诱与犯罪认定

运用特情侦破案件是有效打击毒品犯罪的手段。特情介入的案件并非都属于特 60
情引诱,在理论上和司法实践中,广义的特情引诱主要有以下情形:①机会引诱,也可以称为特情贴靠,是指行为人已持有毒品待售或者有证据证明其已准备实施大宗毒品犯罪,采取特情贴靠、接洽而破获案件的情况。②犯意引诱,是指行为人本没有实施毒品犯罪的主观意图,而是在特情诱惑和促成下形成犯意,进而实施毒品犯罪的情形。③数量引诱,是指行为人本来只有实施数量较小的毒品犯罪的故意,在特情引诱下实施了数量较大甚至达到实际掌握的死刑数量标准的毒品犯罪的情形。④双套引诱,是指特情既为毒品犯罪实施安排上线,又提供下线的情况。⑤间接引诱,是指受特情引诱的被告人的行为又引起了原本没有犯意的其他人实施毒品犯罪的情况。

“机会引诱”与“犯意引诱”“数量引诱”不同,“机会引诱”仅为毒品犯罪行为人 61
提供了一个实施毒品犯罪的机会,不存在实质性犯罪引诱,严格意义上讲,其不属于特情引诱,而“犯意引诱”“数量引诱”均存在实质性犯罪引诱,属于特情引诱。所以,对于采取机会引诱破获案件的合法性,世界上多数国家基本都没有异议,《全国部分法院审理毒品犯罪案件工作座谈会纪要》也规定:“对已持有毒品待售或者有证据证明已准备实施大宗毒品犯罪者,采取特情贴靠、接洽而破获的案件,不存在犯罪引诱,应当依法处理。”不同意见主要在于以“犯意引诱”“数量引诱”“双套引诱”和“间接引诱”方式破获毒品犯罪案件的合法性问题。《全国法院审理毒品犯罪案件工作座谈会纪要》和《全国部分法院审理毒品犯罪案件工作座谈会纪要》对此都有明确规定。

《全国法院审理毒品犯罪案件工作座谈会纪要》指出:犯意引诱应当从轻处罚,无 62

论毒品犯罪数量多大,都不应判处死刑立即执行。数量引诱应当从轻处罚,即使超过判处死刑的毒品数量标准,一般也不应判处死刑立即执行。对无法查清是否存在犯意引诱和数量引诱的案件,在考虑是否对被告人判处死刑立即执行时,要留有余地。被告人受特情间接引诱而实施毒品犯罪的,参照前述处理。因特情介入,其犯罪行为一般都在公安机关的控制之下,毒品一般也不易流入社会,其社会危害程度大大减轻,这在量刑时应当加以考虑。

63 《全国部分法院审理毒品犯罪案件工作座谈会纪要》的规定更为具体:"对因'犯意引诱'实施毒品犯罪的被告人,根据罪刑相适应原则,应当依法从轻处罚,无论涉案毒品数量多大,都不应判处死刑立即执行。行为人在特情既为其安排上线,又提供下线的双重引诱,即'双套引诱'下实施毒品犯罪的,处刑时可予以更大幅度的从宽处罚或者依法免予刑事处罚。""对因'数量引诱'实施毒品犯罪的被告人,应当依法从轻处罚,即使毒品数量超过实际掌握的死刑数量标准,一般也不判处死刑立即执行。""对不能排除'犯意引诱'和'数量引诱'的案件,在考虑是否对被告人判处死刑立即执行时,要留有余地。""对被告人受特情间接引诱实施毒品犯罪的,参照上述原则依法处理。"

64 2012 年修正的《刑事诉讼法》第 50 条规定"严禁刑讯逼供和以威胁、引诱、欺骗以及其他非法方法收集证据",该规定当然也适用于毒品犯罪的证据收集。也许《全国法院毒品犯罪审判工作座谈会纪要》正是考虑到犯意引诱、数量引诱、双套引诱和间接引诱与刑事诉讼法的规定相矛盾,才没有对此再进行规定。但问题的复杂性在于:最新的司法解释和指导性案例仍然沿袭着《全国部分法院审理毒品犯罪案件工作座谈会纪要》的立场。比如 2017 年最高人民法院《关于常见犯罪的量刑指导意见》规定,走私、贩卖、运输、制造毒品罪,存在数量引诱情形的,可以减少基准刑的 30%以下。《刑事审判参考》案例第 1014 号"刘继芳贩卖毒品案"中也维持着《全国部分法院审理毒品犯罪案件工作座谈会纪要》的基本立场。该案判决书写道:关于辩护人所提刘继芳贩卖毒品给潘海波系特情引诱,属于非法证据,应予排除的辩护意见,经查,该起犯罪确实存在犯意引诱,但不影响刘继芳贩卖毒品罪的成立,仅可以作为量刑情节考虑。[21]

65 毒品犯罪具有特殊性,这也正是各国普遍允许利用特情介入或者使用秘密侦查手段、特殊技术手段侦破案件的原因所在。但是在法治国家,国家权力的行使必须要依法进行,无论是犯意引诱、数量引诱,还是双套引诱、间接引诱,毕竟涉及执法人员教唆他人犯罪的问题。依法打击毒品犯罪是我们治理毒品犯罪必须坚持的底线和基本原则,《全国法院审理毒品犯罪案件工作座谈会纪要》和《全国部分法院审理毒品犯罪案件工作座谈会纪要》肯定特情引诱,有其历史和现实原因,但在全面推进依法

---

[21] 参见最高人民法院刑事审判第一、二、三、四、五庭主办:《刑事审判参考》(总第 99 集),法律出版社 2015 年版,第 89—97 页。

治国和以审判为中心的诉讼制度改革背景下,《全国法院审理毒品犯罪案件工作座谈会纪要》和《全国部分法院审理毒品犯罪案件工作座谈会纪要》肯定犯意引诱和数量引诱的做法并没有存在的空间。

七、非法贩卖麻醉药品、精神药品行为的定性问题

如前指出,精神药品和麻醉药品具有双重属性,无论通过合法销售渠道还是非法 66
销售渠道,只要被患者正常使用发挥医疗效用的,就属于药品;相反,如果脱离管制被吸毒人员滥用,则属于毒品。[22] 所以,对于非法贩卖麻醉药品、精神药品行为的定性不能简单地一概而论,需要结合贩卖的对象和精神药品、麻醉药品的实际用途具体分析。对此,《全国法院毒品犯罪审判工作座谈会纪要》规定:“行为人向走私、贩卖毒品的犯罪分子或者吸食、注射毒品的人员贩卖国家规定管制的能够使人形成瘾癖的麻醉药品或者精神药品的,以贩卖毒品罪定罪处罚。行为人出于医疗目的,违反有关药品管理的国家规定,非法贩卖上述麻醉药品或者精神药品,扰乱市场秩序,情节严重的,以非法经营罪定罪处罚。”

《全国法院毒品犯罪审判工作座谈会纪要》的上述规定对于科学划定国家管制的 67
麻醉药品和精神药品与毒品的界限提供了重要标准,可以在一定程度上避免毒品刑法含义的不适当扩大。但实践情况复杂,在国家管制的麻醉药品或者精神药品被查获时,既无法证明行为人系向走私、贩卖毒品的犯罪分子或者吸食、注射毒品的人员贩卖,也无法证明系出于医疗目的向他人贩卖,只是可以证明行为人出于非法用途,应如何定性,《全国法院毒品犯罪审判工作座谈会纪要》并没有明确规定,需要进一步研究。比如,被告人马某某,原系某社区卫生服务中心药剂师。马某某在网络上发布信息,称有三唑仑及其他违禁品出售。马某某通过网络向境外卖家求购咪达唑仑,并支付人民币1100元。后境外卖家通过快递将一盒咪达唑仑从德国邮寄至马某某的住处,马某某以虚构的“李某英”作为收件人领取包裹。其后,马某某以名为“李医生”的QQ账号,与“阳光男孩”等多名QQ用户商议出售三唑仑、咪达唑仑等精神药品,马某某尚未卖出即被抓获。民警在其住处查获透明液体12支(净重36ml,经鉴定,检出咪达唑仑成分)、蓝色片剂13粒(净重3.25mg,经鉴定,检出三唑仑成分)、白色片剂72粒(净重28.8mg,经鉴定,检出阿普唑仑成分)等物品。人民法院以走私、贩卖毒品罪判处被告人马某某有期徒刑8个月,并处罚金人民币5000元。本案系最高人民检察院第三十七批指导性案例(检例第151号),反映出最高司法机关当前对国家管制的麻醉药品和精神药品与毒品区分的态度。最高人民检察院在本案的“指导意义”指出:“行为人出于其他非法用途,走私、贩卖国家管制的麻醉药品、精神药品,应当以走私、贩卖毒品罪追究刑事责任。行为人未核实购买人购买麻醉药品、精神药品具体用

[22] 参见高贵君等:《〈全国法院毒品犯罪审判工作座谈会纪要〉的理解与适用》,载《人民司法》2015年第13期。

途,但知道其不是用于合法用途,为非法获利,基于放任的故意,向用于非法用途的人贩卖的,应当认定为贩卖毒品罪。对于'非法用途',可以从行为人买卖麻醉药品、精神药品是否用于医疗等合法目的予以认定。"将不具有医疗等合法目的的国家管制的麻醉药品或精神药品定性为毒品,显示出国家对毒品刑法含义界定依法从严的立场。

XI　处罚

68　根据《刑法》第 347 条的规定,走私、贩卖、运输、制造毒品罪的法定刑分为三个档次:

69　第一,走私、贩卖、运输、制造毒品,有下列情形之一的,处 15 年有期徒刑、无期徒刑或者死刑,并处没收财产:①走私、贩卖、运输、制造鸦片 1 千克以上、海洛因或者甲基苯丙胺 50 克以上或者其他毒品数量大的;②走私、贩卖、运输、制造毒品集团的首要分子;③武装掩护走私、贩卖、运输、制造毒品的;④以暴力抗拒检查、拘留、逮捕,情节严重的;⑤参与有组织的国际贩毒活动的。最高人民法院、最高人民检察院、公安部《办理毒品犯罪案件适用法律若干问题的意见》规定,走私、贩卖、运输、制造、非法持有下列毒品,应当认定为《刑法》第 347 条第 2 款第(一)项规定的"其他毒品数量大":①二亚甲基双氧安非他明(MDMA)等苯丙胺类毒品(甲基苯丙胺除外)100 克以上;②氯胺酮、美沙酮 1 千克以上;③三唑仑、安眠酮 50 千克以上;④氯氮卓、艾司唑仑、地西泮、溴西泮 500 千克以上;⑤上述毒品以外的其他毒品数量大的。根据最高人民法院《关于审理毒品犯罪案件适用法律若干问题的解释》第 1 条的规定,走私、贩卖、运输、制造下列毒品,应当认定为《刑法》第 347 条第 2 款第(一)项规定的"其他毒品数量大":①可卡因 50 克以上;②3,4-亚甲二氧基甲基苯丙胺(MDMA)等苯丙胺类毒品(甲基苯丙胺除外)、吗啡 100 克以上;③芬太尼 125 克以上;④甲卡西酮 200 克以上;⑤二氢埃托啡 10 毫克以上;⑥哌替啶(度冷丁)250 克以上;⑦氯胺酮 500 克以上;⑧美沙酮 1 千克以上;⑨曲马多、γ-羟丁酸 2 千克以上;⑩大麻油 5 千克、大麻脂 10 千克、大麻叶及大麻烟 150 千克以上;⑪可待因、丁丙诺啡 5 千克以上;⑫三唑仑、安眠酮 50 千克以上;⑬阿普唑仑、恰特草 100 千克以上;⑭咖啡因、罂粟壳 200 千克以上;⑮巴比妥、苯巴比妥、安钠咖、尼美西泮 250 千克以上;⑯氯氮卓、艾司唑仑、地西泮、溴西泮 500 千克以上;⑰上述毒品以外的其他毒品数量大的。

70　根据最高人民法院《关于审理毒品犯罪案件适用法律若干问题的解释》第 3 条的规定,在实施走私、贩卖、运输、制造毒品犯罪的过程中,携带枪支、弹药或者爆炸物用于掩护的,应当认定为《刑法》第 347 条第 2 款第(三)项规定的"武装掩护走私、贩卖、运输、制造毒品"。枪支、弹药、爆炸物种类的认定,依照相关司法解释的规定执行。在实施走私、贩卖、运输、制造毒品犯罪的过程中,以暴力抗拒检查、拘留、逮捕,造成执法人员死亡、重伤、多人轻伤或者具有其他严重情节的,应当认定为《刑法》第 347 条第 2 款第(四)项规定的"以暴力抗拒检查、拘留、逮捕,情节严重"。

71　第二,走私、贩卖、运输、制造鸦片 200 克以上不满 1 千克、海洛因或者甲基苯丙胺10克以上不满50克或者其他毒品数量较大的,处7年以上有期徒刑,并处罚金。最高人民法院、最高人民检察院、公安部《办理毒品犯罪案件适用法律若干问题的意见》规定,走私、贩卖、运输、制造下列毒品,应当认定为《刑法》第347条第3款规定的"其他毒品数量较大":①二亚甲基双氧安非他明(MDMA)等苯丙胺类毒品(甲基苯丙胺除外)20克以上不满100克的;②氯胺酮、美沙酮200克以上不满1千克的;③三唑仑、安眠酮10千克以上不满50千克的;④氯氮卓、艾司唑仑、地西泮、溴西泮100千克以上不满500千克的;⑤上述毒品以外的其他毒品数量较大的。最高人民法院《关于审理毒品犯罪案件适用法律若干问题的解释》第2条规定,走私、贩卖、运输、制造、下列毒品,应当认定为《刑法》第347条第3款规定的"其他毒品数量较大":①可卡因10克以上不满50克;②3,4-亚甲二氧基甲基苯丙胺(MDMA)等苯丙胺类毒品(甲基苯丙胺除外)、吗啡20克以上不满100克;③芬太尼25克以上不满125克;④甲卡西酮40克以上不满200克;⑤二氢埃托啡2毫克以上不满10毫克;⑥哌替啶(度冷丁)50克以上不满250克;⑦氯胺酮100克以上不满500克;⑧美沙酮200克以上不满1千克;⑨曲马多、γ-羟丁酸400克以上不满2千克;⑩大麻油1千克以上不满5千克、大麻脂2千克以上不满10千克、大麻叶及大麻烟30千克以上不满150千克;⑪可待因、丁丙诺啡1千克以上不满5千克;⑫三唑仑、安眠酮10千克以上不满50千克;⑬阿普唑仑、恰特草20千克以上不满100千克;⑭咖啡因、罂粟壳40千克以上不满200千克;⑮巴比妥、苯巴比妥、安钠咖、尼美西泮50千克以上不满250千克;⑯氯氮卓、艾司唑仑、地西泮、溴西泮100千克以上不满500千克;⑰上述毒品以外的其他毒品数量较大的。

第三,走私、贩卖、运输、制造鸦片不满200克、海洛因或者甲基苯丙胺不满10克 72
或者其他少量毒品的,处3年以下有期徒刑、拘役或者管制,并处罚金;情节严重的,处3年以上7年以下有期徒刑,并处罚金。最高人民法院、最高人民检察院、公安部《办理毒品犯罪案件适用法律若干问题的意见》规定,走私、贩卖、运输、制造下列毒品,应当认定为《刑法》第347条第4款规定的"其他少量毒品":①二亚甲基双氧安非他明(MDMA)等苯丙胺类毒品(甲基苯丙胺除外)不满20克的;②氯胺酮、美沙酮不满200克的;③三唑仑、安眠酮不满10千克的;④氯氮卓、艾司唑仑、地西泮、溴西泮不满100千克的;⑤上述毒品以外的其他少量毒品的。最高人民法院《关于审理毒品犯罪案件适用法律若干问题的解释》第4条规定,走私、贩卖、运输、制造毒品,具有下列情形之一的,应当认定为《刑法》第347条第4款规定的"情节严重":①向多人贩卖毒品或者多次走私、贩卖、运输、制造毒品的;②在戒毒场所、监管场所贩卖毒品的;③向在校学生贩卖毒品的;④组织、利用残疾人、严重疾病患者、怀孕或者正在哺乳自己婴儿的妇女走私、贩卖、运输、制造毒品的;⑤国家工作人员走私、贩卖、运输、制造毒品的;⑥其他情节严重的情形。

单位犯《刑法》第347条第2款、第3款、第4款罪的,对单位判处罚金,并对其直 73
接负责的主管人员和其他直接责任人员,依照各款的规定处罚。利用、教唆未成年人走私、贩卖、运输、制造毒品,或者向未成年人出售毒品的,从重处罚。对多次走私、贩卖、运输、制造毒品,未经处理的,毒品数量累计计算。

74 毒品犯罪具有严重的社会危害性,但刑法将其规定为最严重罪行并规定死刑,正当性面临疑问。在宽严相济刑事政策下,我国对毒品犯罪死刑制度进行了重大调整,减少和限制毒品犯罪死刑适用是当前刑事政策的基本立场。关于死刑适用问题,《全国部分法院审理毒品犯罪案件工作座谈会纪要》和《全国法院毒品犯罪审判工作座谈会纪要》都有明确规定。

1.关于死刑适用的基本原则

75 《全国法院毒品犯罪审判工作座谈会纪要》规定:当前,我国毒品犯罪形势严峻,审判工作中应当继续坚持依法从严惩处毒品犯罪的指导思想,充分发挥死刑对于预防和惩治毒品犯罪的重要作用。要继续按照《全国部分法院审理毒品犯罪案件工作座谈会纪要》的要求,突出打击重点,对罪行极其严重、依法应当判处死刑的被告人,坚决依法判处。同时,应当全面、准确贯彻宽严相济刑事政策,体现区别对待,做到罚当其罪,量刑时综合考虑毒品数量,犯罪性质、情节、危害后果,被告人的主观恶性、人身危险性及当地的禁毒形势等因素,严格审慎地决定死刑适用,确保死刑只适用于极少数罪行极其严重的犯罪分子。

2.运输毒品犯罪的死刑适用

76 《全国法院毒品犯罪审判工作座谈会纪要》指出:第一,运输毒品犯罪,应当继续按照《全国部分法院审理毒品犯罪案件工作座谈会纪要》的有关精神,重点打击运输毒品犯罪集团首要分子,组织、指使、雇用他人运输毒品的主犯或者毒枭、职业毒犯、毒品再犯,以及具有武装掩护运输毒品、以运输毒品为业、多次运输毒品等严重情节的被告人,对其中依法应当判处死刑的,坚决依法判处。第二,对于受人指使、雇用参与运输毒品的被告人,应当综合考虑毒品数量、犯罪次数、犯罪的主动性和独立性、在共同犯罪中的地位作用、获利程度和方式及其主观恶性、人身危险性等因素,予以区别对待,慎重适用死刑。对于有证据证明确属受人指使、雇用运输毒品,又系初犯、偶犯的被告人,即使毒品数量超过实际掌握的死刑数量标准,也可以不判处死刑;尤其对于其中被动参与犯罪,从属性、辅助性较强,获利程度较低的被告人,一般不应当判处死刑。对于不能排除受人指使、雇用初次运输毒品的被告人,毒品数量超过实际掌握的死刑数量标准,但尚不属数量巨大的,一般也可以不判处死刑。第三,一案中有多人受雇运输毒品的,在决定死刑适用时,除各被告人运输毒品的数量外,还应结合其具体犯罪情节、参与犯罪程度、与雇用者关系的紧密性及其主观恶性、人身危险性等因素综合考虑,同时判处二人以上死刑要特别慎重。

3.毒品共同犯罪、上下家犯罪的死刑适用

77 根据《全国法院毒品犯罪审判工作座谈会纪要》的规定:第一,毒品共同犯罪案件的死刑适用应当与该案的毒品数量、社会危害及被告人的犯罪情节、主观恶性、人身危险性相适应。涉案毒品数量刚超过实际掌握的死刑数量标准,依法应当适用死刑的，要尽量区分主犯间的罪责大小，一般只对其中罪责最大的一名主犯判处死刑；各共同犯罪人地位作用相当，或者罪责大小难以区分的，可以不判处被告人死刑；二名主犯的罪责均很突出，且均具有法定从重处罚情节的，也要尽可能比较其主观恶性、人身危险性方面的差异，判处二人死刑要特别慎重。涉案毒品数量达到巨大以上，二名以上主犯的罪责均很突出，或者罪责稍次的主犯具有法定、重大酌定从重处罚情节，判处二人以上死刑符合罪刑相适应原则，并有利于全案量刑平衡的，可以依法判处。第二，对于部分共同犯罪人未到案的案件，在案被告人与未到案共同犯罪人均属罪行极其严重，即使共同犯罪人到案也不影响对在案被告人适用死刑的，可以依法判处在案被告人死刑；在案被告人的罪行不足以判处死刑，或者共同犯罪人归案后全案只宜判处其一人死刑的，不能因为共同犯罪人未到案而对在案被告人适用死刑；在案被告人与未到案共同犯罪人的罪责大小难以准确认定，进而影响准确适用死刑的，不应对在案被告人判处死刑。第三，对于贩卖毒品案件中的上下家，要结合其贩毒数量、次数及对象范围，犯罪的主动性，对促成交易所发挥的作用，犯罪行为的危害后果等因素，综合考虑其主观恶性和人身危险性，慎重、稳妥地决定死刑适用。对于买卖同宗毒品的上下家，涉案毒品数量刚超过实际掌握的死刑数量标准的，一般不能同时判处死刑；上家主动联络销售毒品，积极促成毒品交易的，通常可以判处上家死刑；下家积极筹资，主动向上家约购毒品，对促成毒品交易起更大作用的，可以考虑判处下家死刑。涉案毒品数量达到巨大以上的，也要综合上述因素决定死刑适用，同时判处上下家死刑符合罪刑相适应原则，并有利于全案量刑平衡的，可以依法判处。第四，一案中有多名共同犯罪人、上下家针对同宗毒品实施犯罪的，可以综合运用上述毒品共同犯罪、上下家犯罪的死刑适用原则予以处理。第五，办理毒品犯罪案件，应当尽量将共同犯罪案件或者密切关联的上下游案件进行并案审理；因客观原因造成分案处理的，办案时应当及时了解关联案件的审理进展和处理结果，注重量刑平衡。

4.新类型、混合型毒品犯罪的死刑适用

《全国法院毒品犯罪审判工作座谈会纪要》强调：第一，甲基苯丙胺片剂（俗称 78
“麻古”）是以甲基苯丙胺为主要毒品成分的混合型毒品，其甲基苯丙胺含量相对较低，危害性亦有所不同。为体现罚当其罪，甲基苯丙胺片剂的死刑数量标准一般可以按照甲基苯丙胺（冰毒）的2倍左右掌握，具体可以根据当地的毒品犯罪形势和涉案毒品含量等因素确定。第二，涉案毒品为氯胺酮（俗称“K粉”）的，结合毒品数量、犯罪性质、情节及危害后果等因素，对符合死刑适用条件的被告人可以依法判处死刑。综合考虑氯胺酮的致瘾癖性、滥用范围和危害性等因素，其死刑数量标准一般可以按照海洛因的10倍掌握。第三，涉案毒品为其他滥用范围和危害性相对较小的新类型、混合型毒品的，一般不宜判处被告人死刑。但对于司法解释、规范性文件明确规定了定罪量刑数量标准，且涉案毒品数量特别巨大，社会危害大，不判处死刑难以体现罚当其罪的，必要时可以判处被告人死刑。

第三百四十八条　非法持有毒品罪

非法持有鸦片一千克以上、海洛因或者甲基苯丙胺五十克以上或者其他毒品数量大的，处七年以上有期徒刑或者无期徒刑，并处罚金；非法持有鸦片二百克以上不满一千克、海洛因或者甲基苯丙胺十克以上不满五十克或者其他毒品数量较大的，处三年以下有期徒刑、拘役或者管制，并处罚金；情节严重的，处三年以上七年以下有期徒刑，并处罚金。

文献：高贵君主编：《毒品犯罪审判理论与实务》，人民法院出版社2009年版；马克昌主编：《百罪通论》（下卷），北京大学出版社2014年版；黎宏：《刑法学各论》（第2版），法律出版社2016年版；周光权：《刑法各论》（第4版），中国人民大学出版社2021年版；张明楷：《刑法学》（第6版），法律出版社2021年版。赵秉志、肖中华：《论运输毒品罪和非法持有毒品罪之立法旨趣与隐患》，载《法学》2000年第2期；于志刚：《非法持有毒品罪"情节严重"的认定困惑与解释思路——以刑法分则中"数额"与"情节"的关系梳理为背景》，载《法律适用》2014年第9期；李静然：《非法持有毒品罪的司法疑难问题探析》，载《法律适用》2014年第9期。

细目录

Ⅰ　主旨
Ⅱ　沿革
Ⅲ　客体
Ⅳ　对象
Ⅴ　行为
Ⅵ　主体
Ⅶ　罪过
Ⅷ　既遂与未遂
Ⅸ　与运输毒品罪的区别
Ⅹ　非法持有大量毒品的定性
Ⅺ　处罚

Ⅰ　主旨

1　本条是非法持有毒品罪的规定。《禁毒法》第21条第3款规定："禁止非法生产、买卖、运输、储存、提供、持有、使用麻醉药品、精神药品和易制毒化学品。"第59条规定:"有下列行为之一,构成犯罪的,依法追究刑事责任;尚不构成犯罪的,依法给予治安管理处罚:……(二)非法持有毒品的……"毒品严重危害公民身心健康,为了禁止公民非法持有毒品,堵截毒品流入社会以及被滥用,《刑法》设立本罪。

Ⅱ 沿革

1979 年《刑法》没有非法持有毒品罪的规定。本罪始于 1990 年全国人民代表大会常务委员会《关于禁毒的决定》第 3 条的规定:"禁止任何人非法持有毒品。非法持有鸦片一千克以上、海洛因五十克以上或者其他毒品数量大的,处七年以上有期徒刑或者无期徒刑,并处罚金;非法持有鸦片二百克以上不满一千克、海洛因十克以上不满五十克或者其他毒品数量较大的,处七年以下有期徒刑、拘役或者管制,可以并处罚金;非法持有鸦片不满二百克、海洛因不满十克或者其他少量毒品的,依照第八条第一款的规定处罚。"1997 年《刑法》对该决定的规定作了适当修改,形成了现有的规定。 2

Ⅲ 客体

根据《禁毒法》和其他法律法规的规定,毒品属于违禁品,任何单位和个人不得非法持有。非法持有毒品罪的客体是国家对毒品的管理制度。 3

Ⅳ 对象

非法持有毒品罪的犯罪对象是毒品。关于毒品的含义参见第 357 条评注。 4

Ⅴ 行为

非法持有毒品罪的行为人非法持有毒品,达到一定数量或者情节严重。"非法持有",是指违反国家法律和国家主管部门的规定,占有、携带、藏有或者以其他方式持有毒品。 5

1. 行为人持有毒品

持有是行为人对毒品事实上的支配和控制。理解持有,需要注意以下几点:①持有不要求物理上的实际握有,不要求行为人必须随身携带,只要行为人认识到毒品的存在,并能对其有效控制支配的,即成立持有毒品。比如行为人外出旅游,毒品存放于家中,仍然成立持有毒品。②持有既可以是直接持有,也可以是间接持有。如行为人将毒品交由他人代为保管,保管者和委托人都是毒品的持有者。③持有并不要求持有者是毒品的"所有者""占有者",即使属于他人"所有""占有"的毒品,在行为人事实支配下时,行为人也成立持有毒品。④持有既可以是行为人单纯持有,也可以是和他人共同持有。非法持有毒品罪属于继续犯。 6

2. 行为人持有毒品是非法的

所谓非法的,是指行为人对毒品的持有违反了《禁毒法》《药品管理法》等有关禁 7

止个人持有毒品的规定。行为人对毒品的持有经过主管部门或相关机构的批准与许可,比如因生产、医疗、教学、科研等目的而持有毒品的,就不存在构成本罪的问题。

3. 行为人持有毒品,达到一定数量

8 非法持有鸦片 200 克以上、海洛因或者甲基苯丙胺 10 克以上或者其他毒品数量较大的,才构成本罪。

9 司法实践中,非法持有毒品罪实际承担着兜底条款的功能,即根据已查获的证据,不能认定非法持有较大数量毒品是为了走私、贩卖、运输、窝藏毒品犯罪的,才构成本罪。如果有证据能够证明非法持有毒品是为了走私、贩卖、运输、窝藏毒品犯罪的,则应当定走私、贩卖、运输毒品罪或者窝藏毒品罪。因此,佟波非法持有毒品案的裁判要旨指出:在购买、运输、存储毒品过程中被抓获,供述自吸且没有证据证明实施了其他毒品犯罪的,一般不应定罪处罚;查获毒品数量大的,应以非法持有毒品罪论处。在该案中,有证据证明佟波是吸毒者,佟波又否认自己有运输毒品的故意,又没有与这种辩解相反的证据。所以,被告人的行为是非法持有毒品罪,不是运输毒品罪。[1]

Ⅵ　主体

10 非法持有毒品罪的主体为一般主体,必须是年满 16 周岁、具有刑事责任能力的自然人。单位可以构成本罪。吸毒人员持有毒品超出合理吸食量的,也构成本罪。

Ⅶ　罪过

11 非法持有毒品罪的罪过形式为故意,即行为人明知是毒品而非法持有;既可以是直接故意,也可以是间接故意。

Ⅷ　既遂与未遂

12 非法持有毒品罪既遂与未遂的认定,以下两个问题需要关注:

13 (1)误将假毒品当作真毒品而非法持有的,因为作为犯罪对象的毒品不存在,属于对象不能犯,成立非法持有毒品罪未遂。

14 (2)在行为即将实际控制毒品但被抓获场合,比如甲正打算在快递公司取毒品包裹,在还没有实际拿到包裹时即被公安机关人员抓获,由于没有证据证明该包裹是甲走私、贩卖、运输、制造的,只能认定其构成非法持有毒品罪。由于甲还没有实际取到包裹,能否认定非法持有毒品罪既遂?如前指出,成立非法持有毒品罪,并不要求行为人实际握有毒品,或者现实地占有毒品,只要行为人认识到毒品的存在并能对其有效控制支配的,即成立非法持有毒品罪。该案中甲收到包裹通知后来取就意味着其

1　参见北京铁路运输中级法院(2004)京铁中刑终字第 15 号刑事判决书。

对包裹存在有效控制支配的可能性,所以,该案属于非法持有毒品罪的既遂,而不是犯罪未遂。

Ⅸ 与运输毒品罪的区别

从理论上讲,非法持有毒品罪和运输毒品罪的区分是明确的,因为运输毒品罪的 15
行为人实施了毒品的运输行为。但是,司法实践中二者区分具有相当难度,因为就非法持有毒品而言,"持有"既可以是静态的,也可以是移动状态的,当行为人持有的毒品属于后者状态时,行为如何认定就值得研究。比如,某甲将1000克海洛因从家中取出带往距离其家1公里外的办公室,途中被公安机关查获,在无证据证明行为人是为了走私、贩卖毒品的情况下,应如何认定甲行为的性质?有的认为,该案中毒品处于运输状态中,应成立运输毒品罪;也有的主张,被告人将毒品从家带往办公室,实现的只是毒品保存空间的单纯转移,属于动态持有,应当构成非法持有毒品罪。解决该争议的关键在于如何界定"运输"与"持有"的含义。

对于二者的界限,一种观点主要从运输的物理意义上界定二者的界限,认为运输 16
毒品的本质是毒品空间的位移,即毒品从一地转移到另一地。只是这两地之间的距离不能过短,如从同一城区内的一房屋到另一房屋的毒品位移,不能以运输毒品论。[2] 另外一种观点重视运输行为的社会意义和功能,并以此为基础区分运输毒品与非法持有毒品。比如有的学者提出,毒品犯罪的种植、收获、提炼、运输(走私)、贩卖、吸食是一个完整的链条,毒品的运输只是其中关键的一环。刑法设立运输毒品罪,目的就在于切断这根链条,阻断毒品向社会流通(可能性)。因此,运输毒品中"运输"的本质在于增强毒品流通性以实现毒品在不同控制者之间的流通。[3] 不具有该种意义的毒品空间位移,则不能认定为运输毒品罪。现在多数学者认为应当综合辩证地看待二者的区别,运输距离的长短并不是构成运输毒品罪的关键,但运输毒品的距离是判断运输行为性质的重要因素,对于被告人短距离运输毒品的行为,应结合毒品数量和运输距离、目的、有无牟利性等因素,综合认定构成运输毒品罪还是非法持有毒品罪。[4]

其实,在我国,刑法规定的"运输型"犯罪并非仅限于运输毒品罪,还有如《刑法》 17
第125条第1款规定的非法运输枪支、弹药、爆炸物罪和第125条第2款规定的非法运输危险物质罪等。对于上述犯罪来说,同样会涉及"运输"与"持有"的界分问题,从这个意义上讲,二者的区分在我国刑法上具有更加普遍的意义。笔者亦不赞同单纯从空间位移距离远近的角度解释运输毒品罪与非法持有毒品罪的界限。首先,空间位移距离的远近是个不确定的概念,毒品究竟发生多远距离的空间位移,才

---

2 参见于志刚:《毒品犯罪及相关犯罪认定处理》,中国方正出版社1999年版,第10页。

3 参见张伟良:《运输毒品行为的定性》,载《法制与社会》2008年第30期。

4 参见李静然:《非法持有毒品罪的司法疑难问题探析》,载《法律适用》2014年第9期。

能判定为“运输”而非“持有”,难以确定。从司法实践看,即使很近距离的毒品空间位移,也不能完全排除应当认定为运输毒品罪。比如,甲雇请乙将毒品从酒店二楼房间送到一楼大厅,根据我国刑法的规定,乙完全可能成立运输毒品罪。

18　犯罪是个事实问题,更是个规范现象,运输毒品罪中“运输”含义的考察不能脱离其规范意义和其承载的社会功能,只有同时注意从物理意义和功能意义两个方面界定“运输”的含义,才是科学、完整的。从立法旨趣上考察,立法者之所以要规定运输毒品罪,特别是将运输毒品罪与走私、贩卖、制造毒品罪并列规定,并设有死刑,重要原因是立法者认为:运输毒品的犯罪活动使毒品从生产领域进入流通领域,并且促进了毒品的非法交易和非法消费。[5] 也就是说,毒品运输是实现毒品从生产到消费的重要环节。因此,只有毒品空间的位移具有促进和实现商品流通的意义时,才能认定为运输毒品中的“运输”。相反,单纯的毒品空间位移的改变,在不具有促进和实现商品流通的意义时,由于不符合运输毒品罪的立法旨趣,该行为只能理解为动态的非法持有,构成犯罪的,也只应成立非法持有毒品罪。对于前述甲从家中带海洛因到办公室途中被查获的案件,若证据能够证明甲携带毒品仅仅是为了转移毒品的存放位置,当然应认定为非法持有毒品罪。这样一来,对于何种情况下的毒品空间位移才具有“促进和实现商品流通的意义”的判断,就具有了重要意义。由于毒品是违禁品,国家对毒品设有严格的管理制度,毒品不得在社会领域任意流通。实践中,为了节省成本和规避风险,无论是毒品的生产者、消费者,还是毒品交易中间任何环节的行为人,都会尽量减少其流通交易环节,尽可能避免将毒品带入流通领域。所以,当毒品一旦在空间上进入流动领域,特别是毒品被携带入机场、高速公路等时,一般即可推论其具有流通意义,属于毒品的运输行为。只有相反的证据能够证明其确实不具有流通意义的,才应被认定为(动态的)非法持有。换句话说,司法实践中,毒品一旦处于运输状态被查获的,不管是短距离还是长距离运输,往往都会倾向于认定为运输毒品罪,而这种犯罪的认定思路与方法也契合眼下国家对毒品犯罪从严惩处的政策立场。

X　非法持有大量毒品的定性

19　毒品系违禁品,并无收藏价值,行为人非法持有大量毒品,一般来说,要么是上游犯罪的结果,要么在为将来犯罪做准备。即便行为人是毒品的吸食者,如果持有大量毒品明显超出其合理吸食量时,一般情况下,这些毒品也不可能用于吸食。只是任何犯罪的成立都需要有证据证明,当行为人大量持有毒品,直接认定其贩卖毒品证据不足的,是成立非法持有毒品罪,还是构成贩卖毒品罪,是一个困扰司法实践的问题。

20　对此,一种观点认为,非法持有毒品罪是在没有证据证实行为人有实施其他毒品

5　参见高贵君主编:《毒品犯罪审判理论与实务》,人民法院出版社 2009 年版,第 207 页。

犯罪故意的情况下,发挥兜底作用的一个罪名。如果没有证据证明行为人持有的大量毒品系用于贩卖,就应当认定其构成非法持有毒品罪,而不能仅因为行为人持有毒品数量大就认定其有贩卖毒品的故意,否则非法持有毒品罪就失去设立意义。另一种观点认为,吸毒人员持有的毒品数量明显超出其一段时间内的正常吸食量,或者非吸毒人员持有毒品数量大的,可以认定行为人有贩卖毒品的故意,按照贩卖毒品罪定罪处罚,否则不利于有效打击此类犯罪。[6]

上述情形能否认定为贩卖毒品罪,涉及的是推定的适用问题。推定作为案件事实认定方法,各国法律都不禁止。近年尤其是在毒品犯罪认定方面,推定不仅被用于主观构成要件事实的认定,也被运用于客观要件事实的认定。比如《全国法院毒品犯罪审判工作座谈会纪要》规定:"贩毒人员被抓获后,对于从其住所、车辆等处查获的毒品,一般均应认定为其贩卖的毒品。确有证据证明查获的毒品并非贩毒人员用于贩卖,其行为另构成非法持有毒品罪、窝藏毒品罪等其他犯罪的,依法定罪处罚。"笔者并不否定推定在犯罪事实认定上的运用,但如果行为人非法持有大量毒品,就将其推定为成立贩卖毒品罪,这将导致非法持有毒品罪立法目的的落空。另外,推定的限度还应充分考虑立法对被推定之罪刑罚设置的轻重,现行刑法关于贩卖毒品罪刑事责任的规定很重,为了贯彻罪责刑相适应的刑法基本原则,贩卖行为的推定必须尽可能慎重。所以,对于行为人持有大量毒品而无证据证明系为了走私、贩卖、运输或者窝藏的,还是应当认定为非法持有毒品罪。《刑事审判参考》案例第 365 号"宋国华贩卖毒品案"的裁判理由指出:购买毒品数量巨大,有证据表明行为人系吸毒者的,应以非法持有毒品罪论处。区分贩卖毒品罪与非法持有毒品罪,重要的不在于对数量和犯罪主体的要求上,关键在于行为人的主观故意。如果行为人购买毒品的目的是出于贩卖,或者有证据证明行为人是为了贩卖而去购买毒品,构成贩卖毒品罪;如果行为人是因为沾染吸毒恶习后,为满足其吸毒需要,非法购买较大以上数量毒品,或者有证据证明行为人不是以营利为目的,为他人代买仅用于吸食的毒品,数量达到较大以上数量的,则构成非法持有毒品罪。在没有充分的证据足以证明宋国华购买毒品是为了以贩养吸的情况下,认定宋国华构成贩卖毒品罪的证据不足,而其购买海洛因用于吸食的证据较为充分,应认定构成非法持有毒品罪。[7] 21

XI 处罚

根据《刑法》第 348 条的规定,非法持有毒品罪的法定刑有两个档次: 22

第一,非法持有鸦片 1 千克以上、海洛因或者甲基苯丙胺 50 克以上或者其他毒品数量大的,处 7 年以上有期徒刑或者无期徒刑,并处罚金。 23

---

6 参见李静然:《非法持有毒品罪的司法疑难问题探析》,载《法律适用》2014 年第 9 期。

7 参见最高人民法院刑事审判第一庭、第二庭编:《刑事审判参考》(总第 46 集),法律出版社 2006 年版,第 48—50 页。

24 最高人民法院、最高人民检察院、公安部《办理毒品犯罪案件适用法律若干问题的意见》规定，非法持有下列毒品，应当认定为《刑法》第 348 条规定的“其他毒品数量大”：①二亚甲基双氧安非他明(MDMA)等苯丙胺类毒品(甲基苯丙胺除外)100 克以上；②氯胺酮、美沙酮 1 千克以上；③三唑仑、安眠酮 50 千克以上；④氯氮卓、艾司唑仑、地西泮、溴西泮 500 千克以上；⑤上述毒品以外的其他毒品数量大的。最高人民法院《关于审理毒品犯罪案件适用法律若干问题的解释》第 1 条规定，非法持有下列毒品，应当认定为《刑法》第 348 条规定的“其他毒品数量大”：①可卡因 50 克以上；②3,4-亚甲二氧基甲基苯丙胺(MDMA)等苯丙胺类毒品(甲基苯丙胺除外)、吗啡 100 克以上；③芬太尼 125 克以上；④甲卡西酮 200 克以上；⑤二氢埃托啡 10 毫克以上；⑥哌替啶(度冷丁)250 克以上；⑦氯胺酮 500 克以上；⑧美沙酮 1 千克以上；⑨曲马多、γ-羟丁酸 2 千克以上；⑩大麻油 5 千克、大麻脂 10 千克、大麻叶及大麻烟 150 千克以上；⑪可待因、丁丙诺啡 5 千克以上；⑫三唑仑、安眠酮 50 千克以上；⑬阿普唑仑、恰特草 100 千克以上；⑭咖啡因、罂粟壳 200 千克以上；⑮巴比妥、苯巴比妥、安钠咖、尼美西泮 250 千克以上；⑯氯氮卓、艾司唑仑、地西泮、溴西泮 500 千克以上；⑰上述毒品以外的其他毒品数量大的。

25 第二，非法持有鸦片 200 克以上不满 1 千克、海洛因或者甲基苯丙胺 10 克以上不满 50 克或者其他毒品数量较大的，处 3 年以下有期徒刑、拘役或者管制，并处罚金；情节严重的，处 3 年以上 7 年以下有期徒刑，并处罚金。

26 最高人民法院、最高人民检察院、公安部《办理毒品犯罪案件适用法律若干问题的意见》规定，非法持有下列毒品，应当认定为《刑法》第 348 条规定的“其他毒品数量较大”：①二亚甲基双氧安非他明(MDMA)等苯丙胺类毒品(甲基苯丙胺除外)20 克以上不满 100 克的；②氯胺酮、美沙酮 200 克以上不满 1 千克的；③三唑仑、安眠酮 10 千克以上不满 50 千克的；④氯氮卓、艾司唑仑、地西泮、溴西泮 100 千克以上不满 500 千克的；⑤上述毒品以外的其他毒品数量较大的。最高人民法院《关于审理毒品犯罪案件适用法律若干问题的解释》第 2 条规定，非法持有下列毒品，应当认定为《刑法》第 348 条规定的“其他毒品数量较大”：①可卡因 10 克以上不满 50 克；②3,4-亚甲二氧基甲基苯丙胺(MDMA)等苯丙胺类毒品(甲基苯丙胺除外)、吗啡 20 克以上不满 100 克；③芬太尼 25 克以上不满 125 克；④甲卡西酮 40 克以上不满 200 克；⑤二氢埃托啡 2 毫克以上不满 10 毫克；⑥哌替啶(度冷丁)50 克以上不满 250 克；⑦氯胺酮 100 克以上不满 500 克；⑧美沙酮 200 克以上不满 1 千克；⑨曲马多、γ-羟丁酸 40 克以上不满 2 千克；⑩大麻油 1 千克以上不满 5 千克、大麻脂 2 千克以上不满 10 千克、大麻叶及大麻烟 30 千克以上不满 150 千克；⑪可待因、丁丙诺啡 1 千克以上不满 5 千克；⑫三唑仑、安眠酮 10 千克以上不满 50 千克；⑬阿普唑仑、恰特草 20 千克以上不满 100 千克；⑭咖啡因、罂粟壳 40 千克以上不满 200 千克；⑮巴比妥、苯巴比妥、安钠咖、尼美西泮 50 千克以上不满 250 千克；⑯氯氮卓、艾司唑仑、地西泮、溴西泮 100 千克以上不满 500 千克；⑰上述毒品以外的其他毒品数量较大的。

最高人民法院《关于审理毒品犯罪案件适用法律若干问题的解释》第 5 条规定,非法持有毒品达到《刑法》第 348 条或者该解释第 2 条规定的“数量较大”标准,且具有下列情形之一的,应当认定为《刑法》第 348 条规定的“情节严重”:①在戒毒场所、监管场所非法持有毒品的;②利用、教唆未成年人非法持有毒品的;③国家工作人员非法持有毒品的;④其他情节严重的情形。 27

第三百四十九条　包庇毒品犯罪分子罪；窝藏、转移、隐瞒毒品、毒赃罪

包庇走私、贩卖、运输、制造毒品的犯罪分子的，为犯罪分子窝藏、转移、隐瞒毒品或者犯罪所得的财物的，处三年以下有期徒刑、拘役或者管制；情节严重的，处三年以上十年以下有期徒刑。

缉毒人员或者其他国家机关工作人员掩护、包庇走私、贩卖、运输、制造毒品的犯罪分子的，依照前款的规定从重处罚。

犯前两款罪，事先通谋的，以走私、贩卖、运输、制造毒品罪的共犯论处。

文献：郑蜀饶：《毒品犯罪的法律适用》，人民法院出版社 2001 年版；高贵君主编：《毒品犯罪审判理论与实务》，人民法院出版社 2009 年版；张洪成、黄瑛琦：《毒品犯罪法律适用问题研究》，中国政法大学出版社 2013 年版；张明楷：《刑法学》（第 6 版），法律出版社 2021 年版。

细目录

Ⅰ　主旨
Ⅱ　沿革
Ⅲ　客体
Ⅳ　行为
Ⅴ　主体
Ⅵ　罪过
Ⅶ　共犯
Ⅷ　与非罪的界限
Ⅸ　与他罪的区别
　一、包庇毒品犯罪分子罪与包庇罪的区别
　二、窝藏、转移、隐瞒毒品、毒赃罪与他罪的区别
Ⅹ　处罚
　一、包庇毒品犯罪分子罪的处罚
　二、窝藏、转移、隐瞒毒品、毒赃罪的处罚

Ⅰ 主旨

本条是包庇毒品犯罪分子罪与窝藏、转移、隐瞒毒品、毒赃罪的规定。 1

毒品犯罪具有严重的社会危害性,包庇毒品犯罪分子或者窝藏、转移、隐瞒毒品、 2
毒赃的行为,妨害了司法机关对毒品犯罪分子的惩处,必须依法予以惩治。

Ⅱ 沿革

1979 年《刑法》没有包庇毒品犯罪分子罪与窝藏、转移、隐瞒毒品、毒赃罪的规 3
定,两罪始于 1990 年全国人民代表大会常务委员会《关于禁毒的决定》第 4 条的规定:“包庇走私、贩卖、运输、制造毒品的犯罪分子的,为犯罪分子窝藏、转移、隐瞒毒品或者犯罪所得的财物的,掩饰、隐瞒出售毒品获得财物的非法性质和来源的,处七年以下有期徒刑、拘役或者管制,可以并处罚金。犯前款罪事先通谋的,以走私、贩卖、运输、制造毒品罪的共犯论处。”1997 年《刑法》保留了这两个罪名,并对法定刑作了调整。

Ⅲ 客体

包庇毒品犯罪分子罪与窝藏、转移、隐瞒毒品、毒赃罪的客体是国家司法机关打 4
击毒品犯罪的正当活动。

包庇毒品犯罪分子罪的对象是走私、贩卖、运输、制造毒品的犯罪分子。成立本 5
罪,应当以上游犯罪,即走私、贩卖、运输、制造毒品罪成立为认定前提。走私、贩卖、运输、制造毒品罪尚未依法裁判,但查证属实的,不影响本罪的审判与认定。走私、贩卖、运输、制造毒品罪的犯罪事实可以确认,因行为人死亡等原因依法不予追究刑事责任的,不影响本罪的认定。

窝藏、转移、隐瞒毒品、毒赃罪的对象是走私、贩卖、运输、制造毒品犯罪分子的毒 6
品或者犯罪所得的财物。犯罪所得的财物,是指通过走私、贩卖、运输、制造毒品所获得的财物,包括直接所得的财物和财物所生的孳息。行为人通过犯罪所得的金钱购买的股票、房产,也属于本罪的毒赃。

Ⅳ 行为

包庇毒品犯罪分子罪表现为行为人实施了对走私、贩卖、运输、制造毒品的犯 7
罪分子的包庇行为。包庇意在帮助走私、贩卖、运输、制造毒品的犯罪分子逃避法律制裁,具体行为包括作虚假证明,帮助掩盖罪行;帮助隐藏、转移或者毁灭证据;帮助走私、贩卖、运输、制造毒品的犯罪分子取得虚假身份或者身份证件等。

窝藏、转移、隐瞒毒品、毒赃罪表现为行为人实施了为犯罪分子窝藏、转移、隐瞒 8
毒品或者犯罪所得的财物的行为。窝藏是指将犯罪分子的毒品、毒赃窝藏在自己的住所或者其他隐蔽的场所,以逃避司法机关的追查。转移主要是指将犯罪分子的毒品、毒赃从一地转移到另一地方的行为。隐瞒是指行为人在司法机关询问调查有关犯罪分子的情况时,明知犯罪分子的毒品、毒赃的来源、去向、存放地,而对司法机关进行隐瞒的行为。

V 主体

9 包庇毒品犯罪分子罪与窝藏、转移、隐瞒毒品、毒赃罪的主体均为一般主体,即已满 16 周岁、具有辨认和控制自己行为能力的自然人。缉毒人员或者其他国家机关工作人员掩护、包庇走私、贩卖、运输、制造毒品的犯罪分子的,从重处罚。

VI 罪过

10 包庇毒品犯罪分子罪与窝藏、转移、隐瞒毒品、毒赃罪的罪过形式均为故意,即行为人明知是走私、贩卖、运输、制造毒品的犯罪分子而包庇,或者明知是走私、贩卖、运输、制造毒品罪中的毒品或者犯罪所得财物而窝藏、转移、隐瞒。行为的动机有的是出于亲友之情,有的是基于贪图钱财,具体动机不影响两罪成立。

VII 共犯

11 《刑法》第 349 条第 3 款规定:“犯前两款罪,事先通谋的,以走私、贩卖、运输、制造毒品罪的共犯论处。”所以,包庇毒品犯罪分子罪中的包庇行为只能发生于走私、贩卖、运输、制造毒品实施后,如果行为人与走私、贩卖、运输、制造毒品的犯罪分子在行为前或行为过程中有通谋的,则构成走私、贩卖、运输、制造毒品的共同犯罪,不再成立本罪。

VIII 与非罪的界限

12 根据《刑法》第 349 条的规定,包庇毒品犯罪分子罪与窝藏、转移、隐瞒毒品、毒赃罪的成立,没有情节严重的要求,而且根据刑法的规定,如果实施上述行为情节严重的,适用加重法定刑,处 3 年以上 10 年以下有期徒刑。但这并不意味着行为人只要实施了针对走私、贩卖、运输、制造毒品的犯罪分子任何程度的包庇行为,或者实施了明知是走私、贩卖、运输、制造毒品罪中的毒品或者犯罪所得财物而窝藏、转移、隐瞒的行为的,不论具体情节,一律都要按照两罪处理,因为两罪的适用还要受到《刑法》总则第 13 条的制约,对于情节显著轻微,危害不大的,不应认定为成立两罪。

13 刑法没有规定针对走私、贩卖、运输、制造毒品的犯罪分子知情不举的行为是犯罪,所以,行为人明知是走私、贩卖、运输、制造毒品的犯罪分子,在司法机关向其调查而不举报的,不成立犯罪。

IX 与他罪的区别

一、包庇毒品犯罪分子罪与包庇罪的区别

14 根据《刑法》第 310 条的规定,包庇罪是指明知是犯罪的人而为其作假证明包庇的行为。包庇毒品犯罪分子罪与包庇罪属于特别法与普通法的关系,二者的界限关键在于犯罪对象的不同,包庇对象为走私、贩卖、运输、制造毒品的犯罪分子的,构成包庇毒品犯罪分子罪;对走私、贩卖、运输、制造毒品的犯罪分子以外的犯罪人包庇,构成犯罪的,成立包庇罪。

二、窝藏、转移、隐瞒毒品、毒赃罪与他罪的区别

(一)窝藏、转移、隐瞒毒品、毒赃罪与掩饰、隐瞒犯罪所得、犯罪所得收益罪的界限

15 根据《刑法》第 312 条的规定,掩饰、隐瞒犯罪所得、犯罪所得收益罪,是指明知是犯罪所得及其产生的收益而予以窝藏、转移、收购、代为销售或者以其他方法掩饰、隐瞒的行为。相对于掩饰、隐瞒犯罪所得、犯罪所得收益罪,窝藏、转移、隐瞒毒品、毒赃罪属于特别法。符合窝藏、转移、隐瞒毒品、毒赃罪构成要件的,不再认定为掩饰、隐瞒犯罪所得、犯罪所得收益罪。

(二)窝藏、转移、隐瞒毒品、毒赃罪与非法持有毒品罪的界限

16 窝藏、转移、隐瞒毒品的行为同时也可能构成非法持有毒品罪,从一重罪处罚。

(三)转移毒品罪与运输毒品罪的界限

17 转移毒品也会涉及毒品的运输,在这种场合,二者的界限是个问题。根据刑法的规定,转移毒品罪中的转移应限于为使走私、贩卖、运输、制造毒品的犯罪分子逃避法律追究而转移毒品;如果为了贩卖等而转移毒品,则应认定为运输毒品罪。[1] 这种关于二者界限的解释更多的是具有理论意义。从实践做法看,司法机关认定为转移毒品罪的并不多,主要原因是司法机关对于行为是否认定为运输毒品罪,关键看的是毒品被查获时是否处于运输状态。这种认定思路大大排挤了转移毒品罪的适用空间。因此,重温并重申《刑事审判参考》案例第 373 号“梁国雄、周观杰等贩卖毒品案”的裁判理由可能就有特别的意义。该裁判要旨明确指出:受雇佣帮助他人转移毒品的,不构成毒品犯罪共犯的,应以转移毒品罪论处。由于被告人赵海祥一直坚持说黄国柱没有对他说明要拿的东西是什么,他本人不吸毒,对毒品没有认识,而黄国柱没有归案,刘育明供述称没有仔细听黄国柱是如何交代赵海祥的,他本人没有对赵海祥

---

1 参见张明楷:《刑法学》(第 6 版),法律出版社 2021 年版,第 1521 页。

说过是去取毒品,故现有证据不能直接证明赵海祥在事前就明知黄国柱让他去取的是毒品。但是,从现有证据可以推断被告人赵海祥明知是毒品而帮助转移。因为赵海祥是正常的成年人,且以为歌舞厅拉客为常业,经常在娱乐场所厮混,对毒品应当有一定程度的认知。当黄国柱出 1.2 万元的高价要其将一只背包从楼上取下来,且交代他如房子被封了就不要进去,他上楼后,在楼上打开背包时已看到包内有白色粉末,为此打电话问黄国柱是不是这包东西。从上述情况分析,赵海祥应当意识到黄国柱要其取的是毒品。但是,因现有证据无法证实赵海祥知道刘育明和黄国柱有交易毒品的情况,也无法证实或推断出赵海祥明知黄国柱取得毒品后的目的是走私、贩卖还是运输,故不宜认定赵海祥和黄国柱是共犯。因而,赵海祥应当明知是毒品而为黄国柱将毒品从原藏放的地点取出拿走,其主观故意和客观行为都符合《刑法》第 349 条规定的转移毒品罪的构成要件。因此,对赵海祥应定转移毒品罪。[2]

X 处罚

一、包庇毒品犯罪分子罪的处罚

18 根据《刑法》第 349 条规定,包庇毒品犯罪分子罪的法定刑有两个档次:

19 第一,包庇走私、贩卖、运输、制造毒品的犯罪分子的,处 3 年以下有期徒刑、拘役或者管制。

20 第二,包庇走私、贩卖、运输、制造毒品的犯罪分子,情节严重的,处 3 年以上 10 年以下有期徒刑。根据最高人民法院《关于审理毒品犯罪案件适用法律若干问题的解释》第 6 条第 1 款的规定,包庇走私、贩卖、运输、制造毒品的犯罪分子,具有下列情形之一的,应当认定为《刑法》第 349 条第 1 款规定的“情节严重”:①被包庇的犯罪分子依法应当判处 15 年有期徒刑以上刑罚的;②包庇多名或者多次包庇走私、贩卖、运输、制造毒品的犯罪分子的;③严重妨害司法机关对被包庇的犯罪分子实施的毒品犯罪进行追究的;④其他情节严重的情形。该解释还规定,包庇走私、贩卖、运输、制造毒品的近亲属,不具有第 6 条前两款规定的“情节严重”情形,归案后认罪、悔罪、积极退赃,且系初犯、偶犯,犯罪情节轻微不需要判处刑罚的,可以免予刑事处罚。

二、窝藏、转移、隐瞒毒品、毒赃罪的处罚

21 根据《刑法》第 349 条规定,窝藏、转移、隐瞒毒品、毒赃罪的法定刑有两个档次:

22 第一,为犯罪分子窝藏、转移、隐瞒毒品或者犯罪所得的财物的,处 3 年以下有期徒刑、拘役或者管制。

23 第二,为犯罪分子窝藏、转移、隐瞒毒品或者犯罪所得的财物,犯情节严重的,处 3

---

2 参见最高人民法院刑事审判第一庭、第二庭编:《刑事审判参考》(总第 47 集),法律出版社 2006 年版,第 41—42 页。

年以上 10 年以下有期徒刑。根据最高人民法院《关于审理毒品犯罪案件适用法律若干问题的解释》第 6 条第 2 款的规定,为走私、贩卖、运输、制造毒品的犯罪分子窝藏、转移、隐瞒毒品或者毒品犯罪所得的财物,具有下列情形之一的,应当认定为《刑法》第 349 条第 1 款规定的“情节严重”:①为犯罪分子窝藏、转移、隐瞒毒品达到《刑法》第 347 条第 2 款第(一)项或者该解释第 1 条第 1 款规定的“数量大”标准的;②为犯罪分子窝藏、转移、隐瞒毒品犯罪所得的财物价值达到 5 万元以上的;③为多人或者多次为他人窝藏、转移、隐瞒毒品或者毒品犯罪所得的财物的;④严重妨害司法机关对该犯罪分子实施的毒品犯罪进行追究的;⑤其他情节严重的情形。

该解释还规定,为走私、贩卖、运输、制造毒品的近亲属,或者为其窝藏、转移、隐 24
瞒毒品或者毒品犯罪所得的财物,不具有第 6 条前两款规定的“情节严重”情形,归案后认罪、悔罪、积极退赃,且系初犯、偶犯,犯罪情节轻微不需要判处刑罚的,可以免予刑事处罚。

第三百五十条　非法生产、买卖、运输制毒物品、走私制毒物品罪

违反国家规定，非法生产、买卖、运输醋酸酐、乙醚、三氯甲烷或者其他用于制造毒品的原料、配剂，或者携带上述物品进出境，情节较重的，处三年以下有期徒刑、拘役或者管制，并处罚金；情节严重的，处三年以上七年以下有期徒刑，并处罚金；情节特别严重的，处七年以上有期徒刑，并处罚金或者没收财产。

明知他人制造毒品而为其生产、买卖、运输前款规定的物品的，以制造毒品罪的共犯论处。

单位犯前两款罪的，对单位判处罚金，并对其直接负责的主管人员和其他直接责任人员，依照前两款的规定处罚。

文献：高贵君主编：《毒品犯罪审判理论与实务》，人民法院出版社2009年版；雷建斌主编：《〈中华人民共和国刑法修正案(九)〉释解与适用》，人民法院出版社2015年版；赵秉志主编：《〈中华人民共和国刑法修正案(九)〉理解与适用》，中国法制出版社2016年版；张明楷：《刑法学》(第6版)，法律出版社2021年版。

细目录

Ⅰ　主旨
Ⅱ　沿革
Ⅲ　客体
Ⅳ　对象
Ⅴ　行为
Ⅵ　主体
Ⅶ　罪过
Ⅷ　既遂、未遂与预备
Ⅸ　共犯
Ⅹ　罪数
Ⅺ　排除犯罪的事由
Ⅻ　处罚

I　主旨

本条是非法生产、买卖、运输制毒物品、走私制毒物品罪的规定。制毒物品是指用于制造毒品的原料或配剂，行政法称之为“易制毒化学品”。国务院《易制毒化学品管理条例》第1条规定：“为了加强易制毒化学品管理，规范易制毒化学品的生产、经营、购买、运输和进口、出口行为，防止易制毒化学品被用于制造毒品，维护经济和社会秩序，制定本条例。”第2条第2款规定：“国家对易制毒化学品的生产、经营、购买、运输和进口、出口实行分类管理和许可制度。”本条规定旨在防止易制毒化学品被非法用于制造毒品，维护经济和社会秩序。 1

II　沿革

非法生产、买卖、运输制毒物品、走私制毒物品罪始于1990年全国人民代表大会常务委员会《关于禁毒的决定》的规定。全国人民代表大会常务委员会《关于禁毒的决定》第5条规定：“对醋酸酐、乙醚、三氯甲烷或者其他经常用于制造麻醉药品和精神药品的物品，应当依照国家有关规定严格管理，严禁非法运输、携带进出境。非法运输、携带上述物品进出境的，处三年以下有期徒刑、拘役或者管制，并处罚金；数量大的，处三年以上十年以下有期徒刑，并处罚金；数量较小的，依照海关法的有关规定处罚。明知他人制造毒品而为其提供前款规定的物品的，以制造毒品罪的共犯论处。单位有前两款规定的违法犯罪行为的，对其直接负责的主管人员和其他直接责任人员，依照前两款的规定处罚，并对单位判处罚金或者予以罚款。”1997年《刑法》第350条规定：“违反国家规定，非法运输、携带醋酸酐、乙醚、三氯甲烷或者其他用于制造毒品的原料或者配剂进出境的，或者违反国家规定，在境内非法买卖上述物品的，处三年以下有期徒刑、拘役或者管制，并处罚金；数量大的，处三年以上十年以下有期徒刑，并处罚金。明知他人制造毒品而为其提供前款规定的物品的，以制造毒品罪的共犯论处。单位犯前两款罪的，对单位判处罚金，并对其直接负责的主管人员和其他直接责任人员，依照前两款的规定处罚。”《刑法修正案(九)》增加了非法生产制毒物品罪，将非法生产、买卖、运输制毒物品、走私制毒物品罪最高刑由10年有期徒刑提高至15年有期徒刑，还对共犯论处的情形作了更为具体明确的规定。 2

III　客体

非法生产、买卖、运输制毒物品、走私制毒物品罪的客体是国家对制毒物品的管理制度。 3

IV　对象

非法生产、买卖、运输制毒物品、走私制毒物品罪的对象是制毒物品。2009年最 4

高人民法院、最高人民检察院、公安部《关于办理制毒物品犯罪案件适用法律若干问题的意见》规定,“制毒物品”是指《刑法》第 350 条第 1 款规定的醋酸酐、乙醚、三氯甲烷或者其他用于制造毒品的原料或者配剂,具体品种范围按照国家关于易制毒化学品管理的规定确定。

V　行为

5 非法生产、买卖、运输制毒物品、走私制毒物品罪表现为行为人违反国家规定,实施了非法生产、买卖、运输醋酸酐、乙醚、三氯甲烷或者其他用于制造毒品的原料、配剂,或者携带上述物品进出境的行为。

6 非法生产制毒物品,是指违反国家规定,加工、提炼、制造制毒物品的行为。非法买卖制毒物品,包括购买和出卖两种行为,根据最高人民法院、最高人民检察院、公安部《关于办理制毒物品犯罪案件适用法律若干问题的意见》的规定,违反国家规定,实施下列行为之一的,认定为《刑法》第 350 条规定的非法买卖制毒物品行为:①未经许可或者备案,擅自购买、销售易制毒化学品的;②超出许可证明或者备案证明的品种、数量范围购买、销售易制毒化学品的;③使用他人的或者伪造、变造、失效的许可证明或者备案证明购买、销售易制毒化学品的;④经营单位违反规定,向无购买许可证明、备案证明的单位、个人销售易制毒化学品的,或者明知购买者使用他人的或者伪造、变造、失效的购买许可证明、备案证明,向其销售易制毒化学品的;⑤以其他方式非法买卖易制毒化学品的。非法运输制毒物品和走私制毒物品中“运输”“走私”的含义与走私、贩卖、运输、制造毒品罪中“运输”“走私”的含义相同。

7 根据最高人民法院、最高人民检察院、公安部等《关于进一步加强麻黄草管理严厉打击非法买卖麻黄草等违法犯罪活动的通知》的规定,以提取麻黄碱类制毒物品后进行走私或者非法贩卖为目的,采挖、收购麻黄草,涉案麻黄草所含的麻黄碱类制毒物品达到相应定罪数量标准的,依照《刑法》第 350 条第 1 款、第 3 款的规定,分别以走私制毒物品罪、非法买卖制毒物品罪定罪处罚。

8 明知他人制造毒品或者走私、非法买卖制毒物品,向其提供麻黄草或者提供运输、储存麻黄草等帮助的,分别以制造毒品罪、走私制毒物品罪、非法买卖制毒物品罪的共犯论处。

VI　主体

9 非法生产、买卖、运输制毒物品、走私制毒物品罪的主体为一般主体,即年满 16 周岁、具有刑事责任的自然人和单位均可以构成本罪。

VII　罪过

10 非法生产、买卖、运输制毒物品、走私制毒物品罪的罪过形式为故意,即行为人必须明知自己生产、买卖、运输和走私的是制毒物品。根据最高人民法院、最高人民检察院、公安部《关于办理制毒物品犯罪案件适用法律若干问题的意见》规定，对于走私或者非法买卖制毒物品行为，有下列情形之一，且查获了易制毒化学品，结合犯罪嫌疑人、被告人的供述和其他证据，经综合审查判断，可以认定其"明知"是制毒物品而走私或者非法买卖，但有证据证明确属被蒙骗的除外：①改变产品形状、包装或者使用虚假标签、商标等产品标志的；②以藏匿、夹带或者其他隐蔽方式运输、携带易制毒化学品逃避检查的；③抗拒检查或者在检查时丢弃货物逃跑的；④以伪报、藏匿、伪装等蒙蔽手段逃避海关、边防等检查的；⑤选择不设海关或者边防检查站的路段绕行出入境的；⑥以虚假身份、地址办理托运、邮寄手续的；⑦以其他方法隐瞒真相，逃避对易制毒化学品依法监管的。《刑事审判参考》案例第 803 号"解群英等非法买卖制毒物品、张海明等非法经营案"的裁判理由指出，将麻黄碱类复方制剂拆解成粉末进行买卖的，应当认定为非法买卖制毒物品罪，以涉案麻黄碱复方制剂中所含有的麻黄碱类物质的数量，认定制毒物品数量。麻黄碱类复方制剂具有双重属性：一方面，为日常生活中的常用药品，且大多为非处方药，故不属于国家列管的制毒物品范围。对于非法买卖麻黄碱类复方制剂的，不能直接将其作为非法买卖易制毒化学品的行为来处理。另一方面，通过物理提炼甚至手工分离的方法，可以从麻黄碱类复方制剂中提炼出麻黄碱类物质，而麻黄碱类物质是当前境内制造甲基苯丙胺等苯丙胺类合成毒品的主要原料。将麻黄碱类物质从复方制剂中剥离出来，改变了麻黄碱类复方制剂的药品属性，可以作为制毒物品处理，但是，非法买卖麻黄碱类复方制剂，没有证据证明系用于非法买卖制毒物品的，不应认定为非法买卖制毒物品罪。麻黄碱类复方制剂本身不属于列管的易制毒物品，对买卖麻黄碱类复方制剂的，不能直接依据《刑法》第 350 条定罪处罚。

Ⅷ 既遂、未遂与预备

根据最高人民法院、最高人民检察院、公安部《关于办理制毒物品犯罪案件适用法律若干问题的意见》的规定，为了制造毒品或者走私、非法买卖制毒物品犯罪而采用生产、加工、提炼等方法非法制造易制毒化学品的，根据《刑法》第 22 条的规定，按照其制造易制毒化学品的不同目的，分别以制造毒品罪、走私制毒物品罪、非法买卖制毒物品罪的预备行为论处。 11

Ⅸ 共犯

根据最高人民法院、最高人民检察院、公安部《关于办理制毒物品犯罪案件适用法律若干问题的意见》的规定，明知他人实施走私或者非法买卖制毒物品犯罪，而为其运输、储存、代理进出口或者以其他方式提供便利的，以走私制毒物品罪或者非法买卖制毒物品罪的共犯论处。 12

X 罪数

13 走私、非法买卖制毒物品行为同时构成其他犯罪的,依照处罚较重的规定定罪处罚。

XI 排除犯罪的事由

14 最高人民法院、最高人民检察院、公安部《关于办理制毒物品犯罪案件适用法律若干问题的意见》规定,易制毒化学品生产、经营、使用单位或者个人未办理许可证明或者备案证明,购买、销售易制毒化学品,如果有证据证明确实用于合法生产、生活需要,依法能够办理只是未及时办理许可证明或者备案证明,且未造成严重社会危害的,可不以非法买卖制毒物品罪论处。最高人民法院《关于审理毒品犯罪案件适用法律若干问题的解释》规定,易制毒化学品生产、经营、购买、运输单位或者个人未办理许可证明或者备案证明,生产、销售、购买、运输易制毒化学品,确实用于合法生产、生活需要的,不以制毒物品犯罪论处。

XII 处罚

15 根据《刑法》第 350 条的规定,非法生产、买卖、运输制毒物品、走私制毒物品罪的法定刑有三个档次:

16 第一,违反国家规定,非法生产、买卖、运输醋酸酐、乙醚、三氯甲烷或者其他用于制造毒品的原料、配剂,或者携带上述物品进出境,情节较重的,处 3 年以下有期徒刑、拘役或者管制,并处罚金。最高人民法院《关于审理毒品犯罪案件适用法律若干问题的解释》第 7 条规定,违反国家规定,非法生产、买卖、运输制毒物品、走私制毒物品,达到下列数量标准的,应当认定为《刑法》第 350 条第 1 款规定的“情节较重”:①麻黄碱(麻黄素)、伪麻黄碱(伪麻黄素)、消旋麻黄碱(消旋麻黄素)1 千克以上不满 5 千克;②1-苯基-2-丙酮、1-苯基-2-溴-1-丙酮、3,4-亚甲基二氧苯基-2-丙酮、羟亚胺 2 千克以上不满 10 千克;③3-氧-2-苯基丁腈、邻氯苯基环戊酮、去甲麻黄碱(去甲麻黄素)、甲基麻黄碱(甲基麻黄素)4 千克以上不满 20 千克;④醋酸酐 10 千克以上不满 50 千克;⑤麻黄浸膏、麻黄浸膏粉、胡椒醛、黄樟素、黄樟油、异黄樟素、麦角酸、麦角胺、麦角新碱、苯乙酸 20 千克以上不满 100 千克;⑥N-乙酰邻氨基苯酸、邻氨基苯甲酸、三氯甲烷、乙醚、哌啶 50 千克以上不满 250 千克;⑦甲苯、丙酮、甲基乙基酮、高锰酸钾、硫酸、盐酸 100 千克以上不满 500 千克;⑧其他制毒物品数量相当的。

17 违反国家规定,非法生产、买卖、运输制毒物品、走私制毒物品,达到上述的数量标准最低值的 50%,且具有下列情形之一的,应当认定为《刑法》第 350 条第 1 款规定的“情节较重”:①曾因非法生产、买卖、运输制毒物品、走私制毒物品受过刑事处罚的;②2 年内曾因非法生产、买卖、运输制毒物品、走私制毒物品受过行政处罚的;

③一次组织5人以上或者多次非法生产、买卖、运输制毒物品、走私制毒物品,或者在多个地点非法生产制毒物品的;④利用、教唆未成年人非法生产、买卖、运输制毒物品、走私制毒物品的;⑤国家工作人员非法生产、买卖、运输制毒物品、走私制毒物品的;⑥严重影响群众正常生产、生活秩序的;⑦其他情节较重的情形。

第二,违反国家规定,非法生产、买卖、运输醋酸酐、乙醚、三氯甲烷或者其他用于制造毒品的原料、配剂,或者携带上述物品进出境,情节严重的,处3年以上7年以下有期徒刑,并处罚金。最高人民法院《关于审理毒品犯罪案件适用法律若干问题的解释》第8条第1款规定,违反国家规定,非法生产、买卖、运输制毒物品、走私制毒物品,具有下列情形之一的,应当认定为《刑法》第350条第1款规定的"情节严重":①制毒物品数量在该解释第7条第1款规定的最高数量标准以上,不满最高数量标准五倍的;②达到该解释第7条第1款规定的数量标准,且具有该解释第7条第2款第(三)项至第(六)项规定的情形之一的;③其他情节严重的情形。 18

第三,违反国家规定,非法生产、买卖、运输醋酸酐、乙醚、三氯甲烷或者其他用于制造毒品的原料、配剂,或者携带上述物品进出境,情节特别严重的,处7年以上有期徒刑,并处罚金或者没收财产。最高人民法院《关于审理毒品犯罪案件适用法律若干问题的解释》第8条第2款规定,违反国家规定,非法生产、买卖、运输制毒物品、走私制毒物品,具有下列情形之一的,应当认定为《刑法》第350条第1款规定的"情节特别严重":①制毒物品数量在该解释第7条第1款规定的最高数量标准5倍以上的;②达到前述的数量标准,且具有该解释第7条第2款第(三)项至第(六)项规定的情形之一的;③其他情节特别严重的情形。 19

单位犯非法生产、买卖、运输制毒物品、走私制毒物品罪的,对单位判处罚金,并对其直接负责的主管人员和其他直接责任人员,依照《刑法》第350条前两款的规定处罚。 20

第三百五十一条　非法种植毒品原植物罪

非法种植罂粟、大麻等毒品原植物的，一律强制铲除。有下列情形之一的，处五年以下有期徒刑、拘役或者管制，并处罚金：

（一）种植罂粟五百株以上不满三千株或者其他毒品原植物数量较大的；

（二）经公安机关处理后又种植的；

（三）抗拒铲除的。

非法种植罂粟三千株以上或者其他毒品原植物数量大的，处五年以上有期徒刑，并处罚金或者没收财产。

非法种植罂粟或者其他毒品原植物，在收获前自动铲除的，可以免除处罚。

文献：赵秉志、于志刚主编：《毒品犯罪疑难问题司法对策》，吉林人民出版社 2000 年版；高贵君主编：《毒品犯罪审判理论与实务》，人民法院出版社 2009 年版；周道鸾、张军主编：《刑法罪名精释》（第 4 版），人民法院出版社 2013 年版；张洪成、黄瑛琦：《毒品犯罪法律适用问题研究》，中国政法大学出版社 2013 年版；张明楷：《刑法学》（第 6 版），法律出版社 2021 年版。

细目录

Ⅰ　主旨
Ⅱ　沿革
Ⅲ　客体
Ⅳ　对象
Ⅴ　行为
Ⅵ　主体
Ⅶ　罪过
Ⅷ　罪数
Ⅸ　与非罪的界限
Ⅹ　与他罪的区别
Ⅺ　处罚

Ⅰ　主旨

1　本条是非法种植毒品原植物罪的规定。根据《麻醉药品和精神药品管理条例》的规定,国家对麻醉药品药用原植物的种植实行总量控制。麻醉药品药用原植物种植企业由国务院药品监督管理部门和国务院农业主管部门共同确定,其他单位和个人不得种植麻醉药品药用原植物。非法种植毒品原植物罪旨在有效防止毒品原植物被非法用于制造毒品。

Ⅱ 沿革

非法种植毒品原植物罪始于 1990 年全国人民代表大会常务委员会《关于禁毒的决定》第 6 条的规定。1997 年《刑法》沿袭了该决定的规定。 2

Ⅲ 客体

非法种植毒品原植物罪的客体是国家对毒品原植物种植的管理制度。 3

Ⅳ 对象

非法种植毒品原植物罪的对象是罂粟、大麻等毒品原植物。 4

Ⅴ 行为

非法种植毒品原植物罪表现为行为人实施了非法种植罂粟、大麻等毒品原植物的行为,具体包括: 5

1. 种植罂粟 500 株以上不满 3000 株或者其他毒品原植物数量较大的

种植是指播种、育苗、移栽、插苗、施肥、灌溉、割取津液或者收取种子的行为。依据最高人民法院《关于审理毒品犯罪案件适用法律若干问题的解释》第 9 条的规定,非法种植大麻 5000 株以上不满 3 万株的,非法种植罂粟 200 平方米以上不满 1200 平方米、大麻 2000 平方米以上不满 12000 平方米,尚未出苗的,或者非法种植其他毒品原植物数量较大的,属于《刑法》第 351 条第 1 款第(一)项规定的“数量较大”。对此,理论上有观点认为,这里的数量较大,是指毒品原植物本身的数量较大,不是指种植面积大。最高人民法院《关于审理毒品犯罪案件适用法律若干问题的解释》将非法种植罂粟 200 平方米以上不满 1200 平方米、大麻 2000 平方米以上不满 12000 平方米,尚未出苗的,认定为属于《刑法》第 351 条第 1 款第(一)项规定的“数量较大”,存在疑问。对于只是种植面积大,而没有原植物或者原植物数量达不到数量较大的,可以认定为非法买卖、运输、携带、持有毒品原植物种子、幼苗罪,或者认定为非法种植毒品原植物罪的未遂犯或预备犯。[1] 严格按照刑法的规定,这种质疑是有道理的。另外,对于行为人同时种植两种以上毒品原植物的,司法实践中可以考虑 6

---

1 参见张明楷:《刑法学》(第 6 版),法律出版社 2021 年版,第 1523 页。

折算后综合认定数量。

2. 经公安机关处理后又种植的

7 一种观点认为,这是指曾因种植罂粟等毒品原植物,被公安机关予以治安处罚或者强制铲除后又种植,包括判刑后又非法种植的,且不管种植数量多少。[2] 另外一种观点认为,“经公安机关处理后又种植”,是指行为人曾经种植毒品原植物,经公安机关发现强制铲除或者予以行政处罚后,仍不悔改,又非法种植毒品原植物,即便种植数量不大,也应以非法种植毒品原植物罪定罪处罚。[3] 如果单从文义解释的角度看,前者的观点似乎有道理,但若将经公安机关处理理解为包括判过刑,将面临以下疑问:如果先前种植行为被人民法院依法定罪判刑,那么,随着判决的执行完毕,先前种植行为的刑事责任消灭,如果将其作为后行为构成犯罪的要件,则面临刑法重复评价的尴尬问题。所以,采取后者观点更为妥当。

3. 抗拒铲除的

8 一种观点认为,“抗拒铲除”是指行为人非法种植毒品原植物被公安机关发现后予以铲除或者强制其铲除而以暴力相对抗,拒绝铲除。[4] 一种观点认为,只有抗拒国家机关依法实施的铲除行为,才能构成非法种植毒品原植物罪。[5] 还有的观点认为,“抗拒铲除”是指行为人在公安机关或者其他主管机关进行铲除的情况下,采用暴力,或者以暴力相威胁,或者其他强制手段,足以妨碍铲除的行为。[6] 不同看法集中在:构成抗拒是否必须要使用暴力、威胁手段?责令铲除后单纯消极不铲除行为,是否属于“抗拒铲除”?笔者认为,“抗拒铲除”的本意在于处罚阻止铲除非法种植毒品原植物的行为,所以行为对象不能限于国家机关,只要代表国家依法行使铲除的单位和人,都可以成为非法种植毒品原植物罪的对象。抗拒并非单纯的不作为,即不铲除行为,而是要求有积极抵抗行为,所以,面对国家要求铲除非法种植毒品原植物而消极不作为的行为,不构成非法种植毒品原植物罪。至于抵抗的手段,当然既可以是暴力,也可以是威胁。

VI 主体

9 非法种植毒品原植物罪的主体为一般主体,即年满 16 周岁、具有刑事责任能力

---

[2] 参见周道鸾、单长宗、张泗汉主编:《刑法的修改与适用》,人民法院出版社 1997 年版,第 715 页。

[3] 参见周道鸾、张军主编:《刑法罪名精释》(第 3 版),人民法院出版社 2007 年版,第 733 页。

[4] 参见周道鸾、张军主编:《刑法罪名精释》(第 4 版),人民法院出版社 2013 年版,第 935 页。

[5] 参见王作富主编:《刑法分则实务研究》(第 5 版),中国方正出版社 2013 年版,第 1470 页。

[6] 参见高贵君主编:《毒品犯罪审判理论与实务》,人民法院出版社 2009 年版,第 239 页。

的自然人。

Ⅶ　罪过

非法种植毒品原植物罪的罪过形式为故意，即行为人明知是罂粟、大麻等毒品原植物而非法种植。动机不影响本罪成立。 10

Ⅷ　罪数

抗拒铲除的行为也可能构成妨害公务罪，该种情况属于非法种植毒品原植物罪与妨碍公务罪的想象竞合，从一重罪论处。 11

Ⅸ　与非罪的界限

非法种植罂粟不满500株或者其他毒品原植物达不到数量较大的，属于行政违法行为。行为人没有使用暴力、威胁手段，只是拒不执行国家相关部门铲除非法种植罂粟、大麻等毒品原植物决定的，也不成立非法种植毒品原植物罪。 12

Ⅹ　与他罪的区别

非法种植毒品原植物罪与制造毒品罪的区别：非法种植毒品原植物的，构成非法种植毒品原植物罪。行为人种植后又以毒品原植物制造加工提炼鸦片等毒品的，同时构成制造毒品罪。 13

Ⅺ　处罚

根据《刑法》第351条的规定，非法种植毒品原植物罪有两个法定刑档次： 14

第一，非法种植罂粟500株以上不满3000株或者其他毒品原植物数量较大的，经公安机关处理后又种植的，抗拒铲除的，处5年以下有期徒刑、拘役或者管制，并处罚金。 15

第二，非法种植罂粟3000株以上或者其他毒品原植物数量大的，处5年以上有期徒刑，并处罚金或者没收财产。 16

另外，非法种植罂粟或者其他毒品原植物，在收获前自动铲除的，可以免除处罚。 17

第三百五十二条　非法买卖、运输、携带、持有毒品原植物种子、幼苗罪

非法买卖、运输、携带、持有未经灭活的罂粟等毒品原植物种子或者幼苗，数量较大的，处三年以下有期徒刑、拘役或者管制，并处或者单处罚金。

文献:赵秉志、于志刚主编:《毒品犯罪疑难问题司法对策》,吉林人民出版社 2000 年版;高贵君主编:《毒品犯罪审判理论与实务》,人民法院出版社 2009 年版;张明楷:《刑法学》(第 6 版),法律出版社 2021 年版。

细目录

Ⅰ　主旨
Ⅱ　沿革
Ⅲ　客体
Ⅳ　对象
Ⅴ　行为
Ⅵ　主体
Ⅶ　罪过
Ⅷ　与非罪的界限
Ⅸ　与他罪的区别
Ⅹ　处罚

Ⅰ　主旨

1　本条是非法买卖、运输、携带、持有毒品原植物种子、幼苗罪的规定。禁毒工作必须堵源截流,刑法规定本罪有助于有效防止毒品原植物种子、幼苗被非法用于制造毒品。

Ⅱ　沿革

2　1979 年《刑法》和 1990 年全国人民代表大会常务委员会《关于禁毒的决定》都没有非法买卖、运输、携带、持有毒品原植物种子、幼苗罪的规定,本罪是 1997 年《刑法》新增的罪名。

Ⅲ　客体

非法买卖、运输、携带、持有毒品原植物种子、幼苗罪的客体是国家对毒品原植物种子及其幼苗的管理制度。 3

Ⅳ　对象

非法买卖、运输、携带、持有毒品原植物种子、幼苗罪的犯罪对象是未经灭活的罂粟等毒品原植物种子或者幼苗。 4

Ⅴ　行为

非法买卖、运输、携带、持有毒品原植物种子、幼苗罪表现为非法买卖、运输、携带、持有未经灭活的罂粟等毒品原植物种子或者幼苗,数量较大的行为。非法买卖、运输、持有的含义与《刑法》第350条的规定相同。 5

最高人民法院《关于审理毒品犯罪案件适用法律若干问题的解释》第10条规定,非法买卖、运输、携带、持有未经灭活的毒品原植物种子或者幼苗,具有下列情形之一的,应当认定为《刑法》第352条规定的“数量较大”:①罂粟种子50克以上、罂粟幼苗5000株以上的;②大麻种子50千克以上、大麻幼苗5万株以上的;③其他毒品原植物种子或者幼苗数量较大的。 6

Ⅵ　主体

非法买卖、运输、携带、持有毒品原植物种子、幼苗罪的主体为一般主体,即年满16周岁、具有刑事责任能力的自然人。 7

Ⅶ　罪过

非法买卖、运输、携带、持有毒品原植物种子、幼苗罪的罪过形式为故意,即行为人明知是未经灭活的罂粟等毒品原植物种子或者幼苗,而非法买卖、运输、携带、持有。 8

Ⅷ　与非罪的界限

非法买卖、运输、携带、持有毒品原植物种子、幼苗达不到刑法和司法解释规定的数量较大的,属于行政违法行为,不以犯罪论处。 9

Ⅸ　与他罪的区别

非法买卖、运输、携带、持有毒品原植物种子、幼苗罪与非法种植毒品原植物罪的 10

区别主要是行为手段不同。非法买卖、运输、携带、持有毒品原植物种子、幼苗罪处罚的是非法买卖、运输、携带、持有毒品原植物种子、幼苗的行为;非法种植毒品原植物罪处罚的是非法种植毒品原植物的行为。

X　处罚

11 犯非法买卖、运输、携带、持有毒品原植物种子、幼苗罪的,处3年以下有期徒刑、拘役或者管制,并处或者单处罚金。

第三百五十三条　引诱、教唆、欺骗他人吸毒罪；强迫他人吸毒罪

引诱、教唆、欺骗他人吸食、注射毒品的，处三年以下有期徒刑、拘役或者管制，并处罚金；情节严重的，处三年以上七年以下有期徒刑，并处罚金。

强迫他人吸食、注射毒品的，处三年以上十年以下有期徒刑，并处罚金。

引诱、教唆、欺骗或者强迫未成年人吸食、注射毒品的，从重处罚。

文献：赵秉志、于志刚主编：《毒品犯罪疑难问题司法对策》，吉林人民出版社2000年版；高贵君主编：《毒品犯罪审判理论与实务》，人民法院出版社2009年版；张明楷：《刑法学》（第6版），法律出版社2021年版。

细目录

Ⅰ　主旨
Ⅱ　沿革
Ⅲ　客体
Ⅳ　行为
Ⅴ　主体
Ⅵ　罪过
Ⅶ　罪数
Ⅷ　处罚

Ⅰ　主旨

本条是引诱、教唆、欺骗他人吸毒罪与强迫他人吸毒罪的规定。毒品严重危害公民的身心健康，吸毒是违法行为。引诱、教唆、欺骗他人吸毒特别是强迫他人吸毒，违背了国家法律法规，既侵犯他人的尊严，也损害了吸毒者的身心健康。本条规定旨在维护国家对毒品的管理制度和保护公民身心健康。 1

Ⅱ　沿革

引诱、教唆、欺骗他人吸毒罪和强迫他人吸毒罪始于1990年全国人民代表大会常务委员会《关于禁毒的决定》第7条的规定："引诱、教唆、欺骗他人吸食、注射毒品的，处七年以下有期徒刑、拘役或者管制，并处罚金。强迫他人吸食、注射毒品的，处 2

三年以上十年以下有期徒刑,并处罚金。引诱、教唆、欺骗或者强迫未成年人吸食、注射毒品的,从重处罚。”1997 年《刑法》沿袭了该决定的规定,对刑罚设置作了调整。

Ⅲ 客体

3 引诱、教唆、欺骗他人吸毒罪和强迫他人吸毒罪的客体是国家对毒品的管理制度和公民的身心健康。

Ⅳ 行为

4 引诱、教唆、欺骗他人吸毒罪表现为行为人实施了引诱、教唆、欺骗他人吸食、注射毒品的行为。引诱是指以金钱、物质等勾引、诱导他人吸食毒品、注射毒品的行为。教唆是指以唆使、怂恿、授意等方法使他人吸食毒品、注射毒品的行为。两行为的共同点都是在他人没有吸食、注射毒品意愿的前提下,因为行为人的行为而吸食、注射毒品。欺骗是指使用隐瞒事实真相或者制造假象等方法,使他人吸食、注射毒品的行为,比如在药品中放入毒品,供他人吸食;又如,行为人在他人饮用的酒水饮料中投入毒品[1]。行为人引诱、教唆、欺骗既可以面对面进行,也可以通过网络实施。欺骗的对象既可以是未成年人,也可以是成年人;既可以是已经戒毒人员,也可以是正在戒毒的人员。引诱、教唆、欺骗他人吸食、注射毒品的行为是否使他人成瘾,不影响本罪的成立。

5 强迫他人吸毒罪表现为行为人实施了强迫他人吸食、注射毒品的行为。所谓强迫他人吸食、注射毒品,是指行为人违背他人意志,以暴力、胁迫或者其他强制手段,迫使他人吸食、注射毒品。被害人吸毒、注射毒品的非自愿性和犯罪行为的强制性是本罪的重要特点。理解本罪的客观行为,需要注意以下几点:①强迫的对象可以是从来没有吸食、注射过毒品的行为人,可以是已经戒毒的行为人,也可以是正在戒毒的行为人。此外,强迫吸毒人员吸毒的,也可依法成立本罪。因为违背他人意志应强调行为的时效特征,只要行为人在实施强迫行为时,作为被害人的吸毒者没有吸食、注射毒品的意愿,即使强迫行为发生后被害人因毒瘾发作而吸食、注射毒品的,仍符合违背他人意志。[2] ②强迫方式既可以是暴力,也可以是胁迫,还可以是其他方法,比如,行为人使被害人陷入意识不清醒状态,而向其注射毒品。强迫行为导致行为人重伤或死亡的,属于本罪与故意伤害罪或故意杀人罪的想象竞合,从一重罪论处。强迫手段是否具有公然性,不影响本罪的成立。

6 强迫他人吸毒罪与引诱、教唆、欺骗他人吸毒罪的区别,主要在于行为方式不同。

---

1 参见最高人民检察院第三十七批指导性案例“郭某某欺骗他人吸毒案”(检例第 152 号)。

2 参见张琦:《强迫吸毒人员吸毒仍构成强迫他人吸毒罪》,载《人民法院报》2015 年 6 月 25 日。

引诱、教唆、欺骗他人吸毒罪是行为人通过引诱、教唆、欺骗手段,使他人“自愿”吸食、注射毒品。强迫他人吸毒罪则是违背他人意愿迫使其吸毒。

Ⅴ 主体

引诱、教唆、欺骗他人吸毒罪与强迫他人吸毒罪的主体均为一般主体,即年满 16 周岁,具有刑事责任能力的自然人。 7

Ⅵ 罪过

引诱、教唆、欺骗他人吸毒罪和强迫他人吸毒罪的罪过形式均为故意,动机不影响两罪的成立。 8

Ⅶ 罪数

行为人引诱、教唆、欺骗、强迫他人吸食、注射毒品后,又向吸食、注射毒品的人贩卖毒品的,分别构成引诱、教唆、欺骗他人吸毒罪,强迫他人吸毒罪和贩卖毒品罪,实行数罪并罚。 9

Ⅷ 处罚

根据《刑法》第 353 条第 1 款的规定:犯引诱、教唆、欺骗他人吸毒罪的,处 3 年以下有期徒刑、拘役或者管制,并处罚金。情节严重的,处 3 年以上 7 年以下有期徒刑,并处罚金。最高人民法院《关于审理毒品犯罪案件适用法律若干问题的解释》第 11 条规定,引诱、教唆、欺骗他人吸食、注射毒品,具有下列情形之一的,应当认定为《刑法》第 353 条第 1 款规定的“情节严重”:①引诱、教唆、欺骗多人或者多次引诱、教唆、欺骗他人吸食、注射毒品的;②对他人身体健康造成严重危害的;③导致他人实施故意杀人、故意伤害、交通肇事等犯罪行为的;④国家工作人员引诱、教唆、欺骗他人吸食、注射毒品的;⑤其他情节严重的情形。 10

根据《刑法》第 353 条第 2 款的规定,犯强迫他人吸毒罪的,处 3 年以上 10 年以下有期徒刑,并处罚金。 11

根据《刑法》第 353 条第 3 款的规定,引诱、教唆、欺骗或者强迫未成年人吸食、注射毒品的,从重处罚。 12

第三百五十四条　容留他人吸毒罪

容留他人吸食、注射毒品的，处三年以下有期徒刑、拘役或者管制，并处罚金。

文献:高贵君主编:《毒品犯罪审判理论与实务》,人民法院出版社 2009 年版;张洪成、黄瑛琦:《毒品犯罪法律适用问题研究》,中国政法大学出版社 2013 年版;张明楷:《刑法学》(第 6 版),法律出版社 2021 年版。

细目录

Ⅰ　主旨
Ⅱ　沿革
Ⅲ　客体
Ⅳ　行为
Ⅴ　主体
Ⅵ　罪过
Ⅶ　罪数
Ⅷ　与非罪的界限
Ⅸ　处罚

Ⅰ　主旨

1 《禁毒法》第 3 条规定:“禁毒是全社会的共同责任。国家机关、社会团体、企业事业单位以及其他组织和公民,应当依照本法和有关法律的规定,履行禁毒职责或者义务。”第 62 条规定:“吸食、注射毒品的,依法给予治安管理处罚。吸毒人员主动到公安机关登记或者到有资质的医疗机构接受戒毒治疗的,不予处罚。”单纯的吸毒行为在我国属于违法行为,容留他人吸毒的,为违法行为提供帮助条件,破坏了国家对毒品的管理秩序。本条规定旨在维护国家禁毒秩序。

Ⅱ　沿革

2 容留他人吸毒罪始于 1990 年全国人民代表大会常务委员会《关于禁毒的决定》第 9 条的规定:“容留他人吸食、注射毒品并出售毒品的,依照第二条的规定处罚。”1997 年《刑法》对罪状作了修改,并确定为容留他人吸毒罪。

Ⅲ 客体

容留他人吸毒罪的客体是国家对毒品的管理秩序。 3

Ⅳ 行为

容留他人吸毒罪表现为容留他人吸食、注射毒品。容留,是指行为人为他人吸食、注射毒品提供场所的行为。既可以是行为人主动提供,也可以是被动提供;既可以是有偿提供,也可以是无偿提供。提供的场所,既可以是自己所有的,也可以是自己经营管理的。 4

从理论上讲,容留他人吸毒罪既可以作为方式实施,也可以不作为方式实施。但在后者的场合,行为人需要有作为义务,认定犯罪要慎重。比如吸毒人员宋某、张某、池某、江某(未成年人)、易某先后入住被告人聂凯凯经营的"平安旅馆"吸食毒品。被告人聂凯凯在送毛巾等物品到上述人员入住房间时,看见他们吸食毒品未予制止。对于该案被告人聂凯凯的行为是否构成容留他人吸毒罪,有两种意见:一种认为,被告人聂凯凯事先并不明知客人登记入住系为吸食毒品,也未从入住客人处收取除应收房费外的其他费用,其行为不同于主动为吸毒人员提供场所的情形,被告人聂凯凯对入住客人的吸毒行为也没有义务制止或者报告公安机关,其行为不构成容留他人吸毒罪。另一种意见认为,被告人聂凯凯发现客人吸食毒品后不予制止,其行为属于放任他人吸毒,且聂凯凯对于入住客人的吸毒行为有义务制止或者报告公安机关,对聂凯凯应以容留他人吸毒罪论处。最终人民法院判处被告人聂凯凯构成容留他人吸毒罪。该案之所以如此认定,重要原因在于,根据《禁毒法》《治安管理处罚法》和《旅馆业治安管理办法》等规定,被告人聂凯凯作为旅馆经营者,对于入住客人的吸毒行为有义务制止或者向公安机关报告。[1] 5

《禁毒法》明确规定禁毒是全社会的共同责任,第 15 条明确指出:"飞机场、火车站、长途汽车站、码头以及旅店、娱乐场所等公共场所的经营者、管理者,负责本场所的禁毒宣传教育,落实禁毒防范措施,预防毒品违法犯罪行为在本场所内发生。"《治安管理处罚法》第 56 条第 1 款规定:"旅馆业的工作人员对住宿的旅客不按规定登记姓名、身份证件种类和号码的,或者明知住宿的旅客将危险物质带入旅馆,不予制止的,处二百元以上五百元以下罚款。"由此可见,旅馆经营者对于入住客人的吸毒行为有义务制止或者有向公安机关报告的义务,不履行这种义务当然应当承担相应的法律责任,但《禁毒法》等法律法规赋予旅馆经营者报告和制止义务,系出于社会管理的需要。责任自负是刑法的基本原则,积极为他人吸食、注射毒品提供场所的行为和消 6

---

1 参见最高人民法院刑事审判第一、二、三、四、五庭主办:《刑事审判参考》(总第 100 集),法律出版社 2015 年版,第 78—82 页。

极不制止、不报告行为,毕竟难以同等评价。对于被告人聂凯凯的行为,尽管人民法院判决其构成容留他人吸毒罪,并刊载于《刑事审判参考》上,但立足于处罚的正当性,笔者对该案的判决结果持保留意见。

7 同样,对于出租车司机发现乘客在自己出租车上吸食、注射毒品而不制止,或者不向公安机关举报的行为,也不宜认定构成容留他人吸毒罪。在共同居住的场合,由于共同居住者对居住的场所都有控制支配权,所以,当共同居住的一人或部分行为人在屋内吸食、注射毒品,其他居住者并不存在容留的问题,不应认定为容留他人吸毒罪。甲、乙、丙三人共同在宾馆开房吸食毒品,其中,甲提供身份证,乙、丙共同支付房费,该种情况属于行为人共同吸食毒品,不构成容留他人吸毒罪。对于毒友之间相互邀请,依次提供场所共同吸毒的,该情形符合容留行为的性质和特征,可以构成容留他人吸毒罪。

8 再者,互联网的发展,吸毒者利用视频群聊聚众吸毒的案件越来越多,是否有必要将容留他人吸毒罪中"场所"概念作扩大解释,将此类案件纳入处罚范围。笔者认为,容留行为的本质是为吸毒者吸毒提供场所空间,网络聊天室仅仅是数字信息交流的平台,将该场合认定为容留他人吸毒,超出了容留他人吸毒罪的文义范围。

9 最高人民法院《关于审理毒品犯罪案件适用法律若干问题的解释》第 12 条第 1 款规定,容留他人吸食、注射毒品,具有下列情形之一的,以容留他人吸毒罪定罪处罚:①1 次容留多人吸食、注射毒品的;②2 年内多次容留他人吸食、注射毒品的;③2 年内曾因容留他人吸食、注射毒品受过行政处罚的;④容留未成年人吸食、注射毒品的;⑤以牟利为目的容留他人吸食、注射毒品的;⑥容留他人吸食、注射毒品造成严重后果的;⑦其他应当追究刑事责任的情形。

V 主体

10 容留他人吸毒罪的主体为一般主体,即年满 16 周岁、具有刑事责任能力的自然人。

Ⅵ 罪过

11 容留他人吸毒罪的罪过形式为故意,动机不影响本罪的成立。

Ⅶ 罪数

12 最高人民法院《关于审理毒品犯罪案件适用法律若干问题的解释》第 12 条第 2 款规定,向他人贩卖毒品后又容留其吸食、注射毒品,或者容留他人吸食、注射毒品并向其贩卖毒品,符合第 1 款规定的容留他人吸毒罪的定罪条件的,以贩卖毒品罪和容留他人吸毒罪数罪并罚。

Ⅷ 与非罪的界限

13 对于容留他人吸毒罪的成立,刑法并没有数量或情节限制,但是根据最高人民法院《关于审理毒品犯罪案件适用法律若干问题的解释》的规定,行为人并非只要实施了容留行为的,都构成本罪。在没有达到司法解释规定情节的,按照行政违法处理。

Ⅸ 处罚

14 根据《刑法》第354条的规定,容留他人吸食、注射毒品的,处3年以下有期徒刑、拘役或者管制,并处罚金。

15 最高人民法院《关于审理毒品犯罪案件适用法律若干问题的解释》第12条第3款规定,容留近亲属吸食、注射毒品,情节显著轻微危害不大的,不作为犯罪处理;需要追究刑事责任的,可以酌情从宽处罚。

第三百五十五条　非法提供麻醉药品、精神药品罪

依法从事生产、运输、管理、使用国家管制的麻醉药品、精神药品的人员，违反国家规定，向吸食、注射毒品的人提供国家规定管制的能够使人形成瘾癖的麻醉药品、精神药品的，处三年以下有期徒刑或者拘役，并处罚金；情节严重的，处三年以上七年以下有期徒刑，并处罚金。向走私、贩卖毒品的犯罪分子或者以牟利为目的，向吸食、注射毒品的人提供国家规定管制的能够使人形成瘾癖的麻醉药品、精神药品的，依照本法第三百四十七条的规定定罪处罚。

单位犯前款罪的，对单位判处罚金，并对其直接负责的主管人员和其他直接责任人员，依照前款的规定处罚。

文献：赵秉志、于志刚主编：《毒品犯罪疑难问题司法对策》，吉林人民出版社2000年版；高贵君主编：《毒品犯罪审判理论与实务》，人民法院出版社2009年版；张洪成、黄瑛琦：《毒品犯罪法律适用问题研究》，中国政法大学出版社2013年版；张明楷：《刑法学》（第6版），法律出版社2021年版。

细目录

Ⅰ　主旨
Ⅱ　沿革
Ⅲ　客体
Ⅳ　行为
Ⅴ　主体
Ⅵ　罪过
Ⅶ　排除犯罪的事由
Ⅷ　与非罪的界限
Ⅸ　与他罪的区别
Ⅹ　处罚

Ⅰ　主旨

1　本条是非法提供麻醉药品、精神药品罪的规定。麻醉药品和精神药品具有药品和毒品的双重属性。本罪目的在于加强对依法从事生产、运输、管理、使用国家管制

的麻醉药品、精神药品人员的管理,落实国家对毒品的管制,避免麻醉药品、精神药品的非法使用。

Ⅱ 沿革

非法提供麻醉药品、精神药品罪始于1990年全国人民代表大会常务委员会《关于禁毒的决定》第10条第2款、第3款的规定:“依法从事生产、运输、管理、使用国家管制的麻醉药品、精神药品的人员违反国家规定,向吸食、注射毒品的人提供国家管制的麻醉药品、精神药品的,处七年以下有期徒刑或者拘役,可以并处罚金……单位有第二款规定的违法犯罪行为的,对其直接负责的主管人员和其他直接责任人员,依照第二款的规定处罚,并对单位判处罚金。”1997年《刑法》吸收了上述规定,对本罪的法定刑作了细分。 2

Ⅲ 客体

非法提供麻醉药品、精神药品罪的客体是国家对毒品的管理制度。本罪的对象是吸食、注射毒品的人。 3

Ⅳ 行为

非法提供麻醉药品、精神药品罪表现为行为人违反国家规定,向吸食、注射毒品的人提供国家规定管制的能够使人形成瘾癖的麻醉药品、精神药品的行为。①“提供”的非法性。提供行为必须是非法的,即行为违反了国家有关麻醉药品、精神药品的法律法规。②提供,即供给之意。提供原本可以是有偿的,也可以是无偿的。《刑法》第355条第1款规定,“以牟利为目的,向吸食、注射毒品的人提供国家规定管制的能够使人形成瘾癖的麻醉药品、精神药品的,依照本法第三百四十七条的规定定罪处罚”。所以,针对吸食、注射毒品的人的提供行为,不得以牟利为目的。对此,理论上一般解释为“提供行为的无偿性”,即提供行为不得获取任何物质经济利益。其中,有偿包括直接的物钱买卖、物物交易,也包括间接的以毒品换取各种形式和种类的报酬。[1] 司法实践中,提供的形式可以是赠与,也可以是非法批准,还可以是医生开处方等。 4

根据最高人民法院《关于审理毒品犯罪案件适用法律若干问题的解释》第13条的规定,具有下列情形之一的,以非法提供麻醉药品、精神药品罪定罪处罚:①非法提供麻醉药品、精神药品达到《刑法》第347条第3款或者该解释第2条规定的“数量较大”标准最低值的50%,不满“数量较大”标准的;②2年内曾因非法提供麻醉药品、精神药品受过行政处罚的;③向多人或者多次非法提供麻醉药品、精神药品的;④向吸 5

---

1 参见郑伟:《非法提供麻醉药品、精神药品罪的客观要件》,载《法学》2002年第5期。

食、注射毒品的未成年人非法提供麻醉药品、精神药品的;⑤非法提供麻醉药品、精神药品造成严重后果的;⑥其他应当追究刑事责任的情形。

6　具有下列情形之一的,属于非法提供麻醉药品、精神药品罪中的“情节严重”:①非法提供麻醉药品、精神药品达到《刑法》第 347 条第 3 款或者上述解释第 2 条规定的“数量较大”标准的;②非法提供麻醉药品、精神药品达到上述解释第 13 条第 1 款第(一)项规定的数量标准,且具有第 1 款第(三)项至第(五)项规定的情形之一的;③其他情节严重的情形。

V　主体

7　非法提供麻醉药品、精神药品罪的主体为特殊主体,即依法从事生产、运输、管理、使用国家管制的麻醉药品、精神药品的人员和单位。

Ⅵ　罪过

8　非法提供麻醉药品、精神药品罪的罪过形式为故意,即行为人明知他人吸食、注射毒品,而有意向其提供麻醉药品、精神药品。行为的动机不影响本罪的成立,但是行为人主观上不能具有牟利的目的。

Ⅶ　排除犯罪的事由

9　排除非法提供麻醉药品、精神药品罪成立的事由有:

10　(1)业务行为。如果行为人按照国家规定,向他人提供国家管制的麻醉药品、精神药品的,属于业务行为,不构成本罪。如医务人员因治疗需要,按照规定向病人提供麻醉药品、精神药品。

11　(2)在吸毒者未能戒毒,毒瘾发作时如不提供必要毒品会导致死亡的情况下,对其提供必要毒品的,行为阻却违法。[2]

Ⅷ　与非罪的界限

12　根据《刑法》第 355 条的规定,非法提供麻醉药品、精神药品罪的成立并没有数量或情节限制,但是根据司法解释的规定,并非只要实施了向吸食、注射毒品的人提供国家规定管制的能够使人形成瘾癖的麻醉药品、精神药品的,就成立犯罪。没有达到司法解释规定数量或情节标准的,按照行政违法处理。

Ⅸ　与他罪的区别

13　在向吸食、注射毒品的人提供国家规定管制的能够使人形成瘾癖的麻醉药品、精

2　参见张明楷:《刑法学》(第 6 版),法律出版社 2021 年版,第 1526 页。

神药品的场合,行为究竟是成立非法提供麻醉药品、精神药品罪,还是构成贩卖毒品罪,关键在于提供行为是否以牟利为目的,即行为是否有偿。有偿提供的,成立贩卖毒品罪;无偿提供的,构成非法提供麻醉药品、精神药品罪。

X 处罚

根据《刑法》第355条的规定,犯非法提供麻醉药品、精神药品罪的,处3年以下有期徒刑或者拘役,并处罚金。情节严重的,处3年以上7年以下有期徒刑,并处罚金。 14

单位犯非法提供麻醉药品、精神药品罪的,对单位判处罚金,并对其直接负责的主管人员和其他直接责任人员,依照上述规定处罚。 15

第三百五十五条之一　妨害兴奋剂管理罪

引诱、教唆、欺骗运动员使用兴奋剂参加国内、国际重大体育竞赛，或者明知运动员参加上述竞赛而向其提供兴奋剂，情节严重的，处三年以下有期徒刑或者拘役，并处罚金。

组织、强迫运动员使用兴奋剂参加国内、国际重大体育竞赛的，依照前款的规定从重处罚。

文献：许永安主编：《中华人民共和国刑法修正案（十一）解读》，中国法制出版社2021年版。

细目录

Ⅰ　主旨
Ⅱ　沿革
Ⅲ　客体
Ⅳ　行为
Ⅴ　主体
Ⅵ　罪过
Ⅶ　排除犯罪的事由
Ⅷ　与他罪的区别
Ⅸ　处罚

Ⅰ　主旨

1　本条是妨害兴奋剂管理罪的规定。近年来我国兴奋剂违法违规问题呈现出低龄化、社会化特征，兴奋剂的不规范管理造成一系列值得关注的社会问题。本条规定的设立目的在于加强对兴奋剂违法行为的惩治力度，维护体育竞赛的竞技公平与运动员等的身心健康。[1]

Ⅱ　沿革

2　体育赛事中使用兴奋剂既破坏竞赛的公平，又伤害运动参与者的身心健康，我国

1　参见许永安主编：《中华人民共和国刑法修正案（十一）解读》，中国法制出版社2021年版，第410页。

历来重视体育运动中的反兴奋剂工作。1995 年 8 月 29 日第八届全国人民代表大会常务委员会第十五次会议通过的《体育法》第 34 条第 1 款、第 2 款规定:“体育竞赛实行公平竞争的原则。体育竞赛的组织者和运动员、教练员、裁判员应当遵守体育道德,不得弄虚作假、营私舞弊。在体育运动中严禁使用禁用的药物和方法。禁用药物检测机构应当对禁用的药物和方法进行严格检查。”第 50 条规定:“在体育运动中使用禁用的药物和方法的,由体育社会团体按照章程规定给予处罚;对国家工作人员中的直接责任人员,依法给予行政处分。”2004 年国务院通过的《反兴奋剂条例》对体育竞赛中的反兴奋剂工作作了更为全面的规定。该条例第 39 条第 1 款规定:“体育社会团体、运动员管理单位向运动员提供兴奋剂或者组织、强迫、欺骗运动员在体育运动中使用兴奋剂的,由国务院体育主管部门或者省、自治区、直辖市人民政府体育主管部门收缴非法持有的兴奋剂;负有责任的主管人员和其他直接责任人员 4 年内不得从事体育管理工作和运动员辅助工作;情节严重的,终身不得从事体育管理工作和运动员辅助工作;造成运动员人身损害的,依法承担民事赔偿责任;构成犯罪的,依法追究刑事责任。”2006 年我国签署联合国教育、科学及文化组织制定的《反对在体育运动中使用兴奋剂国际公约》。2019 年最高人民法院《关于审理走私、非法经营、非法使用兴奋剂刑事案件适用法律若干问题的解释》明确规定了走私、非法经营、非法使用兴奋剂行为的定罪量刑。

为了进一步加大对妨害兴奋剂管理行为的惩处,《刑法修正案(十一)》新增妨害兴奋剂管理罪,在《刑法》第 355 条后增加一条,作为第 355 条之一,规定:“引诱、教唆、欺骗运动员使用兴奋剂参加国内、国际重大体育竞赛,或者明知运动员参加上述竞赛而向其提供兴奋剂,情节严重的,处三年以下有期徒刑或者拘役,并处罚金。组织、强迫运动员使用兴奋剂参加国内、国际重大体育竞赛的,依照前款的规定从重处罚。” 3

Ⅲ　客体

妨害兴奋剂管理罪的客体是国家对兴奋剂的管理制度。该制度旨在保护体育运动参加者的身心健康,维护体育竞赛的公平竞争。 4

Ⅳ　行为

妨害兴奋剂管理罪表现为三种行为类型:行为人引诱、教唆、欺骗运动员使用兴奋剂参加国内、国际重大体育竞赛,情节严重的;明知运动员参加上述竞赛而向其提供兴奋剂,情节严重的;组织、强迫运动员使用兴奋剂参与国内、国际重大体育竞赛的。 5

第一,行为的含义。引诱是指以提高比赛成绩、获得高额报酬等条件诱使运动员使用兴奋剂。教唆是指劝说、怂恿运动员使用兴奋剂。欺骗是指隐瞒事实真相,使运 6

动员在不知情的情况下使用兴奋剂。提供即供给,包括向运动员本人提供,也包括通过运动员的教练、队医等辅助人员向运动员提供,提供行为必须是非法的。组织是指利用管理、指导运动员的机会等,招募、纠集、容留多名运动员有组织地使用兴奋剂。强迫是指以暴力、胁迫或者其他办法,迫使运动员使用兴奋剂。

7 第二,运动员的含义。根据 2018 年修订的国家体育总局《体育运动中兴奋剂管制通则》的规定,运动员是指:①参加国际级或国家级比赛的运动员;②参加全国性体育社会团体及其会员单位举办或授权举办的比赛的运动员;③在全国性体育社会团体及其会员单位注册的运动员;④参加政府资助的比赛的运动员;⑤如赛事组织机构授权或委托反兴奋剂中心实施兴奋剂检查,参加此类比赛的运动员。

8 第三,国内、国际重大体育竞赛的含义。2022 年 6 月 24 日修订通过,2023 年 1 月 1 日起施行的《体育法》第 49 条规定:“代表国家和地方参加国际、国内重大体育赛事的运动员和运动队,应当按照公开、公平、择优的原则选拔和组建。运动员选拔和运动队组建办法由国务院体育行政部门规定。”第 50 条规定,“国家对体育赛事活动实行分级分类管理”。妨害兴奋剂管理罪只能发生在国内、国际重大体育竞赛中。

9 第四,兴奋剂的含义。《反兴奋剂条例》第 2 条规定:“本条例所称兴奋剂,是指兴奋剂目录所列的禁用物质等。兴奋剂目录由国务院体育主管部门会同国务院药品监督管理部门、国务院卫生主管部门、国务院商务主管部门和海关总署制定、调整并公布。”

10 2019 年最高人民法院《关于审理走私、非法经营、非法使用兴奋剂刑事案件适用法律若干问题的解释》第 8 条指出,对于是否属于该解释规定的“兴奋剂”“兴奋剂目录所列物质”“体育运动”“国内、国际重大体育竞赛”等专门性问题,应当依据《体育法》《反兴奋剂条例》等法律法规,结合国务院体育主管部门出具的认定意见等证据材料作出认定。

11 此外,构成《刑法》第 355 条之一第 1 款的犯罪,刑法明确要求行为情节严重。

V 主体

12 妨害兴奋剂管理罪的主体为一般主体,即年满 16 周岁、具备刑事责任能力的自然人。

VI 罪过

13 妨害兴奋剂管理罪的罪过形式为故意,即行为人在明知运动员参与国内、国际重大体育竞赛的情况下实施引诱、教唆、欺骗、组织、强迫运动员使用兴奋剂或者向运动员提供兴奋剂的行为。

VII 排除犯罪的事由

14 如果行为人按照国家规定,向运动员提供兴奋剂,属于正常合法的业务行为,不构成妨害兴奋剂管理罪。比如,医务人员因治疗需要,按照规定向运动员提供属于兴奋剂的部分药品的,依法不属于犯罪行为。

Ⅷ　与他罪的区别

第一,根据2019年最高人民法院《关于审理走私、非法经营、非法使用兴奋剂刑事案件适用法律若干问题的解释》的规定,运动员、运动员辅助人员走私兴奋剂目录所列物质,或者其他人员以在体育竞赛中非法使用为目的走私兴奋剂目录所列物质,涉案物质属于国家禁止进出口的货物、物品,构成犯罪的,以走私国家禁止进出口的货物、物品罪定罪处罚;涉案物质不属于国家禁止进出口的货物、物品,但偷逃应缴税额1万元以上或者1年内曾因走私被给予2次以上行政处罚后又走私的,以走私普通货物、物品罪定罪处罚。 15

第二,根据2019年最高人民法院《关于审理走私、非法经营、非法使用兴奋剂刑事案件适用法律若干问题的解释》的规定,对未成年人、残疾人负有监护、看护职责的人组织未成年人、残疾人在体育运动中非法使用兴奋剂,符合该解释规定情形的,以虐待被监护、看护人罪定罪处罚。同时构成妨害兴奋剂管理罪的,从一重处。 16

第三,实施有关兴奋剂犯罪行为,构成妨害兴奋剂管理罪,同时涉案物质属于毒品、制毒物品等,构成有关毒品犯罪的,从一重处。 17

Ⅸ　处罚

根据《刑法》第355条之一的规定,犯妨害兴奋剂管理罪的,处3年以下有期徒刑或者拘役,并处罚金。组织、强迫运动员使用兴奋剂参加国内、国际重大体育竞赛的,依照前述规定从重处罚。 18

第三百五十六条　毒品犯罪的再犯

因走私、贩卖、运输、制造、非法持有毒品罪被判过刑，又犯本节规定之罪的，从重处罚。

文献:周道鸾、单长宗、张泗汉主编:《刑法的修改与适用》,人民法院出版社 1997 年版;高贵君主编:《毒品犯罪审判理论与实务》,人民法院出版社 2009 年版;郎胜主编:《中华人民共和国刑法释义》(第 6 版),法律出版社 2015 年版;刘志伟编:《刑法规范总整理》(第 11 版),法律出版社 2019 年版。何荣功:《未成年人不应构成毒品犯罪再犯》,载《检察日报》2016 年 1 月 13 日。

细目录

Ⅰ　主旨
Ⅱ　沿革
Ⅲ　概念与特征
Ⅳ　与累犯的关系
Ⅴ　未成年人能否构成毒品犯罪的再犯

Ⅰ　主旨

1 《刑法》第 65 条第 1 款规定:"被判处有期徒刑以上刑罚的犯罪分子,刑罚执行完毕或者赦免以后,在五年以内再犯应当判处有期徒刑以上刑罚之罪的,是累犯,应当从重处罚……"根据该规定,累犯的成立,前罪和后罪以及两罪之间时间间隔都有明确要求。毒品犯罪的再犯的成立,并不要求前罪要被判处有期徒刑以上刑罚、前罪刑罚执行完毕或者赦免以后在 5 年以内再犯罪以及后罪应判处有期徒刑以上刑罚的条件限制。本条主要体现的是对毒品犯罪的再犯从严处罚的立场。

Ⅱ　沿革

2 1979 年《刑法》没有规定毒品犯罪的再犯。1990 年全国人民代表大会常务委员会《关于禁毒的决定》第 11 条第 2 款规定:" 因走私、贩卖、运输、制造、非法持有毒品罪被判过刑,又犯本决定规定之罪的,从重处罚。"1997 年《刑法》吸收了全国人民代表大会常务委员会《关于禁毒的决定》的上述规定。

Ⅲ 概念与特征

根据《刑法》第356条的规定，毒品犯罪的再犯，是指因走私、贩卖、运输、制造、非法持有毒品罪被判过刑，又犯本节规定之罪的情况。也就是说，只要因走私、贩卖、运输、制造、非法持有毒品罪被判过刑，不论是在刑罚执行完毕后，还是在缓刑、假释或者暂予监外执行期间，又犯《刑法》分则第六章第七节规定的毒品犯罪的，都是毒品犯罪的再犯，应当从重处罚。 3

Ⅳ 与累犯的关系

《刑法》第65条第1款规定了一般累犯，毒品犯罪的行为人的行为符合该条款的，当然也可以成立一般累犯。对于行为人的同一毒品犯罪行为同时符合一般累犯和毒品犯罪再犯的处理问题，《全国部分法院审理毒品犯罪案件工作座谈会纪要》规定："对同时构成累犯和毒品再犯的被告人，应当同时引用刑法关于累犯和毒品再犯的条款从重处罚。"《全国法院毒品犯罪审判工作座谈会纪要》规定："对于因同一毒品犯罪前科同时构成累犯和毒品再犯的被告人，在裁判文书中应当同时引用刑法关于累犯和毒品再犯的条款，但在量刑时不得重复予以从重处罚。对于因不同犯罪前科同时构成累犯和毒品再犯的被告人，量刑时的从重处罚幅度一般应大于前述情形。"相对于《全国部分法院审理毒品犯罪案件工作座谈会纪要》，《全国法院毒品犯罪审判工作座谈会纪要》进一步明确了以下两方面问题：①因同一毒品犯罪前科同时构成累犯和毒品再犯的被告人，在量刑时不得重复予以从重处罚；②对于因不同犯罪前科同时构成累犯和毒品再犯的被告人，量刑时的从重处罚幅度一般应大于前述情形。 4

Ⅴ 未成年人能否构成毒品犯罪的再犯

毒品犯罪的再犯认定中需要特别探讨的是未成年人能否构成毒品犯罪的再犯。对此，理论上和实践中有不同观点。一种观点认为，未成年人可以构成毒品再犯。毒品再犯是刑法对毒品犯罪从严打击的特别规定，既然刑法没有明确指出未成年人不构成毒品再犯，当未成年人实施《刑法》第356条规定的毒品犯罪时，认定其成立毒品再犯，没有规范障碍。而且，《刑法修正案(八)》在对现行刑法修改时，特意增设了未成年人不构成累犯的条款，并没有对毒品再犯作相应修改，这说明立法对未成年人构成毒品再犯有特殊考虑。另一种观点持折中的立场，强调未成年人能否构成毒品再犯要具体分析，只有当未成年人实施《刑法》第356条规定的毒品犯罪，且前罪和后罪均被判处5年以上有期徒的，才应认定为毒品再犯。前罪或者后罪若有一个被判处5年以下有期徒刑，就不应构成毒品再犯。主要理由是：毒品再犯的认定要与前科封存制度衔接。根据《刑事诉讼法》第286条的规定，当未成年人所犯前罪被判处5年以下有期徒刑，因为犯罪记录的封存，没有成立毒品再犯的余地。而当后罪被判处5年有期徒刑以下刑罚 5

时,因为后罪的记录仍应被封存,司法机关同样不能将未成年人认定为毒品再犯。[1]

6 作为刑法的基本原则,罪刑法定要求司法机关对某种行为是否构成犯罪以及构成何种犯罪的认定,都不能超越刑法的规定。单从刑法规定看,《刑法》第 356 条条文的确没有如第 65 条第 1 款(一般累犯)那样明确指出未成年人不构成毒品再犯,但简单地以此肯定未成年人可以构成毒品再犯,未免过于草率。因为我国刑法中不少犯罪构成要件的要素从来都不是可以直观地依据字面规定获得的,比如过失犯,刑法不明确使用"过失"字眼规定过失犯情形的,并不少见。以《刑法》第 356 条没有明确排除未成年人不构成毒品再犯为根据进而持肯定观点,显然属于直观、表面化理解条文的方法。不可否认,司法机关在认定犯罪过程中,对条文的字面解释是探寻法律条文意义的出发点,也划定着解释的最终界限。但条文的字面理解只是法律解释的开始,特别是当法律条文或用语在字面上存在不同理解时,依靠字面解释便难以确定法条的真意,此时,立足于法律的目的和任务,采取论理解释方法,不仅必要也是十分重要的。我们一旦采取体系解释和秉持少年司法理念以及贯彻我国未成年人犯罪刑事政策,便不难得出未成年人不应当构成毒品再犯的结论。

7 (1)从体系解释角度看,《刑法》第 17 条规定了刑事责任年龄,第 65 条明确否定了未成年人构成累犯,第 100 条规定了未成年人犯罪的免除前科报告制度,这些规定明显表明国家对未成年人犯罪采取了有别于成年人犯罪的"宽大"立场。换句话说,在国家看来,未成年人犯罪的,其有错但无罪,符合一定条件的,刑事责任可以完全或在一定范围内既往不咎。比如,犯罪时不满 12 周岁的,一概不追究刑事责任。又如,根据《刑法》第 17 条第 2 款、第 3 款的规定,已满 14 周岁不满 16 周岁的,国家只对特定犯罪追究刑事责任;已满 12 周岁不满 14 周岁的人,只有犯故意杀人、故意伤害罪,致人死亡或者以特别残忍手段致人重伤造成严重残疾,情节恶劣,经最高人民检察院核准追诉的,司法机关才能追究刑事责任。再如,达到刑事责任年龄的未成年人犯罪的,不追究作为累犯的责任和免除未成年人前科报告义务等。刑法对未成年人犯罪的宽大立场是国家宽容的表现,应当是一以贯之的,不可能是片段性的,没有理由因为未成年人实施的是毒品再犯而存在重大差别。认定未成年人构成毒品再犯并从重处罚,将导致刑法在对待未成年人犯罪问题上的基本立场改变。

8 (2)认定未成年人构成毒品再犯将导致刑罚处罚的体系性失衡。毒品犯罪(即走私、贩卖、运输、制造毒品罪)在我国被认为属于最严重的罪行,但毒品犯罪毕竟属于非暴力性犯罪,不管是根据刑法规定还是在一般国民观念中,其社会危害性不可能比故意杀人、故意伤害致人死亡、抢劫、爆炸等严重暴力性犯罪更甚。《刑法》第 65 条否定了未成年人构成累犯,即明确表明未成年人实施了上述严重暴力犯罪的,也不能将其认定为累犯并从重处罚。在这种法体系下,如果认定未成年人可以构成毒品再犯并从重处罚,将导致未成年人实施性质更严重的暴力犯罪不构成累犯(从重处

1 参见何荣功:《未成年人不应构成毒品犯罪再犯》,载《检察日报》2016 年 1 月 13 日。

罚),实施性质相对较轻的毒品犯罪却构成毒品再犯并从重处罚,这明显会造成刑罚适用的体系性矛盾与失衡。

(3)主张未成年人构成毒品再犯有违刑法的人性基础,也不符合国家关于未成年人犯罪刑事政策的一贯立场。一方面,因为历史和现实的复杂原因,我国立法和司法都对毒品犯罪采取了从严打击的立场,毒品再犯制度就是这一立场的规范表达。另一方面,对未成年人犯罪采取宽大立场是国际社会的基本共识,比如《联合国少年司法最低限度标准规则》(简称《北京规则》)指出:“少年司法制度应强调少年的幸福,并应确保对少年犯做出的任何反应均应与罪犯和违法行为情况相称。”我国《预防未成年人犯罪法》(1993年颁布,2012年修正)第44条第1款规定:“对犯罪的未成年人追究刑事责任,实行教育、感化、挽救方针,坚持教育为主、惩罚为辅的原则。”2020年修订的《预防未成年人犯罪法》进一步强调了对未成年人犯罪的预防和教育。在未成年人实施《刑法》第356条犯罪时,便发生了“从严打击”和“从宽处理”刑事政策的竞合。这种情况下,究竟何者应具有优先考虑和适用的地位,成为解决未成年人能否构成毒品再犯的关键之一。笔者认为,上述两种具体刑事政策在国家整体法政策体系中的地位不是等同的。少年司法以促进少年幸福为宗旨和国家对未成年人犯罪采取的预防和教育是刑法人道的表现,是刑法在对待未成年人犯罪时表现出的特别宽容与关爱,征表着刑法的人性光芒,而刑法的人性基础是国家刑事政策和刑法制度构建的“元点”。与此相对,国家之所以确立对毒品犯罪从严打击立场,更多的是国家基于现实和功利主义考量的结果。理性和人道应当优先于功利,相对于国家对毒品犯罪从严打击的刑事政策,对未成年人犯罪宽大处理政策当然应具有更为基础和优先适用的地位。那种认为未成年人可以构成毒品再犯,实际上是在以成年人的法思维来思考和评价未成年人犯罪的刑事责任问题,既不理性,也缺乏人道精神。 9

第三百五十七条　毒品的范围及毒品数量的计算

本法所称的毒品，是指鸦片、海洛因、甲基苯丙胺(冰毒)、吗啡、大麻、可卡因以及国家规定管制的其他能够使人形成瘾癖的麻醉药品和精神药品。

毒品的数量以查证属实的走私、贩卖、运输、制造、非法持有毒品的数量计算，不以纯度折算。

文献:周道鸾、单长宗、张泗汉主编:《刑法的修改与适用》,人民法院出版社 1997 年版;最高人民法院刑事审判第一、二、三、四、五庭主办:《刑事审判参考》(总第 63 集),法律出版社 2008 年版;高贵君主编:《毒品犯罪审判理论与实务》,人民法院出版社 2009 年版;郎胜主编:《中华人民共和国刑法释义》(第 6 版),法律出版社 2015 年版;刘志伟编:《刑法规范总整理》(第 11 版),法律出版社 2019 年版。高贵君等:《〈全国法院毒品犯罪审判工作座谈会纪要〉的理解与适用》,载《人民司法》2015 年第 13 期。

细目录

Ⅰ　主旨

Ⅱ　沿革

Ⅲ　概念与认定

Ⅰ　主旨

1　毒品概念是认定毒品犯罪的前提。本条中关于毒品数量不以纯度折算的规定,也体现的是对毒品犯罪从严惩处的精神。

Ⅱ　沿革

2　1979 年《刑法》没有规定毒品的概念。1990 年全国人民代表大会常务委员会《关于禁毒的决定》第 1 条规定:"本决定所称的毒品是指鸦片、海洛因、吗啡、大麻、可卡因以及国务院规定管制的其他能够使人形成瘾癖的麻醉药品和精神药品。"现行《刑法》基本沿袭了全国人民代表大会常务委员会《关于禁毒的决定》的上述规定,增加了甲基苯丙胺(冰毒),将"国务院规定管制"修改为"国家规定管制"。

Ⅲ　概念与认定

3　毒品具有依赖性、危害性和违法性。司法认定中,认定某种物质是否属于刑法中

的毒品,需要注意以下问题:

4 第一,该物质是否被国家列管。毒品是个法定概念,根据法律规定,某种物质只有被列管,才可能成为毒品。目前被列管的可以成为刑法中毒品的主要有以下种类物质:①2014 年 1 月 1 日起施行的国家食品药品监督管理总局、公安部、国家卫生和计划生育委员会发布的《麻醉药品品种目录》(2013 年版)和《精神药品品种目录》(2013 年版)中列管的精神药品和麻醉药品。前者规定的麻醉药品种类为 121 种;后者将精神药品分为第一类精神药品和第二类精神药品,分别为 68 种和 81 种,共计 149 种。②2015 年 10 月 1 日起施行的公安部、国家卫生和计划生育委员会、国家食品药品监督管理总局、国家禁毒委员会办公室发布的《非药用类麻醉药品和精神药品列管办法》规定的非药用类麻醉药品和精神药品,共计 116 种。③2017 年 3 月 1 日起施行的公安部、国家食品药品监督管理总局、国家卫生和计划生育委员会《关于将卡芬太尼等四种芬太尼类物质列入非药用类麻醉药品和精神药品管制品种增补目录的公告》,决定将卡芬太尼、呋喃芬太尼、丙烯酰芬太尼、戊酰芬太尼等四种芬太尼类物质列入非药用类麻醉药品和精神药品管制品种增补目录。④2017 年 7 月 1 日起施行的公安部、国家食品药品监督管理总局、国家卫生和计划生育委员会《关于将 N-甲基-N-(2-二甲氨基环己基)-3,4-二氯苯甲酰胺(U-47700)等四种物质列入非药用类麻醉药品和精神药品管制品种增补目录的公告》,决定将 N-甲基- N-(2-二甲氨基环己基)-3,4-二氯苯甲酰胺(U -47700)、1-环己基-4-(1,2-二苯基乙基)哌嗪(MT-45)、4-甲氧基甲基苯丙胺(PMMA)和 2-氨基-4-甲基-5-(4-甲基苯基)-4,5-二氢恶唑(4,4'-DMAR)四种物质列入非药用类麻醉药品和精神药品管制品种增补目录。⑤2018 年 9 月 1 日起施行的公安部、国家卫生健康委员会、国家药品监督管理局《关于将 4-氯乙卡西酮等 32 种物质列入非药用类麻醉药品和精神药品管制品种增补目录的公告》,决定将 4-氯乙卡西酮等 32 种物质列入非药用类麻醉药品和精神药品管制品种增补目录。⑥2019 年 5 月 1 日起施行的公安部、国家卫生健康委员会、国家药品监督管理局《关于将芬太尼类物质列入〈非药用类麻醉药品和精神药品管制品种增补目录〉的公告》,决定将芬太尼类物质列入《非药用类麻醉药品和精神药品管制品种增补目录》。⑦2019 年 8 月 1 日国家禁毒委员会办公室《关于防范非药用类麻醉药品和精神药品及制毒物品违法犯罪的通告》规定,非药用类麻醉药品和精神药品除《非药用类麻醉药品和精神药品管制品种增补目录》中列明的品种外,还包括其可能存在的盐类、旋光异构体及其盐类。⑧2021 年 7 月 1 日起施行的公安部、国家卫生健康委员会、国家药品监督管理局《关于将合成大麻素类物质和氟胺酮等 18 种物质列入〈非药用类麻醉药品和精神药品管制品种增补目录〉的公告》,决定将合成大麻素类物质和氟胺酮等 18 种物质列入《非药用类麻醉药品和精神药品管制品种增补目录》。

5 第二,不能将《麻醉药品品种目录》(2013 年版)和《精神药品品种目录》(2013 年版)等列管的物质径直、简单地认定为刑法中的毒品。对于非药用类麻醉药品和精神药品,因其依法不再具有药用价值,行为人一旦走私、贩卖、运输、制造这类列管物质,其行为一般会被径直认定为构成走私、贩卖、运输、制造毒品罪。与上述明显不同的是:《麻醉药品品种目录》和《精神药品品种目录》列管的精神药品和麻醉药品,由于这些物质在性质上属于药品,实践中国家仍然将其作为药品使用,其究竟属于药品还是毒品,需要具体考察用途,具体认定。简单地讲,毒品和药品具有一定的重合关系,当《麻醉药品品种目录》和《精神药品品种目录》列管的精神药品和麻醉药品用于医疗目的和用途时,依法属于药品;当作为毒品(比如提供给吸毒人员或者毒品犯罪分子)使用时,则依法属于毒品。

6 另外,尽管上述列管物质都可能成为毒品,但是多数物质没有定罪量刑的标准,司法实践难以认定。将来随着列管物质范围的变化与扩大,毒品的范围也将随之变化与扩大。

7 理解本条规定,需要注意以下问题:

1. 含量与毒品

8 《刑法》第 357 条第 2 款规定:"毒品的数量以查证属实的走私、贩卖、运输、制造、非法持有毒品的数量计算,不以纯度折算。"该规定体现的是国家对毒品犯罪严厉打击的立场。司法实践中,对于毒品含量极低的案件,人民法院一般也不按照《刑法》第 63 条第 2 款的规定,报请最高人民法院核准在法定刑以下判处刑罚。比如,被告人赵廷贵贩卖海洛因 318 克,海洛因含量平均仅为 0. 064%。人民法院审理后根据刑法规定认定其贩卖海洛因 318 克,判处被告人 15 年有期徒刑。[1]

9 《全国法院毒品犯罪审判工作座谈会纪要》再次强调了低纯度毒品的数量认定问题,指出:"办理毒品犯罪案件,无论毒品纯度高低,一般均应将查证属实的毒品数量认定为毒品犯罪的数量,并据此确定适用的法定刑幅度,但司法解释另有规定或者为了隐蔽运输而临时改变毒品常规形态的除外。涉案毒品纯度明显低于同类毒品的正常纯度的,量刑时可以酌情考虑。"《全国法院毒品犯罪审判工作座谈会纪要》所称的例外:一是 2000 年最高人民法院《关于审理毒品案件定罪量刑标准有关问题的解释》的规定,即对度冷丁(杜冷丁)和盐酸二氢埃托啡针剂及片剂要按照有效药物成分的含量计算毒品数量。这属于司法解释的特殊规定。二是为了掩护运输而将毒品临时溶于液体的,可以将溶液蒸馏后得到的纯度较高的毒品数量作为量刑的依据。[2]

2. 毒品半成品和废液、废料

10 《全国法院毒品犯罪审判工作座谈会纪要》规定:"制造毒品案件中,毒品成品、半成品的数量应当全部认定为制造毒品的数量,对于无法再加工出成品、半成品的废

1　参见最高人民法院刑事审判第一、二、三、四、五庭主办:《刑事审判参考》(总第 63 集),法律出版社 2008 年版,第 42—46 页。

2　参见高贵君等:《〈全国法院毒品犯罪审判工作座谈会纪要〉的理解与适用》,载《人民司法》2015 年第 13 期。

液、废料则不应计入制造毒品的数量。对于废液、废料的认定,可以根据其毒品成分的含量、外观形态,结合被告人对制毒过程的供述等证据进行分析判断,必要时可以听取鉴定机构的意见。”根据《全国法院毒品犯罪审判工作座谈会纪要》的规定,毒品的半成品属于刑法规定的毒品,尽管生产毒品、毒品半成品的废液、废料中含有毒品成分,但是因其不具备进一步提取(提纯)毒品的条件,不属于刑法规定的毒品。

第八节 组织、强迫、引诱、容留、介绍卖淫罪

前 注

文献:陈兴良主编:《罪名指南》(第2版),中国人民大学出版社2008年版;全国人大常委会法制工作委员会刑法室编:《〈中华人民共和国刑法〉条文说明、立法理由及相关规定》,北京大学出版社2009年版;王作富主编:《刑法分则实务研究》(第5版),中国方正出版社2013年版;高铭暄、赵秉志编:《新中国刑法立法文献资料总览》(第2版),中国人民公安大学出版社2015年版;黎宏:《刑法学各论》(第2版),法律出版社2016年版;张军主编:《刑法[分则]及配套规定新释新解》(第9版),人民法院出版社2016年版;陈兴良、张军、胡云腾主编:《人民法院刑事指导案例裁判要旨通纂》(第2版),北京大学出版社2018年版;高铭暄、马克昌主编:《刑法学》(第9版),北京大学出版社、高等教育出版社2019年版;周光权:《刑法各论》(第4版),中国人民大学出版社2021年版;张明楷:《刑法学》(第6版),法律出版社2021年版。张明楷:《嫖宿幼女罪与奸淫幼女型强奸罪的关系》,载《人民检察》2009年第17期;车浩:《强奸与嫖宿幼女罪的关系》,载《法学研究》2010年第2期;劳东燕:《强奸罪与嫖宿幼女罪的关系新论》,载《清华法学》2011年第2期;叶良芳:《立法论视角下嫖宿幼女罪废除之分析——评〈中华人民共和国刑法修正案(九)〉第43点》,载《政治与法律》2016年第3期;周峰等:《〈关于审理组织、强迫、引诱、容留、介绍卖淫刑事案件适用法律若干问题的解释〉的理解与适用》,载《人民司法》2017年第25期。

细目录

Ⅰ 主旨

Ⅱ 沿革

Ⅲ 特征

一、客体

二、行为

三、主体

四、罪过

Ⅰ 主旨

1 卖淫是旧社会的丑恶现象,也是男女不平等的表现。新中国成立后,我国政府在很短时间内坚决杜绝了这种现象。但随着社会的发展与各种思潮的影响,卖淫现象

又死灰复燃。[1]《刑法》分则第六章第八节规定组织、强迫、引诱、容留、介绍卖淫罪,旨在维护良好的社会主义道德风尚与社会风气,保护人身权利。

Ⅱ 沿革

1979 年《刑法》只规定了强迫卖淫罪与引诱、容留卖淫罪,当时犯罪行为的对象仅限于妇女。1979 年《刑法》第 140 条规定,强迫妇女卖淫的,处 3 年以上 10 年以下有期徒刑。第 169 条规定,以营利为目的,引诱、容留妇女卖淫的,处 5 年以下有期徒刑,拘役或管制;情节严重的,处 5 年以上有期徒刑,可以并处罚金或没收财产。 2

1983 年 9 月 2 日公布的全国人民代表大会常务委员会《关于严惩严重危害社会治安的犯罪分子的决定》提高了引诱、容留、强迫妇女卖淫犯罪的处罚,对于引诱、容留、强迫妇女卖淫,情节特别严重的,可以在刑法规定的最高刑以上处刑,直至判处死刑。 3

1991 年 9 月 4 日公布的全国人民代表大会常务委员会《关于严禁卖淫嫖娼的决定》将本节罪名的对象由妇女扩大到他人;增设了组织卖淫罪、介绍卖淫罪、传播性病罪、嫖宿幼女罪;详细规定了组织卖淫罪、强迫卖淫罪加重处罚的相关情节;取消了引诱、容留、介绍卖淫中对于主观营利目的的规定。 4

1997 年《刑法》修订时,吸收了全国人民代表大会常务委员会《关于严禁卖淫嫖娼的决定》中的有关规定,并增设协助组织卖淫罪、引诱幼女卖淫罪;将嫖宿幼女罪从依照强奸罪的标准进行定罪处罚,改为设置单独的定罪量刑标准;形成了较为完整的罪名体系。 5

2009 年全国人民代表大会常务委员会对《关于严禁卖淫嫖娼的决定》进行了修正,为解决嫖宿幼女罪与奸淫幼女型强奸罪之间处刑的失衡,规定嫖宿幼女罪参照强奸罪的定罪量刑标准。 6

2011 年《刑法修正案(八)》在协助组织卖淫罪中,增加了"招募、运送人员"的行为方式。2015 年《刑法修正案(九)》废除了原第 360 条第 2 款中的嫖宿幼女罪,并对第 358 条中的组织卖淫罪、强迫卖淫罪作了如下修改:第一,延续《刑法修正案(八)》以来取消非暴力犯罪死刑规定的趋势,取消组织卖淫罪、强迫卖淫罪的死刑规定;第二,增加了组织、强迫未成年人卖淫从重处罚的规定;第三,简化了两罪加重处罚情节的规定,在组织、强迫卖淫过程中,同时有杀害、伤害、强奸、绑架等犯罪行为的,由原本的加重处罚情节改为数罪并罚,简化了组织卖淫罪、强迫卖淫罪与故意杀人罪、故意伤害罪、强奸罪之间的法条逻辑关系。 7

立法修正的目标在于实现本节罪名体系与定罪量刑标准的科学性与合理性。在 8

---

1 参见全国人大常委会法制工作委员会刑法室编:《〈中华人民共和国刑法〉条文说明、立法理由及相关规定》,北京大学出版社 2009 年版,第 358—359 页。

立法沿革过程中,嫖宿幼女罪的存废成为理论、实务以及舆论关注的焦点。[2]

9 1997年《刑法》之前并没有嫖宿幼女罪的独立罪名。当时的《治安管理处罚条例》第30条第2款规定,嫖宿不满14岁幼女的,依照1979年《刑法》第139条的规定,以强奸罪论处。1997年《刑法》第360条第2款设置嫖宿幼女罪,将法定刑规定为"五年以上有期徒刑,并处罚金"。相对于第236条强奸罪基本构成所设置的3年以上10年以下有期徒刑的法定刑区间,嫖宿幼女罪的法定刑实际上是更重的。立法本意旨在加重对嫖宿幼女行为的惩罚,表达对于此类行为更为严厉的刑法评价。但在适用中由于将嫖宿幼女罪与强奸罪解释为互斥关系,使得嫖宿幼女的行为在存在加重情节时无法适用《刑法》第236条第2款强奸罪的加重处罚规定,产生了罪刑不均衡的问题。

10 2015年《刑法修正案(九)》第43条废除了嫖宿幼女罪的规定。该修正案生效后,嫖宿幼女的行为应当一律以强奸罪定罪处罚。

Ⅲ 特征

一、客体

11 我国传统理论认为,本节罪名的客体是良好的社会主义社会风尚。社会风尚是人类社会通过长期的发展演变而形成的为社会主流文化所公认的一种健康向上的、能促进人类社会走向完美的道德习惯与社会风气。卖淫嫖娼堕化社会风气,是一种伤风败俗的行为,为我国社会主义社会风尚所不容。[3]

12 根据通说的见解,卖淫嫖娼破坏了社会主义公序良俗,有违社会主义核心价值观。从破坏社会主义道德风尚的角度看,卖淫者与组织、强迫、引诱、容留、介绍者之间形成了一种类"正犯—共犯"关系,卖淫嫖娼者直接对社会主义道德风尚造成了破坏,而组织、强迫、引诱、容留、介绍者则为其提供了一定的外部条件。这些罪名的认定也在一定程度上采取了类似共犯实行从属性的原则。例如《刑法》第359条引诱、容留、介绍卖淫罪的成立,往往以卖淫者着手从事卖淫活动为前提。

13 我国刑法原则上并不处罚直接的卖淫嫖娼行为,但存在两种例外:其一,明知自己患有性病而卖淫嫖娼,根据《刑法》第360条的规定成立传播性病罪;其二,嫖宿幼

---

2 关于嫖宿幼女罪与强奸罪的关系及其存废争议,参见车浩:《强奸与嫖宿幼女罪的关系》,载《法学研究》2010年第2期;张明楷:《嫖宿幼女罪与奸淫幼女型强奸罪的关系》,载《人民检察》2009年第17期;劳东燕:《强奸罪与嫖宿幼女罪的关系新论》,载《清华法学》2011年第2期;叶良芳:《立法论视角下嫖宿幼女罪废除之分析——评〈中华人民共和国刑法修正案(九)〉第43点》,载《政治与法律》2016年第3期。

3 参见王作富主编:《刑法分则实务研究》(第5版),中国方正出版社2013年版,第1481页。

女的行为,在《刑法修正案(九)》出台之前构成第360条第2款规定的嫖宿幼女罪。由于该罪存在将幼女污名化的问题,《刑法修正案(九)》删去了该条规定。根据目前的刑法规定,嫖娼者与幼女发生性关系的,成立《刑法》第236条规定的强奸罪,按照该条第2款的规定从重处罚;与幼女存在其他性接触的,则应当按照《刑法》第237条规定的猥亵儿童罪定罪处罚。

但是,以社会主义社会风尚为客体,将卖淫者与组织、强迫、引诱、容留、介绍卖淫者之间理解为类"正犯—共犯"关系,往往难以回答为什么卖淫者作为直接侵害社会主义社会风尚的"正犯"却没有被规定为犯罪,而这些为其提供外部条件的"共犯"却被规定为犯罪。这些外部"共犯"行为的单独犯罪化根据,并不能单独从社会主义社会风尚这一角度来回答。 14

对于客体的不同理解使得相似的构成要件有了不同的解释方向。若将卖淫者的自由作为罪名的客体,卖淫者与组织、强迫卖淫者之间便不再是一种类"正犯—共犯"关系,而是一种"被害—加害"关系。它有助于说明仅将间接的促进卖淫行为纳入刑法处罚范围的根据,同时也有助于说明《刑法》第358条所规定的组织卖淫罪、强迫卖淫罪与第359条规定的引诱、容留、介绍卖淫罪之间在法定刑设置上的高低差别。在解释论上,社会主义社会风尚只是本节罪名的客体。本节中的具体罪名的规范保护目标可能是复合型的。例如《刑法》第358条第2款规定的强迫卖淫罪,在保护社会主义社会风尚的同时,也保护被强迫者的性自主决定权。同样,在《刑法》第359条第2款规定的引诱幼女卖淫罪中,由于未成年幼女尚未形成独立的自主意识,本罪侧重于保护未成年幼女的身心健康。《刑法》第360条规定的传播性病罪则还具有保护国民的公共健康安全的考量。在解释这类罪名时,宜从卖淫者个人的角度进行分析,卖淫者与组织、强迫者之间是一种"被害—加害"关系,这种客体理解上的转变也会带来对具体行为着手时点判断的变化,组织卖淫罪、强迫卖淫罪以及引诱幼女卖淫罪的成立并不以实际开始从事卖淫行为为成立条件。 15

二、行为

本节犯罪在客观上表现为组织、强迫、引诱、容留、介绍他人卖淫,协助组织他人卖淫,引诱幼女卖淫及传播性病等行为。理解本节犯罪的客观方面的一个突出问题是如何界定卖淫。尽管卖淫行为本身不是本节犯罪规定的构成要件行为,而是作为本节犯罪构成要件行为的组织行为,强迫行为,引诱、容留、介绍行为,协助组织行为的对象行为以及传播性病的媒介行为,但是因为卖淫是本节所规定罪名的共同概念,这一概念本身具有一定的不明确性,在理论与实务的解释中引起了两方面的争议。 16

1. 如何协调刑法与治安管理处罚法之间的关系

最高人民法院《关于如何适用〈治安管理处罚条例〉第三十条规定的答复》中指出,卖淫嫖娼,一般是指异性之间通过金钱交易,一方向另一方提供性服务以满足对 17

方性欲的行为。具体性行为采取何种方式不影响卖淫嫖娼行为的认定。公安部《关于对同性之间以钱财为媒介的性行为定性处理问题的批复》中指出,根据《治安管理处罚条例》和全国人民代表大会常务委员会《关于严禁卖淫嫖娼的决定》的规定,不特定的异性之间或者同性之间以金钱、财物为媒介发生不正当性关系的行为,包括口淫、手淫、鸡奸等行为,都属于卖淫嫖娼行为,对行为人应当依法处理。前述最高人民法院、公安部的答复针对的是当时的《治安管理处罚条例》中"卖淫嫖娼"的概念,这些解释能否当然地适用于《刑法》第六章第八节罪名中所规定的卖淫嫖娼概念,便需要回答刑法独立性与从属性之间的关系问题。具体而言,刑法意义上的卖淫行为是否包括了边缘性的"手淫""胸推""乳交"等性服务。

18 一种观点认为提供手淫服务属于刑法意义上的卖淫行为。从社会危害性上看,手淫服务对社会管理秩序的危害程度并不比其他方式的卖淫行为轻微,将这些行为纳入卖淫的范畴内也不会超出国民的预测可能性。早期的司法实践也认可了这一观点。唐发均强迫卖淫案[4]的裁判要旨指出,以收受或约定报酬而与不特定的人进行性交或其他性器官接触的淫乱行为,应当认定为卖淫。在目前的社会现实中,出现了许多超出人们传统认识的卖淫行为。一旦与收受报酬或约定收受报酬建立联系,此类行为必然因其针对社会上不特定人的特征而产生辐射、扩展的效果,极大地违背人们的正常道德观念和价值评价标准,严重污染、腐蚀为社会主流文化所积极认可的道德风尚与社会风气,使人们的伦理观念、婚姻家庭观念、性生活观念发生扭曲。将同性卖淫与收受报酬或约定收受报酬结合的所有淫乱行为界定为刑法意义上的卖淫,将组织、强迫、引诱、容留、介绍他人从事此类行为予以犯罪化,是十分必要的。[5]

19 另一种观点则认为,刑法意义上的卖淫行为应限于人体间生殖器与某器官的黏膜接触,不宜扩展到边缘性的手淫、胸推等非"进入式"的性服务。[6] 2017年,最高人民法院、最高人民检察院《关于办理组织、强迫、引诱、容留、介绍卖淫刑事案件适用法律若干问题的解释》的起草者在该解释的理解与适用中首次区分了"进入式"与"非进入式"的性服务,指出司法实践中应当明确以下几点:第一,司法解释未对卖淫的概念作出解释,属于权限原因,但并不影响各地司法实践的处理。第二,行政违法不等同于刑事犯罪,违法概念也不等同于犯罪概念。司法实践应依照刑法的基本含义,结合大众的普遍理解及公民的犯罪心理预期等进行认定,并严格遵循罪刑法定原则,不宜对刑法上的卖淫概念作扩大解释,刑法没有明确规定手淫行为属于刑法意义上的

---

4 参见陈兴良、张军、胡云腾主编:《人民法院刑事指导案例裁判要旨通纂》(第2版),北京大学出版社2018年版,第1605页。

5 参见陈兴良、张军、胡云腾主编:《人民法院刑事指导案例裁判要旨通纂》(第2版),北京大学出版社2018年版,第1605页。

6 参见段启俊、王蕾:《论提供手淫服务不属于刑法意义上的卖淫行为——兼议行政法思维与刑法思维的区别》,载《湖南师范大学社会科学学报》2015年第2期。

“卖淫”,因而对相关行为就不宜入罪。第三,在目前情况下,也不能将刑法意义上的卖淫局限于性交行为,对于性交之外的肛交、口交等进入式的性行为,应当依法认定为刑法意义上的卖淫。第四,待条件成熟时,应当建议由立法机关作出相应解释或由立法直接规定。[7]

在刑法解释上,笔者持刑法独立性立场。作为独立的法律部门,刑法具有独立的规范目标与调整手段。刑法条文中的具体概念应当根据其所处的条文规范目标及该要素所要发挥的具体功能进行目的性解释,不依赖于行政法上对于同样概念的解释。法秩序统一原则并不妨碍刑法的独立判断与解释。[8] 相反,近年来司法实务中部分案件之所以产生重大争议,往往是由于过度机械地依赖行政法上对于相同概念的解释。[9] 但应当注意,刑法应当独立于行政法进行解释,并不等于刑法解释的结论必然窄于行政法。具体到卖淫概念的解释,刑法独立性原则要求的是,根据刑法独立的规制目标来判断,手淫、胸推、乳交等非进入式性服务是否属于刑法意义上的卖淫。 20

从客体侵害的程度看,通说主张本节罪名的客体为良好的社会主义社会风尚。但是非进入式的性服务对于社会主义道德风尚的破坏并不一定轻于进入式的性服务,甚至某些极端异常的性行为方式可能是更违反社会主流道德观念的。因此并不能当然地推论各种非进入式性服务必然不属于刑法意义上的卖淫。 21

从刑法的辅助性与最后手段性原则看,还需要考虑其他部门法尤其是行政法上的规制手段例如治安管理处罚是否足以对相应组织、强迫、引诱、介绍、容留卖淫行为进行规制。在行政法上的制裁手段足以遏制相关行为时,刑法应当保持谦抑。但是,为什么治安管理处罚足以禁止非进入式性交,却不足以控制那些进入式的性服务,是尚需要进一步论证的问题。仅从辅助性原则角度难以认为刑法只需要对进入式性服务的组织、强迫、引诱、容留、介绍行为进行规制。根据“进入”与“非进入”这种存在论意义的区分标准说明不同类型的卖淫活动在社会危害性程度上存在明显差别这一规范问题。而行政处罚手段究竟在多大范围内足以遏制不同手段的卖淫活动,从而限定刑事处罚的范围,也仍需要进一步的实证调查根据。 22

此外,在一般上将非进入式性服务排除在刑法意义上的卖淫概念之外,也会给本节部分罪名中的解释与认定带来新的问题。例如在强迫卖淫罪、引诱幼女卖淫罪、传播性病罪等具有多重客体保护目标的罪名中,将卖淫局限在“进入式”性交很有可能导致不可欲的处罚漏洞。张明楷教授指出,性交以外的类似性交的行为,同样容易传染性病。因此,其他类似性交的卖淫嫖娼行为与以性交为内容的卖淫嫖娼具有相同 23

---

7 参见周峰等:《〈关于审理组织、强迫、引诱、容留、介绍卖淫刑事案件适用法律若干问题的解释〉的理解与适用》,载《人民司法》2017 年第 25 期。

8 参见王钢:《非法持有枪支罪的司法认定》,载《中国法学》2017 年第 4 期。

9 参见张明楷:《避免将行政违法认定为刑事犯罪:理念、方法与路径》,载《中国法学》2017 年第 4 期。

的法益侵害性。既然刑法规定传播性病罪的目的之一是防止性病的传播,就应禁止这种行为,否则不利于立法目的的实现。[10] 同理,强迫卖淫罪旨在保护妇女的性自主权,即便是非进入式的性交也会对妇女的性自主权造成侵害;引诱幼女卖淫罪旨在保护未成年人的身心健康,引诱不满 14 周岁的幼女从事前述所谓"非进入式"卖淫服务,若不纳入本罪的规制范围,则不利于本罪立法目的的实现。在有权解释机关将卖淫解释为进入式性服务的情况下,对于上述罪名中的卖淫概念可能还需要作适当的放宽。

2. 卖淫概念解释的扩张与限缩也涉及罪刑法定原则的问题

24 "卖淫"本身是一个包含了社会道德负面评价色彩的概念,其内涵较为灵活宽泛,往往伴随着社会观念的变化而变化。因而对于卖淫解释的扩张解释往往会引发违反罪刑法定原则的质疑,认为其有损国民对于自身行为的预测可能性。例如,理论和实务上曾经就卖淫的对象发生过广泛的争论,即《刑法》第 358 条以下的卖淫仅指异性之间的有偿性服务,还是也包括同性之间的有偿性服务。李宁组织同性卖淫案[11]曾经引发了学界的广泛关注,并成为探讨罪刑法定原则以及扩张解释边界的经典案例。该案裁判要旨指出,组织男性从事同性性交易活动的,应以组织卖淫罪论处。卖淫,就其常态而言,虽是指女性以营利为目的,与不特定男性从事性交易的行为;但随着立法的变迁,对男性以营利为目的,与不特定女性从事性交易的行为,以及以营利为目的,与不特定同性从事性交易的行为也应当认定为卖淫。这并不违背刑法解释原理和罪刑法定原则,是刑法立法精神的当然要求。[12] 在类似的唐发均强迫卖淫案中,裁判要旨亦指出:以收受或约定报酬而与不特定的人进行性交或实施其他性器官接触的淫乱行为的,应当认定为卖淫。正确理解刑法意义上的卖淫,应当结合现实的语境把握其实质。在目前的社会现实中,已确实出现了许多超出人们传统认识的淫乱行为,如除自然意义上的性交行为之外,出现了包括口交行为、肛交行为、手淫行为以及其他涉及生殖器官接触的变态性行为。一旦与收受报酬或约定收受报酬建立联系,此类行为必然因其针对社会上不特定人的特征而产生辐射、扩散的效果,从而极大地违背人们正常的道德观念和价值评判标准,严重污染、腐蚀为社会主流文化所积极认可的道德风尚与社会风气,使人们的伦理观念、婚姻家庭观念、性生活观念发生扭曲。组织、强迫、引诱、容留、介绍他人从事此类行为,则进一步放大其社会危害性,加剧与社会正常治安管理秩序的对抗态势。因此,将同性卖淫与收受报酬或约定收受报酬结合的所有淫乱行为界定为刑法意义上的卖淫,进而对组织、强

---

[10] 参见张明楷:《刑法学》(第 6 版),法律出版社 2021 年版,第 1537 页。

[11] 参见陈兴良、张军、胡云腾主编:《人民法院刑事指导案例裁判要旨通纂》(第 2 版),北京大学出版社 2018 年版,第 1603 页。

[12] 参见陈兴良、张军、胡云腾主编:《人民法院刑事指导案例裁判要旨通纂》(第 2 版),北京大学出版社 2018 年版,第 1604 页。

迫、引诱、容留、介绍他人从事此类行为予以犯罪化,是十分必要的。[13]

尽管从发生概率来看,卖淫活动主要表现为女性向男性提供性服务,但由此认为卖淫只能局限在这一范围内,恐怕并不能从罪刑法定原则中获得根据,而更多的是一种社会的刻板印象。无论是在国外还是在中国历史上,均存在男性从事卖淫活动的事例。卖淫是否仅局限于异性之间,还是也可发生在同性之间,这并非卖淫的对象范围问题,而是如何理解"性服务"范围的问题。若仅将性服务局限在固有观念中的阴道性交之内,则卖淫显然只能发生在异性之间。但随着性服务方式的扩大,同性之间的有偿性服务也仍然是可能的。按照前述最高人民法院、最高人民检察院《关于办理组织、强迫、引诱、容留、介绍卖淫刑事案件适用法律若干问题的解释》起草者的意见,卖淫意义上的有偿性服务包括口交、肛交等非阴道性交的形式,如此将同性之间的有偿性服务纳入卖淫概念范围内便是不言自明的。 25

三、主体

本节犯罪的主体多数为一般主体,犯罪的成立对主体的身份无特别要求,少数犯罪的主体则为特殊主体,刑法明文规定了对主体身份的特别要求。例如,《刑法》第360条规定的传播性病罪,主体被限定为患有梅毒、淋病等严重性病的人。 26

四、罪过

本节犯罪的罪过形式均为故意。 27

13　参见陈兴良、张军、胡云腾主编:《人民法院刑事指导案例裁判要旨通纂》(第2版),北京大学出版社2018年版,第1605页。

第三百五十八条　组织卖淫罪；强迫卖淫罪；协助组织卖淫罪

组织、强迫他人卖淫的，处五年以上十年以下有期徒刑，并处罚金；情节严重的，处十年以上有期徒刑或者无期徒刑，并处罚金或者没收财产。

组织、强迫未成年人卖淫的，依照前款的规定从重处罚。

犯前两款罪，并有杀害、伤害、强奸、绑架等犯罪行为的，依照数罪并罚的规定处罚。

为组织卖淫的人招募、运送人员或者有其他协助组织他人卖淫行为的，处五年以下有期徒刑，并处罚金；情节严重的，处五年以上十年以下有期徒刑，并处罚金。

文献：陈兴良主编：《罪名指南》(第2版)，中国人民大学出版社2008年版；全国人大常委会法制工作委员会刑法室编：《〈中华人民共和国刑法〉条文说明、立法理由及相关规定》，北京大学出版社2009年版；王作富主编：《刑法分则实务研究》(第5版)，中国方正出版社2013年版；高铭暄、赵秉志编：《新中国刑法立法文献资料总览》(第2版)，中国人民公安大学出版社2015年版；黎宏：《刑法学各论》(第2版)，法律出版社2016年版；张军主编：《刑法[分则]及配套规定新释新解》(第9版)，人民法院出版社2016年版；陈兴良、张军、胡云腾主编：《人民法院刑事指导案例裁判要旨通纂》(第2版)，北京大学出版社2018年版；高铭暄、马克昌主编：《刑法学》(第9版)，北京大学出版社、高等教育出版社2019年版；周光权：《刑法各论》(第4版)，中国人民大学出版社2021年版；张明楷：《刑法学》(第6版)，法律出版社2021年版。周峰等：《〈关于审理组织、强迫、引诱、容留、介绍卖淫刑事案件适用法律若干问题的解释〉的理解与适用》，载《人民司法》2017年第25期。

细目录

Ⅰ　主旨

Ⅱ　沿革

Ⅲ　客体

Ⅳ　行为

　一、组织卖淫罪的行为

　二、强迫卖淫罪的行为

　三、协助组织卖淫罪的行为

Ⅴ　主体

Ⅵ 罪过
Ⅶ 既遂与未遂
Ⅷ 罪与罪的区别
一、强迫卖淫罪与他罪的区别
二、协助组织卖淫罪与组织卖淫罪的区别
Ⅸ 处罚
一、组织卖淫罪、强迫卖淫罪的处罚
二、协助组织卖淫罪的处罚

Ⅰ 主旨

刑法规定组织卖淫罪、强迫卖淫罪、协助组织卖淫罪并配置了严厉的法定刑,旨在维护社会风尚与公序良俗,保护公民个人的性自主权等人身权利。 1

Ⅱ 沿革

1979 年《刑法》第 140 条规定了强迫卖淫罪,强迫妇女卖淫的,处 3 年以上 10 年以下有期徒刑。但是,1979 年《刑法》对组织卖淫无明文规定。 2

1991 年 9 月 4 日发布的全国人民代表大会常务委员会《关于严禁卖淫嫖娼的决定》首次设置了组织卖淫罪,即组织他人卖淫的,处 10 年以上有期徒刑或者无期徒刑,并处 1 万元以下罚金或者没收财产,情节特别严重的,处死刑,并处没收财产。该决定同时加重了对强迫卖淫罪的处罚,强迫他人卖淫的,处 5 年以上 10 年以下有期徒刑,并处 1 万元以下罚金;有下列情形之一的,处 10 年以上有期徒刑或者无期徒刑,并处 1 万元以下罚金或者没收财产;情节特别严重的,处死刑,并处没收财产:①强迫不满 14 岁的幼女卖淫的;②强迫多人卖淫或者多次强迫他人卖淫的;③强奸后迫使卖淫的;④造成被强迫卖淫的人重伤、死亡或者其他严重后果的。该决定首次规定了协助组织卖淫罪,协助组织他人卖淫的,处 3 年以上 10 年以下有期徒刑,并处 1 万元以下罚金;情节严重的,处 10 年以上有期徒刑,并处 1 万元以下罚金或者没收财产。 3

1997 年《刑法》第 358 条规定延续上述决定,继续规定了组织卖淫罪与强迫卖淫罪,并将组织卖淫罪与强迫卖淫罪纳入同一条款,虽然罪名不同,但适用同一法定刑,即组织、强迫他人卖淫的,处 5 年以上 10 年以下有期徒刑,并处罚金;组织他人卖淫,情节严重的,造成被强迫卖淫的人重伤、死亡或者其他严重后果的等,处 10 年以上有期徒刑或者无期徒刑,并处罚金或者没收财产;情节特别严重的,处无期徒刑或者死刑,并处没收财产。2015 年 11 月 1 日起施行的《刑法修正案(九)》第 42 条废止了组织卖淫罪、强迫卖淫罪的死刑,对该罪的法定刑进行了重大修改,并沿用至今。 4

1997 年《刑法》第 358 条第 3 款继续规定了协助组织卖淫罪,但对法定刑有所调 5

整:协助组织他人卖淫的,处 5 年以下有期徒刑,并处罚金;情节严重的,处 5 年以上 10 年以下有期徒刑,并处罚金。

6 2011 年 5 月 1 日施行的《刑法修正案(八)》第 48 条对协助组织卖淫罪的构成要件进行了修改,修改后法条规定,为组织卖淫的人招募、运送人员或者有其他协助组织他人卖淫行为的,处 5 年以下有期徒刑,并处罚金;情节严重的,处 5 年以上 10 年以下有期徒刑,并处罚金。

Ⅲ 客体

7 通说认为,组织卖淫罪与协助组织卖淫罪的客体是国家对良好社会风尚的管理秩序。强迫卖淫罪侵犯了双重客体,即不仅破坏了国家对良好社会风尚的管理秩序,而且侵犯了公民个人的性自主权等人身权利。[1] 组织卖淫罪、协助组织卖淫罪与强迫卖淫罪的对象是他人,一般为女性,但也可以是男性。《刑事审判参考》案例第 303 号"李宁组织卖淫案"的裁判理由明确指出,所谓"他人",从有关卖淫嫖娼犯罪的立法沿革不难看出,应当既包括女性,也包括男性。

Ⅳ 行为

一、组织卖淫罪的行为

8 组织卖淫罪的行为是组织卖淫。所谓组织卖淫,是指以招募、雇佣、纠集等手段,管理或者控制他人卖淫,卖淫人员在 3 人以上的行为。招募,是指将自愿卖淫者召集或募集到卖淫集团或者其他卖淫组织之内进行卖淫活动的行为;雇佣,是指以出资为条件雇佣自愿卖淫者参加卖淫集团或者其他有组织的卖淫活动。组织行为通常表现为两种情况:一是设置卖淫场所或变相卖淫场所,控制卖淫者从事卖淫活动;二是没有固定的卖淫场所,通过控制的卖淫人员,有组织地进行卖淫活动。[2]

9 组织行为具有以下三个特征:一是有较为完整、系统的组织架构来操控卖淫活动;二是有较为明确的人员分工负责卖淫活动的场所租赁、费用收取、人员调度、账务管理、拉客望风等事项;三是有较为固定的管理措施与方法,在组织者与卖淫者之间形成管理与被管理的关系。通过这种组织活动,形成对卖淫人员的控制。这种控制不一定体现为对卖淫者人身自由的控制,但卖淫者在卖淫活动中需服从组织者的安排与管理,通过实施卖淫行为、遵守活动规则、服从组织管理来获得非法利益。[3]《刑

---

1 参见高铭暄、马克昌主编:《刑法学》(第 9 版),北京大学出版社、高等教育出版社 2019 年版,第 601 页。

2 参见高铭暄、马克昌主编:《刑法学》(第 9 版),北京大学出版社、高等教育出版社 2019 年版,第 600 页。

3 参见黎宏:《刑法学各论》(第 2 版),法律出版社 2016 年版,第 479 页。

事审判参考》总第115集第1267号席登松等组织卖淫、刘斌斌等协助组织卖淫案的裁判要旨亦指出:组织卖淫罪最主要的行为特征是管理或者控制他人卖淫。投资者只要明知实际经营者、管理控制者所进行的是组织卖淫活动,即使没有实际直接参与经营,没有直接对卖淫活动进行管理控制,其投资行为也应认定为组织卖淫行为的组成部分。投资行为与实际经营行为、管理控制行为共同构成了组织卖淫行为。有时,投资者既是实际经营者,又是管理控制者,行为人集三种角色于一身,那就更加充分地体现了组织卖淫的行为特征。[4]

10 判断组织行为的关键,在于组织者与卖淫者之间的控制支配关系。即组织者对于卖淫者的管理与控制,通过对卖淫人员施加物理的或心理的影响,左右卖淫人员的意志,使其难以摆脱行为人的影响。[5] 通说认为,在组织卖淫罪中,卖淫者都是自愿出卖自己的色相的。[6] 在过去的教科书中,强迫也被认为是实施组织行为的手段[7],但最高人民法院、最高人民检察院《关于办理组织、强迫、引诱、容留、介绍卖淫刑事案件适用法律若干问题的解释》中仅列举了招募、雇佣、纠集手段,而不包括强迫手段。卖淫者是否自愿卖淫成为组织卖淫罪与强迫卖淫罪的关键区别。笔者认为,尽管在具体单次的卖淫活动中卖淫者可能没有受到强迫,但也不能认为在组织卖淫活动中,卖淫者是完全自由的、自我决定的状态。由于组织者与卖淫者之间存在控制支配关系,卖淫者需要服从组织者的安排与管理,德日理论中将其称为组织者与卖淫者之间的人身依附关系,卖淫者在人格和经济上依附于组织者,组织者通过组织实现对于卖淫者的剥削。只有在这一点上正确理解组织行为,才能将组织行为与较为轻微的引诱、容留、介绍卖淫行为准确区分开来。《刑事审判参考》案例第78号"高洪霞、郑海本等组织卖淫、协助组织卖淫案"的裁判理由指出:采用招募、纠集等手段,控制多人卖淫的,应以组织卖淫罪论处。组织卖淫罪有两种客观表现形式:一种是有固定卖淫场所的组织卖淫行为;另一种是无固定场所的组织卖淫行为,即组织者操纵、控制多名卖淫人员有组织地进行卖淫活动。无论哪一种形式,组织者都有组织行为。[8]《刑事审判参考》案例第768号"蔡轶等组织卖淫、协助组织卖淫案"的裁判理由进一步指出:容留卖淫罪中的容留是一种单纯地为他人提供场所,容留者与卖淫者没有控制与调度的关系。具体表现为行动上的两个自由:一是来去自由;二是选择自由。来去自由

---

4 参见最高人民法院刑事审判第一、二、三、四、五庭主办:《刑事审判参考》(总第115集),法律出版社2019年版,第5、9页。

5 参见张明楷:《刑法学》(第6版),法律出版社2021年版,第1527页。

6 参见高铭暄、马克昌主编:《刑法学》(第9版),北京大学出版社、高等教育出版社2019年版,第602页。

7 参见王作富主编:《刑法分则实务研究》(第5版),中国方正出版社2013年版,第1483—1484页。

8 参见陈兴良、张军、胡云腾主编:《人民法院刑事指导案例裁判要旨通纂》(第2版),北京大学出版社2018年版,第1605页。

体现在卖淫者有是否接受容留者提供场所的自由,选择自由体现在卖淫者本人有权决定何时卖淫、向何人卖淫、如何收费等事项。对这种不存在人身控制和依附关系,仅提供场所的行为,一般以容留卖淫罪论处。但现实中情况往往比较复杂,卖淫者虽有来去自由,但没有选择自由。即卖淫者到一些娱乐场所卖淫是完全自愿的,娱乐场所的经营者为其提供卖淫场所和食宿,不干涉具体卖淫事项。但卖淫者通常不能决定何时卖淫、向何人卖淫,尤其是不能决定如何收费。娱乐场所对卖淫行为采取统一定价、统一收费,再按照事先定好的比例将报酬分发给卖淫者。在这种情况下,卖淫行为处于被管理、控制的状态,因此,管理控制者提供的容留行为应当构成组织卖淫罪,而非容留卖淫罪。[9]

11 组织卖淫的对象,必须是多人,组织一人反复多次卖淫的,不构成组织卖淫罪。组织行为的成立,并不要求存在固定的卖淫场所。根据最高人民法院、最高人民检察院《关于办理组织、强迫、引诱、容留、介绍卖淫刑事案件适用法律若干问题的解释》第1条第2款的规定,组织行为包括两种情况:一种是有固定卖淫场所的组织卖淫行为,另一种是无固定场所的组织卖淫行为。这是对于实践中组织行为的各种表现进行的总结,而不是组织行为的内涵定义。无论是否存在固定的卖淫场所,均可以构成组织行为,卖淫场所的有无对于组织行为的认定没有决定性的影响。

12 组织卖淫罪中组织行为的内容是组织他人卖淫。如何理解卖淫,不无争议。

13 卖淫是否仅限于异性之间特别是仅限于女性向男性提供以金钱、财物或者其他利益交换为条件的性服务,是否可以包括同性之间的有偿性交易?为回应这一争议,《刑事审判参考》案例第303号"李宁组织卖淫案"的裁判理由指出:"卖淫",就其常态而言,虽是指女性以营利为目的,与不特定男性从事性交易的行为;但随着立法的变迁,对男性以营利为目的,与不特定女性从事性交易的行为,也应认定为"卖淫";而随着时代的发展、社会生活状况的变化,"卖淫"的外延还可以也应当进一步扩大,亦即还应当包括以营利为目的,与不特定同性从事性交易的行为(即"同性卖淫")。对"卖淫"作如上界定,并不违背刑法解释原理和罪刑法定原则,相反,是刑法立法精神的当然要求。刑法所规定的"卖淫"的本质特征是以营利为目的,向不特定的人出卖肉体。至于行为人的性别是男是女,以及其对象是异性还是同性,均不是判断、决定行为人的行为是否构成"卖淫"所要考察的因素。之所以这样理解,是因为无论是女性卖淫还是男性卖淫,无论是异性卖淫还是同性卖淫,均违反基本伦理道德规范,毒害社会风气,败坏社会良好风尚。从此角度看,将同性卖淫归入"卖淫"范畴,以组织卖淫罪追究组织同性卖淫的行为人的刑事责任,并不违背且完全符合刑法有关卖淫嫖娼犯罪规定的立法精神。该指导案例解决了所谓同性卖淫是否能够被界定为刑法上的卖淫的实务争议。

---

9 参见陈兴良、张军、胡云腾主编:《人民法院刑事指导案例裁判要旨通纂》(第2版),北京大学出版社2018年版,第1611页。

二、强迫卖淫罪的行为

14 强迫卖淫罪的行为是强迫他人卖淫。所谓强迫卖淫,是指使用暴力、胁迫或其他手段等方法迫使他人卖淫的行为。其中,暴力指的是利用殴打、拘禁、捆绑等有形物理力对他人进行强制;胁迫指的是利用将要发生的暴力手段或其他不利后果对他人产生心理上的强制;其他手段则包括利用他人患病、醉酒、睡觉或其他被麻醉而处于不知反抗或无力反抗的状态。此外利用从属关系例如雇佣关系、上下级关系、师生关系等优势地位,或者恶意地使被害人陷入孤立无援的境地逼迫其卖淫的,也属于其他强迫手段。[10]

15 强迫卖淫罪侵犯他人的性自主权,行为人通过使用暴力、胁迫或者其他手段压制被害人的意志,迫使其向第三人提供性服务,因此卖淫行为是否违背其意志是判断强迫卖淫罪成立与否的关键要素。公民享有性自主权,是指法律保护其享有根据自己的意愿与他人发生性行为或者不发生性行为的权利。强迫卖淫罪的规范目标在于保护公民的性自主权免受暴力、胁迫等强制手段的威胁。与强奸罪类似,要正确认定卖淫活动是否违背被害人的意志,存在一定的困难。虽然可以通过行为人在客观上使用了暴力、胁迫等强制手段来推断卖淫活动是违背被害人意志的,但强迫的方式并不限于暴力或者以暴力相威胁,也包括了利用上下级隶属关系或者其他依赖关系、权威关系以及被害人所处的脆弱境地,从而认定卖淫活动并非出于被害人的自愿。此外,暴力、胁迫手段应当与被害人从事卖淫活动之间存在因果与归责关系。对于卖淫者自愿从事卖淫活动,行为人只是在组织管理过程中使用暴力、胁迫手段的,一般不构成强迫卖淫罪。[11] 但是,不能因此认为强迫自愿从事卖淫的人卖淫在任何情况下都不构成强迫卖淫罪。《刑事审判参考》总案例第1295号“刘革辛、陈华林、孔新喜强迫卖淫等案”的裁判理由指出:强迫卖淫的强迫性主要表现为以下情形:①在他人不愿意从事卖淫活动的情况下,使用强制手段迫使其从事卖淫活动;②他人虽然原本从事卖淫活动,但在他人不愿意继续从事卖淫活动的情况下,使用强制手段强迫其继续从事卖淫活动;③在卖淫者不愿意在某地从事卖淫活动或者为某人从事卖淫活动的情况下,使用强制手段强迫其在某地或为某人从事卖淫活动。因此,从事卖淫活动的卖淫者也可以成为强迫卖淫罪的对象。[12]

---

10 参见王作富主编:《刑法分则实务研究》(第5版),中国方正出版社2013年版,第246页。

11 参见王作富主编:《刑法分则实务研究》(第5版),中国方正出版社2013年版,第247页。

12 参见最高人民法院刑事审判第一、二、三、四、五庭主办:《刑事审判参考》(总第117集),法律出版社2019年版,第89—91页。

三、协助组织卖淫罪的行为

16 协助组织卖淫罪表现为组织卖淫的人招募、运送人员或者有其他协助组织他人卖淫的行为。

17 根据最高人民法院、最高人民检察院《关于办理组织、强迫、引诱、容留、介绍卖淫刑事案件适用法律若干问题的解释》第 4 条的规定,协助组织卖淫,具体是指明知他人实施组织卖淫犯罪活动而为其招募、运送人员或者充当保镖、打手、管账人等的行为。其中,招募是指为组织卖淫的人招聘、挑选、召集卖淫的人员;运送是指使卖淫人员实现空间转移的一切方法,运送的工具、空间距离如何均在所不问;此外,还包括在组织卖淫的各个环节按照组织者的指挥、操纵、安排、雇佣为组织行为提供帮助、创造条件者,如充当保镖、打手、管账人等情形。[13] 因此,《刑事审判参考》案例第 768 号"蔡轶等组织卖淫、协助组织卖淫案"的裁判理由指出:在组织卖淫活动中,直接安排、调度卖淫活动的行为,应当以组织卖淫罪定罪处罚。在认定"组织卖淫"与"协助组织卖淫"行为时,不能简单地以作用大小为标准,而应根据组织与协助组织行为的分工来认定。组织卖淫是指以招募、雇佣、强迫、引诱、容留等手段控制多人从事卖淫的行为,协助组织卖淫是指在组织他人卖淫的共同犯罪中起帮助作用的行为,如充当保镖、打手、管账人等。在组织卖淫活动中对卖淫者的卖淫活动直接进行安排、调度的,属于组织卖淫罪的行为人,应当以组织卖淫罪论处。如果不是对卖淫者的卖淫活动直接进行安排、调度,而是在外围协助组织者实施其他行为,充当保镖、打手、管账人或为直接组织者招募、雇佣、运送卖淫者,为卖淫者安排住处,提供反调查信息等行为的,则都不构成组织卖淫罪,而仅构成协助组织卖淫罪。在具体案件中,组织他人卖淫场所中的老板、领班、直接管理人员一般系组织者,其行为应当以组织卖淫罪论处。而保镖、打手、管账人、服务生一般系协助组织者,应当以协助组织卖淫罪论处。该案被告人蔡轶作为新天龙休闲浴场的经营者,其行为构成组织卖淫罪,自不待言。被告人戴月强虽系蔡轶所雇佣,且未招募卖淫女,但戴月强直接参与卖淫事项,并参与制定卖淫场所规则,且系组织卖淫女在该浴场内向他人卖淫的管理者,因此,其行为属于组织卖淫行为,构成组织卖淫罪。行为人对卖淫活动形成有效的管理与控制的,应当以组织卖淫罪论处。[14]

18 上述司法解释同时规定,在协助组织卖淫罪的认定中,需要将协助组织卖淫行为与在欠缺主观明知的情况下,仅在客观上为卖淫团伙提供一般性劳务的行为准确区分开来。在具有营业执照的会所、洗浴中心等经营场所担任保洁员、收银员、保安员等,从事一般服务性、劳务性工作,仅领取正常薪酬,且无解释中所列举的协助组织卖

---

13 参见周光权:《刑法各论》(第 4 版),中国人民大学出版社 2021 年版,第 522 页。

14 参见陈兴良、张军、胡云腾主编:《人民法院刑事指导案例裁判要旨通纂》(第 2 版),北京大学出版社 2018 年版,第 1611 页。

淫行为的,不认定为协助组织卖淫罪。

19 协助组织卖淫本质上是组织卖淫罪的一种帮助行为。《刑法》第358条第4款对协助组织卖淫行为规定了独立的法定刑区间,不再作为组织卖淫罪的从犯适用《刑法》第27条关于从犯的量刑规则。理论上对于《刑法》第358条第4款的规定究竟属于帮助行为正犯化还是独立的量刑标准,存在一定的争议。

20 周光权教授将其视为“拟制的正犯”,指出协助组织卖淫罪原本是组织卖淫罪的帮助犯,没有组织卖淫罪的构成,也就没有协助组织卖淫罪的构成,但刑法将其作为独立的实行行为看待,不再适用刑法总则关于从犯的处罚原则。[15] 张明楷教授指出,如果刑法没有规定协助组织卖淫罪,对协助组织他人卖淫的共犯行为,应认定为组织卖淫罪的共犯行为,但刑法考虑到这种行为的严重危害程度,避免将犯罪人以从犯论进而从轻、减轻或免除处罚,从而导致刑罚畸轻现象,便将协助组织他人卖淫的行为规定为独立犯罪。据此,协助组织他人卖淫的行为与组织他人卖淫的行为应当分别定罪量刑处罚。为组织卖淫的人招募、运送人员的行为成立犯罪,以客观上存在已经组织、正在组织或者将要组织卖淫的人员为前提。但协助组织卖淫罪是否属于帮助犯的正犯化,似乎不可一概而论,需要独立判断招募、运送行为是否值得科处刑罚。换言之,在这种场合,帮助犯既可能被正犯化,也可能没有被正犯化。在没有其他正犯的场合,帮助犯是否值得处罚,取决于该帮助行为本身是否侵害法益以及法益侵害的程度。[16] 黎宏教授则认为,本质上讲协助组织卖淫是组织卖淫罪的一种基本特征。在刑法规定中,其原本是共犯的一种表现形式,但由于立法者把此种帮助行为作为一种独立的犯罪加以规定,故它就不再是一般共同犯罪中的帮助行为,而成为一个独立的罪名,不适用刑法总则关于从犯的处罚原则。[17]

21 在讨论协助组织卖淫罪是否为帮助行为正犯化的表现之前,首先需要对正犯、共犯以及帮助行为正犯化的基础概念进行一系列的厘清。理论上对于这一问题的争议在很大程度上也是由于对上述概念仍然存在一定的争议。我国《刑法》第25条至第29条关于共同犯罪的规定中仅有主犯、从犯、胁从犯的规定,而无德日刑法理论上的正犯与共犯概念。能否将我国《刑法》第26条中的主犯等同于德日刑法理论中的正犯概念,将第27条中的从犯、胁从犯概念等同于共犯概念[18],构成了我国目前犯罪参与理论的基本争议。最高人民法院、最高人民检察院《关于办理组织、强迫、引诱、容

---

15 参见周光权:《刑法各论》(第4版),中国人民大学出版社2021年版,第522页。

16 参见张明楷:《刑法学》(第6版),法律出版社2021年版,第1530页。

17 参见黎宏:《刑法学各论》(第2版),法律出版社2016年版,第480页。

18 关于这一问题,参见江溯:《区分制共犯体系的整体性批判》,载《法学论坛》2011年第6期;刘明祥:《论中国特色的犯罪参与体系》,载《中国法学》2013年第6期;钱叶六:《中国犯罪参与体系的性质及其特色——一个比较法的分析》,载《法律科学》2013年第6期;王华伟:《犯罪参与模式之比较研究——从分立走向融合》,载《法学论坛》2017年第6期。

留、介绍卖淫刑事案件适用法律若干问题的解释》第4条第1款明确了协助组织卖淫行为不以组织卖淫罪的从犯论处,但并没有回答协助组织卖淫罪是否为组织卖淫罪的共犯的问题。只有认为我国刑法总则中的从犯等于共犯概念,从犯不仅是量刑概念而且是定罪概念,才能当然地认为,对于协助组织卖淫罪的独立规定是帮助行为正犯化。相反,如果认为从犯仅仅只是一个量刑上的概念,则还需要进一步讨论协助组织卖淫罪的规定是否符合帮助行为正犯化的理论。

22 根据通行的共犯限制从属性理论,共犯的成立以正犯行为(即主行为)的存在为前提,该正犯行为应当符合法定构成要件且具有违法性。共犯的可罚性以正犯行为进入实行阶段为起点。帮助行为正犯化的核心意义,在于取消共犯从属性要求对于帮助行为可罚性的限制,从而能够独立判断帮助行为的可罚性,帮助行为的可罚性不再以正犯行为的着手为逻辑前提。即便在刑法分则中设置了单独的罪名,但该罪名成立的前提仍然是其所帮助的行为是正犯行为,则该条款仅仅是一种量刑规则,而非帮助行为正犯化的体现。现行法上,特定的帮助行为是否被正犯化,并不取决于帮助行为本身法益侵害程度,而取决于以帮助行为为构成要件的刑法条文中,是否要求存在一个符合构成要件且违法的主行为。至于帮助行为本身的法益侵害性及其程度,则是该行为应否被正犯化的标准,而非判断该行为在实定法上是否被正犯化的标准。协助组织卖淫罪究竟是帮助行为正犯化的体现还仅仅是帮助犯的独立量刑标准,取决于本罪的成立是否以组织卖淫行为构成组织卖淫罪为前提。从罪状上看,协助组织卖淫罪的成立以其所帮助的行为成立组织卖淫罪为前提,但根据我国《刑法》的规定,犯罪预备同样受到处罚,因此即便组织卖淫行为停留在预备阶段,仍然有成立协助组织卖淫罪的空间。换言之,协助组织卖淫罪的成立并不以组织卖淫行为进入实行阶段为前提,不要求实行从属性。张明楷教授举例认为,行为人为组织卖淫者招募、运送卖淫人员,但组织行为还未进入着手时即被查获的,此时行为人的行为仍然成立协助组织卖淫罪的既遂。[19] 在这个意义上,《刑法》第358条第4款规定的协助组织卖淫罪是帮助行为正犯化的体现。

V 主体

23 组织卖淫罪、强迫卖淫罪与协助组织卖淫罪的主体均为一般主体,即任何达到刑事责任年龄、具有完全刑事责任能力的自然人均可构成三罪。

VI 罪过

24 组织卖淫罪、强迫卖淫罪、协助组织卖淫罪的罪过形式均为故意,即行为人明知自己是在实施组织、强迫他人进行卖淫活动的行为,或者明知自己是在协助他人实施

---

19 参见张明楷:《刑法学》(第6版),法律出版社2021年版,第1531页。

组织卖淫的行为,并明知这种组织、强迫、协助组织行为会造成危害社会的结果,而希望或者放任这种结果的发生。虽然在实践中组织、强迫、协助组织卖淫者多出于营利的目的,但营利目的并非三罪成立的必要条件。行为人出于何种动机或者目的实施组织、强迫、协助组织卖淫行为,并不影响组织卖淫罪、强迫卖淫罪、协助组织卖淫罪的成立。

Ⅶ 既遂与未遂

判断组织卖淫罪与强迫卖淫罪的着手遵循未遂的一般理论。形式客观说认为,着手是开始实行刑法分则所规定的部分构成要件;实质客观说则认为当行为发生了作为未遂犯的结果的危险性,即侵害法益的危险达到紧迫程度时才是着手。根据这一一般理论,判断组织卖淫罪与强迫卖淫罪是否着手的关键,在于如何正确理解组织卖淫罪与强迫卖淫罪的实行行为与保护法益。 25

从通说的立场出发,组织卖淫罪的客体是良好的社会风尚,组织行为是组织卖淫罪的实行行为,行为人在着手从事组织行为时,即进入组织卖淫罪的实行阶段,并不取决于被组织者是否实际地从事了卖淫活动,在组织行为已经实施,但因为行为人意志以外的因素卖淫活动未能如期展开时,应当认定为未遂。 26

强迫卖淫罪的客体除良好的社会风尚之外,还包括卖淫者的性自主权,行为人在采取暴力、胁迫等手段时,本罪即已着手,但在卖淫者最终并未实际从事卖淫行为,向第三人提供性服务时,应当认定为未遂;此外在行为人主观上意图以暴力、胁迫手段逼迫卖淫者,但卖淫者本人则出于自愿主动从事卖淫活动的,应当认为客观上的暴力、胁迫手段与卖淫者的行为之间欠缺归责关联,也应当认定为未遂。 27

Ⅷ 罪与罪的区别

一、强迫卖淫罪与他罪的区别

强迫卖淫罪与强奸罪、强制猥亵罪均侵犯了被害人的性自主权,通常也都采用暴力、胁迫的手段,迫使被害人服从行为人的意志,具有一定的相似性。 28

根据通说,强奸罪与强迫卖淫罪的区别主要在于:①强奸罪的对象仅限于妇女,而强迫卖淫罪的对象则可以包括男性。②强奸罪的行为方式仅限于以男性阴茎插入女性阴道的性行为方式,而强迫卖淫罪中卖淫的概念则包括肛交、口交在内的其他进入式性服务,在司法实务中甚至也被扩张解释为包括胸推、打飞机等非进入式的性服务。③强奸罪的正犯主体仅限于男性,且根据《刑法》第 17 条第 2 款的规定,包括 14 周岁以上不满 16 周岁的未成年男性;强迫卖淫罪的主体则为一般主体,包括所有年满 16 周岁,达到刑事责任年龄、具有完全刑事责任能力的主体,并不限于男性。④强迫卖淫罪是通过暴力、胁迫或者其他手段,让卖淫者向第三人提供性服务;而强 29

奸罪则是通过暴力、胁迫或其他手段,迫使妇女或他人与自己发生狭义或广义上的性关系。

30 行为人通过暴力胁迫的方式,迫使被害人与第三人发生性关系,既可能成立强迫卖淫罪也可能成立强奸罪、强制猥亵罪的帮助犯。对于这一问题,理论上通常以行为人是否具有营利为目的作为区分强迫卖淫罪与强奸罪、强制猥亵罪帮助犯的标准,认为卖淫是提供有偿的性服务,主观上一般应当具有营利的目的。但是正如前文在罪过部分的论述,组织卖淫罪、强迫卖淫罪的成立并不以主观上具有营利目的为要件。从本节罪名的立法沿革也可以看到,1979 年《刑法》中介绍、容留卖淫罪明确规定了以营利为目的,但 1997 年《刑法》中则不再要求营利目的,可见营利目的的要件并非组织卖淫罪、强迫卖淫罪成立的必要条件。营利目的也不能成为区分强迫卖淫罪与强奸罪、强制猥亵罪帮助犯的标准。强迫卖淫行为中一般具有营利目的,这只是对强迫卖淫犯罪事实的现象描述,而非强迫卖淫罪成立的规范标准。

31 对于使用强奸手段迫使他人从事卖淫活动的行为,自 1991 年全国人民代表大会常务委员会《关于严禁卖淫嫖娼的决定》对强迫卖淫罪构成要件作出具体规定至 2015 年《刑法修正案(九)》对相关加重构成进行简化,强奸后迫使卖淫都是作为强迫卖淫罪的加重构成来规定的。按照当时的规定,强奸罪与强迫卖淫罪的这一加重构成之间存在包容关系,以强迫卖淫罪一罪论处。2015 年《刑法修正案(九)》删去了这一加重构成的规定,而改为犯组织卖淫罪、强迫卖淫罪,并有杀害、伤害、强奸、绑架等行为的,依照数罪并罚的规定处罚。因此目前对于使用强奸手段迫使被害人从事卖淫活动的,行为同时符合强奸罪与强迫卖淫罪的构成要件,根据《刑法》第 358 条第 3 款的明确规定,应当进行数罪并罚。

二、协助组织卖淫罪与组织卖淫罪的区别

32 协助组织卖淫罪的认定,必然面临如何在一个存在分工的组织卖淫团伙中准确识别组织卖淫者与协助组织卖淫者的问题。

33 最高人民法院、最高人民检察院《关于办理组织、强迫、引诱、容留、介绍卖淫刑事案件适用法律若干问题的解释》第 4 条明确规定:“明知他人实施组织卖淫犯罪活动而为其招募、运送人员或者充当保镖、打手、管账人等的,依照刑法第三百五十八条第四款的规定,以协助组织卖淫罪定罪处罚,不以组织卖淫罪的从犯论处。在具有营业执照的会所、洗浴中心等经营场所担任保洁员、收银员、保安员等,从事一般服务性、劳务性工作,仅领取正常薪酬,且无前款所列协助组织卖淫行为的,不认定为协助组织卖淫罪。”刑事指导案例的裁判要旨则试图结合具体个案为区分组织卖淫罪与协助组织卖淫罪提供具体指引。《刑事审判参考》案例第 1268 号“方斌等组织卖淫案”的裁判理由指出:①在组织卖淫共同犯罪中,主要投资者(所有人)一般应认定为主犯。②区分组织卖淫罪和协助组织卖淫罪的关键在于是否实施了管理、控制卖淫活动的

组织行为。[20]《刑事审判参考》案例第 1269 号“杨恩星等组织卖淫案”的裁判理由进一步指出:①协助组织卖淫罪是将组织卖淫罪的帮助行为单独成罪,而非将组织卖淫罪的所有从犯单独成罪。②协助组织卖淫罪与组织卖淫罪从犯的本质区别在于行为不同,而非作用大小。组织卖淫罪中从犯实施的行为也应是组织行为,而协助组织卖淫罪中行为人所实施的行为不能是组织行为,不与卖淫行为发生直接联系,只能是在外围保障卖淫活动顺利进行的辅助行为。[21]

在刑法理论上区分组织卖淫罪与协助组织卖淫罪,则应当从协助组织卖淫罪的实质是组织卖淫罪共犯的正犯化这一实定法前提出发,运用刑法总论中关于正犯的认定标准,正确区分组织卖淫共同犯罪中的正犯与帮助犯。一般说来,认定正犯的标准主要存在两种进路:其一为主观说,主观说在因果关系问题上采取条件说,认为只能从主观面而非客观面寻求正犯与共犯的区分标准,所谓正犯就是为了自己的目的或利益而实施犯罪的人,而共犯则是为了他人的犯罪而提供帮助的人。[22] 其二为客观说,主张从客观角度区分正犯与共犯。其中客观说又分为形式客观说与实质客观说,形式客观说认为正犯是在形式上实施了刑法分则所规定的犯罪构成要件的人,而实质客观说中的代表犯罪支配理论则认为,在实质上判断对于导致法益发生的因果流程存在犯罪支配的人应当被认定为正犯。犯罪支配理论是目前我国以及德日共犯理论的通说。 34

我国《刑法》第 358 条第 4 款中,协助组织卖淫是“为组织卖淫的人招募、运送人员”,因此仅从条文上看,我国立法者在组织卖淫活动中对于正犯与共犯的区分标准看似采取了主观说,即协助组织卖淫者虽然也实施了招募人员的行为,但在主观上并不是为了自己实施组织卖淫活动而招募人员,而是服务于他人的组织卖淫活动。但是主观说在理论上存在明显的缺陷,在实际案件中区分行为人是出于自己行为的意思还是出于加担行为的意思,在判断上具有恣意性,而且仅以行为人的主观意思来决定其刑事责任也存在背离刑法客观主义,滑向刑法主观主义、行为人刑法的危险。 35

笔者主张应当以通说的犯罪支配理论在客观上判断行为人对于卖淫集团的活动是否具有支配性。正确理解组织行为是准确认定组织卖淫罪、协助组织卖淫罪的关键。组织行为是对卖淫活动整体过程拥有控制和支配,组织者是卖淫团伙的核心成员,对于卖淫团伙的整体分工以及其他各项事务拥有最终的决定权。卖淫团伙中负责直接控制卖淫者人身的,并不一定是卖淫团伙的核心成员,因而未必成立组织卖淫罪,可能仅成立协助组织卖淫罪。 36

20　参见最高人民法院刑事审判第一、二、三、四、五庭主办:《刑事审判参考》(总第 115 集),法律出版社 2019 年版,第 11 页。

21　参见最高人民法院刑事审判第一、二、三、四、五庭主办:《刑事审判参考》(总第 115 集),法律出版社 2019 年版,第 19 页。

22　参见张明楷:《刑法学》(第 6 版),法律出版社 2021 年版,第 510—511 页。

IX　处罚

一、组织卖淫罪、强迫卖淫罪的处罚

37　《刑法》第 358 条规定:组织、强迫他人卖淫的,处 5 年以上 10 年以下有期徒刑,并处罚金;情节严重的,处 10 年以上有期徒刑或者无期徒刑,并处罚金或者没收财产。组织未成年人卖淫的,依照前述规定从重处罚。犯组织卖淫罪、强迫卖淫罪,并有杀害、伤害、强奸、绑架等犯罪行为的,依照数罪并罚的规定处罚。

38　此外,《刑法》第 361 条对特定单位工作人员实施组织、强迫卖淫行为作了提示性规定:"旅馆业、饮食服务业、文化娱乐业、出租汽车业等单位的人员,利用本单位的条件,组织、强迫他人卖淫的,依照本法第三百五十八条、第三百五十九条的规定定罪处罚。前款所列单位的主要负责人,犯前款罪的,从重处罚。"

39　最高人民法院、最高人民检察院《关于办理组织、强迫、引诱、容留、介绍卖淫刑事案件适用法律若干问题的解释》第 2 条规定:"组织他人卖淫,具有下列情形之一的,应当认定为刑法第三百五十八条第一款规定的'情节严重':(一)卖淫人员累计达十人以上的;(二)卖淫人员中未成年人、孕妇、智障人员、患有严重性病的人累计达五人以上的;(三)组织境外人员在境内卖淫或者组织境内人员出境卖淫的;(四)非法获利人民币一百万元以上的;(五)造成被组织卖淫的人自残、自杀或者其他严重后果的;(六)其他情节严重的情形。"

40　该司法解释第 6 条规定:"强迫他人卖淫,具有下列情形之一的,应当认定为刑法第三百五十八条第一款规定的'情节严重':(一)卖淫人员累计达五人以上的;(二)卖淫人员中未成年人、孕妇、智障人员、患有严重性病的人累计达三人以上的;(三)强迫不满十四周岁的幼女卖淫的;(四)造成被强迫卖淫的人自残、自杀或者其他严重后果的;(五)其他情节严重的情形。行为人既有组织卖淫犯罪行为,又有强迫卖淫犯罪行为,且具有下列情形之一的,以组织、强迫卖淫'情节严重'论处:(一)组织卖淫、强迫卖淫行为中具有本解释第二条、本条前款规定的'情节严重'情形之一的;(二)卖淫人员累计达到本解释第二条第一、二项规定的组织卖淫'情节严重'人数标准的;(三)非法获利数额相加达到本解释第二条第四项规定的组织卖淫'情节严重'数额标准的。"

41　此外,该司法解释还规定:组织、强迫他人卖淫的次数,作为酌定情节在量刑时考虑。犯组织卖淫罪、强迫卖淫罪的,应当依法判处犯罪所得 2 倍以上的罚金。共同犯罪的,对各共同犯罪人合计判处的罚金应当在犯罪所得的 2 倍以上。对犯组织卖淫罪、强迫卖淫罪被判处无期徒刑的,应当并处没收财产。

二、协助组织卖淫罪的处罚

42　根据《刑法》第 358 条第 4 款的规定,犯协助组织卖淫罪的,处 5 年以下有期徒

刑,并处罚金;情节严重的,处 5 年以上 10 年以下有期徒刑,并处罚金。最高人民法院、最高人民检察院《关于办理组织、强迫、引诱、容留、介绍卖淫刑事案件适用法律若干问题的解释》第 5 条规定:“协助组织他人卖淫,具有下列情形之一的,应当认定为刑法第三百五十八条第四款规定的‘情节严重’:(一)招募、运送卖淫人员累计达十人以上的;(二)招募、运送的卖淫人员中未成年人、孕妇、智障人员、患有严重性病的人累计达五人以上的;(三)协助组织境外人员在境内卖淫或者协助组织境内人员出境卖淫的;(四)非法获利人民币五十万元以上的;(五)造成被招募、运送或者被组织卖淫的人自残、自杀或者其他严重后果的;(六)其他情节严重的情形。”

第三百五十九条　引诱、容留、介绍卖淫罪；引诱幼女卖淫罪

引诱、容留、介绍他人卖淫的，处五年以下有期徒刑、拘役或者管制，并处罚金；情节严重的，处五年以上有期徒刑，并处罚金。

引诱不满十四周岁的幼女卖淫的，处五年以上有期徒刑，并处罚金。

文献：陈兴良主编：《罪名指南》（第2版），中国人民大学出版社2008年版；全国人大常委会法制工作委员会刑法室编：《〈中华人民共和国刑法〉条文说明、立法理由及相关规定》，北京大学出版社2009年版；王作富主编：《刑法分则实务研究》（第5版），中国方正出版社2013年版；高铭暄、赵秉志编：《新中国刑法立法文献资料总览》（第2版），中国人民公安大学出版社2015年版；黎宏：《刑法学各论》（第2版），法律出版社2016年版；张军主编：《刑法[分则]及配套规定新释新解》（第9版），人民法院出版社2016年版；陈兴良、张军、胡云腾主编：《人民法院刑事指导案例裁判要旨通纂》（第2版），北京大学出版社2018年版；高铭暄、马克昌主编：《刑法学》（第9版），北京大学出版社、高等教育出版社2019年版；周光权：《刑法各论》（第4版），中国人民大学出版社2021年版；张明楷：《刑法学》（第6版），法律出版社2021年版。周峰等：《〈关于审理组织、强迫、引诱、容留、介绍卖淫刑事案件适用法律若干问题的解释〉的理解与适用》，载《人民司法》2017年第25期。

细目录

Ⅰ　主旨

Ⅱ　沿革

Ⅲ　客体

Ⅳ　行为

Ⅴ　主体

Ⅵ　罪过

一、引诱、容留、介绍卖淫罪的罪过

二、引诱幼女卖淫罪的罪过

Ⅶ　既遂与未遂

Ⅷ　共犯

Ⅸ　与非罪的界限

Ⅹ　与他罪的关系

一、引诱、容留、介绍卖淫罪与他罪的关系

二、引诱幼女卖淫罪与他罪的关系

XI 处罚

一、引诱、容留、介绍卖淫罪的处罚

二、引诱幼女卖淫罪的处罚

I 主旨

引诱、容留、介绍卖淫罪败坏社会风尚,妨害国家对社会的管理秩序。刑法设置本罪,旨在对为卖淫活动提供各种外部条件的行为进行规制,以预防和减少卖淫行为。 1

引诱幼女卖淫罪不仅败坏社会风尚,妨害国家对社会的管理秩序,更为严重的危害在于摧残幼女的身心健康。刑法设置本罪,通过严厉惩治引诱幼女卖淫的犯罪行为,在维护良好的社会风尚与正常的社会管理秩序的同时,更着重保护幼女的身心健康。 2

II 沿革

1979 年《刑法》第 169 条规定了引诱、容留卖淫罪,即以营利为目的,引诱、容留妇女卖淫的,处 5 年以下有期徒刑、拘役或者管制;情节严重的,处 5 年以上有期徒刑,可以并处罚金或者没收财产。 3

1983 年 9 月 2 日公布施行的全国人民代表大会常务委员会《关于严惩严重危害社会治安的犯罪分子的决定》加重了对引诱、容留卖淫罪的处罚,引诱、容留、强迫妇女卖淫,情节特别严重的,可以在刑法规定的最高刑以上处刑,直至判处死刑。 4

1991 年 9 月 4 日公布施行的全国人民代表大会常务委员会《关于严禁卖淫嫖娼的决定》第 3 条第 1 款调整与扩大了引诱、容留卖淫罪的规制范围:"引诱、容留、介绍他人卖淫的,处五年以下有期徒刑或者拘役,并处五千元以下罚金;情节严重的,处五年以上有期徒刑,并处一万元以下罚金;情节较轻的,依照治安管理处罚条例第三十条的规定处罚。" 5

1997 年全面修订刑法时将上述规定修订为《刑法》第 359 条第 1 款的规定,并一直沿用至今。 6

1991 年 9 月 4 日公布施行的全国人民代表大会常务委员会《关于严禁卖淫嫖娼的决定》第 3 条第 2 款首次规定:"引诱不满十四岁的幼女卖淫的,依照本决定第二条关于强迫不满十四岁的幼女卖淫的规定处罚。" 7

1997 年全面修订刑法时独立规定了引诱幼女卖淫罪的构成要件与法定刑,以《刑法》第 359 条第 2 款的序列明确规定,引诱不满 14 周岁的幼女卖淫的,处 5 年以上有期徒刑,并处罚金。这一规定一直沿用至今。 8

Ⅲ　客体

9　引诱、容留、介绍卖淫罪的客体为社会管理秩序与良好的社会道德风尚。引诱幼女卖淫罪的客体除社会管理秩序与良好的社会道德风尚外,还包括不满14周岁的幼女的身心健康。

Ⅳ　行为

10　引诱、容留、介绍卖淫罪在客观方面表现为引诱、容留、介绍他人卖淫的行为。

11　所谓引诱卖淫,指的是利用金钱、物质或其他利益,使他人产生从事卖淫活动的动机,是卖淫的教唆行为。容留卖淫,指的是为他人的卖淫活动提供场所的行为。这里的"场所"既包括容留者自己所有、管理、使用、经营的固定场所,也包括流动场所[1];这里的"提供"既包括长期提供,也包括短期、临时提供。介绍卖淫,指的是在卖淫者与嫖客之间牵线搭桥,沟通撮合,使得他人卖淫得以实现的行为。[2]

12　理论上有观点认为,介绍卖淫不同于介绍嫖娼。介绍卖淫直接为卖淫人员服务,甚至干脆就受雇于卖淫者,常常会从卖淫者那里收取介绍费或者借助其他方式获取利益。而介绍嫖娼,则是为嫖客介绍何处有暗娼、如何联系,甚至直接将其带往卖淫地点的行为。两者都属于淫媒行为,但介绍卖淫者与卖淫者关系密切,利益相关,双方通常保持固定关系,而介绍嫖娼者则与卖淫者没有联系,没有营利目的。单纯的介绍嫖娼行为一般是偶发的,介绍嫖娼者往往不具有营利性、固定性和经常性的特点。[3] 不过,既然刑法已经删去了引诱、容留、介绍卖淫罪中关于营利性的规定,从是否具有营利性、经常性的角度来区分介绍卖淫和介绍嫖娼在刑法条文上是缺少根据的。尤其是通过互联网发布卖淫信息的行为,深究其属于介绍卖淫还是介绍嫖娼是没有意义的。我国学者指出,介绍的形式是多种多样的,有的是为卖淫人员介绍嫖客,有的是为嫖客介绍卖淫者;有直接介绍,也有间接介绍;有将嫖客直接带到卖淫场所,也有提供卖淫者与嫖客的约定地点,介绍的具体表现形式并不影响介绍卖淫罪的成立。[4] 对于偶发的介绍嫖娼行为,可以通过罪量的设置将其排除在介绍卖淫罪的规制范围之外,仅作为一般行政违法行为进而采取治安管理处罚措施。

13　引诱幼女卖淫罪在客观方面表现为引诱不满14周岁的幼女卖淫的行为。所谓引诱幼女卖淫,指的是利用金钱、物质或其他利益,使不满14周岁的幼女产生从事卖淫活动的动机,从事卖淫活动。行为人容留、介绍幼女卖淫,成立容留、介绍卖淫

1　参见陈兴良、张军、胡云腾主编:《人民法院刑事指导案例裁判要旨通纂》(第2版),北京大学出版社2018年版,第1620页。

2　参见张明楷:《刑法学》(第6版),法律出版社2021年版,第1535页。

3　参见黎宏:《刑法学各论》(第2版),法律出版社2016年版,第480—481页。

4　参见陈兴良主编:《罪名指南》(第2版),中国人民大学出版社2008年版,第505页。

罪,根据相应的定罪量刑标准进行处罚。

V 主体

引诱、容留、介绍卖淫罪与引诱幼女卖淫罪的主体均为一般主体,即任何达到刑事责任年龄、具有刑事责任能力的自然人均可构成两罪。 14

VI 罪过

一、引诱、容留、介绍卖淫罪的罪过

引诱、容留、介绍卖淫者主观上应当具有故意,即认识到自己的行为实现了引诱、容留、介绍卖淫罪的客观构成要件,并希望或放任其实现。 15

1979 年《刑法》曾经规定,引诱、容留卖淫行为主观上还应当具有营利目的,但现行刑法已经删去对于营利目的的规定,从立法者的意图看应当是放弃了对于营利目的的要求。因此,最高人民法院、最高人民检察院《关于办理组织、强迫、引诱、容留、介绍卖淫刑事案件适用法律若干问题的解释》第 8 条明确规定,引诱、容留、介绍他人卖淫是否以营利为目的,不影响犯罪的成立。在容留卖淫罪的认定中,如何认定房屋提供者具有容留卖淫的故意,常常成为实践中的难点,这在卖淫者承租他人房屋从事卖淫活动的案件中较为常见。从客观上看,房屋的出租者将房屋出租给卖淫者从事卖淫活动,符合容留卖淫罪的客观成立条件。但从主观上看,房东对于承租人从事卖淫活动主观上是否存在故意,则需要综合案件情况证据进行考察。如果证据表明房东明知他人在出租屋内从事卖淫活动而仍然继续出租房屋的,主观上对于容留行为具有故意,应当认定为容留卖淫罪。杨某、米某容留卖淫案的裁判要旨指出,认定出租者是否构成容留卖淫罪,关键是要严格把握出租者的主观心态,即是否明知承租人从事卖淫活动而为其提供场所。如果出租者明知他人在出租房内从事卖淫活动,为获得房租而出租房屋,特别是收取的房租偏高的,可以认定为容留卖淫罪。如果出租者并不知道承租者从事卖淫活动,或出租者虽知承租者从事卖淫活动,但卖淫场所并不在出租房内的,均不能认定出租者构成容留卖淫罪。但实践中,房东疏于管理的现象较为普遍,对于承租者从事违法犯罪活动的,房东一般承担行政违法责任,尚不至于追究刑事责任,以免不当扩大打击面。[5] 16

二、引诱幼女卖淫罪的罪过

引诱幼女卖淫罪要求主观上具有引诱幼女卖淫的故意,其中故意的内容包括对 17

---

5 参见陈兴良、张军、胡云腾主编:《人民法院刑事指导案例裁判要旨通纂》(第 2 版),北京大学出版社 2018 年版,第 1620 页。

于对方系不满 14 周岁的明知与引诱其卖淫的意欲。只要行为人知道或者应当知道对方是幼女或者可能是幼女，仍然引诱其卖淫的，即成立本罪。最高人民法院、最高人民检察院、公安部、司法部《关于依法惩治性侵害未成年人犯罪的意见》规定：知道或者应当知道对方是不满 14 周岁的幼女，而实施奸淫等性侵害行为的，应当认定行为人“明知”对方是幼女。对于不满 12 周岁的被害人实施奸淫等性侵害行为的，应当认定行为人“明知”对方是幼女。对于已满 12 周岁不满 14 周岁的被害人，从其身体发育状况、言谈举止、衣着特征、生活作息规律等观察可能是幼女，而实施奸淫等性侵害行为的，应当认定行为人“明知”对方是幼女。

Ⅶ　既遂与未遂

18 引诱、容留、介绍卖淫罪与引诱幼女卖淫罪的实行行为是通过言语行动引起他人的卖淫意图、为卖淫活动提供场所以及为卖淫活动提供信息、中介服务的行为，行为人在实施这些行为时即已经着手。两罪的既遂以卖淫活动的开展为标准，行为人虽然实施了引诱、提供场所、介绍行为，但相对方并未实际从事卖淫活动的，应当认定为犯罪未遂。引诱、容留、介绍卖淫罪的法定刑不高，这类轻罪的未遂在司法实践中鲜少作为犯罪处理，通常进行治安管理处罚即可。但是，引诱幼女卖淫的，即使幼女并未上当受骗、从事卖淫活动，应当认定为引诱幼女卖淫罪的未遂，依法定罪处罚。

Ⅷ　共犯

19 组织卖淫集团中，从事引诱、容留、介绍等具体行为，也属于为组织卖淫提供帮助的行为或者就是组织卖淫行为的具体表现形式。就此而言，组织、协助组织行为与引诱、容留、介绍行为并非同一层面的概念，后者是对具体行为方式的描述，而前者则是对于在一段时间内持续的多种行为方式的整体评价。引诱、容留、介绍等具体行为方式在符合《刑法》第 359 条规定的引诱、容留、介绍卖淫罪构成要件的同时，是否同时成立组织卖淫罪，取决于行为人对于卖淫活动的整体是否存在控制与支配。组织行为的核心在于组织者对于卖淫者活动的控制和支配，行为人与卖淫者之间欠缺此种控制支配，则仅就其具体的行为方式分别认定引诱、容留、介绍卖淫罪。这些行为是否成立协助组织卖淫罪，也同样取决于组织行为是否存在。

20 容留卖淫罪的入罪情节包括了为患有性病者卖淫提供场所的情形，这一行为除作为容留卖淫罪处罚之外，同时也符合传播性病罪共犯的成立条件，应当根据想象竞合的规则从一重罪处断。

Ⅸ　与非罪的界限

21 尽管引诱、容留、介绍卖淫罪条文没有对构成犯罪设置情节的要求，但并不是所有引诱、容留、介绍卖淫行为均成立本罪。最高人民法院、最高人民检察院《关于办理组织、强迫、引诱、容留、介绍卖淫刑事案件适用法律若干问题的解释》第8条明确规定,引诱、容留、介绍他人卖淫,具有下列情形之一的,应当依照《刑法》第359条第1款的规定定罪处罚:①引诱他人卖淫的;②容留、介绍2人以上卖淫的;③容留、介绍未成年人、孕妇、智障人员、患有严重性病的人卖淫的;④1年内曾因引诱、容留、介绍卖淫行为被行政处罚,又实施容留、介绍卖淫行为的;⑤非法获利人民币1万元以上的。行为人虽然实施了容留、介绍他人卖淫的行为,但是不符合上述情形之一的,不宜作为犯罪处理,但可以依照《治安管理处罚法》的有关规定给予行政处罚。

X 与他罪的关系

一、引诱、容留、介绍卖淫罪与他罪的关系

组织卖淫行为中往往也包含了容留、引诱、介绍等具体行为方式,如何区分组织卖淫罪与容留、引诱、介绍卖淫罪在实践中存在一定的疑问。司法实践中通常从组织概念入手,强调组织卖淫行为对于卖淫者人身自由的控制与管理。组织者与卖淫者之间一旦形成控制管理依附关系,则构成组织卖淫罪,若缺少这种控制管理关系,则构成《刑法》第359条规定的引诱、容留、介绍卖淫罪。例如张桂方、冯晓明组织卖淫案[6]的裁判要旨指出,区分组织卖淫罪和引诱、容留、介绍卖淫罪的关键是行为人是否对卖淫者具有管理、控制的行为。如果只是实施了容留、介绍甚至引诱卖淫的行为,但没有对卖淫活动进行组织的,就不能以组织卖淫罪处罚。蔡轶等组织卖淫、协助组织卖淫案[7]的裁判要旨指出,一旦行为人对卖淫活动形成了有效的管理与控制,则应当以组织卖淫罪论处。该案裁判理由指出,组织卖淫行为的成立通常要求组织者与卖淫者之间存在一定的人身控制与依附关系。相反,容留者与卖淫者之间则没有控制、调度的关系,这体现为卖淫者通常具有行动上的自由,卖淫者不仅可以来去自由,还有选择自由。在现实案件中,组织卖淫案件中的卖淫者虽有来去自由,但不能决定何时卖淫、向何人卖淫,尤其不能决定如何收费。娱乐场所对卖淫行为采取统一定价、统一收费,再按事先约定比例发放报酬的,卖淫行为处于被控制管理的状态之下,这些控制管理者应当构成组织卖淫罪。行为人仅提供场所,对卖淫者缺少控制管理的,通常认为仅成立容留卖淫罪。鲍荣连、李月仙、应夫昌容留卖淫案的裁判要旨指出,明知卖淫女在其经营的浴场内卖淫而予以容留,从嫖资中提成但缺少对卖淫女的组织控制的,应认定为容留卖淫罪而非组织卖淫罪。 22

以组织概念为核心区分组织卖淫罪与引诱、容留、介绍卖淫罪在结论上虽然是正 23

6 参见陈兴良、张军、胡云腾主编:《人民法院刑事指导案例裁判要旨通纂》(第2版),北京大学出版社2018年版,第1616页。

7 参见陈兴良、张军、胡云腾主编:《人民法院刑事指导案例裁判要旨通纂》(第2版),北京大学出版社2018年版,第1616页。

确的,但这种做法预设了组织卖淫罪与引诱、容留、介绍卖淫罪之间的互斥关系,这在方法论上存在问题。组织行为的存在,是组织卖淫罪成立的条件,缺少组织行为自然不构成组织卖淫罪,但这并不是当然地构成引诱、容留、介绍卖淫罪的理由。后者的成立应当根据《刑法》第 359 条所设置的成立条件来进行判断。反之,在组织卖淫过程存在引诱、介绍卖淫、向卖淫者提供场所的行为时,也符合《刑法》第 359 条规定的引诱、容留、介绍卖淫罪的构成要件,此时应当成立组织卖淫罪与引诱、介绍、容留卖淫罪的想象竞合,从一重罪处断。最高人民法院、最高人民检察院《关于办理组织、强迫、引诱、容留、介绍卖淫刑事案件适用法律若干问题的解释》第 3 条采取了同样的观点,规定"在组织卖淫犯罪活动中,对被组织卖淫的人有引诱、容留、介绍卖淫行为的,依照处罚较重的规定定罪处罚。但是,对被组织卖淫的人以外的其他人有引诱、容留、介绍卖淫行为的,应当分别定罪,实行数罪并罚"。

24　此外,根据该司法解释第 8 条的规定:利用信息网络发布招嫖违法信息,情节严重的,依照《刑法》第 287 条之一的规定,以非法利用信息网络罪定罪处罚。同时构成介绍卖淫罪的,依照处罚较重的规定定罪处罚。

二、引诱幼女卖淫罪与他罪的关系

25　在引诱幼女卖淫的过程中,与幼女发生性行为的,即使性行为不违背幼女意愿,也应当以引诱幼女卖淫罪与强奸罪数罪并罚。被引诱卖淫的人员中既有不满 14 周岁的幼女,又有其他人员的,分别以引诱幼女卖淫罪和引诱卖淫罪定罪,实行并罚。

XI　处罚

一、引诱、容留、介绍卖淫罪的处罚

26　根据《刑法》第 359 条第 1 款的规定,引诱、容留、介绍他人卖淫的,处 5 年以下有期徒刑、拘役或者管制,并处罚金;情节严重的,处 5 年以上有期徒刑,并处罚金。最高人民法院、最高人民检察院、公安部、司法部《关于依法惩治性侵害未成年人犯罪的意见》规定:组织、强迫、引诱、容留、介绍未成年人卖淫构成犯罪的,应当从重处罚。对未成年人负有特殊职责的人员、与未成年人有共同家庭生活关系的人员、国家工作人员,实施组织、强迫、引诱、容留、介绍未成年人卖淫等性侵害犯罪的,更要依法从严惩处。根据最高人民法院、最高人民检察院《关于办理组织、强迫、引诱、容留、介绍卖淫刑事案件适用法律若干问题的解释》第 13 条的规定:犯引诱、容留、介绍卖淫罪的,应当依法判处犯罪所得 2 倍以上的罚金。共同犯罪的,对各共同犯罪人合计判处的罚金应当在犯罪所得的 2 倍以上。

27　《刑法》第 361 条对特定单位工作人员实施组织、强迫卖淫行为的作了提示性规定:"旅馆业、饮食服务业、文化娱乐业、出租汽车业等单位的人员,利用本单位的条件……引诱、容留、介绍他人卖淫的,依照本法第三百五十八条、第三百五十九条的规

定定罪处罚。前款所列单位的主要负责人，犯前款罪的，从重处罚。”

二、引诱幼女卖淫罪的处罚

根据《刑法》第359条第2款的规定，犯引诱幼女卖淫罪的，处5年以上有期徒刑，并处罚金。最高人民法院、最高人民检察院、公安部、司法部《关于依法惩治性侵害未成年人犯罪的意见》规定：引诱未成年人卖淫构成犯罪的，应当从重处罚。对未成年人负有特殊职责的人员、与未成年人有共同家庭生活关系的人员、国家工作人员，实施引诱未成年人卖淫等性侵害犯罪的，更要依法从严惩处。根据最高人民法院、最高人民检察院《关于办理组织、强迫、引诱、容留、介绍卖淫刑事案件适用法律若干问题的解释》第13条的规定：犯组织、强迫、引诱、容留、介绍卖淫罪的，应当依法判处犯罪所得2倍以上的罚金。共同犯罪的，对各共同犯罪人合计判处的罚金应当在犯罪所得的2倍以上。这些从重处罚与判处罚金刑的规定应当适用于引诱幼女卖淫罪。 28

《刑法》第361条对特定单位工作人员实施组织、强迫卖淫行为的作了提示性规定：“旅馆业、饮食服务业、文化娱乐业、出租汽车业等单位的人员，利用本单位的条件……引诱……他人卖淫的，依照本法第三百五十八条、第三百五十九条的规定定罪处罚。前款所列单位的主要负责人，犯前款罪的，从重处罚。”该规定同样适用于引诱幼女卖淫罪。 29

第三百六十条 传播性病罪

明知自己患有梅毒、淋病等严重性病卖淫、嫖娼的，处五年以下有期徒刑、拘役或者管制，并处罚金。

文献:陈兴良主编:《罪名指南》(第2版),中国人民大学出版社2008年版;全国人大常委会法制工作委员会刑法室编:《〈中华人民共和国刑法〉条文说明、立法理由及相关规定》,北京大学出版社2009年版;王作富主编:《刑法分则实务研究》(第5版),中国方正出版社2013年版;高铭暄、赵秉志编:《新中国刑法立法文献资料总览》(第2版),中国人民公安大学出版社2015年版;黎宏:《刑法学各论》(第2版),法律出版社2016年版;张军主编:《刑法[分则]及配套规定新释新解》(第9版),人民法院出版社2016年版;陈兴良、张军、胡云腾主编:《人民法院刑事指导案例裁判要旨通纂》(第2版),北京大学出版社2018年版;高铭暄、马克昌主编:《刑法学》(第9版),北京大学出版社、高等教育出版社2019年版;周光权:《刑法各论》(第4版),中国人民大学出版社2021年版;张明楷:《刑法学》(第6版),法律出版社2021年版。周峰等:《〈关于审理组织、强迫、引诱、容留、介绍卖淫刑事案件适用法律若干问题的解释〉的理解与适用》,载《人民司法》2017年第25期。

细目录

Ⅰ 主旨
Ⅱ 沿革
Ⅲ 客体
Ⅳ 行为
Ⅴ 主体
Ⅵ 罪过
Ⅶ 既遂与未遂
Ⅷ 共犯
Ⅸ 罪数
Ⅹ 与非罪的界限
Ⅺ 与他罪的区别
Ⅻ 处罚

I 主旨

性病是主要通过性接触与性行为传染、传播的疾病,对人体健康具有严重的危害。本条设置传播性病罪,旨在减少和预防性病的传播,保护人民群众的身体健康。 1

II 沿革

1991年9月4日发布并施行的全国人民代表大会常务委员会《关于严禁卖淫嫖娼的决定》第5条首次规定了传播性病罪,明知自己患有梅毒、淋病等严重性病卖淫、嫖娼的,处5年以下有期徒刑、拘役或者管制,并处5000元以下罚金。1997年《刑法》第360条第1款规定,明知自己患有梅毒、淋病等严重性病卖淫、嫖娼的,处5年以下有期徒刑、拘役或者管制,并处罚金。1997年《刑法》继续规定本罪,调整法定刑后一直沿用至今。 2

III 客体

传播性病罪的客体除本节罪名的类罪客体——社会主义道德风尚之外,还包括公共卫生健康。二者均属于个人无法处分的客体利益。因此被传播的一方是否知晓并是否同意或自陷危险,均不能排除本罪的成立及违法性。 3

IV 行为

传播性病罪的行为是明知自己患有梅毒、淋病等严重性病而卖淫、嫖娼。 4

传播性病罪的实行行为是严重性病患者实施的卖淫嫖娼行为本身,而非传播性病。成年人之间基于自愿而发生的一般性行为而非卖淫、嫖娼,即使因而传播了性病的,亦不能成立本罪。 5

根据最高人民法院、最高人民检察院《关于办理组织、强迫、引诱、容留、介绍卖淫刑事案件适用法律若干问题的解释》的规定,作为传播性病罪客观构成要件要素的"严重性病",除刑法明文规定的梅毒、淋病外,还包括其他与之危害相当的性病。其具体范围应当根据《传染病防治法》《性病防治管理办法》的规定,在国家卫生健康委员会规定实行性病监测的性病范围内,依照其危害、特点与梅毒、淋病相当的原则,从严掌握。艾滋病属于本罪意义上的"严重性病"。行为人明知自己患有艾滋病或者感染艾滋病病毒而卖淫、嫖娼的,依照《刑法》第360条的规定,以传播性病罪定罪,从重处罚。 6

传播性病罪为抽象危险犯,不要求行为实际上造成他人患上严重性病的后果。只要是患有严重性病而卖淫、嫖娼,有足以造成性病传播危险的,即成立传播性病罪。 7

V 主体

传播性病罪的主体是特殊主体,仅限于具备完全刑事责任能力人中患有梅毒、淋 8

病等严重性病的人。

Ⅵ 罪过

9 传播性病罪的罪过形式为故意,要求行为人主观上明知自己患有严重性病而仍然实施卖淫、嫖娼行为。客观构成要件中并不要求行为事实上导致性病的传播,因此,行为人是否希望或放任性病的传播也并非本罪主观故意的内容。

10 最高人民法院、最高人民检察院《关于办理组织、强迫、引诱、容留、介绍卖淫刑事案件适用法律若干问题的解释》第 11 条列举了用以推定行为人明知自己患有梅毒、淋病等严重性病的通常情形。具有下列情形之一的,应当认定为《刑法》第 360 条规定的“明知”:①有证据证明曾到医院或者其他医疗机构就医或者检查,被诊断为患有严重性病的;②根据本人的知识和经验,能够知道自己患有严重性病的;③通过其他方法能够证明行为人是“明知”的。上述推定属于可推翻的司法推定,如果有相反证据证明行为人确实不知自己患有严重性病的,可以否定行为人主观上具有明知。

Ⅶ 既遂与未遂

11 传播性病罪既是抽象危险犯,亦为行为犯,不要求行为导致他人实际感染性病的结果。行为人与他人发生性关系,行为既达到既遂。

Ⅷ 共犯

12 引诱、容留、介绍卖淫者在明知卖淫者患有性病,而仍然为其提供场地、牵线搭桥的,除成立引诱、容留、介绍卖淫罪之外,还成立传播性病罪的教唆犯或帮助犯。

Ⅸ 罪数

13 行为人明知自己患有严重性病而仍然从事卖淫、嫖娼活动,若导致相对方确实感染性病的,其行为除成立传播性病罪外,同时符合《刑法》第 234 条规定的故意伤害罪的构成要件,基于想象竞合的规则,从一重罪处断。若与多人发生性关系,导致多人感染的,还符合《刑法》第 115 条规定的以危险方法危害公共安全罪的构成要件,根据想象竞合的规则,从一重罪处断。

Ⅹ 与非罪的界限

14 界定传播性病罪的罪与非罪时应当注意:①本罪为行为犯,其实行行为为卖淫、嫖娼活动,而非造成性病的实际传播,因此在行为人患有严重性病而从事卖淫、嫖娼活动,行为即达到既遂。是否造成性病的传播,不影响本罪的成立。②本罪的成立范围仅限于卖淫、嫖娼行为,不包括其他一般性行为活动,行为人身患严重性病而仍然在他人不知情的情况下与其发生性关系的，不成立本罪，在实际造成他人感染性病的情况下，可以认定成立故意伤害罪。③本罪的保护法益为国民的公共卫生安全，属于不可被私人处分的集体法益，因此卖淫、嫖娼活动的相对方的同意，并不能排除本罪的违法性。④本罪的成立，以行为人主观上具有故意为前提，要求行为人认识到自己患有严重性病。由于造成性病传播并非本罪的客观构成要件，相应的，行为人的故意中也并不要求主观上具有追求性病传播的目的。

XI 与他罪的区别

传播性病罪与故意伤害罪的区别是认定本罪时经常面临的问题。最高人民法院、最高人民检察院《关于办理组织、强迫、引诱、容留、介绍卖淫刑事案件适用法律若干问题的解释》第 12 条第 2 款首次明确规定，“致使他人感染艾滋病病毒的”，属于《刑法》第 95 条第(三)项意义上的“重伤”。对于明知自己感染艾滋病病毒而与他人发生无保护性行为的情形，该司法解释以是否导致他人感染艾滋病毒的结果进行了界分。明知自己患有艾滋病或感染艾滋病病毒而卖淫、嫖娼，未导致他人感染的，成立传播性病罪；明知自己感染艾滋病病毒而卖淫、嫖娼或实施其他无保护性行为，造成他人感染艾滋病病毒的，成立故意伤害罪。 15

不过，行为人在明知自己患有艾滋病或感染艾滋病病毒而实施卖淫、嫖娼行为的，事实上可以同时成立传播性病罪与故意伤害罪。在没有导致他人实际感染艾滋病病毒时，成立传播性病罪与故意伤害罪(未遂)的想象竞合；而在导致他人感染艾滋病病毒时，成立传播性病罪与故意伤害罪(既遂)的想象竞合，从一重罪处断。最高人民法院、最高人民检察院《关于办理组织、强迫、引诱、容留、介绍卖淫刑事案件适用法律若干问题的解释》第 12 条第 1 款与第 2 款的区分，只是竞合之后得出的结论，不应盲目地机械适用。例如，当故意伤害罪因存在被害人同意而排除违法性时，仍然可以按照传播性病罪定罪处罚。《刑事审判参考》案例第 1133 号“王某传播性病案”的裁判理由虽然认为，明知自己感染艾滋病病毒而卖淫的行为，构成传播性病罪，但是同时也认为，如果有充分证据证明行为人在得知自己系艾滋病病毒携带者后，仍长期卖淫，与其进行性交易的人员众多，甚至导致艾滋病病毒的进一步扩散，可以认定构成以危险方法危害公共安全罪。[1] 16

XII 处罚

《刑法》第 360 条规定，明知自己患有梅毒、淋病等严重性病卖淫、嫖娼的，处 5 年以下有期徒刑、拘役或者管制，并处罚金。 17

---

1 参见最高人民法院刑事审判第一、二、三、四、五庭主办：《刑事审判参考》(总第 105 集)，法律出版社 2016 年版，第 109—113 页。

第三百六十一条　特定人员组织卖淫罪，强迫卖淫罪，引诱、容留、介绍卖淫罪，引诱幼女卖淫罪的注意规定

旅馆业、饮食服务业、文化娱乐业、出租汽车业等单位的人员，利用本单位的条件，组织、强迫、引诱、容留、介绍他人卖淫的，依照本法第三百五十八条、第三百五十九条的规定定罪处罚。

前款所列单位的主要负责人，犯前款罪的，从重处罚。

文献：全国人大常委会法制工作委员会刑法室编：《〈中华人民共和国刑法〉条文说明、立法理由及相关规定》，北京大学出版社 2009 年版。

细目录

细目录

Ⅰ　主旨
Ⅱ　沿革

Ⅰ　主旨

1　本条第 1 款是关于旅游业、饮食服务业、文化娱乐业、出租汽车业等单位的人员，利用本单位的条件，组织、强迫、引诱、容留、介绍他人卖淫的注意性、提示性规定。第 2 款是关于第 1 款规定单位的主要负责人，利用本单位的条件，组织、强迫、引诱、容留、介绍他人卖淫的从重处罚规定。旅游业、饮食服务业、文化娱乐业、出租汽车业等单位，出入人员复杂、流动性大、管理难度大，更容易发生与卖淫有关的各类违法犯罪活动，且一旦发生，流毒广、危害性大，有不良的示范效应。因此法律专门对这些单位的人员犯组织卖淫罪，强迫卖淫罪，引诱、容留、介绍卖淫罪，引诱幼女卖淫罪的，作了明确的规定。[1]　具体解释参见第 358 条、第 359 条评注。

Ⅱ　沿革

2　1991 年全国人民代表大会常务委员会《关于严禁卖淫嫖娼的决定》第 6 条规定：

1　全国人大常委会法制工作委员会刑法室编：《〈中华人民共和国刑法〉条文说明、立法理由及相关规定》，北京大学出版社 2009 年版，第 733 页。

"旅馆业、饮食服务业、文化娱乐业、出租汽车业等单位的人员,利用本单位的条件,组织、强迫、引诱、容留、介绍他人卖淫的,依照本决定第一条、第二条、第三条的规定处罚。前款所列单位的主要负责人,有前款规定的行为的,从重处罚。"1997 年《刑法》修订时,将该条吸收成为第 361 条规定。

第三百六十二条　特定人员窝藏、包庇卖淫、嫖娼的注意规定

旅馆业、饮食服务业、文化娱乐业、出租汽车业等单位的人员，在公安机关查处卖淫、嫖娼活动时，为违法犯罪分子通风报信，情节严重的，依照本法第三百一十条的规定定罪处罚。

细目录

Ⅰ　主旨
Ⅱ　沿革

Ⅰ　主旨

1　本条为特定人员为卖淫、嫖娼活动通风报信构成窝藏、包庇罪的注意性、提示性规定。实践中特定人员为违法犯罪分子通报有关情况，使违法犯罪分子逃脱法律制裁，增加了公安机关打击犯罪的困难，应予依法惩处。具体解释参见《刑法》第 310 条窝藏、包庇罪的评注。

Ⅱ　沿革

2　1991 年全国人民代表大会常务委员会《关于严禁卖淫嫖娼的决定》第 8 条规定："旅馆业、饮食服务业、文化娱乐业、出租汽车业等单位的负责人和职工，在公安机关查处卖淫、嫖娼活动时，隐瞒情况或者为违法犯罪分子通风报信的，依照刑法第一百六十二条的规定处罚。"1997 年《刑法》修订时，将该条吸收成为第 362 条规定。

第九节　制作、贩卖、传播淫秽物品罪

前　注

文献：高铭暄、马克昌主编：《中国刑法解释》（下卷），中国社会科学出版社2005年版；王作富主编：《刑法分则实务研究》（第5版），中国方正出版社2013年版；最高人民法院刑事审判第一、二、三、四、五庭主办：《中国刑事审判指导案例5》，法律出版社2017年版。

细目录

Ⅰ　主旨
Ⅱ　沿革
Ⅲ　特征
　一、客体
　二、行为
　三、主体
　四、罪过

Ⅰ　主旨

为了维护良好的社会风尚和社会管理秩序特别是文化市场管理秩序，本节规定了制作、贩卖、传播淫秽物品的犯罪，具体包括制作、复制、出版、贩卖、传播淫秽物品牟利罪，为他人提供书号出版淫秽书刊罪，传播淫秽物品罪，组织播放淫秽音像制品罪，组织淫秽表演罪等。 1

Ⅱ　沿革

根据1979年《刑法》第170条的规定，以营利为目的，制作、贩卖淫书、淫画的，处3年以下有期徒刑、拘役或者管制，可以并处罚金。相较于现行刑法条文的规定，1979年《刑法》的规定是相当简陋的，这不仅表现在罪名数量上，还可以从条文的行为客体中看出。当时的立法者并未使用"淫秽物品"这一术语，而是直接将淫秽载体限定为"淫书""淫画"。当然，与其说立法者对淫秽物品缺乏认识，不如说1979年《刑法》体现了当时的立法背景，即当时社会中淫秽物品近乎绝迹的社会现实。另外，在法定最高刑的比较上，也是值得注意的：相较于现行刑法的无期徒刑，当时的法定最高刑为3年有期徒刑。 2

3 为了准确、有力地打击制作、贩卖、传播、走私淫秽物品的犯罪,1990 年 7 月 6 日发布了最高人民法院、最高人民检察院《关于办理淫秽物品刑事案件具体应用法律的规定》,这是第一部全面规制淫秽物品刑事案件的司法解释。其中,第 2 条第 1 款规定,“以营利为目的,有下列制作、贩卖淫秽物品行为之一的,不仅触犯了制作、贩卖淫书淫画罪,也触犯了投机倒把罪,以刑法第一百一十八条规定的投机倒把罪论处”。第 2 条第 2 款规定:“对于以营利为目的,制作、贩卖淫秽物品,其数量(数额)达到前款规定的数量(数额)10 倍以上,或者具有其他特别严重情节的,可以适用《全国人民代表大会常务委员会关于严惩严重破坏经济的罪犯的决定》第一条第(一)项的规定(即流氓罪——笔者注)处罚。”对此,有论者指出,该条规定搁置了 1979 年《刑法》第 170 条,将原本法定最高刑为 3 年有期徒刑的犯罪,解释成能判处死刑的罪名(流氓罪和投机倒把罪在当时都是可以判处死刑的罪名),实属过于夸张的情绪化举动。[1]

4 立法问题,立法解决。1990 年 12 月 28 日通过的全国人民代表大会常务委员会《关于惩治走私、制作、贩卖、传播淫秽物品的犯罪分子的决定》,再次通过刑事立法的方式对淫秽物品犯罪进行规制。该决定规范的犯罪行为包括:制作、复制、出版、贩卖、传播淫秽物品;为他人提供书号,出版淫秽书刊;组织播放淫秽的电影、录像等音像制品等。可以看出,全国人民代表大会常务委员会《关于惩治走私、制作、贩卖、传播淫秽物品的犯罪分子的决定》已经呈现出 1997 年《刑法》本节的雏形。不过,该决定仍然受到最高人民法院、最高人民检察院《关于办理淫秽物品刑事案件具体应用法律的规定》的深刻影响。该决定第 4 条规定:“利用淫秽物品进行流氓犯罪的,依照刑法第一百六十条的规定处罚;流氓犯罪集团的首要分子,或者进行流氓犯罪活动危害特别严重的,依照关于严惩严重危害社会治安的犯罪分子的决定第一条的规定,可以在刑法规定的最高刑以上处刑,直至判处死刑。利用淫秽物品传授犯罪方法的,依照关于严惩严重危害社会治安的犯罪分子的决定第二条的规定处罚,情节特别严重的,处无期徒刑或者死刑。”

5 在 1990 年全国人民代表大会常务委员会《关于惩治走私、制作、贩卖、传播淫秽物品的犯罪分子的决定》的基础上,1997 年《刑法》进行了修改,包括:第一,删除全国人民代表大会常务委员会《关于惩治走私、制作、贩卖、传播淫秽物品的犯罪分子的决定》中的行政处罚规定;第二,对本节的全部罪名增设管制刑;第三,删除全国人民代表大会常务委员会《关于惩治走私、制作、贩卖、传播淫秽物品的犯罪分子的决定》中按照投机倒把罪、传授犯罪方法罪或流氓罪的处罚规定;第四,增设组织淫秽表

---

1 参见高铭暄、马克昌主编:《中国刑法解释》(下卷),中国社会科学出版社 2005 年版,第 2550 页。

演罪。[2]

Ⅲ 特征

一、客体

制作、贩卖、传播淫秽物品罪的客体是国家对文化市场的管理秩序和良好的社会风尚。其中，所谓文化市场管理秩序，主要是指图书出版、音像制品和演出等方面的管理秩序。[3] 我国目前关于文化市场管理的行政法规主要是国务院 2001 年 12 月颁布、2020 年进行第五次修订的《出版管理条例》，该条例第 25 条明确规定："任何出版物不得含有下列内容：……（七）宣扬淫秽、赌博、暴力或者教唆犯罪的……"此外，该条例第 62 条还针对违反第 25 条的行为制定了制裁规范："有下列行为之一，触犯刑律的，依照刑法有关规定，依法追究刑事责任；尚不够刑事处罚的，由出版行政主管部门责令限期停业整顿，没收出版物、违法所得，违法经营额 1 万元以上的，并处违法经营额 5 倍以上 10 倍以下的罚款；违法经营额不足 1 万元的，可以处 5 万元以下的罚款；情节严重的，由原发证机关吊销许可证：（一）出版、进口含有本条例第二十五条、第二十六条禁止内容的出版物的；（二）明知或者应知出版物含有本条例第二十五条、第二十六条禁止内容而印刷或者复制、发行的；（三）明知或者应知他人出版含有本条例第二十五条、第二十六条禁止内容的出版物而向其出售或者以其他形式转让本出版单位的名称、书号、刊号、版号、版面，或者出租本单位的名称、刊号的。" 6

二、行为

根据现行刑法分则第六章第九节的规定来看，制作、贩卖、传播淫秽物品罪的行为包括以下几种类型：制作、复制、出版、贩卖、传播淫秽物品；为他人提供书号，出版淫秽书刊；传播淫秽的书刊、影片、音像、图书或者其他淫秽物品；组织播放淫秽的电影、录像等音像制品；组织进行淫秽表演。 7

三、主体

制作、贩卖、传播淫秽物品罪的主体既可以是自然人，也可以是单位，即公司、企业、事业单位、机关、团体。单位犯本节规定之罪的，对单位判处罚金，并对其直接负责的主管人员和其他直接责任人员，依照相关条文的规定进行处罚。 8

---

2 参见高铭暄、马克昌主编：《中国刑法解释》（下卷），中国社会科学出版社 2005 年版，第 2550—2251 页。

3 参见王作富主编：《刑法分则实务研究》（第 5 版），中国方正出版社 2013 年版，第 1506 页。

四、罪过

9 制作、贩卖、传播淫秽物品罪共包括五个罪名,绝大多数犯罪的罪过形式为故意,只有为他人提供书号出版淫秽书刊罪是过失犯。值得一提的是,制作、复制、出版、贩卖、传播淫秽物品牟利罪是目的犯,行为人除具备直接故意之外,还必须"以牟利为目的"。

第三百六十三条　制作、复制、出版、贩卖、传播淫秽物品牟利罪;为他人提供书号出版淫秽书刊罪

以牟利为目的，制作、复制、出版、贩卖、传播淫秽物品的，处三年以下有期徒刑、拘役或者管制，并处罚金；情节严重的，处三年以上十年以下有期徒刑，并处罚金；情节特别严重的，处十年以上有期徒刑或者无期徒刑，并处罚金或者没收财产。

为他人提供书号，出版淫秽书刊的，处三年以下有期徒刑、拘役或者管制，并处或者单处罚金；明知他人用于出版淫秽书刊而提供书号的，依照前款的规定处罚。

文献:高铭暄、马克昌主编:《中国刑法解释》(下卷),中国社会科学出版社 2005 年版;全国人大常委会法制工作委员会刑法室编:《〈中华人民共和国刑法〉条文说明、立法理由及相关规定》,北京大学出版社 2009 年版;王作富主编:《刑法分则实务研究》(第 5 版),中国方正出版社 2013 年版;黎宏:《刑法学各论》(第 2 版),法律出版社 2016 年版;高铭暄、马克昌主编:《刑法学》(第 7 版),北京大学出版社、高等教育出版社 2016 年版;赵秉志、李希慧主编:《刑法各论》(第 3 版),中国人民大学出版社 2016 年版;最高人民法院刑事审判第一、二、三、四、五庭主办:《中国刑事审判指导案例 5》,法律出版社 2017 年版;周光权:《刑法各论》(第 4 版),中国人民大学出版社 2021 年版;张明楷:《刑法学》(第 6 版),法律出版社 2021 年版。

细目录

Ⅰ　主旨
Ⅱ　沿革
Ⅲ　客体
Ⅳ　对象
一、制作、复制、出版、贩卖、传播淫秽物品牟利罪的对象——淫秽物品
二、为他人提供书号出版淫秽书刊罪的对象——书号
Ⅴ　行为
一、制作、复制、出版、贩卖、传播淫秽物品牟利罪的行为
二、为他人提供书号出版淫秽书刊罪的行为
Ⅵ　主体

Ⅶ　罪过
一、制作、复制、出版、贩卖、传播淫秽物品牟利罪的罪过
二、为他人提供书号出版淫秽书刊罪的罪过
Ⅷ　既遂与未遂
一、制作、复制、出版、贩卖、传播淫秽物品牟利罪的既遂与未遂
二、为他人提供书号出版淫秽书刊罪的既遂与未遂
Ⅸ　共犯
Ⅹ　罪数
Ⅺ　与非罪的界限
Ⅻ　与他罪的区别
一、与走私淫秽物品罪的区别
二、与掩饰、隐瞒犯罪所得、犯罪所得收益罪的区别
XIII　处罚
一、制作、复制、出版、贩卖、传播淫秽物品牟利罪的处罚
二、为他人提供书号出版淫秽书刊罪的处罚

Ⅰ　主旨

1　淫秽物品毒化社会风气,腐蚀人们思想,是一种精神鸦片,应当予以禁止。制作、复制、出版、贩卖、传播淫秽物品的行为,直接造成淫秽物品扩散,具有较大的社会危害性,尤其是以牟利为目的的行为,有必要作为犯罪予以追究。[1] 为此,《刑法》第363条分别规定了制作、复制、出版、贩卖、传播淫秽物品牟利罪与为他人提供书号出版淫秽书刊罪。

Ⅱ　沿革

2　1979年《刑法》第170条规定:“以营利为目的,制作、贩卖淫书、淫画的,处三年以下有期徒刑、拘役或者管制,可以并处罚金。”由于1979年《刑法》第170条所规定的“制作、贩卖淫书、淫画罪”远未穷尽相关犯罪,且处刑过轻,导致打击不力。之后的司法实践注重“严打”,援引其他罪名论处,则显得牵强。[2]

3　根据实践中出现的新的情况,1990年12月28日通过了全国人民代表大会常务委员会《关于惩治走私、制作、贩卖、传播淫秽物品的犯罪分子的决定》。其中,第2条

1　参见全国人大常委会法制工作委员会刑法室编:《〈中华人民共和国刑法〉条文说明、立法理由及相关规定》,北京大学出版社2009年版,第736页。

2　参见高铭暄、马克昌主编:《中国刑法解释》(下卷),中国社会科学出版社2005年版,第2552页。

规定:“(第1款)以牟利为目的,制作、复制、出版、贩卖、传播淫秽物品的,处三年以下有期徒刑或者拘役,并处罚金;情节严重的,处三年以上十年以下有期徒刑,并处罚金;情节特别严重的,处十年以上有期徒刑或者无期徒刑,并处罚金或者没收财产。情节较轻的,由公安机关依照治安管理处罚条例的有关规定处罚。(第2款)为他人提供书号,出版淫秽书刊的,处三年以下有期徒刑或者拘役,并处或者单处罚金;明知他人用于出版淫秽书刊而提供书号的,依照前款的规定处罚。”与1979年《刑法》相比,全国人民代表大会常务委员会《关于惩治走私、制作、贩卖、传播淫秽物品的犯罪分子的决定》将行为表述修改为“以牟利为目,制作、复制、出版、贩卖、传播淫秽物品的”,增加了为他人提供书号出版淫秽书刊的情形,并提高了法定刑。[3] 之后,1997年《刑法》在修订过程中吸收上述决定的相关规定,作了部分的修正:其一,删除了该决定中的行政处罚规定,即“情节较轻的,由公安机关依照治安管理处罚条例的有关规定处罚”;其二,在法定刑中增设管制刑。[4]

Ⅲ　客体

4 一般认为,制作、复制、出版、贩卖、传播淫秽物品牟利罪与为他人提供书号出版淫秽书刊罪的客体是社会的善良风俗。行为是否侵害了作为社会法益的善良风俗,应该以社会中一般人的评价为标准。[5] 但也有论者认为,两罪属于破坏国家文化市场管理制度和良好的社会风尚的犯罪。[6]

Ⅳ　对象

一、制作、复制、出版、贩卖、传播淫秽物品牟利罪的对象——淫秽物品

5 制作、复制、出版、贩卖、传播淫秽物品牟利罪的对象是淫秽物品。其中,《刑法》第367条第1款对淫秽物品作了具体的界定:“本法所称淫秽物品,是指具体描绘性行为或者露骨宣扬色情的诲淫性的书刊、影片、录像带、录音带、图片以及其他淫秽物品。”此外,最高人民检察院在其指导性案例第139号(即“钱某制作、贩

3　参见全国人大常委会法制工作委员会刑法室编:《〈中华人民共和国刑法〉条文说明、立法理由及相关规定》,北京大学出版社2009年版,第736页。

4　参见高铭暄、马克昌主编:《中国刑法解释》(下卷),中国社会科学出版社2005年版,第2552—2553页。

5　参见周光权:《刑法各论》(第4版),中国人民大学出版社2021年版,第525页。

6　参见黎宏:《刑法学各论》(第2版),法律出版社2016年版,第482条;高铭暄、马克昌主编:《刑法学》(第7版),北京大学出版社、高等教育出版社2016年版,第603页;王作富主编:《刑法分则实务研究》(第5版),中国方正出版社2013年版,第1506页;赵秉志、李希慧主编:《刑法各论》(第3版),中国人民大学出版社2016年版,第361页。

卖、传播淫秽物品牟利案")中指出:"自然人在私密空间的日常生活属于民法典保护的隐私。行为人以牟利为目的,偷拍他人性行为并制作成视频文件,以贩卖、传播方式予以公开,不仅侵犯他人隐私,而且该偷拍视频公开后具有描绘性行为、宣扬色情的客观属性,符合刑法关于'淫秽物品'的规定,构成犯罪的,应当以制作、贩卖、传播淫秽物品牟利罪追究刑事责任。"更详细的内容,可以参见第 367 条评注。

二、为他人提供书号出版淫秽书刊罪的对象——书号

6 书号有广义和狭义之分。狭义的书号,是中国标准书号的简称,它由一个国际标准书号和一个图书分类两部分组成。国际标准书号的缩略词为 ISBN。2007 年 1 月 1 日之前,ISBN 由 10 位数字组成,分为 4 个部分:组号、出版者号、书序号和检验码。2007 年 1 月 1 日起,实行新版 ISBN,新版 ISBN 由 13 位数字组成,分为 5 段,即在原来的 10 位数字前加上 3 位 EAN(欧洲商品编号)图书产品代码"978"。[7] 书号是国家新闻出版管理部门出具的允许出版凭条,表示其对书刊出版的认可与批准。[8] 广义的书号,则包括狭义的书号、刊号、版号,三者分别为中国标准书号、中国标准刊号、中国标准版号的简称。[9]

7 从条文用语来看,《刑法》第 363 条使用的"书号"和"书刊"之间并不能完全对应,其忽略了一种情形,即为他人提供刊号,从而使他人得以出版淫秽刊物。这并非立法者有意为之,而是一个立法技术问题。对此,司法解释多将"刊号"也解释到"书号"的范围之内。最高人民法院《关于审理非法出版物刑事案件具体应用法律若干问题的解释》第 9 条第 1 款规定:"为他人提供书号、刊号,出版淫秽书刊的,依照刑法第三百六十三条第二款的规定,以为他人提供书号出版淫秽书刊罪定罪处罚。"需要注意的是,能否也将"版号"解释到"书号"、将"淫秽音像制品"解释到"淫秽书刊"中,则存在疑问。对此,上述司法解释持肯定的见解。[10] 也有论者以举轻以明重的方

7　参见高铭暄、马克昌主编:《中国刑法解释》(下卷),中国社会科学出版社 2005 年版,第 2561 页。

8　参见周光权:《刑法各论》(第 4 版),中国人民大学出版社 2021 年版,第 527 页。

9　参见张明楷:《刑法学》(第 6 版),法律出版社 2021 年版,第 1542—1543 页;高铭暄、马克昌主编:《刑法学》(第 7 版),北京大学出版社、高等教育出版社 2016 年版,第 606 页。

10　参见最高人民法院《关于审理非法出版物刑事案件具体应用法律若干问题的解释》第 9 条第 2 款。

式,论证提供版号行为的可罚性。[11] 不过,这样的见解已经突破了条文用语本身的语义范围。即便认为提供版号行为具有可罚性,也应当采用立法论,以刑法修正的方式进行确认,而非以司法解释为据。

V 行为

一、制作、复制、出版、贩卖、传播淫秽物品牟利罪的行为

制作、复制、出版、贩卖、传播淫秽物品牟利罪的行为是传播及相关行为,具体包括制作、复制、出版、贩卖、传播。 8

(1)制作在外延上有广义和狭义之分,广义上的制作包括复制和出版。不过,对于制作、复制、出版、贩卖、传播淫秽物品牟利罪中的"制作"概念,应作狭义的理解:制作,是指生产、录制、摄制、编写、加工、印刷等创作、产生淫秽物品的行为。[12] 学说认为,制作行为是带有原创性的、产生淫秽物品的行为。[13] 行为人不是简单地增加已有的淫秽物品的数量,而是创造出一个或者一些淫秽物品,其可包括以下两种情形:①淫秽物品原先根本不存在,如书写一部淫秽小说,或者拍摄一张淫秽照片;②通过创造性加工,使原先不具有淫秽性质的素材,变成淫秽物品,如将各种医学著作中的人体照片和性器官照片收集起来,通过剪裁粘贴,使之成为一本"人体写真集"。[14] 至于制作的方式是手工还是现代化的机械生产,不影响制作、复制、出版、贩卖、传播淫秽物品牟利罪的成立。[15] 实务见解认为,编写添加淫秽色情内容的手机网站建站程序并贩卖的,依法以制作、贩卖淫秽物品牟利罪定罪 9

---

11 参见高铭暄、马克昌主编:《中国刑法解释》(下卷),中国社会科学出版社 2005 年版,第 2562 页:"淫秽刊物的危害绝不亚于淫秽书籍。淫秽书籍即使有插图也是少数,淫秽刊物则大都图文并茂,更容易让易感者中毒痴迷。至于淫秽音像制品,显然危害更大,若将普通的淫秽书刊对易感者的杀伤力比作子弹、手榴弹的话,那么淫秽音像制品的威力,几乎相当于爆炸了一颗精神原子弹,不要说那些天生的易感者,肯定被杀伤无数,就是原本不感者,或许也要心猿意马,变得守不牢防线,保不住清白了。"

12 参见周光权:《刑法各论》(第 4 版),中国人民大学出版社 2021 年版,第 525—526 页;张明楷:《刑法学》(第 6 版),法律出版社 2021 年版,第 1541 页;黎宏:《刑法学各论》(第 2 版),法律出版社 2016 年版,第 484 条。

13 参见周光权:《刑法各论》(第 4 版),中国人民大学出版社 2021 年版,第 525—526 页。

14 参见高铭暄、马克昌主编:《中国刑法解释》(下卷),中国社会科学出版社 2005 年版,第 2554—2555 页。

15 参见周光权:《刑法各论》(第 4 版),中国人民大学出版社 2021 年版,第 526 页。

处罚。[16]

10 (2)复制,是指对已有的淫秽物品进行仿造或重复制作使之得到再现的行为。[17] 相较于从无到有的制作,复制是一种非创造性的生产过程,是从有到多。[18] 不过,鉴于复制与制作二者之间的模糊界限,加上制作、复制、出版、贩卖、传播淫秽物品牟利罪是选择性罪名,学说多认为,制作与复制的区分,并无实际意义。[19] 用现代科技大规模、批量式复制淫秽光盘,可以视为制作行为。[20] 另外,也有论者指出,从网络上下载淫秽物品后存入电脑的行为,不属于复制。[21]

11 (3)出版,是指非法编辑、印刷、发行淫秽出版物的行为。[22] 随着高科技的迅猛发展,出版物的种类数量也在不断增加,除了书报,音像制品、电脑软盘、光盘、U 盘等也都被列入出版物的清单之中。[23]

12 有学说见解认为,出版行为必须具有形式上的合法性[24],特别是行为主体必须具有出版资格。[25] 换言之,行为人必须是经国家新闻出版管理部门审批登记,经所在地市场监督管理机关注册并领取营业执照的出版单位。如果不具有出版资格的单位或个人假借、盗用出版单位名义出版淫秽物品的,只能认定为制作或复制淫秽出版物品。[26] 对此,相反的见解指出,尽管出版行为有实质违法和形式、实质双重违法之分,但鉴于“非法出版物”一词早已成为一个法定概念,且涵盖了前述的两种违法情形,因此,对于“出版”行为,也应作广义的解释。易言之,实质违法和形式、实质双重违法,是“出版”行为内部的两种表现形式。[27]

---

16 参见王亚凯、肖辉:《唐小明制作、贩卖淫秽物品牟利案——编写添加淫秽色情内容的手机网站建站程序并贩卖的行为应如何定罪》,载最高人民法院刑事审判第一、二、三、四、五庭主办:《中国刑事审判指导案例 5》,法律出版社 2017 年版,第 567—569 页。

17 参见周光权:《刑法各论》(第 4 版),中国人民大学出版社 2021 年版,第 526 页。

18 参见高铭暄、马克昌主编:《中国刑法解释》(下卷),中国社会科学出版社 2005 年版,第 2555 页。

19 参见高铭暄、马克昌主编:《中国刑法解释》(下卷),中国社会科学出版社 2005 年版,第 2555 页。

20 参见周光权:《刑法各论》(第 4 版),中国人民大学出版社 2021 年版,第 526 页。

21 参见张明楷:《刑法学》(第 6 版),法律出版社 2021 年版,第 1541 页。

22 参见周光权:《刑法各论》(第 4 版),中国人民大学出版社 2021 年版,第 526 页。

23 参见高铭暄、马克昌主编:《中国刑法解释》(下卷),中国社会科学出版社 2005 年版,第 2555 页。

24 参见黎宏:《刑法学各论》(第 2 版),法律出版社 2016 年版,第 484 条。

25 参见王作富主编:《刑法分则实务研究》(第 5 版),中国方正出版社 2013 年版,第 1508 页。

26 参见周光权:《刑法各论》(第 4 版),中国人民大学出版社 2021 年版,第 526 页。

27 参见高铭暄、马克昌主编:《中国刑法解释》(下卷),中国社会科学出版社 2005 年版,第 2556 页。

(4)贩卖,是指对不特定或者多数人有偿地出让淫秽物品的行为。[28] 在指导性案例第139号(即"钱某制作、贩卖、传播淫秽物品牟利案")中,最高人民检察院指出,以牟利为目的提供互联网链接,使他人可以通过偷拍设备实时观看或者下载视频文件的,属于本罪的"贩卖、传播"行为。通说将"贩卖"理解成一种广义上的"销售",包括零售、批发、转手倒卖等。[29] 学说上关于"贩卖"的重要争议在于,制作、复制、出版、贩卖、传播淫秽物品牟利罪中的"贩卖"能否包含单一买进行为。一般认为,单纯以自己收看或者收藏为目的而购买淫秽物品的,不是此处的"贩卖"。[30] 但是,如果以出卖牟利为目的而购买淫秽物品的,能否将其认定为贩卖行为,学说见解之间有些许的出入:有论者援引贩卖毒品罪的相关司法解释认为,既然贩卖毒品罪将"以牟利为目的的买进行为"视为"贩卖",那么,理应等同地将"以出卖牟利为目的而购买淫秽物品行为"视为"贩卖"。[31] 因此,贩卖包括以出卖牟利为目的的购买淫秽物品的行为。[32] 但是,也有论者批评这样的结论缺乏论证。比较合理的做法是,将"为卖出而买进淫秽物品的行为"当作犯罪预备行为(《刑法》第22条第1款)来处理。[33] 13

此外,尽管贩卖淫秽物品的行为和购买淫秽物品之间具有对合关系,但是,我国刑法仅处罚贩卖者。对于单纯购买淫秽物品、接受传播的人,刑法没有作出专门的处罚规定,因此,购买者原则上不会成立贩卖淫秽物品牟利罪的教唆犯或者帮助犯。[34] 14

(5)传播,是指通过出租、出借、运输、携带、播放等方式使淫秽物品在社会上流散或者使淫秽物品的内容在社会上扩散的行为。[35] 传播行为要求具有"广泛散布性"。如果只是在一个很小的圈子里扩散淫秽物品,不是制作、复制、出版、贩卖、传播淫秽物品牟利罪意义上的传播。[36] 尽管传播淫秽物品行为多以隐秘的方式进行,但不能因此认为需要以隐秘性来衡量传播行为是否成立。无论公开或隐秘,均无碍传播行 15

[28] 参见周光权:《刑法各论》(第4版),中国人民大学出版社2021年版,第526页;张明楷:《刑法学》(第5版),法律出版社2016年版,第1168页。

[29] 参见高铭暄、马克昌主编:《中国刑法解释》(下卷),中国社会科学出版社2005年版,第2556页;黎宏:《刑法学各论》(第2版),法律出版社2016年版,第484条。

[30] 参见周光权:《刑法各论》(第4版),中国人民大学出版社2021年版,第526页。

[31] 参见高铭暄、马克昌主编:《中国刑法解释》(下卷),中国社会科学出版社2005年版,第2557—2558页。

[32] 参见周光权:《刑法各论》(第4版),中国人民大学出版社2021年版,第526页。

[33] 参见高铭暄、马克昌主编:《中国刑法解释》(下卷),中国社会科学出版社2005年版,第2558页。

[34] 参见周光权:《刑法各论》(第4版),中国人民大学出版社2021年版,第526页。

[35] 参见周光权:《刑法各论》(第4版),中国人民大学出版社2021年版,第526页。

[36] 参见高铭暄、马克昌主编:《中国刑法解释》(下卷),中国社会科学出版社2005年版,第2558页;黎宏:《刑法学各论》(第2版),法律出版社2016年版,第484条。

为的成立。[37]需要注意的是,按照 2000 年 12 月 28 日全国人民代表大会常务委员会《关于维护互联网安全的决定》第 3 条第(五)项的规定,在互联网上建立淫秽网站、网页,提供淫秽站点链接服务,或者传播淫秽书刊、影片、音像、图片的,同样构成传播淫秽物品。实务见解认为,以牟利为目的向淫秽网站投放广告的,构成传播淫秽物品牟利罪。[38]《刑事审判参考》案例第 120 号"何肃黄、杨柯传播淫秽物品牟利案"的裁判理由指出,以赚取广告收入为目的,在互联网上刊载淫秽物品的,应以传播淫秽物品牟利罪论处。从我国互联网的发展现状来看,用户访问网站和网页一般是不支付费用的,网站、网页经营者的主要收入来自国内外公司支付的广告费用,而广告的多少、广告费用的高低又取决于用户对该网站、网页的访问量。因此,一些网站、网页的经营者为了获取广告收入,采用各种方法以吸引用户,增加访问人数,从而赚取广告收入。也就是说,网站、网页经营者的广告收入,实际上就是其经营所获得的利润。被告人何肃黄、杨柯以获取广告收入为目的,在互联网上刊载淫秽物品吸引网民、增加访问人数的行为,应当认定为以牟利为目的传播淫秽物品。

16 以牟利为目的进行网络裸聊的行为,在司法实务中也被认为是以牟利为目的传播淫秽物品。《刑事审判参考》案例第 641 号"方惠茹传播淫秽物品牟利案"的裁判理由指出,通过网络视频聊天进行裸聊具有淫秽物品的本质属性即淫秽性,以牟利为目的与多人进行网络视频裸聊的,应以传播淫秽物品牟利罪论处。所谓网络裸聊,是指用户通过专门的网络视频聊天工具,除去脸部外其他身体部位全部裸露在摄像头下,并以大胆的文字和动作通过网络视频传给聊天对象的聊天方式。根据指向对象的不同,网络裸聊可分为点对点式裸聊、点对面式裸聊。前者是指两个特定个体之间通过网络聊天室进行的不具有公开性的裸聊;后者则是参与一方为特定的个体,另一方则为不特定或多数个体。对上述网络裸聊行为,能否以传播淫秽物品罪定罪处罚,首先要考察这种行为是否具有淫秽性,其次还要考察其是否符合传播的特征,将淫秽信息广泛扩散。同其他淫秽物品一样,网络裸聊行为所传递的信息具有强烈的淫秽性。淫秽性是淫秽物品的本质属性。对于淫秽物品的认定,应当坚持发展的观点。随着科技的发展,材料的更新,淫秽信息本身以及淫秽信息的载体均在不断变化。在这种情况下,刑法应当根据保护法益的本质及时进行调整。尽管淫秽信息与淫秽信息载体存在区别,但对法益造成侵害的是淫秽信息本身,而不是信息载体,因此刑法对淫秽信息载体的形式要求在不断淡化,淫秽信息载体的外延在不断扩大,从有形载体扩大到现在的无形载体。由网络视频聊天的技术特性所决定,视频信息往

---

37 参见高铭暄、马克昌主编:《中国刑法解释》(下卷),中国社会科学出版社 2005 年版,第 2558—2559 页。

38 参见刘静坤:《魏大巍、戚本厚传播淫秽物品牟利罪——以牟利为目的向淫秽网站投放广告的行为如何定罪》,载最高人民法院刑事审判第一、二、三、四、五庭主办:《中国刑事审判指导案例 5》,法律出版社 2017 年版,第 576—581 页。

往以动态的视频流形式存在,并不附着于静态的文件载体之上。对淫秽信息载体的要求,难以应对此类电子淫秽信息带来的危害。事实上,随着电子技术的发展,信息对现实生活的作用可以无须借助载体直接进行。在此情况下,不应纠缠于信息有无载体这个问题,而应重点关注信息内容本身是否具有淫秽性。网络裸聊完全具备淫秽物品的基本属性,能够成为传播淫秽物品的犯罪对象。传播淫秽物品犯罪行为符合传播的特点,将淫秽信息广为扩散,从而影响公众对于性的感情,具有严重的社会危害性。传播是指散布或使他人可以得到或获取,具有一定范围的公然性,必须使不特定多数人能够使用。在这个意义上,点对点式裸聊的特点在于私密性,不能视为传播行为,但点对面式裸聊则使人类的各种性行为公开化,违背了人类的性羞耻感,严重侵害了社会风尚中的善良性风尚和性道德,构成传播行为。

二、为他人提供书号出版淫秽书刊罪的行为

为他人提供书号出版淫秽书刊罪的行为是为他人提供书号,出版淫秽书刊。 17

对于“为他人提供书号,出版淫秽书刊”,不能按照字面意思将其理解为——行为人实施了两个行为,一是为他人提供书号,二是自己出版淫秽书刊。[39] 为他人提供书号出版淫秽书刊罪的真正意思是,在他人出版淫秽书刊的过程中,行为人以提供书号的方式,实施了帮助行为。[40] 18

(1)为他人提供书号。提供,是指以协作出版、合作出版、自费出版等名义将书号有偿或者无偿提供给他人的行为。[41] 由于为他人提供书号出版淫秽书刊罪不存在一个法定的“以牟利为目的”的主观要件,因此,为他人提供书号的行为,既可以是一种有偿的出卖书号行为,也可以是一种无偿的书号提供行为。[42] 此外,这里的提供,既包括按照正常的出版手续提供书号的合法提供,也包括违反出版法律法规的非法提供,即违反出版法律法规,出卖或者以其他方式提供他人书号的行为。[43] 19

(2)(他人)出版淫秽书刊。由于书号提供行为只是(他人)出版淫秽书刊行为的帮助行为,基于共犯从属性,如果主行为(出版淫秽书刊行为)不成立犯罪,从行为无从附属,自然也就不成立犯罪。因此,为他人提供书号出版淫秽书刊罪中的“(他 20

---

39 参见高铭暄、马克昌主编:《中国刑法解释》(下卷),中国社会科学出版社 2005 年版,第 2560 页。

40 参见高铭暄、马克昌主编:《中国刑法解释》(下卷),中国社会科学出版社 2005 年版,第 2561 页;周光权:《刑法各论》(第 4 版),中国人民大学出版社 2021 年版,第 527 页。

41 参见张明楷:《刑法学》(第 6 版),法律出版社 2021 年版,第 1543 页。

42 参见高铭暄、马克昌主编:《中国刑法解释》(下卷),中国社会科学出版社 2005 年版,第 2563 页;王作富主编:《刑法分则实务研究》(第 5 版),中国方正出版社 2013 年版,第 1525 页。

43 参见黎宏:《刑法学各论》(第 2 版),法律出版社 2016 年版,第 486 页。

人)出版淫秽书刊"必须达到犯罪程度。[44]

21 此外,他人利用书号出版淫秽书刊的结果和提供书号的行为之间必须具有因果关系。[45] 如果他人未使用书号出版淫秽书刊,或者提供者在发现对方准备利用其提供的书号出版淫秽书刊时及时制止、撤回书号,没有造成淫秽书刊流散的后果,以及提供书号事宜被有关部门发现而未能出版的,不成立为他人提供书号出版淫秽书刊罪。[46] 他人利用该书号出版淫秽书刊牟利的,构成出版淫秽物品牟利罪,而不构成为他人提供书号出版淫秽书刊罪的共犯。[47]

Ⅵ　主体

22 凡年满16周岁、具有刑事责任能力的自然人,均可构成制作、复制、出版、贩卖、传播淫秽物品牟利罪与为他人提供书号出版淫秽书刊罪。另外,根据《刑法》第366条的规定,两罪均可由单位构成。

Ⅶ　罪过

一、制作、复制、出版、贩卖、传播淫秽物品牟利罪的罪过

23 制作、复制、出版、贩卖、传播淫秽物品牟利罪是目的犯,其在主观方面是直接故意。[48] 对于制作、复制、出版、贩卖、传播的物品具有淫秽性,行为人必须有所认识,同时具有牟利目的。以牟利为目的,不需要行为人已经实际取得利益。未实际获利或者获利较少的,均不影响本罪成立。[49] 其中,关于"明知"的认定,参见最高人民法院、最高人民检察院《关于办理利用互联网、移动通讯终端、声讯台制作、复制、出版、贩卖、传播淫秽电子信息刑事案件具体应用法律若干问题的解释(二)》第8条之规定。关于牟利目的的认定,学说见解指出,要从行为人制作、复制、出版、贩卖淫秽物品的数量、向他人传播淫秽物品的人次与组织播放的次数、获利的数额等方面进行判断。[50] 另外,从实务判决来看,牟利目的不限于制作、复制、出版、贩卖、传播淫秽物品

44　参见高铭暄、马克昌主编:《中国刑法解释》(下卷),中国社会科学出版社2005年版,第2565页。

45　参见高铭暄、马克昌主编:《中国刑法解释》(下卷),中国社会科学出版社2005年版,第2563—2564页。

46　参见赵秉志、李希慧主编:《刑法各论》(第3版),中国人民大学出版社2016年版,第363页。

47　参见周光权:《刑法各论》(第4版),中国人民大学出版社2021年版,第527页。

48　参见王作富主编:《刑法分则实务研究》(第5版),中国方正出版社2013年版,第1509页。

49　参见周光权:《刑法各论》(第4版),中国人民大学出版社2021年版,第526页。

50　参见张明楷:《刑法学》(第6版),法律出版社2021年版,第1541页。

的对价得以实现。在何肃黄等传播淫秽物品牟利案中,以赚取广告收入为目的,在互联网上刊载淫秽物品的行为,就被认定为"以牟利为目的"传播淫秽物品牟利罪。[51]

二、为他人提供书号出版淫秽书刊罪的罪过

24 为他人提供书号出版淫秽书刊罪是过失犯。行为人必须意识到为他人提供书号的行为。但是,对于他人利用书号出版淫秽书刊的结果发生,行为人并不明知,且没有预见或轻信可以避免。此外,为他人提供书号出版淫秽书刊罪也不要求行为人以牟利为目的。如果行为人明知他人出版淫秽书刊而以牟利为目的提供书号,将构成出版淫秽物品牟利罪的共犯。[52]

Ⅷ　既遂与未遂

一、制作、复制、出版、贩卖、传播淫秽物品牟利罪的既遂与未遂

25 关于制作、复制、出版、贩卖、传播淫秽物品牟利罪,有论者将其既遂标准类比走私、贩卖、运输、制造毒品罪的既遂标准,认为本罪属于即成行为犯。一旦行为已经着手实施,即告犯罪既遂。因此,在通常情形下,本罪不存在未遂的问题。[53] 不过,司法实务似乎并不采纳这一观点。《刑事审判参考》案例第1086号"张正亮贩卖淫秽物品牟利案"的裁判理由指出,行为人以牟利为目的,低价购入淫秽物品,但尚未取得货物即被抓获的,构成贩卖淫秽物品牟利罪未遂。贩卖淫秽物品牟利罪中的"贩卖"本义是一种市场交易行为,通常是指出于牟利目的以低价购进淫秽物品再以高价卖出的行为,但也包括有偿转让淫秽物品的行为。立足该类犯罪的发案特点和常见情形,以下四种行为均应认定为贩卖淫秽物品牟利罪中的"贩卖行为":一是为牟利欲低价购进、高价出售,在购买时被查获的行为;二是为牟利低价购进后,正在进行出售(代售)被查获的行为;三是为牟利低价购进后,已出售并获利的行为;四是不能查明系低价购进,但确为牟利正在出售(代售)或已出售并获利的行为。对于上述不同类型的贩卖行为,是否认定既遂,应当考察行为所处的阶段(或者程度),不能一概以行为着手作为认定既遂的标准。例如,对于前述第一种情形,虽然为牟利而购买淫秽物品的行为也妨害了社会管理秩序,依法已经构成犯罪,但是不能认定行为人只要购买淫秽

51　参见贾剑敏:《何肃黄、杨柯传播淫秽物品牟利案——在互联网上刊载淫秽图片、小说、电影的行为如何定性》,载最高人民法院刑事审判第一、二、三、四、五庭主办:《中国刑事审判指导案例5》,法律出版社2017年版,第561—564页。相同的学说见解,参见王作富主编:《刑法分则实务研究》(第5版),中国方正出版社2013年版,第1511页。

52　参见周光权:《刑法各论》(第4版),中国人民大学出版社2021年版,第527页。

53　参见高铭暄、马克昌主编:《中国刑法解释》(下卷),中国社会科学出版社2005年版,第2570页。

物品就成立犯罪既遂,通常还要求行为人实际取得所购买的淫秽物品,毕竟"购买型"犯罪与"出售型"犯罪的社会危害存在一定差异。该案中,被告人张正亮曾与卖家联系,此次由伍海琼与卖家联系好发货,货到后张正亮去货运站办理提货手续,尚未取到货物时即被抓获。尽管张正亮已经着手实施购买行为,既有购买的主观意思,又有购买、付款、取货的行为,但由于其尚未验货和取到货物,犯罪行为未达到既遂状态。

二、为他人提出书号出版淫秽书刊罪的既遂与未遂

26 刑法不处罚过失未遂,过失犯的成立必须以结果出现为前提。为他人提供书号出版淫秽书刊罪属于过失犯罪,因此,不会有既遂与未遂的问题。但是,如果行为人明知他人用于出版淫秽书刊而提供书号的,必须实际发生书号转让的结果,才能构成犯罪既遂。[54] 如果行为人着手提供书号后,因为行为人意志以外的原因而未能发生书号转让的结果,则构成犯罪未遂。[55]

IX 共犯

27 成立制作、复制、出版、贩卖、传播淫秽物品牟利罪的共同犯罪,必须存在"事前通谋"。不同于单向的"明知","事前通谋"是指行为人之间的一种双向交流。[56] 但是,也有实务判决表示出相反的看法,虽然行为人自身不具有牟利目的,客观上也未获得报酬,但在明知他人建立淫秽网站收取广告费牟利的情形下,仍申请成为网站的版主,并对网站进行管理、编辑和维护,从而吸引更多的网民进行点击和浏览的,其已经对网站建立者的行为起到了帮助作用,应当构成传播淫秽物品牟利罪的共犯。[57]

X 罪数

28 制作、复制、出版、贩卖、传播淫秽物品牟利罪属于选择性罪名,在具体适用时,要根据行为人所实施行为的具体种类予以认定。譬如,如果行为人既实施了制作淫秽物品牟利的行为,又实施了贩卖淫秽物品牟利的行为,最终应认定构成制作、贩卖淫

---

54 参见高铭暄、马克昌主编:《中国刑法解释》(下卷),中国社会科学出版社 2005 年版,第 2570 页;黎宏:《刑法学各论》(第 2 版),法律出版社 2016 年版,第 486—487 页。

55 参见高铭暄、马克昌主编:《中国刑法解释》(下卷),中国社会科学出版社 2005 年版,第 2570 页。

56 参见高铭暄、马克昌主编:《中国刑法解释》(下卷),中国社会科学出版社 2005 年版,第 2570 页。

57 参见罗敏、王婷婷:《陈继明等传播淫秽物品牟利案——仅为提高浏览权限而担任淫秽网站版主的行为,如何定罪处罚》,载最高人民法院刑事审判第一、二、三、四、五庭主办:《中国刑事审判指导案例 5》,法律出版社 2017 年版,第 602—605 页。

秽物品牟利罪,而非数罪并罚。[58]

制作、复制、出版、贩卖、传播淫秽物品牟利的行为往往伴随销售其他非法出版物等非法经营行为。此时,对行为人是以制作、复制、出版、贩卖、传播淫秽物品牟利罪或非法经营罪一罪论处,还是数罪并罚?武景明、刘士芳贩卖淫秽物品牟利、非法经营案的裁判要旨指出:“贩卖淫秽物品又销售非法出版物的,应当以贩卖淫秽物品牟利罪和非法经营罪实行并罚。本案被告人既贩卖淫秽光碟 3119 张,又销售盗版光碟 8000 余张,事实上实施了两个行为,触犯了两个罪名,并且两个罪名之间不存在牵连关系,也不存在逻辑上的从属或交叉关系,因此,不成立牵连犯或法条竞合,应当数罪并罚。”[59] 29

比较有问题的地方是,如果行为人构成制作、贩卖淫秽物品牟利罪,要如何去认定淫秽物品的数额或获利数额。司法解释并未对此作出相关的规定。有论者认为,制作、复制、出版、贩卖同一宗淫秽物品的,淫秽物品数额或获利数额不重复计算;不是同一宗淫秽物品的,淫秽物品数额或获利数额累计计算。[60] 30

XI 与非罪的界限

尽管从条文规定来看,制作、复制、出版、贩卖、传播淫秽物品牟利罪对淫秽物品的数额都没有要求,但是,司法解释针对不同种类的淫秽物品,为本罪的追诉设定了数量的下限。对于构成犯罪的数额下限,一般有两条标准,分别是淫秽物品的数额和获利的数额。在这两条标准中,只要符合其中的一条即可。[61] 并且,贩卖行为的数额下限较高,而制作、复制、出版的数额下限则较低。[62] 具体的规定,可参见最高人民法院《关于审理非法出版物刑事案件具体应用法律若干问题的解释》第 8 条,最高人民法院、最高人民检察院《关于办理利用互联网、移动通讯终端、声讯台制作、复制、出版、贩卖、传播淫秽电子信息刑事案件具体应用法律若干问题的解释(一)》第 1 条、第 5 条第 1 款,以及最高人民法院、最高人民检察院《关于办理利用互联网、移动通讯终端、声讯台制作、复制、出版、贩卖、传播淫秽电子信息刑事案件具体应用法律若干问题的解释(二)》第 1 条、第 4 条第 1 款之规定。 31

---

58 参见高铭暄、马克昌主编:《中国刑法解释》(下卷),中国社会科学出版社 2005 年版,第 2571 页;张明楷:《刑法学》(第 6 版),法律出版社 2021 年版,第 1541 页。

59 最高人民法院中国应用法学研究所编:《人民法院案例选:分类重排本·刑事卷》,人民法院出版社 2017 年版,第 3690—3691 页。

60 参见高铭暄、马克昌主编:《中国刑法解释》(下卷),中国社会科学出版社 2005 年版,第 2571 页。

61 参见高铭暄、马克昌主编:《中国刑法解释》(下卷),中国社会科学出版社 2005 年版,第 2569 页。

62 参见高铭暄、马克昌主编:《中国刑法解释》(下卷),中国社会科学出版社 2005 年版,第 2569 页。

32 需要注意的是,关于淫秽电子信息点击数的确认,实务见解指出,在计算实际被点击数时应排除人为设置的虚假计数、网站的自点击数、有证据证实的无效点击数、因手机 WAP 上网的特性导致的对同一电子文件设置的重复计数。对于其他需要排除的计数方式,应有必要和充分的证据证实才能排除,且范围不宜过大。[63]

Ⅻ 与他罪的区别

一、与走私淫秽物品罪的区别

33 《刑法》第 363 条和毒品犯罪的立法技术——将走私毒品罪和贩卖毒品罪规定在同一个条文中,二者同属一个选择性罪名——不同的是,立法者将走私淫秽物品罪(《刑法》第 3 章第 2 节第 152 条)和贩卖、传播淫秽物品牟利罪规定在不同章节的条文中。对此,如果行为人既走私又贩卖淫秽物品的,该如何处理?

34 学说见解多认为,走私淫秽物品和贩卖淫秽物品侵犯了两个不同的法益,应当数罪并罚。[64] 但也有学者认为,应该作不同的处理。如果行为人走私淫秽物品入境后予以贩卖、传播的,由于贩卖、传播行为是走私的后续行为,是行为人走私目的的具体落实,因此,应以走私淫秽物品罪论处。[65] 如果行为人走私淫秽物品后予以大量复制、出版的,由于复制、出版行为是单独行为,因此,同时成立复制、出版淫秽物品牟利罪,和走私淫秽物品罪实行数罪并罚。[66]

二、与掩饰、隐瞒犯罪所得、犯罪所得收益罪的区别

35 如果行为人明知淫秽物品是他人走私、贩卖、制作、复制、出版淫秽物品等犯罪所得而代为销售的,或者明知淫秽物品是他人盗窃、抢劫等犯罪所得而代为销售的,该如何处理?对此,有学说见解认为,在任何情况下,贩卖淫秽物品与掩饰、隐瞒犯罪所得、犯罪所得收益都是特别法与普通法的关系,都要优先定贩卖淫秽物品牟利罪。[67]

63　参见苏敏、于同志:《罗刚等传播淫秽物品牟利案——如何正确把握淫秽电子信息的实际被点击数》,载最高人民法院刑事审判第一、二、三、四、五庭主办:《中国刑事审判指导案例5》,法律出版社 2017 年版,第 585—590 页。

64　参见高铭暄、马克昌主编:《中国刑法解释》(下卷),中国社会科学出版社 2005 年版,第 2572 页。

65　也有论者认为,走私淫秽物品的行为和贩卖、传播淫秽物品的行为之间存在牵连关系,应按从一重处断原则,即以走私淫秽物品罪定罪量刑。参见赵秉志、李希慧主编:《刑法各论》(第 3 版),中国人民大学出版社 2016 年版,第 363 页。

66　参见黎宏:《刑法学各论》(第 2 版),法律出版社 2016 年版,第 486 页;王作富主编:《刑法分则实务研究》(第 5 版),中国方正出版社 2013 年版,第 1520 页。

67　参见高铭暄、马克昌主编:《中国刑法解释》(下卷),中国社会科学出版社 2005 年版,第 2573—2574 页。

XIII 处罚

一、制作、复制、出版、贩卖、传播淫秽物品牟利罪的处罚

根据《刑法》第 363 条第 1 款和第 366 条的规定：犯制作、复制、出版、贩卖、传播淫秽物品牟利罪的，处 3 年以下有期徒刑、拘役或者管制，并处罚金；情节严重的，处 3 年以上 10 年以下有期徒刑，并处罚金；情节特别严重的，处 10 年以上有期徒刑或者无期徒刑，并处罚金或者没收财产。单位犯制作、复制、出版、贩卖、传播淫秽物品牟利罪的，对单位判处罚金，并对其直接负责的主管人员和其他直接责任人员，依照上述规定处罚。关于"情节严重""情节特别严重"的认定，可以参见最高人民法院《关于审理非法出版物刑事案件具体应用法律若干问题的解释》第 8 条第 2 款、第 3 款和最高人民法院、最高人民检察院《关于办理利用互联网、移动通讯终端、声讯台制作、复制、出版、贩卖、传播淫秽电子信息刑事案件具体应用法律若干问题的解释(一)》第 2 条，以及最高人民法院、最高人民检察院《关于办理利用互联网、移动通讯终端、声讯台制作、复制、出版、贩卖、传播淫秽电子信息刑事案件具体应用法律若干问题的解释(二)》第 1 条之规定。 36

此外，关于制作、复制、出版、贩卖、传播淫秽物品牟利罪的从重处罚事由，可以参见最高人民法院、最高人民检察院《关于办理利用互联网、移动通讯终端、声讯台制作、复制、出版、贩卖、传播淫秽电子信息刑事案件具体应用法律若干问题的解释(一)》第 6 条之规定。 37

二、为他人提供书号出版淫秽书刊罪的处罚

根据《刑法》第 363 条第 2 款和第 366 条的规定：为他人提供书号，出版淫秽书刊的，处 3 年以下有期徒刑、拘役或者管制，并处或者单处罚金；明知他人用于出版淫秽书刊而提供书号的，依照前述规定处罚。单位犯为他人提供书号出版淫秽书刊罪的，对单位判处罚金，并对其直接负责的主管人员和其他直接责任人员，依照上述规定处罚。比较有争议的地方是，《刑法》第 363 条第 2 款中所谓"依照前款的规定处罚"是指按照制作、复制、出版、贩卖、传播淫秽物品牟利罪进行定罪处罚，还是指仅适用前款规定中的法定刑，至于罪名，仍是为他人提供书号出版淫秽书刊罪？对此，存在不同的见解。其中，司法解释及多数学说见解认为，应该按照出版淫秽物品牟利罪处理。[68] 例如，最高人民法院《关于审理非法出版物刑事案件具体应用法律若干问 38

68　参见张明楷：《刑法学》(第 6 版)，法律出版社 2021 年版，第 1543 页；黎宏：《刑法学各论》(第 2 版)，法律出版社 2016 年版，第 487 页；高铭暄、马克昌主编：《刑法学》(第 7 版)，北京大学出版社、高等教育出版社 2016 年版，第 606 页；阮齐林：《中国刑法各罪论》，中国政法大学出版社 2016 年版，第 459 页；王作富主编：《刑法分则实务研究》(第 5 版)，中国方正出版社 2013 年版，第 1526 页；赵秉志、李希慧主编：《刑法各论》(第 3 版)，中国人民大学出版社 2016 年版，第 362 页。

题的解释》第9条第3款规定:"明知他人用于出版淫秽书刊而提供书号、刊号的,依照刑法第三百六十三条第一款的规定,以出版淫秽物品牟利罪定罪处罚。"但是,也有学说见解指出,我国刑法在条文用语上严格区分"依照……定罪处罚"[69]和"依照……处罚"。既如此,就应当尊重立法者的选择。最高人民法院的这一司法解释公然违反刑法的规定,势必使司法实务部门陷入两难的困境。[70]

69　例如,我国《刑法》第149条规定:"(第1款)生产、销售本节第一百四十一条至第一百四十八条所列产品,不构成各该条规定的犯罪,但是销售金额在五万元以上的,依照本节第一百四十条的规定定罪处罚。(第2款)生产、销售本节第一百四十一条至第一百四十八条所列产品,构成各该条规定的犯罪,同时又构成本节第一百四十条规定之罪的,依照处罚较重的规定定罪处罚。"

70　参见高铭暄、马克昌主编:《中国刑法解释》(下卷),中国社会科学出版社2005年版,第2567页。

第三百六十四条　传播淫秽物品罪;组织播放淫秽音像制品罪

传播淫秽的书刊、影片、音像、图片或者其他淫秽物品，情节严重的，处二年以下有期徒刑、拘役或者管制。

组织播放淫秽的电影、录像等音像制品的，处三年以下有期徒刑、拘役或者管制，并处罚金；情节严重的，处三年以上十年以下有期徒刑，并处罚金。

制作、复制淫秽的电影、录像等音像制品组织播放的，依照第二款的规定从重处罚。

向不满十八周岁的未成年人传播淫秽物品的，从重处罚。

文献:高铭暄、马克昌主编:《中国刑法解释》(下卷),中国社会科学出版社 2005 年版;全国人大常委会法制工作委员会刑法室编:《〈中华人民共和国刑法〉条文说明、立法理由及相关规定》,北京大学出版社 2009 年版;黎宏:《刑法学各论》(第 2 版),法律出版社 2016 年版;赵秉志、李希慧主编:《刑法各论》(第 3 版),中国人民大学出版社 2016 年版;最高人民法院刑事审判第一、二、三、四、五庭主办:《中国刑事审判指导案例 5》,法律出版社 2017 年版;周光权:《刑法各论》(第 4 版),中国人民大学出版社 2021 年版;张明楷:《刑法学》(第 6 版),法律出版社 2021 年版。

细目录

Ⅰ　主旨
Ⅱ　沿革
Ⅲ　客体
Ⅳ　对象
Ⅴ　行为
　一、传播淫秽物品罪的行为
　二、组织播放淫秽音像制品罪的行为
Ⅵ　主体
Ⅶ　罪过
Ⅷ　与非罪的界限
Ⅸ　与他罪的区别
Ⅹ　处罚

I　主旨

1　刑法在传播淫秽物品牟利罪之外另设传播淫秽物品罪,是考虑到即使非出于牟利目的而传播淫秽物品,同样会造成淫秽物品在社会上扩散,妨害社会风化,具有较大的社会危害性。对于情节严重的传播淫秽物品行为,如传播淫秽物品的数量较大、传播人数众多等,也有追究刑事责任的必要。[1] 为此,《刑法》第 364 条针对非牟利性的传播淫秽物品行为作出了处罚规定。其中,第 1 款是关于传播淫秽物品罪的构成要件与处罚规定,第 4 款规定了从重处罚事由,以加强对不满 18 周岁的未成年人的保护。《刑法》第 364 条第 2 款规定组织播放淫秽音像制品罪的主旨,与传播淫秽物品罪相同,亦在于维护社会风化。

Ⅱ　沿革

2　1990 年 12 月 28 日全国人民代表大会常务委员会《关于惩治走私、制作、贩卖、传播淫秽物品的犯罪分子的决定》第 3 条规定:“在社会上传播淫秽的书刊、影片、录像带、录音带、图片或者其他淫秽物品,情节严重的,处二年以下有期徒刑或者拘役。情节较轻的,由公安机关依照治安管理处罚条例的有关规定处罚。组织播放淫秽的电影、录像等音像制品的,处三年以下有期徒刑或者拘役,可以并处罚金;情节严重的,处三年以上十年以下有期徒刑,并处罚金。情节较轻的,由公安机关依照治安管理处罚条例的有关规定处罚。制作、复制淫秽的电影、录像等音像制品组织播放的,依照第二款的规定从重处罚。向不满十八周岁的未成年人传播淫秽物品的,从重处罚。不满十六岁的未成年人传抄、传看淫秽的图片、书刊或者其他淫秽物品的,家长、学校应当加强管教。”1997 年修订《刑法》时基本上继受了上述规定,仅在以下两个方面进行了变动:第一,删除了全部的行政处罚规定,以及上述决定第 3 条第 5 款之规定;第二,尽管上述决定在第 3 条第 1 款中使用了“在社会上”,能限缩传播淫秽物品罪的成罪范围,但由于该界限相当模糊,因此,现行《刑法》删除“在社会上”这一表述。[2]

Ⅲ　客体

3　传播淫秽物品罪、组织播放淫秽音像制品罪的客体包括国家对文化市场的管理

1　参见全国人大常委会法制工作委员会刑法室编:《〈中华人民共和国刑法〉条文说明、立法理由及相关规定》,北京大学出版社 2009 年版,第 736 页。

2　参见高铭暄、马克昌主编:《中国刑法解释》(下卷),中国社会科学出版社 2005 年版,第 2576 页。

秩序和社会良好道德风尚。[3]

Ⅳ 对象

传播淫秽物品罪的对象是淫秽物品,包括淫秽的书刊、影片、音像、图片或者其他淫秽物品。《刑法》第367条对淫秽物品的范围作了规定。关于淫秽物品的具体内容,可以参考第367条评注。 4

组织播放淫秽音像制品罪的对象是淫秽音像制品,包括具体描绘性行为或者露骨宣扬色情的诲淫性的电影、录像带、录音带、光盘、CD等音像制品和网上视频文件、音频文件等。[4] 如果组织多人旁听由某人朗读的淫秽小说或者组织多人观看淫秽图片的,由于不存在淫秽音像制品,不构成组织播放淫秽音像制品罪,但可能构成传播淫秽物品罪。[5] 5

Ⅴ 行为

一、传播淫秽物品罪的行为

传播淫秽物品罪表现为传播淫秽物品的行为。所谓传播,是指通过一定途径,广泛散布淫秽物品,使其与他人发生接触的行为。传播淫秽物品罪与传播淫秽物品牟利罪在"传播"的含义上是没有区别的。[6] 这种传播行为可以是在公共场合公开进行,也可以是在公众中私下进行。[7] 司法解释认为,利用互联网或者移动通讯终端传播淫秽电子信息,或者利用聊天室、论坛、即时通信软件、电子邮件等方式传播淫秽电子信息,也属于传播淫秽物品行为。 6

将自己与他人进行性行为的视频通过网络予以传播的,也是传播淫秽物品行为。《刑事审判参考》案例第672号"宋文传播淫秽物品、敲诈勒索案"的裁判理由指出,自己与他人的性行为视频,若进入公共视野或以此为目的,则属于淫秽物品;将自 7

3 参见赵秉志、李希慧主编:《刑法各论》(第3版),中国人民大学出版社2016年版,第364页。

4 参见赵秉志、李希慧主编:《刑法各论》(第3版),中国人民大学出版社2016年版,第364页。

5 参见周光权:《刑法各论》(第4版),中国人民大学出版社2021年版,第528页;张明楷:《刑法学》(第5版),法律出版社2016年版,第1171页。

6 参见张明楷:《刑法学》(第6版),法律出版社2021年版,第1543页;黎宏:《刑法学各论》,法律出版社2016年版,第487页。

7 参见全国人大常委会法制工作委员会刑法室编:《〈中华人民共和国刑法〉条文说明、立法理由及相关规定》,北京大学出版社2009年版,第740页;周光权:《刑法各论》(第4版),中国人民大学出版社2021年版,第527页。

己与他人的性行为视频上传至个人博客,使不特定多数人得以浏览,属于传播淫秽物品,应以传播淫秽物品罪论处。

8 另外,司法实务认为,传播行为也能以不作为犯的方式进行。网站建立者、直接负责的管理者明知他人制作、复制、出版、贩卖、传播的是淫秽电子信息,允许或者放任他人在自己所有、管理的网站或者网页上发布,达到一定数量标准或造成严重后果的,应以传播淫秽物品罪定罪处罚。[8] 关于传播的具体内容,可以参考《刑法》第363条相关部分的评注。

9 司法解释认为,对于携带、藏匿淫秽VCD的行为,不能简单地将其视为"传播",而应根据主客观相统一的原则,来判断是否构成"传播"行为。如果行为人主观上没有"传播"故意,只是为了自己观看,不能认定为"传播淫秽物品",但应当没收淫秽VCD,并对当事人进行必要的法制教育。不过,笔者认为,司法解释的见解存在混淆主、客观犯罪构成要件判断的嫌疑。主观犯罪构成要件和客观犯罪构成要件自有其判断的内容,如果在客观犯罪构成要件的判断上,提前考虑、审查主观犯罪构成要件的内容,容易使某一犯罪构成要件在内容上变得庞杂,从而无法得到精确的判断。

10 也有论者认为,传播淫秽物品罪的"传播"仅包括非牟利性的传播,其不能包容一切牟利性传播行为。否则,传播淫秽物品牟利罪就没有存在的必要。[9] 但是,该论者并未考虑到传播淫秽物品罪和传播淫秽物品牟利罪之间的关系是截堵构成要件,而非互斥构成要件。按照学者黄荣坚教授的说法:"逻辑上,在同一价值体系中,如果P是价值上的负数,非P就不再可能是价值上的负数,反之亦然。因此P与非P同列为构成要件的(不法或责任)要件,必然形成价值认定上的矛盾。"[10]因此,牟利性目的并不具有建构不法的功能。并且,如果将牟利性目的纳入传播行为的判断上,同样也有混淆主、客观犯罪构成要件判断的嫌疑。

二、组织播放淫秽音像制品罪的行为

11 组织播放淫秽音像制品罪表现为组织播放淫秽音像制品的行为。所谓组织,是指为传播淫秽音像制品而筹划、安排和召集观众,寻找或提供播放淫秽音像制品的场

---

[8] 参见最高人民法院、最高人民检察院《关于办理利用互联网、移动通讯终端、声讯台制作、复制、出版、贩卖、传播淫秽电子信息刑事案件具体应用法律若干问题的解释(二)》第5条。实务判决,参见张若瑶:《冷继超传播淫秽物品案——如何认定网站版主传播淫秽物品的刑事责任》,载最高人民法院刑事审判第一、二、三、四、五庭主办:《中国刑事审判指导案例5》,法律出版社2017年版,第609—612页。

[9] 参见高铭暄、马克昌主编:《中国刑法解释》(下卷),中国社会科学出版社2005年版,第2578页。

[10] 黄荣坚:《基础刑法学》(第4版),元照出版公司2012年版,第924页。

所的行为。[11] 有学说见解指出,由于本罪中的组织播放淫秽音像制品行为不以牟利为目的,因此,其与通常意义下或其他罪名中的“组织”有着极大的区别。更准确地说,本罪中的“组织”,几乎只有“组织”之名而无“组织”之实。它既不表现为对播放活动提供方的“组织”,也不表现为对播放活动接受方的“组织”,而只意味着一种在行为人亲友圈内的较大规模的播放淫秽音像制品的活动。[12] 因此,鉴于“组织”与“非牟利性目的”之间的不相容性,可以考虑删除组织播放淫秽音像制品罪的规定,抽出播放淫秽音像制品的行为,将其并入传播淫秽物品罪,改用“情节严重”“情节特别严重”作量刑上的区分。[13]

播放,是指操纵录像机、放映机、影碟机等传播淫秽物品的器材的行为。[14] 必须同时具备组织行为和播放行为,才能以组织播放淫秽音像制品罪(既遂)论处。只有组织行为而未播放的,可能构成犯罪未遂;只有播放行为而无组织行为的,不构成组织播放淫秽音像制品罪,但可能构成传播淫秽物品罪。[15] 12

Ⅵ　主体

凡年满 16 周岁、具有刑事责任能力的自然人,均可构成传播淫秽物品罪与组织播放淫秽音像制品罪。另外,根据《刑法》第 366 条的规定,两罪均可由单位构成。 13

Ⅶ　罪过

传播淫秽物品罪与组织播放淫秽音像制品罪均为故意犯,行为人对传播淫秽物品、组织播放淫秽音像制品的行为具有认知和意欲。但是,《刑法》第 364 条不要求行为人具有牟利目的。如果行为人出于牟利目的而实施传播淫秽物品行为的,则构成传播淫秽物品牟利罪。《刑事审判参考》案例第 671 号“冷继超传播淫秽物品案”的裁判理由指出,网站版主明知是淫秽信息而允许或放任该淫秽信息传播,涉及的淫秽电子信息数量达到司法解释规定的数量标准的,应以传播淫秽物品罪论处。淫秽电 14

11　参见周光权:《刑法各论》(第 4 版),中国人民大学出版社 2021 年版,第 528 页;张明楷:《刑法学》(第 6 版),法律出版社 2021 年版,第 1543 页;黎宏:《刑法学各论》(第 2 版),法律出版社 2016 年版,第 487—488 页。

12　参见高铭暄、马克昌主编:《中国刑法解释》(下卷),中国社会科学出版社 2005 年版,第 2580 页。

13　参见高铭暄、马克昌主编:《中国刑法解释》(下卷),中国社会科学出版社 2005 年版,第 2580 页。

14　参见周光权:《刑法各论》(第 4 版),中国人民大学出版社 2021 年版,第 528 页;张明楷:《刑法学》(第 6 版),法律出版社 2021 年版,第 1543 页;黎宏:《刑法学各论》(第 2 版),法律出版社 2016 年版,第 488 页。

15　参见周光权:《刑法各论》(第 4 版),中国人民大学出版社 2021 年版,第 528 页。

子信息数量应以参与管理的版块、担任版主期间所涉及的数量为限。普通网民利用网络传播淫秽电子信息的方式,主要是上传、下载、实时传送淫秽图片、视频、文字,或者创建淫秽电子信息的超链接。版主并非主动上传、发送淫秽电子信息的主体,而是具有对网站和论坛进行维护、管理的权限和职责,因此,其相对于论坛中的普通网民也具有更多的义务。他们享有特殊权限,能够接触到更广泛的资源,因此,他们可以通过对所管理的网站、论坛、版块行使管理权限,为淫秽信息维护传播环境。具体表现为:明知所管理的网站、论坛、版块是淫秽网站、论坛、版块,仍从事管理工作,维护该淫秽网站、论坛、版块的正常运行;虽然其所管理的网站、论坛、版块并非专门的淫秽网站、论坛、版块,但其明知存在含有淫秽电子信息的主题帖,仍对该主题帖进行编辑、加工等操作,为淫秽电子信息的传播提供环境,鼓励淫秽电子信息上传者;明知所管理的网站、论坛、版块中存在淫秽电子信息,但对涉及淫秽电子信息的主题帖不予及时删除,对淫秽电子信息的传播持纵容、默许的态度。被告人冷继超明知幼香阁网站是以传播淫秽电子信息为主要内容和目的的淫秽网站,仍担任该网站两个版块的版主,对版块进行管理,其行为符合传播淫秽物品罪的主客观犯罪构成要件。

Ⅷ 与非罪的界限

15 根据《刑法》第364条第1款的规定,传播淫秽的书刊、影片、音像、图片或者其他淫秽物品,必须达到"情节严重"的程度,才能构成传播淫秽物品罪。

16 司法解释关于"情节严重"的认定,参见最高人民法院《关于审理非法出版物刑事案件具体应用法律若干问题的解释》第10条第1款(针对非法出版物),最高人民法院、最高人民检察院《关于办理利用互联网、移动通讯终端、声讯台制作、复制、出版、贩卖、传播淫秽电子信息刑事案件具体应用法律若干问题的解释(一)》第3条(针对淫秽电子信息),以及最高人民法院、最高人民检察院《关于办理利用互联网、移动通讯终端、声讯台制作、复制、出版、贩卖、传播淫秽电子信息刑事案件具体应用法律若干问题的解释(二)》第2条、第3条以及第5条(针对内容含有不满14周岁未成年人的淫秽电子信息)的规定。

17 根据《刑法》第364条第2款的规定,组织播放淫秽音像制品行为在入罪时没有"情节严重"的要求,但是,司法解释仍为组织播放淫秽音像制品罪的追诉设定了播放场次上的数量限制。最高人民法院《关于审理非法出版物刑事案件具体应用法律若干问题的解释》第10条第2款规定:"组织播放淫秽的电影、录像等音像制品达十五至三十场次以上或者造成恶劣社会影响的,依照刑法第三百六十四条第二款的规定,以组织播放淫秽音像制品罪定罪处罚。"

Ⅸ 与他罪的区别

18 组织播放淫秽音像制品罪和传播淫秽物品罪之间存在法条竞合关系。申言之,组织播放淫秽音像制品罪属于特别规定,传播淫秽物品罪则属于一般规定。因此,对于不以牟利为目的的组织播放淫秽音像制品行为,应当适用特别规定,以组织播放淫秽音像制品罪论处。[16] 但是,如果出于牟利目的而组织播放淫秽音像制品,由于《刑法》第 363 条第 1 款规定的传播淫秽物品牟利罪的法定刑重于组织播放淫秽音像制品罪,因此,应当适用重罪,以传播淫秽物品牟利罪论处。[17]

X 处罚

19 根据《刑法》第 364 条第 1 款和第 366 条的规定:传播淫秽的书刊、影片、音像、图片或者其他淫秽物品,情节严重的,处 2 年以下有期徒刑、拘役或者管制。单位犯传播淫秽物品罪的, 对单位判处罚金,并对其直接负责的主管人员和其他直接责任人员,依照前述规定处罚。

20 根据《刑法》第 364 条第 2 款和第 366 条的规定:组织播放淫秽音像制品罪具有两个处罚档次:对情节一般的,规定处 3 年以下有期徒刑、拘役或者管制,并处罚金;对情节严重的,规定处 3 年以上 10 年以下有期徒刑,并处罚金。目前,尚无司法解释对组织播放淫秽音像制品罪"情节严重"的标准作出相关的规定。[18] 单位犯组织播放淫秽音像制品罪的, 对单位判处罚金,并对其直接负责的主管人员和其他直接责任人员,依照前述规定处罚。

21 根据《刑法》第 364 条第 3 款的规定,制作、复制淫秽的电影、录像等音像制品组织播放的,依照组织播放淫秽音像制品罪从重处罚。要适用本款,需要同时具备两个条件:一是行为人制作、复制了淫秽音像制品;二是行为人将这些淫秽音像制品用于组织播放活动。有学说见解指出,组织播放淫秽音像制品的行为不能出于牟利目的,否则,直接论以传播淫秽物品牟利罪。[19] 另外,制作、复制淫秽音像制品的行为也不能以牟利为目的。如果行为人以牟利为目的而制作、复制淫秽音像制品,组织播放该淫秽音像制品却未基于牟利目的的,应当以制作、复制淫秽物品牟利罪及组织播放淫秽音像制品罪论处,同时实行数罪并罚。[20]

22 根据《刑法》第 364 条第 4 款的规定,向不满 18 周岁的未成年人传播淫秽物品

---

16 参见赵秉志、李希慧主编:《刑法各论》(第 3 版),中国人民大学出版社 2016 年版,第 365 页。

17 参见赵秉志、李希慧主编:《刑法各论》(第 3 版),中国人民大学出版社 2016 年版,第 365 页。

18 参见高铭暄、马克昌主编:《中国刑法解释》(下卷),中国社会科学出版社 2005 年版,第 2580 页。

19 参见张明楷:《刑法学》(第 6 版),法律出版社 2021 年版,第 1543 页。

20 参见高铭暄、马克昌主编:《中国刑法解释》(下卷),中国社会科学出版社 2005 年版,第 2581 页。

的,从重处罚。在适用本款时,必须注意的是,行为人必须明知对方是不满18周岁的未成年人。当然,这里的明知不要求达到百分之百的确凿程度。只要能够有根据地推测对方是未满18周岁的未成年人,就已经足够。[21] 此外,虽然立法者在本款中并未明确指明"向不满18周岁的未成年人组织播放淫秽音像制品的,从重处罚",但应当认为,本款规定的加重情节均可适用于传播淫秽物品罪及组织播放淫秽音像制品罪。因为组织播放淫秽音像制品的行为在本质上是一种传播淫秽物品的行为,组织播放淫秽音像制品罪是传播淫秽物品罪的特殊规定。[22]

---

[21] 参见高铭暄、马克昌主编:《中国刑法解释》(下卷),中国社会科学出版社2005年版,第2581页。

[22] 参见高铭暄、马克昌主编:《中国刑法解释》(下卷),中国社会科学出版社2005年版,第2581—2582页。

第三百六十五条 组织淫秽表演罪

组织进行淫秽表演的，处三年以下有期徒刑、拘役或者管制，并处罚金；情节严重的，处三年以上十年以下有期徒刑，并处罚金。

文献:高铭暄、马克昌主编:《中国刑法解释》(下卷),中国社会科学出版社2005年版;全国人大常委会法制工作委员会刑法室编:《〈中华人民共和国刑法〉条文说明、立法理由及相关规定》,北京大学出版社2009年版;王作富主编:《刑法分则实务研究》(第5版),中国方正出版社2013年版;最高人民法院刑事审判第一、二、三、四、五庭主办:《中国刑事审判指导案例5》,法律出版社2017年版;周光权:《刑法各论》(第4版),中国人民大学出版社2021年版;张明楷:《刑法学》(第6版),法律出版社2021年版。

细目录

Ⅰ 主旨
Ⅱ 沿革
Ⅲ 客体
Ⅳ 行为
Ⅴ 主体
Ⅵ 罪过
Ⅶ 罪数
Ⅷ 处罚

Ⅰ 主旨

淫秽表演活动败坏社会风气,引诱、教唆性犯罪,应当予以禁止。[1] 为此,《刑法》第365条规定了组织淫秽表演罪。立法者认为,打击淫秽表演活动的重点是淫秽表演活动的组织者,而非表演者。[2] 因此,淫秽表演本身不具有犯罪性质。[3] 只有组织 1

---

1 参见全国人大常委会法制工作委员会刑法室编:《〈中华人民共和国刑法〉条文说明、立法理由及相关规定》,北京大学出版社2009年版,第742页。

2 参见全国人大常委会法制工作委员会刑法室编:《〈中华人民共和国刑法〉条文说明、立法理由及相关规定》,北京大学出版社2009年版,第742页。

3 参见高铭暄、马克昌主编:《中国刑法解释》(下卷),中国社会科学出版社2005年版,第2582页。

进行淫秽表演的,才能加以刑罚处罚。

Ⅱ 沿革

2 组织淫秽表演罪的设立始于1997年《刑法》。1979年《刑法》和1990年12月28日全国人民代表大会常务委员会《关于惩治走私、制作、贩卖、传播淫秽物品的犯罪分子的决定》中未见有类似的规定。[4]

Ⅲ 客体

3 一般认为,组织淫秽表演罪的客体是社会风尚和文艺演出的管理秩序。[5]

Ⅳ 行为

4 组织淫秽表演罪的实行行为是"组织进行淫秽表演",其中包含了两个要素:一是"组织",二是"淫秽表演"。

5 (1)组织,是指策划表演过程,纠集、招募、雇用表演者,寻找、租用表演场地,招揽观众等组织演出的行为。[6] 鉴于"进行淫秽表演"本身不是犯罪行为,因此,组织者本人是否参与淫秽表演,对本罪的成立没有影响。[7] 在他人从事淫秽表演时,单纯引诱、动员、唆使多人观看的,不成立本罪(成立共同犯罪的除外)。[8] 在动物自行交配时,引诱、动员、唆使多人观看的,也不成立本罪。[9] 另外,学说见解指出,由于"组织"在本质上一般需要财力的支持,因此,往往会与"牟利目的"相关联。和组织播放淫秽音像制品罪不同的是,本罪没有限于"非牟利目的"的情形。因此,可以认为,本罪的"组织"行为既可以出于牟利目的,也可以基于牟利以外的其他目的。[10]

6 (2)淫秽表演,是指具体描绘性行为或者露骨宣扬色情的诲淫性的表演[11],如进

---

[4] 参见高铭暄、马克昌主编:《中国刑法解释》(下卷),中国社会科学出版社2005年版,第2582—2583页。

[5] 参见王作富主编:《刑法分则实务研究》(第5版),中国方正出版社2013年版,第1534页。

[6] 参见全国人大常委会法制工作委员会刑法室编:《〈中华人民共和国刑法〉条文说明、立法理由及相关规定》,北京大学出版社2009年版,第742页。

[7] 参见高铭暄、马克昌主编:《中国刑法解释》(下卷),中国社会科学出版社2005年版,第2583页;张明楷:《刑法学》(第6版),法律出版社2021年版,第1544页。

[8] 参见张明楷:《刑法学》(第6版),法律出版社2021年版,第1544页。

[9] 参见张明楷:《刑法学》(第6版),法律出版社2021年版,第1544页。

[10] 参见高铭暄、马克昌主编:《中国刑法解释》(下卷),中国社会科学出版社2005年版,第2583页;全国人大常委会法制工作委员会刑法室编:《〈中华人民共和国刑法〉条文说明、立法理由及相关规定》,北京大学出版社2009年版,第742页。

[11] 参见周光权:《刑法各论》(第4版),中国人民大学出版社2021年版,第528页。

行性交表演、手淫口淫表演、脱衣舞表演等。[12] 有论者认为,一人与数人在网络上"裸聊"的,以及在网络上向特定的数人表演淫秽动作的,不成立本罪。[13] 需要注意的是,张明楷教授并未指明不构成本罪是因为不存在淫秽表演,还是不存在组织行为。对此,有实务见解指出,招募模特和摄影者,要求模特暴露生殖器、摆出淫秽姿势供摄影者拍摄的,即便是一个模特和一个摄影者组成的"一对一"私拍活动,也可以认定为淫秽表演。[14] 另外,有实务判决指出,以牟利为目的组织人员通过网络视频进行淫秽表演,尽管观看者实际上观看的是表演者的淫秽表演视频,但由于此种淫秽表演行为与观看行为系同步进行,因此,应认定存在表演行为,而非传播(作为淫秽物品的)淫秽电子信息的传播行为。[15]

比较有争议的是,组织淫秽表演罪中的表演是否一定要有人的参与?"纯粹的动 7
物间的交配行为"能否纳入淫秽表演的范畴之中?对此,有论者认为,从法条用语来看,立法者使用的是"组织进行淫秽表演"而非"组织表演者"。据此,无法从中导出本罪以"组织表演者"为限的结论[16];从保护法益来看,将动物交配作为一种表演并专门来组织"进行"的行为,已经触犯了人类长期以来形成的性忌讳,不能为社会所接受,可以组织淫秽表演罪论处。[17]

V 主体

组织淫秽表演罪的主体是淫秽表演的组织者,一般的参与表演人员、观看淫 8
秽表演者,都不构成本罪。[18] 凡年满 16 周岁、具有刑事责任能力者,即可构成本

12 参见全国人大常委会法制工作委员会刑法室编:《〈中华人民共和国刑法〉条文说明、立法理由及相关规定》,北京大学出版社 2009 年版,第 742 页。

13 参见张明楷:《刑法学》(第 6 版),法律出版社 2021 年版,第 1544 页。

14 参见徐世亮:《董志尧组织淫秽表演案——招募模特和摄影者,要求模特摆出淫秽姿势供摄影者拍摄的,如何定性》,载最高人民法院刑事审判第一、二、三、四、五庭主办:《中国刑事审判指导案例 5》,法律出版社 2017 年版,第 620—622 页。

15 参见刘静坤:《重庆访问科技有限公司等单位及郑立等人组织淫秽表演案——单位利用网络视频组织淫秽表演的行为如何定罪量刑》,载最高人民法院刑事审判第一、二、三、四、五庭主办:《中国刑事审判指导案例 5》,法律出版社 2017 年版,第 615—619 页。

16 参见高铭暄、马克昌主编:《中国刑法解释》(下卷),中国社会科学出版社 2005 年版,第 2582—2583 页。

17 参见高铭暄、马克昌主编:《中国刑法解释》(下卷),中国社会科学出版社 2005 年版,第 2582—2583 页。相同的学说见解,参见张明楷:《刑法学》(第 6 版),法律出版社 2021 年版,第 1544 页。

18 参见周光权:《刑法各论》(第 4 版),中国人民大学出版社 2021 年版,第 529 页;全国人大常委会法制工作委员会刑法室编:《〈中华人民共和国刑法〉条文说明、立法理由及相关规定》,北京大学出版社 2009 年版,第 741 页。

罪。[19] 另外,按照《刑法》第 366 条的规定,本罪可由单位构成。

Ⅵ 罪过

9 组织淫秽表演罪属于故意犯。对本罪的所有客观构成要件要素,行为人需要具备认知和意欲。此外,《刑法》第 365 条不要求行为人具有牟利目的。

Ⅶ 罪数

10 在聚众淫乱的活动过程中,经常会出现的一种情形是,数人进行性交表演,其他人在旁观看。由于这种表演本身属于聚众淫乱活动的一部分,因此,按照聚众淫乱罪论处即可。[20] 亦有论者认为,由于行为人组织淫秽表演是为了挑逗观看者的性欲,从而为随后或者同时进行的聚众淫乱活动营造氛围,其行为同时构成了聚众淫乱罪和组织淫秽表演罪,两个犯罪具有目的与手段的牵连关系,构成牵连犯,从一重罪论断。[21]

Ⅷ 处罚

11 根据《刑法》第 365 条的规定,组织进行淫秽表演的,处 3 年以下有期徒刑、拘役或者管制,并处罚金;情节严重的,处 3 年以上 10 年以下有期徒刑,并处罚金。司法解释对组织淫秽表演罪的"情节严重"没有进行规定。在司法实践中,一般认为,"情节严重"是指多次组织淫秽表演;造成非常恶劣影响;以暴力、胁迫的方式迫使他人进行淫秽表演;在未成年人中传播,造成严重后果;观察人数多、表演时间长、表演内容极其淫荡;是犯罪集团的首要分子等。[22]

---

[19] 参见高铭暄、马克昌主编:《中国刑法解释》(下卷),中国社会科学出版社 2005 年版,第 2585 页。

[20] 参见全国人大常委会法制工作委员会刑法室编:《〈中华人民共和国刑法〉条文说明、立法理由及相关规定》,北京大学出版社 2009 年版,第 742 页。

[21] 参见王作富主编:《刑法分则实务研究》(第 5 版),中国方正出版社 2013 年版,第 1535 页。

[22] 参见全国人大常委会法制工作委员会刑法室编:《〈中华人民共和国刑法〉条文说明、立法理由及相关规定》,北京大学出版社 2009 年版,第 742 页;阮齐林:《中国刑法各罪论》,中国政法大学出版社 2016 年版,第 462 页。

第三百六十六条　单位犯本节规定之罪的处罚

单位犯本节第三百六十三条、第三百六十四条、第三百六十五条规定之罪的，对单位判处罚金，并对其直接负责的主管人员和其他直接责任人员，依照各该条的规定处罚。

文献：全国人大常委会法制工作委员会刑法室编：《〈中华人民共和国刑法〉条文说明、立法理由及相关规定》，北京大学出版社 2009 年版。

细目录

Ⅰ　主旨
Ⅱ　沿革
Ⅲ　单位犯罪

Ⅰ　主旨

立法者在本节中用三个条文规定了五个罪名。在实践中，单位犯这几种罪的情况较多，为此，有必要在《刑法》中明确规定单位犯罪时如何定罪与量刑。[1] 1

Ⅱ　沿革

1990 年 12 月 28 日全国人民代表大会常务委员会《关于惩治走私、制作、贩卖、传播淫秽物品的犯罪分子的决定》第 5 条规定："单位有本决定第一条、第二条、第三条规定的违法犯罪行为的，对其直接负责的主管人员和其他直接责任人员，依照各该条的规定处罚，对单位判处罚金或者予以罚款，行政主管部门并可以责令停业整顿或者吊销执照。"在此基础上，立法者删除行政处罚的相关内容后，将其纳入 1997 年《刑法》之中。 2

Ⅲ　单位犯罪

根据《刑法》第 366 条的规定，单位有第 363 条、第 364 条、第 365 条所规定的犯罪行为的，除对单位判处罚金外，还要对其直接负责的主管人员和其他直接责任人 3

1　参见全国人大常委会法制工作委员会刑法室编：《〈中华人民共和国刑法〉条文说明、立法理由及相关规定》，北京大学出版社 2009 年版，第 743 页。

员,分别依照各该条的有关规定进行处罚。其中,直接负责的主管人员,是指单位对犯罪活动负直接责任的主要领导人。直接责任人员,是指具体实施犯罪活动的行为人。[2] 需要注意的是,全国人民代表大会常务委员会《关于惩治走私、制作、贩卖、传播淫秽物品的犯罪分子的决定》未被修改部分仍然有效。因此,该决定第 5 条中的行政处罚和行政措施规定继续有效。在对单位判处罚金或者予以罚款后,行政主管部门还可以责令停业整顿或者吊销执照。

2　参见全国人大常委会法制工作委员会刑法室编:《〈中华人民共和国刑法〉条文说明、立法理由及相关规定》,北京大学出版社 2009 年版,第 743 页。

第三百六十七条　淫秽物品的范围

本法所称淫秽物品，是指具体描绘性行为或者露骨宣扬色情的诲淫性的书刊、影片、录像带、录音带、图片及其他淫秽物品。

有关人体生理、医学知识的科学著作不是淫秽物品。

包含有色情内容的有艺术价值的文学、艺术作品不视为淫秽物品。

文献:全国人大常委会法制工作委员会刑法室编:《〈中华人民共和国刑法〉条文说明、立法理由及相关规定》,北京大学出版社 2009 年版;黎宏:《刑法学各论》(第2版),法律出版社 2016 年版;最高人民法院刑事审判第一、二、三、四、五庭主办:《中国刑事审判指导案例 5》,法律出版社 2017 年版;周光权:《刑法各论》(第 4 版),中国人民大学出版社 2021 年版;张明楷:《刑法学》(第 6 版),法律出版社 2021 年版。

细目录

Ⅰ　主旨
Ⅱ　沿革
Ⅲ　淫秽物品
Ⅳ　不是淫秽物品
Ⅴ　不视为淫秽物品

Ⅰ　主旨

淫秽物品的认定,对于本节罪名的认定,具有重大意义。失之过严,会导致本节犯罪难以成立,立法者的期待也会因此落空;失之过宽,会导致淫秽物品概念空洞化、宽泛化,进而影响人民的表达自由。从时代变迁来看,淫秽物品也在随着科技的发展而改变,从最初的淫书、淫画,到录像带、录影带等淫秽音像制品,再到淫秽电子信息、VR 色情等。一个相对明确的淫秽物品概念,对于司法实务而言,具有重大的指引作用。为此,立法者在《刑法》第 367 条规定了淫秽物品的范围,并特别规定了不属于淫秽物品的情形。 1

Ⅱ　沿革

1990 年 12 月 28 日全国人民代表大会常务委员会《关于惩治走私、制作、贩卖、传播淫秽物品的犯罪分子的决定》第 8 条规定:"本决定所称淫秽物品,是指具体描绘性 2

行为或者露骨宣扬色情的诲淫性的书刊、影片、录像带、录音带、图片及其他淫秽物品。有关人体生理、医学知识的科学著作不是淫秽物品。包含有色情内容的有艺术价值的文学、艺术作品不视为淫秽物品。淫秽物品的种类和目录,由国务院有关主管部门规定。”之后,立法者将该条第 1 款至第 3 款的内容纳入 1997 年《刑法》之中。

Ⅲ 淫秽物品

3 《刑法》第 367 条第 1 款对淫秽物品作了具体的界定:“具体描绘性行为或者露骨宣扬色情的诲淫性的书刊、影片、录像带、录音带、图片以及其他淫秽物品。”学说指出,淫秽物品使人类的各种性行为公开化,完全违反了人类的性的羞耻感情。[1] 淫秽物品的实质属性是无端挑起人的性欲,侵害普通人的正常性羞耻心(性行为观念),违反善良的社会风俗。[2] 从司法实务来看,判断淫秽物品的法定标准不因淫秽物品的载体形式而有所区别,无论载体形式是实物化的,还是电子化的,只要符合法定标准,就属于淫秽物品。因此,以牟利为目的利用互联网贩卖淫秽视频链接的行为,构成贩卖淫秽物品牟利罪,因为指向淫秽电子信息的链接通过互联网、移动通讯终端直接指向淫秽电子信息,任何人只要点击有关链接,就可以浏览、下载相应的淫秽电子信息,因此,提供淫秽电子信息的链接与提供淫秽电子信息没有本质的不同。[3] 但也有批评见解指出,上述见解既超出淫秽物品的语义,又错误认定贩卖行为的对象。如果贩卖淫秽视频链接的行为人主观上明知自己的行为会造成传播淫秽物品的危害后果,客观上也实施了传播淫秽物品牟利的行为,应认定构成传播淫秽物品牟利罪。[4]

4 司法解释对于“其他淫秽物品”进行了扩大解释,认为其包括“具体描绘性行为或者露骨宣扬色情的诲淫性的视频文件、音频文件、电子刊物、图片、文章、短信息等互联网、移动通讯终端电子信息和声讯台语音信息”[5]。此外,司法实务认为,通过互联网与他人进行裸聊所传播的视频信息,属于“其他淫秽物品”中的淫秽电子

---

1 参见张明楷:《刑法学》(第 6 版),法律出版社 2021 年版,第 1538 页。

2 参见周光权:《刑法各论》(第 4 版),中国人民大学出版社 2021 年版,第 525 页。

3 参见聂昭伟:《李志雷贩卖淫秽物品牟利罪——贩卖指向淫秽视频链接的行为定性和数量认定》,载最高人民法院刑事审判第一、二、三、四、五庭主办:《中国刑事审判指导案例 5》,法律出版社 2017 年版,第 573—576 页。

4 参见吴献平:《试论贩卖淫秽视频链接行为的定性——从一则案例谈起》,载《法制与社会》2012 年第 6 期。

5 最高人民法院、最高人民检察院《关于办理利用互联网、移动通讯终端、声讯台制作、复制、出版、贩卖、传播淫秽电子信息刑事案件具体应用法律若干问题的解释(一)》第 9 条第 1 款。

信息。[6]

关于淫秽物品的具体内容，按照原新闻出版署1988年颁布的《关于认定淫秽及色情出版物的暂行规定》第2条之规定，其包括以下七个方面：①淫亵性地具体描写性行为、性交及其心理感受；②公然宣扬色情淫荡形象；③淫亵性地描述或传授性技巧；④具体描写乱伦、强奸或者其他性犯罪的手段、过程或者细节，足以诱发犯罪的；⑤具体描写少年儿童的性行为；⑥淫亵性地具体描写同性恋的性行为或者其他性变态行为，或者具体描写与性变态有关的暴力、虐待、侮辱行为；⑦其他令普通人不能容忍的对性行为的淫亵性描写。 5

在淫秽物品的认定上，应当按照刑法关于淫秽物品的界定并结合社会上一般人的感受进行判断。有关人体生理、医学知识的科学著作、电子信息和声讯台语音信息，或包含有色情内容但有艺术价值的文学、艺术作品、电子文学、艺术作品，不是淫秽物品。[7] 张明楷教授主张，应客观地从作品的整体性、淫秽描写与作品的关联性方面来判断是否属于淫秽物品。换言之，在判断时应遵循以下三原则：①整体性原则，即在判断一部作品是否属于淫秽物品时，必须就该作品的全体内容进行整体判断，不能只是就某一部分进行片面评价；②客观性原则，即在判断一部作品是否为淫秽作品时，必须就该作品的内容进行客观判断，不能以行为人的主观认识为标准；③关联性原则，即要从作品中的有关性的描写与科学性、艺术性描写的关系上进行判断。[8] 另外，黎宏教授采用四原则，分别是整体性原则、关联性原则、相对性原则以及普通人原则。[9] 当然，这些原则的适用在结论上并不会有太大的差异。 6

Ⅳ 不是淫秽物品

《刑法》第367条第2款从反面角度明确规定：有关人体生理、医学知识的科学著作不是淫秽物品。有关人体生理、医学知识的科学著作，是指有关人体的解剖生理知识、生育知识、疾病防治和其他有关性知识、性道德、性社会学等自然科学和社会科学作品。 7

Ⅴ 不视为淫秽物品

按照《刑法》第367条第3款的规定，虽然某一文学、艺术作品带有色情内容，但由于作品本身的艺术价值，因此，不将该作品视为淫秽物品。比照本条第2款的明确 8

---

6 参见聂昭伟：《方惠茹传播淫秽物品牟利罪——以牟利为目的与多人进行网络视频裸聊的行为如何定罪》，载最高人民法院刑事审判第一、二、三、四、五庭主办：《中国刑事审判指导案例5》，法律出版社2017年版，第564—567页。

7 参见周光权：《刑法各论》（第4版），中国人民大学出版社2021年版，第525页。

8 参见张明楷：《刑法学》（第6版），法律出版社2021年版，第1540页。

9 参见黎宏：《刑法学各论》（第2版），法律出版社2016年版，第483—484页。

用语("不是淫秽物品"),立法者在本款使用的是"视为"。按照立法者的想象,该作品本质上仍然为淫秽物品,只是在处理上有别于一般的淫秽物品。因而,有见解指出,对这类作品的复制、贩卖、传播,仍应加以必要的管理和限制,不能任其随意传播。[10]

10 参见全国人大常委会法制工作委员会刑法室编:《〈中华人民共和国刑法〉条文说明、立法理由及相关规定》,北京大学出版社 2009 年版,第 744 页。

第七章　危害国防利益罪

前　注

文献:黄太云、滕炜主编:《〈中华人民共和国刑法〉释义与适用指南》,红旗出版社 1997 年版;黄林异主编:《危害国防利益罪》,中国人民公安大学出版社 2003 年版;叶希善主编:《危害国防利益罪办案一本通》,长安出版社 2007 年版;最高人民法院刑事审判第一、二、三、四、五庭主办:《中国刑事审判指导案例 · 危害国家安全罪、危害公共安全罪、侵犯财产罪、危害国防利益罪》,法律出版社 2009 年版;周道鸾、张军主编:《刑法罪名精释》(第 4 版),人民法院出版社 2013 年版。黄林异:《论〈刑法〉中的危害国防利益罪》,载《法学杂志》1998 年第 2 期;夏勇、袁剑湘:《危害国防利益罪适用中的竞合问题》,载《中南大学学报(社会科学版)》2003 年第 4 期。万春:《保持对危害国防利益犯罪的高压态势》,载《解放军报》2017 年 3 月 16 日;闫晶晶、史兆琨:《首次发布这批典型案例有何深意》,载《检察日报》2021 年 7 月 31 日。

细目录

Ⅰ　主旨
Ⅱ　沿革
Ⅲ　概念
Ⅳ　特征
一、客体
二、行为
三、主体
四、罪过
Ⅴ　适用范围
Ⅵ　分类

Ⅰ　主旨

危害国防利益罪,是对侵害国家的国防利益类犯罪活动的总称,属于类罪。《刑法》中专章规定危害国防利益罪,有利于惩治和防范侵害国防利益的犯罪行为,充分保障国防利益。而且,1997 年修订《刑法》时之所以新增设危害国防利益罪这一 1

章,还考虑到以下两方面因素[1]:①与国防方面的法律相衔接的需要。我国宪法当中有许多条款规定了国防内容。同时,国家先后颁布实施的《兵役法》《军事设施保护法》等国防方面的法律法规都设定了危害国防利益的犯罪行为,并规定了相应的法律责任。但是,上述法律法规对于这类犯罪的罪名、罪状和量刑幅度等却都没有也不可能作出具体规定,从而影响了执行。因此,增设危害国防利益罪这一章可以同国防方面法律法规的有关内容相衔接,充分运用刑法来保障国防方面法律法规的实施,促进国防建设。②增强刑法分则罪名科学分类的需要。刑法分则的罪名是以同类客体为标准进行分章的。危害国防利益罪的同类客体是国防利益,同分则其他各章的客体有本质区别。其罪行都是危害国防利益的行为,不宜纳入刑法分则其他各章之中,只能单列一章。据统计,2016 年 1 月至 2021 年 6 月,全国检察机关办理危害国防利益案件 1663 件 2653 人,其中,冒充军人招摇撞骗罪 827 件 1094 人,伪造、变造、买卖武装部队公文、证件、印章罪 362 件 698 人,破坏武器装备、军事设施、军事通信罪 98 件 165 人,过失损坏武器装备、军事设施、军事通信罪 220 件 360 人。[2] 这充分说明,《刑法》专章规定的危害国防利益罪已成为切实维护国防利益的有力法律武器。

Ⅱ 沿革

2 我国 1979 年《刑法》中并没有专章规定危害国防利益罪。但近些年来,随着我国改革开放的不断深化和社会主义市场经济体制的建立,危害国防利益方面的犯罪呈现出新的形势和特点。侵害国防利益的犯罪日趋增加,一些罕见的特大案件接连发生,犯罪气焰十分嚣张,不仅给国家和军队造成巨大的直接经济损失,而且严重干扰了武装部队的正常训练和国家的战备工作,损害了国家的国防安全。仅以破坏军事通信设施为例,据估计,每年约有 2000 余起,造成的直接经济损失不计其数。[3] 仅 2004 年,全军一级干线光缆阻断造成的经济损失就达 10 亿元。[4] 而国防是国家生存和发展的安全保障,国防利益是国家的根本利益。维护国防利益,是建设强大国防的需要,是保障国家安全的需要,是每个公民和组织的应尽义务。由于长期的和平环境,在很多人的心目中,国防的重要性日益淡化。特别是由于国防建设的高投入性、不间断性和不创造直接经济价值,以及对国防利益所造成的危害在和平时期一般显现不出来,对国防利益所造成的损失无法用金钱加以简单计算的特点,致使

1 参见图们、许安标主编:《国防法知识问答》,红旗出版社 1997 年版,第 230 页。

2 参见闫晶晶、史兆琨:《首次发布这批典型案例有何深意》,载《检察日报》2021 年 7 月 31 日。

3 参见高铭暄、赵秉志编:《新中国刑法立法文献资料总览》(下),中国人民公安大学出版社 1998 年版,第 2821 页。

4 参见夏洪平、谭亚龙:《从首例破坏军事通信罪案看中国军事设施保护软肋》,载《解放军报》2005 年 12 月 11 日。

一些组织、公民的国防观念淡漠了,危害国防利益的违法犯罪行为得不到及时、有效的制止,且呈无法遏止之势。当然,我国危害国防利益犯罪的刑事立法不完善,也是造成上述犯罪现象日趋严重的一个重要原因。在 1997 年《刑法》颁行前的刑事立法中,虽然个别行为也可由其他相关规定加以规制,但处刑偏轻,没有能够体现对侵害国防利益的犯罪从严从重惩处的精神,威慑力不够。而且,有的犯罪是改革开放后新出现的,刑事法律中就没有相应规定,当司法实践遇到这类犯罪时,根本就无法对犯罪分子追究刑事责任。因此,1997 年修订《刑法》时,立法者专章规定了危害国防利益罪。这对于充分发挥刑罚的威慑力,打击和预防侵害国防利益的犯罪活动,保护国防利益不受侵犯,无疑是十分必要的。

纵观世界刑事立法,德国、印度、瑞士、奥地利、罗马尼亚等国的刑法典中,都明确将危害国防利益罪或相似犯罪作为类罪,予以专章规定。[5] 因此,我国 1997 年《刑法》最终以第七章专章规定危害国防利益罪,这也是借鉴国外先进立法例的科学、恰当的立法举措。 3

Ⅲ 概念

何谓危害国防利益罪,刑法理论界有不同的看法,主要是:①认为危害国防利益罪,是指违反国防法规,危害国防利益的行为。[6] ②认为危害国防利益罪,是指个人和单位违反国防法律、法规,拒不履行国防义务,危害国防利益,依法应当受刑罚处罚的行为。[7] ③认为危害国防利益罪,是指违反国防法规,故意或者过失危害国防利益的行为。[8] ④认为危害国防利益罪,是指危害作战和军事行动,危害国防物质基础和国防建设活动,妨害国防管理秩序,拒绝或者逃避履行国防义务,损害部队声誉的行为。[9] ⑤认为危害国防利益罪,是指违反国防法律的规定,拒不履行国防义务,或以其他形式危害国防利益,依法应受刑罚处罚的行为。上述五种观点的争论点主要集中在以下几个方面: 4

(1)危害国防利益罪所违反或者触犯的法律规范是否有必要在概念中表述,如有必要,如何表述?上述五种观点中仅第四种观点没有在危害国防利益罪的概念表述中明确指出此类罪所违反的法律规范。而在同以违反一定的法律规范作为构成此类罪前提条件的四种观点中,第一、三种观点则具体表述为“违反国防法规”,第二种观 5

---

5 参见高铭暄、赵秉志编:《新中国刑事立法文献资料总览》(下),中国人民公安大学出版社 1998 年版,第 2824—2826 页。

6 参见陈兴良:《刑法疏议》,中国人民公安大学出版社 1997 年版,第 597 页。

7 参见高铭暄、马克昌主编:《刑法学》(下编),中国法制出版社 1999 年版,第 1086 页。

8 参见张明楷:《刑法学》(下),法律出版社 1997 年版,第 896 页。

9 参见高铭暄主编:《新编中国刑法学》(下册),中国人民大学出版社 1998 年版,第 941 页。

点表述为"违反国防法律、法规",第五种观点则表述为"违反国防法律的规定"。笔者认为,违反或者触犯关于维护国防利益的法律规范,是构成危害国防利益罪的前提条件。只有违反上述法律规范,才可能引起刑法手段的介入,从而也才有构成犯罪的可能。因此,在危害国防利益罪的概念表述中,有明确指出此类罪违反的法律规范之必要。那么,究竟如何表述呢?为此,首先需要弄清法律、法规与规定的不同内涵。法律,有广义与狭义之分。广义的法律泛指法的一切外部表现形式,包括习惯法、判例法;而狭义的法律则仅指立法机关制定的规范性文件。[10] 狭义的法律是我们通常使用的概念。法规,则是法律规范的简称,它是法律、法令、条例、规则、章程等的总称。[11] 而规定则往往侧重于行政法规、规章、决定。可见,法规不仅包括狭义的法律,而且包括规定,是一个更为宽泛的概念。具体到危害国防利益罪,它所违反的关于维护国防利益的法律规范,不仅包括军事行政法规,而且还包括相应的刑事法律规范。从这层意义上讲,只有"法规"这一概念才能更准确地涵括全部内容。上述第二种观点将法律与法规这两个不同层次的概念予以并列,显然存在逻辑混乱之处。上述第五种观点使用"规定"这一称谓,则过于狭隘,不能精确地反映出危害国防利益罪的前提条件。而上述第一、三种观点将此类罪的前提限定为"违反国防法规",无疑更为合理、可取。

6 (2)危害国防利益罪的概念表述中有无必要将主体明确加以揭示?上述第二种观点明确地将此类罪的主体表述为"个人和单位",故而有别于其他四种观点。诚然,危害国防利益罪既可以由自然人构成,也可以由单位构成。但是,有必要在概念中对此明确加以表述吗?笔者认为,在现行《刑法》明确承认单位犯罪的情况下,从通常意义上讲,犯罪主体即可分为自然人和单位。在这一点上,危害国防利益罪的主体并没有特别之处。既然没有特别之处,当然也就没有特别指明的必要了。

7 (3)危害国防利益罪的概念表述中有无必要将主观方面明确加以揭示?从通常意义上讲,犯罪主观方面包括故意与过失。危害国防利益罪在主观方面也没有特别之处,因而没有必要在概念表述中如第三种观点般明确以"故意或者过失"予以限定。

8 (4)对危害国防利益罪的客观行为如何表述?上述第四种观点采取明确列举的方式,以期将所有危害国防利益罪的客观行为表现一一昭示出来。这种表述方法不尽稳妥。一则采列举法虽说能具体明确地揭示此类罪的客观行为表现,但往往有挂万漏一之弊端。再则,客观犯罪形势是不断发展变化的,总会有新情况、新问题出现。在类罪的概念中若对客观行为表现明确列举,往往不能适应惩治犯罪的客观需要,破坏概念的稳定性。此外,概念的表述只能是一种概括的抽象,至于其具体内涵,则应在概念的阐释中加以揭示,不可能仅靠概念便解决所有问题。上述其他四种观点都

---

10 参见孙国华主编:《法理学教程》,中国人民大学出版社 1994 年版,第 294—295 页。

11 参见中国社会科学院语言研究所词典编辑室编:《现代汉语词典》(第 7 版),商务印书馆 2016 年版,第 354 页。

将此类罪的客观行为表现表述为“危害国防利益”的行为,这无疑准确反映了此类罪的最本质特征,揭示了所有危害国防利益罪的共同之处,因而是恰当的。但上述四种观点也有不同,即第一、三种观点本着概括的原则,没有再具体化,从某种程度而言又略显空泛;而第二种观点进一步对此类罪的客观行为表现加以揭示,从而具体为“拒不履行国防义务”,第五种观点则认为危害国防利益并非仅限于“拒不履行国防义务”,还应包括“以其他形式危害国防利益”。笔者认为,虽然危害国防利益的行为具体表现是多种多样的,但不外乎作为与不作为两种方式。“拒不履行国防义务”仅从不作为的角度去揭示危害国防利益行为,显然不够全面,因而上述第二种观点仅把危害国防利益行为归诸“拒不履行国防义务”显有不妥。所以,上述第五种观点将破坏国防利益行为具体为“拒不履行国防义务,或以其他形式危害国防利益”,较之第二种观点,更为合理、可取。

(5)是否一切危害国防利益的行为都构成犯罪?上述第一、三、四种观点,在危害国防利益罪的概念表述中,都没有揭示出社会危害性程度的要求,从而抹杀了危害国防利益的违法行为与犯罪行为之间的界限,甚有不妥。其实,并非一切危害国防利益的行为都构成危害国防利益罪。上述第二、五种观点将其进一步限定为“应受刑罚处罚”的行为,这无疑从法律后果的角度对社会危害性程度提出要求。危害国防利益的行为,其社会危害性只有达到相当严重的程度,从而“应受刑罚处罚”,才能构成危害国防利益罪。 9

综上所述,笔者认为,危害国防利益罪,是指违反国防法规,拒不履行国防义务,或以其他形式危害国防利益,依法应受刑罚处罚的行为。 10

我国1979年《刑法》没有把危害国防利益罪作为一类犯罪予以规定。在1997年《刑法》对之加以规定前,在我国学术界,有人把危害国防利益罪称为“危害国防军事利益罪”。就危害国防利益罪涵盖的范围来看,有的国家刑法典规定除包括一般的侵害国防利益的犯罪,还包括军人违反职责的犯罪,即军职罪,如《罗马尼亚刑法典》就是这样规定的。但是,多数国家刑法典规定的危害国防利益罪,都是特指一般的侵害国防利益的犯罪,不包括军人违反职责罪。我国在1997年修订刑法时,把侵害国防利益这一类犯罪统称为“危害国防利益罪”,这样规定是比较贴切的:①这一名称能够把各种侵害国防利益的犯罪包容进来,其他名称,如“危害国防军事利益罪”“有关陆、海、空军的犯罪”等都略显狭窄,概括不了侵害军事利益以外的其他各种侵害国防利益的犯罪;②这一名称能够明显地反映出这类犯罪的犯罪性质及其社会危害性;③这一名称言简意赅,容易被广大群众理解和记忆;④这一名称能与修订后的刑法对各类犯罪的设置相协调。 11

我国《刑法》第七章将其所规定的危害国防利益罪的范围,限定在一般主体侵害国防利益的犯罪,而没有包括军人因违反军人职责而侵害国防利益的犯罪。这样规定比较符合我国一直把军人违反职责罪作为特别犯罪来处理的这一刑事立法传统。而且,纵观世界各国立法例,大多数国家刑法典中所规定的危害国防利益罪都不包括 12

军人违反职责罪。

Ⅳ 特征

一、客体

13 危害国防利益罪的客体是国防利益。国防是国家生存与发展的安全保障。有了强大的国防,国家才能昌盛发展,人民才能安居乐业。没有强大的国防或者国防安全得不到保障,就可能丧权辱国,这是被我国的近代史所证明了的。而国防利益,则是指为防备和抵抗外来侵略,制止武装颠覆,保卫国家的主权统一、领土完整和安全所进行的军事活动,以及与军事有关的政治、经济、外交、科技、教育等方面活动的利益。它包括国防资产、国防建设方面的利益以及国防管理秩序、武装力量建设、作战和军事行动方面的利益等。国防利益是关系国家生存、国防现代化建设、军队建设和国内稳定的重要利益。危害国防利益,不仅会危害国家安全、国防现代化建设和军队革命化、现代化、正规化建设,而且还可能危害国内稳定。危害国防利益是危害国防利益罪这一类犯罪区别于刑法分则中其他九类犯罪的本质特征。

14 危害国防利益罪侵害的对象包括武装部队,军人,军用武器装备,军事设施,军事通信,军事禁区和军事管理区,兵员,部队的公文、证件、印章,部队专用标志,等等。

二、行为

15 危害国防利益罪表现为违反国防法规,拒不履行国防义务,或以其他形式危害国防利益,依法应受刑罚处罚的行为。

16 国防法规是指调整国防领域社会关系的法律、法规的总称。现行的国防法规,主要包括《国防法》《兵役法》《军事设施保护法》《预备役军官法》《人民防空法》《征兵工作条例》《民兵工作条例》《军工产品质量管理条例》,以及相关的刑事法律。违反国防法规就是违反上述法规,这是构成危害国防利益罪的前提条件。

17 国防义务,是指国防法规中规定的公民和组织必须履行的义务。其中,公民和国家机关、社会团体、企事业单位等组织均应履行的义务包括:①支持国防建设,为武装力量的军事训练、战备、勤务、防卫作战等活动提供便利条件或者其他协助;②保护国防设施,不得破坏、危害国防设施;③不得泄露国防秘密,不得非法持有记录国防秘密的文件、资料和其他秘密物品。公民所特有的义务包括:①依照法律服兵役和参加民兵组织;②接受国防教育。组织所特有的义务包括:①各级兵役机关和基层人民武装机构应当依法办理兵役工作,按照国务院和中央军事委员会的命令完成征兵工作任务,保证兵员质量。其他国家机关、社会团体和企事业单位应当完成民兵和预备役工作,协助兵役机关完成征兵任务。②企事业单位应当按照国家的要求承担国防科研、生产任务,接受国家军事订货,提供符合质量标准的武器装备和军用物资。③企事业单位应当按照国家规定在交通建设中贯彻国防要求。④车站、港口、机场、道路等交通设施的管理单位,应当为现役军人和军用车辆、船舶的通行提供优先服务,按照规定给予优待,等等。公民和组织不履行上述义务就是不履行国防义务的危害国防利益形式。

以其他形式危害国防利益,是指除拒不履行国防义务以外的其他危害国防利益的形式,主要包括冒充军人招摇撞骗,伪造、变造、买卖、盗窃、抢夺部队公文、证件、印章,非法生产、买卖部队专用标志,等等。 18

依法应受刑罚处罚,是指依照1997年《刑法》分则第七章危害国防利益罪的规定处罚。并不是所有违反国防法规,拒不履行国防义务,或者以其他形式危害国防利益的行为都构成危害国防利益罪。只有"依法应受刑罚处罚"的,才可构成。这实际上是从法律后果的角度对危害国防利益行为的社会危害性程度提出要求。 19

三、主体

危害国防利益罪的主体既有自然人,也有单位。如故意提供不合格武器装备、军事设施罪,非法生产、买卖武装部队制式服装罪,战时拒绝、故意延误军事订货罪既可以由自然人也可以由单位构成。在危害国防利益罪这一类犯罪中,大多数犯罪的主体是一般主体,只有少数犯罪的主体,刑法要求必须是特殊主体。一般主体包括我国普通公民、外国人、无国籍人。特殊主体主要包括聚众冲击军事禁区罪和聚众扰乱军事管理区秩序罪中的首要分子或者其他积极参加者;接送不合格兵员罪中的征兵机关工作人员;战时拒绝、逃避征召、军事训练罪中的预备役人员;犯故意提供不合格武器装备、军事设施罪,非法生产、买卖武装部队制式服装罪,战时拒绝、故意延误军事订货罪的单位的直接负责的主管人员和其他直接责任人员。由于上述犯罪对主体的特殊要求,因此,在司法实践中应当依照刑法的有关规定,从理论与实践两方面科学认定首要分子和其他积极参加者、单位犯罪中单位直接负责的主管人员和其他直接责任人员、征兵机关工作人员、预备役人员的范围,以利于正确认定犯罪。 20

四、罪过

在危害国防利益罪这一类犯罪中,只有过失损坏武器装备、军事设施、军事通信罪和过失提供不合格武器装备、军事设施罪的罪过形式为过失,其他犯罪的罪过形式为故意。 21

V 适用范围

1997年《刑法》中除了将适用于军人的军人违反职责罪纳入分则第十章,又增加了第七章危害国防利益罪。由于这两章都是保护国防利益的,因此就产生了一种模糊认识,即危害国防利益罪只适用于普通主体,不适用于现役军人和军队单位。这种认识显然是不正确的。笔者认为:①现役军人部分适用危害国防利益罪。如我们所 22

知,行为人是否可以作为某一犯罪的主体,是由该行为人是否符合该罪的主体条件而决定的。危害国防利益罪中大体有三种主体:一是普通主体,即只要符合刑事责任条件的自然人都可以构成。二是特殊主体,比如预备役人员。三是非军人。从犯罪主体来看,除以预备役人员为特殊主体的战时拒绝、逃避征召、军事训练罪和以非现役军人为主体的雇用逃离部队军人罪,战时拒绝、逃避服役罪,战时故意提供虚假敌情罪,战时造谣扰乱军心罪之外,现役军人可以构成其他危害国防利益罪之主体。换言之,其他罪名都适用于军人。②军队单位亦部分适用危害国防利益罪。军队单位是指军队依法成立或组建的公司、企业、事业单位、机关、团体。危害国防利益罪中单位构成的犯罪包括故意提供不合格武器装备、军事设施罪,非法生产、买卖武装部队制式服装罪,伪造、盗窃、买卖、非法提供、非法使用武装部队专用标志罪,战时拒绝、故意延误军事订货罪 4 个罪名。根据 1997 年《刑法》第 30 条、第 31 条和第 370 条第 1 款、第 3 款,第 375 条第 2 款、第 3 款,第 380 条之规定,军队单位都符合上述罪名的主体条件,因此上述罪名也都适用于军队单位。

Ⅵ 分类

23 《刑法》分则第七章共有 14 个条文,确立了 23 种具体的罪名。对这些危害国防利益罪,根据不同的标准可以进行不同的分类。

24 (1)按照表现形式和内容分类,危害国防利益罪可大体分为以下四类:①危害作战和军事行动的犯罪。主要包括阻碍军人执行职务罪,阻碍军事行动罪,战时故意提供虚假敌情罪,战时造谣扰乱军心罪,战时拒绝军事征收、征用罪。②危害国防物质基础的犯罪。主要包括破坏武器装备、军事设施、军事通信罪,过失损坏武器装备、军事设施、军事通信罪,故意提供不合格武器装备、军事设施罪,过失提供不合格武器装备、军事设施罪,战时拒绝、故意延误军事订货罪。③妨害国防管理秩序的犯罪。主要包括聚众冲击军事禁区罪,聚众扰乱军事管理区秩序罪,冒充军人招摇撞骗罪,伪造、变造、买卖武装部队公文、证件、印章罪,盗窃、抢夺武装部队公文、证件、印章罪,非法生产、买卖武装部队制式服装罪,伪造、盗窃、买卖、非法提供、非法使用武装部队专用标志罪。④危害武装力量的犯罪。主要包括煽动军人逃离部队罪,雇用逃离部队军人罪,接送不合格兵员罪,战时拒绝、逃避服役罪,战时拒绝、逃避征召、军事训练罪,战时窝藏逃离部队军人罪。

25 (2)按照犯罪的时间分类,危害国防利益罪可大体分为以下两类:①战时才构成的危害国防利益罪。这类危害国防利益罪的共同特点是以战时作为犯罪构成客观方面的要件之一,没有这一要件则不能构成这类危害国防利益罪。战时才构成的危害国防利益罪包括以下七种:战时拒绝、逃避征召、军事训练罪,战时拒绝、逃避服役罪,战时故意提供虚假敌情罪,战时造谣扰乱军心罪,战时窝藏逃离部队军人罪,战时拒绝、故意延误军事订货罪,战时拒绝军事征收、征用罪。此外,战时是破坏武器装备、军事设施、军事通信罪的从重处罚情节。②平时和战时都可以构成的危害国防利益罪。这类危害国防利益罪没有犯罪时间的限制,所以平时和战时都可以构成动这类危害国防利益罪,包括以下十六种:阻碍军人执行职务罪,阻碍军事行动罪,破坏武器装备、军事设施、军事通信罪,过失损坏武器装备、军事设施、军事通信罪,故意提供不合格武器装备、军事设施罪,过失提供不合格武器装备、军事设施罪,聚众冲击军事禁区罪,聚众扰乱军事管理区秩序罪,冒充军人招摇撞骗罪,煽动军人逃离部队罪,雇用逃离部队军人罪,接送不合格兵员罪,伪造、变造、买卖武装部队公文、证件、印章罪,盗窃、抢夺武装部队公文、证件、印章罪,非法生产、买卖武装部队制式服装罪,伪造、盗窃、买卖、非法提供、非法使用武装部队专用标志罪。按照危害国防利益罪的犯罪时间分类,有利于贯彻战时从严的处罚原则,正确适用法律定罪量刑。

第三百六十八条　阻碍军人执行职务罪;阻碍军事行动罪

以暴力、威胁方法阻碍军人依法执行职务的，处三年以下有期徒刑、拘役、管制或者罚金。

故意阻碍武装部队军事行动，造成严重后果的，处五年以下有期徒刑或者拘役。

文献:赵秉志主编:《刑法争议问题研究》(下册),河南人民出版社 1996 年版;张穹主编:《刑法适用手册》(中册),中国人民公安大学出版社 1997 年版;黄太云、滕炜主编:《〈中华人民共和国刑法〉释义与适用指南》,红旗出版社 1997 年版;鲜铁可:《新刑法中的危险犯》,中国检察出版社 1998 年版;黄林异主编:《危害国防利益罪》,中国人民公安大学出版社 2003 年版;周道鸾、张军主编:《刑法罪名精释》(第 4 版),人民法院出版社 2013 年版。夏勇、袁剑湘:《危害国防利益罪适用中的竞合问题》,载《中南大学学报(社会科学版)》2003 年第 4 期。刘云龙、熊永岭:《阻碍军人执行职务,依法严惩》,载《中国国防报》2019 年 1 月 24 日。

细目录

Ⅰ　主旨

Ⅱ　沿革

Ⅲ　客体

一、阻碍军人执行职务罪的客体

二、阻碍军事行动罪的客体

Ⅳ　行为

一、阻碍军人执行职务罪的行为

二、阻碍军事行动罪的行为

Ⅴ　主体

Ⅵ　罪过

一、阻碍军人执行职务罪的罪过

二、阻碍军事行动罪的罪过

Ⅶ　与非罪的界限

Ⅷ　与他罪的区别

一、阻碍军人执行职务罪与他罪的区别

二、阻碍军事行动罪与他罪的区别

Ⅸ 处罚

Ⅰ 主旨

阻碍军人执行职务罪,是指以暴力、威胁方法阻碍军人依法执行职务的行为。阻碍军人依法执行职务的行为,违反《国防法》规定的国防义务,直接危害国防利益。在刑法中规定阻碍军人执行职务罪,对以暴力、威胁方法阻碍军人依法执行职务的行为给予刑事制裁,有助于确保《国防法》的有关规定得以贯彻实施,为军人依法履行职责的行为提供强有力的法律保护。 1

阻碍军事行动罪,是指故意阻碍武装部队的军事行动,造成严重后果的行为。部队在平时军事训练或者演习过程中,遭受无理阻拦的现象也时有发生,严重阻碍武装部队的军事行动。对于这种犯罪行为,1979年《刑法》的规定很不完善。如果行为人具有政治目的,当然可以按照危害国家安全罪论处。但是,如果行为人不具有政治目的,只能实施什么具体行为就按什么罪处理。该处理办法体现不了这种犯罪行为对武装部队军事行动的危害。因此,1997年修订《刑法》时增设阻碍军事行动罪是很有必要的。 2

Ⅱ 沿革

阻碍军人执行职务罪与阻碍军事行动罪在1979年《刑法》和其他单行刑事法律中未作规定,理论与实务中对此类行为均认定为妨害公务罪。 3

1997年修订《刑法》时在第277条中规定妨害公务罪时,考虑到妨害一般国家机关工作人员执行职务与阻碍全国人民代表大会和地方各级人民代表大会代表,阻碍红十字会工作人员,阻碍国家安全机关、公安机关依法执行职务存有区别,故在犯罪构成上分款予以规定。阻碍军人执行职务罪与阻碍军事行动罪直接危害国防利益,有必要将其从妨害公务罪中独立出来,作为单独罪名,规定在危害国防利益罪一章中。 4

Ⅲ 客体

一、阻碍军人执行职务罪的客体

阻碍军人执行职务罪的客体是军人依法执行职务的活动。具体说来,可从以下三个方面来理解。 5

(一)侵害的对象必须是军人

所谓军人,是指中国人民解放军的现役军官、文职干部、士兵以及具有军籍的学员和中国人民武装警察部队的现役警官、文职干部、士兵及具有警籍的学员;执行军事任务的预备役人员和其他人员以军人论。“预备役人员”,是指预编到现役部队或 6

者编入预备役部队服预备役的公民。“其他人员”,是指在军队和武装警察部队的机关、部队、院校、医院、基地、仓库等队列单位和事业单位工作的正式职员、工人,以及临时征用或者受委托执行军事任务的地方人员。已经复员、退伍的军人,由于其不再履行军事职责,故不属于阻碍军人执行职务罪侵害对象的范围。

7 有的观点认为,阻碍军人执行职务罪侵害的对象是一般军人,不包括军事指挥人员和值班、值勤人员。[1] 笔者认为,这种观点是不正确的,它对《刑法》第 426 条规定的阻碍执行军事职务罪产生了误解。诚然,阻碍执行军事职务罪侵害的对象是军事指挥人员和值班、值勤人员,但必须注意的是,阻碍执行军事职务罪的犯罪主体仅限于军人。如果军人以暴力、威胁方法阻碍军事指挥人员或者值班、值勤人员执行职务的,构成阻碍执行军事职务罪而非阻碍军人执行职务罪;但是,如果非军人以暴力、威胁方法阻碍军事指挥人员或者值班、值勤人员执行职务的,并不能构成阻碍执行军事职务罪,而是构成阻碍军人执行职务罪。因此,阻碍军人执行职务罪侵害的对象应包括军事指挥人员和值班、值勤人员,只是当犯罪主体为军人时,鉴于刑法作了特别规定,应以阻碍执行军事职务罪论处。

(二)行为内容须为阻碍军人依法执行职务

8 只有阻碍军人依法执行职务的,才能构成阻碍军人执行职务罪,即军人执行职务行为具有适法性,是本罪成立的前提条件。

9 关于阻碍军人执行职务罪之成立是否应以军人执行职务行为具有适法性为必要,我国刑法学界的通说认为,对国家威信的维护和国家利益的保护,决不能以牺牲人民合法权利、破坏法治思想为代价。[2] 具体而言,阻碍军人执行职务罪之成立必须以军人执行职务行为合法为必要条件;如果军人所谓“执行职务”行为违法,则不仅得不到法律的保护,而且国家还赋予了公民对这种违法行为依法抑制、斗争的权利,情节严重者甚至要论以犯罪。我国刑法学界的这一观点得到了我国刑事立法的肯定。《刑法》第 368 条第 1 款的条文表述明确无误地显示,阻碍军人执行职务罪的成立必须以军人执行职务行为具有适法性为必要。那么,如何判断军人执行职务行为是否合法呢?也就是说,军人执行职务必须具备哪些条件才能称得上是适法的呢?关于这一点,可以参考关于妨害公务罪之国家机关工作人员执行职务行为适法性的相关论述。日本和我国台湾地区刑法理论就此有不同的看法,主要有以下三种观点:

10 第一种观点为实质说,认为只要执行职务行为在军人抽象的职责之内,并且具备执行职务所需的一般形式,即可以认为具备了适法性。一般认为,该说在本质上与主张否认以执行职务行合法为阻碍军人执行职务罪必要条件的观点无异。因为根据该说,即使执行职务行为违反了法令,只要这种违法在程度上比较轻微,比如只是不具

---

1 参见高铭暄等主编:《刑法学》(下编),中国法制出版社 1997 年版,第 1089 页。

2 参见马克昌、杨春洗、吕继贵主编:《刑法学全书》,上海科学技术文献出版社 1993 年版,第 365 页。

备法律上的条件或者方式,而与执行职务行为的有效性(内容)无关,就不影响其适法性的成立,从而也不能否认该执行职务行为的应受刑法保护性。[3]

第二种观点为形式说,认为军人之执行职务行为合法与否的关键是看其是否具备法律要求的必备形式,如果具备,则为适法;反之,则为不法。该说过分强调所谓“法律形式”,难免会给冒充军人的不法之徒以依法执行职务之名行侵害他人合法权益之实提供可乘之机。[4] 11

第三种观点为实质加形式说,认为军人执行职务行为合法应是指该行为不仅内容上合法,而且形式上合法;不仅实体上合法,而且程序上合法。具体说来,该说认为,只有同时符合以下三个要素的才能认为是依法执行职务[5]: 12

一是军人执行职务的行为必须是在该军人抽象的(或曰一般的)职务权限之内。军人的职务通常有事项、场所上的范围,此即为抽象的职务权限。如果超出了这种一般的职务权限,则不能认为是依法执行职务。 13

二是军人必须具有实施该职务行为的具体的职务权限。一般情况下,具有实施某种职务行为的抽象的职务权限的军人,同时也具有实施该职务行为的具体的权限。但也并非全然如此。在某些特殊情况下,军人虽然具有实施一定职务行为的抽象的职务权限,但却可能并无具体的职务权限。这表现为两种情形:其一是根据军队内部分工,该种职务活动不属于职责范围,而且军人也没有被特别授权、委托实施这一行为;其二是虽属于某军人的职责范围,但该军人没有被具体安排实施某一具体的职务行为。虽有抽象的职务权限,但超越了具体的职务权限,其职务行为也不能谓为合法。 14

三是军人的职务行为必须具备法律规定的必备的重要条件、方式和程序。如果虽然具备执行某一职务的抽象的和具体的职务权限,但在具体实施这一行为时违背了法律上的必备的重要条件、方式和程序,仍不能称其为适法。应注意的是,只有违反的是法律强制性规定的条件、方式和程序,才能定为非法,如违反的属法律的任意性规定,则不影响其适法性;只有违反的是法律规定的重要的条件、方式和程序,才能认定为非法,如系执行条件、方式和程序的轻微瑕疵,比如军人的态度过于生硬,方法简单粗暴或者语言不太文明等,则不影响其适法性的成立。 15

目前,实质加形式说是日本和我国台湾地区刑法理论界的通说,该说也得到了我 16

---

3 参见〔日〕木村龟二主编:《刑法学词典》,顾肖荣、郑树周等译,上海翻译出版公司 1991 年版,第 493 页。

4 参见高铭暄、王作富主编:《新中国刑法的理论与实践》,河北人民出版社 1988 年版,第 644 页。

5 参见〔日〕木村龟二主编:《刑法学词典》,顾肖荣、郑树周等译,上海翻译出版公司 1991 年版,第 492—494 页。

国大陆刑法学界的普遍赞同。[6] 笔者认为,该说的科学性值得肯定。一方面,该说在理论上较好地纠正了实质说与形式说割裂内容与形式之辩证关系、各执一端的偏颇,从而更为符合马克思主义认识论的要求,进而在实践中有助于维持国家利益与公民个人利益的互动平衡;另一方面,该说也与我国有关法律规定的立法指导思想互相印证,从而也可以说得到了法律实践的认同和支持。例如,我国《刑事诉讼法》第138条第1款规定:“进行搜查,必须向被搜查人出示搜查证。”这样,在通常情况下,考察某一具体的搜查行为是否适法,就可以而且应当首先看搜查者是否持有搜查证。凡持有的,便可初步确定为合法,被搜查人应当服从;否则,即为非法,被搜查人可以拒绝接受。但是,社会上的犯罪情况是非常复杂的。有些犯罪发生后,如果不及时对犯罪嫌疑人的住所及其人身进行搜查,犯罪证据就有可能被转移或者销毁,侦查犯罪的良好时机就可能丧失。因此,我国《刑事诉讼法》虽然规定了搜查的必要法律形式,即出示搜查证,但并未过分拘泥于这一形式,而是在第138条第2款进而规定:“在执行逮捕、拘留的时候,遇有紧急情况,不另用搜查证也可以进行搜查。”这就意味着在一定情况下,即使无搜查证,但只要搜查行为在搜查者的职务权限内,具备法律规定的其他重要条件、方式和程序,也可能是合法的。我国刑事诉讼法上述兼顾原则性和灵活性的规定,正蕴含和体现了从实质内容与外在形式的有机统一上判断执行职务行为适法性的思想。

17 接下来的一个问题是:适法性的判断标准是什么呢?也就是说,应当由谁来判断军人执行职务的行为是否合法呢?对此,日本刑法理论上存在三种学说:一是主观说,认为应由军人本人作出这一判断,如果他确信其行为合法,便具有适法性,反之则否;二是客观说,主张由法院通过对法律进行解释,作出客观判断;三是一般人标准说,认为应当以社会上一般人的见解作为判断标准。一般认为,若采主观说判断职务行为之适法性的有无,则不啻允许军人独断独行、恣意妄为,此实质与执行职务不需合法的观点无甚区别,自不足取。若依一般人标准说,则将面临何谓“一般人”、究竟什么才是“一般人的见解”的难题。持此说的学者没有也不可能确切回答这一问题,因而其所提供的标准有欠明确,也不妥当。比较可取的是客观说。此说亦得到我国刑法学界较为一致的赞同。[7] 笔者认为,这三种学说中,客观说更为科学。因为,该说所提供的标准不仅具备作为一事物判断标准所应当具有的客观、确定等特征,而且在方法论上,该说也较为符合辩证唯物主义认识论有关原理的要求,从而避免了采取主观说、一般人标准说在实务操作中可能产生的过分偏重国家权力而漠视公民个人权利,或者过分注重公民个人权利而忽视国家利益的弊端。事实上,作为国家审判机关,法院是阻碍军人执行职务案件唯一的最终的裁判者,只有它们才具备通

6 参见张明楷:《刑法学》(第6版),法律出版社2021年版,第1351—1352页。

7 参见赵秉志主编:《刑法争议问题研究》(下卷),河南人民出版社1996年版,第451—452页。

过对规范、统一、客观的法律进行解释,对军人的执行职务行为是否合法给予评价的资格和能力;同时,也只有这一评价才具有最终决断力和最高权威性。

18 在司法实践中运用客观说判断某一具体执行职务行为是否适法时,尚应注意以下两个方面的问题:一方面,法院的判断必须以军人执行职务时的客观情况为基准,而不能以事后之纯客观事实为基准。也就是说,判断基准的时点应为行为时而非行为后。判断基准的时点不同,得出的结论往往有异。刑法规定阻碍军人执行职务罪,是为了保障合法的执行职务活动顺利进行,因此执行职务行为是否合法当然应以实施职务行为时的具体情状进行判断。若在事后进行纯客观的判断,要么会纵容军人任意违法行事,从而侵害公民的个人合法权益,毁损法律的权威;要么会放任不法之徒借口"怀疑"军人的行为不法而擅加阻碍,从而践踏国家的威信,打击军人积极执行职务的信心。另一方面,军人、阻碍者或者其他人对执行职务行为时的某些事实认识是否正确,不应当影响法院对执行职务行为适法性的判断。对于因有关当事者主观上之认识错误所导致的对军人执行职务行为的合法性的判断差错,应当依照刑法理论中有关认识错误的原理来解决。

(三)犯罪行为必须发生于军人依法执行职务之时

19 也就是说,犯罪行为必须在军人依法执行职务期间发生。正在执行职务,是构成阻碍军人执行职务罪的时空条件。如果军人尚未开始执行职务或者职务已经执行完毕,均不属于本罪的处罚范围。

二、阻碍军事行动罪的客体

20 阻碍军事行动罪的客体是武装部队的军事行动。所谓军事行动,是指为达到一定的政治目的而有组织地使用武装力量的活动。武装部队的军事行动,是为防备和抵抗武装侵略,防备和粉碎颠覆政府、分裂国家的阴谋,保卫国家主权、统一、安全和领土完整所进行的具体活动。在和平时期,它表现为实施兵力的部署和调动,进行军事训练和演习,执行戒严任务和处置突发性暴力事件等;在战争时期,它表现为进行反侵略战争,参加战斗、战役。根据《国防法》第 56 条第 1 款的规定,公民和组织应当为武装力量的军事训练、战备勤务、防卫作战、非战争军事行动等活动提供便利条件或者其他协助。故意阻碍武装部队军事行动造成严重后果的行为,违反了《国防法》规定的国防义务,严重妨碍国防和军队建设,危害国家安全。

21 阻碍军事行动罪的对象是武装部队。根据《国防法》第 22 条的规定,我国的武装部队包括中国人民解放军现役部队和预备役部队、中国人民武装警察部队和民兵组织。其中,中国人民解放军现役部队是国家的常备军,主要担负防卫作战任务,必要时可以依照法律规定协助维护社会秩序。中国人民解放军预备役部队平时按照规定进行训练,必要时可以依照法律规定协助维护社会秩序,战时根据国家发布的动员令转为现役部队。中国人民武装警察部队在国务院、中央军事委员会的领导指挥下,担负国家赋予的安全保卫任务,维护社会秩序。民兵组织在军事机关的指挥下,担负战备勤务、防卫作战任务,协助维护社会秩序。

Ⅳ 行为

一、阻碍军人执行职务罪的行为

22 阻碍军人执行职务罪表现为以暴力、威胁方法阻碍军人依法执行职务的行为。实施本罪的法定手段就是暴力、威胁方法。笔者认为,阻碍军人执行职务罪中的暴力,就其内涵而言,应是侵犯军人自由权、健康权直至生命权的施加于军人本人或他人的人身或者其物品的强力打击或强制行为;从其外延来看,则应包括损毁军人的财物、捆绑、拘禁、殴打、伤害乃至杀害等有形力,以及施行催眠术、用酒灌醉、用药物麻醉等无形力之一系列程度不同的侵犯人身或物品的行为。所谓"威胁",一般认为是以侵害人身、财产、毁损名誉等相要挟、恫吓,进行精神强制,逼迫依法执行职务的军人屈服而不敢执行职务。常见的威胁方法有以杀害、伤害、毁坏财产、加害近亲属或者毁坏名誉、揭露隐私等相要挟,使军人心理上产生恐惧感,从而达到阻碍其依法执行职务的目的。

23 需要强调的是,阻碍军人执行职务罪属于行为犯,只要行为人在客观上实施了暴力、威胁方法阻碍军人依法执行职务的行为,足以阻碍军人依法执行职务,不论其是否造成严重后果,均应视为已符合本罪的客观构成条件。

二、阻碍军事行动罪的行为

24 阻碍军事行动罪表现为故意阻碍武装部队军事行动,造成严重后果的行为。所谓故意阻碍武装部队的军事行动,是指采取设置交通障碍、煽动群众围堵、停止水、电、气供应、污染饮用水源等方法,故意阻止和妨碍武装部队进行作战、戒严、演习、训练、修筑军事设施、部署兵力、兵器、抢险救灾等履行职能的活动。是否造成严重后果,是罪与非罪的界限。所谓造成严重后果,是指因阻碍武装部队军事行动而贻误战机、导致作战部署作重大调整,致使战斗、战役或其他重要军事行动遭受较大损失、影响部队完成重要任务、造成人员重伤或者死亡、造成武器装备、军事设施、军用物资严重毁损或者其他严重经济损失等情况。

25 阻碍军事行动罪属于结果犯,实施阻碍军事行动的行为,造成严重后果的,才能构成犯罪。

Ⅴ 主体

26 阻碍军人执行职务罪与阻碍军事行动罪的主体是一般主体,即只要是达到刑事责任年龄、具有刑事责任能力的自然人,无论是国家工作人员、普通公民,还是外国公民或者无国籍人,均可以成为两罪的主体。军人也可以成为两罪的主体。

有的观点认为,阻碍军人执行职务罪的主体是特殊主体,仅限于非军职人员。如果是军人使用暴力、威胁方法阻碍军人依法执行职务的,应依《刑法》第 426 条规定的阻碍执行军事职务罪处罚。[8] 笔者认为,这种观点是不正确的,它混淆了阻碍军人执行职务罪与阻碍执行军事职务罪这两种犯罪的界限。诚然,阻碍执行军事职务罪侵害的对象仅限于军事指挥人员或者值班、值勤人员。如果军人以暴力、威胁方法阻碍指挥人员或者值班、值勤人员执行职务,构成阻碍执行军事职务罪而非阻碍军人执行职务罪。但是,如果军人以暴力、威胁方法阻碍除军事指挥人员或者值班、值勤人员以外的其他军人依法执行职务,却并不能构成阻碍执行军事职务罪,若是依上述观点也不能构成阻碍军人执行职务罪。这显然于情、于理均有失当之处。事实上,《刑法》第 368 条第 1 款对于阻碍军人执行职务罪并没有主体上的限制,上述观点于法也不符。因此,阻碍军人执行职务罪的犯罪主体也包括军人,只是当军人犯罪所侵犯的对象为军事指挥人员或者值班、值勤人员时,鉴于阻碍军人执行职务罪与阻碍执行军事职务罪之间的法规竞合关系,依据“特别法优于普通法”的原则以阻碍执行军事职务罪论处。 27

对于军人能否成为阻碍军事行动罪的主体,刑法学界有两种不同的意见。一种意见认为,阻碍军事行动罪的主体既可以是军人,也可以是非军人。[9] 另一种意见认为,阻碍军事行动罪的主体是除现役军人之外的普通公民。[10] 笔者倾向于第一种意见。因为,《刑法》第 368 条第 2 款并未对阻碍军事行动罪的犯罪主体作特殊限定。而且,实践中亦可能发生军人故意阻碍武装部队军事行动的情况,而刑法又并未在军人违反职责罪一章对此加以规定。如果认为军人不能成为阻碍军事行动罪的主体,则对军人故意阻碍武装部队军事行动并造成严重后果的行为无法予以刑事制裁。因而,笔者认为,阻碍军事行动罪的主体包括军人。 28

Ⅵ 罪过

一、阻碍军人执行职务罪的罪过

阻碍军人执行职务罪的罪过形式只能为故意,且大多出自直接故意,但也有可能为间接故意。具体说来,阻碍军人执行职务罪在主观方面必须是行为人明知其所侵犯的对象是正在依法执行职务的人,明知其阻碍行为会发生妨害国防利益的危害结果,而仍希望或者放任这一危害结果的发生。对此,刑法学界也有不同认识:有的观 29

8 参见黄太云、滕炜主编:《〈中华人民共和国刑法〉释义与适用指南》,红旗出版社 1997 年版,第 551 页。

9 参见周振想主编:《中国新刑法释论与罪案》,中国方正出版社 1997 年版,第 1512 页。

10 参见中国检察理论研究所编写:《刑法新罪名通论》,中国法制出版社 1997 年版,第 312 页。

点认为,行为人主观上必定是有阻碍军人依法执行职务的目的。[11] 有的观点虽然不认为行为人必须具有阻碍军人依法执行职务的目的,但却认为其行为一定是在某种目的支配下实施的。[12] 笔者对此则不敢苟同。

30 阻碍军人执行职务罪的行为人通常具有阻碍军人依法执行职务的目的,但却可能以此为限。行为人也有可能出于其他目的,或者出于放任的心理态度实施其行为的。上述两种观点可谓只见树木,不见森林,有失片面。其实,《刑法》第 368 条第 1 款并没有明确对阻碍军人执行职务罪的主观方面加以限制,上述两种观点或认为出于阻碍军人依法执行职务之目的,或认为出于某种目的,显然都有违立法之规定,于法无据。再则,上述两种观点认为行为人一定具有某种目的,这便把行为人出于放任而实施阻碍军人依法执行职务的行为排除出阻碍军人执行职务罪的范畴,这显然不符合司法实践中经常发生的现实情况,不适当地缩小了阻碍军人执行职务罪的范围。事实上,对于阻碍军人执行职务罪不以犯罪目的加以限制,亦为大多数学者所认同。[13]

31 至于行为人的动机可以是多种多样的,有的因为军人依法执行职务触犯了其个人利益;有的出于私仇宿怨而泄愤报复;有的是为了庇护他人进行非法活动或者逃避法律责任;等等。具体动机如何,不影响阻碍军人执行职务罪的成立,但应当作为量刑情节予以考虑。

32 如果行为人不知道其所侵害的对象为军人,或者虽然知道是军人但不知道其正在依法执行职务,或者误认为其所执行的职务不合法而加以阻碍的,那么其主观上就缺乏构成阻碍军人执行职务罪所需的犯罪故意,不能以本罪论处,而应依认识错误的刑法原理,依法不以犯罪论处或者以其他犯罪论处。

二、阻碍军事行动罪的罪过

33 阻碍军事行动罪的罪过形式也是故意,即明知自己阻碍武装部队军事行动的行为会造成危害国防利益的结果,却希望或者放任这种危害结果的发生。有的观点认为行为人必须具有阻碍武装部队军事行动的目的。[14] 笔者认为失之偏颇。这不仅因为《刑法》第 386 条第 2 款并没有对阻碍军事行动罪的主观方面作出特别限定,如此理解于法无据。而且,上述观点将出于放任态度的阻碍武装部队军事行动行为排除出阻碍军事行动罪,亦不符合这一犯罪的实际状况。至于过失,当然不构成本罪。

11　参见黄太云、滕炜主编:《〈中华人民共和国刑法〉释义与适用指南》,红旗出版社 1997 年版,第 551 页。

12　参见张凤阁主编:《新刑法理论与实务》,警官教育出版社 1997 年版,第 548 页。

13　参见高铭暄主编:《新编中国刑法学》(下册),中国人民大学出版社 1998 年版,第 940 页。

14　参见黄太云、滕炜主编:《〈中华人民共和国刑法〉释义与适用指南》,红旗出版社 1997 年版,第 552 页。

Ⅶ　与非罪的界限

在司法实践中,阻碍军人执行职务的行为是否构成犯罪,主要从主、客观两个方面进行判断。在主观方面,行为人应知道对方是正在依法执行职务的军人,否则不具有阻碍军人执行职务罪的主观故意。在客观方面,行为人必须实施了暴力或者威胁行为,某些与正在依法执行职务的军人发生纠缠、顶撞、吵闹以及不服管理的行为,客观上虽然对军人依法执行职务有一定的阻碍,但由于行为人没有对军人使用暴力或者进行威胁,对于这种违法行为,不能以犯罪论处。最高人民检察院2021年发布的典型案例——朱某某阻碍军人执行职务案,即很好地诠释了阻碍军人执行职务罪的主客观要件。被告人朱某某,男,无业。2020年5月6日晚,中国人民解放军某部在辖区组织军事演习,并安排士官薛某某在某偏远的乡镇路口临时布防,执行安全警戒任务。被告人朱某某与同伴刘某某酒后骑电动车路经该地时,不顾薛某某劝阻,强行要求通过路口。朱某某趁薛某某与刘某某交涉之际,突然下车用手掐住薛某某脖子,将其推倒在路旁一条深约4米的水沟内,造成薛某某头部、脚部、肘部受伤,伤情鉴定为轻微伤。当晚朱某某被抓获归案。刘某某被另案处理。2020年7月27日,江西省信丰县人民检察院以朱某某犯阻碍军人执行职务罪提起公诉,并建议判处有期徒刑一年。同年8月14日,信丰县人民法院采纳检察机关的指控意见,以阻碍军人执行职务罪判处被告人朱某某有期徒刑一年。朱某某未上诉。该案中,被告人朱某某明知薛某某系正在依法执行职务的军人,仍强行要求通过路口,并手掐薛某某脖子将其推倒在路边水沟,造成轻微伤,一审法院将该行为认定为“暴力”手段,进而以阻碍军人执行职务罪定性处罚,应该说是非常妥当的。另外,行为人阻碍的必须是军人依法进行的执行职务行为,对某些军人执行职务中的违反法律法规规定,滥用、擅用、超越职权以及其他违法行为进行抑制的,因为军人本身不符合“依法”执行职务的要件,故对此不能以犯罪论处。当然,行为人即使对正在依法执行职务的军人实施了暴力或者威胁行为,还应当从时间、地点、场合、对象、手段、后果等方面全面分析其情节,如确属情节显著轻微危害不大的,也不应认为是犯罪。 34

阻碍军事行动罪是结果犯,即必须是阻碍军事行动造成严重后果才构成犯罪。虽然故意阻碍了武装部队军事行动,但未造成严重后果的,不构成阻碍军事行动罪。从司法实践看,阻碍武装部队军事行动,往往由少数人煽动、蒙骗一些不明真相的人参与,对于那些受蒙骗参与一般活动的人员,也不应按犯罪处理。 35

Ⅷ　与他罪的区别

一、阻碍军人执行职务罪与他罪的区别

1. 与妨害公务罪的区别

阻碍军人执行职务罪与《刑法》第277条规定的妨害公务罪相比,在行为与罪责 36

方面均有很多相同之处。司法实践中,应注意将二者区别开来。这两种犯罪的区别主要表现在:①侵犯的法益不同。阻碍军人执行职务罪侵犯的是国防利益,具体指军人依法执行职务的活动;而妨害公务罪侵犯的是社会管理秩序,具体指国家机关工作人员、各级人大代表、红十字会工作人员以及国家安全机关、公安机关的职务活动。②行为方法不完全相同。构成阻碍军人执行职务罪的客观行为必须是暴力、威胁方法;而妨害公务罪中的阻碍国家安全机关、公安机关依法执行国家安全工作任务的行为,只要是故意的,不论是否使用了暴力、威胁方法,均可构成犯罪。③阻碍的对象不同。阻碍军人执行职务罪阻碍的对象是现役军人;而妨害公务罪中被阻碍的则是国家机关工作人员、全国人民代表大会和地方各级人民代表大会代表、红十字会工作人员、国家安全机关及公安机关的安全工作人员。例如,2018 年 3 月 16 日 19 时许,原山东消防总队聊城市公安消防支队东阿公安消防大队接到报警:东阿县鱼山镇黄胡村一处民房发生火灾。接警后,消防大队调派两辆消防车赶赴火灾现场,途中,一辆消防车在王某经营的饭店停车场倒车调头,压坏了一些砖块。王某立即拦在消防车前索要赔偿。消防大队队员李进向王某说明出警紧急未带钱款,并提出先救火后回来赔偿。可王某坚持赔偿后才放行,并叫来十多名亲友对消防人员进行阻拦和围殴。虽然消防车辆后来最终离开现场,但耽误了救火的宝贵时间,造成重大经济损失。不仅如此,经医疗部门诊断,围殴还导致一名消防员受伤。由于该案发生在 2018 年 3 月 16 日,此时消防大队隶属于武警部队,消防员具有军人身份,消防人员执行灭火救援任务属于军人依法执行职务。王某明知消防人员执行救火任务,仍以暴力方法阻碍,且情节恶劣,其行为显然已触犯《刑法》第 368 条规定的阻碍军人执行职务罪的构成要件。就此而论,东阿县人民法院以王某犯阻碍军人执行职务罪判处其有期徒刑 1 年,适用法律是正确的。不过,随着消防部门转隶应急管理部,消防队伍不再具备“军、警”的身份,而转属国家机关工作人员,今后对于此类行为只能以妨害公务罪追究刑事责任。

2. 与阻碍执行军事职务罪的区别

37 《刑法》第 426 条规定了阻碍执行军事职务罪,对以暴力、威胁方法阻碍指挥人员或者值班、值勤人员执行职务的行为予以刑事制裁。阻碍军人执行职务罪与阻碍执行军事职务罪这两种犯罪的犯罪手段相同,客观上又都是阻碍执行职务,对象又都涉及军人,在定罪上可能发生混淆,司法实践中应注意将二者区别开来。这两种犯罪的主要区别有以下几点:①侵犯的法益不同。阻碍军人执行职务罪侵害的是军人依法执行职务的活动;而阻碍执行军事职务罪侵害的是指挥和值班、值勤秩序。②行为对象不同。阻碍军人执行职务罪的行为对象是所有现役军人,其中包括军事指挥人员或者值班、值勤人员;而阻碍执行军事职务罪的犯罪对象仅限定为军事指挥人员或者值班、值勤人员。③行为主体不同。阻碍军人执行职务罪的主体是一般犯罪主体,包括军人;而阻碍执行军事职务罪的主体仅限于军人。所以,当军人阻碍其他军人依法执行职务时,如果被阻碍执行职务的是除军事指挥人员或者值班、值勤人员外的其他军人,则应以阻碍军人执行职务罪论处;如果被阻碍执行职务的是军事指挥人员或者值班、值勤人员,则应以阻碍执行军事职务罪论处。

3. 阻碍军人执行职务中致人伤害、死亡行为的定性

使用暴力方法阻碍军人执行职务时,可能会造成被伤害军人轻伤、重伤甚至死亡的后果。在这种情况下,根据刑法的立法精神,凡以暴力方法阻碍军人依法执行职务而致被伤害军人轻伤的,就应认定为阻碍军人执行职务罪的构成内容,把轻伤作为造成严重后果的从重情节对待。凡以暴力方法阻碍军人依法执行职务而致被伤害军人重伤或者死亡的,则属于刑法理论上的想象竞合犯,按重罪处罚,即应当分别定为故意伤害(致人重伤)罪、故意杀人罪。 38

二、阻碍军事行动罪他罪的区别

阻碍军事行动罪与阻碍军人执行职务罪在主体、罪责形式方面均有相同之处。其区别主要在于:①对象不同。阻碍军事行动罪的犯罪对象是武装部队,而阻碍军人执行职务罪的犯罪对象是正在依法执行职务的军人,是武装部队中执行某一项任务的少数人。②法益不同。阻碍军事行动罪侵犯的法益是武装部队的军事行动,而阻碍军人执行职务罪侵犯的法益是军人依法执行职务的活动。③行为不同。阻碍军事行动罪的犯罪手段可以多种多样,对犯罪手段未作特别要求,而阻碍军人执行职务罪则以采用暴力、威胁方法为必要。④是否以严重后果作为构成要件不同。阻碍军事行动罪以造成严重后果作为构成要件,而阻碍军人执行职务罪则没有把行为是否造成严重后果作为构成要件。 39

IX 处罚

《刑法》第 368 条第 1 款规定,犯阻碍军人执行职务罪的,处 3 年以下有期徒刑、拘役、管制或者罚金。 40

《刑法》第 368 条第 2 款规定,犯阻碍军事行动罪的,处 5 年以下有期徒刑或者拘役。 41

第三百六十九条　破坏武器装备、军事设施、军事通信罪；过失损坏武器装备、军事设施、军事通信罪

破坏武器装备、军事设施、军事通信的，处三年以下有期徒刑、拘役或者管制；破坏重要武器装备、军事设施、军事通信的，处三年以上十年以下有期徒刑；情节特别严重的，处十年以上有期徒刑、无期徒刑或者死刑。

过失犯前款罪，造成严重后果的，处三年以下有期徒刑或者拘役；造成特别严重后果的，处三年以上七年以下有期徒刑。

战时犯前两款罪的，从重处罚。

文献：中国检察理论研究所编写：《刑法新罪名通论》，中国法制出版社 1997 年版；黄太云、滕炜主编：《〈中华人民共和国刑法〉释义与适用指南》，红旗出版社 1997 年版；黄林异主编：《危害国防利益罪》，中国人民公安大学出版社 2003 年版；周道鸾、张军主编：《刑法罪名精释》（第 4 版），人民法院出版社 2013 年版。杨新京：《论过失损坏武器装备、军事设施、军事通信罪》，载《中国检察官》2006 年第 4 期；薛培、李琳琳：《不明知的情形下盗割正在使用中的军事通信电缆的行为定性》，载《中国检察官》2011 年第 14 期。

细目录

Ⅰ　主旨

Ⅱ　沿革

Ⅲ　客体与对象

Ⅳ　行为

一、破坏武器装备、军事设施、军事通信罪的行为

二、过失损坏武器装备、军事设施、军事通信罪的行为

Ⅴ　主体

Ⅵ　罪过

一、破坏武器装备、军事设施、军事通信罪的罪过

二、过失损坏武器装备、军事设施、军事通信罪的罪过

Ⅶ　既遂与未遂

Ⅷ　罪数

Ⅸ　与非罪的界限

X　与他罪的区别
一、破坏武器装备、军事设施、军事通信罪与他罪的区别
二、过失损坏武器装备、军事设施、军事通信罪与他罪的区别
XI 处罚
一、破坏武器装备、军事设施、军事通信罪的处罚
二、过失损坏武器装备、军事设施、军事通信罪的处罚

I　主旨

破坏武器装备、军事设施、军事通信罪,是指出于贪图私利、发泄私愤或者其他个人目的,故意破坏武器装备、军事设施、军事通信的行为。《国防法》明确规定:公民应当支持国防建设,保护国防设施,禁止任何组织或者个人破坏、损害和侵占包括武器装备、军事设施、军事通信在内的国防资产。武器装备是保证武装部队完成作战、训练、执勤任务的基本手段,也是国防建设的重要保障;军事设施是国家组织军事活动的重要物质基础,是军事训练、作战的基本条件;军事通信是军队指挥系统的重要组成部分。它们都是军队战斗力的要素之一。任何对武器装备、军事设施、军事通信的破坏行为,都将对我国武装力量建设和国防建设带来严重的损害。因此,《刑法》中规定破坏武器装备、军事设施、军事通信罪,对故意破坏武器装备、军事设施、军事通信,危害国防利益的行为予以刑事制裁,是十分必要的,这有助于依法维护国防利益。 1

过失损坏武器装备、军事设施、军事通信罪,是指过失损坏武器装备、军事设施、军事通信,造成严重后果的行为。鉴于近年来一些地方在生产建设过程中野蛮施工、违章作业,致使军事通信光缆等通信设施遭到破坏的情况比较突出,《刑法》遂明确对过失损坏武器装备、军事设施、军事通信的行为予以刑事制裁,同样有助于依法切实维护国防利益。 2

II　沿革

破坏武器装备、军事设施、军事通信罪是 1997 年修订《刑法》时新增设的罪名。它是在 1981 年 6 月 10 日全国人民代表大会常务委员会通过的《惩治军人违反职责暂行条例》第 12 条的规定的基础上,吸收了 1979 年《刑法》第 111 条所规定的破坏通讯设备罪而形成的。《惩治军人违反职责罪暂行条例》第 12 条规定:“破坏武器装备或者军事设施的,处三年以下有期徒刑或者拘役;破坏重要武器装备或者重要军事设施的,处三年以上十年以下有期徒刑;情节特别严重的,处十年以上有期徒刑、无期徒刑或者死刑。战时从重处罚。”1979 年《刑法》第 111 条第 1 款规定:“破坏广播电台、电报、电话或者其他通讯设备,危害公共安全的,处七年以下有期徒刑或者拘役;造成严重后果的,处七年以上有期徒刑。”由于军人、非军人都可以实施本罪的行为,而且这种行为直接威胁国防安全,因此,1997 年《刑法》将其规定在危害国防利益罪这 3

一章中。

4 1979 年《刑法》以及 1997 年《刑法》均未规定过失损坏武器装备、军事设施、军事通信罪。2005 年 2 月 28 日全国人民代表大会常务委员会通过的《刑法修正案(五)》增设本罪,旨在切实应对实践中较为突出的因野蛮施工、违章作业导致军事通信设施遭到破坏的现象。

Ⅲ　客体与对象

5 破坏武器装备、军事设施、军事通信罪与过失损坏武器装备、军事设施、军事通信罪侵犯的法益都是国防利益,犯罪对象为武器装备、军事设施、军事通信。

6 所谓"武器装备",是指武装部队用于实施和保障作战行动的武器、武器系统和军事技术器材,如匕首、枪械、火炮、导弹、弹药、坦克、装甲车辆及其他军用车辆、作战飞机及其他军用飞机、战斗舰艇、登陆作战舰艇、勤务舰船、陆军船艇、通信指挥装备、侦察情报装备、测绘气象装备、电子对抗装备、工程装备、三防装备、后勤装备等。武器装备的训练模拟器材,以武器装备论。

7 所谓"军事设施",是指国家直接用于军事目的的建筑、场地和设备,包括指挥机关、地面和地下的指挥工程、作战工程;军用机场、港口、码头;营区、训练场;军用洞库、仓库、医院;军用通信、侦察、导航、观测台站和测量、导航、助航标志;军用公路、铁路专用线,通信、输电线路,输油、输水管道;国务院和中央军委规定的其他军事设施等。

8 所谓"军事通信",是指武装部队为实施指挥或者武器控制而运用各种通信手段进行的信息传递活动,包括无线电通信、有线电通信、光通信、运动通信、简易信号通信等。

Ⅳ　行为

一、破坏武器装备、军事设施、军事通信罪的行为

9 破坏武器装备、军事设施、军事通信罪表现为用各种方法破坏武装力量的武器装备、军事设施、军事通信的行为。破坏是指使其全部或者部分不能正常使用,通常为故意毁坏、损坏。破坏的方法可以分为公开的和秘密的、作为的和不作为的。常见的破坏方法有以下几种:①危险手段。包括爆炸、放火、决水、散撒放射性物质等。②技术手段。例如安装或者拆卸能引起武器装备、军事设施、军事通信失去效能的器材,发射某种信号干扰、盗用军用无线电频率,故意违反操作规程,向军用计算机输入病毒等。③其他手段。如拆、卸、砸、压、摔、撞、挤、扎等。

10 破坏武器装备、军事设施、军事通信罪是一种选择性罪名。构成破坏武器装备、军事设施、军事通信罪的,不要求对武器装备、军事设施、军事通信都实施了破坏行

为,只要对武器装备、军事设施、军事通信这三种犯罪对象之中的任何一种实施了破坏行为,即可构成破坏武器装备、军事设施、军事通信罪。在司法实践中,根据犯罪行为侵犯的对象的不同,可分别确定具体的罪名。例如,单独破坏武器装备的,可定为破坏武器装备罪;既破坏军事设施,又破坏军事通信的,则可定为破坏军事设施、军事通信罪。实施了这些破坏行为之一的便构成犯罪,而并不以破坏行为造成严重后果才构成犯罪。

此外,根据 2007 年 6 月最高人民法院《关于审理危害军事通信刑事案件具体应 11
用法律若干问题的解释》第 1 条的规定,故意实施损毁军事通信线路、设备,破坏军事通信计算机信息系统,干扰、侵占军事通信电磁频谱等行为的,应以破坏军事通信罪定罪。

二、过失损坏武器装备、军事设施、军事通信罪的行为

过失损坏武器装备、军事设施、军事通信罪表现为损坏武器装备、军事设施或军 12
事通信,造成严重后果的行为。损坏,即残破、破损,是指使武器装备、军事设施、军事通信全部或部分地丧失其正常功能。本罪的构成以造成严重后果为要件。所谓严重后果,一般是指造成武器装备、军事设施或军事通信失去使用价值,造成重大财产损失或人员伤亡,严重影响军事行动,等等。根据最高人民法院《关于审理危害军事通信刑事案件具体应用法律若干问题的解释》,过失损坏军事通信,造成重要军事通信中断或者严重障碍的,属于此处的"造成严重后果",应以过失损坏军事通信罪定罪。

根据最高人民法院《关于审理危害军事通信刑事案件具体应用法律若干问题 13
的解释》的规定,过失损坏军事通信,并造成公用电信设施损毁,危害公共安全,同时构成《刑法》第 124 条和第 369 条规定的犯罪的,应依照处罚较重的规定定罪处罚。

V 主体

破坏武器装备、军事设施、军事通信罪与过失损坏武器装备、军事设施、军事通信 14
罪的犯罪主体均是一般主体。凡达到刑事责任年龄、具有刑事责任能力的自然人,无论是国家工作人员、普通公民,还是外国公民或者无国籍人,无论是军人,还是非军人,均可以构成两罪。

VI 罪过

一、破坏武器装备、军事设施、军事通信罪的罪过

破坏武器装备、军事设施、军事通信罪的罪过形式为故意,即行为人明知自己的 15
行为会发行破坏武器装备、军事设施或者军事通信的危害后果,而希望或者放任这种

结果的发生。对此,刑法学界也有不同看法:有观点认为,破坏武器装备、军事设施、军事通信罪的行为人必须具有破坏目的。[1] 有观点认为,破坏武器装备、军事设施、军事通信罪是出于贪图私利、发他私愤等目的。[2] 笔者认为,不适当地对破坏武器装备、军事设施、军事通信罪犯罪目的予以限定,有违法条的规定。《刑法》第 369 条并没有明确为本罪规定犯罪目的。再则,认为破坏武器装备、军事设施、军事通信罪具有犯罪目的,便会将出于放任态度破坏武器装备、军事设施、军事通信行为排除出破坏武器装备、军事设施、军事通信罪之范畴,显然不符合依法惩治这一犯罪的实际需要。

二、过失损坏武器装备、军事设施、军事通信罪的罪过

16 过失损坏武器装备、军事设施、军事通信罪的罪过形式为过失,即应当预见到自己的行为可能会造成损坏武器装备、军事设施或军事通信的严重后果,但由于疏忽大意没有预见到,或者已经预见到而轻信能够避免这种严重后果,以致造成武器装备、军事设施或军事通信损坏并导致产生严重后果。

Ⅶ　既遂与未遂

17 破坏武器装备、军事设施、军事通信罪属于行为犯,其犯罪行为是否既遂,应以是否完成了法律所规定的破坏行为为标准。如果行为人已经完成了破坏武器装备、军事设施、军事通信的行为,即属于犯罪既遂。如果行为人虽已着手实施破坏武器装备、军事设施、军事通信的行为,但尚未完成即停止的,则要根据行为人是自动放弃犯罪还是因意志以外的原因而未得逞,确定是属于犯罪中止还是犯罪未遂。

18 至于过失损坏武器装备、军事设施、军事通信罪则只有是否构成的问题,而并无既遂、未遂之区分。

Ⅷ　罪数

19 在司法实践中,行为人实施的盗窃武器装备、军事设施、军事通信的行为,不仅触犯了盗窃罪,而且往往同时触犯破坏武器装备、军事设施、军事通信罪。最高人民法院《关于审理危害军事通信刑事案件具体应用法律若干问题的解释》明确规定,盗窃军事通信线路、设备,不构成盗窃罪,但破坏军事通信的,依照《刑法》第 369 条第 1 款的规定定罪处罚;同时构成《刑法》第 124 条、第 264 条和第 369 条第 1 款规定的犯罪

1　参见黄太云、滕炜主编:《〈中华人民共和国刑法〉释义与适用指南》,红旗出版社 1997 年版,第 553 页。

2　参见中国检察理论研究所编写:《刑法新罪名通论》,中国法制出版社 1997 年版,第 313 页。

的,依照处罚较重的规定定罪处罚。另外,最高人民法院《关于审理危害军事通信刑事案件具体应用法律若干问题的解释》还规定:破坏军事通信,并造成公用电信设施损毁,危害公共安全,同时构成《刑法》第 124 条和第 369 条规定的犯罪的,依照处罚较重的规定定罪处罚。违反国家规定,侵入国防建设、尖端科学技术领域的军事通信计算机信息系统,尚未对军事通信造成破坏的,依照《刑法》第 285 条的规定定罪处罚;对军事通信造成破坏,同时构成《刑法》第 285 条、第 286 条、第 369 条第 1 款规定的犯罪的,依照处罚较重的规定定罪处罚。违反国家规定,擅自设置、使用无线电台、站,或者擅自占用频率,经责令停止使用后拒不停止使用,干扰无线电通讯正常进行,构成犯罪的,依照《刑法》第 288 条的规定定罪处罚;造成军事通信中断或者严重障碍,同时构成《刑法》第 288 条、第 369 条第 1 款规定的犯罪的,依照处罚较重的规定定罪处罚。

Ⅸ 与非罪的界限

区分破坏武器装备、军事设施、军事通信罪罪与非罪的关键,在于全面理解和掌握其犯罪对象的内涵和外延。其中,武器装备包括武装部队直接用于实施和保障作战行动的武器、武器系统和军事技术器材;军事设施包括国家直接用于军事目的的建筑、场地和设备;军事通信包括武装部队运用各种通信手段,为实施指挥和武器控制而进行的信息传递。如果不能全面了解和掌握其具体内容,将容易混淆罪与非罪的界限,造成打击不力,放纵罪犯。 20

对于过失损坏武器装备、军事设施、军事通信罪罪与非罪的界限,要注意把握以下两点:一是否出于过失。如果行为人在客观上虽然造成了损坏武器装备、军事设施或军事通信之结果,但不是出于过失,而是由于不能抗拒或者不能预见的原因所引起的,则不是犯罪,不能构成本罪。二是损坏武器装备、军事设施、军事通信是否造成严重后果。 21

Ⅹ 与他罪的区别

一、破坏武器装备、军事设施、军事通信罪与他罪的区别

(一)与危害公共安全的一些犯罪的区别

破坏武器装备、军事设施、军事通信罪与破坏交通工具、交通设施、公用电信设施等危害公共安全的一些犯罪在主体、罪责形式和行为方式颇为相同或者近似,在司法实践中应注意加以区别。其主要区别在于:①侵犯的法益不同。前者侵犯的是国防利益,具体是指国防建设秩序;而后者所侵犯的是公共安全,具体是指公共交通安全、公共通信安全等。②行为对象性质不同。前者的对象用于军事目的;而后者的对象则用于非军事目的。 22

(二)与故意毁坏财物罪的区别

23 《刑法》第275条规定了故意毁坏财物罪。破坏武器装备、军事设施、军事通信罪与故意毁坏财物罪在主体、罪责形式和行为方式均相同或者近似,在司法实践中应注意加以区别。其主要区别在于:①侵犯的法益不同。前罪侵犯的法益是国防建设秩序;而后罪所侵犯的法益是公私财物所有权。②行为对象性质不同。前罪的对象是用于军事目的,而且全部为国家所有;而后罪的对象则用于非军事目的,既有国家所有的,也有集体所有的,还有私人所有的。

(三)与因盗窃行为引起破坏武器装备、军事设施、军事通信的犯罪的区别

24 在司法实践中,还应注意区别以盗窃武器装备、军事设施和军事通信设施、设备上的零件、部件为表现形式的破坏武器装备、军事设施、军事通信罪同盗窃罪的界限。这两种犯罪的主体、罪责、行为方式等均相同,其区别主要在于行为人所盗窃的设备、器材是否固定在军事设施上作为军事设施的一个不可缺少的组成部分。如果所盗窃的是固定在军事设施上作为军事设施组成部分的设备、器材等,应当从一重处罚。易言之,此种情况下,犯罪人虽然盗窃数额较小,但是造成武器装备等严重破坏的,应当以破坏武器装备罪等论处;反之,如果盗窃数额较大,但并未造成其他损失的,应以盗窃罪论处。

二、过失损坏武器装备、军事设施、军事通信罪与他罪的区别

25 过失损坏武器装备、军事设施、军事通信罪与故意破坏武器装备、军事设施、军事通信罪在侵犯的法益、对象、手段、主体等方面有相同之处。其主要区别在于:一是前者属于过失犯罪,而后者是故意犯罪;二是前者属于结果犯,而后者是行为犯。

26 根据相关司法解释,建设、施工单位直接负责的主管人员、施工管理人员,明知是军事通信线路、设备而指使、强令、纵容他人予以损毁的,或者不听管护人员劝阻,指使、强令、纵容他人违章作业,造成军事通信线路、设备损毁的,应以破坏军事通信罪定罪处罚。建设、施工单位直接负责的主管人员、施工管理人员,忽视军事通信线路、设备保护标志,指使、纵容他人违章作业,致使军事通信线路、设备损毁,构成犯罪的,则应以过失损坏军事通信罪定罪处罚。

XI 处罚

一、破坏武器装备、军事设施、军事通信罪的处罚

27 根据《刑法》第369条第1款、第3款的规定,犯破坏武器装备、军事设施、军事通信罪的,根据情况,分别适用三个不同量刑幅度:

28 (1)通常应适用一般情节的量刑幅度,即判处3年以下有期徒刑、拘役或者管制。

(2)破坏重要武器装备、军事设施、军事通信情节严重的,应适用加重处罚的量刑幅度,即判处3年以上10年以下有期徒刑。所谓重要武器装备,是指武装部队的主要武器装备和其他在作战中有重要作用的武器装备,主要包括各种导弹、飞机、直升机、作战舰艇、登陆舰、1000吨以上辅助船、坦克、装甲车辆、85毫米以上口径地面火炮、岸炮、高炮、雷达、声呐、指挥仪、15瓦以上电台和电子对抗设备、舟桥、60千瓦以上的工程机械、汽车、陆军舰艇等。所谓重要军事设施,是指对作战具有重要作用的军事设施,主要包括指挥中心、大型作战工程,各类通信、导航、观测枢纽、导弹基地、军用机场、军用港口、大型仓库、输油管道、军用铁路线等。所谓重要军事通信,是指军事首脑机关及重要指挥中心的通信,部队作战中的通信,等级战备通信,飞行航行训练、抢险救灾、军事演习或者处置突发性事件中的通信,以及执行试飞试航、武器装备科研试验或者远洋航行等重要军事任务中的通信。 29

(3)情节特别严重的,应适用特别加重处罚的量刑幅度,即判处10年以上有期徒刑、无期徒刑或者死刑。所谓情节特别严重,是指致使大批或者重要武器装备报废的,造成大批或重要军事设施丧失使用效能的,造成重要军事通信长时间中断的,战时破坏重要武器装备、军事设施、军事通信的,致使战役、战斗或者其他重要军事行动遭受重大损失的;造成多人伤亡或者重大经济损失的等。具体而言,根据最高人民法院《关于审理危害军事通信刑事案件具体应用法律若干问题的解释》第2条的规定,实施破坏军事通信行为,具有下列情形之一的,即属于此处的"情节特别严重":①造成重要军事通信中断或者严重障碍,严重影响部队完成作战任务或者致使部队在作战中遭受损失的;②造成部队执行抢险救灾、军事演习或者处置突发性事件等任务的通信中断或者严重障碍,并因此贻误部队行动,致使死亡3人以上、重伤10人以上或者财产损失100万元以上的;③破坏重要军事通信3次以上的;④其他情节特别严重的情形。 30

此外,《刑法》第369条还规定,"战时"犯破坏武器装备、军事设施、军事通信罪的,"从重处罚"。如果行为人在战时破坏武器装备、军事设施、军事通信,在适用从重处罚规定时,应先暂时排除其行为是在战时发生这一情节,依据其行为的性质、其他情节和对于社会的危害程度,估量应当属于哪一个量刑幅度,然后再考虑其行为发生在战时这一从重情节,确定应当宣告的刑罚。如果行为人破坏的是一般的武器装备、军事设施、军事通信,应当在"三年以下有期徒刑、拘役或者管制"这一法定量刑幅度内判处较重的刑罚;如果行为人破坏的是重要武器装备、军事设施、军事通信,应当在"三年以上十年以下有期徒刑"这一法定量刑幅度内判处较重的刑罚;如果行为人破坏武器装备、军事设施、军事通信行为的情节特别严重,应在"十年以上有期徒刑、无期徒刑或者死刑"这一法定量刑幅度内判处较重的刑罚。 31

二、过失损坏武器装备、军事设施、军事通信罪的处罚

根据《刑法》第369条第2款的规定,犯过失损坏武器装备、军事设施、军事通信 32

罪的,处 3 年以下有期徒刑或者拘役;造成特别严重后果的,处 3 年以上 7 年以下有期徒刑。根据《刑法》第 369 条第 3 款的规定,战时犯过失损坏武器装备、军事设施、军事通信罪的,从重处罚。

33 根据最高人民法院《关于审理危害军事通信刑事案件具体应用法律若干问题的解释》第 4 条的规定,过失损坏军事通信,具有下列情形之一的,属于《刑法》第 369 条第 2 款规定的"造成特别严重后果":①造成重要军事通信中断或者严重障碍,严重影响部队完成作战任务或者致使部队在作战中遭受损失的;②造成部队执行抢险救灾、军事演习或者处置突发性事件等任务的通信中断或者严重障碍,并因此贻误部队行动,致使死亡 3 人以上、重伤 10 人以上或者财产损失 100 万元以上的;③其他后果特别严重的情形。

第三百七十条　故意提供不合格武器装备、军事设施罪；过失提供不合格武器装备、军事设施罪

明知是不合格的武器装备、军事设施而提供给武装部队的，处五年以下有期徒刑或者拘役；情节严重的，处五年以上十年以下有期徒刑；情节特别严重的，处十年以上有期徒刑、无期徒刑或者死刑。

过失犯前款罪，造成严重后果的，处三年以下有期徒刑或者拘役；造成特别严重后果的，处三年以上七年以下有期徒刑。

单位犯第一款罪的，对单位判处罚金，并对其直接负责的主管人员和其他直接责任人员，依照第一款的规定处罚。

文献：赵秉志主编：《新刑法全书》，中国人民公安大学出版社1997年版；高铭暄、赵秉志主编：《新中国刑法立法文献资料总览》（下），中国人民公安大学出版社1998年版；黄林异主编：《危害国防利益罪》，中国人民公安大学出版社2003年版；周道鸾、张军主编：《刑法罪名精释》（第4版），人民法院出版社2013年版。

细目录

Ⅰ　主旨
Ⅱ　沿革
Ⅲ　客体
Ⅳ　行为
Ⅴ　主体
Ⅵ　罪过
Ⅶ　与非罪的界限
Ⅷ　与他罪的区别
　一、故意提供不合格武器装备、军事设施罪与他罪的区别
　二、过失提供不合格武器装备、军事设施罪与他罪的区别
Ⅸ　处罚
　一、故意提供不合格武器装备、军事设施罪的处罚
　二、过失提供不合格武器装备、军事设施罪的处罚

I 主旨

1 故意提供不合格武器装备、军事设施罪,是指明知是不合格的武器装备、军事设施而提供给武装部队的行为。过失提供不合格武器装备、军事设施罪,是指不严格履行武器装备、军事设施的检验职责,过失将不合格的武器装备、军事设施提供给武装部队,造成严重后果的行为。

2 武器装备、军事设施是保卫国家、巩固国防的重要物质基础,是国防资产的重要组成部分。《国防法》第38条第3款规定:“承担国防科研生产任务和接受军事采购的组织和个人应当保守秘密,及时高效完成任务,保证质量,提供相应的服务保障。”第54条第1款规定:“企业事业组织和个人承担国防科研生产任务或者接受军事采购,应当按照要求提供符合质量标准的武器装备或者物资、工程、服务。”此外,对各类武器装备、军事设施,国家有关部门都有明确的质量标准和要求。将不合格的武器装备、军事设施提供给武装部队,违反了《国防法》等法律规定的公民和组织的国防义务,不仅给国家财产造成损失,而且严重危害部队官兵的生命安全,影响部队的作战、训练,削弱部队的战斗力,危害国防安全。

II 沿革

3 故意提供不合格武器装备、军事设施罪与过失提供不合格武器装备、军事设施罪在1979年《刑法》和其他刑事法律中均未作规定。鉴于故意或过失提供不合格武器装备、军事设施的行为均严重危害国防利益,1997年修订《刑法》时,分别增设了故意提供不合格武器装备、军事设施罪与过失提供不合格武器装备、军事设施罪。

III 客体

4 故意提供不合格武器装备、军事设施罪与过失提供不合格武器装备、军事设施罪的客体都是武器装备、军事设施的质量管理秩序。两罪的犯罪对象限于武器装备、军事设施。其实,在中央军委法制局与中国人民解放军军事法院所提出的本章试拟稿中曾将军用物资与武器装备、军事设施一并列为两罪的犯罪对象[1],但1997年《刑法》最终定稿时取消了军用物资,立法者出于何种考虑我们无从知晓,尽管司法实践中故意提供不合格军用物资,严重危及国防利益的案件时有所见。

IV 行为

5 故意提供不合格武器装备、军事设施罪表现为将不合格的武器装备、军事设施提

---

1 参见高铭暄、赵秉志主编:《新中国刑法立法文献资料总览》(下),中国人民公安大学出版社1998年版,第2868页。

供给武装部队的行为。所谓提供,不仅包括将不合格的武器装备、军事设施交给使用单位这一最后环节,还包括在武器装备或军事设施的科研、勘探、设计、建造、生产、销售、修理、验收各环节中故意提供不合格的武器装备或者军事设施。所谓不合格,是指不符合规定的质量标准,如用于制作、建造武器装备、军事设施的原材料不合格,产品性能不符合要求,或者所建造的军事设施的外形、内部结构、坚固程度未达到规定的设计要求等。本罪是选择性罪名,只要实施了其中一项行为即可构成犯罪,但具体罪名应分别确定:如果实施的是故意将不合格的武器装备提供给武装部队的行为,应定为故意提供不合格武器装备罪;如果实施的是故意将不合格的军事设施提供给武装部队的行为,应定为故意提供不合格军事设施罪。

过失提供不合格武器装备、军事设施罪表现为不严格履行武器装备、军事设施的检验职责,过失将不合格的武器装备、军事设施提供给武装部队,造成严重后果的行为。造成严重后果,是判定是否构成过失提供不合格武器装备、军事设施罪的重要标志,也是区别过失提供不合格武器装备、军事设施罪与故意提供不合格武器装备、军事设施罪的重要环节。所谓造成严重后果,是指因提供不合格武器装备、军事设施造成人员重伤死亡的,造成大批或者重要武器装备、军事设施毁损的,造成严重经济损失的,影响部队完成重要任务的等。 6

V 主体

故意提供不合格武器装备、军事设施罪的主体既包括自然人,也包括单位。 7

故意提供不合格武器装备、军事设施罪的主体究竟是一般主体,还是特殊主体? 8
刑法理论界对此分歧较大。有的观点认为,本罪的主体是特殊主体,仅限于武器装备、军事设施的科研设计、勘测、生产、施工、销售、验收、订货单位及其直接负责的主管人员和负有质量监督、检验责任的人员。有的观点虽也认为本罪是特殊主体,但同时认为只有武器装备、军事设施的生产者和销售者才能构成本罪。[2] 还有的观点则认为本罪的主体并非特殊主体,而是一般主体。[3] 笔者认为,故意提供不合格武器装备、军事设施罪的主体只是一般主体,没有身份的特殊要求。当然,在司法实践中,自然人主体主要是武器装备、军事设施的科研、设计、勘测、施工、验收人员和负责质量监督、检验的人员;单位主体主要是武器装备、军事设施的科研、设计、勘测、施工、验收单位。

过失提供不合格武器装备、军事设施罪的犯罪主体为一般主体,仅限于自然人,单位不能成为本罪的主体。 9

---

2 参见高铭暄主编:《新编中国刑法学》,中国人民大学出版社 1998 年版,第 950 页。

3 参见高铭暄、马克昌主编:《刑法学》,中国法制出版社 1999 年版,第 1098 页。

Ⅵ 罪过

10 故意提供不合格武器装备、军事设施罪的罪过形式为故意,即明知武器装备、军事设施不合格,却仍将其提供给武装部队。

11 过失提供不合格武器装备、军事设施罪的罪过形式为过失。具体而言,表现为行为人应当预见自己提供给武装部队的武器装备、军事设施不合格,将会造成严重后果,因为疏忽大意而没有预见,或者已经预见而轻信能够避免,以致发生这种结果的心理态度。

Ⅶ 与非罪的界限

12 行为人只有明知是不合格的武器装备、军事设施而提供给武装部队的,才能构成故意提供不合格武器装备、军事设施罪。如果不知道是不合格的武器装备、军事设施或者过失提供不合格武器装备、军事设施给武装部队未造成严重后果的,均不构成故意提供不合格武器装备、军事设施罪。根据2008年6月最高人民检察院、公安部《关于公安机关管辖的刑事案件立案追诉标准的规定(一)》第87条的规定,明知是不合格的武器装备、军事设施而提供给武装部队,涉嫌下列情形之一的,应立案追究刑事责任:①造成人员轻伤以上的;②造成直接经济损失10万元以上的;③提供不合格的枪支3支以上、子弹100发以上、雷管500枚以上、炸药5千克以上或者其他重要武器装备、军事设施的;④影响作战、演习、抢险救灾等重大任务完成的;⑤发生在战时的;⑥其他故意提供不合格武器装备、军事设施应予追究刑事责任的情形。

13 判断是否构成过失提供不合格武器装备、军事设施罪,关键在于其行为是否造成严重后果。根据《刑法》第370条第2款的规定,过失提供不合格武器装备、军事设施罪是结果犯,只有行为造成严重后果的,才构成本罪。虽然过失提供了不合格武器装备、军事设施给武装部队,但尚未造成严重后果的,不构成过失提供不合格武器装备、军事设施罪。根据2008年6月最高人民检察院、公安部《关于公安机关管辖的刑事案件立案追诉标准的规定(一)》第88条的规定,过失提供不合格武器装备、军事设施给武装部队,涉嫌下列情形之一的,应立案追究刑事责任:①造成死亡1人或者重伤3人以上的;②造成直接经济损失30万元以上的;③严重影响作战、演习、抢险救灾等重大任务完成的;④其他造成严重后果的情形。

Ⅷ 与他罪的区别

一、故意提供不合格武器装备、军事设施罪与他罪的区别

(一)与生产、销售伪劣产品罪的区别

14 《刑法》第140条规定了生产、销售伪劣产品罪,对生产者、销售者在产品中掺杂、

掺假,以假充真,以次充好或者以不合格产品冒充合格产品,销售金额5万元以上的行为予以刑事制裁。而故意提供不合格武器装备、军事设施罪与生产、销售伪劣产品罪在交付不合格产品、主观故意方面均相似,司法实践中应注意将二者区别开来。这两种犯罪的区别主要在于:①侵犯的法益不同。故意提供不合格武器装备、军事设施罪侵犯的法益是武器装备、军事设施的质量管理秩序;而生产、销售伪劣产品罪侵犯的法益是产品质量管理和市场监督管理秩序。②行为对象不同。故意提供不合格武器装备、军事设施罪所侵害的对象是武器装备、军事设施;而生产、销售伪劣产品罪所侵害的对象是一般的商品,主要是民用产品。当某一行为同时触犯故意提供不合格武器装备、军事设施罪与生产、销售伪劣产品罪时,依据特别法优先于普通法的适用原则,应当认定为故意提供不合格武器装备、军事设施罪。

(二)故意提供不合格军用物资行为的定性

《刑法》第370条并没有对明知是不合格的军用物资而提供给武装部队之行为加以规定,对于此种行为如何定性与处理?有的观点认为可直接以故意提供不合格武器装备、军事设施罪定罪处罚。[4] 笔者认为,这是不合适的,明显有悖于罪刑法定原则。对这类犯罪行为需要追究刑事责任的,可以按照军用物资的产品属性,分别依据刑法的有关规定定性处罚。如提供不合格的军用药品给武装部队的,就可以依据《刑法》第142条生产、销售、提供劣药罪之规定定罪处罚。 15

二、过失提供不合格武器装备、军事设施罪与他罪的区别

(一)与故意提供不合格武器装备、军事设施罪的区别

过失提供不合格武器装备、军事设施罪与故意提供不合格武器装备、军事设施罪的犯侵犯的法益、行为主体均相同或相似。两罪的区别主要在于:①罪过形式不同。过失提供不合格武器装备、军事设施罪的罪过形式为过失;而故意提供不合格武器装备、军事设施罪的罪过形式为故意。②行为后果不同。过失提供不合格武器装备、军事设施罪以行为造成严重后果为必要;而故意提供不合格武器装备、军事设施罪则不要求发生严重后果,发生严重后果只是影响量刑的情节。另外,值得注意的是,过失提供不合格武器装备、军事设施罪的主体只能是自然人,单位不能构成本罪;而故意提供不合格武器装备、军事设施罪的主体既可以是自然人,也可以是单位。 16

(二)与工程重大安全事故罪的区别

《刑法》第137条规定了工程重大安全事故罪,对建设单位、设计单位、施工单位、工程监理单位违反国家规定,降低工程质量标准,造成重大安全事故的行为予以刑事制裁。过失提供不合格军事设施罪与工程重大安全事故罪在罪责形式、行为内容方面均相似。两罪的区别主要在于:①侵害的对象不同。过失提供不合格军事设施罪 17

4　参见赵秉志主编:《新刑法全书》,中国人民公安大学出版社1997年版,第1225页。

侵害的对象是军事设施;而工程重大安全事故罪侵害的对象是民用工程。②行为主体不同。过失提供不合格军事设施罪的犯罪主体是军事设施的勘察、设计、施工、质量监督、检查验收的人员;而工程重大安全事故罪的犯罪主体是建设单位、设计单位、施工单位、工程监理单位。

IX 处罚

一、故意提供不合格武器装备、军事设施罪的处罚

18 《刑法》第370条第1款根据司法实践中存在的实际情况,对故意提供不合格武器装备、军事设施罪规定了三个不同的量刑幅度。其中一个是一般情节的量刑幅度,另一个是情节严重而加重处罚的量刑幅度,还有一个是情节特别严重而特别加重处罚的量刑幅度。

19 (1)犯故意提供不合格武器装备、军事设施罪的,通常应适用一般情节的量刑幅度,即判处5年以下有期徒刑或者拘役。

20 (2)情节严重的,应适用加重处罚的量刑幅度,即判处5年以上10年以下有期徒刑。所谓情节严重,是指为谋取私利而提供不合格武器装备、军事设施的;提供大批或者重要的武器装备和军事设施不合格的;战时提供不合格武器装备、军事设施的;因提供不合格武器装备、军事设施影响部队完成重要任务或者造成严重后果的等情况。

21 (3)情节特别严重的,应适用特别加重处罚的量刑幅度,即判处10年以上有期徒刑、无期徒刑或者死刑。所谓情节特别严重,是指战时提供大批或者重要的武器装备和军事设施不合格的;因提供不合格武器装备、军事设施致使战斗、战役或者其他重要军事行动遭受重大损失的;严重影响部队完成重要任务或者造成特别严重后果的等情况。故意提供不合格武器装备、军事设施罪是危害国防利益罪章中适用死刑的两个罪名之一,在具体适用死刑时,应当严格把握本罪的死刑适用条件。具体说来,在考虑对犯罪人适用死刑时,一方面,应当严格执行刑法总则关于死刑适用条件、适用对象、适用程序、适用制度等的一般性规定;另一方面,应当严格执行《刑法》分则第370条关于故意提供不合格武器装备、军事设施罪死刑适用的具体规定,只有对"情节特别严重"的故意提供不合格武器装备、军事设施的行为人,方可考虑适用死刑。

22 (4)依照《刑法》第370条第3款的规定,单位犯故意提供不合格武器装备、军事设施罪的,对单位判处罚金,并对其直接负责的主管人员和其他直接责任人员,依照第1款的规定处罚。对此,应注意两个问题:

23 ①该款对于本罪采取的是双罚制。关于单位犯罪,刑法理论上存在两种不同的刑罚制度,即单罚制和双罚制。单罚制,又称代罚制或转嫁制,是指在单位犯罪中,只处罚单位组织中的个别自然人或者只处罚单位本身。双罚制,是指在单位犯罪中,处

罚单位组织的自然人的同时,对单位组织本身也予以处罚。这两种处罚制度相比较,双罚制显然更具合理性。因为从某种意义上讲,单罚制便意味着犯罪主体与刑罚主体的分离,在理论上有违背罪责自负原则之嫌。事实上,这也从一定程度上反映出单位犯罪在理论和认识上的矛盾。而双罚制则既处罚单位,又处罚对单位犯罪具有重大责任的单位成员,体现了对单位犯罪全面否定的评价,能够真正起到惩戒、预防单位犯罪的效果。正因为如此,我国《刑法》第 31 条对于单位犯罪采取了"以双罚制为原则,以单罚制为例外"的处罚方式,而故意提供不合格武器装备、军事设施罪的处罚规定则正是这一原则的体现。

②关于"直接负责的主管人员和其他直接责任人员"之范围。笔者认为,对于故意提供不合格武器装备、军事设施罪直接负责的主管人员的范围,应将我国刑法的有关规定和司法实务结合起来加以认定。故意提供不合格武器装备、军事设施罪的直接负责的主管人员通常是指:其一,提供不合格武器装备、军事设施犯罪的决策人,比如公司董事长、总经理、企业中的厂长等。他们是犯罪意图、犯罪计划的创制者。他们一般不直接参与实施具体的提供不合格武器装备、军事设施行为,而是在单位决定实施犯罪后,指挥具体的职能部门及下属人员去实施犯罪计划。其二,事后对提供不合格武器装备、军事设施予以认可、默许的人员。实践中,有些故意提供不合格武器装备、军事设施行为,事前并没有经过单位集体研究或由负责人决定,而是在实施了单位犯罪后,才向领导说明。如果领导在得知具体情况后,对已经发生的犯罪给予肯定或认可,或者虽未加肯定、认可,但也不明确表示反对,并加以阻止的,就应认定他为故意提供不合格武器装备、军事设施罪中负直接责任的主管人员。至于其他直接责任人员,则是指除直接负责的主管人员外,直接实施故意提供不合格武器装备、军事设施犯罪行为的人员。他们与直接负责的主管人员的区别就在于,他们不是犯罪活动的决策者、组织者或指挥者,而是在直接负责的主管人员的授意、组织、指挥下,积极地将单位意志付诸实施的实行犯。这类人员主要包括武器装备的生产、销售、修理、采购人员和军事设施的勘察、设计、施工、质量监督、检查、验收人员等。 24

二、过失提供不合格武器装备、军事设施罪的处罚

根据《刑法》第 370 条第 2 款的规定,犯过失提供不合格武器装备、军事设施罪的,处 3 年以下有期徒刑或者拘役;造成特别严重后果的,处 3 年以上 7 年以下有期徒刑。 25

司法机关在适用《刑法》第 370 条第 2 款的规定定罪量刑时,应注意到:在过失提供不合格武器装备、军事设施罪中,所谓造成特别严重后果,是指因为提供不合格武器装备、军事设施致使多人重伤死亡的,造成大批重要武器装备、军事设施报废的,造成重大经济损失的,严重影响部队完成重要任务的等情况。 26

第三百七十一条　聚众冲击军事禁区罪;聚众扰乱军事管理区秩序罪

聚众冲击军事禁区，严重扰乱军事禁区秩序的，对首要分子，处五年以上十年以下有期徒刑；对其他积极参加的，处五年以下有期徒刑、拘役、管制或者剥夺政治权利。

聚众扰乱军事管理区秩序，情节严重，致使军事管理区工作无法进行，造成严重损失的，对首要分子，处三年以上七年以下有期徒刑；对其他积极参加的，处三年以下有期徒刑、拘役、管制或者剥夺政治权利。

文献:陈兴良:《刑法新罪评释全书》,中国民主法制出版社 1995 年版;黄林异主编:《危害国防利益罪》,中国人民公安大学出版社 2003 年版;周道鸾、张军主编:《刑法罪名精释》(第 4 版),人民法院出版社 2013 年版。

细目录

Ⅰ　主旨
Ⅱ　沿革
Ⅲ　客体与对象
Ⅳ　行为
一、聚众冲击军事禁区罪的行为
二、聚众扰乱军事管理区秩序罪的行为
Ⅴ　主体
Ⅵ　罪过
Ⅶ　罪数
Ⅷ　与非罪的界限
Ⅸ　与他罪的区别
一、聚众冲击军事禁区罪与他罪的区别
二、聚众扰乱军事管理区秩序罪与他罪的区别
Ⅹ　处罚

Ⅰ　主旨

1　聚众冲击军事禁区罪,是指聚众冲击军事禁区,严重扰乱军事禁区秩序的行为。

划定军事禁区,是保证军事设施的安全、保密和使用效能的需要,也是保证军事禁区内部队战备、训练、科研等军事活动正常进行的需要。为了维护军事禁区的正常秩序,《军事设施保护法》第17条规定:"禁止陆地、水域军事禁区管理单位以外的人员、车辆、船舶等进入军事禁区……禁止航空器进入空中军事禁区,但依照国家有关规定获得批准的除外……"第20条规定,在陆地、水域军事禁区外围安全控制范围内,当地群众可以照常生产生活,但是不得进行爆破、射击以及其他危害军事设施安全和使用效能的活动"。聚众冲击军事禁区,严重扰乱军事禁区秩序的行为,违反了《国防法》和《军事设施保护法》规定的公民国防义务,直接危害军事设施的安全和使用效能,威胁军事秘密的安全,危害国防利益。 2

聚众扰乱军事管理区秩序罪,是指聚众扰乱军事管理区秩序,情节严重,致使军事管理区工作无法进行,造成严重损失的行为。 3

划定军事管理区,是保证军事设施的安全、保密和使用效能的需要,也是保证军事管理区内部队战备、训练、科研等军事活动正常进行的需要。为了维护军事管理区的正常秩序,《军事设施保护法》第22条规定:"军事管理区管理单位以外的人员、车辆、船舶进入军事管理区,或者对军事管理区进行摄影、摄像、录音、勘察、测量、定位、描绘和记述,必须经军事管理区管理单位批准。"聚众扰乱军事管理区秩序情节严重的行为,违反了《国防法》和《军事设施保护法》规定的公民国防义务,直接危害军事设施的安全和使用效能,威胁军事秘密的安全,危害国防利益。 4

Ⅱ　沿革

对于聚众冲击军事禁区罪与聚众扰乱军事管理区秩序罪,1979年《刑法》未作单独规定,仅在第158条规定了扰乱社会秩序罪。1990年2月23日全国人民代表大会常务委员会通过的《军事设施保护法》第33条规定:"扰乱军事禁区、军事管理区的管理秩序,情节严重的,对首要分子和直接责任人员比照刑法第一百五十八条的规定追究刑事责任;情节轻微,尚不够刑事处罚的,比照治安管理处罚条例第十九条的规定处罚。"这是以类推立法的形式设立了一个新罪名,即扰乱军事禁区、军事管理区秩序罪。[1] 5

鉴于聚众冲击军事禁区、聚众扰乱军事管理区秩序的行为严重扰乱军事禁区秩序、军事管理区秩序,危害国防利益,1997年修订《刑法》时对上述规定进行了适当的修改,分别设置了聚众冲击军事禁区罪与聚众扰乱军事管理区秩序罪,并将其纳入危害国防利益罪一章中。 6

1　参见陈兴良主编:《刑法新罪评释全书》,中国民主法制出版社1995年版,第1371页。

Ⅲ 客体与对象

7 聚众冲击军事禁区罪的客体是军事禁区秩序,行为对象是军事禁区,包括禁区内的军事设施、各种建筑、自然环境、周围设置的障碍物等。所谓军事禁区,是指国家根据军事设施的性质、特点、作用、安全、保密的需要和使用效能的特殊要求,在依法划定的一定范围的陆域、水域和空域采取特殊措施重点保护的区域。军事禁区由国务院和中央军事委员会确定,或者由军区根据国务院和中央军事委员会的规定确定。陆地和水域的军事禁区的范围,由军区和省、自治区、直辖市人民政府共同划定,或者由军区和省、自治区、直辖市人民政府、国务院有关部门共同划定。空中军事禁区和特别重要的陆域、水域军事禁区的范围,由国务院和中央军事委员会划定。

8 聚众扰乱军事管理区秩序罪的客体则是军事管理区秩序,行为对象是军事管理区。所谓军事管理区,是指国家根据军事设施的特点、作用、安全、保密的需要和使用效能的特殊要求,在依法划定的陆域、水域的一定范围内,采取比较严格措施保护的区域。军事管理区由国务院和中央军事委员会确定,或者由军区根据国务院和中央军事委员会的规定确定。陆地和水域的军事管理区的范围,由军区和省、自治区、直辖市人民政府共同划定,或者由军区和省、自治区、直辖市人民政府、国务院有关部门共同划定。

Ⅳ 行为

一、聚众冲击军事禁区罪的行为

9 聚众冲击军事禁区罪表现为聚众冲击军事禁区,严重扰乱军事禁区秩序的行为。

10 (1)聚众冲击军事禁区罪是以聚众的方式实施的。聚众,是指纠集多人实施犯罪行为,一般应当是纠集3人以上,有起组织、策划、指挥作用的首要分子,有积极实施犯罪活动,行动特别卖力,情节比较严重的积极参加者。在犯罪分子实施犯罪过程中,有时还会有受蒙蔽的群众,被裹胁的一般违法者、围观者、起哄者,情节比较复杂,实践中要注意区别。根据《刑法》第371条第1款的规定,聚众冲击军事禁区的首要分子和积极参加者才构成犯罪,其他一般参与者不以犯罪论处。因此,纠集3人以上是指包括聚首和积极参加者3人以上。如果是1人或者2人闹事引得众人围观起哄的,不构成本罪。聚首者聚集众人的手段多种多样,可以是煽动、收买、挑拨、教唆等。聚首者可以是躲在幕后唆使、策划而不亲自实施具体扰乱行为的人。

11 (2)聚众冲击军事禁区罪是聚众冲击军事禁区的行为。聚众冲击,是指在首要分子的纠集下,多人强行冲闯军事禁区;包围军事禁区;用石块、杂物投掷、袭击;切断电源、水源、电话线等;阻塞通道,阻止军事禁区内人员出入;强占办公室、会议室,辱骂、追打军事禁区内人员;毁坏财物、毁弃文件、材料等。对于冲击军事禁区的具体手段,《刑法》第371条第1款没有作出明确规定。只要行为人聚众冲击军事禁区的行为严重扰乱军事禁区秩序的,就构成聚众冲击军事禁区罪。若行为人冲击军事禁区的行为本身违反刑法的其他规定构成犯罪的,以牵连犯从一重处断。行为人实施聚众冲击军事禁区罪过程中,殴打军事禁区内人员、毁坏财物等构成犯罪的,实行数罪并罚。

(3)聚众冲击军事禁区罪是聚众冲击军事禁区,严重扰乱军事禁区秩序的行为。 12
根据《刑法》第371条第1款的规定,严重扰乱军事禁区秩序是构成聚众冲击军事禁区罪的要件之一。所谓严重扰乱军事禁区秩序,是指严重干扰、破坏了军事禁区的管理、致使作战、战备、训练、科研等正常工作无法进行。严重扰乱军事禁区秩序,是行为人实施聚众冲击军事禁区行为的社会危害性的直接表现。行为人虽然实施了聚众冲击军事禁区行为,但未严重扰乱军事禁区秩序的,不以犯罪论处,而由公安机关依照《治安管理处罚法》的有关规定处理。

二、聚众扰乱军事管理区秩序罪的行为

聚众扰乱军事管理区秩序罪表现为聚众扰乱军事管理区秩序,情节严重,致使军 13
事管理区工作无法进行,造成严重损失的行为。

(1)聚众扰乱军事管理区秩序罪是以聚众的方式实施的。一般应当是纠集3人 14
以上,有起组织、策划、指挥作用的首要分子,有积极参加者,有时还会有受蒙蔽的群众,被裹胁的一般违法者、围观者、起哄者,情况比较复杂,实践中要注意区别。聚首者聚集众人的手段多种多样,可以是煽动、收买、挑拨、教唆等。聚首者可以是躲在幕后唆使、策划而不亲自实施具体扰乱行为的人。

(2)聚众扰乱军事管理区秩序罪是以各种手段扰乱军事管理区秩序的行为。行 15
为人扰乱军事管理区秩序的手段主要有:聚众扰乱军事管理区;在军事管理区门前、区内大肆喧嚣吵闹;封锁大门、通道,阻止军事管理区内人员出入;围攻、辱骂、殴打军事管理区内人员;毁坏财物、设备;侵占军事管理区工作、训练、生产等场所;强行切断电源、水源;等等。行为人在实施聚众扰乱军事管理区秩序罪过程中,殴打军事管理区内人员,毁坏财物等构成犯罪的,应实行数罪并罚。

(3)聚众扰乱军事管理区秩序罪所侵犯的对象只能是军事管理区,包括管理区内 16
的军事设施、各种建筑和山、水、林木等。

(4)聚众扰乱军事管理区秩序罪是聚众扰乱军事管理区秩序情节严重的行为。 17
根据《刑法》第371条第2款的规定,情节严重是构成聚众扰乱军事管理区秩序罪的要件之一。情节严重,是指由于行为人的聚众扰乱行为,致使军事管理区工作无法进行,并造成严重损失。致使军事管理区工作无法进行与造成严重损失二者必须同时具备,即不但要因为行为人的聚众扰乱行为致使军事管理区工作无法进行,而且必须因此而造成了严重的损失。前者是行为人实施聚众扰乱行为的社会危害性的直接表现,后者是社会危害性的实际所在。虽然行为人的聚众扰乱行为致使军事管理区工

作无法进行,但尚未造成严重损失的,不以犯罪论处,而由公安机关依照《治安管理处罚法》的有关规定处理。致使军事管理区工作无法进行,是指军事管理区的战备、科研、教学等正常工作受到严重干扰直至被迫中断。严重损失是指导致军事秘密泄露的,致人重伤死亡的,造成严重经济损失或者其他严重后果的等。根据最高人民检察院、公安部《关于公安机关管辖的刑事案件立案追诉标准的规定(一)》第 90 条的规定,组织、策划、指挥聚众扰乱军事管理区秩序或者积极参加聚众扰乱军事管理区秩序,致使军事管理区工作无法进行,造成严重损失,涉嫌下列情形之一的,应予追究刑事责任:①造成人员轻伤以上的;②扰乱 3 次以上或者 1 次扰乱持续时间较长的;③造成直接经济损失 5 万元以上的;④持械或者采取暴力手段的;⑤扰乱重要军事管理区秩序的;⑥发生在战时的;⑦其他聚众扰乱军事管理区秩序应予追究刑事责任的情形。

V 主体

18 聚众冲击军事禁区罪与聚众扰乱军事管理区秩序罪的主体均为一般主体,即年满 16 周岁的具有刑事责任能力的自然人,包括我国公民、外国人和无国籍人。实践中一般是我国公民。

19 根据《刑法》第 371 条的规定,聚众冲击军事禁区、聚众扰乱军事管理区秩序的,只有首要分子和其他积极参加的人员才构成犯罪,因此,两罪的主体包括两类,即首要分子和其他积极参加的人。首要分子在聚众犯罪中起核心作用,一般来说,聚众犯罪必有首要分子,实践中如果无法确定首要分子,则为案情尚未查透,处理时要严格遵守罪刑法定原则,对于查证属实的情节已经构成积极参加的,可以按照积极参加的人员定罪量刑,就低不就高。对于涉案行为人参与程度、作用大小基本相当,且无明确的组织、策划、指挥行为,无法认定首要分子的,如果涉案行为人聚众冲击军事禁区、聚众扰乱军事管理区秩序情节严重,也可全案均按积极参加人员对待,不应人为拔高同案犯的行为性质。首要分子既可能只有一个,也可能有数个,具体应根据其在犯罪中的地位、所起的作用认定。有些案件中,首要分子与其他积极参加的人员不相识,司法机关又未能抓获其他参加人员,只要在案人员均起了组织、策划、指挥作用,应当都认定为首要分子,不应当人为降低同案犯的行为性质。首要分子既可能只进行幕后策划而不亲自参与实施扰乱行为,也可能不但组织、策划,而且现场坐镇指挥,积极实施冲击军事禁区、聚众扰乱军事管理区秩序的行为,实践中要注意正确认定,准确打击。首要分子与其他积极参加的人员既可能本来就认识,事前通谋,也可能事前并不相识,临时各怀目的,相互支持、声援而共同冲击军事禁区。

20 由于聚众冲击军事禁区罪、聚众扰乱军事管理区秩序罪情况往往十分复杂,实践中应当严格掌握"其他积极参加的"人员的范围,不要打击面过大。具体可从行为人在聚众冲击军事禁区、聚众扰乱军事管理区秩序的活动中的表现、地位和作用等方面掌握。一般说来,以下人员均可认定为"其他积极参加的"人员:①事前有通谋的案件中,聚首密切联系的骨干分子;②积极主动地参加到犯罪中,亲自参加了犯罪中的大多数扰乱行为的人;③在犯罪中特别卖力,直接造成严重损失的人;④有其他严重情节的人员。对于围观起哄的人;只是一般性参与,没有其他违法行为的人;虽然参加扰乱行为但没有直接造成严重损失的人,都不宜以犯罪论处。

Ⅵ　罪过

聚众冲击军事禁区罪、聚众扰乱军事管理区秩序罪的罪过形式为故意,即行为人明知聚集多人冲击军事禁区、扰乱军事管理区秩序,危害国防军事利益,希望或者放任危害结果的发生。 21

从行为人主观方面的认识因素来看,行为人应当认识到自己在与他人一起冲击军事禁区、军事管理区。其中,首要分子应当认识到自己是在组织、策划、指挥冲击军事禁区、军事管理区的行为,认识到其他积极参加的人是在自己的组织、指挥下实施冲击军事禁区、军事管理区的行为,认识到自己和其他积极参加的人的行为具有社会危害性。至于危害的具体情节,不必有明确的认识,一般只要行为人认识到自己的行为可能会导致扰乱军事禁区、军事管理区秩序,就可以认定行为人“明知”自己的行为会发生危害结果。聚众冲击军事禁区罪中除首要分子外的其他积极参加的人员,其主观上应当认识到自己是在首要分子的组织、策划、指挥之下实施冲击行为,认识到自己的行为具有社会危害性。 22

从行为人主观方面的意志因素来看,行为人对自己行为可能造成的危害后果持希望或者放任的态度。行为人既可能积极追求该危害后果的发生,也可能虽不积极追求,但对可能发生的危害后果听之任之。 23

Ⅶ　罪数

聚众冲击军事禁区罪、聚众扰乱军事管理区秩序罪由于手段多样、人数众多,容易发生罪数形态的确定问题,实践中应严格按照犯罪构成理论确定罪数。凡行为人出于数个独立的故意,实施数个非同名的犯罪行为,符合数个犯罪构成的,应以数罪实行并罚。比如行为人在聚众冲击军事禁区、聚众扰乱军事管理区秩序时,趁机盗窃公私财物、杀人、抢劫的,应按数罪实行并罚。对于行为人出于聚众冲击军事禁区、聚众扰乱军事管理区秩序的故意,实施冲击军事禁区、扰乱军事管理区秩序的行为时,其手段或者结果触犯其他罪名,构成牵连犯的,应按照从一重原则处断。由于聚众冲击军事禁区、聚众扰乱军事管理区秩序往往在时间上有较长的延续性,因而行为的性质有可能随时间迁延而变化。比如,行为人由最初的冲击军事机关办公场所、阻止军人出入,进而实施“打砸抢”,则构成了多种犯罪,应实行数罪并罚。 24

Ⅷ　与非罪的界限

区别罪与非罪的唯一标准是聚众冲击军事禁区罪、聚众扰乱军事管理区秩序罪 25

的犯罪构成。司法实践中,应当严格按照聚众冲击军事禁区罪、聚众扰乱军事管理区秩序罪四个方面的构成要件加以衡量。

26 (1)应注意一般违法与犯罪行为的区别。根据《刑法》第 371 条的规定,只有严重扰乱军事禁区秩序的,或者聚众扰乱军事管理区秩序,情节严重,致使军事管理区工作无法进行,造成严重损失的,才能分别构成两罪。根据最高人民检察院、公安部《关于公安机关管辖的刑事案件立案追诉标准的规定(一)》第 89 条的规定,所谓严重扰乱军事禁区秩序,是指如下情形之一:①冲击 3 次以上或者 1 次冲击持续时间较长的;②持械或者采取暴力手段冲击的;③冲击重要军事禁区的;④发生在战时的;⑤其他严重扰乱军事禁区秩序应予追究刑事责任的情形。

27 根据最高人民检察院、公安部《关于公安机关管辖的刑事案件立案追诉标准的规定(一)》第 90 条的规定,所谓严重扰乱军事管理区秩序,是指如下情形之一:①造成人员轻伤以上的;②扰乱 3 次以上或者 1 次扰乱持续时间较长的;③造成直接经济损失 5 万元以上的;④持械或者采取暴力手段的;⑤扰乱重要军事管理区秩序的;⑥发生在战时的;⑦其他聚众扰乱军事管理区秩序应予追究刑事责任的情形。

28 (2)要注意区别首要分子、其他积极参加的人员和一般参与者、受胁迫、欺骗者,打击面切忌过宽。

29 (3)要充分重视行为的动机、起因。行为的动机、起因虽然不是犯罪构成的必要要件,但对于从整体上把握事件的性质具有特别重要的作用。

30 (4)实践中要注意区别群众闹事与聚众冲击军事禁区罪、聚众扰乱军事管理区秩序罪的界限。对于一些特殊原因引起群众不满,正常渠道又未妥善解决而引致群众闹事的,即使行为过程中有过激言行,造成一定损失甚至较严重损失的,也不宜以犯罪论处。对于趁群众闹事"趟浑水"、挑拨、煽动的别有用心的人员可以作为首要分子惩处,但对于群众推举的或自发形成的闹事中的挑头人物一般不宜以犯罪论处。当然,群众闹事也可能进一步发展成为触犯刑律的行为,如由聚集起来表达不满情绪发展到聚众冲击军事禁区、军事管理区并经多方疏导教育,或者合理要求已获得合理解决,而仍然拒不解散或者借群众闹事施加压力提出非法要求,等等。即使对于这类情况,一般也应注意只惩处那些动机卑劣,纯粹利用群众闹事的首要分子。对于确实出于善良动机的群众中的领头分子,只要没有直接造成严重损失,可以不以犯罪论处或者从宽处理。对于利用群众闹事趁机煽动颠覆国家政权、社会主义制度或者趁机"打砸抢"构成其他犯罪的,应依照各罪规定处罚,以做到罚当其罪而不至于放纵犯罪分子。

IX 与他罪的区别

一、聚众冲击军事禁区罪与他罪的区别

(一)与聚众扰乱社会秩序罪的区别

31 《刑法》第 290 条第 1 款规定了聚众扰乱社会秩序罪,即指组织、策划、指挥或者

积极参加聚众扰乱社会秩序的活动,情节严重,致使工作、生产、营业和教学、科研无法进行,造成严重损失的行为。两罪在行为方式、主体、罪过形式方面均相似,其区别主要在于侵犯的对象不同。聚众冲击军事禁区罪侵犯的对象是军事禁区,而聚众扰乱社会秩序罪侵犯的对象则是工厂、学校、科研单位等。当一行为同时触犯了聚众冲击军事禁区罪和聚众扰乱社会秩序罪,应依据特别法优先于普通法适用的原则,认定为聚众冲击军事禁区罪。

(二)与聚众冲击国家机关罪的区别

《刑法》第290条第2款规定了聚众冲击国家机关罪,即指组织、策划、指挥或者积极参加聚众冲击国家机关的活动,致使国家机关工作无法进行,造成严重损失的行为。两罪在行为方式、主体、罪过形式方面均相似,其区别主要亦在于侵犯的对象不同。聚众冲击军事禁区罪侵犯的对象是军事禁区,而聚众冲击国家机关罪侵犯的对象是国家机关工作区。 32

(三)与武装叛乱罪的区别

《刑法》第104条规定了武装叛乱罪。司法实践中,应正确区分聚众冲击军事禁区与以武装叛乱形式冲击军事禁区,严重扰乱军事禁区秩序的行为的界限。聚众冲击军事禁区罪中的持械冲击军事禁区,同武装叛乱罪中的持械冲击军事禁区相似。对以武装叛乱形式冲击军事禁区,严重扰乱军事禁区秩序的,属想象竞合犯,按照从一重的处断原则,应以武装叛乱罪定罪量刑。 33

二、聚众扰乱军事管理区秩序罪与他罪的区别

(一)与聚众冲击军事禁区罪的区别

聚众扰乱军事管理区秩序罪与聚众冲击军事禁区罪的主体、罪过形式均相同,其区别主要在于:①对象不同。聚众扰乱军事管理区秩序罪侵犯的对象是军事管理区;而聚众冲击军事禁区罪侵犯的对象是军事禁区。②行为方式不同。聚众扰乱军事管理区秩序罪的客观方面表现为聚众扰乱军事管理区秩序,情节严重,致使军事管理区工作无法进行,造成严重损失的行为;而聚众冲击军事禁区罪的客观方面表现为聚众冲击军事禁区,严重扰乱军事禁区秩序的行为。 34

(二)与聚众扰乱社会秩序罪的区别

聚众扰乱军事管理区秩序罪与聚众扰乱社会秩序罪在行为方式、主体、罪过形式方面均相似。二者的区别主要在于侵犯的对象不同。聚众扰乱军事管理区秩序罪侵犯的对象是军事管理区,而聚众扰乱社会秩序罪侵犯的对象是工厂、学校、科研单位等。当一行为同时触犯聚众扰乱军事管理区秩序罪和聚众扰乱社会秩序罪时,应依据特别法优先于普通法适用的原则,认定为聚众扰乱军事管理区秩序罪。 35

(三)与聚众冲击国家机关罪的区别

聚众扰乱军事管理区秩序罪与聚众冲击国家机关罪在行为方式、主体、罪过形式 36

方面均相似。二者的区别主要亦在于侵犯的对象不同。聚众扰乱军事管理区秩序罪侵犯的对象是军事管理区,而聚众冲击国家机关侵犯的对象是国家机关工作区。

X 处罚

37 根据《刑法》第371条第1款的规定,聚众冲击军事禁区,严重扰乱军事禁区秩序的,对首要分子,处5年以上10年以下有期徒刑;对其他积极参加的,处5年以下有期徒刑、拘役、管制或者剥夺政治权利。

38 根据《刑法》第371条第2款的规定,聚众扰乱军事管理区秩序,情节严重,致使军事管理区工作无法进行,造成严重损失的,对首要分子,处3年以上7年以下有期徒刑;对其他积极参加的,处3年以下有期徒刑、拘役、管制或者剥夺政治权利。

39 实践中适用上述规定进行定罪量刑时,应当正确认定首要分子和其他积极参加的人员。对在犯罪中居于组织、策划、指挥地位的行为人,无论其是否亲自实施了具体扰乱行为,都应作为首要分子,分别在5年以上10年以下或3年以上7年以下有期徒刑之幅度内量刑。当然,首要分子不止一人的,还应注意区别他们之间在犯罪中所起作用的大小。对于有自首、立功等法定从轻、减轻处罚情节的,依法予以从轻、减轻处理。对于首要分子以外的其他积极参与犯罪的人员,可以根据其行为的性质、情节和危害结果分别选择适用5年以下或3年以下有期徒刑、拘役、管制或者剥夺政治权利。应当注意,聚众冲击军事禁区罪、聚众扰乱军事管理区秩序罪中剥夺政治权利是独立适用的附加刑,不能与其他刑罚合并适用。

第三百七十二条　冒充军人招摇撞骗罪

冒充军人招摇撞骗的，处三年以下有期徒刑、拘役、管制或者剥夺政治权利；情节严重的，处三年以上十年以下有期徒刑。

文献：王作富：《中国刑法研究》，中国人民大学出版社1988年版；马克昌、杨春洗、吕继贵主编：《刑法学全书》，上海科学技术文献出版社1993年版；姜伟：《犯罪形态通论》，法律出版社1994年版；高铭暄、赵秉志：《新中国刑法立法文献资料总览》（下），中国人民公安大学出版社1998年版；李淳、王尚新主编：《中国刑法修订的背景与适用》，法律出版社1998年版；黄林异主编：《危害国防利益罪》，中国人民公安大学出版社2003年版；周道鸾、张军主编：《刑法罪名精释》（第4版），人民法院出版社2013年版。王保辉、李井忠、李刚：《冒充军人恋爱并骗取钱财如何定性》，载《中国检察官》2018年第14期。

细目录

Ⅰ　主旨
Ⅱ　沿革
Ⅲ　行为
Ⅳ　主体
Ⅴ　罪过
Ⅵ　既遂与未遂
Ⅶ　罪数
Ⅷ　与非罪的界限
Ⅸ　与他罪的区别
一、与招摇撞骗罪的区别
二、与诈骗罪的区别
三、与敲诈勒索罪的区别
四、与抢劫罪的区别
Ⅹ　处罚
一、第一个量刑幅度的适用
二、第二个量刑幅度的适用

I　主旨

1 冒充军人招摇撞骗罪,是指以谋取非法利益为目的,冒充军人招摇撞骗的行为。冒充军人招摇撞骗罪侵犯的客体是复杂客体,主要侵犯的是军队的声誉及其正常活动,同时侵犯社会管理秩序。在我国,军队是国家和人民利益的忠实捍卫者,全心全意为人民服务,是我军的唯一宗旨。军人具有较高的思想觉悟,深受政府和人民群众的尊敬和信任。根据《国防法》第 29 条的规定,国家"禁止冒充军人或者武装力量组织"。冒充军人招摇撞骗的行为,违反了《国防法》的规定,不仅败坏了军人的形象和声誉,损害人民群众的利益,影响军政、军民、警民关系,而且危害国防安全。

II　沿革

2 我国 1979 年《刑法》中并未对冒充军人招摇撞骗罪单独作出规定。冒充军人招摇撞骗的,如应予定罪处罚,一般以 1979 年《刑法》第 166 条规定的招摇撞骗罪论处。因而,从一定意义上说,冒充军人招摇撞骗罪是从 1979 年《刑法》第 166 条分解出来的。[1] 对冒充军人招摇撞骗行为依照招摇撞骗罪论处,虽然从行为方式看有其一定的道理,但从犯罪性质和社会危害性来看,这样处理不尽合理。因为这种犯罪侵害的法益主要是军队的声誉及其正常活动。根据 1979 年《刑法》第 83 条关于国家工作人员的定义,军人并非都是国家工作人员,因而严格地讲,冒充军人并不必然地包含于冒充国家工作人员的范畴内。因此,1997 年修订《刑法》时,增设了冒充军人招摇撞骗罪,并将其纳入危害国防利益罪一章中。

III　行为

3 冒充军人招摇撞骗罪表现为冒充中国人民解放军或者中国人民武装警察部队的现役军人的身份招摇撞骗的行为。具体而言,则包含两个基本条件:

4 (1)冒充军人身份。冒充军人身份,既包括非军人身穿佩戴有军人专用标志的军服,使用、携带证明军人身份的证件、公文,或者自称是某某军事单位的军人;也包括军衔、职务较低的军人冒充军队职务较高的军人,一个单位的军人冒充另一个单位的军人。

5 (2)招摇撞骗。招摇撞骗即行为人要以假冒的军人身份或者职务,进行炫耀,并利用他人对军人的信任,实施骗取政治荣誉、职务待遇或者其他非法利益的行为,假冒军人名义开办企业、签订合同、招干、招兵、招工骗取钱财等。招摇撞骗,就是"假借

1　参见李淳、王尚新主编:《中国刑法修订的背景与适用》,法律出版社 1998 年版,第 500 页。

名义,到处炫耀,进行诈骗”[2]。招摇撞骗的行为一般有两个特点,一个是行为的多次性。就是说,进行招摇撞骗一般都是在多处多次进行这种招摇撞骗活动。所谓招摇,即招摇过市,带有到处炫耀的意思。另一个是招摇撞骗结果的多样性,也就是说,这种行为所造成的结果是多方面的,不单是可能造成物质损失,还影响或者破坏军事机关的信誉和正常活动,还可以骗取地位、荣誉,或者其他非法利益。[3] 如果行为人只有一次这种行为的,可以不认为是犯罪。

冒充军人招摇撞骗罪的客观方面必须同时具备上述两个条件。如果行为人只是出于满足虚荣心,仅仅实施了冒充军人的行为,但并未借机骗取非法利益的,不构成冒充军人招摇撞骗罪。如果行为人虽有冒充军人的行为,且有骗取非法利益的行为,但两行为之间不具有因果关系的,也不构成冒充军人招摇撞骗罪,其骗取非法利益的行为可能构成其他犯罪。可见,两个条件是有机联系的,缺一不可。把握冒充军人招摇撞骗罪的行为要件还需要注意以下四点:①被冒充的军人既可以是确有其人即行为人冒名顶替,也可以是虚构的职务和人名。②冒充行为一般是明示的,也即行为人主动地用语言、文字表明自己的所谓军人身份。但在有些情形下也可能用默示的方式冒充。③冒充军人招摇撞骗的行为并不要求冒用职权从事活动。冒用职权,是指不具有依法享有的某项职权却实施该项职权。行为人冒充军人时有可能同时冒用职权。如果只有冒用职权行为,而无冒充行为,不构成冒充军人招摇撞骗罪。如果应予追究责任,以相应罪名定罪。④虽有冒充军人身份的行为,但是出于维护社会治安或者其他有益且无损军事机关威信的,也即未谋取非法利益的,不构成犯罪。 6

Ⅳ 主体

冒充军人招摇撞骗罪的主体是一般主体,即年满 16 周岁,具有刑事责任能力的人都可以成为本罪的主体。本罪的主体主要是非军人,也有极个别军人。 7

Ⅴ 罪过

冒充军人招摇撞骗罪的罪过形式为故意。故意的内容包括两方面:一是故意地冒充军人,即明知自己的行为是冒充军人而为之;二是故意地冒充军人身份到处炫耀,进行欺骗。冒充军人招摇撞骗罪行为人的犯罪目的是谋取非法利益。这里所说的非法利益,不单指物质利益,也包括各种非物质利益,如为了骗取某种政治待遇、荣誉待遇,甚至为了骗取“爱情”,玩弄女性等。 8

冒充军人招摇撞骗罪中行为人的目的一般限定在“骗”的范围内,如果行为人主 9

---

2 中国社会科学院语言研究所词典编辑室编:《现代汉语词典》(第 7 版),商务印书馆 2016 版,第 1589 页。

3 参见王作富:《中国刑法研究》,中国人民大学出版社 1988 年版,第 649 页。

观上具有抢劫、强奸的故意,冒充军人只是一种给受害人心理上造成威胁、使之不敢反抗的手段,那就是一种更严重的犯罪了。例如,冒充军人,威胁被害人交出财物;冒充武警,逼迫被害人与之发生性关系等,都应分别以抢劫罪、强奸罪论处。如果行为人不具有谋取非法利益的目的,例如,冒充军人只是出于虚荣心,单纯为了达到与他人结婚的目的而冒充军人的,为了顺利住宿或者购买车船票而冒充军人身份的,均不构成冒充军人招摇撞骗罪。[4]

Ⅵ 既遂与未遂

10 由于冒充军人招摇撞骗罪是行为犯,因而行为的完成是判断既遂与否的标准。如果行为人已着手实施冒充军人招摇撞骗的行为,但由于行为人意志以外的原因未能得逞的,必要时可以未遂犯论处。

Ⅶ 罪数

11 在现实生活中,往往有利用冒充的军人身份从事其他犯罪的情况。对此应按照处理牵连犯的原则从一重处断。如有的被告人,不单是冒充军人进行欺骗,而且还利用这种假冒的身份向对方进行威逼、胁迫、强索财物,符合抢劫犯的特征,应按照抢劫罪论处。在某些情形下,行为人实施冒充军人招摇撞骗行为而牵连其他犯罪时,冒充军人招摇撞骗可以目的行为出现,而牵连的其他犯罪以手段行为出现,如伪造多本军人证件用于冒充军人招摇撞骗的,其目的行为就是招摇撞骗,而手段行为是伪造武装部队的证件,这便牵连了《刑法》第 375 条第 1 款规定的伪造武装部队证件罪,但应以冒充军人招摇撞骗罪论处。

12 分析一罪与数罪的标准除考虑理论上以一罪论处的情形外,主要看犯罪构成的个数。例如,行为人如果在冒充军人招摇撞骗的犯罪活动中,某次并未冒充军人而骗取了财物的,应视为普通诈骗行为,达到犯罪程度的,应认定为诈骗罪,以冒充军人招摇撞骗罪和诈骗罪实行数罪并罚。

Ⅷ 与非罪的界限

13 首先,要看行为人是否企图谋取非法利益。如果行为人冒充军人并非为了谋取非法利益,而是追求合法利益,如为了与他人结婚、为了顺利购买车船票等,或者仅仅是出于虚荣心,都应当以思想作风问题进行批评教育,而不构成犯罪。其次,要看行为人招摇撞骗的次数。如前文所述,招摇撞骗一般都是多次进行,如果偶尔地进行招摇撞骗的,一般不认为是犯罪。最后,要看招摇撞骗的结果。一是有形的结果,如骗取财物的多少,骗吃骗喝的总价金,骗取娱乐消费的总价款。二是无形的结果,主要

---

4 参见马克昌等主编:《刑法学全书》,上海科学技术文献出版社 1993 年版,第 376 页。

是指对军事机关的声誉和正常活动的影响、破坏程度。结果是否严重,在实践中要结合具体案件事实进行把握。此外,仅有冒充军人行为但无招摇撞骗行为的,不构成冒充军人招摇撞骗罪。

Ⅸ　与他罪的区别

一、与招摇撞骗罪的区别

如前所述,在1997年修订《刑法》之前,冒充军人招摇撞骗的,往往以1979年《刑法》第166条规定的招摇撞骗罪定罪处罚。因此,在适用1997年《刑法》时,应特别注意将两罪区别开来。它们的主要区别在于:①侵犯的法益不同。冒充军人招摇撞骗罪侵犯的是军队的声誉及其正常活动,而招摇撞骗罪侵犯的是国家机关的威信和正常活动。②冒充的对象不同。冒充军人招摇撞骗罪冒充的是军人,而招摇撞骗罪冒充的是国家机关工作人员。从学理上讲,冒充军人招摇撞骗罪与招摇撞骗罪属于非包容的法规竞合。如果行为人冒充的是军事机关的工作人员招摇撞骗的,应当以冒充军人招摇撞骗罪定罪处罚,而不应以招摇撞骗罪论处。另外,冒充武装警察招摇撞骗的,也应适用冒充军人招摇撞骗罪。 14

二、与诈骗罪的区别

冒充军人招摇撞骗罪与诈骗罪的犯罪手段都带有一个"骗"字,即编造谎言,隐瞒真相骗取他人信任。而且,冒充军人招摇撞骗罪的犯罪目的也可能是谋取一定的财产利益,这与诈骗罪中行为人的犯罪目的是一致的。但是,这两种犯罪之间又有严格的区别,其区别主要表现在犯罪的构成特征上:①侵犯的法益不同。冒充军人招摇撞骗罪侵犯的是军队的声誉及其正常活动,而诈骗罪侵犯的是公私财物所有权。②犯罪的手段不同。冒充军人招摇撞骗罪的犯罪手段仅限于冒充军人的身份或者职务,而诈骗罪的犯罪手段并无此限制,可以利用任何虚构事实、隐瞒真相的手段方式进行,由此骗取被害人的信任,"自愿"交出财物。③犯罪的目的不同。诈骗罪中行为人的犯罪目的是希望非法占有公私财物,还冒充军人招摇撞骗罪中行为人的目的是追求非法利益,其内容较诈骗罪目的的内容广泛得多。④构成犯罪有无数额限制不同。冒充军人招摇撞骗罪的构成对所骗取的财物数额没有什么要求,因为此种犯罪未必一定表现为诈骗财物,还有可能是骗取其他非法利益,其危害性主要表现为对军队的声誉和正常活动的影响和破坏,而诈骗罪的构成则要求只有诈骗数额较大的,才以诈骗罪论处。 15

如果行为人冒充军人的身份或者职务去骗取财物,一行为同时触犯了冒充军人招摇撞骗罪和诈骗罪两个罪名,属于想象竞合犯。对于想象竞合犯,应当按照从一重的原则处断。结合冒充军人招摇撞骗罪和诈骗罪这两个罪的法定刑及犯罪的实际情况,可分三种情形贯彻从一重处断的原则:①骗取财物数额较大的,诈骗罪的法定刑为3年以下有期徒刑、拘役或者管制,并处或单处罚金,而冒充军人招摇撞骗罪在构 16

成上无数额的限制,其最高法定刑为10年,此种情形应以冒充军人招摇撞骗罪论处,因为冒充军人招摇撞骗罪的处罚重于数额较大的诈骗罪。②骗取财物数额巨大的,诈骗罪的法定刑为3年以上10年以下有期徒刑,并处罚金,而冒充军人招摇撞骗罪无判处罚金的规定,因而此种情形下,诈骗罪的处罚重于冒充军人招摇撞骗罪,应以诈骗罪论处。就此而论,笔者对最高人民检察院2021年7月作为典型案例发布的李某某、葛某某冒充军人招摇撞骗案持保留意见。被告人李某某、葛某某,均系女性,无业。2017年2月,李某某购置军用床、军服、军被等物品,将租住房间仿照军队营房宿舍进行布置,伙同葛某某冒充军人实施招摇撞骗。2017年6月至2018年6月,李某某和葛某某共同或者单独作案,编造现役军人的虚假身份,选择适龄现役或退役军人为侵害目标,通过微信视频的方式与被害人联络,假意建立恋爱关系,在取得对方信任后,编造家庭成员生病等理由,先后骗取9名被害人钱款共计25万余元。2019年1月14日,天津市滨海新区人民检察院以李某某、葛某某犯冒充军人招摇撞骗罪提起公诉。同年3月15日,天津市滨海新区人民法院以李某某犯冒充军人招摇撞骗罪,判处有期徒刑6年;葛某某犯冒充军人招摇撞骗罪,判处有期徒刑5年。该案中,被告人李某某、葛某某即同时触犯冒充军人招摇撞骗和诈骗罪,构成想象竞合犯。由于二被告人骗取财物数额达25万余元,当属巨大之列,故比较而言,诈骗罪可以附加罚金刑,其刑罚重于冒充军人招摇撞骗罪,宜以诈骗罪认定,并处相应罚金为妥。③骗取财物数额特别巨大的,诈骗罪的法定刑为10年以上有期徒刑或者无期徒刑,并处罚金或者没收财产,这显然高于冒充军人招摇撞骗罪的法定刑,因而此种情形下,诈骗罪的处罚重于冒充军人招摇撞骗罪,应以诈骗罪论处。在上述三种情形中,骗取财物的数额是否"较大""巨大"或者"特别巨大",参见最高人民法院《关于办理诈骗刑事案件具体应用法律若干问题的解释》。当然,如果骗取的财物数额不大,尚未达到诈骗罪立案标准,则无所谓想象竞合犯,可直接以冒充军人招摇撞骗罪论处。

三、与敲诈勒索罪的区别

17 《刑法》第274条规定了敲诈勒索罪,对以非法占有为目的,威胁或者要挟公私财物的所有人、管理人,强行索取数额较大的公私财物的行为予以刑事制裁。某些行为人冒充军人身份采取威胁、要挟、恫吓等手段,敲诈勒索他人钱财,这种犯罪往往不易与冒充军人招摇撞骗罪区别开来。因而,在认定罪名时应注意两罪在以下四个方面的差别:①冒充军人招摇撞骗罪是以"骗"为主要特征的,被害人在受骗后往往自愿交出财物或者出让其合法权益;而敲诈勒索罪虽然也有"诈"的成分,但却以威胁、要挟、恫吓被害人为主要特征,即对财物的持有者施以威胁、要挟、恫吓,造成其精神上的恐惧,出于迫不得已,被迫交出其所有或者占有的财物。②侵犯的法益不同。冒充军人招摇撞骗罪侵犯的是国防利益,具体指军队的声誉及其正常活动;而敲诈勒索罪侵犯的法益是公私财产所有权。③行为手段不同。敲诈勒索罪的行为手段不局限于冒充军人进行威胁、要挟、恫吓他人,也可以是利用其他手段;而冒充军人招摇撞骗罪则以冒充军人为其行为手段。④构成犯罪有无数额限制的要求不同。敲诈勒索罪以数额较大为必要;而冒充军人招摇撞骗罪则无数额限制。

四、与抢劫罪的区别

冒充军人招摇撞骗罪并非意味着行为人在行为过程中不会对被害人实施任何暴力、威胁和恐吓,也不意味着行为人只要冒充军人对被害人实施了暴力、威胁或恐吓行为,就一律构成抢劫罪。《人民法院案例选》2007 年第 4 辑"谭飞等人冒充军人招摇撞骗并抢劫案"的裁判要旨明确指出:在冒充军人骗取他人财物过程中,使用暴力特征不明显的威胁手段的,应以冒充军人招摇撞骗罪论处。冒充军人招摇撞骗罪的犯罪客观要件主要指冒充军人骗取对方的信任,使其信赖行为人为军人,从而使得行为人有机会利用此种信任不需采取暴力而取得对方的财物或者其他利益。但是,如果被害人交出财物的行为虽然不是很主动,不是完全的被骗后心甘情愿交出,行为人采取威胁手段,暴力特征也不明显,这种情况下交出财物应该属于由于信赖对方为军人而交出财物,并不是由于处于暴力威胁下的恐惧而交出财物,因此应属于冒充军人招摇撞骗罪的打击范畴。反之,在冒充军人骗取他人财物的过程中,使用暴力特征明显的威胁手段或暴力手段的,应以抢劫罪论处。虽然行为人主观目的是冒充军人招摇撞骗,并且在客观上采取了此种行为,但是,如果在作案过程中,采取了超出冒充军人招摇撞骗罪客观要件范畴的暴力行为,如强行搜身、殴打、或者暴力威胁特征很明显,则即便被害人仍然相信行为人为军人,这种情况下应认定为抢劫罪,并构成抢劫罪的结果加重犯情节。冒充军人招摇撞骗罪和抢劫罪的区分应首先看被害人是否相信对方为军人,只有在受害人相信对方为军人的前提下,才可能构成冒充军人招摇撞骗罪,在相信了对方为军人的条件满足之后,则应再看犯罪客观方面,主要看是否完全符合招摇撞骗的客观行为特征,如果恰好是典型性案件,则可直接定为冒充军人招摇撞骗罪,再进一步考察,如果在具备相信了对方为军人的条件后,行为人采取了威胁手段获取财物,但威胁的暴力特征不很明显,只是轻微威胁的,仍应定性为冒充军人招摇撞骗罪;如果威胁的暴力特征很明显,使被害人造成了相当程度的恐惧,则应定性为抢劫罪;如果采取冒充军人招摇撞骗行为范畴以外的暴力手段,则应一律定为抢劫罪。但要注意一个问题,如果行为人采取了轻微暴力手段,但采取轻微暴力手段只是为了加深被害人对其是军人的信赖,则应该把握好尺度,大部分情况下定性为抢劫罪,个别情况下确属非常轻微暴力的,也可定性为冒充军人招摇撞骗罪。[5] 18

X 处罚

根据《刑法》第 372 条的规定,冒充军人招摇撞骗罪的量刑幅度分为两个档次: 19

---

5 参见陈兴良、张军、胡云腾主编:《人民法院刑事指导案例裁判要旨通纂》,北京大学出版社 2013 年版,第 1055 页。

一个是基本的量刑幅度,即未达到情节严重的,处 3 年以下有期徒刑、拘役、管制或者剥夺政治权利;另一个是加重处罚的量刑幅度,即情节严重的,处 3 年以上 10 年以下有期徒刑。司法机关具体适用《刑法》第 372 条的规定定罪量刑时,可作如下考虑。

一、第一个量刑幅度的适用

20 根据《刑法》第 372 条的规定,适用这一量刑幅度的下限就是达到构成犯罪的社会危害性,但情节尚不严重。在这一量刑幅度内又分四个刑罚等级:3 年以下有期徒刑、拘役、管制和剥夺政治权利。具体量刑时,应综合考虑如下因素:①被冒充军人的职务高低、级别高低。冒充职务、级别越高的,因其影响越大、越坏,因而社会危害性就越大。非军人冒充军人的职务、级别越高,社会危害性越大;职务、级别较低的军人冒充职务、级别较高的军人,职务、级别相差越大,社会危害性也越大。②被冒充军人所属军事机关的级别。被冒充军人所属军事机关的级别越高,行为人的社会危害性越大。③冒充确有其人的军人与冒充虚构其人的军人相比较,前者的社会危害性重于后者。因为冒名顶替他人,不仅侵犯其所属军事机关的威信,而且也影响了被冒名顶替人的名誉和威信。④招摇撞骗的手段。行为人采取的手段越复杂、越精心,其社会危害性越大,其主观恶性越深。⑤骗取利益的性质。一般说来,骗取某种政治待遇、荣誉待遇的社会危害性严重于骗取物质利益,因为前种行为对军事机关正常活动的破坏性更大;骗取"爱情",玩弄异性的社会危害性也严重于骗取物质利益,因为前种行为对被骗者的名誉、心理可能造成很大损失。⑥是否有冒用职权的行为。行为人除有冒充行为,还冒用职权的,其社会危害性严重于仅用冒充军人行为而招摇撞骗的。⑦冒充军人招摇撞骗行为的次数。次数越多,说明行为人的主观恶性越深,其社会危害性因而越大。⑧招摇撞骗的结果,包括骗取财物的多少,骗奸妇女的人数,骗取娱乐消费的总价金,骗取吃喝的总价款,等等。其他应予考虑的酌定情节还有行为人的犯罪动机、犯罪前的一贯表现、犯罪后的表现、犯罪的时空环境,等等。

二、第二个量刑幅度的适用

21 根据《刑法》第 372 条的规定,情节严重的,处 3 年以上 10 年以下有期徒刑。从学理上讲,此种情形称为情节加重犯,即指某种基本犯罪因具有某种严重情节或者特别严重情节而被加重法定刑的犯罪形态。[6] 情节严重,主要包括下面几种情况:①屡教不改、手段恶劣的;②战时冒充军人招摇撞骗的;③因冒充军人招摇撞骗引起军政、军民、警民纠纷的;④造成严重经济损失或者恶劣社会影响、损害军队声誉的;⑤造成其他严重后果的。对于情节严重的司法认定,有赖于最高司法机关通过司法解释予以明确。

---

6 参见姜伟:《犯罪形态通论》,法律出版社 1994 年版,第 382 页。

第三百七十三条　煽动军人逃离部队罪；雇用逃离部队军人罪

煽动军人逃离部队或者明知是逃离部队的军人而雇用，情节严重的，处三年以下有期徒刑、拘役或者管制。

文献：高铭暄主编：《刑法学原理》，中国人民大学出版社1993年版；黄林异主编：《危害国防利益罪》，中国人民公安大学出版社2003年版；周道鸾、张军主编：《刑法罪名精释》（第4版），人民法院出版社2013年版。

细目录

Ⅰ　主旨

Ⅱ　沿革

Ⅲ　对象

Ⅳ　行为

一、煽动军人逃离部队罪的行为

二、雇用逃离部队军人罪的行为

Ⅴ　主体

Ⅵ　罪过

Ⅶ　罪数

Ⅷ　与非罪的界限

Ⅸ　与他罪的区别

一、煽动军人逃离部队罪与他罪的区别

二、雇用逃离部队军人罪与他罪的区别

Ⅹ　处罚

Ⅰ　主旨

煽动军人逃离部队罪，是指以语言、文字、图画等形式鼓动军人逃离部队，情节严重的行为。雇用逃离部队军人罪，是指明知他人是逃离部队的军人而雇用，情节严重的行为。 1

建立正常的兵员管理秩序是部队完成作战、战备、训练、值勤等任务的需要和保证。煽动军人逃离部队情节严重的行为，势必危害部队的兵员管理秩序，削弱部队的战斗力，影响部队作战、训练、战备、值勤、抢险救灾等任务的完成，危害国防利益。军人逃离部队后，明知其是逃兵仍加以雇用，则不仅严重破坏了兵役制度的实施，干扰 2

了部队的管理秩序,而且也损害了国防安全与利益。因此,对于煽动军人逃离部队和雇用逃离部队军人的行为,应予刑法规制。

Ⅱ 沿革

3 对于军人逃离部队的行为,1981 年全国人民代表大会常务委员会通过的《惩治军人违反职责罪暂行条例》第 6 条就曾规定:“违反兵役法规,逃离部队,情节严重的,处三年以下有期徒刑或者拘役。战时犯前款罪的,处三年以上七年以下有期徒刑。”1997 年《刑法》第 435 条则将此规定直接予以吸收。同时,鉴于煽动军人逃离部队行为具有相当的社会危害性,1997 年《刑法》第 373 条将之一并进行了犯罪化处理。

4 2011 年《兵役法》第 67 条第 3 款规定:“明知是逃离部队的军人而雇用的,由县级人民政府责令改正,并处以罚款;构成犯罪的,依法追究刑事责任。”但如何追究刑事责任,1997 年《刑法》修订以前我国的刑事立法对此并没有明文规定,因此,司法机关对于雇佣逃离部队的军人的行为事实上无所适从。此即 1997 年《刑法》第 373 条增设雇用逃离部队军人罪之缘由。

Ⅲ 对象

5 煽动军人逃离部队罪与雇用逃离部队军人罪的犯罪对象只能是军人,即指中国人民解放军的现役军官、文职干部、士兵及具有军籍的学员和中国人民武装警察部队的现役警官、文职干部、士兵及具有军籍的学员。执行军事任务的预备役人员和其他人员,不能成为两罪的犯罪对象。

Ⅳ 行为

一、煽动军人逃离部队罪的行为

6 煽动军人逃离部队罪表现为以语言、文字、图画等形式鼓动军人逃离部队,情节严重的行为。

7 (1)煽动军人逃离部队。所谓煽动,是指以鼓动、唆使、怂恿等方式促使军人擅自离开部队或者逾期不归队,逃避服兵役。根据不同的标准,对煽动可作如下分类:①口头煽动和书面煽动。口头煽动,是指以谈话、演讲等言语方式促使军人逃离部队。书面煽动,是指以书信、传单、电报等文字方式促使军人逃离部队。②公开性煽动和秘密性煽动。公开性煽动,通常情况下是指针对相对不特定多数人,公然以张贴、散发传单、刊物、大小字报、书画,非法播放录音、录像、电影,发表煽动性演讲、呼喊煽动性口号,制造恐吓性、煽动性政治、谣言等方式促使军人逃离部队。秘密性煽动,一般是指针对特定、具体对象,通过写信、聊天等方式暗中促使军人逃离部队。至于煽动的具体方式则多种多样,随着科学技术的发展,网络等新的传播媒介也可能成为煽动之手段。不过,煽动形式如何并不影响本罪的成立。就煽动的内容而言,必须是促使现役军人逃离部队。所谓逃离部队,是指现役军人为逃避服役而离开部队,通常是指未经领导批准擅自离开部队或者虽经领导批准离队,但逾期不归。

(2)情节严重。煽动军人逃离部队罪的成立,不仅要求行为人实施了煽动军人逃离部队的行为,而且还须达到情节严重的程度。对于何谓"情节严重",最高人民检察院、公安部《关于公安机关管辖的刑事案件立案追诉标准的规定(一)》第 91 条明确规定,煽动军人逃离部队,具有下列情形之一的,应视为"情节严重":①煽动 3 人以上逃离部队的;②煽动指挥人员、值班执勤人员或者其他负有重要军事职责人员逃离部队的;③影响重要军事任务完成的;④发生战时的;⑤其他情节严重的情形。 8

二、雇用逃离部队军人罪的行为

雇用逃离部队军人罪表现为雇用逃离部队的军人,情节严重的行为。具体而言,可从以下几方面把握: 9

(1)雇用逃离部队军人。雇用,本指通过向被雇用人支付一定劳务报酬,从而获得役使受雇用人的权利。此处的雇用,是指通过付给一定形式的劳务报酬,从而使用逃离部队的军人为自己劳动。雇用的具体形式有书面的和口头的,有定期雇用、不定期雇用和以完成一定工作为期限的雇用。雇用的形式如何,不影响本罪的构成。 10

(2)情节严重。雇用逃离部队军人罪以"情节严重"为成立的必要条件,因而属于情节犯。至于何谓"情节严重",根据最高人民检察院、公安部《关于公安机关管辖的刑事案件立案追诉标准的规定(一)》第 92 条的规定,是指具有下列情形之一的:①雇用 1 人 6 个月以上的;②雇用 3 人以上的;③明知是逃离部队的军事指挥人员、值班执勤人员或者其他负有重要职责人员而雇用的;④阻碍部队将被雇用军人带回的;⑤其他情节严重的情形。 11

V 主体

煽动军人逃离部队罪与雇用逃离部队军人罪的主体是一般主体,即只要达到刑事责任年龄,具备刑事责任能力的自然人,都可以成为两罪的主体。具体来说,两罪的主体可以是非军人,也可以是军人;可以是被煽动或雇用军人的亲属、朋友、同学、同乡,也可以是其他无特定关系的人;可以是中国人,也可以是外国人或无国籍人。单位不能成为两罪的主体。 12

在司法实践中,雇用逃离部队军人的可能是公民个人、个体工商户、农村承包经营户,但更常见是公司、企业、事业单位、机关、团体。那么,这些单位能否构成雇用逃离部队军人罪呢?由于单位犯罪以刑法有明文规定为限,而《刑法》第 373 条并无此一规定,因此,从刑法关于单位犯罪的规定出发,单位不能成为雇用逃离部队军人罪 13

的主体。对于单位雇用逃离部队军人,达到情节严重程度的,可以对该单位直接负责的主管人员和其他直接责任人员按雇用逃离部队军人罪定罪处罚。

Ⅵ 罪过

14 煽动军人逃离部队罪的罪过形式为故意,即行为人明知煽动军人逃离部队会造成危害国防利益的结果,却希望或放任这种结果的发生。具体而言,首先,要求行为人明知被煽动人是现役军人;其次,要求行为人明知自己的煽动行为会危害部队兵员管理秩序、危害国防利益。煽动军人逃离部队罪之犯罪动机可能多种多样,有的是出于对部队的报复,有的是怕亲友打仗伤亡,有的是怕被煽动人吃苦,有的是为被煽动人多挣钱或找好工作,等等。行为人动机如何,不影响本罪的成立。

15 雇用逃离部队军人罪的罪过形式亦为故意,即明知他人是逃离部队的军人而仍决意加以雇用。具体而言,首先,要求行为人明知被雇用人是军人;其次,还要求行为人明知被雇用人是逃离部队的军人,即要求行为人明知被雇用人是未经领导批准而离开部队或者虽经领导批准离队但逾期不归的军人。如果行为人不知道被雇用人是逃离部队的军人而加以雇用的,则不构成本罪。

Ⅶ 罪数

16 认定煽动军人逃离部队罪的罪数形态时,需要注意,在司法实践中,可能会发生煽动军人逃离部队罪与颠覆国家政权罪、投敌叛变罪等犯罪的牵连问题。比如,出于颠覆国家政权、推翻社会主义制度之目的,煽动大批军人逃离部队的,其目的行为构成颠覆国家政权罪,手段行为则构成煽动军人逃离部队罪。对此,应按牵连犯的处罚原则,从一重定罪处罚,即按颠覆国家政权罪定罪处罚。同理,对以策动投敌叛变为目的,煽动军人逃离部队后投敌叛变的,应以投敌叛变罪定罪处罚。

17 认定雇用逃离部队军人罪的罪数形态时,应注意其与窝藏、包庇罪的想象竞合的问题。对于行为人出于窝藏的目的,对构成逃离部队罪的军人予以雇用,以此手段帮助其逃匿之情形,有学者认为构成牵连犯。[1] 对此,笔者不能认同。因为此种情形下,行为人只有一个行为,其雇用行为即是其窝藏行为,又怎能成立牵连犯呢?事实上,这只能构成想象竞合犯,应根据想象竞合犯从一重处断原则,以窝藏、包庇罪定罪处罚。此外,雇用逃离部队军人进行其他非法活动,触犯其他罪名的,应属于牵连犯,须根据牵连犯的处断原则,择一重定罪处罚,而不应像有些学者所主张的作为单纯的数罪予以并罚。[2]

1 参见黄林异主编:《危害国防利益罪》,中国人民公安大学出版社 1999 年版,第 152 页。
2 参见黄林异主编:《危害国防利益罪》,中国人民公安大学出版社 1999 年版,第 152 页。

Ⅷ 与非罪的界限

判断煽动军人逃离部队罪罪与非罪的界限,需要注意,首先,煽动军人逃离部队罪属于情节犯,即实施煽动军人逃离部队之行为,须达到情节严重程度的,才构成本罪。如果行为人虽然实施了煽动军人逃离部队的行为,但尚未达到情节严重程度的,不构成犯罪。其次,煽动军人逃离部队罪之对象只能是现役军人,如果煽动在部队生活、工作的非军人逃离部队的,不能构成本罪。 18

判断雇佣逃离部队军人罪罪与非罪的界限,需要注意,首先,雇用逃离部队军人罪属于情节犯,以情节严重为构成犯罪之必要条件。如果行为人虽然实施了雇用逃离部队军人的行为,但尚未达到情节严重的,不能以犯罪处理。其次,本罪的犯罪对象只能是逃离部队的现役军人。如果雇用非现役军人的,不能构成本罪。最后,本罪要求行为人明知被雇用人是逃离部队的现役军人。如果行为人不知被雇用人是逃离部队的现役军人而加以雇用的,不构成本罪。 19

Ⅸ 与他罪的区别

一、煽动军人逃离部队罪与他罪的区别

(一)与煽动颠覆国家政权罪的区别

煽动军人逃离部队罪与煽动颠覆国家政权罪一样,都属于煽动型犯罪,二者具有如下相似之处:①行为方式相同。两罪都以煽动方式实施。②行为对象范围有竞合,即都可能是军人。③主体相同。两罪主体均为一般主体。④罪责形式都是故意。其区别主要体现在如下方面:①侵害的法益不同。前罪侵害的是我国的国防利益,直接侵犯的是部队正常的兵员管理秩序;后罪侵害的是我国的国家安全,直接侵犯的是作为国家安全核心的中华人民共和国的国家政权和社会主义制度。②犯罪对象范围不同。前罪之犯罪对象只能是军人,而后罪对犯罪对象无特定要求,可以是军人,也可以是军人以外的其他人。③煽动的内容不同。前罪之煽动内容是鼓动、促使军人不经领导批准擅自离开部队或者虽经领导批准离队,但逾期不归;后罪之煽动内容是煽惑、鼓动他人实行颠覆国家政权、推翻社会主义制度的行为。④构成犯罪的要求不同。前罪属于情节犯,以情节严重为必要;而后罪属于举动犯,行为人只要实施旨在颠覆国家政权、推翻社会主义制度的煽动行为,即可构成该罪。 20

(二)与逃离部队罪的区别

煽动军人逃离部队罪与逃离部队罪之间具有诸多相似之处,比如都妨害了部队正常的兵员管理秩序,都是情节犯,都是故意犯罪,等等。而且,两罪可能具有因果关系,即逃离部队行为可能是煽动军人逃离部队行为引起的。两罪的区别主要在于:①侵犯的法益不同。前罪侵犯的是危害国防利益;而后罪侵犯的是军人管理秩序。 21

②行为不同。前罪表现为煽动军人逃离部队的行为;而后罪表现为军人逃离部队的行为。③主体不完全相同。前罪的主体既可以是军人,也可以是非军人;而后罪的主体只能是军人。

二、雇用逃离部队军人罪与他罪的区别

(一)与逃离部队罪共同犯罪中帮助犯的区别

22 事前是否有通谋,是区别单纯的雇用逃离部队军人行为和以事后雇用方式帮助军人逃离部队行为的界限。如果事先无通谋而雇用逃离部队军人的,以雇用逃离部队军人罪直接处罚;如果行为人事先与被雇用逃离部队军人通谋,商定军人逃离部队后由其雇用,则行为人雇用逃离部队军人的行为应以逃离部队罪的共犯论处。

(二)与窝藏、包庇罪的区别

23 窝藏、包庇罪,是指明知是犯罪的人而为其提供隐藏处所、财物,帮助其逃匿或者作假证明包庇的行为。雇用逃离部队军人罪与窝藏、包庇罪的主要区别在于:①对象不同。雇用逃离部队军人罪侵犯的法益是部队正常的兵员管理秩序,行为人雇用的逃兵,既可能是犯罪的人,也可能是一般违法军人。而窝藏、包庇罪的对象必须是已经实施犯罪的人,如果行为人窝藏、包庇的不是犯罪分子,则不构成窝藏、包庇罪。②行为方式。窝藏、包庇罪的客观方面必须具有对犯罪分子给予窝藏,使其逃避法律制裁的行为。而雇用逃离部队军人罪的客观方面是对逃离部队的军人予以雇用,使其逃避兵役且情节严重的行为。

X 处罚

24 根据《刑法》第373条的规定,犯煽动军人逃离部队罪的,处3年以下有期徒刑、拘役或者管制。在具体量刑时,应注意考虑以下情节:①煽动逃离部队之军人人数;②煽动军人逃离部队的行为次数;③犯罪的具体手段;④犯罪对象的身份,比如是否担负重要职责;⑤犯罪时间;⑥行为之后果;⑦其他情节,如行为人是否累犯、有无自首、立功表现等。

25 根据《刑法》第373条的规定,犯雇用逃离部队军人罪的,处3年以下有期徒刑、拘役或者管制。需要注意的是,对于以单位名义雇用逃离部队军人的,对单位直接负责的主管人员和其他直接责任人员应直接以雇用逃离部队军人罪论处,但具体量刑时,要正确认定被告人的责任大小,做到罪责刑相适应。

第三百七十四条　接送不合格兵员罪

在征兵工作中徇私舞弊，接送不合格兵员，情节严重的，处三年以下有期徒刑或者拘役；造成特别严重后果的，处三年以上七年以下有期徒刑。

文献：黄林异主编：《危害国防利益罪》，中国人民公安大学出版社 2003 年版；周道鸾、张军主编：《刑法罪名精释》（第 4 版），人民法院出版社 2013 年版。

细目录

Ⅰ　主旨
Ⅱ　沿革
Ⅲ　客体
Ⅳ　行为
Ⅴ　主体
Ⅵ　罪过
Ⅶ　罪数
Ⅷ　与非罪的界限
Ⅸ　与他罪的区别
Ⅹ　处罚

Ⅰ　主旨

接送不合格兵员罪，是指在征兵工作中徇私舞弊，接送不合格兵员，情节严重的 1
行为。部队的兵员是部队建设的基础；征集新兵，是加强部队建设、保卫祖国的一项重要工作。而接送不合格的兵员入伍，则直接影响部队建设，削弱部队的战斗力，影响部队作战、训练、战备、值勤、抢险救灾等任务的完成，侵害部队兵员质量管理秩序。特别是将犯罪分子接送到部队，将严重影响部队的纯洁，败坏人民军队的声誉，影响部队的稳定，甚至造成严重后果，危害国家国防利益。

Ⅱ　沿革

我国 1979 年《刑法》中并无此一规定，但国家有关法律、法规和国务院、中央军委 2
发布的征兵命令都明确规定，在征兵工作中要确保兵员质量。1997 年《国防法》第 50 条第 2 款规定："各级兵役机关和基层人民武装机构应当依法办理兵役工作，按照国务院和中央军事委员会的命令完成征兵任务,保证兵员质量。其他社会团体和企业事业单位应当依法完成民兵和预备役工作,协助兵役机关完成征兵任务。”早在1985年颁布的《征兵工作条例》第47条就明确规定:“国家工作人员在办理征兵工作时,应严格执行征兵命令,确保新兵质量。对在征兵工作中作出显著成绩的,应予以表扬和奖励;对收受贿赂、营私舞弊或玩忽职守使征兵工作受到严重损失的,应按照《中华人民共和国兵役法》第六十二条的规定予以惩处。”1984年《兵役法》第62条规定:“国家工作人员办理兵役工作时,收受贿赂、营私舞弊的,或者玩忽职守,致使兵役工作遭受严重损失的,分别依照《中华人民共和国刑法》第一百八十五条、第一百八十七条的规定处罚。情节较轻的,可以给予行政处分。”2021年修订后的《兵役法》第61条规定:“国家工作人员和军人在兵役工作中,有下列行为之一的,依法给予处分:(一)贪污贿赂的;(二)滥用职权或者玩忽职守的;(三)徇私舞弊,接送不合格兵员的;(四)泄露或者向他人非法提供兵役个人信息的。”由于接送不合格兵员行为对部队的稳定和国家的国防利益的严重危害性,为了从刑事法律上确保兵员质量,打击征兵工作中的犯罪活动,1997年修订后的《刑法》第100条规定:“依法受过刑事处罚的人,在入伍、就业的时候,应当如实向有关单位报告自己曾受过刑事处罚,不得隐瞒。”同时,修订后的《刑法》将徇私舞弊,接送不合格兵员的行为从一般的渎职犯罪中分离出来,单独设立接送不合格兵员罪。这对于保证我国武装力量兵员的质量,纯洁部队,维护人民军队的声誉,都具有重大意义。

Ⅲ　客体

3　接送不合格兵员罪的客体是部队兵员质量管理秩序。本罪的犯罪对象是不合格兵员。不合格兵员,是指不符合征兵条件的兵员。国家法律、法规及中央军委的有关规定对公民应征入伍的条件作了许多规定。这些规定应该成为我们认定本罪构成与否的重要依据。

4　(1)年龄条件。根据《兵役法》及《征兵工作条例》的规定:①每年12月31日以前年满18周岁的男性公民,应当被征集服现役;②当年未被征集的,在22周岁以前,仍可以被征集服现役,普通高等学校毕业生的征集年龄可以放宽至24周岁;③根据军队需要,可以征集当年12月31日以前年满18周岁的女性公民服现役;④根据军队需要和本人自愿,可以征集当年12月31日以前年满17周岁未满18周岁的公民服现役;⑤战时根据需要,国务院和中央军委可以决定适当放宽征召男性公民服现役的年龄上限,可以决定延长公民服现役的期限。

5　(2)文化程度条件。城镇公民必须是高中毕业以上,农村公民必须是初中毕业以上。

6　(3)身体条件。健康的身体是应征公民必须具备的基本条件,没有合格的身体,就无法进行军事训练,甚至会影响部队军事任务的完成。在征兵工作中,体格检查是最容易出问题的环节之一。对于我国公民应征入伍的体格条件,国防部1986年颁布的《应征公民体格条件》从一般检查、外科、内科、耳鼻喉科、眼科、口腔科、妇科等各方面予以了明确的规定,限于篇幅,此处不予列举。此外,对于征集飞行员,则对身体条件要求更高,1982 年 2 月 4 日国防部发布了《中国人民解放军招收飞行学员体格条件》,在招收飞行学员时,应按此规定进行体检,确定合格与否。

(4)政治条件。对于应征人员的政治条件,《兵役法》及《征兵工作条例》采用排除性规定方式,即有下列情形之一的,不得被征集:①被羁押正在受侦查、起诉、审判的;②被判处徒刑、拘役、管制正在服刑的;③依法被剥夺政治权利的。这是对应征人员政治条件的一般规定,但还不够。其他许多有劣迹、犯罪行为但未进入侦查、起诉、审判程序及被判刑的人还可能混入部队。为此,公安部、总参谋部、总政治部制定了《关于征集兵员政治条件的规定》,在征兵政治审查时,应遵此规定办理。 7

Ⅳ 行为

接送不合格兵员罪表现为在征兵工作中徇私舞弊,接送不合格兵员,情节严重的行为。具体而言,包括以下几层含义: 8

(1)必须发生在征兵工作中。发生在征兵工作中是本罪成立的时间要件。所谓征兵,即按照兵役法的规定,征集应征公民到军队服现役。根据《兵役法》《征兵工作条例》等法律、法规的规定,征兵工作包括兵役登记、体格检查、政治审查、审定新兵、交接新兵、运输新兵与检疫、复查和退兵等环节。在整个征兵过程中,都可能发生徇私舞弊,接送不合格兵员的行为。 9

(2)必须有徇私舞弊,接送不合格兵员的行为。徇私舞弊,是指行为人为了谋取私利,在征兵工作中利用职务之便弄虚作假,欺骗组织。徇私,就是为了私情而去做违法的事,可以是为了自己的子女,也可以为了其他人。舞弊,就是弄虚作假,比如在兵役登记中改变年龄,在体检表上作虚假鉴定,在政治审查中对行为人的劣迹予以隐瞒。徇私行为与舞弊行为相互联系,舞弊是为了徇私,要徇私就必须舞弊。所谓接送不合格兵员,具体而言,包括两层含义:①行为方式是接送。接送,实际上包括接和送两种行为,而且,从时间顺序上来说,送在先,接在后。需要指出的是,这里所说的接送不只是新兵审定后,县、市兵役机关将新兵送到部队或部队派人接兵的交接新兵过程,而应作广义理解。"送",是包括兵役登记、体格检查、政治审查、审定新兵等程序在内,直至将新兵交送给部队的整个征兵活动。所谓"接",是指部队派人接兵起直至新兵到部队检疫合格止的接兵活动。②行为内容是接送不合格兵员。所谓接不合格兵员,是指部队的接兵人员接受不合格的兵员。所谓送不合格兵员,是指地方负有征兵责任的工作人员将不符合兵役法规要求的人员送交部队。 10

(3)必须是情节严重的行为。接送不合格兵员罪的成立,不仅要求行为人在征兵工作中实施徇私舞弊,接送不合格兵员的行为,而且要求达到"情节严重"的程度。所谓"情节严重",根据最高人民检察院、公安部《关于公安机关管辖的刑事案件立案追诉标准的规定(一)》第 93 条的规定,是指具有下列情形之一的:①接送不合格特种 11

条件兵员 1 名以上或者普通兵员 3 名以上的;②发生在战时的;③造成严重后果的;④其他情节严重的情形。

V 主体

12 接送不合格兵员罪的主体是特殊主体,即只能是那些在征兵工作中负有征兵职责的征兵工作人员,具体包括地方人武部门负责征兵的工作人员、征兵部队负责征集新兵的工作人员和其他依法负有协助征兵工作职责的人员。此处所谓"其他依法负有协助征兵工作职责的人员",根据《兵役法》《征兵工作条例》及其他法律、法规的规定,主要包括机关、团体、企业事业单位和乡、民族乡、镇人民政府中负责兵役登记的人员,负责体格检查的医务人员,公安部门和基层单位负责政审的人员,部队中负责新兵检疫的人员。

Ⅵ 罪过

13 接送不合格兵员罪的罪过形式为故意,即行为人明知接送的是不合格兵员,也明知不合格兵员入伍后会影响部队建设,危害国防利益,却希望或者放任这种危害结果的发生。过失的不构成接送不合格兵员罪。

Ⅶ 罪数

14 司法实践中,如果征兵工作人员为达到接送不合格兵员之目的,而采取伪造国家机关或武装部队公文、证件、印章的手段,此时即构成牵连犯。行为人之手段行为构成伪造国家机关公文、证件、印章罪或者伪造武装部队公文、证件、印章罪,目的行为构成接送不合格兵员罪。根据牵连犯的一般处断原则,应从一重即按伪造国家机关公文、证件、印章罪或伪造武装部队公文、证件、印章罪从重处罚。如果在接送不合格兵员的过程中收受或索取他人数额较大财物的,则通常构成原因行为与结果行为之牵连,也应择一重罪予以处罚,而不应以接送不合格兵员罪和受贿罪数罪并罚。[1]

Ⅷ 与非罪的界限

15 从客观方面而言,"徇私舞弊"与"接送不合格兵员"必须同时具备,且情节严重,才构成接送不合格兵员罪。因此,以下几种情形不构成本罪:①行为人虽然在征兵工作中徇私舞弊,但没有接送不合格兵员的;②行为人虽然接送了不合格兵员,但在征兵工作中并没有徇私舞弊的;③所接送兵员到部队后虽然对部队建设造成了严

---

1 参见黄林异主编:《危害国防利益罪》,中国人民公安大学出版社 1999 年版,第 171 页。

重后果,但不属于征兵中的不合格兵员的;④虽然实施了徇私舞弊,接送不合格兵员的行为,但尚未达到情节严重程度的。

Ⅸ 与他罪的区别

在司法认定中,应注意接送不合格兵员罪与玩忽职守罪的界限。二罪在客观方面都可能存在徇私舞弊行为,且都与正确履行一定职责有关。其区别主要在于:①行为方式不同。接送不合格兵员罪表现为在征兵工作中,徇私舞弊,接送不合格兵员的行为;而玩忽职守罪则表现为行为人玩忽职守,致使公共财产、国家和人民利益遭受重大损失的行为。②行为主体不同。接送不合格兵员罪的主体是在征兵工作中负有征兵职责的征兵工作人员;玩忽职守罪的主体是国家机关工作人员。③罪过形式不同。接送不合格兵员罪的罪过形式是故意,而玩忽职守罪的罪过形式只能是过失。 16

Ⅹ 处罚

根据《刑法》第 374 条的规定,犯接送不合格兵员罪的,处 3 年以下有期徒刑或者拘役;造成特别严重后果的,处 3 年以上 7 年以下有期徒刑。所谓“造成特别严重后果”,主要包括以下情形:①不合格兵员入伍后实施严重刑事犯罪的;②严重影响部队军事任务完成的;③接送大量不合格兵员进入部队造成退兵的;④不合格兵员在部队造成恶性政治事件的。 17

第三百七十五条　伪造、变造、买卖武装部队公文、证件、印章罪；盗窃、抢夺武装部队公文、证件、印章罪；非法生产、买卖武装部队制式服装罪；伪造、盗窃、买卖、非法提供、非法使用武装部队专用标志罪

伪造、变造、买卖或者盗窃、抢夺武装部队公文、证件、印章的，处三年以下有期徒刑、拘役、管制或者剥夺政治权利；情节严重的，处三年以上十年以下有期徒刑。

非法生产、买卖武装部队制式服装，情节严重的，处三年以下有期徒刑、拘役或者管制，并处或者单处罚金。

伪造、盗窃、买卖或者非法提供、使用武装部队车辆号牌等专用标志，情节严重的，处三年以下有期徒刑、拘役或者管制，并处或者单处罚金；情节特别严重的，处三年以上七年以下有期徒刑，并处罚金。

单位犯第二款、第三款罪的，对单位判处罚金，并对其直接负责的主管人员和其他直接责任人员，依照各该款的规定处罚。

文献：高铭暄、赵秉志编：《新中国刑法立法文献资料总览》（下），中国人民公安大学出版社 1998 年版；黄林异主编：《危害国防利益罪》，中国人民公安大学出版社 2003 年版；周道鸾、张军主编：《刑法罪名精释》（第 4 版），人民法院出版社 2013 年版。彭新林：《论伪造、盗窃、买卖武装部队专用标志罪》，载《华东政法大学学报》2009 年第 4 期；杜文俊、陈洪兵：《文书伪造犯罪的构成要件解释论》，载《国家检察官学院学报》2011 年第 5 期；张建田、张悦：《伪造、盗窃、买卖武装部队专用标志罪的探讨》，载《法学杂志》2012 年第 12 期；张钰菲：《伪造、变造、买卖武装部队公文、证件、印章罪研究》，载《湖北警官学院学报》2013 年第 12 期。

细目录

Ⅰ　主旨

Ⅱ　沿革

Ⅲ　客体

一、伪造、变造、买卖武装部队公文、证件、印章罪和盗窃、抢夺武装部队公文、证件、印章罪的客体

二、非法生产、买卖武装部队制式服装罪的客体

三、伪造、盗窃、买卖、非法提供、非法使用武装部队专用标志罪的客体
Ⅳ　行为
一、伪造、变造、买卖武装部队公文、证件、印章罪和盗窃、抢夺武装部队公文、证件、印章罪的行为
二、非法生产、买卖武装部队制式服装罪的行为
三、伪造、盗窃、买卖、非法提供、非法使用武装部队专用标志罪的行为
Ⅴ　主体
Ⅵ　罪过
Ⅶ　罪数
一、伪造、变造、买卖武装部队公文、证件、印章罪和盗窃、抢夺武装部队公文、证件、印章罪的罪数
二、非法生产、买卖武装部队制式服装罪的罪数
三、伪造、盗窃、买卖、非法提供、非法使用武装部队专用标志罪的罪数
Ⅷ　与非罪的界限
一、伪造、变造、买卖武装部队公文、证件、印章罪和盗窃、抢夺武装部队公文、证件、印章罪罪与非罪的界限
二、非法生产、买卖武装部队制式服装罪罪与非罪的界限
三、伪造、盗窃、买卖、非法提供、非法使用武装部队专用标志罪罪与非罪的界限
Ⅸ　与他罪的区别
一、伪造、变造、买卖武装部队公文、证件、印章罪与他罪的区别
二、盗窃、抢夺武装部队公文、证件、印章罪与他罪的区别
三、非法生产、买卖武装部队制式服装罪与他罪的区别
Ⅹ　处罚
一、伪造、变造、买卖武装部队公文、证件、印章罪和盗窃、抢夺武装部队公文、证件、印章罪的处罚
二、非法生产、买卖武装部队制式服装罪的处罚
三、伪造、盗窃、买卖、非法提供、非法使用武装部队专用标志罪的处罚

Ⅰ　主旨

伪造、变造、买卖武装部队公文、证件、印章罪，是指伪造、变造、买卖武装部队的公文、证件、印章的行为。盗窃、抢夺武装部队公文、证件、印章罪，是指以秘密手段窃取或者公然夺取武装部队公文、证件、印章的行为。任何伪造、变造、买卖或者盗窃、抢夺武装部队公文、证件、印章的行为，都会影响武装部队的正常管理活动，损害人民军队的声誉，危害国防利益，应依法予以惩治。 1

非法生产、买卖武装部队制式服装罪，是指非法生产、买卖武装部队制式服装，情 2

节严重的行为。武装部队制式服装,属于军用标志,是武装部队及其成员与其他组织、人员相区别的外部标志,也是武装部队内部各单位、成员之间相互区别的外部标志。武装部队对武装部队制式服装享有专用权,其他任何组织、个人不得非法使用。非法生产、买卖武装部队制式服装的行为,侵害了军用标志管理秩序,危及国家的国防利益。

3　伪造、盗窃、买卖、非法提供、非法使用武装部队专用标志罪,是指伪造、盗窃、买卖或者非法提供、使用武装部队车辆号牌等专用标志,情节严重的行为。近年来,伪造、盗窃、买卖以及非法提供、使用军队车辆号牌等专用标志的情况时有发生,扰乱社会管理秩序,损害军队形象和声誉,影响部队战备训练等工作的正常进行。一些不法分子大肆盗用、伪造军车车牌等专用标志,假冒军车从事犯罪活动。据统计,假冒军车每年偷逃各种规费近十亿元。在个别地区,盗窃、伪造、买卖军车号牌等专用标志呈现"产业化""集团化"和一条龙服务的发展趋势。有的还发展成为带有黑社会性质的犯罪团伙。因此,国家立法机关经同有关部门研究后,在《刑法》第 375 条第 3 款中增设伪造、盗窃、买卖、非法提供、非法使用武装部队专用标志罪。

Ⅱ　沿革

4　公文、证件、印章是国家机关、武装部队、企业、事业单位和人民团体行使职能,对一定事务进行管理的重要工具和凭证。而伪造、变造、买卖国家机关、武装部队、企事业单位和人民团体的公文、证件、印章的行为,则直接破坏有关单位的正常活动,损害有关单位的声誉,危害社会管理秩序。基于这种行为的社会危害性,1979 年《刑法》在第 167 条规定了妨害公文、证件、印章罪:"伪造、变造或者盗窃、抢夺、毁灭国家机关……公文、证件、印章的,处三年以下有期徒刑、拘役、管制或者剥夺政治权利;情节严重的,处三年以上十年以下有期徒刑。"但此一规定并没有将武装部队的公文、证件、印章明确为犯罪对象。司法实践中,对于伪造、变造、盗窃、抢夺武装部队公文、证件、印章的行为,一般视为伪造、变造、盗窃、抢夺国家机关公文、证件、印章,而按妨害公文、证件、印章罪定罪处罚。但是,武装部队毕竟不同于一般的国家机关。基于此,修订后的 1997 年《刑法》在第 375 条第 1 款规定了伪造、变造、买卖武装部队公文、证件、印章罪与盗窃、抢夺武装部队公文、证件、印章罪

5　国家严禁非法生产、买卖武装部队制式服装的行为。1985 年 11 月 26 日发布的公安部、财政部、商业部、轻工业部、国家工商行政管理局、总参谋部、总政治部、总后勤部《关于严禁私自生产、销售军服、人民警察服装的通知》规定,严禁私自生产与销售现行军、警服装及专用材料,并且要求加工生产军、警服装和专用材料的工厂,要严格执行生产供应计划,不得进行计划外生产,不得自行销售或调拨给其他单位。但是,一些单位和个人受谋取非法经济利益动机的驱动,违反国家有关规定,非法生产、买卖武装部队制式服装,甚至公然在街面上设点、摆摊出售。这种非法生产、买卖武装部队制式服装的行为,不仅妨害武装部队的正常活动,而且造成武装部队制式服装

流向社会,对社会上某些违法犯罪分子冒充军人实施招摇撞骗及其他违法犯罪活动直接起了推波助澜的作用。鉴于非法生产、买卖武装部队制式服装行为的严重社会危害性,立法者在 1997 年《刑法》第 375 条第 2 款规定了非法生产、买卖军用标志罪,将该行为纳入刑法调整范围。2009 年 2 月颁行的《刑法修正案(七)》则进一步将该行为专款规定,独立成罪。

1997 年《刑法》第 375 条第 2 款规定了非法生产、买卖军用标志罪,但只限于规 6
制非法生产、买卖武装部队车辆号牌等专用标志的行为。《刑法修正案(七)》第 12 条除了将非法生产、买卖武装部队制式服装行为独立成罪,还将原行为方式扩展为伪造、盗窃、买卖、非法提供、非法使用武装部队车辆号牌,从而形成了伪造、盗窃、买卖、非法提供、非法使用武装部队专用标志罪。

Ⅲ 客体

一、伪造、变造、买卖武装部队公文、证件、印章罪和盗窃、抢夺武装部队公文、证件、印章罪的客体

伪造、变造、买卖武装部队公文、证件、印章罪和盗窃、抢夺武装部队公文、证件、 7
印章罪的客体均为武装部队的公文、证件、印章管理秩序。公文、证件、印章的正常管理秩序是武装部队正常管理秩序的重要内容之一。公文、证件、印章制作、使用的合法性直接关系到武装部队的信誉和正常活动的进行。无论是伪造、变造、买卖还是盗窃、抢夺武装部队公文、证件、印章,都会影响武装部队的正常管理活动,损害人民军队的声誉,危害国防利益。

伪造、变造、买卖武装部队公文、证件、印章罪和盗窃、抢夺武装部队公文、证件、 8
印章罪的犯罪对象是武装部队的公文、证件、印章。所谓武装部队,包括中国人民解放军现役部队、中国人民解放军预备役部队和中国人民武装警察部队。武装部队的公文,又称军用公文,是指由武装部队某一级单位制作的,用于发布指示及命令、指导工作、处理问题等公务活动的书面文件,是部队工作的一种重要工具。具体来说,军用公文分为命令、通告、通令、通知、通报、请示、报告、批复、公函、布告等。武装部队对其公文的格式、文件头衔、受文单位、文尾用词、发文时间、数码写法、文件编号、秘密等级、经办单位、行文关系、署名和用印等都有明确的规定。无论是手写的,还是印刷的,是用少数民族文字制作还是用汉字制作的,还是用外文制作的还是用中文制作的,只要是以部队的名义或者是以部队负责人的名义代表部队签发的,都是公文。武装部队的证件,是指由武装部队制作、签发的,用以证明武装部队人员身份、资历、授权或其他有关事实的凭证。如军官证、文职干部证、士兵证、军人通行证和营门出入证等证件。军人证件,统一由制发部门印制、发放,严禁复制、仿造、伪造、涂改。武装部队的印章,是指由武装部队依法定做、使用的单位公章以及各种特殊用途的专用章和专用于公务的个人印章。要注意的是,部队首长用于其他个人事务的印章不能视

为武装部队印章。武装部队公文、武装部队证件和武装部队印章是两罪具有可选择性的犯罪对象,不管行为人是侵害其中的一种还是数种,均构成两罪。

二、非法生产、买卖武装部队制式服装罪的客体

9 非法生产、买卖武装部队制式服装罪的客体是武装部队制式服装的管理秩序,亦即武装部队有关部门依据制式服装管理法规进行制式服装生产、发放、使用的秩序。武装部队制式服装由国家指定的厂家生产,任何厂家、个人非经指令不得从事生产、制造武装部队制式服装的活动。指定生产厂家也只能在指定范围内进行生产,不得生产指定范围以外的制式服装,也不得超额生产指定由其生产的制式服装。此外,制式服装不是一般商品,不得自由买卖,属于限制流通物,生产厂家只能向武装部队提供,不能在市场上进行买卖。如果行为人违反国家规定,非法生产、销售武装部队制式服装,就会破坏武装部队制式服装的管理秩序,侵犯武装部队对制式服装的专用制度。本罪的犯罪对象是武装部队制式服装。武装部队制式服装,简称武装部队制服,是指武装部队依法订购、监制的仅供武装部队官兵使用的服装。

三、伪造、盗窃、买卖、非法提供、非法使用武装部队专用标志罪的客体

10 伪造、盗窃、买卖、非法提供、非法使用武装部队专用标志罪的客体是军用标志的管理秩序。军用标志管理秩序是指武装部队有关部门依据军用标志管理法规进行军用标志生产、发放、使用的秩序。伪造、盗窃、买卖或者非法提供、使用武装部队车辆号牌等专用标志的行为,不仅严重妨害武装部队的正常管理活动和军用标志的管理秩序,损害武装部队的信誉,而且容易被不法分子利用这些伪造、盗窃、购买的军用标志从事违法犯罪活动,危害国防利益。本罪侵犯的对象是武装部队车辆号牌等专用标志。武装部队车辆号牌等专用标志,是指由武装部队统一订购、监制,专供武装部队使用的军车号牌等专用标志。这种专用标志只能由武装部队及其成员依法使用,是用以表明其身份的外部特征,是武装部队进行各种活动,履行其巩固国防、抵御侵略、保卫祖国和维护社会秩序的职责的重要凭证。不过应当注意的是,本罪规定的武装部队专用标志仅限于武装部队制式服装以外的军车号牌等专用标志,不包括武装部队的制式服装。买卖武装部队制式服装的,以非法买卖武装部队制式服装罪定罪处罚。具体而言,包括武装部队统一悬挂的军车号牌,以及其他表明武装部队性质和人员身份的军旗、军徽、胸徽、帽徽、肩徽、袖标、领花、专业符号等。

Ⅳ 行为

一、伪造、变造、买卖武装部队公文、证件、印章罪和盗窃、抢夺武装部队公文、证件、印章罪的行为

11 伪造、变造、买卖武装部队公文、证件、印章罪和盗窃、抢夺武装部队公文、证件、

印章罪表现为伪造、变造、买卖或者盗窃、抢夺武装部队公文、证件、印章的行为。伪造,就是无制作权的人和单位,非法制造公文、证件、印章,以假充真的行为,如私刻公章、私制假的公文、证件等。私刻在公文、证件上必须副署的单位负责人的印章,或者模仿有权签发公文、电函的负责人的手迹,制作公文、电函的,也要以伪造公文、证件、印章论处。变造,是指利用涂改、擦消、拼接、更换照片等方法,对真实的武装部队公文、证件、印章进行加工,改变其真实内容,使之适合其非法需要。例如,涂改证件的发证时间有效时期;涂改姓名,把他人的证件改变为自己的证件。需要指出的是,"变造"与"伪造"有所不同,变造是对原本是真的公文、证件、印章进行改变,而伪造则是"无中生有"。买卖,是指以金钱或其他财物为对价购进或出售武装部队的公文、证件、印章。此处,买卖的对象可以是真的武装部队的公文、证件、印章,也可以是伪造、变造的武装部队的公文、证件、印章。

伪造、变造、买卖三种行为方式及武装部队公文、证件、印章三种犯罪对象都是伪造、变造、买卖武装部队公文、证件、印章罪的选择性要件。行为人采用其中任何一种或几种行为方式,侵犯其中任何一种或几种对象,即可且仅可构成伪造、变造、买卖武装部队公文、证件、印章罪。 12

但是,如果行为人盗窃、抢夺武装部队公文、证件、印章的,则独立构成盗窃、抢夺武装部队公文、证件、印章罪。盗窃、抢夺、武装部队公文、证件、印章,是指以非法占有为目的,秘密窃取武装部队公文、证件、印章。所谓秘密窃取,是行为人采取自以为不被武装部队公文、证件、印章保管者或持有者发觉的方法,暗中将武装部队公文、证件、印章取走。抢夺武装部队公文、证件、印章,是指以非法占有为目的,公然夺取武装部队公文、证件、印章的行为。所谓公然夺取,是指在公文、证件、印章保管人或持有人在场的情况下,突然公开地把公文、证件、印章夺走。夺取公文、证件、印章的行为一般是乘人不备,出其不意,也有的表现为当着保管者或持有人的面,在保管者或者持有人因患病、醉酒等而防卫能力受到一定影响的情况下,公开取走公文、证件、印章。 13

盗窃、抢夺两种行为方式及武装部队公文、证件、印章三种犯罪对象都是盗窃、抢夺武装部队公文、证件、印章罪的选择性要件。行为人采用其中任何一种或几种行为方式,侵犯其中任何一种或几种对象,即可构成且仅构成盗窃、抢夺武装部队公文、证件、印章罪。 14

二、非法生产、买卖武装部队制式服装罪的行为

非法生产、买卖武装部队制式服装罪表现为非法生产、买卖武装部队制式服装,情节严重的行为。生产即指制造,但主要是指规模化、有组织化的制造。买卖,是指以财物等为代价购进或出售武装部队制式服装的行为。"非法生产",具体表现为三种情形:一是非指定和委托生产武装部队制式服装的单位、个人生产武装部队制式服装的;二是虽为定点生产单位,但不遵守国家下达的指标生产,擅自计划外生产的; 15

三是曾经被指定或委托的生产单位,在原指定被取消,或委托事项已完成后,仍擅自生产武装部队制式服装的。"非法买卖",是指没有经法定许可或者合法授权购进、出售武装部队制式服装的行为。

16 此处所谓"情节严重",根据最高人民法院、最高人民检察院《关于办理妨害武装部队制式服装、车辆号牌管理秩序等刑事案件具体应用法律若干问题的解释》第2条的规定,是指具有下列情形之一:①非法生产、买卖成套制式服装30套以上,或者非成套制式服装100件以上的;②非法生产、买卖帽徽、领花、臂章等标志服饰合计100件(副)以上的;③非法经营数额2万元以上的;④违法所得数额5000元以上的;⑤具有其他严重情节的。

三、伪造、盗窃、买卖、非法提供、非法使用武装部队专用标志罪的行为

17 伪造、盗窃、买卖、非法提供、非法使用武装部队专用标志罪表现为单位或行为人实施了伪造、盗窃、买卖或者非法提供、使用武装部队车辆号牌等专用标志,情节严重的行为。本罪的主要行为方式是伪造、盗窃、买卖或者非法提供、使用。所谓"伪造",是指无制作权的人或者单位,冒用名义,非法制作武装部队车辆号牌等专用标志的行为;"盗窃",是指以非法占有为目的,秘密窃取武装部队车辆号牌等专用标志的行为;"买卖",是指以金钱为交换条件,购买或者销售武装部队车辆号牌等专用标志;"非法提供",是指违反法律、法规,未经主管部门准许,擅自把武装部队车辆号牌等专用标志供给他人使用;"非法使用",是指不具备配备武装部队专用标志的资格,而违法使用武装部队专用标志的任何行为,既包括非武装部队人员使用武装部队专用标志,也包括武装部队及其成员不按规定使用武装部队专用标志。本罪是行为选择性罪名,对于武装部队车辆号牌等专用标志,行为人以上述任何一种行为方式实施的,均构成犯罪。行为人既实施了伪造武装部队车辆号牌等专用标志的行为,同时还盗窃、买卖或者非法提供、使用武装部队车辆号牌等专用标志的,不实行数罪并罚,不过在量刑时应当予以考虑。

18 构成伪造、盗窃、买卖、非法提供、非法使用武装部队专用标志罪,客观方面还要求情节严重。何谓"情节严重",根据最高人民法院、最高人民检察院《关于办理妨害武装部队制式服装、车辆号牌管理秩序等刑事案件具体应用法律若干问题的解释》第3条的规定,是指具有下列情形之一:①伪造、盗窃、买卖或者非法提供、使用武装部队军以上领导机关专用车辆号牌1副以上或者其他车辆号牌3副以上的;②非法提供、使用军以上领导机关车辆号牌之外的其他车辆号牌累计6个月以上的;③伪造、盗窃、买卖或者非法提供、使用军徽、军旗、军种符号或者其他军用标志合计100件(副)以上的;④造成严重后果或者恶劣影响的。

V 主体

19 伪造、变造、买卖武装部队公文、证件、印章罪,盗窃、抢夺武装部队公文、证件、

印章罪，非法生产、买卖武装部队制式服装罪以及伪造、盗窃、买卖、非法提供、非法使用武装部队专用标志罪的主体，均为一般主体，即只要达到刑事责任年龄，具备刑事责任能力的自然人，都可以成为四罪的主体，可以是非军人，也可以是军人。

非法生产、买卖武装部队制式服装罪和伪造、盗窃、买卖、非法提供、非法使用武装部队专用标志罪的主体，可以是自然人，也可以是单位。 20

单位作为非法生产、买卖武装部队制式服装罪的主体，既包括有权生产、买卖武装部队制式服装，而超过指定数量或范围生产、销售的单位，也包括无权生产、销售武装部队制式服装的单位。单位作为伪造、盗窃、买卖、非法提供、非法使用武装部队专用标志罪的主体，既包括依法有权生产、买卖、提供和使用武装部队车辆号牌等专用标志，而超过指定数量、范围、对象、用途生产、买卖、提供和使用的单位，也包括无权生产、买卖、提供和使用武装部队车辆号牌等专用标志的单位。凡公司、企业、事业单位、机关、团体为本单位谋取非法利益，经单位集体决定或者由负责人决定实施伪造、盗窃、买卖、非法提供和使用武装部队车辆号牌等专用标志，情节严重的，即构成伪造、盗窃、买卖、非法提供、非法使用武装部队专用标志罪。 21

Ⅵ　罪过

《刑法》第 375 条规定的四罪的罪过形式均为故意，即行为人明知是武装部队公文、证件、印章、制式服装、专用标志而仍实施法定的行为。是否出于营利的目的或者出于何种动机，不影响四罪的成立。 22

Ⅶ　罪数

一、伪造、变造、买卖武装部队公文、证件、印章罪和盗窃、抢夺武装部队公文、证件、印章罪的罪数

认定伪造、变造、买卖武装部队公文、证件、印章罪和盗窃、抢夺武装部队公文、证件、印章罪的罪数形态时，需要注意与其他犯罪的牵连问题。司法实践中，行为人往往利用伪造、变造、买卖、盗窃、抢夺的武装部队的公文、证件、印章，实施其他犯罪活动，从而又牵连触犯了其他罪名。例如，利用伪造的武装部队公文、证件进行诈骗而达到数额较大的，就又牵连触犯了诈骗罪；利用伪造的武装部队证件冒充军人招摇撞骗的，就又牵连触犯了冒充军人招摇撞骗罪。对此，应当按照处理牵连犯的一般原则，从一重处断。 23

二、非法生产、买卖武装部队制式服装罪的罪数

有关非法生产、买卖武装部队制式服装罪的罪数形态问题，主要涉及如何认定行为人冒充军人招摇撞骗中实施非法生产、买卖武装部队制式服装行为的罪数。行为 24

人为冒充军人招摇撞骗,非法生产、制作、购买武装部队制式服装,属于目的行为与方法行为相牵连的牵连犯,应选择冒充军人招摇撞骗罪这一重罪定罪处罚。如果行为人非法生产、制作、购买武装部队制式服装,除了供自己冒充军人进行招摇撞骗活动,还大量非法生产、买卖武装部队制式服装,达到情节严重标准的,应分别定非法生产、买卖武装部队制式服装罪和冒充军人招摇撞骗罪,实行数罪并罚。

三、伪造、盗窃、买卖、非法提供、非法使用武装部队专用标志罪的罪数

25 关于伪造、盗窃、买卖、非法提供、非法使用武装部队专用标志罪的罪数形态问题,要注意区分以下几种情况:

26 (1)行为人使用伪造、变造、盗窃、买卖或者非法提供的武装部队车辆号牌,逃避缴纳车辆购置税、车辆使用税等税款,如果数额不大或者虽然数额较大但未达到占应纳税额10%以上的,仍以本罪定罪处罚,逃避缴纳税款数额的多少可作为量刑时考虑的酌定情节;如果逃避缴纳的税额数额较大并且占应纳税额10%以上的,则属于本罪与逃税罪的牵连犯,应当以逃税罪定罪处罚。

27 (2)行为人使用伪造、变造、盗窃、买卖或者非法提供的武装部队车辆号牌,骗免养路费、通行费等各种规费,如果数额较大的(一般是2000～4000元),则属于本罪与诈骗罪的牵连犯,应以诈骗罪定罪处罚。否则,以本罪定罪处罚。

28 (3)冒充军人使用伪造、变造、盗窃、买卖或者非法提供的武装部队车辆号牌等专用标志,这种行为有别于典型的冒充军人招摇撞骗(如骗取各种荣誉、利益等),相对而言,对其构成犯罪的标准宜从严把握,故而只有在造成恶劣影响时,才依照冒充军人招摇撞骗罪定罪处罚。如果没有造成恶劣影响的,以本罪定罪处罚。至于具体如何把握“造成恶劣影响”,在无司法解释明确的前提下,可以从以下几个方面认定:①抗拒执法检查的;②引起军政、军民、军警纠纷的;③假冒军人身份时间很长的;④冒充军人实施不缴纳税、费以外的违法行为的;⑤造成恶劣影响的其他情形。[1]

Ⅷ　与非罪的界限

一、伪造、变造、买卖武装部队公文、证件、印章罪和盗窃、抢夺武装部队公文、证件、印章罪罪与非罪的界限

29 根据《刑法》第375条第1款的规定,伪造、变造、买卖武装部队公文、证件、印章罪与盗窃、抢夺武装部队公文、证件、印章罪的成立没有情节严重的要求,但在个案中,如果综合全案认为确属情节显著轻微危害不大的,应依《刑法》第13条的规定不认为是犯罪。据此,最高人民法院、最高人民检察院《关于办理妨害武装部队制式服

1　参见段启俊、王红兵编著:《刑法司法解释解读与适用》,人民法院出版社2003年版,第478页。

装、车辆号牌管理秩序等刑事案件具体应用法律若干问题的解释》第1条规定，伪造、变造、买卖或者盗窃、抢夺武装部队公文、证件、印章，具有下列情形之一的，应以伪造、变造、买卖武装部队公文、证件、印章罪或者盗窃、抢夺武装部队公文、证件、印章罪定罪处罚：①伪造、变造、买卖武装部队公文1件以上的；②伪造、变造、买卖武装部队军官证、士兵证、车辆行驶证、车辆驾驶证或者其他证件2本以上的；③伪造、变造、买卖武装部队机关印章、车辆牌证印章或者其他印章1枚以上的。

刑法规定伪造、变造、买卖武装部队公文、证件、印章罪，其宗旨在于保护武装部队公文、证件、印章的正常管理活动和信誉，这就要求武装部队的机关、单位是真实存在的。如果行为人伪造了虚构的武装部队机关、单位的公文、证件、印章，由于该机关、单位根本不存在，当然便谈不上侵犯其管理活动和信誉。因此，此种伪造行为本身不构成伪造武装部队公文、证件、印章罪。但若行为人利用此种公文、证件、印章，实施其他非法活动，从而构成犯罪的，则应按所触犯的有关罪名定罪处罚。 30

二、非法生产、买卖武装部队制式服装罪罪与非罪的界限

在认定非法生产、买卖武装部队制式服装罪时应当注意：首先，行为人非法生产、买卖的必须是正在使用或即将使用的武装部队制式服装。如果生产、买卖过时或根本不存在的武装部队制式服装的，不构成本罪。其次，行为人生产、买卖武装部队制式服装的行为必须是非法的。这是构成本罪的前提条件。如果是在指定范围内、法定许可或授权范围内生产、买卖武装部队制式服装，是合法行为，不存在构成犯罪的问题。最后，非法生产、买卖武装部队制式服装必须情节严重。如果行为人虽然实施了非法生产、买卖武装部队制式服装的行为，但未达到情节严重的程度，则不构成犯罪。 31

三、伪造、盗窃、买卖、非法提供、非法使用武装部队专用标志罪罪与非罪的界限

不管伪造、盗窃、买卖或者非法提供、使用的武装部队车辆号牌等专用标志本身是否真实(如买卖的是伪造、变造的军车号牌等)，只要实施了上述行为，情节严重的，就构成伪造、盗窃、买卖、非法提供、非法使用武装部队专用标志罪。当然，如果伪造、盗窃、买卖或者非法提供、使用的武装部队车辆号牌等专用标志根本就不存在或者过时的，则不以本罪论处。 32

要正确把握“情节严重”的标准。如果行为人只是偶尔实施了伪造、盗窃、买卖或者非法提供、使用武装部队专用标志的行为，情节轻微的，则不能认为构成本罪。如只是偶尔使用武装部队专用标志或者使用武装部队专用标志时间很短，经有关部门提出后立即纠正，情节轻微的，只能对其给予治安行政管理处罚。 33

IX 与他罪的区别

一、伪造、变造、买卖武装部队公文、证件、印章罪与他罪的区别

34 司法实践中,在认定伪造、变造、买卖武装部队公文、证件、印章罪时,应注意其与伪造、变造、买卖国家机关公文、证件、印章罪的界限。两罪存在以下相同之处:①行为方式相同,即伪造、变造、买卖。②主体相同,都是一般主体。③犯罪形态相同,都是行为犯。④法定刑相同。它们的区别主要在于:①侵犯的法益不同。前罪侵犯的法益是国防利益;而后罪侵犯的法益则是社会公共秩序。②犯罪对象不同。前罪的犯罪对象是武装部队公文、证件、印章,而后罪的犯罪对象则是国家机关的公文、证件、印章。

二、盗窃、抢夺武装部队公文、证件、印章罪与他罪的区别

(一)与盗窃罪、抢夺罪的区别

35 盗窃、抢夺武装部队公文、证件、印章罪与盗窃罪、抢夺罪有以下相似之处:①客观行为相同,都可以盗窃、抢夺方式实施。②主观上都出于故意,且具有非法占有之目的。③都是一般主体。

36 它们之间的区别主要在于:①侵害的法益不同。盗窃、抢夺武装部队公文、证件、印章罪侵害的法益是关系国防利益的武装部队公文、证件、印章管理秩序;而盗窃罪、抢夺罪侵害的法益是公私财产所有权。②犯罪对象不同。盗窃、抢夺武装部队公文、证件、印章罪的犯罪对象仅限于武装部队公文、证件、印章;而盗窃、抢夺罪的犯罪对象则为一般的公私财物。

(二)与盗窃、抢夺、毁灭国家机关公文、证件、印章罪的区别

37 盗窃、抢夺武装部队公文、证件、印章罪与盗窃、抢夺、毁灭国家机关公文、证件、印章罪的行为对象相同,即公文、证件、印章,在行为方式上有重叠,都包括盗窃和抢夺方式;行为主体都是一般主体;主观方面都为故意,且均有非法占有的目的。它们的区别主要体现为:①行为对象的范围不同。前者的犯罪对象仅限于武装部队的公文、证件、印章,而后者的犯罪包括所有国家机关的公文、证件、印章。②行为方式不完全相同。前者的行方式仅限于盗窃、抢夺,而后者的行为方式有三种,除盗窃、抢夺之外,还包括毁灭。笔者认为,如果行为人毁灭武装部队公文、证件、印章的,可根据非法获取的手段定罪处罚;如果是本人经手保管或持有的,则可以毁灭国家机关公文、证件、印章罪定罪处罚。③侵犯的法益不同。前者侵害的法益是关系到国防利益的武装部队公文、证件、印章管理秩序;而后者侵害的法益则是社会公共秩序中的国家机关公文、证件、印章管理秩序。

三、非法生产、买卖武装部队制式服装罪与他罪的区别

38 实践中,在认定非法生产、买卖武装部队制式服装罪时,需要注意其与非法生产、买卖警用装备罪的界限。概括而言,两罪行为方式相同,均以非法生产、买卖为选择性行为方式;行为主体相同,既可以由自然人构成,也可以由单位构成;罪过形式均为故意;从犯罪形态上讲,两罪均属于情节犯;法定刑设置完全相同。它们的区别主要体现为:①侵害的法益不同。前罪侵害的法益是军用标志管理秩序及国防利益;后罪侵害的法益是社会管理秩序。②犯罪对象不同。前罪的犯罪对象是武装部队制式服装;而后罪的犯罪对象除人民警察制式服装以外,还包括车辆号牌等专用标志、警械。需要注意的是,因中国人民武装警察部队属于武装部队系列,所以,非法生产、买卖中国人民武装警察部队的制式服装,且情节严重的行为,不构成非法生产、买卖警用装备罪,而应按非法生产、买卖武装部队制式服装罪论处。

X　处罚

一、伪造、变造、买卖武装部队公文、证件、印章罪和盗窃、抢夺武装部队公文、证件、印章罪的处罚

39 根据《刑法》第 375 条第 1 款的规定,犯伪造、变造、买卖武装部队公文、证件、印章罪或者盗窃、抢夺武装部队公文、证件、印章罪的,处 3 年以下有期徒刑、拘役、管制或者剥夺政治权利;情节严重的,处 3 年以上 10 年以下有期徒刑。此处所谓"情节严重",根据最高人民法院、最高人民检察院《关于办理妨害武装部队制式服装、车辆号牌管理秩序等刑事案件具体应用法律若干问题的解释》第 1 条的规定,是指具有下列情形之一:①伪造、变造、买卖武装部队公文 5 件以上的;②伪造、变造、买卖武装部队军官证、士兵证、车辆行驶证、车辆驾驶证或者其他证件 10 本以上的;③伪造、变造、买卖武装部队机关印章、车辆牌证印章或者其他印章 5 枚以上的;④伪造、变造、买卖武装部队公文、证件、印章,造成严重后果的。

二、非法生产、买卖武装部队制式服装罪的处罚

40 根据《刑法》第 375 条第 2 款、第 4 款的规定:犯非法生产、买卖武装部队制式服装罪的,处 3 年以下有期徒刑、拘役或者管制,并处或者单处罚金。单位犯本罪的,对单位判处罚金,并对其直接负责的主管人员和其他直接责任人员,依照《刑法》第 375 条第 2 款的规定处罚。

三、伪造、盗窃、买卖、非法提供、非法使用武装部队专用标志罪的处罚

41 根据《刑法》第 375 条第 3 款、第 4 款的规定:犯伪造、盗窃、买卖、非法提供、非法使用武装部队专用标志罪的,处 3 年以下有期徒刑、拘役或者管制,并处或者单处罚

金;情节特别严重的,处3年以上7年以下有期徒刑,并处罚金。单位犯本罪的,对单位判处罚金,并对其直接负责的主管人员和其他直接责任人员,依照《刑法》第375条第3款的规定处罚。所谓"情节特别严重",根据最高人民法院、最高人民检察院《关于办理妨害武装部队制式服装、车辆号牌管理秩序等刑事案件具体应用法律若干问题的解释》第3条的规定,是指具有下列情形之一:①伪造、盗窃、买卖或者非法提供、使用武装部队军以上领导机关专用车辆号牌5副以上或者其他车辆号牌15副以上的;②非法提供、使用军以上领导机关车辆号牌累计6个月以上或者其他车辆号牌累计1年以上的;③伪造、盗窃、买卖或者非法提供、使用军徽、军旗、军种符号或者其他军用标志合计500件(副)以上的;④造成特别严重后果或者特别恶劣影响的。

第三百七十六条　战时拒绝、逃避征召、军事训练罪；战时拒绝、逃避服役罪

预备役人员战时拒绝、逃避征召或者军事训练，情节严重的，处三年以下有期徒刑或者拘役。

公民战时拒绝、逃避服役，情节严重的，处二年以下有期徒刑或者拘役。

文献：高铭暄、赵秉志编：《新中国刑法立法文献资料总览》（下），中国人民公安大学出版社 1998 年版；黄林异主编：《危害国防利益罪》，中国人民公安大学出版社 2003 年版；周道鸾、张军主编：《刑法罪名精释》（第 4 版），人民法院出版社 2013 年版。

细目录

Ⅰ　主旨
Ⅱ　沿革
Ⅲ　行为
　一、战时拒绝、逃避征召、军事训练罪的行为
　二、战时拒绝、逃避服役罪的行为
Ⅳ　主体
Ⅴ　罪过
Ⅵ　与非罪的界限
Ⅶ　与他罪的区别
　一、战时拒绝、逃避征召、军事训练罪与他罪的区别
　二、战时拒绝、逃避服役罪与他罪的区别
Ⅷ　处罚

Ⅰ　主旨

战时拒绝、逃避征召、军事训练罪，是指预备役人员在战时拒绝、逃避征召或者军事训练，情节严重的行为。战时拒绝、逃避征召、军事训练罪的客体是战时预备役人员管理秩序。预备役是我国兵役的组成部分。预备役人员是国家武装力量的重要组成部分，有参军参战、抵抗侵略、保卫祖国和维护社会治安的责任和义务，必须按照《国防法》等军事法律、法规的规定参加军事训练，随时准备参军参战，保卫祖国。预 1

备役人员违反法律、法规关于其应参加军事训练和响应国家征召的规定,在战时拒绝、逃避征召或军事训练,会影响部队兵员的补充和人员素质的提高,危害部队建设和国防利益。

2　战时拒绝、逃避服役罪,是指公民战时拒绝、逃避服兵役,情节严重的行为。战时拒绝、逃避服役罪的客体是国家战时兵役管理秩序。战时公民依法服兵役是兵役制度的重要组成部分,拒绝、逃避服兵役直接影响部队兵员的补充,妨害我国兵役制度的贯彻实施,尤其在战时,情节严重的行为,会严重影响部队的扩编和作战行动,危害国家的国防利益。

Ⅱ　沿革

3　1984 年 5 月 31 日全国人民代表大会通过的《兵役法》第 61 条第 2 款规定:"在战时,预备役人员拒绝、逃避征召或者拒绝、逃避军事训练,情节严重的,比照《中华人民共和国惩治军人违反职责罪暂行条例》第六条第一款的规定处罚。"即按照"违反兵役法规定,逃离部队,情节严重的,处三年以下有期徒刑或者拘役"这一关于逃离部队罪的规定定罪处罚。

4　1997 年 1 月 6 日的《危害国防罪(试拟稿)》在此基础上曾规定,"预备役人员战时拒绝、逃避征召或者军事训练,情节严重的,处三年以下有期徒刑或者拘役。单位阻挠预备役人员应召或者参加军事训练,情节严重的,对单位判处罚金,并对直接负责的主管人员和其他直接责任人员依照前款规定处罚"。1997 年 1 月 10 日的《刑法(修订草稿)》第 446 条第 1 款则规定:"预备役人员战时拒绝、逃避征召或者军事训练,情节严重的,处三年以下有期徒刑或者拘役。"1997 年《刑法》第 376 条第 1 款在这一草案的基础上修订而成。

5　1979 年《刑法》及 1981 年《惩治军人违反职责罪暂行条例》中均未把拒绝、逃避服役行为规定为犯罪。1984 年的《兵役法》虽曾规定,对有服兵役义务的公民拒绝或逃避兵役登记的,应征公民拒绝、逃避征集的,经教育不改,基层人民政府应当强制履行兵役义务,但也没有以附属刑法形式对拒绝、逃避服役行为予以惩治。

6　1997 年全面修订《刑法》时,在 1997 年 1 月 6 日的《危害国防罪(试拟稿)》中规定,"应征公民拒绝、逃避服现役,情节严重的,处二年以下有期徒刑、拘役或者管制"。以此为基础,1997 年《刑法》正式通过时以第 376 条第 2 款规定拒绝、逃避服役罪。

Ⅲ　行为

一、战时拒绝、逃避征召、军事训练罪的行为

7　战时拒绝、逃避征召、军事训练罪表现为在战时拒绝,逃避征召或者军事训练,情节严重的行为。

(1)必须发生在战时。这是构成战时拒绝、逃避征召、军事训练罪的时间条件。根据《刑法》第451条的规定,所谓战时,是指国家宣布进入战争状态,部队受领作战任务或者遭敌突然袭击时。部队执行戒严任务或者处置突发性暴力事件时,以战时论。 8

(2)拒绝、逃避征召或者军事训练。拒绝,是指拒不接受征召或军事训练的通知,或者接通知后拒不报到。拒绝接受征召或军事训练通知,是指预备役人员在国家兵役机关依法发出的要求其接受征召或参加军事训练的通知送达时不予接受。所谓接受通知后拒绝报到,是指预备役人员在国家兵役机关向其送达征召或军事训练的通知时,表面上予以接受,但拒绝按时到指定地点报到。逃避,是指以各种手段有意躲避征召或军事训练。逃避既可以采取积极方式,也可以采取消极的方式。所谓积极方式的逃避,是指预备役人员通过一定的欺骗方式使自己的征召或军事训练义务得以免除。所谓消极方式的逃避,是指预备役人员消极躲避征召或军事训练。征召,是指兵役机关依法向预备役人员发出通知,要求其按规定时间和地点报到,准备转服现役。军事训练,是指对部队进行军事理论教育和作战技能的活动。军事训练是我军教育训练的重要内容,目的在于全面提高部队在现代化条件下的作战能力,做到打得准、开得动、联得上、合得成、保障好,随时能完成作战任务。我军军事训练的主要内容包括技术训练、战术训练、战役训练和共同科目训练。 9

(3)情节严重。战时拒绝、逃避征召、军事训练罪的成立,不仅要求行为人实施了战时拒绝、逃避征召或军事训练的行为,而且要求达到"情节严重"的程度。所谓"情节严重",根据最高人民检察院、公安部《关于公安机关管辖的刑事案件立案追诉标准的规定(一)》第95条的规定,是指具有下列情形之一的:①无正当理由经教育仍拒绝、逃避征召或军事训练的;②以暴力、威胁、欺骗等手段,或者采取自伤、自残等方式拒绝、逃避征召或者军事训练的;③联络、煽动他人共同拒绝、逃避征召或者军事训练的;④其他情节严重的情形。在司法实践中,应根据行为人战时拒绝、逃避征召或军事训练行为之具体情况综合认定。 10

二、战时拒绝、逃避服役罪的行为

战时拒绝、逃避服役罪表现为在战时拒绝、逃避服役,情节严重的行为。 11

"战时"是构成战时拒绝、逃避服役罪的时间条件。拒绝和逃避是本罪的选择性行为方式。拒绝,是指拒不接受服兵役。逃避,是指以某种行为或虚假理由躲避服兵役。服役,是指服兵役。《兵役法》第6条规定,"兵役分为现役和预备役"。现役,是指公民自入伍之日起至退伍之日止,在军队中所服的兵役。它是公民服兵役的一种主要形式。其内容包括军官的现役和士兵的现役。预备役,是指公民在军外所服的兵役,它是国家储备后备兵员的一种主要形式。预备役也包括军官的预备役和士兵的预备役。 12

战时拒绝、逃避服役罪的成立以情节严重为必要。所谓情节严重,根据最高人民检察院、公安部《关于公安机关管辖的刑事案件立案追诉标准的规定(一)》第96条 13

的规定,是指具有下列情形之一的:①无正当理由经教育仍拒绝、逃避服役的;②以暴力、威胁、欺骗等手段,或者采取自伤、自残等方式拒绝、逃避服役的;③联络、煽动他人共同拒绝、逃避服役的;④其他情节严重的情形。

Ⅳ　主体

14 战时拒绝、逃避征召、军事训练罪的主体是特殊主体,只有预备役人员才能构成本罪。所谓预备役人员,根据《兵役法》第6条的规定,是指预编到现役部队或者编入预备役部队服预备役的人员,包括预备役军官和预备役士兵。预备役军官包括以下五类人员:①退出现役转入预备役的军官;②确定服军官预备役的退出现役的士兵;③确定服军官预备役的高等院校毕业生;④确定服军官预备役的专职人民武装干部和民兵干部;⑤确定服军官预备役的非军事部门的干部和专业技术人员。至于单位,则不能成为本罪的主体。

15 战时拒绝、逃避服役罪的主体是具备服兵役条件的中华人民共和国公民。此处所谓公民,是指具有中华人民共和国国籍的人。下列人员不能成为本罪主体:①外国公民或无国籍人;②不满18周岁的公民(已满17周岁未满18周岁的公民尽管也可以征集,但以本人自愿为前提,故也不可能成为本罪的主体);③有严重生理缺陷或者严重残疾不适合服兵役的人;④符合兵役法规定,应征公民是维持家庭生活的唯一劳动力或者正在全日制学校就学的学生,经批准可以缓征的人员;⑤依法被剥夺政治权利的人;⑥被羁押正在受侦查、起诉、审判的或被判处徒刑、拘役、管制正在服刑的人员。此外,单位也不能成为本罪的主体。

Ⅴ　罪过

16 战时拒绝、逃避征召、军事训练罪的罪过形式为故意,即行为人明知自己拒绝、逃避征召和军事训练,会危害部队建设和国防利益,却希望或者放任这种危害结果的发生。过失不构成本罪。

17 战时拒绝、逃避服役罪的罪过形式为故意,即行为人明知自己拒绝、逃避服役的行为会发生妨害部队战时兵役管理秩序的后果,却希望或放任这种结果的发生。

Ⅵ　与非罪的界限

18 对于战时拒绝、逃避征召、军事训练罪罪与非罪的界限,首先,本罪的成立以"战时"为必要,如果发生在平时,则不构成本罪。其次,本罪属于情节犯,以情节严重为必要,如果情节尚未达到严重程度,则不能构成本罪。最后,本罪的罪过形式为故意,如果由于客观原因没有收到征召和军事训练通知,或者由于客观原因不能按时报到或无法去报到的,此时行为人主观方面不具有拒绝、逃避征召或军事训练之故意,故不能认定为犯罪。

对于战时拒绝、逃避服役罪罪与非罪的界限，首先，发生在战时是构成本罪必备的时间条件。发生在平时的拒绝、逃避服役的行为，即使情节严重，也不构成本罪。其次，本罪属于情节犯，即具备服兵役条件的公民在战时实施拒绝、逃避服役行为的，须达到情节严重的程度，才构成本罪。如果行为人虽然有战时拒绝、逃避服役的行为，但未达到情节严重程度的，也不能构成本罪。最后，本罪的罪过形式为故意。过失不构成本罪。如果因为行为人意志以外的客观原因导致行为人不能服兵役的，不能构成本罪。 19

Ⅶ 与他罪的区别

一、战时拒绝、逃避征召、军事训练罪与他罪的区别

实践中，在认定战时拒绝、逃避征召、军事训练罪时，应将其与战时临阵脱逃罪区别开来。战时临阵脱逃罪，是指战时军人在战场上或在战斗状态、待命出击的情况下，因贪生怕死、畏惧战斗而脱逃的行为。本罪与战时临阵脱逃罪的联系在于：①行为人都是不履行自己的兵役义务；②两罪均可以逃避的方式实施；③两罪均以发生在战时为必要；④罪过形式均为故意。区别主要在于：①逃避军事义务的方式不尽相同。本罪除逃避之外，还可以是拒绝。②构成犯罪的要求不同。本罪是情节犯，以情节严重为必要；而战时临阵脱逃罪并不以情节严重为要件，情节严重是法定的刑罚加重情形，属于情节加重犯。③行为主体不同。本罪的主体是预备役人员，而战时临阵脱逃罪的主体是现役军人。 20

二、战时拒绝、逃避服役罪与他罪的区别

实践中，需要注意战时拒绝、逃避服役罪与战时拒绝、逃避征召、军事训练罪的界限。两罪在以下方面具有相似之处：①侵害的法益相同，即都侵害了国家战时兵役管理秩序，危害国家国防利益。②行为方式相同，均以拒绝、逃避为法定行为方式。③都以发生在战时为必备要件。④罪过形式相同，都是出于故意。⑤均属于情节犯。 21

它们的区别主要在于：①行为内容略有不同。前者之行为内容是拒绝、逃避服兵役，后者之行为内容是拒绝、逃避征召或军事训练。②行为主体不同。前者的主体是具备服兵役条件的公民，而后者的主体是预备役人员。 22

Ⅷ 处罚

根据《刑法》第 376 条第 1 款的规定，犯战时拒绝、逃避征召、军事训练罪的，处 3 年以下有期徒刑或者拘役。 23

根据《刑法》第 376 条第 2 款的规定，犯战时拒绝、逃避服役罪的，处 2 年以下有期徒刑或者拘役。 24

第三百七十七条　战时故意提供虚假敌情罪

战时故意向武装部队提供虚假敌情，造成严重后果的，处三年以上十年以下有期徒刑；造成特别严重后果的，处十年以上有期徒刑或者无期徒刑。

文献：武炳主编：《高等学校军事课教材》(上)，国防大学出版社1993年版；中国检察理论研究所编写：《刑法新罪名通论》，中国法制出版社1997年版；黄林异主编：《危害国防利益罪》，中国人民公安大学出版社2003年版；周道鸾、张军主编：《刑法罪名精释》(第4版)，人民法院出版社2013年版。

细目录

Ⅰ　主旨
Ⅱ　沿革
Ⅲ　行为
Ⅳ　主体
Ⅴ　罪过
Ⅵ　罪数
Ⅶ　与非罪的界限
Ⅷ　与他罪的区别
Ⅸ　处罚

Ⅰ　主旨

1　战时故意提供虚假敌情罪，是指战时故意向武装部队提供虚假敌情，造成严重后果的行为。战时故意提供虚假敌情罪的客体是武装部队作战指挥秩序。部队作战指挥秩序是我军夺取战斗、战役胜利的重要保障。及时准确地掌握敌方兵力部署、武器装备等情况和有关动态，对于我军全面了解和正确估计敌我力量对比，调整作战部署，制定作战方案，以求克敌制胜，具有重要意义。向武装部队提供虚假敌情的行为，使武装部队难以制订出符合客观实际的战略部署和行动方案，就会给部队招致危险，给作战利益带来损害，甚至导致战斗战役的失利或者作战将士的无辜伤亡。因此，惩治故意向武装部队提供虚假敌情、危害我军作战利益的犯罪行为，是保证我军战斗胜利、维护国防利益的需要。

Ⅱ 沿革

我国 1979 年《刑法》并没有专门设立惩治战时故意提供虚假敌情的犯罪,1981 年制定的《惩治军人违反职责罪暂行条例》第 18 条曾规定了谎报军情或假传军令罪,但此一罪名的主体仅限于军人,不能有效地打击非军人故意向武装部队提供虚假敌情的行为。鉴此,1997 年《刑法》在第 377 条规定了战时故意提供虚假敌情罪。 2

Ⅲ 行为

战时故意提供虚假敌情罪表现为战时向武装部队提供虚假敌情,造成严重后果的行为。 3

(1)行为必须发生于“战时”。这是构成本罪的必备时间条件。在平时实施向武装部队提供虚假敌情行为,由于武装部队有足够的时间和手段进行甄别,一般不容易造成严重后果,虽然也有一定的社会危害性,但比起战时要小得多。因此刑法规定只有战时才能构成本罪。 4

(2)向武装部队提供虚假敌情。所谓虚假敌情,就是不真实的敌方情况,包括与实际不符的与敌军军事行动直接相关的情况,以及与军事有关的政治、经济、科技、气象、地理等方面的敌人情况,如虚假的敌军兵力和兵力部署、武器装备、行军动向、防御工事、火力设置、雷区设置等。此种虚假敌情,可以系行为人凭空捏造,也可以系对真实敌情的颠倒歪曲。“向武装部队提供”,即向中国人民解放军现役部队、中国人民解放军预备役部队、中国人民武装警察部队和民兵组织提供。具体而言,可以采取不同的方式,既可以主动提供,也可以被动提供;既可以直接提供,也可以间接提供;既可以口头方式提供,也可以书面提供。 5

(3)造成严重后果。战时故意提供虚假敌情罪属于结果犯,以造成严重后果为成立犯罪之必要。所谓造成严重后果,刑法没有明确规定,一般认为,可以从如下方面予以综合考虑:①导致作战部署作较大调整的;②致使战斗、战役或者其他重要军事行动遭受损失的;③造成人员重伤死亡的;④严重毁损武器装备、军用物资的;⑤贻误战机的;⑥影响部队完成重要任务的;⑦造成其他严重经济损失的。 6

Ⅳ 主体

战时故意提供虚假敌情罪的主体是非军人,即军人以外的其他人。外国人或无国籍人不能单独构成本罪,这是由本罪罪状所决定的。此外,军人也不能成为本罪的主体。如果军人战时实施此种行为的,应按《刑法》第 422 条规定的隐瞒、谎报军情罪定罪处罚。 7

V 罪过

8 战时故意提供虚假敌情罪的罪过形式为故意,即明知自己提供虚假敌情会影响部队对敌情的正确判断,危害作战和国防利益,却希望或者放任这种危害结果的发生。战时过失向武装部队提供虚假敌情,即使造成严重后果,也不能构成本罪。

Ⅵ 罪数

9 司法实践中,战时故意提供虚假敌情罪与间谍罪、投敌叛变罪往往会形成牵连关系。比如行为人参加间谍组织或接受间谍组织及其代理任务后,又在战时故意向武装部队提供虚假敌情,造成严重后果的;或者投敌叛变后又在战时故意向武装部队提供虚假敌情,造成严重后果的,则同时触犯战时故意提供虚假敌情罪、间谍罪或者投敌叛变罪,构成牵连犯,应按处罚牵连犯的一般原则,从一重处断,即分别按间谍罪或投敌叛变罪定罪处罚。但如果行为人提供虚假敌情罪后,又参加间谍组织或投敌叛变的,应按战时故意提供虚假敌情罪和间谍罪或投敌叛变罪数罪并罚。

Ⅶ 与非罪的界限

10 首先,发生在战时是构成战时故意提供虚假敌情罪的时间要件,发生在平时的故意向武装部队提供虚假敌情的行为,即使造成严重后果的,也不构成本罪。其次,行为人必须有提供虚假敌情的行为,如果行为人在向武装部队提供真实的敌情后,由于敌情变化,所提供的敌情已不符合现时真实情况的,不能视为提供虚假敌情。再次,战时故意提供虚假敌情罪属于结果犯,以造成严重结果为必要。如果行为人之行为并未造成严重后果的,则不构成本罪。最后,行为人在战时向武装部队提供虚假敌情的行为和构成战时故意提供虚假敌情罪所必备的造成严重后果之间必须具有因果关系。如果严重后果不是因为行为人提供虚假敌情行为造成的,不构成本罪。

Ⅷ 与他罪的区别

11 要注意战时故意提供虚假敌情罪与隐瞒、谎报军情罪的界限。二者具有以下相同之处:①都可能对我军的作战利益造成损害;②行为对象都指向武装部队;③都实施了向武装部队提供虚假敌情的行为;④前罪以发生在战时为必要,后罪虽未明确规定战时为构成之时间要件,但从条文的规定看,该罪主要还是发生在战时的条件下;⑤都属于结果犯;⑥罪过形式均为故意。

12 两罪的区别主要在于:①后罪之"军情"包括敌我双方的军情,而前罪之"敌情"仅指敌方的情况。②行为形式有所不同。前罪由积极的作为构成,即以提供方式实施;而后罪既可以由隐瞒的不作为方式构成,也可以由谎报的作为形式构成。③行为主体不同。前罪的主体是非军人,而后罪的主体仅限于军人。

Ⅸ 处罚

根据《刑法》第 377 条的规定，犯战时故意提供虚假敌情罪的，处 3 年以上 10 年以下有期徒刑；造成特别严重后果的，处 10 年以上有期徒刑或者无期徒刑。所谓“造成特别严重后果”，主要包括以下情形：①造成部队人员重大伤亡的；②造成大量或重要武器装备、军事设施、军用物资严重毁损的；③导致战斗、战役失利或者其他重要军事行动遭受重大损失的；④影响重要任务完成的；⑤贻误重要战机的；⑥导致作战部署作重大调整的；⑦造成其他特别严重后果的。 13

第三百七十八条　战时造谣扰乱军心罪

战时造谣惑众，扰乱军心的，处三年以下有期徒刑、拘役或者管制；情节严重的，处三年以上十年以下有期徒刑。

文献:武炳主编:《高等学校军事课教材》(上),国防大学出版社1993年版;黄林异主编:《危害国防利益罪》,中国人民公安大学出版社2003年版;周道鸾、张军主编:《刑法罪名精释》(第4版),人民法院出版社2013年版。

细目录

Ⅰ　主旨

Ⅱ　沿革

Ⅲ　行为

Ⅳ　主体

Ⅴ　罪过

Ⅵ　与非罪的界限

Ⅶ　与他罪的区别

一、与战时造谣惑众罪的区别

二、与战时故意提供虚假敌情罪的区别

Ⅷ　处罚

Ⅰ　主旨

1　战时造谣扰乱军心罪,是指战时造谣惑众,扰乱军心的行为。军心稳定、斗志高昂是战斗胜利的重要保证。在战时特别是在战争状态或者战斗紧张进行的过程中,任何制造和散布各种危害军心稳定的谣言的行为,都会严重地引起部队的情绪动荡,影响军心士气的稳定,甚至导致战斗失利。

Ⅱ　沿革

2　1981年《惩治军人违反职责罪暂行条例》在第14条规定了战时造谣惑众罪,即"战时造谣惑众,动摇军心的,处三年以下有期徒刑;情节严重的,处三年以上十年以下有期徒刑。勾结敌人造谣惑众,动摇军心的,处十年以上有期徒刑或者无期徒刑;情节特别严重的,可以判处死刑"。但是,该罪的主体只限于军人。然而,非军人在战时状态下宣扬、散布各种危害作战利益、扰乱军心的谣言,同样也会造成严重危害后果。基于此种考虑,立法者在《刑法》修订过程中,参照军人违反职责罪中有关战时造谣惑众罪的规定,在危害国防利益罪一章中以第 378 条增设了战时造谣扰乱军心罪,对非军人战时造谣惑众、扰乱军心的行为予以惩治。

Ⅲ 行为

战时造谣扰乱军心罪表现为战时造谣惑众,扰乱军心的行为。 3

战时,是构成本罪必备的时间条件。所谓造谣惑众,是指为达到某种目的而编造谣言,蛊惑群众。造谣惑众实际上包括造谣和惑众两个动作,是一种复合行为,二者缺一不可。造谣,是指凭空捏造某种信息,或者颠倒、歪曲事实情况。惑众,即指蛊惑群众。行为人造谣之后还要有惑众行为,即将其所造谣言向多名武装部队人员宣扬、散布。如果行为人只是向个别人散布谣言,就不是惑众,不能构成本罪。造谣和惑众二者联系密切,造谣是手段,惑众是目的,如果行为人虽制造了谣言,但没有把它向多数人散布,亦不构成本罪。 4

扰乱军心,是指行为人通过制造谣言,在部队中散布怯战、厌战或恐怖情绪,造成军心不稳,斗志涣散,削弱战斗力。此处所谓"扰乱军心",既指事实上已扰乱了军心,又指可能扰乱军心。可能扰乱军心,是指具有扰乱军心的现实可能,而不只是抽象可能。因此,从犯罪形态上讲,本罪属于危险犯。易言之,行为人实施了造谣惑众行为,只要造成具有扰乱军心现实危险性的危险状态,就构成战时造谣扰乱军心罪的既遂。如果行为人编造传播的谣言,不足以扰乱军心的,不构成本罪。 5

造谣惑众和扰乱军心之间联系紧密,造谣惑众是手段,扰乱军心是结果。以下两种情形下,行为人都不能构成本罪:仅有造谣惑众行为,但不足以造成扰乱军心危险状态的;或者扰乱军心之危险状态不是造谣惑众行为造成的,而是由于其他行为造成的,如指挥人员表现出悲观情绪,从而扰乱了军心。 6

Ⅳ 主体

战时造谣扰乱军心罪的主体是非军人,军人不能成为本罪的主体。如果军人在战时情况下,造谣惑众、扰乱军心的,应按《刑法》第 433 条规定的战时造谣惑众罪定罪处罚。 7

Ⅴ 罪过

战时造谣扰乱军心罪的罪过形式为故意,即行为人明知自己造谣惑众、扰乱军心的行为,会影响部队士气,危害作战行动,却希望或者放任这种危害结果的发生。战时过失扰乱军心的,不构成本罪。 8

Ⅵ 与非罪的界限

9 首先,发生在战时是构成战时造谣扰乱军心罪的时间要件。发生在平时的造谣惑众行为,即使足以造成扰乱军心的危险状态,甚至已经扰乱军心的,也不构成本罪。其次,行为人必须有造谣惑众的行为,即行为人所散布、传播的消息必须是捏造或颠倒、歪曲的消息,如果行为人将非法获取的真实的军事情报,如我军的伤亡人数,予以宣扬、散布,即使造成扰乱军心后果,也不构成战时造谣扰乱军心罪。最后,战时造谣扰乱军心罪属于危险犯,不仅要求行为人有造谣惑众的行为,而且要求造谣惑众行为足以造成扰乱军心的危险状态。如果行为人制造、传播的谣言荒诞不经,显然难以令人置信的,不可能造成扰乱军心后果的,不宜按本罪论处。

Ⅶ 与他罪的区别

一、与战时造谣惑众罪的区别

10 战时造谣扰乱军心罪与战时造谣惑众罪具有以下相同之处:①侵害的法益相同,都是部队的战时宣传舆论秩序。②行为基本相同,均表现为造谣惑众、扰乱军心的行为。③均以发生在战时为构成犯罪的必备要件。④罪过形式均为故意。

11 它们的区别主要体现在:①行为主体不同。战时造谣扰乱军心罪的行为主体是非军人,而战时造谣惑众罪的行为主体为军人。②法定刑有所不同。战时造谣扰乱军心罪的法定最低刑为管制,法定最高刑为10年有期徒刑;而战时造谣惑众罪的法定最低刑为3年有期徒刑,法定最高刑为死刑。

二、与战时故意提供虚假敌情罪的区别

12 战时造谣扰乱军心罪与战时故意提供虚假敌情罪具有以下相同之处:①侵害的法益相同,均为国防利益。②行为均可通过编造虚假敌情方式实施。③均以发生在战时为必要。④行为主体相同,均为非军人。⑤罪过形式均为故意。

13 它们之间的区别主要在于:①行为对象不尽相同。前罪的行为是编造或散布、宣扬谣言,其谣言的影响对象是不特定的人,即不特定的军事人员;而后罪表现为向武装部队提供虚假敌情,一般是向特定军事机关或具有收集情报职责的军事人员提供,即虚假情报的影响对象在某种程度上是特定化的。②行为内容不尽相同。前罪中造谣惑众所编造的谣言既可是与敌方有关的情况,也可以是与我方有关的情况;而后罪所提供的只是敌情,即敌方的有关情况。③犯罪形态不同。前罪属于危险犯,而后罪属于结果犯。

Ⅷ 处罚

14 根据《刑法》第378条的规定,犯战时造谣扰乱军心罪的,处3年以下有期徒刑、

拘役或者管制;情节严重的,处 3 年以上 10 年以下有期徒刑。此处所谓“情节严重”,包括以下情形:①大量散发造谣惑众、扰乱军心材料或者谣言扩散的范围大、人数多的;②指挥、组织他人造谣惑众、扰乱军心的;③在紧要关头或者危急时刻造谣惑众、扰乱军心的;④所制造、传播的谣言煽动性、欺骗性很强的;⑤勾结敌人造谣惑众的;⑥造成部队混乱、指挥失控、人员逃亡或其他严重后果的;⑦影响完成重要军事任务的;⑧具有其他严重的情节的。

第三百七十九条　战时窝藏逃离部队军人罪

战时明知是逃离部队的军人而为其提供隐蔽处所、财物，情节严重的，处三年以下有期徒刑或者拘役。

文献：高铭暄、赵秉志编：《新中国刑法立法文献资料总览》(下)，中国人民公安大学出版社 1998 年版；黄林异主编：《危害国防利益罪》，中国人民公安大学出版社 2003 年版；周道鸾、张军主编：《刑法罪名精释》(第 4 版)，人民法院出版社 2013 年版。

细目录

Ⅰ　主旨
Ⅱ　沿革
Ⅲ　行为
Ⅳ　主体
Ⅴ　罪过
Ⅵ　与非罪的界限
Ⅶ　与他罪的区别
Ⅷ　处罚

Ⅰ　主旨

1　战时窝藏逃离部队军人罪，是指战时明知是逃离部队的军人而为其提供隐蔽处所、财物，情节严重的行为。战时窝藏逃离部队罪的客体是战时部队正常的兵员管理秩序。战时窝藏逃离部队军人的行为，违背公民的国防义务，扰乱部队正常的兵员管理秩序，影响部队作战、训练、战备、值勤、抢险救灾等任务的完成，危害作战和国防利益。

Ⅱ　沿革

2　我国 1979 年《刑法》对于战时窝藏逃离部队军人行为并无惩处规定。但鉴于此一行为具有相当的社会危害性，历次刑法修订草案都有对其予以惩治的规定。例如 1997 年 2 月的《刑法修订草案(修改稿)》即规定："战时明知是逃离部队的军人而为其提供隐蔽处所、财物,情节严重的,处三年以下有期徒刑或者拘役。”[1] 1997 年《刑法》第 379 条便是在这一规定的基础上形成的。

Ⅲ 行为

3 战时窝藏逃离部队军人罪表现为战时为逃离部队的军人提供隐蔽处所、财物,情节严重的行为。所谓窝藏,是指明知是违法人员或犯罪分子,而为其提供隐藏处所或者用资助财物方法帮助其隐藏和逃匿,以使其逃避法律制裁的行为。向逃离部队的军人通报侦查、追捕的动静,向其提供化装用具等,也构成窝藏。本罪的对象是逃离部队的军人,包括未经领导批准擅自离开部队和虽经领导批准,但逾期不归两种情形。

4 此处所谓情节严重,根据最高人民检察院、公安部《关于公安机关管辖的刑事案件立案追诉标准的规定(一)》第 97 条的规定,是指具有下列情形之一的:①窝藏 3 人次以上的;②明知是军事指挥人员、值班执勤人员或者其他负有重要职责人员而窝藏的;③有关部门查找时拒不交出的;④其他情节严重的情形。

Ⅳ 主体

5 战时窝藏逃离部队军人罪的主体是一般主体,即只要达到刑事责任年龄,具有刑事责任能力的自然人,均可构成本罪。具体而言,既可以是逃离部队军人的亲属、朋友,也可以是其他人员;既可以是军人,也可以是非军人。

Ⅴ 罪过

6 战时窝藏逃离部队军人罪的罪过形式为故意。具体来说,行为人不仅须明知被窝藏者是军人,而且须明知被窝藏者是逃离部队的军人,即明知被窝藏者是未经领导批准而离开部队或者虽经领导批准离队但逾期不归的军人。

Ⅵ 与非罪的界限

7 首先,窝藏逃离部队军人的行为只有发生在战时才可构成战时窝藏逃离部队军人罪。如果发生于平时,则不构成本罪。其次,战时窝藏逃离部队,须情节严重的才构成战时窝藏逃离部队军人罪。如果情节较轻,一般不以犯罪论处。最后,行为人必须明知被窝藏者是逃离部队的军人,否则不构成战时窝藏逃离部队军人罪。

---

1 高铭暄、赵秉志编:《新中国刑法立法文献资料总览》(下),中国人民公安大学出版社 1998 年版,第 1716 页。

Ⅶ　与他罪的区别

8　在认定战时窝藏逃离部队军人罪时,应注意其与窝藏、包庇罪的界限。战时窝藏逃离部队军人罪与窝藏、包庇罪存在诸多相似之处:①行为相似,都可表现为窝藏行为。②主体相同,均为一般主体。③罪过形式均为故意。

9　它们的区别主要体现在:①侵犯的法益不同。战时窝藏逃离部队军人罪侵害的法益是部队正常的兵员管理秩序和国防利益,而窝藏、包庇罪侵害的法益则是司法机关的正常活动。②犯罪对象不同。战时窝藏逃离部队军人罪的犯罪对象是逃离部队的军人,该军人既可以仅有逃离部队的行为,也可以还犯有其他罪行,而窝藏、包庇罪的犯罪对象则是已实施其他类型犯罪的人;同时,战时窝藏逃离部队军人罪的犯罪对象只能是逃离部队的军人,即所帮助的对象必须具有军人身份,而窝藏、包庇罪的犯罪对象则是已犯罪的人,其身份既可以是军人,也可以是非军人。③战时窝藏逃离部队军人罪要求发生在战时,而窝藏、包庇罪则无此限制。④行为方式不完全相同。战时窝藏逃离部队军人罪客观方面表现为窝藏行为;而窝藏、包庇罪还包括包庇行为。⑤战时窝藏逃离部队军人罪是情节犯,而窝藏、包庇罪是行为犯。

Ⅷ　处罚

10　根据《刑法》第379条的规定,犯战时窝藏逃离部队军人罪的,处3年以下有期徒刑或者拘役。在具体量刑时应考虑以下情节:①窝藏逃离部队军人的人数;②犯罪对象的身份;③犯罪时间;④危害结果;⑤其他情节。

第三百八十条　战时拒绝、故意延误军事订货罪

战时拒绝或者故意延误军事订货，情节严重的，对单位判处罚金，并对其直接负责的主管人员和其他直接责任人员，处五年以下有期徒刑或者拘役；造成严重后果的，处五年以上有期徒刑。

文献：黄林异主编：《危害国防利益罪》，中国人民公安大学出版社 2003 年版；周道鸾、张军主编：《刑法罪名精释》(第 4 版)，人民法院出版社 2013 年版。

细目录

Ⅰ　主旨
Ⅱ　沿革
Ⅲ　行为
Ⅳ　主体
Ⅴ　罪过
Ⅵ　与非罪的界限
Ⅶ　与他罪的区别
Ⅷ　处罚

Ⅰ　主旨

战时拒绝、故意延误军事订货罪的客体是国家的军事订货秩序。军事订货，是指军事部门采用协议或合同向军工企业事业单位或其他企业事业单位订购武器装备、军事设施、军用物资的活动。军事订货是一种服务于国防建设和作战需要的军事经济活动。接受国家军事订货任务和按期交货是企业事业单位应尽的国防义务。如果企业事业单位在战时不履行这一义务，拒绝军事订货或故意延误军事订货，将会直接危害我国的战时军事订货秩序乃至国防利益。 1

Ⅱ　沿革

我国 1979 年《刑法》及随后的刑事立法并没有对战时拒绝、故意延误军事订货的行为作出规定。但基于这种行为的严重社会危害性，1997 年《刑法》以第 380 条增设了战时拒绝、故意延误军事订货罪。 2

Ⅲ 行为

3 战时拒绝、故意延误军事订货罪表现为战时拒绝军事订货或者延误军事订货,情节严重的行为。

4 拒绝军事订货,是指具备完成订货任务的条件,却以时间紧,原料、设备、人才、资金不足,技术达不到要求等为借口,拒不接受订货任务或者以索取高价为要挟,迟迟不接受订货任务。延误军事订货,是指违反事先和军事部门签订的军事订货合同的规定,无正当理由延期交货或耽误交货。

5 所谓情节严重,根据最高人民检察院、公安部《关于公安机关管辖的刑事案件立案追诉标准的规定(一)》第 98 条的规定,是指具有下列情形之一的:①拒绝或者故意延误军事订货 3 次以上的;②联络、煽动他人共同拒绝或者故意延误军事订货的;③拒绝或者故意延误重要军事订货,影响重要军事任务完成的;④其他情节严重的情形。

Ⅳ 主体

6 战时拒绝、故意延误军事订货罪的主体是单位及其直接负责的主管人员和其他直接责任人员。外资企业,亦可构成本罪。由于刑法没有把自然人明确规定为本罪主体,根据罪刑法定原则,对战时个人拒绝军事订货行为不能以本罪论处。

Ⅴ 罪过

7 战时拒绝、故意延误军事订货罪的罪过形式为故意,即明知是军事订货而仍然故意拒绝或者虽然接受订货,但是却以各种借口拖延生产、拖延供货等。单位如果不知是军事订货而拒绝或延误的,或者根本不具备承担某项军事订货任务的条件而拒绝该军事订货的,不构成本罪。

Ⅵ 与非罪的界限

8 首先,发生在战时是构成战时拒绝、故意延误军事订货罪必备的时间条件。发生在平时的拒绝、延误军事订货行为,即使情节严重,也不构成本罪。其次,战时拒绝、故意延误军事订货罪属于情节犯,如果单位虽然有战时拒绝、延误军事订货行为,但情节较轻的,不构成本罪。最后,单位不具有拒绝、延误军事订货故意的,亦不构成战时拒绝、故意延误军事订货罪,比如单位不知是军事订货而予以拒绝或延误的,单位根本不具备承担某项军事订货任务的条件而拒绝该项军事订货的,单位由于意外事件或不可抗力而延误军事订货的,单位由于对军事订货合同的理解产生歧义、合同对标的物特性要求规定不明、合同条文错误等原因导致延误交付的,等等。

Ⅶ 与他罪的区别

司法实践中,在认定战时拒绝、故意延误军事订货罪时,应注意其与阻碍军事行动罪的界限。二者具有如下相似之处:①侵害的法益都是国防利益;②罪过形式都为故意;③行为均可以用拒绝、故意延误军事订货方式实施。如单位出于阻碍军事行动的目的,故意延误交付军事行动所必需的关键武器装备或军用物资,致使军事行动被延迟或取消的,此种情形既构成战时拒绝、故意延误军事订货罪,也构成阻碍军事行动罪,属于一行为触犯两罪名的想象竞合反,应则一重罪予以处断。 9

两罪的区别主要在于:①行为方式不同。前罪表现为拒绝、延误军事订货行为;而后罪表现为以暴力、威胁以及其他方法阻碍武装部队军事行动。②时间条件不同。前罪以发生在战时为必要;而后罪可以发生在战时,也可以发生在平时。③行为主体不同。前罪的主体是单位及其直接负责的主管人员和其他直接责任人员;后罪的主体仅限于自然人。④犯罪形态不同。前罪属于情节犯,而后罪属于结果犯。 10

Ⅷ 处罚

根据《刑法》第 380 条的规定,犯战时拒绝、故意延误军事订货罪的,对单位判处罚金,并对其直接负责的主管人员和其他直接责任人员,处 5 年以下有期徒刑或者拘役;造成严重后果的,处 5 年以上有期徒刑。此处所谓造成严重后果,包括以下情形:①因拒绝、故意延误军事订货,致使战斗、战役或者其他重要军事行动遭受严重损失的;②因拒绝、故意延误军事订货,严重影响部队完成重要任务的;③因拒绝、故意延误军事订货,造成部队不必要的人员伤亡或者武器装备、军事设施、军用物资严重毁损的;④因拒绝、故意延误军事订货,造成其他严重后果的;⑤其他造成严重后果的情形。 11

第三百八十一条　战时拒绝军事征收、征用罪

战时拒绝军事征收、征用，情节严重的，处三年以下有期徒刑或者拘役。

文献:图们、许安标主编:《国防法知识问答》,红旗出版社 1997 年版;黄林异主编:《危害国防利益罪》,中国人民公安大学出版社 2003 年版;周道鸾、张军主编:《刑法罪名精释》(第 4 版),人民法院出版社 2013 年版。

细目录

Ⅰ　主旨
Ⅱ　沿革
Ⅲ　行为
Ⅳ　主体
Ⅴ　罪过
Ⅵ　与非罪的界限
Ⅶ　与他罪的区别
Ⅷ　处罚

Ⅰ　主旨

1　战时拒绝军事征收、征用罪,是指在战时情况下,拒绝政府和武装部队根据军事行动需要,依法征收、征用其设备设施、交通工具和其他物资,情节严重的行为。战时拒绝军事征收、征用罪的客体是国家的战时军事征收、征用秩序。实践中往往有少数单位或个人出于小团体和个人私利,或在其他动机的驱使下,拒绝军事征收、征用,使部队所急需的物质资料得不到及时供应,从而严重危害我国的国防利益,因此应运用刑罚手段予以惩治。

Ⅱ　沿革

2　在 1997 年《刑法》通过之前,我国的刑事法律均无把战时拒绝军事征用行为作为犯罪的规定。只是在刑法修订过程中,才把战时拒绝军事征用行为的犯罪化提上立法日程。1997 年 1 月 6 日的《危害国防罪(试拟稿)》规定:"战时拒绝、逃避军事征用的,处三年以下有期徒刑或者拘役;情节严重的,处三年以上十年以下有期徒刑。单位犯前款罪的,对单位判处罚金,并对其直接负责的主管人员和其他直接责任人员依

照前款规定处罚。" 1997 年《刑法》第 381 条的规定即是沿袭此一规定而形成的。2009 年 8 月,全国人民代表大会常务委员会《关于修改部分法律的决定》第 2 条将《刑法》第 381 条中的"征用"修改为"征收、征用"。因此,最高人民法院、最高人民检察院《关于执行〈中华人民共和国刑法〉确定罪名的补充规定(六)》随后将《刑法》第 381 条的罪名修改为战时拒绝军事征收、征用罪。

Ⅲ 行为

战时拒绝军事征收、征用罪表现为拒绝军事征收、征用,情节严重的行为。 3

(1)必须发生在战时,这是构成本罪必备的时间条件。 4

(2)必须有拒绝军事征收、征用的行为。所谓拒绝军事征收、征用,就是有条件、有能力提供政府或武装部队所要求征收、征用的物质资料,而拒不提供。军事征收、征用,一般而言,也就是所谓的国防征收、征用,是指国家为保证国防安全,依据国防动员任务的需要和有关法规的规定,按照一定的程序将组织和个人的设备、设施、交通工具和其他物资收为国家使用的一种行政措施。[1] 5

(3)必须是情节严重的行为。此处所谓情节严重,根据最高人民检察院、公安部《关于公安机关管辖的刑事案件立案追诉标准的规定(一)的补充规定》第 16 条的规定,是指具有下列情形之一的:①无正当理由拒绝军事征收、征用 3 次以上的;②采取暴力、威胁、欺骗等手段拒绝军事征收、征用的;③联络、煽动他人共同拒绝军事征收、征用的;④拒绝重要军事征收、征用,影响重要军事任务完成的;⑤其他情节严重的情形。 6

Ⅳ 主体

战时拒绝军事征收、征用罪的主体是一般主体。单位不能构成本罪。 7

Ⅴ 罪过

战时拒绝军事征收、征用罪的罪过形式为故意,即行为人明知是军事征收、征用而予以拒绝。具体而言,行为人在主观上必须明知所拒绝的是军事征收、征用,必须是有条件、有能力接受军事征收、征用,而拒不接受。 8

Ⅵ 与非罪的界限

发生在战时是构成战时拒绝军事征收、征用罪必备的时间条件。发生在平时条件下的拒绝军事征收、征用行为,即使情节严重,也不构成本罪。此外,本罪属于情节 9

1 参见图们、许安标主编:《国防法知识问答》,红旗出版社 1997 年版,第 173 页。

犯,如果行为人虽然实施了战时拒绝军事征收、征用行为,但情节较轻的,不构成本罪。

Ⅶ　与他罪的区别

10　认定战时拒绝军事征收、征用罪时,应注意其与战时拒绝、故意延误军事订货罪的界限。两罪具有以下相似之处:①侵害的法益都是国防利益;②都以发生在战时为必备时间条件;③行为均包括拒绝方式;④罪责形式均为故意;⑤均属于情节犯。

11　两罪主要有以下区别:①直接侵害的法益不同。前罪直接侵害的法益是战时军用征收、征用秩序;后罪直接侵害的法益是战时军事订货秩序。②违背的法律义务不同。前罪行为人违反的是接受战时军事征收、征用之法定义务;而后罪行为人违反的是接受战时军事订货之法定义务和根据军事订货合同按时交付订货的约定义务。③行为方式不尽相同。前罪的行为方式为拒绝,即拒不接受;而后罪的行为方式除拒绝之外,还包括延误,即延期交货或耽误交货。④行为主体不同。前罪的主体是自然人,而后罪的主体是单位。

Ⅷ　处罚

12　根据《刑法》第381条的规定,犯战时拒绝军事征收、征用罪的,处3年以下有期徒刑或者拘役。

第八章　贪污贿赂罪

前　注

文献：高铭暄、赵秉志编：《新中国刑法立法文献资料总览》，中国人民公安大学出版社1998年版；高铭暄、赵秉志编：《中国刑法立法文献资料精选》，法律出版社2007年版；刘志洪主编：《贪污贿赂罪立案追诉标准与司法认定实务》，中国人民公安大学出版社2010年版；孙国祥、魏昌东：《反腐败国际公约与贪污贿赂犯罪立法研究》，法律出版社2011年版；高铭暄：《中华人民共和国刑法的孕育诞生和发展完善》，北京大学出版社2012年版；孙国祥：《贿赂犯罪的学说与案解》，法律出版社2012年版；彭新林：《贪污贿赂的罪与罚》，北京大学出版社2015年版；刘仁文主编：《贪污贿赂犯罪的刑法规制》，社会科学文献出版社2015年版；杨兴国：《贪污贿赂犯罪认定精解精析》（修订版），中国检察出版社2015年版；郎胜主编：《中华人民共和国刑法释义》，法律出版社2015年版；刘艳红主编：《刑法学》（第2版），北京大学出版社2016年版；黎宏：《刑法学各论》（第2版），法律出版社2016年版；赵煜：《惩治贪污贿赂犯罪实务指南》（第2版），法律出版社2017年版；周光权：《刑法各论》（第4版），中国人民大学出版社2021年版；张明楷：《刑法学》（第6版），法律出版社2021年版。

细目录

Ⅰ　主旨
Ⅱ　沿革
　一、1979年《刑法》时期
　二、1997年《刑法》时期
Ⅲ　特征
　一、客体
　二、行为
　三、结果与情节
　四、主体
　五、罪过

Ⅰ　主旨

腐败是国家公共权力裂变的基因，也是国家开启现代化进程以后所普遍遭遇的 1

重大现实问题,纵使早已完成现代转型的国家,仍始终对腐败的滋生保持着足够的警惕。党的十八大以及十九大以来,党中央将反腐败列为工作重心,掀开了反腐败斗争的新篇章。在此背景下,如何通过法治破解腐败的历史困境,如何发挥制度的作用实现“不敢腐、不能腐、不想腐”的伟大蓝图,如何建构与现代化发展同步的反腐战略,成为我国反腐之路的重大任务。就国家法治反腐而言,预防法体系和惩治法体系是两大协同治理体系,惩治法的核心在于保证惩治的有效性、功能性与协同性。为了实现这样一种治理体系建构的目标,惩治法需要不断优化,其中最重要的组成部分便是刑事法,这首推贪污贿赂罪。从本质上讲,社会主义是同任何腐朽的现象根本不相容的,所有的贪污贿赂犯罪均存在一个共同特点,即侵犯了国家的廉政建设制度,侵犯了国家工作人员职务的廉洁性,败坏国家工作人员的声誉,损害了党和国家机关在人民群众中的威信,违背了我国社会主义的根本制度。因此,惩治贪污贿赂犯罪,是我国现阶段反腐败斗争的重中之重,在《刑法》分则中将贪污贿赂罪列为专门一章,作为独立的类罪,对于加强国家的廉政建设,突出反腐败的打击重点,有效地遏制职务犯罪,都具有积极的意义。

Ⅱ 沿革

一、1979 年《刑法》时期

2 1952 年 4 月 18 日中央人民政府委员会批准的《惩治贪污条例》对贪污罪作出了具体规定。该条例第 2 条中界定了贪污罪的定义:一切国家机关、企业、学校及其附属机构的工作人员,凡侵吞、盗窃、骗取、套取国家财物,强索他人财物,收受贿赂以及其他假公济私违法取利之行为,均为贪污罪。第 3 条规定了贪污罪的量刑,第 4 条和第 5 条详尽规定了贪污罪的加重与减轻情节。在列举完贪污罪的定罪量刑后,该条例又对于其他的贪腐类犯罪如行贿、介绍贿赂、非国家工作人员非法获取国家财物等行为作出了规定。此后,我国进入了长期的立法准备阶段。

3 1979 年 7 月 1 日全国人民代表大会通过了《刑法》(1980 年 1 月 1 日起施行)。作为中华人民共和国第一部刑法,其正式在第二编分则第八章渎职罪中规定了“贿赂罪”,但由于立法技术的原因,现行贪污贿赂罪中的其他部分罪名或并未被规定,或散落于其他章节中。如挪用救灾救济款物罪被放在第三章破坏社会主义经济秩序罪中的第 126 条[1],贪污罪规定在第五章侵犯财产罪中的第 155 条,即:“国家工作人员利用职务上的便利,贪污公共财物的,处五年以下有期徒刑或者拘役;数额巨大、情节严重的,处五年以上有期徒刑;情节特别严重的,处无期徒刑或者死刑。犯前款罪的,并处没收财产,或者判令退赔。受国家机关、企业、事业单位、人民团体委托从事公务的

---

1 参见高铭暄:《中华人民共和国刑法的孕育诞生和发展完善》,北京大学出版社 2012 年版,第 107—108 页。

人员犯第一款罪的,依照前两款的规定处罚。"

1979年《刑法》完全照搬了《刑法草案(法制委员会修正第二稿)(第37次稿)》第183条的规定,在第185条规定:"国家工作人员利用职务上的便利,收受贿赂的,处五年以下有期徒刑或者拘役。赃款、赃物没收,公款、公物追还。犯前款罪,致使国家或者公民利益遭受严重损失的,处五年以上有期徒刑。向国家工作人员行贿或者介绍贿赂的,处三年以下有期徒刑或者拘役。" 4

1988年1月21日全国人民代表大会常务委员会《关于惩治贪污罪贿赂罪的补充规定》针对当时日益猖獗的贪污受贿行为,作出补充规定,这些规定也成了如今1997《刑法》的原型,主要内容为:①规定与国家工作人员、集体经济组织工作人员或者其他经手、管理公共财物的人员勾结,伙同贪污的,以共犯论处。这便是《刑法》第382条第3款的雏形,同时针对当时较常出现的"接受礼物"现象,作出了"国家工作人员在对外交往中接受礼物,依照国家规定应当交公而不交公,数额较大的,以贪污罪论处"的规定,以截堵法律漏洞。②根据贪污数额规定了不同的法定刑,同时分别规定"二人以上共同贪污的,按照个人所得数额及其在犯罪中的作用,分别处罚。对贪污集团的首要分子,按照集团贪污的总数额处罚;对其他共同贪污犯罪中的主犯,情节严重的,按照共同贪污的总数额处罚""对多次贪污未经处理的,按照累计贪污数额处罚",为现行《刑法》第383条规定的贪污罪的处罚打下基础。③对1979年《刑法》中的挪用救灾救济款物罪进行了进一步的完善,对其主体进行限制,并根据公款的不同用途规定了不同的入罪门槛:国家工作人员、集体经济组织工作人员或者其他经手、管理公共财物的人员,利用职务上的便利,挪用公款归个人使用,进行非法活动的,或者挪用公款数额较大、进行营利活动的,或者挪用公款数额较大、超过3个月未还的,是挪用公款罪,处5年以下有期徒刑或者拘役;情节严重的,处5年以上有期徒刑。挪用公款数额较大不退还的,以贪污论处。挪用救灾、抢险、防汛、优抚、救济款物归个人使用的,从重处罚。挪用公款进行非法活动构成其他罪的,依照数罪并罚的规定处罚。这与现行《刑法》第384条规定的挪用公款罪如出一辙。④针对当时发生较多的收受"回扣""手续费"等问题,该补充规定也在第4条特别作出了补充,即国家工作人员、集体经济组织工作人员或者其他从事公务的人员,在经济往来中,违反国家规定收受各种名义的回扣、手续费,归个人所有的,以受贿论处。显然,这与如今《刑法》第385条第2款的规定如出一辙。⑤详细列举了行贿的各种情形,例如为了与第4条的受贿罪相对应,在第7条第2款规定:"在经济往来中,违反国家规定,给予国家工作人员、集体经济组织工作人员或者其他从事公务的人员以财物,数额较大的,或者违反国家规定,给予国家工作人员、集体经济组织工作人员或者其他从事公务的人员以回扣、手续费的,以行贿论处。"又如为了体现罪刑相适应原则,特别规定了受贿罪的减轻事由,即"行贿人在被追诉前,主动交代行贿行为的,可以减轻处罚,或者免予刑事处罚",此外,对于被勒索而给予财物的行为,在没有获得不正当利益的情况下,认为"不是行贿"。上述规定也为现行《刑法》第389条第2款和第3款 5

打下了坚实的基础。⑥对于实践中多发的难以查明国家工作人员巨额财产来源或国家工作人员将财物存至海外银行的行为,该补充规定也在第 11 条作出了特别规定:"国家工作人员的财产或者支出明显超过合法收入,差额巨大的,可以责令说明来源。本人不能说明其来源是合法的,差额部分以非法所得论,处 5 年以下有期徒刑或者拘役,并处或者单处没收其财产的差额部分。国家工作人员在境外的存款,应当依照国家规定申报。数额较大、隐瞒不报的,处 2 年以下有期徒刑或者拘役;情节较轻的,由其所在单位或者上级主管机关酌情给予行政处分。"这便是现行《刑法》第 395 条规定的巨额财产来源不明罪、隐瞒境外存款罪的根基。虽然以现在的眼光看,该补充规定仍然存在诸多的不完善之处,如对于部分问题规定得过于详细,有浪费立法资源之嫌等,但并不能够掩盖其制定的科学性,甚至可以说,该补充规定是现行《刑法》第八章贪污贿赂罪的模板,而且在当时立法技术落后、解释论尚未兴起的情况下,必须事无巨细地加以规定,以免"挂一漏万",因此从当时的观点看来,该补充规定无疑是一份非常成功的文件。

6 此外,1996 年 9 月 13 日最高人民检察院刑法修改小组提交的《关于刑法修改中几个问题的意见的报告》中的部分内容也对现行刑法有较大的影响。例如对于贪污贿赂罪是否应当设置专章问题,曾产生过较大的争议。一种观点主张将贪污贿赂罪作为渎职罪一章的一节加以规定。主要理由是:贪污贿赂行为是最典型的渎职行为,理应作为渎职罪的一部分加以规定。如果将贪污贿赂罪作为独立的一章,与渎职罪一章并列,将破坏刑法分则体系的统一性和科学性。另一种观点则赞成将贪污贿赂罪设专章在刑法中加以规定。立法机关采纳了后一种观点,主要理由是:刑法分则的分章,不一定完全按照同类客体的标准,可以按不同标准进行分类,一切要以有利于执行为前提。早在 20 世纪 50 年代,我国就专门制定了《惩治贪污条例》,1988 年又专门制定了全国人民代表大会常务委员会《关于惩治贪污罪贿赂罪的补充规定》,刑事诉讼法中也是将贪污贿赂罪作为一类犯罪来规定的。从国外的立法看,也有一些国家专门制定了反贪污贿赂等方面的法律或者在有关的刑事法律中对贪污贿赂犯罪进行集中规定。在刑法中专门设立贪污贿赂罪一章,可以突出贪污贿赂犯罪的本质特征,突出该类犯罪对国家政权的极端危害性,符合当前反腐败斗争的实际需要,有利于检察机关的反贪污贿赂工作。又如前述报告指出:在司法实践中,国家工作人员利用其他工作人员的职务行为为他人谋取利益,本人从中索取或收受贿赂的情况在司法实践中比较常见,但按现行法律规定,如果不是利用本人的职权或地位所形成的影响而收受贿赂的就不能作为受贿罪处理。据此,应借鉴世界上大多数国家的成功立法经验,增设斡旋受贿罪,规定单独的罪状和法定刑,其条文设计可以表述为:"国家工作人员利用本人职权或者地位所形成的便利条件,通过其他国家工作人员职务上的行为,为请托人谋取不正当利益,从中向请托人索取或者非法收受财物的,或者其他财产性利益,数额较大的,处三年以下有期徒刑或者拘役;数额巨大的,处三年以上十年以下有期徒刑;数额特别巨大的,处十年以上有期徒刑或者无期徒刑,并处没收财产。"该条经过进一步简化与改善,形成了现行《刑法》第388条规定的斡旋受贿罪。

二、1997年《刑法》时期

在全面总结1979年《刑法》生效以来的刑事立法、刑事司法经验的基础上,1997年3月14日全国人民代表大会通过了全面修订后的现行《刑法》,并在第二编分则第八章规定了"贪污贿赂罪",下设贪污罪、挪用公款罪、受贿罪、单位受贿罪、行贿罪、对单位行贿罪、介绍贿赂罪、单位行贿罪、巨额财产来源不明罪、隐瞒境外存款罪、私分国有资产罪、私分罚没财产罪,共12个罪名15个条文。这12个罪名吸纳并整合了1979《刑法》规定的贪污贿赂类犯罪、1979《刑法》生效以来通过单行刑法、相关规定增设或者修改的贪污贿赂类犯罪,并根据打击犯罪、维护秩序的新需要进行了必要的增删修改,从而形成了现行《刑法》规定的相对较为完善、严密的贪污贿赂罪的罪刑规范体系。 7

1997年《刑法》生效后,国家立法机关根据打击犯罪、维护秩序、保护人民和保障改革开放与社会主义现代化建设的新需要以及实践中出现的新问题、新情况、新挑战,继续不断地对刑法进行修改、补充与完善。如2009年2月28日通过并开始实施的《刑法修正案(七)》,面对不断出现的国家工作人员的近亲属接受他人财物之行为,特别设立了"利用影响力受贿罪",第13条规定,在《刑法》第388条后增加一条作为第388条之一:"国家工作人员的近亲属或者其他与该国家工作人员关系密切的人,通过该国家工作人员职务上的行为,或者利用该国家工作人员职权或者地位形成的便利条件,通过其他国家工作人员职务上的行为,为请托人谋取不正当利益,索取请托人财物或者收受请托人财物,数额较大或者有其他较重情节的,处三年以下有期徒刑或者拘役,并处罚金;数额巨大或者有其他严重情节的,处三年以上七年以下有期徒刑,并处罚金;数额特别巨大或者有其他特别严重情节的,处七年以上有期徒刑,并处罚金或者没收财产。离职的国家工作人员或者其近亲属以及其他与其关系密切的人,利用该离职的国家工作人员原职权或者地位形成的便利条件实施前款行为的,依照前款的规定定罪处罚。"同时,为了与时俱进,面对实践中出现的不少官员存在财产与收入差额特别巨大的现象,对现行法律进行了修改,增加了巨额财产来源不明罪的加重情节,即第14条规定,将《刑法》第395条第1款修改为"国家工作人员的财产、支出明显超过合法收入,差额巨大的,可以责令该国家工作人员说明来源,不能说明来源的,差额部分以非法所得论,处五年以下有期徒刑或者拘役;差额特别巨大的,处五年以上十年以下有期徒刑。财产的差额部分予以追缴",以求罪刑相适应。 8

2015年8月29日通过的《刑法修正案(九)》对贪污贿赂罪进行了全面的修改,对各种贪污贿赂犯罪作出了更为严厉的惩罚。第44条按照贪污数额或贪污情节重新设置了贪污罪的法定刑,并增设了第3款、第4款的特殊规定,即:"对犯贪污罪的,根据情节轻重,分别依照下列规定处罚:(一)贪污数额较大或者有其他较重情节 9

的,处三年以下有期徒刑或者拘役,并处罚金。(二)贪污数额巨大或者有其他严重情节的,处三年以上十年以下有期徒刑,并处罚金或者没收财产。(三)贪污数额特别巨大或者有其他特别严重情节的,处十年以上有期徒刑或者无期徒刑,并处罚金或者没收财产;数额特别巨大,并使国家和人民利益遭受特别重大损失的,处无期徒刑或者死刑,并处没收财产。对多次贪污未经处理的,按照累计贪污数额处罚。犯第一款罪,在提起公诉前如实供述自己罪行、真诚悔罪、积极退赃,避免、减少损害结果的发生,有第一项规定情形的,可以从轻、减轻或者免除处罚;有第二项、第三项规定情形的,可以从轻处罚。犯第一款罪,有第三项规定情形被判处死刑缓期执行的,人民法院根据犯罪情节等情况可以同时决定在其死刑缓期执行二年期满依法减为无期徒刑后,终身监禁,不得减刑、假释。"

10 《刑法修正案(九)》第45条则对行贿罪的处罚进行了修订,增设了罚金刑,并对行贿人减轻处罚或者免除处罚作了从严规定,即"对犯行贿罪的,处五年以下有期徒刑或者拘役,并处罚金;因行贿谋取不正当利益,情节严重的,或者使国家利益遭受重大损失的,处五年以上十年以下有期徒刑,并处罚金;情节特别严重的,或者使国家利益遭受特别重大损失的,处十年以上有期徒刑或者无期徒刑,并处罚金或者没收财产。行贿人在被追诉前主动交待行贿行为的,可以从轻或者减轻处罚。其中,犯罪较轻的,对侦破重大案件起关键作用的,或者有重大立功表现的,可以减轻或者免除处罚"。

11 为了严密法网,与《刑法》第388条之一相呼应,《刑法修正案(九)》第46条增设了"对有影响力的人行贿罪",即在《刑法》第390条后增加一条,作为第390条之一:"为谋取不正当利益,向国家工作人员的近亲属或者其他与该国家工作人员关系密切的人,或者向离职的国家工作人员或者其近亲属以及其他与其关系密切的人行贿的,处三年以下有期徒刑或者拘役,并处罚金;情节严重的,或者使国家利益遭受重大损失的,处三年以上七年以下有期徒刑,并处罚金;情节特别严重的,或者使国家利益遭受特别重大损失的,处七年以上十年以下有期徒刑,并处罚金。单位犯前款罪的,对单位判处罚金,并对其直接负责的主管人员和其他直接责任人员,处三年以下有期徒刑或者拘役,并处罚金。"

12 此外,《刑法修正案(九)》还在部分条文后增设了罚金刑,具体表现在:将《刑法》第391条第1款修改为:"为谋取不正当利益,给予国家机关、国有公司、企业、事业单位、人民团体以财物的,或者在经济往来中,违反国家规定,给予各种名义的回扣、手续费的,处三年以下有期徒刑或者拘役,并处罚金。"将《刑法》第392条第1款修改为:"向国家工作人员介绍贿赂,情节严重的,处三年以下有期徒刑或者拘役,并处罚金。"将《刑法》第393条修改为:"单位为谋取不正当利益而行贿,或者违反国家规定,给予国家工作人员以回扣、手续费,情节严重的,对单位判处罚金,并对其直接负责的主管人员和其他直接责任人员,处五年以下有期徒刑或者拘役,并处罚金。因行贿取得的违法所得归个人所有的,依照本法第三百八十九条、第三百九十条的规定定罪处罚。"

Ⅲ 特征

贪污贿赂罪是国家工作人员利用职务之便,贪污、挪用公共财物,索取、收受贿赂,不履行法定义务,侵犯职务行为的廉洁性、不可收买性的行为。 13

一、客体

由于贪污贿赂罪原则上只能由国家工作人员实施,而且具有与其他财产类或渎职类犯罪不同的严重的法益侵害性,刑法为了突出对此类犯罪的惩罚,将其规定为独立的一类犯罪,但是这并不意味着其中所有犯罪所侵害的法益完全相同,学理与实务中仍然应当根据具体罪名加以区分。大体而言,贪污贿赂罪可以分为三类:一是贪污、挪用公共财物类的犯罪,其表现为直接利用职务取得公共财物,既侵犯了职务行为的廉洁性,同时也侵犯了公共财产;二是贿赂类犯罪,表现为以职务换取财物或者相反,侵犯了职务行为的不可收买性;三是巨额财产来源不明罪、隐瞒境外存款罪,表现为拒绝如实交代自身财产来源或状况,侵犯了国家工作人员的廉洁性。 14

二、行为

贪污贿赂罪表现为实施侵犯职务行为的廉洁性、不可收买性的行为,包括作为与不作为两种形式。其中,贪污罪、挪用公款罪、受贿罪、单位受贿罪、利用影响力受贿罪、行贿罪、对有影响力的人行贿罪、对单位行贿罪、介绍贿赂罪、单位行贿罪、私分国有资产罪、私分罚没财产罪通常表现为作为;巨额财产来源不明罪、隐瞒境外存款罪表现为不作为。 14

从行为类型上划分,上述罪名可以分为三种,即贪污类罪、受贿类罪、隐瞒类罪。在这三种类型的行为中,根据刑法规定的每一种犯罪构成要件的不同,又各有其不同的行为方式与不法属性。例如,贪污贿赂罪既包含自然犯,又包括法定犯或行政犯。作为自然犯,其本质是违反人类社会共同生活的基本行为准则特别是基于人类社会共有的怜悯、正直、良善等人性基础而形成的底线伦理与公序良俗。一般认为,贪污行为不仅侵害了职务行为的廉洁性,也侵害了公共财物的所有权;挪用公款行为不仅侵害了职务行为的廉洁性,也侵害了国家对公共财物的占有权,而其侵害廉洁性的方面正是通过侵害国家对公共财物的所有或占有加以体现的,因而这些犯罪是自然犯,不仅为我国社会公共伦理所谴责,而且为我国刑法所禁止。此外,贪污贿赂罪中还有部分是法定犯或行政犯。当国家工作人员的行为违反国家规定时,才能该当犯罪构成要件。 16

三、结果与情节

由于我国刑法采取了“定性+定量”的二元立法模式,故即使行为人的违法行为在行为类型上与贪污贿赂罪中所规定的行为类型一致,亦不能直接以犯罪论处,而应 17

当根据《刑法》第13条但书的规定,具体判断是否存在"情节显著轻微危害不大"。因而不应以犯罪论的情况,唯有达到刑法条文规定的数额,或者满足"情节严重"的要求,达到应受刑罚惩罚的严重程度的,才能以贪污贿赂罪一章中规定的犯罪论处。为明确贪污贿赂罪与一般的贪污贿赂行为的界限,《刑法》分则第八章对多数贪污贿赂罪明文规定了罪量要素,行为符合刑法分则明文规定的行为类型,并且达到法定的罪量要素的,才能以犯罪论处。

18 在《刑法修正案(九)》出台以前,《刑法》第383条规定,对犯贪污罪的,根据情节轻重,分别依照下列规定处罚:①个人贪污数额在10万元以上的,处10年以上有期徒刑或者无期徒刑,可以并处没收财产;情节特别严重的,处死刑,并处没收财产。②个人贪污数额在5万元以上不满10万元的,处5年以上有期徒刑,可以并处没收财产;情节特别严重的,处无期徒刑,并处没收财产。③个人贪污数额在5000元以上不满5万元的,处1年以上7年以下有期徒刑;情节严重的,处7年以上10年以下有期徒刑。个人贪污数额在5000元以上不满1万元,犯罪后有悔改表现、积极退赃的,可以减轻处罚或者免予刑事处罚,由其所在单位或者上级主管机关给予行政处分。④个人贪污数额不满5000元,情节较重的,处2年以下有期徒刑或者拘役;情节较轻的,由其所在单位或者上级主管机关酌情给予行政处分。

19 《刑法修正案(九)》将《刑法》第383条修改为:对犯贪污罪的,根据情节轻重,分别依照下列规定处罚:①贪污数额较大或者有其他较重情节的,处3年以下有期徒刑或者拘役,并处罚金。②贪污数额巨大或者有其他严重情节的,处3年以上10年以下有期徒刑,并处罚金或者没收财产。③贪污数额特别巨大或者有其他特别严重情节的,处10年以上有期徒刑或者无期徒刑,并处罚金或者没收财产;数额特别巨大,并使国家和人民利益遭受特别重大损失的,处无期徒刑或者死刑,并处没收财产。立法者将情节要素从加重的犯罪构成移至了基本的犯罪构成中,突出了情节在定罪过程中的重要性,而减轻了数额的要求,这一改变凸显出立法者对于腐败"零容忍"的决心。

四、主体

20 根据条文规定,贪污贿赂罪一章中犯罪的主体因罪而异,具体可分为六种情形:①贪污罪、挪用公款罪、受贿罪、巨额财产来源不明罪、隐瞒境外存款罪的主体为国家工作人员;②单位受贿罪、私分国有资产罪的主体为国家机关、国有公司、企业、事业单位、人民团体;③私分罚没财产罪的主体为司法机关、行政执法机关;④利用影响力受贿罪的主体为国家工作人员的近亲属、其他与该国家工作人员关系密切的人、离职的国家工作人员或者其近亲属以及其他与其关系密切的人;⑤行贿罪、对有影响力的人行贿罪、对单位行贿罪、介绍贿赂罪的主体为一般主体;⑥单位行贿罪的主体为单位。

五、罪过

贪污贿赂罪一章中犯罪的罪过形式均为故意。《刑法》第 15 条第 2 款规定,过失 21
犯罪,法律有规定的才负刑事责任。根据“文理规定说”[2],从本章所有罪名的构成要件中难以解读出过失行为能够成立本章各罪,因此,本章中的所有犯罪均为故意犯罪。

---

2 参见张明楷:《罪过形式的确定——刑法第 15 条第 2 款“法律有规定”的含义》,载《法学研究》2006 年第 3 期。

第三百八十二条　贪污罪

国家工作人员利用职务上的便利，侵吞、窃取、骗取或者以其他手段非法占有公共财物的，是贪污罪。

受国家机关、国有公司、企业、事业单位、人民团体委托管理、经营国有财产的人员，利用职务上的便利，侵吞、窃取、骗取或者以其他手段非法占有国有财物的，以贪污论。

与前两款所列人员勾结，伙同贪污的，以共犯论处。

文献:高铭暄主编:《刑法学》(新编本),北京大学出版社 1998 年版;王作富主编:《刑法分则实务研究》,中国方正出版社 2001 年版;孙国祥:《贪污贿赂犯罪疑难问题学理与判解》,中国检察出版社 2003 年版;孟庆华:《贪污贿赂罪重点难点疑点问题判解研究》,人民法院出版社 2005 年版;周道鸾、张军主编:《刑法罪名精释》(第 3 版),人民法院出版社 2007 年版;刘志洪主编:《贪污贿赂罪立案追诉标准与司法认定实务》,中国人民公安大学出版社 2010 年版;黄福涛:《挪用犯罪新论》,中国人民公安大学出版社 2012 年版;赵煜:《惩治贪污贿赂犯罪实务指南》,法律出版社 2012 年版;陈洪兵:《贪污贿赂渎职罪解释论与判例研究》,中国政法大学出版社 2015 年版;杨兴国:《贪污贿赂犯罪认定精解精析》(修订版),中国检察出版社 2015 年版;彭新林:《贪污贿赂的罪与罚》,北京大学出版社 2015 年版;刘仁文主编:《贪污贿赂犯罪的刑法规制》,社会科学文献出版社 2015 年版;刘艳红主编:《刑法学》(第 2 版),北京大学出版社 2016 年版;赵煜:《惩治贪污贿赂犯罪实务指南》(第 2 版),法律出版社 2017 年版。储槐植、杨书文:《公务活动中单纯受贿行为之贪污罪处理——兼论刑法第 394 条之适用及修改》,载《国家检察官学院学报》1999 年第 1 期;赵秉志、于志刚、孙勤:《论国家工作人员范围的界定》,载《法律科学》1999 年第 5 期;刘金林、于书峰:《多次挪用公款的数额计算》,载《中国刑事法杂志》2005 年第 1 期;张明楷:《死刑的废止不需要终身刑替代》,载《法学研究》2008 年第 2 期;王飞跃:《论一罪累计数量处罚制度的合理性》,载《法律科学》2009 年第 4 期;肖晚祥:《贪污罪的主观故意包括间接故意》,载《人民司法》2010 年第 2 期;孙国祥:《受贿罪量刑中的宽严失据问题》,载《法学》2011 年第 8 期;袁博:《论扩张解释在刑事案件中的应用——以司法实务中疑难案件的审判为视角》,载《政治与法律》2013 年第 4 期;赵秉志:《贪污受贿犯罪定罪量刑标准问题研究》,载《中国法学》2015 年第 1 期;卢建平、赵康:《论受贿罪犯罪门槛的科学设置》,载《北京师范大学学报(社会科学版)》2015 年第 5 期;孙国祥:《套取并占有科研经费的刑法性质研究》,载《法学论坛》2016 年第 2 期;张明楷:《终身监禁的性质与适用》,载《现代法学》2017 年第 3 期。

细目录

Ⅰ 主旨
Ⅱ 沿革
Ⅲ 客体
Ⅳ 对象
一、范围
二、土地使用权能否作为贪污罪的对象
三、国有单位违规收取的费用应如何认定
四、社会保险资金应当被认定为公共财产
Ⅴ 行为
一、理论标准及其争议
二、实务界标准
Ⅵ 主体
一、国家机关工作人员
二、"以国家工作人员论"的准国家工作人员
三、受国家机关、国有公司、企业、事业单位、人民团体委托管理、经营国有财产的人员
四、套取科研经费的高校科研人员主体问题
Ⅶ 罪过
一、采取放任的态度占有公款是否构成贪污罪
二、对"非法占有公共财物"目的的理解
Ⅷ 与非罪的界限
Ⅸ 与他罪的区别
一、与盗窃罪、诈骗罪、侵占罪的区别
二、与职务侵占罪的区别
三、与挪用公款罪的区别
四、与私分国有资产罪的区别
Ⅹ 共犯
Ⅺ 既遂与未遂

Ⅰ 主旨

1 贪污犯罪存在的前提是部分人的贪欲思想和社会财富占有、分配限制之间难以克服的矛盾。贪污贿赂等腐败行为历来都受到全社会的严厉谴责，无论是执政党抑或是政府，都主张严厉禁止和坚决惩罚贪污贿赂等犯罪行为。保持党员纯洁性，维护国家工作人员不可收买性，历来都是中国共产党极其重视的建党之本、治

国之基。[1] 无论是在新民主主义革命时期,还是在社会主义建设时期,中国共产党领导下的人民政府都坚决反对和惩治贪污犯罪行为。早在红色革命根据地时期,苏维埃人民政权就曾经把贪污等犯罪行为作为苏区工作中的一项重要任务来抓。我国现行刑法中的贪污犯罪,其最早的历史起源就可以追溯到这一时期,并且贯穿于整个新民主主义革命时期。新中国成立后,中国社会步入和平年代,国内反腐败的压力也开始变大。我国刑法规定了严密的贪污罪构成要件和严厉的法定刑,以加强对贪污犯罪的惩治和预防。

Ⅱ　沿革

2　1952 年 4 月 18 日中央人民政府委员会批准的《惩治贪污条例》第 2 条规定:"一切国家机关、企业、学校及其附属机构的工作人员,凡侵吞、盗窃、骗取、套取国家财物,强索他人财物,收受贿赂以及其他假公济私违法取利之行为,均为贪污罪。"此处贪污的概念还比较含混不清,包含的范围远比今天的贪污罪广。

3　1979 年《刑法》第 155 条第 1 款对贪污罪的罪状概括为"国家工作人员利用职务上的便利,贪污公共财物"。第 3 款又规定,受国家机关、企业、事业单位、人民团体委托从事公务的人员,贪污公共财物的,也以贪污罪论处。该规定相比 1952 年《惩治贪污条例》的规定,缩小了贪污行为的认定范围,但将主体由国家工作人员扩大到受委托从事公务的人员。

4　1988 年全国人民代表大会常务委员会《关于惩治贪污贿赂罪的补充规定》第 1 条规定:"国家工作人员、集体经济组织工作人员或者其他经手、管理公共财物的人员,利用职务上的便利,侵吞、盗窃、骗取或者以其他手段非法占有公共财物的,是贪污罪。"该规定补充了贪污的手段行为,进一步扩大了贪污罪的主体范围。

5　1997 年修订后的《刑法》第 382 条第 1 款规定:"国家工作人员利用职务上的便利,侵吞、窃取、骗取或者以其他手段非法占有公共财物的,是贪污罪。"第 2 款规定:"受国家机关、国有公司、企业、事业单位、人民团体委托管理、经营国有财产的人员,利用职务上的便利,侵吞、窃取、骗取或者以其他手段非法占有国有财产的,以贪污论。"第 3 款规定:"与前两款所列人员勾结,伙同贪污的,以共犯论处。"第 394 条规定:"国家工作人员在国内公务活动或者对外交往中接受礼物,依照国家规定应当交公而不交公,数额较大的,依照本法第三百八十二条、第三百八十三条的规定定罪处罚。"这两条规定在反腐败斗争中发挥了重要的作用,已成为反腐败的重要法律武器,这在一定程度上体现了我国政府在反腐工作问题上的态度和决心。第 383 条进一步具体规定了贪污罪的定罪量刑标准。

6　2000 年 4 月 29 日,第九届全国人民代表大会常务委员会第十五次会议通过全国

1　参见阮方民:《我国惩治贪污罪的历史沿革及其特点》,载《杭州大学学报(哲学社会科学版)》1988 年第 1 期。

人民代表大会常务委员会《关于〈中华人民共和国刑法〉第九十三条第二款的解释》对国家工作人员的范围进行了立法解释,进一步扩大了国家工作人员的范围。

鉴于1997年《刑法》生效以来,反腐败斗争中出现了一些新情况、新特点,惩治腐败的法律法规在司法实践应用中也出现了一些新问题,贪污罪的定罪量刑的数额、情节与当前的反腐败实践和快速发展的经济不匹配,不能很好地罚当其罪[2],因此,2015年通过的《刑法修正案(九)》第44条对《刑法》第383条进行了重大修改,调整了贪污罪(包括受贿罪)的法定刑及幅度,将过去单一数额认定标准调整为数额与情节相结合的认定标准,并增设了退赃从宽处罚制度与不得减刑、假释予以终身监禁的死缓制度。具体修改如下:"对犯贪污罪的,根据情节轻重,分别依照下列规定处罚:(一)贪污数额较大或者有其他较重情节的,处三年以下有期徒刑或者拘役,并处罚金。(二)贪污数额巨大或者有其他严重情节的,处三年以上十年以下有期徒刑,并处罚金或者没收财产。(三)贪污数额特别巨大或者有其他特别严重情节的,处十年以上有期徒刑或者无期徒刑,并处罚金或者没收财产;数额特别巨大,并使国家和人民利益遭受特别重大损失的,处无期徒刑或者死刑,并处没收财产。对多次贪污未经处理的,按照累计贪污数额处罚。犯第一款罪,在提起公诉前如实供述自己罪行、真诚悔罪、积极退赃,避免、减少损害结果的发生,有第一项规定情形的,可以从轻、减轻或者免除处罚;有第二项、第三项规定情形的,可以从轻处罚。犯第一款罪,有第三项规定情形被判处死刑缓期执行的,人民法院根据犯罪情节等情况可以同时决定在其死刑缓期执行二年期满依法减为无期徒刑后,终身监禁,不得减刑、假释。" 7

Ⅲ 客体

一般认为,贪污罪侵犯的客体是公务人员职务行为的廉洁性与公共财产所有权。 8
职务行为的廉洁性体现在很多方面,如贿赂行为侵犯的廉洁性就是职务行为的不可收买性即权钱不可交易性。就贪污罪而言,职务行为的廉洁性之所以被侵犯是由于从事公务的人员基于自己的职务而贪墨公共财产,其身为人民公仆、手握权力,却损公肥私、以权谋私,沦为"国家蛀虫",完全与"公务人员"的廉洁形象背道而驰。贪污罪之所以被规定为第八章第一大犯罪,正是由于本罪对职务行为廉洁性的极度败坏。除此之外,贪污罪的行为是非法占有公共财物,本质上是一种贪利型犯罪,其危害性主要通过贪污数额直观反映出来,这与盗窃罪、职务侵占罪等财产犯罪基本一致。[3]

---

2 参见张明楷:《贪污贿赂罪的司法与立法发展方向》,载《政法论坛》2017年第1期。

3 《日本刑法典》在第252条"侵占罪"之后规定了第253条"业务侵占罪":侵占业务上自己持有他人之物者,处10年以下惩役。公务人员基于业务上的便利而侵吞、窃取、骗取或者以其他手段非法占有公共财物的贪污行为,构成业务侵占罪。张明楷教授建议将来应当将职务侵占罪与贪污罪合并成一个职务(业务)侵占罪,将其规定在侵犯财产罪中。参见张明楷:《贪污贿赂罪的司法与立法发展方向》,载《政法论坛》2017年第1期。

只不过贪污罪是国家工作人员利用职务便利侵犯公共财物的财产犯罪,盗窃等财产犯罪只是一般人对公私财物的财产犯罪。可见,国家工作人员除了未尽普通公民不得侵占他人财物之义务外,还亵渎了公务人员职务行为的廉洁性。

Ⅳ 对象

一、范围

9 根据《刑法》第382条的规定,贪污罪的对象是公共财物。这里的公共财物,是指社会主义全民所有财物和劳动集体所有财物。《刑法》第91条规定:“本法所称公共财产,是指下列财产:(一)国有财产;(二)劳动群众集体所有的财产;(三)用于扶贫和其他公益事业的社会捐助或者专项基金的财产。在国家机关、国有公司、企业、集体企业和人民团体管理、使用或者运输中的私人财产,以公共财产论。”根据上述规定,公共财物包括:

10 (1)国有财产。我国《宪法》第9条第1款规定,“矿藏、水流、森林、山岭、草原、荒地、滩涂等自然资源,都属于国家所有,即全民所有”。可见,国有财产就是全民所有财产。但实践中对国有财产的表述并不一致,有的称之为“国有财物”,有的称之为“全民所有财产”,还有的称之为“国有资产”。国家所有财富的物质体现形式不尽相同,凡是具有财富价值和物质表现形式的东西,只要属于国家所有,都可以列入国有财产的范围。就此而论,使用“国有财产”的表述最为合适。

11 (2)劳动群众集体所有财产。劳动群众集体所有财产是在我国社会主义公有制下,与国有财产共存的另外一种类型的共有财产。在计划经济条件下,集体所有制经济曾经在我国占有绝对优势。随着社会的转型,中国广袤农村中的集体所有财产,主要集中在村民委员会所直接隶属的部分动产和不动产方面。而像农村的土地、林地、森林、草原、荒地、滩涂等,大多通过承包划给村民个人经营,村民委员会只有名义上的所有权。在城市,街道居民委员会也有一些劳动群众集体所有财产,主要是一些工厂、企业、学校、医院等单位的财产。但城市不像农村居住人口那样单纯,错综复杂的人口居住状况,使城市集体所有制财产在分配和管理方面都存在很多难题。

12 (3)用于扶贫和其他公益事业的社会捐助或者专项基金的财物。这是一种在归属上难以确定为国有或者集体所有的部分财产。由于这部分财产的社会公有性所决定,它既不属于社会公共财产,也难以定论为国有财产,当然不属于某一特定人群的集体财产。所以,法律将这部分财产单独列出来加以表述。要注意的是,这里的财产,是指由社会捐助所用来扶贫和其他公益事业的财产,或者作为专项基金用于社会公益事业的财产。这里的财产不包括国家拨付用于扶贫的财产,因为国家拨付的扶贫款项本身就是国家财产,但包括国家拨付所用来社会专项事业的费用或基金,因为国家将款项拨付后,该笔资金就转入社会上相关单位账户,国家款项的性质就发生了变化,成为社会事业发展款项。通常将这部分财产称为“公益事业财产”,主要是指社会公共所有，用于教育、卫生、文化、体育、环保和救济扶助贫困人群和残疾人的专项资金。其主要来源是社会团体和个人捐款、赞助的资金实物。

(4)国家机关、国有公司、企业、集体企业和人民团体管理、使用或者运输中的私人财产。《刑法》第91条第2款规定："在国家机关、国有公司、企业、集体企业和人民团体管理、使用或者运输中的私人财产，以公共财产论。"这部分财产的原所有权属于公民个人，但是根据约定，公民将所属财产交于国家管理、使用后，其财产的所有权和使用权就可能发生转移。有的是所有权发生转移，如学生交给学校的学费、书本费和生活费，学生将这部分资金交给学校后，除享受与此相适应的学习和生活保障外，资金本身的所有权就由学生个人转移到了校方。有的是使用权发生了转移，所有权并没有发生转移，如个人交给邮电部门投递的财物，投递人本身对这些财物仍然具有所有权。但是，邮电部门在接受投递委托人的委托之后，负有对这些财物进行管理或保存的责任，如果财物一旦丢失，就要承担赔偿责任。所以，法律规定这类财物也应当视为公共财物，同样可以成为贪污罪的犯罪对象。《人民法院案例选》2005年第1辑刊载的石镜寰贪污案的裁判要旨指出，国有事业单位工作人员利用职务便利侵吞本单位管理、使用或运输的私人财产的，可以认定为侵吞本单位的财物，应以贪污罪论处。在该案中，被告人石镜寰非法占有的讲义费，是基于上级主管部门的规定收取、管理、使用的，其性质是学生私人财产，但由学校依特定用途管理、使用。由于该笔财物实际损失后果由学校承担，故可认定为北京市第五中学的本单位财物。被告人石镜寰属国家工作人员，利用为学生购买讲义等职务活动的便利，侵吞本单位财物，其行为亦符合贪污罪构成要件。 13

(5)国内公务活动或者外交礼仪中接受的礼物。《刑法》第394条规定："国家工作人员在国内公务活动或者对外交往中接受礼物，依照国家规定应当交公而不交公，数额较大的，依照本法第三百八十二条、第三百八十三条的规定定罪处罚。"根据这一规定，国家工作人员在国内公务活动或者对外交往中接受礼物，依照国家规定应当交公而不交公，数额较大的，可以成为贪污罪的对象。《国家行政机关及其工作人员在国内公务活动中不得赠送和接受礼品的规定》也规定，国家工作人员接受的礼品必须在一个月内交出上交国库，如果不按期交出的，按照贪污罪处理。该规定中所称的礼品，是指礼物、礼金、礼券以及以象征性低价收款的物品。在认定应当上缴的礼物时，要注意把属于贪污性质的礼品和公职人员社交活动中个人感情之间相送的礼品区分开来。1993年中共中央办公厅、国务院办公厅《关于认真贯彻执行〈国务院关于在对外公务活动中赠送和接受礼品的规定〉的通知》第2条规定，所受礼物，价值按照我国市价折合人民币不满200元的，留归受礼人使用；200元以上的，受礼人应当按照要求填写礼品申报单上缴国家。[4] 14

---

4 参见储槐植、杨书文：《公务活动中单纯受贿行为之贪污罪处理——兼论刑法第394条之适用及修改》，载《国家检察官学院学报》1999年第1期。

15 (6)以公共财物论的非国有公司、企业及其他单位的财产。《刑法》第183条规定:“保险公司的工作人员利用职务上的便利,故意编造未曾发生的保险事故进行虚假理赔,骗取保险金归自己所有的,依照本法第二百七十一条的规定定罪处罚。国有保险公司工作人员和国有保险公司委派到非国有保险公司从事公务的人员有前款行为的,依照本法第三百八十二条、第三百八十三条的规定定罪处罚。”《刑法》第271条第2款也规定:“国有公司、企业或者其他国有单位中从事公务的人员和国有公司、企业或者其他国有单位委派到非国有公司、企业以及其他单位从事公务的人员有前款行为的,依照本法第三百八十二条、第三百八十三条的规定定罪处罚。”《刑法》的上述两条规定,将部分原本不属于公共性质的财物也纳入贪污罪的对象之中。这里需要注意的一个问题是,上述规定中的两种情况以贪污罪处罚,主要不是在于犯罪对象,而是以犯罪主体的身份来定论的。但这里之所以将它们纳入犯罪对象,是因为《刑法》的确将这两种情形下的财产列入了贪污罪的主体范围。可以看出,非国有公司、企业以及其他单位的财产能否成为贪污罪的犯罪对象,关键是看贪污罪的主体是否为国家工作人员或者以国家工作人员论。如果单位财物被非法侵吞、占有,行为人是国家工作人员,就构成贪污罪;如果不是国家工作人员,就只能以侵占罪论处。

二、土地使用权能否作为贪污罪的对象

16 关于土地使用权能否成为贪污罪的对象,是否属于公共财物,刑法没有具体规定,有的观点认为因为土地属于不动产,所有权的转移必须经法定的登记程序才能实现,土地不能成为贪污罪的对象。但是,司法实践已经肯定土地可以成为贪污的对象。最高人民法院指导案例11号“杨延虎等贪污案”[5]中明确指出:“土地使用权具有财产性利益,属于《刑法》第三百八十二条第一款规定中的公共财物,可以成为贪污的对象。《土地管理法》第二条、第九条规定,我国土地实行社会主义公有制,即全民所有制和劳动群众集体所有制,并可以依法确定给单位或者个人使用。对土地进行占有、使用、开发、经营、交易和流转,能够带来相应经济收益。因此,土地使用权自然具有财产性利益,无论国有土地,还是集体土地,都属于《刑法》第三百八十二条第一款规定中的公共财物,可以成为贪污的对象。王月芳名下安置的地块已在2002年8月被征为国有并转为建设用地,义乌市政府文件抄告单也明确该处的拆迁安置土地使用权登记核发国有土地使用权证。因此,该土地使用权属于《刑法》第三百八十二条第一款规定中的公共财物,可以成为贪污的对象。”其主要理由如下:

17 (1)土地属于公共财物。根据《刑法》第91条有关公共财产的解释,公共财产包括国有财产、劳动群众集体所有的财产以及用于扶贫和其他公益事业的社会捐助或者专项基金的财产。根据《土地管理法》第2条和第9条的规定,我国土地实行社会

5 2012年9月18日最高人民法院发布的指导案例11号“杨延虎等贪污案”对此持肯定意见,认为土地使用权可以成为贪污罪的对象。

主义公有制,即全民所有制和劳动群众集体所有制,并可以依法确定给单位或者个人使用。因此,土地当然属于"公共财物"。

(2)土地使用权属于"财物"的范围。关于"财物"的范围,2008年11月20日印发的最高人民法院、最高人民检察院《关于办理商业贿赂刑事案件适用法律若干问题的意见》第7条指出,商业贿赂中的财物,既包括金钱和实物,也包括可以用金钱计算数额的财产性利益。虽然土地所有权实行公有制,但是土地所有权与使用权可以分离,个人或者单位可以拥有土地使用权,对土地能够进行占有、使用、开发、经营,并可以带来相应经济收益。因此土地使用权具有财产性利益,属于"财物"的范围。 18

(3)土地使用权可以成为贪污罪的对象已为有关规范性文件所肯定。2010年11月26日印发的最高人民法院、最高人民检察院《关于办理国家出资企业中职务犯罪案件具体应用法律若干问题的意见》第1条第1款规定,国家工作人员或者受国家机关、国有公司、企业、事业单位、人民团体委托管理、经营国有财产的人员利用职务上的便利,在国家出资企业改制过程中故意通过低估资产、隐瞒债权、虚设债务、虚构产权交易等方式隐匿公司、企业财产,转为本人持有股份的改制后公司、企业所有,应当依法追究刑事责任的,依照《刑法》第382条、第383条的规定,以贪污罪定罪处罚。根据国家国有资产管理局1993年发布的《国有资产产权界定和产权纠纷处理暂行办法》的规定,有权代表国家投资的部门和机构以货币、实物和所有权属于国家的土地使用权、知识产权等向企业投资,形成的国家资本金,界定为国有资产。在国家出资企业改制过程中故意低估土地使用权,转为本人持有股份的改制后公司、企业所有的,可以构成贪污罪。 19

(4)土地使用权能够被非法占有。虽然土地等不动产所有权的转移需要登记,但是所有权的转移与贪污罪构成要件中的"非法占有"是不同概念,非法占有可能并不具备形式上的所有权。土地使用权虽与房产等实物财产有所不同,但土地使用权是国有或者集体所有土地财产权的重要部分,具有占有、使用、收益的权能,具有财产性利益,能够被国家工作人员利用职务便利非法占有。[6] 20

三、国有单位违规收取的费用应如何认定

国有单位违规收取的费用,在被依法查处并退还或者没收前,仍然应当认定为国有单位的财物。"尚荣多等贪污案"[7]的裁判理由指出,在学校招生工作中,由学校决定,以学校名义收取的点招费,属于公共财产,对此予以贪污的,应以贪污罪论处。在招生工作中以学校名义收取的点招费,能否视为公共财产,这是认定本案性质首先需 21

6　参见冯陈:《大梦醒来迟——安徽省阜阳市原市长肖作新夫妇贪污受贿录》,载《党政干部学刊》2001年第5期。

7　参见最高人民法院刑事审判第一庭、第二庭编:《刑事审判参考》总第39集(第312号),法律出版社2005年版。

要明确的一个问题。法院认定点招费属于公共财产,具体理由如下:①财产犯罪的对象范围不以合法所有或者持有的财物为限,不能以本案中点招费的收取违反了国家有关规定、不属于合法收入为由,将其排除在刑法保护之外。刑法所保护的财产权利,源于相关民事、行政法律法规的规定,同时又具有相对的独立性,这是由刑法承担着维护社会秩序基本机能所决定的。所以,刑法上的财产,更多强调的是财产的经济价值性,而非合法性。即便不受民法保护或者为相关行政法规所明文禁止持有的财物,如赌资、赃物,违禁品等,只要具有一定的经济价值,并且与刑法的基本保护精神不相违背,则同样可以成为财产犯罪的对象,并应当受到刑法的保护。②公共财产的认定,关键不在于某一财产在法律上的最终所有权属关系,而是行为当时该财产的占有、持有及与之相对应的责任关系。对此,《刑法》第 91 条第 2 款明确规定:"在国家机关、国有公司、企业、集体企业和人民团体管理、使用或者运输中的私人财产,以公共财产论。"笔者认为,不管基于合法还是非法事由,在行为当时处于国家机关、国有公司、企业、集体企业和人民团体等单位占有、持有状态下的私人财产,均应认定为公共财产,因为此时的责任主体是这些单位,如果期间财产遭受了损失,这些单位将需承担赔偿责任。在该案中,点招费的收取系经原商专校务会研究决定,并以原商专学校的名义作出的,且收取后的点招费实际处于原商专学校的占有、支配之下,如果学生家长依法提起诉讼,原商专学校负有依规定返还或者赔偿的对外责任,同时考虑到原商专学校属于国有事业单位,故在有关部门查处之前将之视为公共财产是妥当的,也是符合《刑法》第 91 条第 2 款规定精神的。

四、社会保险资金应当被认定为公共财产

22 社会保险基金在性质上属于公共财物,社保工作人员利用职务便利,虚增企业参保人数骗取保险费的行为,构成贪污罪。"李成兴贪污案"[8]的裁判理由指出,社会养老保险是按国家统一政策规定强制实施的社会统筹与个人账户相结合的养老保险制度。按照相关法律、法规规定,社会养老保险基金由以下几个部分构成:①用人单位和职工、城镇个体劳动者缴纳的基本养老保险费;②基本养老保险基金的利息等增值收益;③基本养老保险费滞纳金;④社会捐赠;⑤财政补贴。社会养老保险基金中的国家财政补贴部分当然属于国有财产,用人单位的缴费(除去纳入个人账户的部分)在一定范围内进行社会统筹,进入统筹的部分显然属于集体财产。然而,社会养老保险基金中个人账户部分(包括职工个人缴费和企业缴费纳入职工个人账户的部分)的性质,法律、法规没有明确规定。由于这部分资金在个人符合法定的领取条件时可以领取,个人享有实际的支配权,个人死亡的,个人账户中的余额还可以全部继承,因此个人账户中的养老保险基金从本质上说属于个人财产。但是根据《刑法》第 91 条的

---

8 参见最高人民法院刑事审判第一、二、三、四、五庭主办:《刑事审判参考》总第 85 集(第 771 号),法律出版社 2012 年版。

规定,在国家机关、国有公司、企业、集体企业和人民团体管理、使用或者运输中的私人财物也属于公共财物的范畴。社会养老保险基金中个人账户部分虽然是私人所有,但在个人不符合领取条件时一直由劳动保障行政部门负责管理、使用,在此期间损毁灭失风险由国家机关承担,因而应以公共财物论。

V 行为

贪污罪表现为利用职务上的便利,侵吞、窃取、骗取或者以其他手段非法占有公共财物。其中,成为问题的主要是如何认定"利用职务上的便利"。 23

一、理论标准及其争议

贪污罪作为一种贪利性渎职犯罪,利用职务便利是其显著特征,是认定贪污罪的必要前提条件,也是区别于其他侵犯财产犯罪的主要标志。但是由于刑法并没有进一步将利用职务便利这一概念细化,学术界对于"利用职务上的便利"的理解有很多争议。①认为利用职务上的便利"不仅包括直接利用自己的职务便利,还包括凭借自己职务上的间接影响,即"通过人情、人事关系等实施贪污"[9]。②认为利用职务上的便利主要是指利用职权范围内管理、经营公共财物的便利条件。仅包括直接利用职务上便利的情形,将间接利用本人职务上便利的情形排除在外。[10] ③认为利用职务上的便利是指"直接利用本人职务上的权力,分为以下两种情况:一是利用本人主管、经管财物的便利条件;二是指担任其他职务的国家工作人员,利用执行公务时临时经手、管理公共财物的便利"[11]。④认为利用职务上的便利是指"利用职务范围内的权力及地位所形成的主管、管理、经手公共财物的有利条件"。如果犯罪分子只是单纯地凭借工作上的关系对作案环境较为熟悉以此来接近作案目标实施犯罪行为,则不能认定为利用职务上的便利。[12] ⑤认为利用职务上的便利是指"利用自己主管、管理、经手公共财物的职权以及与职务有关的便利条件"[13]。上述第四种观点抓住了行为人"利用职务上的便利"必须与职务相关的特点,客观辩证地解释了贪污罪语境下"利用职务上的便利"的含义,有利于将贪污犯罪与其他经济类犯罪区分开来,该说法较为科学。而第五种观点同 1985 年最高人民法院、最高人民检察院《关于当前办理经济犯罪案件中具体应用法律的若干问题的解答(试行)》中的解释相符,同时也是理论界的通说,为大部分学者支持。 24

另外,《刑法》第 394 条规定:"国家工作人员在国内公务活动或者对外交往中接 25

9 郝力挥、刘杰:《贪污罪主体的特征》,载《政治与法律》1985 年第 5 期。

10 参见孟庆华、高秀东:《贪污罪的定罪与量刑》,人民法院出版社 2001 年版,第 123 页。

11 王作富主编:《刑法分则实务研究》,中国方正出版社 2001 年版,第 1702 页。

12 参见高铭暄主编:《刑法学》(新编本),北京大学出版社 1998 年版,第 555 页。

13 徐武生:《经济犯罪与经济纠纷》,法律出版社 1998 年版,第 213 页。

受礼物,依照国家规定应当交公而不交公,数额较大的,依照本法第三百八十二条、第三百八十三条的规定定罪处罚。”这里所涉及的行为问题是“收受他人财物及时退还或者上交的司法判定问题”。

二、实务界标准

26　1985 年最高人民法院、最高人民检察院《关于当前办理经济犯罪案件中具体应用法律的若干问题的解答(试行)》中将“利用职务上的便利”解释为“利用其职务上主管、管理、经手公共财物的便利条件”。随着社会经济的发展,滋生贪污腐败的社会环境也发生了相应的变化,1997 年《刑法》对贪污罪作了相应的修改,该规定也在 2002 年之后不再继续参照执行。2012 年 9 月 18 日最高人民法院指导案例 11 号“杨延虎等贪污案”的裁判要旨明确,贪污罪中的利用职务上的便利,是指利用职务上主管、管理、经手公共财物的权力及方便条件,既包括利用本人职务上主管、管理公共财物的职务便利,也包括利用职务上有隶属关系的其他国家工作人员的职务便利。

27　贪污罪中“利用职务上的便利”的具体表现形式包括为主管、管理、经手三种情形:①主管。主管是指“不具体管理、经手公共财物,但有审查、批准、调拨、安排或者以其他方式支配、处分公共财物的职权”[14]。例如,甲为某国有企业的主管人员,甲利用自己主管人员的身份指示会计乙从单位财务违规支取现金,然后甲带着这笔现金潜逃异国。该案中的甲并不具体负责本单位的财务工作,但甲却利用主管的便利来指示乙,从乙处支取现金实施贪污行为。②管理。管理是指行为人对公共财物负有保管、监管的职责。分辨主管与管理最简单直接的标准就是看行为人是否对公共财物具有直接的支配权。利用主管公共财物职务之便的行为人因为依法享有支配权,可以依照自己的职权改变财物的去向、用途,但利用管理公共财物职务上便利的行为人只能依法执行保管、看守等工作。[15] ③经手。经手是指行为人出于工作要求,对公共财物享有临时性的发放、支配职权。经手公共财物的职务之便,常带有临时性与不稳定性的特点,这也是经手与管理最明显的区别。经手往往是临时性的,行为人对财物只能享有短时间的支配权;而管理则是行为人在一段较长的时间内对公共财物进行保护、保管。1985 年最高人民法院、最高人民检察院《关于当前办理经济犯罪案件中具体应用法律的若干问题的解答(试行)》认为“利用职务上的便利”包含主管、管理、经手这三种具体的表现形式,事实上该观点也得到了大部分学者的认可。

28　然而,仍有学者认为,利用职务上的便利还应当包含第四种表现形式,也就是“经营”。持该观点的学者与赞同司法解释的学者之间的分歧在于,是否认同利用经营公共财物的职务之便的情形能够被利用管理、经手公共财物的职务之便的情形所涵盖,以至完全取代这一观点。显然,赞成司法解释的学者认为“经营”这一情形已被

14　董邦俊:《贪污罪新论》,中国方正出版社 2004 年版,第 111 页。

15　参见赵煜:《惩治贪污贿赂犯罪实务指南》,法律出版社 2012 年版,第 43 页。

"管理""经手"所涵盖,将其添加到司法解释中会造成表述重复。[16] 但是,认为"利用职务上的便利"应当包含"经营"这一情形的学者认为,"经营"是指使用财物等资产进行商业投资,从而增添财物的价值或者使其生息的经济活动。"经营"具体到贪污罪中表现为行为人为了增加公共财物的经济价值,将其投入商业活动的职务行为。该情形是不能被"管理""经手"的情形所取代的,具体原因如下:①"经营"不等同于"管理"。"经营"的本质含义在于依靠人的体力、智慧等因素采用各种手段增加财物的经济价值。"经营"与"管理"在行政管理的管制层面上存在交叉,但是在经济管理中,区别甚大。一是"管理"是针对企业的内部活动,而"经营"不单包括企业的内部活动,还将外部活动包括在内;二是"管理"主要依靠行政上的强制手段进行,其目的是在于保护公共财物的完整,不涉及公共财物的具体用途,而"经营"是依靠智慧、技术、经验等手段,来达到充分发挥公共财物的用途以增加其财富价值这一目的;三是"管理"的对象是针对人、财、物,而"经营"的对象并不将人包括在内。②"经营"不同于"经手"。行为人经手公共财物只是工作上的需要,依其职务领取或者发放,而不论财物价值的变迁。例如,对于国家工作人员外出出差时经手旅游费用的行为,将其解释为"经营"无疑过于牵强附会。此外,《刑法》第 382 条第 2 款规定:"受国家机关、国有公司、企业、事业单位、人民团体委托管理、经营国有财产的人员……"可见,立法本意也是将"经营"与"管理"作为两种不同的情形区分开来。

Ⅵ 主体

贪污罪的主体为特殊主体,一般情况下为国家工作人员,少数情况下亦可以是受委托管理经营国有财产的人员。 29

一、国家机关工作人员

国家机关工作人员,是国家机关中从事公务的人员,指各级国家权力机关、行政机关、审判机关、检察机关和军事机关中从事公务的人员。目前我国刑法学者对于国家机关的界定有诸多不同的观点,主要有:①认为国家机关就是指从事国家管理和行使国家权力,以国家预算拨款作为独立活动经费的中央和地方各级组织,具体包括权力机关、行政机关、监察机关、检察机关、审判机关以及军队系统的各个机构。②认为国家机关除了上述范围,还应当包括中国共产党的各级机关以及政协的各级机关。③主张国家机关应当包括中国共产党的各级机关、国家各级权力机关、行政机关、监察机关、审判机关、检察机关、军队的各级机关,中国人民政治协商会议的各级机关以及一些名为总公司但实为国家行政部门的机构(如石油天然气总公司、电力总公司等)。该观点认为那些名为总公司,但实为国家行政部门的机构,并不适用企业的经 30

[16] 参见吴光侠:《指导案例 11 号〈杨延虎等贪污案〉的理解与参照》,载《人民司法》2013 年第 3 期。

营机制,而是依靠国家财政拨款,从事行政管理的智能,因而本质上仍然是国家机关。[17] 从规范的角度来说,国家机关是指我国宪法所规定的属于国家机构组成部分的各级权力机关、行政机关、监察机关、检察机关、审判机关和军事机关(中央军事委员会)。这些机关最主要的特点是,掌握国家的公共权力,具有宪法和法律所赋予的国家强制力,行使国家对于全国性的或者地区性的各种公共事务的管理职能。国家公共事务包括有关政治、军事、外交、经济、文化、教育、体育、卫生、民族、宗教等事务。国家机关的存在是国家的重要标志。

31 人民政协各级机关,是中国共产党领导下具有广泛代表性的统一战线组织,是参政议政的机关,在国家政治生活中起着重要作用。政协机关虽不是一般国家机关,它的地位显然不同于并且高于一般社会团体其地位和作用,把政协机关视为国家机关,政协机关的工作人员视为国家机关工作人员,符合中国的宪制安排。

32 国家出资设立的名为企业、事业单位,同时也被授权行使一定的政府管理职能的组织机构,如人民银行、知识产权局、烟草公司、盐业公司等。这些单位在体制上不再列入行政机关系统。但是,它们目前仍然在各自的行业中被政府授权行使着一定的政府管理职能,把它们视为国家机关,具体担任这种管理职责的工作人员视为国家机关工作人员,

二、"以国家工作人员论"的准国家工作人员

(一)国有公司、企业、事业单位、人民团体中从事公务的人员

33 (1)国有公司、企业、事业单位,是指由国家投资,其财产归国家所有,以实现国家利益为目标而建立的组织。事业单位如中国银行保险监督管理委员会、中国证券监督管理委员会[18]、邮政部门。有些注册时表明是外资实际上是国家出资的企业,如中国移动通信集团广东有限公司注册显示外商投资企业法人独资,其中从事组织、领导、监督、经营、管理工作的人员,属于国家工作人员。[19] 理由是中国移动通信集团广东有限公司系国有资本控股的有限责任公司,属于国家出资企业。中国移动通信集团

---

17 参见朱华:《受贿犯罪主体研究》,法律出版社 2012 年版,第 1—20 页。

18 中央机构编制委员会办公室《关于中国证券监督管理委员会机构性质问题的复函》明确:根据国办发(1998)131 号文件的规定,中国证券监督管理委员会为国务院直属事业单位,是全国证券期货市场的主管部门。其主要职责是统一管理证券期货市场,按规定对证券期货监管机构实行垂直领导,所以,它是具有行政职责的事业单位。据此,北京证券监督管理委员会干部应视同为国家机关工作人员。

19 最高人民法院、最高人民检察院《关于办理国家出资企业中职务犯罪案件具体应用法律若干问题的意见》规定,经国家出资企业中负有管理、监督国有资产职责的组织批准或者研究决定,代表其在国有控股、参股公司及其分支机构中从事组织、领导、监督、经营、管理工作的人员,应当认定为国家工作人员。

广东有限公司出具的《关于企业性质说明》,中国移动通信集团公司、中国移动通信有限公司、中国移动通信集团广东有限公司的营业执照以及中国移动有限公司简介,证实中国移动通信集团公司是大型国有企业(全民所有制)。中国移动有限公司在北京设立中国移动通信有限公司(注册显示外国法人独资,实为国有出资)。中国移动通信集团广东有限公司是中国移动通信有限公司在广东省设立的全资子公司,公司类型是有限责任公司(实为国有出资)。广州移动公司是中国移动通信集团广东有限公司是全资子公司。因此,广州移动公司系国有资本控股的有限责任公司,属于国家出资企业。

(2)人民团体。由国家设立并享受国家财政拨款的工会、共青团、妇联、各种学会(如 34
中国法学会、中国人民外交学会)以及各民主党派等人民团体,无论是其领导机关还是基层组织,都不宜视为国家机关。《刑法》第 93 条对国家工作人员的解释中,明确地把人民团体与国家机关加以区分,前者中从事公务的人员只能成为准国家工作人员,而后者中从事公务的人员则是严格意义上的国家工作人员。《刑法》第 93 条第 2 款首先明确规定"国有公司、企业、事业单位、人民团体中从事公务的人员",把"人民团体"与国有公司、企业、事业单位并列,此时,立法者认为"人民团体"也有"国有"之性质。接着规定"国家机关、国有公司、企业、事业单位委派到非国有公司、企业、事业单位、社会团体从事公务的人员",把"社会团体"与非国有公司、企业、事业单位并列,此处,立法者认为"社会团体"是指非国有性质的团体。[20] 而国有与非国有的区别,主要在于其最高领导机关的成立及其活动经费是否享受国家财政拨款。至于其基层单位是否享受国家财政拨款,不影响该团体的整体性质。不由国家拨款设立的民间团体,就只能视为社会团体。

(二)受委派从事公务的人员

受委派从事公务的人员是指受国家机关、国有公司、企业、事业单位委派到非国 35
有公司、企业、事业单位、社会团体从事公务人员。

(1)关于委派的时间、方式、任命方式。委派其字面意思是指委任、派遣。委派的 36
时间节点可以是事前、事中、事后。委派方式,可以是任命、指派、提名、推荐、批准(事前、事中);认可、同意或者批准(事后)。[21]

20　参见吴平:《刑法中"人民团体"概念辨析》,载《法律科学》2000 年第 1 期。

21　《全国法院审理经济犯罪案件工作座谈会纪要》中规定:"所谓委派,即委任、派遣,其形式多种多样,如任命、指派、提名、批准等。不论被委派的人身份如何,只要是接受国家机关、国有公司、企业、事业单位委派,代表国家机关、国有公司、企业、事业单位在非国有公司、企业、事业单位、社会团体中从事组织、领导、监督、管理等工作,都可以认定为国家机关、国有公司、企业、事业单位委派到非国有公司、企业、事业单位、社会团体从事公务的人员。如国家机关、国有公司、企业、事业单位委派在国有控股或者参股的股份有限公司从事组织、领导、监督、管理等工作的人员,应当以国家工作人员论。国有公司、企业改制为股份有限公司后,原国有公司、企业的工作人员和股份有限公司新任命的人员中,除代表国有投资主体行使监督、管理职权的人外,不以国家工作人员论。"

37 (2)关于委派的主体单位。国家机关、国有公司、企业、事业单位,即国有单位。只有国有单位才有权将本单位所有的国有财产委托他人管理、经营。

38 (3)关于委派的对象单位。随着经济体制改革的不断深化,我国所有制形式发生了深刻的变化,由于计划经济年代的单一公有制发展为以公有制为主体,多种所有制并存的新格局,而所有制多元化在经济领域里的表现,就是非国有公司、企业、事业单位等大量增加。为了维护国家在这些单位里的利益(主要是国有财产),或者从国家利益出发,对其活动进行指导和监督,国有单位往往要委派一定的人员到非国有单位从事公务活动。所以这些委派的对象单位(非国有单位),主要包括集体所有制的公司、企业、事业单位,有国家投资的各种有限责任公司、股份有限公司、企业、公司联营企业,中外合资经营或者工作经营的公司企业等。[22]

39 (4)关于被委派的人员范畴。对于国有经济经过改制为股份制企业以后,其改制以前原有的国家工作人员,即使不专门办理委派手续,其原有国家工作人员的身份依然保留,仍可以成为贪污罪的主体。无论被委派人是国有单位原有的具有国家工作人员身份的人,还是接受国有单位聘任后被委派到非国有单位从事公务活动,即使其没有国家干部身份,也应以国家工作人员论。即被委派的人员,在委派前,可以是国家工作人员,也可以不是国家工作人员,而是工人、农民、待业人员等。不论委派前是何种身份,只要被上述国有单位委派到上述非国有单位从事公务活动,就是国家工作人员。"胡启能贪污案"[23]的裁判理由指出,经国家机关同意,事业单位任命的人员,属于国家工作人员。被告人胡启能任职重庆市农资公司总经理,虽然形式上由重庆市供销合作总社(事业单位)行文任命,但实质上系受中共重庆市委财贸政治部委派,故应认定其为受国家机关委派在非国有公司从事公务的人员。

40 (5)关于被委派人员的职责。代表委托机构在国有控股、参股公司及其分支机构中从事组织、领导、监督、经营、管理。经国家机关、国有公司、企业、事业单位提名、推荐、任命、批准等,在国有控股、参股公司及其分支机构中从事公务的人员,应当认定为国家工作人员。具体的任命机构和程序,不影响国家工作人员的认定。经国家出资企业中负有管理、监督国有资产职责的组织批准或者研究决定,代表其在国有控股、参股公司及其分支机构中从事组织、领导、监督、经营、管理工作的人员,应当认定为国家工作人员。国家出资企业中的国家工作人员, 在国家出资企业中持有个人股

---

[22] 最高人民法院《关于在国有资本控股、参股的股份有限公司中从事管理工作的人员利用职务便利非法占有本公司财物如何定罪问题的批复》规定:"在国有资本控股、参股的股份有限公司中从事管理工作的人员,除受国家机关、国有公司、企业、事业单位委派从事公务的以外,不属于国家工作人员。对其利用职务上的便利,将本单位财物非法占为己有,数额较大的,应当依照刑法第二百七十一条第一款的规定,以职务侵占罪定罪处罚。"

[23] 参见最高人民法院刑事审判第一庭、第二庭编:《刑事审判参考》总第35集(第275号),法律出版社2004年版。

份或者同时接受非国有股东委托的,不影响其国家工作人员身份的认定。[24]

(6)关于委派的形式——书面。受委托依法从事公务的人员。这主要是指非国家工作人员受国家机关或者其他国有单位委托从事公务活动的人员。在实践中,一般认为,单位聘任是委托从事公务的一种形式。委托从事公务活动可以是经济性的、政治性的或者其他任何性质的公务活动。委托从事公务,可以是短期的,也可以说是长期的,法律上没有限制。关于委派工作需要通过什么样的组织手续,是否必须制定书面的委派文件,国家没有作统一的规定。但是为了明确个人与国有单位之间是否存在委派关系,从而证明非国有单位中的工作人员是否具有贪污罪的主体资格,一般需要由书面的文件做证明,否则在举证时会存在困难。 41

(三)其他依照法律从事公务的人员

(1)其他依照法律从事公务的人员,主要是指依法履行职责的各级人民代表大会代表、被依法选出的在人民法院履行职务的人民陪审员以及履行特定手续被聘为特邀监察员的人员等。 42

人民法院指定的破产清算组的工作人员亦属于国家工作人员的范畴。因为清算组成员的行为不单纯是一般商事行为,而是一种严格依照《企业破产法》《民事诉讼法》等法律从事公务的行为,即符合国家工作人员"从事公务"的本质特征。在郝某某贪污案中,法院认为,根据《企业破产法(试行)》第24条的规定,清算组的权力来源有法律的明确规定,清算组的活动内容和性质是代表国家对破产企业的事务进行决策、管理、组织、监督,清算组成员的任命是由法院依法指定,清算组依照法律规定的权限从事活动。虽然清算组成员并不具有法律上的国家工作人员身份,但是法律的规定和依法指定任命明确了清算组成员的身份属性,给予了相应的职责和权力。清算组成员在企业破产过程中的行为是代表国家对破产企业的事务进行决策管理、组织实施和监督领导,清算组成员的行为符合公务的特征,是一种依照法律从事公务的行为,应认定为"其他依照法律从事公务的人员"。[25] 43

依法受国家机关的委托行使国家权力的人员,也是其他依照法律从事公务的人 44

24　最高人民法院、最高人民检察院《关于办理国家出资企业中职务犯罪案件具体应用法律若干问题的意见》第6条"关于国家出资企业中国家工作人员的认定"规定:"经国家机关、国有公司、企业、事业单位提名、推荐、任命、批准等,在国有控股、参股公司及其分支机构中从事公务的人员,应当认定为国家工作人员。具体的任命机构和程序,不影响国家工作人员的认定。经国家出资企业中负有管理、监督国有资产职责的组织批准或者研究决定,代表其在国有控股、参股公司及其分支机构中从事组织、领导、监督、经营、管理工作的人员,应当认定为国家工作人员。国家出资企业中的国家工作人员,在国家出资企业中持有个人股份或者同时接受非国有股东委托的,不影响其国家工作人员身份的认定。"

25　参见河南省许昌市中级人民法院(2010)许中刑二终字第115号刑事判决书。

员。“黄明惠贪污案”[26]的裁判理由指出,受国家机关行政委托,以国家机关名义代为行使公权力,属于《刑法》第93条第2款规定的其他依照法律从事公务的人员,其利用职务便利侵吞公款的,应以贪污罪论处。税款代征资格的取得是源于税务机关依法进行的行政委托,其法律地位等同于受委托代表税务机关征收税款的非税务工作人员,代征人以税务机关的名义并代表税务机关向纳税人、扣缴义务人征收税款,并开具相应的完税凭证或交付税票。代征人收缴的税款在法律权属上已属于国家财产,截留、侵占该款项侵犯的是国家财产所有权和代征职务的廉洁性。受国家税务机关委托代征税款的单位和人员代为征收相关税款的行为,实质上就是代表国家税务机关征收税款,是一种依照《税收征收管理法实施细则》从事公务的行为,其私自截留、侵吞税款的行为,应根据《刑法》第382条第1款规定,以贪污罪定罪处罚。

45 (2)农村的村民委员会等基层组织人员在特定情况下属于国家工作人员。国家工作人员范围立法上采取此种概括规定兜底条款来解决不可能穷尽列举的缺陷,但因为其高度概括和抽象,从刑法修订前后的刑法理论和司法实践中来看,涉及这部分人的界定存在认定争议[27],最后立法机关又通过解释来解决这一争议。2000年4月29日全国人民代表大会常务委员会《关于〈中华人民共和国刑法〉第九十三条第二款的解释》规定,村民委员会等村基层组织人员协助人民政府从事下列行政管理工作时,属于《刑法》第93条第2款规定的“其他依照法律从事公务的人员”:①救灾、抢险、防汛、优抚、扶贫、移民、救济款物的管理;②社会捐助公益事业款物的管理;③国有土地的经营和管理;④土地征用补偿费用的管理;⑤代征、代缴税款;⑥有关计划生育、户籍、征兵工作;⑦协助人民政府从事的其他行政管理工作。村民委员会等村基层组织人员在从事前述公务时,利用职务上的便利,非法占有公共财物,构成犯罪的,适用《刑法》第382条和第383条贪污罪的规定。

46 村民委员会等基层人员只有在接受政府委托从事立法解释的这些工作,代政府行使一定公共事务管理职权的时候,才构成与职务活动有关的职务犯罪。超越上述特定的职务活动范围的村民委员会等基层组织人员,不是国家工作人员。

47 最高人民检察院《关于贯彻执行全国人民代表大会常务委员会关于〈中华人民共和国刑法〉第九十三条第二款的解释的通知》第2条规定:“根据《解释》,检察机关对村民委员会等村基层组织人员协助人民政府从事《解释》所规定的行政管理工作中发生的利用职务上的便利,非法占有公共财物、挪用公款、索取他人财物或者非法收受他人财物,构成犯罪的案件,应直接受理,分别适用刑法第三百八十二条、第三百八

[26] 参见最高人民法院刑事审判第一、二、三、四、五庭主办:《刑事审判参考》总第79集(第692号),法律出版社2011年版。

[27] 参见阮方民:《“国家工作人员”概念若干问题辨析》,载《浙江大学学报(人文社会科学版)》2000年第2期;赵秉志、于志刚、孙勤:《论国家工作人员范围的界定》,载《法律科学》1999年第5期。

十三条、第三百八十四条和第三百八十五条、第三百八十六条的规定,以涉嫌贪污罪、挪用公款罪、受贿罪立案侦查。”第3条规定:“各级检察机关在依法查处村民委员会等村基层组织人员贪污、受贿、挪用公款犯罪案件过程中,要根据《解释》和其他有关法律的规定,严格把握界限,准确认定村民委员会等村基层组织人员的职务活动是否属于协助人民政府从事《解释》所规定的行政管理工作,并正确把握刑法第三百八十二条、第三百八十三条贪污罪、第三百八十四条挪用公款罪和第三百八十五条、第三百八十六条受贿罪的构成要件。对村民委员会等村基层组织人员从事属于村民自治范围的经营、管理活动不能适用《解释》的规定。”

“宾四春、郭利、戴自立贪污案”[28]的裁判理由具体指出,村民委员会等村基层组织成员在协助人民政府从事行政管理工作时,以国家工作人员论;村党支部成员在协助人民政府从事行政管理工作时,以国家工作人员论;村民委员会等基层自治组织成员利用职务上的便利非法占有的财物,既包括国有财产也包括村集体财产,应以贪污罪和职务侵占罪分别定罪处罚。在区分村民委员会等基层自治组织成员是利用协助人民政府从事行政管理工作还是村公共事务管理工作的职务便利存在疑问时,应当认定为利用管理村公共事务的职务便利。《刑事审判参考》案例第594号“廖常伦贪污、受贿案”进一步将接受政府委托的村民小组长纳入“其他依照法律从事公务的人员”。该案裁判要旨指出,协助人民政府从事行政管理的农村村民小组组长及其他工作人员,应当认定为其他依照法律从事公务的人员。 48

三、受国家机关、国有公司、企业、事业单位、人民团体委托管理、经营国有财产的人员

根据《刑法》第382条第2款的规定,受国家机关、国有企业、事业单位、人民团体委托管理、经营国有财产的人员,可以成为贪污罪的主体。根据最高人民检察院《关于人民检察院直接受理立案侦查案件立案标准的规定(试行)》的规定:受国家机关、国有公司、企业、事业单位、人民团体委托管理、经营国有财产的人员,利用职务上的便利,侵吞、窃取、骗取或者以其他手段非法占有国有财物的,以贪污罪追究其刑事责任。“受委托管理、经营国有财产”是指因承包、租赁、聘用等而管理、经营国有财产。适用该规定的条件:①被委托人原本不是管理、经营国有财产的人员;②委托单位必须是国家机关、国有公司、企业、事业单位、人民团体;③委托的内容是承包、租赁、聘用等管理、经营国有财产;④委托具有合法性。[29] 49

28　参见最高人民法院刑事审判第一庭、第二庭编:《刑事审判参考》总第21辑(第133号),法律出版社2001年版。

29　参见李风林:《商业受贿罪主体拓展的论理分析——以国家工作人员的界定为视角》,载《河北法学》2007年第5期。

50 “朱洪岩贪污案”[30]的裁判理由指出,租赁经营国有企业的人员盗卖国有资产的,应以贪污罪论处。该案被告人朱洪岩与泗阳县食品总公司破产清算组签订了租赁经营泗阳县食品总公司肉联厂的合同,属于典型的民事委托方式,因此,朱洪岩符合受委托管理、经营国有财产的要件,一、二审法院对朱洪岩的以贪污罪定罪是正确的。

51 但是,对国有企业进行定额承包者占有或支配本人上缴定额利润后的盈利部分,不构成贪污罪。如“肖元华贪污、挪用公款案”[31]所确认的。

四、套取科研经费的高校科研人员主体问题

52 近年来,频频披露的高校或科研机构科研经费使用中的违法犯罪案件,引起了社会各界特别是学界的关注与震动。多部门的检查也发现,科研经费使用过程中确实普遍存在着违规现象。查办的一些典型案件中,一些学科带头人(有些是学科的领军人物,甚至有院士级别的头衔)或整个科研团队都涉案,不但相关的科研项目被搁置,也给相关学校和科研机构的声誉造成难以挽回的损失,甚至辛辛苦苦建立起来的优势学科也毁于一旦。无论何种理由,违规套取科研经费的行为都是错误的。不过,一些典型案件的刑事处理也引起了学界的争议,有观点认为科研经费不是公款,科研人员也没有国家工作人员的身份,更没有职务之便可以利用,因此科研人员套取科研经费的行为无法评价为贪污罪,也不应成立犯罪。[32] 当然,也有学者认为,承担科研项目是职务行为,项目经费从立项单位划拨到项目负责人所在单位后,仍属于国有财产,故项目负责人套取国家财产的行为应该构成贪污罪。[33] 对于高校科研人员套取科研经费的行为性质之认定,需从科研经费是否属于刑法上的公共财物、高校科研人员是否属于刑法规定的“国家工作人员”两个方面来进行讨论。

(一)科研经费不属于刑法上的公共财物

53 目前,科研领域国家纵向课题、项目从招标发布到验收的基本流程是:国家有关部门发布课题指南→科研人员提出项目申请→国家有关部门组织评审→国家有关部门对拟资助项目及资助经费数额审批决定→对决定予以资助的,国家有关部门予以

---

30 参见最高人民法院刑事审判第一庭、第二庭编:《刑事审判参考》总第45集(第355号),法律出版社2006年版。

31 参见最高人民法院刑事审判第一庭编:《刑事审判参考》总第8辑(第63号),法律出版社2000年版。

32 参见肖中华:《科研人员不当套取国家科研经费不应认定为贪污罪》,载《法治研究》2014年第9期;朱涛、柴冬梅:《科研经费“贪污”之辩——以陈英旭贪污科研经费一案为例》,载《广西政法管理干部学院学报》2017年第6期。

33 参见董玉庭:《违规使用科研经费引发贪污犯罪》,载《中国社会科学报》2012年2月1日;胡德维:《对糟蹋科研经费的要用重典》,载《光明日报》2013年7月30日。

公布，并书面通知申请人及责任单位→国家有关部门、项目负责人（或课题主持人）以及其所在的科研机构（或高校）订立三方协议或合同书→国家有关部门拨款至项目负责人（或课题主持人）所在的科研机构（或高校项目负责人或课题主持人）组织开展课题研究→课题完成后，项目负责人（或课题主持人）提交最终研究成果和项目结项申请→国家有关部门对成果进行鉴定、审核、验收→拨付预留经费。

有学者认为，根据 2005 年教育部、财政部《关于进一步加强高校科研经费管理的若干意见》的规定：高校取得的各类科研经费，不论其资金来源渠道，均为学校收入，必须全部纳入学校财务部门统一管理、集中核算，并确保科研经费专款专用。除项目管理办法或项目合同另有规定外，凡使用科研经费购置的固定资产，均属于学校的国有资产，必须纳入学校资产统一管理。2014 年国务院《关于改进加强中央财政科研项目和资金管理的若干意见》也规定，项目完成任务目标并通过验收，且承担单位信用评价好的，项目结余资金按规定在一定期限内由单位统筹安排用于科研活动的直接支出，并将使用情况报项目主管部门；未通过验收和整改后通过验收的项目，或承担单位信用评价差的，结余资金按原渠道收回。 54

根据上述规定，科研经费与一般商业活动中按合同付款后钱款所有权属于对方所有的情况并不相同，科研经费并不直接交付项目组或课题组，而是由项目组、课题组所在事业单位（学校财务部门）代为管理，部分款项应逐步按合同支付给项目组、课题组；科研经费所购设备属于学校国有资产；科研经费结余款项国家有权按原渠道收回。当然，科研经费也包括应当发放给科研人员的报酬部分。因此，科研经费应属于国有事业单位管理中的部分国有、部分私人所有的财物，依据《刑法》第 91 条的规定，属于公共财物的范畴。利用职务上的便利非法占有这些公共财物，具有认定贪污的可能性。[34] 虽然这一观点有相关的部门规章和政策性文件做支持，但是并不能因此就将科研经费的属性作形式上的解释，而应该通过对科研项目的本质特征的角度来对其属性进行实质性解读。 55

科研项目合同的内容是平等主体间的权利义务，既未对行政机关科以行使行政处分等公权力措施的义务，也未使行政机关一方取得较之相对人一方优势的地位。基于合同的签订，当事人获得了请求相对方为一定行为或者不为一定行为的权利，同时也承担了应相对方请求为一定行为或者不为一定行为的义务，二者相互对应，互为因果，呈现动态的平衡。在科研项目合同中，主体的权利义务客体指向两方面：一是具体科研活动，即在各级科技计划中实施安排，由单位或个人承担，并在一定时间周期内进行的科学技术研究开发活动；二是政府的资金拨付等行为。科学研究是一种遵循自然规律的客观行为，即使行政相对方对项目承担方施加行政命令，也无法对科研过程及其结果产生实质性的影响，所以针对研究行为，作为课题发包方的行 56

[34] 参见孙国祥：《套取并占有科研经费的刑法性质研究》，载《法学论坛》2016 年第 2 期；赵煜：《科研人员套取科研经费的行为定性》，载《中国检察官》2017 年第 10 期。

政部门将对课题进行管理支配的权力完全委托授权给课题申请人,没有加诸行政机关做出行政行为或者其他职务行为的义务。[35] 以科技部制定的《科技重大专项项目(课题)任务合同书》为例,其中第十部分以格式条款的方式规定了缔约各方的权利、义务,知识产权与成果管理,文档资料管理,保密责任,违约责任等内容,是合同主体间法律关系的直接体现。这部分条款中,并没有包含和同类的民事合同中性质不同的条款,例如合同的变更或者解除,在非违约的情况下,需经缔约各方协商一致;作为甲方的专项牵头组织单位(专项实施管理办公室)针对乙方[项目(课题)责任单位]的违约行为,例如违反经费使用规定,仅“有权停拨、追缴部分或者全部经费”,并向其追究由此造成的经济损失,不能直接处分或者处罚乙方以及项目组成员;合同在履行过程中有争议的,缔约各方应通过协商的方式解决,协商不成,缔约各方都有权向仲裁机构申请仲裁或向人民法院起诉。虽然合同附则规定“有关课题合同管理的未尽事宜,按照《国家科技重大专项(民口)管理规定》执行”,但纵观该规定,对于包括科技部、发改委、财政部以及重大专项牵头组织单位的职责主要为宏观管理、战略规划、支持保障和咨询建议等,并未要求这些部门有行政处分或者其他公权力措施之义务。因此,通过科研项目合同的属性来分析,科研经费难以被纳入“公共财物”的属性。

(二)参与科研项目的科研人员不属于“国家工作人员”

57 有学者认为,教师、科研人员从事教学、科研活动本身不属于公务活动,这在解释论上没有异议。一个科研项目,从立项申请、项目下达后签订合同、项目的实施(进行研究)到最后完成项目研究任务,这些活动通常也不是公务活动,即使项目负责人对团队进行内部管理或者对外交流的活动,也不能认为是公务活动。有争议的是科研人员拨付经费的使用和核销活动。所谓公务活动,法律上并没有确切的界定,虽然学界大都将“公务活动”限缩在国家、社会事务的管理范围内,但一般对公务活动持宽松和概括的理解。科研经费的使用过程中,通常涉及设备的采购、劳务费(包括专家咨询费)的领取与发放、购买相关资料等活动的性质认定。应当承认,这些活动也是整个科研项目的一个部分,但这些活动不是科研活动的本身。由于科研经费管理并不是直接交由个人管理,而是项目承担单位进行财务结算管理,并按照公款的一般管理模式进行。在管理过程中,从经费拨发入账、申领使用到核销有许多环节,科研人员在从事科研经费使用时,要进行经费的申领和核销,其申领和核销活动,是学校科研经费公款管理的一个重要环节,属于典型的经手“公共财物”的行为,应属于公务活动。由此,科研人员的身份能够成为刑法上的国家工作人员。实际上,从公平原则看,诸如国有单位的行为人利用单位报销医药费之机,虚开医药费到单位报销,都可以成立贪污罪,有什么理由对教师、科研人员网开一面呢?因此,科研人员可以成为

---

[35] 参见朱涛:《科研人员“贪污”课题经费的民法解析——以科技计划项目合同属性为基础》,载《北方法学》2018年第1期。

刑法中的国家工作人员。[36]

这种观点是建立在将科研经费视为“公共财物”的基础之上的,如果无法将科研经费视为“公共财物”的话,那么这种观点将失去前提性根基。 58

我国《刑法》第93条将国家工作人员限定为国家机关中从事公务的人员;国有公司、企业、事业单位、人民团体中从事公务的人员和国家机关、国有公司、企业、事业单位委派到非国有公司、企业、事业单位、社会团体从事公务的人员,以及其他依照法律从事公务的人员,以国家工作人员论。可见,国家工作人员作为一种法定身份犯,本质上乃是从事公务,着重于行为人的职务行为是否为公务而定,至于是否有取得行政法上之国家工作人员资格、职位等则非所问。关键是如何理解“公务”。对此,最高人民法院在《全国法院审理经济犯罪案件工作座谈会纪要》中的理解是:从事公务是指代表国家机关、国有公司、企业、事业单位、人民团体等履行组织、领导、监督、管理等职责。公务主要表现为与职权相联系的公共事务以及监督、管理国有财产的职务活动。如国家机关工作人员依法履行职责,国有公司的董事、经理、监事、会计、出纳人员等管理、监督国有财产等活动,属于从事公务。那些不具备职权内容的劳务活动、技术服务工作,如售货员、售票员等所从事的工作,一般不认为是公务。就科研人员而言,其基于科技合同约定,主要从事项目研究和经费使用两个密切关联的具体行为,两者作为合同义务,均不具有“公务”的属性。 59

如前所述,科研项目合同是连接项目下达部门、项目承担机构和具体研究人员的纽带,将各方共同开展某项具体科研活动时,所商定的技术、责任及有关协作关系加以列明,是研究进行、经费拨付、成果获取及责任分配的基础性法律文件,属于民事合同的范畴。以此为前提,再来审视科研人员的主体身份就会得到否定性答复。我国《刑法》第382条规定:“国家工作人员利用职务上的便利,侵吞、窃取、骗取或者以其他手段非法占有公共财物的,是贪污罪。受国家机关、国有公司、企业、事业单位、人民团体委托管理、经营国有财产的人员,利用职务上的便利,侵吞、窃取、骗取或者以其他手段非法占有国有财物的,以贪污论。与前两款所列人员勾结,伙同贪污的,以共犯论处。”可见,贪污罪以行为人具有“国家工作人员”身份,或者受托管理、经营国有财产而产生的“拟制国家工作人员”身份为必要条件,倘若行为人不具有此类身份,则不能以贪污罪对其定罪处罚。显然,由于科技计划项目合同的民事属性,作为合同一方当事人的科研人员在项目进行中违规、违法使用经费的行为并不符合贪污罪的构成要件,因为进行科研活动(包括经费使用)并非从事公务,科研人员并不具备“国家工作人员”这一贪污罪的主体身份。 60

2016年最高人民检察院《关于充分发挥检察职能依法保障和促进科技创新的意见》中“三、准确把握法律政策界限,改进司法办案方式方法”明确指出:“办案中要正确区分罪与非罪界限:对于身兼行政职务的科研人员特别是学术带头人,要区分其科 61

---

[36] 参见孙国祥:《套取并占有科研经费的刑法性质研究》,载《法学论坛》2016年第2期。

研人员与公务人员的身份,特别是要区分科技创新活动与公务管理……要区分突破现有规章制度,按照科技创新需求使用科研经费与贪污、挪用、私分科研经费的界限……坚持罪刑法定原则和刑法谦抑原则……对于法律和司法解释规定不明确、法律政策界限不明确、罪与非罪界限不清的,不作为犯罪处理……”这一意见也为司法机关“运用法治思维和法治方式,支持创新探索,宽容创新失误,保护创新成果,为科研机构、研究型大学、创新型企业和科技工作者营造良好创新环境,提供有力司法保障”奠定了基础。

Ⅶ 罪过

一、采取放任的态度占有公款是否构成贪污罪

62 贪污罪是故意犯罪,但它究竟是直接故意还是可以包括间接故意,理论上众说纷纭,没有定论。第一种观点认为,贪污罪的主体只能是直接故意,并且以非法占有为目的,即行为人明知自己的行为侵犯了职务行为的廉洁性,会发生侵害公共财产的结果,并且希望这种结果发生的心理态度。第二种观点认为,贪污罪的主观故意包括间接故意,即行为人明知自己的行为侵犯了职务行为的廉洁性,会发生侵害公共财产的结果,并且希望或者放任这种结果的发生。第三种观点没有明确贪污罪的主观故意是否包括间接故意,只是笼统地表述贪污罪的主观方面由故意构成,并且具有非法占有公共财物的目的。

63 贪污罪的主观故意可以包括间接故意。当行为人没有偿还巨额钱款的经济能力,还利用职务便利截留本单位巨额钱款用于赌博等高风险活动或者犯罪活动,在这种情况下,行为人在实施犯罪行为时,经济能力决定其没有归还公款的客观基础,其对公款使用方式的高风险性决定其也无法保障使用中的公款的安全,而行为人对此是明知的,故可以推定行为人对公款日后不能归还持放任态度,即如果有条件归还,就归还公款,如果没有条件归还,就不归还,归还和不归还都在行为人的主观故意范围之内。这种心态是一种典型的间接故意心态。如果行为人因为在赌博中输掉公款或者因为实施犯罪活动而导致公款的灭失,造成客观上没有归还公款,应当认定其在实施犯罪行为时,对公款具有非法占有的故意,应以贪污罪对其定罪处罚。这不是客观归罪,而是实事求是的态度。如果在这种情况下仍然认定行为人的行为只构成挪用公款罪,则是对犯罪的放纵,而且也不符合罪刑相适应的刑法原则,不利于打击严重职务犯罪行为,尤其是在当前反腐败形势非常严峻的情况下,更是需要予以注意的。[37]

---

37 参见肖晚祥:《贪污罪的主观故意包括间接故意》,载《人民司法》2010年第2期。

二、对"非法占有公共财物"目的的理解

虽然刑法条文中没有明确规定贪污罪需要具备非法占有的目的,但是根据大多数学者的解释,是否具有非法占有公共财物的目的,是贪污罪主观方面必须具备的要件。司法实务亦认为,非法占有公共财物的目的是贪污罪必备的主观要件。"王妙兴贪污、受贿、职务侵占案"[38]的裁判理由指出,主观上有非法占有国有资产的目的和使公共财产遭受损失的直接故意,客观上隐匿国有资产并已经实际控制和掌握固有资产的,应以贪污罪论处。犯罪数额应以其实际非法控制的数额计算。该案被告人王妙兴利用职务便利隐匿国有资产的行为应以贪污罪论处。 64

贪污罪的非法占有公共财物的目的,意指行为人将公共财物非法占为已有,还是概括性地指行为人将公共财物非法占有?所谓行为人非法占为已有,是指行为人在主观上具有把公共财物据为个人所有的目的;而所谓概括性地非法占有,则是说行为人仅仅控制了公共财物的所有权,或者说占有了公共财物的所有权,但财物最终是否归行为人自己所有,还处于不确定状态。刑法理论上大多数学者主张,认定某一行为是否具有"非法占有公共财物"的目的,不要求行为人具有非法据为已有的目的,只要行为人客观地占有了公共财物的所有权,不论该占有财物最终是否被行为人占位既有,也不论行为人从主观上是为了将财物占为已有,还是为了将财物占有之后给予他人,都应当以非法占有公共财物论。[39] 按照这种解释,贪污犯罪行为人只要具有占有公共财物的故意,不论是否将这些财物用于何种用途,都属于非法占有公共财物的行为。如有的学者说:"而非法占有国有财物的目的,既可以是行为人企图将公共国有财物永久地占为已有,也可以是行为人希望将公共国有财物非法获取后转送他人。"[40] 65

在检察机关对贪污、受贿职务犯罪案件的侦查中,随着证据意识的不断增强,当检察机关以无可辩驳的确凿证据证实其贪污受贿犯罪事实时,犯罪嫌疑人的辩解便往往退而求其次,逐渐转向贪污受贿后赃款的用途上,经常以赃款用于"公务支出"为自己开脱辩解。目前在司法实践中,往往因为贪污受贿行为人将赃款用于"公",反映出行为人并不具有为己私利而贪污受贿的主观故意,而被认定为无罪。很显然,这种以后来的行为去判断行为人行为的主观心态的方法,不仅是片面的,而且也违背以事实为依据的刑法精神。 66

从法律层面上看,贪污贿赂罪属于侵犯财产型犯罪,所侵犯的是公共财产的所有权。公共财产所有权的所有人是国家和社会。当嫌疑人使用非法手段,占有公共财 67

---

38 参见最高人民法院刑事审判第一、二、三、四、五庭主办:《刑事审判参考》总第82集(第734号),法律出版社2012年版。

39 参见赵煜:《惩治贪污贿赂犯罪实务指南》,法律出版社2012年版,第28页。

40 陈兴良主编:《罪名指南(下册)》(第2版),中国人民大学出版社2008年版,第662页。

物,实际控制并转移了公共财物的所有权,实现法律上的占有后,同时也就使国家和社会——这一所有权的真正享有者永久性地丧失了行使所有权的占有、使用、收益和处分的四项权能的可能,他的独占的支配权就此被剥夺了。此时的公共财物,对国家和社会而言,是"失控状态";对嫌疑人而言,是"控制状态",完全符合侵犯财产型犯罪的构成特征。可见,贪污受贿所得赃款的实际用途显然不是贪污受贿客观要件的内容,贪污受贿所得赃物被行为人如何使用、处分是贪污受贿犯罪实施完毕以外发生的事实,它不能改变贪污受贿客观方面非法占有的事实。因此,2016 年 4 月 18 日,最高人民法院、最高人民检察院《关于办理贪污贿赂刑事案件适用法律若干问题的解释》第 16 条第 1 款明确规定:"国家工作人员出于贪污、受贿的故意,非法占有公共财物、收受他人财物之后,将赃款赃物用于单位公务支出或者社会捐赠的,不影响贪污罪、受贿罪的认定,但量刑时可以酌情考虑。"

Ⅷ　与非罪的界限

68　区分贪污罪与一般贪污行为的关键在于,是否达到刑法与司法解释规定的贪污数额和其他严重情节。如果贪污行为没有达到《刑法》第 383 条规定的"数额较大"或者"有其他严重情节"程度的,则为一般贪污行为。最高人民法院、最高人民检察院《关于办理贪污贿赂刑事案件适用法律若干问题的解释》第 1 条规定,贪污"数额较大"是指贪污数额在 3 万以上不满 20 万的;"其他较重情节"是指贪污 1 万以上不满 3 万并具有"六种情节"之一的,即①贪污救灾、抢险、防汛、优抚、扶贫、移民、救济、防疫、社会捐助等特定款物的;②曾因贪污、受贿、挪用公款受过党纪、行政处分的;③曾因故意犯罪受过刑事追究的;④赃款赃物用于非法活动的;⑤拒不交待赃款赃物去向或者拒不配合追缴工作,致使无法追缴的;⑥造成恶劣影响或者其他严重后果的。司法实务中,应当根据司法解释界定的"数额较大"或者"有其他严重情节"的具体标准和情形,区分贪污罪与一般贪污行为。

Ⅸ　与他罪的区别

一、与盗窃罪、诈骗罪、侵占罪的区别

69　根据《刑法》第 264 条的规定,盗窃罪是指以非法占有为目的窃取公私财物的行为。贪污罪与盗窃罪都是以非法占有公私财产为目的的犯罪,两者有相似之处,但是性质不同的犯罪,两者存在本质区别。贪污罪虽然也侵犯公私财产所有权,但主要侵犯的法益是国家工作人员职务行为的廉洁性。国家工作人员在主管、管理、经手公共财物时,是国家的代理人,是公共财产的守护者,他们利用手中的权力,以窃取等手段将自己守护的财产非法占有,是对职务行为的背叛。盗窃罪是一种严重侵犯公私财产所有权的犯罪,属于多发的危害社会安定的犯罪,是由一般主体实施的不带有国家

公权力色彩的纯粹财产型犯罪。因此,两罪在理论上的区别主要是法益不同,侵占罪、诈骗罪同理。

贪污罪与盗窃罪、诈骗罪、侵占罪的联系在于,贪污行为通常会表现为盗窃罪、诈骗罪和侵占罪的实行行为——侵吞、窃取、骗取。但是贪污罪的特殊之处又在于"特殊主体"的"利用职务上的便利",即职权性——侵犯法益是国家工作人员职务行为的廉洁性。 70

在刑法条文关系上,由于贪污罪必须是国家工作人员利用职务上的便利非法占有公共财物,而盗窃罪存在国家工作人员与职务无关的非法占有公共财物的情形。因此,《刑法》第382条与第264条之间存在法条的交叉竞合关系。同理,规定贪污罪的第382条与规定诈骗罪的第266条、规定侵占罪的第270条等,同样存在法条的交叉竞合关系。 71

二、与职务侵占罪的区别

职务侵占罪堪称是特殊领域的贪污罪(非国家工作人员贪污罪),历来职务侵占罪与贪污罪构成要件的区别就是实践中的热点和难点。以下作详细比较。 72

(一)两罪的实行行为并无实质区别——"占为己有"应作扩大解释

在我国《刑法》第382条中,贪污罪的实行行为表述为"利用职务上的便利,侵吞、窃取、骗取或者以其他手段非法占有公共财物",而《刑法》第271条规定的职务侵占罪的实行行为则表述为"利用职务上的便利,将本单位财物非法占为己有"。有学者根据上述罪状规定认为,贪污罪与职务侵占罪的区别主要有三点:一是客观行为手段的表现形式不同,前者的手段更多,包括侵吞、窃取、骗取和其他手段,而后者的手段就只有"侵吞"即"占";二是将财物占有的人的范围不同,在贪污罪中行为人可以将财物占为己有,也可以将财物占为本人之外的其他人所有,而在职务侵占罪中,行为人只能"将本单位财物非法占为己有";三是犯罪对象的范围不同,贪污罪的对象仅仅限于公共财物,不包括非公共财物,而职务侵占罪的对象是非公共财物。其实,贪污罪与职务侵占罪在实行行为手段上并没有实质区别,亦即职务侵占罪中的"非法占有"即"侵占"应作广义的理解,与贪污罪中的"侵吞、窃取、骗取或者其他手段"含义一致。理由在于: 73

(1)从维持侵占犯罪的定型性上看,两者的犯罪定型性一致。在非法占有他人财物之前即已经持有他人的财物,是世界各国包括我国的刑法理论都公认的侵占犯罪的定型性。也即不管行为人采用何种手段,只要其将已经合法持有的他人财物非法占为己有,都是侵占犯罪的行为。对于职务侵占来说,即使是采用秘密的"窃取"手段、隐瞒真相或虚构事实的"骗取"手段,也都是将原为自己持有的本单位财物转变为自己非法占有,因而都属于侵占行为的范畴,而与将自己原本并不持有的他人财物非法占有的盗窃、诈骗行为有异。当然,对于职务侵占罪中将原本不为行为人持有的单位财物利用职务上经手单位财物的便利实行骗取的行为来说,似乎与侵占犯罪的定 74

型性不符。但是,这种骗取与一般的骗取存在着实质性的区别,即实施这种骗取行为的人始终拥有着经手单位财物的职务上的职权,这种职权较之于拥有像存单这些载有财产权利的凭证中对财物的持有,应当说并无质的不同。这样看来,这种骗取行为与侵占犯罪的定型性,其实是一致的。

75　(2)从贪污罪与职务侵占罪的立法演变过程看,立法者曾将相当一部分原为贪污罪的行为划归职务侵占罪的范围之内。1979年《刑法》只规定了贪污罪,而未规定其他侵占犯罪,且贪污罪的主体仅限于国家工作人员。但是随着社会经济诸方面的发展变化,原本较少发生的侵占财物数额不大的(像非法占有集体组织中的财产等)侵占行为逐渐增多,且危害性越来越大。由于1979年《刑法》对其他侵占犯罪的规定尚有阙如,因而当时刑法对这些行为显得无所适从。基于保护集体财产和整治侵占财产行为的客观要求,立法者采取了扩大贪污罪主体范围的权宜之计,即1988年全国人民代表大会常务委员会《关于惩治贪污罪贿赂罪的补充规定》将贪污罪的主体范围,由原为"国家工作人员"扩大为"国家工作人员、集体经济组织工作人员或者其他经手、管理公共财物的人员"。但是这种做法的一个不利后果是,将集体经济组织工作人员和其他经手、管理公共财物的人员解释为与国家工作人员性质相同的人员,既显得牵强,也淡化了我国政府一贯提倡并贯彻执行的从严治吏的刑事政策的影响,同时对于公司、企业或其他单位的人员用职务上的便利非法占有本单位财物的行为,仍然无法有效且合法地处置,从而不利于保障社会主义市场经济的发展。于是1995年全国人民代表大会常务委员会《关于惩治违反公司法的犯罪的决定》,设立了公司、企业人员侵占罪,将集体经济组织工作人员等人员的职务侵占行为从贪污罪中分化出来,由公司、企业人员侵占罪予以包容。1997年《刑法》又将公司、企业人员侵占罪修改为职务侵占罪,进一步将基层群众性自治组织中经手、管理公共财物等人员的贪污行为从贪污罪中分离出来,而为职务侵占罪所包容。至此,贪污罪中只剩下了国家工作人员和受国家机关、国有公司企业、事业单位、人民团体委托管理、经营国家财产的人员的贪污行为。从贪污罪与职务侵占罪这一立法演进过程来看,在刑法中,立法者已将相当一部分原为贪污罪的行为为划归职务侵占罪的范围之内,并且对这些行为的方式未加任何限制,因此,应当认为其行为方式仍包括盗窃、侵吞、骗取等非法手段。

76　(3)从体系解释角度来看,《刑法》第271条第2款"有前款行为的"依照贪污罪定罪处罚。《刑法》第271条第2款规定,对国有公司、企业或其他国有单位中从事公务的人员和国有公司、企业或其他国有单位委派到非国有公司、企业和其他非国有单位中从事公务的人员利用职务上的便利非法占有本单位财物的,以贪污罪定罪。在这种情况下,如果说职务侵占罪的行为手段仅限于"侵吞",而不像贪污罪那样包括窃取、骗取等手段,则意味着国有公司、企业或者其他国有单位中从事公务的人员和国有公司、企业或者其他国有单位委派到非国有公司、企业以及其他单位从事公务的人员,利用职务上的便利窃取、骗取或者以发奖金为名等手段非法占有本单位财物的行为不能认定为贪污罪,要以盗窃罪、诈骗罪等犯罪定罪处罚,而只有利用职务上的便利侵吞本单位财物的行为才能认定为贪污罪。这样的理解,必然造成具有同样职权的人,同样利用职务上的便利非法占有本单位财物的行为,仅仅因为占有的具体手段有差别而成立性质完全不同的犯罪。而这样的结论显然是不协调的、显失公平的。所以从实质解释角度来看,《刑法》第 271 条第 2 款“有前款行为的”指的是“占为己有”,包含了第 382 条罪状中规定的实行行为。

(4)从职务侵占罪与盗窃罪、诈骗罪等罪的法定刑比较来看,前者的法定刑确实 77
轻于后者,但这并不能说明就应该将利用职务上的便利实施的盗窃罪、诈骗罪等非法占有本单位财物的行为作为盗窃罪、诈骗等罪处理。笔者认为,这正是刑法对职务侵占罪的法定刑规定的不合理之处。因为,虽然一般来说,侵占罪的危害社会严重程度明显轻于盗窃罪、诈骗罪等罪,但由于职务侵占罪与侵占罪相比,还存在着行为人亵渎职务的一面,因而其危害社会程度要重于侵占罪,而与盗窃罪、诈骗罪等罪的危害社会程度接近。那么根据罪责刑相适应的刑法基本原则,立法者就应该使职务侵占罪的法定刑与盗窃罪、诈骗罪等罪的法定刑相协调。但是我们知道,《刑法》第 271 条第 1 款对职务侵占罪规定的法定刑远轻于盗窃罪、诈骗罪等罪。那么可以设想一下,如果仅因二者的法定刑轻重相差较大,即将利用职务便利盗窃、诈骗本单位财物的行为作为盗窃罪、诈骗罪等罪处理的话,这必然会导致侵占罪原本的将占有变所有的定型性发生改变,因而使侵占犯罪与盗窃罪、诈骗罪等罪的界限变得模糊不清,不仅易引起刑法理论上的混乱,也势必严重影响司法实践中对这些犯罪的准确定性和量刑。

(二)财物占有人的范围并无实质区别——“非法占有”也包括转移给第三人占有

对“非法占为已有”进行文义解释,似乎只有行为人将财物转移归行为人本人所 78
有,才能成立职务侵占罪;如果把财物转移给本人以外的他人所有的,则无法成立该罪。因为刑法已经明确地规定了“非法占为已有”而不是“非法占有”。但是依照这种观点,对于公司人员利用职务上的便利将本单位财物转移给朋友,或者代替自己或亲属占有股份的公司偿还债务的,就不能成立犯罪。实践中这样的案件的确也曾被认定为无罪,而被纯粹作为民事案件处理。笔者认为,作这样的解释形式上似乎存在刑法依据,因为刑法对有些取得型财产犯罪规定的是“以非法占有为目的”,比如合同诈骗罪,而不像职务侵占罪条文中那样。但实际上,这样的解释结论是违背罪刑法定的,没有合理性。理由是:和贪污罪、盗窃罪以及各种诈骗犯罪一样,职务侵占罪的主观上都要求具有非法占有(不法所有)的目的,客观上具有非法占有的行为,刑法规定“非法占为已有”,不是为了区分被侵占的财物究竟是给了行为人本人还是他人,而是为了区分罪与非罪、职务侵占罪与挪用资金罪。比如,将本单位的资金转移给本人或他人使用,不具有永久占有的意图,显然不能认定为职务侵占罪,而属于挪用资金罪;将单位的财物单纯地破坏,没有转移给本人或他人,属于故意毁坏财物罪,也不能认定为职务侵占罪。但是,只要行为人具有永久性地剥夺单位财产的性质,就具备职务侵占罪的本质特征。本人占有是这样,将财产转移给他人所有也是这样,财产转移给他人时,单位的财产也被剥夺了。从主观故意上看,只要行为人明知自己的行为会侵害单位财产所有权即可,至于最后由谁非法取得,不影响罪过。所以,对"非法占为己有"必须进行实质解释。解释为行为人实际上以财产所有人自居而"非法处分"财产,否则将可能导致刑法惩治犯罪功能的萎缩。

(三)犯罪对象的性质并无实质区别——都是公私财物

79 有人认为,既然《刑法》第 382 条第 1 款将贪污罪的犯罪对象规定为"公共财物",那么,按照罪刑法定原则,贪污罪的对象就只能是公共财物,不包括非公共财物;犯罪对象是否属于公共财物,也应当视为区分贪污罪与职务侵占罪的关键标志。但是,对于"国有、集体控股或投资比例占多数的企业的财产,应全额认定为公共财产,不控股或投资比例占少数的企业的财产,一律不认定为公共财产",受国有单位委派到这些非国有单位从事公务的人员利用职务上的便利占有这些财产的,以贪污罪定罪处罚。在这种观点的影响下,司法实践中有人主张,对于受委派到非国有单位的国家工作人员利用职务上的便利非法占有非国有单位财物的,应当在国有、集体投资所占比例认定贪污罪及犯罪数额。

80 笔者认为,根据刑法的规定,在贪污罪与职务侵占罪的对象上,没有区别,更不应将对象的性质作为区分两罪的标准。因为,我们不能仅仅从《刑法》第 382 条对贪污罪的规定考查贪污罪的对象。《刑法》对贪污罪的规定,除第 382 条外,还见诸第 394 条、第 183 条第 2 款和第 271 条第 2 款。《刑法》第 394 条规定"国家工作人员在国内公务活动或者对外交往中接受礼物,依照国家规定应当交公而不交公,数额较大的"应当以贪污罪定罪处罚。此条规定涉及的贪污罪的对象,理解为公共财物没有问题,因为国家工作人员在国内公务活动或者对外交往中接受的礼物,即使从来源来说可能包括私有企业或个人的财物,但既然按照国家规定应当交公,在国家工作人员接受之后,这些财物就均具有公共财物的性质。

81 然而,《刑法》第 183 条第 2 款和第 271 条第 2 款规定涉及的贪污罪对象,未必就是公共财物或全部是公共财物。《刑法》第 183 条第 1 款规定的是保险公司的工作人员利用职务上的便利,故意编造未曾发生的保险事故进行虚假理赔,骗取保险金归自己所有的行为应当依照职务侵占罪定罪处罚,同条第 2 款则规定:"国有保险公司工作人员和国有保险公司委派到非国有保险公司从事公务的人员有前款行为的,依照本法第三百八十二条、第三百八十三条的规定定罪处罚。"《刑法》第 271 条第 1 款规定的是职务侵占罪,同条第 2 款则规定:"国有公司、企业或者其他国有单位中从事公务的人员和国有公司、企业或者其他国有单位委派到非国有公司、企业以及其他单位从事公务的人员有前款行为的,依照本法第三百八十二条、第三百八十三条的规定定罪处罚。"显然,在国有公司(包括国有保险公司)、企业或者其他国有单位委派到非国有公司(包括非国有保险公司)、企业以及其他国有单位从事公务的人员,利用职务上的便利侵占本单位财物的情况下,被行为人侵占的财物是包括公共财物和非公共财物在内的,即这种情况下,行为人侵占的可以是私有财物。这种情况下,行为人贪污犯罪的数额是以行为人占有的公司、企业财物总额计算,而不可能按照国有公司、企业以及集体经济组织在公司中的股份比例折算贪污数额。有学者认为,《刑法》第271条第2款和第183条第2款规定的"依照本法第三百八十二条、第三百八十三条的规定定罪处罚",是指符合《刑法》第382条规定的"国家工作人员利用职务上的便利,侵吞、窃取、骗取或者以其他手段非法占有公共财物的",定贪污罪;不符合第382条规定的贪污罪构成要件但符合第271条第1款的,定职务侵占罪,即贪污罪的犯罪对象仍限于公共财产。这样的观点显然使《刑法》第271条第2款和第183条第2款的规定毫无意义,因为这两款行为涉及的犯罪对象,不可能全部是公共财产。

(四)主要区分标准——行为人的身份

行为人的身份是指具有刑法意义上的主体身份。以主体身份为标准,贪污罪与职务侵占罪区分的原则是:国家机关工作人员,国有公司、企业、事业单位、人民团体中从事公务的人员,国家机关、国有公司、企业、事业单位委派到非国有公司、企业、事业单位、社会团体从事公务的人员,其他依照法律从事公务的人员,以及虽非国家工作人员、但受国家机关、国有公司、企业、事业单位、人民团体委托管理、经营国有财产的人员,利用职务上的便利非法侵占本单位财物的,一律以贪污罪定罪处罚;其他情况下,即非国家工作人员利用职务上的便利非法占有本单位财物的,一律以职务侵占罪定罪处罚。 82

三、与挪用公款罪的区别

挪用公款罪是由贪污罪分离而来的,由于挪用公款罪的本质属性是擅自将公款挪归个人使用,因此,单行刑法曾规定挪用公款数额较大不退还的,以贪污罪论处。1997年《刑法》修订后取消了这一规定,修改为加重处罚的情节。挪用公款罪与贪污罪的根本区别在于前者不具有永久非法占有公款的故意,而后者具有永久地非法占有公共财物的故意。可见,两罪在主观罪过上具有本质的区别,但同时也具有轻罪向重罪转化的可能性。即当行为人主观上由暂时非法占有公款转化为永久地非法占有公款后,其行为性质也相应地由挪用公款罪转化为贪污罪了。此外,由于立法技术的原因,在贪污罪中被法律拟制为国家工作人员的"受国家机关、国有公司、企业、事业单位、人民团体委托管理、经营国有财产的人员"在挪用公款罪中并未被拟制,故此罪中的犯罪主体并没有上述主体。另外,从实践中多发的案例来看,贪污罪中行为人的行为方式主要是做假账,即明账账面是收支相抵的平账,但其实公私财物已经被非法占有;但挪用公款罪一般不平账,有时甚至挪用的行为是公开的。 83

在这两罪的区分中,由于判断主观罪过成为关键,根据《全国法院审理经济犯罪案件工作座谈会纪要》的规定,有下列情形的就可以表明行为人具有非法占有的目的,而认定为贪污罪:①根据最高人民法院《关于审理挪用公款案件具体应用法律若干问题的解释》第6条的规定,行为人"携带挪用的公款潜逃的",对其携带挪用的公 84

款部分,以贪污罪定罪处罚。②行为人挪用公款后采取虚假发票平账、销毁有关账目等手段,使所挪用的公款已难以在单位财务账目上反映出来,且没有归还行为的,应当以贪污罪定罪处罚。③行为人截取单位收入不入账,非法占有,使所占有的公款难以在单位财务账目上反映出来,且没有归还行为的,应当以贪污罪定罪处罚。④有证据证明行为人有能力归还所挪用的公款而拒不归还,并隐瞒挪用的公款去向的,应当以贪污罪定罪处罚。

四、与私分国有资产罪的区别

85 私分国有资产罪,理论上认为是纯正单位犯罪,犯罪主体是单位,即国家机关、国有公司、企业、事业单位、人民团体。犯罪对象仅限于国有资产,行为表现为以单位名义将国有资产集体私分给个人。对单位犯罪采取单罚制:对其直接负责的主管人员和其他直接责任人员处以刑罚。而贪污罪的主体只限于自然人,而且必须是国家工作人员和受国家机关、国有公司、企业、事业单位、人民团体委托管理、经营国有财产的人员。犯罪对象是公共财物,包括国有单位依法管理下的私有财物。行为表现为利用职务上的便利,侵吞、窃取、骗取或者以其他手段非法占有公共财物。因此,贪污罪与私分国有资产罪存在重大区别,不可任意混淆。

X　共犯

86 《刑法》第382条第3款规定,与国家工作人员或者受委托管理、经营国有财产的人员勾结,伙同贪污的,以共犯论处,即非国家工作人员可以成为贪污罪的共犯。

87 据此,最高人民法院《关于审理贪污、职务侵占案件如何认定共同犯罪几个问题的解释》规定:①行为人与国家工作人员勾结,利用国家工作人员的职务便利,共同侵吞、窃取、骗取或者以其他手段非法占有公共财物的,以贪污罪共犯论处。②行为人与公司、企业或者其他单位的人员勾结,利用公司、企业或者其他单位人员的职务便利,共同将该单位财物非法占为已有,数额较大的,以职务侵占罪共犯论处。③公司、企业或者其他单位中,不具有国家工作人员身份的人与国家工作人员勾结,分别利用各自的职务便利,共同将本单位财物非法占为已有的,按照主犯的犯罪性质定罪。

88 另根据《全国法院审理经济犯罪案件工作座谈会纪要》的规定:对于国家工作人员与他人勾结,共同非法占有单位财物的行为,应当按照最高人民法院《关于审理贪污、职务侵占案件如何认定共同犯罪几个问题的解释》的规定定罪处罚。对于在公司、企业或者其他单位中,非国家工作人员与国家工作人员勾结,分别利用各自的职务便利,共同将本单位财物非法占有的,应当尽量区分主从犯,按照主犯的犯罪性质定罪。司法实践中,如果根据案件的实际情况,各共同犯罪人在共同犯罪中的地位、作用相当,难以区分主从犯的,可以贪污罪定罪处罚。

89 就贪污数额的认定,《全国法院审理经济犯罪案件工作座谈会纪要》规定:对个人贪污数额,在共同贪污犯罪案件中应理解为个人所参与或者组织、指挥共同贪污的数额,不能只按个人实际分得的赃款数额来认定。对共同贪污犯罪中的从犯,应当按照其所参与的共同贪污的数额确定量刑幅度,并依照《刑法》第 27 条第 2 款的规定,从轻、减轻处罚或者免除处罚。因此,法院在翟新胤、孙彬臣贪污案中进一步指出:“共同贪污犯罪案件中,应以犯罪总额确定各共犯的刑事责任,并在量刑时考虑共犯的地位、作用以及分赃数额等因素。对于共同贪污案件中各共犯,首先应当按照犯罪总额的标准确定量刑的法律条款依据,在此基础上考虑分赃数额等情节。具体而言,在共同贪污犯罪中,个人贪污数额指的是各共同犯罪人个人实施贪污行为涉及的犯罪总额:(1)对贪污犯罪集团的首要分子,应当计算贪污集团预谋的以及所得的全部赃款、赃物的总额。(2)对贪污犯罪集团的一般主犯和一般共同贪污犯罪案件中的主犯,应当计算其所参与的或者组织、指挥的全部贪污行为所涉及的犯罪总额。(3)对于共同贪污犯罪中的从犯,应当计算其所参与的贪污行为所涉及的犯罪数额。”[41]

集体决定将公款用于单位个人购买私房的,属于共同贪污,应以贪污罪论处,如 90
“高建华等贪污案”[42]。

XI　既遂与未遂

贪污罪是直接故意犯罪,存在未遂形态。但对于贪污罪既遂与未遂的区分问 91
题,有不同的认识,主要有四种观点:一是以行为人是否实际取得公共财物作为区分贪污既遂与未遂的标准;二是以财物所有人或者持有人是否失去对公共财物的控制作为区分贪污既遂与未遂的标准;三是以行为人是否取得对财物的控制权作为区分贪污既遂与未遂的标准;四是财物所有人或者持有人失去对财物的控制并被行为人所实际控制,才能认定为贪污既遂。[43]

贪污罪本质上是渎职类犯罪,表现为国家工作人员利用职务上的便利,非法占有 92
公共财物,具有财产犯的性质,属于结果犯。贪污罪的认定必须将财产是否被非法占有作为判断既未遂的标准。只有当行为人将其所主管、经营、经手的财物非法占有时,才能构成贪污罪既遂;相反,行为人已经着手实施贪污行为,但因为意志以外的原因未能将财物转为己有,如行为人意图利用职务上的便利,以转账支票的方式将本单位银行存款划到自己账户上,但由于意志以外的原因而未能得逞的场合,是贪污罪未遂。[44]

上述观点已经为《全国法院审理经济犯罪案件工作座谈会纪要》所确立:贪污罪 93

41　天津市第二中级人民法院(2008)二中刑终字第 222 号刑事判决书。

42　参见最高人民法院刑事审判第一、二、三、四、五庭主办:《刑事审判参考》总第 58 集(第 462 号),法律出版社 2008 年版。

43　参见郭清国:《〈全国法院审理经济犯罪案件工作座谈会纪要〉的理解与适用》,载最高人民法院刑事审判第一庭、第二庭编:《刑事审判参考》(总第 39 集),法律出版社 2005 年版,第 178 页。

44　参见黎宏:《刑法学》,法律出版社 2012 年版,第 936 页。

是一种以非法占有为目的的财产性职务犯罪,与盗窃、诈骗、抢夺等侵犯财产犯罪一样,应当以行为人是否实际控制财物作为区分贪污罪既遂与未遂的标准。对于行为人利用职务上的便利,实施了虚假平账等贪污行为,但公共财物尚未实际转移,或者尚未被行为人控制就被查获的,应当认定为贪污罪未遂;行为人控制公共财物后,是否将财物据为已有,不影响贪污罪既遂的认定。

94 具体而言,鉴于行为人实际控制财物与财物所有人或者持有人失去对公共财物的控制、行为人实际取得财物之间往往存在时间差,如国家工作人员利用职务上的便利采取非法手段平账后,将钱款从单位账户转至他人的账户中,在行为人还没有来得及将钱款取出前便案发,此种情况下,虽然行为人还没有实际取得公共财物,但并不影响贪污既遂的认定;而财物所有人或者持有人失去对财物的控制并不等于行为人已实际取得或者控制了该财物,如国家工作人员明知有一笔单位应收款即将到账,便采用非法手段平账,致使在单位的财务账目中已不能反映该笔应收款,但在付款方还没有付款前便案发,此种情况下,单位已失去对财物的控制,由于行为人还没有取得对该笔应收款的实际控制权,应当认定为贪污未遂。

95 由于不动产需要进行转移登记,才能完成产权转让,因此,贪污不动产的既遂与未遂的判断具有其特殊性。《刑事审判参考》案例第462号"高建华等贪污案"的裁判理由指出,不动产的转让行为在民法上是一种要式法律行为,只有办理房屋产权证书后,买受人才拥有该房屋的合法所有权,但是,民事法律上所有权的转移与贪污罪构成要件中的非法占有是不同的概念。对于行为人贪污房产的行为,只要行为人对房产已经达到实际控制状态,即使产权证尚未办理,也不影响贪污犯罪既遂的成立。

96 "于继红贪污案"[45]的裁判理由进一步指出,贪污不动产犯罪,只要行为人利用职务之便,采取欺骗等非法手段,使公有不动产脱离了公有产权人的实际控制,并被行为人现实地占有的,或者行为人已经就所有权的取得进行了变更登记的,即可认定为贪污罪的既遂,而且,在办理不动产转移登记之后,即使不动产尚未实现事实上的转移,也不影响贪污罪既遂的成立。

[45] 参见最高人民法院刑事审判第一庭、第二庭编:《刑事审判参考》总第29辑(第216号),法律出版社2003年版。

第三百八十三条　贪污罪的处罚

对犯贪污罪的，根据情节轻重，分别依照下列规定处罚：

（一）贪污数额较大或者有其他较重情节的，处三年以下有期徒刑或者拘役，并处罚金。

（二）贪污数额巨大或者有其他严重情节的，处三年以上十年以下有期徒刑，并处罚金或者没收财产。

（三）贪污数额特别巨大或者有其他特别严重情节的，处十年以上有期徒刑或者无期徒刑，并处罚金或者没收财产；数额特别巨大，并使国家和人民利益遭受特别重大损失的，处无期徒刑或者死刑，并处没收财产。

对多次贪污未经处理的，按照累计贪污数额处罚。

犯第一款罪，在提起公诉前如实供述自己罪行、真诚悔罪、积极退赃，避免、减少损害结果的发生，有第一项规定情形的，可以从轻、减轻或者免除处罚；有第二项、第三项规定情形的，可以从轻处罚。

犯第一款罪，有第三项规定情形被判处死刑缓期执行的，人民法院根据犯罪情节等情况可以同时决定在其死刑缓期执行二年期满依法减为无期徒刑后，终身监禁，不得减刑、假释。

文献：宋汝棼：《参加立法工作琐记》，中国法制出版社 1994 年版；李希慧主编：《贪污贿赂罪研究》，知识产权出版社 2004 年版；高铭暄、赵秉志编：《中国刑法立法文献资料精选》，法律出版社 2007 年版；全国人大常委会法制工作委员会刑法室编：《〈中华人民共和国刑法〉条文说明、立法理由及相关规定》，北京大学出版社 2009 年版；孙国祥：《贿赂犯罪的学说与案解》，法律出版社 2012 年版；时延安、王烁、刘传稿：《〈中华人民共和国刑法修正案（九）〉解释与适用》，人民法院出版社 2015 年版；全国人大常委会法制工作委员会刑法室编：《〈刑法修正案（九）〉最新问答》，法律出版社 2015 年版。陈兴良：《作为犯罪构成要件的罪量要素——立足于中国刑法的探讨》，载《环球法律评论》2003 年第 3 期；孟庆华：《受贿罪的数额标准若干问题探讨》，载《检察实践》2005 年第 4 期；王秀梅：《论贿赂犯罪的破窗理论与零容忍惩治对策》，载《法学评论》2009 年第 4 期；游伟：《调整贪污贿赂罪标准怎可轻言》，载《检察风云》2009 年第 23 期；曾凡燕、陈伟良：《贪污贿赂犯罪起刑数额研究》，载《法学杂志》2010 年第 3 期；陈磊：《犯罪数额规定方式的问题与完善》，载《中国刑事法杂志》2010 年第 8 期；于志刚：《贪污贿赂犯罪定罪数额的现实化思索》，载《人民检察》2011 年第 12 期；兰志伟、郑东：《职务犯罪轻刑化问题研究》，载《河北法学》2011 年第 12

期;高铭暄、张慧:《论受贿犯罪的几个问题》,载《法学论坛》2015 年第 1 期;李本灿:《以情节为中心重构贿赂罪罪刑体系》,载《南京大学学报(哲学·人文科学·社会科学)》2015 年第 4 期;孙超然:《论贪污罪、受贿罪中的"情节"》,载《政治与法律》2015 年第 10 期;梁云宝:《回归上的突破:贪贿犯罪数额与情节修正评析》,载《政治与法律》2016 年第 11 期。

细目录

Ⅰ 主旨
Ⅱ 沿革
Ⅲ 量刑标准

Ⅰ 主旨

1 我国对贪污罪的惩处由来已久,1997 年《刑法》一改 1979 年《刑法》对于贪污罪定罪量刑共用同一条文的状况,采取了以独立条文的形式来规定贪污罪的量刑。同时,这也是出于对贪污罪和受贿罪共用同一处罚条文的考量,是立法技术上的简约化。

Ⅱ 沿革

2 关于贪污罪的量刑标准的沿革,1979 年《刑法》没有具体的量刑数额标准:"国家工作人员利用职务上的便利,贪污公共财物的,处五年以下有期徒刑或者拘役;数额巨大、情节严重的,处五年以上有期徒刑;情节特别严重的,处无期徒刑或者死刑。犯前款罪的,并处没收财产,或者判令退赔。"这一标准在其后的具体执行中,司法机关反映不够具体,各地在实践中不好掌握,标准不一。

3 1988 年全国人民代表大会常务委员会《关于惩治贪污贿赂罪的补充规定》对贪污罪根据不同数额,规定了四个处罚档次:①个人贪污数额在 5 万元以上的,处 10 年以上有期徒刑或者无期徒刑,可以并处没收财产;情节特别严重的,处死刑,并处没收财产。②个人贪污数额在 1 万元以上不满 5 万元的,处 5 年以上有期徒刑,可以并处没收财产;情节特别严重的,处无期徒刑,并处没收财产。③个人贪污数额在 2000 元以上不满 1 万元的,处 1 年以上 7 年以下有期徒刑;情节严重的,处 7 年以上 10 年以下有期徒刑。个人贪污数额在 2000 元以上不满 5000 元,犯罪后自首、立功或者有悔改表现、积极退赃的,可以减轻处罚,或者免予刑事处罚,由其所在单位或者上级主管机关给予行政处分。④个人贪污数额不满 2000 元,情节较重的,处 2 年以下有期徒刑或者拘役;情节较轻的,由其所在单位或者上级主管机关酌情给予行政处分。

4 1997 年全面修订《刑法》时,在沿袭上述补充规定的基础上,以《刑法》第 383 条的序列专条规定了贪污罪的量刑标准。修正后的贪污罪的量刑标准是:①个人贪污数额在 10 万元以上的,处 10 年以上有期徒刑或者无期徒刑,可以并处没收财产;情节特别严重的,处死刑,并处没收财产。②个人贪污数额在5万元以上不满10万元的,处5年以上有期徒刑,可以并处没收财产;情节特别严重的,处无期徒刑,并处没收财产。③个人贪污数额在5000元以上不满5万元的,处1年以上7年以下有期徒刑;情节严重的,处7年以上10年以下有期徒刑。个人贪污数额在5000元以上不满1万元,犯罪后有悔改表现、积极退赃的,可以减轻处罚或者免予刑事处罚,由其所在单位或者上级主管机关给予行政处分。④个人贪污数额不满5000元,情节较重的,处2年以下有期徒刑或者拘役;情节较轻的,由其所在单位或者上级主管机关酌情给予行政处分。

1997年《刑法》规定的贪污罪的量刑标准在实施中暴露出了新的突出问题:一是单纯考虑数额难以全面反映具体个罪的社会危害性,二是数额规定过死难以根据案件的不同情况做到罪刑相适应,量刑不统一。2015年11月1日施行的《刑法修正案(九)》对贪污罪的量刑标准进行了全面与结构性的调整,并且增设了认罪退赃从宽处罚制度以及不得减刑假释、予以终身监禁的死缓制度。修正后的贪污罪的量刑标准表述如下:"对犯贪污罪的,根据情节轻重,分别依照下列规定处罚:(一)贪污数额较大或者有其他较重情节的,处三年以下有期徒刑或者拘役,并处罚金。(二)贪污数额巨大或者有其他严重情节的,处三年以上十年以下有期徒刑,并处罚金或者没收财产。(三)贪污数额特别巨大或者有其他特别严重情节的,处十年以上有期徒刑或者无期徒刑,并处罚金或者没收财产;数额特别巨大,并使国家和人民利益遭受特别重大损失的,处无期徒刑或者死刑,并处没收财产。对多次贪污未经处理的,按照累计贪污数额处罚。犯第一款罪,在提起公诉前如实供述自己罪行、真诚悔罪、积极退赃,避免、减少损害结果的发生,有第一项规定情形的,可以从轻、减轻或者免除处罚;有第二项、第三项规定情形的,可以从轻处罚。犯第一款罪,有第三项规定情形被判处死刑缓期执行的,人民法院根据犯罪情节等情况可以同时决定在其死刑缓期执行二年期满依法减为无期徒刑后,终身监禁,不得减刑、假释。" 5

Ⅲ 量刑标准

根据《刑法》第383条的规定,对犯贪污罪的,根据情节轻重,分别依照下列规定处罚: 6

(1)贪污数额较大或者有其他较重情节的,处3年以下有期徒刑或者拘役,并处罚金。根据最高人民法院、最高人民检察院《关于办理贪污贿赂刑事案件适用法律若干问题的解释》第1条的规定:贪污数额在3万元以上不满20万元的,应当认定为"数额较大"。贪污数额在1万元以上不满3万元,具有下列情形之一的,应当认定为有"其他较重情节":①贪污救灾、抢险、防汛、优抚、扶贫、移民、救济、防疫、社会捐助等特定款物的;②曾因贪污、受贿、挪用公款受过党纪、行政处分的;③曾因故意犯罪受过刑事追究的;④赃款赃物用于非法活动的;⑤拒不交待赃款赃物去向或者拒不配合追缴工作,致使无法追缴的;⑥造成恶劣影响或者其他严重后果的。行为人在提起 7

公诉前如实供述自己罪行、真诚悔罪、积极退赃,避免、减少损害结果发生的,可以从轻、减轻或者免除处罚。

8 (2)贪污数额巨大或者有其他严重情节的,处3年以上10年以下有期徒刑,并处罚金或者没收财产。根据最高人民法院、最高人民检察院《关于办理贪污贿赂刑事案件适用法律若干问题的解释》第2条的规定:贪污数额在20万元以上不满300万元的,应当认定为"数额巨大"。贪污数额在10万元以上不满20万元,具有第1条规定的六种情形之一的,应当认定为有"其他严重情节"。行为人在提起公诉前如实供述自己罪行、真诚悔罪、积极退赃,避免、减少损害结果发生的,可以从轻处罚。

9 (3)贪污数额特别巨大或者有其他特别严重情节的,处10年以上有期徒刑或者无期徒刑,并处罚金或者没收财产;数额特别巨大,并使国家和人民利益遭受特别重大损失的,处无期徒刑或者死刑,并处没收财产。犯贪污罪,数额特别巨大,并使国家和人民利益遭受特别重大损失的,被判处死刑缓期执行的,人民法院根据犯罪情节等情况可以同时决定在其死刑缓期执行二年期满依法减为无期徒刑后,终身监禁,不得减刑、假释。

10 根据最高人民法院、最高人民检察院《关于办理贪污贿赂刑事案件适用法律若干问题的解释》第3条的规定:贪污数额在300万元以上的,应当认定为"数额特别巨大"。贪污数额在150万元以上不满300万元,具有第1条规定的六种情形之一的,应当认定为有"其他特别严重情节"。行为人在提起公诉前如实供述自己罪行、真诚悔罪、积极退赃,避免、减少损害结果发生的,可以从轻处罚。根据上述解释第4条的规定:贪污数额特别巨大,犯罪情节特别严重、社会影响特别恶劣、给国家和人民利益造成特别重大损失的,可以判处死刑。符合上述情形,但具有自首,立功,如实供述自己罪行、真诚悔罪、积极退赃,或者避免、减少损害结果的发生等情节,不是必须立即执行的,可以判处死刑缓期二年执行。对于符合判处死刑的情形,根据犯罪情节等情况可以判处死刑缓期二年执行,同时裁判决定在其死刑缓期执行二年期满依法减为无期徒刑后,终身监禁,不得减刑、假释。

11 对多次贪污未经处理的,按照累计贪污数额处罚。一般认为,这里的"未经处理",是指由于某种原因,既没有受过刑事处罚,也没有受过行政处理的情况。

12 根据最高人民法院、最高人民检察院《关于办理职务犯罪案件认定自首、立功等量刑情节若干问题的意见》的规定,贪污案件中赃款赃物全部或者大部分追缴的,一般应当考虑从轻处罚。

13 根据最高人民法院、最高人民检察院《关于办理贪污贿赂刑事案件适用法律若干问题的解释》第19条的规定,对贪污罪判处3年以下有期徒刑或者拘役的,应当并处10万元以上50万元以下的罚金;判处3年以上10年以下有期徒刑的,应当并处20万元以上犯罪数额2倍以下的罚金或者没收财产;判处10年以上有期徒刑或者无期徒刑的,应当并处50万元以上犯罪数额2倍以下的罚金或者没收财产。

第三百八十四条　挪用公款罪

国家工作人员利用职务上的便利，挪用公款归个人使用，进行非法活动的，或者挪用公款数额较大、进行营利活动的，或者挪用公款数额较大、超过三个月未还的，是挪用公款罪，处五年以下有期徒刑或者拘役；情节严重的，处五年以上有期徒刑。挪用公款数额巨大不退还的，处十年以上有期徒刑或者无期徒刑。

挪用用于救灾、抢险、防汛、优抚、扶贫、移民、救济款物归个人使用的，从重处罚。

文献：赵秉志：《中国刑法案例与学理研究 · 分则篇（六）》，法律出版社 2001 年版；于宏：《挪用犯罪论》，中国检察院出版社 2005 年版；孟庆华：《挪用公款罪研究新动向》，北京大学出版社 2006 年版；周其华：《职务犯罪热点、难点问题解析》，中国方正出版社 2007 年版；卢建平、叶希善、叶良芳编著：《挪用公款罪专题整理》，中国人民公安大学出版社 2007 年版；许玉秀：《主观与客观之间：主观理论与客观归责》，法律出版社 2008 年版；李文峰：《贪污贿赂犯罪认定实务与案例解析》，中国检察出版社 2011 年版；黄福涛：《挪用犯罪新论》，中国人民公安大学出版社 2012 年版；沈志先主编：《职务犯罪审判实务》，法律出版社 2013 年版；上官春光、杨新京：《挪用公款犯罪的司法认定与证据适用》，中国检察出版社 2014 年版；陈洪兵：《贪污贿赂渎职罪解释论与判例研究》，中国政法大学出版社 2015 年版；孙国祥：《贪污贿赂犯罪研究》，中国人民大学出版社 2018 年版。刘艳红、冀洋：《实质解释何以出罪——以一起挪用“公款”案件为视角的探讨》，载《法学论坛》2016 年第 6 期；张明楷：《贪污贿赂罪的司法与立法发展方向》，载《政法论坛》2017 年第 1 期；王飞跃：《论挪用之“用”》，载《法学论坛》2018 年第 5 期；姜涛：《刑法中国家工作人员定义的个别化解释》，载《清华法学》2019 年第 1 期。

细目录

Ⅰ　主旨

Ⅱ　沿革

Ⅲ　客体

Ⅳ　对象

一、公款的界定

二、特定款物

Ⅴ 行为
Ⅵ 数额
一、同种用途每次均构成犯罪的情况
二、不同种用途每次均构成犯罪的情况
三、部分挪用数额不构成犯罪的情况
四、同种挪用行为每次均构成犯罪,累计构成犯罪的情况
五、以后次挪用公款归还前次挪用公款的数额计算
Ⅶ 主体
一、立法规定
二、主体属性
三、主体种类
Ⅷ 罪过
一、罪过形式
二、犯罪目的
三、“谋取个人利益”
四、挪用公款后的用途
Ⅸ 未完成形态
一、预备与中止形态
二、未遂形态
三、“挪而未用”案件的停止形态
Ⅹ 共犯
一、均具有身份者的共犯认定
二、无身份者与纯正身份犯的共犯认定
三、公款使用人与公款挪用人的共犯认定
Ⅺ 罪数
一、挪用公款进行非法活动的罪数认定
二、因挪用公款、收受贿赂构成犯罪的罪数认定
三、挪用公款与贪污并存的罪数认定
Ⅻ 与非罪的界限
一、挪用公款的时间和数额的认定
二、挪用公款与借贷公款的界限
三、挪用公款用于归还个人贷款或者私人借款的性质认定
四、关于“挪而未用”是否构成犯罪
XIII 与他罪的区别
一、与挪用资金罪的区别
二、与挪用特定款物罪的区别

三、与贪污罪的区别
四、与违法发放贷款罪的区别
XIV 处罚

I 主旨

挪用公款罪,是指国家工作人员利用职务上的便利,挪用公款归个人使用,进行非法活动,或者挪用公款数额较大、进行营利活动的,或者挪用公款数额较大、超过3个月未还的行为。[1] 挪用公款罪是严重的职务犯罪类型,侵害了公共财产的所有权,在一定程度上也侵犯了国家的财经管理制度,同时也降低了公众对国家公职人员及其职务行为的信赖感,阻碍了清明政治及清廉社会环境的形成。为了有效打击职务犯罪,保护公款的占有权、使用权、收益权以及职务行为的廉洁性,《刑法》设立了本罪。 1

II 沿革

中华人民共和国成立后的很长一段时期内,沿用了新民主主义革命时期的司法制度,将挪用公款、公物行为以贪污罪论。1979年《刑法》第126条中明确规定了挪用特定款物罪,将挪用特定款物的行为从贪污罪中脱离出来,但并未创设挪用公款罪这一罪名。1988年1月21日全国人民代表大会常务委员会《关于惩治贪污罪贿赂罪的补充规定》首次设定挪用公款罪,其第3条规定:"国家工作人员、集体经济组织工作人员或者其他经手、管理公共财物的人员,利用职务上的便利,挪用公款归个人使用,进行非法活动的,或者挪用公款数额较大、进行营利活动的,或者挪用公款数额较大、超过3个月未还的,是挪用公款罪,处5年以下有期徒刑或者拘役;情节严重的,处5年以上有期徒刑。挪用公款数额较大不退还的,以贪污论处。挪用救灾、抢险、防汛、优抚、救济款物归个人使用的,从重处罚。挪用公款进行非法活动构成其他罪的,依照数罪并罚的规定处罚。"上述规定标志着挪用公款罪的正式诞生。1997年修订的《刑法》第384条对挪用公款罪进行了重要修改:将本罪主体进一步规范为"国家工作人员",法定最高刑由15年提高为无期徒刑,取消了以贪污罪论处的情形等。1997年《刑法》规定一直沿用至今。 2

III 客体

关于挪用公款罪的客体,刑法理论上一直存在不同观点,而对于挪用公款罪客体的不同认识必然影响对本罪主体身份、行为对象、行为方式的理解,也决定了挪用公款罪故意的内容,所以界定挪用公款罪的客体意义重大。 3

在对挪用公款罪的研究中,刑法理论中主要存在着"单一客体说"和"复杂客体 4

1 参见张明楷:《刑法学》(第6版),法律出版社2021年版,第1565页。

说”两种立场,不同的立场中亦存在不同的观点。“单一客体说”立场中存在两种观点:一种认为本罪的客体是财经管理制度;另一种认为本罪的客体是财产所有权。“复杂客体说”立场中也存在不同观点:①认为本罪不仅侵犯了公共财物的使用权,也同时侵犯了国家财经管理制度;②认为本罪侵犯了国家工作人员职务的廉洁制度,并且侵犯了公共财产的所有权;③认为本罪侵犯了国家职务的廉洁性和公共财产关系;④认为本罪侵犯财产所有权的同时也破坏了社会主义经济秩序;⑤认为本罪既侵犯了国家工作人员职务行为的廉洁性,也侵犯了公款(公共财产)的占有权、使用权、收益权,此为通说。但是在通说中依然存在很多争议。主要争议点有:

5 (1)公款和公共财产是否存在区别?在通说中关于本罪的客体,部分学者采取的“公款”这个词,认为本罪的客体是公款的占有使用收益权[2],而也有部分学者表述为公共财产的占有使用收益权(或者是所有权)。笔者认为:首先,本罪罪名即是“挪用公款”而非“挪用公共财产”,所以侵犯的客体必然与公款有关;其次,公共财产的范围要大于公款,公款属于公共财产的一种,而关于公款的界定问题涉及挪用公款罪的犯罪对象,这一部分将在下文进行详细的分析。

6 (2)本罪的客体是公款的占有使用收益权还是所有权(所有权包含了占有、使用、收益、处分四种权能)?基于这个争议,大多数学者否认挪用公款罪是对公款所有权的侵犯。这部分学者认为挪用公款的行为只是对公款进行暂时性的占有使用,而不是像贪污罪那样永久占有公款。[3] 也有部分学者主张挪用公款罪的客体应当是完整意义上的公款所有权。持该观点的学者认为,所有权的核心权能是处分权,仅仅因为占有权、使用权、收益权就动用刑罚有违刑法谦抑性,运用民事和行政手段就可以解决问题,并且挪用公款罪的犯罪行为虽然直接针对的是公款的占有、使用、收益,但也使得所有权处于风险之中,对公款的所有产生了威胁,而且占有处分收益也包含于所有权的权能之中,所以逻辑上表述为所有权也是理所当然。笔者认为,第二种观点是不可取的。从挪用公款罪主观方面来看,挪用公款罪与贪污罪相比的重要差别之一在于挪用公款的行为人具有归还公款的意图,如果说挪用公款罪中侵犯的法益也包含公款的所有权,那么挪用公款罪与贪污罪的差别将微乎其微,甚至没有存在的意义,这也是挪用公款罪从贪污罪中分离出来的原因。

7 (3)职务廉洁性到底是主要客体还是次要客体?或者说挪用公款罪的主要客体究竟是职务廉洁性还是公款的占有使用收益权?我国《刑法》第 384 条规定的挪用公款罪是指:国家工作人员,利用职务上的便利,挪用公款归个人使用,进行非法活动的,或者挪用公款数额较大、进行营利活动的,或者挪用数额较大、超过 3 个月未还的行为。诚然,挪用公款罪既侵犯了国家工作人员的职务廉洁性也侵犯了公款的占有使用收益权,但在哪个是主要客体的问题上并未达成一致。部分学者认为本罪中国

---

2 参见张明楷:《刑法学》(第 6 版),法律出版社 2021 年版,第 1565 页。

3 参见陈明华主编:《刑法学》,中国政法大学出版社 1999 年版,第 757 页。

家工作人员的职务廉洁性是主要客体而公款的占有使用收益权是次要客体，持该观点的学者认为决定本罪行为性质的内在本质是国家工作人员的职务廉洁性，如果某种行为仅仅侵害了公款的使用权，并没有侵害国家工作人员的职务廉洁性，就不能认定构成挪用公款罪。[4] 也有部分学者主张本罪中公款的占有使用收益权是主要客体而国家工作人员的职务廉洁性是次要客体，持该观点的学者认为挪用公款罪属于广义上的贪污犯罪的一种，从立法论上而言，贪污罪的主要客体应该是财产，其次才是职务行为的廉洁性。[5] 笔者认为，这两种客体对挪用公款罪的重要意义不分伯仲。一方面，诚如很多学者主张的，挪用公款属于贪污贿赂犯罪中的一种，大多数国家和地区都没有独立设置挪用公款罪，比如我国台湾地区仅将挪用行为列入贪污犯罪的“犯后态度”予以考量，而贪污贿赂犯罪的一个重要特点就是侵犯了职务廉洁性，因为其是特殊主体即国家工作人员的犯罪；另一方面，挪用公款罪对国家财产造成了巨大损失，这也是挪用行为被科处刑罚的原因，从这一层面上来说，本罪的财产客体的确定对整个罪名的适用是举足轻重的。

Ⅳ 对象

8 对于挪用公款罪的对象，学界存在一定的争议。我国《刑法》中涉及挪用“公款”的法律条文有第 185 条（金融机构的客户资金或者其他委托、信托的财产）、第 272 条（非国有单位资金和国有单位资金）、第 273 条（用于救灾、抢险、防汛、优抚、扶贫、移民、救济款物）、384 条（公款，用于救灾、抢险、防汛、优抚、扶贫、移民、救济款物）。基于以上条文中规定的内容，部分学者主张本罪的犯罪对象仅仅是“公款”，并且在此基础上主张法律上的“公款”的含义应该分为广义和狭义两种。广义的公款是公共款项、国有款项和特定款物以及非国有单位（金融机构）和客户资金的统称。既具有当然的公共财产特性，也具有拟定的公共财产的特性。其中，公共款项，就是为公共所有的资金款项。国有款项，是指为国家所有的资金款项。特定款物，是指专门用于救灾、抢险、防汛、优抚、扶贫、移民、救济款物，它既可以为国家所有，也可以为劳动群众集体组织所有，还可以为社会公益组织所有。非国有单位资金，是指非国有公司、企业和其他非国有单位所有的资金。客户资金，是指金融机构客户所有的资金。狭义的公款，专指公共所有的资金款项，包括国有的资金款项、劳动群众集体所有的资金款项或用于扶贫和其他公益事业的社会捐助专项基金。[6] 但亦有学者主张，本罪的犯罪对象是“公款”和特定款物。笔者同意这一观点，认为挪用公款罪的对象有两类：一是公款；二是用于救灾、抢险、防汛、优抚、扶贫、移民、救济款物，简称特定款物。

---

4 参见邵维国：《论挪用公款罪的客体规定性及故意内容》，载《河北法学》2005 年第 11 期。

5 参见张明楷：《刑法学》（第 6 版），法律出版社 2021 年版，第 1554 页。

6 参见鲜铁可主编：《国家工作人员经济犯罪界限与定罪量刑研究》，中国方正出版社 2000 年版，第 225 页。

9 尽管如此,由于刑法条文只是提供了一个有关公款的概念框架,并没有具体界定公款的范围与形式,无论是在学理上还是在实务中,对于公款的范围如何界定、一般公物和有价证券等能否成为挪用公款罪的犯罪对象等问题仍然存在争议。

一、公款的界定

10 有学者指出,公款是国有或集体所有的款项,并且认为非国有单位存在公款是委派到非国有单位中从事公务的人员构成挪用款罪的原因,若是非国有单位资金中没有公款,则被委派者无论怎样利用职务之便挪用款项归个人使用,都不能构成挪用公款罪。[7] 也有学者认为,公款就是我国《刑法》第 91 条规定的"公共财产"中的公共款项部分包括国有款项、劳动群众集体所有的款项和用于扶贫、其他公益事业的社会捐助或者专项基金的款项。而且,在国家机关、国有公司、企业和人民团体管理、使用或者运输中的私人所有的款项,也应以公款论。[8] 但也有部分学者指出,所谓公款,是指国家所有的以及社会主义劳动群众集体所有的款项。[9] 还有学者认为,对于公款的认定应该区别对待。对混合所有制单位中的财产,应根据财产终极所有的性质分别认定。在这些单位中,只有公共资金部分才属于公款。[10] 对此观点,有学者提出商榷,认为在混合所有制单位中,财产的性质应当由公共财产(投资)所占有比例来决定,公共财产占主导地位的单位的财产就是公共财产,反之不能视为公共财产。[11]

11 笔者认为,"公款"是指公共款项。界定公款要从"公共"和"款"两个概念出发,厘清公款的具体含义和表现形式。以上观点有其合理性但是也存在疑点。首先,某些观点中界定的公款概念明显使公款的范围过于扩张,如此一来挪用公款认定的重点就会落在国家工作人员这一主体构成要件上。其次,这些观点均没有具体指出哪些款项属于公款,所指的范围相对宏大。换言之,都缺乏对于"款"的界定。

12 (1)"公款"中的"公共"如何界定,即哪类款项属于"公共"款项。结合《刑法》的规定,公共款项应是指:①国有款项。即国家所有的款项,它是公共财产最主要的部分,主要包括各级各类国家机关的公款、各级各类国有公司、企业的公款、各级各类国有事业单位的公款等。②劳动群众集体所有的款项,包括乡镇企业、村办企业等集体所有企业,以及经济合作社、信用社等集体经济组织的公款等。③用于扶贫和其他公益事业的社会捐助或者专项基金的款项。就其原本所有权的主体而言,可能有归属

---

7 参见房清侠等:《刑法理论问题专题研究》,中国人民公安大学出版社 2003 年版,第 390 页。

8 参见于志刚主编:《多发十种职务犯罪的定罪与量刑》,中国方正出版社 2001 年版,第 454 页。

9 参见祝铭山主编:《中国刑法教程》,中国政法大学出版社 1998 年版,第 704、705 页。

10 参见李恩慈主编:《特别刑法论》,中国人民公安大学出版社 1993 年版,第 261 页。

11 参见北京大学《刑事法学要论》编辑组编:《刑事法学要论》,法律出版社 1998 年版,第 748 页。

国有、劳动群众集体所有、个人所有等,但这些经主体捐赠、赞助等行为形成社会捐助或专项基金后,其所有权归属管理、使用这部分社会捐助或专项基金的人民团体、基金会等机构,在性质上,这些财产仍属于公共财产,是一种不同于国有财产、劳动群众所有的特殊公共财产。[12] ④在国家机关、国有公司、企业、集体企业和人民团体管理、使用、运输中的私人所有的款项。这部分财产虽然所有权归私人所有,但由于交由国家机关、国有公司、企业、集体企业和人民团体管理、使用、运输时,就形成了民事法律关系上的一种委托关系。

(2)对于公款中的"款"的含义学界也存在一定的争议,即财产性利益是否属于公款。有学者主张"款"应该仅指货币,包括本国货币和外国货币。银行存单等金融凭证和支票、股票、国库券等有价证券,只是获取货币的权利凭证,不能与货币完全画等号。[13] 但是笔者认为,随着国家经济的发展以及时代的进步,在互联网大数据时代的今天,"款"并不局限于货币。我国《刑法》中财产性利益未被确立为公物或公款,即为"公款"延伸理解提供了空间和法律可行性。此外,需要注意的是,2016 年最高人民法院、最高人民检察院《关于办理贪污贿赂刑事案件适用法律若干问题的解释》第 12 条规定:"贿赂犯罪中的'财物',包括货币、物品和财产性利益。财产性利益包括可以折算为货币的物质利益如房屋装修、债务免除等,以及需要支付货币的其他利益如会员服务、旅游等。后者的犯罪数额,以实际支付或者应当支付的数额计算。"虽然该司法解释没有直接规定挪用公款罪中的公款包含财产性利益,但是,挪用公款罪属于贪污罪一大类,而贪污类犯罪和贿赂类犯罪之间具有很多共通性,都会对国家和人民的财产造成损失。刑法将贪污贿赂犯罪放在一个章节,足以说明,该司法解释对于理解挪用公款罪中的"公款"也具有一定的参考价值。挪用财产性利益缺乏物质表现形式,查处难度明显大于挪用具体货币,行为具有高度隐蔽性,且其造成的危害不比挪用货币资金造成的危害小。挪用公款罪将财产性利益包含在内,有利于压制贪污类犯罪中隐蔽的挪用行为,弥补我国挪用公款罪的缺口,从而避免给国家造成巨大财产损失。反之,财产性利益若是不包含在挪用公款罪的犯罪对象之类,则变相鼓励犯罪嫌疑人挪用财产性利益。但需要注意的是,并非所有的财产性利益都可以成为"款",它还必须具有款的形式要求。即公款应该是指财产性利益的法定凭证。所以,公款的表现形式主要为货币,包括人民币和外币;有时还表现为国库券、股票、支票、债券等有价证券及存单、信用卡、信用证等金融凭证。 13

挪用公物予以变现的,是否可以挪用公款罪论处?2000 年最高人民检察院《关于国家工作人员挪用非特定公物能否定罪的请示的批复》曾经指出:"刑法第 384 条 14

12 参见孟庆华、谭笑珉、高秀东:《贪污罪的定罪与量刑》,人民法院出版社 2008 年版,第 93、94 页。

13 参见王飞跃:《挪用公款罪若干疑难问题研究》,载《云南大学学报(法学版)》2005 年第 2 期。

规定的挪用公款罪中未包括挪用非特定公物归个人使用的行为,对该行为不以挪用公款罪论处。如构成其他犯罪的,依照刑法的相关规定定罪处罚。”尽管如此,《刑事审判参考》案例第75号“王正言挪用公款案”的裁判理由则指出,挪用公物予以变现,所得款项归个人使用的,应以挪用公款罪论处。挪用公物予以变现归个人使用的行为,其本质与一般的挪用公款行为是一致的,构成犯罪的,应以挪用公款罪论处。就该案而言,被告人王正言的行为构成挪用公款罪。理由是:①公物一旦进入流通领域,就成了商品。商品具有价值和使用价值两个基本属性。区分行为人的行为是挪用公物还是挪用公款,必须与商品的属性联系起来判断。如果行为人在实施行为时追求的是公物的使用价值,其行为就构成挪用公物,反之,如果追求的是公物的价值,其行为就构成挪用公款。挪用公物予以变现使用行为追求的是公物的价值,其性质应是挪用公款。②挪用公物是指利用职务之便,挪用国家机关、国有企事业单位的物品,擅自归自己使用,超过一定期限未归还的行为。行为人在实施挪用行为时追求的是公物的使用价值。正因为追求的是公物的使用价值,因而被挪用的公物一般不会进入流通领域,不会实现其价值,案发时往往还在行为人的实际控制之下,社会危害相对较轻,因此,一般由主管部门按政纪处理。2000年最高人民检察院《关于国家工作人员挪用非特定公物能否定罪的请示的批复》对挪用非特定公物归个人使用的行为不以挪用公款罪论处的规定,就是指这种以追求公物使用价值为目的的挪用非特定公物的行为,而不应当理解为也包括以追求实际使用公物的变价款为目的的挪用非特定公物的行为。③挪用公物予以变现并使用的行为,行为人在实施挪用行为时追求的就是公物的价值,公物被挪用后,往往通过进入流通领域实现其价值,变现的款项又为行为人擅自使用。在这种情况下,可以说行为人挪用的公物已不是具有使用价值意义上的物,而是公物价值的载体,即公款。行为人将公物予以变现,则公物转化为公款,而且行为人最终也使用了该公款,尽管这是一个从公物到公款的过程,但本质上与挪用公款是一样的,完全符合挪用公款的一切特征,故应当依法以挪用公款罪论处。该裁判要旨的见解是否妥当,还值得进一步研究。

二、特定款物

15 《刑法》第384条规定的救灾、抢险、防汛、优抚、扶贫、移民、救济款物,即“特定款物”。一般理解,救灾款物,是指国家拨给遭受自然灾害地区的专项资金和物资;扶贫款物,是专用于扶贫的专项资金和物资;移民款物,是指国家拨付的用于移民安置的专项资金和物资;抢险款物,是指国家拨给因自然灾害而出现危险情形需要抢救的专项资金和物资;防汛款物,是指国家拨给防备水灾和防汛的专项资金和物资;优抚款物,是国家拨给用于优待和抚恤优待对象的专项资金和物资;救济款物,是指国家用于社会救济和自然灾害救济的专项资金和物资。[14] 这些“特定款物”,其原所有权

---

14 参见于宏:《挪用犯罪论》,中国检察出版社2005年版,第101页。

的权利主体有国有单位、劳动群众集体及其他非国有单位(包括个人)。经过这些主体捐赠、赞助而形成“特定款物”后,其所有权即归属于管理、使用“特定款物”的单位、机构所有,并且这些单位具有实际支配权,也就是说这些特定款物的所有权完全转移。这些受捐赠、赞助的单位在性质上都是国有单位,因此,这些财产具有“公共”的性质,属于公共财产。

“特定款物”包含“特定公款”和“特定公物”,由于“款”与“物”存在本质区别,因此“公款”并不能完全涵盖“特定款物”,这亦是笔者主张挪用公款罪的犯罪对象是公款和特定款物的原因。因此,有学者将“挪用用于救灾、抢险、防汛、优抚、扶贫、移民、救济物归个人使用构成的,挪用公款罪,从重处罚”的挪用公款罪视为非典型挪用公款罪。[15] 非典型挪用公款罪的犯罪对象是指特定公物,而一般的挪用公款罪的犯罪对象则是公款。但特定公物是否仅限于救灾、抢险、防汛、优抚、扶贫、移民、救济物七种公物的问题,学界仍存在不同意见。有学者认为,村民委员会等村基层组织人员,在协助人民政府从事行政管理工作中,经手的社会捐助公益事业的物品,应属于特定公物,并且以 2000 年全国人民代表大会常务委员会《关于〈中华人民共和国刑法〉第九十三条第二款的解释》为该观点的法律依据。笔者认为,这种观点有待商榷。第一,从法律解释的逻辑出发,立法解释将社会捐助公益事业的物品与救灾、抢险、防汛、优抚、扶贫、移民、救济物并列列举,足以看出解释将社会捐助公益事业的物品排除于这七种“特定公物”中。第二,该立法解释的目的是界定国家机关工作人员的范围。当村民委员会等村基层组织人员协助人民政府从事行政管理工作中经手的社会捐助公益事业的物品时,村民委员会等村基层组织人员是以国家工作人员论。反之,用此条反证挪用公款罪的特定公物还包括社会捐助公益事业的物品则不可取。第三,基于罪刑法定原则,挪用公款罪的犯罪对象只包括救灾、抢险、防汛、优抚、扶贫、移民、救济物七种公物,如果将社会捐助公益事业的物品视为特定公物,则是作出了不利于被告人的扩大解释,违背了罪刑法定原则。 16

V 行为

挪用公款罪行为表现为利用职务上的便利,挪用公款归个人使用,进行非法活动的,或者挪用公款数额较大、进行营利活动的,或者挪用数额较大、超过 3 个月未还的行为。其中,“利用职务上的便利”的文义等同于贪污罪中的“利用职务上的便利”,此处不再重复展开。 17

“挪用公款归个人使用”的含义,根据 2002 年 4 月 28 日全国人民代表大会常务委员会《关于〈中华人民共和国刑法〉第三百八十四条第一款的解释》的规定,有下列情形之一的,属于挪用公款“归个人使用”:①将公款供本人、亲友或者其他自然人使 18

---

15 参见周其华:《职务犯罪热点、难点问题解析》,中国方正出版社 2007 年版,第96 页。

用的;②以个人名义将公款供其他单位使用的;③个人决定以单位名义将公款供其他单位使用,谋取个人利益的。《刑事审判参考》案例第805号"姚太文贪污、受贿案"即属于运用此解释的适例。

19 构成挪用公款罪的行为方式有三种:挪用公款归个人使用,进行非法活动的,或者挪用公款数额较大、进行营利活动的,或者挪用数额较大、超过3个月未还的行为。司法解释具体界定了三种挪用行为的界定标准以及起刑点。

20 根据1998年5月9日施行的最高人民法院《关于审理挪用公款案件具体应用法律若干问题的解释》的规定:挪用公款归个人使用,进行赌博、走私等非法活动的,构成挪用公款罪,不受数额较大和挪用时间的限制。挪用公款数额较大,归个人进行营利活动的,构成挪用公款罪,不受挪用时间和是否归还的限制。挪用公款存入银行、用于集资、购买股票、国债等,属于挪用公款进行营利活动。所获取的利息、收益等违法所得,应当追缴,但不计入挪用公款的数额。挪用公款归个人使用,数额较大、超过3个月未还的,构成挪用公款罪。该解释同时规定,挪用公款给他人使用,不知道使用人用公款进行营利活动或者用于非法活动,数额较大、超过3个月未还的,构成挪用公款罪;明知使用人用于营利活动或者非法活动的,应当认定为挪用人挪用公款进行营利活动或者非法活动。

21 根据2016年4月18日施行的最高人民法院、最高人民检察院《关于办理贪污贿赂刑事案件适用法律若干问题的解释》第5条、第6条的规定:挪用公款归个人使用,进行非法活动,数额在3万元以上的,应当依照《刑法》第384条的规定以挪用公款罪追究刑事责任。挪用公款归个人使用,进行营利活动或者超过3个月未还,数额在5万元以上的,应当认定为《刑法》第384条第1款规定的"数额较大"。

22 根据上述规定,认定挪用公款罪的行为要件,一般不存在大的理论与实践争议。存在分歧的问题主要集中于以下两种方面:

23 (1)对挪用公款存入银行谋取利息的行为如何认定?对此在实践中存在不同做法。第一种观点认为应按照挪用公款罪中的进行营利活动论处。第二种观点认为公款的本与息分别是公款的一部分,挪用人挪用的是"本",侵吞的是"息",挪用公款作为个人储蓄是侵吞利息的一种手段,应以贪污罪论处。第三种观点认为将挪用的公款存入国库的行为没有对公款本身造成实际损害,公款也未进入流通领域,属于一般性个人使用行为。

24 (2)挪用公款用于公司验资注册是否属于进行"营利活动"?这类情况通常是,公司、企业注册申请人将挪用的公款交到指定的账户,由验资部门进行验资. 出具验资报告,工商行政管理部门经审核发放营业执照,其后又将公款划回被挪用单位。公款被挪用的时间不长,但挪用的数额往往巨大,对这类情形是否属于挪用公款进行营利活动,刑法理论一直存在不同认识。一种观点认为,验资注册与营利活动虽有联系,但验资注册行为是取得经营资格,本身不产生利润,故不属于营利活动,不成立犯罪。另一种观点认为,验资注册是公司、企业成立的前提,是公司、企业经营的必备条件,而成立公司、企业的目的就是营利,将公款挪用作为公司、企业成立的注册验资,是为公司、企业营利做准备,属于营利活动的组成部分,应当视为挪用公款进行营利活动。[16]

25 最高人民法院以肯定说的理由为基础,在《全国法院审理经济犯罪案件工作座谈会纪要》中明确指出:申报注册资本是为进行生产经营活动作准备,属于成立公司、企业进行营利活动的组成部分。因此,挪用公款归个人用于公司、企业注册资本验资证明的,应当认定为挪用公款进行营利活动。刘国林等挪用公款案[17]的裁判要旨指出,挪用公款归个人用于公司、企业注册资本验资证明的,应当认定为挪用公款进行营利活动。该案中,刘国林等人挪用公款为营利活动做准备的行为,是公款的非法使用人整个营利活动不可缺少的环节和组成部分,应当视为挪用公款进行营利活动。挪用公款用于验资注册这一行为,具有较大的社会危害性:一方面侵犯的是公共财产所有权以及国家廉政制度建设,对公款挪用人而言属于挪用公款的行为;另一方面侵犯了国家对公司登记的管理秩序,破坏了社会主义市场经济秩序,对公款使用人而言是虚假注册验资的行为。被告人何志平、蔡文学利用职务之便,为刘国林个人账户空存24万元,用于刘国林进行公司验资注册,应当认定何志平、蔡文学的行为构成挪用公款罪,刘国林为挪用公款的共犯。

Ⅵ 数额

26 挪用公款罪的数额与挪用公款罪的量刑结果息息相关。最高人民法院《关于审理挪用公款案件具体应用法律若干问题的解释》第4条规定:“多次挪用公款不还,挪用公款数额累计计算;多次挪用公款,并以后次挪用的公款归还前次挪用的公款,挪用公款数额以案发时未还的实际数额认定。”最高人民法院、最高人民检察院《关于办理贪污贿赂刑事案件适用法律若干问题的解释》第5条、第6条亦对于涉及的数额界限作出了明确规定。尽管如此,关于挪用公款罪的数额计算方法以及不同情形中的数额认定,学界仍然存在不少争议。

一、同种用途每次均构成犯罪的情况

27 同种用途的挪用公款行为每次均构成犯罪如何计算数额,理论上存在“数罪并罚说”和“累计计算说”两种学说。数罪并罚说主张,多次行为构成同种数罪或者连续犯的,可以用较为成熟的数罪并罚原则或者罪数形态处断原则解决。[18] 累计计算说

16 参见陈兴良主编:《判例刑法教程(分则篇)》,北京大学出版社2015年版,第351页。

17 参见最高人民法院(2005)刑复字第201号刑事裁定书。

18 参见陈兴良:《规范刑法学》,中国政法大学出版社2003年版,第98、99页。

则主张,应当将数量累计计算,以一罪论处。[19]

28 笔者认为,应当以累计计算为一般原则,以数罪并罚为特殊原则。对同种用途每次挪用均构成犯罪的情况,原则上应当进行累计计算,在累计数额达到法定升格条件的,应当适用法定的升格刑。如行为人为了购买奢侈品,连续数次挪用公款的,数额应当累计计算。但是在有法定从轻、减轻情节或者超法规责任阻却事由的情况下,应当例外地进行数罪并罚。

29 赞成数额累计计算的原因如下:①从立法角度而言,标准的确定有助于重罪和轻罪的区分。在一罪累计数量处罚制度的适用过程中,如果数行为的结果数量或者反映行为规模的数量等达到构成犯罪或者重罪的标准,就说明其造成的危害结果或者侵害强度已经突破立法者确立的"容忍度"或者成立重罪的"临界点",有给予刑法规制或者按照重罪处罚的必要。因而,多次违法构成犯罪的刑事立法,以社会关系被反复侵害为出发点,体现了从违法的量的积累到犯罪的质的变化过程。在刑事政策上有其优越性。②从法条间的联系看,挪用公款罪与盗窃、诈骗罪名均属于侵害财产法益的犯罪。但是,学界对于诈骗、盗窃罪应该采取累计计算这一点上并无争议。由此可知,挪用公款罪采用累计计算的方法也具有学理上的支持。③行为人多次实施数个侵害行为,其人身危险性处于不断增强的状态,应当以更为严厉的刑罚规制和震慑。首先,行为人一而再、再而三地实施侵害行为,反映了行为人对法规范的漠视。其次,行为人最初实施的侵害行为因为没有受到法律制裁,其逃避法律制裁的侥幸心理随着以后实施的侵害行为也会逐步得到强化,再实施侵害行为的可能性也增大。再次,随着侵害行为的多次实施,行为人在如何顺利实施侵害行为、防范司法机关查处等方面可能积累了一定的"经验",也增强行为人实施侵害行为、逃避司法追究的信心。最后,从司法实践角度而言,累计计算具有更强的可操作性。在挪用公款犯罪中,行为人实施几次、十几次行为的案件很普遍,对这样的案件,如果按照同种数罪并罚理论,将使得案件的办理变得异常复杂。如对具有几十次行为且触犯同一罪名的,由于全部成立连续犯的案件很少,如果不适用一罪累计数量处罚制度,势必要适用同种数罪并罚理论,必然要求对每一行为单独定罪量刑,这样会导致弊端丛生:一方面,每一行为都单独定罪量刑,因而需要不厌其烦地适用同一法律条文定罪量刑,将导致裁判文书异常纷繁复杂,裁判主文将不胜枚举;另一方面,合议庭在讨论案件时,可能对其中某些行为如何量刑也会产生不同意见,对具有几十笔犯罪事实的案件,如果要确定合议庭对每一笔事实的多数意见,再确定合议庭对整个案件的多数意见,将人为增加案件的处理难度。综上所述,不论在客观危害方面还是在人身危险性方面,数行为经由量的积累,必须给予新的价值判断:即数个行为或者应当评价为犯罪(每一行为均未达到犯罪标准的情形而言),或者应当评价为罪重情形(每一次犯罪行为均达到犯罪标准,但未达到罪重标准的情形而言)。

---

[19] 参见王飞跃:《论一罪累计数量处罚制度的合理性》,载《法律科学》2009 年第 4 期。

赞成在例外情况数罪并罚的原因是,当行为人对于其中某次挪用公款犯罪行为具有法定量刑情节或者有超法规的责任阻却事由时,如自首、立功、期待可能性降低等情形的,数罪并罚有利于做到罪刑相适应,因为行为人每次的犯罪情节只能对他本次犯罪的量刑起到作用,而不能对其他犯罪的量刑起作用。因此,对每次犯罪都进行独立裁量,既有利于实现罪刑相适应原则,又不至于忽略对被告人有利的情节,同时也不会忽略对被告人不利的情况。例如,甲曾经两次挪用公款,第一次是因为儿子病重急需用钱,一时间却没有办法筹集大量钱财;第二次是为了偿还赌博欠款。如果将其数额累计计算认定为挪用公款罪,则既不能体现出其第一次挪用公款时期待可能性的减少,也不能体现出其第二次挪用公款时特殊预防必要性的增加,到头来只能是笼统、含糊的相互抵消,这显然这不利于量刑的精细化。又如,乙两次挪用公款,一次用于购买淫秽物品,一次用于营利活动,购买淫秽物品的挪用行为被发现后,甲如实供述了用于营利活动的挪用公款行为,成立自首。此时如果对甲的行为实施数罪并罚,就能顺理成章地认为甲对用于营利活动的挪用公款行为成立自首,对购买淫秽物品的挪用公款行为不成立自首。但是,如果仅以一罪论处,根据相关司法解释[20],就难以认定甲的行为成立自首。据此可知,同种数罪不实施并罚的做法,对被告人存在一定的不利因素。 30

因此,笔者认为,在此类特殊情形下,应当将具有量刑情节的挪用行为单独定罪,然后和其他挪用行为数罪并罚,并根据举重以明轻、举轻以明重的原理在量刑时对法定刑加以调整。举例而言,甲连续 4 次挪用公款,每次 4 万元,共计 16 万元,均用于其他活动,其中 3 次用于购买奢侈品,1 次用于给生急病的儿子治病。如果挪用 16 万元应当判处 6 年有期徒刑,挪用 12 万元应当判处 4 年有期徒刑,根据举重以明轻的原理,因为甲给病重的儿子治病的行为期待可能性降低,其中一次挪用公款 4 万元的行为应当从轻处罚,故应当判处 6 年以下有期徒刑;而根据举轻以明重的原理,挪用 12 万元公款都应当判处 4 年有期徒刑,甲在此基础上多了一次挪用公款行为,纵然期待可能性减少可以减轻其责任,但相比挪用 12 万元而言,还是应当判处更重的刑罚。因此,应当判处甲 4 年以上、6 年以下有期徒刑。自首、立功等法定量刑情节的计算方式也与之相同。 31

二、不同种用途每次均构成犯罪的情况

行为人挪用公款分别用于营利活动与非法活动,且用于每项活动的数额均未达到"数额巨大"的起点,但其数额在整体上却达到了某种用途"数额巨大"的起点,对 32

20 参见 2009 年 3 月 12 日发布的最高人民法院、最高人民检察院《关于办理职务犯罪案件认定自首、立功等量刑情节若干问题的意见》。

此能否认定为挪用公款"数额巨大",存在争议,学界主要有以下学说[21]:①部分学者主张"分别计算说",对于挪用公款用于不同用途的数额应分别计算,若不同的每种用途的数额均未达到"数额巨大"的起点,那么就无法认定整体上犯罪嫌疑人达到了"数额巨大"的标准。②部分学者主张"全额累计说",该学说认为,对于挪用公款用于不同用途的数额应当累计计算,只要在整体上达到某项用途"数额巨大"标准,便可以认定为构成挪用公款的"数额巨大",用于每一种用途的数额均未达到"数额较大"并不影响认定。③亦有学者主张"举重以明轻说",认为数额计算应该侧重考虑情节较重的行为。重行为的数额可以计入轻行为的数额,但是轻行为的数额不能计入重行为的数额。即用于非法活动的数额可以计入用于营利活动和其他活动且超过三个月未还的数额,但用于后者的数额不能计入用于前者的数额。④部分学者主张"主要用途说",即以主要用途为标准来判断犯罪人挪用公款的数额是否可以累计计算,若无法确定主要用途的,基于有利于被告原则,则认为是一般用途,非法用途除外。[22]

33 笔者认为,"分别计算说"具有合理性:①该学说基于刑法"一罪一刑"的原理,对同种数罪原则上应当实行并罚。刑法理论的应有之义是一罪一罚。因为犯罪是刑罚的前提,而刑罚是犯罪的必然后果。当然,我国刑法不乏此情形的例外,如在刑法特别规定量刑规则而加重处罚的情况下,应当按照加重处罚的规定处罚。如强奸一人处3~10年有期徒刑,而强奸3人就应当判处强奸罪的加重情节,处10年以上有期徒刑至死刑,如果强奸3人也按照强奸罪数罪并罚,就会出现只能判处3~20年有期徒刑的情况,不仅会造成严重的罪刑不均衡,也会将多次强奸的法条虚置,有违立法者加重处罚的初衷。②行为责任论决定对同种数罪应实行并罚。行为责任论的基本观点是,被追究责任的是行为,而不是行为背后的性格或者人格,因此,行为人实施了一个符合构成要件的违法行为时,就要对这一违法行为判断行为责任,即使行为人实施另外实施的违法行为与前一违法行为的性质相同,也需要重新判断行为责任,而不是笼统的以抽象的"人格责任"一起处罚。[23] ③对同种数罪进行并罚有利于刑事诉讼的进行与特殊情况的处理。对各个行为分别定罪量刑后再实施数罪并罚,可以在判决书中清晰地看出法官对每个罪是如何定罪量刑的,被告人也可以据此分析自己是否能接受每一个罪的定罪与量刑,决定是接受还是上诉;检察机关也可以根据判决书判断每一个罪的量刑是否公正,决定是否抗诉;上级法院也可以更加顺利地处理出现的上诉、抗诉案件。

34 有学者提出,刑法分则条文将数额作为犯罪起点,并针对数额巨大、数额特别巨

21 参见罗猛主编:《刑事案例诉辩审评——挪用公款罪》,中国检察出版社2014年版,第398页。

22 参见黄福涛:《挪用犯罪新论》,中国人民公安大学出版社2012年版,第298、299页。

23 参见黎宏:《日本刑法精义》(第2版),法律出版社2008年版,第42页;张明楷:《外国刑法纲要》(第3版),法律出版社2020年版,第164—165页。

大的情节规定了加重法定刑时,不应当并罚。[24] 当法定最高刑为无期徒刑甚至死刑,而且法定刑升格的条件是数额或者情节时,可以通过数额累加或者将多次实施评价为加重情节,而适用法定升格刑能够实现罪刑相适应时,则无须实行数罪并罚。[25] 笔者认为,对数额犯不应当一律进行累计计算,就挪用公款罪而言,原则上应当认定为行为人是在处于连续犯的状态下多次实施犯罪行为,累计数额达到法定升格条件的,才能适用法定的升格刑。例如行为人连续多次挪用公款去购买高档消费品的,数额应当累计计算。当行为人对于其中某次挪用公款犯罪行为具有法定量刑情节,如自首、立功等,或者具有超法规责任阻却事由时,则应当将其单独定罪,然后和其他挪用行为数罪并罚。但笔者认为,当行为人只具有酌定量刑情节而不具有法定量刑情时,数额累计计算更具有合理性。一方面,酌定量刑情节数量多,分开计算缺乏司法实践上的可操作性,每次挪用行为均应当单独处罚会导致司法资源配置的不合理,造成案宗冗长;另一方面,酌定量刑情节的重要性不比法定量刑情节,如此做法也体现出对立法者的尊重以及限制司法权的滥用。

三、部分挪用数额不构成犯罪的情况

通说认为,刑法条文按照公款用途的风险大小将挪用公款罪分为三种情形,且其风险大小基本上取决于实际的使用途径,因为挪用公款罪是侵害公款的占有、使用、收益权的犯罪,行为人没有也不能拥有永久性非法占有公款的目的。因此,公款能否及时归还,其安全性、风险性的大小,无疑是衡量法益侵害程度的重要考量因素。立法者认为,从用于其他活动、营利活动到非法活动,风险通常依次增大,故成立犯罪的门槛也应依次降低。这种根据用途设置犯罪成立条件的规定,具有合理性。因此,有学者根据法益侵害程度的大小指出,非法活动可以评价为营利活动,并举例:B 挪用公款 5000 元进行非法活动,5 万元进行营利活动,对此,只能认定为挪用公款进行营利活动,但由于挪用公款进行非法活动对法益的侵害性重于挪用公款进行营利活动,故可以认定 B 挪用公款 55000 元进行营利活动。[26] 有学者对此表示赞同,并认为:如果不允许将重行为的数额计入轻行为的数额来处理,而只能予以分别计算,则可能导致量刑上的横向失衡,从而影响量刑的普遍公正性。[27] 35

笔者认为,上述观点值得商榷。诚然,非法活动的法益侵害性确实较营利活动大,因为非法活动(如购买毒品、赌博等)的资金有被没收的风险,而营利活动虽然具有亏损的可能,但一般不至于全部丧失。然而,我们并不能因为法益侵害性大便直接将非法活动认定为营利活动,因为并非所有的非法活动都属于营利活动。将非法活动 36

---

24 参见张明楷:《论同种数罪的并罚》,载《法学》2011 年第 1 期。

25 参见杜文俊、陈洪兵:《选择性罪名亦可并罚》,载《人民检察》2011 年第 21 期。

26 参见张明楷:《刑法学》(第 6 版),法律出版社 2021 年版,第 1569 页。

27 参见罗猛主编:《刑事案例诉辩审评——挪用公款罪》,中国检察出版社 2014 年版,第 398 页。

解释为营利活动,固然满足了法益保护原则,但是却超出了“营利”二字的范围。基于保护法益的目的对刑法进行的目的解释是必要和经常出现的,但是我们必须将解释范围限定在刑法用语所可能具有的含义之内。[28] 显然,将所有的非法活动均认定为营利活动,的确满足了法益保护的目的,但是却超出了营利的语意范围,因而并不可取。

37 而且,单纯以法益角度来判断是否入罪,并不妥当。笔者认为,将法益侵害性大的行为评价为法益侵害性小的行为固然可以,但是此时必须符合当然解释的原理。有学者指出:“当然解释之当然,是事理上的当然与逻辑上的当然的统一。两者缺一不可,事理上的当然是基于合理性的推论,逻辑上的当然是指解释之概念与被解释之事项间存在种属关系或者递进关系。仅有事理上的当然,而无逻辑上的当然,在刑法中不得作当然解释。”[29]笔者以为,在罪刑法定原则的语境下,“事理上的当然”便是指类推行为必须属于同一类行为,而“逻辑上的当然”便是指侵害的是同一法益。[30] 诚然,如果轻重数额分别计算,可能导致量刑上的横向失衡,从而影响量刑的普遍公正性,但是这是罪刑法定原则下必需的牺牲。罪刑法定与罪刑相适应都是刑法的基本原则,二者不可偏废。因此笔者认为,只有在侵犯法益程度高的行为完全符合侵犯法益低的行为之时,两者的金额才可以累计。具体而言,只有在非法活动同时属于营利活动时,才可以将之评价为营利活动;营利活动3个月之内归还的数额不能计算在“其他用途超过三个月未还”的挪用数额中;如果要将非法活动评价为其他活动,则其也应当满足超过3个月为归还的条件。

38 按照上述分析,笔者认为,在部分挪用数额不构成犯罪的情况下,应当坚持当然解释的刑法解释方法,将有营利目的的非法活动评价为营利活动,并且将所有满三个月而未归还的非法活动评价为其他活动,而所有满3个月而未归还的营利活动应当评价为其他活动。

四、同种挪用行为每次均不构成犯罪,累计构成犯罪的情况

39 如行为人挪用公款用于其他活动,每次挪用3000元,连续20次,能否成立犯罪。有学者提出,将多次违法合并为一个犯罪处理,折射出重刑倾向,违背了刑法谦抑性,从而认为此类情况属于法律漏洞,无法将行为人定罪。[31] 笔者认为,此类情况下应当累计计算,原因如下:①对连续多次实施某一行为,如果每一行为均不构成犯罪,但如果对多次行为进行整体评价构成犯罪的,就无法适用连续犯或者同种数罪并罚理论。如甲在一个月内,先后20次盗窃其附近几个建筑工地的建筑材料,每次盗

28 参见袁博:《论扩张解释在刑事案件中的应用——以司法实务中疑难案件的审判为视角》,载《政治与法律》2013年第4期。

29 陈兴良:《本体刑法学》(第3版),中国人民大学出版社2017年版,第28页。

30 参见陈兴良:《罪刑法定原则的本土转换》,载《法学》2010年第1期。

31 参见陈兴良:《规范刑法学》(第4版),中国人民大学出版社2017版,第1192—1193页。

窃的材料价值在500元左右。对这一案件,可以适用一罪累计数量处罚制度,但不能适用连续犯。因为其每一行为都不构成犯罪,而按照我国刑法学界的通说,连续犯,是指基于同一或者概括的犯罪故意,连续实施性质相同的独立成罪的数个行为,触犯同一罪名的犯罪形态[32],因此,成立连续犯需以每一行为独立成罪为必要。但是,此处讨论的前提是,每一行为都没有单独成罪,因而无须适用连续犯之原理。②不论是连续犯理论还是同种数罪并罚理论的适用,都以能够清晰区分“每一行为”为前提。而有些犯罪中,如非法经营罪,生产、销售伪劣商品罪,倒卖车票、船票罪,等等,这些犯罪中的实行行为都具有持续性(同一行为持续很长时间)、前后交叉性(如前几批货物和后几批货物同时销售)等特点,但又由于一些客观原因而可能中断,因而无法准确区分到底有几次行为。对这些案件适用连续犯理论或者同种数罪并罚理论,无疑会增加案件办理难度。一罪累计数量处罚,则无须面对这一难题。[33] 综上所述,笔者认为,在同种挪用行为每次均不构成犯罪的情况下,应当将数额累计计算,若成立犯罪,则依法定罪处罚。

五、以后次挪用公款归还前次挪用公款的数额计算

40 对于“挪新还旧型”挪用数额的计算,学界争论甚是激烈。①认为挪用公款归个人使用,若每次挪用的数额都未达到定罪标准的,则不作为犯罪处理;若有一次超过立案标准的,则挪用公款的时间从挪用数额达到立案标准的那一次开始起算,未超过3个月的不作为犯罪处理;超过3个月的以各次挪用数额最大的那次作为定罪的标准,“归还”可作为从轻量刑情节。[34] ②主张多次挪用公款进行非法活动或营利活动,至案发时所挪用的公款已全部归还的,应当按其用于上述活动的公款数额追究刑事责任;如果后次挪用的数额超过前次挪用的数额,如前次挪用公款5万元用于赌博,后来挪用8万元,用其中的5万元归还前次用于赌博的5万元,案发时尚有3万元未还的,对其应以8万元定罪处罚。挪用进行其他活动,数额较大,以后次挪用归还前次挪用的,挪用时间应分别计算,如果案发前所有挪用都超过3个月,或者虽然超过3个月但在案发前已全部归还的,即使累计数额较大,也不应定罪;如果案发时尚有未归还的数额,且已超过3个月,则应以此实际未还的数额认定,达到立案标准的,以挪用公款罪论处。[35]③主张在计算行为人挪用公款的具体数额时,应当把握行

---

32 参见高铭暄、马克昌主编:《刑法学》(第9版),北京大学出版社、高等教育出版社2019年版,第188页。

33 参见王飞跃:《论一罪累计数量处罚制度的合理性》,载《法律科学》2009年第4期。

34 参见赵宝仓、杨崇华:《罪刑均衡原则视野下的挪用数额认定——对以后次挪用归还前次挪用行为的分析》,载《中国刑事法杂志》2010年第12期。

35 参见王作富主编:《刑法分则实务研究》(第5版),中国方正出版社2013年版,第1612页。

为人将公款挪作个人实际使用的具体数额,此数额即为行为人挪用公款的数额。具体计算时,可以将行为人每次挪用公款的数额相加,然后减去用于归还前次挪用公款的数额,则为行为人实际使用的公款的数额。[36] 具体而言,如行为人前次挪用公款 20 万元,后次挪用公款 30 万元,将其中的 20 万元归还前次挪用的公款,10 万元自己挥霍,在计算公款数额时,应当以行为人共挪用的 50 万元公款减去其归还的 20 万元公款,则行为人实际挪用的数额为 30 万元。④认为应当以末次挪用的实际数额认定挪用公款罪的数额,多次挪用公款及案发前已部分或全部归还的情节,在量刑时予以考虑(末次说)。[37]⑤有学者认为这种情况应分三种情况处理:一是行为人挪用公款进行非法活动或者营利活动的,因为其构成犯罪本身没有时间的要求,行为人用后次挪用的公款直接归还前次挪用的公款,不管案发时有无未还的数额,都应以行为人数次挪用的最高额计算。二是行为人挪用公款进行一般性使用的,也不能按照案发时未还的数额认定,而应当按照数次挪用公款的最高额计算,不管行为人是否归还,行为人挪用的时间只要超过 3 个月,就应构成犯罪。行为人的最后一次挪用应视为第一次挪用的延续,挪用的时间应从第一次挪用的时间开始,而数额计算上,应以数次挪用的最高额计算。三是被挪用的公款只要被使用了,不论是否归还,都应按前次挪用的数额累计计算。[38]⑥有学者提出了分别累计说,认为挪新还旧的行为应当以案发时起计算,只要满 3 个月,无论是否偿还所挪用的公款,数额均应当累计计算。偿还的金额可以作为酌定情节在量刑时予以从宽处罚。[39]⑦还有学者认为,挪用公款的实行行为是挪而不是用,对国家法益侵害已然足够,现实侵害后果已然发生,不论以后是否归还都无法弥补,新的挪用其实又是一次新的违法犯罪行为,因此,实践中无论挪用了几次,都应当按照结合同类数额累计的原则认定与处理。[40]

41 笔者认为,讨论挪新还旧问题需要明确四个前提条件。①公款的使用方式仅限于其他用途。如果是用于非法活动或者营利活动,一旦满足数额便构成犯罪既遂,后续的偿还行为不会对前行为产生任何影响,不存在挪新还旧的问题。②每次挪用行为均不成立犯罪。如行为人 1 月份挪用公款 5 万元,5 月份挪用公款 5 万元归还 1 月份,则 1 月份挪用公款的行为已经构成挪用公款罪,后续的填补行为并不

36 参见李文峰:《贪污贿赂犯罪认定实务与案例解析》,中国检察出版社 2011 年版,第 229 页。

37 参见刘金林、于书峰:《多次挪用公款的数额计算》,载《中国刑事法杂志》2005 年第 1 期。

38 参见孙国祥:《贪污贿赂犯罪疑难问题学理与判解》,中国检察出版社 2003 年版,第 221 页。

39 参见徐歌旋:《挪用公款罪数额计算研究》,载《北京政法职业学院学报》2015 年第 2 期。

40 参见黄福涛:《挪用犯罪新论》,中国人民公安大学出版社 2012 年版,第 312、313 页。

能否定前行为构成犯罪的事实。③累计挪用金额需达到构成犯罪的标准,若挪用行为根本不构成犯罪,没有讨论的必要。④偿还前次挪用的公款的金额是来自后次挪用的金额。如果是行为人自己的收入或者向亲朋好友借款来偿还欠款,就并不是"挪新还旧"的问题,如果在3个月内偿还欠款,就应当认为不构成犯罪。这样认定有利于做到罪刑相适应。此种方法既不会出现行为人挪新还旧后,法益侵害和预防必要性更大却反而不构成犯罪的情况,也有利于维护国民感情,也不存在理论上的无法自洽,可谓既保护了法益,又保障了人权。一个规范,如果以无法忍受的程度违反正义理念,它就是"制定法上的不法";一个规范,如果根本不以实现正义为目的,它就"并非法律"。"即使名称是法,如果其中缺少正义理念,它就没有作为法的价值,而是单纯的暴力。"[41]

Ⅶ 主体

根据现行《刑法》的规定,挪用公款罪的主体是特殊主体即国家工作人员,且单位不能成为本罪的主体。 42

一、立法规定

关于国家工作人员的认定,前文所列我国《刑法》第93条、第185条第2款、第272条第2款皆有涉及,本部分不再赘述。此外,2000年4月29日第九届全国人民代表大会常务委员会第十五次会议通过了对《刑法》第93条第2款规定的"其他依照法律从事公务的人员"的立法解释,规定村民委员会等村基层组织人员协助人民政府从事下列行政管理工作,属于"其他依照法律从事公务的人员":①救灾、抢险、防汛、优抚、扶贫、移民、救济款物的管理;②社会捐助公益事业款物的管理;③国有土地的经营和管理;④土地征用补偿费用的管理;⑤代征代缴税款;⑥有关计划生育、户籍、征兵工作;⑦协助人民政府从事的其他行政管理工作。 43

二、主体属性

从我国关于挪用公款罪的相关立法规定可以看出,国家工作人员区别于其他人员的本质属性在于"依照法律从事公务",而"依照法律"和"从事公务"在理论界存在分歧。 44

有的学者认为受国家机关委托,其活动就是依法进行的,就是"依照法律从事公务",从而将受国家机关委托的临时执法人员和临时经营、管理国有财产的人员,认定 45

41 〔日〕山田晟:《法学》,东京大学出版会1964年版,第72页,转引自张明楷:《刑法分则的解释原理》(第2版),中国人民大学出版社2011年版,序言第1页。

为“其他依照法律从事公务的人员”。[42] 还有学者认为依照法律从事公务就是要求行为人依照法定程序进行活动。[43] 笔者认为,这里的“法律”至少应该是与刑法效力同等位阶的立法,即仅指宪法和狭义的法律,其他法规、规章都不能成为认定“公务”活动的法源。换言之,只要行为人是基于宪法、法律的规定或者基于法律的授权从事公务的,就以国家工作人员论。

46 关于“从事公务”的认定,学界也存在不同见解。有学者认为“从事公务”是依法履行职责的职务行为以及其他办理国家事务的行为。[44] 还有学者认为,“从事公务”就是指在“国家机关、国有公司、企业、事业单位、人民团体等单位中履行组织、领导、监督、管理等职责”[45]。在上述单位中直接从事生产劳动或服务性劳动的人员,如国家机关中的工勤人员、部队的战士、司机等不属于从事公务的人员。笔者认为,“从事公务”应该结合“依照法律”来认定。根据《刑法》第 93 条的规定,“从事公务”是“依照法律”进行的,也就是说从事公务必须是基于法律的规定或者授权,这既是一种权力的授予,也是一种职责的履行。宪法和法律规定的公务涉及政治、经济、文化、教育等社会领域的各个方面,概括起来就是为国家、社会和集体谋求利益的行为,这里的集体是以社会大多数人为主体,而非指某一单位或团体。因此,从事公务也就是依照法律规定或授权管理国家、社会和集体事务的行为。

三、主体种类

(一) 国家机关中从事公务的人员

47 在国家机关中从事公务的国家工作人员,也就是《刑法》第 93 条第 1 款规定的国家工作人员。这里的“国家机关”是指从事国家管理和行使国家权力,以国家预算拨款作为独立活动经费的中央和地方各级组织。但是,这里所说的国家机关,具体指的是哪些机关,《刑法》未给予明确规定。《全国法院审理经济犯罪案件工作座谈会纪要》明确了关于国家机关工作人员的认定:“刑法中所称的国家机关工作人员,是指在国家机关中从事公务的人员,包括在各级国家权力机关、行政机关、司法机关和军事机关中从事公务的人员。根据有关立法解释的规定,在依照法律、法规规定行使国家行政管理职权的组织中从事公务的人员,或者在受国家机关委托代表国家行使职权的组织中从事公务的人员,或者虽未列入国家机关人员编制但在国家机关中从事公务的人员,视为国家机关工作人员。在乡(镇)以上中国共产党机关、人民政协机关中

---

[42] 参见李晓明:《我国刑法中“国家工作人员”再研究》,载高铭暄、马克昌主编:《刑法热点疑难问题探讨》(下),中国人民公安大学出版社 2002 年版,第 834 页。

[43] 参见陈正云、钱舫:《国家工作人员职务经济犯罪的定罪与量刑》,人民法院出版社 2000 年版,第 127 页。

[44] 参见张穹主编:《修订刑法条文实用解说》,中国检察出版社 1997 年版,第 111 页。

[45] 赵秉志主编:《新刑法教程》,中国人民大学出版社 1997 年版,第 780 页。

从事公务的人员,司法实践中也应当视为国家机关工作人员。”据此并结合我国国家机构设置的实际情况,下述机关应属于国家机关:

(1)中国共产党的各级机关。关于中国共产党的各级机关是否属于国家机关的问题,在理论界颇具争议。一种观点认为,根据《宪法》第三章规定的国家机构,中国共产党和各级机关不属于国家机关,其工作人员只能视为准国家工作人员;另一种观点认为,中国共产党的各级机关属于国家机关。[46] 笔者认为,第二种观点更为合理。根据我国《宪法》的规定,中国共产党是中国的执政党,在国家事务中处于领导一切的地位,是国家的名副其实的领导机关,对国家的经济、政治、文化等社会生活的各个方面的事务都发挥着举足轻重的领导作用。而且,中国共产党“全心全意为人民服务”的宗旨也进一步揭示了中国共产党是为国家、社会谋求利益的主体。因此,中国共产党的各级机关应当属于国家机关。但是必须注意,只有中共中央及其部委党组和省(含自治区、直辖市)、市、县(包括自治州、自治县)、镇、乡以及国有公司、企业、事业单位和人民团体中的中国共产党委员会才是国家机关,各种非国有公司、企业、事业单位和人民团体中的中国共产党组织以及中国共产党最基层的党支部、党小组则不属于国家机关,因为最基层党组织不具有对国家事务的领导职能。 48

(2)国家各级权力机关。国家各级权力机关在我国是指全国人民代表大会与地方各级人民代表大会及其常务委员会。全国人民代表大会是最高国家权力机关,地方各级人民代表大会是地方各级国家权力机关。全国人民代表大会在我国国家权力机关组织体系中属于最高地位,它代表全体人民在全国范围内全面、独立地行使国家主权或统治权,享有最高立法权、最高任免权、最高决定权、最高监督权。设区的市以及省级人大也相应地具有一定的制定地方性法规的权力,以立法形式对地方事务进行管理。 49

(3)行政机关。行政机关在我国是指国务院及其各部委和地方各级人民政府(包括省、自治区、直辖市、县、市、市辖区、乡、民族乡、镇)及其所属各种管理机构。国家行政机关是国家权力机关的执行机关,有权制定行政法规,发布决定和命令等,指导所属各部门、下级国家行政机关、企事业单位、社会团体的行政活动。地方行政机关负责管理特定行政区域内的政治、经济文化与社会事务。 50

(4)审判机关。审判机关在我国是指最高人民法院和地方各级人民法院、专门人民法院。我国的人民法院是国家审判机关。审判机关依照法律规定代表国家独立行使审判权,通过审理刑事案件、民事案件和行政案件等审判活动,惩办犯罪分子、解决社会矛盾和民间纠纷、维护社会主义法制和社会主义秩序、保证公民权利、保障社会主义建设事业顺利进行。 51

(5)检察机关。检察机关在我国是指最高人民检察院和地方各级人民检察院、专 52

---

46 参见杨敦先等主编:《新刑法施行疑难问题研究与适用》,中国检察出版社 1999 年版,第 349—355 页。

门人民检察院。检察机关代表国家依法行使检察权,通过履行追究刑事责任,提起公诉和实施法律监督等职责,维护社会主义法制,保证国家的长治久安。

53 (6)军队中的各级机关。军队是国家或政治集团为政治目的而服务的正规武装组织,是国家政权的主要成分,是执行政治任务的武装集团,是对外抵抗或实施侵略、对内巩固政权的主要暴力工具。军队中的各级机关通过组织、管理军队建设,保障国家安全与稳定,使得公民的生命健康权得到基本的保障。

54 (7)中国人民政治协商会议的各级机关。关于中国人民政治协商会议的各级机关是否属于国家机关,理论界存在着两种不同的观点。一种观点认为,政协机关不属于国家机关,其工作人员属于准国家工作人员;另一种观点认为,政协机关属于国家机关。[47]笔者同意第二种观点。原因在于,中国人民政治协商会议是我国具有广泛代表性的爱国统一战线组织,它是中国共产党领导下的实现同各民主党派及其他民主团体和爱国人士进行协商的机关。从严格意义上讲,人民政协不是国家机关。但由于人民政协主要担负着政治协商和民主监督的职能,它同国家权力机关的活动有着十分密切的联系,可以直接左右或影响权力机关的决策与活动,所以,从这一层面理解,人民政协是不同于人民团体的。因此,人民政协各级机关中的专职工作人员,也可以列入国家机关工作人员的范围之中。

(二)准国家工作人员

55 准国家工作人员,也有人称之为"拟制的国家工作人员"。所谓"准国家工作人员",是指本不属于国家工作人员,但把其视为国家工作人员。依照《刑法》第93条第2款的规定,准国家工作人员包括以下几种人员:

56 (1)国有公司、企业、事业单位、人民团体中从事公务的人员。国有公司,是指公司财产属于国家所有的公司以及国家控股的股份有限公司。国有企业,是指财产属于国家所有的从事生产、经营活动的企业。国有事业单位,是指国家投资兴办,管理从事科研、教育、文化、卫生、体育、新闻、广播、出版等的单位。国有人民团体,是指国家预算划拨经费的群众性组织,如各民主党派、各级工会、工商联、共青团、妇联、法学会等。

57 需要注意的是,虽然是在上述国有公司、企业、事业单位、人民团体中工作但不是从事公务的人员,不能以国家工作人员论。对其中从事公务人员的认定,应当较为严格,这些人员一般具有国家机关干部资格或者享受国家机关工资待遇,同时也受国家干部管理体制的制约。一般来说,其中具有经营、管理职责的领导以及部门的负责人可以认定为从事公务的人员,但从事服务性或经销性的一般工作人员或者普通工作人员,如出纳、购销员、化验员等,不应以国家工作人员论。这里值得研究的问题是,随着经济体制改革的不断深化,任职制度也有所改革,聘任制度已广泛推行,有些

47 参见杨敦先等主编:《新刑法施行疑难问题研究与适用》,中国检察出版社1999年版,第366页。

不具有干部身份的人在国有公司、企业、事业单位中被聘任从事管理的工作的,能否以国家工作人员论?笔者认为,一个人不论他具有什么身份,只要有人聘任他从事管理工作,他就是管理者,能不能以为国家工作人员论,应当从一个人当时所从事的固定工作是不是公务为依据,而不能以他以前的身份为依据。[48]

(2)国家机关、国有公司、企业、事业单位委派到非国有公司、企业、事业单位、社会团体中从事公务的人员。根据《全国法院审理经济犯罪案件工作座谈会纪要》中关于国家机关、国有公司、企业、事业单位委派到非国有公司、企业、事业单位、社会团体中从事公务的人员的认定,可以得出:只要是受国有公司、企业、事业单位委派到非国有公司、企业、事业单位、社会团体中从事公务的人员,都是准国家工作人员,都应当以国家工作人员论,而不论该被委派者之前是否具有国家工作人员身份。被国有单位投资、参股的单位聘用后代表国有单位从事公务的人员,以及改制为合资、股份制公司、企业中从事公务的原国有公司、企业的人员,仍应按照受委派从事公务的国家工作人员论处。 58

需要注意的是:第一,虽然是在非国有公司、企业、事业单位、社会团体中从事组织、领导、监督、管理等公务活动,但不是国有公司、企业、事业单位委派的人员,而是由群众选举的或者是单位任命的,则不是国家工作人员,不能以国家工作人员论。第二,需要对"委派"与"委托"作出明确的区分。笔者认为,委派即指委任、派遣,而委任、派遣的对象应该是本单位的人员或者是隶属于本单位的下级单位的人员,而不包括临时招聘或委托的非本单位或者非隶属于本单位的下级单位的人员,对这些人员只能由本单位招聘或者委托。因此,挪用公款罪中国家机关、国有公司、企业、事业单位委派到非国家机关、国有公司、企业、事业单位、社会团体从事公务的人员依然是国家工作人员或者准国家工作人员。 59

(3)其他依照法律从事公务的人员。《全国法院审理经济犯罪案件工作座谈会纪要》关于"其他依照法律从事公务的人员"的认定中指出:"刑法第九十三条第二款规定的'其他依照法律从事公务的人员'应当具有两个特征:一是在特定条件下行使国家管理职能;二是依照法律规定从事公务。具体包括:(1)依法履行职责的各级人民代表大会代表;(2)依法履行审判职责的人民陪审员;(3)协助乡镇人民政府、街道办事处从事行政管理工作的村民委员会、居民委员会等农村和城市基层组织人员;(4)其他由法律授权从事公务的人员。"该纪要虽然列举了一些人员,但是"其他依照法律从事公务的人员"作为一项兜底性的规定,其具体范围难以全部穷尽,这也成为当前司法实践中分歧较大的问题,给挪用公款罪主体的确定带来诸多困扰。 60

(三)几种有歧义的主体

1. 受委托管理、经营国有财产的人员能否成为挪用公款罪的主体

学界对此有以下两种不同的观点:①肯定说。该说认为受委托管理、经营国有财 61

48 参见赵红星、国灵华:《挪用公款罪犯罪构成研究》,载《河北法学》2004 年第 7 期。

产的人员,挪用国有资金构成犯罪的,应当以挪用公款罪定罪处罚。其理由是:《刑法》第382条第2款关于贪污罪的规定,其立法意图体现了对国有财产的保护,而挪用公款罪也侵犯了国有财产的使用权,会造成严重的经济损失。因此,将有关贪污罪主体的特别规定理解为同样适用于挪用公款罪是符合立法原意的。如果将受委托管理、经营国有财产的人员挪用国有财产的行为定性为挪用资金,而非挪用公款,在司法实践中容易引起混乱。[49] ②否定说。该说认为《刑法》没有规定受委托管理、经营国有财产的国家工作人员可以成为挪用公款罪的主体,纵然有国家工作人员利用受委托经营、管理国有资产的职务之便实施挪用行为,也不能构成挪用公款罪,而应以挪用资金罪定罪处罚。从实质上讲,国有单位委托一位干部管理单位资金,与委托一位农民管理单位资金,其性质是一样的。只要根据法律规定被委托人员不能成为挪用公款罪的主体,无论其以前的身份是干部身份还是农民身份,都与正在从事的职务行为无关。[50]

62 笔者认为,刑法上的国家工作人员身份,必须是在特定的单位、从事特定的活动才能取得。行为人即使以前有国家工作人员的身份,但一旦受国家机关、国有公司、企业、事业单位、人民团体委托,管理、经营国有财产,就失去了其原有的国家工作人员身份,应当属于非国家工作人员,其挪用管理、经营的单位款项,应当构成挪用资金罪。原因在于:①从1997年以前的刑法规定和司法解释的规定看,贪污罪与挪用公款罪的区别主要在于行为人对公款是具有非法占有的目的还是只是暂时挪用,二者在主体范围的规定上是完全一致的。但是,1997年修订后的《刑法》却在第382条和第384条对贪污罪和挪用公款罪的主体采用了不同的表述。对于贪污罪的主体,《刑法》第382条第1款规定了"国家工作人员",但在第2款却又规定:"受国家机关、国有公司、企业、事业单位、人民团体委托管理、经营国有财产的人员,利用职务上的便利,侵吞、窃取、骗取或者以其他手段非法占有国有财物的,以贪污论。"对于挪用公款罪的主体,《刑法》第384条仅仅规定了"国家工作人员"。②从立法应有之意图来说,贪污罪的主体范围明显比挪用公款罪的主体范围要大。因为《刑法》第382条第1款和第384条第1款中作为贪污罪、挪用公款罪主体的"国家工作人员",根据《刑法》第384条的规定,挪用公款罪的主体仅仅限于前述严格意义上的国家工作人员和"准国家工作人员"。但是,根据前述对于"委派"和"委托"的区分,《刑法》第382条第2款规定的"受国家机关、国有公司、企业、事业单位、人民团体委托管理、经营国有财产的人员",应当理解为没有国家工作人员身份,也不能以国家工作人员论即准国家工作人员,但却受国有单位委托管理、经营国有财产的

49　参见杨聚章、田立文:《关于挪用公款罪的几个问题》,载高铭暄、马克昌主编:《刑法热点疑难问题探讨》(下),中国人民公安大学出版社2002年版,第1222页。

50　参见杨兴国:《贪污贿赂罪法律与司法解释应用问题解疑》,中国检察出版社2002年版,第133页。

人员。如果这类人员能够为“准国家工作人员”涵盖,《刑法》第382条第2款的规定则纯属画蛇添足。1997年3月13日全国人大法律委员会主任委员薛驹在第八届全国人民代表大会法律委员会《关于〈中华人民共和国刑法(修订草案)〉、〈中华人民共和国国防法(草案)〉和〈中华人民共和国香港特别行政区选举第九届全国人民代表大会代表的办法(草案)〉审议结果的报告》中指出,有的代表提出,贪污罪的主体中未能包括受国家机关、国有公司、企业、事业单位委托管理、经营国有财产的人员,不利于对国有财产的保护。因此,建议在贪污罪中增加一款规定:“受国家机关、国有公司、企业、事业单位、人民团体委托管理、经营国有财产的人员,利用职务上的便利,侵吞、窃取、骗取或者以其他手段非法占有国有财物的,以贪污罪论。”这一立法背景资料充分说明,受国有单位委托管理、经营国有财产的人员作为贪污罪的主体被规定下来,是出于严惩贪污犯罪、更广泛地保护国有财产的目的;贪污罪的这一主体,是较挪用公款罪主体之宽出部分。[51] ③司法解释有规定,即2000年2月最高人民法院《关于对受委托管理、经营国有财产的人员挪用国有资金行为如何定罪问题的批复》明确指出:“对于受国家机关、国有公司、企业、事业单位、人民团体委托,管理、经营国有财产的非国家工作人员,利用职务上的便利,挪用国有资金归个人使用构成犯罪的,应当依照刑法第二百七十二条第一款的规定定罪处罚。”该司法解释一方面从正面肯定了“受国家机关、国有公司、企业、事业单位、人民团体委托,管理、经营国有财产的非国家工作人员”只能构成挪用资金罪,另一方面也从反面否定了“受国家机关、国有公司、企业、事业单位、人民团体委托,管理、经营国有财产的非国家工作人员”能构成挪用公款罪的可能性。

2. 国有企业的承包人能否成为挪用公款罪的主体

刑法理论界对承包人在承包期间挪用公款构成犯罪是否应定挪用公款罪存在着 63
两种不同观点:①肯定说。有的学者认为如果行为人承包的财产全部或者基本上属于国有,承包人只有经营权,没有财产的所有权,其挪用国有资金归个人使用的,可以构成挪用公款罪。[52] 有的学者认为,承包人在承包期间挪用公款而使企业遭受损失因而导致承包合同不能兑现的,也应当构成挪用公款罪。[53] ②否定说。认为在1997年修订《刑法》以前,由于挪用公款罪的主体较广,不仅是国家工作人员,而且包括集体经济组织工作人员和其他经手、管理公共财物的人员,因此,对其定挪用公款罪是不成问题的。但是,按现行刑法规定,本罪的主体只能是国家工作人员,那么,非国家工作人员是否因其承包了国有企业就可视为国家工作人员呢?回答应当是否定的。

51 参见龚培华、肖中华:《刑法疑难争议问题与司法对策》,中国检察出版社2002年版,第574页。

52 参见黄海龙:《关于挪用公款罪的若干问题》,载赵秉志主编:《刑法新探索》,群众出版社1993年版,第475页。

53 参见孟庆华:《挪用公款罪研究新动向》,北京大学出版社2006年版,第120页。

这种人应当视为《刑法》第382条第2款所规定的“受国家机关、国有公司、企业、事业单位、人民团体委托管理、经营国有财产的人员”,签订承包合同就是上述委托的一种方式,承包人不享受国家工作人员的待遇,发包单位与承包人之间的关系是两个平等的权利主体之间的关系,而不是领导与被领导的关系。因此,承包人作为上述受委托管理、经营国有财产的人员只能成为贪污罪的主体,不能成为其他以国家工作人员为主体的犯罪的主体。[54]

64 笔者赞成否定说,企业在承包当中已经事先规定了企业的财产归属,不论企业是否赢利,承包人都要上交一定款项,这样承包人只要能完成该承包合同任务,是否将剩余公款挪归个人使用应该属于职责范围内的事情。即使承包人随意地把企业资金挪归个人使用,影响了企业的正常经营从而使利润下降,使国有企业遭受重大损失,致使承包合同不能兑现的,也不应定挪用公款罪,因为承包是属于委托关系,承包人员属于受国家机关、国有公司、企业、事业单位、社会团体委托管理、经营国有财产的人员,而根据最高人民法院《关于对受委托管理、经营国有财产的人员挪用国有资金行为如何定罪问题的批复》的规定,对于受国家机关、国有公司、企业、事业单位、人民团体委托管理、经营国有财产的非国家工作人员,利用职务上的便利,挪用国有资金归个人使用构成犯罪的,应当依照《刑法》第272条第1款的规定定罪处罚,即应当认定为挪用资金罪,而不应当认定为挪用公款罪。

3. 在国有占股份单位工作的人员能否构成挪用公款罪的主体

65 在国有占股份单位工作的人员挪用本单位资金,应如何定罪在司法实践中存在着不同的见解。有学者认为,受国有单位委派至国有占股份单位挪用单位资金的行为要看国有公司所占的比例,国有占51%以上(所谓绝对控股)的,定挪用公款罪,否则定挪用单位资金罪。还有学者认为,在这种国有、非国有混合的单位,钱系种类物,不好区分其国有、非国有性质,但肯定不是纯国有,干脆都定挪用单位资金罪。[55]

66 受国有单位委派至国有占股份单位挪用资金犯罪的,从犯罪构成上应作如下分析:①从主体上分析,只有受国有单位委派,作为国有资产方代表,到含国有股份单位工作的人员,才构成挪用公款罪的主体;其他人员,因其不具有国家工作人员的主体身份,即使挪用了其中含有“公款”成分的资金,也只能构成挪用单位资金罪。②从犯罪对象上分析,在国有占股份单位中,公款系国有占股的部分,单位资金系非国有占股的部分。因此,符合挪用公款罪的特定主体挪用了“公款”的,应定挪用公款罪。而该特定主体挪用了“非公款”的,则应定挪用单位资金罪。例如,某股份公司,国有占股份48%,非国有占股份52%。符合挪用公款罪特定主体的人挪用该单位资产100万元,就应以挪用公款48万元和挪用单位资金52万元对其实行数罪并罚。因为两

54 参见高铭暄主编:《刑法专论》(下编),高等教育出版社2002年版,第870页。

55 参见孟庆华:《挪用公款罪研究新动向》,北京大学出版社2006年版,第137页。

罪的犯罪主体、客体及适用的法规均不同，二者实际上是一种交叉竞合关系，实际上行为人实施了两个独立的行为，即两个作为，这两个行为之间不存在牵连、吸收或竞合关系，都独立地分别构成不同犯罪。从行为人主观上看，行为人具有两个犯罪故意，即挪用公款与单位资金故意，所以主观上没有牵连的意图。实际上行为人实施的挪用公款和单位资金是两个行为，侵犯了不同的法律适用条款，应数罪并罚。那种“控股论”及“一概不定挪用公款论”，必然导致对犯罪打击过严或过宽打击的情形，也有违罪刑相适应原则。

关于受委派在股份制公司中从事公务人员挪用资金的定性问题，需要注意以 67
下两点：①必须符合国家机关、国有公司、企业、事业单位委派到非国有公司、企业以及其他单位从事公务人员这一主体规定，如不属委派性质，则不构成犯罪主体。②在明确属于委派性质的同时，对国有股份占一定比例的国家控股或非控股股份有限公司的财产，乃至国家、集体与私人都占有一定比例股份企业资产的，应当作为公共财产一视同仁予以保护。即受国有单位委派在股份公司中从事公务人员，挪用公司资金归个人使用，应当按《刑法》第 272 条第 2 款的规定，按挪用公款罪定罪处刑。[56]

4. 村民委员会成员能否构成挪用公款罪的主体

学界对村民委员会成员是否属于“国家工作人员”而构成挪用公款罪的主体的问 68
题，主要存在如下三种观点：①肯定说。肯定说认为村民委员会不是一级政权组织，但村民委员会成员是直接与农民群众接触的人，他们的所作所为直接体现党和政府的形象。另外，村民委员会成员既有行政管理权，又有组织人事权和一定的经费管理权，但现实是没有把他们列入国家工作人员的范畴，对此，应该把他们列入“依法从事公务的人员”当中去。[57] ②否定说。否定说认为不能按国家工作人员论。主要理由是：他们不属于从事特定公务的人员。因为，“公共事务可以包括国家公务与集体公务。国家公务是指代表国家对政治、经济、文化、体育、卫生和军事等方面进行领导、组织、监督、管理和指导，具有国家权力性、行政性及面向社会的特点。基层自治组织即村(居)委会从事的是集体公务，故不能视作国家工作人员”[58]。③折中说。折中说认为对“城镇居民委员会组成人员、农村村民委员会组成人员是否为国家工作人员，这不能一概而论。当居民委员会、村民委员会的领导代表国家行使诸如计划生育、征兵、收取税费等公务时，应属国家工作人员的范围”[59]。换言之，折中说主张应当通过“两委”成员所从事的工作性质来具体分析和认定其身份性质。

这个一向困扰刑法理论界和司法实践者的难题，随着 2000 年 4 月 29 日出台的 69

56 参见顾建华：《挪用公款罪的有关法律问题》，载《人民司法》2000 年第 6 期。

57 参见刘艳红主编：《刑法学》(第 2 版)，北京大学出版社 2016 年版，第 446 页。

58 王松苗：《完善立法乃实践强音》，载《人民检察》1998 年第 2 期。

59 孙国祥：《关于国家工作人员的几个问题》，载《南京大学法律评论》1998 年第 1 期。

全国人民代表大会常务委员会《关于〈中华人民共和国刑法〉第九十三条第二款的解释》而得以解决。该解释指出,村民委员会成员在从事下列协助人民政府行政管理工作中挪用公款的,可以成为挪用公款罪的主体,以挪用公款罪论处:①救灾、抢险、防汛、优抚、扶贫、移民、救济款物的管理;②社会捐助公益事业款物的管理;③国有土地的经营和管理;④土地征用补偿费用的管理;⑤代征、代缴税款;⑥有关计划生育、户籍、征兵工作;⑦协助人民政府从事的其他行政管理工作。也就是说,除此之外,村委会成员挪用其他方面的公共款项,或者在其他非协助人民政府行政管理工作中挪用公款的,均不得以挪用公款罪论处。

5. 中外合资、合作企业的外方人员能否成为挪用公款罪的主体

70 在刑法理论界,对中外合资、合作企业的外方人员能否成为挪用公款罪的主体问题,主要存在两种学术观点:①肯定说。认为外方人员可以成为挪用公款罪的主体,其擅自挪用投资、流转资金可视为挪用公款。全国人民代表大会常务委员会《关于惩治贪污罪贿赂罪的补充规定》第3条曾经对挪用公款罪主体作了明确的规定,即"国家工作人员、集体经济组织工作人员或者其他经手、管理公共财物的人员。"但是,随着我国刑法的不断修订,现今基本上没有学者持肯定说的观点。②否定说。认为外方人员不能成为挪用公款罪的主体,其行为虽有社会危害性,破坏了社会主义经济秩序,但并未侵犯财产,其行为也并非属我国刑法调整。[60]

71 笔者认为,就目前刑法规定而言,中外合资、合作企业的外方人员不能成为挪用公款罪的主体。虽然根据全国人民代表大会常务委员会《关于惩治贪污罪贿赂罪的补充规定》第3条对挪用公款罪主体规定的条件,即"国家工作人员、集体经济组织工作人员或者其他经手、管理公共财物的人员",完全可以将在中外合资、合作企业的外方人员认定为挪用公款罪的主体。但是,1997年修订后的《刑法》缩小了挪用公款罪的主体范围,将其限定为"国家工作人员",因此在中外合资、合作企业的外方人员不再可能构成挪用公款罪的主体。根据现行《刑法》的规定,中外合资、合作企业的外方人员尽管不能成为挪用公款罪的主体,但仍可属于挪用资金罪的主体,可以按照《刑法》第272条第1款规定的挪用资金罪来定罪处罚。

6. 单位能否成为挪用公款罪的主体

72 随着我国经济的发展以及市场竞争的加强,在现实生活中,由个人决定或经单位集体讨论通过或同意,为本单位利益而以单位名义挪用公款给他人使用的现象时有发生,这种现象即为单位挪用公款。[61] 对于这种现象应否以挪用公款罪追究单位的刑事责任或者直接责任人的刑事责任呢?理论界有三种观点。①肯定说认为,虽然《刑法》没有明确规定单位可以成为挪用公款罪的主体,但在单位非法将资金直接拆

---

60 参见王信芳:《论挪用公款的若干问题》,载《法学》1994年第7期。

61 参见卢建平、叶希善、叶良芳编著:《挪用公款罪专题整理》,中国人民公安大学出版社2007年版,第46页。

借给其他私有公司、私有企业时，仍然可以依照共同犯罪的原理，视其具体案情对有关直接责任人员以挪用公款罪论处（在满足挪用公款罪其他构成要件的情况下）。[62] ②否定说认为，对单位挪用公款的案件，如果以挪用公款罪追究有关责任人员的刑事责任，势必与罪刑法定原则相违背。对单位犯罪的处罚，不论是双罚制还是单罚制，都必须以对单位犯罪的明确规定为前提。对于单位挪用公款的行为，倘若构成其他单位犯罪的，以其触犯的单位犯罪的罪名定罪处罚。[63] ③区别说认为，对经单位领导集体研究决定挪用公款归个人使用的行为，应具体问题具体分析：对于明显违反财经纪律的，不应以犯罪论处；对于明知公款使用人进行犯罪活动而供其使用的，可以以挪用公款罪的共犯论处。[64]

对于这一问题，笔者赞同否定说的观点。理由在于：①“挪用公款罪的基本特征 73
是挪用人利用职务上的便利，擅自改变公款的正确使用形式。因此，经单位集体研究决定挪用公款，不属擅自挪用，在性质上属于违反财经纪律的行为，应由主管部门对有关责任人给予相应的行政处分；如果造成公款不能归还或其他严重后果的，对有关责任人可按照《刑法》第 168 条（国有公司、企业、事业单位人员失职罪或者滥用职权罪）或第 397 条（玩忽职守罪或者滥用职权罪）的规定定罪判刑。”[65]②否定说仅从罪刑法定这一实然层面进行驳斥很难令人信服。对于单位能否成为挪用公款罪的主体，应该着眼于挪用公款罪保护的客体层面。挪用公款罪的客体正如前文所述是单位公款的部分所有权权能和公职人员职务上的信赖，为了单位的利益以单位的名义改变了单位款项用途的行为显然是不会侵犯单位利益的，在此公款的使用权和收益权并没有受到侵害，单位集体决定的形式也不存在违背职务信赖的问题，实质上就是单位自身处分自己财产的行为，不能作为犯罪处理。需要注意的是，如果在单位中掌握公款的责任人有权个人决定公款的去向和用途时，也就是说，其个人意志代表了该单位的意志时，那么其挪用行为如何定性就需要看该行为是属于单位行为还是个人行为。如果该行为体现的是单位的意志，以单位的名义为了单位的利益而进行挪用，没有侵害挪用公款罪的法益，不构成挪用公款罪。如果行为是以个人名义或借单位名义谋取私利，则视为个人行为，构成挪用公款罪。

62 参见赵秉志主编：《中国刑法案例与学理研究 · 分则篇（六）》，法律出版社 2001 年版，第 97 页。

63 参见杨聚章、田立文：《关于挪用公款罪的几个问题》，载高铭暄、马克昌主编：《刑法热点疑难问题探讨》（下），中国人民公安大学出版社 2002 年版，第 1227 页。

64 参见黄海龙：《关于挪用公款罪的若干问题》，载赵秉志主编：《刑法新探索》，群众出版社 1993 年版，第 475 页。

65 刘德法、王冠：《关于挪用公款罪立法解释研析》，载赵秉志主编：《刑事法判解研究》（总第 2 辑），人民法院出版社 2003 年版，第 42 页。

VIII 罪过

74 挪用公款罪的主观方面,主要涉及罪过形式、犯罪目的、"谋取个人利益"要件以及挪用公款后的用途等问题。

一、罪过形式

75 对于挪用公款罪的罪过形式问题,理论界主要有以下三种观点:①直接故意说。持直接故意说的学者认为,挪用公款罪在主观方面是出于直接故意,即行为人明知是公款而故意挪归个人使用,目的是通过非法取得公款的使用权来获取公款带来的收益或者满足个人挥霍等需要。[66] 还有的学者进一步指出,行为人只是暂时非法动用公款,并不具有非法占为己有的目的,而是准备以后归还,过失或者间接故意不构成本罪。因此,必须把握以下四点:一是明知是公款;二是故意非法动用;三是只是想暂时占有;四是准备以后归还。[67] ②直接故意与间接故意说。持此观点的学者认为,本罪的主观方面是故意,包括直接故意与间接故意,即行为人明知自己的行为侵犯了公款的占有权、使用权与收益权,以及职务行为的廉洁性,并希望或者放任这种结果的发生。行为人主观上不具有将公款据为己有的目的,相反具有归还公款的意图。[68] ③复杂说。持复杂说的学者认为,就造成公款客观上不能退还状态的使用公款的行为而论,以对造成公款客观上不能退还状态的心理态度为标准,可分为:一是直接故意造成公款不能退还的使用行为;二是间接故意造成公款不能退还的使用行为;三是过于自信的过失造成公款不能退还的使用行为;四是疏忽大意的过失造成公款不能退还的使用行为;五是意外事件造成公款不能退还的使用行为。前两种情况,均构成贪污罪;后三种情况,则构成挪用公款罪。[69]

76 笔者赞同直接故意说,认为挪用公款罪的罪过形式只能是直接故意。根据罪过形式的构成要素即认识要素和意志要素两个方面来看:①挪用公款罪的认识要素大致由三个方面构成,即对行为性质的认识、对犯罪对象的认识和对犯罪后果的认识。一是在行为的性质上,行为人应当认识到自己的行为是挪用,只是暂时性取得公款的使用权,不具有将公款据为己有的目的,同时还应当具有在未来返还公款的意图。这也是挪用公款罪与贪污罪在主观方面的根本区别。二是在犯罪对象上,行为人应当认识到犯罪行为的指向是公款,即国家、社会或者集体的公共财产,而非某一单位所有的私有性质的财产。三是在犯罪后果上,行为人的认识是具体的,带有主观的目的性,包括挪用的时间、用途、手段等。行为人是否认识到自己挪用公款行为的违法性

---

66 参见高铭暄主编:《刑法专论》(下编),高等教育出版社 2002 年版,第 871 页。

67 参见叶惠伦主编:《挪用公款罪》,中国检察出版社 1996 年版,第 36 页。

68 参见张明楷:《刑法学》(第 6 版),法律出版社 2021 年版,第 1568 页。

69 参见宣炳昭、江献军:《挪用公款罪法律适用研究》,载《法律科学》2002 年第 2 期。

或者犯罪性,并不是认识因素的一个必要条件。但不同的认识深度,反映了行为人的主观恶性不同。如果认识到了自己挪用公款是犯罪行为,其主观恶性要大于仅认识到是一般违法行为者,同样,认识到一般违法性的主观恶性又大于没有认识到违法性者。主观恶性大小,也是量刑中的一个重要参考依据。[70] ②意志因素是行为人在认识到自己挪用公款行为性质的前提下,决意实施挪用公款的取向。这种取向带有层次性,主要内容包括:一是行为人决定实施挪用公款的行为。这种决定也是行为人衡量各种利弊得失后作出的,因为行为人对于挪用公款一旦暴露会产生不利于自己的后果是明确的(有的可能不一定知道是构成犯罪),所以要在明知可能产生不利后果的情况下实施挪用公款行为,是因为还存在着各种侥幸心理,加之挪用后所得好处和利益的驱动,以及个人私欲的膨胀,促使行为人排除各种顾虑,决定实施挪用公款的行为。二是行为人决定挪用公款的目标。挪用多少,挪用哪一笔,在行为人来说,也有一个选择、决定的过程。一般情况下,如果行为人经手、管理多项公款,他可能选择容易得手的或者不为别人了解的款项下手。三是行为人决定或者计划如何去实施挪用公款的行为。如何既挪用公款,又不被人发现,行为人一般都有一个周密的计划或者打算,以指导自己具体实施挪用公款的行为。

因此,挪用公款行为人在认识到危害行为性质的基础上,在意志上是积极主动地 77
追求危害结果的发生,而不存在放任危害结果发生的要素,即挪用公款罪不存在间接故意的罪过,而只能以直接故意为罪过形式。至于复杂说的相关观点,笔者认为,挪用公款后,由于种种原因无法退还,只要这些原因是客观的,行为人预料之外的,并不影响挪用公款的目的,因此仍然是挪用公款罪。这种行为由于所造成的危害后果大于一般的挪用公款罪,因此立法规定了较重的法定刑。然而如果挪用公款不退还是由于主观上的原因,后者明知无法退还而故意去挪用公款,则犯罪的目的已经不是挪用公款了,而是以占有为目的的贪污,挪用只是贪污的一种手段而已。[71]

二、犯罪目的

刑法学界关于挪用公款罪的犯罪目的的观点主要有:一种观点认为,本罪的犯罪 78
目的是通过非法手段取得公款的使用权来获取公款带来的收益或满足个人挥霍等需要。[72] 另一种观点认为,本罪的主观方面只能由直接故意构成,并以非法取得公款的使用权为目的。[73] 笔者认为,这两种观点在表述上虽然略有不同,但都是正确的,都表明挪用公款罪的犯罪目的是"挪用"。

但是,应当明确的是,挪用公款罪中的"挪用"目的与"挪用"动机并非等同。在 79

70 参见刘生荣、张相军、许道敏:《贪污贿赂罪》,中国人民公安大学出版社 1999 年版,第 90 页。

71 参见刘生荣、张相军、许道敏:《贪污贿赂罪》,中国人民公安大学出版社 1999 年版,第 89 页。

72 参见孙谦主编:《国家工作人员职务犯罪研究》,法律出版社 1998 年版,第 137 页。

73 参见周振想、李汝川主编:《刑法各论》,当代世界出版社 2000 年版,第 397 页。

挪用公款中,行为人之所以利用职务上的便利,其目的就是为了挪用公款归个人使用,这里的"挪用"行为实际上属于目的行为,而挪用公款后对公款的"使用"行为则属于动机行为。比如,行为人为解决家庭生活困难而挪用公款2万元,这里的"挪用"就是目的行为,也是行为人主观上追求并希望达到的结果,为"解决家庭生活困难"则是动机行为,"解决家庭生活困难"是推动、发动行为人挪用公款的内心起因。还有,行为人因走私而挪用大量公款,这里的"挪用"同样也是目的行为,"因走私"而挪用公款则是动机行为。就行为对犯罪客体的作用来讲,侵害国家财经制度的是挪用公款中的"挪用"行为,而不是挪用之后的"使用"行为。虽然有些"使用"行为(如赌博、贩卖毒品、走私等等)还侵害了某种客体,但它侵害的必定是另一种客体,而非挪用公款罪的客体。也就是说,"使用"行为对挪用公款罪的犯罪构成并无影响,因此,刑法在规定挪用公款罪时,只需把"挪用"行为规定为犯罪的客观要件就够了,无须把"使用"行为也规定为构罪条件。[74]

80 挪用公款罪的目的要件主要作用是区别其与贪污罪。挪用公款罪的目的即"挪用",挪用不是占有,是以归还为前提的,即挪用公款只是暂时的使用。从挪用的目的看,并不是将公款据为己有,而只是获取其使用权和收益权,挪用者的本意是使用一段后归还,而不是永久占有。如果不出意外,挪用者最终要归还的,包括本金和利息。贪污罪是以非法占有为目的的,该目的与挪用公款罪的目的的区别就在于前者是占有,后者只是使用,贪污的目的大于挪用公款的目的,因为占有也必然包括占有后的使用;而使用也意味着暂时的占有,后者是有限的占有。虽然占有和使用在实践中有许多交叉,但二者毕竟是不同的概念。[75]

三、"谋取个人利益"

81 2002年4月28日,全国人民代表大会常务委员会《关于〈中华人民共和国刑法〉第三百八十四条第一款的解释》中规定,个人决定以单位名义将公款供其他单位使用,谋取个人利益的,也属于挪用公款"归个人使用"。由此正式以立法解释将"谋求个人利益"作为挪用公款罪的一个构成要件。

82 在刑法学界,关于"谋取个人利益"要件存在属于主观要件还是客观要件的质疑。如果是主观要件,将造成司法人员办案无法操作。因为单纯的主观思想,没有通过客观行为得以表现出来,除非行为人自己供认,否则将难以证明。若承认其为客观要件,也会遇到取证困难的问题。[76]

83 笔者认为,"谋取个人利益"应当属于主观要件。因为在挪用公款罪中,行为人所

74 参见魏刚:《使用方式不应作为挪用公款罪的构成要件》,载《人民检察》1999年第9期。

75 参见孟庆华:《挪用公款罪研究新动向》,北京大学出版社2006年版,第149页。

76 参见曾乐非:《如何理解挪用公款罪中的"归个人使用"》,载《国家检察官学院学报》2003年第2期。

实施的挪用公款行为与“谋取个人利益”之间实际上是一种手段与目的的关系,即行为人采用挪用公款的方法是为了达到其“谋取个人利益”的目的。尽管“谋取个人利益”的目的可能得以实现,成为具体的目的行为;但此种情形仍然不能否认两者之间所存在的手段与目的关系。事实上,立法解释之所以将“谋取个人利益”作为一个要件来规定,其原意是为了限定挪用公款罪的成立:即挪用公款罪是“谋取个人利益”而不是“谋取单位利益”。因此,将“谋取个人利益”看作挪用公款罪主观要件中的目的,较为符合犯罪目的的有关刑法原理。

但是,“谋取个人利益”强调的是犯罪的目的与动机,而目前立法司法的趋势看重 84
的是犯罪的主观罪过形式,即是故意,还是过失,至于动机、目的之类则一般在定性时在所不论,只在量刑过程中予以适当考虑。[77] 笔者认为,不应将“谋取个人利益”作为挪用公款罪的构成要件,因此建议删除该要件,原因在于:

(1)这一规定有违挪用公款罪的本质特征。刑法学界的主流观点认为,挪用公款 85
罪直接侵犯的客体是公款的所有权,尤其是使用权,同时一定程度上也侵犯了国家的财经管理制度及国家工作人员公务行为的廉洁性。国家工作人员非法擅自出借公款无论是为了个人利益还是为了单位利益,只要是损害了国家、社会或者集体的利益,对公款使用权的侵害程度只存在量上的差异,不存在质的分别,因此是否为了谋取个人利益不应成为本罪的构成要件。

(2)在刑法学界,通常认为,对挪用公款罪中的“谋取个人利益”应作广义的理 86
解:从所谋利益的性质看,可以是正当的合法的利益,也可以谋取非法的不正当的利益;从所谋利益的范围看,既可以谋取物质性的利益,也可以谋取非物质性的利益;从谋利益的时间看,既可以是已经实际谋取了利益,也可以是发生在谋利益的过程中。不同的谋利目的虽不影响挪用性质的认定,但影响使用性质(违法活动、营利活动或一般性使用)的认定。[78] 不难发现,既然挪用公款罪中的“谋取个人利益”包括合法与非法等各种利益在内,那就失去了其作为构成要件所应有的限定性作用,因此将其作为挪用公款罪的一个构成要件是不合理的。

(3)把“谋取个人利益”作为挪用公款给其他单位使用构成挪用公款罪的构成要 87
件之一,容易给犯罪分子以可乘之机,造成司法实务中的混乱,束缚了司法机关的手脚,削弱了对挪用公款犯罪的打击。虽然,一般都认为“谋取个人利益”既包括非正当、非法利益,也包括正当、合法利益,同时大家也认识到,“并不要求所谋取的利益一定得到满足,只要挪用人在出借公款时或者出借公款后与使用人约定或者向使用人提出相应的谋利要求即可构成”。但是在司法实践中要准确把握当事人行为的性质是否是“为谋取个人利益”是非常困难的:一方面是因为“个人利益”这个概念模糊

---

77 参见曾乐非:《如何理解挪用公款罪中的“归个人使用”》,载《国家检察官学院学报》2003年第2期。

78 参见孙国祥:《挪用公款给单位使用的性质与认定》,载《法学》2002年第7期。

且有很浓厚的主观色彩,既有长远的,也有眼前的;既有潜在的,也有现实的;既有物质性的利益,又有非物质性的利益;既有可用价值数额计算的,也有可以不用价值数额计算的。因此,"个人利益"缺乏准确的司法认定标准。另一方面是因为非法出借公款的行为多发生在纷繁复杂的经济交往中,牵涉方方面面的利益,具有隐蔽性和不明确性,往往是公私不分,公私兼顾,要简单地一分为二,非公即私是很困难的。在这里,便牵涉到另一个实践中的问题,即如何区分个人利益和单位利益。我们经常遇到下面两类情况:一是名义上是为了单位的利益,而实际上具有为谋取个人利益的情况;二是既有为单位利益,又有为个人利益的情形。对此,在认定单位利益的时候,应该遵循整体性原则,不能因为由于单位利益可能包括个人利益等因素而使单位利益和个人利益无法区别,而且如果行为人在主观上出于假公济私的动机和"谋取个人利益",即使实际上单位可能也有利益也不应认为"单位利益",当然在实践中要准确认定是有困难的。[79]

四、挪用公款后的用途

88 根据《刑法》第384条的规定,挪用公款用于非法活动的,一经挪用就构成犯罪,没有数额和时间的限制;挪用公款用于营利活动的,只要达到数额较大的标准就构成犯罪,挪用时间长短,在所不问;挪用公款用于非法活动、营利活动以外的其他活动的,则必须既达到数额较大的标准,又超过3个月未还的才构成犯罪。这就表明现行刑法实际上是将挪用后的用途作为挪用公款罪的必备构成要件加以规定的。然而,该"挪用后的用途"要件是挪用公款罪的客观要件还是主观要件,在刑法学界存在着两种不同的观点:①肯定客观要件说。认为挪用公款罪中所规定的具体用途是犯罪的客观要件。因为刑法作如上的规定是基于以下的价值判断:挪用公款归个人使用的,大都属于"损公但利他人",因此社会危害性最低;挪用公款进行营利活动的属于"损公但利己",因此社会危害性中等;而挪用公款进行非法活动的,属于"既损公又损他人",因此社会危害性最高。因此可以认为,刑法已经将公款的具体用途作为判断挪用公款罪社会危害性的一个决定性的因素,在这个基础上建构了不同的犯罪构成要件并配置了不同的法定刑。然而,判断社会危害性的依据是行为人已经实施的行为,而不能依据行为人意图实施的行为。[80] ②否定客观要件说。认为挪用公款罪中所规定的具体用途不应为客观要件。其理由主要在于:一是将挪用后的具体用途规定为犯罪的客观必备要件,有违罪刑相适应原则的要求,容易引起罪刑关系的不协调。二是将挪用后的具体用途规定为犯罪的客观必备要件,破坏了刑事法律体系条文之间的内在逻辑关系。三是将挪用后的具体用途规定为犯罪的客观必备要

79　参见孟庆华:《挪用公款罪研究新动向》,北京大学出版社2006年版,第152、153页。

80　参见郏茂林:《对公款"挪而未用"应如何处理》,载《检察日报》2007年11月28日。

件，可能会引起认识上的歧义，不利于司法实践中的具体认定和处理。[81]

笔者认同第二种观点，认为将挪用公款罪中所规定的具体用途视为客观要件有诸多诟病，将其视为主观要件则更为合理。因为挪用公款罪中的“挪用”行为与“挪用公款进行非法活动”“挪用公款进行营利活动”“挪用公款数额较大、超过三个月未还”等具体用途存在手段与目的的关系，如前所述，将目的归入主观要件的范畴更加符合刑法的原理。 89

Ⅸ 未完成形态

根据《刑法》第 384 条的规定可知，挪用公款罪是故意犯罪，因此其也存在故意犯罪的停止形态问题。学界在挪用公款罪的停止形态认定方面存在着很多争议。 90

一、预备与中止形态

在刑法学界，关于挪用公款罪是否存在犯罪预备和犯罪中止两种形态的问题，有两种截然不同的观点：①否定说，即根据“构成要件齐备说”的既遂、未遂标准，挪用公款罪只存在既遂形态，即认为“挪用”即是“挪+用”。“挪”的意思指移动，“用”指使用。由此得出只有既挪又用公款的行为，才能叫作挪用公款，只挪未用的，不构成本罪。意即只有在行为人将挪用的公款用于个人使用后才构成犯罪。[82] 此观点认为挪用公款罪不存在犯罪预备和犯罪中止两种形态，只存在既遂形态。②肯定说，认为挪用公款罪在客观方面有三种不同形式：一是挪用公款归个人使用，进行非法活动；二是挪用公款归个人使用，数额较大，进行营利活动；三是挪用公款归个人使用，数额较大，超过三个月未还。挪用公款罪的客体是复杂客体，主要是公共财产的使用权，同时也侵犯了国家工作人员职务行为的廉洁性。而挪用公款罪的预备、中止形态只存在于第一种形式中。[83] 91

笔者认为，上述否定说观点并不符合挪用公款罪的犯罪特点，而肯定说的观点也带有片面性，挪用公款犯罪存在犯罪预备和犯罪中止两种形态，并且不只限于第一种情况。理由如下：①挪用公款罪不是一种突发性犯罪。行为人实施挪用公款犯罪，需要一系列的有目的、有意识的准备活动，如银行工作人员故意收集一些储户填错的存单或取款单，以便利用这些已填好有姓名、账号的单据截留或偷支银行库款。在挪用公款犯罪的过程中，行为人常常也出于悔悟、害怕等主观原因而自动停止了实施挪用 92

81　参见李希慧、杜国强：《挪用公款罪的几个问题》，载高铭暄、马克昌主编：《刑法热点疑难问题探讨》（下册），中国人民公安大学出版社 2002 年版，第 1190、1191 页。

82　参见苏双枝、黄爱国：《挪用公款罪若干问题探讨》，载赵长青主编：《新世纪刑法新观念研究》，人民法院出版社 2001 年版，第 545 页。

83　参见夏立彬、江阳：《挪用公款罪诸问题研究》，载中国法院网（https://www.chinacourt.org/article/detail/2004/03/id/109480.shtml），访问时间：2020 年 12 月 15 日。

公款犯罪的行为。因此这些都属于挪用公款犯罪的预备与中止形态。②肯定说观点只承认"挪用公款进行非法活动"存在犯罪预备和犯罪中止两种形态,而否认其他两种挪用公款的形式存在犯罪预备和犯罪中止两种形态。在现实生活中,尽管挪用公款的形式各异,但不同形式的挪用公款都需要策划挪用公款的方法、步骤以及伪造、销毁账目等准备行为,也都有可能出现挪用公款的犯罪过程中因悔悟、害怕等主观原因而自动停止挪用公款犯罪的情形。因此肯定说的观点也存在片面性。

二、未遂形态

93 在刑法学界,对挪用公款罪是否存在未遂形态的问题,也存在肯定说和否定说两种观点。肯定说认为挪用公款罪是结果犯,理应存在未遂形态。如行为人虽已着手实施挪用公款的犯罪行为,但由于犯罪分子意志以外的原因,尚未将公款挪出。否定说则认为挪用公款罪只有既遂和不构成犯罪两种形态。考察某一犯罪有无未遂形态,关键取决于犯罪构成要件的特点。有些犯罪,在行为实施完毕并发生一定危害结果后,还必须符合一定的情节、条件才构成犯罪,并且在构成犯罪的同时就标志着犯罪既遂,故不再有未遂存在的可能,因而不存在犯罪既遂与未遂之分,而挪用公款罪就属此类。[84]

94 笔者认为,挪用公款罪存在未遂形态,且挪用公款罪的未遂只能是未实行终了的未遂,不可能是实行终了的未遂。理由如下:①挪用公款罪不属于举动犯、情节犯等不存在犯罪未完成形态的情形。②挪用公款罪的未遂是未实行终了的未遂。在刑法理论上,以犯罪行为实行终结与否为标准,将犯罪未遂分为实行终了的未遂和未实行终了的未遂。在挪用公款犯罪的三种形式中,只要挪用公款行为完成,就构成挪用公款罪的既遂形态。所以,挪用公款罪的未遂只能是未实行终了的未遂,即行为人实施挪用公款行为尚未实行完毕,由于行为人意志以外的原因,使挪用公款的行为被迫停止,因而使挪用公款的犯罪未得逞。③司法实践中客观存在挪用公款罪的未遂形态。如某机关的出纳员意图挪用公款 30 万元给自己的亲友进行投资使用,当其将转账支票开好,一切手续都齐备正准备去银行将 30 万元划到其亲友指定的账户上时,被领导发现,及时制止。由于其已着手实施挪用公款的行为,但由于意志以外的原因,公款尚未被挪用,此时便应当认定为挪用公款罪未遂。

三、"挪而未用"案件的停止形态

(一)"挪而未用"的概念

95 关于"挪而未用"的含义,刑法没有作出直接规定,理论界对其含义有以下三种表述:①是指行为人已经利用职务之便,将公款挪出,未归还,且尚未使用的情形;②是

84 参见苏双枝、黄爱国:《挪用公款罪若干问题探讨》,载赵长春主编:《新世纪刑法新观念研究》,人民法院出版社 2001 年版,第 544—545 页。

指行为人利用职务上的便利,将公款从原单位挪出,既未归还也未使用的情况[85];③是指行为人将公款从原单位挪出,案发时尚未花费使用。理论界对“挪而未用”的含义虽有不同表述,但其基本意思是一致的。因此综合“挪而未用”的文义和学者们的阐释,所谓“挪而未用”,是指行为人利用职务上的便利,将公款从原单位挪出,既未归还,也未使用的情况。

(二)“挪而未用”行为的定性争议

“挪而未用”行为是否构成《刑法》第384条规定的挪用公款罪?对此,理论界存 96
在下面两种不同的观点:①持否定态度的学者认为,“挪用”行为在挪用公款罪中是复合行为。“挪用型犯罪中的‘挪’与‘用’各有其意义,对于挪用型犯罪的成立均有其独立的价值。”[86]本罪的实行行为既包括“挪”的行为,又包括“用”的行为,二者必须同时具备、不可或缺,只有既实施了“挪”的行为又实施了“用”的行为,才能构成挪用公款罪,仅有“挪”的行为缺少“用”的行为无法满足本罪客观方面的构成要件,因此不能构成挪用公款罪。②持肯定态度的学者认为,将“挪用”理解成一种复合行为是不正确的,具体而言,又有如下几种观点:一是将“挪用”看作一个整体行为,进行综合评价,“挪”了公款之后无论是否使用都应算作“挪用”,可以构成挪用公款罪;二是“挪”的行为是挪用公款罪的实行行为,“用”只是实施挪出公款行为的目的,在“用”的目的指导下实施了“挪”的行为,就构成挪用公款罪;三是“挪”的行为才是刑法意义上的实行行为,“用”的行为不是刑法意义上的实行行为,它只是对先前行为的进一步处理,即使行为人没有实施“用”的行为,只要行为人实施了“挪”的行为就足以造成公款使用权被侵犯的结果,因而构成挪用公款罪。

笔者认为,对“挪而未用”行为是否构成挪用公款罪的争议,主要是由于学者们对 97
“挪”公款的行为与“用”公款的行为在挪用公款罪中的关系有不同的理解。持肯定态度的学者将“挪”的行为理解为实行行为,将“用”理解为行为人的主观目的,这种观点更为可取。应该从整体去评价,探求刑法条文真实的含义,不能仅根据词义就将二者理解成并列关系,将它置于立法的框架之中,理解为“为用而挪”,更为合适,更符合立法意图。因为人的行为是合目的的行为,在实施挪出公款的行为时,行为人在主观上一定已经有了使用它的意图,这种挪出公款的行为正是在这种使用意图的驱使下实施的。刑法之所以要打击挪用公款的行为,是因为行为人明知不合法,仍然带着各种使用的目的,实施了挪出公款的行为,这不仅威胁到公款的使用权,而且严重侵犯了国家工作人员职务的廉洁性,而这也正是挪用公款罪所要保护的法益,其要打击的是在“使用”目的驱使下的“挪取”行为。因此,应该将“挪用”理解为“为用而挪”,“挪”是实行行为,“用”是主观目的,应将这一认识作为出发点来探讨“挪而未用”行为。

---

85 参见孙国祥:《挪用公款罪争议问题研究》,载《南京大学法律评论》2002年第1期。

86 王飞跃:《论挪用之“用”》,载《法学论坛》2018年第5期。

(三)"挪而未用"行为的定性思考

98 "挪而未用"的行为可以构成挪用公款罪,这是毋庸置疑的,其理由主要有以下几点:

99 (1)从挪用公款罪侵犯的法益来看,"挪而未用"行为与一般的挪用行为并无实质差异,也应该构成挪用公款罪。依照刑法规定,本罪侵犯的法益是公共财产的所有权以及国家工作人员职务的廉洁性。行为人实施了"挪"的行为,使公款脱离了单位的占有后,就算还未将其实际用于非法活动或者营利活动,如行为人只是将公款藏匿于家中或者储蓄在银行,准备日后用于赌博、炒股或者买房等,也同样侵犯了公款的所有权,这和行为人在将公款从单位挪出后并实际使用了的情况下对公款所有权造成的侵犯并不存在差异。只要行为人将公款从单位挪出,置于个人的掌控之下,单位就失去了对这笔公款的实际掌控,无论事后公款是否被使用了,先前的行为都是对公款所有权和国家工作人员职务廉洁性的侵犯,这是刑法规制的重点,而事后使用公款的行为如果没有侵犯新的法益,就不属于刑法规制的范围。因此,在"挪而未用"的情况下,行为人所造成的侵害与一般的挪用行为所造成的侵害并无实质差别,当然也应该构成挪用公款罪。

100 (2)从罪状表述和立法宗旨来看,"挪而未用"行为理应属于挪用公款罪的调整范围。刑法是成文法,它通过词语表达立法精神与目的,因此,解释者应当通过立法者所使用语言的客观含义来发现立法所要表达的精神与通过立法所要实现的目的。刑法条文将挪用公款归个人使用的情形做出了详细的描述,将其划分成三种类型并严格区分了各自的成立要件,这样的一种设置是由于各种具体表现方式下的挪用公款行为的社会危害性是不同的,但是该条文所表述的只是该罪的几种常见类型,并不是成立挪用公款罪的必要条件,有学者对刑法的这种表述方式提出过质疑,认为刑法没有必要对罪状进行过于精细的描述,更有学者指出,适当的模糊性是保持罪行规范合理张力的必要条件。[87] 只要行为人利用职务上的便利,在归个人使用目的的驱使下,将公款从单位挪出,就触犯了该罪;至于行为人挪出公款后,公款是否实际被使用,就无须去考虑了。从这一角度理解更能体现刑法的宗旨。相反,若是用僵化的、片面的观点来理解《刑法》第384条的规定,认为"挪而未用"行为不属于刑法的调整范围,就容易造成那些侵犯了法益的人逍遥法外的局面,也会让那些潜在的行为人产生钻空子的侥幸心理,这就违背了立法宗旨,也不利于实现刑法的目的。

101 (3)2003年最高人民法院的相关法律文件就这一情况也作了认定。[88] 最高人民

87 参见程兰兰:《挪用公款罪犯罪构成之重构——以模糊性立法为视角》,载《政治与法律》2013年第1期。

88 《全国法院审理经济犯罪案件工作座谈会纪要》规定:"挪用公款后尚未投入实际使用的,只要同时具备'数额较大'和'超过三个月未还'的构成要件,应当认定为挪用公款罪,但可以酌情从轻处罚。"

法院坚持的立场是"挪而未用"行为同样构成挪用公款罪,对实施了"挪而未用"行为的人应当追究刑事责任。

102 因此,无论是从法理方面分析,还是从立法上来考察,在符合其他成立条件的情况下,行为人实施了"挪而未用"行为,应当以挪用公款罪来定罪处罚,追究相应的刑事责任。

(四)"挪而未用"行为的犯罪形态

103 对于"挪而未用"行为的犯罪形态相关问题,理论界和司法实务部门也存在着很大的争议。如何理解这一问题,关系到行为人的罪刑轻重,有必要进行进一步的探讨。关于"挪而未用"行为的犯罪形态问题,主要涉及两个方面:一是在"挪而未用"的情况下是否存在相关犯罪形态;二是如果认为在"挪而未用"的情况下也有犯罪形态,那么对这一行为应该如何进行形态划分。对这些问题的准确把握关系到能否对行为人进行正确的定罪量刑,不容忽视。

104 对于在"挪而未用"的情况下有无犯罪形态的问题,有学者认为,从犯罪形态上看,挪用公款罪不存在犯罪预备、中止、未遂等形态。在他们看来,根据刑事立法的特点,会对有的犯罪行为给出这种精确的定性定量模式,刑法规定对本罪罪状十分详尽的描述就是这一特点的体现。具体来说,如"归个人使用"就是刑法规定对本罪实行行为的一个性质定位,而在定量方面,刑法条文又分层次地划分了三种挪用公款的形式,并分别设置了具体的数额条件和时间条件。从这个角度来说,这样的立法方法使得挪用公款的行为只会存在能否构成犯罪的问题,而不可能存在犯罪形态的问题。笔者认为,对于上述观点,有两个方面的问题需要回答:①在给予精准的定性定量的立法模式上,犯罪就不会有停止形态吗?回答显然是否定的。任何犯罪行为都是一个过程,有的犯罪行为进展顺利,着手实行后就造成了结果,达到完成形态。有的犯罪可能由于意志以外的原因,或者由于行为人的中止行为,而没有达到完成形态。并不是所有的犯罪行为都会顺利完成,所以犯罪行为在不同的情况下停止,就会有不同的犯罪停止形态产生。当然,在数额没达到足以构成犯罪的情形之下,我们无须研究犯罪形态的问题,但是在数额达到足以构成犯罪的情况下,讨论其停止形态是非常必要的,这关系到保证罪与刑相适应从而正确地追究行为人的刑事责任。②刑法设置不相同的定罪标准的宗旨是什么?根据行为人不同的用途,《刑法》第 384 条设置了不一样的定罪标准,行为人将公款用于风险越大的活动,公款日后不被归还的可能性越大;行为人挪用的公款数额越大,公款归还面临的风险也就越大。对此,刑法虽然设置了不一样的定罪标准,但是它并不是用来区分犯罪形态的标准,不能曲解立法原意。因此,挪用公款罪是存在犯罪形态的,而"挪而未用"行为作为挪用公款罪的一种行为方式,是一个动态的过程,也会出现不同的停止形态。

105 在肯定"挪而未用"行为也存在犯罪形态的前提下,对于这一行为如何进行形态划分,理论界观点不一,主要有几种看法:①"挪而未用"应属于既遂形态。在持这样观点的学者看来,"挪用"中的"挪"是实行行为,"用"是主观目的,它们之间是手段与目的的关系,对构成本罪而言,我们不能认为只有使用了才能构成犯罪既遂,对于“挪而未用”行为的犯罪形态,应该认定为既遂形态。他们坚持认为,在“挪而未用”案件中,只要挪用公款罪的要件成立,公款实际上没有被使用的事实,不影响公款使用权侵犯的结果,也不影响犯罪既遂的成立。[89] 也就是说,犯罪是否成立并达到既遂,并不完全取决于犯罪目的是否已经实现,而在于行为是否满足了构成要件的全部条件。在行为人实行了“挪”的行为,且在所“挪”的公款还未实际投入使用的情况下,“挪”的行为本身不仅已经打破了公款所有权的圆满状态,同时也侵犯了国家工作人员职务的廉洁性。因此,“挪而未用”行为对挪用公款罪所保护法益的侵害已经完成,这种侵害与一般的挪用行为所造成的侵害并无实质差别,当然应该构成挪用公款罪的既遂形态。②“挪而未用”应属于未遂形态。在持这样观点的学者看来,在挪用公款犯罪中,未遂应有两种情形:其一,行为人已经实行了“挪”公款的行为,但由于意志以外的阻碍,无法将公款挪出,考虑到在这种情况下并没有出现现实的危害结果,因而不把它当作犯罪;其二,行为人已经实行了“挪”公款的行为且公款顺利被挪出,不过出于意志以外的原因,该公款没有被实际使用,这种行为构成犯罪。“挪而未用”的情形属于其中的第二种,即行为人已经挪出了公款,却未能顺利地使用,这非常符合《刑法》第 23 条规定的犯罪未遂形态,应当认定为未遂形态。③“挪而未用”应属于中止形态。持此种观点的学者并不多,在这些学者看来,行为人已经将公款顺利挪出并且置于自己的掌控之下,考虑到行为人还没将其投入实际的使用,在这种情况下公共财产所有权的圆满状态并没有遭到严重破坏,也没有引发实际的危害结果,所以“挪而未用”的情况就应当被认定为中止形态。

(五)司法实践中“挪而未用”行为的认定和处理

106 立法者根据用途的不同(即非法活动型、营利活动型及其他活动型),对挪用公款罪设立了不同的构罪条件,肯定“挪而未用”成立本罪既遂后,尚需进一步讨论属于何种类型的挪用公款罪。第一种观点认为,如果能够查明国家工作人员意图将公款用于非法活动或营利活动,数额上达到立案标准的,则认定为非法活动型或营利活动型挪用公款罪的既遂;如果无法查明国家工作人员意图将公款用于何种用途,符合数额标准和挪用时间要求的,认定为其他活动型挪用公款罪;上述情形以外的“挪而未用”行为,由于不符合挪用公款罪的构成要件,因而无罪。[90] 第二种观点认为,在难以确定行为人挪用意图的情况下以其他活动型的规定进行定罪处罚,但在确有证据证明行为人挪用单位资金系进行非法活动或者营利活动的意图的情况下,不能排除对挪而未用的行为有按照非法活动型或营利活动型的规定进行定罪处罚的可能。[91] 第

89　参见赵秉志:《刑法分则问题专论》,法律出版社 2004 年版,第 653 页。

90　参见李金明:《论挪而未用的定性》,载《中国人民公安大学学报(社会科学版)》2009 年第3 期。

91　参见罗开卷:《挪而未用的司法认定》,载《人民司法》2009 年第 18 期。

三种观点认为,"'挪而未用'行为对社会造成的危害明显小于'挪而又用'对社会的危害。因此,'挪而未用'行为按'挪用公款数额较大,超过3个月未还'的标准处理是符合'罪责刑相适应'这一刑法基本原则的"[92]。

笔者赞同第三种观点,即"挪而未用"的应按照其他活动型挪用公款罪处理。首先,"刑法条文是按照公款用途的风险大小分为三种情形的,而风险大小基本上取决于实际的使用途径。但是,这并不意味着'使用'行为是挪用公款罪的构成要件要素,相反,使用行为只是确认用途的资料与根据"[93]。其次,即便原本打算挪用公款用于非法活动或营利活动,只要事实上没有用于非法活动和营利活动,公款的风险就比实际用于其他活动还要小。因此,对于"挪而未用"的,应按照其他活动型挪用公款罪处理。[94] 107

有人认为,"挪而此用与挪而彼用反映的主观恶性是存在差别的,此种规定是刑法伦理化的注脚和体现"[95]。笔者不赞成这种先将挪用公款罪关于用途的规定定位为反映行为人主观恶性的大小,然后对此规定加以批判的思维方式。理论通说认为,挪用公款罪是侵害公款的占有、使用、收益权的犯罪,行为人没有永久性非法占有公款的目的,因此,公款能否及时归还,即安全性、风险性的大小,无疑是衡量法益侵害程度的重要考量因素。立法者认为,从用于其他活动、营利活动到非法活动,风险通常依次增大,故成立犯罪的门槛也应依次降低。这种根据用途设置犯罪成立条件的规定,具有合理性。 108

"如果认为使用行为是挪用公款罪的构成要件行为,就必须得出以下两个结论:其一,使用者均成立挪用公款罪的共犯;其二,挪用公款进行非法活动另构成犯罪的,不能实行并罚。"[96]如前所述,笔者认为挪用公款罪的实行行为只有"挪","用"并非本罪的实行行为,不过是判断公款风险性大小的资料与根据。换句话说,实际的使用行为是超出挪用公款罪构成要件评价范围的因素。因此,挪用公款进行非法活动构成其他犯罪的,应与挪用公款罪数罪并罚。[97] 司法实践也持这种立场。[98] 有学者对数罪并罚之通说及实务立场提出批评:"挪用公款进行非法活动如走私等是挪用公款行为的定罪事实,在非法活动本身构成其他犯罪时以数罪并罚,则非法活动明显属于 109

---

[92] 贺海港:《挪而未用之定性研究——兼论挪用公款罪的既遂标准》,载《法学杂志》2009年第1期。

[93] 张明楷:《刑法学》(第6版),法律出版社2021年版,第1569页。

[94] 参见阮齐林:《刑法学》(第3版),中国政法大学出版社2011年版,第690页。

[95] 安文录、程兰兰、闫姿含:《挪用型犯罪的界定及其立法完善》,载《政治与法律》2010年第10期。

[96] 张明楷:《刑法学》(第6版),法律出版社2021年版,第1569页。

[97] 参见苏惠渔主编:《刑法学》(第6版),中国政法大学出版社2016年版,第571页。

[98] 参见1998年4月29日最高人民法院《关于审理挪用公款案件具体应用法律若干问题的解释》第7条。

'一个行为两头挑',违背刑法的'禁止重复评价'原则;同时,这样的司法解释规定使挪用公款罪与相关犯罪的罪数关系发生了混乱。"[99]也有学者认为该批评显然是建立在挪用公款罪的实行行为是"挪+用"的基础之上。其实,只要认为该罪的实行行为只有"挪",就不会得出数罪并罚违反"禁止重复评价"原则的结论。笔者亦同意这种观点。

110　基于以上分析,"挪而未用"行为可以构成挪用公款罪,也存在犯罪形态,然而在司法实践中,由于刑法的规定过于抽象,导致这种行为在司法认定中一直存在很大争议。笔者认为,对于"挪而未用"行为,在司法实践中,可作以下认定和处理。①不构成挪用公款罪。具体包括以下几种情况:挪用公款数额少于5000元的;挪用公款数额超过5000元,但尚未达到数额较大标准(1万元至3万元),且有证据证明行为人挪用公款不是为了实施犯罪活动的;挪用公款达到数额较大标准,但有证据证明挪用公款不是从事非法活动和营利活动,并在3个月以内归还原处的。②犯罪预备。有证据证明,行为人为了进行非法活动,而为实施挪用公款的行为准备工具或者创造条件,但在着手实施"挪"的行为之前就由于其意志以外的原因而停止的,构成挪用公款罪的犯罪预备。在这种状况之下,可以不去追究行为人的刑事责任。③犯罪未遂。行为人为实施犯罪活动或者营利活动而挪用公款,已经着手,但在还未完全占用公款的时候,由于其意志以外的原因,而被迫停止下来,此情形构成犯罪的未遂形态,可给予酌情从轻处罚。④犯罪中止。具体包括以下两种情形:一是行为人为了挪出较大数额的公款来进行非法活动或者营利活动,在准备工具或者创造条件的阶段,自动放弃犯罪;二是在行为人已经着手实行,并且还没有完全占用公款之前,自动放弃犯罪。在这两种情形下,一般可以不追究行为人的刑事责任。⑤犯罪既遂。具体包括以下三种情况:一是有足够证据可以证明,行为人是为了实施非法活动,而将公款挪至个人掌控之下的,或者有证据证明,行为人原本是为了其他目的而挪用公款,在取得公款之后又改变意图,准备用于非法活动的;二是有足够证据可以证明,行为人是为了实施营利活动,而将公款挪至个人掌控之下,且数额达到较大标准的,或者有证据可以证明,行为人原本是为了其他目的而挪用公款,在取得公款之后又改变意图,准备用于营利活动,且数额较大的;三是行为人将较大数额公款挪出后,准备用于非法活动和营利活动以外的用途(行为人可能实施非法活动或者营利活动,但没有证据足以证明的,按照此种情形处理),超过3个月未还的。

X　共犯

111　共同犯罪作为犯罪的特殊形态存在于一切故意犯罪中,与单独犯罪相比,社会危害性更大。而挪用公款罪的共同犯罪问题由于其特殊构成要件而一直备受争议。挪

99　程兰兰:《挪用公款罪犯罪构成之重构——以模糊性立法为视角》,载《政治与法律》2013年第1期。

用公款罪是身份犯,本罪的犯罪主体必须具有国家工作人员的特定身份。在挪用公款的共同犯罪案件中,如果数个行为人有的具有国家工作人员身份,有的不具有国家工作人员的特殊身份,是否构成挪用公款罪的共同犯罪?此问题一直是刑法理论研究的重点。

挪用公款行为表现为“挪”和“用”两方面,刑法基于挪用公款的不同目的在构成要件方面规定了不同的数额和时间要求。鉴于共犯人身份组合的多样性和行为方式 112
的复杂性,共同实施挪用公款罪的形式也多种多样。下面将以共犯人身份构成为主要标准,即共犯人是否均具有特定身份,同时考虑挪用公款的使用方式,将挪用公款罪的共犯问题分为以下三种情形。

一、均具有身份者的共犯认定

两个以上的国家工作人员共谋、共同挪用公款的,当然构成挪用公款罪的共犯。 113
但是,在司法实践中,一些国家工作人员在挪用公款的过程中,往往于事前或者事后,在领导班子内部与个别成员甚至全体成员进行过研究,形成所谓的“集体”决策。对这种集体挪用行为,应当如何处理,理论界存在两种对立的观点。一种观点认为,刑法中挪用公款罪没有规定单位犯罪,单位不能成为挪用公款罪的主体,因此“集体”挪用不构成犯罪。另一种观点认为,对“集体”挪用行为应当依据职务犯罪的特点和具体情况进行具体分析,符合共同犯罪条件的,以挪用公款罪处之,反之不成立挪用公款罪。[100]

笔者认为:①从《刑法》第 384 条及相关司法解释的规定看,挪用公款罪只能由自 114
然人构成,不存在单位犯罪问题。但这不等同于挪用公款罪的犯罪主体只能是单个的自然人。根据我国《刑法》中的共同犯罪理论,不论是挪用人与使用人共谋,还是两个以上的挪用人共同挪用公款,只要他们有共同挪用公款的主观故意,且客观上具有共同挪用公款的实行行为,均应构成挪用公款罪的共同犯罪。因此,“集体挪用”也可以构成挪用公款罪的共犯。②均具有国家工作人员特定身份者是否构成共同犯罪,应当区分单位犯罪和“名为集体挪用,实为个人挪用”的情形。实践中,经单位领导集体研究决定挪用公款的行为与单位行为往往不易区分,对这种情况能否以挪用公款罪论处,关键要看公款挪用后是否为个人使用,谋取私利。如果少数领导甚至全体领导以公谋私、擅自将公款挪出归个人使用,则应构成挪用公款罪的共犯。但如果单位领导经集体研究讨论,为单位利益挪用公款给他人使用的,属于违反纪律的行为,给国家和人民利益造成损失的,可以滥用职权罪或玩忽职守罪论处,而不以挪用公款罪论处。

---

100 参见郑广宇:《挪用公款罪相关实务问题探析》,载《人民检察》1999 年第 9 期。

二、无身份者与纯正身份犯的共犯认定

115 无身份者是否可以构成纯正身份犯的共同实行犯？我国刑法中虽然没有规定共同实行犯的类型,但是我们不能忽视其客观存在及重要意义。正犯是实行行为的共同实施者,而教唆犯和帮助犯只起到引诱和辅助作用,不参与犯罪实行行为,在犯罪认定,特别是刑事责任的承担上,是否构成正犯具有重要的意义。如无身份的行为人积极帮助挪用人的行为不能认定为实行行为,就只能作为帮助行为。根据我国《刑法》的规定:帮助行为在共同犯罪中起的是辅助作用,行为人应该认定为从犯。对从犯,应当依法从轻、减轻处罚。如果行为人的行为在挪用犯罪中起到了主要的作用,从轻处罚则罪刑不相适应。由此可见,要做到罪刑相适应,就必须分清无身份者的共犯地位。共同实行犯,即共同正犯,是指二人以上共同实行刑法分则规定的犯罪构成要件之人。而纯正身份犯是指法律规定的,以行为人的特定身份为构成要件的犯罪。挪用犯就是纯正身份犯,而关于无身份者是否可以与挪用人这样的有身份者构成纯正身份犯的共同实行犯,学界争议较大,主要有肯定说、否定说与折中说。

116 肯定说认为,无身份者可以与有身份者构成纯正身份犯的共同正犯。主张肯定说的学者曾以强奸罪为例,认为在强奸罪中,妇女本人虽然不能直接实施与妇女性交的行为,但是妇女为了让男子的强奸得逞,能够实施暴力、胁迫手段,而这一行为正是强奸罪的实行行为的一部分,这就表明,妇女也可以成为强奸罪的实行犯。进而言之,由于妇女可以成为强奸犯的实行犯,所以当妇女为男子实行强奸而实施暴力、胁迫等行为时,妇女与该男子构成共同实行犯。[101] 在强奸罪的特定身份犯罪中,无身份者即女子也能成为强奸罪的共同实行犯。

117 否定说认为,无身份者不能与有身份者构成纯正身份犯之共同正犯。认可该学说的学者认为无身份的人不能成为强奸罪的实行犯,原因在于没有特定的身份,就不可能完成该罪的实行行为。尽管无特定身份的人不可能成为这些犯罪的实行犯,但是可以成为这些犯罪的教唆犯或者帮助犯。[102]

118 折中说认为,对此问题不能一概而论,应当根据具体情况区别对待。采用此观点的学者认为,实际上某些真正身份犯,无身份者并非不可能实施部分实行行为,这种情况下,完全否定无身份者与有身份者构成共同实行犯的可能性,似与法律规定和实际情况不合。因而,凡无身份者能够参与真正身份犯的部分实行行为的,可以与有身份者构成共同实行犯;凡无身份者根本不能参与真正身份犯的实行行为的,即不能与有身份者构成共同实行犯。[103]

119 笔者赞成肯定说。我国刑法理论一般认为,不具备特定身份的人可以成为有身

---

101 参见张明楷:《刑法学》(第6版),法律出版社2021年版,第1133页。

102 参见陈兴良:《刑法适用总论》(第3版),中国人民大学出版社2017年版,第463页。

103 参见马克昌主编:《犯罪通论》,武汉大学出版社2010年版,第582—583页。

份者实施真正身份犯的教唆犯或帮助犯,在无身份者能够参与纯正身份犯的部分实行行为的情况下,还可以与有身份者构成共同实行犯。[104] 甚至有学者认为“无论是我国的司法实务还是相关的刑事立法,乃至刑法理论的通说,都认为无特定身份者可以构成真正身份犯的教唆犯和帮助犯”[105]。而笔者认为,挪用公款犯罪中,共同犯罪是指两人以上共谋,利用具有国家工作人员身份的人员的职务便利挪用公款所构成的共犯,共犯人中部分是国家工作人员,部分是非国家工作人员。这类犯罪的主体较为复杂,非国家工作人员可以构成该罪的共同实行犯,但也应具体情况具体分析。

无身份者与有身份者共同实施挪用犯罪如何定性。实践中往往出现在公司、企业或者其他单位中,国家工作人员与非国家工作人员相勾结共同挪用本单位资金的情况。在该类犯罪中,国家工作人员与公司、企业人员的共犯有其特殊性。该种情形应认定为共同犯罪,这在理论上已无争议,也早已为我国司法实践所肯定。但是,由于挪用时利用的职权有所不同而分为两种情况,且具体应当如何确定其犯罪性质还存在争议。 120

国家工作人员与公司企业人员共谋,只利用了其中一个人的职务之便。此种情况下,未利用自己职务之便的一方在案件中相当于不具有特定身份的人,故应采取“身份犯决定说”,应根据有身份者的实行行为的性质定罪量刑。原因在于该共同犯罪的本质就是利用身份实施犯罪,有身份者的特定身份,在共同犯罪中起决定作用,决定了整个共同犯罪的特征。不通过有身份人的身份,共同犯罪不可能完成。采用该说表明重视身份对职务犯罪的决定性作用。 121

对于国家工作人员与公司、企业人员相勾结,分别利用各自的职务之便,该类共同犯罪案件应如何定罪,学界存在几种不同学说: 122

第一,主犯性质决定说。该说认为共同犯罪的罪名应由主犯所犯的犯罪性质所决定。这基本上也是司法实务一直以来的立场。[106] 且从现行司法解释看,最高人民法院《关于审理贪污、职务侵占案件如何认定共同犯罪几个问题的解释》中第 3 条明确规定:“公司、企业或者其他单位中,不具有国家工作人员身份的人与国家工作人员勾结,分别利用各自的职务便利,共同将本单位财物非法占为已有的,按照主犯的犯罪性质定罪。”因此,法院一般将主犯决定说作为国家工作人员与公司、企业人员共同挪用公款犯罪的定性原则。理论界支持该说的学者大多认为主犯在共同犯罪中起组织、领导、策划、指挥等主要作用,其本人的犯罪行为对整个共同犯罪起着决定作用,而其他从犯则主要帮助主犯实现共同犯罪。因此,应根据主犯的行为性质、身份 123

---

[104] 参见马克昌主编:《犯罪通论》,武汉大学出版社 2010 年版,第 581 页。

[105] 林维:《真正身份犯之共犯问题展开——实行行为决定论的贯彻》,载《法学家》2013 年第 6 期。

[106] 参见 2003 年 11 月 13 日《全国法院审理经济犯罪案件工作座谈会纪要》,2008 年 11 月 20 日最高人民法院、最高人民检察院《关于办理商业贿赂刑事案件适用法律若干问题的意见》。

等条件确定共犯的犯罪性质。但主犯性质决定说也遭到不少学者质疑。首先,在我国,行为人在共同犯罪中所起的作用大小只是确定共犯种类的依据,并非定罪的根据;在确定了共同犯罪性质的前提下才能认定主从犯,而不能相反,否则便有先确定量刑情节后认定犯罪性质的嫌疑。其次,如果国家工作人员与一般公民在共同犯罪中起相同的主要作用,便无法确定罪名。这无疑为共犯避重(刑)就轻(刑)指明了方向。[107]

124　第二,实行行为决定说。该说认为实行犯的实行行为的性质决定了共犯的性质。[108] 该说是我国刑法学界的通说,强调了实行犯在共同犯罪中的核心地位,实行行为对犯罪性质的决定作用,但该主张的"不足之处在于当两种不同身份者均为实行犯时,以谁的行为定性,存在疑惑"[109]。

125　第三,主职权行为决定说。有学者主张,在定罪关系方面,在两种纯正身份犯互相加功而实施共同犯罪的情况下,全案要反映共同犯罪的性质,必须确定一个合适的罪名,而不应分别定罪;一般情况下应根据为主的职权行为来认定,而在两种职权行为分不清主次时,则应采取就低不就高的原则确定共同犯罪的性质。[110] 但该说被批评为"同样难以克服上述主犯决定说遇到的理论障碍。而且就低不就高的原则还违背刑法第 382 条第 3 款的规定,最终导致放纵犯罪"[111]。

126　第四,义务重要者正犯说。有学者主张,当某种身份所对应的义务相对而言显得特殊和重要,违反该义务的行为就是正犯行为;而根据其身份不可能直接违反该重要义务的人,只能成立共犯。[112] 该说受到的主要质疑在于:"义务之有无是一个决定性质的问题,而义务之大小(重要者与次要者)则是一个程度或者数量的问题。因此,按照义务是重要还是次要这个标准作为界定是否构成对方的共犯的根据,是存在疑问的。"[113]

127　第五,想象竞合犯说。该说主张,譬如委派到非国有公司从事公务的国家工作人员甲与非国有公司的工作人员乙共同挪用该非国有公司的财产的案件时,如果甲、乙分别利用了各自的职务便利,则甲既是职务挪用公款罪的正犯,又是挪用资金罪的从犯,乙也既是挪用资金罪的正犯,又同时是挪用公款罪的从犯。此时,每个人都触犯了两个罪名,但由于只有一个行为,故应按照想象竞合犯原理从一重论处。想象竞合

107　参见张明楷:《刑法学》(第 6 版),法律出版社 2021 年版,第 594 页。

108　参见林维:《真正身份犯之共犯问题展开——实行行为决定论的贯彻》,载《法学家》2013 年第 6 期;马克昌主编:《犯罪通论》,武汉大学出版社 2010 年版,第 541 页。

109　赵合理:《论共同犯罪中的身份》,载《法律科学》2009 年第 1 期。

110　参见赵秉志:《共犯与身份问题研究——以职务犯罪为视角》,载《中国法学》2004 年第 1 期。

111　王军明:《论身份犯与共同正犯的认定》,载《中国刑事法杂志》2011 年第 4 期;另参见舒洪水、贾宇:《共同身份犯罪探析》,载《政法论坛》2009 年第 2 期。

112　参见周光权:《论身份犯的竞合》,载《政法论坛》2012 年第 5 期。

113　陈兴良:《身份犯之共犯:以比较法为视角的考察》,载《法律科学》2013 年第 4 期。

犯说是传统的罪数分析在特定身份者共同犯罪认定的运用。因为各共犯可能有不同的分工,但他们的行为已经结合成为不可分割的统一体,即一行为同时触犯挪用资金罪和挪用公款罪,因而应当从一重处断,都按照挪用公款罪定罪量刑。反对者认为:一是"直接根据行为人的身份确定其所构成的罪名,通过简单推理,确定想象竞合关系的存在,在方法论上显得比较粗疏"[114]。二是在国家工作人员与公司、企业人员各自利用职务便利而共同挪用公款的犯罪中,并不完全符合一行为同时触犯挪用公款罪与挪用资金罪两个罪名,一方仅仅利用本人职务的便利,而未利用对方职务之便或对另一方利用职务之便提供协助,就只能是触犯了利用自己职务之便的犯罪,而不能构成想象竞合。

第六,分别定罪说。该说认为两人在实施共同挪用犯罪中,分别利用了自己的职 128
务之便,共同完成犯罪的,应分别定罪。法院也认为"国家工作人员和本单位不具有国家工作人员身份的职工,共同利用各自的职务上便利,挪用公款归个人使用,对国家工作人员以挪用公款罪定罪,对其他职工以挪用资金罪定罪,分别处罚"[115]。分别定罪说认为,身份对身份犯的成立具有决定性意义,因为身份意味着主体负有专门的身份义务,身份犯是基于身份义务设定的,没有身份者就没有身份义务,因而不可能构成身份犯。理论界有不少学者赞成该说。[116] 反对者认为该说的应用会违反"人人平等原则",根据该说,即使共犯人在共同犯罪中造成了同样的危害,但由于行为人具有不同的身份,因而根据其身份的差异区别处罚,违背了平等处罚的原则,会导致不合理的判决。[117]

上述六种处理方法都有自己的优点和缺陷,但相比较而言,笔者认为"主犯决定 129
说"更为科学,该说也是司法实践中的通说。它保证了对罪犯犯罪行为评价的公平性,也弥补了按想象竞合从一重处断,存在犯罪范围不周延之处。一般的共同犯罪都能分清主从犯关系,对于两个主犯难以分出主从而形成平分秋色的关系,例如在国家工作人员与公司、企业人员共同挪用公款中,国家工作人员与非国家工作人员都是主犯,彼此不能再进一步划分主次,于此情形可规定以国家工作人员的主犯确定整个共同挪用公款犯罪行为的性质,这同样不违背"主犯决定论"的观点。《全国法院审理经济犯罪案件工作座谈会纪要》规定:"对于国家工作人员与他人勾结,共同非法占有单位财物的行为,应当按照《最高人民法院关于审理贪污、职务侵占案件如何认定共同犯罪几个问题的解释》的规定定罪处罚。对于在公司、企业或者其他单位中,非国

---

114 周光权:《论身份犯的竞合》,载《政法论坛》2012 年第 5 期。

115 最高人民法院刑事审判第一庭编:《刑事审判参考》(合订本 · 第 1 卷),法律出版社 2000 年版,第39 页。

116 参见陈兴良:《身份犯之共犯:以比较法为视角的考察》,载《法律科学》2013 年第 4 期;陈洪兵:《共犯论的分则思考——以贪污贿赂罪及渎职罪为例》,载《法学家》2015 年第2 期。

117 参见孟庆华:《挪用公款罪研究新动向》,北京大学出版社 2006 年版,第 189 页。

家工作人员与国家工作人员勾结,分别利用各自的职务便利,共同将本单位财物非法占有的,应当尽量区分主从犯,按照主犯的犯罪性质定罪。司法实践中,如果根据案件的实际情况,各共同犯罪人在共同犯罪中的地位、作用相当,难以区分主从犯的,可以贪污罪定罪处罚。”虽然该纪要是针对贪污罪设定的,但对挪用公款的共同犯罪同样具有指导意义。

三、公款使用人与公款挪用人的共犯认定

130 最高人民法院《关于审理挪用公款案件具体应用法律若干问题的解释》的出台引发了对挪用公款罪使用人与挪用人共犯认定问题的讨论。

131 最高人民法院《关于审理挪用公款案件具体应用法律若干问题的解释》第8条规定:“挪用公款给他人使用,使用人与挪用人共谋,指使或者参与策划取得挪用款的,以挪用公款罪的共犯定罪处罚。”对于该条的理解,学界存在较大争议。即使用人与挪用人在主观上是否要求具有事先的通谋或仅要求明知是公款,肯定说认为使用人成为挪用公款罪的共犯必须具有特殊条件:一是使用人必须实现与挪用人通谋,其共犯的行使是事先通谋的共同犯罪。使用人只有在进行挪用公款之前与国家工作人员共同预谋挪用公款,双方都在事先明知该款挪出后是交给使用人使用的,才可以构成挪用公款罪的共犯。二是使用人应指示或者参与挪用公款的活动。使用人指示或者参与的必须是挪用公款,如果使用人事先虽然与挪用人商议过借款,但并没有商议挪用公款,则不能以挪用公款的共犯论处。[118] 否定说认为使用人没有参与共谋,只要明知是公款而使用,同样构成挪用公款罪的共犯。笔者认为,如仅以“明知”作为使用人构成挪用公款罪的主观要件有扩大该罪适用范围之嫌。且与事先通谋而表现出的一系列客观行为比,“明知”在实践中的认定具有较大的随意性。因此,挪用公款罪的共犯之间必须具有事先通谋的故意,且通谋内容为商议如何挪用公款,否则使用人不成立挪用公款罪的共犯。

132 对于挪用公款罪共同犯罪构成要件是否包含“用”的实行行为,学界也存在较大争议。一种观点认为,由于“挪用公款罪的本质特征是将单位公款非法置于个人的支配之下,也就是公款私用”,使用人只要将公款置于自己的非法控制、支配之下,就已经侵害了本罪所保护的法益即公款的使用权。故而,可以得出如下结论:本罪的实行行为只有“挪”,而不包括“用”。[119] 只要行为人实际控制并占有了公款,则挪出公款成立本罪的既遂。而使用公款的行为,系超出挪用公款罪构成要件的行为,另外构成犯罪的,应当与挪用公款罪数罪并罚。而最高人民法院《关于审理挪用公款案件具体应

---

118 参见孙国祥:《挪用公款罪若干问题研究》,载高铭暄、马克昌主编:《刑法热点疑难问题探讨》(下册),中国人民公安大学出版社 2002 年版,第 1203—1204 页。

119 参见沈志先主编:《职务犯罪审判实务》,法律出版社 2013 年版,第 174 页;张明楷:《刑法学》(第 6 版),法律出版社 2021 年版,第 1566 页。

用法律若干问题的解释》第 8 条不过是强调在挪用公款罪既遂之前,参与取得公款的行为成立挪用公款罪的共犯,因而属于注意性规定。对于挪用公款既遂之后参与使用公款的,属于财产犯罪既遂之后的行为有可能单独成立掩饰、隐瞒犯罪所得罪,使用公款进行走私、赌博的成立走私、赌博罪与掩饰隐瞒犯罪所得罪的想象竞合犯。[120] 另一种观点认为,挪用就是"挪"及"用",只有既挪又用公款的行为,才能叫作挪用公款罪,只挪未用的不构成本罪。[121] 笔者认为,认定挪用公款罪使用人是否构成共犯,关键并不在于使用人是否实际使用了公款,而在于该公款的使用权和占有权是否受到侵犯。该公款脱离单位的控制,被使用人与挪用人通过实现共谋而实际占有,即表明法益侵害已完成,使用人应当成为挪用公款罪的共犯。

当挪用人与使用人故意不一致时应如何认定?在司法实践中,挪用公款共同犯罪往往会出现最终用途与事先商定的用途不一致的情况,由于现行刑法针对挪用公款的不同用途规定了不同的数额和时间标准,因而挪用人和使用人对公款用途的具体认识也可能影响到对共犯的处理。最高人民法院《关于审理挪用公款案件具体应用法律若干问题的解释》第 2 条第 3 款规定,挪用公款给他人使用,不知道使用人用公款进行营利活动或者用于非法活动,数额较大、超过 3 个月未还的,构成挪用公款罪;明知使用人用于营利活动或者非法活动的,应当认定为挪用人挪用公款进行营利活动或者非法活动。根据该解释,认定挪用公款进行营利活动或非法活动,以挪用人明知为要件。如果挪用人主观上不知道使用人改变事先商定的用途实际用于营利或非法活动,则只能按挪用公款用于一般活动的情况追究刑事责任。如果挪用人一开始不知道使用人改变用途,但在公款归还之前,挪用人已明知公款用于营利或非法活动,但不表示反对,甚至与使用人共同分享利益,这说明从事营利非法活动不违背其主观意志,属于刑法上的事后共犯,应按从事营利非法活动的标准予以定罪处罚。[122] 但最高人民法院《关于审理挪用公款案件具体应用法律若干问题的解释》第 2 条第 3 款规定并不全面,未涵盖现实中的全部问题。笔者认为,应当依据共同犯罪原理、立足于刑法主客观统一的立场,进一步分析,按以下情形分别处理。 133

第一,使用人与挪用人共谋,指使挪用人挪用公款或者参加策划行为时,是为了将公款用于非法活动或者营利活动,但使用人在取得公款后实际上将公款用于一般性使用,应根据客观行为表现,对使用人和挪用人均按照公款的实际用途衡量是否构成犯罪及量刑。 134

第二,使用人与挪用人共谋,指使挪用人挪用公款或者参与策划行为时,确实是 135

---

[120] 参见陈洪兵:《共犯论的分则思考——以贪污贿赂罪及渎职罪为例》,载《法学家》2015 年第 2 期。

[121] 参见马克昌、丁慕英主编:《刑法的修改与完善》,人民法院出版社 1995 年版,第 315 页。

[122] 参见张勇:《挪用公款罪疑难问题探微》,载《河北法学》2003 年第 4 期。

为了将公款用于一般性使用,但使用人在挪用后私自改变用途进行营利活动或非法活动的,对挪用人按原用途处理。如果挪用人事后知道这种情况而没有追回公款的意思表示,放任不管,则对挪用人应以使用人实际使用的情况来认定和处罚。

136 第三,使用人与挪用人共谋,指使挪用人挪用公款或者参与策划行为时,故意隐瞒挪用公款用于非法活动或营利活动的真实意图,欺骗挪用人,以用于一般用途为名取得公款而后用于非法活动或营利活动的,对使用人应按照"非法活动"或"营利活动"衡量是否构成犯罪与量刑,对挪用人应按"挪用公款数额较大、超过三个月未还"的要件衡量是否构成犯罪及量刑。在这种情况下,如果挪用人不满足"挪用公款数额较大、超过三个月未还",则挪用人不构成犯罪,而使用人作为非国家工作人员,能否单独追究其挪用公款的责任。有学者认为,此种情形下,使用人无法单独成立挪用公款罪。[123] 笔者认为,这种情况可以认定使用人成立间接正犯。间接正犯指把一定的人作为中介实施其犯罪行为,其所利用的中介由于具有某些不负刑事责任或不发生共同犯罪关系,而由间接正犯对其通过的中介所实施的行为完全承担刑事责任。间接正犯是大陆法系刑法中的概念。虽然目前我国刑法和司法解释中尚未使用这一术语,但这一问题在事实上早已进入我国刑法理论的研讨视野,并在司法实践中发挥着实际作用,所以间接正犯是一种客观存在的犯罪现象,应依法承担刑事责任。

137 综上所述,当均具有国家工作人员特定身份犯罪人共同实施挪用公款行为时,即使是集体犯罪,只要犯罪行为的最终目的是谋取个人私利,都应被认定为挪用公款罪共犯。当有特定身份者与无特定身份者进行挪用公款犯罪时,无身份者可以成为挪用公款罪的教唆犯、帮助犯。在无身份者有参与挪用公款犯罪的实行行为时,可以成立挪用公款罪的共同正犯。特别的,当有特定身份者与无特定身份者利用各自的职务便利实施挪用公款的犯罪行为时,应当根据主犯的性质来判断挪用公款犯罪行为的性质。如果无法区分主从关系,可以以挪用公款罪来定罪处罚。对于公款挪用人与公款使用人构成共同犯罪的条件,首先,使用人主观上必须与挪用人具有事先共谋,商议挪用公款。其次,使用人的实行行为可以不包含"使用",即只要对被挪用的公款实际占有并控制。最后,当使用人与挪用人对挪用公款的目的发生认知不一致时,应以各自主观认知的具体情况来判断各自是否成立挪用公款罪。如使用人欺骗挪用人将公款用于营利活动,此时,如公款在 3 个月以内归还的,挪用人不构成犯罪,而使用人应构成挪用公款罪的间接正犯。

XI 罪数

138 司法实践中,行为人挪用公款的动机、目的具有多样性,既有因收受贿赂而挪用公款的,又有挪用公款用于营利活动及非法活动的。正是由于挪用公款动机、目的的

123 参见苏惠渔、杨兴培主编:《刑事疑难案例法理评析》,法律出版社 2000 年版,第 321 页。

多样性，挪用公款行为可能引发其他犯罪。司法实践中对于挪用公款而涉及其他犯罪的，在罪数认定上也必然存在一些争议。

一、挪用公款进行非法活动的罪数认定

挪用人挪用公款进行非法活动，非法活动本身可能构成犯罪，在这种情况下对挪用人是认定为一罪还是数罪，理论和实践中有不少争议。从现行司法解释看，最高人民法院《关于审理挪用公款案件具体应用法律若干问题的解释》第7条第2款明确规定："挪用公款进行非法活动构成其他犯罪的，依照数罪并罚的规定处罚。"有部分学者支持数罪并罚说，认为挪用公款用于非法活动，当非法活动单独构成犯罪的情形下，应认定为数罪并实行并罚。但学界对数罪并罚说的合理性存在质疑，并存在以下三种不同观点：①基于法条竞合理论，认为挪用公款进行非法活动，因为非法活动本身是挪用公款罪的一个构成要件，在非法活动本身单独构成犯罪的情形下，仍应以挪用公款罪一罪论处。[124] ②基于想象竞合犯理论，认为挪用公款进行非法活动是构成该类犯罪的必备要件，离开了"非法活动"这一要件，就不能成为一个完整的挪用公款罪的实行行为，所以为进行非法活动而挪用公款只能认为是实施了一个危害社会的行为，故属于想象竞合犯，应当择一重罪处罚。[125] ③基于牵连犯理论，认为如果是为了进行非法活动而挪用公款，其非法活动与挪用公款行为同时构成犯罪的，应当认定为手段与目的行为的牵连，按照牵连犯择一重罪处罚的原则，认定为一罪。 139

对于上述三种观点，大多数学者认同牵连犯理论。但认同牵连犯理论的学者间也存在分歧。 140

(1)对于牵连关系的认定，存在四种不同学说：①客观说认为，只要客观上两种行为之间具有手段行为与目的行为、原因行为与结果行为之间的关系，就具有牵连关系。②主观说认为，只要行为人主观上将某种行为作为目的行为的手段行为或者作为原因行为的结果行为，就存在牵连关系。③主客观结合说认为，只有在行为人主观上与客观上都具有牵连关系时，才具有牵连关系。④类型说认为，根据刑法规定与司法实践，将牵连犯的手段与目的、原因与结果的关系类型化，只有具有类型化的手段与目的、原因与结果的关系时，才存在着牵连关系。笔者认为，主观说过度强调主观因素在牵连关系中的作用，把行为人的牵连意图绝对化，却不考虑行为的客观要素上的联系，背离了主客观相一致的刑法原则。客观说强调牵连关系的有无以行为的客观事实为标准，而不问行为人的主观意图，这种完全脱离行为人主观意图而仅仅考虑行为的客观联系，同样违背了主客观相一致的原则。而类型化严格来讲不是一个关于牵连犯的理论，而是一个立法建议，即建议立法者将属于手段与目的、原因与结果 141

---

124 参见钟澍钦主编：《新中国反贪污贿赂的理论与实践》，中国检察出版社1995年版，第180页。

125 参见孙谦主编：《国家工作人员职务犯罪研究》，法律出版社1998年版，第114页。

牵连的关系以法律的形式明确化,而这又回到了开始的牵连犯问题,立法者应该依据什么样的牵连犯理论将这些手段与目的、原因与结果关系类型化。因此,对于牵连犯的判断,应该采取主客观相统一的折中说来进行为宜。“任何犯罪,都是主观、客观两方面的要件的统一,缺其一方面,犯罪都不能成立。这个原理,对于牵连犯,同样适用,所以一种犯罪事实的两个行为有无牵连关系,应以行为人主观故意和犯罪作为的客观事实为标准来进行考察。行为人主观上是为了实施一种犯罪,而采取某种方法行为或因实施一种犯罪而采取某种结果行为并且所实施的犯罪,同触犯其他罪名的方法行为或结果行为之间,事实上具有直接的不可分离的关系,才认为有牵连关系。”[126]

142 (2)在构成牵连犯的前提下,对挪用公款用于非法活动如何处罚也存在争论。从现行刑法的规定和刑法理论来看,分为两种情况:一是理论界多认为应从一重处罚。二是法律明文规定的情况下,实行数罪并罚。概括起来为“以从一重处断为原则,依法数罪并罚为补充”[127]。有学者认为,对挪用公款涉及的牵连犯问题实行数罪并罚是不妥当的,主张对其从一重罪处罚,理由如下:违背同一行为禁止重复评价的原则。挪用公款罪由两个部分组成,一是“挪用公款”,二是“归个人使用”,二者结合起来才能构成犯罪。个人使用的不同用途在很大程度上反映了挪用行为社会危害性的大小。以挪用的公款进行的非法活动已经作为必要条件包括在“挪用公款进行非法活动”这种形式的挪用公款罪的构成要件之中了,“非法活动”造成的社会危害当然也就计算在挪用公款罪里面了。因此实行数罪并罚就造成了非法活动“一行为两头挑”的现象,违背了数罪并罚的一般原理。[128] 但笔者认为,应从牵连犯所牵连的行为的社会危害性和法益侵害性进行具体分析。如伪造国家机关公文、证件、印章进行贪污的行为,伪造国家机关公文、证件、印章的行为与贪污行为构成了手段行为与目的行为的牵连,由于伪造国家机关公文、证件、印章的行为属于社会危害性较小的行为,其内容完全可以被贪污行为所涵盖,所以对此类行为应从一重罪处罚。而挪用公款行为人将公款用于赌博、走私、非法经营等,则非法活动本身的社会危害性就严重,在很大程度上其社会危害性可能大于挪用公款行为的危害性,对任何一种行为的刑法评价都难以容纳另外一种行为,再加之两种行为都属于刑法打击的重点,所以应该对它们进行数罪并罚。当然,如果两行为本身就没有牵连关系,属于实质上的数罪,本来就应该进行数罪并罚。“对牵连犯实行数罪并罚,符合刑事法律发展规律,其形成的内在原因是,牵连犯的实质是数罪,并理应与实质数罪适用相一致的处断原则。世界各

---

126 马克昌主编:《犯罪通论》,武汉大学出版社 2010 年版,第 683—684 页。

127 陈兴良:《刑法适用总论》(第 3 版),中国人民大学出版社 2017 年版,第 634 页。

128 参见郭立新、黄明儒主编:《刑法分则适用典型疑难问题新释新解》(第 3 版),中国检察出版社 2014 年版,第436 页。

国刑事立法中的这一规律,也应被我国的刑事立法和刑事司法遵循。”[129]

综上所述,关于挪用人挪用公款进行非法活动的罪数认定问题,笔者赞成应构成牵连犯。要认定挪用公款进行非法活动是否属于牵连犯,其关键在于“挪用公款”与“进行非法活动”之间有无牵连关系。按照通说即主客观结合说,一种犯罪事实的两个行为有无牵连关系,应以行为人主观意思和犯罪行为的客观事实为标准来进行考查。挪用公款从客观上来看,行为人所实施的挪用公款,与“进行非法活动”两者显然具有手段与目的的关系,即为了“进行非法活动”的目的而采用了“挪用”公款的方式。从主观上来看,行为人在主观意思上能够认识到“挪用公款”与“进行非法活动”两行为之间的手段与目的的关系,对行为人而言,如果不想“进行非法活动”,那么其“挪用公款”就成了毫无价值的行为。另外,为了做到罪刑相适应,对挪用公款后用于非法活动的实行数罪并罚,是有必要且合理的。 143

二、因挪用公款、收受贿赂构成犯罪的罪数认定

现实中,挪用公款索取、收受贿赂的情况经常发生。在挪用公款与受贿同时构成犯罪的情况下,究竟认定为一罪还是数罪同样存在争议。从现行法律及司法实践看,对因挪用公款而受贿实行数罪并罚的,其依据是最高人民法院《关于审理挪用公款案件具体应用法律若干问题的解释》第 7 条第 1 款,该款规定:“因挪用公款索取、收受贿赂构成犯罪的,依照数罪并罚的规定处罚。”从上述规定看,对于因挪用公款索取、收取贿赂构成犯罪的,不管两行为间是否构成牵连关系,都依照数罪并罚的规定处罚。由于对于因挪用公款而构成受贿的,不管挪用行为与受贿行为是牵连关系还是数罪关系,其处罚原则相同,对于是否牵连关系还是数罪关系都一律按照数罪进行并罚,这在某种程度上也体现了我国刑法的“向客观主义倾斜的态度”[130]。 144

理论界对挪用公款行为与受贿行为同时构成犯罪,究竟以一罪还是数罪处罚,存在以下不同的观点。①主张实行数罪并罚的观点认为,挪用公款行为与受贿行为系出于不同犯罪目的而分别实施的两种行为,且受贿罪构成要件中的“为他人谋取利益”不应当包括构成犯罪的行为。对于两个犯罪目的、两种犯罪行为,当然应适用数罪并罚。②主张一罪的观点认为,在挪用公款行为与受贿行为同时存在的情形下,因受贿罪的犯罪构成中有“为他人谋取利益”这一客观要件,在受贿与挪用相互关联的情形下,“为他人谋取利益”的行为本质上就是挪用公款归他人使用。如果在此情况下数罪并罚,显然违背了一行为不得重复评价的刑法基本原理。即既将挪用公款行为定为挪用公款罪,又将挪用公款行为作为受贿罪定罪的一个必要条件。另有学者认为,个人决定以单位名义将公款给其他单位使用,谋取个人利益的,只能以挪用公款罪或受贿罪择一重罪进行处罚,不分情况一概进行并罚是错误的。理由如下:其 145

---

129 刘树德:《牵连犯辨正》,中国人民公安大学出版社 2005 年版,第 137 页。

130 张明楷:《刑法的基本立场》(修订版),商务印书馆 2019 年版,第 67—68 页。

一,可以数罪并罚的情况并不包括“个人决定以单位名义将公款供其他单位使用,谋取个人利益”的情形。其二“个人决定以单位名义将公款供其他单位使用,谋取个人利益的行为”在全国人民代表大会常务委员会《关于〈中华人民共和国刑法〉第三百八十四条第一款的解释》中作为第三种情形被规定为犯罪,这是立足立法本意对以前所有相关司法解释的一次纠正。其三,根据全国人民代表大会常务委员会《关于〈中华人民共和国刑法〉第三百八十四条第一款的解释》的规定,谋取个人利益已被作为以单位为名义将公款供其他单位使用构成犯罪的必要要件,如果再对其以受贿罪实行数罪并罚,就必然导致对刑法理论上“一事不二罚”原则的违背,出现一个要件被重复评价的错误。[131]

146 司法实务对挪用公款后又受贿的,采取了数罪并罚说。最高人民法院《关于审理挪用公款案件具体应用法律若干问题的解释》第 7 条规定,因挪用公款索取、收受贿赂构成犯罪的,依照数罪并罚的规定处罚。《刑事审判参考》案例第 385 号“鞠胤文等挪用公款、受贿案”即是适例。

三、挪用公款与贪污并存的罪数认定

147 实践中,对于挪用公款另有贪污的,在罪数认定上并无争议。问题在于因挪用公款行为而引发的侵占挪用公款的利息、收益等违法所得究竟认定为一罪还是数罪。对此,实践中倾向的观点认为,应以挪用公款罪一罪认定。其依据主要是最高人民法院《关于审理挪用公款案件具体应用法律若干问题的解释》。该解释明确,挪用公款存入银行、用于集资、购买股票、国债等,属于挪用公款进行营利活动;所获得的利息、收益等违法所得,应当追缴,但不计入挪用公款的数额。应当说上述解释是合理的,但不能以此认为凡是侵吞挪用公款利息、收益等违法所得的,一概以挪用公款罪一罪认定。实践中此类情况主要有以下三种表现形式:一是挪用公款用于营利活动,如用于集资、购买股票、国债、注册成立公司等获取利润;二是挪用公款用于非法行动,如走私、贩毒、非法经营等获得犯罪所得;三是挪用公款归他人使用获得财产性利益。上述第一种情况,最高人民法院《关于审理挪用公款案件具体应用法律若干问题的解释》已明确以挪用公款罪一罪论处,且所取得的收益不计入挪用公款的数额。第二种情况,最高人民法院《关于审理挪用公款案件具体应用法律若干问题的解释》明确以挪用公款罪与走私、贩毒、非法经营等实行数罪并罚。但是,对上述第三种情况能否以挪用公款罪一罪论处,笔者认为应具体情况具体分析。如果行为人挪用公款归他人使用,并因此而取得使用人给付的财物的,应认定为挪用公款罪与受贿罪两罪;如果行为人擅自以单位名义挪用公款归他人使用,并与使用人事先言明单位收取利息,当使用人向挪用人单位返还本金及利息时,行为人隐瞒、截留应归单位所有的

131　参见卢建平、叶希善、叶良芳编著:《挪用公款罪专题整理》,中国人民公安大学出版社2007 年版,第 53 页。

利息的,则可以作挪用公款罪与贪污罪两罪论处的考虑。

此外,需要注意,根据司法解释,作为刑法加重处罚情节的"挪用公款数额巨大不退还",是指挪用公款数额巨大,因客观原因在一审宣判前不能退还的。如果挪用公款数额巨大能还而不还的,或者携带挪用的公款潜逃的,则应当依照《刑法》第 382 条、第 383 条的规定以贪污罪定罪处罚。《刑事审判参考》案例第 236 号"彭国军贪污、挪用公款案"的裁判理由指出,挪用公款后,没有掩饰、隐匿、在有关账目上做假,只是其负责的款项发生了短款现象,应以挪用公款罪论处。不是主动、自觉归还公款,而是出于其他目的归还公款的,不能认定为挪用公款罪中的归还。携带挪用的公款潜逃的,对其已挪用未携带的部分不以贪污罪论处。 148

Ⅻ 与非罪的界限

为了更好维护涉案人员的权利,正确区分挪用公款罪的罪与非罪是至关重要的。在司法实践中,并非所有挪用公款的行为都构成挪用公款罪,需要司法人员根据法律的规定和精神以及司法实践的正确需要,明确挪用公款罪的罪与非罪的界限。 149

一、挪用公款的时间和数额的认定

(1)考虑挪用公款的时间。根据《刑法》第 384 条的规定,国家工作人员利用职务上的便利,挪用数额较大的公款归个人使用,进行非法活动、营利活动以外的使用事项的,必须超过 3 个月才能构成犯罪。"超过三个月未还"就是指行为人挪用公款后 3 个月之内没有归还,或是行为人挪用公款超过了 3 个月。如果未满 3 个月,行为人将挪用的公款归还的,则不应当以犯罪论处。但是,这并不意味着挪用数额较大的公款归个人使用,超过 3 个月未还就一律构成犯罪。对于挪用数额达到起点,超过 3 个月时间很短便及时于案发前归还,危害不大,除挪用正在生息或者需要支付利息的公款外,可以依据《刑法》第 13 条"情节显著轻微危害不大的,不认为是犯罪"的规定,将此类行为排除在犯罪之外,不以犯罪论。 150

除此之外,对于挪用公款归个人使用,进行非法活动的,或者挪用公款数额较大、进行营利活动的,虽然刑法并未对此类行为作出挪用的时间规定,但仍应该将时间纳入定罪考量因素的范围,其对定罪仍然会产生影响。如果在此类行为中挪用公款的时间很短,综合挪用的公款数额、产生的危害后果等具体情况,也是可以认定为不构成犯罪。 151

(2)注意挪用公款的数额。挪用公款的数额的大小是影响挪用公款行为的社会危害性程度的一个至关重要的因素。根据《刑法》第 384 条的规定,国家工作人员利用职务上的便利,挪用公款归个人使用,具体可分为以下三种情况:①挪用公款进行非法活动;②挪用数额较大的公款进行营利活动;③挪用数额较大的公款,进行营利活动、非法活动以外的活动,并且挪用时间超过 3 个月。按照 2016 年 4 月 18 日起施行的最高人民法院、最高人民检察院《关于办理贪污贿赂刑事案件适用法律若干问题 152

的解释》第5条的规定,挪用公款归个人使用,进行非法活动,数额在3万元以上的,应当依照《刑法》第384条的规定以挪用公款罪追究刑事责任。这就是说,针对第一种情形,挪用公款的数额必须达到3万元才能构成犯罪,若挪用公款的数额并未达到3万元,则该行为不以犯罪论处。与此相同,根据该解释第6条的规定,挪用公款归个人使用,进行营利活动或者超过3个月未还,数额在5万元以上的,应当认定为《刑法》第384条第1款规定的"数额较大",对后两种行为也要求挪用公款的数额达到5万元以上才能构成犯罪,那么数额未达到5万元的挪用公款行为同样不构成犯罪。以上表明,无论是挪用公款的哪种情形,在认定挪用公款罪的过程中,数额都是必须考虑的要素,是判断挪用公款行为罪与非罪的重要标志。

二、挪用公款与借贷公款的界限

153 关于挪用公款罪罪与非罪的界限问题,最模糊不清的就是明确区分挪用公款行为与一般借贷公款行为。就概念上而言,挪用公款是国家工作人员利用职务上的便利,将公款挪给个人使用;而借贷公款,是指单位负责人或经管财务人员,批准、决定将公款借贷给个人使用的行为。两者的法律性质具有根本性区别,容易区分,但在实际的行为表现上又有诸多相同之处。①借贷公款行为的主体虽然是单位,但具体行为必须通过个体的自然人去实施,包括借贷决定的作出、具体手续的办理都离不开自然人个人的活动。因此,借贷行为的具体操作者与挪用公款罪的主体有相同性,即都具有经营公共财产的职务身份。②从公款的使用方向上看,借贷公款给个人使用的情况与挪用公款的资金去向又是一致的,即都是将公款转给个人使用。③除了金融部门信贷行为,其他非金融部门未经国家批准进行信贷活动,都违反了我国财政金融的管理规定,因此,借贷公款与挪用公款行为都具有明显的违法性特征。正确地区分挪用与借贷是确定挪用公款罪与非罪的关键问题,但由于涉及这类问题的民事、刑事法律关系复杂交错,表现形式多样,加之法律自身规定的不严谨,所以在司法实践中,用借贷之名行挪用之实的人不在少数,也是目前挪用公款罪的一个新动向、新特点,因此如何正确地区分和处理挪用、借贷这两类不同性质的法律关系,就成为了理论和实践都必须面对的问题。

154 一般来说,公款的借贷在本质上应具有决策的团体性、目的的公利性和形式的合法性三大特点。相对而言,挪用公款则有决策的擅自性、目的的私利性和形式的违法性的特点。但在实践中,往往如前所述,这几大要素的内涵有相互包容、交叉的部分,而外延的扩展程度又不尽相同,也就使这看起来绝对不同的三大特点,在许多情况下同时存在,相互掩盖,难辨真伪。如国有公司企业或部门的负责人决定将公款借给他人使用,这些人在职务上就有管理、使用公款的权力,他们的意志在具体的挪用公款行为中既代表着所在单位的意志又是自己的意志;单位负责人将本单位的公款出借给他人使用时,有为本单位谋取利益的方面,但同时又与借用人存在着人情往来甚至权钱交易因素,这种公利性和私利性孰轻孰重,孰大孰小,无法用量化的金钱标准来统一比较，选择其中一个为该行为定性；用欺骗、引诱、强制等手法形成了形式合法的借贷文件，但最终辗转归于个人使用，形式上的合法并不必然地导致实质合法。鉴于此，要确定某一行为是借贷公款，还是挪用公款，应从如下几个方面把握：

(1)是否履行了合法的手续。此处有两层含义：一是本单位与借款单位之间是否有真实有效的借款合同，合同的形式既包括书面形式，也包括口头形式及《民法典》合同编所允许的其他形式；二是作为出借人是否履行了正常的财务手续。从司法实践来看，双方之间是否有真实有效的借款合同易于确定，但在确定是否履行了相关的财务手续时，却应注意以下两点：①不能仅凭单位的财务账目是否真实反映了借款关系作为判断是借款关系还是挪用公款行为的唯一依据。因为按照目前我国的财政金融规定，非金融单位不能从事借贷业务，因而有的单位在出借公款后往往会在财务账目上作相应地处理。如果单位借出公款后，即使在财务账上虚列了与借款单位的经济往来，只要能证实本单位与借款单位之间有真实的借款关系，亦应认定为借款关系。②即使单位财务账上反映出与公款使用单位有应收应付关系，也不能就因此而否认挪用公款行为存在的可能性。从实践情况来看，行为人挪用公款后为保持账面平衡，以应付有关的检查，往往会在账上虚挂应收款。在单位财务账上能够反映应收应付关系的情况下，一方面要考察本单位与公款使用单位之间是否有真实的经济往来关系，另一方面要考察本单位对这一经济往来关系是否知情，借此方能确定是借款关系还是挪用公款行为。 155

(2)出借人的资格是否合法。只有单位作为公款的合法所有人才可以将公款借出，所以在确定某一行为是借用公款还是挪用公款时，首先要确定是以单位的名义还是以个人的名义借出。在确定是以单位名义还是以个人名义借出时，不能仅从形式上看，而要从实质上看是否是以单位的名义：第一，看借出公款是否是集体研究、集体决策的结果，如果是集体研究决定出借公款，即使形式上未用单位的名义，也应认为是单位名义。第二，如果借出当时未经集体研究，而后来获得单位的追认，也应视为是以单位的名义。此处的追认仅应限于明示的追认，而不包括默示。因为默示从法律上讲仅是一种推定，这种推定并不能确定单位是否确有出借公款的真实意思。 156

(3)要看出借公款的受益者是单位还是个人。挪用公款罪在客观方面的特征就是将公款归个人使用，行为人的根本目的就是满足自己的某种利益需求。而借款关系中，单位出借公款的目的是满足单位的利益要求。所以通过考察出借公款的受益者是单位还是个人，亦有助于区分是合法的借贷关系还是挪用行为，特别是在单位领导人出借公款的情况下更是如此。如果"出借公款"的受益人是个人，则纵然行为人声称是出借公款，也不能排除挪用公款的可能性。反之，如果出借公款的受益人是单位，则应作为借贷关系。此处所称"受益"，并不仅限于物质性的利益，其他诸如为保持业务关系等非物质性的利益，亦应属于此处的"受益"。如果一方面单位从出借公款中获得了利益，另一方面行为人亦从中获得了某种私利，仍不能认为行为人是为了获取私利而挪用公款，行为人的获取私利行为如构成其他犯罪，则应按相应的罪名定 157

罪处罚,不能以挪用公款罪进行处罚。

158　另外,在确定某一行为是借贷关系还是挪用公款时,除在总体上把握外,还应就挪用公款的三种不同用途进行具体的分析。①对于非法活动型的挪用公款而言,根本不存在与合法借贷关系之间的区别问题,这是由所从事行为的非法性所决定的。②超期未还型的挪用公款,由于其使用用途的合法性,因此存在与合法借贷行为之间划清界限的余地。只要行为人经过审批办理了相应的借贷手续,就应视为借贷关系。③对于营利型的挪用公款,只要是以单位的名义借出,并且单位从中获得了某种利益,虽然这种行为违反了有关法律法规关于非金融机构不能直接从事借贷业务的规定,但不能因此而否认其借贷关系的存在,对其不宜以挪用公款罪论处。有人认为此种情况下即使办理了借贷审批手续仍可构成挪用公款罪的观点是不能成立的,这实际上混淆了一般违反财经法律法规行为与挪用公款罪之间的界限,此种情况不符合"挪用公款归个人使用的"挪用公款罪的构成要件。

159　司法实践中,对于单位一般工作人员的行为是挪用公款行为还是借贷行为易于分清,只要是单位的负责人不知道就足以排除借贷的可能性,但对单位负责人的行为在界定是挪用公款行为还是借贷行为时却有一定的难度。目前在实践中有这样一种观点,认为单位负责人只要是超出其正常业务范围向外出借公款,即使是以单位的名义并且是为单位谋取了利益,如果使用人是个人,仍应认定为挪用公款行为。但这种观点并不正确,理由是:

160　挪用公款罪客观行为表现的一个突出特征在于挪用行为的擅自性,也就是说挪用行为是在所有权人不知情的情况下发生。单位的公款所有权人是单位,但单位是一个虚拟的法律主体,其本身并无意思表示能力。从法律的角度来讲,单位的意思表示是通过单位负责人的行为表达出来的。当然也并不是说单位负责人的行为就是单位的行为,否则无异于将一个单位等同于负责人个人,但只要是以单位的名义并且是为单位谋取利益,就应当将单位负责人的行为认定为单位的行为。事实上从民法的角度来看,只要单位负责人是以单位名义从事一定的行为就应将其行为认定为单位的行为。由于我国刑法并未规定单位可以构成挪用公款罪,所以对前述情况不宜以挪用公款罪追究单位负责人刑事责任,否则就是对罪刑法定原则的违反。前述认为单位负责人可以构成挪用公款罪的观点,根本错误在于混淆了个人行为与单位行为之间以及挪用公款行为与借贷行为之间的界限,以其经营范围界定行为人是否擅自的看法更不可取,如此理解显然是与刑法所规定的单位犯罪相违背的。

161　在挪用公款罪的司法中,还应注意并不是所有私人借贷公款的行为都是非法的,私人借贷有合法的,也有非法的,法律在打击惩处挪用公款的犯罪行为的同时,也应保护私人合法借贷公款的权利。私人借贷了公款,可能由于意外原因不能按时还款或者根本无法还款,有些无法还款的情况是由于主管借贷人的工作失误造成的,但应严格区别于挪用公款罪。

三、挪用公款用于归还个人贷款或者私人借款的性质认定

162 《全国法院审理经济犯罪案件工作座谈会纪要》就挪用公款罪的法律适用问题中关于"挪用公款归还个人欠款行为性质的认定"指出:挪用公款归还个人欠款的,应当根据产生欠款的原因,分别认定属于挪用公款的何种情形。归还个人进行非法活动或者营利活动产生的欠款,应当认定为挪用公款进行非法活动或者营利活动。由此,挪用公款用于归还个人贷款或者私人借款的,应根据个人贷款或者私人借款的用途,认定其挪用公款的性质。挪用公款用于归还个人贷款或者私人借款,如果该贷款、借款是用于非法活动的,应视为挪用公款进行非法活动。这种挪用公款的情形可称为"非法活动型"。挪用公款用于归还个人贷款或者私人借款,如果该贷款、借款是用于营利活动的,应视为挪用公款进行营利活动。至于经营性活动是否获利,不影响本罪的成立。这种挪用公款的情形,可称为"营利活动型"。[132]

四、关于"挪而未用"是否构成犯罪

163 刑法中没有对"挪而未用"行为直接作出规定,而是在《全国法院审理经济犯罪案件工作座谈会纪要》中规定:"挪用公款后尚未投入实际使用的,只要同时具备'数额较大'和'超过三个月未还'的构成要件,应当认定为挪用公款罪,但可以酌情从轻处罚。"理论界关于"挪而未用"行为的含义有多种表述。一种观点认为,"挪而未用"是指行为人已经利用职务之便,将公款挪出,未归还,且尚未使用的情形;另一种观点认为,"挪而未用"是指行为人利用职务上的便利,将公款从原单位挪出,既未归还也未使用的情况。综合"挪而未用"的字面含义以及上述观点,"挪而未用",是指国家工作人员利用职务上的便利,以归个人使用的目的挪用公款,但在案发前尚未对该公款进行使用且未归还的行为。

(一)"挪而未用"中"挪"和"用"的定性

164 有的学者认为,"挪而未用"中的"挪"和"用"不应当分开理解,"挪用"是一个整体的挪用行为,挪用是刑法惩治的重点,而不是具体的使用;有的学者认为,"挪"才对定罪有影响,公款一经挪出,符合数额和时间标准既构成犯罪既遂。要对"挪而未用"行为中的"挪"和"用"性质作出认定,必须要考虑"挪"和"用"哪个能反映挪用公款罪的本质。"挪而未用"中的"挪"是指将公款从单位挪出的行为,"用"是指公款的使用行为。国家工作人员违反国家的财经纪律、制度和自身职务权责将公款挪出单位,侵犯的是公款的收益权、使用权、占有权和国家工作人员职务行为的廉洁性,即挪用公款罪所要保护的法益。因此,挪用公款的行为才是直接侵害法益的行为,反映了挪用公款罪的本质特征,"挪"的行为才是构成本罪的核心。一旦挪用公款行为完

132 参见阮齐林:《刑法学》(第3版),中国政法大学出版社2011年版,第689页。

成,符合刑法上的数额和时间要求,即构成犯罪。至于具体怎么去使用该公款、用或者不用该公款都不能反映出对犯罪客体的侵害以及怎样的侵害,使用公款的具体方式,应当只体现行为人主观恶性的大小,或者说体现行为人犯罪动机的不同。因此,“挪而未用”行为中的“用”属于确认公款用途的资料和依据。

(二)“挪而未用”是否构成犯罪

165 关于“挪而未用”是否构成《刑法》384 条的挪用公款罪,理论界有不同的观点。

166 反对构成犯罪的学者认为,“挪用”是一种复合行为,既有“挪”的行为又有“用”的行为才是本罪的实行行为,二者不可或缺,只有当行为人既实施了“挪”的行为又实施了“用”的行为,才能构成挪用公款罪,否则仅有“挪”的行为无法满足挪用公款罪的犯罪构成客观要件,不能构成犯罪。赞同构成犯罪的学者认为,“挪用”不是一种复合行为。有的观点认为,将“挪用”看作一个整体行为,只要完成了“挪”的行为,不管后续有没有使用的行为都应当看成挪用,构成犯罪;有的观点认为,“挪”是挪用公款罪的实行行为,“用”是实施公款挪出行为的目的,为了“用”而“挪”,就构成犯罪。

167 不妨将“挪而未用”理解为“为用而挪”,以体现立法的意图。刑法打击的是具有严重社会危害性的行为,只有当“挪用公款”的社会危害性达到刑法规定的标准时才构成犯罪。行为人在准备挪用公款时已经有使用公款的目的,在这种目的的引导下行为人才实施了挪出公款的实行行为。刑法对“挪而未用”行为加以规制,是为了更好地保护公款使用权和国家工作人员职务廉洁性的法益。结合 2016 年最高人民法院、最高人民检察院《关于办理贪污贿赂刑事案件适用法律若干问题的解释》的规定,评价“挪而未用”行为是否构成犯罪,要运用罪刑法定原则去具体讨论。《刑法》384 条规定了“超期未还”“营利活动”“非法活动”三种具体类型的挪用公款行为。“超期未还”型既有数额限制又有期限限制,“营利活动”型和“非法活动”型只有数额限制而无期限限制。对“超期未还”型而言,立法上有数额和期限的双重限制,只要挪用公款未超过 3 个月,不管行为人是否使用了公款、主观上不想使用或者客观上未能使用,都不构成犯罪。对“营利活动”型和“非法活动”型而言,只要完成了挪用公款的实行行为,数额达到了入罪标准并且有进行营利活动或者非法活动的主观目的,既构成犯罪既遂。但是,如果行为人没有使公款脱离单位的控制,例如,甲将所在事业单位的公款从 A 账户转到 B 账户,户名仍然是该事业单位,则甲的行为不应认定为挪用。

XIII 与他罪的区别

一、与挪用资金罪的区别

168 《刑法》第 272 条第 1 款规定:“公司、企业或者其他单位的工作人员,利用职务上的便利,挪用本单位资金归个人使用或者借贷给他人,数额较大、超过三个月未还的,或者虽未超过三个月,但数额较大、进行营利活动的,或者进行非法活动的,处三年以下有期徒刑或者拘役;挪用本单位资金数额巨大的,处三年以上七年以下有期徒刑;数额特别巨大的,处七年以上有期徒刑。”这是对挪用资金罪的描述。该条第2款还规定:“国有公司、企业或者其他国有单位中从事公务的人员和国有公司、企业或者其他国有单位委派非国有公司、企业以及其他单位从事公务的人员有前款行为的,依照本法第三百八十四条的规定定罪处罚。”这也是对挪用资金罪与挪用公款罪之间区别的描述。此外,《刑法》第185条规定,非国有的银行或者其他金融机构的工作人员利用职务上的便利,挪用本单位或者客户资金的,也应以挪用资金罪定罪处罚。

对比分析以上相关法律条文的内容,挪用公款罪与挪用资金罪在犯罪构成上有诸 169
多相同之处:①两罪的犯罪主体均是年满16周岁、具有刑事责任能力的自然人。②两罪都是故意犯罪,并且行为人均不具有非法占有的目的,只具有暂时挪作他用的目的。③两罪行为人在客观上都是利用职务上的便利,实施挪用行为,私自改变公款或者本单位资金的用途。④两罪的犯罪既遂、未遂标准相同。两罪都以行为人或者他人财产(包括公款、单位资金)的实际控制为犯罪既遂的标准,都不以行为人实现使用目的为既遂标准。由于两罪均侵犯了财产的占有权、使用权和收益权,因此,只要行为人已经将公款或者单位资金转移到本人或者他人的控制之下,权利人失去了控制权,即标志着其占有权、使用权、收益权已经受到损害,行为人将有关财产非法转出后,无论是否使用以及如何使用,均不影响犯罪既遂的成立。只有当行为人已经实施挪用行为,但是由于其意志以外的原因而未能转出并实际控制公款或者单位资金的,才成立两罪的犯罪未遂。

虽然挪用公款罪与挪用资金罪的罪过形式均为故意,客观行为方式均为挪用,法 170
律上对挪用的数额、时间的限制及挪用的用途也基本相同,但在犯罪构成的其他要件上则主要有以下不同之处:一是犯罪主体不同。挪用公款罪的主体是特殊主体,即依法从事公务的国家工作人员,根据《刑法》第93条规定,具体包括:①国家机关中从事公务的国家工作人员;②在国有公司、企业、事业单位和人民团体中从事公务的人员;③受国有单位委派到非国有单位从事公务的人员;④其他依照法律从事公务的人员。至于受国有单位委托,管理、经营国有资产的非国家工作人员,即使利用职务便利,挪用国家资产归个人使用,构成犯罪的,依据最高人民法院《关于受委托管理、经营国有财产人员挪用国有资金行为如何定罪问题的批复》的规定,应当依照《刑法》第272条规定的挪用资金罪定罪处罚,行为人不构成挪用公款罪。而挪用资金罪的主体则是非国有的公司、企业或者其他单位的工作人员,国家工作人员被排除在外。二是客体不同。挪用公款罪的客体是公款的使用权、国家机关的正常活动等,既有侵犯财产的性质,又有严重的渎职的性质。挪用资金罪的客体是公司、企业或者其他单位的资金的使用权。[133] 三是犯罪对象的性质不同。挪用公款罪的犯罪对象是公共财产,既包括公款也包括特定公物,另外还包括拟制的公共财产及接受委派的国家工作人员所在的

---

133 参见尤保健、吴松卿:《司法实践中挪用公款罪与挪用资金罪的刑罚对比及立法建议》,载《中国检察官》2010年第8期。

非国有单位的资金;而挪用资金罪侵犯的对象则是公司、企业或其他单位的资金。

171 刑法之所以区分这两种犯罪,其原因不仅在于挪用公款罪和挪用资金罪侵犯的对象不同,更在于挪用公款罪的行为人所具有的国家工作人员这一特殊身份,其侵犯了国家工作人员职务行为的廉洁性,社会危害性程度与挪用资金罪也有较大的差别。

172 总之,挪用公款罪与挪用资金罪在客观方面和主观方面有相同之处。二者的主要区别不在于挪用的"对象范围"是国家机关、国有公司、企业、事业单位、人民团体的"公款"还是非国有性质的"资金",而是在于犯罪主体是国家工作人员还是非国家工作人员。[134]

二、与挪用特定款物罪的区别

173 根据《刑法》第273条的规定,挪用特定款物罪是指挪用用于救灾、抢险、防汛、优抚、扶贫、移民、救济款物,情节严重,致使国家和人民群众利益遭受重大损害的行为。挪用特定款物罪中的"特定款物"在严格意义上来说,也是一种公款,因此,挪用特定款物罪和挪用公款罪极易混淆。挪用公款罪与挪用特定款物罪的具体区别如下:

174 (1)主体有所不同。挪用公款罪的主体是国家工作人员;挪用特定款物罪的主体仅限于"直接责任人员",即经手、管理并对挪用行为负有直接责任的人员,从实践来看,主要有国家工作人员,而且主要是掌管救灾、抢险等七类款物的发放人员以及有权批准调拨、支配这些款物或指使、命令他人进行挪用行为的领导人员,既不掌管又无权支配的人员不可能实施挪用行为。但也不排除非国家工作人员实施的可能性,例如某些村干部、居民委员会干部或者集体企业的干部,甚至担负救灾、抢险、防汛、优抚、扶贫、移民、救济款物的管理、看守的工人挪用上述款物的行为,虽然这些人不是国家工作人员,对此也应以挪用特定款物罪惩处。总的来说,挪用公款罪的主体必须是国家工作人员,否则犯罪不能成立;挪用特定款物罪的主体主要是国家工作人员,也包括负有特定职责的非国家工作人员。[135]

175 (2)客体和对象不同。挪用公款罪的客体是国家工作人员职务行为的廉洁性和公款的占有权、使用权以及收益权,侵犯的对象包括上述七类特定款物在内的公款(含特定款物),挪用上述特定款物归个人使用的,以挪用公款罪从重处罚;挪用特定款物罪的客体是国家对特定款物专款专用的财经管理制度,其对象仅限于刑法明文规定的七类款物。

176 (3)客观表现不同。挪用公款罪表现为行为人利用职务上的便利,挪用公款归个人使用,进行非法活动,或者挪用公款数额较大,进行营利活动,或者挪用公款数额较大,超过3个月未还的行为,本质上是将公款挪归个人使用;挪用特定款物罪表现为

134 参见李宏民、庞克道、屈丽娜编著:《职务犯罪热点百问》,河北大学出版社2014年版,第295页。

135 参见倪泽仁主编:《贪污贿赂犯罪案件重点难点疑点新释新解》,中国检察出版社2013年版,第250页。

行为人利用职务上的便利,将救灾、抢险、防汛、优抚、扶贫、移民、救济款物改变既定的用途挪作其他公用事项的行为,本质上仍是公用而非个人使用,如修建楼堂馆所、购买办公设备和高级汽车、用于生产经营或单位招待等。

(4)主观故意不同。两者虽然都是直接故意,但挪用公款罪行为人的意图是将公款挪归个人使用;挪用特定款物罪则仍然是用于公用事项,只不过是改变特定款物的既定用途,是为公而非为私。 177

(5)对危害后果要求不同。挪用公款只要符合犯罪构成要件的即应定罪;而挪用特定款物罪则必须是情节严重,致使国家和人民群众遭受重大损害的行为,否则不构成犯罪。[136] 178

三、与贪污罪的区别

(一)构成要件的区别

挪用公款罪与贪污罪在构成要件上有一些共同之处。例如,两罪主体都是国家工作人员;罪过形式都为故意;犯罪对象都包括公款;客观方面都利用了职务上的便利。而且挪用公款行为一开始就是以贪污罪定罪处罚的,后来又经历了“以贪污罪论处”的中间阶段。因而,挪用公款罪与贪污罪具有密切的联系,在司法实践中,经常会发生将两罪予以混淆的情况。区分两罪的界限,对于准确认定行为的性质,正确地定罪量刑具有重要意义。 179

(1)挪用公款罪与贪污罪主体不同。挪用公款罪的犯罪主体,一般仅限于国家工作人员。贪污罪的犯罪主体则不仅包含国家工作人员,还包含受国家机关、国有单位委托管理、经营国有财产的非国家工作人员。贪污罪的主体范围宽于挪用公款罪的主体范围。从上文主体部分的法律规范和立法解释可以看出,国家工作人员并不包括受委托从事公务的人员。 180

《刑法》第 382 条第 2 款规定,受国家机关、国有公司、企业事业单位、人民团体委托管理、经营国有财产的人员,也可以成为贪污罪的主体。《刑法》第 382 条第 2 款单列一款,与第 1 款是并列关系,即受委托管理、经营国有财产的人员与国家工作人员是并列关系,并不包含在国家工作人员之列。从这些规定可以看出,挪用公款罪主体与贪污罪主体的不同在于,挪用公款罪的主体不包括受国家机关、国有公司、企业事业单位、人民团体委托管理、经营国有财产的人员,而贪污罪的主体却包括。最高人民法院《关于对受委托管理、经营国有财产挪用国有资金行为如何定罪问题的批复》规定,对于受国家机关、国有公司、企业事业单位、人民团体委托管理、经营国有财产的非国家工作人员,利用职务上的便利,挪用国有资金归个人使用构成犯罪,应当依照挪用资金罪定罪处罚。这进一步以司法解释的形式明确规定了挪用公款罪的主体 181

---

[136] 参见杨兴国:《贪污贿赂犯罪认定精解精析》,中国检察出版社 2015 年版,第 295 页。

与贪污罪主体的不同。

182 (2)挪用公款罪与贪污罪的客观表现有所不同。①两罪的实施手段是不完全相同的。贪污罪公共财产的经手管理人要达到非法占有公共财产的目的,首先要占有具体财产,其次是推卸经管责任。由于行为人占有其所经管的公共财产是非法的,只能通过侵吞、窃取、骗取等行为手段。同时,行为人推卸经管责任的理由是假的,所以贪污行为的一般法律特征实际是非法取得行为和欺骗行为的有机结合,而挪用公款行为则表现为不转移公款的所有权,暂时挪用公款归本人或者他人使用。②作为客观证据的财务特征不同。贪污行为包括占有财产和推卸或逃避财产经管责任两个方面。由于占有财产的行为具有秘密性,而且是行为人利用职务之便完成的,因此除"财产已不存在"这个事实以外,在财务上不会留下其他痕迹。与此相反,推卸或者逃避财产经管责任的行为则会在财务上留下明显的痕迹。贪污行为人推卸财产经管责任的方法一般有四种:一是通过虚假的财务会计资料和财务信息直接从财务上消除公共财产的会计指标;二是通过嫁祸他人,使财务所追究的责任人错误;三是利用多人经管的机会非法占有公共财产,致使财务追究的具体责任人不清;四是行为人公开拒绝承担或已无力承担公共财产的经管责任,迫使所有人最终将相应的财产指标消除。由此可见,以虚假的财务形式表明财产不存在,或以虚假不实的经管责任人表明财务经管责任主体的存在,或者以无法实现的财务经管责任来对抗财务控制机制,是贪污行为的一般财务特征。由于挪用公款行为的当事人只是为了在一定时期内非法取得相应公款的使用权,因此当事人不会实施推卸或逃避经管责任的行为。从财务上看,挪用公款罪具有明确清楚的财务责任主体,而且通过一般的财务核对方法就能确认和追究具体的经管责任人和行为人,大多数案件能及时追回被挪用的公款或调整原先不准确的财务责任主体。所以,以账实不符的虚假形式反映公共财产原样存在,并有具体真实的财务责任人始终承担经管责任,是挪用公款行为的一般财务特征。③行为构成犯罪在时间上的要求不同。除挪用公款进行营利活动或者非法活动以外,一般的挪用公款归个人使用,必须是超过3个月未还的,才能构成挪用公款罪;而贪污罪的构成没有时间上的要求,只要行为人实施了利用职务上的便利,侵吞、窃取、骗取或者以其他手段非法占有公共财物的行为,即构成贪污罪。

183 (3)挪用公款罪与贪污罪的客体和对象不同。挪用公款罪的客体既包括国家财产所有权中的占有权、使用权和收益权,又包括国家工作人员的职务的廉洁性。贪污罪的客体是国家工作人员的职务的廉洁性和国家财产全部所有权,既侵犯其占有权、使用权、收益权,也侵犯其处分权,其内涵比挪用公款罪广。此外,挪用公款罪与贪污罪犯罪对象不完全相同。挪用公款罪的犯罪对象以公款为原则,以特定的公物为例外;而贪污罪的犯罪对象包括公款、公物。

184 (4)挪用公款罪与贪污罪的犯罪故意不同。挪用公款罪与贪污罪虽然都是直接故意,但有本质的区别。贪污罪具有非法占有公共财物的目的,行为人通过变更所有权的方式取得所有权,并希望永久性地取得对公共财物的所有权,不准备归还,从而达到行使所有权使用、收益、处分权能的犯罪目的,而挪用公款罪的犯罪目的在于非法取得公款的使用权,行为人在实施犯罪时主观意图上为暂时挪用,用完后归还,没有改变公款的所有权而将公款归自己所有的故意,仅是暂时占有,获取使用和收益,其最终并不取得对公款的所有权。贪污行为实施完成,使所有人失去了对该财产行使所有权的依据,即在事实上非法剥夺了公共财产的所有权,而挪用公款行为实施完成,只使所有人在一定时间内被非法剥夺了该公款的使用权。可见,贪污罪与挪用公款罪的法定区别,主要就是对公款是非法占有还是非法使用。

挪用公款罪与贪污罪不是对立关系,贪污公款的行为一般也符合挪用公款罪的犯罪构成。在处理挪用公款罪与贪污罪关系的问题上,不能说是:"贪污罪必须具有非法占有目的,挪用公款罪必须不具有非法占有目的。"正确的表述或许是:"挪用公款罪的责任形式为故意,如果行为人具有非法占有目的(不归还公款的意思),则以贪污罪论处。"因此,在行为人将公款转移给个人占有时,即使不能查明行为人是否具有归还的意思,也能够认定为挪用公款罪。反之,只要查明行为人具有非法占有目的,就应该认定为贪污罪。 185

根据刑法规定与审判实践,对于下列行为,应以贪污罪论处:①携带挪用的公款潜逃;②挪用公款后采取虚假发票平账、销毁有关账目等手段,使所挪用的公款已难以反映在单位财务账目上,且没有归还行为的;③截取单位收入不入账,非法占有,使所占有的公款难以反映在单位账目上,且没有归还行为的;④有证据证明行为人有能力归还所挪用的公款而拒不归还,并隐瞒挪用的公款去向的。是否平账,只是判断行为是否构成贪污罪的判断资料,而不是唯一的决定根据。例如,行为人具有归还的意思,只是为了应付上级的突击检查而暂时平账的,依然应认定为挪用公款罪。反之,只要其他证据证明行为人不具有归还的意思,即便没有平账,也应认定为贪污罪。[137]《刑事审判参考》案例第 1088 号"赵明贪污、挪用公款案"即是适例。该案裁判理由指出,被告人以"虚列支出"形式掩盖公款的真实去向,但其所列支出与提取款项存根票据不存在一一对应关系,故仅能掩盖账面总体差额,其提取公款行为有账可查。被告人"虚列支出"的行为不能证明被告人主观故意发生转化,与采取虚假发票平账、销毁有关账目且无归还行为的转化型贪污犯罪不属同一性质。 186

在挪用公款不返还造成较大社会危害性的情形下,如何区分挪用公款罪与贪污罪?在当前的司法实务中,挪用公款不返还主要有两种情况:第一种情况是不能返还,即犯罪嫌疑人主观上并没有不返还的故意,只是因其他原因不能返还,造成了公款的损失;第二种情况是不想返还,犯罪嫌疑人将公款占为己有,只是形式上采用了挪用的手段。对于第一种情况,其犯罪性质仍然属于挪用公款,并未转化为贪污,属于挪用公款罪的从重处罚情节。为此,《刑法》第 384 条特别规定,挪用公款数额巨大不退还的,处 10 年以上有期徒刑或者无期徒刑。这里的"不退还",根据有关司法解 187

---

137 参见张明楷:《刑法学》(第 6 版),法律出版社 2021 年版,第 1571 页。

释的规定,是指因客观原因在一审宣判前不能退还的。所谓客观原因,是指挪用人没有能力退还。如果有能力退还而不退还,就属于第二种情况,其犯罪性质就转化为贪污。《全国法院审理经济犯罪案件工作座谈会纪要》规定,有证据证明行为人有能力归还所挪用的公款而拒不归还,并隐瞒挪用的公款去向的,应当以贪污罪定罪处罚。

(二)挪用公款罪转化为贪污罪

188 实践中挪用公款向贪污的转化时有发生,但如何把握挪用公款向贪污转化的认定标准却并非易事。上文已经陈述《全国法院审理经济犯罪案件工作座谈会纪要》的解释内容,现将该纪要中列举的几种挪用公款转化为贪污的情形作出分析,具体研究挪用公款的转化问题。

1. "携带挪用的公款潜逃"的理解与认定

189 挪用公款罪的犯罪对象包括了公款和特定款物,公款是以货币形式表现的公共财产。1998 年最高人民法院《关于审理挪用公款案件具体应用法律若干问题的解释》第 6 条规定了"携带挪用的公款潜逃的"以贪污罪论处的情形:"携带挪用的公款潜逃的",对其携带挪用的公款部分,以贪污罪定罪处罚。"携带挪用的公款潜逃的"以贪污罪论处是一种转化型犯罪,虽然从贪污罪的犯罪构成角度来说,这里的转化型贪污罪并不完全符合贪污罪的犯罪构成,但这并不影响这类转化型贪污罪的认定。既然行为人已经携带挪用的公款潜逃,这就意味着可以认定行为人没有愿意归还公款的可能性,其主观上变挪用为占有的意图也就导致了行为性质的变化,由挪用公款行为变成了贪污的行为,以贪污论处符合主客观相一致的原则。要认定"携带挪用的公款潜逃的"行为转化为贪污,应当具备以下条件:第一,行为人所"携带"的公款必须是从原单位挪出的公款;第二,行为人"携带挪用"的公款要达到一定数额,此数额应当满足贪污罪的入罪标准,即 3 万元以上(包含本数),具备其他较重情节的 1 万元以上(包含本数);第三,行为人具备"潜逃"的主观故意,即行为人认识到所挪用的是公款而有意占有,并且为了逃避法律的追究而具有"潜逃"的故意;第四,行为人要有"潜逃"的实行行为,"潜逃"的文义解释是秘密逃跑,但并不意味着行为人一定要逃离案发地,如果行为人继续留在案发地躲藏起来躲避司法机关的追查,也应当认为是"潜逃"。

2. 使所挪用的公款难以在单位财务账目上反映出来,且没有归还行为的

190 《全国法院审理经济犯罪案件工作座谈会纪要》规定了两种情形:一是行为人挪用公款后,采取虚假发票平账、销毁账目等手段使所挪用的公款已难以在单位财务账目上反映出来,且没有归还行为的;二是行为人截取单位收入不入账,非法占有,使所占有的公款难以在单位财务账目上反映出来,且没有归还行为的。

3. 有证据证明行为人有能力归还所挪用的公款而拒不归还的,并隐瞒挪用的公款去向的

191 司法实践中,存在较多行为人有能力归还所挪用的公款而拒不归还的情形。行为人不归还公款,主要有两种情况:一是行为人有归还公款的经济能力,但主观上不愿意归还并隐瞒公款去向;二是行为人虽然主观上想归还公款,但由于客观原因而无

法归还并隐瞒公款去向。第一种情况下,行为人主观上已经由暂时性的占有公款的故意变为永久占有公款的故意,不愿意归还公款且隐瞒公款去向,其主观意图发生了改变,导致挪用公款转化为贪污。第二种情况要根据《刑法》第 384 条、1998 年最高人民法院《关于审理挪用公款案件具体应用法律若干问题的解释》第 5 条的规定来处理。《刑法》第 384 条规定,挪用公款数额巨大不退还的,处 10 年以上有期徒刑。1998 年最高人民法院《关于审理挪用公款案件具体应用法律若干问题的解释》中的“挪用公款数额巨大不退还的”,指的是因客观原因在一审宣判前不能退还。因此,对于第二情况,当行为人挪用数额巨大的公款后,虽然主观上想归还,但由于其他客观原因而在一审宣判前未能归还且隐瞒公款去向的,应当认定为挪用公款罪并从重处罚。

由此可以得出结论:当行为人有相应的经济能力归还所挪用的公款,并且得到了 192
司法机关的证据证明,由于主观上不愿意归还或者由于客观原因不能归还并隐瞒公款去向的,应当以贪污罪定罪处罚。

还有观点认为,挪用公款罪向贪污罪转化的标志就是行为方式的转化,即由挪用 193
公款的行为方式转化为贪污的行为方式。如果行为人挪用公款后,又采取侵吞、骗取、销毁账目、平账等贪污手段,就说明行为人的行为已从挪用方式转化为贪污方式,应当以贪污罪追究其刑事责任。因此,该观点认为挪用公款罪转化为贪污罪只有两种表现形式:第一,行为人挪用公款后,想方设法从账面上消除挪用的痕迹,从而逃避归还所挪用公款的责任;第二,行为人挪用公款后,采取虚报开支的手段,用假发票冲抵所挪用的公款,从而逃避归还所挪用公款的责任。除此之外,不存在挪用公款罪向贪污罪的转化。对此,笔者认为,我国刑法在定罪上遵循的一个基本原则就是主客观相一致原则,也就是说,评价一个行为是否构成犯罪,构成何种犯罪,必须要从行为人的主观方面的罪过和客观方面的行为的有机统一来把握。如果在认定某一犯罪的时候,只注重主观方面而不考虑客观方面,就会导致主观归罪的错误,或者只注重客观方面而不考虑主观方面,就会导致客观归罪的错误,这些都是违背主客观相一致基本原则的,也不利于我们正确把握罪与非罪、此罪与彼罪的区别。因此,在挪用公款罪与贪污罪的转化问题上,我们必须坚持主客观相一致的原则,才能对此作出正确的认定。“行为方式要件说”的不正确之处,就在于它只注重客观方面而不考虑主观方面,势必会影响对挪用公款罪转化为贪污罪的认识。虽然说它限定的两种表现形式都没有脱离主客观相一致的原则,但该观点并不能对司法实践中存在的貌似贪污而实为挪用的问题,给出一个合理的解释。

综上所述,在挪用公款罪转化为贪污罪的认定上,我们必须遵循主客观相一致的 194
定罪基本原则,行为人挪用公款后,主观上以非法占有为目的,客观上对所挪用的公款有能力归还而又拒不归还的,就应当转化为贪污罪。具体而言,具有下列情形之一的,应当由挪用公款罪转化为贪污罪:一是行为人挪用公款后,主观上具有不归还所挪用的公款的非法故意,且客观上对所挪用的公款有退还的能力而拒不退还的,应当以贪污罪定罪处罚;二是行为人挪用公款后潜逃的,有能力归还所挪用的公款而拒不归还的,应当对所挪用的公款以贪污罪追究其刑事责任;三是行为人挪用公款后,主观上以非法占有为目的,且客观上又采取贪污手段将公款据为己有的,应当以贪污罪追究其刑事责任。[138]

四、与违法发放贷款罪的区别

195 司法实践中,挪用公款罪除了与贪污罪、其他两类挪用类犯罪发生混淆,与《刑法》第186条规定的违法发放贷款罪也有可能发生混淆。金融机构中发生的违法发放贷款行为和挪用公款行为有相似之处,均可表现为采用违法手段将公款(或资金)借给他人使用。在实务中,违法发放贷款的案件被作为挪用公款提起公诉的情况也有先例。然而一旦错误定罪,量刑上的较大差别,对被告人的权利侵害不浅。因此,对两罪的区分一定要慎之又慎。

196 (1)考察行为是职务行为还是个人行为。违法发放贷款行为与银行的职务性相关,表现为虽然违反相关法律规章,超出法定权限和违反法定程序,但本质上仍是贷款行为,属于银行使用资金的职务行为,行为人以银行的名义与借款人形成借款关系,由银行承担民事法律责任。挪用公款行为是擅自超越职权的个人行为,即不经合法批准擅自动用公款归个人使用,即使其以单位名义挪用公款借贷给他人使用,该行为亦是个人决定的,单位不承担其法律后果。因此,若银行工作人员利用职务之便挪用公款后,以个人名义或名为单位实为个人借贷给他人的,是挪用公款行为。

197 (2)考察有无一定的贷款审批手续,以及何时办理的审批手续。合法的贷款行为必须严格按照贷款调查、贷款审批、签订贷款合同的法定程序办理齐全的贷款手续。违法发放贷款行为往往未履行全部贷款程序,但本质上属于贷款行为,必须具有一定的审批手续,且审批手续在发放贷款之前或之时即已办理。行为人作为银行工作人员,违反国家法律规章规定,明知借款人提供违法担保仍发放数额巨大的贷款,或者行为人在放贷时确曾收到借款借据,但发放贷款时未严格按照贷款法定程序办理齐全的贷款手续,则系银行工作人员代表银行或其他金融机构履行使用资金、发放贷款的职务行为。如造成重大损失,应定违法发放贷款罪。若审批手续系事后补办,往往属于事前擅自挪用而事后予以掩饰的挪用公款行为。

198 (3)考察行为是秘密进行的还是公开进行的。违法发放贷款行为因其属于职务行为,往往是公开进行的。而挪用公款行为往往系秘密进行且有掩饰手段,但这也不是必定的,也有公然或半公开进行的。

XIV 处罚

199 《刑法》第384条为挪用公款罪规定了三个幅度的法定刑:国家工作人员利用职

---

[138] 参见倪泽仁主编:《贪污贿赂犯罪案件重点难点疑点新释新解》,中国检察出版社2013年版,第250页。

务上的便利,挪用公款归个人使用,进行非法活动的,或者挪用公款数额较大、进行营利活动的,或者挪用公款数额较大、超过 3 个月未还的,是挪用公款罪,处 5 年以下有期徒刑或者拘役;情节严重的,处 5 年以上有期徒刑。挪用公款数额巨大不退还的,处 10 年以上有期徒刑或者无期徒刑。

200 如上文所言,最高人民法院、最高人民检察院《关于办理贪污贿赂刑事案件适用法律若干问题的解释》对挪用公款罪的数额作了相应的调整,并且一并对本罪定罪量刑问题作了规定。根据最高人民法院、最高人民检察院《关于办理贪污贿赂刑事案件适用法律若干问题的解释》第 5 条的规定,挪用公款归个人使用,进行非法活动的定罪数额,从 5000 元至 1 万元提高到 3 万元以上,基本与贪污罪持平;数额巨大的标准从 5 万元至 10 万元提高到 300 万元以上,这是挪用公款不退还,处 10 年以上有期徒刑或者无期徒刑的数额标准,也能够与贪污罪保持协调。根据最高人民法院、最高人民检察院《关于办理贪污贿赂刑事案件适用法律若干问题的解释》第 6 条的规定,挪用公款归个人使用,进行营利活动或者超过 3 个月未还的定罪数额从 1 万元提高到 5 万元以上;数额巨大的标准从 15 万元至 20 万元提高到 500 万元以上,提高的幅度还是相当大的。

201 挪用公款罪中除数额以外,还有情节严重的规定。根据《刑法》第 384 条的规定,挪用公款情节严重的,处 5 年以上有期徒刑。这里虽然只是涉及情节而没有规定数额,但在情节中同样包含了数额的内容。因此,司法解释对挪用公款罪的情节也进行了规定。最高人民法院、最高人民检察院《关于办理贪污贿赂刑事案件适用法律若干问题的解释》分别对挪用公款归个人使用,进行非法活动和挪用公款归个人使用,进行营利活动或者超过 3 个月未还这两种情形的情节严重作了规定。其中,前者的情节严重是指具有下列情形之一:①挪用公款在 100 万元以上的;②挪用救灾、抢险、防汛、优抚、扶贫、移民、救济特定款物,数额在 50 万元以上不满 100 万元的;③挪用公款不退还,数额在 50 万元以上不满 100 万元的;④其他严重情节。后者的情节严重是指具有下列情形之一:①挪用公款在 200 万元以上的;②挪用救灾、抢险、防汛、优抚、扶贫、移民、救济特定款物,数额在 100 万元以上不满 200 万元的;③挪用公款不退还,数额在 100 万元以上不满 200 万元的;④其他严重情节。[139]

202 除此之外,对挪用公款罪从重处罚的情节具体有以下几种情况:①挪用用于救灾、抢险、防汛、优抚、扶贫、移民、救济款物归个人使用的,从重处罚(《刑法》第 384 条)。②最高人民法院、最高人民检察院解释的"严格限制适用缓刑"情形。③最高人民法院、最高人民检察院《关于办理职务犯罪案件严格适用缓刑、免予刑事处罚若干问题的意见》规定具有九项情形之一的,一般不适用缓刑或者免予刑事处罚;对于情节恶劣、社会反映强烈的职务犯罪案件,不得适用缓刑、免予刑事处罚。

---

139 参见陈兴良:《〈关于办理贪污贿赂刑事案件适用法律若干问题的解释〉总置评》,载《浙江社会科学》2016 年第 8 期。

第三百八十五条　受贿罪

国家工作人员利用职务上的便利，索取他人财物的，或者非法收受他人财物，为他人谋取利益的，是受贿罪。

国家工作人员在经济往来中，违反国家规定，收受各种名义的回扣、手续费，归个人所有的，以受贿论处。

文献:吕天奇:《贿赂罪的理论与实践》,光明日报出版社 2007 年版;刘宪权、谢杰:《贿赂犯罪刑法理论与实务》,上海人民出版社 2012 年版;孟庆华:《新型受贿犯罪司法解释的理解与适用》,中国人民公安大学出版社 2012 年版;孙国祥:《贿赂犯罪的学说与案解》,法律出版社 2012 年版;黎宏:《刑法学各论》(第 2 版),法律出版社 2016 年版;赵煜:《惩治贪污贿赂犯罪实务指南》(第 2 版),法律出版社 2017 年版;周光权:《刑法各论》(第 4 版),中国人民大学出版社 2021 年版;张明楷:《刑法学》(第 6 版),法律出版社 2021 年版。梁根林:《受贿罪法网的漏洞及其补救》,载《中国法学》2001 年第 6 期;朱孝清:《斡旋受贿的几个问题》,载《法学研究》2005 年第 3 期;于志刚:《贿赂犯罪中"谋取"新解——基于"不确定利益"理论的分析》,载《法商研究》2009 年第 2 期;孙国祥:《"职后酬谢型受财"行为受贿性质的理论证成》,载《人民检察》2015 年第 1 期;陈兴良:《为他人谋取利益的性质与认定——以两高贪污贿赂司法解释为中心》,载《法学评论》2016 年第 4 期;陈兴良:《贪污贿赂犯罪司法解释:刑法教义学的阐释》,载《法学》2016 年第 5 期;周光权:《论受贿罪的情节》,载《政治与法律》2016 年第 8 期;付立庆:《受贿罪中"为他人谋取利益"的体系地位:混合违法要素说的提倡》,载《法学家》2017 年第 3 期;孙国祥:《"加速费"、"通融费"与行贿罪的认定——以对"为谋取不正当利益"的实质解释为切入》,载《政治与法律》2017 年第 3 期。

细目录

Ⅰ　主旨
Ⅱ　沿革
Ⅲ　客体
　一、通说观点
　二、其他学说
Ⅳ　对象
　一、贿赂的本质

二、贿赂的形式
三、贿赂的范围
Ⅴ 行为
一、利用职务上的便利
二、为他人谋取利益
三、索取他人财物
四、非法收受他人财物
五、经济受贿
Ⅵ 主体
一、国家机关、国有公司、企业、事业单位、人民团体
二、从事公务
三、国家机关、国有公司、企业、事业单位委派到非国有公司、企业、事业单位、社会团体中从事公务的人员
四、其他依照法律从事公务的人员
Ⅶ 罪过
Ⅷ 特殊类型的受贿
一、"交易型"受贿
二、"干股型"受贿
三、"合作投资型"受贿
四、"委托理财型"受贿
五、"赌博型"受贿
六、"特定关系人'挂名'型"受贿
七、"特定关系人'收受'型"受贿
八、"权属未变更型"受贿
Ⅸ 未完成形态
一、既遂与未遂的区分
二、特殊情形下的既遂、未遂认定
Ⅹ 共犯
一、无身份者能否构成受贿罪的共同实行犯
二、不同性质的身份犯共同受贿的定罪
三、国家工作人员与特定关系人共同受贿的认定
四、国家工作人员与非特定关系人共同受贿的认定
Ⅺ 罪数
一、理论争议
二、实务争议
三、基本评价

Ⅻ 与非罪的界限
一、收受财物后退还、上交
二、受贿所得用于公用、公益活动
三、受贿与借款的界限
四、受贿与正当馈赠的界限
五、受贿与取得合理报酬的界限
XIII 与他罪的区别
一、与贪污罪的区别
二、与敲诈勒索罪的区别
三、与诈骗罪的区别
四、与非国家工作人员受贿罪的区别
五、与渎职罪的区别

I 主旨

1 受贿罪是最为严重的腐败犯罪,其侵害了职务行为的不可收买性,破坏了公权力生成、配置、运行的制度基础,降低了公众对国家公职人员及其职务行为的信赖感,阻碍了清明政治及清廉社会环境的形成。为了有效打击腐败犯罪,保护国家工作人员职务行为的廉洁性,刑法设立本罪。

Ⅱ 沿革

2 中华人民共和国成立早期受贿犯罪并非独立罪名,而仅作为贪污罪的一种行为类型被依法惩治。1952 年 4 月 18 日公布的《惩治贪污条例》第 2 条规定:"一切国家机关、企业、学校及其附属机构的工作人员,凡侵吞、盗窃、骗取、套取国家财物,强索他人财物,收取贿赂以及其他假公济私的违法取利之行为,均为贪污罪。"1979 年《刑法》首次实现了受贿罪与贪污罪的分立,受贿罪作为一个独立罪名被规定于刑法中。1979 年《刑法》第 185 条规定:"国家工作人员利用职务上的便利,收受贿赂的,处五年以下有期徒刑或者拘役。账款、赃物没收,公款、公物追还。犯前款罪,致使国家或者公民利益遭受严重损失的,处五年以上有期徒刑……"

3 1982 年 3 月 8 日通过的全国人民代表大会常务委员会《关于严惩严重破坏经济的罪犯的决定》对受贿罪的罪刑结构进行了修正,其第 1 条中规定,"对刑法第一百八十五条第一款和第二款受贿罪修改规定为:国家工作人员索取、收受贿赂的,比照刑法第一百五十五条贪污罪论处,情况特别严重的,处无期徒刑或者死刑"。该立法修正删除了"利用职务上的便利"要素,增加了"索贿"形式,并将法定最高刑提升至无期徒刑和死刑。

4 1988 年 1 月 21 日通过的全国人民代表大会常务委员会《关于惩治贪污罪贿赂罪

的补充规定》对受贿罪的定罪量刑进行了更为全面的修正。具体修正和补充体现为：①明确了受贿罪的构成要素。该补充规定第4条第1款规定："国家工作人员、集体经济组织工作人员或者其他从事公务的人员，利用职务上的便利，索取他人财物的，或者非法收受他人财物为他人谋取利益的，是受贿罪。"该补充规定再次将"利用职务上的便利"规定为受贿罪的构成要素，首次增加了"为他人谋取利益"的构成要素，并进一步区分索贿与普通受贿的构成要件，设定不同程度的刑事责任，将"为他人谋取利益"规定为普通受贿的构成要素，对索贿则无此要求。②对受贿罪共犯作了规定。该补充规定第4条第2款规定："与国家工作人员、集体经济组织工作人员或者其他从事公务的人员勾结，伙同受贿的，以共犯论处。"③规定了经济受贿条款。该补充规定第4条第3款规定："国家工作人员、集体经济组织工作人员或者其他从事公务的人员，在经济往来中，违反国家规定收受各种名义的回扣、手续费，归个人所有的，以受贿论处。"④细化了受贿罪的法定刑，确定了以数额为基础的定罪量刑标准。该补充规定第5条第1款规定："对犯受贿罪的，根据受贿所得数额及情节，依照本规定第二条的规定处罚；受贿数额不满1万元，使国家利益或者集体利益遭受重大损失的，处10年以上有期徒刑；受贿数额在1万元以上，使国家利益或者集体利益遭受重大损失的，处无期徒刑或者死刑，并处没收财产。索贿的从重处罚。"该补充规定第2条规定："对犯贪污罪的，根据情节轻重，分别依照下列规定处罚：(一)个人贪污数额在15万元以上的，处10年以上有期徒刑或者无期徒刑，可以并处没收财产；情节特别严重的，处死刑，并处没收财产。(二)个人贪污数额在1万元以上不满5万元的，处5年以上有期徒刑，可以并处没收财产；情节特别严重的，处无期徒刑，并处没收财产。(三)个人贪污数额在2000元以上不满1万元的，处1年以上7年以下有期徒刑；情节严重的，处7年以上10年以下有期徒刑。个人贪污数额在2000元以上不满5000元，犯罪后自首、立功或者有悔改表现、积极退赃的，可以减轻处罚，或者免予刑事处罚，由其所在单位或者上级主管机关给予行政处分。(四)个人贪污数额不满2000元，情节较重的，处2年以下有期徒刑或者拘役；情节较轻的，由其所在单位或者上级主管机关酌情给予行政处分。"

1997年《刑法》继承了1988年全国人民代表大会常务委员会《关于惩治贪污罪贿赂罪的补充规定》关于受贿罪的规定，并在以下方面进行了修正：①第388条增加了国家工作人员斡旋受贿的规定。②提高了受贿罪的起刑点数额，入罪数额从2000元提升至5000元，各个量刑档次的数额也有了相当幅度的提高。 5

2015年8月29日通过、2015年11月1日生效的《刑法修正案(九)》第44条对受贿罪的法定刑进行了大规模的集中修正(受贿罪依照贪污罪进行处罚)，具体体现为：①删除了具体数额的规定，将《刑法》第383条第1款、第2款修改为："对犯贪污罪的，根据情节轻重，分别依照下列规定处罚：(一)贪污数额较大或者有其他较重情节的，处三年以下有期徒刑或者拘役，并处罚金。(二)贪污数额巨大或者有其他严重情节的，处三年以上十年以下有期徒刑，并处罚金或者没收财产。(三)贪污数额 6

特别巨大或者有其他特别严重情节的,处十年以上有期徒刑或者无期徒刑,并处罚金或者没收财产;数额特别巨大,并使国家和人民利益遭受特别重大损失的,处无期徒刑或者死刑,并处没收财产。对多次贪污未经处理的,按照累计贪污数额处罚。"②规定了专门适用于贪污罪、受贿罪的认罪退赃从宽处罚制度。《刑法修正案(九)》第44条第3款规定:"犯第一款罪,在提起公诉前如实供述自己罪行、真诚悔罪、积极退赃,避免、减少损害结果的发生,有第一项规定情形的,可以从轻、减轻或者免除处罚;有第二项、第三项规定情形的,可以从轻处罚。"③增加了专门适用于贪污罪、受贿罪的终身监禁制度。《刑法修正案(九)》第44条第4款规定:"犯第一款罪,有第三项规定情形被判处死刑缓期执行的,人民法院根据犯罪情节等情况可以同时决定在其死刑缓期执行二年期满依法减为无期徒刑后,终身监禁,不得减刑、假释。"

Ⅲ　客体

7　受贿罪的客体在刑法理论上存在争议,对本罪客体的不同认识必然会对本罪的理解产生重要影响。

一、通说观点

8　通说认为,受贿罪的客体是国家工作人员职务行为的廉洁性。[1] 受贿是腐败的一种主要表现形式,禁止受贿是我国廉政建设的基本内容。受贿行为严重腐蚀了国家肌体,妨碍国家职能的正常履行。因此,将受贿罪的客体界定为国家工作人员职务行为的廉洁性更有利于把握受贿罪的本质特征。对于廉洁性的内涵,有观点认为,廉洁奉公是国家工作人员的义务,索取或收受贿赂是对职务行为承担的廉洁义务的背叛和亵渎[2];也有观点认为,公安人员的廉洁性本质上是人民政权的廉洁性[3];还有观点将廉洁性表述为公务人员的廉洁制度[4]。

二、其他学说

9　除通说观点外,关于受贿罪客体还有"不可收买性说""公正性说"和"复合的信赖利益说"等其他理论。"不可收买性说"认为,国家工作人员的职务行为已经取得了相应的报酬,不能再从公民或其他单位接收职务行为的报酬。保障公权公正行使

1　参见高铭暄:《中华人民共和国刑法的孕育诞生和发展完善》,北京大学出版社2012年版,第598页。

2　参见杨兴国:《贪污贿赂法律与司法解释应用问题解疑》,中国检察出版社2002年版,第176页。

3　参见卢建平:《贿赂犯罪十问》,载《人民检察》2005年第3期。

4　参见赵长青:《经济犯罪研究》,四川大学出版社1997年版,第563页。

最为起码、最基本的措施,就是防止权力与其他利益进行相互交换。只要国家工作人员索取或收受的财物,与其已经实施的、正在实施的、将来实施的或许诺实施的职务行为具有对价关系,即构成对不可收买性的侵害。[5]“公正性说”认为,“不可收买性说”本质上还是“职务公正说”,因为如果把“不可收买性说”推到极端,进一步追问为何不可以以权换利,答案最终将会是“可能引发不公正的职务行为”。《刑法》第385条及第388条将为他人谋取利益作为受贿罪的成立条件,即表明国家工作人员在职务关系上收受他人财物的行为并不一定都构成受贿罪,只有在这种收受财物可能对其公正性产生影响的场合才能成立受贿罪。[6]“复合的信赖利益说”认为,应当将社会对职务行为的信赖感与职务行为的不可收买性或公正性结合,形成以国民信赖为基础的职务行为不可收买性说或公正性说。[7]上述观点从不同角度对受贿罪客体进行了界定,深化了理论研究,丰富完善了理论体系。

Ⅳ　对象

受贿罪的对象为贿赂,贿赂是与国家工作人员的职务行为有关的,作为职务行为对价关系的财产性利益。 10

一、贿赂的本质

与国家工作人员的职务行为具有对价关系,是贿赂的根本特征。基于交易形态的不同,贿赂的对价关系可分为两个方面:一是基于权钱交易形成的直接对价关系;二是基于权力影响力形成的间接对价关系。前者涉及普通受贿罪,后者涉及斡旋型受贿罪。例如,N市公安人员甲接受乙的贿赂,给Y市执行任务的丙打招呼,让其对乙的弟弟的犯罪行为“网开一面”。在该案例中,贿赂即是行为人利用本人职权或地位形成的便利条件与通过其他国家公职人员为他人谋取“不正当利益”的间接对价关系的反映。若某种利益与国家工作人员的职务行为(包括已经实施的、正在实施的以及将来实施的)缺乏对价关系,则不构成贿赂。例如,国家公职人员单纯收受的各种过节费、礼金,在缺乏利用职务上便利为他人谋取利益的前提下,不能认定为贿赂。此外,贿赂的对价关系不仅是一种客观事实,也要求行为人对此有明确的认识,当事人缺乏主观认识,尚未认识到收取利益与职务行为的对价关系时,不能认定为贿赂。 11

二、贿赂的形式

根据《刑法》的规定,受贿罪的对象是财物。关于财物的内涵与范围,立法本身并未明确,理论上主要有三种观点:一是“财物说”。该说认为,贿赂仅限于金钱和可以 12

5　参见张明楷:《刑法学》(第6版),法律出版社2021年版,第1587页。

6　参见黎宏:《刑法学各论》(第2版),法律出版社2016年版,第523—525页。

7　参见周光权:《刑法各论》(第3版),中国人民大学出版社2016年版,第476页。

用于金钱计算的财物,不包括其他利益。二是“财产利益说”(通说)。该说认为,贿赂除包括金钱及其他财物以外,还应当包括各种物质性利益,如提供住房使用权、免费旅游、免除债务等。[8] 三是“利益说”。该说认为,凡是能够满足人的物质或精神需要的一切有形或无形、物质或非物资、财产或非财产性利益,都是贿赂。其中,非财产性利益包括安排子女就业、解决招工指标、提供就业机会、提升晋级乃至提供色情服务等。[9]

13 从形式解释角度,“财物说”具有直接的法律依据,但会导致刑法规制范围过于狭隘,不符合现代社会财产权系统发达的现实。“需要说”虽然涵盖范围最为广泛,也为《联合国反腐败公约》等国际反腐公约积极倡导[10],但将“非财产性利益”纳入“财物”概念,已经超出了“财物”一词的语义范围,同时也面临着非财产性利益的价值难以合理评估的问题,司法操作存在较大难度。“财产利益说”将贿赂范围扩大至财产性利益,虽然比《联合国反腐败公约》要求的范围略窄了些,但却可以较好地避免司法上的一系列问题,实际效果反而可能要好于直接规定非财产性利益或不正当好处。[11] 从实质解释角度,在财产性利益与财物之间存在等价转化关系的前提下,财产性利益是财物的另一种表现形式,作为财物加以界定并不存在困难。因此,从扩张规制范围、严密法网以及实务操作等角度,“财产利益说”更为合理。

14 事实上,将财产性利益作为“财物”概念的外延,已被刑法立法所确认。1997 年《刑法》第 92 条规定:“本法所称公民私人所有的财产,是指下列财产:(一)公民的合法收入、储蓄、房屋和其他生活资料;(二)依法归个人、家庭所有的生产资料;(三)个体户和私营企业的合法财产;(四)依法归个人所有的股份、股票、债券和其他财产。”股份、债券等属于财产性利益,包含于财产概念之内,财产与财物的概念并无实质区别。“财产利益说”也得到了司法实务和司法解释的肯定。最高人民法院、最高人民检察院《关于办理商业贿赂刑事案件适用法律若干问题的意见》第 7 条规定:“商业贿赂中的财物,既包括金钱和实物,也包括可以用金钱计算数额的财产性利益,如提供房屋装修、含有金额的会员卡、代币卡(券)、旅游费用等。具体数额以实际支付的

---

8 参见高铭暄、马克昌主编:《刑法学》(第 9 版),北京大学出版社、高等教育出版社 2019 年版,第 630 页。

9 参见王作富、但未丽:《联合国反腐败公约与我国贿赂犯罪之立法完善》,载《法学杂志》2005 年第 4 期。

10 《联合国反腐败公约》第三章“定罪和执法”第 15 条“贿赂本国公职人员罪”规定:“各缔约国均应当采取必要的立法措施和其他措施,将下列故意实施的行为规定为犯罪:(一)直接或间接向公职人员许诺给予、提议给予或者实际给予该公职人员本人或者其他人员或实体不正当好处,以使该公职人员在执行公务时作为或者不作为;(二)公职人员为其本人或者其他人员或实体直接或间接索取或者收受不正当好处,以作为其在执行公务时作为或者不作为的条件。”根据该规定,贿赂犯罪的对象为“好处”,涵盖了财产性利益和非财产性利益。

11 参见熊选国:《关于“贿赂”范围的再思考》,载《人民法院报》2007 年 9 月 12 日。

资费为准。"2016年4月18日最高人民法院、最高人民检察院《关于办理贪污贿赂刑事案件适用法律若干问题的解释》第12条规定:"贿赂犯罪中的'财物',包括货币、物品和财产性利益。财产性利益包括可以折算为货币的物质利益如房屋装修、债务免除等,以及需要支付货币的其他利益如会员服务、旅游等。后者的犯罪数额,以实际支付或者应当支付的数额计算。"上述司法解释均明确将财产性利益纳入财物范围。

三、贿赂的范围

我国刑法中的财物包括以下三类:一是货币资产。包括作为一般等价物的中外货币、电子支付卡内的存款数额或由行贿人承担还款责任的透支数额。假币、退出流通领域的货币不属于货币资产范围。二是物质资产。物质资产不仅包括有形物,也包括电能、煤气等具有管理可能性的无形物。三是财产性利益。财产性利益"必须是金钱、财物以外的其他利益;必须和一定的财产价值相联系;必须能以金钱计算价值;必须是行贿者以付出相应的财物所取得"[12]。需要注意的是,将"财产性利益"解释为"财物"是建立在两者对等关系的基础上,作为贿赂对象的"财产性利益"必须具有财产性、可评估性和可转换性三个基本特征。财产性要求利益必须具有客观的经济价值,排除对于受贿人而言具有主观价值但缺乏客观价值的利益;可评估性要求利益可以通过某种方式进行价值衡量,形成货币资产或物质资产的替代形态;可转换性要求利益具有转移及实现的可能,若不能在主体之间实现利益转移或利益根本不具有实现之可能,就不能构成"财产性利益"。同时符合上述三个条件的"财产性利益"才能认定为"财物"。在贿赂范围的认定上,以下几个问题需要进一步讨论。 15

(一)非财产性利益的认定

财产性利益与非财产性利益的区别不在于其存在形态,而在于是否可以通过货币价值进行衡量,即使形式上是非财产性利益,但若可以折算出货币价值,应当认定为财产性利益。能够以货币价值进行评估的教育机会、就业机会,属于财产性利益。在目前优质教育资源的供给小于市场需求的情形下,存在获得优质教育机会的"灰色市场",尽管这样的交易是在小范围内进行,并不公开,但依然是客观存在的,而且社会公众往往对进入教育资源优质学校所需要交纳的"赞助费"有着相对统一的认识,有关单位或个人向学校提供赞助费后,将获得上该校的名额(资格)提供给国家工作人员,入学资格由赞助费转化而来,具有货币价值的可评估性,属于财产性利益。此外,提供就业机会通常属于非财产性利益,但在北京这样的城市,"留京指标"已经形成了地下市场,2014年一个"留京指标"的价格据悉已经涨至70万元[13],利用"留 16

---

12 张绍谦、郑列:《"财产性利益"型贿赂相关问题探讨》,载《法学》2009年第3期。

13 参见卢义杰、施文获、郭嘉伟:《北京户口指标买卖演变考》,载《中国青年报》2014年9月15日。

京指标”为国家工作人员子女提供工作机会,也应属于财产性利益而不再是非财产性利益。

(二)“机会型”财产性利益的认定

17 “机会型”财产性利益是指基于商业机会带来的财产性利益。商业机会是否属于贿赂?理论上存在不同的观点。“肯定说”认为,基于行为人的职务行为,使行为人获得商业机会,商业机会的获得与行为人职务之便之间存在对价关系,仍应构成受贿罪。[14] “否定说”认为,商业机会是一种交易的机会,是一种交易现实性和利益或然性的结合体,没有交易就没有交易利益,有交易也可能不产生期望的交易利益,在交易机会变成具体的商业行为之前,商业机会蕴涵着期待性利益,交易利益只是一种期待利益,具有不确定性。商业机会不同于财物,也不同于财产性利益,不能为刑法所评价。[15] 利用商业机会获得的收益也难以一概评价为受贿所得,因为在商业机会转化为经营收益的过程中,不仅需要资金的投入,还需要人力等其他经营成本的支出,所得收益很难区分是商业机会本身的价值还是经营所得,因此,现阶段不能将通过商业机会所获得的收益作为贿赂认定。[16]

18 严格意义上,商业机会属于非财产性利益,但这种非财产性利益又具有向财产性利益转化的条件,从而产生了理论上的争议。对于商业机会而言,是否能转化为贿赂,应当符合以下三个条件:①取得商业机会破坏了公平竞争原则。国家工作人员利用职务上的便利使得请托人独占商业机会或在商业竞争中处于优势地位,是商业机会转化为贿赂的前提条件。②商业机会的“低风险”。商业机会的经营风险是判断商业机会是否能转化为贿赂的基础性条件。若商业机会所面临的商业风险极低,甚至根本无商业风险,即“包赚不赔”,意味着获得商业机会是为贿赂犯罪的实施创造了条件,具有犯罪预备行为的特征。③国家工作人员收取了商业机会带来的现实利益。商业机会毕竟只是财产收益的外部条件,本身并不是财产或财产性利益,必须通过特定的行为加以转化,即国家工作人员收取了与商业机会有关的财产收益,形成了权力与财产的对价关系,从而符合受贿罪的构成。上述三项条件须同时具备,商业机会才可能转化为贿赂,但是,在这种转化情形下,与其说商业机会是贿赂,不如说基于商业机会收受的财产才是贿赂。因此,“否定说”更为合理,在国家工作人员为自己或他人索取了商业机会,但未收受任何与商业机会有关的财物时,不构成受贿。

(三)“性贿赂”的认定

19 “否定说”认为,“性贿赂”是无形的、非财产性的利益,不能成为受贿罪的对

---

14 参见宋东来、李冠熠:《受贿罪中贿赂范围的界定》,载《江西警察学院学报》2011 年第 2 期。

15 参见陈新民:《商业机会可否认定为受贿罪中的财物》,载《中国检察官》2010 年第 14 期。

16 参见孙国祥:《贿赂犯罪的学说与案解》,法律出版社 2012 年版,第 136 页。

象，将性贿赂作为犯罪处理，会面临一系列的难题，例如，导致受贿罪和财物大小的关联性丧失、查处难度大、法律和道德的界限难以划清、犯罪标准不好掌握等。[17]“部分肯定说”认为，性贿赂存在不同的类型，不可一概而论，国家工作人员在色情场所嫖宿或接受其他性服务，由请托人支付费用，或请托人支付费用雇请卖淫者为国家工作人员提供性服务的，国家工作人员实际上收受了财产性利益，属于受贿，但若是请托人直接为国家工作人员提供性服务的，不能认定国家工作人员的行为构成受贿罪。[18]对于“性贿赂”是否构成贿赂，不能简单一概而论。“性”本身属于非财产性利益，但却可以通过多种渠道转化为财产性利益，例如，请托人可以先用金钱购买“性服务”，然后再将这一利益提供给国家工作人员，虽然这样的利益在形式上具有非法性，但实质上与提供免费旅游并无区别，均符合财产性利益的判断要求。但是，若只是由本人或第三人自愿、免费提供“性服务”，不能形成“性服务”向财产性利益的转化通道，则不具有可计量性，无法认定为“贿赂”，因此，“部分否定说”更为合理。

（四）免除第三人消极财产利益的认定

20 贿赂范围包括了财产性利益，财产性利益可分为积极财产利益和消极财产利益，前者来自财产性权利，是基于行使权利而实现的财产增加，后者来自财产性义务，是基于义务豁免而避免的财产减少。作为消极财产利益的免除债务能够成为受贿罪的对象，但免除第三人债务，能否成为受贿的对象，仍有争议。在“雷政富受贿案”[19]中，法院认为，国家工作人员利用职务影响授意他人向第三人出借款项后自揽还款义务而最终被免除债务责任的，构成受贿。

V 行为

21 受贿罪可分为普通受贿、索贿型受贿、经济受贿三种，不同类型受贿的行为构成既有共同之处，也存在一定的区别。

一、利用职务上的便利

（一）“利用职务上的便利”的性质

22 “利用职务上的便利”是普通受贿、索贿型受贿、经济受贿的共同要素。受贿罪

---

17 参见周光权：《刑法各论》（第3版），中国人民大学出版社2016年版，第477页。

18 参见张明楷：《刑法学》（第6版），法律出版社2021年版，第1590页；孙国祥：《贿赂犯罪的学说与案解》，法律出版社2012年版，第132—133页。

19 参见袁胜强、蒋佳芸：《雷政富受贿案[第855号]——以不雅视频相要挟，使他人陷入心理恐惧，向他人提出借款要求且还款期满后有能力归还而不归还的，是否属于敲诈勒索以及利用职务便利为他人谋取利益，授意他人向第三人出借款项，还款义务最终被免除的，是否属于受贿》，载最高人民法院刑事审判第一、二、三、四、五庭主办：《刑事审判参考》（总第93集），法律出版社2014年版，第83页。

的成立并不以实施职务上的作为或不作为作为条件,在国家工作人员明知行贿人有请托事项而收受财物的情况下,不需要国家工作人员实施具体的职务行为,仍可以构成受贿罪。"利用职务上的便利收取贿赂,只是意味着国家工作人员收受的财物与其职务行为具有关联性(财物是职务行为或所许诺的职务行为的不当报酬),而不意味着利用职务上的便利本身是一个实行行为。"[20]"利用职务上的便利"既包括利用行为人的职务状态,也包括利用行为人的职务行为(如索贿)。许多情况下,行为人收受贿赂仅仅是利用自己的职务状态,没有甚至并不打算实施某种职务行为[21],但即便在这种情况下,也会对职务行为的不可收买性构成侵害,因为行为人一旦收受了与职务行为相关的财物,便意味着职务行为可以通过财物价值所评价,具有可收买性。据此,"利用职务上的便利"是表明收受财物与职务行为之间对价关系的客观要素,或称之为贿赂关系形成的"状态要素"。若缺乏该要素,行为人收受的只是普通财物而非贿赂,不构成受贿罪。

(二)"利用职务上的便利"的内容

23 对于"利用职务上的便利"的具体内容,实务界存在不同的认识。根据1999年9月16日最高人民检察院颁布的《关于人民检察院直接受理立案侦查案件立案标准的规定(试行)》第1条第(三)项的解释,"利用职务上的便利"是指利用单人职务范围内的权力,即自己职务上主管、负责或者承办某项公共事务的职权及其所形成的便利条件。根据2003年11月13日《全国法院审理经济犯罪案件工作座谈会纪要》第3条第(一)项的解释,"利用职务上的便利"包括以下三种情况:①利用本人职权,即利用本人职务上主管、负责、承办某项公共事务的职权;②利用职务上有隶属、制约关系的其他国家工作人员的职权;③利用不属于自己主管的下级部门国家工作人员的职务便利。两个司法解释对于"利用职务上的便利"包括利用本人主管、负责、承办某项公共事务的职权,并没有分歧,但是最高人民检察院《关于人民检察院直接受理立案侦查案件立案标准的规定(试行)》认为"利用职务上的便利"还包括"职权所形成的便利条件"(如一般的工作联系和方便条件),而《全国法院审理经济犯罪案件工作座谈会纪要》则认为仅限于职务上的隶属和制约关系。两个司法解释对于"利用职务上的便利"的认识均存在一些问题。最高人民检察院《关于人民检察院直接受理立案侦查案件立案标准的规定(试行)》所提及的"职权及其所形成的便利条件"导致《刑法》第385条受贿罪与第388条斡旋型受贿罪中"利用本人职权或者地位形成的便利条件"形成了部分重合,难以区分。《全国法院审理经济犯罪案件工作座谈会纪要》通过列举方式明确了利用职务便利的具体形式,具有可操作性,但却未概括出"利用职务上的便利"的核心内涵,在范围上也显得有些狭窄。

24 "利用职务便利"的实质在于受贿人的职权能够影响到行贿人的利益,对行贿人

---

20 张明楷:《单一行为与复数行为的区分》,载《人民检察》2011年第1期。

21 参见孙国祥:《贿赂犯罪的学说与案解》,法律出版社2012年版,第336页。

的利益形成制约关系，而根据职权对利益的影响和制约方式不同，可以将“利用职务便利”分为直接制约和间接制约两种模式。

(1)直接制约模式。该模式体现为以本人的职权制约行贿人的利益，涉及《全国法院审理经济犯罪案件工作座谈会纪要》规定的第一种情况。具体包括：一是主管权，即行为人有独立处置事务并直接做出一定行为的权力；二是经办权，即行为人是某项事项的具体经办人，包括提出具体建议、负责执行等权力；三是参与决策权，即行为人虽无独立决定权，但具有参与承办以及共同决策的权力；四是管理权，即行为人对公共事务的管理权。 25

(2)间接制约模式。该模式体现为第三人的职权制约了行贿人利益，而受贿人对第三人又具有制约关系。根据与第三人制约关系的不同，可以将“利用职务上的便利”分为有隶属关系和无隶属关系两种类型。 26

前者表现为利用有隶属关系的国家工作人员的职务便利，具体包括：①利用本人分管、主管的下属国家工作人员的职务便利。处于领导地位的国家工作人员，在其主管、分管的业务范围内，具有领导权和指挥权，通过命令、支配具体承办人员达到管理公共事务的目的，其对下级国家工作人员具有直接的单向性制约，下级工作人员的职务是上级国家工作人员职务的延伸，利用下属的职务也就是利用本人的职务。②利用不属于本人主管、分管的上级领导权的职务便利。担任单位领导职务的国家工作人员与单位内部职能部门及下级部门国家工作人员之间，是一种领导与被领导的关系，而不论该部门是否属于该领导所主管或分管。[22] 所谓“分管”只是具有相对意义，“分工不分家”的集体领导制度一直被视为民主集中制原则的具体体现，作为上级领导的国家工作人员，无论是否“分管”，对于下级而言，其要求都是无法拒绝的“重要指示”，仍然表现为直接的制约。[23] 由于上级领导干部对于下级国家工作人员具有普遍意义上的领导权和监督权，虽然不直接主管或分管，但仍可以直接制约下级国家工作人员的职务行为，因而可以被认为是利用职务上的便利。 27

后者表现为利用虽无隶属关系但有职务制约关系的国家工作人员的便利。在无隶属关系的前提下，“平级”国家工作人员职权之间也会产生制约关系，形成“非隶属关系的制约”，从而具有“利用职务上的便利”之可能。具体包括：①基于部门职能分工而形成职责上的制约关系。如法院内部政治部的工作人员与刑庭、民庭的法官之间虽然不具有上下级关系，但政治部在人事、编制等方面具有一定的管理职权，属于制约关系。[24] ②担任某种职务的国家工作人员在处理特定公共事务时，直接与有关 28

---

[22] 参见熊选国、苗有水：《如何认定受贿罪构成要件之“利用职务上的便利”——职务型经济犯罪疑难问题对话录》，载《人民法院报》2005 年 6 月 22 日。

[23] 参见孙国祥：《贿赂犯罪的学说与案解》，法律出版社 2012 年版，第 343 页。

[24] 参见熊选国：《刑法刑事诉讼法实施中的疑难问题》，中国人民公安大学出版社 2005 年版，第 284 页。

单位或人员之间的约束关系。[25] 在复杂的经济政治活动中,国家工作人员之间虽然没有职责上的直接制约,但在某一特定公共事务上,也会形成一方对另一方的制约关系。如银行副行长向副市长打招呼,帮助其为请托人谋取利益,银行副行长与副市长在职务上没有隶属关系,也不存在职务上的制约关系,但在该市从银行办理大量贷款这一具体、特定公务上,银行副行长对该市副市长具有现实的制约关系。[26]

29 有观点认为,间接制约关系还包括利用自己居于监管地位所形成的对被监管对象(非国家工作人员)的制约力。如国家工作人员利用负责道路建设工程的审查权力,在房地产开发商报送工程初审材料时,为房地产开发商指定行贿人的工程队,并收取贿赂。[27] 但是,这种权力制约并非发生在国家工作人员之间,制约对象不是其他国家工作人员,不属于间接制约模式。实际上,基于监管地位而形成的权力,属于本人的管理权,国家工作人员是以本人职权制约了行贿人的利益,属于直接制约模式。

(三)利用抽象职务便利的认定

30 本人职权不限于法定职权,也包括实际职权;不仅包括具体职权,还包括抽象职权。抽象职权,是指国家工作人员并没有主管、经办、参与某项具体事务的职权,但该事务的处理在该国家工作人员依据法律规定的一般职务权限范围之内。在一般职务权限之下,无须考虑具体的职权内容,也不受机构内部职权分配的影响,“仅须判断各人之事务分担是否相互具有融通性,或将来是否有担当该事务的可能性”[28]。如警察并无承办某一案件的具体职权,但作为单位成员,仍有了解案情和案件进度,提出案件处理建议等一般意义上的案件办理权,这些权力对请托人利益产生制约性影响,应当认定为“利用职务上的便利”。

(四)利用“将来”职务便利的认定

31 通常情况下,利用职务上的便利是建立在现实职务的基础之上,但如果行为人利用将来可能担任国家工作人员职务而为他人谋取利益的,能否认定为“利用职务上的便利”? 对此,理论上存在不同的观点。①“肯定说”认为,在利用将来职务上的便利情况下,行为人利用的是一种“期权”而不是现实的职权,但客观上已经存在了“权钱交易”的不法行为,从实质上看,利用将来的职务便利和利用现在的职务上的便利,没有任何区别。[29] 职前受贿和一般受贿的区别仅仅在于形式上“利用职务”的时间不同,职务行为与“财物”之间具有关联性和对价性,只不过由公权力的现货出售变成了

---

[25] 参见熊选国、苗有水:《如何认定受贿罪构成要件之“利用职务上的便利”——职务型经济犯罪疑难问题对话录》,载《人民法院报》2005年6月22日。

[26] 参见赵煜:《惩治贪污贿赂犯罪实务指南》(第2版),法律出版社2017年版,第258页。

[27] 参见孙国祥:《贿赂犯罪的学说与案解》,法律出版社2012年版,第347页。

[28] 吴耀宗:《论贿赂罪之立法架构》,载《月旦刑事法评论》2017年第4期。

[29] 参见肖中华:《论受贿罪适用中的几个问题》,载《法学评论》2003年第1期。

公权力的预售行为,但仍符合受贿罪权钱交易的本质。[30] ②“否定说”认为,如果行为人本身不是国家工作人员,不具备受贿罪的主体条件,不构成受贿罪。如果行为人本来是国家工作人员,仅凭将来担任的新职索取或收受贿赂的,因为尚不具备新职务的主管、负责或者承办某项公共事务的职权,也就不具有职务之便。[31] ③“区分说”分为“结果区分”和“身份区分”两种观点。“结果区分说”认为,职前受贿应当同时具有“曾有约定”和“任职后实际为请托人牟利”两个要素,如果有证据证明国家工作人员在任职前曾与请托人约定钱权交易,并在任职后实际为请托人牟利的,可以按受贿罪处理。[32] “身份区分说”认为,行为人本身是国家工作人员,在担任更高职务之前收受他人财物的,往往与利用现职务便利为他人谋取利益具有因果关系,可以认定为利用职务上的便利,其他情况下(不具有国家工作人员身份)则不能认定。[33]

“肯定说”借鉴民商法的“期权”概念,试图扩张贿赂犯罪的规制范围,但虚拟的、待定的权力不具有交易的可能性,更不会对权力的不可收买性构成侵害。“结果区分说”强调“权钱交易”最终是否实现,排除了未取得国家工作人员身份以及虽然取得国家工作人员身份但未实际兑现承诺的情形,但却忽视了行为发生时,行为人尚不具有主体身份的客观事实,违反了“行为时刑法”的要求。相比之下,“身份区分说”更为合理。在行为人本身就是国家工作人员的情况下,其本身职务与将来职务具有一体性,未来职务可视为本身职务的延伸、扩张或形式转化,利用“将来”职务的便利实际就是利用“现在”职务的便利,符合受贿罪的构成条件。在行为人尚未获得国家工作人员身份之前,其收受他人财产的行为,不符合受贿罪的构成要件,除非刑法另设新罪,否则不应予以处罚,而在其取得国家工作人员身份之后,若进一步实施了为他人谋取利益的行为,则该行为属于权力滥用行为,符合渎职罪要求的,可以按照渎职罪处理。 32

二、为他人谋取利益

(一)“为他人谋取利益”的性质

“为他人谋取利益”是除索贿型受贿之外其他类型受贿罪的构成要素。有观点认为,之所以可以索贿,是因为拥有利用职务之便为他人谋取利益的筹码,而被索要的人之所以被迫给付财物,也正是因为有利益相求,因而无论受贿还是索贿,都应当具备“为他人谋取利益”的要件。[34] 笔者认为,该观点值得商榷。在索取财物的情形 33

---

30 参见李辰:《受贿犯罪研究》,中国政法大学出版社 2011 年版,第 67 页。

31 参见廖福田:《受贿罪纵览与探究——从理论积淀到实务前沿》,中国方正出版社 2007 年版,第 160 页。

32 参见卢勤忠:《商业贿赂犯罪研究》,上海人民出版社 2009 年版,第 246 页。

33 参见赵煜:《惩治贪污贿赂犯罪实务指南》(第 2 版),法律出版社 2017 年版,第 264 页。

34 参见孙国祥:《贿赂犯罪的学说与案解》,法律出版社 2012 年版,第 361 页。

下,取得财物是履行职务的前提条件,财物与职务行为之间的对价关系非常清楚,但在行贿人主动交付财物的情况下,财物与职务行为之间的对价关系并不明确,需要通过"为他人谋取利益"要素,补强权力交易的对价关系,由此形成了普通受贿与索贿不同的行为构造。

34 对于"为他人谋取利益"的要件属性,理论上存在"客观要件说""新客观要件说""主观要件说""双重要件说""混合的违法性要素说"等争议。①"客观要件说"认为,"为他人谋取利益"是受贿罪客观方面的表现。其中,"旧客观要件说"认为,在索贿的情况下,索贿人主动向他人索要财物,并以此作为"为他人谋取利益"的交换条件,无论是否"为他人谋取利益",都构成受贿罪;在收受贿赂的情况下,只有既收受他人财物,又"为他人谋取利益",才能构成受贿罪。[35] ②"新客观要件说"认为,"为他人谋取利益"是受贿罪的客观构成要件要素,其内容的最低要求是许诺为他人谋取利益,不要求有谋取利益的实际行为与结果。[36] ③"主观要件说"认为,"为他人谋取利益"只是行贿人与受贿人之间货币与权力互相交换达成的一种默契。就行贿人来说,是对受贿人的一种要求;就受贿人来说,是对行贿人的一种许诺或答应。因此,"为他人谋取利益"只是受贿人的一种心理状态,属于主观要件范畴。[37] "主观要件说"进一步解释认为,"腐败交易的本质决定了互相谋利必然是双方心理的沟通与默契,并不要求受贿人实施具体行为,只需明知职务行为与贿赂之间形成对价关系,行为人明知或应知请托人是希望其利用职务帮助其谋取利益而收受了对方财物,就应认为收受财物的行为与其职务之间具有对价关系,即使行为人事实上并没有为对方谋取利益,也应认定为'为他人谋取利益'成立"[38]。④"双重要件说"认为,"为他人谋取利益"既是受贿罪的主观构成要件,又是受贿罪的客观构成要件。因为为他人谋取利益是行贿人与受贿人之间以财物与权力进行交换所要求的必要条件。对行贿人来讲,是对受贿人的一种要求;对受贿人来讲,是对行贿人要求的许诺和满足;既反映了受贿人的主观心理状态,属主观要件的范畴;又是一种客观存在的行为,属于客观构成要件的范畴。[39] ⑤"混合的违法性要素说"则指出,不应再纠结于"为他人谋利益"到底是客观要件还是主观要件这样"二者择一"的形式化提问方式本身,而应该采取"混合的违法要素"的基本立场。该"混合"并非指"为他人谋取利益"既是被动型受贿的主观要件又是其客观要件,而是意在强调"为他人谋取利益"在不同受贿情

---

35 参见祝铭山主编:《中国刑法教程》,中国政法大学出版社 1998 年版,第 711 页。

36 参见高铭暄、马克昌主编:《刑法学》(第 9 版),北京大学出版社、高等教育出版社 2019 年版,第 631 页。

37 参见王作富、陈兴良:《受贿罪构成新探》,载《政法论坛》1991 年第 1 期。

38 陈兴良、周光权:《刑法学的现代展开》,中国人民大学出版社 2006 年版,第 686 页。

39 参见毕志强等编著:《受贿罪定罪量刑案例评析》,中国民主法制出版社 2003 年版,第 38—39 页。

形下表现形式多样,在此意义上与"双重要件说"相区别。[40]

"主观要件说"要求行为人主观上必须具有为他人谋取利益的意图,才构成受贿罪,若在虚假承诺的情形下,行为人主观上缺乏为他人谋取利益的意图,却又收取了请托人的财物,则无法按照受贿罪处理,但这种情形下的收受行为仍然侵害了公职行为的不可收买性。此外,对于"事后受贿"情形,难以证明行为人在收取财物时或事前谋利时具有为他人谋取利益的主观意图,存在解释论上的问题。"双重要件说"认为,同一构成要素具有多重属性,违反了犯罪构成的基本理论:主观构成要件与客观构成要件之间具有相互排斥的关系,同一构成要件不可能既是主观构成要件又是客观构成要件。"混合的违法性要素说"虽然区分了不同情况,将默契受贿和一部分收受礼金的场合下"为他人谋取利益"定位为主观违法性要素,而将事后受贿中的"为他人谋取利益"定位为客观违法要素,但依然没有彻底解决"主观要件说"所存在的问题,对于虚假承诺情形下的受贿无法给出令人信服的解释结论。"客观要件说"将"为他人谋取利益"视为实行行为,使得受贿罪成为复合行为犯,但"为他人谋取利益"和"收受他人财物"之间并不存在目的与手段的关系,不符合复合行为犯的构成原理,将其视为复合行为犯也会导致犯罪既遂标准和法益侵害标准的滞后化,导致在仅有谋利意思而无谋利行为下的处罚漏洞,并不足取。 35

比较而言,"新客观要件说"更为合理。对于"为他人谋取利益"性质的理解,应当结合贿赂犯罪的法益进行分析。职务行为的不可收买性反映在犯罪构成的客观方面要求行为人实施收受他人财物的行为,在主观方面要求行为人明知权力不能被收买而有意被收买。"为他人谋取利益"不属于行为人"有意"被收买的主观意识,因为作为权力交易一方,国家工作人员对于是否进行交易在绝大部分情况下具有主导性,即使"无意"为他人谋利,也不影响其收受请托人财物。"为他人谋取利益"的基本功能在于构建收受他人财物与权力交易的关系,从而证明贿赂犯罪的法益受到了现实侵害。只有将"为他人谋取利益"定位为客观要素(属于构成要件中的"状态要素"而非实行行为),才能避免"主观要件说"立场下对于"虚假承诺型"受贿或"事后受贿"规制能力不足的弊端。"新客观要件说"也是司法实践所采取的立场。2003 年最高人民法院《全国法院审理经济犯罪案件工作座谈会纪要》即采取了"新客观要件说",将"为他人谋取利益"理解为包括"承诺""实施"和"实现"三个阶段,只要具有其中一个阶段的行为,就具备了为他人谋取利益的要件。承诺是同意接受贿赂作为权力交易对价的明示或默示的外在表示,不是主观内在态度或单纯的思想流露,因而属于客观要素。根据 2016 年最高人民法院、最高人民检察院《关于办理贪污贿赂刑事案件适用法律若干问题的解释》第 13 条的规定,具有下列情形之一的,应当认定为"为他人谋取利益":其一,实际或者承诺为他人谋取 36

40 参见付立庆:《受贿罪中"为他人谋取利益"的体系地位:混合违法要素说的提倡》,载《法学家》2017 年第 3 期。

利益的;其二,明知他人有具体请托事项的;其三,履职时未被请托,但事后基于该履职事由收受他人财物的。国家工作人员索取、收受具有上下级关系的下属或者具有行政管理关系的被管理人员的财物价值3万元以上,可能影响职权行使的,视为承诺为他人谋取利益。司法解释关于"为他人谋取利益"的最新解释仍然采取了"新客观要件说",其中相关规定,明确了默示承诺的行为定性,再次强调了"新客观要件说"的基本立场。

(二)承诺的认定

37 "为他人谋取利益"以承诺作为最低标准,承诺是一种行为,可以是明示的,也可以是默示的。在他人主动行贿并提出为其谋取利益的要求后,国家工作人员虽未明确承诺,但只要不予以拒绝,就应当认定是一种默示的许诺。在这种情况下,"对方有求于国家工作人员的职务行为时,国家工作人员虽然没有明说'我给你办',但是在对方有求于他时收受财物,本身就是一个默示的承诺。这种不予拒绝的行为给对方传递了如下信息:'国家工作人员会给我办事的,要不然他会拒绝。'所以,只要没有拒绝接受财物,就是暗示为他人谋取利益"[41]。相对于明示的承诺,默示的承诺属于不作为,即在他人主动行贿并提出为其谋取利益的要求后,国家工作人员应当履行拒绝的义务,未予拒绝时,就是一种拒绝义务的不履行。[42]

38 明示的承诺可以通过录音、录像、文书、行贿人证言等方式加以证明,默示的承诺则需要通过推定规则加以证明。《全国法院审理经济犯罪案件工作座谈会纪要》规定,明知他人有具体请托事项而收受其财物的,视为承诺为他人谋取利益。最高人民法院审判委员会2011年12月20日发布的指导案例3号"潘玉梅、陈宁受贿案"裁判理由具体阐释为:"请托人许某某向潘玉梅行贿时,要求在受让金桥大厦项目中减免100万元的费用,潘玉梅明知许某某有请托事项而收受贿赂……承诺'为他人谋取利益',可以从为他人谋取利益的明示或默示的意思表示予以认定。潘玉梅明知他人有请托事项而收受其财物,应视为承诺为他人谋取利益,至于是否已实际为他人谋取利益或谋取到利益,只是受贿的情节问题,不影响受贿的认定。"该指导案例强调了"为他人谋取利益"的"推定规则",即在明知对方有请托事项的情况下,收受财物行为本身即可推定为是"为他人谋取利益"的承诺。在该"推定规则"之下,承诺行为与收受财物行为在形式上已经"合体",以至于"为他人谋取利益"作为犯罪构成要件的地位受到挑战。在司法实务中,一些检察机关"运用推理方式证明许诺行为的存在,即在不存在相反证据时,推定许诺行为伴随着收受财物的行为,而要求受贿人证明自己没有许诺为他人谋取利益的行为也几乎是不可能的。这样,在实际上,已经取消'为他人谋取利益'要件的定罪功能"[43]。

---

[41] 张明楷:《刑法分则的解释原理》(第2版),中国人民大学出版社2011年版,第309页。

[42] 参见张明楷:《刑法学》(第6版),法律出版社2021年版,第1593页。

[43] 杨兴培、李翔:《经济犯罪和经济刑法研究》,北京大学出版社2009年版,第424页。

39 然而，在贿赂犯罪立法尚未修正的前提下，"为他人谋取利益"仍具有罪与非罪的区分功能，单纯收取财物而无为他人谋取利益的承诺或行为的，不构成受贿罪。司法解释将特定情形下的收受行为推定为默示承诺，不代表收受行为就完全等同于承诺行为，在有证据证明行为人不明知他人有请托事项时，默示承诺的推定可以被推翻，被否定的是承诺而不是收受行为，表明承诺行为仍具有独立性和犯罪化的区分功能。

40 在"姜杰受贿案"[44]中，法院认为，被告人在春节收受下级单位的"慰问金"，因不具有为下级单位谋取利益的主观故意，故所收受的"慰问金"部分不应计入受贿数额。在社会生活中，下级单位逢年过节期间出于各种不同目的，以给上级单位及其工作人员发放所谓的"奖金""福利""慰问金"等名义送钱送物的情况较为普遍。收受钱物的一方是否构成受贿？对此，法院认为应当区分不同情况，结合受贿犯罪的构成要件即是否具有为他人谋取利益这一点来加以具体认定。仅仅出于人情往来，不具有为他人谋取利益的意图及行为，属于不正之风，应按一般违纪处理，不应认定为受贿犯罪；如借逢年过节这些传统节日之机，明知他人有具体请托事项，或者根据他人提出的具体请托事项，承诺为他人谋取利益而收受他人财物的，则不管是单位还是个人，均应认定为受贿行为。

41 关于承诺的"推定规则"以行为人"明知他人有具体请求事项"为前提，而"明知"属于行为人的主观认识，较难证明，特别是采取"感情投资式"行贿时，行贿人早期"投资"时不会直接提出请托事由，更加无法证明国家工作人员主观上的明知。在姜杰受贿案中，由于无法证明行为人是否明知下级单位有请托事由而收受财物，因而法院未将行为人收受"慰问金"认定为受贿。对"明知"的证明要求，限制了立法的规制范围，不符合受贿罪的法益保护要求。即使在不明知的情形下，只要国家工作人员收取了超出正常人情往来的财物，即表明职务行为具有被可收买的高度可能性，构成实质意义上的法益侵害。对此，2016 年最高人民法院、最高人民检察院《关于办理贪污贿赂刑事案件适用法律若干问题的解释》修正了"推定规则"，其第 13 条第 2 款规定："国家工作人员索取、收受具有上下级关系的下属或者具有行政管理关系的被管理人员的财物价值三万元以上，可能影响职权行使的，视为承诺为他人谋取利益。"进而在承诺的行为推定之外，又增加了明知的主观推定，形成了受贿罪的"二元"推定规则。最高人民法院、最高人民检察院进一步解释认为，"由于双方在职务活动中日常而紧密的关系，谋利事项要么已经通过具体的职务行为得以实现，要么可以推断出给付金钱有对对方职务行为施加影响的意图，这种情况下只要能够排除正常人情往来的，同样应认定为受贿"。"在具体适用本款规定时，要注意把'价值三万元以上'和'可能

---

44 参见卓洋：《姜杰受贿案[第 218 号]——逢年过节收受下级单位"慰问金"的行为如何定性》，载最高人民法院刑事审判第一庭、第二庭编：《刑事审判参考》（总第 29 辑），法律出版社 2003 年版，第 61 页。

影响职权行使'结合起来作整体理解:一方面,'价值三万元以上'可以累计计算,而不以单笔为限;另一方面,对于确实属于正常人情往来、不影响职权行使的部分,不宜计入受贿数额。"[45]

42 对于最高人民法院、最高人民检察院《关于办理贪污贿赂刑事案件适用法律若干问题的解释》所建立的主观推定规则,有不同观点认为,这里的"视为承诺为他人谋取利益",并非对他人谋取利益的推定,实际上是为他人谋取利益的一种法律拟制。拟制与推定不同,推定是一种对事实的认定方法,尤其是在对主观事实的认定中经常采用,但拟制是将甲事实看成乙事实,使甲事实产生与乙事实相同的法律效果。拟制在一定程度上使不具有法律规定的事项按照法律规定的事项处理。这实际上超越了受贿罪的界限,是一种类推解释,因而与罪刑法定原则或多或少存在抵牾。[46]在刑法明确将为他人谋取利益规定为受贿罪的构成要件的情况下,不能将不具备为他人谋取利益的行为拟制为具备为他人谋取利益。对于这种没有利害关系的给付礼金或者给付红包的行为,在刑法没有设立收受礼金罪的情况下,不应当认定为受贿罪。[47]该观点对于司法扩张解释是否存在违反罪刑法原则之嫌的担忧值得肯定,但其理由也值得商榷。类推解释是超出了规范用语最大语义射程的解释,最大语义射程的范围是以社会公众的一般认识为判断标准。传统受贿多为"一事一办",但随着经济和社会的发展,谋利与收取财物之间的对应关系越来越模糊,请托人送钱时并不会提出具体的请托事项,但从长远看,仍会在未来不确定的时间点要求受贿人利用职权为其谋取利益,特别是在有特定利益关系的主体之间,收受财物和利益请托的"远距化"已经成为一种"明规则"。在此前提下,将收受具有利益关联性主体的财物,推定为"为他人谋取利益"的默示行为,并未超出公众的一般性理解。此外,事实推定只是证明方式的改变,以提高诉讼效率,但不改变待证构成要件的类型。"为他人谋取利益"的核心在于是否存在"承诺"行为,司法解释只是通过技术性手段,使得默示的承诺更容易得到证明,并没有修正或删除构成要件要素。事实推定的前提事实与推定事实之间的联系只是一种高盖然的或然性联系,未必就与客观情况相符。如果对方当事人提出了可成立的反证,推定即为失效,推定事实就不能再视为存在,无论推定还是反证,仍然都是围绕构成要件要素展开,是对构成要件要素"有无"的证明而不是内容的证明,因而不涉及类推解释。

43 承诺既可以是真实的,也可以是虚假的。受贿人对请托人的承诺存在多种可能:"答应"不一定"能帮忙","能帮忙"不一定"会帮忙","会帮忙"不一定"真帮忙",

---

45 裴显鼎等:《〈关于办理贪污贿赂刑事案件适用法律若干问题的解释〉的理解与适用》,载《人民司法》2016 年第 19 期。

46 参见陈兴良:《贪污贿赂犯罪司法解释:刑法教义学的阐释》,载《法学》2016 年第 5 期。

47 参见陈兴良:《为他人谋取利益的性质与认定——以两高贪污贿赂司法解释为中心》,载《法学评论》2016 年第 4 期。

"真帮忙"不一定"帮了忙"。[48] 在收受请托人财物时,国家工作人员并不打算为请托人谋取利益,却又承诺为他人谋取利益的行为是否构成受贿罪?对此,"否定论"认为,行为人根本不打算利用职务之便为他人谋取利益,没有也不可能侵害国家工作人员的职务的公正性,因而该行为构成诈骗罪。[49] "肯定论"认为,收受财物之后作出虚假承诺的,成立受贿罪。在这种情况下,客观上约定了以其职务行为为他人谋取利益,职务行为的不可收买性已经受到侵害。事先作虚假许诺并要求他人交付财物的,则是索取型受贿或者成立诈骗罪。[50] 如果国家工作人员供述自己有为他人谋取利益的目的,就定受贿罪;供述自己不打算为他人谋取利益,就认定为诈骗罪,则定罪的选择权完全取决于行为人的主观供述,势必造成实务的混乱。[51] 笔者赞成"肯定论"的观点。"为他人谋取利益"是客观要素,无须考虑主观上是否真正存在这样的意思,也无须实际为他人谋取利益,只要有明确的承诺,即表明国家工作人员出卖职务行为的事实已经形成,即可认定为"为他人谋取利益"。

(三)"他人"的范围

"为他人谋取利益"中的"他人",既包括行贿人自己,也包括行贿人指定或暗示的第三人。只要能够认定职务行为与贿赂财物之间形成了对价关系,即表明收受财物的行为侵害了职务行为的不可收买性,提出请托事项的行贿人和最终获得利益的人员是否为同一人,不影响权钱交易行为的本质,也不影响对受贿罪的认定。"他人"不限于自然人,也包括单位。 44

(四)"谋取利益"的认定

"为他人谋取利益"中的"利益",既可以是正当利益,也可以是不正当利益,包括违法利益和犯罪利益。正当利益,是按照法律、法规和政策本来就应当得到的利益。违法利益,是指违反法律、法规、国家政策所获得的利益。国家工作人员利用职务上的便利无论为请托人谋取何种性质的利益,都侵害了公职行为的不可收买性,但"贪赃枉法"和"贪赃不枉法"的社会危害性程度应当所有区别,在量刑时应当予以考虑。不同类型的受贿,对于所谋取利益的性质有不同要求:《刑法》第 385 条规定的普通受贿要求具备"为他人谋取利益"要素,但第 388 条规定的斡旋型受贿要求具备"为请托人谋取不正当利益"要素。 45

为他人谋取的利益通常是具体利益,但是否包括一般的抽象利益存在不同的观点。"否定说"认为,为他人谋取利益中的"利益"应当是具体利益,受贿人利用职务 46

48 参见邱兴隆:《一切为了权利——邱兴隆刑事辩护精选 50 例》,中国检察出版社 2011 年版,第 500 页。

49 参见王作富主编:《刑法分则实务研究》(第 5 版),中国方正出版社 2013 年版,第 1667 页。

50 参见张明楷:《刑法学》(第 6 版),法律出版社 2021 年版,第 1593 页。

51 参见孙国祥:《贿赂犯罪的学说与案解》,法律出版社 2012 年版,第 376 页。

上的便利,通过为行贿人办理各种事项,而为其谋取特定的政治、经济或其他方面的利益。[52]《全国法院审理经济犯罪案件工作座谈会纪要》中明确"明知他人有具体请托事项而收受其财物的,视为承诺为他人谋取利益"。"请托事项"必须是具体的、明确的,而不能是抽象的、模糊的,将予以照顾等十分笼统的请求视为明知有具体请托事项,这样一种对具体请托事项的理解,无形中消解了为他人谋取利益这一受贿罪的构成要件,因而有所不妥。[53]"肯定说"认为,在现实生活中,有些行贿人所要求的相对利益可能仅仅是一种概况性的利益,在行贿时并没有明确而具体的请托内容,受贿人在收受贿赂时也没有明确的谋取利益允诺,但即使是为了日后获得升迁或者保持自己的地位等不确定的抽象利益,只要国家工作人员对此不拒绝或者默认的,该财物与谋取利益之间仍然有紧密的联系,也就成立了法律上的为他人谋取利益。[54]"折中说"认为,谋取利益需要有请托事项,但请托事项可以是绝对确定的,也可以是相对确定的,如某施工队负责人在承接某一工程中,向工程主管部门的负责人行贿,只提出要求该负责人在工程建设中给予关照,并未提出具体在什么方面予以关照,这种请托事项表面上虽不具体,但实质上是限定在工程建设中,又是相对具体的、确定的,工程负责人收受贿赂,就是对相对确定的请托事项作出承诺。[55]笔者认为,"肯定说"更为合理。"为他人谋取利益"的主要功能在于确立权钱交易的对价关系,"职务行为的相对人支付这种相对给付只需就一特定职务行为概括地确定,且在大体上可认定期间具有对价关系,即足矣,而不以对职务行为的种类与内容具体而详细地加以确定为必要"[56]。即使是抽象概括的利益诉求,只要行为人收取贿赂并作出承诺,同样也会导致职务行为的不可收买性受到侵害。2016 年最高人民法院、最高人民检察院《关于办理贪污贿赂刑事案件适用法律若干问题的解释》第 13 条第 1 款第(二)项虽然规定"明知他人有具体请托事项的",应当认定为"为他人谋取利益",但该条第 2 款规定了"国家工作人员索取、收受具有上下级关系的下属或者具有行政管理关系的被管理人员的财物价值三万元以上,可能影响职权行使的,视为承诺为他人谋取利益"的推定规则,"可能影响职权行使"不要求请托人必须提出具体的请托事项,抽象概括性的请托也"可能影响职权行使"。从解释规范的体系上,解释第 13 条第 2 款属于第 1 款的特殊规定,优先于第 1 款适用。因此,可以认为,该解释部分采取了"肯定说"的立场。当然,对于不具有上下级关系或行政管理关系的,司法解释依然坚持"否定

52　参见赵建平:《贪污贿赂犯罪界限与定罪量刑研究》,中国方正出版社 2000 年版,第 290 页。

53　参见陈兴良:《新型受贿罪的司法认定:以刑事指导案例(潘玉梅、陈宁受贿案)为视角》,载《南京师大学报(社会科学版)》2013 年第 1 期。

54　参见孙国祥:《贿赂犯罪的学说与案解》,法律出版社 2012 年版,第 366 页。

55　参见廖福田:《受贿罪纵览与探究——从理论积淀到实务前沿》,中国方正出版社 2007 年版,第 290 页。

56　林山田:《刑法各罪论(下册)》(修订 5 版),北京大学出版社 2012 年版,第 14 页。

说”,要求“明知他人有具体请托事项”,但这也会导致一些案件中行为人收受了财物,却因为没有明知具体请托事项的证据(但有概括性请托事项的证据)而否定对行为人受贿罪指控的结果,而后者依然侵害到职务行为的不可收买性。对此,建议将来重新制定贿赂犯罪司法解释时,采取彻底的“肯定说”立场,统一“承诺为他人谋取利益”推定规则的适用范围,避免立法规制的漏洞。

为他人谋取的利益可以是新增利益,也可以是为他人维持原有利益。如市长新上任,某局局长为了保留局长的位置,向市长行贿。从受贿罪的角度看,行为人似乎仅有客观上收取他人财物的行为,在形式上甚至不具备为“他人谋取利益”的行为,在形式上似乎仅仅表现为一种单纯的“感情投资”,不过,虽然利益似乎没有发生任何变化,但实质上的利益状态发生了根本性的变化:确定→不确定→再次确定。因此,维持性的“谋取”依然属于“为他人谋取利益”的行为。[57] 在“李真受贿案”中,李真在担任河北省委办公厅秘书、副主任期间,收取了张家口卷烟厂厂长李某的5万美元,但辩称并未其谋取利益,法院判决认为,“李某是希望李真利用其身份,对其进行关照,李真利用其职务便利在一定程度上巩固、加深了李某的地位和影响,应属于为他人谋取利益”[58]。 47

为他人谋取利益的方式,可以是积极行为,也可以是消极行为。所谓消极行为,是指对利益的取得不反对、不阻碍。如甲为了获得提拔,除向分管组织工作的乙和丙行贿之外,还向既不负责考察也不负责拍板决策的党委常委丁行贿,丁在常委会讨论时没有发表不同意见,后来常委会研究通过了甲的任命。在该案中,丁作为常委会成员,客观地发表人事组织意见,是其履行干部管理职权的重要体现,基于收受贿赂而消极履行其职权,已经违背了职责要求,对公职行为的不可收买性构成了侵害。因此,无论是积极运作的帮助,还是消极同意的帮助,只要行为人对行贿人的谋利要求是明知的,并在此事项上不反对、不阻碍,均构成为他人谋取利益。[59] 48

为他人谋取利益与请托事项相反的,是否应当认定为“为他人谋取利益”?有观点认为,请托人要求留任原职务的,国家工作人员将其平调调离岗位甚至调至经济条件差的地方,行为人不但没有为请托人谋取任何利益,反而剥夺、减少了请托人的现有利益,不宜认定为“为他人谋取利益”。[60] 该观点是以实际谋取的利益作为评价标准,并不合理。只要行为人利用职务便利收取了他人一定数额的财物并作出承诺,就已经侵害了公职行为的不可收买性,符合受贿罪的构成条件,在犯罪构成上,无须考 49

---

57 参见于志刚:《贿赂犯罪中的“谋取”新解——基于“不确定利益”理论的分析》,载《法商研究》2009年第2期。

58 《李真贪污、受贿案——河北省唐山市中级人民法院刑事判决书》,载最高人民法院刑事审判第一庭、第二庭编:《刑事审判参考》(总第29辑),法律出版社2003年版,第185页。

59 参见李连嘉、张旭明、孙晴:《认定受贿犯罪的若干难点问题》,载《中国检察官》2007年第2期。

60 参见赵煜:《惩治贪污贿赂犯罪实务指南》(第2版),法律出版社2017年版,第278页。

虑承诺内容是否真实以及实际谋取到的利益内容。若行为人故意导致最终利益与请托事项相反时,之前的承诺属于虚假承诺,不影响受贿罪的成立。

三、索取他人财物

50 索贿是一种特殊形式的受贿。《刑法》第 385 条规定,国家工作人员利用职务上的便利,索取他人财物的,构成受贿罪。索贿是行为人利用他人有求于己之机,主动提出权钱交换,较之普通受贿具有更大的社会危害性。《刑法》第 386 条规定,索贿的,从重处罚。

51 索贿是国家工作人员主动提出收受贿赂的要求,主动性是索贿区别于普通受贿的主要特征,即国家工作人员率先通过明示或暗示的方式向请托人表述了收取财物的意图,但索贿是否具备勒索性特征,则有不同观点。"肯定说"认为,索贿是国家工作人员利用职务之便,乘他人请托谋利之机,勒索他人财物的行为。勒索性,即行为人一般以所掌握的职权为条件,乘人之危或他人有求于己时,向他人施加精神压力,迫使对方交付财物,是索贿的重要特征之一。[61] "否定说"认为,索取是指"行为人主动向他人索要、勒索并收受财物,其基本特征是索要行为的主动性和交付行为的被动性"[62]。就字义而言,"索"就是"要"的意思。行为人主动提出贿赂,不一定具有迫使他人交付财物的勒索性。[63] 在国家工作人员为他人谋取利益之后,主动要求对方提供财物的,被索取人出于感谢等心态,也有可能自愿提供财物,在这种情况下也不具有勒索性。[64] 笔者认为,"否定说"的观点更为合理。索贿可以采取勒索方式,也可以采取索要方式,前一种方式以胁迫手段使他人产生心理恐惧而交付财物,后一种方式是国家工作人员主动向他人要求取得财物,但不以使对方产生心理恐惧为前提,如国家工作人员向行贿人主动提出应当给予一些"表示",并未明确不给予"表示"的消极后果,行贿人"心领神会"而给予财物。后一种情形虽然不要求达到被胁迫、勒索的程度,但是应当能够反映出行贿人是出于压力、无奈、不情愿才交付财物。实践中可以根据受贿人给请托人谋取利益的大小、受贿人提出的财物要求是否在请托人心理预期之内、请托人请托的事项是否违法进行综合判断。比如,请托人本来就是谋取违法的利益,对于让渡部分"利润"早就有心理预期,双方对于行受贿事实属于"心知肚明",此时即使受贿人率先提出受贿的具体数额,一般也不宜认定为索贿。[65]

---

61 参见高铭暄主编:《刑法专论》,高等教育出版社 2002 年版,第 822 页。

62 高铭暄、马克昌主编:《刑法学》(第 9 版),高等教育出版社、北京大学出版社 2019 年版,第 630 页。

63 参见孙国祥:《贿赂犯罪的学说与案解》,法律出版社 2012 年版,第 385 页。

64 参见吕天奇:《贿赂罪的理论与实践》,光明日报出版社 2007 年版,第 132 页。

65 参见胡晓景、段凰:《吴仕宝受贿案[第 1431 号]——交易型受贿犯罪数额及索贿的认定》,载最高人民法院刑事审判第一、二、三、四、五庭编:《刑事审判参考》(总第 128 辑),人民法院出版社 2021 年版,第 132 页。

52 基于索贿的内涵与特征,索贿的具体形式包括两种[66]:一是"要求型"索贿。通常发生在行为人乘他人要求本人履行或不履行某些职务行为之机,主要要求对方提供财物。要求型索贿,仅是行为人主动提出交易要求,不具有威胁勒索的内容。"由于双方交付财物是在行贿人权衡利弊之后作出的自由选择,并且其最终通过行贿获得了更大的好处,因而归根结底仍是一场双方获利、你情我愿的交易,不属于勒索。"[67]鉴于此,《刑法》第389条第3款"因被勒索而给予国家工作人员以财物,没有获得不正当利益的,不是行贿"不适用于"要求型"索贿,行贿人在非勒索的索贿中,即使没有获得不正当利益,也构成行贿罪。二是"要挟型"索贿。行为人以实施或不实施某种职务行为相要挟,不交付财物就对相对人不利,从而迫使对方交付财物。如不给付财物就拒绝或拖延办理事关相对人正当利益的事项;或者不给付财物就作出不利于相对人的裁量;等等。"要挟型"索贿采取了勒索方式,行贿人没有获得不正当利益的,适用《刑法》第389条第3款的规定,不构成行贿。

53 索贿的主动提出,既包括明示提出,也包括暗示提出,既包括直接提出,也包括由第三人转达。索贿必须是行为人利用职务上的便利,是其与敲诈勒索罪的重要区别之一。若国家工作人员未利用职务上的便利进行要挟而索取财物的,不构成受贿罪,但可能构成敲诈勒索罪;若国家工作人员利用职务上的便利向请托人"索要"财物的,构成受贿罪;若国家工作人员利用职务上的便利向请托人"勒索"财物的,构成受贿罪和敲诈勒索罪的想象竞合犯。

四、非法收受他人财物

(一)收受他人财物的行为性质

54 非法收受他人财物,是受贿人收取并接受他人财物的行为,是受贿罪的实行行为。"非法"一词为立法赘语,并无实际含义。刑法意义上的收受,不仅指行为人客观上收取了财物,而且还包括主观上有接受财物的意思。主观上接受财物的意思表现为,行为人认识到财物的存在,并形成了占有、控制或处分财物的意志。如果行为人仅是客观上收到相对人给予的财物,主观上未表示接受而是拒绝的,不能认定行为人主观上对相对人给予的财物表示了接受。[68] 如行贿人将贿赂藏于茶叶盒之中送给被请托人,被请托人在不知情的情况下,将该盒茶叶转赠他人。此外,收受也包括约定收受,即行贿人和受贿人就贿赂达成约定和协议,行贿人先提出约定的,国家工作人员属于收受;国家工作人员先提出约定的,属于索取。[69]

---

66 参见孙国祥:《贿赂犯罪的学说与案解》,法律出版社2012年版,第386页。

67 潘强、邹志宏:《索贿犯罪新探》,载《人民检察》2003年第9期。

68 参见肖中华、赵震:《涉嫌受贿案件中"收受分离"情形的处理》,载《法学杂志》2010年第10期。

69 参见张明楷:《刑法学》(第6版),法律出版社2021年版,第1590页。

55 收受财物是受贿罪的实行行为,直接侵害了职务行为的不可收买性。尽管"利用职务上的便利""为他人谋取利益"均属于客观构成要素,但并非实行行为。"利用职务上的便利"属于证明贿赂关系存在的"状态要素",并非行为要素。"为他人谋取利益"的情况相对较为复杂,在承诺阶段,行为人收受财物的意思表示(如期约、承诺等)属于为犯罪创造条件的预备行为,作为承诺的"为他人谋取利益"属于收受行为的预备行为;在事后受贿的情况下,国家工作人员已经事先为他人谋取了利益,其行为性质属于权力滥用,由于尚未产生对公职行为不可收买性的侵害,不属于受贿罪的实行行为,但也不一定是受贿罪的预备行为,因为贿赂犯罪的预备行为应在贿赂犯意支配下实施,而事先为他人谋取利益的行为未必就是出于贿赂犯意,对于并非出于贿赂犯意而为他人谋取利益的行为,可将其视为"状态要素",用于证明事后收受行为所包含的默示承诺,然而,无论何种情况下,"为他人谋取利益"均不属于实行行为。就此而言,受贿罪属于单一行为犯。

(二)事后受贿的认定

56 收受行为的发生时间,可以是在为他人谋取利益之前,也可以是在为他人谋取利益之后,即所谓"事后受贿"。"陈晓受贿案"的焦点在于对"事后受财"的定性。一审法院认为收受贿赂和为他人谋取利益是受贿犯罪两个不可分割的整体,行为人在实施上述行为时的主观故意应当是一致的,行为人在为他人谋取利益时缺乏受贿故意,因而不构成犯罪;二审法院认为"事后受财"同样也侵害了受贿罪的客体,被告人行使的行为虽是合法的正当职务行为,使他人获取的巨额利润也是合法的利益,但这仍属于为他人谋取利益;被告人收受了他人因获取利益而给予的财物,属于非法收受他人财物,在收受财物时,其故意则是明显的,应当认定其具备受贿犯罪的故意,符合受贿罪的构成要求。[70] 实际上,从犯罪客体角度,只要产生了权钱交易关系,就会构成对公职行为不可收买性的侵害。无论收受财物是"事前"还是"事后",均不影响权钱交易的行为性质。事后收取财物包含了对之前为他人谋取利益的认可,这种认可具有确认对价关系存在的作用,与默示承诺具有实质相同的效果(认可也是一种承诺),因而事后收取财物符合受贿罪"利用职务便利,为他人谋取利益收受他人财物"的客观构成要素。

57 在事后受贿中,争议最大的是主观要件的符合性。有观点认为,"收受财物的故意不能简单等同于受贿的故意,收受他人财物以及为他人谋取利益的行为必须是在受贿的故意支配下所为;事后受财属于事后故意,不是法律上的故意"[71]。该观点对受贿罪故意的认识内容存在误解。犯罪故意所明知的内容是行为的社会危害性,在

70　参见《陈晓受贿案[第64号]——事后收受财物能否构成受贿罪》,载最高人民法院刑事审判第一庭编:《刑事审判参考》(总第8辑),法律出版社2000年版,第47页。

71　边学文、马忠诚:《"事后受财"行为能否构成犯罪》,载《天津师范大学学报(社科版)》2007年第2期。

受贿罪中要求行为人对权钱交易的社会危害性具有明知，权钱交易关系需要通过权力和财物之间形成的对价关系加以证明，这种对价关系可能是事前就约定或现实发生的，也可能是事后才形成的。就事后受贿而言，行为人在为他人谋取利益时未必会有受贿的故意，但在收受他人财物时却必须具备这样的故意。当行为人在收受财物时明确认识到这笔钱是对其职务行为的报酬或感谢费，就意味着其认识到了权钱交易的对价关系的形成，也明知了行为的社会危害性。在明知收受他人财物是对自己职务行为的不当报酬而依然收受，表明其具备了受贿故意的认识因素和意志因素，进而符合受贿罪的故意要件。

（三）（离）职后受贿的认定

国家工作人员在职期间为他人谋取利益，但收受他人财物发生在国家工作人员 58
离职之后（包括离休、退休、辞职、辞退和开除），是否可以按照受贿罪处理？2000年最高人民法院通过的《关于国家工作人员利用职务上的便利为他人谋取利益离退休后收受财物行为如何处理问题的批复》规定："国家工作人员利用职务上的便利为请托人谋取利益，并与请托人事先约定，在其离退休后收受请托人财物，构成犯罪的，以受贿罪定罪处罚。"最高人民法院、最高人民检察院《关于办理受贿刑事案件适用法律若干问题的意见》第10条第1款规定："国家工作人员利用职务上的便利为请托人谋取利益之前或者之后，约定在其离职后收受请托人财物，并在离职后收受的，以受贿论处。"两个司法解释均以"事先约定"作为职后受贿的构成要素，因为"事先约定"的存在，使得贿赂行为具有了跨越身份的连续性，行为人离职后收受财物行为，可视为在职身份行为的延续，两个行为是一个整体，侵害了公职行为的不可收买性，符合受贿罪的构成要件。根据前两个司法解释的规定，最高人民法院、最高人民检察院《关于办理贪污贿赂刑事案件适用法律若干问题的解释》第13条第1款第（三）项"履职时未被请托，但事后基于该履职事由收受他人财物的"中的"事后"不包括离职后，需发生在在职期间。

"事先约定"发生于离职之前，是国家工作人员在职时为请托人谋取利益，离职后 59
由请托人交付财物和国家工作人员收受财物的约定。约定的内容可以是对具体数额、交付时间的约定，也可是不涉及具体数额的收受财物的概括性约定。约定的方式既可以采取书面方式，也可以采取口头方式；既可以采取明示方式，也可以采取默示方式，只要对行贿人提出离职后给予好处的允诺不反对或者不拒绝，即可认定为"事先约定"。

由于"为他人谋取利益"与收受他人财物处于分离时空之中，甚至间隔时间极 60
长，如何证明行为人与请托人之间存在事先约定，是司法认定中的难点。最高人民法院、最高人民检察院《关于办理受贿刑事案件适用法律若干问题的意见》确立了连续收受的推定规则，其第10条第2款规定"离职前后连续收受请托人财物的，离职前后收受部分均应计入受贿数额"，主要是考虑到离职前后连续收受财物，在客观上足以表明国家工作人员在离职前与请托人有约定。[72] 事先没有约定具体回报并不等于没有约定,双方可以采取心照不宣、互相默认的默示方式进行更为隐蔽的特殊约定,“退休前后连续收受财物”即是默示约定的表现方式。“默示约定”规则虚化了“事前约定”的犯罪构成限制,因为无论事前是否有约定,只要离职后出现了特定情形,即可推定形成权钱对价关系,进而构成受贿罪。

61 若不存在连续收受或无法证明连续收受的情况下,行为人在职时利用职务便利为他人谋取利益,在离职后收受或索取请托人财物的,是否构成受贿罪仍然存在争议。“否定说”认为,行为人在收取他人财物时不具有受贿罪的主体身份,也缺乏犯罪故意,即国家工作人员利用职务上的便利为请托人谋取利益,当时没有权钱交易的合意,在离职之后,也无法证明收受贿赂的合意,这种情况是属于事后感谢,还是因为两个人关系好而进行的正常的帮助、救济行为,很难认定,所以不宜以受贿罪定罪处罚。[73] “肯定说”认为,“事先约定”不应当成为离职后受财行为的构成要素,“如果严格适用当事人约定这一限制性要件,势必无法在时间和空间上有效地联结被贿赂双方故意割裂的受贿罪构成要件,导致无法追究离职后收取贿赂行为的刑事责任”[74]。有观点进一步认为,在不具备“事先约定”要素的情况下,单纯的职后酬谢型受财也符合受贿罪的构成,主要理由包括:一是利用职务上的便利不是受贿罪的实行行为,行为人在非犯罪故意支配之下实施利用职务上的便利为请托人谋取利益的行为,事后借此向请托人索取财物或者接受请托人酬谢的,仍属于刑法上的受贿行为(事后受贿);二是只要行为人有意利用职务上的便利,将职务行为作为行为人接受、约定或者索取财物的对价时,足以认定行为人主观上具有权钱交易的故意;三是离职的国家工作人员在其具有国家工作人员身份时,利用职务上的便利为他人谋取利益的行为客观上形成了可资利用的状态和交易筹码,任何时候的“兑现”行为都与其先前实施职务行为时的国家工作人员身份紧密联系。[75] 两种针锋相对的观点在最高人民法院、最高人民检察院《关于办理受贿刑事案件适用法律若干问题的意见》起草过程中也均有体现。“肯定说”提出,由于“事先约定”主要依靠行贿、受贿双方的口供,只要双方或者一方否认,就不能认定,因此由于证明困难而可能放纵犯罪,建议取消最高人民法院《关于国家工作人员利用职务上的便利为他人谋取利益离退休后收受财物行为如何处理问题的批复》中的“事先约定”。但是,上述意见仍然采用了“否定说”立

---

72 参见韩耀元、邱利君:《适用“两高意见”须注意十二个问题》,载《检察日报》2007 年 7 月 17 日。

73 参见张成法:《受贿罪若干疑难问题研究》,中国人民公安大学出版社 2010 年版,第 63—64 页。

74 张铭训:《新型受贿案件法律适用若干问题研究》,载《中国刑事法杂志》2007 年第 6 期。

75 参见孙国祥:《“职后酬谢型受财”行为受贿性质的理论证成》,载《人民检察》2015 年第1 期。

场,主要是考虑到,若没有"事先约定"的要件,很有可能造成客观归罪,将离职后不再具备国家工作人员身份的人收受他人财物的行为一概作为受贿罪予以追究,与受贿罪的构成要件不符,会不恰当地扩大打击面。[76]

笔者赞同"肯定说"的立场,"事先约定"不当缩小了权钱交易的发生空间,不具有合理性。①权钱对价关系的形成是判断受贿罪是否成立的重要标准,权钱对价关系可以发生在离职之前,也可以发生在离职之后,只要行为人在离职后明知所收受的财物是在职时为他人谋取利益职务行为的报酬即可构建出权钱交易的对价关系,进而符合受贿罪的成罪条件。②行为人是否明知离职后收受的财物性质,可以通过财物价值数额、双方交往关系、财物收受时间等客观证据加以证明,对于财物价值较大、收受时间距离职时间较近、与财物给予者曾具有管理被管理关系的,应当推定为主观明知。③贿赂犯罪具有空间的延展性,权钱交易关系应当从整体上进行判断而不能限制于局部,"事先约定"的规定,即强调贿赂交易关系的空间延续性,但是即使无"事前约定",仅通过事后收取他人表示感谢的财物,也可以证明贿赂交易关系的空间延续性,具有与"事前约定"相同的效果。④国家工作人员离职后虽然不再具有特殊身份,但依然具有确保任职期间公职行为廉洁性的保证人责任,无论事先是否有约定,离职后的国家工作人员都应当承担公职行为廉洁性的担保责任。 62

五、经济受贿

《刑法》第 385 条第 2 款规定,国家工作人员在经济往来中,违反国家规定,收取各种名义的回扣、手续费,归个人所有,以受贿论处。对这种发生在经济往来中的受贿,刑法理论上称之为"经济受贿"或"商业贿赂"。[77] 63

(一)回扣、手续费的概念与性质

回扣是在商品买卖等经济活动中,卖方从买方支付的价款中退回买方或者买方经办人的款项,但也可能存在买方给予卖方的"倒扣"现象。手续费,是在经济活动中,除回扣以外,违反国家规定支付给对方的各种名义的钱或物,如佣金、信息费、顾问费、劳务费、辛苦费等。[78] 改革开放以来,我国一系列的政策、法律都严格禁止回扣、手续费。但是,回扣在某些情况下又存在一定的合理性。一些单位以支付回扣的方式,推销商品,既确保了市场竞争的有利地位,也使得购买者实际获利。在国际贸 64

---

76 参见韩耀元、邱利君:《适用"两高意见"须注意十二个问题》,载《检察日报》2007 年 7 月17 日。

77 商业贿赂是学理概念,根据发生领域不同,可分为涉及公权领域的商业贿赂和单纯私营领域的商业贿赂,前者涉及《刑法》第 385 条第 2 款和第 389 条第 2 款,后者涉及《刑法》第 163 条、第 164 条和第 184 条。

78 参见熊选国、任卫华主编:《刑法罪名适用指南——贪污贿赂罪》,中国人民公安大学出版社 2007 年版,第 22 页。

易中,回扣也是常见现象。因此,刑法对于按照受贿处理的回扣、手续费设置了“在经济往来中”“违反国家规定”“账外暗中”以及“归个人所有”等限制性条件,以确保刑法干预的合理性。

(二)“在经济往来中”的认定

65 “经济往来中”是经济受贿产生的时空条件。①“广义说”认为,经济往来包括纵向的国家经济管理活动,也包括横向的国家工作人员直接参加的经济活动。[79] ②“狭义说”认为,经济往来仅限于横向的行为人代表本单位与外单位或个人从事经济活动,也即仅限于平等民事主体之间的经济交往,不包括行为人代表国家或单位所进行的经济管理。[80] ③“折中说”认为,既然是经济往来,应该是事涉有来有往的商品交换活动,那些行政部门完全纵向性的职能管理活动,如税收征收、许可证发放、规划审批等,是单向性的,不能称为“经济往来”;但是在很多情况下与经济活动相互交叉的公务活动,如政府采购、土地出让、营运证发放、产权交易等,既是政府行政管理行为,又与商品出让交易有关,也可以视为“在经济往来中”的经济活动。[81] 笔者认为,“折中说”更为合理。从文义解释角度,“经济往来”包含了经济交互关系,具有双向性而非单向性,通常以合同、协议等方式确立双方法律地位,排除了单向性的经济管理活动。同时,从体系解释角度,“经济往来”作为受贿罪的构成要素,必然与公权力有关,决定了这种“经济往来”通常会带有公权成分,要么涉及公权主体,要么涉及公共事项,既可能存在公权主体以民事主体身份进行的经济活动,也可能出现民事关系涉及公共事项而带有行政化的特征,如国家在土地使用权出让过程中,既是国有土地的所有者,又是社会管理机关和最高权力代表,其行为具有民事和行政的双重特性,同时存在民事法律关系和行政法律关系。

(三)“违反国家的规定”的认定

66 根据《刑法》第96条的规定,“违反国家规定”,是指违反全国人民代表大会及其常委会制定的法律和决定,国务院制定的行政法规、规定的行政措施、发布的决定和命令。《反不正当竞争法》第7条、《商业银行法》第52条和第84条、《建筑法》第17条等,均禁止回扣、手续费归个人所有。确定回扣的法律性质,应当参照上述有关法律。有观点认为,“违反国家规定”的表述只是在于说明回扣本身是违反国家规定的,而非表明存在符合国家规定的回扣,从消极意义上说,相对于收受回扣的行为而言,这种表述只具有语感意义,而不具有构成要件要素的意义。[82] 上述论断产生的前

79 参见王作富主编:《刑法分则实务研究》(第5版),中国方正出版社2013年版,第1802页。

80 参见杨兴国:《贪污贿赂罪法律与司法解释应用问题解疑》,中国检察出版社2002年版,第216页。

81 参见孙国祥:《贿赂犯罪的学说与案解》,法律出版社2012年版,第695页。

82 参见张明楷:《商业贿赂、回扣及相关条款的法律性质》,载《法律适用》2006年第9期。

提是认为所有回扣都具有违法性。事实上,根据《反不正当竞争法》等法律的规定,只要是"账内明示"的回扣就是可以合法收取的回扣。基于一些政策性的理由,也可能出现回扣违法性的阻却事由。如根据原国家教委的政策文件,在教材采购中允许收取供应商的部分回扣,作为代办劳务费用等开支。因此,回扣是否"违反国家规定"不是可有可无的,而是必须予以证明的构成要素。[83]

(四)"账外暗中"的认定

《反不正当竞争法》第 7 条第 2 款规定:"经营者在交易活动中,可以以明示方式向交易相对方支付折扣,或者向中间人支付佣金。经营者向交易相对方支付折扣、向中间人支付佣金的,应当如实入账。接受折扣、佣金的经营者也应当如实入账。"根据该规定,"账外暗中"是鉴别非法回扣与合法的折扣、佣金的重要标准。折扣是商品销售中的让利,经营者在销售商品时,以明示并如实入账的方式给予对方的价格优惠,包括支付价款时对价款总额按一定比例即时予以扣除和支付价款总额后再按一定比例予以退还两种形式,其实质是减价销售,且可以正常地反映在单位财务账目中。佣金是买卖双方或一方因居间人或者经纪人为撮合交易、买卖商品、提供服务而向其支付的一种劳务报酬。佣金可以是一方支付,也可以是双方支付,接受佣金的只能是中间人,而不是交易双方,也不是交易双方的代理人、经办人,这是佣金和回扣、折扣的重要区别。如实入账的折扣和佣金是合法的,不如实入账的折扣和佣金,等同于回扣。"账外",指不入正规财务账,未在依法设立的财务账目上如实登记。"暗中",指不在合同、发票等凭据中明确记载,但并不意味着给予或收受回扣只能是在第三者不知情的情况下秘密进行的。单位私设的小金库,在单位内部具有一定的公开性,但若是基于回扣而设立的"小金库",即使"为公而用",依然可能构成单位受贿罪,若是个人收受回扣进入"小金库"之后再全部或按照一定比例返还给回扣收受者,还涉及构成受贿罪。 67

《刑法》第 385 条第 2 款并没有规定"账外暗中",但第 387 条第 2 款规定了单位在经济往来中,在账外暗中收取各种名义的回扣、手续费的,以受贿论,表明"账外暗中"是违法性的构成要素,也是回扣、手续费构成贿赂的根本原因。因此,对于经济受贿而言,"账外暗中"是不成文的构成要件要素,是犯罪成立必须具备的条件。 68

《刑法》第 385 条第 2 款未规定"利用职务上的便利"和"为他人谋取利益",对于经济受贿是否要具备受贿罪的这两项构成要素,理论上存在争议。有观点认为,经济受贿是独立罪状,是立法出于刑事政策防范侵害国家工作人员职务廉洁性或具有刑事政策上所必须防范的侵害国家工作人员职务廉洁性的重大风险的考虑,即使没有牟利要素,也应作为受贿罪处理。[84] 也有观点认为,《刑法》第 385 条第 2 款规定的经济受贿只是对第 1 款普通受贿的补充和强调,并未形成新的犯罪构成,对于收受型的 69

83 参见孙国祥:《贿赂犯罪的学说与案解》,法律出版社 2012 年版,第 696 页。

84 参见魏东:《当代刑法重要问题研究》,四川大学出版社 2008 年版,第 393 页。

经济受贿而言,同样要具备"为他人谋取利益"这一要件。[85] "从法条逻辑关系来看,构成要件的宽严应由社会危害性轻重程度决定。发生在公务活动中的一般受贿,危害的是国家职能活动和职务行为的廉洁性,商业受贿发生在经济往来之中,其危害性小于前者,如果经济受贿无须具备'为他人谋取利益'要件,就会造成社会危害性小的行为反而比社会危害性大的行为处理严格,逻辑上无法自圆其说。"[86]笔者认为,后一观点更为合理。从立法体系上,经济受贿作为《刑法》第385条第2款,应当具有与普通受贿罪相同的客体,即公职行为的不可收买性,单纯收受财物行为不能反映出公职行为的不可收买性受到侵害,只有当权力和贿赂之间形成对价关系,才能得出客体受到侵害的结论,而这一结论的形成需要通过"利用职务上的便利"和"为他人谋取利益"两个要素加以证明。因此,经济受贿应当符合受贿罪的基本构成要件,"利用职务上的便利"和"为他人谋取利益"仍属于经济受贿的不成文构成要件要素。

Ⅵ 主体

70 1979年《刑法》首次将受贿罪主体明确规定为"国家工作人员",即"一切国家机关、企业、事业单位和其他依照法律从事公务的人员",进一步扩张了国家工作人员的范围,并更为明确。1982年全国人民代表大会常务委员会《关于严惩严重破坏经济的罪犯的决定》中规定,"国家工作人员,包括在国家各级权力机关、各级行政机关、各级司法机关、军队、国营企业、国家事业机构中工作的人员,以及其他各种依照法律从事公务的人员"。"其他依照法律从事公务的人员"作为兜底性规定,被扩张适用于集体经济组织工作人员。1988年全国人民代表大会常务委员会《关于惩治贪污罪贿赂罪的补充规定》第4条第1款明确规定:"国家工作人员、集体经济组织工作人员或者其他从事公务的人员,利用职务上的便利,索取他人财物的,或者非法收受他人财物为他人谋取利益的,是受贿罪。"1995年全国人民代表大会常务委员会《关于惩治违反公司法的犯罪的决定》将受贿罪分解为受贿罪和商业受贿罪,受贿罪的主体被限定为国家工作人员。根据1997年《刑法》第93条的规定,国家工作人员包括两类人:一是国家机关的工作人员;二是以国家工作人员论的人员,即国有公司、企业、事业单位、人民团体中从事公务的工作人员、受委派到非国有单位从事公务的人员以及其他依法从事公务的人员。在1997年《刑法》颁布之后,有关部门又通过立法和司法解释对国家工作人员的范围进行解释。多次解释虽然在某个时期发挥了指导司法实践的重要作用,但确实也存在诸多自相矛盾和不符合立法本意的地方,需要进一步加以辨析和明确。

---

85 参见杨兴国:《贪污贿赂罪法律与司法解释应用问题解疑》,中国检察出版社2002年版,第215页。

86 孙国祥:《贿赂犯罪的学说与案解》,法律出版社2012年版,第699页。

一、国家机关、国有公司、企业、事业单位、人民团体

国家机关是从事国家管理和行使国家权力的各级组织,可分为两大类:一是严格意义上的国家机关;二是准国家机关。严格意义上的国家机关,指国家权力机关、行政机关、司法机关、军队(中国人民解放军和中国人民武装警察部队所列出的各部门、各机构)。准国家机关虽然在形式上不属于国家机关,但实质上发挥了国家机关的管理职责。具体包括:①中国共产党机关。根据中国政治权力的架构和《宪法》规定,中国共产党在国家政治、经济、社会生活各个领域发挥着领导作用,直接领导国家事务,应属于国家机关,但不具有国家管理职能的党的基层支部和企业党组织除外。②政协组织。按照多党合作和政治协商制度,政协组织是具有广泛代表性的统一战线组织,具有一定的国家管理职能,政协的民主监督是国家权力的组成,也应属于国家机关。③名为事业单位、企业,但同时又被授予一定的政府管理职能或公共管理职能的组织。如证监会、银监会代表国家管理证券、银行业。名为事业单位但同时受国家机关委托从事行政管理职能、行政执法(如卫生防疫站)以及国家出资成立的名为企业但同时又被授予行使一定的政府行政管理职能,如烟草公司、盐业公司等。[87] 71

国有公司、企业是指由国家投资设立的全资公司、企业。国有公司、企业不包括国家控股、参股的公司、企业。2001 年 5 月 26 日施行的最高人民法院《关于在国有资本控股、参股的股份有限公司中从事管理工作的人员利用职务便利非法占有本公司财物如何定罪问题的批复》指出,在国有资本控股、参股的股份有限公司中从事管理工作的人员,除受国家机关、国有公司、企业、事业单位委派从事公务的以外,不属于国家工作人员。这一解释明确了国有资本控股、参股的公司中国家工作人员的范围,即仅限于委派人员,由此可以推定国有资本控股、参股公司不具有国有公司、企业的性质。 72

《事业单位登记管理暂行条例》第 2 条第 1 款规定:"本条例所称的事业单位,是指国家为了社会公益目的,由国家机关举办或者其他组织利用国有资产举办的,从事教育、科学、文化、卫生等活动的社会服务组织。"该司法解释明确了事业单位的三大特征:一是经费来源的国家化;二是组织功能的公益化;三是管理性与服务性的并重化。当然,在国有事业单位中的工作人员不一定就是国家工作人员,必须从事公务活动才具有国家工作人员身份。最高人民法院、最高人民检察院《关于办理商业贿赂刑事案件适用法律若干问题的意见》规定,学校及其他教育机构中的教师,利用教学活动的职务便利,以各种名义非法收受教材、教具、校服或者其他物品销售方财物,为教材、教具、校服或者其他物品销售方谋取利益,数额较大的,依照《刑法》第 163 条的规定,以非国家工作人员受贿罪定罪处罚。 73

人民团体在经费来源、编制和职能方面都具有国家化色彩,不同于社会团体。人民团体是由中国共产党领导的,享有国家财政拨款,按照其各自特点组成的从事特定 74

---

87 参见孙国祥:《贿赂犯罪的学说与案解》,法律出版社 2012 年版,第 277 页。

社会活动的社会组织。最早来自1949年前后在中国共产党领导下建立起来的统一战线组织,各人民团体的成员基本涵盖了各种主要统战对象,现在人民团体的政治角色实际上有所弱化,而功能性角色则在加强。八大人民团体在全国政协拥有议政席位,包括中华全国总工会、中国共产主义青年团、中国科学技术协会、中华全国工商联合会、中华全国妇女联合会、中华全国归国华侨联合会、中华全国台湾同胞联谊会、中华全国青年联合会。其他人民团体还包括中国作协、新闻工作者协会、对外友协、外交学会、贸促会、残联、宋庆龄基金会、法学会、红十字总会、思想政治工作研究会、欧美同学会、黄埔同学会、中华职教社,等等。

二、从事公务

75 无论是国家机关工作人员,还是准国家机关工作人员,都以“从事公务”为前提。“从事公务”是判断国家工作人员身份的实质要素,只要在国家机关中从事公务,即使是国家机关设立的临时性的非常设性工作机构或是非正式在编人员,也属于国家工作人员。在“钱政德受贿案”中,被告人认为,自己以工人身份,受上海市虹口区人民政府聘用,其所在拆迁指挥部是非常设性机构,因此不具有国家工作人员的身份。法院裁判理由认为:拆迁指挥部是在一定期限内行使特定专属职权的非常设性机构,其性质仍然属于国家行政机关。被告人虽是以工人身份借调、聘用至指挥部工作,不是国家机关的正式在编人员,但根据全国人民代表大会常务委员会《关于〈中华人民共和国刑法〉第九章渎职罪主体适用问题的解释》“虽未列入国家机关人员编制但在国家机关中从事公务的人员,在代表国家机关行使职权时,有渎职行为,构成犯罪的,依照刑法关于渎职罪的规定追究刑事责任”的规定,认定是否属于“在国家机关中从事公务的人员”,并不要求行为人具有国家机关在编人员的身份,而是重点强调是否在国家机关中从事公务。只要在国家机关中从事公务,即使是工人、农民身份,亦应认定为《刑法》第93条第1款规定的“国家工作人员”。[88] 在“黄长斌受贿案”中,被告人在电表厂(国有)改制期间,与其解除了劳动关系,但其厂长身份一直没有行文免除,仍以电表厂厂长和改制领导小组组长对外活动,其利用职务之便在电表厂的土地转让和土地拆迁过程中为他人谋取利益,法院据此认为,被告人虽然与企业解除了劳动关系,但实际仍从事监督、管理国有资产的公务,因此仍然属于国家工作人员。[89]

76 从事公务是指“在国家机关、国有公司、企业、事业单位、人民团体等单位中履行

---

88 参见周军、陈德日:《钱政德受贿案[第399号]——在国家机关设立的非常设性机构中从事公务的非正式在编人员是否属于国家工作人员》,载最高人民法院刑事审判第一、二、三、四、五庭主办:《刑事审判参考》(总第50集),法律出版社2006年版,第43页。

89 参见牛克乾、刘旭:《黄长斌受贿案[第693号]——国有企业改制期间,国家工作人员与企业解除劳动关系后,还能否被认定为国家工作人员,从而构成受贿罪》,载最高人民法院刑事审判第一、二、三、四、五庭主办:《刑事审判参考》(总第79集),法律出版社2011年版,第112页。

组织、领导、监督、管理等职责”[90]。《全国法院审理经济犯罪案件工作座谈会纪要》第1条中规定,从事公务,是指代表国家机关、国有公司、企业、事业单位、人民团体等履行组织、领导、监督、管理等职责。公务主要表现为与职权相联系的公共事务以及监督、管理国有财产的职务活动。如国家机关工作人员依法履行职责,国有公司的董事、经理、监事、会计、出纳人员等管理、监督国有财产等活动,属于从事公务。那些不具备职权内容的劳务活动、技术服务工作,如售货员、售票员等所从事的工作,一般不认为是公务。

公务活动的本质是管理性。如果一种活动是在国家事务中组织、领导、协调等具 77
有管理性的活动,这种活动就是公务,反之,若一种活动即便是国家事务,但不具有管理性,则不是公务而是劳务。[91] 有观点进一步阐释,在管理性之外,还应当从两个方面把握公务活动的特征:一是内容的广泛性,不仅存在于国家机关中,而且还存在于国有公司、企业、事业单位、人民团体等公共机构中;二是公务活动的职能性,公务活动只能存在于某些享有处理一定公共事务的职能机构中,在一定机构中从事公务活动的人,有按照其职务处理一定公共事务的权力。[92] 以上观点对公务特征的理解较为全面,但还可以进一步补充:公务活动以国家名义进行,具有国家代表性,不是代表个人、集体的行为,因而不包括集体公务,行为人在集体内从事管理活动的,不构成公务行为。

明确公务的特征,可以将公务行为与劳务行为区分开来。通常来说,劳务行为是 78
直接从事物质资料的生产活动和服务活动。公务与劳务的根本区别在于,劳务不具有国家权力性、职能性和管理性。劳务活动不具有公共事务的管理性,也不具有任何公权力的性质,即无职权,不具有受贿罪中“利用职务上的便利”之可能,即使在劳务中收取利益或报酬,也不能构成受贿罪。公务主要表现为三个方面:一是纯粹的国家事务,如国家各级权力机关、行政机关、司法机关和军队等公权机构的事务;二是涉及社会公共利益的国家管理事务,如国有事业单位、人民团体等履行组织、领导、监督、管理等职责;三是国家机关、国有公司、企业、事业单位及人民团体中涉及国有财产监督、管理的职务活动。在第三种情况下,构成受贿罪的公务,要求行为人必须具有一定的职权,具有利用职务上的便利之可能,否则,只能是劳务。公务的本质是以国家名义基于职权而展开的公共管理活动,不能以工种或是否属于技术性活动作为划分公务和劳务的主要标准,也不能以身份作为划分标准,而是应当根据行为人的职责和负责事项,进行具体分析判断。

---

90 张穹主编:《修订刑法条文实用解说》,中国检察出版社1997年版,第111页。

91 参见赵秉志、肖中华、左坚卫:《刑法问题对谈录》,北京大学出版社2007年版,第425页。

92 参见孙国祥:《贿赂犯罪的学说与案解》,法律出版社2012年版,第280页。

三、国家机关、国有公司、企业、事业单位委派到非国有公司、企业、事业单位、社会团体中从事公务的人员

(一)接受委派的对象

79 委派的目的是实现国有资产的保值和增值,接受委派的对象是具有国有资产成分且属于国有全资公司、企业以外的其他公司、企业以及事业单位、社会团体。有观点认为,在以下情况下不要求接受委派单位有国有资产成分:一是党政部门基于公共管理的需要而委派从事公务活动,如党团工作、特定时期的整改监督等,仍应当认定为国家工作人员[93];二是"过去计划经济体制下,一些集体所有制企业必须有主管单位,主管单位很多都是国家机关、国有公司、企业、事业单位,为了行使管理职能,主管单位直接委派一部分干部到集体所有企业担任职务,其具有从事公务的性质,也属于国家工作人员"[94]。第一种情况属于直接代表上级党政部门行使公共权力,具有一定的特殊性,应当属于国家工作人员;第二种情况伴随着经济体制转型的深化和现代公司制度改革的完成,已经不太可能发生。事实上,接受委派的单位是否具有国有资产成分,并非受贿罪主体认定需要关注的问题,以"公务说"为主导,主体认定的实质要素在于行为人是否从事公务。行为人虽然具有接受国有单位委派的形式特征,但若其相关活动不具有公务性质,依然不属于国家工作人员。

80 在"陈凯旋受贿案"中,委派关系下受委派人从事的职业活动是否属于"公务",是该案争议的焦点。二审法院认为,在认定国家工作人员身份时,不仅要审查"受委派"这一形式要件,还要审查行为人所从事的工作性质是否属于"从事公务"这一实质要件。由于特定的历史原因,陈凯旋虽然具有受国有单位委派的形式特征,但无"从事公务"这一认定国家工作人员的实质内容。[95] 同样,对于接受委派的非国有单位是否存在国有资产投资,也应当进行实质性认定。在陈凯旋案中,法院不仅从公司注册的形式角度认定了接受委派单位的集体经济组织性质,而且将受委派单位接受国家经济支持和帮助与国家投资严格区分开来。在另一起受贿案中,法院同样也采取了实质认定原则,认为即使受委派单位注册登记的性质是集体所有制,但若国有

93　参见刘为波:《〈关于办理国家出资企业中职务犯罪案件具体应用法律若干问题的意见〉的理解与适用》,载最高人民法院刑事审判第一、二、三、四、五庭主办:《刑事审判参考》(总第77集),法律出版社2011年版,第137页。

94　最高人民法院刑事审判第二庭:《如何正确认定"受委派从事公务"》,载《人民法院报》2003年2月10日。

95　参见黄建屏、廖丽红:《陈凯旋受贿案[第937号]——省农村信用合作社联合社委派到市、县、乡、镇农村信用合作社联合社、农村信用合作联社的人员是否属于"以国家工作人员论"的范围》,载最高人民法院刑事审判第一、二、三、四、五庭主办:《刑事审判参考》(总第95集),法律出版社2014年版,第113页。

单位是受委派单位的实际投资人，对受委派单位进行了全面管理，则受委派人的管理行为仍属于从事公务的行为。[96]

（二）委派的形式

委派具有委任、派遣的意思。委派不是工作调动，而是一个单位派出人员到另 81
一个单位担任一定的职务。委派的本质是要求被委派人员代表国家机关、国有公司或企业、事业单位在非国有单位从事公务。委派不同于委托。《刑法》第 382 条第 2 款规定了接受“委托”管理、经营国有财产的人员可以成立贪污罪。有观点认为，委托双方属于平等民事主体，本质上的是民事关系，是国有单位以平等主体身份就国有财产的管理、经营与被委托者达成协议，受托前后受托人与委托单位之间都不存在行政上的隶属关系，但在委托期间，委托单位与被委托人之间可能形成了一种监督和被监督关系，而委派的实质是任命，具有一定的行政性，被委派者在委派事项及是否接受委派方面，与委派方不是处于平等地位而是具有行政隶属性质，两者之间的关系具有隶属性和服从性，双方不是平等关系。[97] 也有观点认为，“从事公务”实际是委派和委托的共同特征，是认定属于国家工作人员的关键性要素，委托和委派的区别仅在于从事公务的依据不同，前者来源于原国有单位的任命、指派、提名、批准；后者来源于承包、租赁合同。[98] 上述观点指明了委托和委派的区分标准，只是角度不同，实际并无根本分歧。前一种观点从法律关系角度对委托和委派进行了区别，后一种观点则从实质目的论角度，认为委托和委派是基于不同的目的而发生，两者实际并不会发生交集。

委派的形式多种多样。《全国法院审理经济犯罪案件工作座谈会纪要》中指 82
出，委派的形式有任命、指派、提名、批准等。委派的最主要形式是书面任命，对于那些由国有单位通过合法程序由某位领导以口头形式通知某人到非国有单位从事公务，而且被委派者与接受单位予以认可的，也应认定为委派。国有单位能否直接委派其工作人员到国有资产参股、控股的股份有限公司中担任经理？有观点认为，不能采取直接任命的方式，只能向该股份有限公司董事会提名，要求该董事会聘任。[99] 笔者认为，这一理解是正确的。尽管受国有单位委派的人员，具有代表国有单位的直接性，但是国有单位的委派方式选择，仍必须兼顾与既有立法的协调性，不得违反法律

---

96 参见清国：《曹军受贿案［第 335 号］——对于依照公司法规定产生的公司负责人能否认定为受国有单位委派从事公务的人员》，载最高人民法院刑事审判第一庭、第二庭编：《刑事审判参考》（总第 42 集），法律出版社 2005 年版，第 70 页。

97 参见沈志先主编：《职务犯罪审判实务》，法律出版社 2013 年版，第 58 页。

98 参见陈洪兵：《贪污贿赂渎职罪解释论与判例研究》，中国政法大学出版社 2015 年版，第22 页。

99 参见熊选国、苗有水：《如何认定受委派从事公务的人员》，载《人民法院报》2004 年 11 月15 日。

的规定。根据《企业国有资产法》的规定,履行出资人职责的机构,依照法律、行政法规及企业章程的规定,可以任命或建议任命国家出资企业的董事、监事和高级管理人员。根据《公司法》的规定,公司经理是由董事会聘任,并对董事会负责。因此,国有股东委派到非国有公司、企业中代表自己行使管理权的人员只限于公司、企业的董事、监事,并不能直接委派经理及经理以下的人员,只能向董事会提名经理人选,由董事会决定是否聘任。

83 问题在于,国有单位在违反法律、法规规定直接委派人员担任接受委派单位的经理,而接受委派的非国有公司、企业也默认了这种委派,可否将违法或违规委派的人员认定为国家工作人员?应当说,这种委派是公司管理不规范所致,但程序性瑕疵不会影响国家工作人员的身份认定。委派是程序性要素,只要国家机关、国有公司、企业、事业单位发生派出人员的行为即可,至于委派形式如何、是否具有程序性瑕疵,并不重要,因为最终起决定作用的仍然是对公务行为的实质认定,而不是对身份形式的认定。2010年11月26日最高人民法院、最高人民检察院《关于办理国家出资企业中职务犯罪案件具体应用法律若干问题的意见》明确规定:"经国家机关、国有公司、企业、事业单位提名、推荐、任命、批准等,在国有控股、参股公司及其分支机构中从事公务的人员,应当认定为国家工作人员。具体的任命机构和程序,不影响国家工作人员的认定。"同样,在间接委派的情形下,也应得出相同的结论。国有单位推荐甲到国有参股的公司担任董事,后经过股份有限公司董事会法定程序选举或聘任担任总经理,作为总经理,甲具有组织、领导、管理公司经营活动的职能,应当以国家工作人员论。

(三)国有企业改制后的委派

84 在国有企业改制过程中,改制前受委派的国家工作人员在改制后其国家工作人员的身份是否会发生变化,在理论上有不同的观点。"身份延续说"认为,对于国有企业改为股份企业之后,其改制前原有的国家工作人员,即使不专门办理委派手续,其原有的国家工作人员身份依然保留,仍可以成为贪污贿赂罪的主体。[100] "身份终止说"认为,对于在国有企业改制为混合所有制公司、企业中担任一定职务,从事领导、管理职权的人员是否属于委派对象,不能一概而定,而是应当根据不同情况,区别对待:一是如果符合委派条件的,应当作为委派对象,以国家工作人员论;二是如果有的人员劳动人事关系与原有国有企业已经终止,属于重新上岗就业,其在混合所有制公司、企业中担任一定职务行使管理权不是代表国有资产,而是代表他方或由该公司、企业聘任的,则不能认定为委派对象。[101] 国有企业改制是中国经济体制转型的特殊

100 参见张穹主编:《贪污贿赂渎职"侵权"犯罪案件立案标准精释》,中国检察出版社2000年版,第35页。

101 参见韩耀武、张伟忠:《刑法中因"委派"而生的"准国家工作人员"的理解与司法认定》,载《人民法院报》2002年9月9日。

现象,是从传统的全民所有制企业向现代公司企业的转变发展,国有企业改制之后,国家不再是企业的所有者而是股东投资者,企业的性质和结构发生了变化,原基于所有者的委派关系自然失效。当然,国有投资者依然享有对国有资产的监督、管理权力,但需要根据国家作为股东的新身份明确这种监督、管理关系,对委派关系进行重新确认。据此,"身份终止说"更为合理。《全国法院审理经济犯罪案件工作座谈会纪要》指出:国有公司、企业改制为股份有限公司后,原国有公司、企业的工作人员和股份有限公司新任命的人员中,除代表国有投资主体行使监督、管理职权的人外,不以国家工作人员论。"新任命"包含对"监督、管理职权"进行重新确认的要求。最高人民法院、最高人民检察院《关于办理国家出资企业中职务犯罪案件具体应用法律若干问题的意见》中规定,代表国有投资主体行使监督、管理职权表现为两个方面:一是经国家机关、国有公司、企业、事业单位提名、推荐、任命、批准等,在国有控股、参股公司及其分支机构中从事公务;二是经国家出资企业中负有管理、监督国有资产职责的组织批准或者研究决定,代表其在国有控股、参股公司及其分支机构中从事组织、领导、监督、经营、管理工作的人员。也即由上级部门直接委派或者企业内部国有资产管理组织决定任命,都属于"委派"形式。换言之,对于改制企业而言,无论哪一种方式,都需要对国有资产的监督管理者身份进行重新确认,不是依照原国有公司、企业中的身份自行延续。"杨孝理受贿、非国家工作人员受贿案"[102]和"章国钧受贿案"[103]即系国有企业改制过程中受委派人员是否为国家工作人员的典型案例。

上述典型案例中,司法机关对受委派人员身份的认定思路均采取了"二阶式"的 85
判断路径。其一,首先判断接受委派的单位是否仍保留国有资产成分,若改制之后已不存在国有资产,则不构成受贿罪。如在"杨孝理受贿、非国家工作人员受贿案"中,其所在单位经过企业改制、国有资产退出之后,行为人的身份也从国家工作人员变成非国家工作人员,之后的贿赂行为构成公司、企业人员受贿罪[《刑法修正案(六)》改为"非国家工作人员受贿罪"]。其二,在确认接收委派单位仍具有国有资产成分的前提下,对改制后的委派关系进行重新确认,判断是否存在直接委派或间接委派形式。2010 年最高人民法院、最高人民检察院《关于办理国家出资企业中职务犯罪案件具体应用法律若干问题的意见》规定了"间接委派"形式,即"经国家出资企业中负有管理、监督国有资产职责的组织批准或者研究决定,代表其在国有控股、参股

---

102 参见傅树朝、吴振泉:《杨孝理受贿、非国家工作人员受贿案[第 855 号]——分别在国有独资公司委派到国有参股公司、国有参股公司改制为非国家出资企业任职期间收受贿赂的行为如何定性》,载最高人民法院刑事审判第一、二、三、四、五庭主办:《刑事审判参考》(总第 91 集),法律出版社 2014 年版,第 91 页。

103 参见赵芳、陈克蛾:《章国钧受贿案[第 974 号]——如何认定国家出资企业中的国家工作人员》,载最高人民法院刑事审判第一、二、三、四、五庭主办:《刑事审判参考》(总第 97 集),法律出版社 2014 年版,第 110 页。

公司及其分支机构中从事组织、领导、监督、经营、管理工作的人员",也属于国家工作人员。"负有管理、监督国有资产职责的组织",包括上级或本级国家出资企业内部的党委、党政联席会。"章国钧受贿案"发生在上述意见颁布之后,行为人经国家出资银行的党委决定,作为行长助理,负责日常银行管理活动,具有管理、监督国有资产职责,符合国家工作人员的要求,因而认定为受贿罪。

四、其他依照法律从事公务的人员

86 其他依照法律从事公务的人员,属于立法上的"兜底性"条款。由于"兜底性"条款具有一定的模糊性,必须加以限制性解释。理论上一般认为,就《刑法》第 93 条的规定来看,"其他依照法律从事公务的人员"应当具备三个基本特征:一是从事公务,即从事国家、公共事务的管理性活动;二是有法律依据,由法律授权其代表国家从事公务活动;三是行为人只在某种特定条件下才从事公务活动。[104] 全国人民代表大会常务委员会《关于〈中华人民共和国刑法〉第九十三条第二款的解释》规定,村民委员会等村基层组织人员协助人民政府从事下列行政管理工作,属于《刑法》第 93 条第 2 款规定的"其他依照法律从事公务的人员":①救灾、抢险、防汛、优抚、扶贫、移民、救济款物的管理;②社会捐助公益事业款物的管理;③国有土地的经营和管理;④土地征收、征用补偿费用的管理;⑤代征、代缴税款;⑥有关计划生育、户籍、征兵工作;⑦协助人民政府从事的其他行政管理工作。村民委员会等村基层组织人员从事前款规定的公务,利用职务上的便利,非法占有公共财物、挪用公款、索取他人财物或者非法收受他人财物,构成犯罪的,适用《刑法》第 382 条和第 383 条贪污罪、第 384 条挪用公款罪、第 385 条和第 386 条受贿罪的规定。

87 在"张留群受贿案"中,二审法院认为,张留群身为村民组组长,负责对村民组在国有土地上的房屋出租的行为进行管理属村民组的自治管理活动,不属协助人民政府从事其他行政管理工作,改判为非国家工作人员受贿罪。[105] 立法解释之所以将村基层组织人员在一定情形下视为国家工作人员,主要是考虑到此类人员虽不具有正式国家工作人员身份,但在现实生活中其经常受政府依法委托协助政府从事一定的管理工作,此时实际上被赋予了相应的行政管理权能,符合国家工作人员的本质特征。正确认定是否"从事公务",应严格区分政府委托的行政管理权与村民自治权的界限。诸如办理本村共同的经济事务、调解村民纠纷等活动,均属于村民自治的范畴。在"张留群受贿案"中,村委会享有对土地的使用权,房屋本属集体所有,系村民组集体财产,不涉及政府行政管理活动,所得租金也不交由政府,而由村民组自行支

---

[104] 参见孙国祥:《贿赂犯罪的学说与案解》,法律出版社 2012 年版,第 299 页。

[105] 参见刘文琳、康瑛:《张留群受贿案[第 595 号]——村民组组长依法从事公务的认定》,载最高人民法院刑事审判第一、二、三、四、五庭主办:《刑事审判参考》(总第 71 集),法律出版社 2010 年版,第 67 页。

配，故其行为不属协助人民政府从事行政管理工作。

Ⅶ 罪过

受贿罪的罪过形式为故意。犯罪故意包括认识因素和意志因素。受贿罪的认识因素是指行为人必须认识到自己索取、收受的对象物的贿赂性，即行为人必须认识到对象物是有关其职务行为的不正当酬谢，与其职务行为存在对价关系。[106] 88

行为人对于对价关系的认识必须是明确的。有观点认为，“从事实角度看，这种对价关系既有可能是存在的，也有可能是不存在的。但是……受贿罪主观方面的认识因素中并不要求这种对价关系是客观存在的，只要这种对价是行为人主观方面的一种或然性认识即可，不要求是明确的、肯定的认识，即使是模糊的、不确定的认识也可以”[107]。这一观点值得商榷。在“感情投资型”受贿的情形下，行为人收受财物时，虽然不能说明其已经具有了故意的明知，但事后做出为他人谋取利益的承诺或行为必然是建立在行为人已经明知对价关系客观存在的基础上，这种明知是确定的而非或然性的认识。换言之，受贿罪故意的明知针对的是权力交易关系，而非单纯的收受财物行为。 89

收受财物数额是判断行为社会危害性大小的标准，因而明知也包括了对贿赂财物价值的认识。对于财物的贿赂性的认识，必须与一定的数额联系起来，应当坚持主客观相一致原则，依据物品的实际价值，结合行为人对该物品的价值认识加以具体认定。[108] 有观点认为，“贿赂对象物的价值不属于受贿故意认识内容的范围，只要行为人认识到行贿者交付的财物是其职务行为的不当报酬，即具有贿赂性，就可以认为具有了认识因素，而无须再要求认识到贿赂对象的实际价值。因为，受贿罪侵害的客体是国家工作人员职务行为的不可收买性，行为人认识到行贿者送交的财物是购买其职务行为的而予以接受，表明行为人已经将职务行为与行贿者交送的财物予以交换，从而侵害了国家工作人员的职务行为的不可收买性。同时，尽管行为人虽然并不知道收受的银行卡中有多少钱，字画、古董、高科技产品、工艺品价值多少，但是，他对所收受的这些物品具有价值这一点仍是能够认识到或应当认识到的，认识到具有价值而予以收受，无疑具有受贿的认识因素”[109]。也有观点认为，这种情况下国家工作人员的故意属于概括性故意，即对于认识的具体内容并不明确，但明知自己的行为会发生危害社会的结果，希望或者放任结果发生的心理态度，如行为人利用职务上的便 90

106 参见王作富主编：《刑法分则实务研究》(第3版)，中国方正出版社2007年版，第1813页。

107 王春福：《“感情投资”与间接故意型受贿罪》，载《国家检察官学院学报》2011年第2期。

108 参见孙国祥：《贿赂犯罪的学说与案解》，法律出版社2012年版，第396页。

109 廖福田：《受贿罪纵览与探究——从理论积淀到实务前沿》，中国方正出版社2007年版，第458页。

利为请托人谋取利益后,请托人到国家工作人员家中送钱给其配偶、子女,行为人回家后,其配偶、子女告知其请托人送钱的情况,但没有告知具体数额,请托人也没有告知该国家工作人员具体数额。[110] 笔者认为,行为人仅对财物的价值性有明知是不够的,还必须对财物的价值大小有明知。将他人用于贿赂的真金元宝当成普通工艺品收受,不存在对黄金价值的明知,只存在对普通工艺品价值的明知。但是,在明知贿赂价值较大的前提下,不需要进一步要求行为人对财物的具体数额有明知,只需对"价值较大"的抽象数额有明确认识即可,但这仍然是确定的明知而非概括性故意。

91 受贿罪故意的意志因素,是指明知索取或收受财物与职务行为具有对价关系,希望这一结果发生的心理态度。受贿罪的故意为直接故意,不包括间接故意。有观点认为,在直接故意之外,在一些特殊情况下受贿罪的故意还包括间接故意。如国家工作人员虽然不积极追求贿赂,但对家属接受请托人财物采取了放任态度,"感情投资式"的收受型受贿,基本上属于间接故意。[111] 这样的理解值得商榷。对价关系的形成不仅要有收受财物的行为,还必须有作出为他人谋取利益的行为(至少是承诺),从主客观相一致原则的角度,主观故意的认识和意志因素应当同时涵盖以上两个方面。当行为人明知其家属收受请托人财物而不上缴时,表明其对权钱交易关系作出了默示承诺,客观要件要素全部齐备,行为人在主观上对法益损害有了明确的认识并希望结果的发生,应为直接故意。同样,在"感情投资式"受贿中,行为人收受无请托事项财物时,权钱交易关系尚未产生,不会出现受贿罪的故意,只有当行为人作出相关承诺或为他人谋取利益行为时,行为的社会危害性才会产生,而行为人对此有明确的认识并积极追求,属于直接故意。

92 在"事后受贿"中,如何认定犯罪故意,值得进一步讨论。"事后受贿"发生在行为人为他人谋利之后,包括两种情况:一是受贿人与行贿人约定在为行贿人谋利后收受他人贿赂;二是行为人先为他人办事,当时没有约定受贿,事后收受他人财物。在第一种情况下,由于双方都有约定,行为人的受贿故意仍然产生在先,对此没有争议。在第二种情况下,行为人在为他人谋取利益时,没有受贿的故意,是正常履行职务,事后请托人出于酬谢而行送财物,行为人予以收受,此时是否具有受贿的故意?对此,在理论上存在争议。"否定说"认为,事后受财行为,由于行为人主观上虽有收受财物的故意但没有为他人谋取利益作为交换条件而收取财物的故意,因此不构成受贿罪,但该行为具有较为严重的社会危害性,可通过制定另外的刑法规范来追究刑事责任。[112] "肯定说"认为:"受贿罪的本质是以公权谋私利,即权钱交易。先取得利后使用权,属于权钱交易;先使用权后取得利,也是权钱交易。公权与私利,孰先孰

110　参见赵煜:《惩治贪污贿赂犯罪实务指南》(第2版),法律出版社2017年版,第235页。

111　参见王春福:《"感情投资"与间接故意型受贿罪》,载《国家检察官学院学报》2011年第2期。

112　参见陈兴良主编:《刑事法判解》(总第2辑),法律出版社2000年版,第175页。

后,均不影响交易的成立。”[113]“受贿故意认定的关键,不在于行为人为他人谋取利益当时是否具有收人钱财的意图,而在于行为人收受人钱财的当时是否明知或者应知所收钱财作为对其利用职务为他人谋取利益的回报。”[114]比较而言,“肯定说”的观点更为合理。从主观角度看,在事后受贿的情形下,行为人明知收受财物是之前利用职务上的便利为他人谋取利益的对价,就已经符合了受贿故意的认识因素和意志因素的要求。至于如何认定行为人对于权钱交易对价关系具有明知,则是建立在事实推定的基础上,任何国家工作人员“只要有正常的认识能力,都能认识到请托人是基于何种原因送钱,也都能认识到是基于以前的工作为其谋取了利益,因此,收钱就是交易”[115]。“就司法认定而言,得出(事后受贿)行为人具有受贿故意的结论是采取推定解释方法,其前提有两个:一是行为人事先以职务行为为对方谋取了利益;二是对方给予的钱财明显超过通常友谊赠送的数额,根据社会常理和生活经验,这种结论是唯一的,即不可能做其他解释。”[116]

Ⅷ 特殊类型的受贿

2007年7月8日最高人民法院、最高人民检察院《关于办理受贿刑事案件适用法律若干问题的意见》针对特殊受贿类型进行了具体规定,统一了司法适用的标准。根据该意见的规定,以下受贿类型值得进一步研究。 93

一、“交易型”受贿

最高人民法院、最高人民检察院《关于办理受贿刑事案件适用法律若干问题的意见》第1条中规定,国家工作人员利用职务上的便利为请托人谋取利益,以下列交易形式收受请托人财物的,以受贿论处:①以明显低于市场的价格向请托人购买房屋、汽车等物品的;②以明显高于市场的价格向请托人出售房屋、汽车等物品的;③以其他交易形式非法收受请托人财物的。以上形式统称为“交易型”受贿。“交易型”受贿表面上是正常的交易行为,符合相应的程序和手续,但背后则是权钱交易行为,属于以合法形式掩盖非法目的,应当认定为受贿罪。 94

(一)“交易型”受贿的主要形式

根据最高人民法院、最高人民检察院《关于办理受贿刑事案件适用法律若干问题的意见》第1条之规定,“交易型”受贿的主要形式有三种类型,前两种属于传统的交 95

113 储槐植:《“事后受贿”能否构成受贿罪》,载姜伟主编:《刑事司法指南》(总第2辑),法律出版社2000年版,第175页。

114 梁根林:《受贿罪法网的漏洞及其补救》,载《中国法学》2001年第6期。

115 任卫华:《当前刑事审判工作中若干重大法律适用问题解读》,载《上海审判实践》2007年第7期。

116 储槐植:《刑事一体化论要》,北京大学出版社2007年版,第76页。

易形式,行为人通过低价买或高价卖,获得差价部分的贿赂;第三种采取了概括性的兜底规定方式,涵盖了前两种类型之外其他交易形式的受贿,无论采取何种交易形式,行为人通过价格差价获得贿赂是其共同之处。

96 从实践看,“以其他交易形式非法收受请托人财物”包括的主要类型有:一是循环购买。请托人将房屋或汽车等财物以低价卖给国家工作人员,之后再高价买回,其中差价即为贿赂。二是不等值串换。请托人和国家工作人员之间采取“以物换物”的方式,将国家工作人员价值较低的房屋或汽车等财物置换为请托人价值较高的房屋或汽车等财物,串换所产生的巨大差价即为贿赂。以物易物本属于最为传统的民事交易活动,存在一定的价差属于正常现象,但若价差悬殊,如以国家工作人员价值 5 万元的汽车置换请托人价值 50 万元的汽车甚至房屋,明显不符合常理,应当认定为属于交易形式的贿赂。但是,也需要考虑到实践中置换房屋的复杂情况,不同人对于房屋价值的考虑也不同,不排除有的考虑上班或孩子上学方便等因素而自愿置换的,所以,实践中把握起来要慎重,除满足价差“明显”这一条件外,还需要考虑置换的原因、背景等。[117] 三是差价租赁。国家工作人员以明显高价向请托人出租其财物,或者以极低的价格从请托人处租用财产。租赁市场价格本身具有一定的浮动性,但基于租赁物的品质、使用年限等因素也形成了基本的市场价格区间,明显超过市场租赁价格区间的,应当认定为贿赂。如在市场同等地段民用房屋租金为每月 3000 元的情况下,国家工作人员将其房屋以每月 8000 元的价格租赁给请托人或请托人指定的人。此外,还有以“赊购”方式、增设交易的中间人环节、长期使用等方式进行的交易行为。总之,“交易型”受贿表面看似“合法”,符合当事人的真实意思,但存在较为明显的交易差价,严重偏离了市场规律,以合法形式掩盖非法目的,体现了权钱交易的本质。在“凌吉敏受贿案”中,法院认为,被告人以明显高于市场的价格让请托人租赁其房屋,实质上是一种变相收受请托人财物的行为,即属于“以其他交易形式非法收受请托人财物”的受贿。[118]

(二)交易差价的基准价格

97 最高人民法院、最高人民检察院《关于办理受贿刑事案件适用法律若干问题的意见》第 1 条规定,“受贿数额按照交易时当地市场价格与实际支付价格的差额计算。前款所列市场价格包括商品经营者事先设定的不针对特定人的最低优惠价格”。“市场价格”是认定交易差价的基准价格。何为“市场价格”?有“成本价格说”“评估价格说”“最低优惠价格说”等不同观点。“成本价格说”以财物的成本价,减去国家工作人员实际支付的价格,认定受贿数额,但房屋等特殊商品的成本价格和市场价格差

---

117 参见郭竹梅:《受贿罪新型暨疑难问题研究》,中国检察出版社 2009 年版,第 245 页。

118 参见谭劲松:《凌吉敏受贿案[第 1019 号]——以明显高于市场的价格向请托人出租房屋,所收取的租金与市场价格的差额是否应当认定为受贿数额》,载最高人民法院刑事审判第一、二、三、四、五庭主办:《刑事审判参考》(总第 99 集),法律出版社 2015 年版,第 126 页。

距过大,按照这样的标准,很大一部分受贿罪将无法得到追究。成本是开发商的实际财产,而利润是其期待利益,正是因为一方当事人以权力为筹码,才使得相对人愿意将期待利益作为交换的等价物,在房地产等期待利益较为确定的财物上,作为期待利益的利润理应成为受贿数额的一部分,采用购房、购车等交易形式受贿应当以市场价格作为是否构成受贿罪的标准。[119] 就此而言,"成本价格说"范围过窄,并不合理。"评估价格说"认为,应当通过市场的专业评估来确认商品的基准价格。该观点具有一定的合理性,但评估价格仍具有变动性,鉴定评估主体的不同,结论也会有所不同,而且也无法计算基于市场促销而产生的打折、减让部分,在出现正常的优惠价格低于评估价格的情况下,不宜适用评估价格。"最低优惠价格说"认为,市场价格应当以针对不特定主体的最低价格为标准。以"最低优惠价格"作为定性和定量的基点,充分考虑了新商品房交易价格的实际操作惯例,能够避免控辩双方对于市场价格的鉴定是否正确合理的技术性争论,不会引发受贿罪打击面失控的问题,具有合理性。

在"胡伟富受贿案"中,法院认为,胡伟富从行贿人处购房的优惠幅度达总房款的 98
13%以上,显然超出正常优惠幅度,应当认定为采用交易的形式收受贿赂。[120] 商品交易中,优惠让利是一种正常的销售方式,最高人民法院、最高人民检察院《关于办理受贿刑事案件适用法律若干问题的意见》规定,"根据商品经营者事先设定的各种优惠交易条件,以优惠价格购买商品的,不属于受贿"。但是,由于新商品房折扣极为不规范,最低优惠价格具有随意性,需要加以必要限制,如以销售方内部最低优惠价格的明文规定为条件或主管负责人的确认。[121] 根据最高人民法院、最高人民检察院《关于办理受贿刑事案件适用法律若干问题的意见》的规定,最低优惠价格应当具有以下条件:一是事先设定。不同层级的销售人员具有不同的优惠权限,在自己的优惠权限内给予优惠幅度,即使请示上级而获得的更优幅度,仍是基于商业利益的考虑,属于正常优惠范围。二是针对不特定群体。"不针对特定人",是指在正常的市场优惠购房中,能够以优惠条件购买房产的人是不特定的多数人,凡是愿意支付相关对价者均可以参与买卖而享受优惠,如果仅是针对国家工作人员单独设定的优惠,社会上的不特定多数人是不可能享受到同等优惠的,则属于贿赂范畴,但优惠不要求向社会公开,可以由销售方内部掌握。三是优惠具有合理的原因,符合商业惯例,如及时回收成本、缩短资金流周期、节省附随性开支,等等。据此,对于交易差价的基准价格的确

---

119 参见刘志远主编:《新型受贿犯罪司法指南与案例评析》,中国方正出版社 2007 年版,第 8 页。

120 参见唐海波、王行云:《胡伟富受贿案[第 975 号]——如何区分国家工作人员以优惠价格购买商品房与以交易形式收受贿赂》,载最高人民法院刑事审判第一、二、三、四、五庭主办:《刑事审判参考》(总第 97 集),法律出版社 2014 年版,第 117 页。

121 参见孟庆华:《新型受贿犯罪司法解释的理解与适用》,中国人民公安大学出版社 2012 年版,第 119 页。

定,应当采取“以评估价格为主、最低优惠价格为补充”的复合标准:在对不特定主体的商品促销、打折的情况下,应以最低优惠价格为标准;其他情况下则以评估价格为标准,如请托人购买“二手房”行贿,以行贿时“二手房”的市场评估价格作为基准价格。在“胡伟富受贿案”中,被告人从民建公司购买的两套房共计优惠达 5.3 万余元,所享受的优惠幅度达总房款的 13%以上,而民建公司面对不特定主体售房的最大优惠幅度仅为 3%,因此,胡伟富在该起购房中所享受的优惠不是正常的市场优惠,而是变相收受贿赂。

99 最高人民法院、最高人民检察院《关于办理受贿刑事案件适用法律若干问题的意见》中规定,交易“数额按照交易时当地市场价格与实际支付价格的差额计算”。对于小额商品而言,交易时间和过程容易确定,但对于大额商品,如房屋,从交付意向金到房屋过户,可能会持续一年以上时间,期间房屋价格会出现波动,此时,应当如何理解“交易时”?“控制说”认为,“交易时”应当是指受贿人已经实际占有或控制房屋、汽车等物品时。[122]“区分说”认为,应将不动产和动产区别对待,对于国家工作人员低买高卖房屋等不动产的,应当将“交易时”界定为合同成立时,对于国家工作人员低买高卖汽车等不动产的,应当将“交易时”界定为动产交付时。[123]“控制说”实质是以物的利用价值作为贿赂的评价标准,认为只有在能实际控制、利用的情况下,财物对于受贿人才具有贿赂的意义。然而这一认识并不合理。贿赂本身不限于实物,也包括财产性利益,这种财产性利益可以是既定实现的利益,如持有的股票,也可以是预期实现的利益,如期房的升值价值。对于期房买卖而言,请托人用于行贿的不仅是房屋的当时价值,也包含未来的预期升值,这些利益均因双方签订合同而予以确定,反映出国家工作人员受贿时权力的交易价值。笔者认为,从贿赂的价值本质来看,以合同方式确立的贿赂交易关系,其“交易时”应当限定为合同生效时,即使是以动产或机动车等登记制度上的拟制不动产交易,原则上也应当以合同生效作为条件,只有在动产或不动产交付在先,受贿人已经实际支配财物时,双方履行完主要买卖义务时,才以“控制说”作为“交易时”的标准。简言之,对于“交易时”的判断,应当以“合同生效说”为原则,以“控制说”为补充。

(三)交易差价的“明显性”

100 最高人民法院、最高人民检察院《关于办理受贿刑事案件适用法律若干问题的意见》第 1 条第 1 款中规定,“以明显低于市场的价格向请托人购买房屋、汽车等物品的”与“以明显高于市场的价格向请托人出售房屋、汽车等物品的”,以受贿论处。该解释规定了明显低于或高于市场价格的限制性条件,但相差多少数额属于明显低于或明显高于正常价格,该解释并未明确加以规定。有观点认为,司法解释应该提供可供司法实

---

[122] 参见陈国庆主编:《新型受贿犯罪的认定与处罚》,法律出版社 2007 年版,第 25 页。

[123] 参见谢杰等:《如何界定交易型受贿犯罪数额计算的基准时间》,载《检察日报》2007 年 11 月 5 日。

践贯彻执行的刑法规则,而非给出诸如"明显高于"等似是而非、模棱两可的价值符号。[124] 但该质疑观点难以成立。规范的精确性不排除规范的模糊性,弹性规范具有弥补刚性规范不足的积极价值,即使罪刑法定原则所要求的明确性也只是相对的明确而非绝对的明确。"明显"是一个模糊用语,但模糊不代表不能明确,关键还在于选择合理的解释方法。"立案标准说"认为,只要交易差价达到了立案标准,就符合"明显"的要求。"比例标准说"认为,需要交易差价达到市场价格的一定比例,如20%或40%等。[125] "复合标准说"(比例加总额)认为,应当从两个方面把握"明显"的标准:一是价格违背一般的常理;二是是否存在巨大差价。[126] 在"寿永年受贿案"[127]中,法院认为,判定房屋交易价格是否明显高出或者低于市场价,应当以二者的差价绝对值作为基础,同时兼顾折扣率(差额比)的高低,综合判断购房价是否明显高于或者低于市场价。"立案标准说"没有考虑到以房屋这样价值巨大财产行贿时,轻微的价格差就可以达到立案标准的问题,并不合理。"比例标准说"也较为机械,小面积房屋即使相差金额不多,也容易达到比例,而大面积房屋却需要价差较大才能满足同一比例的要求。相比之下,"复合标准说"的考虑较为全面,但理由还需进一步补充。贿赂价值的判断不能脱离具体的社会生活,一般公众对于交易价差的"明显性"存在常理性认识,以合乎常理的优惠价格购买房屋,不能作"明显"的认定。比如,一套位置不佳但市值较高的商品房(价值500万元)和一套位置较好但总价较低的小面积商品房(价值100万元),根据常理,位置好的房屋不愁卖,促销力度不会太大,而位置不好的房屋则会采取更大力度的优惠以刺激销售,因而不同类型房屋的合理的促销优惠比例存在不同,位置好的房屋优惠比例达到10%甚至更高,若无其他合理理由,则交易价差符合"明显性"的要求,反之,位置不好的房屋优惠比例达到10%,也仍然具有合理性。

二、"干股型"受贿

最高人民法院、最高人民检察院《关于办理受贿刑事案件适用法律若干问题的意见》第2条规定,干股是指未出资而获得的股份。国家工作人员利用职务上的便利为请托人谋取利益,收受请托人提供的干股的,以受贿论处。进行了股权转让登记,或者相关证据证明股份发生了实际转让的,受贿数额按转让行为时股份价值计算,所分红利按受贿孳息处理。股份未实际转让,以股份分红名义获得利益的,实 101

124 参见薛进展、谢杰:《对"两高"最新受贿罪司法解释的反思》,载《法学》2007年第10期。

125 参见于志刚主编:《新型受贿犯罪争议问题研究》,中国方正出版社2011年版,第51页。

126 参见孙国祥:《贿赂犯罪的学说与案解》,法律出版社2012年版,第522页。

127 参见管友军、陈曜:《寿永年受贿案[第1432号]——如何认定以明显低于市场价购买房屋的受贿形式》,载最高人民法院刑事审判第一、二、三、四、五庭编:《刑事审判参考》(总第128辑),人民法院出版社2021年版,第140页。

际获利数额应当认定为受贿数额。对于受贿人对干股是否具有所有权,理论上有"肯定说"和"否定说"的争议。笔者认为,打击收受干股型受贿,不仅是因为干股本身具有财产利益属性,更重要的是国家工作人员接受了来自公职行为以外的不当利益,存在"权钱交换"关系,因此,从刑法角度看,国家工作人员对于"干股"是否享有所有权并不重要,关键是是否存在未出资的情况却能够支配股份及其红利,只要未履行出资义务却享有现实或拟制的股份数量,即构成干股。根据最高人民法院、最高人民检察院《关于办理受贿刑事案件适用法律若干问题的意见》的规定,收受干股可以进行股权转让登记,也可以只挂名不实际转让股份,亦表明受贿人对于干股无须具有所有权。

(一)收受干股的类型

102 收受干股的类型主要包括:一是国家工作人员在"零投资"的情况下,取得请托人提供的股份;二是国家工作人员在"假投资"的情形下,取得公司股份,如请托人出资,以受贿人名义入股;三是国家工作人员在低价受让的情况下,取得公司股份。通常而言,前两种情况认定为干股并无歧义,但在第三种情况下,则有不同的观点。有学者认为,根据最高人民法院、最高人民检察院《关于办理受贿刑事案件适用法律若干问题的意见》第 2 条的规定,干股是指未出资而获得的股份,这是干股的本质特征,如果行为人实际支付了部分股金,但该股金明显低于股份价值的,不能认定为干股,但如果行为人是国家工作人员,利用职务上的便利,为对方谋取利益,那么这就具有了权钱交易的本质特征,应以受贿罪论处,但不属于"干股型"受贿,而属于"交易型"受贿,受贿的数额应当以少付的股金计算,产生的红利不能一并计入。[128] 也有观点认为,低价受让股份的受贿不同于交易型受贿,后者最为明显的特征是交易行为具有独立性,都是一次性的,没有形成行贿、受贿人之间以经济实体为纽带的"经济共同体",这与低价受让型干股受贿的区别是明显的,后者使得受贿人与其他股份成为一个整体,为了获得更多红利,必须运用手中权力推动公司获利。支付股金明显低于股份价值的部分应当认定为"未出资而获得的股份"[129]。其实,上述两种观点都认为应当以未支付股份作为贿赂的数额,本质上并无区别,只是在贿赂的具体行为方式上产生分歧。司法解释区分"交易型"贿赂和"干股型"贿赂,并非将其规定为独立的受贿罪类型,而是旨在提醒司法者须注意这些具有"合法外观"的贿赂类型,以免将其误定为合法行为。不同类型贿赂只存在形式上的不同,不存在构成要件上的差异,无论何种类型的贿赂,最终要回归于受贿罪的基本构成上进行判断。以低价方式受让股份中未获得价金支持的股份,实际是请托人赠与受贿人的股份,等同于"未出资而收

[128] 参见刘志远主编:《新型受贿犯罪司法指南与案例评析》,中国方正出版社 2007 年版,第50页。

[129] 参见孟庆华:《新型受贿犯罪司法解释的理解与适用》,中国人民公安大学出版社 2012 年版,第 157 页。

受股份”。因此,第二种观点更为合理。

(二)干股的金额计算

干股分为有股权支撑的实际干股和无股权支撑的拟制干股。两种类型干股的金额计算方式不同。 103

对于实际干股,最高人民法院、最高人民检察院《关于办理受贿刑事案件适用法律若干问题的意见》规定,进行了股权转让登记,或者相关证据证明股份发生了实际转让的,受贿数额按转让行为时股份价值计算,所分红利按受贿孳息处理。需要注意的是,股份价值对应的是公司净资产而不是注册资本,该意见强调的是“转让行为时”的股份价值,通常认为受贿数额应为转让时干股占总股份的比例乘以公司净资产后的价值。有观点认为,如果是上市公司股份,则以行为时该股份在证券市场的价格计算受贿数额。[130] 该观点将通过股票交易市场可以即时变现的股票交易价格作为受贿数额,具有一定的合理性,但也需考虑到,一些上市公司股票价格可能会低于净资产,此时不适合以交易价格而应当以净资产价格作为计算基础。简言之,对于上市公司而言,在股票交易价格和净资产价格中择高确定受贿数额,更为合理。然而,对于收受非上市公司股份而言,当非上市公司净资产为负时,在客观价值说之下,难以将这种情况下的股份收受认定为受贿。基于干股而产生的红利和交易市场上的股价升值,不属于受贿数额,按照孳息处理。股份不同于其他财物,其特点即在于能够产生红利,红利对于股份而言具有依附性。收受干股,“其实质与收受股票或银行存单一样,股票和存款本身已被认定为受贿数额,而股票将来的分红、存款将来的利息都是依附于股票、存款而存在的,因此,无论是股票将来的升值或分红,还是存款将来的利息都不是作为受贿数额,而是作为受贿孳息处理的,已进行股权转让登记的干股分红,同样不应将收受红利割裂开来理解”[131]。但是,若国家工作人员所分红利远远超出了其股份应得分红,不合理的超出部分应当认定为受贿数额。如国家工作人员所占干股比例只有 10%,按照股份比例应当分红 20 万元,但请托人以红利形式支付了 50 万元,多给了 30 万元,此 30 万元不属于红利,应当计入贿赂数额。“不过,在这种情况下,应注意分析行为人主观上有无受贿的故意,如果行为人主观上没有受贿的故意(不清楚公司实际经营情况),并不清楚自己额外获得红利,则额外的红利不能累计为受贿数额,应作为非法所得没收。”[132] 104

无资本依托的拟制干股,本身并无实际价值,在数额认定上应当区别对待。最高 105

---

130 参见薛进展、谢杰:《新型受贿犯罪若干问题研究》,载彭东、陈连福、李文生主编:《〈刑事司法指南〉(2000—2010)分类集成——贪污贿赂罪 · 渎职侵权罪》,法律出版社 2011 年版,第 238 页。

131 刘志远主编:《新型受贿犯罪司法指南与案例评析》,中国方正出版社 2007 年版,第 51 页。

132 孙国祥:《贿赂犯罪的学说与案解》,法律出版社 2012 年版,第 537 页。

人民法院、最高人民检察院《关于办理受贿刑事案件适用法律若干问题的意见》第2条规定,“股份未实际转让,以股份分红名义获得利益的,实际获利数额应当认定为受贿数额”。根据该规定,拟制干股包括两种情况:一是请托人与受贿人约定的单纯的“分红型”干股。受贿人取得的干股没有现实的资本依托,没有股份的法律确认和相关保护,本身不具有价值,不影响其他股东的股份份额,受贿人实际取得的只是请托人以“红利”形式支付的财物,因此仅以红利数额计算受贿数额。二是收受“空壳公司”的股份。空壳公司的股东在成立公司的过程中通过虚报注册资本或抽逃出资的方式,逃避公司出资义务,导致公司没有相对应的资产。国家工作人员并未获得所谓的股份及其对应资产,应视为股份未实际转让。若国家工作人员在不明知“空壳公司”的情况下接受请托人提供的干股,由于贿赂对象不存在,属于受贿罪的未遂。若国家工作人员已经取得以股份名义的红利,其实际获利所得为受贿数额。若在请托人行贿时尚属于“空壳公司”,但之后请托人补充了公司资本,则国家工作人员受贿数额以充实的资本按占有的干股的比例计赃。[133]

三、“合作投资型”受贿

106 最高人民法院、最高人民检察院《关于办理受贿刑事案件适用法律若干问题的意见》第3条规定,国家工作人员利用职务上的便利为请托人谋取利益,由请托人出资,“合作”开办公司或者进行其他“合作”投资的,以受贿论处。受贿数额为请托人给国家工作人员的出资额。国家工作人员利用职务上的便利为请托人谋取利益,以合作开办公司或者其他合作投资的名义获取“利润”,没有实际出资和参与管理、经营的,以受贿论处。

107 “合作投资型”受贿也包括两种情形:①国家工作人员没有真实投资的情形。此种情形包括:一是由请托人出资,国家工作人员与其“合作”开办公司或者进行“合作”投资。此类行为类似于前述收受干股的行为,只不过公司的财产没有表现为股份的形式。受贿数额为请托人给国家工作人员的出资额。二是国家工作人员没有实际出资也不参与管理、经营而获得的“利润”。合作开办公司,可以是货币出资,也可以是劳务出资。若国家工作人员不存在任何出资行为,却获得所谓“利润”,并且具有利用职务上的便利为他人谋取利益的情形,则应当构成受贿罪。最高人民法院发布的指导案例3号“潘玉梅、陈宁受贿案”即为其典型。②国家工作人员具有真实投资的情形。国家工作人员如果有真实的投资,即使未实际参与管理、经营活动,也属于合法活动。出资的方式包括用货币、实物、知识产权、土地使用权或其他财产性权利出资,也可以用劳务出资。但是,若获得明显高于出资应得收益的利润,在不具有合理原因的情形下(如对企业作出了较大贡献等),则属于受贿。

108 对于国家工作人员借款投资,在获得利润之后归还借款的,应该如何认定,存在

---

133 参见孙国祥:《贿赂犯罪的学说与案解》,法律出版社2012年版,第539页。

较大争议。在最高人民法院、最高人民检察院《关于办理受贿刑事案件适用法律若干问题的意见》起草过程中,对此类行为的性质也存在两种不同的观点:一种观点认为,由他人垫付的出资,只是一种更为隐蔽的受贿手法,从“归还”出资的本意掩盖非法收受的所谓投资收益,这类行为同样属于打着合作开办公司或者其他投资合作名义,行受贿之实的行为。另一种观点认为,按照“谁出资、谁收益”的原则,既然是垫付,意味着国家工作人员是投资方,那么获得公司收益是合法合理的。鉴于对此争议较大,该意见未作专门规定。[134] 在学理上,也有类似的观点争议。有观点认为,由请托人垫付资金,国家工作人员合作投资,事后通过合法财产归还了请托人垫资的,应当认定为其实际出资。也有观点认为,由请托人垫付资金,并以利润归还了请托人垫资的,俗称“空手套白狼”,这种情况往往是公司有了利润就冲抵“垫款”,没有利润或亏损就算了,也不需要国家工作人员再掏钱归还,从头至尾,国家工作人员并没有实际投资,也未参与经营管理,虽然所获利润被其全部或部分用于冲抵垫款,似乎是归还投资,但实质上属于没有实际出资和参与经营管理,却实际获得“利润”的情形,应当按照受贿罪论处。[135] 还有观点认为,应当区分是否从事经营管理,确定是否构成受贿,如国家工作人员或者其指定的第三人实际参与公司经营,获利后将部分利润归还出资的,由于有实际参与公司经营的情况,因而不能按照受贿罪处理。[136] 另有观点认为,对于是变相贿赂,还是合法民事行为,应当具体分析,应当由国家工作人员和请托人对其行为作出合理解释,否则承担不利后果,司法机关应注意考察行为人的真实意思、国家工作人员是否利用职权为他人谋取利益、因果关系如何,是否履行借款手续、是否约定利息及返还期限、是否参与经营管理、是否及时归还借款及利息、还款资金性质如何、是否承担经营风险等多种因素作出综合判断。[137] 笔者倾向于最后一种意见。在实践中,国家工作人员借款投资,获得利润后归还借款的问题非常复杂,不能单一地以归还资金是否合法、是否从事经营管理进行判断。在以合法资金归还垫款的情况下,不能排除垫款产生的投资利益是权钱交易下交易回报的可能;在由请托人代垫出资而行为人不参与经营管理的情形,也不能排除行为人因经济周转困难且无时间、精力参与经营管理活动而不构成贿赂的可能。从降低诉讼证明难度的角度,可以考虑采取推定规则,将借款投资推定为“没有真实投资”,由行为人对借款投资的合理性进行解释,具体的合理性判断要素包括:代垫出资的必要性、公司项目的风险性、代垫出资的约定形式与内容等。确因资金周转困难而借款,合作投资公司具有正常

134 参见刘为波:《〈关于办理受贿刑事案件适用法律若干问题的意见〉的理解与适用》,载张仲芳主编:《刑事司法指南》(总第31集),法律出版社2007年版,第168页。

135 参见陈国庆主编:《新型受贿犯罪的认定与处罚》,法律出版社2007年版,第36—37页。

136 参见孙国祥:《贿赂犯罪的学说与案解》,法律出版社2012年版,第550页。

137 参见赵煜:《惩治贪污贿赂犯罪实务指南》(第2版),法律出版社2017年版,第320页。

经营风险,有明确的借款代垫书面约定及还款期限的,不应认定为受贿。在个人资金充裕,无借款之必要,或合作投资投资回报率明显超过一般水平,或者没有代垫出资的明确约定等,应认定为受贿罪。"朱永林受贿案"[138]是一个适例。

四、"委托理财型"受贿

109 最高人民法院、最高人民检察院《关于办理受贿刑事案件适用法律若干问题的意见》第4条规定,国家工作人员利用职务上的便利为请托人谋取利益,以委托请托人投资证券、期货或者其他委托理财的名义,未实际出资而获取"收益",或者虽然实际出资,但获得"收益"明显高于出资应得收益的,以受贿论处。受贿数额,前一情形,以"收益"额计算;后一情形,以"收益"额与出资额应得收益额的差额计算。

(一)"实际出资"委托理财情形下收受贿赂的认定

110 根据最高人民法院、最高人民检察院《关于办理受贿刑事案件适用法律若干问题的意见》第4条之规定,以委托理财方式收受贿赂的行为可以分为"未实际出资"和"实际出资"两种类型。"未实际出资"而以"委托理财"名义取得收益的,与普通受贿仅是手段、方式不同,认定为受贿罪并无争议。但是,对于"实际出资"情形下如何认定收受贿赂,在理论上有较大争议。

111 (1)出资形式是否包括提供信息?在某案中,国家工作人员利用职务上的便利为请托人谋利,此后,国家工作人员听一家公司老板说该公司股票即将大幅上涨,即让请托人垫资帮助其购买了该公司100万股,同时建议请托人也购买100万股。两个月后,国家工作人员让请托人卖出股票,共获利100万元,其中国家工作人员拿了50万元。有观点认为,国家工作人员的收益并非对方以委托理财为名赠送的贿赂,双方属于共同投资、共同收益的性质,因为信息被视为一种资源,本身具有价值,完全可以作为一种投资成本投入。[139] 笔者认为,应当将出资形式与出资目的结合起来理解,出资目的在于委托理财,非货币财产必须具有用货币衡量的可能性及货币转化的可能性,如信息、商誉、劳务等不具有货币的可衡量性,违背了资本确定原则,不得作为出资方式。《公司登记管理条例》第14条明确规定,股东不得以劳务、信用、自然人姓名、商誉、特许经营权或者设定担保的财产等作价出资。有用的经济信息虽然可能带来财产性利益,但仍具有不确定性,盈利或亏损具有盖然性,信息的价值也难以准确用货币进行衡量。因此,以信息作为出资的,仍然不属于实际出资,按照"未实际出资"处理。

---

[138] 参见陈克娥:《朱永林受贿案[第724号]——如何认定以"合作投资房产"名义收受贿赂》,载最高人民法院刑事审判第一、二、三、四、五庭主办:《刑事审判参考》(总第81集),法律出版社2012年版,第65页。

[139] 参见赵煜:《惩治贪污贿赂犯罪实务指南》(第2版),法律出版社2017年版,第323页。

(2)请托人未将出资实际用于投资活动,国家工作人员收受他人以“赢利”的名义给付的财物,对于国家工作人员是否可以认定为受贿?在有实际出资的情形下,由于金钱财产的高度混同,无法区分财物属于实际出资的赢利还是请托人的单独贿赂。为了避免客观归罪,最高人民法院、最高人民检察院《关于办理受贿刑事案件适用法律若干问题的意见》对这种情形未作规定。[140] 学理上,一种观点认为,若国家工作人员明知请托人根本不具有接受委托理财的条件,仍然委托其进行理财,请托人未实际进行理财,却以投资理财的名义送“收益”,国家工作人员接受的,可考虑认定为受贿。[141] 另一种观点认为,国家工作人员明知投资收益明显高出其投资理财平均收益率而收受的,可以认定为构成受贿罪。[142] 还有观点认为,关键是判断国家工作人员是否有受贿的故意,国家工作人员明知其索要或收取的收益明显高于正常的投资收益,且明知之所以能够获得这一收益,是由于其利用职务之便为他人谋取利益,不管请托人是否将国家工作人员的出资用于投资理财,都应当作为受贿罪认定。[143] 笔者认为,在实际出资的情形下,在国家工作人员和请托人之间产生基于特定财物的信托或委托关系,无论请托人是否将国家工作人员的出资用于投资,均属于民事关系范畴,就受贿罪而言,立法评价重点在于权力是否进行了交易、国家工作人员投资的财物与收回的钱财是否反映了权力交易关系,只要不存在权钱交易行为,则仍属于正常的民事行为,民事违法性或违约性不能成为刑事可罚性的依据。因此,第三种观点更为全面、合理。 112

(3)“明显高于”如何判断?根据最高人民法院、最高人民检察院《关于办理受贿刑事案件适用法律若干问题的意见》第4条的规定,在“实际出资”的情形下,获得“收益”明显高于出资应得收益的,以受贿论处。“应得收益”是该出资在投资期间的正常收益。如果请托人将国家工作人员的出资与其他资金(包括自有资金)混同进行投资,该投资的平均利润扣除必要的代理费就是“应得收益”;若请托人将国家工作人员的出资作为单独投资的,则该资金产生的收益扣除必要的代理费就是国家工作人员的出资。[144] 若请托人未实际进行投资的,应得收益可以以请托人其他等同数额财产投资的一般平均收益计算。“明显高于”具有刑法规制范围的限缩功能,但属于抽象性概念,需要借助司法者具体甄别判断。有观点认为,“明显高于”缺乏实践适用的可能性,证券市场股票价格涨跌无常,计算出资的应得收益并非易事,判断“明显高于”应得收益更是无法操作,对于权证、期货以及股指、期货的金融衍生产品的资本投 113

140 参见刘为波:《〈关于办理受贿刑事案件适用法律若干问题的意见〉的理解与适用》,载《人民司法》2007年第15期。

141 参见陈国庆主编:《新型受贿犯罪的认定与处罚》,法律出版社2007年版,第41页。

142 参见郭竹梅:《受贿罪新型暨疑难问题研究》,中国检察出版社2009年版,第315页。

143 参见孙国祥:《贿赂犯罪的学说与案解》,法律出版社2012年版,第556页。

144 参见张铭训:《新型受贿案件法律适用若干问题研究》,载《中国刑事法杂志》2007年第6期。

资而言,其保证金交易的杠杆效应导致投资收益与风险呈倍数放大,以“明显高于”应得收益作为认定受贿性质的尺度,势必造成实践混乱。[145] 也有观点认为,规定“明显高于”具有一定的合理性,对于“明显高于”应当从两个方面进行分析:一是总额应当掌握在获得收益“5万元”以上,低于“5万元”收益一般很难反映出“明显高于”;二是国家工作人员的出资额与获得高于应得收益的比例,但对于“明显”的认定有一个精确把握的标准,也是不现实的,有赖于司法人员根据相关情节作出推定。[146] 还有观点认为,应注意坚持主客观相一致原则,现实生活中投资收益及其比例均具有不确定性,尤其在具有高风险、高回报的证券、期货领域。所以,成立受贿需以国家工作人员对于所获“收益”高于应得收益主观明知为条件。[147] 在委托理财型受贿的认定标准中,设置“明显高于”的程度要求提高了受贿罪的定罪标准,在客观上具有防止刑事打击面过大的作用,具有一定的合理性。“明显”二字的表述并不具体,需要通过客观的判断规则加以明确,但将具体数额或者投资成本与收益的比例作为判断依据,并不适宜,因为投资市场跌宕起伏,不同主体的投资能力也有所不同,以小额投资获得巨额收益的现象是存在的。笔者认为,在请托人将财产混同的情形下,应当采取客观标准并结合推定规则加以判断。具体而言,根据行业惯例和经验,理财项目多数存在着一般投资回报率,若实际回报率高于一般投资回报率的,可以推定为“明显高于”出资应得收益。如国家工作人员交给请托人10万元理财,请托人返还本金及收益共30万元,但该投资项目的一般投资回报率在5%至7%之间,30万元扣除本金之后超过最高投资回报率的,即可推定为“明显高于”出资应得收益。在委托理财金融产品中出现3倍或4倍的回报率极为罕见,即使对于私募资金而言也相对较高,此时,可以推定为“明显高于”出资应得收益。但是,基于投资市场的变化性,允许行为人对“明显高于”出资应得收益的初步推断进行反证,若确有证据表明该高额回报属于投资利益,则不能认定构成受贿罪。

(二)约定保底条款情形下收受贿赂的认定

114 保底条款是在合同中约定无论是否亏损,一方都享有固定回报的条款。在出现保底条款的情形下,能否认定受贿,有诸多争议。一种观点认为,由于关于保底条款的约定不具有法律约束力,国家工作人员与请托人之间的“保底条款”属于违法条款,由于该对价内容涉及合同的核心利益,导致整个委托理财关系因缺乏合法性基础而归于无效,约定保底条款的委托理财,实际上属于受贿。另一种观点认为,尽管保底条款不具有法律效力,但不能由此认为国家工作人员基于合同收受收益就是受贿,

---

145 参见薛进展、谢杰:《对“两高”最新受贿罪司法解释的反思》,载《法学》2007年第10期。

146 参见孙国祥:《贿赂犯罪的学说与案解》,法律出版社2012年版,第554页。

147 参见赵煜:《惩治贪污贿赂犯罪实务指南》(第2版),法律出版社2017年版,第323页。

因而判断是否受贿,核心在于这种行为是否构成权钱交易。[148] 保底条款本身是否有效[149],与刑法中准确认定受贿罪并无必然的因果关系。不能简单地认为只要签订了具有保底条款的合同,就应当认定为受贿,也不能一概认为具有保底条款的委托理财合同属于正常的委托理财合同,就不能认定为理财型贿赂。保底条款属于民事权利义务关系范畴,不宜作为刑法上的行为评价要素,无论是否具有保底条款,只要出现了实际出资获得"收益"明显高于出资应得收益的,且存在权钱交易关系的,即符合受贿罪的客观要件。

需要进一步讨论的是,国家工作人员与请托人之间的投资理财并未约定保底条 115
款,但请托人理财亏损,请托人主动或在国家工作人员的要求下弥补这一亏损,其弥补亏损的数额是否能够认定为受贿?有观点认为,这种情况应当区分情况处理:若没有相应保底条款的委托理财,请托人没有义务也没有理由为国家工作人员的委托理财弥补亏损,国家工作人员要求或者接受请托人弥补委托理财亏损的款项,与直接收受请托人财物并没有实质的区别,应作为受贿数额认定。[150] 笔者赞同这一观点,并认为在这种情形下必须考虑保底条款的效力问题。在无保底条款约定的情形下,国家工作人员投资亏损的实际数额为其投资应得数额,而委托理财中的"收益"可以是正收益,也可以是负收益,当国家工作人员从请托人处取得的财产明显高于投资负收益时,即符合"明显高于"出资应得收益的要求,构成受贿。在有保底条款规定的情形下,首先需要判断该保底条款是否有效,若保底条款无效,则按照无保底条款约定的处理,若保底条款有效[151],则请托人根据保底条款返还的保底数额不能认定为贿赂。当然,如果请托人是在国家工作人员不知情的情况下弥补这一亏损的,则国家工作人员没有收受财物的故意,也不能认定为受贿。

(三)民间借贷关系下收受贿赂的认定

民间借贷,是自然人、法人、其他组织之间及其相互之间进行资金融通的行为。 116
民间借贷不是委托理财。委托理财是指委托人和受托人约定,委托人将其资金、证券

148 参见刘志远主编:《新型受贿犯罪司法指南与案例评析》,中国方正出版社 2007 年版,第141 页。

149 关于委托理财的保底条款是否有效,理论界仍然存在争议,但司法实务界一般倾向于认定保底条款无效。《证券法》第 135 条规定:"证券公司不得对客户证券买卖的收益或者赔偿证券买卖的损失作出承诺。"《证券投资基金法》第 20 条规定:"公开募集基金的基金管理人……不得有下列行为:……(四)向基金份额持有人违规承诺收益或者承担损失……"参见徐子良:《委托理财案件法律适用难点辨析》,载《法律适用》2011 年第 1 期。

150 参见孙国祥:《贿赂犯罪的学说与案解》,法律出版社 2012 年版,第 556 页。

151 目前关于保底条款的禁止性规定主要来自对特定金融机构的约束,但对于非金融机构则缺乏相关规定,存在保底条款有效的情形,特别是根据"契约自由"和"意思自治"原则,除违反法律和行政法规相关规定的情形之外,当事人自愿约定收益比例分配,由受托方独自承担风险,并无不可。

等金融性资产委托给受托人,由受托人在一定期限内管理并投资于证券、期货等金融市场,并按期支付给委托人一定比例收益的资产管理活动。[152] 委托者和被委托者之间的法律关系通过委托理财合同加以确定。委托理财的内容与形式与现有法律中明文规定的委托、信托、行纪、借贷、合伙等制度有一定的类似性,但也存在本质的不同,将委托理财纳入上述任何一种制度中予以规范和调整,都存在法律制度设计上的障碍和当事人权利义务的失衡,因此,委托理财是一种独立的法律关系,是一种新型的财产管理制度。[153] 具体而言,委托理财和民间借贷的区别在于:在法律关系上,委托理财通过理财合同确定资金委托或信托管理关系,民间借贷则是通过借贷合同确定双方债权、债务关系;在利益取得方式上,委托理财通过理财资金的资本融通而取得投资收益,民间借贷则是基于本金产生的孳息获得利息;在风险承担上,委托理财的收益受市场波动影响,具有一定风险性,民间借贷则是基于债权而获得利息,风险相对较小。

117 值得研究的是,在委托理财合同中出现了保证本息固定回报的保底条款时,是否影响委托理财合同的属性?有观点认为,在保证本息固定回报的情形下,委托理财合同实际上归属于借贷合同的性质,应当按照借贷纠纷处理。[154] 也有观点认为,对于合同性质的认定,不仅要看约定的内容,也要看当事人在签订合同时的真实意思,委托人在签订此类固定本息的委托理财合同时的真实意思往往并非拆借自己给受托方,而是以之作为投资渠道保障资产增值,所以此类合同仍然属于委托理财合同,而非借贷合同。[155] 确实,在出现本息固定的保本条款时,委托理财合同和借贷合同具有高度的相似性,均是在本金不损失的情形下取得了固定的利息,但是从法律关系上看,借贷合同的固定利息来自债权人的法律地位及其权利,委托理财合同的固定利息来自受托理财者对经营风险作出自我承诺的一种"担保",具有本质的不同。即使在委托理财合同中出现了保底条款,但其合同主要权利、义务仍是围绕理财行为而非借贷行为,不能改变理财合同的整体属性。

118 基于民间借贷与委托理财的法律属性差异,"民间借贷型"受贿不属于"委托理财型"受贿,故而在应得收益的计算标准上也有所不同。在民间借贷关系中,行为人以借贷方式向请托人收取高额利息,高额利息是借贷本身的合法收益,还是基于超出应得收益的贿赂?应通过借贷利率标准加以确定。"银行同期存款利率说"认为,在认定放贷生利型受贿案的犯罪数额时,依法扣除国家工作人员所出具借条可得预期

[152] 参见高民尚:《审理证券、期货、国债市场中委托理财案件的若干法律问题》,载《人民司法》2006 年第 6 期。

[153] 参见李永祥主编:《委托理财纠纷案件审判要旨》,人民法院出版社 2005 年版,第 45—62 页。

[154] 参见高民尚:《审理证券、期货、国债市场中委托理财案件的若干法律问题》,载《人民司法》2006 年第 6 期。

[155] 参见徐子良:《委托理财案件法律适用难点辨析》,载《法律适用》2011 年第 1 期。

收益即银行同期贷款利息后，其他部分为受贿数额。[156] "法律保护标准说"认为，应根据民法对私人借贷利率的保护标准来确定刑事违法性的标准。最高人民法院《关于审理民间借贷案件适用法律若干问题的规定》（2020年12月23日第二次修正）第25条规定："出借人请求借款人按照合同约定利率支付利息的，人民法院应予支持，但是双方约定的利率超过合同成立时一年期贷款市场报价利率四倍的除外。前款所称'一年期贷款市场报价利率'，是指中国人民银行授权全国银行间同业拆借中心自2019年8月20日起每月发布的一年期贷款市场报价利率。"因此，应当以"一年期贷款市场报价利率"4倍为标准，超过该标准所支付的利息为贿赂。"本地利率说"认为，应当以当时、当地民间借贷一般利率为标准，超过部分认定为受贿。"第三人标准说"认为，应当以借款人向国家工作人员以外人员借款时支付的一般利率为标准。[157] "银行同期存款利率说"将借贷利率等同于存款利率，不具有合理性。"本地利率说"和"第三人标准说"实际是在司法解释规定的合法利率标准之外另设利率标准，不符合法律适用的统一性。"法律保护标准说"以前置法对借贷关系中无效利率的认定为基础，既保持了法律适用的统一性，也体现了刑法的后置法特征，较之其他观点更具有合理性。根据"法律保护标准说"，国家工作人员利用职务上的便利为他人谋取利益，并采取借贷方式收取高额利息回报的，若借贷合同约定或实际收受的利息超过年利率36%的，构成受贿。

五、"赌博型"受贿

2005年5月11日最高人民法院、最高人民检察院发布的《关于办理赌博刑事案 119
件具体应用法律若干问题的解释》第7条规定，通过赌博或者为国家工作人员赌博提供资金的形式实施行贿、受贿行为，构成犯罪的，依照刑法关于贿赂犯罪的规定定罪处罚。最高人民法院、最高人民检察院《关于办理受贿刑事案件适用法律若干问题的意见》第5条再次明确，国家工作人员利用职务上的便利为请托人谋取利益，通过赌博方式收受请托人财物的，构成受贿。

实践中应注意区分贿赂与赌博活动、娱乐活动的界限。判断一个行为是一般的 120
赌博娱乐还是以赌博为名的行贿、受贿，最高人民法院、最高人民检察院《关于办理受贿刑事案件适用法律若干问题的意见》提出了一些可供参考的因素进行判断：①赌博的背景、场合、时间、次数。如以往有无共同赌博的经历、赌博时间与为他人谋利时间的间隔、是否随机及偶然参加，等等。②赌资来源。国家工作人员用于赌博的资金是本人自备还是由请托人提供，以此判断国家工作人员有无赌博、娱乐的真实意思。③其他赌博参与者有无事先通谋。请托人与其他参赌人员通谋，控制输赢结果来保

---

156 参见赵慧：《放贷生利型受贿行为的司法认定》，载彭东主编：《刑事司法指南》（总第53集），法律出版社2013年版，第3页。

157 参见赵煜：《惩治贪污贿赂犯罪实务指南》（第2版），法律出版社2017年版，第326页。

证国家工作人员赢钱的,或国家工作人员与请托人对赌局安排有明确认识,以确保国家工作人员获得财物的,往往是“赌博型”受贿。④输赢钱物的具体情况和金额大小。单纯娱乐性的赌博,数额不会太大,而“赌博型”受贿则涉及钱财数量较大。

121 实务中,以赌博形式收受他人财物包括直接收受和间接收受两种形式。直接收受指直接收受请托人提供的赌资,且输了不还的,赌资数额为受贿数额,赌博获利则属于非法所得。间接收受则包括更多类型,在认定上也更为复杂。在“纯赢型”间接收受中,若国家工作人员以自有资金参赌,逢赌必赢,请托人以故意输掉赌局的方式输送贿赂,贿赂数额为国家工作人员赢得的款物;若国家工作人员既收受了请托人提供的赌资,又赢得了请托人的财物,但其是依照正常的赌博规则赢得了请托人的财物,则贿赂数额为请托人提供的赌资,若在此情形下请托人故意输掉财物,则应将赌资和所赢的财物合并计算受贿数额。在“保底型”间接收受中,请托人往往承诺确保国家工作人员的赌资不会减少,即,赢了归国家工作人员,输了归请托人。在这种情况下,若国家工作人员以自有资金参赌,请托人没有实际支出任何款项的,不构成受贿,但若国家工作人员赌输后的赌债是由请托人帮助清偿的,则清偿赌债的数额为受贿数额。若国家工作人员的参赌资金是由请托人提供的,国家工作人员赌赢后将赌资予以归还的,赌资应当认定为借款,不构成受贿,但若国家工作人员在赌赢后未将赌资归还请托人的,请托人提供的赌资应当认定为受贿数额,而若在产生赌债的前提下,赌资和赌债都是由请托人支付的,则赌资和赌债都应当认为为受贿数额。在“拼赌型”间接受贿中,若国家工作人员并不出资,却以“拼赌”的名义参与赌博,占有比例,输了不承担责任,赢了则按照约定享受分红,这种不承担赌博风险,坐享其成的“拼赌”,实际是一种变相的财物输送,应当认定为贿赂。[158]

122 对于国家工作人员欠下赌债之后,接受请托人免除其所欠赌债的行为,是否构成受贿,亦存在不同观点。“否定说”认为,赌债不同于民事债务,属于非法债务,不受法律保护,国家工作人员即使不清偿这种债务也不会产生不利的法律后果,接受请托人免除赌债的,也不能起到避免财产减少的效果。2005 年 6 月 8 日最高人民法院发布的《关于审理抢劫、抢夺刑事案件适用法律若干问题的意见》第 7 条规定,行为人仅以所输赌资为抢劫对象的,一般不认定为抢劫罪。该司法解释一方面表明了赌债不受法律保护,另一方面也提出了基于刑事法律体系的均衡性,应当否定免除赌债的贿赂属性。[159]“肯定说”认为,免除赌债可以认定为受贿。受贿罪的本质是权钱交易,受贿行为不能仅看形式,更要看实质,设定债权、免除债务情况下虽然受贿人并未当场拿到现金,但同样是收受了钱财,只是对方支付财物的方式与行为人直接收受财物的方式不同而已。免除了应由自己支付的债务,与直接从请托人手中收受钱财没有实质

158 参见孙国祥:《贿赂犯罪的学说与案解》,法律出版社 2012 年版,第 561 页。

159 参见贾永强:《接受免除赌债不应认定为受贿》,载《天津检察》2008 年第 2 期。

性区别。[160] 尽管实践中不太可能出现因为免除赌债而为他人谋取利益的情形,但理论上并不能排除这样的可能。笔者倾向于后一种意见,但需要进一步补充理由。“肯定说”和“否定说”争议的核心在于不受法律保护的赌债是否可以成为受贿罪中的贿赂。其实,贿赂犯罪中的对象并不要求具有合法性特征,诸如,毒品、象牙等禁止流通的物品也可以成为贿赂的对象,某一物品是否属于贿赂犯罪的对象,其法律属性并不重要,关键在于该物品是否具有价值以及其价值是否可以用货币进行计算。同样,基于赌博而形成的“债权”虽然不具有合法性,但其“黑市”价值仍然可以衡量并可用货币进行计算,具有财产利益的属性。此外,司法解释规定了以自己赌资作为抢劫对象情形下的责任阻却事由,其主要目的在于保护财产所有权,即不承认在这种情形下会构成对财产权利的侵害。但是,受贿罪的法益不是财产所有权而是公职行为的不可收买性,即使是在免除赌债的情形下,也不排除会出现权力交易现象,基于保护法益类型和目的的不同,两个司法解释在此问题上不宜进行类比推定。因此,赌债本身的性质并不影响受贿的成立,免除赌债是否可以构成受贿,关键仍是在于利用职务上的便利为他人谋取利益与免除债务之间的因果关系判断,若两者之间的因果关系较弱,则免除赌债的数额不应计入受贿数额;反之,则应当计入,如免除赌债数额较大、距离利用职务上的便利为他人谋取利益的时间较近。

六、“特定关系人‘挂名’型”受贿

最高人民法院、最高人民检察院《关于办理受贿刑事案件适用法律若干问题的意见》第 6 条规定:“国家工作人员利用职务上的便利为请托人谋取利益,要求或者接受请托人以给特定关系人安排工作为名,使特定关系人不实际工作却获取所谓薪酬的,以受贿论处。”第 11 条规定:“本意见所称‘特定关系人’,是指与国家工作人员有近亲属、情妇(夫)以及其他共同利益关系的人。” 123

基于刑法与刑事诉讼法的一体化关系和法的协调性,近亲属的范围应当与《刑事诉讼法》第 108 条第(六)项规定相同,包括:“夫、妻、父、母、子、女、同胞兄弟姊妹。”上述意见明确将“情妇(夫)”规定为特定关系人的一种。对于“情妇(夫)”的认定,结合公众的一般理解,应当界定为婚姻关系之外、与国家工作人员具有不正当性关系的人员。情妇(夫)必须是保持性关系的人,仅有感情和共同志趣,没有性关系,不能称为情妇(夫);情妇(夫)之间的性关系必须具有道德的不正当性,未婚妻(夫)、情侣之间的关系具有道德的正当性,不能称为情妇(夫);情妇(夫)可以是异性之间,也可以是同性之间。“其他共同利益关系的人”是指除近亲属、情妇(夫)以外的具有共同经济利益关系或紧密情感关系的主体。具体包括:一是具有共同经济利益关系的主体,如合伙人、共同投资者等。二是具有紧密情感关系的主体,如孙子女、 124

160 参见孟庆华:《新型受贿犯罪司法解释的理解与适用》,中国人民公安大学出版社 2012 年版,第 284 页。

儿媳妇、非亲属但情感紧密的战友、师徒、邻居等。

125 实践中,国家工作人员要求请托人为特定关系人安排工作,可以分为三种类型:一是特定关系人"挂名"领取薪酬;二是特定关系人虽然参与工作但领取的薪酬明显高于正常薪酬水平;三是特定关系人正常工作和正常领取薪酬。在第一种情况下,"挂名"领取薪酬的,与直接收受他人财物没有实质区别,国家工作人员对此索要或接受的,应当认定为受贿,受贿数额为特定关系人实际领取的酬金数额。当然,在国家工作人员对特定关系人"挂名领酬"不明知的情形下,不能构成受贿。在第二种情况下,特定关系人虽然参与工作,但领取的薪酬明显高于该职位正常薪酬水平,应当如何处理,存在争议。一种观点认为,此种情形应当以受贿处理,在特定关系人实际从事工作的情况下,特定关系人的薪酬是否明显超过其应得利益,对国家工作人员的行为性质也会产生影响,这与"以交易形式收受贿赂"性质上并无不同,受贿数额为特定关系人实际领取的薪酬与正常薪酬的差额。但经过司法机关研究认为,由于当前工资体系较为混乱,尤其是一些私营企业,有些岗位薪酬明显高于该职位正常薪酬水平,如何认定受贿数额,均存在困难。鉴于认识分歧比较大,最高人民法院、最高人民检察院《关于办理受贿刑事案件适用法律若干问题的意见》对第二种情况未作规定。[161] 另一种观点认为,此种情况规定为受贿是没有障碍的,但为了慎重起见,对此类情况的认定必须分析请托人给付高额薪酬时有无正当理由,只有排除了被告人合理辩解理由并明显高于正常的酬谢后,特定关系人获得高于正常薪酬背后掩盖了国家工作人员利用职务之便为请托人谋取利益的事实,才能作为受贿论处。[162] 这一论述是合理的,对于明显高于该职位正常薪酬水平的,可以适用推定规则,推定超出正常薪酬水平的部分具有贿赂性质,由被告人对超出数额进行解释说明。在第三种情形下,安排特殊岗位工作也是一种利益,属于不正当的好处,但不属于财产性利益,由于特定关系人正常工作和领取薪酬,薪酬是对工作劳动的评价结果,具有合法性,不构成贿赂。

七、"特定关系人'收受'型"受贿

126 最高人民法院、最高人民检察院《关于办理受贿刑事案件适用法律若干问题的意见》第7条第1款规定:"国家工作人员利用职务上的便利为请托人谋取利益,授意请托人以本意见所列形式,将有关财物给予特定关系人的,以受贿论处。"

127 该规定明确了国家工作人员授意将贿赂给予"特定关系人"构成受贿的条件,然而,即使没有该规定,国家工作人员使得请托人向第三人提供贿赂仍然可以构成受贿罪。"从客观上说,刑法所规定的收受他人财物,包括直接收受和间接收受,仍然是国

---

161 参见刘为波:《〈关于办理受贿刑事案件适用法律若干问题的意见〉的理解与适用》,载张仲芳主编:《刑事司法指南》(总第31集),法律出版社2007年版,第171页。

162 参见孙国祥:《贿赂犯罪的学说与案解》,法律出版社2012年版,第570页。

家工作人员(所许诺的)职务行为的不当报酬,因而具有贿赂性质;对方之所以提供给第三者,是因为有求于国家工作人员的职务行为或因为国家工作人员已经为其实施了职务行为,这表明国家工作人员利用了职务上的便利。从主观上说,刑法所规定的受贿罪也并没有要求行为人具有接受贿赂据为己有的意图。退一步而言,即使认为受贿罪要求行为人主观上具有不法占有贿赂的目的,但刑法从来没有将非法占有目的限定为本人占有目的,而是包含了使第三者非法占有的目的……凡此种种,都证明国家工作人员使请托人向第三者提供财物的行为,完全符合受贿罪的构成要件。"[163]尽管如此,上述意见对该问题进行强调性、提示性的规定,仍具有一定的现实意义。

然而,意见强调的是必须在国家工作人员"授意"之下,如何理解"授意"的内 128
涵,则在理论上存在争议。有观点认为,非经国家工作人员授意,不能认定为受贿。[164]"授意"不包括"同意""默许"等情形,因为此种情形下国家工作人员的主观故意具有不确定性,为避免不当入罪,有必要从严把握。[165] 也有观点认为,"授意"这一条件的设计过于苛刻,容易留下漏洞,其并非国家工作人员构成受贿的必备条件,即使在非"授意"的情况下,只要国家工作人员的行为符合受贿罪的特征,即可认定为受贿罪。因为国家工作人员既然"知晓"特定关系人收取了财物,而特定关系人之所以能够收取财物,完全是由于自己利用职务之便为他人谋取利益的结果,这就表明国家工作人员对特定关系人索要或者收受贿赂的认可,没有"授意"只能说没有索要而已,不影响受贿故意的认定,仍属于直接收受他人的财物。从这一意义上,将"授意"理解为沟通恐怕更为合适,即既包括国家工作人员主动要求请托人,也包括由请托人或特定关系人提出,国家工作人员予以认可、同意的情形。[166] 笔者认为,利用职务上的便利为他人谋取利益而收受他人财物为受贿罪的客观行为,无论财物交付国家工作人员,还是交付给国家工作人员指定的第三人,均不影响权钱交易关系的形成,立法规范并未包含"授意"的限制性意思,同样司法解释也不应当凭空增加这样的限制性要素。退一步而言,即使司法解释增加了这样的限制性要素,也只能视为对这种情形的特别强调,属于提示性规定而非犯罪构成要素的修正性规定。因此,对于最高人民法院、最高人民检察院《关于办理受贿刑事案件适用法律若干问题的意见》第 7 条的规定,无须纠结于"授意"的内涵,仅将其定位为司法解释特别强调的通过特定关系人收受贿赂的一种情形即可。

---

163 张明楷:《刑法分则的解释原理》(第 2 版),中国人民大学出版社 2011 年版,第 227 页。

164 参见陈正兵:《如何认定"特定关系人"受贿》,载《检察日报》2007 年 8 月 17 日。

165 参见刘为波:《〈关于办理受贿刑事案件适用法律若干问题的意见〉的理解与适用》,载张仲芳主编:《刑事司法指南》(总第 31 集),法律出版社 2007 年版,第 173 页。

166 参见孙国祥:《贿赂犯罪的学说与案解》,法律出版社 2012 年版,第 577 页;韩晋萍:《特定关系人收受贿赂的司法认定》,载《人民法院报》2012 年 5 月 30 日。

129 该规定的另一个问题在于,国家工作人员授意请托人交付财产给第三者,其中第三者是否限于特定关系人?有观点认为,第三者不限于特定关系人,凡是国家工作人员要求行贿人将贿赂交付给第三者,以及行为人主动将贿赂交付给第三者的,该第三者与国家工作人员必然存在某种关系,所以,第三者的范围并不需要法律与司法解释确定,而是由受贿人和行贿人确定。特定关系人以外的其他人与国家工作人员通谋,由国家工作人员利用职务上的便利为请托人谋取利益,收受请托人财物后由其他人单独占有的,也应当以受贿罪共犯论处。[167]

八、"权属未变更型"受贿

130 最高人民法院、最高人民检察院《关于办理受贿刑事案件适用法律若干问题的意见》第8条第1款规定:"国家工作人员利用职务上的便利为请托人谋取利益,收受请托人房屋、汽车等物品,未变更权属登记或者借用他人名义办理权属变更登记的,不影响受贿的认定。"

131 以往有观点认为,受贿犯罪的财物所有权必须转移,没有转移所有权的意思表示和行为,不能认定为受贿。[168] 对于动产而言,交付即表明所有权的转移,对于不动产而言,所有权自办理变更登记时转移。如果行为人占有房屋、汽车等财产,但没有办理权属变更手续,则其所有权并不完整,仅有占有、使用、收益权能,缺乏处分权能。然而,在现代复杂的物权体系下,基于所有权而产生的用益物权已经成为独立的物权类型,如土地使用权、特殊类型的房屋使用权等均可以进行市场买卖。不仅如此,刑法上对于非法占有的认定标准要宽于物权法上的认定标准,不以法律占有而以事实占有为标准,只要能够对物进行控制、支配,就属于占有,基于占有而产生的利益,属于受贿对象中的财产性利益。上述意见规定"借用他人名义办理变更登记的,不影响受贿的认定",也验证了对他人之物(形式上的所有权登记者)的使用利益,可以成为受贿罪的对象。因此,在"权属未变更型"受贿中,请托人用于行贿的不是财物本身(所有权),而是基于财产的占有、使用而产生的财产性利益。

132 需要进一步讨论的是,在未办理过户的情况下,房屋的价值如何认定?"商品房市场价格说"认为,既然上述意见明确规定了这种情况下"不影响受贿的认定",就意味着构成受贿罪既遂,并依照行为当时的商品房市场价格确定受贿罪的数额。[169] "市场租金说"认为,由于未过户,所有权权能不完整,以住房的实际价格或购房价格计算恐怕不合理,可以考虑相同类型房屋平均出租价格乘以使用年限。[170] 笔者同意后

167 参见张明楷:《刑法学》(第6版),法律出版社2021年版,第1591页。

168 参见杨兴国:《贪污贿赂罪法律与司法解释应用问题解疑》,中国检察出版社2002年版,第181页。

169 参见游伟:《当前受贿罪司法认定中的共性难题探讨》,载《东方法学》2008年第1期。

170 参见孙国祥:《贿赂犯罪的学说与案解》,法律出版社2012年版,第597页。

一种意见。在尚未过户的情形下,国家工作人员取得的只是房屋的使用权而不是房屋财产本身,不仅不能自由处分房屋,而且由于权利形态的不完整,使用权也无法对抗第三人,处于不稳定的状态,因此,将基于所有权的财物价值作为基于使用权的财产性利益价值进行计算,不具有合理性。上述意见强调"不影响受贿的认定"意在表明,在所有权尚未转移的前提下,占有、使用本身应当认定为财产性利益,仍然符合权钱交易的特征,构成受贿罪,而非将基于所有权的财产价值直接认定为贿赂数额。

在未办理权属登记的情形下,对财物的"事实上占有"容易和合法借用相混淆。 133
对此,上述意见强调,认定以房屋、汽车等物品为对象的受贿,应注意与借用的区分,在具体认定时,应当考虑的因素包括:①有无借用的合理事由。②是否实际使用。以借用为名义的受贿,往往借来后闲置不用。③借用时间的长短。以借用为名的受贿往往是无期限的长期占有、使用。④有无归还的条件。⑤有无归还的意思表示。在正常借用中,双方一般约定归还时间,即使不能归还,也会说明不能及时归还的理由或提出迟延归还的要求。对于上述因素,应当进行综合判断。应当注意的是,有些案件,行为人一开始确实是借用,但随着时间的推移,借用人不想再还,出借人也顺手做个人情,借用也就可能转化为贿赂,应作为受贿认定。[171]

Ⅸ 未完成形态

犯罪的未完成形态包括犯罪预备、中止和未遂。尽管在理论上,受贿罪存在犯罪 134
预备和犯罪中止的可能,但由于这两种停止形态的社会危害性较小、主观恶性较小,受贿对象和数额无法量化衡量,不具有可罚性。[172] 因此,对于受贿罪未完成形态的研究主要集中于未遂形态。有观点认为,受贿罪是数额犯,如果数额没有达到基本数额的,不存在未遂形态,只按照一般违法处理,因为数额的功能在于出罪,是对结果的限制,没有达到数额要求时即使发生财产被占有的结果,也不能作为犯罪处理。[173] 但是,我国刑法关于未遂的规定源于总则,该规定普遍适用于刑法分则,而且犯罪未遂标准也十分明确。贿赂犯罪也不应例外,只要符合刑法关于犯罪未遂规定的,就应当认定为贿赂犯罪的未遂。[174] 如受贿人基于明知的故意与请托人约定了 3 万元贿赂,受贿人为他人谋取利益后,由于意志以外的原因没有取得 3 万元的贿赂,此时主观责任要素和客观行为要素均已经齐备,形成了相互一致的对应关系,成立受贿罪,但由于欠缺数额要素,构成犯罪的未遂。

---

171 参见孙国祥:《贿赂犯罪的学说与案解》,法律出版社 2012 年版,第 598 页。

172 参见孟庆华:《贿赂犯罪形态的基本理论》,人民出版社 2014 年版,第 5 页。

173 参见唐世月:《数额犯论》,法律出版社 2005 年版,第 117 页。

174 参见孙国祥:《贿赂犯罪的学说与案解》,法律出版社 2012 年版,第 212—213 页。

一、既遂与未遂的区分

135 在受贿行为的既遂与未遂问题上,理论界主要有"取得财物说""承诺说""索贿和收贿区别说"三种。"取得财物说"认为,受贿罪既遂的标准应当是国家工作人员是否已经收受或索取到他人的财物,已经收受或索取到他人财物的,表明国家工作人员的行为已经现实地侵害了其职务行为的不可出卖性,如果没有收受或没有索取到贿赂的,表明国家工作人员的职务行为的不可出卖性还没有现实地受到侵害,而只能成立未遂。[175]"承诺说"认为,只要受贿人与行贿人达成收受贿赂的具体约定,无论其是否已经接受贿赂,均应视为受贿罪的既遂;因为当行贿人与受贿人达成收受贿赂的约定时,权钱交易的本质特征就已经具备了,国家工作人员职务行为的廉洁性已经受到了侵犯。[176]"索贿和收贿区别说"认为,应根据受贿的不同形式,作具体分析,索贿的,只要实施了索贿行为即为既遂,不存在未遂;收受贿赂的,必须同时实际获得财物和为他人谋取利益的,才构成既遂。[177]在索贿的情况下,即使行为人没有取得贿赂,但其索要行为已经侵害了职务行为的不可收买性,应以实施了索要行为作为既遂标准,而不应当在索取行为之后添加收受贿赂这一所谓的实行行为。[178]笔者认为,无论是"承诺说"还是"索贿和受贿区别说",都偏离了受贿罪的本质和犯罪构成。"承诺说"将承诺作为犯罪既遂的标准,忽视了贿赂犯罪的交易性本质。基于交易性本质,取得财物是权钱交易的最终目的和结果,也是受贿罪的实行行为,在承诺作出之后但尚未收受财物之前,由于缺乏实行行为,无法构成既遂。"索贿和收贿区别说"注意到索贿与收受贿赂在构成要件及社会危害性上的差别,但即使是在索贿情形下,公职行为的不可收买性仍需要借助行贿方的收买行为加以证明,否则无法与敲诈勒索相区分。在"索贿型"受贿中,当国家工作人员提出索贿要求而被对方拒绝时,权力交易已经进入着手阶段,但由于行为人意志以外的原因而未能完成交易,只能构成犯罪的未遂。比较而言,"取得财物说"以贿赂是否取得作为既遂的判断标准,认为取得或控制贿赂即标志着"钱权交易"全部完成,构成犯罪的既遂,这一认识更为符合受贿罪的本质和基本构成,也是目前的通说。

136 对于受贿罪着手的判断,需要进一步具体分析。在普通受贿罪中,客观方面的要素包括"利用职务上的便利""为他人谋取利益"和收受贿赂。"利用职务上的便利"和"为他人谋取利益"属于状态要素,其目的在于证明行为人具有某种身份和权力而具有权力交易之可能,是实行行为的前提条件,而非实行行为本身。仅有"利用职务上的便利"和"为他人谋取利益",只构成国家工作人员滥用职权的行为,不会侵害到

---

175 参见李希慧主编:《贪污贿赂罪研究》,知识产权出版社2004年版,第190页。

176 参见吕天奇:《贿赂罪的理论与实践》,光明日报出版社2007年版,第346页。

177 参见周振想主编:《公务犯罪研究综述》,法律出版社2005年版,第214页。

178 参见张明楷:《单一行为与复数行为的区分》,载《人民检察》2011年第1期。

公职行为的不可收买性,然而,一旦国家工作人员作出了承诺收受或实际收受贿赂的行为,即产生了公职行为不可收买性的高度危险或已经损害了公职行为的不可收买性。因此,基于交易性的本质,受贿罪属于单一行为犯,"为他人谋取利益"和"利用职务上的便利"属于条件要素或附随的客观状态要素,在受贿罪中不具有独立评价之价值,受贿罪的实行行为为收受行为,承诺收受为着手的标志。根据上述判断,在事前受贿的情形下,国家工作人员具有了利用职务上的便利为他人谋取利益的条件,并且承诺收受或者已经开始收受部分贿赂时,受贿进入着手阶段,但由于意志以外的原因未实际得到贿赂或全部贿赂,则实行行为尚未完成而停止,属于犯罪未遂。在事后受贿的情形下,国家工作人员之前实施的利用职务上的便利为他人谋取利益的行为,在尚未承诺收取贿赂之前,只在滥用职权罪中具有实行行为的意义(是否构成犯罪还取决于是否产生损害),一旦国家工作人员事后作出了收受贿赂的承诺或收受了部分贿赂,则符合了着手要求,在着手以后因为意志以外的因素而未能得到全部贿赂的,属于事后受贿的未遂形态。在(离)职后受贿中,事前约定(离)职后受贿的,约定达成之时为受贿罪的着手之时,事前没有约定的,按照事后受贿着手的判断标准加以处理。此外,对于索贿的,以国家工作人员开始实施索贿行为作为着手的标志,提出索贿要求之后,最终未能得到贿赂的,构成未遂。

二、特殊情形下的既遂、未遂认定

(一)收受银行卡的既遂、未遂认定

2008年最高人民法院、最高人民检察院《关于办理商业贿赂刑事案件适用法律若干问题的意见》第8条规定,收受银行卡的,不论受贿人是否实际取出或者消费,卡内的存款数额一般应全额认定为受贿数额。对于国家工作人员收受以行贿人名义开户的银行卡,案发时卡内尚有余额未取出的,是否构成未遂?有观点认为,只要对卡内的款项具有完全的支配权,都应当认为占有了银行卡内的款项;若银行卡是名义人主动交付的,该交付行为可以视为银行卡内的款项的所有关系转移的标志,因而即使没有将该款项从银行卡中取走,也应视为受贿数额,并且属于受贿罪的既遂。[179] 也有观点提出,在行为人主观认识错误的情况下,银行卡内款项只有部分被支取,对于未支取的部分,不能认定被告人已经实际取得了该财物,可以作为未遂认定。[180] 事实上,上述两种观点并无本质区别。前一观点以对银行卡具有完全支配权为前提,如掌握密码、可以随时提取等,需要行为人对银行卡的自由支配关系具有主观上的明知,若主观上存在认识错误,如因为机器故障无法提款而误以为余额已经被他人提取的,行为人主观上认为对于卡内余额不具有支配权,且客观上也没有提取卡内余额,同样应当按照未遂处理,与后一观点的结论相同。 137

179 参见陈兴良:《受贿罪的未遂与既遂之区分》,载《中国审判》2010年第2期。

180 参见孙国祥:《贿赂犯罪的学说与案解》,法律出版社2012年版,第220页。

(二)约定数额与实际取得数额不一致的既遂、未遂认定

138 该问题可以进一步划分为两个问题:一是“取得部分贿赂”的情形。行为人与请托人约定了贿赂数额,但请托人只是交付了部分贿赂,另有部分未交付,此时能否按照已经交付数额的既遂和未交付数额的未遂分别认定?还是按照整体数额的未遂加以认定?二是“未取得任何贿赂”的情形。行为人与请托人约定了贿赂数额,但请托人尚未来得及支付就案发,或者只是开出了“空头支票”并没有实际支付的能力或者根本不想实际支付,此时能否按照受贿罪的未遂处罚?还是基于不能犯理论不予处罚?

139 在“取得部分贿赂”情形下,构成未遂还是既遂存在不同观点。一种观点认为,“在行为人仅取得一部分受贿行为指向数额的情况下,应当以已取得的这部分数额为受贿所得数额,认定为既遂,行为人未取得的指向数额部分作为情节来考虑”[181]。另一种观点认为,应区分已经取得贿赂和未取得贿赂是否满足数额较大、数额巨大或者数额特别巨大而择一重处理,如行为人已经取得的数额较大,但未取得的数额达到巨大,则全案应作为数额巨大的未遂处理,将实际收受的数额作为决定是否从宽处罚的幅度考虑;若已经取得数额与未取得数额均达到数额巨大,则全案以数额巨大的既遂处理,未取得数额作为酌定从重情节予以考虑。[182] 在数额量化的情形下,犯罪未得逞确实存在着“部分未得逞”还是“全部未得逞”的选择困境。然而,犯罪未遂是对犯罪的整体评价,不是对犯罪局部环节的评价。对于一个犯罪行为而言,只能存在一种停止形态的选择。因此,必须从整体上考虑既遂数额和未遂数额的关系。比较而言,第二种观点更为合理,但在具体建议上仍可以进一步完善:一是应当考虑到同一法定刑幅度内既遂数额与未遂数额的比例关系。在未遂数额明显超过既遂数额的情形下,仍应当按照整体未遂处理。如既遂数额有50万元,未遂数额达到150万元,无论从既遂数额还是未遂数额来看,都应当适用于“数额巨大”的法定刑幅度,但从绝对比例上看,未遂数额达到总数额的3/4,既遂数额仅有1/4,此时宜认定为“数额巨大”的未遂,既遂数额可作为酌定从宽的情节加以考虑。二是应当考虑到情节与数额的关系。根据最高人民法院、最高人民检察院《关于办理贪污贿赂刑事案件适用法律若干问题的解释》的规定,情节具有法定刑升格的功能,即使既遂数额远低于未遂数额,但在具备特定升格情节时,仍按照既遂处理。如未遂数额50万元,既遂数额15万元,但同时具备“为他人谋取职务提拔、调整的”情节,此时按照既遂数额及情节升格适用“数额巨大”的法定刑幅度,未遂数额作为酌定从重情节加以考虑。在“未取得任何贿赂”的情形下,若请托人未及支付就案发的,由于事前承诺标志着受贿行为已经着手而进入实行阶段,由于意志以外的因素而未得逞的,构成未遂。但是,若

---

181 廖福田:《受贿罪纵览与探究——从理论积淀到实务前沿》,中国方正出版社2007年版,第750页。

182 参见孙国祥:《贿赂犯罪的学说与案解》,法律出版社2012年版,第223页。

基于行贿人"空头支票"等原因而根本无法兑现贿赂承诺的,公权力不存在任何可收买的风险,公职行为的不可收买性根本不会受到侵害,属于对象不能(客体不能)的情形,从客观的未遂论角度,宜将此作为不可罚的不能犯对待。

(三)收受伪劣物品的既遂、未遂认定

司法实践中,受贿人有时会收到假烟、假酒、假字画等伪劣物品。对收受伪劣物品如何计算数额,有不同的观点。第一种观点认为,伪劣商品虽然无法确定其市场价格,但仍有本身的实际价值,应按实际评估价值认定受贿数额,伪劣物品实际评估价格为零时,属于对象认识错误,以受贿未遂处理;伪劣物品实际评估价格低于正牌商品价值时,属于对象部分认识错误,以受贿既遂论。[183] 第二种观点认为,应以实际支付价格为标准,实际支付价格达不到受贿数额标准时,不构成受贿罪;达到数额标准时,构成受贿既遂。[184] 第三种观点认为,应采取评估价格与支付价格相结合原则,具体分析伪劣物品受贿未遂问题:实际支付价格大于实际评估价格时,认定评估价格为受贿既遂,认定支付价格与评估价格的差额为受贿未遂。但是,假币禁止流通,没有使用价值,无法评估和使用,应认定受贿未遂。[185] 笔者认为,以上观点忽视了贿赂的交易性以及交易主体的共同认识。交易双方对权力价值多少都有一个基本的认识和判断,所谓"办多大事拿多少东西",受贿方对于贿赂价值的判断直接关系到出卖权力的范围和程度。在双方对贿赂价值有明确共同认识的情形下,尤其是受贿人明知行贿人支付价格时,即使该贿赂物品在客观上属于伪劣商品,也应当以行贿人实际支付的价格认定受贿数额,构成犯罪既遂;若受贿人不明知行贿人支付价格,对物品价格也缺乏明确认识,则应当按照评估价格认定受贿数额,评估价值达到受贿罪数额标准的,构成既遂,评估价值未达到受贿罪数额标准的,构成未遂。 140

(四)权利未变更的既遂、未遂认定

最高人民法院、最高人民检察院《关于办理受贿刑事案件适用法律若干问题的意见》第8条规定,国家工作人员利用职务上的便利为请托人谋取利益,收受请托人房屋、汽车等物品,未变更权属登记或者借用他人名义办理变更登记的,不影响受贿的认定。"不影响受贿的认定",意味着构成受贿罪没有任何问题,但是构成犯罪既遂还是未遂,则仍存在争议。 141

"未遂论"认为,房屋等物品所有权的特殊性,取得并不等同于占有。对于属于国家依法实行特别管理的财物,必须以是否履行法定转移手续作为衡量受贿罪既遂和未遂的标准。收受房屋、汽车未办理登记的,构成未遂而不是既遂,因为物权法登记制度决定房屋、汽车是否登记在收受者名下,对其权利行使是会有较大影响的,在性 142

183 参见徐留成:《受贿罪既遂与未遂的疑难问题研究》,载《河南社会科学》2008年第5期。

184 参见孟庆华:《贿赂犯罪形态的基本理论》,人民出版社2014年版,第18页。

185 参见刘雅楠:《受贿罪未遂的司法探究》,载《法律适用》2017年第11期。

质上不同于已经登记在收受者名下的情形。[186]

143 "既遂论"认为,刑法意义上的收受他人财物与民法意义上的所有权转移是两个不同概念,不能完全以民法意义上的所有权转移来界定刑法意义上的收受他人财物的行为性质。刑法上的非法占有的认定标准与物权法的合法所有的认定标准不完全一样;非法占有目的的实现当然并不以得到法律上的确认为条件,是否在法律上取得对房屋、汽车等的所有权,并不能对事实上占有房屋、汽车等的认定构成障碍。[187] 从法益侵害角度,只要实际收受达到客观占有,并具有为他人谋取利益的行为,受贿罪的法益就已经受到了实际侵害。当行为人实际占有和控制贿赂物,就能够排除性地获得贿赂利益。如果行为人为了规避法律、逃避制裁,故意不办理权属变更手续,或者受贿人看中的是房屋和汽车等的使用价值,并不打算转让或作其他处分,不办理权属变更不影响其对贿赂物的使用。此种情形下按受贿罪既遂处理,无疑留下制度性的漏洞,有放纵犯罪之嫌。因此,只要国家工作人员已经实际控制了房屋或汽车并允诺或者已经为请托人谋取利益,就构成了受贿罪的既遂。[188]

144 "未遂论"和"既遂论"的根本区别在于,是以刑法上的财产占有(控制)还是以民法上的财产所有作为受贿罪既遂的判断标准。以民法上的财产所有作为既遂的标准,虽然可以保持刑民规范用语的统一性,但却导致刑法规制范围的狭隘化,也不符合受贿罪的法益损害理论。总体而言,"既遂论"的立场更为合理,但基于主客观相一致原则,也必须考虑到主观认识因素在认定既遂与未遂中的作用,若行为人主观上有变更权属登记的真实意思,但由于意志以外的原因而未能变更的,宜认定为未遂。在行为人没有办理也不打算办理权属变更的情形下,若房屋、汽车等已经被行为人实际占有、使用,贿赂对象为财产性利益,即占有、使用权益,并依照占有、使用的市场租金价格确定贿赂数额,若达到数额标准的,构成犯罪既遂;若请托人尚未实际交付,即使双方已经办理了权属变更,仍应当认定为犯罪未遂。在请托人和行为人约定过户或正在办理过户的情形下,即使财物已经实际交付,但由于双方约定以所有权转移为目的,贿赂对象并非财产性利益,而是财产本身,宜应遵守相关法律关于特殊之物权利转移的规定,在物的所有权未转移之前,认定为未遂。采取区分认定的方式,也不会导致量刑的不均衡。在未变更权属登记情形下的既遂认定,建立在物的使用权基础上,以市场租金作为计算标准,实际数额相对较低;而在未变更权属登记情形下的未遂认定,建立在物的所有权基础上,以物的市场价值作为计算标准,目标数额相对较高,即使构成未遂,其处罚的严厉性并不会低于前种情况。

145 此外,除不动产、汽车等需要登记转移权利的特殊财物之外,其他财物的权利转移以交付占有作为标准。实务中,行为人为了规避风险,在收受财物之后又将财物交

---

186 参见陈兴良:《受贿罪的未遂与既遂之区分》,载《中国审判》2010 年第 2 期。

187 参见陈国庆主编:《新型受贿犯罪的认定与处罚》,法律出版社 2007 年版,第 308 页。

188 参见孙国祥:《贿赂犯罪的学说与案解》,法律出版社 2012 年版,第 601 页。

给请托人保管,如将财物放在请托人家中,或存入请托人的银行账户之中,在案发后仍未取回的,是否构成未遂?这种情况应当具体分析。对于实物财产而言,只要行为人收受财物,即表明权利关系的变更,行为人收受财物之后又将其交给请托人保管,可以认为行为人取得对财物控制权后对财产的一种处分,不影响受贿罪的既遂。[189] 对于数字化财产,如银行账户存款,应当采取更为宽泛的占有控制标准,只要行为人能够实际进行控制、支配,即构成既遂。"实际控制说"在司法中也得到了确认。在"王效金受贿案"[安徽省高级人民法院(2008)皖刑终字第428号刑事裁定书]中,被告人要求请托人将"回扣"兑换成美元存入请托人家属的个人账户,并逐年将美元的具体数额向被告人报告,被告人也能随时转存、使用。法院认为,从犯罪构成上看,被告人受贿行为已经实施完毕,请托人虽然没有将款项转入被告人账户,但这并不影响被告人已经实际占有、控制该款项的事实,仍然构成受贿罪的既遂。[190]

X 共犯

我国刑法总论规定了共同犯罪的定罪量刑问题,作为一般性的规定,当然适用于受贿罪的共同犯罪。受贿罪系身份犯,在共同犯罪认定过程中涉及身份犯与非身份犯的关系,历来是司法认定的难点。 146

一、无身份者能否构成受贿罪的共同实行犯

通说(否定说)认为,根据刑法总则共犯所确定的原则,无身份者参与以特殊身份为要件的犯罪的,应当认定为特殊身份犯罪的共犯,但不能构成身份犯的实行犯。也即,在受贿罪中,直接实施行为的人必须是具有特定身份的人,不具有特定身份的人不能成为实行犯,只能构成教唆犯或帮助犯。"肯定说"认为,实行犯是包括实施某种犯罪客观要件部分具体行为的人,犯罪实行行为可以被分担,无身份者可以实施部分实行行为,无身份者可以直接收受他人财物,同样可以成为实行犯。[191]"家属作为实行犯,主要表现为与国家工作人员共谋,由国家工作人员利用职务上的便利为他人谋取利益,由家属收受他人财物,家属直接实施了受贿罪客观方面的行为。"[192]笔者赞同通说的观点。在受贿罪中,无身份者是否能成为身份犯的实行犯,关键在于对实行行为的理解。"肯定说"建立在"为他人谋取利益"和收受财物均为受贿罪实行行为的前提下,非身份者虽然不能实施"为他人谋取利益"的行为,但可以实施收受行为,从 147

189 参见孙国祥:《贿赂犯罪的学说与案解》,法律出版社2012年版,第226页。

190 参见最高人民法院中国应用法学研究所编:《人民法院案例选》(总第71辑),人民法院出版社2010年版,第71页。

191 参见孙国祥:《贿赂犯罪的学说与案解》,法律出版社2012年版,第233页。

192 赵秉志等:《贿赂罪共同犯罪问题研究》,载姜伟主编:《刑事司法指南》(总第11辑),法律出版社2002年版,第89页。

而与身份者相互配合,完成全部实行行为。然而,受贿罪是单一行为犯,“利用职务上的便利”和“为他人谋取利益”为其状态要素(条件要素),并非实行行为,只有收受行为才是实行行为。收受行为的方式具有多样性,可以由身份者直接收受,也可以通过非身份者作为媒介间接收受,甚至还包括非身份者收受之后身份者通过默认方式的追认收受。无论采取何种方式,公职行为不可交易性的法益本质决定了只有国家工作人员的收受行为才可能对受贿罪的法益构成侵害。最高人民法院、最高人民检察院《关于办理受贿刑事案件适用法律若干问题的意见》所规定的特定关系人与国家工作人员通谋,共同实施受贿行为的,以受贿罪的共犯论处,也应当是从非实行犯角度来理解特定关系人的行为,即在共谋关系下,特定关系人可以构成受贿罪的教唆犯和帮助犯,并根据其在共犯中的作用大小确定为主犯或从犯。

二、不同性质的身份犯共同受贿的定罪

148 在国家工作人员被委派到非国有公司、企业或其他单位的情形下,可能出现国家工作人员与非国家工作人员共同实施受贿,涉及受贿罪和非国家工作人员受贿罪两个不同的身份犯罪名,其性质如何确定,在理论上也存在较大争议。

149 “从轻定罪说”认为,非国家工作人员与国家工作人员同时利用职务之便实施犯罪的,应本着有利于被告人的原则,从轻定罪。[193] “从重定罪说”认为,行为人虽然都有身份,但身份较低的相对于身份较高的,等于没有身份,认定身份较低者伙同身份较高者犯罪,成立身份较高者的帮助犯、教唆犯,按照身份较高者定罪,是合理的。“分别定罪说”认为,共同犯罪并不一定要按统一的罪名认定,在承认共同犯罪的故意、共同犯罪的行为的同时,根据法律规定的身份要求,分别确定不同的罪名,分别给予不同的处罚,既体现了共同犯罪人对自己参与的犯罪行为负责的原则,也体现了罪刑相适应原则。[194] “主犯决定说”认为,在各自利用职务时,以主犯的犯罪性质定罪。2000 年 6 月 30 日最高人民法院发布的《关于审理贪污、职务侵占案件如何认定共同犯罪几个问题的解释》第 3 条规定:“公司、企业或者其他单位中,不具有国家工作人员身份的人与国家工作人员勾结,分别利用各自的职务便利,共同将本单位财物非法占为己有的,按照主犯的犯罪性质定罪。”在“主犯决定说”的基础上,最高人民法院、最高人民检察院《关于办理商业贿赂刑事案件适用法律若干问题的意见》进一步提出了“复合标准”立场。该解释第 11 条规定:“非国家工作人员与国家工作人员通谋,共同收受他人财物,构成共同犯罪的,根据双方利用职务便利的具体情形分别定

---

[193] 参见高铭暄主编:《新编中国刑法学》(下册),中国人民大学出版社 1998 年版,第 976 页。

[194] 参见《苟兴良等贪污、受贿案[第 30 号]——具有两种不同特定身份的人共同实施侵吞企业财产、收受他人财物的行为应如何定罪处罚》,载最高人民法院刑事审判第一庭编:《刑事审判参考》(总第 4 辑),法律出版社 1999 年版,第 34 页。

罪追究刑事责任:(1)利用国家工作人员的职务便利为他人谋取利益的,以受贿罪追究刑事责任。(2)利用非国家工作人员的职务便利为他人谋取利益的,以非国家工作人员受贿罪追究刑事责任。(3)分别利用各自的职务便利为他人谋取利益的,按照主犯的犯罪性质追究刑事责任,不能分清主从犯的,可以受贿罪追究刑事责任。”简言之,在只利用一人身份之便时,根据利用者的身份决定共同犯罪的罪名;在分别利用各自身份之便时,以主犯身份决定共同犯罪的罪名,难以分清主犯和从犯的,原则上按照更重的受贿罪认定。

上述观点均有一定的道理,但也都存在着不周全之处。“从轻定罪说”和“从重定罪说”以身份高低作为定罪依据,均忽视了不同身份主体行为社会危害性的差异,可能导致出现重罪轻罚或轻罪重罚的现象。“主犯决定说”也存在明显问题,主从犯的划分是解决共同犯罪的量刑问题,只有在犯罪性质已确定的情形下,才能区分主从犯,而以主犯的性质确定犯罪性质,颠倒了定罪与处罚的逻辑关系[195],同时,在均为主犯的情形下,如何认定共犯性质也是难题。以“主犯决定说”为基础的“复合标准说”也存在同样问题,正如有学者所质疑,“在共同受贿案件中,如果非国家工作人员是主犯,则国家工作人员首先不承担因为具有国家工作人员身份而带来的从重处罚的刑事责任(非国家工作人员受贿罪的刑罚要大大低于受贿罪的刑罚),而且其作为从犯,同时应当依法从轻、减轻或者免除处罚。量刑上的巨大失衡,势必影响罪责刑相当原则的贯彻”[196]。“分别定罪说”将不同身份主体区分对待,具有一定的合理性,但理由较为简单,需要进一步补充。基于侵害法益和行为类型的不同,“分别定罪说”可以分为两个层次:一是法益层面。受贿罪和非国家工作人员受贿罪具有不同的法益,与法益侵害直接相关的是行为人利用何种职务上的便利,前者为公务便利,后者为私务便利,若共同犯罪人只利用了一种职务上的便利,仅构成一罪,这也是最高人民法院、最高人民检察院《关于办理商业贿赂刑事案件适用法律若干问题的意见》所采取的立场。二是行为层面。在各自利用职务便利时,国家工作人员与非国家工作人员分别实施了利用职务便利为他人谋取利益的行为,但由于职务性质的不同,实质上是两种不同类型的行为,该两种行为在各自罪名之下均属于实行行为,但在共犯结构下,相对于对方罪名又互为帮助或教唆行为。换言之,在共犯结构之下,不同身份者的不同行为均归属于共犯的整体行为,均涉及受贿罪和非国家工作人员受贿罪,国家工作人员是受贿罪的实行犯,同时又是非国家工作人员受贿罪的帮助犯或教唆犯;非国家工作人员是非国家工作人员受贿罪的实行犯,同时也是受贿罪的帮助犯或教唆犯。既然一行为同时触犯两个罪名,可以按照想象竞合处理,从一重处置。对于国家工作人员,按照受贿罪的实行犯处理(通常重于非国家工作人员受贿罪的帮助 150

---

195 参见赵秉志、肖中华:《两种身份人共同侵占本单位财物案件的定性》,载《检察日报》2002年4月23日。

196 孙国祥:《贿赂犯罪的学说与案解》,法律出版社2012年版,第239—240页。

犯或教唆犯);对于非国家工作人员,在非国家工作人员受贿罪的实行犯处理轻于受贿罪的帮助犯或教唆犯时,按照受贿罪处理,反之,则按照非国家工作人员受贿罪的实行犯处理。这样处理不会违反共犯原理,两种利用职务上便利的行为都属于共犯行为,彼此之间相互支撑、相互配合,没有割裂行为人之间相互配合的主客观联系,同时也避免了"主犯决定说"的理论缺陷,确保不同身份主体的罪责刑相适应。

三、国家工作人员与特定关系人共同受贿的认定

151　2003年《全国法院审理经济犯罪案件工作座谈会纪要》对国家工作人员通过近亲属、近亲属以外的其他人收受贿赂问题作出了规定。2007年最高人民法院、最高人民检察院《关于办理受贿刑事案件适用法律若干问题的意见》对国家工作人员通过特定关系人、特定关系人以外的其他人收受贿赂问题作出了规定。2003年纪要和2007年意见的部分规定存在矛盾之处,按照解释的从新原则,不一致之处应适用2007年意见的规定。

152　根据最高人民法院、最高人民检察院《关于办理受贿刑事案件适用法律若干问题的意见》第7条第2款的规定,"特定关系人与国家工作人员通谋,共同实施前款行为的,对特定关系人以受贿罪的共犯论处"。由近亲属、情妇(夫)以及其他共同利益关系人而组成的"特定关系人"成为受贿的共犯,必须与国家工作人员具有"通谋",即犯意沟通和谋划。"通谋"要求国家工作人员和特定利益关系人之间进行犯意交流,犯意交流可以通过文字、语言,也可以通过默示的行为,但若缺乏犯意沟通与联系的,不能构成"通谋"。"通谋"可以发生在事前,也可以发生在事中,但不能出现在事后,即不存在事后故意。国家工作人员的特定关系人向国家工作人员转达了请托事项,但没有告诉国家工作人员收受请托人财物的事情,只是事后(国家工作人员为请托人谋取利益之后)告诉了国家工作人员,此时,特定关系人利用国家工作人员的影响力收受财物,其利用影响力受贿已经完成,无论事后国家工作人员是否知晓,再无构成受贿罪及其共犯的基础。[197]

153　"通谋"可以分为三种类型[198]:①"预谋型"通谋。国家工作人员与特定关系人共同谋划,由国家工作人员利用职务便利为他人谋取利益,特定关系人接受贿赂或窝藏、转移贿赂。"预谋型"通谋要求行为人在事前具有犯意上的联络,在实施犯罪之前策划分工,在犯罪过程中相互联系,共同推进犯罪前移。根据预谋内容的不同,特定关系人可以是受贿罪的共同正犯,如约定由特定关系人直接收受贿赂;也可以是受贿罪的帮助犯,如约定由特定关系人负责藏匿赃物。若行为人清楚对方在与自己一同实施同一犯罪,但不一定要有明确的语言沟通,如果行为人连续多次为同一本犯的同

197　参见孙国祥:《贿赂犯罪的学说与案解》,法律出版社2012年版,第592页。

198　参见方海明、陈云峰:《特定关系人与国家工作人员受贿"通谋"的认定》,载《中国检察官》2008年第8期。

一种犯罪提供帮助,应认为属于事前通谋。[199] 需要注意的是,若特定关系人事前不知情,事后单纯被动接受财物的行为,不能认定为"通谋",不能构成受贿罪的共犯。②"教唆型"通谋。特定关系人先行接受行贿人的请托或贿赂,而后才向国家工作人员讲明,并要求或怂恿其利用职务上的便利为行贿人谋取利益的,若国家工作人员答应该特定关系人的要求,并实际上利用职务之便为行贿人谋取利益,则该特定关系人和国家工作人员构成受贿罪的共犯。[200] 在"教唆型"通谋中,特定关系人是犯意的引起者,国家工作人员明知特定关系人收受请托人财物,仍然按照其要求为他人谋取利益,是犯意的执行者,应认定为"通谋",作为共同受贿犯罪论处。③"帮助型"通谋。特定关系人向国家工作人员代为转达请托事项,收受请托人财物并告知国家工作人员。有观点认为,如果国家工作人员的家属仅仅将收受财物和接受请托事项转告国家工作人员,没有其他行为的,国家工作人员单独构成受贿罪,其家属不能成为受贿的共犯,否则就会不当扩大刑事责任的范围。[201] 然而,这种情况下特定关系人主观上具有收受贿赂的明知,客观上实施了帮助收受行为,完全符合受贿罪的共犯要求,理应按照共犯处理。事实上,对于"通谋"可以进行最大限度的扩张解释,只要相互明知对方行为并给予默认、配合或支持的,均可以视为"通谋"。

在"蒋勇、唐薇受贿案"中,法院认为,虽然蒋勇对其情人唐薇通过其他国家工作 154
人员职务行为收受贿赂的具体过程不知情,但两人之前有通谋,在外观上形成了利用蒋勇的职务之便为他人谋取利益。由唐薇收受财物的共同故意,属于"预谋型"通谋,符合受贿罪权钱交易的本质,构成受贿罪。[202] 在"预谋型"通谋中,行为人对权钱交易具有概括性故意,在概括性故意之下,不要求国家工作人员对每次交易都必须明知,只要不超出概括故意的范围,均归于国家工作人员的默认范围。从"通谋"形式上看,既有特定关系人与国家工作人员之间明示性的谋议,也有心照不宣的默契配合。特定关系人与国家工作人员不仅对收受请托人财物具有共同意思沟通,而且对由国家工作人员利用职务便利为请托人谋取利益具有共同意思联络。但若特定关系人没有事先与国家工人员通谋,仅是在请托人给国家工作人员财物时在场的,一般不宜认定为受贿罪的共犯。此外,最高人民法院、最高人民检察院《关于办理贪污贿赂刑事案件适用法律若干问题的解释》第 16 条第 2 款也规定,特定关系人索取、收受他人财物,国家工作人员知道后未退还或者上交的,应当认定国家工作人员具有受贿故意。

---

199 参见孟庆华:《新型受贿犯罪司法解释的理解与适用》,中国人民公安大学出版社 2012 年版,第 313 页。

200 参见王作富主编:《刑法分则实务研究》(第 4 版),中国方正出版社 2010 年版,第 1796 页。

201 参见赵秉志等:《贿赂罪共同犯罪研究》,载姜伟主编:《刑事司法指南》(总第 11 辑),法律出版社 2002 年版,第 89 页。

202 参见袁胜强、陈霞:《蒋勇、唐薇受贿案[第 585 号]——如何认定国家工作人员与特定关系人的共同受贿行为》,载最高人民法院刑事审判第一、二、三、四、五庭主办:《刑事审判参考》(总第 70 集),法律出版社 2010 年版,第 80 页。

该规定实际将认定“通谋”成立的时段进一步延伸,因为该规定针对的,往往是国家工作人员已经利用职务便利为请托人谋取了利益,其特定关系人收受请托人财物的行为已经完成,只不过国家工作人员在为请托人谋取利益时对其特定关系人收受财物并不知情,如果事后特定关系人将其收受请托人财物的情况告知了国家工作人员,则国家工作人员具有退还或上交财物的法定义务,否则就视为其与特定关系人之间具有了受贿的共同故意。[203]

155 值得进一步讨论的是,国家工作人员明知特定关系人收受了财物,仍利用职权为他人谋取利益的,是构成受贿罪,还是利用影响力受贿罪的共犯?一种观点认为,国家工作人员利用职务之便为他人谋取利益,但国家工作人员没有授意而是请托人主动将财物交与特定关系人,国家工作人员在知情后予以默认而为请托人谋取利益的,应以受贿论。[204] 另一种观点认为,国家工作人员仅“明知”特定关系人收受他人财物,不能一律构成受贿,只有国家工作人员与该特定关系人准备建立共同经济生活关系,或共同占有该财产的,才可认定国家工作人员具有非法占有目的,也才可以按受贿论处。[205] 也有观点认为,国家工作人员明知,但只有为请托人谋利的行为而缺乏收受贿赂的故意的,构成利用影响力受贿的共犯,不明知的不构成犯罪。[206] 还有观点认为,“关系人实际上是在影响力受贿故意的支配下,收受了请托人的财物,事中形成合意,然后通过国家工作人员的职务为请托人谋取不正当利益。国家工作人员在对此明知的情况下,产生共同受贿的故意,并且配合关系人而实施了职务行为。因此,关系人的利用影响力受贿行为是核心行为,应以利用影响力受贿罪来确定共同犯罪的性质;国家工作人员由于同时符合处罚更重的受贿罪,为实现罪刑均衡,应以受贿罪论处”[207]。笔者认为,在国家工作人员明知特定关系人利用影响力受贿时,不予以拒绝而采取默示方式加以承认,并实施为他人谋取利益行为的,原则上构成受贿罪而非利用影响力受贿罪的共犯。理由在于:①利用影响力受贿罪是受贿罪的截堵性罪名,是在国家工作人员不知情的情形下实施的行为,目的在于约束国家工作人员的“身边人”,防止其利用对国家工作人员的特定影响而收受贿赂。在国家工作人员已经明知的情形下,犯罪构成要件事实已经超出了利用影响力受贿罪的范围。②国家工作人员明知特定关系人受贿的事实而不予拒绝并提供帮助,不仅表明其对特定关系人收受贿赂事实予以追认,而且也表明对权力交易对价关系的认可,侵害了公职行

---

203 参见康瑛:《罗菲受贿案[第 1143 号]——如何认定特定关系人是否成立受贿罪共犯》,载最高人民法院刑事审判第一、二、三、四、五庭主办:《刑事审判参考》(总第 106 集),法律出版社 2017 年版,第 52 页。

204 参见卢勤忠:《第三人收受财物型受贿罪的认定》,载《华东政法大学学报》2007 年第 5 期。

205 参见王作富主编:《刑法分则实务研究》(第 4 版),中国方正出版社 2010 年版,第 1795 页。

206 参见李毅磊:《贿赂犯罪中疑难共犯问题研究》,载《中国检察官》2016 年第 6 期。

207 张开骏:《利用影响力受贿罪与受贿罪的共犯问题研究》,载《政治与法律》2010 年第 9 期。

为的不可收买性。最高人民法院、最高人民检察院《关于办理贪污贿赂刑事案件适用法律若干问题的解释》第16条第12款规定，特定关系人索取、收受他人财物，国家工作人员知道后未退还或者上交的，应当认定为国家工作人员具有受贿故意。该司法解释明确了以默示方式形成的犯罪故意，在此故意支配下国家工作人员进一步实施为他人谋取利益的行为，构成受贿。③国家工作人员与特定关系人存在利益共同体关系，受贿“共谋”具有“心照不宣”的特征，只要特定关系人的行为所蕴含的意思为国家工作人员所接受并且没有反对态度，即构成受贿的共谋关系。④在受贿罪的共同犯罪中，国家工作人员无须直接实施收受财物的行为，可以由特定关系人收受财物。据此，在国家工作人员明知特定关系人收受贿赂的情形下，予以默认并为他人谋取利益的，构成受贿罪；国家工作人员明知特定关系人收受贿赂，仅予以默认，但没有利用职务上的便利为他人谋取利益的，不构成受贿罪；但若在明知之下未有进一步的否定行为，则为特定关系人收受贿赂提供了心理帮助，可以构成利用影响力受贿罪的帮助犯；特定关系人告知国家工作人员收受财物且提出为他人谋取利益请求的，具有“共谋”特征，构成受贿罪的共犯和利用影响力受贿罪，基于收受行为形成想象竞合，从一重处罚；特定关系人未告知国家工作人员收受财物仅提出为他人谋取利益请求的，特定关系人构成利用影响力受贿罪。

四、国家工作人员与非特定关系人共同受贿的认定

《全国法院审理经济犯罪案件工作座谈会纪要》中规定，近亲属以外的其他人与国家工作人员通谋，由国家工作人员利用职务上的便利为请托人谋取利益，收受请托人财物后双方共同占有的，构成受贿罪共犯。2007年最高人民法院、最高人民检察院《关于办理受贿刑事案件适用法律若干问题的意见》将该纪要中的“近亲属”扩大为“特定关系人”，在第7条第2款规定，特定关系人以外的其他人与国家工作人员通谋，由国家工作人员利用职务上的便利为请托人谋取利益，收受请托人财物后双方共同占有的，以受贿罪的共犯论处。在“周龙苗等受贿案”中，各被告人构成“共同占有”下的共犯关系，具备了共同受贿所要求的共同行为，构成共同受贿。[208]“共同占有型”共犯应当从实质角度理解为利益的共同支配与处分。这种“利益共同性”不仅表现为“共同经手”，或者“共同保管”，更多时候表现为双方共同意志支配下由一方实施的处分行为。[209] 156

上述意见特别区分了特定关系人与非特定关系人，并规定后者需要以共同占有为条件，主要是出于主客观相一致原则与刑事打击面的考虑，鉴于特定关系人与国家 157

208 参见郑晓红、周敏虎：《周苗龙等受贿案[第884号]——非特定关系人凭借国家工作人员的关系“挂名”取酬并将财物分与国家工作人员的是否构成共同受贿》，载最高人民法院刑事审判第一、二、三、四、五庭主办：《刑事审判参考》（总第93集），法律出版社2014年版，第77页。

209 参见熊选国、苗有水：《如何认定受贿罪的共同犯罪》，载《人民法院报》2005年7月13日。

工作人员已有共同利益关系,故不再要求共同占有要件。[210] 然而,对该解释有诸多批评意见。有观点认为,必须以共同占有财物为条件才能构成共犯,违背了共犯的刑法基础理论,只要双方通谋,有共同的受贿故意,并且具有共同利用国家工作人员职务上的便利为请托人谋取利益的行为,即可构成受贿罪的共同犯罪,至于贿赂由谁来收,由谁占有,不应是受贿罪共同犯罪的必要条件。[211] 也有观点认为,虽然上述意见的规定与共同犯罪的基本原理并不相符,但在某种意义上体现了司法解释的慎重,对现阶段限制共同犯罪的入罪范围具有一定意义。[212] 笔者认为,司法解释限制处罚范围的出发点是正确的,但该解释的合理性确实值得商榷。一是限制性解释的原意是通过贿赂的共同占有来证明非特定关系人与国家工作人员之间的密切联系,但前半款已经规定了非特定关系人和国家工作人员之间必须要有"通谋",在贿赂犯罪语境下,"通谋"一词本身即表明了主体之间具有密切关系,再以"共同占有"验证关系密切,并无必要。二是国家工作人员与非特定关系人(如恋人、儿媳等)对贿赂财产的"共同占有",最终表明国家工作人员与非特定关系人具有经济利益关系,而在具有共同经济利益的情形下,可以直接将其纳入特定关系人之"其他共同利益关系的人"的概念之中,无单独规定之必要。三是事后共同占有请托人财物,不是受贿罪共犯的构成条件,无论是特定关系人,还是非特定关系人,只要与国家工作人员通谋的,共同实施受贿行为的,均可以成为受贿罪的共犯。

XI 罪数

158 在受贿罪中,行为人在收受贿赂的同时,还可能存在为他人谋取利益的行为,而该行为可能触犯刑法中的不同罪名,涉及罪数认定问题。对此,理论界、实务界均未形成统一认识,有必要深入研究。

一、理论争议

159 (1)牵连犯说。该说认为,行为人客观上实施了两个行为,但两个行为之间具有刑法上的牵连关系,即行为人受贿是实施其他犯罪行为的原因,行为人所实施的其他犯罪行为是受贿行为所产生的结果,两个行为之间的这种因果关系是内在、必然发生的。[213] 收受他人财物的行为和为他人谋取利益的行为,是原因行为和结果行为的牵

---

210 参见刘为波:《关于办理受贿刑事案件适用法律若干问题的意见之解读》,载《人民法院报》2007 年 7 月 18 日。

211 参见陈海鹰、黄金钟:《利用影响力受贿罪的理论困境及破解》,载《西南政法大学学报》2010 年第 6 期。

212 参见孙国祥:《贿赂犯罪的学说与案解》,法律出版社 2012 年版,第 593 页。

213 参见王作富主编:《刑法分则实务研究》(第 3 版),中国方正出版社 2007 年版,第 1824 页。

连关系。[214] 在牵连犯之下,如何处罚,有不同观点。“择一重罪说”认为,根据牵连犯“从一重罪处断”的原则,应以行为人所牵连触犯的数个罪名中的重罪定罪处罚[215];《刑法》第399条民事、行政枉法裁判罪是一个标志性规定,否定了司法工作人员贪赃枉法而受贿的数罪并罚,在没有新的法律出台之前,在受贿过程中触犯其他犯罪的,依照牵连犯从一重论处。[216]“数罪并罚说”认为,受贿兼有徇私舞弊减刑、假释的,同时符合两个罪的构成,应当认定为两罪,实现数罪并罚,《刑法》第399条第4款只是一种特别规定,特别规定只适用于特定的情形,不具有普遍意义。[217]

(2)实质数罪说。该说认为这种情况属实质数罪,应当进行并罚。“因为受贿罪 160
侵害的法益是职务行为的不可收买性,而‘为他人谋取利益’的最低要求是只要许诺为他人谋取利益即可,而且包含着一定的虚假许诺。所以,客观上为他人谋取利益的犯罪行为,是超出受贿罪构成要件之外的行为。只有对其并罚,才能实现罪刑相适应。”[218]“受贿罪的成立只要求公职人员收受财物的行为即可,并不要求国家工作人员再继续滥用手中的权力。作为受贿罪这一罪名所能承载的只是一般的谋利行为,如果谋利行为已经超出了本罪所能涵盖的范围时,就不能再把其以受贿罪一罪来论处,否则就会违反刑法中完全评价原则。”[219]

(3)想象竞合说。该说认为,国家工作人员利用职务上的便利为他人谋取利 161
益,非法收受他人财物,其为他人谋取利益的行为又触犯了其他罪名,其行为的性质仍然是受贿这样一个整体行为,只能构成受贿罪,至于谋利行为又构成其他犯罪,应作为加重情节来对待,不影响整体罪质。“因为收受他人财物和为他人谋取利益是受贿罪客观方面的两个组成要件,虽然在认定受贿中,仅要求有为他人谋取利益的承诺,而并不要求行为人实际为他人谋取了利益,但这并不是将为他人谋取利益的条件排除在受贿罪的构成要件之外。因此,作为一个犯罪中的两个组成部分,分别触犯了两个罪名,无论如何也不可能形成事实上的数个犯罪的犯罪构成,最多也不过是一个犯罪触犯了数个罪名的问题。”[220]有观点进一步认为,受贿罪是交易性犯罪,为他人谋利行为作为交易的筹码和受财行为共同结合成一个受贿行为,而如果为他人谋利行为触犯了渎职罪名,则该谋利行为既是受贿罪成立的一个条件,又是渎职罪的客观行

214 参见赵秉志主编:《中国刑法案例与学理研究》(第6卷),法律出版社2004年版,第165页。

215 参见王作富、刘树德:《刑法分则专题研究》,中国人民大学出版社2013年版,第442页。

216 参见张军、姜伟、朗胜等:《刑法纵横谈》(增订版),北京大学出版社2008年版,第442页。

217 《最高人民法院刑事审判第一庭审判长会议〈关于被告人受贿后徇私舞弊为服刑罪犯减刑、假释的行为应定一罪还是数罪的研究意见〉》,载最高人民法院刑事审判第一庭、第二庭编:《刑事审判参考》(总第14辑),法律出版社2001年版,第73页。

218 张明楷:《刑法学》(第6版),法律出版社2021年版,第1609页。

219 于志刚:《受贿后滥用职权的罪数》,载《国家检察官学院学报》2009年第5期。

220 刘宪权主编:《刑法学》(第2版),上海人民出版社2008年版,第858页。

为,即该谋利行为事实上在不同犯罪中都扮演了不可或缺的角色,触犯了数个罪名,发生了数罪名的竞合,符合想象竞合的特征。[221]

162 (4)法条竞合说。有观点认为,受贿罪中"为他人谋取利益"的行为,除包含渎职行为外,还包含其他行为,而渎职罪中的"徇私",既包括徇私利,也包括徇私情,而在徇私利时通常是通过具体的贪赃枉法行为表现出来的,这两个犯罪的交叉点就是"为他人谋取非法利益又收受他人财物的行为"。当司法实践中出现了具体的"为他人谋取非法利益又收受他人财物的行为"时,就是一个犯罪行为,同时也触犯了具有交叉重合关系的受贿罪和渎职罪两个罪名,因而是典型的法条竞合。[222]

163 (5)区别说。该说认为,应结合渎职罪的具体构成要件来分析其罪数形态和处罚原则。在"徇私"作为渎职罪犯罪构成的法定构成要件或者加重处罚条件时,行为人因收受贿赂而渎职犯罪的,是法条竞合,采"重法优于轻法"的原则,择一重罪处罚。在因受贿而渎职犯罪,而渎职犯罪的犯罪构成中没有"徇私"要件时,构成实质的数罪,实行并罚。[223]

二、实务争议

164 对于受贿罪中行为人为他人谋取利益又构成渎职罪或其他犯罪的情况应当如何处理,司法机关多次发布业务指导意见,但这些意见前后也有多次变化,存在不同。

165 一种情况是构成牵连犯,从一重罪处理。2010 年最高人民法院、最高人民检察院《关于办理国家出资企业中职务犯罪案件具体应用法律若干问题的意见》规定,国有公司、企业人员实施《刑法》第 168 条规定的国有公司、企业人员失职罪或者国有公司、企业人员滥用职权罪,同时收受贿赂构成受贿罪的,依照处罚较重的规定定罪处罚。在此之后,《〈关于办理国家出资企业中职务犯罪案件具体应用法律若干问题的意见〉的理解与适用》进一步指出,这一问题是司法实践中长期悬而未决的问题,此情形究竟以一罪还是数罪处理,理论界和实务界一直存在不同意见,但理论上牵连犯择一重罪处理仍然是一项广泛认可的刑事司法原则。立法上,《刑法》第 399 条针对徇私枉法等渎职犯罪规定的择一重罪处理意见,具有直接参照意义,在无充分理由的情况下,为确保法律适用的统一性,对于其他渎职犯罪理应照此执行,即确定了对受贿又渎职的问题按牵连犯从一重罪处理的原则。在司法适用中,司法机关也有观点认为,行为人收受他人贿赂,其为行贿人谋取利益的行为又构成其他犯罪,此种情况属于受贿的牵连犯。对于牵连犯,一般应采取从一重处罚的原则,但法律和司法解释明

221　参见孙国祥:《贿赂犯罪的学说与案解》,法律出版社 2012 年版,第 262 页。

222　参见缪树权:《渎职、侵权案件重点、难点问题的司法适用》,中国法制出版社 2006 年版,第 91 页。

223　参见任彦君:《因受贿而渎职的罪数认定》,载《法学评论》2010 年第 6 期。

确规定实行数罪并罚的除外。[224]

另一种情况是以数罪并罚为原则,法律特殊规定除外。2013 年最高人民法院、最高人民检察院《关于办理渎职刑事案件适用法律若干问题的解释(一)》第 3 条规定,国家机关工作人员实施渎职犯罪并收受贿赂,同时构成受贿罪的,除刑法另有规定外,以渎职犯罪和受贿罪数罪并罚。在"黄德林滥用职权、受贿案"中,司法机关认为,因受贿而为行贿人谋取利益又触犯其他罪名的情况较为普遍,如掌握国家秘密的国家机关工作人员因受贿向外商泄露国家对外贸易秘密;司法工作人员因受贿而故意枉法追诉、枉法裁判、私放在押的罪犯、违法减刑、假释、暂予监外执行等。从现有一些调研成果分析,受贿型渎职犯罪高发、频发,一定程度上与司法机关对此类犯罪惩治过轻、打击不力有关。对此类案件除刑法有特别规定的以外,原则上实行数罪并罚,有利于实现量刑上的均衡。[225] 2012 年 11 月,最高人民检察院发布的第二批指导性案例中,"杨某玩忽职守、徇私枉法、受贿案"认定,国家机关工作人员实施渎职犯罪并收受贿赂,同时构成受贿罪的,除《刑法》第 399 条第 4 款有特别规定的外,以渎职罪和受贿罪数罪并罚。2016 年最高人民法院、最高人民检察院《关于办理贪污贿赂刑事案件适用法律若干问题的解释》第 17 条规定:"国家工作人员利用职务上的便利,收受他人财物,为他人谋取利益,同时构成受贿罪和刑法分则第三章第三节、第九章规定的渎职犯罪的,除刑法另有规定外,以受贿罪和渎职犯罪数罪并罚。" 166

尽管司法解释将受贿罪中行为人为他人谋取利益并涉及其他犯罪的情况,按照数罪并罚或牵连犯处理,但司法实践中仍不乏还有按照想象竞合犯处理的情形。在"姚太文贪污、受贿案"中,法院认为,如果行为人挪用公款的行为属于个人决定以单位名义将公款供其他单位使用,谋取个人利益的,则挪用公款罪的构成必须以行为人谋取个人利益为要件,该情形下收受贿赂的行为,可能同时被认定为谋取个人利益,即一行为同时构成挪用公款罪和受贿罪,应当按照想象竞合犯从一重罪处断原则,以受贿罪定罪处罚。如果在此种情况下仍然机械照搬适用最高人民法院《关于审理挪用公款案件具体应用法律若干问题的解释》第 7 条的规定,对行为人以挪用公款罪和受贿罪实行并罚,则实质上是对谋取个人利益的事实(包括挪用公款的事实)进行了双重评价,违反了禁止重复评价原则。[226] 167

---

224 参见刘德权主编:《最高人民法院司法观点集成(刑事卷)》(第 2 版),人民法院出版社 2014 年版,第 3 页。

225 参见陈增宝、林中琪:《黄德林滥用职权、受贿案[第 652 号]——滥用职权同时又受贿是否实行数罪并罚》,载最高人民法院刑事审判第一、二、三、四、五庭主办:《刑事审判参考》(总第 76 集),法律出版社 2011 年版,第 70 页。

226 参见邵坤、董屹红:《姚太文贪污、受贿案[第 805 号]——个人决定以单位名义将公款借给其他单位使用,虽然在事后收受对方财物,但难以证实借款当时具有谋取个人利益目的的,如何定罪处罚》,载最高人民法院刑事审判第一、二、三、四、五庭主办:《刑事审判参考》(总第 87 集),法律出版社 2013 年版,第 109 页。

三、基本评价

168 从目前情况看,对于收受贿赂为他人谋取利益并涉及渎职犯罪时,学理认识及司法处理比较混乱。尽管2016年最高人民法院、最高人民检察院《关于办理贪污贿赂刑事案件适用法律若干问题的解释》第17条规定了数罪并罚原则,但其将"为他人谋取不正当利益,致使公共财产、国家和人民利益遭受损失的"规定为受贿罪的加重情节,而这一情节本身也符合《刑法》第397条滥用职权罪、玩忽职守罪的构成条件。基于"禁止重复评价"原则的限制,该情节若作为加重情节予以评价,就不能再在渎职犯罪中加以评价,无法进行数罪并罚。司法解释前后出现了矛盾。对此,司法机关的业务指导意见认为,这种情况下源于"为他人谋取利益"在受贿罪构成体系中的定位的分歧,同时评价和择一重处理两种意见均有一定的道理,实践中可以根据个案情况具体掌握。[227] 显然,目前司法解释并没有放弃受贿罪与渎职犯罪的牵连犯理论,除《刑法》第399条之外,在"致使公共财产、国家和人民利益遭受损失的"情形下,仍然存在牵连犯之可能,而后者属于多数渎职犯罪的构成要件,但司法解释没有提供这种情形下按照数罪并罚还是牵连犯处理的标准及其理由,未能从根本上解决问题。

169 "为他人谋取利益"的属性及其在受贿罪构成要件中的地位,是理论争议的核心焦点。"牵连犯说"和"实质数罪说"是将"为他人谋取利益"作为收受财物之外的独立行为,按照数行为认定;"想象竞合说"和"法条竞合说"是将"为他人谋取利益"作为整体受贿行为的组成部分,按照实质一行为认定。从受贿罪构成要件看,"为他人谋取利益"止步于承诺,并不要求实际作出谋利行为,承诺本身也不要求予以明示,以行为举动为表征的默示以及是在具有上下级关系、管理与被管理关系之下的推定承诺,均表明承诺只是犯罪构成的状态要素(条件要素),依附于财产收受行为,并非独立的行为类型,受贿罪属于单一行为犯,在具备其他构成要素的前提下,实施收受财物的行为即构成既遂。在收受行为之外,行为人又实施了为他人谋取利益的行为,属于独立的另一行为,原则上应当构成数罪。"想象竞合说"和"法条竞合说"将为他人谋取利益的行为作为非独立行为,改变了受贿罪的犯罪构成,按照实质一罪加以评价,并不合理。"牵连犯说"从处断一罪角度,将收受行为和为他人谋利作为独立行为进行评价,并且注意到了行为之间牵连关系值得肯定,但采取"一刀切"的方式并不合理,受贿形式具有多样性,权钱交易的对价关系并非在行为开始之初就形成,在事后受贿的情形下,办事在先,取财在后,不符合牵连犯的要求,按照数罪并罚处理较为合适。同时,也应当注意到,2016年最高人民法院、最高人民检察院《关于办理贪污贿赂刑事案件适用法律若干问题的解释》将符合渎职罪客观要件的"为他人谋取不正当利益,致使公共财产、国家和人民利益遭受损失的"规定为受贿罪的入罪和法定刑升

---

[227] 参见裴显鼎等:《〈关于办理贪污贿赂刑事案件适用法律若干问题的解释〉的理解与适用》,载《人民司法》2016年第19期。

格条件,形成了受贿罪对渎职罪的包容关系,应按照受贿罪一罪处理。

据此,除立法明文规定之外,在受贿罪和渎职罪的司法认定上存在三种罪数形态,其适用条件包括:①包容犯的一罪。根据最高人民法院、最高人民检察院解释的规定,“为他人谋取不正当利益,致使公共财产、国家和人民利益遭受损失的”,被评价为入罪条件或法定刑升格条件时,渎职情节被包容于受贿罪之中,基于禁止重复评价原则,按受贿罪一罪认定处理。②牵连犯的一罪。在“为他人谋取不正当利益,致使公共财产、国家和人民利益遭受损失的”未被评价为受贿罪的入罪条件或法定刑升格条件时(受贿罪第二档法定刑升格起点为 150 万元,若受贿数额为 100 万元,即使具有为他人谋取利益而导致严重损失的情节,也不能升格至第三档法定刑),或者为他人谋取利益未导致利益损失但仍符合某些渎职罪的犯罪构成时(如国家商检部门工作人员受贿后伪造检验结果的,构成商检徇私舞弊罪),收受他人财物(原因行为)后再为他人谋取利益(结果行为)的,两行为之间具有密切的关联性,属于牵连犯,从一重罪处置。③数罪并罚。在符合第二个适用条件前半段的前提下,若两行为之间不具有牵连关系的,则按照数罪并罚处理。 170

XII 与非罪的界限

一、收受财物后退还、上交

2007 年最高人民法院、最高人民检察院《关于办理受贿刑事案件适用法律若干问题的意见》规定,国家工作人员收受请托人财物后及时退还或上交的,不是受贿。对公职行为不可收买性的侵害不仅要求有具体的收受行为,而且还要求行为人主观上有收受财物的故意,若行为人及时退还或上交,说明其主观上没有受贿故意而不构成犯罪,从而体现了主客观相一致原则,防止客观归罪。该解释规定在适用时,需要区别具体情况加以认定。 171

在收受财物的情况下(索贿的除外),及时退还和上交表明行为人无受贿之故意,不能认定为受贿罪,是否“及时”是主观故意认定的核心要素。如何把握“及时”的概念,“固定时间说”认为,应当根据既有立法、政策的规定加以认定。其中一种观点认为,参照 1993 年中共中央办公厅、国务院《关于严禁党政机关及其工作人员在公务活动中接受和赠送礼金、有价证券的通知》以及 1998 年国务院《国家行政机关及其工作人员在国内公务活动中不得赠送和接受礼品的规定》对于接受礼品、礼金上交的时间规定,及时退还的时间限于 1 个月内。也有观点参照挪用公款罪的规定,认为行为人在案发前 3 个月内积极主动退赃交赃的,可认为是“及时退赃交赃”[228]。“合理时间说”认为,对“及时”不应限定具体的时间长短,只要在合理的时间段内,且能够反 172

---

[228] 参见赵秉志、黄晓亮:《试析案发前退赃交赃情节与受贿罪的定罪量刑》,载赵秉志主编:《贪污贿赂犯罪的惩治与防范》,中国人民公安大学出版社 2010 年版,第 9 页。

映出国家工作人员主观上没有受贿的故意,就应当认定为及时退还或上交。[229] 只要在相对合理的时间内打消受贿企图,及时上交,也应当予以认可。因此,“及时”不应限定当时当刻,如果主观上有归还或上交的意思,但因为客观方面的原因未能立即归还或上交,在客观障碍消除后立即归还或上交的,同样应当理解为“及时”。[230] 笔者认为,“及时退还或者上交”是受贿罪的责任阻却要件,用于证明行为人客观上收受他人财物但主观上无受贿之故意,具有重要的出罪功能,宜作扩大理解,不能简单地以时间作为计算标准,因此,“合理时间说”的立场较为中肯,但仍需要结合行为人在收受财物时的具体情况加以分析。“及时退还或者上交”应当包括以下三种情况:①被动收取财物,随即上交或退还的。这种情况往往是行贿人将财物强行给予国家工作人员或留在国家工作人员处所拒不带走。此时要求国家工作人员在合理的时间内随即退回或上交,合理的时间也不要求立即返还,而是要求在一般观念可以接受的时间范围内,可以是上午收到,下午上交,也可以是因其他事情耽搁间隔几天再上交。若时间间隔过长,特别是在案发前才上交的,表明行为人已经形成了收受他人财物的故意,应当按照受贿认定。②知情后即时上交或退还的。这种情况往往是国家工作人员开始并不知道财物的收受,隔了一段时间之后才知道。如请托人将财物夹在其他普通物品中赠与国家工作人员或置于国家工作人员处所之中,国家工作人员当场未发现的;或者请托人将财物交给国家工作人员的特别关系人而国家工作人员当时并不知道的。在国家工作人员知情之后上交或退还的,其时间掌握和判断与收受之后随即上交或退还应当一致,但需要国家工作人员对之前的“不知情”加以证明。③尚未退还成功的。在收取财物之后,国家工作人员即表示退还,也采取了积极的退还行为,但因为工作繁忙或请托人联系困难,还没来得及退还就案发。在这种情况下,若有证据证明国家工作人员主观无受贿之故意,如“反复多次、态度严肃坚决地催促对方取回所送财物,或者具体交代了下属和家属去退还财物,只是由于自身以外的原因未能及时退还的,可以认定为以及实施了退还行为”[231]。无论上述何种情况,均表明国家工作人员开始即无收受他人财物之故意,在缺乏故意要件的情形下,不构成受贿罪。若国家工作人员开始即作出了为他人谋取利益的承诺并收受贿赂的,表明其不是被动接受财物,即使之后及时退还或上交,也应构成受贿罪,但可以在量刑情节中作为从宽因素加以评价。

173　在国家工作人员已经构成受贿罪的前提下,其退还、上交贿赂,不具有责任阻却

---

[229] 参见于志刚主编:《新型受贿犯罪争议问题研究》,中国方正出版社 2011 年版,第 256 页。

[230] 参见刘为波:《〈关于办理国家出资企业中职务犯罪案件具体应用法律若干问题的意见〉的理解与适用》,载最高人民法院刑事审判第一、二、三、四、五庭主办:《刑事审判参考》(总第 77 集),法律出版社 2011 年版,第 137 页。

[231] 孟庆华:《新型受贿犯罪司法解释的理解与适用》,中国人民公安大学出版社 2012 年版,第 363 页。

效果。具体包括:①因自身或者与其受贿有关的人、事被查处,为了掩饰犯罪而退还或上交的。国家工作人员索取或收受他人财物之后,由于相关案件的查处(如行贿人被查处,或与其有关联的其他涉案人员被查处),或者听到有关部门即将查处其受贿的问题时,匆匆将受贿款退回或者上交的,属于规避法律行为,不影响受贿罪的认定。"因自身或者与其受贿有关的人、事被查处"应作广义理解,包括有迹象表明纪检监察部门可能查处本人、与本人有工作联系的其他单位及其工作人员或者与本人受贿有关联的人、事;所在区域出现了腐败大案,纪检监察部门的调查力度与检察机关的查案力度加强,有可能作为窝案、串案一并查处本人的腐败行为;国家工作人员、请托人或者与前述主体有工作关系的单位正在调查其他人员的违纪行为,唯恐本人受贿行为败露等。[232] 实际上,2007年最高人民法院、最高人民检察院《关于办理受贿刑事案件适用法律若干问题的意见》第9条规定的"因自身或者与其受贿有关联的人、事被查处,为掩饰犯罪而退还或者上交的,不影响受贿罪的认定"只是提示性规定,在行为人受贿之后,即使不符合第9条要求,如受贿之后间隔较长时间才基于悔悟而退还、上交财物的,也会构成受贿罪。②因未实现为他人谋取利益的承诺而主动退还的。国家工作人员收受贿赂之后未能兑现承诺,而将财物退还的,也构成受贿罪既遂,但退回情节可以作为量刑情节,酌定从轻处罚。③因行贿人索要而被迫退回的。在这种情况下,被迫退还发生于犯罪既遂之后,对构成犯罪不应有任何影响。④回赠行为的认定。回赠,是指行为人收受请托人财物之后,当场或日后将自己所有的财物回送给请托人的一种行为。回赠行为是否可视为"退回",存在较大争议。"肯定说"认为,"只要回赠行为发生在被发觉之前,都应视为退回财物,退回财物说明行为人不想非法占有请托人送予的财物。回赠财物的数额只要与送予财物的数额大体相当,就不应以受贿罪处罚。回赠财物明显小于送予财物,如果认定受贿罪,则应减去回赠的数额,以差额部分定罪处罚"[233]。"案发前,行为人找理由回赠一部分财物给请托人,说明行为人并没有收受和占有全部贿赂的故意,作相应扣除是合适的。"[234]"否定说"认为,回赠和受贿是两个本质不同的行为,只要行为人利用职务为他人谋取了利益并收受他人财物,已经构成了犯罪既遂,回赠是受贿既遂之后的行为,该行为不影响受贿罪的成立和数额的认定,只能和受贿后捐赠一样,作为量刑的酌定情节,回赠数额也不应当从受贿数额中扣除。[235] 笔者认为,回赠情况较为复杂,应当在坚持犯罪既遂理论的前提下,进行具体分析。若收受财物行为本身已经构成了受贿罪,则任何情形下的回赠都不能认定为退还。如行为人接受他人财物并作出为他人谋取利益的

232 参见杨惠新等:《退还财物型受贿中三点争议待甄别》,载《检察日报》2009年11月20日。

233 范春明:《贪污贿赂犯罪的法律适用》,人民法院出版社2001年版,第92页。

234 孙国祥:《贿赂犯罪的学说与案解》,法律出版社2012年版,第506页。

235 参见王红军:《回赠数额应否从受贿数额总额中扣除》,载《检察日报》2007年6月11日。

承诺,即使当场回赠,也只是犯罪既遂之后的行为,不影响犯罪既遂,回赠数额不能从受贿数额中予以扣减。若行为人只是被动收受了他人财物,且无任何形式承诺,其当场或在合理时间内的回赠,表明行为人不具有权钱交易的故意,且受贿罪构成要件也不齐备,属于以物易物的行为,可以认定为退还,不构成受贿罪,但回赠时间间隔较长的除外。

二、受贿所得用于公用、公益活动

174 在受贿行为中,存在行为人将受贿所得用于公务或公益捐赠的情况,行为人往往以此作为个人没有受贿故意的辩解理由。对此如何认定,存在不同观点。"否定说"认为,受贿赃款的去向是犯罪实施完毕以后发生的事实,赃款如何使用、处分,包括用于单位的业务活动,只是既遂后赃款去向问题,不影响受贿罪的成立,不应该将用于公用、公益的部分从受贿数额中扣除。赃款的使用和赃物的处理,不能改变犯罪的性质。犯罪构成以后,结局是不可逆转的。[236] 2016 年最高人民法院、最高人民检察院《关于办理贪污贿赂刑事案件适用法律若干问题的解释》采取这一立场,第 16 条第 1 款规定:"国家工作人员出于贪污、受贿的故意,非法占有公共财物、收受他人财物之后,将赃款赃物用于单位公务支出或者社会捐赠的,不影响贪污罪、受贿罪的认定,但量刑时可以酌情考虑。""肯定说"认为,受贿人将所收受的他人财物用于公务活动或者国家扶贫事业的数额应从受贿数额中扣除,"权钱交易的本质就是行为人自己谋取财物利益,如果承认这是受贿犯罪的实质,那么对收受财物以后将所收受的财物用于公务活动或者用于国家扶贫事业的行为,理当排除在受贿行为之外"[237]。"区分说"认为,只有在被告人将财物用于公务或公益性支出时公开了受贿财物的来源和性质,才可以不以犯罪论处。如果行为人私自将贿赂之物用于公务或公益性支出而未予公开的,就只能在量刑时作为从轻情节考虑,而不能不追究刑事责任。[238]

175 基于公职行为的不可收买性,即使贿赂归第三人所有,仍然也会侵害到受贿罪法益,"肯定说"将"权钱交易"限制于归己所有,狭义地界定受贿罪的本质,并不合理。"区分说"虽然作出了不同情况的说明,但其所列举的三种特殊情况通常可以归于国家工作人员在收受贿赂之后的"及时上交或者退还",本身就不符合受贿罪的构成要件,实际无区分之必要。有观点认为,上交给单位账户或"小金库"不能等同于"上交",不仅违反了财经纪律,最为根本的是贿赂款项等赃款赃物必须予以追缴,不能擅自处理,只有将收受的财物上交给纪检监察机关指定的账户或纪检监察部门办公

---

[236] 参见赵秉志主编:《中国刑法典型案例研究》(第 5 卷),北京大学出版社 2008 年版,第 148 页。

[237] 刘宪权主编:《刑法学》(第 2 版),上海人民出版社 2008 年版,第 859 页。

[238] 参见李安、蒋安杰:《最高法副庭长谈区分商业贿赂罪与非罪界限问题》,载《法制日报》2006 年 8 月 29 日。

室，并开具收据，才能认定为不构成受贿罪。[239] 也有观点认为，“小金库”固然违规，但其款项依然是单位的公款，仍然属于单位控制下的财物，况且上交到单位的财物是进入单位的一般账户，还是作为“小金库”的收入，或者由单位交给纪检部门处理，往往也不是行为人自己能控制的，将及时上交到单位“小金库”的款项不作为受贿认定具有合理性。[240] 事实上，“及时上交”的功能在于证明不存在权钱交易关系，以否定受贿罪的构成，而对于权钱交易关系的否定，可以通过将财物上交给纪检人员的方式，也可以通过公开上交给单位的方式加以证明。无论采取何种方式，均存在于受贿罪尚未成立的前提下，一旦受贿罪已经成立，则只能作为量刑情节加以评价。因此，“否定说”更为合理。需要进一步强调的是，2016 年最高人民法院、最高人民检察院《关于办理贪污贿赂刑事案件适用法律若干问题的解释》第 16 条建立在出于“受贿的故意”的基础上，但若国家工作人员缺乏受贿的故意，仅是客观上收受了财物，并将财物用于单位公务支出或者社会捐赠的，在符合“公开性”的条件下，仍然具有责任阻却的效果，不构成受贿罪。

三、受贿与借款的界限

受贿与借款是两种性质不同的行为，但贿赂有的时候也表现为借款形式，此时这种行为属于合法的借款行为，还是实质上的受贿行为，需要进行区分判断。2003 年《全国法院审理经济犯罪案件工作座谈会纪要》规定，国家工作人员利用职务上的便利，以借为名向他人索取财物，或者非法收受财物为他人谋取利益的，应当认定为受贿。具体认定时，不能仅仅看是否有书面借款手续，应当根据以下因素综合判定：①有无正当、合理的借款事由；②款项的去向；③双方平时关系如何、有无经济往来；④出借方是否要求国家工作人员利用职务上的便利为其谋取利益；⑤借款后是否有归还的意思表示及行为；⑥是否有归还的能力；⑦未归还的原因；等等。 176

根据上述纪要规定的精神，受贿与借款的区分，可以从以下几个方面加以判断。第一，借款理由的正当性。借款理由往往具有原因的紧急性和目的的正当性，若国家工作人员经济宽裕，在为他人谋取利益后以借款为名索要财物，明显具有不合理因素。国家工作人员借钱进行商业投资，且借来的款项确实也用于真实投资，但基于国家工作人员禁止从商的规定，一般不应认定为是正常的借款用途。第二，款项的去向。正常借款通常有具体的用途，而受贿通常是编造使用理由，所得款项没有实际用途，而是放在家里或存入银行长期不用等。第三，双方平时关系如何、有无经济往来。国家工作人员与亲朋好友之间也会有礼尚往来，但若平时无经济往来，而在为对方谋利前后，向对方借取大额款项等，可能隐藏着权钱交易。第四，出借方是否要求国家 177

---

[239] 参见孟庆华：《新型受贿犯罪司法解释的理解与适用》，中国人民公安大学出版社 2012 年版，第 367 页。

[240] 参见孙国祥：《贿赂犯罪的学说与案解》，法律出版社 2012 年版，第 470 页。

工作人员利用职务上的便利为其谋取利益。国家工作人员在借款前后是否存在为他人谋取利益的行为,是区分借款还是受贿的重要情节,但必须证明国家工作人员利用职务上的便利为请托人谋取利益是以"借款"作为交换条件。第五,借款后是否有归还的意思表示及行为。在正常借款中,借款人一般会按照约定的借期及时归还,即使不能到期归还,也会在到期前后向债权人作出具体说明,而债权人通常也有催促还款的行为。在以"借款"为名的受贿行为中,行受贿双方由于存在利益上的相互利用关系,通常情况下无归还日期的约定,或者即使有约定,也无逾期后追款行为。第六,是否有能力归还。正常的借款通常具有归还条件,国家工作人员具有足够钱款能够及时还款,但却长期不还,往往具有明显的受贿故意。第七,未归还的原因。若确实存在意外情况等合理原因而无法及时归还对方的,通常应认定为正常借款。即使是正常借款,也会存在从借用目的到非法占有目的的转化问题,"行为人一开始可能是真实的借款,但随着时间的推移,借款人不想再还,出借人也做个顺水人情,借款也就可能转化为贿赂,应作为受贿罪认定"[241]。

四、受贿与正当馈赠的界限

178　在中国式的人情社会中,国家工作人员在婚丧嫁娶、生病住院、逢年过节时往往会有一些人情往来,收受一些礼金、红包。对于这种财物馈赠是否构成受贿,理论界存在争议。"肯定说"认为,在司法实践中,"一事一贿"的模式已经基本淘汰,取而代之的是"感情投资""放长线钓大鱼"的模式,行贿人在投资时,并无明确的请托事项,受贿人也心知肚明,在收受贿赂后不立即为行贿人谋取利益,这样一旦事发,就能以"友人馈赠"的名义蒙混过关,这种"灰色收入"实质是贿赂的隐蔽形式,当以受贿罪定罪量刑。[242]"否定说"则认为,财物馈赠并不具备受贿罪的构成条件,也不能排除赠与者确实是出于真心感谢等情感因素,一律将其认定为犯罪,也不符合国情。[243]"区分说"认为,收受"礼金""红包"不能一概而论,关键看是否与行为人的职务因素有关。如果送礼者是因有求于对方,即使是以拜年、祝寿、贺喜、给小孩压岁钱等名目收、送的,也是形礼而实贿;反之,如果双方是基于亲情、友情等真实的感情而收受礼物,即使数额再大,也是礼物而非贿赂。[244] 2016年最高人民法院、最高人民检察院《关于办理贪污贿赂刑事案件适用法律若干问题的解释》采取了"区分说"立场,规定"国家工作人员索取、收受具有上下级关系的下属或者具有行政管理关系的被管理人员的财物三万元以上,可能影响职权行使的,视为承诺为他人谋取利益",若不具有上下

241　孙国祥:《贿赂犯罪的学说与案解》,法律出版社2012年版,第477页。

242　参见李洁:《官员的灰色收入当属贿赂犯罪的隐蔽形式》,载《政府法制》2005年第14期。

243　参见吕天奇:《贿赂罪的理论与实践》,光明日报出版社2007年版,第374页。

244　参见于志刚主编:《多发十种职务犯罪的定罪与量刑》,中国方正出版社2001年版,第193页。

级关系或管理关系,单纯收受馈赠行为很难认定为受贿。实际上,受贿与馈赠的区别在于是否具备了受贿罪的全部构成事实,特别是有关权钱交易的事实,如提供方是否有求于接受方的职务行为、接受方是否许诺为他人谋取利益以及是否利用了职务之便。至于接受方与提供方之间是否存在亲友关系,是否平时有较多的、价值较大的礼尚往来关系,接受方式是否隐蔽,以及是否有接受馈赠的合理理由等,均不是区分受贿与馈赠的主要标准。

五、受贿与取得合理报酬的界限

179 国家工作人员往往具有相关行业的技术、管理等方面的专业知识,其在法律允许的范围内,利用业余时间,用自己劳动为他人提供服务,获得合理报酬的,不成立受贿罪,但在请托人向其行贿以利用其职权谋取利益时,也可能同时提供相关技术、管理等方面的服务,此时行贿财物与劳务报酬可能交织在一起,难以区分。

180 被告人的行为是否构成受贿,关键在于其所得是否属于合法的劳动报酬。具体应当考虑以下三个方面:①行为人是否提供实质性的专业服务。若行为人仅是挂名而未有任何服务行为,或者仅提供一般人都能提供的口头咨询,不能认为具有服务事实。在《刑事审判参考》案例第407号"方俊受贿案"中,法院认为被告人与行贿人仅有口头聘用合同,但并未实质履行相关职责,其报酬不具有合法性。②提供服务与职权是否存在关联性。若国家工作人员提供的相关专业服务,本身就是职权的一部分,即等于"利用了职务上的便利",而不是单纯地利用个人技术提供服务,但若不是在本职工作范畴之内,而是利用业余时间为业务单位提供额外技术服务的,其获得报酬不具有受贿性质。③提供服务与获得的报酬是否具有相当性。即使是提供一些实质的专业技术服务,但若获得的报酬明显超出了市场正常价值区间,服务与报酬明显不等值的,应作为受贿认定,因为这种巨额利益差通常依赖于国家工作人员的身份职权,仍然体现了权钱交易关系。

XIII 与他罪的区别

一、与贪污罪的区别

181 贪污罪和受贿罪均属于国家工作人员利用职务便利所实施的职务犯罪。1952年4月18日发布的《惩治贪污条例》曾将受贿罪规定在贪污罪之中,作为贪污的一种类型,直到1979年《刑法》才将受贿罪从贪污罪中独立出来。贪污罪属于国家工作人员利用职权实施的财产性犯罪,侵害了公共财产利益;受贿罪属于国家工作人员利用职权实施的交易性犯罪,侵害了公职行为的不可收买性。两罪在构成要件上存在明显区别,具体表现为:①占有财产的性质不同。贪污罪侵占的是公共财物;受贿罪交易的财物既可能是公共财物,也可能是私人财物。②获得财产的方法不同。贪污罪是行为人通过侵吞、盗窃、骗取或其他手段侵占公共财物;受贿罪是收受或索取贿赂,具有对向犯属性,必须有行贿人的配合才能完成。③利用职务便利的内涵不同。贪污罪是国家工作人员利用职务上主管、管理、经手公共财物的便利条件;受贿罪是国家工作人员利用本人职务范围内的权力以及本人职权和地位形成的便利条件,其范围要广于贪污罪。尽管如此,由于两罪均以职务利用为条件,主体范围大致相同,也都涉及财产占有问题,可能存在名为受贿、实为贪污的情况,或者在部分行为上出现竞合,导致案件定性上产生争议。对此,需要根据犯罪构成的差异性进行具体分析。就受贿罪和贪污罪的区分确立两个判断规则:一是占有财产是否属于公共财产。在"胡启能贪污案"[245]中,法院认为,胡启能向购买方索贿,要求购买方将部分应付款以现金或其他方式转给自己及子女,其所占有的财产属于应当归属于本单位的财产,而非第三人的财产,应以贪污罪论处。二是相对方对财物的贿赂性质是否有明确的认识。在"阎怀民、钱玉芳贪污、受贿案"[246]中,法院认为,被告人假借单位名义向下级单位索贿,下级单位以为是交给上级单位的赞助费,且存入了被告人提供的单位账户,并无向被告人行贿的意思,被告人的行为应认定为贪污罪。有观点认为,不能排除贪污罪和受贿罪的想象竞合,如在乡政府有求于县长的职务行为时,县长要求乡政府领导从乡财政中拿出 30 万元给自己,县长行为是贪污罪和受贿罪的想象竞合。[247]显然,在想象竞合的情形下,也要求县长对于乡财政具有主管权力,能够调拨、处置及支配乡财政资金,否则不符合贪污罪"利用职务上的便利"的构成要件,仍只构成受贿罪的实质一罪。

二、与敲诈勒索罪的区别

182 尽管在主体是否为国家工作人员以及是否利用职务便利上,受贿罪不同于敲诈勒索罪,但"索贿型"受贿罪与敲诈勒索罪仍有一定的相似之处:行为人主观上都有勒索他人财物的目的;手段上也具有一定的胁迫性,使得两罪容易混淆。当国家工作人员利用职务上的便利向请托人勒索财物时,应当如何处理?"敲诈勒索罪说"认为,在不是基于任意交付的场合,应属敲诈勒索。"想象竞合说"(通说)认为,上述行为同时侵害了职务行为的不可收买性与他人财产,但只有一个行为,因而符合想象竞合的特征。[248]"区分说"认为,需要区别情况处理,一方面,国家工作人员实施与职务无关的欺骗、恐吓手段,使他人陷于错误或恐惧而交付财物的,不是基于国家工作人员的

---

[245] 参见《胡启能贪污案[第 275 号]——截留并非法占有本单位利润款的贪污行为与收受回扣的受贿行为的区分》,载最高人民法院刑事审判第一庭、第二庭编:《刑事审判参考》(总第 35 集),法律出版社 2004 年版,第 58 页。

[246] 参见《阎怀民、钱玉芳贪污、受贿案[第 334 号]——国家工作人员利用职务上的便利以单位的名义向有关单位索要"赞助款"并占为己有的行为是索贿还是贪污》,载最高人民法院刑事审判第一庭、第二庭编:《刑事审判参考》(总第 42 集),法律出版社 2005 年版,第 58 页。

[247] 参见张明楷:《刑法学》(第 6 版),法律出版社 2021 年版,第 1607 页。

[248] 参见张明楷:《刑法学》(第 6 版),法律出版社 2021 年版,第 1607 页。

职务行为取得财物,不是受贿;另一方面,国家工作人员向被害人进行恐吓,即使没有迫使他人交付财物的意思表示,但被害人因行为人的职权、地位而交付财物的,行为属于索取贿赂而非敲诈勒索。[249] 笔者认为,“想象竞合说”的观点更为合理。“索贿型”受贿与敲诈勒索的根本区别在于行为人是否利用了职务上的便利。如果将利用职务便利要挟的行为认定为敲诈勒索,则被告人要挟中的职务因素评价缺失,是不全面的。[250] 将这种情况简单评价为敲诈勒索,并不正确。然而,在索贿过程中,确实可能包含有敲诈勒索行为,索贿以取得他人财物为目的,不排除行为人实施威胁行为,而敲诈勒索也包含了以威胁方式使得受害人在产生恐惧心理之下交付财物,两罪的侵害法益不同,在涉及利用职务上的便利实施胁迫而取得财物的情形下具有一定程度的重合关系,可以构成想象竞合。

在“李万、唐自成受贿案”中,法院认为,被告人是受聘于国有事业单位《经济日 183
报农村版》报社的记者和工作人员,其对广西粮食系统直补工作的采访、报道、进行舆论监督属于履行公务行为,依法应以国家工作人员论。被告人在采访过程中,利用相关单位工作中存在的问题,向相关单位索取钱款,得款后二人平分,其行为构成受贿罪。[251] 国有媒体的记者对国家和社会公共事务进行新闻报道和舆论监督,是国家赋予的权力,是从事公务的一种表现形态。行为人利用新闻报道的公务权力,索取他人财物,符合受贿罪的构成要件。但是,这种情况下也符合敲诈勒索罪的犯罪构成,即行为人对他人实行恐吓、胁迫,对方产生恐惧心理而处分财产,行为人取得财产并导致被害人遭受财产损失。敲诈勒索罪中的胁迫并不以暴力为条件,只要进行恶害相告,使得对方产生恐惧心理即可,而且也不要求恶害的实现,以对方违法事实进行胁迫也可以构成敲诈勒索。在“李万、唐自成受贿案”中,国有媒体记者以对方工作中的违规问题作为要挟,使对方产生恐惧心理而交付财物,符合敲诈勒索罪的构成要件,但其同时也利用了职务上的便利,构成受贿罪和敲诈勒索罪的想象竞合,从一重罪处置,由于索贿的,要从重处罚,因此,应当按照受贿罪定罪量刑。该案判决结果正确,但仅认定受贿罪一罪,没有正确认定敲诈勒索罪,在裁判理由上仍然存在问题。

三、与诈骗罪的区别

受贿罪与诈骗罪具有不同的犯罪构成,在一般情况下容易区分,但是在行为人利 184
用职务便利或虚假的职务便利作出虚假承诺时,如何认定,则较易混淆。一种观点认为,应当区别对待,“国家工作人员利用职务上的便利收受请托人的财物后,作出为他

249 参见周光权:《刑法各论》(第3版),中国人民大学出版社2016年版,第482页。

250 参见孙国祥:《贿赂犯罪的学说与案解》,法律出版社2012年版,第481页。

251 参见王玉琦、牛克乾:《李万、唐自成受贿案[第608号]——国有媒体的记者能否构成受贿罪的主体》,载最高人民法院刑事审判第一、二、三、四、五庭主办:《刑事审判参考》(总第72集),法律出版社2010年版,第81页。

人谋取利益的虚假承诺的,应认定为受贿罪。国家工作人员在他人有求于自己的职务行为时,谎称(能)为他人谋取利益并主动要求对方提供财物的,是受贿罪和诈骗罪的想象竞合"[252]。另一种观点认为,诈骗与受贿区分的关键还在于是否利用职务上的便利,如果行为人利用了职务上的便利,即便存在欺骗行为,也应构成受贿罪;反之,并无职务或没有利用职务上的便利,则应构成诈骗罪。[253] 两种观点均具有一定的合理性,将两种观点结合理解则更为全面。在行为人职权范围内作出的虚假承诺,应当包括两种情况:一是国家工作人员收受财物后作出虚假承诺。由于行贿方财产处分在先,虚假事实在后,不符合诈骗罪的犯罪构成,按照受贿罪一罪处理。二是国家工作人员在作出虚假承诺之后收受财物。国家工作人员的虚假承诺,使得对方陷入错误认识,并自愿主动处分财物,符合诈骗罪的犯罪构成,同时由于存在利用职务上的便利为他人谋取利益(承诺内容是否真实不需要受贿罪评价)的事实,又符合受贿罪的犯罪构成,进而形成想象竞合,从一重罪处置。在行为人职权范围之外作出的虚假承诺,由于脱离了真实的实际职权,本身即属于虚构事实的范畴,不存在利用职务上便利的事实状态,仅构成诈骗罪一罪。

四、与非国家工作人员受贿罪的区别

185 我国《刑法》第 163 条第 1 款和第 2 款、第 184 条第 1 款都规定了非国家工作人员受贿罪。这一罪名分别适用于两种人员的受贿犯罪:其一,公司、企业或者其他单位的工作人员,利用职务上的便利,索取他人财物或者非法收受他人财物,为他人谋取利益,数额较大的行为;或者在经济往来中,违反国家规定,收受各种名义的回扣、手续费,归个人所有的行为。其二,银行或者其他金融机构的工作人员在金融业务活动中索取他人财物或者非法收受他人财物,为他人谋取利益的,或者违反国家规定,收受各种名义的回扣、手续费,归个人所有的行为。

186 受贿罪与非国家工作人员受贿罪的区别为:①犯罪主体不同。受贿罪的主体是国家工作人员,也包括公司、企业中的国家工作人员;非国家工作人员受贿罪的主体不具有国家工作人员的身份。②罪状不同。受贿罪将索贿行为与受贿行为区别开来,索贿即构成犯罪,而收受贿赂需要为他人谋取利益,才能构成犯罪;非国家工作人员受贿罪没有区别索取和收受贿赂,对索取或收受都规定要为他人谋取利益,才能构成犯罪。③法定刑不同。受贿罪的法定刑为三个档次,即从拘役到死刑;非国家工作人员受贿罪的法定刑分为三个档次,即从拘役到无期徒刑。

五、与渎职罪的区别

187 在 1979 年《刑法》中,受贿罪等贿赂类犯罪被放入"渎职罪"一章,在 1997 年《刑

252 张明楷:《刑法学》(第 6 版),法律出版社 2021 年版,第 1607 页。

253 参见孙国祥:《贿赂犯罪的学说与案解》,法律出版社 2012 年版,第 483 页。

法》中，赌赂类犯罪被放入新设的“贪污贿赂罪”一章，贿赂类犯罪与渎职罪的竞合与区分就成为热点问题。为了解决这一问题，2012 年 12 月 7 日最高人民法院、最高人民检察院发布的《关于办理渎职刑事案件适用法律若干问题的解释(一)》明确规定了渎职类犯罪与受贿罪发生竞合时采取数罪并罚的处断原则。

《刑法》第 399 条第 1 款徇私枉法罪规定，司法工作人员收受贿赂，有徇私枉法行 188
为并同时构成受贿罪的，依照处罚较重的规定定罪处罚。对于该款，属于注意性规定，还是特别规定，有不同的观点。一种观点认为，这一条款没有其他法条上的支持，因此该规定只是一个特殊条款，没有普遍适用意义。另一种观点认为，该条款对于所有渎职犯罪具有指导意义，在处理徇私枉法案件时均可以参照适用，属于立法上的注意性规定。笔者认为该条款为特别性条款，不应将其适用范围扩大至所有相关渎职犯罪。仅刑法总则规定具有普遍适用性，分则条款对具体罪名作出的特别规定不能随意类比并延伸到相似罪名。该条款表述的意思很明确，仅是在司法工作人员受贿的情况下，并且实施了《刑法》第 397 条规定的三种渎职行为才可以对其从一重罪处罚。对于司法工作人员职务犯罪而言，受贿行为与渎职行为联系十分紧密，并且受贿行为在这类犯罪中又起着直接主导作用，同时刑法对于受贿罪的处罚又相对较重，因此对于司法工作人员的此类行为最终以受贿罪一罪处罚也是可以接受的。受贿罪与徇私型的渎职犯罪交织、共生的问题十分普遍，作为司法工作人员，他们的职务行为多是裁判行为，在其履职过程中出现收受贿赂并且徇私枉法的现象也时有发生，应当有一个统一的标准来规范这类特殊主体的该种多发性犯罪，但该规定应当是法律的特殊规定，不应延伸到其他渎职犯罪之中，其他渎职犯罪与受贿罪竞合时，应按照最高人民法院、最高人民检察院《关于办理渎职刑事案件适用法律若干问题的解释(一)》的规定进行数罪并罚。

第三百八十六条　受贿罪的处罚

对犯受贿罪的，根据受贿所得数额及情节，依照本法第三百八十三条的规定处罚。索贿的从重处罚。

文献：刘宪权、谢杰：《贿赂犯罪刑法理论与实务》，上海人民出版社 2012 年版；孙国祥：《贿赂犯罪的学说与案解》，法律出版社 2012 年版；黎宏：《刑法学各论》（第 2 版），法律出版社 2016 年版；周光权：《刑法各论》（第 3 版），中国人民大学出版社 2016 年版；张明楷：《刑法学》（第 6 版），法律出版社 2021 年版。陈兴良：《贪污贿赂犯罪司法解释：刑法教义学的阐释》，载《法学》2016 年第 5 期；刘宪权：《贪污贿赂犯罪最新定罪量刑标准体系化评析》，载《法学》2016 年第 5 期；周光权：《论受贿罪的情节》，载《政治与法律》2016 年第 8 期；钱小平：《贿赂犯罪情节与数额配置关系矫正之辨析》，载《法学》2016 年第 11 期。

细目录

Ⅰ　主旨
Ⅱ　沿革
Ⅲ　数额
　一、数额与情节的关系
　二、数额的计算
Ⅳ　情节
　一、多次索贿
　二、为他人谋取不正当利益，致使公共财产、国家和人民遭受损失
　三、为他人谋取职务提拔、调整
　四、情节数额的比例
　五、定罪情节与量刑情节的重复评价
　六、情节设置的合理性
Ⅴ　处罚
　一、量刑的一般规定
　二、死刑的适用条件
　三、终身监禁的适用
　四、自首的认定
　五、特别从宽处罚的适用

六、缓刑的适用

I 主旨

本条规定了受贿罪处罚的依据,即根据受贿数额与情节,按照《刑法》第 383 条贪污罪的规定进行处罚,同时也规定了索贿的从重处罚。 1

II 沿革

1979 年《刑法》在形式上对数额没有规定,但司法解释仍然规定了具体的数额标准。 2

1988 年全国人民代表大会常务委员会《关于惩治贪污罪贿赂罪的补充规定》确定了受贿犯罪定罪数额和量刑数额的具体标准。 3

1997 年《刑法》"根据情况的变化,将原贪污贿赂犯罪法定最低刑的数额由2000 元以下修改为 5000 元以下,法定最高刑的数额由 5 万元以上改为 10 万元以上"[1]。当时立法机关对于是否要规定具体的数额,曾有激烈争议。反对设置具体数额的理由认为,刑法具有稳定性,币值具有灵活性,作为定罪量刑基本尺度的犯罪数额不宜规定在具有较长时间稳定性的法典之中,应由司法机关根据不同时期的币值情况作出具体规定;而且中国各地经济发展不同,也不宜由法典来统一规定具体数额。主张规定数额标准的理由在于:如果刑法取消数额规定,势必导致政出多门、各行其是,无法保障反贪法律的正确统一实施。立法机关综合不同意见,权衡利弊,为确保反贪立法的实施和便于司法操作,最后还是规定了数额。[2] 4

1997 年《刑法》颁布实施之后,"从实践的情况看,规定数额虽然明确具体,但此类犯罪情节差别很大,情况复杂,单纯考虑数额,难以全面反映具体个罪的社会危害性。同时,数额规定过死,有时难以根据案件的不同情况做到罪刑相适应,量刑不统一"[3]。针对上述问题,2015 年《刑法修正案(九)》删除了具体数额,确立了抽象数额模式,规定了"数额较大或者有其他较重情节的""数额巨大或者有其他情节严重的""数额特别巨大或者有其他特别严重情节的"三种不同情形。 5

III 数额

基于"计赃论罪"的立法传统,数额既是受贿罪的定罪要素,同时也是量刑要素。 6

---

1 王汉斌:《1997 年 3 月 6 日在第八届全国人大五次会议上的〈关于中华人民共和国刑法(修订草案)的说明〉》,载高铭暄、赵秉志主编:《中国刑法立法文献资料精选》,法律出版社 2007 年版,第 864 页。

2 参见敬大力主编:《刑法修订要论》,法律出版社 1997 年版,第 206 页。

3 《关于〈中华人民共和国刑法修正案(九)(草案)〉的说明》,载中国人大网(http://www.npc.gov.cn/npc/lfzt/rlys/2014-11/03/content_1885123.htm),访问时间:2016 年 5 月 20 日。

对于数额在定罪量刑中的地位及其计算标准,需要进一步深入讨论。

一、数额与情节的关系

7 1997年《刑法》立足于"数额中心论"立场,将犯罪数额确定为贪贿犯罪社会危害性评价的基本依据,数额之外的情节仅处于次要地位,形成了数额对情节的"支配模式",然而,这一模式却造成了犯罪数额在刑罚选择与适用中的严重失灵,表现为:一是犯罪数额成为评价受贿罪的决定性因素,而情节对于揭示犯罪社会危害性程度的积极功能被限制乃至彻底忽略;二是由"绝对数额中心主义"所带来的刑罚适用梯度与选择空间严重受限,刑罚难以匹配行为的危害性,严重扭曲了罪刑均衡关系。为有效纾解刑法的罪刑配置关系的严重问题,《刑法修正案(九)》删除了具体数额,规定受贿罪的定罪量刑应考虑数额与其他情节,在立法上确立了数额与情节的"并重模式",立法规范用语中"其他"一词,即表明:第一,情节是数额标准之外的要素,具有形式上的独立性;第二,情节应具有有效的评价能力,具有实质上的独立性。对数额与情节配置关系修正的目的在于,通过加重情节在定罪量刑中的比重,提升情节的评价能力,发挥刑法立法的预防功能。立法充分考虑情节的做法,体现了"从严治吏"而非"从重惩吏"的理念。[4]

8 然而,2016年最高人民法院、最高人民检察院《关于办理贪污贿赂刑事案件适用法律若干问题的解释》依然回归于"数额中心论",情节被规定为以满足一定的数额条件为前提(该数额约为不考虑情节时适用本档法定刑的最低数额的1/2,即"减轻数额")。[5] 数额在适用序位上优先于情节,首先必须满足数额的要求,然后才会考虑情节,完全否定了情节的独立评价功能,导致情节评价功能的矮化。如该解释规定受贿罪基本犯的"数额较大"的区间为3万元至20万元,同时又规定基本犯"其他较重情节"的数额区间为1万元至3万元、加重犯"其他严重情节"的数额区间为10万元至20万元,那么,当受贿数额在4万元至9万元之间,仍然适用基本犯的法定刑区间,但此时又不符合1万元至3万元的情节适用条件,因而在4万元至9万元的区间内形成了情节适用的空白地带。此外,该解释将基本犯与加重犯情节同一化,使得法定刑量刑区间的升降主要依赖于数额,进一步削弱了情节的评价能力。该解释创设了一种新的"数额优先论",情节在损害程度评价上的形式意义大于实质作用。在立法已作出规定的前提下,如何将立法的初步努力转化为司法适用的现实,通过合理的解释实现情节的评价能力的提升,提高刑法规范的适用效果,仍是值得认真研究的

---

4 参见刘宪权:《贪污贿赂犯罪最新定罪量刑标准体系化评析》,载《法学》2016年第5期。

5 对于特定情节,降低数额标准,也是2013年最高人民法院、最高人民检察院《关于办理盗窃刑事案件适用法律若干问题的解释》和《关于办理敲诈勒索刑事案件适用法律若干问题的解释》所采取的解释方法。

问题。[6]

二、数额的计算

9 以现金方式贿赂的，数额计算自然不成问题，以实物或某种服务贿赂的，则需要折算为具体的人民币数量。2008 年最高人民法院、最高人民检察院《关于办理商业贿赂刑事案件适用法律若干问题的意见》对含有金额的银行卡、会员卡、代币卡(券)、旅游费用、装修费用等的数额计算进行了规定，为非现金的贿赂计算提供了标准。然而，以下问题仍值得进一步研究。

(一)特殊情形下银行卡的数额计算

10 2008 年最高人民法院、最高人民检察院《关于办理商业贿赂刑事案件适用法律若干问题的意见》认为，收受银行卡的，不论受贿人是否实际取出或者消费，卡内的存款数额一般应全额认定为受贿数额。“一般”表明司法解释认为在特殊情况下卡内数额还不能全额认定为受贿数额，具体需要考虑：一是是否形成了确定的财产支配关系。通常而言，占有银行卡即意味着形成了受贿人对卡内金额的支配关系，但也存在行贿人送卡后更改密码或挂失等方式的情形，此时受贿人无法实际控制卡内金额，相关金额不能认定为受贿数额。二是受贿人的主观认识。受贿人收受银行卡时不知卡内具体存款数额，用完一定数额的卡内款项后及时退还或上交，或者行贿人超出受贿人要求或者双方约定数额，单方面在卡内预存款项，受贿人实际未使用的，超额部分不应当作为卡内存款金额认定为受贿数额。[7]

(二)借条的数额计算

11 对于受贿人收受的作为贿赂的借条、借据、欠条等，是否应当以相关凭据记载的债权数额作为贿赂数额？一种意见认为，“如果行为人收受他人给予借据的行为，因借据所对应的利益能否实现具有不确定性，非行为人已经或即将享有的物质性利益，不宜归入财物的范畴”[8]。另一种意见认为，借条作为债权凭证，通常能够成为虚设债权人主张债权的依据，应当认定为财产性利益，纳入财物范围，但控制了借条并不意味着已经控制了贿赂款，能否最终获得钱款尚处于不确定之中，因意志以外因素而无法得逞的，应当认定为未遂。[9]“借条只是双方当事人达成的简要约定，国家工作人员收受借条，虽然也能在一定程度上表征对相关财物的控制，但这种控制力是不

---

6 参见钱小平：《贿赂犯罪情节与数额配置关系矫正之辨析》，载《法学》2016 年第 11 期。

7 参见薛进展、谢杰：《商业贿赂犯罪刑法适用疑难问题研究》，载最高人民法院刑事审判第一、二、三、四、五庭主办：《刑事审判参考》(总第 66 集)，法律出版社 2009 年版，第 177 页。

8 沈志先主编：《职务犯罪审判实务》，法律出版社 2013 年版，第 118 页。

9 参见吴登伟：《国家工作人员收受虚设债权的借条能否以受贿罪论罪处罚》，载《中国检察官》2011 年第 12 期。

稳定的、较弱的,不能认定为犯罪既遂。"[10]笔者认为,后一种意见更为合理。权钱交易是受贿罪的本质,但并不意味着权钱必须同步交易,借条所记载的债权属于财产性利益,借条相当于行贿人将来给予贿赂的一种书面承诺,受贿人基于未来"利益"实现的承诺而出卖权力,同样符合受贿罪的构成要件,但在未来利益实现之前,由于受贿人无法实际控制贿赂,因意志以外因素而停止的,构成未遂。

(三)数额的累计计算

12 根据刑法立法及最高人民法院、最高人民检察院《关于办理贪污贿赂刑事案件适用法律若干问题的解释》第 15 条之规定,对多次受贿未经处理的,累计计算受贿数额。国家工作人员利用职务上的便利为请托人谋取利益前后多次收受请托人财物,受请托之前收受的财物数额在 1 万元以上的,应当一并计入受贿数额。

13 对于"未经处理"如何理解?有不同的观点。"等同说"认为,处理包括刑事处罚、党纪和政纪处分。[11]"区分说"认为,未经处理通常指刑事处理,若行为人的行为已经构成犯罪,即使给予党纪、行政处理,从刑法角度仍是"未经处理",应当累计计算。[12]若行为本来已经构成犯罪,相关部门应将其移送司法机关追究刑事责任,在没有移送的情况下,即使经过党纪、政纪处理,该处分也不具有终局性,对于行为人而言,应当承担的刑事责任仍然处于缺失状态,该行为应作为"未经处理"认定。[13]"等同说"将性质、后果完全不同的惩罚完全等同起来,过于绝对,失之偏颇。"区分说"将是否"应当"承担刑事责任作为判断"未经处理"的标准,在行为本身已经符合犯罪构成的情形下,"应当"承担刑事责任是责任体系的终结形式,作为"处理"的词语内涵具有合理性。当然,若行为本身就不符合受贿罪的构成要件,如只收受礼金的,无论是否经过党纪、政纪处理,都不会构成受贿罪。

14 根据"区分说","多次受贿未处理的"可以分为以下两种情况:一是多次受贿均可以单独构成犯罪,且未经过刑事处理;二是多次受贿的总额达到了追诉标准,但就单个行为而言,犯罪数额部分或全部都达不到犯罪程度且未受任何处理。如行为人在较短时间内多次收受贿赂为他人谋取利益,但每次数额较低,三次收受分别是7000元、1 万元和 2 万元,其中,只有第一次经过政纪处理,其他两次没有处理,后两次数额累计已达追诉标准。然而,在后一种情形下,是否应当将未处理的数额累计为犯罪数额,在理论上仍然存在争议。有观点认为,违法行为和犯罪行为有着严格的界限,行政责任和刑事责任的性质完全不同。对数个违法行为合并为一个犯罪处置,违背了

---

10 赵煜:《惩治贪污贿赂犯罪实务指南》(第 2 版),法律出版社 2017 年版,第 249 页。

11 参见万春等:《办理贪污贿赂刑事案件要准确把握法律适用标准(下)》,载《检察日报》2016 年 5 月 24 日。

12 参见杨兴国:《贪污贿赂犯罪认定精解精析》(修订版),中国检察出版社 2015 年版,第 72 页。

13 参见孙国祥:《贿赂犯罪的学说与案解》,法律出版社 2012 年版,第 200 页。

刑法的谦抑性，折射出一种重刑的倾向。[14] 有观点认为，“如果多次（时间较为接近）贪污中的每一次贪污都达不到定罪数额，只有累计相加才能够达到追诉标准，此种情形属于接续犯”[15]。但不同观点认为，行为人的多次受贿行为，虽然法益侵害具有同一性，但时间、场所未必具有接近性，不构成接续犯，但行为人多次实施同种违法行为，表明其主观恶性深，累计数额能够达到定罪标准，说明其客观危害大，“累计计算”仍具有合理性。[16] 接续犯（徐行犯）是行为人基于一个犯罪故意，连续实施数个在刑法上无独立评价意义的举动（自然意义上的行为）或危害行为，这些举动或危害行为的总和构成在刑法上具有独立评价意义的一个犯罪行为，触犯一个罪名的犯罪形态。行为人连续向不同对象出卖公权力，不是基于同一个犯罪故意，而是基于概括的故意，连续出卖公权力的行为通常不具有时间、场所极为接近的特征，反而会有一定的时间、空间间隔，因此，采用接续犯理论并不合适。笔者认为，行为人连续实施受贿行为，每次都未达到数额较大但整体上达到数额较大的，宜认定为受贿罪的连续犯。连续犯在主观上基于同一或概括的故意，行为在客观上具有同质性和连续性，所触犯的是同一罪名。连续犯的数次行为，应包括数次行为都独立构成犯罪、数次行为都不独立构成犯罪、数次行为中有的独立构成犯罪有的不独立构成犯罪三种情况。[17] 受贿罪“数额累计计算”的情形，属于连续犯中数次行为不独立构成犯罪的情形。然而，连续犯在主观方面要求具有连续实施某种犯罪行为的故意，客观上有连续性地实施相同的行为，不同次数受贿行为的连续性并不明显，甚至有较长时间的间隔。对此，合理的解释是，职务犯罪不同于自然犯，国家工作人员在职期间具有对职务行为不可收买性的遵守义务，在职期间，任何时间内违反廉洁义务的，由于行为性质、方式、结果相同，故而仍具有主观和客观的连续性。

对于司法解释规定的“国家工作人员利用职务上的便利为请托人谋取利益前后 15
多次收受请托人财物，受请托之前收受的财物数额在一万元以上的，应当一并计入受贿数额”中的“一万元”也存在不同理解。一种理解认为，“一万元”是单笔数额，即单笔1万元以上的才累计计算，1万元以下的不再计入受贿数额。另一种理解认为，“一万元”是总额而不是单笔数额，接受请托之前收受财物的总额超过1万元的，都要一并计入受贿数额。[18] 笔者认为，这里的“一万元”是指总额而不是单笔数额，但必须对总额计算进行必要限制，避免将日常生活交往中的礼金、礼品不当纳入。该条规定针对的是“感情投资型”受贿，为了确立、巩固感情，“感情投资型”受贿往往多次、重复实施，确实存在实施多次收受小额财物的可能，但多次行为均指向即将发生的某项

14 参见张小虎：《多次行为的理论定性与立法存疑》，载《法学杂志》2006年第3期。

15 唐保银：《贪污论》，中国检察出版社2007年版，第204页。

16 参见孙国祥：《贿赂犯罪的学说与案解》，法律出版社2012年版，第200页。

17 参见张明楷：《刑法学》（第6版），法律出版社2021年版，第638页。

18 参见赵煜：《惩治贪污贿赂犯罪实务指南》（第2版），法律出版社2017年版，第250页。

请托,因此,从整体上看,数次行为仍是一个整体的收受行为,在数额计算上应当累计计算。司法解释强调"受请托之前收受的财物数额在一万元以上",意在提醒司法人员注意"感情投资"与受贿的关联性,但若之前收受财物的总额低于1万元或者距离行为人为请托人谋取利益时间较远,则推定为仅是日常生活中的礼尚往来而不具有可罚性。

(四)请托人为了行贿额外支付的费用

16 在以实物行贿的案件中,请托人为获得贿赂实物可能会支付额外费用。如请托人在拍卖中购得价值100万元的名画用于行贿,同时支付拍卖佣金5万元,此时,受贿金额是100万元还是105万元?再如,请托人购买了价值50万元的汽车行贿,同时支付了汽车购置税、车船使用税、保险费等额外费用,这些额外费用是否可以纳入贿赂金额?对此,有观点认为,应当考虑四个方面的因素:一是考察行为人对请托人额外支付的费用是否知情;二是考察请托人额外支付的费用是否属于必然支出;三是考察行为人是否指定请托人支付额外费用;四是考察额外支付的费用是否包括请托人自身原因导致的开支。[19] 上述考察因素较为全面,但仍然未能强调一个问题,即额外的行贿成本不能等同于贿赂。贿赂是指向受贿人的,而行贿成本则是指向行贿人的,是行贿人为了贿赂而支付的经济成本,额外的行贿成本是在贿赂本身价值之外额外支出的费用。数额作为评价公职行为不可收买性的程度标准,应当统一于贿赂本身的价值判断基础之上,对于受贿人而言,额外的行贿成本无法给其带来实际利益,不会将其作为权力交换的评价尺度,换言之,只有贿赂本身的价值,才是权力是否进行交易以及如何交易的标准。因此,笔者认为,额外的行贿成本不应纳入贿赂数额。但是,若国家有强制性规定,必须要请托人支付额外成本,受贿人才能占有、使用贿赂的,该额外成本可计入贿赂数额,如房屋、车辆过户必须缴纳的各种税费等。

(五)贿赂物为赝品时的数额计算

17 通常而言,受贿人收受的贿赂物是赝品时,由于意志以外的原因未能实际获得真品的价值,属于受贿未遂。如请托人以10万元的真品价格购入赝品,受托人对此明知,行为双方的主观故意明确指向给付与收受价值10万元的财物,构成贿赂未遂。有观点认为,"如果国家工作人员明确知道请托人购买物品的价格,如请托人购买贿赂物品时其在场,或请托人把收据等证明物价的凭证连同物品一并给予国家工作人员的,则不论该物品实际上是不是毫无价值,或者是不是赝品,都应按照请托人的购买支付价格认定受贿数额。因为国家工作人员实际收受的是请托人为其支付的花费,物品只是载体,且其主观上对请托人出价完全知晓,与收受现金无异"[20]。也有观点认为,这种情况下应该判断是否是国家工作人员让请托人代为支付,如果是请托人

---

[19] 参见赵煜:《惩治贪污贿赂犯罪实务指南》(第2版),法律出版社2017年版,第253页。

[20] 郭竹梅:《受贿罪新型暨疑难问题研究》,中国检察出版社2009年版,第221页。

提出代为支付或国家工作人员要求其代为支付,则国家工作人员相当于是收受他人钱财,以实际支付的数额认定为犯罪既遂;如果请托人现场购买实物后将其转送给国家工作人员,则国家工作人员相当于收受物品(赝品),主观上对物品价值有认识,但客观上无法得逞,属于犯罪未遂。[21] 笔者赞同后一种观点。行为人主观上对赝品的价格是否明知,不会影响到赝品的本质属性及其实际价格,只要是赝品,行为人最终都无法实际占有主观预期的真品价值,但是,在"代为支付"的情况下,贿赂对象已经从赝品转为购买赝品的现金,这种情况下以实际支付的金额计算贿赂总额是合理的。

Ⅳ 情节

2015 年《刑法修正案(九)》删除了贪污罪、受贿罪定罪量刑的具体数额标准,代之以"数额或情节"标准,赋予情节入罪和升格法定刑的功能。2016 年 4 月 18 日最高人民法院、最高人民检察院发布的《关于办理贪污贿赂刑事案件适用法律若干问题的解释》对贪污罪、受贿罪的"数额或情节"标准进行了细化,列举了从重情节,进一步明确了从重情节在入罪和升格法定刑中的地位和作用。根据该解释第 1 条第 3 款的规定,影响受贿罪定罪或量刑的情节有八种:①多次索贿的;②为他人谋取不正当利益,致使公共财产、国家和人民利益遭受损失的;③为他人谋取职务提拔、调整的;④曾因贪污、受贿、挪用公款受过党纪、行政处分的;⑤曾因故意犯罪受过刑事追究的;⑥赃款赃物用于非法活动的;⑦拒不交待赃款赃物去向或者拒不配合追缴工作,致使无法追缴的;⑧造成恶劣影响或者其他严重后果的。其中,前三种是受贿罪的特有情节,后五种是贪污罪、受贿罪的共有情节。同时,情节适用也要符合数额的要求:受贿数额未达到 3 万元的起点,但数额在 1 万元以上不满 3 万元的,只要具有上述情形之一的,就应当认定为"其他较重情节"予以定罪,适用受贿数额 3 万元以上 20 万元以下这一档法定刑;受贿数额在 10 万元以上不满 20 万元,具有上述情形之一的,应当认定为"其他严重情节",与受贿数额巨大(20 万元以上不满 300 万元)的法定刑幅度相同;受贿数额在 150 万元以上不满 300 万元,具有上述情形之一的,应当认定为"其他特别严重情节",与数额特别巨大(300 万元以上)的量刑标准相同。就受贿罪的情节适用而言,有以下问题值得进一步讨论。 18

一、多次索贿

多次索贿中的多次为三次以上,但不要求每次索贿数额都达到追诉的最低数额。多次索贿属于责任情节,表明行为人的主观恶性较重,无须以数额加以限制。有观点认为,如果某次索贿行为所取得的财物数额确实极其微小(例如,受贿人之前没有向对方提出数额较大或巨大的索贿要求,对方给多少受贿人都收下,但某次主动索贿仅 19

---

[21] 参见赵煜:《惩治贪污贿赂犯罪实务指南》(第 2 版),法律出版社 2017 年版,第 254 页。

得到几百元或者一两千元)的,可以认为该次索贿行为没有达到值得刑罚惩罚的程度,不计入“多次索贿”的总次数中,这和多次盗窃中某一次取得财物数额极其低微,因而该次盗窃不作为多次盗窃的一部分予以考虑是相同的道理。[22] 该观点值得商榷。受贿罪并非财产犯罪,不能单纯以数额作为主要评价因素,在索贿的情况下,其主观恶性明显高于普通受贿,在数额之外独立就情节进行评价,符合立法修正提升情节地位和功能之精神。此外,若索贿未遂的,仍然可以算作一次,而索贿已经得到财物的,却不计算为一次,其结论并不合理。因此,索贿次数应以索取行为的次数作为判断标准。当然,还需要考虑罪数原理加以合理认定。基于同一目的和事由,在同一天或者间隔很短的时间内,向同一人索贿的,可以考虑认定为“一次索贿”,即行为人一次索贿,对方分多次提供贿赂物。[23] 但是,若因为不同的事由在同一场所分别向不同的人索贿,或者虽然是向同一人索贿,但多次索贿之间的时间间隔很长的,仍然可以认定为多次索贿。

二、为他人谋取不正当利益,致使公共财产、国家和人民利益遭受损失

20 关于为他人谋取不正当利益,包括行为人为请托人谋取违反法律、法规、规章、政策规定的利益,违反规定提供帮助或方便条件的利益以及违反公平、公正原则,在经济、组织人事管理等活动中,谋取竞争优势的利益。该情节为结果情节,要求导致实际损害的后果,以明示或默示方式作出为他人谋取利益的承诺,但未作出任何实际的谋利举动的,不可能导致公共财产、国家和人民利益遭受损失的后果。“致使公共财产、国家和人民利益遭受损失”中的“损失”不需要达到渎职罪“重大损失”30 万元的程度。

21 需要注意的是,若损失数额超过 30 万元时,还可能构成渎职罪。最高人民法院、最高人民检察院《关于办理贪污贿赂刑事案件适用法律若干问题的解释》第 17 条规定:“国家工作人员利用职务上的便利,收受他人财物,为他人谋取利益,同时构成受贿罪和刑法分则第三章第三节、第九章规定的渎职犯罪的,除刑法另有规定外,以受贿罪和渎职犯罪数罪并罚。”数罪并罚的前提是未违反禁止重复评价原则,若违反该原则则应当按一罪处理。

22 具体而言,一罪处断的情形有:①仅符合受贿罪的入罪或法定刑升格情节,不符合渎职罪的入罪情节。如国家机关工作人员受贿 2 万元,为他人谋取不正当利益,致使公共财产、国家和人民利益遭受了 30 万元以下的损失。30 万元以下损失仅作为受贿罪入罪情节加以评价,不存在重复评价问题。②符合受贿罪的入罪情节,同时也刚好符合渎职罪的入罪情节。如国家机关工作人员受贿 2 万元,为他人谋取不正当利益,致使公共财产、国家和人民利益遭受了 30 万元的损失。此时,30 万元的损失,既

---

[22] 参见周光权:《论受贿罪的情节》,载《政治与法律》2016 年第 8 期。

[23] 参见陈兴良:《贪污贿赂司法解释:刑法教义学的阐释》,载《法学》2016 年第 5 期。

可以作为受贿罪的入罪情节,也可以作为渎职罪的入罪情节,但成罪具有"唯一性",即两罪都必须依赖于情节要素才能构成,根据禁止重复评价原则,入罪情节仅能评价一次,只能按照想象竞合处理。虽然此时受贿罪和滥用职权罪的法定刑相同(均为3年以下有期徒刑),但处理上也宜认定行为人构成受贿罪,唯有如此才能同时评价行为人收受财物和造成损失这两个事实。[24]

两罪并罚的情形有:①同时符合受贿罪和渎职罪的入罪情节,但在渎职罪入罪情节上有"超出数额"。如国家机关工作人员受贿2万元,为他人谋取不正当利益,致使公共财产、国家和人民利益遭受了50万元的损失。数额是一种特殊的情节,其特殊之处在于具有可计量性,可以进行量化评估,而普通情节只是有无问题,不能进行量化。正因为如此,对于普通情节,刑法只能评价一次,而数额则可以通过"数额切割法",在不同量度部分进行分段评价,也不会违反禁止重复评价原则。在同时满足两罪情节的情形下,可以将"数额"予以分割,首先满足渎职罪的数额要求(30万元),剩余的数额可以作为受贿罪"为他人谋取不正当利益,致使公共财产、国家和人民利益遭受损失"的评价要素,因为后者并不要求具体的数额,只要求存在损失的事实即可。②符合受贿罪的入罪数额(3万元以上),同时达到渎职罪的入罪条件。如国家机关工作人员受贿15万元,为他人谋取不正当利益,致使公共财产、国家和人民利益遭受了50万元的损失。若单就15万元而言,可适用受贿罪第一档法定刑,若将损失情节加入,则可以适用受贿罪第二档法定刑。有观点认为,基于禁止重复评价原则,不能在渎职罪中就相同情节进行评价,只能构成受贿罪一罪,但这样理解与最高人民法院、最高人民检察院《关于办理贪污贿赂刑事案件适用法律若干问题的解释》第17条的规定不符。在受贿罪可以不依赖情节而独立定罪时,"致使公共财产、国家和人民利益遭受损失"的情节对于受贿罪和渎职罪的成罪不具有"唯一性",应当将该情节作为渎职罪的情节加以评价,行为人同时构成受贿罪和渎职犯罪,应当数罪并罚。 23

三、为他人谋取职务提拔、调整

为了打击"买官卖官"行为,最高人民法院、最高人民检察院《关于办理贪污贿赂刑事案件适用法律若干问题的解释》将"为他人谋取职务提拔、调整"规定为一种特殊情节。有观点认为,"该情节从行为性质上看,与解释第1条第3款第2项所规定的'为他人谋取不正当利益,致使公共财产、国家和人民利益遭受损失'没有根本差别。即便司法解释不对本项情节做出明确规定,也可以适用解释第1条第3款第2项的规定对受贿行为人进行处理"[25]。这一理解是正确的。就行为本身而言,"为他人谋取职务提拔、调整"无疑是"为他人谋取利益"的一种行为方式,但"为他人谋取职务提拔、调整"既可以是低数额下的入罪情节及法定刑升格情节,也可以 24

---

24 参见周光权:《论受贿罪的情节》,载《政治与法律》2016年第8期。

25 周光权:《论受贿罪的情节》,载《政治与法律》2016年第8期。

是作为犯罪构成的"为他人谋取利益"要件,若仅停留于行为本身,会导致该情节要素与构成要件要素重复,违反了禁止重复评价原则。只有将"为他人谋取职务提拔、调整"理解为该行为隐含了"致使公共财产、国家和人民利益遭受损失",才能将其作为独立的情节要素而避免禁止重复评价的困境。基于这一理解,必然要求以利益损失作为对"职务提拔、调整"的评价标准,即请托人基于不正当的竞争优势而得到职务、级别上的晋升或调整,获得明显的不正当利益,损害了其他公职竞争者的合法利益及公职人员的公共伦理道德。若"职务提拔、调整"不会导致"利益损失",如为了解决夫妻两地分居,请求调到经济较差地区任职,请求从重要职位调到非重要职位、从上级职位调到下级职位,等等,则不属于"为他人谋取职务提拔、调整"。

四、情节数额的比例

25 情节数额是基于八种特殊情节而形成的数额。最高人民法院、最高人民检察院《关于办理贪污贿赂刑事案件适用法律若干问题的解释》虽然规定了受贿罪法定刑升格所需要的具体情节和数额,但未规定情节数额的比例。即情节数额是否需要达到贿赂总额的一定比例,才具有法定刑升格的必要性?比如,受贿200万元,其中20万元系为他人谋取职务调整而收受,此时是基于200万元的贿赂总额认定为"数额巨大"而判处3年以上10年以下有期徒刑,还是基于为他人谋取职务调整的20万元,将全案认定为有"其他特别严重情节"而判处10年以上有期徒刑、无期徒刑或者死刑?有观点认为,不论与特别情节相对应的数额有多少,只要有上述解释规定的情形就可以决定特别入罪或者升档量刑。也有观点认为,应当考虑情节数额的比例,以从重情节的数额与起点数额的比例作为判断标准,通常达到50%以上的一般应予认定,即起点数额的"大部分数额"应涉及从重情节。[26] 笔者认为,对于情节数额的解释应当考虑立法目的,《刑法修正案(九)》提升了受贿罪情节的地位与功能以减弱"唯数额论"的负面效果,其立法修正的指导精神,应当贯彻在司法解释之中。情节数额本质上仍是对数额的强调,在不同类型数额之间进行比较,又回到了数额论的起点,有悖立法精神。此外,在特定情节下受贿未遂时,情节数额也无法计算。因此,只要具备情节就可以,不需要强调达到50%以上的比例,但是对于一些情节数额明显较低,入罪或升格明显违背法律公平正义的,仍应当按照普通数额加以认定。如受贿200万元,其中只有2万元是为了职务提拔。

五、定罪情节与量刑情节的重复评价

26 定罪情节与量刑情节具有不同的功能,不能混同。基于禁止重复评价原则,已经用于定罪的情节,不得再作为量刑的情节(数额除外)。根据最高人民法院、最高人民检察院《关于办理贪污贿赂刑事案件适用法律若干问题的解释》的规定,曾因故意犯

---

[26] 参见罗开卷:《贪污受贿犯罪中从重情节的适用》,载《法律适用》2017年第1期。

罪受过刑事追究的,受贿数额在1万元以上不满3万元的,符合"其他较重情节"的要求,此时,不能在量刑时再次评价"曾因故意犯罪受过刑事追究的"情节,不得认定为累犯再从重处罚。同样,已经作为法定刑升格考虑的情节,也不得在这一档法定刑幅度内作为从重处罚情节看待,只有除法定刑升格情节之外的其他情节,才有可能成为相应法定刑幅度之下影响量刑的情节。在同时具有两个以上法定刑升格情节时,可以将未用于升格评价的情节作为法定刑幅度内量刑情节,不违反禁止重复评价原则。如行为人同时具有"曾因故意犯罪受过刑事追究"和"拒不交代赃款赃物去向或者拒不配合追缴工作,致使无法追缴"两种情节,且受贿数额为15万元,可以将后者情节作为法定刑升格情节,适用"三年以上十年以下"的法定刑区间,并在该区间内对前者情节进行评价,构成累犯的,从重处罚。

此外,在适用缓刑和免予处罚上也会出现情节的重复评价问题。根据2012年最 27
高人民法院、最高人民检察院《关于办理职务犯罪案件严格适用缓刑、免予刑事处罚若干问题的意见》第2条的规定,具有下列情形之一的职务犯罪分子,一般不适用缓刑或者免予刑事处罚,如不予退缴赃款赃物或者将赃款赃物用于非法活动的,曾因职务违纪违法行为受过行政处分的,犯罪涉及的财物属于救灾、抢险、防汛、优抚、扶贫、移民、救济、防疫等特定款物的,受贿犯罪中具有索贿情节的,等等。这些情节与最高人民法院、最高人民检察院《关于办理贪污贿赂刑事案件适用法律若干问题的解释》规定的情形存在部分重合。如果重合的从重情节已经在入罪中发挥了作用,在适用缓刑或者免予刑事处罚中是否能再评价?对此,有观点认为可以再次评价,因为这是两个性质不同的评价。也有观点认为,最高人民法院、最高人民检察院《关于办理职务犯罪案件严格适用缓刑、免予刑事处罚若干问题的意见》出台的背景是针对当时的从重情节不具有入罪功能,所以在量刑时考虑从重情节而不予适用缓刑或者免予刑事处罚,不存在重复评价问题。在当前从重情节具有入罪功能的背景下,对于具有从重情节的一般不适用缓刑或者免予刑事处罚,其实质就是将从重情节同时作为入罪情节和量刑情节考量,显然是重复评价,欠缺合理性。[27] 后一种观点更为合理,这种情况下确实存在同一情节既作为入罪情节也作为量刑情节的问题,而且最高人民法院、最高人民检察院《关于办理职务犯罪案件严格适用缓刑、免予刑事处罚若干问题的意见》规定的是"一般不适用缓刑",意味着基于禁止重复评价原则,可以在量刑中不评价从重情节,适用缓刑。

六、情节设置的合理性

最高人民法院、最高人民检察院《关于办理贪污贿赂刑事案件适用法律若干问题 28
的解释》将情节内容予以细化,在适用方面更为明确,但在情节设置的合理性方面,仍存在以下问题,有待进一步完善。其一,入罪情节的合理性。该解释在受贿罪的入罪

27 参见罗开卷:《贪污受贿犯罪中从重情节的适用》,载《法律适用》2017年第1期。

标准上列出八种具体情节,但部分情节与贿赂犯罪的罪质缺乏关联性,不宜作为入罪情节。该解释将“曾因故意犯罪受过刑事追究的”列为受贿罪的情节类型,但“曾经故意犯罪”仅是人身危险性的一般表征,并不代表行为人在贿赂犯罪上的人身危险性,也无法据此预测行为所可能产生的损害。此外,该解释将“赃款赃物用于非法活动的”规定为受贿情节,并将“违法所得用于行贿”规定为行贿罪的情节,但实施犯罪活动的资金来源是否合法以及罪后实施的非腐败犯罪行为,均与贿赂犯罪的罪质无关,不应作为法定的裁量情节。其二,行贿罪与受贿罪的情节不统一。在受贿罪的八种情节中,只有“为他人谋取职务提拔、调整的”涉及特殊的人事权力,而其他特殊属性的公共权力均未有涉及。但是,该解释在对行贿罪“减轻数额”情节的解释上,在人事权力之外还明确规定了“向负有食品、药品、安全生产、环境保护等监督管理职责的国家工作人员行贿,实施非法活动的”以及“向司法工作人员行贿,影响司法公正的”两种特殊情节。司法解释认为后两种行贿情节对公职廉洁性的损害更为严重,但仅将特殊权力交易的情节限制于行贿方,对权力交易方缺乏对应的情节规定,导致行贿与受贿的罪质差异,不符合对向犯的罪质同一原理,不具有合理性。其三,未区分预防情节与责任情节。预防情节是基于人身危险性大小而进行再犯可能性判断需要的事实。预防情节与特殊预防目的有关,通常包括行为人罪前与罪后的表现以及犯罪人的人格因素、家庭及社会环境、职业状况等影响到再犯的危险性的因素。责任情节是基于行为所导致的损害进行评价所需要的事实。责任情节与刑罚报应和一般预防目的有关,通常包括行为的对象、行为的损害性质、行为的损害大小以及支配行为的罪过类型等。由于功能不同,责任情节基于其普遍适用性而通常以立法规定为主,预防情节基于个案的特殊性而通常以司法自由裁量为主。法定刑升格的原因在于行为责任的加重,应当以责任情节作为主要的升格条件,预防情节应当作为次要的升格条件。然而,该解释未对预防情节和责任情节加以区分,将两者混同规定,并且预防情节在数量上甚至超过了责任情节[28],违背责任主义原理。其四,基本犯的情节与加重犯的情节缺乏区分。刑罚处罚与损害程度的比例关系,决定了基本犯情节与加重犯情节的差别和区分。在国外行为导向的立法模式中,犯罪构成的要件事实构成了基本犯,作为处罚调节的情节通常适用于加重犯。在中国“定性+定量”的犯罪模式之下,情节可能本身就是基本犯的构成要素,但作为犯罪构成的情节,重在罪质评价而非罪量评价,应当与加重犯的情节予以区分。然而,该解释并未体现出情节性

28　最高人民法院、最高人民检察院《关于办理贪污贿赂刑事案件适用法律若干问题的解释》所规定的受贿罪八种情节中有四种情节属于预防情节,包括曾因贪污、受贿、挪用公款受过党纪、行政处分的;曾因故意犯罪受过刑事追究的;赃款赃物用于非法活动的;拒不交待赃款赃物去向或者拒不配合追缴工作,致使无法追缴的。有三种情节属于责任情节,包括多次索贿的;为他人谋取不正当利益,致使公共财产、国家和人民利益遭受损失的;为他人谋取职务提拔、调整的。另有一种情节属于兜底情节,即造成恶劣影响或者其他严重后果的。

质的差异性,同一类型的情节既可以适用于罪质评价,也可适用于罪量评价,无法正确发挥情节的评价功能。这一做法还会导致相同情节在基本犯的定罪与加重犯的量刑环节被重复评价,违反"禁止重复评价"原则。[29]

V　处罚

一、量刑的一般规定

29 (1)个人受贿数额较大或者有其他较重情节的,处 3 年以下有期徒刑或者拘役,并处罚金。根据 2016 年最高人民法院、最高人民检察院《关于办理贪污贿赂刑事案件适用法律若干问题的解释》第 1 条的规定,"数额较大"是指受贿数额在 3 万元以上不满 20 万元;受贿数额在 1 万元以上不满 3 万元,具有下列情形之一的,应当认定为"其他较重情节":因贪污、受贿、挪用公款受过党纪、行政处分的;曾因故意犯罪受过刑事追究的;赃款赃物用于非法活动的;拒不交待赃款赃物去向或者拒不配合追缴工作,致使无法追缴的;造成恶劣影响或者其他严重后果的;多次索贿的;为他人谋取不正当利益,致使公共财产、国家和人民利益遭受损失的;为他人谋取职务提拔、调整的。

30 (2)个人受贿数额巨大或者有其他严重情节的,处 3 年以上 10 年以下有期徒刑,并处罚金或者没收财产。根据 2016 年最高人民法院、最高人民检察院《关于办理贪污贿赂刑事案件适用法律若干问题的解释》第 2 条的规定,所谓"数额巨大"是受贿数额在 20 万元以上不满 300 万元的;受贿数额在 10 万元以上不满 20 万元,具有下列情形之一的,应当认定为"其他严重情节":多次索贿的;为他人谋取不正当利益,致使公共财产、国家和人民利益遭受损失的;为他人谋取职务提拔、调整的。

31 (3)个人受贿数额特别巨大或者有其他特别严重情节的,处 10 年以上有期徒刑或者无期徒刑,并处罚金或者没收财产;数额特别巨大,并使国家和人民利益遭受特别重大损失的,处无期徒刑或者死刑,并处没收财产。根据 2016 年最高人民法院、最高人民检察院《关于办理贪污贿赂刑事案件适用法律若干问题的解释》第 3 条的规定,"数额特别巨大"是指受贿数额在 300 万以上;受贿数额在 150 万元以上不满 300 万元,具有下列情形之一的,应当认定为"其他特别严重情节":多次索贿的;为他人谋取不正当利益,致使公共财产、国家和人民利益遭受损失的;为他人谋取职务提拔、调整的。多次受贿未经处理的,按照累计受贿数额处罚。

二、死刑的适用条件

32 《刑法》第 48 条规定,"死刑只适用于罪行极其严重的犯罪分子"。在总则指导

29　参见钱小平:《贿赂犯罪情节与数额配置关系矫正之辨析》,载《法学》2016 年第 11 期。

之下,《刑法修正案(九)》将受贿罪死刑适用条件从原立法规定的"数额十万元以上"以及"情节特别严重"修正为"数额特别巨大"(300万元以上),"并使国家和人民利益遭受特别重大损失"。在提高死刑适用数额标准的同时,立法将弹性情节确定为更为客观的损害情节,限缩了死刑适用范围,贯彻了《刑法》第48条所体现的严格控制死刑适用的政策精神。2016年最高人民法院、最高人民检察院《关于办理贪污贿赂刑事案件适用法律若干问题的解释》第4条第1款规定:"贪污、受贿数额特别巨大,犯罪情节特别严重、社会影响特别恶劣、给国家和人民利益造成特别重大损失的,可以判处死刑。"

33 加强对腐败犯罪的刑事惩治是我国长期以来一直强调的重要刑事政策,但腐败治理实践也证明,仅依靠重刑威慑,无法有效遏制腐败,腐败治理的核心仍是制度控制与预防,死刑对于腐败的威慑作用极为有限。基于这一认识,立法和司法均对受贿罪的死刑适用给予严格限制。在"数额特别巨大"标准之外,更为强调情节的严重性,只有具备了"数额特别巨大""情节特别严重""社会影响特别恶劣"以及"给国家和人民利益造成特别重大损失的"四个条件的,才可以适用死刑。"特别重大损失"包括但不限于物质损失,如在食品安全监管过程中,放弃监管职责或滥用职权,使人民生命健康陷入危险,或者导致严重的责任事故的。需要强调的是,死刑适用必须同时具备以上四个条件,仅具备部分条件,仍然不能适用死刑。如国家工作人员具有级别较高、交易权力较为重大、多次受贿、长期受贿等严重情节,但未给国家和人民造成特别重大损失,不能适用死刑。

34 然而,即使符合刑法分则死刑适用条件,也应受到《刑法》第48条的限制,出现死刑适用的消极因素时,不能适用死刑。"数额特别巨大"以及"特别严重损失"均属于罪量因素,具备上述事实,仅表明被告人已经具备了对其处断死刑的条件,而是否最终对被告人宣告死刑以及宣告何种死刑执行方式,仍有待于对作为死刑阻却事由的责量因素的考察。对于不具有任何阻却死刑适用事由的,应适用死刑立即执行;对于具备死刑阻却事由且足以达到排除死刑适用程度的,应排除死刑的适用;对于具有死刑阻却事由但尚未达到排除死刑适用程度的,应排除死刑立即执行的适用。受贿罪死刑适用的阻却事由主要是人身危险性因素,包括立功、认罪悔罪、消除或降低犯罪损失、清退赃款等行为。

三、终身监禁的适用

35 2015年8月29日通过《刑法修正案(九)》进一步贯彻罪责刑相适应原则,在现行《刑法》第383条增设了针对特重大贪污受贿犯罪死缓犯的终身监禁制度。《刑法修正案(九)》第44条(关于贪污罪的处罚之法条)第4款规定:"犯第一款罪,有第三项规定情形被判处死刑缓期执行的,人民法院根据犯罪情节等情况可以同时决定在其死刑缓期执行二年期满依法减为无期徒刑后,终身监禁,不得减刑、假释。"最高人民法院、最高人民检察院《关于办理贪污贿赂刑事案件适用法律若干问题的解释》

又对该制度的具体适用进行了明确。

当下中国死刑改革正在全面深化与推进中,缩小死刑法网、严格死刑适用,收缩了死刑在刑法中的存在空间,贪贿犯罪立法面临死刑应否继续保留的拷问。自 2012 年以来,受贿罪死刑立即执行的适用已极为少见。面对低死刑立即执行适用率,如何强化刑罚对腐败的一般预防作用,成为立法必须破解的难题。无论是基于民意还是国家腐败治理的需要,在死刑尚难以直接废止的情况下,既要实现死刑对腐败从严治理的宣示与惩治功能,又要完成死刑(特别是死刑立即执行)从严适用的历史使命,决定了终身监禁的死缓制度必然是腐败治理机制完善中的一种价值均衡。[30] 终身监禁制度具有明确的刑事政策导向,在司法适用中,应当严格其适用条件,坚持规范化适用。 36

(一)终身监禁的法律性质

终身监禁的适用必须以判处“死刑缓期二年执行”为前提,其性质到底是作为死刑执行方式之一的“死缓”,还是作为自由刑之一的“无期徒刑”,存在争议。一是“中间刑罚说”认为,终身监禁并非一种全新的刑罚制度,也不是一个新的刑种,实际是介于死刑立即执行与纯粹死刑缓期执行之间的中间刑罚,即由死刑立即执行、终身监禁的死缓与纯粹死刑缓期执行形成严厉程度梯次衔接的刑罚处罚结构。终身监禁的死缓是依附于死刑缓期执行制度、无期徒刑执行制度而存在的特殊刑罚措施,其实际的执行过程,通常需要经历两个阶段:死刑缓期执行阶段和无期徒刑执行阶段,无期徒刑执行阶段即终身监禁阶段。[31] 二是“死刑替代措施说”认为,立法机关在阐述《刑法修正案(九)》针对贪污受贿罪规定终身监禁的理由时指出,“对贪污、受贿数额特别巨大、情节特别严重的犯罪分子,特别是其中本应当判处死刑的,根据慎用死刑的刑事政策,结合案件的具体情况,对其判处死刑缓期两年执行依法执行无期徒刑后,采取终身监禁的措施,有利于体现罪刑相适应的刑法原则,维护司法公正,防止在司法实践中出现这类罪犯通过减刑等途径逃避服刑的情形,符合‘宽严相济’的刑事政策”[32]。这样的规定实际上是将终身监禁作为贪污受贿罪的死刑替代措施看待,而不适用于因又犯贪污受贿罪原本就应当判处死缓的人,从而防止终身监禁的不当适用。三是“死缓执行方式说”认为,终身监禁主要依附于死缓制度而存在,只能依据判决时之犯罪情节而适用,因而该制度不属于独立的刑种,不是非刑罚处罚方法,亦非刑罚 37

30 参见刘艳红:《终身监禁的价值、功能与适用》,载《人民法院报》2016 年 10 月 12 日。

31 参见黄京平:《终身监禁的法律定位与司法适用》,载《北京联合大学学报(人文社会科学版)》2015 年第 4 期。

32 乔晓阳:《全国人民代表大会法律委员会关于〈中华人民共和国刑法修正案(九)(草案)〉审议结果的报告》,载《全国人民代表大会常务委员会公报》2015 年第 5 期。

执行措施,而是一种具体的死缓执行方式。[33] 终身监禁是介于死刑立即执行与一般死缓之间的一种执行措施,但又比一般死缓更为严厉。在实体方面,司法解释明确规定对判处死刑立即执行过重,判处一般死缓又偏轻的重大贪污受贿犯罪,可以决定在判处死缓的同时予以终身监禁;在程序方面,凡是对犯罪分子适用终身监禁的,在一、二审作出死缓裁判的同时应当一般作出终身监禁的决定,不能等到死缓执行期间届满再视情形而定。

38 "中间刑罚说"的"中间"是介于死刑两种执行方式之间,本质上是死刑的第三种执行方式,但"死刑缓期执行二年期满依法减为无期徒刑后"的规定表明,终身监禁的死缓依附于死刑缓期两年执行,不是独立于死缓之外的第三种死刑执行方式。"死刑替代措施说"强调终身监禁的目的在于替代死刑立即执行,并辅以立法草案加以证明,但是,立法修正明确规定,"犯第一款罪,有第三项规定情形被判处死刑缓期执行的",适用终身监禁,仍然是以适用死缓为前提,并无将终身监禁作为死刑立即执行替代措施的意思表示。相反,立法说明中却提到了终身监禁的目的是"防止在司法实践中出现这类罪犯通过减刑等途径逃避服刑的情形",表明终身监禁适用于根据案件的具体情况不宜判处普通死缓,但尚未完全达到死刑立即执行标准的情形,因此,终身监禁的根本目的是堵截执行的漏洞,本身是从严处罚的体现,并非指向从宽处罚的死刑替代措施。比较而言,"死缓执行方式说"的立场更为客观,终身监禁是死缓的一种执行方式,在减为无期徒刑之后不得从宽执行的规定彰显了其较之普通死缓更为严厉的处罚立场。

(二)终身监禁的适用条件

39 既然终身监禁是死缓的一种执行方式,原则上应按照死刑缓期执行的标准予以适用,但由于其执行方式又比普通死缓更为严厉,因此,在适用条件上应与普通死缓有所区别,其"罪行极其严重"的适用标准应当高于普通死缓,略低于死刑立即执行。在具备了"数额特别巨大""情节特别严重""社会影响特别恶劣"以及"给国家和人民造成特别重大损失的"四个条件基础上,就某一个或某几个条件具有更为严重的情节。如"在数额特别巨大"的基础上出现了数额畸高;在"情节特别严重"的基础上出现了政治腐败利益集团;"在社会影响特别恶劣"的基础上具有交易权力位阶极高、持续时间极长等加重情节。"白恩培受贿案"是中国终身监禁第一案,被告人受贿数额特别巨大、犯罪情节特别严重、社会影响特别恶劣以及给国家和人民造成特别重大损失,符合受贿罪死刑适用条件,尽管其有一项法定从宽情节(坦白)和两项酌定从宽情节,但尚未达到排除死刑适用的程度,原则上应当适用普通死缓,但其受贿数额特别巨大已经达到畸高程度,创出历史新高,故而适用更为严厉的死缓执行方式,在死刑缓期执行两年期满依法减为无期徒刑后,终身监禁,不得减刑、假释。

---

33 参见赵秉志、商浩文:《论死刑改革视野下的终身监禁制度》,载《华东政法大学学报》2017年第1期。

(三)终身监禁的执行

《刑法修正案(九)》明确规定,“终身监禁,不得减刑、假释”。“不得减刑、假释”仅适用于终身监禁的死缓减为无期徒刑阶段,还是同时也适用于死缓两年考验期阶段,存在理论上的争议。一种观点认为,因贪污贿赂犯罪判处终身监禁的,不受刑法总则条文的制约,即使死缓期间有重大立功,也不能减为两5年有期徒刑。另一种观点认为,死刑缓期执行两年期满依法减为无期徒刑后,终身监禁,不得减刑、假释,明确表明终身监禁的实际执行起点为死缓依法减为无期徒刑执行之际,也就是说,只有在进入执行“无期徒刑后”,终身监禁才能实际运行并真正实现。这意味着,即便贪污受贿犯罪分子在被判处死缓并决定执行终身监禁的,还可以在死缓执行期间通过重大立功而绕开终身监禁的裁决。若在死刑缓期两年执行期间有重大立功表现的,两年期满经依法裁定直接执行25年有期徒刑,该重大立功表现于终身监禁开始执行之前阻却了终身监禁的执行;若死刑缓期两年执行期满依法减为无期徒刑后有重大立功表现的,则无法撼动终身监禁的局面。[34] 还有观点认为,贪贿犯罪终身监禁的死缓规定仍然要受到刑法总论的指导,并非《刑法》第78条和第50条的例外规定,只要符合减刑、假释条件,均可依法减刑、假释。根据《刑法》第50条之规定,犯罪分子具有重大立功表现,在死缓两年期满后,可以被减为25年有期徒刑。因贪污、受贿而被判处终身监禁的死缓的犯罪分子,在无期徒刑执行期间只要有“重大立功表现”,也应当与其在死缓执行期间一样被特殊对待,即应当享受《刑法》第78条规定的“应当减刑”的待遇。[35] 40

笔者认为,作为死缓的一种特殊执行方式,终身监禁是绝对的不得减刑、假释,贪贿犯罪终身监禁是在非暴力犯罪尚未废止死刑前提下的特殊规定,不适用刑法总则关于减刑、假释的一般规定。理由在于:①终身监禁是受贿罪死刑缓期执行的加重执行方式,决定了终身监禁不应留出死刑缓期两年执行而获得减刑、假释的“缺口”,否则不符合终身监禁的立法目的。②终身监禁的适用是在宣告死缓的同时作出裁决,裁判生效时产生效力,并非附条件、附期限生效,禁止减刑、假释的效果自然适用于死缓执行的第一阶段。③受贿罪的终身监禁是针对严格控制非暴力性犯罪死刑适用下的特别规定,具有加重处罚的功能,不具有普遍适用性,因而属于刑法总则规定的减轻、假释之例外。 41

四、自首的认定

自首,是指犯罪人犯罪以后自动投案,如实供述自己的罪行,或者被采取强制措施的犯罪嫌疑人、被告人和正在服刑的罪犯,如实供述司法机关尚未掌握的本人其他罪行的行为。2009年最高人民法院、最高人民检察院《关于办理职务犯罪案件认定 42

---

34 参见黄永维、袁登明:《〈刑法修正案(九)〉中的终身监禁研究》,载《法律适用》2016年第3期。

35 参见黎宏:《终身监禁的法律性质及适用》,载《法商研究》2016年第3期。

自首、立功等量刑情节若干问题的意见》就自首的司法认定进行了具体规定。在国家监察体制改革背景下,对监察调查期间的自首认定,需要进一步分析。

43 监察机关具有监督、调查和处置三大职能,在调查期间可以采取谈话、询问、讯问、留置等方式,被采取上述措施的对象在调查期间主动向监察机关交代了监察机关尚未掌握的犯罪事实,应当认定为自首。但是,对于被调查对象如实供述了监察机关已经掌握一定线索的犯罪行为,是否能认定为自首?在监察体制未改革之前,这一问题表现为,在纪检监察部门"两规两指"期间,纪检监察机关在掌握了"两规两指"对象的犯罪线索之后,主动找其调查,被调查对象如实供述纪检监察机关已经掌握罪行的,能否认定为自首?由于纪检监察部门的"两规两指"不是法律上的强制措施,是否能将这种情况认定为"自动投案",在理论与实践中均产生了争议。为了统一司法,最高人民法院、最高人民检察院《关于办理职务犯罪案件认定自首、立功等量刑情节若干问题的意见》规定,在纪检监察机关采取调查措施期间交代罪行的自首,同样应当以法律规定的要件为准。没有自动投案,在办案机关调查谈话、讯问、采取强制措施或者强制措施期间,犯罪分子如实交代办案机关掌握的线索所针对的事实的,不能认定为自首。在监察体制改革之后,对于被调查人涉嫌贪污贿赂、失职渎职等职务犯罪,监察机关已经掌握其部分犯罪事实及证据,仍有重要问题需要进一步调查的,可以依法将被调查对象留置在特定场所,留置是监察机关依法实施的强制措施,其前提是监察机关已经掌握了案件线索或部分涉案事实,此时被留置对象交代罪行,不能认定为自首,但可以认定为坦白。在职务违法调查期间,监察机关可以采取谈话或要求被调查人就违法行为作出陈述等方式,对于涉嫌严重职务违法的,也可以将其留置,此时,监察机关并未掌握相关犯罪事实,若被调查人在此期间主动交代的,应认定为自首。

44 在被采取强制措施的犯罪嫌疑人、被告人和正在服刑的罪犯,如实供述了司法机关还未掌握的本人其他罪行的情形,称为准自首。根据1998年最高人民法院《关于处理自首和立功具体应用法律若干问题的解释》的规定,"其他罪行"是指与司法机关已经掌握或者判决所确定的罪行属于不同种的罪行。该司法解释对于同种数罪采取了绝对排除原则。然而,最高人民法院、最高人民检察院《关于办理职务犯罪案件认定自首、立功等量刑情节若干问题的意见》则从有利于被告人角度,对"其他罪行"进行了扩大解释,将"办案机关所掌握线索针对的犯罪事实不成立,在此范围外犯罪分子交代同种罪行的",也认定为自首。如留置对象因涉嫌收受一笔10万元贿赂而被留置调查,在留置调查期间,被告人主动交代了另一笔收受15万元的事实,法院审理后认定,收受10万元的证据不足,但收受他人15万元应当认定为受贿,被告人构成受贿罪,同时就该笔15万元收受事实应认定为自首。

五、特别从宽处罚的适用

45 在量刑时考虑罪后态度,是司法裁判的惯例,通常是将其作为酌定量刑情节。然而,《刑法修正案(九)》将贪污贿赂犯罪的罪后态度作为法定量刑情节。受贿罪新增设的从宽处罚情节即《刑法》第383条第3款之规定:"犯第一款罪,在提起公诉前如实供述自己罪行、真诚悔罪、积极退赃,避免、减少损害结果的发生,有第一项规定情形的,可以从轻、减轻或者免除处罚;有第二项、第三项规定情形的,可以从轻处罚。"这一立法修正将过去贪污受贿案件中酌定从宽处罚情节明确规定为法定从宽处罚情节,总体上显然是有利于被告人的,特别是在适用死刑时,广泛的法定从宽处罚情节成为死刑立即执行适用的阻却因素,使得死刑立即执行的适用具有更为严格的条件。

特别从宽处罚情节包括:①真诚悔罪,是被告人对指控的犯罪承认、悔过并决心 46
予以改正的行为。真诚悔罪表明行为人人身危险性的降低,可以对其从宽处罚。真诚悔罪不同于认罪态度好,认罪态度好是犯罪人对已经发生的犯罪事实的承认,真诚悔罪则要求犯罪人在认罪态度好的基础上,对自己的犯罪行为进行深入的反思与忏悔并作出改正之决心。②积极退赃。退赃是指犯罪人或其亲属主动交出赃款、赃物的情况。退赃分为积极和消极两种,前者中犯罪人表现为积极配合态度,主动交出赃款、赃物;后者中犯罪人退赃行为具有被动性,完全依赖于办案机关追缴,不属于积极退赃。贿赂犯罪不存在被害人,受贿财物应作为国家没收的对象,受贿人在案发之时,将贿赂退还给行贿人的,不应作为积极退赃认定。积极退赃应当具有彻底性,只退出少部分赃款的,不能作为从宽情节加以认定。③避免、减少损害结果的发生。损害结果包括物质损害、人身伤害以及导致的社会影响。在行为人收受财物之后,并没有利用职务上的便利为请托人谋取非法利益,所请求之事仍然按照正常程序进行,并造成实际财产损失、人身伤害或不利的社会影响,相对而言社会危害性要小一些,可以从宽处罚。

六、缓刑的适用

缓刑是对符合法定条件的犯罪人,附条件地不执行原判刑罚的制度。为规范职 47
务犯罪案件缓刑的适用,2012年最高人民法院、最高人民检察院《关于办理职务犯罪案件严格适用缓刑、免予刑事处罚若干问题的意见》对于"一般"不适用缓刑的情形作了具体规定,包括:①不如实供述罪行的;②不予退缴赃款赃物或者将赃款赃物用于非法活动的;③属于共同犯罪中情节严重的主犯的;④犯有数个职务犯罪依法实行并罚或者以一罪处理的;⑤曾因职务违纪违法行为受过行政处分的;⑥犯罪涉及的财物属于救灾、抢险、防汛、优抚、扶贫、移民、救济、防疫等特定款物的;⑦受贿犯罪中具有索贿情节的;⑧渎职犯罪中徇私舞弊情节或者滥用职权情节恶劣的;⑨其他不应适用缓刑、免予刑事处罚的情形。第②、⑤、⑦种情形与2016年最高人民法院、最高人民检察院《关于办理贪污贿赂刑事案件适用法律若干问题的解释》所规定的受贿1万元至3万元的部分入罪情节相同。此时,能否适用缓刑?一种意见认为,同一个情节作为入罪情节的同时,又作为不得判处缓刑或者免刑的条件的,不涉及重复评价,因为这是两个不同性质的评价。另一种意见认为,这里存在重复评价的问题,因为同一个情节既被用作入罪情节,又被用作量刑情节,即评价为禁止判处缓刑或者免刑的情节。[36] 笔者倾向于后一种意见。如果某种情节已经被用于入罪评价,即意味着情节功能的用尽,不能在之后的量刑环节重新评价,否则会不当加重被告人的责任,违反罪责刑相适应原则。

36 参见苗有水:《贪污贿赂刑事司法解释具体问题解读》,载最高人民法院刑事审判第一、二、三、四、五庭主办:《刑事审判参考》(总第106集),法律出版社2017年版,第263页。

第三百八十七条　单位受贿罪

国家机关、国有公司、企业、事业单位、人民团体，索取、非法收受他人财物，为他人谋取利益，情节严重的，对单位判处罚金，并对其直接负责的主管人员和其他直接责任人员，处五年以下有期徒刑或者拘役。

前款所列单位，在经济往来中，在帐外暗中收受各种名义的回扣、手续费的，以受贿论，依照前款的规定处罚。

文献：林雪标：《受贿罪：理论纵览与实务探究》，福建人民出版社 2016 年版；孙国祥：《贪污贿赂犯罪研究》，中国人民大学出版社 2018 年版；郭竹梅：《受贿罪司法适用研究》，法律出版社 2018 年版；谢杰、陆裕：《贪污贿赂犯罪十六讲》，法律出版社 2019 年版；赵煜：《惩治贪污贿赂犯罪实务指南》（第 3 版），法律出版社 2019 年版；韩晋萍：《受贿罪刑罚制度研究》，法律出版社 2019 年版；肖中华：《贪污贿赂犯罪司法实务百问精解》，法律出版社 2020 年版；周振杰：《单位贿赂犯罪预防模式研究》，中国政法大学出版社 2020 年版；陈小雄主编：《贪污贿赂犯罪理论与实践》，中国政法大学出版社 2020 年版。

细目录

Ⅰ　主旨
Ⅱ　沿革
Ⅲ　客体
Ⅳ　对象
　一、财物的范围
　二、回扣和手续费的认定
Ⅴ　行为
Ⅵ　情节
Ⅶ　主体
　一、国家机关
　二、国有公司、企业
　三、事业单位
　四、人民团体
　五、国有单位的分支机构或者内设机构
Ⅷ　罪责

Ⅸ　排除犯罪的事由
Ⅹ　未完成形态
一、既遂与未遂
二、预备
三、中止
Ⅺ　共犯
一、概说
二、两个以上单位共同实施的单位受贿犯罪
三、国有单位和自然人共同实施的单位受贿犯罪
Ⅻ　罪数
ⅩⅢ　与非罪的界限
一、与一般单位受贿违法行为的界限
二、与单位收受正当回扣、手续费的界限
三、与单位在经济往来中不正之风的界限
四、与以单位名义接受捐赠、赞助的界限
五、与单位不正当收费的行为的界限
六、与非国有单位受贿行为的界限
ⅩⅣ　与他罪的区别
一、与受贿罪的区别
二、与非国家工作人员受贿罪的区别
ⅩⅤ　处罚
一、对于单位索贿应否从重处罚
二、对国家机关、人民团体判处罚金

Ⅰ　主旨

1　本条是对单位受贿罪的规定。随着我国社会主义市场经济体制改革的逐步深入,一些国家机关、国有公司、企业、事业单位、人民团体等国有单位,在经济利益的驱使下,索取、非法收受他人财物,利用公权力为他人谋取利益,严重扰乱公平竞争的市场秩序以及损害国家利益和国有单位的声誉。为了保护国家公务活动的廉洁性,维护国有单位的正常管理活动秩序和声誉,刑法设立了单位受贿罪。

Ⅱ　沿革

2　我国 1979 年《刑法》没有关于单位犯罪的规定,当然也就没有规定单位受贿罪。1987 年 1 月 22 日全国人大常委会通过的《海关法》第 47 条第 4 款第一次规定单位可

以成为犯罪的主体。[1] 最早规定单位能够成为贿赂犯罪主体的是1988年1月21日全国人民代表大会常务委员会通过的《关于惩治贪污罪贿赂罪的补充规定》,其中第6条规定:“全民所有制企业事业单位、机关、团体,索取、收受他人财物,为他人谋取利益,情节严重的,判处罚金,并对其直接负责的主管人员和其他直接责任人员,处五年以下有期徒刑或者拘役。”单位受贿罪首次以单行法的方式得以确立。1997年《刑法》吸收了1988年补充规定的相关规定,并进一步作了补充,体现在第387条,该条规定:“国家机关、国有公司、企业、事业单位、人民团体,索取、非法收受他人财物,为他人谋取利益,情节严重的,对单位判处罚金,并对其直接负责的主管人员和其他直接责任人员,处五年以下有期徒刑或者拘役。前款所列单位,在经济往来中,在帐外暗中收受各种名义的回扣、手续费的,以受贿论,依照前款的规定处罚。”至此,单位受贿罪正式被纳入我国刑法中。

Ⅲ 客体

关于单位受贿罪侵犯的客体,刑法理论上一直存在不同观点,对客体的不同认识 3
必然影响对受贿行为本身的理解。一般认为,单位受贿罪的客体是复杂客体,包括国家机关、国有公司、企业、事业单位、人民团体职务行为的廉洁性以及国有单位的正常管理活动秩序和声誉。

Ⅳ 对象

单位受贿罪的对象是财物、回扣、手续费,其所有权人既可以是单位也可以是自 4
然人,主要包括有价值或使用价值的商品、物品、有价证券、货币等。

一、财物的范围

关于财物的范围,也就是对于“财物”的理解,理论界有以下几种观点:①认为贿 5
赂只应限定为财物,包括金钱以及用金钱可以购买的有形物。这种观点严格遵循文义解释,“财物”即金钱和物品。“金钱”即充当一般等价物的货币;“物品”是指具有价值和使用价值、可操控和管理、可用金钱数字计量的有体物和无体物。[2] ②认为贿赂不仅包括财物,还包括可以用金钱来计算的物质利益。③认为贿赂应当是能够满足受贿人生活需要和精神欲望的一切财产性和非财产性利益,包括财物、用货币计算的财产性利益,以及其他非财产性利益。这种非财产性利益包括提供指标、提升职务、迁移户口、提供女色等。

---

1 参见李文峰、徐彦丽:《最新贿赂十罪认定与处理实务》,中国检察出版社2012年版,第185页。

2 参见李辰:《受贿犯罪研究》,中国政法大学出版社2011年版,第36页。

6 第三种观点理论上能够成立,是立法的趋向,理由如下:①无论贿赂的内容如何,不管行贿人是以金钱贿赂还是以女色贿赂,只要能够投受贿人所好,满足其所需,受贿人接受并且为其谋取利益,就侵犯了国家工作人员职务行为不可收买性这一法益,从社会危害性与应受惩罚性来说,两者并无差别。②至于非财产性利益,在司法认定上“无法计算数额”,而且当前主要以“数额”为依据否定非财产性利益为贿赂内容的说法似是而非,因为司法上的认定困难恰恰是以非财产性利益作为贿赂内容的隐蔽性特征,司法实践中,行为人为了规避法律,采取隐蔽手段以物质性利益作为贿赂的情况极为常见,但不能因此否定其作为贿赂的应有内容,而且受贿罪的认定除根据“数额”外还要考虑“情节”因素。③从美国、日本、新加坡等国家的立法例和司法实践来看,非物质性利益也包括在贿赂范围之内。《联合国反腐败公约》将贿赂规定为“不正当好处”,显然,这里的“不正当好处”包括物质性财产利益以及非物质性财产利益。因此,有学者提出为了“与世界各国腐败犯罪立法潮流相契合”“对接公约”而修改受贿范围的建议。但是,贿赂范围的确定必须立足于成文法的规定进行解释,在现行法规定下将非物质性利益纳入“财物”超出法律可能具有的含义,属于社会危害性中心论的类推解释,破坏了罪刑法定原则。

7 所以,综合现实宽严相济刑事政策的需要和现行刑法的规定,笔者采第二种观点。应当看到,随着我国市场经济的完善以及人们多元化衡量价值观念的形成,很多物质性利益可以并且需要用金钱给付。如果受贿人接受,诸如免费装修住房、免费提供出国旅游机会等物质性利益,则实质上意味着受贿人可以免去必要的支出,是财富的相对增加,这同受贿人收受财物实现财富的直接增加是等同的,因此,对“财物”的外延也应当进行与时俱进的扩张解释,将物质性利益纳入“财物”范围。这样的解释并没有超出“财物”文义可能的射程与国民预测可能性的范围,符合刑法解释的正义性要求。

8 实质上,最高人民法院、最高人民检察院《关于办理商业贿赂刑事案件适用法律若干问题的意见》也是吸收了非财产性利益的观点,该意见第7条规定,“商业贿赂中的财物,既包括金钱和实物,也包括可以用金钱计算数额的财产性利益,如提供房屋装修、含有金额的会员卡、代币卡(券)、旅游费用等”。

9 相应地,笔者否定性贿赂的入罪化。因为如上所述,性贿赂入罪化有违罪刑法定原则。除此之外,也会带来司法实践中的困境:如对于提供色情服务的人员如何定罪,无法律可比照;也难以界定卖淫嫖娼、不正当的性行为以及以换取权力为目的的性贿赂。

二、回扣和手续费的认定

10 《刑法》第387条第2款将回扣和手续费并列规定,显然二者在性质上都属于贿赂的范围,不同之处在于来源不同。[3]

3 参见李辰:《受贿犯罪研究》,中国政法大学出版社2011年版,第38页。

所谓回扣,是指在商品购销活动过程中,买卖双方按价成交后,卖方从买方支付的价款中退还给买方或者买方委托代理人(经办人)的金钱、实物或者其他物质性利益。回扣本身是商品经济的产物,具有双重性,不能一概否定。如买卖合同双方在合同中约定卖方应该给予买方一定回扣,双方都如实入帐,依法纳税,这样的回扣是合法的,应当受到法律的保护。受贿罪中的回扣是指非法回扣,或者违反国家规定,或者在帐外暗中给予或者收受回扣。帐外暗中,是指未在依法设立的反映其生产经营活动或者行政事业经费收支的财物帐上按照财物会计制度规定明确如实记载,包括不记入财物帐、转入其他财物帐或者作假帐等。比如,经营者销售商品在帐外暗中以现金、实物或者其他方式退给对方单位或者个人一定比例的商品价款,就属于非法回扣。帐外回扣的出帐和入帐都是暗箱操作,是为获得在市场竞争中不正当的竞争优势或者交易条件谋取对方职权行为的成本,破坏了公平竞争的市场秩序,因而属于贿赂的范畴。 11

同样,手续费的性质也有两面。手续费就其本质而言,是一种劳务报酬,本身无所谓非法与否。但是,如果国家工作人员未付出劳动而收受财物,或者以少量劳动换取高额报酬,以其职务行为与所谓的手续费相互交易,就是假借手续费之名收受贿赂。实务中假借手续费之名而收受贿赂的名目繁多:“辛苦费”“劳务费”“好处费”“介绍费”“信息费”“感谢费”“活动费”“奖励”等。国家工作人员在经济往来中办理一定事务是其本职工作,自有所在单位给付一定的工资、奖金作为报酬,除此之外,不能收取对方业务单位所给付的任何名义的手续费,否则都构成国家工作人员职务行为的对价,是收受贿赂的行为。 12

回扣与手续费的区别主要是产生的方式不同。回扣来源于买方支付的价款、劳务费。手续费则是经营者对交易对象顺利完成商业程序的回馈,泛滥的根源在于支付手续费的一方能够通过此项交易机会衍生的持续性商业运作谋取远高于贿赂成本的高额利润,可以发生在财物结算之前,也可以发生在商品、款项到位之后。 13

V 行为

单位受贿罪的行为表现为索取、非法收受他人财物,为他人谋取利益,情节严重;或者在经济往来中,在帐外暗中收受各种名义的回扣、手续费的行为。具体而言,包括以下两种形式: 14

1.索取、非法收受他人财物,为他人谋取利益的行为

(1)索取或者非法收受他人财物。索取,是指单位主动向他人索要财物的行为。从索取行为的内在结构上可以看出,该行为是复合行为,即由索要和收取两个行为构成。一般来说,在实践中索取财物有两个特征:一是主动性,二是交易性。所谓“主动性”,就是指犯罪单位要求来本单位办理事务的人员或者单位,向本单位缴纳一定数额的法定收费标准以外的其他费用,或者要求办理事务者给予本单位全体工作人员一定的“手续费”等。主动性最常见的表现是向对方积极地提出财物要求,但是也可 15

能采用暗示或提醒方式,而并非一律带有勒索性。“交易性”,是指索取财物与该犯罪单位正在处理的事务有关,也正是基于某些个人或者单位有求于该单位,该单位才借机要求对方单位或者个人给予本单位财物或者其他财产性利益。所谓“非法收受”,即单位对行贿人给付的财物予以接受。收受行为的显著特征在于其被动性,也就是说行贿人主动交付财物,而犯罪单位是消极地接受。因此,相对于积极主动地索取他人财物,收受他人财物则相对难以准确判断,并非因为“收受”本身难以判断,而是通常难以认定收受财物与该单位办理事务的便利之间的因果关系,这也是法律认定的薄弱之处。所以,在具体案件中,应考虑双方的关系、往来财物的数额等因素,来判断是否存在收受行为。

16　(2)为他人谋取利益。与受贿罪不同,在单位受贿中,无论是索取财物还是收受财物,都必须同时具备为他人谋取利益的条件。谋取利益,既包括谋取法律许可的正当利益,如授予符合条件的人某项行政许可;还包括不正当利益,如违法批准出口退税、违法办理土地使用等。对“为他人谋取利益”的理解,有三种观点:①认为为他人谋取利益是客观构成要件要素,需存在着手实施为他人谋取利益的行为。②认为为他人谋取利益是主观构成要件要素,即行为人收受贿赂时存在为他人谋取利益的主观目的。③认为为他人谋取利益同样是客观构成要件要素,但为他人谋取利益的行为,不限于着手为他人谋取利益的行为,可表现为许诺、实施和实现三阶段中的任何一个或数个阶段的行为,即只要体现出受贿行为与其职务行为的关联性即可。第三种观点更具有合理性。

17　因此,“为他人谋取利益”可体现为许诺、实施和实现三阶段中的任何一个或数个阶段的行为,包括如下三种情形:①许诺为他人谋取利益,尚未实际进行的行为。这里的许诺可以是明示的许诺也可以是暗示的许诺。如明知他人的请托事项而不拒绝收受其财物,可视为暗示的许诺。“潘玉梅、陈宁受贿案”的裁判要点中明确,国家工作人员明知他人有请托事项而收受其财物,视为承诺“为他人谋取利益”,是否已实际为他人谋取利益或谋取到利益,不影响受贿的认定。许诺既可以是真实意思表示,也可以是虚假许诺。虚假许诺,是指行为人虽然具备为他人谋取利益的条件和职权,但实际上并不打算为他人谋取利益而假装承诺为他人谋取利益的行为。收受贿赂虚假许诺的行为已经侵害了职务行为的不可收买性,因此并不影响受贿罪的成立。②已经着手实施为他人谋取利益,但尚未谋取到利益或谋取的利益尚未完全实现的行为。③为他人谋取利益已经实现的行为。“为他人谋取利益”的“他人”,不限于行贿人,还包括行贿人所指示的第三人;也不限于自然人,还包括单位。

18　值得关注的是,2016年4月18日最高人民法院、最高人民检察院发布的《关于办理贪污贿赂刑事案件适用法律若干问题的解释》第13条第1款规定:“具有下列情形之一的,应当认定为‘为他人谋取利益’,构成犯罪的,应当依照刑法关于受贿犯罪的规定定罪处罚:(一)实际或者承诺为他人谋取利益的;(二)明知他人有具体请托事项的;(三)履职时未被请托,但事后基于该履职事由收受他人财物的。”这一规定明确,只要受贿时明知他人有具体请托事项,就可以构成"为他人谋取利益",实际上将这一要求主观化为对请托事项的明知,认为只要明知他人有请托事项而收受贿赂就推定为为他人谋取利益的许诺,这样的推定是否妥当,是否过于扩张了入罪范围,使得"为他人谋取利益"的要素形式化,还有待进一步商榷。

2.在经济往来中,在帐外暗中收受各种名义的回扣、手续费的行为

"经济往来",主要是指有关单位参与的国家经济管理活动和在相关业务范围内进行的购销商品或者服务等交易活动,如政府招标、采购等。"帐外暗中",是指没有在依法设立的财务帐目上按照规定如实计帐。"回扣",是指在交易过程中,卖方在收取的价款中拿出一部分回送给买方(或买方的代理人、经办人),实际上是卖方给买方的一种优惠。"手续费",一般是指因办理一定事务或者付出一定劳动而支出、收取的费用。 19

Ⅵ 情节

根据《刑法》第387条的规定,国有单位受贿行为,必须是"情节严重"才构成本罪,依法追究刑事责任。怎样才达到"情节严重"的程度,立法上没有明文规定,也没有专门的司法解释。根据我国对于贪污贿赂犯罪的立法原意,"情节严重"应当主要是指受贿的数额较大,也包括受贿的其他恶劣情节。具体数额及其他情节在1999年9月16日最高人民检察院发布的《关于人民检察院直接受理立案侦查案件立案标准的规定(试行)》中规定,单位受贿数额在10万元以上的应予立案;单位受贿数额不满10万元,但具有下列情形之一的,应予立案:①故意刁难、要挟有关单位、个人,造成恶劣影响的;②强行索取财物的;③致使国家或者社会利益遭受重大损失的。"情节严重"的"情节"是定罪情节而不是量刑情节,是犯罪构成要件主客观要素的综合性体现。[4] 虽然刑法在单位受贿罪中并没有区分受贿型和索贿型两类单位受贿罪,但是司法解释还是将索贿型单位受贿罪作为一类区分出来,对索贿型单位受贿罪作了更加严格的规定。这是因为收受贿赂型的单位受贿罪没有被害人,而索贿型的单位受贿罪被强索人是被害人,两者的法益侵害性的严重程度不同。 20

Ⅶ 主体

单位受贿罪的主体是特殊主体。单位,是指依照法律、法规和法令建立起来的机关、经济组织或社会团体。单位受贿罪的主体包括国家机关、国有公司、企业、事业单位、人民团体等国有单位,以及上述国有单位的分支机构或者内设机构。[5] 21

---

4 参见刘德法主编:《社会转型期犯罪控制研究》,郑州大学出版社2013年版,第198页。

5 参见郭立新、黄明儒主编:《刑法分则典型疑难问题适用与指导》,中国法制出版社2012年版,第666页。

一、国家机关

22 这里所称的"国家机关",包括中央和地方各级国家权力机关、国家行政机关、国家军事机关、国家审判机关和国家检察机关,执政党的机关、各级政协机关也可视为国家机关,但民主党派机关则不在国家机关的范畴之内。

二、国有公司、企业

23 在单位受贿罪中,公司、企业的性质必须是"国有公司、企业",这里需要明确的是,国有公司仅指独资国有公司还是包括国有控股公司？在计划经济时代,我国所有制形式单一,不存在混合所有制形式,因此对国有公司和非国有公司的区分比较容易。在改革开放之后,多种所有制形式出现,混合所有制越来越普遍。从立法本意看,单位受贿罪的规定主要是为了保护国有单位的经济运行,原因是国有经济对国民经济起着支柱和先导作用。混合所有制中的国有成分只是采取了不同的形式,其本质未变。所以,根据这个标准,凡是国家控股的公司和企业,都应当认定为国有。

三、事业单位

24 事业单位是指从事社会各项事业、拥有独立经费或财产的各种社会组织,如中央和地方的新闻、出版、电影、博物馆、剧团、各级各类学校、科研机构以及医药卫生等单位。根据刑法的规定,全民所有制的事业单位才可以成为单位受贿罪的主体,不包括集体所有制事业单位和民办事业单位。一般来说,国有事业单位所需经费由国家开支,依照法律或行政命令设立,不以营利为目的。

四、人民团体

25 人民团体,包括各民主党派、各级共青团、工会、妇联等群众性组织。参见第382条评注相关内容。

五、国有单位的分支机构或者内设机构

26 刑法明文规定单位犯罪的主体有国有公司、企业、事业单位、国家机关、人民团体,单位的分支机构或者内设机构没有明确。因此,在司法实践和理论中,对于出现的单位分支机构或者内设机构的犯罪曾有过争论。刑法理论通说认为,公司、国家机关、事业单位及其分支机构、内设职能部门能够成为单位犯罪的主体,司法实践也普遍认同这一观点。

27 2001年1月21日最高人民法院发布的《全国法院审理金融犯罪案件工作座谈会纪要》规定:"以单位的分支机构或者内设机构、部门的名义实施犯罪,违法所得亦归分支机构或者内设机构、部门所有的,应认定为单位犯罪。不能因为单位的分支机构或者内设机构、部门没有可供执行的罚金财产,就不将其认定为单位犯罪,而按照个

人犯罪处理。”该纪要肯定了单位的分支机构或者内设机构、部门可以成为单位犯罪的主体。2006 年 9 月 12 日最高人民检察院研究室发布的《关于国有单位的内设机构能否构成单位受贿罪主体问题的答复》规定，国有单位的内设机构利用其行使职权的便利，索取、非法收受他人财物并归该内设机构所有或者支配，为他人谋取利益，情节严重的，依照《刑法》第 387 条的规定以单位受贿罪追究刑事责任。因此，单位的分支机构或者内设机构、部门的受贿行为，可以依照单位受贿罪处理。

Ⅷ 罪责

28 单位受贿罪的罪责形式是故意，即国家机关、国有公司、企业、事业单位、人民团体具有索取或者收受贿赂，为他人谋取利益的动机、目的。单位受贿罪的这种故意，是经单位决策机构的授权或同意，由其直接负责的主管人员和其他直接责任人员故意收受或索取贿赂的行为表现出来的，是单位整体意志的体现。相对于自然人犯罪的故意，单位犯罪的故意无论是在认识因素上还是在意志因素上都有本质的不同。单位的认识和意志方面是单位作为一个整体的认识和意志，往往表现在其决策层的认识和意志。这种罪过方面的整体性是单位作为一个整体承担刑事责任的主体依据。单位犯罪的意志形成过程一般由单位决策机构集体研究决定，或者由单位的主要负责人以单位的名义作出决定。单位犯罪的罪过绝不是单位内部某个成员的意志，也不是单位各个成员意志的简单相加，而是单位内部成员在相互联系、相互配合、协调一致的条件下形成的整体意志。司法实践中，认定单位意志往往从单位意志的形成方式入手。一般来说，主要有以下两种形式：①由单位决策机构作出。单位的决策机构是指有权作出决定的机构，如公司的董事会等；②由单位负责人员作出。单位的负责人员是指公司、企业的法定代表人或者有关机关、团体的首长或领导。

29 单位受贿罪的主观目的是为单位谋取利益，如果以单位名义索取或者非法收受他人财物之后将贿赂据为己有，应以个人受贿罪论处。

30 综上，在认定单位受贿罪的主观方面时应注意以下几个方面：①实施犯罪以单位的名义进行；②犯罪行为的实施体现单位的认识和意志；③犯罪所得非法利益归单位所有。

Ⅸ 排除犯罪的事由

31 我国刑法明文规定了正当防卫与紧急避险两种犯罪的违法阻却事由，但从刑法的相关规定来看，事实上还存在其他违法阻却事由，如自救行为、义务冲突、法令行为、正当业务行为、被害人的承诺、推定的承诺等。笔者认为，单位受贿罪的排除犯罪事由是法令行为。执行命令是指依照上级发布的命令而实施的行为。国有单位在执行命令过程中，可能造成一定的法益损害后果，其对此不负刑事责任。执行命令而造成法益损害结果的，应当由命令发布者承担责任，命令执行者不承担责任。但是，当发布的命令具有明显的违法性质时,命令执行者应当具有抵制命令的义务,如果不抵制这种明显违法的命令而造成法益损害后果的,不能阻却违法。

X 未完成形态

一、既遂与未遂

32 根据我国刑法理论通说,犯罪既遂是指行为人故意实施的行为已经具备了某种犯罪构成的全部构成要件。犯罪未遂,根据我国《刑法》第 23 条第 1 款的规定,是指已经着手实行犯罪,但由于犯罪分子意志以外的原因而未得逞的情况。关于如何理解犯罪“未得逞”,我国刑法学界通说认为是指犯罪未达既遂形态而停止下来。

33 在单位受贿罪中,由于其受贿行为和为他人谋取利益的行为的不一致性,经常出现为他人谋取利益由于意志以外的原因而未收受贿赂,或者收受了他人的贿赂而没有为他人谋取利益的情形。因此,关于是以行为人谋取利益作为既遂的标准,还是以收受了他人的财物作为既遂的标准,或者是以两者齐备作为既遂的标准,在我国不无争议。主要学说有三种:①承诺说。该说认为受贿人的承诺是区分受贿罪既遂与未遂的标准,认为从受贿人承诺受贿时起,即构成受贿既遂。在索贿的场合,应从实施索取贿赂的行为时起即成立既遂,受贿人没有承诺或者没有实施索取贿赂的行为的,为受贿未遂。②实际承诺说。该说认为受贿人收受贿赂是成立受贿既遂的标准,只有受贿人实际收受了贿赂才构成受贿既遂,没有实际收受贿赂的,是受贿未遂。③谋得利益说。该说认为受贿人为他人谋取了利益是区分受贿既遂与未遂的标准。事实上,单位受贿罪的核心特征在于接受贿赂。收受贿赂是受贿罪的根本内容,离开了收受行为,就无所谓受贿罪。再则,受贿人接受贿赂就意味着已经成立了权钱交易的行为,对国家机关、国有公司、企业、事业单位、人民团体的正常活动造成了危害。单位受贿的场合也是一样的。我国 1979 年《刑法》第 185 条第 1 款规定:“国家工作人员利用职务上的便利,收受贿赂的,处五年以下有期徒刑或者拘役……”从这个规定看,收受行为是受贿罪的主要实行行为,为他人谋取利益的行为对于构成贿赂罪和单位贿赂罪来说并不是必备的要件,而是在量刑的时候考虑的情节。所以,如果单位为行贿人谋取了利益,约定在事后收取财物的,但未及交付财物就案发的,成立单位受贿罪的未遂。反之,只要单位收受了贿赂,无论是否为他人谋取了利益,都可以成立单位受贿罪的既遂。

二、预备

34 单位受贿犯罪预备形态是指国家机关、国有公司、企业、事业单位、人民团体为实施受贿犯罪而开始创造条件,但由于该国有单位意志以外的原因而未能着手实施索

取、非法收受他人财物、为他人谋取利益犯罪的停止形态。[6] 构成单位受贿预备形态,必须具备以下条件:

35 (1)已经开始实施受贿犯罪的预备行为。从性质上来说,受贿犯罪的预备行为就是为受贿犯罪的实行和完成创造便利条件的行为,单位是否实施受贿犯罪的预备行为,是单位受贿犯罪预备与单位受贿犯罪表示相区别的主要标志。如果只是单纯地流露犯罪意图,而没有将犯意付诸行动的受贿预备行为,则不能构成单位受贿预备。单位受贿犯罪的预备行为主要表现为单位成员在单位受贿意志的支配下采取一系列积极行为,力图使犯罪进入着手实行阶段,以便最终实现其犯罪目的,如为受贿而准备银行帐号、勾结犯罪同伙等,都是单位受贿罪的预备行为。

36 (2)必须是在单位受贿犯罪预备阶段停顿下来,这包含两层意思:首先,单位受贿预备犯只能发生在单位受贿犯罪预备阶段,其他犯罪阶段没有单位受贿犯罪预备成立的余地。如果单位已着手实施索取、非法收受他人财物,为他人谋取利益的行为,或者索取、非法收受他人财物,为他人谋取利益的行为已经实施完毕,就不可能成立单位受贿犯罪的预备形态。其次,单位尚未着手实施单位受贿犯罪的实行行为,这是单位受贿预备形态与单位受贿未遂形态的区别所在。如果单位已经实施了索取、非法收受他人财物和为他人谋取利益的行为,或者行为已经实施完毕就不存在单位受贿预备。

37 (3)单位受贿犯罪预备行为之所以停顿在预备阶段,是由于该国有单位意志以外的原因,这是单位受贿预备形态与单位受贿中止形态相区别的显著标志。从司法实践的角度来看,迫使单位停止受贿犯罪的因素包括:由于作案时机不成熟而未继续着手实行犯罪;由于司法机关或其他机关的及时发现而制止;被害方或群众的告发以及防范措施的严密无从下手而未着手实行;由于实行犯罪行为的直接责任人员违反单位意志而未实行犯罪等。

三、中止

38 单位受贿犯罪中止是指单位在受贿犯罪过程中自动放弃犯罪或者自动有效地防止犯罪结果发生的一种停止形态。单位受贿犯罪中止包括两种形态,即自动放弃受贿犯罪的犯罪中止和自动有效地防止受贿犯罪结果发生的犯罪中止。具体而言,包括以下条件:

39 (1)时间性。单位受贿犯罪中止只能发生在受贿犯罪预备阶段到受贿犯罪既遂之前的整个过程中,如果受贿犯罪已经达到既遂,则不存在单位受贿犯罪中止的可能。

40 (2)自动性。所谓单位受贿犯罪中止的自动性,是指单位必须自动放弃实施受贿犯罪,而不是被迫放弃。也就是说,在认定单位是否属于自动中止犯罪时,应该从单

---

6 参见卢勤忠:《商业贿赂犯罪研究》,上海人民出版社 2009 年版,第 191 页。

位意志形成机制上确定该单位已真正地放弃了受贿犯罪意图,犯意已经消失。对此应从两方面加以考察:一是单位决策机构自认为单位能够完成受贿犯罪,是认定其自动性的基础,否则无自动性可言;二是单位出于决策者的意愿而放弃受贿犯罪,否则也不成立中止。在具体的司法实践中,只要单位决策机构或主要负责人决定放弃实施受贿犯罪,就认为单位在主观上已经放弃实施受贿犯罪。如果是单位的直接责任人员出于自己的意志而放弃受贿犯罪,对于单位来说属于意志以外的原因,不成立受贿犯罪中止。但是如果单位的直接责任人员及时将其中止意图与行为通报单位,并得到单位决策机构或主要负责人同意或认可,也可以认定为单位自动放弃受贿犯罪。如果单位决策机构或主要负责人主动取消了受贿犯罪决定并向执行者传达,但是由于种种原因未能让执行者知道而执行者仍然继续实施受贿犯罪行为的,属于未能有效地防止犯罪结果的发生,不成立受贿犯罪中止而构成单位受贿犯罪既遂。

41　(3)有效性。所谓有效性,是指犯罪单位彻底放弃受贿犯罪意图、行为或者有效地防止了受贿犯罪结果的发生。有学者认为,有效性意味着犯罪单位主观上真正抛弃了某种犯罪意图,而不是恶意犹存,伺机再犯;客观上彻底中止犯罪行为,或者事实上特定危害结果的未发生,而不是暂时中止或者危害结果发生已经成为现实。笔者认为,对于单位受贿罪而言,有效性是指国有单位必须放弃正在进行的受贿犯罪,而不是指国有单位在以后任何时候都不再犯受贿犯罪,更不能理解为国有单位在以后任何时候都不再实施受贿犯罪。另外,对于防止结果发生的中止犯而言,有效性是指国有单位通过积极的行为方式预防和阻止了受贿犯罪既遂结果的发生;如果行为人虽然采取了一定的措施,但是实际上并未阻止住受贿既遂结果的发生,或者该受贿犯罪结果未发生是由于其他原因所致,则不能肯定国有单位行为的有效性。

XI　共犯

一、概说

42　在探讨单位受贿罪的共同犯罪之前,首先必须解决单位能否作为共同犯罪的主体问题。对此,刑法学界有两种截然对立的观点。肯定说认为,我国刑法中关于“共同犯罪是指二人以上共同故意犯罪”的规定中的“人”,既包括自然人,也包括单位。有单位参与的共同故意犯罪应当认定为共同犯罪,从而肯定单位可以作为共同犯罪的主体。[7] 否定说认为,根据刑法有关共同犯罪的规定,上述观点缺乏明确的刑法总则依据。因为,现在难以对《刑法》第 25 条第 1 款规定的“二人以上”的“人”解释为既包括自然人,也包括单位。根据罪刑法定原则,单位与人是两个不同的概念,再怎么扩张解释也难以将其作为“人”来解释。因此,“二人以上”只能解释为是两个以上

7　参见李希慧主编:《贪污贿赂罪研究》,知识产权出版社 2004 年版,第 308 页。

自然人的主体。据此,对于若干个单位伙同实施的犯罪,只能根据各个单位在犯罪中的犯罪情节,分别依照有关刑法规定进行处罚,而没有必要像对自然人的共同犯罪那样,区分主犯、从犯、胁从犯与教唆犯进行处罚。另外,对于单位与自然人伙同实施的犯罪行为,也同样没有依据以共同犯罪论处。

目前,多数学者持肯定说,笔者也持此说。首先,从理论上来看,既然刑法肯定单位的犯罪主体资格,则其必然也可以作为共同犯罪的主体而存在。因为既然立法上承认单位完全具有刑事责任能力,即主观上具有实施犯罪的独立意识和意思决定能力,客观上具有独立的行为能力,则应当认为单位也同样具有与自然人或其他单位共同实施犯罪的条件。其次,从法律依据来看,刑法中的"人"这一概念也包括单位。如《刑法》第 53 条规定:"……对于不能全部缴纳罚金的,人民法院在任何时候发现被执行人有可以执行的财产,应当随时追缴……"该处的被执行人,显然包括任何被判罚金而需要执行的犯罪分子,自然也应当包括被判处罚金的单位。又如《刑法》第 4 条规定的刑法面前人人平等原则,该原则是指"对任何人犯罪,在适用法律上一律平等。不允许任何人有超越法律的特权"。作为刑法中的一项基本原则,该原则对任何犯罪分子都是适用的,对犯罪单位也同样适用,可见此处的"人"显然也包括单位。 43

因此,共同犯罪中的"二人以上"的"人",应当包括单位在内,单位与单位之间、单位与其他自然人之间,只要符合共同犯罪其他要件的,都可以构成共同犯罪。就单位受贿罪而言,其共同犯罪形式也包括两种情形:第一种为两个以上单位共同实施的单位受贿犯罪;第二种为国有单位和自然人共同实施的单位受贿犯罪。 44

二、两个以上单位共同实施的单位受贿犯罪

实践中,有两个以上单位共同实施单位受贿犯罪的情形。在认定这种形式的单位共同受贿犯罪时,需要从以下几个方面加以把握:①就主体而言,作为单位受贿罪的共同犯罪主体,都必须是符合法定条件的单位,并且至少其中一方必须是国有单位,即国家机关、国有公司、企业、事业单位、人民团体,否则不构成单位共同受贿犯罪。另外,各单位都是为实施收受贿赂而共同结合在一起,彼此的地位是平等的,一般不存在相互隶属关系。②就主观方面而言,不仅单位的决策者、实施者要形成本单位实施贿赂犯罪的故意,而且作为单位的主管人员和其他直接责任人员要与其共同实施贿赂犯罪的另一单位形成实施受贿犯罪的犯意联络,即单位之间必须有共同实施受贿犯罪的故意。③就犯罪客观方面而言,单位之间必须有共同的受贿犯罪行为。在此需要注意两点:一方面,这里的共同犯罪行为,既包括受贿犯罪的实行行为,也包括帮助、教唆行为;另一方面,单位之间共同实施受贿过程中取得的贿赂物必须在单位之间进行分配,即作为共同实施犯罪的单位一方,其主管人员和其他直接责任人员必须将分配后的贿赂物归属于本单位。如果是主管人员和其他直接责任人员假借本单位名义与其他单位共同受贿,但分配后的贿赂物却中饱私囊的,则不构成单位共同受贿犯罪,而应以自然人与其他国有单位实施的共同受贿罪论处。 45

46 一般而言,如果是两个以上的国有主体之间共同实施受贿犯罪,认定相对比较容易。而对国有单位和非国有单位之间共同实施的受贿行为,则要注意其特殊性:由于单位受贿罪的实行行为是以利用国有单位职务活动的便利,为他人谋取利益为条件的,而非国有单位不具有这一条件,因此,非国有单位不可能实施单位受贿罪的实行行为。但是,非国有单位却可以构成国有单位实施的单位受贿罪的教唆犯或帮助犯,具体而言,可以表现为两种情形:第一种情形是,非国有单位教唆国有单位利用单位职务上的便利,收受他人财物或索取他人财物,为他人谋取利益的行为。在这种案件中,国有单位是实行犯,非国有单位是教唆犯,对其应以单位受贿罪的教唆犯来定罪量刑。第二种情形是,非国有单位为国有单位实施受贿提供积极帮助,比如,为国有单位受贿出谋划策、提供银行帐户或转变贿赂物的性质,等等。这种案件中,国有单位是实行犯,而非国有单位是帮助犯,对其应以单位受贿罪的帮助犯来定罪量刑。

三、国有单位和自然人共同实施的单位受贿犯罪

47 国有单位和非国家工作人员共同实施的受贿犯罪,由于非国家工作人员不可能实施受贿罪的实行行为,因此其只可能构成单位受贿罪的教唆犯或帮助犯,对其认定相对比较容易。认定上具有复杂性的是国有单位和国家工作人员共同实施的受贿犯罪,大致有两种情形:①在国有单位与国家工作人员共同受贿犯罪中,如果该犯罪只是利用了一方的职务便利,而另一方没有利用本单位或本人职务上的便利,则对此只能依照实行犯行为的性质进行定性,即或者以单位受贿罪定罪量刑,或者以受贿罪定罪量刑,对没有利用职务便利的一方作为该罪的共犯论处。②在国有单位与国家工作人员共同受贿犯罪中,如果任何一方都没有利用对方的身份或职务上的便利,而是分别利用各自的职务便利进行索取贿赂或收受贿赂行为,则只能对单位和自然人分别定罪量刑,即对单位以单位受贿罪定罪量刑,对国家工作人员以受贿罪定罪量刑。因为在该情形中,单位和自然人只有共同实行同一起犯罪的一般的主客观联系,但却没有利用对方的身份和职务便利实施犯罪的特定主客观内容,只有分别定罪才符合各自行为的犯罪构成特点。

XII 罪数

48 在单位受贿罪中,涉及一罪与数罪认定的主要情形如下:

49 (1)国有单位在实施单位受贿罪的过程中,为他人谋取利益时又触犯其他犯罪时,该如何处理?对于此种情形,笔者认为,单位因受贿而进行刑法规定的其他犯罪活动,如进行非法经营、生产销售伪劣商品、走私等,又构成犯罪的,对单位应当依照刑法总则关于数罪并罚的规定予以处罚。

50 (2)单位受贿以后将受贿的全部财物以各种名义(如奖金、加班费、过节费等)集体私分的,该如何处理?有学者认为:“该单位的行为既触犯了单位受贿罪的规定,又触犯了私分国有资产罪的罪名,但后一罪名与前一罪名有着牵连关系,私分国有资产

的行为实际上是单位受贿后的结果行为,根据牵连犯'从一重处罚'的一般适用原则,一般情况下应以单位受贿罪论处,但如果私分的数额巨大,则应以私分国有资产罪定罪量刑。"[8]对此观点,笔者不敢苟同。因为单位在取得贿赂物后,肯定要将非法贿赂物进行使用、处分,往往就是用于改善单位办公条件、单位职工福利(如发奖金)等,但这都属于典型的不可罚的事后行为。同时,牵连犯成立的一个前提条件就是必须存在两个独立成罪的犯罪行为。既然单位受贿以后将受贿的全部财物以各种名义集体私分只是一种不可罚的事后行为,那么就不存在两个独立成罪的行为,从而牵连犯也就无从谈起。因此,这种情形仍应当按照单位受贿罪定罪量刑。就目前实践中查处的单位受贿罪来看,不少案件就表现为单位受贿后将贿赂物以奖金等形式分配给单位成员,司法机关就是以单位受贿罪来定罪量刑的。

(3)单位受贿以后将受贿的全部财物在小范围内私分的,该如何处理?实践 51
中,有些单位的主管人员和其他直接责任人员开始确实是以单位名义,也是为了单位利益而实施受贿的,但在取得贿赂物后,却又将贿赂物在小范围内私分,对此该如何处理?笔者认为,对此情形中的单位以单位受贿罪论处,但对参与私分的单位主管人员和其他直接责任人员,除应按照单位受贿罪承担相应刑事责任外,还应当构成贪污罪。因为此时,单位主管人员和其他直接责任人员主观上又产生了新的犯意,即侵占公共财产的故意;客观上也实施了侵吞公共财产的行为。虽然贿赂物属于非法所得,但应当由国家依法予以追缴,上缴国库,所以其理应属于公共财产。因此,此种情形中,对参与私分贿赂物的单位主管人员和其他直接责任人员应按照单位受贿罪和贪污罪数罪并罚。

XIII 与非罪的界限

一、与一般单位受贿违法行为的界限

根据《刑法》的规定,构成单位受贿罪必须是为他人谋取利益且情节严重的行为。 52
因此,如果没有为他人谋取利益,或者虽然为他人谋取利益,情节不严重的,都不能构成单位受贿罪,是一般单位受贿违法行为。根据《刑法》第387条的规定,单位受贿罪以"情节严重"为犯罪构成要件。所以,国家机关、国有公司、企业、事业单位、人民团体,索取或非法收受他人财物,为他人谋取利益,尚未达到情节严重的,属于单位受贿违法行为,不属于刑法调整的行为,由有关部门依法予以行政处罚,并对直接负责的主管人员和其他直接责任人员予以行政处分。

由此可见,单位受贿犯罪与违法行为之间的界限在于行为是否达到"情节严 53
重",司法实践中主要根据1999年9月16日最高人民检察院发布的《关于人民检察

---

8 卢勤忠:《商业贿赂犯罪研究》,上海人民出版社2009年版,第220页。

院直接受理立案侦查案件立案标准的规定(试行)》的规定,单位受贿罪中的“情节严重”主要从两个方面认定:一是数额方面。单位受贿数额在10万元以上的,属于情节严重。二是情节方面。单位受贿数额虽然不满10万元,但是具有下列情形之一的,同样可以构成单位受贿罪:故意刁难、要挟有关单位、个人,造成恶劣影响的;强行索取财物的;致使国家或者社会利益遭受重大损失的。所以说,只有当单位受贿数额未达到10万元且不具有上述情形的,才是单位受贿违法行为。

二、与单位收受正当回扣、手续费的界限

54 单位在经济往来中,在帐外暗中收受各种名义的回扣、手续费的,构成单位受贿罪。单位依照法律规定或者商品交换中的惯例收受的正当回扣、手续费,按单位收入入帐,是合法的行为,不构成单位受贿罪。二者区分的关键是看收受的回扣、手续费是否是依法收受。单位依法收受的回扣、手续费是合法行为。单位在帐外暗中非法收受回扣、手续费,实际上是收受贿赂行为,可以构成单位受贿罪。[9]

三、与单位在经济往来中不正之风的界限

55 单位受贿罪,是指在经济往来中,进行权钱交易,国有单位以国家授予的职权的便利条件,收受他人财物,为他人谋取利益的犯罪行为。经济往来中的不正之风,是指在经济交往活动中,以公款请客送礼,互相给予免费旅游等。这是一种经济往来中的不正之风,不构成单位受贿罪,应给予直接责任人员行政、纪律处分,不能以单位受贿罪追究刑事责任。

四、与以单位名义接受捐赠、赞助的界限

56 单位受贿罪是以单位的权利与行贿单位进行权钱交易,行贿、受贿双方都有违法谋取利益的目的,因而是非法的,情节严重的,构成犯罪。单位接受捐赠、赞助是无代价的接受,根据政策、法律规定的项目,如残疾人的福利基金、希望工程、防汛救灾、抢险救灾等捐款,兴办社会福利事业的单位接受有关单位和个人捐赠的款物,都是无偿的赠与,这是对社会有益的行为,是合法的行为,不能以犯罪论处。区分的关键是看单位接受的款物是否有国家政策法律依据。有国家政策法律依据的就是合法的接受捐赠,是合法行为;否则,以接受捐赠为名,实际上以职权为他人谋利,收受他人财物的行为,则是单位受贿犯罪行为。

五、与单位不正当收费的行为的界限

57 单位受贿罪是指国家机关、国有公司、企业、事业单位、人民团体,索取、非法收受他人财物,为他人谋取利益,情节严重的行为。单位不正当收费,是指为本单位谋取

---

9 参见上官春光、缪树权编著:《反贪办案实务一本通》,中国检察出版社2014年版,第68页。

私利,在工作中巧立名目,收取服务费、手续费等名目繁多的费用的行为。二者的主要区别表现在两个方面:一是侵犯的客体不同。前者侵犯的客体是国家机关、国有公司、企业、事业单位和人民团体正常工作秩序和国家的廉政建设制度;而后者只是违反财经纪律。二是客观方面的表现不同。前者在客观方面表现为上述国有单位具有索取、非法收受他人财物,并为他人谋取利益的行为,通常这种行为是经单位决策机构授权和同意,由其直接负责的主管人员和其他直接责任人员故意收受或者索取贿赂表现出来。后者则表现为为本单位谋取私利,在工作中巧立名目,收取服务费、手续费等名目繁多的费用,并不存在为他人谋取利益的行为。这种行为不仅存在由单位决策机构授权和同意的情形,也存在由单位直接负责的主管人员和其他直接责任人员个人决策的情形,并且其收费行为通常由单位内设机构实施完成。[10]

六、与非国有单位受贿行为的界限

我国刑法规定的单位受贿罪的主体只限于国有单位,即国家机关、国有公司、企业、事业单位、人民团体。非国有单位也可能实施索取、非法收受他人财物,为他人谋取利益的行为,这是一般违法行为,给予单位的直接责任人员行政、纪律处分,不构成单位受贿罪。 58

XIV 与他罪的区别

一、与受贿罪的区别

单位受贿罪与受贿罪都是故意犯罪,都有索取或者非法收受他人财物的行为。但两罪存在本质上的不同,其区别主要表现在以下几个方面: 59

(1)犯罪主体要件不同。单位受贿罪是刑法规定的单位犯罪,犯罪主体包括国家机关、国有公司、企业、事业单位、人民团体;而受贿罪是自然人犯罪,犯罪主体是国家工作人员。这是两罪的主要区别。 60

(2)犯罪的客观方面要件不同。单位受贿罪是利用本单位的职权为他人谋取利益,而受贿罪是利用行为人本人职务上的便利为他人谋取利益。另外,两者虽然都包括索贿行为,但通过索贿而受贿的,其行为要求存在很大不同,具体来说,单位受贿罪中的索贿行为必须是以为他人谋取利益为前提;而在受贿罪中,索贿行为本身即可构成犯罪,并不同时要求为他人谋取利益。 61

(3)犯罪的主观要件方面不同。一方面,单位受贿罪的主观目的是非法获取他人财物后归单位所有,也就是说单位受贿罪的非法利益并不是由个人享有,而是由单位享有;而受贿罪的主观目的是将贿赂归为已有。因此,对于以单位的名义索取或者非 62

10 参见徐志伟主编:《贪污贿赂罪与渎职罪》,中国民主法制出版社 2014 年版,第 47 页。

法收受他人财物后将贿赂归为个人所有的行为,应以受贿罪论处。另一方面,单位受贿罪的主观目的是由单位的意志形成的,单位意志虽然是由个人意志集合而成,但是绝不是个人意志的简单相加,单位意志的独立性在现代社会中是不可否认的;而受贿罪的个人意志纯属于自然人的个人意志。

二、与非国家工作人员受贿罪的区别

63 (1)主体要件不同。单位受贿罪的主体是国家机关、国有公司、企业、事业单位、人民团体;对于非国家工作人员受贿罪而言,主体是公司、企业或者其他单位的工作人员,属于自然人主体。

64 (2)主观方面要件不同。单位受贿罪的主观方面的形成是单位意志的实现,现实中的具体情况可能是领导班子集体研究决定,也可能是经过请示由主管领导一人拍板,但无论采用哪种形式,犯罪都是在单位意志下的受贿行为,而不是单位中某个个人意志的体现;而非国家工作人员受贿罪的主观方面是由接受贿赂的犯罪主体的个人意志来决定的。

65 (3)受贿所得去向不同。单位受贿罪的受贿所得归单位所有,犯罪行为给单位带来了非法利益,犯罪所得亦归属于单位,从事单位犯罪的个人并没有从犯罪所得中得到额外分成;而非国家工作人员受贿罪所得完全归个人所有。

66 (4)对构成犯罪法定后果的要求不同。单位受贿罪要求具有"情节严重"的后果,所谓情节严重,主要是指索取、非法收受他人大量财物,或者索取、非法收受他人财物,为他人谋取利益,给国家利益造成重大损害的。根据 1999 年 9 月 16 日最高人民检察院发布的《关于人民检察院直接受理立案侦查案件立案标准的规定(试行)》的规定,涉嫌下列情形之一的,应予立案:①单位受贿数额在 10 万元以上的;②单位受贿数额不满 10 万元,但具有下列情形之一的:故意刁难、要挟有关单位、个人,造成恶劣影响的;强行索取财物的;致使国家或者社会利益遭受重大损失的。

XV 处罚

67 根据《刑法》第 387 条的规定,犯单位受贿罪的,实行双罚制,对单位判处罚金,并对其直接负责的主管人员和其他直接责任人员,处 5 年以下有期徒刑或者拘役。国家机关、国有公司、企业、事业单位、人民团体,在经济往来中,在帐外暗中收受各种名义的回扣、手续费的,以受贿论,依照前款的规定处罚。

68 根据 2000 年 9 月 30 日最高人民法院公布的《关于审理单位犯罪案件对其直接负责的主管人员和其他直接责任人员是否区分主犯、从犯问题的批复》和《全国法院审理金融犯罪案件工作座谈会纪要》的规定,单位犯罪的直接负责的主管人员,是指在单位实施的犯罪中起决定、批准、授意、纵容、指挥等作用的人员,一般是单位的主管负责人,包括法定代表人。单位犯罪的其他直接责任人员,是指在单位犯罪中具体实施犯罪并起较大作用的人员,既可以是单位的经营管理人员,也可以是单位的职工,包括聘任、雇用的人员。在单位犯罪中,对于受单位领导指派或奉命而参与实施了一定犯罪行为的人员,一般不宜作为直接责任人员追究刑事责任。在审理单位故意犯罪案件时,对其直接负责的主管人员和其他直接责任人员,应根据其在单位犯罪中的地位、作用和犯罪情节,分别处以相应的刑罚。主管人员与直接责任人员,在个案中,不是当然的主、从犯关系,有的案件,主管人员与直接责任人员可不区分主犯、从犯。但具体案件可以分清主、从犯,且不分清主、从犯,在同一法定刑档次、幅度内量刑无法做到罪刑相适应的,应当分清主、从犯,依法处罚。因此在审理单位受贿案件时,对其直接负责的主管人员和其他直接责任人员,一般不必区分主犯、从犯,但在判处刑罚时要考虑不同的人所起的不同作用。[11]

一、对于单位索贿应否从重处罚

对此问题,有学者持肯定态度,即认为对于单位索贿的,也应当从重处罚。笔者 69
认为,这种观点值得商榷。首先,从立法上来看,《刑法》第 387 条并没有明确规定。刑法关于"索贿的从重处罚"的规定,只是在《刑法》第 386 条中进行规定,而不是在受贿罪和单位受贿罪之后专条加以规定。由此可见,立法者本意上,关于"索贿的从重处罚"的规定只是适用于自然人犯罪。其次,从理论上来看,对单位索贿的也不应从重处罚。立法者之所以只对受贿罪作出关于"索贿的从重处罚"的规定,是他们认为索贿型的受贿罪的危害性比收受型的受贿罪的更重,故需从重处罚。而在单位受贿犯罪中,立法者却认为索贿型的受贿犯罪和收受型的受贿犯罪的危害性是一样的,这一点可以从立法关于单位受贿罪客观要件的规定中可以看出,即在单位受贿罪中,"为他人谋取利益"是任何类型的受贿犯罪的共同必备要件,也就是同样危害性大小的犯罪行为应当适用同样的量刑标准。因此,在单位受贿犯罪中,对于索贿的处罚不应当从重,这不仅符合立法规定,也比较符合立法原意。

二、对国家机关、人民团体判处罚金

(一)是否应当判处罚金

对单位犯罪中的单位判处罚金,这是许多规定单位犯罪的国家的普遍做法。 70
一般而言,对公司、企业、事业单位判处罚金是无可非议的。因为公司、企业是典型的营利性组织,有独立的经济利益和独立的财产、经费;事业单位虽然不是纯营利性组织,但在一定范围内也可以从事与其事业相关的生产经营活动,也存在相对独立的经济利益。但是当单位是国家机关或某些不从事经营活动的人民团体时,对它们判处罚金是否可行,有无实际意义?从理论上来讲,国家的立法机关、行政机关、司法机关、军事机关是国家机器的组成部分,其经费来源于财政拨款,对其判处罚金,必然影

11 参见杨兴国:《贪污贿赂犯罪认定精解精析》,中国检察出版社 2011 年版,第 252 页。

响国家机器的正常运转,而且罚金最后上缴财政又归于国家,起不到罚金的经济制裁效果,没有多大的实际意义。对经费由国家财政预算供给的一些人民团体也存在同样问题。但刑法并未规定对单位处以罚金时对单位的性质加以考虑,所以在当前,对国家机关和人民团体同样适用罚金。

(二)罚金数额的确定

71 在单位受贿犯罪中,国有单位基本上都是在经济利益的驱动下收受贿赂,而罚金刑对贪利性犯罪具有较好的预防与惩罚作用。[12] 因此,刑法对单位受贿犯罪的刑事责任设置罚金刑不仅是必要的也是科学的。但是我国刑法关于单位受贿罪的罚金规定有一个明显特点,就是罚金无具体数额之限制,只是笼统规定"判处罚金",而具体数额由法官自由裁量。罚金刑的这种立法方式,既有法官可以根据行为人的犯罪情节灵活掌握的优点,也有法官随自己意志判断,难免产生不合理的弊端。

72 最好的解决办法应该是立法者在条件适合的情况下确定倍比罚金刑。因为,一方面,倍比罚金制便于法官在一定限度内根据案件具体情节加以自由裁量,又不至于受经济情况变化的影响,这样既有利于实现罪责刑相适应,又有利于司法机关公正司法;另一方面,采用倍比罚金制,也有相应的立法经验可以借鉴,如刑法对于单位犯生产、销售伪劣商品罪的就采用倍比罚金的立法模式。就目前单位受贿罪的立法现状而言,对单位判处罚金,也应当使罚金数额与受贿数额有一定的比例关系,可以参照其他经济犯罪的规定,一般应以受贿数额的个数倍为宜。具体适用时,应根据实施单位本身的性质、犯罪手段、所利用的职务情况、为他人谋取的利益以及危害结果等犯罪情节进行全面、综合分析,以正确地确定罚金数额,做到罪责刑相适应。恰好支持该观点的是2016年4月18日最高人民法院、最高人民检察院公布的《关于办理贪污贿赂刑事案件适用法律若干问题的解释》第19条,该条规定,对刑法规定并处罚金的除贪污罪、受贿罪之外的其他贪污贿赂犯罪,应当在10万元以上犯罪数额2倍以下判处罚金。

(三)自首

73 2009年3月12日最高人民法院、最高人民检察院发布的《关于办理职务犯罪案件认定自首、立功等量刑情节若干问题的意见》专门就单位犯罪的自首指出:单位犯罪案件中,单位集体决定或者单位负责人决定而自动投案,如实交代单位犯罪事实的,或者单位直接负责的主管人员自动投案,如实交代单位犯罪事实的,应当认定为单位自首。单位自首的,直接负责的主管人员和直接责任人员未自动投案,但如实交代自己知道的犯罪事实的,可以视为自首;拒不交代自己知道的犯罪事实或者逃避法律追究的,不应当认定为自首。单位没有自首,直接责任人员自动投案并如实交代自己知道的犯罪事实的,对该直接责任人员应当认定为自首。

---

[12] 参见李辰:《受贿犯罪研究》,中国政法大学出版社2011年版,第201页。

对于具有自首情节的犯罪分子或犯罪单位,应当根据犯罪的事实、性质、情节、危害后果、社会影响、被告人的主观恶性和人身危险性等,结合自动投案的动机、阶段、客观环境,交代犯罪事实的及时性、完整性、稳定性以及悔罪表现等具体情节,依法决定是否从轻、减轻或者免除处罚以及从轻、减轻处罚的幅度。[13] 具有自首情节的,一般可以依法从轻、减轻处罚;犯罪情节较轻的,可以免除处罚。在共同犯罪案件中,对具有自首情节的被告人的处罚,应注意共同犯罪人以及首要分子、主犯、从犯之间的量刑平衡。虽然具有自首情节,但犯罪情节特别恶劣、犯罪后果特别严重、被告人主观恶性深、人身危险性大,或者在犯罪前即为规避法律、逃避处罚而准备自首的,可以不从宽处罚。 74

(四)违法所得的处理

根据 2016 年 4 月 18 日最高人民法院、最高人民检察院发布的《关于办理贪污贿赂刑事案件适用法律若干问题的解释》第 18 条的规定,贪污贿赂犯罪分子违法所得的一切财物,应当依照《刑法》第 64 条的规定予以追缴或者责令退赔,对被害人的合法财产应当及时返还。对尚未追缴到案或者尚未足额退赔的违法所得,应当继续追缴或者责令退赔。 75

13 参见李文峰:《贪污贿赂犯罪认定实务与案例解析》,中国检察出版社 2011 年版,第 475 页。

第三百八十八条　受贿罪

国家工作人员利用本人职权或者地位形成的便利条件，通过其他国家工作人员职务上的行为，为请托人谋取不正当利益，索取请托人财物或者收受请托人财物的，以受贿论处。

文献:刘宪权、谢杰:《贿赂犯罪刑法理论与实务》,上海人民出版社2012年版;孙国祥:《贿赂犯罪的学说与案解》,法律出版社2012年版;黎宏:《刑法学各论》(第2版),法律出版社2016年版;周光权:《刑法各论》(第3版),中国人民大学出版社2016年版;张明楷:《刑法学》(第6版),法律出版社2021年版。朱孝清:《斡旋受贿的几个问题》,载《法学研究》2005年第3期;马克昌:《论斡旋受贿犯罪》,载《浙江社会科学》2006年第3期;陈兴良:《贪污贿赂犯罪司法解释:刑法教义学的阐释》,载《法学》2016年第5期。

细目录

Ⅰ　主旨
Ⅱ　沿革
Ⅲ　行为
一、斡旋受贿的性质
二、利用本人职权或者地位形成的便利条件
三、为他人谋取不正当利益
Ⅳ　罪过

Ⅰ　主旨

1 《刑法》第388条规定的“斡旋型”受贿是受贿罪的一种特殊类型。“斡旋型”受贿在利用本人职权或地位形成的便利条件、谋取不正当利益等构成要件要素上,与《刑法》第385条规定的受贿罪行为类型存在不同,但斡旋受贿仍然具有受贿犯罪的不法内涵,其本质在于,国家工作人员借助其他国家工作人员的职务行为为请托人间接谋取了不正当利益,而由其本人直接收取了请托人提供的贿赂。为严厉打击腐败犯罪,保护国家工作人员职务行为的廉洁性,为解决司法疑难问题提供指导,刑法特别规定了斡旋受贿这一特殊的受贿犯罪行为类型。

Ⅱ 沿革

在1997年《刑法》颁布之前,刑事立法并未规定"斡旋型"受贿。 2

1989年11月6日最高人民法院、最高人民检察院发布的《关于执行〈关于惩治贪污罪贿赂罪的补充规定〉若干问题的解答》第3条第(二)项规定:"受贿罪中'利用职务上的便利',是指利用职权或者与职务有关的便利条件。'职权'是指本人职务范围内的权力。'与职务有关',是指虽然不是直接利用职权,但利用了本人的职权或地位形成的便利条件。国家工作人员不是直接利用本人职权,而是利用本人职权或地位形成的便利条件,通过其他国家工作人员职务上的行为,为请托人谋取利益,而本人从中向请托人索取或者非法收受财物的,应以受贿论处。对于单纯利用亲友关系,为请托人办事,从中收受财物的,不应以受贿论处。"根据这一解答,利用"本人职务范围内的权力"与利用"职权或地位形成的便利条件"均属于受贿罪的"利用职务上的便利"。这种扩张性的解释将两种不同类型的受贿并列,导致实践适用的混乱。 3

1997年《刑法》第388条对斡旋受贿进行了单独规定,并从构成要件上区别于普通受贿。 4

Ⅲ 行为

一、斡旋受贿的性质

根据1997年《刑法》第388条的规定,斡旋受贿是国家工作人员利用本人职权或地位形成的便利条件,通过其他国家工作人员职务上的行为,为请托人谋取不正当利益,索取请托人财物或收受请托人财物的行为。斡旋受贿是受贿罪的一种独立类型。有观点将斡旋受贿等同于间接受贿,认为两者是同一概念,"斡旋受贿就是间接受贿"[1],是一种间接利用职务之便收受贿赂的行为。[2] 也有观点认为,斡旋受贿和间接受贿不是同一概念:斡旋受贿利用的是身份便利,间接受贿利用的是职务上的便利;斡旋受贿中行为人的职权是在间接、消极地发挥作用;间接受贿中行为人的职权是直接、积极地发挥作用;在斡旋受贿的情况下,被利用人是自愿的,在间接受贿的情况下,被利用者一般是被迫就范的;斡旋受贿是为他人谋取不正当利益,间接受贿可以是谋取正当利益;间接受贿完全可以包括在普通受贿罪中。[3] 笔者赞同后一种观点。在间接受贿中,行为人的职务对其他国家工作人员存在着制约关系,其实质仍然是行 5

---

1 苏惠渔主编:《刑法学》(修订版),中国政法大学出版社1997年版,第875页。

2 参见王作富主编:《刑法分则实务研究》(第4版),中国方正出版社2010年版,第1755页。

3 参见邹志宏:《斡旋受贿罪研究》,载于志刚主编:《刑法问题与争鸣》(第7辑),中国方正出版社2003年版,第104—105页。

为人的职务在发挥作用,斡旋受贿则不存在职务上的制约情况,间接受贿属于普通受贿,斡旋受贿是普通受贿之外的独立类型,不能将两者混淆。

二、利用本人职权或者地位形成的便利条件

6 "利用本人职权或者地位形成的便利条件"应当如何理解,刑法学界存在不同学说。其中,"制约关系说"认为,行为人与被利用的国家工作人员之间存在着制约关系,表现为上下级国家工作人员在职务上的纵向制约关系,也表现为不同部门、不同单位的不存在领导与被领导关系的国家工作人员之间的横向制约关系。不存在这种制约关系的,不构成斡旋受贿。[4] "非制约关系说"认为,行为人与其被利用的国家工作人员之间不存在职务上的制约关系,若存在制约关系,就构成普通受贿罪,不构成斡旋受贿。[5] "相互利用说"认为,斡旋受贿中行为人与被利用的国家工作人员的职务行为之间具有相互利用性,否则被利用的国家工作人员在未接受请托人财物的情况下还实施职务行为,就得不到合理解释,而且在性质上,行为人与被其利用的国家工作人员之间存在稳定的、必然的工作联系,如果相互间的工作联系性质上是偶然的,没有必然性,不能认为他们之间具有成立间接受贿的条件。[6] "职务影响力说"认为,"利用本人职权或者地位形成的便利条件",是指利用职权或者地位形成的能对第三人施加职务影响的便利条件,其核心内容是职务影响力,职务影响力是因职务而产生的威势,行为人在这种威势之下,向第三人提出为请托人谋取不正当利益的要求,难免会给第三人造成思想压力,第三人就是在这种思想压力之下,实施为请托人谋取不正当利益的行为,而且,行为人与第三人的职务有相互利用的可能。[7] 也有观点认为,职务影响力不应当建立在威势的基础上,只要行为人的职权或者地位对第三人有一定的影响力,就应当认定具备了这种便利条件,而这种影响力通常是指行为人和第三人职权之间有着相互牵制、协作乃至可以相互利用的关系。[8]

7 "制约关系说"虽然有助于防止刑事打击面的扩大,但在制约关系上混淆了间接受贿和斡旋受贿的界限。"非制约关系说"虽然区分了间接受贿和斡旋受贿的界限,但对国家工作人员与被利用的国家工作人员之间不作任何限定条件,一切人际关系都可能被视为职权和地位形成的便利条件,导致斡旋受贿的范围过度扩张。"相互利用说"以相互利用性为条件,排除了单向影响的可能,不当限缩了斡旋受贿的范围。比较而言,"职务影响力说"既强调了影响力与职务行为有关,也明确了影响力的内涵,更为合理。具言之,利用本人职权或地位形成的便利条件首先必须与自己的职务

---

4 参见肖扬主编:《贿赂犯罪研究》,法律出版社 1994 年版,第 189 页。

5 参见陈兴良主编:《刑法疏议》,中国人民公安大学出版社 1997 年版,第 635 页。

6 参见肖中华:《贪污贿赂罪疑难解析》,上海人民出版社 2006 年版,第 158 页。

7 参见朱孝清:《斡旋受贿的几个问题》,载《法学研究》2005 年第 3 期。

8 参见孙国祥:《贿赂犯罪的学说与案解》,法律出版社 2012 年版,第 410 页。

有关,与职务无关的,不属于斡旋受贿范围,而基于职务产生的对其他国家工作人员的影响不能达到制约程度,也即对于其他国家工作人员而言,拒绝行为人的请求,不会对其本职工作产生直接的消极影响,但可能会产生其他方面的影响,如将来不能进行利益交换、不利于工作联动的协调沟通,等等。

根据2003年《全国法院审理经济犯罪案件工作座谈会纪要》第3条的规定,"利用本人职权或者地位形成的便利条件",是指行为人与被其利用的国家工作人员之间在职务上虽然没有隶属、制约关系,但是行为人利用了本人职权或者地位产生的影响和一定的工作联系,如单位内不同部门的国家工作人员之间、上下级单位没有职务上隶属、制约关系的国家工作人员之间、有工作联系的不同单位的国家工作人员之间等。具体而言,可以分为三种情况: 8

(1)发生在单位内部没有职务上隶属、制约关系的国家工作人员之间。这种情况通常发生在单位内部同级国家工作人员之间,被利用人基于工作情感或相互利用而为请托人谋取不正当利益,利用人从中收取贿赂。如刑庭法官甲接受当事人请托为某一刑事案件说情,但甲并不负责或参与这一案件的审理,同一庭和甲法官关系很好的乙法官负责该案,于是甲请乙予以照顾,甲收受了当事人的财物,构成斡旋受贿。至于同一部门的下级国家工作人员是否可以利用上级国家工作人员为请托人谋取不正当利益,自己收受请托人贿赂而构成斡旋受贿,在理论上仍有争议。在一些特殊的工作系统和工作关系中,如领导和秘书,工作具有一体化的特征,下级国家工作人员的职务行为也可以影响到上级国家工作人员,不能排除下级国家工作人员斡旋受贿之可能,但应当从工作流程、工作关系、密切程度等角度对基于职务影响力的便利条件进行客观评价,慎重处理,避免斡旋受贿的不当适用。 9

(2)发生在上下级单位没有职务上隶属、制约关系的国家工作人员之间。通常行为人是作为上级机关的普通工作人员,尽管没有领导、管理或制约下级机关国家工作人员的权力,下级机关国家工作人员也没有服从其指令的义务,但由于行为人处于级别更高的国家机关,基于工作关系仍然会对下级机关国家工作人员产生影响,导致下级机关国家工作人员为他人谋取不正当利益。在"陆某受贿案"中,被告人陆某先后担任某区新城管委会办公室主任、发展和改革局副局长,与时任某区人民政府副区长、某区新城工委书记的刘某在职务上没有制约关系,但有工作联系,且陆某的职权和地位对刘某职务上的行为能够产生一定的影响,因此,陆某通过刘某职务上的行为,为请托人谋取不正当利益,应当属于利用本人职权或者地位形成的便利条件受贿的情形。[9] 10

上级单位的普通国家工作人员对下级单位具有领导身份的国家工作人员所施加 11

9 参见刘扬:《陆某受贿案[第754号]——国家工作人员通过其情人职务上的行为收取贿赂,为他人谋取不正当利益的行为,如何定性》,载最高人民法院刑事审判第一、二、三、四、五庭主办:《刑事审判参考》(总第84集),法律出版社2012年版,第60页。

的影响,是"利用职务上的便利"构成普通受贿,还是"利用本人职权或者地位形成的便利条件"构成斡旋型受贿,仍有不同观点。一种观点认为,上下级单位没有职务上隶属、制约关系的国家工作人员通常是指上一级的普通工作人员与下一级的普通工作人员之间的职务影响关系。如在法院系统内,上级法院的审判人员利用自己的职务影响,通过下级法院的审判人员为请托人谋取不正当利益,自己收受或索取贿赂,但若是通过下级法院的院长为请托人谋取不正当利益,则会所有不同,因为上级法院对下级法院具有审判监督的权力,上级法院对下级法院也有业务上的指导功能,作为上级法院的法官,对下级法院仍有一定的制约力,在上级法院的法官接受请托人的请托,通过下级法院院长为请托人谋取利益时,仍构成利用职务上的便利。[10] 另一种观点则认为,在上述情形下,由于行为人是上级机关工作人员,其和下级法院工作联系较多,下级法院院长拒绝其请求可能会对法院工作带来不利的影响,因此,上级法院工作人员应当构成斡旋受贿。[11] 笔者认为,职务"制约关系"和"影响关系"之间的界限本身并不明确,"制约关系"只有达到一定强度以后才能与"影响关系"区分开来。即行为人对其他国家工作人员的意志干扰达到强制程度,其他国家工作人员没有较大的意志选择自由权,如果不听从行为人的请托,其个人利益可能会受到行为人的侵犯或丧失手中的权力;如果被利用的国家工作人员不接受斡旋不会导致直接、必然的不利后果,通常只能认定为"影响关系"。职务或职权上的位阶、领导关系、隶属关系等均是证明制约强度的重要标准。就上述案例而言,上级法院虽然对下级法院具有监督权和业务指导功能,但是以上级法院的集体名义,非由普通法官所能单独实施,且基于程序之限制,上级法院的普通法官也难以对下级法院产生实质制约力,但客观上可能会在工作协调上产生一些影响力。因此,这种情形认定为斡旋受贿更为准确。

12 (3)有工作联系的不同单位的国家工作人员之间。作为利用者的国家工作人员和被利用的国家工作人员不具有职务上的上下级关系,也不在同一单位工作,但相互之间存在工作上的协调关系。如基于公安机关与检察机关之间具有相互配合、相互监督的关系,检察机关的国家工作人员可以利用这种协作关系,影响公安机关国家工作人员,使其利用职权为请托人办事。若不同国家机关工作人员之间不存在工作联系及其协作关系而单纯基于私人感情帮忙的,则难以认定为斡旋受贿。

13 对于担任政协领导职务的国家工作人员利用职务上的便利、利用职权和地位形成的便利条件的认定,在实践中也存在分歧。一种观点认为,这种情形应当按照斡旋受贿处理。政协不是国家权力机关和行政管理机关,而是统一战线组织,是参政议政的机关,与政府机关、企业、事业单位等不存在行政隶属关系,政协主席的职权是有限的,被利用者之所以考虑接受斡旋,一般是考虑政协地位所形成的影响力,政协的重

[10] 孙国祥:《贿赂犯罪的学说与案解》,法律出版社 2012 年版,第 346 页。

[11] 赵煜:《惩治贪污贿赂犯罪实务指南》(第 2 版),法律出版社 2017 年版,第 372 页。

要地位决定了这个组织及其领导人受到的社会尊重。[12] 另一种观点认为，应当按照普通受贿认定。根据《中国人民政治协商会议章程》的规定，政协的主要职能是政治协商、民主监督、参政议政。政治协商是对国家大政方针和地方的重要举措以及经济建设、政治建设、文化建设、社会建设、生态文明建设中的重要问题，在决策之前和决策实施之中进行协商。中国人民政治协商会议全国委员会和地方委员会可根据中国共产党、人民代表大会常务委员会、人民政府、民主党派、人民团体的提议，举行有各党派、团体的负责人和各族各界人士的代表参加的会议，进行协商，亦可建议上列单位将有关重要问题提交协商。民主监督是对国家宪法、法律和法规的实施，重大方针政策等的贯彻执行情况，国家机关及其工作人员的工作等，通过建议和批评的方式进行监督。参政议政是对政治、经济、文化、社会生活和生态环境等方面的重要问题以及人民群众普遍关心的问题，开展调查研究，反映社情民意，进行协商讨论。通过调研报告、提案、建议案或其他形式，向中国共产党和国家机关提出意见和建议。同时，政协主席是地方党委、政府、人大、政协“四套班子”的主要成员，列席党委常委会会议，并在党委、政府讨论重大事项时履行参政、议政职责。因此，政协主席对本级党政领导人员具有一定的制约关系，对其向党政部门领导打招呼为请托人办事的，应以普通受贿认定。[13] 笔者认为，政协的主要功能是参政议政，不是主政，政协不在权力机构的架构之中，也不是决策机构。政协对于国家工作人员的监督功能是通过建议和批评的方式进行，对国家工作人员的监督尚难以达到“利用职务上的便利”所要求的制约程度。尽管政协领导对于党政机关工作部门中的人员不具有制约关系，但很多政协领导都是从党政重要岗位上转过来的，现任党政重要岗位领导甚至可能就是其提拔的，容易在利用者与被利用者之间产生影响关系，构成斡旋受贿。

三、为他人谋取不正当利益

刑法规定斡旋受贿必须以谋取不正当利益为条件，其“用意是将那些谋取正当利 14
益而向国家工作人员交付财物的行为从行贿罪中排除出去，从而缩小打击面。应该说，这一立法意图本身是可取的”[14]。然而，如何理解不正当利益的概念，刑法理论界有不同观点。“违法性说”认为，不正当利益是指非法利益，即法律禁止行贿人得到的利益。[15] “程序违法说”认为，不正当利益不仅指非法利益，还包括受贿人采取违反职务要求或程序规定，为请托人所谋取的利益。所要最终获取的利益本身可能不违反

---

12 参见王作富主编：《刑法分则实务研究》（第 4 版），中国方正出版社 2010 年版，第 1749 页。

13 参见赵煜：《惩治贪污贿赂犯罪实务指南》（第 2 版），法律出版社 2017 年版，第 379 页。

14 陈兴良：《贿赂罪谋取利益之探讨》，载《法学与实践》1993 年第 5 期。

15 参见黄太云、滕炜主编：《中华人民共和国刑法释义与适用指南》，红旗出版社 1997 年版，第 231 页。

法律、法规、国家政策和国务院各部门规章的规定,但其要求国家工作人员或者有关单位为其获得利益所采取的手段却违反法律、法规、国家政策和国务院各部门规章的规定。[16]“不确定利益说”认为,不正当利益除非法利益之外,还应当包括不确定的利益,或者不应得的利益。其中,所谓不确定的利益,即可期待利益,即具备一定条件的人员都有可能获得,该利益本身可能是合法的,但由于利益的取得尚处于竞争状态而不能确定由谁获得。例如,在招投标中,在尚未确定项目由何人承办的情况下,即属于不确定的利益。所谓不应得的利益,是指根据法律及有关政策的规定不应当得到的利益。[17]“无限制说”认为,在斡旋受贿中,不应当对利益作出限制性规定,即不论利益正当与否,只要行为人利用本人职权或者地位形成的便利条件,通过其他国家工作人员职务上的行为为请托人谋取利益,索取或收受请托人财物的,都应当以斡旋受贿论处。[18]

15 “违法性说”将不正当利益缩小解释为“非法利益”,并没有法律根据。在刑法中,不当利益与非法利益有着各自的明确规定和用语环境。在斡旋受贿的学理解释中将两个概念混同使用,不符合文义解释的要求,不具有合理性。同样,“无限制说”仅以客体侵害作为构成要件的判断标准,忽略了“不当利益”作为构成要件的独立地位和罪名区分功能,也不具有合理性。“不确定利益说”强调在利益的归属尚未确定的情形下,为谋取这样的利益而采取不正当手段的,仍属于不正当利益,其实质仍是手段违法或程序违法。对于“不确定利益”来说,正因为利益的不确定性,使得其必须与取得利益的手段结合起来才具有现实意义,离开了手段,其仅仅是一个虚无缥缈的、纯抽象的概念而已,没有独立存在的价值。[19]比较而言,“程序违法说”更为合理。尽管有观点认为,“只要是手段不合法,利益就一定不正当,这实际上是否定了刑法‘不当利益’的意义,在行贿的情况下,就没有什么正当利益与不正当利益之分了”[20],但是,在贿赂犯罪对向犯关系中,“谋取不正当利益”是针对受贿人的构成要素,旨在说明受贿人谋取利益的手段或被行贿人要求的谋取利益的手段,而非行贿手段。受贿人违反程序上的回避原则、公平原则,使得原本不具有竞争优势或优势不大的主体获得了不正当利益,依然是程序性违法所致。

16 1999年最高人民法院、最高人民检察院发布的《关于在办理受贿犯罪大要案的

16　参见张穹主编:《贪污贿赂渎职“侵权”犯罪案件立案标准精释》,中国检察出版社2000年版,第84页。

17　参见郎胜主编:《中华人民共和国刑法释义》(第6版),法律出版社2015年版,第661页。

18　参见赵秉志主编:《中国刑法典型案例研究》(第5卷),北京大学出版社2008年版,第161页。

19　参见邹志宏:《斡旋受贿罪研究》,载于志刚主编:《刑法问题与争鸣》(第7辑),中国方正出版社2003年版,第125页。

20　孙国祥:《贿赂犯罪的学说与案解》,法律出版社2012年版,第416页。

同时要严肃查处严重行贿犯罪分子的通知》较早根据“手段违法说”将“谋取不正当利益”规定为“谋取违反法律、法规、国家政策和国务院各部门规章规定的利益,以及要求国家工作人员或者有关单位提供违反法律、法规、国家政策和国务院各部门规章规定的帮助或者方便条件”。前一种情况可以概括为实体上的不正当利益,后一种情况可以概括为程序上的不正当利益。2008 年最高人民法院、最高人民检察院发布的《关于办理商业贿赂刑事案件适用法律若干问题的意见》进一步规定,“谋取不正当利益”是指行贿人谋取违反法律、法规、规章或者政策规定的利益,或者要求对方违反法律、法规、规章、政策、行业规范的规定提供帮助或者方便条件。在招标投标、政府采购等商业活动中,违背公平原则,给予相关人员财物以谋取竞争优势的,属于“谋取不正当利益”。该司法解释一方面将原规定中的“国家政策”和“国务院各部门规章”分别扩大为“政策”和“规章”,实际上是将政策扩大为包括党的政策,将规章扩大为包括地方政府规章,从而扩大了“不正当利益”的范围;另一方面还将“手段不正当”扩大到要求对方违反行业规范的规定提供帮助或者便利条件。尽管司法解释针对实践中存在的谋取不确定利益、获取竞争优势是否属于“谋取不正当利益”问题作出了肯定性规定,但并没有脱离“手段违法说”。如在招投标过程中,几个竞标者均符合条件,但在宣布中标之前即利益处于不确定状态时,有的竞标者为确保中标而给予相关人员财物。在这种情形下,谋取的利益本身是正当的,同时有关人员也没有提供透露标底、其他投资人情况等违反规定的帮助或者方便条件[21],但收受贿赂的事实有较大可能会影响到相关人员的判断,在决定利益归属时倾向于行贿人,使得行贿人处于有利地位,仍然是程序公正性受到了损害。2012 年最高人民法院、最高人民检察院发布的《关于办理行贿刑事案件具体应用法律若干问题的解释》再次对“不正当利益”进行了扩张解释,将违反公平、公正原则,在经济、组织人事管理等活动中,谋取竞争优势的,规定为“谋取不正当利益”。尽管上述两个司法解释是针对商业贿赂和行贿犯罪,但基于体系性解释原理和贿赂犯罪的对向犯关系,仍然可以适用于斡旋受贿。根据司法解释的规定,不正当利益有三种情况:

(1)违法(违规)获得的利益。利益本身不符合法律、法规、政策、规章等规定。 17
从司法解释角度看,违法、违规的对象范围极为广泛,既包括全国人大及其常委会制定的法律,也包括国家政策和国务院制定的各种规章,还包括地方政府制定的法规、政策以及行业协会的规范性准则。

(2)违反规定提供帮助或方便条件的利益。这种利益本身可能是正当的,但却是 18
基于违法的帮助或便利条件而取得的,具有程序违法性。程序违法利益之所以被界定为“不正当利益”,一是因为程序与实体密切相关,程序合法是利益正当的保证。国家工作人员通过违反程序,使请托人得到本来得不到或不一定得到的利益,同时使其

---

21 参见韩耀元、王文利:《〈最高人民法院、最高人民检察院关于办理商业贿赂案件适用法律若干问题的意见〉有关问题》,载《中国检察官》2009 年第 2 期。

他合法竞争者失去了本来可以得到或可能得到的利益,因而其所谋取的利益就具有不正当性。二是因为程序具有独立的价值,它可以使运作和决定的过程具有公正、民主的外观,从而提高实体决定的公信度和可接受性。[22] 最高人民法院、最高人民检察院《关于办理商业贿赂刑事案件适用法律若干问题的意见》将程序、手段上的"不正当利益",扩大为要求对方违反行业规范的规定提供帮助或方便条件。在国家法律、法规、政策、规章没有规定或者规定不明确的情况下,根据法律授权或者依据职责制定的行业规范,实际上是对法律、法规、政策、规章规定的进一步延伸、细化,与法律、法规、政策、规章的原则、精神是一致的,违反行业规范的规定提供帮助或方便条件,应认定其为请托人谋取不正当利益。[23]

19 实践中,对于"加速费""融通费"是否属于"不正当利益",有不同的观点。"否定说"认为,"在申请公司注册登记过程中,符合公司注册登记条件的申请人为了使工商登记行政机关尽快批准公司登记,尽早开业,采取贿赂手段要求提供的帮助或方便条件,不属于谋取不正当利益"[24]。"如果利益本身属于行为人按照法律、法规应当得到的利益,行为人的不正当手段只是促成得到该利益的条件而非结果时,应该认为该利益不属于非法利益的范畴。"[25]"肯定说"认为,只要手段不正当,所取得的利益必定也是不正当的,"单位或者单位负责人为讨要被拖欠已久的工程款,不得不付出'心意'时,也被司法机关认定为'谋取不正当利益'"[26]。"不正当履职说"认为,"不正当利益"掌握在国家工作人员手中,通过国家工作人员的权力不当行使而形成,进而成为行贿人谋取的对象;如果行贿人要求国家工作人员违背自己的正当职务要求为其谋取利益,则表明行贿人收买的是国家工作人员的不正当履职行为,形成了行贿罪的实质危害;如果行为人仅仅是为了促使国家工作人员正常履职(包括实体上或者程序上的正常履职)而给付财物,收买的是国家工作人员的正当履职行为,由于权力行使的结果与国家正常管理职能和职务行为行使的公正性并没有发生偏离,并没有发生法定的行贿罪的实质侵害,交付财物是为促使国家工作人员正常履职,不构成犯罪。[27] "不正当履职说"认为,在国家工作人员职权范围内

---

[22] 参见朱孝清:《斡旋受贿的几个问题》,载《法学研究》2005 年第 3 期。

[23] 参见韩耀元、王文利:《〈最高人民法院、最高人民检察院关于办理商业贿赂案件适用法律若干问题的意见〉有关问题》,载《中国检察官》2009 年第 2 期。

[24] 张穹主编:《贪污贿赂渎职"侵权"犯罪案件立案标准精释》,中国检察出版社 2000 年版,第 84 页。

[25] 林亚刚主编:《贪污贿赂罪疑难问题研究》,中国人民公安大学出版社 2005 年版,第 113 页。

[26] 曾粤兴、贾凌:《〈刑法修正案(九)〉有关腐败犯罪规定评述》,载《法治研究》2016 年第 2 期。

[27] 参见孙国祥:《"加速费"、"通融费"与行贿罪的认定——以对"为谋取不正当利益"的实质解释为切入》,载《政治与法律》2017 年第 3 期。

可以酌情裁量的程序性事项,本身属于不违反程序性规定的合法行为,但若超过了酌定裁量范围或涉及酌定裁量范围内的实体性裁量,则不构成贿赂的阻却事由。“不正当履职说”采取了实质解释的方法,将国家工作人员不当履行职责作为标准,排除了基于促使公职正常履行且职务行为没有偏离公正、公平标准的情形,较之“肯定说”与“否定说”更为客观全面,本质上仍是“程序正当说”,但在判断标准上更为明确,具有可操作性。

(3)违反公平、公正原则,在经济、组织人事管理等活动中,谋取竞争优势的利益。 20
2008 年最高人民法院、最高人民检察院《关于办理商业贿赂刑事案件适用法律若干问题的意见》将谋取竞争优势而取得的利益归入不正当利益的范围;2012 年最高人民法院、最高人民检察院《关于办理行贿刑事案件具体应用法律若干问题的解释》进一步将招投标、政府采购中的竞争优势扩大至“经济、组织人事管理等活动中”的竞争优势。对于如何认定竞争优势,存在不同的理解。一种观点认为,如果投标单位证明其符合投标条件,尽管其向招标单位负责人、评标小组成员送去财物,但如果职务人员并没有泄露投标秘密,或者没有暗中提供帮助,或者没有实施倾向性的投标行为,投标单位在竞标中符合最优中标条件,投标单位就不符合“给予相关人员财物以谋取竞争优势”的情形,因为竞争优势是客观存在的,如果行贿与中标结果没有因果关系,行贿目的并非在于妨碍竞争,而是社会不良风气的客观存在而求得心理安稳,则中标结果不能认定为不正当商业利益。[28] 另一种观点认为,“谋取竞争优势,既应包括本身缺乏客观优势而通过送钱取得优势的情形,也应当包括原本有一些竞争优势而通过送钱进一步加强和巩固竞争优势的情况,这些均使得不确定的利益变得更加确定,并必然损害公平竞争和他人合法利益”[29]。“如果行为人或者相关单位在竞争性活动中本来就具有一定的竞争优势,为了维持这种竞争优势而给予财物的,也应当属于谋取竞争优势,因为优势本身是动态的,所谓已经具有的竞争优势,实际上也可能是不可靠与不确定的。”[30]确实,竞争本身蕴含着不确定性(如果本身已经确定,就不是竞争了),部分竞争还混合着主观评价成分,如在客观指标评价之后答辩环节的打分,很难说竞争优势具有客观性。谋取竞争优势,既可以是从无优势到有优势、从弱优势到强优势,也可以是从强优势到绝对优势,从优势不确定到优势确定,还可以是从客观优势到主观优势。行贿人在优势确定的情形下之所以还要行贿,其实还是担心存在优势不确定的风险,进而通过行贿使得其所自认为的不确定优势得以确定或巩固,依然符合谋取竞争优势的特征。因此,后一种观点的理解更为准确。谋

[28] 参见薛进展、谢杰:《商业贿赂犯罪刑法适用疑难问题研究》,载最高人民法院刑事审判第一、二、三、四、五庭主办:《刑事审判参考》(总第 66 集),法律出版社 2009 年版,第 186 页。

[29] 赵煜:《惩治贪污贿赂犯罪实务指南》(第 2 版),法律出版社 2017 年版,第 379 页。

[30] 卢建平、张旭辉编著:《美国反海外腐败法解读》,中国方正出版社 2007 年版,第 521 页。

取竞争优势的不当性在于破坏了竞争的公平和公正原则,在具体判断上应当采取“不正当履职说”的基本立场,坚持程序公平和结果公正的双重标准,但凡超过了酌定裁量范围或涉及酌定裁量范围内的实体性裁量的,通常都应当认定为谋取竞争优势。

21 与“为他人谋取利益”相同,“为他人谋取不正当利益”在性质上亦属于受贿罪的客观要件要素。普通受贿以承诺作为“为他人谋取利益”的最低程度标准,但在斡旋受贿的情况下,行为人承诺帮忙寻找其他国家工作人员为请托人谋取不正当利益,是否符合“为他人谋取非法利益”的最低程度标准,则有不同观点。“第三人承诺说”认为,在斡旋受贿中,行为人利用自己的职务是无法为请托人谋取不正当利益的,必须斡旋第三人利用职务,离开了第三人的职务行为,“为请托人谋取不正当利益”根本不可能实现。这一方面是由于行为人具有以职务为基础的职务影响力,请托人也是冲着其职务影响力而来;另一方面由于仅凭行为人的“权”尚难以为请托人谋取不正当利益,行为人的“职务行为”也不是能为请托人谋取不正当利益的典型意义上的“职务行为”。因此,斡旋受贿的“为请托人谋取不正当利益”应当包括行为人对“谋取不正当利益”的承诺行为和斡旋行为,以及第三人对“谋取不正当利益”的承诺、实施、实现行为,其中第三人的承诺,是认定具备“为请托人谋取不正当利益”要件的起点行为,当行为人索取或非法收受财物并实施斡旋行为,第三人承诺为请托人谋取不正当利益后,斡旋受贿就构成了既遂。[31] “提出请求说”认为,斡旋受贿中的贿赂,是指斡旋行为的对价,而不是其他国家工作人员职务行为的评价,否则就不应当将斡旋受贿的主体限定为国家工作人员,因此,要求行为人对其他国家工作人员提出为请托人谋取不正当利益的请求、约定,至于其他国家工作人员是否许诺、答应行为人的请求,是否为请托人谋取了不正当利益,不影响斡旋受贿罪的成立。[32]

22 2003年《全国法院审理经济犯罪案件工作座谈会纪要》所规定的“承诺为他人谋取利益的,就具备了为他人谋取利益的要件”,仅是就普通受贿作出的规定,不适用于斡旋受贿。尽管都侵害了公职行为的不可收买性,但普通受贿与斡旋受贿的交易对象并不相同。前者是行为人直接掌握或间接掌握(具有支配关系)的公职权力,后者是行为人基于公职权力而产生的影响力。将自己掌握的公权力进行交易比基于公权力的影响力进行交易具有更为严重的社会危害性,决定了斡旋受贿的行为构造应当严格于普通受贿。就为他人谋取不正当利益而言,不仅要求行为人向请托人作出承诺,而且要有向其他国家工作人员的斡旋行为,唯有如此,利用公权影响力进行交易的对价关系才能完整反映,对于公权影响力的不可收买性才能达到值得刑罚处罚的程度。至于其他国家工作人员(第三人)作出的承诺,属于斡旋受贿犯罪构成之外的行为,不应通过受贿罪进行评价。因此,“提出请求说”的立场更为合理。

[31] 参见朱孝清:《斡旋受贿的几个问题》,载《法学研究》2005年第3期。

[32] 参见张明楷:《刑法学》(第6版),法律出版社2021年版,第1598页。

Ⅳ 罪过

"斡旋型"受贿罪的罪过形式为故意,在认识因素上要求行为人明知其所收受或索取的财物是基于"帮助"请托人的对价;在意志因素上要求行为人对收受贿赂具有希望或放任的态度。值得进一步讨论的是,在认识因素中,是否包括行为人对不正当利益的明知。实践中,请托人可能会向国家工作人员提出概括性的请托事由,如"多关照""多费心",国家工作人员将此概括性事由转达给其他国家工作人员,在此过程中,进行斡旋的国家工作人员很难判断利益是否具有正当性,对于其他国家工作人员是否会为请托人谋取不正当利益更是无法知晓。从主客观相统一原则角度看,为他人谋取不正当利益属于主观明知的范围,"如果行为人主观不明知,仅凭所谋取的利益在客观上的不正当性而认为符合了'谋取不正当利益'的要素,那就是客观归罪"[33]。据此,应当区分请托人利益是否合法加以判断,在请托人提出利益本身是非法的情形下,行为人主观上具有谋取不正当利益的故意;但在行为人提出利益是合法的情形下,就应当分析行为人是否明知第三人提供非法帮助,如果不明知,则缺乏犯罪故意,不构成斡旋受贿。[34] 23

33 朱孝清:《斡旋受贿的几个问题》,载《法学研究》2005年第3期。

34 参见孙国祥:《贪污贿赂犯罪研究》(上册),中国人民大学出版社2018年版,第660页。

第三百八十八条之一　利用影响力受贿罪

国家工作人员的近亲属或者其他与该国家工作人员关系密切的人，通过该国家工作人员职务上的行为，或者利用该国家工作人员职权或者地位形成的便利条件，通过其他国家工作人员职务上的行为，为请托人谋取不正当利益，索取请托人财物或者收受请托人财物，数额较大或者有其他较重情节的，处三年以下有期徒刑或者拘役，并处罚金；数额巨大或者有其他严重情节的，处三年以上七年以下有期徒刑，并处罚金；数额特别巨大或者有其他特别严重情节的，处七年以上有期徒刑，并处罚金或者没收财产。

离职的国家工作人员或者其近亲属以及其他与其关系密切的人，利用该离职的国家工作人员原职权或者地位形成的便利条件实施前款行为的，依照前款的规定定罪处罚。

文献：孙国祥、魏昌东：《反腐败国际公约与贪污贿赂犯罪立法研究》，法律出版社 2011 年版；孙国祥：《贿赂犯罪的学说与案解》，法律出版社 2012 年版；陈兴良主编：《判例刑法教程（分则篇）》，北京大学出版社 2015 年版；刘仁文主编：《贪污贿赂犯罪的刑法规制》，社会科学文献出版社 2015 年版；彭新林：《贪污贿赂的罪与罚》，北京大学出版社 2015 年版；陈兴良主编：《刑法学》（第 3 版），复旦大学出版社 2016 年版；刘艳红主编：《刑法学》（第 2 版），北京大学出版社 2016 年版；高铭暄、马克昌主编：《刑法学》（第 9 版），北京大学出版社、高等教育出版社 2019 年版；周光权：《刑法各论》（第 4 版），中国人民大学出版社 2021 年版；张明楷：《刑法学》（第 6 版），法律出版社 2021 年版。黄太云：《〈刑法修正案（七）〉解读》，载《人民检察》2009 年第 6 期；张开骏：《利用影响力受贿罪与受贿罪的共犯问题研究》，载《政治与法律》2010 年第 9 期；吴林生：《刑法修正案九草案的得失及修改建议》，载《中国刑事法杂志》2015 年第 1 期；张心向：《刑法中"关系密切的人"之实证考察与再审视》，载《法治研究》2015 年第 6 期；孙国祥：《行贿罪中的"为谋取不正当利益"辨析》，载《人民检察》2016 年第 11 期；车浩：《行贿罪之"为谋取不正当利益"的法理内涵》，载《法学研究》2017 年第 2 期。

细目录

Ⅰ　主旨
Ⅱ　沿革
Ⅲ　客体

Ⅳ 主体
一、近亲属的范围
二、"关系密切的人"的范围
三、离职的国家工作人员
四、现任国家工作人员是否可以成为利用影响力受贿罪的主体
Ⅴ 行为
一、"影响力"的来源与"利用影响力"的分类
二、行为方式的具体分析
Ⅵ 罪过
一、"为请托人谋取不正当利益"是主观构成要件要素
二、"不正当利益"的认定
Ⅶ 未完成形态
Ⅷ 共犯
Ⅸ 与他罪的区别
Ⅹ 处罚

Ⅰ 主旨

利用影响力受贿罪是指国家工作人员的近亲属或其他与该国家工作人员关系密切的人,通过该国家工作人员职务上的行为,或者利用该国家工作人员职权或地位形成的便利条件而通过其他国家工作人员职务上的行为,为请托人谋取不正当利益,索取请托人财物或者收受请托人财物的行为;或者离职的国家工作人员或者其近亲属以及其他与其关系密切的人,利用该离职的国家工作人员原职权或者地位形成的便利条件,为请托人谋取不正当利益,索取请托人财物或者收受请托人财物的行为。立法设置本罪的主旨即在于遏制与国家工作人员有特殊密切关系的人,利用国家工作人员的影响力谋取私利,保证国家工作人员职务行为的廉洁性特别是公众对此的信赖。 1

Ⅱ 沿革

利用影响力受贿罪为 2009 年 2 月 28 日全国人大常委会通过的《刑法修正案(七)》新增设的犯罪,其立法草案说明:"有些全国人大代表和有关部门提出,有些国家工作人员的配偶、子女等近亲属,以及其他与该国家工作人员关系密切的人,通过该国家工作人员职务上的行为,或者利用该国家工作人员职权或者地位形成的便利条件,通过其他国家工作人员职务上的行为,为请托人谋取不正当利益,自己从中索取或者收受财物。同时,一些已离职的国家工作人员,虽已不具有国家工作人员身份,但利用其在职时形成的影响力,通过其他国家工作人员的职务行为为请托人谋取 2

不正当利益,自己从中索取或者收受财物。这类行为败坏党风、政风和社会风气,对情节较重的,也应作为犯罪追究刑事责任。经同中央纪委、最高人民法院、最高人民检察院等部门研究,建议在刑法第 388 条中增加两款,对上述应作为犯罪的行为及刑事责任作出规定。"[1]根据 2009 年 10 月 14 日最高人民法院、最高人民检察院发布的《关于执行〈中华人民共和国刑法〉确定罪名的补充规定(四)》,《刑法》第 388 条之一被确定为"利用影响力受贿罪"。

3 传统上一般认为,受贿犯罪是国家工作人员与请托人之间的一种权钱交易,受贿犯罪的主体是国家公权力的拥有者,不包括与国家工作人员关系密切的人,即便《刑法》第 388 条规定的斡旋型受贿罪,也是要求犯罪主体为国家工作人员,即国家工作人员利用本人职权或者地位形成的便利条件,通过其他国家工作人员职务上的行为,为请托人谋取不正当利益,索取请托人财物或者收受请托人财物的行为。利用影响力受贿罪一反常态,将此类受贿行为的主体设定为:①国家工作人员的近亲属或其他与该国家工作人员关系密切的人;②离职的国家工作人员或者其近亲属以及其他与其关系密切的人。正如立法说明中所交代的,利用影响力受贿罪之所以将犯罪主体从国家工作人员扩展到非国家工作人员或非现职的国家工作人员,是因为现实中现职的国家工作人员的亲属、朋友、情人等关系密切的人以及离职的国家工作人员及其亲属、朋友、情人等与其关系密切的人在官场"权钱交易"的行为中起着越来越重要的作用,对权力腐败具有更加明显的催化性,对公权力的廉洁性具有同样的破坏性,并且滋生了波及范围更广的"裙带腐败"现象。2009 年 9 月 18 日中国共产党第十七届中央委员会第四次全体会议通过的《中共中央关于加强和改进新形势下党的建设若干重大问题的决定》指出,领导干部要严格遵守廉洁自律各项规定,严格要求自己和配偶子女、身边工作人员。依纪依法查处和整治领导干部利用职务便利为本人或特定关系人谋取不正当利益等问题。利用影响力受贿罪的设立,正是对党的纪律的二次保护,以国家立法的形式弥补了反腐败上的处罚漏洞,对于约束国家工作人员及其与其关系密切的人廉洁自律、避免利用所谓的"政治资源""软性权力",具有惩罚与预防上的重要意义。可以说,《刑法》第 388 条之一首先是基于我国官场现实所进行的针对性反腐败立法,值得肯定。

4 有学者认为,利用影响力受贿罪的立法是与全国人大常委会 2005 年 10 月 27 日批准加入的《联合国反腐败公约》的协调,因为该公约第 18 条规定了影响力交易行为:"各缔约国均应当考虑采取必要的立法和其他措施,将下列故意实施的行为规定为犯罪:(一)直接或间接向公职人员或者其他任何人员许诺给予、提议给予或者实际给予任何不正当好处,以使其滥用本人的实际影响力或者被认为具有的影响力,为该行为的造意人或者其他任何人从缔约国的行政部门或者公共机关获得不正当好处;

1　《刑法修正案(七)草案全文及说明》,载全国人民代表大会官网(http://www.npc.gov.cn/zgrdw/huiyi/lfzt/xfq/2008-08/29/content_1447399.htm),访问时间:2020 年 12 月 31 日。

(二)公职人员或者其他任何人员为其本人或者他人直接或间接索取或者收受任何不正当好处,以作为该公职人员或者该其他人员滥用本人的实际影响力或者被认为具有的影响力,从缔约国的行政部门或者公共机关获得任何不正当好处的条件。”那么,“‘影响力交易’中的‘职务制约性影响力’,对应于我国刑法的一般贿赂,《刑法》第 385 条第 1 款予以规制;公职人员利用职务非制约性影响力的,即《公约》‘影响力交易’中的‘职务非制约性影响力’,对应于我国的斡旋受贿,《刑法》第 388 条予以规制;公职人员、非公职人员利用非权力性影响力的,即《公约》‘影响力交易’中的‘非权力性影响力’,对应于我国刑法中的利用影响力受贿,《刑法》第 388 条之一予以规制”[2]。笔者认为,我国《刑法》第 388 条之一与《联合国反腐败公约》中的“影响力交易”规定并不匹配,它与公约的衔接十分有限。根据《联合国反腐败公约》第 18 条的规定,“影响力交易”的核心是“滥用本人的实际影响力”,包括公职人员滥用本人的影响力、非公职人员滥用本人的影响力;而根据我国刑法中的利用影响力受贿罪,行为人“利用本人的影响力”的情形只有第 388 条之一第 2 款离职的国家工作人员利用自己的影响力,除此之外,国家工作人员或者离职的国家工作人员的近亲属或者其他关系密切的人所利用的影响力不是“本人的实际影响力”,而是他人的影响力。因此,《联合国反腐败公约》与利用影响力受贿罪的连接还是十分粗疏,断言利用影响力受贿罪代表着我国反腐败立法的国家化程度越来越高,尚属武断的结论,我们对于利用影响力受贿罪立法主旨的理解毋宁只应立基于我国当前日益严峻的官场人情腐败以及官员“余热”腐败现象。

Ⅲ　客体

5 利用影响力受贿罪属于受贿犯罪类型之一,本罪在《刑法》第 388 条斡旋型受贿罪之后作为第 388 条之一,也说明了其与受贿罪属于同一罪类。本罪侵犯的客体与受贿罪具有关联性,按照理论上的观点,有职务行为的廉洁性说、职务行为的不可收买性说、公众对职务公正的信赖说等。[3] 但是,与受贿罪不同的是,利用影响力受贿罪的行为模式并非国家工作人员直接进行权钱交易。根据《刑法》的规定,利用影响力受贿罪的行为类型可以划分为:①国家工作人员的近亲属或者其他与该国家工作人员关系密切的人,通过该国家工作人员职务上的行为,为请托人谋取不正当利益,索取请托人财物或者收受请托人财物;利用国家工作人员职权或者地位形成的便

2　李翔:《论影响力受贿犯罪的司法认定——兼评〈刑法〉第 338 条之一》,载赵秉志主编:《刑法论丛》(第 20 卷),法律出版社 2009 年版,第 334—340 页。

3　参见〔日〕山口厚:《刑法各论》(第 2 版),王昭武译,中国人民大学出版社 2011 年版,第 716 页;陈兴良:《规范刑法学》(第 2 版),中国人民大学出版社 2008 年版,第 1004 页;张明楷:《刑法学》(第 6 版),法律出版社 2021 年版,第 1230 页;黎宏:《刑法学各论》(第 2 版),法律出版社 2016 年版,第 523 页。

利条件,通过其他国家工作人员职务上的行为,为请托人谋取不正当利益,索取请托人财物或者收受请托人财物。②离职的国家工作人员或者其近亲属以及其他与其关系密切的人,利用该离职的国家工作人员原职权或者地位形成的便利条件,通过其他国家工作人员职务上的行为,为请托人谋取不正当利益,索取请托人财物或者收受请托人财物。因此,在利用影响力受贿罪的范围中,利用者即利用影响力受贿罪的犯罪主体既可以是国家工作人员,也可以是非国家工作人员,被利用的国家工作人员可以是不当行使职务者,也可以是正当行使职务者,因而利用影响力受贿罪侵犯的就可能不是国家工作人员的职务廉洁性、职务行为的公正性或者不可收买性,毕竟这些从属于国家工作人员本身的法益在利用影响力受贿罪中可能并没有被侵犯。

6 利用影响力受贿罪的客体应当是公众对职务廉洁性的信赖。众所周知,传统贿赂犯罪代表着职务行为与受贿行为之间的对价关系,而利用影响力受贿者在收受或者索取他人财物时,谋取利益的行为并未与本人的职权进行任何交易,也未与其他国家工作人员的职权进行交易,因此这里的权与钱的直接交易并非总是存在的。根据《刑法修正案(七)》的立法草案说明,《刑法》第 388 条之一利用影响力受贿罪的增设针对的是此类行为"败坏党风、政风和社会风气",因而它更关心的是行为人对党风、政风和社会风气的破坏,利用影响力受贿者对外造成了一种与国家工作人员关系密切的人或者离职的国家工作人员仍然可以通过对国家工作人员的影响谋取私人利益的印象,即国家工作人员能够成为他人谋取利益的工具,这在社会大众眼中造成了一种对国家职权可被利用的印象,即便国家工作人员没有直接接受贿赂,但仍然有损国家机关的威信。正如前所述,我国执政党特别注重党风廉政建设,要求公务人员严格要求自己和配偶、子女或其他有密切关系的人,那么那些与国家工作人员关系密切者利用国家工作人员的便利条件收受贿赂的,足以动摇执政党党风廉政建设的成效,不对此进行处罚,不仅会使公务人员对配偶、子女或其他有密切关系的人放松严格约束,而且会让这些关系密切的人更加肆无忌惮,对执政党和国家机关可以被他人利用的印象就会越深刻,就越会对国家工作人员公正行使职权产生怀疑。

Ⅳ 主体

7 不同于传统受贿罪,利用影响力受贿罪最值得关注的就是本罪的主体范围。根据《刑法》第 388 条之一的规定,利用影响力受贿罪的犯罪主体主要包括三类:①国家工作人员的近亲属,与国家工作人员关系密切的人;②离职的国家工作人员;③离职的国家工作人员近亲属,与离职的国家工作人员关系密切的人。

一、近亲属的范围

8 准确理解利用影响力受贿罪犯罪主体,首先需要明确国家工作人员的范畴。关于"国家工作人员"的认定,向来是贪污贿赂罪的重点问题,理论界和实务界曾经存在"身份论(编制论)""职能论"与"综合论"之争:根据身份论,总是注重对行为人本身是否具有干部资格,在行为人是否属于国家干部编制等问题上纠结不已,唯编制身份是从;根据职能论,行为人只要实际在依法执行公务、履行国家工作人员公共职责,就应认定为国家工作人员。1995 年最高人民法院发布的《关于办理违反公司法受贿、侵占、挪用等刑事案件适用法律若干问题的解释》第 4 条规定,“国家工作人员,是指在国有公司、企业或者其他公司、企业中行使管理职权,并具有国家工作人员身份的人员”。这种界定是一种综合论(“身份·职能二元论”),既注重编制资格,又要考察行为职能。如前所述,直至今日,争论仍未平息,当前司法人员对“国家工作人员”的认定标准依旧不统一,主要是在身份论与职能论之间摇摆不定。

我国现行《刑法》第 93 条对国家工作人员的定义是:“本法所称国家工作人员,是指国家机关中从事公务的人员。国有公司、企业、事业单位、人民团体中从事公务的人员和国家机关、国有公司、企业、事业单位委派到非国有公司、企业、事业单位、社会团体从事公务的人员,以及其他依照法律从事公务的人员,以国家工作人员论。”然而,在第 93 条明确附加“从事公务”的情况下,基于严打贪污贿赂犯罪的便利需要,形式主义身份论仍然无视这一实质判断标准而或明或暗地被广泛采用。例如,对于高校教师是否属于国家工作人员,有司法机关采用身份论,或者用身份来推定其公务行为的存在。[4] 再如,根据 2008 年最高人民法院、最高人民检察院颁布的《关于办理商业贿赂刑事案件适用法律若干问题的意见》第 6 条的规定:“依法组建的评标委员会、竞争性谈判采购中谈判小组、询价采购中询价小组的组成人员,在招标、政府采购等事项的评标或者采购活动中,索取他人财物或者非法收受他人财物,为他人谋取利益,数额较大的,依照刑法第一百六十三条的规定,以非国家工作人员受贿罪定罪处罚。依法组建的评标委员会、竞争性谈判采购中谈判小组、询价采购中询价小组中国家机关或者其他国有单位的代表有前款行为的,依照刑法第三百八十五条的规定,以受贿罪定罪处罚。”由于上述评标委员会等机构都是独立展开业务,“国家机关或者其他国有单位的代表”与其他成员所从事的行为活动是一样的,第 2 款意味着,受贿罪中“国家工作人员”的认定不取决于所从事的活动是否为公务,而只取决于其与众不同的“国有单位代表”这一“出身”。可见实践中,“在国家工作人员认定标准上,‘身份论’大有峰回路转之势,又重新强调身份的重要性”[5]。基于罪刑法定的要求,国家工作人员的本质特征在于刑法明文规定的“从事公务”,这里的公务是与职权相关的公共性事务、公共性服务、公共性职能,因此“公务论”具有合理性。 9

而对于近亲属的范围,向来也存在争议。我国不同法律对“近亲属”具有不同的划定,《刑事诉讼法》第 108 条第(六)项规定,“近亲属”是指夫、妻、父、母、子、女、同胞兄弟姊妹。2014 年 11 月 1 日修订通过的《行政诉讼法》在第四章“诉讼参加人”中 10

---

4 参见刘艳红、冀洋:《实质解释何以出罪——以一起挪用“公款”案件为视角的探讨》,载《法学论坛》2016 年第 6 期。

5 孙国祥:《论刑法中的国家工作人员》,载《人民检察》2013 年第 11 期。

也规定了"近亲属"。按照2018年2月8日施行的最高人民法院《关于适用〈中华人民共和国行政诉讼法〉的解释》的规定,"近亲属"包括配偶、父母、子女、兄弟姐妹、祖父母、外祖父母、孙子女、外孙子女和其他具有扶养、赡养关系的亲属。2020年5月28日审议通过的《民法典》在总则第二章"监护"一节也规定了"近亲属",包括配偶、父母、子女、兄弟姐妹、祖父母、外祖父母、孙子女、外孙子女。

11 第一种意见认为,应当按照《行政诉讼法》的规定确定近亲属的范围。《行政诉讼法》中的近亲属是上述三个法律中范围最广的,除了能够明确确定的包括配偶、父母、子女、兄弟姐妹、祖父母、外祖父母、孙子女、外孙子女,还包括具有扶养、赡养关系的亲属。近亲属范围的扩大,意味着利用影响力受贿罪中"国家工作人员的近亲属"这一犯罪主体范围的扩大,这更有利于直接降低利用影响力受贿罪的入罪门槛,加大反腐力度。有学者就此认为,"体会立法旨意,利用影响力受贿罪惩处的是与国家工作人员或者离职的国家工作人员亲情关系较近并可借助其影响力实施犯罪的近亲属,那么,除'夫、妻、父、母、子女、兄弟姐妹'之外,其他亲属如祖父母、外祖父母、孙子女、外孙子女等也具有同样的特征,对此亦应认定为近亲属。另外,那些虽亲属关系较远,但是具有扶养、赡养关系的亲属也存在紧密之亲情,应当作为近亲属对待。因此,在没有新的司法解释出台之前,行政诉讼法中关于近亲属范围的规定既符合扩大受贿罪范围的立法本意,又对近亲属的范围有一定的限制"[6]。

12 第二种意见认为,应当按照《刑事诉讼法》的规定确定近亲属的范围。有学者主张,"在刑事法律已经有明确规定的情况下,刑法解释应保持其逻辑上的一致性,因此,刑法中的'近亲属'宜与刑事诉讼法规定的范围一致"[7]。

13 第三种意见认为,应当按照民事法律的规定确定近亲属的范围。有学者指出,"《刑事诉讼法》将祖父母、外祖父母、孙子女、外孙子女以及同父异母或者同母异父的兄弟姐妹、养兄弟姐妹、继兄弟姐妹等非同胞兄弟姐妹等亲属排除出近亲属之列,不仅与我国民事、行政方面的法律规定及司法解释相矛盾,与我国的传统的亲属观念不相符合,也缺乏现实合理性。因此,考虑到传统的亲属伦理观念、现实合理性以及利用影响力受贿罪的立法目的在于惩治特定人员利用影响力受贿的行为等因素,对于利用影响力受贿罪中的'近亲属'而言,《刑事诉讼法》规定的'近亲属'的范围明显过窄,应予适当扩大,目前应以最高人民法院《关于贯彻执行〈中华人民共和国民法通则〉若干问题的意见(试行)》所确定的近亲属的范围为宜"[8]。

14 第四种意见认为,应当按照有关公务员执业规范的法律法规文件确定近亲属的范围。2010年3月中共中央组织部印发的《党政领导干部选拔任用工作有关事项报

6 王玉杰:《利用影响力受贿罪若干问题探究》,载《河南省政法管理干部学院学报》2010年第1期。

7 孙国祥:《贿赂犯罪的学说与案解》,法律出版社2012年版,第609页。

8 王荣利:《反腐新罪名不会成为贪官的"免罪符"》,载《法制日报》2009年4月2日。

告办法(试行)》第4条中对"近亲属"作了较广义的规定,"领导干部的近亲属,是指与领导干部有夫妻关系、直系血亲关系、三代以内旁系血亲以及近姻亲关系的人员。"《公务员法》第74条第1款规定:"公务员之间有夫妻关系、直系血亲关系、三代以内旁系血亲关系以及近姻亲关系的,不得在同一机关双方直接隶属于同一领导人员的职位或者有直接上下级领导关系的职位工作,也不得在其中一方担任领导职务的机关从事组织、人事、纪检、监察、审计和财务工作。"2011年12月12日中共中央组织部、人力资源和社会保障部发布的《公务员回避规定(试行)》第5条第1款规定:"公务员凡有下列亲属关系的,不得在同一机关担任双方直接隶属于同一领导人员的职务或者有直接上下级领导关系的职务,也不得在其中一方担任领导职务的机关从事组织、人事、纪检、监察、审计和财务工作。(一)夫妻关系;(二)直系血亲关系,包括祖父母、外祖父母、父母、子女、孙子女、外孙子女;(三)三代以内旁系血亲关系,包括伯叔姑舅姨、兄弟姐妹、堂兄弟姐妹、表兄弟姐妹、侄子女、甥子女;(四)近姻亲关系,包括配偶的父母、配偶的兄弟姐妹及其配偶、子女的配偶及子女配偶的父母、三代以内旁系血亲的配偶。"[9]有学者认为,"《刑事诉讼法》是全国人大通过的法律,在上述规范性文件中法律位阶最高,人民法院似乎应该引用《刑事诉讼法》的规定。但《刑事诉讼法》只是程序法,对涉及刑事实体问题的规定,人民法院是否应当参照执行,有待探讨……中共中央组织部印发的《党政领导干部选拔任用工作有关事项报告办法(试行)》中关于'领导干部近亲属'的规定,与'国家工作人员近亲属'概念的关联度最高,按'特别法优于一般法'的适法原则,人民法院应该引用此文件的规定来界定'国家工作人员近亲属'的范围"[10]。

笔者认为,利用影响力受贿罪中"近亲属"范围的确定,对于本罪的适用或者犯罪 15
圈的大小影响不大。在民法、行政诉讼法、刑事诉讼法中,"近亲属"可能直接决定监护人资格、行政诉讼主体资格、诉讼代理人资格等[11],因而准确划定近亲属的范围在法律上具有具体的意义。但是,根据《刑法》第388条之一的规定,利用影响力受贿罪的犯罪主体除离职国家工作人员的近亲属之外,还有"密切关系人"。对于利用影响力受贿罪中的"国家工作人员的近亲属或者其他与该国家工作人员关系密切的人""离职的国家工作人员或者其近亲属以及其他与其关系密切的人"来说,"其他与该国家工作人员关系密切的人"实际上成为一个兜底的犯罪主体,即便按照《刑事诉讼

---

9 可见,从公务员执业规范的角度看,近亲属的范围十分广泛,即便在一些规范性文件中不直接定义"近亲属",其所明确的一些关系范围也与《党政领导干部选拔任用工作有关事项报告办法(试行)》对近亲属的确定范围相一致。

10 徐松林:《"利用影响力受贿罪"适法中的六个难题》,载《贵州社会科学》2014年第11期。

11 《民事诉讼法》第196条第1款规定:"人民法院审理认定公民无民事行为能力或者限制民事行为能力的案件,应当由该公民的近亲属为代理人,但申请人除外。近亲属互相推诿的,由人民法院指定其中一人为代理人。该公民健康情况许可的,还应当询问本人的意见。"

法》的近亲属即"夫、妻、父、母、子、女、同胞兄弟姊妹"划定的最小范围,将上述人员之外的人员认定为"其他与该国家工作人员关系密切的人",仍然不会影响利用影响力受贿罪的成立范围,不会放纵犯罪,也不会违背反腐败立法目的。

二、"关系密切的人"的范围

16 《刑法》第 388 条之一中的"与该国家工作人员关系密切的人"或者"其他与其(离职的国家工作人员)关系密切的人"是一个十分模糊的表述,什么是"关系密切"并没有一个边界,它首先是且最终也是一个生活经验的俗语表达。在利用影响力受贿罪的罪状表述中,"关系密切的人"实际上成为对犯罪主体的兜底,因为毫无疑问,作为近亲属的配偶、子女、父母或者同胞兄弟姐妹甚至祖父母、外祖父母也都是"关系密切的人",《刑法》第 388 条之一中的"关系密切的人"是上述近亲属之外的其他关系密切的人。对于这种兜底性的"开放性"概念的认定,向来是刑法解释中的难点,但对于关系是否密切的认定,由于其过于社会化、生活化,因而在经验上进行认定并不存在难度,其本身就不是局限在法学判断的范畴。

17 有学者质疑,在司法实践中"关系密切的人"几乎等同于与相关国家工作人员或离职的国家工作人员认识的人,而彼此之间是不是"关系密切",最终取决于法院怎么认定,而法院认定的标准是什么,也许它自己都说不清楚,这样司法的恣意又何以可能避免?[12] 对此,应当予以反驳。如前所述,一个模糊性的概念确实存在司法恣意的可能性,更何况是一个对密切关系人进行兜底的规定,正如刑法中的"人""他人"确实是难以进行定义的概念,但"人"在日常生活经验中并不存在认知困难。因此,对于"密切"的把握,完全可以结合具体的环境和条件进行判断:①根据当事人的身份进行推定。为了方便司法实践的操作,除了立法中明确的"近亲属"关系,对于"情人关系"、共同经济利益关系,也可以推定为具有密切关系。②从当事人与国家工作人员交往的具体表现来看,包括相互联系的情况、信任程度、利益关联,等等,以此来把握双方亲疏程度。③从是否为请托人谋取不正当利益来判断,影响力是客观上的能力,所以如果国家工作人员事实上实施了为请托人谋取不正当利益的行为,无论是否达到目的,都可以表明具有密切关系。[13] 第三点尤其重要,"密切关系"的证明本来就是依靠事实进行推定,即便甲与某国家工作人员认识不久甚至素未谋面,但最终他成功通过该国家工作人员的行为为请托人谋取了利益,也难言甲与该国家工作人员之间的关系不密切,因而通过某种具体标准对"密切关系人"进行事先明确限定并不现实,根据利用影响力的情况进行事后的判断是稳妥的,也是一种客观标准。

---

12 参见张心向:《刑法中"关系密切的人"之实证考察与再审视》,载《法治研究》2015 年第 6 期。

13 参见高铭暄、陈冉:《论利用影响力受贿罪司法认定中的几个问题》,载《法学杂志》2012 年第 3 期。

根据利用影响力受贿罪的立法本意,利用影响力受贿罪的犯罪主体也没有进行特别限制的必要。根据时任全国人大常委会法工委刑法室副主任黄太云的介绍,在刑法修正草案讨论过程中,有的部门建议将条文中国家工作人员(以及离职的国家工作人员)的“近亲属”及“其他与其关系密切的人”改为“特定关系人”。理由是,2007年7月8日最高人民法院、最高人民检察院发布的《关于办理受贿刑事案件适用法律若干问题的意见》第11条中已经使用了“特定关系人”一词[14],该词已经获得了习惯性认知。法律委员会经研究认为,之所以将国家工作人员(以及离职的国家工作人员)的“近亲属”及“其他与其关系密切的人”这两种人利用影响力交易行为规定为犯罪,主要是考虑到他们与国家工作人员或有血缘、亲属关系,或虽不存在亲属关系,但属情夫、情妇关系,或者彼此是同学、战友、老部下、老上级或者老朋友,交往甚密,有些关系密切到甚至可相互称兄道弟,这些人对国家工作人员(以及离职的国家工作人员)的影响力自然也非同一般。以此影响力去为请托人办事,自己收受财物的案件屡见不鲜。有论者认为,如果将影响力交易犯罪主体仅限于“特定关系人”的范围,内涵及外延显然窄了,不利于惩治人民群众深恶痛绝的腐败犯罪,因此,这个意见没有被采纳。[15] 由此而言,哪些人与国家工作人员(离职的国家工作人员)存在密切的关系,不需要司法机关进行特别界定,只要客观上能够通过国家工作人员职务上的行为,或者利用国家工作人员职权或地位形成的便利条件通过其他国家工作人员职务上的行为,为请托人谋取不正当利益的人,基本上都是与国家工作人员有密切关系的人。[16] 所以,“关系密切”不会成为司法实践中的难点,也不会由此引发司法恣意。 18

三、离职的国家工作人员

关于离职的国家工作人员的范围,也存在不同观点: 19

第一种观点认为,只要不再从事原来的公务,就属于离职的国家工作人员。如前所述,我国《刑法》第93条对“国家工作人员”进行了立法上的圈定:国家工作人员,是指国家机关中从事公务的人员。国有公司、企业、事业单位、人民团体中从事公务的人员和国家机关、国有公司、企业、事业单位委派到非国有公司、企业、事业单位、社会团体从事公务的人员,以及其他依照法律从事公务的人员,以国家工作人员论。2000年4月29日全国人民代表大会常务委员会通过的《关于〈中华人民共和国刑法〉第九十三条第二款的解释》对“其他依照法律从事公务的人员”的认定进行了具体规定,2003年11月13日发布的《全国法院审理经济犯罪案件工作座谈会纪要》对 20

14　最高人民法院、最高人民检察院《关于办理受贿刑事案件适用法律若干问题的意见》第11条规定:“本意见所称‘特定关系人’,是指与国家工作人员有近亲属、情妇(夫)以及其他共同利益关系的人。”

15　参见黄太云:《〈刑法修正案(七)〉解读》,载《人民检察》2009年第6期。

16　参见张明楷:《刑法学》(第6版),法律出版社2021年版,第1159—1160页。

“从事公务”的理解也进行了说明。据此,有人主张,《刑法》第93条规定的四种人员都是国家工作人员,“从这四种岗位的任何一种岗位上离开,都是离职国家工作人员。我们不能简单地认为只有从国家机关中从事公务的岗位上离开的人员才是离职的国家工作人员,而把从其他国家工作人员岗位上离开的人员不当作离职的国家工作人员,如人民陪审员,是依照法律从事公务的国家工作人员,如若从人民陪审员的岗位上离开,就应当视作离职的国家工作人员”[17]。因此,我们可以称此观点为“脱离公务论”。

21 第二种观点认为,离职的国家工作人员是指不再具有国家工作人员身份的人,具体包括退休、离休的国家工作人员,辞职或被辞退的国家工作人员,被开除的国家工作人员等。这种观点看重的是形式上国家工作人员这一身份的脱离,因而可以称之为“脱离身份论”。

22 笔者认为,第一种观点中利用影响力受贿罪的犯罪主体过于宽泛,违背“离职”的文字含义,背离罪刑法定原则,不值得赞同。“离职的国家工作人员”并非“国家工作人员”的反面,所谓“离职”必须对应着“入职”。《刑法》第93条从正面定义了何为我国的国家工作人员,可是“离职的国家工作人员”并非第93条中曾经“从事公务”后来不再从事公务的人员。对于“国家机关中从事公务的人员”“国有公司、企业、事业单位、人民团体中从事公务的人员”“国家机关、国有公司、企业、事业单位委派到非国有公司、企业、事业单位、社会团体从事公务的人员”而言,他们的离职不仅是实质上不再从事公务,而且必须有“离职”这一形式要求,正如当初这两类人员成为国家工作人员必须具有形式与实质两个要求一样:进入国有单位(“国家机关”中、“国有公司、企业、事业单位、人民团体”中)+从事公务。因此,并非不再从事某项公务就是“离职”,虽然不再从事公务但仍然在国家机关、国有公司、企业、事业单位、人民团体中从事其他职务,则就不是“离职的国家工作人员”。至于第四类“其他依照法律从事公务的人员”,则更不能根据是否不再从事公务的标准判断其是否离职。例如村民委员会等村基层组织人员协助人民政府从事某些行政管理工作时,根据立法解释的规定,他们属于其他依照法律从事公务的人员,以国家工作人员论,即他们的身份属于一种法律拟制,是对其属于国家工作人员的有条件肯定。对于此类“其他从事公务的人员”来说,他们根本就没有所谓的“入职”,他们是临时受托协助政府从事一些行政管理工作,因而也就从来不存在“离职”,村基层组织人员等平时不在国有单位中,这些自治组织中的人员实际上就是平头百姓并无职可离,一切“公务”对他们来说都是临时的,这些人员或者其近亲属以及其他与其关系密切的人,根本无法利用该离职的国家工作人员原职权或者地位形成的便利条件。因此,对于“离职”的认定必须遵循形式与实质相结合的标准:对于法律拟制的“以国家工作人员论”的临时国家工作人

17 王玉杰:《利用影响力受贿罪若干问题探究》,载《河南省政法管理干部学院学报》2010年第1期。

员、特定条件下从事公务的人员(有职务无身份),不再从事公务之后,不能作为"离职的国家工作人员",即不是利用影响力受贿罪的犯罪主体。

实践中存在很大疑问的是,对于那些被调离原有岗位不再从事原有职务而保有国家工作人员"身份"的人。其中又可以分为两类:其一,如某教育局局长 A 被调离原单位而被任命为司法局局长,此类人员应当仍然是国家工作人员的范围。如果 A 利用原来教育局局长的权力资源关系通过教育局其他工作人员的职权为他人子女谋取升学的不正当利益,则属于《刑法》第 388 条斡旋型受贿罪,即"国家工作人员利用本人职权或者地位形成的便利条件,通过其他国家工作人员职务上的行为,为请托人谋取不正当利益,索取请托人财物或者收受请托人财物"。其二,如某派出所副所长 B 已到退休年龄,由于福利待遇等种种原因而没有办理退休手续,但实际上已经完成工作移交、不再从事任何公务,此类人员不属于《刑法》第 93 条规定的"从事公务"的国家机关工作人员,即不是国家工作人员,因而可以确定为"离职"。换言之,在此种情况下,对于离退休阶段的人员是否属于国家工作人员,应从实际出发,从单纯以身份来确定主体性质的标准转变为以职权职责为主、兼顾身份,强调职权职责对于主体性质的关键性,具体而言,应以实际交接工作时间为准,认定其是否具有国家工作人员相应的职权和应履行相应职责,确定行为是否属于"从事公务"。[18] 如果 B 通过其他国家工作人员的职务为他人谋取不正当利益,则属于利用影响力受贿罪,而非斡旋型受贿罪。 23

因此,对于是否"离职"的判断不是通过单一的"脱离身份论"或"脱离职务论"可以确定的:①对于"离职"的认定首先要确定"入职"即"身份",对于自始没有"身份"而只是协助从事公务的人员,在公务行为终止以后,不存在离职与否的问题;②对于那些曾经"入职"即具备身份的人员,后来脱离所有身份而退休、离休、辞职的人员,当然属于"离职";③对于那些曾经"入职"即具备身份的人员,后来尚未脱离身份即未办理"去职"手续、不再从事任何公务的人员,应当确定为已经"离职"。 24

四、现任国家工作人员是否可以成为利用影响力受贿罪的主体

根据《刑法》第 388 条之一第 1 款的规定,利用影响力受贿罪的犯罪主体是"国家工作人员的近亲属或者其他与该国家工作人员关系密切的人",这里只是规定被利用者是"国家工作人员甲",对于利用者来说,刑法并未规定其必须是非国家工作人员,国家工作人员甲的近亲属或者其关系密切的人完全可以是"国家工作人员乙"。换言之,若国家工作人员乙确实没有"利用职务上的便利,索取他人财物的,或者非法收受他人财物,为他人谋取利益",也确实不存在"利用本人职权或者地位形成的便利条件,通过其他国家工作人员职务上的行为,为请托人谋取不正当利益,索取请托人 25

18 参见陈兴良、张军、胡云腾主编:《人民法院刑事指导案例裁判要旨通纂》,北京大学出版社 2013 年版,第 1110 页。

财物或者收受请托人财物",那么国家工作人员乙就不构成受贿罪。斡旋型受贿罪也是一种利用影响力受贿犯罪,只不过它的影响力是"职权或者地位形成的便利条件"而非基于亲密关系,所以二者的区分也不存在很大难度,利用影响力受贿罪不排斥国家工作人员这一主体,只不过作为被利用者的国家工作人员甲不可能成为利用影响力受贿罪的共同犯罪主体,作为利用者的国家工作人员乙完全可以成为利用影响力受贿罪的犯罪主体。

V　行为

一、"影响力"的来源与"利用影响力"的分类

26　根据2009年10月14日最高人民法院、最高人民检察院发布的《关于执行〈中华人民共和国刑法〉确定罪名的补充规定(四)》,《刑法》第388条之一被规定为"利用影响力受贿罪",因而有人指出,"在利用影响力受贿罪中,我国刑法首次使用了'影响力'这一概念"[19]。还有纪检监察人员对"影响力"进行专门的定义与分类,"根据《辞海》的解释,'影响'是言语、行为、事情对他人或周围的事物所起的作用。'影响力'即一个人在与他人交往过程中,影响或改变他人心理和行为的一种能力。影响力可以分为'权力性影响力'和'非权力性影响力'"[20]。但需要注意的是,"影响力"这一概念并非刑法概念,而是司法解释罪名概念,利用影响力受贿罪的构成要件中并无"影响力"一词,所谓利用影响力的构成要件内容是"通过该国家工作人员职务上的行为,或者利用该国家工作人员职权或者地位形成的便利条件,通过其他国家工作人员职务上的行为",或者"利用该离职的国家工作人员原职权或者地位形成的便利条件",因而说"我国刑法首次使用了'影响力'"[21],属于将司法解释与刑法混为一谈,刑法中从来没有使用"影响力"一词。所以,我们不是基于"利用影响力受贿罪"这一罪名对犯罪客观方面进行分析,而是基于《刑法》第388条之一明确规定的构成要件行为进行分析。

27　即便直接讨论利用影响力受贿罪中的"影响力",也必须首先明确这里的"影响力"是谁的影响力,是谁利用了谁。如上所述,《刑法》第338条之一中的"利用"的宾语只有利用"该国家工作人员职权或者地位形成的便利条"、利用"该离职的国家工作人员原职权或者地位形成的便利条件",就此而言,这两者中的"影响力"是"该国家工作人员的影响力""该离职的国家工作人员的影响力"。但这并不意味着,《刑法》第388条之一利用影响力受贿罪中的影响力仅仅只是这两者。如后所述,《刑法》第390条之一对有影响力的人行贿罪规定"为谋取不正当利益,向国家工作人员

19　贺恒扬:《利用影响力受贿罪若干问题研究》,载《河南社会科学》2010年第5期。

20　赵煜:《惩治贪污贿赂犯罪实务指南》(第2版),法律出版社2017年版,第557页。

21　贺恒扬:《利用影响力受贿罪若干问题研究》,载《河南社会科学》2010年第5期。

的近亲属或者其他与该国家工作人员关系密切的人，或者向离职的国家工作人员或者其近亲属以及其他与其关系密切的人行贿的，处三年以下有期徒刑或者拘役，并处罚金”，那么有影响力的人不仅是“国家工作人员”或“离职的国家工作人员”，“国家工作人员的近亲属或者其他与该国家工作人员关系密切的人”、与离职的国家工作人员“关系密切的人”，都有自己的影响力。因此，利用影响力受贿罪中的影响力既可以是犯罪主体利用自己对国家工作人员的影响力（通过该国家工作人员职务上的行为），也可以是利用了双重影响力——自己对国家工作人员的影响力以及该国家工作人员对其他国家工作人员的影响力（利用该国家工作人员职权或者地位形成的便利条件，通过其他国家工作人员职务上的行为），前者相对于犯罪主体而言是一种利用直接影响的行为，后者是一种利用间接影响的行为，即犯罪主体与其他国家工作人员的行为之间需要某国家工作人员的连接。相应地，在《刑法》第388条之一第2款中，犯罪主体利用了离职的国家工作人员对其他国家工作人员的影响力，或者利用了双重影响力——自己对离职的国家工作人员的影响力以及利用该离职的国家工作人员对其他国家工作人员的影响力，后者的犯罪主体与现任国家工作人员之间也属于一种间接利用关系。

《刑法》第388条规定，国家工作人员利用本人职权或者地位形成的便利条件，通 28
过其他国家工作人员职务上的行为，为请托人谋取不正当利益，索取请托人财物或者收受请托人财物的，以受贿论处。与第388条之一利用影响力受贿罪相对照，斡旋受贿罪也利用了所谓的“影响力”，这从体系的角度也再次说明了“影响力”并非利用影响力受贿罪第一次使用。斡旋受贿罪是国家工作人员利用其影响力直接受贿犯罪，利用影响力受贿罪则是非国家工作人员的受贿犯罪，其“利用影响力”的方式有四类，行为图式可以作如下划分：

假设： 29

A=国家工作人员甲，B=国家工作人员乙；C=国家工作人员的近亲属或其关系 30
密切的人；D=离职的国家工作人员，E=离职的国家工作人员近亲属或其关系密切的人

那么： 31

（斡旋）受贿罪（利用直接单一影响力）=A利用自己对B的职务影响力，通过B 32
为他人谋取不正当利益、索取或收受贿赂……

利用影响力受贿罪（利用直接单一影响力）=C利用自己对A的影响力，通过A 33
为他人谋取不正当利益、索取或收受贿赂……

利用影响力受贿罪（利用间接双重影响力）=C利用A对B的影响力，通过（间接 34
利用）B为他人谋取不正当利益、索取或收受贿赂……

利用影响力受贿罪（利用直接单一影响力）=D利用自己对A/B的影响力，通过 35
A/B为他人谋取不正当利益、索取或收受贿赂……

利用影响力受贿罪（利用间接双重影响力）=E利用D的影响力，通过（利用）A 36

或 B 为他人谋取不正当利益、索取或收受贿赂……

二、行为方式的具体分析

(一)第一类行为方式

37 国家工作人员的近亲属或者其他与该国家工作人员关系密切的人,通过该国家工作人员职务上的行为,为请托人谋取不正当利益,索取请托人财物或者收受请托人财物。

38 例如,北京市公安局公安交通管理局局长宋某的司机杨常明于 2009 年 8 月至 2012 年 8 月间,利用宋某职权或者地位形成的便利条件,通过宋某职务上的行为,为他人办理"京 A"机动车号牌提供帮助,收受他人财物,此行为方式即为"与国家工作人员关系密切的人,通过该国家工作人员职务上的行为,为请托人谋取不正当利益,收受请托人财物"[22]。由于在此种受贿行为中,请托事项的完成直接依赖于某国家工作人员,即国家工作人员的近亲属或者其他与该国家工作人员关系密切的人所利用的仅仅是该国家工作人员一方,因此这里的影响力就不是"国家工作人员"的影响力,而是自己对国家工作人员的影响力,这种影响力来源于近亲属关系或者其他密切关系如司机、同学、情侣等,即犯罪行为人对他所利用的对象具有一定的影响性,通过二者之间的亲密关系,该国家工作人员可以被说服、被影响、被他人利用,当然这里权钱交易的双方仍然是"国家工作人员的近亲属或者其他与该国家工作人员关系密切的人"与请托人。对此一行为方式的理解,需要注意以下问题:

1. 密切关系人与国家工作人员共同受贿犯罪的认定

39 国家工作人员的近亲属或与其关系密切的人,利用其对国家工作人员的影响力,直接通过该国家工作人员职务上的行为,为请托人谋取不正当利益,这一行为过程中国家工作人员并不收受请托人的财物,国家工作人员与其近亲属或关系密切的人之间也不存在事先共同受贿的意思联络。有疑问的是,如果国家工作人员在行使职权时,明知其近亲属或与之关系密切的人通过自己的行为为请托人谋取不正当利益、收受或索取他人财物,那么国家工作人员以及关系人应当如何定罪处刑?

40 根据我国《刑法》第 25 条的规定,共同犯罪是指二人以上共同故意犯罪,因而构成共同犯罪必须要求共同的犯罪行为和共同的犯罪故意。其中,共同犯罪故意是指"二人以上在对于共同犯罪行为具有同一认识的基础上,对其所会造成的危害社会的结果的希望或者放任的心理状态,共同犯罪故意是共同犯罪构成的主观要件,是共同犯罪人承担责任的主观基础"[23]。那么,根据刑法共同犯罪的这一基本原理,密切关系人与国家工作人员事先存在共谋,则可以构成共同犯罪,问题的关键在于二者应当构成

---

[22] 北京市高级人民法院(2015)高刑终字第 332 号刑事判决书。

[23] 陈兴良主编:《刑法学》(第 3 版),复旦大学出版社 2016 年版,第 135 页。

《刑法》第388条之一利用影响力受贿罪的共同犯罪还是第385条受贿罪的共同犯罪？2007年7月8日最高人民法院、最高人民检察院发布的《关于办理受贿刑事案件适用法律若干问题的意见》第7条规定："国家工作人员利用职务上的便利为请托人谋取利益，授意请托人以本意见所列形式，将有关财物给予特定关系人的，以受贿论处。特定关系人与国家工作人员通谋，共同实施前款行为的，对特定关系人以受贿罪的共犯论处。特定关系人以外的其他人与国家工作人员通谋，由国家工作人员利用职务上的便利为请托人谋取利益，收受请托人财物后双方共同占有的，以受贿罪的共犯论处。"[24]

2. 利用影响力受贿罪与斡旋型受贿罪的区分

《刑法》第388条规定，国家工作人员利用本人职权或者地位形成的便利条件，通 41

[24] 从时间流程上看，通谋可以分为"事前通谋""事中同谋""事后通谋"三种形式，理论界和实务界对受贿罪共同犯罪"通谋"的理解存在三种不同的观点：(1)"事前通谋说"认为，特定关系人与国家工作人员的通谋实际上属于共同犯罪的事前通谋，基于特定关系人与国家工作人员存在的特定关系，容易在着手实施受贿犯罪前进行不同程度的商议与策划，形成共同的犯罪故意，在共同犯罪故意的支配下，进行分工、配合实施各种收受贿赂的行为，因而国家工作人员与特定关系人毫无疑问地构成受贿罪的共犯。(2)"事前通谋+事中通谋说"还承认事中通谋，认为这属于实施受贿犯罪过程中，承继的共犯内心认同、支持已有的犯罪故意。(3)"事前通谋+事中通谋+事后通谋说"认为，国家工作人员为他人谋取利益行为已经实施终了，但在如何接受财物问题时与特定关系人谋划，也构成通谋。参见孟庆华：《贿赂犯罪形态的基本理论》，人民出版社2014年版，第90页。对此，笔者认为，受贿罪是身份犯罪，因而它的共同犯罪的认定虽然与共同犯罪基本原理保持一致，但在个案认定中与故意杀人罪等非身份犯罪也存在很多区别，尤其对于不具有国家工作人员身份的事前通谋、事中通谋都是在犯罪完成之前的一种共谋，尤其受贿罪是"利用职务便利，为他人谋取利益，收受或索取他人财物"的行为，这里存在着利用职务便利与收取财物两个行为过程，因而在犯罪收受他人财物之前特定关系人总有介入共同犯罪的时间，即他人可以为受贿行为的既遂提供各种帮助。但是，"事后通谋说"违背了共同犯罪的基本原理，因而是错误的，前述"国家工作人员为他人谋取利益行为已经实施终了，但在如何接受财物问题时与特定关系人谋划，也构成通谋"这种判断其实仍然属于事中通谋。例如，特定关系人先收受他人财物，国家工作人员在此之后明知该特定关系人为他人谋取不正当利益而收受了他人财物，国家工作人员仍然出卖自己职务并实现为他人谋取不正当利益的权钱交易，国家工作人员和特定关系人属于"事中共谋"而非"事后共谋"。真正的"事后"的情形是，国家工作人员利用职务之便为他人谋取不正当利益而拒绝接受他人财物，特定关系人如近亲属在国家工作人员行使职务之后背着国家工作人员收取了财物，收取财物之后告知了该国家工作人员，该国家工作人员并未反对，此时属于"事后"，之所以此种情形不构成受贿罪的共犯，是因为国家工作人员在行使职权时拒绝权钱交易，违法行使职务时没有受贿的故意。2007年7月8日最高人民法院、最高人民检察院发布的《关于办理受贿刑事案件适用法律若干问题的意见》第10条第1款规定，"国家工作人员利用职务上的便利为请托人谋取利益之前或者之后，约定在其离职后收受请托人财物，并在离职后收受的，以受贿论处"，这里也要求收受财物的故意必须是事先约定的而非事后收受了财物就构成受贿罪，对共同犯罪与单独犯罪的犯罪故意时间的要求是同一的，否则就违背了责任主义原理。

过其他国家工作人员职务上的行为,为请托人谋取不正当利益,索取请托人财物或者收受请托人财物的,以受贿论处。可见,斡旋型受贿罪也是一种利用影响力类型的受贿行为,犯罪主体所利用的影响力是他本人职权或地位形成的对其他国家工作人员的影响力,它的行为方式是:(斡旋)受贿罪(利用直接单一影响力)= 国家工作人员 A 利用自己对国家工作人员 B 的职务或地位影响力,通过 B 为他人谋取不正当利益,索取或收受贿赂。因此,这里问题的焦点仍然在于准确理解《刑法》第 388 条中的"利用本人职权或者地位形成的便利条件"这一构成要件要素,对此主要有几种不同观点:

42　第一种意见认为,"职权或者地位形成的便利条件"应当是一种职务上的制约关系。例如,有学者主张是否成立斡旋受贿关键是查明行为人的职权与被利用的国家工作人员有无职务上的制约关系,包括纵向的制约关系——上级国家工作人员的职务对归属其领导的下级国家工作人员的制约关系,以及横向制约关系——不具有领导关系的各单位之间,一方工作人员对另一方工作人员在职务上的制约关系。[25] 还有学者指出,"利用本人职权或者地位形成的便利条件"一般都表现为"行为人凭借其本人在职务上对下属单位和人员的领导、监督、管理的地位,利用下属单位及人员的职务上的行为,为请托人谋取利益,而本人从中向请托人索取或者收受贿赂。例如,某县教育局局长,受他人之托为请托人的子女安排进某一重点中学学习,该学生并不符合转学条件,行为人却凭借其局长的地位,写条子给中学校长,事成后行为人向请托人索取了贿赂,即属于间接受贿行为。因为局长并不具体管理有关转学事务,所利用的是中学校长的职权"[26]。也有学者只承认横向制约关系,"如果国家工作人员只是利用亲友、同事等一般的关系,而非通过职务上有制约关系的便利条件,并不能构成间接受贿罪"。例如,某法院刑事审判庭的庭长应民事诉讼当事人的请托,通过民事审判庭庭长的职务行为为请托人谋取利益,民事审判庭庭长在民事案件中故意枉法裁判为该请托人谋利,而该刑事审判庭庭长从中收取好处费的,"对该刑事审判庭庭长不宜以受贿罪定罪处罚。因为刑事审判庭庭长对民事审判庭庭长并无职务上的制约作用。关键问题是,间接受贿中国家工作人员职务之间的制约关系,只能是横向的制约关系,而不可能是纵向的制约关系"[27]。

43　第二种意见认为,"利用本人职权或者地位形成的便利条件"与"利用职务便利"的区别在于,前者的行为人与被利用的国家工作人员之间不存在职务上的制约关系。"行为人要求在职务上有制约关系的其他国家工作人员为请托人谋取利益,是刑法第

[25] 参见邹志宏:《斡旋受贿罪研究》,载于志刚主编:《刑法问题与争鸣》(第 7 辑),中国方正出版社 2003 年版,第 104—105 页。

[26] 肖中华:《论受贿罪适用中的几个问题》,载《法学评论》2003 年第 1 期。

[27] 赵秉志、肖中华:《间接受贿之认定》,载《检察日报》2002 年 7 月 30 日。

385条所规定的直接受贿中'利用职务上的便利'的一种表现形式,不包含在第388条斡旋受贿的'利用本人职权或者地位形成的便利条件'之内"[28]。

第三种意见认为,行为人与被其利用的国家工作人员之间存在着一种特殊关系,具体表现为三种情况:①职务上的制约关系,包括纵向制约关系和横向制约关系;②影响关系,主要是下级对上级、低职对高职的关系,如首长的秘书对首长的影响;③协作关系,存在于职务活动中无利害冲突或者还有互惠互助的国家机关单位之间。[29] 有学者认为,"司法实践基本上是按照'特殊关系论'认定'利用本人职权或者地位形成的便利条件'的"[30]。 44

笔者认为,"利用本人职权或者地位形成的便利条件"确实应当区别于"利用职务上的便利",因为《刑法》第385条普通受贿罪与第388条斡旋型受贿罪的入罪标准是不一样的,"利用本人职权或者地位形成的便利条件"对应的是"为他人谋取不正当利益",而"利用职务上的便利"对应的是"为他人谋取利益",两种行为在为他人谋取利益的要求上是不同的,既然需要按照同一个受贿罪对二者同等定罪量刑,即二者的法益侵害性或社会危害性应当是一样的,那么"利用本人职权或者地位形成的便利条件"与"利用职务上的便利"必然也是不同的。如果采用职务制约说,即国家工作人员在职务上对其他国家工作人员形成直接之制约关系,如上下级关系,那么这种职务制约实际上仍旧属于"利用自己职务上的便利"而非一种"斡旋性质"的行为,所以"利用本人职权或者地位形成的便利条件"并不要求职务上的制约,第388条与第385条在构成要件上应当属于互斥关系,即受贿罪包含了两个不同类型的行为。2003年11月13日《全国法院审理经济犯罪案件工作座谈会纪要》规定,《刑法》第388条规定的"利用本人职权或者地位形成的便利条件",是指行为人与被其利用的国家工作人员之间在职务上虽然没有隶属、制约关系,但是行为人利用了本人职权或者地位产生的影响和一定的工作联系,如单位内不同部门的国家工作人员之间、上下级单位没有职务上隶属、制约关系的国家工作人员之间、有工作联系的不同单位的国家工作人员之间等。这一理解是正确的,"利用本人职权或者地位形成的便利条件"必须是利用了国家工作人员职权上的便利条件或者地位上的便利条件,这些便利条件与职权相关但非职权本身。换言之,作为一种国家工作人员利用影响力的斡旋受贿行为,这里国家工作人员利用的是来自工作关系上的影响力:①这种影响力必须与职务有关,如果仅仅是利用工作上没有交叉、毫无瓜葛的关系,如朋友、同学、亲戚等个人关系上的影响力,则不是斡旋受贿而是利用影响力受贿;②斡旋受贿中的影响力是对其他国家工作人员间接发挥作用的,斡旋受贿者所请托的事项属于其他国家工作人员职务范围,其自己本身无权强迫其他国家工作人员,也没有谋取利益的权限,否则 45

28　陈国庆主编:《新型受贿犯罪的认定与处罚》,法律出版社2007年版,第144页。

29　参见马克昌:《论斡旋受贿犯罪》,载《浙江社会科学》2006年第3期。

30　刘宪权、谢杰:《贿赂犯罪刑法理论与实务》,上海人民出版社2012年版,第52页。

就不需要斡旋他人行使职权。所以,笔者认为,对“利用本人职权或者地位形成的便利条件”的理解应当遵循摒除制约关系的“特殊关系说”即“基于职务的非制约关系说”更为妥当。

(二)第二类行为方式

46 国家工作人员的近亲属或者其他与该国家工作人员关系密切的人,利用该国家工作人员职权或者地位形成的便利条件,通过其他国家工作人员职务上的行为,为请托人谋取不正当利益,索取或者收受请托人财物。

47 与《刑法》第 388 条斡旋受贿相比较,本类行为方式与之都具有利用国家工作人员“职权或者地位形成的便利条件”这一文字形式上的公约数,明显不同的是斡旋受贿行为中是国家工作人员 A 利用本人职权或者地位形成的便利条件,通过其他国家工作人员职务上的行为为请托人谋取不正当利益并收受或者索取财物,而利用影响力受贿罪的行为是国家工作人员 A 的近亲属或者关系密切的人利用国家工作人员 A 的职权或者地位形成的便利条件,通过其他国家工作人员职务上的行为为请托人谋取不正当利益并收受或者索取财物。可见,这里率先不同的是利用人即犯罪主体的不同,前者是国家工作人员的自我利用,后者是国家工作人员被利用,那么作为字面上公约数的“职权或者地位形成的便利条件”是否在两个法条中具有同样的内涵呢? 第一种看法认为,利用影响力受贿罪中的“国家工作人员职权或者地位形成的便利条件”与斡旋受贿中的“本人职权或者地位形成的便利条件”内容相同,二者均不包括隶属、制约关系,而只包括影响、协作关系等工作关系。[31] 第二种看法认为,利用影响力受贿罪中的“国家工作人员职权或者地位形成的便利条件”与斡旋受贿中的“本人职权或者地位形成的便利条件”内容并不完全相同,利用影响力受贿罪中的规定包括隶属、制约关系。例如,市长夫人甲利用自己的特殊身份,找建设局局长为他人违规承揽工程,接受请托人财物,甲利用市长“职权或者地位形成的便利条件”应当包括市长对建设局局长的隶属、制约关系,市长夫人构成利用影响力受贿罪。[32]

48 笔者认为,第二种看法是合理的。国家工作人员“职权或者地位形成的便利条件”本来就是一个含义较广的词汇,市长对建设局局长、教育局局长等下属人员的制约、领导关系本来就是市长职权或地位的应有内容,上级对下级的隶属、制约属于职权或者地位形成的便利条件,所以《刑法》第 385 条受贿罪中“利用职务上的便利”其实在“职权或者地位形成的便利条件”的文字含义中。根据 2003 年 11 月 13 日发布的《全国法院审理经济犯罪案件工作座谈会纪要》的规定,《刑法》第 385 条第 1 款规定的“利用职务上的便利”,既包括利用本人职务上主管、负责、承办某项公共事务的职权,也包括利用职务上有隶属、制约关系的其他国家工作人员的职权。担任单位领

31 参见王作富主编:《刑法分则实务研究》(第 3 版),中国方正出版社 2007 年版,第 1809 页。

32 参见赵煜:《惩治贪污贿赂犯罪实务指南》(第 2 版),法律出版社 2017 年版,第 563 页。

导职务的国家工作人员通过不属自己主管的下级部门的国家工作人员的职务为他人谋取利益的,应当认定为"利用职务上的便利"为他人谋取利益。因此,从文字上分析,"利用职权或者地位形成的便利条件"包括"利用职务上的便利",即包括职务上具有隶属、制约关系的情形。但是,我国《刑法》在第388条规定了斡旋受贿罪,在第385条规定了普通受贿罪,抛开法条的体系不谈,"利用职权或者地位形成的便利条件"的范围确实更广,只不过我国《刑法》将受贿罪分成了普通受贿罪与斡旋受贿罪,"利用职权或者地位形成的便利条件"被刑法进行了分割。其中,具有职权上隶属、制约关系的便利,直接等于第385条普通受贿罪中的职务上的便利,直接以普通受贿罪论处,第388条斡旋受贿罪中的"利用职权或者地位形成的便利条件"不再包括职权上具有隶属、制约关系的便利。因此,对于《刑法》第388条之一利用影响力受贿罪而言,基于犯罪主体的不同,"利用该国家工作人员职权或者地位形成的便利条件"并不需要进行分类,这里的便利条件不是狭义的便利条件,而是通常意义上职权或地位形成的一切便利条件,职权上具有隶属、制约关系的便利当然涵盖其中,否则上述市长妻子利用市长对其下属的制约关系为他人谋取不正当利益、收受他人财物的,反而不构成利用影响力受贿罪,但市长妻子的行为却是利用影响力受贿罪所惩治和预防的典型行为。

(三)第三类行为方式

离职的国家工作人员利用本人原职权或者地位形成的便利条件,通过其他国家工作人员职务上的行为,为请托人谋取不正当利益,索取或者收受请托人财物。 49

对于离职的国家工作人员而言,其虽然离开国家工作人员岗位即辞职、退休甚至被"双规"等,但他仍然保持着与其他国家工作人员的某种特殊关系,尤其对于那些年龄届满正常退休或者将他人、下属提携至领导位置的离职前领导,仍然对其他国家工作人员甚至国家机关的某些事务具有很大的影响力和发言权。实际上,我国司法机关对离职的国家工作人员并非不能以职务犯罪进行处罚,按照2007年7月8日最高人民法院、最高人民检察院发布的《关于办理受贿刑事案件适用法律若干问题的意见》第10条第1款的规定,国家工作人员利用职务上的便利为请托人谋取利益之前或者之后,约定在其离职后收受请托人财物,并在离职后收受的,以受贿论处。但是,如果离职之前没有约定离职之后收受贿赂的,对离职国家工作人员难以认定为贿赂犯罪。1989年11月6日,最高人民法院、最高人民检察院《关于执行〈关于惩治贪污罪贿赂罪的补充规定〉若干问题的解答》规定:"已离、退休的国家工作人员,利用本人原有职权或地位形成的便利条件,通过在职的国家工作人员职务上的行为,为请托人谋取利益,而本人从中向请托人索取或者非法收受财物的,以受贿论处。"显然,上述规定对应的正是利用影响力受贿罪的第三种行为方式,如今本行为是以利用影响力受贿罪论处的,1997年《刑法》并未将上述行为规定为犯罪。为了保护公众对国家工作人员职务廉洁性的信赖,惩治和预防离职的国家工作人员利用自己的影响力影响其他国家工作人员的正常职务,通过各种途径利用国家公权力谋利,《刑法修 50

正案(七)》将1989年司法解释规定为受贿罪的行为,正式确立了与受贿罪相关联的利用影响力受贿罪,这在保持了受贿罪是国家工作人员权钱交易行为这一基本行为模式的同时,将刑法腐败犯罪的打击面正式扩大至离职的国家工作人员利用影响力受贿的行为。

(四)第四类行为方式

51 与离职的国家工作人员关系密切的人,利用该离职的国家工作人员原职权或者地位形成的便利条件,通过其他国家工作人员职务上的行为,为请托人谋取不正当利益,索取或者收受请托人财物。

52 利用影响力受贿罪的本类行为方式与第三类是相同的,所不同的只是行为主体及其利用的对象不同:第三类行为方式=D利用自己对A/B的影响力,通过A/B为他人谋取不正当利益、索取或收受贿赂;第四类行为方式=E利用D的影响力,通过(利用)A或B为他人谋取不正当利益、索取或收受贿赂。也即,第三类行为方式是离职的国家工作人员的自我利用,其影响力来自自己的原有职权或地位;第四类行为方式是离职的国家工作人员的密切关系人对该离职人员的利用。

Ⅵ　罪过

53 与受贿罪一样,利用影响力受贿罪的罪过形式为故意。有争议的是,如何理解"为他人谋取不正当利益"。《刑法》第385条第1款规定,国家工作人员利用职务上的便利,索取他人财物的,或者非法收受他人财物,为他人谋取利益的,是受贿罪;第388条规定,国家工作人员利用本人职权或者地位形成的便利条件,通过其他国家工作人员职务上的行为,为请托人谋取不正当利益,索取请托人财物或者收受请托人财物的,以受贿论处。可见,普通受贿罪中"为他人谋取利益"、斡旋受贿中的"为请托人谋取不正当利益"与《刑法》第388条之一利用影响力受贿罪中的"为他人谋取不正当利益"的性质是统一的,对"为请托人谋取不正当利益"的理解可以遵照受贿罪、斡旋受贿罪中的"为(他人)谋取(不正当)利益"。

一、"为请托人谋取不正当利益"是主观构成要件要素

54 关于受贿罪中的"为他人谋取利益",第一种意见认为,为他人谋取利益是客观的犯罪构成要件要素,国家工作人员收受他人财物,但事实上并没有为他人谋取利益的,不成立受贿罪。[33] 第二种意见认为,"为他人谋取利益"是客观构成要件要素,其内容的最低要求是许诺为他人谋取利益,据此为他人谋取利益包括以下几种情况:已经为他人谋取了利益、已经为他人谋取了部分利益、已经开始为他人谋取利益、承诺

33　参见祝铭山主编:《中国刑法教程》,中国政法大学出版社1998年版,第711页。

为他人谋取利益。[34] 第三种意见认为,为他人谋取利益不是客观的构成要件要素,而是主观的构成要件要素,"为他人谋取利益"只是受贿人的一种心理状态,即受贿人主观上具有为他人谋取利益的心理态度就够了,并不要求具体的为他人谋取利益的行为。"为他人谋求利益,只是行贿人与受贿人之间货币与权力相互交换的一种默契,就行贿人来说,是对受贿人的一种要求,就受贿人来说,是对行贿人的一种许诺或者答应。因此,为他人谋取利益只是受贿人的一种心理状态,属于主观要件的范畴,而不像通行的观点所说的那样是受贿罪的客观要件。"[35]这就是我国学界存在的三种不同观点,即客观说、新客观说、主观说。2003 年 11 月 13 日发布的《全国法院审理经济犯罪案件工作座谈会纪要》指出,"为他人谋取利益包括承诺、实施和实现三个阶段的行为。只要具有其中一个阶段的行为,如国家工作人员收受他人财物时,根据他人提出的具体请托事项,承诺为他人谋取利益的,就具备了为他人谋取利益的要件。明知他人有具体请托事项而收受其财物的,视为承诺为他人谋取利益"。令人尴尬的是,客观说与主观说都以上述会议纪要为依据。例如,张明楷教授指出,如果为他人谋取利益是主观构成要件要素,那么,那些客观上非法收受他人财物,主观上也打算为请托人谋取利益的,就成立受贿罪;而那些客观上非法收受他人财物,尽管声称为请托人谋取利益,但并没有为他人谋取利益的主观想法的,就不具有为他人谋取利益的主观要素,因而不成立受贿罪,这种观点明显不协调,而且只能起到鼓励国家工作人员只收钱不办事的作用。[36]

笔者认为,"为他人谋取利益"仍然是主观的构成要件要素。2003 年 11 月 13 日 55
发布的《全国法院审理经济犯罪案件工作座谈会纪要》中规定,为他人谋取利益的最低限度是承诺为他人谋取利益,在客观要件说眼中,"承诺"是一种行为,而非主观心理活动。[37] 但是,承诺行为仅仅是对主观要素的一种推断或证据征表,不等于为他人谋取利益本身。[38] 正如陈兴良教授所疑问的,如果把为他人谋取利益视为客观要件,也是受贿罪构成要件中的行为,那么它与收受财物行为之间究竟是一种什么关系?是否意味着受贿罪的构成要件中存在双重行为?这些问题在刑法理论上是难以解决的。因而笔者认同新主观要件说,许诺或者答应的确是一种行为,把为他人谋取利益的规定理解为是行为人的主观要素,"而许诺或者答应只不过是这一主观要素的客观显现而已。而且,为他人谋取利益的实现行为也是这一主观要素的客观显现。

---

34 参见张明楷:《刑法学》(第 5 版),法律出版社 2016 年版,第 1208 页。

35 王作富、陈兴良:《受贿罪构成新探》,载《政法论坛》1991 年第 1 期。

36 参见张明楷:《刑法分则的解释原理》(第 2 版),中国人民大学出版社 2011 年版,第 309 页。

37 参见孙国祥:《贿赂犯罪的学说与案解》,法律出版社 2012 年版,第 360 页。

38 参见陈洪兵:《贪污贿赂渎职罪解释论与判例研究》,中国政法大学出版社 2015 年版,第 84 页。

它们的作用在于印证主观要素的存在,而在法律上并不要求”。陈兴良教授进一步采用目的犯理论来解释为他人谋取利益,指出:“为他人谋取利益,在受贿罪中只是一种主观上的‘意图’。受贿罪由为他人谋取利益之意图而构成,是短缩的二行为犯。这里的二行为,一是指受贿行为;二是指为他人谋取利益的行为。为他人谋取利益并不能由受贿行为本身实现,而有赖于将这一意图付诸实施。但为他人谋取利益这一行为又不是受贿罪本身的行为,因而称为短缩的二行为犯,以与纯正的二行为犯相区别。立法者之所以规定短缩的二行为犯,是为了防止其他违法犯罪的发生。也就是说,根据法律的规定,不待其他违法犯罪发生(即只有其他违法犯罪之意图),就足以构成本罪。在受贿罪中,为他人谋取利益之意图,对于受贿行为来说是动机,而对于为他人谋取利益的行为来说则是目的。”[39]因此,“为他人谋取(不正当)利益”是主观要件要素。

56　上述会议纪要还指出了一种情形,即明知他人有具体请托事项而收受其财物。刑法上将“为他人谋取利益”规定为受贿罪的构成要件,本意在于将“感情投资”和亲友之间馈赠的现象排除于受贿罪之外,但“明知他人有具体请托事项而收受其财物”的情形显然不属于“感情投资”,也不是“馈赠”,将此情形解释为受贿是合乎立法本意的。[40] 此外,从刑法规范的角度看,既然行为人是否谋取不正当利益以及所谋取的利益是否实现均不影响受贿罪的成立,那么只要以谋取利益作为收受财物的交换条件的,不管事后有无实际的谋取利益行为,均不应当影响受贿罪的成立。例如,国家工作人员 A 明知他人有具体的请托事项而接受了他人数额较大的财物,此后在工作中依法正常履行职务并为请托人谋取了正当利益;而国家工作人员 B 明知他人有具

39　陈兴良:《新型受贿罪的司法认定》,载《南京师大学报(社会科学版)》2013 年第1 期。

40　在索取贿赂的情况下,即使国家工作人员没有利用职务上的便利为他人谋取利益的具体行为与结果,但只要索要的财物与对方要求其实施的职务行为之间具有对价关系,就侵犯了受贿罪的法益,因而应当认定为受贿罪。正是基于这一原因,刑法条文才没有将“为他人谋取利益”规定为索取贿赂的构成要件。但是,在国家工作人员被动收受他人向其交付的财物时,该财物与国家工作人员的职务行为之间是否具有对价关系,并不像索取财物那样明了。收受贿赂依时间大致表现为三种情况:一是他人事前(即在国家工作人员实施职务行为之前)主动交付财物,国家工作人员予以收受;二是国家工作人员在实施职务行为的过程中,他人主动交付财物,国家工作人员予以收受;三是国家工作人员实施了职务行为之后,他人主动交付财物,国家工作人员予以收受。但是,仅有收受财物的行为,显然还难以断定财物与国家工作人员的职务行为之间具有对价关系,因为他人完全可能出于其他原因将财物交付给国家工作人员。所以,只有同时具备其他要素,从而使得国家工作人员收受的财物与其职务行为之间具有对价关系,才能认定其行为侵犯了受贿罪的法益。于是,刑法在“非法收受他人财物”之后,还添加了“为他人谋取利益”的要件。所以,这一要件旨在说明国家工作人员收受的财物与其职务行为之间具有对价关系。参见胡东飞:《论受贿罪中“为他人谋取利益”构成犯罪的罪数问题》,载《中国刑事法杂志》2006 年第 1 期。

体的请托事项而接受了他人数额较大的财物后拒绝为请托人谋取利益,即使是正当利益。很明显,A 的行为构成受贿罪,而如果以“没有为行贿人谋取利益的事实或行为”为理由认定 B 的行为不构成受贿罪,则是非常不合理的。实际上,B 的行为同样符合“权钱交易”的特征,倘若对 B 的行为不以受贿罪论处,显然不符合一般的社会观念,也不利于遏制腐败之风。[41] 如果“为他人谋取利益”是客观要件要素,那么在“明知他人有具体请托事项而收受其财物”的情况下,显然客观行为只有一种,即收受财物,这里连承诺的行为都没有表现出来,“这种情况下,还把为他人谋利益解释为客观要件就十分牵强”[42]。客观要件之客观表现方式在哪里呢?

2016 年最高人民法院、最高人民检察院《关于办理贪污贿赂刑事案件适用法律若干问题的解释》第 13 条第 1 款规定,具有下列情形之一的,应当认定为“为他人谋取利益”,构成犯罪的,应当依照刑法关于受贿犯罪的规定定罪处罚:①实际或者承诺为他人谋取利益的;②明知他人有具体请托事项的;③履职时未被请托,但事后基于该履职事由收受他人财物的。第 2 款规定,国家工作人员索取、收受具有上下级关系的下属或者具有行政管理关系的被管理人员的财物价值 3 万元以上,可能影响职权行使的,视为承诺为他人谋取利益。与 2003 年《全国法院审理经济犯罪案件工作座谈会纪要》不同的是,2016 年司法解释将明知他人有具体请托事项而收受其财物的,视为承诺为他人谋取利益直接规定为“具有下列情形之一的,应当认定为‘为他人谋取利益’”,在规范上比以前更加强调和肯定认定为他人谋取利益不需要明确的“为他人谋取利益”之行为,只要能够根据案件事实推定行为人在收受他人财物时具有为他人谋取利益的主观意思即可。将为他人谋取利益认定为主观构成要件要素,并不存在前述学者所提出的不协调。在国家工作人员收受他人财物时声称为他人谋取利益而心里其实没有办事的意思,这种情形是如何证明的呢?我们在实践中进行犯罪认定并不是抛开一切事实的一种主观臆想或者猜测,任何认定都需要证据来证明,刑事一体化的思维十分重要。当国家工作人员 B 明知他人有请托事项,而答应为其谋取利益,并收受了他人财物,根据这样的事实,我们就能够证明他具有为他人谋取利益的意思,这就是一种事实推定。如果该国家工作人员抗辩说其并没有为他人谋取利益的主观想法,那么他就应当提供证明自己“真实”主观想法的相关事实证据并进行反证;如果他事后明确拒绝为请托人谋取利益,那么也不能证明他在收受财物时没有为他人谋取利益的意思,也即在认定时,法律看重的是“行为时”,收受他人财物时明知他人有请托事项而不拒绝的,就形成了权钱交易的对价,而且也明显不是普通的人情交往。因此,将“为他人 57

41　参见熊选国、苗有水:《如何把握受贿罪构成要件之“为他人谋取利益”?》,载《人民法院报》2005 年 7 月 6 日。

42　陈兴良、周光权:《刑法学的现代展开 II》(第 2 版),中国人民大学出版社 2015 年版,第 499 页。

谋取利益”认定为主观要素完全是妥当的。

二、“不正当利益”的认定

58 《刑法》第 385 条普通受贿罪不以谋取不正当利益为要件,谋取不正当利益是第 388 条斡旋受贿罪和第 388 条之一利用影响力受贿罪的构成要件要素。如何理解“不正当利益”?第一种看法主张,所谓不正当利益是指非法利益,即法律禁止得到的利益,在斡旋受贿中不正当利益是指请托人依照法律、法规或者规章、条例等规定,不应得到的利益。[43] 第二种看法主张,对于不正当利益应当从广义上进行理解,它只是区别于国家、集体、他人利益的一个中性的概念,并不仅仅是非法利益,而是指通过不正当的行贿手段获得的利益。也即,只要手段不正当,所取得的利益就是不正当利益。[44] 第三种看法认为,刑法上的不正当利益应该包括三种情况:一是法律、法规禁止的利益,如通过内幕交易获得的利益、通过违法审批获得的利益;二是依法应当履行的义务,通过不正当的手段不履行或不完全履行而取得的利益;三是通过不正当手段获得的不确定的利益,所谓不确定的利益是指利益本身是合法的,但在利益的归属未确定的情况下,为谋取这样的利益而采取不正当手段的,应属于不正当利益,而对于通过不正当手段谋取的正当的、确定的利益,不属于不正当利益。[45] 学界最常讨论的不正当利益,是行贿罪中“为谋取不正当利益”,《刑法》第 389 条规定“为谋取不正当利益,给予国家工作人员以财物的,是行贿罪”,利用影响力受贿罪中为请托人谋取“不正当利益”中不正当利益之理解应当与行贿罪中的不正当利益相一致,因为请托人谋取的利益就是受贿人谋取的利益,二者是同一的。

59 笔者认为,非法利益说即狭义的不正当利益的范围过窄,从刑法解释的角度看,这种将不正当等于非法的限缩解释将行贿、受贿犯罪的犯罪圈限制得过于狭窄,并无道理。有学者认为,在行贿、受贿罪中,请托人通过给予国家工作人员财物的方式寻求帮助为之谋取利益,受贿罪中的国家工作人员通过收受他人财物的方式为请托人谋取利益,因而如果按照手段不正当说,国家工作人员为他人谋取的利益都是不正当利益,这实际上就否定了刑法规定“不正当利益”的意义,使之成为一个注意规定似的强调语,但刑法显然用了“谋取利益”和“谋取不正当利益”两种不同的规定,因而手段不正当说不符合立法本意。[46] 其实,手段不正当含义是谋取利益手段的

---

43 参见黄太云、滕炜主编:《中华人民共和国刑法释义与适用指南》,红旗出版社 1997 年版,第 231 页。

44 参见周道鸾、张军主编:《刑法罪名精释》,人民法院出版社 1998 年版,第 926 页;赵秉志主编:《疑难刑事问题司法对策》,吉林人民出版社 1999 年版,第 1848 页;郭晋涛:《论行贿罪中的“为谋取不正当利益”》,载《中国刑事法杂志》2000 年第 6 期。

45 参见邹志宏:《斡旋受贿罪研究》,载于志刚主编:《刑法问题与争鸣》(第 7 辑),中国方正出版社 2003 年版,第 125 页。

46 参见孙国祥:《贿赂犯罪的学说与案解》,法律出版社 2012 年版,第 415 页。

不正当,这对于行贿人与受贿人来说是不同的。对于行贿人而言,谋取利益的手段是行贿,这种手段确实是不正当的,那么在行贿罪中"谋取不正当利益"的标准就不是手段不正当说;而对于斡旋受贿、利用影响力受贿而言,谋取利益的手段不是通过收受财物,而是通过其他国家工作人员,也即虽然斡旋受贿人、利用影响力受贿人在为请托人谋取利益时收受了他人财物,但这与利益的正当与否没有必然联系,因为为请托人谋取实际利益的是国家工作人员,他们行为手段的不正当才是手段不正当,很显然,被利用的国家工作人员在不知情的情况下可能通过正当合法的途径为他人"把事情办了",那么这种利益就不是不正当利益,收受财物者就不是斡旋受贿罪或者利用影响力受贿罪。

60 1999 年 3 月 4 日,最高人民法院、最高人民检察院发布的《关于在办理受贿犯罪大要案的同时要严肃查处严重行贿犯罪分子的通知》中指出,"谋取不正当利益"是指谋取违反法律、法规、国家政策和国务院各部门规章规定的利益,以及要求国家工作人员或者有关单位提供违反法律、法规、国家政策和国务院各部门规章规定的帮助或者方便条件。2008 年 11 月 20 日,最高人民法院、最高人民检察院发布的《关于办理商业贿赂刑事案件适用法律若干问题的意见》指出,在行贿犯罪中,"谋取不正当利益",是指行贿人谋取违反法律、法规、规章或者政策规定的利益,或者要求对方违反法律、法规、规章、政策、行业规范的规定提供帮助或者方便条件。在招标投标、政府采购等商业活动中,违背公平原则,给予相关人员财物以谋取竞争优势的,属于"谋取不正当利益"。根据最高人民法院、最高人民检察院《关于办理行贿刑事案件具体应用法律若干问题的解释》的规定,行贿犯罪中的"谋取不正当利益",是指行贿人谋取的利益违反法律、法规、规章、政策规定,或者要求国家工作人员违反法律、法规、规章、政策、行业规范的规定,为自己提供帮助或者方便条件。违背公平、公正原则,在经济、组织人事管理等活动中,谋取竞争优势的,应当认定为"谋取不正当利益"。由此可见,对于行贿罪中"不正当利益"的范围在逐步扩大,而这种扩大所依据的标准,既有基于行贿人的立场,又有基于国家工作人员的立场,那么针对行贿罪中"谋取不正当利益"的解释或者理解就可能很难通用于斡旋受贿罪、利用影响力受贿罪中。对此,笔者认为,应当将贿赂犯罪中的"谋取不正当利益"放置在整个贿赂犯罪中并依照贿赂犯罪保护的法益作为解释标准。

61 如前文所述,贿赂犯罪的法益有保护信赖说、廉洁性说、职务行为不可收买性说以及职务行为公正性(纯洁性)说等诸多观点[47],但贿赂行为之所以成立犯罪或者之所以侵犯相关法益,是通过确证一种"用钱买利益"的表现行为来体现的,这种利益最终都是通过国家工作人员的职务行为来实现的。利用影响力受贿罪的法益是公众对职务行为廉洁性的信赖,利用影响力受贿罪中无论哪一种行为方式,犯罪主体都是通过某在职国家工作人员职务上的行为为请托人谋取利益,因此,利益的正当与否应当

47　参见黎宏:《刑法学各论》(第 2 版),法律出版社 2016 年版,第 523 页。

与国家工作人员的职务紧密相关,“不能脱离违背职务孤立地评价行为人谋取的利益是否正当”,在解释思路上,应当对“谋取不正当利益”进行功能性解释,使其承担起表征国家工作人员违背职务的功能,违背职务包括违反规则与违背原则两种形式。[48]所以,以第一种行为方式为例,国家工作人员的近亲属或者其他与该国家工作人员关系密切的人,通过该国家工作人员职务上的行为,为请托人谋取不正当利益,索取请托人财物或者收受请托人财物,这里的“为请托人谋取不正当利益”,是指为请托人谋取的是国家工作人员违背职务规则或原则(在酌定履职的场合,违背公平、公正原则)所获得的利益。例如,国家工作人员孙某甲的朋友戴某利用二者之间的朋友关系,以及孙某甲担任消防队队长的职务便利和对江苏两淮盐化有限公司董事长杨某的影响力,使得两淮盐化有限公司违反公司招投标程序,以议标的方式高价将同科二期消防工程发包给安徽海越建设工程有限公司连云港分公司,这种行为显然是一种违背公平原则的不当利益。[49] 根据本处对不正当利益与职务行为的挂钩标准以及前述 2008 年、2012 年司法解释的规定,“在招标投标、政府采购等商业活动中,违背公平原则,给予相关人员财物以谋取竞争优势的,属于‘谋取不正当利益’”,“违背公平、公正原则,在经济、组织人事管理等活动中,谋取竞争优势的,应当认定为‘谋取不正当利益’”。若戴某辩称,张某和安徽海越建设工程有限公司签订了居间协议并获得相应的报酬,不属于不正当利益,那么这种抗辩也不能成立,因为不正当利益的标准最终不取决于私人行为标准,而是职务行为是否违反规则和原则。

Ⅶ 未完成形态

62 《刑法》第 23 条规定,已经着手实行犯罪,由于犯罪分子意志以外的原因而未得逞的,是犯罪未遂。对于未遂犯,可以比照既遂犯从轻或者减轻处罚。因此,认定犯罪既遂与未遂,应当首先明确犯罪的实行行为,尤其对于罪状描述相对复杂的犯罪。第 388 条之一利用影响力受贿罪有以下行为方式:①国家工作人员的近亲属或者其他与该国家工作人员关系密切的人,通过该国家工作人员职务上的行为,为请托人谋取不正当利益,索取请托人财物或者收受请托人财物。②国家工作人员的近亲属或者其他与该国家工作人员关系密切的人,利用该国家工作人员职权或者地位形成的便利条件,通过其他国家工作人员职务上的行为,为请托人谋取不正当利益,索取请托人财物或者收受请托人财物。③离职的国家工作人员或者其近亲属以及其他与其关系密切的人,利用该离职的国家工作人员原职权或者地位形成的便利条件,通过其他国家工作人员职务上的行为,为请托人谋取不正当利益,索取请托人财物或者收受请托人财物。那么,每种独立的构成要件中包含几个行为?

63 对此,可以比照受贿罪来理解。《刑法》第 385 条第 1 款规定,国家工作人员利用

48　参见车浩:《行贿罪之“谋取不正当利益”的法理内涵》,载《法学研究》2017 年第 2 期。

49　参见连云港市新浦区人民法院(2013)新刑初字第 0245 号刑事判决书。

职务上的便利,索取他人财物的,或者非法收受他人财物,为他人谋取利益的,是受贿罪。对于受贿罪的既遂,第一种观点认为,只要国家工作人员作出利用职务便利为他人谋取利益的承诺,即构成受贿罪未遂;对索贿的,以索贿行为为既遂标准。第二种观点认为,受贿罪既遂以实际谋取利益为标准,只要国家工作人员利用职务实施了为他人谋取利益的行为,无论是否得到财物,都构成既遂,因为受贿罪的典型特征是权钱交易,只有收到财物,才是权钱交易的全部体现。第三种观点认为,受贿罪的既遂既要求国家工作人员利用职务上的便利为他人谋取利益,又要求以实际收受他人财物为标准,缺少任何一个方面均构成犯罪未遂;索贿的,也必须以实际收到财物为既遂标准。[50] 笔者认为,受贿犯罪中的为他人谋取利益是主观构成要件要素,因而在受贿罪中,"国家工作人员利用职务上的便利,为他人谋取利益"不需要实际的客观行动,只要通过事实能够认定国家工作人员具有为他人谋取利益的意思即可,因此,受贿罪的既遂标准不应诉诸这个主观要素。根据《刑法》第23条的规定,犯罪未遂是指已经着手实行犯罪,由于意志以外的原因而未得逞,主观要素显然不是意志以外的原因,因而我们认同受贿罪的既遂标准是收受他人财物,这是因为只有收受了他人财物才可能匹配"受贿",没有实际收受他人财物,仍然认定为受贿既遂,违背常理,而且只有实际收受了他人财物,权钱交易的实际结果才会达成,如果仅仅是承诺为他人谋取利益而没有收受他人财物就可以构成受贿罪既遂,那么受贿罪中的"收受他人财物"成为可有可无的赘言,受贿罪也就变成了承诺谋利罪或者意图谋利罪了。因此,在收受贿赂的情形下,行贿人提出请托要求、国家工作人员接受请托人的请托时,为受贿罪着手,国家工作人员收到贿赂时为受贿罪既遂,因意志以外的原因而没有收到贿赂的,是受贿罪未遂;在索取他人贿赂的情况下,索贿行为的开始为受贿着手,索取他人财物是受贿罪实行行为,收到他人财物为受贿罪既遂,因意志以外的原因而未索取到他人财物的,是受贿罪未遂。

利用影响力受贿罪侵犯的法益与受贿罪并不相同,二者的犯罪主体和行为方式 64
也迥异,相较于受贿罪而言,利用影响力受贿罪的罪状描述更为复杂,但是对比受贿罪的各个构成要件要素,利用影响力受贿罪的既遂与未遂的认定则更容易明了。其实,与受贿罪的构成要件行为相类似,在利用影响力受贿罪的第一类罪状描述中,与受贿罪中利用职务上的便利,为他人谋取利益一样,此处的通过该国家工作人员职务上的行为,为请托人谋取不正当利益也是主观构成要件要素,它不需要客观的谋取利益的行为,所谓的"通过该国家工作人员职务上的行为"也不需要国家工作人员实际实施了相关行为,只要国家工作人员的密切关系人将其与国家工作人员的密切关系作为交换条件而收取了他人的财物,就构成既遂;如果密切关系人与请托人之间达成了利用国家工作人员的职务便利为其谋取利益的意向,实际收受了财物,即便收受财

50 参见赵煜:《惩治贪污贿赂犯罪实务指南》(第2版),法律出版社2017年版,第407—408页。

物之后没有机会向国家工作人员提起所要求的请托事项,即没有实际利用国家工作人员便利的,也构成利用影响力受贿罪既遂;索取贿赂的情形,与此相同,即只要实际索取到了财物,就是利用影响力受贿罪既遂。换言之,利用影响力受贿罪的实行行为是收受或索取他人财物[51],本罪的着手在收受财物的情形下,是请托人提出贿赂事项而国家工作人员的密切关系人答应其请求时;在索取财物的情形下,开始索取贿赂时为着手;因意志以外的原因没有实际收到财物的,是利用影响力受贿罪未遂。对于利用影响力受贿罪其他类型的犯罪行为来说,犯罪既遂与未遂的认定同样如此,"利用该国家工作人员职权或者地位形成的便利条件,通过其他国家工作人员职务上的行为,为请托人谋取不正当利益"和"利用该离职的国家工作人员原职权或者地位形成的便利条件","通过其他国家工作人员职务上的行为,为请托人谋取不正当利益"中的"为请托人谋取不正当利益"是主观要素,它前面的"利用……通过……"是对"为请托人谋取不正当利益"之谋取利益方式的说明和修饰,并不具有实际的客观意义。因而利用影响力受贿罪的实行行为是收受他人财物,"利用该国家工作人员职权或者地位形成的便利条件,通过其他国家工作人员职务上的行为,为请托人谋取不正当利益","利用该离职的国家工作人员原职权或者地位形成的便利条件,通过其他国家工作人员职务上的行为,为请托人谋取不正当利益"是主观构成要件要素。就此而言,我们认同陈兴良教授的看法,"刑法规定的受贿罪是一种隐性的目的犯,可以从为他人谋取利益中推导出行为人主观上的目的"[52]。相应的,利用影响力受贿罪中的"利用……职权或者……便利条件,通过其他国家工作人员职务上的行为"是目的的一部分[53],它们连同紧跟其后的"为请托人谋取不正当利益"一起构成利用影响力受贿罪的主观目的。

51　在受贿罪中,有学者正确指出,"所谓利用职务上的便利,不过是强调索取和收受的财物与国家工作人员职务之间存在对价关系的要素,旨在说明财物具有贿赂性质,而不意味着利用职务上的便利本身是一种实行行为"。参见陈洪兵:《贪污贿赂渎职罪解释论与判例研究》,中国政法大学出版社2015年版,第40页。

52　陈兴良、周光权:《刑法学的现代展开II》(第2版),中国人民大学出版社2015年版,第499页。

53　这些目的犯中的目的在学理上被称为"主观的超过要素",也即这些要素只需要存在于行为人的内心即可,不需要与之对应的客观行为。参见张明楷:《犯罪构成体系与构成要件要素》,北京大学出版社2010年版,第221页。利用影响力受贿罪中的"利用该国家工作人员职权或者地位形成的便利条件,通过其他国家工作人员职务上的行为,为请托人谋取不正当利益""利用该离职的国家工作人员原职权或者地位形成的便利条件",通过其他国家工作人员职务上的行为,为请托人谋取不正当利益等要件要素就是主观超过要素,不需要与之对应的客观行为,只要能够在证据上通过客观事实推定行为人内心具备这样的主观要素即可,这些主观超过要素的存在将单纯收受礼金行为、感情收礼行为等与利用影响力受贿行为区分开来。

Ⅷ 共犯

笔者在阐述利用影响力受贿罪的行为类型时,已经部分说明了利用影响力受贿罪共同犯罪的认定,共同犯罪的认定主要涉及的是密切关系人与国家工作人员之间、离职的国家工作人员与国家工作人员之间共同犯罪关系与否的认定。前文提出的一个结论是,密切关系人或者离职的国家工作人员与被利用的国家工作人员即利用者与被利用者之间不存在构成利用影响力受贿罪共犯的可能。 65

2003 年 11 月 13 日最高人民法院印发的《全国法院审理经济犯罪案件工作座谈会纪要》规定,“根据刑法关于共同犯罪的规定,非国家工作人员与国家工作人员勾结,伙同受贿的,应当以受贿罪的共犯追究刑事责任。非国家工作人员是否构成受贿罪共犯,取决于双方有无共同受贿的故意和行为。国家工作人员的近亲属向国家工作人员代为转达请托事项,收受请托人财物并告知该国家工作人员,或者国家工作人员明知其近亲属收受了他人财物,仍按照近亲属的要求利用职权为他人谋取利益的,对该国家工作人员应认定为受贿罪,其近亲属以受贿罪共犯论处。近亲属以外的其他人与国家工作人员通谋,由国家工作人员利用职务上的便利为请托人谋取利益,收受请托人财物后双方共同占有的,构成受贿罪共犯。国家工作人员利用职务上的便利为他人谋取利益,并指定他人将财物送给其他人,构成犯罪的,应以受贿罪定罪处罚”。这一司法解释虽然明确了非国家工作人员与国家工作人员共同受贿罪的情况,其中明确指出“近亲属以外的其他人与国家工作人员通谋,由国家工作人员利用职务上的便利为请托人谋取利益,收受请托人财物后双方共同占有的,构成受贿罪共犯”,但这是为了说明什么情况下非国家工作人员构成受贿罪共犯,也即国家工作人员收受他人财物的受贿罪,非国家工作人员在何种情况下构成违法的连带,但并不能据此来说明国家工作人员本身受贿罪成立与否的认定。上述司法解释中指出,“国家工作人员明知其近亲属收受了他人财物,仍按照近亲属的要求利用职权为他人谋取利益的,对该国家工作人员应认定为受贿罪,其近亲属以受贿罪共犯论处”,但规定只是一种注意规定,它并不意味着国家工作人员只有明知“近亲属”收受他人财物仍按照近亲属的要求利用职权为他人谋取利益的,才构成受贿罪。国家工作人员既然明知密切关系人利用自己的职务为请托人谋取不正当利益并收受了他人财物,仍然自觉利用职权或者地位形成的便利条件,通过其他国家工作人员职务上的行为,为请托人谋取不正当利益,“说明国家工作人员主观上有出卖自己职务行为的故意”,且客观上实施了斡旋行为,因而完全符合《刑法》第 388 条斡旋受贿罪的构成要件。 66

Ⅸ 与他罪的区别

行为人以欺诈或者敲诈勒索等手段索要请托人贿赂的,在司法实践界与理论界对于受贿罪的探讨中均有许多论述。利用影响力受贿罪与诈骗罪、敲诈勒索罪也存 67

在区分和犯罪竞合下如何定罪的问题。

68 关于行为人诈骗、敲诈勒索和一般受贿的竞合问题,中外学者有不同论述。日本判例认为,以恐吓为手段收受贿赂的,如果公务员没有执行职务的意思成立恐吓罪,否则为受贿罪与恐吓罪的观念竞合(即想象竞合);以欺诈手段收受贿赂的,构成受贿罪与诈骗罪的观念竞合。西田典之教授认为,虽然在日本判例中,如果公务员没有执行职务的意思则构成受贿罪与相应的恐吓罪或者诈骗罪的观念竞合,但均应当否定成立受贿罪。[54] 在国内刑法学界,通说认为,行为人如果只有欺诈或敲诈勒索的主观故意但没有真正为请托人谋取不正当利益的意图,仅以此作为一种借口或者托辞的,则行为人不成立受贿罪而成立诈骗罪或者敲诈勒索罪。[55]

69 就利用影响力受贿罪与诈骗罪和敲诈勒索罪的区分与竞合而言,如果行为人既有欺诈、敲诈的主观故意和行为表现,又有实施利用影响力为请托人谋取不正当利益的实际动机的情况如何定性,笔者认为,两个问题值得探讨。

70 (1)应当细分以准确定罪量刑,不能简单地择重罪处罚。对于在此罪中行为人为索贿而存在欺诈、敲诈勒索手段的,应当从贿赂获得的主要原因加以分析确定罪名,在此提出"重心偏移"的观点,即依据影响相关主体作出行为的动因重心落于何处来确定罪名。对于行为人来说,如果主观意图主要将利用他人职务行为或者影响力作为索贿的对价,欺诈、恐吓行为仅是为了加重请托人的心理压力而促使其由犹豫不决转向决定给付或者实际给付,则重心倾斜于利用影响力方面,应定利用影响力受贿罪;否则,定诈骗罪或者敲诈勒索罪。对于请托人而言,要看促使其交付或者意图交付贿赂的决定因素何者更重,要起主要或者决定性作用。如果是请托人迫切希望谋得不正当利益,则重心应当落于为取得不正当利益而为行贿,倘若请托人内心基于受骗而相信行为人有能力为其谋取不正当利益或者恐惧压力胜过对不正当利益谋取的渴望,则重心应偏移至诈骗或者恐吓方面,定诈骗罪或者敲诈勒索罪。对于重心模糊,不好判断或者行为人与请托人言辞不一致不能以证据证明的,则作为想象竞合犯择一重罪处罚。

71 (2)对于择重罪处罚的,应判断孰重孰轻。对于想象竞合犯的处罚标准,我国《刑法》并没有在总则部分作出明文规定,在分则第 329 条明确规定了"依照处罚较重的规定定罪处罚"。通说认为,此规定适用于所有想象竞合犯,但刑法另有规定的依照特别规定。对于何为处罚较重,笔者认为,可以以最高人民法院的一个司法解释为依据。最高人民法院《关于适用刑法第十二条几个问题的解释》第 1、2 条规定:"刑法第十二条规定的'处刑较轻',是指刑法对某种犯罪规定的刑罚即法定刑比修

54　参见〔日〕西田典之:《日本刑法各论》(第 6 版),王昭武、刘明祥译,法律出版社 2013 年版,第 509 页。

55　参见王作富主编:《刑法分则实务研究》(第 3 版),中国方正出版社 2007 年版,第 1821—1822 页。

订前刑法轻。法定刑较轻是指法定最高刑较轻;如果法定最高刑相同,则指法定最低刑较轻。如果刑法规定的某一犯罪只有一个法定刑幅度,法定最高刑或者最低刑是指该法定刑幅度的最高刑或者最低刑;如果刑法规定的某一犯罪有两个以上的法定刑幅度,法定最高刑或者最低刑是指具体犯罪行为应当适用的法定刑幅度的最高刑或者最低刑。”这里讨论的三个罪名所规定的起刑点和量刑幅度均不同,并且均存在不确定性。因此,在对行为判断何为重罪时,应当根据具体的犯罪数额和各地方的具体量刑标准来衡量比较。

X 处罚

根据《刑法》第 388 条之一以及 2016 年 4 月 18 日施行的最高人民法院、最高人民检察院《关于办理贪污贿赂刑事案件适用法律若干问题的解释》第 1、2、3、4、10 条之规定,利用影响力受贿数额在 3 万元以上不满 20 万元的,或者有其他较重情节的(具有特定情形的,受贿数额在 1 万元以上不满 3 万元),处 3 年以下有期徒刑或者拘役,并处罚金;数额巨大(20 万元以上不满 300 万元)或者有其他严重情节的(具有特定情形的,数额在 10 万元以上不满 20 万元),处 3 年以上 7 年以下有期徒刑,并处罚金;数额特别巨大(300 万元以上)或者有其他特别严重情节的(具有特定情形的,数额在 150 万元以上不满 300 万元),处 7 年以上有期徒刑,并处罚金或者没收财产。 72

第三百八十九条　行贿罪

为谋取不正当利益，给予国家工作人员以财物的，是行贿罪。

在经济往来中，违反国家规定，给予国家工作人员以财物，数额较大的，或者违反国家规定，给予国家工作人员以各种名义的回扣、手续费的，以行贿论处。

因被勒索给予国家工作人员以财物，没有获得不正当利益的，不是行贿。

文献：苏彩霞、胡陆生、蒋建宇：《〈联合国反腐败公约〉与我国刑事法的协调完善》，吉林大学出版社2008年版；孙国祥、魏昌东：《反腐败国际公约与贪污贿赂犯罪立法研究》，法律出版社2011年版；孙国祥：《贿赂犯罪的学说与案解》，法律出版社2012年版；赵煜：《惩治贪污贿赂犯罪实务指南》，法律出版社2012年版；刘宪权、谢杰：《贿赂犯罪刑法理论与实务》，上海人民出版社2012年版；李辰：《行贿犯罪研究》，中国政法大学出版社2013年版；彭新林：《贪污贿赂的罪与罚》，北京大学出版社2015年版；李少平、朱孝清、卢建平主编：《法治中国与刑法发展》，中国人民公安大学出版社2015年版；高明、赵栋：《贪污贿赂犯罪辩护要点》，法律出版社2016年版。楼伯坤：《行贿罪立法中的排除性规定》，载《国家检察官学院学报》2010年第4期；吴林生：《刑法修正案（九）草案的得失及修改建议》，载《中国刑事法杂志》2015年第1期；李少平：《行贿犯罪执法困局及其对策》，载《中国法学》2015年第1期；魏汉涛：《行贿罪中"谋取不正当利益"的误区与出路》，载《昆明理工大学学报（社会科学版）》2016年第1期；孙国祥：《行贿罪中的"为谋取不正当利益"辨析》，载《人民检察》2016年第11期；车浩：《行贿罪之"为谋取不正当利益"的法理内涵》，载《法学研究》2017年第2期。

细目录

Ⅰ　主旨
Ⅱ　沿革
Ⅲ　客体
Ⅳ　对象
Ⅴ　行为
Ⅵ　罪过
　一、"为谋取不正当利益"要件
　二、行贿罪的故意

Ⅶ 与非罪的界限
一、本条第3款的理解
二、行贿与馈赠的界限
三、行贿罪与一般违法行为的界限
Ⅷ 与他罪的区别
一、与单位行贿罪的区别
二、与对非国家工作人员行贿罪的区别
三、与对有影响力的人行贿罪的区别
四、与受贿罪的区别
五、与介绍贿赂罪的区别
Ⅸ 既遂与未遂

Ⅰ 主旨

行贿罪是指为谋取不正当利益,给予国家工作人员以财物,或者在经济往来中违反有关规定,给予国家工作人员以各种名义的回扣、手续费的行为。本罪是受贿罪的对向犯,旨在严厉打击收买国家工作人员职务权力的行为,消灭国家工作人员腐败的诱因。 1

Ⅱ 沿革

1979年《刑法》第185条第3款对行贿罪作出了规定:"向国家工作人员行贿或者介绍贿赂的,处三年以下有期徒刑或者拘役。"20世纪80年代以后,随着行贿现象的日益突出、复杂,行贿行为的社会危害性越来越严重,1979年《刑法》规定的内容已明显不能适应司法实践的需要。因此,1988年1月21日全国人大常委会通过的《关于惩治贪污罪贿赂罪的补充规定》对行贿罪进行了修改补充。该规定第7条规定:为谋取不正当利益,给予国家工作人员、集体经济组织工作人员或者其他从事公务的人员以财物的,是行贿罪。在经济往来中,违反国家规定,给予国家工作人员、集体经济组织工作人员或者其他从事公务的人员以财物,数额较大的,或者违反国家规定,给予国家工作人员、集体经济组织工作人员或者其他从事公务的人员以回扣、手续费的,以行贿论处。因被勒索给予国家工作人员、集体经济组织工作人员或者其他从事公务的人员以财物,没有获得不正当利益的,不是行贿。第8条规定:对犯行贿罪的,处5年以下有期徒刑或者拘役;因行贿谋取不正当利益,情节严重的,或者使国家利益、集体利益遭受重大损失的,处5年以上有期徒刑;情节特别严重的,处无期徒刑,并处没收财产。行贿人在被追诉前,主动交代行贿行为的,可以减轻处罚,或者免予刑事处罚。因行贿而进行违法活动构成其他罪的,依照数罪并罚的规定处罚。第9条规定:企业事业单位、机关、团体为谋取不正当利益而行贿,或者违反国家规定,给 2

予国家工作人员、集体经济组织工作人员或者其他从事公务的人员以回扣、手续费,情节严重的,判处罚金,并对其直接负责的主管人员和其他直接责任人员,处5年以下有期徒刑或者拘役。因行贿取得的违法所得归私人所有的,依照本规定第8条的规定处罚。

3 与1979年《刑法》相比,《关于惩治贪污罪贿赂罪的补充规定》规定了行贿罪的定义,使其罪状详细化,并提高了法定刑,根据行贿情节轻重分别规定了不同的法定刑幅度。这为司法实践追究行贿罪的行为人的刑事责任提供了明确的法律依据。

4 但是,考虑到行贿罪的社会危害主要集中在对国家机关正常管理活动的破坏,将给予集体经济组织工作人员以财物的行为规定在行贿罪中不太合适,不利于区别对待,难以突出对向国家工作人员行贿行为的惩治。因此,1997年《刑法》对行贿罪的主体范围作了限制性规定,对法定刑规定作出了完善,同时删除了"因行贿而进行违法活动构成其他罪的,依照数罪并罚的规定处罚"这一不必要的内容,其他方面基本保留了《关于惩治贪污罪贿赂罪的补充规定》的内容。

5 1997年《刑法》第389条规定:"为谋取不正当利益,给予国家工作人员以财物的,是行贿罪。在经济往来中,违反国家规定,给予国家工作人员以财物,数额较大的,或者违反国家规定,给予国家工作人员以各种名义的回扣、手续费的,以行贿论处。因被勒索给予国家工作人员以财物,没有获得不正当利益的,不是行贿。"第390条规定:"对犯行贿罪的,处五年以下有期徒刑或者拘役;因行贿谋取不正当利益,情节严重的,或者使国家利益遭受重大损失的,处五年以上十年以下有期徒刑;情节特别严重的,处十年以上有期徒刑或者无期徒刑,可以并处没收财产。行贿人在被追诉前主动交待行贿行为的,可以减轻处罚或者免除处罚。"

6 但随着贪污受贿行为的愈演愈烈,关于行贿罪的规定,尤其是法定刑的规定,还是难以适应严厉惩治腐败行为的客观需要。在这种背景下,根据党的十八届三中全会对加强反腐败工作,完善惩治腐败犯罪法律规定的要求,2015年8月29日通过的《刑法修正案(九)》进一步加大了对行贿犯罪的惩治力度,主要体现在:第一,完善行贿犯罪财产刑规定,使犯罪分子在受到人身处罚的同时,在经济上也得不到好处。第二,进一步严格对行贿罪从宽处罚的条件。具体而言,《刑法修正案(九)》对行贿罪的处罚作出如下修改:"对犯行贿罪的,处五年以下有期徒刑或者拘役,并处罚金;因行贿谋取不正当利益,情节严重的,或者使国家利益遭受重大损失的,处五年以上十年以下有期徒刑,并处罚金;情节特别严重的,或者使国家利益遭受特别重大损失的,处十年以上有期徒刑或者无期徒刑,并处罚金或者没收财产。行贿人在被追诉前主动交待行贿行为的,可以从轻或者减轻处罚。其中,犯罪较轻的,对侦破重大案件起关键作用的,或者有重大立功表现的,可以减轻或者免除处罚。"

Ⅲ　客体

关于行贿犯罪的保护法益,其实与受贿罪之间具有共通性,因为两者之间属于对向犯罪。我国刑法理论界在这个问题上之前存在较大争议,例如有观点认为,行贿罪侵犯的客体是国家机关的正常活动,因为行为人通过财物收买国家工作人员,必然会干扰国家机关的正常管理活动;也有观点认为,行贿犯罪侵犯的客体是社会管理秩序,因为只有具有国家工作人员的特殊身份,才能侵犯国家机关的正常管理活动,而行贿罪属于一般主体犯罪,因此它侵犯的只能是社会管理秩序;还有观点认为,行贿犯罪侵犯的是一种复杂客体,当受贿人违背职务时,行贿罪侵犯了国家机关的正常活动,否则只是侵犯了社会的风尚。此外,行贿罪还侵犯了社会主义经济秩序,有些情况下,也侵犯了公私财产的所有权。 7

上述观点并没有考虑到行贿犯罪在刑法中的具体位置,我国刑法将行贿罪作为贪污贿赂犯罪的一种,就没有理由再认为行贿罪主要侵犯了社会管理秩序、社会主义经济秩序或者公私财产所有权。此外,行贿罪侵犯了国家机关正常管理活动的说法并不明确,含义十分模糊,难以对行贿罪的构成要件起到解释论的作用,而且破坏国家机关的正常管理活动只是行贿罪可能产生的结果,其本身并不是法益。正因如此,我国目前的刑法学通说并没有采纳上述观点,而是认为,行贿罪的客体是国家工作人员职务的廉洁性。[1] 8

但是,如张明楷教授所批判的那样,廉洁性说存在较大问题:首先,“廉洁”本身的含义并不清晰;其次,廉洁性是指职务行为的廉洁性还是公务人员本身的廉洁性,也还没有达成共识,而这两种表述实际上存在区别,会对构成要件的解释产生不同的结论;再次,廉洁性说没有说明其是以纯洁说为立场,还是以职务不可收买性为立场,如果是前者,则只有受贿人员违反职务时,才能构成行贿罪,这并不妥当;最后,廉洁性说也无法区分受贿罪与贪污罪、巨额财产来源不明罪。[2] 因此,张明楷教授赞成职务行为的不可收买性说,其中既包括职务行为不可收买性本身,也包括国民对职务行为不可收买性的信赖,“如果职务行为可以收买,或者公民认为职务行为可以由财物相互交换,则意味着公民不会信赖国家工作人员的职务行为,进而不信赖国家机关本身;这不仅会导致国家机关权威性降低,各项正常活动难以展开,而且导致政以贿成、官以利鬻、腐败成风、贿赂盛行”[3]。 9

张明楷教授的观点有一定道理,但仍然需要明确的是,这里讨论的法益是在立法论的意义上还是在司法论的意义上而言的。如果是立法论的立场,则职务行为的不 10

1　参见高铭暄、马克昌主编:《刑法学》(第9版),北京大学出版社、高等教育出版社2019年版,第638页。

2　参见张明楷:《刑法学》(第6版),法律出版社2021年版,第1584—1585页。

3　张明楷:《刑法学》(第6版),法律出版社2021年版,第1587—1588页。

可收买性是正确的,但是如果在刑法规定行贿罪的具体构成要件的语境下,则并不妥当。诚然在德国、日本,职务行为的不可收买性说是妥当的,因为两国法律对于行贿对象并没有作出具体限定,因此无论行贿什么,都可以说侵犯了职务行为的不可收买性。但是我国刑法规定行贿罪的对象仅包括财物,这显然无法包括利益。但使用其他利益进行行贿的,显然也侵犯了职务行为的不可收买性,如果该行为不构成行贿罪,并不妥当。对此,我国学者指出:"职务的不可收买性,是指国家禁止国家机关工作人员利用职务便利收取职务相对人给予的对价性利益,包括财物、财产性利益和非财产性利益。而我国刑法只规定了财物可作为贿赂物,财产性利益和非财产性利益不属于贿赂罪的范围。所以,将行贿罪客体表述为国家工作人员职务的不可收买性也不确切。"[4]因此站在方法论的法益论上,应该认为,行贿罪的法益是国家工作人员职务的禁止财物交易性,这里的财物也包括财产性利益。

Ⅳ 对象

11 关于行贿罪的犯罪对象的讨论,其实与受贿罪一样,也存在多种学说的争论。传统观点认为,行贿罪的对象仅限于财物,既不包括财产性利益,也不包括其他利益,"我国刑法所禁止的并非一切收买、拉拢国家工作人员而侵害国家工作人员职务廉洁性的行为,那些给予财产性利益,如照顾子女入学、提供出国考察机会等,以及给予财产性利益如提供性服务、荣誉称号等,不属于刑法调整的范围。我国刑法规定的贿赂只限于财物,即金钱和物品,禁止的是用财物收买国家公务的行为"[5]。这种观点认为只有将行贿罪的对象严格限定为狭义的财物,才能真正符合罪刑法定原则。

12 在中华人民共和国成立前,各革命根据地制定的规章制度均把贿赂的范围限定于财物,如 1947 年 5 月 6 日颁行的《东北解放区惩治贪污暂行条例》和 1948 年 1 月 10 日颁行的《晋冀鲁豫边区惩治贪污条例》中,都把贿赂的范围限于财物。中华人民共和国成立后,1952 年通过的《惩治贪污条例》也将贿赂的范围限于财物。虽然随后的 1979 年《刑法》并没有具体界定贿赂的范围,但是在《关于惩治贪污罪贿赂罪的补充规定》中,把贿赂的范围明确限定为财物,并且规定"回扣、手续费"也属于贿赂的范围。而在 1997 年修订刑法时,虽然理论界存在很大争议,但是修订后的刑法并没有采纳扩大贿赂范围的主张,而是沿用了《关于惩治贪污罪贿赂罪的补充规定》中的提法,贿赂的范围仍限于财物。可见采取财物说的观点其实是采用了历史解释的方法。

13 由于将行贿罪的对象严格限定为财物,不利于应对日益严重的腐败现象,于是我国学者认为,应当将财产性利益纳入"财物"的范围。张明楷教授指出:"这里的财物

4 沙君俊:《论行贿罪的两个问题》,载《人民检察》2002 年第 5 期。

5 沙君俊:《论行贿罪的两个问题》,载《人民检察》2002 年第 5 期。

是指具有价值的可以管理的有体物、无体物以及财产性利益。能够转移占有的有体物与无体物,属于财物自不待言,但财产性利益也应包括在内。因为财产性利益可以通过金钱计算其价值,而且许多财产性利益的价值超出了一般物品的经济价值,没有理由将财产性利益排除在财物之外。”[6] 至于其中的理由,学者一般认为包括以下几个方面:第一,财物与财产性利益作为贿赂的标的物根本没有区别,都会对职务廉洁性造成损害,都会破坏贿赂犯罪保护的法益;第二,将财产性利益作为行贿的对象,适应当前的实践需要,既避免了采取狭义财物说导致的处罚范围过窄,也避免了采取广义利益说导致的刑罚对私生活的过多干预;第三,财产性利益依然可以进行数额的计算,因此易于司法操作,有利于严密刑事法网。[7]

14 笔者认为,虽然从刑法解释论来说,德国、日本等国的刑事立法,一般明文区分财物与财产性利益这两个概念,例如日本刑法在财产罪中将对物的犯罪作为一项犯罪,而将对财产性利益的犯罪作为两项犯罪,那么在这种立法语境下,将财物解释为财产性利益显然违反罪刑法定原则。但是,我国刑法并未明确区分财物与财产性利益的概念,故“既然刑法并未严格区分财物与财产概念,那么认为财物包含财产性利益,就不属于类推解释”[8]。因此,在行贿罪中,将犯罪对象至少扩展到财产性利益应当没有问题。而且将贿赂罪的对象扩张为财产性利益,实际上也得到我国司法解释的认可。例如 2003 年 11 月 13 日发布的《全国法院审理经济犯罪案件工作座谈会纪要》规定,股票已上市且已升值,行为人仅支付股本金,其“购买”股票时的实际价格与股本金的差价部分应认定为受贿;2007 年 7 月 8 日最高人民法院、最高人民检察院发布的《关于办理受贿刑事案件适用法律若干问题的意见》规定了对 10 种受贿行为的定性处理,其中对收受干股行为的定性明显涉及对财产性利益的认定;2008 年 11 月 20 日最高人民法院、最高人民检察院发布的《关于办理商业贿赂刑事案件适用法律若干问题的意见》明确规定,商业贿赂中的财物,既包括金钱和实物,也包括可以用金钱计算数额的财产性利益,如提供房屋装修、含有金额的会员卡、代币卡(券)、旅游费用等。具体数额以实际支付的资费为准。在这种情况下,理论上仍然排斥将财产性利益视为行贿罪对象的观点并没有任何司法实践上的意义。

V 行为

15 按照我国刑法的规定,行贿罪的客观要件是给予国家工作人员以财物的行为,在司法实践中往往表现为如下几种情形:一是为了利用国家工作人员的职务行为(包括利用国家工作人员的斡旋行为),主动给予国家工作人员财物(包括向斡旋受贿者给

---

6 张明楷:《刑法学》(第 6 版),法律出版社 2021 年版,第 1590 页。

7 参见孙天乐:《论贿赂犯罪中贿赂的范围》,载李少平、朱孝清、卢建平主编:《法治中国与刑法发展》,中国人民公安大学出版社 2015 年版,第 929 页。

8 张明楷:《财产性利益是诈骗罪的对象》,载《法律科学》2005 年第 3 期。

予财物)。二是在有求于国家工作人员时,由于国家工作人员的索贿,而给予他们财物。但是需要注意的是,按照《刑法》第 389 条第 3 款的规定,因被勒索给予国家工作人员以财物,没有获得不正当利益的,不是行贿。三是与国家工作人员约定,以满足自己的要求为条件给予国家工作人员以财物。对此《刑法》第 389 条第 2 款规定,在经济往来中,违反国家规定,给予国家工作人员以财物,数额较大的,或者违反国家规定,给予国家工作人员以各种名义的回扣、手续费的,以行贿论处。四是在国家工作人员利用职务上的便利为行为人谋取利益时,或者为行为人谋取利益后,行为人给予国家工作人员以财物,作为职务行为的报酬的。

16 从条文的表述来看,行贿罪是单一行为犯,也就是说,只要给予国家工作人员财物的,便符合行贿罪的客观要件。但是对此有学者提出疑问,认为这一行为要件受到"为谋取不正当利益"的制约,如果行为人只是简单地交付财物,而没有提出谋取不正当利益的要求,实际上不可能构成行贿罪。因此,在我国刑法中,行贿罪其实是一种复合行为犯,客观方面是给予国家工作人员财物与向国家工作人员提出谋取不正当利益的要求的结合。[9] 具体而言,在主动行贿的情况下,必须提出这种具体的要求,即"行求"与"交付"的结合;而在被动行贿的场合,按照《刑法》第 389 条第 3 款的规定,必须同时获得这种不正当利益,才能构成行贿。但是该观点的前提是将"为谋取不正当利益"作为客观要素,由此才存在复合行为犯的前提。虽然关于"为谋取不正当利益"的性质在我国学界还存在争议,但是刑法理论的通说均认为它是一种主观要素。因此,在这种理论前提下,成立行贿,只需要主观上有这个意图即可,并不需要客观上予以实现,甚至也不需要提出这种要求。因而,笔者认为,行贿罪属于单一的行为犯没有疑问,只要行为人给予财物,就满足了行贿罪的客观行为要件。此外,在司法实践中需要明确几类新型的行贿行为。

17 (1)交易行贿。"仅从'给予财物'本身的字面意思入手,解释变相交易中的行贿行为存有困难,因为双方是在进行具有'自愿性、公平性、等价性'的交易行为,即俗话说的一手交钱,一手交货,而实质上,这无疑是行贿人通过极不合理的低价售出或高价买入,事实上给予国家工作人员以财物。"[10]

18 此外,对于不动产的权属变更而言,需要办理变更登记才能生效。但是在实践中,为了隐蔽其行贿行为,行贿人对给予的房产并没有办理权属登记,而是在事实上给予国家工作人员长期稳定地占有使用,因此除了可能在房屋的处分上存在问题,其他的利益均不受影响。在这种情况下,不能狭隘地理解给予财物的概念,将这种行为不作为行贿处理。事实上,国家工作人员居住房屋却没有支付房租本身,就是获得了财产性的利益,对于行贿人而言,也是支出了财产性的利益。因此,对于给予财物,不仅应该包括所有权的转移,还应该包括长期地将物给予国家工作人员占有、使用、收

9 参见孙国祥:《贿赂犯罪的学说与案解》,法律出版社 2012 年版,第 635 页。

10 叶玉平:《行贿罪中"给予财物"行为评析》,载《西部法学评论》2009 年第 2 期。

益。除此之外,笔者认为,对于动产而言,只要持续地由国家工作人员支配,即便没有赠送的意思,这种长时间的借用,也毫无疑问地侵犯了职务行为的不可收买性,对此以行贿处理也没有疑问

(2)干股型行贿。所谓"干股",是指"未出资而获得的股份"。公司法规定实际出资只是股东的主要义务,而非确认股东资格的必要条件。亦即在民事法律关系上干股股东的股东资格可以确认,其有权分享公司、企业的收益。由于干股本身就是一种财产性利益,并且还可以带来分红等财产性利益,因而其逐渐成为行为人向国家工作人员行贿的工具,"权力"干股应运而生。 19

(3)合作投资型行贿。行为人通过由其出资,与国家工作人员"合作"开办公司或者进行其他"合作"投资的形式给予国家工作人员以财物,是近年来出现的新型行贿形式。在司法实务中,合作投资型行贿主要有三种情况:其一,行为人为谋取利益,由其出资,与国家工作人员或其指定的第三人合作开办公司或者进行其他形式合作投资的情形。其二,由请托人垫付资金,国家工作人员"合作"投资,事后未归还请托人的垫资,且不实际参与经营而获取经营"利润"。此时,由于国家工作人员没有管理、技术等经营上的付出,也没有资金上的风险,实际上属于以合作投资的名义白拿利润,是假合作真贿赂。其三,由请托人垫付资金,国家工作人员"合作"投资,不实际参与经营而获取经营"利润",并以"利润"归还了请托人的垫资。笔者认为,这属于典型的"空手套白狼",国家工作人员既不参与经营管理,又没有投资,而是要求请托人垫付资金,事后以利润冲抵垫款,也不需要国家工作人员自己出钱归还。因此,国家工作人员自始至终都没有实际投资,也未参与经营管理,虽然所获利润被其部分或全部冲抵垫款,似乎是归还投资,但实际上属于没有实际出资和参与经营管理却实际获得利润的情况,应当认为请托人以"合作"投资为名行行贿之实。 20

(4)赌博型行贿。2005 年 5 月 11 日最高人民法院、最高人民检察院发布的《关于办理赌博刑事案件具体应用法律若干问题的解释》第 7 条规定,通过赌博或者为国家工作人员赌博提供资金的形式实施行贿、受贿行为,构成犯罪的,依照刑法关于贿赂犯罪的规定定罪处罚。需要注意的是:一是在通过赌博形式实施行贿、受贿中,行贿人和受贿人均直接参与形式上的赌博;在通过为国家工作人员赌博提供资金的形式实施行贿、受贿中,行贿人不直接参与赌博,只是为受贿人赌博提供资金。无论哪一种形式,受贿人均直接参与形式上的赌博。二是认定赌博贿赂,必须符合刑法规定的受贿罪和行贿罪的具体构成要件,诸如受贿人有利用职务上的便利,索取行贿人赌资的行为;或者有非法收受行贿人赌资,为行贿人谋取利益的行为;行贿人是为谋取非法利益而提供赌资;等等。因此,只有当行贿人主观上是为了谋取不正当利益,其行为才能构成行贿罪。 21

关于如何区分贿赂和正常的赌博、娱乐活动,最高人民法院、最高人民检察院《关于办理受贿刑事案件适用法律若干问题的意见》第 5 条第 2 款明确规定,实践中应注意区分贿赂与赌博活动、娱乐活动的界限。具体认定时,主要应当结合以下因素进行 22

判定:赌博的背景、场合、时间、次数;赌资来源;其他赌博参与者有无事先通谋;输赢钱物的具体情况和金额大小。

23 (5)借用型行贿。国家工作人员利用职务上的便利,以借为名向他人索取财物,或者非法收受财物为他人谋取利益的,应当认定为受贿。此时,若行为人主观上为了谋取不正当利益,则自然应构成行贿罪。司法实践中,在判断借款是否为行贿时,在具体认定上,不能仅看是否有书面借款手续,而应根据以下因素综合决定:有无正当、合理的借款事由;借款的去向;双方平时的关系如何、有无经济往来;出借方是否要求国家工作人员利用职务上的便利为其谋取利益;借款后国家工作人员是否有归还的意思表示及行为;是否有归还的能力;未归还的原因;等等。此外,根据最高人民法院、最高人民检察院《关于办理受贿刑事案件适用法律若干问题的意见》第 8 条第 2 款的规定,认定以房屋、汽车等物品为对象的受贿,应注意与借用的区分。具体认定时,除双方交代或者书面协议之外,主要应当结合以下因素进行判断:有无借用的合理事由;是否实际使用;借用时间的长短;有无归还的条件;有无归还的意思表示及行为。

24 (6)经济行贿。根据《刑法》第 389 条第 2 款的规定,在经济往来中,违反国家规定,给予国家工作人员以财物,数额较大的,或者违反国家规定,给予国家工作人员以各种名义的回扣、手续费的,以行贿论处。这种形式的受贿也被称为经济行贿,按照《刑法》的规定,要成立《刑法》第 389 条第 2 款规定的行贿,需要满足以下条件:

25 第一,必须是在经济往来中,即给予国家工作人员回扣、手续费的行为必须发生在经济合同的签订、履行,或者其他形式的经济活动中。理论界一般认为:"'在经济往来中'意指行为人本单位与外单位或者个人进行民商事合同的签订,政府采购、招标投标契约的履行,或者其他形式的商业交易活动。"[11] 当然对此存在的疑问是,是否有必要对经济往来进行具体的区分,特别是对于发生在国有企业有关业务管理中属于《刑法》第 389 条规定的行贿,是否可以认定为一种经济往来关系下的行贿行为。对此有观点认为,应将经济关系区分为纵向经济关系与横向经济关系,《刑法》第 389 条第 1 款规制纵向经济关系,而第 389 条第 2 款规制横向经济关系,因此发生在国有企业有关业务管理中的行贿便有可能不再适用第 389 条第 2 款的规定。[12] 但也有反对观点指出,虽然在理论上可以将经济关系区分为纵向经济关系和横向经济关系,但《刑法》第 389 条第 2 款并未对此作出区分,认为纵向经济关系只能构成一般行贿罪

---

11 谢杰、吕继东:《商业贿赂犯罪"经济往来"系列条款研究》,载《中国刑事法杂志》2007 年第 1 期。

12 参见梅屹松:《行贿犯罪法律规定的理解与适用》,载《上海政法学院学报》2006 年第 4 期。需要说明的是,本文是行贿犯罪法律适用研讨会的会议综述,是上海社科院顾肖荣教授的观点。

的观点缩小了《刑法》第389条第2款的适用范围。[13] 笔者认为,从表面看来,对经济关系的解释结论,只是影响《刑法》第389条第1款或者第2款适用的不同,但均构成行贿罪,因此没有讨论的意义。但是如下所述,《刑法》第389条第2款规定了违反国家规定的范围,因此在认定上较第1款更为严格,还是存在区分的意义。笔者赞成这样的观点,"经济往来与经济活动不是同一概念,经济往来主要是指平等主体之间的贸易、劳务活动等,而经济活动则既包括平等主体之间的这种经济往来,也包括经济管理活动等。刑法规定的是经济往来中的回扣、手续费,而不是经济管理活动中的以所谓'回扣'、'手续费'名义出现的行贿和受贿。因为回扣本身只产生于商品贸易流通过程中的买卖双方,手续费、辛苦费、劳务费等则是因一定的劳务关系,由接受劳务的一方支付给提供劳务的一方的报酬,主要产生于推销商品、采购原料、联系企业经营有关业务等活动中"[14]。因此发生在国有企业有关业务管理中的行贿,不能满足经济交往所体现的平等主体间的相互往来,就不能适用《刑法》第389条第2款的规定,而只能按照第1款认定其是否构成行贿罪。

第二,必须违反国家规定。此处的国家规定的概念在理论上存在争议,主流观点是将有关司法解释关于《刑法》第389条第1款违反规范的解释适用于第2款之中。最高人民法院、最高人民检察院《关于在办理受贿犯罪大要案的同时要严肃查处严重行贿犯罪分子的通知》中将违反国家规定解释为违反法律、法规、国家政策和国务院各部门规章规定;最高人民法院、最高人民检察院《关于办理行贿刑事案件具体应用法律若干问题的解释》将违反国家规定简化规定为违反法律、法规、规章、政策规定。但同时《刑法》第96条规定,本法所称违反国家规定,是指违反全国人民代表大会及其常务委员会制定的法律和决定,国务院制定的行政法规、规定的行政措施、发布的决定和命令。可见最高人民法院、最高人民检察院的解释宽于刑法的规定,将国务院的部门规章以及政策涵盖进来。于是问题在于,《刑法》第389条第2款是否也需要作出和第1款相同的解释,还是严格按照刑法规定,仅包括法律和国务院制定的行政法规?对此,也有学者认为:"刑法第389条第2款的违法性范围,具有特定的内容,应当严格根据刑法第96条的概念解释,只包括全国人民代表大会及其常务委员会制定的法律和决定,国务院制定的行政法规、规定的行政措施、发布的决定和命令,地方性法规、部门规章、政策、行业规范不包括在内。并且,刑法第389条第1款'谋取不正当利益'的违法性指向不正当利益的认定,刑法第389条第2款的'违反国 26

13 参见梅屹松:《行贿犯罪法律规定的理解与适用》,载《上海政法学院学报》2006年第4期。上述观点是原上海市人民检察院第二分院周永年副检察长的观点。

14 汪维良、王远伟:《行贿罪立法完善探析》,载李少平、朱孝清、卢建平主编:《法治中国与刑法发展》,中国人民公安大学出版社2015年版,第1244页。

家规定'指向的是给付回扣、手续费的贿赂行为的性质认定,两者不能混同。"[15]笔者赞成这种观点,因为《刑法》第389条第1款并没有明文规定违反国家规定的要素,换言之,这是第2款特别规定的要素,因此不必完全参照《关于办理行贿刑事案件具体应用法律若干问题的解释》,而应严格按照刑法规定予以解释,否则便违反罪刑法定原则。目前,这种国家规定在2019年修正的《反不正当竞争法》[16]、2015年修正的《商业银行法》[17]、2015年修正的《保险法》[18]、2019年修正的《建筑法》[19]、2019年修订的《药品管理法》中均有体现。[20] 但是1987年国家旅游局发布的《关于严

---

[15] 陈为钢、谢杰:《商业贿赂犯罪刑法适用若干疑难问题研究》,载《中国刑事法杂志》2009年第3期。

[16] 《反不正当竞争法》第7条第1、2款规定,经营者不得采用财物或者其他手段贿赂下列单位或者个人,以谋取交易机会或者竞争优势:(1)交易相对方的工作人员;(2)受交易相对方委托办理相关事务的单位或者个人;(3)利用职权或者影响力影响交易的单位或者个人。经营者在交易活动中,可以以明示方式向交易相对方支付折扣,或者向中间人支付佣金。经营者向交易相对方支付折扣、向中间人支付佣金的,应当如实入账。接受折扣、佣金的经营者也应当如实入账。

[17] 《商业银行法》第52条规定:"商业银行的工作人员应当遵守法律、行政法规和其他各项业务管理的规定,不得有下列行为:(一)利用职务上的便利,索取、收受贿赂或者违反国家规定收受各种名义的回扣、手续费……"第84条第1款规定,商业银行工作人员利用职务上的便利,索取、收受贿赂或者违反国家规定收受各种名义的回扣、手续费,构成犯罪的,依法追究刑事责任;尚不构成犯罪的,应当给予纪律处分。

[18] 《保险法》第116条规定:"保险公司及其工作人员在保险业务活动中不得有下列行为:……(四)给予或者承诺给予投保人、被保险人、受益人保险合同约定以外的保险费回扣或者其他利益……"第161条规定,保险公司有本法第116条规定行为之一的,由保险监督管理机构责令改正,处5万元以上30万元以下的罚款;情节严重的,限制其业务范围、责令停止接受新业务或者吊销业务许可证。

[19] 《建筑法》第17条规定,发包单位及其工作人员在建筑工程发包中不得收受贿赂、回扣或者索取其他好处。承包单位及其工作人员不得利用向发包单位及其工作人员行贿、提供回扣或者给予其他好处等不正当手段承揽工程。

[20] 《药品管理法》88条规定,禁止药品上市许可持有人、药品生产企业、药品经营企业和医疗机构在药品购销中给予、收受回扣或者其他不正当利益。禁止药品上市许可持有人、药品生产企业、药品经营企业或者代理人以任何名义给予使用其药品的医疗机构的负责人、药品采购人员、医师、药师等有关人员财物或者其他不正当利益。禁止医疗机构的负责人、药品采购人员、医师、药师等有关人员以任何名义收受药品上市许可持有人、药品生产企业、药品经营企业或者代理人给予的财物或者其他不正当利益。第141条第1款规定,药品上市许可持有人、药品生产企业、药品经营企业或者医疗机构在药品购销中给予、收受回扣或者其他不正当利益的,药品上市许可持有人、药品生产企业、药品经营企业或者代理人给予使用其药品的医疗机构的负责人、药品采购人员、医师、药师等有关人员财物或者其他不正当利益的,由市场监督管理部门没收违法所得,并处30万元以上300万元以下的罚款;情节严重的,吊销药品上市许可持有人、药品生产企业、药品经营企业营业执照,并由药品监督管理部门吊销药品批准证明文件、药品生产许可证、药品经营许可证。

格禁止在旅游业务中私自收授回扣和收取小费的规定》等文件虽然也有相关规定，但由于并非国务院颁布的行政法规，故不属于《刑法》第 389 条第 2 款规定的违反国家规定的范围。

第三，必须给予国家工作人员以财物或者给予各种名义的回扣、手续费。必须给予国家工作人员以财物可以参照《刑法》第 389 条第 1 款关于给予财物具体规定的解释。而回扣和手续费则是经济行贿中的核心实行行为，需要进行详细阐述。司法实践中虽然存在很多形式的回扣，但此处的回扣仅指在商业交易过程中，经营者账外在合同约定的价格之外退还对方或其负责人的款项。价外回扣不同于价内回扣，价内回扣是交易双方以公平合理的市场价格达成购销合意，经营者为维系交易关系，主动设置“扣率”从己方利润中提取一部分款项回馈对方，属于让利行为。价外回扣的出账和入账都不是合同明示的金额和结算方式，不反映在账上。其实质是经营者为了获得不正当利益，暗箱操作，在价格行为之外非法设置的“返点”，是谋取相对方职务行为的犯罪成本，属于贿赂行为。回扣也区别于居间、行纪行为中的佣金，两者的区别主要在于：佣金是中间人合法所得的劳务报酬；回扣是一种商业贿赂行为。回扣也区别于经营过程中的折扣，从本质上看，折扣是经营者采取的一种价格营销策略，通过让利达到促销的目的；回扣则是以不正当竞争目的为导向的非法行为，是一种长时间的排他性回馈和垄断性利益。 27

而经济往来中的手续费指的是市场主体为了承揽业务谋取商业利益，给予相对方或其负责人作为完成交易程序的金钱报酬。首先手续费区别于回扣，回扣款项来源于买方实际支付的货款、劳务费；手续费则由渴望获得交易机会的一方支付，可以是在财务结算之前，也可以在商品、款项到位之后。支付手续费的一方能够通过此项交易机会衍生的持续性商业运作谋取远高于贿赂成本的利润。同时也需要厘清受贿性手续费和侵占性手续费，受贿性手续费是获取资本运作权的诱饵。例如，高级管理人员通过正当程序将本单位资本投入特定的证券投资基金，以此收取基金公司给付的手续费的行为，如果手续费是基金运作中产生的孳息，该款项便具有侵占性，如果是基金公司在正常结算资本运作收益前提下额外给予行为人的好处，便具有受贿性。[21] 28

但是，我国刑法的相关规定存在一些问题，比如，从客观要件看，我国刑法仅规定，给予国家工作人员以财物的才构成行贿。我国学者一般将其解释为，主动提供，使对方收受的行为。因此，“行为人已经着手实施给付财物的行为，但遭到国家工作人员拒收或者由于其他原因没有给付出去的，构成本罪未遂”[22]。这与其他国家的立法存在不同，在行为方式上明显进行了限缩。例如《日本刑法典》第 198 条规定，提 29

---

21 参见刘宪权、谢杰：《贿赂犯罪刑法理论与实务》，上海人民出版社 2012 年版，第 293—295 页。

22 周光权：《刑法各论》（第 4 版），中国人民大学出版社 2021 年版，第 565 页。

供第197条至第197条之四规定的贿赂,或者就此进行申请或者约定的,处3年以下的惩役或者250万日元以下的罚金。可见《日本刑法典》将行贿罪的构成要件行为规定为提供、提议、约定贿赂三种。根据日本学者的解释,提供贿赂,是指让公务员收受贿赂;提议贿赂,是指促使公务员收受贿赂的行为,即便遭到拒绝,也成立提议贿赂罪;约定贿赂,是指就提供贿赂、收受贿赂,在行贿者、受贿者之间达成合意。[23] 可见,《日本刑法典》并不局限于实际给予财物这样一种类型,而将其扩展到提议、约定贿赂的情况,实际上是将我国刑法中的未遂或预备行为予以正犯化。《德国刑法典》也作了类似规定,例如第334条规定,以公务员、对公务负有特别义务的人员或联邦国防军士兵已经实施或将要实施、因而违反或将要违反其职务义务的职务行为作为回报,向其本人或第三人提供、允诺或给予利益的,处3个月以上5年以下自由刑。不仅是大陆法系国家,英美法系国家亦是如此。例如新加坡《反贿赂法》第5条规定:任何人单独或与他人联合向他人给予、许诺或提供贿赂作为引诱或酬金,以期该人实际或计划实施,或者实际或计划延期实施有关任何事物或交易的行为,构成行贿罪。我国学者对此指出:“通过对新加坡刑法的比较研究,我们发现其把行贿罪归为行为犯,即只要行贿人给予、提议或者许诺,引诱、要求或者期望受贿人作为、不作为或拖延执行某行为(不管是履行职责行为还是违背职责行为),就构成犯罪。”[24]

30 不仅如此,《联合国反腐败公约》也对此作了专门的规定。《联合国反腐败公约》第15条规定:各缔约国均应当采取必要的立法措施和其他措施,将下列故意实施的行为规定为犯罪:直接或间接向公职人员许诺给予、提议给予或者实际给予该公职人员本人或者其他人员或实体不正当好处,以使该公职人员在执行公务时作为或者不作为……所谓“直接”给予,是指由行贿人本人直接向公职人员给予不正当好处。“间接”给予,是指行贿人通过第三人向公职人员给予不正当好处,此时,如果第三人也知道行贿的事实,则与行贿人一起构成行贿罪的共犯。“提议”贿赂,是指行贿人向对方表示提供贿赂的意思,即让对方接受贿赂,而且不一定要求对方也意识到是贿赂,这只是单方成立的行为,即使在对方根本没有认识到是贿赂的情况下,甚至表示拒绝的情况下,只要实施了提议给予贿赂的行为,行贿人也可能成立提议贿赂罪。“许诺给予”是行贿人就将来提供贿赂之事和公务员之间达成协议。对于“实际给予”而言,对方必须实际地接受贿赂,如果遭到拒绝,仅仅就提议行为构成“提议给予”。而且《联合国反腐败公约》对行贿罪行为方式的要求具有一定的强制性。对此《联合国反腐败公约实施立法指南》指出,一些国家立法中关于实施贿赂企图的条款可能涵盖了承诺和提议。如果没有,则有必要特别涵盖承诺(意指行贿者与受贿者之

23　参见〔日〕山口厚:《刑法各论》(第2版),王昭武译,中国人民大学出版社2011年版,第739页。

24　邓崇专:《新加坡刑法对行贿罪的规制及其对我国治理“隐性腐败”的启示》,载《广西社会科学》2013年第11期。

间的约定）和提议（表示潜在受贿者同意）。

31 对此，有学者对扩张行贿罪行为方式的观点提出质疑，认为扩张行贿罪的行为方式会不当扩大犯罪圈，与我国国情不符。具体而言，一方面，我们无法确定这种损害是否达到需要刑法惩罚的程度；另一方面，在我国注重人情的社会中，诸如许诺、提议的意思表示并不能直接反映行为人主观犯罪的故意。[25] 但是，上述观点忽视了"权钱交易是贿赂犯罪的本质，行贿人基于权钱交易而决意行贿，不管行为发展到行求、期约、实际交付的哪个阶段，都已威胁到正常的国家职能活动，对国家公职人员的廉洁性造成损害，具有刑罚惩治的实质基础"[26]。按照我国刑法的规定，对于提议行贿或允诺行贿行为，可以行贿罪的预备进行处理。但是在司法实践中，除少数严重犯罪外，一般不会对预备犯进行处罚，这显然不利于保护法益。因此为更充分有效地保护法益，国家基于刑事政策的考虑，将行贿罪的预备行为拟制为实行行为是完全妥当的，"将许诺给予、提议给予的行为规定为犯罪，将刑法打击腐败的触角伸向行贿行为的初始阶段，可以把腐败犯罪消灭在萌芽状态，能够极大地震慑那些企图实施行贿的不法之徒"[27]。在我国注重人情的社会中，其实更有必要进行处罚的早期化，以避免贿赂犯罪的发生，警示行贿者注意规范其行为。其实区分是行贿还是馈赠，在司法实践中自然有一定的标准。根据我国学者的归纳，区分行贿和馈赠，要考虑赠送财物的数量价值大小、赠送财物的方式是公开的还是秘密的、赠送财物的原因、赠送人与被赠送人的关系、赠送人在赠送时有无利益要求、该利益要求是否与对方的职务存在联系以及赠送人有无在被赠送人处得到利益和好处等要素[28]，没有必要以限缩行贿罪行为方式的手段去"迁就"两者的区别。

32 刑法将行贿罪的行为方式予以扩展，也有利于治理"隐性腐败"现象。"'隐性腐败'最显著的特征就是隐蔽性，行贿、受贿双方变得更为刁滑，行贿行为也有利于隐蔽，行贿者与受贿者为了逃避制裁，钻法律的空子，采取'许诺给予'等其他方式进行行贿与受贿。如果刑法将这些行为排除于行贿罪的客观表现之外，不利于对'隐性腐败'的遏制与打击。"[29]

---

25 参见陈结淼、程冉：《论行贿罪的立法完善》，载李少平、朱孝清、卢建平主编：《法治中国与刑法发展》，中国人民公安大学出版社 2015 年版，第 1208 页。

26 孙国祥、魏昌东：《反腐败国际公约与贪污贿赂犯罪立法研究》，法律出版社 2011 年版，第 431 页。

27 苏彩霞、胡陆生、蒋建宇：《〈联合国反腐败公约〉与我国刑事法的协调完善》，吉林大学出版社 2008 年版，第 91 页。

28 参见孙以群、周洪波：《行贿罪司法认定中的若干问题》，载《中国刑事法杂志》2000 年第 2 期。

29 李军、张媛：《行贿犯罪的立法完善——以〈刑法修正案（九）（草案）〉为视角》，载李少平、朱孝清、卢建平主编：《法治中国与刑法发展》，中国人民公安大学出版社 2015 年版，第 1232 页。

33 实践中经常发生的"感情投资型"行贿行为也是需要重点关注的一个问题。行为人往往先出于私交或者联络感情的目的而进行感情投资，这些行为中有相当一部分属于隐蔽的行贿行为，还有一部分行为是正常的人际交往，因而有必要进行区分。我国内地学者指出，行贿与馈赠最为本质的区别在于行为人的主观动机目的不同：馈赠是行为人自愿将自己的财物无偿给予他人，其动机只是为了联络或加深相互间的情谊[30]；行贿从本质上是为了眼前或者将来可能会得到不正当的利益。但是二者在司法实践中往往难以区分，还需要寻找其他标准。

34 对此，我国香港特区《防止贿赂条例》的相关规定可提供一定的参考，该条例在受贿罪之一的公务员索取和接受利益罪中把公务员可以接受的好处分为"私交友好处"和"非知交友好处"两种类型，并以钱款数额作为衡量罪与非罪的标准。例如，该条例规定，从"私交友好处"可获取的好处有：取得和接受现款 1000 元为限；接受生辰、结婚等馈赠每次以 1000 元的价值为限。从"非知交友好处"可获取的好处有：取得和接受现款 500 元为限，但必须在 14 日内清还；接受生辰、结婚等馈赠每次以 500 元的价值为限。[31] 这样的法律规定还是比较明确的，便于司法操作，可以为内地的刑事立法与司法解释所借鉴。

Ⅵ 罪过

一、"为谋取不正当利益"要件

(一)"为谋取不正当利益"的含义

1. 立足于司法解释的考察

35 最高人民法院、最高人民检察院对于"为谋取不正当利益"的具体界定，总共出台三个司法解释，足见该要件在司法实践中存在巨大争议。因此，下面首先对这三个司法解释予以考察，以进一步明确对不正当利益的具体界定。

36 最高人民法院、最高人民检察院于 1999 年印发的《关于在办理受贿犯罪大要案的同时要严肃查处严重行贿犯罪分子的通知》第 2 条第 1 款明确规定，谋取不正当利益，是指谋取违反法律、法规、国家政策和国务院各部门规章规定的利益，以及要求国家工作人员或者有关单位提供违反法律、法规、国家政策和国务院各部门规章规定的帮助或者方便条件。这也是我国最高司法机关第一次尝试对这个极具争议的要素进行解释。我国学者对此指出，第一种利益的特点是利益本身违法，所以应认为是实体违法的利益，而第二种利益的"帮助或者方便条件"不是指利益本身，而是为谋取利益

30 参见张伟珂、杨朔：《论行贿罪中"为谋取不正当利益"之舍弃》，载李少平、朱孝清、卢建平主编：《法治中国与刑法发展》，中国人民公安大学出版社 2015 年版，第 1161 页。

31 参见徐岱：《行贿罪之立法评判》，载《法制与社会发展》2002 年第 2 期。

所提供的帮助或者方便条件。[32] 虽然也有观点认为,“对于行贿人来说,违法的‘帮助或者方便条件’本身就是一种无形、间接的‘非法利益’,可见,司法解释实际上并没有超越‘只有非法利益才是不正当利益’的观点”[33]。但是,按照传统观点的理解,利益正当与否是由利益本身的特性所决定的,将手段正当性与利益正当性相结合,实际上是否认了后者的独立性,因此手段本身无法决定利益是否正当。可见司法解释突破了传统观点的束缚,将程序违法的利益也视为不正当利益,在一定程度上扩张了不正当利益的含义,应当说这种扩张是有合理性的,所谓的以手段决定利益本身性质的说法是错误的,因为此时利益往往处于一种不确定的状态,而并非天然就是正当的,以非法手段谋取这种利益的,当然可视为一种不正当利益。我国学者指出,“程序违法的利益之所以被界定为‘不正当利益’,一是因为程序与实体密切相关,程序合法是利益正当的重要保证。国家工作人员通过违反程序,使请托人得到本来得不到或不一定能得到的利益,同时,使其他合法竞争者失去了本来可以得到或可能得到的利益,因而其所谋取的利益就具有不正当性。二是因为程序具有独立的价值,它可以使运作和决定的过程具有公正、民主的外观,从而提高实体决定的公信度和可接受性”[34]。

虽然如此,但上述司法解释还是存在若干争议之处:其一,第一种利益与第二种 37
利益之间用了连接词“以及”,是否意味着必须同时具备实体违法与程序违法的,才属于不正当利益?这样理解显然过于限制了处罚范围,对此,学者一般认为:“谋取不正当利益只要满足谋取违法利益或谋取违法帮助其中一项就可以构成。《通知》中的‘以及’,尽管从字面意思解释是并列关系,但从解释本意看,应该是选择关系。”[35]其二,《关于在办理受贿犯罪大要案的同时要严肃查处严重行贿犯罪分子的通知》中的法规是否包括地方性法规?对此有学者认为:“从1999年的《通知》看,这里违法内容非常广泛,既包括全国人大及其常委会制定的刑事、民事、经济、行政等法律,也包括国务院制定的各种规范性文件(规章),但不包括地方性的法规和规定,也就是说省、自治区、直辖市人大及其常委会制定的地方性的法规和规定不能作为判断利益非法性的依据。”[36]但是,既然《关于在办理受贿犯罪大要案的同时要严肃查处严重行贿犯罪分子的通知》没有对法规明确限定为行政法规,那么便不能排除地方性法规。“地方性法规是我国立法体系中的一个层次,根据法律规定,省、自治区、直辖市、省会所

---

32 参见于志刚、鞠佳佳:《贿赂犯罪中“不正当利益”的界定》,载《人民检察》2008年第17期。

33 邹志宏:《以行贿手段谋取的“不确定利益”属于不正当利益——兼评关于不正当利益的司法解释》,载《国家检察官学院学报》2001年第3期。

34 朱孝清:《斡旋受贿的几个问题》,载《法学研究》2005年第3期。

35 胥白:《行贿犯罪“为谋取不正当利益要件”的刑法解释》,载《吉林公安高等专科学校学报》2008年第2期。

36 孙国祥:《行贿罪中的“为谋取不正当利益”辨析》,载《人民检察》2016年第11期。

在地的市,较大的市,经济特区,民族自治地方都有一定的地方立法权。违反这些地方性法规规定,当然可以作为判断'不正当利益'的依据。"[37]而且从实质上分析,"国务院各个部门的规章都可以成为判断利益正当与否的依据,根据《立法法》的规定,部委规章与地方性法规的效力相当。因此,如果部委规章可以成为判断依据的话,没有理由否定地方性法规也成为判断利益正当与否的依据"[38]。其三,《关于在办理受贿犯罪大要案的同时要严肃查处严重行贿犯罪分子的通知》规定的国家政策是否包含党的相关政策?笔者认为可以包括,因为"中国共产党的领导是宪法确立的基本原则之一,党通过制定有关政策实现对国家的领导,国家政策也体现了党的政策,两者是一致的。党内有关规定是党的有关活动的准则和约束官员行为的规范,违反这些规定,从广义上讲当然也就违反了国家政策和法律规定。如违反干部选拔、任用的有关规定,买官卖官等"[39]。因此,党的政策当然可以解释进国家政策里。

38 随后,最高人民法院、最高人民检察院于 2008 年发布的《关于办理商业贿赂刑事案件适用法律若干问题的意见》第 9 条对不正当利益进行了新的界定,规定在行贿犯罪中,"谋取不正当利益"是指行为人谋取违反法律、法规、规章或者政策规定的利益,或者要求对方违反法律、法规、规章、政策、行业规范的规定提供帮助或者方便条件。在招标投标、政府采购等商业活动中,违背公平原则,给予相关人员财物以谋取竞争优势的,属于"谋取不正当利益"。

39 该意见除在用语上修改了《关于在办理受贿犯罪大要案的同时要严肃查处严重行贿犯罪分子的通知》的不妥之处,例如,第一种利益与第二种利益之间的连接词从"以及"改为"或者",从而彻底平息了之前的相关争议。最重要的是,最高人民法院、最高人民检察院的意见进一步扩大了不正当利益的范围,将之前的"国家政策""国务院各部门规章"分别扩大为"政策""规章"。应当说,这样一来,党的政策就被明确地归属于政策之内,而不用通过扩张解释的方式去达成,而地方政府所颁布的规章也符合《关于办理商业贿赂刑事案件适用法律若干问题的意见》的规定。因为根据《立法法》第 82 条第 1 款的规定,省、自治区、直辖市和设区的市、自治州的人民政府也有权制定规章。另外,关于地方性政策的问题值得研究。有学者主张将国家政策扩张解释为包括地方政策在内,"地方性政策和行为人所在单位的规章制度是在遵循国家政策的精神基础上所做的延伸性规定。因此,违背与国家政策相一致的有关规章、规则、办法、命令等所取得的利益,自然属于不正当利益"[40]。但是,如果违反与国家政策相一致的政策,直接以违反国家政策予以认定即可,如果违反与国家政策不一致的

[37] 郭晋涛:《论行贿罪中的"为谋取不正当利益"》,载《中国刑事法杂志》2000 年第 6 期。

[38] 何显兵:《行贿罪"为谋取不正当利益"要件研究》,载《黑龙江省政法管理干部学院学报》2007 年第 1 期。

[39] 郭晋涛:《论行贿罪中的"为谋取不正当利益"》,载《中国刑事法杂志》2000 年第 6 期。

[40] 徐岱:《行贿罪之立法评判》,载《法制与社会发展》2002 年第 2 期。

地方性政策,至少是与《关于在办理受贿犯罪大要案的同时要严肃查处严重行贿犯罪分子的通知》的本义相冲突的。从《关于办理商业贿赂刑事案件适用法律若干问题的意见》的表述来看,当然是可以将地方性政策解释进"政策"的,但是诚如我国学者所担忧的那样,"政策的概念比较泛化,有国家政策,也有地方性的政策。有全局性的政策,也有部门性政策,没有国家的限定,但政出多门的'政策'如果都作为判断'不正当利益'的依据,有相互冲突甚至与国家政策相悖之虞,一旦将不合理的政策作为出罪或者入罪的依据,刑法本身就可能被虚置"[41]。因此,笔者主张将"政策"作限定解释,不应将地方性政策纳入其中。

此外,《关于办理商业贿赂刑事案件适用法律若干问题的意见》还在第二种利益 40
的违反前提中新增加了行业规范,而且取消了"国家工作人员或者有关单位"的对象限制,统称为"对方",符合刑事立法与司法实践的现状。因为目前行贿的对象已不仅仅限于"国家工作人员",对此最高人民检察院法律政策研究室的专家指出:"在国家法律、法规、政策、规章没有规定或者规定不明确的情况下,根据法律授权或者依职责制定的行业规范,对公司、企业、事业、团体或者其他单位工作人员的某些行为做出规定,实际上是对法律、法规、政策、规章规定的进一步延伸、细化,与法律、法规、政策、规章的原则、精神是一致的。这些人员如果违反行业规范的规定提供帮助或者方便条件,应当认定其为请托人谋取不正当利益。如通过向一些行业协会或者公司、企业人员行贿,获取有关经营信息或者其他有关帮助,以便有利于自己的经营活动。还如通过向证券投资基金从业人员行贿,获取证券投资基金从业人员所在机构的投资信息等。"[42]

当然,《关于办理商业贿赂刑事案件适用法律若干问题的意见》最大的亮点是新 41
增加了一项规定,即在招标投标、政府采购等商业活动中,违背公平原则,给予相关人员财物以谋取竞争优势的,属于"谋取不正当利益",这就明确地将以非法手段谋取不正当利益的行为作为行贿罪处理,具有重要的指导意义。司法实践中,在招标投标等领域经常发生不公平竞争问题,虽然《招标投标法》第 53 条规定,投标人以向招标人或者评标委员会成员行贿的手段谋取中标的,中标无效,构成犯罪的,依法追究刑事责任。根据《政府采购法》第 77 条第 1 款的规定,供应商向采购人、采购代理机构行贿或者提供其他不正当利益,构成犯罪的,依法追究刑事责任。但由于刑法以及相关司法解释没有对此类行为进行具体规定,因而无论是实务界还是理论界,对于相关行为如何定性始终莫衷一是。如今司法解释对此予以明确规定,有利于进一步规范招标投标、政府采购等商业活动中的腐败行为。从刑法理论上来说,《关于在办理受贿犯罪大要案的同时要严肃查处严重行贿犯罪分子的通知》中只以法律的标准判断是

---

41 孙国祥:《行贿罪中的"为谋取不正当利益"辨析》,载《人民检察》2016 年第 11 期。

42 韩耀元、王文利:《〈关于办理商业贿赂犯罪案件适用法律若干问题的意见〉解读》,载《人民检察》2008 年第 24 期。

否属于不正当利益,以至于受到学者的如下批评:“上述司法解释关于‘不正当利益’界定的结果是将单纯不合理的利益排除在‘不正当利益’之外,这就人为地缩小了贿赂犯罪的犯罪圈。”[43]如今《关于办理商业贿赂刑事案件适用法律若干问题的意见》将公平原则也引入对不正当利益的判断之中,也可以说是吸取了刑法学界的意见。

42 但是,学界对《关于办理商业贿赂刑事案件适用法律若干问题的意见》的上述规定依然存在质疑,认为《关于办理商业贿赂刑事案件适用法律若干问题的意见》将范围局限于招标投标、政府采购等商业活动中,仍然过于狭窄。例如,行贿人虽然符合晋级、晋升的条件,但为了使自己优先于他人晋级、晋升,而给予国家工作人员财物的,也应认定为行贿。[44] 笔者认为,为优先于他人晋级、晋升,给予国家工作人员财物的,虽然不能根据商业活动的条款直接认定为行贿,但根据现有的规定完全不影响对该行为的具体处理。《关于办理商业贿赂刑事案件适用法律若干问题的意见》对于商业活动的规定并非特别规定,而仅仅是对要求对方违反法律、法规、规章、政策、行业规范的规定提供帮助或者方便条件的注意规定,换言之,即便不存在这项注意规定,也完全可以按照上述规定予以处理。因为为了中标而给予财物的,当然存在要求招标方违反法律、法规、规章、政策、行业规范的规定提供帮助条件的行为。因此,在其他领域,凡是违反公平竞争秩序的行为,即便《关于办理商业贿赂刑事案件适用法律若干问题的意见》没有对此作出专门规定,也丝毫不影响对该行为的认定。对此,我国学者也正确地认识到,“通过行贿谋取竞争优势,在利益由不确定到确定过程中,排斥了竞争对手,背离了公平竞争的原则。就其本质而言,就是谋求受贿人提供违法的帮助以取得这些不确定的利益,手段的不正当性决定了其所取得的利益缺乏实质合法性,取得的利益也随之被评价为不正当利益”[45]。

43 或许最高人民法院、最高人民检察院也意识到组织人事管理中也存在同样的问题,为了避免不必要的麻烦,于2012年发布的《关于办理行贿刑事案件具体应用法律若干问题的解释》中进一步对“谋取不正当利益”作出了界定。该解释第12条规定,行贿犯罪中的“谋取不正当利益”,是指行贿人谋取的利益违反法律、法规、规章、政策规定,或者要求国家工作人员违反法律、法规、规章、政策、行业规范的规定,为自己提供帮助或者方便条件。违背公平、公正原则,在经济、组织人事管理等活动中,谋取竞争优势的,应当认定为“谋取不正当利益”。可见与《关于办理商业贿赂刑事案件适用法律若干问题的意见》相比,《关于办理行贿刑事案件具体应用法律若干问题的解释》对于利益违法以及程序违法的规定基本一致,至此也可以认为司法解释对此的认定已趋于稳定,唯一存在变化的是将商业活动进一步扩展为组织人事管理活

---

[43] 于志刚:《贿赂犯罪中的“谋取”新解——基于“不确定利益”理论的分析》,载《法商研究》2009年第2期。

[44] 参见张明楷:《刑法学》(第6版),法律出版社2021年版,第1616页。

[45] 孙国祥:《行贿罪中的“为谋取不正当利益”辨析》,载《人民检察》2016年第11期。

动,这也是回应了司法实践的需求。

44 因此,《刑事审判参考》案例第787号“袁珏行贿案”裁判理由中指出:以不正当手段谋取合法利益,属于行贿罪中的“谋取不正当利益”。行贿罪中的谋取不正当利益,既包括谋取各种形式的不正当利益,也包括以不正当的手段谋取合法利益;既包括实体违规,也包括程序违规。实体违规,是指行贿人企图谋取的利益本身违反有关规定,即利益本身不正当,通常表现为国家禁止性的利益和特定义务的不当免除两种情形:前者如通过行贿使公路管理人员对超载货车放行,后者如通过行贿使本应依法履行的纳税、缴纳罚款等义务得以减免。程序违规,是指国家工作人员或有关单位为行贿人提供违法、违规或违反国家政策的帮助或者便利条件,即利益取得方式不正当,其可罚性基础并不在于利益本身的违法,而是基于为谋取利益所提供的“帮助或者方便条件”是违规的。即便行为人获取的利益本身可能是合法的,但其通过行贿手段要求国家工作人员或者有关单位为获取该利益所提供的“帮助或者方便条件”是违反相关法律、法规等规定的,就属于在程序上不符合规定,仍然应当被认定为程序违法所导致的“谋取不正当利益”。具体而言,其主要包括两种情况:一是本不具备获取某种利益的条件,通过行贿而取得该利益,如贷款、提干、招干等;二是需要经过竞争才可能取得的利益,如行贿人虽然符合晋级、晋升的条件,但为了使自己优于他人晋级、晋升而给予国家工作人员财物以获得帮助。本案被告人袁珏是从业多年的国家注册建筑师,应当知道由国有资金投资的拆迁安置房项目依据《招标投标法》的上述规定必须进行招标,却通过行贿手段,非法获得本应当通过招投标竞争方能取得的规划设计项目。袁珏虽然以挂靠单位同济大学建筑设计研究院(集团)有限公司的名义承揽规划设计项目,但其是承揽泰州市迎春东路安置小区海曙颐园规划设计项目的直接负责人和主要受益者,其行贿行为不但严重违反国家规定,而且明显具有谋取不正当利益的目的,故法院认定其构成行贿罪。

2. 立足于刑法理论的考察

45 我国刑法理论界对于“为谋取不正当利益”要素的定义,也存在非常大的争议,大体有不法利益说、不应得利益说、不法手段说以及受贿人违背职务说等观点。

46 首先,不法利益说认为,不正当利益仅仅指的是违反法律、法规和政策取得的利益。其着眼点在于利益本身是否合法,至于谋取利益的手段在所不问。该观点的依据来自1985年7月18日最高人民法院、最高人民检察院颁布的《关于当前办理经济犯罪案件中具体应用法律的若干问题的解答(试行)》中的规定,即个人为谋取非法利益,向国家工作人员行贿或者介绍贿赂的,应按《刑法》第185条第3款的规定追究刑事责任。行贿人因被敲诈勒索而给予国家工作人员财物的,不以行贿论。但是该解释已失效,且随后的司法解释乃至刑事立法,都没有采用“非法利益”的表述,而是一直沿用“不正当利益”,可见这种观点并没有任何立法、司法上的依据。学界通行的批判意见认为,“‘非法利益说’注重的只是获取利益本身被法律禁止的性质,却没有对其获取的手段加以限制,并且此说把不正当利益等同于非法利益,其外延过于狭窄,但不正当利益的范围远远不止如此。因此,这样的界定不利于有效打击行贿犯罪,也不符合当前的司法理念与社会现实的需要”[46]。当然除此以外,不法利益说也使得行贿罪的认定过于形式化,没有抓住行贿不法的实质。

47 其次,不应得利益说试图扩张不法利益说的范围,但从方法论上说,与不法利益说一样,也是着眼于对客观利益本身进行认定,忽视了手段违法的独立意义,就此而言,是不妥的。而且何谓不应得利益,该说并没有提出明确标准,最终只能取决于裁判者个人的解释,这最终将有损刑法的安定性。“关键是‘不正当’与‘不应当’在语言上又有什么区别呢?在司法实践中,我们又如何去认定某一利益应当不应当得到呢?显然,这一观点太抽象,让实践无所适从。”[47]倘若该说引入社会道德标准来进行明确,那么问题在于,“何为‘在特定时期为政策和社会伦理道德所不容的利益’?这一社会评价的标准是什么?”[48]最终恐怕还是难以避免过于抽象、宽泛的质疑。

48 再次,不法手段说认为,凡是采用不正当手段谋取的利益,由于存在程序性瑕疵,全部都因此而成为不正当利益。应当承认,此说突破实体利益的束缚,关注到程序的意义是非常正确的,但问题是,这种观点似乎走得又过于极端,“该见解本质上完全脱离了‘不正当利益’以区分行贿行为罪与非罪的立法意图,无限放大了行贿罪的条件,虚化、虚置了刑法条文,违背罪刑法定原则,与立法本意相违背”[49]。

49 最后,受贿人违背职务说值得深入探讨。该说认为:“行贿罪与受贿罪乃共生关系,虽然二者的成立并不以对方的成立为前提,但二者表现一致,即权与钱的交易。通过一方来认定另一方是可行的,有时也是必要的……行贿方谋取不正当利益一般通过受贿方的违背职务要求的行为来实现。如果受贿方根本不需要通过其违背职务要求的行为来为行贿方谋求不正当利益,或者行贿方谋求不正当利益根本不想通过受贿方的违背职务行为来实现,那么这种权钱交易根本不存在,而不是没有实现,从立法精神上说,行贿方不构成行贿罪。”[50]其实该说也得到了《关于办理商业贿赂刑事案件适用法律若干问题的意见》的认同,按照该解释第 9 条第 1 款的规定,行为人要求对方违反法律、法规、规章、政策、行业规范的规定提供帮助或者方便条件。可见此处要求国家工作人员以违背职权方式提供帮助,很显然这在一定程度上采纳了受贿人违背职务说。

---

46 魏汉涛、邓有静:《行贿罪中“谋取不正当利益”应存还是应废》,载李少平、朱孝清、卢建平主编:《法治中国与刑法发展》,中国人民公安大学出版社 2015 年版,第 1128 页。

47 高铭暄、马克昌主编:《中国刑法解释》(下卷),中国社会科学出版社 2005 年版,第 2728 页(本罪由田宏杰教授主笔)。

48 曾凡燕、付治国:《论行贿犯罪中“谋取不正当利益”要件》,载《湖北社会科学》2010 年第 6 期。

49 赵新河:《论移除行贿罪之“谋取不正当利益”的构成要件》,载李少平、朱孝清、卢建平主编:《法治中国与刑法发展》,中国人民公安大学出版社 2015 年版,第 1110 页。

50 王作富主编:《刑法分则实务研究》(第 3 版),中国方正出版社 2007 年版,第1835 页。

50 但是,有司法解释作为根据的受贿人违背职务说,在学界并没有多少赞同的声音,主流学说一致认为:“所谓利益是行贿人的利益,是相对于行贿人来说的,因此,考察其正当性不应根据受贿人的职务手段来判断,而应该根据行贿人的手段来判断。”[51]作为对受贿人违背职务说的批判理由,有学者指出:“国家工作人员为他人谋取利益既可以采取合法手段,也可能采取非法手段,而行贿人却无法知道受贿人采取手段是否合法,因此,用受贿人所采取手段的性质来衡量行贿人利益的正当性是不合情理的,可能导致对行贿人的客观归罪。此外,受贿的国家工作人员一般都拥有一定职权,其在职权范围内享有一定的自由裁量权,因此多数情况下不必采取非法手段就可以为行贿人谋取利益,对行贿人利益价值的判定以受贿人是否违反职务为标准是不周严的。”[52]

51 应当说,表面上看,批判意见有一定的道理,毕竟对于行贿人而言,其主观上很难对受贿人的职务行为存在明显的认知,特别是在受贿的国家工作人员具有一定自由裁量权的情况下,更是如此。正当学界均从行贿人的角度定义不正当利益时,车浩教授“力挺”受贿人违背职务说,从而再一次引发对该说的深思。车教授指出:“作为贿赂犯罪核心要件的对价关系,不是贿赂与行为人所获利益之间的对价关系,而是贿赂与国家工作人员职务行为之间的对价关系。这是贿赂犯罪的危害性所在,也是理解贿赂犯罪构成要件的逻辑主线。既然立法在文字上只规定了贿赂(‘给予国家工作人员以财物’)这一端,而没有规定职务行为这一端,那么,为了构建起两者之间的对价关系,就应当对‘谋取不正当利益’进行功能性解释,使其承担起表征国家工作人员职务行为的功能。”[53]而行贿罪与收受型受贿罪不同,立法者对后者并没有提出谋取利益正当性的要求,因此没有必要限定为是否违背职务行为,但是在解释论上,却对行贿罪提出了这种要求,于是要成立行贿罪,行贿人主观上必须具有使国家工作人员违背职务行为的要求的认识。笔者认为,这种观点是有道理的,因为行贿罪与受贿罪是对向犯,虽然两者的构成要件、法定刑不一定一致,但是从法益侵害上而言,其实是一致的,而行贿罪要想对国家工作人员职务行为不可收买性造成侵犯,必须通过受贿人接受财物,违背职务行为来实现,而目前行贿罪的法条表述并不能直接体现这种“违背职务与给予财物之间的对价关系”,因此刑法理论必须对此进行有效填充,而能承担其中解释论任务的要件,只有“为谋取不正当利益”要件。

52 其实学界的通说对于受贿人违背职务说存在误解,因为虽然行贿人主观上很难

---

51 邹志宏:《以行贿手段谋取的“不确定利益”属于不正当利益——兼评关于不正当利益的司法解释》,载《国家检察官学院学报》2001 年第 3 期。

52 谭智华、眭欧丽:《行贿犯罪中“不正当利益”的形态问题研究——兼论对“为谋取不正当利益”要件的修正》,载《法律适用》2011 年第 12 期。

53 车浩:《行贿罪之“为谋取不正当利益”的法理内涵》,载《法学研究》2017 年第 2 期。

判断国家工作人员是否采取违背职务的行为,但这其实与国家工作人员是否在客观上采取这样的行为没有关系,因此只要行贿人自认为国家工作人员可能会采取违背职务的行为来实现自己的利益,即便相关行为依然属于国家工作人员自由裁量权的范围,仍然会构成行贿罪。相反,如果行贿人主观上认为国家工作人员不会采取违背职务的行为,即使国家工作人员事实上还是采取这种行为来帮助行贿人实现利益,也属于受贿方的"一厢情愿",行为人并不会成立行贿罪。因此,虽然国家工作人员事实上如何行为确实很难判断,但在行为当时,行贿人主观上必然会存在一种大致的认知,即需要国家工作人员如何进行"配合",仅以此就足以判断利益的正当性。退一步而言,如果承认站在行贿者的立场上判断利益是否正当是合理的,那么对此应该提出什么标准呢?恐怕理论上只能认为凡是采取行贿手段的,便会满足这里的标准,"但这样一来,就陷入了解释上的死循环——问:什么是行贿?答:行为人为谋取不正当利益而给予国家工作人员以财物。问:什么是谋取不正当利益?答:行为人违背公平、公正原则,获取竞争优势。问:怎样做是违背公平、公正原则?答:行贿——在这番问答中,并不能对'谋取不正当利益'展开更进一步、更加具体深入的分析,而只能是停留在同一层面的循环论证"[54]。其最终的结局恐怕只能是走向被学者广为批判的不法手段说的观点。

53 通说似乎也意识到了这个问题,于是为了避免走向彻底的不法手段说的观点,提出了不确定利益的概念。"不确定利益又称为可得利益,是指根据有关法律、法规和政策,任何人采取合法正当方法或通过正当途径均可取得的利益。这种利益,由其不确定性的特点所决定,对该利益的取得具有竞争性。"[55]而只有在这种不确定利益的情况下,采取行贿手段的,才能导致其最终成为不正当利益。而当利益本身为正当利益时,"行为人实施了违反法律规定的行为,此情形下的正当不应转化为不正当,即利益依然为确定型正当"[56]。

54 但是这种观点其实是有问题的:

55 首先,虽然笔者也认为刑法理论研究不确定利益的认定非常重要,但它只属于如何具体适用的问题,与如何认定感情投资类似。从概念关系上来说,不确定利益与所谓的"正当利益""不正当利益"并不处于分类同一等级,"虽然利益的分类可以有多个标准,但是利益分类的结果应当处于同一分类标准之下。上述非法利益、

54 车浩:《行贿罪之"为谋取不正当利益"的法理内涵》,载《法学研究》2017 年第 2 期。

55 谭智华、睦欧丽:《行贿犯罪中"不正当利益"的形态问题研究——兼论对"为谋取不正当利益"要件的修正》,载《法律适用》2011 年第 12 期。

56 胡印富:《行贿罪不正当利益的偏颇与正源》,载李少平、朱孝清、卢建平主编:《法治中国与刑法发展》,中国人民公安大学出版社 2015 年版,第 1124 页。

应得利益与不确定利益的分类,是多个分类标准混合的结果,因此这种分类是不科学的”[57]。但是,“法无禁止即自由”,一种类型没有被法秩序评价为不正当,就应当认为它是法秩序所允许的利益[58],至于法秩序是否对这种利益“鼓励”“提倡”则是另一回事,既然认为不确定利益并不违法,就不能说它尚处在不确定状态,而应该直接认定它属于正当利益。

其次,这种观点看似看重手段,但实际上还是纠结于实体利益,因为同样是手段违法的行贿行为,要根据实体利益究竟属于正当利益还是不确定利益作出判断。而正如上文所述,实体利益是否违法并不具有重要意义,关键是是否具有使国家工作人员违背职务这种程序性违法,可见这种观点完全颠倒了目的与手段之间的关系。而且这种观点认为,“正是因为它的不确定性使得它必须与取得的手段结合起来才有现实意义,离开了手段,它就仅仅是一个纯的抽象的概念,而没有独立存在的价值”[59]。但是依然无法解释的是为何手段的违法性能够直接影响实体利益本身,为何一个原本没有独立存在价值的概念,仅仅因为有了行贿的手段,反而会变得有意义起来?由此可见,手段与目的之间的关系仍然十分混乱,令人难以理解。 56

再次,关于上述单纯从行贿人的行贿手段认定不正当利益属于循环论证的指责,有学者予以了回应,认为:“这里不存在循环论证,问题的关键就在于以行贿手段认定不正当利益的前提是首先认定谋取的是不确定利益,手段不正当与利益不确定相结合才最终认定了不正当利益,而不是仅以行贿手段来认定不正当利益。”[60]但是,这种辩解只有在独立于程序角度去界定不确定利益的情况下才能成立,可是事实上,对于如何确定不确定利益,学者依然不是从实体上去界定,而是回到了从程序上去定义。有论者指出:“利益的不确定性是指利益的取得存在竞争性或依赖于国家工作人员的自由裁量权,任何具备一定条件的人都可能取得,但究竟能否取得,是不确定的,即这种利益对行为人而言,只具有法律、政策上规定的资格,而并不是必然应当得到的。”[61] 57

最后,如果一律认为只要存在行贿手段,任何不确定的利益都会成为不正当利 58

---

57 于志刚:《贿赂犯罪中的“谋取”新解——基于“不确定利益”理论的分析》,载《法商研究》2009年第2期。

58 当然理论上还存在并不合法也不违法的法外空间的概念,但是,在现代法秩序背景下,法外空间的成立范围极为有限。对此的介绍可以参见王钢:《法外空间及其范围——侧重刑法的考察》,载《中外法学》2015年第6期。而且即便法外空间的概念成立,似乎也难以把不确定利益归入这一范畴,因为通说所理解的不确定利益只是暂时的不确定,其最终必然会有一个利益性质的归属。

59 于志刚:《贿赂犯罪中的“谋取”新解——基于“不确定利益”理论的分析》,载《法商研究》2009年第2期。

60 于志刚、鞠佳佳:《贿赂犯罪中“不正当利益”的界定》,载《人民检察》2008年第17期。

61 于志刚、鞠佳佳:《贿赂犯罪中“不正当利益”的界定》,载《人民检察》2008年第17期。

益,会过度扩张处罚的范围,因此持通说的学者会对其中不确定利益再进行具体的分类,认为其中一部分不确定利益会成立不正当利益,另一部分不确定利益则需要排除。例如,有观点认为:"利益的不确定事实状态的形成原因有二:一是利益的主体归宿在法律、法规、政策及事实上有根据,但是因为非法程序的存在,而使它在事实上没有确定……如果单纯地以取得方式的正当与否决定利益正当与否,而忽视目的与手段的联系,其实质是否定了利益的独立性。二是利益的主体归宿在法律、法规、政策上仅有要件性的规定,符合要件的各主体通过合法的手段获取,在这种'不确定利益'状态下(这种利益本身是独立的、正当的),手段对于'不确定利益'来说才具有决定性意义;当它与正当手段结合,即采取正当手段取得,就是正当利益。反之与不正当手段结合,就是不正当利益。"[62]前者比如相关国家工作人员为谋取相关利益,而对符合条件的公民不予办理资格申请,申请人被迫行为而获得相应资格的情况。事实上,对于这种情况当然不能认为该公民存在"为谋取不正当利益"的目的,从形式上看,国家工作人员还没有确定公民具有某种资格,无论出于任何原因,在行为当时,这种利益其实都是不确定的,当我们说公民确实在事实上符合条件,那也是站在事后的立场而言的,不能以此断定在行为当时就是符合要求的。当通说提出要重视目的与手段之间的联系,要重视利益本身的独立性的说法时,更让人不可理解,因为通说除从形式上看是否具有行贿的违法手段、是否具有不确定利益以外,从实质上根本提不出任何独立的判断标准。因此,严格按照通说的观点,利益属于不确定利益,而行为人确实也"行贿"了,而且并不符合《刑法》第 389 条第 3 款被勒索的排除规定,因此应该构成行贿罪。可见在实际操作过程中,通说的观点是非常不明确的,而且容易导致最终得出的结论不符合其理论前提。

59 其实,作为问题的解决之道,我们必须完全脱离所谓"不确定利益"的束缚,而独立根据不正当利益的标准——受贿人违背职务说探讨即可。即便所谋取的利益仍属于不正当利益,而且行为人采用行贿手段的,但如果在主观上要求国家工作人员按照正常程序进行,即便最后国家工作人员"误解"了行为人的用意,而采取了违法行为进行帮助,对于行为人而言,也不存在不正当利益的谋取,不构成行贿。例如在招投标过程中,投标人为了有一个公平竞争的环境,而给予招标人财物,希望他能公平评定,从形式上看似乎也满足了"行贿手段+不确定利益"的组合,但是因为投标人主观上只有利用对方合法行使职权的意图,因此该投标人无论如何都不会成立行贿罪。相反,即便在客观上属于完全合法的利益,但只要行为人主观上产生错误认识,要求国家工作人员采取违背职务的方式实现利益,而给予财物的,最后国家工作人员还是按照正常的程序赋予其相关利益,那么对该行为人依然要认定为行贿罪。例如,在评定职称过程中,某副教授的业绩在所有竞争对手中排名第一,按照规则他必定能评为

62 曾凡燕、付治国:《论行贿犯罪中"谋取不正当利益"要件》,载《湖北社会科学》2010 年第 6 期。

教授,但是他主观上认为,还有一位同事的科研分数比他高,于是他采取行贿手段要求相关人员使用"违法"手段,帮助其评上教授(假设该院每年只有一名教授指标),那么对该副教授应认定为行贿罪。因此绝对不能简单地认为只要实体上属于合法利益,无论采取何种违法的程序手段进行帮助,都不成立行贿,但也不能认为只要属于不确定利益,采取行贿手段的,就必定构成行贿,最终还是要回归到不正当利益的标准判断行贿人主观上是否具有要求国家工作人员以违背职务的方式实现利益的意图,以此作为行贿罪主观不法核心要件。

60 值得说明的是,有学者以联系《刑法》第 389 条第 3 款规定的方法,来说明以行贿手段谋取不确定利益应一律构成行贿,因为"谋取不确定利益,不管是哪一方首先发出贿赂的'要约',都是行贿人在权衡利弊之后作出的自由选择,并且其最终通过行贿得到了更大的好处,因而都是一场双方获利、你情我愿的交易,不存在被'勒索'的情况……但是,如果认为不确定利益属于正当利益,则会同时得出为谋取不确定利益而行贿既不符合第 1 款关于行贿罪的规定又不符合第 3 款除外规定的结论,从而出现无法解决的矛盾和冲突。由此可见,在立法者看来,采取行贿手段谋取的不确定利益无疑就是不正当利益"[63]。但是这种观点是有疑问的,《刑法》第 389 条第 3 款仅仅是关于出罪的一项特别规定、拟制规定,因此不能认为只要不符合第 3 款规定的行为就一律认为构成行贿。事实上,我们完全可以从第 1 款进行反面推论,认为具有谋取正当利益而给予财物的行为也不构成行贿,此时显然与第 3 款的出罪条件完全不同。按照笔者的观点,不可能会形成所谓的评价"真空",如果认为不确定利益属于正当利益,直接根据第 1 款的规定出罪即可,何来的矛盾与冲突?

(二)对"为谋取不正当利益"的具体判断

61 对"为谋取不正当利益"的判断具体需要注意以下几个方面:

62 首先,利益的归属不影响对不正当利益的具体认定,即便行为人是为了他人谋取不正当利益,也可以成立行贿罪。比如甲得知乙为了晋升正教授而欲图疏通关系,为了感谢其此前对自己小孩的指导,主动给予相关人员财物,提出请托。那么甲虽然并非为了自己的不正当利益,但是也不影响对其行为认定为行贿。

63 其次,行贿人只要主观上具有要求国家工作人员采取违背职权的方式进行帮助即可,至于事实上受贿人有无提供帮助、是否提供了违法的帮助并无关系。

64 再次,关于"感情投资"的具体认定。例如,很多人在逢年过节时给予国家工作人员财物,但没有直接提出谋取利益的要求,事实上,国家工作人员也没有为其谋取利益时,对于行为人应如何处理。这其实关系到如何理解行贿人谋取不正当利益与给予国家工作人员财物的对应关系。在这个问题上,取决于如何理解谋取不正当利益的性质,即究竟是主观要素还是客观要素。对此可供参照的是受贿罪中的"为他人

---

63 邹志宏:《以行贿手段谋取的"不确定利益"属于不正当利益——兼评关于不正当利益的司法解释》,载《国家检察官学院学报》2001 年第 3 期。

谋取利益"要件的性质,虽然学界一直有观点主张这一要素应当属于主观超过要素。[64] 但是 2003 年 11 月 13 日发布的《全国法院审理经济犯罪案件工作座谈会纪要》中明确规定,为他人谋取利益包括承诺、实施和实现三个阶段的行为。只要具有其中一个阶段的行为,如国家工作人员收受他人财物时,根据他人提出的具体请托事项,承诺为他人谋取利益的,就具备了为他人谋取利益的要件。明知他人有具体请托事项而收受其财物的,视为承诺为他人谋取利益。可见司法实践还是倾向于将其作为客观要件定义,在这种情况下,受贿罪其实成为复合的行为犯,此时谋取利益与收受财物之间必然要求一种逻辑上明确的对应关系。但是在行贿罪中,司法解释还是将其作为主观要件进行理解,而且这种主观要件并不需要客观要件的对应,于是它和给予财物的客观行为之间是可以错开理解的。而由于在"感情投资"的情况下,两者恰恰也是分离的,于是有学者认为:"不能因为贿赂过程中的请托事项不明确而排除'感情投资'的行贿犯罪性。应当以贿赂物品的数额价值为基础,认定请托人是否存在行贿犯罪的概括故意与谋取不正当利益的主观意图。"[65]

65 但是这种观点是不妥的,以贿赂物品的数额价值作为认定基础,前提在于立法论上的明确,不然在司法上很难进行处理。虽然行贿与受贿的要素理解存在不同,但是两者侵犯的法益却是相同的,因而在解释论上,也必须建构谋取不正当利益与给予财物的关系,只不过笔者认为,与受贿罪不同,行贿罪的这种对应关系只要在行贿人主观上得以成立即可。因此,在"感情投资"情况下,倘若行为人没有提出具体的要求,也没有潜在的要求,那么就很难认为其主观上具有"谋取不正当利益"。对此我国学者指出:"谋利益包括谋取合法的正当利益和谋取不正当利益,不能排除行为人平时'感情投资'是为了谋取正当利益,或者为了维持已经得到的正当利益,而谋取正当利益的行贿行为在现行立法上尚不构成犯罪。"[66]

66 最后,有关"加速费"问题,即行为人已经确定能获得某种利益,但为了加快日常的公务行为流程而给予国家工作人员"通融"利益的行为。在这个问题上,可以说理论界与司法实务界存在很大的争议,在刑事司法上,法院一般倾向于对此认定为不正当利益。但是学界一般认为,这种情况下不能认定为"不正当利益"。通说认为:"这种通过贿赂手段要求提供的帮助或者方便条件,不属于不确定利益,而是一种确定的经过一定时间肯定会得到的利益。这种情况不属于谋取不正当利益,不应以行贿犯

64　例如,陈兴良教授认为,为他人谋取利益属于受贿罪的主观要件,而且这里的意图为他人谋取利益,属于一种主观的超过要素。参见陈兴良:《判例刑法学》(下卷),中国人民大学出版社 2009 年版,第 579 页。

65　刘宪权、谢杰:《贿赂犯罪刑法理论与实务》,上海人民出版社 2012 年版,第 65 页。

66　孙国祥:《行贿罪中的"为谋取不正当利益"辨析》,载《人民检察》2016 年第 11 期。

罪论处。”[67]

司法实务的观点过于限制了正当利益的存在范围，实际上已经倒向了不法手段说的观点，即认为只要采取行贿手段的，便属于谋取不正当利益，应当说这种思想是与立法相违背的，难以认同。而我国刑法通说的结论又过于形式化，太过于纠结所谓的“不确定利益”与“确定利益”的区分，从而将“加速费”问题一律认定为正当利益，无论从方法论上讲，还是从最终结论上看，其实都有所偏颇。 67

要解决这一问题，仍然要回归到受贿人违背职务说上来。在大部分情况下，由于要求国家工作人员加快办事流程并没有违反他们的具体职务，因此这种主观意图应当是正当的，不应构成行贿罪。但是在例外情况下，如果行为人要求国家工作人员违反法律的程序性规定来加速实现利益，即便这种利益最终是确定实现的，也应构成行贿罪。由此可见，对这一问题不能一概而论。值得说明的是，同样赞成受贿人违背职务说的车浩教授，借鉴德国刑法理论，引入了“酌情决定”的概念，认为“所谓酌情决定以国家工作人员有两种以上合法的决策选择为前提，且选择的过程包含了价值裁量。但是，国家工作人员在履行职责时，是按照正常速度进行，还是加快办事流程，这并不存在决策选择的问题。因为国家工作人员是否加速办理的决定，对于该职务要求而言，并不会产生两个有不同价值内涵和法律意义的决策结果，也不会对决策结果发生事实上的影响力”[68]。这一观点具有相当启发性，但仍然存在两个问题：一方面，行贿罪中的谋取不正当利益是一种主观判断，而车浩教授关注的重点在于国家工作人员事实上的客观行为，是不妥当的。事实上，即便国家工作人员客观上没有“酌情决定”，但行为人主观上有“酌情决定”意图的，也应构成行贿罪。另一方面，“加速费”的场合，并不一定完全不属于“酌情决定”，只要“加速”本身违反相关程序性规定，就会产生两个具有不同意义的决策结果。可见问题的关键还是在于判断国家工作人员的行为是否违反了法律性规定，而不是倒果为因去判断所谓的“酌情决定”。 68

关于维持竞争优势，即行为人在竞争中本来就具有客观优势，为了维持这种优势而给予财物的，是否构成行贿罪？对此肯定说认为：“虽然贿赂客观上没有取得实际的效果，但只要行为人在行贿过程中表达出顺利获得竞争利益的愿望，就反映行为人主观上有谋取竞争优势的故意……竞争优势本身是动态的，所谓行为人在竞争过程中的竞争优势，实际上也是不可靠与不确定的。况且，即使行为人当时确有竞争优势，其为了维持和巩固自己的竞争优势而行贿，同样是违反了既定的被人们所期待的‘游戏规则’，违反了相关法律、法规和国家政策以及国务院的各部门规章，违背了公 69

---

67 谭智华、眭欧丽：《行贿犯罪中“不正当利益”的形态问题研究——兼论对“为谋取不正当利益”要件的修正》，载《法律适用》2011 年第 12 期。

68 车浩：《行贿罪之“为谋取不正当利益”的法理内涵》，载《法学研究》2017 年第 2 期。

平竞争的原则,故应作谋取竞争优势认定。"[69]车浩教授也认为,有酌情决定权的国家工作人员在收受了(或约定收受)他人财物的情况下,就产生了一种内心负担,而这种内心负担在该国家工作人员酌情作出决定时,往往带来一种指引和导航的效果。由此,他很难无偏私、没有先入之见地完全从客观中立的观点出发酌情作出决定,而是会虑及自己(约定)收受的财物,带着内心的负担去作出决定。这两种状态之间的差异,就是对公平、公正原则的背离。[70]

70 上述观点虽然有一定的道理,诚然竞争优势本身是动态存在的,而且国家工作人员在收受财物以后,也很难保证公平公正地作出决定。但是这只是在纯客观上看待问题,竞争优势是否动态,与行为人主观上具体的目的无关。事实上,在具有竞争优势的情况下,行为人一般是害怕其他人会"行贿"从而失去自己的优势,基于自我保护的心理,为了让国家工作人员公正地判断而给予礼物,按照受贿人违背职务说的观点,难言其主观上具有不正当的意图。较为正确的观点认为:"因为竞争优势是客观存在的。如果行贿行为与中标结果没有因果关系,行贿目的并非在于投标单位意图妨碍竞争,而是因社会不良风气的客观存在而求得心理安稳,则中标结果不能认定为不正当商业利益。"[71]此外,在理论上还需要说明的是,采取受贿人违背职务说,不意味着单纯从客观上看国家工作人员是否有可能违背职务,否则会变成"以受贿人所采取的手段来对行贿人谋取利益是否正当进行衡量,等同于用一个罪中的标准度量另一个罪中的要件,可能对行贿人客观归罪"[72]。只是说还是应立足于行贿人,看其主观上是否具有使国家工作人员违背职务行为的要求,以此填补行贿罪的法条表述可能造成的法益侵害的缺失。

71 理论上还需要回答的一个问题是,由于我国《刑法》第389条第2款关于在经济往来中行贿的条文没有明确规定"谋取不正当利益"的要素,因此从刑法解释论上看,是否有必要"添加"这一要素,从而与第1款相一致,这在刑法理论上,主要涉及的问题是该款相对于第1款规定而言是注意规范还是拟制规范的问题,"如果属于注意规定条款,贿赂犯罪'经济往来'系列条款应当与典型条款一样,必须以'利用职务上的便利'、'为他人谋取利益'或'为谋取不正当利益'为要件;如果属于法律拟制条款,则具备独立的构成要件体系"[73]。

72 对此刑法理论上存在着注意规范说与拟制规范说之争。将《刑法》第389条第2

69　孙国祥:《行贿罪中的"为谋取不正当利益"辨析》,载《人民检察》2016年第11期。

70　参见车浩:《行贿罪之"为谋取不正当利益"的法理内涵》,载《法学研究》2017年第2期。

71　薛进展、谢杰:《商业贿赂犯罪刑法适用疑难问题研究》,载最高人民法院刑事审判第一、二、三、四、五庭主办:《刑事审判参考》(总第66集),法律出版社2009年版,第186页。

72　马松建、李琪:《行贿罪中"为谋取不正当利益"要件反思》,载李少平、朱孝清、卢建平主编:《法治中国与刑法发展》,中国人民公安大学出版社2015年版,第1084页。

73　薛进展、张铭训:《贿赂犯罪"经济往来"条款是法律拟制规定》,载《检察日报》2008年3月25日。

款视为拟制规范的理由主要是:其一,在刑事立法中,往往是“以某某罪论处”作为特例。在“以某某罪论处”的法条中,通常该行为本身并不一定符合那个用来比照论处的犯罪的全部构成要件,但由于两者具有多种相似条件,所以立法上将其比照论处。[74] 而第 2 款规定的是,违反国家规定,给予国家工作人员以各种名义的回扣、手续费的,以行贿论处。更为符合特别法条的一般表征。其二,从立法目的上看,“‘经济往来’系列条款规定的商业贿赂行为只发生在经济交往这一特定的社会领域,加之‘回扣风’屡禁不止,立法机关认为需要在特定环节实质性地拓展商业贿赂犯罪构成要件的整体性包容能力,严格规范单位或者个人账外暗中非法收受或者给予回扣、手续费的行为”[75]。因此,基于从严打击的需要,不需要像第 1 款那样附加主观上的限定性要素。其三,《刑法》第 389 条第 1 款中的利益是否正当的判断范围比第 2 款中国家规范的判断范围广泛许多,因此不能再用相对宽松的范围来作为第 2 款的前提条件。[76]

但是,上述观点值得商榷。其一,刑法条文是否采用“以某某罪论处”的表述方式,与这一条款是注意规范还是拟制规范没有必然的关系。例如《刑法》第 382 条第 2 款规定,受国家机关、国有公司、企业、事业单位、人民团体委托管理、经营国有财产的人员,利用职务上的便利,侵吞、窃取、骗取或者以其他手段非法占有国有财物的,以贪污论。但是刑法理论界一般认为本款规定属于注意规范。[77] 其二,从立法目的上看,能否认为发生在“经济往来”中的行贿比普通行贿更为严重存在疑问。对此张明楷教授正确指出:“发生在经济往来中的行贿,其危害性并不必然大于(甚至很可能小于)发生在其他领域的行贿的危害性。既然发生在其他领域的行贿犯罪需要以‘为谋取不正当利益’为主观要件,就没有理由对发生在经济往来中的行贿犯罪取消‘为谋取不正当利益’的主观要件。例如,与为了不当获取官职而行贿相比,在经济往来中给予回扣的行为的危害性要小得多。既然如此,就应要求发生在经济往来中的行贿犯罪以‘为谋取不正当利益’为主观要件。”[78]其三,确实第 2 款中的违反国家规定的判断标准比第 1 款中的利益是否正当的判断标准更为限缩,但不能因此说明“经济往来”中的行贿就不需要主观上“为谋取不正当利益”,因为两者属于两个不同的要件,前者属于客观要件,而后者属于主观要件,不能相互替代。反而如果第 2 款比 73

74 参见梅屹松:《行贿犯罪法律规定的理解与适用》,载《上海政法学院学报》2006 年第 4 期。上述观点是原上海市人民检察院第二分院周永年副检察长的观点。

75 谢杰、吕继东:《商业贿赂犯罪“经济往来”系列条款研究》,载《中国刑事法杂志》2007 年第 1 期。

76 参见梅屹松:《行贿犯罪法律规定的理解与适用》,载《上海政法学院学报》2006 年第 4 期。上述观点是原上海市人民检察院第二分院周永年副检察长的观点。

77 参见张明楷:《刑法分则的解释原理(下)》(第 2 版),中国人民大学出版社 2011 年版,第 660 页。

78 张明楷:《商业贿赂、回扣及相关条款的法律性质》,载《法律适用》2006 年第 9 期。

第1款规定了更为严格的要素,却能说明立法者认为第2款行为的性质较之于第1款行为的性质更为轻微,由此按照举重以明轻的解释规则,第2款中更需要具备第1款中的要素。而且,"'违反国家规定'并没有为违法性增添新的内容,只是提醒司法人员注意,以所谓的商业惯例为由,以各种名义给予国家工作人员以回扣、手续费的行为,是一种变相的行贿行为"[79]。

74 此外,从体系解释的角度来看,也能得出《刑法》第389条第2款需要"为谋取不正当利益"的要素,因为《刑法》第391条第1款规定,为谋取不正当利益,给予国家机关、国有公司、企业、事业单位、人民团体以财物的,或者在经济往来中,违反国家规定,给予各种名义的回扣、手续费的,处3年以下有期徒刑或者拘役,并处罚金。第393条规定,单位为谋取不正当利益而行贿,或者违反国家规定,给予国家工作人员以回扣、手续费,情节严重的,对单位判处罚金,并对其直接负责的主管人员和其他直接责任人员,处5年以下有期徒刑或者拘役,并处罚金。因行贿取得的违法所得归个人所有的,依照本法第389条、第390条的规定定罪处罚。上述条文虽然规定对前一种行为类型要求"为谋取不正当利益",但是后一种行为类型其实也是需要的。虽然也有观点从形式上认为,"或者"前后形成并列关系,后一项行为无须此要素。[80] 但是从一般的解释逻辑上看,"由于'为谋取不正当利益'表述在两种行贿方式之前,从表述习惯来看,可以认为给予回扣、手续费的行为,也应当'为谋取不正当利益'"[81]。

75 有学者或许会认为,《刑法》第389条第3款规定,"因被勒索给予国家工作人员以财物,没有获得不正当利益的,不是行贿",是对行贿罪的除外规定,应当理解为是统领前面两款的,是对第1、2款的除外,即无论是一般行贿还是经济行贿的行贿人,因被勒索而给予国家工作人员以财物,没有获得不正当利益的,不是行贿。由此表明,经济行贿与一般行贿一样,都必须以"为谋取不正当利益"为要件。[82] 但是,并不能直接以第3款规定没有获得不正当利益就推出第2款规定,因为在第3款中,条文明确规定的是客观要素,只有认为第3款规定也存在主观要素,才能认为第3款对于第2款具有借鉴意义。虽然笔者也是持这种看法,但是作为前提,在解释论上必须明确第3款规定的具体构成。

---

79 戴有举、杨钰:《关于"为谋取不正当利益"要件的理解及其立法修订中的取舍与完善》,载李少平、朱孝清、卢建平主编:《法治中国与刑法发展》,中国人民公安大学出版社2015年版,第1149页。

80 参见张志平:《"经济往来中"的商业贿赂犯罪刑法适用情况调查与研究》,载张仲芳主编:《刑事司法指南》(总第39集),法律出版社2009年版,第123—126页。

81 张明楷:《刑法分则的解释原理》(第2版),中国人民大学出版社2011年版,第750—751页。

82 参见缪树权、张红梅:《贿赂犯罪的司法认定与证据适用》,中国检察出版社2014年版,第283页。

理论界对“为谋取不正当利益”还存在一个比较大的争议是，它的性质究竟是主观要件还是客观要件，对此无论是司法解释还是学界的通说均认为它是一种主观要件。有学者指出，刑法规定的行贿罪，在表述上都是“为谋取不正当利益”，这表明谋取不正当利益是这些行贿犯罪的主观构成要件。行为人只要在谋取不正当利益动机的驱使下，以谋取不正当利益为目的向有关人员行贿，就可以构成行贿罪既遂，至于行贿者是否实际上谋取到不正当利益，并不影响犯罪的成立。[83] 76

还有观点认为，应以获利时间的先后顺序为标准，来决定此要素究竟系主观要素还是客观要素。具体而言，“在事前行贿的情况中‘为谋取不正当利益’，为主观目的要素，即为谋取不正当利益而给予国家工作人员财物。在事后行贿的情况中‘为谋取不正当利益’，是客观要素，即因为国家工作人员为行为人谋取了不正当利益，而事后给予财物”[84]。之所以选择这种解释，是为了将所谓的事后行贿行为也作为行贿罪处理。按照张明楷教授的归纳，行为人给予国家工作人员以财物主要表现为四种情况：一是为了利用国家工作人员的职务行为，主动给予国家工作人员以财物；二是在有求于国家工作人员职务行为时，由于国家工作人员的索取而给予其财物；三是与国家工作人员约定，以满足自己的要求为条件给予国家工作人员以财物；四是在国家工作人员利用职务上的便利为自己谋取利益时或者为自己谋取利益后，给予国家工作人员财物，以此作为职务行为的不正当报酬。如果采纳纯主观要件说的观点，对上述前三种情况均可以处理，但是对第四种情况，即行为人获取不正当利益后，为了表示感谢而给予财物的，主观上缺乏“为谋取不正当利益”，故而无法成立行贿，于是产生了可罚性的漏洞。[85] 但从实质的法益侵害角度看，“在事前行贿人给予国家工作人员财物或者行贿人和国家工作人员达成合意时被评价为权钱交易，那么事后行贿人给予国家工作人员财物完全没有道理不将其评价为‘权钱交易’。在某种意义上事后行贿比事前行贿更为严重”[86]。也即在学者看来，事前行贿与事后行贿只是在给予财物的时间上不同，但在实质上都给职务行为的不可收买性造成了侵犯，因此没有理由不构成行贿罪。而如果采取主观说，会认为尽管已经获得了不正当利益，但是这并不能逆向追溯行为人事前就具有“为谋取不正当利益”的目的，因此才需要将其作为客观要件，从而通过“解释”的手段将其涵盖进来，以弥补处罚漏洞。 77

上述观点妥当与否暂且不论，单纯从方法论上看，便存在明显疑问。这种观点在 78

---

83 参见赵秉志：《商业行贿犯罪中“谋取不正当利益”的认定与修改》，载《人民检察》2006年第13期。

84 程红、吴荣富：《行贿罪中“为谋取不正当利益”要件的深度解读》，载李少平、朱孝清、卢建平主编：《法治中国与刑法发展》，中国人民公安大学出版社2015年版，第1096页。

85 参见张明楷：《刑法分则的解释原理》（第2版），中国人民大学出版社2011年版，第394页。

86 程红、吴荣富：《行贿罪中“为谋取不正当利益”要件的深度解读》，载李少平、朱孝清、卢建平主编：《法治中国与刑法发展》，中国人民公安大学出版社2015年版，第1095页。

对构成要件要素予以解释时，首先是看这一行为是否具有明显的法益侵害性，只要存在法益侵害性，便"想方设法"地将其解释为犯罪，为此不惜偏离构成要件的文义以及民众对于法条文义的预测可能性，最终将不可避免地违反罪刑法定原则。在这里，论者仅仅为了将事后行为作为行贿罪处理，不惜将一个刑法条文中的一个要素根据不同的事实类型，进行选择性的理解，着实令人难以理解，这种研究方法带有极大的随意性，不符合刑法的安定性。有学者指出，"犯罪成立条件的判断，是形式判断优先于实质判断，即使对构成要件符合性采实质的解释论，也必须是在形式上符合构成要件之基础上才可进行实质判断。而该说却是以实质判断为先，以刑事处罚具有必要性来推论此场合'为谋取不正当利益'应为客观要素，这种推理方法存有疑问"[87]。这一论断可谓一针见血地指出了本说的最根本问题。

79 而从其观点本身来看，也存在疑问。因为事后行贿并不一定具有实质的可罚性。目前理论上讨论事后行贿的定性，主要还是和事后受贿结合起来。例如选择要素说认为，"如果认为受贿罪中的'收受'包括事前收受财物和事后收受财物，就不能认为行贿罪中的给予财物只包括事前而不包括事后，否则就会不当地限制行贿罪处罚的范围，造成处罚上的漏洞"[88]。但问题是，事后受贿本身是否具有可罚性也存在争议，虽然有观点对此持肯定看法[89]，但是，应当认为，即便事后受贿也并未侵犯职务行为的不可收买性。"在没有事前约定而事后受财的情况下，财物交付者已经通过国家工作人员正常职务行为获得一定利益，不存在需要收买国家工作人员职务行为的问题。因此，交付财物是单纯酬谢，而不同于具有事先约定的酬谢性贿赂。对于国家工作人员来说，在正常行使职务行为的时候，没有约定收受财物，即使事后受财，并且明知是对事前职务行为的报答，也不能认为是在出卖权力，因为在职务行为实施时并无此意图。"[90]既然如此，一般认为受贿行为较之行贿行为更加严重，不可能出现受贿方不成立受贿，而行贿方却构成行贿罪的情况，因此按照举重以明轻的解释，事后行贿也不应该构成行贿。因为在没有事前约定的事后行贿情况下，由于行为人已经取得了一定的利益，即便事后给予财物，也只是单纯的酬谢，虽然在道德上可以非难，但是在刑法上，不能再评价为是对国家工作人员职务行为的收买。

80 但是由于受贿较之行贿是更为严重的行为，因此即便认同上述观点的前提，认为事后受贿可以构成受贿罪，也不能直接推导出事后行贿也成立行贿罪。因此，有学者

87 戴有举、杨钰：《关于"为谋取不正当利益"要件的理解及其立法修订中的取舍与完善》，载李少平、朱孝清、卢建平主编：《法治中国与刑法发展》，中国人民公安大学出版社2015年版，第1145页。

88 程红、吴荣富：《行贿罪中"为谋取不正当利益"要件的深度解读》，载李少平、朱孝清、卢建平主编：《法治中国与刑法发展》，中国人民公安大学出版社2015年版，第1096页。

89 参见张明楷：《刑法学》(第6版)，法律出版社2021年版，第1596页。

90 陈兴良：《判例刑法学》(下卷)，中国人民大学出版社2009年版，第583—584页。

对两者进行了区别对待,如果行为人在竞争活动中并没有给予或者允诺给予相关个人或者单位财物,但在利益实现以后,给予相关个人或者单位财物以事后酬谢的,给予财物没有与谋取竞争优势联系起来,也没有违背竞争活动过程中的公平、公正原则,接受财物的一方虽然可以成立受贿罪,给予财物的行为不是为了谋取不正当利益,给予财物的一方不构成行贿罪。[91] 其实这种观点的理由在于将受贿罪中的"为他人谋取利益"解释为客观要素,而将行贿罪中的"为谋取不正当利益"解释为主观要素。因此事后受贿中该要素已经实现,而在行贿罪中则没有满足。虽然笔者认为将"为他人谋取利益"解释为客观要素似乎也不能直接推导出事后受贿成立受贿的结论,正如陈兴良教授指出的那样,"即使理解为客观行为,即所谓许诺,那么在存在这种许诺的情况下当然可以认为具备了为他人谋取利益的法定要件。但在没有事前约定而事后受财的情况下,行为人不存在这种许诺,又怎么认定为他人谋取利益的要件呢?"[92]因此,笔者认为,事后行贿与事后受贿不构成犯罪。从此也可以表明,以为将"为谋取不正当利益"理解为客观要素就可以将事后行贿定罪的看法恐怕也只是论者的"一厢情愿"。

退一步而言,即便认同上述论者的观点,认为事后行贿构成行贿罪,也没有必要将"为谋取不正当利益"解释为客观要素才能实现。那种认为,"此种场合,只要不能认定行为人在实际谋取不正当利益之前存在'为谋取不正当利益'的目的,就不成立行贿罪,这是维持罪刑法定原则所必需付出的代价。至于从实质理由上来说,即使这种情形具有值得科处刑罚的必要性,刑法的确也应予以规制,但那也是立法论的问题,而不是解释论的问题"[93]。其实将一切问题交给立法论是一种逃避问题的态度,不能实在地解决问题的态度并不可取,站在刑法教义学的立场,还是应当尽可能在坚持罪刑法定原则的基础上通过解释解决问题。如果按照论者的逻辑,事后行贿确实"侵犯"了法益,从实质上需要处理的话,其实不用采取客观说的立场,按照主观说解决也是可行的。因为"为谋取不正当利益"的表述并没有将其局限在事前,在事后只要行为人主观上存在自己所给予的财物正是为了谋取不正当利益的一种必要的"回报"这种概括认识,便可以认为满足这里的要件,从而成立行贿。 81

(三)"为谋取不正当利益"的性质

关于"为谋取不正当利益"的性质,通说认为它是一种主观要素,"无论'为谋取不正当利益'的时间产生在何时(在谋取不正当利益之前或者之中或者之后),'为谋取不正当利益'都是行为人给付财物的主观动因,而非客观要素,只要能够确认行为 82

---

91 参见孙国祥:《行贿罪中的"为谋取不正当利益"辨析》,载《人民检察》2016 年第 11 期。

92 陈兴良:《判例刑法学》(下卷),中国人民大学出版社 2009 年版,第 583 页。

93 戴有举、杨钰:《关于"为谋取不正当利益"要件的理解及其立法修订中的取舍与完善》,载李少平、朱孝清、卢建平主编:《法治中国与刑法发展》,中国人民公安大学出版社 2015 年版,第 1146 页。

人给付财物是'因为'谋取不正当利益,就可以认定行为人的主观上具有'为谋取不正当利益'的目的"[94]。

83 其实,理论上关于选择要素说的观点还有一种,即以主动行贿与被动行贿的区分为标准,进行区别对待,认为,"在被勒索的情况下,'谋取不正当利益'是行贿罪的客观要件;如果没有获得不正当利益,则不构成行贿罪。在未被勒索的情况下,'谋取不正当利益'是行贿罪的主观要件,即使没有获得不正当利益,只要主观上具有谋取不正当利益的目的,并给予国家工作人员以财物,也构成行贿罪"[95]。其实这种观点相较之前的根据事前行贿还是事后行贿区分主客观要素的观点,至少有着形式上的刑法条文依据。因为从《刑法》规定来看,第389条第1款明文规定了"为谋取不正当利益"要素;而第3款规定,因被勒索给予国家工作人员以财物,没有获得不正当利益的,不是行贿。没有获得不正当利益显然是指在客观上没有获得利益,而且条文也没有明确规定在被动行贿时,需要具有"为谋取不正当利益",于是上述观点才会认为主动行贿需要这个要素,而被动行贿则不需要。

84 因此,此问题的核心在于,与之前讨论过的《刑法》第389条第2款类似,《刑法》第389条第3款相对于第1款而言究竟属于注意规定还是拟制规定,如果是注意规定,当然要适用第1款的基本规定,即被动行贿主观上也需要"为谋取不正当利益",反之,则认为没有必要依附于第1款进行解释。我国学者对此往往会认为,如果将"为谋取不正当利益"解释为客观要素,那么在被动行贿时,如果没得获得不正当利益,就不构成行贿,从而限缩了处罚范围。但问题在于,《刑法》第389条第3款已经明文规定了这种免罪条件,因此即便理解为主观要素,在没有获得不正当利益的情况下,也不构成行贿。换言之,将"为谋取不正当利益"解释为被动行贿的构成要件,只不过新增添了一个要素,并不会改变原先就已经存在的作为限缩处罚范围的客观要素,从这个意义上看,理解为主观要素才更为合理。相反,按照客观说就会很自然地认为,"在被勒索的情况下,行贿人缺乏谋取不正当利益的主观意思,但法律规定,如果行贿人客观上获取了不正当利益的,以行贿罪定罪处罚"[96]。但是,这种观点明显不妥当,"行为人主观上并无犯意,仅凭行为的后果认定其犯罪违反了我国刑法中刑事责任承担的原则,也与刑法中主客观相统一的原则相悖,有客观归罪的嫌疑。因此,如果在被勒索的情况下,'谋取不正当利益'是行贿罪的客观要件的话,则会有扩大刑罚的打击面之虞"[97]。

85 此外,还有学者通过对《刑法》第389条第1款规定与第3款规定的比较研

---

94 孙国祥:《行贿罪中的"为谋取不正当利益"辨析》,载《人民检察》2016年第11期。

95 王建超、薛莉萍:《漫谈行贿罪——基于对"谋取不正当利益"的分析》,载《犯罪研究》2011年第1期。

96 赵煜:《惩治贪污贿赂犯罪实务指南》,法律出版社2012年版,第544页。

97 赵翀:《行贿罪中"谋取不正当利益"之要件》,载《华东政法学院学报》2005年第2期。

究,得出了如果将第3款规定理解为客观要素,将会形成冲突的问题。有学者认为,按照第3款的逻辑推论,会得出不是被勒索(而是主动)给予国家工作人员财物的,即便没有获得不正当利益的,也是行贿,这就相当于直接取消了第1款规定中的"为谋取不正当利益"要素,这便与第1款规定间形成冲突。[98] 但需要指出的是,《刑法》第389条第1款并非仅仅规定主动行贿,因为给予财物并不一定要主动给予,即便是被动给予,也是给予,所以应当认为第1款是包括被动行贿的关于行贿罪的统一规定,第3款作为普通行贿的一种,当然需要遵循第1款的解释,即必须具有"为谋取不正当利益"要素,其本身只是一个反向的排除性规定,立法者基于刑事政策的考虑,进一步限缩行贿的成立范围,但在积极要素上,与普通行贿是一致的。因为,"从客体侵害性来讲,行贿罪和受贿罪之间的钱权交易行为在实质上已经侵害了国家工作人员的职务廉洁性和不可收买性,无论行为人有没有获得利益都不会影响行贿行为对客体的侵害"[99]。按照上文的观点,其实被动行贿比主动行贿导致的法益侵害有可能更为严重,因此认为第3款不需要"为谋取不正当利益"要素无论如何是解释不通的。

或许有学者会认为,将"为谋取不正当利益"解释为客观要素,有利于在诉讼法上对于行贿罪的认定,"只要国家工作人员利用职务上的便利为行为人谋取了利益,行为人给予了其财物,就不用再去调查行为人在事前有没有与国家工作人员约定给予财物,进而节约司法成本"[100]。但是这种观点明显存在问题,因为事实上刑法中的主观要素均存在认定比较困难的事实,但不能为了迁就司法实践的考虑,认为所有的主观要素均没有必要存在,只要在客观上存在事实即可,这种观点明显违反责任主义,而且,"按照这种观点,行贿罪是否既遂将在一定程度上取决于受贿人是否为他们谋取到了不正当利益,如果受贿人尚未给予行贿人'关照',那么行贿人就不构成行贿罪既遂。笔者认为这是违背行贿罪的立法精神的,这会使大量本该受到行贿罪处罚的人游离于刑法的规制之外"[101]。而且,如果承认在特殊情况下,"为谋取不正当利益"也是客观要素,则意味着行贿罪有两个犯罪构成,这与犯罪构成的一般原理也不符合。而且从字面意义上理解,"为"字本身就带有非常强的主观色彩,从文义解释上 86

---

98 参见楼伯坤:《行贿罪立法中的排除性规定》,载《国家检察官学院学报》2010年第4期。

99 杜澎、白路瑗:《行贿罪的立法完善》,载李少平、朱孝清、卢建平主编:《法治中国与刑法发展》,中国人民公安大学出版社2015年版,第1237—1238页。

100 程红、吴荣富:《行贿罪中"为谋取不正当利益"要件的深度解读》,载李少平、朱孝清、卢建平主编:《法治中国与刑法发展》,中国人民公安大学出版社2015年版,第1098页。

101 邱陵、刘伟:《行贿罪"为谋取不正当利益"要件之探讨》,载李少平、朱孝清、卢建平主编:《法治中国与刑法发展》,中国人民公安大学出版社2015年版,第1138页。

而言,将“为谋取不正当利益”理解为主观要素,显然更为合适。[102]

二、行贿罪的故意

87 关于行贿罪的罪过,主流观点一般认为行贿罪是出于故意,而且必须是出于直接故意。传统观点指出,“本罪在主观方面是出于直接故意,即行为人明知给予国家工作人员以财物或者在经济往来中,违反国家规定,给予国家工作人员以财物,数额较大,或者违反国家规定,给予国家工作人员以各种名义的回扣、手续费的行为是行贿行为,会破坏国家机关的正常管理活动,但为达到利用国家工作人员的职务之便为自己谋取不正当利益的目的,却希望这一危害结果发生”[103]。但是我国也有学者从总则的角度认为,“在刑法分则中,凡是由故意构成的犯罪,刑法分则条文均未排除间接故意;当人们说某种犯罪只能由直接故意构成时,只是根据有限事实所作的归纳,并非法律规定”[104]。虽然一般而言,确实不存在只允许成立直接故意而排除间接故意的情况,因为直接故意与间接故意都是故意的一种类型,两者不存在本质差异。但问题在于,一般认为直接故意较之间接故意不法或责任更为严重,那么或许可以认为直接故意与间接故意间存在位阶关系,如果这种论断成立,那么根据举重以明轻的解释,就不可能存在某些犯罪只能由间接故意构成,而不能由直接故意构成的情况。但是却不能反过来推导出,不允许存在某一犯罪只能由直接故意构成的说法是错误的,因为根据某罪本身的构成要件特质,有可能出现只有直接故意才能支撑起本罪不法的情况。事实上,即便是论者也是指出了例外情况的存在,即特定的目的(主观超过要素)会影响故意的存在范围,具体而言,在断绝结果犯上只允许直接故意,而在短缩的二行为犯上可以存在间接故意,“从心理事实来说,当行为人所放任的结果与行为人所追求的目的不具有同一性时,即二者分别表现为不同的内容时,二者完全可能并不矛盾地存在于行为人的主观心理中”[105]。

88 按照这种解释,则需要明确行贿罪主观要件中独立存在的“为谋取不正当利益”究竟属于断绝结果犯、短缩的二行为犯。笔者认为,这应该属于短缩的二行为犯,因为是否谋求到了不正当利益,不取决于行贿人给予财物的行为,而是需要国家工作人员违背职务的行为方能实现,在这个意义上,它需要独立于构成要件的行为才有可能

---

102 虽然也有学者认为,“为了”也能表示原因,意思是相当于“由于”。参见张明楷:《论偶然防卫》,载《清华法学》2012年第1期。这种解释不能说完全不合理,但毕竟感觉很牵强,因为民众对于“为了”的解释都是在主观上的定义,解释刑法时不能不考虑这种一般人的预测可能性,这也是罪刑法定原则的要求。论者的观点其实还是以从实质上判断是否具有可罚性为先导,对刑法的用语“强行”改造成能得出自己目的的“解释”,这种思路其实是存在问题的。

103 高铭暄、马克昌主编:《中国刑法解释》(下卷),中国社会科学出版社2005年版,第2726页。本罪由田宏杰教授主笔。

104 张明楷:《刑法学》(第6版),法律出版社2021年版,第345页。

105 张明楷:《刑法学》(第6版),法律出版社2021年版,第394—395页。

满足,这完全符合短缩的二行为犯的特征。那么按照上述的解释就会认为,在行贿罪中,不仅存在直接故意,而且存在间接故意,故而通说的观点存在疑问。

但是笔者还是赞成通说的观点,因为,一方面,这种观点对短缩的二行为犯的理解是存在问题的,因为一行为是二行为的必要前提,不可能出现对二行为积极追求却只是容忍一行为的结果的情况。[106] 另一方面,这种解释也过于形式化,并没有从实质上看问题,因为所谓的断绝结果犯、短缩的二行为犯只是一种形式上的分类,并不能直接说明故意划分的实质根据,因此还需要对目的进行实质解释,即看目的究竟属于违法目的还是责任目的。如果认为对目的需要积极追求的话(违法目的),作为前提的构成要件基本行为与结果无论在逻辑上还是在不法程度上,都不可能出于间接故意,而如果目的属于责任目的,因为构成要件属于违法类型,对于构成要件不法故意的解释应该不生影响,因此直接故意与间接故意均可构成。[107] 而在行贿罪中,"为谋取不正当利益"属于主观违法要素。因此,笔者认为,传统观点的结论其实是妥当的,即行贿罪必须出于直接故意,而不能出于间接故意。但是通说的论证还需进一步深入,否则很容易遭到学理的质疑。 89

关于行贿罪的故意还有一个问题是,行贿的故意仅仅是认识到构成要件事实即可,还是必须认识到实质的法益侵害性,这在理论上涉及形式故意与实质故意之争。《刑法》第14条第1款规定,明知自己的行为会发生危害社会的结果,并且希望或者放任这种结果发生,因而构成犯罪的,是故意犯罪。因此,我国刑法采取了实质故意的概念。但是,行贿罪中除故意之外,还存在"为谋取不正当利益"这一主观违法要素,因此如果采实质故意的概念,则很容易与这种额外的主观意图发生混淆。因此,笔者认为,还是应采取形式故意的概念,只要行为人认识到给予国家工作人员以财物具有行贿的性质,就应当符合了行贿罪的故意,至于是否认识到他的行为会对国家工作人员的职务行为的不可收买性造成侵犯,则不做要求。在德日刑法中,一般构成要件故意仅指对事实的认识,而不包括对实质违法性的认识,否则有可能会模糊三阶层理论的关系。 90

Ⅶ 与非罪的界限

一、本条第3款的理解

本条第3款是行贿罪的出罪条款,又被称为"被动型行贿"的规定。符合本条第3款规定需要同时满足以下两个条件:一是被勒索才给予财物,"被勒索"指的是给付 91

---

106 参见阎二鹏:《目的犯本体探析》,载赵秉志主编:《刑法评论》(总第11卷),法律出版社2006年版,第257页。

107 上述观点的详细论证可参见王俊:《目的犯的实质化——以目的与故意的关系为中心》,载陈兴良主编:《刑事法评论》(第36卷),北京大学出版社2015年版,第314页。

财物的行为人受到故意刁难,强索硬要。但是要注意的是,被勒索也不完全等同于被索取,因此从严格意义上来说,将《刑法》第389条第3款解读为被动行贿是有问题的。因为国家工作人员主动“索取”财物的并非就是“勒索”,“勒索”一般是以威胁手段向他人索要财物的意思。[108] 可见“被勒索”的含义较之“被索取”更为限缩,从中也可以发现立法者将其严格限定范围的意图。二是必须没有“获得不正当利益”,这是从最终的结果上来说的,如果行为人不具有谋取不正当利益的意图,则根据第1款的规定就不成立行贿。按照第3款的规定,所谓“没有获得不正当利益”,是指给付财物的行为人,虽然以谋取不正当利益为目的,但实际上没有得到勒索者承诺的为其谋取的不正当利益。按照最高人民检察院《关于行贿罪立案标准的规定》和《关于人民检察院直接受理立案侦查案件立案标准的规定(试行)》的规定,因被勒索给予国家工作人员以财物,已获得不正当利益的,以行贿罪追究刑事责任。

二、行贿与馈赠的界限

92 从理论上说,馈赠是基于正当原因,无偿给予对方财物的一种正当的民事法律行为,而行贿是刑法规定的犯罪行为,两者性质截然不同,但在司法实践中,两者外在表现有很多相同之处,犯罪分子往往利用“馈赠”为外形掩盖其行贿之实。因此必须对两者进行准确的界分。行贿与馈赠的区别主要在于:首先,动机不同:行贿人给予国家工作人员财物,目的是使自己谋取不正当利益;馈赠人的主观动机可能是出于联络和加深相互间的情谊,或者解人危难等,但绝非谋取不正当利益。其次,财物给予的针对性不同。行贿人给予对方财物是针对国家工作人员的职务;馈赠人给予对方财物只是针对情谊而并非对方的职务。

93 司法实践中,一般根据以下因素综合判断行贿与馈赠的界限:首先,给予财物的方式和内容。行贿一般是以隐蔽的方式进行,贿赂的数量比较大,如果给予财物的数额与给予人的经济状况不吻合,就有行贿的可能;馈赠是公开、无条件的,不要求对方回报,其赠予的财物价值一般较小。其次,赠送财物的对象情况。行贿的对象必然是有一定职权的公务人员;馈赠的对象不一定是有职权的公务人员,也可以是一般公民。再次,赠送人与被赠送人之间的关系。馈赠的双方一般是亲戚关系或者平时交往较多的朋友,如果平时来往较少,也不互相送礼,则是行贿的可能较大。最后,在赠送财物前后,赠送人有没有从被赠送人那里获得好处,此外,赠送人在赠送当时,有无利益要求,该利益要求是否与对方的职务行为存在关系。

三、行贿罪与一般违法行为的界限

94 本条第1款没有规定数额或者情节,第2款对于“在经济往来中,违反国家规

---

[108] 参见邹志宏:《以行贿手段谋取的“不确定利益”属于不正当利益——兼评关于不正当利益的司法解释》,载《国家检察官学院学报》2001年第3期。

定,给予国家工作人员以财物”有“数额较大”的规定,但对于在经济往来中,“违反国家规定,给予国家工作人员以各种名义的回扣、手续费的”则没有规定“数额较大”。但是根据《刑法》第13条的规定,情节显著轻微危害不大的,不认为是犯罪,即要成立行贿罪,数额和情节仍然是把握罪与非罪最重要的标准。根据2016年4月18日发布的最高人民法院、最高人民检察院《关于办理贪污贿赂刑事案件适用法律若干问题的解释》第7条的规定:“为谋取不正当利益,向国家工作人员行贿,数额在三万元以上的,应当依照刑法第三百九十条的规定以行贿罪追究刑事责任。行贿数额在一万元以上不满三万元,具有下列情形之一的,应当依照刑法第三百九十条的规定以行贿罪追究刑事责任:(一)向三人以上行贿的;(二)将违法所得用于行贿的;(三)通过行贿谋取职务提拔、调整的;(四)向负有食品、药品、安全生产、环境保护等监督管理职责的国家工作人员行贿,实施非法活动的;(五)向司法工作人员行贿,影响司法公正的;(六)造成经济损失数额在五十万元以上不满一百万元的。”

Ⅷ 与他罪的区别

一、与单位行贿罪的区别

行贿罪与《刑法》第393条规定的单位行贿罪的区别主要表现为犯罪主体不同,单位行贿罪的主体是公司、企业、事业单位、机关、团体等单位,行贿罪的主体只能是自然人。从理论上讲,应该是不难区分的,但在司法实践中,要区分单位中自然人的行贿行为究竟是单位行贿还是个人行贿,仍然是比较困难的。笔者认为,可以从以下三个方面进行考察:第一,看以谁的名义去行贿以及行贿资金、财物的来源。如果是以单位的名义利用单位的资金、财物给予有关国家工作人员的,可以认定为单位行贿。第二,看行贿所要谋取的不正当利益的归属,这是区分单位行贿与个人行贿的关键,因为单位行贿的实质是为了单位的整体利益而行贿,因此只要利益归属于单位的,一般情况下就是单位行贿。第三,看行贿的决定是谁作出的。如果行贿的决定是经单位集体研究决定或有关负责人在其职权范围内作出的,则可以认定为单位行贿。 95

此外,还需要注意刑法规定的,“因行贿取得的违法所得归个人所有的,依照本法第三百八十九条、第三百九十条的规定定罪处罚”,也即单位因行贿取得的违法所得归个人所有的,对个人定行贿罪,对单位不再定罪。因为尽管行贿是单位的决议,并以单位名义实施,也为单位谋取利益,但却因行贿取得的违法所得归个人所有,从而改变了此前行贿的性质,不以单位行贿论而应当定个人行贿。此时当然也不处罚单位,而是根据《刑法》第390条的规定处罚个人。 96

二、与对非国家工作人员行贿罪的区别

行贿罪与《刑法》第164条第1款规定的对非国家工作人员行贿罪的区别主要表 97

现在以下方面:第一,犯罪的主体不同,行贿罪的主体只能是自然人;而对非国家工作人员行贿罪的主体既可以是自然人,也可以是单位。第二,两罪侵犯的法益不同,行贿罪主要侵犯的是国家工作人员职务的禁止财物交易性;而对非国家工作人员行贿罪侵犯的主要是企事业等单位的正常的生产经营管理秩序。第三,犯罪的对象不同,行贿罪是国家机关工作人员;对非国家工作人员行贿罪的对象则是公司、企业或者其他单位的工作人员。

98 需要注意的是,《刑法》对非国家工作人员行贿罪,对自然人及单位犯罪规定,数额巨大的,处 3 年以上 10 年以下有期徒刑,并处罚金;而对国家工作人员行贿的,对自然人以及单位规定了不同的法定刑,其中对单位行贿罪规定了单一的刑罚幅度——5 年以下有期徒刑。因此,我国有学者认为,对非国家工作人员行贿,个人及单位同罪同罚,而对国家工作人员行贿,却按异罪异罚处理,这种区分没有合理理由。从立法精神及一般观念看,单位对非国家工作人员行贿明显比单位对国家工作人员行贿行为要轻,但现行刑法反而对前者规定了更高的法定刑,其间的罪刑显然严重失衡。[109] 这一批判是合适的,值得在未来立法中予以考虑。

三、与对有影响力的人行贿罪的区别

99 行贿罪与《刑法》第 390 条之一规定的对有影响力的人行贿罪的区别主要表现在以下方面:第一,犯罪对象不同:对有影响力的人行贿罪是向与国家工作人员(含离职人员本人)“关系密切的人”进行行贿,国家工作人员未必知晓;而行贿罪则是直接或间接向国家工作人员进行行贿。第二,犯罪主观要件不同:对有影响力的人行贿罪是行为人为了利用与国家工作人员(含离职人员本人)“关系密切的人”的影响力进行行贿;而行贿罪中行为人是为了利用国家工作人员的职务行为进行行贿。第三,犯罪的主体不同:对有影响力的人行贿罪的犯罪主体既可以是自然人,也可以是单位;行贿罪的主体只能是自然人。

四、与受贿罪的区别

100 按传统的理论观点,行贿罪是受贿罪的对向犯,又称对合犯、对行犯。近年来,对这种传统观点争议较大,意见并不统一。从学理上看,刑法理论界依据不同的共同犯罪形式的特点及其不同的社会危害性程度,对其进行划分。其中根据共同犯罪可否以任意方式形成标准,把共同犯罪分为任意共犯和必要共犯,这已达成共识。但学者在必要共犯是否包括对向犯的问题上产生了分歧,即对对向犯是否属于必要共犯及行贿罪与受贿罪之间是否属于对向犯形成以下主张:第一,肯定说。肯定说认为,对向犯是指以存在二人以上相互对向的行为为要件的犯罪,包括四种情况:一是双方的

---

[109] 参见吴林生:《刑法修正案(九)草案的得失及修改建议》,载《中国刑事法杂志》2015 年第 1 期。

罪名和法定刑相同,如重婚罪;二是双方的罪名和法定刑都不同,如贿赂罪中的受贿罪和行贿罪;三是双方的罪名相同但法定刑不同,如国外刑法中的通奸罪;四是只处罚一方行为人的行为,如贩卖淫秽物品罪一般只处罚贩卖者,不处罚买者。还有学者提出,受贿罪和行贿罪作为既遂犯罪都不可能是单独的、与其他犯罪没有关联的。因而,它们相互之间处于一种所谓必要共犯的状态,即没有行贿的事实便不会有受贿行为。第二,否定说。否定说认为,对向犯罪,是指二人以上互以双方的对应行为的存在为条件的一种犯罪形态。对向犯罪作为一种犯罪形态在理论上值得探讨,但作为一种必要共同犯罪则未必适当。因为对向犯中双方的行为往往不具有共同犯罪的性质。行贿罪与受贿罪都是独立的犯罪,二者并不一定是必要共犯。因为两罪虽有共同点,但受贿罪以违反义务为内容,行贿罪则是以引起受贿为内容,前者是身份犯,后者不是身份犯,受贿人索取贿赂时,没有相对人的行为就能成立,故不一定是必要共犯。第三,折中说。折中说认为,对向犯是传统共同犯罪理论中必要共同犯罪的一种,又称为对合性共同犯罪。对合性共同犯罪是以共同犯罪人之间相对行为之结合为构成要件的共同犯罪,缺少任何一方的行为都不可能犯罪,其特点是共同犯罪人各自实施互相依存的行为,而罪名可以不同。以此为标准来衡量行贿罪与受贿罪的对向或对合关系,可推定,行贿罪与受贿罪的对向性并不是无条件存在的,而是有限制的。

从学理上说,对向犯作为必要共犯的一种,其成立的条件是双方行为人互以对方 101
的行为为存在条件而成就自己的犯罪行为,即双方行为人的行为是引发对方犯罪行为的必要要件和逻辑起点,进而体现为互相依存性和不可或缺性。无论肯定说、否定说还是折中说,从宏观角度阐释对向犯学理机理时,基本上是一致的,即都承认双方行为之互相依存性和不可或缺性。从微观的角度来探视行贿罪和受贿罪的对向关系,就会提出这样的问题:这一对向关系,是否符合对向犯的学理要求,即受贿罪以行贿行为为成立要件,反之,行贿罪以受贿行为为成立条件。答案当然是或然的而不是应当的。由于法律规定不同,行贿罪与受贿罪的客观方面要件有的是一一对应的,即同一行贿与受贿案件中,相对双方同时构成行贿罪与受贿罪,如经济行贿与经济受贿,而更多的却不是,如典型行贿和典型受贿之间就不能形成对向关系。原因是,在构成要件上,受贿罪要求有"权钱交易",行贿罪对此不作要求;行贿罪要求行贿人谋取的利益是不正当利益,而受贿罪对此不作要求。所以,在一个犯罪过程中,行贿人构成行贿罪,不一定受贿人就构成受贿罪。因为行贿罪是直接故意犯罪,其客观要件只规定给予财物的行为,至于对方是否接受,进而是否为其谋利,并不影响行贿罪的成立,仅是区分行贿罪既遂、未遂的标准。反之,受贿人构成受贿罪的同时,行贿人不一定就构成行贿罪,如当行贿人谋取的是正当利益时。也正是在微观上即在具体个罪罪名上对对向犯的不同理解,才产生了肯定说、否定说和折中说的不同主张。

肯定说对对向犯内涵的揭示是正确的,并从外在的表现形式上对其进行分类,但 102
从微观上以行贿罪和受贿罪这一整体罪名为研究对象时,却未能触及或忽视了对向犯的双方行为互为依存这一实质内核,导致对向犯的范围扩大化。否定说在坚持对向犯的学理内涵的基础上,从犯罪构成的角度比较行贿罪和受贿罪的不同,认为二者行为存在方式不符合对向犯的要求,进而否定行贿罪和受贿罪成为对向犯的可能性,导致对向犯的范围缩小化。因而,这两种观点都不为我们所取。

103　折中说紧紧抓住对向犯的实质内核,即强调双方行为的互为依存性,以此为切入点解读行贿罪和受贿罪的对向关系。该说既不一味地承认行贿罪和受贿罪对向关系的绝对化,也不断然否认它们的对向关系存在的可能性,而是在分析行贿罪和受贿罪在什么样的条件下存在对向关系的基础上,明确提出行贿与受贿间的对向性,即仅指在构成受贿罪时,必须有行贿行为。我们知道,行贿罪和受贿罪这一对个罪罪名,并不完全符合对向犯的基本内涵,换句话说,受贿行为与行贿行为不是完全相对应、相依存而存在的,有受贿罪必然有行贿行为,但有行贿行为则未必一定引发受贿罪。所以我们说"答案当然是或然的而不是应当的",所以笔者主张,在承认对向犯的学理内涵的基础上,针对行贿罪和受贿罪的对向犯罪关系,应坚持单向而不是双向、互动的对向关系。折中说的优点在于,它比较客观、公正地解决了行贿罪和受贿罪陷入对向犯这一理论怪圈中如何脱身的问题。这一观点为我们所取。

104　学理上探究的目的在于指导刑事立法和刑事司法实践,对对向犯的深入研究的目的同样在于厘清行贿罪和受贿罪作为对向犯存在的条件,即有受贿罪必然有行贿行为,但有行贿行为则未必一定引发受贿罪这种单向对合关系的存在。从这一点上可以说,行贿行为是受贿罪产生的原始根源之一。打击和惩治受贿罪根本在于堵源截流,其中很重要的一点就是从惩治行贿犯罪入手,杜绝受贿罪的产生。

五、与介绍贿赂罪的区别

105　司法实践中,由于介绍贿赂罪的行为人是在行贿者与受贿者之间进行介绍贿赂的,因而该行为实质上就是行贿、受贿的帮助行为,但是立法将其独立,成为行贿、受贿帮助行为的特殊形态,因此说,哪些介绍贿赂行为应当从行贿罪或者受贿罪的共犯中独立出来一直是一个难点。介绍贿赂罪,是指向国家工作人员介绍贿赂,情节严重的行为。该罪在客观方面表现为在行贿人与国家工作人员之间进行引见、沟通、撮合,促使行贿与受贿得以实现。通常情况下,介绍贿赂的行为表现为以下两种形式:其一,受行贿人之托,为其物色行贿对象,疏通行贿渠道,引荐受贿人,转达行贿的信息,为行贿人转交贿赂物,向受贿人传达行贿人的要求。其二,按照受贿人的意图,为其寻找索贿对象,转告索贿人的要求等。

106　介绍贿赂罪与行贿、受贿共犯界限问题,理论界主要有两种观点。第一种观点是"区别论"。如有观点认为,行贿罪、受贿罪的帮助犯认识到自己是在帮助行贿一方或者受贿一方,因而其行为主要是为一方服务;而介绍贿赂的行为人认识到自己是处于第三者的地位介绍贿赂,因而其行为主要是促成双方的行为内容得以实现。第二种观点是"同一论"。如有学者认为,介绍贿赂的行为实质上是共同犯罪的一种形式,即在受贿与行贿之间,总是有倾向性地代表某一方,或者是受某一方的委托进行活动,进而主张取消这一不切实际的罪名。笔者赞同"同一论"的观点。从本质上看,介绍贿赂就是促使行贿与受贿完成的行为,客观上确实是行贿罪或者受贿罪的一种帮助行为。从罪责方面看,介绍贿赂者也与行贿者或者受贿者有行贿或者受贿的犯意沟通,符合共犯的构成要件,即介绍贿赂行为人符合行贿罪、受贿罪的帮助犯特征,将介绍贿赂人视为行贿罪、受贿罪的帮助犯是有道理的。没有必要,也不可能将两者进行区分。帮助行贿或帮助受贿的行为,应当排除在介绍贿赂罪之外,如果某行为同时对行贿、受贿起帮助作用,则属于一行为触犯数罪名,应从一重处罚,也不能认定为介绍贿赂罪。

如果不将介绍贿赂罪的实行行为解释为行贿、受贿的帮助行为,会导致刑法上的困惑和不协调。主要表现在:其一,介绍贿赂罪与行贿罪、受贿罪的法定刑差别比较大,如不将介绍贿赂罪的实行行为解释为行贿、受贿的帮助行为,就会出现重罪轻判的现象,而这与刑法的基本原则中的罪刑相适应原则相悖;同时也与在反腐败形势异常严峻的情况下,立法者将贪污贿赂罪独立成章,并配以重刑加以惩治的初衷相悖。其二,《刑法》第 184 条第 1 款、第 164 条第 1 款分别规定了非国家工作人员受贿罪与对非国家工作人员行贿罪,但没有规定向非国家工作人员介绍贿赂罪。不将介绍贿赂罪的实行行为解释为行贿、受贿的帮助行为,那么帮助非国家工作人员受贿或帮助对非国家工作人员行贿的行为就不构成犯罪。对这种具有相当可罚性的行为不以犯罪论处,其后果可想而知。其三,刑法规定了单位行贿罪与单位受贿罪,在实践中,居间于自然人与国有单位或其他单位之间介绍贿赂的现象也是存在的。如果自然人向国家机关、国有公司、企业、事业单位、人民团体介绍贿赂,情节严重,该如何定罪处罚?否认介绍贿赂的行为是行贿、受贿的帮助行为,对这种具有相当可罚性的行为,我们将无法处理,同时也可能导致刑法的不协调。 107

既然介绍贿赂的实行行为是行贿、受贿的帮助行为,那么在司法实践中,是否会出现介绍贿赂罪虚置的现象?换言之,介绍贿赂罪在立法中存在有何立法价值?我国 1979 年《刑法》和 1997 年《刑法》均规定的介绍贿赂罪,源于《苏俄刑法典》。但是,在苏俄时代,关于介绍贿赂罪的成立范围的确呈现出由宽到窄的局面,1996 年通过的《俄罗斯联邦刑法典》取消了介绍贿赂罪的规定。其解释的变化与立法的变迁值得我们思考。从立法论上而言,介绍贿赂罪没有存在的必要,即介绍贿赂可以视为行贿或受贿的教唆犯、帮助犯,没有必要规定为独立的罪名。应当建议修订刑法时对该罪名予以删除。 108

但是,基于罪刑法定主义原则,在适用现行刑法规定时,如果符合介绍贿赂罪的构成要件,应当考虑到特别法优先原则,认定为介绍贿赂罪而非行贿罪或者受贿罪的共犯。司法实践中,可以基于以下标准进行判断[110]:首先,主观上行贿罪、受贿罪的共 109

---

110 参见王海东、封景刚:《行贿罪共犯与介绍贿赂罪之区分》,载《中国检察官》2012 年第 8 期。

犯认识到自己的行为是在帮助行贿一方或受贿一方,因而其行为主要是为一方服务;而介绍贿赂行为人认识到自己是处于第三者的地位介绍贿赂,其行为主要是促成双方的行为内容得以实现,其主观上是为了获取中介费用、人情等与贿赂款物不同的利益,因此不具有与行贿人、受贿人共同的犯罪故意。其次,"利益主体"不同,行贿罪、受贿罪的共犯依附于行贿罪、受贿罪,不能独立存在;而介绍贿赂罪的主体是不依赖于受贿方或行贿方的第三者,是单独的利益主体。最后,在获取的实际利益上,行贿方获取的是通过国家工作人员职务行为实现的物质或非物质利益,该利益与职务行为密切相关,是实际的利益,受贿方获取的则是行贿方给予的作为其职务行为直接对价的贿赂款物;而有偿介绍贿赂的行为人获取的往往是中介费用、劳务报酬,是其中介行为的有偿报酬,与行贿方获取的实际利益不同,与受贿方的职务行为的关系也不大。

Ⅸ 既遂与未遂

110 行贿罪何时可以成立未遂,取决于如何理解行贿罪的着手。一般行贿行为包括提议贿赂、约定贿赂、提供贿赂三个阶段。根据我国刑法的规定,只有提供贿赂,即给予财物才是行贿罪的实行行为,而提议贿赂和约定贿赂则是预备行为。

111 关于行贿罪的既遂标准,理论上存在多种观点。第一种观点认为,应以行为人实施给付财物的行为作为既遂的标准,但不要求对方实际接受贿赂。第二种观点认为,应以行贿人实际给予财物,并请求受贿人为其谋取不正当利益作为既遂的标准,而不要求谋取不正当利益目的的实现。第三种观点认为,应以受贿人实际为行为人谋取不正当利益作为行贿罪既遂的标准。第四种观点认为,区分行贿罪的既遂与未遂,应分不同情况处理。对为今后获取不正当利益而预先给付财物的,以是否给予财物为既遂标准;对已经获取了不正当利益,然后给付财物的,以是否获取不正当利益为既遂标准。[111]

112 上述观点其实均存在疑问。首先,如果以是否实施给付行为作为既遂的标准,那么混淆了着手与既遂的关系,实质上将两者标准同一化,这就将行贿罪作为行为犯,是不妥当的。其次,"为谋取不正当利益"虽然是行贿罪的主观要件,但是这一主观要件并不需要通过客观的行为表现出来,因为它属于主观的超过要素,只要行为人具有额外的意图即可,不能将这种表现作为既遂的标准。再次,如果以受贿人实际为行为人谋取不正当利益作为行贿罪既遂的标准,将过于限制行贿罪既遂的范围,而且也将"为谋取不正当利益"作为客观要素,这是不妥的。最后,区分说也不正确,因为事前给付财物采取第一种观点,难以避免上述批判,而且事先没有约定,事后给予财物的,不能认为构成行贿,如果按照是否获取利益作为既遂标准,则意味着连给予行

111 参见赵煜:《惩治贪污贿赂犯罪实务指南》(第2版),法律出版社2017年版,第609—610页。

为都不用满足,这显然无法让人接受。

笔者认为,应以国家工作人员是否接受财物作为标准,因为行贿罪对法益的侵害需要通过国家工作人员接受财物才能最终完成,在国家工作人员没有接受财物时,行贿罪对法益侵犯仅仅具有一种紧迫危险,没有达到需要用既遂处理的程度。因此,要成立行贿罪的未遂需要具备三个条件:一是行为人开始实行给予国家工作人员财物的行为;二是国家工作人员没有接受财物;三是国家工作人员没有接受财物是由于行贿人意志以外的原因。 113

还应注意的是,《刑法》第 389 条第 3 款规定,因被勒索给予国家工作人员以财物,没有获得不正当利益的,不是行贿。因此在行为人被勒索的情况下,不存在行贿罪的未完成形态,只有罪与非罪的问题。 114

第三百九十条　行贿罪的处罚规定;关联行贿罪

对犯行贿罪的，处五年以下有期徒刑或者拘役，并处罚金；因行贿谋取不正当利益，情节严重的，或者使国家利益遭受重大损失的，处五年以上十年以下有期徒刑，并处罚金；情节特别严重的，或者使国家利益遭受特别重大损失的，处十年以上有期徒刑或者无期徒刑，并处罚金或者没收财产。

行贿人在被追诉前主动交待行贿行为的，可以从轻或者减轻处罚。其中，犯罪较轻的，对侦破重大案件起关键作用的，或者有重大立功表现的，可以减轻或者免除处罚。

文献:孙国祥、魏昌东:《反腐败国际公约与贪污贿赂犯罪立法研究》,法律出版社 2011 年版;刘仁文主编:《贪污贿赂犯罪的刑法规制》,社会科学文献出版社 2015 年版;李少平、朱孝清、卢建平主编:《法治中国与刑法发展》,中国人民公安大学出版社 2015 年版;赵煜:《惩治贪污贿赂犯罪实务指南》(第 2 版),法律出版社 2017 年版。周国均:《借鉴"刑事免责"制度和"证据强制"规则之构想》,载《中国法学》2003 年第 5 期;李少平:《行贿犯罪执法困局及其对策》,载《中国法学》2015 年第 1 期。

细目录

Ⅰ　主旨
Ⅱ　沿革
Ⅲ　量刑标准
Ⅳ　适用
Ⅴ　特别减免制度

Ⅰ　主旨

1　本条是关于行贿罪的处罚规定,对行贿罪的基本犯、情节加重犯、结果加重犯的刑罚都作出了明确规定。同时,为了鼓励行贿人主动交代行贿行为,从而有效打击受贿犯罪,也规定了相应的从轻、减轻和免除处罚的情节。

Ⅱ　沿革

2　1979 年《刑法》第 185 条第 3 款规定:"向国家工作人员行贿或者介绍贿赂的,处三年以下有期徒刑或者拘役。"1988 年 1 月 21 日全国人大常委会发布的《关于惩治贪污罪贿赂罪的补充规定》第 8 条规定:“对犯行贿罪的,处五年以下有期徒刑或者拘役;因行贿谋取不正当利益,情节严重的,或者使国家利益、集体利益遭受重大损失的,处五年以上有期徒刑;情节特别严重的,处无期徒刑,并处没收财产。行贿人在被追诉前,主动交代行贿行为的,可以减轻处罚,或者免予刑事处罚。因行贿而进行违法活动构成其他罪的,依照数罪并罚的规定处罚。”

1997 年《刑法》沿袭了上述补充规定的立法模式,设专条规定了行贿罪的法定刑与处罚原则,即通过《刑法》第 390 条将行贿罪的法定刑与处罚原则规定为:“对犯行贿罪的,处五年以下有期徒刑或者拘役;因行贿谋取不正当利益,情节严重的,或者使国家利益遭受重大损失的,处五年以上十年以下有期徒刑;情节特别严重的,处十年以上有期徒刑或者无期徒刑,可以并处没收财产。行贿人在被追诉前主动交待行贿行为的,可以减轻处罚或者免除处罚。” 3

1997 年《刑法》第 390 条虽然专条规定了行贿罪的法定刑与处罚原则,法定刑总体上比较严厉,但是对行贿罪却没有规定罚金刑,这一规定存在明显缺陷。“刑法学界普遍认为,对于贪利动机的犯罪规定财产刑,无论是从抑制贪欲、预防犯罪的角度,还是从让犯罪人欲得反亏、强调惩罚的角度看都是必要的。”[1] 为弥补这一缺陷,自 2015 年 11 月 1 日起施行的《刑法修正案(九)》第 45 条对行贿罪增设了并处罚金的规定。 4

此外,《刑法修正案(九)》还对《刑法》第 390 条第 2 款作出了修改,原法条规定:“行贿人在被追诉前主动交待行贿行为的,可以减轻处罚或者免除处罚。”该条规定与我国刑法中有关自首的规定形成一定紧张关系,从而造成对其他犯罪者的不公平。因为《刑法》第 67 条规定,只有犯罪以后自动投案,如实供述自己的罪行的,才是自首,只有情节较轻的,才能免除处罚,一般情况只是从轻或者减轻处罚。而对于被采取强制措施的,只有供述本人其他罪行,才能以自首论。而行贿罪的规定,按我国学者的说法就是,“不要求行贿人投案自首,却使其享受了比投案自首更大的宽宥空间”[2]。因此,《刑法修正案(九)》将该款规定修改为:“行贿人在被追诉前主动交待行贿行为的,可以从轻或者减轻处罚。其中,犯罪较轻的,对侦破重大案件起关键作用的,或者有重大立功表现的,可以减轻或者免除处罚。”从而大大限制了行贿人在被追诉前主动交代行贿行为从宽处罚的力度。 5

Ⅲ 量刑标准

2016 年 4 月 18 日发布的最高人民法院、最高人民检察院《关于办理贪污贿赂刑事案件适用法律若干问题的解释》具体规定了行贿罪的定罪量刑标准。 6

---

1 孙国祥、魏昌东:《反腐败国际公约与贪污贿赂犯罪立法研究》,法律出版社 2011 年版,第 234—235 页。

2 李少平:《行贿犯罪执法困局及其对策》,载《中国法学》2015 年第 1 期。

7 该解释第7条首先规定了行贿罪的起刑点即定罪标准。通常情形下,行贿罪的起刑点为3万元,即行贿人“为谋取不正当利益,向国家工作人员行贿,数额在三万元以上的,应当依照刑法第三百九十条的规定以行贿罪追究刑事责任”。此外,如果“行贿数额在一万元以上不满三万元,具有下列情形之一的,应当依照刑法第三百九十条的规定以行贿罪追究刑事责任:(一)向三人以上行贿的;(二)将违法所得用于行贿的;(三)通过行贿谋取职务提拔、调整的;(四)向负有食品、药品、安全生产、环境保护等监督管理职责的国家工作人员行贿,实施非法活动的;(五)向司法工作人员行贿,影响司法公正的;(六)造成经济损失数额在五十万元以上不满一百万元的”。

8 该解释第8条、第9条分别规定了行贿罪的情节严重、特别严重以及“使国家利益遭受重大损失”的标准。根据该解释第8条的规定:“犯行贿罪,具有下列情形之一的,应当认定为刑法第三百九十条第一款规定的‘情节严重’:(一)行贿数额在一百万元以上不满五百万元的;(二)行贿数额在五十万元以上不满一百万元,并具有本解释第七条第二款第一项至第五项规定的情形之一的;(三)其他严重的情节。为谋取不正当利益,向国家工作人员行贿,造成经济损失数额在一百万元以上不满五百万元的,应当认定为刑法第三百九十条第一款规定的‘使国家利益遭受重大损失’。”根据该解释第9条的规定:“犯行贿罪,具有下列情形之一的,应当认定为刑法第三百九十条第一款规定的‘情节特别严重’:(一)行贿数额在五百万元以上的;(二)行贿数额在二百五十万元以上不满五百万元,并具有本解释第七条第二款第一项至第五项规定的情形之一的;(三)其他特别严重的情节。为谋取不正当利益,向国家工作人员行贿,造成经济损失数额在五百万元以上的,应当认定为刑法第三百九十条第一款规定的‘使国家利益遭受特别重大损失’。”

9 该解释第14条规定了《刑法》第390条第2款规定的行贿罪“犯罪较轻”以及“重大案件”“对侦破重大案件起关键作用”的标准。“根据行贿犯罪的事实、情节,可能被判处三年有期徒刑以下刑罚的,可以认定为刑法第三百九十条第二款规定的‘犯罪较轻’。根据犯罪的事实、情节,已经或者可能被判处十年有期徒刑以上刑罚的,或者案件在本省、自治区、直辖市或者全国范围内有较大影响的,可以认定为刑法第三百九十条第二款规定的‘重大案件’。具有下列情形之一的,可以认定为刑法第三百九十条第二款规定的‘对侦破重大案件起关键作用’:(一)主动交待办案机关未掌握的重大案件线索的;(二)主动交待的犯罪线索不属于重大案件的线索,但该线索对于重大案件侦破有重要作用的;(三)主动交待行贿事实,对于重大案件的证据收集有重要作用的;(四)主动交待行贿事实,对于重大案件的追逃、追赃有重要作用的。”

Ⅳ 适用

10 关于本条在司法实践中的适用问题,需要明确何为“被追诉前”。对此,我国刑法学界曾经存在三种观点:一是认为“被追诉前”应该指的是检察机关起诉前。只要是在起诉前交代行贿行为的,均可以适用本款的规定,如果起诉后交代行贿行为的,则可以视情况酌情从轻处罚。二是认为“被追诉前”是指在检察机关立案侦查以前主动交代行贿行为。主动交代行贿行为表明行为人对自己所犯罪行的悔悟态度,并愿意向司法机关交代,其行为有利于查办受贿犯罪,实质上是一种自首行为。三是认为“被追诉前”应限定为侦查终结移送审查起诉前,因为从立案到侦查终结,刑事诉讼法规定了相当长的时间,行贿人有足够的时间来回忆并交代事实。

司法实务采取了第二种观点。《刑事审判参考》案例第 787 号“袁珏行贿案”裁 11
判理由中指出:《刑法》第 390 条第 2 款规定的“被追诉前”是指司法机关立案侦查之前。对是否属于被追诉前主动交代行贿行为情形的认定,关键在于对“被追诉”的理解。追诉是指司法机关依照法定程序进行的追究犯罪分子刑事责任的一系列司法活动,包括立案侦查、审查起诉、开庭审判等诉讼过程……司法机关在立案前的某些紧急情况下依法采取的强制措施和讯问犯罪嫌疑人等活动也属于追诉活动的一部分,但这只能视为一种例外情形。因此,“被追诉前”通常是指司法机关立案侦查之前,行贿罪是否“被追诉”应当以检察机关是否立案为准。行贿人向纪检监察部门、司法机关举报受贿人的受贿行为,显然属于被追诉前主动交代行贿行为的情形。行贿人在纪检监察部门查处他人受贿案件时,交代(承认)向他人行贿的事实,亦应属于被追诉前主动交代行贿行为的情形。即使检察机关已经对受贿人立案查处,行贿人作为证人接受检察机关调查,只要检察机关对行贿人尚未立案查处,行贿人承认其向受贿人行贿的事实,也应当认定为被追诉前主动交代行贿行为的情形。本案公诉机关未认定被告人具有被追诉前主动交代行贿行为的情形,但法院根据被告人在检察机关对其行贿行为立案查处前已经交代了向刘耀东行贿的事实证据,认定被告人具有被追诉前主动交代行贿行为的情形,并结合本案的具体情况,决定对被告人免予刑事处罚是妥当的。

2012 年最高人民法院、最高人民检察院《关于办理行贿刑事案件具体应用法律 12
若干问题的解释》亦采纳了上述第二种意见。该解释第 13 条明确规定,“被追诉前”,是指检察机关对行贿人的行贿行为刑事立案前。

此外,根据《关于办理贪污贿赂刑事案件适用法律若干问题的解释》第 14 条的规 13
定:“根据行贿犯罪的事实、情节,可能被判处三年有期徒刑以下刑罚的,可以认定为刑法第三百九十条第二款规定的‘犯罪较轻’。根据犯罪的事实、情节,已经或者可能被判处十年有期徒刑以上刑罚的,或者案件在本省、自治区、直辖市或者全国范围内有较大影响的,可以认定为刑法第三百九十条第二款规定的‘重大案件’。具有下列情形之一的,可以认定为刑法第三百九十条第二款规定的‘对侦破重大案件起关键作用’:(一)主动交待办案机关未掌握的重大案件线索的;(二)主动交待的犯罪线索不属于重大案件的线索,但该线索对于重大案件侦破有重要作用的;(三)主动交待行贿事实,对于重大案件的证据收集有重要作用的;(四)主动交待行贿事实,对于重大案件的追逃、追赃有重要作用的。”

V　特别减免制度

14　《刑法修正案(九)》进一步严格限定了行贿人在行贿后、被追诉前主动交代行贿行为适用特别减免制度的条件与从宽处罚的力度,以与刑法中的自首制度相协调,基本上在保留论与废除论之间采取了一种折中的态度。

15　尽管如此,我国学界对行贿罪的这种特别减免制度还是存在不同看法。有学者主张完全废除行贿犯罪的特别减免制度,其理由大体包括如下几点:首先,特别自首制度本来就是"重受贿、轻行贿"思想的产物;其次,特别自首制度在分化、瓦解行、受贿利益共同体方面的作用有限,而且存在被滥用的风险;最后,特别自首制度可能造成鼓励行贿的消极影响。[3] 大体而言,这种观点还是立足于要将行贿与受贿置于同等处罚地位的立场。但是如上所述,从刑事政策的角度考虑,立法打击的重点还是应该在于受贿犯罪,严惩行贿犯罪最终很有可能是"得不偿失",因此,笔者并不赞成这种观点。

16　还有学者认为,应该保留1979年《刑法》的规定,换言之,《刑法修正案(九)》的修正并不合理。其核心理由主要在于,"一方面,行贿人在被追诉前主动交待行贿行为,属于自动投案并且对自己所犯罪行的如实交代,因而构成自首;另一方面,由于行贿与受贿的对合性特征,行贿人在如实交代自己行贿罪行的同时,也就如实地揭发了受贿人的受贿犯罪,经查证属实后,又构成立功"[4]。正是因为行贿人的这一行为同时具有自首与立功的属性,刑事立法才对其规定了比自首、立功更为宽大的法律后果。但是根据我国《刑法》第68条的规定,犯罪分子有揭发他人犯罪行为,查证属实的,或者提供重要线索,从而得以侦破其他案件等立功表现的,可以从轻或者减轻处罚;有重大立功表现的,可以减轻或者免除处罚。我国学界一般认为,"在贿赂犯罪中,行贿与受贿行为之间存在内在联系,受贿人、行贿人交代自己的犯罪事实时,必须讲清其受贿来源、行贿对象,否则即属于不如实交代自己的罪行"[5]。事实上,《刑法修正案(九)》颁布前的司法解释也是持这种立场,2012年最高人民法院、最高人民检察院《关于办理行贿刑事案件具体应用法律若干问题的解释》第7条第1款规定:"因行贿人在被追诉前主动交待行贿行为而破获相关受贿案件的,对行贿人不适用刑法第六十八条关于立功的规定,依照刑法第三百九十条第二款的规定,可以减轻或者免除处罚。"正因如此,《刑法修正案(九)》才在可以减轻或者免除处罚的类型中,增加了检举揭发行为对侦破案件起关键作用,或者有其他重大立功表现的条件,这种将自

3　参见刘仁文主编:《贪污贿赂犯罪的刑法规制》,社会科学文献出版社2015年版,第132—133页。

4　黄华生、李文吉:《现行行贿罪减免处罚制度应予保留》,载李少平、朱孝清、卢建平主编:《法治中国与刑法发展》,中国人民公安大学出版社2015年版,第1209—1210页。

5　赵煜:《惩治贪污贿赂犯罪实务指南》(第2版),法律出版社2017年版,第613页。

首与立功严格区分的立场是非常明显的。因此保留论对此难以作出解释。

要想保留 1979 年《刑法》的规定,只能认为立法者对行贿罪采取了特别宽容的政策,从而区别于一般的自首制度。但是这种做法其实显得有些矛盾,因为,"在立法上,特别自首制度要求行贿人都必须进入诉讼程序,只是在量刑时可以减轻或免除处罚"[6]。因而事实上并不能起到它所追求的刑事政策的效果,行贿者依然会顾忌自己将来会被打上犯罪的"烙印"而选择与受贿者形成攻守同盟的关系,从而影响了司法机关对于受贿罪的处理。因此,最为彻底的方案,其实是直接规定对于被追诉前主动交待行贿行为的,应予免除刑事责任。对此,《俄罗斯联邦刑法典》的做法可供参考,该法典第 291 条规定,行贿人主动向有权提起刑事案件的机关坦白行贿事实的,可以免除行贿人的刑事责任。而且这一做法其实还与国外以及《联合国反腐败公约》规定的刑事免责制度相似。例如美国《联邦刑事免责法》中的"刑事免责"制度,是指"追诉主体向有管辖权的联邦法院申请,若共同犯罪案件中的某名被追诉者承认自己的犯罪事实并揭发了同案人的主要犯罪事实或者提供了破案证据,就免除其在该案中的刑事责任的一种法律制度。免除其刑事责任,是对其认罪和揭发同案犯行为的一种肯定和奖励,亦可视为是一种诉讼利益的交换。这样做的目的在于促使被追诉者放弃'不被强迫自证其罪特权',而配合控方破案"[7]。这一制度被频繁适用于贿赂案件中。因此,笔者认为,这种做法值得我国立法借鉴。 17

6 楼伯坤、蔡丽丽:《对偶犯视野下行贿罪入罪与出罪条件的立法选择》,载李少平、朱孝清、卢建平主编:《法治中国与刑法发展》,中国人民公安大学出版社 2015 年版,第 1329 页。

7 周国均:《借鉴"刑事免责"制度和"证据强制"规则之构想》,载《中国法学》2003 年第 5 期。

第三百九十条之一　对有影响力的人行贿罪

为谋取不正当利益，向国家工作人员的近亲属或者其他与该国家工作人员关系密切的人，或者向离职的国家工作人员或者其近亲属以及其他与其关系密切的人行贿的，处三年以下有期徒刑或者拘役，并处罚金；情节严重的，或者使国家利益遭受重大损失的，处三年以上七年以下有期徒刑，并处罚金；情节特别严重的，或者使国家利益遭受特别重大损失的，处七年以上十年以下有期徒刑，并处罚金。

单位犯前款罪的，对单位判处罚金，并对其直接负责的主管人员和其他直接责任人员，处三年以下有期徒刑或者拘役，并处罚金。

文献:孙国祥、魏昌东:《反腐败国际公约与贪污贿赂犯罪立法研究》,法律出版社 2011 年版;黎宏:《刑法学各论》(第 2 版),法律出版社 2016 年版;陈兴良主编:《刑法学》(第 3 版),复旦大学出版社 2016 年版;刘艳红主编:《刑法学》(第 2 版),北京大学出版社 2016 年版;高铭暄、马克昌主编:《刑法学》(第 9 版),北京大学出版社、高等教育出版社 2019 年版;张明楷:《刑法学》(第 6 版),法律出版社 2021 年版。钱小平:《惩治贿赂犯罪刑事政策之提倡》,载《中国刑事法杂志》2009 年第 12 期;刘仁文、黄云波:《行贿犯罪的刑法规制与完善》,载《政法论丛》2014 年第 5 期;李少平:《行贿犯罪执法困局及其对策》,载《中国法学》2015 年第 1 期;孙国祥:《贪污贿赂犯罪刑法修正的得与失》,载《东南大学学报(哲学社会科学版)》2016 年第 3 期;谢望原:《对有影响力的人行贿罪构成要件辨析》,载《人民检察》2016 年第 5 期。

细目录

Ⅰ　主旨
Ⅱ　沿革
Ⅲ　客体
Ⅳ　行为对象
Ⅴ　贿赂标的
Ⅵ　行为
Ⅶ　罪过
Ⅷ　与他罪的区别
　一、与行贿罪的区别
　二、与对非国家工作人员行贿罪的区别

三、与斡旋受贿罪的区别
四、与介绍贿赂罪的区别
Ⅸ 处罚

Ⅰ 主旨

对有影响力的人行贿罪,是指行为人为谋取不正当利益,向国家工作人员的近亲属或者其他与该国家工作人员关系密切的人,或者向离职的国家工作人员或者其近亲属以及其他与其关系密切的人行贿。本罪的主旨可以从立法者的草案说明得出:"一段时间以来,全国人大代表、政法机关和有关部门都提出了一些修改刑法的意见,其中,十二届全国人大第一次会议以来,全国人大代表共提出修改刑法的议案81件。这次需要通过修改刑法解决的主要问题:……二是,随着反腐败斗争的深入,需要进一步完善刑法的相关规定,为惩腐肃贪提供法律支持";"按照党的十八届三中全会对加强反腐败工作,完善惩治腐败法律规定的要求,加大惩处腐败犯罪力度,拟对刑法作出以下修改:一是,修改贪污受贿犯罪的定罪量刑标准。……二是,加大对行贿犯罪的处罚力度。…… 三是,严密惩治行贿犯罪的法网,增加规定为利用国家工作人员的影响力谋取不正当利益,向其近亲属等关系密切人员行贿的犯罪"。[1] 因此,本罪旨在严密惩治行贿罪的犯罪圈,杜绝败坏国家工作人员廉洁环境的新行贿行为。 1

Ⅱ 沿革

本罪为2015年8月29日全国人大常委会通过的《刑法修正案(九)》新增设的犯罪。根据2015年11月1日施行的最高人民法院、最高人民检察院《关于执行〈中华人民共和国刑法〉确定罪名的补充规定(六)》的规定,第390条之一罪名被规定为"对有影响力的人行贿罪"。 2

Ⅲ 客体

对有影响力的人行贿罪针对的是对"有影响力"的人行贿,即向"国家工作人员的近亲属或者其他与该国家工作人员关系密切的人"或者向"离职的国家工作人员或者其近亲属以及其他与其关系密切的人"行贿,不是行贿人直接向拥有国家工作职务的国家工作人员行贿,因而与行贿罪侵犯的"国家工作人员的职务廉洁性""国家工 3

1　《关于〈中华人民共和国刑法修正案(九)(草案)〉的说明》,载 http://www.npc.gov.cn/wxzl/gongbao/2015-11/06/content_1951884.htm,访问时间:2021年2月6日。

作人员职务行为的不可收买性"等必然有所不同[2],在对国家工作人员密切关系人或者离职国家工作人员及其密切关系人进行行贿时,该国家工作人员并没有体现出权钱交易行为,尤其对于离职的国家工作人员及其密切关系人而言,离职的国家工作人员本身并没有任何职权。所以,本罪与行贿罪侵犯的法益必然不同。

4 基于此,有学者对本罪的法益提出了新的看法,认为本罪的法益是清正廉洁的价值准则。因为在普通行贿罪情况下,行为人的行贿指向就是具有某种公共职务的国家工作人员,行为人所以向受贿人行贿,就是要通过行贿而收买国家工作人员,从而利用国家工作人员的公共职务及其地位形成的有利条件为其服务(谋取利益);而对有影响力的人行贿罪的行为人之所以行贿,是意图通过收买"国家工作人员的近亲属或者其他与该国家工作人员关系密切的人,或者是离职的国家工作人员或者其近亲属以及其他与其关系密切的人",进而让这些"特定人员"利用其与现职国家工作人员的特别关系(影响力),为其谋取不正当利益。此种情况下,由于行贿人并没有向国家工作人员行贿,且受贿人没有与国家工作人员通谋,甚至受贿人也没有告知国家工作人员自己收受了行贿人的财物,所以,即便行贿人的行为最终造成国家工作人员职务行为的不公正性,也是通过前述"特定人员"间接造成的。而清正廉洁乃是我国社会倡导的每个公民都应该遵循的核心价值之一,本罪行为人却为了谋取不正当利益而对有影响力的人行贿,这正是对清正廉洁价值准则的违反。[3] 笔者认为,这种看法具有一定的道理,但"清正廉洁"是否对我国社会中每一位公民的要求,存在很大疑问。我们常言所谓的风清气正、正直廉洁、廉洁奉公等都是针对公职人员的,在社会主义核心价值观当中,对公民的要求是爱岗、敬业、诚信、友善,"廉洁"不是对所有公民的价值要求,更不适合用刑法向全民推行和保障之。

5 笔者认为,本罪与利用影响力受贿罪的法益应当是一致的,即公众对职务廉洁性的信赖。传统贿赂犯罪代表着职务行为与受贿行为之间的对价关系,对有影响力的人行贿者在给予财物时,并未与国家工作人员进行直接的交易,因此这里的权与钱的直接交易并非总是真实存在的。根据《刑法修正案(七)》的立法草案说明,利用影响力受贿罪的增设针对的是此类受贿行为"败坏党风、政风和社会风气",因而它更关乎的是行为人对党风、政风和社会风气的破坏,与国家工作人员关系密切的人或者离职

---

[2] 张明楷教授主张职务行为的不可收买性说,其中既包括职务行为不可收买性本身,也包括国民对职务行为不可收买性的信赖:"如果职务行为可以收买,或者国民认为职务行为可以与财物相互交换、职务行为可以获得不正当的报酬,则意味着国民不会信赖国家工作人员的职务行为,进而不信赖国家机关本身;这不仅会导致国家机关权威性降低,各项正常活动难以展开,而且导致政以贿成、官以利鬻、腐败成风、贿赂盛行。"参见张明楷:《刑法学》(第6版),法律出版社2021年版,第1587页。如前所述,在方法论的法益论上,认为行贿罪的法益中的不可收买性仅仅是指财物不可收买性(国家工作人员职务的禁止财物交易性),因为我国现行《刑法》只规定了财物可作为贿赂物,非财产性利益不属于贿赂罪的范围。

[3] 参见谢望原:《对有影响力的人行贿罪构成要件辨析》,载《人民检察》2016年第5期。

国家工作人员仍然可以通过对国家工作人员的影响谋取私人利益，即国家工作人员能够成为他人谋取利益的工具，这会给社会大众一种国家职权可被利用的印象。同样的道理，向有影响力的人行贿也意味着，行贿人可以通过贿赂买通与国家工作人员关系亲密的人，让国家工作人员的亲密关系人说服、影响国家工作人员为他人谋取不正当利益，也即最终指向的仍然是国家公权力不公正行使的危险或可能性。

即便国家工作人员没有直接接受贿赂、行贿人也没有直接向国家工作人员行贿，但仍然有损国家机关的威信，因为在这种流程中（行贿人为谋取不正当利益——给予密切关系人财物——影响国家工作人员——国家工作人员谋取了利益），金钱是间接地为行贿人个人换取了利益，这对党风、政风以及国家机关及其工作人员的威信与廉洁形象的破坏是巨大的，如果职务行为可以收买，或者国民认为职务行为可以与财物相互交换，会削弱国民对国家工作人员职务行为的信赖，进而不信赖国家机关本身，“这不仅会导致国家机关权威性降低，各项正常活动难以展开，而且导致政以贿成、官以利鬻、腐败成风、贿赂盛行”[4]。2009 年 9 月 18 日中国共产党第十七届中央委员会第四次全体会议通过的《中共中央关于加强和改进新形势下党的建设若干重大问题的决定》指出，领导干部要严格遵守廉洁自律各项规定，严格要求自己和配偶子女、身边工作人员。依纪依法查处和整治领导干部利用职务便利为本人或特定关系人谋取不正当利益等问题。我国执政党特别注重党风廉政建设，要求公务人员严格要求自己和配偶、子女、身边人，行贿者为谋取不正当利益向国家工作人员的近亲属或者其他与该国家工作人员关系密切的人，或者向离职的国家工作人员或者其近亲属以及其他与其关系密切的人行贿，首先意味着国家工作人员的亲密关系人或离职国家工作人员及其近亲属是可以被金钱收买的、可以被收买来而成为行贿人阵营的一分子进而影响国家工作人员职权的行使，这足以动摇党风廉政建设的成效，不对此进行处罚，不仅会让行贿者肆无忌惮，而且会为国家工作人员配偶、子女、身边人提供更多诱惑，人们对执政党和国家机关可以被他人间接收买、利用的印象越深刻，越容易使公众对国家工作人员公正行使职权产生怀疑。 6

Ⅳ 行为对象

对有影响力的人行贿罪的行为对象包括四类：一是国家工作人员的近亲属；二是与国家工作人员关系密切的人；三是离职的国家工作人员；四是离职的国家工作人员近亲属，与离职的国家工作人员关系密切的人。对这几类人的范围参见第 388 条评注相关内容。 7

值得关注的是，对“国有单位”内设机构行贿如何处罚？严格来说，“国有单位”内设机构并非“国有单位”，但其在一定限度内能够行使职权，其职权的行使也具有公 8

4 张明楷：《刑法学》（第 6 版），法律出版社 2021 年版，第 1587 页。

务性的特征。在此情况下,能否通过实质解释将对"国有单位"内设机构行贿的行为认定为对单位行贿罪呢?关于该问题,理论上鲜有提及,立法与司法解释也并未直接明示。但是,从历年来有关贿赂类犯罪对主体、身份的判定来看,将对"国有单位"内设机构行贿事实认定为对单位行贿罪是有理据的。2001 年 1 月 21 日,最高人民法院发布的《全国法院审理金融犯罪案件工作座谈会纪要》中明确指出:"单位的分支机构或者内设机构、部门实施犯罪行为的处理。以单位的分支机构或者内设机构、部门的名义实施犯罪,违法所得亦归分支机构或者内设机构、部门所有的,应认定为单位犯罪。不能因为单位的分支机构或者内设机构、部门没有可供执行罚金的财产,就不将其认定为单位犯罪,而按照个人犯罪处理。"依照该规范性文件,由于单位分支机构、内设机构、部门等具有一定职权,依照其行为的公务性特征,可以判定其属于单位犯罪的主体。类似的,2006 年 9 月 12 日,最高人民检察院法律政策研究室《关于国有单位的内设机构能否构成单位受贿罪主体问题的答复》中亦强调:"国有单位的内设机构利用其行使职权的便利,索取、非法收受他人财物并归该内设机构所有或者支配,为他人谋取利益,情节严重的,依照刑法第三百八十七条的规定以单位受贿罪追究刑事责任。"上述规范性文件直接表明,"国有单位"内设机构能够以其职权实施犯罪,在该限度内可以成为单位受贿罪的主体。与之相适应,行为人"为谋取不正当利益",给予"国有单位"内设机构财物的,成立对单位行贿罪。

9 事实上,尽管立法与司法解释没有直接明示,但司法实践中有不少基于上述司法解释的内在逻辑,认定对"国有单位"内设机构行贿的行为构成对单位行贿罪。笔者认为,依照实质的罪刑法定原则,单位贿赂犯罪的成立应当与客观职务挂钩,如果收受财物的"国有单位"内设机构具有为给予财物者谋取不正当利益的职权,则给予财物方的行为宜被认定为对单位行贿罪;反之,则不应认定为对单位行贿罪。采用这种实质认定的方法,既能够避免将"国有单位"内设机构完全除罪化所带来的犯罪漏洞,又能够避免将"国有单位"内设机构直接作为对单位行贿罪的对象而造成的有违罪刑法定原则的风险。

V 贿赂标的

10 与《刑法》第 389 条的行贿罪的罪状规定不同,本罪规定的是"为谋取不正当利益,向国家工作人员的近亲属或者其他与该国家工作人员关系密切的人,或者向离职的国家工作人员或者其近亲属以及其他与其关系密切的人行贿",这里直接使用了"行贿"一词作为行为方式。行贿罪的定义则是"为谋取不正当利益,给予国家工作人员以财物的,是行贿罪",行为方式是"给予国家工作人员以财物",那么,二者在行贿的内容上是否有区别?即对有影响力的人行贿罪的犯罪主体给予他人的是"财物"还是不限于"财物"而包含财物之外的其他贿赂形式?笔者认为,对于《刑法》第 390 条之一对有影响力的人行贿罪,法条虽然没有体现出行贿的内容,但这里的"行贿"之内容也是"财物"。对"财物"的理解参见《刑法》第 385 条、第 388 条之一评注相关内容。

Ⅵ 行为

11 本罪的行为是向国家工作人员的近亲属或者其他与该国家工作人员关系密切的人,或者向离职的国家工作人员或者其近亲属以及其他与其关系密切的人行贿,即给予上述人员财物。主要表现为以下情形:一是为了利用国家工作人员的近亲属或者其他与该国家工作人员关系密切的人对国家工作人员的影响力,或者利用离职的国家工作人员或者其近亲属以及其他与其关系密切的人对其他国家工作人员的影响力,主动给予上述人员财物。二是在有求于国家工作人员的近亲属或者其他与该国家工作人员关系密切的人或者离职的国家工作人员或者其近亲属以及其他与其关系密切的人时,由于上述人员的勒索而给予他们财物。三是与国家工作人员的近亲属或者其他与该国家工作人员关系密切的人或者离职的国家工作人员或者其近亲属以及其他与其关系密切的人约定,以满足自己的请托事项为条件给予上述人员财物。四是在国家工作人员的近亲属或者其他与该国家工作人员关系密切的人,通过该国家工作人员职务上的行为,或者利用该国家工作人员职权或者地位形成的便利条件,通过其他国家工作人员职务上的行为谋取了不正当利益之后,或者离职的国家工作人员或者其近亲属以及其他与其关系密切的人,利用该离职的国家工作人员原职权或者地位形成的便利条件,通过其他国家工作人员职务上的行为为请托人谋取不正当利益之后,给予上述人员财物,作为其影响力的报酬。

Ⅶ 罪过

12 本罪的责任形式是故意,即行为人明知自己给予国家工作人员的近亲属或者其他与该国家工作人员关系密切的人,或者离职的国家工作人员或者其近亲属以及其他与其关系密切的人以财物的行为侵犯了公众对职务廉洁性的信赖,并且希望或者放任这种结果的发生。除此之外,本罪还要求"为谋取不正当利益"这一主观目的要素。正如《刑法》第 385 条受贿罪中的"为他人谋取利益"这一主观要素能够将收受礼金的行为与受贿罪区分开来,《刑法》第 389 条行贿罪以及本罪中的"为谋取不正当利益"这一主观要素,能够将单纯感情投资、给予礼金等行为与行贿罪以及对有影响力的人行贿罪区分开来。关于"为谋取不正当利益"的地位、功能及其立法存废、司法认定问题,同样存在于对行贿罪的理解中,对此不再赘述,只需要重申,在我国刑事司法实践中,应该充分尊重我国的历史传统与社会现状,肯定行贿罪以及对有影响力的人行贿罪必须具备"为谋取不正当利益"这一构成要件,不能过于理想化地认为,只要给国家工作人员或者其关系密切的人送财物的行为都应纳入行贿犯罪这一犯罪圈,无论其行为是基于什么目的。"如果无视我国的历史传统与社会现实,强行将上述行为都纳入行贿罪,则立法机关可能只是制定了一条

'有效的',但不具有'实效性'的法律。"[5] 对有影响力的人行贿罪的社会危害性要低于行贿罪,因而其入罪门槛更没有低于行贿罪的必要。

13 关于何为"不正当利益",在行贿罪、斡旋受贿罪以及利用影响力受贿罪中都有所述及,笔者认同利益的正当与否应当与国家工作人员的职务紧密相关,"不能脱离违背职务孤立地评价行为人谋取的利益是否正当",在解释思路上,应当对"谋取不正当利益"进行功能性解释,使其承担起表征国家工作人员违背职务的功能,国家工作人员违背职务,包括违反规则与违背原则两种形式。[6] 对于行为人主观上认为自己谋取的是不正当利益,而客观上谋取的是正当利益时,此时是否能够认定行为人构成对有影响力的人行贿罪?例如,某公司总经理戴某以为自己的企业不符合获得税收补贴条件,于是以谋取不正当税收补贴为目的,给予本县地税局副局长的父亲 20 万元人民币,事实上戴某的企业完全符合税收补贴的要求且必然会领取到补贴,即所意欲谋取的利益不是不正当利益,此时戴某不构成对有影响力的人行贿罪。正如行为人将自己的财物误认为是他人的财物而意欲非法占有,事实证明该财物本就属于行为人自己所有,那么行为人不构成盗窃罪,这里的目的要素虽然是主观的,但对目的内容"不正当利益"(盗窃罪中的非法占有)仍然需要进行客观事实的判断。

Ⅷ　与他罪的区别

一、与行贿罪的区别

14 行贿罪与对有影响力的人行贿罪的不同点如下:

15 (1)行贿主体不同。根据本条第 2 款的规定,对有影响力的人行贿罪的犯罪主体包括自然人和单位,而行贿罪的主体则仅包括自然人,并将单位向国家工作人员行贿单独列为单位行贿罪。

16 (2)行贿对象不同。从罪名描述即可看出,对有影响力的人行贿罪的行贿对象是国家工作人员身边对其有足够影响力的人,而行贿罪的对象则是国家工作人员。不同的行贿对象,会对社会和公权力产生不同程度的危害,直接对国家工作人员的行贿行为涉及面窄,危害性相对较小;而对"有影响力的人"的行贿行为,则将对国家工作人员腐蚀间接化的同时扩大化及复杂化,虽然最终都是损害国家公权力的公正性和民众对于国家权力公正性的信赖,但通过国家工作人员"身边人"间接行贿的行为,使得国家工作人员及其"身边人"都受到不同程度的腐蚀。

5　刘伟宏:《刑法解释的变与不变——以行贿罪构成要件"为谋取不正当利益"的解释为视角》,载《北方法学》2010 年第 3 期。

6　参见车浩:《行贿罪之"谋取不正当利益"的法理内涵》,载《法学研究》2017 年第 2 期。

二、与对非国家工作人员行贿罪的区别

对非国家工作人员行贿罪与对有影响力的人行贿罪在罪名上相似,在犯罪构成方面也有相同点,两罪的不同点如下: 17

(1)行贿对象不同。两罪最直观的不同之处就是行贿对象的不同。因为行贿对象容易使人误解,无论是有影响力的人还是非国家工作人员,都不具有特殊身份。行为人在对有影响力的人行贿罪中的行贿对象是对国家工作人员行使公权力的行为有影响力的人,其既可以是国家工作人员,也可以是非国家工作人员;行为人在对非国家工作人员行贿罪中的行贿对象并不具有国家工作人员的特殊身份,而是公司、企业、其他社会团体中的工作人员。 18

(2)侵犯法益不同。对有影响力的人行贿罪是一种破坏公众对职务廉洁性的信赖的行为;对非国家工作人员行贿罪破坏的是公司、企业正常运作而进行的职务行为,同时又破坏了公司、企业或者其他社会团体的正常运作程序,侵犯的是两种法益。 19

三、与斡旋受贿罪的区别

斡旋受贿行为与对有影响力的人行贿罪在构成要件方面有以下不同: 20

(1)犯罪行为不同。在对有影响为的人行贿罪中,行为人进行的是行贿行为以便实现不正当利益的犯罪目的,刑法制裁本罪的意图是打击行贿行为;而在斡旋受贿行为中,行为人进行的是受贿行为,刑法制裁本罪的意图是打击受贿行为。 21

(2)行贿对象不同。两罪的犯罪构成要件不同决定了行贿人的行贿对象也会不同。利用"影响力"是对有影响力的人行贿罪最直观的特征,行贿人通过他人对公职人员手中的公权力的行使所具有的某种特殊的"影响力"来实现自身的目的,所以行贿对象不同于受贿行为,行贿人的行贿对象并不是国家工作人员,而是对其有"影响力"的人;而在斡旋受贿行为中,行贿人的目标指向的是国家工作人员本身,试图通过直接向国家工作人员"投其所好",打动国家工作人员并使其手中的公权力为已所用,实现获取不正当利益的目的。 22

(3)犯罪主体不同。对有影响力的人行贿罪的犯罪主体为刑法所规定的自然人和单位;斡旋受贿罪的犯罪主体是自然人,而且必须是具有国家工作人员这种不同于一般主体身份的自然人,不包括单位。需要特别注意的是,在行贿犯罪中,如果行贿人行贿的对象是对公职人员"有影响力的"另一方拥有公权力的公职人员,即行贿对象具有双重身份,行贿的对象并不是通过影响他人行使公权力的行为来实现行贿人的犯罪目的,而是直接利用本人手中的职权,通过自身行使公权力的行为为行贿人谋取不正当利益,依据我国刑法的有关规定行为人构成行贿罪;如果行贿对象是利用其影响力使得行贿人达到目的,则应当认定构成对有影响力的人行贿罪。 23

四、与介绍贿赂罪的区别

两罪在构成要件方面具有部分相同点:两罪都涉及三方主体。在对有影响力的 24

人行贿罪中,涉及行贿人、对国家工作人员有影响力的人、公职人员三方主体;在介绍贿赂罪中,涉及行贿人、介绍人、国家工作人员三方主体。两罪中行贿人不正当利益的实现都需要通过国家工作人员的职务行为,需利用充当"中间人"的有影响力的人以及介绍贿赂的人的身份的特殊性来达到自身的目的。两罪在构成要件方面又有不一致的地方,具体如下:

25 (1)行贿对象不同。在对有影响力的人行贿罪中,对国家工作人员或者离职的国家工作人员有影响力的人是行贿人的行贿对象;在介绍贿赂罪中,帮助行贿人对国家工作人员进行行贿的过程中,起到沟通、撮合、帮助作用,使得行贿行为可以实现的人,是行贿人的行贿对象。

26 (2)犯罪主体不同。单位作为刑法中一种特殊的主体,可以与自然人一并成为对有影响力的人行贿罪的犯罪主体;而介绍贿赂罪的犯罪主体仅包括自然人。

Ⅸ　处罚

27 根据本条规定,为谋取不正当利益,向国家工作人员的近亲属或者其他与该国家工作人员关系密切的人,或者向离职的国家工作人员或者其近亲属以及其他与其关系密切的人行贿的,处3年以下有期徒刑或者拘役,并处罚金;情节严重的,或者使国家利益遭受重大损失的,处3年以上7年以下有期徒刑,并处罚金;情节特别严重的,或者使国家利益遭受特别重大损失的,处7年以上10年以下有期徒刑,并处罚金。

28 根据2016年4月18日施行的最高人民法院、最高人民检察院《关于办理贪污贿赂刑事案件适用法律若干问题的解释》第10条第2款的规定,《刑法》第390条之一规定的对有影响力的人行贿罪的定罪量刑适用标准,参照本解释关于行贿罪的规定执行。因此,本罪与行贿罪都采用了数额与情节相结合的定罪量刑标准,本罪的入罪门槛是行贿数额在3万元以上,或者行贿数额在1万元以上不满3万元,具有下列情形之一:①向三人以上行贿的;②将违法所得用于行贿的;③通过行贿谋取职务提拔、调整的;④造成经济损失数额在50万元以上不满100万元的。[7] 根据《刑法》第390条的规定,行贿罪的最高刑是无期徒刑,而本罪的最高刑是10年有期徒刑。

7　《关于办理贪污贿赂刑事案件适用法律若干问题的解释》第7条规定:"为谋取不正当利益,向国家工作人员行贿,数额在三万元以上的,应当依照刑法第三百九十条的规定以行贿罪追究刑事责任。行贿数额在一万元以上不满三万元,具有下列情形之一的,应当依照刑法第三百九十条的规定以行贿罪追究刑事责任:(一)向三人以上行贿的;(二)将违法所得用于行贿的;(三)通过行贿谋取职务提拔、调整的;(四)向负有食品、药品、安全生产、环境保护等监督管理职责的国家工作人员行贿,实施非法活动的;(五)向司法工作人员行贿,影响司法公正的;(六)造成经济损失数额在五十万元以上不满一百万元的。"很明显,由于行贿对象的不同,上述第(四)项、第(五)项情形对于对有影响力的人行贿罪没有参照性。

29 《刑法》第390条第2款对于行贿罪设定了特别减免制度:“行贿人在被追诉前主动交待行贿行为的,可以从轻或者减轻处罚。其中,犯罪较轻的,对侦破重大案件起关键作用的,或者有重大立功表现的,可以减轻或者免除处罚。”《刑法修正案(九)》之前的规定是,行贿人在被追诉前主动交待行贿行为的,可以减轻处罚或者免除处罚。本次修正改变了“不要求行贿人投案自首,却使其享受了比投案自首更大的宽宥空间”的做法。[8] 根据2016年《关于办理贪污贿赂刑事案件适用法律若干问题的解释》第14条的规定:“根据行贿犯罪的事实、情节,可能被判处三年有期徒刑以下刑罚的,可以认定为刑法第三百九十条第二款规定的‘犯罪较轻’。根据犯罪的事实、情节,已经或者可能被判处十年有期徒刑以上刑罚的,或者案件在本省、自治区、直辖市或者全国范围内有较大影响的,可以认定为刑法第三百九十条第二款规定的‘重大案件’。具有下列情形之一的,可以认定为刑法第三百九十条第二款规定的‘对侦破重大案件起关键作用’:(一)主动交待办案机关未掌握的重大案件线索的;(二)主动交待的犯罪线索不属于重大案件的线索,但该线索对于重大案件侦破有重要作用的;(三)主动交待行贿事实,对于重大案件的证据收集有重要作用的;(四)主动交待行贿事实,对于重大案件的追逃、追赃有重要作用的。”既然司法解释规定《刑法》第390条之一规定的对有影响力的人行贿罪的定罪量刑适用标准,参照关于行贿罪的规定执行,那么《刑法》第390条第2款特别减免处罚的规定完全适用于对有影响力的人行贿罪。

30 《刑法》第390条只规定了自然人行贿罪,关于单位行贿罪则在《刑法》第393条单独规定,与之不同,《刑法》第390条之一第2款规定了对有影响力的人行贿罪的单位犯罪:“单位犯前款罪的,对单位判处罚金,并对其直接负责的主管人员和其他直接责任人员,处三年以下有期徒刑或者拘役,并处罚金。”实际上,本款对单位犯罪的规定,采用的是单独设刑,即对单位负责人的自由刑罚只有“三年以下有期徒刑或者拘役”这一档刑罚,这与刑法中的很多单位犯罪条款不同。例如,《刑法》第三章第一节生产、销售伪劣商品罪规定了多种犯罪,《刑法》第150条规定:“单位犯本节第一百四十条至第一百四十八条规定之罪的,对单位判处罚金,并对其直接负责的主管人员和其他直接责任人员,依照各该条的规定处罚。”“依照各该条的规定处罚”显然是针对不同情节、数额等对应不同档次的刑罚,而对有影响力的人行贿罪的单位犯罪之负责人的刑罚最高只有3年有期徒刑。

---

8 参见李少平:《行贿犯罪执法困局及其对策》,载《中国法学》2015年第1期。

第三百九十一条　对单位行贿罪

为谋取不正当利益，给予国家机关、国有公司、企业、事业单位、人民团体以财物的，或者在经济往来中，违反国家规定，给予各种名义的回扣、手续费的，处三年以下有期徒刑或者拘役，并处罚金。

单位犯前款罪的，对单位判处罚金，并对其直接负责的主管人员和其他直接责任人员，依照前款的规定处罚。

文献：周振想主编：《公务犯罪研究综述》，法律出版社 2005 年版；吕天奇：《贿赂罪的理论与实践》，光明日报出版社 2007 年版；王尚新主编：《中华人民共和国刑法解读》（第 3 版），中国法制出版社 2011 年版；于志刚、王政勋、王良顺：《刑法各论》，高等教育出版社 2012 年版；孟庆华：《贿赂犯罪形态的基本理论》，人民出版社 2014 年版；张明楷：《刑法学》（第 6 版），法律出版社 2021 年版。

细目录

Ⅰ　主旨

Ⅱ　沿革

Ⅲ　客体

Ⅳ　对象

Ⅴ　行为

Ⅵ　结果

Ⅶ　主体

Ⅷ　罪责

一、"为谋取不正当利益"是否为构成要件

二、何为"不正当利益"

Ⅸ　排除犯罪的事由

一、犯罪论体系出罪事由

二、刑事政策出罪事由

Ⅹ　既遂与未遂

一、既遂

二、未遂

Ⅺ　共犯

一、对单位行贿罪共犯的主要表现

二、对单位行贿罪的共犯与介绍贿赂罪的区分
三、对向犯罪与共同犯罪
Ⅻ 罪数
ⅩⅢ 与非罪的界限
ⅩⅣ 与他罪的区别
一、与单位受贿罪的区别
二、与行贿罪的区别
ⅩⅤ 处罚

Ⅰ 主旨

本条是对单位行贿罪及其处罚的规定。从立法理由来看,行贿与受贿是具有紧密联系的对向犯,1997年《刑法》第387条规定了单位受贿罪,与之相适应,也要规定对单位行贿罪,从而确保罪名结构的协调性。尽管单位受贿罪与对单位行贿罪属于对向犯,但这并不意味着只要一方成立单位受贿罪另一方就必然成立对单位行贿罪(或者相反),对向关系只是从构成要件尤其是从客观行为角度抽象的共性关系。因此,立法与实践中依然存在只处罚一方的情形。就立法而言,挪用公款罪与他人使用公款的行为、容留他人吸毒罪与他人吸毒的行为等,都是典型的只处罚对象关系一方的犯罪类型[1];对单位行贿罪也存在类似的例证,如行为人为谋取正当利益,给予"国有单位"以财物,达到单位受贿罪的入罪标准,此时"国有单位"构成单位受贿罪,而行为人不构成对单位行贿罪。这就意味着,对向行为能否入罪不仅存在立法上的差异,也取决于司法裁量,即立法者在判定对象行为能否入罪时,需要仔细斟酌行为的性质、社会危害性,司法者在确定对向行为应否入罪时,需要以各自犯罪构成要件为基准。由此可见,对向犯的刑事处罚具有相对独立性。 1

Ⅱ 沿革

1997年《刑法》第391条规定:"为谋取不正当利益,给予国家机关、国有公司、企业、事业单位、人民团体以财物的,或者在经济往来中,违反国家规定,给予各种名义的回扣、手续费的,处三年以下有期徒刑或者拘役。单位犯前款罪的,对单位判处罚金,并对其直接负责的主管人员和其他直接责任人员,依照前款的规定处罚。"2015年8月29日全国人大常委会通过的《刑法修正案(九)》第47条对该条第1款作出修订,增加了罚金刑,即在实施该条第1款规定的行为的情况下,对行为人"处三年以下有期徒刑或者拘役,并处罚金"。 2

---

1 参见钱叶六:《对向犯若干问题研究》,载《法商研究》2011年第6期。

Ⅲ 客体

3 刑法理论上,有关对单位行贿罪侵犯的客体之聚讼,主要位于"复合客体"与"单一客体"之间。具体又可以细分为三种观点:第一种观点认为,对单位行贿罪的客体为"国家机关、国有公司、企业、事业单位、人民团体职务活动的廉洁性",这是由该罪具有"国有单位"的主体特征所决定的。[2] 第二种观点认为,对单位行贿罪所侵犯的是"国有单位"正常的管理秩序。[3] 第三种观点认为,单位行贿罪为复合客体,既侵犯了"国有单位"职务活动的廉洁性,也破坏了"国有单位"正常的管理秩序。[4]

4 犯罪客体是犯罪评价的实质要素,犯罪的本质在于其行为的法益侵害性。如果法益能够忠实地反映刑法所要求的最低限度的失范行为标准,那么在调和法益保护与人权保障的关系时自然难以产生根本性冲突。在阶层犯罪论体系中,以法益作为违法性判断的基本材料,并融入法条真意中,有助于增强犯罪评价的精确性。《刑法》分则所规定的各种犯罪类型,都蕴含特定的法益,法益的指引不仅为具体犯罪的认定提供实质依据,更为不同犯罪类型的区分提供有效界标。罪刑法定原则要求,刑罚法规必须由立法机关制定,必须明确规定行为的内容、危害性与法律后果,形成指引国民行动的基本准则。但是,在立法论上,某种行为是否构成犯罪,"更为直接的是要以保护该时代社会中的既存的规范为基准"[5]。然而,受限于立法技术,并非所有的立法规范都能符合正义的底线要求,"既存的规范"与法益保护的界限并非完全吻合。在解释论上,探求刑罚法规所保护的法益,是衡量解释结论合理性的重要标尺。只不过,法益是什么、刑法需要在何种程度上保护法益等问题本身就不明确,解释立场的差异会实质影响对法益诸命题的理解,某种解释方案只要在逻辑上通顺、在规范上符合文义,就难以说是错误的。也许任何给法益作出精确定义的做法都可能误入歧途,但通过抽象的法益概念,能够更加深刻地认识到刑法究竟保护什么以及刑法应在多大程度上干预社会生活。显然,要理解本罪的客体,就必须深入理解本罪的法益内容及其功能。法益概念的首要功能在于,通过筛选某些值得刑法保护的利益,将刑事犯罪圈限制在合适的范围内,避免"过罪化"带来的负面效果。[6] 换言之,法益是甄别罪与非罪的重要标尺,法益的变动也会切实影响刑事犯罪圈的范围。

---

2 参见张平:《对单位行贿罪的立法完善研究》,载《湖北大学学报(哲学社会科学版)》2006年第3期。

3 参见刘方:《贪污贿赂犯罪的司法认定》,法律出版社2016年版,第316页。

4 参见吕天奇:《贿赂罪的理论与实践》,光明日报出版社2007年版,第233—234页。

5 〔日〕松宫孝明:《刑法讲义总论》(第4版补正版),钱叶六译,中国人民大学出版社2013年版,第12页。

6 参见〔美〕道格拉斯·胡萨克:《过罪化及刑法的限制》,姜敏译,中国法制出版社2015年版,第3页。

就上述观点而言,围绕对单位行贿罪的法益之争的核心表现为,设立对单位行贿罪是为了维护单位职务活动的廉洁性,还是为了保护"国有单位"的管理秩序,抑或兼而有之呢?

首先,如果认为本罪的法益是"国有单位"职务活动的廉洁性,由于廉洁性以职务 5
活动为连接点,那么至少可以推导出三点内容:第一,非涉及单位职务活动的给予财物行为,不构成对单位职务廉洁性的侵犯。法定代表人是"国有单位"活动的代表,一般而言,涉及"国有单位"贿赂犯罪时,最初接洽的都是其法定代表人,由双方洽谈之后,再将财物转移到公司账户上,从而完成行贿与受贿的整个过程。然而,如果法定代表人在个人交往的过程中(非履行职务期间)获取的财物,并将该部分财物纳入公司账户的,则不能认为对方构成对单位行贿罪。因此,甄别对单位行贿罪是否成立时,需要考量的基本问题是行为人是否有利用"国有单位"工作人员职务行为的主观意思,只有行为人主观上有利用职务行为的意思,客观上实施了侵犯"国有单位"职务活动廉洁性的行为,才能够认定为本罪。第二,廉洁性表明贿赂犯罪成立以对向关系[7]的存在为前提,受贿者是否最终获得财物以及如何处理财物不影响行贿罪的成立[8],对单位行贿罪与单位受贿罪的关系亦是如此。从法益论的视角来看,此处的对向关系是直接指向对单位行贿罪与单位受贿罪之间的法益关系。有学者认为,单位受贿罪的客体包含"国有单位"职务活动的廉洁性,表现为"国有单位"工作人员在单位集体意志支配下实施受贿行为,其法律效果应归属于单位。[9] 因此,基于对单位行贿罪与单位受贿罪之间的对向关系,对单位行贿罪的法益也应包含"国有单位"职务活动的廉洁性,换言之,行为人为谋取不正当利益给予"国有单位"财物的行为侵犯了"国有单位"职务活动的廉洁性。由于对向关系在行贿者与受贿者之间起着连接作用,以此为依据推定对单位行贿罪的法益应包含职务活动的廉洁性的观点具有一定的合理性。第三,未侵犯"国有单位"职务活动廉洁性的行为不构成本罪,从而对本罪的成立范围进行了限制。"国有单位"在履行职务的过程中间接为行为人提供便利或者帮助,行为人事后基于感激而给予"国有单位"财物的,原则上不构成对单位行贿罪,除非事前有约定,或者双方明知事后给予财物的行为具有权钱交易的属性。这是因为,一方面"国有单位"属于正常的履行职务行为;另一方面给予财物方不存在行贿的意思,表面上这种情况下双方存在对向关系,实际上双方并没有贿买的交易关

---

7 关于对向关系所指向的保护法益,存在以罗马法为立场的不可收买性说和以日耳曼法为依据的廉洁性说之争,参见张明楷:《刑法学》(第6版),法律出版社2021年版,第1229页。笔者认为,不可收买性说将贿赂犯罪的本质理解为对价关系,实际上强化了贿赂类犯罪的形式特征,容易扩张处罚范围。因此,将本罪的法益理解为职务行为廉洁性更为妥当。

8 参见车浩:《行贿罪之"谋取不正当利益"的法理内涵》,载《法学研究》2017年第2期。

9 参见韩成军:《单位受贿罪若干疑难问题研究》,载《郑州大学学报(哲学社会科学版)》2012年第3期。

系,不构成对“国有单位”职务活动廉洁性的侵犯。需要注意的是,要区分“国有单位”行为和私人行为。虽然从犯罪构成要件来看,对单位行贿罪是以“国有单位”为行贿对象的,但实践中,贿赂往往是交给“国有单位”的法定代表人或者授权的代理人,再经过转账进入国有单位的账户。此时,由于财物经过第三人之手,应当如何认定犯罪呢?笔者认为,这类案件应当分情况区别对待:第一,如果该第三人是以单位名义接受财物的,且事后确实将其转入单位账户的,双方分别构成对单位行贿罪和单位受贿罪;第二,如果该第三人是以个人名义接受财物,不论其是否为单位的法定代表人,双方都只能成立普通的行贿罪和受贿罪;第三,如果该第三人是以单位的名义接受财物,但实际上并没有将财物转入单位账户,而是私自将财物放在自己账户并谋取利益,此时发生了对象错误,按照法定符合说,给予财物者应当认定为对单位行贿罪,接受财物者应当认定为诈骗罪。作出上述三种区分的实益是,在不同的情况下,多方行为人分别满足不同的犯罪构成要件,而不同的罪名项下对应的入罪标准和法定刑存在根本性差异,因而会实质影响对行为人的定罪和量刑。例如,行为人 X 为了谋取不正当利益,欲给甲国有单位送现金 8 万元,该单位总经理 Y 知晓情况后私自截留了消息源,并与 X 约定接洽的时间,谎称自己是甲国有单位安排负责相关事宜的。X 信以为真,洽谈之后,遂将 8 万元转入 Y 的账户,事后 Y 将这部分金钱私自挥霍。在本案中,X 的行为满足了行贿罪的入罪数额,但是却不满足对单位行贿罪的入罪数额,结合 X 的主观意思以及案件事实,根据法定符合说,X 应当被认定为无罪(未达到对单位行贿罪的入罪标准)。Y 显然具有诈骗的故意,其虚构了事实,让 X 产生了错误认识,并基于该错误认识将 8 万元转账给 Y,符合诈骗罪的构成要件,Y 应当成立诈骗罪。

6 其次,如果认为本罪法益只是“国有单位”的管理秩序,则至少存在三点疑虑:第一,法益具有犯罪界分的功能,这种功能通常表现为类罪名的区分上,即某类罪名所保护的法益往往具有高度相似性乃至完全相同。本罪与普通行贿罪的差异主要体现在行贿对象上,可以将之视为行贿罪的特殊类型,是否侵犯职务行为的廉洁性是甄别行贿罪与其他犯罪的重要依据,其也理应成为对单位行贿罪的法益。如果将职务行为的廉洁性从本罪中剔除,其直接后果是使法益丧失一般性的犯罪区分功能。例如,“国有单位”偷税、私分国有资产等行为都侵犯“国有单位”的管理秩序,但据此显然不能将对单位行贿行为与国有单位偷税、私分国有资产等行为区分开。易言之,侵犯“国有单位”管理秩序,是某些犯罪的共性,而非犯罪的个性所在,只有找出犯罪的个性,才能准确甄别各种犯罪,这也是法益功能的重要体现。侵犯“国有单位”管理秩序的行为多种多样,但是并非任何侵犯“国有单位”管理秩序的行为都构成本罪,本罪的特殊性在于行贿者与受贿者之间建立了对向关系,构成对“国有单位”职务活动廉洁性的侵犯,廉洁性是衡量“国有单位”及其工作人员是否忠诚、勤勉履职的重要标志。第二,对单位行贿罪位于《刑法》第八章“贪污贿赂罪”,本章属职务犯罪,具体犯罪类型应与职务行为紧密关联。“国有单位”管理秩序更多涉及单位内部秩序范畴,如国有单位的内部控制管理、国有单位财物管理等,这些秩序与带有对外公务属性的职务活动没有直接的关联性,据此也无法将本罪放在《刑法》第八章。第三,“国有单位”管理秩序的概念太过空泛,法益性不强。虽说秩序是法律的基本价值之一,“国有单位”管理秩序是其下位概念,是需要受到刑法保护的。但是,这一概念其实非常空洞,作为类罪名的抽象法益尚可,作为具体罪名的法益恐不合适,至少在笔者看来,法益的概念应当有其具体的内涵,该具体内涵是从犯罪构成要件以及生活事实中总结而来的,高度抽象的管理秩序,很难说完全符合这一特征。基于这种考虑,本罪法益的核心内容是职务活动的廉洁性而非“国有单位”管理秩序。

最后,认为本罪法益既包含“国有单位”职务活动的廉洁性,又涵盖“国有单位”管理秩序,符合当前刑事立法的规定,即本罪属于复合法益的犯罪。一方面,认为本罪属于复合法益的犯罪,实际上表明了本罪法益的双重界分功能,即区分罪与非罪、此罪与彼罪的功能。其中,职务活动廉洁性是奠定职务活动犯罪的基础,任何职务类犯罪的成立都应当以此为基本着眼点。对单位行贿罪乃是职务型犯罪,可以说是行贿罪的特殊类型,其法益自然需要涵盖职务活动的廉洁性,是否侵犯职务活动的廉洁性是甄别职务行为罪与非罪的重要标准。“国有单位”管理秩序在现行刑法中同样具有意义,是界分此罪与彼罪的重要依据之一。立法者将行贿类犯罪分为普通行贿罪、单位行贿罪、对单位行贿罪,其主要依据是不同主体、向不同对象行贿的行为的社会危害性有所差异,这种区分不仅体现在形式构成要件层面,还映射于实质的法侵害性层面。将“国有单位”管理秩序作为对单位行贿罪的法益,有效地区分普通行贿罪与对单位行贿罪,是发挥法益界分此罪与彼罪功能的重要体现。由此可见,在现行刑事立法框架下,认为本罪法益既包含职务活动的廉洁性又囊括“国有单位”管理秩序的观点是最为妥当的。在本罪中,“国有单位”管理秩序与职务活动廉洁性并非简单的“1+1=2”的叠加效应,而是“1+1=新的1”的创造效应,即两者组合产生了新的法益。另一方面,以法益为基础,将行贿类犯罪依照主体、对象进行区分,并分别设置不同的法定刑,虽然表明了不同性质的行为的社会危害性的差异,但现行立法在逻辑上依然有瑕疵。例如,普通行贿罪、单位行贿罪、对单位行贿罪都涉及对职务活动廉洁性的侵犯,甚至后两者还包含对“国有单位”管理秩序的侵犯,在这种情况下,后两者的入罪门槛更高、法定刑幅度反而更低,这种立法方案的合理性是存在疑问的。或许在立法者看来,现实中对单位行贿与单位受贿的数额都相对较大,如果不设置较高的入罪门槛,可能会导致刑事犯罪圈过于宽泛,但这种做法也会引发定罪量刑的失衡,不符合刑事法治的公平原则。其实,纵观《刑法》第八章有关职务犯罪的规定,立法者以主体、对象为中心人为划分犯罪类型的痕迹比较明显,对单位行贿罪与普通行贿罪的区分只是其中的一个缩影。通过对比发现,行贿罪与对单位行贿罪区分的着眼点是将行贿对象区分为个人和“国有单位”,并在刑罚设置上容易给人这种印象,即对单位行贿的可罚性远比对个人行贿的可罚性低。由于此处涉及对象区分而非主体区分,因而无法从单位犯罪理论上寻找根据。基于前文的分析,普通行贿罪和对单位行贿罪在法益上的区分着眼点是“国有单位”的管理秩序,但实际上,贿赂关系成立的关键在于是否存在对向关系,是否存在有损职务活动廉洁性的行为。从这个角度来看,“国有单位”的管理秩序与其说是对单位行贿罪的独特法益,毋宁说是基于立法规定对特殊领域犯罪关键特征的类型化抽象。

8 综上分析,从现有的立法规定来看,将本罪法益解读为职务活动的廉洁性与“国有单位”管理秩序是最为贴切的。法益是对犯罪构成要件的高度抽象,对其理解应置于犯罪构成要件语境之下。但需要注意的是,从实质上看,“国有单位”管理秩序不宜作为本罪法益的核心内容,这种法益设定是基于立法区分的需要。之所以肯定其法益性,是因为“不管法治的理想意味着什么,似乎都意味着应受惩罚和不应受惩罚的行为之间的区别应该取决于立法机关制定的法律规范的内容”[10]。确实,在实在法意义上,“利益之所以成为法益,正是通过立法者决定而实现的”[11],这就意味着当立法者将某种利益上升为法益之后,再从逻辑上(教义学上)限缩法益的范围往往是极为困难的。基于此,笔者认为,在理解对单位行贿罪的法益时,应当建立这种一般印象,即职务活动的廉洁性是本罪的核心法益,“国有单位”的管理秩序是具有辅助性判断功能的法益。

Ⅳ 对象

9 “对象是刑法所保护的法益的具体体现,是刑法所保护的法益的载体。”[12]对单位行贿罪的对象是“国有单位”,即国家机关、国有公司、企业、事业单位、人民团体,向非“国有单位”行贿的,不构成对单位行贿罪。在行贿类犯罪中,立法者以行贿对象的不同分出三种罪名,分别是对非国家工作人员行贿罪(《刑法》第 164 条)、行贿罪(《刑法》第 389 条)、对单位行贿罪(《刑法》第 391 条),其主要目的在于,向不同对象行贿所侵犯的法益类型不同,主要是由于对象身份所表征的法益属性不同。

10 “国有单位”的身份是本罪的构成要件要素,即只有以“国有单位”为行贿对象时才可能构成本罪。行贿对象关涉身份,会影响所侵害的法益的属性,立法者根据对象不同区分不同犯罪,首先需要考虑的问题是某种行为侵犯了何种法益,即将行为对象视为指向法益的关键要素。确实,在某些情境下,对象的不同会实质影响所侵犯的法益,或者说对象有时候会决定行为的定性(通常决定行为究竟构成此罪还是彼罪)。行贿罪与对单位行贿罪都涉及职务行为,所侵犯的是职务活动的廉洁性,而对非国家工作人员行贿罪所侵犯的是非“国有单位”的财产权及其管理秩序,侵犯的法益也存

---

10 〔美〕道格拉斯·胡萨克:《过罪化及刑法的限制》,姜敏译,中国法制出版社 2015 年版,第 39 页。

11 〔德〕埃里克·希尔根多夫:《德国刑法学:从传统到现代》,江溯、黄笑岩等译,北京大学出版社 2015 年版,第 174 页。

12 刘艳红:《刑法学(上)》(第 2 版),北京大学出版社 2016 年版,第 114 页。

在实质区别。由于行为对象不同导致侵犯法益差异的情形在现代刑法中并不罕见,如暴力型犯罪会由于侵犯财产权和人身权的不同而符合不同罪名的构成要件,走私类犯罪也会由于走私对象的不同而成立不同的犯罪。

但是,并非所有行为对象的差异都构成对不同法益的侵犯,以对象区分不同的罪名也并非总是正确。譬如,《刑法》第 264 条规定盗窃公私财物的构成盗窃罪,虽然财物有很多类型,但显然不能以财物的类型来设置不同种类的犯罪。从立法理由来看,对单位行贿罪的设置更多的是基于立法对称性的考虑,即行贿罪对应受贿罪、对单位行贿罪对应单位受贿罪,这种对应实际上表明立法者肯定双方之间存在对向关系,为了维持这种对向关系而设置此罪也是有必要的,毕竟对向行为是彼此关联的,多数情况非此即非彼,所侵害的法益也几乎一致。然而,在对向关系中,理论与实践所关注的重点可能会有所不同。众所周知,单位受贿罪不论在立法上还是理论上均有支撑,其属于对向关系的一端,而位于对向关系另一端的对单位行贿罪在理论上却鲜有提及,但从确保贿赂犯罪体系的周延性角度来看,本罪的设置是非常有必要的。因为从贿赂犯罪的罪名体系来看,行贿与受贿应是互相对应的,基于这种对向关系,受贿罪的主体通常是行贿的对象,若立法只设置单位受贿罪而没有设置对单位行贿罪,则贿赂犯罪体系也难以保持对应性。 11

在我国,"国有单位"的构成比较复杂,尤其是涉及国有公司、企业的定性问题,理论上曾多次展开讨论。这是由于,自 20 世纪 80 年代国有企业改制以来,纯粹的国有企业已经比较少,更多的是国有控股企业与国有参股企业,其中哪些属于"国有单位"尚难以明确。有学者指出,我国国有企业构成异常复杂,如果将所有的国有企业都认定为犯罪主体和对象,势必会导致犯罪认定的困难,增加司法工作的难度,因此应将之限定为纯正的国有性质的单位。[13] 笔者认为,基于本罪"国有单位"之设定,企业型"国有单位"应当限于纯粹的国有企业与国有控股企业,至于国有参股企业,由于国有成分相对较少,且如果将所有带有国有成分的企业都定性为此处的"国有单位",或多或少有扩张犯罪圈的风险。例如,某企业国有参股的成分不到 5%,很难说其属于国有企业,对这类单位行贿的人也难以认定为对单位行贿罪。当然,这种理解并非完全合适,甚至有妥协的意味,但从我国国有企业的现有结构以及对单位行贿罪的设定来看,这种折中式的做法既不至于过度扩张犯罪圈,又不会轻纵犯罪,相对而言更具有合理性。 12

对单位行贿案中还存在对象错误的问题,如某人谎称是"国有单位"法定代表人招摇撞骗,行为人信以为真,为谋取不正当利益而给予招摇撞骗者财物。刑法理论上将对象错误主要分为三种情形,分别是犯罪对象不存在、同一性质的犯罪目标认识错误以及不同性质犯罪目标的认识错误。就前述情形而言,应当属于犯罪对象不存在,即行为对象并非"国有单位"的法定代表人,其行为也不能视为单位的行为,按照法定符合说,行为人构成对单位行贿罪的未遂。实践中,有的行为人为了谋取不正当 13

13 参见赵煜:《惩治贪污贿赂犯罪实务指南》(第 2 版),法律出版社 2017 年版,第 627 页。

利益,还可能将财物给予不具有职务便利的"国有单位",此时应当如何认定呢?由于行为的对象属于"国有单位",且行为人实施了对单位行贿的行为,表面上看完全符合本罪的构成要件,但事实上,如果行贿的对象客观上无法满足行贿者谋取利益的诉求,同样可能产生认识错误的问题,具体可以分为两种情况讨论:第一,行为人将财物给予"国有单位",但该"国有单位"并不能为行贿者谋利。例如,某"国有单位"谎称能够为行为人谋取某种利益,行为人信以为真而行贿。这种情况属于不同性质的具体目标的对象认识错误,原则上应当认定为行贿罪的未遂。第二,行为人将财物给予"国有单位",虽然该"国有单位"不具有相应谋利的能力,但能够通过斡旋实现犯罪目标,换言之,作为行贿对象的"国有单位"具有相应的便利条件,能够为行贿者谋取利益,此时能否认定为对单位行贿罪的既遂呢?我国刑事立法并未规定"国有单位"斡旋受贿的情形,但从行贿者的角度来看,其明知所行贿的"国有单位"可以利用职务便利为其谋取利益,可谓满足了对单位行贿罪的实质要件。因此,笔者认为,在这种情形下,行贿者应当构成对单位行贿罪既遂。

V　行为

14　一切犯罪都是以行为表现的,对单位行贿罪客观方面的行为表现为给予"国有单位"财物。对单位行贿的行为组合方式与行贿类似,可以分为四种情形:第一,行为人为了谋取不正当利益,利用"国有单位"的职务行为,主动给予"国有单位"财物的,这是对单位行贿行为的典型形态。第二,行为人为谋取不正当利益,基于"国有单位"的索取而给予财物。第三,与"国有单位"约定,在完成特定事项或者满足特定条件时,给予"国有单位"财物。第四,"国有单位"利用职务上的便利为行为人谋取利益后,行为人事后给予"国有单位"财物作为报酬。

15　就现有立法规定而言,前述三种情形下认定行为人构成对单位行贿罪是不存在问题的,但是就第四种情形而言,是否构成对单位行贿罪仍有争议。有的学者认为,判定第四种情形下行贿者是否构成犯罪的关键在于如何理解"为谋取不正当利益",即如果将之认定为主观要素,则第四种情形下对单位行贿者不构成犯罪,而如果将之认定为既可以是主观要素也可以是客观要素,则这种情形也能认定为犯罪。司法实践的普遍做法是,事后以"国有单位"为行贿者谋取利益为由而给予财物的,追究行贿者的法律责任。[14] 关于"为谋取不正当利益"究竟是主观要素还是客观要素之争议,有学者还认为,对"为谋取不正当利益"的属性应当区别对待,在被勒索给予财物的情况下,应当属于客观要件;在未被勒索而给予财物的情况下,属于主观要件。[15] 理由在于,在被勒索的情况下给予财物,行贿方主观上不存在谋取不正当利益的意思,但立法规定只要行为人客观上谋取了利益,即可构成行贿类犯罪,对单位行贿罪

14　参见张明楷:《刑法学》(第6版),法律出版社2021年版,第1259页。

15　参见沈志先主编:《职务犯罪审判实务》,法律出版社2013年版,第251页。

也是如此。然而,依照这种观点,“为谋取不正当利益”要素的定位便显得非常尴尬。上述解释者一方面认为该要素是主观要件,用以证成只要行为人给予“国有单位”财物,且有谋取不正当利益的主观意思,即可成立本罪;另一方面又认为在事后受贿的场合,“为谋取不正当利益”可以被理解为客观要素,即视解释场合的不同,主客观要素可以相互切换。

或许这种理解在结论上能够获得较多支持,但在逻辑上存在明显的问题:第 16
一,罪刑法定原则要求解释者在阐释条文含义时不仅要遵循文义,还要维持解释结论的稳定性。同一条文的同一用语可能有多种不同的解释方案,解释者可以在不同的解释方案中斟酌、选择,得出相应的解释结论。但是,解释结论不能朝令夕改,也不能为寻求结论的合理性而恣意解释,认为“为谋取不正当利益”既可以是主观要素也可以是客观要素的观点,与其说是符合条文的解释,毋宁说是为追求解释结论的合理性而滥用解释原理,其结果是解释的逻辑有悖于罪刑法定原则的要求。事实上,上述论者一方面认为“为谋取不正当利益”既可以是主观要素,也可以是客观要素;另一方面又认为“虽然‘为谋取不正当利益’是一个主观要素,但利益是否正当,则需要进行客观判断”[16],其前后论述行贿事实的不同事项时,存在相互矛盾的见解,解释的立场也不够坚定。第二,主观要素与客观要素相互对立,某个犯罪构成要件要素不可能在这种情形下是主观要素,而在另一种情形下又是客观要素。主观要素是以人的意志为基础的,客观要素是不以人的意志为转移的,亦即“作为行为的外观、客观方面的要素,就是客观要素”,“作为行为人的内心、主观方面的要素,就是主观要素”。[17] 在犯罪论体系中,主观要素与客观要素分类的实质意义在于,客观要素大致归入违法范畴,是判定行为违法性的依据;主观要素大致归入责任范畴,是判定行为人是否需要承担责任的依据。若认为“为谋取不正当利益”既可以是主观要素,也可以是客观要素,则该要素究竟应归入违法要素还是责任要素呢?显然,如果持这种见解,主观要素与客观要素的区分也会丧失其意义。第三,在行为人因被勒索给予“国有单位”财物,事后也获得了不正当利益的情形,与其说行为人不具备谋取不正当利益的主观意思,毋宁说行为人事后以其行为补充了主观意思,这是解释该构成要件要素的最佳选择。因为在这种情况下,行为人即便最初没有对单位行贿的意思,但不排除其在被勒索后有谋取不正当利益的概括意思,随后给予财物的行为与接受不正当利益的行为形成权钱交易的实质关系,符合贿赂犯罪的本质特征。

事实上,上述解释之所以主张通过解释的方式将事后行贿(包括对单位行贿)的 17
行为纳入犯罪,受日本刑法的影响比较深刻。日本刑法将受贿犯罪细分为受托受贿、事前受贿、事后受贿、斡旋受贿等情形,而作为对向犯的行贿罪自然很容易从解释论

---

16 张明楷:《刑法学》(第6版),法律出版社 2021 年版,第 1258—1259 页。

17 张明楷:《刑法分则的解释原理》(第2版),中国人民大学出版社 2011 年版,第 386—387 页。

上延展开,即"与事后受贿相对应的行贿罪,以针对职务上的非法行为实施了请托为必要"[18]。但在我国,立法并未明示事后受贿的可罚性,难以直接根据对向犯延伸出事后行贿的处罚规则,将"为谋取不正当利益"解释为客观要素,能够在一定程度上缓和解释的难度。然而,若在事后行贿的场合,将"为谋取不正当利益"解释为客观要素,也有扩大处罚范围的嫌疑,如"国有单位"与行为人事前没有约定,在"国有单位"为行为人谋取利益后,按照上述解释,行为人基于此给予"国有单位"财物的行为构成行贿罪。即由于"为谋取不正当利益"被理解为客观要素,只要行为人事后有给予财物的事实即可成立对单位行贿罪,而不需要行为人与"国有单位"事前有约定。但事实上,即使是日本刑法理论,在理解事后行贿时也以先前有请托为前提,如果给予财物方连事前约定都没有,自然无法认定行贿罪成立。

18 基于上述分析,前述第四种情形应当细分为两种情况:一是行为人与"国有单位"事前有约定,"国有单位"利用职务上的便利为行为人谋取利益后,行为人事后基于约定给予"国有单位"财物作为报酬。二是行为人与"国有单位"事前没有约定,"国有单位"利用职务上的便利为行为人谋取利益后,行为人事后基于谋取利益的事实给予"国有单位"财物作为报酬。对于第一种情形,可以从事后受贿、对向犯理论的视角得出肯定结论。但对于第二种情形,不宜作为犯罪处理。因为在这种情况下,给予财物方不具有行贿的主观意思,尽管从客观上看,行为人事后给予财物的行为与"国有单位"事前谋取利益的行为形成事实上的对向关系,但主观要素的缺失使得这种对向关系难以奠定其犯罪性。当然,收受财物方的行为可能构成受贿罪。如"国有单位"以事前谋取利益相要挟,向他人索取财物的,或者明知他人事后基于谋取利益的事实给予财物的,依旧可能成立受贿罪。退一步说,即便无法认定"国有单位"构成受贿罪,但若"国有单位"实施为他人谋取利益的行为时,超越自身职权范围,造成相应损失的,依然可以按照渎职类犯罪进行处理。因此,在认定对单位行贿罪时,不能简单地根据表面上是否接受或者拒绝财物来确定,而要根据构成要件是否实质符合来确定,才能够避免恣意入罪、随意入刑。

Ⅵ 结果

19 依照法益侵害说,"结果是行为给刑法所保护的法益所造成的现实侵害事实与现实危险状态"[19]。对单位行贿罪的结果表现为,行为人向"国有单位"行贿,侵害了国有单位职务行为的廉洁性与"国有单位"的管理秩序,这是典型的非物质性结果。[20]

---

18 〔日〕山口厚:《刑法各论》(第2版),王昭武译,中国人民大学出版社2011年版,第739页。

19 陈兴良主编:《刑法总论精释》(第3版),人民法院出版社2016年版,第194页。

20 刑法理论根据结果的表现形态将之分为物质性结果与非物质性结果,其中,物质性结果是指行为对法益所造成的物理上的损害或者现实危险,如对人体的伤害;非物质性结果是指行为对法益所造成的精神上或者其他非可见的损害或现实危险,如对企业名誉的损害。

本罪是典型的数额犯,在讨论结果时离不开对数额的讨论。按照 1999 年 9 月 16 日发布的最高人民检察院《关于人民检察院直接受理立案侦查案件立案标准的规定(试行)》第 6 条的规定,在通常情况下,个人对单位行贿的入罪标准为 10 万元,单位对单位行贿的入罪标准为 20 万元。由于对单位行贿罪所评价的是行贿方的行为,因而是以行贿方给予或者"损失"的数额为依据的,在此,数额是反映行为危害程度的概念,但由于对单位行贿罪只有一个处罚情节,因而并不存在加重情节的数额,但这并不意味着本罪的数额不影响量刑,而是说在同一个量刑幅度内,根据行贿数额的多少选择较轻还是较重的刑罚。因此,数额依然是影响刑罚的情节,只是该情节是在同一法定刑幅度内发挥影响作用的。尽管数额与情节存在紧密联系,但毋庸置疑的是,数额不等于结果,特别是当某些犯罪的结果难以通过数额计量时,数额与结果之间互补包容的关系就愈发明显。对单位行贿罪以数额为入罪标准,并不意味着数额是该罪的全部结果。如前分析,本罪的结果表现为对"国有单位"职务行为的廉洁性与"国有单位"管理秩序的侵犯,行贿的数额是衡量法益侵害性的指标之一,除此之外可能还有行贿者的目的、行贿者意欲利用的职务行为的属性等。当然,在诸多指标中,数额是影响本罪结果的最关键因素。 20

Ⅶ 主体

依照《刑法》第 17 条以及《刑法》第 391 条第 1 款之规定,本罪为一般主体,即已满 16 周岁、具有辨认与控制能力的自然人均可构成本罪,单位也可以构成本罪。《刑法》第 391 条第 2 款规定的是单位向"国有单位"行贿的情形,这里的单位包括任何所有制形式的单位。[21] 从行贿主体的角度来看,对单位行贿罪可以分为两种情形: 21

(1)自然人对"国有单位"行贿。现实中,某些行为虽然符合该罪的构成要件,但是司法机关有意识地不将这种行为作为犯罪处理。例如,父母为了给子女选择更好的学校,而答应给学校"赞助费",或者学校主动收取"点招费"的情况。学校收受"点招费""赞助费"录取那些没有达到分数线的学生,有违教育公平原则,这种收费行为也应当属于"乱收费"的现象。从罪刑法定的角度来看,学校的这种行为符合单位受贿罪的构成要件,相应的,自然人给予学校上述费用的行为,也应当构成对单位行贿罪。然而,不少类似的学校点招案件发生后,上级教育行政部门会给予学校一定的行政处罚,司法机关却很少介入,也很少从刑事犯罪的视角审视这类行为。 22

(2)单位对"国有单位"行贿。这类犯罪常见于商业活动领域,在公共管理中较少出现这类现象。由于"国有单位"掌握较多的资源,其他单位为了与"国有单位"进行项目合作或者争取"国有单位"的项目投资,不惜违背商业竞争规则,向"国有单位"行贿。需要注意的是,要成立单位犯罪,必须满足两个条件:第一,犯罪意思是在 23

---

[21] 参见全国人大常委会法制工作委员会刑法室编:《〈中华人民共和国刑法〉条文说明、立法理由及相关规定》,北京大学出版社 2009 年版,第 793 页。

单位主体意志支配下实施的,如果是自然人利用单位实施的,则成立自然人犯罪。判断"对单位行贿"的行为是否在单位主体意志支配下实施的,很大程度上取决于犯罪意思是否基于单位集体决策或者是否由单位负责人以单位名义决定的,否则就无法构成单位犯罪。当然也存在例外情况,如按照1999年6月25日最高人民法院颁布的《关于审理单位犯罪案件具体应用法律有关问题的解释》第2条的规定:"个人为进行违法犯罪活动而设立的公司、企业、事业单位实施犯罪的,或者公司、企业、事业单位设立后,以实施犯罪为主要活动的,不以单位犯罪论处。"换言之,在这两种情况下,即便是单位决策者以单位名义实施犯罪,也只能作为自然人犯罪处理。第二,行贿的目的是为单位谋取利益,所获得的利益也应当归单位所有。如果对单位行贿是为了谋取个人利益,或者说所获得的利益是归个人所有,则应当由相关自然人承担相应的法律责任。此处需要区分单位行贿罪与单位对"国有单位"行贿构成对单位行贿罪的情形。这两种情形下犯罪成立都以单位为主体,但需要注意的是,单位行贿的对象是国家工作人员,而对单位行贿的对象是"国有单位"。故而,在单位向"国有单位"行贿时应当成立对单位行贿罪而非单位行贿罪。问题是:个人假借单位名义,向"国有单位"行贿的,应当如何定性处罚呢?身份属于客观构成要件要素,行为人假借单位名义,向"国有单位"行贿,属于主体身份认定的问题。由于行为人本身不具有单位身份,不符合单位对"国有单位"行贿的要件,应当按照个人犯罪处理。

Ⅷ 罪责

24 本罪为故意犯罪,故意的内容是为谋取不正当利益,故意给予"国有单位"财物,或者在经济交往活动中,故意给予"国有单位"各种名义的回扣、手续费。"为谋取不正当利益"是本罪的构成要件要素,如果行为人是为了实现某种合法利益,如通过有关"国有单位"获得某种正当服务,或者被胁迫给予"国有单位"财物的,也没有获得不正当利益,则不应当认定为对单位行贿罪。

一、"为谋取不正当利益"是否为构成要件

25 关于故意实施上述行为时,是否均需要以"为谋取不正当利益"为要件,理论上存在两种截然不同的见解:第一种观点认为,经济交往活动中,故意给予"国有单位"各种名义的回扣、手续费的行为属于注意规定,依然要求行为人主观上有"为谋取不正当利益"的意思。主要理据在于,如果认为在这种情况下不需要"为谋取不正当利益"的要件,不仅容易导致罪刑不均衡,也与立法目的相违背。[22] 换言之,在经济往来过程中故意给予"国有单位"各种回扣、手续费的行为,如果不是以"为谋取不正当利益"为目的的,不能认定为本罪。与之相对,第二种观点认为,并非所有对单位行贿罪

[22] 参见张明楷:《刑法学》(第6版),法律出版社2021年版,第1261页。

的成立都要求以"为谋取不正当利益"为前提,如果行为人在经济往来中违反国家规定,收受各种名义的回扣、手续费的,不以满足上述主观目的为构成要件,否则不仅有悖于文义,而且不利于司法实践的操作。[23] 笔者赞同第一种观点,理由是:

(1)从文义上看,上述两种解释方式均有一定的合理性。基于形式罪刑法定主义的要求,任何解释都必须以法条文义为立足点,"因为在刑法中,用语具有提供线索与限制意义两方面的机能……解释者从用语中发现了用语的含义"[24],刑法解释实质上就是探求法条用语日常含义与规范含义的过程。然而,受语法、词汇排列顺序以及语言结构等因素的影响,同一语句在进行文义解释时可能得出多种解释结论。就《刑法》第 391 条第 1 款而言,"为谋取不正当利益",既可以看作专门修饰"给予国家机关、国有公司、企业、事业单位、人民团体以财物的",又可以认为是同时修饰两个句子,即"在经济往来中,违反国家规定,给予各种名义的回扣、手续费"的场合,也要以行为人主观上具有"为谋取不正当利益"为必要条件。不过,前述两种解释方案的外延有所不同,即第二种解释方案的外延更加宽泛,没有"为谋取不正当利益"这一要件的限制,但仅仅如此无法断定哪种解释方案更为合理。换言之,从文义上看,上述两种解释方案都是妥当的。 26

(2)是否有利于司法机关操作不应成为影响犯罪的理由,规范意义上的犯罪定性与实践意义上的犯罪认定属于不同领域。持第二种观点的论者认为,在经济往来中违反国家规定,收受各种名义的回扣、手续费的场合,将主观目的作为对单位行贿罪认定的构成要件,会加大司法实践的难度。殊不知,在给予国家机关、国有公司、企业、事业单位、人民团体以财物的情境下,主观目的要素同样难以认定。犯罪构成要件要素与司法操作难易是两个不同层面的问题,由于司法实践异常复杂,即使是纯粹的客观要素在实践中也可能存在难以判断的问题,解释者不能由于司法实践操作困难而改变对犯罪构成要件要素的解释。甄别"为谋取不正当利益"要件是否适用于经济往来中给予回扣、手续费的行为,关键在于这种行为与一般的对单位行贿相比,是否具有特殊的处罚理由。其实,第二种观点倾向于将本罪的后半部分理解为法律拟制,即在前半部分已经明文规定的情况下,将原本不属于某种情形的行为视为这种情形进行处罚。因为,只有这样理解,才能够解释为什么第一种情形需要"为谋取不正当利益"而第二种情形(条文的后半部分)不需要该要件。在经济往来中行贿或者给予回扣、手续费,与直接给予"国有单位"财物的行为并不存在本质上的区别,与其将这种行为理解为法律拟制,不如解释为注意规定,即这种情形也是符合对单位行贿罪的一般规定的,立法者的规定只是起到提示性的作用,并没有特殊的意思。事实上,几乎所有以司法认定困难为理由而确定解释规则的观点,都存在不合理性,没有任何理由将"为谋取不正当利益"从经济往来中的行贿中予以排除。 27

---

23 参见赵煜:《惩治贪污贿赂犯罪实务指南》(第 2 版),法律出版社 2017 年版,第 626 页。

24 张明楷:《刑法分则的解释原理》(第 2 版),中国人民大学出版社 2011 年版,第 52 页。

28 (3)认为“在经济往来中,违反国家规定,给予各种名义的回扣、手续费”的场合不需要以“为谋取不正当利益”为要件的观点,实际上存在扩张刑事犯罪圈的风险。于刑法而言,不随意削减犯罪的构成要件,实际上是为了避免由于犯罪圈恣意扩张对刑事法治国原则的损害,维持刑事法治的正义性。由于语义的复杂性,同样的语言在不同的解释者看来所表达的意思可能不同,甚至完全相反。但这并不意味着刑法解释是无标准的,刑法解释学的任务是,基于正义理念的引导,在可能的语义范围内选择最为合适的解释方案,为刑事制裁划定合适的犯罪圈。毋庸讳言,刑事犯罪圈难以不偏不倚地完全符合正义要求,也不可能一成不变,尤其是随着社会生活的变迁以及利益冲突的复杂化,刑事犯罪圈也会相应发生变化。但是,刑法的最终任务不是为了制裁犯罪者,而是在值得保护的利益上划定界限,在必要的限度内动用刑罚权,这也是实质罪刑法定原则限制国家刑罚权的要义所在。犯罪的认定,必须要以完整符合犯罪构成要件为前提。具体到本罪中,行为人直接对“国有单位”行贿的需要以“为谋取不正当利益”为前提,那么相对而言,在经济往来过程中给予“国有单位”回扣、手续费的行为,当然也应当受到该主观目的的限制,否则就会导致轻行为过度犯罪化,不仅不利于对单位行贿罪的打击,还会造成处罚的不均衡,有损刑事法治的正义性。

29 基于上述分析,本罪成立均需要以“为谋取不正当利益”为前提条件,对经济往来中行贿或者给予回扣、手续费的行为,需要以“为谋取不正当利益”作为主观限制条件,以防止犯罪打击范围过于宽泛。其故意的内容是,行为人明知这种直接给予“国有单位”财物的行为或者在经济活动中给予“国有单位”回扣、手续费的行为侵犯“国有单位”职务活动的廉洁性与“国有单位”正常的管理秩序,依然实施这种行为,通常表明行为人具有直接故意。

二、何为“不正当利益”

30 “为谋取不正当利益”这一主观要件历来颇受质疑,其中就何为“不正当利益”,司法解释曾多次作出回应,理论界也展开诸多论证。关于何为不正当利益,理论上素来存在不同见解。第一种观点认为,不正当利益是指“非法利益”,即违反法律、法规以及政策所获得的利益。[25] 确实,非法的利益当然是不正当的,对此,学理上并不存在疑问。然而,利益是否正当蕴含较多的道德评价因素,而利益是否非法,则是以法律规定的事实要件为前提的,二者并不能等同。第二种观点认为,不正当利益乃是“不应得之利益”,包括非法利益以及不应归属于特定主体的合法利益,从而扩张了概念的范围。[26] 第三种观点从“不正当性”视角着手,认为不正当利益是指手段不正

---

[25] 参见车浩:《行贿罪之“谋取不正当利益”的法理内涵》,载《法学研究》2017 年第 2 期。

[26] 参见孙国祥:《行贿罪中的“为谋取不正当利益”辨析》,载《人民检察》2016 年第 11 期。

当性,即行为人采用不正当手段获得的利益即不正当利益。[27] 第四种观点可谓综合说,即认为不正当利益包括非法利益、采取非法手段或非法途径获取的合法利益以及不应得的利益,只是在通过行贿手段获得合法利益与非法利益的场合,法官在量刑的时候应当有所区分。[28] 通过分析上述四种观点可知,第一种观点将不正当利益等同于"非法利益",其概念外延相对而言最窄,第四种观点综合了前几种观点,其概念外延可谓最广,另外两种观点也有各自的理据,但究竟哪种观点最合适或者说哪种观点最能够妥善地保护好本罪的法益,还需要具体分析。

(1)"非法利益"确属不正当利益,但"不正当利益"不等于"非法利益",因此应 31
当区分《刑法》第 391 条中的"不正当利益"要件和上述观点中的"非法利益"。"不正当利益"系利益的获得有悖于法律规定、公序良俗或者损害公共利益或他人利益,通过违背公序良俗或者损害公共利益的行为获得的利益也可能不是法律所禁止的利益,甚至可能是道德利益的范畴。例如,父母为了让子女能够进入某学校而向该校行贿的,其所谋取的利益即为不正当的利益,因为这种行为会有损教育公平原则,也可能导致其他人进入该校学习的机会减少。"非法利益"是指所获取的利益本身是为法律、行政法规或者其他法律规范所禁止的。例如,在招投标过程中,通过向招标单位行贿而获取中标的机会,这种行为违背了《招标投标法》第 5 条有关招投标应遵循公开、公平、公正和诚实信用的原则,所获得的利益属于"非法利益"。一般而言,"非法利益"属于不正当利益,因为其乃是通过违反法秩序所获取的利益,因而行为人不具备保有此项利益的正当理由,满足不正当性要件。但是,"不正当利益"的外延比"非法利益"要广泛得多,某种利益是否正当,更多的不是从形式上判断其是否为法规范所禁止,而是从公平、正义等价值理念的视角判断具体利益的归属,而价值判断的多元性也决定了"不正当利益"的认定往往存在灰色地带,站在某种立场该利益是不正当的,但站在另一种立场这种利益又是正当的,因而两者并不能等同。

(2)手段是否正当并非对利益本身定性的妥当方法,采用正当手段获得的利益 32
依然可能是不正当利益。从语义上看,"不正当性"是"利益"的修饰词,并非指行为人采用不正当手段获得利益。一方面,行为人采用正当手段获得的利益,依然可能是不正当利益。例如,行为人采用围标的方式中标,从程序上看均合法,也没有采用贿买的手段。但是从招投标公正性的角度来看,围标的做法是有悖于《招标投标法》第 5 条规定的,是为立法所禁止的,因为围标的行为破坏了竞标的秩序,造成围标者中标可能性的增大,因此通过这种行为所获得的利益当然属于不正当利益。另一方面,行为人采用不正当手段获得的利益,依然可能是正当利益。譬如,在丈量拆迁面积的过程中,村民 A 知悉丈量人员 B 有故意少量的意思,于是给予 B 财

27　参见魏汉涛:《行贿罪中"谋取不正当利益"的误区与出路》,载《昆明理工大学学报(社会科学版)》2016 年第 1 期。

28　参见刘方:《贪污贿赂犯罪的司法认定》,法律出版社 2016 年版,第 317 页。

物,请求其按照规定丈量。由于按照规定丈量拆迁面积,是村民A合法、合理利益的范畴,即便村民A采用贿赂的方式取得该利益,依然不能够认定该利益属于不正当利益。换言之,手段是否正当,是对行为方式的评价而非对利益的评价,“手段不正当”不等于“利益不正当”,手段对应的是行为的过程,利益对应的是行为的结果,现实中,手段是否正当只能够视为利益正当性的判定依据之一,而非利益是否正当的唯一判定依据。

33 (3)“不应得利益”是目前有力的解释,但“不应得”的概念范围过于广泛,如果只是从概念本身着手,很难对其作出准确界定。“不正当”与“不应得”可以视为同一概念的两个侧面,“不正当利益”当然是“不应得利益”,“不应得利益”也是具有“不正当性”的利益,这种解释方法类似于同义转换。沿着司法解释的发展轨迹,可以看出,司法解释有关“不正当利益”的界定从某种程度上说就是为了阐释“不应得利益”的范围。有关“不正当利益”的界定,最早可见于1999年3月4日最高人民法院、最高人民检察院联合发布的《关于在办理受贿犯罪大要案的同时要严肃查处严重行贿犯罪分子的通知》第2条的规定,即“谋取不正当利益”是指谋取违反法律、法规、国家政策和国务院各部门规章规定的利益,以及要求国家工作人员或者有关单位提供违反法律、法规、国家政策和国务院各部门规章规定的帮助或者方便条件。简言之,“谋取不正当利益”是指“谋取非法的现实利益”或者谋求“非法帮助、便利条件”,大致是在“非法利益说”的基础上有所延伸。随后,2008年11月20日最高人民法院、最高人民检察院发布的《关于办理商业贿赂刑事案件适用法律若干问题的意见》第9条第2款对“谋取不正当利益”的范围作出扩大解释,指出“在招标投标、政府采购等商业活动中,违背公平原则,给予相关人员财物以谋取竞争优势的,属于‘谋取不正当利益’”。2012年12月26日最高人民法院、最高人民检察院发布的《关于办理行贿刑事案件具体应用法律若干问题的解释》第12条再次对“谋取不正当利益”作出解释,即“是指行贿人谋取的利益违反法律、法规、规章、政策规定,或者要求国家工作人员违反法律、法规、规章、政策、行业规范的规定,为自己提供帮助或者方便条件。违背公平、公正原则,在经济、组织人事管理等活动中,谋取竞争优势的,应当认定为‘谋取不正当利益’”。司法解释在阐释“不正当利益”时尽可能将某些“不应得利益”纳入“不正当利益”的范围,但“不应得利益”乃是依据正义理念的判断,将“不正当利益”用“不应得利益”替代,可能只是语义学上的同义转换,其结果可能是司法解释者不断扩充“不应得利益”或“不正当利益”的范围而永无休止。

34 也许任何试图给“不正当利益”作出精确界定的做法都难以自洽,不论是“非法利益说”还是“手段不正当说”,抑或“不应得利益说”,都有其学说立场和理论背景。但如前分析,上述学术观点也存在不周密之处。其实,在不精确界定“不正当利益”的情形下,依然可以对该要件的内涵进行探索。上述司法解释对“为谋取不正当利益”的界定可以分为两个部分:一是当“行贿人谋取的利益违反法律、法规、规章、政策规定,或者要求国家工作人员违反法律、法规、规章、政策、行业规范的规定，为自己提供帮助或者方便条件”时，可以认定行贿人是为了谋取非法利益，或者为谋取非法利益提供便利条件，此时认定行为人符合“为谋取不正当利益”并不存在多大疑问，历次司法解释均将这种情形纳入“不正当利益”的情形。二是在行贿者“违背公平、公正原则，在经济、组织人事管理等活动中，谋取竞争优势的”场合，近期司法解释认定这种情况符合“谋取不正当利益”是否妥当，值得深入思考。在这种场合，国家工作人员并不直接涉及职务行为，但是如果从国家工作人员管理领域以及职权范围来看，某些特定场合下国家工作人员依然能够施加影响，司法解释作出这项规定，主要是基于对这种影响力的考量。从司法解释以及相关判决来看，认为行为人违背公平竞争机制、获得不正当竞争优势的领域主要有城市规划、招标投标、政府采购、国有资产管理等领域，这些领域都涉及公权力的行使。这种现象表明，刑事立法有扩张贿赂犯罪圈的趋势，以刑事制裁来督促公职人员、“国有单位”妥善行使权力、切实履行义务。顺应这种趋势，司法实践在认定对单位行贿罪时也明显呈现扩张的趋势，通过扩张性解读“不正当利益”，从而使对单位行贿与单位受贿这对对向犯罪的处罚更加规范化。

问题是，如果行贿方请托的利益与“国有单位”为其谋取的利益不一致，应当如何 35
判定故意的内容，进而确定罪名的归属呢？此时，需要将行贿方意欲谋取的利益与“国有单位”实际获取的利益进行比较，具体而言，可以分为两种情形：第一，行为人有谋取不正当利益的主观故意，但“国有单位”为其谋取了正当利益。例如，M 家位于某高中学区，该高中已经将其小孩纳入拟录取的范围，但 M 并不知情，遂送给某高中 50 万元作为“招生费”，随后 M 的小孩被录取。关于这种主观与客观不一致的情形，有学者认为，应当坚持客观主义立场，如果行为人客观上谋取的是正当利益，不应当认定为对单位行贿罪，直接无罪处理即可。[29] 然而对单位行贿罪并不需要以行为人客观上谋取到不正当利益为前提条件，只要行为人主观上有“为谋取不正当利益”的意思，客观上利用了“国有单位”的职务行为，即可以构成本罪，至于是否有效利用则在所不问。在上述情况下，M 具有利用“国有单位”谋取不正当利益的主观意思，客观上实施了给予财物的行为，尽管其事实上并没有获得不正当利益，但这种行为已经满足了对单位行贿罪的构成要件，可能对正常的招生秩序产生影响。尤其是，如果不处罚这种行为，可能会产生让其他人效仿的作用，也不能排除“国有单位”事后会基于这项受贿而给予 M 的孩子某项特殊帮助。因此，在这种情况下，应当认定为对单位行贿罪。第二，行为人不具有“为谋取不正当利益”的主观意思，但“国有单位”客观上为其谋取不正当利益。现实中，对单位行贿与单位受贿的情形是非常复杂的，仅仅从某个方面来看往往难以得出结论。具体到这类案件中，行为人给予“国有单位”财物所谋取的是正当利益，或者说行为人给予“国有单位”财物时并没有“为谋取不正当利益”的主观意思，此时就需要结合行为人事后的行为表现来综合判

29 参见肖中华：《贪污贿赂罪疑难解析》，上海人民出版社 2006 年版，第 228—229 页。

定,如行为人是否认识到即将获得不正当利益、客观上是否接受了利益等。一般而言,行为人主观上不存在“为谋取不正当利益”的意思,原则上不应认定为犯罪,但如果结合事件前后情况,能够认定行为人主观上有“为谋取不正当利益”的概括意思,那么也可以认定满足对单位行贿罪的主观要件。

IX　排除犯罪的事由

一、犯罪论体系出罪事由

36　一般而言,排除犯罪的事由主要有两类:一是根据犯罪构成要件,只要行为不符合犯罪的构成要件,都不作为犯罪处理。构成要件是认定犯罪的基础,只有符合本罪构成要件的行为才能够定罪处罚。犯罪构成要件不仅要形式该当,还要实质符合,因此,某些行为虽然该当对单位行贿罪的形式要件,但并不符合对单位行贿罪的实质要件,则可能被除罪化。纵观刑法的运作流程,绝大部分犯罪都是通过这种方式排除的。二是在具体犯罪构成要件的基础上,通过设置正向或者反向的排除性要素,进而从逻辑上否定犯罪的成立。[30] 例如,《刑法》第 389 条第 2 款规定,因被勒索给予国家工作人员财物的,没有谋取不正当利益的,不构成行贿罪。由于目前“国有单位”的服务职能还不够完善,拖延办理事项的情形还比较常见,行为人为了加快业务办理的速度而给予“国有单位”财物的,本身具有一定的无奈性,如果动用刑事手段予以处罚,则显然过于苛刻。因此,认定对单位行贿罪,还需要确定犯罪排除事由。考虑犯罪排除事由仅仅意味着将某些行为不作为犯罪处理,但并非意味着不追究任何责任,在必要的情况下,可以在不判处刑罚的前提下予以训诫、责令具结悔过等。

37　第一类情形即为通常的犯罪正当化事由或犯罪排除事由,如正当防卫、紧急避险、法令行为、正当业务行为等。在一般情况下,对单位行贿都是自主实施的,因而很难符合犯罪正当化事由的要件。但是,在被动对单位行贿的情况下,基于犯罪事实的特殊性,可能会排除犯罪成立。例如,行为人被第三人胁迫而给予“国有单位”财物,根据情况可能构成紧急避险。由于正当化事由是法定的犯罪排除事由,所否定的是行为的违法性,因而在适用的时候,只能以法律规定的情形为限。

38　第二类情形通常表现为犯罪排除性规定。《刑法》第 391 条对单位行贿罪没有如同行贿罪那样设置犯罪排除性规定,但问题是,同为行贿类犯罪,被迫对单位行贿且没有谋取不正当利益的,是否构成对单位行贿罪呢?笔者认为,行贿类犯罪的共同法益在于对职务活动廉洁性的侵犯,在被动行贿的场合,行为人没有谋取到不正当利益,没有对职务活动的廉洁性构成实质性的侵犯,不宜认定为对单位行贿罪。其实,行贿罪中的排除犯罪性规定,其性质应属于注意规定,提示司法工作人员注意区

30　参见楼伯坤:《行贿罪立法中的排除性规定》,载《国家检察官学院学报》2010 年第 4 期。

分不同情形下行贿犯罪的认定。因为在这种情况下,行为人因被“国有单位”勒索,不具备行贿行为所具有的主动性,无法认定行为人主观上具有“为谋取不正当利益”的意思,只有在实际获取不正当利益的情况下,才能够反推行为人事后具有谋取不正当利益的意思。同样,在对单位行贿罪中,这种情形也应当予以适用,即在被动对单位行贿的情况下,行为人没有获得不正当利益的,不构成对单位行贿罪。

需要进一步回答的问题是,被动对单位行贿情形下排除犯罪的逻辑及其与构成要件之间的关系。从对单位行贿罪的构成要件来看,本罪的成立只要求行为人主观上有“为谋取不正当利益”的意思,不要求行为人客观上谋取到利益。因此,在被动对单位行贿的场合,本罪的成立以行为人客观上获得利益为前提,这是否与《刑法》第391条的规定相违背呢?其实,设定此项犯罪排除事由,具有两重意义:一是如果行为人为谋取正当利益,被迫给予国家工作人员财物的,则不应当认定为犯罪,这是基于犯罪构成要件分析得出的当然结论;二是在被动对单位行贿的场合,要想佐证行为人主观上有“为谋取不正当利益”的意思几乎是不可能的,基于对单位行贿行为的被动性以及存疑有利于行为人的原则,预先推定行为人主观上没有受贿的意思,排除犯罪的成立。但是,如果行为人事后谋取了不正当利益,且行为人接受了不正当的利益,基于该事实补正了行为人“为谋取不正当利益”的意思,不至于放纵犯罪。 39

其实,行贿类犯罪中的排除犯罪规定有其规范性意义,主要表现为,在行为表面上符合犯罪构成要件的场合,或者当“为谋取不正当利益”要件难以认定时,根据行贿方前后的表现来综合认定,不至于扩张犯罪处罚范围。或许在立法者看来,在贿赂犯罪中,行贿方总体上处于弱势地位,虽然与受贿方存在对向关系,但在特殊情况下,行贿方的行为可以不需要作为犯罪处理。故总体而言,行贿类犯罪的成立范围要稍窄于受贿类犯罪的范围,贿赂犯罪中的对向关系只是表明行贿与受贿在构成要件层面的客观联系,对向关系不等于对向归罪。 40

二、刑事政策出罪事由

刑事政策并非“刑法不可逾越的屏障”[31],这是当前梳理刑事政策与刑法的关系所得出的初步结论。不论是否定“李斯特鸿沟”[32],还是对其进行重新解读[33],均反映刑法理论界开始关注刑事政策与刑法之间的沟通机制。在德国,罗克辛所构建的目的理性犯罪论体系,将刑事政策深深烙印在罪责评价中:在“罪责阻却事由的强迫场合”(典型的如缺乏期待可能性)、“超法规紧急避险之前提事实认识错误”(即构成要 41

31　〔德〕克劳斯·罗克辛:《刑事政策与刑法体系》,蔡桂生译,载陈兴良主编:《刑事法评论》(第26卷),北京大学出版社2010年版,第275页。

32　参见陈兴良:《刑法教义学与刑事政策的关系:从李斯特鸿沟到罗克辛贯通——中国语境下的展开》,载《中外法学》2013年第5期。

33　参见邹兵建:《跨越李斯特鸿沟:一场误会》,载《环球法律评论》2014年第2期。

件基础前提事实认识错误)以及"未遂中的中止"等情形下,"倘若人们想将刑事政策之评价和体系性极强的教义学构造二者割裂开来,也许从一开始就是不可能的"[34]。在国内,随着刑法学研究的开放,围绕刑事政策的研究也略呈上升趋势,但较之于"铺天盖地"的教义学研究而言依旧"乏善可陈",研究之重点也主要停留在厘清刑事政策与刑法关系的基础层次。值得庆幸的是,除却理论界愈发关注刑事政策之外,实务界对其认可度也越来越高,刑事政策已不再是刑法的"屏障",而是为刑法体系所接纳的新元素。

42 刑事政策具有重要的出罪功能。"保障公民个人自由空间能够不受国家侵犯"是罪刑法定主义应有之义,它表明,"只在有明确法律规定的情况下才处罚他人"。[35] 以犯罪预防为主的刑事政策需在刑法规范内展开,不得创设新的罪名,也不能加重刑罚。由此,刑事政策在现行刑法体系中的规范意义主要在于,通过对案情的综合考查,在罪刑法定主义框架下寻求更加宽和的罚则,以抑制刑罚过度所带来的负面效果。发轫于德国的阶层犯罪论体系,不论如何对其进行架构、设计、解读,都不可能使之如同刑事政策那样灵活多变,在刑法发展的每个阶段,刑事政策都具有纯粹教义学无法替代的补充功能,即限制国家刑罚权。诚然,不论如何进行修饰,刑事政策都有两种演化路径:一是为扩张犯罪圈,践行刑罚积极主义的理念,将某些不宜入罪的行为纳入犯罪圈。这种刑事政策在封建社会表现得尤为明显,集中表现为制定各种抗制犯罪的刑事政策,以压制特定犯罪不断增长的势头。时下,借由刑事政策扩张犯罪圈的现象也会存在,近两次刑法修正案即有此迹象。二是基于刑罚克制主义的思想,将某些符合形式构成要件的行为予以出罪。立法者在设计具体条文时,会考虑到各类行为的社会危害性及其所对应的刑罚,但成文刑法的运作并非总能够实现正义,法律条文所预设的正义并非总是符合现实情况。在这种情况下,有必要从刑事政策视角将某些不宜入罪的行为出罪。

43 现实中,许多涉嫌对单位行贿的案件都以无罪处理,这并非对本罪的滥用,而是受"国有单位"活动特殊性所影响。自国有企业改制以来,许多带有国有股份的企业都直接参与市场竞争,自负盈亏的比例非常高。而在正常的市场交往过程中,回扣、手续费往往是必要的人情往来,但如果纯粹的金钱往来没有在实质上形成对向关系,则这种情况下不宜认定为对单位行贿罪。此外,现实中有不少向"国有单位"捐赠的行为,对于这种行为的定性目前还没有达成共识。譬如,某企业为政府机关捐赠办公大楼,以获取税收优惠,双方之间存在利益交换关系。在这种情形下,能否认定对单位行贿罪呢?目前,已公布的案例中并未涉及这方面内容,这也表明司法机关基本

---

34 〔德〕克劳斯·罗克辛:《刑事政策与刑法体系》,蔡桂生译,载陈兴良主编:《刑事法评论》(第26卷),北京大学出版社2010年版,第271页。

35 梁根林、〔德〕埃里克·希尔根多夫主编:《中德刑法学者的对话:罪刑法定与刑法解释》,北京大学出版社2013年版,第72页。

不会将这类情形视为犯罪。确然,如果仅仅从事件的表面来看,企业通过捐赠的方式获得税收优惠,存在明显的对向关系,捐赠办公大楼的数额以及税收优惠的数额都是可以精确计算的。但是,如果将这种捐赠行为也普遍视为犯罪,其结果可能会模糊罪与非罪的界限,导致某些不应入罪的行为入罪。

44 上述情况表明,行为人一旦实施符合构成要件的行为,在某些情形下也可以出罪,此即刑事政策出罪的方式。"法律及其所属的法律体系具有形式法治优点的事实,并没有削弱法官在次优结果案件中偏离的道德理由。"[36]换言之,各种诉诸形式法治的理由,展现于社会生活中时难免会"应接不暇",形式法治预设的前提有时会因为社会生活的变动而几近崩溃。在这种情况下,一味固守法律形式主义,反而会偏离法治的轨道。刑事政策出罪系从社会效果的角度观察案件事实,通过规范的价值评价宣示个案正义,是对犯罪论体系评价的一种扬弃。不过,即便被纳入刑法体系,刑事政策出罪亦保持较大的灵活性,其所蕴含的实质法治思想容易剑走偏锋,构成对犯罪评价的压制。正因为如此,只有在例外的情况下才有必要介入刑事政策,对某些不应当处罚的行为除罪化。

45 问题在于,就本罪而言,如何把握刑事政策出罪的界限呢?由于本罪属于数额犯,犯罪的实际数额决定入罪的门槛,如果行为人满足入罪门槛要求,但犯罪情节显著轻微,危害不大的,则可以考虑适用《刑法》第 13 条但书的规定予以出罪。或者是,如果情节轻微,不需要判处刑罚的,可以由检察机关作出酌定不起诉的决定,放弃司法追诉权,但需要根据情况进行行政处罚。就对单位行贿罪而言,是否存在出罪的情节呢?例如,行为人被第三人胁迫向"国有单位"行贿,看似行为人处于"胁从犯"的位置,最多可以免除处罚。但是,如此认定可能产生助长非正义的现象,即在极端受胁迫的场合,行为人也可能落入刑事犯罪法网。因此,在某些特殊情况下,利用刑事政策排除某些极轻的犯罪行为,是确保刑事正义的必然要求。

X 既遂与未遂

一、既遂

46 为谋取不正当利益,给予国家机关、国有公司、企业、事业单位、人民团体以财物的,上述主体只要客观上接受了财物,即可成立对单位行贿罪。在认定对单位行贿罪时,主要考察行为人的客观行为,只要其行为表明给予财物,即可成立本罪,收受财物者事后处理财物的行为,如国家机关、国有公司、企业、事业单位、人民团体假意接受贿赂或者收受财物后及时上交的,不影响本罪的成立。易言之,单位受贿罪与对单位行贿罪虽然为对向犯,但在某些情况下,单位受贿罪不成立或者说未遂,对单位行贿

36 〔美〕杰弗里·布兰德:《法治的界限:越法裁判的伦理》,娄曲亢译,中国人民大学出版社 2016 年版,第 102 页。

罪也可能成立。例如,“国有单位”不具有非法占有财物的意思,也没有为行贿者谋取不正当利益,在收受财物之后,直接将财物移交给有关部门,此时行贿方依然构成对单位行贿罪。由此可见,本罪既遂不以“国有单位”成立单位受贿罪为前提,行贿方可以单独成罪。

47 由于对单位行贿与单位受贿双方存在对向关系,因而既遂的成立还需要考量双方的行为。首先,并非只要行贿人将财物送给“国有单位”,就构成对单位行贿罪的既遂,“国有单位”以默示的方式拒收,且行贿方知晓该事实的,不属于犯罪既遂。这是因为,行贿行为要想实质地侵犯法益,必须要以“国有单位”接受财物为前提,如果“国有单位”以明示或者默示的方式拒绝,且相对人明知的,此时属于行贿罪的未遂犯。需要注意的是,如果“国有单位”收受财物与返还财物存在时间差,需要个别化判断行贿者是否构成对单位行贿罪。例如,“国有单位”在他人行贿时佯装接受并且答应为他人谋取不正当利益,事实上将收受的财物及时上交的或者在一定时间退还的,“国有单位”的行为不构成犯罪。但对单位行贿方的行为已经满足了犯罪的构成要件,应当认定为对单位行贿罪。其次,犯罪既遂的成立与否是否应以行贿方知晓相关事实为前提。例如,行为人H欲向乙单位行贿,I是乙单位的法定代表人,在知晓H的行贿意图之后,通过欺骗的方式接受了H的贿赂。此时,应当如何认定呢?其实,这种情形属于前述具体事实认知错误中的对象错误,按照法定符合说应当成立对单位行贿罪的未遂。

二、未遂

48 对单位行贿罪未遂应如何认定,这是理论与实践中普遍关注的问题。按照刑法理论,犯罪未遂是已经着手实施犯罪,由于犯罪分子意志以外的原因而未得逞。因而,犯罪未遂的判断需要把握三点:一是行为人是否已经着手实施犯罪;二是行为人犯罪未得逞;三是行为人犯罪未得逞是否由于意志以外的原因所造成的。对单位行贿是典型的故意犯,但单位贿赂犯罪从实施到结果产生需要一个过程,且以满足一定数额为入罪的必要条件,但数额对犯罪判断的影响是相对的,因而数额犯有既遂、未遂的问题。[37] 司法实践中也认可对单位行贿罪的未遂形态,如既得利益者承诺给好处费但未来得及履行[38]、承诺以转移商铺产权的形式代替贿款但由于意志以外的原因未得逞[39]等,都被认定为行贿类犯罪未遂。在司法实践中,对单位行贿罪的表现形式异常复杂,需要根据具体案件事实来认定究竟属于既遂还是未遂。一般而言,对单位行贿罪的既遂以财物的交付为必要,交付了财物的,当然认定为既遂,未交付财物的则可能成立未遂。

37 参见于志刚:《关于数额犯未遂问题的反思》,载《刑法论丛》2010年第1期。

38 参见宜春市中级人民法院(2016)赣09刑初52号刑事判决书。

39 参见广州市中级人民法院(2014)穗中法刑二初字第119号刑事判决书。

判定未遂的关键在于,如何确定实行的着手?一般而言,着手的判断是以行为人为基点进行的,主要考量的是行为人的行为与结果之间的关系,或者说行为人的行为是否引起了法益侵害的现实危险。但是在认定对单位行贿罪是否着手时,不仅要考虑对单位行贿方的行为,还要考虑受贿的国有单位的行为。这是因为,由于对单位行贿罪属于对向犯,因而是否成立既遂,还要看“国有单位”是否接受给予的财物,未接受的,可能成立未遂。未遂犯的成立以实行的着手为必要,“只有在实行行为造成了既遂结果发生的具体危险之时,才具有作为未遂犯的可罚性”[40]。然而,司法实践中,只要行为人承诺给“国有单位”财物,不论行为人是否获得既得利益,也不论行为人是否履行给予财物的手续,都成立对单位行贿罪的未遂。笔者认为,基于数额犯的特点,对单位行贿罪的既遂以财物转移为必要,那么,未遂应当以着手实施财产转移行为为前提,承诺给“国有单位”财物最多只能表明行为方有转移财产的意思。也就是说,行为人仅仅表达了给予财物的意思,客观上没有着手实施转移财物的行为,则不应当认定为本罪的着手。因此,应当限制对单位行贿罪未遂的成立范围,行为人仅仅作出承诺,不论承诺是口头的还是书面的,在没有实施财产转移行为之前,都不能证明双方行为的对向关系,不宜认定为对单位行贿罪的未遂。这种承诺表面上看似乎是为犯罪做准备,但事实上可能只是无法兑现的“玩笑”,如果连这种行为也作为犯罪处理,可能会影响“国有单位”与其他单位或者自然人之间的正常交往,也不利于贯彻刑法的谦抑思想。 49

实践中还存在约定对单位行贿,但是仅转账了部分,还有部分未到账,此时如何认定对单位行贿的数额?未转账的部分属于未遂吗?笔者认为,应当区分情形进行讨论。如前文所述,对单位行贿罪未遂以着手实施犯罪为前提,主要表现为许诺给予“国有单位”财物,并且为转移资产做准备。此时,如果由于客观原因,许诺的财产未实际转移的,原则上不成立对单位行贿罪的既遂。但是,在某些特殊情况下,即便财产在客观上没有发生转移,但是其控制权已经转移到“国有单位”,此时应当认定为对单位行贿罪的既遂而非未遂。[41] 如果行为人只是转账了一部分,到账的部分已经在国有单位的实际控制之下,当然应纳入行贿罪的数额范围;未到账的部分如果准备转移,则作为未遂处理,没有实施转移的迹象,则不宜作为犯罪处理。 50

XI 共犯

一、对单位行贿罪共犯的主要表现

对单位行贿罪的共犯有多种表现形式,包括教唆他人实施对单位行贿行为的教 51

---

40 〔日〕西田典之:《日本刑法总论》(第2版),王昭武、刘明祥译,法律出版社2013年版,第268页。

41 参见张杰、李鹏飞、丁华峰:《对单位行贿是既遂还是未遂?》,载《河南法制报》2014年12月3日。

唆犯、帮助他人对单位行贿的帮助犯、胁迫他人对单位行贿的间接正犯、与他人共同对单位行贿的共同正犯,等等。由于参与犯罪形式的不同,对教唆者、帮助者等将会按照其在共同犯罪中所起的作用进行处罚,换言之,共犯的认定,将决定对参与对单位行贿的各方行为人之行为的定性,进而决定具体适用的规则。

52 教唆犯是以自己的犯罪意思,借助教唆他人的方式实现犯罪构成要件的犯罪行为。依照《刑法》第 29 条的规定,教唆他人实施犯罪的,应当按照教唆者在共同犯罪中所起的作用进行处罚,这是根据我国《刑法》对共同犯罪采用作用分类法所得出的基本结论。因此,教唆者如果在共同对单位行贿过程中起到的是主要作用,则应当承担主犯的责任;如果教唆者在共同对单位行贿过程中起到的是次要作用,则应当承担从犯的责任。然而,自然意义上的教唆行为并非刑法意义上的教唆犯,根据共同犯罪的演化流程,可以过滤某些不应处罚的教唆行为。典型的是,在教唆他人实施对单位行贿,但是行为人没有实施的场合,如何定性呢?共同犯罪的发展大致经历“决议——实行——完成”的过程,而“决议”阶段可细分为“准备前阶段”与“准备阶段”。所谓“准备前阶段”,是指共同犯罪决议尚未达成,或者被教唆者犯罪预备之前的阶段。具体而言,主要包括三种情形:一是教唆者尚未完成教唆行为;二是教唆者虽已完成教唆,但被教唆者尚未萌生犯意;三是教唆者虽已完成教唆,被教唆者也萌生犯意,但未进入预备阶段。这三种情形可称为“绝对不可罚”的教唆犯类型,它们的共同特征在于,被教唆者的行为尚未进入预备阶段,不存在犯罪性问题,依照教唆犯从属性原则,此时教唆者也不具有可罚性。教唆行为实施后,被教唆者正为犯罪做准备,但未着手实施犯罪,即“犯罪准备阶段”,此时教唆者是否可罚呢?笔者认为这种情形可罚,其理由在于:首先,我国《刑法》第 22 条明文规定预备犯的处罚规则,只是在量刑上相对于未遂犯更加轻缓,这就意味着预备犯在我国《刑法》中属于原则性规定,这与日本刑法迥异。其次,从规范上看,与未造成损害的中止犯之教唆相比,预备犯之教唆更具可罚性。依照《刑法》第 24 条之规定,对于中止犯,未造成损害的应当免除处罚,这显然比预备犯可以比照既遂犯从轻、减轻或者免除处罚更轻,换言之,从规范上看,未造成损害的中止犯的可罚性比预备犯的可罚性轻。基于同样的理由以及教唆犯从属性原理,预备犯之教唆的可罚性也高于未造成损害的中止犯的可罚性,而由于后者具备可罚性,根据当然解释,预备犯之教唆理应具有可罚性。最后,从司法实践来看,预备犯的处罚带有明显的刑事政策偏好,即通常只有严重犯罪的预备犯才被定罪处罚,司法实践中原则上不罚与刑事立法原则上处罚之间呈现明显的紧张关系。应当说,这种刑事政策选择是合理的。预备犯因未造成法益侵害之具体危险,在现代刑事法理中难以寻找正当性,且从刑事政策以及各国立法实践来看,仅在行为人触及重大法益时,才会将处罚界限适当提前至预备阶段,从而实现刑事法理正当性与刑事政策必要性的衡平。由此可见,在评判对单位行贿罪的教唆行为的可罚性时,应当综合考虑犯罪特点、表现形式及社会危害性,确保妥善定罪与合理量刑。

53 帮助犯是以心理或者物理的方式帮助他人实现犯罪构成要件的犯罪行为,依据帮助的形式可以分为物理帮助和心理帮助。在我国刑法中,帮助犯的作用类似于从犯,对其处罚原则上可以比照主犯从轻或者减轻处罚。物理帮助是比较常见的形式,如在对单位行贿过程中,提供给实行者部分财物,从而帮助其实现行贿的目的;心理帮助形式虽然相对比较少见,但也可存在于对单位行贿罪中,如在他人意欲对单位行贿时,给予心理上的暗示,鼓动他人实施对单位行贿罪。需要注意的是,应当如何区分心理帮助犯和教唆犯呢?笔者认为,需要结合对单位行贿案件的具体情境进行考虑,区分究竟是引起他人对单位行贿的犯意还是强化他人对单位行贿的犯意。显然,如果行为人通过某种方式引起他人的犯意,这是典型的教唆行为,应当按照对单位行贿罪的教唆犯进行处罚;如果行为人通过某种方式强化他人的犯意,应当按照对单位行贿罪的帮助犯进行处理。

需要注意的是,不论是教唆犯还是帮助犯,都是从属于正犯的。其逻辑含义 54
是,共犯与正犯之间具有紧密的因果关系,即因与果的演化与罪与刑的判定相关联。共犯从属性可概括为三重因果联系:一是在定性层面,将共犯的可罚性与实行犯的可罚性相联系,认为共犯需要借助实行犯实现构成要件结果;二是在定量层面,将共犯的量刑与正犯的量刑相关联,认为共犯的量刑需要比照正犯的刑罚;三是将定性与定量相关联,认为参与犯罪的方式影响量刑的规则。这三重因果联系明确了共犯的处罚根据、规范了共犯的成立范围,是共犯关系得以存续的重要基础。因此,在认定对单位行贿罪共犯的过程中,不论是提供引起犯罪意思的教唆行为还是促进犯罪实现的帮助行为,其定性处罚原则上都以被教唆者或者帮助者实行为必要。共犯从属性的实益在于,只有正犯实行犯罪时,帮助犯和教唆犯才有可能成立。对单位行贿罪的帮助犯和教唆犯的认定,需要结合其实行行为进行综合考虑,如果意欲实施对单位行贿的行为人最终放弃了行贿或者没有来得及实施就被制止了,此时帮助行为与教唆行为原则上都不构成犯罪。如前文所述,预备犯的教唆犯相对可罚,但这种相对可罚仅仅适用于严重的犯罪行为,对单位行贿罪的法定刑为 3 年以下有期徒刑或者拘役,属于轻罪的范畴,对单位行贿罪预备行为的教唆犯理应不作为犯罪处理。

间接正犯是以意思支配的方式实现自己犯罪的行为,如通过胁迫他人,使他人不 55
得已对单位行贿。关于间接正犯,我国刑事立法并未规定,理论界参照德日共犯理论,将之归入正犯类型,并主张参照主犯的处罚方式进行处罚。间接正犯作为一种特殊的正犯类型,国内从来不乏对其的研究,有学者主张间接正犯可以被我国《刑法》第 29 条规定的教唆犯所涵盖,根据间接正犯在共同犯罪中所起的作用,可以按照主犯定性处罚。[42] 问题是,对于被支配者如何进行定性处罚呢?笔者认为,根据被支配者与间接正犯之间的关系,可以分情况处理:第一,被支配者可以视为间接正犯的工具,如果胁迫程度严重,使其不能反抗或者不敢反抗的,则可以适用较为轻缓的刑罚,按照我国刑法中的胁从犯进行处罚。第二,被支配者毕竟以自己的行为实现了犯

42 参见刘明祥:《从单一正犯视角看共谋共同正犯论》,载《法学评论》2018 年第 1 期。

罪构成要件,如果胁迫程度较轻甚至是伪装被迫犯罪的,则可以考虑直接按照主犯定罪处罚。

56 共同正犯是两个以上的行为人,基于共同的犯罪决意,分别实施犯罪行为,促成犯罪实现的正犯形态。[43] 在刑法理论上,有关共同正犯争议的关键点在于,应当在多大范围内适用部分实行全部责任原则,也就是共同正犯责任扩张的界限问题。按照我们所熟知的个人责任原则,行为人应当为其个人的犯罪行为承担刑事责任。但是在共同正犯领域,个人责任原则在一定程度上得到了突破,按照部分实行全部责任原则,每一个人都有可能承担超过其实行范围的责任。关于该问题,理论上存在犯罪共同说与行为共同说之争,而在这一问题上完全犯罪共同说、部分犯罪共同说以及行为共同说呈现出递进式的扩张趋势。从全面保护法益的角度来看,行为共同说当然是站在被害人的立场最大限度地保护其利益,甚至不要求主观上有意思联络而肯定片面的共同正犯的观点最能够保护法益。但是应当注意的是,保护法益虽然是刑法的核心任务但却不是唯一任务,刑法在保护法益的同时也需要兼顾与其同样重要的人权保障。因此,最核心的问题是如何为部分实行全部责任原则确定合理的界限,以便合理地平衡刑法的法益保护与人权保障功能。在犯罪共同说中,人权保障的思想显然更加浓厚。因为按照犯罪共同说的观点,共同正犯的成立必须要求各个行为人所犯的罪行完全或者部分重合,并在主观方面给予更多的限制,从而在一定程度上缩小了部分实行全部责任原则的适用。从犯罪共同说与行为共同说的发展可以看出,二者实际上呈现一种相互靠拢的趋势,即犯罪共同说对部分实行全部责任原则的适用逐渐扩张,而行为共同说则有着收缩的趋势。笔者认为,共同正犯的本质是行为共同,但必须以事前形成或者事中达成共同犯罪决意为必要,如果双方连事中的共同犯罪决意都没有,不论客观上如何共同实施行为,都无法成立共同正犯。例如,C、D 分别向戊事业单位行贿,彼此心照不宣,但双方并不存在共同对单位行贿的意思,即便谋取的是共同的利益,也不能按照对单位行贿罪的共同正犯定性处罚。当然,我国刑法中并不存在共同正犯的概念,根据共同实行者在犯罪中所起的作用,原则上按照主犯进行处罚较为妥当。

二、对单位行贿罪的共犯与介绍贿赂罪的区分

57 介绍贿赂罪是采用牵线搭桥的方式,促成贿赂犯罪实现的中间人犯罪。介绍贿赂者是以中间人的身份促成犯罪的,其行为类似于帮助,主要表现为如下几种形式:一是主动介绍、联络贿赂双方,这种行为类似于中介,介绍者不直接参与。二是被动牵线,促成贿赂犯罪。在这种情况下,介绍者通常是应行贿方的要求,寻找“国有单位”以完成交易关系。三是情谊行为中的介绍贿赂。在这种情况下,介绍贿赂者可能与贿赂犯罪的一方或者双方有某种密切关系,进而促成贿赂。四是介绍贿赂者兼具

---

43 参见林山田:《刑法通论》(增订 10 版),北京大学出版社 2012 年版,第 36 页。

其他角色。例如,介绍贿赂者同时属于教唆者甚至支配者,则可能视情况构成其他犯罪。由于介绍贿赂者属于牵线搭桥、沟通关系的角色,其作用与贿赂犯罪中的帮助犯类似,因而在区分的过程中存在难题。其实,介绍贿赂者在贿赂犯罪中未必处于中立的位置,其可能是接受行贿者的委托,帮助委托者物色行贿对象,也可能是接受受贿者的委托,帮助寻找行贿者,还可能是接受双方的委托,负责牵线搭桥。前两种情形比较常见,也是介绍贿赂的典型形态,最后一种情形虽然比较少见,但在现实中也可能存在。例如,在贿赂犯罪中,根据双方要求提供中间账户,负责转接资金,从而防止贿赂交易被查获。由此可见,介绍贿赂者对行贿和受贿双方起到沟通、协调、撮合的作用,必然会对贿赂犯罪的结果起到促进作用。但是,不能认为介绍贿赂罪就是贿赂犯罪一方的帮助犯。介绍贿赂实质上就是为受贿或者行贿提供帮助的一种行为,但刑法将之独立成罪之后,不会再作为行贿罪或者受贿罪的帮助犯处罚。

但是,介绍贿赂罪的对象是有限制的,按照《刑法》第 392 条的规定,介绍贿赂的对象为国家工作人员,不包括非国家工作人员以及单位。在这种情况下,行为人向“国有单位”介绍贿赂的,应当成为对单位行贿罪或者单位受贿罪的共犯,具体定罪按照其所代表的一方进行定性。问题是,行为人基于双方的委托,牵线搭桥,促成单位贿赂犯罪的,应当如何定性呢?笔者认为,这种情况属于一行为触犯数个罪名,即符合想象竞合犯的理论设定,应当按照处罚较重的罪名定罪处罚,即在通常情况下,按照单位受贿罪的帮助犯定性处罚即可。 58

三、对向犯罪与共同犯罪

如前所述,对单位行贿罪和单位受贿罪为对向犯,二者所扮演的角色具有相对性,刑法理论上将其归入共同犯罪的范畴。由于共同犯罪乃违法形态[44],因而即便对向关系双方并非均具有可罚性,但基于双方行为的共同性,也应归入必要共犯之范畴。根据对向关系中主行为与其他参与行为的关系,可以分为三种情形的对向犯:第一,对向关系的一方为被害人。例如,病人因不堪病痛的折磨,请求医生实施安乐死,医生答应请求后实施安乐死致使病人提前结束生命。从概念上看,病人的行为符合教唆犯的构成要件,医生的行为符合故意杀人罪的构成要件,但教唆他人杀害自己的不构成犯罪,医生受病人嘱托实施安乐死虽然在评价上属于故意杀人,因刑事政策的问题,对这种行为可以免除处罚乃至不作为犯罪处理。第二,对向关系双方均为符合构成要件的正犯。对单位行贿罪与单位受贿罪就符合这种情形,刑事立法分别对两种行为规定了独立的犯罪构成要件,对符合各自构成要件的行为分别定罪处罚即可。第三,立法上选择只处罚一方行为的对向犯。例如,刑事立法规定了贩卖淫秽物品罪,但却没有规定对买主进行处罚。 59

44　参见张明楷:《共同犯罪是违法形态》,载《人民检察》2010 年第 13 期。

XII 罪数

60 在认定对单位行贿罪的过程中,还要准确区分一罪与数罪。正确区分一罪和数罪不仅有助于准确定罪,也是正确适用刑罚的重要前提。根据行为人所实施的符合犯罪构成要件行为的数量,可以区分为一罪与数罪。从客观上看,罪数的判断是以行为为起点的,但由于各个行为之间存在吸收、牵连等关系,因而可能存在数行为构成一罪名或者一行为触犯数罪名的情况。

61 对单位行贿过程中如果侵犯了其他法益,在判定是否构成犯罪时,应当结合犯罪构成要件进行具体判断。关于罪数的判断,理论上主要存在行为标准说、结果标准说、犯意标准说以及构成要件标准说四种观点。其中,构成要件标准说为多数学者所提倡,即根据犯罪构成要件的数量来判定罪数,笔者亦赞同这种观点。但需要注意的是,在根据犯罪构成要件的数量认定罪数的时候,还要注意如下两点:第一,禁止重复评价,即对一个行为只能够进行一次评价,不能够进行数次评价。例如,行为人实施对单位的行贿,给予财物的对象是国有单位的工作人员。由于该行为已经在对单位行贿罪中评价了,就没有必要再在行贿罪中进行重复评价。第二,要注意判断侵犯法益的个数。犯罪的实质在于行为的法益侵害性,行为所侵害的法益数量,是判断犯罪个数的重要基础。在数个行为侵犯同一法益的情况下,只能按照一罪进行处理。例如,行为人多次对"国有单位"行贿,每次对单位行贿罪的构成要件,只能按照一罪进行处理,但是对单位行贿的数额应当累加计算。在一个行为侵犯数个法益的情况下,可能构成想象竞合犯,按照处罚较重的犯罪处理即可。

62 在对单位行贿罪领域,最为典型的数罪并罚情形是,行为人对单位行贿后现实谋取了不正当利益,且谋取不正当利益的行为构成其他犯罪,应当与对单位行贿罪实行数罪并罚。2012 年 12 月 26 日发布的最高人民法院、最高人民检察院《关于办理行贿刑事案件具体应用法律若干问题的解释》第 6 条规定:"行贿人谋取不正当利益的行为构成犯罪的,应当与行贿犯罪实行数罪并罚。"尽管对单位行贿罪没有类似的司法解释,但从罪数理论中依然可以推导出类似的结论。如前分析,对单位行贿罪的成立不以行为人现实获取利益为前提,行为人只要实施对单位行贿行为,符合本罪的构成要件,即可认定为犯罪。事后,如果行为人谋取利益的行为构成其他犯罪,则属于独立的犯罪,在犯罪评价的时候当然需要与另外的行为实行数罪并罚。从这个角度来看,上述解释只是注意规定,按照罪数理论,可以直接得出在类似情形下对单位的行贿行为也应当数罪并罚的结论。

XIII 与非罪的界限

63 在严厉刑事政策的影响下,对单位行贿行为可能存在过度犯罪化的风险。

64 (1)以"对价关系"淡化"贿赂关系",单位贿赂犯罪圈明显扩张。单位贿赂犯罪的主要法益是“国有单位”职务行为的廉洁性,认定其成立的关键在于确定行为人之间的“交易关系”或“对价关系”。单位贿赂犯罪的设定,是为了禁止行为人以损害“国有单位”职务行为廉洁性的方式获得不正当利益的可能性,其以利益的交换为本质,任何试图以利益影响“国有单位”履职的行为都可能构成贿赂犯罪。[45]按照上述逻辑,可以得出如下结论:行为人是否取得了利益,与保护法益并无关系,它仅仅是职务活动的盖然性结果。[46] 对单位行贿罪的成立不以现实获得利益为前提,“国有单位”收受贿赂后许诺为他人谋取利益,对单位行贿罪即告成立,包括明示许诺与默示许诺,不论对单位行贿方是否获得现实利益。对此,学界并不存在多大争议。

问题是,如果“国有单位”在收受财物时没有许诺为他人谋取利益或者存在虚假许诺时,是否构成对单位行贿罪呢?如果将贿赂犯罪理解为纯粹的“对价关系”,那么这种情形当然可能构成犯罪。例如,对单位行贿方偶尔进行“感情投资”一定是为了他日心照不宣地谋利吗?恐怕还不能作出如此绝对的判断。要想完全证明对单位行贿方进行“感情投资”均属于行贿,其逻辑前提必然是废除受贿罪中的“为谋取不正当利益”要件。从行贿类犯罪的立法变迁来看,“为谋取不正当利益”要件呈现从无到有再到逐渐淡化的过程,但始终没有被废除或完全否定其在行贿类犯罪评价中的作用。因为该要件的存在也有一定的必要性,一方面是为了区分主动行贿与被动行贿两种情形,另一方面也是为了佐证对单位行贿方意欲进行权钱交易的主观意思,具有和侵犯职务行为廉洁性这一法益相呼应的功能。因此,尽管对单位行贿方实施“感情投资”有侵犯“国有单位”职务活动廉洁性的可能性,也增加了利用职务便利为他人谋利的风险,但也不能据此认为只要实施“感情投资”即构成对单位行贿罪。但是,在虚假许诺的情况下,“对价关系”已经形成,满足了对单位行贿罪的构成要件,理应认定为对单位行贿罪。 65

由此可见,单位贿赂犯罪的核心在于“对价关系”的形成,但是有“对价关系”未必有完整的“贿赂关系”,并不能据此直接认定成立对单位行贿罪。顺着“对价关系”来理解单位贿赂犯罪,确实能够把握这类犯罪的实质危害性所在,但如果脱离具体犯罪构成要件来理解“对价关系”,其实是将问题简单化了。在对单位行贿罪中,越是片面强调“对价关系”的独立作用,就越可能远离正确的结论。 66

(2)将“对向关系”升格为“对向归罪”,构成要件的犯罪个别化机能被架空。一 67

45 贿赂多半以财物的形式表现,但有不法分子为了规避法律的制裁,采用干股、分红、委托理财、旅游等方式进行贿赂,司法实践中也多将之作为贿赂的类型。但在司法实践中,对于旅游、宴请、性贿赂等难以计算的利益通常不作为贿赂处理。参见刘方:《贪污贿赂犯罪的司法认定》,法律出版社 2016 年版,第 129 页。

46 参见车浩:《行贿罪之“谋取不正当利益”的法理内涵》,载《法学研究》2017 年第 2 期。

般认为,对向犯是以“对向关系”为基础的必要共犯。[47] 将对单位行贿罪与单位受贿罪的关系归纳为“异罪异刑”的两面对向犯,其特殊性在于,《刑法》分则为对单位行贿行为和单位受贿行为分别设置不同罪名和法定刑,应排除适用《刑法》总则关于共犯处罚的规定。那么,“对向关系”在对单位行贿与单位受贿之间发挥何种作用呢?笔者认为,在“异罪异刑”的两面对向犯中,“对向关系”是连接犯罪双方行为的重要媒介,但未必能让对向双方发挥彼此证成的作用。在单位贿赂犯罪中,“对向关系”主要表现为“权钱交易关系”或“对价关系”,但仅在形式上具备“对价关系”尚不能据以认定犯罪成立,也不能由一方构成犯罪推知另一方也构成犯罪。换言之,对单位行贿罪和单位受贿罪有各自独立的犯罪构成要件,成立对单位行贿罪并不必然成立单位受贿罪,相应的,成立单位受贿罪也并不必然成立对单位行贿罪。

68 “对向归罪”的基本思路是,只要单位贿赂的一方构成犯罪,就会逻辑地认为另一方也构成对向犯罪。例如,“国有单位”履职后基于履职行为收受他人财物 5 万元,属于典型的单位事后受贿情形,但如何认定给予财物方的行贿呢?对此,司法实践中存在两种截然相反的观点:第一种观点认为,事后对单位行贿以事前有请托为必要,事前无请托的不应作为对单位行贿罪处理。第二种观点认为,在客观上已经谋取到不正当利益的情况下,基于“对向关系”,不论行为人事前有无请托,都应当成立对单位行贿罪。在司法实践中,第二种观点为多数法院所支持,其主要理据在于,双方存在“钱权交易”的事实,这种“交易关系”或“对价关系”的存在奠定了行为的实质可罚性。学界也存在类似的观点。但笔者不赞同这种观点:一方面,不能为了人罪需要而随意解释构成要件要素。在上述情况下,收受财物方构成单位受贿罪是毫无疑问的,但不能据此得出给予财物方也构成对单位行贿罪。另一方面,主观要素和客观要素相互排斥,同一要素不可能在这种情况下是主观的,在另一种情况下又是客观的。从严厉打击单位贿赂犯罪的角度来看,在事前无请托的情况下,“国有单位”为他人谋取不正当利益,受益人事后基于感激给予“国有单位”财物的行为,确实具有处罚的必要性。但是,由于“为谋取不正当利益”要件的存在,事后对单位行贿的成立应以事前有请托为必要,这种处罚的漏洞源于单位贿赂犯罪法网的不严密性。因此,基于“对向关系”随意延伸对单位行贿罪的处罚范围,不仅不能从根本上解决问题,反而使得解释过程漏洞百出。

69 正确划定单位贿赂犯罪的处罚边界,不仅需要强调刑事政策严的一面,还需要注重刑事政策宽的一面。为此,必须对单位贿赂犯罪中的“对价关系”作实质的理解,将“对向关系”与“对向归罪”严格区分。如前所述,位于对向关系一端行为的定性与处

47 也有学者认为对向犯不属于共同犯罪,其主要理据在于对向犯有各自独立的处罚规则,谈不上行为共同。但是,是否有处罚规则与对向犯是否为共同犯罪是两个不同层面的问题,不能因为对向犯有独立的罚则而否定其必要共犯的本质特征。参见周铭川:《对向犯基本问题研究》,载《北京理工大学学报(社会科学版)》2012 年第 2 期。

罚并不能决定其另一端,“对向关系”的主要作用应限于连接对单位行贿行为与单位受贿行为,事后单位受贿与事后对单位行贿的构成要件并非完全对应,应着眼于各自的构成要件进行解释,否则可能会陷入“对向归罪”的错误逻辑论证中。

对单位行贿罪的成立以满足犯罪形式构成要件为前提,包括主体要件、对单位行贿行为、造成法益侵害结果以及满足入罪的数额条件。但是,除具备形式构成要件,还需要对犯罪事实进行实质判断。 70

在符合形式构成要件的情况下,结合具体的事实,也可能不构成犯罪:首先,被胁迫或者在遭受索贿的场合,原则上不成立对单位行贿罪。对单位行贿罪的构成要件内容是,行为人“为谋取不正当利益”,给予“国有单位”财物,这种给予财物的行为应当具有主动性,才能够证明其行为对“国有单位”职务活动廉洁性的侵犯。因而,在被胁迫给予财物或者被索贿的场合,除非有明确证据能够证明对单位行贿方有“为谋取不正当利益”的意思或者事后获得不正当利益,否则不宜认定为犯罪。但如前所述,如果对单位行贿方事后获得了利益,则应当构成对单位行贿罪。其次,在对象错误的场合,行贿者是否构成犯罪,应当视情况而定。如果行贿的对象是国有单位法定代表人,则仍然成立对单位行贿罪;如果对象为国家工作人员,则应当认定为行贿罪;如果行贿对象不具有前述身份,则不应当认定为对单位行贿罪,如果行贿对象事实上不具有任何身份,则不构成犯罪。最后,“对向关系”是对贿赂犯罪本质的抽象,但“对向关系”有其形式面和实质面。形式面着眼于“对向关系”的共性,强调“对向关系”在对单位行贿者与单位受贿者之间的连接作用,即一方为谋取不正当利益,给予“国有单位”财物,“国有单位”接受财物后,有利用职务便利为他人谋利的可能性。实质面侧重于“对向关系”的个性,申明对单位行贿罪与单位受贿罪认定标准的独立性,即在具备前述形式共性的基础上,个别化考察对单位行贿罪与单位受贿罪的构成要件,分别予以处罚。单位贿赂犯罪中的“对向关系”不能仅作现象层面的观察,还应当从更深层次进行理解,即哪些情境下的“对向关系”构成对职务活动廉洁性的实质侵犯。因此,存在“对向关系”并不必然能够推定成立单位贿赂犯罪,单位受贿罪与对单位行贿罪也不能彼此证成。 71

作为单位贿赂犯罪“对向关系”另一端的对单位行贿方,最初是可以免予处罚的,但受“没有行贿,就没有受贿”的“立法因果论”的影响,对单位行贿行为的社会危害性被重新认识,并通过对单位行贿罪予以规制。[48] 然而,尽管对单位行贿与单位受贿之间存在“对向关系”,但基于行为性质、行为人身份等实质差异,不宜完全使对单位行贿罪的处罚向单位受贿罪看齐。有学者指出,“行贿与受贿并重处罚”是刑事政策的贻误,错误“转移了国家治理腐败的中心”,还“引起了刑法适用的道义难题”,不符合行贿受贿类犯罪治理的规律。[49] 因此,在单位贿赂犯罪领域,也应适度限制对单 72

---

48 参见姜涛:《废除行贿罪之思考》,载《法商研究》2015 年第 3 期。

49 参见何荣功:《“行贿与受贿并重惩罚”的法治逻辑悖论》,载《法学》2015 年第 10 期。

位行贿行为的处罚。

73 在单位贿赂犯罪中,“对向关系”的连接作用主要体现为,收受财物的行为必然对应给予财物的行为,根据给予财物的时间点,可将对单位行贿划分为事前对单位行贿、事中对单位行贿以及事后对单位行贿。而且,对单位行贿罪的成立以“为谋取不正当利益”的主观意思为必要,“谋取利益”的主观意思通常涵盖在行为人的请托中,事前、事后对单位行贿只是将请托的时间提前、推后,或者说只是贿赂关系成立时间的变动,并不影响对单位行贿罪的成立。

74 在无请托的情况下,行为人给予“国有单位”财物的行为,是否构成犯罪?这种情况与“感情投资”相似,但从不同的视角观察,得出的结论也会有所差异:从收受财物方的角度来看,尽管无具体请托事项,但这种行为可能对职务履行产生影响,故根据情况推定该“国有单位”可能构成单位受贿罪。其实,之所以作出这种推定,是因为收受财物方的“国有单位”基于其特殊身份,有证明其财物来源的义务。但从给予财物方的角度来看,由于其无请托事项,也不具有交待其财产流向的义务,基于有利于行为人的原则,应作出与前述“国有单位”相反的推定,即推定行为人不具有“为谋取不正当利益”的目的,不构成对单位行贿罪。然而,在“国有单位”利用职务便利为他人谋取利益后,获利者基于感谢给予“国有单位”财物,“国有单位”也接受了财物。可以说,此时给予财物方以其行为满足了“为谋取不正当利益”要件,具备了单位贿赂犯罪钱权交易的本质,应作为犯罪处理。

XIV 与他罪的区别

一、与单位受贿罪的区别

75 对单位行贿罪与单位受贿罪属于对向犯,通常情况下两罪的成立是相互依存的,即给予财物与接受财物之间是存在紧密联系的。因此,司法机关在处理这类案件时,应当综合考虑对单位行贿方与受贿单位的行为,不能由于对单位行贿方主动交待事实或者罪行较轻而放宽处罚的尺度。然而,这并不意味着只要对单位行贿罪成立,单位受贿罪就必然成立,或者反过来,单位受贿罪成立,对单位行贿罪未必成立。前者如行为人为谋取不正当利益,给予“国有单位”财物的成立对单位行贿罪,但收受财物的“国有单位”并没有占有财物的意思,而是直接将财物上交有关部门,则该“国有单位”不构成单位受贿罪,但行贿方已经成立对单位行贿罪。后者如行为人为谋取正当利益而给予“国有单位”财物的,或者“国有单位”主动索要财物,行为人被迫给予财物,没有谋取不正当利益的意思的,不构成对单位行贿罪,但此时,“国有单位”非法收受或者索取财物的行为,应当按照单位受贿罪处理。就这两罪而言,对向关系在实质上表现为客观层面的对向关系,即对单位行贿方提供财物、回扣或者手续费,“国有单位”接受财物并常常伴有许诺为他人谋取利益的情形。以此对向关系为出发点,在其他要件满足的情况下,犯罪才能够成立。

可是,子公司向属于“国有单位”的母公司行贿,是否构成对单位行贿罪呢?关于该问题并未展开讨论深入研究,实践中由于母、子公司的特殊关系,通常不作为犯罪处理。但是,在市场经济环境下,资本的转移和变动不仅会影响企业自身的利益,尤其是对于上市公司而言,还会影响广大投资者的利益。我国刑法并未规定母、子公司之间不能实施单位贿赂犯罪,母、子公司之间不正常的金钱往来也是不被允许的,因为母、子公司都是各自独立的,原则上其经营管理并非直接关联的。在这种特殊情形下,认定是否成立单位贿赂犯罪,关键在于把握子公司是否具有“为谋取不正当利益”的主观意思,而且由于母、子公司之间的账务关系往往具有内部性和隐秘性,需要结合各自的财务报告以及资产转移情况进行具体认定。 76

二、与行贿罪的区别

从犯罪构成要件来看,对单位行贿罪与行贿罪的区别主要体现在主体与对象上。就主体而言,对单位行贿罪的主体既可以是自然人,也可以是单位;而行贿罪的主体只能是自然人。就行为对象而言,对单位行贿罪的对象是“国有单位”,包括国家机关、国有公司、企业、事业单位、人民团体;而行贿罪的对象是国家工作人员。由于犯罪构成要件的差异,对单位行贿罪与行贿罪的入罪标准以及法定刑设置也存在差异,即对单位行贿罪的入罪门槛较高,对同样行贿数额的处罚却相对较轻,最高法定刑也明显低于行贿罪。 77

问题在于,行为人向“国有单位”行贿时,往往需要将财物交给“国有单位”负责人,在这种情况下,究竟是成立对单位行贿罪,还是成立普通行贿罪呢?对此,学界主要存在两种观点:第一种观点认为,要从行贿者的视角出发进行判定。如果行贿者主观上是将财物交给“国有单位”的,应当认定为对单位行贿罪;如果行贿者主观上是想将财物交给个人的,则应当认定为普通行贿罪。[50] 第二种观点认为,应当以财物的最终归属来进行认定。如果财物归属于单位的,则应当认定为对单位行贿罪;如果财物归属于个人的,则应当认定为行贿罪。[51] 78

笔者认为,在这种情况下究竟成立对单位行贿罪还是成立行贿罪,不仅需要考虑行贿者的主观意思,还需要考虑行贿时的客观状态。一方面,行贿者是基于谋取不正当利益的目的而给予“国有单位”财物的,行贿者的意思在判定犯罪是否成立这一点上当然具有重要意义。实践中,对单位行贿的操作流程通常都是经过单位负责人之手,再转交给单位,而不是直接由行贿方将财物转移给单位。于是,在对单位行贿过程中,单位的负责人起到类似媒介的作用。但从对单位行贿罪的成立来看,首先应当 79

---

50 参见陈伟、熊波:《“收受型”贿赂犯罪双向对称性刑事政策之构建》,载《安徽大学学报(哲学社会科学版)》2018 年第 1 期。

51 参见伊黎黎:《关于贿赂犯罪立法相关问题的思考——以〈刑法〉第 164 条第 2 款为基点》,载《辽宁行政学院学报》2017 年第 3 期。

分析的是行为人本人的意思,因为在行为人看来,将财物移交给单位负责人,就等同于将财物移交给单位,对单位行贿罪就此成立。至于收受财物的单位负责人如何处置财物,则是行贿方无法控制的,不论是将财物私分,还是将财物移交给有关部门,都不影响对单位行贿罪的成立。基于此,行贿方的真实意思在对单位行贿罪认定过程中起关键作用。当然,如果行为人明知对方不是代表"国有单位"接受贿赂的,事后也没有将贿赂纳入单位的财务账户,则不应当认定为对单位行贿罪。另一方面,在行为人基于概括意思行贿,无法判定究竟是向单位还是向自然人行贿的场合,应当结合客观职务状况进行综合判定。如果行贿者在支付对价之后,直接利用的是接受财物者的职务便利的,在这种情况下宜视为对接受财物者个人行贿;如果行贿者在支付对价之后,所利用的是"国有单位"的职务活动,在这种情况下应视之为对单位行贿。因为在贿赂犯罪领域,行为人所侵犯的法益是"国有单位"职务活动的廉洁性,行为人利用的职务将直接影响其所侵犯的法益的类型。因此,在上述情形下,究竟构成对单位行贿罪还是行贿罪,不仅需要考虑行贿者的主观意思,还要视情形综合考虑客观因素。

XV　处罚

80 《刑法》第391条对单位行贿罪仅设置一档法定刑:个人或单位对"国有单位"行贿的,满足特定数额与情节标准的,处3年以下有期徒刑或者拘役,并处罚金。成立对单位行贿罪,应当符合1999年9月16日最高人民检察院发布的《关于人民检察院直接受理立案侦查案件立案标准的规定(试行)》规定的数额与情节:①如果个人行贿数额在10万元以上或者单位行贿数额在20万元以上的,应予立案;②如果个人行贿数额不满10万元或者单位行贿数额已满10万元不满20万元的场合,但符合"为谋取非法利益而行贿的""向3个以上单位行贿的""向党政机关、司法机关、行政执法机关行贿的"或者"致使国家或者社会利益遭受重大损失的"四个条件之一的,也应予立案。

81 其实,从逻辑上以及法理上看,上述立案标准是存在疑问的。首先,对单位行贿罪的立案标准明显高于行贿罪。行贿罪的起刑点为1万元,但是行贿数额在1万以上不满3万元且具备"其他较重情节"[52]的,也应当认定为行贿罪。与之相对,对单位行贿罪根据主体是自然人还是单位分两档量刑,自然人对"国有单位"行贿的起刑点为10万元,单位对"国有单位"行贿的起刑点为20万元。仅仅因为行贿对象的差异

52　2016年4月18日最高人民法院、最高人民检察院发布的《关于办理贪污贿赂刑事案件适用法律若干问题的解释》第1条第3款规定:"受贿数额在一万元以上不满三万元,具有前款第二项至第六项规定的情形之一,或者具有下列情形之一的,应当认定为刑法第三百八十三条第一款规定的'其他较重情节',依法判处三年以下有期徒刑或者拘役,并处罚金:(一)多次索贿的;(二)为他人谋取不正当利益,致使公共财产、国家和人民利益遭受损失的;(三)为他人谋取职务提拔、调整的。"

而设置如此不同的立案标准,而没有具体考察不同行为的社会危害性,这种做法的合理性是存在疑问的。从实际效果来看,这种做法会造成对单位行贿罪的治理效果明显弱于行贿罪。其次,在对单位行贿罪内部,根据主体的不同分别设置 10 万元和 20 万元的差异化起刑点,也是存在疑问的。这是因为,刑法的任务在于保护法益,就对单位行贿罪而言,行贿的数额是衡量法益侵害程度的主要标准,同样是对"国有单位"行贿 10 万元,个人和单位的待遇竟然如此不同,这在法理上是无法说通的,显然有悖于罪刑均衡原则。

2012 年 12 月 26 日最高人民法院、最高人民检察院联合发布的《关于办理行贿刑事案件具体应用法律若干问题的解释》对行贿类犯罪的认定和处罚进行了规定,其中某些规定也可以适用于对单位行贿罪。该解释第 5 条规定:"多次行贿未经处理的,按照累计行贿数额处罚。"因此,行为人多次对单位行贿的,在追究犯罪时,其行贿数额应当累加计算。第 7 条第 1 款规定:"因行贿人在被追诉前主动交待行贿行为而破获相关受贿案件的,对行贿人不适用刑法第六十八条关于立功的规定,依照刑法第三百九十条第二款的规定,可以减轻或者免除处罚。"学理上将该款称为行贿类犯罪"特别自首",但 2015 年 8 月 29 日第十二届全国人大常委会第十六次会议表决通过的《刑法修正案(九)》对该款进行了修订,"行贿人在被追诉前主动交待行贿行为的,可以从轻或者减轻处罚。其中,犯罪较轻的,对侦破重大案件起关键作用的,或者有重大立功表现的,可以减轻或者免除处罚",从而变相加重了对单位行贿罪的处罚。此外,对行贿类犯罪缓刑和免予刑事处罚的适用也进行了限制,即如果行为人因行贿受过行政处罚或者刑事处罚、为实施违法犯罪活动而行贿或者造成严重危害后果的,一般不适用缓刑和免予刑事处罚的规定。 82

通过在中国裁判文书网、OpenLaw、无讼案例网等案例数据库进行检索,共发现 276 件涉及对单位行贿的案例,相关判决主要集中在国有企业与事业单位领域,且刑罚轻缓化趋势比较明显,仅上述 276 件案例中就有 110 件涉及免刑或者部分责任人员免刑。而在单位受贿罪案件中,免刑案件明显少得多。由此可见,司法实践普遍认为对单位行贿罪的可罚性较低,通常行贿数额不是特别巨大,没有特别严重情节,符合自首条件的,都会给予减刑乃至免刑。[53] 我国立法关于单位贿赂犯罪的刑罚设置并不完全妥当,罪刑设置存在不协调的问题,较普通贿赂犯罪明显偏轻,可能成为犯罪分子避罪的借口。由于对单位行贿通常是将财物交给单位的负责人员(通常是法定代表人),再由单位负责人入账;然而,如果行为人只是对单位负责人个人进行行贿,事后该单位负责人如果以行为人实际上是向单位行贿为理由进行 83

53 相关案例参见漯河市源汇区人民法院(2014)源刑初字第 105 号刑事判决书、邯郸市馆陶县人民法院(2016)冀 0433 刑初 3 号刑事判决书、连云港市海州区人民法院(2016)苏 0706 刑初 237 号刑事判决书、菏泽市成武县人民法院(2017)鲁 1723 刑初 1 号刑事判决书等。

辩解,则由于单位受贿罪和对单位行贿罪的入罪门槛明显高于行贿罪与受贿罪,因而可能存在处罚上的漏洞。实践中,查处这类犯罪,首先要看贿赂入账的账户究竟是个人账户还是单位账户,如果直接入账于个人账户,则应当认定为行贿罪与受贿罪;如果入账于单位账户,则需要进一步看单位负责人事后是否将财物进行转移,进而认定具体的罪名。

第三百九十二条　介绍贿赂罪

向国家工作人员介绍贿赂，情节严重的，处三年以下有期徒刑或者拘役，并处罚金。

介绍贿赂人在被追诉前主动交待介绍贿赂行为的，可以减轻处罚或者免除处罚。

文献：孙国祥：《贿赂犯罪的学说与案解》，法律出版社 2012 年版；黄明儒主编：《刑法分论》，北京大学出版社 2014 年版；郭立新、黄明儒主编：《刑法分则适用典型疑难问题新释新解》（第 3 版），中国检察出版社 2014 年版；徐志伟主编：《贪污贿赂罪与渎职罪》，中国民主法制出版社 2014 年版；魏东主编：《刑法各论》，法律出版社 2015 年版；陈兴良主编：《刑法各论精释》，人民法院出版社 2015 年版；刘方：《贪污贿赂犯罪的司法认定》，法律出版社 2016 年版；黎宏：《刑法学各论》（第 2 版），法律出版社 2016 年版；刘艳红主编：《刑法学》（第 2 版），北京大学出版社 2016 年版；赵秉志、李希慧主编：《刑法各论》（第 3 版），中国人民大学出版社 2016 年版；齐文远主编：《刑法学》，北京大学出版社 2016 年版；刘宪权主编：《刑法学》（第 4 版），上海人民出版社 2016 年版；曲新久主编：《刑法学》（第 5 版），中国政法大学出版社 2016 年版；朱建华主编：《刑法分论》，法律出版社 2016 年版；谢望原、赫兴旺主编：《刑法分论》（第 3 版），中国人民大学出版社 2016 年版；贾宇主编：《刑法学》（第 3 版），中国政法大学出版社 2017 年版；周光权：《刑法各论》（第 4 版），中国人民大学出版社 2021 年版；张明楷：《刑法学》（第 6 版），法律出版社 2021 年版；高铭暄、马克昌主编：《刑法学》（第 10 版），北京大学出版社、高等教育出版社 2022 年版。张平：《介绍贿赂罪司法认定中的疑难问题探究》，载《湖北社会科学》2005 年第 5 期；陈增宝：《介绍贿赂罪认定中的疑难问题》，载《人民司法》2006 年第 9 期；张羽：《受贿共同犯罪若干问题探究》，载《法学评论》2009 年第 1 期；郭理蓉：《介绍贿赂罪存废之辨正及相关问题探讨》，载《国家行政学院学报》2013 年第 1 期；黄云波：《论"对称式"贿赂犯罪罪名体系之立法构建》，载《暨南学报（哲学社会科学版）》2016 年第 2 期；赵宗涛：《论贿赂犯罪群起刑数额的体系平衡》，载《东南大学学报（哲学社会科学版）》2016 年第 2 期；马斯：《如何区分介绍贿赂与行、受贿犯罪共犯行为》，载《人民检察》2016 年第 20 期。

细目录

Ⅰ　主旨

Ⅱ　沿革

Ⅲ 客体
Ⅳ 对象
Ⅴ 行为
一、"介绍"的概念
二、"贿赂"的概念
三、"介绍贿赂"的概念
四、介绍贿赂行为
Ⅵ 结果与因果关系
一、结果
二、因果关系
Ⅶ 主体
Ⅷ 罪过
一、故意
二、目的
Ⅸ 介绍贿赂罪的存与废
一、废除说
二、保留说
三、废除说对保留说的反驳与辩证
四、评析
Ⅹ 未完成形态
一、着手
二、既遂
三、未遂
Ⅺ 罪数
一、教唆贿赂并介绍贿赂
二、斡旋受贿过程中又介绍贿赂
三、介绍贿赂过程中侵吞或者截取部分贿赂财物
Ⅻ 与非罪的界限
ⅩⅢ 与他罪的区别
一、与行贿罪、受贿罪共犯的区别
二、与斡旋型受贿罪的区别
三、与利用影响力受贿罪的区别
四、与诈骗罪的区别
五、与侵占罪的区别
ⅩⅣ 处罚

I 主旨

介绍贿赂罪规定在现行《刑法》第 392 条,属分则第八章"贪污贿赂罪"。这一规定是因为在很多情况下存在"行贿人和受贿人完全不认识,或者就行贿人的社会地位、交往层面、人脉关系而言,完全不可能与受贿人'搭上线'的情形"[1],需要对行贿人和受贿人"牵线搭桥"的介绍贿赂行为进行刑事处罚。介绍贿赂者通过四处打探、策划、撮合、唆使,甚至转交行贿款等其他各种"努力",使行贿人与受贿人之间的交易得以顺利完成。从社会危害性的角度讲,介绍贿赂者使得行贿行为"如虎添翼",也使得受贿人"权钱交易"的目的得以实现,使其金钱来源不被切断,严重侵害国家工作人员职务行为的不可收买性和职务行为的廉洁性。 1

刑法规定介绍贿赂罪的初衷是将在行贿和受贿之间牵线搭桥的行为予以犯罪化,设立轻缓的刑罚,在区别行贿罪和受贿罪的同时,充分发挥为国家治理行贿、受贿等腐败犯罪提供助力,增强社会公众对国家、对各级人民政府、对国家工作人员的信任感和认同感的重要作用。 2

II 沿革

介绍贿赂罪首次出现是在 1950 年《刑法大纲草案》中,该草案第 90 条第 1 款规定:"向国家工作人员行贿或介绍贿赂者,处三年以下监禁或批评教育。" 3

1952 年 4 月 18 日批准的《惩治贪污条例》是新中国最早对介绍贿赂作出规定的正式法律文件,其中第 6 条规定:"一切向国家工作人员行使贿赂、介绍贿赂者,应按其情节轻重参酌本条例第三条的规定处刑;其情节特别严重者,并得没收其财产之一部或全部;其彻底坦白并对受贿人实行检举者,得判处罚金,免予其他刑事处分……凡胁迫或诱惑他人收受贿赂者,应从重或加重处刑……"可见,当时虽有贪污、受贿、行贿、介绍贿赂等名称,但却没有各自独立的罪名,介绍贿赂与行贿规定在同一个条文之中,且是按照贪污罪的处罚措施加以处罚。 4

1979 年《刑法》第 185 条第 3 款对介绍贿赂行为进行了规定:"向国家工作人员行贿或者介绍贿赂的,处三年以下有期徒刑或者拘役。"这一立法将行贿罪与介绍贿赂罪规定在一个条文中,且配置的法定刑也相对较低。1988 年全国人民代表大会常务委员会《关于惩治贪污罪贿赂罪的补充规定》仅明确界定了什么是贪污罪、受贿罪、行贿罪,并没有涉及介绍贿赂罪。之所以如此,是考虑到前三者的常发性、严重的社会危害性以及刑法规定的不完善性,而介绍贿赂罪在当时并不属于常发性犯罪,依据刑法条文的已有规定完全可以做到罪刑相适应,因此不需要进一步补充完善。应当认为在 1979 年《刑法》制定后至 1997 年《刑法》颁行之前的时间段内,介绍贿赂罪 5

---

1 周光权:《修改介绍贿赂罪,从源头上遏制腐败》,载《检察日报》2016 年 3 月 8 日。

一直作为独立的罪名而存在,并不存在被立法废除的现象。

6 1997 年修订的《刑法》对介绍贿赂罪予以保留,并规定在单独成章的"贪污贿赂罪"之中,且与行贿罪分离,第 392 条规定:"向国家工作人员介绍贿赂,情节严重的,处三年以下有期徒刑或者拘役。介绍贿赂人在被追诉前主动交待介绍贿赂行为的,可以减轻处罚或者免除处罚。"与 1979 年《刑法》相比,修订后的介绍贿赂罪增加了"情节严重"的限制条件;增设第 2 款,有利于瓦解"攻守同盟",从而更好地规制受贿、行贿等犯罪行为。

7 2015 年《刑法修正案(九)》第 48 条将《刑法》第 392 条第 1 款修改为:"向国家工作人员介绍贿赂,情节严重的,处三年以下有期徒刑或者拘役,并处罚金。"为介绍贿赂罪增设了罚金刑。

Ⅲ 客体

8 关于介绍贿赂罪的客体的不同观点主要有以下几种:第一种观点认为,介绍贿赂罪的客体是"国家的廉洁制度"[2],但是对于何为"国家的廉洁制度"却没有作出说明。持此种观点的学者中,有的学者虽然没有直接说明介绍贿赂罪的客体是国家的廉洁制度,但在"贪污贿赂罪"的总体概述部分认为,"本类犯罪的客体是以恪尽职守、廉洁奉公、吏治清明、反对腐败为主要内容的国家廉政制度建设"[3]。第二种观点认为,介绍贿赂罪的客体是"国家机关、国有公司、企业、事业单位、人民团体的正常管理活动"[4]。这一论断作出的依据在于,"我国刑法规定的受贿罪和行贿罪的犯罪客体是国家机关的正常管理秩序,作为贿赂犯罪体系的介绍贿赂罪的客体也当然是国家机关的正常管理秩序"[5]。第三种观点认为,介绍贿赂罪的法益是"国家机关、国有公司、企业、事业单位、人民团体的正常活动及其国家工作人员职务行为的不可收买性"[6]。第四种观点认为,考虑到介绍贿赂罪的对象只能是国家工作人员,因而本罪的法益只能是国家工作人员职务行为的廉洁性。[7]

9 通常所称犯罪客体即法益,我国传统的刑法学观点认为是由刑法所保护而为犯罪所侵害的社会关系。诚然,刑法所保护的利益,都可以用社会关系来概括,但不免有些牵强。如刑法规定故意杀人罪,目的在于保护公民个人的生命、身体不受他人侵犯,并不是某种社会关系,故此时如果仍旧坚持把所有刑法所保护的利益定位于某种

---

2 参见苏惠渔主编:《刑法学》(第 4 版),中国政法大学出版社 2009 年版,第 665 页。

3 赵秉志、鲍遂献、曾粤兴等:《刑法学》,北京师范大学出版社 2010 年版,第 820 页。

4 高铭暄、马克昌主编:《刑法学》(第 10 版),北京大学出版社、高等教育出版社 2022 年版,第654 页。

5 罗辑主编:《中国反贪污贿赂检察业务全书》,中国检察出版社 1996 年版,第 61 页。

6 陈连福、王卫星主编:《新刑法与贪污贿赂犯罪》,西苑出版社 1998 年版,第 161 页。

7 参见高铭暄、马克昌主编:《刑法学》,中国华侨出版社 2007 年版,第 771 页。

社会关系就可能存在疑问。此外,考虑到社会关系的内容是权利和义务关系,而权利和义务关系是随着社会环境的发展而不断变化的,这无疑给刑法所保护的客体带来不稳定性。而且,刑法保护的是社会关系的观点也容易使社会公众误以为犯罪的本质是义务违反,刑法是强调义务遵守的强制性手段,个人成为国家、民族、社会共同体发展的工具,因而十分危险。故现在有越来越多的刑法学者将犯罪客体的内容由社会关系保护说向法益保护说过渡,将刑法的目的和任务由惩罚犯罪保护人民向法益保护过渡。而关于法益的概念,当前较为流行的观点认为,所谓法益,是指"根据宪法的基本原则,由法所保护的、客观上可能受到侵害或者威胁的人的生活利益"。而人的利益,"不仅包括个人的生命、身体、自由、名誉、财产等利益,而且包括建立在保护个人利益基础之上因而可以还原为个人利益的国家利益与社会利益"。[8] 质言之,现代刑法观念认为刑法保护的是利益而不是某种内涵并不确定的社会关系。因此,上述第一种观点将介绍贿赂罪的客体界定为"国家的廉洁制度"可能存在疑问。

上述第二种观点是我国传统刑法学的通说观点,但是现在由于受到越来越多学者的质疑而不再为人们所支持。原因在于,介绍贿赂罪本质上仍是一种权钱交易,其社会危害性主要是通过受贿人、行贿人的行为表现出来的,虽然介绍贿赂行为往往导致国家机关、企事业单位的正常活动受到干扰和破坏,但介绍贿赂行为并不一定导致受贿人从事违背其职务的行为从而破坏机关、单位的正常工作秩序:第一,不少受贿人获得贿赂后并没有利用职务之便去为行贿人谋取利益,在这种情况下,国家机关、企事业单位的正常活动并未受到破坏;第二,有的受贿人虽然利用职务之便为行贿人谋取利益,但并没有违反党和国家的有关政策、法律、规定,国家机关、企事业单位的有关活动仍在按照相关的政策、法律、规定正常进行,也并未因受贿而受到破坏。因此,侵犯国家机关、企事业单位正常活动的只是部分介绍贿赂行为,而不是全部,将介绍贿赂罪的客体定位于"国家机关……的正常管理活动",存在以偏概全的问题。 10

关于将介绍贿赂罪的客体界定为国家工作人员职务行为廉洁性的第四种观点,与前两种观点相比具有一定的合理性,因此也获得了相当一部分学者的支持,但不容忽视的是,其最大的缺陷在于表达上的不明确性:第一,"廉洁性"一词本身即具有相当程度的不明确性;第二,廉洁性到底是指职务行为的廉洁性,还是指国家工作人员自身的廉洁性,并没有达成一致,而且这两种表述实际上存在严格的区别;第三,考虑到介绍贿赂者是处于行贿者与受贿者之间进行居间介绍,意味着介绍贿赂罪是与受贿罪紧密联系在一起的。如下文所述,如果将介绍贿赂罪的客体界定为职务行为的廉洁性,将导致受贿罪与贪污罪两种不同类型的贪腐犯罪在保护法益上的区分困难。 11

尽管上述第三种观点存在定位不准的问题,但却为我们理解介绍贿赂罪的客体提供了一条新的思路:既然介绍贿赂行为的社会危害性和法益侵犯性主要通过行贿 12

8　张明楷:《刑法学》(第6版),法律出版社2021年版,第78页。

人、受贿人的行为体现出来,那么受贿罪与行贿罪所侵害的法益不也正是介绍贿赂罪所要保护的利益?因此,对受贿罪所侵犯法益的探讨对于上述问题的明晰可能具有重要意义。

13 如众周知,在1979年《刑法》中,贪污罪属于侵犯财产罪,贿赂罪属于渎职罪,由于贪污贿赂犯罪具有严重的法益侵犯性,现行刑法对旧刑法进行了一定的修正,突出了对贪污贿赂犯罪的处罚,将其变为一类独立的犯罪。贪污贿赂罪的法益是国家工作人员职务行为的廉洁性、不可收买性。其中贪污罪表现为直接利用职务取得公共财物,侵犯了职务行为的廉洁性,同时也侵犯了公共财物。而受贿罪、行贿罪等犯罪虽然与贪污罪等犯罪规定在同一章节,但不可否认的是,受贿罪等犯罪更多的是侵犯国家工作人员职务行为的不可收买性的犯罪,属于对国家法益的侵犯,其财产侵犯的属性相对较弱。具体而言,国家工作人员职务行为的宗旨在于为国家、为人民服务,具体表现为保护各种法益;由于国家工作人员的职务行为已经取得了相应的报酬,故不能直接从公民或者其他单位那里再次收受职务行为的报酬,否则属于不正当的报酬。国家工作人员理所当然要合法、公正、有效地实施职务行为。但权力总是容易会被滥用,没有权力的人会期待掌握权力的人为自己滥用权力。一旦权力遭到滥用,将权力作为与其他利益交换的筹码,权力就会带来各种利益。因此,防止权力滥用、保障公正行使权力的最起码、最基本的措施,就是防止权力与其他利益的相互交换。古今中外的客观事实表明,职务行为的合法性、公正性首先取决于职务行为的不可收买性。因为如果职务行为可以用一定的利益来交换,那么,国家工作人员的职务行为必然只会为提供财物的人服务,整个国家机构也就只会成为能够提供财物的人的工具,从而损害社会中绝大多数人民群众的利益,进而导致公民丧失对职务行为公正性和国家机关本身的信赖感。因此,为了保护职务行为的合法性、公正性,首先必须保证职务行为的不可收买性。这里的职务行为不仅包括正在实施或者已经实施的职务行为,还包括将要实施的职务行为与所许诺的职务行为。[9] 因此,受贿罪所保护的法益应该被界定为国家工作人员职务行为的不可收买性。

14 介绍贿赂者在企图行贿者和意图将职务行为与财物进行交换的受贿者之间居间介绍、沟通撮合,尽最大“努力”使贿赂犯罪得以完成,也就意味着国家工作人员职务行为与财物进行交换结果的发生是介绍贿赂者最大的愿望与追求。介绍贿赂者通过为受贿人和行贿人双方建立贿赂联系,从而使得行贿人向受贿人给付财物,或受贿人接受行贿人给付的财物,达到满足双方各自利益的目的,也就是说,对于为谋取不正当利益而意欲行贿却苦于行贿无门的行贿人来说,介绍贿赂人积极为其从中撮合,最终由国家工作人员利用职务上的便利为行贿人谋取利益,介绍贿赂人在这一犯罪链条中扮演了关键的中介人角色,这种居间关系在典型案例中表现得尤为明显。如1999年,广东省陆丰市人民检察院反贪局书记员李振行受社会人员卓培茂委托,与

---

9 参见张明楷:《刑法学》(第6版),法律出版社2021年版,1587页。

该院副检察长黄贤晓、批捕科科长卢汉念联系,称卓培茂亲戚因假币案被公安机关缉获,要求给予从轻处理,黄、卢均表示等案件移送该院审阅后再定。同年11月5日,陆丰市公安局向检察院批捕科移送了薛妈鲁、刘术成、徐永忠购买和运输116万元假币案,提请市检察院批捕该三人,该案由批捕科副科长李奋勇主办。第二天,李振行、卓培茂宴请李奋勇,要求其对薛等三人不予批捕,并说已与黄、卢打过招呼,卓还表示愿出4.5万元作为"茶水费",李同意帮忙。后李振行收到卓给的4.5万元,自己扣下5000元,将4万元交给李奋勇,李奋勇将其中的2万元据为己有,分给黄、卢各1万元,收到贿赂款后,李奋勇、卢汉念、黄贤晓先后作出或同意不批捕的意见,后因被上级及时发现而未成,遂案发。广东省汕尾市人民检察院分别以徇私枉法罪、受贿罪对黄贤晓、卢汉念、李奋勇,以介绍贿赂罪对李振行立案侦查。[10] 可见,介绍贿赂的行为与行贿行为、受贿行为结合在一起才能产生社会危害性,即介绍贿赂与行受贿行为是紧密联系的。因此,三者侵犯的法益具有相对一致性,在将受贿罪的法益界定为国家工作人员职务行为不可收买性的前提下,介绍贿赂罪的法益也应该作出相同的解释,故上述第三种观点值得借鉴。

Ⅳ 对象

根据《刑法》第392条的规定,介绍贿赂罪的对象是国家工作人员,但考虑到刑法条文"向国家工作人员介绍贿赂"的表述,以及介绍贿赂者是在行贿者与受贿者之间进行居间介绍的行为结构,本罪的行为对象还应该包括行贿者在内。就介绍贿赂罪行贿一方来说,其犯罪对象为一般主体,即达到刑事责任年龄、具备刑事责任能力的自然人以及单位。唯一需要明确的是,介绍贿赂罪收受贿赂一方的犯罪对象的范围——即对"国家工作人员"的理解。根据《刑法》第93条的规定,刑法意义上的国家工作人员是指"国家机关中从事公务的人员",并且"国有公司、企业、事业单位、人民团体中从事公务的人员和国家机关、国有公司、企业、事业单位委派到非国有公司、企业、事业单位、社会团体从事公务的人员,以及其他依照法律从事公务的人员,以国家工作人员论"。这是刑法对国家工作人员概念和范围的界定,对此的理解可以参见本书有关国家工作人员界定的内容,在此不再赘述。 15

Ⅴ 行为

现行《刑法》第392条采用简单罪状对介绍贿赂罪进行了规定,即介绍贿赂罪是指"向国家工作人员介绍贿赂,情节严重的"行为。此一同义反复的罪状表述给介绍贿赂罪的概念界定带来不小的困难,但核心之处仍在于对"介绍"以及"贿赂"两个关 16

---

10 参见黄日飞、粤纪宣:《检察官枉法难逃法网》,载《人民日报·华南新闻》2000年4月27日。

键概念的理解。故笔者在明确"介绍"与"贿赂"内涵的基础上,对"介绍贿赂"的概念作出界定,并依据"介绍贿赂"的概念,对介绍贿赂罪的行为方式进行展开。

一、"介绍"的概念

17 从字面含义上看,"介绍"一词从古至今在社会生活、书面用语中的使用频率都比较高,如《辞海》中记载了该词的古意解释:介绍,本谓主宾之间通过辅助人员传递话语。《古今汉语词典》进一步解释了该词:"介绍,居间应接,递相传言。介,传送宾主之言的人。绍:继续;居间沟通,使双方相识或发生联系;引进,推荐;说明,使了解或熟悉。"[11]《现代汉语辞海》则着重解释了介绍一词在当前的重要用法及含义:"介绍,使了解或熟悉;使双方相识或发生关系;引进,带入(新人或新事物)。"[12]《现代汉语规范词典》也给出了相似的解释:"介绍,从中引见使双方认识或发生关系;推荐,引进;说明情况,使人了解。"[13]不难看出,所谓介绍,必然存在三方主体,其中有一方处于明显的居中地位,其职能主要在于促使其他两方主体(一般情形下此两方主体之间并不一定存在直接的关系)相互接触、相互了解以发生一定的社会关系,而且该居中主体一般都与其他至少一方主体之间存在主从、辅助、雇佣、委托等关系。

二、"贿赂"的概念

18 从词源意义上看,"贿赂"一词最早见于《左传·昭公六年》中"乱狱滋丰,贿赂并行"。《现代汉语词典》中详细介绍了贿赂一词在当前的主要含义,即"1.用财物买通别人;2.用来买通别人的财物"[14]。2016年4月18日开始生效的最高人民法院、最高人民检察院《关于办理贪污贿赂刑事案件适用法律若干问题的解释》规定"贿赂"主要表现为"财物"的形式,而"财物"包括货币、物品和财产性利益。财产性利益包括可以折算为货币的物质利益如房屋装修、债务免除等,以及需要支付货币的其他利益如会员服务、旅游等。并且后者的犯罪数额以实际支付或者应当支付的数额计算。

三、"介绍贿赂"的概念

19 由上可见,"贿赂"一词在现代主要有名词与动词两种不同的用法,而在介绍贿赂中,如果将贿赂作名词理解恐怕存在词义与理解上的疑难,故只能作动词使用,意为

---

11 商务印书馆辞书研究中心编:《古今汉语词典》,商务印书馆2007年版,第721页。

12 倪文杰、张卫国、冀小军主编:《现代汉语辞海》,人民中国出版社1994年版,第477页。

13 李行健主编:《现代汉语规范词典》,外语教学与研究出版社、语文出版社2004年版,第673页。

14 中国社会科学院语言研究所词典编辑室编:《现代汉语词典》(第7版),商务印书馆2016年版,第585页。

(使)贿赂行为发生,因此“介绍贿赂”也就是意味着“通过居间人使贿赂行为发生”,具体而言是指通过与受贿人、行贿人一方或双方具有委托、辅助等关系的居间人撮合、沟通、联系、协商,使行贿人、受贿人得以接触、交流,进而促使贿赂犯罪得以发生的行为。

事实上,也有相关司法解释对介绍贿赂的概念作出过界定,如 1999 年最高人民 20
检察院《关于人民检察院直接受理立案侦查案件立案标准的规定(试行)》规定,所谓“介绍贿赂”,是指“在行贿人与受贿人之间沟通关系、撮合条件,使贿赂行为得以实现的行为”。此一概念界定与笔者对介绍贿赂的定义较为相似,但相比较而言,本文的概念界定更加注重对居间介绍人与行贿人、受贿人之间特定关系的强调。根本的原因还是在于介绍贿赂罪中“介绍”一词的含义,介绍贿赂人在行贿人与受贿人之间要起到传声筒、助推器以及黏合剂之功用,而这种种功用恰恰是“介绍”行为的应有之义。如果介绍贿赂人与行贿人、受贿人都不相识、都不存在特定的关系,居间介绍贿赂的行为也就根本无法完成。

四、介绍贿赂行为

从“介绍贿赂”的概念出发,可以得知要理解介绍贿赂罪的行为方式,关键就是要 21
剖析“撮合”“沟通”“联系”“协商”等关键词。所谓“撮合”,是指拉拢说合。所谓“沟通”,是指为了一个设定的目标,把信息、思想和情感在个人或群体间传递,并且达成共同协议的过程。它有三大要素:一个明确的目标;达成共同的协议;沟通信息、思想和情感。所谓“联系”,是指联络、接洽,使互相之间取得联通关系。所谓“协商”,是指为了取得一致意见而共同商量。据此分析,介绍贿赂罪的行为应包括为行贿人寻找受贿对象;传递行贿方的行贿意向或要求;受行贿人的委托,在行贿、受贿双方之间沟通关系,以促进行贿、受贿行为的实现;向受贿人引荐行贿人;向行贿、受贿双方传递双方的情况,促进双方的了解,以便于达成贿赂等行为方式。如首先是帮助行贿、受贿中的一方寻找、物色行为对象,并将行贿、受贿中一方的意图转达给另一方;其次是组织行贿、受贿双方见面、洽谈,在这期间,当双方出现矛盾时,充当说服、劝诱一方答应另一方要求的说客,从中进行调停、斡旋;最后是行贿、受贿双方达成协议后,介绍人有时还帮助行贿方向受贿方转交财物等。典型案例如 1997 年 9 月,浙江省个体商林某美在河南省新野县推销《小学生硬笔书法规范练习册》过程中,练习册被该县文化局市场管理股股长王吉海带人查封,为解决此事,林某美找到新野县一中职工刘子照帮忙。刘子照与王吉海取得联系,刘子照向林某美提出给王吉海买一部手机、BP 机。林某美按刘子照的要求办好,于当晚同刘子照一起去了王家,王吉海提出不要 BP 机,并当场还给刘子照。第二天,练习册被解封后,刘子照又提醒林再给王吉海送点钱。于是林某美和刘子照又一同给王吉海送去现金 1 万元,在回家的路上,刘子照又收受林某美的好处费3500元。[15] 可见,尽管介绍贿赂行为的方式多种多样,但有一个基本规律,即始终围绕着行贿、受贿活动的进展而发展变化,表现出阶段递进性。

22 我国也有部分学者对介绍贿赂罪的行为方式提出了不同的看法:第一,有学者认为,从司法实践来看,介绍贿赂行为的方式通常可以概括为介绍受贿和介绍行贿两种。介绍行贿,是指接受行贿人请托或者自己出于贪财或者其他动机积极主动为行贿人寻找受贿对象,然后通过牵线搭桥,向行贿人转达受贿人的要求,使得行贿人和受贿人之间得以实现行贿行为和受贿行为;介绍受贿,是指介绍人往往出于对受贿人的巴结讨好,积极主动为受贿人寻找可能行贿的人,或者受到受贿人的暗示等在寻找到行贿人以后,在他们之间进行撮合,介绍双方认识,安排见面,为双方传递信息,为行贿人转交贿赂物品等。[16] 不难看出,此种观点在实质上并没有突破上述依据"介绍贿赂"概念所得出的介绍贿赂罪的行为方式范围,只是依据介绍贿赂行为对象的不同对行为方式进行了归纳和整理。第二,有学者认为介绍贿赂罪只有一种行为方式[17],认为从《刑法》第 392 条"介绍贿赂罪"的字面表述来看,介绍贿赂的行为方式,应仅指介绍贿赂人受行贿人之托,为了行贿人利益,向受贿人介绍贿赂的情形,而不包括接受受贿人之托,为其寻找行贿人或者向行贿人索要、收受贿赂的行为,否则法条不会只规定"向国家工作人员介绍贿赂"。因此最高人民检察院《关于人民检察院直接受理立案侦查案件立案标准的规定(试行)》中将"介绍贿赂"解释为"在行贿人与受贿人之间沟通关系、撮合条件,使贿赂行为得以实现的行为",是一种典型的扩大解释,并不符合立法原意。第三,有部分学者对"介绍"一词进行了限缩解释,认为只有介绍贿赂者同时站在行、受贿双方的立场上,不偏向任何一方,中立地在行、受贿双方之间,引见受贿人或行贿人,传递双方的意图、要求等为贿赂犯罪的实现传达信息、建立渠道和提供便利的行为才是介绍贿赂罪的行为方式。[18] 理由在于:首先,从文义解释的角度来看,介绍贿赂即贿赂中介,本就有着居间介绍之意,取"介绍"一词"中立地居间沟通、撮合"之意并没有超出一般人对"介绍"的理解,而且并未超出介绍贿赂罪故意之内容,即该行为外延未超过以"明知双方具有行贿、受贿意图而故意从中介绍"为内容的介绍贿赂罪故意支配下进行的行为之范围。[19] 其次,从立法目的来看,在理论界对取消介绍贿赂罪呼声较高的时候,立法者仍保留该罪,可见该罪所

15　参见杨春雨、周书怀:《好心帮忙捞好处 介绍贿赂落法网》,载《检察日报》1999 年 5 月 5 日。

16　参见王樱霏、曹国华:《论介绍贿赂罪的犯罪构成》,载《景德镇高专学报》2008 年第 3 期。

17　参见王俊平、李山河:《受贿罪研究》,人民法院出版社 2002 年版,第 27 页。

18　参见王会丽:《介绍贿赂犯罪与行受贿共同犯罪的区别》,载《中国检察官》2011 年第 16 期。

19　参见单民、刘方主编:《刑事司法疑难问题解答(刑法适用部分)》,中国检察出版社 2002 年版,第 769 页。

规制的行为具有其独立的社会危害性和法益侵犯性,存在不能被行贿罪或者受贿罪帮助犯、教唆犯涵盖的情况,有必要以独立罪名对该行为进行规制。具体而言,介绍贿赂人同时站在行贿人和受贿人的立场,促使贿赂犯罪最终实现,既不完全属于行贿罪帮助人,也不完全属于受贿罪帮助人,具有双重属性。最后,从罪刑相适应原则的角度来看,介绍贿赂罪可能被判处的刑罚最高为有期徒刑 3 年,并处罚金,而行贿罪的法定最高刑为无期徒刑、受贿罪的法定最高刑是死刑。从刑罚结构来看,外观上较为类似的行为,因为审判者对条文的理解不同而适用不同的罪名,往往导致判决结果迥异,进而出现罪刑不相适应的结果。[20]

应该说,这一观点的论述方向明确、论证理由充分,但也有几点疑问需要进一步探讨:首先,从"介绍"一词的应有含义来看,"使了解或熟悉;使双方相识或发生关系"现在已然成为一般社会公众所普遍接受的概念,而且,既然"介绍"是指居间沟通,使双方发生关系,介绍贿赂人在受行贿人之托,为其联络行贿对象的同时,为了促使贿赂成功,必然要在行贿、受贿双方之间周旋,将受贿人的要求转告行贿人。所以,"介绍"具有双向交互性,是要为双方创造机会和便利的。既然如此,无论是站在行、受贿双方任何一方,还是居中地进行斡旋,使双方当事人相互了解,都没有超出"介绍"一词的字面含义。换言之,既可以将"介绍贿赂行为"解释为"中立地在行、受贿双方之间,引见受贿人或行贿人,传递双方的意图、要求等为贿赂犯罪的实现传达信息、建立渠道和提供便利的行为",也可以将"介绍贿赂行为"解释为"站在行贿人或受贿人一方,积极地为行贿人寻找'出售'权力的受贿者或积极地为受贿者寻找'购买'权力的行贿者,以期促成贿赂完成的行为",这两种解释都符合形式解释的要求。故论者上述第一个理由并不具有绝对性。其次,从立法目的来看,立法者设置专门罪名规制介绍贿赂行为,说明情节严重的介绍贿赂行为具有独立的刑事违法性和可罚性,但这并不是将"介绍"行为限制在"中立性"的理由。换言之,只能说明"中立的介绍行为"具有独立的刑事可罚性,却不能将具有刑事可罚性的介绍贿赂行为限制在"中立性的介绍行为"。最后,上述观点可能更多地具有想象主义色彩,将介绍贿赂者比喻为房地产中介商,既有合理之处,也有牵强之嫌。毕竟介绍贿赂是违法乃至犯罪的行为,介绍贿赂者不可能向房地产中介商一样正大光明地招揽客户,其必然是先与行贿者、受贿者一方或双方存在某种特定关系,在得知其想要行贿或受贿的意图之后,再利用自身的关系帮助、促使贿赂的完成。同时掌握"卖方"的"出售意向"和"买方"的"购买意向",了解"买卖双方"的需求,是交易双方的传话筒,同时肩负着帮助受贿方"出售"权力和帮助行贿方"购买"权力的责任,其中介行为不偏向任何一方,中立地在"买卖双方"之间提供消息、沟通渠道和交易便利,使得原本不对称、不完整的信息在"买卖双方"之间补充完整,以促成"权力交易"的实现的行为结构与案件类型可能只存在于理论研究之中,而不具有现实基础。 23

---

20 参见段晓博:《居间人贿赂案的"七寸"在哪》,载《检察风云》2015 年第 18 期。

VI　结果与因果关系

一、结果

24 刑法上的结果,按照我国刑法理论的通说,是指"危害行为对刑法所保护的社会关系所造成的实际损害和现实危险。实际损害包括危害行为造成的直接结果和后果"[21]。正如上文所述,现在越来越多的刑法学者主张用法益概念来取代社会关系概念,因此,所谓结果就可以理解为"危害行为对刑法所保护法益造成的实际损害和现实危险"。

25 介绍贿赂罪的行为结果是指经由行为人的介绍贿赂行为,行贿、受贿行为最终得以实现。此处的行贿、受贿行为得以实现是指行贿、受贿双方达成了贿赂协议并交付了贿赂财物。因为从受贿人的角度出发,受贿得以实现即是收受了行贿人给付的贿赂财物,而站在行贿人的立场,行贿得以实现的标志为受贿人收受了财物且与其达成了贿赂协议。因而作为居于二者之间沟通、撮合的介绍贿赂人,其行为所指向的结果即是行贿、受贿双方贿赂行为得以实现的综合体现,也即双方达成贿赂协议并且交付了贿赂财物。

26 另外,根据《刑法》第 392 条的规定,介绍贿赂罪的成立要求"情节严重"。作为本罪成立的客观要素之一,"情节严重"的认定标准引发了诸多学者的关注和讨论。从现有的研究成果来看,大多数学者及司法实务工作者均认为可以将 1999 年最高人民检察院《关于人民检察院直接受理立案侦查案件立案标准的规定(试行)》中对介绍贿赂罪所规定的立案标准作为"情节严重"的认定标准。[22] 根据该立案标准的规定,所谓介绍贿赂"情节严重",应当包括以下情节:①介绍个人向国家工作人员行贿,数额在 2 万元以上的;介绍单位向国家工作人员行贿,数额在 20 万元以上的。②介绍贿赂数额不满上述标准,但是具有下列情形之一的:为使行贿人获取非法利益而介绍贿赂的;3 次以上或为 3 人以上介绍贿赂的;向党政领导、司法工作人员、行政执法人员介绍贿赂的;致使国家或者社会利益遭受重大损失的。在此基础上,也有学者在理论上增设了若干"情节严重"的情形,比如基于贪财、巴结权势之犯罪动机而为的介绍贿赂行为,介绍贿赂行为对贿赂犯罪最终实现的作用程度,等等。[23]

27 最高人民检察院的司法解释固然具有参考价值,但实践中的犯罪形式多种多样,故而对于"情节严重"的界定也不应局限于上述立案标准,应结合实践情况进行具

---

[21] 马克昌主编:《犯罪通论》(第 3 版),武汉大学出版社 1999 年版,第 191 页。

[22] 当然,在 2016 年最高人民法院、最高人民检察院《关于办理贪污贿赂刑事案件适用法律若干问题的解释》出台并大幅修改受贿罪、行贿罪的成立标准后,该立案标准所确定的"情节严重"的判断标准还是否合理,是需要进一步探讨的问题。

[23] 参见田凯:《介绍贿赂罪的司法疑难问题探究》,载《河南社会科学》2004 年第 1 期。

体的认定。在具体判定过程中,行为的危害结果、影响程度以及行为对于双方贿赂行为得以实现所起到的作用均可以成为个案考量因素。正如上文所述,介绍贿赂行为虽有自己独立的社会危害性,但也应看到,由于介绍贿赂行为与行贿行为、受贿行为有紧密关系,其社会危害性又有依赖于行贿行为和受贿行为的一面。可以说,介绍贿赂行为对国家机关和企事业单位的正常活动并无直接的危害性,只有在受贿人与行贿人达成协议并接受行贿人的财物时,介绍贿赂行为对国家工作人员职务行为不可收买性法益的破坏才能得以体现。可见,介绍贿赂罪对法益的侵害,具有一定程度的间接性。基于此,行贿罪和受贿罪成立与否,也应成为介绍贿赂罪"情节是否严重"的判断标准之一:第一,在行贿人、受贿人均成立犯罪的情况下,对介绍贿赂人应当根据其犯罪的具体情节来处理。如果介绍贿赂人实施的是为他人行贿、受贿提供便利,居间介绍的行为,应当认定为介绍贿赂罪;如果介绍贿赂人不仅仅是居间介绍,还承担着受贿者、行贿者犯意唤起等作用,并在介绍贿赂行为过程中非法大量获利的,可以考虑认定为行贿罪或者受贿罪的共犯。第二,当行贿罪与受贿罪均不成立犯罪时,要分两种情况考虑,因为行贿罪与受贿罪均不成立有两种情况:一是行为的社会危害性小,未达到犯罪的程度;二是行为根本不属于行贿或受贿。在前一种情况中,与行贿行为、受贿行为的社会危害性相比,介绍贿赂行为的社会危害性最小。既然行贿行为、受贿行为没有达到犯罪程度,介绍贿赂行为更不可能达到犯罪程度。在后一种情况中,如果介绍贿赂人多次为多人介绍贿赂,其数额之和达到或大大超过定罪标准,即使行贿人或者受贿人不成立犯罪,介绍贿赂人还是成立犯罪的。第三,当行贿人、受贿人有一方罪名成立,而介绍贿赂行为人主要帮助的是未成立罪名一方,则应认定介绍贿赂罪不成立。因为在这种情况下,介绍贿赂行为人与未成立罪名一方的关系更密切,其行为的社会危害性更依赖于未成立罪名一方行为的社会危害性,因而其行为的社会危害性也更加微小。第四,当行贿人被勒索而又没有谋取到不正当利益时,帮助行贿人介绍贿赂的行为不构成介绍贿赂罪,此种情形将在因果关系部分进行详细展开,此处不赘。

另外,虽然介绍贿赂罪"情节严重"的判断标准应该呈现多样化,但笔者对将犯罪 28
动机也列为考量标准的观点并不赞同。诚然,基于贪财、巴结权势等犯罪动机而实施的介绍贿赂行为,行为人之主观恶性的确强于基于情谊型及联络感情型的犯罪动机而行为的主观恶性,可后者尽管主观恶性相对较小,其仍然为行贿人与受贿人搭建了权钱交易的平台,两者的行为在社会危害性和法益损害层面具有相当性,若将其排除出"情节严重"的范围之外,也就是承认基于情谊型的动机而实施的介绍贿赂行为不成立介绍贿赂罪,这无疑是对"情可越法"的一种默认,不利于维护刑法的权威性。因此,介绍贿赂人持有的不同动机仅能够作为量刑情节,而不宜作为入罪标准。

二、因果关系

在刑法理论上,所谓因果关系,是指"危害行为和构成要件结果之间的引起和被 29

引起的关系”[24]。根据前文对介绍贿赂罪实行行为和犯罪结果概念的阐述,本罪的因果关系即是介绍贿赂者的居间介绍行为与贿赂犯罪最终得以完成的犯罪结果之间具有引起与被引起的关系。换言之,介绍贿赂罪的实行行为与结果之间的因果关系,是指最终行贿、受贿行为得以实现的结果,是由于行为人实施的介绍贿赂行为所引起的,若不具备此种因果关系,则介绍贿赂罪不能成立。考虑到介绍贿赂罪本身同行贿罪、受贿罪之间具有天然的联系,其行为的直接结果就是导致贿赂犯罪得以实现,如果二者之间不具有因果关系,即使贿赂犯罪最终得以实现,介绍贿赂行为也不能构成犯罪。

30 另外需要注意的是,我国刑法学界存在这样一种观点,认为经介绍贿赂者在行贿者和受贿者之间斡旋沟通后,即使最终的行贿犯罪未成立,介绍贿赂者也可以被认定为介绍贿赂罪。例如,当公民张某正当的、合法的权益要求急需得到保护时,身负其责的公务员李某因未得好处而借故推托,张某被迫无奈,找到王某从中撮合,最后给李某较大数额的财物,李某才履行其正常职责。对于这种情况,持上述观点的学者认为,根据《刑法》第 389 条第 3 款的规定,行贿罪显然不能成立,但取得贿赂的一方可构成受贿罪,王某仍可构成介绍贿赂罪。[25] 笔者认为,因果关系联系着实行行为与犯罪结果,对于认定行为的性质起着至关重要的作用。上述案例中,张某为了使自己的正当权益受到保护,在被迫无奈的情况下才找到了王某,让王某向李某说情、从中斡旋,虽然最后张某也给了李某较大数额的财物,但是按照刑法规定,张某并不构成行贿罪(《刑法》第 389 条第 3 款)。介绍人王某起初是受张某所托才找到李某,而且李某内心已经决定在没有收到张某财物的情况下,是绝对不会履行自己的法定职责的。因此,王某的居间介绍行为与李某收受财物行为之间并不存在必然的因果关系。另外,李某作为国家工作人员,有义务按照法律规定保护公民正当的、合法的权益,即使最终没有介绍人王某的居间介绍行为,李某也应当履行职责。总之,王某的行为与李某收受财物之间没有刑法意义上的因果关系,王某的介绍行为不应成立介绍贿赂罪。

Ⅶ 主体

31 介绍贿赂罪的主体为一般主体,凡达到刑事责任年龄、具备刑事责任能力的自然人均可构成本罪。

32 从介绍贿赂者在行贿者与受贿者之间居中介绍的行为结构来看,介绍贿赂者一般与行贿者或受贿者至少一方存在某种特定的关系,通常来说包括两种:一种是与行贿人有密切关系的人,如行贿人的亲属、朋友、同事、同学等;另一种是与受贿者关系密切的人,如配偶、子女、秘书、司机等。当然也存在介绍贿赂者与行贿者和受贿者

---

24 黎宏:《刑法学总论》(第 2 版),法律出版社 2016 年版,第 91 页。

25 参见蔡兴教主编:《财产贪贿犯罪的疑难和辨症》,中国人民公安大学出版社 1999 年版,第 567 页。

都很熟悉的情况。

33 关于介绍行贿罪的主体,唯一存在疑问的是单位能否成为居间介绍者?持肯定说的学者认为,既然现行刑法规定了单位行贿罪和单位受贿罪,那么单位作为介绍贿赂罪主体不仅在理论上可行,而且单位作为居间介绍者在行贿者和受贿者之间沟通交流,为两者沟通关系、撮合条件的介绍贿赂行为同样具有可能性。[26] 持相反观点的学者则认为,根据刑法理论,单位只有在法律有明文规定的情况下才可以成为刑事犯罪的主体,现行刑法并没有规定单位能够成为介绍贿赂罪的主体,故介绍贿赂罪并不能由单位主体实施,肯定说的观点犯了形而上学的错误,刑法之所以将单位行贿行为和单位受贿行为规定为犯罪,是因为这两种行为都可以以单位的名义、在单位意志的支配下实施。介绍贿赂罪的构成要件之一是"向国家工作人员介绍贿赂",而这种介绍纯粹是个人意志的支配,并且必须由个人亲自实施这种行为,因而不能将单位视为介绍贿赂罪的主体。[27]

34 应该说,自 1997 年《刑法》将罪刑法定原则规定为基本原则之后,这一刑事法律铁则所倡导的"法无明文规定不为罪,法无明文规定不处罚"的基本理念已经深入人心,并逐渐内化为指导我国刑事司法与公民社会行为的基本精神。因此,考虑到单位只有在法律有明文规定的情况下才可以成为刑事犯罪主体的刑法原理,在《刑法》第 392 条没有明文将单位规定为介绍贿赂罪犯罪主体的立法现实下,上述肯定说的观点明显与罪刑法定原则相违背,不能因为某种行为在一般意义上可行,就将其纳入刑法的规制范围,这是典型的主观主义刑法观,应该坚决予以摒弃。至于在刑法已经规定单位行贿罪和单位受贿罪的立法现实下,是否应该考虑将单位纳入介绍贿赂罪的主体范围,已然超出解释论的范畴,成为立法论需要讨论的问题,需要经过严密的论证、实地调研与严格的立法程序后才能够决定。

VIII 罪过

一、故意

35 关于介绍贿赂罪主观方面的罪过形式,我国刑法理论界认识基本一致,都认为应为直接故意,即"行为人必须具有向国家工作人员介绍贿赂的故意,也即行为人明知行贿人具有行贿的意图并且明知国家工作人员具有受贿的意图,而故意充当掮客,从中穿针引线、牵线搭桥,使行贿、受贿双方的意图得以实现"[28]。按照刑法理论通说,故意包括认识因素和意志因素两部分内容,就介绍贿赂罪而言,认识因素至少包括以下两个方面的内容:一是对行贿人行贿或者受贿人受贿的明知,如果行为人同时

---

26 参见宣炳昭主编:《刑法各罪的法理与实用》,中国政法大学出版社 2002 年版,第 411 页。

27 参见刘生荣、张相军、许道敏:《贪污贿赂罪》,中国人民公安大学出版社 1999 年版,第 229 页。

28 李希慧主编:《贪污贿赂罪研究》,知识产权出版社 2004 年版,第 269 页。

缺乏对这两项内容的明知,则没有介绍贿赂的故意;二是明知自己的行为是使行贿和受贿行为得以实现的介绍贿赂行为。对他人行贿或受贿的明知以及自己介绍贿赂行为的明知必须俱存,方可认定行为人具有介绍贿赂的故意。意志因素则意味着行为人明知自己的行为会发生使国家工作人员职务行为的不可收买性遭到损害的后果而希望此危害结果的发生。

二、目的

36 关于介绍贿赂罪的成立是否必须以谋利为目的的问题,从立法沿革来看,1985年最高人民法院、最高人民检察院《关于当前办理经济犯罪案件中具体应用法律的若干问题的解答(试行)》中批示,介绍贿赂罪主观上需以"谋取非法利益"为目的。然而1997年《刑法》在制定过程中并未沿用这一做法。由于法律规定上的差异,关于介绍贿赂罪的成立是否需要以谋利为目的的问题,我国刑法学界一直存在不同的观点。一种观点认为,介绍贿赂罪的成立不应该要求以谋利为目的。一般而言,介绍贿赂罪的犯罪动机可以表现为贪财牟利、巴结权势、联络感情以及维系情谊等不同类型。"出于前两种动机而行为的介绍贿赂人,其犯意的产生往往是主动性的,行为人具有较深的主观恶性;而出于情义考虑而行为的介绍贿赂人,其犯意的产生则往往是被动性的,主观恶性相对较小;联络感情型中的介绍贿赂人的主观恶性则处于上述两种人之间。"[29]还有学者具体阐释了介绍贿赂罪不应该以谋利为构成要件的原因:首先,1979年《刑法》关于介绍贿赂罪的规定并无"为谋取非法利益"的要件,而且修订后的1997年《刑法》也没有将谋取非法利益规定为介绍贿赂罪的构成要件,因此,认为介绍贿赂罪的主观目的具有谋利性的观点本身就缺乏法律依据。其次,这种观点还会给介绍贿赂罪的定罪标准带来争议。由于介绍贿赂行为只有在情节严重时才能成立犯罪,依照现行有效司法解释的立场,情节严重性程度的判断标准主要是经介绍人介绍后所完成贿赂犯罪的数额,如果将非法谋取利益也作为定罪要件,那么是按照行为人介绍的数额为定罪标准,还是按照行为人非法所得的数额为定罪标准,就会存在疑问,也势必为司法实践的操作带来困惑。最后,将谋利作为介绍贿赂罪构成要件的观点会助长介绍贿赂罪的滋生蔓延,因为如果坚持认为介绍贿赂者一定要以谋取非法利益为主观目的才能成立犯罪,那么出于其他动机实施介绍贿赂的行为势必无法被认定为犯罪,这在客观上必然会助长介绍贿赂犯罪的滋生与蔓延。[30] 另一种观点则认为,介绍人之所以在行贿者与受贿者之间沟通、撮合、介绍贿赂,其真正的目的并不在于经其介绍的贿赂犯罪最终能否实现,而是企图通过这种沟通、撮合行为获取非法利益,即促使行贿与受贿的实现仅仅是介绍人获取非法利益的必要手段,通过撮合从

[29] 李希慧主编:《贪污贿赂罪研究》,知识产权出版社2004年版,第270页。

[30] 参见刘生荣、张相军、许道敏:《贪污贿赂罪》,中国人民公安大学出版社1999年版,第229页。

中获取非法利益才是介绍贿赂的根本目的。[31] 而且,介绍贿赂罪必须以贪利为目的,如果不是出于贪利目的,而是出于对行贿人所处困境的同情与关心,为其介绍贿赂对象,随后由双方自行洽谈,介绍人不再参与贿赂活动的,不宜作为介绍贿赂罪处罚,而可以作为一般的违法行为,根据其行为危害性的大小,予以批评教育或行政违纪处分即可。

从上述两种观点的基本立场以及理论基础的可靠程度来看,第一种观点即主张介绍贿赂罪的成立不以谋取非法利益为目的的观点更值得提倡,原因在于:一是从立法依据上看,无论 1979 年《刑法》、1997 年《刑法》,还是现行有效的司法解释,都未明确规定介绍贿赂者必须具有谋取非法利益的目的。至于赞成者所列举的 1985 年最高人民法院、最高人民检察院《关于当前办理经济犯罪案件中具体应用法律的若干问题的解答(试行)》中的相关规定,也因为被新的法律、法规及司法解释所取代而早已失去法律效力。因此,主张介绍贿赂罪的成立必须具有谋取非法利益目的的观点缺乏立法上的根据。二是从刑法理论上看,将谋取非法利益作为介绍贿赂罪的主观要件,容易混淆介绍贿赂罪中动机与目的的关系。在犯罪活动中,动机是引起行为人实施犯罪行为的内心起因,而目的则是行为人通过犯罪行为所希望得到的结果,我国犯罪构成理论所要求的犯罪目的要件,必须是犯罪行为所能直接实现的结果,即是以观念形态预先存在于犯罪人大脑中的犯罪行为所预期达到的结果,而不是间接取得的结果,如果是为了谋取非法利益而介绍贿赂,那么只有在促使行贿、受贿双方实现贿赂交易之后,才有可能实现最初引起犯罪行为所追求的谋取非法利益的结果。因此,就介绍贿赂者的主观心态来说,谋取非法利益可能是促使其实施犯罪行为的动机之一,而促使贿赂犯罪得以完成可谓其直接目的,如果将谋取非法利益作为介绍贿赂罪的目的要件,容易混淆介绍贿赂罪中动机与目的的关系。当然,在司法实践中也存在动机与目的相一致的情况,但这种情况必须是在另有一种动机存在时才能与目的相统一,如《刑法》第 239 条"以勒索财物为目的绑架他人",勒索财物既是目的,也是动机。三是从法律的公平合理上看,在司法实践中,不为谋取非法利益而实施的介绍贿赂案件较少,但并非没有,而且由其他动机而实施的介绍贿赂案件所造成的社会危害性并不都比为了谋取非法利益而实施的介绍贿赂案件所造成的社会危害性小。并且为私结关系网,或为讨好权势等动机实施介绍贿赂行为的,其潜在的危害性可能更大。如果认为只有以谋取非法利益为目的去介绍贿赂才能构成介绍贿赂罪,那么出于其他动机或目的实施介绍贿赂行为的,即使严重破坏法益、造成严重危害社会的后果,也将无法定罪。这种情况的出现违背了刑法面前人人平等原则,并且客观上必然会助长这种犯罪数量的增长。四是诚如上述持反对意见观点的学者所言,介绍贿赂罪以情节严重为定罪标准,而根据现行有效司法解释的观点,介绍贿赂罪情节严重的判断标准主要以贿赂犯罪的完成数额为主,如果再将"以谋取非法利益为目的"作为 37

31 参见赵长青、张翔飞、廖忠洪编著:《贿赂罪个案研究》,四川大学出版社 1991 年版,第 223 页。

介绍贿赂罪的主观构成要件,那么介绍贿赂罪的成立究竟是以贿赂犯罪的完成数额的多少,还是以介绍贿赂者非法所得的数额为标准？而此种定罪标准难以统一局面的出现,无疑会严重阻碍介绍贿赂罪司法实践活动的开展。

38 总之,介绍贿赂罪不应当也没有必要将"谋取非法利益"作为主观的目的要件,介绍贿赂行为的法益侵害性和严重的社会危害性并不只是表现在行为人借此谋利的方面,更多地表现在促成行贿者和受贿者的沟通、交流,使贿赂犯罪能够切实完成方面。在许多时候,如果没有介绍贿赂人从中穿针引线,推波助澜,就不会有相应行贿、受贿关系的出现。更何况,从广义上讲,此种情况下介绍贿赂人所谋得之利益在行贿人看来也属于其所支付贿赂中的一部分,因此可以说谋取非法利益并非介绍贿赂罪成立的必要条件。如果行为人具有谋取非法利益的目的,充其量只能是在量刑阶段应予适当考虑的因素。

Ⅸ 介绍贿赂罪的存与废

39 贪污腐败问题自古存在,近年来,反腐工作更是上至中央领导人下至普通百姓重点关注的问题,反腐已经成为社会热词频繁出现在媒体报道和各项工作会议中。刑法作为公民权益保护和社会秩序维护的最后手段,理应在腐败犯罪治理领域发挥自己应有的作用。《刑法修正案(九)》对贪污、贿赂犯罪的专门修改与 2016 年 4 月 18 日最高人民法院、最高人民检察院《关于办理贪污贿赂刑事案件适用法律若干问题的解释》的出台就是我国刑事法领域腐败治理体系逐步完善的重要标志。然而,相比于刑事司法实践和刑法理论研究都"偏爱"的贪污罪、受贿罪、行贿罪等罪名,在我国的刑法体系中,介绍贿赂罪一直不为人所重视,甚至在贪污贿赂类犯罪中,介绍贿赂罪的独立地位也不为人所看重。介绍贿赂行为是行贿行为和受贿行为之间的中间环节,有很大比例的行贿罪和受贿罪是借助介绍贿赂行为而得以实现的。但是,在司法实践中,介绍贿赂罪的适用存在一定的问题,其适用量较少,刑罚程度轻,且介绍贿赂罪和行贿罪共犯、受贿罪共犯之间的界限并不清晰。介绍贿赂者为行贿人和作为行贿对象的国家工作人员之间进行引见、沟通和撮合,促使行贿与受贿得以实现,具有自身独立的法益侵害性和社会危害性。介绍贿赂罪虽在新中国早期的刑事立法中便已经存在,但关于其存与废的争论从来就没有停止过,而且在刑事立法草案中,介绍贿赂罪也多次消失,这都显示了介绍贿赂罪在我国腐败犯罪刑法治理体系中的尴尬地位。故笔者先阐述现有的关于介绍贿赂罪存废的不同观点,在此基础之上提出自己的部分观点。

一、废除说

40 在主张废除介绍贿赂罪的观点中,有学者从该罪名的立法沿革的角度阐述了自己的废除主张,认为从立法沿革上看,尽管 1988 年全国人民代表大会常务委员会《关于惩治贪污罪贿赂罪的补充规定》中没有对介绍贿赂罪作出规定的现实能否作为废除介绍贿赂罪的立法依据还有待商榷,但 1988 年 9 月的《刑法(修改稿)》中没有对介绍贿赂罪作出规定的立法现实,却是其首次真正意义上在立法性文献中被取消,但随即又很快在 1988 年 11 月的《刑法(修改稿)》中被恢复。1989 年最高人民检察院拟出一个《修改〈刑法〉调查提纲》,要求各地检察院根据该提纲进行调查研究,并提出意见和理由。该提纲中就关于介绍贿赂罪的调查是:“介绍贿赂罪是否有必要存在?如果存在,是否以谋取非法利益为必要条件?”最高人民检察院刑法修改小组于 1989 年 10 月提交的《修改刑法研究报告》中没有对介绍贿赂罪的存与废作出明确的回答,但认为介绍贿赂罪不宜以“为谋取不正当利益”为条件。这说明调查中,比较一致的意见还是认为应当保留介绍贿赂罪罪名(否则就无须讨论成立条件问题)。[32] 其后,在 1993 年全国人大常委会法制工作委员会刑法修改小组的《刑法分则条文汇集》与 1994 年的《刑法分则条文汇集》中都没有介绍贿赂罪的相应条文。但在 1997 年通过的《刑法》却在第 392 条以独立的条文规定了介绍贿赂罪:“向国家工作人员介绍贿赂,情节严重的,处三年以下有期徒刑或者拘役……”由此可见,是否应当在刑法中设置介绍贿赂罪的罪名,一直存在较大的争论。虽然 1997 年《刑法》采纳了肯定者的观点,但这并不意味着就可以停止介绍贿赂罪存废的理论探讨。如果结合 1997 年《刑法》实施之后的司法实践与理论发展来看,介绍贿赂罪罪名的设立,在实践中并不利于打击腐败犯罪,在理论上也依然具有一系列不可克服的缺陷。

还有学者从立法初衷的角度出发,认为介绍贿赂罪的设立有违国家严厉打击贿 41
赂犯罪的刑事立法政策。具体而言,我国历来重视严厉打击贪污贿赂犯罪,这在我国刑事立法中表现得极为突出。新中国成立以后,颁布的第一个单行刑事法律就是 1951 年的《惩治反革命条例》,随后的一个重要刑事法律文件为《妨害国家货币治罪暂行条例》(1951 年颁布),接下来的另一个重要刑事法律文件便是《惩治贪污条例》。在以后的刑事立法文件中,立法者一直重视贪污贿赂犯罪的规定。特别是由于 1979 年《刑法》对于贪污贿赂犯罪的规定不甚科学,为弥补其不足,全国人大常委会于 1982 年颁布了《关于严惩严重破坏经济的罪犯的决定》,大幅提高受贿罪的法定刑;全国人大常委会又于 1988 年颁布了《关于惩治贪污罪贿赂罪的补充规定》,其中不仅扩大了受贿罪的犯罪主体,还增设多个受贿罪名;在 1997 年全面修订刑法前,立法机关还试图颁布独立的反贪污贿赂罪的法典;在 1997 年《刑法》中,为突出打击贪污贿赂犯罪,立法机关将贪污贿赂类犯罪独立成章。而在 2015 年颁行的《刑法修正案(九)》中,立法者又全面、系统地调整、完善了贪污、受贿等犯罪的入罪条件和刑罚配置结构。这些均体现了国家突出打击贿赂犯罪的态势。从立法初衷看,尽管存在认为刑法设立介绍贿赂罪是为了防止在处罚贿赂犯罪时打击面过宽的观点,但从 1997 年《刑法》适用至今的司法实践活动来看,介绍贿赂罪的设立不可能是为了防止在处

---

[32] 参见高铭暄、赵秉志编:《新中国刑法立法文献资料总览》,中国人民公安大学出版社 1998 年版,第 2450 页。

罚贿赂犯罪时打击面过宽,只能是出于一种预防犯罪的考虑,追求一种立法上的一般预防效果。易言之,立法者此举旨在向公民明确地昭示:不仅行贿、受贿行为构成犯罪,介绍贿赂行为同样构成犯罪。但如果刑法规定介绍贿赂罪,必然使一些本应当按行贿罪或受贿罪共犯处理的行为作为介绍贿赂罪处理。从法定刑来看,介绍贿赂罪的法定最高刑仅为有期徒刑3年(在整个贪污贿赂犯罪中仅仅高于隐瞒境外存款罪等),而行贿罪的法定最高刑为无期徒刑,受贿罪的法定最高刑则为死刑。如果将本为行贿罪共犯或受贿罪共犯的行为作为介绍贿赂罪处理,在量刑上必然过于轻纵这种行为,以致有违我国从严打击贿赂犯罪的刑事立法政策。[33]

42　还有观点在对比我国与其他国家的刑事立法实践后,认为将介绍贿赂行为独立成罪的立法在国外刑事立法中极为罕见。从国外的立法经验来看,将介绍贿赂独立成罪的只有朝鲜、蒙古等少数几个国家,在大多数大陆法系国家、英美法系国家以及旧中国刑法,介绍贿赂都没有独立成罪。我国新刑法中介绍贿赂罪的规定,来源于《苏俄刑法典》,但在苏联时代,关于介绍贿赂罪的成立范围也呈现出由宽到窄的局面[34],而1996年的《俄罗斯联邦刑法典》则更是取消了介绍贿赂罪的规定。因此,我们应该借鉴国外的做法,将介绍贿赂罪予以废除。[35]

43　也有学者将介绍贿赂行为与刑法中规定的其他类似介绍行为进行比较分析后认为,介绍贿赂行为并没有单独成罪的理由,因为在我国刑法中,一般都是将介绍行为作为犯罪的一种帮助行为来进行处理。例如,《刑法》第205条规定的虚开增值税专用发票罪,就明确规定包括“为他人虚开”“为自己虚开”“让他人为自己虚开”“介绍他人虚开”四种情形。此外,最高人民法院有关贩卖毒品、买卖枪支的司法解释也有明确的规定,如1994年最高人民法院《关于执行〈全国人民代表大会常务委员会关于禁毒的决定〉的若干问题的解释》第2条规定,“居间介绍买卖毒品的,无论是否获利,均以贩卖毒品罪的共犯论处”。2001年最高人民法院《关于审理非法制造、买卖、运输枪支、弹药、爆炸物等刑事案件具体应用法律若干问题的解释》第1条第2款规定:“介绍买卖枪支、弹药、爆炸物的,以买卖枪支、弹药、爆炸物罪的共犯论处。”尽管该观点所引用的这两个司法解释已失效或被修改,但这一观点的论据并未失效,目前依然还有相应的司法解释或者司法解释性文件作为论据支撑。如2009年修正的最高人民法院《关于审理非法制造、买卖、运输枪支、弹药、爆炸物等刑事案件具体应用法律若干问题的解释》第1条第2款规定:“介绍买卖枪支、弹药、爆炸物的,以买卖枪支、弹药、爆炸物罪的共犯论处。”又如2012年最高人民检察院、公安部《关于公安机关管辖的刑事案件立案追诉标准的规定(三)》第1条第4款规定,“明知他人实施毒

33　关于这种建议废除介绍贿赂罪立法的观点阐述,参见赖早兴、张杰:《介绍贿赂罪取消论》,载《湖南社会科学》2004年第5期。

34　参见沃尔仁金:《贿赂中介之定罪问题》,单周华译,载《国外法学》1981年第3期。

35　参见徐歌旋:《介绍贿赂罪存废之辩及其行为模式》,载《胜利油田党校学报》2015年第2期。

品犯罪而为其居间介绍、代购代卖的,无论是否牟利,都应以相关毒品犯罪的共犯立案追诉”。再如2015年《全国法院毒品犯罪审判工作座谈会纪要》“二、关于毒品犯罪法律适用的若干具体问题”之“(二)共同犯罪认定问题”中规定,“居间介绍者受贩毒者委托,为其介绍联络购毒者的,与贩毒者构成贩卖毒品罪的共同犯罪;明知购毒者以贩卖为目的购买毒品,受委托为其介绍联络贩毒者的,与购毒者构成贩卖毒品罪的共同犯罪;受以吸食为目的的购毒者委托,为其介绍联络贩毒者,毒品数量达到刑法第三百四十八条规定的最低数量标准的,一般与购毒者构成非法持有毒品罪的共同犯罪;同时与贩毒者、购毒者共谋,联络促成双方交易的,通常认定与贩毒者构成贩卖毒品罪的共同犯罪”。可见,在我国刑法中,一般而言,都是将介绍行为作为一种共犯来进行处理。当然,也存在某些特殊的将介绍行为独立成罪的规定。如《刑法》第359条单独设立介绍卖淫罪,但这是以介绍的对象——卖淫行为——不构成犯罪为前提的,也就是说,“只有立法者为了重处(或轻处)某种犯罪的共犯行为时,才可能将其规定为独立的犯罪”[36]。而就介绍贿赂行为而言,如果认为刑法将介绍贿赂行为单列是为了加重对这种行为的处罚,显然不符合我国现行的有关介绍贿赂罪的立法状况。如果认为立法者是为了减轻该种行为的法定刑而作出如此规定,则不符合我国历来从严打击贿赂犯罪的刑事政策。此外,将介绍贿赂的行为与同为贿赂犯罪的商业贿赂犯罪、单位贿赂犯罪进行对比,也不能得出“介绍贿赂罪”罪名单独存在的理由。《刑法》第163条、第164条分别规定了非国家工作人员受贿罪与对非国家工作人员行贿罪,第387条、第393条分别规定了单位受贿罪与单位行贿罪,但刑法中并没有规定相应的商业介绍贿赂罪与单位介绍贿赂罪,对这种行为如果不处罚显然不合理,因而实践中,一般都是分别以各自的共犯论处。[37] 既然这样,同为贿赂犯罪的涉及国家工作人员职务犯罪中的介绍贿赂行为,又何必多此一举设立一个法定刑更低的介绍贿赂罪呢?

还有学者认为,当前困扰介绍贿赂罪最大的难题就在于该罪名与行贿罪、受贿罪 44
的共犯难以区分,即使我国刑法理论界众多学者在承认介绍贿赂罪成立的合理性的情况下,提出了诸多标准以明确区分介绍贿赂罪与贿赂罪的共犯,但实际上,这些标准都不具有可操作性。因此,还不如将介绍贿赂罪予以废除,以彻底解决介绍贿赂行为与行贿罪、受贿罪共犯行为界限划分的难题。[38] 与此观点类似的是,有部分学者直接认为从共犯原理来看,介绍贿赂行为完全符合行贿罪、受贿罪的共同犯罪的成立条件,实质上就是共同犯罪的一种形式。介绍贿赂通常表现为两种形式:其一,受行贿人之托,为其物色行贿对象,疏通行贿渠道,引荐受贿人,转达行贿的信息,为行贿人

---

36 张明楷:《受贿罪的共犯》,载《法学研究》2002年第1期。

37 参见朱铁军:《介绍贿赂罪与行贿、受贿共犯界限之分析》,载《中国刑事法杂志》2003年第1期。

38 参见赖早兴、张杰:《介绍贿赂罪取消论》,载《湖南社会科学》2004年第5期。

转交贿赂物,向受贿人传达行贿人的要求;其二,按照受贿人的意图,为其寻找索贿对象,转告索贿人的要求等。就其作用而言,就是对行贿行为或受贿行为的帮助,或者既教唆又帮助,介绍贿赂人以及介绍贿赂行为并不像有些学者所设想的犹如经纪人及其经纪行为那样,具有完全的独立性并起相对独立的作用。在受贿方与行贿方之间,总是有倾向性地代表某一方,或者是受某一方的委托进行活动,因此,对介绍贿赂的,根据其具体活动,应按照受贿罪或者行贿罪的共犯(教唆犯或帮助犯)处理。[39]

45 也有学者认为,介绍贿赂罪的存在会引发司法适用难题,容易成为犯罪人逃避打击的借口。虽然我国立法者在刑法中设置了独立的介绍贿赂罪,但是在现实生活中,介绍贿赂者要想完全保持中立几乎是不可能的,其必然会偏向于行贿或者受贿中的某一方。就其本质而言,这类行为与行贿或者受贿犯罪的共犯行为并无区别。因此,在司法实践中,要将介绍贿赂行为与贿赂犯罪的共犯行为明确区分往往极其困难。并且,因为介绍贿赂罪的刑罚远低于行贿与受贿犯罪,由此还导致该罪名常常沦为犯罪嫌疑人逃避刑罚严厉打击的"避风港"。另外,根据《刑法》规定,介绍贿赂罪中的受贿方只能是国家工作人员,由此决定了介绍贿赂罪仅能适用于公权领域;在私权领域,由于不存在独立的介绍贿赂罪名,对介绍贿赂者只能以非国家工作人员受贿罪或者对非国家工作人员行贿罪的共犯定罪处刑。于是,同属介绍贿赂行为,在公权领域,犯罪人被处以介绍贿赂罪,而在私权领域则被认定为相关行贿或者受贿犯罪的共犯。然而,不论是在公权领域还是在私权领域,介绍贿赂行为的本质都是相同的。刑法对同样的行为采取不同的处理方式显然不合理。[40]

二、保留说

46 保留说的主要理由如下:

(一)介绍贿赂行为不同于教唆行为

47 教唆行贿或者受贿的行为人主观上是引起他人的行贿或者受贿的犯意,使其产生犯意表示,并完成行贿或者受贿行为。相比教唆行为,介绍贿赂行为的作用后于行贿行为人或受贿行为人犯罪故意的产生。比较市场上的中介组织,在存在卖方和买方的前提下,再从中撮合,促成交易,介绍贿赂行为与其相类似。介绍贿赂行为人是在已经存在行贿意图人和受贿意图人之后,帮助双方达成共识,完成行贿、受贿行为。[41] 故其对行贿人和受贿人并未起到教唆作用,与一般的教唆行为不同。

39　参见中国社会科学院法学研究所编:《中日公务员贿赂犯罪研究》,中国社会科学出版社 1995 年版,第 241 页。

40　参见刘仁文、黄云波:《介绍贿赂罪没必要独立存在》,载《人民法院报》2016 年 7 月 13 日。

41　参见高铭暄:《中国刑法学》,中国人民大学出版社 1989 年版,第 615 页。

(二)介绍贿赂行为不同于一般的帮助行为

介绍贿赂犯罪涉及三方主体,即行贿行为人、受贿行为人和介绍贿赂行为人,介绍贿赂行为人与行贿行为人和受贿行为人均有接触,可以看作行贿人和受贿人之间沟通的桥梁和渠道。而一般的帮助行为是帮助犯与主犯联合,共同实施犯罪行为,可以说是两个或多个主体组成一个团伙,基于某种共同故意,实施犯罪。 48

如果行为人只与行贿人或受贿人中的一方"绑定",对其实施帮助行为,促成行贿受贿的完成,则应和这一方行为人一起作为该罪的共犯进行处理。但在介绍贿赂的过程中,行为人有时候是站在中间立场,没有区分站在哪一方的角度,这种情况不宜以某一方的共犯处罚,单独以介绍贿赂罪定罪较为妥当。[42] 49

(三)介绍贿赂人不同于行贿人或者受贿人

行贿行为人基于谋取不正当利益的目的,向国家工作人员等行贿;受贿人利用职务上的便利,索取他人财物或者收受他人财物,为他人谋取利益;介绍贿赂人与行贿人的区别在于他不是贿赂物的提供者,他与受贿者的区别在于他不能对收取或索取的财物进行分配,否则就构成行贿罪或者受贿罪的帮助犯,根据其从属的对象进行定罪处罚。[43] 50

(四)介绍贿赂罪的存在起到预防犯罪的目的

介绍贿赂罪的存在是为了严密刑事法网,起到预防犯罪的目的。持该种观点的学者认为,当行贿行为和受贿行为均不构成犯罪的情况下,介绍贿赂罪的存在起到一种补漏的作用,与当前大力反腐的刑事政策相一致,也符合刑法"严而不厉"的改革政策思想。[44] 还有的观点从近年来我国"帮助行为正犯化"立法现象不断增多的现实出发,认为"帮助行为正犯性无疑是近期刑法立法的一大特色,它反映了刑法介入的早期化,是风险社会背景下刑法的本能反应。而将介绍贿赂这一行贿罪和受贿罪的帮助行为实行行为化,则充分反映了我国对腐败行为的零容忍,意图从中间环节更早地预防腐败"[45]。 51

(五)取消介绍贿赂罪可能造成轻罪重判情况的发生

受贿罪和行贿罪的法定最高刑分别为死刑和无期徒刑,而介绍贿赂罪的法定最高刑为有期徒刑 3 年,相对轻很多,且介绍贿赂罪还有一款法定的减轻或免除处罚的情节,而行贿罪和受贿罪的法定刑相较于介绍贿赂罪要重得多,如果将介绍贿赂的行为按其共犯进行处理的话,必然会造成轻罪重判的结果,不符合刑法的罪刑相适应原则。[46] 52

---

42 参见肖扬主编:《贿赂犯罪研究》,法律出版社 1994 年版,第 278 页。

43 参见肖介清:《受贿罪的定罪与量刑》,人民法院出版社 2000 年版,第 200 页。

44 参见胡祥福、何学忠:《论介绍贿赂罪》,载《南昌大学学报(人文社会科学版)》2002 年第 4 期。

45 詹红星:《介绍贿赂罪的疑难问题研究》,载《韶关学院学报》2019 年第 10 期。

46 参见赵秉志、许成磊:《贿赂罪共同犯罪问题研究》,载《国家检察官学院学报》2002 年第 1 期。

当行为人并未实施教唆行贿、受贿行为,也未积极参与策划、实行行贿、受贿的行为,只是为双方提供见面、沟通的机会,如果以相关贿赂犯罪的共犯打击的话,因这些罪名的法定刑偏高,会使对单纯的介绍贿赂行为的处罚水涨船高。因此,保留介绍贿赂罪,设置相对较轻的法定刑,并依此对这种行为进行处罚,才能更好地体现罪刑相适应原则。[47]

三、废除说对保留说的反驳与辩证

53 在保留说提出介绍贿赂罪应该继续独立存在的理由之后,部分持废除说的学者对此作出了相应的回应。[48] 该学者认为,介绍贿赂罪应存或者应废,关键在于其是否有独立成罪的必要性。实践中,尽管介绍贿赂人的行为具体表现各异,但就其所起的作用来说,不外乎教唆和帮助两种,具体来说:一是行贿人或者受贿人本无行贿或受贿的犯罪意图,只是由于介绍贿赂人的教唆才引起了这种意图;二是行贿人、受贿人双方本来就有行贿、受贿的意图,介绍贿赂人明知而与行贿人或者受贿人事先串通好,进而从中沟通、撮合,事成之后或收受行贿人给的"好处费""辛苦费",或接受受贿人分给的赃款、赃物。在第一种情况下,行为人教唆本无犯意的他人行贿或受贿的,应认定为行贿罪或受贿罪的共犯,对此,无论是持保留说还是持废除说的学者都不会有异议。因此,存废双方主要的争议在于第二种情形,即在他人已经有行贿或受贿故意的情况下,行为人为其牵线搭桥、沟通、撮合的,应当属于共同犯罪中的帮助行为,还是应予以独立的刑法评价?在行为人明知他人已有行贿或受贿的故意而为其传递信息、转递贿赂物的情形下,其主观上与贿赂犯罪的实行犯具有共同的犯罪故意;在客观上,其行为为行贿、受贿的实施和完成提供了便利条件,从理论上来说,将其认定为行贿罪或受贿罪的帮助犯应是不成问题的。至于那种既代表行贿方又代表受贿方的介绍贿赂人,则属于一行为触犯行贿罪与受贿罪两个共犯罪名的想象竞合犯,按照想象竞合犯的处断原则,以一重罪即受贿罪处罚。因此,保留说者所持的前两个理由并不能说明介绍贿赂行为与行贿罪或受贿罪的共犯行为之间有本质的或明显的区别,也就无法借此论证介绍贿赂罪有独立存在的必要性。至于保留说的第三个理由,即介绍贿赂罪的主体具有"独立性",其既不是贿赂物的提供者,也不参与贿赂物分赃的理由,在持废除说的学者看来,同样不能作为介绍贿赂有必要独立成罪的依据。因为在共同犯罪中,帮助犯的成立并不以参与分赃为必要,只要行为人主观上具有共同的犯罪故意,客观上为实行犯提供了帮助,即可认定为帮助犯;至于是否参与分赃、分赃数额多少,只可能会对量刑有一定的影响。对于保留说列举的第五个

47　参见袁爱华、邓蕊:《介绍贿赂罪的立法反思及司法认定》,载《玉溪师范学院学报》2017 年第 9 期。

48　参见郭理蓉:《介绍贿赂罪存废之辨正及相关问题探讨》,载《国家行政学院学报》2013 年第 1 期。

理由,即介绍贿赂罪与行贿罪、受贿罪的法定刑差异巨大(而且根据我国《刑法》第392条第2款和第390条第2款的规定,介绍贿赂人或行贿人在被追诉前主动交待介绍贿赂或行贿行为的,可以减轻处罚或者免除处罚,而对受贿罪没有类似规定。因此,将介绍贿赂作为行贿罪或受贿罪的共犯论处,会造成轻罪重判,从而违背罪刑相适应原则),该学者认为持保留说学者的这种担心其实是没有必要的。我国现行刑法规定的介绍贿赂罪的法定刑为3年以下有期徒刑或者拘役,并处罚金;行贿罪最低可处5年以下有期徒刑或者拘役,并处罚金,最高可处无期徒刑,并处罚金或者没收财产;受贿罪最低可处3年以下有期徒刑或者拘役,并处罚金,最高可处死刑,并处没收财产。从字面上看,的确差距甚大,而从实践情况来看,贿赂双方对于其行为的刑事违法性都是十分明了的,基于保密的考虑,当然期望知情的人越少越好,因此贿赂犯罪多为"一对一"的情形,行贿人与受贿人之间很少有第三者插手介绍,即使有个别介绍的,从介绍人所起的作用来看,一般是属于帮助犯,依照刑法总则关于对帮助犯"应当从轻、减轻处罚或者免除处罚"的规定,根据案件具体情况对介绍人判处3年以下有期徒刑是完全可能的。至于有保留论者所说"由于刑法没有规定受贿人在被追诉前主动交待受贿行为的可以减轻处罚或者免除处罚,因而将介绍人以受贿罪共犯论处可能导致罪刑失衡"这一问题,亦非不可解决的难题。因为介绍贿赂人在被追诉前主动交待介绍贿赂行为的,可认定为自首或者立功行为,根据我国刑法对于自首和立功的犯罪分子从宽处罚的具体规定,同样可以实现对其从轻处罚甚至免除刑罚的结果,所以,将介绍贿赂人以行贿罪或受贿罪的共犯论处,完全符合共犯理论;同时,不仅不会导致罪刑失衡,反而还会使罪刑相适应原则在贿赂犯罪的共同犯罪案件处理中得到充分体现。再者,将介绍贿赂行为认定为行贿罪或受贿罪的共犯行为,还可以使现行刑法的立法缺陷得以自动修复。现行《刑法》第392条仅规定"向国家工作人员介绍贿赂,情节严重的"构成介绍贿赂罪,而对于向国有单位介绍贿赂的行为,却没有规定。鉴于此种立法现实,曾有学者建议对该条予以适当的技术处理,即将该条中"向国家工作人员介绍贿赂"之表述修订为"向国家工作人员,或者向国家机关、国有公司、企业、事业单位、人民团体介绍贿赂"。可是对于发生在非国家公职人员贿赂犯罪中的介绍贿赂行为,《刑法》第392条的规定又显得无所适从,如此,岂不是又得继续修改?如果废除介绍贿赂罪,将介绍贿赂行为作为行贿罪或受贿罪的共犯处理,则对于向国有单位介绍贿赂,情节严重的行为,就可以视不同情况分别以单位行贿罪的共犯或者单位受贿罪的共犯予以处理;同理,向非国家公职人员介绍贿赂行为的认定问题亦迎刃而解。如此,一方面自动修复了上述缺陷,另一方面也节省了立法资源,可谓一举两得。至于"如果取消介绍贿赂罪,在行贿、受贿行为本身不构成犯罪的情况下,就无法对具有严重社会危害性的介绍贿赂行为定罪处罚,不利于打击腐败犯罪"的观点,该学者认为,介绍贿赂的情形包括两种:一是行贿人或者受贿人本无行贿或受贿的犯罪意图,由于介绍贿赂人的教唆才引起其犯罪意图;二是行贿人、受贿人双方本来就有行贿、受贿的意图,介绍贿赂人明知而与行贿人或者受贿人事先串通好,进而从中沟通、撮合的。对第一种情形中的介绍贿赂者以行贿罪或受贿罪的共犯处理,这是没有异议的,在行贿、受贿行为不构成犯罪的情况下,根据刑法规定,对作为教唆犯的介绍贿赂者可从轻或者减轻处罚。至于第二种情形中的介绍贿赂者,在行贿、受贿行为不构成犯罪的情况下,作为帮助犯的介绍贿赂者亦不构成犯罪,这是符合共犯理论的。并且,从打击贿赂犯罪的初衷和目的而言,行贿者和受贿者才是应受谴责和惩罚的重点,虽说介绍者从中沟通、撮合,但贿赂犯罪之所以发生,关键还是受贿者不能坚持其廉洁操守、行贿者不能规矩守法。如果对于某些行贿、受贿行为,认为其社会危害性不够严重而在刑法上不予追究,反而对居间介绍者定罪处刑严厉打击,无疑是本末倒置。

54 在持保留说的学者中,还有人指出,取消介绍贿赂罪可能会面临一个难以解决的问题,即行为人长期、多次为不同的人介绍贿赂,但每次所介绍的贿赂数额均未达到行贿罪或受贿罪的立案数额,对这种行为只能且理应以介绍贿赂罪论处;若取消该罪名,则会出现对此类以居间介绍贿赂为"业"的行为人"于法难容但处之无据"的尴尬,于刑事司法实践的顺利开展极为不利。[49] 对此,持废除说观点的学者认为,这一质疑和担心是有一定道理的,现实中也确有实例,如 2002 年重庆市曾判处一起介绍贿赂案:2000 年 3 月,重庆市铜梁县某村村民汪某刚为办理乡村医生资格证四处找门路,其父汪某江找到汪应炳,汪应炳在镇医院当主治医生,有一些人际关系,便答应帮忙,但他提出,要拿点钱才能"摆平"。于是,汪应炳从汪某江处拿到 4500 元"打点费"。后汪应炳拿出 2000 元"打点"医院的某领导,剩下的 2500 元揣进了自己的腰包。同年 6 月,汪应炳在为另一村民何某介绍"关系"时,又以同样手段获得 2500 元。检察机关还查明,汪应炳在为其他人"帮忙"过程中,多次向国家机关工作人员介绍贿赂共计人民币 13500 元。重庆市铜梁县人民法院经审理查明后,以介绍贿赂罪判处汪应炳拘役 3 个月,缓刑 5 个月;另外,还以诈骗罪单处罚金 3000 元,两罪并罚,决定执行拘役 3 个月,缓刑 5 个月,罚金 3000 元。在该案中,被告人汪应炳多次为他人介绍贿赂,但每次介绍贿赂的数额都比较小,法院依据现行刑法,以介绍贿赂罪判处,无疑是正确的。但是,如果刑法取消了介绍贿赂罪或者根本就没有规定介绍贿赂罪,此类案件是否就无法处理了呢? 答案显然是否定的。对于屡次为他人介绍贿赂但数额均较小的行为,情节显著轻微的,可以不作为犯罪处理;如果确实认为危害较大、于法难容而必须予以刑法评价,则对"汪应炳们"也未尝不能依法论处。根据《刑法修正案(九)》对受贿罪、行贿罪入罪条件和刑罚处罚的修改以及 2016 年最高人民法院、最高人民检察院《关于办理贪污贿赂刑事案件适用法律若干问题的解释》的规定,对其可以行贿罪论处。如果行为人是为帮他人受贿而多次居间介绍贿赂且受贿数额又未达立案数额的,根据刑法的规定,个人受贿在 1 万元以上不满 3 万元且具有法定情形的,处 3 年以下有期徒刑或者拘役。由此可见,取消介绍贿赂罪这一罪名并不至于会

[49] 参见尹明灿:《介绍贿赂罪司法适用问题探析》,载《江西警察学院学报》2012 年第 4 期。

形成多大的法律漏洞从而放纵犯罪分子。[50]

四、评析

从上文关于介绍贿赂罪废除说与保留说两种观点的基本立场与立论理由来看,前者显然是站在立法论的角度之上,结合司法实践中出现的办理介绍贿赂罪的疑难问题,对《刑法》第 392 条提出的修改建议;后者则更多地站在司法论的角度,认为既然新中国的两部刑法典都将情节严重的介绍贿赂行为明文规定为独立犯罪处理,就自然存在如此规定的理由,而且,经过几十年的适用,介绍贿赂罪罪名的存在也确实为许多疑难案例的解决提供了可行的路径。相比较而言,无论是理论研究者还是司法工作人员,前者的支持者似乎占据多数,但就主张废除论观点学者的第一个理由(立法沿革)来看,说服力并不很强。原因在于,首先,在 1997 年《刑法》制定过程中,无论各个阶段的刑法文本草案是否将情节严重的介绍贿赂行为作为独立犯罪来处理,都只是刑法典制定过程中立法者之间的一种讨论,一种协商,一种可能,有主张介绍贿赂罪继续存在的观点,就会存在主张废除介绍贿赂罪的观点,这本属正常的立法讨论过程,也就无可厚非,不能因为在刑法典起草过程中存在主张废除介绍贿赂罪的观点或讨论稿,就认为这是废除该罪的立法倾向与立法依据。而且,从最终的结果来看,保留说的观点也确实赢得了大多数立法者的支持。[51] 其次,在废除论看来,介绍贿赂罪不应该继续独立存在的原因就在于其与行贿罪、受贿罪共犯的边界过于模 55

---

50 参见郭理蓉:《介绍贿赂罪存废之辨正及相关问题探讨》,载《国家行政学院学报》2013 年第 1 期。

51 例如,有观点从最新的刑法修改趋势出发,认为介绍贿赂罪的立法意图是明确和具体的,立法者出自对国家工作人员职务行为的廉洁性的保护,从不同方面规定了侵犯这一廉洁性应承担的刑事责任:首先,对于国家工作人员自身而言,刑事立法规定了受贿罪,《刑法修正案(九)》规定对犯罪数额特别巨大,并使国家和人民利益遭受特别重大损失的,保留适用死刑,同时《刑法修正案(九)》改变了以往以具体数额为受贿罪量刑标准的做法,转而综合考虑具体的社会危害性,不再单纯以犯罪数额为标准处罚。其次,出于从外部保护国家工作人员职务行为廉洁性的考虑,刑法规定了行贿罪,其最高法定刑是无期徒刑,而且考虑到行贿者大部分是为了取得经济利益,《刑法修正案(九)》规定对犯行贿罪者并处罚金,使得行贿者在经济上得不到好处。再次,立法者不仅考虑从内部和外部防止对国家工作人员职务行为廉洁性的侵害,而且考虑到"权力掮客"对国家工作人员职务行为廉洁性的侵害,对此规定了介绍贿赂罪,规定介绍贿赂罪的最高刑是 3 年有期徒刑,同时考虑到现实中有"权力掮客"专门以此牟利,《刑法修正案(九)》规定对犯介绍贿赂罪者并处罚金。最后,《刑法修正案(九)》将向国家工作人员的近亲属或者其他与该国家工作人员关系密切的个人行贿的,也规定为犯罪。整体来看,刑法关于贪污贿赂犯罪的立法考量和构建,几乎涵盖了社会上可能对国家工作人员职务行为廉洁性进行侵害的所有可能。因此,认为介绍贿赂罪是行贿罪或者受贿罪的共犯不仅不能保持刑法的稳定和权威性,也不利于对贿赂犯罪的打击。参见朱程斌、阮防:《以刑制罪:介绍贿赂罪认定的一个误区——兼论〈刑法修正案(九)〉对介绍贿赂犯罪的修改》,载《江西警察学院学报》2016 年第 2 期。

糊,难以区分。笔者认为,这种观点的提出本就是一种非常不值得提倡的畏难态度。诚如有学者所言,“立法修法有时止,释法绵绵无绝期”[52],1997 年《刑法》颁行至今,传统意义上的“刑法修改论”逐渐受到冷落,解释学成为刑法学研究的主流。我国刑法分为总则与分则两个部分,分则规定的罪名有几百个,而且,随着近年来“象征性立法”与“刑法工具理论”的兴起,分则规定的罪名肯定会呈现“扶摇上升”之势而难以有所缩减。在此种背景下,再考虑到由立法技术等因素导致的罪名界限模糊,如果一遇到难以划分界限的情况就主张废除其中的某个罪名,那将会是刑法典与刑法学的双重毁灭。再次,世界上任何国家的法律(当然包括刑事法律)必须与该国家的历史、文化、社会发展水平、人民的法律观念相适应,国外的立法经验只具有参考价值而不起决定作用,尽管当今世界只有少数几个国家的刑法将介绍贿赂行为作为独立的犯罪处理,但这并不能作为介绍贿赂罪离开我国刑法的决定性因素。最后,保留说所认为的、在废除介绍贿赂罪后、在部分案件中容易出现罪刑不相适应的困境,也是废除论者必须要进一步解决的问题。

X 未完成形态

56 从一般意义上来讲,犯罪停止形态主要包括犯罪预备、犯罪中止、犯罪未遂、犯罪既遂等几个阶段,但是考虑到介绍贿赂罪的特殊性(即介绍贿赂罪属于受贿罪的类罪,而受贿罪、行贿罪等犯罪一般具有“一对一”和秘密性等特征,很难被发现),介绍贿赂行为在犯罪预备阶段以及犯罪预备的中止阶段,社会危害性小且在实践中难以查明,一般不应作为犯罪处理。所以,这里主要讨论介绍贿赂罪的着手、未遂以及既遂等方面的内容。

一、着手

57 对于介绍贿赂罪着手的判断标准,多数学者认为,应该以介绍贿赂行为的开始为标准,介绍行贿的,只要介绍人就贿赂的事情与国家工作人员开始接触,或是介绍受贿的,只要介绍人就贿赂一事开始与可能的行贿人开始接触,就是介绍贿赂罪实行行为的开始。[53]

58 笔者认为,犯罪是侵犯法益的行为,犯罪着手的判断,也应该将行为对法益的侵犯是否达到了值得刑罚处罚的程度作为标准,换言之,“只有实施的行为具有引起结果的迫切危险时,才属于实行的着手”[54]。介绍贿赂罪保护的法益是国家工作人员职务行为的不可收买性,上述通说对介绍贿赂罪着手的认定太过迟延,不利于对法益的

52 张明楷:《刑法学》(第 6 版),法律出版社 2021 年版,第 5 版前言。

53 参见李辰:《行贿犯罪研究》,中国政法大学出版社 2013 年版,第 83 页。

54 陈家林:《外国刑法:基础理论与研究动向》,华中科技大学出版社 2013 年版,第 195 页。

保护,也不符合国家大力反腐的刑事政策。因此,介绍贿赂罪应该以介绍贿赂人接受行贿人或受贿人传递贿赂信息的请托为着手,即只要介绍贿赂者接受潜在的行贿者或受贿者的请托,与之就行贿或受贿之事达成意思一致,并开始为行贿者和受贿者之事牵线搭桥、着手准备,就是介绍贿赂罪的着手。

二、既遂

按照我国刑法学理论的通说,所谓犯罪既遂是指"行为人在犯罪意思支配下实施的犯罪行为,已经具备了刑法分则所规定的某种犯罪构成全部要件的犯罪形态"[55]。换言之,介绍贿赂罪的既遂形态,意味着行为人在主观故意的支配下,实施了完全符合《刑法》第392条所规定的全部构成要件的行为。但由于对介绍贿赂罪构成要件理解的不同,我国刑法学者对介绍贿赂罪既遂形态判断标准的理解仍旧存在一定的差异:第一,建立联系说。此种观点认为,介绍贿赂罪的既遂应以行贿与受贿双方之间建立了贿赂的联系为标准,而不论行贿与受贿行为所追求的结果是否达到。只有当被介绍贿赂的行贿方或受贿方拒绝了贿赂介绍,才是介绍贿赂未遂。[56] 第二,贿赂实现说。此说认为,介绍贿赂罪的既遂标准是行贿、受贿得以实现。因为介绍贿赂罪是行为犯,行为犯的既遂以行为的实施完毕为标准。介绍贿赂行为的完成自然是以贿赂的实现为结束。但在该说中具体还有以下不同看法:认为应当以受贿人接受贿赂、为他人谋取不正当利益为标准;认为应当以受贿人接受贿赂、为他人谋取利益为标准;认为只要受贿人接受贿赂即可,而不必以行贿罪、受贿罪的成立为标准。[57] 第三,获取非法所得说。此种观点认为,行为人只要客观上为行贿、受贿双方极力沟通、撮合,并从中获取了数额较大的非法所得,就完全具备了介绍贿赂罪的主客观要件,应构成介绍贿赂罪的既遂。[58] 59

对比上述三种观点不难发现,第三种观点认为介绍贿赂罪的既遂除要求客观上有积极的介绍行为,还要求行为人主观上具有从介绍行为中获取数额较大非法所得的动机与目的。根据上文的论述,介绍贿赂罪的成立不要求行为人主观上具有谋取非法所得的动机与目的已经成为多数学者的共识,第三种观点显然不够科学。需要讨论的是前两种观点的差异。对此,有学者认为,从行为结构上来讲,介绍贿赂行为是指在行贿人和国家工作人员之间进行引见、沟通、撮合,促使行贿与受贿得以实 60

55 马克昌主编:《犯罪通论》(第3版),武汉大学出版社1999年版,第488—489页。

56 参见刘光显、张泗汉主编:《贪污贿赂罪的认定与处理》,人民法院出版社1996年版,第410页。

57 参见赵秉志主编:《疑难刑事问题司法对策》(第2集),吉林人民出版社1999年版,第345页。

58 参见赵长青、张翔飞、廖忠洪编著:《贿赂罪个案研究》,四川大学出版社1991年版,第224页。

现,即贿赂犯罪的居间中介行为。介绍贿赂行为在不同案件中可能有不同表现,有的只是帮助双方建立联系,其他的工作由双方独立完成;有的则在此基础上还需就贿赂的数额、不正当利益的谋取等问题进一步撮合。可见,建立联系只是介绍贿赂行为的初始部分,双方建立了联系并不意味着介绍贿赂行为的完成。因此,建立联系说在处理介绍贿赂行为的罪数问题时就可能面临困境。例如,行为人介绍行贿、受贿双方见面后,又为双方撮合贿赂数额。既然介绍双方见面即已介绍贿赂罪既遂,那么如何看待事后撮合贿赂数额的行为?如认为属于事后的不可罚行为,撮合行为又是介绍贿赂罪的实行行为;如认为是介绍贿赂罪的实行行为,之前介绍贿赂罪就已经既遂。建立联系说恐怕无法消解这种两难困境。贿赂实现说也有其自身缺陷,即论点与论据之间存在不容忽视的冲突。如果介绍贿赂罪是行为犯,那么介绍贿赂罪的既遂就应以介绍贿赂行为的实施完毕为标准。但是,介绍贿赂行为的实施完毕并不是以贿赂的实现为结束,介绍贿赂行为的完成与贿赂的实现通常存在一定的时空距离。举例而言:A为贿赂一事安排行贿人B与国家工作人员C见面,之后A未再过问此事,几天后B给予C现金2万元。该案中,A介绍贿赂行为的完成就是安排见面行为的结束,此后A未实施任何相关的行为,能说A的介绍贿赂的行为持续至几天后的贿赂实现吗?实际上,贿赂的实现是介绍贿赂行为的结果,而不是介绍贿赂行为的完成。贿赂实现说暗含着逻辑上的矛盾,即如果介绍贿赂罪属于行为犯,那么以贿赂的实现为既遂标准的论点就无法立足;论点要成立,介绍贿赂罪是行为犯的论据就站不住脚。[59]

61 笔者认为,上述学者对“建立联系说”和“贿赂实现说”的评价是客观的、值得借鉴的,需要补充的是,介绍贿赂人作为在贿赂双方之间活动的中间人,其行为确实与行贿行为和受贿行为存在密切联系,其既遂标准也一定与行贿行为、受贿行为有着密切的联系。介绍贿赂罪作为刑法独立规定的罪名,也具备自身的独立性,具有自己所保护的法益。如前所述,介绍贿赂罪所保护的法益是国家工作人员职务行为的不可收买性。因此,国家工作人员在非法收受他人财物之前或之后,许诺为他人谋取利益、形成权钱交易的约定,并接受了行贿人的财物,就会使人们认识到国家工作人员的职务行为是可以购买的,是可以通过财物来换取的,国家工作人员职务行为的不可购买性就受到了侵害。因而,只要介绍贿赂人能够促使行贿人和受贿人达成受贿人接受贿赂并会为行贿人谋取非法利益的约定,且受贿人实质上接受了行贿人的财物,就会使介绍贿赂罪所保护的法益受到侵害。因此,将上述“贿赂实现说”的论据修改为“介绍贿赂罪为结果犯”,并结合“贿赂实现说”的结论,就是介绍贿赂罪既遂形态的判断标准。

59 参见胡祥福、何学忠:《论介绍贿赂罪》,载《南昌大学学报(人文社会科学版)》2002年第4期。

三、未遂

若将介绍贿赂罪的既遂标准确定为“促使贿赂双方之间达成权钱交易的约定且受贿人实际接受行贿人的财物”，则介绍贿赂罪的未遂应是指，行为人已经在贿赂双方之间实施了引见、沟通、撮合等积极促使贿赂交易实现的行为，但由于行为人意志以外的原因，使得贿赂双方并未达成权钱交易的约定或国家工作人员在达成约定后又反悔，拒绝接受行贿人财物的情形。其中意志以外的原因主要包括行贿人或受贿人拒绝介绍，行贿人、受贿人因对行贿数额等存在争议一直无法达成一致意见最后作罢或者在达成权钱交易前就被司法机关抓获等。 62

XI 罪数

一、教唆贿赂并介绍贿赂

介绍贿赂行为是指行为人在行贿人已有行贿故意、受贿人已有受贿故意的前提下，在双方之间所进行的引见、沟通、撮合行为。教唆贿赂则是指行为人通过引诱、劝说、提示等教唆行为使行贿人或受贿人产生了行贿或受贿故意。那么，假如行为人先教唆行贿人、受贿人产生了行贿或者受贿故意，又在贿赂双方之间实施了引见、沟通、撮合、协调等促进贿赂交易的居间介绍行为，对于该行为人应如何处理呢？对此，有学者认为，行为人在教唆贿赂之后又实施了介绍贿赂行为的，其前后所实施的两个行为虽触犯了不同罪名，但两个行为形成牵连关系，应按牵连犯从一重罪处罚。[60] 也有学者认为，上述情形不构成牵连犯，而构成吸收犯，前一行为吸收了后一行为，应对行为人以行贿罪的教唆犯或受贿罪的教唆犯论处。[61] 63

其实，仔细分析上述两种观点，对“教唆贿赂并介绍贿赂”行为的定性，无论是按照牵连犯还是吸收犯来处理，其结论都是一样的，即都会按照行贿罪的教唆犯或受贿罪的教唆犯论处，而不用数罪并罚。但就理论而言，主张上述行为构成吸收犯的观点似乎更为可取。所谓牵连犯，是指“犯一罪，其方法或者结果行为触犯其他罪名的犯罪。具体而言，行为人的目的，仅意图犯某一犯罪，实施的方法行为或者实施的结果行为，另外触犯了其他不同罪名，其方法行为与目的行为，或原因行为与结果行为之间具有牵连关系”[62]。但我国刑法理论历来主张限制牵连犯的成立范围，甚至还有学者提出了废除牵连犯概念的主张，换言之，牵连犯的成立范围极为狭窄，且只有当实 64

---

60 参见赵秉志主编：《疑难刑事问题司法对策》（第 2 集），吉林人民出版社 1999 年版，第 350 页。

61 参见胡祥福、何学忠：《论介绍贿赂罪》，载《南昌大学学报（人文社会科学版）》2002 年第 4 期。

62 马克昌主编：《犯罪通论》（第 3 版），武汉大学出版社 1999 年版，第 680 页。

施某种犯罪的目的行为与手段行为、原因行为与结果行为之间具有通常的、定型的牵连关系时,才可以考虑牵连犯概念的适用。很显然,教唆贿赂与介绍贿赂之间并不存在这种常见的、类型化的关系。吸收犯是指“数个不同的犯罪行为,依据日常一般观念或法条内容,其中一个行为当然为其他行为所吸收,只成立吸收行为的一个犯罪”[63]。按照我国刑法学理论的通说,构成吸收犯的犯罪行为之间所存在的密切关系一般具有以下几种表现形式:一是重行为吸收轻行为;二是主行为吸收从行为;三是实行行为吸收预备行为。在行为人教唆贿赂并介绍贿赂这一过程中,教唆贿赂属于主行为,介绍贿赂属于从行为,行为人在教唆贿赂之后又实施介绍贿赂行为只是为了促使教唆贿赂目的的实现,因而应按照吸收犯原理对行为人作出处理。

二、斡旋受贿过程中又介绍贿赂

65 斡旋型受贿罪和介绍贿赂罪均是刑法所规定的受贿类犯罪。从法条的表述来看,斡旋受贿行为表现为国家工作人员利用本人职权或者地位形成的便利条件,通过其他国家工作人员职务上的行为,为请托人谋取不正当利益,并索取或者收受请托人的财物。尽管斡旋受贿行为与介绍贿赂行为在结构上存在明显的区分,但实践中完全可能出现在斡旋受贿过程中又在请托人和其他国家工作人员之间介绍贿赂的情形,对此又该如何处理?有学者提出,在此种情况下,斡旋受贿行为和介绍贿赂行为两者之间成立吸收关系,斡旋受贿行为是主行为,介绍贿赂行为是从行为,应当依据吸收犯的一般原理,对国家工作人员以受贿罪论处并从重处罚。[64] 也有学者认为,在此种情形中,接受贿赂的国家工作人员主观上既有自己受贿的故意,也有介绍行贿的故意,客观上既实施了受贿行为,又在请托人和其他国家工作人员之间进行了居间介绍,这两个犯罪行为之间不存在牵连、吸收关系,因而应对该国家工作人员以受贿罪和介绍贿赂罪数罪并罚。[65] 还有学者认为,此种情形下,应当按照想象竞合犯的处理规则对国家工作人员在斡旋受贿罪和介绍贿赂罪中择一重罪处罚。[66]

66 笔者认为,罪数判断的标准实际上在于行为人究竟实施了哪些行为,这些行为中哪些具有值得刑法进行评价?值得刑法评价的行为是否可以用一个罪名就可以完全涵盖?而判断一个罪名能否将所有行为涵盖的标准又在于,这些行为侵犯了几个法益?就斡旋受贿过程中又介绍贿赂的情形而言,行为人不仅实施了利用自己职权或者地位形成的便利条件,通过其他国家工作人员职务上的行为,为请托人谋取不正当利益,并

---

63 马克昌主编:《犯罪通论》(第3版),武汉大学出版社1999年版,第664页。

64 参见陈正云、文盛堂主编:《贪污贿赂犯罪认定与侦查实务》,中国检察出版社2002年版,第121页。

65 参见张穹主编:《贪污贿赂渎职“侵权”犯罪案件立案标准精释》,中国检察出版社2000年版,第98页。

66 参见刘树德:《实践刑法学·个罪I》,中国法制出版社2009年版,第302页。

索取或者收受请托人财物的行为,还实施了为行贿者和受贿者牵线搭桥、斡旋沟通的行为,很显然,这两种行为都具有刑法上的意义。另外,行为人的这两种行为又分别侵犯了该国家工作人员自己职务行为的不可收买性和其他国家工作人员职务行为的不可收买性两个法益。而且,接受贿赂的国家工作人员主观上既有自己受贿的故意,也有介绍行贿的故意,适用一个罪名不能够实现罪刑相适应,故应予以数罪并罚。

三、介绍贿赂过程中侵吞或者截取部分贿赂财物

司法实践中常出现介绍贿赂人在介绍贿赂过程中侵吞或者截取部分贿赂财物的 67
情形。现阶段,关于对介绍贿赂人侵吞或截取贿款行为如何定性的问题,理论界主要存在两种观点:第一种观点认为,虽然贿赂财物作为赃物其所有权不值得保护,但其所有权肯定不能归于实施了侵吞或截取行为的介绍贿赂人。介绍贿赂人对贿赂财物的侵吞或截取后的占有属于非法占有,构成侵占罪。[67] 第二种观点认为,此种行为不构成侵占罪。因为贿赂财物本身属于赃物,一般要予以没收,行为人的侵吞或截取行为不满足侵占罪所要求的变合法持有为非法持有的要件。故应将行为人的侵吞或截取行为作为其犯罪情节,将侵吞或截取贿赂财物的数额计入介绍贿赂的数额。[68]

可见,上述两种观点争议的焦点在于,贿赂财物作为赃物能否成为侵占罪的对 68
象?就这一争议,理论界存在肯定说和否定说。肯定说认为,虽然行贿人对于贿赂财物不具有民法上的返还请求权,但仍对贿赂财物享有所有权,故该贿赂财物对于介绍贿赂人来讲仍然属于"自己占有的他人财物"。刑法和民法的目的不同,即使行贿人的返还请求权不受民法保护,介绍贿赂人对于贿赂财物的占有在刑法上仍会被认定为非法占有并以侵占罪论处。[69] 否定说则认为,既然行贿人对于贿赂财物已经没有了返还请求权,也就意味着他对贿赂财物丧失了所有权,此时介绍贿赂人侵吞或截取贿赂财物,就不构成将"他人财物"据为己有,若将介绍贿赂人的行为认定为犯罪将会破坏法秩序的统一性,违反刑法的谦抑性。[70]

笔者认为,从我国刑法的规定来看,主张因不法原因委托而给付的财物不能成为 69
侵占罪对象的观点,或许更妥当一些。理由如下:第一,根据我国《刑法》第 270 条的规定,侵占罪的对象只能是"代为保管的他人财物",这里的"代为保管"一般是指委托代为保管。虽然刑法没有明文规定必须是合法的(不能是非法的)委托代为保

---

67 参见高铭暄、陈冉:《论利用影响力受贿罪司法认定中的几个问题》,载《法学杂志》2012 年第 3 期。

68 参见林亚刚主编:《贪污贿赂罪疑难问题研究》,中国人民公安大学出版社 2005 年版,第 229 页。

69 参见〔日〕佐伯仁志、道垣内弘人:《刑法与民法的对话》,于改之、张小宁译,北京大学出版社 2012 年版,第 48 页。

70 参见张明楷:《如何理解侵占罪中的疑难问题》,载《人民法院报》2003 年 8 月 29 日。

管,但从其规定处罚侵占罪是为了保护合法的财产所有权和合法的委托信任关系,就可以得出这样的结论。因为委托他人用自己交付的钱从事违法犯罪活动是法律所禁止的,委托者与受托者之间形成的这种非法的委托信任关系当然不受法律保护。第二,作为侵占罪对象的“他人财物”中的“他人”,应该理解为委托对方“代为保管”财物的人,委托者必须对财物拥有所有权,如果没有所有权,其就不可能成为被害人,被委托代为保管的财物也就不能成为侵占罪的对象。而在不法原因委托的场合,委托的非法性决定了委托者对交给对方的财物已丧失返还请求权,也就是对委托物已不再拥有所有权,既然如此,受托者占有的也就不是“他人财物”。第三,根据刑法规定,“拒不退还”代为保管的他人财物的,才可能构成侵占罪。所谓“拒不退还”,一般是指委托人向代为保管财物的受托人请求返还但其拒不归还。可是,在不法原因给付的场合,按民法的规定,给付者无返还请求权,也就是说法律不要求受托者向委托者返还财物,这就意味着不存在受托者“拒不退还”的问题。第四,《刑法》第 270 条第 3 款规定,侵占罪“告诉的才处理”。根据《刑法》第 98 条的规定,告诉是指被害人告诉。而在不法原因给付的场合,委托者交给受托者代为保管的财物依法应予没收或追缴,委托者并非遭受财产损害的被害人,其他人也不可能成为被害人,既然无被害人,没有告诉者,侵占罪也就不可能成立。第五,肯定论者提出,根据我国民事法律的规定,对故意实施危害国家利益和社会利益的民事行为,应追缴其取得或约定取得的财产归国家,因此,因不法原因而交付的财物,属于国家所有。但正如有论者所述:“应当收归国有的财物不等于已经是国家所有的财物,在国家还没有实施没收行为的情况下,该财物并不属于国家所有,因此,行为人的行为根本没有侵犯国家的财产所有权……如果认为收受人的行为侵害了国家的财产所有权,那就意味着收受人从收到该财物开始就是在代国家保管国家所有的财物,而这种论证是非常牵强的。”[71]第六,对侵吞因不法原因委托而给付的财物的行为,并非只有按侵占罪处罚才不至于让行为人逍遥法外,而是还有可能按其他犯罪定罪处罚。[72]

70　因此,在将贿赂财物排除在侵占罪行为对象的范围之后,在介绍贿赂者将贿赂财物“截为己有”的情形,由于介绍贿赂者不能对贿赂财物成立侵占罪,上述第二种观点显然更为可取,即在介绍贿赂过程中侵吞或者截取部分贿赂财物的行为不满足侵占罪所要求的“变合法持有为非法持有”的要件。故应将行为人的侵吞或截取行为作为行为人的犯罪情节,将侵吞或截取贿赂财物的数额计入介绍贿赂的数额,以实现罪刑相适应。

XII　与非罪的界限

71　随着现代市场经济的发展,尤其是在信息技术高速发展的今天,及时掌握市场

71　张明楷:《法益初论》,中国政法大学出版社 2000 年版,第 587 页。

72　参见刘明祥:《论侵吞不法原因给付物》,载《法商研究》2001 年第 2 期。

交易信息已经成为市场主体能否赚取最大化经济利益的主要保障。但由于时间、空间等条件的限制,买卖双方往往不能够做到交易信息的及时沟通。在此种强烈的需求之下,催生了现代市场经济背景下的新生行业——市场居间。所谓居间,是指一方介入他人的交易活动中,为他人传递信息、提供机会,促成交易双方达成协议并从中获得一定佣金的行为。正是由于居间行为所具有的此种联络、介绍的性质,使得经济活动中的居间行为易与介绍贿赂行为相混淆,因而有必要对这两者的界限进行明晰。一般认为,介绍贿赂行为与经济活动中的合法居间行为的界限,主要有三点:第一,从行为人的主观心态上看,介绍贿赂罪的行为人在主观上具有介绍他人从事贿赂行为的故意,即行为人明知双方具有行贿、受贿意图,而故意从中介绍,极力促使贿赂犯罪得以实现;而合法的中介活动,行为人的主观意图是希望通过居间介绍,使经济活动中的某种合法经济交易或合作项目得以实现,而居间人从中赚取必要的居间报酬。第二,从行为的性质上看,要区分介绍行为所指向的对象是从事违法活动的行贿、受贿双方,还是进行正当经济活动的买卖双方。若被介绍双方的经济往来关系体现的是权钱交易,则该介绍行为便是介绍贿赂的性质;如果被介绍双方的经济往来活动体现的是等价、有偿原则,双方是处于平等的法律地位上的经济关系,则该介绍行为是合法的居间活动。第三,从行为的后果上看,前者具有严重的社会危害性,介绍贿赂行为的成功必然要对某一贿赂犯罪活动的实现起到促进作用;而合法的居间行为不具有社会危害性,相反还有利于促进社会经济的发展。

XIII 与他罪的区别

一、与行贿罪、受贿罪共犯的区别[73]

根据我国《刑法》的规定,所谓行贿罪,是指为谋取不正当利益,给予国家工作人员以财物的行为,以及在经济往来中,违反规定,给予国家工作人员以各种名义的回扣、手续费的行为。其中为谋取不正当利益,既包括为自己,也包括为他人。所谓受贿罪,是指国家工作人员利用职务上的便利,索取他人财物,或者非法收受他人财物,为他人谋利益的行为。联系行贿罪、受贿罪的行为结构和共同犯罪理论,行贿罪、受贿罪的帮助行为是指为行贿者、受贿者提供帮助,从而促使贿赂犯罪实行行为能够顺利实施的一种行为,其中自然包括帮助行贿者与受贿者建立联系的行为类型。而介绍贿赂是在行贿人和受贿人之间居间斡旋、牵线搭桥的行为。不难看出,行贿罪、 72

73 考虑到行贿罪、受贿罪的教唆犯,往往是在行为人没有实施行贿罪、受贿罪的意图下,故意唆使并引起他人实施犯罪行为的情形,与介绍贿赂行为是在已有实施行贿罪、受贿罪故意的行为人之间进行斡旋、沟通的行为结构具有较大差异,故此处仅以行贿罪、受贿罪的帮助行为为例进行说明。

受贿罪的帮助行为与介绍贿赂行为存在一定程度的相似性,实践中也经常出现二者难以区分的难题。但是,“介绍贿赂罪并不是完全被包含在受贿罪、行贿罪共犯之内,只能说两者有交叉而不是包含与被包含的关系。介绍贿赂罪的成立并不以行贿人、受贿人双方或者一方成立行贿罪、受贿罪为前提”[74]。因此,在主张保留介绍贿赂罪继续为独立罪名的前提下,如何区分介绍贿赂行为与行贿罪、受贿罪的帮助行为就成为必须解决的问题。当然,也有观点认为,“介绍贿赂行为实质上就是行贿、受贿帮助行为的一种,没有必要,也不可能将介绍贿赂同行贿、受贿帮助行为进行区分”[75]。这是介绍贿赂罪与行贿罪、受贿罪共犯“一元论”的观点。由于这种观点的支持者较少。此处仅作简要介绍,不作详细展开。对此,目前我国刑法理论界主要有以下几种观点:

73 (1)“第三者地位说”。有学者认为,介绍贿赂罪与行贿、受贿的帮助行为极为相似,其关键区别在于:行贿罪、受贿罪的帮助犯认识到自己是在帮助行贿一方或者受贿一方,因而其行为主要是为一方服务;而介绍贿赂的行为人认识到自己是处于第三者的地位介绍贿赂,因而其行为主要是促成双方的行为内容得以实现。[76] 换言之,既然刑法将介绍贿赂的行为单独规定为犯罪,就证明该行为具有一定的独立性,即“介绍贿赂行为虽然是行贿或者受贿的帮助行为,但刑法既然单独设定罪名对其进行评价,便说明介绍贿赂行为具有一定的独立性。这种独立性一般表现在介绍贿赂人不依附于行贿或受贿任何一方,不参与实施行贿、受贿犯罪的实行行为,只是为行贿、受贿双方的沟通交流创造条件以及为二者传递信息”[77]。

74 (2)“构成要件比较说”。有学者认为,介绍贿赂行为与行贿罪、受贿罪帮助行为的区别主要表现在:一是犯罪主体上,受贿罪的共犯,无论是帮助犯还是教唆犯,都是依附于受贿罪,不能独立存在;而介绍贿赂罪的主体是不依赖于受贿方和行贿方的第三者。二是在主观方面,受贿罪共犯的目的为以权换钱,通过利用职务上的便利为他人谋取利益,从行贿一方取得非法财物;而介绍贿赂的行为人实施撮合介绍的目的,在于从行贿和受贿双方的非法交易中获取利益。三是在客观方面,受贿罪的共犯只为受贿的一方服务,以取得行贿人的财物;介绍贿赂的行为人是为行受贿双方沟通关系,提供服务。[78]

---

74 马路瑶:《介绍贿赂罪与受贿罪、行贿罪共犯在司法认定中的界限初探》,载《广东开放大学学报》2017 年第 2 期。

75 牛敏、陈航:《介绍贿赂罪与行贿、受贿罪共犯的关系探究》,载《乐山师范学院学报》2017 年第 7 期。

76 参见张明楷:《刑法学》,法律出版社 1997 年版,第 930 页。不过,需要说明的是,张明楷教授在最新版的教材中已经对上述观点进行了修改,认为应该用罪数论的观点解决上述问题[参见张明楷:《刑法学》(第 6 版),法律出版社 2021 年版,第 1628 页]。

77 李丁涛:《介绍贿赂罪与受贿罪共犯辨析》,载《中国纪检监察报》2019 年 11 月 27 日。

78 参见朱孝清:《略论介绍贿赂罪》,载《法学》1990 年第 2 期。

（3）“主观说”。有学者主张从主观方面对介绍贿赂行为与行贿罪、受贿罪的帮助行为进行区分，认为在主观上，贿赂罪的帮助犯仅有单纯的帮助贿赂实行犯的意思，而介绍贿赂罪的行为人则是出于介绍贿赂的故意，区分二者的关键就是看行为人有无介绍贿赂的故意。或者说，“中介人不同于行贿受贿的教唆犯，其行为非因自己的主动意图，而是根据行贿人或受贿人的请示或委托”[79]。还有的观点指出，如果国家工作人员本身具有受贿意图，但没有具体的对象，行为人主动为其寻找行贿对象，并在他们之间“牵线搭桥”、沟通撮合，促使行受贿交易完成，视为行为人具有与国家工作人员共同受贿的主观故意。此种情形就应该认定为受贿罪的共犯而不是介绍贿赂罪。[80] 75

（4）“参与程度说”。有观点认为，从行为人是否获得利益的角度来看，帮助受贿并参与分赃的，成立受贿罪的共犯，帮助行贿并为了谋取自己的不正当利益，成立介绍贿赂罪。或者说，“介绍贿赂的，只在国家工作人员与行贿人中间起牵线搭桥的作用，没有介入为行贿人谋取利益的具体行为。介绍贿赂人即使从行贿人处得到钱物，也只是行贿人单独给他的好处、感谢费，而不是行贿。共同受贿罪中的非国家工作人员，则参与了国家工作人员利用职务便利为他人谋取利益的行为。没有该非国家工作人员的参与，国家工作人员一般无法独自利用职务便利为他人谋取利益”[81]。 76

（5）“竞合说”。有观点认为，在司法实践中，就行为方式而言，实施了介绍贿赂罪实行行为的也同时符合了刑法关于受贿罪、行贿罪共犯的构成要件，二者之间属于一种竞合关系，处理这种竞合关系的前提在于明确此种竞合的性质。在介绍贿赂过程中，介绍贿赂人的介绍贿赂行为触犯的法益是国家工作人员职务行为的廉洁性以及公务行为的纯洁性、公平性，其与行受贿行为侵犯的法益几乎完全重合，既然刑法特别规定了介绍贿赂罪，那么在发生侵犯重合法益的情况下，应当依照法条竞合的处罚原理，特别法优先于基本法，以介绍贿赂罪认定。但是这种法益的高度重合性引出了另外一个问题，即是否会导致同一犯罪行为刑法评价不同处罚差异较大。刑法为介绍贿赂罪、行贿罪与受贿罪配置的法定最高刑之间的差距悬殊，对刑法的平衡性造成了极大的损害。在不改变现行刑法规定的情况下，一种可行的路径是，从目的解释的角度出发，对介绍贿赂行为进行限缩解释，即对介绍贿赂行为进行解构和分类，主要包括提供信息、沟通撮合和代为转交和接受。其中提供信息和建立渠道的主要目的在于为行受贿双方建立联系，尚没有交换犯罪意图，处于犯罪预备阶段。而沟通撮合和代为转交、接受则是犯罪故意达成合意以及具体犯罪行为的实施，应当认定为行贿罪、受贿罪的帮助行为。[82] 77

---

79 王作富主编：《刑法分则实务研究》（第2版），中国方正出版社2003年版，第2035页。

80 参见付余：《介绍贿赂罪与受贿罪共犯辨析》，载《中国纪检监察报》2019年1月2日。

81 周道鸾、张军主编：《刑法罪名精释》，人民法院出版社1998年版，第927—928页。

82 参见黄连胜：《贿赂犯罪共犯与介绍贿赂罪辨析》，载《中国检察官》2015年第10期。

78 对于上述第一种观点,笔者认为,这种观点首先假想了介绍贿赂人与行受贿人之间的联系,似乎行贿人与受贿人早已在暗中分别有了行贿与受贿的意思,只是苦于不能联系。因此,一旦介绍贿赂人这一"桥梁"介入,行贿、受贿行为也就马上可以完成,而介绍贿赂人在其中自然也就只是一个"不偏不倚"的中介人。但现实生活中的行贿与受贿却远非如此。在现实中,必然是一方为谋取某种利益急于行贿,或另一方为获取金钱等利益而愿意受贿。因而,在一些情况下,是直接由一方主动进行行贿或受贿而完成整个贿赂犯罪,并不需要介绍贿赂人。当然也有一些情况,行贿人虽急于行贿以谋取不正当利益,却无法直接与握有权力者联系,就会找到介绍贿赂人,间接地通过介绍贿赂人的牵线搭桥,与受贿者联系上,并最终完成了行贿过程。在此过程中,介绍贿赂人并不是完全中立的,一般是基于行贿人所托,并主要是为行贿人服务的。相反,如果介绍贿赂人是受受贿人所托,为其寻找行贿的对象,哪怕未经过任何努力,立即找到了合适的人选,其也必然意识到,这是在帮助受贿人进行活动。因此,在司法实践中,不可能存在完全中立的居于第三者地位的介绍贿赂人。笔者在界定"介绍贿赂"行为概念时就已指出,由介绍一词的字面含义来看,介绍贿赂者必然与行贿者或者受贿者存在某种关联,而不可能完全中立。换言之,第一种观点所认为的"完全中立的第三人地位"可能更多只是一种理想模型而不具有现实意义。

79 就第二种观点而言,即对于从客观方面、主体、主观方面构成要件的角度对介绍贿赂行为和受贿罪、行贿罪的帮助行为进行区分这种主张,我们认为,既然刑法分则将行贿罪、受贿罪、介绍贿赂罪分别规定为独立的犯罪,三者的构成要件就必然不同,否则,《刑法》分则第八章也没有必要细分为多个罪名,只要规定一个"贿赂罪"即可。重点不在于行贿罪、受贿罪、介绍贿赂罪的构成要件有区别,而是在于三者的构成要件有怎样关键的区别。从总体上讲,第二种观点看似提出了区分介绍贿赂行为和受贿罪、行贿罪帮助行为的多个面向,但仔细看来却又什么都没说,因而现在提倡这种观点的学者也越来越少。

80 对于上述第三种观点,笔者认为,论者所主张的贿赂罪的帮助犯是基于单纯的"帮助贿赂实行犯"的意思,介绍贿赂罪是基于"介绍贿赂的故意",但实际上这只是语焉不详的转换话题。因为能够作为区分标准的不是两种犯罪基于什么意思,而是两者所基于的意思究竟有什么区别。也就是说,这种观点必须进一步回答,介绍贿赂的故意与帮助贿赂的故意究竟有何区别,而这是这种观点恰恰没有回答、实际上也不能回答的问题。至于认为介绍贿赂人犯罪并非基于自己的主动意图,而是根据行贿人或受贿人的请求或委托,则忽视了最起码的共犯理论。在共同犯罪中,并不要求每一个参与犯罪的犯罪人的主观意图都完全相同,只要所有参与犯罪的人都认识到其犯罪的性质,并对犯罪行为形成了共同的故意即可。例如,在杀人罪的帮助犯(提供武器)中,提供武器者完全可能不基于自己的主动,而仅仅只是根据主犯的委托提供武器,但只要其认识到自己的行为是在帮助杀人并仍然提供了武器,就可以形成共同的杀人故意。同理,在介绍贿赂中,介绍贿赂人完全可以不是基于自己的意图而促成整个贿赂犯罪的完成。因此,从主观方面出发区分介绍贿赂行为与行贿罪、受贿罪的帮助行为可能并不是一条可行的路径。

就上述第四种观点,即"以行为人是否获得利益为标准,帮助受贿并参与分赃的,成立受贿罪的共犯"的主张而言,显然,既然行为人参与了分赃,则同样也谋取了自己的不正当利益。也就是说,"帮助受贿并为了谋取自己的不正当利益的,就是受贿罪的共犯"。既然如此,得出的结论就应当是"帮助行贿并为了谋取自己的不正当利益的",就应当成立行贿罪的共犯,即为何偏偏后者就是介绍贿赂罪呢?而对于认为受贿罪的共犯只从行贿一方取得非法财物,而介绍贿赂人则从行贿和受贿双方的非法交易中获得利益的观点,也不具有合理性。作为受贿罪的共犯,一般情况下,可能只从行贿一方所送的贿赂中取得非法财物,但并不能由此排除某些情况下,为了获得其帮助,受贿者事先或事后也可能给予其一定的财物。而认为介绍贿赂人就一定从行贿和受贿双方的非法交易中获取利益,也不确定,因为虽然介绍贿赂人获取利益往往以实际的交易完成为前提,但介绍贿赂人最终必然从行贿、受贿一方取得利益,而这又包括可能仅从其中一方,或同时从两方取得利益等不同的方式。换言之,贿赂罪的共犯或介绍贿赂人取得财物的方式,在实践中,都是相当复杂的,根本不足以成为区分二者的标准。不仅如此,根据《刑法》第392条的规定,介绍贿赂罪并不以谋取利益为成立条件,故以是否谋取利益来区分介绍贿赂与行贿或受贿的共犯显然是没有法律依据的。 81

由上可见,介绍贿赂行为与贿赂犯罪共犯行为的区分确实是一个较为棘手的问题。实践中还存在的一种观点是,既然法律上的介绍贿赂与行贿罪、受贿罪共犯的区别存在疑问,那么就必须朝有利于被告人的方向解释,即凡是可能成立介绍贿赂罪的,均不得认定为行贿罪、受贿罪的共犯。[83] 但是,"存疑时有利于被告"作为一项司法原则,只能与事实的认定有关,而不能适用于法律之解释;不能因为难以从法律上区分介绍贿赂行为与贿赂犯罪的共犯行为,便一概以轻罪论处。 82

那么,究竟哪些居间介绍行为应该被认定为介绍贿赂罪的实行行为呢?诚如学者所言,"这的确是难以回答的问题"[84]。根据我国《刑法》的规定,只有情节严重的介绍贿赂行为才成立介绍贿赂罪。而刑法之所以要求情节严重,显然是因为一般的介绍贿赂行为本身对法益的侵犯性还没有达到值得科处刑罚的程度;否则,立法者不会设置"情节严重"的规定。既然如此,对介绍贿赂行为就不应当提出过多的要素与过高的要求。所谓"向国家工作人员介绍贿赂",是指行为人明知某人欲通过行贿手段使国家工作人员利用职务行为为其谋取不正当利益,而向国家工作人员提供该信息,在此基础上,情节严重的行为才成立介绍贿赂罪。还有一种可能是,在行为人主 83

83　参见肖明杰:《从一案例看介绍贿赂罪与行贿罪、受贿罪共犯的区别》,载《天津检察》2006年第4期。

84　张明楷:《刑法学》(第6版),法律出版社2021年版,第1628页。

动为甲疏通行贿渠道,主动向国家工作人员乙表达对方的要求,旨在促成贿赂事实的情况下,甲、乙双方均没有着手实施犯罪的,也可以对行为人按介绍贿赂罪论处。

84 总之,介绍贿赂罪具有独立的法益侵害性,但鉴于其行为结构与贿赂犯罪共犯的相似性和难以区分性,对该罪名的适用范围还是应该有所限制,即上述第五种观点主张从目的解释的立场对介绍贿赂罪的实行行为进行限缩解释的观点是值得肯定的。

二、与斡旋型受贿罪的区别

85 斡旋受贿也称间接受贿,我国《刑法》第 388 条规定:"国家工作人员利用本人职权或者地位形成的便利条件,通过其他国家工作人员职务上的行为,为请托人谋取不正当利益,索取请托人财物或者收受请托人财物的,以受贿论处。"可见,斡旋受贿行为不是一个独立的罪名,它只是受贿罪的一种特殊表现形式。[85] 但是在这种情况下,由于国家工作人员不是利用本人的职权或者地位直接为请托人谋取利益来受贿,而是通过其他国家工作人员职务上的行为受贿,表面上看该国家工作人员只是实施了一种中介行为,而介绍贿赂行为实质上也是一种中介行为,两者难免出现混淆。一般而言,介绍贿赂罪与斡旋型受贿罪的区别主要表现在以下方面:第一,主体不同。介绍贿赂罪的主体是一般主体;而斡旋型受贿罪的主体是特殊主体,即只能是国家工作人员。第二,行为方式不同。介绍贿赂罪的行为表现为在行贿、受贿双方进行撮合、沟通,以促成贿赂行为的顺利实现;而斡旋型受贿罪则表现为利用本人职权或者地位形成的便利条件,通过其他国家工作人员职务上的行为为请托人谋取不正当利益,索取或收受请托人财物的行为。斡旋型受贿罪的成立必须要求行为人利用本人职权或地位形成的便利条件,这是它与介绍贿赂罪的明显不同之处。

86 在刑事司法认定过程中,对于二者之间的区别应该综合上述两方面考虑,不能单纯地认为只是要国家工作人员实施的中介行为一律都是斡旋受贿行为,尤其应该注意国家工作人员实施的介绍贿赂行为。在这种情况下,究竟是斡旋受贿还是介绍贿赂,关键要看国家工作人员是否利用了自己的职权或者地位形成的便利条件。如果国家工作人员并未利用本人职权或者地位形成的便利条件,只是通过其朋友、熟人关系向国家工作人员提供行贿信息、引见行贿人,从而使行贿、受贿得以实现的,应该认定为介绍贿赂罪而非斡旋型受贿罪。例如,甲的儿子犯有故意伤害罪,甲欲为其子开脱罪名,但自己与审理该案的法官并不相识。经多方打听后甲听说自己的顶头上司(该市文化局局长)刚好和该法官是初中同学,并且关系十分要好,遂送给其领导 5 万元现金,请该局长帮忙疏通一下。该局长收受 5 万元后利用自己和法官多年的私交说动法官手下留情,并将其中的 3 万元交给该法官。在这个案例当中,某市文化局局长虽然是国家工作人员,但是他在整个贿赂案件中并不是利用自己的职权或地位形

85　参见赵建平:《贪污贿赂犯罪界限与定罪量刑研究》,中国方正出版社 2000 年版,第 369 页。

成的便利条件才使得贿赂罪成立的,而是完全凭借自己和法官的私交达成贿赂,因此对于该局长应该认定为介绍贿赂罪而非斡旋型受贿罪。

三、与利用影响力受贿罪的区别

《刑法》第 388 条之一规定的利用影响力受贿罪同斡旋型受贿罪有相似之处,即 87
二者都并非通过行为主体自身的职务便利来实施以权换利的行为,二者主体之行为均具有居中、间接介绍的特征,故与斡旋型受贿罪一样,利用影响力受贿罪和介绍贿赂罪同样具有区分的必要。二者的主要区别在于:第一,二者的主体不同,介绍贿赂罪为一般主体。利用影响力受贿罪的主体分为三类:第一类为国家工作人员的近亲属或者其他与该国家工作人员关系密切的人;第二类为离职的国家工作人员;第三类为离职的国家工作人员的近亲属或者其他与离职的国家工作人员关系密切的人。第二,在司法实践中,利用影响力受贿罪的三类主体因为其与国家工作人员的特殊关系,使其具有实施介绍贿赂行为的先天优势。而实践中的许多介绍贿赂人也是国家工作人员的近亲属或是与其关系密切的人,一方面这种密切关系使许多意图行贿的行贿者争相请托其帮助与国家工作人员进行沟通、撮合,另一方面也使得国家工作人员可以放松戒备或者不便推托。所以当两罪的主体重合时,对两罪的区分便比较复杂,需要结合具体情况进行认定:一种情况是,可以帮助请托人谋取不正当利益的国家工作人员对于行为主体的行为内容并不知情,此时国家工作人员并不构成受贿罪,同时也可以确定行为人的行为绝不可能构成介绍贿赂罪。因为介绍贿赂罪的成立需以被介绍双方均成立行贿罪和受贿罪为前提,若一方不构成受贿罪,则介绍贿赂罪亦不能成立。另一种情况是,能够为请托人谋取不正当利益的国家工作人员对于行为主体的行为内容知情且许诺为请托人谋取不正当利益的,此时国家工作人员构成受贿罪。这时便需观察行为人的具体行为,若能认定其既构成请托人(行贿人)的帮助行为又可以构成国家工作人员(受贿人)的帮助行为的,则行为人可能构成介绍贿赂罪;若仅能认定其构成国家工作人员的帮助行为的,则行为人同时触犯受贿罪与利用影响力受贿罪,从一重罪处罚,即以受贿罪处理。第三,利用影响力受贿罪与斡旋型受贿罪一样要求行为人具有谋取不正当利益的犯罪目的,而介绍贿赂罪并无此要求。因而,若行为人所实施的居间行为并未向请托人索取或收受贿赂,则不应认定为利用影响力受贿罪,可结合具体情况考量其是否构成介绍贿赂罪。

四、与诈骗罪的区别

诈骗罪与介绍贿赂罪在构成要件上并不存在难以区分之处,此处对介绍贿赂罪 88
与诈骗罪之间的界限专门进行分析,主要是因为司法机关在实务中经常遇到行为人以介绍贿赂为名诈取他人钱财的案件,即这两个罪名在司法实践中常出现交叉。区分两罪的关键在于两个方面:一是判断行为人主观故意的内容;二是观察行为人实行行为上的表现。如果行为人主观上是为了非法占有请托人的财物,并无为他人介绍贿赂的故意,客观上也是一味地虚构事实或隐瞒真相,并没有实施或打算实施为他人介绍贿赂的行为,就应当认定行为人构成诈骗罪。当然,介绍贿赂罪与诈骗罪在司法实践中也经常会出现竞合。比如,介绍贿赂人在行贿人和受贿人之间沟通撮合时,故意向行贿人报高行贿数额,或故意向受贿人报低受贿数额,然后在促成贿赂实现后赚取其中的差额部分,此时介绍贿赂人既有介绍贿赂行为,也有诈骗行为,应当依据想象竞合,从一重罪论处。

五、与侵占罪的区别

89 侵占罪是指将代为保管的他人财物非法占为己有,数额较大,拒不退还的,或者将他人的遗忘物或者埋藏物非法占为己有,数额较大,拒不交出的行为。在司法实践中,行贿人把财物交给"介绍贿赂人",介绍贿赂人并没有把财物送给"受贿人"而是据为己有,并凭借自己与"受贿人"的私人关系帮行贿人办成事。在这种情形下,行为人并没有介绍贿赂的故意,而是出于占有他人所托贿赂财物之目的,但行为人并没有诈骗的故意,而是帮行贿人达到了目的,行为人不构成介绍贿赂罪,而是构成侵占罪。

XIV　处罚

90 根据《刑法》第 392 条的规定,向国家工作人员介绍贿赂,情节严重的,处 3 年以下有期徒刑或者拘役,并处罚金。介绍贿赂人在被追诉前主动交待介绍贿赂行为的,可以减轻处罚或者免除处罚。

91 根据 1999 年最高人民检察院《关于人民检察院直接受理立案侦查案件立案标准的规定(试行)》的规定,具有以下情形之一的,可以视为情节严重:①介绍个人向国家工作人员行贿,数额在 2 万元以上的;介绍单位向国家工作人员行贿,数额在 20 万元以上的;②介绍贿赂数额不满上述标准,但具有下列情形之一的:为使行贿人获取非法利益而介绍贿赂的;3 次以上或者为 3 人以上介绍贿赂的;向党政领导、司法工作人员、行政执法人员介绍贿赂的;致使国家或者社会利益遭受重大损失的。

第三百九十三条　单位行贿罪

单位为谋取不正当利益而行贿，或者违反国家规定，给予国家工作人员以回扣、手续费，情节严重的，对单位判处罚金，并对其直接负责的主管人员和其他直接责任人员，处五年以下有期徒刑或者拘役，并处罚金。因行贿取得的违法所得归个人所有的，依照本法第三百八十九条、第三百九十条的规定定罪处罚。

文献:王作富主编:《刑法分则实务研究》(第3版),中国方正出版社2007年版;黎宏:《刑法学各论》(第2版),法律出版社2016年版;刘艳红主编:《刑法学》(第2版),北京大学出版社2016年版;赵煜:《惩治贪污贿赂犯罪实务指南》(第2版),法律出版社2017年版;周光权:《刑法总论》(第4版),中国人民大学出版社2021年版;张明楷:《刑法学》(第6版),法律出版社2021年版。龚培华、徐亚之:《论单位行贿与个人行贿的司法认定》,载《上海政法学院学报(法治论丛)》2011年第6期;谭劲松、赵瑞罡:《单位行贿罪中的不正当利益》,载《人民司法》2011年第10期;李邦友、黄悦:《受贿罪法益新论——以"为他人谋取利益"为切入点》,载《武汉理工大学学报(社会科学版)》2013年第2期;董桂文:《行贿罪与单位行贿罪界限之司法认定》,载《人民检察》2013年第12期。

细目录

Ⅰ　主旨
Ⅱ　沿革
Ⅲ　客体
　一、通说
　二、关于单位行贿罪客体的理解困境
Ⅳ　对象
Ⅴ　行为
　一、为单位谋取不正当利益而行贿
　二、违反国家规定,给予国家工作人员以回扣、手续费,情节严重
Ⅵ　主体
Ⅶ　罪责
　一、故意
　二、目的

Ⅷ　排除犯罪的事由
一、情节显著轻微
二、不具有谋取不正当利益的目的
三、单位行贿罪的未完成形态
Ⅸ　未完成形态
一、犯罪预备
二、犯罪未遂
三、犯罪中止
Ⅹ　共犯
Ⅺ　罪数
Ⅻ　与非罪的界限
ⅩⅢ　与他罪的区别
一、与行贿罪的区别
二、与对单位行贿罪、对有影响力的人行贿罪的区别
ⅩⅣ　处罚
一、对单位如何处罚
二、对单位直接负责的主管人员和其他直接责任人员如何适用刑罚
三、刑事责任减免情形

Ⅰ　主旨

1　我国刑法在行贿罪规定外专门设置单位行贿罪的规定,其主要目的在于通过刑罚规制单位为谋取不正当利益而给予国家工作人员财物或者单位在经济活动中违反国家规定给予国家工作人员回扣、手续费的行为,保护国家工作人员职务行为不可收买性法益,以维护国家工作人员履行职务行为或执行公务活动的廉洁性、公正性,确保单位在各类社会、经济活动中的平等地位,实现经济活动秩序的安全、稳定、有序。

Ⅱ　沿革

2　1979年《刑法》没有关于单位行贿罪的规定。1988年通过的全国人民代表大会常务委员会《关于惩治贪污罪贿赂罪的补充规定》第9条规定:"企业事业单位、机关、团体为谋取不正当利益而行贿,或者违反国家规定,给予国家工作人员、集体经济组织工作人员或者其他从事公务的人员以回扣、手续费,情节严重的,判处罚金,并对其直接负责的主管人员和其他直接责任人员,处5年以下有期徒刑或者拘役。因行贿取得的违法所得归个人所有的,依照本规定第八条的规定处罚。"此即单位行贿罪

的最初立法模式。[1] 需要指出的是,"在《关于惩治贪污罪贿赂罪的补充规定(草案)》中,单位行贿罪的主体仅限于全民所有制企业、事业单位、机关、团体。时任全国人大常委会秘书长、法制工作委员会主任王汉斌同志在《关于惩治走私罪和惩治贪污罪贿赂罪两个补充规定(草案)的说明》中指出:'其他企业事业单位为谋取非法利益而行贿或者给予国家工作人员、集体经济组织工作人员和其他从事公务的人员回扣、手续费的,对直接负责的主管人员和其他责任人员,参照本规定第八条的规定处罚。'即其他企业事业单位行贿按照(自然人)行贿罪定罪。然而在草案提交审议后,取消了'全民所有制'的限制条件,将单位行贿罪的主体扩大到企事业单位、机关、团体"[2]。

1997 年《刑法》修订时在充分吸收上述规定的前提下将单位行贿以刑法条文的形式规定下来。1997 年 12 月最高人民法院审判委员会第 951 次会议通过的最高人民法院《关于执行〈中华人民共和国刑法〉确定罪名的规定》根据修订的《刑法》第 393 条规定了"单位行贿罪"。关于单位行贿罪的立案标准,1999 年 9 月 16 日最高人民检察院《关于人民检察院直接受理立案侦查案件立案标准的规定(试行)》中有明确的规定。 3

Ⅲ 客体

一、通说

单位行贿罪的法益(客体)是什么?一般认为,"单位行贿罪的客体是国家工作人员的廉洁性"[3]。"抽象层面:侵犯的是国家工作人员的职务廉洁性。具体层面:侵犯的是国家机关、公司、企业、事业单位和团体的正常职能活动及声誉和国家工作人员的职务廉洁性。"[4]"单位行贿罪的客体与行贿罪相同,即都是国家工作人员的廉洁性。"[5]但是,这种观点实际上是我国关于受贿罪客体的通说观点。"关于受贿罪的客体,通说认为,是国家工作人员职务行为的廉洁性。"[6] 4

二、关于单位行贿罪客体的理解困境

从上述观点可知,我国理论与司法实务界基本上是将单位行贿罪的客体等同于 5

---

1 参见尹明灿、高成霞:《单位行贿罪实证研究》,载广州市法学会编:《法治论坛》(第 34 辑),中国法制出版社 2014 年版,第 278 页。

2 尹明灿、高成霞:《单位行贿罪实证研究》,载广州市法学会编:《法治论坛》(第 34 辑),中国法制出版社 2014 年版,第 278 页。

3 赵煜:《惩治贪污贿赂犯罪实务指南》(第 2 版),法律出版社 2017 年版,第 665 页。

4 赵俊编著:《贪污贿赂罪各论》,法律出版社 2017 年版,第 362 页。

5 王作富主编:《刑法分则实务研究》(第 3 版),中国方正出版社 2007 年版,第1852 页。

6 黎宏:《刑法学各论》(第 2 版),法律出版社 2016 年版,第 523 页。

受贿罪的客体,但均难言妥当。他们既未准确考察受贿罪的客体,也没有认真分析单位行贿罪的本质特征,即使将二者等同,也不应将国家工作人员职务行为的廉洁性作为二者的客体。

(一)单位行贿罪的客体与受贿罪的客体密不可分,但不完全等同

6 (1)单位行贿罪的客体与受贿罪的客体具有相当程度的重合。众所周知,单位行贿罪与受贿罪是对向犯(也有学者认为两者属于共犯),二者的关系密不可分。刑法上的(单位)行贿行为是(行贿人)单位为谋取不正当利益而给予国家工作人员财物的行为;受贿行为则是国家工作人员利用其职务上的便利及职权、地位形成的便利条件,通过其他国家工作人员的职务行为为行贿主体谋取利益、收受行贿主体财物的行为;索贿则是国家工作人员利用职务上的便利索取他人财物的行为。不难发现,单位(行贿人)给予国家工作人员财物的行为是行贿罪的基本犯罪构成要件行为,国家工作人员收受行贿主体给予财物的行为则是受贿罪的基本犯罪构成要件行为,二者属于对向性行为,其中给予财物的行为是收受财物行为的必然前提,前者行为是后者行为成立的必然前提,就此论,行贿行为成立是受贿行为成立的必然前提。换言之,行贿罪成立,则受贿罪一般成立。虽然不是所有给予国家工作人员财物的行为都构成行贿罪,也不是所有给予财物的行为必然导致国家工作人员收受财物行为的发生,但行贿给予财物的行为与受贿收受财物的行为紧密相连。更为关键的是,无论是单位行贿行为还是国家工作人员受贿行为,都与国家工作人员的职务行为紧密相关,单位给予国家工作人员财物以谋取不正当利益是离不开国家工作人员的职务(身份)行为的。受贿罪的主体是国家工作人员,属于法定身份犯,更是与其身份关联的职务行为息息相关,受贿者须利用其职务(身份)行为(包括自己或他人的职务行为)为行贿主体(单位)谋利而收受单位给予的财物。因此,受贿罪的法益与单位行贿罪的法益在相当程度上是重合的。换言之,明确受贿罪的客体是界定单位行贿罪客体的必要条件。

7 (2)单位行贿罪的客体与受贿罪的客体不完全等同。行贿与受贿关系密切,虽然二者是对向性行为,但二者并不完全重合。不是所有给予国家工作人员财物的行为都是行贿行为,只有为谋取不正当利益而给予国家工作人员财物的才能构成行贿罪,为谋取正当利益或被勒索强迫给予国家工作人员财物的不是行贿行为,不谋取利益自愿给予国家工作人员财物的更不是行贿行为。相对而言,国家工作人员为行贿单位谋取了不正当利益而收受其给予财物的,构成受贿罪;同时,国家工作人员利用职务上的便利,为单位谋取正当利益收受单位给予的财物或者索取单位财物的,亦构成受贿罪。给予国家工作人员财物的行为是单位行贿罪的基本行为,也是受贿罪的必然前置行为,但不是所有给予国家工作人员财物的行为都构成单位行贿罪,也不是所有给予财物的行为必然产生收受财物的行为。即使国家工作人员收受财物,也不全然构成受贿罪,如没有为他人谋利而收受他人财物的,由于该行为与国家工作人员的职务行为无关,因而不是受贿。由此可知,虽然给予、收受财物是单位行贿罪、受贿

罪成立的关键行为,但二者不是完全对应的且内容范畴差异较大。因此,单位行贿罪的客体与受贿罪的客体存在差异。

(二)受贿罪的客体:国家工作人员职务行为的公正性

要准确界定单位行贿罪的客体,以先明确受贿罪的法益为必要,这也是破除将二者客体简单等同之困境所必要的。对于受贿罪的客体是什么存在较大争议。首先,我国传统观点。“第一种观点认为,本罪的法益是国家机关的正常管理活动,即正确执行国家机关对内对外职能任务的一切活动;第二种观点认为,本罪的法益包括国家机关、企业、事业单位、军队、团体的正常活动和公私财产所有权;第三种观点认为,以国家和社会管理公务的正常进行以及公务的声誉为基础的法益,同时也包括社会经济管理秩序和公私财产所有权;第四种观点认为,本罪的法益是国家工作人员职务行为的廉洁性。”[7]其次,德日刑法理论的观点。“一是受贿罪保护的法益是职务行为的不可收买性;二是受贿罪的保护法益是职务行为的纯洁性或公正性、职务行为的不可侵犯性;三是受贿罪的法益是(职务行为的公正性)及国民对职务行为公正性的信赖;四是受贿罪所侵害的法益是国家意志,即受贿罪使国家意志受到无端阻挠与违法篡改。”[8]笔者认为,无论是我国传统观点还是德日刑法主张,均没有准确界定受贿犯罪行为的本质特征,存在诸多弊端。 8

(1)传统的受贿行为,即国家工作人员利用职务上的便利索取他人财物、为他人谋取利益而非法收受他人财物的行为,都体现了国家工作人员之身份(职务)行为与财产交易的性质(权钱交易),均与国家工作人员这一职务身份相关联,没有该身份,国家工作人员无法实施受贿行为,行贿人也不会实施行贿行为,国家工作人员受贿直接违反了其作为国家工作人员之职务身份应承担的义务(如履行职务行为的清正廉明、公平公正等义务),履行义务即是国家工作人员的职务行为,进言之,受贿行为侵害的对象是国家工作人员的职务行为。第一,受贿行为难以直接侵害国家机关整体的正常管理活动。受贿行为通常是个别且相对独立的,侵害的是单个的公务活动或国家工作人员的职务行为,难以直接侵害国家机关整体的正常管理活动;反之,若肯定则意味着国家机关整体的管理活动是不正常的,该论调的基础不存在且与客观现实不符。其中最大的弊端在于国家机关正常管理活动的意义不明、提法笼统,以之为法益极易扩大受贿罪认定的范围,有失妥当。第二,受贿行为没有直接侵害公私财产权。行贿单位给予国家工作人员财物的行为本身是违法的,不能称之为受贿行为侵害行贿单位的财产权。受贿行为使单位获利(通常是公共财物之利益),是受贿行为导致的间接后果,而不是受贿行为直接侵害的对象法益。第三,社会经济管理秩序、公务活动的声誉是受贿行为侵害国家工作人员的职务行为后可能造成的后果之一,即间接侵害的法益,不是其直接侵害的对象法益。若以此为标准界定 9

7 刘艳红主编:《刑法学》(第2版),北京大学出版社2016年版,第404页。

8 张明楷:《刑法学》(第6版),法律出版社2021年版,第1518页。

受贿罪的法益,其范围基本无界限可言,失之偏颇。同理,只有受贿行为侵害国家工作人员职务行为,才可能产生对其公正性的信赖侵害,亦即受贿罪间接侵害的是民众对职务行为公正性的信赖。况且,信赖是民众心中的"感受",本质上是主观的,以之为判断标准将导致结论的随意,不应支持。第四,国家意志的概念抽象,带有极强的强制性,将侵害国家工作人员职务行为的受贿行为视为侵害国家意志,是将国家工作人员的职务行为等同于国家意志,这是片面的,即使职务行为在一定程度上体现了国家意志,但二者不可等同,更何况个人的职务行为与国家意志本质上存在较大距离。以模糊抽象的国家意志作为受贿罪的法益,将无限扩大受贿罪成立的范围,不应赞同。

10 (2)认为受贿罪的客体是国家工作人员职务的廉洁性、公正性、纯粹性、不可收买性或民众对职务行为公正性的信赖的观点,本质上是以受贿行为直接侵害国家工作人员的职务行为为前提,就此而言,上述观点具有合理性。但是,受贿罪侵害的是国家工作人员职务行为的廉洁性、纯粹性、公正性、不可收买性等,则需进一步具体分析。第一,职务行为的不可收买性仅形式说明受贿罪的特征,未真正揭示受贿行为侵害的实质法益。传统受贿行为体现了职务行为与金钱的"权钱交易"性质,这仅从形式上说明了职务行为的不可收买性,也只是简单复述传统受贿行为的形式特征,表面上具有合理性,但并未对国家工作人员之职务行为为何不能收买作实质解释,即没有解释受贿行为所侵害的本质法益。"因为不可收买性的实质本身才是需要解答的保护法益的内容。"[9]肯定职务行为的不可收买性的目的在于,将与国家工作人员过去的、现在的、未来的职务行为(不论正当与否)相关的受贿行为纳入受贿罪的规制范围。就此论,该说形式上较为全面准确地阐述了传统受贿行为的基本特征,但仍未说明与职务相关收受他人财物的行为侵害了什么法益。该说还将"公民对职务行为不可收买性的信赖"作为受贿罪的法益之一,本质上是将人的主观感受作为受贿罪成立与否的判断标准,存在根本不足。"'信赖'的内容模糊,主观色彩浓厚,将其作为保护法益,会导致脱离个别具体的职务行为,将普通的人情往来以及在距离渎职结果非常远的阶段上有渎职危险的行为都考虑在内,从而不当扩大受贿罪的处罚范围。"[10]该说另一明显的不足在于,其无法说明我国《刑法》第388条"斡旋型"受贿罪的法益,即"国家工作人员利用本人职权或者地位形成的便利条件,通过其他国家工作人员职务上的行为,为请托人谋取不正当利益,索取请托人财物或者收受请托人财物的,以受贿论处"。"本文认为,刑法第388条的存在,对受贿犯罪保护法益的传统理解形成了挑战。"[11]"斡旋型"受贿罪中行为人利用他人的职务行为,而非本人职务行

9 〔日〕山口厚:《刑法各论》(第2版),王昭武译,中国人民大学出版社2011年版,第717—718页。

10 黎宏:《受贿犯罪保护法益与刑法第388条的解释》,载《法学研究》2017年第1期。

11 黎宏:《受贿犯罪保护法益与刑法第388条的解释》,载《法学研究》2017年第1期。

为,受贿人所获财物并非对价,故难言之为权钱交易,据此,职务行为的不可收买性于此不具有存在的基础。第二,国家工作人员职务行为的廉洁性作为受贿犯罪行为侵害的法益具有一定的合理性,但仍存在较大缺陷。不可否认,廉洁系国家工作人员之身份应承担的义务之一,如我国《公务员法》第 14 条第(七)项规定的公务员履行职务应“清正廉洁,公道正派”,受贿行为无疑侵害了国家工作人员职务行为的廉洁性。但是,“廉洁”主要是指不贪取不应得的财产、做人清白,也有指为人的意义,该用语具有浓厚的主观道德主义色彩,何为“不应得的财产”、何为“清白”都难以明确,故廉洁之意本质所指不明,从某种意义上讲,职务行为的廉洁性是职务行为不可收买性的道德评价或道德用语,以之为法益难以区分贪污、受贿等犯罪,更易扩大受贿罪的处罚范围。故职务行为的廉洁性不宜成为受贿罪的法益。第三,职务行为的公正性作为受贿罪之法益是恰当的。一是国家工作人员职务行为的本质特征决定了受贿行为侵害的是其职务行为的公正性。受贿行为侵害的直接对象是国家工作人员的职务行为,源于职务行为的本质特征,即职务行为的服务对象是全体国民,国家工作人员在行使职务行为过程中应对所有服务对象一视同仁,依法客观公正履职,尤其是具有立法、司法、执法职权的职务行为,这些行为本身具有客观公正的内在要求,国家工作人员在履行职务行为过程中收受他人财物或是利用他人职务行为为他人谋取不正当利益而受贿的,都具有侵害国家工作人员职务行为公正性的现实危险。就此而言,职务行为的不可收买性、廉洁性只是职务行为公正性的某一方面特征。二是受贿罪之为他人谋取不正当利益的规定决定了受贿罪的法益是国家工作人员职务行为的公正性。从刑法规范之行为规范来看,国家工作人员利用自己或他人的职务行为、为他人谋取(不正当)利益而收受他人财物,都是违反刑法的行为规范。换言之,受贿之权钱交易行为违反行为规范,进言之,职务行为的不可收买性只是解释受贿行为的形式违法问题,但没有解释权钱交易行为为何违反行为规范的实质违法问题,即未解释刑法为何禁止受贿行为。行为人为他人谋取利益而利用自己职务行为并收受他人财物的行为,本质上是在职务行为中偏袒行贿人,即不客观公正地履行职务行为,直接侵害国家工作人员依法客观公正地履行职务,即职务行为的公正性。为他人谋取不正当利益,利用他人职务行为收受请托人财物的行为,本质上是行为人让其他国家工作人员在履行职务过程中偏袒请托人,影响了其依法公正履行职务,具有直接侵害他人职务行为公正性的现实危险,刑法据此禁止受贿行为。就此论,以职务行为的公正性作为受贿罪的法益,不仅能解释传统受贿行为的特征,更能说明斡旋受贿行为的本质特征,使我国刑法有关受贿罪的理解和解释具有内在的逻辑统一性。至于行为人利用职务行为直接索贿,相当于利用职务敲诈勒索,这种行为自身即具有侵害其职务行为公正性之危险,行为人在其履行职务过程中索贿,无疑直接侵害其职务行为的公正性。三是国家工作人员职务行为的公正性自身具有法律属性,相较而言成为受贿罪的法益更为妥帖,且肯定公正性成立也意味着一般民众对职务行为的公正性的信赖。换言之,职务行为的公正性本身蕴含着一般民众对之信赖,若没有这一层意思,职务行为的公正性难以成立。因此,即使笔者否认单独将某种信赖作为受贿罪的法益,但肯定职务行为的公正性作为受贿罪的法益,其内容本身蕴含一般民众对公正的信赖,两者并不矛盾。

(三)单位行贿罪的客体:国家工作人员职务行为的不可收买性

11 单位行贿罪、受贿罪的客体因二者行为的对向关系而具有相当的重合性,受贿罪的法益在相当程度上反映了单位行贿罪的法益,但二者存在差别,不能将二者简单等同。单位行贿是单位为了谋取不正当利益而行贿,或者违反国家规定,给予国家工作人员以回扣、手续费,情节严重的行为。

1. 单位行贿具有侵害国家工作人员职务行为公正性的危险

12 单位行贿作为受贿罪的前置行为之一,是惹起受贿行为的发生,即间接引起国家工作人员违反其职务身份义务而不公正地履行职务行为,具有侵害国家工作人员职务行为公正性的危险。只有当受贿行为切实发生,才能在事实上侵害国家工作人员职务行为的公正性。受贿行为是否成立,不影响单位行贿行为的成立,单位为谋取不正当利益而给予国家工作人员财物的,即使单位所行贿的国家工作人员未利用职务行为为行贿单位谋取不正当利益,只要有证据证明单位为了谋取不正当利益而给予国家工作人员财物的,即构成单位行贿罪。单位行贿行为只有借助受贿行为的实施,才能直接侵害国家工作人员职务行为的公正性,其本质特征是间接侵害国家工作人员职务行为的公正性,即使多数行贿行为完成等同受贿行为实施,但也不能认为单位行贿行为直接侵害了国家工作人员职务行为的公正性。

2. 单位行贿侵害国家工作人员职务行为的不可收买性

13 (1)单位为谋取不正当利益而给予国家工作人员财物的,其给予财物的目的是欲利用国家工作人员的职务行为为其谋取不正当利益,对行贿单位而言,国家工作人员的职务行为是可交易或可收买的,单位行贿行为体现了权钱交易的本质特征。换言之,单位行贿行为侵害的是国家工作人员职务行为的不可收买性。这种典型的行贿行为本身不直接侵害国家工作人员职务行为的公正性,只有借助国家工作人员的职务行为方能实质性侵害其职务行为的公正性。

14 (2)单位违反国家规定,给予国家工作人员以回扣、手续费的行为,直接表明国家工作人员职务行为的可交易或可买卖,亦即该行为侵害了国家工作人员职务行为的不可收买性。回扣是指卖方从买方支付的商品款项中按一定比例返还给买方的价款;手续费是办事过程中产生的费用。从回扣、手续费自身的含义分析,回扣一般是指有关单位在国家工作人员利用其职务身份(或行为)帮助其成功开展经济活动后给予国家工作人员一定比例的财物,回扣的发生通常是事后行为。从给予回扣的单位而言,其送回扣的行为直接表明国家工作人员的职务行为是可交易的或可收买的,侵害的是国家工作人员职务行为的不可收买性。有关单位在经济活动中给予国家工作人员的手续费,更是直接表明国家工作人员履行职务是需要对价的,职务行为是可交易的或可收买的,其行为侵害了国家工作人员职务行为的不可收买性。

(3)单位为谋取不正当利益给予国家工作人员财物的行为与单位在经济活动中违规给予国家工作人员回扣、手续费的行为相比,前者不需要国家工作人员具体履行职务行为。换言之,国家工作人员的职务行为对于这类单位行贿行为是否构成犯罪不是必要条件,这种典型的单位行贿行为与国家工作人员的职务行为之公正性具有一定的距离,虽然具有侵害职务行为公正性的危险,但对行贿单位而言,其行贿即等同于国家工作人员的职务行为是可交易、可收买的,侵害的是国家工作人员职务行为的不可收买性。后者行为的发生一般需要国家工作人员具体履行职务行为,这类单位行贿行为不仅充分体现了职权交易的本质特征,且与国家工作人员的受贿行为基本对应,其侵害的法益与受贿罪的法益更接近乃至等同。就此论,这类单位行贿行为侵害的法益是国家工作人员职务行为的不可收买性与公正性的重合。于此,单位行贿罪的法益在形式上似乎存在矛盾。 15

(4)国家工作人员职务行为的不可收买性作为单位行贿罪的法益,相比国家工作人员职务行为的公正性而言,能更全面准确地表明单位行贿行为的本质特征,故前述矛盾不存在。一是单位行贿罪的法益应根据单位行贿行为的本质界定。单位违规给予国家工作人员回扣、手续费的,虽然国家工作人员一般已利用其职务行为为行贿单位谋取不正当利益,且典型的单位行贿行为之目的也是为了谋取不正当利益,其行为虽侵害国家工作人员职务行为的公正性,但其根本目的是以钱换权为单位谋取不正当利益。从行贿单位及其给予回扣、手续费的角度论,国家工作人员职务行为可交易、可买卖,单位违规给予国家工作人员回扣、手续费的行为,实质上侵害的是国家工作人员职务行为的不可收买性。二是职务行为的不可收买性是职务行为的公正性的内涵之一。职务行为的公正性要求国家工作人员在面对服务的一般国民时,应依法客观公正地履行职务,这要求国家工作人员在履行职务过程中不能收受任何服务对象给予的财物,即履行职务是无偿的。换言之,国家工作人员履职不收取他人给予的财物是保证国家工作人员客观公正履职的要求之一。虽然单位违规给予国家工作人员回扣、手续费的行为同时侵害国家工作人员职务行为的不可收买性和公正性,但是,从给予回扣或手续费的行贿单位角度看,其根本目的是用钱与权交易从而获利,故职务行为的不可收买性相比职务行为的公正性更能准确诠释单位行贿行为的本质特征。三是从法律规定的内在逻辑统一性来看,国家工作人员职务行为的不可收买性作为单位行贿罪的法益也是妥当的。根据刑法规定,单位行贿罪的两类行为都具有侵害国家工作人员职务行为公正性的危险,其中单位为谋取不正当利益给予国家工作人员财物的,充分反映了单位行贿行为侵害的是国家工作人员职务行为的不可收买性;单位违规给予国家工作人员回扣、手续费的,虽然条文没有明文规定其目的,但根据刑法规定的内在逻辑统一性,单位给予回扣、手续费的,应当也是以国家工作人员利用其职务为单位谋取不正当利益为前提,为利于实施权钱交易。故单位行贿行为本质上侵害的是国家工作人员职务行为的不可收买性,而非职务行为的公正性。 16

(四)对有关单位行贿罪客体的观点分析

17 (1)认为单位行贿罪的客体是国家工作人员职务行为的廉洁性的观点不妥。虽然单位行贿罪的客体即国家工作人员职务行为的不可收买性,在道德评价层面主要是职务行为的廉洁性,但由于廉洁性自身含义不明确,且主观伦理道德色彩明显,不宜作为单位行贿罪的法益,否则易致单位行贿罪之出入罪随意,易将正常的经济往来作为单位行贿罪处理。

18 (2)将国家机关、公司、企业、事业单位和团体的正常职能活动及声誉视为单位行贿罪的法益的观点不妥。由于为单位谋取不正当利益并借助国家工作人员的职务行为,都有可能侵害国家机关、公司、企业、事业单位和团体的正常职能活动及声誉,但这些都是在单位行贿行为侵害国家工作人员职务行为的不可收买性之后产生的间接侵害。就此论,除上述法益外,包括国家经济管理秩序、市场经济秩序等都可能成为单位行贿罪侵害的法益,这是不妥的,与法益本身具有的界限功能相背离,也将无限扩大单位行贿罪成立的范围。更为重要的是,国家机关、公司等正常职能活动及声誉究竟是指什么并不明确,其中声誉更是主观的,不能作为单位行贿罪的法益。

19 综上,单位行贿罪的法益与受贿罪的法益存在紧密关联但不等同,国家工作人员职务行为的不可收买性是单位行贿罪的法益。

Ⅳ 对象

20 单位行贿罪的对象是国家工作人员。无论是哪种行贿行为,单位都是基于国家工作人员所具有的职务身份而行贿的,给予财物、回扣、手续费的对象都是国家工作人员,且单位行贿的本质在于钱权交易,故单位行贿罪的对象是国家工作人员。单位为谋取不正当利益使用单位财物贿赂国家工作人员,其中财物、回扣、手续费均属于犯罪工具,不属于单位行贿罪的犯罪对象。

Ⅴ 行为

21 根据《刑法》第 393 条的规定,单位行贿行为包括:一是单位为谋取不正当利益而行贿;二是违反国家规定,给予国家工作人员以回扣、手续费,情节严重的行为。

一、为单位谋取不正当利益而行贿

(一)行贿是指给予国家工作人员财物的行为

22 单位为谋取不正当利益而行贿,是《刑法》第 393 条规定的第一种单位行贿行为,刑法规定及相关解释并未明确行贿是指什么。具体而言,是否与我国刑法行贿罪规定的行贿内容相同?行贿的对象是否仅限于国家工作人员,行贿的财物是什么?又如何保持与刑法规定的第二类单位行贿行为相协调?笔者认为,行贿是指给予国家工作人员财物的行为。

(1)从刑法条文之间的内在逻辑统一性来看,行贿是给予国家工作人员财物的行为,而非罪名。行贿应根据《刑法》第389条行贿罪的规定理解,即为谋取不正当利益,给予国家工作人员以财物的,是行贿罪。故单位为谋取不正当利益而行贿,应理解为单位为谋取不正当利益而给予国家工作人员以财物。虽然此处存在“行贿”与“行贿罪”的区别,但是两者相比较而言,该“行贿”是一种行为方式,而不是一种罪名。行贿罪是指具有谋取不正当利益的特定犯罪目的的自然人给予国家工作人员以财物的行为,与“单位行贿罪是单位为谋取不正当利益而行贿”相比,此“行贿”应指给予国家工作人员以财物,而不是指单位为谋取不正当利益而给予国家工作人员以财物。若是如此,单位行贿罪则是单位为谋取不正当利益而给予国家工作人员以财物,这种理解失之偏颇,也有悖于刑法条文最基本的文义解释。 23

(2)从刑法条文内容之间的逻辑统一性理解,行贿也应指给予国家工作人员以财物,即单位行贿的对象是国家工作人员。根据《刑法》第393条的规定,违反国家规定给予国家工作人员以回扣、手续费,情节严重的,构成单位行贿罪。这类单位行贿行为虽有别于上述典型的单位行贿行为,但二者钱权交易的本质相同,其行贿的对象是国家工作人员。从维持刑法条文内在的逻辑统一性及同一罪名下不同行为的相同特征出发,为谋取不正当利益而行贿的对象应该是国家工作人员。 24

(3)根据有关行贿罪名规定的内容可知,单位行贿的对象应是国家工作人员。我国刑法有关行贿的规定存在行贿罪、对有影响力的人行贿罪、对单位行贿罪、单位行贿罪。行贿罪的对象是国家工作人员;对有影响力的人行贿罪的对象是国家工作人员的近亲属或者其他与国家工作人员关系密切的人、离职的国家工作人员或者其近亲属以及其他与其关系密切的人;对单位行贿罪的对象是国家机关、国有公司、企业、事业单位、人民团体等单位。据此,行贿对象的基本范围是确定的。其中,根据上述罪名的规定,对有影响力的人行贿罪和对单位行贿罪中均规定了“单位犯前款罪的,对单位判处罚金……”,即单位对有影响力的人、单位行贿的,分别构成对有影响力的人行贿罪、对单位行贿罪。但是,刑法没有直接在行贿罪中规定“单位犯前款罪的,对单位及其主管的责任人员或其他责任人员给予相应处罚”,即单位向国家工作人员行贿的虽然构成行贿罪,但是刑法单独规定了单位行贿罪。在行贿对象确定的前提下,单位向有影响力的人、单位行贿的,构成对有影响力的人行贿罪、对单位行贿罪,那么,单位行贿罪的对象只有国家工作人员,而行贿罪中并未规定单位向国家工作人员行贿的构成行贿罪。就此而言,单位向国家工作人员行贿的应构成单位行贿罪,是符合刑法有关行贿罪规定的内在逻辑性和统一性的。因此,单位行贿罪的对象是国家工作人员。 25

(二)单位为谋取不正当利益而行贿,应达到情节严重才构成犯罪

单位为谋取不正当利益而给予国家工作人员以财物的行为,情节严重的才能构成单位行贿罪。 26

(1)根据单位行贿罪之刑法条文内容之间的逻辑统一性,单位给予国家工作人员 27

以财物的行为应达到情节严重,才能入罪。单位行贿罪的两种单位行贿行为属于并列关系。违规给予国家工作人员以回扣、手续费的,需要情节严重才能构成单位行贿罪;为谋取不正当利益而给予国家工作人员以财物的,虽然没有明文规定,但从条文内容之间的逻辑体系上理解,也需要情节严重才可入罪。

28 (2)相关司法解释明确了单位行贿行为以情节严重为构成要件。根据最高人民检察院《关于人民检察院直接受理立案侦查案件立案标准的规定(试行)》的规定,涉嫌下列情形之一的,应予立案:①单位行贿数额在20万元以上的。②单位为谋取不正当利益而行贿,数额在10万以上不满20万元,但具有下列情形之一的:为谋取不正当利益而行贿的;向3人以上行贿的;向党政领导、司法工作人员、行政执法人员行贿的;致使国家或社会利益遭受重大损失的。由此可知,单纯的数额情节、数额加其他情节是单位行贿行为立案的两种模式,其中数额不低于10万元则是单位行贿行为立案的最基本条件。据此并非所有的单位行贿行为都构成犯罪并立案调查,如单位给予国家工作人员5万元,即使为谋取不正当利益而行贿的,也不构成单位行贿罪,不予立案。最低10万元的数额标准决定了单位行贿行为需要达到情节严重的标准。其中直接规定的"单位为谋取不正当利益而行贿,数额在10万元以上不满20万元"的才予以立案,直接证明了《刑法》第393条规定的第一种单位行贿行为需要情节严重才能构罪。

29 (3)以情节严重作为单位行贿行为入罪的必要条件,有利于区分单位行贿罪与单位的正常经济往来,防止单位行贿罪的处罚范围扩大。在实际的社会经济活动中,单位以合理的名义给予国家工作人员财物是时常发生的事情,如某律师事务所请省高院民庭的副庭长为律师事务所的律师讲课,律所以单位的名义送5000元给该庭长。若没有数额限制的要求,上例中的律所可以单位行贿罪立案调查。但这是不合理的,如此将不利于市场经济活动有序运转,也将限制经济的发展,扩大单位行贿罪的处罚范围,值得警惕。

(三)几种"情节严重"情形成立的根据及其认定

30 相关司法解释较为明确地规定了情节严重的认定标准。一是数额在20万元以上的,属于情节严重;二是数额在10万元以上20万元以下,同时符合规定的四种情形,即具有特定的犯罪目的、行贿对象是特定的、行贿行为次数及行贿行为造成严重后果的,也属于情节严重。

31 (1)为获取不正当利益而行贿的,该"行贿"是指给予国家工作人员财物的行为,其本身即是违法行为。为谋取不正当利益是特定的犯罪目的,不正当利益一般不受法律保护,属于非法利益,谋取不正当利益即谋取非法利益也是违法的。由于特定的犯罪目的系主观的违法性要素,直接影响行为的违法性。换言之,为谋取不正当利益的目的直接影响行贿行为的违法性,在行贿行为本身违法的前提下,为谋取不正当利益而行贿的违法性程度显然提高。与之相对,单位明知给予国家工作人员以财物的行为是违法行为,在可以选择合法行为的前提下不仅决定行贿而且还具有特定的不法目的,行贿单位的非难可能性随之提高,其应承担的责任也随之提高。所以,在行贿数额为10万元至20万元(自身违法)的前提下,单位又具有非法的谋取不正当利益的目的,导致单位行贿行为的违法性、有责性均提高,故以一定行贿数额为前提再加上非法目的作为单位行贿罪的入罪条件是合理的。

(2)向3人以上行贿的。行为违法性的本质在于行为侵害法益的危险,单位给予国家工作人员以财物的行为具有侵害国家工作人员职务行为不可收买性之法益的危险。单位向3人以上行贿的,即行贿对象是多数的,本质上是单位行贿行为的连续性。在行贿数额为10万元至20万元的前提下,一次单位行贿行为的违法性程度低(不构成犯罪),3次以上行贿行为,则决定单位行贿行为侵害国家工作人员职务行为不可收买性之法益程度提高,即行为违法性提高,故司法解释才将其入罪。以构罪责任而言,单位明知行贿行为系违法行为,在具有他行为可能的前提下不仅决定实施行贿行为,而且连续性行贿多个不同对象,其非难程度显著提高,责任提高,在行贿数额达到最低要求的前提下,据此刑法规制单位行贿行为是合理的。单位行贿行为的连续性,亦即行贿主体(单位)本身具有侵害国家工作人员职务行为不可收买性之法益的危险(即行为人的危险),也能说明行为主体之量刑责任的提高。[12] 从犯罪预防的刑罚目的来看,处罚行贿3人以上的单位行贿行为,有利于降低或防止单位侵害国家工作人员职务行为不可收买性法益的危险,实现预防犯罪的目的。 32

(3)向党政领导、司法工作人员、行政执法人员行贿的,这是单位向特定主体行贿。单位行贿行为侵害的法益虽然是国家工作人员职务行为的不可收买性,但当其行贿的对象是党政领导、司法工作人员、行政执法人员等国家工作人员时,由于这些主体职务的特殊性,如党政领导负责本单位全体事务,司法工作人员、行政执法人员直接关系到法之公平正义的实现,相比其他一般国家工作人员,他们具有更高的依法公正履行职务的义务。上述特定主体在收受单位给予的财物并为之谋取不正当利益,将直接导致对其职务行为公正性的侵害,相比于职务行为的不可收买性,侵害程度明显提高,也直接破坏了法的公平正义和国家机关的公信力。换言之,单位为谋取不正当利益而给予党政领导、司法工作人员、行政执法人员以财物的,其行为所导致的上述主体不依法公正履行职务行为的危险性更大。因此,向上述特定主体行贿所导致法益侵害结果发生的危险性及其侵害的程度远高于向其他国家工作人员行贿可能导致的结果。以结果无价值论,结果发生概率越高,后果越严重,其原因行为的违法性越高,非难的程度提高,违法性、有责性同时提高,因而将其入罪即具有理论根据。 33

(4)致使国家或社会利益遭受重大损失的。致使国家或社会利益遭受重大损失的,是单位行贿行为导致的结果,这种结果同单位"向党政领导、司法工作人员、行政 34

12 刑事责任是由构罪责任和量刑责任构成,构罪责任与行为违法程度关联,量刑责任与预防犯罪的必要性大小成正比。

执法人员"行贿可能导致的结果本质相同,都是单位行贿行为所导致的间接后果,即通过国家工作人员的职务行为可能导致的后果,只是前者是实害后果,后者是导致结果发生的可能性(危险性)。以结果无价值论,实害结果和危险结果都是结果,结果的违法是违法成立的核心标志,标志着行为违法,故在单位行贿行为成立即侵害国家工作人员职务行为不可收买性的同时,因国家工作人员职务行为导致国家或社会利益遭受重大损失之结果的发生[13],单位行贿行为的违法性也随之提高,在单位行贿数额达到法定的最低标准前提下,将其入罪也具有充分的理论根据。

(四)司法解释规定的几种情形之认定

35 根据1999年最高人民检察院《关于人民检察院直接受理立案侦查案件立案标准的规定(试行)》的规定,单位行贿数额在满足10万元以上不满20万元的前提下,同时满足特定四种规定情形,即可立案入罪,但是,其中第二种情形中数额与情节的关系不明,第四种情形中国家与社会利益遭受重大损失的认定标准不明,应给予明确,以方便指导司法实践。

1. 第二种情形之"向3人以上行贿"的认定

36 1999年最高人民检察院《关于人民检察院直接受理立案侦查案件立案标准的规定(试行)》规定的第二种情形是,单位行贿数额超过10万元不满20万元,同时满足行贿3人以上可立案(入罪)。存在疑问的是,这种情形中两个条件是什么关系,是单位行贿对象的每人要超过最低的数额标准并达到人数要求,还是行贿几人次的行贿总额?笔者认为,这种情形应该是单位行贿3人以上,行贿总额达到立案的最低标准,换言之,单位行贿的每一个人不需要达到10万元至20万元的数额标准。根据前文所述,若是要求单位针对每个对象的行贿数额都达到10万元至20万元的标准,至多需要行贿两名国家工作人员,就可以达到20万元立案标准,数额与情节并列入罪的标准亦无存在的必要。

2. 第四种情形之"致使国家或者社会利益遭受重大损失"的认定

37 (1)以经济损失为标准判断国家或社会利益遭受重大损失。当前,如何认定由单位行贿行为致使国家或社会利益遭受重大损失是没有具体的法律规定和相应司法解释的,存在法律漏洞。因而如何正确把握经济损失标准,直接影响单位行贿罪的入罪与量刑。这种损失本质上是国家工作人员职务行为所导致的损失,就此而言,有关"国家利益遭受重大损失"或"公共财产和人民利益遭受重大损失"的标准只有在行贿罪的司法解释和滥用职权罪、玩忽职守罪的相关解释中存在详细的规定。2012年最高人民法院、最高人民检察院《关于办理渎职刑事案件适用法律若干问题的解释(一)》第1条规定:"国家机关工作人员滥用职权或者玩忽职守,具有以下情形之

[13] 虽然这种结果属于间接结果,但由于单位行贿的目的是利用国家工作人员的职务行为为其谋取不正当利益,当单位的不正当利益实现时,通常也意味着国家或社会利益遭受重大损失,就此而言,国家或社会利益遭受重大损失也是单位行贿行为导致的直接后果。

一的,应当认定为刑法第三百九十七条规定的‘致使公共财产、国家和人民利益遭受重大损失’:(一)造成死亡1人以上,或者重伤3人以上,或者轻伤9人以上,或者重伤2人、轻伤3人以上,或者重伤1人、轻伤6人以上的;(二)造成经济损失30万元以上的;(三)造成恶劣社会影响的……”由此可知,国家或人民利益遭受重大损失的标准分别是从人身伤亡、财产损失、社会影响三个要素认定的。2012年最高人民法院、最高人民检察院《关于办理行贿刑事案件具体应用法律若干问题的解释》第3条明确规定:“因行贿谋取不正当利益,造成直接经济损失数额在一百万元以上的,应当认定刑法第三百九十条第一款规定的‘使国家利益遭受重大损失’。”2016年最高人民法院、最高人民检察院《关于办理贪污贿赂刑事案件适用法律若干问题的解释》第8条第2款规定:“为谋取不正当利益,向国家工作人员行贿,造成经济损失数额在一百万元以上不满五百万元的,应当认定为刑法第三百九十条第一款规定的‘使国家利益遭受重大损失’。”不管数额是100万元以上还是100万元以上不满500万元,这里的国家重大利益损失都是用具体的经济损失数额衡量的。那么,对于单位行贿导致国家或社会利益重大损失的,是以人身伤亡、经济损失、社会影响等要素衡量还是只以经济损失衡量?换言之,对单位行贿致使国家或社会经济利益遭受重大损失的解释是以滥用职权罪、玩忽职守罪的相关司法解释还是以行贿罪的相关司法解释为依据?笔者认为,应以行贿罪的有关司法解释为依据解释单位行贿行为所导致的国家或社会利益重大损失的认定,即只以经济损失为判定标准。

(2)以造成经济损失在100万元以上为“致使国家或者社会利益遭受重大损失” 38
的认定标准。以多少经济损失为致使国家或社会利益遭受重大损失的认定标准?这是司法实践中碰到第四种情形时决定是否立案的最重要根据之一。根据2016年最高人民法院、最高人民检察院《关于办理贪污贿赂刑事案件适用法律若干问题的解释》第7条的规定:①行贿数额3万元以上的构成犯罪。②行贿数额在1万元以上不满3万元,同时具有六种情形之一的,也构成行贿罪:向3人以上行贿的;将违法所得用于行贿的;通过行贿谋取职务提拔、调整的;向负有食品、药品、安全生产、环境保护等监管职责的国家工作人员行贿,实施非法活动的;向司法工作人员行贿,影响司法公正的;造成经济损失数额在50万元以上不满100万元的。该规定与最高人民检察院《关于人民检察院直接受理立案侦查案件立案标准的规定(试行)》中关于单位行贿罪的规定具有相似性,单位行贿数额在10万元以上不满20万元的,同时满足四种情形,即构成单位行贿罪。无论是立法体例(数额加情节)还是具体内容,二者具有密切的关联。前者六种情形与后者四种情形具有密切关联,包括行贿次数要求、行贿特定的对象、行贿目的和行贿行为造成的损失;前者第六种情形是经济损失数额在50万元以上不满100万元,后者第四种情形是致使国家或社会利益遭受重大损失。由此,能否以行贿数额和经济损失的数额标准解释单位行贿罪中“重大损失”?即1万元至3万元的行贿数额同时损失50万元至100万元,构成行贿罪。而单位行贿10万元至20万元造成多少损失才能入罪?笔者认为,虽然行贿罪与单位行贿罪本质相同,且二者入罪标准之情形具有高度的相似性,但不能以相对比的方式得出具体数额的经济损失作为国家或社会利益遭受的重大损失,事实上也不好对比。行贿数额1万元至3万元同时需要50万元至100万元的损失入罪,单位行贿数额10万元至20万元需要多少损失才能入罪,实际上不宜计算,二者造成的损失也并非成比例关系。即使得出相对具体的数额,那也是类推解释,不符合罪刑法定原则。因此,应以行贿罪之司法解释明文规定的"使国家利益遭受重大损失"的认定标准,作为单位行贿罪"致使国家或者社会利益遭受重大损失"认定的标准。对此,2012年的司法解释是100万元以上,2016年的司法解释是100万元以上不满500万元。根据司法解释的效力,当然是以后者的100万元至500万元为重大损失的认定标准。据此,笔者主张,以100万元以上经济损失作为认定单位行贿行为造成重大损失的认定标准是合理的。

二、违反国家规定,给予国家工作人员以回扣、手续费,情节严重

(一)发生在经济往来中

39 虽然我国刑法没有明文规定第二类单位行贿行为所发生的领域或范围,对第二类单位行贿行为没有界限要求,但根据回扣、手续费自身具有的含义,以及行贿罪的规定,即"在经济往来中,违反国家规定……给予国家工作人员以各种名义的回扣、手续费的,以行贿论处"。因此,第二类单位行贿行为应发生在经济往来中。关于对经济往来的理解具有分歧。一是经济往来既包括横向的经济往来,也包括纵向的经济管理。如有学者认为,"经济活动包括生产、经营的各种活动,既包括国家经济管理活动,又包括国家工作人员参与的直接的经济活动"[14]。二是经济往来仅限于横向的经济关系。笔者认为,单位行贿罪中的经济往来有别于受贿罪中的经济往来[15],不管是平等主体之间横向的经济关系,还是纵向的经济管理活动,单位违反国家规定给予国家工作人员回扣、手续费的,均成立单位行贿罪。简言之,单位在横向、纵向的经济关系中违规给予国家工作人员以回扣、手续费的,均构成单位行贿罪。

(二)违反国家规定的理解

40 单位违反国家规定给予国家工作人员以回扣、手续费的行为,其中违反国家规定是认定该类单位行贿行为构成犯罪的前提。由于单位行贿罪作为刑法分则的个罪,对违反国家规定的理解应以刑法总结的相关规定为根据,即以我国《刑法》第96条关于违反国家规定的解释为依据。我国《刑法》第96条规定:"本法所称违反国家

---

14 王作富主编:《刑法分则实务研究》(第3版),中国方正出版社2007年版,第1754页。

15 受贿罪中的经济往来受贿,这里的经济往来一般是平等主体间的横向经济关系,不包括纵向的经济管理活动,因为国家工作人员在其负责的经济管理活动中接受回扣、手续费的,是典型的受贿罪,而不是经济往来中的受贿。

规定,是指违反全国人民代表大会及其常务委员会制定的法律和决定,国务院制定的行政法规、规定的行政措施、发布的命令和决定。"该规定明确具体,有利于将省级以下相关机关或机构制定的法规排除于违反国家规定的范畴,以避免单位行贿罪认定的地方保护主义,以及由此造成的实质不公。

(三)以单位谋取不正当利益为构成犯罪的必要条件

典型的单位行贿行为以单位谋取不正当利益的犯罪目的为必要条件,但单位违规给予国家工作人员以回扣、手续费的行为构成单位行贿罪的,是否以谋取不正当利益为必要条件,法律未明文规定。但是从《刑法》第 393 条规定的内在逻辑统一性理解,第二类单位行贿行为构成犯罪应以谋取不正当利益为必要条件。 41

(四)情节严重的认定

第二类单位行贿行为需要情节严重才构成犯罪。这里的情节严重又是指什么?根据最高人民检察院《关于人民检察院直接受理立案侦查案件立案标准的规定(试行)》的规定,涉嫌下列情形之一的,应予以立案:单位行贿数额在 20 万元以上的。单位为谋取不正当利益而行贿,数额在 10 万元以上不满 20 万元,但具有下列情形之一的:为谋取不正当利益而行贿的;向 3 人以上行贿的;向党政领导、司法工作人员、行政执法人员行贿的;致使国家或者社会利益遭受重大损失的。就此,应作如下理解:一是单位违反国家规定给予国家工作人员以回扣、手续费在 20 万元以上的,属于情节严重,直接构成单位行贿罪;二是单位违反国家规定,给予国家工作人员以回扣、手续费在 10 万元以上不满 20 万元的,并且同时符合上述司法解释规定的四种情形的,也属于情节严重,构成单位行贿罪。 42

Ⅵ 主体

单位行贿罪的主体是单位。 43

根据《刑法》第 30 条的规定,公司、企业、事业单位、机关、团体实施的危害社会的行为,法律规定为单位犯罪的,应当负刑事责任。该条规定是刑法总则部分的内容,理论上可以适用所有分则规定的单位犯罪,包括单位行贿罪。但是,该规定内容过于原则,即使对相关主体单位作了定义,由于实践中单位存在的形式多样化,刑法中的"单位"范围本质上是不明确的,故需要进一步明确单位的认定范围。因此,1999 年最高人民法院《关于审理单位犯罪案件具体应用法律有关问题的解释》第 1 条规定:"刑法第三十条规定的'公司、企业、事业单位',既包括国有、集体所有的公司、企业、事业单位,也包括依法设立的合资经营、合作经营企业和具有法人资格的独资、私营等公司、企业、事业单位。"据此,我国刑法中"单位"成立的基本条件是合法成立、具有法人资格的单位,故具有法人资格的独资、私营公司或企业也是单位犯罪的主体。"刑法意义上的单位,是指依法成立、由一定的物质条件和人员组成的,具有一定 44

的组织机构、能够承担一定责任的相对独立的社会组织。”[16]

45 2001年《全国法院审理金融犯罪案件工作座谈会纪要》中关于单位犯罪问题规定,根据《刑法》和最高人民法院《关于审理单位犯罪案件具体应用法律有关问题的解释》的规定,以单位名义实施犯罪、违法所得归单位所有的,是单位犯罪。单位的分支机构或者内设机构、部门实施犯罪行为的处理。以单位的分支机构或内设机构、部门的名义实施犯罪,违法所得亦归分支机构或者内设机构、部门所有的,应认定为单位犯罪。不能因为单位的分支机构或者内设机构、部门没有可供执行罚金的财产,就不将其认定为单位犯罪,而按照个人犯罪处理。即单位的分支机构、内设机构、部门以自己的名义实施犯罪,违法所得归单位分支机构、内设机构、部门的,即构成单位犯罪。换言之,单位的分支机构、内设机构、部门属于刑法中的“单位”,这里的单位不以单位是否具有可供执行罚金的财产为依据。同时,2002年最高人民检察院《关于涉嫌犯罪单位被撤销、注销、吊销营业执照或者宣告破产的应如何进行追诉问题的批复》明确指出,涉嫌犯罪的单位被撤销、注销、吊销营业执照或者宣告破产的,应当根据刑法关于单位犯罪的相关规定,对实施犯罪行为的该单位直接负责的主管人员和其他直接责任人员追究刑事责任,对该单位不再追诉。亦即单位实施犯罪行为,但在刑事诉讼过程中丧失单位资格,单位不再承担刑事责任。单位丧失诉讼主体资格,但不等于单位犯罪的刑事责任因单位资格丧失而消失,而是由原单位的直接负责的主管人员和其他直接责任人员承担相应的刑事责任。

46 值得探讨的是,一人公司能否成为单位行贿罪的犯罪主体?笔者认为,一人公司也是单位行贿罪的主体。“一人公司也能成为本罪主体。”[17]从一人公司具有独立的法人资格而言,只要是合法成立,符合公司法的相关规定,成为单位行贿罪的主体不存在障碍。当然,一人公司要成为单位行贿罪的主体,必须满足单位犯罪的基本条件,即是以单位名义实施的,违法所得归单位。反之,则可能是个人犯罪,构成行贿罪。

47 还具有争议的是,村民委员会、居民委员会能否成为单位行贿罪的主体?笔者认为,村民委员会、居民委员会属于村民、居民的自治组织,有别于机关、团体、事业单位等单位组织,这些组织都是合法成立具有法人资格组织,村民委员会、居民委员会显然不具有这些特征,故不能成为单位行贿罪的主体。

Ⅶ　罪责

一、故意

48 单位行贿罪的主观方面是直接故意,而且还具有谋取不正当利益的犯罪目的,过

16　龚培华、徐亚之:《论单位行贿与个人行贿的司法认定》,载《上海政法学院学报》2011年第6期。

17　黎宏:《刑法学总论》(第2版),法律出版社2016年版,第542页。

失不能构成单位行贿罪。以结果无价值论,犯罪的主观方面,如故意、过失,一般是有责性要素,笔者采用规范责任论,即有责性的本质是对行为人在具有他行为可能性的前提下仍实施违法行为的主观心态的非难。据此,故意就是行为主体在明知其行为具有侵害法益的危险并能够选择实施合法性行为的前提下,仍实施具有法益侵害危险的违法行为,积极追求或是放任该法益侵害或危险之结果发生的主观心态。其中,积极追求法益侵害及其危险的结果发生的主观心态是直接故意,放任法益侵害及其危险的结果发生的主观心态是间接故意。就单位行贿罪而言,“单位行贿罪的主观方面是故意,是经单位决策机构授权和同意,由单位直接负责的主管人员和其他责任人员以故意行贿行为表现出来的”[18]。单位明知为谋取不正当利益而向国家工作人员给予财物的行为,或违反国家规定给予国家工作人员以回扣、手续费的行为,具有侵害国家工作人员职务行为不可收买性的危险,在可以实施其他合法行为的前提下,仍经单位研究决定或单位领导、负责人同意,由代表单位意志的单位成员实施向国家工作人员行贿或违反国家规定给予国家工作人员以回扣、手续费的行为,即实施侵害国家工作人员职务行为不可收买性的行为,属于典型的积极追求法益侵害结果发生的主观心态,成立直接故意。

二、目的

谋取不正当利益是单位行贿罪成立的必要条件,对其如何准确界定是判断单位行贿罪成立的关键要素之一。 49

(一)谋取不正当利益是主观违法性要素,决定了单位行贿行为的违法性

“为单位谋取不正当利益”是属于犯罪构成的客观要素还是主观要素,理论上具有分歧。笔者认为,为单位谋取不正当利益是单位行贿罪构成的主观要素。一方面,将谋取不正当利益作为犯罪构成的客观要素,在诉讼证明中只要证明利益归属于单位即可,实则简化诉讼证明标准。详言之,当单位行贿未谋取到不正当利益时,则不需要证明谋利的事项,只需要证明给予国家工作人员财物的行为即可;当谋取到了不正当利益时,只需证明利益归属单位即可,无须证明行贿单位是否具有特定的主观故意。这不仅简化了诉讼证明任务,而且是犯罪构成要件的简化,易导致单位行贿罪的处罚范围扩大。另一方面,为单位谋取不正当利益作为犯罪目的,是构成单位行贿罪的主观要素。“为谋取不正当利益”与我国《刑法》第 20 条关于正当防卫的规定,即“为了使国家、公共利益、本人或者他人的人身、财产和其他权利免受正在进行的不法侵害”所表达内容性质相同,是一种行为的目的,前者是单位行贿的目的,后者是防卫行为的目的,将其解释为犯罪目的符合基本的文义解释。犯罪目的显然是主观要素。以结果无价值论,主观要素一般是有责性要素,但例外肯定少数能影响行为 50

---

18 赵煜:《惩治贪污贿赂犯罪实务指南》(第 2 版),法律出版社 2017 年版,第 664 页。

侵害法益危险的主观要素为违法性要素,其中特定的犯罪目的就是其中之一,故犯罪目的直接决定行为法益侵害的危险。由此,为谋取不正当利益的目的直接影响了单位行贿行为的违法性。况且,单位给予国家工作人员财物的行为并不必然具有侵害国家工作人员职务行为不可收买性的危险,如国家工作人员给某单位讲课,单位给予其劳务报酬,该行为正当合理。因此,为单位谋取不正当利益影响单位行贿行为的违法性,属于主观的违法性要素。

(二)不正当利益成立的范围

51 不正当利益的内容范畴直接影响单位行贿罪成立的范围,哪些利益属于不正当利益,是认定单位行贿罪成立的关键因素之一。1999年最高人民检察院《关于人民检察院直接受理立案侦查案件立案标准的规定(试行)》附则中明文规定,“本规定中有关贿赂罪案中的‘谋取不正当利益’,是指谋取违反法律、法规、国家政策和国务院各部门规章规定的利益,以及谋取违反法律、法规、国家政策和国务院各部门规章规定的帮助或者方便条件”。这里的不正当利益的关键在于利益自身是非法的,如通过走私、非法经营、赌博、逃税等手段获得的利益。

52 1999年最高人民法院、最高人民检察院《关于在办理受贿犯罪大要案的同时要严肃查处严重行贿犯罪分子的通知》第2条中规定,“‘谋取不正当利益’是指谋取违反法律、法规、国家政策和国务院各部门规章规定的利益,以及要求国家工作人员或者有关单位提供违反法律、法规、国家政策和国务院各部门规章规定的帮助或者方便条件”。这里的不正当利益不仅包括非法利益,而且包括通过违法程序获得的利益。

53 2008年最高人民法院、最高人民检察院《关于办理商业贿赂刑事案件适用法律若干问题的意见》第9条规定:“在行贿犯罪中,‘谋取不正当利益’,是指行贿人谋取违反法律、法规、规章或者政策规定的利益,或者要求对方违反法律、法规、规章、政策、行业规范的规定提供帮助或者方便条件。在招标投标、政府采购等商业活动中,违背公平原则,给予相关人员财物以谋取竞争优势的,属于‘谋取不正当利益’。”这里的不正当利益除了前述司法解释规定的不正当利益范围,还在违规的依据上增加了违反行业规范的规定提供帮助或方便条件,同时增加了在招标投标、政府采购等商业活动中以不正当手段谋取竞争优势的,即“明确地将采用非法手段‘谋取对自己有利的竞争优势’的行为也规定为‘谋取不正当利益’”[19]。2012年最高人民法院、最高人民检察院《关于办理行贿刑事案件具体应用法律若干问题的解释》第12条规定:“行贿犯罪中的‘为谋取不正当利益’,是指行贿人谋取的利益违反法律、法规、规章、政策规定,或者要求国家工作人员违反法律、法规、规章、政策、行业规范的规定,为自己提供帮助或者方便条件。违背公平、公正原则,在经济、组织人事管理等活动中,谋取竞争优势的,应当认定为‘谋取不正当利益’。”这里的不正当利益的内容范畴更为

---

19 黎宏:《刑法学各论》(第2版),法律出版社2016年版,第538页。

广泛,在上述司法解释规定的基础上,新增了以不正当手段谋取经济、组织人事管理等活动中的竞争优势等利益。

将上述司法解释进行比较可知,“不难看出,司法解释逐渐扩大了‘谋取不正当利益’的范围”[20]。从违反法律、法规、政策、规章的利益,到要求国家工作人员(对方)违反法律、法规、规章、政策、行业规范的规定为其提供帮助或方便条件,从谋取商业活动中的竞争优势扩展到在经济、组织人事管理等活动中谋取竞争优势,不正当利益的范围一直处于不断扩张的态势。从不正当利益成立的内容范围可知,包括内容本身违法的利益以及通过违法(不正当)程序或手段获取的利益,但这是否意味一切通过不正当手段获得的利益都是不正当利益?“有观点认为,如果将通过采取不正当手段获取的利益均认定为不正当利益,那么所有通过行贿手段获取的利益均将被认定为不正当利益。”[21]笔者认为,不能将所有通过不正当手段获取的利益均视为不正当利益。“当然,并非一切伴随有行贿手段的利益都是不正当利益。”[22]就单位行贿罪而言,若只要通过不正当手段获取的利益就是不正当利益,即肯定所有通过行贿手段获取的利益均是不正当利益,这一观点是不合理的。若以行贿手段获取的利益都是不正当利益,那么,刑法没有必要单独规定为谋取不正当利益而行贿,因为行贿行为是单位行贿罪成立的必然条件,不可或缺,只要单位行贿,无论利益是否获得,其以不正当之行贿手段获取利益本身即是不正当利益,由此只规定“为谋取利益而行贿”即可,但这种规定无疑将扩大单位行贿罪的成立范围,不应赞成。 54

综上,即使当前司法解释对“谋取不正当利益”内容范畴的解读呈现扩大化的趋势,但单位行贿罪的认定必须以为单位谋取不正当利益的主观违法性要素为必要条件,既不能简化单位行贿罪的犯罪构成要件,也不能无限扩大解释“谋取不正当利益”的范畴,否则易导致扩大单位行贿罪的刑罚处罚范围,与罪刑法定原则相背离,也不利于市场经济的有序发展。 55

Ⅷ 排除犯罪的事由

一、情节显著轻微

《刑法》第 13 条但书规定,“但是情节显著轻微危害不大的,不认为是犯罪”。笔者认为,《刑法》第 393 条规定的两种单位行贿行为,都需要情节严重,才能构成犯罪,1999 年最高人民检察院《关于人民检察院直接受理立案侦查案件立案标准的规定(试行)》对此作了专门规定。据此,未达到司法解释规定的“情节严重”的标准,即可以认为“情节显著轻微危害不大”,不是犯罪。根据司法解释的规定,单位行贿数额 56

---

20 张明楷:《刑法学》(第 6 版),法律出版社 2021 年版,第 1616 页。

21 谭劲松、赵瑞罡:《单位行贿罪中的不正当利益》,载《人民司法》2011 年第 10 期。

22 黎宏:《刑法学各论》(第 2 版),法律出版社 2016 年版,第 538 页。

在20万元以上的,属于情节严重的行为;单位行贿数额在10万元以上不满20万元的,同时具有法定四种情形,也属于情节严重的行为。根据这个标准,行贿数额未达到20万元的(没有其他情节);10万元以上不满20万元,但不具有司法解释规定的四种情形;虽具有四种法定情形之一,但行贿数额不到10万元的,都属于情节显著轻微危害不大,不认为是犯罪。

二、不具有谋取不正当利益的目的

57 为单位谋取不正当利益是单位行贿罪的目的,也是单位行贿罪成立的必要条件。那么,单位不具有谋取不正当利益的目的而给予国家工作人员财物的行为,不构成单位行贿罪(也不构成行贿罪)。虽然从司法解释和理论发展的趋势而言,不正当利益的认定范围越来越宽泛,但不等于只要以不正当之行贿手段获取的利益都可以认定为不正当利益,本属于行贿单位的正当合法利益,即使行贿获取,也不能认定单位构成单位行贿罪。

三、单位行贿罪的未完成形态

58 单位行贿罪的未完成形态,包括单位行贿的犯罪预备、犯罪未遂、犯罪中止,虽然理论上存在,但是单位行贿罪立案标准和单一幅度的法定刑表明立法者对单位行贿罪是宽容的,且单位行贿罪是行为犯,单位行贿罪的未完成形态都应该被认定为犯罪情节显著轻微,不是犯罪。关键的是,单位行贿罪的未完成形态很难进入司法领域,实践中很难寻觅刑事立案的踪迹。

Ⅸ 未完成形态

59 从理论上分析,单位行贿罪是存在未完成形态的,包括犯罪预备、犯罪未遂,但单位行贿罪的未完成形态难以进入司法领域。

一、犯罪预备

60 根据《刑法》第22条第1款的规定,为了犯罪,准备工具、制造条件的,是犯罪预备。单位行贿罪在理论上具有犯罪的预备阶段。为实施单位行贿行为做准备或制造条件的都是单位行贿罪的犯罪预备,如单位事先告知国家工作人员其请托的事项并承诺送钱、好处费、回扣等。但是单位行贿罪的这种未完成形态,更多地具有理论讨论意义,而实践意义不大。

二、犯罪未遂

61 根据《刑法》第23条第1款的规定,已经着手实行犯罪,由于犯罪分子意志以外的原因而未得逞的,是犯罪未遂。代表单位意志的行贿人在给予国家工作人员财物或违规给予国家工作人员回扣、手续费的行为中,遇到意志以外的原因而不能再实施上述单位行贿行为或单位行贿行为无法完成,如送钱途中遭遇车祸等,或是被国家工作人员当场拒收的,在理论上构成单位行贿罪的未遂。这种讨论更多地具有理论上的意义,而实践意义不大。

三、犯罪中止

根据《刑法》第 24 条第 1 款的规定,在犯罪过程中,自动放弃犯罪或者自动有效地防止犯罪结果发生的,是犯罪中止。单位行贿罪是行为犯,行为不会直接导致法益侵害结果的发生。由此,自动有效地防止犯罪结果发生的犯罪中止不适用单位行贿罪,其只存在"在犯罪过程中,自动有效放弃犯罪"类型的犯罪中止。无论是犯罪预备阶段,还是犯罪实行但未完成阶段,只要出于单位行贿人的主观意愿自动放弃给予国家工作人员财物、回扣、手续费的,均是犯罪中止。同理,这种讨论也主要限于理论上的讨论,实际意义不大。 62

X　共犯

根据《刑法》第 25 条第 1 款的规定,共同犯罪是指二人以上共同故意犯罪。这里的人是否包括单位,本质上存在争议,但主流观点是认可单位可以作为共同犯罪主体的。单位共同犯罪包括单位与单位之间、单位与个人之间的共同犯罪。 63

(1)单位与单位之间是否构成单位行贿罪的共同犯罪,应根据单位行贿罪的犯罪构成要件和共同犯罪的基本原理认定。 64

(2)单位与个人之间的共同犯罪。在单位犯罪中,不存在个人之间的共同犯罪,因为当单位集体研究决定或经过单位领导(负责人)同意实施单位行贿行为时,本质上是共同犯罪,只是个人共同犯罪的故意被单位共同犯罪的故意吸收,不单独构成共犯,仅构成单位行贿罪。单位行贿罪中单位与个人共同行贿情形,在司法实践中情况相当复杂,需要根据共犯原理具体问题具体分析。值得注意的是,单位为谋取不正当利益以给予财物的方式请托国家工作人员帮忙,国家工作人员收受财物后利用职务行为帮助单位谋取不正当利益的,单位行贿行为与受贿行为本质上是共同犯罪,只是单位行贿行为被单独评价为单位行贿罪,国家工作人员收受他人财物的行为被界定为受贿行为,即各自被评价为不同的罪名,二者已不能构成共同犯罪。 65

XI　罪数

对于单位行贿罪的数罪区分,应当按照一罪与数罪的区分标准进行。一般而言,在单位行贿的过程中,单位行贿行为(以本单位财物行贿)很可能侵害本单位财产法益,还可能存在因国家工作人员的职务行为导致国家或社会利益遭受重大损失的情形。前一种情形是单位行贿罪的应有之义,不单独构成涉嫌侵犯财产的犯罪;后一种情形虽与单位行贿关联,但是因国家工作人员的滥用职权或玩忽职守之职务行 66

为造成的,可能涉嫌构成他罪,因主体不一而与单位行贿罪不成立数罪。

67 单位负责人为了谋取个人利益,而将本单位财物作为贿赂交给国家工作人员的,或是经单位集体研究决定,为单位谋取不当利益,将本单位财物给予国家工作人员,不当利益归单位负责人个人或归少数单位领导私分的,如何处理?这两种情况本质相同。单位负责人表面上虽能代表单位意志,也能以单位的名义将本单位财物给予国家工作人员,但其是为了谋取个人利益的,其行为不构成单位行贿罪;即使经过单位集体研究决定为单位谋取不正当利益,但不正当利益最终归属于单位负责人个人的,单位也不构成单位行贿罪,单位负责人构成行贿罪,其挪用或贪污单位财物的行为,构成挪用公款(资金)罪或贪污罪(职务侵占罪),实行数罪并罚。

68 行贿人为单位谋取不正当利益,将以非法方法取得的财物作为贿赂交给国家工作人员,不正当利益归属单位的,如何认定?个人为单位谋取不正当利益给予国家工作人员财物的行为是行贿罪而不是单位行贿罪,以非法方法获得的财物侵害他人的财产法益,涉嫌侵害财产犯罪,如诈骗罪等,将行贿罪与侵犯财产的犯罪数罪并罚。

XII 与非罪的界限

69 单位行贿罪与非罪的区别主要表现在单位行贿罪与单位等送礼的不正之风的区别。单位送礼是一种不正之风,应加之禁止,但是,它与单位行贿罪具有本质区别,不能简单地将单位送礼的行为当作单位行贿罪处理。理由在于:第一,二者的目的不同。单位行贿罪的目的是为单位谋取不正当利益;而单位送礼的目的是多样的,有的是为了和相关单位,尤其是和上级主管单位、部门搞好关系,有的是希望有关职能部门或主管单位能积极优先地解决本单位存在的实际困难,谋取一些合法利益,等等。第二,行贿对象存在差异。单位行贿罪的对象是国家工作人员,其目的是期望利用国家工作人员的职务行为为其谋取不正当利益;单位送礼的对象一般是具有行政隶属关系和业务往来的单位。第三,行贿的财物不同。单位行贿罪所送财物是现金或贵重物品,价值高;单位送礼一般是单位生产或购买的产品、土特产等,总体价值不高,这也是二者在罪与非罪上区分的关键要素之一。第四,行为方式不同。单位行贿行为一般是秘密的,不为人所知;单位送礼行为一般是以"公对公"的形式进行的,在送礼单位和收礼单位的一定范围内是公开的。所以,不能简单地将单位送礼行为作为单位行贿行为看待,当然,单位送礼是为了谋取不正当利益,且送礼的价值达到单位行贿罪的立案标准,也可以单位行贿罪立案侦查,但必须严格按照单位行贿罪的构成要件进行界定。

XIII 与他罪的区别

一、与行贿罪的区别

70 这是司法实践中认定单位行贿罪的难点之一,二者在犯罪主体、利益归属、立案标准等多方面存在差异。

(一)犯罪主体不同

这是区分单位行贿罪与行贿罪的一个重要标准。单位行贿罪的主体是公司、企业、事业单位、机关、团体,是单位犯罪;行贿罪是自然人犯罪,属于个人犯罪。 71

1. 依法成立的单位是单位犯罪成立的前提

单位犯罪成立的前提之一是单位系合法成立的。1999 年最高人民法院《关于审理单位犯罪案件具体应用法律有关问题的解释》第 2 条规定:“个人为进行违法犯罪活动而设立的公司、企业、事业单位实施犯罪的,或者公司、企业、事业单位设立后,以实施犯罪为主要活动的,不以单位犯罪论处。”据此,为了实施犯罪而设立的单位或单位成立后主要实施犯罪的,是个人犯罪而非单位犯罪。 72

2. 单位行贿罪成立应符合单位犯罪成立的基本标准

根据 1999 年最高人民法院《关于审理单位犯罪案件具体应用法律有关问题的解释》相关规定可知,以单位名义实施犯罪,违法所得归单位所有的,属于单位犯罪。由此,单位犯罪的成立标准包括:第一,以单位名义实施犯罪行为;第二,违法所得归单位所有。换言之,不是以单位名义实施犯罪行为或以单位名义实施犯罪行为但违法所得不归单位的,是个人犯罪。由此可知,以单位名义实施犯罪是单位犯罪成立的标准之一,也是单位与个人作为犯罪主体的区分标准之一。是否“以单位名义”应从形式和实质两个方面共同把握,不可偏颇。第一,在形式上以单位的名义行贿。单位是法律拟制的主体,单位行贿行为一般是由单位成员完成的。从犯罪的主体形式上分析,作为单位成员,不论其职务高低,都可以单位名义向国家工作人员行贿。因此,从单位犯罪成立的形式要件上看,单位成员应以单位名义给予国家工作人员财物,换言之,单位成员不是以单位名义实施的行贿行为一般不能构成单位行贿罪(唯一例外的是为单位谋取不正当利益且得到单位追认的,可以成立单位行贿罪)。此外单位成员虽以单位名义行贿,但不必然导致其代表单位的意志。因此,单位成员实施行贿行为是否代表单位意志,是判断是否属于单位行为的关键要素。第二,从实质层面判断单位成员以单位名义实施的犯罪行为能否代表单位意志。“因此,单位行为即为在单位整体意志支配下实施的行为。该种行为是以单位的名义做出的,是单位整体意志的实现。”[23]由此,判断单位成员能否代表单位意志是认定其行为构成单位行贿罪的关键。一般而言,单位集体经过一定的议事或决策程序而研究形成的决定是单位意志的体现。单位的一般成员在完成单位集体研究决定的事项中以单位名义实施的可以体现单位意志,包括为谋取不正当利益向国家工作人员行贿的事项,但是,单位的一般成员即使为单位谋取不正当利益,未经单位决定或单位领导同意,擅自向国家工作人员行贿的,不能代表单位意志,单位不构成单位行贿罪,除非事后单位追认该单 73

---

23 曾粤兴、孙本雄:《〈刑法〉中的单位行贿罪研究》,载《昆明理工大学学报(社会科学版)》2014 年第 2 期。

位成员的行为。"单位成员擅自为单位谋取不正当利益而行贿的,只有其行贿行为具有业务关联性和单位自身意志体现的特征,才能认为是体现单位意志,构成单位行贿罪。"[24]同时,由于单位的领导或主要负责人实际对本单位的事务具有较大程度上的决策权,单位领导或负责人个人关于单位事务的决定一般能代表单位的意志,故单位的领导或负责人为了单位利益擅自决定并实施向国家工作人员行贿的行为,该单位一般成立单位行贿罪。若是单位领导或负责人在与其职务没有任何关联的领域,为个人谋取不正当利益而行贿的,构成行贿罪。

(二)违法所得归属不同

74 1999年最高人民检察院《关于人民检察院直接受理立案侦查案件立案标准的规定(试行)》规定可知,单位犯罪成立的标准之一是违法所得归属单位所有,而《刑法》第393条规定,因行贿取得的违法所得归个人所有的,应以行贿罪论处。"这里'归个人所有',是指归个别人、少数人(不限于单位成员)所有。"[25]由此可知,违法所得的归属不同是单位行贿罪与行贿罪区分的关键之一。1999年最高人民法院《关于审理单位犯罪案件具体应用法律有关问题的解释》第3条亦规定:"盗用单位名义实施犯罪,违法所得由实施犯罪的个人私分的,依照刑法有关自然人犯罪的规定定罪处罚。"因此就单位行贿罪而言,即使行贿人为单位谋取不正当利益,以单位的名义给予国家工作人员财物,但所得利益归其个人所有的,构成行贿罪而不是单位行贿罪。

1. 典型单位行贿行为之利益归属的判断

75 在典型的单位行贿行为中,因行贿取得的违法所得归个人所有以行贿罪定罪处罚,这说明,因行贿产生的不当利益的归属是区分单位行贿罪与行贿罪的关键因素。单位为了谋取不正当利益而行贿,但行贿的利益归个人的仍是行贿罪。反之,在典型的单位行贿行为中,当单位行贿行为完成前(犯罪既遂前),即行为时或行为前预谋准备阶段,因单位欲谋取的不正当利益仍处于谋取阶段,一般不存在因行贿行为所得利益归属的判断,也就不能以利益的归属作为判断单位行贿罪与行贿罪判断的标准。"对于没有利益归属情况下的行贿罪与单位行贿罪的界分,应以行贿意志作为认定标准。"[26]换言之,在利益没有实现的前提下,只要证据可以证明能代表单位意志的单位成员欲为单位谋取不正当利益而向国家工作人员行贿的,构成单位犯罪。反之,为了谋取个人利益而行贿的,即本质上代表个人意志的,是行贿罪。于此,犯罪目的(犯罪主体意志)成为区分单位行贿罪与行贿罪的关键。

2. 经济往来中的单位行贿行为之利益归属的判断

76 在经济往来的单位行贿行为中,单位实际获取的利益一般早于其给予国家工作人员以回扣、好处费。在这种单位行贿行为中,既然利益已归属单位,说明不正当利

24 赵煜:《擅自代表单位行贿受贿应如何认定》,载《中国纪检监察报》2014年11月11日。

25 张明楷:《刑法学》(第6版),法律出版社2021年版,第1025页。

26 董桂文:《行贿罪与单位行贿罪界限之司法认定》,载《人民检察》2013年第12期。

益的谋取在单位实施行贿行为前已实现,国家工作人员已利用职务行为为单位谋利,单位为了获得不正当利益而给予国家工作人员财物。单位的这种行为不仅表明其代表单位意志,是单位行为非个人行为,更直接阐明了该行为侵害了国家工作人员职务行为的不可收买性,依法构成单位行贿罪。由此,在单位违规给予国家工作人员回扣、手续费前,利益的归属也是判断这类行贿行为是个人行为还是单位行为的关键要素。详言之,在经济往来中,单位成员无论是以单位名义还是以个人名义从事经济往来活动,但所得利益归个人的,即使单位成员以单位名义给予国家工作人员回扣、手续费的,也构成行贿罪,"还对单位财物成立财产犯罪(如职务侵占罪或者贪污罪等),应当数罪并罚"[27]。反之,利益归单位的,即使单位成员以个人名义给予国家工作人员回扣、手续费的,也构成单位行贿罪。

值得注意的是,无论是以个人名义还是以单位名义且利益归属可能相统一的 77
一人公司,还是因不规范而导致单位财产与个人财产难以区分的公司或企业,只要是以公司名义并代表单位意志向国家工作人员行贿,因行贿得到的不正当利益归属单位的,均可成立单位行贿罪。这里的个人名义、意志虽然与单位的名义、意志发生混同,但根据单位行贿罪的判断标准,仍可区分。以一人公司为例,公司负责人虽然名义上没有以公司名义,但所得非法利益进入公司账户,可以成立单位行贿罪。再如公司负责人虽以一人公司名义向国家工作人员行贿,但所得非法利益进入个人账户,构成行贿罪,而不是单位行贿罪。

(三)入罪、量刑标准不同

1. 入罪标准不一

根据1999年最高人民检察院《关于人民检察院直接受理立案侦查案件立案标准 78
的规定(试行)》的规定,单位行贿罪的入刑标准:行贿数额在20万元以上的;行贿数额在10万元以上不满20万元但具有向3人以上行贿;为谋取非法利益而行贿;向党政领导、司法工作人员、行政执法人员行贿以及致使国家或社会利益遭受重大损失情形之一的。相对而言,根据2016年最高人民法院、最高人民检察院《关于办理贪污贿赂刑事案件适用法律若干问题的解释》的规定,行贿罪的入刑标准是向国家工作人员行贿,数额在3万元以上的;行贿数额在1万元以上不满3万元但具有向3人以上行贿;将违法所得用于行贿的;通过行贿谋取职务提拔、调整的;向负有食品、药品、安全生产、环境保护等监督管理职责的国家工作人员行贿,实施非法活动的;向司法工作人员行贿,影响司法公正的;造成经济损失数额在50万元以上不满100万元的情形之一的。由此可知,行贿罪的入刑标准低于单位行贿罪。

2. 量刑标准不同

单位行贿罪,无论数额多少、情节多么严重,对单位只处罚金,对单位负责的主管 79

27 张明楷:《刑法学》(第6版),法律出版社2021年版,第1625页。

人员和其他直接责任人员处5年以下有期徒刑或者拘役,并处罚金。相对而言,行贿罪量刑幅度存在区分,最低处5年以下有期徒刑或拘役,并处罚金;因行贿谋取不正当利益,情节严重的,或者使国家利益遭受重大损失的,处5年以上10年以下有期徒刑,并处罚金;情节特别严重的,或者使国家利益遭受特别重大损失的,处10年以上有期徒刑或者无期徒刑,并处罚金或者没收财产。相对而言,单位行贿罪的单一量刑幅度是行贿罪最低的量刑幅度,行贿罪的刑罚明显高于单位行贿罪的刑罚。总之,相比较二者的入刑标准、量刑幅度可知,立法者对于单位行贿罪的态度相对宽容,其入刑门槛高意味着立法者对单位行贿罪入刑是谨慎的,入刑后采用单一的量刑幅度,表明立法者未将单位行贿罪当作重罪对待,即行贿罪是重罪,单位行贿罪是轻罪。

二、与对单位行贿罪、对有影响力的人行贿罪的区别

80 根据《刑法》第391条的规定,对单位行贿的主体既可以是自然人,也可以是单位,而行贿的对象则是刑法规定的单位,若单位为谋取不正当利益,给予单位财物的,或者违反国家规定,给予单位回扣、手续费的,则构成对单位行贿罪。单位构成单位行贿罪的,其刑罚与对单位行贿罪相比而言,即对单位判处罚金,并对单位直接负责的主管人员和其他直接责任人员处3年以下自由刑,并处罚金,后者是轻罪。同理,根据《刑法》第390条之一的规定,对有影响力的人行贿罪的主体既可以是自然人,也可以是单位,但其对象则是国家工作人员的近亲属或者其他与该国家工作人员关系密切的人,或者离职的国家工作人员或者其近亲属以及其他与其关系密切的人等有影响力的人。若单位为谋取不正当利益,向上述有影响力的人行贿的(仅限这种行为方式),构成对有影响力的人行贿罪,对单位判处罚金,对单位直接负责的主管人员和其他直接责任人员处3年以下有期徒刑或者拘役,并处罚金。

XIV 处罚

81 根据《刑法》第393条的规定,犯单位行贿罪的,对单位判处罚金,并对其直接负责人的主管人员和其他直接责任人员,处5年以下有期徒刑或者拘役,并处罚金。因行贿取得的违法所得归个人所有的,依照《刑法》第389条、第390条自然人行贿罪的规定定罪处罚。

一、对单位如何处罚

82 刑法及相关司法解释对此没有详细规定。根据我国《刑法》第52条的规定,判处罚金,应当根据犯罪情节决定罚金数额。这是判处罚金的基本原则。根据2016年最高人民法院、最高人民检察院《关于办理贪污贿赂刑事案件适用法律若干问题的解释》第19条第2款的规定,对刑法规定并处罚金的其他贪污贿赂犯罪,应当在10万元以上犯罪数额2倍以下判处罚金。单位行贿罪属于该款规定的“其他贪污贿赂犯罪”,故对单位应在“十万元以上犯罪数额二倍以下”范围内并充分结合犯罪情节决

定判处的具体罚金。

二、对单位直接负责的主管人员和其他直接责任人员如何适用刑罚

根据《刑法》规定，单位行贿罪对单位直接负责的主管人员和其他直接责任人员只规定了单一幅度的法定刑。该规定说明无论单位行贿数额多么巨大、情节多么严重，对单位直接负责的主管人员和其他直接责任人员处5年以下有期徒刑或者拘役，并处罚金。此处罚金的数额标准亦适用2016年最高人民法院、最高人民检察院《关于办理贪污贿赂刑事案件适用法律若干问题的解释》第19条第2款的规定。如何认定单位直接负责的主管人员和其他直接责任人员，根据《全国法院审理金融犯罪案件工作座谈会纪要》的规定，单位犯罪中直接负责的主管人员，是在单位实施的犯罪中起决定、批准、授意、纵容、指挥等作用的人员，一般是单位的主管负责人，包括法定代表人。其他直接责任人员，是在单位犯罪中具体实施犯罪并起较大作用的人员，既可以是单位的经营管理人员，也可以是单位的职工，包括聘任、雇佣的人员。 83

三、刑事责任减免情形

（1）2012年最高人民法院、最高人民检察院《关于办理行贿刑事案件具体应用法律若干问题的解释》第7条第2款规定，单位行贿的，在被追诉前，单位集体决定或者单位负责人决定主动交待单位行贿行为的，依照《刑法》第390条第2款的规定，对单位及相关责任人员可以减轻处罚或者免除处罚；受委托直接办理单位行贿事项的直接责任人员在被追诉前主动交待自己知道的单位行贿行为的，对该直接责任人员可以依照《刑法》第390条第2款的规定减轻处罚或者免除处罚。被追诉前是指监察机关对行贿人的行贿行为立案调查前。单位行贿后被立案调查前，经单位集体决定或单位负责人决定主动交待行贿行为、受委托直接办理单位行贿事项的直接负责人主动交待行贿行为的，可以减轻或免除处罚。 84

（2）《刑法》第390条第2款的规定能否适用单位行贿罪？《刑法》第390条第2款规定，行贿人在被追诉前主动交待行贿行为的，可以从轻或者减轻处罚。其中，犯罪较轻的，对侦破重大案件起关键作用的，或者有重大立功表现的，可以减轻或者免除处罚。由于《刑法》第393条关于单位行贿罪的规定并没有与之相同的内容，那么，单位行贿后在被追诉前主动交待行贿行为的，是否能适用该规定对单位从轻或减轻处罚？ 85

笔者认为，该规定的内容是2015年颁布的《刑法修正案（九）》第45条第2款的规定，虽然只是行贿罪的减免情节，但理论上仍适用于单位行贿罪。理由在于：第一，刑法规定行贿人在被追诉前主动交待行贿行为而从轻或减轻处罚的目的，旨在鼓励行贿者积极主动向司法机关交待行贿犯罪事实，有利于快速查明事实，减轻司法机关的司法成本，也有利于司法机关查明与之相对的受贿人的犯罪事实。第二，行贿罪与单位行贿罪（刑罚）相比，前者是更为严重的犯罪，既然行贿人在被追诉前主动交待 86

行贿犯罪事实的可从轻或减轻处罚,根据“举重以明轻”原则,单位行贿罪也可适用该规定。第三,司法解释明确了单位行贿罪中存在主动交待单位行贿犯罪事实的,可以参照《刑法》第 390 条第 2 款的规定。这就是 2012 年最高人民法院、最高人民检察院《关于办理行贿刑事案件具体应用法律若干问题的解释》第 7 条第 2 款的规定。

87 (3)如何适用减免情形。单位行贿在被追诉前,经单位集体或单位负责人决定主动交待行贿行为的,或者受委托直接办理单位行贿事项的直接负责人主动交待其知道的行贿事实的,既可以适用 2015 年《刑法修正案(九)》修正后的《刑法》第 390 条第 2 款的规定,也可以适用 2012 年最高人民法院、最高人民检察院《关于办理行贿刑事案件具体应用法律若干问题的解释》第 7 条第 2 款的规定。两者相比较,2015 年《刑法修正案(九)》修正后的内容更为合理,且 2015 年的规定位阶更高,但相对于单位及单位直接负责的主管人员和其他直接责任人员而言,2012 年司法解释对其更有利,因为该司法解释不分任何情节,只要主动交待单位行贿事实均可以减轻或免除处罚;而 2015 年《刑法修正案(九)》修正后的规定则是主动交待单位行贿事实的,一般从轻或减轻处罚,只有犯罪较轻、对侦破重大案件起关键作用或者有重大立功表现的,才可以减轻或免除处罚。相比较而言,2018 年的规定更为严苛,从有利于被告人及从旧兼从轻的基本原则考虑,应优先适用 2012 年司法解释。

88 (4)单位因行贿行为所得的不正当利益,在单位行贿行为被正式立案后如何处理?根据 2012 年最高人民法院、最高人民检察院《关于办理行贿刑事案件具体应用法律若干问题的解释》第 11 条的规定,行贿犯罪取得的不正当财产性利益应当依照《刑法》第 64 条的规定予以追缴、责令退赔或者返还被害人。因行贿犯罪取得财产性利益以外的经营资格、资质或者职务晋升等其他不正当利益,建议有关部门依照相关规定予以处理。

第三百九十四条　贪污罪的特别规定

国家工作人员在国内公务活动或者对外交往中接受礼物，依照国家规定应当交公而不交公，数额较大的，依照本法第三百八十二条、第三百八十三条的规定定罪处罚。

文献:张穹主编:《贪污贿赂渎职“侵权”犯罪案件立案标准精释》,中国检察出版社2000年版;唐世月:《贪污罪研究》,人民法院出版社2002年版;〔日〕芝原邦尔:《经济刑法》,金光旭译,法律出版社2002年版;李文峰:《贪污贿赂犯罪认定实务与案例解析》,中国检察出版社2011年版;赵煜:《惩治贪污贿赂犯罪实务指南》,法律出版社2012年版;童伟华:《财产罪基础理论研究》,法律出版社2012年版;孙国祥:《贿赂犯罪的学说与案解》,法律出版社2012年版。储槐植、梁根林:《贪污罪论要——兼论〈刑法〉第394条之适用》,载《中国法学》1998年第4期;于改之:《社会相当性理论的机能》,载《武汉大学学报(哲学社会科学版)》2007年第5期;孙国祥:《国家工作人员“灰色收入”刑法规制的误区与完善》,载《江海学刊》2011年第4期;马卫军:《论抢劫罪中的财产性利益》,载《政治与法律》2011年第7期;李强:《财产犯中财产性利益的界定》,载《法学》2017年第12期。

细目录

Ⅰ　主旨
Ⅱ　沿革
Ⅲ　“国内公务活动”的范围
Ⅳ　“对外交往”的理解
Ⅴ　“礼物”的认定
Ⅵ　“依照国家规定应当交公而不交公”的含义

Ⅰ　主旨

1 刑法规定贪污罪的这一特别情形的主旨在于,规范国家工作人员的公务行为,确保国家工作人员在国内公务活动或对外交往中收受的应当交公的礼物上缴国库,归国家所有。

Ⅱ　沿革

2 我国关于国家工作人员在公务活动中收礼的相关规定是在实践中逐步确立和发

展起来的。针对改革开放初期经济领域的乱象,1988 年 1 月 21 日施行的全国人民代表大会常务委员会《关于惩治贪污罪贿赂罪的补充规定》第 10 条规定:“国家工作人员在对外交往中接受礼物,依照国家规定应当交公而不交公,数额较大的,以贪污罪论处。”1988 年 9 月 13 日国务院发布的《国家行政机关工作人员贪污贿赂行政处分暂行规定》、1993 年 4 月 27 日中共中央办公厅、国务院办公厅颁布的《关于严禁党政机关及其工作人员在公务活动中接受和赠送礼金、有价证券的通知》、1993 年 12 月 5 日国务院发布的《关于在对外公务活动中赠送和接受礼品的规定》、1995 年 4 月 30 日中共中央办公厅、国务院办公厅颁布了《关于对党和国家机关工作人员在国内交往中收受的礼品实行登记制度的规定》、1996 年 10 月 9 日发布的《中共中央纪律检查委员会对〈关于对党和国家机关工作人员在国内交往中收受的礼品实行登记制度的规定〉中几个问题的答复》相继对公务活动中赠送和接受礼品行为作了禁止性规定或要求履行登记义务。

3　1997 年修订通过的《刑法》不仅吸收了上述规定的内容,而且还将接受礼物不交公按贪污论的范围扩大到国内公务活动中,使我国对于接受礼物不交公问题的刑法规定更加严密。

Ⅲ　“国内公务活动”的范围

4　本条规定的行为是国家工作人员在国内公务活动或者在对外交往中接受礼物应交公而不交公的行为。一般认为,国家工作人员在国内公务活动或者在对外交往中基于职务行为接受礼物,其只是暂时持有该礼物,根据国家规定,如果该礼物数额较大的,属于公共财产的范畴,而不是私人财产。尽管有学者提出对这里的“礼物”无须作是否公共财物的判断[1],但结合贪污罪的本质特征来看,刑法规定的特定场合所接受的礼物,应该属于公共财产。对“国内公务活动”如何理解,理论上存在不同的观点。概括起来主要有:第一,认为是指国家工作人员所从事的与职务有关的各项活动,包括本职工作和兼职工作,如出席各类会议、外出视察工作、参加经济活动、参加新闻发布会等公务性质的礼仪活动等。[2] 第二,认为应受“礼物”的限制。公务活动中接受礼物,应当是指国家工作人员参加的公务活动,其活动的性质本身带有“礼仪性”或者“初次见面性”的特点。[3] 有学者进一步认为,国家工作人员参加的婚丧嫁娶活动,不是这里的“国内公务活动”,其收受的款项不能构成贪污罪,逢年过节在家里收受的礼物,尽管带有一定的“礼仪性”,但不是发生在“公务活动”中,不能构成贪污

1　参见唐世月:《贪污罪研究》,人民法院出版社 2002 年版,第 31 页。

2　参见张穹主编:《贪污贿赂渎职“侵权”犯罪案件立案标准精释》,中国检察出版社 2000 年版,第 43 页。

3　参见唐世月:《贪污罪研究》,人民法院出版社 2002 年版,第 87 页。

罪的对象,符合受贿罪的,应按照受贿罪定罪量刑。[4] 第三,有学者根据规范性行政文件来认定这里的“国内公务活动”。规范性行政文件主要包括国务院 1988 年 12 月 1 日发布的《国家行政机关及其工作人员在国内公务活动中不得赠送和接受礼品的规定》和 1993 年 4 月 27 日中共中央办公厅、国务院办公厅发布的《关于严禁党政机关及其工作人员在公务活动中接受和赠送礼金、有价证券的通知》等。因此,所谓“在国内公务活动中”接受礼物,不仅是指“国家工作人员在与本职工作有关的活动中接受礼物”,还包括如下三种情形:第一,以鉴定会、评比会、业务会、订货会、展销会、招待会 、茶话会、新闻发布会、座谈会 、研讨会等各种会议和礼仪、庆典、纪念、商务等各种活动的形式和名义收受礼物;第二,以试用、借用、品尝、鉴定的名义收受礼物;第三,以其他形式和名义收受礼物。

笔者认为,应对这里的“国内公务活动”进行限缩解释,即其应带有“礼仪性”的 5
特点,“礼仪性”的认定应以规范性行政文件为准,在完全不具有“礼仪性”特点的公务活动中收受财物的,不宜以《刑法》第 394 条的贪污罪惩处,构成犯罪以该条文之外的法律条文定罪处罚。

Ⅳ “对外交往”的理解

在条文表述上,“对外交往”与“国内公务活动”是并列的,因此,有学者主张这里 6
的“国内公务活动”应理解为“国内交往”[5]。严格地说,这是不准确的。笔者认为,这里的“国内公务活动”对“对外交往”的解释有实质性的影响,而不是相反。即国内公务活动所具有的职务性对“对外交往”的性质有限制,只有具有职务性质或关联性的“对外交往”才能纳入本条的规制范围。国家工作人员的与职务毫无关系的私人性质的交往,即使交往对象是外国人员,也不是这里的“对外交往”。

Ⅴ “礼物”的认定

通常意义上的“礼物”,是指为了表示尊敬或者庆贺而赠送的礼品。要厘清《刑 7
法》第 394 条中礼物的范围离不开规范性行政文件。依据《国家行政机关及其工作人员在国内公务活动中不得赠送和接受礼品的规定》的规定,礼品是指礼物、礼金、礼券以及象征性低价收款的物品。根据中共中央办公厅、国务院办公厅《关于严禁党政机关及其工作人员在公务活动中接受和赠送礼金、有价证券的通知》的规定,礼品是指礼金、有价证券。这意味着,规范性行政文件中礼物的范围是小于礼品的。但是,《刑法》第 394 条用的词语是“礼物”。为此,有学者主张:“从法理角度分析,国家工作人员在国内公务活动或者对外交往中接受礼金或者有价证券,依照国家规定应当一律

4　参见赵煜:《惩治贪污贿赂犯罪实务指南》,法律出版社 2012 年版,第 164 页。

5　参见刘俊:《单纯受贿行为之刑法规制》,载《周口师范学院学报》2015 年第 4 期。

交公,如果行为人不交公,数额较大的,也应当依照贪污罪的规定定罪量刑……对于《刑法》第 394 条规定的'礼物'应当做扩大理解,即刑法规定的'礼物'等同于行政法规规定的'礼品'。"[6]问题是,这里的礼物是否包括财产性利益?笔者认为,财产性利益可以成为贪污罪的对象,但并非一切财产性利益都能成为贪污罪的对象,对财产性利益的范围仍应进行必要的限缩。尽管理论界和实务界对财产性利益存在认识上的差异,但对作为贪污罪对象的财产性利益的范围至少可以从如下方面进行限缩。

1. 客观的可货币化衡量性

8 如前文所述,财产法益是贪污罪法益的重要内容。作为财产法益的重要载体,财产性利益早已为我国刑法所确认,且它在我国的发展演进清晰地围绕着可以货币化衡量这一核心展开。因而,在体系解释上可货币化衡量性是作为贪污罪对象的财产性利益不可或缺的内容。此外,可货币化衡量性必须是客观的,而不是主观的。例如,中国裁判文书网判例数据显示,随着我国刑法罪名体系的完善,盗走游戏装备、QQ 币、车管所尚未发行的车牌靓号等行为基本不再被评价为盗窃罪。现实中,该类行为不以盗窃罪处理往往并非因为该类财产缺乏可货币化衡量性,而是因为"没有相关标准无法定价",缺乏客观性。相反,一旦可货币化衡量的客观性得到确认,如将自己的游戏账号出售给被害人后又通过密码找回等手段重新取回游戏账号的,均被司法机关认定为盗窃罪。这对《刑法》第 394 条中的"礼物"的认定具有参考价值。

2. 具体的可转移性

9 作为贪污罪对象的财产性利益应具有具体的可转移性。认可财产性利益能够成为贪污罪对象在我国已是共识。另外,带有浓厚人身专属性而无法转移之债,不能成为本罪的对象。比较有争议的是劳务。在财产犯罪领域,劳务是否属于财产性利益,存在肯定说、否定说和(对价)限定说的争论,限定说是目前有力的学说。[7] 在我国,目前主要是否定说[8]与限定说的争论。[9] 我国审判实践的立场倾向于限定说。的确,即便行为人不当地取得了劳务,也很难说劳务提供者就此丧失了劳务。况且,现实中演员(特别是著名演员)参加演出等劳务具有鲜明的人身属性,不具有具体的可转移性。因此,主张将劳务纳入财产性利益的限定说是妥当的。针对《刑法》第 394 条中"礼物"的认定,也应遵循这一点。

6　李文峰:《贪污贿赂犯罪认定实务与案例解析》,中国检察出版社 2011 年版,第 11 页。

7　参见〔日〕大塚裕史:《刑法各論の思考方法》(第 3 版),早稲田经营出版 2010 年版,第 151 页。

8　参见童伟华:《财产罪基础理论研究》,法律出版社 2012 年版,第 111—112 页;李强:《财产犯中财产性利益的界定》,载《法学》2017 年第 12 期。

9　参见马卫军:《论抢劫罪中的财产性利益》,载《政治与法律》2011 年第 7 期。

3. 行为时的确定性

财产性利益必须是确定性的利益，或然性利益不应成为贪污罪的对象。并且，这里的确定性遵循行为时规则，即行为人行为时财产性利益是确定的，否则财产性利益的认定将陷入“鸡生蛋，蛋再生鸡”这一无限循环的怪圈。此外，未开奖的彩票上记载的权利是或然性利益的典型代表。收受时未开奖的彩票上记载的权利，在未来的开奖中，要么因射幸中奖而可兑付金钱等，要么因未中奖而落空，但行为时未开奖的彩票能否中奖处于或然的不确定状态，因此，权利人这一权利凭证的丧失不等于应将不确定发生的射幸利益计入贪污罪“礼物”的数额。 10

同时，笔者认为，这里的“礼物”的理解应考虑以下几方面内容：第一，礼物的数额。通常来说，纯粹的感情往来，馈赠礼物的数额一般不会太大。这就是说，如果馈赠了大额财产，特别是超越了人们正常人际交往的范畴，其是贿金的可能性就比较明显。相反，如果馈赠的礼物是在日常社交礼仪范围内，则不应认定为贪污贿赂犯罪的财物。如果将社会上一般的、礼节性的人情往来的礼物馈赠一律纳入贪污贿赂犯罪的打击范围，显然是过于严苛的，也是不切实际的。当然，所谓数额的大小，也没有绝对的标准。由于各地风俗习惯、经济发展程度、个人财产状况、个人感情等的不同，正常人情往来所涉及的礼物数额也会不同。对此，有学者提出应以社会危害性理论为标准来处理。[10]“如果贿赂罪是以公务员职务行为的不可收买性为法益的话，那么，社交上的习惯、礼仪范围内的利益并不构成贿赂，因为职务行为的不可收买性并未因此而受到影响。至此，哪些行为属于与不可收买性无关的行为，即属于社交上的习惯礼仪范围内的行为呢？其判断标准仍然是社会相当性，即赠与能否被归类为社交上的赠与，必须考虑具体案情，以社会生活认可与否进行判断。”[11]实际上，在域外，即使贪污贿赂犯罪中贿赂的范围认定较为宽泛，但在理论上也普遍认为：“即便接受的利益与职务行为之间有对价关系存在，如果它仅停留在社会一般性礼仪范围之内，那么该利益的赠受不属于贿赂。”[12]第二，行为是否具有双向性和对等性。贪污罪中的礼物应欠缺人情往来的双向性和对等性特征。在中国传统文化的语境中，人情往来不仅仅是一种物质联系，而是一种积累了文化价值的符号存在。国家工作人员作为社会生活中的一分子，当然少不了正常的“人情往来”。因此，区分馈赠与受贿，必须判断行为人收受他人的礼物是否属于“人情往来”的可能性。[13] 只有排除了“人情往来”的可能性，才可以推定为行为人利用职务上的便利而收受礼物。一般认 11

10 参见孙国祥：《国家工作人员“灰色收入”刑法规制的误区与完善》，载《江海学刊》2011年第4期。

11 于改之：《社会相当性理论的机能》，载《武汉大学学报（哲学社会科学版）》2007年第5期。

12 〔日〕芝原邦尔：《经济刑法》，金光旭译，法律出版社2002年版，第17页。

13 参见孙国祥：《贿赂犯罪的学说与案解》，法律出版社2012年版，第435页。

为,正常的人情往来,通常具有双向性和互惠性的特点。行贿受贿,通常是单向的,国家工作人员是只来不往、在礼物(财产)上基本只进不出。单向性的"赠与",不符合社会生活中"人情往来"的一般逻辑,其实质是"赠与"外衣掩盖下的贿赂。第三,送礼双方平时的关系和发生礼物往来的背景。由于贪污罪成立最为根本的是,行为人收受礼物的行为侵犯了其职务行为的廉洁性,因此,行为人收受礼物能否成立贪污罪应考虑双方之间平时的关系和发生礼物往来的背景。既然是人情往来性质的馈赠,那么这种往来价值,不在于物质的交换,而在于以馈赠作为纽带的情感交流,即双方交换的更多是一种情感,双方应该是关系密切之人,不会无缘无故在国内公务活动中有突如其来的、大额的"礼尚往来"。当然,也不排除双方开始并不熟悉,因为业务联系,渐渐熟悉起来而成为朋友关系的情况,但如果一开始就有大额"礼金"的赠送,违背了日常生活的常情,其权钱交易的性质仍可以得到肯定。第四,送礼物的背景对判断礼物的性质也是非常重要的。在日常的婚丧嫁娶、探视病人等场合,亲友间馈赠一些贺礼、慰问金无疑是人之常情,但国内公务活动中无权的下级与有权的上级单向赠送"礼金"的行为不符合一般人的习惯,很有可能是借机行贿受贿。

12　国家工作人员与"馈赠"人之间虽然平时有"人情往来"关系,但如果有证据确证馈赠人是为了利用国家工作人员的职务行为而送礼,甚至为某特定的请托事项而送礼,仍应成立犯罪。实务中,即使"馈赠"人当时没有提出谋取利益的请托,但如果能够推定是为了收买国家工作人员职务行为的,即所谓"感情投资","馈赠"仍然应属于贪污罪中的"礼物"。

Ⅵ　"依照国家规定应当交公而不交公"的含义

13　贪污罪的成立要求满足"依照国家规定应当交公而不交公"这一要件,对此,应如何理解?

14　(1)这里的"国家规定"受刑法总则规定的制约,即《刑法》第96条规定:"本法所称违反国家规定,是指违反全国人民代表大会及其常务委员会制定的法律和决定,国务院制定的行政法规、规定的行政措施、发布的决定和命令。"换言之,即全国人大及其常委会制定的法律及国务院制定发布的规范国家工作人员在国内公务活动和对外交往中接受礼物行为的有关法律法规等。例如,《国家行政机关及其工作人员在国内公务活动中不得赠送和接受礼品的规定》和中共中央办公厅、国务院办公厅《关于严禁党政机关及其工作人员在公务活动中接受和赠送礼金、有价证券的通知》等。

15　(2)这里的"交公"是指国家工作人员将在国内公务活动和对外交往中收受的礼物登记上交国库,改变礼物的占有状态。国家工作人员在国内公务活动和对外交往中不得收受可能影响公正执行公务的礼品馈赠,因各种原因未能拒收的礼品,必须登记上交;国家工作人员在国内公务活动和对外交往中收受的其他礼品,除价值不大的以外,均须登记;对接收的礼品必须在1个月内交公并上交国库,所收礼品不按期交公的,按贪污论处。对于这类收受礼物应当交公而不交公的行为之所以按贪污论处,是因为自国家工作人员接受礼物那一刻起,礼物的所有权便应归属于国家,受礼人只不过是代替国家临时“保管”(合法持有),本应在限制期内将该礼物登记上交 。假如受礼人在限期内不登记上交,而是变对该礼物的合法持有为非法占有,便构成对公共财物的侵吞, 达到 1997 年《刑法》第 382 条、第 383 条规定的贪污罪定罪数额标准的,即构成贪污罪。[14] 根据最高人民法院、最高人民检察院《关于办理贪污贿赂刑事案件适用法律若干问题的解释》的规定,如果受礼人在国内公务活动或者对外交往中收受的礼品价值超过 3 万元,在限期内不按照规定登记上交的,则构成贪污罪。当然,如果受礼人所收受礼品价值不到 3 万元,没有按照规定登记上交的,则应予以党纪或行政处分。

14 参见储槐植、梁根林:《贪污罪论要——兼论〈刑法〉第 394 条之适用》,载《中国法学》1998 年第 4 期。

第三百九十五条　巨额财产来源不明罪;隐瞒境外存款罪

国家工作人员的财产、支出明显超过合法收入，差额巨大的，可以责令该国家工作人员说明来源，不能说明来源的，差额部分以非法所得论，处五年以下有期徒刑或者拘役；差额特别巨大的，处五年以上十年以下有期徒刑。财产的差额部分予以追缴。

国家工作人员在境外的存款，应当依照国家规定申报。数额较大、隐瞒不报的，处二年以下有期徒刑或者拘役；情节较轻的，由其所在单位或者上级主管机关酌情给予行政处分。

文献:孟庆华:《巨额财产来源不明罪研究新动向》,北京大学出版社 2002 年版;高铭暄、马克昌主编:《中国刑法注释》(下卷),中国社会科学出版社 2005 年版;高铭暄:《中华人民共和国刑法的孕育诞生和发展完善》,北京大学出版社 2012 年版;王作富主编:《刑法分则实务研究》(第 5 版),中国方正出版社 2013 年版;陈洪兵:《贪污贿赂渎职罪解释论与判例研究》,中国政法大学出版社 2015 年版;;陈兴良主编:《刑法各论精释》(下),人民法院出版社 2015 年版;张军主编:《刑法[分则]及配套规定新释新解》(第 9 版),人民法院出版社 2016 年版;黎宏:《刑法学各论》(第 2 版),法律出版社 2016 年版;林亚刚:《刑法学教义》(分论),北京大学出版社 2020 年版;周光权:《刑法各论》(第 4 版),中国人民大学出版社 2021 年版;张明楷:《刑法学》(第 6 版),法律出版社 2021 年版。李本灿:《巨额财产来源不明罪实行行为的重新界定:非法获取》,载《政治与法律》2014 年第 7 期;张明楷:《论巨额财产来源不明罪的实行行为》,载《人民检察》2016 年第 7 期;魏超:《巨额财产来源不明罪法益与主体新论——信赖说之提倡与国家工作人员之证立》,载《东北大学学报(社会科学版)》2018 年第 4 期;许恒达:《不明财产来源说明义务与不自证己罪特权的冲突》,载《月旦裁判时报》2019 年第 83 期。

细目录

Ⅰ　主旨

Ⅱ　沿革

一、巨额财产来源不明罪的立法沿革

二、隐瞒境外存款罪的立法沿革

Ⅲ　客体

一、巨额财产来源不明罪的客体

二、隐瞒境外存款罪的客体
Ⅳ 行为
一、巨额财产来源不明罪的行为
二、隐瞒境外存款罪的行为
Ⅴ 主体
Ⅵ 罪过
一、巨额财产来源不明罪的罪过形态
二、隐瞒境外存款罪的罪过形态
Ⅶ 未完成形态
一、巨额财产来源不明罪的完成形态
二、隐瞒境外存款罪的完成形态
Ⅷ 共犯
Ⅸ 与非罪的界限
一、巨额财产来源不明罪与非罪的界限
二、隐瞒境外存款罪与非罪的界限
Ⅹ 与他罪的区别
一、巨额财产来源不明罪与他罪的区别
二、隐瞒境外存款罪与他罪的区别
Ⅺ 处罚

Ⅰ 主旨

刑法设置巨额财产来源不明罪的目的在于,在无法证实国家工作人员的财产或者支出的合法来源,又无法证明其系贪污受贿等犯罪的不法所得时,通过设置国家工作人员对其财产或者支出的说明义务以及认定其违反财产来源说明义务,防止其逃脱刑事追究,因而具有严密刑事法网、严格刑事责任的刑事政策功能。 1

刑法规定隐瞒境外存款罪的主旨,并不是禁止国家工作人员在境外存款,而是通过设置国家工作人员对其境外存款的报告义务,防范国家工作人员将境内财产特别是不法所得的财产私自转移到境外,逃避监管,掩饰隐瞒犯罪,从而保障国家工作人员和政府的廉洁性。 2

Ⅱ 沿革

一、巨额财产来源不明罪的立法沿革

我国1979年《刑法》并没有规定巨额财产来源不明罪。虽然随着我国改革开放的深入进行,社会经济得到快速发展,但是一些必要的行政措施和有效的监督制约机 3

制并没有随之建立健全,因而未能及时防止在新形势下滋生出来的消极因素的蔓延和发展,国家工作人员贪污受贿等腐败现象愈演愈烈。由于贪污受贿等犯罪隐蔽性较强,加之有些犯罪分子也具有一定的反侦查意识,出现了部分案件即使查获了国家工作人员具有远远超出其正常收入的巨额财产,但因为证据达不到确实充分的要求而不能认定为贪污罪、受贿罪或者其他犯罪,致使部分犯罪分子逍遥法外的情况。因此,全国人大常委会 1988 年颁布的《关于惩治贪污罪贿赂罪的补充规定》第 11 条第 1 款规定:“国家工作人员的财产或者支出明显超过合法收入,差额巨大的,可以责令说明来源。本人不能说明其来源是合法的,差额部分以非法所得论。处 5 年以下有期徒刑或者拘役,并处或者单处没收其财产的差额部分。”

4 1997 年《刑法》第 395 条第 1 款规定:“国家工作人员的财产或者支出明显超过合法收入,差额巨大的,可以责令说明来源。本人不能说明其来源是合法的,差额部分以非法所得论,处五年以下有期徒刑或者拘役,财产的差额部分予以追缴。”修改罚金部分的原因在于,“来源不明的巨额财产”属于赃款,而根据《刑法》第 64 条的规定,犯罪分子违法所得的一切赃物,应予追缴或者责令退赔,为了避免将《关于惩治贪污罪贿赂罪的补充规定》中的“并处或者单处没收其财产的差额部分”理解为没收财产刑而还原其保安处分的性质,1997 年《刑法》将“并处或者单处没收其财产的差额部分”改为“财产的差额部分予以追缴”,除此之外,没有其他修改。[1]

5 2009 年 2 月 28 日通过的《刑法修正案(七)》对巨额财产来源不明罪进行了修改,将之修改为:“国家工作人员的财产、支出明显超过合法收入,差额巨大的,可以责令该国家工作人员说明来源,不能说明来源的,差额部分以非法所得论,处五年以下有期徒刑或者拘役;差额特别巨大的,处五年以上十年以下有期徒刑。财产的差额部分予以追缴。”[2]修改主要体现在两点:第一,加重了对此类犯罪的惩处,将其最高刑由 5 年有期徒刑提高到 10 年有期徒刑,即提高了量刑幅度,契合了社会对反腐败的期待,又与贪污贿赂犯罪的法定刑有所差别[3],符合其兜底条款的本质。第二,将“说明其来源是合法的”改为“说明来源”。这是因为,有些情形下,犯罪嫌疑人确因分辨不出财产的具体来源而无法说明或者虽然交待了财产的来源,但因线索不具体或者行贿人在逃等原因,司法机关无法查实,又无法找到其他相关证据证明构成其他犯罪

1 参见高铭暄:《中华人民共和国刑法的孕育诞生和发展完善》,北京大学出版社 2012 年版,第 616 页。

2 具体而言,《刑法修正案(七)》对巨额财产来源不明罪的修改一共有五点:将“国家工作人员的财产或者支出明显超过合法收入”修改为“国家工作人员的财产、支出明显超过合法收入”;将“可以责令说明来源。”改为“可以责令该国家工作人员说明来源,”;将“本人不能说明其来源是合法的”改为“不能说明来源的”;增设了一个法定刑档次“差额特别巨大的,处五年以上十年以下有期徒刑”;将“财产的差额部分予以追缴”之前的“,”改成“。”。

3 参见全国人大常委会法制工作委员会主任李适时 2008 年 8 月 25 日在十一届全国人大常委会第四次会议上所作的《关于〈中华人民共和国刑法修正案(七)(草案)〉的说明》。

的,就可以认定为巨额财产来源不明罪,但如果能够证明确实属于违纪所得,如过年期间收受下属的巨额礼金,虽无“为送礼人谋利益的”证据,也无索贿证据,但也可以以非法所得认定,所以将“不能说明其合法来源”修改为“不能说明来源”更加符合巨额财产来源不明罪的本质要求和司法实践的需要。[4]

二、隐瞒境外存款罪的立法沿革

1979年《刑法》没有关于隐瞒境外存款罪的规定。1988年全国人大常委会《关于惩治贪污罪贿赂罪的补充规定》第11条第2款正式确立了隐瞒境外存款罪这一新罪名,明确规定:“国家工作人员在境外的存款,应当依照国家规定申报。数额较大、隐瞒不报的,处2年以下有期徒刑或者拘役;情节较轻的,由其所在单位或者上级主管机关酌情给予行政处分。”1997年全面修订后的《刑法》第395条第2款确认了这一罪名,并列入分则贪污贿赂罪一章之中。 6

Ⅲ 客体

一、巨额财产来源不明罪的客体

通说认为,巨额财产来源不明罪侵犯的客体是国家工作人员职务行为的廉洁性。[5] 因为“国家公务人员持有超过合法收入且来源不明的巨额财产,就是对国家要求其履行廉洁义务之违反,它侵犯的是国家公务人员应有的廉洁性”[6]。 7

除此之外,关于巨额财产来源不明罪所保护的客体,主要有如下观点:第一,司法机关正常活动说。该说认为,在巨额财产来源不明罪中,司法机关的重要任务就是查明犯罪嫌疑人究竟采用何种非法方式获取巨额财产,包括所得巨额财产究竟源于何时、何处与何人。犯罪嫌疑人则相应地负有如实供述其巨额财产来源的义务;若拒绝说明其所获巨额财产的来源,就妨害了司法机关的正常活动,因而构成了巨额财产来源不明罪。[7] 第二,财产申报义务说。该说认为“本罪的本质特征是国家工作人员对 8

---

4 参见鲜铁可、赵志华:《巨额财产来源不明罪的修改与适用》,载《中国检察官》2009年第4期。

5 参见高铭暄、马克昌主编:《刑法学》(第9版),北京大学出版社、高等教育出版社2019年版,第641页;林亚刚:《刑法学教义(分论)》,北京大学出版社2020年版,第654页。

6 刘志洪主编:《贪污贿赂罪立案追诉标准与司法实务认定》,中国人民公安大学出版社2010年版,第272页。

7 参见孟庆华:《巨额财产来源不明罪研究新动向》,北京大学出版社2002年版,第76页。

法律赋予其如实申报、说明其财产状况义务的违反”[8]。我国台湾地区也有学者认为,财产来源不明罪(相当于巨额财产来源不明罪)“是为处罚公务员未能恪尽身为公务员的诚实申报义务的行为”[9]。第三,制度说(即廉洁性说)与财产权说。该说认为,巨额财产来源不明罪侵犯的客体是复杂客体,即国家工作人员职务行为的廉洁性和公私财物的所有权。侵犯前者的原因是:刑法设立巨额财产来源不明罪的目的是严密法网,使司法机关易于证明犯罪而使腐败官员难以逃避裁判。在官员贪污受贿难以证实的情况下,把举证责任部分转移而设立巨额财产来源不明罪。因此,从设立巨额财产来源不明罪的目的就可以看出,巨额财产来源不明罪侵犯的首要客体是国家工作人员职务行为的廉洁性。[10] 侵犯后者的原因在于,“既然巨额财产来源不明也就必然侵害了社会主义的财产关系,侵犯了国有财产、集体财产和公民个人的财产所有权”[11]。第四,廉洁性说与司法秩序说。该说认为,巨额财产来源不明罪保护的法益包括国家工作人员职务行为的廉洁性和国家对渎职、经济犯罪进行追究的司法秩序。侵犯后者的原因是:国家工作人员必须通过贪污、受贿、滥用职权等渎职犯罪或参与经济犯罪、黑社会组织犯罪等才能取得与职责、地位、收入悬殊的财产,其对巨额财产不说明来源,就妨害了侦查和审判活动的进行。[12]

9　笔者认为,巨额财产来源不明罪的客体应为“公众对国家工作人员职务行为廉洁性的信赖”(简称“信赖说”)。公民对职务行为廉洁性的信赖,是一项重要的法益。因为这种信赖是国民公平正义观念的具体表现,它使得国民进一步信赖国家工作人员的职务行为,信赖国家机关(在我国还应包括国有企业、事业单位、人民团体,下同)本身,从而保证国家机关正常活动的开展,促进国家机关实现其活动宗旨。正如前述学者所言,国家工作人员拥有超过合法收入的巨额财产且无法说明来源之时,“很自然地让人想到这些来源不明的巨额财产极有可能与其职务行为有关”,在此情况下,国民当然会猜测这些财产的来源,或认为其巧立名目,中饱私囊,用纳税人的钱花天酒地,或认为其以权谋私,官商勾结,收受贿赂,如此种种,不一而足,国民对国家工作人员职务行为廉洁性的信任也就荡然无存,而一旦国民认为国家工作人员失去了廉洁性,便意味着公民不会信赖国家工作人员的职务行为,进而不信赖国家机关本身;这不仅会导致国家机关权威性降低,各项正常活动难以展开,而且会导致政以贿

8　谢望远主编:《国家工作人员犯罪认定中疑点难点问题研究》,中国方正出版社 2001 年版,第 135 页。

9　林志洁、黄任显:《财产来源不明罪之立法与评析》,载《检察新论》2009 年第 6 期。

10　参见张军主编:《刑法[分则]及配套规定新释新解》(第 9 版),人民法院出版社 2016 年版,第 2032 页。

11　赵俊:《贪污贿赂罪各论》,法律出版社 2017 年版,第 381 页。

12　参见周光权:《刑法各论》(第 4 版),中国人民大学出版社 2021 年版,第 547 页。

成、官以利嚣,腐败成风、贿赂盛行。[13] 因此,国民对国家工作人员职务行为廉洁性的信赖是值得刑法保护的重要法益,也足以成为巨额财产来源不明罪所保护的法益。

二、隐瞒境外存款罪的客体

对隐瞒境外存款罪保护的客体,学界亦存在多种不同的观点:第一种观点认为,本罪侵犯的客体是国家工作人员的财产申报制度。[14] 也有学说认为侵犯的是外汇管理制度或申报境外存款的申报制度。[15] 第二种观点认为,本罪侵犯的客体是国家工作人员职务行为的廉洁性。[16] 第三种观点认为,本罪侵犯的是复杂客体,即不仅侵犯了国家机关的正常活动,而且侵犯了国家的外汇管理制度。[17] 第四种观点认为,本罪侵犯的客体是国家工作人员在境外存款的申报制度和国家的廉政建设制度。[18] 10

笔者认为,隐瞒境外存款罪所保护的客体也是公民对于国家工作人员职务行为廉洁性的信赖。本罪的对象是"存款",如何界定"存款",值得进一步研究。 11

(一)"存款"是否包括合法财产

关于本罪中"存款"的范围,学界存在三种观点。第一种观点认为,本罪中的"存款"只包括合法财产,如果行为人的境外存款明显超过其合法收入,又不能说明其来源是合法的,应当以巨额财产来源不明罪认定。[19] 第二种观点认为,本罪中的"存款" 12

---

13 张明楷教授认为,民众对国家工作人员职务不可收买性产生怀疑后,会造成上述后果。参见张明楷:《刑法学》(第6版),法律出版社2021年版,第1588页。而国家工作人员职务行为的廉洁性包括了不可收买性,参见〔日〕井田良:《新・論点講義シリーズ2 刑法各论》(第2版),弘文堂2015年版,第256页。举重以明轻,国民对国家工作人员职务行为的廉洁性产生怀疑后,必然造成更加严重的后果,故上述后果也当包括在内。

14 参见高铭暄、马克昌主编:《刑法学》(第9版),北京大学出版社、高等教育出版社2019年版,第640页;张慧、张忠国:《贪污贿赂犯罪司法适用》,法律出版社2006年版,第309页。

15 参见李三宝、祖铁军主编:《罪名适用新解》,中国人民公安大学出版社2003年版,第935页。

16 参见赵煜:《惩治贪污贿赂犯罪实务指南》(第2版),法律出版社2017年版,第760页。

17 参见罗庆东编著:《刑事立案标准法律适用手册》,中国民主法制出版社2003年版,第566页。

18 参见张军主编:《刑法[分则]及配套规定新释新解》(第9版),人民法院出版社2016年版,第2034页;徐志伟主编:《贪污贿赂罪与渎职罪》,中国民主法制出版社2014年版,第93页。

19 参见张世琦:《中国新刑法418个罪名例解》,人民法院出版社、辽宁大学出版社2002年版,第842—843页;周道鸾、张军主编:《刑法罪名精释》(第2版),人民法院出版社2003年版,第734—735页。

仅指非法财产,如果境外存款的来源是合法的,没有处罚的必要,不应作为犯罪对待。[20] 第三种观点认为,“存款”来源既包括国家工作人员在境外的工作报酬、继承的遗产或者接受的赠与,也包括违法所得;既包括本人亲自存在境外的,也包括委托他人辗转存于境外的。[21] 笔者同意第三种观点,认为本罪的对象既包括合法财产,也包括违法犯罪所得。无论合法收入,还是非法收入,只要转移境外隐瞒不报,均会侵犯到本罪保护的法益,即公民对于国家工作人员职务行为廉洁性的信赖。有关部门设立对国家工作人员境外存款监管制度的目的,是为了对国家工作人员(包括其配偶、子女等)的财产进行必要的监督,以防止某些犯罪分子利用境外财产查证难而转移、掩饰、隐瞒其个人财产。[22]

(二)“存款”是否包括实物

13 关于“存款”的解释,学界有三种不同的观点:狭义说认为,本罪中的“存款”仅指存储在国外金融机构的现金及有价证券。[23] 广义说认为,“存款”既包括存储在国外金融机构的外币、有价证券,也包括存储的支付凭证、贵重金属及其制品等。[24] 最广义说则认为,本罪不限于存款,而是指本罪主体在国外的一切财产。笔者支持狭义说,本罪的条文是“国家工作人员在境外的存款,应当依照国家规定申报”。根据罪刑法定原则,对“存款”的理解不应当超出国民的预测可能性。根据字面含义,存款是指企业、机关、团体或居民根据可以收回的原则,把货币资金存入银行或其他信用机构保管的一种信用活动形式。[25] 因此,存放在金融机构之外的金钱,以及存放在境外银行保险箱的金条等实物,已经超出了“存款”一词的字面含义,也就超出了国民的预测可能性,如果将贵重金属如金条、钻石等也纳入存款的范围,有违反罪刑法定之嫌。

(三)“存款”是否包括人民币

14 有学者认为,本罪中的“存款”只能是外汇,不能是人民币,因为人民币不能在外

---

20 参见宣炳昭主编:《刑法各罪的法理与实用》,中国政法大学出版社 2002 年版,第 415 页;肖中华:《贪污贿赂罪疑难解析》,上海人民出版社 2006 年版,第 263 页。

21 参见张军主编:《刑法[分则]及配套规定新释新解》(第 9 版),人民法院出版社 2016 年版,第 2035 页;李淳、王尚新主编:《中国刑法修订的背景与适用》,法律出版社 1998 年版,第 536 页;卢铁峰编著:《重点新罪名适用精解》,中国检察出版社 2000 年版,第 402 页;翟中东:《隐瞒境外存款罪的认定》,载赵秉志主编:《中国刑法案例与学理研究·分则篇(六)》,法律出版社 2001 年版,第 154—162 页。

22 参见张苏:《对隐瞒境外存款罪构成要件要素的新论证》,载《重庆电力高等专科学校学报》2013 年第 1 期。

23 参见张明楷:《刑法学》(第 6 版),法律出版社 2021 年版,第 1580 页。

24 参见李文峰:《贪污贿赂犯罪认定实务与案例解析》,中国检察出版社 2011 年版,第 607 页;杨兴国:《贪污贿赂犯罪认定精解精析》(修订版),中国检察出版社 2015 年版,第 303 页。

25 参见《辞海》(第 6 版),上海辞书出版社 2009 年版,第 350 页。

国自由兑换。[26] 对于该见解，笔者不敢苟同。不可否认，就现状而言，人民币确实还不能在国际市场完全自由兑换。但是，人民币业务已经逐步走向国际化。随着经济体制改革的深入，我国的金融市场将会一步一步向世界开放，现在人民币不能自由兑换并不代表以后也不能自由兑换。正如有学者所指出的：尽管目前人民币在境外还不能自由兑换，但不能用"事实"限制"规范"的解释，否则当人民币可以在境外自由兑换时，对于国家工作人员将人民币存储于境外隐瞒不报的行为，将无法按照隐瞒境外存款罪予以惩治。[27] 因此，应将本罪中的存款理解为各种货币，即本罪中的"存款"是指存入境外金融机构的各种货币、有价证券、货币支付凭证。

Ⅳ　行为

一、巨额财产来源不明罪的行为

巨额财产来源不明罪的客观方面表现为财产、支出明显超过合法收入且差额巨大，在有关机关责令行为人说明来源时不能说明其财产来源的行为。 15

(一)前提：行为人拥有的财产或者支出明显超过合法收入且差额巨大

1."财产"总额的认定——家庭财产说之确立

在巨额财产来源不明罪的认定中，一个不可回避的问题便是对财产差额的计算，因为该罪的主要特点便在于没有证据可以证实这些财产属于合法财产或者通过正当渠道获得的，因此，只有从现有的巨额财产中扣除能够说明来源、有证据证明的财产之外的部分，才属于来源不明的巨额财产。 16

根据2003年《全国法院审理经济犯罪案件工作座谈会纪要》的规定，在具体计算非法所得时，"应把国家工作人员个人财产和与其共同生活的家庭成员的财产、支出等一并计算，而且一并减去他们所有的合法收入以及确属与其共同生活的家庭成员个人的非法收入"。为了便于计算犯罪数额，对于行为人的财产和合法收入，一般可以从行为人有比较确定的收入和财产时开始计算。显然，"财产"总额的确定将直接关系到"来源不明的巨额财产"的数额，决定量刑的高低甚至犯罪的成立。从罪责自负的刑罚适用原则出发，巨额财产来源不明罪所惩罚的对象只能是国家工作人员，因此，原则上应当将国家工作人员与其家庭财产分别计算，即只有国家工作人员的个人财产超出其合法收入，又不能说明其合法来源的部分，才能认定为来源不明的巨额财产，无论其家庭成员的收入与财产支出的差额多么巨大，都不应当属于本罪的规制范 17

26　参见张军主编：《刑法[分则]及配套规定新释新解》(第9版)，人民法院出版社2016年版，第2034页。

27　参见肖中华：《贪污贿赂罪疑难解析》，上海人民出版社2006年版，第263页。

畴。[28] 但是在我国司法实务中,检察机关在查办国家工作人员的职务犯罪案件过程中,发现其财产明显超过合法收入且差额巨大的,要么处于其家庭成员的名下,如以其配偶的名义存在银行;要么放置在其他亲属处,全部在该国家工作人员名下的情况几乎没有。此外,由于我国传统观念中对家庭极为重视,在夫妻关系存续期间,个人财产与家庭财产往往难以明确区分,这便导致国家工作人员的财产往往供全家消费,根本无法区分哪一部分是家庭成员的收入,哪一部分是国家工作人员的收入。

18 因此,对于把自己的财物辩称系家庭成员的收入或记在妻儿父母名下的行为,应认真核实并查明家庭成员有无可能获取该部分财产,只要是无法提供充分证据证明来源的财产,都应当视为构成国家工作人员巨额财产来源不明罪的行为对象,如果其家庭成员确有获取此项财产的可能,则应当对这部分财产予以扣除。[29]

19 当然,国家工作人员及其亲属不可能对每一笔收入都记得清清楚楚,也不可能将每一笔收入都记录下来,故可以对其在计算收入之时,适当采取就高不就低的原则,在有确实充分证据的收入的基础上适当增加一部分,在面临若有似无、模棱两可的收入之时,则应当采取有利于嫌疑人的原则,认为确有此收入。

2. "财产"数额的审查证明

20 (1)对房屋、汽车等登记产权类财产的审查证明。一是要重点审查产权证明等相关书证。若产权登记在他人名下的,需要审查证人证言、证明犯罪嫌疑人出资的书证以及犯罪嫌疑人的供述与辩解等。二是房屋、汽车的价值应以购买时支付的钱款为准,而不应以价格鉴定机构的评估价格为准。换言之,应当以购买时的金额为标准,而不能以市价为准。[30]

21 (2)对现金、存款类财产的审查证明。一是应当重点审查搜查笔录、扣押物品清单、物证照片、书证等证据,查清存放地点。对由他人代为保管的现金或者借用他人身份证件存款的,要认真核对犯罪嫌疑人供述和辩解与证人证言是否相互印证。二是当现金、存款中有多个币种时,应统一以人民币作为币种计算单位。对于外币可以调取相应的中国人民银行本外币兑换中间价,折算成人民币。三是存款的数额不应当以查处时的数额为准,而应当以存入时的数额为准,即将孳息排除在本罪的数额之外。[31]

22 (3)对股票、债券等投资类财产的审查证明。一是应重点审查犯罪嫌疑人证券账

---

28 参见赵俊:《贪污贿赂罪各论》,法律出版社 2017 年版,第 391 页。

29 参见刘方:《贪污贿赂犯罪的司法认定》,法律出版社 2016 年版,第 338—339 页;沈志先主编:《职务犯罪审判实务》,法律出版社 2013 年版,第 267 页。

30 参见杨兴国:《贪污贿赂犯罪认定精解精析》(修订版),中国检察出版社 2015 年版,第 298—299 页。

31 参见刘志洪主编:《贪污贿赂罪立案追诉标准与司法实务认定》,中国人民公安大学出版社 2010 年版,第 278 页。

户中的股票交易清单、债券的购买数量,查清犯罪嫌疑人投入的资金、获利和扣押情况。二是委托他人持有的,需核对犯罪嫌疑人的供述和辩解、证人证言和其他书证,做到相互印证。三是犯罪嫌疑人持有的股票、债券以他人身份开户的,应当审查开户人的证言和资金来源的书证,能够证实确系犯罪嫌疑人借用他人身份开户的,应当予以认定,其价格均应当以购买时为标准。

(4)对首饰、贵重金属、玉石字画等收藏财产的审查证明。对收藏品的审查和证明,既要审查物品扣押手续和相关物证照片是否印证,又要重点审查鉴定评估报告是否合法有效。 23

3. 对"支出"数额的审查证明

(1)对日常生活、工作和学习费用的审查证明。针对巨额财产来源不明罪犯罪嫌疑人的身份特征和犯罪特点,在证明犯罪和指控犯罪过程中,一般以国家统计部门公布的犯罪嫌疑人所在地的居民消费性支出数据计算其家庭支出数额,包括食品、衣着、居住、家庭设备用品及服务、医疗保健、交通和通信、教育文化娱乐服务、其他商品和服务等不同种类。 24

(2)对大额支出的审查证明。首先,要查清犯罪嫌疑人子女出国留学的费用、装修非日常生活所用房屋的费用、境外旅游费用、赌资等常见的大额支出。其次,要重点审查出入境记录、装修合同等书证,与犯罪嫌疑人子女,装修公司人员,旅游、赌博等陪同人员的证人证言,通过同犯罪嫌疑人供述相比较,查清支出具体数额。最后,对于犯罪嫌疑人兑换本外币的情况,要注意审查固定相关书证,调取有关证人证言。 25

(3)对赠与、给予他人财物的审查证明。一方面,赠与、给予他人财物通常表现为犯罪嫌疑人将巨额款项赠与情妇(夫),为情妇(夫)购买房产、珠宝、高档奢侈品等。对此,要查清犯罪嫌疑人与被赠与人之间的关系,做到不枉不纵。另一方面,要重点审查给付金钱的银行卡记录,购买房产、珠宝、高档奢侈品的登记资料及物证照片,对照犯罪嫌疑人供述、情妇(夫)证言认定赠与财物数额。 26

(4)对向他人行贿款物的审查证明。由于犯罪嫌疑人系国家工作人员,其在任职或者职务升迁过程中,如果涉嫌行贿,需要审查行受贿双方供述、行贿资金来源和去向的相关书证。另外,对于犯罪嫌疑人从事违法活动被处罚款项,需审查因违法活动被罚款的相关文书、证人证言,同其供述对照印证,查清被罚款金额和款项来源。 27

4. 对"合法收入"的审查证明

(1)对工资、奖金、津贴等收入的审查证明。一是审查嫌疑人工作单位出具的证明与提供的工资、奖金等收入的书证是否吻合。二是结合财产情况审查工资等收入的书证。特别是注意存款账户中公积金及养老保险的账目应当与其工作收入的款项对应,若存款中没有公积金、养老保险等账户,则工资中也不应计入相应数额。三是注意工资等收入应是税后收入。 28

29 (2)对稿酬、出版书籍等收入的审查证明。首先,应证明出版书籍和发表文章的事实是否存在,应当审查文章、书籍等物证、相关书证与证人证言、犯罪嫌疑人供述是否印证,认定文章、书籍等确系其本人所撰写、编辑、出版。其次,应证明收入来源的书证、证人证言,查明犯罪嫌疑人说明的收入数额是否适当。最后,对因时过境迁,涉及单位注销、账目销毁、人员迁移、死亡等原因,收入数额查证困难大的情况,应着重证明犯罪嫌疑人说明的收入数额的合理性和可能性,必要时可要求其对收入来源的数额制作说明、绘制表格。

30 (3)对银行存款利息收入的审查证明。应结合犯罪嫌疑人家庭收入的来源,查清可能的存款数额,责令犯罪嫌疑人列表说明存款利息收入的来源,包括说明存款的时间、地点、姓名、金额、存期等情况,根据犯罪嫌疑人提供的线索,尽可能查找银行资料,询问其家庭成员,印证其说明的来源是否合理和可能。

31 (4)对继承遗产、接受馈赠等收入的审查证明。一方面,应重点审查被继承人或馈赠人与犯罪嫌疑人的关系、继承和馈赠的相关书证、知情人证言等,结合其供述予以认定即可。另一方面,应重点审查被继承人、馈赠人的财产状况,查清有无可能遗留下财物或者赠送给犯罪嫌疑人财物。查找知情人证言,调取财物往来的银行账目,能查清的依法予以认定。如果查明被继承人、馈赠人没有遗产或者馈赠的可能性,且没有相关书证、证言证明犯罪嫌疑人接受继承或馈赠的,依法不予认定。

5. 对“能够说明来源的财产和支出”的审查证明

32 (1)对犯罪所得的审查证明。司法实践中,犯罪嫌疑人供述巨额财产部分或者全部系犯罪所得的情形时有发生,对此,应当区别对待。一方面,如果是因为谋取利益但不能被认定为受贿犯罪的,应认定该财产系违纪所得或者合法收入;另一方面,如果是因为收受来源不清而无法认定的,应推定为“来源不明”数额。首先,犯罪嫌疑人说明了巨额财产来源于一般违法行为,按照一般违法行为的证明标准查证属实的,只能按一般违法行为处理。其次,犯罪嫌疑人供述了巨额财产来源于犯罪行为,但按照犯罪的证明标准不能查证属实的,应认定为巨额财产来源不明罪。

33 (2)对收受礼金、高档礼品所得的审查证明。首先,应当结合犯罪嫌疑人的供述和辩解,认定收受礼金、高档礼品所得的数额。其次,对不是受贿犯罪所得,而是违反党纪政纪收受的他人钱款、高档礼品,应认定为能够说明来源的财产。对高档礼品,行为人已经变卖的,审查为其变卖礼品及回收礼品的证人证言,礼品及回收地点的照片,结合行为人供述,认定变卖礼品收入金额。对尚未变卖的礼品,结合财产认定情况予以审查。

34 (3)对将违法所得用于投资所获取的孳息的审查证明。一是重点审查行为人投资的书证、双方签订的合同,以及受托人及相关人员的证言。二是审查证明获取孳息的银行往来凭证、交易明细、证券账户交易流水、对账单等书证,结合犯罪嫌疑人供述与辩解,认定投资所获取孳息的数额。

35 (4)对借贷或者代他人保管证据的审查证明。一方面,应审查犯罪嫌疑人借贷或者代他人保管的书证,有无借据或者收条,审查出借人关于借贷或者代为保管的事由、双方约定的利息、期限、借贷或者保管款项的来源、转款的方式、是否还款或者结息等情况的证言,结合嫌疑人供述、知情人证言,综合认定嫌疑人关于借贷或者代人保管的理由是否成立。另一方面,在司法实践中,如果存在借贷或者保管关系,检察机关仅仅对犯罪嫌疑人所陈述的巨额财产来源不明的证据产生怀疑,没有充分、确实的证据予以证明的,不能认定为犯罪嫌疑人具有"不能说明巨额财产来源合法"的法定构罪情节。[32]

6. 巨额财产数额确定的时间节点

对巨额财产来源不明罪中的巨额财产,其数额如何确定,是以行为人取得财产时 36
的价值为准,还是以立案时的价值为准[33],值得研究。以涉案财产为外币的情况为例,因为汇率变动较大,故折算成人民币的汇率是以取得财产时点为准,还是以立案时点为准,必然会影响到对涉案数额的认定,虽然在司法实践中,单纯以古董、书画、邮票等特殊物品认定巨额财产来源不明罪的案例基本未见,但是这些财物对于总财产的价值往往具有十分重要的作用,可能直接影响对行为人的量刑结果,因而必须慎之又慎。在我国司法实践与理论研究中,对这一问题并未进行深入研究。目前我国司法机关较为一致的做法是将外币加减折算之后,以立案时的汇率标准统一折算成人民币。[34] 对于其他不能查清来源,也没有相应证据证明价格的财物,则以案发时间为基准日进行价格鉴定。[35]

对于货币、手表、金银器皿等贵重物品,其价值总是遵循一定客观规律且波动不 37
大,故可以按照立案时点进行计算、评估,以此认定的巨额财产总额,一般也不会存在太大偏差。但是,如果行为人拥有古董、字画、邮票等物品,则不宜简单以立案时评估的价格为准。因为从请托人购入收藏品,到行为人收受收藏品,再到案发,通常会经历一定时间。由于收藏品市场价格具有高度波动性,收藏品购入时、收受时的市场价格与案发时的市场价格往往存在明显差异。以瓷器收藏品的市场价格波动为例,有学者经过统计后发现,从 20 世纪 80 年代初期到现在,古陶瓷的价格上涨至少 100 倍,明清瓷器近 5 年的市场价格也暴涨了 5 倍。[36] 例如,检察机关于 2015 年在行为人

---

32 参见高兴日、李文涛:《如何认定巨额财产来源不明案件中的犯罪数额》,载《人民检察》2014 年第 20 期。

33 参见李文峰:《贪污贿赂犯罪认定实务与案例解析》,中国检察出版社 2011 年版,第 570 页。

34 参见蔡雅奇:《巨额财产来源不明罪的司法认定若干问题研究》,载彭东、陈连福、李文生主编:《〈刑事司法指南〉(2000—2010)分类集成——贪污贿赂罪 · 渎职侵权罪》,法律出版社 2011 年版。第 460 页。

35 参见徐进辉主编:《贪污贿赂案件收集证据参考标准》,中国检察出版社 2013 年版,第 275 页。

36 参见刘宪权、谢杰:《贿赂犯罪刑法理论与实务》,上海人民出版社 2012 年版,第 326 页。

家中搜查出古画两幅,经评估,这两幅古画的价格已达 100 万元。实际上,这两幅古画是 1998 年他人所送,当时市场价格仅为 8 万元。如果行为人拒不交待这两幅古画的来源,是否就要赋予行为人说明 100 万元购画款来源的义务呢?由此可见,部分特殊物品可能在短期内迅速增值,如果一律以案发时财物的价值进行计算,则完全相同的财物可能因案发时间的不同而赋予行为人截然不同的法律后果,这样显然不符合公平正义原则。更有甚者,如果行为人收受他人特殊物品时尚未达到巨额财产来源不明罪的数额标准,但立案时已达到立案标准的,则行为人成立犯罪与否并非取决于是否实施了犯罪行为,而是取决于司法机关何时立案侦查,这显然与刑法的基本原理相违背。

38 在衡量财产价值时,若行为人无法说明来源不明的巨额财产的取得时间,司法机关想要确定拥有财产的时间点实际上是极其困难的。因此,对于古董、字画、邮票等特殊物品,特别是在行为人拥有期间内大幅升值的物品,根据存疑有利于被告原则,如果能够确定拥有时段的,应当以拥有时段内的最低价值进行估算;如果不能确定拥有时段,但可以确定其是在行为人身为国家工作人员期间获取的,也应当以行为人入职到案发期间内该物品的最低价值进行估算。如此做法,也与我国司法实践中以全年最低汇率折算受贿案件中所收外币[37]的做法相协调。

7. 明显超过与差额巨大的解释

39 根据 2003 年《全国法院审理经济犯罪案件工作座谈会纪要》的规定,财产、支出超过合法收入,一般是指行为人的全部财产与能够认定的所有支出的总和减去能够证实的有真实来源的所得。行为人的合法收入包括工资、奖金、稿酬、继承等法律和政策允许的各种收入。财产、支出超过合法收入的差额部分,以非法所得论。

40 根据最高人民检察院《关于人民检察院直接受理立案侦查案件立案标准的规定(试行)》的规定,"涉嫌巨额财产来源不明,数额在 30 万元以上的,应予立案"。在最高人民法院作出司法解释之前,人民法院在审理此类案件时可参照执行这一立案标准。

(二)行为:行为人经有关机关责令说明来源时不能说明来源

41 本罪的行为表现为行为人经有关机关责令说明其巨额财产来源时不能说明来源。

1. "不能说明"的理解

42 《全国法院审理经济犯罪案件工作座谈会纪要》第 5 条对巨额财产来源不明罪中"不能说明"与"非法所得"作出了解释,条文规定:《刑法》第 395 条第 1 款规定的"不能说明",包括以下情况:行为人拒不说明财产来源;行为人无法说明财产的具体来源;行为人所说的财产来源经司法机关查证并不属实;行为人所说的财产来源因线索

---

37 参见赵煜:《惩治贪污贿赂犯罪实务指南》(第 2 版),法律出版社 2017 年版,第 695 页。

不具体等原因,司法机关无法查实,但能排除存在来源合法的可能性和合理性的。据此,"不能说明"包括以下几种情况:

(1)有条件说明而拒不说明。对此情况,检察机关无须调查取证即可认定为不能说明。 43

(2)行为人明知真实来源而故意作虚假说明。比较常见的说法就是称该财产为已故父母的遗产或海外亲友赠送的。对此,检察机关应调查其已故父母生前的经济状况,是否有可能留下遗产,其是否有海外亲友。如果查实其父母生前贫困,不可能有巨额遗产或根本没有海外亲友,即可确定其"说明"虚假,认定其"不能说明"。 44

(3)行为人说明了财产来源,但其中部分经查证属实,而另一部分既不能找到证据否定行为人的"说明"又不能确证"说明"是真实的,这种情况不能作为"不能说明"处理。因为举证责任的主体是检察机关,它们必须提供"说明"不真实的确凿证据,证明行为人提出的财产来源是虚假的,否则应视为"能够说明"[38]。 45

行为人就财产来源作出了说明,如果:①财产来源是合法的,经查证属实,应认定为无罪;②财产来源属于贪污、贿赂等犯罪所得,经查证属实,应认定为相应的犯罪;③财产来源于一般的违法违纪行为所得(如违反相关规定,从事与职务无关的商业行为),经查证属实,应以一般的违法违纪行为处理。 46

2. 关于责令说明的有关机关的范围

1988年11月17日发布的《关于惩治走私罪和惩治贪污罪贿赂罪两个补充规定(草案)的说明》中指出:"本人所在单位、上级主管机关、国家监察机关和检察机关都可以责令其说明来源,但如果要依照本规定处理,必须由检察机关依法起诉,由人民法院依法判决。"[39]1997年《刑法》制定后,司法解释等并未明确规定可以责令说明的相关机构,但是在其官方材料中却也明确指出:"对于国家工作人员的财产和支出明显超过其合法收入,差额巨大的,其本人所在单位、上级主管部门、国家监察机关、检察机关以及纪律检查部门都可以责令其说明来源。"[40]还有学者指出,应当从两个阶段来确定"责令说明"的有权机关。在进入刑事诉讼以前,"责令说明"的有权机关包括本人所在单位、上级主管机关、监察机关等机构;而进入刑事诉讼程序以后,"责令说明"的有权机关包括公安机关、检察机关。[41] 47

笔者赞成"二阶段说",一方面,在进入刑事诉讼以前,本人所在单位、上级主管机 48

38 参见赵俊:《贪污贿赂罪各论》,法律出版社2017年版,第397页。

39 全国人大常委会秘书长、法制工作委员会主任王汉斌1987年11月17日在第六届全国人大常委会第二十三次会议上所作的《关于惩治走私罪和惩治贪污罪贿赂罪两个补充规定(草案)的说明》。

40 李淳、王尚新主编:《中国刑法修订的背景与适用》,法律出版社1998年版,第535页。

41 参见孟庆华:《贪污贿赂罪重点疑点难点问题判解研究》,人民法院出版社2005年版,第557页。

关、纪检监察机关亦有权责令国家工作人员说明其巨额财产来源。另一方面,在进入刑事诉讼程序以后,“责令说明”的有权机关仅包括监察机关、公安机关与检察机关。国家监察体制改革后,国家监察机关依法履行原由检察机关履行的反贪、反渎与预防职务犯罪的职能,当然有权在符合法定条件时责令国家工作人员说明其财产来源。公安机关有权责令说明的理由在于,“巨额财产来源不明”作为犯罪事实具有不确定性,国家工作人员的财产或者支出明显超过其合法收入,差额巨大、本人又不能说明来源,多数情况下是来自非法途径,这种非法所得可能来源于贪污、受贿犯罪,也可能来源于走私、盗窃、诈骗等其他犯罪。在侦查中,对国家工作人员的财产或者支出明显超过合法收入,差额巨大的,应当尽可能查明其来源,不得草率地认定为巨额财产来源不明罪。只有经过细致的侦查,在确实无法查明被告人可能犯有其他罪行时,才能以巨额财产来源不明罪处理。因此,公安机关在侦查国家工作人员的走私、盗窃、诈骗等刑事案件过程中,查明该国家工作人员尚有巨额财产来源不明的,有权责令该国家工作人员说明合法来源,未合理说明的,可以按巨额财产来源不明罪移交检察机关处理。检察机关在办理案件时有权“责令说明”的理由,不仅来源于其仍然依法保留的对部分司法机关工作人员职务犯罪的侦查权,而且来源于依法履行的审查起诉、提起公诉等法律监督职能。检察机关在履行上述职能时发现符合责令国家工作人员说明其财产来源的法定条件时,有权责令其说明来源,而拥有巨额财产来源不明的国家工作人员有义务作出回答。

3.“责令说明”的期限

49 在“责令说明”过程中,是否应当限制行为人解释财产来源的时间？理论上对这一问题存在两种不同的认识:肯定说认为,应限定犯罪嫌疑人对自己的财产来源进行说明的期限,超过这一期限,检察机关就可以认定行为人构成本罪,至于具体限定时间,一般以 1 个月为宜,如果财产数量多、情况复杂的,可延长至 2 个月。[42] 否定说认为,对行为人说明财产来源的时间进行限制的观点和做法不可取,司法机关在刑事诉讼中有责任查明案件事实,在实践中,除非确无必要,一般应当用足法律规定的办案期限,给犯罪嫌疑人充足的时间,这样也有利于准确办案。[43]

50 笔者赞成肯定说,应当在巨额财产来源不明罪中增设关于被告人举证期限的规定,限定被告人必须在规定的诉讼阶段之前行使举证权。这样,有利于促使被告人在期限规定的时间内履行提供证据的义务。举证期限的设立应当根据行为人的财产数量、年龄大小等综合考量。

---

42 参见李文燕主编:《贪污贿赂犯罪证据调查与运用》,中国人民公安大学出版社 2002 年版,第 711 页。

43 参见陈正云、文盛堂主编:《贪污贿赂犯罪认定与侦查实务》,中国检察出版社 2002 年版,第 164 页。

4. 说明来源的程度

51 行为人究竟要说明到何种程度才称得上说明了财产的来源？尤其是行为人说明了财产的来源合法或来源于普通犯罪所得,但由于线索、证据不充分,司法机关无法证实,亦无法否定其说明之真实性时,对此能否认定行为人已经做到了条文所要求的“说明来源”?

52 对于上述情况,通说认为应视为“已予说明”或者“能够说明”,因为辩方的证明责任应该弱于控方的严格证明责任。[44] 详言之,巨额财产来源不明罪案中被告人的说明来源的行为不同于举证责任,不需要充分证明自己无罪(即无须达到排除一切合理怀疑的程度),只要被告人提出可信的财产来源,使得司法机关不能排除存在来源合法的可能性与合理性的,就应视为被告人说明了财产来源。[45] 倘若因侦查水平之局限性,或去境外调查司法成本过高等因素而无法证实亦无法否定被告人说明之真实性,也应根据案件事实存疑时有利于被告原则处理,否则无异于让被告人为司法能力不足买单。

53 虽然国内学者普遍认为“说明”的程度应低于公诉方“确实、充分”的证明要求,但对其具体的标准却尚无定论。与此相对,国外立法往往对“说明”的程度作了具体的要求,亦均要求行为人作出“满意解释”或“圆满说明”。面对我国公务腐败的严峻形势和惩治腐败的迫切需要,如何通过对本罪的解释,加大打击腐败分子的力度,是摆在学者们面前的新任务。[46] 笔者认为,对于巨额财产来源不明罪中“不能说明来源”的说明程度的把握可以借鉴日本证明程度的等级理论,即将证明分为狭义的证明和释明两种,狭义的证明要求法官对某一事实必须达到“无合理怀疑”的确信程度,释明则只要求法官形成“可以推认事实存在”的心证即可。[47] 也就是行为人对财产来源的说明,如果司法机关确因证据等客观原因不能查证属实,但是可以推定说明的事实存在,则行为人就不成立本罪。我国台湾地区的主流学说也认为,“责令说明来源”并非要求被告举出足够证据来证明来源之合法,而仅要求被告说明财产的真实来源,之后由司法机关负责查证核实。亦即,并非要求被告对“说明”之真实性负责,否则,无异于处罚被告之说谎行为。因此被告的说明义务只要达到“释明”程度即可,换言之,行为人只要提出足以令检察官或法官大致相信之过半心证之相关事宜即达到释明之要求,无须达到严格证明之程度。[48]

---

44 参见陈正云、文盛堂主编:《贪污贿赂犯罪认定与侦查实务》,中国检察出版社 2002 年版,第 162 页。

45 参见沈志先主编:《职务犯罪审判实务》,法律出版社 2013 年版,第 269 页。

46 参见朱建华、牛忠志:《两种对立立场的巨额财产来源不明罪解释之比较》,载赵秉志主编:《刑法论丛》(第 21 卷),法律出版社 2010 年版,第 305 页。

47 参见龙宗智:《相对合理主义》,中国政法大学出版社 1999 年版,第 469—470 页。

48 参见邱忠义:《财产来源不明罪与贪污所得拟制之评析》,载《月旦法学杂志》2009 年第 1 期;黄成琪:《公务员财产来源不明罪之评析》,载《军法专刊》2010 年第 2 期。

5. 举证责任分配

54 部分学者认为,本罪属于举证倒置,应当由行为人自行证明其财产来源。[49] 但是这一观点显然与当代刑事诉讼的基本原则相悖,因为司法机关不能要求被告人去证明自己提出的财产来源的真实性。在公诉案件中,公诉机关承担的证明责任是一种国家责任,这种国家责任的履行必须完全到位,否则便难以体现其公权属性。[50] 而且在公诉案件中,被羁押的被告人先天性缺乏抗辩能力,根本没有能力去证明,如果要求其证明财产来源的真实性,等于让被告人证明自己不构成犯罪,违反了当代刑事法的基本原则,所以如今的通说认为,被告人只负责说明来源、提供线索,之后由司法机关去核实。

55 笔者认为,在巨额财产来源不明罪中不存在证明责任的倒置。被告人提供证据说明其差额财产来源合法的行为属于行使辩护权的行为,而不是履行证明责任,所以巨额财产来源不明罪的被告人是不承担证明责任的,而是完全由司法机关来承担证明责任。辩护权和证明责任最大的区别在于辩护权既可以行使,也可以放弃;而证明责任则是一种法律义务,不能放弃且必须得到履行。[51] 在巨额财产来源不明案中,被告人可以对巨额财产的来源进行说明,也可以不说明,这就表明被告人的说明是一种辩护行为。因此,本罪并不存在证明责任倒置的问题,司法实践中要求被告人提供确实、充分的证据证明其财产来源,从而将提供证据的责任转移给被告人是极其错误的。这既不利于对被告人合法权益的保障,也不利于提供证据责任的合理分配和诉讼证明任务的完成,不利于司法公正的实现。

(三)行为方式

56 关于本罪的行为方式,理论上有四种不同的观点:第一,持有说。认为本罪是持有型犯罪,其客观方面表现为行为人持有来源不明的巨额财产,而非行为人拒不说明超过其合法收入的巨额财产的合法来源。司法机关责令行为人说明合法来源而行为人不能说明来源的过程,是一种程序条件而非实体条件。[52] 第二,不作为说。认为本罪是纯正的不作为犯,并不是行为人"持有"巨额非法所得即构成犯罪,而是行为人在"持有"巨额财产的前提条件下,负有说明其真实来源的义务而不说明才构成巨额财产来源不明罪。如有学者指出:"财产、支出明显超过合法收入,并不是本罪的实行行

---

[49] 参见罗猛:《巨额财产来源不明罪举证责任的思考》,载《国家检察官学院学报》2013 年第 6 期;倪泽仁主编:《贪污贿赂犯罪案件重点难点疑点新释新解》,中国检察出版社 2013 年版,第 147 页。

[50] 参见金钟:《疑罪新论》,法律出版社 2016 年版,第 197 页。

[51] 参见倪泽仁主编:《贪污贿赂犯罪检察实务疑难问题解析》,中国检察出版社 2009 年版,第 337 页。

[52] 参见于改之、吴玉萍:《巨额财产来源不明罪若干问题探析——着眼于"持有说"与"不作为说"之争》,载《人民检察》2004 年第 10 期。

为,只是本罪的前提条件,也可以说是行为状况,即在财产、支出明显超过合法收入,被责令说明来源的状况下不能说明财产来源,所以,本罪是真正不作为犯,而不是所谓复行为犯。”[53]这也是我国的有力学说。[54] 这种观点认为,本罪是纯正的不作为犯,未履行如实说明义务是本罪的实行行为,而财产、支出明显超过合法收入只是本罪的前提条件。国家工作人员的财产、支出明显超过合法收入且差额巨大,经有关机关责令说明来源时,负有如实说明的义务。如果行为人说明了巨额财产系贪污、受贿等犯罪所得且查证属实,则成立相应的犯罪;如果行为人说明了巨额财产来源合法且查证属实,则不成立犯罪;只有行为人不能说明来源时才成立本罪。所以拥有的财产或者支出明显超过合法收入这一行为本身并不能被推定为有罪,它在价值上是中性的,并不一定会侵犯本罪所保护的客体,只是本罪行为的前提状态,只有不能履行说明义务才是本罪的实行行为。第三,复合行为说。该说具体又包括巨额财产来源不明罪是作为与不作为的结合说、持有与不作为的结合说两种观点。前者是指非法获取巨额财产的作为与拒绝说明财产来源的不作为的结合[55],后者是指拥有巨额财产的持有和拒不说明财产来源的不作为的结合。[56] 上述两种复合行为说,无论是哪一种,都强调巨额财产来源不明罪的客观行为是由巨额财产的获得、拥有和拒不说明财产合法来源这两部分行为组成,因此巨额财产来源不明罪的犯罪行为发生时间始于获得或者拥有财产之时,结束于拒不说明财产来源的定论之时,前后行为的结合是该罪客观行为的整体。第四,非法获取说。最近有学者指出,本罪的行为方式是非法获取财产。持该观点的论者主张,本罪的罪状描述中最关键的字眼是“以非法所得论”,而“非法所得论”表明的仅仅是一种后果和状态,至多起到刑罚加重或减轻的作用,刑法评价的重点在于取得财物的行为本身。本罪的“以非法所得论”总是与特定的行为方式相对应。所以非法获取财产的行为才是本罪的行为方式。[57]

由于后两种学说均存在较大弊端,目前学界对于本罪实行行为的争论主要集中 57
在不作为说与持有说上。对于复合行为说,持不作为说的学者认为其包含持有说的弊端,持持有说的学者认为其包含不作为说的弊端,但是无论如何,其必定包含一种学说的弊端,因而在学界已经几乎没有学者支持。对于非法获取说,笔者认为,一方面,诚然,在我国司法实践中,绝大多数来源不明的巨额财产都是行为人以非法手段

53　张明楷:《刑法学》(第6版),法律出版社2021年版,第1577—1578页。

54　参见王作富主编:《刑法分则实务研究》(第5版),中国方正出版社2013年版,第1717页;周光权:《刑法各论》(第4版),中国人民大学出版社2021年版,第548页。

55　参见孟庆华:《巨额财产来源不明罪客观方面问题探讨》,载《甘肃政法学院学报》2001年第1期;刘生荣、但伟:《腐败七罪刑法精要》,中国方正出版社2001年版,第271页。

56　参见孙国祥:《贪污贿赂犯罪疑难问题学理与判解》,中国检察出版社2003年版,第484页。

57　参见李本灿:《巨额财产来源不明罪实行行为的重新界定:非法获取》,载《政治与法律》2014年第7期。

获取的,但值得注意的是,《刑法修正案(七)》将“本人不能说明来源是合法的”改为“不能说明来源的”,从法条的修改可以看出,本罪的成立并不要求其财产来源必须非法。换言之,即使行为人持有的是合法财产,只要其不能说明来源,一样可以以本罪论处。因此,成立本罪,并不需要行为人实施了非法获取财物的行为,该学者的观点有以偏概全之嫌。另一方面,如前所述,本罪的财产不包括可能违法获取的财物,而非法获取的财产既包括违法取得,也包括犯罪所得,因此,以非法获得作为本罪的实行行为,可能扩大处罚范围,违反罪刑法定原则。

58 《刑法》第395条明文规定了国家工作人员的财产、支出明显超过合法收入,差额巨大时,该国家工作人员对其财产来源有说明义务,在有关机关责令其说明来源时,不能说明来源的,即违反了该说明义务,刑法规定本罪正是因为该国家工作人员应履行说明义务、能履行说明义务而未履行说明义务,因此,对其没有履行说明义务、来源不明的差额部分的财产以非法所得论。因此,本罪应为不作为犯或者义务犯。

二、隐瞒境外存款罪的行为

59 隐瞒境外存款罪是指国家工作人员违反国家规定,故意隐瞒不报在境外的存款,数额较大的行为。

(一)“国家规定”之理解

60 根据《刑法》第96条对于“国家规定”的定义,“国家规定”至少是国务院制定的行政法规、规定的行政措施、发布的决定和命令这一位阶以上包括全国人大及其常委会制定的法律、决定在内的规范性文件。与本罪的“国家规定”相关的是,在1988年《关于惩治贪污罪贿赂罪的补充规定》增设本罪以后,1995年4月30日,经党中央、国务院批准,中共中央办公厅、国务院办公厅联合颁发了《关于党政机关县(处)级以上领导干部收入申报的规定》[58];1997年经党中央、国务院批准,中共中央办公厅、国务院办公厅又下发了《关于领导干部报告个人重大事项的规定》[59],这两个规定理所

---

58 《关于党政机关县(处)级以上领导干部收入申报的规定》第3条规定:申报人必须申报下列各项收入:(1)工资;(2)各类奖金、津贴、补贴及福利费等;(3)从事咨询、讲学、写作、审稿、书画等劳务所得;(4)事业单位的领导干部、企业单位的负责人承包经营、承租经营所得。可以看出,该申报规定并未要求规定人员报告境外存款。

59 《关于领导干部报告个人重大事项的规定》第3条第1款规定:报告人应报告下列重大事项:(1)本人、配偶、共同生活的子女营建、买卖、出租私房和参加集资建房的情况;(2)本人参与操办的本人及近亲属婚丧喜庆事宜的办理情况(不含仅在近亲属范围内办理的上述事宜);(3)本人、子女与外国人通婚以及配偶、子女出国(境)定居的情况;(4)本人因私出国(境)和在国(境)外活动的情况;(5)配偶、子女受到执法执纪机关查处或涉嫌犯罪的情况;(6)配偶、子女经营个体、私营工商业,或承包、租赁国有、集体工商企业的情况,受聘于三资企业担任企业主管人员或受聘于外国企业驻华、港澳台企业驻境内代办机构担任主管人员的情况。笔者认为,应当向组织报告的其他重大事项,也可以报告。

当然地成了本罪中的“国家规定”[60]。但是,《关于党政机关县(处)级以上领导干部收入申报的规定》的内容并不针对也不包括境外存款申报,两个规定并未赋予其主体相应义务,因而不应成为本罪的义务来源。

中共中央办公厅、国务院办公厅 2010 年 5 月 26 日发布了《关于领导干部报告个人有关事项的规定》,其中第 4 条规定:领导干部应当报告下列收入、房产、投资等事项:①本人的工资及各类奖金、津贴、补贴;②本人从事讲学、写作、咨询、审稿、书画等劳务所得;③本人、配偶、共同生活的子女的房产情况;④本人、配偶、共同生活的子女投资或者以其他方式持有有价证券、股票(包括股权激励)、期货、基金、投资型保险以及其他金融理财产品的情况;⑤配偶、共同生活的子女投资非上市公司、企业的情况;⑥配偶、共同生活的子女注册个体工商户、个人独资企业或者合伙企业的情况。从中可以看出,《关于领导干部报告个人有关事项的规定》要求相关人员汇报其持有的金融理财产品,银行存款自然也在其中,因此,有学者认为,该规定可以成为本罪中的“国家规定”。 61

但是如前所述,《刑法》第 96 条已明确规定,只有全国人大及其常委会制定的法律和决定,国务院制定的行政法规、规定的行政措施、发布的决定和命令才属于“国家规定”的范畴,因此,严格来讲,国务院内部办事机构(如《关于领导干部报告个人有关事项的规定》的制定主体——中共中央办公厅、国务院办公厅)颁发的各类规范性文件皆因位阶较低而不能纳入“国家规定”的范畴。有学者认为,国家规定也包括国务院直属的有关部委制定,经国务院批准并以国务院名义发布的文件。理由在于,最高人民法院《关于准确理解和适用刑法中“国家规定”的有关问题的通知》中规定:“以国务院办公厅名义制发的文件,符合以下条件的,亦应视为刑法中的‘国家规定’:(1)有明确的法律依据或者同相关行政法规不相抵触;(2)经国务院常务会议讨论通过或者经国务院批准;(3)在国务院公报上公开发布。”因此,《关于领导干部报告个人有关事项的规定》也应当属于“国家规定”。 62

(二)隐瞒不报的时间界限

关于隐瞒不报的时间界限,理论界并无定论。笔者认为,作为本罪犯罪构成要件的“隐瞒不报”行为,其时间界限应限定在司法机关立案前。理由如下: 63

(1)《刑法》第 395 条第 2 款规定,国家工作人员在境外的存款,应当依照国家规定申报。从该款规定可以看出,本罪是纯正的不作为犯罪,其构成以刑法的明文规定为特征,行为人的作为义务主要来源于由刑法认可的其他法律规定(即有关国家工作 64

60 参见李文燕主编:《贪污贿赂犯罪证据调查与运用》,中国人民公安大学出版社 2002 年版,第 738 页;裴广川主编:《经济犯罪的认定与处罚》,吉林人民出版社 2002 年版,第 738 页;曲淑辉:《隐瞒境外存款罪》,载《中国刑事法杂志》1998 年第 2 期。在这些论著中,学者们均将《关于党政机关县(处)级以上领导干部收入申报的规定》的适用对象——县(处)级以上国家工作人员作为本罪主体或探讨本罪主体的参考依据。

人员境外存款申报方面的国家规定)。[61] 因此负有境外存款申报义务的国家工作人员对数额较大的境外存款没有依法履行申报义务的,根据《刑法》第395条第2款的规定就构成本罪,诉讼程序是否已经启动对其没有影响。

65 (2)纯正的不作为犯罪的构成要求同时具备行为人具有法定的义务、行为人应当且有能力履行该法定义务而没有履行、没有履行的不作为行为造成了刑法所要求的危害后果。[62] 当国家工作人员隐瞒不报数额较大的境外存款的时候,就已经使得国民对国家工作人员的职务行为廉洁性产生了怀疑,即已经侵害了本罪所保护的法益。即便在诉讼过程中行为人再去履行这种申报义务的,也只属于事后补救行为,根据刑法教义学的基本理论,这种事后补救行为已经无法阻却其先前不作为行为的犯罪性,而只可能影响到量刑。[63]

66 (3)最高人民法院《关于审理偷税抗税刑事案件具体应用法律若干问题的解释》第1条第3款规定:"实施本条第一款、第二款规定的行为,偷税数额在五万元以下,纳税人或者扣缴义务人在公安机关立案侦查以前已经足额补缴应纳税款和滞纳金,犯罪情节轻微,不需要判处刑罚的,可以免予刑事处罚。"最高人民检察院《关于渎职侵权犯罪案件立案标准的规定》附则第4条第3款规定:"直接经济损失和间接经济损失,是指立案时确已造成的经济损失。移送审查起诉前,犯罪嫌疑人及其亲友自行挽回的经济损失,以及由司法机关或者犯罪嫌疑人所在单位及其上级主管部门挽回的经济损失,不予扣减,但可作为对犯罪嫌疑人从轻处理的情节考虑。"由此可见,在实务部门看来,对于这种纯正的不作为犯罪,只要行为人没有按照法律规定的时间、程序、内容等履行自己的应尽义务,就已经构成犯罪,诉讼前或者诉讼过程中的履行义务行为或者事后补救行为对犯罪构成不产生影响。据此,只要立案,行为人便已经成立犯罪,事后交待与否对犯罪构成不产生影响。[64]

67 (4)本罪中无须在立案后给行为人交待时间。无论本款中所指的国家规定为何,其申报主体都不会是公安机关,因此申报义务是要向有关主管机关履行,行为人是否履行了该义务只有该相关的主管机关才清楚,司法机关对本罪的发现必然要通过该主管机关,而且在我国司法实践中,司法机关在发现国家工作人员隐瞒不报数额较大境外存款事实后,通常也不会立即立案侦查,而是会给予行为人补救的机会,先建议接受申报的主管机关责令行为人申报,促使行为人履行申报义务,在行为人拒不履行后,才立案抓捕。因此,在公安机关立案以前,行为人已经有数次机会如实交待

61 参见孙国祥:《贪污贿赂犯罪疑难问题学理与判解》,中国检察出版社2003年版,第549页;陈兴良:《刑法适用总论》(上卷),法律出版社1999年版,第268页。

62 参见〔日〕前田雅英:《刑法總論講義》(第6版),东京大学出版会2015年版,第93—94页。

63 参见沈志先主编:《职务犯罪审判实务》,法律出版社2013年版,第276页。

64 参见龚培华、王立华:《隐瞒境外存款罪的司法认定》,载《法学》2007年第5期。

自己的境外存款情况,无须在立案后再给其"翻案"的机会,否则会给人民群众国家工作人员拥有"特权"之感。

(三)"境外"之理解

关于"境外"的理解,学界历来存在争议。有学者认为,本罪中的"境外"存款是指在我国国境、边境外的国家或地区的外汇存款,因而不包括我国港澳台地区[65];也有学者认为,本罪中的"境外"存款指在中华人民共和国所属银行以外的其他国家和组织的银行或公司内的存款,在我国香港特区、澳门特区、台湾地区的非中华人民共和国的银行或公司,以及外国的一些金融机构或组织在我国大陆设立的银行或公司的存款。[66] 上述观点对于"境外"的概念,其实采取的是不同的理解方式,第一种观点对"境外"采取的是地域概念,即凡是在我国地域境外存款均属境外存款;第二种观点对"境外"采取了资本概念,即便存款在我国地域境内,只要其金融机构所有者的资本不在境内,也属于"境外"存款。笔者认为,应该确认"境外"是地域概念,即凡在我国大陆外开设的金融机构的存款都属境外存款。本罪所谓"境外"包括港澳台地区。 68

V　主体

根据《刑法》第 395 条的表述,巨额财产来源不明罪与隐瞒境外存款罪的主体均为国家工作人员。 69

Ⅵ　罪过

一、巨额财产来源不明罪的罪过形态

对巨额财产来源不明罪的罪责形态理论上存在争议,主要有以下几种观点; 70

1. 直接故意说

持该说的学者认为,本罪的主观方面只能是直接故意,如有学者认为,巨额财产来源不明罪并不是行为人在客观上说不清楚财产来源,而是在主观上根本就不愿意说明财产来源,所以其罪过形式只能是直接故意,不可能是间接故意或者过失。[67] 在直接故意说内,对于行为人的认识因素的具体内容又存在若干不同的看法:第一,认为行为人应当认识到财产的来源是非法的。如有学者认为,行为人明知自己的财产或者支出明显超过了合法收入,差额巨大,这部分巨额财产的来源是非法的,但在司 71

65　参见参见裴广川主编:《经济犯罪的认定与处罚》,吉林人民出版社 2002 年版,第 945 页。

66　参见颜茂昆、贺小电、翟玉华:《刑法适用新论》,吉林人民出版社 2001 年版,第 818 页。

67　参见李文燕主编:《贪污贿赂犯罪证据调查与运用》,中国人民公安大学出版社 2002 年版,第 706 页。

法机关责令其说明该财产的来源时,却拒绝加以说明,或者有意编造该财产的合法性及其来源。[68] 第二,认为行为人应当认识到财产的真实来源,但不强调对于来源非法性的认识。如有学者认为,行为人明知自己超过合法收入的差额巨大的财产或者支出的来源,在被责令说明其来源的情况下,能够说明来源而故意不予说明。[69] 也有学者认为,行为人明知自己的财产或支出超过合法收入,且知道差额巨大的那部分财产的真正来源,却拒不履行说明财产来源的义务;或者故意说谎,意图掩饰、隐瞒其真实性质。[70] 还有学者认为,本罪只能由直接故意构成,即明知其财产超过合法收入部分巨大,明知真实来源,明知自己有说明义务,但却不予说明。[71] 第三,认为行为人应认识到其财产超出合法收入、支出的状态,但不强调对来源的认识。如有学者认为,行为人对本人占有的明显超过其合法收入的数额巨大的财产是明知的,明知而占有,却又不能说明并证明其合法来源,因而是故意犯罪。[72] 也有学者认为,巨额财产来源不明罪主观方面,是指犯罪嫌疑人明知自己的财产或支出明显超过合法收入且差额巨大,在检察机关责令其说明差额部分的来源时,却不能说明来源。[73] 第四,认为行为人认识到具有说明财产来源的义务,但拒不说明。如有学者认为,行为人除对财产情况有所认知外,还应对其具有说明财产来源的义务明知。原本对说明财产来源的义务不曾认知,经教育或已经明知说明财产来源义务后,仍拒不说明财产来源的,才可以成立本罪。[74]

2. 间接故意说

72 间接故意说认为,巨额财产来源不明罪的主观方面可以包括间接故意。如有学者认为,巨额财产来源不明罪的直接故意是指行为人在被责令说明财产来源后,拒不进行说明,对“巨额财产来源不明”的结果持希望的态度;间接故意是指行为人在被责令说明财产来源合法后,虽然进行了说明,但是对于说明的效果持消极放任的态

68　参见张穹主编:《贪污贿赂渎职“侵权”犯罪案件立案标准精释》,中国检察出版社 2000 年版,第 104—105 页。

69　参见高铭暄、马克昌主编:《刑法学》(第 9 版),北京大学出版社、高等教育出版社 2019 年版,第 642 页。

70　参见杨书文、韩耀元:《职务犯罪立案标准与司法适用》,法律出版社 2009 年版,第 102 页。

71　参见王作富主编:《刑法分则实务研究》(第 5 版),中国方正出版社 2013 年版,第 1716 页。

72　参见林亚刚主编:《贪污贿赂罪疑难问题研究》,中国人民公安大学出版社 2005 年版,第 255 页。

73　参见徐进辉主编:《贪污贿赂案件收集证据参考标准》,中国检察出版社 2013 年版,第 273 页。

74　参见刘生荣、张相军、许道敏:《贪污贿赂罪》,中国人民公安大学出版社 2003 年版,第 250 页。

度,即对于有关机关是否认可这一说明持听之任之的态度。[75] 还有学者认为,本罪行为人的故意包括对财产所有权侵害的直接故意,以及对国家机关正常活动侵害的间接故意。[76]

3. 故意+过失说

该说认为,故意和过失都可以是本罪的主观方面。如有学者认为,从一般意义上讲,国家工作人员对于自己的收入情况是了解的,尤其是其本人拥有的财产数额或者支出明显超过其合法收入之时,行为人不能说明来源是合法的,其主观心理活动的实质在于故意掩盖巨额财产的非法性质和来源。但是,从辩证的角度讲,行为人对其差额财产亦可能由于时间久等客观原因确实“不能”说明,在这种情况下,其主观罪过形式属于过失。为了加大对此类犯罪的打击力度,维护国家机关的廉洁性,犯罪行为人主观上无论出于故意或过失,只要不能说明其来源合法,而且差额巨大的,司法机关经过查证,就可以定罪量刑。[77] 73

4. 严格责任说

严格责任说认为,巨额财产来源不明罪不需要证实行为人的主观故意。如有学者认为,巨额财产来源不明罪属于持有型犯罪,只要行为人有超过合法收入的客观现状,便可认定行为人构成犯罪,而无须证明行为人在主观上具有故意或者过失的心理态度。[78] 也有学者认为,本罪是一种严格责任的犯罪,只要证明被告人有来源不明的巨额财产,就可追究其刑事责任。[79] 74

笔者认为,本罪的罪过形式只能是故意,且包括直接故意与间接故意。直接故意与间接故意虽然存在区别,但二者不是对立关系,而且二者在法律上的地位是相同的,故区分二者的意义极为有限。换言之,应当注重直接故意与间接故意的统一性。首先,不可认为“刑法分则条文规定的某些具体犯罪只能由间接故意构成,不能由直接故意构成”。因为既然间接故意都能成立,直接故意更能成立;事实上也不存在“某种行为出于直接故意时成立此罪、出于间接故意时成立彼罪”的情况。其次,不可认为“某种犯罪只能由直接故意构成,不能由间接故意构成”。因为在刑法分则中,凡是由故意构成的犯罪,刑法分则条文均未排除间接故意,当人们说某种犯罪仅能由直接故意构成时,只是根据有限事实所作的归纳,并非法律规定,若以此认为某种犯罪只可能由直接故意构成,便犯了将存在论与规范论混淆的错误。最后,只要查明行为人 75

---

75 参见刘生荣、张相军、许道敏:《贪污贿赂罪》,中国人民公安大学出版社 1999 年版,第 262 页。

76 参见刘佑生主编:《职务犯罪研究综述》,法律出版社 1996 年版,第 143 页。

77 参见蔡兴教主编:《财产贪贿犯罪的疑难和辨症》,中国人民公安大学出版社 1999 年版,第 472 页。

78 参见苗有水:《持有型犯罪与严格责任》,载《刑法问题与争鸣》编委会编:《刑法问题与争鸣》(第 1 辑),中国方正出版社 1999 年版,第 41 页。

79 参见孙国祥:《贪污贿赂犯罪疑难问题学理与判解》,中国检察出版社 2003 年版,第 501 页。

认识到了构成要件事实,并且对结果具有放任态度,即使不能查明行为人是否希望结果发生,或者不能查明行为人是否认识到结果必然发生,也能认定为间接故意。而不能以事实不清为由,宣告行为人没有犯罪故意。[80] 而故意的构成要件包括认识因素与意志因素,认识因素是指故意认识的对象,即客观的该当于构成要件的事实。[81] 因此要构成本罪,行为人必须认识到其财产、支出明显超过合法收入,差额巨大,其认识心态既可以是直接故意,又可以是间接故意,两种心态均能构成本罪。

二、隐瞒境外存款罪的罪过形态

76 学界无争议地认为,本罪只能由故意构成。本罪表现为行为人明知自己在境外有存款,却有意隐瞒不报。如果行为人确实不知自己有境外存款,或者由于种种客观原因未能及时申报的,都不构成犯罪。行为人隐瞒不报境外存款的动机是多种多样的,大多数是为了掩盖、隐瞒自己获取这些存款的途径的非法性,也有的是为了保护自己的隐私,或者是出于对国内金融机构的不信任。但隐瞒的动机不影响本罪的认定。

77 关于本罪的主观方面是直接故意还是间接故意,学者们则有不同认识。有学者认为,本罪的主观方面是间接故意,即行为人明知隐瞒境外存款会危害国家廉政制度,但为了隐瞒非法所得(包括犯罪所得)或为了不暴露其合法收入之难言之隐等,而放任国家廉政制度被破坏。[82] 还有学者认为,本罪的主观方面只能是直接故意。在隐瞒境外存款犯罪中,行为人故意隐瞒自己的境外存款,就是要达到逃避国家监管的目的,行为人也知道隐瞒境外存款必然会发生侵犯国家对国家工作人员境外存款的监管制度的危害结果。因此,在本罪中,行为人既然明知其行为必然会发生危害结果,就缺乏"放任"的前提和基础,只能是直接故意。[83]

78 笔者认为,本罪的罪过形式应当包括直接故意与间接故意。

Ⅶ 未完成形态

一、巨额财产来源不明罪的完成形态

(一)既遂

79 从结果的发生与犯罪的终了之间的关系,可以将犯罪分为即成犯、状态犯与继续犯三种形态。所谓即成犯,是指一旦发生法益侵害结果,犯罪便同时终了,法益也随

---

80 参见张明楷:《刑法学》(第6版),法律出版社2021年版,第345页。

81 参见〔日〕高桥则夫:《刑法总论》(第3版),成文堂2016年版,第174页。

82 参见李文燕主编:《贪污贿赂犯罪证据调查与运用》,中国人民公安大学出版社2002年版,第739页。

83 参见张平、谢雄伟:《隐瞒境外存款罪构成要件研究》,载《湖北社会科学》2005年第3期。

之消灭,故意杀人罪、故意伤害罪即为此例。状态犯,是指一旦发生法益侵害结果,犯罪便同时终了,但法益受侵害的状态仍在持续,多见于盗窃罪、诈骗罪等财产犯罪,其与即成犯的区别在于,状态犯中需要注意不可罚的事后行为,避免对同一法益侵害的二次处罚。[84] 继续犯,是指不仅法益侵害状态在持续,而且行为的构成要件符合性也在持续,如非法拘禁罪、非法侵入住宅罪等。

巨额财产来源不明罪属于即成犯,只要行为人违反了说明财产来源义务拒不说 80
明财产来源,即为犯罪既遂。

(二)预备犯、未遂犯与中止犯

巨额财产来源不明罪不可能存在预备犯、未遂犯与中止犯。一方面,本罪的实行 81
行为是拒不说明财产来源,包括拒不交待与虚假说明两种形式,因而行为人为作虚假说明,而在事前串通家属,统一口径,或窜改账目;把差额部分的巨额财产列入家属经商所得等就属于犯罪预备行为。但是,存在预备行为,并不表明行为人可能成立预备犯。在行为人实施了预备行为后,若其作了虚假说明,则直接构成巨额财产来源不明罪,先前行为就成为犯罪预备行为,但由于没有停顿下来而不可能构成预备犯;若行为人随后作了真实说明,则丧失了巨额财产来源不明罪成立的条件而不构成本罪,更谈不上构成预备犯的问题。所以,对于巨额财产来源不明罪来说,存在预备行为,但不存在预备犯。另一方面,本罪不可能出现中止和未遂的犯罪形态。[85] 从本罪的罪状来看,主要是针对行为人不能说明或者拒不说明差额财产的真实合法来源。该罪赋予行为人说明的义务,在行为人不能说明即拒不说明或虚假说明的情况下,差额巨大的,则以该罪定罪处罚。由此可以看出。只有在行为人不能说明或司法机关确实无法查明差额财产真实来源的情况下,才能以此罪定罪处罚。如果行为人先期不能说明而后在被查办过程中又主动交待了财产的真实来源,即说明了财产是通过何种途径取得的,那么根据该巨额财产的具体情况,行为人要么构成其他犯罪(如贪污、受贿等其他职务犯罪),要么无罪(财产来源合法),但却不能构成巨额财产来源不明罪,因此谈不上构成犯罪中止。同理,如果司法机关最终查明了财产的来源,行为人拒不说明,企图隐瞒财产真实来源的目的没有达到,则司法机关也应根据查明的财产来源合法与否而认定行为人有罪与否,进而认定行为人所犯何罪,但最终结果必然是行为人要么构成他罪,要么无罪,而绝不会构成巨额财产来源不明罪,更谈不上该罪的犯罪未遂。

84 参见〔日〕关哲夫:《讲义刑法总论》,成文堂 2015 年版,第 113 页。

85 参见刘志洪主编:《贪污贿赂罪立案追诉标准与司法实务认定》,中国人民公安大学出版社 2010 年版,第 278 页;彭文华主编:《刑法分论》,厦门大学出版社 2012 年版,第 281—282 页。

二、隐瞒境外存款罪的完成形态

(一)既遂犯

82 本罪的实行行为是隐瞒境外存款,只要国家工作人员在相关部门规定时间结束后仍然实施隐瞒行为,在相关部门查明隐瞒的存款后,行为人成立本罪的既遂。

(二)预备犯、未遂犯与中止犯

83 隐瞒境外存款罪不可能存在预备犯、未遂犯与中止犯。一方面,本罪的实行行为是隐瞒境外存款,包括拒不交待与不如实交待两种形式,因而行为人为隐瞒存款,而事前窜改账目,把银行存款转移至其他亲属账户等就属于犯罪预备行为。但是,存在预备行为,并不表明行为人可能成立预备犯。在行为人实施了预备行为后,若其实施了隐瞒存款的行为,则直接构成隐瞒境外存款罪,先前行为就成为犯罪预备行为,但由于没有停顿下来而不可能构成预备犯;若行为人随后作了真实说明,则丧失了隐瞒境外存款罪成立的条件而不构成本罪,更谈不上构成预备犯的问题。所以,对于隐瞒境外存款罪来说,存在预备行为,但不存在预备犯。另一方面,本罪不可能出现中止和未遂的犯罪形态。从本罪的罪状来看,主要是针对行为人隐瞒境外存款的行为。本条刑法规范赋予了行为人对境外存款罪的如实说明义务,在行为人拒不交待或者不如实交待的情况下,差额巨大的,则以该罪定罪处罚。由此可以看出,只有在行为人拒不交待与不如实交待的情况下,才能以此罪定罪处罚。如果行为人先期隐瞒存款而后在被查办过程中又主动交待了境外存款,即说明了财产是通过何种途径取得的,那么行为人便不会构成本罪,因此谈不上构成犯罪中止。同理,如果司法机关最终在国家工作人员隐瞒的情况下查明其拥有境外存款,则行为人直接构成本罪,而不是仅成立本罪的未遂。因此,本罪不可能出现预备犯、中止犯与未遂犯这三类犯罪停止形态。

Ⅷ 共犯

84 在我国司法实践中,在巨额财产来源不明案的查处过程中屡屡出现这样的现象:国家工作人员往往并不将巨额财产存入以自己名义开设的银行账户内,而是将巨额财产存入以其近亲属名义开设的账户内,或者对于家庭拥有的巨额现金或财物,国家工作人员声明是家庭其他成员的收入或财产;同时,家庭成员等其他近亲属也极力帮国家工作人员一起编织各种谎言,干扰司法机关正常的办案进程。所以,涉案的国家工作人员为了逃避法律制裁,“其他家庭成员的财产”无疑成了最惯用的借口和遁词。然而,实务中以本罪的共同犯罪论处的判决可谓少之又少,绝大多数情况下都只处理贪官一个人,不涉及其配偶或其他家庭成员,即使涉及也只是以掩饰、隐瞒犯罪所得罪论处,况且还是少数。这是极不正常的现象。

85 关于本罪是否有共犯成立的余地,尤其是国家工作人员的家属能否认定为本罪的共犯，理论与实务存在如下代表性主张：第一，家庭成员不属于国家工作人员的，案发前与国家工作人员进行通谋，帮助或者教唆该国家工作人员实施了隐匿、转移、销毁巨额财产行为的，成立该罪的共犯；若案发前没有进行通谋，不成立本罪的共犯，对其视情节和性质以掩饰、隐瞒犯罪所得罪、包庇罪或伪证罪论处。家庭成员属于国家工作人员的，若家庭财产采用共同共有制，应当分别责令家庭成员中的所有国家工作人员说明财产来源，如果他们都没有对整个家庭财产说明来源的，则成立本罪的共犯；如果家庭财产采用分别财产制的，均没有义务对另一方的财产来源作出说明，不成立该罪的共犯，而应分别定罪。[86] 第二，当家庭成员仅有一个国家工作人员时，不应认定其家庭成员为共犯。当家庭成员中有两个以上（包括两个）国家工作人员时，具体作如下处理：两个以上的国家工作人员其中只有一人有贪污贿赂等经济犯罪行为的，其他人不应认定为共犯；两人以上均有贪污贿赂等经济犯罪行为的，也不能简单地一概肯定或否定共犯，至少应考虑每个人有可能起的作用大小以及财产由谁控制、保管、经手和每个人的一贯表现等，综合考虑认定是否成立共犯；两个以上的国家工作人员均无贪污贿赂等经济犯罪行为的，应考虑每个人对这些财产的来源所可能起的作用、行为人的一贯表现、家庭财产的管理状况等因素，认定是否成立共犯。[87] 第三，该罪存在共犯，但只有那些与国家工作人员共同拥有来源不明的巨额财产并且具有国家工作人员身份的人，才可能构成该罪的共犯。实践中他们是共同生活在一起的家庭成员，如夫妻等。[88] 第四，配偶系非国家工作人员的，因为配偶既不具有说明财产来源的义务，也不能推定巨额财产是配偶的非法所得，因此配偶不能构成本罪的共犯。配偶也系国家工作人员时，一般情况下不宜对配偶认定为本罪，但是，若配偶亦有贪污、受贿等严重经济犯罪行为，有一定证据表明家庭巨额财产的产生与配偶的经济犯罪行为存在高度关联，确有必要推定配偶违反了职务廉洁性要求，方可对配偶认定为本罪。[89] 第五，家庭成员系非国家工作人员的，不能成立本罪的共犯。家庭成员也系国家工作人员，若参与、保管、使用另一方的收入的，可能成立本罪的共犯。但实践中根本无法查清这一点，故判断家庭成员是否为共犯变得极为困难。[90]

笔者认为，巨额财产来源不明罪作为一种不作为犯罪，不管家庭成员是否具有国 86
家工作人员身份，只要没有实施本罪的实行行为即拒不说明来源，都不宜认定为本罪的共同实行犯；无论是否属于家庭成员，教唆、帮助国家工作人员继续持有来源不明

---

86 参见沈志先主编：《职务犯罪审判实务》，法律出版社 2013 年版，第 270—271 页。

87 参见杨兴国：《贪污贿赂犯罪认定精解精析》（修订版），中国检察出版社 2015 年版，第 293—295 页。

88 参见李文峰：《贪污贿赂犯罪认定实务与案例解析》，中国检察出版社 2011 年版，第 593 页。

89 参见赵煜：《巨额财产来源不明罪的共犯问题》，载《中国检察官》2013 年第 16 期。

90 参见张峰、蔡永彤：《〈联合国反腐败公约〉视野下巨额财产来源不明罪的法律困境与制度适应》，载《法学杂志》2009 年第 5 期。

的巨额财产的,可能成立本罪的教唆、帮助犯;参与保管、隐匿、使用不明财产的,可能成立洗钱罪,掩饰、隐瞒犯罪所得、犯罪所得收益罪,包庇罪,帮助毁灭、伪造证据罪,伪证罪等妨害司法罪;家庭成员亦为国家工作人员的,对于共有的家庭财产不能说明来源的,可能单独成立本罪,而不是成立本罪的共犯。

IX 与非罪的界限

一、巨额财产来源不明罪与非罪的界限

87 正确认定本罪与非罪的界限,应当注意三个方面的内容:第一,财产或支出超过合法收入的差额部分是否达到数额巨大的标准,只有当行为人的财产或者支出明显高于合法收入,差额巨大时,才能认定为犯罪。第二,行为人是否能够说明其超出合法收入的财产的来源。如果行为人能够说明其超过合法收入以外的财产的来源,如属于合法所得,或者一般违法所得,或者贪污受贿等犯罪所得,不构成本罪。第三,拥有财产或支出明显超过合法收入的巨额财产的人是否具备国家工作人员的身份。只有当国家工作人员的财产或支出明显超过合法收入,差额巨大时,才能构成本罪。如果查明的财产确属与国家工作人员共同生活的家庭成员个人的非法收入,不应当计入差额财产。所谓"数额巨大",根据 1999 年 9 月 16 日最高人民检察院发布的《关于人民检察院直接受理立案侦查案件立案标准的规定(试行)》的规定,是指巨额财产来源不明,数额在 30 万元以上。

二、隐瞒境外存款罪与非罪的界限

88 正确认定本罪与非罪的极限,要注意把握三个要点:第一,行为人必须是负有法定申报义务的国家工作人员,非国家工作人员和非负有法定申报义务的国家工作人员不能构成本罪。第二,行为人必须明知自己有申报义务。第三,境外存款数额较大而隐瞒不报。所谓"数额较大",根据最高人民检察院《关于人民检察院直接受理立案侦查案件立案标准的规定(试行)》第 1 条第(十)项的规定,是指涉嫌隐瞒境外存款,折合人民币数额在 30 万元以上。虽然隐瞒境外存款,但是,情节较轻的,不构成犯罪,由其所在单位或者上级主管机关酌情给予行政处分。所谓情节较轻,是指国家工作人员在境外存款数额折合人民币未达 30 万元,或者在案发后主动坦白,认罪态度较好等。

X 与他罪的区别

一、巨额财产来源不明罪与他罪的区别

89 认定本罪时应当注意本罪与受贿罪的区别。两罪的主体都是特殊主体,即国家

工作人员,在主观上都是出于故意,在客观上都有非法获取公私财物的行为。两罪的不同之处表现在:第一,犯罪客观方面的表现形式不同。巨额财产来源不明罪在客观方面表现为,行为人的财产或者支出明显超过其合法收入,差额巨大,而本人又不能说明其来源。非法所得的巨额财物,不一定是行为人利用职务之便索取,或者利用职务之便为他人谋取利益,收受财物而获得的。受贿罪在客观方面则表现为,行为人利用职务上的便利,索取他人财物,或者非法收受他人财物,为他人谋取利益;或者在经济往来中,违反国家规定,收受各种名义的回扣、手续费,归个人所有的;或者利用本人职权或者地位形成的便利条件,通过其他国家工作人员职务上的行为,为请托人谋取不正当利益,索取请托人财物或者收受请托人财物的行为,即"以权换财"。利用职务之便和收受、索取他人财物是受贿罪的本质特征。第二,犯罪事实的确定程度不同。巨额财产来源不明罪只能确定结果即巨额财产,对于巨额财产获得的途径不能确定。受贿罪无论犯罪结果还是犯罪行为都经过查证属实,都是确定的。第三,证明责任不同。巨额财产来源不明罪的行为人要承担一部分证明责任,行为人要想表明自己无罪,就必须积极举证,证明其财产是合法取得的,司法机关无须证明其财产是通过何种非法手段获得的。受贿罪的证明责任完全由司法机关承担,行为人不承担证明责任。

二、隐瞒境外存款罪与他罪的区别

(一)与贪污罪、受贿罪等犯罪的区别

当行为人隐瞒不报的境外存款系贪污、受贿等犯罪所得时,应如何评价行为的性 90
质,司法实践中存在认识分歧。有观点认为,如果有证据证实行为人的存款确属贪污、受贿犯罪所得的赃款,数额较大的,应以贪污罪或者受贿罪和隐瞒境外存款罪,按照数罪并罚原则处罚。[91] 另有观点认为,本罪中在境外的存款,一般是行为人个人所有的合法存款,只是未按规定申报;而贪污罪、挪用公款罪等罪,犯罪分子也可能将贪污、挪用甚至盗窃、诈骗来的公私财物兑换成外币存放境外,当然也不会申报。但他们在境外的存款本身为犯罪所得的赃款,存放在境外只是行为人转移赃款、赃物的一种手段,不应以隐瞒境外存款罪定罪。[92] 还有观点认为,对于存款来自贪污、受贿等犯罪的,对国家工作人员应认定为贪污罪、受贿罪等犯罪,从期待可能性角度出发,对其隐瞒存款不报的行为不宜追究隐瞒境外存款罪的责任。[93]

笔者原则上同意第二种观点,认为在此种情况下应认定行为人的隐瞒境外存款 91
行为被贪贿行为所吸收,属于共罚的事后行为,因而不应当认定为两罪并实行数罪并

---

91 参见张明楷:《刑法学》(第6版),法律出版社2021年版,第1580页;薛振、张娅娅:《隐瞒境外存款罪与巨额财产来源不明罪罪行重叠时的区分》,载《人民司法》2008年第4期。

92 参见周道鸾、张军主编:《刑法罪名精释》(第2版),人民法院出版社2003年版,第734—735页。

93 参见肖中华:《贪污贿赂罪疑难解析》,上海人民出版社2006年版,第263—264页。

罚。理由是:第一,从社会经验看,行为人实施贪贿犯罪后,必然会实施隐藏犯罪财物的行为。我国有学者认为,不可罚的事后行为是指实施某些犯罪既遂后,又实施依一般社会经验通常会伴随的有危害性的行为。[94] 根据社会一般经验,行为人通过实施贪污、受贿或其他犯罪得到赃款后,必然会想方设法将其非法所得转移、隐藏。将赃款存于境外的金融机构并予以隐瞒就是其隐藏的一种方式,因而此种情形属于满足共罚的事后行为的形式要件。第二,隐瞒境外存款罪并未侵犯新的法益。有学者指出,在共罚的事后行为中,即便其事后行为本身似乎符合其他构成要件,只要其违法状态已依据状态犯(即原罪)的构成要件作出评价,也不构成犯罪。[95] 如前所述,笔者认为,本罪所保护的法益是国民对国家工作人员职务行为廉洁性的信任,而《刑法》分则第八章贪污、贿赂犯罪所保护的法益是职务行为的廉洁性、不可收买性[96],可见隐瞒境外存款的行为并没有侵犯新的法益(缺乏违法性),因此,符合共罚的事后行为的实质要件。[97] 其实,国家工作人员在实施贪贿类犯罪后将财产转移至境外的行为,与行为人实施盗窃行为后,隐藏、掩盖犯罪所得的行为如出一辙。盗窃犯罪人实施盗窃犯罪取得财物后,必然要将所取得的财物予以销赃,或者采取其他手段,来掩饰、隐瞒犯罪所得,这是盗窃犯罪后的自然延续过程,学界均认为成立犯罪。所以,此类行为按照吸收犯的处理原则,应当认定为一罪而不能进行数罪并罚。例外的情况是,行为人通过贪污、受贿或实施其他犯罪后取得财物,将其存放在境外,但存放数额超出贪污、受贿数额,超出部分如果数额巨大且不能认定成立其他犯罪的,另成立隐瞒境外存款罪。

(二)与巨额财产来源不明罪的区别

92 隐瞒境外存款罪与巨额财产来源不明罪的主体均由国家工作人员构成,并且均侵犯了国民对国家工作人员职务行为廉洁性的信任,且客观上都表现为不作为犯。两罪的区别在于:

93 (1)犯罪对象不同。巨额财产来源不明罪的对象是国家工作人员超过来源明确收入的巨额财产,既包括行为人在境内的财产,也包括行为人在境外的财产。这里的财产,既可以是货币,也可以是各种物品,包括动产和不动产;隐瞒境外存款罪的对象是国家工作人员在境外的存款,可以是行为人合法收入,也可以是其违法违纪甚至贪污、受贿等犯罪所得。

94　参见周光权:《刑法总论》(第4版),中国人民大学出版社2021年版,第406页。

95　参见〔日〕关哲夫:《講義刑法總論》,成文堂2015年版,第514页。

96　参见张明楷:《刑法学》(第6版),法律出版社2021年版,第1554页。职务行为的廉洁性包括职务行为的不可收买性,职务行为的不可收买性又包括国民对职务行为不可收买性的信任[参见张明楷:《刑法学》(第6版),法律出版社2021年版,第1587页]。因此,职务行为的廉洁性包括国民对职务行为廉洁性的信任。

97　参见黎宏:《刑法学总论》(第2版),法律出版社2016年版,第384页。

94 (2)客观方面不同。巨额财产来源不明罪的客观方面表现为行为人拥有来源不明的巨额财产,不能说明来源;隐瞒境外存款罪的客观方面表现为行为人故意隐瞒其在境外的存款且不予申报。

95 (3)两罪违反的义务内容不同。巨额财产来源不明罪违反的义务内容是对明显超过合法收入的差额财产的说明义务;而隐瞒境外存款罪违反的义务内容是境外存款的申报义务。

96 司法实践中,如果行为人隐瞒不报的境外存款超过其合法收入和其他来源明确的收入,差额巨大的,可以责令行为人说明来源,行为人如果不能说明该存款的真实来源,则行为人的行为同时构成巨额财产来源不明罪和隐瞒境外存款罪。对此情况如何处理?理论上争议的焦点在于,是否数罪并罚。[98] 支持数罪并罚的学者认为:如果境外存款数额巨大,明显超过行为人的合法收入,司法机关无法查明其真实来源,行为人又不能说明其合法来源的,应该以隐瞒境外存款罪和巨额财产来源不明罪数罪并罚。[99] 理由在于:两罪保护的法益不同。前罪保护的法益是国家工作人员境外存款的申报制度,后罪保护的法益是国家工作人员职务行为的廉洁性,两罪评价的角度不同,并不存在重复评价的问题,应当数罪并罚。[100] 支持以巨额财产来源不明罪一罪论处的学者给出了两种不同的理由:第一种观点认为,这一行为既构成隐瞒境外存款罪,又构成巨额财产来源不明罪,两者属于想象竞合关系,应当依据想象竞合的原理从一重罪论处,成立巨额财产来源不明罪。[101] 第二种观点认为,此时若数罪并罚,有违重复评价原则。[102]

97 笔者赞成以一罪论处,但是认为此种情形并不属于想象竞合犯。在上述情形中,行为人实施了两个犯罪行为,即一个是违反国家工作人员境外存款的申报规定,隐瞒不报的行为;另一个是当国家有关机关责令行为人说明其合法收入以外的差额部分时,行为人不能说明其合法来源的行为。[103] 因此,行为人实施了两个犯罪行

---

98 例如,A被发觉拥有100万元未申报的境外存款,其中50万元不能说明来源,按照数罪并罚说,应当以巨额财产来源不明罪(50万元)与隐瞒境外存款罪(100万元)并罚;而按照一罪说,应当以巨额财产来源不明罪(50万元)与隐瞒境外存款罪(50万元)并罚,所以,数罪并罚说与一罪说并非绝对,其对立焦点在于是否将不能说明来源的巨额财产计算在隐瞒的境外存款之内,因而在本书语境中,数罪并罚说=不扣除说,一罪说=扣除说。

99 参见张明楷:《刑法学》(第6版),法律出版社2021年版,第1580页;周光权:《刑法各论》(第4版),中国人民大学出版社2021年版,第549页。

100 参见陈洪兵:《贪污贿赂渎职罪解释论与判例研究》,中国政法大学出版社2015年版,第234—235页。

101 参见赵秉志主编:《中国刑法案例与学理研究》(第6卷),法律出版社2004年版,第265页。

102 参见薛振、张娅娅:《隐瞒境外存款罪与巨额财产来源不明罪罪行重叠时的区分》,载《人民司法》2008年第4期。

103 如前所述,笔者认为,巨额财产来源不明罪的实行行为是"拒不说明来源"。

为,并不符合想象竞合犯的前提条件,对行为人不能以想象竞合犯论处。如果将来源不明的巨额财产的数额也纳入隐瞒境外存款罪中,并且与巨额财产来源不明罪对被告人实行数罪并罚,将会违背禁止重复评价原则。重复评价的对象是犯罪构成要件的要素事实,在此类案件中,行为人虽然实施了隐瞒不报和拒不说明财产来源两个行为,但二者的行为对象是同一的,行为所指向的标的物本身不是能够单独构成犯罪构成要件的两个事实,因此,如果以隐瞒境外存款罪和巨额财产来源不明罪对其分别评价而数罪并罚,则违背了禁止重复评价原则。为避免重复评价,隐瞒境外存款罪的数额,应从巨额财产来源不明罪的犯罪数额中予以扣除。

(三)与逃汇罪的区别

98 隐瞒境外存款罪侵犯的法益不仅包括国家工作人员职务行为的廉洁性还包括国家的外汇管理制度,因而会与逃汇罪的构成要件发生交叉。

99 《刑法》第 190 条规定的逃汇罪与隐瞒境外存款罪在客观上有共同或近似之处,即均可以表现为将外汇存放于境外。当然,在隐瞒境外存款罪中,行为人隐瞒的存款,只能是存储于境外金融机构的存款,而不是以其他形式存放的存款。当将外汇存储于境外金融机构时,判断隐瞒境外存款罪与逃汇罪的关键在于,存款的主体是什么。隐瞒境外存款罪中存款的主体是国家工作人员,而逃汇罪中存款的主体是公司、企业或者其他单位,包括国有公司、企业和其他国有单位。在实务中,应当从实质上判断存款的主体是个人还是单位。比如,国有单位的工作人员以单位名义在境外存款,但存款的真实来源是个人收入,应认定为隐瞒境外存款罪。相反,一些国有单位集体研究决定,将境外收入以国有单位负责人个人名义存储于境外,体现的是单位意志,则应认定为逃汇罪。

XI 处罚

100 根据本条规定,犯巨额财产来源不明罪的,处 5 年以下有期徒刑或者拘役;差额特别巨大的,处 5 年以上 10 年以下有期徒刑。财产的差额部分予以追缴。犯隐瞒境外存款罪的,处 2 年以下有期徒刑或拘役;情节较轻的,由其所在单位或者上级主管机关酌情给予行政处分。《刑法》第 64 条规定,犯罪分子违法所得的一切财物,应当予以追缴或者责令退赔。这是《刑法》总则规定的一般普通条款,适用一般犯罪关于财产方面的处理。同时,《刑法》第 395 条第 1 款规定,巨额财产来源不明罪中财产的差额部分予以追缴,这可谓《刑法》分则规定的针对巨额财产来源不明罪的特殊条款。根据特殊条款优先于普通条款的冲突解决原则,巨额财产来源不明罪应适用修正案这一条款,且不再适用其他条款。[104]

---

104 参见周道鸾、张军主编:《刑法罪名精释》(第 4 版),人民法院出版社 2013 年版,第 1070 页。

第三百九十六条　私分国有资产罪;私分罚没财物罪

国家机关、国有公司、企业、事业单位、人民团体，违反国家规定，以单位名义将国有资产集体私分给个人，数额较大的，对其直接负责的主管人员和其他直接责任人员，处三年以下有期徒刑或者拘役，并处或者单处罚金；数额巨大的，处三年以上七年以下有期徒刑，并处罚金。

司法机关、行政执法机关违反国家规定，将应当上缴国家的罚没财物，以单位名义集体私分给个人的，依照前款的规定处罚。

文献:何秉松主编:《职务犯罪的预防与惩治》,中国方正出版社 1999 年版;陈兴良主编:《罪名指南》(下册),中国政法大学出版社 2000 年版;张穹主编:《贪污贿赂渎职"侵权"犯罪案件立案标准精释》,中国检察出版社 2000 年版;于志刚主编:《惩治职务犯罪疑难问题司法对策》,吉林人民出版社 2001 年版;陈正云、文盛堂主编:《贪污贿赂犯罪认定与侦查实务》,中国检察出版社 2002 年版;刘宪权主编:《中国刑法理论前沿问题研究》,人民出版社 2005 年版;杨子良:《国有资产刑法保护研究——一个整体刑法学的视角》,中国人民公安大学出版社 2009 年版;顾功耘等:《国有资产法论》,北京大学出版社 2010 年版;徐志伟主编:《贪污贿赂罪与渎职罪》,中国民主法制出版社 2014 年版;魏东主编:《刑法各论》,法律出版社 2015 年版;周光权:《刑法各论》(第 4 版),中国人民大学出版社 2021 版;张明楷:《刑法学》(第 6 版),法律出版社 2021 年版。张兆松、刘鑫:《论集体私分国有资产罪》,载《检察理论研究》1997 年第 6 期;石金山:《简析集体私分罪与共同贪污之区别》,载《中央检察官管理学院学报》1998 年第 3 期;刘凌梅、封平华:《单位共同犯罪若干问题刍议》,载《郑州大学学报(哲学社会科学版)》1999 年第 3 期;邱玉梅:《论私分罚没财物罪》,载《中国青年政治学院学报》2001 年第 2 期;孙国祥:《私分国有资产罪认定问题研究》,载《华东刑事司法评论》2004 年第 2 期;曹坚、罗欣:《双层次规范视角中的单位犯罪的共犯问题》,载《华东政法大学学报》2008 年第 4 期;曹润田:《论导致私分国有资产罪定罪困难的两个问题》,载《中国检察官》2011 年第 15 期。

细目录

Ⅰ　主旨
Ⅱ　沿革
Ⅲ　客体
　一、私分国有资产罪的客体

二、私分罚没财物罪的客体
Ⅳ　对象
一、私分国有资产罪的对象
二、私分罚没财物罪的对象
Ⅴ　行为
一、私分国有资产罪的行为
二、私分罚没财物罪的行为
Ⅵ　数额
一、私分国有资产罪的数额
二、私分罚没财物罪的数额
Ⅶ　主体
一、私分国有资产罪的主体
二、私分罚没财物罪的主体
Ⅷ　罪责
Ⅸ　排除犯罪的事由
Ⅹ　共犯
Ⅺ　罪数
Ⅻ　与非罪的界限
一、私分国有资产罪与非罪的界限
二、私分罚没财物罪与非罪的界限
XIII　与他罪的区别
一、私分国有资产罪与他罪的区别
二、私分罚没财物罪与他罪的区别
XIV　处罚

Ⅰ　主旨

1　为了保护国有资产,防止国有资产流失,规范国家机关的职务行为,打击私分罚没财物的违法行为,保证国家机关的廉洁性与权威性,《刑法》第 396 条分别规定了私分国有资产罪与私分罚没财物罪。

Ⅱ　沿革

2　我国 1979 年《刑法》并未规定私分国有资产罪与私分罚没财物罪。当时司法实践对集体私分行为通常以贪污罪、玩忽职守罪论处,更多的是在“法不责众”理念下不作犯罪处理,而是按违反财经纪律论处。全国人大常委会 1988 年发布的《关于惩治走私罪的补充规定》第 13 条规定:“处理走私案件没收的财物和罚金、罚款收入,全部上缴国库,不得提成,不得私自处理。私分没收的财物和罚金、罚款收入的,以贪污论处。”

为了应对国有企业改制过程中国有资产大量流失的社会现实,惩治私分国有资产的行为,1997 年《刑法》第 396 条第 1 款设置了私分国有资产罪:“国家机关、国有公司、企业、事业单位、人民团体,违反国家规定,以单位名义将国有资产集体私分给个人,数额较大的,对其直接负责的主管人员和其他直接责任人员,处三年以下有期徒刑或者拘役,并处或者单处罚金;数额巨大的,处三年以上七年以下有期徒刑,并处罚金。”第 2 款正式设立私分罚没财物罪:“司法机关、行政执法机关违反国家规定,将应当上缴国家的罚没财物,以单位名义集体私分给个人的,依照前款的规定处罚。” 3

Ⅲ 客体

一、私分国有资产罪的客体

关于私分国有资产罪的客体,理论上存在不同观点:第一,认为本罪侵犯的客体是国家对国有资产的所有权,即国家对国有资本占有、使用、收益和处分的权利。[1] 这一客体与贪污罪所侵害的客体相比范围较小。但单纯的“国有资产所有权”使得本罪的客体既难以同《刑法》分则第五章侵犯财产罪的客体相区别,也难以与《刑法》分则第八章贪污贿赂罪的客体“职务行为的廉洁性”保持一致。第二,认为本罪侵犯的是复杂客体,行为人的行为既侵犯了国有资产所有权,也侵犯了国家管理活动的正常进行和有关国有单位的信誉。[2] 但对国有单位正常活动的干扰和破坏,是《刑法》分则第九章渎职罪的客体范畴,而非《刑法》分则第八章贪污贿赂罪中私分国有资产罪的客体范畴。第三,认为本罪侵犯的客体主要是国家对国有资产所有权和国家工作人员职务行为的廉洁性。[3] 该观点既突出了本罪的特点,即私分国有资产对国家财产的侵害性,又与《刑法》分则第八章贪污贿赂罪中贪污、受贿等罪的客体内容保持一致,因而是当前多数观点。 4

二、私分罚没财物罪的客体

关于本罪所侵犯的客体,主要有三种观点。第一,认为本罪侵犯的客体是复杂客 5

---

1 参见蔡兴教主编:《财产贪贿犯罪的疑难和辨症》,中国人民公安大学出版社 1999 年版,第 442 页。

2 参见张穹主编:《贪污贿赂渎职“侵权”犯罪案件立案标准精释》,中国检察出版社 2000 年版,第 108 页。

3 参见陈正云、文盛堂主编:《贪污贿赂犯罪认定与侦查实务》,中国检察出版社 2002 年版,第 174 页;王作富主编:《刑法分则实务研究》(第 5 版),中国方正出版社 2013 年版,第 1723 页。

体,包括国家工作人员具体行为的廉洁性与国家对罚没财物的所有权。因为司法机关、行政执法机关作为从事国家社会管理活动的社会主体,依法具有经手、管理罚没财物的职责;国家工作人员违背职责将应当上缴国家的罚没财物予以截留并进行私分的行为,不仅是对其公职行为廉洁性的严重侵犯,同时,也必然侵犯了国家对罚没财物的所有权。[4]类似表述还有“本罪侵犯的客体是复杂客体,即本罪既侵犯了国家工作人员职务行为的廉洁性,也侵犯了国家对罚没财物的所有权”[5]。第二,认为本罪侵犯的客体主要是国有资产所有权,同时也破坏了国有公司、企事业单位、机关、团体的正常活动。第三,认为本罪侵犯的客体是国家对罚没财物的管理权和国家司法机关、行政执法机关职务行为的廉洁性。[6]类似表述还有:“犯罪法益是国家罚没财物的管理制度和国家廉政建设的制度。”[7]也有观点认为,本罪所侵犯的客体是国家对罚没财物的管理制度及其国有财产的所有权。[8]

6 上述几种关于本罪侵犯的客体的观点无非包括三个要素,即国家对罚没财物的所有权、国家对罚没财物的管理权、国家机关职务行为的廉洁性。任何单位不得截留、私分罚没财物,这不仅是为了保护国家对罚没财物的最终管理权和支配权,也是为了树立司法机关、行政执法机关的公正、廉洁形象,防止其滥用权力。

Ⅳ 对象

一、私分国有资产罪的对象

7 本罪的犯罪对象为国有资产。对于国有资产的界定,从立法沿革来看,我国法律法规经历了如下过程:1990年《国家科委事业行政单位国有资产管理实施办法》第2条第1、2款规定:“国有资产是指国家依据法律取得的,或由于国家资金投入、资产收益、接受馈赠取得的资产。无主资产属国有资产。”1993年《国有资产产权界定和产权纠纷处理暂行办法》第2条规定,国有资产,系指国家依法取得和认定的,或者国家以各种形式对企业投资和投资收益、国家向行政事业单位拨款等形成的资产。受计划经济的影响,上述定义多强调国有资产的国有属性和产生方式,对资产本身的内涵未作深入阐述。随着改革开放的发展,受国际上通行的经济学和会计学影响,我国相

---

4 参见何秉松主编:《职务犯罪的预防与惩治》,中国方正出版社1999年版,第534页。

5 汪力、高飞主编:《刑法分论》,重庆大学出版社2011年版,第356页。

6 参见陈兴良主编:《罪名指南(下册)》(第2版),中国人民大学出版社2008年版,第731页。

7 魏东主编:《刑法各论》,法律出版社2015年版,第354页。

8 参见徐志伟主编:《贪污贿赂罪与渎职罪》,中国民主法制出版社2014年版,第110—111页。

关立法对"国有资产"的界定更注重其运动增值的资本属性。[9] 如 2019 年《企业国有资产监督管理暂行条例》第 3 条规定:"本条例所称企业国有资产,是指国家对企业各种形式的投资和投资所形成的权益,以及依法认定为国家所有的其他权益。"2008 年《企业国有资产法》第 2 条规定:"本法所称企业国有资产(以下称国有资产),是指国家对企业各种形式的出资所形成的权益。"

(一)国有资产的类型

经济学界通说将国有资产分为广义的国有资产和狭义的国有资产。广义的国有资产是指国家依法取得的或者由于资金投入、资产收益、接受馈赠等而形成的一切资产及权益。主要包括三类:一是经营性国有资产,是指国家作为出资人在企业中依法拥有的资本及权益,具有运动性、增值性特点;二是行政事业性国有资产,主要是指各级党的机关、各级政府及其派出机构、文化教育和卫生等事业单位所占有的国有资产,以及由社会大众共同使用的公共设施和公共工程等国有资产;三是资源性国有资产,即以资源形态存在并能带来一定经济价值的国有资源,如国家依法拥有的土地、森林、河流、矿藏等。[10] 狭义的国有资产,是指经营性国有资产,即国家投入到生产经营领域的各种类型有形、无形财产及财产权利。主要包括三类:一是企业国有资产;二是行政事业单位占有、使用的非经营性资产通过各种形式为获取利润而转作经营的资产;三是国有资源中投入生产经营过程的资产。 8

对于私分国有资产罪的犯罪对象,采取广义还是狭义的国有资产概念,学界存在争议。有学者认为,资源性国有资产由于形态特殊,难以为国有单位管理、使用,这类不存在职务管理关系的国有资产不能成为私分国有资产罪的对象。[11] 也有观点认为,私分国有资产罪的对象应涵盖所有类型的国有资产。[12] 由于经营性国有资产与行政事业性国有资产、资源性国有资产在功能和管理方式上有很大不同,因而我国《企业国有资产法》将国有资产限定为经营性国有资产,对于行政事业性国有资产和资源性国有资产另由其他法律、行政法规调整。但实务中行政事业性国有资产、资源性国有资产都直接或者间接支持着经营性国有资产的运行,而且不同类型的国有资产在一定条件下存在互相转化的可能,加之最高人民检察院《关于人民检察院直接受理立案侦查案件立案标准的规定(试行)》对"国有资产"的界定既包括了经营性国有 9

9 参见顾功耘等:《国有资产法论》,北京大学出版社 2010 年版,第 4 页。

10 参见法律出版社法规研究中心编:《企业国有资产监督管理暂行条例、国有企业监事会暂行条例》,法律出版社 2003 年版,第 14 页。

11 参见陈正云、文盛堂主编:《贪污贿赂犯罪认定与侦查实务》,中国检察出版社 2002 年版,第 175 页;马长生、伍志坚:《对私分国有资产罪涉案单位应当打击还是保护——剖析刑事政策的一个盲点》,载《山东警察学院学报》2009 年第 2 期。

12 参见孙国祥:《私分国有资产罪认定问题研究》,载《华东刑事司法评论》2004 年第 2 期。

资产,也包括行政事业性国有资产,因此宜采取广义的国有资产概念。[13]

10 在广义的国有资产概念下,行政事业性国有资产和资源性国有资产被认定为私分国有资产罪的犯罪对象通常不存在问题,有疑问的是经营性国有资产的认定。虽然最高人民检察院《关于人民检察院直接受理立案侦查案件立案标准的规定(试行)》认为"国有资产"应包括"国家以各种形式对企业投资和投资收益",但从现代法人财产独立的法理以及我国《民法典》物权编的相关规定来看,不应轻易将"国家以各种形式对企业投资和投资收益"等同于私分国有资产罪中的"国有资产"。我国《民法典》第57条规定:"法人是具有民事权利能力和民事行为能力,依法独立享有民事权利和承担民事义务的组织。"第60条规定:"法人以其全部财产独立承担民事责任。"我国《公司法》第3条第1款规定:"公司是企业法人,有独立的法人财产,享有法人财产权。公司以其全部财产对公司的债务承担责任。"《民法典》第269条第1款规定:"营利法人对其不动产和动产依照法律、行政法规以及章程享有占有、使用、收益和处分的权利。"同时《民法典》第268条还规定:"国家、集体和私人依法可以出资设立有限责任公司、股份有限公司或者其他企业。国家、集体和私人所有的不动产或者动产投到企业的,由出资人按照约定或者出资比例享有资产收益、重大决策以及选择经营管理者等权利并履行义务。"上述法律构建了我国企业法人或公司法人物权独立保护的法律框架。由于我国《公司法》删除了"公司中的国有资产所有权属于国家"的规定,在私法领域确立了国家在其所投资的企业中所有的仅仅是股权。企业的全部财产应属于企业,国家作为出资人对于企业财产不能享受除了股权之外的其他任何权利。[14] 这就意味着,在我国现有的法律体制下,国有资产经投资后不再属于国家,而是属于被投资的公司、企业,国家只能作为股东享受企业的重大事项决定权、重要人事任免权以及合法分红收益权等股权。在公司、企业对于企业财产享有完全处分权的情况下,企业法人私分国有资产的处分行为,能否定性为私分国有资产罪,便存在疑问。如果认为私分经营性国有资产构成私分国有资产罪,其实是混淆了企业财产权与国家所有权的含义,混淆了企业所有人的产权与企业本身的产权。[15] 因此,经营性国有资产能成为私分国有资产罪对象的情形可根据公司设立、持续经营、解散清算不同阶段来界定:第一,在公司发起设立至公司依法注册登记的公司设立阶段,以及公司发起设立失败,国有出资的财产所有权并未转移给新设立的公司,作为出资的货币或货币财产权属于国有资产。第二,公司取得法人营业执照后持续经营阶段,与国有出资相对应的股权属于国有资产。第三,在公司解散或破产清算阶

---

13 参见杨子良:《国有资产刑法保护研究——一个整体刑法学的视角》,中国人民公安大学出版社2009年版,第6页。

14 参见屈茂辉:《中国国有资产法研究》,人民法院出版社2002年版,第6页。

15 参见丁英华:《私分国有资产罪立法技术解析》,载《云南大学学报(法学版)》2008年第3期。

段,公司存在剩余财产时,与国有股权相对应的可分配剩余财产,属于国有资产。[16]

综上,可将本罪的犯罪对象分为:第一,行政事业性国有资产,即国家直接划拨等所得,不是国家以投资方式注入,直接属于国家所有的国家资产,如国家机关、事业单位、人民团体的财产。第二,特定条件下的经营性国有资产,即由国家投资,由受投资人独立经营的经营性国有资产,在性质上属于收益财产。此时,国家对这种经营性国有资产的权利主要表现为股权,而非物权。第三,资源性国有财产,如矿藏、河流等。 11

(二)国有资产是否等于国有财产、公共财产

从经济学的角度而言,"国有资产"作为生产要素投入生产经营是具有增值功能的财产,侧重从动态角度强调其增值功能和动机;而"国有财产"是指国家享有财产权利的物质财富,侧重从静态角度强调财产存量的特征。[17] 就此而言,"国有资产"只是"国有财产"的一部分。但多数意见认为刑法意义上的"国有资产"与"国有财产"是同一概念,无论是动态的增值型国有财产还是静态的非增值型的国有财产,都属于"国有资产"的范畴。[18] 因为无论何种形态的"国有财产",其使用功能都相同,都是为实现国家职能服务的。尽管"国有财产"中各项财产的增值功能存在差别,但在法律上通常具有不可分割的整体性,并且由国家统一行使所有权。[19] 从前述"国有资产"的相关法律法规来看,立法者也并未将"国有资产"仅限于具有增值功能的资产,也包括不具有增值功能的国有财产,如行政拨款等。 12

但是,"国有资产"不同于"公共财产"。我国《刑法》第 91 条规定的"公共财产"包括国有财产、劳动群众集体所有的财产、用于扶贫和其他公益事业的社会捐助或者专项基金的财产。在国家机关、国有公司、企业、集体企业和人民团体管理、使用或者运输中的私人财产,以公共财产论。显然,"公共财产"的外延大于国有资产。目前对"国有资产"界定最为详细的是 1991 年 3 月 26 日国家国有资产管理局、财政部、国家工商行政管理局联合发布的《企业国有资产所有权界定的暂行规定》,详见其中第 4 条、第 8 条、第 9 条、第 10 条规定。 13

(三)"国有资产"是否必须依法取得?是否包括国有单位的违法收入?

由于《国有资产产权界定和产权纠纷处理暂行办法》和最高人民检察院《关于人 14

---

16 参见孙赓:《国有资产界定及相关犯罪认定的法律问题》,载《中国律师》2012 年第 12 期。

17 参见杨子良:《国有资产刑法保护研究——一个整体刑法学的视角》,中国人民公安大学出版社 2009 年版,第 8 页。

18 参见孙国祥:《私分国有资产罪认定问题研究》,载《华东刑事司法评论》2004 年第 2 期;尹明灿、朱雪平:《私分国有资产罪司法运作中的几个问题》,载《江苏警官学院学报》2010 年第2 期。

19 参见王全兴、樊启荣:《关于国有资产法基本理论的探讨》,载漆多俊主编:《经济法论丛》(第 1 卷),中国方正出版社 1999 年版,第 67 页。

民检察院直接受理立案侦查案件立案标准的规定(试行)》对"国有资产"的界定都强调"依法取得和认定",即要求"国有资产"的来源必须合法,导致实务中对国有单位私分违法收入如何处理的争议。如对国有单位集体私分通过滥收费、滥罚款以及走私、受贿等非法方式取得的财产,是以违反财经纪律论处,还是构成私分国有资产罪的争议。多数意见认为,强调"国有资产"的来源必须合法不具有合理性,国有单位的违法收入也应纳入"国有资产"的范畴,对其进行私分的,也构成私分国有资产罪。[20]因为国有单位非法取得的财物,最终应返还给财物原所有人或予以收缴,但在此之前,国有单位是这些财产的所有者,对其予以私分的,应构成私分国有资产罪。此外,从刑事政策的角度而言,如果对国有单位私分违法收入不以私分国有资产罪论处,无异于向私分者传达了私分违法收入可以不受刑法制裁的信号,显然不利于打击和预防相关的违法犯罪行为。因此,对于国有单位获取违法收入触犯其他单位犯罪罪名的,如走私罪、单位受贿罪,又将违法收入集体私分的,应将前罪与私分国有资产罪数罪并罚。

(四)国有单位的"小金库"是否属于国有资产

15 所谓私设"小金库"是指在单位财务部门的财会出纳之外,不受财务监控,私自收取保存和开支的经费。[21] 当前国有单位私设"小金库"的现象十分普遍,对于国有单位私分"小金库"是否构成私分国有资产罪存在争议。有观点认为,"集体私分国有资产的,不包括单位小金库的财物"[22],对私分"小金库"应按违纪处理。多数意见认为应依据"小金库"的资金来源具体分析。第一,国有单位私自隐瞒、截留国家拨款、应缴利润,虚报或骗取国家补贴而产生的"小金库",属于以违规、违法方式非法剥离国家资产,此种"小金库"本质上属于国有资产。第二,国有单位利用职权便利,通过滥收费、滥摊派等累积账外资金的,由于这部分资金是国有单位利用行政职权而获取的,而行政职权本身就是国家权力的组成部分,具有公示性、确定性和强制执行力,因而在法定程序撤销或变更之前,这部分违法收入仍属于国有资产。第三,国有单位将按国家规定提取的应用于职工工资、奖金、福利等分配给个人的消费基金,以单位名义集中用于改善职工生产、生活条件或投资三产的,因这部分资金及其收益本身不属

---

[20] 参见董邦俊:《私分国有资产罪的构成与立法完善》,载《中国地质大学学报(社会科学版)》2004年第6期;任素贤:《私分国有资产罪司法实务若干问题研析》,载《新疆警官高等专科学校学报》2004年第4期。

[21] 参见孟庆华:《贪污贿赂罪重点疑点难点问题判解研究》,人民法院出版社2005年版,第637—638页。

[22] 陈兴良:《刑法疏义》,中国人民公安大学出版社1997年版,第647页。

于国家投资，因而不能视为国有资产，对其私分的应按违纪处理。[23]因此，《刑事审判参考》案例第377号“李祖清等被控贪污案”中指出：国家工作人员采用抬高收费标准、搭车收费、截留应缴奖金等手段设立小金库，并以年终福利名义进行私分的，应以私分国有资产罪论处……行政事业单位违反行政法规，滥用职权而乱收费、乱摊派、乱罚款所得的款项，应当认定为国有资产，对此予以私分的，构成私分国有资产罪。

（五）行政事业单位的创收款是否属于国有资产

根据1991年2月19日公布的国家国有资产管理局《关于国家事业行政单位在创收活动中加强国有资产管理工作的暂行规定》第5条规定：“各有创收活动的事业行政单位的主管部门，要指定必要的机构，在国有资产管理部门的授权下，对投入创收活动的国有资产进行统一管理，并建立健全管理制度，防止资产的流失，促进提高资产的经营使用效益。创收所取得的收入要严格按财政部门的规定纳入财务管理，不得私设‘小金库’。国有资产管理部门对事业行政单位投入创收活动的国有资产管理和国有资产经营收益分配使用情况有权监督检查，并商同有关部门及时纠正存在的问题。”第6条规定：“事业行政单位对投入创收活动的国有资产应负保障完整和实现增值的责任。一、对实行企业化管理独立核算的经营实体，创收所占用的国有资产应按国家规定计提固定资产折旧基金和大修理基金，用于固定资产的维修和更新改造；其纯收益应按财政部门的规定分配使用，不得任意提高职工福利和奖励基金比例。二、对未实行独立核算的经营实体，在纯收益中，应提取一定比例的资金用于固定资产的维修和更新改造。三、对以出租出借国有资产开展创收活动的事业行政单位，其取得的租借收益，应按财政部门规定纳入本单位的财务预决算。出租、出借单位凡未同时提供劳动服务的，其租借收益必须在提取固定资产折旧和维修基金后用于弥补本单位经费不足和事业发展，不得用于本单位职工福利、奖励支出。四、对以上三类单位提取的更新改造资金，其主管部门认为有必要时，要在不损害单位积极性的前提下，采取适当方法，集中一定的比例，有计划、有重点、分期分批地用于这些单位关键性房屋、设备的更新改造。”第7条规定：“事业行政单位运用国有资产进行发包、出租、联营等形式进行创收，必须按照国有资产管理部门的有关规定进行资产评估，并履行价值确认的批准手续。”第8条规定：“事业行政单位对其设立的经营实体实行承包经营责任制的，承包合同中必须加入国有资产的保值增值内容及相应的考核指标和监督措施。” 16

上述规定表明：行政事业单位的创收收益不能一概认定为“国有资产”，应根据行政事业单位创收活动的具体形式来判断：第一，行政事业单位用非经营性资产作为初始投资，成立具有企业法人资格的经济实体，对外投资、入股、合资，或者将非经营性 17

23　参见龚曾武、余云华、顾佳等：《国有资产流失类犯罪案件法律适用若干争议问题研究》，载《政治与法律》2007年第5期；华旭东：《浅谈私分国有资产罪认定中的几个问题》，载《人民检察》2003年第7期。

资产对外出租、出借等,从事创收活动而行政事业单位自身不参与经营、不提供劳务的,行政事业单位的创收收益应认定为国有资产的孳息和衍生物,也属于国有资产。如果行政事业单位私分这些创收活动的收益,应以私分国有资产罪论处。第二,行政事业单位用非经营性资产对外投资、入股、合资等,成立不具有法人资格的附属营业单位,用非经营性资产对外出租、出借等,从事创收活动,同时行政事业单位自身也参与经营、提供劳务等,行政事业单位的创收收益不能完全认定为国有资产的孳息和衍生物,其中也包含了行政事业单位参与经营或提供劳务后应得的收益,这一部分经济价值应归行政事业单位集体所有,不能认定为国有资产。[24]

二、私分罚没财物罪的对象

18 私分罚没财物罪的犯罪对象是"罚没财物"。《刑法》第 64 条规定,"没收的财物和罚金,一律上缴国库,不得挪用和自行处理"。我国《行政处罚法》第 74 条第 1、2 款也规定,依法没收的非法财物必须按照国家规定公开拍卖或者按照国家有关规定处理。罚款、没收的违法所得或者没收非法财物拍卖的款项,必须全部上缴国库,任何行政机关或者个人不得以任何形式截留、私分或者变相私分。根据以上规定,"罚没财物,是指司法机关在办理刑事案件过程中追缴、没收犯罪嫌疑人、被告人的财物,以及对犯罪分子判处的罚金、没收的财产,以及行政执法机关在行政执法活动中没收和处罚收缴的财物、罚款"[25]。虽然法律条文对"罚没财物"有明确规定,但在司法实践中如何界定"罚没财物"仍有一定难度。司法机关和行政执法机关以"罚款"和"没收"的名义收缴的款物归纳起来主要有以下几类:第一,司法机关在办理刑事案件过程中严格依照法律、法规或规章规定,按法定程序没收的用于犯罪的财物、犯罪所得的财物和罚金;行政执法机关在执法活动中没收的违法所得或非法财物,对违法的公民、法人或其他组织的罚款,这些财物均属于罚没财物。第二,司法机关、行政执法机关对其扣押、追缴的赃款、赃物、犯罪工具、违禁品等,甚至包括公民、法人的合法财物,这些也属于罚没财物。第三,行政执法机关为本单位牟取私利,对依法应当移交司法机关追究刑事责任的不移交,以罚款代替刑罚,如过去有的地方执法机关对严重的走私犯罪采取罚款放行的办法,收取罚款而不追究犯罪,这种行为本身是违法犯罪行为,其罚款的收入也属于罚没收入。第四,行政执法机关为本单位牟取私利,违反作出罚款决定的行政机关应当与收缴罚款的机构分离的规定,采取对当事人进行处罚不使用罚款、没收财物单据或者使用非法定部门制发的罚款、没收财物单据等手

---

[24] 参见孟庆华:《贪污贿赂罪重点疑点难点问题判解研究》,人民法院出版社 2005 年版,第 620—621 页。

[25] 张兆松、刘鑫:《论集体私分国有资产罪》,载《检察理论研究》1997 年第 6 期。

段,故意少罚款截留罚没财物,不上缴国库。这种行为本身违法,其收入也属于罚没收入。[26]

V 行为

一、私分国有资产罪的行为

19 本罪客观上表现为违反国家规定,以单位名义将国有资产集体私分给个人。

(一)违反国家规定

20 "违反国家规定"是私分国有资产罪成立的重要条件,如果国有单位集体私分国有资产并没有"违反国家规定",则不构成本罪。学界对"违反国家规定"存在不同意见:第一,对"违反国家规定"作扩大解释,认为其既包括违反国家法律规定,又包括违反国家行政法规、部门规章、地方性法规等有关规定。[27] 第二,对"违反国家规定"的解释严格遵循刑法规定,主要是指违反全国人大及其常委会制定的法律和决定、国务院制定的行政法规、规定的行政措施、发布的决定和命令中有关国有资产管理方面的各项规定。[28]

21 根据《刑法》第96条的规定,"违反国家规定"是指违反全国人民代表大会及其常务委员会制定的法律和决定,国务院制定的行政法规、规定的行政措施、发布的决定和命令。最高人民法院《关于准确理解和适用刑法中"国家规定"的有关问题的通知》指出:"国家规定"是指全国人民代表大会及其常务委员会制定的法律和决定,国务院制定的行政法规、规定的行政措施、发布的决定和命令。其中,"国务院规定的行政措施"应当由国务院决定,通常以行政法规或者国务院制发文件的形式加以规定。以国务院办公厅名义制发的文件,符合以下条件的,亦应视为刑法中的"国家规定":①有明确的法律依据或者同相关行政法规不相抵触;②经国务院常务会议讨论通过或者经国务院批准;③在国务院公报上公开发布。

22 然而,如果绝对遵循上述立法和司法解释,显然不符合现实,无法有效解决实务中私分国有资产的认定难题。因为"违反国家规定"的内容主要涉及:对国有资产的认定;对国有资产管理、使用、保护的规定。但事实上"国家规定"不可能对名目繁杂的国有资产作出明确规定,因为当前我国规制国有资产的措施主要来自地方规章。如国资委在《2006年企业国有资产监管法制工作综述》指出:截至目前,以《企业国有

---

26 参见徐志伟主编:《贪污贿赂罪与渎职罪》,中国民主法制出版社2014年版,第110—111页。

27 参见颜茂昆、贺小电、翟玉华:《刑法适用新论》,吉林人民出版社2001年版,第1821页;沈维嘉、金泽刚:《试论私分国有资产罪的司法认定》,载《政治与法律》2004年第1期。

28 参见陈兴良主编:《罪名指南(下册)》(第2版),中国人民大学出版社2008年版,第728页。

资产监督管理暂行条例》为核心,由16个规章和40余件规范性文件及各省市国资委制定的1200多件地方规章和规范性文件构成的国有资产监管法规体系,已经初步形成并正在加快完善。而到2007年9月,国务院国资委共发布了19个规章和82个规范性文件,各地国资委共制定了1600多件地方规章和规范性文件。可见,当前有关国有资产管理、使用的规定多为国务院部委等机构制定的行政规章或者对有关问题的通知、解答等,或者是地方立法机构或行政机构制定的地方性法规、文件等,而且这些规定在实践中也多行之有效,有的甚至得到了法院的认可。显然,对于缺乏"国家规定"的场合,单位内部长期存在的惯例、潜规则或者"土政策"成为影响案件定性的关键,尽管依据《刑法》第96条的规定,这些内部惯例不具备刑法上的规制效力,但是为了个案的司法正义,法院最终认可了这些单位惯例或者"土政策"[29]。

23 实务中认定私分国有资产行为是否违反国家规定,一般包括如下几种情形:一是既违反国家规定,又违反地方性法规或部委规章、地方政府规章,完全是国有单位私自策划的私分行为,对此认定为私分国有资产罪应无疑问。二是不违反国家规定或者国家未就国有资产的相关问题作出明确规定,但是违反部门规章、地方性法规、地方政府规章。这类仅违反国务院各部委的部门规章和地方性法规、地方政府规章的行为均不属于"违反国家规定",因而不构成私分国有资产罪。三是既违反国家规定,又违反地方性法规、部委规章、地方政府规章,但是私分行为是按行业主管部门或者当地政府、党委"红头文件"的规定执行的。虽然从理论上讲对此应认定为私分国有资产罪,但实务中国有单位根据地方政府的"红头文件",从财政列支,滥发奖金或年终福利的行为十分常见,如果一律以私分国有资产罪处理,难免打击范围过大。

(二)以单位名义

24 刑法学界对"以单位名义"存在不同看法:第一,认为"以单位名义"是指经单位领导、负责人或者单位决策机构集体研究决定或者单位全体成员共同决定后,由单位统一组织进行私分。[30] 第二,私分行为体现的是集体和大多数人的意志,一般需要经过一定范围的集体研究决定,但个别情况下有决策权的负责人决定的,也体现了单位的意识和意志。[31] 这两种观点的主要差异在于:前者强调"以单位名义"只能由集体决定,后者则认为"以单位名义"不排除有决策权的负责人个人决定。

25 一般而言,私分国有资产都是集体研究决定,然后集体私分。但是,"以单位名义"不应过分强调"集体研究决定"。因为单位作为一种组织,有其独特的运行方式、决策

---

[29] 参见曹润田:《论导致私分国有资产罪定罪困难的两个问题》,载《中国检察官》2011年第15期。

[30] 参见张穹主编:《贪污贿赂渎职"侵权"犯罪案件立案标准精释》,中国检察出版社2000年版,第109页。

[31] 参见于志刚主编:《惩治职务犯罪疑难问题司法对策》,吉林人民出版社2001年版,第183页。

方式,有些单位的决策方式需要全体成员协商,有些单位可能由集体负责人商议,还有些单位可能由某个负责人作出决定。因此,即使是某个负责人的个人决定,只要符合单位惯常的决策程序,是出于其职务身份而作出的且能代表单位整体意志的,仍可以认定为"以单位名义"。实务中对于单位负责人的个人决定是否属于"以单位名义",要综合考察:第一,该负责人的个人决定是否出于对单位整体利益的考虑,即代表了单位整体的意志。第二,该负责人的个人决定是否"以单位名义"作出,即在形式上符合单位行为的形式要件。第三,如果是对单位不利的行为,则应以得到单位绝大多数人的认可为判断标准。因此,尽管是负责人的个人决定,但只要是以单位名义实施,且得到单位绝大多数或者全体成员的认可,便可认定为体现了单位的整体意志。[32]

(三)集体私分

"集体私分"涉及私分的范围、私分的标准和私分的方式等问题。 26

1. 私分的范围

通说认为私分国有资产罪具有受众范围广的特点,集体私分的范围是单位的全 27
体成员或者多数成员。通常情况下集体私分主要指人人有份、利益均沾,但不排除特别情况下,仅本单位的多数职工参与私分,即参与作出集体私分决定并获得国有资产的人员和虽未参与决策但客观上也获得国有资产的人员,而不是仅单位少数人分得国有财产。值得注意的是,在将国有资产仅分配给部分成员的情况下,如果分配是依据一定标准作出的,也可认定为私分国有资产罪,如按加班时间或者加班工作量等将国有资产分配给所有加班人员,而没有分配给未加班人员的;在单位额外承担了某些任务后,将国有资产分配给承担该项任务的人员,而没有分配给其他未参加人员的;由于单位的某一部门作出了突出贡献,将国有资产私分给该部门的工作人员的;等等。[33] 总之"集体私分"具有形式上的合法性、公开性,结果上的广泛性,且"私分"不能是小范围秘密分发,更不能只是在高级管理人员中隐蔽进行,否则构成贪污罪共犯。

2. 私分的标准

私分的标准是否必须统一,实践中存在不同认识。有观点认为,私分应该按同 28
一标准平均分配,如果负责人多分,则是假借私分之名的贪污行为。[34] 但多数意见认为,如果是经单位决策程序决定,按照不同标准,如根据级别、工龄的长短、对单位的

---

32 参见林亚刚主编:《贪污贿赂罪疑难问题研究》,中国人民公安大学出版社 2005 年版,第284 页。

33 参见张明楷:《刑法学》(第 6 版),法律出版社 2021 年版,第 1576 页。

34 参见陈正云、文盛堂主编:《贪污贿赂犯罪认定与侦查实务》,中国检察出版社 2002 年版,第 177 页。

贡献等差额分配,也不影响对集体私分的认定。[35] 对于差额分配时单位负责人的罪数如何认定,应依据差额分配是否有合理根据来判断:如果没有合理根据地将自己的分配比例明显高于其他普通员工的,对单位负责人应以私分国有资产罪与贪污罪数罪并罚(高出部分为贪污数额);如果差额分配有合理根据,如单位负责人所承担的工作量明显多于普通员工的,则只能认定负责人构成私分国有资产罪。

3. 私分的方式

29 私分的方式主要包括:第一,将应上缴国家的国有资产截留设立"小金库"并私分的;第二,违规收费、罚款以及摊派后设立"小金库"的;第三,以虚开发票或虚构事实等手段套取国有资产;第四,以国有资产缴纳应由个人承担的费用或购买与办公无关的个人消费品;第五,在国有企业改制过程中将国有资产隐匿后转入改制后企业的。典型的是国企改制过程中的派股、员工持股、管理层赠股现象。对于下列造成国有资产流失的现象应认定为私分国有资产罪:第一,将企业占有的国有资产以低于政策许可的价格,或者低于市场价格折股,而股票的溢价发行又不能补偿国有资产不充分折股造成的损失,造成国有资产流失的。第二,将国有资产折成"企业股",甚至以"内部职工股"名义无偿送给个人,造成国有资产流失的。第三,通过虚增债务、隐瞒收入的方法,使国有资产流入改制后国有企业的。

二、私分罚没财物罪的行为

30 本罪的行为表现为司法机关、行政执法机关违反国家规定,将应当上缴国家的罚没财物以单位名义集体私分给个人。私分罚没财物罪所规定的行为必须同时具备两个要素:

1. 违反国家规定

31 根据《刑法》第96条之规定,违反国家规定是指,违反全国人大及其常委会制定的法律和决定,国务院制定的行政法规、规定的行政措施、发布的决定和命令。这里的违反国家规定,主要是指违反国家关于罚没财物应当上缴国家的法律、行政法规等。

2. 将应当上缴国家的罚没财物以单位名义集体私分给个人

32 此行为包括两个阶段:一是司法机关、行政执法机关将应当上缴国家的罚没财物截留在本单位不予上缴;二是将应当上缴国家的罚没财物以单位名义集体私分给单位所有或大部分员工。上述两个阶段的行为必须同时具备,才能构成犯罪。如果只有截留行为,并没有私分行为,则不能构成本罪。至于私分罚没财物,是分其所有权还是使用权,抑或所有权和使用权,刑法学界有三种主张:所有权说、使用权说、所有权或使用权说。所有权或使用权说更为合理,因为罚没财物中的相当一部分,属于来

---

[35] 参见孙国祥:《私分国有资产罪认定问题研究》,载《华东刑事司法评论》2004年第2期。

路不正的不合法财物,其本身不是通过合法买卖、赠与或转让关系取得的,因而对此类财产之"分",不可能分到什么所有权,只能分得其"使用权",例如对没收的犯罪分子走私而来的汽车,要想分得所有权,至少得在形式上"过户",但其本来就没有"户",因而对此类罚没物品,完全没有私分其所有权的可行性。[36]

必须明确的是,私分行为应是在单位意志支配下实施的。单位意志是指单位组 33
织体的整体意志,而不是单位成员的个人意志。只有当单位成员的个人意志反映单位整体意志,并为单位批准或认可时,才能成为单位意志。单位意志的形成方式比较多样,既可以是单位负责人个人决定,也可以由少数领导成员研究决定,还可以由单位决策机构集体讨论决定。如果私分行为未能反映单位意志,就不能构成本罪,而应当依法追究个别责任人的刑事责任或行政违法责任。

私分是为了每个成员或者大多数成员的利益,具有利益均沾性。单位所有人员 34
或绝大多数成员以集体分配的形式非法占有罚没财物,包括参与作出私分罚没财物决定并获得罚没财物的人员和虽未参与决策但客观上也分得了罚没财物的人员。但是,司法机关、行政执法机关中少数人利用职务上的便利假借单位名义私分罚没财物,非法占为己有的,不构成本罪而构成贪污罪。[37]

集体私分的名义可能是发奖金、补贴、津贴以及福利金、加班费、购房补助等,对 35
主管部门、对上级具有隐蔽性、欺骗性,但对单位及其内部成员则是公开的,参与决定的人员和实际分得财物的人员都是清楚的、明知的。[38]私分的财物,既可以是应当上缴国家的罚没的款项,也可以是应当上缴的罚没的物品;私分的方式既可以是按人头私分,也可以是依职位、职称、工作业绩、岗位的不同有所侧重的私分;私分的次数,既可以是一次性地集体私分,也可以是持续性地集体私分。

Ⅵ 数额

一、私分国有资产罪的数额

根据《刑法》第 396 条第 1 款的规定,构成私分国有资产罪必须达到数额较大。 36
最高人民检察院《关于人民检察院直接受理立案侦查案件立案标准的规定(试行)》的规定,私分国有资产累计数额达到 10 万元以上的,应予立案。这个起点较之贪污罪明显偏高,但法定刑远低于贪污罪,究其原因是私分行为的主观恶性小于贪污罪,因而起点高而法定刑低。

体现私分国有资产行为法益侵害性的犯罪数额,是仅指集体私分的总数额,还是 37

---

36 参见邱玉梅:《论私分罚没财物罪》,载《中国青年政治学院学报》2001 年第 2 期。

37 参见周光权:《刑法各论》(第 4 版),中国人民大学出版社 2021 年版,第 551 页。

38 参见徐志伟主编:《贪污贿赂罪与渎职罪》,中国民主法制出版社 2014 年版,第 110—111 页。

指个人私分的数额,抑或二者兼而有之,存在疑问。有观点认为,由于集体私分有一定的特殊性,为确保法律适用的公平性,可以考虑两个数额标准,一个是集体私分的总数额,另一个是个人分得的数额。[39] 但有观点认为,对国有资产所有权的侵害情况是社会危害性的集中体现,也是将这类行为规定为犯罪的原因,个人私分数额的大小并不能与国有资产受损的程度成正比,尤其是在差额分配的情况下。[40] 最终,最高人民检察院《关于人民检察院直接受理立案侦查案件立案标准的规定(试行)》没有将个人分得数额作为立案标准,“主要是考虑到本罪是从保护国有资产的角度设立的,应以国有资产受到侵犯的数额为主要衡量标准,而且集体私分与贪污罪应有区别”[41]。目前通说仍认为“数额较大”并非指单个人分得的财产数额,而是指私分国有资产的总额,但各地的数额标准并不相同,如上海市以私分国有资产10万元到50万元为“数额较大”,50万元以上为“数额巨大”。

二、私分罚没财物罪的数额

38 《刑法》第396条第2款未对本罪的构成提出数额要求。但是,根据最高人民检察院《关于人民检察院直接受理立案侦查案件立案标准的规定(试行)》的规定,私分罚没财物累计数额在10万元以上的,应予立案,即原则上构成犯罪。这里的“数额在10万元以上”,同样应当是指集体私分的累计数额达到10万元以上,而不是个人所得的数额。如果未达到这一数额标准的,不以犯罪论处,但对直接负责的主管人员和其他直接责任人员,应当由有关部门予以行政处罚。

Ⅶ　主体

一、私分国有资产罪的主体

(一)私分国有资产罪是单位犯罪还是自然人犯罪

39 虽然《刑法》第396条第1款将本罪的犯罪主体在字面上表述为国家机关、国有公司、企业、事业单位、人民团体,但是对私分国有资产罪是单位犯罪还是自然人犯罪,学界还是存在严重分歧:第一,认为本罪是自然人犯罪,犯罪主体是国家机关、国

---

39 参见高格:《定罪与量刑》(下卷),中国方正出版社1998年版,第948页;张红艳:《私分国有资产罪的法理研析》,载《河南社会科学》2003年第4期。

40 参见赵秉志主编:《中国刑法案例与学理研究》(第6卷),法律出版社2004年版,第177页。

41 张穹主编:《贪污贿赂渎职“侵权”犯罪案件立案标准精释》,中国检察出版社2000年版,第109页。

有公司、企业、事业单位、人民团体中私分国有资产的直接责任人员和其他直接责任人员。[42] 第二,认为本罪是单位犯罪,犯罪主体是国有公司、企业、事业单位、人民团体。单位中直接负责的主管人员和其他直接责任人员不是犯罪主体,只是受刑主体。[43] 第三,认为本罪犯罪主体是特殊主体,包括单位与自然人,且自然人构成犯罪以单位符合犯罪构成为前提。[44]

通说认为私分国有资产罪应是单位犯罪而非自然人犯罪。理由如下:第一,根据 40
文义解释,从《刑法》第 396 条第 1 款的表述来看,本罪只能是单位犯罪。其规定如下:"国家机关、国有公司、企业、事业单位、人民团体,违反国家规定,以单位名义将国有资产集体私分给个人,数额较大的,对其直接负责的主管人员和其他直接责任人员,处……"可见,"违反国家规定"的是"国有公司、企业、事业单位、人民团体","以单位名义"也是指上述单位,实施集体私分行为的也是上述单位,因而认为本罪是单位犯罪符合立法精神。第二,私分国有资产罪虽不具有利益归属的团体性特征,但利益归属团体性并不是单位犯罪的必备条件。虽然《全国法院审理金融犯罪案件工作座谈会纪要》中规定"以单位名义实施犯罪,违法所得归单位所有的,是单位犯罪",但这只是以单位名义实施犯罪构成单位犯罪的某些特殊要求和情形,不能就此得出所有的单位犯罪都必须为单位谋取利益,否则会缩小单位犯罪的成立范围。从我国刑法的规定来看,也并不是所有的单位犯罪都必须为本单位谋取利益,如单位虚假出资、抽逃出资罪,单位非法出租、出借枪支罪等,都未要求必须为本单位谋取利益,但都认为这些犯罪是单位犯罪。可见,将利益归属团体性作为单位犯罪的基本特征其实是以偏概全,不能据此否认私分国有资产罪是单位犯罪。第三,以单罚制否定私分国有资产罪是单位犯罪的理由不能成立。单罚制的本质还是对单位的处罚,而不是对自然人的处罚。我国《刑法》第 31 条明确规定了单位犯罪以双罚制为基础(对单位判处罚金,并对其直接负责的主管人员和其他直接责任人员判处刑罚),以单罚制为例外(本法分则和其他法律另有规定的,依照规定)。从我国立法精神来看,对单位犯罪采取单罚制多出于避免殃及无辜或使国家承担不必要的损害等考虑。立法将私分国有资产罪规定为单罚制,是因为对国有单位判处罚金会使其承受不应有的损害,这种例外与《刑法》第 31 条单罚制的规定互相对应,是其具体化。如果否认这一点,将会导致对任何单罚制犯罪都解释成自然人犯罪的结论,使《刑法》第 31 条的

---

42 参见陈正云、黄河、钱舫编著:《中国刑法通论》,中国方正出版社 1997 年版,第 684 页;马长生、伍志坚:《对私分国有资产罪涉案单位应当打击还是保护——剖析刑事政策的一个盲点》,载《山东警察学院学报》2009 年第 2 期。

43 参见陈兴良主编:《罪名指南(下册)》(第 2 版),中国人民大学出版社 2008 年版,第 729 页;王作富主编:《刑法分则实务研究》(第 5 版),中国方正出版社 2013 年版,第 1727 页。

44 参见刘生荣、张相军、许道敏:《贪污贿赂罪》,中国人民公安大学出版社 2003 年版,第 282—283 页。

单罚制例外规定形同虚设,没有适用价值。此外,对单位犯罪采取何种刑罚处罚方式是在单位成立犯罪之后的国家考量,而不能据此反推犯罪主体是否为单位。

41 值得注意的是,1999 年 6 月 25 日最高人民法院颁布的《关于审理单位犯罪案件具体应用法律有关问题的解释》第 3 条规定:“盗用单位名义实施犯罪,违法所得由实施犯罪的个人私分的,依照刑法有关自然人犯罪的规定定罪处罚。”这一解释与私分国有资产罪所规定的情形完全相反,因而不能就此得出私分国有资产罪是自然人犯罪。虽然该解释也有“以单位名义实施”的表述,但以“盗用”为前提,并没有反映单位的整体意志,而且所得财物是私分给行为人自己,而非私分给单位所有人或大多数人。《刑事审判参考》案例第 939 号“徐国桢等私分国有资产案”的裁判理由中明确指出:私分国有资产罪仅能由国家机关、国有公司、企业、事业单位、人民团体等单位构成,自然人可以构成私分国有资产罪的共犯,但应当从轻或减轻处罚……对于非适格主体参与实施私分国有资产的行为,只要非适格主体与适格单位共同实施了私分国有资产的行为,就可以成立共同犯罪。由于私分国有资产罪仅能由国家机关、国有公司、企业、事业单位、人民团体等单位主体构成,监测站系适格单位主体,应当认定监测站为实行犯,且系主犯,并据此判处被告人徐国桢的刑罚;自然人陈晓晖系非适格自然人主体,其为监测站顺利私分国有资产提供了重要帮助,起到了次要作用,故与监测站构成私分国有资产罪的共同犯罪,但系从犯,应当从轻或者减轻处罚。

(二)如何认定私分国有资产罪中的“直接负责的主管人员”和“其他直接责任人员”

42 由于私分国有资产罪采取单罚制,只处罚直接负责的主管人员和其他直接责任人员,因而准确认定直接负责的主管人员和其他直接责任人员涉及刑事责任承担者的范围。

43 根据 2001 年 1 月 21 日最高人民法院颁布的《全国法院审理金融犯罪案件工作座谈会纪要》的精神,单位犯罪中“直接负责的主管人员”,是在单位实施的犯罪中起决定、批准、授意、纵容、指挥等作用的人员,一般是单位的主管负责人,包括法定代表人。“其他直接责任人员”,是在单位犯罪中具体实施犯罪并起较大作用的人员,既可以是单位的经营管理人员,也可以是单位的职工,包括聘任、雇佣的人员。应当注意的是,在单位犯罪中,对于受单位领导指派或奉命而参与实施了一定犯罪行为的人员,一般不宜作为直接责任人员追究刑事责任。具体到私分国有资产罪中,国有单位中对集体私分行为起组织、决定、批准、授意、纵容、指挥等作用的人员,就是“直接负责的主管人员”;具体将国有资产集体私分并起较大作用的人员,就是“其他直接责任人员”。实务中在认定私分国有资产罪中的直接负责的主管人员和其他直接责任人员时,应注意:

44 (1)由于参与集体私分、分得国有资产的人员众多,因此,对于哪些人员属于“直接负责的主管人员”或者“其他直接责任人员”,应根据行为人在单位犯罪中的实际地位和所起作用具体分析,不能片面根据其在单位中的职务、地位高低来判断,如单纯根据身份、头衔进行判断。如一些国有公司的法定代表人只挂虚名而无实权,对于公司的多数事项并无决策权,对其他人员进行的私分国有资产行为仅是明知和默认,但未达到“纵容”程度,不能简单地认为其是“直接负责的主管人员”。

(2)无论是“直接负责的主管人员”还是“其他直接责任人员”,都必须对“国有资 45
产”以及私分国有资产的行为具有主观认识。如果国有单位中某些领导主观上不明知私分行为,错误地认为自己是在合法地参与奖金、福利等的决策行为,或者具体实施私分行为的人员误以为自己是在执行上级领导的命令。此时,由于这些国有单位的工作人员对私分行为缺乏主观认识,因而不能认定为“直接负责的主管人员”或者“其他直接责任人员”。

(3)对私分国有资产罪中直接负责的主管人员和其他直接责任人员,应当根据其 46
在单位犯罪中的地位、作用和犯罪情节,分别处以相应的刑罚。由于私分国有资产罪是单位犯罪,其直接负责的主管人员和其他直接责任人员并非当然的主从犯关系,在主从关系不明显时,可以分主犯、从犯,按照其在单位犯罪中所起的作用判处刑罚。[45]

(三)国有单位的分支机构、职能部门能否构成私分国有资产罪

实践中,国家机关、国有公司、企业、事业单位、人民团体为了开展工作或者拓展 47
业务,往往会设立一些分支机构或下属部门,如政府在辖区外设立的办事处、联络处等,公司在注册地外设立的分公司、营业部等。国家机关、国有公司、企业、事业单位、人民团体一般都设有内部职能部门,如厅、局、委内部设有科、处、股、室、中心等;大学和科研机构内部设有院、系、所等;国有公司、企业内部设有营业部、科、室。这些分支机构、下属部门、职能部门能否成为私分国有资产罪的犯罪主体存在争议。有观点认为,国有单位的下属部门或者分支机构不具有对外开展工作、承担法律责任的条件和资格,自然不是刑法意义上的单位,因而不能成为私分国有资产罪的主体,对于这类主体集体私分国有资产的行为,其实是形式上的集体私分、实质上的少数人的共同贪污行为。[46] 而多数观点则认为,国有单位的下属部门或者分支机构因其行使对国有资产的管理权,是国有单位管理部门的组成部分,可以成为私分国有资产罪的主体。[47]

私分国有资产罪的犯罪主体要求依法成立并具有相对独立的财产、组织机构和 48
名称,即具有组织上的合法性、经济上的独立性和行动上的自主性。国有单位的下属部门或者分支机构能否单独作为私分国有资产罪的犯罪主体,应根据这些下属部门或者分支机构的财产核算、经费状况和日常管理运作机制来综合判断其是否具有社

45　参见肖中华:《贪污贿赂罪疑难解析》,上海人民出版社 2006 年版,第 272—275 页。

46　参见张兆松、刘鑫:《论集体私分国有资产罪》,载《检察理论研究》1997 年第 6 期。

47　参见孙国祥:《私分国有资产罪认定问题研究》,载《华东刑事司法评论》2004 年第 2 期;肖中华:《贪污贿赂罪疑难解析》,上海人民出版社 2006 年版,第 268—271 页。

会独立主体地位。[48] 对于实务中那些经国有单位授权或者批准,具有一定的组织结构,享有一定的财产支配权,可在一定范围内开展业务活动的下属部门、分支机构,可以成为私分国有资产罪的主体。对此,不能严格按照民法关于法人民事责任能力的要求来判断单位犯罪主体,进而将单位犯罪等同于法人犯罪。实务中国有单位的下属部门或者分支机构管理国有资产的情况较为普遍,如果将这些下属部门、分支机构排除在私分国有资产罪的主体之外,将导致对其私分国有资产行为无法处罚的困境:因为主体资格不符合,不能按私分国有资产罪论处;而集体私分行为往往在本部门内部具有公开性且受众广泛性,不符合贪污罪的客观要件,最后只能作违纪行为处理。此外,《刑法》第 396 条第 1 款规定对本罪实行单罚制,即不判处单位罚金,只追究直接负责的主管人员或者直接责任人员的刑事责任。因此,国有单位的下属部门或者分支机构即使没有独立的财产权,也能承担刑事责任,不存在单位构成犯罪而无法承担刑事责任或者无法执行刑罚等难题。

49 因此,《全国法院审理金融犯罪案件工作座谈会纪要》规定:“以单位的分支机构或者内设机构、部门的名义实施犯罪,违法所得亦归分支机构或者内设机构、部门所有的,应认定为单位犯罪。不能因为单位的分支机构或者内设机构、部门没有可供执行罚金的财产,就不将其认定为单位犯罪,而按照个人犯罪处理。”这一司法解释也认可了国有单位的分支机构等可以成为私分国有资产罪的主体。

50 《人民法院案例选》2008 年第 3 辑“张经良等三人私分国有资产案”的裁判要旨指出:“国有事业单位的内设部门,应当认定为刑法规定的单位。企业管理培训处作为国有事业单位的内设部门,可以成为刑法意义上的单位。涉案企业管理培训处作为厦门经理学院的内设机构,对外开展培训业务并收取、支付培训费用,可以成立刑法意义上的单位……国有单位内设机构在对外开展业务中,截留公款并按照一定比例将公款私分给全体人员或者绝大多数成员的,以私分国有资产罪论处……”

(四)政府成立的临时机构能否成为本罪主体

51 各级政府为了解决特殊问题,往往会设立一些处理专门性、临时性事务的临时机构,如“××市拆迁工程指挥部”“××市申办××运动会办公室”“××市上访事务处理小组”等。这些临时机构的工作人员有的是从政府各部门抽调过来的,有的是从社会上招聘来的,但所需经费由政府全额拨款。政府成立的临时机构可以成为本罪的主体:第一,这些临时机构由政府设立,依照相关规定履行公共管理职能,是具有行政性质的机构,即使其工作人员不具有国家工作人员的身份,但其从事的仍然是公务,不能唯“身份论”。第二,这些临时机构往往也具有了“单位”的某些特征,如有自己独立的资金账户、人员较多、有较大的财物支配权和行政事项决策权等。第三,这些临时机构在事实上支配着国有资产,如政府调拨给其支配的经费或者其征收的各种费用

---

48 参见董邦俊:《私分国有资产罪的构成与立法完善》,载《中国地质大学学报(社会科学版)》2004 年第 6 期。

等,如果这些经费或者其他国有资产被临时机构集体私分,同样会使国有资产遭受损失,从保护国有资产的角度而言,应将其纳入本罪的处罚范围。综上,政府成立的临时机构可以成为私分国有资产罪的主体,不能因为其“临时性”而忽视其公务性、履行职责的合法性等特征。

(五)国有参股、控股公司、企业能否成为本罪主体

在以往经济体制改革过程中,不少国有公司、企业与非国有单位共同出资组建公司、企业,对于这些国有参股、控股的公司、企业能否成为私分国有资产罪的主体,存在不同看法:有观点认为,对国有控股公司应区分绝对控股和相对控股,对于绝对控股公司,即国有出资比例超过50%的公司,应纳入私分国有资产罪的主体范畴;而对国有出资比例在50%以下的公司的集体私分行为,可不按本罪追究刑事责任。[49] 另一种观点则认为,只要公司、企业中存在非国有性质的资本,一概不能认定国有性质,因而国有控股、参股的公司不属于国有公司,不能成为私分国有资产罪的主体。[50] 52

通说认为国有控股、参股公司、企业不能成为私分国有资产罪的主体。根据我国《公司法》的规定,国有控股、参股公司、企业不属于国有公司、企业。《公司法》第4条规定,公司股东依法享有资产收益、参与重大决策和选择管理者等权利。但股权不是所有权,这就意味着,不管是有限责任公司还是股份有限公司,如果其中有国有资产参股,甚至国有资产处于控股地位,但由于股权并非所有权,公司难言为国家所有,该有限责任公司或股份有限公司就更谈不上是国有公司了。[51] 相关司法解释亦规定,国有控股、参股公司、企业不是国有公司、企业。2001年5月23日最高人民法院发布的《关于在国有资本控股、参股的股份有限公司中从事管理工作的人员利用职务便利非法占有本公司财物如何定性问题的批复》规定:“在国有资本控股、参股的股份有限公司中从事管理工作的人员,除受国家机关、国有公司、企业、事业单位委派从事公务的以外,不属于国家工作人员。对其利用职务上的便利,将本单位财物非法占为己有,数额较大的,应当依照刑法第二百七十一条第一款的规定,以职务侵占罪定罪处罚。” 53

二、私分罚没财物罪的主体

私分罚没财物罪的主体只能由司法机关和行政执法机关构成。“司法机关”,按照《刑法》第94条的广义理解,包括行使刑事案件调查、侦查、起诉、审判与刑罚执行 54

49 参见刘生荣、张相军、许道敏:《贪污贿赂罪》,中国人民公安大学出版社2003年版,第287页。

50 参见龚培华、肖中华:《刑法疑难争议问题与司法对策》,中国检察出版社2002年版,第243页。

51 参见贾宇、舒洪水:《论刑法中“国有公司”及“受委派从事公务的人员”之认定》,载《法学评论》2002年第3期。

的国家监察机关、侦查机关、国家安全机关、检察机关、审判机关和监狱管理机关。"行政执法机关"则包括海关、税务、工商行政管理、质量监督、交通管理、卫生检疫、商检、环保等享有行政处罚权的国家各级行政机关。[52]没有司法权和行政执法权的国有公司、企业、事业单位、团体、个人等均不能成为本罪主体,这也是本罪与私分国有资产罪的一大区别。由法律、法规授权的机构依据有关法律、法规对违背有关行政法律秩序的公民、单位组织给予行政罚款者,也不能成为本罪的主体。情节严重者,可给予机关行政违法的处理。[53]

55 本罪也是纯正的单位犯罪。本罪的犯罪主体可以是法人单位,也可以是非法人单位。从立法精神上讲,这里的单位既包括一级单位,也包括一级单位之下的职能机构和部门所有的合法单位,并不只是指具有法人资格的单位。刑法修订时,正是考虑到把单位犯罪的主体限定为法人范围过窄,容易造成缺漏,不利于对这类犯罪的惩治与预防,才决定规定为单位犯罪,而不是规定为法人犯罪。如果对一级单位之下的职能部门(小单位)的犯罪让法人(大单位)负责,那么刑罚措施将无法落实。因为法人单位的决策机构没有集体决定犯罪,当然也就不能追究法人单位主管人员的刑事责任。司法机关、行政执法机关中有许多职能部门,其业务具有相对的独立性,如检察院的刑事检察部门、法院的各个庭室、公安派出所、工商管理所、税务局下设的分局等,这类单位私分罚没财物,处罚的理所当然是这些小单位,而不是检察机关、法院、公安局等一级单位。[54]

56 本罪处罚的主体是单位直接负责的主管人员和其他直接负责人员,单位并不承担刑事责任,并且单位中其他分得罚没财物的人员,也不构成本罪的主体。

Ⅷ 罪责

57 私分国有资产罪与私分罚没财物罪的罪责形态均为故意,且限于直接故意,即明知是国有资产或罚没财物,而故意以单位名义集体私分给个人。至于动机如何,不影响本罪的成立。这种单位犯罪的意志不一定需要全体成员共同决定,只要是依据单位的决策程序,即便是由某一个负责人作出决策,也可视为单位意志。

Ⅸ 排除犯罪的事由

58 有些司法机关、行政执法机关往往由于财政拨款没有到位而截留罚没财物用以发放职工工资。有学者认为,工资是单位职工有权利要求按时获得的劳动报酬,单位

---

[52] 参见魏东主编:《刑法各论》,法律出版社 2015 年版,第 354 页。

[53] 参见郭立新、黄明儒主编:《刑法分则适用典型疑难问题新释新解(下册)》(第 3 版),中国检察出版社 2014 年版,第 893 页。

[54] 参见邱玉梅:《论私分罚没财物罪》,载《中国青年政治学院学报》2001 年第 2 期。

迫于无奈在这种情况下用截留的罚没款来发放工资，虽然违反了财经政策，但不宜认定为私分罚没财物的行为。[55] 但是，这种情况要想达到排除犯罪的程度，法院必须要从客观上而不是主观上来认定机关的“迫于无奈”，可以类比“紧急避险”。机关在发放工资时，由于财政拨款未到位，并且没有其他资金来源，确实无法负担员工的工资时，才作出截留罚没财物的决定，牺牲较小的合法权益来保护更大的权益，事后在财政拨款到位时立即补上这一漏洞以证明“迫于无奈”，只有这样才能阻却违法性。

单位用截留的罚没款给职工发“开口工资”、合理的补助及加班费，能否认定成立私分罚没财物罪？所谓“开口工资”，是指按财经政策允许发放，但国家财政不拨款，由单位自筹解决的工资部分。一种意见认为，这类报酬虽是政府允许发放的，但只能用本单位自筹资金发放，如该单位没有自筹资金则不能发放。罚没财物必须上缴国库，不属于单位自筹资金，因此，擅自挪用罚没财物是私分罚没财物的行为。另一种意见认为，司法机关、行政执法机关的各项运转经费都得依靠财政拨款，自身不能创造收入，无法自筹资金。国家财经政策允许，但又不拨款，而单位又无法自筹资金，显然该制度本身有缺陷。所以，单位把罚没财物当作自筹资金来发放这类报酬，某种程度上也是无奈之举。当然，需要指出的是，该问题应当通过改善财政制度去解决，不能由单位擅自变通处理。单位用截留的罚没款给职工发“开口工资”、合理的补助及加班费的行为确实是错误的，但由于可罚的违法性较低，作为私分罚没财物罪来处理有过严之嫌，因此，这类情形不宜认定成立私分罚没财物罪。[56] 59

X 共犯

根据单位犯罪的法理，国有单位与其内部成员之间不可能成立共犯，但国有单位之间、国有单位与其他单位成员之间有私分国有资产或者罚没财物的行为与故意的，可以成立私分国有资产罪或者私分罚没财物罪的共犯。 60

XI 罪数

私分国有资产罪、私分罚没财物罪与贪污罪并非绝对非此即彼的关系，实务中，单位负责人的私分行为可能同时成立私分国有资产罪、私分罚没财物罪和贪污罪。如在“集体私分”时，单位负责人决定单位领导的分配比例明显高于普通员工，且没有合理根据的，则对单位负责人应当以私分国有资产罪、私分罚没财物罪和贪污罪数罪并罚，其中，私分数额高于普通员工的部分为贪污罪的犯罪数额。 61

---

55 参见邱玉梅：《论私分罚没财物罪》，载《中国青年政治学院学报》2001 年第 2 期。

56 参见邱玉梅：《论私分罚没财物罪》，载《中国青年政治学院学报》2001 年第 2 期。

XII 与非罪的界限

一、私分国有资产罪与非罪的界限

62 以奖金、福利等形式私分国有资产与滥发奖金之间具有很多相似性,如都是由国有单位直接负责的主管人员或者其他直接责任人员实施的,都是以单位名义进行而且受益主体具有公众性等。但在处理结果上前者构成私分国有资产罪,后者则只按违纪处理,因此必须对二者加以区别,否则会导致打击面过大。

63 从我国相关立法规定来看,立法虽然禁止私分国有资产、私分罚没财物,但并不反对国有单位发放奖金、福利等。如《公司法》规定,公司税后利润可依以下顺序进行分配:弥补以前年度亏损、提取法定公积金、提取任意公积金、盈余分配。根据《预算法》和有关预算外资金管理法的规定,国家机构可以将各种补贴支出、补助费列入国家预算支出。国家机关、事业单位、社会团体等可以用预算外资金发放奖金、津贴、补贴以及用于福利支出等。但上述国有单位发放的奖金、福利必须符合相关规定,否则仍可能构成私分国有资产罪:第一,奖金、福利的来源是否合法。如果国有单位发放的奖金、福利等来源于国家所有,则可能构成私分国有资产罪;如果是单位自留资金,则只是违反财经纪律,不构成本罪。如根据 1993 年《国有资产产权界定和产权纠纷处理暂行办法》第 12 条的规定,可分配利润及从税后利润中提取各项基金后,已提取用于职工奖励、福利等分配给个人消费的基金,不属于国有资产。第二,国有单位对该奖金、福利是否有支配权。以奖金形式私分的国有资产一般国家有规定不能用于发放奖金、福利;而滥发奖金一般都是国有单位对该奖金具有支配权,只是发放的标准、数额等违反财经纪律。如根据相关规定,上缴税金后的利润留成或者事业单位、人民团体通过市场取得的不体现政府职能的经营、服务性收入,按照规定交纳税金、管理费用后,不属于应当上缴国家的国有资产,单位有权分配,不构成私分国有资产罪。第三,发放的手段是否合法。私分国有资产罪一般是将不能自主支配的国家财产通过巧立名目、作假账等套取后予以私分,在手段上具有隐瞒、骗取、截留等特征;而滥发奖金一般采取常规手段发放,其分配情况一般会记录在国有单位正式的财务收支簿上。[57] 实务中,下述几种滥发奖金、福利的行为应认定为私分国有资产罪:第一,将国有财产专项拨款予以截留分配的;第二,将应当上缴的收入予以截留并分配的;第三,超标准、超范围发放奖金、福利的总额,超过职工年平均收入较多的;第四,没有经营效益的情况下,变卖国有资产进行分配的。

---

57 参见任素贤:《私分国有资产罪司法实务若干问题研析》,载《新疆警官高等专科学校学报》2004 年第 4 期。

二、私分罚没财物罪与非罪的界限

64 私分罚没财物罪的行为主体只能是司法机关以及行政执法机关,其他主体实施的,或只是以个人名义实施的都不构成本罪。具体区分本罪与非罪时,需要注意以下几点:

1. 根据行为区分

65 要构成私分罚没财物罪,在客观行为上需要满足以下两点:一是将应当上缴国家的罚没财物予以截留;二是必须以单位的名义私分给个人。因此,如只有截留而没有私分,如将没收的健身器材留在本单位使用,则不能以私分罚没财物罪论处。此外,如上述,单位用截留的罚没款给职工发"开口工资"、合理的补助和加班费的行为,虽然不符合国家的相关财物规定,不宜作为私分罚没财物罪来处理,而应当通过其他规范来纠正。而与此不同的是,司法机关、行政执法机关巧立名目,用罚没财物发放福利或虚假加班费的行为,貌似单位也有一定的理由,但这些行为要么不符合规定,要么就是虚假的,不存在正当化的可能性,因此应当认定成立私分罚没财物罪。[58]

2. 根据数额区分

66 根据最高人民检察院《关于人民检察院直接受理立案侦查案件立案标准的规定(试行)》的规定,涉嫌私分罚没财物,累计数额在 10 万元以上的,应予立案。换言之,私分罚没财物的数额只要超过 10 万元就可以成立私分罚没财物罪。此规定为实务部门提供了较为统一的立案标准,具有积极意义。

3. 根据处罚人员区分

67 根据《刑法》第 396 条第 2 款的规定,对于私分罚没财物罪我国采取的是"单罚制",而非"双罚制"。换言之,只追究单位直接负责的主管人员和其他直接责任人员的刑事责任。而对于单位内部其他的利益获得者,虽然其在私分罚没财物中得到了利益,但无论其私分到多少,均不以犯罪论处。

XIII 与他罪的区别

一、私分国有资产罪与他罪的区别

(一)与贪污罪共犯的区别

68 私分国有资产罪与贪污罪存在诸多共同点:如法益都是国有财产的所有权和国家工作人员职务行为的廉洁性;犯罪对象都包括国有资产;行为都表现为对国有资产的侵吞、骗取等;主体主要都是国家工作人员。私分国有资产罪与贪污罪共犯区分的关键在于:第一,私分行为体现的是单位整体意志还是个人意志。私分国有资产罪体

---

58 参见邱玉梅:《论私分罚没财物罪》,载《中国青年政治学院学报》2001 年第 2 期。

现的是单位意志,共同贪污行为体现的是个人意志,因为单位意志也源于个人意志,因而区分两罪首先要看单位决策机构成员的个人意志是否上升为单位意志。这就要考察单位意志的形成是否具有一定的程序性,这种程序可能是正式的,如单位职工代表大会、单位决策机构会议,也可能是非正式的,如单位负责人表达口头意见。只有经过一定的决策程序,使得个人意志上升为单位意志,才能将私分行为认定为私分国有资产罪,否则只能认定为贪污罪的共犯。第二,私分行为是否具有形式上的合法性,表面上是公开的还是隐蔽的。私分国有资产"以单位名义"进行,即通过组织程序、形成私分决议等,且通常会以奖金、福利等名义公开入账,在操作时通常会有私分者的签名等手续。可见,集体私分行为一般在本单位内部是公开的,至少在管理层内部公开。此外,在私分国有资产罪中,分得国有资产的人员除决策者和具体从事私分行为者外还有其他普通人员,他们只是单纯受益者。而共同贪污行为具有极强的隐蔽性,行为人往往采取隐匿收入、虚报开支、销毁账簿等手段侵吞财物,分配时即领即消,不敢留有签字等,而且所得利益也往往只在单位内部小部分人之间进行分配,一般是单位领导、负责人、主管人员、财物的保管者、经手人或使用人,而不涉及其他不知情者。第三,私分行为主观上是利他还是利己。私分国有资产通常是为了国有单位中全体人员或者大部分人员的整体利益,如为改善待遇、提高收入等动机而将国有资产分发给单位中的个人。而共同贪污行为主要是出于利己动机,之所以与他人一起实施贪污行为并共同分配所得利益,主要是考虑与他人合作更容易实现犯罪目的,而非出于让他人获取利益的目的。

(二)与徇私舞弊低价折股、出售国有资产罪的区别

69 从构成要件来看,私分国有资产罪与《刑法》第 169 条规定的徇私舞弊低价折股、出售国有资产罪存在诸多相似之处,如犯罪对象都是国有资产,法律后果都是造成国有资产流失等严重后果。但从理论来看,两罪存在明显区别:第一,两罪的主体不同。私分国有资产罪是纯正的单位犯罪,其主体必须是国家机关、国有公司、企业、事业单位、人民团体等经营、管理国有资产的单位;而徇私舞弊低价折股、出售国有资产罪是自然人犯罪,其主体是国有公司、企业中直接负责的主管人员或者其上级主管部门直接负责的主管人员。第二,两罪的行为方式不同。私分国有资产罪表现为以单位名义,将国有资产集体私分给单位所有人员或者大部分人员,私分的方式可以是无偿的,也可以是低价出售,总之国有资产从国有单位流向其内部工作人员。而徇私舞弊低价折股、出售国有资产罪表现为行为人违反国家规定,将国有资产以低于其实际价值的方式出售,国有资产可能流向内部工作人员,也可能流向外部。实务中私分国有资产罪与徇私舞弊低价折股、出售国有资产罪存在竞合的情况,即国有单位直接负责的主管人员经单位集体研究决定,徇私舞弊,将国有资产低价折股或者低价出售给单位全体成员或者绝大部分成员时,两罪存在着交叉。此时,私分国有资产只是徇私舞弊低价折股、出售国有资产的一种行为方式,根据法条竞合中"特别法优于普通法"的适用规则,应认定为私分国有资产罪。

二、私分罚没财物罪与他罪的区别

(一)与私分国有资产罪的区别

1. 犯罪主体不同

私分国有资产罪的犯罪主体可以是国家机关、国有公司、企业、事业单位、人民团体;而私分罚没财物罪的犯罪主体仅包括司法机关、行政执法机关,在主体范围上,私分国有资产罪的犯罪主体比私分罚没财物罪的犯罪主体范围要大。 70

2. 犯罪对象的不同

私分国有资产罪的犯罪对象是国有资产,私分罚没财物的犯罪对象则是罚没财物。如前述,工商部门罚没财物、物价部门罚没财物、审计部门罚没财物、海关罚没财物、司法机关罚没财物以及追回账款、赃物等罚没财物,均为应上缴国家的财产,并且列入国家预算,而国家预算属于国有资产的一部分。因此,私分国有资产罪的犯罪对象包括私分罚没财物罪的犯罪对象。 71

(二)与共同贪污犯罪的区别[59]

1. 对象不同

私分罚没财物的犯罪对象是应当上缴国家的罚没财物,其特定性十分显著。共同贪污犯罪的犯罪对象虽然是特定的公共财物,但其不仅包括国有资产,还包括劳动群众集体所有的财产、用于扶贫或者其他公益事业的社会捐助或者专项基金的财产,以及在国家机关、国有公司、企业、事业单位和人民团体管理、使用或者运输中的私人财产。 72

2. 行为不同

犯罪行为的性质和方式不同。私分罚没财物罪作为单位犯罪,其犯罪行为以单位名义、由集体组织进行。私分罚没财物多以分配的方式进行。共同贪污犯罪则是单位成员进行的自然人行为,常常通过在财务账目上弄虚作假等方式进行。同时,行为的隐蔽程度不同,虽然私分罚没财物是一种犯罪行为,但因其是以分配财物的方式进行的,所以这种犯罪行为在本单位内部是公开的。而与此相对,共同贪污的隐蔽程度则远超前者。贪污的行为多是秘密进行的,除参与成员外其他人员一般并不知情。 73

职务的利用不同。私分罚没财物与共同贪污都需要利用职务上的便利,但两者在职务的利用上并不相同。私分罚没财物的职务利用表现为决策的利用,利用的是单位决策人员或单位决策机构的决策权。私分罚没财物的故意因决策而产生,私分行为以单位名义,由单位组织进行。与此相对,共同贪污对职务的利用表现为对职务形成的便利条件的利用。仅表现为在实施贪污的过程中,行为人利用其职权范围内 74

---

59 参见石金山:《简析集体私分罪与共同贪污之区别》,载《中央检察官管理学院学报》1998 年第 3 期。

的权力和地位所形成的主管、经手、管理公共财物的便利条件而非法占有公共财物。

75 数额标准的内涵不同。两罪的成立都需要达到一定的数额,但前者的数额是指被私分的罚没财物的数额的总额,而非个人所得财物的数额。后者的数额则是指个人贪污数额。只有贪污集团的首要分子对其共同贪污的数额的总额负责,其他行为人只需对其参与部分的数额负责。

3. 主体不同

76 (1)私分罚没财物罪属于集体私分罪的一种,属于单位犯罪,其主体只能是一个具体单位;而共同贪污罪属于共同犯罪,其主体人数要求必然是两人以上的多数。私分罚没财物罪的"私分"是以单位名义进行的集体行为,其最显著的特征就是单位成员广泛参与。而共同贪污犯罪的参与人员,属于单位内的部分人,缺乏广泛性。另外,私分罚没财物是由单位组织进行的行为,体现了单位的"决定"意志,这种"决定",需要单位决策人员参与其中,没有其决定或同意,单位意志无法形成。而共同贪污却没有这种必要性。因为,共同贪污案件中的贪污行为无须单位决策人员的决定或同意,在多数情况下往往是背着单位决策人员进行的。私分罚没财物的组织是已经合法存在的单位,而共同贪污的组织却是由其参与成员为非法目的结合而成的。

77 (2)参与人员的性质不同。私分罚没财物罪的参与人员均为本单位内部成员,但共同贪污犯罪的参与人员呈现复杂性,不排除单位外部人员的参与;私分罚没财物罪的参与人员均为国家工作人员,而共同贪污犯罪的参与人员可能是非国家工作人员,比如,受国家机关、国有公司、企业、事业单位和人民团体委托管理、经营国有财产的人员以及其他人员。

4. 罪责不同

78 犯罪故意产生的方式不同。私分罚没财物罪是单位犯罪,其故意体现的是单位意志。因单位决策人员或单位决策机构的决策而形成,产生过程是一种单位决策过程。共同贪污犯罪的故意是全体参与成员意志的体现,由参与成员的意志达成一致而形成,产生过程是一种私下密谋过程。犯罪动机和目的有所不同。私分罚没财物罪的动机和目的呈多样性,既可以是为了给自己和单位成员提高收入、发放福利,也可以是出于其他不正当利益的驱动,比如,单位领导为了笼络人心。而共同贪污犯罪的动机和目的都是为了满足行为人的金钱欲望。

XIV 处罚

79 根据《刑法》第396条的规定,私分国有资产数额较大的,对其直接负责的主管人员和其他直接责任人员,处3年以下有期徒刑或者拘役,并处或者单处罚金;数额巨大的,处3年以上7年以下有期徒刑,并处罚金。

80 司法机关、行政执法机关违反国家规定,将应当上缴国家的罚没财物,以单位名义集体私分给个人的,依照前款的规定处罚。

第九章　渎职罪

前　注

文献：张俊霞、郝守财主编：《渎职罪的理论与司法适用》，中国检察出版社 2002 年版；敬大力主编：《渎职罪》，中国人民公安大学出版社 2003 年版；蒋小燕、王安异：《渎职罪比较研究》，中国人民公安大学出版社 2004 年版；贾济东：《渎职罪构成研究》，知识产权出版社 2005 年版；张兆松、李志雄、章晓民：《渎职犯罪的理论与实践》，中国检察出版社 2008 年版；郭立新、苏凌主编：《渎职侵权犯罪认定疑难问题解析》，中国检察出版社 2008 年版；赵秉志主编：《刑法学各论研究述评（1978—2008）》，北京师范大学出版社 2009 年版；周道鸾、张军主编：《刑法罪名精释》（第 4 版），人民法院出版社 2013 年版；郎胜主编：《中华人民共和国刑法释义》（第 6 版），法律出版社 2015 年版；陈兴良、周光权：《刑法学的现代展开Ⅰ》（第 2 版），中国人民大学出版社 2015 年版。劳陈谞、聂立泽：《试论渎职罪的立法缺陷》，载《法学评论》2001 年第 5 期；李希慧、贾济东、廖焱清：《渎职罪主体解释回顾及立法建言》，载《国家检察官学院学报》2003 年第 4 期；王志祥：《关于渎职罪主体有权解释的思考及立法建议》，载《法商研究》2005 年第 6 期；游伟：《渎职犯罪中的"重大损失"问题探讨》，载《法学》2005 年第 12 期；龚培华：《渎职罪法条关系及其适用选择》，载《法学》2005 年第 12 期；王安异：《裁判规范还是行为规范——对滥用职权罪的功能性考察》，载《现代法学》2006 年第 4 期；劳东燕：《犯罪故意理论的反思与重构》，载《政法论坛》2009 年第 1 期；劳东燕：《犯罪故意的要素分析模式》，载《比较法研究》2009 年第 1 期；苏敏华：《论渎职罪与受贿罪的关系认定及其处断原则》，载《政治与法律》2010 年第 2 期；骆群：《监督过失责任及其在食品监管渎职罪中的运用》，载《苏州大学学报（哲学社会科学版）》2014 年第 2 期；姜涛：《刑法中国家工作人员定义的个别化解释》，载《清华法学》2019 年第 1 期。

细目录

Ⅰ　主旨
Ⅱ　沿革
Ⅲ　特征
　一、客体
　二、行为
　三、因果关系与结果归责
　四、主体

五、罪责
六、法条竞合
Ⅳ 类型

Ⅰ 主旨

1 渎职罪是国家机关工作人员实施的职务犯罪。公正履行职务,是现代国家要求公职人员所承担的一项积极义务。刑法规定渎职罪,旨在保护职务行为的公正性;同时,因职务行为涉及对相关公共事务或公民个人事务的处理,故渎职罪必然也侵害相应的公共利益或个体权益。

2 贪污犯罪与受贿犯罪广义上也可纳入渎职罪的范围,不过,贪污犯罪与受贿犯罪违反的是公职人员对于国家承担的消极义务。前者的义务指向公共财产的不可获取私利,后者的义务指向公共职位的不可谋取私利。[1]这两类犯罪与典型的渎职罪相比,在保护法益与基本的不法构造上都并不相同。因此,立法者将贪污贿赂罪从渎职罪中独立出来单列一章,有其合理性。

Ⅱ 沿革

3 1979 年《刑法》中涉及渎职罪的条文只有第 187 条玩忽职守罪。该条规定,国家工作人员由于玩忽职守,致使公共财产、国家和人民利益遭受重大损失的,处 5 年以下有期徒刑或者拘役。在之后的十多年中,由于社会发展形势的变化,前述玩忽职守罪的规定经历了一系列的修改与补充,以致沦为受人诟病的“口袋罪”。这些修改与补充主要来自两个方面:第一,全国人大常委会制定的条例、决定和补充规定。这些条例、决定与补充规定对玩忽职守罪作了重要的修改或补充,包括 1981 年《惩治军人违反职责罪暂行条例》第 5 条、1982 年全国人大常委会《关于严惩严重破坏经济的罪犯的决定》、1991 年全国人大常委会《关于严惩拐卖、绑架妇女、儿童的犯罪分子的决定》第 5 条、1993 年全国人大常委会《关于惩治假冒注册商标犯罪的补充规定》第 4 条第 2 款、1993 年全国人大常委会《关于惩治生产、销售伪劣商品犯罪的决定》第 10 条第 2 款、1995 年全国人大常委会《关于惩治违反公司法的犯罪的决定》第 8 条、1995 年全国人大常委会《关于惩治破坏金融秩序犯罪的决定》第 9 条第 2 款、1995 年全国人大常委会《关于惩治虚开、伪造和非法出售增值税专用发票犯罪的决定》第 9 条等。第二,非刑事法律法规中出现的依照玩忽职守罪追究刑事责任的条款。这些非刑事法律法规中的条款也对《刑法》第 187 条的规定作了相应的修改或补充,例如,1982 年《文物保护法》第 31 条、1984 年《森林法》第 35 条、1987 年《海关法》第 56

---

1 参见劳东燕:《受贿犯罪的保护法益:公职的不可谋私利性》,载《法学研究》2019 年第 5 期。

条以及 1989 年《环境保护法》第 45 条,等等。

在 1997 年修订刑法时,立法者吸收了前述单行刑法与附属刑法中的相应规定,在规定一般渎职犯罪的法条(即第 397 条)的基础上,对特定国家机关工作人员在特定领域所实施的渎职犯罪予以具体化,形成一般法条与多个具体法条共同构成的渎职罪专章,初步实现了渎职罪立法规定的体系化。在 1997 年《刑法》中,渎职罪这一章共计 23 个条文,33 个罪名。这样的立法模式,一举改变了此前玩忽职守罪的构成要件包罗万象而缺乏明确界限的缺点,增加了适用时的可操作性。与此同时,立法中存在的一些问题也受到学理上的批评,包括第 397 条将滥用职权罪与玩忽职守罪放在同一法条中予以规定,致使两罪的界分变得困难,以及第 398 条将故意泄露国家秘密与过失泄露国家秘密的行为规定在同一法条并配置完全相同的法定刑[2],由此引发包括罪名确定、犯罪认定与法定刑适用等诸多问题。[3] 4

1997 年《刑法》生效之后,2002 年《刑法修正案(四)》对第 399 条徇私枉法罪作了立法修改,增设一款,新增执行判决、裁定失职罪与执行判决、裁定滥用职权罪两个罪名。2006 年《刑法修正案(六)》增设第 399 条之一,新增枉法仲裁罪。2011 年《刑法修正案(八)》新增第 408 条之一,新增食品监管渎职罪,2021 年《刑法修正案(十一)》修正第 408 条之一,修正为食品、药品监管渎职罪。根据以上修改,现行《刑法》渎职罪章中的条文就变为 25 个,罪名增至 37 个。 5

Ⅲ 特征

尽管渎职罪在立法上已基本实现体系化,从刑法理论的发展来看,对渎职罪的研究虽有些微的推进,但尚未能实现质的飞跃,未能完成理论上的体系化构建。这与整个分则的研究尚未实现充分的教义学化有关。结合现有的理论与实务,渎职罪在构成要件及相关问题上表现出如下特点。 6

一、客体

渎职罪的客体是国家机关工作人员职务行为的公正性。 7

渎职罪中大多数犯罪要求在侵害职务行为公正性的同时,出现构成要件意义上的有形的危害结果。比如,《刑法》第 397 条的滥用职权罪与玩忽职守罪,第 399 条第 3 款的执行判决、裁定失职罪与执行判决、裁定滥用职权罪,第 403 条滥用管理公司、证券职权罪,第 404 条徇私舞弊不征、少征税款罪,以及第 405 条徇私舞弊发售发票、抵扣税款、出口退税罪与违法提供出口退税凭证罪等,均要求出现"重大损失"的结果。 8

2 参见陈谞、聂立泽:《试论渎职罪的立法缺陷》,载《法学评论》2001 年第 5 期。

3 参见杨凯:《泄露国家秘密犯罪刑事司法问题检讨》,载《甘肃政法学院学报》2005 年第 3 期。

9 此类结果一般被认为是作为客观构成要件要素,目的在于限缩渎职罪的处罚范围。由于滥用职权类犯罪一般被认为是故意犯罪,此类结果要素明显不同于一般故意犯罪中的结果,故其体系地位往往存在争议。从现行司法解释来看,所谓的“重大损失”,既包括人员伤亡与财产损失这样较为直观的损害后果,也包括“恶劣的社会影响”之类的抽象损害后果;既包括渎职行为直接造成的损害后果,也包括间接引起的损害后果,也即,“重大损失”作为结果要件,其包含的内容往往比较庞杂,呈现多样化的形态。“重大损失”的界定上的抽象化与多样化,受到学理上的批评。论者认为,它将影响结果要件在利益保护、事实证明与自由保障方面的规范功能。就利益保护功能而言,对“重大损失”的抽象化界定,使其本来的利益保护功能丧失了针对性,变成一般意义上的抽象利益保护或整体秩序的维护,具体利益保护也就隶属于整体秩序维护之下。[4] 对“重大损失”的结果在理解上的宽泛化,仍然为当前的主流理论与司法实务所认同。不过,即便是支持者也承认,其中的非物质性重大损失面临进一步的类型化和确定化的问题。[5]

10 无论如何,应当将“重大损失”之类的结果,理解为渎职行为所蕴含的内在危险的现实化。对公共权力的违法使用,不仅蕴含对国家机关或者特定公职人员群体声誉的损害的危险,由于涉及对特定事项的处分,而特定事项往往牵涉其他主体的权益,故必然也内在地蕴含侵害其他主体之权益的危险。虽然绝大多数渎职犯罪均属结果犯,但也有一些罪名系情节犯,如《刑法》第 398 条故意泄露国家秘密罪与过失泄露国家秘密罪,第 407 条违法发放林木采伐许可证罪,以及第 409 条传染病防治失职罪等。在情节犯中,危害结果是判断情节是否严重的因素之一,但并不作为必要要素存在。需要指出的是,在渎职罪中,法定结果或情节是否存在,是区分罪与非罪的标志,而不是既遂与未遂的界限。

二、行为

11 渎职罪中渎职行为的本质在于对受委托行使的公权力违法进行运用,从而侵害职务行为的公正性。对权力的违法运用,一般有四种形式:一是超越职务权限范围运用权力;二是未遵循公职的设立宗旨(按法定或规定的要求)而运用权力;三是未基于服务公共利益的动机而运用权力;四是任意放弃职权的行使。这四种形式均可能成为渎职罪的客观行为,包括作为与不作为。从渎职罪的立法规定来看,渎职行为可分为三种类型:一是徇私舞弊,即出于徇私动机而不公正地履行职责;二是滥用职权,即不合法地超越职权或玩弄职权;三是玩忽职守,即不履行或不正确履行应当履行的职责。

---

4 参见王安异:《裁判规范还是行为规范——对滥用职权罪的功能性考察》,载《现代法学》2006 年第 4 期。

5 参见游伟:《渎职犯罪中的“重大损失”问题探讨》,载《法学》2005 年第 12 期。

三、因果关系与结果归责

渎职罪的因果关系与结果归责的性质及其判断较为特殊。渎职罪属于义务犯,违反的是公正履责的积极义务。由义务犯的特性所导致,不仅在正犯的标准上,而且在因果关系与结果归责的性质及判断上,区别于支配犯。对于义务犯而言,重要的并不在于行为是否操控了因果流程的出现,或者是否为结果的出现提供了现实的作用力,也不在于先行行为或自愿接管的行为对随后的因果流程存在支配性的作用,而在于导致结果现实化的危险,是否处于行为人需要承担的义务范围之内。只要危险属于其义务范围之内,无论危害结果是由渎职行为直接造成还是间接引起,渎职行为是否唯一或主要的作用因素,也无论介入多少其他因素,都并不影响对行为人的结果归责。在渎职罪中,不仅过失型犯罪如此,故意型犯罪也同样。在故意的渎职犯罪中,结果归责的判断,根本不取决于渎职行为是否操控了导致重大损失出现的因果流程,而取决于渎职行为所产生的风险是否已经实现,具体的因果流程如何对于结果归责的认定没有影响,充其量只影响对行为人的量刑。值得注意的是,由于渎职行为造成伤亡结果时,通常不是以杀人罪、伤害罪论处,而是以渎职罪论处,降低了处罚程度;所以,对渎职罪结果归责的判断标准也会适当低于一般的杀人罪、伤害罪的结果归责的判断标准。[6] 12

四、主体

渎职罪的主体限于国家机关工作人员。1979 年《刑法》第 187 条的玩忽职守罪规定的主体是国家工作人员,现行刑法对此作出重大调整,渎职罪只能由国家机关工作人员构成。在国家机关工作人员的认定上,存在从先前以身份编制为导向到当下以公务内容为导向的转变。虽然面临一些批评[7],但这样的转变为主流的刑法理论与司法实务所接受,由此导致国家机关工作人员范围的扩张。2002 年 12 月 28 日全国人大常委会出台《关于〈中华人民共和国刑法〉第九章渎职罪主体适用问题的解释》,基本上解决了认定上存在的争议。前述解释规定,在依照法律、法规规定行使国家行政管理职权的组织中从事公务的人员,或者在受国家机关委托代表国家机关行使职权的组织中从事公务的人员,或者虽未列入国家机关人员编制但在国家机关中从事公务的人员,在代表国家机关行使职权时,有渎职行为,构成犯罪的,依照刑法关于渎职罪的规定追究刑事责任。2012 年最高人民法院、最高人民检察院《关于办理渎职刑事案件适用法律若干问题的解释(一)》第 7 条对国家机关工作人员作了进 13

---

6 参见张明楷:《刑法学》(第 6 版),法律出版社 2021 年版,第 1631 页。

7 参见王志祥:《关于渎职罪主体有权解释的思考及立法建议》,载《法商研究》2005 年第 6 期;李希慧、贾济东、廖焱清:《渎职罪主体解释回顾及立法建言》,载《国家检察官学院学报》2003 年第 4 期。

一步的具体化。该条规定,依法或者受委托行使国家行政管理职权的公司、企业、事业单位的工作人员,在行使行政管理职权时滥用职权或者玩忽职守构成犯罪的,适用渎职罪的规定追究刑事责任。

14 在具体适用前述立法解释与司法解释的相关规定时,有时还是会面临疑问,尤其是受委托类国家机关工作人员的范围问题。比如,村民委员会等基层组织人员在实践中也承担部分协助人民政府从事行政管理工作,是否应视为国家机关工作人员。再如,2020 年最高人民法院、最高人民检察院、公安部、司法部发布的《关于依法惩治妨害新型冠状病毒感染肺炎疫情防控违法犯罪的意见》中,在就疫情防控中的妨害公务犯罪进行规定时,对其中的国家机关工作人员作出界定,认为国家机关工作人员包括依照法律、法规规定行使国家有关疫情防控行政管理职权的组织中从事公务的人员,在受国家机关委托代表国家机关行使疫情防控职权的组织中从事公务的人员,以及虽未列入国家机关人员编制但在国家机关中从事疫情防控公务的人员。那么,在疫情防控中,对于村民委员会、居民委员会、社区为落实政府要求,再委托小区物业、志愿者等自行实施防控措施的,对相关人员是否可认定为国家机关工作人员?

15 一般来说,在被委托单位与国家机关之间存在长期稳定的委托关系的场合,将相应人员认定为国家机关工作人员争议较少,比如协助人民政府从事行政管理工作的村民委员会等基层组织人员,实务中往往倾向于认定为国家机关工作人员。2012 年 11 月 15 日最高人民检察院发布的《关于印发第二批指导性案例的通知》(检例第 5 号"陈某、林某、李甲滥用职权案")中指出,村民委员会、居民委员会等基层组织人员协助人民政府从事行政管理工作时,可构成渎职罪的主体。而在临时性委托的场合,尤其是委托的事项社会性较强时,往往存在较大的争议。接受委托进行疫情防控的村民委员会、居民委员会或社区的人员,一律认定为国家机关工作人员,可能面临过于扩张国家机关工作人员范围的质疑;若是将"再委托"的人员,如小区物业人员或志愿者等,也归入国家机关工作人员,则相应要件势必变得没有边界。从实务的立场来看,对于前者往往认定为国家机关工作人员,对于后者则倾向于持否定的态度。对此,最高人民检察院在公开发布的文件中明确指出,对于委托授权的把握不宜再扩大范围,"再委托"人员不宜认定为国家机关工作人员。[8]

16 值得指出的是,现行司法解释中涉及国家机关工作人员规定的条款不少,但并未对相应的判断标准或范围作进一步的明确界定,而只是根据不同领域或职责范围作列举性的规定。相应的司法解释包括:

17 (1)1998 年 5 月 8 日最高人民法院、最高人民检察院、公安部、国家工商行政管理局《关于依法查处盗窃、抢劫机动车案件的规定》第 9 条规定,对公安、工商行政管理人员或者其他国家机关工作人员滥用职权或者玩忽职守、徇私舞弊,致使赃车入

8 参见最高人民检察院涉疫情防控检察业务领导小组办公室编:《在法治轨道上防控疫情——检察机关依法办理涉疫案件纪实》,中国检察出版社 2020 年版,第 19 页。

户、过户、验证的,给予行政处分;致使公共财产、国家和人民利益遭受重大损失的,依照《刑法》第397条的规定处罚。

(2)2000年10月31日最高人民检察院《关于属工人编制的乡(镇)工商所所长 18
能否依照刑法第397条的规定追究刑事责任问题的批复》规定,根据《刑法》第93条第2款的规定,经人事部门任命,但为工人编制的乡(镇)工商所所长,依法履行工商行政管理职责时,属其他依照法律从事公务的人员,应以国家机关工作人员论。

(3)2000年10月9日最高人民检察院《关于合同制民警能否成为玩忽职守罪主 19
体问题的批复》规定,根据《刑法》第93条第2款的规定,合同制民警在依法执行公务期间,属其他依照法律从事公务的人员,应以国家机关工作人员论。

(4)2000年5月4日最高人民检察院《关于镇财政所所长是否适用国家机关工 20
作人员的批复》规定,对于属行政执法事业单位的镇财政所中按国家机关在编干部管理的工作人员,在履行政府行政公务活动中,滥用职权或玩忽职守构成犯罪的,应以国家机关工作人员论。

(5)2002年4月29日最高人民检察院《关于企业事业单位的公安机构在机构改 21
革过程中其工作人员能否构成渎职侵权犯罪主体问题的批复》规定,企业事业单位的公安机构在机构改革过程中虽尚未列入公安机关建制,其工作人员在行使侦查职责时,实施渎职侵权行为的,可以成为渎职侵权犯罪的主体。

(6)2003年5月14日最高人民法院、最高人民检察院《关于办理妨害预防、控制 22
突发传染病疫情等灾害的刑事案件具体应用法律若干问题的解释》第15条规定,在预防、控制突发传染病疫情等灾害的工作中,负有组织、协调、指挥、灾害调查、控制、医疗救治、信息传递、交通运输、物资保障等职责的国家机关工作人员,滥用职权或者玩忽职守,致使公共财产、国家和人民利益遭受重大损失的,以滥用职权罪或者玩忽职守罪定罪处罚。

(7)2003年9月4日最高人民法院、最高人民检察院《关于办理非法制造、买卖、 23
运输、储存毒鼠强等禁用剧毒化学品刑事案件具体应用法律若干问题的解释》第4条规定,对非法制造、买卖、运输、储存毒鼠强等禁用剧毒化学品行为负有查处职责的国家机关工作人员,滥用职权或者玩忽职守,致使公共财产、国家和人民利益遭受重大损失的,以滥用职权罪或者玩忽职守罪追究刑事责任。

(8)2007年5月16日最高人民检察院《关于对林业主管部门工作人员在发放林 24
木采伐许可证之外滥用职权玩忽职守致使森林遭受严重破坏的行为适用法律问题的批复》规定,林业主管部门工作人员违法发放林木采伐许可证,致使森林遭受严重破坏的,依照《刑法》第407条以违法发放林木采伐许可证罪追究刑事责任;以其他方式滥用职权或者玩忽职守,致使森林遭受严重破坏的,依照滥用职权罪或者玩忽职守罪追究刑事责任。

(9)2015年12月14日最高人民法院、最高人民检察院发布的《关于办理危害生 25
产安全刑事案件适用法律若干问题的解释》第15条第1款规定,国家机关工作人员在履行安全监督管理职责时滥用职权、玩忽职守,致使公共财产、国家和人民利益遭受重大损失的,或者徇私舞弊,对发现的刑事案件依法应当移交司法机关追究刑事责任而不移交,情节严重的,以滥用职权罪、玩忽职守罪或者徇私舞弊不移交刑事案件罪定罪处罚。

26 (10)2017年6月27日最高人民法院、最高人民检察院《关于办理扰乱无线电通讯管理秩序等刑事案件适用法律若干问题的解释》第7条第1款规定,负有无线电监督管理职责的国家机关工作人员滥用职权或者玩忽职守,致使公共财产、国家和人民利益遭受重大损失的,应以滥用职权罪或者玩忽职守罪追究刑事责任。

27 (11)2019年11月18日最高人民法院《关于审理走私、非法经营、非法使用兴奋剂刑事案件适用法律若干问题的解释》第6条规定,国家机关工作人员在行使反兴奋剂管理职权时滥用职权或者玩忽职守,造成严重兴奋剂违规事件,严重损害国家声誉或者造成恶劣社会影响,符合《刑法》第397条规定的,以滥用职权罪、玩忽职守罪定罪处罚。依法或者受委托行使反兴奋剂管理职权的单位的工作人员,在行使反兴奋剂管理职权时滥用职权或者玩忽职守的,依照前款规定定罪处罚。

28 (12)2020年2月6日最高人民法院、最高人民检察院、公安部、司法部《关于依法惩治妨害新型冠状病毒感染肺炎疫情防控违法犯罪的意见》规定,在疫情防控工作中,负有组织、协调、指挥、灾害调查、控制、医疗救治、信息传递、交通运输、物资保障等职责的国家机关工作人员,滥用职权或者玩忽职守,致使公共财产、国家和人民利益遭受重大损失的,依照《刑法》第397条的规定,以滥用职权罪或者玩忽职守罪定罪处罚。卫生行政部门的工作人员严重不负责任,不履行或者不认真履行防治监管职责,导致新型冠状病毒感染肺炎传播或者流行,情节严重的,依照《刑法》第409条的规定,以传染病防治失职罪定罪处罚。

29 (13)2020年12月17日最高人民法院、最高人民检察院、公安部、农业农村部《依法惩治长江流域非法捕捞等违法犯罪的意见》规定,对长江流域重点水域水生生物资源保护负有监督管理、行政执法职责的国家机关工作人员,滥用职权或者玩忽职守,致使公共财产、国家和人民利益遭受重大损失的,应当依照《刑法》第397条的规定,以滥用职权罪或者玩忽职守罪定罪处罚。

30 (14)2021年11月4日最高人民法院《关于深入开展虚假诉讼整治工作的意见》规定,法院工作人员不正确履行职责,玩忽职守,致使虚假诉讼案件进入诉讼程序,导致公共财产、国家和人民利益遭受重大损失,符合《刑法》规定的犯罪构成要件的,依照玩忽职守罪及执行判决、裁定失职罪等罪名定罪处罚。

31 (15)2021年12月30日最高人民法院、最高人民检察院《关于办理危害食品安全刑事案件适用法律若干问题的解释》第20条第1款规定,负有食品安全监督管理职责的国家机关工作人员滥用职权或者玩忽职守,构成食品监管渎职罪,同时构成徇私舞弊不移交刑事案件罪、商检徇私舞弊罪、动植物检疫徇私舞弊罪、放纵制售伪劣商品犯罪行为罪等其他渎职犯罪的,依照处罚较重的规定定罪处罚。

(16)2022年3月3日最高人民法院、最高人民检察院《关于办理危害药品安全刑事案件适用法律若干问题的解释》第14条规定,负有药品安全监督管理职责的国家机关工作人员,滥用职权或者玩忽职守,构成药品监管渎职罪,同时构成商检徇私舞弊罪、商检失职罪等其他渎职犯罪的,依照处罚较重的规定定罪处罚。负有药品安全监督管理职责的国家机关工作人员滥用职权或者玩忽职守,不构成药品监管渎职罪,但构成前款规定的其他渎职犯罪的,依照该其他犯罪定罪处罚。负有药品安全监督管理职责的国家机关工作人员与他人共谋,利用其职务便利帮助他人实施危害药品安全犯罪行为,同时构成渎职犯罪和危害药品安全犯罪共犯的,依照处罚较重的规定定罪从重处罚。 32

总的来说,在国家机关工作人员的界定上,现行的理论与实务均有关于渎职罪主体的立法解释作为基础,倾向于采取实质判断,即采取的是公务说立场。公务说在判断行为人是否属于国家机关工作人员时,将重心放在相应人员是否实质上承担国家公务的职责内容之上。这种实质化的做法存在边界不够明确容易泛化的弊端,由此而导致的范围的扩张,会使得某些"以国家工作人员论"的人员也被认定为国家机关工作人员。对此,有论者提出,这种做法事实上改变了渎职罪的主体构成要件,违反罪刑法定原则,是刑法解释权侵夺刑法立法权的表现。[9] 相比而言,强调形式性编制的身份说,更具有可预期性,判断标准也更具可操作性。不过,身份说本身存在导致国家机关工作人员的范围过窄的问题,尤其是难以适应我国复杂的现实状况。就此而言,公务说的立场基本上是妥当的,只是的确需要注意避免过于宽泛化解读的问题。 33

在具体认定国家机关工作人员时,需要注意三点:第一,应当主要以实施的公务内容来判断行为人是否具备国家机关工作人员的资格。第二,注意区分一般的国家机关工作人员与特定领域的国家机关工作人员。第三,对国家机关工作人员的界定,应当在其一般定义的基础上,结合特定犯罪所保护的法益及相应的构成要件作个别化的解释。对国家工作人员进行个别化解释的原理,也适用于国家机关工作人员,有必要根据相应的法益与构成要件,采取扩张或限缩的功能性定义。[10] 34

五、罪责

渎职罪的主观方面多为故意,少数为过失。故意与过失的具体内容,取决于特定犯罪的客观构成要件。不过,理论上与实务中,对于渎职罪中相关罪名的罪过形态存在颇多的争议,尤其是滥用职权类犯罪。纷争之大,在分则罪名的研究中可谓少见。这是由于立法者对滥用职权类犯罪采取了不同于普通故意犯罪的立法方式,导致其 35

---

9 参见王志祥:《关于渎职罪主体有权解释的思考及立法建议》,载《法商研究》2005年第6期。

10 参见姜涛:《刑法中国家工作人员定义的个别化解释》,载《清华法学》2019年第1期。

与总则规定中的犯罪故意定义难以保持一致。更深层的原因恐怕在于,传统故意理论的结果本位导向与当前影响刑事立法的行为本位思想存在抵牾之处。[11] 对于滥用职权类犯罪,究竟是将之归入故意犯罪之中,还是作为既不同于故意犯罪也不同于过失犯罪的独立不法类型,需要刑法理论做进一步的探索。比如,即便认为滥用职权罪属于故意犯罪,也很难由此得出食品、药品监管渎职罪也是故意犯罪的结论。认为在食品、药品监管渎职罪中,滥用职权和玩忽职守这两种渎职行为都只能认定为过失的观点[12],也有一定的合理性。对此,后文相关部分会作进一步论述。大体而言,对于滥用职权犯罪,理论上的多数说认为属于故意犯罪;不过,用故意犯罪的理论来解读,也存在一些不足,故笔者倾向于认为其系独立的不法类型,同时混杂了故意犯与过失犯的不法特性。另外,渎职罪中的过失犯罪,往往既涉及直接责任者的过失,又涉及管理者的管理性过失,故有必要注意对监督过失情形的处理。

六、法条竞合

36 渎职罪中大量存在法条竞合的关系。由于立法者既在《刑法》第 397 条规定了一般的滥用职权罪与玩忽职守罪,又将特定领域中的滥用职权行为与玩忽职守行为单独列出构成相应的犯罪,这使得渎职罪中需要特别注意法条竞合关系的处理。但凡涉及其他条款与滥用职权罪或玩忽职守罪之间的法条竞合,原则上适用相应的特定法条而不是《刑法》第 397 条。这不仅是依据法条竞合的处理规则,也是基于《刑法》第 397 条中“本法另有规定的,依照规定”的立法表述使然。

37 然而,存在争议的两个问题是:第一,当某一案件同时符合渎职罪普通法条与特殊法条的规定,但特殊法条的法定刑明显低于普通法条的法定刑时,能否依据罪刑相适应原则的要求适用作为重法条的普通法条。第二,当某一案件在定罪条件上不符合渎职罪特殊法条的规定,但却符合普通法条的规定,在特殊法条不能适用的情形下,能否回过头来适用渎职罪普通法条。对此,实务人员倾向于采取否定的回答。[13] 这样的立场虽可能导致一些处罚漏洞,但符合法条竞合的基本法理,大体上是妥当的。

38 至于渎职罪与受贿犯罪之间,一般认为二者并不构成法条竞合,也不是想象竞合的关系,而应予数罪并罚。有观点认为,二者成立牵连关系,但除法律有特殊规定以外,对牵连犯一般应当数罪并罚,而不能单纯从一重处;故在处理受贿牵连渎职的行

11 参见劳东燕:《犯罪故意理论的反思与重构》,载《政法论坛》2009 年第 1 期;劳东燕:《犯罪故意的要素分析模式》,载《比较法研究》2009 年第 1 期。

12 参见骆群:《监督过失责任及其在食品监管渎职罪中的运用》,载《苏州大学学报(哲学社会科学版)》2014 年第 2 期。

13 参见龚培华:《渎职罪法条关系及其适用选择》,载《法学》2005 年第 12 期。

为时,除《刑法》第 399 条第 4 款规定的以外,都应当数罪并罚。[14] 亦即,《刑法》第 399 条第 4 款只能特别适用,而不能在渎职罪其他相关法条中推而广之。[15]

Ⅳ 类型

《刑法》第 397 条至第 419 条规定了 37 种渎职罪。对于刑法规定的这些渎职犯罪类型,一般有两种分类方法。一种是根据行为表现属于滥用职权还是玩忽职守,分为两种类型,即滥用职权型渎职罪与玩忽职守型渎职罪;有的认为徇私舞弊在行为表现上独立于滥用职权与玩忽职守,故还包括徇私舞弊型渎职罪。另一种是依据行为主体,将渎职罪分为三类,即一般国家机关工作人员的渎职罪、司法工作人员的渎职罪与特定机关工作人员的渎职罪。后一分类方法在刑法理论上较为通行。 39

(1)一般国家机关工作人员的渎职罪。具体包括:滥用职权罪;玩忽职守罪;故意泄露国家秘密罪;过失泄露国家秘密罪;签订、履行合同失职被骗罪;非法批准征收、征用、占用土地罪;非法低价出让国有土地使用权罪;招收公务员、学生徇私舞弊罪;失职造成珍贵文物损毁、流失罪。 40

(2)司法工作人员的渎职罪。具体包括:徇私枉法罪;民事、行政枉法裁判罪;执行判决、裁定失职罪;执行判决、裁定滥用职权罪;私放在押人员罪;失职致使在押人员脱逃罪;徇私舞弊减刑、假释、暂予监外执行罪。 41

(3)特定机关工作人员的渎职罪。具体包括:枉法仲裁罪;徇私舞弊不移交刑事案件罪;滥用管理公司、证券职权罪;徇私舞弊不征、少征税款罪;徇私舞弊发售发票、抵扣税款、出口退税罪;违法提供出口退税凭证罪;违法发放林木采伐许可证罪;环境监管失职罪;食品、药品监管渎职罪;传染病防治失职罪;放纵走私罪;商检徇私舞弊罪;商检失职罪;动植物检疫徇私舞弊罪;动植物检疫失职罪;放纵制售伪劣商品犯罪行为罪;办理偷越国(边)境人员出入境证件罪;放行偷越国(边)境人员罪;不解救被拐卖、绑架妇女、儿童罪;阻碍解救被拐卖、绑架妇女、儿童罪;帮助犯罪分子逃避处罚罪。 42

---

14 参见苏敏华:《论渎职罪与受贿罪的关系认定及其处断原则》,载《政治与法律》2010 年第 2 期。

15 参见龚培华:《渎职罪法条关系及其适用选择》,载《法学》2005 年第 12 期。

第三百九十七条　滥用职权罪;玩忽职守罪

国家机关工作人员滥用职权或者玩忽职守，致使公共财产、国家和人民利益遭受重大损失的，处三年以下有期徒刑或者拘役;情节特别严重的，处三年以上七年以下有期徒刑。本法另有规定的，依照规定。

国家机关工作人员徇私舞弊，犯前款罪的，处五年以下有期徒刑或者拘役;情节特别严重的，处五年以上十年以下有期徒刑。本法另有规定的，依照规定。

文献:张俊霞、郝守财主编:《渎职罪的理论与司法适用》,中国检察出版社 2002 年版;敬大力主编:《渎职罪》,中国人民公安大学出版社 2003 年版;蒋小燕、王安异:《渎职罪比较研究》,中国人民公安大学出版社 2004 年版;贾济东:《渎职罪构成研究》,知识产权出版社 2005 年版;张兆松、李志雄、章晓民:《渎职犯罪的理论与实践》,中国检察出版社 2008 年版;郭立新、苏凌主编:《渎职侵权犯罪认定疑难问题解析》,中国检察出版社 2008 年版;赵秉志主编:《刑法学各论研究述评(1978—2008)》,北京师范大学出版社 2009 年版;周道鸾、张军主编:《刑法罪名精释》(第 4 版),人民法院出版社 2013 年版;郎胜主编:《中华人民共和国刑法释义》(第 6 版),法律出版社 2015 年版;陈兴良、周光权:《刑法学的现代展开Ⅰ》(第 2 版),中国人民大学出版社 2015 年版;黎宏:《刑法学各论》(第 2 版),法律出版社 2016 年版;陈兴良:《判例刑法学(下卷)》(第 2 版),中国人民大学出版社 2017 年版;周光权:《刑法各论》(第 4 版),中国人民大学出版社 2021 年版;张明楷:《刑法学》(第 6 版),法律出版社 2021 年版。李洁:《论滥用职权罪的罪过形式》,载《法学家》1998 年第 4 期;储槐植、杨书文:《复合罪过形式探析》,载《法学研究》1999 年第 1 期;储槐植、杨书文:《滥用职权罪的行为结构》,载《法学杂志》1999 年第 3 期;张明楷:《“客观的超过要素”概念之提倡》,载《法学研究》1999 年第 3 期;刘艳红:《也论新刑法第 397 条的罪名与罪过》,载《法学评论》1999 年第 6 期;蒋熙辉:《滥用职权罪相关问题之思考》,载《中国刑事法杂志》2000 年第 5 期;李希慧、逄锦温:《滥用职权罪主观罪过评析》,载《法学家》2001 年第 2 期;秦崇茗、周永福:《玩忽职守罪若干问题研究》,载《当代法学》2002 年第 8 期;牛克乾、阎芳:《试论徇私枉法罪中“徇私”的理解与认定》,载《政治与法律》2003 年第 3 期;李希慧、贾济东、廖焱清:《渎职罪主体解释回顾及立法建言》,载《国家检察官学院学报》2003 年第 4 期;王志祥:《关于渎职罪主体有权解释的思考及立法建议》,载《法商研究》2005 年第 6 期;蒋兰香:《滥用职权罪与玩忽职守罪应分条立法》,载《法学》2005 年第 7 期;肖中华:《渎职罪法定结果、情节在构成中的地位及既遂、未遂形态之区分》,载《法学》2005 年第 12 期;张明楷:《渎职罪中"徇私"、"舞弊"的性质认定》,载《人民检察》2005 年第 23 期;邓文莉:《〈刑法〉第 397 条中的"重大损失"在滥用职权罪中的地位》,载《政治与法律》2006 年第 1 期;黄明儒:《论我国刑法中"徇私"的含义》,载《法学家》2006 年第 5 期;周光权:《论主要罪过》,载《现代法学》2007 年第 2 期;劳东燕:《犯罪故意的要素分析模式》,载《比较法研究》2009 年第 1 期;张小虎:《论我国刑法滥用职权罪的实行行为》,载《法学杂志》2009 年第 11 期;周光权:《法条竞合的特别关系研究——兼与张明楷教授商榷》,载《中国法学》2010 年第 3 期;任彦君:《因受贿而渎职的罪数认定》,载《法学评论》2010 年第 6 期;黄国盛:《滥用职权罪与玩忽职守罪之区分新解》,载《人民检察》2010 年第 19 期;张明楷:《法条竞合中特别关系的确定与处理》,载《法学家》2011 年第 1 期;陈忠林:《滥用职权罪的罪过形态新论》,载《人民检察》2011 年第 23 期;陈璇:《论过失犯的注意义务违反与结果之间的规范关联》,载《中外法学》2012 年第 4 期;吴飞飞:《滥用职权罪中的"重大损失"及其认定》,载《法学评论》2012 年第 4 期;江岚、祝炳岩:《滥用职权罪中"滥用职权"再析》,载《中国刑事法杂志》2013 年第 11 期;邵秋明:《路政工作人员不作为引发高速公路重大事故能否定罪》,载《人民检察》2013 年第 20 期;陈璇:《论过失犯中注意义务的规范保护目的》,载《清华法学》2014 年第 1 期;卢有学:《论并存罪过》,载《法律科学》2015 年第 1 期;劳东燕:《事实因果与刑法中的结果归责》,载《中国法学》2015 年第 2 期;商凤廷:《渎职罪中"造成恶劣社会影响"的司法认定》,载《国家检察官学院学报》2016 年第 4 期;贾健、徐合义、彭辉:《玩忽职守罪中的职责界分应予明确》,载《人民检察》2016 年第 14 期;陈银珠:《法定犯时代传统罪过理论的突破》,载《中外法学》2017 年第 4 期;劳东燕:《过失犯中预见可能性理论的反思与重构》,载《中外法学》2018 年第 2 期;劳东燕:《滥用职权罪客观要件的教义学解读——兼论故意·过失的混合犯罪类型》,载《法律科学》2019 年第 4 期。

细目录

Ⅰ 主旨
Ⅱ 沿革
Ⅲ 客体
Ⅳ 行为
一、滥用职权行为的界定
二、玩忽职守行为的界定
三、司法解释的特别规定
Ⅴ 结果与情节
一、"重大损失"的地位
二、如何界定"重大损失"

三、因果关系与结果归责
四、"徇私舞弊"的界定
Ⅵ　主体
Ⅶ　罪过
一、滥用职权罪
二、玩忽职守罪
Ⅷ　既遂与未遂
Ⅸ　共犯
一、滥用职权罪
二、玩忽职守罪
Ⅹ　罪数
一、想象竞合
二、法条竞合
三、数罪并罚
Ⅺ　与非罪的界限
一、滥用职权罪
二、玩忽职守罪
Ⅻ　与他罪的关系
一、滥用职权罪与玩忽职守罪的关系
二、滥用职权罪与贪污罪、受贿罪的关系
三、滥用职权罪与特定滥用职权犯罪的关系
四、玩忽职守罪与其他玩忽职守类犯罪的关系
五、玩忽职守罪与丢失枪支不报罪的关系
XIII　处罚

I　主旨

1　国家机关工作人员负有管理国家和社会公共事务的职权,有义务在职权范围之内恪尽职守,依法履行职责。《刑法》第 397 条设立滥用职权罪与玩忽职守罪的目的便在于,惩治国家机关工作人员故意逾越职权,违法或违规处理相应公共事务,严重不负责,不履行或不正确履行职责,致使公共财产、国家和人民利益遭受重大损失的行为,以督促国家机关工作人员依法公正履行职责。鉴于国家机关工作人员行使职权时会涉及对相关人员权益的处分,或是牵涉与公共利益相关的事项,惩治此类行为,除确保国家机关公务执行的合法、公正与有效,督促国家机关工作人员恪尽职守,依法履行职责之外,也有助于确保对国民个人的法益或公共利益的保障。

Ⅱ 沿革

1979 年《刑法》中并无滥用职权罪的规定,只是在第 187 条中规定了玩忽职守罪。该条规定,国家工作人员由于玩忽职守,致使公共财产、国家和人民利益遭受重大损失的,处 5 年以下有期徒刑或者拘役。由于 1979 年《刑法》没有同时规定滥用职权罪,随着国家机关工作人员故意违法行使职权行为在现实社会生活中的频频出现,理论界与实务界主张对玩忽职守罪的成立范围作扩张性解释。1987 年 8 月 31 日最高人民检察院颁布的《关于正确认定和处理玩忽职守罪的若干意见(试行)》,将滥用职权行为也纳入玩忽职守罪的处罚范围。同时,由于 1979 年《刑法》没有就特定领域规定特殊的玩忽职守犯罪,这样一来,玩忽职守罪就有沦为口袋罪的倾向。玩忽职守罪的构成要件的外在边界很不明确,客观的行为构造也表现出多样化的混杂特点;扩张性解释的处理方式,使得玩忽职守罪既可由过失行为构成,也可由故意行为构成,这显然违背刑法的一般原理。尤其是随着改革开放的深入和国家管理体制的变化,国有企事业单位和国家机关的职能在法律及制度上已明显作出区分,体现在刑法上,就有必要将国家企事业单位工作人员的玩忽职守、滥用职权的犯罪行为与国有企事业单位工作人员的玩忽职守、滥用职权的犯罪行为相区分。 2

基于此,1997 年《刑法》作出重要修改。修改之处包括:第一,将滥用职权行为从玩忽职守罪中剥离出来,设立独立的滥用职权罪的罪名。第二,对国有企事业单位工作人员的玩忽职守、滥用职权的犯罪行为,与国家机关工作人员的玩忽职守、滥用职权行为进行区分,适用不同的罪名。《刑法》第 397 条中的玩忽职守罪,只限于国家机关工作人员能构成,对国有公司、企事业单位工作人员的玩忽职守、滥用职权的犯罪行为,则适用分则第三章等章节中的相关条款。第三,在玩忽职守罪与滥用职权罪之外,另行规定特定类型的玩忽职守犯罪与滥用职权犯罪。立法机关根据司法实践中所遇到的比较常见的玩忽职守行为的特征,将特定领域一些发案较多、行为特征较为鲜明的玩忽职守行为,从玩忽职守罪的一般条款中分离出来,单独设立特别条款进行惩罚,包括《刑法》第 400 条第 2 款的失职致使在押人员脱逃罪,第 406 条的国家机关工作人员签订、履行合同失职罪,第 408 条的环境监管失职罪,第 409 条的传染病防治失职罪,第 412 条第 2 款的商检失职罪,第 413 条第 2 款的动植物检疫失职罪,第 419 条的失职造成珍贵文物损毁、流失罪等。在此基础上,1997 年《刑法》第 397 条仍保留 1979 年《刑法》中关于玩忽职守罪的概括性规定,这主要是为了适用于为数不多的其他方面的玩忽职守行为,以防止可能发生的遗漏,保证罪刑法定原则的贯彻落实。[1] 滥用职权罪也是关于国家机关工作人员滥用职权行为构成犯罪的一般性规定,《刑法》分则第九章中同样增加了对具体滥用职权行为的专门规定,如第 400 条第 3

1 参见陈兴良主编:《罪名指南(下册)》(第 2 版),中国人民大学出版社 2008 年版,第 746—747 页。

1 款的私放在押人员罪,第 403 条的滥用管理公司、证券职权罪,第 404 条的徇私舞弊不征、少征税款罪,第 414 条的放纵制售伪劣商品犯罪行为罪,第 417 条的帮助犯罪分子逃避处罚罪等。

Ⅲ　客体

4 滥用职权罪与玩忽职守罪放在同一法条中,刑法理论上一般认为二者侵犯的是相同的法益。从现有的研究来看,结合滥用职权罪来对保护法益进行探讨的文献较多,故下文主要围绕滥用职权罪来展开对两罪所保护法益的界定。

5 有关滥用职权罪的保护法益,通说观点一般认为是国家机关的正常管理活动。[2] 也有观点认为,滥用职权罪在侵害国家机关的正常管理活动之外,还侵害了公民的合法权益与经济秩序[3],或者说是公共利益[4]。理由主要在于,滥用职权罪的成立,除了滥用职权的行为,要求同时具备"致使公共财产、国家和人民利益遭受重大损失"的要件,而后一要件所侵害的法益并非国家机关的正常管理活动所能涵盖。

6 晚近以来,认为滥用职权罪保护的法益是职务行为公正性及其信赖的观点,渐具影响力。张明楷教授认为,滥用职权罪的保护法益,是国家机关公务的合法、公正、有效执行。[5] 也有论者将滥用职权罪的法益表达为国家公务的正当性。[6] 周光权教授则认为,滥用职权罪侵害的法益具有双重性:一方面是国家法益,即职务行为的正当性和社会对国家行政、司法权力行使公正性的信赖感;另一方面是个人法益,即公民个人的人身或财产权利。公务的公正性要求公职人员按照法律的要求,正确行使职责。滥用职权罪中的国家法益,包括公务的客观公正性和国民对公务正当性、公正性的信赖与期待。职权享有者任意扩大权限范围,导致侵害公民权利的,属于公务行为在客观上不具有公正性,对国家利益有损害。[7]

7 综合当前有关滥用职权罪法益的观点,争论主要在于两个方面:一是滥用职权罪保护的基础法益究竟是国家机关的正常管理活动还是职务行为的公正性;二是滥用

---

[2] 参见高铭暄、马克昌主编:《刑法学》(第 9 版),北京大学出版社、高等教育出版社 2019 年版,第 645 页;高铭暄、马克昌主编:《中国刑法解释》(下卷),中国社会科学出版社 2005 年版,第 2774 页;郎胜主编:《中华人民共和国刑法释义》(第 6 版),法律出版社 2015 年版,第 681 页;周道鸾、张军主编:《刑法罪名精释》(第 4 版),人民法院出版社 2013 年版,第 1079 页;黎宏:《刑法学各论》(第 2 版),法律出版社 2016 年版,第 545 页。

[3] 参见高西江主编:《中华人民共和国刑法的修订与适用》,中国方正出版社 1997 年版,第 875 页。

[4] 参见蒋熙辉:《滥用职权罪相关问题之思考》,载《中国刑事法杂志》2000 年第 5 期。

[5] 参见张明楷:《刑法学》(第 6 版),法律出版社 2021 年版,第 1629 页。

[6] 参见王作富主编:《刑法分则实务研究》(第 4 版),中国方正出版社 2010 年版,第 1868 页。

[7] 参见周光权:《刑法各论》(第 4 版),中国人民大学出版社 2021 年版,第 573 页。

职权罪保护的究竟是单一法益还是双重法益。以下对这两个问题分别论述。

(1)在滥用职权罪所保护的基础法益的问题上,传统观点所谓的国家机关的正常管理活动论,至少存在两个缺点:一是内容空洞,无法对滥用职权罪构成要件的解释起到指导作用。二是可能将明显不属于滥用职权的行为也涵盖进来,比如,公职人员由于业务水平较低,导致履职行为不当,也可能影响国家机关的正常管理活动,但此类行为难以归入滥用职权的行为范围。 8

要界定滥用职权罪的基础法益,需要对职权的性质进行公法意义上的考察。根据宪法规定,我国是人民共和国,所有权力属于人民,人民才是权力的所有者。与此相应,占据特定职位享有相应职权的国家机关工作人员,不过是接受人民的委托,代行管理国家与社会的职责。国家机关工作人员作为代理人的实质,要求其主观上必须基于服务于公共事务或公共利益的动机而行使权力,客观上其行使的职权不允许超越法定或授权的范围。从作为权力代理人的国家机关工作人员与作为权力所有者的人民的关系来看,国家机关工作人员负有公正履行其职权的积极义务。故意超越自身的职权范围,或者虽然相应事项处于自身的裁量权范围之内,但行为人主观上并非出于服务于公共利益的动机,背离了国家机关工作人员作为权力代理人的基本义务。因此,滥用职权罪的基础法益应认为是职务行为的公正性。有论者将国民对职务行为公正性的信赖利益也纳入其中,笔者认为不妥。一则信赖本身属于观念性的东西,难以归入法益概念的范畴。二则滥用职权罪的构成,并不以公然行使或者国民知晓为要件。若是国民不知有滥权行为的存在,便难以说其对职务公正性的信赖或期望存在落空的可能。事实上,大部分滥用职权的犯罪行为在进入刑事诉讼程序之前,都不为公众所知晓;既然如此,国民对于职务行为公正性的信赖便不可能受到侵害。尤其是在当前的中国社会,国民对公职人员行使职权的公正与否存在普遍的不信任。在此种情况下,将信赖利益纳入滥用职权罪的保护法益的范围,等于说刑法在保护根本不存在的东西。有鉴于此,笔者认为,将滥用职权罪的基础法益界定为单纯的职务行为公正性更为合理。 9

(2)就滥用职权罪是侵害单一法益还是双重法益的问题,单一法益论者在体系逻辑上会面临无法解决的困难。如论者所言,在承认"重大损失"为必备结果要件的前提下,单一法益论者在逻辑演绎中仅将其作为滥用职权行为之社会危害性的质与量的评价,忽视其作为"公共利益"之载体的性质。[8] 从《刑法》第397条的立法表述来看,滥用职权罪的构成,不仅要求行为人存在滥用职权的行为,而且要求致使公共财产、国家和人民利益遭受重大损失。后一要件中的"重大损失"与滥用职权行为的要件相互独立,二者作为并列要件而存在。这意味着,滥用职权行为造成的职务行为公正性受到破坏的后果本身,不能归入"重大损失"的范围;不然,这两个要件就不再作为并列要件,而成为同位关系或是从属关系的要件。同时,从立法条文来看,立法者 10

8 参见蒋熙辉:《滥用职权罪相关问题之思考》,载《中国刑事法杂志》2000年第5期。

清楚地表明,其并不想将所有滥用职权的行为都作为犯罪来处理,而只是将造成重大损失的那部分滥用职权行为纳入犯罪的范围。如此一来,"重大损失"的要件势必无法为职务行为的公正性法益所涵盖。

11 如果承认法益与构成要件之间需要达成内在逻辑上的合致,则"重大损失"要件的存在,必然要求对滥用职权罪的法益进行重新的审视与反思,承认单一法益论存在不足。由于立法条文中直接指明是"公共财产、国家和人民利益遭受重大损失",将之作抽象化处理之后,可提炼出另一种法益,即公共性权益。这种公共性权益可能指向国民个人的生命、健康与自由等人身权利,也可能指向财产权利,或者纯粹的国家利益或社会利益。这样看来,将滥用职权罪理解为侵害双重法益的犯罪,无论是从立法规定的行文与文义来看,还是立足于解释论的维度,都比单一法益论更加周全与合理。概言之,有必要将滥用职权罪的法益理解为是职务行为的公正性与公共性权益。

12 滥用职权罪无疑属于法定犯的范畴,并且是一种较为特殊的法定犯类型。尽管存在一些争议,我国刑法理论上一般倾向于将该罪归入故意犯罪。这样的定位其实不太准确。从其构造来看,滥用职权罪固然具有故意犯罪的某些特点,但同时在重要方面也表现出明显的偏离性,夹杂过失犯罪的一些特点。将故意犯罪的一般理论套用于滥用职权罪,存在诸多不妥帖之处。首先,滥用职权罪的故意内容具有特殊性,难以照搬传统的以结果为导向与意志为导向的故意理论,不然便会得出不属于故意犯罪的结论。其次,滥用职权罪的客观构造与一般的故意犯罪也并不相同,在作为的形态下,行为与结果之间并不要求达到支配的事实关联程度才能进行结果归责,只要求行为对结果的出现具有作用力即可。最后,滥用职权罪中的重大损失虽以结果的面目出现,却不同于普通故意犯罪中的结果要素,它不仅不是明知与意欲的对象,而且也不作为既遂要素存在,相反,它更类似于过失犯中的结果要素,是作为犯罪成立要素而存在。现有的研究及文献过于强调滥用职权罪在主观罪过上的特殊性,却未注意到滥用职权罪在不法层面也不同于普通的故意犯罪。鉴于其在不法与罪责上都表现出明显不同的特点,勉强将滥用职权罪归入故意犯罪的类型,容易引起诸多的误解,尤其是遮蔽其迥异于普通故意犯罪的特殊之处。在此种意义上,与其说滥用职权罪是一种故意犯罪,不如说它属于故意·过失的混合犯罪类型。这种混合犯罪类型同时掺杂了故意犯罪与过失犯罪的特点,但它既不同于一般的故意犯罪,也不同于一般的过失犯罪。基于此,或许有必要引入类型性思维,在刑法总论的层面,承认我国刑事立法层面,除故意犯与过失犯之外,还存在第三种故意·过失的混合犯罪类型。在我国刑法立法中,这种混合犯罪类型并不限于滥用职权罪,还包括丢失枪支不报罪、违法发放贷款罪、吸收客户资金不入帐罪、违法发放林木采伐许可证罪等犯罪。

13 不过,考虑到现有的刑法理论中尚无人明确主张,除故意犯罪与过失犯罪之外,存在以混合形态出现的第三种犯罪类型,在以下的论述中,笔者仍然遵循常规的思路,将滥用职权罪归入故意犯罪的范畴来处理。同时,需要强调指出,滥用职权罪乃是一种特殊类型的故意犯罪,它具有不同于普通故意犯罪的鲜明特点。

Ⅳ 行为

一、滥用职权行为的界定

《刑法》第 397 条对滥用职权罪的构成要件行为,即滥用职权行为未作任何具体 14
的表述,这使得刑法理论上对何谓滥用职权行为在界定上面临一定的困难。通说的观点是将滥用职权的行为方式归纳为两种:一是逾越职务权限范围而实施相关行为;二是不正当地行使职务范围内的权力。[9] 前者被认为是在职务权限之外的滥权,后者被认为是职务权限之内的滥权。1999 年 9 月最高人民检察院《关于人民检察院直接受理立案侦查案件立案标准的规定(试行)》将滥用职权行为界定为"超越职权,违法决定、处理其无权决定、处理的事项,或者违反规定处理公务"。此后,2006 年 7 月最高人民检察院《关于渎职侵权犯罪案件立案标准的规定》对此进行重申。这使得二分说在司法实务中也具有相当大的影响力。相应地,实务界认为滥用职权的行为存在两种情形:一是不认真地运用权力,即在履行职务的过程中,未尽到注意义务,在其职务范围内随便、随意或者马虎地行使权力;二是过度地运用权力,即在履行职务的过程中,超越职务范围行使权力,或者在职务范围内超越权力运用的前提、条件(如时间、地点、对象等)、程序、内容等要求而行使权力。上述两种情形均属于不正确地履行职责:前者是不认真地履行职责,后者则是超越限度或者没有限度地履行职责,因而滥用职权在客观上以作为的方式表现出来。[10]

在二分说之外,也有提倡三分说或四分说的论者。比如,有论者将滥用职权的行 15
为表现概括为三种情形:一是故意不正当地行使自己职务范围内的权力,对有关事项作出不符合法律、法规规定的决定或处理;二是超越职务权限,处理了其无权处理的事项;三是故意不履行自己的职责。[11] 持四分说的学者则认为,滥用职权主要表现为四种情形:一是超越职权,擅自决定或处理没有具体决定、处理权限的事项;二是玩弄

---

9 参见高铭暄、马克昌主编:《刑法学》(第 9 版),北京大学出版社、高等教育出版社 2019 年版,第 645 页;储槐植、杨书文:《滥用职权罪的行为结构》,载《法学杂志》1999 年第 3 期;张小虎:《论我国刑法滥用职权罪的实行行为》,载《法学杂志》2009 年第 11 期;江岚、祝炳岩:《滥用职权罪中"滥用职权"再析》,载《中国刑事法杂志》2013 年第 11 期;黎宏:《刑法学各论》(第 2 版),法律出版社 2016 年版,第 547 页。

10 参见周道鸾、张军主编:《刑法罪名精释》(第 4 版),人民法院出版社 2013 年版,第 1080 页。

11 参见高铭暄、马克昌主编:《中国刑法解释》(下卷),中国社会科学出版社 2005 年版,第 2775—2776 页。

职权,随心所欲地对事项作出决定或者处理;三是故意不履行应当履行的职责,或者任意放弃职责;四是以权谋私、假公济私,不正确地履行职责。[12]

16 不难发现,现有文献主要将关注的重心放在滥用职权的行为表现上,通过经验层面的考察,归纳出滥用职权的典型行为表现。对滥用职权行为本身的规范特性,则未做相对精细的界定与展开。人们或者根本不予界定,直接讨论滥用职权的行为表现,或者简单地界定为"不法行使职务上的权限的行为"[13],抑或"非法使用职务上的权限,实施违反其职务宗旨的行为"[14]。后一做法的优点是简洁明了,不足之处则是未能全面精细地展示滥用职权行为的规范特性,即各行为表现在规范上具有的共同特性。

17 要界定滥用职权行为,必须结合滥用职权罪的保护法益来进行。职务行为的公正性要求公职人员基于服务所设职位的目的与宗旨,依法合理运用与行使职务权限范围之内的权力。从宪法的角度而言,公职人员属于接受作为权力所有者的人民的委托而行使管理国家与社会之职责。因而,公正履行职务,是公职人员对权力所有者所承担的一项积极义务。具体而言,公职人员对权力的运用与行使必须符合四个方面的要求:一是在职务权限范围之内运用与行使权力。所谓的职务权限,不仅包括法定职务权限,也包括根据惯例、国情或具体实际情况而形成的事实上的职务权限。二是遵循相应职位的设立宗旨,依照法律、法规、规章、规范性文件、内部章程或惯例等规定的实体性条件与程序性要求,来运用与行使职务权限范围之内的权力。三是基于服务于公共利益的动机,来运用与行使职务权限之内的权力。四是依法与合理运用职权构成一项强制性的义务,不得任意放弃。就公职人员职务行为的公正性而言,前述四个方面的要求必须同时满足。

18 鉴于滥用职权是职务行为公正性的反面,有必要从职务行为公正性的要求出发,来考虑滥用职权的界定问题。如果承认职务行为公正性的实现,要同时满足前述四个条件,则但凡其中任一条件未能满足,公职人员便违背了其对权力所有者所承担的积极义务,属于对公共权力的违法使用。相应地,以下四种情形由于未能满足职务行为公正性的要求,应归入滥用职权的范围。

19 第一,公职人员逾越职务权限的范围而运用与行使权力,决定其无权决定或处分的事项。逾越职务权限的行为具体分为三种类型:一是横向越权,指行为人行使了属于其他国家机关的专有职权,或者是不同性质的国家机关之间的越权。二是纵向越权,指具有上下级隶属关系的同一性质但不同级别国家机关之间的越权。既包括上级对下级职责范围内的工作滥用指令,也包括下级对上级职权范围的侵犯。三是内

---

[12] 参见张明楷:《刑法学》(第6版),法律出版社2021年版,第1236页;周光权:《刑法各论》(第4版),中国人民大学出版社2021年版,第574页。

[13] 张明楷:《刑法学》(第6版),法律出版社2021年版,第1236页

[14] 黎宏:《刑法学各论》(第2版),法律出版社2016年版,第547页。

部越权,指依照有关规定,某类问题应由该单位其他部门或人员来决定或处分,或者需要通过内部民主讨论后形成决策,而行为人却独断专行,这便属于内部越权行为。[15] 在易佑德滥用职权案[16]中,被告人的滥用职权行为属于纵向越权与内部越权的混合类型。

第二,公职人员背离职位设立的宗旨,随心所欲地决定或处分事项。即便属于职 20
务权限范围之内的事项,公职人员也必须遵守与职权行使相关的实体性条件与程序性要求,按照规定决定或处分。既有的法律、法规、规章、规范性文件、内部章程或惯例等,对于与职权相关的事项,都有相应的规定,按照规定履行职权是公职人员的义务。因而,公职人员未按相关的实体性条件或程序性要求来处理或处分事项,违背了公职履行的合理注意义务,属于不正确履行职责。它同样构成对公共权力的违法使用。在叶际仁滥用职权案[17]中,被告人的行为属于此类滥用职权的行为类型。

第三,公职人员基于不当动机而运用与行使职权。公职人员虽占有职位,但职位 21
并不属于他的私有财产,他被要求基于公益而运用与行使职权。基于此,如果公职人员出于谋取私利的动机,以权谋私或是假公济私,即使客观上所决定或处分的事项在其职权范围之内,且表面看来其也遵守了相应的实体性条件与程序性要求,仍属于对权力的滥用。动机的正当与否,对于确保职务行为的公正性同样至关重要,因而,此类行为中,动机的不当构成权力滥用的关键因素。在许运鸿滥用职权案[18]中,被告人的行为即属于动机不当的滥用职权类型。

第四,公职人员任意放弃职权,不去决定或处分其应当作出决定或处分的事项。 22
公职人员所享有的职权,不属于可凭自身意志而任意放弃的权利,而是一种强制性的义务。在应当履行职责且能够履行职责,公职人员有意不去履行,同样属于对权力的滥用。值得指出的是,此种情形本质上是一种不作为。从职务行为的公正性的要求出发,不作为同样能够构成滥用权力。在"黄德林滥用职权、受贿案"[19]中,被告人属于不履行应当履行的职责,构成不作为。只要承认职务行为的公正性是滥用职权罪的基础法益,则妨碍职务行为公正性的行为,必定不限于积极的作为,也应该包括不作为。

综上所述,在滥用职权罪的行为表现问题上,当前刑法理论中所主张的四分说更 23
为合理。相比于二分说,四分说对于滥用职权的情形的归纳更为周全,相应的情形之所以构成滥用职权,是因为未满足职务行为公正性的相应要求。概言之,职权的滥

15 参见储槐植、杨书文:《滥用职权罪的行为结构》,载《法学杂志》1999 年第 3 期。

16 参见易佑德滥用职权案,载《最高人民检察院公报》2008 年第 4 期。

17 参见叶际仁滥用职权案,载《最高人民检察院公报》2014 年第 3 期。

18 参见许运鸿滥用职权案,载《最高人民检察院公报》2001 年第 2 期。

19 参见最高人民法院刑事审判第一、二、三、四、五庭主办:《刑事审判参考》总第 76 集(第 652 号),法律出版社 2011 年版。

用,是指违背法律授权的宗旨行使职权,超越职权范围或者违反职权行使程序,以不正当目的或不法方法实施职务行为。任何无端行使职权、编造事实扩大职权范围,实质地、具体地违法或不当行使权力的行为,都是滥用职权。[20]

24 值得探讨的是,滥用职权行为的成立,是否仅限于相对人有认识的场合?如果公职人员对权力进行违法使用,但相对人对此并无认识,比如,公安人员甲未履行合法审批手续而擅自决定秘密窃听乙的电话,而乙一直不知道自己的电话被窃听,甲的行为是否构成滥用职权?

25 对此,刑法理论上存在观点的分歧。否定说认为,滥用职权行为如果不被相对人所认识,就不构成滥用职权罪,因为要行使职权,就需要对方根据权力者的意思有相应的行动,相对人不能认识的行为(例如警察的窃听行为),其不能作出相应表示,滥用职权罪就不可能成立。肯定说则认为,相对人对职权行使是否有认识或者权力行使的外形如何都不重要,享有职权者客观上任意行使其职权,就属于滥用行为。相对人对权力行使即使没有认识,其仍然要承担额外的义务或者其权利行使会受到重大妨害;而滥用职权罪的立法依据之一就在于对容易侵害个人权利的公务员给予一定的限制。[21] 应当认为,肯定说的观点是合理的。结合滥用职权罪所保护的基础法益可知,职务行为公正与否,取决于公职人员客观上的行为与主观上的动机,与相对人是否意识到公职人员在违法使用权力,而导致自身的权利受到妨碍没有关系。无论相对人知不知情,只要甲对乙的窃听行为超越自身的职务权限,或者虽然在自己的职务权限范围之内,但并未遵守相关的实体性条件与程序性要求,甲的行为便已然使得为达到职务行为公正性所要求的必要条件的缺失,属于权力滥用的情形。相对人知不知情,既不影响甲的行为的不法性质,也不影响甲的行为的不法程度。与此相应,从滥用职权罪的保护法益,也推导不出滥用权力行为的实施必须为公众知晓或可能知晓的要件。这意味着,在滥用职权罪中,在实行行为之外额外添加为相对人或公众知晓的要件,或者将相应要件整合入滥用职权行为之中,并不具有正当性。这样的做法违背解释论与体系逻辑的一般原则,从本罪的法益中根本推导不出这样的要求。

二、玩忽职守行为的界定

26 根据《刑法》第 397 条的规定,玩忽职守罪是指国家机关工作人员玩忽职守,致使公共财产、国家和人民利益遭受重大损失的行为。那么,何谓玩忽职守?一般认为,玩忽职守是指严重不负责任,不履行职责或者不正确履行职责的行为。刑法理论上对于玩忽职守的行为是否可由作为的方式构成,存在一定的争议。先前有论者主张,不履行职责或不正确履行职责的行为方式只能是不作为,因为玩忽职守罪的行为

---

20 参见周光权:《刑法各论》(第 4 版),中国人民大学出版社 2021 年版,第 573 页。

21 参见陈兴良、周光权:《刑法学的现代展开Ⅰ》(第 2 版),中国人民大学出版社 2015 年版,第 570—571 页。

主体不负责任、行为消极。[22] 当前的通说则认为,本罪既可由不作为构成,也可由作为构成。[23] 不正确履行职责的行为形式,一般表现为作为,或者不作为与作为相互交织。

值得注意的是,"严重不负责任"与"不履行职责或者不正确履行职责"之间构成什么关系?王政勋教授认为,二者之间是同位语关系,前者表明了行为的性质、状态,界定了其实质特征,后者表明了行为方式,描述了其形式特征,"严重不负责任"表现为"不履行职责或者不正确履行职责",只要"不履行职责或者不正确履行职责",当然就是严重不负责任的表现。[24] 这种观点存在疑问。不履行或不正确履行职责指向的是行为人外部行为的基本特性,从实践来看,公职人员没有履行职责或者没有正确履行职责,有多种多样的原因,既可能是由于行为人粗心大意或马虎草率等原因所导致,也可能是其他客观条件或是行为人主观能力不足所导致。从合理限定本罪处罚范围的角度而言,只有因严重不负责任而导致的不履行或不正确履行职责的行为,才是刑法要予以处罚的玩忽职守行为。基于此,"严重不负责任"与"不履行职责或者不正确履行职责"之间宜理解为限制关系,即不履行职责或者不正确履行职责是由于严重不负责任而引起,或者是基于严重不负责的工作态度而实施。据此,玩忽职守包括两种行为形式:一是严重不负责任而不履行职责,是指行为人违背职责的要求,没有履行应当履行且能够履行的职务行为,包括擅离职守的行为,即履职期间擅自离开特定场所,以致未能履行其职责,以及在岗不履行职责的行为,即虽在工作岗位上,但未按规定的职守行事,以致没有履行其职务。二是严重不负责任而不正确履行职责,是指行为人违背职责的要求,马虎草率、敷衍了事地履行职责。 27

从行为性质来看,玩忽职守的行为需要同时具备三个特点。 28

(1)行为客观上违背职责上的注意义务规范。所谓不履行或者不正确履行职责,必然以行为客观上违背相关职责的注意义务规范为前提。国家机关中的公共职位,是基于法律上的授权所设,职位的占据者必须遵守相应的注意义务。此种注意义务根源于行为人所占据职位的职责规范的要求。其中的职责规范,既可能来自全国性的法律、法规与部委的规章,也可能来自地方性法规、自治条例、单行条例与地方政府规章,还可能来自国务院或地方政府相关部门出台的行政措施、决定与命令等,或 29

22 参见周道鸾等主编:《刑法的修改与适用》,人民法院出版社 1997 年版,第 804 页;曹子丹、侯国云主编:《中华人民共和国刑法精解》,中国政法大学出版社 1997 年版,第 365 页。

23 参见高铭暄、马克昌主编:《刑法学》(第 9 版),北京大学出版社、高等教育出版社 2019 年版,第 647 页;张明楷:《刑法学》(第 6 版),法律出版社 2021 年版,第 1639 页;周道鸾、张军主编:《刑法罪名精释》(第 4 版),人民法院出版社 2013 年版,第 1088 页;陈兴良:《口授刑法学》(第 2 版),中国人民大学出版社 2017 年版,第 648 页;黎宏:《刑法学各论》(第 2 版),法律出版社 2016 年版,第 550 页;周光权:《刑法各论》(第 4 版),中国人民大学出版社 2021 年版,第 585 页;曲新久:《刑法学》(第 4 版),中国政法大学出版社 2017 年版,第 603 页。

24 参见陈兴良主编:《刑法各论精释》(下),人民法院出版社 2015 年版,第 1220 页。

者行为人所在机关内部的规范性文件。根据惯例、国情所形成的职务权限以及各机关内部根据职位传统所形成的职务权限,一般也被认为属于相应职位的职责范围。这意味着,职责范围不仅包含法定的职责范围,也包含约定或事实性的职责范围。有论者认为,按照国情、职业惯例、国家机关惯例、内部决定和命令所确定的职责,必须在该国家机关内部有明文规定,是在法定职责范围内的补充和细化,且不能超越该职业人员的预测可能性。[25] 应当说,此种建议有其合理性。国家机关内部所设的职位,其职责范围必须是在该国家机关法定处理权限的范围之内。在此种意义上,根据国情、惯例或内部决定所设的职位,其职权只能是该国家机关法定权限的细化。在职责范围明显超出所在国家机关的权限的场合,行为人如果不履行相应的职责,不宜认为存在玩忽职守的行为。

30 需要指出的是,玩忽职守行为中涉及的职责规范,必须是作为保护职务公正性与公共利益或个人权益的前置性规范而存在;与保护法益欠缺内在关联的注意义务规范,不属于玩忽职守罪中的职责规范。也就是说,玩忽职守罪中所违反的职责规范,不管涉及法定职责还是约定或事实的职责,都只能限定于与职务行为公正性相关的职责规范。因而,严格而言,公职人员的职责规范分为两类,一类是与确保职务得到公正履行相关联的注意义务规范,另一类是涉及单纯的内部行政管理性的注意义务规范。前一类规范具有处分性的特点,牵涉对行政相对方的利益的处分;后一类则不牵涉行政相对方的利益,而是基于管理上的便宜性或惯性所设,一般表现为纪律性或流程性的内部规定。从玩忽职守罪的法益是职务公正性与公共利益或个人权益的角度而言,只有违反前一类注意义务规范,才有成立玩忽职守行为的余地。后一类注意义务规范由于在规范保护目的上并不包含职务公正性与公共利益或个人权益,即便行为人有所违反,也不可能对相关法益构成威胁,因而,违反此类注意义务规范的行为,不可能构成刑法上的玩忽职守行为。此外,由于职责活动通常具有裁量性的特点,行为是否违背职责规范,应当立足于行为当时的事实情况,不能以事后查明的客观事实作为判断的基础,也即在判断时点上应采取行为时标准。

31 (2)行为违背相应的职责规范是由于严重不负责任而引起。实践中,公职人员实施客观上违背职责规范的行为,既可能由于严重不负责任而引起,也可能基于其他原因,比如,对法规或政策的理解存在问题或其他因个人能力不足等因素所造成。只有前一种情形,才可能构成玩忽职守行为。行为人是否严重不负责任,需要认真考察的是,一个认真、负责的国家机关工作人员,在当时的情况下是否也会采取相同或类似的措施,实施与行为人相同的行为。如果答案是肯定的,便难以认为行为人违背职责规范,更难以认为其违背职责规范的行为是由于严重不负责任所致。此外,需要进一步查明的是,就行为人的具体情况而言,其违背相应的职责规范,是否由于个人能

25 参见贾健、徐合义、彭辉:《玩忽职守罪中的职责界分应予明确》,载《人民检察》2016年第14期。

力不足或其他客观因素所导致。如果是后一类因素所导致,同样无法成立玩忽职守行为。

(3)行为本身具有导致或引发重大损害结果发生的内在危险。玩忽职守罪的成立,要求同时具备重大损失的要件。由于重大损失是玩忽职守行为所蕴含危险的现实化,就此而言,玩忽职守行为本身必须具有类型性地导致或引起重大损害结果的危险性。如果所实施的行为不包含这样的危险,即便行为符合重大损失出现的条件,也不能认定为玩忽职守行为。“莫兆军被控玩忽职守案”[26]便是人民法院如何认定玩忽职守的一个适例。 32

三、司法解释的特别规定

对于特定领域的滥用职权与玩忽职守行为,一些司法解释作了明示性的规定。这些规定均属于注意性规定,没有额外添加或修改立法条文中的要件,它们或者属于提示性的说明,或者是对相应的滥用职权行为予以具体化。 33

(1)1998年5月8日最高人民法院、最高人民检察院、公安部、国家工商行政管理局发布的《关于依法查处盗窃、抢劫机动车案件的规定》第9条规定,公安、工商行政管理人员或者其他国家机关工作人员滥用职权或者玩忽职守、徇私舞弊,致使赃车入户、过户、验证的,给予行政处分;致使公共财产、国家和人民利益遭受重大损失的,依照《刑法》第397条的规定处罚。 34

(2)2002年9月25日最高人民检察院研究室发布的《关于买卖尚未加盖印章的空白〈边境证〉行为如何适用法律问题的答复》规定,对买卖尚未加盖发证机关的行政印章或者通行专用章印鉴的空白《中华人民共和国边境管理区通行证》的行为,不宜以买卖国家机关证件罪追究刑事责任。国家机关工作人员实施上述行为,构成犯罪的,可以按滥用职权等相关犯罪依法追究刑事责任。 35

(3)2003年5月14日最高人民法院、最高人民检察院发布的《关于办理妨害预防、控制突发传染病疫情等灾害的刑事案件具体应用法律若干问题的解释》第15条规定,在预防、控制突发传染病疫情等灾害的工作中,负有组织、协调、指挥、灾害调查、控制、医疗救治、信息传递、交通运输、物资保障等职责的国家机关工作人员,滥用职权或者玩忽职守,致使公共财产、国家和人民利益遭受重大损失的,依照滥用职权罪或者玩忽职守罪定罪处罚。 36

(4)2003年9月4日最高人民法院、最高人民检察院发布的《关于办理非法制造、买卖、运输、储存毒鼠强等禁用剧毒化学品刑事案件具体应用法律若干问题的解释》第4条规定,对非法制造、买卖、运输、储存毒鼠强等禁用剧毒化学品行为负有查处职责的国家机关工作人员,滥用职权或者玩忽职守,致使公共财产、国家和人民利 37

---

26 参见最高人民法院刑事审判第一庭、第二庭编:《刑事审判参考》(总第44集),法律出版社2006年版,第127—143页。

益遭受重大损失的,以滥用职权罪或者玩忽职守罪追究刑事责任。

38 (5)2003年11月12日最高人民法院、最高人民检察院、公安部发布的《关于严格执行刑事诉讼法 切实纠防超期羁押的通知》第5条规定,本通知发布以后,凡违反刑事诉讼法和本通知的规定,造成犯罪嫌疑人、被告人超期羁押的,对于直接负责的主管人员和其他直接责任人员,由其所在单位或者上级主管机关依照有关规定予以行政或者纪律处分;造成犯罪嫌疑人、被告人超期羁押,情节严重的,对于直接负责的主管人员和其他直接责任人员,依照《刑法》第397条的规定,以玩忽职守罪或者滥用职权罪追究刑事责任。

39 (6)2007年1月15日最高人民法院、最高人民检察院发布的《关于办理盗窃油气、破坏油气设备等刑事案件具体应用法律若干问题的解释》第7条规定,国家机关工作人员滥用职权或者玩忽职守,实施下列行为之一,致使公共财产、国家和人民利益遭受重大损失的,依照《刑法》第397条的规定,以滥用职权罪或者玩忽职守罪定罪处罚:①超越职权范围,批准发放石油、天然气勘查、开采、加工、经营等许可证的;②违反国家规定,给不符合法定条件的单位、个人发放石油、天然气勘查、开采、加工、经营等许可证的;③违反《石油天然气管道保护条例》等国家规定,在油气设备安全保护范围内批准建设项目的;④对发现或者经举报查实的未经依法批准、许可擅自从事石油、天然气勘查、开采、加工、经营等违法活动不予查封、取缔的。

40 (7)2007年5月9日最高人民法院、最高人民检察院发布的《关于办理与盗窃、抢劫、诈骗、抢夺机动车相关刑事案件具体应用法律若干问题的解释》第3条第1款规定,国家机关工作人员滥用职权,有下列情形之一,致使盗窃、抢劫、诈骗、抢夺的机动车被办理登记手续,数量达到3辆以上或者价值总额达到30万元以上的,依照《刑法》第397条第1款的规定,以滥用职权罪定罪,处3年以下有期徒刑或者拘役:①明知是登记手续不全或者不符合规定的机动车而办理登记手续的;②指使他人为明知是登记手续不全或者不符合规定的机动车办理登记手续的;③违规或者指使他人违规更改、调换车辆档案的;④其他滥用职权的行为。

41 (8)2007年5月16日最高人民检察院发布的《关于对林业主管部门工作人员在发放林木采伐许可证之外滥用职权玩忽职守致使森林遭受严重破坏的行为适用法律问题的批复》规定,林业主管部门工作人员违法发放林木采伐许可证,致使森林遭受严重破坏的,依照《刑法》第407条的规定,以违法发放林木采伐许可证罪追究刑事责任;以其他方式滥用职权或者玩忽职守,致使森林遭受严重破坏的,依照《刑法》第397条的规定,以滥用职权罪或者玩忽职守罪追究刑事责任,立案标准依照最高人民检察院《关于渎职侵权犯罪案件立案标准的规定》第一部分渎职犯罪案件第18条第3款的规定执行。

42 (9)2015年12月14日最高人民法院、最高人民检察院发布的《关于办理危害生产安全刑事案件适用法律若干问题的解释》第15条第1款规定,国家机关工作人员在履行安全监督管理职责时滥用职权、玩忽职守,致使公共财产、国家和人民利益遭受重大损失的,或者徇私舞弊,对发现的刑事案件依法应当移交司法机关追究刑事责任而不移交,情节严重的,以滥用职权罪、玩忽职守罪或者徇私舞弊不移交刑事案件罪定罪处罚。

(10)2017年6月27日最高人民法院、最高人民检察院发布的《关于办理扰乱无线电通讯管理秩序等刑事案件适用法律若干问题的解释》第7条第1款规定,负有无线电监督管理职责的国家机关工作人员滥用职权或者玩忽职守,致使公共财产、国家和人民利益遭受重大损失的,应以滥用职权罪或者玩忽职守罪追究刑事责任。 43

(11)2020年2月6日最高人民法院、最高人民检察院、公安部、司法部发布的《关于依法惩治妨害新型冠状病毒感染肺炎疫情防控违法犯罪的意见》二之(七)部分规定,在疫情防控工作中,负有组织、协调、指挥、灾害调查、控制、医疗救治、信息传递、交通运输、物资保障等职责的国家机关工作人员,滥用职权或者玩忽职守,致使公共财产、国家和人民利益遭受重大损失的,依照《刑法》第397条的规定,以滥用职权罪或者玩忽职守罪定罪处罚。 44

(12)2020年3月16日最高人民法院、最高人民检察院、公安部发布的《关于办理涉窨井盖相关刑事案件的指导意见》第8条规定,在窨井盖采购、施工、验收、使用、检查过程中负有决定、管理、监督等职责的国家机关工作人员玩忽职守或者滥用职权,致使公共财产、国家和人民利益遭受重大损失的,依照《刑法》第397条的规定,分别以玩忽职守罪、滥用职权罪定罪处罚。第9条规定,在依照法律、法规规定行使窨井盖行政管理职权的公司、企业、事业单位中从事公务的人员以及在受国家机关委托代表国家机关行使窨井盖行政管理职权的组织中从事公务的人员,玩忽职守或者滥用职权,致使公共财产、国家和人民利益遭受重大损失的,依照《刑法》第397条和《全国人民代表大会常务委员会关于〈中华人民共和国刑法〉第九章渎职罪主体适用问题的解释》的规定,分别以玩忽职守罪、滥用职权罪定罪处罚。 45

V 结果与情节

一、"重大损失"的地位

滥用职权罪与玩忽职守罪的成立,均要求具备"致使公共财产、国家和人民利益遭受重大损失"的要件,这意味着两罪都属于结果犯。由于玩忽职守罪是过失犯罪,重大损失作为构成要件结果的地位不受质疑,而有关"重大损失"在滥用职权罪中的地位,在当前刑法理论中引发了较大的争议。以下主要就滥用职权罪中"重大损失"的地位问题展开叙述。 46

对此,现有的观点主要分为三类:一是"重大损失"属于滥用职权罪的客观构成要 47

件结果,与普通结果犯中的结果要素无异。[27] 二是"重大损失"的结果虽然是滥用职权罪的构成要件要素,但宜作为客观的超过要素来对待。[28] 三是滥用职权罪中的"重大损失"属于罪量要素,或类似于德日刑法理论中的客观处罚条件。[29]

48 另有观点认为,重大损失既不能作为认定滥用职权罪的危害结果,也不是客观的处罚条件或是客观的超过要素,而是说明滥用职权社会危害程度、限制处罚范围的定罪情节,即表明滥用职权罪的危害程度达到应受刑罚处罚的程度要素;对于这样的要素,不要求行为人有具体的认识和预见,也不要求构成行为人的意志选择,它不过是从整体上说明犯罪事实状况和深度的具体事实。[30] 此种观点认为"重大损失"影响的是不法的程度,将之定位为整体性的情节要素,鉴于论者认为对该因素并不要求有认识或预见,应该说,此种定位与前述第三种观点并无本质性的差异。进一步而言,立法上的"致使……遭受重大损失"的语言表述,明明指向的是行为导致的后果要素,非要将之与一般的情节因素相类比,而归类为影响整体不法评价的要素,说服力不够。一则这样的理解违背立法条文的基本文义。二则如此解读势必造成体系逻辑上的不协调。为什么其他条文中的"致使""重大损失"之类的表述被认为标示的是结果要素,甚至同一法条中的玩忽职守罪,"重大损失"往往也被认为是玩忽职守罪的构成要件结果,而在滥用职权罪中,"重大损失"一跃变成整体性的情节因素?三则单纯以限制处罚范围为由否定"重大损失"的结果属性,也存在疑问。过失犯中若是仅存在过失实行行为,通常也被认为是行为的不法尚未达到应受刑罚惩罚的程度,构成要件结果的出现也是作为限定性要件而存在;然而,这并不影响构成要件结果在过失犯中作为结果要素的地位。这意味着,承认"重大损失"的要件具有限制处罚范围的性质,并不能从逻辑上得出其就是整体性情节要素的结论。

49 想要对前述不同观点进行评论,首先必须弄明白,为什么滥用职权罪中的"重大损失",会引发地位问题的争论。重大损失与滥用职权罪的罪过形式的认定有关,其间的困境在于:如果将"重大损失"理解为通常的构成要件结果,则按照传统的故意理论,滥用职权罪将作为过失犯罪而存在;但是,如此一来,滥用职权罪与玩忽职守罪之间便难以做出合理的区分。在传统的故意理论框架下,只要承认"重大损失"作为构成要件结果的地位,便会引发它是否必须为行为人所认识或预见,是否必须是行为人意志对象的问题,由此导致对滥用职权罪属于故意犯罪的否定。刑法理论上的众多

---

[27] 参见周道鸾、张军主编:《刑法罪名精释》(第 4 版),人民法院出版社 2013 年版,第 1080 页;阮齐林:《中国刑法各罪论》,中国政法大学出版社 2016 年版,第 513 页。

[28] 参见张明楷:《刑法学》(第 6 版),法律出版社 2021 年版,第 1636—1637 页。

[29] 参见陈兴良:《判例刑法学(下卷)》(第 2 版),中国人民大学出版社 2017 年版,第 683—684 页;李洁:《论滥用职权罪的罪过形式》,载《法学家》1998 年第 4 期。

[30] 参见邓文莉:《〈刑法〉第 397 条中的"重大损失"在滥用职权罪中的地位》,载《政治与法律》2006 年第 1 期。

努力,便是为了避免出现这样的结果。尽管思考路径不一,无论是客观的超过要素说,还是罪量要素/客观处罚条件说,抑或整体情节要素说,均想否定“重大损失”作为构成要件结果的地位。客观的超过要素说将滥用职权罪构想为具有双重结果的犯罪,“重大损失”只是作为限定处罚范围的额外结果而存在;罪量要素/客观处罚条件说与整体情节要素说甚至全盘否认“重大损失”作为结果的属性。相较而言,罪量要素/客观处罚条件说与整体情节要素说在理论逻辑的自洽上可能面临更大的疑问。如果“重大损失”属于单纯的罪量要素/客观处罚条件或是整体的情节因素,则只要客观上出现“重大损失”,行为人便构成滥用职权罪,无须探讨滥用职权行为与重大损失之间是否具有刑法因果关系的问题。然而,持罪量要素/客观处罚条件说与整体情节要素说的论者,分明也认为滥用职权罪中需要讨论滥用职权行为与“重大损失”之间的因果关系。一方面认为“重大损失”不是结果,另一方面却又认为需要讨论滥用职权行为与“重大损失”之间的因果关系问题,这样的理论立场岂非自我矛盾?

如何在维持滥用职权罪是故意犯罪的前提之下,给予“重大损失”的要素以合理的地位,是刑法理论必须直面解决的问题。在此,有必要深思的是,“重大损失”是否属于结果要素的问题,是否一定要与罪过形式的认定捆绑在一起?前述几种观点的认识误区在于,以为我国刑法中故意的认定只有一种标准。实际上,如果坦率地承认故意标准存在类型化或多元化的现象,不将对构成要件结果的认知与意欲视为故意成立的必备条件,便不至于纠结“重大损失”的地位问题。笔者认为,滥用职权罪中,“重大损失”仍是作为构成要件结果而存在,其特殊之处仅在于,它不属于影响故意成立的明知的范围,也不是意志作用的对象。滥用职权罪是一种非典型的故意犯罪类型(后文对此将作相应的论证)。承认这一点,有助于对“重大损失”的地位作出合理的界定。滥用职权行为往往涉及对事关国计民生的公共事务的违法决定或处分,因而,其本身便蕴含着导致他人人身与财产权利、公共财产与国家、社会利益遭受侵害的内在危险。这意味着,“重大损失”乃是滥用职权行为所蕴含的内在危险的现实化。相应地,如果某种结果不是源于滥用职权行为所蕴含的内在危险,则这样的结果不应归入“重大损失”的范畴。 50

二、如何界定“重大损失”

在肯定“重大损失”属于滥用职权罪与玩忽职守罪的结果要素的基础上,随之而来的问题是如何界定“重大损失”。 51

(一)“重大损失”的外延

对于何谓“重大损失”,司法解释作了相对明确的界定,为实务案件的处理提供了具有可操作性的标准。根据 2012 年 12 月 7 日最高人民法院、最高人民检察院发布的《关于办理渎职刑事案件适用法律若干问题的解释(一)》第 1 条第 1 款的规定,具有下列情形之一的,应当认定为“致使公共财产、国家和人民利益遭受重大损失”:①造成死亡 1 人以上,或者重伤 3 人以上,或者轻伤 9 人以上,或者重伤 2 人、轻伤 3 52

人以上,或者重伤1人、轻伤6人以上的;②造成经济损失30万元以上的;③造成恶劣社会影响的;④其他致使公共财产、国家和人民利益遭受重大损失的情形。

53 在有关"重大损失"的外延问题上,理论上主要存在两方面的争议:一是"重大损失"是否包括非物质性的损失,二是间接经济损失是否属于重大损失。[31]

54 由于法益具有指导构成要件解释的机能,对"重大损失"的理解,必须结合滥用职权罪与玩忽职守罪所保护的双重法益来展开。滥用职权、玩忽职守的行为本身侵害了职务行为的公正性;同时,对公共权力的违法使用,势必内在地具有对公共性权益的侵害的危险。这种针对公共性权益的危险包含两个方面的内容:一方面,滥用职权、玩忽职守的行为蕴含对国家机关或者特定公职人员群体声誉的损害的危险;另一方面,由于涉及对特定事项的违法决定或处分,这种决定或处分可能牵涉与影响包括个人、社会与国家在内的众多主体的正当权益。作为结果的"重大损失",则是前述两个方面的危险的现实化。不难发现,承认"重大损失"是滥用职权行为或玩忽职守行为所蕴含危险的现实化,为"重大损失"的理解与界定指明了方向。首先,从滥用职权或玩忽职守所蕴含的危险的内容来看,并不限于导致物质性损失的危险。相应地,将非物质性损失排除在外,并无正当性的理由。比如2014年12月轰动全国的太原"警察踩头发案",在当时造成极为恶劣的社会影响,这种影响实际上是对国家机关与警察群体声誉损害的危险的现实化,同样可归入"重大损失"的范围。其次,只要相应的经济损失在滥用职权或玩忽职守的行为所蕴含危险的范围之内,则无论经济损失是直接还是间接造成都无关紧要,关键在于,此类经济损失是否滥用职权或玩忽职守行为所蕴含危险的现实化,从而可归责于行为人。基于此,没有理由将间接损失排除在"重大损失"的范围之外。

55 从实务案例来看,环境执法监察人员滥用职权为排污行为提供帮助,造成污水处理设备损毁和河道污染,严重危害生态环境和人民群众生命健康,被认为符合"重大损失"的要件[32];食品质量监管人员对于生产不合格产品的食品企业,少征应当征收的罚款,应罚未罚的金额可计算为滥用职权行为造成的损失[33];计算滥用职权行为造成的财产损失,不得以单位公款产生的收益填补[34]。江西省宜黄县民政局副局长黄健儿受贿、贪污、玩忽职守案中,对于"重大损失"的认定,则主要是从扶贫专项资金涉及农民的切身利益的角度来考虑,认为该领域案件的发生不仅影响了党和国家民生

---

31 参见赵秉志主编:《刑法学各论研究述评(1978—2008)》,北京师范大学出版社2009年版,第698页。

32 参见刘某某滥用职权、污染环境案,最高人民检察院发布12起检察机关服务健康中国建设典型案例之十二。

33 参见河北张家口不合格燕麦片渎职案,最高人民检察院通报11起危害食品安全犯罪典型案例之十。

34 参见最高人民法院中国应用法学研究所编:《人民法院案例选》(总第66辑),人民法院出版社2009年版。

工程的顺利实施,而且极易引发农村各种社会矛盾的激化,成为村民集体上访的导火索,影响农村社会稳定。[35]

在"王文强玩忽职守案"[36]中,涉及的问题是,行政机关的行政罚没款能否认定为玩忽职守造成的经济损失?在裁判理由的解说中,最高人民法院相关业务庭承认,行政罚没款在一定情况下能够认定为玩忽职守造成的经济损失,并强调不当处罚额外加大的经济损失不应计入在内。这一点是合理的。不过,本案根据当时的司法解释,将罚没款限定于"擅自批准经营、购买国家不允许经营、购买的物资"的情形,在当时作这样的理解并无问题。按现行的司法解释,对玩忽职守罪中的"重大损失"作这样的限制性理解,便不尽合理。本案中被告人不构成玩忽职守罪,关键不在于合法的罚没款能否算作经济损失,而是其行为并未达到严重不负责任的程度,不能成立玩忽职守行为,同时,由于存在不当处罚而额外加大损失的情况,故在对损失金额的计算上也存在疑问。应当认为,因玩忽职守行为所引起的合法的罚没款,属于"重大损失"的范围,但不当处罚的罚没款不能计入其中。 56

(二)"重大损失"中的经济损失

《关于办理渎职刑事案件适用法律若干问题的解释(一)》第8条进一步对其中的"经济损失"作了界定。所谓的"经济损失",是指渎职犯罪或者与渎职犯罪相关联的犯罪立案时已经实际造成的财产损失,包括为挽回渎职犯罪所造成损失而支付的各种开支、费用等。立案后至提起公诉前持续发生的经济损失,应一并计入渎职犯罪造成的经济损失。同时,债务人经法定程序被宣告破产,债务人潜逃、去向不明,或者因行为人的责任超过诉讼时效等,致使债权已经无法实现的,无法实现的债权部分应当认定为渎职犯罪的经济损失。与此相反,渎职犯罪或者与渎职犯罪相关联的犯罪立案后,犯罪分子及其亲友自行挽回的经济损失,司法机关或者犯罪分子所在单位及其上级主管部门挽回的经济损失,或者因客观原因减少的经济损失,不予扣减,但可以作为酌定从轻处罚的情节。 57

值得探讨的是,无法实现的债权是否可归入"重大损失"的问题。2003年11月13日最高人民法院发布的《全国法院审理经济犯罪案件工作座谈会纪要》对此持肯定态度。该纪要提出,在司法实践中,有以下情形之一的,虽然公共财产作为债权存在,但已无法实现债权的,可以认定为行为人的渎职行为造成了经济损失:①债务人已经法定程序被宣告破产;②债务人潜逃,去向不明;③因行为人责任,致使超过诉讼时效;④有证据证明债权无法实现的其他情况。 58

在有些案件中,认定是否构成"重大损失"时,不能仅仅关注经济价值层面的损 59

---

35 参见黄健儿受贿、贪污、玩忽职守案,检察机关查办和预防涉农扶贫领域职务犯罪典型案例之三。

36 参见最高人民法院刑事审判第一庭编:《刑事审判参考》总第2辑(第16号),法律出版社1999年版。

失。比如,涉及土地资源案件的损失后果,就不能只考虑经济损失。根据2008年11月6日最高人民检察院发布的《关于加强查办危害土地资源渎职犯罪工作的指导意见》的规定,在查办危害国土资源犯罪案件中,对损失后果的认定,既要考虑被破坏的土地资源的经济价值,按照有关部门做出的鉴定结论,以经济损失计算损失后果,也要充分考虑土地作为特殊资源,被破坏土地的性质、地理位置、实际用处等差异所产生的土地价值,受损后无法用经济价值数额衡量的特殊性,可以采取经济标准或者面积标准认定损失后果。尽管前述指导意见已经失效,但相关规定的内在精神有其合理性,仍有一定的参考价值。

(三)"造成恶劣社会影响"的理解

60 《关于办理渎职刑事案件适用法律若干问题的解释(一)》进一步将"造成恶劣社会影响"视为重大损失的情形之一,因而涉及如何理解把握"恶劣社会影响"的问题。对此,有必要考察滥用职权、玩忽职守行为对社会管理秩序造成的影响,同时结合对涉事国家机关与相关公职人员群体的声誉与形象的损害程度等因素来考虑。在"罗甲、罗乙、朱某、罗丙滥用职权案"中,因被告人长期不正确履行职权,大肆勒索辖区部分无照商贩的钱财,造成无照商贩非法占道经营现象十分严重,暴力抗法事件不断发生,此种情形被认为属于"造成恶劣社会影响"[37]。在李明坤玩忽职守案中,司法机关在处理该案时,尝试用"恶劣社会影响"来认定玩忽职守行为的损失后果。[38]

61 由于"造成恶劣社会影响"的规定不够明确,其标准本身的抽象性导致实务适用中出现理解上的分歧与偏差,存在诸如随意扩大适用范围、对是否"恶劣"的把握差异性较大、过于看重媒体报道与群众上访等因素的作用以及量刑上轻刑化倾向严重等问题。对此,相关论者认为,为避免前述问题,"恶劣社会影响"应是指国家机关工作人员的渎职行为,被社会公众感知,对社会公众的思想或周围事物发生作用,引起群众强烈不满、严重损害国家机关形象、破坏影响了一定地区社会的稳定和秩序等情形;这种影响要求是显性的、非物质的,由事件本身造成,且达到一定严重程度。[39] 另有论者认为,"恶劣社会影响"是指渎职行为对国家形象和声誉、政府公信力与权威、人民群众生产经营和生活秩序或者社会公众心理、道德伦理和普遍价值认同等造成危害。[40] 应当认为,尽管理论界与实务界期望对"造成恶劣社会影响"作出相对明确的界定,不过,由于难以提供客观具有可操作性的标准,对该规定理解与适用上的分歧估计将长期存在。

---

37 参见最高人民检察院2012年11月15日发布的指导性案例第6号。

38 参见李明坤玩忽职守案,最高人民检察院发布15个涉生态环境领域犯罪典型案例之十二。

39 参见商凤廷:《渎职罪中"造成恶劣社会影响"的司法认定》,载《国家检察官学院学报》2016年第4期。

40 参见杨书文:《渎职犯罪结果犯之危害后果的认定》,载《中国检察官》2014年第11期。

三、因果关系与结果归责

62 当下的刑法理论日益意识到,故意犯和过失犯由于在不法类型上存在差异,导致其在因果关系与结果归责的判断与认定方面也存在重大的不同。然而,滥用职权罪虽在传统上多被认为是故意犯罪,但其不同于典型的故意犯;在因果关系与结果归责的判断与认定上,反而更接近于过失犯。由于滥用职权罪与玩忽职守罪均是作为结果犯而存在,故滥用职权、玩忽职守的行为与重大损失之间必须具备刑法上的因果关系,才能成立相应的犯罪。刑法上的因果关系本质上解决的是结果归责问题,因而,对于滥用职权、玩忽职守的行为要进行结果归责,必须满足事实归因与规范归责两方面的条件:一是滥用职权、玩忽职守的行为与重大损失之间存在事实上的因果关联;二是"重大损失"的结果在规范上可归责于滥用职权、玩忽职守的行为。

63 在事实归因的层面,一般使用条件公式(或称排除公式)来进行判断,在无法将相关行为与其他的作用因素相分离的场合,可能需要借 NESS 标准,即充分原因中的必要要素标准(Necessary Element of a Sufficient Set)。所谓的 NESS 标准,是指当且仅当其是一组足以导致结果发生的先在条件的必要要素时,特定条件是特定结果的原因。[41] 据此,在滥用职权、玩忽职守行为与重大损失结果之间存在"非 P 则非 Q"的关系时,应当肯定二者之间存在事实因果关联。在无法适用条件公式的场合,有必要进一步考察相关行为对于整体上构成结果之充分原因的先在条件的组合而言,是否属于必要的要素;如果能确定这一点,也可据此肯定行为与结果之间存在事实因果关联。在规范归责的判断中,通常需要考虑两个方面的因素:一是行为与结果之间的关联是否具有经验上的相当性,这种相当性一般指的是客观上的可预见性;二是导致结果现实化的危险是否处于相关规范的保护目的的范围之内,并符合刑事政策上的目的。以下按罪名分别加以探讨。

(一)滥用职权罪

64 在滥用职权行为与"重大损失"之间具有直接因果关系的场合,认定存在刑法上的因果关系一般并无疑问。然而,如果"重大损失"的结果并非滥用职权行为直接造成,则往往面临是否可将相应结果归责于行为人的滥用职权行为的问题。

65 从归因的存在论基础来考察,作为犯中实际上存在两种结果归责类型,即造成型因果与引起型因果。造成型因果是指行为直接开启或操纵了导致危害结果出现的自然的进程;引起型因果是指行为为他人(或他物)实施危害提供了行动理由或制造了机会。[42] 与一般的故意犯罪要求行为达到操纵结果出现的流程不同,滥用职权犯罪

---

41 See Richard W. Wright, Causation in Tort Law, in 73 California Law Review (1985), pp.1788-1790.

42 参见劳东燕:《事实因果与刑法中的结果归责》,载《中国法学》2015 年第 2 期。

中出现的“重大损失”,往往不是由行为人的滥权行为直接造成的,而是与其他因素累积或共同作用之下的结果。确切地说,行为人的滥权行为只是为他人实施危害制造机会或提供便利,其行为对导致具体结果发生的因果流程一般来说是缺乏支配的。因而,滥用职权罪中的结果归责,大多属于引起型因果的结果归责类型。这正是滥用职权罪客观构成要件结构的特殊之处,与其作为非典型的故意犯罪的特点直接相关。陈兴良教授将滥用职权罪因果关系的特点归纳为间接因果关系与共同因果关系,表达的也是类似的意思。[43] 引起型因果的结果归责以对结果具有现实作用力为条件,相应地,若要排除结果归责,仅仅表明行为对结果出现的过程缺乏支配尚不够,还必须使行为之于结果的作用效果归于终结。

66 司法实务中有时会以因果关系的间接性为由,而否定重大损失的结果由行为人的滥用职权行为负责。“包智安受贿、滥用职权案”[44]便是如此。1997 年 3 月至 1998 年 1 月,被告人包智安在担任南京市劳动局局长期间,未经集体研究,擅自决定以南京市劳动局的名义,为下属企业南京正大金泰企业(集团)有限公司(以下简称“正大公司”)出具鉴证书(其中存在“如其违约,我局将负责追究其经济责任,并确保其补偿一切损失”的内容),致使该公司以假联营协议的形式,先后向南京计时器厂、南京钟厂、南京长乐玻璃厂借款人民币 3700 万元,造成三家企业共计人民币 3440 余万元的损失。1999 年至今,经南京市人民政府协调,由南京市劳动局陆续“借”给上述三家企业共计人民币 1700 余万元。该案一审认为被告人的滥用权力行为与经济损失的结果之间具有刑法上的因果关系,故认定构成滥用职权罪。二审法院承认被告人存在超越职权的行为,但以缺乏刑法因果关系为由否定滥用职权罪的成立。

67 在裁判理由的解说中,最高人民法院相关业务庭肯定被告人为正大公司出具鉴证书属于超越职权的行为,但否定其行为与损失之间具有刑法上的因果关系。理由是:首先,包智安的滥用职权行为与三家企业将资金拆借而造成重大损失没有必然的因果关系,非法拆借与经济损失之间才具有直接的因果关系。其次,正大公司破产是三家企业不能收回借款的直接原因,而正大公司破产是因自身经营不善,并非包智安帮助促成借款所造成,二者之间并无必然的因果关系。最后,鉴证不具有担保性质,南京市劳动局不需要对三家企业的资金拆借损失承担赔偿责任。对于前述观点,有学者明确表达反对意见,认为滥用职权罪中的因果关系问题具有不同于一般因果关系的特殊性,多数情况下,滥用职权行为是间接、共同地造成损害结果的发生。就该案而言,由于鉴证书成为借款合同成立的客观条件,实际上起到保证作用,因而,能肯定越权出具鉴证书的行为与非法拆借之间存在事实因果关系;同时,根据社

43　参见陈兴良:《判例刑法学(下卷)》(第 2 版),中国人民大学出版社 2017 年版,第 688 页。

44　参见最高人民法院刑事审判第一庭、第二庭编:《刑事审判参考》总第 41 集(第 327 号),法律出版社 2005 年版。

会一般观念,被告人能够预见非法拆借的风险,故二者之间存在相当性,也满足规范归责的要求。[45]

68 笔者认为,司法实务以包智安的滥用职权行为与经济损失之间不具有直接因果关系与必然因果关系为由,否定要相应地结果归责,并不具有足够的说服力。刑法中的因果关系,从来不以必然的因果关系与直接的因果关系为限,即便是偶然或间接的因果关系,也可能引发结果归责。在滥用职权罪中,所谓的直接因果关系,是指行为操控或支配结果出现的整个流程,而间接因果关系意味着,行为对结果的出现具有现实的作用力,但没有达到支配的程度,而是仅处于制造机会或提供便利的层面。在承认引起型因果是滥用职权罪中结果归责的类型的前提下,由于难以否定包智安违规出具鉴证书的行为之于拆借资金及随后的经济损失之间的现实作用关系,故难以从归因层面否定相应行为与经济损失之间的事实因果关联。

69 随之需要进一步判断的是,包智安滥用职权的行为与经济损失之间的关联,是否同时满足规范归责层面的要求。因而本案中结果归责判断的关键,并不在于包智安违规出具鉴证书的行为是否为造成经济损失的直接或独立原因,而在于该行为本身是否蕴含让南京市劳动局遭受经济损失的危险,且这种危险正是禁止出具担保性鉴证的规范所防范的内容范围。也即,在规范归责层面,相应行为与经济损失之间是否满足经验上的相当性与规范保护目的的要求。从鉴证书的内容来看,无法否认鉴证书具有担保的性质。如果没有鉴证书所提供的担保,三家企业不可能将资金拆借给正大公司;南京市劳动局事后陆续"借"给三家企业共计1700余万元,也反证了这一点。可见,包智安违规出具担保性质的鉴证书的行为,内在地蕴含让南京市劳动局承受连带经济损失的危险,而这种危险正是其所违反的规范所禁止的内容。既然滥权行为与经济损失之间的关联,满足事实归因与规范归责的全部要求,没有理由不让包智安对经济损失的结果负责。

70 总结而言,由于实务案件中,滥用职权行为大多属于间接创设针对法益的风险,其结果归责的判断,也具有相应的特殊性。在行为间接创设危险的场合,能否肯定结果归责,取决于行为人所提供的机会或便利是否为法所不容许,以及其对危害结果的发生是否贡献了现实的作用力。由于不以支配的获得作为归责条件,介入他人的自愿行为或其他异常的、不可预见的因素,或者因果流程出现重大偏异,对归责的判断往往并无影响。前述情形充其量只能否定支配,但未必能切断行为之于结果的作用效果。因而,在刑法也处罚间接创设风险的场合,若要产生排除结果归责的效果,仅仅介入异常或不可预见因素并不足够,还必须使行为之于结果的作用效果归于终结。因而,在滥用职权犯罪案件中,即便介入多重因素,行为人仍可能需要对最终的结果负责。比如,在翁余生滥用职权案中,被告人翁余生超越审批权限,多次擅自

---

45 参见陈兴良:《判例刑法学(下卷)》(第2版),中国人民大学出版社2017年版,第688—689页。

将火工材料违规批给袁庆鸿、张日滨使用,之后又对袁、张二人是否合法使用火工材料缺乏监督管理,致使二人将火工材料非法转卖给无证煤窑的业主,使无证煤窑得以继续非法生产,最终导致11名民工死亡的事故。法院以没有必然的因果关系,其行为不符合滥用职权罪的构成要件为由,判决翁余生无罪。[46] 但是,既然被告人违规审批的行为与死亡事故的发生之间存在条件关系;而导致11名民工死亡的危险,恰恰源于无权使用的业主使用火工材料而进行的非法生产活动,该危险处于被告人滥用职权的行为所创设的风险的范围,故可认定风险已经实现。与包智安案类似,生效判决的问题在于,过于狭隘地理解刑法中的因果关系,将结果归责的关联仅限定于存在必然因果关系的场合,而没有意识到间接创设风险场合的归责原理的特殊性所在。

(二)玩忽职守罪

71 玩忽职守罪是典型的结果犯,要求玩忽职守行为与重大损失之间必须具有刑法上的因果关系,也就是重大损失的结果必须可归责于行为人的玩忽职守行为。由于结果归责的判断,一般是放在构成要件行为该当之后来进行,故某一行为没有创设为法所禁止的针对法益的风险从而无法进行结果归责的情形,宜放在实行行为的判断阶段,也即属于构成要件行为理论的范畴。相应地,在结果归责环节,一般只需分为两个步骤进行判断。

72 (1)先是考察行为与结果之间是否存在事实因果关联。这一步一般称为归因判断。行为与结果之间必须存在客观的、事实上的关联性,这种关联通常可用条件公式(或称排除公式)来进行检验。在行为与结果之间存在“非P则非Q”的关系时,应肯定二者之间存在事实因果关联。在无法适用条件公式的场合,应进一步考察相关行为对于整体上构成结果之充分原因的先在条件的组合而言,是否属于必要的要素;如果能确定这一点,也可据此肯定行为与结果之间存在事实因果关联。

73 玩忽职守罪属于过失的不法类型,在作为的情形中,行为人的行为并不需要对导致重大损失的因果流程具有支配性的操控,即并不要求行为与结果之间在现实作用意义上具有支配性的关联。在过失的作为犯中,即便行为对导致重大损失的因果流程缺乏支配,只要其对重大损失的出现发挥了一定的作用力(并不要求是发挥首要作用或重要作用的因素),最终出现的结果仍可能归责于行为人。最高人民检察院指导性案例(检例第8号)“杨某玩忽职守、徇私枉法、受贿案”的要旨指出:“如果负有监管职责的国家机关工作人员没有认真履行其监管职责,从而未能有效防止危害结果发生,那么,这些对危害结果具有‘原因力’的渎职行为,应认定与危害结果之间具有刑法意义上的因果关系。”[47]

46　参见最高人民法院中国应用法学研究所编:《人民法院案例选》(总第54辑),人民法院出版社2006年版。

47　最高人民检察院2012年11月15日发布的指导性案例第8号“杨某玩忽职守、徇私枉法、受贿案”。

在这一点上,玩忽职守罪与一般的故意犯罪并不相同。对故意犯罪而言,只要能够阻断对因果流程的支配,结果便无法归责于行为人的行为。简言之,从事实因果的角度而言,过失的作为犯中,会存在“造成型”与“引起型”这两种归责的类型。[48] 与此相应,玩忽职守罪在事实因果关联的判断环节,存在两种类型:一种是玩忽职守的行为作为支配因果流程的因素而存在,直接造成重大损失的发生;另一种是玩忽职守的行为本身只是作为作用因素之一,引起重大损失的出现。一般说来,就玩忽职守案件而言,在出现人身伤亡的结果时,玩忽职守行为往往只是作用因素之一;在出现财产损失的结果时,玩忽职守行为既可能作为支配性的因素存在,也可能只是作为作用因素之一而发挥一定的作用。 74

在玩忽职守罪中,就不作为而言,也不要求不作为是唯一能够避免重大损失出现的因素。即便存在来自他人的不作为或作为,只要肯定行为人在职责上具有作为义务,仍应肯定行为人的不作为与重大损失的结果之间存在事实因果。玩忽职守罪中的因果关系认定,并不以直接或必然的因果关系为限。在作为的情形中,只需行为人的行为在引起结果出现的过程中发挥相应的作用就可以。在不作为的场合,则只要肯定存在作为义务,便不仅满足了归因(即事实因果)的标准,同时也可径行认定行为的危险创造关联,即是否制造危险的判断通过甄别作为义务的有无来完成。这意味着,作为义务不仅在行为归责的判断中处于核心地位,在归因判断中也起着举足轻重的作用。正是作为义务的存在,将行为人的不作为从众多主体的不予行动中挑选出来,并由此与最终的危害结果建立起事实层面的关联。[49] 75

(2)在肯定存在事实因果的关联之后,再考察行为所创设的风险是否已经实现,从而决定可否进行规范上的结果归责。对这一步的考察,一般称为归责判断。在此环节,需要特别注意实现结果的风险必须与行为所创设的风险同一,如果性质或类型上不同一,将产生排除结果归责的效果。在规范归责的层面,可能需要运用不同的下位规则,包括运用结果与行为之常态关联的规则排除重大偏异的因果,运用未实现不被容许之风险(或结果之避免可能性)的规则来审查注意义务违反与结果之间的规范关联性[50],运用注意规范保护目的理论来检验结果的发生过程是否与注意义务规范的保护目的相一致[51],运用构成要件效力范围理论来分析实际发生的行为流程及其结果是否处于构成要件的效力范围之内等。 76

---

48 参见劳东燕:《事实因果与刑法中的结果归责》,载《中国法学》2015 年第 2 期。

49 参见劳东燕:《事实因果与刑法中的结果归责》,载《中国法学》2015 年第 2 期。

50 参见陈璇:《论过失犯的注意义务违反与结果之间的规范关联》,载《中外法学》2012 年第 4 期。

51 参见陈璇:《论过失犯中注意义务的规范保护目的》,载《清华法学》2014 年第 1 期。

77 “龚晓玩忽职守案”[52]是理解分析玩忽职守行为与之后重大损失是否具有刑法上的因果关系的适例。

四、“徇私舞弊”的界定

78 《刑法》第397条第2款将“徇私舞弊”规定为滥用职权罪和玩忽职守罪的加重情形。问题在于,“徇私”与“舞弊”要件处于什么样的地位,各自应当如何界定呢?

(一)“徇私”的地位与含义

79 对于徇私,刑法理论上存在不同的观点。[53] 动机与行为说认为徇私同时是客观要素与主观要素;行为说认为徇私是客观要素;目的说认为徇私属于犯罪目的;动机说则认为徇私属于犯罪动机。前述各观点争论的焦点主要在于:徇私究竟是客观要素还是主观要素;如果将徇私理解为主观的超过要素,它应当归为目的还是动机。

80 笔者认为,将徇私理解为主观要素较为妥当。首先,从职务行为的公正性的角度而言,由于职权的公共属性,行为人只要在内心存在将权力用于谋私的意思,便已然侵犯职务行为公正性的法益。其次,从徇私概念的通常语义来看,它属于主观内容而非客观事实。再次,若是将徇私理解为客观要素,行为人主观上存在徇私的心理便不足够,还要求客观上有相应的行为表现;然而,徇私的外在行为表现很多时候难以作出合理的界定,尤其是如果权力的行使表面上处于公职人员的自由裁量权的范围之内时。最后,将徇私理解为客观事实,会导致本应数罪并罚的情形无法进行并罚。有论者便以徇私作为客观要素存在为由,提出因收受贿赂而渎职犯罪构成法条竞合的观点,认为应当按一罪进行处罚。[54] 此种观点导致侵害不同法益的数个行为,只能按一罪来处罚,不仅不符合教义学的基本逻辑,而且从刑事政策的角度来看也并不明智。同时,它也偏离司法实务的基本立场。2016年最高人民法院、最高人民检察院《关于办理贪污贿赂刑事案件适用法律若干问题的解释》第17条规定,国家工作人员利用职务上的便利,收受他人财物,为他人谋取利益,同时构成受贿罪与渎职犯罪的,除刑法另有规定外,以受贿罪和渎职犯罪数罪并罚。

81 如果将徇私定位为主观要素,由于不要求存在与之相对应的客观事实,同时,它也不属于滥用职权罪的故意的内容,故应理解为主观的超过要素。不过,究竟将徇私理解为犯罪目的还是犯罪动机,刑法理论上存在不同的见解。张明楷教授认为,将徇私理解为犯罪动机,比较符合刑法规定与现实情况。理由是,公务一般具有裁量性,有些裁量性事务,需要国家机关工作人员具有较高的法律素质、政策水平、技术能

---

[52] 参见最高人民法院刑事审判第一庭、第二庭编:《刑事审判参考》总第37集(第294号),法律出版社2004年版。

[53] 参见赵秉志主编:《刑法学各论研究述评(1978—2008)》,北京师范大学出版社2009年版,第699页。

[54] 参见任彦君:《因受贿而渎职的罪数认定》,载《法学评论》2010年第6期。

力,容易出错。刑法分则条文要求部分渎职罪出于徇私的动机,是为了将因为法律素质、政策水平、技术能力不高而造成差错的情形排除在外,只有基于徇私的内心起因而违背职责时,才以渎职罪论处。[55] 鉴于将徇私理解为犯罪目的会不当缩小滥用职权罪的处罚范围,且目的的本义是主观上追求的目标,而动机的本义则是内心的起因,将徇私理解为动机更为合理。

在如何理解“徇私”的含义问题上,其中的“徇私”,一般理解为包含徇私情与徇私利两种情形,这一点也为司法实务所认同。从职务行为公正性的要求来看,这样的理解是合理的。职权的公共属性内在地要求,公职人员必须基于服务公益的内心意思来行使与运用权力,无论是徇私情还是徇私利,都背离这种要求。在此种意义上,“私情”与“私利”之间并无本质性的区别。存在争议的是,徇私是否仅限于谋作为自然人的个人之私,谋单位或小集体之私,是否构成“徇私”? 82

否定论者认为,刑法条文中规定的“徇私”之“私”,应理解为个人私情、私利,私情、私利与单位利益相对应,徇单位之私不能理解为“徇私”。理由主要在于,从刑法用语的逻辑性来看,“徇私”中的所谓“私情、私利”乃是与“单位利益”相对应;从体系解释的角度来看,如果将“徇私”理解为“徇单位之私”,诸如《刑法》第 169 条的徇私舞弊低价折股、出售国有资产罪之类的罪名,逻辑上将无法说通;为本单位利益实施的渎职行为,不视为徇私,也会有相应罪名可适用,不会放纵犯罪。[56] 司法实务的观点也倾向于认为徇私仅限于谋个人之私。2003 年 11 月 3 日发布的《全国法院审理经济犯罪案件工作座谈会纪要》规定,徇私舞弊型渎职犯罪的“徇私”应理解为徇个人私情、私利。国家机关工作人员为了本单位的利益,实施滥用职权、玩忽职守行为,构成犯罪的,依照《刑法》第 397 条第 1 款的规定定罪处罚。肯定论者则认为,徇私不仅包括徇个人之私,也包括徇单位、集体之私,不然,就是不当地缩小了本罪的处罚范围。理由主要在于:无论是徇个人之私还是徇单位、集体之私,都侵害了渎职罪的法益;徇单位、集体之私同样可以成为推动行为人实施渎职行为的内心起因;徇单位、集体之私并不使行为的非难可能性减少;公与私具有相对性,非出于实现与保护公的法益的意图,便应评价为“私”。[57] 无论从文义、体系还是处罚范围的合理性的角度考虑,都应将徇单位、集体之私归入“徇私”的范畴。[58] 另有肯定论者从单位利益实质上是小团体利益、扩大了的个人利益的角度,强调徇单位之私没有超出徇私的字义可能范围。[59] 83

---

55 参见张明楷:《刑法学》(第 6 版),法律出版社 2021 年版,第 1632 页。

56 参见牛克乾、阎芳:《试论徇私枉法罪中“徇私”的理解与认定》,载《政治与法律》2003 年第 3 期;周光权:《刑法各论》(第 4 版),中国人民大学出版社 2021 年版,第 594 页。

57 参见张明楷:《渎职罪中“徇私”、“舞弊”的性质认定》,载《人民检察》2005 年第 23 期。

58 参见张明楷:《渎职罪中“徇私”、“舞弊”的性质认定》,载《人民检察》2005 年第 23 期。

59 参见黄明儒:《论我国刑法中“徇私”的含义》,载《法学家》2006 年第 5 期。

84 笔者认为,否定论者过于纠结"徇私"概念的表面含义,对"徇私"作了过于狭隘的形式性判断。立足于本罪所保护的基础法益,尤其是考虑到权力的公共性是相对于国家与作为权力所有者的人民而言,可断定,相应职位及职权的设立都需要服务于此种"大公"。基于此,尽管单位的利益相对于个人而言看来具有"公"的性质,但这种所谓的"公",相对于权力的公共属性而言,仍属于放大了的私益。公职人员基于谋取这种私益的动机来行使与运用职权,同样会侵犯职务行为的公正性。因而,将徇私理解为同时包含徇单位、小集体之私的观点更为合理。

(二)"舞弊"的地位与含义

85 对于《刑法》第 397 条第 2 款中的"徇私舞弊",应将"徇私"与"舞弊"理解为并列要件,而非选择性要件。也就是说,只有同时具备徇私的动机与舞弊的行为,才能适用滥用职权罪的加重构成。

86 对于"舞弊"的性质,刑法理论上争议不多,一般认为它是客观构成要件要素。"舞弊"是指弄虚作假、玩弄职权的行为。有学者将刑法规定中的"舞弊"分为两种情形。一种情形是,刑法分则条文规定了渎职行为的具体内容,舞弊只是渎职行为的同位语,并不具有超出具体渎职行为之外的特别含义。换言之,舞弊只是对具体渎职行为的一种归纳与概括(绝大多数条文中的"舞弊"属于这种情形)。另一种情形是,刑法分则条文没有规定具体的渎职行为,舞弊成为具有特定含义的、具体的渎职行为。[60] 就《刑法》第 397 条第 2 款中的"舞弊"而言,应当认为其属于后一种情形,而不单纯是第 1 款规定中有关滥用职权行为的同位语。"舞弊"的规定本身,对滥用职权行为的方式与程度作了限定,只有以弄虚作假、玩弄职权方式所实施的滥用职权行为,才应认定为"舞弊"。所谓的玩弄职权,是指违背基本的履职伦理,随心所欲地对公务事项作出处理或决定。

87 这主要是基于,"徇私舞弊"是作为加重构成要件而存在,但"徇私"的动机作为主观不法要素,本身不足以将滥用职权的不法提升到需要适用加重法定刑的程度;只有客观行为方式较一般的滥用职权行为更为严重,相应地使不法的程度有所提升,才适宜按加重法定刑来处罚。由于动机上的谋私,本身构成一般滥用职权行为的行为表现之一,这意味着,《刑法》第 397 条第 2 款是针对徇私类的滥用职权行为,专门规定了加重的行为类型。此类滥用职权行为,如果是以弄虚作假、玩弄职权的方式进行,便应适用加重法定刑。有论者提出,由于第 2 款的行为是从个人利益出发,置国家利益于不顾,主观恶性要比第 1 款的规定严重,所以本款规定了较重的处罚。[61] 这种观点不尽合理,且不说动机上的谋私属于滥用职权行为的行为表现之一,即便承认其作为提升主观恶性的表征因素,从罪刑相适应的角度,单是主观恶性的提升,不足

---

60 参见张明楷:《渎职罪中"徇私"、"舞弊"的性质认定》,载《人民检察》2005 年第 23 期。

61 参见郎胜主编:《中华人民共和国刑法释义》(第 6 版),法律出版社 2015 年版,第 682—683 页。

以与立法所规定的加重法定刑相匹配。在陈柏槐滥用职权、受贿案[62]中,被告人的行为具备"徇私舞弊"的情节,应适用《刑法》第397条第2款的规定。

Ⅵ 主体

滥用职权罪与玩忽职守罪均是身份犯,犯罪主体限于国家机关工作人员。国家机关工作人员的外延比国家工作人员要小,包括在国家各级立法机关、党政机关、司法机关与军事机关中从事公务的人员,但一般不包括在国有公司、企业中从事公务的人员。需要注意的是,此种特别身份是成立正犯的必备要件,对于实施教唆与帮助行为的共犯,无须具备国家机关工作人员的身份。由于司法实务中对国家机关工作人员在理解上存在重大分歧,2002年12月28日全国人大常委会通过的《关于〈中华人民共和国刑法〉第九章渎职罪主体适用问题的解释》对国家机关工作人员的范围明确予以界定,即在依照法律、法规规定行使国家行政管理职权的组织中从事公务的人员,或者在受国家机关委托代表国家机关行使职权的组织中从事公务的人员,或者虽未列入国家机关人员编制但在国家机关中从事公务的人员,在代表国家机关行使职权时,有渎职行为,构成犯罪的,依照刑法关于渎职罪的规定追究刑事责任。 88

对于国家机关工作人员的性质,刑法理论上主要存在身份说与公务说的争论。身份说认为,只有进入国家机关的正式编制且具备相应资格的人,才属于国家机关工作人员。公务说(也称职能说)认为,衡量是否构成国家机关工作人员,应以是否从事国家机关公务为标准。在前述两种学说之外,还有一些提倡综合或折中的学说。比如,身份与公务兼具说认为,身份与公务构成相辅相成、密不可分的有机整体,身份是从事公务的资格,而从事公务是本质属性。再如,新公务论认为,应坚持以具备资格为前提,以拥有职责和职权为基础,以职务名义从事国家管理、公共管理或社会管理等公务为核心的三位一体的观点。新公务论将其学说归纳为"三三模式":法定身份+职责权限+以职务名义从事公务管理;经合法授权+职责权限+以职务名义从事公务管理;受有权机关委托+职责权限+以职务名义从事公务管理。[63]身份与公务兼具说由于将身份与公务理解为并列要件,本质上偏向于身份说;而新公务论将经合法授权与受有权机关委托均视为具备相应身份,其实对身份已经作了扩张性的理解,并不以正式编制为限,故可归入公务说的范畴。这样看来,刑法理论上关于国家机关工作人员的理解,主要分为身份说与公务说两大阵营。 89

---

62 参见《最高人民检察院公报》2016年第1号(总第150号)。

63 参见张兆松、李志雄、章晓民:《渎职犯罪的理论与实践》,中国检察出版社2008年版,第1—4页。

90 从实务的做法来看,明显采取了公务说的立场,也即行为人是否属于国家机关工作人员,不是取决于其固有身份,而是取决于从事活动的内容及其根据。[64] 2002 年 12 月 28 日全国人大常委会通过的《关于〈中华人民共和国刑法〉第九章渎职罪主体适用问题的解释》规定,在依照法律、法规规定行使国家行政管理职权的组织中从事公务的人员,或者在受国家机关委托代表国家机关行使职权的组织中从事公务的人员,或者虽未列入国家机关人员编制但在国家机关中从事公务的人员,在代表国家机关行使职权时,有渎职行为,构成犯罪的,依照刑法关于渎职罪的规定追究刑事责任。依据司法解释的相应规定,下列人员构成国家机关工作人员,或以国家机关工作人员论:第一,属于行政执法事业单位的镇财政所中按国家机关在编干部管理的工作人员;第二,合同制民警在依法执行公务期间;第三,经人事部门任命,但属于工人编制的乡(镇)工商所所长,依法履行工商行政管理职责时;第四,企业事业单位在机构改革过程中虽未列入公安机关编制,其工作人员在行使侦查职责时;第五,海事局及其分支机构工作人员在行使国家水上安全监督和防止船舶污染及海上设施检验、航海保障的管理职权的公务活动时;第六,一些国有公司、企业和事业单位经合法授权从事具体的管理市场经济和社会生活的工作,拥有一定管理公共事务和社会事务的职权,其工作人员在实际行使国家行政管理职权时;第七,村民委员会、居民委员会等基层组织人员协助人民政府从事行政管理工作时;第八,公司、企业、事业单位的工作人员在依法或者受委托行使安全监督管理职责时。最高人民检察院 2012 年 11 月 15 日发布的指导性案例(检例第 5 号)“陈某、林某、李甲滥用职权案”的要旨指出:“随着我国城镇建设和社会主义新农村建设逐步深入推进,村民委员会、居民委员会等基层组织协助人民政府管理社会发挥越来越重要的作用。实践中,对村民委员会、居民委员会等基层组织人员协助人民政府从事行政管理工作时,滥用职权、玩忽职守构成犯罪的,应当依照刑法关于渎职罪的规定追究刑事责任。”[65]

91 可以发现,司法解释遵循了 2002 年全国人大常委会立法解释的基本精神,对国家机关工作人员的范围作了扩张性的界定。这种扩张是借助实质判断而实现的。对于前述做法,有不少论者提出批评,认为相关解释实质性地改变了既有立法对于渎职罪主体要件的规定,违反罪刑法定原则,是对立法权的侵夺;无论是立法解释还是司法解释,本质上都不是刑法修正案,有必要考虑通过立法修改来实现对渎职罪主体的扩张。[66]

92 总体而言,就国家机关工作人员的认定标准而言,采取公务说是妥当的。同时,对于实务中过度扩张国家机关工作人员范围的做法,也有需要警惕之处。尤其

---

64 参见张明楷:《刑法学》(第 6 版),法律出版社 2021 年版,第 1629 页。

65 最高人民检察院 2012 年 11 月 15 日发布的指导性案例第 5 号。

66 参见王志祥:《关于渎职罪主体有权解释的思考及立法建议》,载《法商研究》2005 年第 6 期;李希慧、贾济东、廖焱清:《渎职罪主体解释回顾思考及立法建言》,载《国家检察官学院学报》2003 年第 4 期。

是,一些临时性地间接接受委托而从事公务的人员,是否适合认定为国家机关工作人员,值得斟酌。比如,在疫情期间,居委会、物业公司的工作人员或者一般的社会人员,接受街道的委托或再委托而从事疫情防控工作,如协助对进出小区的人员进行盘查等,是否可按公务说的标准认定为国家机关工作人员,存在较大的疑问。笔者认为,间接接受有权部门的委托而从事疫情防控工作的人员,虽然从事的是公务,但与代表国家权力的政府部门的联系偏于薄弱,不应以国家工作人员论。

Ⅶ 罪过

就滥用职权罪与玩忽职守罪而言,刑法理论上对前者的罪过形式究竟是故意还是过失存在较大的争议,对后者的罪过形式为过失,则基本不存在争议。以下按罪名分别进行论述。 93

一、滥用职权罪

(一)理论争议

对于滥用职权罪的罪过形式问题,刑法理论上存在很大的争议。主流观点认为是故意,包括直接故意与间接故意。[67] 在故意论的阵营中,有个别论者认为,滥用职权罪的罪过形式仅限于间接故意[68],或仅限于直接故意[69]。除此之外,还有两种观点具有较大的影响力。复合罪过说认为,滥用职权罪既可由故意构成,也可由过失构成。所谓的复合罪过形式,是指同一罪名的犯罪心态既有故意(限间接故意)也有过失的罪过形式。[70] 过失说则认为,滥用职权罪的罪过是过失,理由主要在于两点:一是判断故意还是过失,应以行为人对其所实施行为的危害结果所持的心理态度为标准,而不是以行为人对行为本身的心理态度为标准;二是从与玩忽职守罪的处刑相协调的角度,难以将滥用职权罪解读为故意犯罪,不然就会违背罪刑相适应原则。[71] 94

---

67 参见高铭暄、马克昌主编:《刑法学》(第9版),北京大学出版社、高等教育出版社2019年版,第646页;王作富主编:《刑法分则实务研究》(第4版),中国方正出版社2010年版,第1872页;周光权:《刑法各论》(第4版),中国人民大学出版社2021年版,第576页;黎宏:《刑法学各论》(第2版),法律出版社2016年版,第548页;曲新久:《刑法学》(第4版),中国政法大学出版社2017年版,第601页;李希慧、逄锦温:《滥用职权罪主观罪过评析》,载《法学家》2001年第2期。

68 参见蒋熙辉:《滥用职权罪相关问题之思考》,载《中国刑事法杂志》2000年第5期。

69 参见刘家琛主编:《新刑法新问题新罪名通释》,人民法院出版社1997年版,第1087页。

70 参见储槐植、杨书文:《复合罪过形式探析》,载《法学研究》1999年第1期;持类似观点的,参见陈兴良主编:《罪名指南(下册)》(第2版),中国人民大学出版社2008年版,第744页。

71 参见周道鸾、张军主编:《刑法罪名精释》(第4版),人民法院出版社2013年版,第1083页;陈忠林:《滥用职权罪的罪过形态新论》,载《人民检察》2011年第23期;李洁:《论滥用职权罪的罪过形式》,载《法学家》1998年第4期。

就司法实务而言,对滥用职权罪罪过的认识也不太统一。有的判决认为滥用职权罪是故意犯罪,有的判决则认为滥用职权罪罪过方面是出于过失。

(二)争议观点评析

95 笔者认为,主流观点相对而言较为妥当,其他观点都存在相应的缺陷。无论从法条的文义表述来看,还是从体系性逻辑的角度,抑或从与玩忽职守罪的合理区分来看,都宜将滥用职权罪的罪过形式解读为故意。

96 (1)认为滥用职权罪只能由直接故意或间接故意构成的观点,人为割裂了故意的统一性,并不可取。

97 (2)复合罪过说认为滥用职权罪可由间接故意与过失构成,但不能由直接故意构成,显得不可思议。理由在于:一是既然过失与间接故意都能构成,直接故意当然更能构成;二是认为一种犯罪可由过失与间接故意构成,不符合罪刑法定原则;三是间接故意与过失的非难可能性存在重大差异,将二者相提并论不合适;四是相关主张实质上是以生活事实取代法律规定。[72]

98 (3)过失说也面临疑问。首先,过失说没有考虑滥用职权罪和玩忽职守罪的区分可能性问题。滥用职权罪和玩忽职守罪的真正区别,并不在于客观要件;如果滥用职权罪也是过失犯罪,要区别这两罪就变得较为困难。其次,没有考虑"滥用"一词通常的含义,滥用必须理解为明知是错误行使、任意行使权力,而仍然有意为之,将其解释为过失实在有些牵强。再次,过失说没有结合《刑法》第397条第2款思考问题。根据该款的规定,徇私舞弊犯滥用职权罪的,法定最高刑是10年有期徒刑,将滥用职权罪主观罪过确定为故意,并且最高可以判处10年有期徒刑,可以做到罪刑相当。最后,没有考虑法条竞合问题。《刑法》第397条与《刑法》分则第九章的其他条款之间是一般条款与特殊条款的关系,而第399条、第400条等条文规定的是特殊部门的国家机关工作人员滥用职权实施的犯罪,其明显可由直接故意构成,那么,作为一般罪名的滥用职权罪当然也可由直接故意构成。[73]

(三)对争议根源的解决方案

99 不难发现,对滥用职权罪的罪过认定产生争议,根源在于,我国传统故意理论具有意志导向与结果导向两个特点,若是依据对于构成要件结果的认知与意欲的态度作为判断故意还是过失的唯一标准,则势必得出滥用职权罪是过失犯的结论;但这样一来,又会带来其他难题。为维持滥用职权罪作为故意犯罪的定位,刑法理论上发展出四种不同的解决方案,试图提供相应的正当根据:一是通过将相关要素有条件地从故意的认识内容中予以排除而得出成立滥用职权罪系故意犯罪的结论;二是通过先计算事实上的罪过个数再区分主要罪过与次要罪过的方法,认定滥用职权罪是故意

---

72 参见张明楷:《刑法学》(第6版),法律出版社2021年版,第1637页。

73 参见周光权:《刑法各论》(第4版),中国人民大学出版社2021年版,第576页。

犯;三是改造传统的故意认定标准本身,认为滥用职权罪属于故意犯罪;四是引入犯罪故意的要素分析模式,认为故意犯罪的成立,允许对某一或某些客观构成要素持过失的心态,据此,滥用职权罪是作为故意犯罪而存在。以下对这四种解决方案分别述之。

(1)客观构成要素例外说。持此种方案的论者,通过改变故意的认识范围,将相关要素从故意的认识内容中排除出去,得出仍然成立故意犯罪的结论。隶属此类方案的各观点的共同之处在于,相关要素被认为是不同于一般客观构成要素的特殊例外因素,因而不适用主观认识应受客观要件规制的原理。根据论证理由的不同,此类观点具体还可分为两类:一是认为相关要素仍是客观构成要件要素,只是例外地不属于故意的认识内容。此类观点中,以客观的超过要素理论最具代表性,该理论对滥用职权罪中的结果进行重新解读,将滥用职权行为会发生侵害国家机关公务的合法、公正、有效执行以及国民对此的信赖的结果,视为意志所针对的对象;同时认为,行为人对该结果应具有预见可能性。[74] 二是认为滥用职权罪中的"重大损失"是外在于犯罪构成的客观因素,属于罪量要素(或类似客观处罚条件),不需要行为人有认知或意欲。[75] 100

(2)主要罪过说。该说的倡导者认为,针对特定犯罪的罪过认定问题,首先从"事实上"确定这些犯罪中的行为人究竟有多少个罪过;然后从"规范意义上"确定这些罪过中哪个是次要罪过,哪个是主要罪过。最终确定的主要罪过就是这些犯罪的罪过形式。在滥用职权罪中,其中的行为意思实质性地支配了结果的发生,即主要罪过是故意,次要罪过是过失,故可将其总体上定性为故意犯罪。[76] 另有论者提出所谓的并存罪过说,按其观点,对并存罪过的犯罪,最终应以基本罪过为依据将之归于故意犯罪或过失犯罪的某一类型[77],故该观点与主要罪过说的立场并无本质性的差异。 101

(3)明知故犯说。支持该观点的论者对以意志要素为核心的传统的容认说提出了批评,主张以认识因素作为判断故意的标准。具体而言,某种犯罪在主观上要求故意还是过失,取决于行为人对行为以及可能发生的结果是否具有认识和预见,而不在于其是否希望或放任这种结果的发生。在其看来,故意犯的本质是行为人已经预见到自己的行为会发生危害社会的结果,却明知故犯;在过失犯的场合,则是行为人应当并且能够预见到自己的行为会发生危害社会的结果但却没有预见到,属于不意误犯。[78] 102

---

74 参见张明楷:《"客观的超过要素"概念之提倡》,载《法学研究》1999 年第 3 期。

75 参见陈兴良:《口授刑法学(下册)》(第 2 版),中国人民大学出版社 2017 年版,第 656 页。

76 参见周光权:《论主要罪过》,载《现代法学》2007 年第 2 期。

77 参见卢有学:《论并存罪过》,载《法律科学》2015 年第 1 期。

78 参见黎宏:《刑法总论问题思考》,中国人民大学出版社 2007 年版,第 255 页。

103　(4)故意的要素分析模式说。传统的故意理论采用的是整罪分析模式,主张对故意与过失作完整的理解[79],故同一犯罪不可能出现对行为出于故意而对结果出于过失的情况。要素分析模式说则认为,针对客观构成要件中的行为要素、结果要素与情状要素,完全可能存在不同的主观心态。论者认为,客观的超过要素理论、罪量要素说与明知故犯说所主张的故意标准均相异于传统的故意认定模式;并且,它们都偏离了以整罪分析为特征的故意犯的传统分析模式。其中,明知故犯说代表的是从整罪分析模式向要素分析模式过渡的中间形态,客观的超过要素理论与罪量要素说则已经具有典型的要素分析的特性,而主要罪过说则完全以要素分析作为理论成立的逻辑前提。[80] 根据要素分析模式说,存在多元的故意认定模式,滥用职权罪符合其中之一的认定标准,因而属于故意犯罪。

104　以上四种解决方案,共同之处在于都认为不能将传统的故意认定标准适用于滥用职权罪。除明知故犯说坚持故意认定标准的统一之外,其他三种解决方案实际上承认,除传统的故意认定标准之外,还存在其他类型的故意认定标准。相比于传统的故意理论,前述所有方案对故意成立的标准均作了实质性的放松,降低了故意的成立标准,其区别仅在于,对故意标准的放松程度有所不同。明知故犯说主张,犯罪故意的成立,只要求行为人对结果要素具有明知,不要求在意欲上具有希望或者放任态度;主要罪过说与客观的超过要素理论提出,行为人对结果要素(或其他客观构成要素)不具有意欲与明知,而只存在过失或是预见可能性,也不影响犯罪故意的成立;罪量要素说则认为,行为人对结果要素(或其他客观构成要素)既不存在明知,也不存在过失或是预见可能性,仍能够成立犯罪故意。当然,前述这些学说都坚持犯罪故意的成立,行为人必须对行为的实施同时具有认知与意欲,不然,便没有成立的余地。严格而言,故意的要素分析模式说是对其他学说的共性的总结与提炼,它可以将其他学说都涵盖进去;基于符合责任主义的要求考虑,在故意的要素分析模式说框架中,也会要求行为人至少对结果要素(或其他客观构成要件要素)具有过失或是预见可能性。

105　在前述四种解决方案中,笔者赞同故意的要素分析模式说。该学说在对前三种解决方案的共同特性进行总结与提炼的基础上,敏锐地洞悉到故意认定标准多元化与类型化的发展趋势。相较而言,它不仅涵盖面更广,而且提出了一种新的思考故意成立标准的范式。由于能够容纳刑事政策上的目的性考虑,这种范式更适合风险社会与法定犯时代的客观需要。

106　在刑法分则明确规定罪过的犯罪中,罪过的对象究竟是每个客观构成要素,还是以危害结果为中心的客观构成要素的整体?对此,整罪分析模式与要素分析模式给出了截然不同的回答。我国传统理论采取的是整罪分析模式。整罪分析模式强调罪

79　参见张明楷:《犯罪论原理》,武汉大学出版社 1991 年版,第 270 页。

80　参见劳东燕:《犯罪故意的要素分析模式》,载《比较法研究》2009 年第 1 期。

过对象的整体性、罪过形式的单一性和不同罪过之间的对立性。根据传统罪过理论,罪过的对象是以危害结果为核心的客观构成要素的整体,在故意犯罪中所有客观构成要素的罪过形式都是单一的故意,而且故意犯罪中不包括过失,过失犯罪中也容不得故意。在法定犯时代背景下,整罪分析模式的僵化性和机械性越来越凸显出来。它不仅会不当地缩小犯罪圈,且易于忽略危害结果以外的客观构成要素的罪过,还可能不当扩大罪过的对象,与罪刑法定原则之间也存在紧张关系。要素分析模式强调,罪过的对象是具体的客观构成要素,在故意犯罪中可以有过失,在过失犯罪中也可以有故意,故意与过失之间不是对立关系而是位阶关系。相比整罪分析模式,具有灵活性和实用性的要素分析模式不但更好地遵循了罪刑法定原则和责任主义原则,而且更能适应法定犯时代的到来。[81]

不难发现,为维持滥用职权罪作为故意犯罪的地位,现有的四种解决方案,尽管论证进路各不相同,但其努力的方向具有趋同性。这种趋同性不只表现在故意成立标准的放松上,也表现在它们都不约而同地放弃了整罪分析模式而改采要素分析模式,最终明示或默示地承认,滥用职权罪本质上属于故意·过失的混合犯罪类型。故意认定标准在范式上所经历的重大变化,与呼应刑事立法从结果本位主义向行为本位主义的转变有关。从立法层面而言,传统的故意犯罪,整体的构成要件是围绕结果而构建,立法者基于要防止侵害结果的出现而设计相应的构成要件。因而,无论是故意的认定还是客观层面的结果归责,都围绕结果展开:故意的成立,要求行为人在对结果具有明知的基础上,同时在意志上持希望或放任的态度;结果归责的肯定,也相应要求行为人操控导致结果出现的整个因果流程,其行为施加的作用力只有达到支配的程度,才能进行结果归责。然而,像滥用职权罪这样的故意犯罪,立法者的规制重心放在行为之上,相应的,其整体的构成要件是围绕行为而构建起来的。这使得无论是在故意的认定上还是在结果归责的判断上,滥用职权罪都显得与众不同:故意的成立,只要求行为人对行为的实施具有认知与意欲;结果归责的肯定,只要求行为之于结果的出现而言是一个作用因素,不要求对导致结果出现的整个因果流程具有支配。这意味着,至少就滥用职权罪这样的法定犯而言,结果要素对于不法与罪责成立的意义均已有所下降。 107

当然,结果要素在刑法体系中的重要性的下降,乃至行为本位思想在刑事立法中的蔓延,本身都只是所造成的后果而并非原因。归根到底,刑法处罚范围的扩张与风险社会中刑法对危害预防与危险控制的强调紧密相关。当代社会风险的日常化,在驱使刑法任务观重新定位的同时,也极大地影响了刑法的控制方式与技术。这种影响在法定犯中表现得尤为明显。这主要是因为,与自然犯相比,法定犯与社会现实联系得更为紧密,相应地,对刑法任务观与控制技术方面的变化也表现得更为敏感。可以说,在现代刑法中,法定犯才是表征社会气候变化的晴雨表。不赞成在像滥用职权 108

---

81 参见陈银珠:《法定犯时代传统罪过理论的突破》,载《中外法学》2017 年第 4 期。

罪这样的特定犯罪中适用传统的故意标准而另辟蹊径,以致偏离以整罪分析为特征的故意认定模式,说到底是因为人们认为,如此地限定刑法的处罚范围不利于危害预防与风险控制。这意味着,既有刑法理论在解释力上的不足,是刑法任务观的转换与相应的控制方式及技术的变化而导致的结果,是由于传统的故意犯理论与刑法现实存在脱节所致。对于法定犯而言,只要认为适用传统故意标准不当地限制了其成立范围,人们便不得不借助要素分析模式来达成目的。换言之,在滥用职权罪之类的法定犯中,不可能在期望合理扩张刑法处罚范围的同时,仍然完全坚持传统的整罪分析模式。要素分析模式的出现,是刑法适应积极干预主义的治理模式的结果,它比整罪分析模式更符合风险控制与危害预防的现实需要。

二、玩忽职守罪

109 玩忽职守罪在罪过形式上一般被认为只能由过失构成。[82] 罪过意义上的过失,主要指的是行为人的预见可能性,预见的对象是针对造成重大损失的结果而言的,属于对具体结果的预见,而不是抽象结果的预见。行为人对于自己不履行职责或不正确履行职责的行为,完全可能是在明知的情况下有意为之。具体而言,此处的过失,是指应当且能够预见到自己不履行或不正确履行职责的行为有可能导致公共财产、国家和人民利益遭受重大损失,却因疏忽大意而没有预见,或者虽已预见但轻信能够避免,以致发生危害结果。

110 值得注意的是,过失犯的客观构成要件中,也需要考虑过失的问题。客观构成要件中的过失,涉及的是过失实行行为,即违反注意义务规范而制造法所不容许的风险的行为。在玩忽职守罪中,具体是指严重不负责任,不履行职责或不正确履行职责的行为。就过失犯而言,注意不要将客观要件层面的过失行为与作为罪过形态的过失相混同。一般人的预见可能性不属于罪过层面的过失的内容,而属于客观构成要件的判断中需要考虑的因素。在过失犯中,在考虑是否能够将制造法所不容许的行为归责于行为人时,也就是判断是否存在过失实行行为时,需要考虑一般预见可能性的问题。从过失犯理论在当代的发展历程来看,其归责结构经历了两个转变,即从主观归责为重心到客观归责为重心的转变,以及从结果本位到行为本位的转变;与此相应,传统上作为归责判断之核心因素的一般人的预见可能性,宜定位于客观归责层面

---

[82] 参见高铭暄、马克昌主编:《刑法学》(第8版),北京大学出版社、高等教育出版社2017年版,第652页;王作富主编:《刑法分则实务研究》(第4版),中国方正出版社2010年版,第1876页;陈兴良:《口授刑法学(下册)》(第2版),中国人民大学出版社2017年版,第651页;张明楷:《刑法学》(第5版),法律出版社2016年版,第1248页;周光权:《刑法各论》(第4版),中国人民大学出版社2021年版,第585页;黎宏:《刑法学各论》(第2版),法律出版社2016年版,第550页;刘艳红:《也论新刑法第397条的罪名与罪过》,载《法学评论》1999年第6期;伍金平:《论〈刑法〉第397条的罪过形式归位》,载《法律适用》2009年第11期。

的行为归责环节,而预见的内容则限于行为的注意义务违反性及行为所蕴含的对法益的不容许风险。[83] 如果立足于行为时的具体情境,行为人充其量只是意识到自己的行为违反日常的生活规范,而难以认为其对行为可能导致他人死亡的危险有预见可能,也无法认定他对被害人的死亡结果能够存在具体的预见可能,此种情况下,宜得出不存在过失实行行为的结论。

Ⅷ 既遂与未遂

玩忽职守罪作为过失犯罪,一般认为不存在可罚的未遂状态;作为故意的结果犯,滥用职权罪则似乎存在成立未遂的余地。有论者曾明确提出,在渎职罪中危害结果仍是区分未遂与既遂的标志。[84] 就滥用职权罪而言,便是以涉及公共财产、国家和人民利益方面的重大损失是否出现,作为判断未遂与既遂的标准。然而,问题在于,如果重大损失并非认知与意欲的对象,而是只要求具有过失或预见可能性即可,则此种结果能否与普通故意犯中的结果相提并论,是值得质疑的。同时,如果一方面认为滥用职权罪中的重大损失不是结果要素,而是类似于客观处罚条件的罪量要素或定罪情节要素,另一方面却又认为它是决定既遂与未遂的标准,这在教义学的体系逻辑上是自相矛盾的。无论如何,一个直接影响不法程度提升,并构成既遂与未遂判断标准的因素,不可能作为客观处罚条件或单纯的情节要素而存在。 111

另有观点认为,结合渎职罪的行为性质和刑法"致使"这样的措辞,凡是规定特定结果或者情节严重的渎职罪,"重大损失"和"情节严重"都应当解释为犯罪成立必备的要素;无此法定结果或情节未达严重程度,即便行为人实施了滥用职权等行为也不能认定为犯罪。也即法定结果或情节是否出现,是区分罪与非罪的标志,而不是既遂与未遂的界限。[85] 笔者认同前述结论,但为什么如此,相关论者并未给出具有说服力的解释。实际上,滥用职权罪中作为结果要素的重大损失,之所以是犯罪成立要件而不是既遂的成立要件,根源在于其特殊的犯罪结构。作为非典型的故意犯罪,滥用职权罪的成立,只要求行为人对结果具有预见可能性即可;正是这个特点,使得它与过失犯中的结果要素处于相同的地位。基于此,滥用职权罪中的重大损失,应理解为是犯罪成立要件,而非既遂要件。简言之,重大损失乃是作为限缩处罚范围的要件而存在,滥用职权罪没有成立未遂犯的余地。 112

进一步的问题在于,《刑法》第 397 条第 2 款规定的徇私舞弊滥用职权的情形,是 113

---

83 参见劳东燕:《过失犯中预见可能性理论的反思与重构》,载《中外法学》2018 年第 2 期。

84 参见周光权:《危害结果仍是区分渎职罪未遂与既遂标志》,载《检察日报》2003 年 10 月 21 日。

85 参见肖中华:《渎职罪法定结果、情节在构成中的地位及既遂、未遂形态之区分》,载《法学》2005 年第 12 期。

否有成立未遂犯的可能？鉴于该款中有“犯前款罪”的规定,顾名思义,若是没有出现重大损失的结果,便无法认为符合“犯前款罪”的条件。因而,第 2 款规定的情形,也不存在成立未遂犯的余地。

Ⅸ 共犯

114 滥用职权罪和玩忽职守罪由于在不法类型与罪责上的差异,导致其在共同犯罪成立要求方面也存在一些不同。以下分别述之。

一、滥用职权罪

115 滥用职权罪是身份犯,只有具备国家机关工作人员的身份才能构成本罪。不过这种身份上的要求只针对正犯,共犯的成立并不需要具备相应的身份。教唆或者帮助国家机关工作人员实施滥用职权行为,造成重大损失的,构成滥用职权罪的共犯。滥用职权罪的共同犯罪,既可由均具有国家机关工作人员身份的数个行为人共同实施,也可由国家机关工作人员与不具备相应身份的其他人员共同实施。需要注意的是,不具备国家机关工作人员身份的行为人,因欠缺特定的身份,不可能构成滥用职权罪的主体。与此同时,如果滥用职权行为由数个均具有国家机关工作人员身份的行为人实施,具备身份的行为人不一定构成正犯。是否成立正犯的关键在于,该国家机关工作人员在实施滥用职权行为的整个过程中是否扮演核心的角色。

116 在查办案件中,要分清滥用职权行为对危害后果所起的作用大小,正确区分主要责任人与次要责任人、直接责任人与间接责任人。对多因一果的有关责任人员,要分清主次,分别根据他们在造成危害损失结果发生过程中所起的作用,确定其罪责。要正确区分决策者与实施人员、监管人员的责任。对于决策者滥用职权违法决策,或者强令、胁迫其他国家机关工作人员实施违法行为的,或者阻挠其他国家机关工作人员执法,造成重大损失的,应当区分决策者和实施人员、监管人员的责任大小,重点查处决策者的渎职犯罪;实施人员、监管人员贪赃枉法、徇私舞弊,隐瞒事实真相,提供虚假信息,影响决策者的正确决策,造成危害后果发生的,要严肃追究实施人员和监管人员的责任;实施人员、监管人员明知决策者决策错误,而不提出反对意见,或者不进行纠正、制止、查处,造成重大损失的,应当视其情节追究渎职犯罪责任;对于决策者与具体实施人员、监管人员相互勾结,共同实施渎职犯罪的,要依法一并查处。

117 对于集体讨论决定后实施的滥用职权行为,要区分不同的情况进行处理。对于表面上采取集体研究的决策形式,实为个人滥用职权,也即是行为人操纵、胁迫或欺骗之下的结果,如果造成重大损失,应当追究决策者个人的刑事责任。对于按正常程序集体决策而实施的滥用职权行为,原则上,在表决中持赞成意见者构成滥用职权罪的共犯,但是,持明确反对意见者例外。从事特定事务的国家机关工作人员实施滥用职权行为,在获得主管领导的同意或批准时,如果主管领导已经明知国家机关工作人员的客观行为事实,却仍然予以同意或批准的,主管领导构成滥用职权罪的共犯。如果从事特定事务的国家机关工作人员实施滥用职权行为,主管领导在过程之中已然明知,却听之任之,不予制止的,属于以不作为的方式构成滥用职权罪的共犯。

二、玩忽职守罪

从实务来看,不少案件中重大损失是由两个以上国家机关工作人员的共同玩忽职守行为,或者是国家机关工作人员与其他不具有身份的人员共同所导致。根据我国刑法理论的一般观点,共同过失犯罪不以共同犯罪论处,而是按照各自所犯的罪行分别予以处罚。晚近以来,刑法理论上开始出现承认过失共同正犯的态势,以合理解决过失共同犯罪中的结果归责问题;只是在对过失共同犯罪中的“共同”如何理解,是否需要具备意思上的共同,以及是否要求违反的是共同的注意义务规范等,均未有定论。总体上,过失共同正犯的原理尚未为司法实务所接纳。 118

在涉及领导者与直接责任人员的共同过失案件中,为了解决领导者的过失认定问题,日本刑法理论中发展出监督过失理论。狭义的监督过失是指负有监督义务的人没有合理履行监督义务而产生的过失的形态。监督过失在结构上存在双重的过失行为,即作为被监督者的直接责任人员的过失与作为监督者的领导管理人员未能履行或未能正确履行自己的监督、管理职责而存在的过失,最终的危害结果是由双重的过失行为一起发挥作用所导致。由于玩忽职守罪中的玩忽职守行为涵摄的范围很广,也包括严重不负责任、未履行或未正确履行监督方面的职责,故引入监督过失理论的必要性似乎不大。 119

X 罪数

罪数论或竞合论的核心是要解决,在行为符合数个犯罪构成的情况下,如何对行为人的行为进行合理评价,以便在此基础上科处刑罚。竞合论的根本目的,便是要对行为人的所有行为,作出充分而不过度、不重复的评价。所谓“充分而不过度”的评价,其实是罪刑相当、禁止过度评价以及禁止不足评价等原则映射在竞合论的倒影,所谓“(充分但)不重复”评价,则是为了合乎一罪不两罚原则的基本要求。[86] 因而,但凡涉及符合数个犯罪构成的情形,首先需要区分行为个数,即究竟是行为单数还是行为复数,行为单复数的不同将直接决定应当适用什么样的处理原则:一是在行为单数的情形下,但凡存在一行为该当数个犯罪构成的情况,便只可能或者成立想象竞合,或者成立法条竞合,最终得出只成立一罪的结论。二是在行为复数的情况下,根据触犯的罪名的同异进一步判断数个行为是同种行为还是异种行为。如果是同种行为,可能成立连续犯或同种的数罪并罚(当然,由于我国刑法对许多犯罪采取的是累计数额的做法,故同种数罪往往不并罚);若是异种行为,则要进一步考察是否 120

86 参见林钰雄:《新刑法总则》,中国人民大学出版社 2009 年版,第 429 页。

构成牵连犯或吸收犯,如肯定便成立一罪,如否定便成立数罪并罚。

121 国家机关工作人员在实施滥用职权或玩忽职守的行为时,可能还同时触犯其他罪名。以下主要围绕滥用职权罪,对想象竞合、法条竞合与数罪并罚的情形分别进行论述。

一、想象竞合

122 在滥用职权犯罪案件中,如果滥用职权行为本身又触犯其他罪名,成立想象竞合,应从一重罪进行处罚。比如,司法机关工作人员滥用职权,对证人进行打击报复,致使证人的利益遭受重大损失的,是滥用职权罪与打击报复证人罪的想象竞合。再如,主管专项资金的国家机关工作人员,违反工程项目专项资金不得动用的相关规定,以个人名义将专项资金供其他单位使用,造成资金损失的,其行为同时触犯滥用职权罪与挪用公款罪,应当根据具体情节与数额,按处罚较重的犯罪来定罪处罚。《人民法院案例选》刊载的"余振宝滥用职权案"的裁判要旨指出,国家机关工作人员以单位名义擅自将本单位资金提供给其他单位使用,不论行为人是否从中谋取利益,只要给公共财产、国家和人民利益造成重大损失的,应以滥用职权罪论处。[87] 这一看法存在疑问。如果国家机关工作人员以单位名义擅自将本单位资金提供给其他单位使用,没有谋取个人利益,以滥用职权罪论处没有问题,因相关行为并不符合"归个人使用"的要件,故不能成立挪用公款罪。但是,如果国家机关工作人员以单位名义擅自将本单位资金提供给其他单位使用,从中又谋取私利的,则其行为同时触犯滥用职权罪与挪用公款罪,而在通常情况下,挪用公款罪是处罚更重的罪名,没有理由对该国家工作人员适用滥用职权罪进行处罚。

123 值得注意的是,由于滥用职权罪的成立,要求造成他人重伤、死亡或重大财产损失等结果时,才成立犯罪,而造成前述结果的行为,可能同时符合故意伤害、故意杀人、侵犯财产等罪的构成要件。应当认为,滥用职权罪与后一类犯罪之间不是对立关系或排斥关系,此类滥用职权行为,可能构成滥用职权罪与相应犯罪的想象竞合,应从一重罪处罚。比如,警察在抓捕吸毒妇女时,在后者明确告知家中有婴儿无人喂养照顾的情况下,仍置之不理,导致婴儿饿死。此种情形构成滥用职权罪与不作为的故意杀人罪的想象竞合,应按故意杀人罪来定罪处罚。

124 在滥用职权类案件中,经常存在国家机关工作人员与其庇护对象相互勾结,共同实施犯罪的问题。此种情形中,对国家机关工作人员与不具有身份的行为人如何处理,值得研究。《关于办理渎职刑事案件适用法律若干问题的解释(一)》规定,国家机关工作人员与他人共谋,利用其职务行为帮助他人实施其他犯罪行为,同时构成渎

87 参见最高人民法院中国应用法学研究所编:《人民法院案例选》(总第 66 辑),人民法院出版社 2009 年版。

职犯罪和共谋实施的其他犯罪共犯的,依照处罚较重的规定定罪处罚。[88] 比如,乙教唆安全生产管理机关的工作人员甲滥用职权,而甲明知乙进行非法采矿,仍滥用职权为其非法采矿提供各种便利条件。在刑法理论上,这属于有身份者与无身份者共同实施犯罪,并同时触犯数个罪名的问题。应当认为,有身份者甲与无身份者乙的行为同时触犯滥用职权罪与非法采矿罪,甲构成滥用职权罪的正犯与非法采矿罪的帮助犯,而乙构成滥用职权罪的教唆犯与非法采矿罪的正犯。原则上,对二人的行为,应从一重罪处罚。不过,如果按重罪的共犯来处罚要比按轻罪的正犯的处罚要轻,则应按轻罪的正犯来处罚。这意味着,甲与乙尽管构成共同犯罪,但最终适用的可能不是相同的罪名。另外,《关于办理渎职刑事案件适用法律若干问题的解释(一)》进一步规定,负有监督管理职责的国家机关工作人员滥用职权或者玩忽职守,致使不符合安全标准的食品、有毒有害食品、假药、劣药等流入社会,对人民群众的生命、健康造成严重危害后果的,依照渎职罪的规定从严惩处。[89] 为使两条规定相互协调,有必要将该条限定解释为与相对人缺乏共谋的情形。如果负有监督管理职责的国家机关工作人员与相对人共谋,致使不符合安全标准的食品、有毒有害食品、假药、劣药等流入社会而造成严重危害结果,应按前述有身份者与无身份者共同犯罪的处理来进行处理,从一重处断。

二、法条竞合

在一个滥用职权行为触犯数个罪名的情形中,如果行为在符合滥用职权罪的同时,又符合其他特定的滥用职权犯罪,则按法条竞合来处理。在渎职犯罪中,除滥用职权罪之处,我国刑法又专门规定了特殊的滥用职权犯罪,如私放在押人员罪,滥用管理公司、证券职权罪,放纵走私罪,徇私舞弊不征、少征税款罪,违法发放林木采伐许可证罪等。在此种情况下,按特别法条优于普通法条的原则,一般应适用特殊的滥用职权犯罪的罪名。问题在于,如果按特别法条的处罚比按普通法条的处罚要轻,是否仍然适用特别法条。对此,刑法理论上存在两种针锋相对的观点:一种观点认为,应当严格遵守特别法条优于普通法条的原则,适用特别法条;另一种观点认为,应当选择适用作为重法条的普通法条。这种观点上的对立,根源于对法条竞合的处理原则的意见分歧。也即在法条竞合的场合,是否有必要将重法条优于轻法条作为补充适用的原则。司法实务基本上倾向于采取后一立场。 125

与此相关的进一步的问题在于,滥用职权类犯罪中,司法解释对各个犯罪成立标准的确定,导致某种行为没有达到特殊的滥用职权罪的成立标准,却达到了《刑法》第 126

88 参见2012年12月7日最高人民法院、最高人民检察院发布的《关于办理渎职刑事案件适用法律若干问题的解释(一)》第4条第2款。

89 参见2012年12月7日最高人民法院、最高人民检察院发布的《关于办理渎职刑事案件适用法律若干问题的解释(一)》第9条。

397 条规定的滥用职权罪的成立标准,能否以滥用职权罪论处?对此,刑法理论上的观点也不太一致。有观点认为,行为按照特别法条不能构成犯罪时,排斥普通法条的适用,乃是由于行为没有达到需要动用刑法意义上的法益侵害程度。特别法条对于其所规范的行为已经有所选择,意味着立法之初,对于普通法条可能对哪些行为进行追究,对哪些行为不能再进行追究已经有所考虑。特别法条构成要件的类型化规定对于评价客体所作的选择,当然排斥普通法条的适用;因而,按照特别法条不成立犯罪的情形,不能再适用普通法条。[90] 反对观点则认为,前述情形应按普通法条定罪。理由在于:我国刑法关于特殊滥用职权罪的规定并不都是封闭的特权条款;上述观点混淆了立法规定与司法解释的关系,将根据司法解释确定的犯罪成立标准,当作立法规定的犯罪成立标准;混淆了“不符合特别法条”与“根据特别法条不值得处罚”两种现象;基本上是用抽象的“立法者的特别考虑”取代了对刑法规范的实质解释;对构成要件符合性的判断方法也存在疑问。[91] 司法实务基本上也采取这种立场。2012 年 12 月 7 日最高人民法院、最高人民检察院发布的《关于办理渎职刑事案件适用法律若干问题的解释(一)》第 2 条第 2 款规定,国家机关工作人员滥用职权或者玩忽职守,因不具备徇私舞弊等情形,不符合《刑法》分则第九章第 398 条至第 419 条的规定,但依法构成第 397 条规定的犯罪的,以滥用职权罪或者玩忽职守罪定罪处罚。

127 应当说,反对观点具有一定的合理性,其着眼于实质的处罚必要性,希望尽量减少处罚漏洞,以严密法网。只是,这样一来,就可能出现这样的情况,即按特别法条尚未达到犯罪成立标准的情形,如果适用普通法条来处罚,其处罚的严厉程度高于达到特别法条所规定的犯罪成立标准的其他情形。这显然违反当然解释原理。不难发现,之所以出现按特别法条不够罪而按普通法条构成犯罪的问题,根源在于,司法解释未对各个罪名的成立标准作体系化的处理,导致其入罪标准高低不一。要从根源上解决问题,有赖于最高司法机关对既有的相关司法解释作出协调与修改。

三、数罪并罚

128 在滥用职权案件中,国家机关工作人员往往基于徇私利而实施滥用职权的行为,比如接受贿赂,此种情形中便涉及如何定罪处罚的问题。根据我国《刑法》第 399 条第 4 款的规定,司法工作人员收受贿赂,有徇私枉法,枉法裁判,执行判决、裁定失职或滥用职权的行为,同时又构成受贿罪的,依照处罚较重的规定定罪处罚。如果将该条规定理解为注意性规定,则为徇私利而滥用职权,并收受他人财物的行为,便只能按一罪来处罚;反之,若是将前述规定解读为拟制性规定,则可对行为人进行数罪

90　参见周光权:《法条竞合的特别关系研究——兼与张明楷教授商榷》,载《中国法学》2010 年第 3 期。

91　参见张明楷:《法条竞合中特别关系的确定与处理》,载《法学家》2011 年第 1 期。

并罚。刑法理论一般倾向于认为《刑法》第 399 条第 4 款的规定宜理解为拟制性规定,即将本来应数罪并罚的情形拟制为一罪来处罚,该规定只能适用于《刑法》第 399 条前三款所规定的犯罪,不能推广适用至其他犯罪。司法实务也认同这一立场。2016 年最高人民法院、最高人民检察院《关于办理贪污贿赂刑事案件适用法律若干问题的解释》第 17 条明确规定,国家工作人员利用职务上的便利,收受他人财物,为他人谋取利益,同时构成受贿罪和刑法分则第三章第三节、第九章规定的渎职犯罪的,除刑法另有规定外,以受贿罪和渎职犯罪数罪并罚。

在"黄德林滥用职权、受贿案"[92]中,最高人民法院相关业务庭在裁判理由的解说中也强调指出,行为人在实施滥用职权等渎职犯罪行为的同时又收受贿赂齐备两个犯罪的构成要件,除刑法有特别规定的以外,应当认定为两罪,实行数罪并罚。理由在于:第一,判断罪数应以犯罪构成为基准,具备数个犯罪构成要件,原则上应认定为数罪。第二,认定罪数应当遵循罪刑相适应基本原则,对于牵连犯,究竟是适用从一重处断原则,还是实行数罪并罚,应进一步考量罪刑是否实现均衡。第三,实行数罪并罚与《刑法》第 399 条第 4 款的规定并不矛盾,该款对司法工作人员作此规定有特殊的考虑,属于特别规定,仅限于该条所涉的四个罪名,不具有普遍适用的意义。第四,实行数罪并罚与此前相关的指导性意见相协调一致。2001 年,最高人民法院刑一庭审判长会议达成以下意见:受贿兼有徇私舞弊减刑、假释的,同时符合两个罪的构成,应当认定为两罪,实行数罪并罚。2002 年 7 月 8 日最高人民法院、最高人民检察院、海关总署联合印发的《关于办理走私刑事案件适用法律若干问题的意见》第 16 条第 2 款规定,海关工作人员收受贿赂又放纵走私的,应以受贿罪和放纵走私罪数罪并罚。[93] 2012 年 12 月 7 日最高人民法院、最高人民检察院发布的《关于办理渎职刑事案件适用法律若干问题的解释(一)》第 3 条再次重申,国家机关工作人员实施渎职犯罪并收受贿赂,同时构成受贿罪的,除刑法另有规定外,以渎职犯罪和受贿罪数罪并罚。 129

应当说,数罪并罚的这种立场,从教义学的角度来看,存在充分的理由。第一,滥用职权行为与受贿行为在构成要件上并不重合,故属于行为复数的情形。第二,由于滥用职权罪中的徇私动机属于客观的超过要素,并不要求有相应的客观行为事实存在,因而不存在重复评价问题。滥用职权罪中评价的是行为人主观上的徇私动机,而其客观上徇私利的行为,即收受财物的行为,则是受贿罪的评价对象,并不存在对"徇私"的重复评价问题。第三,从法益的角度来看,滥用职权行为与受贿行为侵犯的是不同的法益。我国《宪法》既然规定国家的性质是共和国,则相应的职位及其职权,便不属于国家机关工作人员的私人财产,其不能按财产的逻辑,利用职位及其职权来为 130

92 参见最高人民法院刑事审判第一、二、三、四、五庭主办:《刑事审判参考》总第 76 集(第 652 号),法律出版社 2011 年版。

93 参见最高人民法院刑事审判第一、二、三、四、五庭主办:《中国刑事审判指导案例 6》,法律出版社 2017 年版,第 562—565 页。

个人谋取私利。这意味着,受贿罪违反的是公职人员不得拿职位为个人谋利的消极义务,它并没有进一步对如何履行自身职责提出积极的要求。在此种意义上,将受贿罪的保护法益界定为职务行为的公正性,并未能真正把握受贿罪的本质。相反,滥用职权罪的基础法益是职务行为的公正性,这种公正性是对公职人员提出的积极义务,对其如何正确履行自身的职责提出正面的要求。既然受贿罪的法益与滥用职权罪的法益并不重合,对于为徇私利收受贿赂而滥用职权的行为,便没有理由按一罪来处罚。第四,从竞合论的宗旨来看,对于不法行为应当作充分而不重复的评价,只定受贿罪或滥用职权罪一罪显然无法对行为人的行为进行充分的评价,同时,将此类情形评价为同时符合受贿罪与滥用职权罪并没有对行为进行重复评价。

131 归结而言,对于数行为(限于异种行为,下同)符合数个犯罪构成是否要进行数罪并罚的问题,需要从法益的角度进行实质的判断。数行为符合数个犯罪构成,原则上应进行数罪并罚。只有在数个行为所侵犯的法益完全重合或者重要部分存在重合的情况下,才应按一罪来处罚。基于此,对于牵连关系或是吸收关系,需要严格进行限定。牵连犯之所以在科刑上可当作一罪来处罚,是因为行为人所实施的目的行为与手段行为或原因行为与结果行为之间,在法益上具有相当的重合性,正是法益上的重合性在相当程度上降低了行为的不法程度。由是之故,只有目的行为与手段行为或原因行为与结果行为之间存在类型性的关联时,才能成立牵连关系。而所谓类型性的关联,不仅要求在经验层面上,某种犯罪(手段行为)通常被用于实施某种犯罪(目的行为)的手段,或者某种原因行为通常导致某种结果行为。更重要的是,在规范层面,两罪之间的关联性也已为立法者所考虑到,按其中一罪的犯罪构成评价足以容纳另一行为在法益侵害性上的内容。吸收关系则只限于共罚的事前事后行为,也称为可罚的事前事后行为或不可罚的事前事后行为。就共罚的事前行为而言,前行为已经被合并到后行为之中,以后行为定罪即足以包含对前行为的不法与罪责的内涵的评价。就共罚的事后行为而言,事后行为为之前的主行为所吸收,故仅以之前的主行为定罪。事后行为之所以不可罚,或者是因为没有侵害新的法益,或者是因为事后行为缺乏期待可能性。据此,国家机关工作人员与他人共谋,既利用其职务行为帮助他人实施其他犯罪,又以非职务行为与他人共同实施该其他犯罪行为,同时构成本罪和其他犯罪的共犯的,依照数罪并罚的规定定罪处罚。[94]

XI 与非罪的界限

一、滥用职权罪

132 在判断是否构成滥用职权罪时,要严格按照其构成要件来界定。

---

[94] 参见2012年12月7日最高人民法院、最高人民检察院发布的《关于办理渎职刑事案件适用法律若干问题的解释(一)》第4条第3款。

(1)要注意将那些因行为人的法律素质、政策水平、技术能力较低而实施的不当行使职权的行为排除出去。此类情形一般属于工作失误,不构成滥用职权行为,即便引起重大损失,也不宜认定为犯罪,对行为人进行行政或内部纪律处分即可。同时,如果相关行为是一般的官僚主义作风所致,比如遇事推诿、相互扯皮等,尤其是在涉及不作为时,一般也不宜认定为构成滥用职权行为。在官僚主义作风比较普遍的社会环境中,如果行为人按机关内部的一般惯例处理事务,却被追究刑事责任,容易让行为人与一般公众产生替罪羊的感觉,这必定会妨碍预见目的的实现。当然,滥用职权罪与官僚主义作风之间存在密切的关联,很多时候,滥用职权行为本质上是官僚主义作风的体现,只是程度上有所差别而已。 133

(2)重大损失属于犯罪成立要件,行为人虽实施了滥用职权行为,但如果没有造成重大损失,同样不成立滥用职权罪;当然,这不妨碍对行为人进行行政或内部纪律处分。 134

(3)滥用职权罪的成立,要求滥用职权行为与重大损失的结果之间具有刑法上的因果关系。如果行为人存在滥用职权行为,同时重大损失结果也已出现,但无法认定二者存在刑法上的因果关系,也不应认定构成滥用职权罪。需要注意的是,仅以滥用职权行为与重大损失结果之间不存在必要或必然的因果关系为由而得出无罪的结论,理由并不充分;间接或偶然的因果关联,完全可能满足刑法上结果归责的条件。 135

实务中,在处理涉及包括滥用职权在内的渎职犯罪案件时,应当注意严格区分罪与非罪的界限。正确把握相关的法律、行政法规及政策,准确把握工作失误与渎职犯罪的界限,坚持具体案件具体分析,严查擅权渎职、徇私舞弊型渎职犯罪案件,找准法律与政策的结合点,确保办案的法律效果、政治效果和社会效果的有机统一。对一时难以区分罪与非罪的,要放到具体时代背景、政策环境中去研究判断,对当时国家有关法律政策界限不清的,要慎重对待,一般不作犯罪处理。 136

二、玩忽职守罪

在判断是否构成玩忽职守罪时,同样要根据其构成要件来界定。 137

(1)在是否存在玩忽职守行为时,应当注意的是:第一,如果行为人所违反的职责规范并不是涉及职务行为公正性的法益,则违反这样的职责规范,不可能构成玩忽职守行为。第二,如果确定行为人违反的职责规范属于旨在保护职务行为公正性的注意规范,如果违反的程度相当轻微,一般也不能认为构成玩忽职守行为。基于常规的官僚主义作风而未严格履行职责的行为,一般属于此种情形。第三,如果行为人虽然客观上违反旨在保护职务行为公正性的注意规范,但并不是由于不负责任而引起的,或者没有达到严重不负责任的程度,也不成立玩忽职守行为。这样的情形一般归入工作失误之列。工作失误,是行为人由于对法律法规及政策理解不够合理、业务水平或工作能力较低等原因,决策不当,以致未能履行职责或未能正确履行职责,从而 138

造成公共财产、国家和人民利益损失的行为。

139 (2)玩忽职守罪的成立要求存在重大损失,如果没有造成重大损失,也不能构成玩忽职守罪。

140 (3)玩忽职守罪的成立,要求玩忽职守行为与重大损失的结果之间具有刑法上的因果关系。如果行为人存在玩忽职守行为,同时重大损失结果也已出现,但无法认定二者存在刑法上的因果关系,即不能进行结果归责,则不应认定构成玩忽职守罪。比如,重大损失的结果是行为人不能预见或无力克服的因素造成的,便应排除对行为人的结果归责。

XII 与他罪的关系

一、滥用职权罪与玩忽职守罪的关系

141 就滥用职权罪与玩忽职守罪的关系而言,有观点主张,两罪的区分应以作为与不作为为标准,但是滥用职权罪的客观行为也可能表现为不作为,而玩忽职守罪中不正确履行职责的行为也可能表现为作为,基于此,不应从作为与不作为的角度来区分二者。[95] 另有观点提出,故意实施的违背职责的行为是滥用职权罪,过失实施的违背职责的行为是玩忽职守罪;至于行为人是出于故意还是过失,则应通过违背职责的行为内容进行判断。[96] 通说则认为,玩忽职守罪与滥用职权罪的主要区别在于:第一,罪过形式不同。前者主观上只能出于过失;而后者主观上只能出自故意。第二,客观行为的表现形式不同。前者客观上表现为严重不负责任,不履行或不正确履行职责;后者客观上表现为超过职权,违法决定、处理其无权决定、处理的事项,或者违反规定处理公务。[97] 其他观点也大多支持从罪过与客观行为两个方面来区分两罪。[98]

142 按一般的观点,滥用职权罪系故意犯罪[99],而玩忽职守罪系过失犯罪。由于归责的基础有所不同,故意犯罪的不法结构与过失犯罪的不法结构并不相同,这种不同之

---

95 参见黄国盛:《滥用职权罪与玩忽职守罪之区分新解》,载《人民检察》2010年第19期。

96 参见张明楷:《刑法学》(第6版),法律出版社2021年版,第1644页;周光权:《刑法各论》(第4版),中国人民大学出版社2021年版,第585页。

97 参见高铭暄、马克昌主编:《刑法学》(第9版),北京大学出版社、高等教育出版社2019年版,第648页;王作富主编:《刑法分则实务研究》(第4版),中国方正出版社2010年版,第1879页。

98 参见陈兴良主编:《罪名指南(下册)》(第2版),中国人民大学出版社2008年版,第750页;黎宏:《刑法学各论》(第2版),法律出版社2016年版,第551页;秦崇茗、周永福:《玩忽职守罪若干问题研究》,载《当代法学》2002年第8期。

99 有观点认为滥用职权罪属于故意·过失的混合犯罪类型,参见劳东燕:《滥用职权罪客观要件的教义学解读——兼论故意·过失的混合犯罪类型》,载《法律科学》2019年第4期。

处不仅体现在主观的不法因素之上,也体现在客观的行为构造上。因而,区分滥用职权罪与玩忽职守罪,一方面需要考虑罪过方面的内容,即判断违背职责的行为究竟是否属于明知故犯,是出于故意还是出于过失而实施。另一方面也需要考虑客观行为方面的内容,滥用职权罪的实行行为表现为,逾越职务权限的范围而运用与行使权力,决定其无权决定或处分的事项,或者背离职位设立的宗旨随心所欲地决定或处分事项,或者基于不当动机而运用与行使职权,或者任意放弃职权而不去决定或处分其应当作出决定或处分的事项。玩忽职守行为则表现为因严重不负责任而不履行职责,或者因严重不负责任而不正确履行职责。大体而言,通说的立场是合理的。

二、滥用职权罪与贪污罪、受贿罪的关系

从侵害的法益来看,滥用职权罪与贪污罪、受贿罪之间存在内在的关联。这三种犯罪违反的都是公职人员对于自身职位及其职权的义务。只不过,前者违反的是不得利用职位及相应职权谋利的消极义务,而后两种犯罪违反的是公正履行职务行为的积极义务。这两方面的义务显然并不重合,故不宜认为滥用职权罪与贪污罪、受贿罪侵害的是相同的法益。 143

除了所侵害的法益不同,滥用职权罪与贪污罪、受贿罪在客观构造与相应的罪过内容方面也并不相同。滥用职权罪的客观构造表现为,违反职务行为的公正性要求而不法行使职务权限,由此造成对公共性权益的重大损失;其罪过内容表现为,行为人认识到自己违反职务行为的公正性要求而不法行使职务权限,仍采取希望或放任的心态,同时,行为人对于重大损失的出现具有预见可能性。贪污罪的客观构造表现为,利用职务便利,非法占有自身支配或是有处分权限的公共财物;其罪过内容表现为,明知自己的行为是利用职务上的便利,会产生非法占有公共财物的结果,仍然希望或放任这种结果的发生,同时,行为人主观上还必须存在不法占有的目的。受贿罪的客观构造则表现为,利用自身的职位及其职权,与他人进行利益性的交易;其罪过内容表现为,明知自己是用职务行为与他人进行交易,仍持希望或放任的态度。此外,值得注意的是,滥用职权罪的主体限于国家机关工作人员,而贪污罪、受贿罪的主体是国家工作人员。不过,由于当下理论与实务倾向于对渎职罪的主体作扩张性的解释,这使得除国有企业、公司中的国家工作人员之外,两种犯罪主体的成立范围在很大程度上是重合的。 144

前述有关滥用职权罪与贪污罪、受贿罪在法益与犯罪构成上均有所不同的断言,不意味着前者与后两种犯罪之间是排斥或对立关系,而是说,它们是中立关系。因而,在滥用职权的同时实施贪污、受贿行为的,原则上应按数罪并罚的原则来处理。值得注意的是,根据 2016 年 4 月 18 日最高人民法院、最高人民检察院发布的《关于办理贪污贿赂刑事案件适用法律若干问题的解释》第 1 条的规定,贪污数额在 1 万元以上不满 3 万元,同时造成恶劣影响或者其他严重后果的,或者受贿数额在 1 万元以上不满 3 万元,同时具有“为他人谋取不正当利益,致使公共财产、国家和人民利益遭 145

受损失的”,应认定为具备“其他较重情节”,各自依法判处3年以下有期徒刑或者拘役,并处罚金。因司法解释的这种特别规定,导致贪污或受贿1万元以上不满3万元,同时造成恶劣影响或重大损失的行为,在一些情形中,与滥用职权罪之间可能要按想象竞合来处理,不然,便会涉及违反对同一事实情节进行重复评价的问题。有论者针对受贿的情形特别指出,在受贿数额低于3万元,行为人有特殊情节的场合且其成为定罪情节时,不能认为行为人构成受贿罪和滥用职权罪,鉴于受贿罪能够同时评价收受财物和造成损失这两个事实,故以对行为人定受贿罪为宜;但是,如果对重大损失的事实进行切割,在优先满足滥用职权罪等渎职犯罪的数额要求之外,还能满足受贿罪中因受贿造成损失的情节要求,则仍应考虑进行数罪并罚。[100] 前述司法解释的规定,实质上部分地改变了贪污罪与受贿罪的构成要件结构,使得滥用职权罪与贪污罪、受贿罪的关系变得复杂。应当说,在现行司法解释的框架之下,采取前述观点具有一定的合理性。

三、滥用职权罪与特定滥用职权犯罪的关系

146 在渎职罪这一章中,除滥用职权罪之外,刑法还专文规定了特定领域的滥用职权犯罪。这些犯罪涉及司法、税务、林木、土地、检疫、出入境、招生录用等领域,包括第399条的徇私枉法罪,民事、行政枉法裁判罪,执行判决、裁定滥用职权罪;第399条之一的枉法仲裁罪;第400条的私放在押人员罪;第401条的徇私舞弊减刑、假释、暂予监外执行罪;第402条的徇私舞弊不移交刑事案件罪;第403条的滥用管理公司、证券职权罪;第404条的徇私舞弊不征、少征税款罪;第405条的徇私舞弊发售发票、抵扣税款、出口退税罪,违法提供出口退税凭证罪;第407条的违法发放林木采伐许可证罪;第408条之一的食品、药品监管渎职罪;第410条的非法批准征收、征用、占用土地罪,非法低价出让国有土地使用权罪;第411条的放纵走私罪;第412条第1款的商检徇私舞弊罪;第413条第1款的动植物检疫徇私舞弊罪;第414条的放纵制售伪劣商品犯罪行为罪;第415条的办理偷越国(边)境人员出入境证件罪,放行偷越国(边)境人员罪;第416条第2款的阻碍解救被拐卖、绑架妇女、儿童罪;第417条的帮助犯罪分子逃避处罚罪;第418条的招收公务员、学生徇私舞弊罪等。

147 根据《刑法》第397条第1款后段规定的“本法另有规定的,依照规定”,滥用职权罪与特定领域的滥用职权犯罪之间,是普通法条与特别法条的关系。《刑法》第399条至第418条中所规定的相关犯罪,对特定领域的滥用职权行为作了进一步明确化的规定。如果相关行为同时符合滥用职权罪的规定与特别法条的规定,应适用特别法条来对行为人定罪处罚。对刑法没有作出专门规定的国家机关滥用职权的犯罪,应当依照滥用职权罪来追究。

---

100 参见周光权:《论受贿罪的情节——基于最新司法解释的分析》,载《政治与法律》2016年第8期。

四、玩忽职守罪与其他玩忽职守类犯罪的关系

148 《刑法》第 397 条第 1 款后段规定“本法另有规定的,依照规定”,这意味着,该条规定属于普通法条,用以处理一般的玩忽职守行为。发生在特定领域、由特定主体所实施的特殊类型的玩忽职守行为,需要适用分则其他的法条,包括第 400 条第 2 款的失职致使在押人员脱逃罪,第 406 条的国家机关工作人员签订、履行合同失职被骗罪,第 408 条的环境监管失职罪,第 408 条之一的食品、药品监管渎职罪,第 409 条的传染病防治失职罪,第 412 条第 2 款的商检失职罪,第 413 条第 2 款的动植物检疫失职罪,第 419 条的失职造成珍贵文物损毁、流失罪等。玩忽职守罪与这些法条属于普通法条与特别法条的关系,在行为同时符合玩忽职守罪与相关条款规定的特殊玩忽职守犯罪的构成要件时,应当适用特别法条,不再按玩忽职守罪来处理。

五、玩忽职守罪与丢失枪支不报罪的关系

149 依法配备公务用枪的国家机关工作人员,丢失枪支不及时报告,造成严重后果的,构成丢失枪支不报罪。与此同时,对于依法配备公务用枪的国家机关工作人员,丢失枪支后及时报告但仍造成严重后果的,一般可按玩忽职守罪来处罚。不过,由于丢失枪支不报罪的法定最高刑为 3 年有期徒刑,而玩忽职守罪的基本犯法定最高刑为 3 年有期徒刑,一般的加重犯法定最高刑为 7 年有期徒刑,存在徇私舞弊且情节特别严重的加重犯法定最高刑为 10 年有期徒刑,为避免在处理相关案件时出现罪刑不相适应的情况,有必要采取以下处理方案:依法配备公务用枪的国家机关工作人员丢失枪支及时报告,但造成严重后果的,认定为玩忽职守罪;依法配备公务用枪的国家机关工作人员丢失枪支,不及时报告,造成严重后果的,是丢失枪支不报罪与玩忽职守罪的想象竞合,从一重罪处罚;其他依法配备公务用枪的非国家机关工作人员丢失枪支不及时报告,造成严重后果的,认定为丢失枪支不报罪。[101]

XIII 处罚

150 根据《刑法》第 397 条的规定,犯滥用职权罪或玩忽职守罪的,处 3 年以下有期徒刑或者拘役;情节特别严重的,处 3 年以上 7 年以下有期徒刑;徇私舞弊犯前述两罪的,处 5 年以下有期徒刑或者拘役;情节特别严重的,处 5 年以上 10 年以下有期徒刑。根据 2012 年 12 月 7 日最高人民法院、最高人民检察院发布的《关于办理渎职刑事案件适用法律若干问题的解释(一)》第 1 条第 2 款的规定,具有下列情形之一的,应当认定为《刑法》第 397 条规定的“情节特别严重”:①造成伤亡达到定罪起点人数 3 倍以上的;②造成经济损失 150 万元以上的;③造成前款规定的损失后果,不

101 参见张明楷:《刑法学》(第 6 版),法律出版社 2021 年版,第 1643 页。

报、迟报、谎报或者授意、指使、强令他人不报、迟报、谎报事故情况,致使损失后果持续、扩大或者抢救工作延误的;④造成特别恶劣社会影响的;⑤其他特别严重的情节。

151 在行为人徇私舞弊而犯本罪的情形,由于这种行为是基于个人私利,置国家与公共利益于不顾,且客观上是以弄虚作假、玩弄职权的方式行使职权,无论是主观上还是客观上,行为的不法程度均有所提升,故应适用较重的法定刑幅度。如果行为人徇私舞弊而犯本罪,同时具有前述司法解释规定的五种情形之一的,应认定为徇私舞弊犯本罪,情节特别严重,应按 5 年以上 10 年以下有期徒刑这一加重的法定刑幅度来进行处罚。

152 需要注意的是,如果被告人在刑法修订前滥用职权或玩忽职守,而危害结果发生在刑法修订实施以后,会涉及如何适用法律的问题。"林世元等受贿、玩忽职守案"的裁判理由中指出:本案中被告人林世元等人不仅在虹桥的施工过程中不履行、不正确履行应尽的监督管理职责,致使虹桥工程质量低劣,而且此后一直对已形成严重隐患的虹桥工程,不采取任何有效补救措施,继续玩忽职守,终至在修订后的《刑法》实施以后,发生了严重危害结果。因此,对于本案的玩忽职守罪,应当适用犯罪成立时即结果发生时的法律,亦即应当适用修订后的《刑法》追究被告人……的刑事责任。[102]

153 在玩忽职守类案件中,在各方缺乏意思联络的情况下,有时仍会牵涉多名行为人的玩忽职守行为,重大损失的结果也往往是在多行为的综合作用之下出现的。在追究刑事责任时,注意区分各个玩忽职守行为与重大损失的结果之间是否存在可予结果归责的关系;同时,也要注意审查来自不同主体的玩忽职守行为之于重大损失的出现所具有的作用关系,作用力的大小虽然不一定影响结果归责的判断,但很可能会影响对行为人的处罚,应在量刑中予以体现。对于虽然存在玩忽职守行为,但其行为与重大损失结果之间只有轻微关联而无法进行结果归责的行为人,一般不追究其刑事责任,可由相关部门给予相应的行政处分。

---

102 参见最高人民法院刑事审判第一庭编:《刑事审判参考》总第 6 辑(第 46 号),法律出版社 2000 年版。

第三百九十八条　故意泄露国家秘密罪；过失泄露国家秘密罪

国家机关工作人员违反保守国家秘密法的规定，故意或者过失泄露国家秘密，情节严重的，处三年以下有期徒刑或者拘役；情节特别严重的，处三年以上七年以下有期徒刑。

非国家机关工作人员犯前款罪的，依照前款的规定酌情处罚。

文献:敬大力主编:《渎职罪》,中国人民公安大学出版社 2003 年版;蒋小燕、王安异:《渎职罪比较研究》,中国人民公安大学出版社 2004 年版;高铭暄、马克昌主编:《中国刑法解释》(下卷),中国社会科学出版社 2005 年版;贾济东:《渎职罪构成研究》,知识产权出版社 2005 年版;陈兴良主编:《罪名指南(下册)》(第 2 版),中国人民大学出版社 2008 年版;张兆松、李志雄、章晓民:《渎职犯罪的理论与实践》,中国检察出版社 2008 年版;王作富主编:《刑法分则实务研究》(第 4 版),中国方正出版社 2010 年版;周道鸾、张军主编:《刑法罪名精释》(第 4 版),人民法院出版社 2013 年版;黎宏:《刑法学各论》(第 2 版),法律出版社 2016 年版;周光权:《刑法各论》(第 4 版),中国人民大学出版社 2021 年版;张明楷:《刑法学》(第 6 版),法律出版社 2021 年版。杨凯:《泄露国家秘密犯罪刑事司法问题检讨》,载《甘肃政法学院学报》2005 年第 3 期;王戈:《泄露国家秘密罪构成解析》,载《国家检察官学院学报》2007 年第 2 期;岳金矿、李华伟:《故意泄露国家秘密罪实例分析》,载《中国检察官》2009 年第 4 期;张华伟等:《泄密犯罪主体能否因保密协议而适格》,载《人民检察》2009 年第 17 期;张磊:《高科技考试作弊行为刑法规制的困境与出路》,载《法学》2010 年第 11 期;李希慧、董文辉:《论泄露国家秘密犯罪的立法完善》,载《中国刑事法杂志》2011 年第 6 期;林杰:《故意泄露国家秘密罪与非法获取国家秘密罪的界限探讨》,载《法制与经济》2011 年第 10 期;姜楠:《浅析故意泄露国家秘密罪的两个问题》,载《法制与社会》2011 年第 27 期;何一挥:《浅析考试作弊行为的刑法规制》,载《犯罪研究》2014 年第 5 期;孙建保:《非法获取国家统一考试试题行为之定性》,载《人民司法》2014 年第 23 期;赵香如:《故意泄露国家秘密罪疑难问题新解》,载《刑法论丛》2015 年第 4 期;皮勇、王启欣:《论信息化环境中核心国家秘密泄露危险的刑法规制》,载《江汉论坛》2015 年第 12 期。

细目录

Ⅰ　主旨
Ⅱ　沿革

Ⅲ 客体
Ⅳ 对象
Ⅴ 行为
Ⅵ 情节
Ⅶ 主体
Ⅷ 罪过
Ⅸ 共犯
Ⅹ 罪数
Ⅺ 与非罪的界限
Ⅻ 与他罪的区别
一、与为境外窃取、刺探、收买、非法提供国家秘密、情报罪的区别
二、与侵犯商业秘密罪的区别
ⅩⅢ 处罚

Ⅰ 主旨

1 泄露国家秘密会对国家的政治、经济、国防、外交等方面的安全与利益造成重大危害。我国《宪法》第53条规定,公民有保守国家秘密的义务。国家机关工作人员基于职权与职务行为的关系,有机会了解与知悉国家秘密,故《公务员法》《法官法》《检察官法》《人民警察法》等法律,都对国家机关工作人员的保密义务作了明确的规定。非国家机关工作人员也可能因特定的原因而接触和知悉国家秘密,其也负有保密的义务。为保护国家的安全与利益,确保国家的保密法秩序不受侵犯,刑法规定故意泄露国家秘密罪与过失泄露国家秘密罪。

Ⅱ 沿革

2 我国1979年《刑法》第186条规定了泄露国家机密罪。依据该规定,国家工作人员违反国家保密法规,泄露国家重要机密,情节严重的,处7年以下有期徒刑、拘役或者剥夺政治权利。非国家工作人员犯前款罪的,依照前款的规定酌情处罚。该条文颁布后,被认为存在两点不足:一是相关条文并未明确泄露国家机密罪究竟是故意犯罪还是过失犯罪。是否处罚过失泄露秘密的行为,就存在较大的争议。二是本罪的对象只限于国家重要机密。其中的"机密"是否包含绝密、机密与秘密三类,也没有定论。

3 1988年9月5日全国人大常委会通过《保守国家秘密法》,在第31条第1款规定,违反本法规定,故意或者过失泄露国家秘密,情节严重的,依照《刑法》第186条的规定追究刑事责任。根据该法的补正,同时通过的《关于惩治泄露国家秘密犯罪的补充规定》增补如下规定,即为境外的机构、组织、人员窃取、刺探、收买、非法提供国家

秘密的,处5年以上10年以下有期徒刑;情节较轻的,处5年以下有期徒刑、拘役或者剥夺政治权利;情节特别严重的,处10年以上有期徒刑、无期徒刑或者死刑,并处剥夺政治权利。前述法律,对1979年《刑法》第186条的内容作了两处重要的修改:一是对于为境外泄露国家秘密的行为,极大地加重了法定刑。二是将原第186条中的对象"国家重要机密",扩张为"国家秘密"。

1997年《刑法》在1979年《刑法》第186条规定的基础上,结合《保守国家秘密法》与《关于惩治泄露国家秘密犯罪的补充规定》中的相关规定,在《刑法》第398条中规定,国家机关工作人员违反保守国家秘密法的规定,故意或者过失泄露国家秘密,情节严重的,处3年以下有期徒刑或者拘役;情节特别严重的,处3年以上7年以下有期徒刑。非国家机关工作人员犯前款罪的,依照前款的规定酌情处罚。这次立法修正,修改之处主要在于:第一,将向境外泄露国家秘密的行为单独定罪,放在分则第一章危害国家安全罪中作为第111条,该条规定的罪名是为境外窃取、刺探、收买、非法提供国家秘密、情报罪。该条在"国家秘密"之外增加"情报"作为行为对象,同时对法定刑作了一定的调整,取消了死刑的适用。第二,将主体从国家工作人员调整为国家机关工作人员。第三,将法定刑修改为两档,即3年以下有期徒刑或者拘役与3年以上7年以下有期徒刑。 4

Ⅲ 客体

一般认为,泄露国家秘密犯罪侵犯的是国家的保密制度。[1] 不过,保密制度本身作为一种规范,规范本身是否有资格作为法益来保护可能存在争议。由于国家秘密指向的是涉及国家安全与利益的重要信息或情报,故从法益的视角而言,保密制度实质上指向的是国家的安全与利益。就此而言,通过规定泄露国家秘密犯罪要保护的并不是形式上的保密制度,而是实体性的国家的安全与利益,包括政治、经济、国防、外交等领域的国家安全与利益。同时,泄露国家秘密犯罪既然放在渎职罪之中,相应法益之中自然应当体现渎职犯罪的共性。基于此,有必要认为,泄露国家秘密犯罪侵犯的是双重法益,即职务行为的公正性与国家保密制度所保护的国家安全及利益。 5

Ⅳ 对象

故意泄露国家秘密罪与过失泄露国家秘密罪的对象是国家秘密。根据《保守国家秘密法》第2条的规定,国家秘密是关系国家安全和利益,依照法定程序确定,在 6

1 参见陈兴良主编:《罪名指南(下册)》(第2版),中国人民大学出版社2008年版,第752页;王作富主编:《刑法分则实务研究》(第4版),中国方正出版社2010年版,第1881页;周道鸾、张军主编:《刑法罪名精释》(第4版),人民法院出版社2013年版,第1093页;高铭暄、马克昌主编:《刑法学》(第9版),北京大学出版社、高等教育出版社2019年版,第649页。

一定时间内只限定一定范围的人员知悉的事项。一般认为,《刑法》第 398 条中的"国家秘密"与《保守国家秘密法》中的"国家秘密"应作相同的界定。据此,本条中的"国家秘密"需要同时符合三个条件:一是相关信息在实体内容上必须指向国家的安全和利益。所谓国家的安全和利益,限定于中国在政治、经济、国防、外交等领域的国家安全和利益,不能作泛化的理解。二是相关信息必须经法定程序确定。三是相关信息必须具有私密性,并非周知的事实,也即是在一定时间内只限定一定范围的人员知悉的事项。只要有条件之一不符合的,便不应认定为"国家秘密"。

7 《保守国家秘密法》第 9 条进一步规定,下列涉及国家安全和利益的事项,泄露后可能损害国家在政治、经济、国防、外交等领域的安全和利益的,应当确定为国家秘密:①国家事务重大决策中的秘密事项;②国防建设和武装力量活动中的秘密事项;③外交和外事活动中的秘密事项以及对外承担保密义务的秘密事项;④国民经济和社会发展中的秘密事项;⑤科学技术中的秘密事项;⑥维护国家安全活动和追查刑事犯罪中的秘密事项;⑦经国家保密行政管理部门确定的其他秘密事项。政党的秘密事项中符合前款规定的,属于国家秘密。《保守国家秘密法》第 10 条将国家秘密的密级分为绝密、机密、秘密三级。绝密级国家秘密是最重要的国家秘密,泄露会使国家安全和利益遭受特别严重的损害;机密级国家秘密是重要的国家秘密,泄露会使国家安全和利益遭受严重的损害;秘密级国家秘密是一般的国家秘密,泄露会使国家安全和利益遭受损害。根据《保守国家秘密法》第 11 条第 1、2 款的规定,国家秘密及其密级的具体范围,由国家保密行政管理部门分别会同外交、公安、国家安全和其他中央有关机关规定。军事方面的国家秘密及其密级的具体范围,由中央军事委员会规定。基于此,由于认定国家秘密与密级属于国家保密行政管理部门的权限,故是否属于国家秘密,并不由国家行政机关或相关企事业单位自己内部来决定。

8 在"于萍故意泄露国家秘密案"[2]中,被告人于萍担任马明刚贪污案的一审辩护人,被控犯故意泄露国家秘密罪。本案涉及的核心问题是,经法院同意而复制的刑事案件材料是否属于国家秘密?对此,最高人民法院相关业务庭给予否定的回答,理由在于:第一,检察部门的保密规定的目的主要是保障案件侦查的顺利进行,约束检察人员,其保密规定并不适用于辩护律师。除非辩护律师通过非正常渠道知悉这些材料后再将其透露给其他人。第二,当案件移送到法院后,这些材料是否还属于国家秘密则取决于该案件是否属于涉及国家秘密的案件,或者该材料是否确定并标明密级和保密期以及法院系统的现行保密规定。马明刚贪污案并非涉及国家秘密的案件;从法院系统的现行保密规定来看,也并未将普通刑事案件的相关材料规定为国家秘密。第三,检察部门的保密规定虽将"讯问被告人笔录"和"询问证人证言"的保密期限规定为"庭审前",但是这个规定与刑事诉讼法的规定相背离。

---

2 参见最高人民法院刑事审判第一庭、第二庭编:《刑事审判参考》总第 28 辑(第 210 号),法律出版社 2003 年版。

本案涉及的普通刑事案件卷宗材料是否属于国家秘密的问题,需要严格依据成立国家秘密的三个条件来进行审查。之所以否定成立国家秘密,主要在于前两个条件无法成立:一是马明刚贪污案只是普通刑事案件,相关材料并不指向《保守国家秘密法》所要保护的国家的安全与利益。在此,显然不能将公诉方指控犯罪的利益泛泛地理解为涉及国家的安全与利益。二是案件进入审判阶段后,卷宗材料是否属于国家秘密,需要由保密部门会同法院按法定程序作出确定。刑事诉讼法规定辩护人在审判阶段有权复印卷宗材料,而法院对普通刑事案件的卷宗材料也并未采取保密规定,故其也不符合"经法定程序确定"的条件。 9

国家秘密的认定,通常需要由国家保密行政管理部门会同相关部门作出是否属于国家秘密以及具体密级等事项出具相应的鉴定。在此基础上,法院在具体认定是否构成泄露国家秘密犯罪时,还应当进一步根据国家秘密的三个条件,即相关事项是否关系国家的安全和利益,是否业经法定程序确定,以及在一定时间内只限定一定范围的人员知悉,进行独立的判定。国家保密部门所出具的鉴定只是作为证据予以考虑,对法院的认定并无绝对的约束力。前述于萍故意泄露国家秘密案的无罪结论,也表明了这一点。 10

在当前的理论与实务中,泄露国家统一考试的试题与答案的现象较为严重。其中,首先涉及的问题是,国家统一考试的试题等是否属于国家秘密。根据教育部和国家保密局在2001年7月联合公布的《教育工作中国家秘密及其密级具体范围的规定》的规定,国家教育全国统一考试在启动之前的试题(包括副题)、参考答案和评分标准属于绝密级事项;而国家教育省级、地区(市)级统一考试在启用之前的试题(包括副题)、参考答案和评分标准则分别属于机密级、秘密级事项。国家保密局和中共中央保密委员会办公室于2002年联合下发的《关于进一步加强国家统一考试保密管理工作的通知》进一步指出,"由国家主管部门组织的国家教育、执(职)业资格、国家公务员录用和专业技术人员资格等国家统一考试的试题、答案和评分标准,在启用前均属于国家秘密"。因而,国家统一考试的试题与答案在启用之前属于国家秘密没有什么疑问,存在争议的情形在于,在考试进行期间将试题外传进而将参考答案传给考场内的考生,此时的试题与参考答案是否属于国家秘密。对此有两种观点。一种观点认为,考生在考场打开封条就意味着解封,一旦解封,试题因失去可控性,便不再属于国家秘密。不然,考生提前离场而与他人谈论试题的行为,都可能涉及泄露国家秘密罪的问题。但是,考试期间参考答案仍然属于国家秘密,知悉范围应当是考生以外的人,考生是不应知悉者;任何考生以外的人"将答案传入"给考生都可能构成故意泄露国家秘密罪,而考生从本人之外的他人处获取试题答案,只要试题答案为正确答案,便可能构成非法获取国家秘密罪。[3] 另一种观点认为,在考试结束之前,试题仍 11

3　参见张磊:《高科技考试作弊行为刑法规制的困境与出路》,载《法学》2010年第11期。

属于国家秘密。理由在于[4]:一则从字面含义来看,“启用”包括启封与使用两个环节,试卷的解密有一个时间的持续过程,其解密时间截止点应当是官方预先确定的使用环节的时间结束点,而非启封环节的时间结束点。二则从规范目的来看,保密的目的在于防止国家秘密被不应知悉者知悉,在目的没有完全实现之前,就不应解密。就国家统一考试试题而言,保密时间设定至何时截止,应当根据最有利于试题的保密以及考试的顺利进行而定。试卷在考场上拆封后,仍仅限于考生知悉,试卷对于一般公众来说,仍处于未解密的状态。三则教育部在2005年4月下发的《关于对〈教育工作中国家秘密及其密级具体范围的规定〉中“启用之前”一词解释的通知》明确指出,“启用之前”是指启封并使用完毕之前,特指考生按规定结束考试离开考场之前的时间段。

12 两相比较,前一方案更为合理。对于利用枪手进入考场参与考试,在考试过程中将试题通过高科技手段传出考场,由他人做出答案之后再传给考场内的考生之类的考试作弊案件,究竟是认为外传试题的行为还是将参考答案传给考生的行为涉及泄露国家秘密,从而具有可罚性,值得思考。试题解封之后,考生便知晓试题的内容,此时再将试题纳入保密的范围意义已经不大。况且,如果有考生提前离场与他人谈起试题,也实在难以认为离场的考生实施了泄露国家秘密的行为。在试题解封之后考试尚在进行的期间,需要保密的与其说是试题,不如说是参考答案。此时,任何知晓参考答案的人,对于考场内的考生都负有保密的义务。此类案件中,真正值得惩罚的无疑是将参考答案传入考场的行为。因而,可考虑将外传试题的行为视为预备行为,将参考答案传入考场的行为,才涉及泄露国家秘密的问题。

V 行为

13 泄露国家秘密犯罪属于法定犯,其行为必须以违反前置性的法律规定为前提。这是由法定犯不法结构的特殊性所决定的,违反前置性规定是作为构成要件要素而存在。因而,无论是故意泄露国家秘密罪还是过失泄露国家秘密罪,其客观行为均表现为违反《保守国家秘密法》的规定,违反职权或工作职责而泄露国家秘密。

14 具体而言,客观行为包含三个组成部分:第一,违反国家保密法的规定。违反国家保密法的规定,指的是违反《保守国家秘密法》及其实施细则的规定。第二,违反相应的职权或工作职责。泄露国家秘密犯罪既然放在渎职犯罪之中,从其侵犯的法益包含职务行为公正性的角度而言,有必要认为,对于国家机关工作人员而言,相应的国家秘密应当与其职务或工作职责存在一定的关联,是依职权或工作职责而接触或知悉,或至少是依职权或工作职责而可能接触或知悉的。此处所谓的工作职责,既包括因职位要求的常规工作或暂时从事的工作而承担的工作职责,也包括因协议或约

---

[4] 参见孙建保:《非法获取国家统一考试试题行为之定性》,载《人民司法》2014年第23期。

定而临时承担的工作职责。至于第398条第2款有关"非国家机关工作人员犯前款罪"的规定是否应与第1款规定作同类解释,取决于对该款规定是否应当体现渎职性的问题的回答。有观点认为,之所以将非国家机关工作人员也规定在此条,是因为与其他渎职罪条款不同,现实中基于工作职责接触国家秘密的人群较为庞大,如各类国家职业资格考试外聘命题专家成为常态,主要通过签订保密协议来进行保密。基于协议中的保密义务及特定职责,将自己可接触或知悉范围内的国家秘密进行泄露,就属于渎职行为的一种。[5] 据此,如果相关的国家秘密与非国家机关工作人员的工作职责毫无关联,完全是通过非法手段而获悉,由于其行为缺乏渎职的性质,便无法成立泄露国家秘密犯罪。不过,这样的观点可能容易造成处罚漏洞,导致非基于工作职责而知悉的国家秘密在遭遇泄露的场合,相应的行为便无法依据泄露国家秘密犯罪来处罚。就此而言,第398条第2款规定的处罚范围似乎不应仅限于因工作职责或约定而知悉国家秘密的场合。第三,实施了泄露国家秘密的行为。所谓的泄露,是指任何使不应知悉者知悉的行为,或者使国家秘密超出限定的接触范围,而无法证明未被不应知悉者知悉的行为。这意味着,泄露概念的外延要比非法提供概念的外延更为宽泛,即便不是主动提供,而是无意间使他人获知,也完全可以成立泄露。至于行为人具体采取什么方式让不应知悉的他人得以知悉,则在所不论。

互联网时代,在网络上发布信息的行为,也属于泄露。2001年1月17日最高人 15
民法院发布的《关于审理为境外窃取、刺探、收买、非法提供国家秘密、情报案件具体应用法律若干问题的解释》第6条规定,将国家秘密通过互联网予以发布,情节严重的,依照《刑法》第398条的规定定罪处罚。实践中,对于已经泄露的国家秘密,他人得知后再次传播或提供给第三人的,是否构成"泄露"存在一定的争议。对此,一律认为构成或者不构成泄露,都存在相应的问题。应当认为,如果遭到泄露的国家秘密仍处于限定的接触范围而具有秘密性,行为人在知晓相关信息属于国家秘密的情况下,再次传播或提供给第三人的,仍符合使不应知悉者知悉的要求,故可成立"泄露"。反之,如果泄露后的国家秘密已被人周知而不再具有基本的秘密性,则相应行为不应认为构成"泄露",以免过于扩张处罚的范围。

在"李宝安、昝旺木、李兴安故意泄露国家秘密案"[6]中,涉及的问题是,中考命题 16
人员利用工作上的便利将考前辅导的内容作为中考试题的,是否构成泄露国家秘密的行为?对此,最高人民法院相关业务庭给予肯定的回答,并在裁判理由中进行了解说。对照泄露的概念而言,由于泄露行为本质是指让不应当知悉的人知悉需要保密的事项,或是使国家秘密超出限定的接触范围,对于具体的手段与方法则没有任何限制,故而先透露再命题的行为,同样违反《保守国家秘密法》的规定,符合泄露概念的

5　参见姜楠:《浅析故意泄露国家秘密罪的两个问题》,载《法制与社会》2011年第27期。

6　参见最高人民法院刑事审判第一庭、第二庭编:《刑事审判参考》总第33集(第258号),法律出版社2003年版。

涵盖范围。司法实务的认定是合理的。

17　需要注意的是,在过失泄露国家秘密罪中,除了泄露国家秘密的行为,还要求行为人在客观上违反《保守国家秘密法》方面的注意规范,偏离一般人所能遵守的注意义务标准。比如,未按保密规定所要求的注意规范,进行国家秘密载体的制作、收发、传递、使用、复制、保存、维修和销毁等方面的工作,致使国家秘密载体遗失或落入他人之手等,或者未按规定进行涉密信息系统的管理方面的工作,致使相应的国家秘密为不应知悉者所知悉或者超出限定的接触范围。在信息化环境下,过失引起国家秘密泄露的发生率远高于故意行为。在过失竞合的领域,对具体责任人负有监督、管理职责的领导者与管理者,没有充分尽到监督与管理方面的职责,致使直接责任人员发生违规操作而泄露国家秘密的,也成立过失泄露国家秘密罪。在信息化的环境下,有必要特别关注监督过失的严重危害性。[7]

Ⅵ 情节

18　故意泄露国家秘密罪与过失泄露国家秘密罪均属于情节犯,只有情节严重的泄露国家秘密行为,才能构成相应的犯罪,达到刑罚处罚的程度。情节严重与否,一般是从秘密内容的重大与否、密级高低、数量多少,泄露的方法手段、时间、地点、范围大小,以及造成的危害后果等事实来综合予以判断。

19　根据 2006 年 7 月 26 日最高人民检察院发布的《关于渎职侵权犯罪案件立案标准的规定》的规定,故意泄露国家秘密,涉嫌下列情形之一的,应予立案:①泄露绝密级国家秘密 1 项(件)以上的;②泄露机密级国家秘密 2 项(件)以上的;③泄露秘密级国家秘密 3 项(件)以上的;④向非境外机构、组织、人员泄露国家秘密,造成或者可能造成危害社会稳定、经济发展、国防安全或者其他严重危害后果的;⑤通过口头、书面或者网络等方式向公众散布、传播国家秘密的;⑥利用职权指使或者强迫他人违反国家保守秘密法的规定泄露国家秘密的;⑦以牟取私利为目的泄露国家秘密的;⑧其他情节严重的情形。

20　《关于渎职侵权犯罪案件立案标准的规定》规定,过失泄露国家秘密,涉嫌下列情形之一的,应予立案:①泄露绝密级国家秘密 1 项(件)以上的;②泄露机密级国家秘密 3 项(件)以上的;③泄露秘密级国家秘密 4 项(件)以上的;④违反保密规定,将涉及国家秘密的计算机或者计算机信息系统与互联网相连接,泄露国家秘密的;⑤泄露国家秘密或者遗失国家秘密载体,隐瞒不报、不如实提供有关情况或者不采取补救措施的;⑥其他情节严重的情形。

7　参见皮勇、王启欣:《论信息化环境中核心国家秘密泄露危险的刑法规制》,载《江汉论坛》2015 年第 12 期。

Ⅶ 主体

根据《刑法》第398条的规定,故意泄露国家秘密罪与过失泄露国家秘密罪的主体包括两类:一是国家机关工作人员;二是非国家机关工作人员。从泄露国家秘密犯罪作为渎职罪的性质来看,无论是国家机关工作人员还是非国家机关工作人员,其都应当是保密义务人,即根据《保守国家秘密法》的相关规定,对所知悉的保密事项负有保密义务。 21

有关国家机关工作人员的界定,根据全国人大常委会《关于〈中华人民共和国刑法〉第九章渎职罪主体适用问题的解释》的规定,包括三类人员:①在依照法律、法规规定行使国家行政管理职权的组织中从事公务的人员;②在受国家机关委托代表国家机关行使职权的组织中从事公务的人员;③虽未列入国家机关人员编制但在国家机关中从事公务的人员。在于萍故意泄露国家秘密案中,一审法院将辩护律师认定为负有特定义务的国家机关工作人员,这样的认定无疑存在问题。根据《律师法》的规定,律师属于"为当事人提供法律服务的执业人员",并非国家机关工作人员,更不属于检察部门保密规定所约束的本系统人员。 22

值得注意的是,对泄露国家秘密犯罪中的国家机关工作人员的范围,尚需要根据本罪的法益作进一步的限定,即只限基于职权或工作职责而知悉保密事项,从而承担保密义务的国家机关工作人员。如果相关的保密事项与行为人的职权或工作职责并无任何关系,即便行为人具备国家机关工作人员的身份,也不应认定构成故意泄露国家秘密罪与过失泄露国家秘密罪。从实务案件的处理来看,在主体的理解与界定上存在一定的偏差,将实施非法手段获取并透露与职务或工作职责并无任何关联的国家秘密的国家机关工作人员,也视为泄露国家秘密罪的主体。比如,某省公务员录用考试前夕,时任某县公安局民警的被告人黄某应考生陈某要求帮忙联系购买试题答案,黄某即联系慕某(另案处理)。在考前几天,被告人黄某将慕某提供的相关题目、答案分别传给陈某、韦某、李某三人。考试结束后陈某、韦某分别付给黄某购题费现金7500元与11000元,黄某付给慕某购题费5000元。一审法院认定被告人黄某身为国家机关工作人员,违反《保守国家秘密法》的规定,构成故意泄露国家秘密罪,二审维持原判。[8] 本案中,黄某作为公安局民警的确具有国家机关工作人员的身份,公务员考试试题与答案虽属国家秘密,却与其职务或工作职责没有任何关系,其之后所实施的透露行为,根本谈不上渎职问题,故该案以非法获取国家秘密罪定罪更为合理。 23

对于《刑法》第398条第2款中的"非国家机关工作人员"如何理解,刑法理论上争议较大。一种观点认为,此处的"非国家机关工作人员"是字面含义所指,此类人员实施的泄露国家秘密犯罪,并不具有渎职性质,只是出于简化条文的目的,才将其与 24

---

8 参见林杰:《故意泄露国家秘密罪与非法获取国家秘密罪的界限探讨》,载《法制与经济》2011年第10期。

国家机关工作人员泄露国家秘密犯罪规定在一起。[9] 另一种观点认为,就泄露国家秘密罪在刑法中的位置而言,既然作为渎职罪中的个罪,自然需要在行为性质上体现渎职性。换言之,应当认为,第 398 条第 2 款规定的泄露国家秘密犯罪同样属于身份犯,对其中的"非国家机关工作人员"宜采取限定性的理解。对此,有论者指出,泄露国家秘密罪规定在渎职罪中,在解释该章条文时首先便应考虑到渎职罪的章法益。泄露国家秘密的行为,其前提是"渎职";在此所谓的职责,理应是基于特定身份而产生的特定职责,要成为泄露国家秘密犯罪的主体,必须是知悉或掌握国家秘密的自然人。[10] 从避免不必要的处罚漏洞的角度而言,前一种观点可能较为合理,虽然这会导致《刑法》第 398 条第 2 款成为渎职罪中的例外性条款。当然,即便作这样的界定,该款中的"非国家机关工作人员"也仍主要指向因工作职责或约定而承担保密义务的人员。在某些情况下,也包括非因工作职责或约定而知悉国家秘密,由此而承担保密义务的其他人员。从实务立场来看,存在将第 398 条第 2 款理解为一般主体可构成的犯罪的现象,对"非国家机关工作人员"作过于宽泛的界定[11],这样的倾向也并不可取。

25 那么,外国人是否可构成泄露国家秘密犯罪的主体呢?在刘渝故意泄露国家秘密案中,刘渝任劳动和社会保障部(已撤销)职业技能鉴定中心物流师国家职业资格考试命题专家组组长。其已于 2000 年取得美国国籍,依照我国《国籍法》的规定,刘渝在法律上应认定为美国人,这就提出了外国人能否构成泄露国家秘密罪主体的问题。我国实务对此予以肯定。《保守国家秘密法》第 3 条第 2 款规定,一切国家机关、武装力量、政党、社会团体、企业事业单位和公民都有保守国家秘密的义务。但该款并不意味着排除外国人的保密义务。就刘渝案而言:第一,被告人与劳动和社会保障部职业技能鉴定中心签订了书面协议,承诺不以任何形式泄露未公开的全国统考试题资源,不以全国统考命题单位(或专家)的身份参与考试辅导授课等培训活动,依据协议,其显然负有保密义务。第二,外国人参与到我国的政治、经济、文化等社会生活领域,不可避免地要接触和掌握一定的国家秘密,其泄密行为同样会对我国的政治、经济、科技等带来严重的危害。第三,我国已加入《联合国反腐败公约》,依照该公约的规定,只要实质上是从事履行公共职能或提供公共服务的人员,便属于可作为渎职

---

9 参见陈兴良主编:《罪名指南(下册)》(第 2 版),中国人民大学出版社 2008 年版,第 753 页;王作富主编:《刑法分则实务研究》(第 4 版),中国方正出版社 2010 年版,第 1882 页。

10 参见黎宏:《刑法学各论》(第 2 版),法律出版社 2016 年版,第 552 页。类似的观点,参见何一挥:《浅析考试作弊行为的刑法规制——以上海市闵行区检察院办理的一起泄露国家秘密案件为视角》,载《犯罪研究》2014 年第 5 期;赵香如:《故意泄露国家秘密罪疑难问题新解》,载《刑法论丛》2015 年第 4 期。

11 参见王戈:《泄露国家秘密罪构成解析》,载《国家检察官学院学报》2007 年第 2 期。

罪主体的公职人员,并无国籍方面的限制。[12] 另有观点认为,外籍人士在约定保密义务后,也能构成泄露国家秘密罪的适格主体。[13]

Ⅷ 罪过

《刑法》第 398 条第 1 款采用了故意、过失犯罪并合立法的模式。这样的立法模式在我国刑法分则的立法条文中并不多见。这样的立法模式缺乏一般立法模式的优势,进而引发罪名、罪过、法定刑的诸多争议,故受到学理上的批评。[14] 不过,通行的观点与司法实务,都认为本款规定了两个罪名,即故意泄露国家秘密罪与过失泄露国家秘密罪;只是立法者对不同的主观罪过,适用的是相同的法定刑幅度。 26

故意泄露国家秘密罪在罪过上表现为故意,要求行为人认识到相关的信息或事项属于国家秘密,且明知自己的行为会造成国家秘密的泄露而希望或放任其发生。没有认识到相关的对象属于国家秘密,或者没有认识到自己的行为会造成国家秘密被泄露的,不能成立犯罪故意。泄露国家秘密的动机可能各式各样,动机如何不影响犯罪故意的成立。同时,只要行为人认识到相关的事项系保密的内容,很可能属于国家秘密便可,并不要求行为人明确地认识到具体的密级。 27

在邓志成故意泄露国家秘密案[15]中,认定被告人主观上具有明知,主要基于三点:第一,从被告人的教育背景,尤其是其曾担任中国网通公司网络部副主任,其间接受过系统的保密教育来看,其具备判断涉案材料是否属于国家秘密的知识背景和职业履历。第二,在其与爱立信公司签订的合同中,也明确提到提供的材料属于非媒体公开的重要信息。第三,高达 20 万元的服务对价,也表明其所提供的材料的重要性。据此,足以认定被告人明知涉案材料属于国家秘密。 28

过失泄露国家秘密罪在罪过上由过失构成,行为人应当预见相应事项或材料属于国家秘密,而自己的行为可能产生泄露国家秘密的后果,由于疏忽大意没有预见,或者已经对此有所预见而轻信能够避免,以致泄露国家秘密的。由于意志以外的原因导致国家秘密泄露的,则不构成犯罪。在认定是否构成过失泄露国家秘密罪时,需要与以间接故意的方式泄露国家秘密的行为相区分。间接故意与有认识的过失的区分关键在于,判断行为客观上是否具有导致结果发生的高盖然性,同时,行为 29

---

12 参见岳金矿、李华伟:《故意泄露国家秘密罪实例分析》,载《中国检察官》2009 年第 4 期。

13 参见张华伟等:《泄密犯罪主体能否因保密协议而适格》,载《人民检察》2009 年第 17 期。

14 参见李希慧、董文辉:《论泄露国家秘密犯罪的立法完善》,载《中国刑事法杂志》2011 年第 6 期。

15 参见岳金矿、李华伟:《故意泄露国家秘密罪实例分析》,载《中国检察官》2009 年第 4 期。

人对此是否有所认知。如果对二者的回答都是肯定的,则应当认定成立间接故意;如果对任何之一的回答是否定的,则按过失来认定。

Ⅸ 共犯

30 故意泄露国家秘密罪属于身份犯,只有具有保密义务人身份的行为人才能构成本罪。不过,这种身份上的要求只针对正犯,共犯的成立并不需要具备相应的身份。教唆或者帮助保密义务人实施泄露国家秘密的行为,构成故意泄露国家秘密罪的共犯。故意泄露国家秘密罪既可由负有保密义务的数个行为人共同实施,也可由保密义务人员与不具备相应身份的其他人员共同实施。不负保密义务的他人,因欠缺特定的身份,无法构成故意泄露国家秘密罪的正犯。相反,因职务或工作职责而负有保密义务的人,只要泄露相应的国家秘密,都应当构成故意泄露国家秘密罪的正犯。本罪更宜理解为是义务犯,应当按义务犯的标准来判断正犯的成立与否;只有负有保密义务的特定人员,才能构成正犯。

31 在"李宝安、昝旺木、李兴安故意泄露国家秘密案"[16]中,被告人李宝安是2002年孝感市中考政史命题组组长,而被告人李兴安系历史试卷的命题人员,都属于承担保密义务的人员,具备相应的身份,故两被告人均成立故意泄露国家秘密罪的正犯。被告人昝旺木并未被任命参与此次中考历史试卷的命题,不具有保密义务人的身份,故其行为不能认定为正犯行为,而应以故意泄露国家秘密罪的教唆犯予以处罚。

32 过失泄露国家秘密罪也属于身份犯,如果涉及数个行为人共同违反《保守国家秘密法》的规定,未遵守一般人应予履行保密方面的注意义务标准,则依照各行为人各自实施的行为,分别追究其刑事责任,不按共同犯罪的原理来定罪处罚。过失泄露国家秘密的行为,完全可能在事实层面成立过失共同犯罪,只是在规范上不按共同犯罪的原理来处理各行为人的归责问题。

Ⅹ 罪数

33 在涉及国家秘密的案件中,罪数判断主要涉及两个方面的问题:一是在实施一行为的情况下,究竟成立法条竞合还是想象竞合;二是实施数行为的情况下,究竟是按一罪处罚还是按数罪并罚。

34 (1)关于法条竞合还是想象竞合的判断,取决于相关法条之间的内在逻辑关系。如果行为人将国家秘密泄露给境外的组织或个人,其行为便同时触犯为境外非法提供国家秘密罪与故意泄露国家秘密罪。从两个法条的关系来看,为境外非法提供国家秘密罪的构成要件,是在故意泄露国家秘密罪的构成要件之外,额外增加泄露对象

---

16 参见最高人民法院刑事审判第一庭、第二庭编:《刑事审判参考》总第33集(第258号),法律出版社2003年版。

的要求,即只限于为境外组织或个人提供。因而,为境外非法提供国家秘密罪与故意泄露国家秘密罪之间构成法条竞合关系,为境外非法提供国家秘密罪属于特别法条,而故意泄露国家秘密罪属于普通法条,按特别法条优于普通法条的原理,应当适用为境外非法提供国家秘密罪。由于《刑法》第 111 条除非法提供国家秘密的行为类型之外,还规定了窃取、刺探、收买三种行为类型,故而,严格说来,该法条与故意泄露国家秘密罪(不包括情报)的法条之间构成部分法条竞合的关系。故意泄露国家秘密罪与《刑法》第 431 条第 2 款规定的为境外窃取、刺探、收买、非法提供军事秘密罪之间,也构成部分法条竞合的关系,即与其中为境外非法提供军事秘密的行为类型构成法条竞合,应按其中的重罪,即为境外非法提供军事秘密罪定罪处罚。

35 负有保密义务的行为人接受间谍组织及其代理人的任务,而任务内容中包含提供国家秘密的场合,其行为同时触犯间谍罪与故意泄露国家秘密罪。间谍罪从构成要件来看,与故意泄露国家秘密罪之间并不存在法条竞合关系,而是基于事实因素而导致的竞合,二者构成想象竞合的关系,按其中的重罪即间谍罪处罚。此外,在行为人泄露的是属于国家秘密的商业秘密时,构成故意泄露国家秘密罪与侵犯商业秘密罪的想象竞合,应从一重罪处罚。

36 (2)在实施数行为的情况下,是按一罪处罚还是数罪并罚,关键取决于按其中一罪来处罚是否能够达到充分而又不重复评价的结果。具体而言,一是判断数行为所侵犯的法益之间是否存在重合的现象,二是判断数行为各自涉及的构成要件之中,是否适用其中一罪的构成要件即足以评价相应行为的不法。如果国家机关工作人员在故意泄露基于职权或工作职责而知悉的国家秘密的同时,又利用职务上的便利而收受相应的财物,由于受贿罪与故意泄露国家秘密罪之间侵犯不同的法益,且构成要件上也不重合,理应按受贿罪与故意泄露国家秘密罪进行数罪并罚。以盗窃的故意窃取涉及国家秘密的财物后,在明知属于国家秘密的情况下随意抛弃或处理该财物,导致国家秘密被泄露的,以盗窃罪与故意泄露国家秘密罪实行数罪并罚;如果行为人知道或应当知道所窃财物可能涉及国家秘密,未采取有效合理的措施而导致国家秘密被泄露的,以盗窃罪与过失泄露国家秘密罪实行数罪并罚。

37 在行为人以收买、刺探等方式非法获取国家秘密之后,又故意或过失予以泄露的场合,相关行为同时符合非法获取国家秘密罪与故意泄露国家秘密罪或过失泄露国家秘密罪的构成要件。一般认为,此种情形中数行为之间存在手段行为与目的行为或原因行为与结果行为的牵连关系。由于非法获取国家秘密罪与泄露国家秘密罪在法益方面存在重要部分的重合,故而,对于此种情形,按牵连犯的原理从一重罪从重处罚即可,一般不实行数罪并罚。在非法获取行为与泄露行为均成立既遂的场合,比较两罪的法定刑,故意泄露国家秘密罪重于非法获取国家秘密罪,应当认定为故意泄露国家秘密罪。[17] 如果行为人已经非法取得国家秘密,在预备或着手泄露给第三方

17 参见岳金矿、李华伟:《故意泄露国家秘密罪实例分析》,载《中国检察官》2009 年第 4 期。

时案发,则宜按非法获取国家秘密罪处罚。

XI 与非罪的界限

38 就泄露国家秘密犯罪而言,要划清罪与非罪的界限,应当注意以下三个方面:第一,行为对象是否属于国家秘密。如果泄露的不是国家秘密,便不应构成犯罪。如果特定的国家秘密已因某种意外原因而遭公开,将已公开的秘密又让第三者知悉的,不宜再认定为犯罪,因为相应信息实际上已经缺乏秘密的基本特性。判断是否属于国家秘密,不能完全以保密部门出具的鉴定意见为依据,司法机关应当在此基础上作进一步的独立判断。第二,行为人是否已经认识或可能认识到行为对象属于国家秘密。如果行为人对行为对象属于国家秘密缺乏明知,并且也不可能认识到,则不应认定为犯罪。第三,泄露行为是否属于情节严重。泄露国家秘密罪属于情节犯,只有达到情节严重的程度才能构成犯罪。如果综合案件的相关事实与证据,并未达到情节严重的程度,也不宜作为犯罪来处理。是否达到情节严重的程度,一般是参考司法解释中规定的立案标准。

XII 与他罪的区别

一、与为境外窃取、刺探、收买、非法提供国家秘密、情报罪的区别

39 (1)保护法益不同。前者的法益是国家保密制度与职务行为的公正性;后者的法益是国家安全,主要限于国家的政治安全。关于两罪的法益,通说观点认为,前者的法益是国家的保密制度,而后者的法益是国家安全。[18]

40 (2)主体要件不同。前者为身份犯,行为主体只能是承担保密义务的人,主要是国家机关工作人员;后者为非身份犯,一般主体便可构成。

41 (3)客观行为表现不同。前者只有泄露这一行为类型;后者属于选择性罪名,其客观行为包括窃取、刺探、收买与非法提供四种行为类型。

42 (4)行为对象与范围不同。前者的对象限于国家秘密,但泄露的范围没有特别的限定;后者的对象包括国家秘密与情报,但限于为境外的组织、机构、人员而实施相应行为。

43 (5)情节要求不同。前者属于情节犯,必须达到情节严重的程度才成立犯罪;后者并无与情节相关的具体要求。

---

18 参见陈兴良主编:《罪名指南(下册)》(第2版),中国人民大学出版社2008年版,第754页;高铭暄、马克昌主编:《中国刑法解释》(下卷),中国社会科学出版社2005年版,第2794页;周道鸾、张军主编:《刑法罪名精释》(第4版),人民法院出版社2013年版,第1093—1094页。

(6)主观故意不同。前者只要求行为人认识到是国家秘密而予以泄露;后者则要求行为人明知是国家秘密或情报,并且认识到是为境外机构、组织、人员而实施窃取、刺探、收买或非法提供的行为。如果行为人虽然客观上是在为境外非法提供国家秘密,但主观上并未认识到,则按故意泄露国家秘密罪定罪处罚。 44

二、与侵犯商业秘密罪的区别

(1)保护法益不同。前者的法益是国家保密制度与职务行为的公正性;后者的法益是自由竞争的市场秩序与商业秘密权利人的相关权益。 45

(2)主体要件不同。前者为身份犯,行为主体是承担保密义务的人员,主要是国家机关工作人员;后者为非身份犯,一般主体便可构成。 46

(3)客观行为不同。前者只有泄露这一行为类型。后者包括四种行为类型,即以盗窃、贿赂、欺诈、胁迫、电子侵入或者其他不正当手段获取权利人的商业秘密的;披露、使用或者允许他人使用以前述手段获取的权利人的商业秘密的;违反保密义务或者违反权利人有关保守商业秘密的要求,披露、使用或者允许他人使用其所掌握的商业秘密的;明知或应知前列行为,获取、披露、使用或者允许他人使用该商业秘密。 47

(4)行为对象不同。前者的行为对象限于国家秘密;后者的行为对象是商业秘密。国家秘密与商业秘密之间存在交叉关系。在相关商业秘密属于国家秘密的场合,如果行为人予以泄露,则构成故意泄露国家秘密罪与侵犯商业秘密罪的想象竞合,从一重罪处罚。 48

(5)是否要求具备损失结果不同。前者属于情节犯,损失是否重大,是情节是否严重时考虑的因素,但损失重大并非必要条件;后者属于结果犯,以给权利人造成重大损失结果为要件。 49

XIII 处罚

根据《刑法》第 398 条的规定,国家机关工作人员犯本罪的,处 3 年以下有期徒刑或者拘役;情节特别严重的,处 3 年以上 7 年以下有期徒刑;非国家机关工作人员犯本罪的,依照前款的规定酌情处罚。本条中所谓的"情节特别严重",可依据最高人民检察院《关于渎职侵权犯罪案件立案标准的规定》的规定,从行为次数、行为方式、国家秘密的数量与内容、泄密的对象及范围、所造成的危害后果等方面综合进行把握。一般说来,"情节特别严重"主要指多次泄露或泄露多个绝密级或机密级国家秘密的,泄露国家秘密造成特别严重后果或者特别重大损失的等。《刑法》第 398 条第 2 款中的所谓"酌情处罚",有从轻发落之意,授予司法机关在认定处理上一定的自由裁量权。[19] 50

---

19 参见王作富主编:《刑法分则实务研究》(第 4 版),中国方正出版社 2010 年版,第 1886 页。

51 立法者在本条中采取了对故意犯罪与过失犯罪设定相同法定刑的立法技术。不过,故意罪与过失犯罪在不法程度上毕竟不同。基于此,在涉及泄露国家秘密的案件中,适用法定刑时应当坚持故意犯罪重于过失犯罪原则,也即在《刑法》第398条规定的法定刑范围内,在行为给社会造成相同的客观危害时,对过失泄露国家秘密犯罪的处刑应轻于故意泄露国家秘密犯罪。[20] 一般说来,按故意泄露国家秘密罪定罪的行为,不应就低判处拘役;而按过失泄露国家秘密罪认定的行为,也不应就高判处相应法定刑幅度内的最高刑。

---

[20] 参见杨凯:《泄露国家秘密犯罪刑事司法问题检讨》,载《甘肃政法学院学报》2005年第3期。

第三百九十九条　徇私枉法罪；民事、行政枉法裁判罪；执行判决、裁定失职罪；执行判决、裁定滥用职权罪

司法工作人员徇私枉法、徇情枉法，对明知是无罪的人而使他受追诉、对明知是有罪的人而故意包庇不使他受追诉，或者在刑事审判活动中故意违背事实和法律作枉法裁判的，处五年以下有期徒刑或者拘役；情节严重的，处五年以上十年以下有期徒刑；情节特别严重的，处十年以上有期徒刑。

在民事、行政审判活动中故意违背事实和法律作枉法裁判，情节严重的，处五年以下有期徒刑或者拘役；情节特别严重的，处五年以上十年以下有期徒刑。

在执行判决、裁定活动中，严重不负责任或者滥用职权，不依法采取诉讼保全措施、不履行法定执行职责，或者违法采取诉讼保全措施、强制执行措施，致使当事人或者其他人的利益遭受重大损失的，处五年以下有期徒刑或者拘役；致使当事人或者其他人的利益遭受特别重大损失的，处五年以上十年以下有期徒刑。

司法工作人员收受贿赂，有前三款行为的，同时又构成本法第三百八十五条规定之罪的，依照处罚较重的规定定罪处罚。

文献：吴振兴主编：《新刑法罪名司法解释适用全书》，中国言实出版社 1998 年版；何秉松主编：《职务犯罪的预防与惩治》，中国方正出版社 1999 年版；张明楷、劳东燕、吴大伟等：《司法工作人员犯罪研究》，中国人民大学出版社 2008 年版；张兆松、李志雄、章晓民：《渎职犯罪的理论与实践》，中国检察出版社 2008 年版；刘志高：《司法工作人员渎职犯罪基本问题研究》，上海社会科学院出版社 2008 年版；翟中东主编：《渎职罪立案追诉标准与司法认定实务》，中国人民公安大学出版社 2010 年版；高铭暄、赵秉志编：《新中国刑法立法文献资料总览》（第 2 版），中国人民公安大学出版社 2015 年版；黎宏：《刑法学总论》（第 2 版），法律出版社 2016 年版；最高人民法院刑事审判第一、二、三、四、五庭主办：《中国刑事审判指导案例 6》，法律出版社 2017 年版；最高人民法院中国应用法学研究所编：《人民法院案例选（分类重排本）·刑事卷》（第 8 卷），人民法院出版社 2017 年版；周光权：《刑法各论》（第 4 版），中国人民大学出版社 2021 年版；张明楷：《刑法学》（第 6 版），法律出版社 2021 年版。陈建清：《试论徇私枉法罪》，载《山东法学》1999 年第 1 期；张平：《论民事、行政枉法裁判罪》，载《中国刑事法杂志》1999 年第 4 期；冯亚东：《受贿罪与渎职罪竞合问题》，载《法学研

究》2000 年第 1 期;王晓霞:《民事、行政枉法裁判罪的若干问题》,载《人民检察》2000 年第 11 期;王福生:《浅谈徇私枉法罪客观方面的认定》,载《人民检察》2001 年第 3 期;李恩民:《违反程序法不是枉法裁判罪的构成要件》,载《检察实践》2001 年第 5 期;李文生:《关于渎职罪徇私问题的探讨》,载《中国刑事法杂志》2002 年第 4 期;黄太云:《全国人大常委会〈关于《中华人民共和国刑法》第九章渎职罪主体适用问题的解释〉的理解与适用》,载《人民检察》2003 年第 2 期;牛克乾、阎芳:《试论徇私枉法罪中"徇私"的理解与认定》,载《政治与法律》2003 年第 3 期;吴学斌、俞娟:《徇私枉法罪的基本问题研究》,载《政治与法律》2005 年第 2 期;杜国强:《徇私枉法罪罪数问题探讨》,载《法商研究》2005 年第 5 期;周道鸾:《执行判决、裁定失职罪和执行判决、裁定滥用职权罪探析》,载《法学杂志》2005 年第 6 期;张明楷:《渎职罪中"徇私"、"舞弊"的性质与认定》,载《人民检察》2005 年第 23 期;周光权:《徇私枉法罪研究》,载《人民检察》2007 年第 12 期;林亚刚:《论徇私枉法罪主观要件及共犯》,载《上海对外经贸大学学报》2014 年第 1 期。丁吁平、姚岚:《违法调解可构成民事、行政枉法裁判罪》,载《检察日报》2003 年 10 月 21 日;刘志高、刘国磊:《刑法第三百九十九条第三款"判决、裁定"的范围有多大》,载《检察日报》2005 年 11 月 18 日。

细目录

Ⅰ 主旨
Ⅱ 沿革
Ⅲ 客体
Ⅳ 行为
Ⅴ 结果与情节
Ⅵ 主体
Ⅶ 罪过
Ⅷ 既遂与未遂
Ⅸ 共犯
Ⅹ 罪数
Ⅺ 与非罪的界限
Ⅻ 与他罪的区别
　一、徇私枉法罪与诬告陷害罪的区别
　二、徇私枉法罪与伪证罪的区别
　三、徇私枉法罪与包庇罪的区别
XIII 处罚

I 主旨

司法工作人员在刑事诉讼、民事、行政审判活动以及判决、裁定执行过程中负有追诉、裁判、依法执行判决、裁定的职责,应当恪尽职守,依法履行职责。《刑法》第399条设立徇私枉法罪,民事、行政枉法裁判罪,执行判决、裁定失职罪和执行判决、裁定滥用职权罪,旨在惩治司法工作人员违法履行上述职责的行为,保障公民的合法权益以及国家司法工作的有序进行。 1

II 沿革

1.徇私枉法罪的立法沿革

徇私枉法罪的正式立法规定出现在1979年《刑法》渎职罪一章,但是,在此之前的数个刑法草案对徇私枉法行为均有体现。例如1954年《中华人民共和国刑法指导原则草案》(初稿)第71条规定的颠倒黑白处理案件罪,司法人员出于陷害、报复、贪污或者其他个人目的,故意颠倒黑白处理案件的,判处5年以下有期徒刑或者劳役;因而造成严重后果的,判处5年以上有期徒刑。此后,刑法草案对有审判职务与追诉职务的司法工作人员分别规定了不同的罪名。例如,1957年《刑法(草案)》(第21次稿)第209条规定,有追诉职务的人员,对明知是无罪的人而使他受追诉或者对明知是有罪的人而不使他受追诉的,处5年以下有期徒刑。第210条则规定,有审判职务的人员,故意作枉法裁判的,处1年以上7年以下有期徒刑;情节特别严重的,处7年以上有期徒刑或者无期徒刑。从《刑法(草案)》(第21次稿)的规定来看,对有审判职务人员的枉法裁判行为的处罚要重于没有审判职务的人员。但是此种规定模式至1962年《刑法(草案)》(第27次稿)时发生改变,该草案以司法工作人员统称有追诉职责与审判职责的人员,在第196条规定,司法工作人员对明知是无罪的人而使他受追诉、对明知是有罪的人而故意包庇不使他受追诉,或者故意颠倒黑白作枉法裁判的,处7年以下有期徒刑。此种规定模式一直延续至《刑法(草案)》(第33次稿),并最终被1979年《刑法》所采纳,只是在立法过程中又加入了"徇私舞弊"的表述。[1] 1979年《刑法》第188条规定,司法工作人员徇私舞弊,对明知是无罪的人而使他受追诉、对明知是有罪的人而故意包庇不使他受追诉,或者故意颠倒黑白做枉法裁判的,处5年以下有期徒刑、拘役或者剥夺政治权利;情节特别严重的,处5年以上有期徒刑。其中"颠倒黑白"的用语与1954年《中华人民共和国刑法指导原则草案》(初稿)的表述一致。 2

在1979年《刑法》修改过程中,对徇私枉法罪的条文表述又数度发生改变。1988 3

1 参见高铭暄、赵秉志编:《新中国刑法立法文献资料总览》(第2版),中国人民公安大学出版社2015年版,第94—162页。

年9月《中华人民共和国刑法》(修改稿)中对徇私枉法罪的表述与1979年《刑法》的规定一致。但是,鉴于其中"颠倒黑白"的表述不够明确,故在1988年11月16日的修改稿中,首次删除了沿革自1954年刑法草案的"颠倒黑白"的表述。在1996年8月31日的修改草稿中,对徇私枉法罪的行为类型采取了明确列举式的规定,即:司法工作人员徇私舞弊,具有下列情形之一的,处5年以下有期徒刑、拘役或者剥夺政治权利;情节特别严重的,处5年以上有期徒刑:①对明知是无罪的人而使他受追诉、对明知是有罪的人而故意包庇不使他受追诉;②在审判活动中故意作枉法裁判的;③对不符合减刑、假释、保外就医条件的罪犯,予以减刑、假释或者保外就医的。此外,还首次将仲裁人员徇私舞弊、枉法裁决的行为列明在徇私枉法罪的罪状中。

4 1996年10月10日的《修订草案》(征求意见稿)中,对徇私枉法罪的罪状表述又放弃了行为类型的列举式规定,仍然回到1979年《刑法》规定的版本,只是将其中一直沿用的"徇私舞弊"的表述改为"徇私枉法"。1997年2月17日的《修订草案》(修改稿)对徇私枉法罪的条文表述再次进行较大的调整:一是在此罪罪状"徇私枉法"之后增加了"徇情枉法"的规定;二是将原规定中的"审判活动"明确为"刑事、民事、行政审判"。但是,在1997年3月1日的修订草案中,又将"民事、行政审判"的内容删去。最终1997年《刑法》在第399条第1款将徇私枉法罪规定为:司法工作人员徇私枉法、徇情枉法,对明知是无罪的人而使他受追诉、对明知是有罪的人而故意包庇不使他受追诉,或者在刑事审判活动中故意违背事实和法律作枉法裁判的,处5年以下有期徒刑或者拘役;情节严重的,处5年以上10年以下有期徒刑;情节特别严重的,处10年以上有期徒刑。

2.民事、行政枉法裁判罪的立法沿革

5 1979年《刑法》并未规定民事、行政枉法裁判罪,该罪是1997年《刑法》新增的罪名。但是在1979年刑法修改的过程中,对该罪的增设,问题主要体现在与徇私枉法罪是统一还是分别进行规定上。1997年2月17日的《修订草案》(修改稿)对徇私枉法罪的条文表述再次进行较大的调整:一是在此罪罪状"徇私枉法"之后增加了"徇情枉法"的规定;二是将原规定中的"审判活动"明确为"刑事、民事、行政审判"。但是,在1997年3月1日的修订草案中,又将"民事、行政审判"的内容删去。最终1997年《刑法》在第399条第2款将民事、行政枉法裁判罪规定为:在民事、行政审判活动中故意违背事实和法律作枉法裁判,情节严重的,处5年以下有期徒刑或者拘役;情节特别严重的,处5年以上10年以下有期徒刑。

3.执行判决、裁定失职罪和执行判决、裁定滥用职权罪的立法沿革

6 1979年《刑法》和1997年《刑法》修订时都没有规定执行判决、裁定失职罪和执行判决、裁定滥用职权罪,两罪是2002年12月28日全国人民代表大会常务委员会通过的《刑法修正案(四)》新增的罪名。《刑法修正案(四)》第8条在《刑法》第399条第2款之后增加1款作为第3款:在执行判决、裁定活动中,严重不负责任或者滥用职权,不依法采取诉讼保全措施、不履行法定执行职责,或者违法采取诉讼保全措

施、强制执行措施,致使当事人或者其他人的利益遭受重大损失的,处5年以下有期徒刑或者拘役;致使当事人或者其他人的利益遭受特别重大损失的,处5年以上10年以下有期徒刑。由此增设执行判决、裁定失职罪和执行判决、裁定滥用职权罪,同时将原条文第3款作为修改后条文的第4款。

之所以设置执行判决、裁定失职罪和执行判决、裁定滥用职权罪的新罪名,是因为实践中司法工作人员徇私舞弊,对能够执行的案件故意拖延执行,或者违法采取诉讼保全措施、强制执行措施,给当事人或者他人的利益造成重大损失,社会危害性较大,本可以按《刑法》第397条的规定追究责任,由于刑法未作具体规定,司法机关在适用法律时认识不明确,没有及时追究的情况时有发生,有关部门建议予以明确。立法机关经研究认为,这种行为可以按照《刑法》第397条规定追究,鉴于执行判决、裁定失职和执行判决、裁定滥用职权行为与徇私枉法、枉法裁判行为在性质和犯罪表现形式上具有相似性,在《刑法》第399条中增加1款关于执行判决、裁定失职和执行判决、裁定滥用职权的规定,更有利于打击司法执行活动中的舞弊行为,保护当事人的合法权益,维护判决的严肃性和司法权威。[2] 7

Ⅲ 客体

(1)徇私枉法罪的保护客体,理论上存在争议。一种观点认为,徇私枉法罪是侵犯复杂客体的犯罪,既侵害了刑事追诉活动的正当性,又侵害了公民的自由与权利。[3] 另一种观点认为,徇私枉法罪是侵犯单一客体的犯罪,侵害了司法机关的正常活动。对公民权利的侵害是侵害司法机关正常活动的必然结果,是徇私枉法行为社会危害性的具体体现,因而并不是徇私枉法罪的本质特征。[4] 但是,如果认为徇私枉法罪仅仅侵害了司法机关的正常活动,就无法解释为何同样侵害司法机关正常活动的民事、行政枉法裁判罪的成立以情节严重为条件,且其法定刑的规定比徇私枉法罪轻。正是因为徇私枉法行为存在于刑事追诉、裁判领域,刑事追诉、裁判以剥夺公民的自由等合法权益为基本内容,枉法追诉、裁判行为与公民的自由、权利密切相关,对司法机关正常活动以外的公民自由等权利的侵犯,刑法才对徇私枉法行为与民事、行政枉法裁判行为作出了不同的规范评价。因此,笔者认为,徇私枉法罪的保护客体既包括国家司法机关的正常活动,又包括公民自由等合法权益,是侵犯复杂客体的犯罪。 8

徇私枉法罪的客观行为之一是"明知是有罪的人而故意包庇不使他受追诉",那 9

---

2 参见周道鸾:《执行判决、裁定失职罪和执行判决、裁定滥用职权罪探析》,载《法学杂志》2005年第6期。

3 参见张明楷:《刑法学》(第6版),法律出版社2021年版,第1648页。

4 参见陈兴良主编:《罪名指南(下册)》(第2版),中国人民大学出版社2008年版,第758页。

么其中作为犯罪对象的“有罪的人”应当如何理解呢？由于故意包庇“有罪的人”不受追诉是刑事追诉尚未完成的情况下实施的行为,因此,“有罪的人”就不是指在刑事诉讼中已经被判决有罪的人,否则,《刑法》第399条第1款所规定的“明知是有罪的人而故意包庇不使他受追诉”的行为类型将处于空置状态。因此,“有罪的人”应当界定为有证据证明涉嫌犯罪事实的人即可。司法实践中也认为,对“有罪”应当作扩张解释,是指涉嫌犯罪。[5] 此种人即便没有被判决确定为有罪,但是由于已经有证据证明其行为已涉嫌触犯刑法,按照刑法与刑事诉讼法的规定应当进入刑事追诉与裁判程序中进一步判断是否确实有罪,因此,对其故意包庇的枉法追诉、裁判行为就已经对徇私枉法罪所保护的客体产生了侵害。

10 (2)民事、行政枉法裁判罪的保护客体,理论上存在争议。传统理论认为,本罪侵犯的是国家审判机关的正常活动。[6] 另一种观点认为,本罪的保护客体不仅包括审判机关的正常活动,还包括当事人的利益。[7] 笔者认为,后一种观点是正确的。虽然保证民事、行政审判活动依法进行本身就有利于保障当事人的利益,但是并不妨碍将当事人利益作为本罪的保护客体。从司法实践看,将许多给当事人利益造成损害的情况认定为成立民事、行政枉法裁判罪的“情节严重”要件,也是认可了将当事人利益作为本罪的保护客体。

11 (3)执行判决、裁定失职罪和执行判决、裁定滥用职权罪的保护客体,理论上存在争议。一种观点认为,两罪保护的客体是人民法院正常的执行工作。[8] 另一种观点则认为,两罪的保护客体除了人民法院正常的执行活动,还包括当事人或其他人的合法权益。[9] 执行判决、裁定是人民法院的职能之一,负有执行职责的司法工作人员违反职责,不当执行判决、裁定的行为,不仅损害了司法机关执行活动的正常进行,也会给当事人或其他人的合法权益造成严重损害。因此,两罪的保护法益既包括人民法院正常的执行活动,也包括当事人或其他人的合法权益。

12 执行判决、裁定失职罪和执行判决、裁定滥用职权罪的犯罪对象是人民法院的判决、裁定。根据2002年8月29日全国人大常委会通过的《关于〈中华人民共和国刑法〉第三百一十三条的解释》的规定,《刑法》第313条规定的“人民法院的判决、裁

---

5 参见最高人民法院中国应用法学研究所编:《人民法院案例选(分类重排本)·刑事卷》(第8卷),人民法院出版社2017年版,第4159页。

6 参见陈兴良主编:《罪名指南(下册)》(第2版),中国人民大学出版社2008年版,第764页。

7 参见张明楷、劳东燕、吴大伟等:《司法工作人员犯罪研究》,中国人民大学出版社2008年版,第150—151页。

8 参见周道鸾:《执行判决、裁定失职罪和执行判决、裁定滥用职权罪探析》,载《法学杂志》2005年第6期。

9 参见张明楷、劳东燕、吴大伟等:《司法工作人员犯罪研究》,中国人民大学出版社2008年版,第161页。

定”,是指人民法院依法作出的具有执行内容并已发生法律效力的判决、裁定。人民法院为依法执行支付令、生效的调解书、仲裁裁决、公证债权文书等所作的裁定属于该条规定的裁定。按照刑法体系解释的原则,执行判决、裁定失职罪和执行判决、裁定滥用职权罪中的判决、裁定也应当按照此立法解释确定范围。

有学者认为,执行判决、裁定失职罪和执行判决、裁定滥用职权罪中的判决、裁定“不应该包括人民法院作出的刑事判决(刑事附带民事判决除外)。理由有两点:一是对刑事判决中判处的刑事责任部分的执行,不属于人民法院的职责范围,它属于公安机关或监狱、劳动改造机关的职责;二是对刑事判决中判处的罚金和没收财产的执行,虽然是属于人民法院的执行职责范围,但是,该款对执行判决、裁定失职罪与执行判决、裁定滥用职权罪还要求具有‘致使当事人或者其他人的利益遭受重大损失的行为’的结果,而对罚金或没收财产的执行与不执行并不直接影响到当事人或者其他人的任何利益损失,它只会对国家造成损失。由此可以推断出,该款所规定的判决、裁定不包括对刑事判决中的罚金或没收财产的执行”[10]。笔者认为,既然刑事判决中的罚金和没收财产由人民法院执行,则不应当将其排除在执行判决、裁定失职罪和执行判决、裁定滥用职权罪的判决、裁定范围之外。司法工作人员在执行刑事判决中的罚金和没收财产时,如果存在失职行为,同样会对当事人或其他人造成重大损失,并不仅仅涉及国家利益的损失。因此,刑事判决中由人民法院负责执行的内容,仍然属于执行判决、裁定失职罪和执行判决、裁定滥用职权罪中判决、裁定的范围。 13

Ⅳ 行为

(1)徇私枉法罪的客观行为包括:一是明知是无罪的人而使他受追诉;二是明知是有罪的人而故意包庇不使他受追诉;三是在刑事审判活动中故意违背事实和法律作枉法裁判。依据最高人民检察院《关于渎职侵权犯罪案件立案标准的规定》的规定,实际上又将上述三种行为类型具体化为:一是对明知是没有犯罪事实或者其他依法不应当追究刑事责任的人,采取伪造、隐匿、毁灭证据或者其他隐瞒事实、违反法律的手段,以追究刑事责任为目的立案、侦查、起诉、审判的;二是对明知是有犯罪事实需要追究刑事责任的人,采取伪造、隐匿、毁灭证据或者其他隐瞒事实、违反法律的手段,故意包庇使其不受立案、侦查、起诉、审判的;三是采取伪造、隐匿、毁灭证据或者其他隐瞒事实、违反法律的手段,故意使罪重的人受较轻的追诉,或者使罪轻的人受较重的追诉的;四是在立案后,采取伪造、隐匿、毁灭证据或者其他隐瞒事实、违反法律的手段,应当采取强制措施而不采取强制措施,或者虽然采取强制措施,但中断侦查或者超过法定期限不采取任何措施,实际放任不管,以及违法撤销、变更强制措施,致使犯罪嫌疑人、被告人实际脱离司法机关侦控的;五是在刑事审判活动中故意 14

10　刘志高、刘国磊:《刑法第三百九十九条第三款“判决、裁定”的范围有多大》,载《检察日报》2005年11月18日。

违背事实和法律,作出枉法判决、裁定,即有罪判无罪、无罪判有罪,或者重罪轻判、轻罪重判的;六是其他徇私枉法应予追究刑事责任的情形。尽管此种具体化的规定为徇私枉法罪的行为认定提供了依据,但是该罪在客观行为上尚有下列问题需要明确。

15 第一,"徇私"的含义。关于"徇私"的含义,主要争议点是"私"的范围问题。徇私是否包括徇单位等非个人利益之私,理论与司法实践中存在两种对立的观点。一种观点认为,"刑法条文中规定的'徇私'之'私',应理解为个人私情、私利,私情、私利与单位利益相对应,徇单位之私不能理解为'徇私'"[11]。一方面是因为从文义解释的角度,徇单位之私不符合刑法用语的逻辑性。[12] 另一方面"渎职犯罪主要是国家机关工作人员实施的犯罪,而对国家机关工作人员徇单位之私,滥用职权、玩忽职守的,《刑法》第397条已有明确规定,将徇单位之私排除在徇私舞弊型渎职犯罪之外,并不影响追究有关责任人员的刑事责任;同时徇单位之私与徇个人私情、私利滥用职权、玩忽职守毕竟有所区别"[13]。司法实践中也有采此观点的见解,例如《全国法院审理经济犯罪案件工作座谈会纪要》规定,徇私舞弊型渎职犯罪的"徇私"应理解为徇个人私情、私利。国家机关工作人员为了本单位的利益,实施滥用职权、玩忽职守行为,构成犯罪的,依照《刑法》第397条第1款的规定定罪处罚。反对的见解则认为,徇私不仅包括徇个人之私,而且包括徇单位、集体之私。[14] 例如张明楷教授认为,徇单位、集体之私亦侵害了渎职罪的保护法益;徇单位、集体之私同样可以成为推动行为人实施渎职行为的内心起因;公与私具有相对性,非出于实现公的利益与保护公的法益的意图,便应评价为"私"[15]。

16 将徇私中的"私"限定为个人的私情、私利,将徇单位、集体之私的行为以滥用职权罪、玩忽职守罪论处,不当地限缩了处罚的范围。因为《刑法》第397条第1款规定的是结果犯,只有发生了"公共财产、国家和人民利益遭受重大损失"的实害结果,才能构成滥用职权罪的既遂以及玩忽职守罪。具体到徇私枉法罪,构成既遂并不要求实害结果的发生,所以认为徇单位、集体之私不构成徇私枉法罪,在符合条件的情况下构成滥用职权罪或玩忽职守罪,使得未造成实害结果的徇单位、集体之私的行为不能以滥用职权罪的既遂以及玩忽职守罪论处,不当地限缩了刑法处罚的范围。此

---

11 牛克乾、阎芳:《试论徇私枉法罪中"徇私"的理解与认定》,载《政治与法律》2003年第3期。

12 参见牛克乾、阎芳:《试论徇私枉法罪中"徇私"的理解与认定》,载《政治与法律》2003年第3期。

13 郭清国:《准确理解和适用刑事法律惩治贪污贿赂和渎职犯罪——全国法院审理经济犯罪案件工作座谈会讨论办理贪污贿赂和渎职刑事案件适用法律问题意见综述》,载最高人民法院刑事审判第一、二、三、四、五庭主办:《中国刑事审判指导案例6》,法律出版社2017年版,第725页。

14 参见李文生:《关于渎职罪徇私问题的探讨》,载《中国刑事法杂志》2002年第4期;张明楷:《渎职罪中"徇私"、"舞弊"的性质与认定》,载《人民检察》2005年第23期。

15 参见张明楷:《渎职罪中"徇私"、"舞弊"的性质与认定》,载《人民检察》2005年第23期。

外,也有学者认为,即便产生了实害结果,可以以滥用职权罪既遂或者玩忽职守罪论处,由于刑法设置的法定刑的差别,也会产生罪刑不均衡的问题。[16] 总之,笔者认为,徇私中的"私"的范围不能仅限于个人私情、私利,也包括徇单位、集体之私。是否构成徇私,判断标准并不在于"情"与"利"所属的是公主体还是私主体,而在于所徇之"情"与"利"是否符合国家机关工作人员的职责要求。国家机关工作人员违背自身职责,徇不符合其应履行的公职内容之"情"与"利",即是渎职罪所要处罚的徇私行为,至于所徇之私是个人私情、私利,还是单位、集体私情、私利,并不影响徇私的认定。就徇私枉法罪而言,不论是徇个人之私还是单位、集体之私,所实施的枉法追诉与裁判行为都与国家刑事司法活动的正当性以及公民自由与权利保障的价值目标相违背,或者说,在国家刑事司法活动的正当性以及公民的自由与权利面前,任何徇私情、私利的行为都是刑法所禁止的,不存在凌驾于刑法所保护的该价值目的之上的单位、集体的"公情"与"公利",因此,即便是徇单位、集体之私也是徇私枉法罪中的"徇私"。

实际上,司法实践中对徇私中的"私"的范围的见解并不统一,尽管在《全国法院审理经济犯罪案件工作座谈会纪要》中采取的是徇个人之私的立场,但是认为徇私也包括徇单位、集体之私的见解也同样存在。例如,最高人民检察院《关于渎职侵权犯罪案件立案标准的规定》没有规定徇单位之私是否属于徇私,是因为对该问题的争议较大,不作规定"为以后研究解决该问题留有余地"[17]。但是,其中又规定,直接负责的主管人员和其他直接责任人员为牟取本单位私利而不移交刑事案件,情节严重的,应以徇私舞弊不移交刑事案件罪立案,仍然为将徇单位之私的情况认定为徇私提供了依据。笔者认为,此种认为徇单位之私亦属徇私的观点是正确的,实践中关于徇私的解释,有待最高人民法院、最高人民检察院协调统一。 17

第二,"追诉"的含义。如何理解《刑法》第 399 条第 1 款所规定的"追诉",即追诉到底包括刑事诉讼程序中的哪些诉讼行为,对徇私枉法罪的认定至关重要,理论上存在较大争议。一种观点认为,追诉是以追究刑事责任为目的进行的立案、侦查(含采取强制措施)、起诉、审判行为。[18] 另一种观点则认为,虽然追究刑事责任的法律程序包括侦查、起诉、审判三个阶段,但在刑事审判活动中的违背事实和法律的枉法裁判行为,刑法明文规定为与枉法追诉并列的一种徇私枉法类型,所以追诉应该将审判 18

16　参见张兆松、李志雄、章晓民:《渎职犯罪的理论与实践》,中国检察出版社 2008 年版,第 113—114 页。

17　宋寒松:《〈关于渎职侵权犯罪案件立案标准的规定〉的理解与适用》,载最高人民法院刑事审判第一、二、三、四、五庭主办:《中国刑事审判指导案例 6》,法律出版社 2017 年版,第 648 页。

18　参见王福生:《浅谈徇私枉法罪客观方面的认定》,载《人民检察》2001 年第 3 期。

活动排除在外,只包括对犯罪事实所展开的侦查和起诉。[19] 笔者认为,《刑法》第399条第1款所规定的"追诉"与"裁判"不能视为是对刑事诉讼具体阶段的规定,而是对司法工作人员职责内容的规定。因此,即便是在审判阶段,由于并不是所有参与审判阶段诉讼活动的司法工作人员都具有作出判决、裁定的权力,因此,在审判阶段徇私却又未实施枉法裁判的,不符合"在刑事审判活动中故意违背事实和法律作枉法裁判"的规定,仍然应当以是否实施枉法追诉行为追究其刑事责任。最高人民检察院《关于渎职侵权犯罪案件立案标准的规定》中也未将审判阶段的诉讼活动排除在追诉的范围之外。例如,在应当予以立案的行为类型中,既规定了"对明知是没有犯罪事实或者其他依法不应当追究刑事责任的人,采取伪造、隐匿、毁灭证据或者其他隐瞒事实、违反法律的手段,以追究刑事责任为目的立案、侦查、起诉、审判的"和"对明知是有犯罪事实需要追究刑事责任的人,采取伪造、隐匿、毁灭证据或者其他隐瞒事实、违反法律的手段,故意包庇使其不受立案、侦查、起诉、审判的"追诉行为,也规定了"在刑事审判活动中故意违背事实和法律,作出枉法判决、裁定,即有罪判无罪、无罪判有罪,或者重罪轻判、轻罪重判的"行为,是以司法工作人员具体履行职责的性质和内容为标准来划分追诉与裁判行为的。

19 (2)民事、行政枉法裁判罪的客观行为表现为,司法工作人员在民事、行政审判活动中,故意违背事实和法律作枉法裁判,情节严重的行为。构成本罪,客观上要求达到"情节严重"的后果。根据最高人民检察院《关于渎职侵权犯罪案件立案标准的规定》的规定,民事、行政枉法裁判罪的客观行为被具体化为以下情况:①枉法裁判,致使当事人或者其近亲属自杀、自残造成重伤、死亡,或者精神失常的;②枉法裁判,造成个人财产直接经济损失10万元以上,或者直接经济损失不满10万元,但间接经济损失50万元以上的;③枉法裁判,造成法人或者其他组织财产直接经济损失20万元以上,或者直接经济损失不满20万元,但间接经济损失100万元以上的;④伪造、变造有关材料、证据,制造假案枉法裁判的;⑤串通当事人制造伪证,毁灭证据或者篡改庭审笔录而枉法裁判的;⑥徇私情、私利,明知是伪造、变造的证据予以采信,或者故意对应当采信的证据不予采信,或者故意违反法定程序,或者故意错误适用法律而枉法裁判的;⑦其他情节严重的情形。民事、行政枉法裁判罪尚存在以下问题需要探讨。

20 第一,民事、行政审判活动的范围。民事审判是指"适用民事诉讼程序的审判,因此包括经济审判在内"[20]。但是,民事、行政审判活动不应该仅仅指民事、行政庭审活动,依照民事诉讼法、行政诉讼法的规定,包括立案、开庭审理、执行在内的诉讼环节皆属于民事、行政审判活动的范围。除民事、行政诉讼的庭审环节最终涉及判决、裁定的作出之外,在民事、行政诉讼的立案、执行过程中也存在许多需要作出裁定的情

---

19 参见吴学斌、俞娟:《徇私枉法罪的基本问题研究》,载《政治与法律》2005年第2期。

20 张明楷:《刑法学》(第6版),法律出版社2021年版,第1652页。

况。例如,《民事诉讼法》第 126 条规定,人民法院认为不符合起诉条件,不予受理的,应当在 7 日内作出裁定书。又如,《民事诉讼法》第 234 条规定,执行过程中,案外人对执行标的提出书面异议的,人民法院应当自收到书面异议之日起 15 日内审查,理由成立的,裁定中止对该标的的执行;理由不成立的,裁定驳回。因此,司法工作人员在民事、行政诉讼的立案、执行环节故意违背事实和法律作枉法裁决,情节严重的,应当构成民事、行政枉法裁判罪。由于《刑法修正案(四)》第 8 条在《刑法》第 399 条第 2 款之后增加一款为执行判决、裁定滥用职权罪,对违法采取诉讼保全措施、强制执行措施致使当事人或者其他人的利益遭受重大损失的行为作出专门规定。故司法工作人员在违法采取诉讼保全措施、强制执行措施的过程中枉法裁定的,应当以执行判决、裁定滥用职权罪论处。由于刑事附带民事案件中,民事部分的审判是处理民事法律关系的审判,实体上受民事法律规范的调整,程序上除刑事诉讼法有特殊规定的以外,应当适用民事诉讼法,因此,刑事附带民事案件中民事部分的审判属于民事、行政枉法裁判罪中的民事审判活动。

第二,枉法裁判的范围问题。首先,枉法裁判是否包括违反程序作裁判,理论上 21
存在不同见解。否定说认为,“在民事行政审判活动中,行为人违背事实和法律故意造成错案,并且在情节严重的情况下才构成民事、行政枉法裁判罪,单纯违反程序法的行为不构成本罪,既违反程序法又违反实体法构成民事、行政枉法裁判罪的,其定罪的依据仍然是故意违反实体法造成错案的行为,违反程序法不是民事、行政枉法裁判罪的必备要件”[21]。相反,肯定说则认为,“故意违背事实和违反程序法的规定而作出裁定的,同样可以构成民事、行政枉法裁判罪”[22]。笔者认为,不应当将违反程序作出裁判的情况排除在枉法裁判的范围之外。一是《刑法》第 399 条第 2 款规定的“故意违背事实和法律作枉法裁判”中的“法”并不限于实体法,可以解释为包括程序法在内的法律规定。[23] 二是民事、行政诉讼程序中,许多裁定就是程序性的裁定,例如财产保全裁定、先予执行裁定等,违反程序性规定枉法裁定也会对被害人的实体合法权益造成损害。三是司法实践未将违反程序枉法裁判的情况排除在枉法裁判的范围之外。例如,最高人民检察院《关于渎职侵权犯罪案件立案标准的规定》规定,徇私情、私利,明知是伪造、变造的证据予以采信,或者故意对应当采信的证据不予采信,或者故意违反法定程序,或者故意错误适用法律而枉法裁判的,应当予以立案。综上所述,司法工作人员违反民事、行政诉讼程序作裁判,情节严重的,应当以民事、行政枉法裁判罪论处。其次,枉法调解是否属于枉法裁判。否定说认为,调解协议从实质上体现的是当事人的意志,审判人员只是从形式上赋予其法律效力,而不是审判

---

[21] 李恩民:《违反程序法不是枉法裁判罪的构成要件》,载《检察实践》2001 年第 5 期。

[22] 刘志高:《司法工作人员渎职犯罪基本问题研究》,上海社会科学院出版社 2008 年版,第 287 页。

[23] 参见王晓霞:《民事、行政枉法裁判罪的若干问题》,载《人民检察》2000 年第 11 期。

人员在调解过程中作出了“裁判”。因此,枉法调解行为不宜以民事、行政枉法裁判罪论处。[24] 肯定说则认为,调解同判决、裁定具有同等的法律效力,枉法调解也可能具有严重的社会危害性,应当以民事、行政枉法裁判罪论处。[25] 笔者认为,调解不属于审判活动,只有在执行生效调解书过程中存在枉法裁决的,才可以以民事、行政枉法裁判罪论处。虽然依照《民事诉讼法》的规定,调解与判决、裁定具有同等的法律效力,会影响当事人的利益,但是,民事、行政枉法裁判罪侵害的法益并不单纯是当事人的利益,行为人只有以故意违背事实和法律作枉法裁判的方式侵害当事人的利益,才构成民事、行政枉法裁判罪。而民事调解以当事人自主、自愿为原则,司法工作人员不过是居中主持双方和解,并不存在运用裁判权而判决、裁定处理当事人利益的问题。在民事调解中,当事人双方实际上是通过达成调解协议自愿处分自己的权利,与运用国家强制力裁判利益归属的裁判行为具有本质区别。因此,枉法调解不构成民事、行政枉法裁判罪,构成其他犯罪的,依照刑法的相应规定定罪处罚。

22　(3)执行判决、裁定失职罪的客观行为是司法工作人员在执行判决、裁定活动中,严重不负责任,不依法采取诉讼保全措施、不履行法定执行职责,或者违法采取保全措施、强制执行措施,致使当事人或者其他人的利益遭受重大损失的行为。所谓失职,是指严重不负责任,不履行职责或者不正确履行职责。执行判决、裁定滥用职权罪的客观行为是司法工作人员在执行判决、裁定活动中,滥用职权,不依法采取诉讼保全措施、不履行法定执行职责,或者违法采取保全措施、强制执行措施,致使当事人或者其他人的利益遭受重大损失的行为。

23　具体而言,“不依法采取诉讼保全措施,不履行法定执行职责”,此种行为表现为消极的不作为。通常表现为,对应当执行也有条件执行的案件不积极采取措施执行,而是敷衍了事,甚至故意不执行、拖延执行;依照法律或者有关规定应当对被执行人财产进行调查、搜查、查封、扣押、冻结、变卖,或者应当委托有关机构审计、评估、拍卖但不作为,造成严重后果;对案外人就执行标的提出的异议不依法审查和处理;等等。[26]

24　“违法采取诉讼保全措施、强制执行措施”,此种行为表现为积极的作为。通常表现为故意超标的查封、扣押、冻结被执行人可分割财产;错误变更或者追加被执行主体;为谋私情、私利或者为一方当事人的利益,违反有关规定,在选定审计、评估、拍卖、鉴定等中介机构时弄虚作假;故意违反法律规定对被执行人、协助执行人以及其

24　参见张明楷、劳东燕、吴大伟等:《司法工作人员犯罪研究》,中国人民大学出版社 2008 年版,第 154 页。

25　参见丁呼平、姚岚:《违法调解可构成民事、行政枉法裁判罪》,载《检察日报》2003 年 10 月 21 日。

26　参见黄太云:《〈中华人民共和国刑法修正案(四)〉的理解与适用》,载《人民检察》2003 年第 3 期。

他人采取拘传、拘留、罚款等强制措施；指使或者暗示有关部门、有关人员在评估、拍卖中违反国家规定，故意压低或者抬高价格，损害当事人利益；等等。[27]

V　结果与情节

(1)《刑法》第 399 条第 1 款对徇私枉法罪规定了三个罪刑阶段，除本罪的基本犯处 5 年以下有期徒刑或者拘役之外，还设置了与"情节严重""情节特别严重"相对应的法定刑幅度。其中"情节严重"的应当处 5 年以上 10 年以下有期徒刑；"情节特别严重"的处 10 年以上有期徒刑。至于"情节严重""情节特别严重"的具体情况，目前并无相关司法解释予以具体化，应当由司法人员在实践中具体判断。只是没有司法解释的具体规定，实践认定中难免存在疑问，因此，以一审认定"情节严重""情节特别严重"不当作为上诉理由的二审案件较为常见，甚至有被告人辩称公诉机关指控构成徇私枉法罪"情节严重"于法无据的案例。[28] 25

从司法实践的判决来看，被认定为"情节严重"的有下列情形：第一，造成恶劣的社会影响，使司法工作人员执法公信力受到严重损害的[29]；第二，所放罪犯被判处无期徒刑，造成了严重的危害后果和社会影响的[30]；第三，使集资诈骗犯罪嫌疑人不受追诉，致使群众利益遭受重大损失的[31]；第四，犯罪嫌疑人未被追诉引起被害人多次申诉、控告，造成严重社会影响的[32]；第五，所放罪犯继续犯罪，致使人民群众遭受重大经济损失和身心伤害，严重危害社会，造成恶劣社会影响的[33]。由此可见，可以被认定为"情节严重"的情形包括：第一，造成恶劣社会影响的；第二，致使国家或群众利益遭受重大损害的；第三，未被追诉的人继续犯罪，严重危害社会的。而"情节特别严重"的认定，应当参照"情节严重"的认定标准适当提高，例如造成特别恶劣社会影响 26

27　参见黄太云：《〈中华人民共和国刑法修正案(四)〉的理解与适用》，载《人民检察》2003 年第 3 期。

28　参见章跃进、梅小良徇私枉法案，浙江省玉环县人民法院(2001)玉刑初字第 7 号刑事判决书。

29　参见朱玉东、孙辉徇私枉法案，河南省驻马店市中级人民法院(2015)驻刑二终字第 33 号刑事判决书。

30　参见李鹏、齐成武等徇私枉法案，陕西省西安市中级人民法院(2013)西刑二终字第 00057 号刑事判决书。

31　参见原武智徇私枉法案，黑龙江省哈尔滨市中级人民法院(2017)黑 01 刑终 559 号刑事判决书。

32　参见孙伟徇私枉法案，辽宁省辽阳市中级人民法院(2015)辽阳刑二终字第 57 号刑事判决书。

33　参见吴奇、杨艳徇私枉法案，四川省内江市东兴区人民法院(2016)川 1011 刑初 185 号刑事判决书。

的,应当属于“情节特别严重”的情形。[34] 此外,还可以参考最高人民检察院《人民检察院直接受理立案侦查的渎职侵权重特大案件标准(试行)》关于枉法追诉、裁判案中“重大案件”“特大案件”的认定标准来认定“情节严重”“情节特别严重”的情形。该标准规定的“重大案件”包括:第一,对依法可能判处3年以上7年以下有期徒刑的犯罪分子,故意包庇不使其受追诉的;第二,致使无罪的人被判处3年以上7年以下有期徒刑的。“特大案件”包括:第一,对依法可能判处7年以上有期徒刑、无期徒刑、死刑的犯罪分子,故意包庇不使其受追诉的;第二,致使无罪的人被判处7年以上有期徒刑、无期徒刑、死刑的。

27 但是,笔者认为,刑法就徇私枉法罪规定了“情节严重”“情节特别严重”的不明确罪量要素,将其完全交由法官在具体案件裁判时认定,恐怕难以有统一的标准。例如上述所列几种情况中,所放罪犯被判处无期徒刑才被认定为“情节严重”,那么是否只有所放罪犯被判处死刑时才可以被认定为“情节特别严重”呢?因此,有待在基于司法实践类型化的基础上,制定司法解释明确“情节严重”“情节特别严重”的认定标准。

28 (2)民事、行政枉法裁判罪的成立以“情节严重”为成立条件。根据最高人民检察院《关于渎职侵权犯罪案件立案标准的规定》的规定,下列情形可以认定为“情节严重”:第一,枉法裁判,致使当事人或者其近亲属自杀、自残造成重伤、死亡,或者精神失常的;第二,枉法裁判,造成个人财产直接经济损失10万元以上,或者直接经济损失不满10万元,但间接经济损失50万元以上的;第三,枉法裁判,造成法人或者其他组织财产直接经济损失20万元以上,或者直接经济损失不满20万元,但间接经济损失100万元以上的;第四,伪造、变造有关材料、证据,制造假案枉法裁判的;第五,串通当事人制造伪证,毁灭证据或者篡改庭审笔录而枉法裁判的;第六,徇私情、私利,明知是伪造、变造的证据予以采信,或者故意对应当采信的证据不予采信,或者故意违反法定程序,或者故意错误适用法律而枉法裁判的;第七,其他情节严重的情形,“其他情节严重的情形”应当与上述所列六项在情节的严重程度上具有相当性。

29 所谓“情节特别严重”,司法解释并无进一步具体化的规定。有见解认为,情节特别严重,主要从犯罪动机、手段、后果等方面综合考虑,具体包括下列情形:第一,严重贪赃枉法的;第二,在诉讼标的巨大或影响重大的案件上,不顾明确的案件事实和确凿充分的证据,进行枉法裁判的;第三,通过毁灭、隐匿、伪造重大案件的重要证据作枉法裁判的;第四,枉法裁判极为严重地损害国家和人民利益,或造成极为恶劣的政治影响、社会影响的。[35] 该观点较之上述立案标准对“情节严重”的认定,仍然缺乏具体化。因此,在“情节特别严重”的认定中,对“情节严重”所规定的具体化标准可以

---

34 笔者以“徇私枉法罪”“情节特别严重”为关键词在中国裁判文书网上搜索,被认定为“情节特别严重的”徇私枉法案件较少,也未见存在具体理由的认定为“情节特别严重的”判决。

35 参见翟中东主编:《渎职罪立案追诉标准与司法认定实务》,中国人民公安大学出版社2010年版,第156—157页。

作为认定时的参考依据。司法实践中,就有将“造成损失金额达150万元以上”认定为“情节特别严重”的判决[36],即是以具体化的损失数额来认定“情节特别严重”的。

30 (3)成立执行判决、裁定失职罪要求客观上致使当事人或其他人的利益遭受重大损失。依据最高人民检察院《关于渎职侵权犯罪案件立案标准的规定》的规定,所谓“重大损失”是指下列情形:第一,致使当事人或者其近亲属自杀、自残造成重伤、死亡,或者精神失常的;第二,造成个人财产直接经济损失15万元以上,或者直接经济损失不满15万元,但间接经济损失75万元以上的;第三,造成法人或者其他组织财产直接经济损失30万元以上,或者直接经济损失不满30万元,但间接经济损失150万元以上的;第四,造成公司、企业等单位停业、停产1年以上,或者破产的;第五,其他致使当事人或者其他人的利益遭受重大损失的情形。关于“特别重大损失”,法律和司法解释未有明确规定,需要结合司法实践的具体认定以及上述关于“重大损失”的标准进行综合判断。

31 (4)成立执行判决、裁定滥用职权罪要求客观上致使当事人或其他人的利益遭受重大损失。依据最高人民检察院《关于渎职侵权犯罪案件立案标准的规定》的规定,所谓“重大损失”是指下列情形:第一,致使当事人或者其近亲属自杀、自残造成重伤、死亡,或者精神失常的;第二,造成个人财产直接经济损失10万元以上,或者直接经济损失不满10万元,但间接经济损失50万元以上的;第三,造成法人或者其他组织财产直接经济损失20万元以上,或者直接经济损失不满20万元,但间接经济损失100万元以上的;第四,造成公司、企业等单位停业、停产6个月以上,或者破产的;第五,其他致使当事人或者其他人的利益遭受重大损失的情形。关于“特别重大损失”,法律和司法解释未有明确规定,需要结合司法实践的具体认定以及上述关于“重大损失”的标准进行综合判断。

Ⅵ 主体

32 徇私枉法罪,民事、行政枉法裁判罪,执行判决、裁定失职罪和执行判决、裁定滥用职权罪都属于真正的身份犯,犯罪主体只能是司法工作人员。根据《刑法》第94条的规定,司法工作人员,是指有侦查、检察、审判、监管职责的工作人员。

33 (1)司法工作人员的范围问题。1997年《刑法》将渎职罪的主体由国家工作人员改为国家机关工作人员,主要是考虑到国家机关工作人员行使国家权力,其渎职行为社会危害较大,所以以专章规定国家机关工作人员的渎职犯罪,而将国有公司、企业、事业单位等国家工作人员的渎职犯罪规定在刑法分则其他章节。[37] 但是,渎职罪中

36 参见谈金华民事、行政枉法裁判、受贿案,江苏省常州市中级人民法院(2017)苏04刑终97号刑事判决书。

37 参见黄太云:《全国人大常委会〈关于《中华人民共和国刑法》第九章渎职罪主体适用问题的解释〉的理解与适用》,载《人民检察》2003年第2期。

国家机关工作人员的身份认定最终与国家工作人员的身份认定采取了类似的标准。众所周知,关于国家工作人员的身份认定,理论上存在身份说与职能说的基本对立。根据《刑法》第 93 条的规定,国家工作人员包括国家机关中从事公务的人员;国有公司、企业、事业单位、人民团体中从事公务的人员;国家机关、国有公司、企业、事业单位委派到非国有公司、企业、事业单位、社会团体从事公务的人员;其他依照法律从事公务的人员。刑事立法与司法实践中,行为人是否属于国家工作人员并不取决于身份,而是以是否从事公务为判断依据。例如,2000 年 4 月 29 日全国人大常委会通过的《关于〈中华人民共和国刑法〉第九十三条第二款的解释》,将不具备国家工作人员身份的村基层组织人员在协助人民政府从事行政管理工作时,认定为《刑法》第 93 条第 2 款规定的"其他依照法律从事公务的人员",即是以实际履行职能为条件赋予行为人以特殊身份的立法例。

34 渎职罪主体的立法和司法实践与上述国家工作人员的认定模式一致,均采取了职能说。例如,2002 年 12 月 28 日通过的全国人民代表大会常务委员会《关于〈中华人民共和国刑法〉第九章渎职罪主体适用问题的解释》规定:"在依照法律、法规规定行使国家行政管理职权的组织中从事公务的人员,或者在受国家机关委托代表国家机关行使职权的组织中从事公务的人员,或者虽未列入国家机关人员编制但在国家机关中从事公务的人员,在代表国家机关行使职权时,有渎职行为,构成犯罪的,依照刑法关于渎职罪的规定追究刑事责任。"关于司法工作人员的范围,除《刑法》第 94 条列举式的规定之外,并无立法解释予以明确。但是,司法实践中,对司法工作人员的认定,并没有采身份说,而是以是否实际履行职责为判断标准,即"只要是经国家机关依法通过录用、聘用、委任甚至借用的途径给予一定的工作岗位并赋予一定的公务职责的人"[38],就应当认定为司法工作人员。

35 (2)司法工作人员构成徇私枉法罪的范围。在国家机关中工作的人员并非都可以成为渎职罪的犯罪主体,只有其中从事公务、代表国家机关行使职责的人员,才能成为渎职罪的犯罪主体,追究其渎职罪的刑事责任。这与上述认定国家机关工作人员的职能标准是一体两面的问题,只是此处的职能标准是为处罚范围提供了一个实质性的边界。由此可见,"从事公务"的职能标准在认定国家机关工作人员身份时,起到的是积极性的补强作用;在行为人具备国家机关工作人员身份的情况下,起到的又是消极性的限制作用。总而言之,贯彻渎职罪的身份认定标准,也并不是所有的司法工作人员都可以构成徇私枉法罪,只有其中在刑事诉讼中实际负有并履行追诉、审判职责的司法工作人员才是本罪的主体。

36 人民陪审员是否可以成为徇私枉法罪的犯罪主体?从以往的实践来看,我国刑事审判中的人民陪审员制度存在"陪而不审"的问题,人民陪审员即便参加庭审,对案

---

[38] 最高人民法院中国应用法学研究所编:《人民法院案例选(分类重排本)·刑事卷》(第 8 卷),人民法院出版社 2017 年版,第 4155 页。

件的裁判也没有决定性的影响。因此,从实质上判断人民陪审员是否履行职责来认定徇私枉法罪仍然存在问题。但是,也应当注意,2018 年 4 月 27 日颁布了《人民陪审员法》,本次立法"以解决'陪而不审、审而不议'问题,充分发挥人民陪审员的参审作用为导向"[39]。例如,增加七人合议庭的设置,对一些社会影响重大的案件,由三名法官和四名人民陪审员组成七人合议庭,人民陪审员在法官的指引下只参与审理事实认定问题,不审理法律适用问题。在此前提下,人民陪审员实质性地参与刑事案件的庭审,对案件的处理有决定性的影响,属于履行裁判职责的司法工作人员,可以成为徇私枉法罪的犯罪主体。

单位不能成为徇私枉法罪的主体。依据 2014 年 4 月 24 日全国人大常委会通过的《关于〈中华人民共和国刑法〉第三十条的解释》的规定:"公司、企业、事业单位、机关、团体等单位实施刑法规定的危害社会的行为,刑法分则和其他法律未规定追究单位的刑事责任的,对组织、策划、实施该危害行为的人依法追究刑事责任。"该立法解释可以解决单位实施非单位犯罪的刑事责任的承担问题,但也使得《刑法》第 30 条"法律规定为单位犯罪的,应当负刑事责任"的规定被架空。而且,实施行为的是单位,承担刑事责任的却是单位内部的自然人,会产生责任转嫁的问题。因此,笔者认为,该立法解释实质上扩大了单位犯罪处罚范围,值得深入反思其妥当性。依据 2012 年 12 月 7 日最高人民法院、最高人民检察院发布的《关于办理渎职刑事案件适用法律若干问题的解释(一)》第 5 条第 2 款的规定,以"集体研究"形式实施的渎职犯罪,应当依照《刑法》分则第九章的规定追究国家机关负有责任的人员的刑事责任。该司法解释与上述立法解释所采取的立场是一致的。因此,国家机关以"集体研究"的形式实施徇私枉法行为的,应当追究国家机关负有责任的人员的刑事责任。 37

(3)执行判决、裁定失职罪和执行判决、裁定滥用职权罪的犯罪主体是特殊主体,是司法工作人员。但由于本罪的客观行为是不依法采取诉讼保全措施、不履行法定执行职责,或者违法采取诉讼保全措施、强制执行措施,只能发生在人民法院执行判决、裁定的过程中,因此,执行判决、裁定失职罪和执行判决、裁定滥用职权罪的犯罪主体应当是司法工作人员中在人民法院具体承担判决、裁定执行工作职责的人员。 38

人民法院执行部门是具体负责执行职责的部门,但是实践中由于执行部门人员配备不足,许多人民法院仍然规定法警队与执行局一样可以单独办理执行案件,[40]也即非执行部门也承担部分案件执行职责。由于在渎职罪犯罪主体的认定上,立法和司法实践采取的都是职能说,即以行为人承担公务职责与否为标准判断其是否具备渎职罪的主体身份。因此,只要是具体承担人民法院案件执行职责的人员,例如执行 39

39　周强:《对〈中华人民共和国人民陪审员法(草案)〉的说明》,第十二届全国人大常委会第三十一次会议,2017 年 12 月 22 日。

40　参见刘志高:《司法工作人员渎职犯罪基本问题研究》,上海社会科学院出版社 2008 年版,第 297 页。

员、书记员、司法警察以及受法院委派或指派从事执行工作的其他辅助人员,都可以成为执行判决、裁定失职罪和执行判决、裁定滥用职权罪的犯罪主体。

Ⅶ 罪过

40 (1)徇私枉法罪的罪过形态为故意,包括直接故意和间接故意。存在问题的是徇私、徇情是否为主观罪过上的要素。理论上关于徇私、徇情是主观要素还是客观要素存在争议,因此,要确定徇私、徇情在构成要件上的作用,首先要明确两者的体系地位为何。关于徇私、徇情的性质,理论上主要存在以下几种观点:第一,行为说。认为徇私、徇情是徇私枉法罪的客观行为,即属于"司法工作人员利用职务之便,为谋取私利或者其他个人目的而实施的行为"[41]。第二,目的说。认为徇私、徇情是徇私枉法罪的主观目的,因而本罪的罪过形式为直接故意。例如,有学者认为,"行为人实施徇私枉法行为的目的是徇私情。动机则可能是多种多样的,诸如贪财图利、官报私仇、袒护熟人亲友等"[42]。第三,动机与行为说。认为徇私、徇情既是行为人的犯罪动机,又是徇私枉法罪的客观行为。例如,有学者认为,徇私枉法罪的主观目的是放纵犯罪或者冤枉好人,动机是徇私、徇情。同时,客观的徇私行为表现为司法工作人员利用承办案件的便利条件,谋取私利或者其他个人目的的行为。[43] 第四,动机说。认为徇私枉法罪主观上是故意,并出于徇私、徇情的动机。[44]

41 首先,应当将徇私、徇情定位为主观要素,而不是徇私枉法罪的客观行为。从最高人民检察院《关于渎职侵权犯罪案件立案标准的规定》所列明的应当予以立案的行为类型看,只规定了枉法追诉、枉法裁判行为,没有涉及徇私、徇情行为。其他徇私舞弊类渎职犯罪,最高人民检察院在立案标准的制定上也皆采取这种方式,由此可见,行为人只要实施枉法追诉、枉法裁判行为就已经满足徇私枉法罪的行为要件,无须再实施徇私、徇情行为。因此,徇私、徇情属于徇私枉法罪的主观要素,而不是客观行为要件。

42 其次,作为徇私枉法罪的主观要素,徇私、徇情属于犯罪目的,还是属于犯罪动机?理论上的多数说认为,徇私、徇情属于犯罪动机,将徇私、徇情作为徇私枉法罪的犯罪目的,不当地限制了该罪的成立范围。[45] 因此,徇私、徇情属于刺激行为人枉法追诉、裁判的内心起因,属于犯罪动机。将徇私、徇情作为徇私枉法罪的主观犯罪动

[41] 王福生:《浅谈徇私枉法罪客观方面的认定》,载《人民检察》2001 年第 3 期。

[42] 吴振兴主编:《新刑法罪名司法解释适用全书》,中国言实出版社 1998 年版,第 919 页。

[43] 参见陈建清:《试论徇私枉法罪》,载《山东法学》1999 年第 1 期。

[44] 参见张明楷:《渎职罪中"徇私"、"舞弊"的性质与认定》,载《人民检察》2005 年第 23 期。

[45] 参见张明楷:《渎职罪中"徇私"、"舞弊"的性质与认定》,载《人民检察》2005 年第 23 期;周光权:《刑法各论》(第 4 版),中国人民大学出版社 2021 年版,第 593 页;张兆松、李志雄、章晓民:《渎职犯罪的理论与实践》,中国检察出版社 2008 年版,第 106—107 页。

机,“是为了将由于法律素质、政策水平、技术能力不高而造成差错的情形,排除在渎职罪之外”[46]。也是因为,具有徇私、徇情动机的场合,“从社会一般人的角度来看,更加值得谴责”[47]。此外,传统理论认为,犯罪动机一般不是犯罪构成的必备要件,其只是体现犯罪的社会危害程度的量刑情节,并不影响犯罪性质。但是,当刑法有明确规定时,犯罪动机也可以成为犯罪构成要件要素。由于徇私、徇情被明确规定在《刑法》第 399 条第 1 款中,因而可以成为徇私枉法罪成立的构成要件要素。只有认为徇私枉法罪的成立以徇私、徇情的犯罪动机为条件才可以将徇私枉法行为与因为法律素质、政策水平、技术能力不高而造成差错的情形相区别。

问题在于,既然认为徇私、徇情属于徇私枉法罪的犯罪动机,那么徇私枉法罪的主观罪过是否可以由间接故意构成呢?传统理论认为,只有直接故意具有犯罪动机,“犯罪动机是直接故意产生的前提”[48]。但是,犯罪动机不如犯罪目的一般是对危害结果的心理态度,犯罪动机不过是行为人实施犯罪行为的内心起因,由于任何行为的实施都会基于一定的内心起因,因此,即便是在过失犯中行为人实施违反注意义务的行为也存在某种心理动因。鉴于此,徇私、徇情的犯罪动机也存在于以间接故意实施徇私枉法行为的情形中。 43

(2)民事、行政枉法裁判罪的罪过形态为故意,包括直接故意和间接故意。徇私、徇情是否为本罪的犯罪动机,需要进一步探讨。理论上,民事、行政枉法裁判罪与徇私枉法罪一样,都被归为徇私舞弊犯罪的类罪。徇私枉法罪的成立以徇私、徇情的犯罪动机存在为条件,那么民事、行政枉法裁判罪是否也应当以徇私、徇情为成立条件呢?有观点认为,本罪主观上表现为,“行为人徇私情私利,故意违背事实和法律作枉法裁判”[49]。即将徇私、徇情作为本罪主观上的要件。但是,笔者认为将徇私、徇情作为本罪主观上的必要要件并不妥当。首先,《刑法》第 399 条第 1 款在规定徇私枉法罪的构成要件时,明确规定了徇私、徇情。但是第 2 款民事、行政枉法裁判罪的罪状中并未有徇私、徇情的表述,依照罪刑法定原则,不应当随意增加构成要件要素。其次,最高人民检察院《关于渎职侵权犯罪案件立案标准的规定》所列举的情况,只有“(六)民事、行政枉法裁判案”明确规定了徇私、徇情,即徇私情、私利,明知是伪造、变造的证据予以采信,或者故意对应当采信的证据不予采信,或者故意违反法定程序,或者故意错误适用法律而枉法裁判的。也即,徇私、徇情并不是构成民事、行政枉法裁判罪所有情形都需要具备的要素。综上所述,民事、行政枉法裁判罪在主观上不要求存在徇私、徇情的犯罪动机要素。 44

(3)执行判决、裁定失职罪的罪过形态是过失,包括过于自信的过失和疏忽大意 45

46 周光权:《刑法各论》(第 4 版),中国人民大学出版社 2021 年版,第 593 页。

47 黎宏:《刑法学各论》(第 2 版),法律出版社 2016 年版,第 555 页。

48 高铭暄主编:《刑法学原理》(第 2 卷),中国人民大学出版社 2005 年版,第 123 页。

49 陈兴良主编:《罪名指南(下册)》(第 2 版),中国人民大学出版社 2008 年版,第 764 页。

的过失。即行为人应当预见自己在执行判决、裁定的过程中不依法采取诉讼保全措施、不依法履行法定职责的严重不负责任行为,可能会使当事人或者其他人的利益遭受重大损失,因为疏忽大意而没有预见,或者已经预见而轻信能够避免的心理态度。

46 (4)我国理论和实践中的多数观点认为,滥用职权类渎职犯罪的罪过形态为故意。因此,执行判决、裁定滥用职权罪的罪过形态只能为故意,包括直接故意和间接故意。表现为行为人明知自己执行判决、裁定过程中的滥用职权行为会发生侵害司法机关的正常活动以及当事人或其他人的利益,希望或放任这种结果发生的心理态度。滥用职权的动机不影响本罪的成立。

Ⅷ 既遂与未遂

47 (1)徇私枉法罪是否存在既遂与未遂,理论上存在争议。一种观点认为,徇私枉法罪不存在未遂,犯罪成立即既遂。该观点指出,"从徇私枉法行为的性质和刑法设立该罪所要保护的法益性质来看,徇私枉法罪不存在未遂,徇私枉法行为一旦实行,要么因为'情节显著轻微、危害不大'而不构成犯罪,要么成立犯罪且成立既遂,其既遂并不以犯罪对象得到实际错误的处理(错误的追诉、放纵)为条件"[50]。另一种观点则认为,本罪存在既遂与未遂的区分,当行为人实施了枉法行为,如果犯罪成立之后未发生一定的结果,不能认定为既遂。[51] 笔者认为,当渎职罪的罪状中明确规定了某种危害结果或者"情节严重"的表述,则该危害结果或者严重情节成为该罪成立必须具备的构成要件要素,不具备危害结果或者严重情节要素的,不能成立渎职罪。但是,徇私枉法罪的罪状中并无特定危害结果或者严重情节的规定,也即,本罪的成立不要求产生特定的危害结果或者严重的情节。因此,徇私枉法罪不是情节犯,并非情节严重方可构成犯罪。但是,是否只要行为人实施枉法追诉、裁判行为就构成徇私枉法罪,且犯罪就既遂了呢?有观点认为,"司法工作人员只要对明知是无罪的人实施了足以使他受到追诉的行为,或者对明知是有罪的人实施了足以使其不受到追诉的行为,或者做了违背事实和法律的裁判,即完成了全部法定行为,无论上述行为是否达到目的,均为本罪既遂"[52]。笔者认为,以"足以"为成立要件,是将徇私枉法罪定位为具体危险犯[53],对于认定徇私枉法罪是否存在既遂与未遂是有意义的。

48 危险犯是否存在既遂与未遂,理论上存在较大分歧,主要存在以下观点:第一,危

50 肖中华:《渎职罪法定结果、情节在构成中的地位及既遂、未遂形态之区分》,载《法学》2005 年第 12 期。

51 参见周光权:《危害结果仍是区分渎职罪未遂与既遂标志》,载《检察日报》2003 年 10 月 21 日。

52 翟中东主编:《渎职罪立案追诉标准与司法认定实务》,中国人民公安大学出版社 2010 年版,第 143 页。

53 参见黎宏:《刑法学总论》(第 2 版),法律出版社 2016 年版,第 554 页。

险犯既遂说。该说认为,判断危险犯的既遂应以行为人所实施的危害行为是否达到了造成一定危害结果的危险状态为标准。[54] 危险犯既遂说是我国刑法理论的传统通说。第二,危险犯未遂说。该说认为危险犯不过是与之相对应的实害犯的未遂犯,无既遂可言。[55] 第三,折中说。该说认为危险犯既有既遂形态,也有未遂等未完成形态。因为危险状态或侵害法益的危险虽然是危险犯的成立要件,但犯罪的既遂与未遂是在成立犯罪的基础上要进一步讨论的问题。[56] 笔者认为,折中说是妥当的。不能认为《刑法》分则规定的危险犯都是相应实害犯的未遂形态。例如,不能认为《刑法》第 133 条之一所规定的危险驾驶罪是第 133 条所规定的交通肇事罪的未遂形态,危险驾驶罪也有既遂的情况。例如,行为人醉酒驾驶机动车,已经产生了本罪的抽象危险,应当构成既遂。相反,也不能认为所有的危险犯都不具备未遂形态。例如,《刑法》第 114 条规定的放火罪就存在未遂形态。

具体到徇私枉法罪的危险犯,如果行为人在实施枉法行为的过程中,由于意志以外的原因,如行为人职位发生变动、被他人检举揭发等而使得法定行为未能继续完成,也即不足以使无罪的人受到追诉,或者使有罪的人不受到追诉的,应认定为徇私枉法罪的未遂。行为人实施了全部的法定行为,足以产生上述危险的,应当认定为徇私枉法罪的既遂。 49

(2)民事、行政枉法裁判罪是否存在未遂,与枉法裁判的作出是本罪的成立条件还是既遂标准问题密切相关。有观点认为,“即使人民法院的判决、裁定已经作出,只要尚未发生法律效力,人民检察院仍无权监督,也不可能查处民事、行政审判活动中的枉法裁判行为。因此,作为民事、行政检察法律监督范围的裁判不仅要求已经作出,而且要求已经发生法律效力。这一结论解决了另一个与此相关的问题,即民事、行政枉法裁判罪不存在未遂,不存在仅对民事、行政诉讼过程中的审判人员违背事实和法律行为的查处”[57]。不同的观点认为,成立民事、行政枉法裁判罪不要求枉法裁判必须发生法律效力,“枉法裁判一旦作出行为便成立既遂,本罪不存在未遂”[58]。但是,将判决、裁定发生法律效力作为民事、行政枉法裁判罪的成立条件,使得本罪的成立范围受到了不当的限缩。例如,在一审裁判作出之后,当事人上诉而二审改判的,一审裁判未发生法律效力,民事、行政枉法裁判罪仍然不能构成。那么,民事、行政枉法裁判罪的成立就被不当地限制在二审维持原判,一审裁判生效的范围之内。 50

54　参见马克昌主编:《犯罪通论》(第 3 版),武汉大学出版社 1999 年版,第 500 页。

55　参见胡东飞:《危险犯应属实害犯的未遂形态》,载《中国刑事法杂志》2001 年第 4 期。

56　参见张明楷:《危险犯初探》,载马俊驹主编:《清华法律评论》(第 1 辑),清华大学出版社 1998 年版,第 131 页。

57　张平:《论民事、行政枉法裁判罪》,载《中国刑事法杂志》1999 年第 4 期。

58　张明楷、劳东燕、吴大伟等:《司法工作人员犯罪研究》,中国人民大学出版社 2008 年版,第 159 页。

51 司法实践中,对于民事、行政枉法裁判罪的成立也并不要求具备实害结果。根据最高人民检察院《关于渎职侵权犯罪案件立案标准的规定》所规定的“情节严重”的情形:①枉法裁判,致使当事人或者其近亲属自杀、自残造成重伤、死亡,或者精神失常的;②枉法裁判,造成个人财产直接经济损失 10 万元以上,或者直接经济损失不满 10 万元,但间接经济损失 50 万元以上的;③枉法裁判,造成法人或者其他组织财产直接经济损失 20 万元以上,或者直接经济损失不满 20 万元,但间接经济损失 100 万元以上的;④伪造、变造有关材料、证据,制造假案枉法裁判的;⑤串通当事人制造伪证,毁灭证据或者篡改庭审笔录而枉法裁判的;⑥徇私情、私利,明知是伪造、变造的证据予以采信,或者故意对应当采信的证据不予采信,或者故意违反法定程序,或者故意错误适用法律而枉法裁判的;⑦其他情节严重的情形。其中第④、⑤、⑥项均未要求产生实害结果才能认定“情节严重”,即只要行为人采取上述三种方式实施枉法裁判行为,民事、行政枉法裁判罪即可成立。因此,民事、行政枉法裁判罪只要实施枉法裁判行为就构成本罪既遂,不要求判决、裁定发生法律效力,也不存在未遂的情况。

52 (3)执行判决、裁定滥用职权罪以致使当事人或其他人的利益遭受重大损失的危害结果为成立条件。依据最高人民检察院《关于渎职侵权犯罪案件立案标准的规定》的规定,所谓“重大损失”是指下列情形:①致使当事人或者其近亲属自杀、自残造成重伤、死亡,或者精神失常的;②造成个人财产直接经济损失 10 万元以上,或者直接经济损失不满 10 万元,但间接经济损失 50 万元以上的;③造成法人或者其他组织财产直接经济损失 20 万元以上,或者直接经济损失不满 20 万元,但间接经济损失 100 万元以上的;④造成公司、企业等单位停业、停产 6 个月以上,或者破产的;⑤其他致使当事人或者其他人的利益遭受重大损失的情形。由于“重大损失”是本罪的成立条件,因此,行为人实施执行判决、裁定滥用职权行为造成重大损失的,构成执行判决、裁定滥用职权罪,且属于既遂。本罪不存在未遂形态。

IX 共犯

53 (1)徇私枉法罪的共犯。2003 年 4 月 16 日最高人民检察院法律政策研究室发布的《关于非司法工作人员是否可以构成徇私枉法罪共犯问题的答复》中指出,非司法工作人员与司法工作人员勾结,共同实施徇私枉法行为,构成犯罪的,应当以徇私枉法罪的共犯追究刑事责任。问题在于,非司法工作人员构成徇私枉法罪的共犯,到底是哪一种类型的共犯。我国《刑法》总则“共同犯罪”一节并无“共犯”的概念,但是在贪污贿赂、渎职等职务犯罪的司法解释中却大量使用“共犯”的概念。此处的共犯概念到底指的是广义的共犯概念还是仅仅指狭义的共犯概念,难免存在疑问。具体到共同犯罪的认定上,非身份者依据司法解释关于“共犯”的规定,是既能与身份者构成共同正犯,又能构成身份者犯罪的教唆犯、帮助犯;还是只能构成身份者犯罪的狭义的共犯,依据不同的共犯概念会得出不同的结论。特别是,如果将司法解释中的共犯概念理解为包括共同正犯在内的广义的共犯概念,那么非身份者如何与身份者构成真正身份犯的共同正犯,就成了共同犯罪理论上的一个难题。包括徇私枉法罪在内的所有属于真正身份犯的职务性犯罪都需要解决这一非身份者共犯类型的划定问题。因为,如果认为非身份者只能构成教唆犯、帮助犯,那么由于帮助犯只是在犯罪中起辅助作用,司法实践中多作为从犯处理[59],最终会影响到对非身份者的量刑。

理论上对非身份者能否与身份者构成真正身份犯的共同正犯存在争议。一种观点认为,违法身份作为身份者一身专属的要素,无法连带于非身份者,进而否定非身份者与身份者构成真正身份犯的共同正犯的可能性。例如,有学者认为,“共同正犯的成立,建立在犯罪成立要件的共同性之上,而真正身份犯的身份之有无,是决定构成要件共同性是否存在的重要因素。没有特殊身份,不能成立构成要件所规定的任何正犯(包括单独直接正犯、间接正犯),自然也不能成立共同正犯”[60]。另一种观点则认为,“无身份者也能通过有身份者的行为,参与对真正身份犯的保护法益的侵害,成为真正身份犯的共同正犯”[61]。笔者认为,一概否定非身份者与身份者构成真正身份犯的共同正犯,会导致罪刑不均衡的问题。例如,在受贿罪中,国家工作人员利用职务便利为请托人谋取利益,由非国家工作人员的近亲属收受贿赂是较为常见的犯罪形态,认为不具备国家工作人员身份的近亲属只能构成受贿罪的帮助犯,按照从犯的规定从宽处罚显然与其在犯罪中所起的重要作用不均衡。由此也可以发现,非身份者并不是由于不具备身份就完全无法实施真正身份犯的实行行为的,在实行行为属于复合行为的情况下,无须身份存在即可实施的那部分实行行为就可以由非身份者实施。例如,强奸罪中,女子虽然不能实施奸淫行为,但可以实施暴力、胁迫等强制行为。因此,非身份者与身份者之间,“确定能否构成共同正犯的基准是,要看在每一个具体的犯罪中,无身份者能否分担该具体犯罪的实行行为”[62]。笔者认为,在真正身份犯的基本构成要件行为为复合行为的前提之下,非身份者也可以实施其中与特殊身份具备与否无关的部分行为,进而在犯罪实现的过程中起到支配作用,可以与身份者构成真正身份犯的共同正犯。例如,蒋勇、唐薇受贿案的裁判理由中指出,“这种由特定关系人直接出面接受请托事项,并由特定关系人直接收受财物的方式,虽然形式上不属于国家工作人员直接收受财物,但蒋勇与唐薇有共同的受贿故意,客观上相互配合实施了为他人谋取利益和收受贿赂的行为,二人的行为应当认定为共同受贿”[63]。将接受请托事项并收受贿赂的唐薇仅仅认定为受贿罪的帮助犯 54

---

59 参见最高人民法院刑事审判第一、二、三、四、五庭主办:《中国刑事审判指导案例1》,法律出版社 2017 年版,第 131 页。

60 周光权:《刑法总论》(第 4 版),中国人民大学出版社 2021 年版,第 381—382 页。

61 黎宏:《刑法学总论》(第 2 版),法律出版社 2016 年版,第 301 页。

62 张明楷、劳东燕、吴大伟等:《司法工作人员犯罪研究》,中国人民大学出版社 2008 年版,第 66 页。

63 最高人民法院刑事审判第一、二、三、四、五庭主办:《中国刑事审判指导案例 6》,法律出版社 2017 年版,第 249 页。

显然是不合理的,由于其实施了受贿罪的部分实行行为,在受贿罪的实现中起到支配性作用,应当与蒋勇构成受贿罪的共同正犯。

55 综上所述,最高人民检察院法律政策研究室在《关于非司法工作人员是否可以构成徇私枉法罪共犯问题的答复》中规定,非司法工作人员与司法工作人员勾结,共同实施徇私枉法行为,构成犯罪的,应当以徇私枉法罪的共犯追究刑事责任。其中所规定的"共犯"概念应当理解为包括共同正犯、教唆犯、帮助犯在内的广义的共犯概念。也即,非司法工作人员既可以与司法工作人员构成徇私枉法罪的共同正犯,也可以对司法工作人员的徇私枉法罪构成教唆犯、帮助犯。徇私枉法罪的构成固然需要具备特殊身份的司法工作人员利用自身职务便利为之,但是并不代表该罪的实行行为都是与职务相联系而不可能由非身份者为之。徇私枉法罪的实行行为中包括伪造证据等可以由非身份者共同实施的行为,因此,非身份者在与身份者共同实施徇私枉法罪的实行行为的前提下可以构成共同正犯。而对实行行为给予帮助,使得犯罪易于实现而非支配犯罪实现的行为,才是徇私枉法罪的帮助犯,依照《刑法》第27条的规定,以起辅助作用的从犯从轻、减轻处罚或者免除处罚。

56 (2)民事、行政枉法裁判罪的共犯。司法解释虽然未就民事、行政枉法裁判罪的共同犯罪作出规定,但是,其共同犯罪的成立应当依照《刑法》总则共同犯罪的规定以及刑法共同犯罪理论的一般原理进行判断。理论上对非司法工作人员可以构成民事、行政枉法裁判罪的教唆犯、帮助犯没有疑义。至于非司法工作人员能否与司法工作人员构成民事、行政枉法裁判罪的共同正犯,需要判断本罪的实行行为是否能被非司法工作人员具体实施。有学者认为,"无身份者几乎不可能实施枉法裁判的实行行为,因此,无身份者构成民事、行政枉法裁判罪的共同正犯在解释论上就存在相当困难"[64]。非司法工作人员能否构成民事、行政枉法裁判罪的共同正犯还需要从该罪的实行行为是否属于复合行为,非身份者是否有可能实施部分实行行为进行判断。根据最高人民检察院《关于渎职侵权犯罪案件立案标准的规定》的规定,民事、行政枉法裁判罪的实行行为除了枉法裁判,还包括伪造、变造有关材料、证据,制造伪证,毁灭证据或者篡改庭审笔录等行为。非司法工作人员不能实施枉法裁判的行为,却有可能实施伪造、变造有关材料、证据,制造伪证,毁灭证据或者篡改庭审笔录为枉法裁判提供可能的行为,进而在犯罪中对犯罪实现起支配作用,构成民事、行政枉法裁判罪的共同正犯。

57 (3)执行判决、裁定滥用职权罪是真正的身份犯,在共犯上的主要问题是非身份者与身份者构成共犯的问题。司法解释虽然未就执行判决、裁定滥用职权罪的共同犯罪作出规定,但是,其共同犯罪的成立应当依照《刑法》总则共同犯罪的规定以及刑法共同犯罪理论的一般原理进行判断。理论上对非司法工作人员可以构成执行判

64 张明楷、劳东燕、吴大伟等:《司法工作人员犯罪研究》,中国人民大学出版社2008年版,第67页。

决、裁定滥用职权罪的教唆犯、帮助犯没有疑义。至于非司法工作人员能否与司法工作人员构成执行判决、裁定滥用职权罪的共同正犯，需要判断本罪的实行行为是否能被非司法工作人员具体实施。从执行判决、裁定滥用职权罪的客观行为来看，也存在非身份者实施部分实行行为的可能，例如非司法工作人员可以与司法工作人员共同违法采取强制执行措施。因此，非司法工作人员可以与司法工作人员构成执行判决、裁定滥用职权罪的共同正犯。

X 罪数

（1）牵连犯的问题。依照《刑法》第 399 条第 4 款的规定，司法工作人员收受贿赂，徇私枉法的，同时又构成《刑法》第 385 条规定的受贿罪的，依照处罚较重的规定定罪处罚。对该款规定属于何种罪数形态的处断，理论上存在以下争议：第一种观点认为，徇私枉法过程中受贿的，属于牵连犯的情形，《刑法》第 399 条第 4 款规定的是牵连犯从一重处断的原则。[65] 第二种观点认为，此种情况属于法条竞合。"行为人在索取或非法收受他人财物而枉法且具备相应条件的情况下，其行为分别符合受贿罪与徇私枉法罪的犯罪构成，而且这两个犯罪构成在许多方面存在着重合之处，其中，徇私枉法罪的徇私行为（包括物质性利益与非物质性利益）与受贿罪的索取或非法收受他人财物之间存在着包容关系，在收受型受贿的情况下，其构成要件之一'为他人谋取利益'（包括合法利益与非法利益）与枉法追诉裁判行为也具有包容关系"[66]，因而《刑法》第 399 条第 4 款属于法条竞合。第三种观点认为，徇私枉法过程中收受贿赂构成受贿罪的，应当数罪并罚。《刑法》第 399 条第 4 款没有采取数罪并罚的处断原则，属于刑法拟制性的特殊规定。[67] 58

《刑法》第 399 条第 4 款的规定不属于法条竞合。所谓法条竞合，是指行为人实施了一个行为，同时符合数个法条所规定的犯罪构成，从数个法条之间存在的逻辑关系上判断只能适用其中一个法条的情况。法条竞合中数个法条所规定的犯罪构成之间的逻辑关系主要包括包含关系，即一个犯罪构成被另一个犯罪构成所包摄；以及交叉关系，即数个法条所规定的犯罪构成之间存在部分重合。从法条竞合的类型上看，徇私枉法罪与受贿罪的犯罪构成之间显然不是包含关系。那么，徇私枉法罪与受贿罪在犯罪构成上是否存在交叉关系呢？有观点认为，"受贿罪并不以一定为他人谋取了利益为成立条件，是否为他人实际谋取了利益不影响受贿罪的成立。可见，将两 59

65 参见刘志高：《司法工作人员渎职犯罪基本问题研究》，上海社会科学院出版社 2008 年版，第 196 页；黎宏：《刑法学各论》（第 2 版），法律出版社 2016 年版，第 556 页。

66 杜国强：《徇私枉法罪罪数问题探讨》，载《法商研究》2005 年第 5 期。同采法条竞合说的观点，参见冯亚东：《受贿罪与渎职罪竞合问题》，载《法学研究》2000 年第 1 期。

67 参见张明楷：《刑法学》（第 6 版），法律出版社 2021 年版，第 1651 页。

者之间看做是交叉竞合关系是不妥当的”[68]。笔者认为,首先,由于徇私、徇情并不是徇私枉法罪的客观行为,该罪的成立并不以实施徇私、徇情的行为为成立条件。因此,上述认为徇私枉法罪的徇私行为与受贿罪的索取或非法收受他人财物的行为之间存在着包容关系的观点并不能成立。其次,所谓交叉关系,是指数个条文在犯罪构成上并不完全是包含关系,存在部分犯罪构成不重合的部分,但至少在交叉的范围内具有同一性。在这一点上,受贿罪必须是利用职务便利为他人谋取利益,而徇私枉法罪的枉法行为却不以为他人谋取利益为条件,因此,在这一部分上两罪的犯罪构成同样无法存在交叉关系。由于缺乏法条竞合的交叉关系,行为人在徇私枉法过程中受贿的无法在一个犯罪构成内完成规范评价,因而不是一个行为而是数个行为,《刑法》第399条第4款的规定不属于法条竞合。

60 至于《刑法》第399条第4款的规定是牵连犯的情况,还是原本应当数罪并罚,需要进一步探讨。牵连犯作为裁判的一罪,尽管数个行为之间存在目的行为与手段行为、原因行为与结果行为的牵连关系,但是本质上仍然是行为人的数个行为侵害了数个法益,符合数罪的犯罪构成而触犯了数罪,只是在裁判时作为一罪从一重处断。因此,理论上也有观点认为,牵连犯与数罪并罚在本质上是相同的。牵连犯“本来正是实质竞合(数罪并罚)的特征。硬是将牵连犯从实质竞合切割出来,不但整个打乱了犯罪竞合论的基本体系(行为复数被说成行为单数;犯罪复数被视同犯罪单数),进而施以刑罚优惠,随之造成对犯罪行为不充分评价的结果,背离竞合论的根本目的”[69]。此外,也存在废除牵连犯规定的立法动向。例如,现行《日本刑法典》第54条规定:“作为犯罪手段或犯罪结果的行为触犯其他罪名的,按照其最重的刑罚处断。”该牵连犯的规定在1974年《改正刑法草案》中就被删除了。此外,我国台湾地区2005年修改“刑法”亦删除了牵连犯的规定。由此可见,牵连犯在罪数形态上确属多余,对本质上实施数罪、侵害数个法益的犯罪行为人有轻纵之嫌。

61 牵连犯在我国刑法中只是理论上探讨的概念,我国刑法中并不存在牵连犯的规定,也未就牵连犯的处断加以限制,因此,《刑法》第399条第4款的规定即是将本质上属于数罪的情况以牵连犯的处断原则进行了规定。由于在我国刑法中牵连犯并不属于法定的犯罪形态,因此,司法实践中对类似的实施渎职犯罪同时又受贿的情况按照数罪并罚的原则进行处断并不违反刑法的明确规定,不过是对该种犯罪形态作出了符合其数罪本质的处断。例如,最高人民法院、最高人民检察院《关于办理渎职刑事案件适用法律若干问题的解释(一)》第3条规定,国家机关工作人员实施渎职犯罪并收受贿赂,同时构成受贿罪的,除刑法另有规定外,以渎职犯罪和受贿罪数罪并罚。在最高人民检察院公布的第二批指导性案例第8号“杨某玩忽职守、徇私枉法、受贿案”的要旨中也指出,对于国家机关工作人员实施渎职犯罪并收受贿赂,同时构

---

68 张兆松、李志雄、章晓民:《渎职犯罪的理论与实践》,中国检察出版社2008年版,第185页。

69 林钰雄:《新刑法总则》(第5版),元照出版公司2016年版,第634—635页。

成受贿罪的,除《刑法》第 399 条有特别规定的外,以渎职犯罪和受贿罪数罪并罚。

《刑法》第 399 条第 4 款规定的"依照处罚较重的规定定罪处罚",徇私枉法罪与受贿罪何者处罚较重,需要结合行为人触犯两罪所具备的犯罪事实具体判断。但是,由于受贿罪的成立具有数额和情节的要求,因此,在判断何者处罚较重之前,还需要认定受贿罪是否成立。如果行为人在徇私枉法过程中有受贿行为,但是受贿行为未达受贿罪的定罪标准,则只构成徇私枉法罪,不适用《刑法》第 399 条第 4 款的处断规定。受贿事实可以作为认定徇私枉法罪基本犯的量刑情节或者作为判断徇私枉法罪"情节严重""情节特别严重"的依据。 62

(2)执行判决、裁定失职罪的法条竞合问题。依据执行判决、裁定失职罪的立法理由,本罪设立之前,司法工作人员徇私舞弊,对能够执行的案件故意拖延执行,或者违法采取诉讼保全措施、强制执行措施,给当事人或者其他人的利益造成重大损失,社会危害性较大,本可以按《刑法》第 397 条的规定追究责任。之所以新设罪名是为了在立法上进一步明确该种应受处罚的行为,以更好地追究该种犯罪行为的刑事责任。因此,执行判决、裁定失职罪与《刑法》第 397 条规定的玩忽职守罪之间是法条竞合关系。玩忽职守罪是一般法条,执行判决、裁定失职罪是特殊法条,实施执行判决、裁定失职行为的,应当以特殊法优于普通法的处断原则,以执行判决、裁定失职罪论处。 63

(3)执行判决、裁定滥用职权罪的法条竞合问题。依据执行判决、裁定滥用职权罪的立法理由,本罪设立之前,司法工作人员徇私舞弊,对能够执行的案件故意拖延执行,或者违法采取诉讼保全措施、强制执行措施,给当事人或者其他人的利益造成重大损失,社会危害性较大,本可以按《刑法》第 397 条的规定追究责任。之所以新设罪名是为了在立法上进一步明确该种应受处罚的行为,以更好地追究该种犯罪行为的刑事责任。因此,执行判决、裁定滥用职权罪与《刑法》第 397 条规定的滥用职权罪之间是法条竞合关系。滥用职权罪是一般法条,执行判决、裁定滥用职权罪是特殊法条,实施执行判决、裁定失职行为的,应当以特殊法优于普通法的处断原则,以执行判决、裁定滥用职权罪论处。 64

XI 与非罪的界限

(1)徇私枉法罪的罪与非罪需要注意以下几个方面:第一,构成徇私枉法罪必须出于徇私、徇情的主观犯罪动机。行为人在刑事追诉、裁判过程中不是基于徇私、徇情的犯罪动机,而是由于自身法律素质、政策水平、技术能力不高而造成有罪的人未受追诉或者无罪的人受到追诉以及在刑事审判活动中作出了与事实和法律相违背的裁判的,不构成徇私枉法罪。第二,应当注意本罪与一般徇私枉法行为的区分。虽然徇私枉法罪的成立不要求具备情节严重的条件,但是,并不是所有的徇私枉法行为都可以构成徇私枉法罪。刑法只处罚严重侵害法益的行为,依照《刑法》第 13 条但书的规定,情节显著轻微危害不大的,不认为是犯罪。因此,形式上符合徇私枉法罪的犯 65

罪构成,实质上却未达到可罚程度的徇私枉法行为,不能认为构成徇私枉法罪。例如,行为人出于徇私、徇情的犯罪动机,实施枉法追诉、裁判的行为,但实际并不能影响案件的正常处理的,一般不以徇私枉法罪论处。[70] 第三,最高人民检察院《关于渎职侵权犯罪案件立案标准的规定》明确了应当予以立案的徇私枉法行为的具体情形,审判实践中把握本罪的罪与非罪的界限时可以作为参考。

66 (2)民事、行政枉法裁判罪的罪与非罪界限的把握需要注意,依照《刑法》第 399 条第 2 款的规定,在民事、行政审判活动中故意违背事实和法律作枉法裁判,情节严重的,才能构成本罪。如何理解"情节严重"的体系地位,对于民事、行政枉法裁判罪罪与非罪的认定具有重要意义。有学者认为,刑法在基本构成中规定了"情节严重"的犯罪也未必是情节犯。《刑法》第 399 条第 2 款虽然对民事、行政枉法裁判罪规定了"情节严重",但这里的"情节严重"只是量刑情节而不能作为犯罪构成要件的要素。[71] 但是,"情节严重"规定在民事、行政枉法裁判罪基本犯的罪状中,属于本罪成立所需具备的构成要件要素。因此,在民事、行政审判活动中故意违背事实和法律作枉法裁判没有达到情节严重程度的,不能以民事、行政枉法裁判罪定罪处罚。"情节严重"的具体情形,依据最高人民检察院《关于渎职侵权犯罪案件立案标准的规定》进行认定。

67 (3)执行判决、裁定失职罪为过失犯罪,以特定危害结果的发生为犯罪成立的条件。所谓致使当事人或者其他人的利益遭受重大损失,依照最高人民检察院《关于渎职侵权犯罪案件立案标准的规定》的规定,所谓"重大损失"是指下列情形:①致使当事人或者其近亲属自杀、自残造成重伤、死亡,或者精神失常的;②造成个人财产直接经济损失 15 万元以上,或者直接经济损失不满 15 万元,但间接经济损失 75 万元以上的;③造成法人或者其他组织财产直接经济损失 30 万元以上,或者直接经济损失不满 30 万元,但间接经济损失 150 万元以上的;④造成公司、企业等单位停业、停产 1 年以上,或者破产的;⑤其他致使当事人或者其他人的利益遭受重大损失的情形。虽然实施执行判决、裁定失职行为,但是未造成当事人或者其他人重大利益损失的,不构成执行判决、裁定失职罪。

68 (4)执行判决、裁定滥用职权罪,以特定危害结果的发生为犯罪成立的条件。所谓致使当事人或者其他人的利益遭受重大损失,依照最高人民检察院《关于渎职侵权犯罪案件立案标准的规定》的规定,所谓"重大损失"是指下列情形:①致使当事人或者其近亲属自杀、自残造成重伤、死亡,或者精神失常的;②造成个人财产直接经济损

---

70 参见陈兴良主编:《罪名指南(下册)》(第 2 版),中国人民大学出版社 2008 年版,第 760 页。

71 参见刘才光、余文唐、余金灿:《枉法追诉罪与枉法裁判罪——关于刑法第 399 条的问题探讨》,载李希慧、刘宪权主编:《中国刑法学年会文集(2005 年度)》(第 2 卷),中国人民公安大学出版社 2005 年版,第 449 页。

失10万元以上,或者直接经济损失不满10万元,但间接经济损失50万元以上的;③造成法人或者其他组织财产直接经济损失20万元以上,或者直接经济损失不满20万元,但间接经济损失100万元以上的;④造成公司、企业等单位停业、停产6个月以上,或者破产的;⑤其他致使当事人或者其他人的利益遭受重大损失的情形。虽然实施执行判决、裁定滥用职权行为,但是未造成当事人或者其他人重大利益损失的,不构成执行判决、裁定滥用职权罪。

XII　与他罪的区别

69 徇私枉法罪的客观行为是枉法刑事追诉、裁判,由于刑法分则中还设置有许多刑事追诉过程中实施的犯罪类型,例如,在实施"对明知是无罪的人而使他受追诉"的行为过程中,其手段可能触犯刑讯逼供罪、暴力取证罪、非法拘禁罪等犯罪。因此,除徇私枉法过程中受贿的罪数问题之外,徇私枉法罪还存在与相关罪名的区分问题,需要一一探讨。

一、徇私枉法罪与诬告陷害罪的区别

70 《刑法》第243条所规定的诬告陷害罪,是指捏造事实诬告陷害他人,意图使他人受刑事追究,情节严重的行为。徇私枉法罪与诬告陷害罪的区别主要在于:第一,犯罪主体不同。徇私枉法罪的犯罪主体是特殊主体,必须是司法工作人员;诬告陷害罪的犯罪主体是一般主体。第二,客观行为不同。徇私枉法罪的客观行为表现为利用职权使无罪的人受追诉、使有罪的人不受追诉,或者违背事实和法律作枉法裁判;诬告陷害罪在客观上表现为捏造他人犯罪的事实加以告发。

71 行为人是否违背作为司法工作人员的职责,或者说是否利用了职务上的便利,是两罪区分的关键。何谓徇私枉法罪中利用职务上的便利,理论上存在争议。一种观点认为,徇私枉法罪中利用职务上的便利只能作狭义的理解,即仅包括利用本人的职权,不包括利用本人职权和地位形成的便利条件。[72] 另一种观点认为,利用职务便利既包括利用本人职权,也包括利用本人职权和地位形成的便利条件。但是此种观点内部还存在争议,集中在间接利用职权的范围。有学者认为,间接利用职权仅包括"利用业务上的纵向制约关系",而将"利用业务上的横向制约关系"排除在外。[73] 另有学者则认为,间接利用职权既包括利用纵向的制约关系,也包括利用横向的制约关系。[74] 司法工作人员除了直接担负侦查、检察、审判、监管职责的人员,还包括对侦

72　参见马松建:《徇私枉法罪客观方面疑难问题探讨》,载《河北法学》2004年第7期。

73　参见张明楷、劳东燕、吴大伟等:《司法工作人员犯罪研究》,中国人民大学出版社2008年版,第148页。

74　参见刘志高:《司法工作人员渎职犯罪基本问题研究》,上海社会科学院出版社2008年版,第274页。

查、检察、审判、监管工作承担领导职责的人员。这些领导人员虽然不直接经办案件,但是对案件的实质进程是有决定权的,因此,应当将领导人员利用业务上间接的纵向制约关系认定为徇私枉法罪的利用职务便利。至于利用业务上的横向制约关系,笔者认为不能一概排除在利用职务便利之外。在刑事诉讼中,处于业务平行关系的各部门之间存在相互制约的关系,例如,公安机关侦查的案件需要报请检察机关批准才能对犯罪嫌疑人实施逮捕。承担侦查职权的行为人为了顺利批捕而伪造证据使得检察机关负责批捕的司法工作人员相信符合批捕条件而作出批捕决定的,即是侦查人员利用业务上的横向制约关系所实施的徇私枉法行为。

72 总之,不论是直接利用职权还是间接利用职权,不论是利用纵向制约关系还是横向制约关系,都是徇私枉法罪中的利用职务便利。如果行为人形式上具备司法工作人员的身份,但是没有利用自己的职权枉法追诉、裁判,而是单纯捏造犯罪事实,诬告陷害他人的,则不构成徇私枉法罪,而应当以诬告陷害罪论处。反之,司法工作人员违背其作为司法工作人员的刑事追诉、裁判职责,枉法追诉、裁判的,应认定为徇私枉法罪。

二、徇私枉法罪与伪证罪的区别

73 《刑法》第 305 条规定的伪证罪,是指在刑事诉讼中,证人、鉴定人、记录人、翻译人对与案件有重要关系的情节,故意作虚假证明、鉴定、记录、翻译,意图陷害他人或者隐匿罪证的行为。徇私枉法罪与伪证罪的区别主要包括:第一,犯罪主体不同。徇私枉法罪的犯罪主体是特殊主体,必须是司法工作人员;伪证罪的犯罪主体也是特殊主体,是刑事诉讼中的证人、鉴定人、记录人、翻译人。第二,客观行为不同。徇私枉法罪的客观行为表现为利用职权使无罪的人受追诉、使有罪的人不受追诉,或者违背事实和法律作枉法裁判;伪证罪的客观行为表现为行为主体在刑事诉讼中作虚假证明、鉴定、记录、翻译。

三、徇私枉法罪与包庇罪的区别

74 《刑法》第 310 条所规定的包庇罪,是指明知是犯罪分子而作虚假证明,掩盖其罪行,或者帮助其毁灭罪证,使其逃避法律制裁的行为。徇私枉法罪中的包庇有罪的人使其不受追诉的行为与包庇罪有相似之处,但是两罪之间仍然存在本质差别。徇私枉法罪与包庇罪的区别主要包括:第一,犯罪主体不同。徇私枉法罪的犯罪主体是特殊主体,必须是司法工作人员;包庇罪的犯罪主体是一般主体。第二,客观行为不同。徇私枉法罪的客观行为必须是司法工作人员利用职权为之;包庇罪不是通过犯罪主体履行职责来实现包庇的目的。因此,司法工作人员利用职权使有罪的人不受追诉或者重罪轻判的,构成徇私枉法罪。如果行为人实施的包庇行为未利用其司法工作人员的职权,则构成包庇罪。

75 实施民事、行政枉法裁判行为的过程中,往往存在毁灭、伪造证据等妨害司法的行为,与帮助毁灭、伪造证据罪之间如何区分就会存在问题。一种观点认为,此种情况属于以毁灭、伪造证据的手段实施民事、行政枉法裁判行为,属于牵连犯,应当以民事、行政枉法裁判罪定罪处罚。[75] 另一种观点认为,毁灭、伪造证据的行为与枉法裁判的行为属于两个独立的行为,应当数罪并罚。[76] 但是,由于毁灭、伪造证据的行为属于民事、行政枉法裁判行为的内容,行为人是实施了一个行为触犯了数个罪名的想象竞合,应当从一重处断。

XIII 处罚

根据《刑法》第 399 条第 1 款的规定,犯徇私枉法罪的,处 5 年以下有期徒刑或者拘役;情节严重的,处 5 年以上 10 年以下有期徒刑;情节特别严重的,处 10 年以上有期徒刑。 76

根据《刑法》第 399 条第 2 款的规定,犯民事、行政枉法裁判罪,情节严重的,处 5 年以下有期徒刑或者拘役;情节特别严重的,处 5 年以上 10 年以下有期徒刑。 77

根据《刑法》第 399 条第 3 款的规定,犯执行判决、裁定失职罪,致使当事人或者其他人的利益遭受重大损失的,处 5 年以下有期徒刑或者拘役;致使当事人或者其他人的利益遭受特别重大损失的,处 5 年以上 10 年以下有期徒刑。 78

根据《刑法》第 399 条第 3 款的规定,犯执行判决、裁定滥用职权罪,致使当事人或者其他人的利益遭受重大损失的,处 5 年以下有期徒刑或者拘役;致使当事人或者其他人的利益遭受特别重大损失的,处 5 年以上 10 年以下有期徒刑。 79

根据《刑法》第 399 条第 4 款的规定,司法工作人员收受贿赂,犯上述三罪,同时又构成本法第 385 条规定之罪的,依照处罚较重的规定定罪处罚。 80

75　参见翟中东主编:《渎职罪立案追诉标准与司法认定实务》,中国人民公安大学出版社 2010 年版,第 156 页。

76　参见何秉松主编:《职务犯罪的预防与惩治》,中国方正出版社 1999 年版,第 580 页。

第三百九十九条之一　枉法仲裁罪

依法承担仲裁职责的人员，在仲裁活动中故意违背事实和法律作枉法裁决，情节严重的，处三年以下有期徒刑或者拘役；情节特别严重的，处三年以上七年以下有期徒刑。

文献:敬大力主编:《渎职罪》,中国人民公安大学出版社 2003 年版;高铭暄、马克昌主编:《中国刑法解释》(下卷),中国社会科学出版社 2005 年版;陈兴良主编:《罪名指南(下册)》(第 2 版),中国人民大学出版社 2008 年版;王作富主编:《刑法分则实务研究》(第 4 版),中国方正出版社 2010 年版;翟中东主编:《渎职罪立案追诉标准与司法认定实务》,中国人民公安大学出版社 2010 年版。

细目录

Ⅰ　主旨
Ⅱ　沿革
Ⅲ　客体
Ⅳ　行为
Ⅴ　情节
Ⅵ　主体
Ⅶ　罪过
Ⅷ　既遂与未遂
Ⅸ　共犯
Ⅹ　罪数
Ⅺ　与非罪的界限
Ⅻ　与他罪的区别
　一、与民事、行政枉法裁判罪的区别
　二、与提供虚假证明文件罪的区别
ⅩⅢ　处罚

Ⅰ　主旨

1　随着社会经济的发展,越来越多的公民、法人和其他组织选择以仲裁的方式解决彼此间的权益纠纷。与此同时,实践中也出现了许多仲裁人员收受贿赂、徇私舞弊,故意违背事实和法律枉法仲裁的现象。此类行为严重违背了仲裁人员应当遵循的公正、公平原则,给当事人的合法权益造成重大损害,也给仲裁的权威性和公正性造成恶劣影响,具有严重的社会危害性,有必要运用刑罚对此类行为加以规制,故《刑法》第 399 条之一针对负有仲裁职责的人员规定了枉法仲裁罪。

Ⅱ　沿革

本罪是 2006 年 6 月 29 日通过的《刑法修正案(六)》增加的新罪名。 2

Ⅲ　客体

本罪侵犯的法益是仲裁机构的正常秩序和仲裁当事人的合法权益。仲裁是指当事人按照事前或事后达成的协议,或者按照法律的规定,将有关纠纷提交仲裁机构,由仲裁机构以中立第三者的身份对双方的权利义务作出裁决的纠纷解决机制。随着市场经济的蓬勃发展,仲裁越来越成为人们解决纠纷的重要途径,因此,保证仲裁人员依法履行职责、维护仲裁活动的公正性,对于保护当事人的合法权益,保障市场经济的健康发展至关重要。刑法之所以将枉法仲裁行为作为第 399 条之一规定在徇私枉法罪,民事、行政枉法裁判罪,执行判决、裁定失职罪和执行判决、裁定滥用职权罪之后,是因为仲裁活动具有"准司法"活动的性质,仲裁人员枉法作出不公裁决同样会损害司法活动的公正和信誉。 3

Ⅳ　行为

本罪的客观方面表现为在仲裁活动中故意违背事实和法律作枉法裁决,情节严重的行为。 4

关于"仲裁"的内涵,有狭义和广义的理解。狭义的仲裁是指《仲裁法》所调整的民商事仲裁;广义的仲裁则包括其他法律、法规所规定的仲裁,如劳动争议仲裁、人事争议仲裁、土地承包仲裁等。问题在于,本罪中的"仲裁活动"是就狭义而言,还是就广义而言？对此问题,有三种不同见解。第一种观点认为,本罪中的"仲裁活动"是广义的。[1]第二种观点认为,本罪中的"仲裁活动"仅指依据《仲裁法》作出民商事仲裁。[2]第三种观点认为,本罪中的"仲裁活动"包括民商事仲裁和劳动仲裁,但不包括其他形式的仲裁。[3]笔者认为第二种观点是合理的。《仲裁法》第 9 条第 1 款规定:"仲裁实行一裁终局的制度。裁决作出后,当事人就同一纠纷再申请仲裁或者向人民 5

1　参见周光权:《刑法各论》(第 4 版),中国人民大学出版社 2021 年版,第 597 页。

2　参见翟中东主编:《渎职罪立案追诉标准与司法认定实务》,中国人民公安大学出版社 2010 年版,第 177 页。

3　参见周铭川:《枉法仲裁罪主体问题探析》,载《北京理工大学学报(社会科学版)》2010 年第 6 期。

法院起诉的,仲裁委员会或者人民法院不予受理。"第57条规定:"裁决书自作出之日起发生法律效力。"第62条规定:"当事人应当履行裁决。一方当事人不履行的,另一方当事人可以依照民事诉讼法的有关规定向人民法院申请执行。受申请的人民法院应当执行。"由上述规定可知,仲裁机构依据《仲裁法》所作的仲裁裁决与法院的生效判决具有同等法律效力,该仲裁活动显然具备"准司法"活动的性质。相较之下,由政府行政主管部门代表参加组成的仲裁机构针对劳动争议、土地承包争议等事项所作的仲裁裁决并不具备类似"终局性"的效力,其"准司法"活动的性质并不明显。例如,《劳动争议调解仲裁法》第48条规定:"劳动者对本法第四十七条规定的仲裁裁决不服的,可以自收到仲裁裁决书之日起十五日内向人民法院提起诉讼。"又如,《农村土地承包经营纠纷调解仲裁法》第48条规定:"当事人不服仲裁裁决的,可以自收到裁决书之日起三十日内向人民法院起诉……"由此可见,与《仲裁法》规定的民商事仲裁相比,其他类型的仲裁活动缺乏司法特征而具有更强的行政色彩,相应的枉法仲裁行为对当事人合法权益的侵害和司法公正的损害也不相同,将此类行为作为与徇私枉法罪等严重的渎职罪相并列的罪行加以处罚并不妥当。如果仲裁人员在其他仲裁活动中有受贿等行为构成其他犯罪的,可依照其他罪名追究其刑事责任。

6　本罪中的违背事实,是指违背为证据所证明的案件事实。一般而言,"违背事实"包括以下情形:对有真实、充分证据证明的事实故意不予认定;明知是伪造的证据而使用该证据作出裁决的;伪造、隐瞒、毁灭相关证据作出裁决的;违反证据规则,采信不应采信的证据或故意回避证据间的矛盾而作出裁决的。

7　本罪中的违背法律,是指规避、曲解法律及错误适用法律进行仲裁的行为,既包括对实体法的违反,也包括对程序法的违反。

8　本罪中的枉法裁决,是指在仲裁过程中,仲裁庭违背事实和法律作出仲裁裁决,可能表现为三种情形:违背事实作出枉法裁决,违背法律作出枉法裁决,同时违背事实和法律作出枉法裁决。值得注意的是,本罪中的枉法裁决不仅指枉法作出仲裁裁决,也应当包括枉法作出仲裁调解。《仲裁法》第51条规定:"仲裁庭在作出裁决前,可以先行调解。当事人自愿调解的,仲裁庭应当调解。调解不成的,应当及时作出裁决。调解达成协议的,仲裁庭应当制作调解书或者根据协议的结果制作裁决书。调解书与裁决书具有同等法律效力。"由此可见,仲裁人员所作的调解与裁决均属其法定职权,在法律效力上具有同质性。将"仲裁活动"解释为包括仲裁调解,属于合理的扩张解释。故承担仲裁职责的人员在调解过程中,故意违背事实和法律,实施损害当事人合法权利的调解行为,情节严重的,理应以本罪追究其刑事责任。

V　情节

9　枉法仲裁行为必须达到"情节严重"的程度,才能成立本罪。同时,本罪将"情节特别严重"作为法定刑的升格条件。由于2006年最高人民检察院公布的《关于渎职侵权犯罪案件立案标准的规定》先于《刑法修正案(六)》出台,因此,在针对渎职类犯罪的立案标准中,并无关于枉法仲裁罪的"情节严重"的规定。在司法实践中,可以结合枉法仲裁的手段的严重性、对当事人利益的损害及所造成的恶劣的社会影响等因素进行综合判断并参照民事、行政枉法裁判罪的立案标准对本罪的"情节严重"作出认定。如果枉法仲裁行为具备下列情形之一的,原则上可认定其属于"情节严重":①枉法仲裁致使个人、法人或其他组织重大财产损失的;②枉法仲裁致使当事人或其近亲属自杀、自残造成重伤、死亡,或者精神失常的;③伪造、变造证据进行枉法仲裁的;④串通当事人伪造、毁灭证据或者篡改庭审笔录的;⑤多次枉法仲裁的;⑥其他情节严重的情形。

Ⅵ 主体

《刑法》第 399 条之一对枉法仲裁罪的主体作出了特别规定,即依法承担仲裁职责的人员。如前所述,本罪中的"仲裁活动"是就狭义的仲裁而言的,仅指《仲裁法》所规定的仲裁活动,本罪的主体不包括《劳动法》《公务员法》《反兴奋剂条例》《著作权法》《体育法》等法律法规中规定的仲裁机构中的人员。根据《仲裁法》的规定,承担仲裁职责的人员主要指仲裁员。根据《仲裁法》的规定,仲裁员是具备《仲裁法》规定的资格,由仲裁委员会聘任的,并经当事人选定或仲裁委员会主任选定对案件进行裁决的人员。此外,仲裁委员会的主任、副主任及其他委员有权就管辖权、仲裁员的指定、回避、延长裁决期等事项作出决定,因此,除仲裁庭成员外,仲裁委员会的成员在其承担的职责范围内同样可以成为本罪的主体。 10

由于本罪的实行行为只能由依法承担仲裁职责的人员实施,故有身份者成立主犯,无身份者成立教唆犯或从犯。在无身份者成立教唆犯的场合,由于有身份者对本罪实行行为的完成具有绝对的支配地位,原则上应对教唆犯以从犯论处,只有在教唆犯对被教唆人有很大影响力的特殊情形下,才能对其以主犯论处。 11

Ⅶ 罪过

本罪在主观上出于故意,过失不能构成本罪。本罪的故意既包括直接故意,也包括间接故意。例如,依法履行仲裁职责的人员对明知存在疑问的证据不加详查而采信,放任错误裁决发生的,就属于间接故意形式的枉法裁判罪。在司法实践中,如果仲裁员因工作疏忽、不认真或法律知识欠缺而遗漏证据、错误适用法律,导致错误裁决的,不应认定其具有本罪故意,不能追究行为人的刑事责任,如果符合人民法院撤销仲裁裁决的条件,应当由人民法院撤销裁决,予以补救。本罪并不以"徇私"等动机作为主观要件,无论行为人出于何种动机实施枉法仲裁的行为,均不影响本罪的成立。 12

Ⅷ 既遂与未遂

本罪的成立以"情节严重"为前提,一旦行为人实施了本罪所规定的枉法仲裁行 13

为,且达到“情节严重”标准的,即可成立本罪既遂。从理论上讲,本罪同样存在未遂形态。例如,如果行为人已经着手实施枉法裁决,但被及时制止,尚未作出具备法律效力的裁决的,属于本罪的未遂。然而,由于本罪的成立以“情节严重”为前提,尚未作出有效裁决的枉法仲裁行为难以满足该要求,故在司法实践中,本罪的未遂基本不会被追究刑事责任。《仲裁法》第 58 条规定:“当事人提出证据证明裁决有下列情形之一的,可以向仲裁委员会所在地的中级人民法院申请撤销裁决:(一)没有仲裁协议的;(二)裁决的事项不属于仲裁协议的范围或者仲裁委员会无权仲裁的;(三)仲裁庭的组成或者仲裁的程序违反法定程序的;(四)裁决所根据的证据是伪造的;(五)对方当事人隐瞒了足以影响公正裁决的证据的;(六)仲裁员在仲裁该案时有索贿受贿,徇私舞弊,枉法裁决行为的。人民法院经组成合议庭审查核实裁决有前款规定情形之一的,应当裁定撤销。人民法院认定该裁决违背社会公共利益的,应当裁定撤销。”由此可见,司法机关经过查证确定仲裁人员存在枉法仲裁的,可以撤销该仲裁裁决,予以补救。应当注意的是,如果依法承担仲裁职责的人员作出的枉法裁决已发生法律效力,就已经损害了仲裁活动的正常秩序和当事人的合法权益,即使该裁决事后被人民法院撤销,也不影响本罪既遂的成立。

Ⅸ 共犯

14 枉法仲裁罪完全可能由二人以上共同故意实施。关于本罪的共同犯罪,应当依据刑法总则关于共同犯罪的成立条件的规定以及《刑法》第 399 条之一规定的构成要件予以认定。司法实践中,本罪的共同犯罪既包括依法承担仲裁职责的人员之间形成合意、共同犯罪的情形,也包括依法承担仲裁职责的人员与其他人员相互勾结、共同犯罪的情形。值得注意的是,如果依法承担仲裁职责的人员与当事人相互勾结,由当事人提供伪造、变造的材料、证据并由仲裁人员作出枉法裁决的,两者成立枉法仲裁罪的共同犯罪。

Ⅹ 罪数

15 对于枉法仲裁罪的罪数区分,应当按照关于区分一罪与数罪的标准来解决。司法实践中,可能会存在争议的问题是:依法承担仲裁职责的人员因受贿而实施枉法仲裁的或实施枉法仲裁后受贿的,应当如何处理?对此问题,有两种观点。一种观点认为,依法承担仲裁职责的人员不是刑法规定的国家工作人员,因此不是受贿罪的主体;另一种观点认为,仲裁人员作为“准司法工作人员”可以被评价为国家工作人员,可以成立受贿罪。笔者认为,枉法仲裁罪虽被规定在渎职罪一章,但将仲裁人员评价为国家工作人员并不妥当。理由在于,根据《仲裁法》第 14 条、第 15 条的规定,仲裁委员会是独立于行政机关的社会团体法人,不能将仲裁员归为国家工作人员。虽然仲裁活动具有“准司法活动”的特征,但毕竟不同于国家公务活动。仲裁是基于当事人的委托而获得处理双方权益纠纷的处理权限的,而非依法获得。因此,仲裁人员收受贿赂的,可视情况依照非国家工作人员受贿罪追究刑事责任。针对仲裁人员因收受贿赂而枉法仲裁的情形,有观点认为应按照牵连犯的处罚原则处理,即"从一重罪处罚"。笔者不赞同此观点。仲裁人员既收受贿赂,又枉法仲裁的,显然存在数个行为,且侵犯了数个法益,以一罪处罚会导致评价不足,有损刑罚的公正。此外,2012年最高人民法院、最高人民检察院发布的《关于办理渎职刑事案件适用法律若干问题的解释(一)》第3条规定:"国家机关工作人员实施渎职犯罪并收受贿赂,同时构成受贿罪的,除刑法另有规定外,以渎职犯罪和受贿罪数罪并罚。"枉法仲裁虽不属于国家机关工作人员实施的渎职行为,该解释所持的数罪并罚原则理应适用于仲裁人员实施渎职犯罪并收受贿赂的情形。因此,仲裁人员因收受贿赂而枉法仲裁,或者枉法仲裁后收受贿赂的,应按照枉法仲裁罪和非国家工作人员受贿罪数罪并罚。

XI 与非罪的界限

区分枉法仲裁罪与非罪时,应特别注意三个方面的问题:第一,要准确判断行为 16
人是否违背事实或法律进行了枉法仲裁行为。如果行为人依法对违法证据不予采信,并根据已有的合法证据作出裁决的,即使事后发现裁决所认定的事实与客观事实不符的,也不属于违背事实的枉法仲裁。第二,要判断枉法仲裁行为是否达到了"情节严重"的程度。如果仲裁人员虽有违反证据规则的行为,但并不严重,并且其所作出的裁决并没有偏离案件的基本事实造成错案的,不应追究刑事责任。第三,要准确判断仲裁人员是否具有枉法仲裁的故意。如果行为人由于业务素质低、工作态度不认真的因素导致违背事实和法律作出裁决的,不应追究刑事责任。

XII 与他罪的区别

一、与民事、行政枉法裁判罪的区别

根据《刑法》第399条第2款的规定,民事、行政枉法裁判罪,是指司法工作人员 17
在民事、行政审判活动中故意违背事实和法律作枉法裁判,情节严重的行为。两罪的主要区别在于:第一,法益不同。枉法仲裁罪侵犯的法益是仲裁机构的仲裁活动的正常秩序;而民事、行政枉法裁判罪侵犯的法益是国家审判机关的正常活动。第二,客观方面不同。枉法仲裁罪是在仲裁活动中,违背事实和法律作出枉法裁决;而民事、行政枉法裁判罪则发生在民事、行政诉讼的审判中。第三,主体不同。枉法仲裁罪的主体为依法承担仲裁职责的人员;而民事、行政枉法仲裁罪的主体是在民事、行政诉讼中从事审判工作的审判人员。

二、与提供虚假证明文件罪的区别

18 根据《刑法》第 229 条之规定,提供虚假证明文件罪,是指承担资产评估、验资、验证、会计、审计、法律服务、保荐、安全评价、环境影响评价、环境监测等职责的中介组织的人员故意提供虚假证明文件,情节严重的行为。两罪的区别在于:①法益不同。枉法仲裁罪侵犯的法益是仲裁机构的仲裁活动的正常秩序;而提供虚假证明文件罪侵犯的法益是正常的市场经济秩序。②客观方面不同。枉法仲裁罪是在仲裁活动中,违背事实和法律作出枉法裁决;而提供虚假证明文件罪表现为在资产评估、验资、验证、会计、审计、法律服务、保荐、安全评价、环境影响评价、环境监测活动中提供虚假的证明文件。③主体不同。枉法仲裁罪的主体为依法承担仲裁职责的人员;而提供虚假证明文件罪的主体为承担资产评估、验资、验证、会计、审计、法律服务、保荐、安全评价、环境影响评价、环境监测等职责的中介组织或者中介组织的人员。

XIII　处罚

19 《刑法》第 399 条之一为本罪规定了两个幅度的法定刑:依法承担仲裁职责的人员,在仲裁活动中故意违背事实和法律作枉法裁决,情节严重的,处 3 年以下有期徒刑或者拘役;情节特别严重的,处 3 年以上 7 年以下有期徒刑。

第四百条　私放在押人员罪;失职致使在押人员脱逃罪

司法工作人员私放在押的犯罪嫌疑人、被告人或者罪犯的，处五年以下有期徒刑或者拘役；情节严重的，处五年以上十年以下有期徒刑；情节特别严重的，处十年以上有期徒刑。

司法工作人员由于严重不负责任，致使在押的犯罪嫌疑人、被告人或者罪犯脱逃，造成严重后果的，处三年以下有期徒刑或者拘役；造成特别严重后果的，处三年以上十年以下有期徒刑。

文献:敬大力主编:《渎职罪》,中国人民公安大学出版社 2003 年版;杜国伟主编:《刑事典型疑难问题适用指导与参考·渎职罪卷》,中国检察出版社 2013 年版。石佳宏:《私放在押人员罪及其法律适用探究》,载《现代法学》1998 年第 1 期;吴占英:《私放在押人员罪若干问题探讨》,载《河北法学》2000 年第 2 期;彭新林、王学强:《私放在押人员罪立法之比较研究》,载《法学杂志》2008 年第 5 期;仇振生:《失职致使在押人员脱逃罪的司法认定》,载《中国检察官》2016 年第 10 期。

细目录

Ⅰ　主旨
Ⅱ　沿革
Ⅲ　客体
Ⅳ　对象
Ⅴ　行为
Ⅵ　结果
Ⅶ　主体
Ⅷ　罪过
Ⅸ　既遂与未遂
Ⅹ　罪数与竞合
Ⅺ　与非罪的界限
Ⅻ　与他罪的区别
XIII　处罚

Ⅰ　主旨

本条是对私放在押人员罪、失职致使在押人员脱逃罪的规定。为保障国家对在 1

押人员的监管秩序、羁押机能的有序、正常运行,而设立此罪。

Ⅱ 沿革

2 1979年《刑法》即对司法工作人员私放罪犯作了规定,即该法第190条规定:“司法工作人员私放罪犯的,处五年以下有期徒刑或者拘役;情节严重的,处五年以上十年以下有期徒刑。”1994年12月通过的《监狱法》也在第14条第1款第(二)项规定,“私放罪犯或者玩忽职守造成罪犯脱逃”,构成犯罪的,依法追究刑事责任。1997年修改刑法时,根据有关部门的意见对原条文作了重大修改,在内容上更为全面,并新增第2款“失职致使在押人员脱逃罪”。

Ⅲ 客体

3 本条罪的客体,是国家机关羁押监管职务行为合法、公正、有效执行的正常秩序。[1]《刑事诉讼法》对拘留、逮捕等强制措施的适用条件、程序等都有严格、明确的规定。解除强制措施必须由有关司法机关依照法律规定的程序进行,私放被采取强制措施的在押的犯罪嫌疑人、被告人,不仅造成犯罪嫌疑人、被告人逃避侦查、审判的后果,有的犯罪嫌疑人逃跑后,还可能实施串供、毁灭罪证、打击报复证人等妨害刑事诉讼活动的行为,甚至继续犯罪,造成严重后果。被人民法院依法判处拘役、有期徒刑等剥夺人身自由刑罚的罪犯,必须按照《刑法》《刑事诉讼法》《监狱法》等的规定,在监狱等刑罚执行场所服刑,接受改造。这是实现刑罚目的,惩罚和教育犯罪分子,维护社会秩序和社会正义的必然要求。司法工作人员对于被监管或押解途中的犯罪嫌疑人、被告人或者罪犯,只有依法执行和实行监管的义务,没有违法擅自处理的权力。私放在押的犯罪嫌疑人、被告人、罪犯,是一种严重的破坏法制的犯罪行为,应当予以惩处。[2]

Ⅳ 对象

4 私放在押人员罪的行为对象,是被依法关押的犯罪嫌疑人、被告人或者罪犯;失职致使在押人员脱逃罪,亦是导致在押的犯罪嫌疑人、被告人或者罪犯脱逃,造成严

---

1 关于本条罪的客体(法益),学者表述不一,有称“国家对在押人员的监管制度”(参见阮齐林:《中国刑法各罪论》,中国政法大学出版社2016年版,第531页);有称“国家监管机关的监管制度和监管活动”“国家监管机关的监管制度和正常管理活动及秩序”(参见石佳宏:《私放在押人员罪及其法律适用探究》,载《现代法学》1998年第1期;敬大力主编:《渎职罪》,中国人民公安大学出版社2003年版,第183页);有称“国家的羁押机能(或羁押权)”[参见张明楷:《刑法学》(第6版),法律出版社2021年版,第1654页];等等。

2 参见郎胜主编:《中华人民共和国刑法释义》(第6版),法律出版社2015年版,第688—689页。

重后果的行为。

被依法羁押的犯罪嫌疑人、被告人或者罪犯,既包括在看守所、拘役所、拘留所、少管所和监狱等羁押场所关押的犯罪嫌疑人、被告人或罪犯;也包括在押解、拘留、逮捕执行过程中的犯罪嫌疑人、被告人或罪犯。被行政拘留、司法拘留的人员,虽亦属于被羁押人员,但并非犯罪嫌疑人、被告人或者罪犯,不能成为本罪的对象。 5

V 行为

私放在押人员罪的实行行为为"私放",即利用司法工作人员的职务便利,违反规定非法、擅自将在押人员释放,使其脱离监管机关监控范围的行为。具体表现主要有:第一,私自将在押的犯罪嫌疑人、被告人、罪犯放走,或者授意、指使、强迫他人将在押的犯罪嫌疑人、被告人、罪犯放走的;第二,伪造、变造有关法律文书、证明材料,以使在押的犯罪嫌疑人、被告人、罪犯逃跑或者被释放的;第三,为私放在押的犯罪嫌疑人、被告人、罪犯,故意向其通风报信、提供条件,致使该在押的犯罪嫌疑人、被告人、罪犯脱逃的;第四,其他私放在押的犯罪嫌疑人、被告人、罪犯应予追究刑事责任的情形。[3] 6

失职致使在押人员脱逃罪,是司法工作人员严重不负责任,不履行或者不认真履行职责,致使在押(包括在羁押场所和押解途中)的犯罪嫌疑人、被告人、罪犯脱逃的行为。 7

VI 结果

私放在押人员罪,一般而言,私放行为一经实施完成,即导致被私放者脱离监管机关控制的状态(结果)。失职致使在押人员脱逃罪,则要求致使在押人员脱逃,造成严重后果。根据最高人民检察院《关于渎职侵权犯罪案件立案标准的规定》的规定,具有下列情形之一的,应认定为"造成严重后果":第一,致使依法可能判处或者已经判处10年以上有期徒刑、无期徒刑、死刑的犯罪嫌疑人、被告人、罪犯脱逃的;第二,致使犯罪嫌疑人、被告人、罪犯脱逃3人次以上的;第三,犯罪嫌疑人、被告人、罪犯脱逃以后,打击报复报案人、控告人、举报人、被害人、证人和司法工作人员等,或者继续犯罪的;第四,其他致使在押的犯罪嫌疑人、被告人、罪犯脱逃,造成严重后果的情形。 8

VII 主体

私放在押人员罪、失职致使在押人员脱逃罪,两罪的主体皆为特殊主体,即司法工作人员。根据《刑法》第94条的规定,司法工作人员,是指有侦查、检察、审判、监管 9

---

3 参见最高人民检察院《关于渎职侵权犯罪案件立案标准的规定》第1条第(九)项。

职责的工作人员。

10 刑法的这一规定的实质,是看行为人是否具有履行以上职责的义务。根据全国人民代表大会常务委员会《关于〈中华人民共和国刑法〉第九章渎职罪主体适用问题的解释》之规定,在依照法律、法规规定行使国家行政管理职权的组织中从事公务的人员,或者在受国家机关委托代表国家机关行使职权的组织中从事公务的人员,或者虽未列入国家机关人员编制但在国家机关中从事公务的人员,在代表国家机关行使职权时,有渎职行为,构成犯罪的,依照刑法关于渎职罪的规定追究刑事责任。实践中,由于受到编制等因素的影响,有的司法机关存在着使用未被正式录用的人员,从事监管,履行监管职责的情况,对于这些人员,当其受委托履行监管职责时,实施了本条规定的行为,应构成本条规定的犯罪。最高人民检察院《关于工人等非监管机关在编监管人员私放在押人员行为和失职致使在押人员脱逃行为适用法律问题的解释》亦规定,工人等非监管机关在编监管人员在被监管机关聘用受委托履行监管职责的过程中私放在押人员的,应当依照《刑法》第400条第1款的规定,以私放在押人员罪追究刑事责任;由于严重不负责任,致使在押人员脱逃,造成严重后果的,应当依照《刑法》第400条第2款的规定,以失职致使在押人员脱逃罪追究刑事责任。

Ⅷ 罪过

11 私放在押人员罪,主观上必须是故意,即明知对象是依法在押的犯罪嫌疑人、被告人或者罪犯,明知自己的私放行为会使其逃避监管,有损国家羁押、监管活动,而希望或者放任这种结果发生。这种犯罪的动机是多样的,有的是为了贪图钱财而私放,有的是为了徇私情而私放,有的是为了包庇犯罪同伙而私放。如果由于疏忽大意、严重不负责任使犯罪嫌疑人、被告人或者罪犯脱逃,造成严重后果的,则不构成私放在押人员罪(应当按照第400条第2款的规定处理)。

12 失职致使在押人员脱逃罪,则为过失犯罪,即司法工作人员因为疏忽大意而没有预见,或者已经预见而轻信能够避免,以致发生了在押人员脱逃这种危害后果。

Ⅸ 既遂与未遂

13 关于私放在押人员罪的既遂标准,存在两种观点:一种观点认为,私放行为一经实施即构成本罪既遂,被私放者的脱逃未达到既遂状态(未遂或者中止)的,不影响本罪既遂的成立。[4] 另一种观点认为,本罪的既遂与未遂的区别应以被私放者是否摆脱监管机关和监管人员的控制为标准。[5] 笔者认为,私放行为的实质属性即是“违法

---

4 参见周光权:《刑法各论》(第4版),中国人民大学出版社2021年版,第578页。

5 参见王作富主编:《刑法分则实务研究》(第4版),中国方正出版社2010年版,第1913页。

释放，使被监管人脱离监控”。因此，理应以“是否使被监管人脱离监管”作为私放行为完成与否，即本罪的既遂与未遂的判断标准；尚未达到“脱离监管”状态的，应以本罪的未遂论。

X 罪数与竞合

1. 因收受贿赂而私放在押人员的处理

根据最高人民法院、最高人民检察院《关于办理渎职刑事案件适用法律若干问题的解释(一)》第 3 条之规定，国家机关工作人员实施渎职犯罪并收受贿赂，同时构成受贿罪的，除刑法另有规定外，以渎职犯罪和受贿罪数罪并罚。据此就收受贿赂犯本罪的情况下，应当数罪并罚。 14

2. 私放在押人员罪与滥用职权罪及失职致使在押人员脱逃罪与玩忽职守罪之间的竞合关系

私放在押人员罪与滥用职权罪及失职致使在押人员脱逃罪与玩忽职守罪之间系特别法与普通法的法条竞合特别关系。据此，当行为符合特别法条规定之罪时，应当以特别法定罪处罚；当行为类型不属于特别法条规定之罪时，亦可能符合普通法条(滥用职权、玩忽职守)之罪。据此，最高人民法院、最高人民检察院《关于办理渎职刑事案件适用法律若干问题的解释(一)》第 2 条规定：“国家机关工作人员实施滥用职权或者玩忽职守犯罪行为，触犯刑法分则第九章第三百九十八条至第四百一十九条规定的，依照该规定定罪处罚。国家机关工作人员滥用职权或者玩忽职守，因不具备徇私舞弊等情形，不符合刑法分则第九章第三百九十八条至第四百一十九条的规定，但依法构成第三百九十七条规定的犯罪的，以滥用职权罪或者玩忽职守罪定罪处罚。”例如，司法工作人员私放已被控制但尚未被拘留的嫌疑人(或者失职导致该嫌疑人“脱逃”)的行为，因该嫌疑人尚未办理拘留手续，不属于在押人员，因此不构成私放在押人员罪(或失职致使在押人员脱逃罪)，但可能构成滥用职权罪(或玩忽职守罪)。[6] 15

3.私放在押人员罪与脱逃罪的竞合关系

最高人民法院、最高人民检察院《关于办理渎职刑事案件适用法律若干问题的解释(一)》第 4 条规定：“国家机关工作人员实施渎职行为，放纵他人犯罪或者帮助他人逃避刑事处罚，构成犯罪的，依照渎职罪的规定定罪处罚。国家机关工作人员与他人共谋，利用其职务行为帮助他人实施其他犯罪行为，同时构成渎职犯罪和共谋实施的其他犯罪共犯的，依照处罚较重的规定定罪处罚。国家机关工作人员与他人共谋，既利用其职务行为帮助他人实施其他犯罪，又以非职务行为与他人共同实施该其 16

6　参见黎宏：《刑法学各论》(第 2 版)，法律出版社 2016 年版，第 560 页。也有认定为私放罪的司法判例，如周建源等私放在押人员案，参见杜国伟主编：《刑事典型疑难问题适用指导与参考 · 渎职罪卷》，中国检察出版社 2013 年版，第 212 页以下。

他犯罪行为,同时构成渎职犯罪和其他犯罪的共犯的,依照数罪并罚的规定定罪处罚。”据此,司法工作人员利用职务上的便利或者职权,帮助在押的罪犯、被告人、犯罪嫌疑人脱逃,构成犯罪的,应当以私放在押人员罪定罪处罚;司法工作人员没有利用职务便利或职权,而是利用自己熟悉监所地理环境等条件,帮助在押人员脱逃的,或者非司法工作人员帮助在押人员脱逃的,应以脱逃罪的共犯论处;司法工作人员与在押人员相勾结,利用其职务行为帮助在押人员脱逃(脱离监管)的,司法工作人员同时触犯私放在押人员罪与脱逃罪的共犯,依照处罚较重的规定定罪处罚。

XI 与非罪的界限

17 对司法工作人员利用职务之便,擅自将在押人员临时放出监管场所,数日后在押人员如期返回的行为的处理。私放行为的实质就是利用职务之便,使本应处于国家监管、羁押状态之下的在押人员脱离了监管范围、羁押状态。因此,无论这种私放行为是长期还是临时的,也无论被私放的在押人员是否及时返回监管场所,这种私放行为都侵害了正常的监管制度和秩序。也就是说,只要负有监管职责的司法工作人员违法实施了私放在押的犯罪嫌疑人、被告人或者罪犯,以使其脱离监管的范围,就构成私放在押人员罪,应当追究刑事责任。《人民法院案例选》2007 年第 3 辑刊载的“吴鹏辉等私放在押人员案”的裁判要旨指出:“被私放的在押人员脱管时间长短,是否按时返回监管场所,均不影响私放在押人员罪的成立……司法实践中,有少数司法工作人员出于徇私情、徇私利等动机目的,利用职务之便,将在押人员临时放出监管场所,并无让其长期脱逃在外的故意,对能及时返回监管场所未造成影响的案件往往不了了之。事实上,无论这种私放行为是长期还是临时,也无论被私放的在押人员是否及时返回监管场所,这种私放行为都侵害了正常的监管制度和秩序。根据现行《刑法》第四百条第一款的规定,并没有将私放的时间长短、被私放的在押人员是否及时返回作为犯罪构成要件。也就是说,只要负有监管职责的司法工作人员违法实施了私放在押的犯罪嫌疑人、被告人或者罪犯,以使其脱离监管的范围,就构成私放在押人员罪,应当追究刑事责任。至于私放的时间长短、被私放的在押人员是否按时返回监管场所等情形,只能作为量刑的一个考虑因素。”

18 私放在押人员是否为执行上级命令或者得到上级同意的行为,在理论上存在着可能阻却私放行为违法性的空间。在黄定辉私放在押人员案中,法院于 2002 年 2 月 8 日作出(2002)鼎刑初字第 018 号刑事判决,认定黄定辉犯私放在押人员罪,判处有期徒刑 1 年,缓刑 2 年。宣判后,福鼎市人民检察院提出抗诉,黄定辉提出上诉。福建省宁德市中级人民法院于 2002 年 6 月 6 日作出(2002)宁刑终字第 65 号刑事判决,撤销福鼎市人民法院(2002)鼎刑初字第 018 号刑事判决,认定黄定辉犯私放在押人员罪,判处有期徒刑 3 年。判决生效后,黄定辉不服,向福建省高级人民法院提出申诉。福建省高级人民法院于 2004 年 1 月 8 日以(2003)闽刑监字第 92 号驳回申诉通知,驳回黄定辉的申诉。黄定辉仍然不服,向最高人民法院提出申诉,请求撤销原判,再审改判无罪。黄定辉申诉主张自己无罪的主要理由之一即为释放在押人员夏进业是经所领导研究通过,其没有利用职务之便私放夏进业。最后法院经审理后驳回黄定辉的申诉,指出:“经查,原判认定你向新任派出所所长卓文然隐瞒湖南警方的拘留手续,经陈孔流、张新兵的求情,在收取该二人交纳的5万元‘担保金’后,未办法律手续将夏进业释放的事实,有证人陈孔流、张新兵、卓文然的证言证实,你在原审时亦有供认,且上述证据相互印证,足以确认。你作为接受领导委派负责抓捕夏进业的公安机关工作人员,未正确履行职责,抓获夏进业后不及时联系湖南警方,在收取无法律依据的‘担保金’后将本应拘留的夏进业违法释放。即使你收取‘担保金’释放夏进业之前有向领导请示获得同意,但因你对领导隐瞒夏进业是拘留对象的事实,你应当承担相应的责任。你的行为符合私放在押人员罪的构成要件,你提出的这项申诉理由不能成立,本院不予采纳。”[7]

该案中,客观上,申诉人原派出所民警黄定辉利用职务便利释放了被湖南警方确定的刑拘对象和犯罪嫌疑人的夏进业;主观上,黄定辉明知夏进业是被湖南警方确定的刑拘对象和犯罪嫌疑人,并释放了夏进业,存在主观故意。最高人民法院根据查明的事实驳回了黄定辉认为自己的行为是向领导报告后并经其同意而为的辩护理由。因此,尽管刑法理论一般认为执行命令行为或者得到上级同意的行为,作为超法规的违法阻却事由,存在阻却违法的空间,但就本案而言,黄定辉向领导报告的内容中隐瞒了夏进业属于被湖南警方确定的刑拘对象和犯罪嫌疑人的重大事实,亦即,派出所领导并不知情,因此不能据此阻却其行为的违法性。 19

XII 与他罪的区别

私放在押人员罪与徇私枉法罪的区别。广义上讲,私放在押人员,也是一种徇私枉法行为,两罪都可能出于包庇罪犯的主观动机;都会产生使罪犯逃避刑事追究的效果。但两罪的显著区别在于,前者的行为人是利用职务便利或职权,不经合法程序,直接将在押人员释放;后者则是假借对犯罪嫌疑人、被告人或罪名的实体内容进行枉法调查、认定和裁判而使罪犯逃避应有的处罚。据此,侦查、起诉、审判人员利用职务上的便利,徇私枉法,对明知有罪的人故意包庇使其不受追诉或者宣告无罪,致使罪犯被释放的,应认定为徇私枉法罪;侦查、检察、审判人员,对明知正在羁押的犯罪嫌疑人、被告人,枉法采取取保候审措施的,也应认定为徇私枉法罪。监管人员擅自对在押人员实行取保候审的,应认定为私放在押人员罪。[8] 20

XIII 处罚

根据《刑法》第400条第1款的规定,犯私放在押人员罪的,处5年以下有期徒刑 21

7 最高人民法院(2017)最高法刑申307号驳回申诉通知书。

8 参见张明楷:《刑法学》(第6版),法律出版社2021年版,第1655页。

或者拘役;情节严重的,处 5 年以上 10 年以下有期徒刑;情节特别严重的,处 10 年以上有期徒刑。其中,"情节严重""情节特别严重"的认定,可参考最高人民检察院《人民检察院直接受理立案侦查的渎职侵权重特大案件标准(试行)》第 7 条之规定,有下列情形之一的,属于"重大案件":①私放 3 人以上的;②私放可能判处有期徒刑 10 年以上或者余刑在 5 年以上的重大刑事犯罪分子的;③在押人员被私放后又实施重大犯罪的。有下列情形之一的,属于"特大案件":①私放 5 人以上的;②私放可能判处无期徒刑以上的重大刑事犯罪分子的;③在押人员被私放后又犯罪致人死亡的。

22 根据《刑法》第 400 条第 2 款之规定,犯失职致使在押人员脱逃罪的,处 3 年以下有期徒刑或者拘役;造成特别严重后果的,处 3 年以上 10 年以下有期徒刑。其中,"造成特别严重后果"的认定,可参考最高人民检察院《人民检察院直接受理立案侦查的渎职侵权重特大案件标准(试行)》第 8 条关于失职致使在押人员脱逃案"重大案件""特大案件"之规定,据此规定,有下列情形之一的,属于"重大案件":①致使脱逃 5 人以上的;②致使可能判处无期徒刑或者死刑缓期 2 年执行的重大刑事犯罪分子脱逃的;③在押人员脱逃后实施重大犯罪致人死亡的。有下列情形之一的,属于"特大案件":①致使脱逃 10 人以上的;②致使可能判处死刑的重大刑事犯罪分子脱逃的;③在押人员脱逃后实施重大犯罪致人死亡 2 人以上的。

第四百零一条　徇私舞弊减刑、假释、暂予监外执行罪

司法工作人员徇私舞弊，对不符合减刑、假释、暂予监外执行条件的罪犯，予以减刑、假释或者暂予监外执行的，处三年以下有期徒刑或者拘役；情节严重的，处三年以上七年以下有期徒刑。

文献:敬大力主编:《渎职罪》,中国人民公安大学出版社 2003 年版;王作富主编:《刑法分则实务研究》(第 4 版),中国方正出版社 2010 年版;杜国伟主编:《刑事典型疑难问题适用指导与参考·渎职罪卷》,中国检察出版社 2013 年版。罗翔、孙景仙:《论徇私舞弊减刑、假释、暂予监外执行罪》,载《黑龙江省政法管理干部学院学报》2003 年第 5 期。

细目录

Ⅰ　主旨
Ⅱ　沿革
Ⅲ　客体
Ⅳ　行为
Ⅴ　主体
Ⅵ　罪过
Ⅶ　既遂与未遂
Ⅷ　共犯
Ⅸ　罪数与竞合
Ⅹ　与非罪的界限
Ⅺ　处罚

Ⅰ　主旨

本罪实质上是对司法工作人员徇私枉法行为的一种特别规定,即对决定减刑、假 1
释、暂予监外执行中的徇私枉法行为增加单独的法律条文,作为定罪处罚的依据。特别立法表达了立法者对这类犯罪行为的特别关注。

Ⅱ　沿革

本罪是 1997 年《刑法》修订新增加的罪名。1979 年《刑法》并无此罪的规 2

定,仅有对徇私舞弊行为的一般规定,即 1979 年《刑法》第 188 条规定:“司法工作人员徇私舞弊,对明知是无罪的人而使他受追诉、对明知是有罪的人而故意包庇不使他受追诉,或者故意颠倒黑白做枉法裁判的,处五年以下有期徒刑、拘役或者剥夺政治权利;情节特别严重的,处五年以上有期徒刑。”据此,在没有本条规定之前,对于司法机关工作人员的上述违法行为,根据 1986 年 3 月 24 日最高人民检察院印发的《人民检察院直接受理的法纪检察案件立案标准的规定(试行)》和 1989 年 11 月 30 日最高人民检察院印发的《人民检察院直接受理的侵犯公民民主权利人身权利和渎职案件立案标准的规定》两个司法解释规定的精神,只能将其比照徇私舞弊罪按 1979 年《刑法》第 188 条的规定追究刑事责任。

Ⅲ 客体

3 本罪的客体,是国家对罪犯改造工作的正常秩序。减刑和假释是刑法规定的鼓励罪犯在刑罚执行期间认真遵守监管规定,接受教育改造的措施。多年来的司法实践证明,减刑、假释措施体现了惩罚与教育相结合的刑罚目的,有利于罪犯积极接受教育改造,尽快回归社会,重新做人。暂予监外执行,则是法律从人道主义出发,对正在服刑的罪犯因为身体或生活上的特殊原因,暂时在监管场所以外服刑的一种措施。为了维护法治的严肃性,防止减刑、假释、暂予监外执行措施被违法使用,刑法、刑事诉讼法等法律对减刑、假释、暂予监外执行的条件、程序等都作了严格规定。司法工作人员徇私舞弊,对不符合条件的罪犯,予以减刑、假释、暂予监外执行,严重违反了有关减刑、假释、暂予监外执行的规定,严重侵害了国家对罪犯改造工作的正常秩序和管理活动,损害法治的严肃性,造成罪犯逍遥法外甚至继续犯罪的严重后果,应当予以惩治。

Ⅳ 行为

4 本罪的客观行为,表现为司法工作人员必须实施了对不符合减刑、假释、暂予监外执行条件的罪犯,予以减刑、假释或者暂予监外执行情节严重的行为。

5 关于减刑[1]、假释、暂予监外执行的条件、程序,《刑法》《刑事诉讼法》都作了明确规定。根据《刑法》第 78 条的规定,“减刑”是指对被判处管制、拘役、有期徒刑、无期徒刑的犯罪分子,因其在执行期间,认真遵守监规,接受教育改造,确有悔改表现或者有立功表现的,适当减轻刑种或者原判刑罚的一种制度。根据《刑法》第 50 条的规定,判处死刑缓期执行的罪犯,在死刑缓期执行期间,如果没有故意犯罪,或者确有重大立功表现,2 年期满后,可以分别减为无期徒刑或 25 年有期徒刑。根据《刑法》第

---

1 这里的“减刑”,不仅包括《刑法》第 78 条对被判处管制、拘役、有期徒刑、无期徒刑的犯罪分子的减刑(即一般减刑、狭义的减刑),也包括对附加刑的减刑、死缓的减刑(《刑法》第 50 条),即广义的减刑。

81 条的规定,“假释”是指对被判处有期徒刑的犯罪分子,执行原判刑期 1/2 以上,被判处无期徒刑的犯罪分子,实际执行 13 年以上,如果其认真遵守监规,接受教育改造,确有悔改表现,没有再犯罪的危险的,予以提前释放的一种制度。根据《刑事诉讼法》第 265 条的规定,“暂予监外执行”是指对于被判处有期徒刑或者拘役的罪犯,如果患有严重疾病需要保外就医,或者妇女怀孕、正在哺乳自己的婴儿,或者生活不能自理,适用暂予监外执行不致危害社会的,对其不在监管场所执行刑罚,而是暂时放在社会由有关部门予以监管的一种措施。关于减刑、假释的程序,根据《刑法》第 79 条的规定,由执行机关向中级以上人民法院提出减刑、假释建议书,由人民法院组成合议庭进行审理,对符合条件的予以减刑、假释。

违反上述规定,对不符合条件的罪犯予以减刑、假释、监外执行;或者超过减刑限度进行减刑、对未达执行期限的罪犯予以假释等,即构成本罪。另外,由于刑法规定基层法院无权裁定减刑与假释,因此,基层法院工作人员裁定减刑、假释的,也应以本罪论处。[2] “舞弊”是客观的构成要件要素,在本罪中,乃是“对不符合减刑、假释、暂予监外执行条件的罪犯,予以减刑、假释或者暂予监外执行”的同位语。[3] 6

本罪的行为是对不符合减刑、假释、暂予监外执行条件的罪犯,予以减刑、假释或者暂予监外执行,而对于违反法律规定,对应该办理减刑、假释或暂予监外执行的服刑人员,却徇私舞弊,消极地不提起建议或不让减刑、假释或暂予监外执行的行为,《刑法》第 401 条显然没有规定,这不能不说是一种失误。[4] 不过,依据《关于办理渎职刑事案件适用法律若干问题的解释(一)》第 2 条第 2 款“国家机关工作人员滥用职权或者玩忽职守,因不具备徇私舞弊等情形,不符合刑法分则第九章第三百九十八条至第四百一十九条的规定,但依法构成第三百九十七条规定的犯罪的,以滥用职权罪或者玩忽职守罪定罪处罚”之规定,上述行为完全可能构成滥用职权罪。 7

根据《刑法》以及司法解释的上述规定,最高人民检察院发布的第一批指导性案例“林志斌徇私舞弊暂予监外执行案”(检例第 3 号)的要旨进一步明确:“司法工作人员收受贿赂,对不符合减刑、假释、暂予监外执行条件的罪犯,予以减刑、假释或者暂予监外执行的,应根据案件的具体情况,依法追究刑事责任。”本案中,客观上,该案被告人林志斌利用自己担任副监区长的职务之便,将不符合暂予监外执行条件的高俊宏暂予监外执行;主观上,林志斌明知高俊宏不符合暂予监外执行的条件,但是仍然主动办理相关虚假文件使得其得以暂予监外执行。长春市宽城区人民法院作出(2009)宽刑初字第 223 号刑事判决,认定被告人林志斌犯徇私舞弊暂予监外执行罪,判处有期徒刑 3 年。 8

---

2 参见张明楷:《刑法学》(第 6 版),法律出版社 2021 年版,第 1655 页。

3 参见张明楷:《刑法学》(第 6 版),法律出版社 2021 年版,第 1633、1655 页。

4 参见罗翔、孙景仙:《论徇私舞弊减刑、假释、暂予监外执行罪》,载《黑龙江省政法管理干部学院学报》2003 年第 5 期。

V 主体

9 本罪的主体为特殊主体,即司法工作人员,具体而言,是指具有报请或者决定减刑、假释、暂予监外执行职权的司法机关工作人员;也包括依法不具有上述权限,但"越权"行使上述职权的司法工作人员,如上文提及的基层人民法院工作人员。

10 对于没有减刑、假释、暂予监外执行提请权和决定权的司法工作人员为服刑罪犯伪造立功材料,以便该服刑罪犯能够得到减刑、假释的行为如何适用法律问题,存在两种不同意见:一种意见认为,应适用《刑法》第 307 条第 2、3 款以帮助毁灭、伪造证据罪追究刑事责任;另一种意见认为,应适用《刑法》第 401 条以本罪追究刑事责任。[5] 对此,最高人民检察院《关于渎职侵权犯罪案件立案标准的规定》中规定,不具有报请、裁定、决定或者批准减刑、假释、暂予监外执行权的司法工作人员利用职务上的便利,伪造有关材料,导致不符合减刑、假释、暂予监外执行条件的罪犯被减刑、假释、暂予监外执行的,也应当以"徇私舞弊减刑、假释、暂予监外执行罪"立案。即司法解释持第二种观点。但笔者认为,在学理上两种观点皆有商榷的余地。一方面,帮助毁灭、伪造证据罪,针对的是与案情有关,影响犯罪嫌疑人、被告人刑事责任承担的有关证据,不应包括诉讼终结后罪犯服刑期间改造表现的相关证据,据此上述第一种观点难以成立;另一方面,徇私舞弊减刑、假释、暂予监外执行罪,本质上是一种滥用职权行为,行为人并不具有减刑、假释、暂予监外执行的提请权和决定权,或者并未越权行使提请权和决定权,可谓是无"权"被滥用,而且伪造立功等虚假证明材料的行为,至多仅是提请或决定减刑、假释、暂予监外执行的预备行为而已。可见,第二种观点同样值得商榷。对上述行为人的滥用职权行为,根据《关于办理渎职刑事案件适用法律若干问题的解释(一)》第 2 条第 2 款的规定,以滥用职权罪定罪处置或许更为合适。

VI 罪过

11 本罪的责任形式是故意,且出于徇私的主观动机,即明知自己的行为会导致不符合减刑、假释、暂予监外执行条件的罪犯,被减刑、假释或者暂予监外执行,致使国家对罪犯改造工作的正常秩序被破坏,而希望或者放任这种结果的发生。而"徇私"(包括徇私情、徇私利)的主观动机,旨在将行为人因法律水平不高、事实掌握不全等原因过失导致本罪结果的行为排除在本罪之外。

VII 既遂与未遂

12 关于本罪的既遂与未遂问题,一种观点认为,本罪是行为犯,只要行为人实施了

5 参见敬大力主编:《渎职罪》,中国人民公安大学出版社 2003 年版,第 239 页;王作富主编:《刑法分则实务研究》(第 4 版),中国方正出版社 2010 年版,第 1921—1922 页。

徇私舞弊报请、裁定、决定减刑、假释、暂予监外执行的行为，即使罪犯实际没有得到减刑、假释、暂予监外执行，依法也构成本罪。其犯罪行为的既遂和未遂只涉及量刑问题。[6] 这一观点，看似主张不必纠结于既遂和未遂的区分，只要实施行为即成立犯罪，实则是主张只要行为实施完毕，不论被减刑、假释或者暂予监外执行的结果是否发生，即为既遂，即本罪既遂之"行为标准说"。另一种观点则认为，不符合减刑、假释、暂予监外执行条件的罪犯，已被减刑、假释或者暂予监外执行时，本罪即为既遂[7]，即本罪既遂之"结果标准说"。笔者认为，倘若坚持刑法分则个罪规定采"犯罪既遂模式"的观点，那么，当行为完全符合刑法分则个罪所规定的构成要件时，即为既遂。就本罪而言，罪状描述中并未明文要求"已被减刑、假释或者暂予监外执行"作为结果要素（既遂标准），因而原则上应当以实行行为的完成作为既遂标准，本罪规制的实行行为是司法工作人员减刑、假释或者暂予监外执行的提请行为和决定行为（提请权和决定权）。就提请行为而言，只要刑罚执行机关负责的工作人员对不符合减刑、假释、暂予监外执行条件的罪犯，通过捏造事实、伪造材料等手段，违法报请减刑、假释、暂予监外执行的，即为报请行为完成，亦即既遂；就决定行为而言，只有当审判人员对不符合减刑、假释、暂予监外执行条件的罪犯，违法作出减刑、假释、暂予监外执行的裁定、决定；监狱管理机关、公安机关的工作人员对不符合暂予监外执行条件的罪犯，违法作出暂予监外执行的批准的，才能认为是本罪的既遂。可见，提请行为的既遂标准，基本采"行为标准说"；而决定行为的既遂标准，大体上相当于"结果标准说"。

Ⅷ　共犯

非司法工作人员或者虽为司法工作人员但没有报请或决定减刑、假释、暂予监外执行职权的，与有报请或决定减刑、假释、暂予监外执行职权的司法工作人员伙同进行本罪行为的，如为罪犯减刑、假释或者暂予监外执行提供证明材料等，应当以本罪的共犯追究其刑事责任。 13

Ⅸ　罪数与竞合

收受贿赂，对不符合减刑、假释、暂予监外执行条件的罪犯，予以减刑、假释或者暂予监外执行的行为的处理。在林志斌徇私舞弊暂予监外执行案中，法院认为，被告人林志斌作为监狱管理人员，收受贿赂，对明知食用了出现患病症状药物，伪造病情的监狱服刑人员，设法使其获得被批准暂予监外执行 1 年，应依法追究其徇私舞弊暂予监外执行的法律责任。事实上，考虑到被告人林志斌收受他人贿赂 5 万元的事 14

6　参见敬大力主编：《渎职罪》，中国人民公安大学出版社 2003 年版，第 246 页。

7　参见张明楷：《刑法学》（第 6 版），法律出版社 2021 年版，第 1655 页。

实,根据《关于办理渎职刑事案件适用法律若干问题的解释(一)》第3条的规定:"国家机关工作人员实施渎职犯罪并收受贿赂,同时构成受贿罪的,除刑法另有规定外,以渎职犯罪和受贿罪数罪并罚。"被告人林志斌也同时构成受贿罪,以本罪与受贿罪数罪并罚。

X 与非罪的界限

15 本罪强调"徇私舞弊",旨在将那些不是由于徇私情、徇私利,故意实施,而是由于政策观念、业务能力不强,工作不深入、不细致,调查研究不够,一般应当认为属于工作失误,而导致将不符合减刑、假释、暂予监外执行条件的罪犯予以减刑、假释、暂予监外执行的行为排除在本罪范围之外。

XI 处罚

16 根据《刑法》第401条的规定,犯本罪的,处3年以下有期徒刑或者拘役;情节严重的,处3年以上7年以下有期徒刑。关于本罪基本犯的情形,可参照最高人民检察院《关于渎职侵权犯罪案件立案标准的规定》之规定,有下列情节之一的,应当以"徇私舞弊减刑、假释、暂予监外执行案"立案:①刑罚执行机关的工作人员对不符合减刑、假释、暂予监外执行条件的罪犯,捏造事实,伪造材料,违法报请减刑、假释、暂予监外执行的;②审判人员对不符合减刑、假释、暂予监外执行条件的罪犯,徇私舞弊,违法裁定减刑、假释或者违法决定暂予监外执行的;③监狱管理机关、公安机关的工作人员对不符合暂予监外执行条件的罪犯,徇私舞弊,违法批准暂予监外执行的;④不具有报请、裁定、决定或者批准减刑、假释、暂予监外执行权的司法工作人员利用职务上的便利,伪造有关材料,导致不符合减刑、假释、暂予监外执行条件的罪犯被减刑、假释、暂予监外执行的;⑤其他徇私舞弊减刑、假释、暂予监外执行应予追究刑事责任的情形。

17 关于本罪"情节严重"的情形,可参照最高人民检察院《人民检察院直接受理立案侦查的渎职侵权重特大案件标准(试行)》第9条的规定,有下列情形之一的,属于"重大案件":①办理3次以上或者1次办理3人以上的;②为重大刑事犯罪分子办理减刑、假释、暂予监外执行的。有下列情形之一的,属于"特大案件":①办理5次以上或者1次办理5人以上的;②为特别重大刑事犯罪分子办理减刑、假释、暂予监外执行的。

第四百零二条　徇私舞弊不移交刑事案件罪

行政执法人员徇私舞弊，对依法应当移交司法机关追究刑事责任的不移交，情节严重的，处三年以下有期徒刑或者拘役；造成严重后果的，处三年以上七年以下有期徒刑。

文献：敬大力主编：《渎职罪》，中国人民公安大学出版社2003年版；杜国伟主编：《刑事典型疑难问题适用指导与参考·渎职罪卷》，中国检察出版社2013年版。王作富、刘志远：《论徇私舞弊不移交刑事案件罪的司法适用》，载《中国刑事法杂志》2000年第3期；姜素红：《略论徇私舞弊不移交刑事案件罪》，载《江苏公安专科学校学报》2000年第3期。

细目录

Ⅰ　主旨
Ⅱ　沿革
Ⅲ　客体
Ⅳ　行为
Ⅴ　主体
Ⅵ　罪过
Ⅶ　既遂与未遂
Ⅷ　罪数与竞合
Ⅸ　与他罪的区别
Ⅹ　处罚

Ⅰ　主旨

与域外法治体系不同，我国采“违法+犯罪”的二元社会治安制裁体系，违法行为一般根据其情节轻重区分为行政违法行为与犯罪行为，对行政违法行为，依法由行政执法部门予以行政处罚；对情节严重构成犯罪的，由司法机关追究刑事责任。[1] 实践中，一些行政执法部门工作人员，徇私舞弊，对明知已经构成犯罪的案件，不依法移交司法机关追究刑事责任，而是以罚代刑，严重损害了法律的权威性和法治的统一，造 1

1　参见王彦强：《论我国社会治安二元交叉制裁体系》，载《江苏社会科学》2016年第5期。

成犯罪分子逍遥法外甚至继续犯罪的严重后果。故特设此罪。

Ⅱ 沿革

2 本罪系1997年《刑法》新增罪名。1979年《刑法》中并无此罪之明文规定,1996年通过的《行政处罚法》第61条规定:“行政机关为牟取本单位私利,对应当依法移交司法机关追究刑事责任的不移交,以行政处罚代替刑罚,由上级行政机关或者有关部门责令纠正;拒不纠正的,对直接负责的主管人员给予行政处分;徇私舞弊、包庇纵容违法行为的,比照刑法第一百八十八条的规定追究刑事责任。”“比照刑法第一百八十八条的规定”,即比照1979年《刑法》“徇私舞弊罪”的规定[2],但徇私舞弊罪的主体仅限于“司法工作人员”。如果说在1979年《刑法》“允许类推”的背景下,这种“比照适用”还勉强可行;那么在1997年《刑法》修正“罪刑法定写入刑法、删除类推条款”的背景下,“比照适用”难免牵强,有违罪刑法定原则,据此,1997年《刑法》修正时,在结合立法和司法实践经验的基础上,适应对行政执法人员徇私枉法犯罪行为予以刑事处罚的需要,同时考虑到行政执法人员对应当依法移交司法机关追究刑事责任而不移交的行为与徇私枉法本质的一致性,以《刑法》第402条将行政执法人员徇私舞弊对应当依法移交司法机关追究刑事责任而不移交的行为规定为犯罪,既满足了刑事司法的需要,又完善了立法。[3]

Ⅲ 客体

3 本罪的客体,涉及国家行政机关正常的行政执法秩序和司法机关的刑事司法秩序两个方面,即妨害了行政执法机关与司法机关之间案件移交、有效衔接的正常秩序和工作机制。

Ⅳ 行为

4 本罪客观上表现为不作为,即行政执法人员徇私舞弊不移交刑事案件,情节严重的行为。

5 所谓舞弊不移交,即弄虚作假(如采取伪造、销毁案件材料,篡改鉴定结论等方式),对明知他人的行为已经构成犯罪,应当交由司法机关依法追究刑事责任,而不移交给有关司法机关,仅以一般行政违法处理,甚至根本不作任何处理。并且,“不移

[2] 2021年1月22日修订通过的《行政处罚法》第82条规定:“行政机关对应当依法移交司法机关追究刑事责任的案件不移交,以行政处罚代替刑事处罚,由上级行政机关或者有关机关责令改正,对直接负责的主管人员和其他直接责任人员依法给予处分;情节严重构成犯罪的,依法追究刑事责任。”

[3] 参见敬大力主编:《渎职罪》,中国人民公安大学出版社2003年版,第252页。

交”对行政执法机关中不同层级的人而言,意义不同:对一般办事人员而言,是不向上级移交;对上级而言,是不按规定提交集体讨论或者向司法机关移交。[4]

所谓刑事案件,要求的仅是予以实体上的预断是否涉嫌构成犯罪,并不要求必须以对此作出有罪的生效判决为前提[5],也不能包括自诉案件[6]。 6

所谓“情节严重”,根据最高人民检察院《关于渎职侵权犯罪案件立案标准的规定》的规定,具有下列情形之一的,属于“情节严重”:①对依法可能判处 3 年以上有期徒刑、无期徒刑、死刑的犯罪案件不移交的;②不移交刑事案件涉及 3 人次以上的;③司法机关提出意见后,无正当理由仍然不予移交的;④以罚代刑,放纵犯罪嫌疑人,致使犯罪嫌疑人继续进行违法犯罪活动的;⑤行政执法部门主管领导阻止移交的;⑥隐瞒、毁灭证据,伪造材料,改变刑事案件性质的;⑦直接负责的主管人员和其他直接责任人员为牟取本单位私利而不移交刑事案件,情节严重的;⑧其他情节严重的情形。 7

本罪行为具有一定的隐蔽性,需要检察机关加强对此类犯罪行为的诉讼监督。最高人民检察院 2012 年 11 月 15 日发布的第二批指导性案例“胡某、郑某徇私舞弊不移交刑事案件案”(检例第 7 号)的要旨明确指出:“诉讼监督,是人民检察院依法履行法律监督的重要内容。实践中,检察机关和办案人员应当坚持办案与监督并重,建立健全行政执法与刑事司法有效衔接的工作机制,善于在办案中发现各种职务犯罪线索;对于行政执法人员徇私舞弊,不移送有关刑事案件构成犯罪的,应当依法追究刑事责任。” 8

V 主体

本罪的主体是特殊主体,即行政执法人员。依照 2020 年 8 月 7 日修订的《行政执法机关移送涉嫌犯罪案件的规定》第 2 条的规定,所谓行政执法机关,是指依照法律、法规或者规章的规定,对破坏社会主义市场经济秩序、妨害社会管理秩序以及其他违法行为具有行政处罚权的行政机关,以及法律、法规授权的具有管理公共事务职能、在法定授权范围内实施行政处罚的组织。在这些具有行政执法权的行政机关、组织中从事公务的人员,即行政执法人员。司法实践中,主要是工商、税务、海关、质检等机关的工作人员。 9

公安机关的工作人员是否成为本罪主体?有观点认为,公安机关的工作人员行使行政执法权时,如果徇私舞弊,对明知是构成犯罪应当提交立案进行刑事侦查的, 10

4 参见黎宏:《刑法学各论》(第 2 版),法律出版社 2016 年版,第 563 页。

5 参见丁锡方徇私舞弊不移交刑事案件案(载《最高人民法院公报》2003 年第 6 期),亦可参见刘德权、何帆主编:《最高人民法院司法观点集成(刑事卷)》(新编版),中国法制出版社 2017 年版,第 2432 页。

6 参见黎宏:《刑法学各论》(第 2 版),法律出版社 2016 年版,第 563 页。

不移送,应以徇私枉法罪追究其刑事责任。[7] 这种观点实际上并未准确把握公安机关兼具行政执法和刑事司法的双重职能、双重性质:一方面,公安机关是政府的重要行政执法部门,从事治安管理、户籍、交通、边境和特种行业等的行政管理和执法工作;另一方面,公安机关又是最主要的刑事司法部门,负责刑事案件的侦查、拘留、执行逮捕等刑事司法职能。据此,判断公安机关工作人员能否成为本罪主体,需要考察行为人在徇私舞弊时是在行使行政执法权还是刑事司法权。如果是前者,如公安人员在执行治安管理处罚的过程中,明知他人的行为已构成犯罪,应当移交公安侦查部门进行侦查,而徇私舞弊不移交,仅以治安处罚的,即构成本罪;而如果是后者,如公安刑事侦查人员故意包庇犯罪嫌疑人,为使其不被追究刑事责任,擅自将案件不作为刑事案件处理的,则成立徇私枉法罪。

Ⅵ　罪过

11　构成本罪在主观上必须是故意,且具有徇私的主观动机,即行政执法人员明知自己对应当移交司法机关追究刑事责任的不移交的行为会产生危害社会的后果,但徇私舞弊仍不移交。这种犯罪有的是为了徇亲友私情,有的是为了得到某种利益以行政处罚代替刑罚或者出于地方保护主义为徇单位私利对犯罪人网开一面等。如果行政执法人员不是出于徇私的动机,而是由于没有认真了解情况,存在对事实认识上的偏差,或者由于工作上的失误,则不构成本罪。

Ⅶ　既遂与未遂

12　本罪既遂,即"不移交"行为完成,行政执法主体对已构成刑事犯罪的案件作出不处罚或者以罚代刑的决定。

Ⅷ　罪数与竞合

13　收受他人贿赂,伪造材料、弄虚作假,不移交司法机关处理的,根据《关于办理渎职刑事案件适用法律若干问题的解释(一)》第 3 条以及《关于办理贪污贿赂刑事案件适用法律若干问题的解释》第 17 条之规定,应以本罪与受贿罪数罪并罚。

Ⅸ　与他罪的区别

14　(1)本罪与徇私枉法罪在客观上都可能表现为对明知是有罪的人故意包庇使其不受追诉,二者的显著区别在于行为主体不同,即前者的主体是行政执法人员;而后者的主体是司法工作人员。前者是行政执法人员在行政执法过程中的渎职行为;后

7　参见郎胜主编:《中华人民共和国刑法释义》(第 6 版),法律出版社 2015 年版,第 692 页。

者则是司法工作人员在行使侦查、检察、审判等刑事司法职权中的渎职行为。对于负有行政执法与刑事侦查双重职责的人员,应当视其是在履行何种职责的过程中不将案件作为犯罪处理,来得出不同的结论。

(2)本罪是故意犯罪,与作为过失犯罪的玩忽职守罪明显不同。对于行政执法人员不移交刑事案件,不是因为徇私舞弊,而是由于不了解政策、法律观念淡薄,或者业务能力不强等原因时,则可能因造成重大危害后果,以玩忽职守罪追究其过失责任。 15

X 处罚

根据《刑法》第 402 条之规定,犯本罪的,处 3 年以下有期徒刑或者拘役;造成严重后果的,处 3 年以上 7 年以下有期徒刑。其中“造成严重后果的”法定刑升格情形,可参照最高人民检察院《人民检察院直接受理立案侦查的渎职侵权重特大案件标准(试行)》第 10 条徇私舞弊不移交刑事案件案“重大案件”和“特大案件”的标准。据此,有下列情形之一的,属于“重大案件”:①对犯罪嫌疑人依法可能判处 5 年以上 10 年以下有期徒刑的重大刑事案件不移交的;②5 次以上不移交犯罪案件,或者 1 次不移交犯罪案件涉及 5 名以上犯罪嫌疑人的;③以罚代刑,放纵犯罪嫌疑人,致使犯罪嫌疑人继续进行刑事犯罪的。有下列情形之一的,属于“特大案件”:①对犯罪嫌疑人依法可能判处 10 年以上有期徒刑、无期徒刑、死刑的特别重大刑事案件不移交的;②7 次以上不移交犯罪案件,或者 1 次不移交犯罪案件涉及 7 名以上犯罪嫌疑人的;③以罚代刑,放纵犯罪嫌疑人,致使犯罪嫌疑人继续进行严重刑事犯罪的。 16

第四百零三条　滥用管理公司、证券职权罪

国家有关主管部门的国家机关工作人员，徇私舞弊，滥用职权，对不符合法律规定条件的公司设立、登记申请或者股票、债券发行、上市申请，予以批准或者登记，致使公共财产、国家和人民利益遭受重大损失的，处五年以下有期徒刑或者拘役。

上级部门强令登记机关及其工作人员实施前款行为的，对其直接负责的主管人员，依照前款的规定处罚。

文献:敬大力主编:《渎职罪》,中国人民公安大学出版社 2003 年版;杜国伟主编:《刑事典型疑难问题适用指导与参考·渎职罪卷》,中国检察出版社 2013 年版。郭理蓉:《滥用管理公司、证券职权罪的研究》,载《成人高教学刊》2005 年第 5 期。曹盛、郭理蓉:《对滥用管理公司、证券职权罪之管见》,载《人民法院报》2004 年 12 月 27 日。

细目录

Ⅰ　主旨
Ⅱ　沿革
Ⅲ　客体
Ⅳ　行为
Ⅴ　结果
Ⅵ　主体
Ⅶ　罪过
Ⅷ　共犯
Ⅸ　处罚

Ⅰ　主旨

1　为保障社会主义市场经济健康发展,保护公司股东和债权人以及广大投资人的利益,《公司法》《证券法》对公司设立、登记,公司股票、债券发行都规定了严格的条件。在公司设立中,登记主管机关工作人员的职责,是对申请公司登记的人提出的公司设立申请是否符合法律规定的条件进行审查,对不符合法定条件的,不得登记为有限责任公司或者股份有限公司。国务院证券监督管理部门及其工作人员,负责公司股票、债券的发行、上市申请的审批和监管工作,对申请人提出的发行股票、公司债券

申请或者上市申请,必须严格按照法律规定的条件审查,对不符合条件的申请,不得批准。设立此罪,旨在保障国家对证券、公司的正常管理活动。

Ⅱ 沿革

本罪系 1997 年《刑法》新增罪名,1979 年《刑法》中并无类似规定。1993 年 12 月通过的《公司法》在法律责任一章中规定,国家有关主管部门的国家机关工作人员,对不符合公司法规定条件的公司设立、登记申请或者股票、债券发行、上市申请,予以批准或者登记,“构成犯罪的,依法追究刑事责任”。因为 1979 年《刑法》及《公司法》中并无明确的刑事责任规定,1995 年 2 月 28 日全国人大常委会通过的《关于惩治违反公司法的犯罪的决定》第 8 条规定,国家有关主管部门的国家工作人员,对不符合法律规定条件的公司设立、登记申请或者股票、债券发行、上市申请,予以批准或者登记,致使公共财产、国家和人民利益遭受重大损失的,依照《刑法》第 187 条的规定(即 1979 年《刑法》玩忽职守罪的规定)处罚。上级部门强令登记机关及其工作人员实施前款行为的,对直接负责的主管人员依照前款规定处罚。至此,对于上述滥用管理公司、证券职权的行为,有了明确的刑事法律依据。1997 年《刑法》在吸收、修正该决定的基础上,设立本罪。 2

Ⅲ 客体

本罪的客体,是国家对公司、证券的管理秩序,具体而言是国家关于公司设立、登记和股票、债券发行、上市等对公司、证券的正常管理秩序。 3

Ⅳ 行为

本罪在客观上表现为徇私舞弊、滥用职权,对不符合法律规定条件的公司设立、登记申请或者股票、债券发行、上市申请,予以批准或者登记的行为。据此,本罪行为一般发生在公司设立、登记申请,或者股票、债券发行、上市申请过程中;日常的公司、证券管理活动,不适用本罪(但可能成立滥用职权罪)。 4

本条第 2 款规定,上级部门强令登记机关及其工作人员实施上述行为的,其直接负责的主管人员亦构成本罪。这里的“强令”是指行为人明知其命令违反法律,而强迫登记机关及其工作人员执行其命令的行为。 5

Ⅴ 结果

本罪的成立,还要求“致使公共财产、国家和人民利益遭受重大损失”的严重后果。根据最高人民检察院《关于渎职侵权犯罪案件立案标准的规定》的规定,“重大损失”是指:①造成直接经济损失 50 万元以上的;②工商行政管理部门的工作人员对不符合法律规定条件的公司设立、登记申请,违法予以批准、登记,严重扰乱市场秩序 6

的;③金融证券管理机构的工作人员对不符合法律规定条件的股票、债券发行、上市申请,违法予以批准,严重损害公众利益,或者严重扰乱金融秩序的;④工商行政管理部门、金融证券管理机构的工作人员对不符合法律规定条件的公司设立、登记申请或者股票、债券发行、上市申请违法予以批准或者登记,致使犯罪行为得逞的;⑤上级部门、当地政府直接负责的主管人员强令登记机关及其工作人员,对不符合法律规定条件的公司设立、登记申请或者股票、债券发行、上市申请予以批准或者登记,致使公共财产、国家或者人民利益遭受重大损失的;⑥其他致使公共财产、国家和人民利益遭受重大损失的情形。

7 在本罪结果——"重大损失"中,既有行为人滥用职权行为直接导致的市场秩序、金融秩序(主要是市场和金融准入监管秩序)的严重扰乱,也不乏第三人(主要是违法获得批准者)行为介入所导致的严重后果。相较而言,前者可谓"直接后果",后者可谓"间接后果",后者危害后果的发生是在行为人实施行为后多个因素介入下而产生的,应当通过考察行为人的行为导致结果发生的可能性大小、介入因素对结果发生的作用大小、介入因素的异常程度等来判断行为人的行为与结果之间是否存在因果关系。[1]并且,如后所述,这种因果关系的"间接性",亦会在主观罪过判断中产生不同影响。

Ⅵ 主体

8 本罪的主体为特殊主体,即国家有关主管部门的国家机关工作人员,具体是指国家工商行政管理机关、证券管理委员会等国家有关主管部门中负责对公司设立、登记申请或者股票、债券发行、上市申请是否符合法律规定的条件予以审核、批准或者登记的国家机关工作人员。[2]

9 本条第 2 款规定,上级部门强令登记机关及其工作人员实施第 1 款行为的,对其直接负责的主管人员依照第 1 款的规定处罚。这里的"上级部门"是广义的,既包括登记机关即工商行政管理机关、证券管理部门内部的上级人员,也包括上级工商行政管理机关、证券管理部门中负有领导责任的人员。同时,这里所说的"上级部门",不仅仅是指上级部门本身,也包括在上级部门工作的具体工作人员。[3]

---

1 关于渎职犯罪的因果关系判断,可参见刘德权、何帆主编:《最高人民法院司法观点集成(刑事卷)》(新编版),中国法制出版社 2017 年版,第 2414 页以下。

2 值得注意的是,2019 年 12 月修订的《证券法》将股票发行核准制改为注册制,该法第 21 条第 1 款规定,国务院证券监督管理机构或者国务院授权的部门依照法定条件负责证券发行申请的注册。据此,国务院证券管理机构或者国务院授权的部门的工作人员在股票发行注册工作中徇私舞弊,滥用职权的,仍可构成本罪。

3 参见郎胜主编:《中华人民共和国刑法释义》(第 6 版),法律出版社 2015 年版,第 693—694 页。

Ⅶ 罪过

本罪主观上是故意,并且要求行为人具有徇私(徇私情、徇私利)的主观动机。但也有观点认为,本罪在主观方面既可以是故意,也可以是过失,理由是行为人对其行为"致使公共财产、国家和人民利益遭受重大损失"这一危害结果,主观上主要表现为过失。[4] 但这种观点值得商榷。刑法中的行为人的主观罪过,乃是行为人对自己的行为所导致的危害社会的结果的主观心理状态,其中的"危害社会的结果"(即《刑法》第14条、第15条故意犯罪与过失犯罪条款中的"危害社会的结果"),应当是与行为人自己的实行行为具有直接因果关系的,并且作为某一具体犯罪之法益表征的"危害结果"。而如前所述,本罪中的"致使公共财产、国家和人民利益遭受重大损失"实际上包括第三人因素介入引发的"间接"结果(论者所谓的对"重大损失"的过失心态,也主要是针对这些间接结果的心态),也不是本罪法益的直接表征,因此,它们不能作为本罪罪过形态的判断标准(它们多是表征行为程度的、基于限定刑法介入范围的限制性构成条件)。[5] 10

Ⅷ 共犯

实践中,本罪行为的发生,常常伴随申请公司登记人员的虚报注册资本、虚假出资行为,或者公司发起人、股东欺诈发行股票、债券的行为。在没有共谋的情况下,倘若有关主管机关工作人员,明知他人的前述虚假、欺诈行为,而徇私舞弊、滥用职权,予以批准或登记,致使公共财产、国家和人民利益遭受重大损失的,对主管机关工作人员,应以本罪定罪处罚,而申请者,可能分别构成虚报注册资本罪、虚假出资罪或者欺诈发行股票、债权罪;如果主管机关工作人员与他人共谋,利用职务行为帮助他人实施上述犯罪行为的,该主管机关工作人员同时构成本罪与虚报注册资本罪、虚假出资罪或者欺诈发行证券罪的共犯,依照处罚较重的规定定罪处罚。 11

Ⅸ 处罚

根据《刑法》第403条之规定,犯本罪的,处5年以下有期徒刑或者拘役。 12

---

4 参见曹盛、郭理蓉:《对滥用管理公司、证券职权罪之管见》,载《人民法院报》2004年12月27日;郭理蓉:《滥用管理公司、证券职权罪的研究》,载《成人高教学刊》2005年第5期。

5 张明楷教授将这种立法现象称之为"客观的超过要素",参见张明楷:《刑法分则的解释原理》(第2版),中国人民大学出版社2011年版,第473页以下。

第四百零四条　徇私舞弊不征、少征税款罪

税务机关的工作人员徇私舞弊，不征或者少征应征税款，致使国家税收遭受重大损失的，处五年以下有期徒刑或者拘役；造成特别重大损失的，处五年以上有期徒刑。

文献：敬大力主编：《渎职罪》，中国人民公安大学出版社2003年版；杜国伟主编：《刑事典型疑难问题适用指导与参考·渎职罪卷》，中国检察出版社2013年版。石京学：《论徇私舞弊不征、少征税款罪的两个问题》，载《检察实践》2002年第5期；赵海灿、赵宜勇：《认定徇私舞弊不征、少征税款罪若干问题探讨》，载《甘肃行政学院学报》2004年第3期；杨志国、方毓敏：《徇私舞弊不征、少征税款罪与偷税罪关系辨正——兼论税务机关工作人员与偷税人相互勾结偷逃税款案件的定性》，载《政治与法律》2008年第4期。

细目录

Ⅰ　主旨
Ⅱ　沿革
Ⅲ　客体
Ⅳ　行为与结果
Ⅴ　主体
Ⅵ　罪过
Ⅶ　共犯与罪数
Ⅷ　处罚

Ⅰ　主旨

1　税收是国家财政的主要来源，也是国家进行宏观经济调控，实现产业政策调整和布局的重要手段。《税收征收管理法》和相关税收法律对税收征收管理程序、税种、税率、税收减免等都有明确严格的规定。《税收征收管理法》还明确规定，税务人员不征或者少征应征税款，致使国家税收遭受重大损失的，依照刑法有关规定处罚。税务机关的工作人员应当严格按照法律规定进行征税，不得滥征，也不得任意减征、免征。实践中，极少数税务工作人员不依法履行法律赋予的职责，徇私舞弊，慷国家之慨，任意进行税收减免，对依法应当征收的税款故意不征收或者不全额征收，致使国家税收大量流失，严重危害国家税收征管秩序，特设此罪，予以惩治。

Ⅱ 沿革

2 税收相关犯罪，1979年《刑法》中仅有第121条偷税、漏税罪等少数条文，对税收工作人员不征、少征应征税款的行为，并无明确的处罚规定；1987年，最高人民检察院《关于正确认定和处理玩忽职守罪的若干意见（试行）》第47条规定，税收、审计工作人员，不依法履行职责，情节、后果严重的，以玩忽职守罪追究刑事责任。1995年修正的《税收征收管理法》第6条规定，税务人员必须秉公执法，忠于职守；不得索贿受贿、徇私舞弊、玩忽职守、不征或者少征应征税款。第54条第1款规定，税务人员玩忽职守，不征或者少征应征税款，致使国家税收遭受重大损失的，依照《刑法》（1979年《刑法》）第187条的规定追究刑事责任。不过，“玩忽职守”与“徇私舞弊不征、少征”之间，不论在客观行为还是主观罪过方面都存在显著区别，以玩忽职守罪定罪，多少有类推适用之嫌。故此，1997年《刑法》修订时，单独规定本罪。2001年修订的《税收征收管理法》第82条规定：“税务人员徇私舞弊或者玩忽职守，不征或者少征应征税款，致使国家税收遭受重大损失，构成犯罪的，依法追究刑事责任……”2015年《税收征收管理法》再次修正，依然维持了这一规定。

Ⅲ 客体

3 本罪的客体，是国家税收征收职务行为合法、公正、有效执行的正常秩序。本罪的对象则是依照税法应当征收的税款。《刑事审判参考》案例第809号“杜战军徇私舞弊不征税款、受贿案”的裁判理由中指出：股权转让过程中，转让股权后的实际收益，即股权转让所得与实际投资的差额，属于税法中的应征税款。行为人利用职务便利，滥用征管职权以不作为的方式擅自减少应纳税额的，构成徇私舞弊不征税款罪。税收损失数额以实际取得数额为计算基础。本案中，杜战军利用职务之便以不作为形式实现其不征税款目的的行为，符合徇私舞弊不征税款罪的特征。

Ⅳ 行为与结果

4 本罪的客观行为是舞弊不征或者少征应征税款的行为。应征税款，是指根据《税收征收管理法》以及其他法律、法规规定的税种、税率等，税务机关应当向纳税人征收的税款；不征，即违反税法规定，不向纳税人征收应征税款，包括擅自免税的行为；少征，即违反税法规定，降低税额或税率向纳税人征收，包括擅自减税的行为；舞弊，实际上是弄虚作假，实施不征、少征的行为。

5 本罪的成立还要求“致使国家税收遭受重大损失”的结果发生。根据最高人民检察院《关于渎职侵权犯罪案件立案标准的规定》的规定，涉嫌下列情形之一的，应予立案：①徇私舞弊不征、少征应征税款，致使国家税收损失累计达10万元以上的；②上级主管部门工作人员指使税务机关工作人员徇私舞弊不征、少征应征税款，致使国家税收损失累计达10万元以上的;③徇私舞弊不征、少征应征税款不满10万元,但具有索取或者收受贿赂或者其他恶劣情节的;④其他致使国家税收遭受重大损失的情形。如果不征或者少征应征税款数额较小,没有使国家的税收遭受重大损失,就不能按本罪处理,而应当追究行为人的行政责任。行为是否构成本罪,关键是本罪客观方面要件“重大损失”如何认定,不同的渎职犯罪,“损失”的范围、认定方法并不完全一致,应根据不同犯罪不同案情具体分析、判定,在“损失”因追缴、退赔等原因在案件侦办、审理过程中发生变化的情况下,司法机关应该在实事求是原则的基础上以一定的时间点作为计算界限,以利于准确侦办、指控犯罪和定罪量刑。[1]

V 主体

6 本罪的主体是特殊主体,税务机关的工作人员,即负有代表国家依法向纳税人征收税款的义务并行使征收税款职权的人员。

VI 罪过

7 本罪的责任形式是故意,即明知自己的不征、少征行为会导致国家税收的重大损失,破坏国家税收管理秩序,而希望或放任这种结果的发生;且具有徇私(即徇私情、徇私利)的主观动机,旨在与严重不负责任,或者不认真履行或者不履行职责,因而在税收征管中不征或者少征应征税款,致使国家税收遭受重大损失的行为(可能构成《刑法》第397条规定的玩忽职守罪)区别开来。

VII 共犯与罪数

8 本罪的认定,涉及与逃税罪等罪的共犯关系。税务机关工作人员与纳税人相互勾结,为帮助其逃税而故意不征或者少征应收税款的情形;或者税务机关工作人员,明知他人实施逃税行为,而故意提供帮助,不征或者少征应收税款的情形,该税务机关工作人员的行为可能不仅符合本罪的构成要件,也同时成立逃税罪的共犯(后一种情形可能认定为片面共犯),其行为属于一行为数罪名的想象竞合犯,根据《关于办理渎职刑事案件适用法律若干问题的解释(一)》第4条第2款之规定,应当依照处罚较重的规定定罪处罚。

9 当然,如果税务机关工作人员索取、收受他人贿赂,不征或者少征应征税款,则分别构成受贿罪与本罪的,应当数罪并罚[最高人民法院、最高人民检察院《关于办理渎职刑事案件适用法律若干问题的解释(一)》第3条]。

---

1 参见“蒙某受贿案”,载最高人民法院刑事审判第一庭、第二庭编:《刑事审判参考》总第33集(第257号),法律出版社2003年版;刘德权、何帆主编:《最高人民法院司法观点集成(刑事卷)》(新编版),中国法制出版社2017年版,第2432—2433页。

Ⅷ 处罚

根据《刑法》第 404 条的规定,犯本罪的,处 5 年以下有期徒刑或者拘役;造成特 10
别重大损失的,处 5 年以上有期徒刑。其中,“造成特别重大损失的”,可参照最高人民检察院《人民检察院直接受理立案侦查的渎职侵权重特大案件标准(试行)》第 12 条徇私舞弊不征、少征税款案之“重大案件”和“特大案件”的标准。据此,造成国家税收损失累计达 30 万元以上的,属于“重大案件”;造成国家税收损失累计达 50 万元以上的,属于“特大案件”。

第四百零五条　徇私舞弊发售发票、抵扣税款、出口退税罪；违法提供出口退税凭证罪

税务机关的工作人员违反法律、行政法规的规定，在办理发售发票、抵扣税款、出口退税工作中，徇私舞弊，致使国家利益遭受重大损失的，处五年以下有期徒刑或者拘役；致使国家利益遭受特别重大损失的，处五年以上有期徒刑。

其他国家机关工作人员违反国家规定，在提供出口货物报关单、出口收汇核销单等出口退税凭证的工作中，徇私舞弊，致使国家利益遭受重大损失的，依照前款的规定处罚。

文献：敬大力主编：《渎职罪》，中国人民公安大学出版社2003年版；杜国伟主编：《刑事典型疑难问题适用指导与参考·渎职罪卷》，中国检察出版社2013年版。

细目录

Ⅰ　主旨
Ⅱ　沿革
Ⅲ　客体
Ⅳ　行为与结果
Ⅴ　主体
Ⅵ　罪过
Ⅶ　共犯与罪数
Ⅷ　与他罪的区别
Ⅸ　处罚

Ⅰ　主旨

1　本条同样是为保障国家税收而设。税务机关工作人员在发售发票、抵扣税款、出口退税等工作中能否秉公执法、依法办事，直接关系到能否保障国家税收的问题。因此，为确保国家税收安全，《刑法》除在分则第三章“危害税收征管罪”一节中，对骗取出口退税款，虚开、非法出售增值税专用发票和其他可用于骗取退税、抵扣税款的发票等犯罪作出规定外，在本条对税务机关工作人员在办理发售发票、抵扣税款、出口退税工作中徇私舞弊，致使国家利益遭受重大损失的行为亦作了明确规定。同时，实

践中除发票以外,出口货物报关单、出口收汇核销单等凭证也常常被骗取出口退税的犯罪分子用来实施犯罪,因此,本条第 2 款对其他国家机关工作人员在提供出口货物报关单、出口收汇核销单等可用于出口退税凭证的工作中,徇私舞弊,致使国家利益遭受重大损失的行为也一并作了规定。

Ⅱ　沿革

本条系 1997 年《刑法》新设条款,1979 年《刑法》中仅有玩忽职守罪的一般规定。 2
1994 年,我国实行税收体制改革,建立以增值税为主体的流转税制度,为配合国家税制改革,保障增值税成功推行,惩治不法分子利用增值税推行之机,利用虚开的增值税发票和其他可以抵扣税款的发票骗取国家税款的违法犯罪活动,全国人大常委会于 1995 年通过了《关于惩治虚开、伪造和非法出售增值税专用发票犯罪的决定》,其中第 9 条规定:"税务机关的工作人员违反法律、行政法规的规定,在发售发票、抵扣税款、出口退税工作中玩忽职守,致使国家利益遭受重大损失的,处五年以下有期徒刑或者拘役;致使国家利益遭受特别重大损失的,处五年以上有期徒刑。"1997 年修订《刑法》时,将上述内容经过修改(主要是将"玩忽职守"改为"徇私舞弊")后纳入本条,并根据实践情况,增加了本条第 2 款关于其他国家机关工作人员,在提供有关出口退税凭证工作中徇私舞弊的犯罪。

Ⅲ　客体

本条罪的客体,是国家税收管理秩序。具体而言,第 1 款徇私舞弊发售发票、抵扣税款、出口退税罪,侵犯的是国家有关发售发票、抵扣税款、出口退税的管理秩序;第 2 款违法提供出口退税凭证罪,则是对国家出口退税管理秩序的侵犯。 3

Ⅳ　行为与结果

第 1 款徇私舞弊发售发票、抵扣税款、出口退税罪,客观上表现为违反法律、行政法规的规定,在办理发售发票、抵扣税款、出口退税的工作中徇私舞弊,对明知是不符合条件的人仍为其发售发票、抵扣税款、办理出口退税,致使国家利益遭受重大损失的行为。 4

所谓"违反法律、行政法规的规定",即违反《税收征收管理法》《发票管理办法》《增值税暂行条例》等法律、行政法规中关于发售发票、抵扣税款、出口退税制度的相关规定。 5

所谓"发售发票",是指税务机关根据已依法办理税务登记的单位或个人提出的领购发票申请,向其发售发票的活动;"在办理发售发票工作中舞弊",就是税务人员在发售发票过程中,违反国家法律法规规定,给不具备领购资格的单位或个人发售发票,或者虽具备领购主体资格,但未按照发票领购簿核准的种类、数量及购 6

票方式向申请人发售发票的行为。所谓“抵扣税款”,是指税务机关将购货方在购进商品时已由供货方收取的增值税款抵扣掉,只征收购货方作为生产者、经营者在销售其产品或商品环节增值部分的税款;“在办理抵扣税款工作中舞弊”,就是税务人员在办理抵扣税款时,违反国家法律法规的规定,对不应该抵扣的予以抵扣,或者抵扣的数量多于应扣数额,造成国家税收损失的行为。所谓“出口退税”,是指税务机关依法在出口环节向出口商品的生产者或经营单位退还该商品在生产环节、流通环节已征收的增值税和消费税等;“在办理出口退税工作中舞弊”,就是税务人员在办理出口退税时,违反国家法律法规的规定,对不应退税的给予退税,致使国家利益遭受损失的行为。

7 本罪的成立,还要求造成“致使国家利益遭受重大损失”的严重后果,根据最高人民检察院《关于渎职侵权犯罪案件立案标准的规定》的规定,徇私舞弊发售发票、抵扣税款、出口退税,涉嫌下列情形之一的,应予立案:①徇私舞弊,致使国家税收损失累计达 10 万元以上的;②徇私舞弊,致使国家税收损失累计不满 10 万元,但发售增值税专用发票 25 份以上或者其他发票 50 份以上或者增值税专用发票与其他发票合计 50 份以上,或者具有索取、收受贿赂或者其他恶劣情节的;③其他致使国家利益遭受重大损失的情形。未致使国家利益遭受重大损失的,尚不能成立本罪,属一般违法行为。

8 第 2 款违法提供出口退税凭证罪,客观上表现为违反国家规定,在提供出口货物报关单、出口收汇核销单等出口退税凭证的工作中,徇私舞弊,致使国家利益遭受重大损失的行为。具体而言,即海关、外汇管理等其他国家机关工作人员在提供出口货物报关单、出口收汇核销单等出口退税凭证的工作中,违反国家法律、行政法规规定,弄虚作假,对没有货物出口或者虽有货物出口但以少报多、以劣报优的,出具虚假的出口货物报关单、出口收汇核销单或者伪造、虚报报关、收汇数据,致使国家利益遭受重大损失的行为。其中“致使国家利益遭受重大损失”亦可参考最高人民检察院《关于渎职侵权犯罪案件立案标准的规定》加以认定,违法提供出口退税凭证,涉嫌下列情形之一的,应予立案:①徇私舞弊,致使国家税收损失累计达 10 万元以上的;②徇私舞弊,致使国家税收损失累计不满 10 万元,但具有索取、收受贿赂或者其他恶劣情节的;③其他致使国家利益遭受重大损失的情形。未致使国家利益遭受重大损失的,属一般违法。

V 主体

9 本条规定的犯罪,行为主体皆为特殊主体。具体而言,第 1 款徇私舞弊发售发票、抵扣税款、出口退税罪,其行为主体系税务机关的工作人员;第 2 款违法提供出口退税凭证罪,其行为主体为除税务机关工作人员以外,负有对进出口货物检验、出具进出口货物证明的其他国家机关工作人员,如海关工作人员、人民银行工作人员等。

Ⅵ　罪过

10 本条规定的两个犯罪,责任形式都为故意,且具有徇私的主观动机。因法律政策水平不高等原因过失实施上述行为,导致国家利益遭受重大损失的,不成立本条规定的犯罪。

Ⅶ　共犯与罪数

11 (1)收受他人贿赂,实施徇私舞弊发售发票、抵扣税款、出口退税,或者违法提供出口退税证的行为,同时构成受贿罪与本条规定犯罪的,根据《关于办理渎职刑事案件适用法律若干问题的解释(一)》第 3 条的规定,应当数罪并罚。

12 (2)税务机关工作人员与非法出售发票、逃税、骗取出口退税等犯罪分子相勾结,徇私舞弊发售发票、抵扣税款、出口退税的,或者明知他人从事非法出售发票、逃税、骗取出口退税等行为,而徇私舞弊违规发售发票、抵扣税款或者出口退税,故意为犯罪分子提供帮助的,其行为触犯徇私舞弊发售发票、抵扣税款、出口退税罪的同时,也构成非法出售发票犯罪(主要是非法出售增值税专用发票罪)、逃税罪、骗取出口退税罪等的共同犯罪(后一种情形为片面共犯),属于想象竞合犯,依据《关于办理渎职刑事案件适用法律若干问题的解释(一)》第 4 条的规定,依照处罚较重的规定定罪处罚。

13 负责办理出口货物报关单、出口收汇核销单等出口退税凭证工作的国家机关工作人员,与骗取出口退税的犯罪分子相勾结,帮助其骗取国家出口退税的,其行为亦同时构成违法提供出口退税凭证罪与骗取出口退税罪,应当依照处罚较重的规定定罪处罚。

Ⅷ　与他罪的区别

14 徇私舞弊发售发票、抵扣税款、出口退税罪与徇私舞弊不征、少征税款罪在行为主体、责任形式等方面基本相同,且都会导致国家税收损失,但二者在客观行为方面存在区别:前者限定在税务机关的工作人员办理发售发票、抵扣税款、出口退税的职务行为,可能发生在征税前,也可能发生在征税后;后者则直接指向税务机关的工作人员的征税行为本身。对于税务机关工作人员徇私舞弊发售发票、抵扣税款、出口退税,致使国家税收少征或未征的,以本罪论处,不再另处徇私舞弊不征、少征税款罪。

Ⅸ　处罚

15 根据《刑法》第 405 条的规定,犯本条规定之罪的,处 5 年以下有期徒刑或者拘役;致使国家利益遭受特别重大损失的,处 5 年以上有期徒刑。其中“致使国家利益遭受特别重大损失的”,可参照最高人民检察院《人民检察院直接受理立案侦查的渎职侵权重特大案件标准(试行)》第 13 条、第 14 条徇私舞弊不征、少征税款案和违法提供出口退税凭证案之“重大案件”和“特大案件”的标准。根据此标准,造成国家税收损失累计达 30 万元以上的,属于“重大案件”;造成国家税收损失累计达 50 万元以上的,属于“特大案件”。

第四百零六条　国家机关工作人员签订、履行合同失职被骗罪

国家机关工作人员在签订、履行合同过程中，因严重不负责任被诈骗，致使国家利益遭受重大损失的，处三年以下有期徒刑或者拘役；致使国家利益遭受特别重大损失的，处三年以上七年以下有期徒刑。

文献：敬大力主编：《渎职罪》，中国人民公安大学出版社2003年版。李书兆：《国家机关工作人员签订、履行合同失职被骗罪的认定》，载《人民检察》1998年第1期；官厚军：《论签订、履行合同失职被骗罪》，载《山西高等学校社会科学学报》2002年第1期；刘杰：《国家机关工作人员签订、履行合同失职罪研究》，载《湖南行政学院学报》2002年第2期；邓万飞：《〈刑法〉第406条中的有关问题探讨》，载《贵州警察职业学院学报》2003年第2期。

细目录

Ⅰ　主旨
Ⅱ　沿革
Ⅲ　客体
Ⅳ　行为与结果
Ⅴ　主体
Ⅵ　罪过
Ⅶ　罪数与竞合
Ⅷ　与非罪的界限
Ⅸ　与他罪的区别
Ⅹ　处罚

Ⅰ　主旨

1 在社会主义市场经济建设中，国家机关作为市场经济的特殊主体，一些国家机关工作人员同样行使着某些经济管理职能或者从事某些经济活动，如购销、投资、担保等。签订、履行合同是国家机关工作人员行使经济管理职能或者从事经济活动的主要形式。一些国家机关工作人员在签订、履行合同的过程中严重不负责任而被诈骗，致使国有资产大量流失，严重扰乱市场经济秩序和国家机关的正常活动。鉴于这种行为的严重性和典型性，为严肃法纪，保护国家利益免受损失，特设此罪。

Ⅱ 沿革

2 本条是1997年修订《刑法》时增加的规定。1979年《刑法》没有规定本罪,对国家机关工作人员签订、履行合同失职被骗,造成重大损失的,是按照国家工作人员玩忽职守罪处理的。1997年修订《刑法》时,对国有公司、企业、事业单位工作人员在签订、履行合同过程中,因严重不负责任被诈骗,致使国家利益遭受重大损失的行为,在本法第167条作了规定。对国家机关工作人员实施同样行为的,在渎职罪章中作了规定。

Ⅲ 客体

3 本罪的客体,是国家机关经济管理、经济活动的正常有效运行秩序。[1]

Ⅳ 行为与结果

4 本罪客观上表现为,国家机关工作人员在签订、履行合同过程中因严重不负责任、不履行或者不认真履行职责而被诈骗,致使国家利益遭受重大损失的行为。

5 (1)在签订、履行合同过程中严重不负责任而导致被诈骗。所谓"严重不负责任",是指在签订、履行合同时,不按照法律规定或者合同约定履行自己的职责或者不正确履行自己的职责。实践中失职的表现形式多种多样。如粗枝大叶、盲目自信,不认真审查对方当事人的合同主体资格、资信情况;不认真审查对方的履约能力;应当公证或者签证的不公证或不签证;盲目为他人提供担保,导致发生纠纷时必须承担连带责任;无视规章和工作纪律,擅自越权签订合同;等等。关于这里的"合同"的范围,存在大合同、中合同、小合同等不同理解[2],笔者认为,基于本罪保护的法益,与签订、履行合同失职被骗罪的类型化比较以及本罪结果——"国家利益遭受重大损失"的具体内容等方面的考量,这里的"合同"主要是以财产、经济关系为内容的民事合同、经济合同;不包括婚姻、继承等身份关系合同和国际法上的"国家合同";而行政合同、劳动合同中与经济、财产利益有关的,也宜纳入其中。所谓"被诈骗",即自己疏于严格审查而导致被对方当事人欺骗。本罪的成立应当以对方当事人涉嫌诈骗,行为构成犯罪为前提,但司法机关在办理或者审判行为人被指控犯本罪的过程中,不以对方当事人已经被法院判决构成诈骗犯罪作为认定本案当事人构成本罪的前提。也就

1 也有学者将本罪客体归纳为"国家机关工作人员职务的勤政性",具体而言是对国家机关工作人员签订、履行合同过程中勤政尽职的要求。参见敬大力主编:《渎职罪》,中国人民公安大学出版社2003年版,第335页。

2 参见邓万飞:《〈刑法〉第406条中的有关问题探讨》,载《贵州警察职业学院学报》2003年第2期。

是说,司法机关在办理案件过程中,只要认定对方当事人的行为已经涉嫌构成诈骗犯罪,就可依法认定行为人构成本罪,而不需要搁置或者中止审理,直至对方当事人被法院审理并判决构成诈骗犯罪。[3]

(2)致使国家利益遭受重大损失。参照最高人民检察院《关于渎职侵权犯罪案件立案标准的规定》,所谓"重大损失"是指:①造成直接经济损失30万元以上,或者直接经济损失不满30万元,但间接经济损失150万元以上的;②其他致使国家利益遭受重大损失的情形。其中,"直接经济损失",是指与行为有直接因果关系而造成的财产损毁、减少的实际价值;"间接经济损失",是指由直接经济损失引起和牵连的其他损失,包括失去的在正常情况下可以获得的利益和为恢复正常的管理活动或者挽回所造成的损失所支付的各种开支、费用等。有下列情形之一的,虽然有债权存在,但已无法实现债权的,可以认定已经造成了经济损失:①债务人已经法定程序被宣告破产,且无法清偿债务;②债务人潜逃,去向不明;③因行为人责任,致使超过诉讼时效;④有证据证明债权无法实现的其他情况。 6

V 主体

本罪的主体是特殊主体,即国家机关工作人员。 7

VI 罪过

本罪的责任形式是过失,包括疏忽大意的过失和过于自信的过失。在《最高人民法院公报》2001年第3期刊载的"赵晨签定合同失职被骗案"中,被告人即被认定属于过于自信的过失。 8

VII 罪数与竞合

本罪与玩忽职守罪,系特别法与普通法的特别关系法条竞合,适用特别法优于普通法的处置原则。具体而言,当行为符合本罪的行为类型时,应当根据本罪成立的罪量标准,对造成重大损失、达到本罪成立罪量要求的,按照本罪定罪处罚;而对于未致重大损失、尚未达到本罪成立罪量条件的,只能视为一般违法,而无转以普通法条玩忽职守罪定罪处罚的可能;相反,当行为不符合本罪的行为类型特征时,则排除本罪的成立,但却可能构成玩忽职守罪。 9

---

3 参见《最高人民法院刑二庭审判长会议〈关于签订、履行合同失职被骗犯罪是否以对方当事人的行为构成诈骗犯罪为要件的意见〉》,载最高人民法院刑事审判第一庭、第二庭编:《刑事审判参考》(总第15辑),法律出版社2001年版,第77页。

Ⅷ 与非罪的界限

10 司法实践中,应当区分由于国家政策、市场行情剧变、决策风险或者其他不可抗力等原因,国家机关工作人员在签订、履行合同过程中,致使国家利益遭受重大损失与本罪的界限,行为人没有主观过错,不能以本罪论处。如果是由于国家机关工作人员本身固有水平的限制,如缺乏有关法律知识或者对有关产品或者服务的了解,而导致被骗的,也不宜简单地以本罪论。[4]

Ⅸ 与他罪的区别

11 本罪与签订、履行合同失职被骗罪的区别。两罪在客观行为、责任形式等方面基本相同,区别主要是行为主体,本罪的行为主体是国家机关工作人员,而后罪的行为主体则是国有公司、企业、事业单位直接负责的主管人员。

Ⅹ 处罚

12 根据《刑法》第 406 条的规定,犯本罪的,处 3 年以下有期徒刑或者拘役;致使国家利益遭受特别重大损失的,处 3 年以上 7 年以下有期徒刑。其中,"致使国家利益遭受特别重大损失的",可参照最高人民检察院《人民检察院直接受理立案侦查的渎职侵权重特大案件标准(试行)》第 15 条国家机关工作人员签订、履行合同失职被骗案之"重大案件"和"特大案件"的标准。据此标准,造成直接经济损失 100 万元以上的,属于"重大案件";造成直接经济损失 200 万元以上的,属于"特大案件"。

4 参见敬大力主编:《渎职罪》,中国人民公安大学出版社 2003 年版,第 339 页。

第四百零七条 违法发放林木采伐许可证罪

林业主管部门的工作人员违反森林法的规定，超过批准的年采伐限额发放林木采伐许可证或者违反规定滥发林木采伐许可证，情节严重，致使森林遭受严重破坏的，处三年以下有期徒刑或者拘役。

文献：敬大力主编：《渎职罪》，中国人民公安大学出版社 2003 年版；杜国伟主编：《刑事典型疑难问题适用指导与参考·渎职罪卷》，中国检察出版社 2013 年版。夏尊文、谢庆国：《论违法发放林木采伐许可证罪空白要素的认定》，载《中南林业科技大学学报（社会科学版）》2009 年第 3 期。

细目录

Ⅰ 主旨
Ⅱ 沿革
Ⅲ 客体
Ⅳ 行为与结果
Ⅴ 主体
Ⅵ 罪过
Ⅶ 共犯
Ⅷ 罪数与竞合
Ⅸ 处罚

Ⅰ 主旨

森林资源对于保护和改善生态环境具有重要作用。为了保护森林资源，国家对林木采伐实行严格的管理制度。根据森林法的规定，国家根据用材林的消耗量低于生长量的原则，严格控制森林年采伐量，对林木的采伐采取许可证制度。这就要求林业主管部门的工作人员严格按照法律、行政法规的规定，认真审查申请采伐林木的情况，不得滥用职权，滥发采伐许可证。为切实保障采伐许可证制度的规范推行，特设此罪。 1

Ⅱ 沿革

早在 1963 年，我国《森林保护条例》中就规定，采伐国有森林、集体森林及其他林 2

木,必须经有关部门批准;由于国家工作人员的工作失职,使森林资源遭受损失,情节严重的,送交司法机关处理。1979 年颁布的《森林法(试行)》对国有林、集体所有林的采伐方式和批准机关作了专门规定。1984 年颁布的《森林法》,确立了林木采伐许可证制度,第 28 条第 1 款规定:"采伐林木必须申请采伐许可证,按许可证的规定进行采伐;农村居民采伐自留地和房前屋后个人所有的零星林木除外。"1998 年修正后的《森林法》,进一步强调国家"对森林实行限额采伐""国家根据用材林的消耗量低于生长量的原则,严格控制森林年采伐量""采伐林木必须申请采伐许可证"等,同时,对违反规定,超额发放林木采伐许可证或者超越职权发放林木采伐许可证的,对直接责任人员给予行政处分;情节严重的,追究刑事责任。2019 年修订的《森林法》基本维持了上述规定。

3 根据 1979 年《刑法》的规定,对于林业主管部门的工作人员工作失职,违法批准采伐林木,导致森林资源遭受严重损失的,可以以玩忽职守罪追究刑事责任。1984 年开始实行林木采伐许可证制度后,有些林业主管部门的工作人员,尤其是主管发放采伐许可证人员,他们凭借手中权力违法发放采伐许可证。而那些取得违法发放采伐许可证的单位或个人,利用这种"合法形式",肆意滥伐林木,对森林资源造成严重破坏。为加强对违法发放林木采伐许可证行为的打击力度,1997 年修订后的《刑法》将违法发放林木采伐许可证的行为从原来的玩忽职守罪中分离开来,单独列为一种罪名,并规定相应的法定刑。

Ⅲ 客体

4 本罪的客体,是国家林业管理秩序。具体而言,本罪侵害的是国家关于林木采伐的许可证制度的合法有效执行。如上所述,为了保护森林资源,国家对林木采伐实行严格的管理制度。根据《森林法》的规定,国家根据用材林的消耗量低于生长量的原则,严格控制森林年采伐量,对林木的采伐采取许可证制度。本罪即是违反《森林法》之采伐许可证制度,对森林造成严重破坏的行为。

Ⅳ 行为与结果

5 本罪在客观上表现为,违反《森林法》的规定,滥用职权,超过批准的年采伐限额发放林木采伐许可证或者违反规定滥发林木采伐许可证,情节严重,致使森林遭受严重破坏的行为。

6 (1)必须违反《森林法》的规定。这里的"森林法"应当作广义理解,不仅包括《森林法》,也包括《森林法实施条例》等行政法规中有关森林年采伐限额、采伐森林和林木的范围及方式、林木采伐许可证的申请与审核发放权限等事项的规定。

7 (2)实施了超过批准的年采伐限额发放林木采伐许可证或者违反规定滥发林木采伐许可证的行为。所谓"超过批准的年采伐限额发放林木采伐许可证",是指滥用职权,在年度木材生产计划之外,擅自扩大采伐规模,发放给林木采伐申请人采伐许可证的行为。所谓“违反规定滥发林木采伐许可证”,是指违反森林法以及有关行政法规的规定,利用掌握发放林木采伐许可证的权力,超越自己的权限发放采伐许可证或者对采伐许可证申请的内容不符合法律规定的要求仍然予以批准并发给采伐许可证的行为。

(3)必须“情节严重,致使森林遭受严重破坏”。第一,只有造成“森林遭受严 8
重破坏”的严重后果时,才能成立本罪。根据2000年11月22日最高人民法院发布的《关于审理破坏森林资源刑事案件具体应用法律若干问题的解释》的规定,具有下列情形之一的,属于“情节严重,致使森林遭受严重破坏”:发放林木采伐许可证允许采伐数量累计超过批准的年采伐限额,导致林木被采伐数量在10立方米以上的;滥发林木采伐许可证,导致林木被滥伐20立方米以上的;滥发林木采伐许可证,导致珍贵树木被滥伐的;批准采伐国家禁止采伐的林木,情节恶劣的;其他情节严重的情形。另外,根据最高人民检察院《关于渎职侵权犯罪案件立案标准的规定》的规定,违法发放林木采伐许可证的行为,涉嫌下列情形之一的,应予立案:发放林木采伐许可证允许采伐数量累计超过批准的年采伐限额,导致林木被超限额采伐10立方米以上的;滥发林木采伐许可证,导致林木被滥伐20立方米以上,或者导致幼树被滥伐1000株以上的;滥发林木采伐许可证,导致防护林、特种用途林被滥伐5立方米以上,或者幼树被滥伐200株以上的;滥发林木采伐许可证,导致珍贵树木或者国家重点保护的其他树木被滥伐的;滥发林木采伐许可证,导致国家禁止采伐的林木被采伐的;其他情节严重,致使森林遭受严重破坏的情形。第二,致使森林遭受严重破坏与违法发放采伐许可证的行为之间必须具有刑法上的因果关系。一般而言,违法发放采伐许可证的行为与致使森林遭受严重破坏之间,隔着“取得许可证者的采伐行为”这样一个中间(介入)因素,属于“间接的”因果关系。因此,一般说来,只要“取得许可证者的采伐行为”是由“违法发放采伐许可证的行为”所引起的,而“取得许可证者的采伐行为”又实际导致了“森林遭受严重破坏”的严重后果时,即可肯定“致使森林遭受严重破坏”与“违法发放采伐许可证的行为”之间的因果关系。例如,《刑事审判参考》案例第694号“李明违法发放林木采伐许可证案”中,二审法院认为,李明作为林业局分管林政工作的副书记,在申请方未提交林权证,申请理由和采伐方式不符,且在同一份申请报告中审批不妥的情况下,核发林木采伐许可证,确有不合法律规范之处,其行为具有一定的违法性。但李明核发林木采伐许可证属于在法定职责范围内履行职权,没有违反有关发放对象范围或者发放限额的规定。林木被滥伐致森林遭受严重破坏的后果是桥头集镇政府改变作业方式,桥头集镇林业站站长任贵明在组织采伐林木过程中未履行监管职责,他人超越采伐期限、超强度、超范围滥伐等多个因素造成的,李明违反规定发放林木采伐许可证的行为与林木被滥伐致森林遭受严重破坏的后果之间没有刑法上的因果关系,故李明的行为不构成犯罪。[1] 简言之,采伐者不是按照违法发放的林木采伐许可证的内容进行采伐,而是擅自改变作业方式、超期限、超强度、超范围滥伐所导致的森林严重破坏,与违法发放林木采伐许可证的行为之间没有刑法上的因果关系。

Ⅴ 主体

9 本罪的主体是特殊主体,即林业主管部门的工作人员。所谓"林业主管部门"是指县级以上地方人民政府中主管本地区林业工作的机构以及国务院的林业主管部门。

Ⅵ 罪过

10 本罪的责任形式是故意,包括直接故意和间接故意。具体而言,即明知违法发放林木采伐许可证的行为,会导致破坏国家林木采伐许可证管理秩序,致使国家森林资源遭到破坏,而希望或放任这种结果的发生。

Ⅶ 共犯

11 林业主管部门工作人员与滥伐林木行为人相勾结,为帮助其滥伐林木而违法发放林木采伐许可证的,其行为同时构成本罪与滥伐林木罪的共犯,此系想象竞合犯,应当依照处罚较重的规定定罪处罚[参见最高人民法院、最高人民检察院《关于办理渎职刑事案件适用法律若干问题的解释(一)》第4条]。

Ⅷ 罪数与竞合

12 (1)林业主管部门工作人员索取或者收受他人贿赂,对他人违反规定发放林木采伐许可证的,其行为可能同时构成受贿罪与本罪,应当实行数罪并罚[参见最高人民法院、最高人民检察院《关于办理渎职刑事案件适用法律若干问题的解释(一)》第3条]。

13 (2)本罪与滥用职权罪,系特别法与普通法的特别关系法条竞合,适用特别法优于普通法的处置原则。具体而言,当行为符合本罪的行为类型时,应当根据本罪成立的罪量标准,对情节严重,致使森林遭受严重破坏的,即达到本罪成立罪量要求的,按照本罪定罪处罚;对于未致森林遭受严重破坏、尚未达到本罪成立罪量条件的,只能视为一般违法,而无转以普通法条滥用职权罪定罪处罚的可能。

14 相反,当行为(包括行为主体或者行为方式)不符合本罪的行为类型特征,如林业主管部门工作人员采取违法发放林木采伐许可证以外的其他方式滥用职权,致使森

---

1 参见杜国伟主编:《刑事典型疑难问题适用指导与参考·渎职罪卷》,中国检察出版社2013年版,第272页以下。

林遭受严重破坏的,或者林业主管部门工作人员以外的国家机关工作人员,违反森林法的规定,滥用职权,致使森林遭受严重破坏的,则排除本罪的成立,但却可能构成普通法条滥用职权罪。对此,2007年5月16日最高人民检察院公布的《关于对林业主管部门工作人员在发放林木采伐许可证之外滥用职权玩忽职守致使森林遭受严重破坏的行为适用法律问题的批复》中明确指出,林业主管部门工作人员违法发放林木采伐许可证,致使森林遭受严重破坏的,依照《刑法》第407条的规定,以违法发放林木采伐许可证罪追究刑事责任;以其他方式滥用职权或者玩忽职守,致使森林遭受严重破坏的,依照《刑法》第397条的规定,以滥用职权罪或者玩忽职守罪追究刑事责任,立案标准依照最高人民检察院《关于渎职侵权犯罪案件立案标准的规定》第一部分渎职犯罪案件第18条第3款的规定执行。最高人民检察院《关于渎职侵权犯罪案件立案标准的规定》第一部分第18条第3款规定,林业主管部门工作人员之外的国家机关工作人员,违反《森林法》的规定,滥用职权或者玩忽职守,致使林木被滥伐40立方米以上或者幼树被滥伐2000株以上,或者致使防护林、特种用途林被滥伐10立方米以上或者幼树被滥伐400株以上,或者致使珍贵树木被采伐、毁坏4立方米或者4株以上,或者致使国家重点保护的其他植物被采伐、毁坏后果严重的,或者致使国家严禁采伐的林木被采伐、毁坏情节恶劣的,按照《刑法》第397条的规定以滥用职权罪或者玩忽职守罪追究刑事责任。

Ⅸ 处罚

根据《刑法》第407条的规定,犯本罪的,处3年以下有期徒刑或者拘役。 15

第四百零八条　环境监管失职罪

负有环境保护监督管理职责的国家机关工作人员严重不负责任，导致发生重大环境污染事故，致使公私财产遭受重大损失或者造成人身伤亡的严重后果的，处三年以下有期徒刑或者拘役。

文献：敬大力主编：《渎职罪》，中国人民公安大学出版社2003年版；杜国伟主编：《刑事典型疑难问题适用指导与参考·渎职罪卷》，中国检察出版社2013年版。徐建平、胡显伟：《论环境监管失职罪的构成》，载《云南大学学报（法学版）》2010年第5期。

细目录

Ⅰ　主旨
Ⅱ　沿革
Ⅲ　客体
Ⅳ　行为与结果
Ⅴ　主体
Ⅵ　罪过
Ⅶ　罪数与竞合
Ⅷ　与他罪的区别
Ⅸ　处罚

Ⅰ　主旨

1　为保护环境，国家依法实行严格的环保监管制度，而严格的环保监管制度能否得到切实贯彻执行，很大程度上取决于环保监管人员恪尽职守、严格执法。特设此罪，对负有环境保护监督管理职责的国家机关工作人员监管失职的行为作了规定。

Ⅱ　沿革

2　本罪为1997年《刑法》新增罪名。1979年《刑法》中并无本罪的规定，1984年《水污染防治法》第43条、1987年《大气污染防治法》第38条分别规定，违反本法规定，造成重大水污染/大气污染事故，导致公私财产重大损失或者人身伤亡的严重后果的，对有关责任人员可以比照《刑法》第115条或者第187条的规定，追究刑事责任。其中,对有关责任人员依照1979年《刑法》第187条玩忽职守罪追究刑事责任的规定,实际上包括了对负有环境保护监督管理职责的国家机关工作人员玩忽职守,致使发生重大水污染、大气污染事故的行为追究刑事责任的内容。1989年《环境保护法》规定,环境保护监督管理人员滥用职权、玩忽职守、徇私舞弊构成犯罪的,依法追究刑事责任。根据当时的刑法,这种行为可以玩忽职守罪追究刑事责任。1997年修订《刑法》时,立法者重视环境资源犯罪,除在《刑法》分则第六章规定"破坏环境资源保护罪"一节以外,在渎职罪章中,考虑到负有环境保护监督管理职责的国家机关工作人员玩忽职守,致使发生重大水污染、大气污染事故的行为在犯罪成因以及造成社会危害后果等方面,均有不同于普通玩忽职守行为的特殊地方,有必要将两者区别对待。故此,将负有环境保护监督管理职责的国家机关工作人员严重不负责任,造成重大环境污染事故的失职行为单列出来,设置环境监管失职罪,并配备独立的法定刑。

Ⅲ 客体

本罪的客体,是国家机关关于环境保护的监督管理职务的合法有效执行。国家制定的环境保护法、水污染防治法、大气污染防治法等一系列环境保护法律、法规,是环境监督保护机关依法对环境实行有效监督和保护管理的法律依据,如不依法办事,不履行或不认真履行监管职责,导致重大环境污染事故,即是对国家有关环境保护监管秩序的严重破坏。 3

Ⅳ 行为与结果

本罪在客观上表现为,行为人严重不负责任,导致发生重大环境污染事故,致使公私财产遭受重大损失或者造成人身伤亡的严重后果。 4

所谓"严重不负责任",是指行为人不履行或不认真履行环境保护监管职责。严重不负责任的表现形式多种多样,如应当对管辖范围内的排污单位进行现场检查而不检查;对建设项目任务书中的环境影响报告不认真审查,或者对防止污染的设施不进行审查验收即批准投入生产或使用;发现污染隐患不及时采取措施防止事故发生;对造成环境严重污染的单位应当提出限期治理意见而没有提出;在环境受到污染时该报告不报告或者不及时报告;对有关单位排放污染物的申报不认真审查;对限期治理单位的治理情况不认真验收;等等。 5

所谓"导致发生重大环境污染事故,致使公私财产遭受重大损失或者造成人身伤亡的严重后果的",即本罪成立的结果要求。"重大环境污染事故"是指造成大气、水源、海洋、土地等环境质量严重不符合国家规定标准,造成公私财产重大损失或人身伤亡的严重事件。其中"污染"是指在生产建设或者其他活动中产生的足以危害人体健康的废气、废水、废渣、粉尘、恶臭气体、放射性物质以及噪声、振动、电磁波辐射等。根据本条规定对造成环境污染事故的,必须是"致使公私财产遭受重大损失或者造成 6

人身伤亡的严重后果”才构成犯罪。根据2016年12月23日最高人民法院、最高人民检察院公布的《关于办理环境污染刑事案件适用法律若干问题的解释》第2条规定,致使公私财产损失30万元以上,或者具有本解释第1条第(十)项至第(十七)项规定情形之一的,应当认定为本罪的“致使公私财产遭受重大损失或者造成人身伤亡的严重后果”。其中,第1条第(十)项至第(十七)项规定的内容如下:“(十)造成生态环境严重损害的;(十一)致使乡镇以上集中式饮用水水源取水中断十二小时以上的;(十二)致使基本农田、防护林地、特种用途林地五亩以上,其他农用地十亩以上,其他土地二十亩以上基本功能丧失或者遭受永久性破坏的;(十三)致使森林或者其他林木死亡五十立方米以上,或者幼树死亡二千五百株以上的;(十四)致使疏散、转移群众五千人以上的;(十五)致使三十人以上中毒的;(十六)致使三人以上轻伤、轻度残疾或者器官组织损伤导致一般功能障碍的;(十七)致使一人以上重伤、中度残疾或者器官组织损伤导致严重功能障碍的。”

V 主体

7 本罪主体为特殊主体,即“负有环境保护监督管理职责的国家机关工作人员”,主要包括在国务院环境保护行政主管部门、县级以上地方人民政府环境保护行政主管部门从事环境保护监督管理工作的人员,还包括在国家海洋行政主管部门、港务监督、渔政渔港监督、军队环境保护部门和各级公安、交通、铁道、民航管理部门,依照有关法律的规定对环境污染防治实施监督管理工作的人员。另外,在县级以上人民政府的土地、矿产、林业、农业、水行政主管部门中,依照有关法律的规定对资源的保护实施监督管理的人员,也可以构成本罪的主体。

8 事业单位人员属于依照法律、法规的规定在行使环境保护监管职权的单位中从事公务的人员,或者受国家机关委托代表国家机关在行使环境保护监督职权、管理职权的组织中从事公务的人员,亦可作为本罪的适格主体。在最高人民检察院发布的第二批指导性案例(检例第4号)“崔某环境监管失职案”中,被告人崔某原系江苏省盐城市饮用水源保护区环境监察支队二大队大队长,却不查处与阻止辖区内标新公司的排污行为,最终导致发生重大环境污染事故,致使公私财产遭受重大损失。盐城市中级人民法院二审判决据此认为,崔某身为国有事业单位的工作人员,在受国家机关的委托代表国家机关履行环境监督管理职责过程中,严重不负责任,导致发生重大环境污染事故,致使公私财产遭受重大损失,其行为构成环境监管失职罪。该指导性案例的要旨亦明确要求:“实践中,一些国有公司、企业和事业单位经合法授权从事具体的管理市场经济和社会生活的工作,拥有一定管理公共事务和社会事务的职权,这些实际行使国家行政管理职权的公司、企业和事业单位工作人员,符合渎职罪主体要求;对其实施渎职行为构成犯罪的,应当依照刑法关于渎职罪的规定追究刑事责任。”

Ⅵ 罪过

本罪的责任形式是过失,主要表现为一种监督过失、管理过失。 9

Ⅶ 罪数与竞合

犯本罪的行为人在违反环境保护法律法规时,往往有索贿、受贿的行为,如果同时构成受贿罪的,应当以本罪与受贿罪数罪并罚[参见最高人民法院、最高人民检察院《关于办理渎职刑事案件适用法律若干问题的解释(一)》第3条]。 10

Ⅷ 与他罪的区别

本罪与污染环境罪的区别。《刑法》第338条规定了污染环境罪,即违反国家规定,排放、倾倒或者处置有放射性的废物、含传染病病原体的废物、有毒物质或者其他有害物质,严重污染环境的行为。环境监管失职罪与污染环境罪,通常伴随产生,即一起严重污染环境事件总能发现直接污染者和背后的监管失职者;但两罪的构成要件截然不同:首先,行为主体不同。本罪主体是特殊主体,即负有环境保护监督管理职责的国家机关工作人员,污染环境罪则是一般主体。其次,行为方式不同。本罪是不履行或者不认真履行监管职责的行为,污染环境罪则是排放、倾倒或者处置有毒有害物质的行为;前者发生在环保监管活动中,后者则发生于生产、生活中。最后,主观责任不同。本罪是典型的监督过失犯罪。污染环境罪的责任形式则有争议,有学者认为,其责任形式与其前身“重大环境污染事故罪”相同,依然是过失犯罪[1];也有学者认为,《刑法修正案(八)》将重大环境污染事故罪修正为污染环境罪,其责任形式已不再是原来的事故犯罪,即过失犯罪,而应当认为是故意犯罪[2];还有学者主张,污染环境罪的主观方面可以是故意也可以是过失。[3] 11

Ⅸ 处罚

根据《刑法》第408条的规定,犯本罪的,处3年以下有期徒刑或者拘役。 12

---

1 参见马克昌主编:《百罪通论》(下卷),北京大学出版社2014年版,第1073页。

2 参见张明楷:《刑法学》(第6版),法律出版社2021年版,第1488页。

3 参见高铭暄、马克昌主编:《刑法学》(第9版),北京大学出版社、高等教育出版社2019年版,第582页。

第四百零八条之一　食品、药品监管渎职罪

负有食品药品安全监督管理职责的国家机关工作人员，滥用职权或者玩忽职守，有下列情形之一，造成严重后果或者有其他严重情节的，处五年以下有期徒刑或者拘役；造成特别严重后果或者有其他特别严重情节的，处五年以上十年以下有期徒刑：

（一）瞒报、谎报食品安全事故、药品安全事件的；

（二）对发现的严重食品药品安全违法行为未按规定查处的；

（三）在药品和特殊食品审批审评过程中，对不符合条件的申请准予许可的；

（四）依法应当移交司法机关追究刑事责任不移交的；

（五）有其他滥用职权或者玩忽职守行为的。

徇私舞弊犯前款罪的，从重处罚。

文献：安文录、虞浔：《食品监管渎职罪疑难问题司法认定研究——以〈刑法修正案(八)〉第49条为主线》，载《政治与法律》2011年第9期；储槐植、李莎莎：《食品监管渎职罪探析》，载《法学杂志》2012年第1期；贾宇：《食品监管渎职罪的认定及适用》，载《河南财经政法大学学报》2012年第2期；肖本山：《食品监管渎职罪的若干疑难问题解析》，载《法律科学》2012年第3期；郭世杰：《食品监管渎职罪的罪名拟定与立法体例》，载《上海政法学院学报(法治论丛)》2012年第3期；谢望原、何龙：《食品监管渎职罪疑难问题探析》，载《政治与法律》2012年第10期。

细目录

Ⅰ　主旨
Ⅱ　沿革
Ⅲ　客体
Ⅳ　行为与结果
Ⅴ　主体
Ⅵ　罪过
Ⅶ　共犯
Ⅷ　罪数与竞合
　一、与滥用职权罪、玩忽职守罪的竞合关系
　二、与徇私舞弊不移交刑事案件罪的竞合关系

三、与商检徇私舞弊罪、商检失职罪、动植物检疫徇私舞弊罪、动植物检疫失职罪、传染病防治失职罪、放纵制售伪劣商品犯罪行为罪等特殊渎职罪的竞合关系

四、与受贿罪的竞合关系

Ⅸ 处罚

Ⅰ 主旨

食品药品安全关系到人民群众的健康安全和切身利益,近年来食品药品安全领域事故频发,群众反响强烈。为了适应严惩食品药品犯罪的现实需要,严密食品药品安全的刑法保护体系,2011 年《刑法修正案(八)》增设食品、药品监管渎职罪,2020 年《刑法修正案(十一)》在原条文的基础上修改完善,最终形成本条规定。 1

Ⅱ 沿革

1997 年《刑法》第 397 条对国家机关工作人员滥用职权罪和玩忽职守罪作了一般规定。负有食品药品安全监督管理职责的国家机关工作人员滥用职权或者玩忽职守构成犯罪的,可以依照该条规定定罪处罚。考虑到食品安全关系到人民群众的身体健康和切身利益,当时在食品领域又屡屡发生重大食品安全事故,群众反响强烈,为适应严惩食品犯罪的现实需要,严密食品安全的刑法保护体系,2011 年 2 月 25 日通过的《刑法修正案(八)》在对《刑法》第 143 条生产、销售不符合安全标准的食品罪和第 144 条生产、销售有毒、有害食品罪进行修改完善的同时,在《刑法》渎职罪中的第 408 条后增加一条,作为第 408 条之一,专门增加了食品监管渎职罪的规定,并规定了更重的刑罚。2011 年 4 月 27 日最高人民法院、最高人民检察院《关于执行〈中华人民共和国刑法〉确定罪名的补充规定(五)》将该条规定的罪名确定为"食品监管渎职罪"。此后,为贯彻落实党中央关于食品药品安全"四个最严"的要求,2015 年 4 月,《食品安全法》修订;2019 年 6 月,《疫苗管理法》通过;2019 年 8 月,《药品管理法》修订。这些法律强化了食品药品监督管理部门的监管职责。为贯彻党中央提出的"最严肃的问责"的精神,进一步强化食品药品安全,保护人民群众安全,与食品安全法、药品管理法等做好衔接,2020 年 12 月 26 日通过的《刑法修正案(十一)》对本条进行了修改:一是增加"负有食品药品安全监督管理职责的国家机关工作人员"作为本罪的犯罪主体;二是在构成犯罪和适用第二档刑的条件中增加了情节因素;三是增加规定了五类具体的犯罪情形。 2

Ⅲ 客体

本罪的客体,是国家食品药品安全监管机关的正常公务活动(秩序),即从内部侵 3

犯了国家食品药品安全监管机关的正常管理活动,并由此侵犯了公众对负有食品药品安全监督管理职责的工作人员职务活动客观公正性的信赖。

Ⅳ　行为与结果

4　本罪客观上表现为,滥用职权或者玩忽职守,造成严重后果或者有其他严重情节的行为。也即本罪包括两类行为:一是食品药品监管滥用职权行为,二是食品药品监管玩忽职守行为。[1]

5　(1)食品药品监管滥用职权,其中的"滥用职权"与滥用职权罪中的"滥用职权"基本相同,是指超越职权,违法决定、处理其无权决定、处理的事项,或者违反规定处理公务的行为。一种是"超越食品药品监管职权",违法决定、处理其无权决定、处理的食品监管职权;另一种是"违规行使食品药品监管职权",即虽未超越食品药品监管职权,但在其监管职权范围内违反职权规定处理公务、行使食品药品监管职权。滥用之"职权",应是滥用食品药品安全监督管理机关工作人员的一般职务权限,如果行为人实施的行为与其一般的职务权限没有任何关系,则不属于滥用职权。[2]

6　(2)食品药品监管玩忽职守,其中的"玩忽职守"也同样与玩忽职守罪中的"玩忽职守"的含义基本相当,即严重不负责任,不履行或者不认真履行其负有的食品药品安全监管职责的行为。"不履行""不认真履行"均具有不作为犯的基本属性。

7　为细化食品药品渎职犯罪的情形,增强司法实践的可操作性和适用性,《刑法修正案(十一)》在本款分五项细化规定了五种具体的食品药品监管渎职行为:

8　第一,瞒报、谎报食品安全事故、药品安全事件的。"瞒报"即隐瞒事实不报;"谎报"即不如实报告,如对事故、事件的后果避重就轻地报告。"食品安全事故",根据《食品安全法》第150条的规定,是指食源性疾病、食品污染等源于食品,对人体健康有危害或者可能有危害的事故;"药品安全事件",是指在药品研发、生产、经营、使用中发生的,对人体健康造成或者可能造成危害的事件。因为对事故、事件的瞒报、谎报,致使事故、事件恶化,从而引发重大食品安全事故、重大药品安全事件等严重后

1　最高人民法院、最高人民检察院2011年4月27日《关于执行〈中华人民共和国刑法〉确定罪名的补充规定(五)》将《刑法修正案(八)》新增的《刑法》第408条之一命名为"食品监管渎职罪"一个罪名,而非"食品监管滥用职权罪"和"食品监管玩忽职守罪"两个罪名,主要是考虑到,《刑法》第408条之一将食品安全监管滥用职权和玩忽职守并列规定,且法定刑完全相同,分别确定罪名没有实际意义;相反,实践表明,滥用职权与玩忽职守的区分,往往遇到困难、引发争议,将本条确定为两个罪名,难免会给司法适用和理论研究人为制造诸多难题,且可能引发不必要的上诉、抗诉或者申诉,浪费国家司法资源。参见张军:《认真学习刑法修正案(八)促进经济社会科学发展》,载《人民法院报》2011年5月4日。不过,这一做法是否合理,值得商榷[具体评述,参见张明楷:《刑法学》(第5版),法律出版社2016年版,第1266页]。

2　参见安文录、虞浔:《食品监管渎职罪疑难问题司法认定研究——以〈刑法修正案(八)〉第49条为主线》,载《政治与法律》2011年第9期。

果,或者有其他严重情节的,即可构成本罪。

第二,对发现的严重食品药品安全违法行为未按照规定查处的。所谓"严重食品药品安全违法行为"是指严重违反《食品安全法》《药品管理法》《疫苗管理法》及其配套规定的行为。对于这些行为,有关国家机关工作人员已经发现,但未按照法律法规规定的权限或程序及时予以查处,造成事故扩大或蔓延,引发重大食品安全事故、重大药品安全事件等严重后果,或者有其他严重情节的,构成本罪。 9

第三,在药品和特殊食品审批审评过程中,对不符合条件的申请准予许可的。这里的"药品",根据《药品管理法》第 2 条的规定,是指用于预防、治疗、诊断人的疾病,有目的地调节人的生理机能并规定有适应症或者功能主治、用法和用量的物质,包括中药、化学药和生物制品等。这里的"特殊食品",根据《食品安全法》第 74 条的规定,包括保健食品、特殊医学用途配方食品和婴幼儿配方食品等。根据《药品管理法》《食品安全法》的规定,药品、特殊食品的研制、生产、经营、使用等环节,都需要依法向监管部门申请审批审评,有关国家机关工作人员对明知不符合条件的药品、特殊食品审批审评申请准予许可,从而引发重大食品安全事故、重大药品安全事件等严重后果,或者有其他严重情节的,可以构成本罪。 10

第四,依法应当移交司法机关追究刑事责任不移交的。食品药品监管机关的工作人员对于在行政执法中发现的犯罪线索,应当依法及时移交司法机关追究刑事责任,如果不移交或者降格处理以罚代刑,造成严重后果或者有其他严重情节的,构成本罪。 11

第五,有其他滥用职权或者玩忽职守行为的。此为兜底条款,是指本款第(一)项至第(四)项规定行为以外的对食品药品安全造成危害,应当追究刑事责任的滥用职权、玩忽职守行为。 12

(3)必须"造成严重后果或者有其他严重情节"。此为本罪成立的罪量要求。"造成严重后果",包括导致重大食品安全事故、重大药品安全事件、重大疫苗安全事件等,以及其他严重后果。重大食品安全事故,参照《食品安全法》等法律法规的规定,是指食源性疾病、食品污染等源于食品、对人体健康有危害或者可能有危害的重大事故。食源性疾病,是指食品中致病因素进入人体引起的感染性、中毒性等疾病,包括食物中毒。重大药品安全事件,是指药品研发、生产、经营、使用过程中发生的,对人体健康造成或可能造成危害的重大事件。"其他严重情节",是指虽未造成严重后果,但滥用职权、玩忽职守行为的情节严重,如滥用职权、玩忽职守的时间长、次数多、涉及面广、受过处分后又实施、社会影响恶劣等。 13

对"造成严重后果"而构成本罪而言,要求食品药品监管渎职行为与造成严重后果之间存在因果关系。从重大食品安全事故、重大药品安全事件等严重后果发生的情况看,安全事故、事件等严重后果的发生往往是由食品生产者、经营者抑或药品研发者、生产者、经营者等的不法行为直接造成的,相对于国家机关工作人员的渎职行 14

为来说,具有某种"间接性"的特点。[3] 这种"间接性"的突出意义在于:一方面,渎职行为与"严重后果"之间并不存在直接的、决定性的"引起与被引起"的典型因果关系,只要行为人的渎职行为"纵容"了食品药品生产者、经营者等的不法行为,基于这种"共同作用"而导致发生"严重后果"时,即可肯定二者间存在因果关系;另一方面,既然"严重后果"不是行为人渎职行为直接导致的危害结果(同时也不是本罪法益的直接表征),那么也不应当以行为人对该后果的主观心理状态作为判断食品药品监管渎职罪的主观责任形式(是故意还是过失)的标准,即该后果不是《刑法》第14条、第15条故意犯罪和过失犯罪条款中规定的"危害社会的结果"[4]。

V 主体

15 本罪的行为主体为特殊主体,即负有食品药品安全监督管理职责的国家机关工作人员。主要包括在国务院和各级地方人民政府及卫生行政、农业行政、市场监督管理、药品监督管理等部门负有食品药品安全监管职责的工作人员。根据2018年国务院机构改革方案,将国家工商行政管理总局的职责、国家质量监督检验检疫总局的职责、国家食品药品监督管理总局的职责、国家发展和改革委员会的价格监督检查与反垄断执法职责、商务部的经营者集中反垄断执法以及国务院反垄断委员会办公室等职责整合,组建国家市场监督管理总局,作为国务院直属机构;同时,组建国家药品监督管理局,由国家市场监督管理总局管理。目前,负责食品药品安全监督管理职责的主要是各级市场监管部门、药品监管部门的工作人员。

VI 罪过

16 本罪包括食品药品监管滥用职权和食品药品监管玩忽职守两种行为类型。滥用职权类食品药品监管渎职罪的责任形式是故意,包括直接故意和间接故意;而玩忽职守类食品药品监管渎职罪的责任形式为过失(监督过失)。[5]

VII 共犯

17 负有食品药品安全监督管理职责的国家机关工作人员与他人共谋,利用其职务

---

3 参见肖本山:《食品监管渎职罪的若干疑难问题解析》,载《法律科学》2012年第3期。

4 对于"严重后果",张明楷教授将其视为"客观的超过要素";刘艳红教授则认为它是"刑法为限制处罚范围而设立的客观构成要素"。参见张明楷:《刑法分则的解释原理》(第2版),中国人民大学出版社2011年版,第473页以下;刘艳红主编:《刑法学各论》(第2版),北京大学出版社2006年版,第354页。

5 关于本罪监督过失的认定,可参见谢望原、何龙:《食品监管渎职罪疑难问题探析》,载《政治与法律》2012年第10期。

行为帮助他人实施危害食品安全犯罪行为，同时构成渎职犯罪和危害食品安全犯罪共犯的，依照处罚较重的规定定罪处罚。[6]

此外，负有食品药品安全监督管理职责的国家机关工作人员，滥用职权，向生产、销售有毒、有害食品的犯罪分子通风报信，帮助逃避处罚的，应当认定为食品药品监管渎职罪。[7] 不过，在学理上，如果承认片面共犯理论的话，即便没有共谋，当食品监管机关工作人员明知他人在从事生产、销售有毒、有害食品的犯罪行为，而滥用职权，为其通风报信，提供帮助时，该国家机关工作人员的滥用职权行为，在该当本罪的同时，也完全属于生产、销售有毒、有害食品罪的片面共犯（片面帮助犯），此时，也同时构成本罪与生产、销售有毒有害食品罪的共犯，亦应依照处罚较重的规定定罪处罚。 18

Ⅷ 罪数与竞合

一、与滥用职权罪、玩忽职守罪的竞合关系

本罪与滥用职权罪、玩忽职守罪之间系特别法条与普通法条的法条竞合关系，但行为同时该当本罪与滥用职权罪、玩忽职守罪之间的构成要件时，应当适用特别法优于普通法的原则，以本罪定罪处罚。[8] 19

最高人民法院、最高人民检察院《关于办理渎职刑事案件适用法律若干问题的解释（一）》第2条第2款规定："国家机关工作人员滥用职权或者玩忽职守，因不具备徇私舞弊等情形，不符合刑法分则第九章第三百九十八条至第四百一十九条的规定，但依法构成第三百九十七条规定的犯罪的，以滥用职权罪或者玩忽职守罪定罪处罚。"简言之，当行为不符合包括本罪在内的特殊渎职犯罪的规定，但该当《刑法》第397条之一般滥用职权罪、玩忽职守罪的构成要件时，应以滥用职权罪、玩忽职守罪定罪处罚。对此款规定的正确理解应当是：①当国家机关工作人员的渎职行为，因为主体身份、行为方式、行为对象等犯罪构成的罪体（行为类型）要素而不符合某一特殊 20

---

6 参见最高人民法院、最高人民检察院《关于办理危害食品安全刑事案件适用法律若干问题的解释》第20条第3款；最高人民法院、最高人民检察院《关于办理渎职刑事案件适用法律若干问题的解释（一）》第4条第2款。

7 参见最高人民检察院2014年2月20日《关于印发第四批指导性案例的通知》检例第15号"胡林贵等人生产、销售有毒、有害食品，行贿；骆梅等人销售伪劣产品；朱伟全等人生产、销售伪劣产品；黎达文等人受贿，食品监管渎职案"；最高人民法院、最高人民检察院《关于办理渎职刑事案件适用法律若干问题的解释（一）》第4条第1款。

8 最高人民法院、最高人民检察院《关于办理渎职刑事案件适用法律若干问题的解释（一）》第2条第1款规定："国家机关工作人员实施滥用职权或者玩忽职守犯罪行为，触犯刑法分则第九章第三百九十八条至第四百一十九条规定的，依照该规定定罪处罚。"

渎职罪的行为定型时,不可直接宣告无罪,而应当转而考虑其行为是否该当普通渎职罪的构成要件,若是,则应当以普通渎职罪定罪处刑。②若客观行为的行为性质(类型)已符合某一特殊渎职罪的构成特征(行为定型),仅数额等罪量(行为程度)要素没有达到特别法条的罪量标准时,不能转以渎职罪普通法条定罪处罚,而应作为某特殊类型的渎职行为的一般违法行为处理。[9]

21 就本罪与滥用职权罪、玩忽职守罪的竞合关系的处理,还有一个问题是,因为本罪的成立要求"造成严重后果或者有其他严重情节",就"造成严重后果"而言,如果说重大食品安全事故、重大药品安全事件、重大疫苗安全事件,尚基本可以依照相关行政法律法规加以确定,那么除此之外的"其他严重后果"则未见立法或司法解释叙明,由此可能存在的问题是:倘若行为性质已符合食品药品监管渎职罪行为类型的构成特征,而行为程度(结果)并未达到重大食品安全"事故"和重大药品安全、疫苗安全"事件"标准,但已经达到滥用职权罪、玩忽职守罪之造成人员伤亡、财产损失、社会不良影响等罪量要求时,能否考虑以普通渎职罪(滥用职权罪和玩忽职守罪)论处,对此,有学者表示赞同。[10] 但这种观点会导致相同性质、相同类型的行为(即符合食品药品监管渎职罪行为类型特征的行为),仅因罪量(行为程度)不同而定性不同(行为程度达到"事故""事件"标准的,构成食品药品监管渎职罪;而未达该标准的,构成滥用职权罪、玩忽职守罪);数量、程度等罪量因素成为决定行为性质、行为类型(定型)的决定性因素,实为不妥。不过,倘若其他国家机关工作人员的渎职行为,导致一定规模的人员伤亡、财产损失等结果时,成立渎职犯罪,而食品药品监管等领域的国家机关工作人员却不以犯罪论处,的确有失公允。对此,笔者认为,在食品药品监管渎职罪的"其他严重后果"尚未为司法解释具体化之前,应当将作为滥用职权罪、玩忽职守罪构成要件的人员伤亡、财产损失、社会不良影响等罪量标准视为本罪"其他严重后果"的情形,只要食品药品监管渎职罪等特殊渎职罪的司法解释并没有对相同性质、相同内容的罪量标准作出不同的具体规定。概言之,当行为性质符合特殊渎职罪的构成特征,而罪量要素(行为程度)与该特别法条之叙明的罪量标准均不匹配,但符合普通渎职罪叙明的罪量标准时,可将该罪量事实理解为符合该特殊渎职罪"其他情节严重的情形"这样的兜底性罪量标准,直接以该特殊渎职罪定罪处刑。[11]

---

9 参见王强:《法条竞合视野下渎职类犯罪罪名的适用研究——兼论"两高"〈关于办理渎职刑事案件适用法律若干问题的解释(一)〉第2条的理解适用》,载《政治与法律》2013年第3期。

10 参见储槐植、李莎莎:《食品监管渎职罪探析》,载《法学杂志》2012年第1期;郭世杰:《食品监管渎职罪的罪名拟定与立法体例》,载《上海政法学院学报(法治论丛)》2012年第3期。

11 参见王强:《法条竞合视野下渎职类犯罪罪名的适用研究——兼论"两高"〈关于办理渎职刑事案件适用法律若干问题的解释(一)〉第2条的理解适用》,载《政治与法律》2013年第3期。

二、与徇私舞弊不移交刑事案件罪的竞合关系

22 《刑法修正案(十一)》在本条第1款第(四)项将"依法应当移交司法机关追究刑事责任不移交的"行为具体化为本罪的行为方式。《刑法》第402条徇私舞弊不移交刑事案件罪要求行政执法人员有徇私舞弊情节,而本项规定并无此要求,但当食品药品监管部门的工作人员徇私舞弊不移交刑事案件时,应当如何处置?这种情况下,涉及本罪与徇私舞弊不移交刑事案件罪的竞合关系的判断和处理。

23 对此,笔者认为,这种情况下的本罪与徇私舞弊不移交刑事案件罪系特别法条与普通法条的法条竞合关系,应当按照特别法优于普通法的原则,即按本罪定罪处罚。因为在采"违法+犯罪"二元社会治安制裁体系的我国,违法行为常常根据情节轻重区分为行政违法行为与犯罪行为,行政违法行为依法由行政执法部门予以行政处罚;情节严重构成犯罪的,由司法机关追究刑事责任。据此,行政执法机关的国家工作人员在执法过程中,发现依法应当移交司法机关追究刑事责任的,应当及时移交司法机关处理,这是行政执法机关工作人员的法定职责。因此可以说,《刑法》第402条徇私舞弊不移交刑事案件罪,乃是对所有行政执法机关的执法人员设置的"不移交罪"的一般法条,而《刑法修正案(十一)》新增的《刑法》第408条之一第1款第(四)项设置的是针对食品药品监管国家机关工作人员的"不移交罪",属于特别法条,二者系普通法与特别法的关系。

三、与商检徇私舞弊罪、商检失职罪、动植物检疫徇私舞弊罪、动植物检疫失职罪、传染病防治失职罪、放纵制售伪劣商品犯罪行为罪等特殊渎职罪的竞合关系

24 这里主要是指食品药品监管渎职罪与其他特殊渎职罪之间的竞合关系。以食品监管为例,我国《食品安全法》确立了食品安全由部门监管的原则,采取"分段监管为主、品种监管为辅"的方式。这样,商检部门、动植物检疫部门、卫生行政部门、农业行政主管部门、市场监督部门等有关国家机关工作人员在食品监管活动中的渎职行为,都可能在成立食品药品监管渎职罪的同时,基于各自的职务,也构成商检徇私舞弊罪、商检失职罪、动植物检疫徇私舞弊罪、动植物检疫失职罪、传染病防治失职罪、放纵制售伪劣商品犯罪行为罪等。

25 当行为人的行为同时该当本罪与商检徇私舞弊罪等其他特殊渎职罪时,应如何处置?对此,有四种观点:①有的主张应认定为想象竞合犯,从一重处罚。[12] ②有的

12 参见贾宇:《食品监管渎职罪的认定及适用》,载《河南财经政法大学学报》2012年第2期;肖本山:《食品监管渎职罪的若干疑难问题解析》,载《法律科学》2012年第3期;皮勇、郭斐飞:《渎职犯罪中的罪数问题》,载孙应征主编:《渎职侵权犯罪法律适用研究》,武汉大学出版社2010年版,第101页。

主张,应依据处理法规竞合的另一基本原则"重法优于轻法"来选择具体应该适用的罪名。[13] ③有的主张,应适用"特殊条款优先"的原则,食品药品监管渎职罪是特殊法条,放纵制售伪劣商品罪是一般法条,即渎职罪与相关犯罪法条关系及其适用选择问题是刑法立法细分造成的,渎职罪与相关法条形成双重的法条竞合关系。[14] ④还有的主张,食品药品监管渎职罪与商检徇私舞弊等罪都属于特别法条,如何定罪就取决于在食品监管过程中是否发生"重大食品安全事故或者造成其他严重后果",如果是,认定为食品药品监管渎职罪;如果否,就应当认定为商检徇私舞弊罪等。[15]

26 笔者认为,观点①建立在对想象竞合性质的误解之上。想象竞合实为一行为侵犯数法益,符合数个犯罪构成,应当宣告数罪,只是处断上以一重罪的法定刑处罚。据此,若将上揭情状认定为想象竞合,宣告数罪,一定是对某一具体渎职行为对于"国家机关公务的合法、公正、有效执行以及国民对此的信赖"之法益侵害进行了两次评价,显然有违禁止重复评价原则。观点②的最终结论为笔者所赞同,但将"重法优于轻法"视为法条竞合另一基本处断原则的推理过程,笔者不赞同。[16] 观点③虽捍卫了特别法优先的法条竞合处置原则,但同为特殊法条的食品药品监管渎职罪和放纵制售伪劣商品罪之间,为何前者是特别法条,后者是一般法条,并无充分的理由。而观点④无非"食品药品监管渎职罪是特殊法条,商检徇私舞弊罪、放纵制售伪劣商品罪等被视为一般法条"观点的另一种表述而已。食品药品监管失职罪与商检徇私舞弊罪、放纵制售伪劣商品罪等,都是对普通渎职罪部分构成要素特别化的结果,前者是对监管对象(即食品)的特别化,后者是对监管流程、监管职责的特别化(即行为方式、职责内容的特别化),难以评定二者何为特别法条、何为一般法条。

27 上揭情状实际上是两个特殊渎职罪之间的一种双包含(交叉)关系的法条竞合,适用重法优于轻法原则。如果说食品药品监管失职罪的构成要件是 ABCD,商检徇私舞弊罪、放纵制售伪劣商品犯罪行为罪等的构成要件则是 ABCE,普通渎职罪(滥用职权罪、玩忽职守罪)的构成要件是 ABC。当行为人在对食品的商检中徇私舞弊时,就相当于出现了一个具有 ABCDE 性质的行为,此时,应当在禁止重复评价的基础上,采尽量充分评价原则,只要各特殊的渎职犯罪并不具有封闭的特权条款性质,就应当在 ABCD 和 ABCE 两条文中选择处罚较重的条文定罪处刑(即重法优于轻法)。

---

[13] 参见谢望原、何龙:《食品监管渎职罪疑难问题探析》,载《政治与法律》2012 年第 10 期。

[14] 参见安文录、虞浔:《食品监管渎职罪疑难问题司法认定研究——以〈刑法修正案(八)〉第 49 条为主线》,载《政治与法律》2011 年第 9 期。

[15] 参见储槐植、李莎莎:《食品监管渎职罪探析》,载《法学杂志》2012 年第 1 期;郭世杰:《食品监管渎职罪的罪名拟定与立法体例》,载《上海政法学院学报(法治论丛)》2012 年第3 期。

[16] 参见王强:《法条竞合特别关系及其处理》,载《法学研究》2012 年第 1 期。

概言之,当某一渎职行为,同时符合数个特殊渎职罪的构成要件时,应当按照其中处罚最重的特殊渎职罪定罪处刑;倘若该渎职行为性质符合数个特殊渎职罪的构成特征,但行为程度(结果)仅符合其中之一的罪量标准,则仅以符合之罪定罪处罚即可,这同样是交叉关系重法优于轻法原则的适用。[17] 28

四、与受贿罪的竞合关系

这里主要指的是对行为人收受他人贿赂,实施渎职犯罪的情形的处理,根据最高人民法院、最高人民检察院2012年《关于办理渎职刑事案件适用法律若干问题的解释(一)》第3条、2016年《关于办理贪污贿赂刑事案件适用法律若干问题的解释》第17条之规定,国家机关工作人员收受他人贿赂,为他人谋利,实施渎职行为构成犯罪的,除刑法另有规定外,应当以渎职犯罪与受贿罪数罪并罚。在最高人民检察院发布的第四批指导性案例(检例第16号)"赛跃、韩成武受贿、食品监管渎职案"中,被告人被认定犯受贿罪和食品监管渎职罪,实行数罪并罚。该指导性案例要旨亦明确:"负有食品安全监督管理职责的国家机关工作人员,滥用职权或玩忽职守,导致发生重大食品安全事故或者造成其他严重后果的,应当认定为食品监管渎职罪。在渎职过程中受贿的,应当以食品监管渎职罪和受贿罪实行数罪并罚。" 29

Ⅸ　处罚

根据《刑法》第408条之一的规定,犯本罪的,处5年以下有期徒刑或者拘役;造成特别严重后果或者有其他特别严重情节的,处5年以上10年以下有期徒刑。徇私舞弊犯前款罪的,从重处罚。这里规定的"徇私舞弊",是指为徇个人私利或者亲友私情的行为,主要是就食品药品监管滥用职权之故意犯罪而言的。由于这种行为是从个人利益出发,置国家利益于不顾,主观恶性要比第1款规定的行为严重,因此,第2款规定,徇私舞弊犯第1款罪的,在第1款规定的法定量刑幅度内从重处罚。 30

17　参见王强:《法条竞合视野下渎职类犯罪罪名的适用研究——兼论"两高"〈关于办理渎职刑事案件适用法律若干问题的解释(一)〉第2条的理解适用》,载《政治与法律》2013年第3期。

第四百零九条　传染病防治失职罪

从事传染病防治的政府卫生行政部门的工作人员严重不负责任，导致传染病传播或者流行，情节严重的，处三年以下有期徒刑或者拘役。

文献：敬大力主编:《渎职罪》,中国人民公安大学出版社 2003 年版。谢望原、吴光侠:《传染病防治失职罪研究》,载《中国法学》2003 年第 4 期;卢勤忠:《论传染病防治犯罪的立法完善》,载《政治与法律》2003 年第 4 期;卢建平、田兴洪:《传染病防治失职罪的主体范围研究》,载《人民检察》2008 年第 11 期。

细目录

Ⅰ　主旨
Ⅱ　沿革
Ⅲ　客体
Ⅳ　行为
Ⅴ　主体
Ⅵ　罪过
Ⅶ　罪数与竞合
Ⅷ　与非罪的界限
Ⅸ　与他罪的区别
Ⅹ　处罚

Ⅰ　主旨

1　传染病防治是关系人民群众生命健康的大事。为了预防、控制和消除传染病的发生、传播和流行,保障人体健康,全国人大常委会专门制定《传染病防治法》,用法律手段防治传染病流行,并对违反传染病防治的行为规定了相应的法律责任,刑法单列传染病防治失职罪,旨在将《传染病防治法》中规定的从事传染病防治的政府卫生工作人员有渎职行为的应当承担刑事责任的条款具体落实。

Ⅱ　沿革

2　本罪系 1997 年《刑法》全面修订时新设罪名。1979 年《刑法》在第六章妨害社会管理秩序罪第 178 条规定了妨害国境卫生检疫罪,在第 187 条规定了玩忽职守罪,但并没有特别规定其他妨害传染病防治的具体罪名。1989 年 2 月 21 日第七届全国人大常委会第六次会议通过的《传染病防治法》第 39 条规定:“从事传染病的医疗保健、卫生防疫、监督管理的人员和政府有关主管人员玩忽职守,造成传染病传播或者流行的,给予行政处分;情节严重、构成犯罪的,依照刑法第一百八十七条的规定追究刑事责任。”1997 年《刑法》修订时,在吸收总结历史经验的基础上,专门在第 409 条明确规定传染病防治失职罪,第一次将有关人员在防治传染病方面的失职行为独立、正式地纳入刑法的调控范围。1998 年 11 月 28 日发布的国务院《国内交通卫生检疫条例》、2003 年 5 月 9 日发布的国务院《突发公共卫生事件应急条例》等行政法规,也分别在第 15 条、第 45 条重申政府卫生行政部门主管人员、责任人员不履行或不认真履行监管职责,引起传染病传播等严重后果,构成犯罪的,依法追究刑事责任。经 2004 年 8 月 28 日第十届全国人大常委会第十一次会议第一次修订,2013 年 6 月 29 日第十二届全国人大常委会第三次会议《关于修改〈中华人民共和国文物保护法〉等十二部法律的决定》第二次修订后的《传染病防治法》也在第八章“法律责任”中规定,县级以上人民政府卫生行政部门、县级以上人民政府有关部门、国境卫生检疫机关、动物防疫机构等部门、机关负责的主管人员或责任人员失职导致传染病传播、流行等严重后果,构成犯罪的,依法追究刑事责任。

Ⅲ 客体

本罪的客体,是国家机关有关传染病防治公务行为的合法、有效执行。[1] 3

Ⅳ 行为

本罪在客观上表现为严重不负责任,导致传染病传播或者流行,情节严重的行为。 4

(1) 所谓“严重不负责任”,文献多表述为“不履行或者不正确履行传染病防治监督管理职责”[2];或者直接援引《传染病防治法》第 53 条规定的“政府卫生行政部门对传染病防治工作履行下列监督检查职责”的内容来指代这里的“严重不负责任”[3]。这种将“严重不负责任”(传染病防治失职行为)仅仅理解为不履行或不正确履行“监督管理检查”职责的观点,并不准确和全面。 5

1 也有学者将本罪的法益(客体)概括为“国家对非典等传染病防治的行政管理权”,参见谢望原、吴光侠:《传染病防治失职罪研究》,载《中国法学》2003 年第 4 期。

2 黎宏:《刑法学各论》(第 2 版),法律出版社 2016 年版,第 570 页;王作富主编:《刑法分则实务研究》(第 4 版),中国方正出版社 2010 年版,第 1952 页。

3 参见全国人大常委会法制工作委员会编:《中华人民共和国刑法释义:根据刑法修正案九最新修订》,法律出版社 2015 年版,第 701 页;敬大力主编:《渎职罪》,中国人民公安大学出版社 2003 年版,第 366 页。

6 根据《传染病防治法》第 6 条[4] 以及该法第三章到第七章的相关内容,政府卫生行政部门不仅负责传染病防治的监督管理工作,同时承担着有关传染病预防、疫情报告、通报和公布、疫情控制等具体的传染病防治工作。本罪罪名是“传染病防治失职罪”,不是“传染病防治监管失职罪”;本罪的罪状描述是“从事传染病防治的政府卫生行政部门的工作人员严重不负责任”,而非“从事传染病防治监督管理的政府卫生行政部门的工作人员严重不负责任”。因此,本罪的客观行为,不仅包括违反传染病防治监督管理职责的行为,也当然包括违反传染病预防、疫情报告、通报、公布和控制等具体防治工作职责的行为。因此,所谓“严重不负责任”,准确地表述应当是“不履行或者不正确履行传染病防治及其监督管理职责”。其中,“不履行或者不正确履行传染病防治职责的行为”,包括未依法履行传染病疫情通报、报告或者公布职责,或者隐瞒、谎报、缓报传染病疫情的行为;发生或者可能发生传染病传播时未及时采取预防、控制措施的行为;等等。而“不履行或者不正确履行传染病防治监督管理职责”,则主要是指违反《传染病防治法》第 53 条所规定的未依法履行监督检查职责,或者发现违法行为不及时查处;未及时调查、处理单位和个人对下级卫生行政部门不履行传染病防治职责的举报的行为。[5]

7 (2)失职行为必须“导致传染病传播或者流行”。所谓“导致传染病传播或者流行”,是指致使传染病通过一定的途径散播给其他健康的人,致使某一地区某种传染病的发病率明显超过该病历年的一般发病率。

8 (3)还必须达到“情节严重”的程度。根据最高人民法院、最高人民检察院《关于办理妨害预防、控制突发传染病疫情等灾害的刑事案件具体应用法律若干问题的解释》第 16 条的规定,在国家对突发传染病疫情等灾害采取预防、控制措施后,具有下列情形之一的,属于《刑法》第 409 条规定的“情节严重”:①对发生突发传染病疫情等灾害的地区或者突发传染病病人、病原携带者、疑似突发传染病病人,未按照预防、控制突发传染病疫情等灾害工作规范的要求做好防疫、检疫、隔离、防护、救治等工作,或者采取的预防、控制措施不当,造成传染范围扩大或者疫情、灾情加重的;②隐

---

4 《传染病防治法》第 6 条第 1 款规定:“国务院卫生行政部门主管全国传染病防治及其监督管理工作。县级以上地方人民政府卫生行政部门负责本行政区域内的传染病防治及其监督管理工作。”

5 《传染病防治法》第 53 条规定:“县级以上人民政府卫生行政部门对传染病防治工作履行下列监督检查职责:(一)对下级人民政府卫生行政部门履行本法规定的传染病防治职责进行监督检查;(二)对疾病预防控制机构、医疗机构的传染病防治工作进行监督检查;(三)对采供血机构的采供血活动进行监督检查;(四)对用于传染病防治的消毒产品及其生产单位进行监督检查,并对饮用水供水单位从事生产或者供应活动以及涉及饮用水卫生安全的产品进行监督检查;(五)对传染病菌种、毒种和传染病检测样本的采集、保藏、携带、运输、使用进行监督检查;(六)对公共场所和有关单位的卫生条件和传染病预防、控制措施进行监督检查。省级以上人民政府卫生行政部门负责组织对传染病防治重大事项的处理。”

瞒、缓报、谎报或者授意、指使、强令他人隐瞒、缓报、谎报疫情、灾情,造成传染范围扩大或者疫情、灾情加重的;③拒不执行突发传染病疫情等灾害应急处理指挥机构的决定、命令,造成传染范围扩大或者疫情、灾情加重的;④具有其他严重情节的。而最高人民检察院《关于渎职侵权犯罪案件立案标准的规定》第 1 条第(二十)项,又在上揭四项的基础上,增加以下情形作为本罪"情节严重"的立案标准:①导致甲类传染病传播的;②导致乙类、丙类传染病流行的;③因传染病传播或者流行,造成人员重伤或者死亡的;④因传染病传播或者流行,严重影响正常的生产、生活秩序的。

另外,2020 年 2 月 6 日最高人民法院、最高人民检察院、公安部、司法部发布的《关于依法惩治妨害新型冠状病毒感染肺炎疫情防控违法犯罪的意见》中规定,卫生行政部门的工作人员严重不负责任,不履行或者不认真履行防治监管职责,导致新型冠状病毒感染肺炎传播或者流行,情节严重的,依照传染病防治失职罪定罪处罚。 9

V 主体

本罪的行为主体是从事传染病防治的政府卫生行政部门的工作人员,即在各级政府卫生行政部门从事传染病防治及其监督管理工作的工作人员。并且,根据全国人大常委会《关于〈中华人民共和国刑法〉第九章渎职罪主体适用问题的解释》以及最高人民法院、最高人民检察院《关于办理妨害预防、控制突发传染病疫情等灾害的刑事案件具体应用法律若干问题的解释》第 16 条的规定,在受政府卫生行政部门委托代表政府卫生行政部门行使职权的组织中从事公务的人员,或者虽未列入政府卫生行政部门人员编制但在政府卫生行政部门从事公务的人员,也是本罪的适格主体。 10

2013 年 1 月 9 日起实施的最高人民法院、最高人民检察院《关于办理渎职刑事案件适用法律若干问题的解释(一)》第 7 条更是明确规定,依法或者受委托行使国家行政管理职权的公司、企业、事业单位的工作人员,在行使行政管理职权时滥用职权或者玩忽职守,构成犯罪的,应当依照全国人大常委会《关于〈中华人民共和国刑法〉第九章渎职罪主体适用问题的解释》的规定,适用渎职罪的规定追究刑事责任。该条规定,应当认为是 2002 年全国人大常委会《关于〈中华人民共和国刑法〉第九章渎职罪主体适用问题的解释》"在依照法律、法规规定行使国家行政管理职权的组织中从事公务的人员,或者在受国家机关委托代表国家机关行使职权的组织中从事公务的人员"规定的具体化。据此,依法(主要是《传染病防治法》)从事传染病防治的政府工作人员、疾病预防控制机构、医疗机构、采供血机构、国境卫生检疫机关、动物防疫机构等部门、机构的工作人员,皆可成为本罪的适格主体(主要是针对这些部门、机构工作人员不履行或者不正确履行传染病监管职责、疫情通报职责,发现疫情时未依职 11

责及时采取相应的预防、控制措施等行为)。[6]

12 不过,也有观点认为,本罪主体要求必须是从事传染病防治的政府卫生行政部门的工作人员,如果负有传染病防治职责的有关人员不属于政府卫生行政部门的工作人员,而是其他部门的国家机关工作人员,可以适用《刑法》第397条规定的玩忽职守罪或滥用职权罪定罪处罚。[7] 这种以"身份"而非"职责/职务"来确定行为主体属于哪种性质的国家机关工作人员的观点,值得商榷。

13 (1)从2002年全国人大常委会《关于〈中华人民共和国刑法〉第九章渎职罪主体适用问题的解释》、2013年最高人民法院、最高人民检察院《关于办理渎职刑事案件适用法律若干问题的解释(一)》的规定可知,关于渎职罪的主体——"国家机关工作人员"的认定标准,是采"职权说",而非"身份说",即只要是行使(包括依法授权行使、被委托行使)国家行政管理等职权/职责的工作人员,不论其身份是机关工作人员还是企事业单位、社会团体工作人员,就是渎职罪的适格主体——就属于(或许更贴切的说法是"就相当于、就视为")国家机关人员。既然是否属于国家机关工作人员的标准采"职权说",那么,属于何种性质的国家机关工作人员,也理应采用相同的判断标准,例如,行使司法职权的,就是司法工作人员,不论其是否公检法司等司法部门工作人员(如在机构改革过程中尚未列入公安机关编制的企事业单位公安机构的工作人员)。据此,本条规定的"从事传染病防治的政府卫生行政部门的工作人员"也应当根据其"职权"来判断,即传染病防治本就属于卫生行政职权,只要依法行使传染病防治相关职责的工作人员,就应视为"从事传染病防治的政府卫生行政部门的工作人员"。尤其是,2013年最高人民法院、最高人民检察院《关于办理渎职刑事案件适用法律若干问题的解释(一)》明确将依法行使国家行政管理职权的公司、企业、事业单位的工作人员,视为国家机关工作人员,那么,这些公司、企事业单位工作人员,相当于(或者说属于)哪一类国家机关工作人员,显然无法依靠"身份"判断,只能根据其具体行使的职权/职责性质判断,即依法行使工商行政职

6 在2013年最高人民法院、最高人民检察院《关于办理渎职刑事案件适用法律若干问题的解释(一)》出台之前,就有学者基于我国传染病防治体系的考量提出相同主张,即主张将本罪主体扩张为"具有传染病防治职责的国家工作人员",参见卢建平、田兴洪:《传染病防治失职罪的主体范围研究》,载《人民检察》2008年第11期。事实上,1997年《刑法》将渎职罪的主体限定为"国家机关工作人员",但2002年全国人大常委会的立法解释,明显已经极大地扩大了渎职罪主体——"国家机关工作人员"的范围,甚至该解释有超出语义范围的类推之嫌,不过立法解释"名为解释,实为立法",完全可以说,立法机关以立法解释的形式对刑法进行的修正,即"又将新刑法中的渎职罪主体恢复到原有刑法'国家工作人员'的范围",参见卢勤忠:《论传染病防治犯罪的立法完善》,载《政治与法律》2003年第4期。2013年最高人民法院、最高人民检察院的《关于办理渎职刑事案件适用法律若干问题的解释(一)》不过是对立法解释立场的具体化、详细化罢了。

7 参见卢勤忠:《论传染病防治犯罪的立法完善》,载《政治与法律》2003年第4期。

责的,相当于国家工商行政部门的工作人员;行使税收行政职责的,相当于国家税务行政部门的工作人员;以此类推,行使传染病防治之卫生行政职责的,就应当属于或相当于从事传染病防治的政府卫生行政部门的工作人员。

(2)如果将所谓负有传染病防治职责的政府卫生行政部门以外的其他行政部门、非行政部门的工作人员实施的传染病防治失职行为以玩忽职守罪论处,将导致明显的处罚不公,即政府卫生行政部门工作人员的传染病防治失职行为,构成传染病防治失职罪,至多“处三年以下有期徒刑或者拘役”;而政府卫生行政部门以外的其他部门、机构工作人员的传染病防治失职行为,却构成玩忽职守罪,“处三年以下有期徒刑或者拘役,情节特别严重的,处三年以上七年以下有期徒刑”。罪刑不均可见一斑。 14

因此,只要是依法行使传染病防治及其监管职责的工作人员,不论是政府卫生行政部门的工作人员,还是政府其他部门、非政府部门的事业单位或社会组织的工作人员,都符合本罪的主体要求。这是2002年全国人大常委会以立法解释方式将渎职罪主体调整扩容后的应然结论。 15

Ⅵ 罪过

本罪的责任形式是过失。故意滥用传染病防治监管职权,导致严重后果的,则可以成立滥用职权罪。 16

Ⅶ 罪数与竞合

(1)本罪与玩忽职守罪之间的竞合关系。二者系特别法与普通法的特别关系法条竞合,适用特别法优于普通法的处置原则。 17

(2)本罪与动植物检疫失职罪、商检失职罪等罪的竞合关系。国境卫生检疫机关、动物防疫机构的检疫人员,严重不负责任,对应当检疫的不检疫,或者错误出证,使传染病疫情未得到及时、准确通报,进而导致传染病传播、流行或其他严重后果的,其行为可能同时构成本罪与商检失职罪、动植物检疫失职罪,二者属于交叉关系的法条竞合,适用重法优于轻法的处置原则。[8] 18

Ⅷ 与非罪的界限

在履行职责的过程中,由于监督措施、监测手段不完善,或者工作中发生意想不到的情况等原因造成的传染病传播或流行严重后果的情形,因为行为人主观上没有过错,因而应排除在本罪范围之外,至多以工作失误认定。 19

8 可参考本书“食品、药品监管渎职罪”部分关于“罪数与竞合”问题的详细论述。

Ⅸ 与他罪的区别

20 本罪与妨害传染病防治罪的区分。两罪都是以违反传染病防治法为前提的法定犯,也都可能引起传染病传播的严重后果,但两罪的区别在于:第一,行为主体不同。本罪是特殊主体,即负有传染病防治及监管职责的卫生行政部门的工作人员。而后罪是一般主体,包括自然人和单位,他们从事的多为传染病易发、高危的行业或职业,如医疗、餐饮、供水等,他们往往是传染病防治人员的工作对象,即两罪的主体之间常呈现监督管理者与被监督管理者、行政主体与行政相对人之间的对向关系。但需要注意的是医疗机构等非政府部门的工作人员的双重性质,一方面,医疗机构从事的医疗行业本身即是传染病易发的高危行业,是传染病防治的重点对象,因此,对于医疗机构及其工作人员未按规定对本单位内被传染病病原体污染的场所、物品以及医疗废物实施消毒或者无害化处置等行为,就应当以《刑法》第 330 条的规定,以妨害传染病防治罪论处;另一方面,医疗机构也承担着部分传染病防治的职责,对这部分渎职行为,如"未按照规定报告传染病疫情,或者隐瞒、谎报、缓报传染病疫情"等情形,则应当以本罪论处。第二,行为类型不同。本罪的实行行为乃是不履行或不正确履行传染病防治及其监管职责的渎职行为。而妨害传染病防治罪的实行行为明确规定有五种:供水单位供应的饮用水不符合国家规定的卫生标准的;拒绝按照疾病预防控制机构提出的卫生要求,对传染病病原体污染的污水、污物、场所和物品进行消毒处理的;准许或者纵容传染病病人、病原体携带者和疑似传染病病人从事国务院卫生行政部门规定禁止从事的易使该传染病扩散的工作的;出售、运输疫区中被传染病病原体污染或者可能被传染病病原体污染的物品,未进行消毒处理的;拒绝执行县级以上人民政府、疾病预防控制机构依照传染病防治法提出的预防、控制措施的。第三,责任形式不同。本罪是过失犯罪,妨害传染病防治罪的责任形式则存在过失说[9]和故意说[10]的争论。

Ⅹ 处罚

21 根据《刑法》409 条的规定,犯本罪的,处 3 年以下有期徒刑或者拘役。

---

9 参见高铭暄、马克昌主编:《刑法学》(第 9 版),北京大学出版社、高等教育出版社 2019 年版,第 573 页;敬大力主编:《渎职罪》,中国人民公安大学出版社 2003 年版,第369 页。

10 参见张明楷:《刑法学》(第 6 版),法律出版社 2021 年版,第 1468 页;黎宏:《刑法学各论》(第 2 版),法律出版社 2016 年版,第 433 页。

第四百一十条　非法批准征收、征用、占用土地罪；非法低价出让国有土地使用权罪

国家机关工作人员徇私舞弊，违反土地管理法规，滥用职权，非法批准征收、征用、占用土地，或者非法低价出让国有土地使用权，情节严重的，处三年以下有期徒刑或者拘役；致使国家或者集体利益遭受特别重大损失的，处三年以上七年以下有期徒刑。

文献：敬大力主编：《渎职罪》，中国人民公安大学出版社 2003 年版；高铭暄、马克昌主编：《中国刑法解释》（下卷），中国社会科学出版社 2005 年版；陈兴良主编：《罪名指南（下册）》（第 2 版），中国人民大学出版社 2008 年版；王作富主编：《刑法分则实务研究》（第 4 版），中国方正出版社 2010 年版；翟中东主编：《渎职罪立案追诉标准与司法认定实务》，中国人民公安大学出版社 2010 年版。

细目录

Ⅰ　主旨
Ⅱ　沿革
Ⅲ　客体
Ⅳ　对象
Ⅴ　行为
　一、非法批准征收、征用、占用土地行为
　二、非法低价出让国有土地使用权的行为
Ⅵ　主体
Ⅶ　罪过
Ⅷ　既遂与未遂
Ⅸ　共犯
Ⅹ　罪数与竞合
Ⅺ　与非罪的界限
Ⅻ　与他罪的区别
　一、非法批准征收、征用、占用土地罪与非法占用农用地罪的区别
　二、非法批准征收、征用、占用土地罪与非法转让、倒卖土地使用权罪的区别
　三、非法低价出让国有土地使用权罪与徇私舞弊低价折股、出售国有资产罪的

区别

四、非法低价出让国有土地使用权罪与非法转让、倒卖土地使用权罪的区别

XIII 处罚

I 主旨

1 《刑法》第 410 条设置非法批准征收、征用、占用土地罪和非法低价出让国有土地使用权罪的目的在于通过对此类行为的刑法规制,维护国家土地管理秩序,保证土地资源的合理利用。

II 沿革

2 1979 年《刑法》没有关于非法批准征收、征用、占用土地罪和非法低价出让国有土地使用权罪的规定。全国人大常委会 1986 年通过的《土地管理法》规定,对非法批准占用土地的单位主管人员或个人,由其所在单位或上级机关给予行政处分。后鉴于某些地方政府和相关部门为追求片面的经济利益,乱批滥用土地以及徇私舞弊非法低价出让国有土地使用权的现象日益严重,造成土地资源的浪费和国有资产的大量流失,严重损害了国家利益,1997 年《刑法》修订时,立法机关增设了非法批准征用、占用土地罪和非法低价出让国有土地使用权罪。2001 年 8 月 31 日全国人大常委会通过了《关于〈中华人民共和国刑法〉第二百二十八条、第三百四十二条、第四百一十条的解释》,该解释对《刑法》第 410 条中的“违反土地管理法规”的内涵作了明确的立法解释。2009 年 8 月 27 日,全国人大常委会通过了《关于修改部分法律的决定》(部分失效),该决定将《刑法》第 410 条及《关于〈中华人民共和国刑法〉第二百二十八条、第三百四十二条、第四百一十条的解释》中的“征用”修改为“征收、征用”,《刑法》第 410 条所规定的罪名变更为非法批准征收、征用、占用土地罪和非法低价出让国有土地使用权罪。

III 客体

3 非法批准征收、征用、占用土地罪侵犯的客体是国家机关对征收、征用、占用土地的正常管理秩序。具体而言,为了确保土地资源能够得到有效的利用,杜绝对土地资源的破坏及浪费,国家通过法律对土地的征收、征用和占用等行为作出了一系列详尽的规定。土地的征收、征用及占用均需依据法定程序进行,国家机关工作人员违反国家法律,非法批准征收、征用、占用土地,损害了正常的土地管理秩序,冲击了国家的土地管理制度。有学者认为,该罪同时也损害了国家机关工作人员职务行为的廉洁性和公正性。[1]

1　参见陈兴良主编:《罪名指南(下册)》(第 2 版),中国人民大学出版社 2008 年版,第 821 页。

非法低价出让国有土地使用权罪侵犯了国家机关出让土地使用权的正常活动。与此同时，由于土地使用权涉及重大的经济利益，非法以低价出让国有土地使用权必然会使国家的土地利益遭受损失，造成国有资产的流失。因此，可以将本罪侵犯的法益理解为复杂法益，即国家出让国有土地使用权的正常秩序及国家对国有土地所享有的经济利益。 4

Ⅳ　对象

（1）非法批准征收、征用、占用土地罪的犯罪对象泛指一切土地。《土地管理法》将土地划分为农用地、建设用地和未利用地。根据全国人大常委会《关于〈中华人民共和国刑法〉第二百二十八条、第三百四十二条、第四百一十条的解释》的规定，本罪中的"土地"包括耕地、林地等农用地以及其他土地，结合《土地管理法》的相关规定可知，其中的"农用地"包括耕地、林地、草地、农田水利用地、养殖水面等，"其他土地"包括城乡住宅和公共设施用地、工矿用地、交通水利设施用地、旅游用地、军事设施用地等建设用地以及农用地和建设用地之外的土地。 5

（2）非法低价出让国有土地使用权罪的犯罪对象为国有土地，即国家所有的土地。根据2014年修订的《土地管理法实施条例》第2条的规定，国家所有的土地包括：①城市市区的土地；②农村和城市郊区中已经依法没收、征收、征购为国有的土地；③国家依法征收的土地；④依法不属于集体所有的林地、草地、荒地、滩涂及其他土地；⑤农村集体经济组织全部成员转为城镇居民的，原属于其成员集体所有的土地；⑥因国家组织移民、自然灾害等原因，农民成建制地集体迁移后不再使用的原属于迁移农民集体所有的土地。 6

Ⅴ　行为

一、非法批准征收、征用、占用土地行为

依据《刑法》第410条的规定，本罪的客观方面表现为徇私舞弊，违反土地管理法规，滥用职权，非法批准征收、征用、占用土地，情节严重的行为。根据全国人大常委会《关于〈中华人民共和国刑法〉第二百二十八条、第三百四十二条、第四百一十条的解释》的规定，"违反土地管理法规"，是指违反《土地管理法》《森林法》《草原法》等法律以及有关行政法规中关于土地管理的规定。 7

"滥用职权，非法批准征收、征用、占用土地"通常表现为以下几种情形：①本不享有批准权而滥用职权批准征收、征用、占用土地；②虽享有批准权，但不正当行使职权，超过权限范围批准征收、征用、占用土地；③违反土地利用总体规划确定的土地用途批准征收、征用、占用土地；④违反法定程序批准征收、征用、占用土地等。 8

本罪与徇私舞弊不移交刑事案件罪及徇私舞弊不征、少征税款罪等渎职类犯罪 9

一样,对"徇私舞弊"这一要件进行了规定。其中,"舞弊"系该罪的客观构成要件要素,"舞弊"主要是指隐瞒事实、弄虚作假、玩弄职权等行为。鉴于《刑法》第 410 条明确规定了本罪所意图规制的具体渎职行为的样态,因此,本罪中的"舞弊"可视为具体渎职行为的同义语,并不具有特别的意义。[2] 换言之,只要行为人违反土地管理法规,滥用职权,非法批准征收、征用、占用土地,即可认定其行为具备了"舞弊"这一要素,不需要再判断行为人是否在上述渎职行为外还实施了其他"舞弊"行为。

10 本罪的成立以"情节严重"为前提,前述司法解释为"情节严重"的认定提供了具体标准。应当指出的是,前述司法解释相关条文的表述仅限于"征用、占用",并没涉及"征收"的情形,但鉴于 2009 年全国人大常委会发布的《关于修改部分法律的决定》(部分失效)将《刑法》第 410 条中的"征用"修改为"征收、征用",前述司法解释关于"征用"的规定理应适用于"征收"的情形。根据最高人民法院《关于审理破坏土地资源刑事案件具体应用法律若干问题的解释》《关于审理破坏林地资源刑事案件具体应用法律若干问题的解释》《关于审理破坏草原资源刑事案件应用法律若干问题的解释》以及最高人民检察院《关于渎职侵权犯罪案件立案标准的规定》的相关规定,具有下列情形之一的,属于"情节严重":①非法批准征收、征用、占用基本农田 10 亩以上的;②非法批准征收、征用、占用基本农田以外的耕地 30 亩以上的;③非法批准征收、征用、占用其他土地 50 亩以上的;④虽未达到上述数量标准,但非法批准征收、征用、占用土地给有关单位、个人造成直接经济损失 30 万元以上或造成耕地大量毁坏或植被遭到严重破坏的;⑤非法批准征收、征用、占用土地,影响群众生产、生活,引起纠纷,造成恶劣影响或者其他严重后果的;⑥非法批准征收、征用、占用防护林地、特种用途林地数量分别或者合计达到 10 亩以上的;⑦非法批准征收、征用、占用其他林地达到 20 亩以上的;⑧非法批准征收、征用、占用林地造成直接经济损失 30 万元以上,或者造成防护林地、特种用途林地分别或者合计 5 亩以上或者其他林地 10 亩以上毁坏的;⑨非法批准征收、征用、占用草原 40 亩以上的;⑩非法批准征收、征用、占用草原,造成 20 亩以上草原被毁坏的;⑪非法批准征收、征用、占用草原,造成直接经济损失 30 万元以上,或者具有其他恶劣情节的;⑫其他情节严重的情形。

11 根据《刑法》第 410 条的规定,如果非法批准征收、征用、占用土地的行为"致使国家或者集体利益遭受特别重大损失",构成本罪的加重情节。根据最高人民法院《关于审理破坏土地资源刑事案件具体应用法律若干问题的解释》《关于审理破坏林地资源刑事案件具体应用法律若干问题的解释》及《关于审理破坏草原资源刑事案件应用法律若干问题的解释》的相关规定,具有下列情形之一的,应当认定为"致使国家或者集体利益遭受特别重大损失":①非法批准征收、征用、占用基本农田 20 亩以上的;②非法批准征收、征用、占用基本农田以外的耕地 60 亩以上的;③非法批准征收、

2　关于"舞弊"的内涵,可参见张明楷:《刑法学》(第 6 版),法律出版社 2021 年版,第 1631—1634 页。

征用、占用其他土地100亩以上的；④非法批准征收、征用、占用土地，造成基本农田5亩以上，其他耕地10亩以上严重毁坏的；⑤非法批准征收、征用、占用土地造成直接经济损失50万元以上等恶劣情节的；⑥非法批准征收、征用、占用防护林、特种用途林地数量分别或者合计达到20亩以上的；⑦非法批准征收、征用、占用其他林地达到40亩以上的；⑧非法批准征收、征用、占用林地造成直接经济损失数额达到60万元以上，或者造成防护林地、特种用途林地数量分别或者合计达到10亩以上或者其他林地20亩以上毁坏的；⑨非法批准征收、征用、占用草原80亩以上的；⑩非法批准征收、征用、占用草原，造成40亩以上草原被毁坏的；⑪非法批准征收、征用、占用草原，造成直接经济损失60万元以上，或者具有其他特别恶劣情节的。

二、非法低价出让国有土地使用权的行为

非法低价出让国有土地使用权罪的客观方面表现为徇私舞弊，违反土地管理法规，滥用职权，非法低价出让国有土地使用权，情节严重的行为。 12

本罪的成立仅限于国有土地使用权出让过程中的违法行为，国有土地的转让、出租或划拨过程中发生的违法行为，不成立本罪。所谓出让国有土地使用权，是指国家将国有土地使用权在一定年限内以有偿的方式出让给土地使用者，使用者需向国家缴纳土地使用权出让金。“低价”出让是指以低于国家规定的国有土地使用权最低价出让土地使用权，低价出让既可以表现为故意低估土地价格，也可以表现为少报土地实际面积，变相减少土地出让金。应当注意，违反土地管理法规，将本应出让的国有土地予以划拨的，也应被规范地评价为非法低价出让国有土地使用权的行为。 13

违反土地管理法规是指违反《土地管理法》《森林法》《草原法》等法律以及有关行政法规中关于土地管理的规定。违反国家土地管理法规，以低于国有土地使用权最低价的价格出让土地使用权本身就属于本罪中的“滥用职权”，此外，“滥用职权”还通常表现为越权审批出让或者出让给不符合条件的单位或个人。本罪同样以“舞弊”作为客观构成要件要素，与非法批准征收、征用、占用土地罪一样，如果行为人存在违反土地管理法规，滥用职权，非法低价出让国有土地使用权的行为，即可认定“舞弊”要素的存在。 14

本罪的成立以“情节严重”为前提，根据最高人民法院《关于审理破坏土地资源刑事案件具体应用法律若干问题的解释》《关于审理破坏林地资源刑事案件具体应用法律若干问题的解释》以及最高人民检察院《关于渎职侵权犯罪案件立案标准的规定》的相关规定，具有下列情形之一的，属于“情节严重”：①非法低价出让国有土地使用权面积在30亩以上的，并且出让价额低于国家规定的最低价额标准的60%的；②造成国有土地资产流失价额在30万元以上的；③非法低价出让国有土地使用权，影响群众生产、生活，引起纠纷，造成恶劣影响或者其他严重后果的；④非法低价出让林地合计30亩以上，并且出让价额低于国家规定的最低价额标准的60%的；⑤造成国有资产流失价额在30万元以上的；⑥其他情节严重的情形。 15

16 本罪同样规定了“致使国家和集体利益遭受特别重大损失”作为法定刑的升格条件。根据最高人民法院《关于审理破坏土地资源刑事案件具体应用法律若干问题的解释》和《关于审理破坏林地资源刑事案件具体应用法律若干问题的解释》的相关规定,具有下列情形之一的,属于“致使国家或集体利益遭受特别重大损失”:①非法低价出让国有土地使用权面积在60亩以上,并且出让价额低于国家规定的最低价额标准的40%的;②造成国有土地资产流失价额在50万元以上的;③非法低价出让国家林地使用权,造成国有资产流失价额在60万元以上的。

VI 主体

17 非法批准征收、征用、占用土地罪和非法低价出让国有土地使用权罪的主体是特殊主体,即国家机关工作人员。本罪并未对国家机关工作人员的范围作出进一步的限制。在司法实践中,本罪的主体主要是各级政府中土地管理、城市规划等部门的工作人员。应当注意的是,根据2002年全国人大常委会发布的《关于〈中华人民共和国刑法〉第九章渎职罪主体适用问题的解释》的规定,在受国家机关委托代表国家机关行使职权的组织中从事公务的人员,或者虽未列入国家机关人员编制但在国家机关从事公务的人员,在代表国家机关行使职权时,也可成为上述两罪的主体。同时,根据2012年最高人民法院、最高人民检察院发布的《关于办理渎职刑事案件适用法律若干问题的解释(一)》第7条的规定,依法或者受委托行使国家行政管理职权的公司、企业、事业单位的工作人员,也能成为上述两罪的主体。

VII 罪过

18 (1)非法批准征收、征用、占用土地罪在主观方面只能是出于故意,过失不成立本罪。本罪的成立要求行为人认识到其批准征收、征用、占用土地的行为违反国家土地管理法规,认识到其行为可能会给国家利益造成损失,但希望或放任这种危害结果的发生。

19 本罪以“徇私”为构成要件要素。关于“徇私”的内涵和性质,在刑法理论上尚存争议。①关于“徇私”是主观的构成要件要素,还是客观的构成要件要素,大体存在四种不同见解:认为徇私是客观要素的“行为说”;认为徇私属于犯罪动机的“动机说”;认为徇私是犯罪目的的“目的说”;认为徇私既是客观要素,又是主观要素的“动机与行为说”[3]。根据“徇私”一词在日常生活中的实际用法,徇私显然是对心理动机的描述语词,故“动机说”是妥当的。②学者们关于徇私中“私”的范围存在两种针锋相对的观点:一种观点认为徇私仅限于徇个人之私,另一种观点认为徇私既包括徇个人私情、私利,也包括徇单位、集体之私。前一种观点与人们对“私”的通常理解相

---

3 参见张明楷:《刑法学》(第6版),法律出版社2021年版,第1632页。

符,故为多数人所采用,后一种观点则为少数说。[4] 关于此问题,最高人民法院在2003年11月13日印发的《全国法院审理经济犯罪案件工作座谈会纪要》中采取了前一种观点,该纪要规定:“徇私舞弊型渎职犯罪的‘徇私’应理解为徇个人私情、私利。国家机关工作人员为了本单位的利益,实施滥用职权、玩忽职守行为,构成犯罪的,依照刑法第三百九十七条第一款的规定定罪处罚。”然而,少数说的主张者所提供的两点核心理据也同样值得考虑:一方面,行为人在实施具体渎职行为时的动机是徇个人之私还是徇单位、集体之私,与该渎职行为所造成的法益侵害程度的高低并无必然关联;另一方面,徇单位、集体之私所实施的渎职行为在刑法层面上的非难可能性也并不必然低于徇个人之私所实施的渎职行为。[5] 需要注意的是,即使采取上述纪要的解读,将“徇私”限定为“徇个人私情、私利”,也不应将“徇个人私情、私利”狭隘地理解为贪图钱财的动机,行为人碍于情面、徇亲友私情或出于报复或嫉妒等心理动机实施本罪所规定的渎职行为,同样可以被认定为“徇私”。

20 (2)非法低价出让国有土地使用权罪在主观上只能是故意,即行为人明知自己违反国家土地管理法规低价出让国有土地使用权,并认识到此行为会给国家利益造成损失,而希望或放任这一危害结果的发生。过失不构成本罪。本罪的成立以“徇私”动机的存在为前提,本罪中的“徇私”与非法批准征收、征用、占有土地罪中的“徇私”内涵相同,任何出于私利的动机均可被认定为“徇私”,其中既包括谋求物质性利益的动机,也包括谋求非物质性利益的动机,甚至包括单纯的泄愤报复、嫉妒等动机。

Ⅷ　既遂与未遂

21 (1)非法批准征收、征用、占用土地罪的既遂并不以任何实际损害结果的出现为前提,本罪以行为人完成了非法批准征收、征用、占用土地的行为作为犯罪既遂的标志。一旦行为人完成了非法批准征收、征用、占用土地的行为,且符合情节严重的标准,就已经严重侵害了国家的土地管理秩序。因此,即使被非法批准征收、征用、占用的土地尚未被实际征收、征用、占用或未遭到破坏,也不影响本罪既遂的成立。如果行为人违反土地管理法规,着手实施了非法批准征收、征用、占用土地的行为,但由于意志以外的原因而未完成相应的批准行为,应成立该罪的未遂。

22 (2)非法低价出让国有土地使用权罪以非法低价出让国有土地使用权的行为的完成作为既遂的标志。一旦行为人违反土地管理法规,非法低价出让国有土地使用权,且符合情节严重的标准的,就必然损害了国家出让土地使用权的正常秩序并造成国家的经济损失,行为的完成与危害结果的发生是同时的,故上述行为的完成即意味着该罪既遂的成立。

4　参见周光权:《刑法各论》(第4版),中国人民大学出版社2021年版,第594页。

5　参见张明楷:《刑法学》(第6版),法律出版社2021年版,第633页。

IX 共犯

23 非法批准征收、征用、占用土地罪和非法低价出让国有土地使用权罪完全可以由二人以上共同故意实施,对于两罪的共同犯罪,应当依据《刑法》总则关于共同犯罪的成立条件的规定以及两罪的构成要件予以认定,其中包括共同犯罪的参与者均系国家机关工作人员的情形和部分参与者系国家机关工作人员两种情形。需要特别注意以下问题:①在共同犯罪的参与者均系国家机关工作人员的场合,对于仅仅教唆或帮助他人实施两罪所规定的行为但自己并没有实施相关渎职行为的参与者,应当认定为教唆犯或帮助犯,根据他们在共同犯罪中发挥的作用(主犯抑或从犯)追究刑事责任。②如果国家机关负责人员违法决定,或者指使、授意、强令其他国家机关工作人员实施相应的渎职行为,应视不同情形,综合考虑负责人员是否处于支配地位,是否参与具体的渎职行为,被指使、授意或强令的其他国家机关工作人员对相关渎职行为是否知情等因素,分别作为共同实行犯、间接正犯或教唆犯,并根据他们在共同犯罪(间接正犯的情形除外)中所起的作用(主犯或从犯)追究刑事责任。③根据 2012 年最高人民法院、最高人民检察院发布的《关于办理渎职刑事案件适用法律若干问题的解释(一)》第 5 条的规定,如果两罪所规定的渎职行为是以"集体研究"的方式决定实施的,对国家机关负责人理应按上述罪名追究刑事责任,但对于具体执行人员,应当在综合认定其行为性质、是否提出反对意见、危害结果大小等情节的基础上决定是否追究其刑事责任和应当判处的刑罚。④由于非法征收、征用、占用土地罪和非法低价出让国有土地使用权罪是真正身份犯,在仅有部分共同犯罪参与者系国家机关工作人员的场合,对无国家机关工作人员身份的参与者只能作为教唆犯或帮助犯追究其刑事责任。

X 罪数与竞合

24 对于非法征收、征用、占用土地罪和非法低价出让国有土地使用权罪的罪数的认定,应当依照区分一罪与数罪的通行原则来进行。有以下几种情形需要注意:①《刑法》第 410 条的规定与第 397 条的规定之间存在法条竞合关系,如果行为同时符合《刑法》第 410 条所规定的犯罪构成和《刑法》第 397 条规定的滥用职权罪的构成,应适用特别法条,即按非法征收、征用、占用土地罪或非法低价出让国有土地使用权罪定罪处罚。②2012 年最高人民法院、最高人民检察院《关于办理渎职刑事案件适用法律若干问题的解释(一)》第 3 条规定:"国家机关工作人员实施渎职犯罪并收受贿赂,同时构成受贿罪的,除刑法另有规定外,以渎职犯罪和受贿罪数罪并罚。"如果国家机关工作人员收受贿赂,非法批准征收、征用、占用土地或者非法低价出让国有土地使用权,同时构成上述两罪和受贿罪的,应以上述两罪和受贿罪数罪并罚。③如果行为人所实施的上述两罪所规定的渎职行为本身也触犯了其他罪名,应认定为想象竞合,从一重罪处罚。④如果行为人在上述两罪所规定的渎职行为之外又实施了其他行为,触犯其他罪名的,如侵吞耕地占用税构成贪污罪的,属于典型的数行为触犯数罪名,应当数罪并罚。

XI 与非罪的界限

(1)在判断非法批准征收、征用、占用土地罪的罪与非罪时,应当特别注意本罪的成立以“情节严重”为前提。如果行为人实施了非法批准征收、征用、占用土地的行为,但尚未达到相关司法解释对“情节严重”确立的标准的,只能按照一般的违法行为进行处理,如给予行政处罚等。此外,如果行为人实施了非法批准征收、征用、占用土地的行为,且符合“情节严重”的标准,但无法证明其“徇私”动机的存在的,若该行为依法构成《刑法》第 397 条规定的滥用职权罪的,应按滥用职权罪定罪处罚,这一处理方法也被最高人民法院、最高人民检察院发布的《关于办理渎职刑事案件适用法律若干问题的解释(一)》所采用。 25

(2)在判断非法低价出让国有土地使用权罪的罪与非罪时,除了需要注意非法低价出让国有土地使用权的行为是否符合“情节严重”的标准外,还应特别注意非法低价出让的土地使用权仅限于国有土地使用权。 26

XII 与他罪的区别

一、非法批准征收、征用、占用土地罪与非法占用农用地罪的区别

两罪的区别表现在以下几个方面:①客体不同。非法批准征收、征用、占用土地罪侵犯的客体是国家对土地的正常管理秩序,而非法占用农用地罪被设置在妨害社会管理秩序罪一章中,属于破坏环境资源保护罪,该罪除侵犯国家对土地的管理秩序外,还对农用地资源造成了严重破坏,侵犯了重大的环境法益。②犯罪对象不同。非法批准征收、征用、占用土地罪的犯罪对象泛指一切类型的土地,除农用地外,还包括建设用地和未利用地。非法占用农用地罪的对象仅限于耕地、林地等农用地。③客观表现不同。非法批准征收、征用、占用土地罪的行为表现为违反土地管理法规,滥用职权,非法批准征收、征用、占用土地,且情节严重;非法占用农用地罪的行为表现为违反土地管理法规,将农用地改作他用,造成农用地大量毁坏的。前者并不以实际损害结果作为犯罪构成要件,后者则要求农用地大量毁坏的实害结果的出现。④犯罪主体不同。非法批准征收、征用、占用土地罪的主体是特殊主体,即国家机关工作人员。非法占用农用地罪的主体系一般主体,包括自然人和单位。⑤犯罪的主观方面不同。两罪均属于故意犯罪,但非法批准征收、征用、占用土地罪规定了“徇私”这一主观的超过要素,非法占用农用地罪并未对特定动机作出要求。 27

二、非法批准征收、征用、占用土地罪与非法转让、倒卖土地使用权罪的区别

28 两罪的区别表现在以下几个方面:①客体不同。非法转让、倒卖土地使用权罪规定于破坏社会主义市场经济秩序罪一章中,属于扰乱市场秩序犯罪,其侵犯的客体是合法转让土地使用权的正常市场秩序;而非法批准征收、征用、占用土地罪侵犯的客体是国家对土地的正常管理秩序。②犯罪的客观方面不同。非法转让、倒卖土地使用权罪的实行行为是非法转让、倒卖土地使用权,非法批准征收、征用、占用土地罪的实行行为系非法"批准"行为。③犯罪主体不同。非法批准征收、征用、占用土地罪的主体是特殊主体,即国家机关工作人员。非法转让、倒卖土地使用权罪的主体系一般主体,包括自然人和单位。④犯罪主观方面不同。两罪均为故意犯罪,非法转让、倒卖土地使用权罪的成立要求行为人具有牟利目的,而非法批准征收、征用、占用土地罪以"徇私"动机为成立条件。

三、非法低价出让国有土地使用权罪与徇私舞弊低价折股、出售国有资产罪的区别

29 两罪的区别主要表现为:①客体不同。非法低价出让国有土地使用权罪侵犯的是国家对国有土地使用权出让活动的正常管理秩序,徇私舞弊低价折股、出售国有资产罪侵犯的是国家对国有资产的所有权和国有公司、企业的管理秩序。②犯罪对象不同。非法低价出让国有土地使用权罪的犯罪对象仅限于国有土地使用权,徇私舞弊低价折股、出售国有资产罪的犯罪对象包括所有形式的国有资产,其中包括资金、设备、土地、债权等有形和无形的资产。③客观方面不同。非法低价出让国有土地使用权罪表现为违反土地管理法规,滥用职权,非法低价出让国有土地使用权,情节严重的行为;而徇私舞弊低价折股、出售国有资产罪表现为将国有资产低价折股或低价出售,致使国家利益遭受重大损失的行为。④犯罪主体不同。非法低价出让国有土地使用权罪和徇私舞弊低价折股、出售国有资产罪的主体均系特殊主体,但范围不同。前者的主体限于国家机关工作人员,后者的主体限于国有公司、企业或者其上级主管部门直接负责的主管人员。

四、非法低价出让国有土地使用权罪与非法转让、倒卖土地使用权罪的区别

30 两罪的区别主要表现在以下方面:①客体不同。非法低价出让国有土地使用权罪侵犯的是国家对国有土地使用权出让活动的正常管理秩序,非法转让、倒卖土地使

用权罪侵犯的是合法转让土地使用权的正常市场秩序。②犯罪客观方面不同。就犯罪对象而言,非法低价出让国有土地使用权罪的犯罪对象限于国有土地使用权,非法转让、倒卖土地使用权罪的犯罪对象是土地使用权,包括国有土地使用权和集体所有土地的使用权。两罪的实行行为也不同,前者表现为违反土地管理法规,滥用职权,非法低价出让国有土地使用权,情节严重的行为,后者表现为非法转让、倒卖土地使用权,情节严重的行为。③犯罪主体不同。非法低价出让国有土地使用权罪的主体是特殊主体,即国家机关工作人员。非法转让、倒卖土地使用权罪的主体系一般主体,包括自然人和单位。④犯罪的主观方面不同。两罪均为故意犯罪,但非法转让、倒卖土地使用权罪的成立要求行为人具有牟利目的,而非法低价出让国有土地使用权罪以"徇私"动机为成立条件。

XIII 处罚

《刑法》第 410 条为非法批准征收、征用、占用土地罪和非法低价出让国有土地使用权罪规定了两个幅度的法定刑:①犯本条规定之罪的,处 3 年以下有期徒刑或者拘役;②犯本条规定之罪,"致使国家或者集体利益遭受特别重大损失的",处 3 年以上 7 年以下有期徒刑。 31

第四百一十一条　放纵走私罪

海关工作人员徇私舞弊，放纵走私，情节严重的，处五年以下有期徒刑或者拘役；情节特别严重的，处五年以上有期徒刑。

文献:敬大力主编:《渎职罪》,中国人民公安大学出版社2003年版;高铭暄、马克昌主编:《中国刑法解释》(下卷),中国社会科学出版社2005年版;陈兴良主编:《罪名指南(下册)》(第2版),中国人民大学出版社2008年版;王作富主编:《刑法分则实务研究》,中国方正出版社2010年版;翟中东主编:《渎职罪立案追诉标准与司法认定实务》,中国人民公安大学出版社2010年版。

细目录

Ⅰ　主旨
Ⅱ　沿革
Ⅲ　客体
Ⅳ　对象
Ⅴ　行为
Ⅵ　主体
Ⅶ　罪过
Ⅷ　既遂与未遂
Ⅸ　共犯
Ⅹ　罪数
Ⅺ　与非罪的界限
Ⅻ　与他罪的区别
一、与徇私舞弊不移交刑事案件罪的区别
二、与徇私枉法罪的区别
三、与包庇罪的区别
四、与徇私舞弊不征、少征税款罪的区别
XIII　处罚

Ⅰ　主旨

1　《刑法》第411条设置放纵走私罪的目的在于,通过对海关工作人员徇私舞弊,放纵走私的行为进行刑法规制，维护国家海关征收关税、查禁走私的正常管理秩序。

Ⅱ 沿革

1979年《刑法》并未规定本罪。1987年1月22日全国人大常委会通过的《海关法》第56条规定："海关工作人员滥用职权，故意刁难、拖延监管、查验的，给予行政处分；徇私舞弊、玩忽职守或者放纵走私的，根据情节轻重，给予行政处分或者依法追究刑事责任。"1988年1月21日全国人大常委会通过了《关于惩治走私罪的补充规定》，该规定对1979年《刑法》中的走私罪进行了重要补充，完善了罪状，提高了法定刑。1997年《刑法》吸收了上述规定的相关内容，独立规定了放纵走私罪，旨在严厉打击海关工作人员徇私舞弊，放纵走私的行为，从而维护国家主权和利益，加强海关监管秩序。 2

Ⅲ 客体

本罪侵犯的客体是国家的海关监督管理秩序。海关是国家的进出境监管机关。根据《海关法》第2条之规定，海关负责监管进出境的运输工具、货物、行李物品、邮递物品和其他物品，征收关税和其他税、费，查缉走私，并编制海关统计和办理其他海关业务。海关工作人员徇私舞弊，放纵走私的行为必然会妨害海关的正常监管活动，并损害国家机关的威信、造成国家关税损失等。 3

Ⅳ 对象

本罪的犯罪对象是走私行为。应当注意的是，放纵走私罪中的"走私"不限于走私犯罪，放纵尚不构成走私罪的一般走私行为，达到本罪的"情节严重"标准的，同样可以成立本罪。"走私"的具体认定参见《海关法》第82条规定及2004年9月19日国务院发布的《海关行政处罚实施条例》第7条对走私行为样态的详尽规定。 4

Ⅴ 行为

根据《刑法》第411条的规定，放纵走私罪的客观方面表现为徇私舞弊，放纵走私，情节严重的行为。 5

所谓放纵走私，是指对走私行为放任不管，在司法实践中通常表现为：对应当查缉的走私货物、物品不予查缉；对应当征收关税和其他税费的不征收；对应当追究法律责任的走私违法犯罪活动不予追究等。所谓的"舞弊"，通常表现为利用职务上的便利制造、提供虚假材料，隐瞒真实情况，弄虚作假等。也有学者指出，本罪中的"舞弊"与"放 6

纵”含义相同,如果能够认定存在“放纵”行为,即可认定存在“舞弊”情节。[1]

7 放纵走私行为必须达到“情节严重”的程度,才能成立本罪。同时,本罪将“情节特别严重的”作为法定刑的升格条件。在司法实践中,关于“情节严重”和“情节特别严重”的认定,理应结合所放纵的走私行为本身的严重程度、放纵走私次数的多少、放纵走私行为人的数量、给国家造成的关税损失以及放纵走私造成的恶劣社会影响等因素进行综合判断,方能得出合理结论。根据 2006 年最高人民检察院公布的《关于渎职侵权犯罪案件立案标准的规定》的规定,放纵走私,涉嫌下列情节之一的,应予立案:①放纵走私犯罪的;②因放纵走私致使国家应收税额损失累计达 10 万元以上的;③放纵走私行为 3 起次以上的;④放纵走私行为,具有索取或者收受贿赂情节的;⑤其他情节严重的情形。

Ⅵ 主体

8 《刑法》第 411 条对该罪的主体作出特别规定,即在国家海关机构中从事公务的人员。海关机构主要是指国务院设立的海关总署以及在国家对外开放的口岸和海关监管业务集中的地点设立的海关。目前,我国的海关主要设立在以下地点:①对外开放贸易的港口;②边境火车站、汽车站和主要国际联运火车站;③边境地区陆路和江河上准许货物和人员进出的地点;④国际航空站;⑤国际邮局互换局(地点);⑥其他对外开放口岸和海关监管业务比较集中的地点;⑦国务院特许或者其他需要设立海关的地点。上述机构中从事公务的海关工作人员,徇私舞弊,放纵走私,情节严重的,均可成立本罪。

Ⅶ 罪过

9 本罪在主观上出于故意,过失不能构成本罪。关于本罪的故意的具体形态有三种观点:第一种观点认为本罪主观方面既可以是直接故意,也可以是间接故意;第二种观点认为本罪主观方面只能是直接故意;第三种观点认为本罪主观方面只能是间接故意。[2]笔者认为,后两种观点是存在疑问的。认为本罪的主观罪过只限于直接故意的观点的主要理由在于:本罪中的“放纵”不等同于间接故意中的“放任”态度,而“只要海关工作人员明知是走私行为而仍然予以放纵,就表明行为人对其放纵行为持故意心态,而且是直接故意”[3]。此观点难以经得起推敲,设想以下情形:海关工作人员认识到其所处理的物品有可能是走私物品,但并不完全确定,该工作人员对

---

1 参见张明楷:《刑法学》(第 6 版),法律出版社 2021 年版,第 1661 页。

2 参见赵秉志主编:《中国刑法案例与学理研究 · 分则篇(六)》,法律出版社 2001 年版,第 313 页。

3 翟中东主编:《渎职罪立案追诉标准与司法认定实务》,中国人民公安大学出版社 2010 年版,第 396 页。

该物品的性质不加详查，便对走私人予以放行。该海关工作人员在客观上实施了"放纵走私"行为时，主观上并不完全确定其行为属于"放纵走私"，此时，其对"放纵走私"的事实很可能持"放任"态度，而非"希望"态度。问题的关键在于，作为故意的认识要素的"明知"，既包括认识到危害结果必然发生，也包括认识到结果可能发生。认为本罪主观方面只能是间接故意的观点实际上是将"放纵"这一客观构成要件要素与间接故意中的"放任"这一意志因素混同了。关于该罪主观罪过的争议也提示我们，轻易主张某罪的故意仅限于直接故意或间接故意，或过分夸大直接故意与间接故意的差异，是不妥当的。如有学者指出的，"在刑法分则中，凡是由故意构成的犯罪，刑法分则条文均未排除间接故意；当人们说某种犯罪只能由直接故意构成时，只是根据有限事实所作的归纳，并非法律规定"[4]。由此可见，认为本罪的故意既包括直接故意，也包括间接故意的观点是妥当的。具体而言，该罪的故意是指行为人认识到存在或可能存在走私行为而故意放纵的。

本罪以"徇私"动机作为主观的超过要素。所谓"徇私"，一般表现为贪图财物、徇亲友私情等。有学者指出："只要行为人明知是走私而放纵，排除了因为事实不清、政策界限不明等因素导致过失放纵走私，就可以认定为'徇私'。"[5]笔者赞同此观点。事实上，在司法实践中，只要能确定其动机具有私情、私利的成分，基本上即可认定"徇私"的存在。 10

Ⅷ　既遂与未遂

本罪的成立以"情节严重"为前提，一旦行为人实施了本条规定的放纵走私行为，且达到"情节严重"标准的，即可成立本罪的既遂。从理论上讲，本罪同样存在未遂形态。如果行为人已经着手实施放纵走私的行为，但因意志以外的因素未能得逞的，例如行为人故意对走私物品不加查处并告知走私人可以通关，但被其他海关工作人员及时发现予以制止的，理应成立本罪未遂。当然，在司法实践中，对于本罪的未遂是否应采取可罚态度尚需进一步研究，但应当肯定的是，如果行为人意图放纵的走私行为本身的法益侵害性并不严重，完全可以依据《刑法》第 13 条之规定，对放纵走私未遂的行为不按犯罪处理。 11

Ⅸ　共犯

放纵走私罪完全可能由二人以上共同故意实施。关于本罪的共同犯罪，应当依据《刑法》总则关于共同犯罪的成立条件的规定以及《刑法》第 411 条规定的构成要件予以认定。 12

4　张明楷：《刑法学》（第 6 版），法律出版社 2021 年版，第 345 页。
5　张明楷：《刑法学》（第 6 版），法律出版社 2021 年版，第 1661 页。

13 司法实践中,本罪的共同犯罪既包括海关工作人员之间形成合意、共同犯罪的情形,也包括海关工作人员与其他人员相互勾结、共同犯罪的情形。需要特别注意的是以下情形:海关工作人员与走私人相互勾结,海关工作人员放纵走私,使走私人得以逃避海关监管的。针对此种情形,2002年最高人民法院、最高人民检察院、海关总署联合发布的《关于办理走私刑事案件适用法律若干问题的意见》第16条规定:"负有特定监管义务的海关工作人员徇私舞弊,利用职权,放任、纵容走私犯罪行为,情节严重的,构成放纵走私罪。放纵走私行为,一般是消极的不作为。如果海关工作人员与走私分子通谋,在放纵走私过程中以积极的行为配合走私分子逃避海关监管或者在放纵走私之后分得赃款的,应以共同走私犯罪追究刑事责任。"然而,该规定的合理性值得质疑:①如果海关工作人员与走私分子通谋且走私行为本身构成走私犯罪,海关工作人员既成立放纵走私罪的正犯也成立走私罪的共犯,构成想象竞合,应当从一重罪处罚。这种处理方式已被新近的司法解释采纳。2012年最高人民法院、最高人民检察院《关于办理渎职刑事案件适用法律若干问题的解释(一)》第4条第2款规定:"国家机关工作人员与他人共谋,利用其职务行为帮助他人实施其他犯罪行为,同时构成渎职犯罪和共谋实施的其他犯罪共犯的,依照处罚较重的规定定罪处罚。"②如果海关工作人员与走私分子通谋且走私行为本身构成走私犯罪,即使海关工作人员没有实施积极的行为配合走私分子逃避海关监管,也没有在放纵走私之后分得赃款,而只是消极的不作为,即不履行监管职责,也不应影响其成立走私罪的共犯。

X 罪数

14 对于放纵走私罪的罪数区分,应当按照关于区分一罪与数罪的标准来解决。主要特别注意以下几点:①《刑法》第411条的规定与第397条的规定之间存在特别法条与一般法条的关系,如果行为同时符合《刑法》第411条所规定的犯罪构成和《刑法》第397条规定的滥用职权罪的犯罪构成,应适用特别法条,即按放纵走私罪定罪处罚。②根据最高人民法院、最高人民检察院、海关总署联合发布的《关于办理走私刑事案件适用法律若干问题的意见》第16条的规定,如果海关工作人员收受贿赂又放纵走私的,以受贿罪和放纵走私罪数罪并罚。2012年最高人民法院、最高人民检察院《关于办理渎职刑事案件适用法律若干问题的解释(一)》也采取了同样的处理方式,该解释第3条规定:"国家机关工作人员实施渎职犯罪并收受贿赂,同时构成受贿罪的,除刑法另有规定外,以渎职犯罪和受贿罪数罪并罚。"③如果海关工作人员放纵走私的行为同时触犯其他罪名的,如徇私枉法罪,则属于想象竞合,从一重罪处罚。

XI 与非罪的界限

15 区分放纵走私罪的罪与非罪时,应特别注意两方面的问题:①要准确判断行为人是否具有放纵走私的故意。如果行为人客观上放纵了走私行为,但由于业务素质较差、工作态度不认真等原因并未认识到存在走私货物、物品或走私人员的,不能以本罪追究责任。如果行为人主观上严重不负责,致使走私行为未经查处,给国家和人民利益造成重大损失的,可依照玩忽职守罪追究其刑事责任。②要准确判断放纵走私的行为是否"情节严重",关于本罪"情节严重"的认定标准,前文已论及,此处不再赘述。

XII 与他罪的区别

一、与徇私舞弊不移交刑事案件罪的区别

两罪的区别表现为:①法益不同。放纵走私罪侵犯的是国家海关机关的正常管理活动,徇私舞弊不移交刑事案件罪侵犯的法益是国家行政机关的正常行政执法活动。②犯罪的客观方面不同。放纵走私罪发生在海关执法过程中,针对的是走私行为,但并不要求该走私行为成立犯罪;徇私舞弊不移交刑事案件罪发生在一切行政执法过程中,针对的是应当追究刑事责任的案件,案件性质没有具体限定。此外,放纵走私罪表现为对走私行为的放任不管,不履行相关监管职责;徇私舞弊不移交刑事案件罪表现为对依法应当移交的刑事案件不移交。③犯罪主体不同。放纵走私罪的主体限于海关工作人员;而徇私舞弊不移交刑事案件罪的主体是一般的行政执法人员。 16

应当注意的是,在司法实践中,放纵走私的行为完全有可能同时符合放纵走私罪和徇私舞弊不移交刑事案件罪的构成要件。例如,海关工作人员明知存在走私行为,且该走私行为构成犯罪,但该海关工作人员既不将案件移交司法机关追究刑事责任,也未对该走私行为依照《海关法》作出处理。显然,该放纵行为既成立放纵走私罪,也成立徇私舞弊不移交刑事案件罪,属于想象竞合,应从一重处罚。学者们对以下情形的处理尚存争议:海关工作人员明知走私行为构成犯罪,应当移交司法机关追究刑事责任而不移交,而是按照《海关法》作出行政处罚,即所谓的"以罚代刑"的情形。有学者认为将本应移交司法机关的走私犯罪案件依照《海关法》处理,本身就属于放纵走私的行为,因此理应按照法定刑更重的放纵走私罪处罚。[6] 相反的观点认为,按照《海关法》处罚走私行为,并不是对走私行为的放任不管,只属于一般的渎职行为,不应以放纵走私罪追究责任,应按照徇私舞弊不移交刑事案件罪处理。[7] 笔者认为,放纵走私罪侵犯的法益是海关的正常监管秩序,"以罚代刑"的行为虽妨害了司法机关对犯罪的刑事追究活动,但并未放弃对走私行为的监管,也未造成国家的关税损失,该行为的违法性和有责性显然低于典型的放纵走私行为,故不宜将"以 17

6 参见高铭暄、马克昌主编:《中国刑法解释》(下卷),中国社会科学出版社 2005 年版,第 2885 页。

7 参见翟中东主编:《渎职罪立案追诉标准与司法认定实务》,中国人民公安大学出版社 2010 年版,第 400 页。

罚代刑”评价为本罪的“放纵”,按照法定刑较轻的徇私舞弊不移交刑事案件罪处理是妥当的。

二、与徇私枉法罪的区别

18 两罪的区别表现为:①法益不同。放纵走私罪侵犯的是国家海关机关的正常管理活动,徇私枉法罪侵犯的是国家司法机关的正常活动。②犯罪的客观方面不同。放纵走私罪表现为对走私行为的放任不管,不履行相关监管职责;徇私枉法罪既可表现为对明知是无罪的人而使其受追诉,也可表现为对明知是有罪的人而故意包庇不使他受追诉。此外,放纵走私罪的成立要求“情节严重”,徇私枉法罪无此要求。③犯罪主体不同。放纵走私罪的主体是海关工作人员;而徇私枉法罪的主体是司法工作人员。需要注意的是,海关机构中负责走私犯罪侦查的工作人员徇私枉法,故意放纵、包庇走私人使其不受刑事追诉的,其行为同时触犯放纵走私罪和徇私枉法罪,属于想象竞合,应从一重罪处罚。

三、与包庇罪的区别

19 两罪的区别表现为:①法益不同。放纵走私罪侵犯的是国家海关机关的正常管理活动,包庇罪侵犯的是国家司法机关对犯罪人的正常的刑事追诉活动。②犯罪的客观方面不同。放纵走私罪表现为对走私行为的放任不管,不履行相关监管职责;包庇罪表现为对明知是犯罪的人而作虚假证明予以包庇。③犯罪对象不同。放纵走私罪放纵的不限于犯走私罪的人,也包括一般违法人员;而包庇罪包庇的对象必须是“犯罪的人”,但对犯罪的性质并无限制。④犯罪主体不同。放纵走私罪的主体是海关工作人员;包庇罪的主体是一般主体。

四、与徇私舞弊不征、少征税款罪的区别

20 两罪的区别表现为:①法益不同。放纵走私罪侵犯的是国家海关机关的正常管理活动,徇私舞弊不征、少征税款罪侵犯的是国家的税收管理活动。②犯罪的客观方面不同。放纵走私罪表现为对走私行为的放任不管,不履行相关监管职责;徇私舞弊不征、少征税款罪表现为对依法应征税款不征或者少征的行为。放纵走私罪的成立要求“情节严重”,徇私舞弊不征、少征税款罪的成立要求“致使国家税收遭受重大损失”。值得注意的是,如果我们对“税务机关”采取广义的理解,那么,放纵走私罪和徇私舞弊不征、少征税款罪之间就存在交叉关系,放纵走私既包括对应当征收关税的不予征收致使国家税收遭受损失的行为,也包括对应当扣押、收缴的走私物品不予扣押、收缴等行为。如果海关负责征收关税的工作人员徇私舞弊,对应当征收关税的货物不征收关税,致使国家应收税额损失累计达 10 万元以上,同时符合放纵走私罪和徇私舞弊不征、少征税款罪的构成要件时,属于想象竞合,应从一重罪处罚。③犯罪主体不同。放纵走私罪的主体是海关工作人员;而徇私舞弊不征、少征税款罪的主体

是税务机关的工作人员。

XIII 处罚

《刑法》第411条为本罪规定了两个幅度的法定刑:海关工作人员徇私舞弊,放纵走私,情节严重的,处5年以下有期徒刑或者拘役;情节特别严重的,处5年以上有期徒刑。 21

第四百一十二条　商检徇私舞弊罪；商检失职罪

国家商检部门、商检机构的工作人员徇私舞弊，伪造检验结果的，处五年以下有期徒刑或者拘役；造成严重后果的，处五年以上十年以下有期徒刑。

前款所列人员严重不负责任，对应当检验的物品不检验，或者延误检验出证、错误出证，致使国家利益遭受重大损失的，处三年以下有期徒刑或者拘役。

文献：敬大力主编：《渎职罪》，中国人民公安大学出版社 2003 年版；高铭暄、马克昌主编：《中国刑法解释》（下卷），中国社会科学出版社 2005 年版；陈兴良主编：《罪名指南（下册）》（第 2 版），中国人民大学出版社 2008 年版；王作富主编：《刑法分则实务研究》，中国方正出版社 2010 年版；翟中东主编：《渎职罪立案追诉标准与司法认定实务》，中国人民公安大学出版社 2010 年版。

细目录

Ⅰ　主旨
Ⅱ　沿革
Ⅲ　客体
Ⅳ　对象
Ⅴ　行为
一、商检徇私舞弊罪
二、商检失职罪
Ⅵ　主体
Ⅶ　罪过
Ⅷ　既遂与未遂
Ⅸ　共犯
Ⅹ　罪数
Ⅺ　与非罪的界限
Ⅻ　与他罪的区别
一、商检徇私舞弊罪与商检失职罪的区别
二、商检徇私舞弊罪与逃避商检罪的区别
XIII　处罚

I 主旨

进出口商品检验是国家管理活动的一个重要方面,加强进出口商品检验对于保证进出口商品的质量,维护对外贸易双方的合法权益,促进对外经贸关系的顺利发展等,具有重要意义。《刑法》第 412 条设置商检徇私舞弊罪和商检失职罪旨在维护国家进出口商品检验的正常管理活动,保证商检工作人员能够依法履行职责。 1

II 沿革

我国 1979 年《刑法》并未规定商检徇私舞弊罪和商检失职罪。1989 年 2 月 21 日全国人大常委会通过的《进出口商品检验法》第 29 条规定:“国家商检部门、商检机构的工作人员和国家商检部门、商检机构指定的检验机构的检验人员,滥用职权,徇私舞弊,伪造检验结果的,或者玩忽职守,延误检验出证的,根据情节轻重,给予行政处分或者依法追究刑事责任。”根据 1979 年《刑法》的规定,如果玩忽职守,延误检验出证的行为致使国家和人民利益遭受重大损失的,可依照玩忽职守罪追究其刑事责任,但对于错误出证以及滥用职权、徇私舞弊、伪造检验结果的行为,并无相应罪名进行规制,明显存在处罚漏洞。鉴于此,1997 年《刑法》修订时,立法者将上述规定加以吸收、完善,分别针对上述两种情形设置了商检徇私舞弊罪和商检失职罪。 2

III 客体

商检徇私舞弊罪侵犯的法益是国家商检机关的正常管理活动。具体而言,商检活动包括进口商品检验、出口商品检验和进出口商品鉴定。进出口商品检验活动对于保证进出口商品的质量,维护对外贸易有关各方的合法权益,促进对外经贸顺利发展至关重要。商检机关、商检部门的工作人员不遵守《进出口商品检验法》等相关法律的规定,徇私舞弊,故意伪造商检结果,必然会妨害国家商检机关的正常管理活动,破坏进出口商品的检验秩序,从而对国家的对外经贸活动造成损失。 3

商检失职罪侵犯的法益是国家商检机关的正常管理活动。商检机构工作人员不严格履行职责,延误检验出证或错误出证,会削弱商检活动的效率和价值,导致国家和人民遭受经济损失,给国家声誉造成不良影响。 4

IV 对象

商检徇私舞弊罪和商检失职罪的对象是依照相关法律、法规应当实施检验的进出口商品。《进出口商品检验法》第 4 条规定,“由国家商检部门制定、调整必须实施检验的进出口商品目录(以下简称目录)并公布实施”。《进出口商品检验法实施条例》第 3 条第 1 款规定:“海关总署应当依照商检法第四条规定,制定、调整必须实施检验的进出口商品目录(以下简称目录)并公布实施。”《进出口商品检验法》第 5 条 5

第1款规定:“列入目录的进出口商品,由商检机构实施检验。”第2款规定:“前款规定的进口商品未经检验的,不准销售、使用;前款规定的出口商品未经检验合格的,不准出口。”第3款规定:“本条第一款规定的进出口商品,其中符合国家规定的免予检验条件的,由收货人或者发货人申请,经国家商检部门审查批准,可以免予检验。”由上述规定可知,凡是被列入须经检验的进出口商品名录的商品,除非经国家商检部门批准免予检验的商品外,商检机构均有职责进行检验。商检机构工作人员对此类商品伪造检验结果,或不予检验、延误检验、错误出证的,均可能成立商检徇私舞弊罪或商检失职罪。

V 行为

一、商检徇私舞弊罪

6 根据《刑法》第412条之规定,商检徇私舞弊罪在客观上表现为徇私舞弊、伪造检验结果的行为。关于“伪造检验结果”的理解,需要注意以下几点:

7 (1)在刑法理论中,学者们通常依据伪造者身份的不同,将“伪造”划分为有形伪造和无形伪造。有形伪造是指无制作权限的人,冒用有权机关的名义制作与事实不符的文件。无形伪造是指有制作权限的人,擅自以有权机关的名义制作与事实不符的文件。本罪中,“伪造”行为的实施者是商检部门、商检机构的工作者,故本罪的“伪造”系无形伪造。

8 (2)本罪的“伪造”是广义的伪造。伪造的内涵有狭义和广义之分。狭义的伪造是与变造相对的,广义的伪造包含变造。所谓变造,是指对真实的文件的内容进行加工,改变其内容的行为。在我国刑法中,关于伪造和变造类犯罪的规定有三种模式:①将伪造和变造行为区分开,但将伪造和变造规定在同一条文中,且未在法定刑的配置上作出区分,如伪造、变造、买卖国家机关公文、证件、印章罪;②将伪造和变造行为区分开,以不同的条文加以规定,并配置了不同的法定刑,如伪造货币罪和变造货币罪;③只对伪造行为作出了规定,条文中既无对“变造”的表述,也没有针对变造行为规定单独的罪名,如伪造公司、企业、事业单位、人民团体印章罪。商检徇私舞弊罪的规定显然属于第三种模式,关于此种情形,可能存在两种解读方式:一种解读是,认为此罪的伪造是就狭义而言的,立法者之所以未对变造作出规定,是因为相应的变造行为并不具有可罚性。例如,有学者对伪造公司、企业、事业单位、人民团体印章罪即采取这样的理解,认为变造公司、企业、事业单位、人民团体印章的,不构成犯罪。[1]另一种解读是,认为此罪的伪造是就广义而言的,虽然条文中并未对“变造”作出表述,但伪造本身就包含着变造。如有学者对伪造、盗窃、买卖、非法提供、非法使用武

1 参见周光权:《刑法各论》(第4版),中国人民大学出版社2021年版,第394页。

装部队专用标志罪中的“伪造”即采取此种解读,认为对真实的专用标志进行加工的变造行为亦属于本罪中的伪造。[2] 笔者认为,对《刑法》第412条中的“伪造”应采用后一种解读,即从广义上理解。理由在于:本罪立法的目的在于保障商检活动的真实有效,其关注点即在于确保商检结果的真实性,无论是凭空制造本不存在的商检结果,还是在已有的真实商检结果上加以修改,均会导致该检验结果的虚假性,从而妨害国家的正常商检活动管理秩序,损害国家商检机关的信誉。如此看来,伪造检验结果和变造检验结果在法益侵害程度上并无实质差异,将变造行为排除在本罪的构成之外缺乏实质合理性。司法解释也对本罪的伪造采取了广义的解读。2006年7月26日发布的最高人民检察院《关于渎职侵权犯罪案件立案标准的规定》明确指出,“采取伪造、变造的手段对报检的商品的单证、印章、标志、封识、质量认证标志等作虚假的证明或者出具不真实的证明结论的”,应予立案。本罪的伪造行为通常表现为两种形式:①没有实施商检而出具检验结果的,包括出具商品合格和出具商品不合格的检验结果;②实施了商检后出具虚假的检验结果的,包括出具商品合格和出具商品不合格的检验结果。此外,应当注意的是,在未经检验就出具检验证明的情形下,即使事后查明该检验证明与商品的实际情况相符,也理应认定“伪造”行为的存在。换言之,伪造的判断侧重于对商检人员滥用职权、违反法定标准和程序出具检验证明的行为的关注。

(3)本罪中的“检验结果”是指商检部门、商检机构根据法律法规要求对应当进行检验的商品的检验事项所作出的结论。检验结果既包括对商品合格或不合格的检验结论,也包括对报检的商品的单证、印章、标志、封识、质量认证标志等事项的证明。检验结果的具体范围可参照《进出口商品检验法》和《进出口商品检验法实施条例》的相关规定加以确定。 9

(4)所谓“舞弊”是指玩弄职权、掩盖事实、欺上瞒下的行为。本罪的认定中,只要能确定商检部门、商检机构工作人员滥用职权,实施了伪造检验结果的行为,即可认定其存在“舞弊”行为。 10

根据《刑法》第412条的表述,商检徇私舞弊罪的成立并不要求伪造检验结果的行为造成实际的损害结果,也未对“情节严重”作出要求,但在司法实践中,仍要综合考察伪造检验结果行为的次数、涉及的商品价值、造成的消极影响等因素,对商检徇私舞弊行为的可罚性作出判断,如果情节显著轻微,危害不大的,可依据《刑法》第13条的规定,不以犯罪论处。根据最高人民检察院《关于渎职侵权犯罪案件立案标准的规定》,商检工作人员徇私舞弊,伪造检验结果的行为,涉嫌下列情形之一的,应予立案:①采取伪造、变造的手段对报检的商品的单证、印章、标志、封识、质量认证标志等作虚假的证明或者出具不真实的证明结论的;②将送检的合格商品检验为不合格,或者将不合格商品检验为合格的;③对明知是不合格的商品,不检验而出具合格检验结 11

2 参见张明楷:《刑法学》(第6版),法律出版社2021年版,第1550页。

果的;④其他伪造检验结果应予追究刑事责任的情形。

12 《刑法》第412条将“造成严重后果”作为本罪的法定刑升格条件,相关司法解释并未对“严重后果”确立认定标准,司法实践中,应主要考虑伪造检验结果行为给国家和人民造成的直接和间接经济损失,以及对国家声誉造成的损害等后果。

二、商检失职罪

13 本罪在客观上表现为严重不负责任,对应当检验的物品不检验,或者延误检验出证、错误出证,致使国家利益遭受重大损失的行为。所谓“严重不负责任”,是指商检工作人员在商检工作中不履行或不正确履行职责,其具体体现为本罪所规定的三种行为样态:①对应当检验的物品不检验;②延误检验出证;③错误出证。只要以上存在三种行为之一,即可认定行为人客观上系“严重不负责任”,在此意义上,“严重不负责任”的表述是重复的,但应注意,“严重不负责任”对于理解本罪的主观罪过具有重要意义。

14 “对应当检验的物品不检验”是指对被列入商检商品目录的物品不履行检验职责的行为。“不检验”既包括对应当检验的物品完全不予检验,也包括对部分应当检验的内容不予检验。

15 关于“延误检验出证”的含义,大体存在三种观点:第一种观点认为延误出证是指在对外贸易合同约定的索赔期内没有检验完毕[3];第二种观点认为延误出证是指对进出口商品未在规定的期限内检验完毕并出具证明[4];第三种观点认为延误出证是指已经超过索赔期限后检验出证,或者在已经延误装运期后的出证[5]。笔者认为,商检失职罪侵犯的法益是国家对商检活动的正常管理秩序,商检机构工作人员严重不负责任,不履行职责,未在规定的期限内出具证明,即使没有超出对外贸易合同约定的索赔期限,也会对国家正常的商检活动秩序造成妨碍,给对外贸易的各方带来经济损失的风险,有损国家声誉。此外,观点三的主张者认为,超过规定期限后不予出证本身就属于“对应当检验的物品不检验”,为了将本罪中的“延误检验出证”与“对应当检验的物品不检验”区别开,必须将其理解为超过规定期限后才予以出证的情形。[6]然而,延误检验出证关注的是“出证”行为是否实施完毕,而“对应当检验的物品不检验”关注的是商检人员是否实施了“检验”,故上述观点三的理由并不成立。如

---

3 参见胡康生、李福成主编:《中华人民共和国刑法释义》,法律出版社1997年版,第588页。

4 参见敬大力主编:《渎职罪》,中国人民公安大学出版社2003年版,第413页。

5 参见孙力主编:《公务活动中犯罪界限的司法认定》,中国检察出版社2000年版,第466页。

6 参见高铭暄、马克昌主编:《中国刑法解释》(下卷),中国社会科学出版社2005年版,第2889页。

果行为人已开始检验工作,但未能在规定期限内完成检验并出具证明,或者在规定期限内完成了检验工作,但未在规定期限内出证,无论其在超过规定期限后是否予以出证,都属于"延误检验出证"的情形。笔者认为,观点二是妥当的。

"错误出证"是指商检机构工作人员出具了与送检商品本身实际情况不符的商品 16
检验证明。如对不合格的商品出具了合格的证明,对合格的商品出具了不合格的证明等。

根据《刑法》第 412 条第 2 款的表述,本罪的成立以"致使国家利益遭受重大损 17
失"这一实害结果的发生为前提。根据最高人民检察院《关于渎职侵权犯罪案件立案标准的规定》的规定,商检失职行为,涉嫌下列情形之一的,应予立案:①致使不合格的食品、药品、医疗器械等商品出入境,严重危害生命健康的;②造成个人财产直接经济损失 15 万元以上,或者直接经济损失不满 15 万元,但间接经济损失 75 万元以上的;③造成公共财产、法人或者其他组织财产直接经济损失 30 万元以上,或者直接经济损失不满 30 万元,但间接经济损失 150 万元以上的;④未经检验,出具合格检验结果,致使国家禁止进口的固体废物、液态废物和气态废物等进入境内的;⑤不检验或者延误检验出证、错误出证,引起国际经济贸易纠纷,严重影响国家对外经贸关系,或者严重损害国家声誉的;⑥其他致使国家利益遭受重大损失的情形。

Ⅵ 主体

商检徇私舞弊罪和商检失职罪的主体为特殊主体,即国家商检部门、商检机构的 18
工作人员。《进出口商品检验法》第 2 条规定:"国务院设立进出口商品检验部门(以下简称国家商检部门),主管全国进出口商品检验工作。国家商检部门设在各地的进出口商品检验机构(以下简称商检机构)管理所辖地区的进出口商品检验工作。"第 3 条规定:"商检机构和依法设立的检验机构(以下称其他检验机构),依法对进出口商品实施检验。"《进出口商品检验法实施条例》第 2 条规定:"海关总署主管全国进出口商品检验工作。海关总署设在省、自治区、直辖市以及进出口商品的口岸、集散地的出入境检验检疫机构及其分支机构(以下简称出入境检验检疫机构),管理所负责地区的进出口商品检验工作。"因此,上述机构中从事商品检验工作的人员,均可成为两罪的主体。此外,根据 2002 年全国人大常委会发布的《关于〈中华人民共和国刑法〉第九章渎职罪主体适用问题的解释》的规定,在受国家机关委托代表国家机关行使职权的组织中从事公务的人员,或者虽未列入国家机关人员编制但在国家机关中从事公务的人员,在代表国家机关行使职权时,有渎职行为,构成犯罪的,依照刑法关于渎职罪的规定追究刑事责任。同时,2012 年最高人民法院、最高人民检察院发布的《关于办理渎职刑事案件适用法律若干问题的解释(一)》第 7 条规定,依法或者受委托行使国家行政管理职权的公司、企业、事业单位的工作人员,在行使行政管理职权时滥用职权或者玩忽职守,构成犯罪的,应当依照全国人大常委会《关于〈中华人民共和国刑法〉第九章渎职罪主体适用问题的解释》的规定,适用渎职罪的规定追究刑事责任。由此可知,出入境检验检疫机构及其分支机构中从事进出口商品检验工作的在编人员和非在编人员,以及受出入境检验检疫机构及其分支机构委托代为从事进出口商品检验的公司、企业、事业单位的工作人员,均可能成为两罪的主体。

Ⅶ 罪过

19 (1)商检徇私舞弊罪在主观方面只能是出于故意,过失不成立本罪。本罪的成立要求行为人明知其对所检验商品出具的检验结果是不真实的,而希望或放任这一结果的发生。本罪的故意既可能是直接故意,也可能是间接故意。本罪的成立要求行为人具备"徇私"动机,需要注意的是,不应将"徇私"狭隘地理解为贪图钱财的动机,行为人碍于情面、徇亲友私情或出于报复或嫉妒等心理动机实施本罪所规定的渎职行为,同样可以被认定为"徇私"。

20 (2)商检失职罪的主观方面为过失。有观点认为,本罪在多数情况下是出于过失,但不排除间接故意的情形。[7] 也有观点认为,行为人对工作严重不负责任是故意,但对致使国家利益遭受重大损失的后果是过失。[8] 笔者认为,在刑法明确区分滥用职权罪和玩忽职守罪的前提下,上述两种观点有混淆故意犯罪和过失犯罪的界限之嫌。应当指出,如果行为人对错误出证持间接故意,则构成商检徇私舞弊罪。如果行为人故意对应当检验的物品不检验,或者故意延误检验出证,致使公共财产、国家和人民利益遭受重大损失的,构成滥用职权罪。

Ⅷ 既遂与未遂

21 (1)商检徇私舞弊罪属于行为犯,但本罪同样有既遂和未遂之分。本罪以"伪造检验结果"行为的完成为既遂标志。关于"伪造检验结果"行为的完成时点,有学者认为,伪造检验结果以出具虚假证明为完成时点,按此观点,只有伪造检验结果并出具虚假证明的方能构成本罪既遂。然而,从语义上看,"伪造"显然有别于"出具",从生活经验来看,完全可能存在完成"伪造",但尚未"出具"的情形,上述观点将"出具虚假证明"作为"伪造检验结果"的完成标志缺乏实质的理由,会过分推迟本罪的既遂时点。因此,笔者认为,只要行为人完成了对检验结果的伪造,即成立本罪的既遂,而不要求行为人已经出具了虚假证明。如果行为人已经着手伪造检验证书,但由于意志以外的因素未能得逞的,构成本罪的未遂。

22 (2)商检失职罪系过失犯罪,并无所谓犯罪既遂与犯罪未遂之分。该罪的成立以特定危害后果的发生为前提。

---

7 参见高铭暄、马克昌主编:《中国刑法解释》(下卷),中国社会科学出版社 2005 年版,第 2890 页。

8 参见敬大力主编:《渎职罪》,中国人民公安大学出版社 2003 年版,第 414 页。

Ⅸ 共犯

23 (1)商检徇私舞弊罪完全有可能由二人以上共同故意实施,对于本罪的共同犯罪,应当依据《刑法》总则关于共同犯罪的成立条件的规定以及本罪的构成要件予以认定。值得注意的是:①如果商检部门、商检机构的工作人员与逃避商检的行为人事前通谋,由逃避商检的行为人报检,由商检工作人员伪造检验结果,从而逃避商检,情节严重的,商检工作人员既成立商检徇私舞弊罪的正犯,也成立逃避商检罪的共犯,构成想象竞合,应当从一重罪处罚。该处断方式得到了 2012 年最高人民法院、最高人民检察院发布的《关于办理渎职刑事案件适用法律若干问题的解释(一)》的肯定,该解释第 4 条第 2 款规定:"国家机关工作人员与他人共谋,利用其职务行为帮助他人实施其他犯罪行为,同时构成渎职犯罪和共谋实施的其他犯罪共犯的,依照处罚较重的规定定罪处罚。"②根据最高人民法院、最高人民检察院《关于办理渎职刑事案件适用法律若干问题的解释(一)》第 5 条的规定,如果商检徇私舞弊行为是以"集体研究"的方式实施的,对国家机关负责人理应按本罪追究刑事责任,但对于具体执行人员,应当在综合认定其行为性质、是否提出反对意见、危害结果大小等情节的基础上决定是否追究刑事责任和应当判处的刑罚。

24 由于本罪的实行行为只能由依法承担商检职责的人员实施,故有身份者成立主犯,无身份者成立教唆犯或从犯。笔者认为,在无身份者成立教唆犯的场合,由于有身份者对本罪实行行为的完成具有绝对的支配地位,原则上应对教唆犯以从犯论处,只有在教唆犯对被教唆人有很大影响力的特殊情形下,才能对其以主犯论处。

25 (2)商检失职罪是过失犯罪,依据我国刑法规定,不存在共同犯罪形态。我国《刑法》第 25 条规定:"共同犯罪是指二人以上共同故意犯罪。二人以上共同过失犯罪,不以共同犯罪论处;应当负刑事责任的,按照他们所犯的罪分别处罚。"如果二人以上的国家商检部门、商检机构工作人员均严重不负责任,导致对应当检验的物品不检验,延误检验出证或错误出证,致使国家利益遭受重大损失的,应当具体考察每个人的失职行为的性质以及其失职行为与危害结果之间的因果关系,如果构成本罪,依据本条规定分别定罪处罚。

Ⅹ 罪数

26 对于商检徇私舞弊罪和商检失职罪的罪数的认定,应当依照区分一罪与数罪的通行原则来进行。有以下几种情形需要注意:①《刑法》第 412 条的规定与第 397 条的规定之间存在法条竞合的关系,如果行为同时符合《刑法》第 412 条规定的犯罪构成要件和《刑法》第 397 条规定的滥用职权罪或玩忽职守罪的构成要件,应适用特别法条,即按商检徇私舞弊罪或商检失职罪定罪处罚。②最高人民法院、最高人民检察院《关于办理渎职刑事案件适用法律若干问题的解释(一)》第 3 条规定:"国家机关工作人员实施渎职犯罪并收受贿赂,同时构成受贿罪的,除刑法另有规定外,以渎职犯罪和受贿罪数罪并罚。”因此,如果商检人员因收受贿赂而伪造检验结果或伪造检验结果后收受贿赂,符合受贿罪的构成的,应以商检徇私舞弊罪和受贿罪数罪并罚。③如果行为人所实施的上述两罪所规定的渎职行为本身也触犯了其他罪名,应认定为想象竞合,从一重罪处罚。④如果行为人在上述两罪所规定的渎职行为之外又实施了其他行为,触犯其他罪名的,如侵吞所检商品,构成贪污罪的,属于典型的数行为触犯数罪名,应当数罪并罚。

XI　与非罪的界限

27 (1)在判断商检徇私舞弊罪的罪与非罪时,需要特别注意以下三个方面:①本罪的主观方面是故意,如果行为人因业务素质不高、态度不认真等因素过失导致出具虚假检验结果的,不构成本罪。如果造成严重后果的,可能成立商检失职罪。②行为人伪造检验结果的商品是否被国家商检机关列入应检的进出口商品目录,针对未被列入目录的商品伪造检验结果,不构成本罪。③本罪只能发生在进出口商品检验过程中,如果伪造检验结果的行为发生在进出口商品检验过程之外,则不构成本罪。有观点认为,本罪中的“商检”不仅包括出入境的商检,也包括境内的商检。[9] 笔者不赞同此观点。从字面上看,根据我国相关法律法规,“商检”特指出入境商品检验,境内的商品检验通常被称为“质检”。此外,本罪与《刑法》第 230 条规定的逃避商检罪系相对应的罪名,逃避商检罪明确将“商检”限定为“进出口商品检验”,本罪宜采相同的解释。

28 (2)在判断商检失职罪的罪与非罪时,应注意:①要区分本罪与一般的工作失误。在商检活动中的工作失误表现为多种样态,而构成本罪的工作失误限于严重不负责任,对应当检验的物品不检验、延误检验出证、错误出证三种样态,其他类型的工作失误不构成本罪。②本罪的成立以“致使国家利益遭受重大损失”为要件,即使存在上述失职行为,但并未导致国家利益遭受重大损失的,不构成本罪。③要判断行为人是否存在过失。如果行为人因无法预见或不能抗拒的原因,导致对应当检验的物品未经检验、延误检验出证或错误出证,如自然灾害、检验设备失灵、现有检验方法尚无法发现送检物品的问题等,不应认定行为人存在过失,不能追究其刑事责任。另外,笔者认为,由于《刑法》第 412 条对本罪的表述是“严重不负责任”,因此,有必要对一般过失和严重过失加以区分,如果商检人员因较低程度的过失导致应当检验的物品未经检验、延误检验出证或错误出证,如未能在第一时间对检验设备加以更新,导致送检人利用最新科技手段逃避商检的,不宜以本罪追究其刑事责任。

9　参见张明楷:《刑法学》(第 6 版),法律出版社 2021 年版,第 1662 页。

XII 与他罪的区别

一、商检徇私舞弊罪与商检失职罪的区别

两罪被规定在同一法条中,主要区别表现在:①客观行为方式不同。商检徇私舞弊罪表现为伪造检验结果的行为;而商检失职罪表现为对应当检验的物品不检验、延误检验出证、错误出证。②对结果的要求不同。商检徇私舞弊罪的成立不要求行为导致实际的法益损害结果;而商检失职罪的成立要求行为导致"国家利益遭受重大损失"。③主观罪过形式不同。商检徇私舞弊罪系故意犯罪,且要求有"徇私"动机;商检失职罪系过失犯罪。 29

二、商检徇私舞弊罪与逃避商检罪的区别

两罪的区别表现在:①法益不同。商检徇私舞弊罪侵犯的是国家商检机关的正常管理活动,逃避商检罪侵犯的是市场经济秩序,被规定在扰乱市场秩序罪的章节中。②客观方面不同。商检徇私舞弊罪表现为徇私舞弊,伪造检验结果的行为;而逃避商检罪表现为将必须经商检机构检验的进口商品未报经检验而擅自销售、使用,或者将必须经商检机构检验的出口商品未报经检验合格而擅自出口,情节严重的行为。③犯罪主体不同。商检徇私舞弊罪的主体系特殊主体,即国家商检部门、商检机构的工作人员;逃避商检罪的主体是一般主体,包括自然人和单位。 30

应当注意的是,如前所述,商检工作人员与逃避商检的行为人相互勾结,由逃避商检的行为人报检,由商检工作人员伪造检验结果,从而逃避商检,情节严重的,应依据共同犯罪的规定和想象竞合的处断原则,对二者定罪处罚。 31

XIII 处罚

《刑法》第 412 条为商检徇私舞弊罪规定了两个幅度的法定刑:犯商检徇私舞弊罪的,处 5 年以下有期徒刑或者拘役;犯商检徇私舞弊罪,造成严重后果的,处 5 年以上 10 年以下有期徒刑。犯商检失职罪的,处 3 年以下有期徒刑或者拘役。 32

第四百一十三条　动植物检疫徇私舞弊罪;动植物检疫失职罪

动植物检疫机关的检疫人员徇私舞弊，伪造检疫结果的，处五年以下有期徒刑或者拘役；造成严重后果的，处五年以上十年以下有期徒刑。

前款所列人员严重不负责任，对应当检疫的检疫物不检疫，或者延误检疫出证、错误出证，致使国家利益遭受重大损失的，处三年以下有期徒刑或者拘役。

文献:敬大力主编:《渎职罪》,中国人民公安大学出版社 2003 年版;高铭暄、马克昌主编:《中国刑法解释》(下卷),中国社会科学出版社 2005 年版;陈兴良主编:《罪名指南(下册)》(第 2 版),中国人民大学出版社 2008 年版;王作富主编:《刑法分则实务研究》,中国方正出版社 2010 年版;翟中东主编:《渎职罪立案追诉标准与司法认定实务》,中国人民公安大学出版社 2010 年版。

细目录

Ⅰ　主旨
Ⅱ　沿革
Ⅲ　客体
Ⅳ　对象
Ⅴ　行为
　一、动植物检疫徇私舞弊罪
　二、动植物检疫失职罪
Ⅵ　主体
Ⅶ　罪过
Ⅷ　既遂与未遂
Ⅸ　共犯
Ⅹ　罪数
Ⅺ　与非罪的界限
Ⅻ　与他罪的区别
　一、动植物检疫徇私舞弊罪与动植物检疫失职罪的区别
　三、动植物检疫徇私舞弊罪与妨害动植物防疫、检疫罪的区别
　三、动植物检疫徇私舞弊罪与妨害国境卫生检疫罪的区别
XIII　处罚

I 主旨

为了防止动物传染病、寄生虫病和植物危害性病、虫害、杂草及其他有害生物威胁人民生命、财产安全,有必要加强对检疫机关工作人员职务行为的监督。《刑法》第413条规定了动植物检疫徇私舞弊罪和动植物检疫失职罪,旨在严厉惩治动植物检疫工作中的徇私舞弊和失职行为。 1

Ⅱ 沿革

我国1979年《刑法》并未规定动植物检疫徇私舞弊罪和动植物检疫失职罪。1991年10月30日全国人大常委会通过的《进出境动植物检疫法》第45条规定:"动植物检疫机关人员滥用职权,徇私舞弊,伪造检疫结果,或者玩忽职守,延误检疫出证,构成犯罪的,依法追究刑事责任;不构成犯罪的,给予行政处分。"1997年《刑法》修订时,立法机关将上述规定加以修改完善后纳入1997年《刑法》,分别规定了动植物检疫徇私舞弊罪和动植物检疫失职罪。 2

Ⅲ 客体

动植物检疫徇私舞弊罪和动植物检疫失职罪侵犯的客体是国家动植物检疫机关的正常管理活动。动植物检疫活动对于防止动植物病害,保护农、林、牧、渔业的发展和人的身体健康而言,是至关重要的。动植物检疫机关的工作人员不遵守《进出境动植物检疫法》《动物防疫法》等相关法律的规定,徇私舞弊,故意伪造检疫结果,或者不严格履行职责,对应当检疫的检疫物不检疫、延误检疫出证、错误出证等行为必然会妨害国家动植物检疫机关的正常管理活动,危害人们的身体健康,导致国家和人民遭受经济损失,给国家声誉造成不良影响。 3

Ⅳ 对象

两罪的对象依照《进出境动植物检疫法》《进出境动植物检疫法实施条例》《动物防疫法》《植物检疫条例》的规定确定。国家动植物检疫机关的工作人员对上述法律规定的检疫品伪造检验结果,或不予检验、延误检验、错误出证的,均可成立动植物检疫徇私舞弊罪或动植物检疫失职罪。 4

Ⅴ 行为

一、动植物检疫徇私舞弊罪

根据《刑法》第413条之规定,动植物检疫徇私舞弊罪在客观上表现为徇私舞 5

弊,伪造检疫结果的行为。关于“伪造检疫结果”的理解,需要注意以下几点:

6 (1)“伪造”有无形伪造与有形伪造之分,前者指有制作权限的人,擅自以有权机关的名义制作与事实不符的文件,后者指无制作权限的人,冒用有权机关的名义制作文件。本罪中的“伪造”系无形伪造,即有权提出检验结果的工作人员,故意提供虚假的检疫结果。本罪的“伪造”是广义的伪造,包括伪造和变造。本罪的伪造行为通常表现为:①没有实施检疫而出具检疫结果的,包括出具送检动植物合格和出具送检动植物不合格的检疫结果;②实施检疫后出具虚假的检疫结果的,包括对不合格的送检动植物出具合格证明和对合格的送检动植物出具不合格证明。

7 (2)本罪中的“检疫结果”是指国家动植物检疫机关根据法律法规要求对应当进行检疫的检疫物的检疫事项所作出的结论。检疫结果包括所有与动植物检疫有关的证书,具体范围可参照《进出境动植物检疫法》《进出境动植物检疫法实施条例》《动物防疫法》《植物检疫条例》的相关规定加以确定,主要包括:签发《动物过境许可证》,签发《检疫调离通知单》,在报关单上加盖印章或签发《检疫放行通知单》,签发《检疫处理通知单》签发《动物检疫合格证明》,签发《植物检疫证书》等。

8 (3)所谓“舞弊”是指玩弄职权、掩盖事实、欺上瞒下的行为。本罪的认定中,只要能确定动植物检疫机关工作人员滥用职权,实施了伪造检疫结果的行为,即可认定其存在“舞弊”行为。

9 根据《刑法》第 413 条的表述,动植物检疫徇私舞弊罪的成立并不要求伪造检疫结果的行为造成实际的损害结果,也未对“情节严重”作出要求,但在司法实践中,仍要综合考察伪造检疫结果行为的次数、涉及的检疫物的性质、造成的消极影响等因素,对动植物检疫徇私舞弊行为的可罚性作出判断,如果情节显著轻微,危害不大的,可依据《刑法》第 13 条的规定,不以犯罪论处。根据 2006 年最高人民检察院公布的《关于渎职侵权犯罪案件立案标准的规定》的规定,出入境检验检疫机关、检验检疫机构工作人员徇私舞弊,伪造检疫结果的行为,涉嫌下列情形之一的,应予立案:①采取伪造、变造的手段对检疫的单证、印章、标志、封识等作虚假的证明或者出具不真实的结论的;②将送检的合格动植物检疫为不合格,或者将不合格动植物检疫为合格的;③对明知是不合格的动植物,不检疫而出具合格检疫结果的;④其他伪造检疫结果应予追究刑事责任的情形。

10 《刑法》第 413 条将“造成严重后果”作为本罪的法定刑升格条件,相关司法解释并未对“严重后果”的认定确立标准,司法实践中,应主要考虑伪造检疫结果行为给国家和人民造成的直接和间接经济损失,对人们的身体健康造成的损害以及对国家声誉造成的破坏等因素加以判断。

二、动植物检疫失职罪

11 本罪在客观上表现为严重不负责任,对应当检疫的检疫物不检疫,或者延误检疫出证、错误出证,致使国家利益遭受重大损失的行为。

所谓“严重不负责任”,是指动植物检疫机关工作人员在检疫工作中不履行或不正确履行职责,其具体体现为本罪所规定的三种行为样态:①对应当检疫的检疫物不检疫;②延误检疫出证;③错误出证。 12

“对应当检疫的检疫物不检疫”是指对应当检疫的检疫物不履行检疫职责的行为。关于“应当检疫的检疫物”的范围,前文已加讨论,此处不再赘述。“不检疫”既包括对应当检疫的检疫物完全不予检疫,也包括对部分应当检疫的检疫物不予检疫。 13

“延误检疫出证”是指没有在规定期限内完成检疫并出具检验证明的情形,表现为两种形式:①检疫人员已开始检疫工作,但未能在规定期限内完成检疫并出具证明;②检疫人员在规定期限内完成了检疫工作,但未在规定期限内出证。无论行为人是否在事后完成检疫并出具证明,上述延误检疫出证行为均会给国家动植物检疫管理活动造成妨害。 14

“错误出证”是指检疫人员出具了与检疫物本身实际情况不符的检疫证明。如对不合格的检疫物出具了合格的证明,对合格的检疫物出具了不合格的证明等。 15

根据《刑法》第 413 条第 2 款的表述,动植物检疫失职罪的成立以“致使国家利益遭受重大损失”这一实害结果的发生为前提。根据最高人民检察院《关于渎职侵权犯罪案件立案标准的规定》,动植物检疫失职行为,涉嫌下列情形之一的,应予立案:①导致疫情发生,造成人员重伤或者死亡的;②导致重大疫情发生、传播或者流行的;③造成个人财产直接经济损失 15 万元以上,或者直接经济损失不满 15 万元,但间接经济损失 75 万元以上的;④造成公共财产或者法人、其他组织财产直接经济损失 30 万元以上,或者直接经济损失不满 30 万元,但间接经济损失 150 万元以上的;⑤不检疫或者延误检疫出证、错误出证,引起国际经济贸易纠纷,严重影响国家对外经贸关系,或者严重损害国家声誉的;⑥其他致使国家利益遭受重大损失的情形。 16

VI 主体

动植物检疫徇私舞弊罪和动植物检疫失职罪的主体为特殊主体。关于本罪中的“动植物检疫机关的检疫人员”,存在两种观点:一种观点将“动植物检疫机关”限定为出入境检疫机关,“动植物检疫机关”一词出现在《进出境动植物检疫法》第 3 条的表述中,该条文规定:“国务院设立动植物检疫机关(以下简称国家动植物检疫机关),统一管理全国进出境动植物检疫工作。”最高人民检察院《关于渎职侵权犯罪案件立案标准的规定》正是在此意义上界定本罪主体的。根据该规定,动植物检疫徇私舞弊罪和动植物检疫失职罪的主体是出入境检验检疫机关、检验检疫机构的工作人员。该定义仍被不少学者所坚持,例如,有学者在讨论动植物检疫徇私舞弊罪与妨害动植物防疫、检疫罪的区别时指出:“动植物检疫徇私舞弊罪是行为人徇私舞弊,伪造检验结果的行为,涉及的是进出境检疫;妨害动植物防疫、检疫罪是违反有关动植物防疫、检疫的国家规定,引起重大动植物疫情的,或者有引起重大动植物疫情,情节严 17

重的行为,涉及国内防疫和进出境检疫两方面。”[1]另一种观点认为,本罪中的“动植物检疫机关”不仅包括进出境动植物检疫机关,也包括负责境内动植物检疫工作的机关。在《刑法修正案(七)》出台前,人们普遍认为本罪与《刑法》第337条规定的逃避动植物检疫罪系相对应的罪名,由于逃避动植物检疫罪明确对“违反进出境动植物检疫法的规定”作出了要求,因此,虽然《刑法》第413条没有“进出境”等字眼,但将本罪的主体限定为进出境动植物检疫机关的检疫人员无可厚非。然而,由于逃避动植物检疫罪已经被妨害动植物防疫、检疫罪所替代,继续将《刑法》第413条中的“动植物检疫机关”限定为进出境检疫机关显得不合时宜。笔者认为,在境内动植物的检疫工作中,检疫人员的徇私舞弊或严重不负责任的行为会对人民群众的身体健康造成重大威胁,就社会危害性而言,此类行为与进出境动植物检疫工作中的徇私舞弊和失职行为之间并无实质差异,可谓有过之而无不及,理应以动植物检疫徇私舞弊罪和动植物检疫失职罪加以严惩。《动物防疫法》第48条规定:“动物卫生监督机构依照本法和国务院农业农村主管部门的规定对动物、动物产品实施检疫。动物卫生监督机构的官方兽医具体实施动物、动物产品检疫。”《植物检疫条例》第2条规定:“国务院农业主管部门、林业主管部门主管全国的植物检疫工作,各省、自治区、直辖市农业主管部门、林业主管部门主管本地区的植物检疫工作。”第3条第1款规定:“县级以上地方各级农业主管部门、林业主管部门所属的植物检疫机构,负责执行国家的植物检疫任务。”上述机关、机构中从事动植物检疫的工作人员均可成为动植物检疫徇私舞弊罪和动植物检疫失职罪的主体。这一立场也为司法实务所采。

18 此外,根据全国人大常委会《关于〈中华人民共和国刑法〉第九章渎职罪主体适用问题的解释》的规定,在受国家机关委托代表国家机关行使职权的组织中从事公务的人员,或者虽未列入国家机关人员编制但在国家机关中从事公务的人员,在代表国家机关行使职权时,有渎职行为,构成犯罪的,依照《刑法》关于渎职罪的规定追究刑事责任。同时,最高人民法院、最高人民检察院《关于办理渎职刑事案件适用法律若干问题的解释(一)》第7条规定,依法或者受委托行使国家行政管理职权的公司、企业、事业单位的工作人员,在行使行政管理职权时滥用职权或者玩忽职守,构成犯罪的,应当依照全国人民代表大会常务委员会《关于〈中华人民共和国刑法〉第九章渎职罪主体适用问题的解释》的规定,适用渎职罪的规定追究刑事责任。由此可知,出入境检验检疫机构及其分支机构、动物卫生监督机构、植物检疫机构中从事动植物检疫工作的在编人员和非在编人员,以及受上述机构委托代为从事动植物检疫的公司、企业、事业单位的工作人员,均可能成为两罪的主体。

Ⅶ 罪过

19 (1)动植物检疫徇私舞弊罪在主观方面只能是故意,过失不成立本罪。本罪的成

---

1 王作富主编:《刑法分则实务研究》(第4版),中国方正出版社2010年版,第1973页。

立要求行为人明知其对检疫物出具的检疫结果是不真实的,而希望或放任这一结果的发生。本罪的故意既可能是直接故意,也可能是间接故意。本罪的成立要求行为人具备“徇私”动机,需要注意的是,不应将“徇私”狭隘地理解为贪图钱财的动机,行为人碍于情面、徇亲友私情或出于报复或嫉妒等心理动机实施本罪所规定的渎职行为,同样可以被认定为“徇私”。

(2)动植物检疫失职罪的主观方面为过失。有观点认为,本罪在多数情况下是出于过失,但不排除间接故意的情形。[2] 也有观点认为,行为人对工作严重不负责任是出于故意,但对致使国家利益遭受重大损失的后果是出于过失。[3] 笔者认为,上述两种观点有混淆故意犯罪和过失犯罪的界限之嫌。应当注意,如果行为人对错误出证持间接故意,则构成动植物检疫徇私舞弊罪。如果行为人故意对应当检疫的检疫物不检疫,或者故意延误检疫出证,致使公共财产、国家和人民利益遭受重大损失的,构成滥用职权罪。 20

Ⅷ 既遂与未遂

(1)动植物检疫徇私舞弊罪属于行为犯,但本罪同样有既遂和未遂之分。本罪以“伪造检疫结果”行为的完成为既遂标志。需要注意的是,只要行为人完成了对检疫结果的伪造,即成立本罪的既遂,而不要求行为人已经出具了虚假证明。如果行为人已经着手伪造检疫单证,但由于意志以外的因素未能得逞的,构成本罪的未遂。 21

(2)动植物检疫失职罪系过失犯罪,并无所谓犯罪既遂与犯罪未遂之分。该罪的成立以特定危害后果的发生为前提。 22

Ⅸ 共犯

(1)动植物检疫徇私舞弊罪完全有可能由二人以上共同故意实施,对于本罪的共同犯罪,应当依据《刑法》总则关于共同犯罪的成立条件的规定以及本罪的构成要件予以认定。值得注意的是,如果动植物检疫机关的工作人员与逃避动植物检疫的行为人事前通谋,由逃避动植物检疫的行为人报检,由动植物检疫人员伪造检疫结果,从而逃避检疫,引起重大动植物疫情或疫情危险,情节严重的。检疫人员既成立动植物检疫徇私舞弊罪的正犯,也成立妨害动植物防疫、检疫罪的共犯,构成想象竞合,应当从一重罪处罚。 23

在有身份者和无身份者成立共同犯罪的场合,由于本罪的实行行为(伪造检疫结果)只能由依法承担动植物检疫职责的人员实施,故有身份者成立主犯,无身份者成 24

---

2 参见赵秉志主编:《中国刑法案例与学理研究 · 分则篇(六)》,法律出版社 2001 年版,第 320—321 页。

3 参见敬大力主编:《渎职罪》,中国人民公安大学出版社 2003 年版,第 435 页。

立教唆犯或从犯。笔者认为,在无身份者成立教唆犯的场合,由于有身份者对本罪实行行为的完成具有绝对的支配作用,原则上应对教唆犯以从犯论处,只有在教唆犯对被教唆人有很大影响力的特殊情形下,才能对其以主犯论处。

25 (2)动植物检疫失职罪是过失犯罪,依据我国刑法,不存在共同犯罪形态。如果二人以上的国家动植物检疫机关的工作人员均严重不负责任,导致对应当检疫的检疫物不检验,延误检疫出证或错误出证,致使国家利益遭受重大损失的,应当具体考察每个人的失职行为的性质以及其失职行为与危害结果之间的因果关系,如果均构成本罪,依据本条规定分别定罪处罚。

X 罪数

26 对于动植物检疫徇私舞弊罪和动植物检疫失职罪的罪数的认定,应当依照区分一罪与数罪的通行原则来进行。有以下几种情形需要注意:①《刑法》第 413 条的规定与第 397 条的规定之间存在法条竞合的关系,如果行为同时符合《刑法》第 413 条规定的犯罪构成和《刑法》397 条规定的滥用职权罪或玩忽职守罪的犯罪构成,应适用特别法条,即按动植物检疫徇私舞弊罪或动植物检疫失职罪定罪处罚。②最高人民法院、最高人民检察院《关于办理渎职刑事案件适用法律若干问题的解释(一)》第 3 条规定:“国家机关工作人员实施渎职犯罪并收受贿赂,同时构成受贿罪的,除刑法另有规定外,以渎职犯罪和受贿罪数罪并罚。”因此,如果动植物检疫人员因收受贿赂而伪造检疫结果或伪造检疫结果后收受贿赂,符合受贿罪的构成的,应以动植物检疫徇私舞弊罪和受贿罪数罪并罚。③如果行为人所实施的上述两罪所规定的渎职行为本身也触犯了其他罪名,应认定为想象竞合,从一重罪处罚。④如果行为人在上述两罪所规定的渎职行为之外又实施了其他行为,触犯其他罪名的,如侵吞检疫物,构成贪污罪的,属于典型的数行为触犯数罪名,应当数罪并罚。

XI 与非罪的界限

27 (1)区分动植物检疫徇私舞弊罪的罪与非罪,需要特别注意以下方面:①本罪的主观方面是故意,如果行为人因业务素质不高、态度不认真等因素过失导致出具虚假检验结果的,不构成本罪。如果造成严重后果的,可能成立动植物检疫失职罪。②行为人伪造检疫结果的检疫物是否属于法定的应检疫物品。关于应当检疫的动植物的范围,前文已论及,此处不再赘述。

28 (2)在判断动植物检疫失职罪的罪与非罪时,应注意以下方面:①要区分本罪与一般的工作失误。在动植物检疫活动中的工作失误表现为多种样态,而构成本罪的工作失误限于严重不负责任,对应当检疫的检疫物不检疫、延误检疫出证、错误出证三种样态,其他类型的工作失误不构成本罪。②本罪的成立以“致使国家利益遭受重大损失”为要件,即使存在上述失职行为,但并未导致国家利益遭受重大损失的,不构成本罪。③要判断行为人是否存在过失。如果行为人因无法预见或不能抗拒的原因,导致对应当检疫的检疫物不检疫、延误检疫出证或错误出证,不应认定行为人存在过失,不能追究其刑事责任。

Ⅻ 与他罪的区别

一、动植物检疫徇私舞弊罪与动植物检疫失职罪的区别

29 两罪被规定在同一法条中,主要区别表现在:①客观行为方式不同。动植物检疫徇私舞弊罪表现为伪造检疫结果;而动植物检疫失职罪表现为对应当检疫的检疫物不检疫、延误检疫出证、错误出证。②对结果的要求不同。动植物检疫徇私舞弊罪的成立不要求行为导致实际的危害结果;而动植物检疫失职罪的成立要求行为导致"国家利益遭受重大损失"。③主观罪过形式不同。动植物检疫徇私舞弊罪系故意犯罪,且要求有"徇私"动机;动植物检疫失职罪系过失犯罪。

二、动植物检疫徇私舞弊罪与妨害动植物防疫、检疫罪的区别

30 两罪的区别表现在:①法益不同。动植物检疫徇私舞弊罪侵犯的是国家动植物检疫机关的正常管理活动;妨害动植物防疫、检疫罪侵犯的是社会管理秩序,属于危害公共卫生罪的范畴。②客观方面不同。动植物检疫徇私舞弊罪表现为徇私舞弊、伪造检疫结果的行为。妨害动植物防疫、检疫罪表现为违反有关动植物防疫、检疫的国家规定,引起重大动植物疫情的,或者有引起重大动植物疫情危险,情节严重的行为。其中,违反检疫规定引起疫情或疫情危险的行为包括违反规定逃避检疫。③犯罪主体不同。动植物检疫徇私舞弊罪主体为特殊主体,即国家动植物检疫机关的工作人员。妨害动植物防疫、检疫罪的主体是一般主体,包括自然人和单位。

三、动植物检疫徇私舞弊罪与妨害国境卫生检疫罪的区别

31 两罪的区别表现在:①法益不同。动植物检疫徇私舞弊罪侵犯的是国家动植物检疫机关的正常管理活动;妨害国境卫生检疫罪侵犯的是国境卫生检疫的正常管理活动,属于危害公共卫生罪的范畴。②客观方面不同。动植物检疫徇私舞弊罪表现为徇私舞弊、伪造检疫结果的行为,其对象仅限于应当进行检疫的动植物。妨害国境卫生检疫罪表现为违反国境卫生检疫规定,引起检疫传染病传播或者有传播严重危险的,其对象包括进出境的人身或物品。③犯罪主体不同。动植物检疫徇私舞弊罪主体为特殊主体,即国家动植物检疫机关的工作人员。妨害国境卫生检疫罪的主体是一般主体,包括自然人和单位。

XIII 处罚

32 《刑法》第413条为动植物检疫徇私舞弊罪规定了两个幅度的法定刑:犯动植物检疫徇私舞弊罪的,处5年以下有期徒刑或者拘役;犯动植物检疫徇私舞弊罪,造成严重后果的,处5年以上10年以下有期徒刑。犯动植物检疫失职罪的,处3年以下有期徒刑或者拘役。

第四百一十四条　放纵制售伪劣商品犯罪行为罪

对生产、销售伪劣商品犯罪行为负有追究责任的国家机关工作人员，徇私舞弊，不履行法律规定的追究职责，情节严重的，处五年以下有期徒刑或者拘役。

文献:敬大力主编:《渎职罪》,中国人民公安大学出版社 2003 年版;高铭暄、马克昌主编:《中国刑法解释》(下卷),中国社会科学出版社 2005 年版;陈兴良主编:《罪名指南(下册)》(第 2 版),中国人民大学出版社 2008 年版;王作富主编:《刑法分则实务研究》(第 4 版),中国方正出版社 2010 年版;翟中东主编:《渎职罪立案追诉标准与司法认定实务》,中国人民公安大学出版社 2010 年版。

细目录

Ⅰ　主旨
Ⅱ　沿革
Ⅲ　客体
Ⅳ　对象
Ⅴ　行为
Ⅵ　主体
Ⅶ　罪过
Ⅷ　既遂与未遂
Ⅸ　共犯
Ⅹ　罪数
Ⅺ　与非罪的界限
Ⅻ　与他罪的区别
　一、与徇私舞弊不移交刑事案件罪的区别
　二、与徇私枉法罪的区别
　三、与包庇罪的区别
ⅩⅢ　处罚

Ⅰ　主旨

刑法设置放纵制售伪劣商品犯罪行为罪的目的在于,通过惩治对制售伪劣商品犯罪行为负有追究职责的国家机关工作人员的渎职行为,保证国家机关对商品生产、 1

销售的正常管理活动,加强对制售伪劣商品犯罪行为的打击力度,促进市场经济的健康发展。

Ⅱ 沿革

2 我国1979年《刑法》并未规定本罪。1993年7月2日全国人大常委会通过的《关于惩治生产、销售伪劣商品犯罪的决定》第10条第1、2款规定:"国家工作人员利用职务,对明知是有本决定所列犯罪行为的企业事业单位或者个人故意包庇使其不受追诉的,比照刑法第一百八十八条的规定追究刑事责任。负有追究责任的国家工作人员对有本决定所列犯罪行为的企业事业单位或者个人,不履行法律规定的追究职责的,根据不同情况依照刑法第一百八十七条或者比照刑法第一百八十八条的规定追究刑事责任。"基于此规定,对不履行法律规定的追究职责,放纵制售伪劣商品犯罪的行为,可视情况不同分别以玩忽职守罪或徇私舞弊罪论处。然而,对制售伪劣商品犯罪不履行法律规定的追究职责的行为与1979年《刑法》对玩忽职守罪和徇私舞弊罪所规定的行为存在明显差异,上述规定有类推之嫌。鉴于此,1997年修订《刑法》时,在吸收完善上述规定的基础上,增设了放纵制售伪劣商品犯罪行为罪。

Ⅲ 客体

3 本罪侵犯的客体是国家对商品质量的正常监督管理活动和对相关法律责任的追究活动。生产、销售伪劣商品的犯罪行为严重冲击社会主义市场经济秩序,危害公民的人身、财产安全,国家对商品质量的监督管理活动对于打击制售伪劣商品犯罪而言至关重要。国家机关工作人员徇私舞弊,对制售伪劣商品的犯罪行为不履行法律规定的追究职责,必然会妨害国家监管活动,削弱国家对商品质量的监管力度,并最终危害公民的人身、财产权益。

Ⅳ 对象

4 本罪的犯罪对象是生产、销售伪劣商品的犯罪行为。如果生产、销售伪劣商品行为仅仅属于一般的违法行为,尚不构成犯罪,行为人不履行追究职责的,不构成本罪。关于"生产、销售伪劣商品犯罪行为"的内涵的解读,需要注意以下几点:

5 (1)本罪中的"生产、销售伪劣商品犯罪行为"包括《刑法》第三章破坏社会主义市场经济秩序罪中规定的所有生产、销售伪劣商品罪,包括生产、销售伪劣产品罪,生产、销售假药罪,生产、销售劣药罪,生产、销售不符合安全标准的食品罪,生产、销售有毒、有害食品罪,生产、销售不符合标准的医用器材罪,生产、销售不符合安全标准的产品罪,生产、销售伪劣农药、兽药、化肥、种子罪,生产、销售不符合卫生标准的化妆品罪。

6 (2)本罪中的"犯罪行为"的存在不以行为人已经过法院判决,被确定有罪为前提。如果要求本罪中的"犯罪行为"必须是已经经过法院判决确认的,必然导致本罪的虚置。本罪的立法目的在于保障国家机关能够有效、顺利展开对制售伪劣商品的犯罪人的法律责任的追究活动,完整的法律责任追究活动是由不同阶段、不同性质的工作组成的,在涉嫌制售伪劣商品罪的行为人未被判决有罪前,负有追究职责的国家机关人员不履行职责,必然会妨害责任追究活动的顺利进行,导致犯罪人逃避处罚,这正是立法者意图通过本罪加以规制的行为。事实上,除本罪中的"犯罪行为"外,我国《刑法》中多个条文均有类似表述,如窝藏、包庇罪中的"犯罪的人",帮助犯罪分子逃避处罚罪中的"犯罪分子"等。如有学者指出的,对此类表述,应站在行为时视角,依据一般观念从实体角度加以判断。[1]因此,即使实施生产、销售伪劣商品罪的行为人事后未被法院的生效判决确认有罪,如行为人在逃、撤销案件、终止审理等,均不影响追究放纵制售伪劣商品犯罪行为的国家机关工作人员的刑事责任。此外,笔者认为,即使行为人在事后被司法机关确认为不构成生产、销售伪劣商品罪,如人民法院判决无罪、检察机关作出不起诉决定或以其他罪名定罪处罚等,但只要在事前有充分证据证明行为人涉嫌生产、销售伪劣商品罪,负有追究责任的国家机关人员却徇私舞弊,不履行追究职责,同样符合本罪的客观构成。当然,如果国家机关工作人员因对案情有特殊了解或经过调查而知道行为人无罪,于是不追究其法律责任的,不符合本罪的客观构成。理由在于:有罪或无罪的判决均是商品监管活动或法律责任追究活动的可能结果,只有国家机关依照法律规定启动了监管程序或法律责任追究程序,才谈得上有罪或无罪的结果,如果行为时有充分证据证明商品生产者、销售者涉嫌犯罪,就应当启动相应的法律责任追究程序。本罪所侵犯的法益是国家机关对商品的监管活动以及法律责任追究活动,国家机关工作人员在依照法律应当启动法律责任追究程序时,徇私舞弊,不履行追究职责,就必然会侵害上述法益。

(3)当被放纵的犯罪人成立生产、销售伪劣商品罪的同时还触犯其他罪名,除成立数罪外,还可能成立想象竞合,因此,最终对犯罪人并不一定以生产、销售伪劣商品罪定罪处罚,如犯罪人成立生产、销售伪劣商品罪和合同诈骗罪的想象竞合,最终可能以合同诈骗罪处罚。此时,不影响对放纵该犯罪的国家机关工作人员按本罪追究刑事责任。 7

V 行为

本罪的客观方面表现为:徇私舞弊,不履行法律规定的追究生产、销售伪劣商品犯罪行为的职责,情节严重的行为。 8

"不履行法律规定的追究职责"包括两种情形:①不履行刑法规定的追究刑事责任的职责,主要表现为不将该犯罪提交司法机关处理;②不履行其他法律规定的追究 9

---

1 参见高铭暄、马克昌主编:《中国刑法解释》(下卷),中国社会科学出版社 2005 年版,第 2898 页。

其他法律责任的职责,如不予以行政处罚或不责令损害赔偿等。

10　需要注意的是:①"不履行"不仅包括不对制售伪劣商品犯罪行为进行任何处罚,也包括本应移交司法机关处理,但仅进行行政处罚的"以罚代刑"。②对于司法工作人员而言,不履行既可能表现为对制售伪劣商品犯罪不追究任何刑事责任,也可能表现为追究较低的刑事责任以代替本应追究的较重的刑事责任。

11　根据《刑法》第 414 条的规定,放纵制售伪劣商品犯罪行为罪中的"舞弊",通常表现为利用职务上的便利制造、提供虚假材料,隐瞒真实情况,弄虚作假等。本罪中的"舞弊"与"放纵"含义相同,如果能够认定存在"放纵"行为,即可认定存在"舞弊"情节。

12　放纵制售伪劣商品犯罪行为的,必须达到"情节严重"的程度,才能成立本罪。在司法实践中,关于"情节严重"的认定,理应结合所放纵的制售伪劣商品犯罪行为本身的严重程度、放纵次数的多少、放纵的犯罪人的数量、给国家和人民造成的财产损失及放纵行为造成恶劣社会影响等因素进行综合判断,方能得出合理结论。根据 2001 年最高人民法院、最高人民检察院《关于办理生产、销售伪劣商品刑事案件具体应用法律若干问题的解释》第 8 条的规定,国家机关工作人员徇私舞弊,对生产、销售伪劣商品犯罪不履行法律规定的查处职责,具有下列情形之一的,属于《刑法》第 414 条规定的"情节严重":①放纵生产、销售假药或者有毒、有害食品犯罪行为的;②放纵依法可能判处 2 年有期徒刑以上刑罚的生产、销售伪劣商品犯罪行为的;③对三个以上有生产、销售伪劣商品犯罪行为的单位或者个人不履行追究职责的;④致使国家和人民利益遭受重大损失或者造成恶劣影响的。

13　根据 2006 年最高人民检察院《关于渎职侵权犯罪案件立案标准的规定》,放纵制售伪劣商品犯罪行为,涉嫌下列情形之一的,应予立案:①放纵生产、销售假药或者有毒、有害食品犯罪行为的;②放纵生产、销售伪劣农药、兽药、化肥、种子犯罪行为的;③放纵依法可能判处 3 年有期徒刑以上刑罚的生产、销售伪劣商品犯罪行为的;④对生产、销售伪劣商品犯罪行为不履行追究职责,致使生产、销售伪劣商品犯罪得以继续的;⑤三次以上不履行追究职责,或者对三个以上有生产、销售伪劣商品犯罪行为的单位或者个人不履行追究职责的;⑥其他情节严重的情形。

Ⅵ　主体

14　《刑法》第 414 条对该罪的主体作出了特别规定,本罪的主体是"对生产、销售伪劣商品犯罪行为负有追究责任的国家机关工作人员"。关于本罪主体的具体范围,存在不同观点:第一种观点认为本罪的主体仅限于公安、司法工作人员,不包括行政执法人员[2];第二种观点认为本罪的主体应为查处生产、销售伪劣商品犯罪行为的有关

2　参见张穹主编:《最高人民检察院现行有效司法解释及其理解与适用》,中国民主法制出版社 2002 年版,第 356 页。

行政机关的工作人员[3];第三种观点认为本罪的主体既包括公安、司法人员,也包括相关行政机关工作人员[4]。笔者认为,第三种观点是正确的。如前所述,对制售伪劣商品犯罪行为的法律责任的追究活动是由多个阶段、多个层面的司法活动和行政执法活动组成的。第一种观点将行政执法人员排除在外,是违背立法本意的。因为,本罪的设置,其主要目的即在于打击行政执法人员对涉嫌犯罪的制售伪劣商品行为不进行查处的渎职行为。第二种观点将司法工作人员排除在本罪主体之外缺乏实质理据,主张该观点的学者或许是考虑到《刑法》第 399 条已经规定了徇私枉法罪,对放纵制售伪劣商品犯罪行为的司法工作人员可按徇私枉法罪定罪处罚。笔者认为,如果司法机关工作人员放纵制售伪劣商品犯罪行为同时成立徇私枉法罪和放纵制售伪劣商品犯罪行为罪的,可依据想象竞合的处断原则进行处理。

Ⅶ 罪过

本罪在主观上出于故意,要求行为人认识到他人实施了生产、销售伪劣商品犯罪行为且自己有追究职责。过失不能构成本罪。应当注意的是,不能认为本罪的故意仅限于直接故意或间接故意,不应将本罪中的“放纵”等同于间接故意中的“放任”。本罪故意中的“明知”不限于行为人确信他人实施了生产、销售伪劣商品犯罪行为,行为人认识到他人可能实施了生产、销售商品犯罪行为,同样具备“明知”,如果行为人同时持有希望或放任的态度,理应成立本罪。 15

本罪以“徇私”动机作为主观的超过要素。所谓“徇私”,一般表现为贪图财物、徇亲友私情等。事实上,在司法实践中,只要能确定其动机具有私情、私利的成分,即可认定“徇私”的存在。 16

Ⅷ 既遂与未遂

本罪的成立以“情节严重”为前提,一旦行为人实施了本罪所规定的放纵制售伪劣商品犯罪的行为,且达到“情节严重”标准的,即可成立本罪的既遂。从理论上讲,本罪同样存在未遂形态。如果行为人已经着手实施放纵制售伪劣商品犯罪的行为,但因意志以外的因素未能得逞,例如行为人故意对应立案调查的案件不立案调查处理或对伪劣商品应当鉴定的不予鉴定等,并告知实施了生产、销售伪劣商品罪的犯罪人可以继续生产、销售,但被其他负有追究职责的国家机关人员及时发现予以制止的,理应成立本罪未遂。当然,在司法实践中,对于本罪的未遂是否应采取可罚态度尚需进一步研究,但应当肯定的是,如果行为人意图放纵的生产、销售伪劣商品犯罪 17

3 参见张明楷:《刑法学》(第 6 版),法律出版社 2021 年版,第 1663 页。

4 参见翟中东主编:《渎职罪立案追诉标准与司法认定实务》,中国人民公安大学出版社 2010 年版,第 460 页。

行为本身的法益侵害性并不严重,完全可以依据《刑法》第 13 条之规定,对本罪未遂的行为不予处罚。

Ⅸ 共犯

18 放纵制售伪劣商品犯罪行为罪完全可能由二人以上共同故意实施。关于本罪的共同犯罪,应当依据《刑法》总则关于共同犯罪的成立条件的规定以及《刑法》第 414 条规定的构成要件予以认定。司法实践中,本罪的共同犯罪既包括负有追究职责的国家机关工作人员之间形成合意、共同犯罪的情形,也包括负有追究职责的国家机关工作人员与其他人员相互勾结、共同犯罪的情形。需要注意以下情形:①在共同犯罪的参与者均系国家机关工作人员的场合,对于仅仅教唆或帮助他人实施本罪但自己并未实行相关渎职行为的参与者,不应认定为共同正犯,而应按教唆犯或帮助犯追究其责任。②如果负有追究职责的国家机关负责人违法决定,或者指使、授意、强令其下属国家机关工作人员实施本罪的渎职行为,应视不同情形,综合考虑负责人是否处于支配地位,是否参与具体的渎职行为,被指使、授意或强令的其他国家机关工作人员对相关渎职行为是否知情等因素,分别按照共同正犯、间接正犯或教唆犯追究该负责人的刑事责任。③根据最高人民法院、最高人民检察院《关于办理渎职刑事案件适用法律若干问题的解释(一)》第 5 条的规定,如果本罪的渎职行为是以"集体研究"的形式实施的,对于国家机关的负责人员理应按本罪追究刑事责任。对于具体执行人员,应当在综合认定其行为性质、是否提出反对意见、危害结果大小等情节的基础上决定是否追究刑事责任和应当判处的刑罚。④在对生产、销售伪劣商品犯罪负有追究职责的国家机关工作人员与制售伪劣商品的犯罪人相互勾结,由国家机关工作人员予以放纵,使犯罪人得以逃避法律责任的情形下,国家机关工作人员既成立放纵制售伪劣商品犯罪行为罪的正犯,也成立生产、销售伪劣商品罪的共犯,应依据想象竞合的处断原则定罪处罚。这种处理方式被最高人民法院、最高人民检察院《关于办理渎职刑事案件适用法律若干问题的解释(一)》采用,该解释第 4 条第 2 款规定:"国家机关工作人员与他人共谋,利用其职务行为帮助他人实施其他犯罪行为,同时构成渎职犯罪和共谋实施的其他犯罪共犯的,依照处罚较重的规定定罪处罚。"

Ⅹ 罪数

19 对于放纵制售伪劣商品犯罪行为罪的罪数认定问题,应当按照关于区分一罪与数罪的通行标准来解决。主要特别注意以下几点:①《刑法》第 414 条的规定与第 397 条的规定之间存在法条竞合关系,如果行为同时符合《刑法》第 414 条所规定的犯罪构成和《刑法》第 397 条规定的滥用职权罪的构成,应适用特别法条,即按放纵制售伪劣商品犯罪行为罪定罪处罚。②根据最高人民法院、最高人民检察院《关于办理渎职刑事案件适用法律若干问题的解释(一)》第 3 条的规定,如果负有追究职责的国家机关工作人员收受贿赂而放纵制售伪劣商品犯罪行为的,应以本罪和受贿罪数罪并罚。③如果负有追究职责的国家机关工作人员放纵制售伪劣商品犯罪的行为同时触犯其他罪名的,如徇私枉法罪,属于想象竞合,从一重罪处罚。④如果行为人在本条规定的渎职行为之外又实施了其他行为,触犯其他罪名的,如侵吞所查验的商品,构成贪污罪的,属于典型的数行为触犯数罪名,应当数罪并罚。

XI 与非罪的界限

区分放纵制售伪劣商品犯罪行为罪的罪与非罪时,应特别注意两方面的问题: 20
①成立本罪以行为人放纵的制售伪劣商品行为构成犯罪为前提,如果放纵的生产、销售伪劣商品行为达不到犯罪的程度,行为人的放纵行为不成立本罪。②要准确判断放纵制售伪劣商品的行为是否属于"情节严重",关于本罪"情节严重"的认定标准,前文已论及,此处不再赘述。③要准确判断国家机关工作人员是否对制售伪劣商品犯罪行为负有具体的追究职责,没有追究职责的国家机关工作人员,对生产、销售伪劣商品的犯罪行为不予追究的,不构成本罪。④要准确判断行为人是否具有放纵制售伪劣商品犯罪行为的故意。如果行为人客观上放纵了制售伪劣商品犯罪行为,但由于业务素质较低、工作态度不认真等原因并未认识到存在制售伪劣商品犯罪行为的,不能以本罪追究责任。如果行为人主观上严重不负责,致使制售伪劣商品犯罪行为未被查处,给国家和人民利益造成重大损失的,可依照玩忽职守罪追究其刑事责任。

XII 与他罪的区别

一、与徇私舞弊不移交刑事案件罪的区别

两罪的区别主要表现为:①客体不同。本罪侵犯的是国家机关追究制售伪劣商品犯罪行为的法律责任的正常活动,徇私舞弊不移交刑事案件罪侵犯的法益是国家行政机关的正常行政执法活动。②犯罪对象不同。本罪针对的仅限于生产、销售伪劣商品犯罪;徇私舞弊不移交刑事案件罪所针对的是不特定的犯罪。③犯罪主体不同。本罪的主体限于对生产、销售伪劣商品犯罪行为负有追究职责的国家机关工作人员,包括司法工作人员和行政执法人员;而徇私舞弊不移交刑事案件罪的主体是一般的行政执法人员。 21

应当指出的是,放纵制售伪劣商品犯罪行为罪和徇私舞弊不移交刑事案件罪客观上均可表现为两种情形:一是对相关犯罪不进行任何处罚,并且不向司法机关移交;二是对本应移交给司法机关处理的案件,以罚代刑,仅以行政处罚了事。如果有职责对制售伪劣商品犯罪行为进行查处的行政执法机关工作人员在发现案件应当移交司法机关追究刑事责任而不移交的,同时触犯徇私舞弊不移交刑事案件罪和本 22

罪,属于想象竞合,应择一重罪处罚。

二、与徇私枉法罪的区别

23 两罪的区别主要表现为:①法益不同。本罪侵犯的是国家机关追究制售伪劣商品犯罪行为的法律责任的正常活动,徇私枉法罪侵犯的是国家司法机关的正常活动。②犯罪的客观方面不同。放纵制售伪劣商品犯罪行为罪表现为对生产、销售伪劣商品犯罪行为的放任不管,不履行相关追究职责;徇私枉法罪既可表现为对明知是无罪的人而使其受追诉,也可表现为对明知是有罪的人而故意包庇不使他受追诉。此外,本罪的成立要求"情节严重",徇私枉法罪无此要求。③犯罪主体不同。本罪的主体限于对生产、销售伪劣商品犯罪行为负有追究职责的国家机关工作人员,包括司法工作人员和行政执法人员;而徇私枉法罪的主体是司法工作人员。

24 应当注意的是,如果司法工作人员徇私舞弊、故意包庇犯罪人使其不受追究,行为同时触犯徇私枉法罪和本罪的,属于想象竞合,从一重罪处断。有学者认为此情形属于法条竞合,而非想象竞合。[5]笔者认为,两罪在法益和犯罪客观方面存在明显差异,法条之间并不存在逻辑上的包含关系,即不存在一般法条与特殊法条的关系。认为该情形属于法条竞合的学者将这种法条竞合理解为"交叉关系",应从一重罪处断。此种观点难以成立:其一,所谓"交叉关系"本来就属于想象竞合;其二,该观点一方面认为此情形属于法条竞合,一方面又认为应依照从一重罪的处断原则,有混淆法条竞合和想象竞合的区分意义的嫌疑。

三、与包庇罪的区别

25 两罪的区别主要表现为:①法益不同。本罪侵犯的是国家机关追究制售伪劣商品犯罪行为的法律责任的正常活动;包庇罪侵犯的是国家司法机关对犯罪人的正常的刑事追诉活动。②犯罪的客观方面不同。本罪表现为对制售伪劣商品犯罪行为的放任不管,不履行相关监管职责;包庇罪表现为对明知是犯罪的人而作虚假证明予以包庇的。③犯罪对象不同。本罪放纵的对象仅限于实施生产、销售伪劣商品行为的人;而包庇罪包庇的对象必须是"犯罪的人",但对犯罪的性质并无限制。④犯罪主体不同。本罪的主体是对制售伪劣商品犯罪行为负有追究职责的国家机关工作人员;包庇罪的主体是一般主体。

XIII 处罚

26 《刑法》第 414 条规定,犯放纵制售伪劣商品犯罪行为罪的,处 5 年以下有期徒刑或者拘役。

---

5 参见高铭暄、马克昌主编:《中国刑法解释》(下卷),中国社会科学出版社 2005 年版,第 2909 页。

第四百一十五条　办理偷越国(边)境人员出入境证件罪;放行偷越国(边)境人员罪

负责办理护照、签证以及其他出入境证件的国家机关工作人员，对明知是企图偷越国（边）境的人员，予以办理出入境证件的，或者边防、海关等国家机关工作人员，对明知是偷越国（边）境的人员，予以放行的，处三年以下有期徒刑或者拘役；情节严重的，处三年以上七年以下有期徒刑。

文献:敬大力主编:《渎职罪》,中国人民公安大学出版社2003年版;高铭暄、马克昌主编:《中国刑法解释》(下卷),中国社会科学出版社2005年版;陈兴良主编:《罪名指南(下册)》(第2版),中国人民大学出版社2008年版;王作富主编:《刑法分则实务研究》,中国方正出版社2010年版;翟中东主编:《渎职罪立案追诉标准与司法认定实务》,中国人民公安大学出版社2010年版。

细目录

Ⅰ　主旨
Ⅱ　沿革
Ⅲ　客体
Ⅳ　对象
　一、办理偷越国(边)境人员出入境证件罪
　二、放行偷越国(边)境人员罪
Ⅴ　行为
　一、办理偷越国(边)境人员出入境证件行为
　二、放行偷越国(边)境人员行为
Ⅵ　主体
Ⅶ　罪过
Ⅷ　既遂与未遂
Ⅸ　共犯
Ⅹ　罪数
Ⅺ　与非罪的界限
Ⅻ　与他罪的区别
　一、办理偷越国(边)境人员出入境证件罪与骗取出境证件罪的区别

二、办理偷越国(边)境人员出入境证件罪与提供伪造、变造的出入境证件罪的区别
三、办理偷越国(边)境人员出入境证件罪与出售出入境证件罪的区别
四、办理偷越国(边)境人员出入境证件罪与放行偷越国(边)境人员罪的区别
XIII　处罚

I　主旨

1　偷越国(边)境的行为严重妨害国家对国(边)境的管理秩序,而偷越国(边)境的行为常常伴随着国家机关工作人员在国(边)境管理活动中的渎职行为。为更有效地维护国家的国(边)境管理秩序,保障国家安全和主权,有必要对从事国(边)境管理活动的国家机关工作人员的渎职行为予以惩治,故《刑法》第 415 条规定了办理偷越国(边)境人员出入境证件罪和放行偷越国(边)境人员罪。

II　沿革

2　我国 1979 年《刑法》并未规定办理偷越国(边)境人员出入境证件罪和放行偷越国(边)境人员罪。1994 年 3 月 5 日全国人大常委会通过了《关于严惩组织、运送他人偷越国(边)境犯罪的补充规定》,该规定第 6 条第 1 款规定:"负责办理护照、签证以及其他出入境证件的国家工作人员,对明知是企图偷越国(边)境的人员予以办理出入境证件的;边防、海关等国家工作人员,对明知是偷越国(边)境的人员,予以放行的,处三年以下有期徒刑、拘役或者管制;情节严重的,处三年以上十年以下有期徒刑。"1997 年修订《刑法》时对此规定加以吸收和完善,分别规定了办理偷越国(边)境人员出入境证件罪和放行偷越国(边)境人员罪。

III　客体

3　办理偷越国(边)境人员出入境证件罪和放行偷越国(边)境人员罪侵犯的法益是我国国(边)境管理秩序。根据《出境入境管理法》的相关规定,任何人出入我国国(边)境均须持合法、有效的护照、签证或其他出入境证件,在我国设立的边境口岸经审验后才能出入境。为偷越国(边)境的人员办理出入境证件和放行偷越国(边)境人员的行为,严重妨害了国家国(边)境管理秩序,损害出入境管理机关的声誉,威胁国家安全和主权。

IV　对象

一、办理偷越国(边)境人员出入境证件罪

4　本罪的对象为出入境证件。所谓出入境证件,是指护照、签证或者其他出入境证

件。护照是指一国主管机关发给本国公民出国履行公务、旅行或者在外居留用以证明其国籍和身份的证件,包括外交护照、公务护照和普通护照。签证是指一国国内或驻国外主管机关在本国或外国公民所持的护照或其他出入境证件上签证、盖印表示准其出入本国国境或者过境的手续。“其他出入境证件”是指护照、签证以外用于出入境或过境的证明性文件,如边防证、海员证、港澳居民来往内地通行证等。

需要注意的是,行为人为偷越国(边)境人员办理的出入境证件是真实有效的证 5
件,如果行为人为偷越国(边)境人员办理的出入境证件系伪造或变造的,不构成本罪,但构成提供伪造、变造的出入境证件罪。

二、放行偷越国(边)境人员罪

本罪的对象为偷越国(边)境人员。所谓偷越国(边)境人员是指不符合法律所 6
规定的出入境条件,未经主管机关批准,通过不正当手段出入或穿越国(边)境的人员。根据《出境入境管理法》的相关规定,不符合出入境条件的人员具体包括以下几类:

(1)中国公民有下列情形之一的,不准出境:①未持有效出境入境证件或者拒绝、 7
逃避接受边防检查的;②被判处刑罚尚未执行完毕或者属于刑事案件被告人、犯罪嫌疑人的;③有未了结的民事案件,人民法院决定不准出境的;④因妨害国(边)境管理受到刑事处罚或者因非法出境、非法居留、非法就业被其他国家或者地区遣返,未满不准出境规定年限的;⑤可能危害国家安全和利益,国务院有关主管部门决定不准出境的;⑥法律、行政法规规定不准出境的其他情形。

(2)外国人有下列情形之一的,不准入境:①未持有效出境入境证件或者拒绝、逃 8
避接受边防检查的;②被处驱逐出境或者被决定遣送出境,未满不准入境规定年限的;③患有严重精神障碍、传染性肺结核病或者有可能对公共卫生造成重大危害的其他传染病的;④可能危害中国国家安全和利益、破坏社会公共秩序或者从事其他违法犯罪活动的;⑤在申请签证过程中弄虚作假或者不能保障在中国境内期间所需费用的;⑥入境后可能从事与签证种类不符的活动的;⑦法律、行政法规规定不准入境的其他情形。

(3)外国人有下列情形之一的,不准出境:①被判处刑罚尚未执行完毕或者属于 9
刑事案件被告人、犯罪嫌疑人的,但是按照中国与外国签订的有关协议,移管被判刑人的除外;②有未了结的民事案件,人民法院决定不准出境的;③拖欠劳动者的劳动报酬,经国务院有关部门或者省、自治区、直辖市人民政府决定不准出境的;④法律、行政法规规定不准出境的其他情形。

以上不准出入境的我国公民和外国人,违反国(边)境管理法规,非法出入国 10
(边)境的,即属于本罪中的“偷越国(边)境人员”。

V 行为

一、办理偷越国(边)境人员出入境证件行为

11 根据《刑法》第 415 条之规定,办理偷越国(边)境人员出入境证件罪在客观上表现为利用职务便利,为企图偷越国(边)境的人员办理出入境证件的行为。办理出入境证件是指负责办理出入境证件的国家机关工作人员依照出入境管理的有关规定,审验申请出入境人员提交的各种文件、手续是否完备、真实、有效,是否符合出入境条件,若审验合格,予以发放出入境证件,若审验不合格,则不予发放出入境证件。本罪客观行为表现为对本不符合出入境条件的人员发放出入境证件。

12 至于出入境证件和不符合出入境条件的人员的范围,前文已讨论,此处不再赘述。

13 根据《刑法》第 415 条的表述,办理偷越国(边)境人员出入境证件罪的成立并不要求该行为造成实际的损害结果。需要注意的是,只要行为人利用职务便利,实施了办理偷越国(边)境人员出入境证件的行为,就可能成立本罪,至于企图偷越国(边)境人员是否实际使用了该出入境证件出境以及是否成功出入境,对本罪的认定没有影响。

14 本罪也未对“情节严重”作出要求,而是将“情节严重”作为法定刑升格条件。根据最高人民检察院《关于渎职侵权犯罪案件立案标准的规定》的规定,负责办理护照、签证以及其他出入境证件的国家机关工作人员涉嫌在办理护照、签证以及其他出入境证件的过程中,对明知是企图偷越国(边)境的人员而予以办理出入境证件的,应予立案。上述规定并未从“结果”或“情节”上对本罪的立案标准作出限定。然而,应当指出的是,在司法实践中,仍要综合考察办理偷越国(边)境人员出入境证件行为的次数、涉及的人数、偷越国(边)境人员的身份、造成的消极影响等因素,对办理偷越国(边)境人员出入境行为的可罚性作出判断,如果情节显著轻微,危害不大的,可依据《刑法》第 13 条的规定,不以犯罪论处。

二、放行偷越国(边)境人员行为

15 本罪在客观上表现为利用职务上的便利,对不应予以放行的偷越国(边)境人员予以放行的行为。通常表现为负责审查、核对护照、签证等出入境证件以及负责检查进出境运输工具、货物、物品等工作的边防、海关的国家机关工作人员,在履行职务时,故意对偷越国(边)境人员不加查处、阻止,而予以放进或放出的。

16 放行偷越国(边)境人员罪的成立同样不以实害结果的发生或“情节严重”为前提,对于放行偷越国(边)境人员情节严重的,可适用升格的法定刑。

17 根据最高人民检察院《关于渎职侵权犯罪案件立案标准的规定》,边防、海关等国家机关工作人员涉嫌在履行职务过程中,对明知是偷越国(边)境的人员予以放行

的,应予立案。司法实践中,应综合考察放行偷越国(边)境人员行为的次数、涉及的人数、偷越国(边)境人员的身份、造成的消极影响等因素,对放行偷越国(边)境行为的可罚性作出判断,如果情节显著轻微,危害不大的,可依据《刑法》第13条的规定,不以犯罪论处。

Ⅵ 主体

(1)办理偷越国(边)境人员出入境证件罪的主体是特殊主体,必须是负责办理护照、签证以及其他出入境证件的国家机关工作人员,具体包括:①负责颁发护照、签证的外交部、公安部及其授权的地方外事、公安部门的工作人员;②负责办理出入境通行证的省级公安厅(局)及其授权的公安机关的工作人员;③负责办理护照、签证和其他出入境证件的中国驻外外交代表机构、领事机关以及外交部授权的其他驻外机关的人员;④负责颁发海员证的交通部港务监督局以及授权的港务监督部门的工作人员;⑤负责办理签证的口岸专设签证机关的工作人员。 18

(2)放行偷越国(边)境人员罪的主体是特殊主体,即边防、海关等负责对出入境人员审查、验证的国家机关的工作人员。所谓边防机构,是指为保卫国家主权、领土完整和安全,对出入境人员及其携带的行李物品、交通运输工具及其运载的货物进行检查,实施口岸查缉,防止非法偷越国(边)境的国家机关。海关是指依法对进出境的货物、行李物品、运输工具等进行监督检查,查缉非法偷越国(边)境行为的国家机关。 19

Ⅶ 罪过

(1)办理偷越国(边)境人员出入境证件罪在主观方面是故意,过失不成立本罪。本罪的成立要求行为人明知申请办理护照、签证或者其他出入境证件的是企图偷越国(边)境的人员,为其办理出入境证件会妨害国家国(边)境管理秩序,却对此持希望或放任态度,仍予以办理出入境证件。应当注意的是,本罪的故意包括直接故意和间接故意。如果办理出入境证件的国家机关工作人员明知他人可能企图偷越国(边)境,但不加详查,放任为偷越国(边)人员发放出入境证件行为的完成,同样符合本罪的罪过要求。本罪对"徇私"等动机未作要求。 20

(2)放行偷越国(边)境人员罪的主观方面只能是故意,过失不成立本罪。本罪的成立要求行为人明知是企图偷越国(边)境的人员而予以放行。同样本罪的故意包括直接故意或间接故意。如果行为人明知出入境人员可能是偷越国(边)境人员,予以放行可能会妨害国家国(边)境管理秩序,却放任这一危害结果的发生,符合本罪的罪过要求。本罪对"徇私"等动机未作要求。 21

Ⅷ 既遂与未遂

(1)办理偷越国(边)境人员出入境证件罪属于行为犯,以"办理偷越国(边)境人 22

员出入境证件”行为的完成为既遂标志。本罪同样有既遂和未遂之分,如果行为人已经着手为偷越国(边)境人员办理出入境证件,但由于意志以外的因素未能办理完成,构成本罪的未遂。

23 (2)放行偷越国(边)境人员罪属于行为犯,以“放行”行为的完成作为既遂的标志。放行行为以偷越国(边)境人员已经出入境为完成时点,但并不要求偷越国(边)境人员实际脱离了我国边防、海关的监管。如果行为人已经着手实施了放行行为,但由于意志以外的原因,导致偷越国(边)境人员未能实际出境或入境的,如被其他边防、海关工作人员及时制止的,成立本罪的未遂。

Ⅸ 共犯

24 (1)办理偷越国(边)境人员出入境证件罪完全可能由二人以上共同故意实施,对于本罪的共同犯罪,应当依据《刑法》总则关于共同犯罪的成立条件的规定以及本罪的构成要件予以认定。应当注意的是,如果负责办理护照、签证以及其他出入境证件的国家机关的工作人员与组织、运送他人偷越国(边)境的犯罪人事前通谋,由国家机关工作人员办理偷越国(边)境人员出入境证件的,国家机关工作人员同时成立办理偷越国(边)境人员出入境证件罪的正犯和组织他人偷越国(边)境罪或运送他人偷越国(边)境罪的共犯,成立想象竞合,应当从一重罪处罚。

25 (2)放行偷越国(边)境人员罪完全可能由二人以上共同故意实施,对于本罪的共同犯罪,应当依据《刑法》总则关于共同犯罪的成立条件的规定以及本罪的构成要件予以认定。需要注意的是,如果边防、海关等国家机关工作人员与组织、运送他人偷越国(边)境的犯罪人事前通谋,由边防、海关等国家机关工作人员对组织、运送的偷越国(边)境人员予以放行的,边防、海关等国家机关工作人员同时成立放行偷越国(边)境人员罪的正犯和组织他人偷越国(边)境罪或运送他人偷越国(边)境罪的共犯,成立想象竞合,应当从一重罪处罚。

Ⅹ 罪数

26 对于办理偷越国(边)境人员出入境证件罪和放行偷越国(边)境人员罪的罪数的认定,应当依照区分一罪与数罪的通行原则来进行。有以下几种情形需要注意:①《刑法》第415条的规定与第397条的规定之间存在法条竞合的关系,如果行为同时符合《刑法》第415条所规定的犯罪构成和《刑法》第397条规定的滥用职权罪的构成,应适用特别法条,即依照办理偷越国(边)境人员出入境证件罪和放行偷越国(边)境人员罪处罚。②最高人民法院、最高人民检察院《关于办理渎职刑事案件适用法律若干问题的解释(一)》第3条规定:“国家机关工作人员实施渎职犯罪并收受贿赂,同时构成受贿罪的,除刑法另有规定外,以渎职犯罪和受贿罪数罪并罚。”因此,如果负责办理护照、签证以及其他出入境证件的国家机关工作人员因收受贿赂而为偷越国(边)境人员办理出入境证件,或边防、海关等国家机关工作人员收受贿赂,对明知是偷越国(边)境的人员予以放行的,符合受贿罪的构成的,应数罪并罚。③如前所述,如果行为人所实施的上述两罪所规定的渎职行为本身也触犯了其他罪名,应认定为想象竞合,从一重罪处罚。④如果行为人在上述两罪所规定的渎职行为之外又实施了其他行为,触犯其他罪名的,属于典型的数行为触犯数罪名,应当数罪并罚。

XI　与非罪的界限

27 区分两罪的罪与非罪,需要注意两罪的主观方面是故意,如果行为人因业务素质不高、态度不认真等因素错误地为企图偷越国(边)境的人员办理了出入境证件或予以放行的,不构成上述两罪。如果致使国家和人民利益遭受重大损失的,可能成立玩忽职守罪。

XII　与他罪的区别

一、办理偷越国(边)境人员出入境证件罪与骗取出境证件罪的区别

28 两罪的区别表现在:①客观表现不同。办理偷越国(边)境人员出入境证件罪表现为,为企图偷越国(边)境的人员非法办理出入境证件,既包括出境证件也包括入境证件;而骗取出境证件罪表现为,为组织他人偷越国(边)境骗取出境证件的,对象仅包括出境证件。②主体不同。本罪主体为特殊主体,即负责办理出入境证件的国家机关工作人员;而骗取出境证件罪的主体为一般主体,包括自然人和单位。

29 应当注意,有学者认为:"如果负责办理出入境证件的国家机关工作人员,与骗取出境证件的人员事先通谋,相互勾结,为其办理出境证件的,国家机关工作人员同时构成骗取出境证件罪的共犯。"[1]笔者认为,此种情形中,由于国家机关工作人员与其他人员存在事先通谋,因此客观上并不存在"骗取"的行为,故不构成骗取出境证件罪的共同犯罪。

二、办理偷越国(边)境人员出入境证件罪与提供伪造、变造的出入境证件罪的区别

30 两罪的区别表现在:①客观方面不同。办理偷越国(边)境人员出入境证件罪表现为,为企图偷越国(边)境的人员非法办理出入境证件,其办理的出入境证件是真

1　高铭暄、马克昌主编:《中国刑法解释》(下卷),中国社会科学出版社 2005 年版,第 2914 页。

实、有效的;而提供伪造、变造的出入境证件罪表现为为他人提供伪造、变造的出入境证件。②犯罪主体不同。本罪主体为特殊主体,即负责办理出入境证件的国家机关工作人员;提供伪造、变造的出入境证件罪的主体是一般主体,但仅限于自然人,不包括单位。如果负责办理出入境证件的国家机关工作人员为他人提供伪造、变造的出入境证件,不构成本罪,而应以提供伪造、变造的出入境证件罪定罪处罚。

三、办理偷越国(边)境人员出入境证件罪与出售出入境证件罪的区别

31 两罪的区别表现在:①客观方面不同。本罪表现为,为偷越国(边)境的人员提供出入境证件;出售出入境证件罪表现为,向他人有偿转让出入境证件,并不限于向偷越国(边)境的人员出售。两罪中的"出入境证件"均指真实、有效的证件。②犯罪主体不同。本罪的主体是特殊主体。出售出入境证件罪的主体是一般主体,限于自然人。

32 如果负责办理出入境证件的国家机关工作人员为偷越国(边)境人员办理出入境证件的同时,收取"费用"的,应以受贿罪和本罪数罪并罚,不成立出售出入境证件罪。

四、办理偷越国(边)境人员出入境证件罪与放行偷越国(边)境人员罪的区别

33 两罪在客观方面和主观方面均存在明显差异,但在司法实践中,要注意对"办理出入境证件"行为和"放行"行为加以区分,其中需要考虑的关键因素在于行为人是"负责办理护照、签证以及其他出入境证件的国家机关工作人员"还是"边防、海关等国家机关工作人员"。例如,国家出入境边防检查员在偷越国(边)境人员的护照上伪造入境记录的行为,由于行为人并非负责办理出入境证件的工作人员,伪造入境记录的行为也与办理出入境证件存在实质不同,故该行为不属于办理出入境证件的行为,视情况可评价为放行偷越国(边)境人员的行为。

XIII　处罚

34 《刑法》第415条为办理偷越国(边)境人员出入境证件罪和放行偷越国(边)境人员罪规定了两个幅度的法定刑:犯办理偷越国(边)境人员出入境证件罪和放行偷越国(边)境人员罪的,处3年以下有期徒刑或者拘役;办理偷越国(边)境人员出入境证件罪和放行偷越国(边)境人员罪,情节严重的,处3年以上7年以下有期徒刑。

第四百一十六条　不解救被拐卖、绑架妇女、儿童罪；阻碍解救被拐卖、绑架妇女、儿童罪

对被拐卖、绑架的妇女、儿童负有解救职责的国家机关工作人员，接到被拐卖、绑架的妇女、儿童及其家属的解救要求或者接到其他人的举报，而对被拐卖、绑架的妇女、儿童不进行解救，造成严重后果的，处五年以下有期徒刑或者拘役。

负有解救职责的国家机关工作人员利用职务阻碍解救的，处二年以上七年以下有期徒刑；情节较轻的，处二年以下有期徒刑或拘役。

文献：敬大力主编：《渎职罪》，中国人民公安大学出版社2003年版；高铭暄、马克昌主编：《中国刑法解释》（下卷），中国社会科学出版社2005年版；陈兴良主编：《罪名指南（下册）》（第2版），中国人民大学出版社2008年版；王作富主编：《刑法分则实务研究》，中国方正出版社2010年版；翟中东主编：《渎职罪立案追诉标准与司法认定实务》，中国人民公安大学出版社2010年版。

细目录

Ⅰ　主旨
Ⅱ　沿革
Ⅲ　客体
Ⅳ　对象
　一、“拐卖、绑架”的含义
　二、“妇女、儿童”的含义
Ⅴ　行为
　一、不解救被拐卖、绑架妇女、儿童
　二、阻碍解救被拐卖、绑架妇女、儿童
Ⅵ　主体
Ⅶ　罪过
Ⅷ　既遂与未遂
Ⅸ　共犯
Ⅹ　罪数
Ⅺ　与非罪的界限

Ⅻ　与他罪的区别
一、阻碍解救被拐卖、绑架妇女、儿童罪与聚众阻碍解救被收买的妇女、儿童罪的区别
二、阻碍解救被拐卖、绑架妇女、儿童罪与妨害公务罪的区别
ⅩⅢ　处罚

Ⅰ　主旨

1　拐卖、绑架妇女、儿童是严重侵犯公民人身权利的犯罪,在司法实践中,这一犯罪现象屡禁不止的主要原因之一即在于某些地方的主管部门对此类犯罪行为常常放任不管或消极对待解救工作,甚至利用职权阻碍解救工作的顺利进行,此类行为不但损害了被拐卖、绑架妇女、儿童的合法权利,也妨害了国家机关的正常职务活动,损害国家机关信誉,引发公众对国家机关的不满。为了维护国家机关对被拐卖、绑架妇女、儿童的解救工作能够顺利进行,有效打击拐卖、绑架妇女、儿童犯罪,保障被拐卖、绑架妇女、儿童的权益,《刑法》第416条规定了不解救被拐卖、绑架妇女、儿童罪和阻碍解救被拐卖、绑架妇女、儿童罪。

Ⅱ　沿革

2　我国1979年《刑法》并未规定不解救被拐卖、绑架妇女、儿童罪和阻碍解救被拐卖、绑架妇女、儿童罪。1991年9月4日全国人大常委会通过了《关于严惩拐卖、绑架妇女、儿童的犯罪分子的决定》,该决定第5条第1款规定:“各级人民政府对被拐卖、绑架的妇女、儿童负有解救职责,解救工作由公安机关会同有关部门负责执行。负有解救职责的国家工作人员接到被拐卖、绑架的妇女、儿童及其家属的解救要求或者接到其他人的举报,而对被拐卖、绑架的妇女、儿童不进行解救,造成严重后果的,依照刑法第一百八十七条的规定处罚;情节较轻的,予以行政处罚。”该决定第5条第2款规定:“负有解救职责的国家工作人员利用职务阻碍解救的,处二年以上七年以下有期徒刑;情节较轻的,处二年以下有期徒刑或者拘役。”1997年修订《刑法》时,立法机关对上述规定加以吸收和完善,分别规定了不解救被拐卖、绑架妇女、儿童罪和阻碍解救被拐卖、绑架妇女、儿童罪。

Ⅲ　客体

3　不解救被拐卖、绑架妇女、儿童罪和阻碍解救被拐卖、绑架妇女、儿童罪侵犯的法益系复杂法益:一方面,两罪侵犯了对被拐卖、绑架的妇女、儿童负有解救职责的国家机关的正常解救活动;另一方面,两罪侵犯了被拐卖、绑架的妇女、儿童的人身权利。

Ⅳ 对象

4 两罪的对象为被拐卖、绑架的妇女、儿童。关于"被拐卖、绑架的妇女、儿童"的解读,需要注意以下问题。

一、"拐卖、绑架"的含义

5 关于"绑架"是否包含《刑法》第 239 条绑架罪中的绑架行为,学者们存在不同理解。有学者认为,不解救被拐卖、绑架妇女、儿童罪和阻碍解救被拐卖、绑架妇女、儿童罪中的"绑架"一词并无独立于"拐卖"的意义。换言之,"拐卖"一词本身就包含着"绑架",没有必要将绑架与拐卖相提并论。理由在于,《刑法》第 240 条已经明确将以出卖为目的绑架妇女、儿童的行为规定为拐卖妇女、儿童罪的实行行为方式。[1] 此种观点并不妥当。上述论者显然将本罪中的"被拐卖、绑架妇女、儿童"限定为拐卖妇女、儿童罪中的妇女、儿童,但拐卖妇女、儿童罪的罪名中并无"绑架"一词,而本罪的罪名中明显将"绑架"与"拐卖"并列,而通常情况下,"绑架"与"拐卖"具有明显不同的含义,上述观点面临语义解释上的困难。拐卖妇女、儿童罪中的"绑架"是指以出卖为目的的绑架行为,然而,绑架妇女、儿童除了出于出卖的目的,还可能出于勒索财物的目的或作为人质的目的,我国刑法针对后一种类型的绑架单独规定了绑架罪。无论是拐卖妇女、儿童行为还是绑架妇女、儿童行为,均是严重侵犯妇女、儿童人身权利的犯罪,两罪的受害者均迫切需要国家机关履行解救职责,没有实质理由将不解救被拐卖、绑架妇女、儿童罪的对象限定为拐卖妇女、儿童罪的对象。有学者提出反对意见,指出如果认为《刑法》第 416 条中的"绑架"包括绑架罪中的绑架行为,当妇女、儿童被绑架时不解救或利用职务阻碍解救的,成立《刑法》第 416 条规定的犯罪,而当成年男性被绑架时不解救的,只能成立其他犯罪或者无罪,这是不协调的。[2] 针对此观点,笔者认为,《刑法》第 416 条之所以将绑架的对象限定为妇女和儿童,是考虑到与成年男性相比,妇女和儿童的法益更加脆弱,被绑架的妇女和儿童更迫切地需要国家机关的及时救助,且妇女和儿童也更容易成为绑架的对象。鉴于此,《刑法》第 416 条对绑架的对象作出了限定。事实上,国家对妇女、儿童人身权利的特别关注和类似刑事政策的考量也能解释刑法为何只规定了拐卖妇女、儿童罪,而把成年男子排除在外。综上,笔者认为,如果犯罪人并非出于出卖的目的,而是出于勒索财物或作为人质的目的绑架妇女、儿童,负有解救职责的国家机关工作人员不履行解救职责或利用职务阻碍解救的,均可能成立《刑法》第 416 条规定的犯罪。

6 除上述问题外,还应当注意以下问题:①《刑法》第 416 条中的"拐卖、绑架"并不

---

1 参见郭立新、杨迎泽主编:《刑法分则适用疑难问题解》,中国检察出版社 2000 年版,第 466 页。

2 参见张明楷:《刑法学》(第 6 版),法律出版社 2021 年版,第 1664 页。

包含拐骗或非法拘禁等行为,对被拐骗的儿童或被非法拘禁的妇女、儿童不进行解救或利用职务阻碍解救的,不成立《刑法》第416条规定的犯罪。②被拐卖的妇女、儿童既包括正处于被拐卖过程中的妇女、儿童,也包括已经被收买了的被拐卖的妇女、儿童。

二、"妇女、儿童"的含义

7 关于不解救被拐卖、绑架妇女、儿童罪和阻碍解救被拐卖、绑架妇女、儿童罪中"妇女、儿童"的解读,应注意:①"妇女、儿童"既包括具有中国国籍的妇女、儿童,也包括具有外国国籍或无国籍的妇女、儿童,其中儿童是指不满14周岁的男女。②两罪中的"妇女"是否包括成年两性人是司法实践中的难题。所谓两性人,是指由于性器官发育异常,不能典型地归于男性或者女性的特殊人群。两性人包括真两性畸形人和假两性畸形人。前者指同一人身上同时有男女生殖器的情形,后者指体内只有一种性腺,但外生殖器可能表现为另一性别的情况,例如体内只具有男性性腺,但外生殖器却表现出女性特征。笔者认为,在刑法评价层面上,对性别的判断不能仅依据生理学的鉴定结论,现代社会中,人们越来越意识到应当从心理认同和社会认同的角度去理解性别的内涵,在认定本罪中的"妇女"时,不可简单地将两性人排除在外。笔者认为,无论是真两性畸形人还是假两性畸形人,如果其外部生理特征表现为女性特征,或者虽同时具备两性外部生理特征但其心理上将自身视作女性并且得到社会认同的,均属于《刑法》第416条中的"妇女"。

V 行为

一、不解救被拐卖、绑架妇女、儿童

8 根据《刑法》第416条之规定,不解救被拐卖、绑架妇女、儿童罪在客观上表现为典型的不作为,即不履行解救职责。不解救的前提是负有解救被拐卖、绑架妇女、儿童职责的国家机关工作人员接到了被拐卖、绑架的妇女、儿童及其家属的解救要求或者接到其他人的举报。其中,"解救要求"是指被拐卖、绑架的妇女、儿童及其家属向有关部门及其工作人员提出的解救要求。"举报"是指上述人员以外的公民就妇女、儿童被拐卖、绑架的事实向有关部门及其工作人员进行检举或报告。司法机关在侦查、审理拐卖妇女、儿童、绑架或其他刑事案件中,犯罪嫌疑人、被告人或证人等就妇女、儿童被拐卖、绑架的事实所作的供述、陈述或提供线索的,也属于举报。解救要求和举报的形式不限,既可以是书面的,也可以是口头的;既可以是在妇女、儿童被拐卖、绑架的过程中提出的,也可以是在被拐卖、绑架后提出的;既可以是向相关部门提出的,也可以是向特定工作人员提出的。从实质上看,解救要求和举报的内容只要具备足够的解救线索,不要求指明被害人、犯罪嫌疑人的身份或者被拐卖、绑架的具体经过等。应当注意,如果负有解救职责的国家机关工作人员通过其他渠道得知妇女、儿童被拐卖、绑架,而不解救的,不成立本罪。

9 不解救行为既可能表现为完全不履行解救职责,也可能表现为不履行全部职责或不及时履行职责。不解救通常表现为以下几种形式:①接到解救要求或举报后不向主管部门或领导报告;②不制订解救计划或方案,不安排解救行动;③故意编造各种理由拖延解救时间、选择错误的解救方案等。在判断是否存在"不解救"行为时,应当注意:①如果被拐卖的妇女在被拐卖后已经在现住地与他人结婚,应尊重本人意愿,如果男女双方本无配偶,女方愿意结合的,或者女方原有配偶,但经动员后女方坚持不返回原籍,国家机关工作人员不再"解救"的,不属于本罪中的"不解救"。然而,如果被拐卖的是儿童,国家机关工作人员以其不愿被解救为由不解救的,同样属于本罪的"不解救"。②不解救不意味着必须成功解救,如果行为人实施了解救行动,但由于遇到阻碍未能成功,并不属于"不解救"。

10 不解救被拐卖、绑架妇女、儿童罪的成立以"造成严重后果"为前提,如果存在不解救的行为,但未造成严重后果,不构成本罪。根据 2006 年最高人民检察院公布的《关于渎职侵权犯罪案件立案标准的规定》,不解救被拐卖、绑架妇女、儿童的,涉嫌下列情形之一的,应予立案:①导致被拐卖、绑架的妇女、儿童或者其家属重伤、死亡或者精神失常的;②导致被拐卖、绑架的妇女、儿童被转移、隐匿、转卖,不能及时进行解救的;③对被拐卖、绑架的妇女、儿童不进行解救 3 人次以上的;④对被拐卖、绑架的妇女、儿童不进行解救,造成恶劣社会影响的;⑤其他造成严重后果的情形。

二、阻碍解救被拐卖、绑架妇女、儿童

11 阻碍解救被拐卖、绑架妇女、儿童罪在客观上表现为利用职务阻碍解救被拐卖的妇女、儿童。关于"利用职务"的内涵,存在狭义和广义的解读。狭义的解读认为"利用职务"是指利用本人主管、协助解救被拐卖、绑架妇女、儿童的职务上的便利。[3]广义的解读认为如果国家机关工作人员负有一般意义上的解救职责,即使其并未参与特定的解救活动,但利用其职务之便阻碍解救活动的,同样成立本罪。[4]笔者认为,广义的解读更具合理性,只要行为人具有法律所规定的解救职责,并利用其职务便利阻碍解救活动的,无论该职务便利是否与解救活动直接相关,其行为对国家解救被拐卖、绑架妇女、儿童的正常活动的妨害,对被拐卖、绑架妇女、儿童人身权利的侵害以及国家机关声誉的损害,均无程度上的差异。因此,即使负有解救职责的国家机关工作人员(如公安人员)并未参与特定的解救活动,但将利用其职务获得的信息告知拐卖、绑架妇女、儿童的犯罪人,导致解救活动失败的,同样可以成立本罪。

12 所谓"阻碍解救"包括各种阻止、干扰、破坏解救活动顺利进行的行为,通常表现

3　参见周光权:《刑法各论》(第 4 版),中国人民大学出版社 2021 年版,第 583 页。

4　参见高铭暄、马克昌主编:《中国刑法解释》(下卷),中国社会科学出版社 2005 年版,第 2918 页。

为:①煽动群众阻碍解救;②对解救工作拒不提供便利条件;③故意向拐卖、绑架妇女、儿童的犯罪人或收买者泄露解救行动的部署;④在他人要求解除收买人与被收买人之间形成的婚姻、收养关系时,宣布这种关系"合法"予以保护;⑤对执行解救工作的国家机关工作人员进行刁难、阻挠、威胁;⑥向执行解救工作的国家机关工作人员提供虚假情报等。

13 阻碍解救被拐卖、绑架妇女、儿童罪的成立不以实害结果的发生或"情节严重"为前提,对于阻碍解救被拐卖、绑架妇女、儿童,情节较轻的,可适用较轻的法定刑。根据最高人民检察院《关于渎职侵权犯罪案件立案标准的规定》,负有解救职责的国家机关工作人员利用职务阻碍解救被拐卖、绑架妇女、儿童,涉嫌下列情形之一的,应予立案:①利用职权,禁止、阻止或者妨碍有关部门、人员解救被拐卖、绑架的妇女、儿童的;②利用职务上的便利,向拐卖、绑架者或者收买者通风报信,妨碍解救工作正常进行的;③其他利用职务阻碍解救被拐卖、绑架的妇女、儿童应予追究刑事责任的情形。司法实践中,应综合考察阻碍解救被拐卖、绑架妇女、儿童行为的性质和次数、涉及的人数、造成的损害结果及消极影响等因素,对阻碍解救行为的可罚性作出判断,如果情节显著轻微,危害不大的,可依据《刑法》第13条的规定,不以犯罪论处。

Ⅵ 主体

14 不解救被拐卖、绑架妇女、儿童罪和阻碍解救被拐卖、绑架妇女、儿童罪的主体是特殊主体,即负有解救被拐卖、绑架的妇女、儿童职责的国家机关工作人员。根据2009年全国人大常委会《关于严惩拐卖、绑架妇女、儿童的犯罪分子的决定》第5条第1款的规定,"各级人民政府对被拐卖、绑架的妇女、儿童负有解救职责,解救工作由公安机关会同有关部门负责执行"。具体而言,负有解救职责的国家机关工作人员主要包括下列人员:①各级人民政府的领导人、分管解救工作的负责人以及具体负责解救工作的其他国家机关工作人员;②各级公安机关的领导和干警;③各地成立的"打拐解救办公室""打拐领导小组"的工作人员;④会同公安机关负责解救工作的司法机关工作人员;⑤民政、妇联等单位中专门负责解救工作的工作人员。

Ⅶ 罪过

15 (1)不解救被拐卖、绑架妇女、儿童罪在主观方面是故意,包括直接故意和间接故意,过失不成立本罪。关于本罪的主观罪过,有学者认为是过失,包括疏忽大意的过失和过于自信的过失,但在个别情况下也可能是间接故意。[5]这种观点实际上是就行为人对"造成严重后果"这一结果要素的认知和态度而言的,类似的观点也存在于对滥用职权罪的主观罪过的解读中。笔者认为,虽然"严重后果"是本罪的客观构成要

5 参见敬大力主编:《渎职罪》,中国人民公安大学出版社2003年版,第478页。

件要素，但可以将其理解为客观的超过要素，不要求行为人希望或者放任这种结果的发生。本罪的故意是指，行为人明知是被拐卖、绑架的妇女、儿童而不解救，明知不履行解救职责的行为会妨碍国家机关的正常解救活动和被拐卖、绑架的妇女、儿童的人身权利，并且希望或放任此结果的发生。本罪不要求有“徇私”动机的存在。

(2)阻碍解救被拐卖、绑架妇女、儿童罪的主观方面只能是出于故意，过失不成立本罪。本罪的成立要求行为人自己利用职务的行为会阻碍解救工作的正常进行，但希望或放任解救工作受阻这一结果的发生。本罪的故意包括直接故意和间接故意。本罪对“徇私”动机未作要求。 16

Ⅷ　既遂与未遂

(1)不解救被拐卖、绑架妇女、儿童罪，有观点认为，本罪的停止形态只存在既遂一种形式。[6] 此种理解主要是考虑到本罪是真正的不作为犯，虽然从原则上讲，与作为犯一样，不作为犯也存在不同的行为阶段，也有其着手概念，但理论和实务中，对不作为犯未遂的讨论基本上是围绕不真正的不作为犯展开的，对于真正的不作为犯，有观点认为并不存在未遂形态，具有履行义务的人一旦不履行义务，即成立本罪的既遂。[7] 笔者不赞同此观点。即使是真正的不作为犯，也不意味着一旦违反义务便会给相关法益造成紧迫危险，在理论上仍存在未遂形态的可能。例如，负有解救职责的国家机关工作人员在得到知情者举报后，故意不向主管领导报告或启动解救程序，但被负责人或其他国家机关工作人员及时发现并加以纠正的，可能成立本罪的未遂。 17

(2)阻碍解救被拐卖、绑架妇女、儿童罪属于行为犯，以“阻碍解救”行为的完成作为既遂的标志。如果行为人着手实施了利用职务阻碍解救的行为，但由于意志以外的原因，未能完成该行为的，成立本罪的未遂。例如，行为人正在试图联系并告知拐卖、绑架妇女、儿童的犯罪人或收买人相关解救信息，但被其他国家机关工作人员及时发现予以制止的，应认定为犯罪未遂。 18

Ⅸ　共犯

(1)不解救被拐卖、绑架妇女、儿童罪完全可能由二人以上共同故意实施，对于本罪的共同犯罪，应当依据刑法总则关于共同犯罪成立条件的规定以及本罪的构成要件予以认定。应当注意的是，如果对被拐卖、绑架妇女、儿童负有解救职责的国家机关工作人员与拐卖、绑架妇女、儿童的犯罪人和收买者事前通谋、相互勾结，由该国家 19

6　参见翟中东主编：《渎职罪立案追诉标准与司法认定实务》，中国人民公安大学出版社2010年版，第503页。

7　参见〔日〕大塚仁：《刑法概说（总论）》（第3版），冯军译，中国人民大学出版社2009年版，第250页。

机关工作人员不履行解救职责,为拐卖、绑架妇女、儿童和收买行为提供便利的,同时成立本罪的正犯和拐卖、绑架妇女、儿童等犯罪的共犯的,应当认定为想象竞合,从一重罪处罚。

20 (2)阻碍解救被拐卖、绑架妇女、儿童罪完全可能由二人以上共同故意实施,对于本罪的共同犯罪,应当依据《刑法》总则关于共同犯罪的成立条件的规定以及本罪的构成要件予以认定。需要注意的是,如果对被拐卖、绑架妇女、儿童负有解救职责的国家机关工作人员与拐卖、绑架妇女、儿童的犯罪人和收买者事前通谋、相互勾结,利用职务阻碍解救被拐卖、绑架妇女、儿童的,同时成立本罪的正犯和拐卖、绑架妇女、儿童等犯罪的共犯的,应当认定为想象竞合,从一重罪处罚。

X 罪数

21 对于不解救被拐卖、绑架妇女、儿童罪和阻碍解救被拐卖、绑架妇女、儿童罪的罪数的认定,应当依照区分一罪与数罪的通行原则来进行。需要注意以下几个问题:①有学者认为,“如果对被拐卖、绑架的妇女、儿童负有解救职责的国家机关工作人员不解救的行为依法符合本罪的构成要件,同时也符合玩忽职守罪的构成要件,属于法条竞合,应依法认定不解救被拐卖、绑架妇女、儿童罪,不能同时认定构成玩忽职守罪,实行数罪并罚”[8]。笔者认为,该观点并不妥当。不解救被拐卖、绑架妇女、儿童罪的主观方面为故意,而玩忽职守罪为过失犯罪,两罪不存在成立法条竞合的空间。笔者认为,《刑法》第 397 条规定的滥用职权罪属于故意犯罪,“滥用职权”行为既包括积极的作为,也包括不履行应当履行的职责,故行为完全可能同时符合《刑法》第 416 条规定的犯罪和滥用职权罪,此时,应适用特别法条,即以不解救被拐卖、绑架妇女、儿童罪或阻碍解救被拐卖、绑架妇女、儿童罪定罪处罚。②2012 年最高人民法院、最高人民检察院发布的《关于办理渎职刑事案件适用法律若干问题的解释(一)》第 3 条规定:“国家机关工作人员实施渎职犯罪并收受贿赂,同时构成受贿罪的,除刑法另有规定外,以渎职犯罪和受贿罪数罪并罚。”因此,如果负有解救被拐卖、绑架妇女、儿童职责的国家机关工作人员因收受贿赂而故意不履行解救职责或利用职务阻碍解救活动的,应数罪并罚。③如果行为人所实施的上述两罪所规定的渎职行为本身也触犯了其他罪名,应认定为想象竞合,从一重罪处罚。④如果行为人在上述两罪所规定的渎职行为之外又实施了其他行为,触犯其他罪名的,例如非法拘禁举报者,成立非法拘禁罪的,属于典型的数行为触犯数罪名,应当数罪并罚。

XI 与非罪的界限

22 区分不解救被拐卖、绑架妇女、儿童罪和阻碍解救被拐卖、绑架妇女、儿童罪的罪与

---

8 翟中东主编:《渎职罪立案追诉标准与司法认定实务》,中国人民公安大学出版社 2010 年版,第 503 页。

非罪,需要特别注意以下两点:①两罪的主观方面是故意,如果行为人因业务素质不高、态度不认真等因素未实施解救或对解救活动造成阻碍的,不构成不解救被拐卖、绑架妇女、儿童罪或阻碍解救被拐卖、绑架妇女、儿童罪。如果符合玩忽职守罪的构成要件,可以认定为玩忽职守罪。②应准确判断需要解救的对象是否是被拐卖、绑架的妇女、儿童,关于"被拐卖、绑架的妇女、儿童"的内涵,前文已经讨论,此处不再赘述。

XII 与他罪的区别

一、阻碍解救被拐卖、绑架妇女、儿童罪与聚众阻碍解救被收买的妇女、儿童罪的区别

两罪的区别表现为:①客观表现不同。阻碍解救被拐卖、绑架妇女、儿童罪要求 23
行为人利用职务,实施了阻碍解救活动的行为;而聚众阻碍解救被收买的妇女、儿童罪表现为聚集众人,阻碍国家机关解救工作的行为,如果行为人无聚众行为,只是单纯阻碍解救活动的,不成立本罪。②对象不同。阻碍解救被拐卖、绑架妇女、儿童罪的对象包括被拐卖、绑架的妇女、儿童;而聚众阻碍解救被收买的妇女、儿童罪的对象限于被收买的妇女、儿童,如果行为人聚众阻碍解救被拐卖、绑架的妇女、儿童,不成立本罪,可依照妨害公务罪定罪处罚。③犯罪主体不同。阻碍解救被拐卖、绑架妇女、儿童罪的主体是特殊主体,即负有解救被拐卖、绑架的妇女、儿童职责的国家机关工作人员。聚众阻碍解救被收买的妇女、儿童罪的主体为一般主体,但限于自然人。应当注意,如果负有解救职责的国家机关工作人员利用职务采用聚众的方式阻碍解救工作的顺利进行的,例如,负责解救工作的人员向收买人通风报信并授意收买人聚众阻碍解救工作的,可能成立想象竞合,应从一重罪处断。

二、阻碍解救被拐卖、绑架妇女、儿童罪与妨害公务罪的区别

《刑法》第 242 条第 1 款规定,以暴力、威胁方法阻碍国家机关工作人员解救被收 24
买的妇女、儿童,依照妨害公务罪定罪处罚。两罪的主要区别在于:①客观表现不同。《刑法》第 242 条第 1 款规定的妨害公务罪要求行为人采取暴力、威胁的方法;而阻碍解救被拐卖、绑架妇女、儿童罪对阻碍解救的行为样态未加限定。②对象不同。《刑法》第 242 条第 1 款规定的妨害公务罪的对象限于被收买的妇女、儿童,如果行为人以暴力、威胁方法阻碍国家机关工作人员解救上述对象之外的人员的,可直接依据《刑法》第 277 条之规定,以妨害公务罪定罪处罚;而阻碍解救被拐卖、绑架妇女、儿童罪的对象包括被拐卖、绑架的妇女、儿童,其中包含被收买的妇女、儿童。③犯罪主体不同。阻碍解救被拐卖、绑架妇女、儿童罪的主体是特殊主体,即负有解救被拐卖、绑架的妇女、儿童职责的国家机关工作人员。《刑法》第 242 条第 1 款规定的妨害公务罪的主体是一般主体,限于自然人。应当注意,如果对被拐卖、绑架的妇女、儿童负有

解救职责的国家机关工作人员利用职务采用暴力、威胁的方式阻碍解救工作的顺利进行的,可能成立想象竞合,应从一重罪处断。

XIII 处罚

25 根据《刑法》第 416 条第 1 款的规定,犯不解救被拐卖、绑架妇女、儿童罪的,处 5 年以下有期徒刑或者拘役。《刑法》第 416 条第 2 款为阻碍解救被拐卖、绑架妇女、儿童罪规定了两个幅度的法定刑:犯阻碍解救被拐卖、绑架妇女、儿童罪的,处 2 年以上 7 年以下有期徒刑;犯阻碍解救被拐卖、绑架妇女、儿童罪,情节较轻的,处 2 年以下有期徒刑或者拘役。

第四百一十七条　帮助犯罪分子逃避处罚罪

有查禁犯罪活动职责的国家机关工作人员，向犯罪分子通风报信、提供便利，帮助犯罪分子逃避处罚的，处三年以下有期徒刑或者拘役；情节严重的，处三年以上十年以下有期徒刑。

文献：敬大力主编：《渎职罪》，中国人民公安大学出版社 2003 年版；高铭暄、马克昌主编：《中国刑法解释》（下卷），中国社会科学出版社 2005 年版；陈兴良主编：《罪名指南（下册）》（第 2 版），中国人民大学出版社 2008 年版；王作富主编：《刑法分则实务研究》（第 4 版），中国方正出版社 2010 年版；翟中东主编：《渎职罪立案追诉标准与司法认定实务》，中国人民公安大学出版社 2010 年版。

细目录

Ⅰ　主旨
Ⅱ　沿革
Ⅲ　客体
Ⅳ　对象
Ⅴ　行为
Ⅵ　主体
Ⅶ　罪过
Ⅷ　既遂与未遂
Ⅸ　共犯
Ⅹ　罪数
Ⅺ　与非罪的界限
Ⅻ　与他罪的区别
　一、与窝藏、包庇罪的区别
　二、与帮助毁灭、伪造证据罪的区别
　三、与故意泄露国家秘密罪的区别
　四、与徇私枉法罪的区别
　五、与包庇、纵容黑社会性质组织罪的区别
ⅩⅢ　处罚

Ⅰ 主旨

1 司法实践中,国家机关工作人员向犯罪分子通风报信、提供方便,帮助犯罪分子逃避处罚的现象并不罕见,此类渎职行为严重破坏了国家机关查禁犯罪活动的正常秩序,损害了国家机关的声誉和形象,也致使部分犯罪分子逍遥法外,再次实施危害社会的行为。为了严惩国家机关工作人员在查禁犯罪活动中的渎职行为,《刑法》第417条规定了帮助犯罪分子逃避处罚罪。

Ⅱ 沿革

2 我国1979年《刑法》并未规定本罪。该罪名的渊源可追溯到1991年9月4日全国人大常委会通过的《关于严禁卖淫嫖娼的决定》第9条规定,有查禁卖淫、嫖娼活动职责的国家工作人员,为使违法犯罪分子逃避处罚,向其通风报信、提供便利的,依照《刑法》第188条规定的徇私舞弊罪处罚。然而,该决定仅规定对有查禁卖淫、嫖娼活动职责的国家工作人员向卖淫嫖娼违法犯罪分子通风报信、提供便利的行为予以刑事处罚,处罚范围过窄,不利于打击国家机关工作人员帮助其他类型的犯罪分子逃避处罚的渎职行为。与此同时,该决定对帮助违法分子逃避处罚的行为也予以刑事处罚,有违罪刑相适应原则。鉴于此,1997年《刑法》修订时,立法机关增设本罪,使我国关于国家机关工作人员帮助犯罪分子逃避处罚行为的规范和处罚更加科学、公正。

Ⅲ 客体

3 本罪侵犯的法益是国家机关查禁犯罪的正常活动。负有查禁犯罪活动职责的国家机关工作人员不仅不履行职责,而且向犯罪分子通风报信、提供便利,帮助犯罪分子逃避处罚,这种严重亵渎国家权力的行为不但破坏了国家机关查禁犯罪的正常活动,损害国家机关的声誉和形象,而且必然会给国家经济的健康发展和社会生活的和谐稳定带来消极影响。

Ⅳ 对象

4 本罪的犯罪对象是“犯罪分子”。此处的“犯罪分子”并非指已经被法院判决有罪的罪犯,而是指正在实行犯罪或者有充分证据证明涉嫌犯罪的人。关于本罪的“犯罪分子”的解读,应当注意以下几个特殊问题:①即使犯罪分子事后未被法院的生效判决确认有罪,如犯罪人在逃、撤销案件、终止审理等,均不影响以本罪追究为其通风报信、提供便利,帮助其逃避处罚的国家机关工作人员的刑事责任。②如果行为时被认为涉嫌犯罪的“犯罪分子”事后被司法机关认定为无罪,能否成为本罪的对象?有观点认为凡在事后被确定无罪的“犯罪分子”均不能成为本罪的对象。[1] 笔者认为,本罪中的“犯罪分子”应以事前的视角加以判断。即使行为人在事后被司法机关确认为无罪,如人民法院判决无罪、检察机关作出不起诉决定等,但只要在事前有充分证据证明行为人涉嫌犯罪,负有查禁犯罪职责的国家机关人员就应当履行其职责。有罪或无罪的结论本身都是查禁犯罪活动的可能结果,国家机关工作人员应当履行查禁犯罪职责时故意不履行职责,就已经妨害了国家机关查禁犯罪活动的正常进行,侵害了本罪的法益,同样属于本罪意图规制的渎职行为。同理,如果犯罪分子事后被宣告有罪,但被免予刑事处罚,并不影响为其通风报信、提供便利,帮助其逃避处罚的国家机关工作人员成立本罪。③即使暂时没有被公安机关、司法机关作为犯罪嫌疑人,但确实实施了犯罪的行为人,同样属于本罪中的“犯罪分子”。④如果行为人实施了符合构成要件的不法行为但没有达到法定年龄、不具有责任能力,原则上其也属于本罪中的“犯罪分子”。例如,公安机关侦查人员为实施了故意杀人行为的行为人通风报信、提供便利,帮助其逃避处罚,但事后经过审查,该行为人不满12周岁,由于不满12周岁的人实施了符合故意杀人构成要件的不法行为,存在“不法”意义上的犯罪,仅因未达到法定年龄而不成立“完整”意义上的犯罪,同样属于本罪中的“犯罪分子”,故该侦查人员成立本罪。⑤负有查禁犯罪活动职责的国家机关工作人员,向实施了一般违法行为的违法人员通风报信、提供便利,帮助其逃避行政处罚的,不成立本罪。《人民法院案例选》总第51辑刊载的“潘楠博向违法人员通风报信不构成帮助犯罪分子逃避处罚案”要点提示指出:“负有查禁犯罪活动职责的国家机关工作人员,向违反治安管理处罚条例的违法人员通风报信、提供便利,帮助违法人员逃避处罚的,不构成帮助犯罪分子逃避处罚罪。”⑥如果犯罪分子已经被司法机关羁押,行为人提供便利条件,帮助其逃避刑罚制裁的,同样可能成立本罪。例如,司法机关工作人员为在押的犯罪嫌疑人传递信息,帮助其串供,从而逃避刑罚制裁的,理应成立本罪。又如,司法机关工作人员违反规定为在押人员传递信息,使在押人员利用该信息得以立功并获得减刑的,也成立本罪。如果司法工作人员利用职权私放在押的犯罪分子的,可依照私放在押人员罪追究责任。⑦如果犯罪分子犯有数罪,负有查禁犯罪活动职责的国家机关工作人员只就其所犯的部分犯罪通风报信、提供便利,帮助其逃避处罚的,该国家机关工作人员针对该部分犯罪成立本罪。⑧如果国家机关工作人员并未与犯罪分子有直接接触,而是通过向其亲属通风报信、提供便利,帮助其逃避处罚的,同样可被评价为向犯罪分子通风报信、提供便利,可能成立本罪。

V 行为

根据《刑法》第417条的规定,帮助犯罪分子逃避处罚罪的客观方面表现为向犯 5

---

1 参见孙力主编:《公务活动中犯罪界限的司法认定》,中国检察出版社2000年版,第345页。

罪分子通风报信、提供便利,帮助犯罪分子逃避处罚的行为。通风报信,是指向犯罪分子提供有关部门查禁犯罪活动的情况,具体包括部署安排、人员、时间、地点、警力及措施等情况。提供便利,是指为犯罪分子逃避处罚提供方便,主要表现为:向犯罪分子提供钱物、交通工具、隐匿场所、通信设备等;向犯罪分子指点案件的要点,帮助、示意犯罪分子隐匿、毁灭、伪造证据或帮助其串供、翻供的。行为人实施了通风报信或提供便利的行为,即可认定其存在帮助犯罪分子逃避处罚的行为。

6 关于本罪客观方面的判断,应当特别注意:①本罪客观要件的核心是"帮助犯罪分子逃避处罚"的行为,本罪所规定的"通风报信"和"提供便利"是对客观行为的例示性规定,而不是对本罪客观行为方式的限定。换言之,行为人采用"通风报信、提供便利"之外的方法,帮助犯罪分子逃避处罚的,也成立本罪。②"帮助犯罪分子逃避处罚"是指帮助犯罪分子逃避刑事处罚,不包括行政处罚。③"帮助犯罪分子逃避处罚"既包括使犯罪分子逃避任何刑事处罚,也包括使本应受到较重处罚的犯罪分子受到较轻处罚。④如果行为人只是单纯地不履行查禁犯罪的职责,而没有积极地实施帮助犯罪分子逃避处罚的行为,不成立本罪,如果致使国家和人民利益遭受重大损失的,可依照滥用职权罪追究其刑事责任。⑤本罪并未对"利用职务"作出要求,因此只要行为人具有一般意义上的查禁犯罪的职责,即使其具体实施的帮助犯罪分子逃避处罚的行为与其职务并无关联,如提供钱物、提供隐匿住所等,同样成立本罪。

7 本罪既遂的成立并不要求被帮助的犯罪分子最终逃避了处罚,即使被提供帮助的犯罪分子最终仍被判处有罪,受到惩罚,为其通风报信、提供便利的国家机关工作人员同样对司法秩序造成了妨碍,仍然成立本罪的既遂。本罪的成立同样不以"情节严重"为前提,但本罪将"情节严重"作为法定刑的升格条件。在判断是否属于"情节严重"时,应当对泄露的信息、提供的便利对逃避处罚所起的作用大小、是否利用了职权、帮助的犯罪分子是否犯有重大犯罪、帮助犯罪分子逃避处罚的次数、造成的恶劣影响等因素进行综合考察,方能得出准确判断。

8 根据最高人民检察院《关于渎职侵权犯罪案件立案标准的规定》,向犯罪分子通风报信、提供便利,帮助犯罪分子逃避处罚的行为,涉嫌下列情形之一的,应予立案:①向犯罪分子泄露有关部门查禁犯罪活动的部署、人员、措施、时间、地点等情况的;②向犯罪分子提供钱物、交通工具、通信设备、隐藏处所等便利条件的;③向犯罪分子泄露案情的;④帮助、示意犯罪分子隐匿、毁灭、伪造证据,或者串供、翻供的;⑤其他帮助犯罪分子逃避处罚应予追究刑事责任的情形。

Ⅵ 主体

9 《刑法》第417条对该罪的主体作出特别规定,即有查禁犯罪活动职责的国家机关工作人员。关于本罪主体的范围,有狭义说和广义说之分。狭义说认为,只有公安、检察机关中负责侦查工作的人员才具有查禁犯罪活动的职责,具体包括:公安机关负责治安、刑事侦查、经济侦查的人员和检察机关承担侦查、控告申诉等职能的工作人员以及监察机关的工作人员。广义说主张,除公安、司法工作人员外,某些行政执法部门如海关、税务、工商、文化等机关也具有查禁违法活动和协助司法、公安、国家安全机关查禁犯罪活动的职责。有学者认为,除上述人员外,从我国实际情况出发,从事查禁犯罪活动的各级党委、政府部门的工作人员,如政法委员会、社会治安综合治理委员会的工作人员,能够成立本罪。[2] 2006 年最高人民检察院公布的《关于渎职侵权犯罪案件立案标准的规定》显然采取了广义说。根据该规定的表述,负有查禁犯罪活动职责的人员包括司法及公安、国家安全、海关、税务等国家机关工作人员。

从立法本意和刑事政策的考量出发,广义说是基本妥当的,其更有利于严厉打击本罪所规定的渎职行为,保障国家查禁犯罪活动的正常管理秩序,维护国家机关的形象。此外,应当指出,全国人大常委会《关于〈中华人民共和国刑法〉第九章渎职罪主体适用问题的解释》规定:"在依照法律、法规规定行使国家行政管理职权的组织中从事公务的人员,或者在受国家机关委托代表国家机关行使职权的组织中从事公务的人员,或者虽未列入国家机关人员编制但在国家机关中从事公务的人员,在代表国家机关行使职权时,有渎职行为,构成犯罪的,依照刑法关于渎职罪的规定追究刑事责任。"因此,上述国家机关工作人员以外的人员受国家机关委托或被借调、抽调参与有关部门查禁犯罪活动的,或者受到委派与司法机关联合调查犯罪活动的,如治安联防队员等,同样可以成立本罪主体。例如,《最高人民法院公报》2009 年第 6 期刊载的上海市静安区人民检察院诉黄海春帮助犯罪分子逃避处罚、销售假冒注册商标的商品案裁判摘要指出:"烟草专卖局接受有关国家行政机关的委托,代表有关国家机关依法行使烟草专卖市场稽查和查处违反烟草专卖行为等行政执法权。根据国家烟草专卖局《烟草专卖行政处罚程序规定》第二十九条的规定,发现违反烟草专卖规定的违法行为构成犯罪时,相关工作人员应当依法将案件移送司法机关处理。据此,烟草专卖局及其工作人员具有查禁违反烟草专卖的犯罪活动的职责。烟草专卖局稽查队的工作人员在履职过程中,采用通风报信的手法,多次将突击检查假烟销售行为的部署安排透露给销售假烟的犯罪分子,致使犯罪分子逃避刑事处罚的,构成帮助犯罪分子逃避处罚罪。" 10

Ⅶ 罪过

本罪的责任形式是故意,即明知对方是犯罪分子,且自己在为对方通风报信、提供便利,会使犯罪分子逃避处罚,却希望或放任这一结果的发生。过失不能构成本罪,如果行为人客观上实施了帮助犯罪分子逃避处罚的行为,但主观上仅具有过失,若导致国家和人民利益遭受重大损失,可依照玩忽职守罪追究其刑事责任。本罪 11

2 参见翟中东主编:《渎职罪立案追诉标准与司法认定实务》,中国人民公安大学出版社 2010 年版,第 523 页。

的故意包括直接故意和间接故意。有学者认为本罪的故意仅限于直接故意。[3]笔者不赞同此观点。实践中,本罪完全可能存在间接故意的形态。例如,负有查禁犯罪职责的国家机关工作人员明知他人有可能涉嫌犯罪,但仍为其通风报信、提供便利,主观上对此种行为可能导致犯罪分子逃避处罚持放任态度,其主观显然是间接故意。本罪并未对"徇私"等动机作出要求。

Ⅷ 既遂与未遂

12 本罪是行为犯,即以行为人实施完成通风报信、提供便利等帮助犯罪分子逃避处罚的行为作为既遂标志。至于犯罪分子是否最终实际逃避了处罚,不影响本罪既遂的成立。当然,犯罪分子是否最终逃避了处罚,会对本罪的量刑产生影响。本罪同样存在未遂形态,如果行为人着手实施了通风报信、提供便利等行为,但由于意志以外的原因,未能完成该行为的,成立本罪的未遂。例如,行为人正在试图联系并告知犯罪分子警方的抓捕计划,但被其他国家机关工作人员及时发现予以制止的,应认定为本罪未遂。

Ⅸ 共犯

13 帮助犯罪分子逃避处罚罪完全可能由二人以上共同故意实施。关于本罪的共同犯罪,应当依据刑法总则关于共同犯罪的成立条件的规定以及《刑法》第 417 条规定的构成要件予以认定。司法实践中,本罪的共同犯罪既包括负有查禁犯罪活动职责的国家机关工作人员之间形成合意、共同犯罪的情形,也包括负有查禁犯罪活动职责的国家机关工作人员与其他人员相互勾结、共同犯罪的情形。需要注意的是,如果负有查禁犯罪活动职责的国家机关工作人员在犯罪分子实施犯罪前与犯罪分子有通谋,在犯罪分子实施犯罪后为其通风报信、提供便利,帮助其逃避处罚的,该国家机关工作人员同时构成犯罪分子所实施犯罪的共犯和帮助犯罪分子逃避处罚罪的正犯,属于想象竞合,从一重罪处断。

Ⅹ 罪数

14 对于帮助犯罪分子逃避处罚罪的罪数认定,应当按照关于区分一罪与数罪的标准来解决。应当注意以下情形:①最高人民法院、最高人民检察院《关于办理渎职刑事案件适用法律若干问题的解释(一)》第 3 条规定:"国家机关工作人员实施渎职犯罪并收受贿赂,同时构成受贿罪的,除刑法另有规定外,以渎职犯罪和受贿罪数罪并罚。"如果负有查禁犯罪活动职责的国家机关工作人员收受贿赂,为犯罪分子通风报信、提供便利,帮助其逃避处罚的,应以受贿罪和本罪数罪并罚。②如果负有查禁犯

3 参见敬大力主编:《渎职罪》,中国人民公安大学出版社 2003 年版,第 492 页。

罪活动职责的国家机关工作人员实施帮助犯罪分子逃避处罚的行为同时触犯其他罪名的,则属于想象竞合,从一重罪处罚。例如,通风报信的内容涉及国家秘密的,构成本罪和故意泄露国家秘密罪的想象竞合。

XI 与非罪的界限

区分帮助犯罪分子逃避处罚罪的罪与非罪时,应特别注意以下几方面:①要准确判断对象是否“犯罪分子”。如果对象并不涉嫌犯罪,只是存在一般违法行为,帮助其逃避行政处罚的,不成立本罪。②要准确判断行为人是否负有查禁犯罪活动职责的国家机关工作人员,如果行为人是国家机关工作人员,但并无查禁犯罪活动职责,不能成立本罪。③如果行为人并非出于故意,而是由于疏忽等原因,不慎向犯罪分子透露了相关信息或提供了某种便利,在客观上为犯罪分子逃避处罚提供了“帮助”,不能以本罪追究其刑事责任。判断行为人是否具备本罪的故意,要从两个方面加以考察:其一,要准确判断行为人是否明知对方为犯罪分子;其二,要准确判断行为人是否明知其行为会给犯罪分子逃避处罚提供帮助。只有行为人在这两个方面均具备明知,方可认定其存在本罪的故意。 15

XII 与他罪的区别

一、与窝藏、包庇罪的区别

两罪的区别表现为:①法益不同。帮助犯罪分子逃避处罚罪的法益是国家机关查禁犯罪的正常活动,属于渎职犯罪;而窝藏、包庇罪的法益是司法机关的正常活动,属于妨害社会管理秩序犯罪。②犯罪的客观方面不同。窝藏罪表现为明知是犯罪的人而为其提供隐藏处所、财物,帮助其逃匿的行为;包庇罪表现为明知是犯罪的人而作假证明包庇的行为;帮助犯罪分子逃避处罚罪表现为向犯罪分子通风报信、提供便利,帮助犯罪分子逃避处罚的行为。③犯罪主体不同。帮助犯罪分子逃避处罚罪的主体是特殊主体,仅限于有查禁犯罪活动职责的国家机关工作人员;而窝藏、包庇罪的主体为一般主体,即自然人。 16

二、与帮助毁灭、伪造证据罪的区别

两罪的区别为:①法益不同。帮助毁灭、伪造证据罪侵犯的是国家司法机关的正常诉讼活动,属于妨害社会管理秩序犯罪;而帮助犯罪分子逃避处罚罪侵犯的法益是国家机关的正常管理活动,属于渎职犯罪。②客观方面不同。帮助毁灭、伪造证据罪表现为帮助当事人毁灭、伪造证据,情节严重的行为。通说认为,此处的证据不限于刑事案件中的证据,也包括民事诉讼、行政诉讼中的证据。帮助犯罪分子逃避处罚罪的对象只能是刑事案件中的犯罪分子,客观主要表现为通风报信、提供便利。③犯罪 17

主体不同。帮助毁灭、伪造证据罪的主体是一般主体即自然人,但不包括“当事人”本人。如果司法工作人员帮助毁灭、伪造证据的,从重处罚。帮助犯罪分子逃避处罚罪的主体是特殊主体,即负有查禁犯罪活动职责的国家机关工作人员。应当注意,如果负有查禁犯罪活动职责的国家机关工作人员采用帮助犯罪分子毁灭、伪造证据的方式帮助其逃避处罚的,同时符合帮助毁灭、伪造证据罪和帮助犯罪分子逃避处罚罪,属于想象竞合,应从一重罪处断。

三、与故意泄露国家秘密罪的区别

18 两罪的区别为:①法益不同。帮助犯罪分子逃避处罚罪侵犯的是国家机关查禁犯罪的正常活动;而故意泄露国家秘密罪侵犯的是国家的保密制度。②客观方面不同。帮助犯罪分子逃避处罚罪表现为向犯罪分子通风报信、提供便利,帮助犯罪分子逃避处罚的行为;而故意泄露国家秘密罪表现为违反保守国家秘密法的规定,故意泄露国家秘密,情节严重的行为。③犯罪主体不同。帮助犯罪分子逃避处罚罪的主体是特殊主体,即负有查禁犯罪活动职责的国家机关工作人员;而故意泄露国家秘密罪的主体一般为国家机关工作人员,非国家机关工作人员也可以构成此罪。

19 如前所述,当负有查禁犯罪活动职责的国家机关工作人员向犯罪分子通风报信涉及国家秘密的,完全可能同时构成帮助犯罪分子逃避处罚罪和故意泄露国家秘密罪,此时应依照想象竞合的处断原则处理。

四、与徇私枉法罪的区别

20 两罪的区别为:①犯罪的客观方面不同。徇私枉法罪既可表现为对明知是无罪的人而使其受追诉,也可表现为对明知是有罪的人而故意包庇不使他受追诉;而帮助犯罪分子逃避处罚罪只能是帮助犯罪分子逃避处罚。此外,司法实践中,帮助犯罪分子逃避处罚罪一般发生在案发之前的阶段;而徇私枉法罪大多发生在刑事诉讼进行期间。②犯罪主体不同。帮助犯罪分子逃避处罚罪的主体是负有查禁犯罪活动职责的国家机关工作人员;而徇私枉法罪的主体是司法工作人员。如果具有刑事追诉、审判职权的司法工作人员在刑事追诉、审判过程中利用职权,向犯罪分子通风报信、提供便利,帮助犯罪分子逃避处罚的,同时符合徇私枉法罪和帮助犯罪分子逃避处罚罪的构成的,属于想象竞合,应从一重罪处罚。如果司法工作人员并不享有刑事追诉、审判职权,或者在刑事追诉、审判活动外为犯罪分子通风报信、提供便利,应以帮助犯罪分子逃避处罚罪定罪处罚。

五、与包庇、纵容黑社会性质组织罪的区别

21 两罪的区别为:①犯罪对象不同。包庇、纵容黑社会性质组织罪的对象既包括黑社会性质组织的组织者、领导者和参加者,也包括黑社会性质组织本身;帮助犯罪分子逃避处罚罪的对象是犯罪分子。②犯罪主体不同。包庇、纵容黑社会性质组织罪

的主体是国家机关工作人员;帮助犯罪分子逃避处罚罪的主体仅限于负有查禁犯罪活动职责的国家机关工作人员。如果负有查禁犯罪职责的国家机关工作人员为黑社会性质组织及其成员通风报信、提供便利,使黑社会性质组织及其成员逃避处罚,同时符合本罪与包庇、纵容黑社会性质组织罪的构成,属于想象竞合犯,应从一重罪处罚。

XIII 处罚

《刑法》第417条为本罪规定了两个幅度的法定刑:犯帮助犯罪分子逃避处罚罪 22
的,处3年以下有期徒刑或者拘役;犯帮助犯罪分子逃避处罚罪,情节严重的,处3年以上10年以下有期徒刑。

第四百一十八条　招收公务员、学生徇私舞弊罪

国家机关工作人员在招收公务员、学生工作中徇私舞弊，情节严重的，处三年以下有期徒刑或者拘役。

文献：敬大力主编：《渎职罪》，中国人民公安大学出版社2003年版；高铭暄、马克昌主编：《中国刑法解释》（下卷），中国社会科学出版社2005年版；陈兴良主编：《罪名指南（下册）》（第2版），中国人民大学出版社2008年版；王作富主编：《刑法分则实务研究》（第4版），中国方正出版社2010年版；翟中东主编：《渎职罪立案追诉标准与司法认定实务》，中国人民公安大学出版社2010年版。

细目录

Ⅰ　主旨
Ⅱ　沿革
Ⅲ　客体
Ⅳ　对象
Ⅴ　行为
Ⅵ　主体
Ⅶ　罪过
Ⅷ　既遂与未遂
Ⅸ　共犯
Ⅹ　罪数
Ⅺ　与非罪的界限
Ⅻ　与他罪的区别
一、与故意泄露国家秘密罪的区别
二、与非法出售、提供试题、答案罪的区别
三、与冒名顶替罪的区别
XIII　处罚

Ⅰ　主旨

1　根据《公务员法》以及国务院关于招生工作的相关规定，公务员的录用和学生录取工作必须遵循公开、平等、择优录取的原则。维护国家招收公务员、学生工作的正常进行，是保障社会基本公平，实现国家公务员队伍的优化和国家教育事业健康发展

的重要条件。与此同时,保证公务员、学生招收工作的公平、透明,对招收对象基本权益的实现而言,是至关重要的。正是出于这种考虑,刑法规定了本罪,以严惩国家机关工作人员破坏公务员、学生招收工作正常秩序的渎职行为。

Ⅱ 沿革

我国1979年《刑法》并未规定本罪。1994年6月7日发布的《国家公务员录用暂行规定》第35条规定:"对违反录用考试纪律的工作人员,视情节轻重,分别给予取消工作人员资格、调离考录工作岗位或行政处分的处罚。对违反录用考试纪律的考生,视情节轻重,分别给予取消考试资格,取消录用资格的处罚。对违反录用考试纪律的相关人员,按有关规定予以处罚。对上述人员中,触犯刑律的,由司法机关依法追究刑事责任。"1995年3月18日全国人大常委会通过的《教育法》第77条规定:"在招收学生工作中徇私舞弊的,由教育行政部门责令退回招收的人员;对直接负责的主管人员和其他直接责任人员,依法给予行政处分;构成犯罪的,依法追究刑事责任。"1997年修订《刑法》时,立法机关针对在公务员、学生招收工作中频发的徇私舞弊行为,增设了招收公务员、学生徇私舞弊罪。 2

Ⅲ 客体

本罪侵犯的法益是国家机关招收公务员、学生的正常活动。在公务员、学生招收工作中的徇私舞弊行为,严重破坏国家公务员、学生招收制度,妨害国家对人才的选拔和培养,造成极为严重的社会不公,助长社会不良风气并严重损害国家机关的声誉和形象。 3

Ⅳ 对象

本罪的犯罪对象是公务员和学生。根据《公务员法》的规定,公务员是指依法履行公职、纳入国家行政编制、由国家财政负担工资福利的工作人员。2020年3月3日发布的《公务员范围规定》对公务员的范围作出具体的规定,以下机关中除工勤人员以外的工作人员被列入公务员范围:①中国共产党各级机关;②各级人民代表大会及其常务委员会机关;③各级行政机关;④中国人民政治协商会议各级委员会机关;⑤各级监察机关;⑥各级审判机关;⑦各级检察机关;⑧各民主党派和工商联的各级机关。所谓学生,可以根据不同标准进行分类。根据《教育法》的规定,学生可划分为小学生、中学生、中专生、大学生。应当注意的是,最高人民检察院《关于渎职侵权犯罪案件立案标准的规定》对本罪中的"学生"范围进行了限缩。根据该规定,本罪中的"学生"仅限于省级以上教育行政部门组织招收的学生,即中学(包括中专)招生、高考招生、研究生招生以及其他学历教育或者培训工作中所招收的人员。在招收公务员、学生之外的招考工作中徇私舞弊的,不构成本罪。例如,在国家法律职业资格 4

考试中徇私舞弊,不构成本罪,如果造成国家和人民利益重大损失的,可依照滥用职权罪处罚。

V　行为

5　根据《刑法》第 418 条的规定,招收公务员、学生徇私舞弊罪的客观方面表现为在招收公务员、学生工作中徇私舞弊,情节严重的行为。

6　所谓“舞弊”,是指在招收公务员、学生工作中违背法律、法规规定,弄虚作假,利用职务便利对不符合条件的人员予以录取、招收或对符合条件的人员不予录取、招收的行为。本罪的“舞弊”主要表现为以下形式:①伪造、篡改履历表、体检表;②伪造立功、受奖记录;③私改考卷或分数;④泄露试题或违反考场纪律;⑤不按编制限额或资格条件进行录用;⑥故意排挤合格人员,录用不合格人员等。

7　本罪的成立以“情节严重”为前提。根据最高人民检察院《关于渎职侵权犯罪案件立案标准的规定》的规定,国家机关工作人员在招收公务员、省级以上教育行政部门组织招收的学生工作中徇私舞弊,涉嫌下列情形之一的,应予立案:①徇私舞弊,利用职务便利,伪造、变造人事、户口档案、考试成绩或者其他影响招收工作的有关资料,或者明知是伪造、变造的上述材料而予以认可的;②徇私舞弊,利用职务便利,帮助 5 名以上考生作弊的;③徇私舞弊招收不合格的公务员、学生 3 人次以上的;④因徇私舞弊招收不合格的公务员、学生,导致被排挤的合格人员或者其近亲属自杀、自残造成重伤、死亡或者精神失常的;⑤因徇私舞弊招收公务员、学生,导致该项招收工作重新进行的;⑥其他情节严重的情形。

VI　主体

8　《刑法》第 418 条对该罪的主体作出了特别规定,即国家机关工作人员。

9　由于本罪的成立要求行为人在招收公务员、学生工作中徇私舞弊,故实际上该罪的主体是负有招收公务员、学生职责的国家机关工作人员。从《公务员法》第 24 条和《教育法》第 14 条、第 15 条的规定可知,本罪的主体具体包括各级公务员主管部门的工作人员、教育行政管理部门的工作人员以及其他与招收公务员、学生工作有关的国家机关工作人员。

10　因此,《人民法院案例选》2015 年第 3 辑刊载的“徐建利、张建军招收学生徇私舞弊案”裁判要点指出:“户籍管理工作是招生工作的一部分,公安人员属于特指的国家机关中负责招收学生工作的工作人员,符合招收学生徇私舞弊罪的主体要件。”对招收学生徇私舞弊罪主体的认定不应仅局限于直接负责招收学生工作的国家机关工作人员,最高人民检察院《关于渎职侵权犯罪案件立案标准的规定》针对招收公务员、学生徇私舞弊罪犯罪案件规定,徇私舞弊,利用职务便利,伪造、变造人事、户口档案、考试成绩或者其他影响招收工作的有关资料,或者明知是伪造、变造的上述材料而予以认可的,应按招收公务员、学生徇私舞弊罪立案。

11 应当注意,在司法实践中曾有争议的问题是:如果教师接受国家机关委托或者聘请临时担任考试监考员、评卷人等招收工作相关的职务,并在履行职务中徇私舞弊,如放纵考生作弊、篡改分数等,能否成立本罪?否定说认为,《刑法》第418条规定的主体是国家机关工作人员,学校教师属于文教事业单位人员,不属于国家机关工作人员,因此,不能成为招收公务员、学生徇私舞弊罪的主体;教师接受委托或者聘请临时担任考试监考员等与招收学生相关职务的,并不具有国家机关工作人员的身份,同样不能成为招收公务员、学生徇私舞弊罪的犯罪主体。否定说为最高人民法院刑二庭的审判长会议纪要采纳。肯定说认为,教师接受国家机关的调配,从事的职务性质属于公务,与行政机关借用、聘请的临时人员从事公务的行为并无实质差异,属于"未列入国家机关人员编制但在国家机关中从事公务的人员",可以成为本罪的主体。[1]

12 在2012年最高人民法院、最高人民检察院发布《关于办理渎职刑事案件适用法律若干问题的解释(一)》之后,至少就司法实践而言,上述争议不再存在。该解释第7条明确规定:"依法或者受委托行使国家行政管理职权的公司、企业、事业单位的工作人员,在行使行政管理职权时滥用职权或者玩忽职守,构成犯罪的,应当依照《全国人民代表大会常务委员会关于〈中华人民共和国刑法〉第九章渎职罪主体适用问题的解释》的规定,适用渎职罪的规定追究刑事责任。"根据该规定,教师在受国家机关委托从事与招收工作相关的职务时,即属于依法或者受委托行使国家行政管理职权的公司、企业、事业单位的工作人员,可以成为本罪的主体。

Ⅶ 罪过

13 本罪在主观上出于故意,即明知自己在招收公务员、学生工作中的徇私舞弊行为违反规定,会妨害国家机关招收公务员、学生工作的正常秩序,却对此持希望或者放任态度。应当注意,有学者认为本罪的故意是指"明知自己徇私舞弊的招收行为,会使不合格的公务员、学生得以录取,或者会使合格的公务员、学生落选,却希望或者放任这一危害结果的发生"[2]。这一理解是不妥当的。原因在于:本罪是行为犯,其既遂的成立并不以不合格的人员被录取或者合格的人员未被录取为前提,此结果并非本罪的客观构成要件要素。行为人只要在招收公务员、学生过程中实施了舞弊行为,不论是否导致不合格的人员被录取或者合格的人员未被录取,均不影响本罪既遂的成立,因此,只要行为人明知其实施了舞弊行为,即可认定存在本罪的故意。本罪对"徇私"动机作出了要求,需要注意的是,不应将"徇私"狭隘地理解为贪图钱财的

---

1 参见翟中东主编:《渎职罪立案追诉标准与司法认定实务》,中国人民公安大学出版社2010年版,第548页。

2 孙力主编:《公务活动中犯罪界限的司法认定》,中国检察出版社2000年版,第526页。

动机,行为人碍于情面、徇亲友私情或出于报复或嫉妒等心理动机实施本罪所规定的渎职行为,同样可以被认定为"徇私"。

Ⅷ 既遂与未遂

14 本罪是行为犯,即以行为人实施完成了前述"舞弊"行为作为犯罪既遂的标志。至于是否最终导致不合格的人员被录取或者合格的人员未被录取,不影响本罪既遂的成立。本罪同样存在未遂形态,例如行为人正试图为参加高考的考生伪造档案,但被其他工作人员及时发现并加以制止的,成立本罪的未遂。

Ⅸ 共犯

15 招收公务员、学生徇私舞弊罪完全可能由二人以上共同故意实施。关于本罪的共同犯罪,应当依据《刑法》总则关于共同犯罪的成立条件的规定以及《刑法》第 418 条规定的构成要件予以认定。司法实践中,本罪的共同犯罪既包括负有招收公务员、学生职责的国家机关工作人员之间形成合意、共同犯罪的情形,也包括负有招收公务员、学生职责的国家机关工作人员与其他人员相互勾结、共同犯罪的情形。需要注意的是,如果负有招收公务员、学生职责的国家机关工作人员与组织他人在公务员考试及其他法律规定的招生考试中作弊的犯罪分子事前通谋,由负有招收公务员、学生职责的国家机关工作人员协助或放任参考人员作弊的,该国家机关工作人员同时构成组织考试作弊罪的共犯和招收公务员、学生徇私舞弊罪的正犯,属于想象竞合,应从一重罪处罚。

X 罪数

16 对于招收公务员、学生徇私舞弊罪的罪数认定,应当按照关于区分一罪与数罪的标准来解决。应当注意以下问题:①《刑法》第 418 条的规定与第 397 条的规定之间存在法条竞合的关系,如果行为同时符合《刑法》第 418 条规定的犯罪构成和《刑法》第 397 条规定的滥用职权罪的构成,应适用特别法条,即按招收公务员、学生徇私舞弊罪定罪处罚。②最高人民法院、最高人民检察院《关于办理渎职刑事案件适用法律若干问题的解释(一)》第 3 条规定:"国家机关工作人员实施渎职犯罪并收受贿赂,同时构成受贿罪的,除刑法另有规定外,以渎职犯罪和受贿罪数罪并罚。"如果负有招收公务员、学生职责的国家机关工作人员收受贿赂,在招收公务员、学生工作中徇私舞弊的,应以受贿罪和本罪数罪并罚。③司法实践中,负有招收公务员、学生职责的国家机关工作人员为了使不符合招收条件的人员得到录取、录用,往往采用伪造、变造体检表、履历表、身份证、户口簿、立功受奖记录等手段,此类行为可能构成伪造、变造国家机关公文、证件、印章罪或伪造、变造身份证件罪等犯罪,此时,属于想象竞合,从一重罪处罚。

XI　与非罪的界限

区分招收公务员、学生徇私舞弊罪的罪与非罪时，应特别注意以下几方面：①要准确判断行为是否发生在招收公务员、学生工作中，如果是在其他招收工作中徇私舞弊的，不能成立本罪。②要准确判断行为人是否实施了“舞弊”行为，本罪中的舞弊不仅包括超越职权、玩弄职权的情形，如伪造档案、泄露考题、篡改成绩等，还包括不履行应履行职责的行为，如故意不录入考生信息、对作弊行为视而不见。③本罪的成立要求“情节严重”，如尚未达到“情节严重”，只属于一般的违法行为，由相关部门给予行政处分。司法实践中，应综合考察负有招收公务员、学生职责的国家机关工作人员的舞弊行为的性质和次数、涉及的人数、造成的损害结果及消极影响等因素，对招收公务员、学生徇私舞弊行为的可罚性作出判断，如果情节显著轻微，危害不大的，可依据《刑法》第13条的规定，不以犯罪论处。④如果行为人并非出于故意，而是由于责任心不强或业务水平较低等原因，导致在招收公务员和学生工作中将本不合格的人员录取或对合格的人员不予录取的，不能以本罪追究其刑事责任。如果造成国家和人民利益重大损失的，可依照玩忽职守罪追究行为人的刑事责任。在判断行为人是否具备本罪的故意时，要从两个方面加以考察：其一，要准确判断行为人是否明知自己在从事公务员、学生的招收工作。其二，要准确判断行为人是否明知其行为违反法律、法规，可能会妨害公务员、学生招收工作的顺利进行，破坏国家机关的公务员、学生招收制度。 17

XII　与他罪的区别

一、与故意泄露国家秘密罪的区别

两罪的区别表现为：①法益不同。本罪侵犯的是国家机关招收公务员、学生的正常活动；而故意泄露国家秘密罪侵犯的是国家的保密制度。②客观方面不同。本罪表现为在招收公务员、学生工作中徇私舞弊，情节严重的行为；而故意泄露国家秘密罪表现为违反保守国家秘密法的规定，故意泄露国家秘密，情节严重的行为。③犯罪主体不同。本罪的主体是特殊主体，实际上限于负有招收公务员、学生职责的国家机关工作人员；而故意泄露国家秘密罪的主体一般为国家机关工作人员，非国家机关工作人员也可以构成此罪。 18

应当注意的是，如果国家机关工作人员在招收公务员、学生工作中，将涉及招考内容的国家秘密，如招考计划、招考试卷等故意泄露给参加招考的人员，同时构成本罪和故意泄露国家秘密罪，属于想象竞合，从一重罪处罚。 19

二、与非法出售、提供试题、答案罪的区别

两罪在法益、客观方面和犯罪主体方面均存在差异。如果负有招收公务员、学生 20

职责的国家机关工作人员,为他人提供国家公务员考试等考试的试题、答案罪,同时成立招收公务员、学生徇私舞弊罪和非法出售、提供试题、答案罪,属于想象竞合,应从一重罪处罚。

三、与冒名顶替罪的区别

21 两罪在法益、行为和犯罪主体等方面均存在差异。值得注意的是,《刑法》第 280 条之二第 3 款规定:"国家工作人员有前两款行为,又构成其他犯罪的,依照数罪并罚的规定处罚。"笔者认为,该条款系针对国家工作人员存在两个以上行为并触犯数个罪名的情形所作的注意性规定。如果国家工作人员只有一个行为,该行为同时符合冒名顶替罪与其他犯罪的构成,属于想象竞合,应从一重罪处罚,不适用《刑法》第 280 条之二第 3 款之规定。例如,国家机关工作人员在招收公务员、学生工作中徇私舞弊,利用职权帮助他人通过冒名顶替取得高等学历教育入学资格、公务员录用资格,成立冒名顶替罪的共犯,同时又构成招收公务员、学生徇私舞弊罪,属于一行为触犯数罪名的想象竞合,应从一重罪处罚,不应数罪并罚。又如,国家工作人员通过冒名顶替取得高等学历教育入学资格、公务员录用资格且有贪污、受贿等犯罪行为的,属于典型的数行为触犯数罪名,应依据《刑法》第 280 条之二第 3 款数罪并罚。

XIII 处罚

22 根据《刑法》第 418 条的规定,犯招收公务员、学生徇私舞弊罪的,处 3 年以下有期徒刑或者拘役。

第四百一十九条　失职造成珍贵文物损毁、流失罪

国家机关工作人员严重不负责任，造成珍贵文物损毁或者流失，后果严重的，处三年以下有期徒刑或者拘役。

文献：敬大力主编：《渎职罪》，中国人民公安大学出版社 2003 年版；高铭暄、马克昌主编：《中国刑法解释》（下卷），中国社会科学出版社 2005 年版；陈兴良主编：《罪名指南（下册）》（第 2 版），中国人民大学出版社 2008 年版；王作富主编：《刑法分则实务研究》（第 4 版），中国方正出版社 2010 年版；翟中东主编：《渎职罪立案追诉标准与司法认定实务》，中国人民公安大学出版社 2010 年版。

细目录

Ⅰ　主旨
Ⅱ　沿革
Ⅲ　客体
Ⅳ　对象
Ⅴ　行为
Ⅵ　主体
Ⅶ　罪过
Ⅷ　既遂与未遂
Ⅸ　共犯
Ⅹ　罪数
Ⅺ　与非罪的界限
Ⅻ　与他罪的区别
　一、与过失损毁文物罪的区别
　二、与非法向外国人出售、赠送珍贵文物罪的区别
　三、与非法出售、私赠文物藏品罪的区别
XIII　处罚

Ⅰ　主旨

文物是人类历代遗留下来的具有重要历史、艺术、科学价值的遗物和遗迹。各类文物承载、反映着各个历史时期人类社会的生活状态、价值取向、社会关系等，对于历史、艺术、科学研究具有不可估量的重要意义。中华人民共和国成立以来，我国一直 1

十分重视文物的保护、管理工作。负有依法保护文物的国家机关工作人员不负责任,造成文物毁损或流失,会给国家和人民利益造成不可弥补的损失。《刑法》第419条设置失职造成珍贵文物损毁、流失罪,目的在于维护国家对文物的正常管理活动,使珍贵文物免受不应有的损害。

Ⅱ 沿革

2 我国1979年《刑法》并未规定本罪。1982年11月19日全国人大常委会通过的《文物保护法》第31条规定:“有下列行为的,依法追究刑事责任:……(四)国家工作人员玩忽职守,造成珍贵文物损毁或者流失,情节严重的……”1991年6月29日全国人大常委会通过了《关于修改〈中华人民共和国文物保护法〉第三十条、第三十一条的决定》,修改后的第31条第1、2、3款规定:“有下列行为之一的,依法追究刑事责任:(一)贪污或者盗窃国家文物的;(二)走私国家禁止出口的文物或者进行文物投机倒把活动情节严重的;(三)故意破坏国家保护的珍贵文物或者名胜古迹的;(四)盗掘古文化遗址、古墓葬的;(五)国家工作人员玩忽职守,造成珍贵文物损毁或者流失的。全民所有制博物馆、图书馆等单位将文物藏品出售或者私自赠送给非全民所有制单位或者个人的,对主管人员和直接责任人员比照刑法第一百八十七条的规定追究刑事责任。国家工作人员滥用职权,非法占有国家保护的文物的,以贪污论处;造成珍贵文物损毁的,比照刑法第一百八十七条的规定追究刑事责任。”按此决定,国家工作人员造成文物损毁的,应依照玩忽职守罪处罚。1997年《刑法》修订时,立法机关吸收、完善了上述规定,设置了失职造成珍贵文物损毁、流失罪。

Ⅲ 客体

3 本罪的客体是国家对于文物保护和管理的正常活动。国家机关工作人员在工作中严重不负责任,造成珍贵文物损毁或者流失,会给国家和人民带来不可弥补的损失,严重破坏国家对文物的保护和管理活动。

Ⅳ 对象

4 本罪的对象不是一般意义上的文物,而是“珍贵”文物。所谓珍贵文物,是指具有重要历史、艺术、科学价值的文物。文物的范围依《文物保护法》规定。关于“珍贵”文物的认定标准,文化部部务会议于2001年4月5日通过的《文物藏品定级标准》作出了较为详尽的规定。在《文物保护法》和《文物藏品定级标准》中,珍贵文物是就可移动文物而言的,然而,失职造成珍贵文物损毁、流失罪中的文物包括不可移动文物。根据《文物保护法》的规定,不可移动文物可被区分为全国重点文物保护单位,省级文物保护单位,市、县级文物保护单位。不应将珍贵文物限于全国重点文物保护单位或简单地将市、县级文物保护单位排除在本罪的对象之外。虽然相关司法解释在提出本罪的立案标准时，仅对全国重点文物保护单位和省、自治区、直辖市级文物保护单位作出了规定，但如果国家机关工作人员失职造成多处市、县级文物保护单位严重毁损或者灭失，同样可能属于本罪规定的“后果严重”。根据最高人民法院和最高人民检察院出台的《关于办理妨害文物管理等刑事案件适用法律若干问题的解释》第12条的规定，在走私文物罪、倒卖文物罪等罪的情节认定中，“市、县级文物保护单位，适用三级文物的定罪量刑标准”。在判断失职造成珍贵文物损毁、流失，后果是否“严重”时，考虑到现行司法解释关于失职造成珍贵文物损毁、流失罪的规定，不宜将市、县级文物保护单位与三级文物简单等同，但理应将造成市、县级文物保护单位损毁、流失的情形考虑在内。

V 行为

根据《刑法》第419条之规定，失职造成珍贵文物损毁、流失罪在客观上表现为严重不负责任，造成珍贵文物损毁或者流失，后果严重的行为，既可以表现为作为，也可以表现为不作为。 5

所谓“严重不负责任”，是指行为人在文物保护、管理活动中，不履行职责或不正确履行职责，如对自己经手、管理、运输、使用的珍贵文物不认真保管，或者对可能造成文物损毁、流失的隐患不采取措施等行为。司法实践中，“严重不负责任”通常表现为以下情形：①批准用地时，不依照规定进行地下文物勘察；②挖掘文物过程中，违反操作规定；③对珍贵文物不妥善保管或不按规定出库、归库；④对盗掘古文化遗址、古墓葬的行为不加制止；⑤对珍贵文物不采取有效的防盗措施；⑥错误出具文物出口许可证；⑦发生文物失窃案件后不及时报告当地公安部门、文物行政管理部门和国家文物局等。如果国家机关工作人员过失造成珍贵文物损毁的行为与其职务行为无关，即不存在“失职”行为，可依照过失损毁文物罪处罚。 6

所谓“损毁”，包括损坏和毁灭两种形态，包括部分损坏或全部损坏以及造成珍贵文物价值部分或全部丧失的。所谓“流失”是指珍贵文物丢失或者未经批准流传到国外等情形。 7

根据《刑法》第419条的规定，失职造成珍贵文物损毁、流失罪的成立以“后果严重”为前提。根据最高人民检察院《关于渎职侵权犯罪案件立案标准的规定》，失职造成珍贵文物损毁、流失，涉嫌下列情形之一的，应予立案：①导致国家一、二、三级珍贵文物损毁或者流失的；②导致全国重点文物保护单位或者省、自治区、直辖市级文物保护单位损毁的；③其他后果严重的情形。根据最高人民法院、最高人民检察院《关于办理妨害文物管理等刑事案件适用法律若干问题的解释》第10条的规定，失职造成珍贵文物损毁、流失的，具有下列情形之一的，应当认定为“后果严重”：①导致二级以上文物或者5件以上三级文物损毁或者流失的；②导致全国重点文物保护单位、省级文物保护单位的本体严重损毁或者灭失的；③其他后果严重的情形。该解释第13条规定：“案件涉及不同等级的文物的，按照高级别文物的量刑幅度量刑；有多 8

件同级文物的,五件同级文物视为一件高一级文物,但是价值明显不相当的除外。”第14条规定:“依照文物价值定罪量刑的,根据涉案文物的有效价格证明认定文物价值;无有效价格证明,或者根据价格证明认定明显不合理的,根据销赃数额认定,或者结合本解释第十五条规定的鉴定意见、报告认定。”第15条规定:“在行为人实施有关行为前,文物行政部门已对涉案文物及其等级作出认定的,可以直接对有关案件事实作出认定。对案件涉及的有关文物鉴定、价值认定等专门性问题难以确定的,由司法鉴定机构出具鉴定意见,或者由国务院文物行政部门指定的机构出具报告。其中,对于文物价值,也可以由有关价格认证机构作出价格认证并出具报告。”

Ⅵ 主体

9 本罪的主体是特殊主体,即国家机关工作人员,在司法实践中主要是负有保护、管理珍贵文物职责的国家机关工作人员。《文物保护法》第8条、第9条确定了与文物保护及文物管理秩序有关的机构范围。在司法实践中存在争议的是,博物馆、纪念馆、图书馆等单位的工作人员能否成为本罪的主体?笔者认为,博物馆、纪念馆、图书馆等单位工作人员严重不负责任,造成馆藏珍贵文物损毁、流失的,可以视情形不同,作如下处理:

10 (1)根据全国人大常委会《关于〈中华人民共和国刑法〉第九章渎职罪主体适用问题的解释》和最高人民法院、最高人民检察院《关于办理渎职刑事案件适用法律若干问题的解释(一)》第7条之规定,如果博物馆、纪念馆、图书馆等单位的工作人员属于“依法或者受委托行使国家行政管理职权的公司、企业、事业单位的工作人员”,在从事管理、保护珍贵文物的工作中,严重不负责任,造成文物损毁、流失,后果严重的,可依照失职造成珍贵文物损毁、流失罪处罚。

11 (2)如果博物馆、纪念馆、图书馆等单位的工作人员不符合全国人大常委会《关于〈中华人民共和国刑法〉第九章渎职罪主体适用问题的解释》和最高人民法院、最高人民检察院《关于办理渎职刑事案件适用法律若干问题的解释(一)》第7条规定的条件,则不属于国家机关工作人员。如果此类工作人员过失损毁珍贵文物的,可依照《刑法》第324条第3款之规定,以过失损毁文物罪处罚;如果其过失造成珍贵文物流失,致使国家利益遭受重大损失的,可依照《刑法》第168条之规定,以国有公司、企业、事业单位人员失职罪追究刑事责任。

Ⅶ 罪过

12 本罪在主观上是过失,包括疏忽大意的过失和过于自信的过失。有观点认为,本罪在多数情况下是出于过失,但不排除间接故意的情形,并举例加以说明:“行为人在从事对珍贵文物的保护、管理工作中,对他人破坏、盗窃、贪污珍贵文物的行为放任不管,在主观上无疑即持放任的间接故意心理。”[1] 上述观点有混淆故意犯罪和过失犯罪的界限之嫌。本罪的过失是就行为人对造成珍贵文物损毁或者流失的严重后果的认知和态度而言的,即行为人由于疏忽大意没有预见,或者已经预见自己严重不负责任的行为可能造成珍贵文物损毁或者流失的严重后果,却轻信能够避免的心理态度。如果行为人明知自己不履行职务或不当履行职务会造成珍贵文物损毁、流失的严重后果,而希望或放任此结果,以致发生严重后果的,可依照滥用职权罪追究其刑事责任。

Ⅷ 既遂与未遂

本罪系过失犯罪,并无犯罪既遂与犯罪未遂之分。该罪的成立以特定危害后果的发生为前提。 13

Ⅸ 共犯

失职造成珍贵文物损毁、流失罪是过失犯罪,依据我国刑法规定,不存在共同犯罪形态。我国《刑法》第 25 条规定:“共同犯罪是指二人以上共同故意犯罪。二人以上共同过失犯罪,不以共同犯罪论处;应当负刑事责任的,按照他们所犯的罪分别处罚。”如果二人以上的国家机关工作人员均严重不负责任,导致珍贵文物损毁、流失,后果严重的,应分别考察个人的失职行为的性质以及其失职行为与危害结果之间的因果关系,如果均构成本罪,依据本罪分别定罪处罚。如果国家机关工作人员与他人事前通谋,实施侵犯国家文物管理秩序的犯罪,如倒卖文物,盗掘古文化遗址、古墓葬等,应依据其所实施的具体犯罪的共同犯罪论处。 14

Ⅹ 罪数

对于失职造成珍贵文物损毁、流失罪的罪数的认定,应当依照区分一罪与数罪的通行原则来进行。有以下几种情形需要注意:①《刑法》第 419 条的规定与第 397 条的规定之间存在法条竞合的关系,如果行为同时符合《刑法》第 419 条所规定的犯罪构成和《刑法》第 397 条规定的玩忽职守罪的构成,应适用特别法条,即以失职造成珍贵文物损毁、流失罪处罚。②最高人民法院、最高人民检察院《关于办理渎职刑事案件适用法律若干问题的解释(一)》第 3 条规定:“国家机关工作人员实施渎职犯罪并收受贿赂,同时构成受贿罪的,除刑法另有规定外,以渎职犯罪和受贿罪数罪并罚。”如果国家机关工作人员收受贿赂,而不履行或不正确履行职责,造成珍贵文物损毁、流失,但行为人对珍贵文物损毁、流失的严重后果持过失心态的,应以本罪和受贿罪 15

1　赵秉志主编:《中国刑法案例与学理研究 · 分则篇(六)》,法律出版社 2001 年版,第 320—321 页。

数罪并罚。例如,国家机关工作人员收受贿赂,利用职权违规将不应对外展览的珍贵文物对外展览,造成珍贵文物损毁、流失的,成立本罪与受贿罪的数罪。③如果行为人在本罪所规定的渎职行为之外又实施了其他行为,触犯其他罪名的,如侵吞珍贵文物,构成贪污罪的,属于典型的数行为触犯数罪名,理应数罪并罚。

XI 与非罪的界限

16 区分失职造成珍贵文物损毁、流失罪的罪与非罪,需要特别注意以下方面:①本罪的对象仅限于珍贵文物,如果国家机关工作人员严重不负责任,造成一般文物损毁或者流失的,不成立本罪。②本罪的成立以"后果严重"为要件,但并未导致严重后果的,不构成本罪。此外,应当准确判断行为人的失职行为与珍贵文物损毁、流失之间的因果关系。如果行为人在文物管理、保护工作中存在严重不负责任的行为,但文物的损毁或流失并非由其不负责任的行为所导致,不应认定成立本罪。例如,国家机关工作人员未按规定在文物库房中安装防火设备,但按照规定安装了合格的防盗设备,但由于库房保管人员监守自盗,导致珍贵文物丢失的,不应认为该国家机关工作人员不按规定安装防火设备这一严重不负责任的行为是导致珍贵文物被盗的原因,两者之间不存在因果关系,不构成本罪。③要判断行为人是否存在过失。如果行为人因无法预见或不能抗拒的原因,如自然灾害,导致珍贵文物损毁、流失的,无法认定行为人存在过失,不能追究其刑事责任。

XII 与他罪的区别

一、与过失损毁文物罪的区别

17 两罪的区别表现为:①法益不同。失职造成珍贵文物损毁、流失罪侵犯的法益是国家对文物的正常管理活动,属于渎职罪;而过失损毁文物罪侵犯的法益是文物管理秩序,属于妨害社会管理秩序罪。②犯罪对象不同。失职造成珍贵文物损毁、流失罪的对象仅限于珍贵文物;而过失损毁文物罪的对象不限于珍贵文物,还包括全国重点文物保护单位、省级文物保护单位的文物。③犯罪的客观方面不同。失职造成珍贵文物损毁、流失罪表现为"严重不负责任",即负有文物管理、保护职责的国家机关工作人员不履行职责或不当履行职责,本罪的结果可能表现为损毁和流失两种形式。过失损毁文物罪对导致文物损毁的行为样态未作要求,并不必然与行为人的职务行为相关,其结果仅限于文物的损毁,不包括流失。④犯罪主体不同。失职造成珍贵文物损毁、流失罪的主体是特殊主体,即负责文物管理、保护工作的国家机关工作人员。过失损毁文物罪的主体为一般主体。

二、与非法向外国人出售、赠送珍贵文物罪的区别

18 两罪的区别表现为:①法益不同。失职造成珍贵文物损毁、流失罪侵犯的法益是

国家对文物的正常管理活动,属于渎职罪;而非法向外国人出售、赠送珍贵文物罪侵犯的法益是文物管理秩序,属于妨害社会管理秩序罪。②犯罪客观方面不同。失职造成珍贵文物损毁、流失罪表现为严重不负责任,造成珍贵文物损毁或者流失,后果严重的行为;而非法向外国人出售、赠送珍贵文物罪表现为将收藏的国家禁止出口的珍贵文物私自出售或者私自赠送给外国人。③犯罪主观方面不同。失职造成珍贵文物损毁、流失罪主观上是过失,非法向外国人出售、赠送珍贵文物罪主观上是故意。④犯罪主体不同。失职造成珍贵文物损毁、流失罪的主体是特殊主体,即负责文物管理、保护工作的国家机关工作人员。非法向外国人出售、赠送珍贵文物罪的主体是一般主体,包括自然人和单位,司法实践中主要指珍贵文物的收藏者。

三、与非法出售、私赠文物藏品罪的区别

两罪的区别表现为:①法益不同。失职造成珍贵文物损毁、流失罪侵犯的法益是 19
国家对文物的正常管理活动,属于渎职罪;而非法出售、私赠文物藏品罪侵犯的法益是文物管理秩序,属于妨害社会管理秩序罪。②犯罪对象不同。失职造成珍贵文物损毁、流失罪的对象是珍贵文物,包括可移动的珍贵文物和不可移动的珍贵文物;而非法出售、私赠文物藏品罪的对象是国家保护的文物藏品。③犯罪客观方面不同。失职造成珍贵文物损毁、流失罪表现为严重不负责任,造成珍贵文物损毁或者流失,后果严重的行为;而非法出售、私赠文物藏品罪表现为将国家保护的文物藏品出售或者私自送给非国有单位或者个人。④犯罪主观方面不同。失职造成珍贵文物损毁、流失罪系过失犯罪,非法出售、私赠文物藏品罪是故意犯罪。⑤犯罪主体不同。失职造成珍贵文物损毁、流失罪的主体是特殊主体,即负责文物管理、保护工作的国家机关工作人员。非法出售、私赠文物藏品罪的主体也是特殊主体,即国有博物馆、图书馆等国有文物收藏单位。

XIII 处罚

根据《刑法》第 419 条的规定,犯失职造成珍贵文物损毁、流失罪的,处 3 年以下 20
有期徒刑或者拘役。

第十章　军人违反职责罪

前　注

文献:高铭暄主编:《刑法学》,法律出版社 1982 年版;张建田:《军人违反职责罪》,群众出版社 1985 年版;张建田、仲伟钧、钱寿根编著:《中国军事法学》,国防大学出版社 1988 年版;唐培贤、杨九根:《中国人民解放军审判工作史概述》,人民法院出版社 1989 年版;陈学会主编:《军事法学》,解放军出版社 1994 年版;李淳、王尚新主编:《中国刑法修订的背景与适用》,法律出版社 1998 年版;宣炳昭主编:《刑法各罪的法理与实用》,中国政法大学出版社 2002 年版;黄林异、王小鸣:《军人违反职责罪》,中国人民公安大学出版社 2003 年版;张春林:《论军人违反职责罪》,海潮出版社 2005 年版;高铭暄、赵秉志编:《中国刑法立法文献资料精选》,法律出版社 2007 年版;卢树明:《军人违反职责罪精析》,军事科学出版社 2010 年版;高铭暄:《中华人民共和国刑法的孕育诞生和发展完善》,北京大学出版社 2012 年版;段作瑞:《军人违反职责罪研究》,法律出版社 2016 年版。王凡:《处理军人犯罪应优先适用特别法》,载《现代法学》1984 年第 1 期;张建田、金桦楚:《军职罪主体认定问题的探讨》,载《法学研究》1984 年第 3 期;张建田:《关于军职罪客体几个问题的探讨》,载《法学研究》1985 年第 1 期;潘胜忠:《试论剥夺军衔刑》,载《法律科学》1991 年第 1 期;黄林异:《关于军人违反职责罪的修改与适用》,载《人民司法》1997 年第 7 期;杨子良、杨伟森:《略论戴罪立功》,载《人民检察》1998 年第 3 期;任强:《军职罪法条竞合适用问题的探讨》,载《法学杂志》1998 年第 6 期;张建田:《新刑法的施行与军事司法实践》,载《法学研究》1999 年第 2 期;沈海潮、宋新铭:《论军人违反职责罪的司法解释工作》,载《福建法学》2000 年第 3 期;蔺春来:《军人违反职责罪犯罪主体立法的不足》,载《西安政治学院学报》2005 年第 1 期;张春林:《军人违反职责罪若干问题探析》,载《人民检察》2005 年第 15 期;张建田:《论军人违反职责罪的立法完善》,载《法学杂志》2008 年第 4 期;贾万宝、杜英杰:《论我国剥夺军衔制度的法律属性及其立法完善》,载《时代法学》2009 年第 1 期;王全达、尹丹阳:《论军职罪死刑取消的标准——由〈刑法修正案(九)〉取消两种军职罪罪名的死刑展开》,载《西安政治学院学报》2016 年第 3 期;冉巨火:《论法条竞合与想象竞合的区分及其适用原则——兼论军职罪中封闭的特权条款》,载《法学杂志》2016 年第 4 期。

细目录

Ⅰ　主旨

Ⅱ　沿革

Ⅲ 类别

Ⅳ 刑罚适用

一、军职罪不适用的主刑——管制

二、军职罪适用的附加刑——剥夺政治权利

三、军职罪不适用的附加刑——罚金和没收财产

四、军职罪适用的特殊附加刑——剥夺军衔

Ⅴ 与其他罪名法规竞合时的处理原则

Ⅰ 主旨

本章所规定的"军人违反职责罪"没有被包含在 1979 年制定的我国第一部《刑法》中,而是以单行刑法的形式表现为 1981 年通过的《惩治军人违反职责罪暂行条例》。但是,当时作这样的立法安排时就说明:"在国家刑法的结构中,'军职罪'应属于刑法分则中的一章",并且说明军职罪暂行条例"经人大常委会审定后,先在军内公布试行。待取得比较成熟的经验,再建议按立法程序修改补入刑法。"[1] 1996 年 12 月 24 日,时任全国人大常委会副委员长的王汉斌在《关于〈中华人民共和国刑法(修订草案)〉的说明》中指出,这次修订刑法,正是军职罪修改补入刑法比较合适的时机。如果这样办了,我们就可以制定一部统一的、完备的刑法。[2] 因此,1997 年制定的现行《刑法》首次纳入"军人违反职责罪"作为其分则第十章。 1

Ⅱ 沿革

军人违反职责罪[3],简称军职罪,是中外历史上最古老的犯罪之一,相应的,惩治军职罪的军事刑法也是最早出现的法律门类。刑始于兵,兵刑同制,这是法律发展的一条普遍规律。作为我国古代第一个朝代的夏朝就已有表现为《甘誓》的军事刑法规范——"弗用命,戮于社,予则孥戮汝"。无独有偶,古巴比伦王国的《汉谟拉比法典》第 26 条也规定,士兵奉王之命出征而不行或雇人代劳者要被处死。[4] 一般来说,法律与国家互为条件,同时诞生,但唯独规范军人行为的军法可以相对独立于国家而存 2

---

1 参见高铭暄、赵秉志编:《中国刑法立法文献资料精选》,法律出版社 2007 年版,第 668 页。

2 参见高铭暄、赵秉志编:《中国刑法立法文献资料精选》,法律出版社 2007 年版,第 668 页。

3 作为一个类罪名,也有学者称之为"违反军事职责罪"(参见曾志平:《试论违反军事职责罪的主体》,载《法学杂志》1996 年第 6 期),虽然在广义上,这样概括并无不妥之处,但是笔者认为还是应该以立法为依据而称之为军人违反职责罪更好。

4 参见周密:《中国刑法史》,群众出版社 1985 年版,第 64 页;何勤华、夏菲主编:《西方刑法史》,北京大学出版社 2006 年版,第 39 页。

在。军队是执行政治任务的高度集中统一的武装集团,它既可以是执行掌握国家政权的统治阶级之政治任务的武装集团,也可能是执行未掌握国家政权而不具有统治地位的阶级之政治任务的武装集团。无论何种军队,要完成自己所担负的政治任务,都必须有一套严格约束其成员行为的规范,包括军队成员严重违规时给予其严厉惩罚的刑法规范。我国违反军人职责罪的沿革也体现了这样的规律。

3 早在红军初创时期,我军就制定了《红军惩罚条例》。此后,还有一系列具有军事刑律内容的法规,如《赣东北特区苏维埃暂行刑律》《中国工农红军纪律暂行条令》《工农红军奖惩条例》《中华苏维埃共和国惩治反革命条例》等。抗日战争时期,还制定或颁发了《八路军军法条例》《新四军奖惩暂行条例》等。解放战争至建国初期则有过一批单行军事刑事法规,如《陕甘宁晋绥解放军暂行惩罚条例》《晋察冀军区暂行军法条例》《华东军区、第三野战军暂行奖惩军律条例》《志愿军战时军法条例》《战时军法纪律暂行规定》等。这些军事刑事法规,为夺取人民战争的彻底胜利,巩固人民军队和新生政权,发挥了重要的作用。新中国的建立和人民解放军正规化建设的开始,为制定统一的军事刑事法规创造了必要条件。1951 年 5 月,有关部门已拟出《中国人民解放军暂行军法条例》的草案,1955 年 8 月,又草拟出《中国人民解放军军事刑罚暂行条例》。由于众所周知的原因,军事刑事立法工作随着国家刑事立法工作的中断而停止。"文革"结束后,随着我国刑法的制定,军事刑事立法工作重新开始并加快了步伐。从 1979 年下半年起,由全国人民代表大会常务委员会法制工作委员会与中国人民解放军总政治部共同起草,当年 8 月即写出草案初稿,经过 1 年零 10 个月的工作,于 1981 年 5 月完成了《惩治军人违反职责罪暂行条例》第 15 次稿即送审稿,经法制工作委员会和中央军委办公厅全体会议审查同意后提请审议,同年 6 月 10 日经全国人大常委会第十九次会议通过,1982 年 1 月 1 日起施行。[5]

4 《惩治军人违反职责罪暂行条例》提交审议时,中国人民解放军总政治部副主任史进前代表起草部门作了说明:一是指导思想,即以马列主义、毛泽东思想为指针,依照刑法确定的各项基本原则,根据我军的性质、宗旨和任务,且在总结我军防治犯罪经验的基础上制定的。二是条例的任务和范围,即任务是用刑罚方法同违反军人职责的犯罪行为作斗争,提高部队战斗力,其范围仅限于《刑法》分则中没有列入的军人违反职责罪的定罪处刑,是刑法的补充和续编。三是体现惩办与宽大相结合的政策,即把惩办的重点放在对国防能力和军事利益危害重大的犯罪行为上。四是严格区分犯罪与违纪的界限,即不能混淆军人违反职责的犯罪与违反军纪的行为。五是刑种设置的特殊性,即不适用管制,而为军人违反职责罪专门设置剥夺勋章、奖章和

---

5 参见张建田、仲伟钧、钱寿根编著:《中国军事法学》,国防大学出版社 1988 年版,第 248—250 页;唐培贤、杨九根:《中国人民解放军审判工作史概述》,人民法院出版社 1989 年版,第 218 页;高铭暄主编:《刑法学》,法律出版社 1982 年版,第 575 页;张建田:《军人违反职责罪》,群众出版社 1985 年版,第 1—16 页。

荣誉称号的附加刑。[6]该条例对军职人员危害国家军事利益的犯罪行为，规定了罪名及处罚的条款计有19条，包括31个罪名。[7]

在制定1979年《刑法》时，国家立法机关曾考虑将军人违反职责罪一并规定到刑 5
法中，但由于当时历史条件的限制，来不及对这方面的内容研究清楚，故决定在刑法出台后另行制定单行条例，作为刑法的补充和续编，待施行一段时间，取得比较成熟的经验后，再按立法程序修改补入刑法。国家立法机关曾在《惩治军人违反职责罪暂行条例》立法过程中说明，“在国家刑法的结构中”，军人违反职责罪“应属于刑法分则中的一章”。当时设想，该条例“经人大常委会审定后，先在军内公布试行。待取得比较成熟的经验，再建议按立法程序修改补入刑法”[8]。《惩治军人违反职责罪暂行条例》的实施，为维护国家军事利益，促进军队的革命化、现代化、正规化建设，发挥了重要作用。但是，随着我国改革开放的深入，国家和军队建设的发展，社会和部队都出现了许多新情况、新问题，《惩治军人违反职责罪暂行条例》的适用面临许多困难，其自身也显现出不少缺陷。20世纪80年代后期，军队司法机关就屡次提出修改军职罪的建议，中国人民解放军军事法院于1988年10月提出关于修改军职罪条例的书面修改意见，至1990年，由中央军委将修改军职罪的工作列入立法工作规划。自1993年起，开始对军职罪条例作实质性的修改工作。当时，仍准备采取单独立法的形式。受命起草修改方案的解放军军事法院于1994年10月分别完成了《惩治违反军事职责罪法》的大改修改稿和小改修改稿，并就修改军职罪条例的必要性、指导思想和主要内容作了书面说明。1995年4月18日，解放军军事法院修改组又拿出《军人违反职责罪惩治法（草案）》的征求意见稿并就有关问题作了说明。同年9月，再次对修改方案作了系统说明。1995年12月7日，以中国人民解放军总政治部名义草拟的《惩治军人违反职责犯罪条例（草案）》由中央军委提请全国人大常委会审议。随后，由于刑法的修改工作紧锣密鼓地展开，立法机关逐步认识到，将军职罪编入刑法中，对于健全和完善我国刑事立法，提高刑法的统一性、完整性和权威性，对于军职罪自身的完善和理顺军职罪与刑法总则与分则罪名体系的关系，都是有益的。时任全国人民代表大会常务委员会副委员长王汉斌在1996年12月24日所作《关于〈中华人民共和国刑法（修订草案）〉的说明》中指出，这次修订刑法，正是把军职罪修改补入刑法比较合适的时机。如果这样办了，我们就可以制定一部统一的、完备的刑法。因此，决定将军职罪与新制定的危害国防利益罪一起纳入1997年《刑法》之中，分别作为《刑法》分则的专章。于是，中央军委法制局又会同解放军军事法院，在前段修订工作及进展的基础上，进一步斟酌内容并改换立法形式，1997年1月将其作

6 参见高铭暄、赵秉志编：《中国刑法立法文献资料精选》，法律出版社2007年版，366—369页。

7 参见张建田：《军人违反职责罪》，群众出版社1985年版，第184页与第185页之间插页。

8 李淳、王尚新主编：《中国刑法修订的背景与适用》，法律出版社1998年版，第579页。

为刑法分则一章的军职罪修改草案。1997年3月14日,第八届全国人民代表大会第五次会议通过的《刑法》中列入了经过修订的军职罪,于1997年10月1日起施行。[9]值得一提的是,我国刑法学和军事法学研究者对军职犯罪的研究成果,也有力地推进了军职罪立法的完善。

6 军人违反职责罪设于《刑法》分则第十章。该章从第420条至第451条,共有32个条文。其中,有28个条文规定了具体的军职罪罪状和法定刑,根据最高人民法院和最高人民检察院关于刑法所含罪名的司法解释,这28个条文所表述的罪状中共含有31个罪名,包括23个单一罪名,8个选择性罪名;有4个条文是适用于本章的总则性规定,涉及军人违反职责罪的定义、本章犯罪主体的范围、战时缓刑制度和战时的概念。

7 从构成要件来看,各种军职罪侵害的客体是国家军事利益,而具体客体则有所不同;本罪主体一般是军职人员,而非军职人员也可以成为本罪的共犯,但单位不能成为军职罪的主体;有的军职罪主体是一切或任何军职人员,而有的军职罪主体则是某些特定的军职人员;在军职罪的罪名中,有的只能是故意犯罪,也有的只能是过失犯罪,还有的既可以是故意犯罪也可以是过失犯罪;军职罪的每一个罪名都有特定的行为表现,有的是作为,也有的是不作为,还有的既可以是作为也可以是不作为;有的军职罪是行为犯,有的则是结果犯或情节犯,还有的既是结果犯又是情节犯;战时、战场上、临阵、军事行动地区等时空条件为一些军职罪的构成所不可缺少,而军人的具体职责则是把握军职罪行为违法性的关键。

8 从法定刑设置来看,所有军职罪罪名都没有规定管制、罚金、没收财产等几种我国《刑法》总则规定的主刑和附加刑。根据罪刑法定原则,对于没有在法定刑中明文规定的刑罚种类,实践中不得在认定各军职罪罪名时加以适用。在军职罪法条及罪名中,规定死刑的有9个条文、10个罪名。根据《刑法》总则第57条的规定,对于被判处死刑、无期徒刑的犯罪分子,应当剥夺政治权利终身。因此,军职罪一章的各个法条中虽然没有明文规定剥夺政治权利这一附加刑,但仍然可以附加适用于规定有死刑的军职罪条文及罪名。

Ⅲ 类别

9 对于军人违反职责罪,可从其侵害的客体、行为主体、犯罪发生的时空等多方面分类,较多的是依侵犯的客体分类。据此,刑法学界和军事法学界对军职罪罪名的分类不尽相同。目前所见的主要分类如下:

10 四分法:①危害作战利益罪;②危害军事秘密罪;③危害部队武器装备、军用物资

---

9 参见黄林异、王小鸣:《军人违反职责罪》,中国人民公安大学出版社2003年版,第3—7、196、305页。

的犯罪;④违反部队管理秩序罪。[10]

11 五分法:①危害国防安全的犯罪;②危害作战秩序的犯罪;③危害军事秘密安全的犯罪;④危害军队战斗力物质基础的犯罪;⑤危害部队管理秩序的犯罪。[11]

12 六分法:①违反部队管理制度方面的犯罪;②违反兵役法规和国(边)境管理的犯罪;③侵犯部属人身权利、阻碍执行职务的犯罪;④损害武器装备、军用物资、军事设施的犯罪;⑤危害作战利益的犯罪;⑥危害平民、战俘的犯罪。[12]

13 七分法:①危害作战利益罪;②违反军队行政管理制度罪;③危害国家军事秘密罪;④危害国家兵役制度和妨害国(边)境管理罪;⑤侵犯人身权利和阻碍执行职务罪;⑥损害武器装备、军用物资和军事设施罪;⑦违反国际公约罪。[13]

14 八分法:①危害作战利益的犯罪;②违反部队管理制度的犯罪;③违反保守国家机密法规的犯罪;④危害部队安全和军人生命的犯罪;⑤违反兵役法规和国(边)境管理的犯罪;⑥侵犯部属人身权利,阻碍执行职务的犯罪;⑦损害武器装备、军用物资、军用设施的犯罪;⑧危害平民、战俘的犯罪。[14]

15 军职罪侵犯的客体并非都是单一的,许多罪名侵犯的是复杂客体。其表现既可能是国家军事利益与非国家军事利益并存,也可能是国家军事利益的某种形态与另一种形态并存,由于后一种情况,无论以怎样的法益对军职罪分类,都难免有一些罪名会跨类别交叉。因此,很难说哪一种分类就比另一种分类更科学或更优越。对军职罪进行分类的目的,是要为更好地理解和适用各种具体的军职罪提供一个坐标,只要有利于这个目的的分类都是可以的。同时,也不应固守某一种分类而将其绝对化。当然,在分类时必须注意,对于复杂客体的具体军职罪名,应以立法者首先或主要保护的客体为准。

IV 刑罚适用

16 纵观《刑法》分则军职罪一章各罪名条文,明列的法定刑种类只有死刑、无期徒刑、有期徒刑和拘役四种主刑。除此之外,军职罪条文中未见其他主刑以及附加刑的明文规定。那么,军职罪适用的刑罚种类究竟有哪些,就是一个必须说明的问题。

一、军职罪不适用的主刑——管制

17 根据罪刑法定原则,法无明文规定不处罚。任何罪名要适用某种主刑,该罪名条

---

10 参见苏惠渔主编:《刑法学》(修订本),中国政法大学出版社 1999 年版,第 933 页。

11 参见黄林异、王小鸣:《军人违反职责罪》,中国人民公安大学出版社 2003 年版,第 202 页。

12 参见赵秉志主编:《刑法新教程》,中国人民大学出版社 2001 年版,第 890 页。

13 参见陈学会主编:《军事法学》,解放军出版社 1994 年版,第 622—634 页。

14 参见宣炳昭主编:《刑法各罪的法理与实用》,中国政法大学出版社 2002 年版,第 449 页。

文或总则条文必须明文规定该种主刑。军职罪各罪名条文均无管制刑的规定,表明军职罪不适用该种主刑。这一特点在《惩治军人违反职责罪暂行条例》中就得到确立,时任解放军总政治部副主任的史进前在说明该条例时指出,“刑法规定的主刑有五种(死刑)、无期徒刑、有期徒刑、拘役和管制,本条例草案只用了四种,没有使用管制。这是因为管制是不予关押、分散在各单位执行的,而军队是执行政治任务的武装集团,组织严密,机动性、机密性大,必须保持高度纯洁。如果将判处管制的犯罪分子留在军内执行,势必影响部队的纯洁与安全,执行起来困难很多。笔者认为,以不使用为好”[15]。显然,不仅犯有军职罪的军职人员不适用管制,而且犯有其他罪的军职人员也不适用管制。这一做法为现行《刑法》的军职罪所沿用。

二、军职罪适用的附加刑——剥夺政治权利

18 关于剥夺政治权利的附加适用,《刑法》总则第 57 条第 1 款规定:“对于被判处死刑、无期徒刑的犯罪分子,应当剥夺政治权利终身。”据此,军职罪条文中虽然没有明文规定任何附加刑,但只要规定了死刑或者无期徒刑的条文,实际上就应当适用剥夺政治权利这一附加刑。具体说来,涉及《刑法》第 421 条、第 422 条、第 423 条、第 424 条、第 426 条、第 430 条、第 431 条、第 432 条、第 433 条、第 438 条、第 439 条、第 446 条,共 12 个条文。但是,《刑法》总则第 56 条第 2 款规定:“独立适用剥夺政治权利的,依照本法分则的规定。”军职罪并未明文规定剥夺政治权利,故该刑不能针对军职罪独立适用。

19 需要指出的是,军人犯有军职罪之外的其他罪行时,也应当依照刑法的明文规定适用剥夺政治权利的附加刑。军人触犯含有死刑或无期徒刑的罪名,可以对军人附加适用剥夺政治权利。但是,军人触犯含有独立适用剥夺政治权利规定的罪名,是否也可以对军人独立适用剥夺政治权利呢?我国《刑法》分则对独立适用剥夺政治权利的规定分布于:危害国家安全罪有 8 处;危害公共安全罪有 4 处;侵犯公民人身权利、民主权利罪有 4 处;妨害社会管理秩序罪有 15 处;危害国防利益罪 4 处。这些规定为处 3 年或 5 年以下有期徒刑、拘役、管制或者剥夺政治权利。也就是说,独立适用剥夺政治权利是与 3 年或 5 年以下有期徒刑、拘役、管制相对应相并列的选项。

三、军职罪不适用的附加刑——罚金和没收财产

20 一方面,原《惩治军人违反职责罪暂行条例》与现行《刑法》分则中的军职罪一章都没有规定罚金和没收财产;另一方面,无论是 1979 年《刑法》还是 1997 年《刑法》的总则,都没有规定任何主刑必须附加适用罚金或没收财产,因此,尽管对于军职罪未规定罚金和没收财产的附加刑没有任何权威的说明,根据罪刑法定原则的要求,也足以得出军职罪不适用这两种附加刑的结论。

---

15 黄林异、王小鸣:《军人违反职责罪》,中国人民公安大学出版社 2003 年版,第 12—14 页。

但是,军人犯军职罪之外的罪,如果该罪名条文规定了罚金和没收财产,应当适用于犯罪军人。例如,解放军军事法院 2015 年对解放军总后勤部原副部长谷俊山贪污、受贿、挪用公款、行贿、滥用职权案作出的判决,2015 年对中央军委原副主席郭伯雄受贿案作出的判决,都适用了没收财产的附加刑。 21

四、军职罪适用的特殊附加刑——剥夺军衔

由于刑法没有明文规定对犯罪军人剥夺军衔,一些学者并不认同军职罪存在剥夺军衔的附加刑。一种观点认为,全国人大常委会 1988 年制定的《中国人民解放军军官军衔条例》第 27 条规定了剥夺军衔的附加刑,1994 年修正的该条例未对该条内容作出任何更改,但是,1997 年《刑法》作了重大修订,附属刑法所确立的剥夺军衔附加刑并没有被 1997 年《刑法》吸收,表明附属刑法的这一规定与 1997 年《刑法》相抵触,意味着废止了附属刑法中的剥夺军衔的附加刑,否则有违罪刑法定原则。[16]另一种观点认为,剥夺军衔仍应依法执行,但是 1997 年《刑法》施行后,剥夺军衔已由附加刑演变为一种非刑罚处理方法。[17]这两种观点对剥夺军衔附加刑地位的否定还有一个共同理由,即原《惩治军人违反职责罪暂行条例》第 24 条规定的"附加剥夺勋章、奖章和荣誉称号"没有被吸收进 1997 年《刑法》,意味着军职罪不再保留剥夺政治荣誉的刑罚,属于剥夺政治荣誉的剥夺军衔便不再具有附加刑的地位。笔者认为,这些观点似是而非。首先,附属刑法是独立于刑法的一种刑法表现形式,刑法修订可以吸收附属刑法的规定,也可以不吸收附属刑法的规定。在不吸收附属刑法的情况下,如果附属刑法的规定本身被取消,该规定不再适用,但如果附属刑法的规定仍然保留,则该规定仍应适用且仍属性不变。因此,刑法虽然没有吸收《中国人民解放军军官军衔条例》中剥夺军衔的附加刑,但《中国人民解放军军官军衔条例》本身没有作废,其剥夺军衔的附加刑规定也没有被取消,则该规定仍然有效,其附加刑性质也未发生变化,应当继续适用。其次,剥夺勋章、奖章和荣誉称号与剥夺军衔同属于剥夺军人荣誉的附加刑,但毕竟是不同品种,故前者被取消绝不等于后者也被取消。《惩治军人违反职责罪暂行条例》规定的前者未被刑法军职罪保留,也未在任何附属刑法中得到规定,意味着前者被取消,而《惩治军人违反职责罪暂行条例》与刑法军职罪虽然都未规定剥夺军衔,但剥夺军衔一直被《中国人民解放军军官军衔条例》规定为附加刑,至今有效。《中国人民解放军军官军衔条例》第 28 条第 1、2 款规定:"军官犯罪,被依法判处剥夺政治权利或者三年以上有期徒刑的,由法院判决剥夺其军衔。退役军官犯罪的,依照前款规定剥夺其军衔。"同时,第 27 条规定:"对撤销军官职务并取消军官身份的人员,取消其军官军衔。取消军官军衔的批准权限与首次批准授予该级军衔的权限相同。军官被开除军籍的,取消其军衔。取消军衔的批准权限与 22

16 参见罗佩杰、刘昌松:《"剥夺军衔"附加刑不应继续适用》,载《法学杂志》2001 年第 1 期。

17 参见冉巨火:《"剥夺军衔"仍应依法执行》,载《法学杂志》2004 年第 6 期。

批准开除军籍的权限相同。”这就把作为军事行政纪律处分的取消军衔与作为附加刑的剥夺军衔明确区分开来。《中国人民解放军军官军衔条例》还在第33条规定:“中国人民武装警察部队实行警衔制度,具体办法由国务院和中央军事委员会规定。”据此,国务院和中央军委于1988年发布的《中国人民武装警察部队实行警官警衔制度的具体办法》第8条规定:“现役警官警衔的降级、取消和剥夺,按照《中国人民解放军军官军衔条例》第六章的规定执行。”中央军委1988年发布的《关于剥夺犯罪军人军衔的暂行规定》第2条规定:“军人犯罪被依法判处三年以上有期徒刑、无期徒刑、死刑或者单处剥夺政治权利的,由军事法院判决剥夺其军衔。”2000年,中央军委正式颁发《关于剥夺犯罪军人军衔的规定》,其第2条规定:“军人犯罪被依法判处三年以上有期徒刑、无期徒刑、死刑或者剥夺政治权利的,由第一审军事法院判决剥夺其军衔。军人犯罪被依法判处不满三年有期徒刑、拘役、管制、罚金、没收财产的,不剥夺其军衔。”第9条规定:“军队司法机关管辖的退役军人犯罪的案件,需要剥夺犯罪分子军衔的,依照本规定执行。”(该条表明不由军队司法机关管辖的退役军人犯罪案件,需要剥夺犯罪分子军衔的,应由普通人民法院判决。)第10条规定:“中国人民武装警察部队军事法院判决剥夺犯罪分子警衔的,适用本规定。”总之,剥夺军衔是“通过审判决定剥夺犯罪军人军衔的一种刑罚方法”[18]。

23 剥夺军衔附加刑所针对的犯罪既包括军职罪,也包括军职罪之外的其他罪行。前述解放军军事法院2015年对解放军总后勤部原副部长谷俊山贪污、受贿、挪用公款、行贿、滥用职权案作出的判决,2015年对中央军委原副主席郭伯雄受贿案作出的判决,分别剥夺了二人原有的中将和上将军衔。需要说明的是,2014年10月28日新华社发布消息,军事检察院对中央军委原副主席徐才厚涉嫌受贿犯罪案件侦查终结,移送审查起诉,且消息中特别提到,徐才厚此前已被中央军委开除军籍,取消上将军衔。《中国人民解放军军官军衔条例》第27条规定:“对撤销军官职务并取消军官身份的人员,取消其军官军衔。取消军官军衔的批准权限与首次批准授予该级军衔的权限相同。军官被开除军籍的,取消其军衔。取消军衔的批准权限与批准开除军籍的权限相同。”可见,这正是取消徐才厚上将军衔的法律依据。问题是,《中国人民解放军军官军衔条例》第28条第1、2款规定:“军官犯罪,被依法判处剥夺政治权利或者三年以上有期徒刑的,由法院判决剥夺其军衔。退役军官犯罪的,依照前款规定剥夺其军衔。”为什么同样是犯罪案件,对徐才厚案不像后来谷俊山案和郭伯雄案那样由军事法院在判决时适用剥夺军衔的附加刑,而是在移送起诉之前采取军事行政处罚措施取消其军衔?这并非要体现军事行政处罚上的严格——所谓“三开”(开除党籍、开除军籍和取消军衔),其实是因为徐才厚当时已经罹患癌症且较为严重,军队机关给予其妥善治疗的同时也考虑到现实情况和刑事诉讼程序所需要的时间,估计

18 张本正:《军事法总论(中国军事百科全书·学科分册 II)》(第2版),中国大百科全书出版社2008年版,第233页。

徐才厚很有可能等不到军事法院的最终判决,以至于无法对其适用剥夺军衔的附加刑,在依照党纪军纪已经查清了徐才厚违纪事实的基础上,为了及时向世人和徐才厚本人彰显军纪的严肃性和违纪的严重后果,军队机关有权也有必要根据《中国人民解放军纪律条令》并变通适用《中国人民解放军军官军衔条例》的有关规定对徐才厚作出撤销其职务、开除军籍并取消军衔的决定。这只是一个特例。假如徐才厚没有身患癌症,相信与其他因贪腐被追究刑事责任的军官一样,最终会被军事法院剥夺军衔。总之,剥夺军衔至今仍是军事司法实践中适用的附加刑。

从有关军事立法的变化和不同军事立法的关系看,剥夺军衔的规定还存在一些 24
需要研究的问题:第一,现役军官与预备役军官之间不一致。1995 年通过的《预备役军官法》第 29 条规定:"预备役军官犯罪,被依法判处剥夺政治权利或者三年以上有期徒刑的,应当剥夺其预备役军官军衔。批准剥夺预备役军官军衔的权限,与批准授予该级预备役军官军衔的权限相同。"2010 年修正后的该法第 32 条中,原有表述未发生任何变化。剥夺预备役军官军衔的权限不再由法院掌握,显然不能说这种剥夺措施属于附加刑。可见,对现役军官和预备役军官都可以剥夺军衔,法律性质却截然不同。这种区别的根据尚不明确。第二,现役军官与现役士兵不一致。1988 年国务院、中央军委颁布的《中国人民解放军现役士兵服役条例》第四章"士兵的奖惩"第 31 条将"降衔"规定为一种行政处分,该条例第 34 条规定:"士兵被除名、开除军籍、劳动教养或者判处徒刑的,应当根据具体情况,取消或者剥夺其军衔。"这里将"取消"与"剥夺"相区别,表明取消军衔是对受到除名、开除军籍、劳动教养等行政处罚的违纪军人适用的,而剥夺军衔是对被判处徒刑的犯罪军人适用的。这些规定在 1993 年修订的《中国人民解放军现役士兵服役条例》中保持不变。1990 年《中国人民解放军纪律条令》第 30 条规定了对士兵的"降衔"处分项目,并在第 48 条规定"对于被除名的士兵和被开除军籍的人员,应当取消或依法剥夺其军衔"。然而,1999 年修订的《中国人民解放军现役士兵服役条例》第 29 条规定:"对违反纪律和故意或者过失给国家、军队和人民造成损失,或者在群众中产生不良影响的士兵,应当给予处分。处分的项目、条件、批准权限和实施程序按照中央军事委员会的规定执行。"这意味着现役士兵服役条例不再具体规定对士兵的处分,而是将此内容留给军队纪律条令予以规定。2002 年修订的《中国人民解放军纪律条令》第 64 条和第 65 条分别规定,"对被除名的士兵,取消其军衔","对被开除军籍的人员,取消其军衔"。在此,只有取消士兵军衔的规定而无剥夺其军衔的规定。相同的规定可见于 2010 年修订的《中国人民解放军纪律条令》第 144 条和第 145 条、2018 年通过的《中国人民解放军纪律条令(试行)》第 219 条和第 210 条。这样一来,可在必要时依据《中国人民解放军军官军衔条例》剥夺现役军官的军衔,却无任何依据可以剥夺现役士兵的军衔。第三,武警警官与武警士兵不一致。国务院、中央军委于 1988 年发布并于 2011 年修订的《中国人民武装警察部队实行警官警衔制度的具体办法》第 2 条第 1 款规定:"中国人民武装警察部队现役警官警衔等级的设置,比照《中国人民解放军军官军衔条例》第二章

第七条的规定执行。”第 8 条规定:“现役警官警衔的降级、取消和剥夺,按照《中国人民解放军军官军衔条例》第六章的规定执行。”相比之下,第 13 条规定“中国人民武装警察部队士兵,依照《中国人民解放军现役士兵服役条例》,实行士兵警衔制度”,却没有明确现役武警士兵的警衔是否可以被降级、取消和剥夺。尽管第 11 条规定:“上述各条未作规定的事项,均按《中国人民解放军军官军衔条例》的有关规定执行。”但显然,该条不适用于之后的第 13 条关于武警士兵军衔未作规定的事项。正是这些不尽一致之处导致了学界对于剥夺军衔和警衔的认识分歧,存在附加刑说、行政处罚说、非刑罚方法说、附加刑与行政处罚并行说等。[19]

25 还需要指出的是,《惩治军人违反职责罪暂行条例》第 24 条曾经规定的对于危害重大的犯罪军人可以附加剥夺勋章、奖章和荣誉称号的附加刑没有在 1997 年《刑法》军职罪一章中得到保留,且无任何相应附属刑法规定,说明其已被取消。这种修改主要是考虑到,根据我国宪法及有关法律规定,授予国家勋章、奖章、荣誉称号,由国家权力机关或其他有关单位决定,因此,剥夺勋章、奖章、荣誉称号也应由国家权力机关或者其他单位决定,不宜再将其作为一种刑罚方法由军事法院判处剥夺。[20]然而,《中国人民解放军军官军衔条例》第 3 条规定:“军官军衔是区分军官等级、表明军官身份的称号、标志和国家给予军官的荣誉。”批准授予军衔的主体是中央军委主席、大军区级单位的正职首长、军级单位的正职首长,分别代表不同层级的军队机关。相对于国家权力机关,军队机关当然属于“其他有关单位”,为什么“其他有关单位”授予的军衔这种政治荣誉可以被法院剥夺,授予的其他政治荣誉却只能由授予机关取消或剥夺?这仍然是值得研究和有待解决的问题。

V 与其他罪名法规竞合时的处理原则

26 根据特别法优于普通法的一般原则,在军职罪罪名与其他罪名法规竞合时,应优先适用军职罪罪名。[21]在 1997 年《刑法》颁布以前,我国关于军职罪的处罚是按照《惩治军人违反职责罪暂行条例》的规定来处理的。由于条例在形式上是一个单行刑事法律文件,其特别法的地位非常明显,故人们对于军职罪与其他罪名法规竞合的情形按照条例的规定予以处罚没有异议。1997 年《刑法》颁布后,军职罪并入刑法,成为其中的专章,在形式上有了改变,其特别法的地位似乎也在一定程度上模糊起来。例如,在处理军职罪涉及的法规竞合时,有学者认为除了“军法优先”的适用原则外,还有“择重论处”或者“重法优先”的特殊适用原则[22],对此笔者不敢苟同。其实,特别法

---

19 参见贾万宝、杜英杰:《论我国剥夺军衔制度的法律属性及其立法完善》,载《时代法学》2009 年第 1 期。

20 参见张建田:《新刑法的施行与军事司法实践》,载《法学研究》1999 年第 2 期。

21 参见王凡:《处理军人犯罪应优先适用特别法》,载《现代法学》1984 年第 1 期。

22 参见任强:《军职罪法条竞合适用问题的探讨》,载《法学杂志》1998 年第 6 期。

与普通法的关系不仅是形式意义上的,更是基于内容作出的区分。在有普通法罪名规定的情况下,刑法又规定其中的一些情况适用相应的特别法,就是考虑到这些情况的特殊性,如果这些情况不适用特别规定或在有些时候不适用特别规定,刑法的特殊规定就失去了意义。我国刑法将某些罪名能够包含的情况又规定到军职罪当中,就是考虑到国家军事利益或军职人员实施同类行为的特殊性,如盗窃罪、抢夺罪与盗窃、抢夺武器装备、军用物资罪,故意泄露国家秘密罪、过失泄露国家秘密罪与故意泄露军事秘密罪、过失泄露军事秘密罪,等等。因此,现行《刑法》虽然已将军职罪并入其中,失去了形式上的特别地位,但是,其内容的“特别法”的地位依然存在。在选择适用条款时,我们必须按照具有特别法地位的“军法”规定来论处。同时,军法优先作为特别法优于普通法原则的引申,无论军职罪的规定比竞合的其他罪名重还是轻,都必须予以坚持,只在军职罪规定为重时适用军职罪罪名,而在军职罪规定为轻时就不适用军职罪名,无异于否定这个原则,因为此时的判断标准实际上已经是规定的轻重而非特别法还是普通法了。在处理军职罪名与其他罪名的法规竞合时,提出重法优先的原则,反映出一种“军人从重”的取向,笔者认为,这种取向是不正确的。诚然,“军人从重”是“军法从严”的一种表现,但无论“军法从严”还是“军人从重”都是由立法者加以考虑的,立法者通过对国家军事利益与其他法益保护关系的权衡,在设置军职罪名时该重则重,该轻则轻,并不是一味从重,适用刑法必须严格按照法律适用原则落实刑法规定,而不是根据立法原则去考虑“从重”。笔者认为,当军职罪条例与《刑法》分则其他条款出现法律条款竞合的情形时,仍按照特别法条优于普通法条的原则,适用军职罪条款,而不是按照“军法从严”或“军人从重”的原则适用其他条款。

除此之外,还有学者提出了“主体法优先”的原则。[23]所谓主体法优先的原则是 27
指,在军事司法实践中,对于作为国家基本法律的刑法所确立的适用范围、基本原则、刑罚种类、刑事政策等,在其他法律没有作出特殊规定的情况下,军事司法机关在审理刑事案件中必须优先恪守刑法的总体规定。如驻港部队军人是否适用国家刑法的问题,提出主体法优先原则的学者认为,中华人民共和国的军事司法机关对于驻港军人犯罪的案件适用《刑法》而不适用香港刑律处罚自不待言,但由于《香港特别行政区基本法》已经赋予香港特别行政区独立的司法权,允许其刑事法律的地域适用,因此香港特别行政区法院有权依据基本法、驻军法业已确立的刑事管辖和处罚原则,按香港特别行政区刑事法判处因非执行职务构成犯罪的中国人民解放军的军职人员。这是我国“一国两制”条件下的独特之处。笔者认为,“主体法优先”原则和特别法优先原则在实质上是一致的,同时又考虑到国家刑法中的普通法罪名、军职罪名和香港特别行政区本地刑法罪名之间在特别法与普通法之关系上的复杂性,避免了可能出现的理论难题,故具有很强的适用性。

---

23 参见张建田:《新刑法的施行与军事司法实践》,载《法学研究》1999 年第 2 期。

第四百二十条　军人违反职责罪的概念

军人违反职责，危害国家军事利益，依照法律应当受刑罚处罚的行为，是军人违反职责罪。

文献:张建田:《军人违反职责罪》,群众出版社 1985 年版;唐培贤、杨九根《中国人民解放军审判工作史概述》,人民法院出版社 1989 年版;宣炳昭主编:《刑法各罪的法理与实用》,中国政法大学出版社 2002 年版;黄林异、王小鸣:《军人违反职责罪》,中国人民公安大学出版社 2003 年版;高铭暄、赵秉志编:《中国刑法立法文献资料精选》,法律出版社 2007 年版;段作瑞:《军人违反职责罪研究》,法律出版社 2016 年版。

细目录

Ⅰ　主旨
Ⅱ　沿革
Ⅲ　内容

Ⅰ　主旨

1　本条是对我国军人违反职责罪的定义,是对《刑法》分则第十章中规定的各个具体的军人违反职责罪罪名的概括。刑法规定本条的意义主要是:第一,说明刑法规定军人违反职责罪的根据,揭示此类犯罪的立法目的。第二,指明军人违反职责罪侵犯的法益和主体,显示此类犯罪与其他犯罪的区别。第三,表明军人违反职责罪的共同特征,提供此类犯罪的一般认定依据。

Ⅱ　沿革

2　在 1955 年由中国人民解放军军事法院拟定的《中国人民解放军军事刑罚暂行条例(草案)》中,虽然具体设置了“逃避兵役”“违犯隶属制度和损害军人荣誉”“侵害、盗窃军用证件与军用物资”“违犯各种条令、条例”“业务上失职”“泄露军事秘密”等多种军人违反职责的犯罪,但并没有出现“军人违反职责罪”的概念。其原因是该条例所涉及的犯罪之范围要宽于军人违反职责的犯罪。根据该条例,军职人员实施各种叛国罪行、侵犯人权罪行、破坏社会秩序罪行等,非军职人员在平时“犯有一切损害国防能力的犯罪行为”以及在作战区、戒严区内所犯的危害国家安全、违反军事义务、谋杀、抢劫,对国家财产或公共财产的盗窃、侵吞、破坏的犯罪行为,也都适用该条例。很显然,“军人违反职责罪”的概念无法包容这些犯罪。该条例对其中实际包含的军人违反职责罪也没有专门予以定义,只是从“违犯军法”这一形式意义的角度有所提及。[1]

1981年6月10日,第五届全国人民代表大会常务委员会第十九次会议通过并公布的《惩治军人违反职责罪暂行条例》,第一次明文规定了军人违反职责罪的概念。 3
该条例第2条规定:“中国人民解放军的现役军人,违反军人职责,危害国家军事利益,依照法律应当受刑罚处罚的行为,是军人违反职责罪。但是情节显著轻微,危害不大的,不认为是犯罪,按军纪处理。”1994年10月,中国人民解放军军事法院《惩治军人违反职责罪暂行条例》修改小组草拟的《惩治违反军事职责罪法》(大改修改稿)第二章第8条对军人违反职责罪概念的表述是:“军职人员违反军事职责,危害国家军事利益,依照本法应当受刑罚处罚的行为,是违反军事职责罪。但是,情节显著轻微、危害不大的,不认为是犯罪。”而在其同时草拟的“小改修改稿”中,其第2条对军人违反职责罪概念的表述稍有不同:“中国人民解放军和武装警察部队的现役军人,违反军人职责,危害国家军事利益,依照法律应当受刑罚处罚的行为,是军人违反职责罪。但是情节显著轻微、危害不大的,不认为是犯罪。”[2] 1995年4月18日,中国人民解放军军事法院《惩治军人违反职责罪暂行条例》修改组拟定《军人违反职责罪惩治法(草案)》(征求意见稿)第4条规定:“军人违反职责,危害国家军事利益,依照本法应当受刑罚处罚的行为,是军人违反职责罪;但是情节显著轻微、危害不大的,不认为是犯罪。”[3] 这里的表述与现行《刑法》的规定已经比较接近,只是多了“但书”而已。1995年9月,中国人民解放军军事法院《惩治军人违反职责罪暂行条例》修改组拟定的《惩治军人违反职责犯罪条例》(草案)第2条基本采用了这种表述,仅有个别用词和标点上的差异:“军人违反职责,危害国家军事利益,依照法律应当受刑罚处罚的行为,是军人违反职责犯罪;但是情节显著轻微危害不大的,不认为是犯罪。”[4] 1995年12月7日,中国人民解放军总政治部草拟的《惩治军人违反职责罪条例(草案)》,由中央军事委员会提请全国人大常委会审议,该草案第2条对军人违反职责罪的表述,与1995年9月的方案完全相同。[5] 1997年1月,为了适应国家立法机关制定统一刑法的需要,中央军委法制局、中国人民解放军军事法院又拟定了《刑法》分则

1　参见唐培贤、杨九根:《中国人民解放军审判工作史概述》,人民法院出版社1989年版,第218—224页。

2　黄林异、王小鸣:《军人违反职责罪》,中国人民公安大学出版社2003年版,第209页、第218页。

3　黄林异、王小鸣:《军人违反职责罪》,中国人民公安大学出版社2003年版,第230页。

4　黄林异、王小鸣:《军人违反职责罪》,中国人民公安大学出版社2003年版,第256页。

5　黄林异、王小鸣:《军人违反职责罪》,中国人民公安大学出版社2003年版,第288页。

"军人违反职责罪"一章草案,其中,关于军人违反职责罪概念的表述,仍然沿用1995年9月拟订的方案。[6] 1997年《刑法》在这一方案的基础上删去"但书",形成目前的表述。

4 2002年10月31日,中国人民解放军总政治部根据《刑法》《刑事诉讼法》和有关法律的规定,结合军队的司法实践,并征得最高人民法院、最高人民检察院和公安部同意,发布了《关于军人违反职责罪案件立案标准的规定(试行)》。2013年2月26日,最高人民检察院、解放军总政治部印发《军人违反职责罪案件立案标准的规定》,2002年《关于军人违反职责罪案件立案标准的规定(试行)》同时废止。《军人违反职责罪案件立案标准的规定》共40条,前31条具体明确了军职罪各个罪名条文所涉案件的立案标准,后9条主要对军职罪条文中若干基本的和带有共性的概念以及该规定所使用的术语作了说明。前31条的内容将在军职罪的各罪名条文的评注中予以介绍,这里仅列出后9条的内容:

5 (1)军人违反职责罪中的"军人",是指中国人民解放军的现役军官、文职干部、士兵及具有军籍的学员和中国人民武装警察部队的现役警官、文职干部、士兵及具有军籍的学员以及执行军事任务的预备役人员和其他人员。

6 (2)军人违反职责罪中的"战时",是指国家宣布进入战争状态、部队受领作战任务或者遭敌突然袭击时。部队执行戒严任务或者处置突发性暴力事件时,以战时论。

7 (3)军人违反职责罪中的"违反职责",是指违反国家法律、法规,军事法规、军事规章所规定的军人职责,包括军人的共同职责,士兵、军官和首长的一般职责,各类主管人员和其他从事专门工作的军人的专业职责等。

8 (4)立案标准中的术语:①"以上",包括本数;②有关犯罪数额"不满",是指已达到该数额80%以上;③"直接经济损失",是指与行为有直接因果关系而造成的财产损毁、减少的实际价值;④"间接经济损失",是指由直接经济损失引起和牵连的其他损失,包括失去在正常情况下可能获得的利益和为恢复正常管理活动或者为挽回已经造成的损失所支付的各种费用等;⑤"武器装备",是实施和保障军事行动的武器、武器系统和军事技术器材的统称;⑥"军用物资",是除武器装备以外专供武装力量使用的各种物资的统称,包括装备器材、军需物资、医疗物资、油料物资、营房物资等。

9 (5)立案标准中财物价值和损失的确定,由部队驻地人民法院、人民检察院和公安机关指定的价格事务机构进行估价。武器装备、军事设施、军用物资的价值和损失,由部队军以上单位的主管部门确定;有条件的,也可以由部队驻地人民法院、人民检察院和公安机关指定的价格事务机构进行估价。

---

6 参见黄林异、王小鸣《军人违反职责罪》,中国人民公安大学出版社2003年版,第301页。

Ⅲ 内容

根据《刑法》的规定,军人违反职责罪,是指军人违反职责,危害国家军事利益,依照法律应当受刑罚处罚的行为。这一定义是犯罪一般定义在军职罪上的具体体现。犯罪的危害性、违法性和可罚性三个特征在军职罪中表现为:军职罪是危害国家军事利益的行为;军职罪是违反军人职责的行为;军职罪是依照《刑法》分则第十章的具体法条及罪名和《刑法》总则的规定应当受到刑罚处罚的行为。 10

国家军事利益是指与军事活动有直接关系的国家利益。依法惩治军人违反职责的犯罪行为,是维护国家军事利益的需要。国家军事利益集中体现在军队的职能活动之中。从内容上看,军队职能活动主要包括作战、平暴、战备、行军、演习、训练、设施建设、武器保养、装备维护、物资保障、军事科研、军校培训、军工生产等。军队职能活动通过军事法规变为各种军职人员的具体职责,全体军职人员切实履行其法定职责的行为才会使军队职能得以实现。因此,违反军人职责与危害国家军事利益是一个问题的两个方面,是法律形式与实质内容的关系。军人违反法定职责,必然危害国家军事利益,如果危害严重,应当受到刑罚处罚。 11

尽管现行《刑法》在"军人违反职责罪"的概念表述中取消了原军职罪条例的"但书",但是,"情节显著轻微,危害不大的,不认为是犯罪,按军纪处理"的含义仍在其中。原条例规定这些内容的立法含义,本来是要将"军人违反职责的犯罪行为,同一般违反军队纪律的行为区别开来,明确了罪与非罪的界限,防止扩大化"[7],但是,由于《刑法》总则规定的犯罪一般概念中已经有"情节显著轻微危害不大的,不认为是犯罪"的"但书",完全适用于分则的各类犯罪,包括其第十章"军人违反职责罪",无须重复规定同样的"但书",如果说,在采取单行立法形式的军职罪条例中还有此种规定的必要性的话,那么,在军职罪已被纳入《刑法》之后,这种规定已经完全没有存在的必要。将《刑法》第420条与第13条结合起来理解,它已经表明了情节显著轻微危害不大的军人违反职责行为不构成犯罪,同时,由于这种不构成犯罪的违反军人职责的行为,必然违反军纪(因为军纪的基本要求就是要求军人履行其担负的职责),当然要受到军纪的制裁,这是不言自明的。 12

---

7 黄林异、王小鸣:《军人违反职责罪》,中国人民公安大学出版社2003年版,第210页。

第四百二十一条　战时违抗命令罪

战时违抗命令，对作战造成危害的，处三年以上十年以下有期徒刑；致使战斗、战役遭受重大损失的，处十年以上有期徒刑、无期徒刑或者死刑。

文献：张建田：《军人违反职责罪》，群众出版社1985年版；唐培贤、杨九根：《中国人民解放军审判工作史概述》，人民法院出版社1989年版；夏勇、汪保康：《军事法学》，黄河出版社1990年版；《毛泽东选集》（第1卷），人民出版社1991年版；杨福坤、朱阳明：《军事法学词典》，国防大学出版社1993年版；萧榕主编：《世界著名法典选编（军事法卷）》，中国民主法制出版社1997年版；周道鸾、张军主编：《刑法罪名精释》，人民法院出版社1998年版；黄风译：《意大利军事刑法典》，中国政法大学出版社1998年版；张智辉：《国际刑法通论》（增补本），中国政法大学出版社1999年版；俄罗斯联邦总检察院编：《俄罗斯联邦刑法典释义》（下册），黄道秀译，中国政法大学出版社2000年版；金泽刚：《犯罪既遂的理论与实践》，人民法院出版社2001年版；黄林异、王小鸣：《军人违反职责罪》，中国人民公安大学出版社2003年版；《邓小平文选》（第2卷），人民出版社2009年版；徐久生译：《德国刑法典》，北京大学出版社2019年版。

细目录

Ⅰ　主旨
Ⅱ　沿革
Ⅲ　客体
Ⅳ　行为
Ⅴ　主体
Ⅵ　罪过
Ⅶ　排除犯罪的事由
Ⅷ　既遂、未遂、不能犯
Ⅸ　共犯
Ⅹ　罪数
Ⅺ　与非罪的界限
Ⅻ　与他罪的区别
一、与危害国家安全的某些罪名的区别
二、与阻碍军人执行职务罪、阻碍军事行动罪的区别

XIII 处罚

I 主旨

本条规定的战时违抗命令罪,是指军职人员在战时违抗命令,对作战造成危害的行为。刑法规定该罪的目的是通过惩处战时违抗命令的犯罪军人,促使所有军职人员在战时无条件服从并坚决执行首长或者上级所下达的各项命令,保证军队战时高度集中统一指挥和部队任务的顺利进行和完成,以取得我军作战的胜利。 1

II 沿革

1955年由中国人民解放军军事法院拟定的《中国人民解放军军事刑罚暂行条例(草案)》中即有与战时违抗命令罪类似的规定。该草案第59条规定,在作战中不遵照命令、条令、条例行动,因而失却协同动作招致损失者,处10年以下有期徒刑;招致严重损失者,处10年以上有期徒刑、无期徒刑或死刑。第62条又规定,违抗上级指示,自作主张错误下达命令或拒绝执行命令,致使战斗、战役或工作造成严重恶果者,处10年以上徒刑、无期徒刑或死刑;尚未造成严重恶果者,处10年以下徒刑;因未能正确领会上级指示,错误下达命令,致使战斗、战役或工作造成严重恶果者,处5年以下徒刑;不及时下达命令或联络信号,因而失却各兵种协同动作,贻误战机或误伤自己部队,致使战斗、战役造成严重损失者,处10年以下徒刑。[1] 2

1981年的《惩治军人违反职责罪暂行条例》,设置了违抗作战命令罪。该条例第17条规定,在战斗中违抗命令,对战斗造成危害的,处3年以上10年以下有期徒刑;致使战斗、战役遭受重大损失的,处10年以上有期徒刑、无期徒刑或者死刑。[2] 3

中国人民解放军军事法院《惩治军人违反职责罪暂行条例》修改小组于1994年10月提出的《惩治违反军事职责罪法》的大改修改稿,设置了违抗命令罪。该修改稿第37条规定,在特殊状态下,假传军令,情节严重的,处3年以上10年以下有期徒刑;情节特别严重的,处10年以上有期徒刑、无期徒刑或者死刑。此条将违抗命令罪的罪状中的"在战斗中"改为"在特殊状态下"。这样增改是为了用刑罚手段全面维护作战秩序,保证武装力量作战、动员、征用、参加戒严、参加维护社会治安等重大任务的完成。[3] 4

现行《刑法》关于军职罪的规定是在《惩治军人违反职责罪暂行条例》第17条规 5

---

1 参见唐培贤、杨九根:《中国人民解放军审判工作史概述》,人民法院出版社1989年版,第230—231页。

2 参见黄林异、王小鸣:《军人违反职责罪》,中国人民公安大学出版社2003年版,第198页。

3 参见黄林异、王小鸣:《军人违反职责罪》,中国人民公安大学出版社2003年版,第227页。

定的违抗作战命令罪的基础上修订形成的。《惩治军人违反职责罪暂行条例》第 17 条的违抗作战命令罪规定,违抗命令的行为必须发生"在战斗中"才能构成违抗命令罪。从司法实践看,这个限定失之过窄。因此有必要扩大《惩治军人违反职责暂行条例》第 17 条的适用范围。基于这种考虑,1997 年全面修订《刑法》时,将"在战斗中"修改为"战时",规定违抗命令的行为只要发生在战时即可构成犯罪。这样规定,既适当扩大了追究违抗命令行为刑事责任的时间范围,又没有对所有违抗命令的行为都追究刑事责任,较好地划清了犯罪与违纪的界限,有利于准确打击犯罪。

Ⅲ 客体

6 关于战时违抗命令罪的客体,我国目前存在几种观点:①作战利益[4];②作战指挥秩序[5];③军队的作战指挥秩序和作战利益[6];④军人的作战义务和国家的军事利益[7];⑤军事指挥关系和作战利益[8]。

7 第一种观点出现得较早,直接源于对 1981 年通过的《惩治军人违反职责罪暂行条例》的理解。[9] 从《惩治军人违反职责罪暂行条例》第 17 条规定的"在战斗中违抗命令,对作战造成危害的"罪行来看,将该罪的客体理解为"作战利益"是基于"对作战造成危害的"理解,即把这里的"危害"既理解为客观结果,也理解为直接客体意义上的具体社会危害性。[10] 从《惩治军人违反职责罪暂行条例》第 2 条明文规定的军人违反职责罪的同类客体"危害国家军事利益"来看,上述理解是有道理的,即"作战利益"是"国家军事利益"的一个具体方面或内容。再说,该条例第 17 条"在战斗中违抗命令"的规定也突出了作战。由于"在战斗中"的限制性规定,使得"命令"自然被理解为"作战命令",即与参加战斗有关的上级命令,拒不执行与作战无关的上级其他指示,不构成战时违抗命令罪,而该罪的对象既然是"作战命令",那么,"作战命令"

---

4 参见张明楷:《刑法学》(第 6 版),法律出版社 2021 年版,第 1668 页;齐文远主编:《新刑法概论》,中国方正出版社 1997 年版,第 484 页;苏惠渔:《刑法学》(修订本),中国政法大学出版社 1999 年版,第 934 页。

5 参见高铭暄、马克昌主编:《刑法学》(第 9 版),北京大学出版社、高等教育出版社 2019 年版,第 665 页;赵秉志主编:《刑法新教程》,中国人民大学出版社 2001 年版,第 890 页;何秉松:《刑法教科书》,中国法制出版社 1997 年版,第 1113 页;周道鸾、张军主编:《刑法罪名精释》,人民法院出版社 1998 年版,第 1029 页;黄林异、王小鸣:《军人违反职责罪》,中国人民公安大学出版社 1998 年版,第 26 页。

6 参见陈明华主编:《刑法学》,中国政法大学出版社 1999 年版,第 825 页。

7 参见杨春洗、杨敦先:《中国刑法论》(第 2 版),北京大学出版社 1998 年版,第 675 页。

8 参见齐文远主编:《刑法学》,法律出版社 1999 年版,第 758 页。

9 参见张建田:《军人违反职责罪》,群众出版社 1985 年版,第 165 页。

10 参见张建田:《军人违反职责罪》,群众出版社 1985 年版,第 163、165 页。

这一对象体现的客体当然非“作战利益”莫属。[11]

随着1997年修订的《刑法》对军人违反职责罪作了新的安排，上述第二种观点大有取代第一种观点作为通说之势。现行《刑法》第421条把《惩治军人违反职责罪暂行条例》第17条“在战斗中违抗命令，对作战造成危害的”表述改为“战时违抗命令，对作战造成危害的”，从而也使该罪的罪名由“违抗作战命令罪”变成了“战时违抗命令罪”。“作战”概念的通俗理解就是打仗，是指军队之间相互敌对彼此进行武装打击的行动。“战斗”是指具体的作战行为，“战役”则是指由许多“战斗”构成的大规模的军事打击行动的整体。“战役”肯定包含“战斗”，“战斗”不一定是“战役”的一部分。无论如何，军队中基于“战斗”和“战役”下达的命令，毫无疑问都是“作战命令”。然而，从更为广阔的“战争”活动来看，就不能简单地认为是由“战役”和“战斗”构成的集合体。战争是政治的继续，现代战争是综合国力的较量，除了纯粹的武装打击行动，军队在战争中的活动还包含其他内容，例如，保卫政治首脑参加解决战争问题的谈判，救助民众，补给部队基本生活之需的粮草运输，局部撤出战场，在战场上就地休整等。军队就这些活动所下达的有关命令，显然还很难说是“作战命令”，从实践来看，军队在战场上也并不是将一切命令都视为“作战命令”，而是只把直接有关打仗的命令作为“作战命令”。但军人在战争中即“战时”违抗那些非以作战为内容的命令，照样有可能“对作战造成危害”，从而符合《刑法》第421条所描述的罪行。这样一来，“战时违抗命令罪”在客观上起到了淡化“违抗作战命令罪”中“作战”的作用，也淡化了“违抗作战命令”与“作战利益”之间的联系。将“作战”的限制取消，实际上是将“作战命令”扩大到战争中的各种“命令”。 8

第二种观点正是有意无意地与此相适应，不把“作战利益”当作该罪客体，而是将与“命令”相对应的“指挥秩序”作为客体。的确，命令是指挥权的体现，命令与服从的关系构成指挥权实现所必需的“指挥秩序”，故第二种观点为该罪确立的直接客体显然更具有“直接”的意义。当然，持第二种观点的某些论者之所以不取“作战利益”作为该罪客体，还有一个主要理由是认为它“过于笼统，使战时违抗命令罪的直接客体混淆于军人违反职责罪中战时犯罪所侵害的共同客体”[12]。然而，这个理由值得商榷。这里的所谓“共同客体”，显然介于直接客体与同类客体之间。按此观点，直接客体是不能在两个以上的罪名中重复的，或者说，不同罪名不能有相同的直接客体，凡是不同罪名涉及相同的客体，它只能是“共同客体”而不能是直接客体。这种认识不符合我国的立法实际和公认的刑法理论。例如，盗窃罪、诈骗罪和抢夺罪的直接客体都是“公私财物的所有权”，故意杀人罪与过失致人死亡罪的直接客体都是“他人的生命权利”，非法拘禁罪与绑架罪的直接客体都是“他人的人身自由权利”，持有、使 9

---

11 参见张建田：《军人违反职责罪》，群众出版社1985年版，第162—163、165页；杨福坤、朱阳明：《军事法学词典》，国防大学出版社1993年版，第652页。

12 黄林异、王小鸣：《军人违反职责罪》，中国人民公安大学出版社2003年版，第27页。

用假币罪与变造货币罪的直接客体都是"国家的货币管理制度",等等。对此,上述各种观点的持有者,包括绝大多数持第二种观点的研究者都是承认的。不同罪名有相同直接客体的情况普遍存在于《刑法》分则的各类犯罪中,为什么不能存在于军人违反职责的罪类中呢?可见,以直接客体相同作为否定第一种观点的主要理由是站不住脚的。而且,第二种观点在不同意用"作战利益"作为直接客体的同时,又在其主张的"指挥秩序"的前面暧昧地保留了"作战"的限制。如此一来,"作战指挥秩序"又使得"指挥"概念所体现的命令与服从关系被局限于"作战"的范围,实际上承认了这里的"指挥"所对应的"命令"是"作战命令",第二种观点不知不觉地在逻辑错误中回到了其不同意的第一种观点,同"作战命令"相联系的"作战指挥秩序"与"作战利益"并没有实质性的区别。

10 其实,刑法将原来的《惩治军人违反职责罪暂行条例》第 17 条规定的"在战斗中违抗命令"改成了"战时违抗命令",从而使罪名由"违抗作战命令罪"变成"战时违抗命令罪",意在扩大"命令"的范围,却没有变更直接客体。如前所述,该罪的基本立法意图是,对于军人违抗命令而导致作战受到危害的行为必须加以惩治。只不过,过去的立法将命令或违抗命令局限于"战斗中",还不能起到充分维护"作战利益"的作用。也就是说,对于在战争中但不是在"战斗中"违抗非作战的命令而不是"作战命令"却同样"对作战造成危害的"行为,就不能予以追究。正是针对这种局限性,刑法修订时保留了"对作战造成危害",同时将"战斗中"改为"战时"。因此,第一种观点所表述的"作战利益"的客体是可以成立的。第二种观点试图将"作战利益"具体化并尽量体现该罪特色也是可取的,但"作战指挥秩序"的表述与立法的修改不协调,可改为"战时指挥秩序"。在界定战时违抗命令罪客体时,"战时"或者"战争中"或者"战场上"或者"作战"等定语是不可少的,因为战时违抗命令罪侵害的社会关系或者法益是存在于这些情况下的而非存在于平时。结论是:用"作战利益"或者"战时指挥秩序"表述战时违抗命令罪的直接客体都是可以成立的。

11 至于上述后两种观点,不过是前两种观点的结合或者变形,对此不再赘述。

Ⅳ 行为

12 战时违抗命令罪是指战时违抗命令,对作战造成危害的行为。该罪的行为要件是"违抗",行为对象是"命令",行为时机是"战时"。命令,是上级对下级作出的指示,其内容是要求下级必须实施某种行为或不得实施某种行为,具有支配性和强制性。当然,也必须具有合法性。对于命令的违抗行为是指拒绝执行、拖延执行或者歪曲执行命令的全部或者一部分。违抗的形式既可以是不作为也可以是作为,包括行为人对上级命令以各种借口和理由百般推诿、消极迟缓、按兵不动、以暴力或者威胁手段加以抗拒等。

13 根据最高人民检察院、解放军总政治部 2013 年印发的《军人违反职责罪案件立案标准的规定》第 1 条的规定,战时违抗命令罪是指战时违抗命令,对作战造成危害的行为。

违抗命令的行为必须发生于"战时"。对"战时"的理解,不能仅仅限于正式宣布的战争或者军事行动开始和结束的时间,也不能仅仅限于战争或者军事行动实际开始的时间,在一定情况下应包括与战争或者军事行动过程紧密相连却在其后或在之前的某个阶段。例如,为开战而进入一级战备状态,受命令召唤回营的军人拒绝归队,应属战时违抗命令罪规定的战时违抗命令。又如,当我国政府宣布针对某国的自卫还击作战结束并命令撤军以后,我军某部在撤出时遭到敌人阻击,指挥员下令攻占敌人高地以取得通路,某军人违抗这一战斗命令,也应属于战时违抗命令罪规定的战时违抗命令。因此,战时违抗命令罪中的"战时"并不是一个绝对的时间概念,对它的理解要从维护"作战利益"这一设立战时违抗命令罪所要保护的客体或者社会关系与战争或者军事行动的时间相结合来着眼。同时,当代国际社会正在用"武装冲突"的概念来理解甚至取代"战争"的概念。相对于经宣战或者未经宣战的过程完整的战争而言,当代世界经常发生不够战争规模且时间短暂的非系统的武装冲突或者攻击行动,如突发的小型交火事件或一次空袭等,在这些军事行动中发生的违抗命令的行为,亦应属于战时违抗命令。所以,《刑法》第 451 条也明文规定"本章所称战时,是指国家宣布进入战争状态、部队领受作战任务或者遭敌突然袭击时"。 14

根据本条的规定,战时违抗命令罪还必须是"对作战造成危害的"行为。这里的"造成危害"是否可以被理解为危害结果?是否意味着战时违抗命令罪是结果犯?对此,理论上有不同观点。有研究者认为"战时违抗命令罪属于行为犯而不是结果犯"[13]。然而,最高人民检察院、解放军总政治部 2013 年印发的《军人违反职责罪案件立案标准的规定》第 1 条第 3 款给出的答案却是结果犯:"战时涉嫌下列情形之一的,应予立案:(一)扰乱作战部署或者贻误战机的;(二)造成作战任务不能完成或者迟缓完成的;(三)造成我方人员死亡一人以上,或者重伤二人以上,或者轻伤三人以上的;(四)造成武器装备、军事设施、军用物资损毁,直接影响作战任务完成的;(五)对作战造成其他危害的。"据此,战时仅有违抗命令的行为,而没有造成该规定中的任何危害结果,或者造成了一定危害结果但达不到规定的严重程度(如造成一人重伤或二人轻伤),都不能构成本罪。无疑,从实然角度看,这是军事司法机关必须执行的有效规定。但从应然角度看,将本罪作为结果犯,存在几个问题: 15

第一,对本条的理解陷入矛盾。本条规定战时违抗命令罪是"战时违抗命令,对作战造成危害的"行为。如前所述,关于"对作战造成危害"的理解,虽然观点不尽一致,但都认为其表述的是对战时违抗命令罪客体的侵犯,而客体就是作战利益。也就是说,"对作战造成危害"中的"危害"应当是社会危害性或法益侵害之意,是对作战利益的危害。这样理解意味着,即使没有发生上述规定中的危害结果,只要有"战 16

---

13 黄林异、王小鸣:《军人违反职责罪》,中国人民大学公安大学出版社 2003 年版,第 25 页。

时违抗命令”的行为,也必然危害了作战利益。在此,对作战造成的危害结果与危害作战利益并不等同。然而,将战时违抗命令罪解读为结果犯,意味着既承认“对作战造成危害”表示对作战利益(客体或法益)的危害,又同时将其解读为对作战造成了危害结果(客观方面的要件)。“犯罪客观方面表现为行为人故意违抗作战命令,并对作战行动造成危害的行为……如果只是违抗了作战命令,尚未造成任何危害的,尚不构成犯罪……”[14]也就是说,把战时违抗命令罪作为结果犯的一个重要原因是将“对作战造成危害”理解为危害结果,即“泛指一切可能对作战造成不利影响的结果”[15]。这无论是在我国四要件犯罪构成框架内,还是在德国三阶层理论学说中,都是说不通的。

17 第二,规定本身存在自相矛盾之处。上述规定第一项中的“扰乱作战部署”,与其说是“违抗命令”的危害结果,不如说是危害作战利益的具体内容。因为,战时任何违抗命令的行为一经实施,不可能不在一定程度上扰乱作战部署。一方面,作战部署是指由诸多具体作战计划构成的系统整体;另一方面,作战部署也指系统作战计划的落实过程。作战部署就像包括多个部件和多个零件的一台机器,每一个螺丝钉都会影响它的运转,每一个细小的瑕疵都能起到削弱其功能的作用。例如,指挥员命令某个战斗员冲锋,便属于作战部署的实施,某战斗员只要拒绝执行,尽管指挥员及时命令他人加以弥补而未影响作战部署的落实,也不能否认违抗命令行为已经扰乱了作战部署的事实。这里没有造成作战部署落空或迟滞的危害结果,但已经危害了作战利益。将“扰乱作战部署”作为危害结果来规定,恰恰会得出没有危害结果也能成立战时违抗命令罪的行为犯结论。

18 第三,与保护的客体或法益相矛盾。作战利益是重大的国家军事利益,战时违抗命令则是对作战利益的最直接危害,将战时违抗命令罪列为军人违反职责罪之首,表明这种犯罪的严重程度和国家的重视程度。刑法为该罪设置的刑罚后果直至死刑,透露出严惩该罪的意图。刑法惩治危害作战利益的犯罪,目的是要防止战时违抗命令的行为,如果没有发生实害结果就不追究,势必助长抗命者的侥幸心理,难以遏止这类行为的出现,不利于强化军人战时坚决执行命令的法纪观念。作战好比围棋,一着不慎,满盘皆输。如果非要等到违抗命令的行为导致了作战任务未能完成或者迟缓完成才追究行为人的罪责,恐怕作战利益已经丧失殆尽。诚然,认为“对作战造成危害”中的“危害”是指结果,未必不是一种语义理解上的选择,但并不符合立法的目的。这可以从其他罪名条文中得到印证,例如,《刑法》第 102 条规定,背叛国家罪是“勾结外国,危害中华人民共和国的主权、领土完整和安全的”行为,难道可以将这里的“危害”理解为结果,将战时违抗命令罪理解为结果犯?如此,是否要等到发生了危害我国主权、领土完整和安全的结果,才能追究行为人的罪责呢?对此,显然不

---

14 杨福坤、朱阳明主编:《军事法学词典》,国防大学出版社 1993 年版,第 652 页。

15 周道鸾、张军主编:《刑法罪名精释》,人民法院出版社 1998 年版,第 1029 页。

会这样理解,那么,为什么对战时违抗命令罪要这样理解呢?

第四,与违抗命令的实际情况相矛盾。当战时出现军人违抗命令的情形时,上级和行为人所在单位必然会及时采取弥补或调整措施,使命令得到执行,绝不会坐视抗命行为对作战造成危害结果。其他军人也会挺身而出,尽力纠正抗命行为和避免危害结果。那么,尽管最终没有实际发生《军人违反职责罪案件立案标准的规定》中的危害结果,也不能认为抗命行为没有达到可以追究刑事责任的程度。如果不是组织或其他军人及时采取防果措施,危害结果本来是可能发生甚至必然发生的。我国刑法理论并没有将犯罪所具有的严重社会危害性局限于实害,而是明确承认"实际危害或现实威胁(或称可能造成的损害)"[16]。对于如此重大的战时犯罪,为何只追究造成实害的情形呢? 19

第五,与依法从严治军相矛盾。作为一项战时严重犯罪的规定,非要实际造成作战任务不能完成等严重后果才予以立案追究,过于宽松。从各国军事刑法来看,比较普遍地将类似的犯罪作为行为犯而非结果犯。例如,《意大利军事刑法典》第 173 条规定"不服从命令"之罪名的基本构成和法定刑是:"军人拒绝遵守、不遵守或迟延遵守上级向其下达的有关军事服务的命令或纪律,处 1 年以上军事有期徒刑。"必须指出的是,这还仅仅是《意大利平时军事刑法典》的规定,而《意大利战时军事刑法典》第 138 条规定的"违抗军令"的犯罪之基本构成和法定刑是:"军人以任何方式违抗军令,处以 3 年至 7 年军事有期徒刑。"[17]《德国军事刑法典》第 20 条规定:"具备下列情形之一的,处 3 年以下自由刑:(1)以言行拒绝服从命令,或(2)经再次命令,仍不服从。"[18]实行军人违犯军纪和违反职责犯罪一体化的美国、英国、加拿大等国家更是把军人违抗命令的行为本身作为犯罪。[19]《苏联军职罪刑法》也曾规定:"公开拒绝执行首长的命令以及故意不执行命令的,处 1 年以上 5 年以下剥夺自由……战争时期或作战时有违抗行为的,处死刑或 5 年以上 10 年以下剥夺自由。"[20]但是,《俄罗斯联邦刑法典》军职罪中的不执行命令罪是结果犯:"下属不执行首长按规定程序发布的命令,对服务利益造成严重损害的,处 2 年以下的限制军职,或处 6 个月以下的拘役,或 2 年以下的军纪营管束。"这里的"严重损害"是对结果的要求。但要注意的是,这仅仅是适用于平时的罪名,战时罪名则另当别论,"在战争时期或战时环境中实 20

16　高铭暄、马克昌主编:《刑法学》(第 9 版),北京大学出版社、高等教育出版社 2019 年版,第 42 页。

17　《意大利军事刑法典》,黄风译,中国政法大学出版社 1998 年版,第 60、191 页。

18　《德国刑法典》,徐久生译,北京大学出版社 2019 年版,第 316 页。

19　参见萧榕主编:《世界著名法典选编(军事法卷)》,中国民主法制出版社 1997 年版,第 22、82、49 页。

20　沈阳军区政治部联络部编印:《苏联军事法规选编》,1983 年版,第 646 页。

施军职罪的刑事责任,由俄罗斯联邦战争时期的立法规定”[21]。可见,与各国军法规定比较,将战时违抗命令罪理解为结果犯难以体现从严治军的精神。

V 主体

21 一般说来,该罪的主体是所有军人,即指《刑法》第450条为军职罪类罪规定的主体人员。根据我军内务条令,军人有行政职务和军衔,构成首长和部属、上级和下级以及同级的关系;在行政职务上有隶属关系时,行政职务高的是首长又是上级,行政职务低的是部属又是下级;在行政职务上没有隶属关系时,行政职务高的是上级,行政职务低的是下级,行政职务相当的是同级;在相互不知道行政职务时,军衔高的是上级,军衔低的是下级,军衔相同的是同级。部属、下级必须服从首长、上级。在多数情况下,首长有权对部属下达命令;命令通常按级下达,情况紧急时,也可越级下达,部属接到越级下达的命令,必须坚决执行。因此,实际成为该罪犯罪主体的,通常是相对于首长的部属。在某些情况下,不具有部属身份的下级军人也可能犯战时违抗命令罪。根据内务条令,不同建制的军人共同执行任务时,要服从上级指定的负责人的领导和指挥;军人在战斗中与上级失去联系又一时无法恢复时,要主动接受友邻部队首长的指挥;同友邻联系不上时应主动组织起来,由行政职务高的军人负责指挥;一时难以区别行政职务高低时,由军衔高的负责指挥;等等。在这些情况下构成上下级的指挥关系,被指挥者也可能成为战时违抗命令罪的主体。由于军队指挥管理的层次性,首长与部署、上级与下级都是相对的概念,故每个军人都可能成为该罪主体。

VI 罪过

22 战时违抗命令罪的罪过是故意,既包括直接故意也包括间接故意,即行为人明知自己违抗命令的行为会发生危害社会的结果而希望或者放任这种结果发生。战时违抗命令的动机是多种多样的,贪生怕死,畏敌怯战;对上级部署不满,自以为是;居功自傲,不服从指挥,杀敌心切,不顾大局;等等。不论动机如何,都不影响战时违抗命令罪的成立。

VII 排除犯罪的事由

23 战时违抗命令罪行为人所违抗的命令是否必须为合法甚或合理的命令?由此问题引出:行为人所违抗的命令不合法或不合理,可不可以成为排除战时违抗命令罪的

---

21 俄罗斯联邦总检察院编:《俄罗斯联邦刑法典释义》(下册),黄道秀译,中国政法大学出版社2000年版,第890、893、895页。

事由？以服从命令为“天职”的军人常常被这样的问题所困扰。[22]

命令的合理性是指命令内容的正确性。由于种种原因，各级军队指挥机关及其领导者都难以保证其下达的命令百分之百正确。相反，在军事实践中，不符合实际情况甚至错误的命令时有所见、不乏其例。“统统相符合的事，在战争或战斗中是极其少有的。”[23]再说，命令的正确性往往要通过实践的检验，在事前常常很难判断。上下级所处的地位不同，掌握的情况也不同，而且军机重大，兵不厌诈，出于军事行动的高度保密性，上级下达军事命令时往往只要求行动而不说明理由，因此，由下级去判断上级命令是否正确并作为是否执行命令的前提，显然是不合适的。因此，执行命令理所当然应该包括执行有可能出现的不正确或不完全正确的命令。这就是所谓绝对执行命令的原则。执行不正确的命令固然会给军队的某项具体事项带来不利的后果甚至较为严重的损失，但毕竟限于一时一地的个别场合。绝对执行命令则是一项有着极高稳定性和普遍性的军事法原则，如果允许不符合这一原则的任何例外情况存在，就必然损害军队法律制度整体的统一，给不服从命令的现象留下余地，导致任何人都可能以命令有错误为理由而不愿或拒绝执行命令，从而给军队活动带来普遍的危害。在我国的“文化大革命”中，在军队中流行过一种“对于错误的命令就是不执行”的说法，导致一些不服从或不愿意服从命令的人经常以这种体现所谓“反潮流精神”的言论为借口，导致一些情况下令不能行、禁不能止。显然，可以不执行一部分命令或有时可以不执行命令与要求绝对执行命令相比较，后者更有利于维护军队整体利益和长远利益。因此，弃轻就重，坚持绝对执行命令原则，是在无法保证每一个命令都绝对正确无误的现实面前应当作出的合理选择。这就好比人们明知空气中可能有病菌却依然要呼吸一样，因噎废食的后果则是危及生命。[24] 24

命令的合法性应当包括资格合法、内容合法、形式合法和程序合法。资格不合法，表明无权下命令，那么，所谓的命令者下达的所谓的命令在法律上根本不成其为命令，当然也就不存在执行的问题。内容、形式和程序中任何一项不合法，该命令都属于不合法的命令。如前所述，由下级判断上级的命令是否正确并不科学，命令的合法性问题也是这样。因此，下级对于在内容、形式或程序上不能明显看出其不合法的命令，必须坚决执行。如果仅仅是形式或程序上明显不合法的命令，在平时或战时的非紧急情况下，应允许下级提出异议，但在上级未改变之前，仍应坚决执行，在战时的紧急情况下，则应立即执行。那么，内容上明显不合法的命令，是否也要执行呢？关键是“明显不合法”的含义。明显不合法应当是确定无疑的实质性判断。例如，上级命令下级向敌人投降，或者命令下级屠杀手无寸铁的妇女、儿童和其他平民，等等，都 25

---

22 参见柳华颖：《论军人执行违法命令行为的刑事责任》，载《法学杂志》2009 年第 7 期；张保平、安永勇：《边防武警执行命令行为的刑法学分析》，载《武警学院学报》2005 年第 3 期。

23 《毛泽东选集》（第 1 卷），人民出版社 1991 年版，第 179 页。

24 参见夏勇、汪保康：《军事法学》，黄河出版社 1990 年版，第 164—168 页。

属于明显不合法的命令,其内容确定无疑地偏离了正常的军事行动,对这种命令,当然可以而且应该拒绝执行。但是,如果下级公开违背其上级进攻的命令而自行命令撤退或者相反,或者违背其上级要其攻打 A 阵地的命令而自行命令攻打 B 阵地,等等,都不属于明显不合法的命令,经提出异议不改变,仍需执行。在此,考虑到军事运筹和军事谋略的因素,这些表面上不合法的命令也许(在故意安排的情况下)具有实质上的合法性。上述明显不合法的命令,由于已经偏离了正常的军事行动,实质上是超越职权而滥用职权的行为,只是徒具军事命令的形式,类似于主体不合法的所谓命令,在严格意义上不能算是命令。因此,不执行这种"命令",并不是绝对执行命令原则的例外。

26 值得一提的是,第二次世界大战后,在对德国法西斯战犯审判的实践中,《欧洲国际军事法庭宪章》规定并由联合国大会确认了"纽伦堡原则",该原则明确了侵略罪和战争罪等战争犯罪的"个人责任",其中一项是:具体实施战争犯罪行为的人不能因"遵令行事"而免除实施者个人的刑事责任,即实际实施战争犯罪的人,即使是遵照其所属政府或某一上级或长官的命令而行动,也不能因为其行为是执行命令而免除其作为个人犯罪的刑事责任。[25] 纳粹军队犯下的侵略罪行和战争罪行,离不开其军人执行违反国际法的命令,但根据纳粹德国及其军队的法律,执行这种命令却是合法的,不执行命令才是非法的。在这种情况下,执行命令似乎两难:要么因执行国内法而违反国际法,受到国际军事法庭的审判;要么因符合国际法而违反国内法,受到本国军事法庭的审判。这的确是一个特例,是因纳粹德国奉行反人类的国家政策所造成的。当纳粹德国明显违背人类道义和亵渎基本良知的野蛮侵略行为和残酷战争行为通过其法律和命令实施时,实际上就已经强行将其军人陷入两难境地。在这种情况下,军人要么等待正义的审判,要么面临非正义的审判。军人执行明显非正义的屠杀命令后应该为此承担个人责任。绝对执行命令的原则当然不是针对这种国家政策反动的非常情况的。一般情况下,当代各国的国内法与国际法都能够保持一致,故军人不执行命令通常不能作为排除违抗命令犯罪的事由。除非个别命令本身不仅明显违背法律而且公然践踏人类基本道义和良知,如在完全超出军事需要的情况下要求下属实施屠杀。

27 我国国家和军队的性质决定了我军是和平之师、正义之师和文明之师,在中国共产党的绝对领导下,通过严格的自上而下地下达和执行命令,就能有效地保证命令和执行的合法性,这本身就要求绝对执行命令。我军的历史也证明绝对执行命令对于夺取胜利的重要性。我军初创时期制定且至今沿用的"三大纪律"第一条就是"一切行动听指挥"。邓小平同志也曾要求在军队中做到"命令一下,二话不说就行动","对不执行命令的……有的开除军籍,有的降级,要执行纪律。如果军队连这一条都

---

[25] 参见张智辉:《国际刑法通论》(增补本),中国政法大学出版社 1999 年版,第 152—153 页。

办不到,还叫什么军队!”[26]绝对执行命令已经成为我军的光荣传统和军法原则,而且我军条令也明文规定了执行命令的军人职责,并无例外。据此,我军军人在战时不能以其不执行的命令不合法作为不构成战时违抗命令罪的理由。

Ⅷ 既遂、未遂、不能犯

既遂与未遂是相对的概念,未遂是未达成既遂的情形,故判断既遂与未遂的前提是明确既遂的标准。对既遂标准的不同认识,直接影响既遂和未遂的判断结论。因此,讨论战时违抗命令罪乃至本章其他罪名的既遂与未遂问题,不能不先亮明笔者关于既遂标准的立场。 28

我国较为通行的犯罪既遂标准是构成要件齐备说。该说认为,犯罪既遂标准“是指行为人在犯罪意思支配下实施的犯罪行为,已经具备了刑法分则所规定的某个犯罪构成全部要件的犯罪形态”[27],即行为具备了一个犯罪的全部构成要件,就是该犯罪的既遂,反之,未遂是行为没有完全具备一个犯罪的构成要件的情形。对此,笔者不敢苟同。构成要件齐备说的最大缺陷是将犯罪形态问题与犯罪成立问题混为一谈。根据我国犯罪构成理论,一个行为符合一个犯罪的全部构成要件,该行为就构成了这个犯罪,而犯罪构成要件是犯罪成立不可缺少的事实因素。这就意味着,那些对犯罪成立可有可无的事实因素并非构成要件,至多是量刑情节。同时不能想象,一个行为没有具备一个犯罪的成立所不可缺少的全部要件,还能构成这个犯罪。因此,犯罪存在未遂形态,就表明未遂已经构成了犯罪——已经具备了犯罪构成的全部要件。既遂形态实际上是包含了全部要件且超出了全部要件的情形。可见,既遂与未遂都是“构成要件齐备”的情形,故构成要件齐备说无法区分既遂与未遂。笔者赞同的观点是“成立犯罪的最低标准意义上的犯罪构成概念”,犯罪预备、未遂与中止等犯罪的特殊形态,都完全符合犯罪构成。“一般来说,结果不仅是构成要件要素,也是犯罪既遂的标志。”[28]这种以“结果”为既遂标准的观点,能够合理地将犯罪形态问题与犯罪成立问题明确区分开来:发生结果是既遂形态,未发生结果是未遂形态,此时的结果不是构成要件。以故意杀人罪为例,发生死亡结果是既遂,未发生死亡结果是未遂,死亡结果的发生不是故意杀人罪的构成要件。判断该罪形态,既遂的标准是发生死亡结果;判断该罪成立,构成的标准不包括死亡结果。在犯罪成立的意义上,故意杀人罪是行为犯而非结果犯。就结果犯而言,既然危害结果是构成犯罪必不可少的要件,那么只有行为而未发生结果的情形就不成立犯罪,也就当然不能成立未遂,由于不存在未遂,即使发生了危害结果,也只是犯罪成立而已,无所谓既遂。例如,故意伤害罪就是结果犯,要求造成被害人轻伤的结果,否则不能构成此罪,这里只存在犯 29

---

26 《邓小平文选》(第2卷),人民出版社2009年版,第17、82页。

27 金泽刚:《犯罪既遂的理论与实践》,人民法院出版社2001年版,第52页。

28 张明楷:《刑法学》(第6版),法律出版社2021年版,第428、430页。

罪成立还是不成立的问题,不存在既遂与未遂的问题,不能将犯罪不成立与犯罪既遂相对应,因为既遂与未遂才是相对且相依的概念。

30 明确了既遂标准,不难得出战时违抗命令罪没有犯罪形态区分的结论。前面已经指出,《军人违反职责罪案件立案标准的规定》将战时违抗命令罪解读为结果犯,而结果犯不存在犯罪形态问题。具体而言,军人违抗命令,大多是出于贪生怕死、怯阵畏战等个人原因,并非希望发生《军人违反职责罪案件立案标准的规定》中的危害结果,也就是说,行为人主观上常常不具有追求这些危害结果的直接故意,这种情形当然无所谓既遂与未遂,因为犯罪形态只出现在直接故意犯罪中——既遂是行为人达成自己目的的情形,未遂是行为人的目的未能实现的情形。同时,也不排除某些违抗命令的行为人追求《军人违反职责罪案件立案标准的规定》中的危害结果,但危害结果作为立案标准之一,表明其是战时违抗命令罪的构成要件,不具备结果要件时,只能说战时违抗命令罪不能成立,不能说是战时违抗命令罪的未遂形态。没有未遂,也不能将具备结果要件的情形称为既遂。如果行为人追求《军人违反职责罪案件立案标准的规定》之外的危害结果,战时违抗命令罪是否存在犯罪形态呢?回答仍然是否定的。行为人意图通过实施本罪行为发生其他结果,无非几种情况:

31 第一,实施了战时违抗命令的行为并发生了规定的危害结果,但未发生行为人追求的其他结果,其他结果被其他罪名单独评价且被作为构成要件(即结果犯),那么既不能成立其他犯罪,也不能以此得出战时违抗命令罪未遂的结论。例如,战时之所以违抗命令是为了忙着抢夺无辜居民的财物,但抢到的布袋中没有任何值钱的东西,且手段并不恶劣,也没有发生其他严重后果,不能成立战时掠夺居民财物罪,只能构成战时违抗命令罪,但不是未遂。

32 第二,实施了战时违抗命令的行为并发生了规定的危害结果,也发生了行为人追求的其他结果,其他结果被其他罪名单独评价且被作为构成要件(即结果犯),此时,如果其他结果没有达到其他犯罪成立的要求,那么只能构成战时违抗命令罪,不能将其他结果发生的情形作为战时违抗命令罪的既遂;如果其他结果达到其他犯罪成立的要求,那么形成手段犯罪与目的犯罪的牵连犯关系,也不能以目的犯罪的成立作为战时违抗命令罪(手段犯罪)的既遂。例如,战时违抗命令是为了忙着抢夺无辜居民的财物,根据《军人违反职责罪案件立案标准的规定》第 29 条的规定,如果抢得的财物实际价值不满 2000 元,且手段并不恶劣,也没有发生其他严重后果,不能成立战时掠夺居民财物罪,构成战时违抗命令罪,但不能叫作既遂;如果抢得的财物实际价值超过 2000 元,则同时构成战时违抗命令罪与战时掠夺居民财物罪,二者形成牵连犯,但不能以战时掠夺居民财物罪的成立作为战时违抗命令罪既遂的理由。

33 第三,实施了战时违抗命令的行为但未发生规定的危害结果,却发生了行为人追求的其他结果,其他结果被其他罪名单独评价且被作为构成要件(即结果犯),此时,无论其他结果是否符合其他犯罪成立的要求,都不构成战时违抗命令罪,更谈不上既遂与未遂的问题。

第四,实施了战时违抗命令的行为且发生了规定的危害结果,却未发生行为人追求的其他结果,其他结果被其他罪名单独评价但未被作为构成要件(即行为犯),也会形成手段犯罪与目的犯罪的牵连犯关系,此时,其他结果未发生可以成为其他犯罪的未遂,但不能成为战时违抗命令罪未遂的理由。例如,为了临阵脱逃而违抗命令,脱逃成功就是战时违抗命令罪之外被临阵脱逃罪单独评价的其他结果,如果违抗了命令却未脱逃成功,可构成临阵脱逃罪的未遂形态,但不能因此说战时违抗命令罪未遂。 34

第五,实施了战时违抗命令的行为且发生了规定的危害结果,也发生了行为人追求的其他结果,其他结果被其他罪名单独评价但未被作为构成要件(即行为犯),形成手段犯罪与目的犯罪的牵连犯关系,此时,其他结果的发生成为其他犯罪的既遂,但不能成为战时违抗命令罪既遂的理由。例如,为了临阵脱逃而违抗命令,脱逃成功就是本罪之外被临阵脱逃罪单独评价的其他结果,如果违抗了命令并脱逃成功,可构成临阵脱逃罪的既遂形态,但不能因此说战时违抗命令罪既遂。 35

第六,实施了战时违抗命令的行为却未发生规定的危害结果,行为人追求的其他结果被其他罪名单独评价但未被作为构成要件(即行为犯),此时,无论是否发生了其他结果,只能构成其他犯罪,不能构成战时违抗命令罪,自然不存在战时违抗命令罪的既遂与未遂的问题。 36

第七,实施了战时违抗命令的行为并发生了规定的危害结果,行为人追求的其他结果不属于刑法评价的范围,此时,无论是否发生了其他结果,只能构成战时违抗命令罪,而且,其他结果发生与否,不能作为判断战时违抗命令罪既遂与未遂的标准。行为人对其他结果的追求,不过是实施战时违抗命令罪的动机而已。例如,行为人违抗命令是为了去抢救自己的父亲,其父是否能救活,当然不能成为战时违抗命令罪的既遂或未遂的判断标准。此外,如果行为人实施战时违抗命令罪行为却未发生规定的危害结果,其追求的其他结果不属于刑法评价的范围,也就不会涉及战时违抗命令罪的犯罪形态问题。 37

可见,对于结果犯而言,任何结果的发生与否,都与犯罪形态的区分无关。只有行为犯存在既遂与未遂的空间。那么,如果将战时违抗命令罪理解为行为犯,是否就有既遂与未遂之分呢?例如,“战时违抗命令罪属于行为犯,其犯罪既遂的标准为实施了法律所规定的违抗命令的行为。只要行为人违抗命令的行为实施终了,就是犯罪既遂;如果尚未实施终了,则属于犯罪未遂”[29]。尽管说战时违抗命令罪是行为犯的这种观点不被《军人违反职责罪案件立案标准的规定》所认可,但不等于在此讨论行为犯的犯罪形态问题就完全没有意义。其实,该规定第 1 条将“扰乱作战部署”作为本罪立案标准的危害结果之一,与该条中其他危害结果有所区别。具体而言,贻误战机,造成作战任务不能完成或迟缓完成,造成死亡或多人受伤,造成武器装备、军事 38

---

29 黄林异、王小鸣:《军人违反职责罪》,中国人民公安大学出版社 2003 年版,第 32 页。

设施、军用物资损毁而直接影响作战任务完成等,都明显具有独立于违抗命令行为的存在——违抗命令的行为可能导致这些结果,也可能不会造成这些结果,所以,确认存在违抗命令的行为之后,还必须独立判断这些结果。但是,"扰乱作战部署"有所不同。如前所论,任何战时违抗命令的行为都必然会在一定程度上扰乱作战部署,一旦确认存在违抗命令的行为,就知其已经"扰乱作战部署"而无须单独加以判断。与其说这是结果犯的规定,不如说它更像行为犯,即对行为的判断就能解决是否立案的问题。立案标准即构成要件,实际上是构成犯罪的底线——不可缺少的因素,其中,危害行为是任何犯罪的构成要件,危害结果只是部分犯罪的构成要件,只需认定危害行为的犯罪是行为犯,必须认定犯罪结果的是结果犯。即使不规定"扰乱作战部署"的结果,它也当然地会紧随违抗命令行为而发生,这意味着,对于已经规定的"扰乱作战部署",无须单独判断。总之,单就这一规定而言,恰恰符合行为犯的特征。在此,就不能根据结果犯原理得出战时违抗命令罪无犯罪形态的结论。相反,战时违抗命令罪是否有既遂与未遂之分,只能从行为犯的角度进行分析。

39 犯罪的社会危害性质是由主客观事实共同界定的,犯罪的社会危害性的量也是由主客观事实共同体现的,在不同种类的犯罪中,主客观两方面的事实对于界定犯罪社会危害性的总量所起的作用呈现出此消彼长的反比关系,故意犯罪的主观恶性相对要大,犯罪构成对其客观方面危害因素的要求就相对要少,故只需危害行为就可构成犯罪的行为犯基本为故意犯罪,相反,过失犯罪的主观恶性相对要小,则犯罪构成客观方面危害因素的要求就相对更多,故过失犯罪一般要求危害结果发生才能构成。这种关系也决定着只有直接故意犯罪才有的犯罪形态。根据我国刑法及其理论,直接故意犯罪是行为人希望危害结果发生而实施危害行为,只有发生行为人希望发生的危害结果才能叫既遂(即遂其所愿),没有发生危害结果自然就是与既遂相对的未遂,未遂是未发生行为人希望发生的危害结果的形态(即事与愿违)。任何行为都是一个过程,未遂发生于"着手"实行犯罪之后到危害结果发生之前,具体包括两个阶段:一是"着手"至行为"实行终了";二是"实行终了"到危害结果发生之前。就行为犯而言,"着手"之时足以构成犯罪,而危害结果发生之时,才是既遂。但不能由此认为,任何行为犯都有既遂和未遂之分。

40 不同行为犯的行为过程(包括行为本身的过程和行为引起结果的过程)各有特点,使得其犯罪形态的情况不尽一致。许多行为犯的过程表现出或长或短但很明显的时间段,如杀人、盗窃等,这些行为在开始(着手)以后终了之前完全可能因为某种因素的介入停顿下来而不能终了,从而形成"未终了的未遂";也完全可能在行为终了之后因为某种因素的介入而使结果没有发生,从而形成"终了的未遂"。另一些行为犯的过程则没有为某种因素的介入提供明显而充足的时间段,无论行为本身的过程,还是行为引起结果的过程,其时间段都非常之短,以至于其开始后在瞬时即告结束,其间其他阻断因素根本来不及介入,这些行为要么没开始,要么已经终了,难以在开始与终了之间发生未遂形态,相对而言也无所谓既遂。不存在犯罪形态之分的行为犯主要有两种情形:其一,即成犯(或即时犯)。这是指行为一经实施便即刻完成的情形。例如诬告陷害罪,尚未表达出栽赃的意思时,该罪的行为就还没有实施,而一旦表达出栽赃的意思,该罪的行为就已经实施完毕,在"着手"与"终了"之间难以存在未遂状态,同时,虽然行为人的目的是要使被害人受到不应有的刑事追究,现实中也完全有可能发生这种结果,但刑法并没有将发生此结果的情形作为该罪的既遂,从而也没有将未发生此结果的情形认定为未遂。是否发生了行为人所希望的使他人受到不应有刑事追诉的结果,应是本罪量刑考虑的情节。其二,持续犯(或继续犯)。这是指行为一经实施便处于不间断保持的情形。例如非法拘禁罪,尚未以任何手段限制他人人身自由时,该罪的行为就还没有实施,而一旦非法限制被害人的人身自由,或之后持续一段时间,该罪的行为即告完成。既然本罪存在着行为要经过一个时间段才能完成的情形,是否就有了未遂的余地呢?回答仍然是否定的。其实,从行为类型本身来看,继续犯与即成犯一样,行为都是即刻完成的,拘禁行为一经实施,不仅立刻完成了对被害人人身自由的限制,而且立刻产生了行为人所追求的限制被害人人身自由的状态这一危害结果。不同的是,即成犯的行为即刻终了后,无须重复该行为,其导致的有害状态也会持续下去,诬告陷害一经实施,被害人即刻并一直处于被追究刑事责任的危险之中,而持续犯的行为即刻终了后,其导致的有害状态只能伴随该行为的持续才能保持,任何时候停止行为,有害状态也随之停止。必须明确的是,持续犯的持续行为不过是行为终了后的不间断重复罢了。因此,就持续犯的行为类型本身而言,并不存在未遂或中止的空间。作为行为犯的持续犯,如果在行为持续过程中被迫中断或自动停止,并非未遂或中止,只是一种行为完成后的轻刑情节而已。体现在非法拘禁中,限制他人人身自由的行为一经实施即刻终了,没有未遂或中止的余地。2006 年最高人民检察院《关于渎职侵权犯罪案件立案标准的规定》也印证和认可了这一点——只要非法拘禁时使用械具或捆绑等恶劣手段的,伴有殴打、侮辱、虐待行为的,造成被拘禁人伤亡的,情节严重,导致被拘禁人自杀、自残造成重伤或死亡,或精神失常的,非法拘禁 3 人次以上的,司法工作人员对明知是没有违法犯罪事实的人而非法拘禁的等,都可以立案而不论其持续时间。之所以在前面专门指出非法限制他人人身自由并持续一段时间之后才能完成该罪行为的情形,是因为最高人民检察院的司法解释对于没有上述情形的非法拘禁,要求"非法剥夺他人人身自由 24 小时以上"才能立案。也就是说,对我国刑法规定的犯罪,当学理解释与有权解释不一致时,从司法适用角度必须按照有权解释处理。即使如此,非法拘禁行为持续 24 小时以上的立案标准也并没有为既遂与未遂之分提供空间,因非法拘禁不满 24 小时而不构成犯罪的情形不是该罪的未遂,没有未遂存在的可能,相对的既遂也不可能存在。

可见,无论是结果犯还是行为犯,战时违抗命令罪都不存在犯罪形态问题。由于 41
战时违抗命令罪的立法目的是要促使军人更好地执行命令,故对于那些准备违抗命令而因外界原因实际没敢违抗,或者虽然违抗命令,但经指责和教育及时转为服从命令且没有耽误命令的贯彻等情况,均可不认为是犯罪。

42 战时违抗命令罪虽然没有既遂和未遂之分,却存在不能犯的情况,主要是对象不能犯。例如,某军人误认为上级要其留守阵地阻击敌人,掩护部队撤退,该军人因胆怯不愿留下,故随队撤退,而真实情况是上级命令他人担任阻击任务,本来就安排该军人随队撤退,其撤退行为并不构成违抗命令。在此,行为人对违抗行为的对象——命令的内容发生了认识错误,这使其行为不可能是违抗命令的行为。由于战时违抗命令罪的行为并不以任何特定的手段为必备条件,故很难存在因手段认识错误而导致的不能犯。

Ⅸ 共犯

43 战时违抗命令罪作为故意犯罪,既可能由单个人实施,也完全可能由多个主体共同实施,构成共同犯罪。由于战时违抗命令罪为身份犯,其共同犯罪中的实行犯必须是《刑法》第 450 条规定的特殊主体,因为只有这些人员才有可能在战时接受上级的军事命令,从而产生违抗命令的问题。不具有特殊主体资格的人员不可能单独实行战时违抗命令罪,但可能作为组织犯、教唆犯或帮助犯构成战时违抗命令罪的共犯。

44 部队建制单位以召开会议等组织决策形式违抗命令,不构成单位犯罪,因为根据《刑法》第 30 条的规定,单位犯罪必须由刑法明文规定,而战时违抗命令罪条文中没有这种规定,故对于参与人,应按自然人共同犯罪认定。

45 对于聚众违抗命令的情况,该如何处理?对此,刑法没有明文规定。从刑法明文规定的“聚众”型犯罪来看,一般是追究“首要分子”和“积极参加者”,如聚众冲击国家机关罪,聚众扰乱公共场所秩序、交通秩序罪,聚众斗殴罪等。这种认定原则是否适用于战时违抗命令罪呢?不能一概而论,需要具体分析。就聚众中的特殊主体而言,由于行为人都负有执行命令的法定职责,故只要其明知聚众活动会阻碍命令的执行,不论出于何种动机参与该种聚众活动,都可构成战时违抗命令罪。但是,聚众中(尤其是人数众多的情况下)的非特殊主体的情况往往比较复杂,有的人可能是随之起哄,并不都构成犯罪,在不违背军法从严和战时从严原则的前提下,可视情况只追究首要分子和其他积极参与者。

46 战时非特殊主体与军人共同违抗军人的首长或上级的命令,有可能同时构成战时拒绝、逃避征召、军事训练罪,战时拒绝、逃避服役罪,战时拒绝、故意延误军事订货罪和战时拒绝军事征用罪等危害国防利益罪的罪名,此时,对非特殊主体是定这些罪名还是定战时违抗命令罪的共犯?笔者以为应取后者,否则反映不出共同犯罪的社会危害性,也不符合特别法优于一般法的适用原则。

Ⅹ 罪数

47 在实践中,战时违抗命令罪作为《刑法》第十章军职罪罪名之一,可能与《刑法》其他各章的罪名发生法规竞合,此时,属于特别法与普通法的竞合,应按照特别法优于普通法的原则,适用战时违抗命令罪的规定,而不适用与战时违抗命令罪相竞合的罪名。但是,战时违抗命令罪并不当然地是《刑法》第七章危害国防利益罪中有关罪名的特别法,有时恰恰相反,例如,《刑法》第 376 条战时拒绝、逃避征召、军事训练罪的主体是预备役人员,而预备役人员在该罪中显然违背了有关征召或军事训练的命令,也符合战时违抗命令罪,但战时违抗命令罪中的命令显然大于并包含特指的有关征召、军事训练的命令,故战时违抗命令罪与战时拒绝、逃避征召、军事训练罪相比,后者才是特别法。战时违抗命令罪与其他军职罪罪名相竞合时,如果是包容关系的竞合,可以按照特别法优于一般法的原则处理;如果是交叉关系的竞合,则可以按照重法优于轻法的原则处理。

XI 与非罪的界限

根据《刑法》第 13 条犯罪概念中的"但书"规定理解本条,"战时违抗命令,对作战造成危害的"行为"但是情节显著轻微危害不大的,不认为是犯罪。"也就是说,我国《刑法》中的任何犯罪,无论分则罪名法条是否规定了"情节",其实都是有体现危害程度的"情节"要求的。因此,对于分则条文中没有规定"情节"的罪名,作出定罪情节的司法解释,符合《刑法》总则规定,是合理而必需的。然而,由于《军人违反职责罪案件立案标准的规定》将战时违抗命令罪作为结果犯,使得其仅仅列出构成本罪的危害结果,忽略了结果之外的其他情节,从而带来误区——对战时违抗命令的行为,不需要考虑结果之外的情节轻重,一律追究刑事责任。笔者认为,本罪的认定不仅要考虑表现为危害结果的情节,也要考虑危害结果之外的其他情节:① 命令的种类及内容。战时违抗作战命令的行为通常均应构成犯罪;战时违抗非作战命令的行为只有在命令内容事关重大时才构成犯罪。②违抗行为的方式和手段。使用暴力或阳奉阴违的欺骗方式违抗命令的,应构成犯罪。③违抗行为的状态和发生的情境。违抗命令的行为一直持续与一时违抗命令但很快自行纠正并尽力执行了命令显然是不同的。④行为人违抗命令的主观目的和动机。行为人认为命令存在错误并提出改变命令的请求及充分理由,并为了避免部队损失或作战失利而拒绝执行命令,对作战造成了一定危害,但事实证明一旦执行了命令会导致更大危害的,可属于情节显著轻微危害不大,不认为是犯罪。 48

此外,《军人违反职责罪案件立案标准的规定》指出的具体危害结果还有可能引起误解——只要没有发生该规定中的危害结果就不构成犯罪,例如,该规定列举的"造成武器装备、军事设施、军用物资损毁,直接影响作战任务完成的"情形,就排除了战时违抗作战命令,造成武器装备、军事设施、军用武器损毁,间接影响作战任务完成的行为可以构成犯罪,也排除了虽然没有影响作战任务完成,但战时违抗作战命令,造成大量或重要的武器装备、军事设施、军用武器损毁可以构成犯罪,在笔者看来,这些情形不应属于战时违抗命令"但是情节显著轻微危害不大",而应当被认为是犯罪。 49

50 另外,由于战时违抗命令罪不存在未遂形态,自然也不存在预备形态,故战时事先准备违抗命令或当时正要违抗命令而因客观原因未能着手,不构成犯罪。战时违抗命令罪虽为即成犯,不存在中止形态,但如果违抗命令后立即悔过并及时执行命令,可以情节显著轻微危害不大认定为无罪,以军纪处理。由于战时违抗命令罪的"战时"条件,军人在平时违抗命令不构成战时违抗命令罪,按军纪处理。由于客观原因不能执行命令,不构成战时违抗命令罪。但应当及时报告,说明情况。因客观原因不能执行命令,有条件报告而不报告,或者阻碍命令执行的客观原因被排除,命令仍需执行而不执行,应构成战时违抗命令罪。执行命令中因情势发生变化,又因紧急来不及向上级报告时,根据上级的意图,超出命令的内容或方法,相机行事,取得了符合作战部署的效果或避免了我方不必要的损失,不构成犯罪。

XII 与他罪的区别

一、与危害国家安全的某些罪名的区别

51 作为危害国家安全罪的资敌罪,以及作为平时与战时、军人与非军人都能犯的投敌叛变罪,间谍罪,为境外窃取、刺探、收买、非法提供国家秘密、情报罪等危害国家安全的罪名,如果是在战时由军人所犯,都有可能伴有违抗命令的情况。因此,反过来看,军人战时违抗命令的行为出现时,必须将战时违抗命令罪与上述各罪相区别。其区别主要是,上述各罪都具有危害国家安全的目的,而战时违抗命令罪不具有。

二、与阻碍军人执行职务罪、阻碍军事行动罪的区别

52 《刑法》第 368 条规定的阻碍军人执行职务罪和阻碍军事行动罪属于危害国防利益罪。两罪既可由军人所犯,也可由普通公民所犯,主要是普通公民所犯,而战时违抗命令罪只能是军人所犯;后两罪既可为平时所犯,也可为战时所犯,而战时违抗命令罪只能为战时所犯;在战时军人犯战时违抗命令罪的情况下,所违抗的命令是军人的首长或上级下达并要求其本人执行,而后两罪在阻碍军人依法执行职务或武装部队军事行动时,必然也会使有关军事命令得不到执行,但这里并不存在违抗命令的问题,因为违抗是有义务执行命令者本人故意不执行命令,而不是阻碍他人执行命令。

XIII 处罚

53 战时违抗命令罪的法定刑有两个格次:一个是一般情节的格次,另一个是加重结果的格次。一般情况下犯战时违抗命令罪,判处 3 年以上 10 年以下有期徒刑;犯战时违抗命令罪致使战斗、战役遭受重大损失的,处 10 年以上有期徒刑、无期徒刑或者死刑。所谓致使战斗、战役遭受重大损失的,主要指造成我军人员重大伤亡,武器装备、军事设施和军用物资严重损毁,攻坚失败或阵地失守等。

第四百二十二条 隐瞒、谎报军情罪；拒传、假传军令罪

故意隐瞒、谎报军情或者拒传、假传军令，对作战造成危害的，处三年以上十年以下有期徒刑；致使战斗、战役遭受重大损失的，处十年以上有期徒刑、无期徒刑或者死刑。

文献：唐培贤、杨九根：《中国人民解放军审判工作史概述》，人民法院出版社1989年版；李淳、王尚新主编：《中国刑法修订的背景与适用》，法律出版社1998年版；王政勋：《正当行为论》，法律出版社2000年版；宣炳昭主编：《刑法各罪的法理与实用》，中国政法大学出版社2002年版；〔日〕大塚仁：《刑法概说（总论）》（第3版），冯军译，中国人民大学出版社2003年版；黄林异、王小鸣：《军人违反职责罪》，中国人民公安大学出版社2003年版；高铭暄、赵秉志编：《中国刑法立法文献资料精选》，法律出版社2007年版；段作瑞：《军人违反职责罪研究》，法律出版社2016年版。

细目录

Ⅰ 主旨
Ⅱ 沿革
Ⅲ 客体
一、隐瞒、谎报军情罪的客体及"军情"概念
二、拒传、假传军令罪的客体及"军令"概念
Ⅳ 行为
一、隐瞒军情和谎报军情的行为
二、拒传军令和假传军令的行为
Ⅴ 结果
Ⅵ 主体
Ⅶ 罪过
Ⅷ 排除犯罪的事由
Ⅸ 既遂、未遂、不能犯
Ⅹ 共犯
Ⅺ 罪数
Ⅻ 与非罪的界限
一、隐瞒、谎报军情罪与非罪的界限
二、拒传、假传军令罪与非罪的界限

XIII　与他罪的区别

一、隐瞒、谎报军情罪与战时造谣扰乱军心罪的区别

二、隐瞒、谎报军情罪与战时故意提供虚假敌情罪的区别

三、拒传、假传军令罪与战时违抗命令罪的区别

XIV　处罚

I　主旨

1　本条规定的隐瞒、谎报军情罪,是指故意将应该向上级报告的军情隐而不报,或者将编造、篡改的军情向上级报告,对作战造成危害的行为。拒传、假传军令罪,是指拒绝传达或传递其应当向他人传达或传递的军令,或者故意传达或传递虚假的军令,对作战造成危害的行为。《刑法》在同一条文中规定二罪的目的,是通过惩处隐瞒、谎报军情的犯罪军人,促使军职人员向首长或上级如实报告军情,保证我军指挥机关或指挥员能够及时了解和把握敌我双方的客观情况,从而作出正确的判断和部署,适时捕捉战机或处置紧急情况,保证我军作战任务的顺利完成并取得胜利;通过惩处故意拒传、假传军令的犯罪军人,促使军职人员及时准确地将首长或上级的命令传达到位,保障部队的军令政令畅通,从而使指挥机关的部署和安排能够得以落实,以保证我军作战的胜利。

II　沿革

2　在 1955 年《中国人民解放军军事刑罚暂行条例(草案)》中,有与隐瞒、谎报军情罪类似的规定。该草案第 71 条第 2 款规定,假传命令,谎报军情者,处 3 年以上 10 年以下徒刑;情节严重者,处 10 年以上徒刑、无期徒刑或死刑。[1] 而在 1981 年的《惩治军人违反职责罪暂行条例》中,设置了谎报军情罪。该条例第 18 条规定,故意谎报军情或者假传军令,对作战造成严重危害的,处 3 年以上 10 年以下有期徒刑;致使战斗、战役遭受重大损失的,处 10 年以上有期徒刑、无期徒刑或者死刑。[2] 1994 年由中国人民解放军军事法院《惩治军人违反职责罪暂行条例》修改小组提出的关于《惩治军人违反职责罪暂行条例(修改稿)》的说明中,将谎报军情的罪名改为谎报情报罪。现行的《刑法》是在《惩治军人违反职责罪暂行条例》第 18 条规定的谎报军情罪的基础上修改补充形成的选择性罪名。隐瞒或者谎报军情的行为,严重扰乱了军情报告秩序,使得上级领导机关和指挥人员无法了解真实的情况,导致决策失误,指挥不

1　参见唐培贤、杨九根:《中国人民解放军审判工作史概述》,人民法院出版社 1989 年版,第 233 页。

2　参见黄林异、王小鸣:《军人违反职责罪》,中国人民公安大学出版社 2003 年版,第 198 页。

当，将给作战造成严重危害。鉴于隐瞒军情的行为与谎报军情同样严重干扰了上级领导和指挥人员的正常指挥活动，对作战造成危害，所以修订《刑法》时在《惩治军人违反职责罪暂行条例》第18条规定的谎报军情罪的基础上，作为选择性罪名，新增加了隐瞒军情罪。[3]

1955年《中国人民解放军军事暂行条例（草案）》中，规定了与拒传、假传军令罪类似的犯罪。该草案第71条第2款规定，假传命令，谎报军情者，处3年以上10年以下徒刑；情节严重者，处10年以上徒刑、无期徒刑或死刑。[4] 在1981年的《惩治军人违反职责罪暂行条例》中，设置了假传军令罪。该条例第18条规定，故意谎报军情或者假传军令，对作战造成危害的，处3年以上10年以下有期徒刑；致使战斗、战役遭受重大损失的，处10年以上有期徒刑、无期徒刑或者死刑。[5] 1994年由中国人民解放军军事法院《惩治军人违反职责罪暂行条例》修改小组提出的《惩治违反军事职责罪法》（大修改稿）中，也设置了假传军令罪。该修改稿第38条规定，在特殊状态下，违抗军事命令，情节严重的，处3年以上10年以下有期徒刑；情节特别严重的，处10年以上有期徒刑、无期徒刑或者死刑。[6] 现行的《刑法》是在《惩治军人违反职责罪暂行条例》第18条规定的假传军令罪的基础上，修改补充形成的选择性罪名。《惩治军人违反职责罪暂行条例》第18条已规定了假传军令罪，鉴于拒绝传递军令的行为与假传军令的行为同样严重干扰了军令的传递，妨害部队执行上级的命令，破坏作战指挥秩序，对作战危害严重，所以修订《刑法》时作为选择性罪名，新增加了拒传军令罪。 3

根据《军人违反职责罪案件立案标准的规定》第2条和第3条的规定，隐瞒、谎报军情罪是指故意隐瞒、谎报军情，对作战造成危害的行为；拒传军令罪是指负有传递军令职责的军人，明知是军令而故意拒绝传递或者拖延传递，对作战造成危害的行为。而假传军令罪是指故意伪造、篡改军令，或者明知是伪造、篡改的军令而予以传达或者发布，对作战造成危害的行为。 4

Ⅲ 客体

一、隐瞒、谎报军情罪的客体及“军情”概念

隐瞒、谎报军情罪的客体是作战利益。 5

军情是指与军事有关的情况，特别是与作战有关的情况，包括敌军的兵力、装备、部署、活动等情况，我军的兵员、装备、作战准备、战斗进展等情况，战区的地形、地貌、 6

3 参见李淳、王尚新主编：《中国刑法修订的背景与适用》，法律出版社1998年版，第582页。

4 参见唐培贤、杨九根：《中国人民解放军审判工作史概述》，人民法院出版社1989年版，第233页。

5 参见黄林异、王小鸣：《军人违反职责罪》，中国人民公安大学出版社2003年版，第198页。

6 参见黄林异、王小鸣：《军人违反职责罪》，中国人民公安大学出版社2003年版，第212页。

水文、气象等自然情况,以及与军事有关的政治、经济、科技等方面的情况等。军事情报机关搜集的情报,不论其内容与军事活动有无直接关系,都属军情。[7] 知己知彼,百战不殆。我军历来强调不打无准备之仗,不打无把握之仗。指挥员的正确部署来源于正确的决心,正确的决心来源于正确的判断,正确的判断来源于周到的和必要的侦察和对于各种侦察材料的连贯起来的思索。因此,对军情的掌握是作战决策的基础,关系到是否能夺取战斗、战役的胜利。由于隐瞒、谎报军情罪并不仅仅是战时所犯,故这里的军情又常常在平时作为备战的决策基础,但备战的目的是作战,备战是作战的前奏,军情最终体现的是作战利益。无论是战时还是平时,隐瞒、谎报军情,正如隐瞒、谎报军情罪条文所规定的那样,都会"对作战造成危害"。

二、拒传、假传军令罪的客体及"军令"概念

7 拒传、假传军令罪与隐瞒、谎报军情罪规定于同一条文,二者有着相同的客体,即作战利益。不同的是,隐瞒、谎报军情罪具体影响的是军队的决策,而拒传、假传军令罪具体影响的是军队的指挥,但无论是危害"上传"还是危害"下达",都会对作战造成危害。军令,即军事命令,指军队中的上级对下级发出的具有强制性法律效力的指示。这些命令的内容与部队的军事行动有关,涉及战备、防务、演习、开进、集结、作战、协同、兵力、火力、保障等各个层面,故军事命令十分重要。如前所述,违抗军令会使军令得不到执行而对作战造成危害,拒传、假传军令也会使军令得不到执行或被错误地执行,从而对作战造成危害。

Ⅳ 行为

8 本条规定的两个罪名,分别是指隐瞒军情和谎报军情的行为、拒传军令和假传军令的行为,两种行为都没有战时的限制,即本条规定在战时与平时均适用。

一、隐瞒军情和谎报军情的行为

9 隐瞒、谎报军情罪的行为包括隐瞒军情和谎报军情两种,二者之间是选择关系,故使隐瞒、谎报军情罪成为选择罪名,即具备两种行为中的任何一种便可构成隐瞒、谎报军情罪。我军内务条令规定了严格的情况汇报制度,即下级应当主动向上级报告情况,除了逐日例行报告当日情况之外,发生特殊情况须立即报告,执行重要任务时要随时报告。我军的各种条令还规定了处于不同岗位的军人报告情况的职责。如果负有这些职责的军人对各种情况该报告时不报告,报告时乱报告,就违背了自己的职责,就会使首长或上级无法掌握真实情况,从而导致决策失误,指挥不当,给作战利益造成危害。所谓隐瞒,是指应当报告而不报告的行为;所谓谎报,就是虽然报告

7 参见黄林异、王小鸣:《军人违反职责罪》,中国人民公安大学出版社 2003 年版,第 34 页。

但乱报告的行为,即故意把捏造的、篡改的、歪曲的或不实的情况作为真实情况向上级报告。一般说来,隐瞒是不作为,谎报必须是作为。有时,隐瞒也可以是作为,例如,当上级查找某个情况记录本时,行为人谎称记录本丢失,就是以积极的行为隐瞒军情。在实施隐瞒、谎报军情罪时,行为人可能实施隐瞒或谎报两种行为中的一种,也可能实施隐瞒和谎报两种行为。

二、拒传军令和假传军令的行为

类似于隐瞒、谎报军情罪,拒传、假传军令罪的行为包括拒传军令和假传军令两种,二者之间是选择关系,即拒传、假传军令罪也是选择罪名,具备两种行为中的任何一种便可构成拒传、假传军令罪。传达、传递、发布军令是将军队上级领导有关部队军事行动的决策和指令让有关下级人员知晓并加以贯彻的必要手段和方法,也是军人的重要职责。拒传军令和假传军令都是违背军人职责的行为。拒传军令即明知是军令而拒绝传达、传递、发布的行为,包括拒绝传达军令的内容和拒绝传递军令的载体以及发出表示军令内容的信号等。假传军令即故意传达、传递、发布虚假的军令,虚假的军令既可以是编造的,也可以是(口头)歪曲或(书面)篡改的,既可以由行为人自己编造、歪曲或篡改,也可以由他人编造、歪曲或篡改。一般说来,拒传既可以是不作为,也可以是作为,而假传只能是作为。行为人可能实施拒传或假传两种行为中的一种而构成拒传、假传军令罪,但不可能既实施拒传军令的行为又实施假传军令的行为,因为两种行为是相互排斥,不可兼容的。 10

V　结果

本条规定两罪的方式与战时违抗命令罪相同,在行为之后也有“对作战造成危害的”表述,因此也产生了同样的问题——两罪是行为犯还是结果犯?同样,类似于战时违抗命令罪,从刑法原理看,两罪应当是行为犯,因为“对作战造成危害的”所表达的意思其实是“危害作战利益”,是对犯罪客体及具体社会危害性的指明和强调。[8]“不可能存在隐瞒、谎报军情而对作战没有造成危害的情况。”[9]然而,根据《军人违反职责罪案件立案标准的规定》第2条和第3条的规定,两罪是结果犯。具体而言,在隐瞒、谎报军情罪中,结果要件是:造成首长、上级决策失误;造成作战任务不能完成或者迟缓完成;造成我方人员死亡1人以上,或者重伤2人以上,或者轻伤3人以上的;造成武器装备、军事设施、军用物资损毁,直接影响作战任务完成等。在拒传军令罪中,结果要件是:造成首长、上级决策失误;造成作战任务不能完成或者迟缓完成;造成我方人员死亡1人以上,或者重伤2人以上,或者轻伤3人以上;造成武器装备、军事设施、军用物资损毁,直接影响作战任务完成等。总之,两罪是刑法原理上的行 11

8　参见“战时违抗命令罪”条。

9　黄林异、王小鸣:《军人违反职责罪》,中国人民公安大学出版社2003年版,第34页。

为犯,司法解释上的结果犯,刑法适用应遵循后者。

Ⅵ 主体

12 隐瞒、谎报军情罪的主体是《刑法》第 450 条规定的军人和其他人员,特别是负有军情报告的特定义务的军人,如各级指挥人员、侦察人员、情报人员、担任警戒任务的值勤人员等。由于隐瞒、谎报军情罪是“不报告”或“乱报告”的行为,表明主体通常是相对于一定首长或上级以及一定的上级单位或组织的下级人员。也不排除报告义务所要求的报告对象与行为人之间并无直接的上下级关系。笔者认为,该罪主体也可以是具有上级身份的军人。在某些情况下,上级军人违背向下级军人如实传达、通报军情的义务,应属于隐瞒、谎报军情的行为。

13 拒传、假传军令罪的主体是《刑法》第 450 条规定的军人和其他人员,特别是负有传达、传递、发布军令的特定义务的军人,如各级指挥人员、通信或通讯人员、机要人员等。从广义上讲,拒传、假传军令的行为都是违抗军令的行为,故在此意义上,这种行为总是针对上级的。另一方面,就应该得到命令者而言,如果行为人是各级指挥人员,则其传令或应当传令的行为是相对于一定部属或下级,以及一定的下级单位或组织的下级人员。但在行为人是通信或通讯人员、机要人员时,其传令或应当传令的对象往往并不是行为人的下级。

Ⅶ 罪过

14 隐瞒、谎报军情罪的罪过形式是直接故意,即行为人明知自己隐瞒或谎报军情的行为会危害作战利益,却希望这种危害发生。行为人在明知自己的行为隐瞒或谎报军情时仍然实施该行为,其支配该行为的主观心理不可能是刑法上的放任,因为放任只能是行为人明知自己的行为可能会而不是必然会导致危害,而隐瞒、谎报军情罪的行为特点是瞬时完成行为并造成危害,而行为人又是深知军情意义且负担相关职责的军人,所以,对该罪危害的认识只能是必然性认识而不可能是或然性认识。因过失而漏报或错报军情,不构成隐瞒、谎报军情罪,但可能构成擅离、玩忽军事职守罪。既没有过失,也不是故意,而是由于不能抗拒的原因而未按要求报告军情,不构成犯罪。如果行为人为了进一步核实情况而未及时报告,或者因条件所限、情况复杂等客观原因或认识能力有限等主观原因以及难以预见的因素等导致了误报、错报,都不构成隐瞒、谎报军情罪。

15 与隐瞒、谎报军情罪同样的道理,拒传、假传军令罪的行为特征决定了拒传、假传军令罪的罪过形式是直接故意,即行为人明知自己拒传军令和假传军令的行为会危害作战利益,却希望这种危害结果发生。因过失而未传、漏传或错传军令,不构成拒传、假传军令罪,但可能构成擅离、玩忽军事职守罪。既没有过失,也不是故意,而是由于不能预见或不能抗拒的原因而未按要求传达、传递或发布军令,不构成犯罪。

Ⅷ　排除犯罪的事由

只有在一种情况下，行为人实施隐瞒或谎报军情的行为可以成为排除犯罪的事由，即具有汇报军情义务的行为人得知有权听取军情汇报的上级或其他人员将要依据行为人提供的军情作出投降或叛逃的决策或者将军情转手提供给敌人时，行为人为了阻止该种危害作战利益的行径而隐瞒或谎报自己掌握的军情，不构成隐瞒、谎报军情罪。 16

对于在内容上明显超出正常军事活动范围的非法命令，即便该命令在形式上和程序上符合规范，也可以拒绝传达、传递、发布，不构成拒传、假传军令罪。假定某军官命令将其部队掌握的战俘杀掉，就是典型的非法命令，拒传这样的命令或在传令时对此进行篡改，可以成为排除犯罪的事由。但是，对此种命令进行歪曲和篡改必须是能够从实质上避免命令的内容，而且行为人主观上有着合法的动机，例如，为了保全战俘的生命将屠杀的命令传为关押或审问，就可算排除犯罪的事由，但为了提前处决战俘而在传令时将命令的行动时间提前，则显然不能作为排除犯罪的事由。 17

上述排除犯罪的事由只能发生在行为人来不及向组织报告的紧急情况之下。从刑法理论观之，均可属于紧急避险。“所谓紧急避险，又称紧急避难，是在不得已的情况下损毁另一法益以保护较大法益免受正在发生的危险的行为。”[10]《中国人民解放军纪律条令（试行）》第 129 条规定要对“弄虚作假，欺上瞒下”的违纪行为予以处分，表明军人有如实并及时地传递军情或军令的义务。《中国人民解放军内务条令（试行）》第 13 条规定的军人誓词中有“绝不叛离军队”的庄严承诺，表明军人具有誓死维护军队整体利益的义务。据此，一方面，军人应当如实并及时地传递军情或军令，维护军队运转机制这一特殊利益；另一方面，军人应当阻止内部的反叛分裂活动和违法活动，维护军队团结和声誉这一整体利益。当有人要利用军情或军令进行反叛分裂或违法活动时，两方面的军队利益便难以兼顾。相比之下，军人选择牺牲特殊利益来维护整体利益，符合紧急避险的要求。 18

不过，更准确地说，两罪的阻却事由应属于“义务冲突”。“义务冲突行为，是指行为人同时负有两个以上的义务之间存在着冲突，行为人为了履行较高义务而被迫放弃较低义务的情形。刑法理论认为，义务冲突行为能够排除行为的社会危害性而成立正当行为。”[11]由于《中国人民解放军纪律条令（试行）》与《中国人民解放军内务条令（试行）》规定的上述军人义务恰好与军队的特殊利益与整体利益分别对应，故这里发生的义务冲突也可以被归结为紧急避险中的法益冲突。但是，紧急避险中的利益冲突也存在与义务冲突无关的情形，例如，消防员为了防止火势蔓延拆毁个别房屋，是基于法益的权衡而非义务的比较，因为消防员只具有灭火的义务，不具有保护 19

10　王政勋：《正当行为论》，法律出版社 2000 年版，第 210 页。

11　王政勋：《正当行为论》，法律出版社 2000 年版，第 551 页。

房屋的义务,这里是法益与义务的冲突。如果把其中的消防员换成普通公民,则既无灭火义务也无保护房屋的义务,拆房救火完全是对不同法益进行权衡的结果。即使将义务冲突看成紧急避险的一部分,也不能否定它的独立地位。[12]

Ⅸ 既遂、未遂、不能犯

20 由于本条规定的两罪均被《军人违反职责罪案件立案标准的规定》解读为结果犯,故不存在既遂与未遂之分。但是,两罪的行为本身在实践中的具体情况多样,其中一些按刑法原理本应属于未遂情形,根据司法解释不能按未遂认定,故极易混淆,需要在这里指出。

21 隐瞒、谎报军情罪较为复杂,可将隐瞒和谎报的情形分而论之。就隐瞒军情的犯罪来看,有两种情况值得注意:其一,以不作为构成的隐瞒属于即成犯,即行为一经实施即瞬时完成并可持续不法状态,法理上就没有未遂与既遂之分。其二,以作为构成的隐瞒可以出现法理上的未遂,例如,某军人正在藏匿记录有军情的书面材料时被发现,显然是因为隐瞒过程中出现了行为人意志以外的原因而未得逞的情况。就谎报军情的犯罪来看,虽然只能是作为形式,但也有两种情况:其一,以书面方式谎报,在法理上可有未遂与既遂之分,例如,行为人将一份书面报告交给上级领导,以此谎报,由于完整的谎报内容已记载其中,只要上交,则不论领导是否阅读,都是谎报军情。但是,行为人写好报告正在上交的过程中,被另一人发现而揭穿,则行为人的谎报未得逞,在法理上可构成未遂。其二,以口头方式谎报,则法理上一般不存在未遂与既遂之分,因为口头报告时,如果行为人确实是故意要说但还没有说出不实之词时就由于意志以外的原因不能继续,也不能在法律上推定行为人会说出那样的不实之词,从司法的未知角度看,也存在其说的是实情的可能性,所以,根据无罪推定原则,法理上也不能认定犯罪未遂,而属于无罪。然而,口头报告人一旦故意说出不实之词,谎报军情即时便已成立,又不可能出现未得逞的情形了。在通过某种通信工具报告时,则法理上可以有未遂,例如,行为人对着话筒向上级谎报,但实际上由于故障而线路不通,上级根本就没有听见其报告。

22 由于拒传军令和假传军令的行为特征不同,也需要分而论之。拒传军令的犯罪同战时违抗命令罪一样属于即成犯,即行为一经实施便瞬时完成并可持续不法状态,在法理上就没有未遂与既遂之分。假传军令的犯罪则同谎报军情的犯罪一样有两种情况:其一,以书面方式假传军令,法理上可有未遂与既遂之分,例如,行为人刚刚完成了对军令的篡改就被发现,则行为人并没有完成假传行为,属于未得逞情形。其二,以口头方式篡改,则法理上一般不存在未遂与既遂之分,因为口头传令时,如果行为人确实是故意要说但还没有说出不实之词时就由于意志以外的原因不能继

---

12 参见王政勋:《正当行为论》,法律出版社 2000 年版,第 552 页;〔日〕大塚仁:《刑法概说(总论)》(第 3 版),冯军译,中国人民大学出版社 2003 年版,第 268 页。

续,也不能在法律上推定行为人会说出那样的不实之词,因为从司法的未知角度看,也存在其说的是实情的可能性,所以,根据无罪推定原则,不能认定拒传、假传军令罪的未遂,而属于无罪。然而,口头传令人一旦故意说出不实之词,假传军令便即时成立,同样没有未遂的余地。不过,在通过某种通信工具传令时,则在法理上可以有未遂,例如,行为人对着话筒假传军令,但实际上由于故障而线路不通,预定接收命令的有关人员根本就没有听见也不可能听见其报告。

上述许多在法理上成立未遂的情形,因《军人违反职责罪案件立案标准的规定》而不能被作为未遂处理。两罪作为结果犯,意味着没有发生结果犯罪就不能成立,故单纯针对行为的法理分析,不能成为两罪存在不同犯罪形态的认定依据。 23

不过,谎报军情可以存在不能犯,例如,行为人编造了一套其并不了解的情况向上级报告,但凑巧的是,其编造的内容确有其事,这是不能犯,因为行为人不能编造或谎报本来是真实的情况。但是,隐瞒军情很难有不能犯。即便行为人隐瞒一个上级已经知道的情况,只要该行为人有报告该情况的义务,又发生了相应结果,其仍然构成隐瞒、谎报军情罪,而不是不能犯。假传军令也可以有不能犯,例如,行为人对着话筒假传军令,但实际上由于故障而线路不通,预定接收命令的有关人员根本就没有听见也不可能听见其报告。但是,拒传军令通常并不存在不能犯的情况。二罪的不能犯情形足以佐证一个一般性结论——不能犯与未遂犯不是等同的关系。有的不能犯同时是未遂犯,也有的不能犯与未遂无关。 24

X 共犯

军人与军人之间,军人与非军人之间,均能构成隐瞒、谎报军情罪的共同犯罪。但隐瞒、谎报军情罪的实行犯只能是军人。在共犯人中,既可以是所有的人都实施隐瞒军情的行为,也可以所有的人都实施谎报军情的行为,还可以部分人实施隐瞒军情的行为而另外一部分人实施谎报军情的行为。在后一种情况下,隐瞒军情的行为和谎报军情的行为在隐瞒、谎报军情罪共犯中具有同等意义,二者并非不同的分工,而是行为人选择的不同特征的相同要件行为。只是在隐瞒或谎报行为之下,才有进一步的分工问题。例如,就隐瞒而言,可以有支走他人和篡改记录的分工;就谎报而言,可以有编写假材料和向领导汇报的分工等。当然,无论是隐瞒还是谎报,都可以是不进行分工的简单共同犯罪。 25

对于拒传、假传军令罪,由于命令的保密性,传令者通常是军人,一般也不会是众多军人,而是个别军人。但这是就传令而言的,就拒传或假传军令而言,则完全有可能在军人与军人之间,军人与非军人之间,构成拒传、假传军令罪的共同犯罪。 26

XI 罪数

由于隐瞒、谎报军情罪是选择罪名,即使行为人实施了隐瞒军情和谎报军情两种 27

行为,也只构成一罪而不是(同种)数罪。如果行为人在战时谎报军情的行为意在促使首长或上级撤销或改变已经下达给自己的命令而达到不执行命令或不执行原命令的目的,并且在事实上起到了这种作用,那么,是否构成隐瞒、谎报军情罪与战时违抗命令罪之间的(手段)牵连犯?回答是否定的。战时违抗命令罪是对必须执行的命令不执行的行为,其前提是命令的有效性,而上述命令虽然是在受到谎报影响的情况下撤销或改变的,但毕竟这种撤销或改变已经使原命令归于无效,使得行为人无须违抗就能不执行命令,这正是行为人所追求的效果。既然不存在违抗命令的问题,故只能认定隐瞒、谎报军情罪。行为人想要促使命令撤销或改变是能够反映其主观恶性的动机,命令者受到实际影响并撤销或改变命令的事实属于隐瞒、谎报军情罪的危害后果之一,均可以影响量刑。

28 在拒传、假传军令罪中,由于对同一军令,拒传与假传两种行为互相排斥,故不可能由一人同时具备,但对不同军令而言,则一人完全可能实施拒传军令和假传军令两种行为,此时构成同种数罪,但根据我国刑法理论,同种数罪只按一罪认定处理。

XII 与非罪的界限

一、隐瞒、谎报军情罪与非罪的界限

29 如前所述,隐瞒、谎报军情罪是刑法原理上的行为犯和司法解释上的结果犯,因此,一般说来,司法实践中认定本罪是需要发生危害结果的,否则,隐瞒、谎报军情的行为通常仅仅是违反了军纪。但笔者认为,解释论上的不一致并不意味着没有发生司法解释指出的危害结果就不能认定本罪。相反,故意隐瞒、谎报军情的行为虽然没有对作战造成实际危害结果,但在下列情况下,亦可考虑追究刑事责任:①隐瞒、谎报重大军情。②隐瞒、谎报军情的手段或动机极其恶劣。③隐瞒、谎报军情的行为发生在战时甚至是战时的紧急情况下。④隐瞒、谎报军情的行为人是指挥员或专职军情人员,等等。此外,故意隐瞒、谎报军情的行为,对作战造成一定危害,但情节显著轻微危害不大的,不构成犯罪,对此可按军纪处理。

30 同样,拒传、假传军令罪也是刑法原理上的行为犯和司法解释上的结果犯,因此,一般说来,司法实践中认定本罪是需要发生危害结果的,否则,拒传、假传军令的行为通常仅仅是违反了军纪。但在下列情况下,拒传、假传军令的行为虽然没有对作战造成实际危害结果,亦可考虑追究刑事责任:①拒传、假传的军令内容重大。②拒传、假传军令的行为手段或动机极其恶劣。③拒传、假传军令的行为发生在战时甚至是战时的紧急情况下。④拒传、假传军令的行为人是指挥员或专司传令的人员。此外,拒传、假传军令的行为,对作战造成一定危害,但情节显著轻微危害不大,不构成犯罪,可按军纪处理。

31 另外,由于隐瞒、谎报军情罪是行为犯,故是否发生某种结果不能成为隐瞒、谎报军情罪是否成立的标准。但这仅仅是说,没有发生某种危害结果不意味着一定不成

立犯罪，而是发生某种危害结果一般可以表明构成犯罪，尤其是造成较严重危害结果时。除此之外，隐瞒、谎报军情罪的罪与非罪的界限主要体现在不包括结果的有关情节中，包括隐瞒、谎报的军情的价值，是一般军情还是重要军情甚或是重大军情；隐瞒、谎报的手段和动机是否恶劣；隐瞒、谎报的行为是发生在平时还是战时，是战时的紧急情况下还是非紧急情况下；行为人是指挥员还是战斗员，是专职军情人员还是一般军事人员；等等。对于情节显著轻微，危害不大的隐瞒军情或谎报军情的行为，可按军纪处理。

二、拒传、假传军令罪与非罪的界限

《军人违反职责罪案件立案标准的规定》第 3 条规定了本罪的立案标准。根据该规定，涉嫌下列情形之一的，应予立案：①造成首长、上级决策失误的；②造成作战任务不能完成或者迟缓完成的；③造成我方人员死亡 1 人以上，或者重伤 2 人以上，或者轻伤 3 人以上的；④造成武器装备、军事设施、军用物资损毁，直接影响作战任务完成的；⑤对作战造成其他危害的。上述规定可以作为区分拒传、假传军令罪的罪与非罪的基本标准。 32

另外，如果某一项本不具有合理性的军令经行为人假传，依此执行收到了有利于作战利益的好的效果，是否不构成犯罪？这必须结合命令不合理的程度、行为人的主观以及相应态度来认定。如果该命令严重不合理，一旦执行将对作战利益造成严重危害，行为人明知该命令的不合理及其严重性，并向命令者指出其不合理之处，但命令者不改变命令，行为人为避免作战利益受损而自行对命令作出修改，经执行收到良好效果，可以不认为是犯罪，但这绝不是排除犯罪的事由，毕竟不符合传令要求，属于情节显著轻微危害不大。根据《刑法》第 13 条的规定，情节显著轻微危害不大的，不认为是犯罪。这是拒传、假传军令罪与非罪区别的基本标准。由于拒传、假传军令罪是行为犯，故是否发生某种结果不能成为拒传、假传军令罪是否成立的标准。但这仅仅是说，没有发生某种危害结果不意味着一定不成立犯罪，而是发生某种危害结果一般可以表明构成犯罪，尤其是造成较严重危害结果时。除此之外，拒传、假传军令罪的罪与非罪的界限主要体现在不包括结果的有关情节中，包括拒传或假传军令的内容是否重大；行为手段和动机是否恶劣；行为是发生在平时还是战时，是战时的紧急情况下还是非紧急情况下；行为人是指挥员还是战斗员，是专司传令的人员还是一般军事人员；等等。对于情节显著轻微危害不大的拒传或假传军令的行为，可按军纪处理。 33

XIII 与他罪的区别

一、隐瞒、谎报军情罪与战时造谣扰乱军心罪的区别

二者的主要区别是：第一，隐瞒、谎报军情罪的主体是军职人员，而战时造谣扰乱 34

军心罪的主体是非军职人员。第二,隐瞒、谎报军情罪的行为是隐瞒、谎报,而战时造谣扰乱军心罪的行为是造谣扰乱。第三,隐瞒、谎报军情罪既可以在战时实施也可以在平时实施,而战时造谣扰乱军心罪只能在战时实施。第四,隐瞒、谎报军情罪规定于《刑法》分则第十章军人违反职责罪,侵害的主要客体是作战利益,而战时造谣扰乱军心罪规定于刑法分则第七章危害国防利益罪,侵害的主要客体是军队的士气。"士气"是军队战斗力的重要因素,在这个意义上,战时危害军队士气也会危害"作战利益"。但作战利益并不仅仅体现于军队士气。所谓作战利益,是敌对双方对垒较量中对我方有利的态势。由于这种态势具有此消彼长的关系,故维护和争取作战利益,需要从两个方面作出努力:一方面,增强我军战斗力,包括人的因素和物的因素;另一方面,削弱敌方的战斗力,同样包括人的因素和物的因素。由此可见,作战利益的范围要大于士气。

二、隐瞒、谎报军情罪与战时故意提供虚假敌情罪的区别

35 二者的主要区别是:第一,隐瞒、谎报军情罪的主体是军职人员,而战时故意提供虚假敌情罪的主体是非军职人员。第二,隐瞒、谎报军情罪的行为及对象是隐瞒、谎报军情,而战时故意提供虚假敌情罪的行为及对象是提供虚假敌情。第三,隐瞒、谎报军情罪既可以在战时实施也可以在平时实施,而战时故意提供虚假敌情罪只能在战时实施。

三、拒传、假传军令罪与战时违抗命令罪的区别

36 二者的主要区别是:第一,拒传、假传军令罪的主体是负有传达或传递命令义务的军职人员,而战时违抗命令罪的主体是负有执行军事命令义务的军职人员。第二,拒传、假传军令罪的行为是假传或拒传,而战时违抗命令罪的行为是违抗。第三,拒传、假传军令罪的行为既可以在战时实施,也可以在平时实施,而战时违抗命令罪是战时犯罪。

XIV 处罚

37 本条为隐瞒、谎报军情罪与拒传、假传军令罪规定了相同的法定刑,该法定刑有两个格次:一个是一般情节的格次,另一个是加重结果的格次。一般情况下犯隐瞒、谎报军情罪,拒传、假传军令罪判处 3 年以上 10 年以下有期徒刑;犯隐瞒、谎报军情罪,拒传、假传军令罪致使战斗、战役遭受重大损失的,处 10 年以上有期徒刑、无期徒刑或者死刑。所谓致使战斗、战役遭受重大损失的,主要是指造成我军人员重大伤亡,军事装备、军用设施和军用物资严重损毁,攻坚失败或阵地失守等。

第四百二十三条　投降罪

在战场上贪生怕死，自动放下武器投降敌人的，处三年以上十年以下有期徒刑；情节严重的，处十年以上有期徒刑或者无期徒刑。

投降后为敌人效劳的，处十年以上有期徒刑、无期徒刑或者死刑。

文献:唐培贤、杨九根:《中国人民解放军审判工作史概述》,人民法院出版社1989年版;李淳、王尚新主编:《中国刑法修订的背景与适用》,法律出版社1998年版;宣炳昭主编:《刑法各罪的法理与实用》,中国政法大学出版社2002年版;黄林异、王小鸣:《军人违反职责罪》,中国人民公安大学出版社2003年版;高铭暄、赵秉志编:《中国刑法立法文献资料精选》,法律出版社2007年版;段作瑞:《军人违反职责罪研究》,法律出版社2016年版。高飞:《投降罪的界定及其立法完善》,载《西安政治学院学报》2010年第4期。

细目录

Ⅰ　主旨
Ⅱ　沿革
Ⅲ　客体
Ⅳ　行为
Ⅴ　主体
Ⅵ　罪过
Ⅶ　排除犯罪的事由
Ⅷ　既遂、未遂、不能犯
Ⅸ　共犯
Ⅹ　罪数
Ⅺ　与非罪的界限
Ⅻ　与他罪的区别
　一、与战时违抗命令罪的区别
　二、与投敌叛变罪的区别
ⅩⅢ　处罚

Ⅰ　主旨

本条规定的投降罪,是指军职人员在战场上贪生怕死,自动投降敌人的行为。忠 1

于职守,英勇顽强,不怕牺牲,绝不叛离军队,誓死保卫祖国,是我军基本条令设定的军人庄严职责,也是每个革命军人发出的铿锵誓言。刑法规定投降罪的目的就是要督促军人履行职责和誓言。我军将士历来具有一不怕苦、二不怕死的英雄主义精神,在战场上涌现出了众多可歌可泣、气壮山河的英雄人物,为后人所景仰。但也要看到,有个别军职人员贪生怕死,违背职责,放弃抵抗。因此,将这种行为规定为犯罪加以惩治,有助于制止和预防这种行为,以保持军队的战斗力和凝聚力,切实维护作战利益。

Ⅱ　沿革

2 1955 年起草的《中国人民解放军军事刑罚暂行条例(草案)》有与投降罪类似的规定。该草案第 22 条规定,率部投敌或携械投敌的主谋者,处死刑;积极参加者,处 10 年以上徒刑、无期徒刑或死刑。第 23 条规定,临阵投敌者,处死刑。第 27 条规定,凡在边防、海防任务中投敌者,处死刑或无期徒刑。[1] 1981 年的《惩治军人违反职责罪暂行条例》设置了自动投降敌人罪。该条例第 19 条规定,在战场上贪生怕死,自动放下武器投降敌人的,处 3 年以上 10 年以下有期徒刑;情节严重的,处 10 年以上有期徒刑或者无期徒刑。投降后为敌人效劳的,处 10 年以上有期徒刑、无期徒刑或者死刑。[2] 1988 年由中国人民解放军军事法院提出的关于《惩治军人违反职责罪暂行条例》的修改意见第 13 条提出,将第 19 条第 1、2 款合并,删去"投降后为敌人效劳的,处十年以上有期徒刑、无期徒刑或者死刑"。修改为"在战场上贪生怕死,自动放下武器投降敌人的,处三年以上十年以下有期徒刑;情节严重的,处十年以上有期徒刑、无期徒刑;情节特别严重的,可以判处死刑"。投降后为敌人效劳的犯罪行为属于自动投敌罪的从重情节,《刑法》分则中的反革命罪一章也有类似条款可以适用,没有必要明确点出。[3] 现行《刑法》并未采纳这一修改意见,《刑法》第 423 条直接吸收了原《惩治军人违反职责罪暂行条例》第 19 条的两款规定。投降罪中投降敌人的行为只能发生在战场上,即在敌我双方进行作战活动的区域。

3 根据《军人违反职责罪案件立案标准的规定》第 4 条的规定,投降罪是指在战场上贪生怕死,自动放下武器投降敌人的行为。

1　参见唐培贤、杨九根:《中国人民解放军审判工作史概述》,人民法院出版社 1989 年版,第 223—224 页。

2　参见黄林异、王小鸣:《军人违反职责罪》,中国人民公安大学出版社 2003 年版,第 198 页。

3　参见黄林异、王小鸣:《军人违反职责罪》,中国人民公安大学出版社 2003 年版,第 206 页。

Ⅲ 客体

投降罪侵犯的客体是作战利益。军人是军队战斗力的基本构成和首要因素,如果军人在战场上违背职责,临阵投降,必然造成部队减员,削弱战斗力,也会瓦解斗志,动摇军心,给敌人以可乘之机,损害我军军威和声誉,这些人员投降后,还可能发生失密或向敌人泄密甚至自首和叛变,从而多方面危害作战利益和其他国家军事利益,但显然,投降罪首先和主要危害的是作战利益。 4

Ⅳ 行为

投降罪的行为是“放下武器投降敌人”。放下武器是指能够进行抵抗而自动放弃抵抗,不宜作狭义或机械的理解。所谓“武器”,首先且主要是指枪支弹药等杀伤性火器,但在一定情况下,也指一切可用作抵抗的手段,包括刀砍石砸等。对于是否能够进行抵抗,要具体分析。如果仍然掌握能够使用的枪支弹药等杀伤性武器,应属于能够抵抗;反之,则要视情而定。在失去或用尽弹药的情况下,如果对方也没有了弹药,则有冷兵器等或徒手也可属于能够抵抗,反之,则属于不能抵抗。所谓“放下武器”,也不一定是武器离手,有时,因弹药耗尽而武器离手不等于“放下武器”;有时,手中握有武器也可能属于“放下武器”。投降罪行为的关键是“投降敌人”,即放弃抵抗,屈从于敌。投降罪是行为犯,并且只能由作为的形式构成。《军人违反职责罪案件立案标准的规定》第 4 条第 2 款明确要求:“凡涉嫌投降敌人的,应予立案。” 5

投降罪还要求行为必须发生“在战场上”。所谓“战场”,是指敌我双方进行作战活动或交战的区域,包括陆域、海域和空域。只有“在战场上”实施投降敌人的行为,才可构成投降罪。战场作为作战活动区域,不是纯粹的地理概念,只有大致的空间而没有严格的地理界限,并且常常随着作战活动的走向发生变化。因此,在判定军职人员是否“在战场上”,主要应当看其是否已经投入了作战活动。一般说来,进入预定的实施作战的地域,即为进入战场,但有时在领受作战任务后开进预定作战活动地点的过程中与敌人遭遇,或者虽未领受作战任务但遭敌人突然袭击,也应属于“在战场上”。 6

“在战场上”与“战时”有所区别,前者强调的是敌我双方直接交战,彼此互有具体的作战行动,而后者仅说明是在战争时期,敌我双方不一定发生了直接的作战行动。然而,有论者在正确指出了这种区别的情况下却认为,“根据《刑法》第 451 条的规定,部队执行戒严任务或者处置突发性暴力事件时,应以战时论。所以在这种情况下向暴力侵害者投降,也应视为向敌人投降”[4]。这里显然又把“在战场上”与“战 7

---

4 黄林异、王小鸣:《军人违反职责罪》,中国人民公安大学出版社 2003 年版,第 49—50 页。

时”混为一谈了。“以战时论”并不等于“以在战场上”论,故投降罪并不适用于部队执行戒严任务或者处置突发性暴力事件的场合。

V 主体

8 投降罪的主体可以是任何由《刑法》第450条规定的军职人员,指挥员、战斗员、非战斗员、突击队员和预备队员,均可构成投降罪。

VI 罪过

9 投降罪的罪过形式为故意,而且是我国刑法中少见的“动机犯”,即要求具备“贪生怕死”的主观要件。动机是指行为人故意实施某种行为的内心起因,在大多数故意犯罪中,它都不是构成要件,而是量刑情节。在投降罪中,贪生怕死显然是行为人投降的内心起因,该因素为成立犯罪不可缺少,就是将动机作为构成要件。认定行为人主观上是否属于贪生怕死,主要是看行为人在当时是否能够抵抗,但也需要结合其他情况判定,例如,后面谈及的排除犯罪的事由。如果行为人的动机是为了叛变而投降,则属于危害国家安全罪中的投敌叛变罪。如果行为人并非贪生怕死,而是由于弹尽粮绝、严重伤病、措手不及、走投无路等原因无力抵抗、无法抵抗或来不及抵抗而被敌人俘获,不构成投降罪。

VII 排除犯罪的事由

10 在严格限制的条件下,形式上的投降行为亦可能成为排除投降罪的事由。从表面上看,行为人能够抵抗而放弃抵抗,屈从于敌人的行为属于法条所规定的贪生怕死、放下武器、投降敌人,但如果行为人实际上肩负着事关作战利益和其他国家军事利益的重大使命,为了保留和寻找完成使命的机会不得已而暂且投降,并在投降后积极创造完成使命的机会,就可以成为排除犯罪的事由。例如,行为人掌握了极其重要的军情,其死亡将会使我军失去得到该情报的可能性,行为人为了保全军情和寻找报告机会而投降,投降后不吐露真情,坚守秘密,尝试通过各种方式向我方传递军情,就不应构成投降罪。在刑法理论上,这里的排除犯罪的事由应为执行命令或紧急避险。

VIII 既遂、未遂、不能犯

11 投降罪的行为是瞬时性的,故不存在未遂形态。但是,却可以存在预备形态和在预备阶段的中止形态。例如,敌人通过喊话要求行为人投降,而行为人回话表示愿意有条件地投降并与敌人商谈投降条件的过程就是投降罪的预备阶段,如果出现行为人意志以外的原因(如敌人被其他军人歼灭或敌人不同意其投降条件)导致行为人未能投降,就是投降罪的预备形态;如果行为人自己停止了关于投降的商谈而没有投降,就是投降罪的中止形态。

在某些情况下,投降罪也能出现不能犯。例如,军人单独执行任务时路遇一队人马,自以为被敌人包围而吓破了胆,主动投降,结果对方是自己人。这是误以友为敌的对象不能犯。至于这种不能犯是否仍然构成本罪,取决于权威机关秉持的立场——着眼于行为的客观危害性还是强调行为人的主观恶性。 12

Ⅸ 共犯

在军职人员与军职人员之间,军职人员与非军职人员之间,都有可能构成投降罪的共犯。在后一种情况下,非军职人员只能构成投降罪共犯的组织犯、教唆犯或帮助犯。在战场上,如果个别人不仅自己贪生怕死带头投降敌人,而且还以武力、暴力或胁迫等手段强使他人随其一同投降,那么,对于其他人可认定为共犯中的胁从犯。 13

Ⅹ 罪数

军职人员在战场上实施了违抗命令、隐瞒或谎报军情、拒传或假传军令等违反职责的行为后又投降敌人的,应构成投降罪与有关军职犯罪的数罪,按刑法规定实行数罪并罚。如果查明军职人员实施上述等军职犯罪是为了投降敌人,则这些罪名与投降罪之间构成牵连犯,从一重认定,不实行数罪并罚。军职人员投降后又叛变的,与《刑法》第108条投敌叛变罪之间形成法规竞合,两罪的基本刑和"情节严重的"刑罚格次是一样的,但由于投降罪是专门针对军职人员设置的特别法法条,应适用投降罪。投降与叛变两种行为既有联系又有区别:二者都是归顺敌人的行为,但投降是当场屈从,叛变是彻底投靠;投降后不一定叛变,叛变前常常会有投降。军职人员投降后为敌人效劳的,构成投降罪的结果加重犯,不构成数罪。投降与效劳两种行为既有联系又有区别:虽然为敌人效劳是一种实际叛变行为,但叛变行为不一定都是实际为敌人效劳;叛变行为首先是指行为人向敌人表示投靠并为其效力的态度,但常常没有来得及实际效力,而为敌人效劳已经是用实际行动在为敌人服务。 14

Ⅺ 与非罪的界限

根据《军人违反职责罪案件立案标准的规定》第4条的规定,凡涉嫌投降敌人的,应予立案。 15

对于军职人员在战场上投降敌人的预备行为,则应视情节轻重认定罪与非罪。一般说来,由于行为人意志以外的原因停留在预备阶段的行为,应属于情节严重,构成投降罪;行为人在实施了一定预备活动后自己当场放弃投降意图并中止预备活动,则可属于情节轻微,不构成投降罪,但如果其已经进行的预备活动造成了恶劣后果,其社会危害性足以构成投降罪,中止情节可在量刑时适当考虑。在战场上被敌人俘虏,不构成犯罪。即使被俘后叛变或为敌人效劳的,也不以投降罪论处。构成其他犯罪的,以相应犯罪论处。 16

夏 勇

XII 与他罪的区别

一、与战时违抗命令罪的区别

17 投降罪与战时违抗命令罪的主要区别是:①投降罪的行为是在战场上自动放下武器投降敌人,而战时违抗命令罪的行为是战时违抗命令。②投降罪的动机是贪生怕死,而战时违抗命令罪可以基于任何动机。③投降罪的行为必须发生在战场上,而战时违抗命令罪的行为发生在战时。

二、与投敌叛变罪的区别

18 投降罪与投敌叛变罪的主要区别是:①投降罪侵害的是国家的军事利益,而投敌叛变罪侵害的是国家安全。②投降罪的客观方面是在战场上自动投降敌人,而投敌叛变罪在客观方面的表现是主动投奔敌人营垒或被捕、被俘后投降敌人,且不管哪一种形式,行为人都必须从事危害国家安全的活动。③投降罪的主体是军职人员,而投敌叛变罪的主体没有这种限制。

XIII 处罚

19 投降罪的法定刑规定了两款三个量刑格次。第 1 款规定了两个量刑格次,一个是一般情节的格次,另一个是情节严重的格次;第 2 款是投降后为敌人效劳的量刑格次。一般情况下犯投降罪的判处 3 年以上 10 年以下有期徒刑;犯投降罪情节严重的,处 10 年以上有期徒刑或者无期徒刑;投降后为敌人效劳的处 10 年以上有期徒刑、无期徒刑或者死刑。所谓投降后为敌人效劳的,主要是指积极为敌人出谋划策的,主动向敌人提供我军重要军事秘密的,接受敌人派遣任务的,煽动、勾引我军被俘人员叛变投敌的,主动要求参加敌军对我军作战的,等等。但是投降后被迫为敌人服劳役的,如挖工事、搬弹药等,不宜认定为为敌人效劳。

第四百二十四条　战时临阵脱逃罪

战时临阵脱逃的，处三年以下有期徒刑；情节严重的，处三年以上十年以下有期徒刑；致使战斗、战役遭受重大损失的，处十年以上有期徒刑、无期徒刑或者死刑。

文献：唐培贤、杨九根：《中国人民解放军审判工作史概述》，人民法院出版社1989年版；李淳、王尚新主编：《中国刑法修订的背景与适用》，法律出版社1998年版；宣炳昭主编：《刑法各罪的法理与实用》，中国政法大学出版社2002年版；黄林异、王小鸣：《军人违反职责罪》，中国人民公安大学出版社2003年版；高铭暄、赵秉志编：《中国刑法立法文献资料精选》，法律出版社2007年版；段作瑞：《军人违反职责罪研究》，法律出版社2016年版。时春明：《浅析临阵脱逃罪的构成要件及其刑事责任》，载《法律科学》1988年第1期。

细目录

Ⅰ　主旨
Ⅱ　沿革
Ⅲ　客体
Ⅳ　行为
Ⅴ　主体
Ⅵ　罪过
Ⅶ　排除犯罪的事由
Ⅷ　既遂、未遂、不能犯
Ⅸ　共犯
Ⅹ　罪数
Ⅺ　与非罪的界限
Ⅻ　与他罪的区别
一、与战时违抗命令罪的区别
二、与投降罪的区别
XIII　处罚

Ⅰ　主旨

本条规定的战时临阵脱逃罪，是指军职人员在接受命令后面临参加战斗或者奔　1

赴战场执行军事任务时,故意脱离岗位加以逃避的行为。刑法规定战时临阵脱逃罪的目的是通过惩处战时临阵脱逃的犯罪军人,促使军人在战时勇赴前线,冲锋陷阵,为祖国、为人民赴汤蹈火,勇往直前,从而保证部队作战任务的顺利完成,取得预定的胜利。

Ⅱ 沿革

2 1955 年《中国人民解放军军事刑罚暂行条例(草案)》有与战时临阵脱逃罪类似的规定。该草案第 70 条规定,率部擅自退却者,处死刑、无期徒刑或 10 年以上徒刑;情节较轻者,处 10 年以下徒刑;畏惧战斗临阵脱逃者,处死刑、无期徒刑或 10 年以上徒刑;情节较轻者,处 10 年以下徒刑。[1] 1981 年的《惩治军人违反职责罪暂行条例》也设置了临阵脱逃罪。该条例第 16 条规定,畏惧战斗,临阵脱逃的,处 3 年以下有期徒刑;情节严重的,处 3 年以上 10 年以下有期徒刑;致使战斗、战役遭受重大损失的,处 10 年以上有期徒刑、无期徒刑或者死刑。[2] 现行《刑法》是在《惩治军人违反职责罪暂行条例》第 16 条规定的临阵脱逃罪的基础上,修改形成单一罪名。《惩治军人违反职责罪暂行条例》第 16 条的临阵脱逃罪原规定为"畏惧战斗",从而把临阵脱逃罪限定为逃避参加战斗。从司法实践看,这个限定失之过窄。因为从军事上看,战斗和战役、战争是不同规模的作战活动。战斗仅仅是部队在较短时间和较小空间内进行的较小规模的直接作战行动,难以包括规模更大的战役甚至战争行动,以及各种作战保障行动。所以修订《刑法》时删去了"畏惧战斗"的限制,而规定为"战时"。

3 根据《军人违反职责罪案件立案标准的规定》第 5 条的规定,战时临阵脱逃罪是指在战斗中或者在接受作战任务后,逃离战斗岗位的行为。

Ⅲ 客体

4 战时临阵脱逃罪的客体是军队的作战利益。

Ⅳ 行为

5 战时临阵脱逃罪的行为要件是"脱逃",行为时机是"战时",行为空间是"临阵"。顾名思义,脱逃意为脱离、逃跑。关于战时,已在前面作了解释,不再赘述。所谓"临阵",直接的意思是接近阵地或在阵地上,所谓"脱逃",就是脱离阵地而逃跑。前者是行为时机,后者是行为特征。在战时临阵脱逃罪中,对于阵地,应作广义和实质的

---

1 参见唐培贤、杨九根:《中国人民解放军审判工作史概述》,人民法院出版社 1989 年版,第 232—233 页。

2 参见黄林异、王小鸣:《军人违反职责罪》,中国人民公安大学出版社 2003 年版,第 198 页。

理解,所谓广义的理解,即阵地不仅指作战的地面区域,而且指作战的海域和空域;所谓实质的理解,即阵地主要不是一个指作战区域的概念,而是一个指作战活动的概念。因此,临阵脱逃就是在战斗中或者领受作战任务后脱离部队作战(包括陆战、海战和空战)行动的逃跑行为。“临阵”对于战时临阵脱逃罪的构成是一个不可缺少的因素。临阵肯定是在战时,但在战时不一定临阵,仅仅是在战时逃跑而未临阵,不构成战时临阵脱逃罪。

战时临阵脱逃罪是行为犯,客观上只要有战时临阵脱逃的行为便可以构成战时临阵脱逃罪。根据《军人违反职责罪案件立案标准的规定》第5条的规定,凡战时涉嫌临阵脱逃的,应予立案。战时临阵脱逃罪有作为和不作为两种形式。作为形式的临阵脱逃主要有:与敌作战时擅自撤出战斗,遇敌攻击逃离阵地,接敌路上溜之大吉,等等。不作为形式的临阵脱逃主要有:攻击敌人时原地不动,敌人攻击时不进入阵地,接敌路上故意掉队,等等。无论临阵脱逃的行为是何种形式,其实质都是脱离阵地或逃避作战行动。临阵脱逃可以是乘人不备秘密潜逃,也可以是明目张胆公然脱逃;既可以是转移视线伺机而逃,也可以是不顾一切夺路而逃。简单地说,这种脱逃的行为,既可以是以从阵地上逃跑的积极作为形式出现,也可以是以在规定时间内不到达命令指定的地点的消极的不作为形式出现;既可以是公开的,也可以是隐蔽的;既可以是离开战斗序列的行为,也可以是在规定时限内不参加到战斗序列之中的行为。前者包括三种情况:①离开战斗集结地;②开赴前线途中离开队列;③逃离前沿阵地。[3] 6

V 主体

有关战时临阵脱逃罪的主体有人认为是所有军人,有人认为是参战军人,有人认为是有能力使用武器抵抗敌人的军人。[4] 笔者认为,“所有军人”的说法较为模糊,而“参战军人”和“有能力使用武器抵抗敌人的军人”的说法又失之过窄。战时临阵脱逃罪的主体应是《刑法》第450条规定的军职人员,但主要是领受了战斗任务的军职人员。应当注意的是,对这里的战斗任务应作广义的理解,即领受战斗任务的军职人员不仅仅是直接使用武器向敌人进攻或对其进行防御的战斗人员及指挥人员,也应包括随队进行战地救护、通信联络、炊事、翻译、政工等人员。 7

Ⅵ 罪过

战时临阵脱逃罪的罪过形式是故意,行为人主观上有脱逃的目的。在奔袭敌人的过程中或对敌人的进攻中,因行为人不可预见或不可抗拒的原因掉队而与所在部 8

---

3 参见时春明:《浅析临阵脱逃罪的构成要件及其刑事责任》,载《法律科学》1988年第1期。

4 参见宣炳昭主编:《刑法各罪的法理与实用》,中国政法大学出版社2002年版,第454页。

队失去联系,事后积极设法与部队取得联系,不构成犯罪。

Ⅶ 排除犯罪的事由

9 如果某军人临阵发现危害我方作战利益的重大危险隐患需要及时排除,而当时因他人忙于进攻或防御等战斗行动或因距离较远来不及报告和告知他人,脱离部队阵地或作战行动去处理紧急情况并实际消除了隐患或减轻了损失,其脱离行为又不至于对作战行动有较大影响的,可认定为紧急避险。

Ⅷ 既遂、未遂、不能犯

10 《军人违反职责罪案件立案标准的规定》第5条第2款规定:"凡战时涉嫌临阵脱逃的,应予立案。"据此,本罪是行为犯。不过,由于本罪的行为具有瞬时性,故不存在未遂形态。然而,行为人将逃未逃时被他人制止或被指挥员强令投入作战,在法理上可以构成本罪的预备形态或预备阶段的中止形态。至于是否将此作为本罪予以追究,取决于权威机关的刑事政策取向。在笔者看来,大敌当前,如果行为人准备脱逃不成之后放弃了行为,或者自行放弃实施脱逃,转而正常投入战斗,不宜认定为战时临阵脱逃罪。行为人脱逃被抓回或自己跑回又继续投入作战,已经构成战时临阵脱逃罪,但不叫既遂,因为没有相应的未遂。对于脱逃后被抓回者,可适用戴罪立功。对于自己跑回者,可以作为事后不可罚行为。

11 在特殊情况下,战时临阵脱逃罪有不能犯,例如,某战士所在分队接到上级命令原地休整,但他本人不知情,以为上级的命令是要求其所在分队在此地阻击敌人,故趁他人加固工事时逃走。这是对有关因果事实认识错误导致的不能犯。

Ⅸ 共犯

12 在军职人员与军职人员之间,军职人员与非军职人员之间,都有可能构成战时临阵脱逃罪的共犯。在后一种情况下,非军职人员只能构成战时临阵脱逃罪共犯的组织犯,教唆犯或帮助犯。在战场上,如果个别人不仅自己带头临阵脱逃,而且还以武力、暴力或胁迫等手段强使他人随其一同脱逃,那么,对于其他人可认定为战时临阵脱逃罪共犯的胁从犯。

Ⅹ 罪数

13 战时临阵脱逃后再投降敌人的,如果脱逃是为了投降,构成牵连犯,按牵连犯原则认定处罚;如果脱逃时没有投降的故意,则构成战时临阵脱逃罪和投降罪二罪,实行数罪并罚。军职人员战场上实施了违抗命令,隐瞒或谎报军情,拒传或假传军令等违反职责的行为后又临阵脱逃的,应构成战时临阵脱逃罪与有关军职犯罪的数罪,按刑法规定实行数罪并罚。如果查明军职人员实施上述等军职犯罪是为了逃避作战行动,只有在战时违抗命令罪与战时临阵脱逃罪之间构成牵连犯,在隐瞒或谎报军情罪、拒传或假传军令罪与战时临阵脱逃罪之间则不能构成牵连犯。因为军职人员为了逃避作战实施隐瞒或谎报军情罪、拒传或假传军令罪,一旦达到目的,就不可能有后面的临阵脱逃罪了,而事实上实施的临阵脱逃,又并不以这两种犯罪为必要手段或方法,故不可能构成牵连犯。

XI 与非罪的界限

根据《军人违反职责罪案件立案标准的规定》第 5 条的规定,凡战时涉嫌临阵脱逃的,应予立案。这是区分本罪的罪与非罪的基本标准。但是,如果军职人员临阵时思想上有情绪,发牢骚讲怪话,甚至表示要脱离部队,但只要其未实施脱离部队的行为,就不构成犯罪,可以对其进行必要的批评和警示,情节严重时给予军纪处分。 14

XII 与他罪的区别

一、与战时违抗命令罪的区别

战时临阵脱逃罪与战时违抗命令罪的主要区别是:①战时临阵脱逃罪的行为是临阵脱逃,而战时违抗命令罪的行为是违抗上级命令并对作战造成危害的行为。②战时临阵脱逃罪发生的时间是部队已经受领了作战任务或正在作战时,而战时违抗命令罪发生在战时。③战时临阵脱逃罪的主体主要是已经受领了作战任务的军职人员,战时违抗命令罪的主体是军职人员。 15

二、与投降罪的区别

战时临阵脱逃罪与投降罪的主要区别是:①战时临阵脱逃罪的行为是临阵脱逃,作为和不作为均可构成,投降罪的行为是自动放下武器投降敌人。②战时临阵脱逃罪发生在部队已经受领了作战任务或正在作战时,而投降罪发生在战场上。③战时临阵脱逃罪可基于任何动机,投降罪须基于贪生怕死的动机。④战时临阵脱逃罪的主体主要是已经受领了作战任务的军职人员,投降罪的主体是军职人员。 16

XIII 处罚

战时临阵脱逃罪法定刑有三个格次:一是一般情节的格次,二是情节严重的格次,三是加重结果的格次。一般情况下犯战时临阵脱逃罪的,判处 3 年以下有期徒刑;情节严重的,处 3 年以上 10 年以下有期徒刑;犯战时临阵脱逃罪致使战斗、战役遭受重大损失的,处 10 年以上有期徒刑、无期徒刑或者死刑。所谓致使战斗、战役遭受重大损失,主要是指造成我军人员重大伤亡,军事装备、军用设施和军用物资重大损失,攻坚失败或阵地失守等。 17

第四百二十五条　擅离、玩忽军事职守罪

指挥人员和值班、值勤人员擅离职守或者玩忽职守，造成严重后果的，处三年以下有期徒刑或者拘役；造成特别严重后果的，处三年以上七年以下有期徒刑。

战时犯前款罪的，处五年以上有期徒刑。

文献：唐培贤、杨九根：《中国人民解放军审判工作史概述》，人民法院出版社1989年版；李淳、王尚新主编：《中国刑法修订的背景与适用》，法律出版社1998年版；宣炳昭主编：《刑法各罪的法理与实用》，中国政法大学出版社2002年版；黄林异、王小鸣：《军人违反职责罪》，中国人民公安大学出版社2003年版；高铭暄、赵秉志编：《中国刑法立法文献资料精选》，法律出版社2007年版；段作瑞：《军人违反职责罪研究》，法律出版社2016年版。

细目录

Ⅰ　主旨
Ⅱ　沿革
Ⅲ　客体
Ⅳ　行为
Ⅴ　结果
Ⅵ　主体
Ⅶ　罪过
Ⅷ　排除犯罪的事由
Ⅸ　既遂、未遂、不能犯
Ⅹ　共犯
Ⅺ　罪数
Ⅻ　与非罪的界限
XIII　与他罪的区别
一、与玩忽职守罪的区别
二、与战时临阵脱逃罪的区别
XIV　处罚

I 主旨

本条规定的擅离、玩忽军事职守罪,是指指挥人员和值班、值勤人员擅自离开正在履行职责的岗位,或者在履行职责的岗位上,严重不负责任,不履行或者不正确履行职责,造成严重后果的行为。 1

刑法规定该罪的目的是通过惩治擅离职守或玩忽职守的军队指挥人员和值班、值勤人员,促使处于这些岗位的军职人员严肃认真地履行其指挥或值班、值勤职责,从而及时发现和处置各种情况,防止敌人的破坏和案件、事故的发生,维护部队的正常秩序、正常状态和快速反应能力。 2

II 沿革

1955年《中国人民解放军军事刑罚暂行条例(草案)》有与擅离、玩忽军事职守罪类似的规定。该草案第61条规定,在战斗中擅离职守或玩忽职守,致使战斗、战役遭受重大损失者,处无期徒刑或死刑;在战备情况下,因擅离职守或玩忽职守致在紧急情况下失去有效措施而使战斗战役遭受损失者,处3年以上10年以下有期徒刑;情节严重者,处10年以上徒刑、无期徒刑或死刑。第64条规定,工作失职或违反操作规程,致使国家财物遭受重大损失或造成人命伤亡事故者,处10年以下有期徒刑。第65条规定,玩忽职守,违反军用物资保管规则,因而丢失、损坏或霉烂军用物资(包括公款)价值在1000元以上不满1万元者,处1年以下有期徒刑;价值在1万元以上者,处1年以上10年以下有期徒刑。[1] 1981年《惩治军人违反职责罪暂行条例》也设置了擅离军事职守罪和玩忽军事职守罪。该条例第5条规定,指挥人员和值班、值勤人员擅离职守或者玩忽职守,因而造成严重后果的,处7年以下有期徒刑或者拘役。战时犯前款罪的,处5年以上有期徒刑。[2] 现行《刑法》将《惩治军人违反职责罪暂行条例》第5条中原规定为擅离军事职守罪和玩忽军事职守罪两个单独的罪名作为一个选择性罪名,直接吸收为刑法的具体规定。对于条例中关于擅离、玩忽军事职守罪的规定,现行《刑法》的主要修改是:调整了量刑档次,即将原"处七年以下有期徒刑或者拘役",分为两个档次:一是造成严重后果的,处3年以下有期徒刑或者拘役;二是造成特别严重后果的,处3年以上7年以下有期徒刑。[3] 3

根据《军人违反职责罪案件立案标准的规定》第6条的规定,擅离、玩忽军事职守 4

1　参见唐培贤、杨九根:《中国人民解放军审判工作史概述》,人民法院出版社1989年版,第230—231页。

2　参见黄林异、王小鸣:《军人违反职责罪》,中国人民公安大学出版社2003年版,第197页。

3　参见李淳、王尚新主编:《中国刑法修订的背景与适用》,法律出版社1998年版,第585页。

罪是指指挥人员和值班、值勤人员擅自离开正在履行职责的岗位,或者在履行职责的岗位上,严重不负责任,不履行或者不正确履行职责,造成严重后果的行为。

Ⅲ 客体

5 擅离、玩忽军事职守罪的客体是军队的指挥、值班、值勤的正常秩序。军队的指挥、值班、值勤制度是部队正常秩序的体现,是保持军队高度集中统一,保障部队自身安全,充分发挥军队职能的必要条件。军队中负有指挥、值班、值勤职能的人员违反职责,将直接对军队指挥、值班、值勤的正常秩序造成危害。

Ⅳ 行为

6 擅离、玩忽军事职守罪的行为要件是擅离军事职守或者玩忽军事职守。擅离、玩忽军事职守罪属于选择罪名,表现为具有选择关系的擅离军事职守行为和玩忽军事职守行为,具备其中任何一种行为都能构成本罪。擅离、玩忽军事职守罪中的"军事职守",专指指挥、值班、值勤的军人职责。"擅离军事职守",是指无合法依据或未经允许擅自离开指挥、值班、值勤岗位的行为;"玩忽军事职守",是指在指挥、值班、值勤岗位上粗心大意、马虎草率、不尽职责的行为。擅离、玩忽军事职守行为既可能在平时实施,也可能在战时实施。

Ⅴ 结果

7 擅离、玩忽军事职守罪是结果犯,要求"造成严重后果"。根据《军人违反职责罪案件立案标准的规定》第 6 条的规定,"造成严重后果"主要是指:造成重大任务不能完成或者迟缓完成;造成死亡 1 人以上,或者重伤 3 人以上,或者重伤 2 人、轻伤 4 人以上,或者重伤 1 人、轻伤 7 人以上,或者轻伤 10 人以上的;造成枪支、手榴弹、爆炸装置或者子弹 10 发、雷管 30 枚、导火索或者导爆索 30 米、炸药 1000 克以上丢失、被盗,或者不满规定数量,但后果严重的,或者造成其他重要武器装备、器材丢失、被盗的;造成武器装备、军事设施、军用物资或者其他财产损毁,直接经济损失 30 万元以上,或者直接经济损失、间接经济损失合计 150 万元以上;造成其他严重后果的。笔者认为,这一规定存在的不尽合理之处是,"擅离军事职守"与"玩忽军事职守"不加区分地适用完全相同的"严重后果"。我国刑法犯罪构成是按照主客观要件相结合反映犯罪的社会危害性原则来设置的,具体而言,有三种情形:其一,危害程度较高的客观要件与危害程度相对较低的主观要件相对应;其二,危害程度较高的主观要件与危害程度相对较低的客观要件相对应;其三,客观要件与主观要件的危害程度均相对适中,相互对应。因此,直接故意犯罪才能有行为犯,过失犯必须是结果犯。"擅离军事职守"是作为形式且直接故意的脱岗行为,"玩忽军事职守"是在岗位上未尽职责的不作为,且主观方面主要是过失,至多是间接故意,比较擅离、玩忽军事职守罪两种情形的主客观要件的危害程度,“擅离军事职守”显然高于“玩忽军事职守”,二者对应的危害结果却无区别,显然不尽合理。

Ⅵ 主体

擅离、玩忽军事职守罪的主体是军队中的指挥人员、值班人员和值勤人员。根据《军人违反职责罪案件立案标准的规定》第6条的规定,指挥人员是指对部队或部属负有组织、领导、管理职责的人员;值班人员是指军队各单位、各部门为保持指挥或者履行职责不间断而设立的定期轮流负责处理本单位、本部门特定事务的人员;值勤人员是指军队中正在担任警卫、巡逻、观察、纠察、押运等勤务或者作战勤务工作的人员。未处在指挥、值班、值勤岗位的人员不能单独构成擅离、玩忽军事职守罪。 8

Ⅶ 罪过

有人认为,无论是擅离军事职守,还是玩忽军事职守,擅离、玩忽军事职守罪的罪过形式都是过失。[4] 也有人认为,擅离军事职守的行为人对可能成的危害后果抱有侥幸心理,以为不会发生,所以属于过于自信的过失。[5] 在这种情况下,过于自信的过失是有可能的,但不是唯一的可能,同时存在的另一种可能性是间接故意。对此,笔者不敢苟同。擅离、玩忽军事职守罪中的“擅离军事职守”的情形,对“擅离”行为的主观罪过应为直接故意,这是由“擅离”这种行为类型所决定的。对因“擅离”行为导致的“严重后果”的主观罪过可以包括间接故意和过失。例如,在营区门口站岗的某军人明知其地方上的一名熟人要到部队找某干部,因该军人平时对那名干部有怨恨情绪,故在地方人员远远向门口走来时,该值勤军人希望他进去“教训教训”那名干部,便赶紧离开岗位,以便对其不予纠察,后来因此导致严重后果。在此,行为人存在对行为的直接故意和对结果的间接故意或过失。擅离、玩忽军事职守罪中的“玩忽军事职守”的情形,主观罪过可包括过失与间接故意。例如,站岗军人明知存在敌特潜入营门的危险,但突然发现其女友出现在不远处,便置岗位于不顾,赶紧过去和其女友打招呼,导致敌特趁机潜入并搞破坏的严重后果。这应属于间接故意情形。凡此种种,怎么能说擅离、玩忽军事职守罪的主观方面都是过失甚至限于过于自信的过失呢? 9

---

4 参见黄林异、王小鸣:《军人违反职责罪》,中国人民公安大学出版社2003年版,第65页。

5 参见黄林异、王小鸣:《军人违反职责罪》,中国人民公安大学出版社2003年版,第65页。

Ⅷ　排除犯罪的事由

10　部队的指挥人员或值班、值勤人员在其岗位上发现紧急情况时立即处置,因处置紧急情况而不得已暂离岗位并保全了更大利益,属于紧急避险,可排除擅离、玩忽军事职守罪。

Ⅸ　既遂、未遂、不能犯

11　"玩忽军事职守"情形的主观方面是过失或间接故意,便不可能存在犯罪形态的问题。虽然"擅离军事职守"情形的主观方面是直接故意,但因本罪是结果犯,也不可能有既遂与未遂之分。本罪只有构成与不构成,不存在未遂形态,当然也不存在与未遂相对应的既遂形态。

12　在"擅离军事职守"的情形中,值勤、值班的行为人对自己轮岗的时间发生认识错误时,有可能出现不能犯的情况。例如,行为人原本要值勤 2 个小时,他误以为是 4 个小时,在 2 小时 30 分钟的时候,他因感到太累决定离岗,离去 5 分钟后即发生了严重事故,他因此有了深深的负罪感。这实际上是不能犯。

Ⅹ　共犯

13　过失犯擅离、玩忽军事职守罪不存在共犯问题。但在故意犯擅离、玩忽军事职守罪的情况下,可以在指挥人员、值班人员、值勤人员之间,这类人员与其他军职人员之间,这类人员与非军职人员之间构成擅离、玩忽军事职守罪的共犯。在后两种情况下,非军职人员只能构成擅离、玩忽军事职守罪共犯的组织犯,教唆犯或帮助犯。

14　在指挥人员与指挥人员之间,值班人员与值班人员之间,值勤人员与值勤人员之间,既可以构成擅离、玩忽军事职守罪的简单共犯,也可构成擅离、玩忽军事职守罪的复杂共犯。那么,在指挥、值班、值勤三类人员之间构成何种形式的共犯?笔者认为,指挥、值班、值勤的岗位虽不同,但三类人员串通一气擅离各自的岗位,都是擅离、玩忽军事职守罪的实行行为,故属于简单的共同犯罪。如果三类人员中的某一类人员自己并不擅离岗位,而是组织或教唆其他两类岗位的人员擅离他们的岗位,则构成共犯的组织犯或教唆犯。如果三类人员的某一类人员不仅自己擅离岗位,还组织、教唆其他两类人员擅离他们的岗位,而其他两类人员并不知该类人员自己也要擅离自己的岗位,则该类人员既有单独实施擅离、玩忽军事职守罪的行为,也有作为共犯中组织犯或教唆犯实施擅离、玩忽军事职守罪的行为。

Ⅺ　罪数

15　擅离、玩忽军事职守罪与《刑法》第 397 条规定的玩忽军事职守罪之间构成交叉关系的法规竞合,在此,玩忽军事职守罪属普通法,擅离、玩忽军事职守罪属特别法,根据特别法优于普通法的适用原则,当出现竞合时,应适用本法,不适用玩忽军事职守罪,故不构成数罪。行为人擅离军事职守以后又犯其他罪的,无论擅离军事职守是否为了犯其他的罪,都应对此按擅离、玩忽军事职守罪与其他罪认定数罪,实行并罚。在这种情况下,擅离军事职守是犯其他罪的条件,却不是犯其他罪的必要手段和方法。

Ⅻ 与非罪的界限

16 虽然军职人员擅离职守或玩忽职守,但没有造成严重后果,不构成犯罪,可对行为人进行必要的批评教育,情节严重的,可按军纪处理。如前所述,《军人违反职责罪案件立案标准的规定》第 6 条指出了“造成严重后果”的具体情形,这里不再赘述。

17 值得讨论的是,战时构成本罪所需要的“严重后果”是否与平时完全相同?笔者认为,根据“战时从严”的精神,可比照《军人违反职责罪案件立案标准的规定》第 6 条指出的各项具体情形,降格掌握“严重后果”,例如,平时造成死亡 1 人以上,或者重伤 3 人以上,或者重伤 2 人、轻伤 4 人以上,或者重伤 1 人、轻伤 7 人以上,或者轻伤 10 人以上的情形属于“造成严重后果”,相应的,战时可将重伤 2 人以上,或者重伤 1 人、轻伤 2 人以上,或者重伤 1 人、轻伤 4 人以上,或者轻伤 6 人以上的情形视为“造成严重”后果。

ⅩⅢ 与他罪的区别

一、与玩忽职守罪的区别

18 擅离、玩忽军事职守罪与玩忽职守罪的主要区别是:①擅离、玩忽军事职守罪侵害的是军队的指挥和值班、值勤秩序,而玩忽职守罪侵害的是国家机关的正常工作秩序。②擅离、玩忽军事职守罪的客观方面表现为擅离军事职守或玩忽军事职守并造成严重后果的行为,玩忽职守罪的客观方面是玩忽职守并致使公共财产、国家和人民利益遭受重大损失的行为。③擅离、玩忽军事职守罪的主体是军队中的指挥人员和值班、值勤人员,而玩忽职守罪的主体是国家机关工作人员。④擅离、玩忽军事职守罪主要是出于过失,但擅离职守的情况下也可以是故意,玩忽职守罪则只能是过失。

二、与战时临阵脱逃罪的区别

19 擅离、玩忽军事职守罪与战时临阵脱逃罪的主要区别是:①擅离、玩忽军事职守罪的客体是军队的指挥和值班、值勤秩序,而战时临阵脱逃罪的客体是军队的作战利益。②擅离、玩忽军事职守罪客观方面是擅离军事职守或玩忽军事职守并造成严重后果的行为,战时临阵脱逃罪是临阵脱逃的行为。③擅离、玩忽军事职守罪的主体是军队中的指挥人员、值班人员、值勤人员,战时临阵脱逃罪的主体是受领了作战任务或正在作战的军职人员。④擅离、玩忽军事职守罪除擅离职守的情况下可以是故意外,其主观方面主要是过失,而战时临阵脱逃罪只能是故意。

XIV 处罚

20 本条法定刑规定了两款三个量刑格次:第1款规定了两个量刑格次,一个是一般情节的格次,另一个是加重结果的格次;第2款是战时犯擅离、玩忽军事职守罪而特别加重处罚的格次。一般情况下犯擅离、玩忽军事职守罪的,判处3年以下有期徒刑或者拘役;犯擅离、玩忽军事职守罪造成特别严重后果的,处3年以上7年以下有期徒刑;所谓造成严重后果的,主要是指贻误重要战机的,严重影响部队完成任务,造成部队人员重大伤亡的,造成重要武器装备、军用设施、军用物资或者其他财产严重毁损,发生其他重大责任事故的等。战时犯前款罪的,处5年以上有期徒刑。

第四百二十六条　阻碍执行军事职务罪

以暴力、威胁方法，阻碍指挥人员或者值班、值勤人员执行职务的，处五年以下有期徒刑或者拘役；情节严重的，处五年以上十年以下有期徒刑；情节特别严重的，处十年以上有期徒刑或者无期徒刑。战时从重处罚。

文献:唐培贤、杨九根:《中国人民解放军审判工作史概述》,人民法院出版社1989年版;李淳、王尚新主编:《中国刑法修订的背景与适用》,法律出版社1998年版;宣炳昭主编:《刑法各罪的法理与实用》,中国政法大学出版社2002年版;黄林异、王小鸣:《军人违反职责罪》,中国人民公安大学出版社2003年版;高铭暄、赵秉志编:《中国刑法立法文献资料精选》,法律出版社2007年版;段作瑞:《军人违反职责罪研究》,法律出版社2016年版。王全达、尹丹阳:《论军职罪死刑取消的标准——由〈刑法修正案(九)〉取消两种军职罪罪名的死刑展开》,载《西安政治学院学报》2016年第3期。

细目录

Ⅰ　主旨
Ⅱ　沿革
Ⅲ　客体
Ⅳ　行为
Ⅴ　主体
Ⅵ　罪过
Ⅶ　排除犯罪的事由
Ⅷ　既遂、未遂、不能犯
Ⅸ　共犯
Ⅹ　罪数
Ⅺ　与非罪的界限
Ⅻ　与他罪的区别
　一、与擅离、玩忽军事职守罪的区别
　二、与阻碍军人执行职务罪的区别
XIII　处罚

Ⅰ　主旨

1　本条规定的阻碍执行军事职务罪,是指以暴力、威胁方法,阻碍指挥人员或者值班、值勤人员执行职务的行为。刑法规定阻碍执行军事职责罪的目的是通过惩治以暴力、威胁方法阻碍指挥人员或者值班、值勤人员执行职务的犯罪军人,维护军队指挥和值班、值勤的正常秩序,以保障部队自身的安全,使我军始终有发挥其职能所需要的良好状态和快速反应能力。

Ⅱ　沿革

2　1955年《中国人民解放军军事刑罚暂行条例(草案)》有与阻碍执行军事职务罪类似的规定。该草案第37条规定,不执行依服务规则所发布之命令构成犯罪者,处2年以下徒刑;结伙或领导实施第(一)项犯罪者,处2年以上徒刑;战时实施第(一)项犯罪者,处5年以上徒刑;其情节严重者,处无期徒刑或死刑。第38条规定,强迫正在执行军事勤务的人员去违犯勤务规则,因而招致损失者,依情节轻重,处3年以下有期徒刑。[1] 1981年《惩治军人违反职责罪暂行条例》设置了阻碍执行军事职务罪。该条例第10条规定,以暴力、威胁方法,阻碍指挥人员或者值班、值勤人员执行职务的,处5年以下有期徒刑或者拘役;情节严重的,处5年以上有期徒刑;情节特别严重的或者致人重伤、死亡的,处无期徒刑或者死刑。战时从重处罚。[2] 1997年《刑法》在吸收《惩治军人违反职责罪暂行条例》第10条的基础上,将其规定的"情节特别严重的或者致人重伤、死亡的"修改为"致人重伤、死亡的或者有其他特别严重情节的"。2015年8月29日全国人大常委会通过《刑法修正案(九)》对该条处罚部分作出修正,废除了阻碍执行军事职务罪的死刑,并对法定刑幅度及其对应的情节进行了调整。

3　根据《军人违反职责罪案件立案标准的规定》第7条的规定,阻碍执行军事职务罪是指以暴力、威胁方法,阻碍指挥人员或者值班、值勤人员执行职务的行为。

Ⅲ　客体

4　阻碍执行军事职务罪的客体是军队的指挥、值班、值勤的正常秩序。阻碍执行军事职责罪与擅离、玩忽军事职守罪的客体是相同的,只不过,在擅离、玩忽军事职守罪中,侵害该客体的是军队指挥人员或值班、值勤人员本身违反职责的行为,而在阻碍

1　参见唐培贤、杨九根:《中国人民解放军审判工作史概述》,人民法院出版社1989年版,第225—226页。

2　参见黄林异、王小鸣:《军人违反职责罪》,中国人民公安大学出版社2003年版,第197页。

执行军事职务罪中,侵害该客体的是其他军人以暴力、威胁方法阻碍指挥人员或值班、值勤人员的行为。军队的指挥、值班、值勤制度是部队正常秩序的体现,是保持军队高度集中统一,保障部队自身安全,充分发挥军队职能的必要条件。军职人员明知军队指挥、值班、值勤岗位的重要性,却以暴力、威胁的方法阻碍指挥人员或值班、值勤人员履行职责,直接危害了军队指挥、值班、值勤的正常秩序。

Ⅳ 行为

阻碍执行军事职务罪的行为要件是"以暴力、威胁方法"实施的"阻碍",行为对象是正在执行职务的部队指挥人员或者值班、值勤人员。军人仅仅是处于指挥部、值班室、哨位等场所,并没有在履行指挥或者值班、值勤职责,不属于阻碍执行军事职务罪对象。根据《军人违反职责罪案件立案标准的规定》第7条的规定,凡涉嫌阻碍执行军事职务的,应予立案。这表明阻碍执行军事职务罪是行为犯,即行为没有造成任何实际结果都可以构成阻碍执行军事职务罪。 5

阻碍,即阻止、妨碍。本条对于阻碍执行军事职务罪的成立没有时间和地点的限制,但要求特定的行为方法——暴力或威胁。"暴力",是指殴打、捆绑、伤害等侵袭行为。"威胁"通常是指以暴力进行恐吓的情况。需要讨论的是,以打击报复、揭发隐私等非暴力事由进行要挟是否属于"威胁"?对此,笔者认为,以非暴力事由相威胁与以暴力相威胁对于指挥人员或者值班人员、值勤人员执行职务的阻碍作用是一样的。以非暴力事由相威胁的方法实施阻碍指挥人员或者值班、值勤人员执行职务的情况在实践中是可能存在的。刑法在危害国防利益罪中规定了阻碍军人执行职务罪,该罪的客观行为与阻碍执行军事职务罪相同,都是"阻碍"(且都是阻碍军人执行职务,只不过阻碍执行军事职务罪是特定军人执行特定职务),如果只承认阻碍军人执行职务罪中的"威胁"可包括非暴力事由,却将它从本罪的"威胁"中排除,就会陷入自相矛盾。妨害公务罪也规定了"威胁",并没有谁将非暴力事由排除在妨害公务罪之外。此外,在《刑法》规定的术语中,不仅"威胁"涉及是否包括以非暴力事由相威胁,而且类似的"胁迫"也涉及这个问题。从对"胁迫"的理解来看,除了某些罪名设定的行为特征要求"胁迫"只能是以暴力相威胁之外(例如,劫持航空器罪,劫持船只、汽车罪,抢劫罪等不可能以非暴力的威胁实施成功),其他罪名中的"胁迫"则包括非暴力事由(例如,强奸罪,强制猥亵、侮辱罪等)。对阻碍执行军事职务罪中"威胁"的理解应类同于"胁迫"。总之,笔者认为,除非某个罪的行为特征是排斥非暴力事由的,"威胁"本身已经包含了这种事由,理解时不应人为地将其排除。在刑法规定"暴力、威胁"方法的罪名中,都没有像规定"暴力、胁迫"方法的罪名那样,并列地规定"其他方法"。阻碍执行军事职务罪也不例外。因此,当实践中出现使用"暴力、威胁"之外的方法实施阻碍执行军事职务的时候,根据罪刑法定原则,不能构成阻碍执行军事职务罪。但从实践来看,用麻醉这样的非"暴力、威胁"的方法实施阻碍执行军事职务罪行为,与使用"暴力、威胁"的方法没有实质的区别,同样会严重危害国家军 6

事利益,本条却没有规定,这似乎是立法上的疏漏。当然,在法律未改变之前,还须依法办事。

7 阻碍执行军事职务罪在平时和战时都能构成。

V 主体

8 阻碍执行军事职务罪主体是《刑法》第450条规定的军职人员。阻碍执行军事职务罪既可以是由并不在岗位上履行指挥或者值班、值勤职务的军人对正在岗位上履行职责的指挥人员或者值班人员、值勤人员实施,也可由正在同一岗位上履行职责的指挥人员或者值班人员、值勤人员在相互间实施,还可以是由正在某一岗位上履行职责的指挥人员或者值班人员、值勤人员对正在其他指挥或者值班、值勤岗位上执行职务的人员实施。实践中,以第一种情况居多。

VI 罪过

9 阻碍执行军事职务罪的罪过形式为故意,包括直接故意和间接故意。直接故意可发生在阻止和妨碍执行军事职务的情况中,而间接故意通常只能发生在妨碍执行军事职务的情况中。直接故意的阻碍,行为人是直接针对军事职务的执行活动,其目的是使军事职务不能执行或难以执行。间接故意的阻碍,行为人并不直接针对军事职务的执行活动,而是在急于实施对自己有利的某项活动时,明知有可能阻碍军事职务的执行,而置其于不顾,致使军事职务的执行受到阻碍。

VII 排除犯罪的事由

10 行为人出于维护国家军事利益的目的,在不得已情况下阻碍指挥人员或值班、值勤人员执行职务,多半属于义务冲突,排除阻碍执行军事职务罪。例如,行为人肩负特殊使命,为了递送一份十万火急的情报,来不及向途中哨卡执勤人员解释,不顾阻拦,开车强行闯关。

VIII 既遂、未遂、不能犯

11 阻碍执行军事职务罪作为行为犯,既可以是状态犯,如行为人一拳将正在值勤的哨兵打昏在地扬长而去;也可以是继续犯,如行为人纠缠从指挥室里出来拿东西的正执行职务的指挥人员,两种情况都很难存在既遂与未遂的区分。行为人误以为他人正在执行指挥或者值班、值勤职务而实施阻碍行为,属于不能犯。

IX 共犯

12 多名军人以暴力、威胁方法,阻碍指挥人员或者值班、值勤人员执行职务,如果事前通谋或临时有意思联络,应构成阻碍执行军事职务罪的共同犯罪,否则,只能分别构成阻碍执行军事职务罪。在有通谋的情况下,无论多名军人是一起对同样的对象同时实施阻碍行为,还是分别对不同对象在不同时间实施阻碍行为,都构成阻碍执行军事职务罪的共同犯罪。

存在疑问的是,军人与非军人共同以暴力、威胁方法阻碍指挥人员或者值班、值勤人员执行职务,应当如何定罪?是军人与非军人构成阻碍执行军事职务罪的共同犯罪?还是分别构成阻碍执行军事职务罪与(危害国防利益罪中的)阻碍军人执行职务罪?或是军人与非军人构成共同犯罪的前提下分别认定不同的罪名?这实际上是有特定身份的主体与无特定身份的主体构成共同犯罪时的罪名确定问题。对此,国内外学者有不同认识,争议颇多,莫衷一是。国内主要有主犯决定说、实行犯决定说、身份决定说、分别定罪说、区别对待说等,国外主要有犯罪共同说(又分完全犯罪共同说和部分犯罪共同说)与行为共同说。 13

笔者认为,军人与非军人在客观上具有共同的阻碍行为,主观上具有共同的阻碍故意,便构成我国刑法中的共同犯罪。但是,由于指挥人员、值班人员、值勤人员只是军人的一部分,故非军人实施的阻碍三种人员之外的军人执行职务的行为,不能与军人构成共同犯罪,只能单独构成阻碍军人执行职务罪。 14

军人与非军人一起阻碍三种人员执行军事职务而构成共同犯罪时,军人只能构成专门针对军人设置的阻碍执行军事职务罪,非军人的定罪则有两个选项:或构成阻碍军人执行职务罪,或构成阻碍执行军事职务罪的共犯?回答这个问题的决定因素在于刑法规定阻碍执行军事职务罪与阻碍军人执行职务罪的目的——保证军人正常顺利地执行职务和维护国家军事利益。据此,应将与军人一起阻碍执行军事职务的非军人认定为阻碍执行军事职务罪的共犯。因为将非军人认定为阻碍军人执行职务罪不能充分维护国家军事利益。第一,根据《刑法》第 368 条的规定,阻碍军人执行职务罪只有一个刑罚格次,最高刑为 3 年有期徒刑,如果认定非军人阻碍军人执行职务的行为本身足以顶格处罚,那么加上共犯情节也无法突破。这样,对国家军事利益的实际危害与应受到的实际刑罚后果不相适应。第二,本条规定了直至无期徒刑的三个刑罚格次,起点刑罚格次的最高刑罚即可达 5 年有期徒刑,作为军人阻碍执行军事职务的后果。既然阻碍执行军事职务的军人应当承受这样的后果,与军人一起阻碍执行军事职务的非军人也应当承受这样的后果。第三,在军人与非军人构成共同犯罪的情况下,如果只按一个罪名来认定,只能选择阻碍执行军事职务罪。军人阻碍三种人员之外的其他军人执行职务,可以构成阻碍军人执行职务罪,但军人阻碍三种人员执行军事职务,只能认定为阻碍执行军事职务罪。然而,与军人一起阻碍执行军事职务的非军人则同时触犯了阻碍执行军事职务罪与阻碍军人执行职务罪——与军人之间的"公约数"显然是后者。第四,比较阻碍执行军事职务罪与阻碍军人执行职务罪,无论是对象范围还是职务内容,后者都包含前者,故在两罪主体共同犯罪的情况下,可属于法条竞合——前者是特别法,后者是一般法,因而两罪主体应当共同构成特 15

别法罪名。

Ⅹ 罪数

16 犯阻碍执行军事职务罪致人死亡、重伤的,构成结果加重犯,不实行数罪并罚。以执行职务者为特定目标直接加以杀害或重伤的情况,在阻碍执行军事职务罪与故意杀人罪或故意伤害罪之间构成想象竞合犯,从阻碍执行军事职务罪侵害的客体和罪过形式综合考虑,如果没有阻碍执行军事职务的故意,应认定故意杀人罪或故意伤害罪;反之,则可认定为阻碍执行军事职务罪。

Ⅺ 与非罪的界限

17 虽然《军人违反职责罪立案标准的规定》第 7 条要求凡涉嫌阻碍执行军事职务的,应予立案。但笔者认为,这并不意味着只要阻碍执行军事职务的行为一律构成犯罪。这是因为我国《刑法》总则第 13 条中“但书”的规定,“情节显著轻微危害不大的,不认为是犯罪”。现实发生的阻碍执行军事职务的行为也会有危害程度的不同,对“情节显著轻微危害不大的”情形,应当将其排除在犯罪之外。虽然阻碍指挥人员或值班、值勤人员执行职务,但不以暴力、威胁方法实施的,不构成犯罪,可对行为人进行批评教育,必要时予以军纪处分。

Ⅻ 与他罪的区别

一、与擅离、玩忽军事职守罪的区别

18 阻碍执行军事职务罪与擅离、玩忽军事职守罪的主要区别是:①阻碍执行军事职务罪的行为是以暴力、威胁方法阻碍指挥人员、值班人员、值勤人员执行军事职务,而擅离、玩忽军事职守罪的行为是擅离或玩忽军事职守。②阻碍执行军事职务罪的主体是军职人员,擅离、玩忽军事职守罪的主体是军队的指挥人员、值班人员、值勤人员。③阻碍执行军事职务罪的主观方面为故意,而擅离、玩忽军事职守罪的主观方面既可以是故意也可以是过失。

二、与阻碍军人执行职务罪的区别

19 阻碍执行军事职务罪与阻碍军人执行职务罪的主要区别是:①阻碍执行军事职务罪侵害的是国家的军事利益,而阻碍军人执行职务罪侵害的是国家的国防利益。②阻碍执行军事职务罪的犯罪对象是军队的指挥人员、值班人员、值勤人员,而阻碍军人执行职务罪的犯罪对象是军职人员。③阻碍执行军事职务罪的主体是军职人员,阻碍军人执行职务罪的主体则为非军职人员。

XIII 处罚

本条罪名的法定刑由轻至重有三个格次:①构成犯罪的基本刑格次,即在一般情况下构成阻碍执行军事职务罪,判处5年以下有期徒刑或者拘役。②情节严重的加重刑罚格次,即犯阻碍军事职务罪情节严重的,判处5年以上10年以下有期徒刑。所谓情节严重,主要是指聚众阻碍执行职务的首要分子,使用武器装备阻碍执行职务的,在紧要关头或者危急时刻阻碍执行职务的,阻碍担负重要职责的指挥人员或者值班、值勤人员执行职务的,阻碍执行职务造成严重后果的等。③情节特别严重的再加重格次,即犯阻碍军事职务罪情节特别严重的,判处10年以上有期徒刑或者无期徒刑。对于情节特别严重,可从其与情节严重的关系来把握,一方面,情节特别严重可以是程度更高的情节严重,故特别严重与严重之间的情节内容及范围是一致的,例如,聚众阻碍执行军事职务,3人之众与30人之众,前者为严重,后者为特别严重,情节都是聚众。另一方面,情节特别严重并不是程度更高的情节严重,特别严重的情节不可能仅仅是严重的情节,例如,阻碍执行军事职务罪导致死亡的后果,恐怕就只能是情节特别严重而不能归于情节严重。《刑法修正案(九)》之前的规定就把致人死亡作为一种列举的特别严重的情节,修正后的规定删除了这种列举性规定,但此种情形仍应归属于情节特别严重。据此逻辑,原来列举性的规定还有致人重伤,也被修正案删除,亦应归于情节特别严重。不过,这样一来,情节严重包含的人身伤害结果就只能理解为致人轻伤,这是否合理还值得研究。需要指出的是,《刑法修正案(九)》在原来规定的情节严重与情节特别严重的格次分别增加了法定刑上限与下限,是很有必要的,使得两种格次之间的界限更加分明与合理。 20

本条明确规定"战时从重处罚",意味着不论适用哪一个量刑格次,战时犯阻碍执行军事职务罪的,都应该从重处罚,这体现了军人违反职责罪战时从严的原则。 21

第四百二十七条　指使部属违反职责罪

滥用职权，指使部属进行违反职责的活动，造成严重后果的，处五年以下有期徒刑或者拘役；情节特别严重的，处五年以上十年以下有期徒刑。

文献:唐培贤、杨九根:《中国人民解放军审判工作史概述》,人民法院出版社1989年版;李淳、王尚新主编:《中国刑法修订的背景与适用》,法律出版社1998年版;宣炳昭主编:《刑法各罪的法理与实用》,中国政法大学出版社2002年版;黄林异、王小鸣:《军人违反职责罪》,中国人民公安大学出版社2003年版;高铭暄、赵秉志编:《中国刑法立法文献资料精选》,法律出版社2007年版;段作瑞:《军人违反职责罪研究》,法律出版社2016年版。张波:《指使部属违反职责罪探究》,载《西安政治学院学报》2006年第1期。

细目录

Ⅰ　主旨
Ⅱ　沿革
Ⅲ　客体
Ⅳ　行为
Ⅴ　结果
Ⅵ　主体
Ⅶ　罪过
Ⅷ　既遂、未遂、不能犯
Ⅸ　共犯
Ⅹ　罪数
Ⅺ　与非罪的界限
Ⅻ　与他罪的区别
　一、与传授犯罪方法罪的区别
　二、与阻碍执行军事职务罪的区别
XIII　处罚

Ⅰ　主旨

1　本条规定的指使部属违反职责罪,是指指挥人员滥用职权,指使部属进行违反职责的活动,造成严重后果的行为。刑法规定指使部属违反职责罪的目的是通过惩治滥用职权指使部属违反职责的犯罪军人,促使军队各级首长严肃对待自己的职责和其部属担负的职责,正当地行使职权,带头履行军人职责,要求、督促和帮助下属履行职责,以维护军队的正常秩序。

Ⅱ 沿革

本条罪名在1955年《中国人民解放军军事刑罚暂行条例(草案)》中和1981年《惩治军人违反职责罪暂行条例》中都没有相应的规定,是我国现行《刑法》新设的罪名。该罪名为单一罪名。国家军事利益是通过每个军人履行其担负的职责实现的,如果军人不仅不履行职责,反而进行违反职责的活动,必然会给国家军事利益带来严重危害。各级首长或者负有领导、指挥、管理职责的人员有义务督促其部属切实履行职责,如果不仅不督促部属履行职责,反而指使部属进行违反职责的活动,那么,既违反了自己的职责,也使部属违反了职责,而且由于得到首长的支持,部属在违反职责时有恃无恐,更会加大危害。但是,新中国成立之初,经过长期战争锻炼的我军各级首长有着很强的职责意识,这种意识在整个国家都处在"准备打仗"的形势下得到保持,故很少出现各级首长指使部属违反职责的情况。加之在计划经济和较为封闭的社会背景下,部队的首长也很少产生指使部属违反职责的动机。这不能不说是过去没有规定本条罪名的原因。然而,改革开放使社会利益格局发生了变化,军队面临诸多新问题,利益主体的多元化,社会生活的多样性,使得一些部队的首长在个人利益或本单位利益的驱动下,滥用职权,指使部属进行违反职责的活动。这就使刑法规定本条的罪名成为必要。 2

根据《军人违反职责罪案件立案标准的规定》第8条的规定,指使部属违反职责罪是指指挥人员滥用职权,指使部属进行违反职责的活动,造成严重后果的行为。 3

Ⅲ 客体

指使部属违反职责罪的客体是军队的正常秩序。根据军队的条令条例,军队的各种人员担负的具体职责有所不同,军人履行职责的行为构成军队正常秩序的整体。指使部属违反职责罪的行为人虽与被指使者之间有隶属或行政管理关系,但其行为危害的并不是该种关系,因为对这种关系的危害是妨碍军令政令畅通的行为。行为人实际上是通过指使部属违反职责危害了这些职责所共同体现的军队秩序。作为首长,不但不促使部属忠实地履行职责,而且指使其违反职责,当然败坏了军队的良好声誉,指使部属违反职责罪本质危害的是军队的正常秩序。 4

Ⅳ 行为

指使部属违反职责罪的行为要件是:滥用职权,指使部属进行违反职责的活动。这里的滥用职权,指行为人不按照军队条令条例规定的内容和事项行使权力。滥用 5

职权的表现是多种多样的,指使部属违反职责罪中的滥用职权则是指特定的表现——指使部属进行违反职责的活动。因此,对滥用职权与指使部属进行违反职责的活动必须结合起来理解。

6 指使,是指令和唆使。指使的对象必须是行为人的部属。违反职责,是指作为部属的军人违反各种条令、条例规定的职责。条令、条例是军队基本的军事法规,故违反职责的活动就是一种违反军事法规的行为。如果违反了纪律条令,就是违反军纪的行为。那么,这里的"违反职责"是否可以认为既违反军事法规,又同时触犯刑律(军职罪的其他罪名)呢?有论者对此持否定态度。"因为指使部属进行犯罪活动虽然也属于进行违反职责的活动,但这种情况已构成共同犯罪,而《刑法》对共同犯罪有专门规定,因此不能再按指使部属进行违反职责的活动看待。"[1]这里没有解释指使者与其部属作为共犯人的地位,对"指使"概念的理解也十分模糊。如果行为人指使部属进行违反职责并构成某种军职罪的活动,从而与部属构成共同犯罪,该罪的实行犯显然只能是部属,那么,指使者作为共犯人只能是组织犯、帮助犯或教唆犯中的一种,而"指使"这个概念所反映的行为特征决定了指使者只与教唆犯或组织犯有共同之处,与帮助犯无关。然而,"指使"与"教唆"并不是一回事。教唆是一种授意、怂恿、劝说、诱使的行为,而指使是指令和唆使相结合的行为。两种行为最大的区别是,教唆不含任何强迫因素,而指使则是行为人利用军队命令与服从的隶属关系形成的权威而暗含强迫的行为,这也正是指使部属违反职责罪局限于首长和部属之间的原因。在这种关系中,指使部属进行一定活动,部属往往难以抗拒。因此,指使部属犯军职罪并不符合教唆犯的构成,而应按本条规定的罪名认定。在刑法中专设本条罪名,已经考虑到以教唆犯认定指使者的困难。更重要的是,作为部属的首长和上级,竟然指使部属实施违反军人职责的犯罪,这本身是对军事指挥权的严重侵害和亵渎,如果对其行为按照其指使的犯罪去认定,则不能反映其行为的客体和危害的性质。其实,刑法中还有类似的罪名,如传授犯罪方法罪,也是考虑了它独立于教唆犯的特点和必要性而设立的。这个道理也决定了不宜将指使者认定为其他军职罪名的组织犯,而应认定为本条规定的罪名。再说,我国刑法中只有犯罪集团的组织犯,而没有关于一般共同犯罪组织犯的规定。

7 我军条令所规定的各类军人职责中,普遍要求军人遵守国家的法律、法规,据此,首长指使部属违反国家的法律法规,进行普通犯罪(非军职罪)活动,是否构成本条罪名?与前述道理相同,行为人只能构成本条罪名,而不能与部属共同构成某种普通罪名。

8 指使的行为多表现为言语,包括口头和书面的言语,但也可以包括非言语的举动,如一个手势。指使既可以是明示也可以是暗示。

---

1 黄林异、王小鸣:《军人违反职责罪》,中国人民公安大学出版社 2003 年版,第 77 页。

Ⅴ 结果

法条规定本罪是结果犯，明文要求“造成严重后果”。根据《军人违反职责罪案件立案标准的规定》第 8 条的规定，“造成严重后果”主要是指以下情形：造成重大任务不能完成或者迟缓完成的；造成死亡 1 人以上，或者重伤 2 人以上，或者重伤 1 人、轻伤 3 人以上，或者轻伤 5 人以上的；造成武器装备、军事设施、军用物资或者其他财产损毁，直接经济损失 20 万元以上，或者直接经济损失、间接经济损失合计 100 万元以上的；造成其他严重后果的。 9

Ⅵ 主体

指使部属违反职责罪的主体是军职人员，而且是具有一定职权的军队中的各级首长。因为指使的对象必须是行为人的部属，决定了行为人相对处于首长地位。对于被指使人来讲，行为人既可以是基于正式任命的首长，也可以是临时或在特殊情况下因军衔级别形成的上级，还可以是临时或在特殊情况下被赋予一定指挥权或管理权的军职人员。无论如何，在行为人与行为对象之间必须具有隶属关系。这里有一个问题：首长和部属之间是上下级关系，那么，不具有隶属关系的上级能否因指使下级进行违反职责的活动构成指使部属违反职责罪？回答是否定的。根据罪刑法定原则，既然《刑法》条文已经明文规定了“部属”，就不能将其扩大到外延更宽的“上级”。 10

Ⅶ 罪过

指使部属违反职责罪的罪过形式是直接故意，即明知他人实施其指使的行为将违反军人职责而希望他人实施这样的行为。不是希望下属实施违反职责的行为，而是在其他目的的行为活动中放任下属实施违反职责的行为，不应构成指使部属违反职责罪。如果部属的行为超出了行为人指使的明确范围，行为人是否为这部分行为负责？回答是肯定的。因为行为人在指使部属进行违反职责的活动时，其主观上就能够或应当预见其指使行为可能促使部属实施更多的违反职责的活动，或者部属的违反职责的活动会引起更多违反职责的活动。 11

Ⅷ 既遂、未遂、不能犯

由于本罪是结果犯，故不存在犯罪形态的区分。在部属已经先行实施违反其职责的活动时，行为人不知情而指使其实施同样的活动，可属于本罪的不能犯。 12

Ⅸ 共犯

如前所述，指使部属违反职责罪的行为人与其指使的部属之间不能构成非本条 13

罪名的共犯。而且,行为人与其指使的部属之间也不能构成本条罪名的共犯,因为在部属实施的违反职责行为并不构成犯罪的情况下,部属不可能与行为人共同构成指使自己违反职责的犯罪。对于部属,可视情形采取教育措施。

14 但是,指使部属违反职责罪仍然存在共同犯罪,有两种情况:第一,部属的若干首长之间可以构成指使部属违反职责罪的共犯,包括简单共犯与复杂共犯。若干首长既可以都是部属的直接首长,也可以都是部属的非直接首长,还可以是直接首长与非直接首长兼有。第二,部属的首长与非部属首长的人员之间可以构成指使部属违反职责罪的共犯,只能是复杂的共犯,部属的首长是实行犯,而非部属首长的人员只能是教唆犯。

X 罪数

15 如果行为人使用暴力、威胁的方法,指使值班、值勤人员离开其岗位并实施其他违反职责的行为,将构成指使部属违反职责罪与阻碍执行军事职务罪的法规竞合,不应认定为指使部属违反职责罪,而应认定为阻碍执行军事职务罪。因为:第一,两罪相比,阻碍执行军事职务罪的方法、对象均有特定限制,故为特别法;第二,两罪相比,阻碍执行军事职务罪的相应法定刑更重。

XI 与非罪的界限

16 滥用职权,指使部属进行违反职责的活动,但未造成严重后果的,不构成犯罪,对行为人可给予军纪处分。如前所述,《军人违反职责罪案件立案标准的规定》第 8 条指出了“造成严重后果的”具体情形,这里不再赘述。另外,如果下属没有实施行为人指使其违反的某一特定职责内容,而是实施了违反不是由行为人指明的职责内容,就要看行为人的指使行为与其下属实施的违反职责行为之间是否有因果关系,有因果关系且造成严重后果的,构成指使部属违反职责罪;有因果关系未造成严重后果的或者没有因果关系的,不构成犯罪,可按军纪处理。由于过失导致下属实施违反职责的行为造成严重后果,不构成犯罪。

XII 与他罪的区别

一、与传授犯罪方法罪的区别

17 指使部属违反职责罪与传授犯罪方法罪的主要区别是:①指使部属违反职责罪侵犯的客体是军队的正常秩序,而传授犯罪方法罪侵犯的客体是社会管理秩序。②指使部属违反职责罪的客观行为是指使自己的部属违反职责的活动,而传授犯罪方法罪的客观行为是向不特定的人传授犯罪的方法。③指使部属违反职责罪的犯罪主体是具有一定职权的军职人员,而传授犯罪方法罪的主体是一般主体。

二、与阻碍执行军事职务罪的区别

指使部属违反职责罪与阻碍执行军事职务罪的主要区别是:①指使部属违反职责罪的主体是具有一定职权的军职人员,而阻碍执行军事职务罪的主体是一般军职人员。②指使部属违反职责罪的客观行为是指使自己的部属进行违反职责的活动,而阻碍执行军事职务罪的客观行为是阻碍指挥人员或者值班、值勤人员执行职务。③指使部属违反职责罪对于犯罪的手段没有限制,而阻碍执行军事职务罪的手段是以暴力、威胁进行的。 18

XIII 处罚

本条法定刑有两个量刑格次:一个是一般情节的格次,另一个是情节特别严重的格次。一般情况下犯指使部属违反职责罪,判处5年以下有期徒刑或者拘役;犯指使部属违反职责罪情节特别严重的,处5年以上10年以下有期徒刑。所谓情节特别严重,主要是指造成的后果特别严重的,战时指使部属违反职责的,指使建制部队(分队)违反职责的,不顾部属的反对意见强迫部属违反职责的,等等。但是需要注意的是,适用情节特别严重加重处罚的量刑格次,必须是在已经具备指使部属违反职责罪的全部构成要件的基础上。换句话说,在是否构成指使部属违反职责罪的问题还没有解决前,仅有个别特别严重的情节,是不能适用这一量刑格次处罚的。 19

第四百二十八条　违令作战消极罪

指挥人员违抗命令，临阵畏缩，作战消极，造成严重后果的，处五年以下有期徒刑；致使战斗、战役遭受重大损失或者有其他特别严重情节的，处五年以上有期徒刑。

文献:唐培贤、杨九根:《中国人民解放军审判工作史概述》,人民法院出版社1989年版;李淳、王尚新主编:《中国刑法修订的背景与适用》,法律出版社1998年版;宣炳昭主编:《刑法各罪的法理与实用》,中国政法大学出版社2002年版;黄林异、王小鸣:《军人违反职责罪》,中国人民公安大学出版社2003年版;高铭暄、赵秉志编:《中国刑法立法文献资料精选》,法律出版社2007年版;段作瑞:《军人违反职责罪研究》,法律出版社2016年版。

细目录

Ⅰ　主旨
Ⅱ　沿革
Ⅲ　客体
Ⅳ　行为
Ⅴ　结果
Ⅵ　主体
Ⅶ　罪过
Ⅷ　既遂、未遂、不能犯
Ⅸ　共犯
Ⅹ　罪数
Ⅺ　与非罪的界限
Ⅻ　与他罪的区别
一、与战时违抗军令罪的区别
二、与战时临阵脱逃罪的区别
三、与玩忽军事职守罪的区别
XⅢ　处罚

Ⅰ　主旨

1　本条规定的违令作战消极罪,是指指挥人员违抗命令,临阵畏缩,作战消极,造成严重后果的行为。刑法规定违令作战消极罪的目的是通过惩治临阵畏缩、作战消极的军队指挥人员，弘扬革命英雄主义精神，鼓励军队的指挥人员在战场上带头勇敢战斗，不怕牺牲，身先士卒，积极作战，从而克敌制胜，切实维护和实现国家军事利益。

Ⅱ 沿革

在 1955 年《中国人民解放军军事刑罚暂行条例（草案）》中和 1981 年《惩治军人违反职责罪暂行条例》中都没有相应的规定，违令作战消极罪是我国现行《刑法》新增设的罪名。现行《刑法》在修订时增设此罪，主要是考虑到在作战中，英勇战斗、不怕牺牲是压倒敌人、完成任务的重要因素，各级指挥人员应当坚决服从命令，勇敢战斗，坚决完成任务。借口保护自己，临阵畏缩，作战消极，必将贻误战机，影响作战的胜利。[1] 鉴于此，修订刑法时增设了违令作战消极罪。 2

根据《军人违反职责罪案件立案标准的规定》第 9 条的规定，违令作战消极罪是指指挥人员违抗命令，临阵畏缩，作战消极，造成严重后果的行为。 3

Ⅲ 客体

违令作战消极罪侵犯的客体是部队的作战利益。 4

Ⅳ 行为

根据《军人违反职责罪案件立案标准的规定》第 9 条的规定，本罪的行为要件是违抗命令，临阵畏缩，作战消极。其中，命令是指作战命令。行为人负有执行作战命令的义务，是构成违令作战消极罪的前提。临阵畏缩，作战消极，是行为人违抗作战命令的具体表现，相对于作战义务而言，显然是不作为。临阵畏缩，是指行为人面对上级交给的作战任务却步不前、不敢上阵；作战消极，是指行为人在执行上级交给的作战任务过程中无故拖延、不尽全力。临阵畏缩，作战消极的具体表现又是多种多样的，其共同特点是在作战过程中畏惧困难，惧怕艰险，消极退缩，怯战怠战。本罪的行为只能发生于战时，而且是在战场上。 5

Ⅴ 结果

法条规定本罪是结果犯，明文要求“造成严重后果”。根据《军人违反职责罪案件立案标准的规定》第 9 条的规定，“造成严重后果”主要是指以下情形：扰乱作战部署或者贻误战机的；造成作战任务不能完成或者迟缓完成的；造成我方人员死亡 1 人以上，或者重伤 2 人以上，或者轻伤 3 人以上的；造成武器装备、军事设施、军用物资 6

1 参见李淳、王尚新主编：《中国刑法修订的背景与适用》，法律出版社 1998 年版，第 587 页。

或者其他财产损毁,直接经济损失20万元以上,或者直接经济损失、间接经济损失合计100万元以上的;造成其他严重后果的。

Ⅵ 主体

7 违令作战消极罪的主体是指挥人员,指任何负有指挥职责的人员,无论是担当固定指挥职务的人员,还是临时负有指挥职责的人员。违令作战消极罪主体也不限于军官,部队中的班长甚至战斗小组长虽是士兵,仍会负有一定指挥职责,故也能成为违令作战消极罪的主体。结合违令作战消极罪的客观方面,违令作战消极罪的主体显然是领受了具体作战任务的指挥人员。

Ⅶ 罪过

8 关于违令作战消极罪的罪过形式,大多数论者认为是故意,也有少数论者认为:"违令作战消极罪在主观方面是过失的……从实际情况看,行为人往往是出于侥幸心理,轻信能够避免,因而属于过失犯罪,而且大多数是过于自信的过失犯罪。"[2]两种观点都过于绝对,笔者认为,违令作战消极罪既可以由故意构成,也可以由过失构成。过失论者描述的情况是存在的,特别是在行为人对上级的命令有异议时很可能发生。但是,大多数情况下,行为人出于贪生怕死、本位主义、对上级不满等动机,明知自己的行为可能发生危害结果却希望或放任其发生,仍然实施行为并导致了危害结果的发生。无论如何,违令作战消极罪是有认识的罪过形式,因为指挥人员在接受作战命令时就已经知道了不执行命令的行为性质。违令作战消极罪不可能由疏忽大意的过失构成。

Ⅷ 既遂、未遂、不能犯

9 由于本罪是结果犯,不存在犯罪形态问题。与战时违抗命令罪一样,在行为人错误理解命令的情况下,有可能发生不能犯。

Ⅸ 共犯

10 违令作战消极罪的主体可与其他知情的军职人员和非军职人员构成共犯,但是,其他人员不可能是实行犯。指挥人员指挥的下级人员实施了临阵畏缩、作战消极的行为,下级人员无论是否知情(了解命令的内容),都不构成违令作战消极罪的共犯,而是指挥人员单独构成违令作战消极罪。如果领受任务的指挥人员不止一名,则可能在多名指挥人员之间形成违令作战消极罪的共同实行犯。

---

2 黄林异、王小鸣:《军人违反职责罪》,中国人民公安大学出版社2003年版,第84页。

X 罪数

违令作战消极罪是结果加重犯或情节加重犯。加重结果是"致使战斗、战役遭受重大损失",加重情节是"其他特别严重情节",二者的作用是提高量刑格次。需要注意的是,违令作战消极罪作为构成上的结果犯,"造成严重后果"是违令作战消极罪不可缺少的构成要件,从理论上说,在"致使战斗、战役遭受重大损失"的情况下,这一结果既是量刑加重的结果,也是违令作战消极罪构成的要件结果,但从违令作战消极罪的法条规定来看,"严重后果"对应着基本的法定刑而不是加重的法定刑,故其内容中不应包括加重结果。 11

根据刑法理论,结果加重犯属于实质的一罪,情节加重犯的归属却不明确。如果指挥人员因篡改命令犯违令作战消极罪的,符合牵连犯的特征,即违令作战消极罪的犯罪手段牵连了假传军令罪。那么,是按照牵连犯原则处罚,还是将其视为加重情节而按照情节加重犯处罚?如果按照牵连犯原则处罚,必须对比所牵连之罪的法定刑:假传军令罪的基本刑是"对作战造成危害的,处三年以上十年以下有期徒刑",加重刑是"致使战斗、战役遭受重大损失的,处十年以上有期徒刑、无期徒刑或者死刑";违令作战消极罪的基本刑是"造成严重后果的,处五年以下有期徒刑",加重刑是"致使战斗、战役遭受重大损失或者有其他特别严重情节的,处五年以上有期徒刑"。违令作战消极罪的规定中,"致使战斗、战役遭受重大损失"与"其他特别严重情节"之间是"或者"的并列选择关系,即其中任何一种情况都符合加重刑格次。当然,不排除二者同时存在的情况,但即便如此,二者都不具有相互包含或者交叉的关系。因此,"其他特别严重情节"本身是排斥"致使战斗、战役遭受重大损失"的,而假传军令罪的加重刑格次正是以后者为条件的,也就是说,一般假传军令罪的法定刑更重,但具体分析却不尽然,当"致使战斗、战役遭受重大损失"的结果并没有发生时,就不能以这种情况下根本不能适用的假传军令罪的加重法定刑来进行比较,而且,假传军令罪的加重法定刑并没有规定以"其他特别严重情节"作为选择性条件,故即便考虑到罪名牵连的情况也无法适用加重刑格次。再看违令作战消极罪,如果不把牵连情况作为特别严重的情节,而又未发生"致使战斗、战役遭受重大损失"的结果或者"其他特别严重情节",当然是按照违令作战消极罪考虑,其法定刑显然不如假传军令罪的基本法定刑高;但是,如果把牵连情况作为"其他特别严重情节",违令作战消极罪则可以在加重的格次上考虑刑罚。显而易见,按照牵连犯原则处理违令作战消极罪与假传军令罪的实际牵连关系的初衷是要考虑选择较重的刑罚,但结论恰恰相反,这样处理还不如按照违令作战消极罪处理的刑罚为重。所以,当这两个相互牵连的罪名只能以基本刑作比较以期较重刑罚时,还不如把牵连假传军令罪的情况作为违令作战消极罪的"其他特别严重情节",从假传军令罪本身的刑罚设置来看,它完全够得上"特别严重"。 12

违令作战消极罪与战时违抗命令罪之间构成法规竞合的包含关系,战时违抗命 13

令罪的外延大于违令作战消极罪的外延,违令作战消极罪显然属于特别法,故二者竞合时应适用违令作战消极罪。

XI 与非罪的界限

14 虽然本条规定的违令作战消极罪是指"指挥人员违抗命令"的行为,但以下情形并不构成犯罪,仅仅是违反军纪的行为:其一,平时违抗非作战命令的行为。其二,指挥人员因观点不同而口头表示不执行命令或接到命令的第一时间拒不回应,但经上级批评督促或自我反省后及时改正,接受并积极执行了作战命令。其三,指挥人员违抗命令,临阵畏缩,作战消极,但未造成严重后果。此外,如果行为人主观上积极努力,创造条件,争取完成任务,但由于客观条件的限制,无法达到预期目的,造成严重后果,行为人亦不构成犯罪。

XII 与他罪的区别

一、与战时违抗军令罪的区别

15 违令作战消极罪与战时违抗命令罪的主要区别有:①违令作战消极罪中的命令肯定是作战命令,而战时违抗命令罪中的命令则有着更为宽泛的外延,不一定是作战命令。②违令作战消极罪的行为只能在战场上或者作战过程中实施,而战时违抗命令罪是"战时"犯罪,有着更为广阔的时空范围。③违令作战消极罪的主体仅限于指挥人员,而战时违抗命令罪的主体可以是任何军职人员。④违令作战消极罪的主观方面既可以是故意也可以是过失,而战时违抗命令罪的罪过形式只能是故意。

二、与战时临阵脱逃罪的区别

16 违令作战消极罪与战时临阵脱逃罪的主要区别是:①违令作战消极罪的行为是临阵畏缩作战消极,而战时临阵脱逃罪的行为是擅自脱离阵地。②违令作战消极罪的主体是指挥人员,而战时临阵脱逃罪的主体则可以是任何军职人员。

三、与玩忽军事职守罪的区别

17 违令作战消极罪与玩忽军事职守罪的主要区别是:①违令作战消极罪只能发生在战时且在战场上,而玩忽军事职守罪可以发生在战时但不限于战场上,也可发生于平时。②违令作战消极罪只能由指挥人员实施,而玩忽军事职守罪的主体既可以是指挥人员,也可以是值班或值勤人员。③违令作战消极罪的主观方面既可以是故意也可以是过失,而玩忽军事职守罪的罪过形式是过失。

XIII 处罚

18 违令作战消极罪的法定刑有两个格次:一个是一般情节的格次,另一个是特别严重情节的格次。一般情况下犯违令作战消极罪,判处5年以下有期徒刑;犯违令作战消极罪致使战斗、战役遭受重大损失或者有其他特别严重情节的,处5年以上有期徒刑。所谓致使战斗、战役遭受重大损失,主要是指造成我军人员重大伤亡,武器装备、军事设施或者军用物资重大损失,攻坚失败或阵地失守等;所谓有其他特别严重情节的,主要是指造成其他特别严重后果的,执行重要任务行动消极的,在紧要关头或者危急时刻作战消极的,煽动、串通其他部队和人员消极怠战的,等等。

第四百二十九条　拒不救援友邻部队罪

在战场上明知友邻部队处境危急请求救援，能救援而不救援，致使友邻部队遭受重大损失的，对指挥人员，处五年以下有期徒刑。

文献：唐培贤、杨九根：《中国人民解放军审判工作史概述》，人民法院出版社1989年版；李淳、王尚新主编：《中国刑法修订的背景与适用》，法律出版社1998年版；宣炳昭主编：《刑法各罪的法理与实用》，中国政法大学出版社2002年版；黄林异、王小鸣：《军人违反职责罪》，中国人民公安大学出版社2003年版；高铭暄、赵秉志编：《中国刑法立法文献资料精选》，法律出版社2007年版；段作瑞：《军人违反职责罪研究》，法律出版社2016年版。

细目录

Ⅰ　主旨
Ⅱ　沿革
Ⅲ　客体
Ⅳ　行为
Ⅴ　结果
Ⅵ　主体
Ⅶ　罪过
Ⅷ　排除犯罪的事由
Ⅸ　既遂、未遂、不能犯
Ⅹ　共犯
Ⅺ　罪数
Ⅻ　与非罪的界限
XIII　与他罪的区别
　一、与指使部属违反职责罪的区别
　二、与玩忽军事职守罪的区别
XIV　处罚

Ⅰ　主旨

1　本条规定的拒不救援友邻部队罪，是指指挥人员在战场上，明知友邻部队面临被敌人包围、追击或者阵地将被攻陷等危急情况请求救援，能救援而不救援，致使友邻部队遭受重大损失的行为。刑法规定本罪的目的是通过惩治战场上的见危不救行为,保持部队之间密切的协同关系,充分保持和发挥军队整体的战斗力效能,保证军队战略部署的大局能够实现,从而维护国家军事利益。

Ⅱ 沿革

在1955年的《中国人民解放军军事刑罚暂行条例(草案)》中有与拒不救援友邻部队罪类似的规定。该草案第58条规定,军人或分队对处于危难情况之军人或部队,可能援救而不援救,其中负有直接责任者,处3年以下徒刑;造成严重恶果者,处3年以上10年以下有期徒刑。[1] 拒不救援友邻部队罪在《惩治军人违反职责罪暂行条例》中没有规定,是现行《刑法》新增设的单一罪名。中国人民解放军的性质决定了我军所有部队和人员是一个统一的整体,各部队的利益在根本上是一致的,都是为了保卫国家领土的安全和维护主权的完整,在战场上或者战斗中都是为了消灭敌人,争取战斗的胜利。如果在战场上明知友邻部队处境危急或者接到友邻部队的救援请求,但是为了保存自己,有条件救援而不救援,这样不但会给友邻部队造成重大损失,而且会影响整个战役的胜利,严重危害国家军事利益。 2

根据《军人违反职责罪案件立案标准的规定》第10条的规定,拒不救援友邻部队罪是指指挥人员在战场上,明知友邻部队面临被敌人包围、追击或者阵地将被攻陷等危急情况请求救援,能救援而不救援,致使友邻部队遭受重大损失的行为。 3

Ⅲ 客体

拒不救援友邻部队罪侵害的客体是军队的作战利益。不救援友邻部队致其遭受重大损失,不仅仅是违反了救援义务的问题,也不是单纯损耗战斗力的问题,而是关系到军队的作战部署能否实现或作战能否取得胜利的问题,因此,拒不救援友邻部队罪侵犯的法益是军队的作战利益。 4

Ⅳ 行为

拒不救援友邻部队罪的行为要件是“不救援”,显然是不作为。不作为是消极行为,以行为人负有实施某种积极行为的特定义务为前提,本罪亦不例外。从不作为之特定义务来源的类别和刑法规定军人违反职责罪的用意来看,本罪中的特定义务应来源于职责。具体而言,这一职责是指友邻部队之间必须相互配合与协同的要求。《中国人民解放军内务条令(试行)》第46条规定:“没有隶属关系的部(分)队,由于驻地、配置地域或者执行任务相邻时,构成友邻关系。友邻部(分)队之间,应当相互 5

1 参见唐培贤、杨九根:《中国人民解放军审判工作史概述》,人民法院出版社1989年版,第230页。

尊重,相互团结,遇事协商解决;战时应当及时通报情况,积极配合,密切协同。”这是本罪行为特定义务的基本来源。这里的配合与协同,当然包括对遇到危难的友邻部队实施救援。但本罪的特殊之处在于,仅有军法规定的职责,不等于本罪就实际具备了不作为得以成立的特定义务,还需要进一步具备一个条件——友邻部队“请求救援”。这里的“请求”,既可以是友邻部队的直接表示,也可以是友邻部队通过上级领导转达。请求方式可以是书面的、口头的或者信号的。刑法之所以规定“请求救援”的条件,主要还是考虑到各部队通常应当各司其职,各自为政,各有其用,完成好自身的任务。

6 所谓“友邻部队”,根据我军建制,通常是指具有与本部队不同番号的另一支部队。但根据战场上用兵布阵等实际情况以及刑法设定拒不救援友邻部队罪的目的,拒不救援友邻部队罪中的“部队”可包括分队,即不同的分队也可成为“友邻部队”。但是,同一分队中的不同战斗集体之间不能成为拒不救援友邻部队罪的“友邻部队”。例如,一个连队的几个排之间,一个排的几个班之间,一个班的几个战斗小组之间,即便发生了不救援事件,也不构成拒不救援友邻部队罪。但是,在不同部队或者分队之间,一个连队与归属于另一个部队或者分队的一个战斗小组也有可能形成“友邻部队”的关系。当然,同一分队的不同战斗集体之间发生“请求救援”的情况是否能够体现本罪的特定义务,还是一个值得研究的问题。《刑法》第 444 条规定了“在战场上故意遗弃伤病军人”的遗弃伤病军人罪,可以包括不救援同一分队的伤病战友的行为,但无法涵盖伤病之外的不救援情形。对此,刑法中的军人违反职责罪的规定还不够周密。

7 在救援义务实际发生的基础上,要成立本罪的不作为还必须是“能救援而不救援”。根据《军人违反职责罪案件立案标准的规定》第 10 条的规定,能救援而不救援,是指根据当时自己部队(分队)所处的环境、作战能力及所担负的任务,有条件组织救援却没有组织救援。“能救援”要根据当时的情况综合判断,考虑的因素主要有行为人本部队的实力、任务、环境、处境以及两部队距离的远近等。一般情况下,行为人应当及时向上级报告友邻部队处境危急请求救援的情况,同时作好救援预案,听命而行。如果时间紧迫或者条件所限,无法或来不及向上级报告,则要自行作出判断,尽可能救援。能救援而不救援,就可能构成拒不救援友邻部队罪。

8 拒不救援友邻部队罪的构成还要求发生在特定的地点或者场合,即“战场上”,行为人与友邻部队均在战场上。如果一方不在战场上,不能构成拒不救援友邻部队罪。如果在平时的军事演习中,也不能构成拒不救援友邻部队罪。

V 结果

9 本罪是结果犯,要求发生拒不救援的行为“致使友邻部队遭受重大损失”。根据《军人违反职责罪案件立案标准的规定》第 10 条的规定,“遭受重大损失”主要是指:造成战斗失利的;造成阵地失陷的;造成突围严重受挫的;造成我方人员死亡 3 人以上,或者重伤10人以上,或者轻伤15人以上的;造成武器装备、军事设施、军用物资损毁,直接经济损失100万元以上;造成其他重大损失的。

VI 主体

10 有关拒不救援友邻部队罪的主体有人认为是特定的军队指挥人员;有人认为是各级指挥人员;有人认为是参加作战的指挥人员。[2] 笔者认为拒不救援友邻部队罪的主体是指挥人员,是指根据职权能够调动本部队或者分队且有权组织救援的人员。

VII 罪过

11 本条规定了拒不救援友邻部队罪行为人的主观认识是“明知友邻部队处境危急”。根据《军人违反职责罪案件立案标准的规定》第10条,“处境危急”是指“被敌人包围、追击或者阵地将被攻陷等危急情况”。然而,我国刑法规定的四种罪过形式(直接故意、间接故意、过于自信的过失、疏忽大意的过失)中有三种(直接故意、间接故意、过于自信的过失)的认识因素都是“明知”(预见),那么,本罪的罪过形式究竟是什么呢？由于本罪的意志因素并没有得到明确规定,使得本罪罪过形式的有关认识有些模糊。有论者认为,拒不救援友邻部队罪在主观方面是过失,而且包括疏忽大意和过于自信两种形式的过失,认为拒不救援的行为是有意实施的,但主观上并不是希望或者放任友邻部队遭受重大损失,如果将拒不救援友邻部队罪作为故意犯罪,势必出现对行为人拒不救援友邻部队的行为,即使没有致使友邻部队遭受重大损失,仍以犯罪未遂或者行为犯追究其刑事责任的情况。[3] 对此,笔者不敢苟同。疏忽大意的过失是无认识的过失,它显然不符合本条明文规定的“明知”。说本罪罪过是过于自信,即认为行为人抱着侥幸心理,轻信友邻部队能够避免危险或者不至于遭受重大损失,这种观点无视当时友邻部队已经向行为人求救的事实,而这个事实表明行为人“轻信”友邻部队能够避免危险或者不至于遭受重大损失无从谈起。其实,过于自信的过失之“轻信”是有条件的,即行为人有主客观根据。例如,一名安全驾驶多年的司机明知刹车有些不灵而自信不会发生事故,其自信的根据是他的驾驶经验和技术,一旦肇事当然是因为过于自信。相反,一名刚学会开车的驾驶者在同样情况下“自信”不会发生事故,这绝不是过于自信过失所要求的自信,只是一种放任态度。同样,战场上的指挥员在友邻部队求救的情况下,自然是知道不救的危险性和严重性,怎么可能不救助却还“轻信”危害结果可以避免呢？如果当时行为人的心理的确是“轻信”,它也不符合过于自信的过失

---

2 参见宣炳昭主编:《刑法各罪的法理与实用》,中国政法大学出版社2002年版,第460页。

3 参见黄林异、王小鸣:《军人违反职责罪》,中国人民公安大学出版社2003年版,第90—91页。

的特征,而恰恰符合间接故意的放任态度。再看我国刑法中直接故意的意志因素——“希望”也不一定是行为人追求的结果,只要行为人明知自己的行为必然会导致危害结果的发生,对该结果就具有“希望”的态度。例如,某人为了报复一人而炸掉正在飞行的客机,尽管行为人并不追求其他人的死亡结果,但在明知爆炸必然使其他人死亡的情况下仍然引爆,便已经符合我国刑法中直接故意所要求的“希望”,即对其他人的死亡仍然是直接故意心理。同样,如果战场上的指挥人员明知其不救援的行为必然导致友邻部队遭受重大损失仍然不救援,其主观罪过也应该是直接故意。至于将本罪理解为故意犯罪就会否定本罪是结果犯的说法,更是缺乏根据。我国刑法中的间接故意犯罪只能是结果犯,一个犯罪不可能因为它的罪过形式是间接故意就成了行为犯。直接故意犯罪既可能是结果犯也可能是行为犯,关键在于刑法如何规定。因此,一个犯罪不可能因为它的罪过形式是直接故意就成了行为犯。本罪已经被刑法规定为结果犯,就不会因为它是直接故意犯罪而成为行为犯。

Ⅷ 排除犯罪的事由

12 两种情况可以成为排除拒不救援友邻部队罪的事由:一是行为人接到救援请求后及时向上级请示报告,上级从战略或战役整体考虑,命令行为人按兵不动,行为人执行上级命令在能够救援的情况下不予救援。二是行为人接到救援请求后无法向上级报告,但根据上级已经下达的作战任务和要求,如去救援可能会对我方造成更大的损失或者破坏整个部署,行为人基于此判断能够救援而不予救援。在刑法理论上,前一种事由是执行命令,后一种事由是义务冲突。

Ⅸ 既遂、未遂、不能犯

13 拒不救援友邻部队罪是结果犯,不存在既遂与未遂之分。在对友邻部队处境错误认识的情况下,可能发生不能犯。例如,读错了友邻部队的信号,以为向其求救,实则不存在危急状况。

Ⅹ 共犯

14 某一部队的指挥人员如果有若干,可在其间构成拒不救援友邻部队罪的共犯。某一部队的指挥人员也可以与其他部队的指挥人员共同构成拒不救援友邻部队罪。由于拒不救援友邻部队罪由不作为构成,故判定拒不救援友邻部队罪共犯时,共犯人之间的意思联络是至关重要的。在两支部队都没有救援第三支部队的情况下,如果其中一支部队属于能救而不救,另一支部队属于没法救而不救,一般不会构成拒不救援友邻部队罪共犯,但是,后一支部队的指挥人员也有可能成为犯拒不救援友邻部队罪的前一支部队的指挥人员的教唆犯。

XI 罪数

行为人对上级隐瞒、谎报友邻部队处境危急请求救援的情况，从而骗取上级对其 15
不救援行为的认可，可构成拒不救援友邻部队罪与隐瞒、谎报军情罪之间的牵连犯关系；上级命令行为人投入救援友邻部队的战斗，行为人违抗命令拒不救援，可构成拒不救援友邻部队罪与战时违抗命令罪之间的牵连犯关系；行为人为了达到不救援友邻部队的目的，在战斗中作战消极，可构成拒不救援友邻部队罪与违令作战消极罪之间的牵连犯关系，凡此种种，均可按牵连犯原则认定处理。

XII 与非罪的界限

虽然本条规定的拒不救援友邻部队罪是指“能救援而不救援”的不作为，但以下 16
情形并不构成犯罪：其一，行为人在战场上并不知友邻部队处境危急请求救援，能救援而未救援。其二，行为人在战场上明知友邻部队处境危急请求救援，能救援而不救援，但没有致使友邻部队遭受重大损失。此种情况可给予行为人军纪处分。此外，行为人在战场上明知友邻部队处境危急请求救援，但由于没有救援能力或救援条件而未救援，或者行为人以最大努力进行救援，但因客观条件限制仍然未达到救援目的，即使友邻部队遭受重大损失的，也不构成犯罪。

XIII 与他罪的区别

一、与指使部属违反职责罪的区别

拒不救援友邻部队罪与指使部属违反职责罪，都表现为指挥人员通过部属实施 17
某种违反职责的行为，主要区别是：①拒不救援友邻部队罪只发生于战场上，而指使部属违反职责罪还可发生于非战场的战时场合以及平时的场合。②拒不救援友邻部队罪中行为人“指使”的内容是特定的，即按兵不动，不去救援，而指使部属违反职责罪中行为人所指使的内容可以是多样的。③拒不救援友邻部队罪中行为人“指使”的对象是行为人的所有下级即其率领的整个部队或分队，而指使部属违反职责罪中行为人指使的对象既可以是全体下属也可以是部分或个别下属。④拒不救援友邻部队罪是不作为犯罪，而指使部属违反职责罪是作为犯罪。

二、与玩忽军事职守罪的区别 18

拒不救援友邻部队罪与玩忽军事职守罪的区别。在因过失导致不知友邻部队处境危急而未能救援，或者虽救援但救援行动失败，从而使友邻部队遭受重大损失的，不构成拒不救援友邻部队罪，而应按照玩忽军事职守罪认定处理。二者的区别主要是：①拒不救援友邻部队罪是故意犯罪，玩忽军事职守罪是过失犯罪。②拒不救援友邻部队罪是战时罪且在战场上才能犯,玩忽军事职守罪在战时和平时都能犯。③拒不救援友邻部队罪的行为内容是特定的,即不救援,而玩忽军事职守罪的行为内容范围广泛,涉及违反各种军人职责。

XIV 处罚

19 拒不救援友邻部队罪的法定刑只有一个格次,即犯拒不救援友邻部队罪,判处5年以下有期徒刑。但是需要注意的是,《刑法》对拒不救援友邻部队罪,从适用刑罚的角度出发,规定只对指挥人员判处刑罚,这和从犯罪构成要件的角度出发,规定拒不救援友邻部队罪的犯罪主体是指挥人员,解决的是同一个问题,只是方法不同而已。

第四百三十条　军人叛逃罪

在履行公务期间，擅离岗位，叛逃境外或者在境外叛逃，危害国家军事利益的，处五年以下有期徒刑或者拘役；情节严重的，处五年以上有期徒刑。

驾驶航空器、舰船叛逃的，或者有其他特别严重情节的，处十年以上有期徒刑、无期徒刑或者死刑。

文献：唐培贤、杨九根：《中国人民解放军审判工作史概述》，人民法院出版社1989年版；李淳、王尚新主编：《中国刑法修订的背景与适用》，法律出版社1998年版；宣炳昭主编：《刑法各罪的法理与实用》，中国政法大学出版社2002年版；黄林异、王小鸣：《军人违反职责罪》，中国人民公安大学出版社2003年版；高铭暄、赵秉志编：《中国刑法立法文献资料精选》，法律出版社2007年版；段作瑞：《军人违反职责罪研究》，法律出版社2016年版。

细目录

Ⅰ　主旨

Ⅱ　沿革

Ⅲ　客体

Ⅳ　行为

Ⅴ　主体

Ⅵ　罪过

Ⅶ　既遂、未遂与不能犯

Ⅷ　共犯

Ⅸ　罪数

Ⅹ　与非罪的界限

Ⅺ　与他罪的区别

　一、与投敌叛变罪的区别

　二、与叛逃罪的区别

　三、与投降罪的区别

Ⅻ　处罚

Ⅰ　主旨

本条规定的军人叛逃罪，是指军职人员在履行公务期间，擅离岗位，叛逃境外或 1

者在境外叛逃,危害国家军事利益的行为。刑法规定军人叛逃罪的目的是通过惩治叛逃境外或在境外叛逃的军人,促使军职人员在任何情况下忠于祖国,恪守誓言,尽职尽责,排除杂念,把国家军事利益放在第一位并使其得以实现。

Ⅱ　沿革

2　在 1955 年的《中国人民解放军军事刑罚暂行条例(草案)》中,没有与此罪相吻合的规定,但是在军人逃跑或者潜逃方面却作了相关的规定。如该草案第 31 条规定,预备役军人在集训时逃跑者,处 1 年以下有期徒刑;组织逃跑者,处 1 年以上 3 年以下有期徒刑。第 33 条规定,现役军人逃跑者,处 2 年以下有期徒刑;组织逃跑者,处 2 年以上 5 年以下徒刑。草案第 34、35、36 条对军人的相关行为分别都作出了规定。[1] 1981 年的《惩治军人违反职责罪暂行条例》中设置了偷越国境外逃罪。该条例第 7 条规定,偷越国(边)境外逃的,处 3 年以下有期徒刑或者拘役;情节严重的,处 3 年以上 10 年以下有期徒刑。战时从重处罚。[2] 现行《刑法》是在《惩治军人违反职责罪暂行条例》第 7 条规定的偷越国(边)境外逃罪的基础上,修改补充形成的单一罪名。现行《刑法》在将《惩治军人违反职责罪暂行条例》第 7 条的规定纳入刑法的同时,作出了以下修改:一是对军人叛逃的含义予以严格的界定。军人叛逃罪,是指军职人员在履行公务期间擅离岗位,叛逃境外或者在境外叛逃,危害国家军事利益的行为。二是调整了对军人叛逃罪惩罚的刑期,将原规定的"三年以下有期徒刑或者拘役"改为"五年以下有期徒刑或者拘役";情节严重的,处"三年以上十年以下有期徒刑"改为"五年以上有期徒刑";删除"战时从重处罚"的规定。三是增加一款"驾驶航空器、舰船叛逃或者有其他特别严重情节"的处刑规定,最高刑规定为死刑。这主要是考虑航空器和舰船是军队的重要的军事装备,驾驶航空器或者舰船叛逃的行为不仅对国防安全和国家利益造成特别严重的损害,而且会造成比较大的国际影响,很不利于我们国家的社会稳定和长治久安,对这类犯罪行为必须予以严厉惩处。[3]

3　根据《军人违反职责罪案件立案标准的规定》第 11 条的规定,军人叛逃罪是指军人在履行公务期间,擅离岗位,叛逃境外或者在境外叛逃,危害国家军事利益的行为。

Ⅲ　客体

4　军人叛逃罪侵犯的客体是军事安全和我军声誉。军职人员对部队和我军的情况

1　参见唐培贤、杨九根:《中国人民解放军审判工作史概述》,人民法院出版社 1989 年版,第 224—225 页。

2　参见黄林异、王小鸣:《军人违反职责罪》,中国人民公安大学出版社 2003 年版,第 197 页。

3　参见李淳、王尚新主编:《中国刑法修订的背景与适用》,法律出版社 1998 年版,第 590—591 页。

十分注意,处在履行公务岗位上的军职人员更清楚其具体职责内容及重要性,尤其在境外履行公务,其使命往往特别重大,一旦这些军职人员叛逃,对我军各项军事事务及活动的安全必然构成危害或潜在的危险。同时,我军军职人员在履行公务时非但不尽心尽职,反而利用其方便叛逃,影响极坏,严重损害我军声誉。

Ⅳ 行为

军人叛逃罪的行为要件是“逃”,即逃跑、逃亡,逃的目的地是“境外”,也可以说是“外逃”,即军职人员脱离军队奔向境外的行为。逃亡境外有两种情形:一是由境内逃至境外,是作为形式的犯罪,出境的方法既包括通过合法手续出境,也包括通过偷渡或伪造证件、文件等非法手段出境;二是滞留境外不归,是行为人合法停留于境外时逾期不归的不作为形式的犯罪。境外,不仅指国境外,也指边境外,如叛逃至我国台湾省。根据国际法上的外交对等原则,外国驻华使(领)馆,视为境外。外国和外军的公务飞机、舰船,亦应视为境外。外国的国际旅行民用飞机和船舶以及中转外国机场候机区域应视为境外,但从我国海关检出后进入外国民用飞机或船舶前的我国机场候机区域以及驶出国境线或边境线的我国国际旅行民用飞机或船舶上,不应视为本条中的境外。 5

军人叛逃罪是行为犯,只要军职人员在履行公务期间,擅离岗位,叛逃境外或者在境外叛逃,即可构成本罪。虽然法条中有“危害国家军事利益”的表述,但它仅仅是对军人违反职责罪同类客体的强调,同时也表明本罪直接客体的多样性和不确定性,因而使用概括性的法益侵害概念,并不是要求本罪的成立必须发生某种特定的危害结果。《军人违反职责罪案件立案标准的规定》第 11 条第 2 款规定:“涉嫌下列情形之一的,应予立案:(一)因反对国家政权和社会主义制度而出逃的;(二)掌握、携带军事秘密出境后滞留不归的;(三)申请政治避难的;(四)公开发表叛国言论的;(五)投靠境外反动机构或者组织的;(六)出逃至交战对方区域的;(七)进行其他危害国家军事利益活动的。”在形式上,这与前述一些罪名的结果规定非常相似,但仔细分析,无一项是危害结果。第(一)、(三)、(四)、(五)、(六)项主要反映行为人出逃的目的或动机,以此表明其主观恶性。同时,这几项又是出逃前后的行为或伴随行为,即在这些情况下,本罪的行为要件其实是两个行为的结合。第(二)项反映的是行为的潜在危险性——军事秘密可能被泄露。第(七)项概括性规定中的“活动”表明前面各项和未尽事项均不是结果。 6

Ⅴ 主体

军人叛逃罪的主体可以是任何军职人员,但必须是负有特定职责并正在履行职责的岗位上的军职人员,实践中多见的是知悉一定军事秘密或掌握某种技能的军人。 7

Ⅵ 罪过

8 军人叛逃罪的罪过形式是直接故意,叛逃之“叛”表明本罪必须以背叛国家为目的。军职人员在境外由于不能预见或不能抗拒的原因与其单位、组织或有关部门等失去联系,或者被敌对势力绑架、挟持,没有背叛国家和滞留境外的意图,不构成犯罪。背叛国家的目的,可通过行为人外逃的原因和在行为过程中的言行来判断。

9 本罪的成立要求以背叛国家为目的,《军人违反职责罪案件立案标准的规定》第11条的每一项规定都是这一目的的具体体现,不能认为只有体现政治内容的立案标准才体现背叛国家的目的,“掌握、携带军事秘密出境后滞留不归”也体现了背叛国家的目的。“外逃+背叛”模式是指行为要件的类型,“外逃”与“背叛”当然是两个独立的行为,但从主观目的来看,“背叛”行为体现了背叛国家的目的,“外逃”行为同样体现了背叛国家的目的。

Ⅶ 既遂、未遂、不能犯

10 军人叛逃罪是行为犯,可以存在不同的犯罪形态。由于本罪行为人的主观目的是背叛国家,故可以说,如果客观上全部实现这一主观目的,就是既遂,相反,则是未遂。然而,仅仅这样说还比较模糊。例如,行为人在境外履行公务期间擅离岗位,躲藏起来,但还没有来得及向任何境外势力作出叛国表示,因发生事故身体受伤无法继续表示,被其亲友送回国归案,这是未遂还是既遂呢？这需要具体分析。

11 如前所述,《军人违反职责罪案件立案标准的规定》第11条列举的立案标准中,有几项既体现了背叛的政治内容,又指外逃行为前后的行为或伴随行为——“反对国家政权和社会主义制度”的行为通常发生于外逃之前;“申请政治避难”的行为发生于外逃之后;“公开发表叛国言论”和“投靠境外反动机构或者组织”的行为多发生于外逃之后,但也可能发生于外逃之前,而“出逃至交战对方区域”的行为肯定发生于越境之后。在这些情况下,形成了本罪“外逃+背叛”的行为要件模式。与该模式中的两种行为相对应,有两种结果:其一,外逃行为的结果是外逃成功或外逃得逞,行为人如愿出境并脱离了单位和组织;其二,背叛行为的结果是背叛实现或背叛得逞,行为人如愿投入敌对势力的怀抱。[4] 此时,以哪一种结果的发生作为既遂标准？如果以外逃得逞这一结果作为既遂标准,等于外逃未得逞也构成了本罪(未遂),然而,这对于“外逃+背叛”的双行为立案标准来说,只适合于先有背叛行为之后才外逃

---

4 这里不包括“反对国家政权和社会主义制度”和“公开发表叛国言论”的情形,因为,前者的结果是政权和制度被颠覆,这种结果是不能作为任何犯罪的既遂形态的;后者的结果是一种恶劣影响或负面的舆论状态,但由于引起这种状态的行为是一经实施即刻终了的类型——即成犯,故这种行为与结果之间不存在未遂的余地。在此讨论这两种情形没有意义。

的情形,无法解释外逃之前没有实施背叛行为的情形——外逃得逞后还未来得及实施背叛行为。因此,只能以背叛行为达成了背叛目的这一结果作为既遂标准。据此,背叛行为没有达成背叛目的,例如,他国没有批准政治避难的申请,就是未遂。单纯的外逃,即使得逞,但没有进一步实施且未打算实施背叛行为,除了"掌握、携带军事秘密出境后滞留不归"之外,不构成本罪。需要指出的是,行为要件并非"外逃+背叛"模式的"掌握、携带军事秘密出境后滞留不归"构成本罪,却不存在犯罪形态的区分,因为行为人的主观目的就是留在境外,"滞留不归"是一经实施就终了的不作为,没有未遂的余地。

《军人违反职责罪案件立案标准的规定》第 11 条列举的立案标准,大多采用了 12
"外逃+背叛"的双行为模式,这也许是考虑到本罪行为人大都逃到了国外,从实际出发,把追究的重点放在具有政治影响和严重危害国家利益的行为上。问题是,这样的规定对于行为人来说,要么构成犯罪却难以追究,要么不构成犯罪,是不是会助长行为人犯罪的侥幸心理呢?当然,行为人虽然外逃未得逞,并不等于就能逃过刑事责任的追究。如果能够证明行为人具有外逃后实施背叛行为的目的,照样可以认定构成本罪(未遂)。再说,行为人外逃之前就可能实施背叛行为,例如,行为人在境内时已经通过通信联络手段向境外势力作了叛国的表示,即使事情败露,出境失败,也属未遂。

军人叛逃罪不仅有既遂和未遂,而且有预备犯。例如,行为人在与境外势力联系 13
并伪造出境证件的过程中被发现而无法继续。

军人叛逃罪的不能犯主要是手段不能犯,如行为人对出境证件的形式有错误的 14
认识,以至于其使用伪造的证件不可能通过出境关口。

Ⅷ 共犯

符合军人叛逃罪主体资格的军职人员之间可以构成军人叛逃罪的共犯,其形式 15
既可以是复杂的共同犯罪,也可以是简单的共同犯罪。军职人员与非军职人员之间也可构成军人叛逃罪的共犯,但非军职人员不能成为军人叛逃罪的实行犯。军人叛逃罪牵连的其他犯罪中,在行为人与其他人构成共犯的情况下,如果其他共犯人知道实施该罪规定的行为是为了叛逃并与行为人之间有意思联络,则也构成军人叛逃罪的共犯;如果其他共犯人不知实施该罪规定的行为是为了叛逃,则不构成军人叛逃罪的共犯。

Ⅸ 罪数

行为人为了实施军人叛逃罪,往往可能实施一些其他的犯罪,如擅离军事职守 16
罪,伪造、变造、买卖武装部队公文、证件、印章罪,盗窃、抢夺武装部队公文、证件、印章罪,骗取出境证件罪,伪造、变造、买卖国家机关公文、证件、印章罪,盗窃、抢夺、毁灭国家机关公文、证件、印章罪,伪造公司、企业、事业单位、人民团体印章罪,伪造、变造居民身份证罪,偷越国(边)境罪,贪污罪,挪用公款罪,盗窃罪,诈骗罪,劫持航空器罪,劫持船只、汽车罪,等等,对此,可按牵连犯原则认定处理。如果军职人员叛逃后又犯有危害国家安全、危害国家军事利益的破坏、泄密等有关罪行,或者境外势力将行为人实施有关罪行作为其叛逃的条件,可对其实行数罪并罚。军人叛逃罪与叛逃罪的行为相同,但主体之间不具有包含和交叉关系而是并列关系,故两罪形成想象的竞合犯,如果主体是军职人员,认定军人叛逃罪一罪;如果主体是国家机关工作人员,认定叛逃罪一罪。

X 与非罪的界限

17 军人叛逃罪的叛逃行为与出走行为有相似之处,客观上行为人都滞留境外,主观上都不打算返回,故在司法实践中必须加以区分:从主观上看,二者滞留境外的目的有所不同,叛逃的目的是背叛国家,出走的目的常常是个人原因,如财产、婚姻、求学等;从客观上看,二者的行为表现有所不同,叛逃必然有背叛国家的言行,出走却不存在这种情况。对于军人出走的行为,视情节可不作为犯罪处理。

XI 与他罪的区别

一、与投敌叛变罪的区别

18 军人叛逃罪与投敌叛变罪的主要区别在于:①军人叛逃罪必须在背叛国家的同时背叛军队,危害国家军事利益,而后罪不一定涉及军队和军事利益。②军人叛逃罪以境外为叛逃去向,不一定与敌对势力接触,而后罪以敌对国家和地区为去向并投靠敌人。③军人叛逃罪主体是特殊主体,而后罪主体是一般主体。

二、与叛逃罪的区别

19 军人叛逃罪与叛逃罪的主要区别是:①军人叛逃罪主要危害国家军事利益,叛逃罪主要危害国家安全利益。②军人叛逃罪的主体是军人,而叛逃罪的主体是不包括军人在内的国家机关工作人员。

三、与投降罪的区别

20 军人叛逃罪与投降罪的主要区别是:①军人叛逃罪可犯于任何时间,投降罪仅限于战时。②军人叛逃罪涉及的场所主要是国(边)境,而投降罪必须发生在战场上。③军人叛逃罪不一定向敌人叛逃,但投降罪只能是向敌人投降。

XII 处罚

21 军人叛逃罪法定刑规定了两款三个量刑格次:第 1 款规定了两个格次,一个是一般情节的格次,另一个是严重情节的格次;第2款是驾驶航空器、舰船叛逃的,或者有其他特别严重情节的格次。一般情况下犯军人叛逃罪,判处5年以下有期徒刑或者拘役;情节严重的,处5年以上有期徒刑。所谓情节严重,主要是指指挥人员或者其他担负重要职责的人员叛逃的,策动他人叛逃的,携带军事秘密叛逃的,战时叛逃的等。驾驶航空器、舰船叛逃的,或者有其他特别严重情节的,处10年以上有期徒刑、无期徒刑或者死刑。所谓驾驶航空器、舰船叛逃的,或者有其他特别严重情节的,主要是指劫持航空器、舰船叛逃的,胁迫他人叛逃的,策动多人叛逃的,策动指挥人员或者其他负有重要职责的人员叛逃的,携带大量或者机密级以上军事秘密叛逃的,叛逃后积极从事危害国家安全和国防利益活动的等。

第四百三十一条　非法获取军事秘密罪;为境外窃取、刺探、收买、非法提供军事秘密罪

以窃取、刺探、收买方法，非法获取军事秘密的，处五年以下有期徒刑；情节严重的，处五年以上十年以下有期徒刑；情节特别严重的，处十年以上有期徒刑。

为境外的机构、组织、人员窃取、刺探、收买、非法提供军事秘密的，处五年以上十年以下有期徒刑；情节严重的，处十年以上有期徒刑、无期徒刑或者死刑。

文献:唐培贤、杨九根:《中国人民解放军审判工作史概述》,人民法院出版社 1989 年版;李淳、王尚新主编:《中国刑法修订的背景与适用》,法律出版社 1998 年版;宣炳昭主编:《刑法各罪的法理与实用》,中国政法大学出版社 2002 年版;黄林异、王小鸣:《军人违反职责罪》,中国人民公安大学出版社 2003 年版;高铭暄、赵秉志编:《中国刑法立法文献资料精选》,法律出版社 2007 年版;段作瑞:《军人违反职责罪研究》,法律出版社 2016 年版。

细目录

Ⅰ　主旨
Ⅱ　沿革
一、非法获取军事秘密罪的沿革
二、为境外窃取、刺探、收买、非法提供军事秘密罪的沿革
Ⅲ　客体
Ⅳ　对象
Ⅴ　行为
一、非法获取军事秘密的行为
二、为境外窃取、刺探、收买、非法提供军事秘密的行为
Ⅵ　主体
Ⅶ　罪过
Ⅷ　排除犯罪的事由
Ⅸ　既遂、未遂、不能犯
一、非法获取军事秘密罪的既遂、未遂、不能犯

二、为境外窃取、刺探、收买、非法提军事秘密的既遂、未遂、不能犯

Ⅹ　共犯

一、非法获取军事秘密罪的共犯

二、为境外窃取、刺探、收买、非法提军事秘密的共犯

Ⅺ　罪数

一、非法获取军事秘密罪的罪数问题

二、为境外窃取、刺探、收买、非法提军事秘密的罪数问题

Ⅻ　与非罪的界限

ⅩⅢ　与他罪的区别

一、非法获取军事秘密罪与非法获取国家秘密罪的区别

二、非法获取军事秘密罪与为境外窃取、刺探、收买、非法提供军事秘密罪的区别

三、为境外窃取、刺探、收买、非法提供军事秘密罪与为境外窃取、刺探、收买、非法提供国家秘密、情报罪的区别

ⅩⅣ　处罚

Ⅰ　主旨

本条分别以两款规定了非法获取军事秘密罪和为境外窃取、刺探、收买、非法提供军事秘密罪。本条第 1 款规定的非法获取军事秘密罪,是指以窃取、刺探、收买的方法,非法获取军事秘密的行为。刑法规定该罪的目的是通过惩治非法获取军事秘密的犯罪军人,促使我军军职人员严肃对待军事秘密,做到不该看的不看,不该听的不听,不该拿的不拿,从而自觉维护军事秘密的安全。本条第 2 款规定的为境外窃取、刺探、收买、非法提供军事秘密罪,是指为境外的机构、组织、人员窃取、刺探、收买、非法提供军事秘密的行为。刑法规定该罪的目的是通过惩治为境外窃取、刺探、收买、非法提供军事秘密的犯罪军人,促使我军军职人员保持坚定的立场,忠于祖国,恪守誓言,严肃对待军事秘密,防止军事秘密泄露到境外,保证军事秘密的安全,切实维护国家军事利益。 1

Ⅱ　沿革

一、非法获取军事秘密罪的沿革

1955 年《中国人民解放军军事刑罚暂行条例(草案)》没有与非法获取军事秘密罪类似的规定。1981 年《惩治军人违反职责罪暂行条例》设置了窃取军事秘密罪、刺探军事秘密罪和提供军事秘密罪。该条例第 4 条规定,违反保守国家军事机密法规,泄露或者遗失国家重要军事机密,情节严重的,处 7 年以下有期徒刑或者拘役。 2

战时犯前款罪的,处3年以上10年以下有期徒刑或者无期徒刑;情节特别严重的,处10年以上有期徒刑或者无期徒刑。为敌人或者外国人窃取、刺探、提供军事秘密的,处10年以上有期徒刑、无期徒刑或者死刑。[1] 1988年由中国人民军事法院提出的关于《惩治军人违反职责罪暂行条例》的修改意见对该条例第4条提出了修改意见,即删去第4条第3款"为敌人或者外国人窃取、刺探、提供军事机密的,处十年以上有期徒刑、无期徒刑或者死刑"。因为《刑法》第97条、第103条已有类似的内容可以适用,而且在同一条中既有反革命性质的犯罪,又有普通刑事犯罪,是很不适宜的。[2] 由中国人民解放军军事法院《军人违反职责罪暂行条例》修改组于1995年提出的关于《军人违反职责罪惩治法(草案)》(征求意见稿)的说明,在关于征求意见稿分则部分的说明中指出,《军人违反职责罪惩治法》仅规定了泄露国家重要军事机密罪和遗失国家重要军事机密罪。征求意见稿基本保留了原罪名,同时增设了非法获取军事秘密罪、出卖军事秘密罪、故意损毁重要军事秘密载体罪。这样修改主要是为了与《中国人民解放军保密条例》的规定协调。[3]

3　现行《刑法》是在《惩治军人违反职责暂行条例》第4条第3款规定的为敌人或者外国人窃取、刺探、提供军事秘密罪的基础上,修改补充形成的单一罪名。《惩治军人违反职责暂行条例》第4条第3款规定了为敌人或者外国人窃取、刺探、提供军事秘密罪。但对不是为敌人或者外国人而是为国内不法分子窃取、刺探军事秘密的,或者收买军事秘密的,都无法适用本款规定定罪处罚。为了加强对军事秘密的全面保护,防止无关人员采取非法手段知悉军事秘密,故将以窃取、刺探、收买的方法非法获取军事秘密的行为,单独规定为非法获取军事秘密罪。《刑法》第282条已规定了非法获取国家秘密罪,但鉴于非法获取军事秘密罪侵害的客体为军事秘密的安全,犯罪主体又是军人,为了加强对军事秘密的特别保护,所以又专门规定了非法获取军事秘密罪。

4　根据《军人违反职责罪案件立案标准的规定》第12条的规定,非法获取军事秘密罪是指违反国家和军队的保密规定,采取窃取、刺探、收买方法,非法获取军事秘密的行为。

二、为境外窃取、刺探、收买、非法提供军事秘密罪的沿革

5　在1955年《中国人民解放军军事刑罚暂行条例(草案)》中,有与为境外窃取、刺

1　参见黄林异、王小鸣:《军人违反职责罪》,中国人民公安大学出版社2003年版,第196页。

2　参见黄林异、王小鸣:《军人违反职责罪》,中国人民公安大学出版社2003年版,第204页。

3　参见黄林异、王小鸣:《军人违反职责罪》,中国人民公安大学出版社2003年版,第250页。

探、收买、非法提供军事秘密罪类似的规定。该草案第21条规定,为国内外敌人充当特务从事间谍活动盗窃国家、军事机密者,处死刑或无期徒刑;情节较轻者,处10年以上徒刑。[4] 1981年《惩治军人违反职责罪暂行条例》也有与为境外窃取、刺探、收买、非法提供军事秘密罪类似的规定。该条例第4条第3款规定,为敌人或者外国人窃取、刺探、提供军事机密的,处10年以上有期徒刑、无期徒刑或者死刑。[5] 在1988年由中国人民解放军军事法院提出的关于《惩治军人违反职责罪暂行条例》的修改意见中,对该条例第4条就提出了修改意见。该修改意见第6条指出,删去第4条第3款"为敌人或者外国人窃取、刺探、提供军事机密的,处十年以上有期徒刑、无期徒刑或者死刑"[6]。

现行《刑法》是在《惩治军人违反职责罪暂行条例》第4条第3款规定的为敌人或者外国人窃取、刺探、非法提供军事机密罪的基础上,修改补充形成的选择性罪名。现行《刑法》对条例规定的修改,主要表现在将为"敌人或者外国人"窃取、刺探、收买、非法提供军事秘密的,修改为"为境外的机构、组织、人员窃取、刺探、非法提供军事秘密的"。这样修订,一方面比原来的规定更全面,也比较好操作,解决了实际中存在的、在平时"敌人"难以界定、"外国人"不能包括全部境外人员的问题。另一方面,这样规定,也与本法分则第一章"危害国家安全罪"中第111条的规定相一致。[7] 6

根据《军人违反职责罪案件立案标准的规定》第13条的规定,为境外窃取、刺探、收买、非法提供军事秘密罪是指违反国家和军队的保密规定,为境外的机构、组织、人员窃取、刺探、收买、非法提供军事秘密的行为。 7

2020年12月通过的《刑法修正案(十一)》对《刑法》第431条第2款作了修改,增加了"处五年以上十年以下有期徒刑"法定刑格次。 8

Ⅲ 客体

本条规定的两罪直接侵犯的客体都是军事秘密的安全。军事秘密作为只允许有限人员知悉的事项和情况,是一种客观存在的信息,由于该种信息涉及国家军事利益的得失,它不能被不应该知道的人知道,故其不被不应知道的人知道的状态是安全的,否则就是危险的。军事秘密的安危最终关系到国家军事利益的得失和国家的安危,其意义非常重大。军职人员非法获取军事秘密或者为境外窃取、刺探、收买、非法 9

---

4 参见唐培贤、杨九根:《中国人民解放军审判工作史概述》,人民法院出版社1989年版,第223页。

5 参见黄林异、王小鸣:《军人违反职责罪》,中国人民公安大学出版社2003年版,第196页。

6 黄林异、王小鸣:《军人违反职责罪》,中国人民公安大学出版社2003年版,第204页。

7 参见李淳、王尚新主编:《中国刑法修订的背景与适用》,法律出版社1998年版,第592页。

提供军事秘密的行为直接对国家军事秘密构成严重的危害,从而也危害了国家军事利益和国家安全。

Ⅳ 对象

10 本条规定的两罪都是关于军事秘密的犯罪,即两罪的犯罪对象都是军事秘密。根据《军人违反职责罪案件立案标准的规定》第 12 条的规定,军事秘密,是关系国防安全和军事利益,依照规定的权限和程序确定,在一定时间内只限一定范围的人员知悉的事项。内容包括:①国防和武装力量建设规划及其实施情况;②军事部署,作战、训练以及处置突发事件等军事行动中需要控制知悉范围的事项;③军事情报及其来源,军事通信、信息对抗以及其他特种业务的手段、能力,密码以及有关资料;④武装力量的组织编制,部队的任务、实力、状态等情况中需要控制知悉范围的事项,特殊单位以及师级以下部队的番号;⑤国防动员计划及其实施情况;⑥武器装备的研制、生产、配备情况和补充、维修能力,特种军事装备的战术技术性能;⑦军事学术和国防科学技术研究的重要项目、成果及其应用情况中需要控制知悉范围的事项;⑧军队政治工作中不宜公开的事项;⑨国防费分配和使用的具体事项,军事物资的筹措、生产、供应和储备等情况中需要控制知悉范围的事项;⑩军事设施及其保护情况中不宜公开的事项;⑪对外军事交流与合作中不宜公开的事项;⑫其他需要保密的事项。

11 根据军事秘密对国防和军队的安全和利益的重要程度,军事秘密分为绝密、机密、秘密三个等级。绝密为最高级别的军事秘密。

Ⅴ 行为

一、非法获取军事秘密的行为

12 根据《军人违反职责罪案件立案标准的规定》第 12 条的规定,凡涉嫌非法获取军事秘密的,应予立案。因此,非法获取军事秘密罪是行为犯,客观上只需有非法获取军事秘密的行为即可。非法获取军事秘密,即以窃取、刺探、收买方法,非法获取军事秘密的行为。窃取,是以避免他人知道的方法取得军事秘密,包括盗取和骗取;刺探是以听或看的方法获取军事秘密;收买,是以钱物从掌握军事秘密的人员那里换取军事秘密。行为人可以使用窃取、刺探、收买之中的一种方法实施非法获取军事秘密罪,也可以使用多种方法实施非法获取军事秘密罪。非法获取,是指行为人不具有知悉军事秘密的合法依据和正当理由,却采取了积极的作为方式了解军事秘密的内容。非法获取,可以是直接与军事秘密内容相接触,即行为人通过其感官直接感受客观存在的军事秘密内容,例如,窥视重要军事实验现场,偷听重要军事会议,等等;也可能是获取军事秘密的载体,例如,窃取有密级的文件,偷录重要军事会议,等等。行为人是否实际掌握了军事秘密的内容或其载体,不影响非法获取军事秘密罪的构成。至于失密导致的后果，也不影响非法获取军事秘密罪的构成，可在量刑时加以考虑。

二、为境外窃取、刺探、收买、非法提供军事秘密的行为

为境外窃取、刺探、收买、非法提供军事秘密罪的行为是为境外的机构、组织、人员窃取、刺探、收买、非法提供军事秘密。境外的机构、组织、人员是指外国的或者境外地区的机构、组织、人员，既包括这些机构、组织、人员本身，也包括其代理、中介机构、组织、人员。为境外窃取、刺探、收买、非法提供军事秘密罪的行为有窃取、刺探、收买、非法提供军事秘密四种具体表现。由于为境外窃取、刺探、非法提供军事秘密罪的行为人是“为境外”实施行为，故窃取、刺探、收买军事秘密后也要向境外“提供”，但这里的“提供”与为境外窃取、刺探、收买、非法提供军事秘密罪法条中规定的“非法提供”并不等同，也就是说，作为为境外窃取、刺探、收买、非法提供军事秘密罪四种行为表现之一的“非法提供”不是在窃取、刺探、收买基础上的进一步规定，而是一种独立的行为表现形式。非法提供军事秘密的前提是合法掌握军事秘密，在这种情况下，行为人对于境外想要得到的军事秘密并不需要去窃取、刺探、收买，军事秘密本来就在行为人的掌握之中，这正是刑法单独将“非法提供”作为为境外窃取、刺探、收买、非法提供军事秘密罪的一种行为表现的原因。其他几种情况下，正是由于行为人没有掌握境外所需的军事秘密，才要去窃取、刺探、收买，然后才能向境外提供。这里的非法，是指行为人违反国家和军队关于保守秘密的法律法规。为境外窃取、刺探、收买、非法提供军事秘密罪为行为犯，即为境外窃取、刺探、收买、非法提供军事秘密罪的成立并不要求任何特定的结果。根据《军人违反职责罪案件立案标准的规定》第 13 条的规定，凡涉嫌为境外窃取、刺探、收买、非法提供军事秘密的，应予立案。 13

值得一提的是，本条两罪所描述的行为均无抢劫或抢夺类型，而实践中并非不存在抢劫或抢夺军事秘密的可能性。尽管最终想要获得军事秘密的人员通常并不想让失密者知悉有人在打军事秘密的主意，因为这样可能导致失密者对涉及军事秘密的部署和行动进行调整，但是，许多情况下，军事秘密所涉及的内容成为既成事实或正在实施，难以调整或来不及调整；或者需要军事秘密者急于得到军事秘密；或者出于军事谋略的考虑，故意使失密方为难；或者在行为者与需要军事秘密者不是同一主体时，行为者为了从需要者那里得到利益而不顾需要者的告诫而公然行动，等等，都有可能采取抢得的办法。一旦出现这种行为，其社会危害性显然不会低于窃取、刺探、收买军事秘密的情况，但处理起来却无法律依据，这不能不说是刑法立法上的一个缺憾。 14

Ⅵ　主体

在两罪中，实施窃取、刺探、收买军事秘密行为的可以是任何军职人员。即便是按职责掌握一定军事秘密的人员，但其掌握的军事秘密总是有限的，如果要知悉不在 15

其掌握范围内的军事秘密,仍然要实施窃取、刺探、收买行为。窃取、刺探、收买军事秘密,是指行为人了解自己不知道的军事秘密的内容或取得自己未掌握的军事秘密载体,故保密人员将自己保管的军事秘密文件私自复印并拿取和保存,仅仅是取得其已经知道的军事秘密内容和其已经掌握的军事秘密载体,不属于本条中的窃取。如果保密人员将其非法复制和保存的军事秘密加以扩散,只能构成故意泄露军事秘密罪,而不能成为为境外窃取、刺探、收买、非法提供军事秘密罪的主体。就非法提供军事秘密的行为而言,那些合法掌握军事秘密内容或军事秘密载体的军职人员才有条件成为非法提供军事秘密罪的主体。

Ⅶ　罪过

16 非法获取军事秘密罪的罪过形式是直接故意,即明知自己获取军事秘密的行为是非法的,仍希望以窃取、刺探、收买的方法加以获取。至于行为人非法获取军事秘密的动机如何,则不影响该罪的成立。

17 为境外窃取、刺探、收买、非法提供军事秘密罪的罪过形式是直接故意。行为人的明知内容应当包括“为境外”的因素,如果确认行为人明知其行为是为境内的敌对势力或敌对分子而实施,则不构成为境外窃取、刺探、收买、非法提供军事秘密罪,而应认定为非法获取军事秘密罪。如果不能确认行为人是为境外还是境内实施行为,或者行为人行为时并不确知是为境外还是境内,是否构成为境外窃取、刺探、收买、非法提供军事秘密罪?笔者认为,应当认定为非法获取军事秘密罪。

Ⅷ　排除犯罪的事由

18 如果军队司法机关或保卫部门有证据合理怀疑某军职人员涉嫌出卖军事秘密,经过批准的合法程序,侦查人员佯装“买家”,从嫌疑人那里收买军事秘密,以获取证据,可属于排除犯罪的“诱惑侦查”。

19 在行为人被控为境外非法提供军事秘密的情况下,行为人可以证明自己没有违反国家和军队的保密法律法规,而是在对外交往与合作中有依据按程序向对方提供自己掌握的军事秘密的,可以此作为排除为境外窃取、刺探、收买、非法提供军事秘密罪的事由。这种事由一般应为执行命令。

Ⅸ　既遂、未遂、不能犯

一、非法获取军事秘密罪的既遂、未遂、不能犯

20 窃取、刺探、收买的行为方法,决定了非法获取军事秘密罪可以有既遂、未遂和预备形态之分。既遂以行为人实际获取军事秘密为标准。所谓实际获取军事秘密的标准,在不同情况下又有所不同:有时以行为人掌握军事秘密内容为标准,如得到关于

部队阵地位置的口头告知;有时则以行为人取得军事秘密的载体为标准,如取得未经翻译的军用电码。行为人可能以对象不能犯和手段不能犯构成非法获取军事秘密罪的未遂。

二、为境外窃取、刺探、收买、非法提供军事秘密罪的既遂、未遂、不能犯

如前所述,为境外窃取、刺探、收买、非法提供军事秘密罪有窃取、刺探、收买、非法提供四种行为表现,后一种行为表现并不是前三种行为表现的进一步规定,这决定了其区分既遂与未遂的标准有所不同。对于为境外窃取、刺探、收买军事秘密的行为来说,既遂与未遂不能以境外是否得到军事秘密作为标准,而应以是否窃取、刺探、收买而得到军事秘密内容或军事秘密载体作为既遂与未遂的标准。对方是否实际取得军事秘密或军事秘密载体,并不影响窃取、刺探、收买军事秘密行为的既遂。这样的标准才有利于对军事秘密的严格保护。窃而不得,探而不知,收买不成,方为未遂。与此不同,为境外非法提供军事秘密的行为的既遂与未遂则要以行为人是否将军事秘密交与对方为标准,但并不要求对方实际取得军事秘密或军事秘密载体,行为人只要将提供军事秘密的行为实施终了,就视为将军事秘密交与对方而既遂,例如,行为人按对方要求将军事秘密载体放置于某处以便对方去取,或行为人用邮件将军事秘密寄出,等等。对方未取得军事秘密,或者取得以后又失去,均不影响这种情况的既遂。因此,这种情况的未遂只发生在行为未实行终了的情况下。 21

行为人将根本不是军事秘密的内容和载体误认为是军事秘密,或将不可能获取军事秘密的手段误认为可以获取军事秘密,都会发生为境外窃取、刺探、收买、非法提供军事秘密罪的不能犯情形。笔者认为,只有在绝对不能犯的情况下,才可以考虑免除行为人的刑事责任。 22

X 共犯

一、非法获取军事秘密罪的共犯

军职人员之间、军职人员与非军职人员之间,都可以构成非法获取军事秘密罪的共犯,而且都可以构成非法获取军事秘密罪的共同实行犯。非军职人员教唆军职人员非法获取军事秘密,被教唆的军职人员实施了行为,则实施教唆的非军职人员构成非法获取军事秘密罪共犯的教唆犯。但是,如果非军职人员教唆军职人员非法获取军事秘密,被教唆的军职人员没有实施被教唆的行为,该如何认定呢?这里,显然不存在共犯问题,应当认定为独立的教唆犯。但这样一来,非军职人员不是也可以单独成立军职罪了吗?军职罪的主体不是排斥单个的非军职人员吗?笔者认为,独立教唆犯与一般的单个人犯罪有所不同。除了刑法特别规定的罪名之外(如指使部属违反职责罪是教唆行为,窝藏罪是帮助行为等),大多单个人犯罪都是实行犯,而作为实行犯,行为人必须符合法律规定的主体资格,这是毫无疑问的。因此,非军职人员不 23

能单独成为军职罪的实行犯。但是,教唆犯的特点就是教唆者本人不去实行犯罪,而是让他人去实行行为,军职罪对实行犯主体资格的要求显然与教唆者无关。而且,教唆犯的危害体现在其教唆的内容,教唆犯的认定附着于其教唆的罪名,离开了教唆的内容和罪名,教唆犯无从谈起,如果所有的身份犯都排斥无身份的独立的教唆犯,则意味着无特定身份的教唆者教唆有特定身份的主体实施只有该种主体才可能实行的行为,而该主体又未实行被教唆之罪时,教唆者也就不能按照其教唆的犯罪从而也不能按照任何罪名受到追究,这是不符合刑法规定教唆犯的意图的。这样一来,一个教唆军职人员非法获取军事秘密的非军职人员可以因为被教唆的军职人员没有实行被教唆的罪行而逍遥法外。其实,无论被教唆者是否实行了被教唆的犯罪,至多影响教唆行为的危害大小,而教唆者的教唆行为及其危害性质都已经是既成事实了。正因为如此,《刑法》第 29 条第 2 款规定:“如果被教唆的人没有犯被教唆的罪,对于教唆犯,可以从轻或者减轻处罚。”这里没有免除处罚的规定,更没有免除刑事责任的规定。综上所述,在被教唆的军职人员没有实行被教唆之罪时,应对教唆军职人员非法获取军事秘密的非军职人员认定为非法获取军事秘密罪的独立教唆犯。这个道理不仅适用于非法获取军事秘密罪,也应适用于其他军职罪乃至任何特殊主体的犯罪或身份犯罪。

二、为境外窃取、刺探、收买、非法提供军事秘密罪的共犯

24 军职人员之间可以构成为境外窃取、刺探、收买、非法提供军事秘密罪的各种类别的共同犯罪。那么,在军职人员和非军职人员之间,是否也可以成立为境外窃取、刺探、收买、非法提供军事秘密罪的共犯呢?笔者认为,尽管军职人员与非军职人员共同实施为境外窃取、刺探、收买、非法提供军事秘密的行为,分别符合为境外窃取、刺探、收买、非法提供军事秘密罪和危害国家安全罪中的为境外窃取、刺探、收买、非法提供国家秘密、情报罪,但对同案的军职人员与非军职人员以不同的罪名分别认定处理,势必抹杀事实上行为人是共同对国家军事利益造成危害,这样认定不能反映共同犯罪的实际情况,因此,应将其认定为为境外窃取、刺探、收买、非法提供军事秘密罪的共犯。

25 但是,代表境外势力或作为其中间人而与行为人接头的具体人员通常不应被认定为为境外窃取、刺探、收买、非法提供军事秘密罪的共犯,除非他们对行为人的窃取、刺探、收买等行为实施了组织、帮助、教唆的行为,否则,对这些人员可单独认定为非法获取国家秘密罪,为境外窃取、刺探、收买、非法提供国家秘密、情报罪等罪名。如果与行为人接头以获取军事秘密的具体人员是代表境外敌对势力的间谍分子,可认定为相应的间谍罪,也不构成共犯。

XI 罪数

一、非法获取军事秘密罪的罪数问题

26 非法获取军事秘密罪与非法获取国家秘密罪之间形成法规竞合的关系,非法获

取军事秘密罪法条属于特别法,非法获取国家秘密罪属于普通法,故按特别法优于普通法的原则,应适用非法获取军事秘密罪。

27 相对于非法持有国家绝密、机密文件、资料、物品罪,非法使用窃听、窃照专用器材罪,非法侵入计算机信息系统罪等罪名,非法获取军事秘密罪属于吸收犯,即已将上述罪行包含于非法获取军事秘密罪之中,如果行为人在非法获取军事秘密的过程中出现了上述行为,不再以数罪论处,而只定非法获取军事秘密罪,有关行为可作为量刑酌定情节加以考虑。

28 军队的许多武器装备、军用物资本身就是军事秘密的载体,包含需要保密的内容,如性能、构造、成分等,如果行为人出于非法获取军事秘密的目的而盗窃武器装备、军用物资的,其行为便同时触犯非法获取军事秘密罪和盗窃武器装备、军用物资罪等,构成想象竞合犯。

二、为境外窃取、刺探、收买、非法提供军事秘密罪的罪数问题

29 为境外窃取、刺探、收买、非法提供军事秘密罪为选择性罪名,只要实施了窃取、刺探、收买、非法提供行为之一,即满足为境外窃取、刺探、收买、非法提供军事秘密罪的行为要件。如果行为人实施了上述多种行为,也只构成为境外窃取、刺探、收买、非法提供军事秘密罪一罪而不构成数罪。

30 为境外窃取、刺探、收买、非法提供军事秘密罪与间谍罪,为境外窃取、刺探、收买、非法提供国家秘密、情报罪,非法获取国家秘密罪,非法获取军事秘密罪等罪名之间是法规竞合关系,如果属于包容竞合的,可按特别法优于普通法的原则认定处理;如果属于交叉竞合的,可按从一重原则认定处理。实施为境外窃取、刺探、收买、非法提供军事秘密罪有时可能会牵连若干罪名,刑法明文规定了处理原则的,按刑法规定认定;刑法没有明文规定的,可按牵连犯的一般处理原则认定处理。

XII　与非罪的界限

31 根据《军人违反职责罪案件立案标准的规定》第 12 条和第 13 条对立案标准的规定,凡涉嫌非法获取军事秘密的,或者为境外窃取、刺探、收买、非法提供军事秘密的,应予立案。这一规定表明,实施非法获取军事秘密或者为境外窃取、刺探、收买、非法提供军事秘密的行为,一般即构成犯罪。当然,如果行为人有合法根据和正当理由知悉军事秘密的内容或掌握军事秘密的载体,不构成犯罪。如果行为人被动无意地偶然知悉军事秘密的内容或掌握军事秘密的载体,也不构成犯罪。行为人没有使用特殊的手段,只是一般地和一次性地打探军事秘密,实际未能获取军事秘密,事先与境外势力及其中间人均无联系,情节显著轻微,危害不大,可不认定为犯罪。虽然和境外势力或中间人有联系并表示要为其获取军事秘密,但没有实施和准备实施窃取、刺探、收买、非法提供行为的,不构成犯罪。对上述情况的人员,可予以军纪制裁。

XIII 与他罪的区别

一、非法获取军事秘密罪与非法获取国家秘密罪的区别

32 非法获取军事秘密罪与非法获取国家秘密罪的主要区别是:①非法获取军事秘密罪的主体只能是军职人员,而非法获取国家秘密罪的主体不限于军职人员。②非法获取军事秘密罪的行为人获取的是军事秘密,而非法获取国家秘密罪的行为人获取的不仅可以是国家的军事秘密,还可以是非军事的国家秘密。

二、非法获取军事秘密罪与为境外窃取、刺探、收买、非法提供军事秘密罪的区别

33 非法获取军事秘密罪与为境外窃取、刺探、收买、非法提供军事秘密罪的主要区别是:①为境外窃取、刺探、收买、非法提供军事秘密罪的行为人是为境外的机构、组织、人员窃取、刺探、收买军事秘密,而非法获取军事秘密罪的行为人以窃取、刺探、收买方法非法获取军事秘密并不存在这个目的。②为境外窃取、刺探、收买、非法提供军事秘密罪中无论是哪一种表现形式,都有一个"提供"的问题,而非法获取军事秘密罪中行为人可能不向任何机构、组织、人员提供其获取的军事秘密,只是为了满足好奇心、追求冒险刺激、报复他人、为写作准备资料等。

三、为境外窃取、刺探、收买、非法提供军事秘密罪与为境外窃取、刺探、收买、非法提供国家秘密、情报罪的区别

34 为境外窃取、刺探、收买、非法提供军事秘密罪与为境外窃取、刺探、收买、非法提供国家秘密、情报罪的主要区别是:①为境外窃取、刺探、收买、非法提供军事秘密罪的主体是军职人员,而为境外窃取、刺探、收买、非法提供国家秘密、情报罪的主体是非军职人员。②为境外窃取、刺探、收买、非法提供军事秘密罪的行为指向的是军事秘密,而为境外窃取、刺探、收买、非法提供国家秘密、情报罪的行为指向的是包括军事秘密又不止于军事秘密的国家秘密和情报。如果军人为境外窃取、刺探、收买、非法提供的是军事秘密以外的国家秘密、情报,则应认定为为境外窃取、刺探、收买、非法提供国家秘密、情报罪,而不是为境外窃取、刺探、收买、非法提供军事秘密罪。

XIV 处罚

35 非法获取军事秘密罪的法定刑有三个格次:①犯本罪情节一般的,处 5 年以下有期徒刑。②犯本罪情节严重的,处 5 年以上 10 年以下有期徒刑。所谓情节严重,主要是指利用职权非法获取军事秘密的,从作战、机要、保密等重要部门非法获取军事秘密的,非法获取大量或者重要军事秘密的,非法获取军事秘密的手段特别恶劣

的，战时非法获取军事秘密的，将非法获取的军事秘密又泄露的，非法获取军事秘密造成严重后果的等。③犯本罪情节特别严重的，处 10 年以上有期徒刑。所谓情节特别严重，主要是指利用职权非法获取大量或者重要军事秘密的，从作战、机要、保密等重要部门非法获取大量或者重要军事秘密的，为敌人非法获取军事秘密的，将非法获取的大量或者重要军事秘密又泄露的，非法获取军事秘密造成特别严重后果的等。

为境外窃取、刺探、收买、非法提供军事秘密罪的法定刑原本为“十年以上有期徒刑、无期徒刑或者死刑”。2020 年 12 月通过的《刑法修正案(十一)》对本罪法定刑作了修改：①增加了“五年以上十年以下有期徒刑”，将其作为犯本罪情节一般时的法定刑。②将原来规定的法定刑变成“情节严重的”格次，即“情节严重的，处十年以上有期徒刑、无期徒刑或者死刑”。立法机关作出这一修改，是考虑到犯本罪的实践情况复杂多样，尽管存在恶意实施、犯罪情节或后果很严重的情形，但也有不少属于偶犯且犯罪情节或后果相对较轻的情形，仅设置起点刑为 10 年有期徒刑的一个法定刑格次，很难符合罪责刑相适应的刑法原则和宽严相济的刑事政策。因此，修改后的《刑法》第 431 条第 2 款包含两个法定刑格次：“为境外的机构、组织、人员窃取、刺探、收买、非法提供军事秘密的，处五年以上十年以下有期徒刑；情节严重的，处十年以上有期徒刑、无期徒刑或者死刑。” 36

第四百三十二条　故意泄露军事秘密罪;过失泄露军事秘密罪

违反保守国家秘密法规，故意或者过失泄露军事秘密，情节严重的，处五年以下有期徒刑或者拘役；情节特别严重的，处五年以上十年以下有期徒刑。

战时犯前款罪的，处五年以上十年以下有期徒刑；情节特别严重的，处十年以上有期徒刑或者无期徒刑。

文献:唐培贤、杨九根:《中国人民解放军审判工作史概述》,人民法院出版社 1989 年版;李淳、王尚新主编:《中国刑法修订的背景与适用》,法律出版社 1998 年版;宣炳昭主编:《刑法各罪的法理与实用》,中国政法大学出版社 2002 年版;黄林异、王小鸣:《军人违反职责罪》,中国人民公安大学出版社 2003 年版;高铭暄、赵秉志编:《中国刑法立法文献资料精选》,法律出版社 2007 年版;段作瑞:《军人违反职责罪研究》,法律出版社 2016 年版。倪新枝、王振波:《军人违反职责罪中泄露军事秘密的构成》,载《政工学刊》2008 年第 7 期。

细目录

Ⅰ　主旨
Ⅱ　沿革
　一、故意泄露军事秘密罪的沿革
　二、过失泄露军事秘密罪的沿革
Ⅲ　客体
Ⅳ　行为
Ⅴ　主体
Ⅵ　罪过
Ⅶ　既遂、未遂、不能犯
Ⅷ　共犯
Ⅸ　罪数
Ⅹ　与非罪的界限
Ⅺ　与他罪的区别
　一、故意泄露军事秘密罪与故意泄露国家秘密罪的区别
　二、故意泄露军事秘密罪与为境外非法提供军事秘密罪的区别
　三、过失泄露军事秘密罪与故意泄露军事秘密罪的区别

四、过失泄露军事秘密罪与擅离、玩忽军事职守罪的区别

Ⅻ 处罚

Ⅰ 主旨

本条包括两个罪名:故意泄露军事秘密罪与过失泄露军事秘密罪。故意泄露军事秘密罪,是指违反国家和军队的保密规定,故意使军事秘密被不应知悉者知悉或者超出了限定的接触范围,情节严重的行为。过失泄露军事秘密罪,是指违反国家和军队的保密规定,过失泄露军事秘密,致使军事秘密被不应知悉者知悉或者超出了限定的接触范围,情节严重的行为。刑法规定本条的目的是通过惩治故意或者过失泄露军事秘密的犯罪军人,促使我军军职人员严肃对待军事秘密,做到不该说的不说,不该写的不写,不该展示的不展示,不该提供的不提供,牢记保密制度的要求,认真而慎重地履行保密职责,使自己的言行符合保密规定,力求军事秘密万无一失,切实维护国家军事利益。 1

Ⅱ 沿革

一、故意泄露军事秘密罪的沿革

在1955年《中国人民解放军军事刑罚暂行条例(草案)》中,有与故意泄露军事秘密罪类似的规定。该草案第67条规定,擅用函件文书或其他方法与敌军或敌占区人员或外国人发生联系,因而泄露国家、军事机密者,处3年以上10年以下有期徒刑。第68条规定,为图私利而盗窃国家、军事机密者,处10年以上有期徒刑;情节重大者,处无期徒刑或死刑。第69条规定,凡以语言或书信泄露国家、军事机密者,处3年以下有期徒刑,情节重大者,或已引起严重后果者,处3年以上10年以下徒刑。[1] 1981年的《惩治军人违反职责罪暂行条例》中设置了泄露军事机密罪。该条例第4条规定,违反保守国家军事机密法规,泄露或者遗失国家重要军事机密,情节严重的,处7年以下有期徒刑或者拘役。战时犯前款罪的,处3年以上10年以下有期徒刑;情节特别严重的,处10年以上有期徒刑或者无期徒刑。为敌人或者外国人窃取、刺探、提供军事机密的,处10年以上有期徒刑、无期徒刑或者死刑。[2] 现行《刑法》是在《惩治军人违反职责罪暂行条例》第4条第1、2款规定的泄露军事机密罪的基础上,修改补充形成的单一罪名。对《惩治军人违反职责罪暂行条例》的修改主要是: 2

---

1 参见唐培贤、杨九根:《中国人民解放军审判工作史概述》,人民法院出版社1989年版,第232页。

2 参见黄林异、王小鸣:《军人违反职责罪》,中国人民公安大学出版社2003年版,第196页。

①将原规定的"违反保守国家军事机密法规"改为"违反保守国家秘密法规"。这样修改一方面在概念的表述上与国家保密法的规定相一致,另一方面是考虑到军事秘密属于国家秘密的一个重要方面,保密工作也必须以国家保密法进行规范。②将"泄露国家重要军事机密"修改为"故意泄露军事秘密",这样使得罪状更加明确,也包括得更加全面,以满足打击犯罪的需要。③对故意泄露军事机密的犯罪的处刑幅度进行调整,将"情节严重的,处七年以下有期徒刑或者拘役"改为"情节严重的,处五年以下有期徒刑或者拘役";"情节特别严重的,处五年以上十年以下有期徒刑"。将战时犯前款罪的最低刑"三年以上有期徒刑"改为"五年以上有期徒刑"。这主要是考虑到此行为具有严重的社会危害性,对于犯罪分子予以必要的处罚,才能起到惩戒作用,因此提高了该罪的刑罚。[3]

3　根据《军人违反职责罪案件立案标准的规定》第14条的规定,故意泄露军事秘密罪是指违反国家和军队的保密规定,故意使军事秘密被不应知悉者知悉或者超出了限定的接触范围,情节严重的行为。

二、过失泄露军事秘密罪的沿革

4　在1955年《中国人民解放军军事刑罚暂行条例(草案)》中,有与故意泄露军事秘密罪类似的规定。该草案第66条规定,玩忽职守因而泄露或遗失国家、军事机密者,处3年以下有期徒刑;情节重大或已引起严重后果者,处3年以上10年以下有期徒刑。[4] 1981年的《惩治军人违反职责罪暂行条例》中设置了遗失军事机密罪。该条例第4条规定,违反保守国家军事机密法规,泄露或者遗失国家重要军事机密,情节严重的,处7年以下有期徒刑或者拘役。战时犯前款罪的,处3年以上10年以下有期徒刑;情节特别严重的,处10年以上有期徒刑或者无期徒刑。为敌人或者外国人窃取、刺探、提供军事机密的,处10年以上有期徒刑、无期徒刑或者死刑。[5]

5　现行《刑法》是在《惩治军人违反职责罪暂行条例》第4条第1、2款规定的遗失军事机密罪的基础上,修改补充形成的单一罪名。对《惩治军人违反职责罪暂行条例》的修改主要是:①将原规定的"违反保守国家军事机密法规"改为"违反保守国家秘密法规"。这样修改一方面在概念的表述上与国家保密法的规定相一致,另一方面是考虑到军事秘密属于国家秘密的一个重要方面,保密工作也必须以国家保密法进行规范。②将"遗失国家重要军事机密"修改为"过失泄露军事秘密",这样使得罪状

3　参见李淳、王尚新主编:《中国刑法修订的背景与适用》,法律出版社1998年版,第593页。

4　参见唐培贤、杨九根:《中国人民解放军审判工作史概述》,人民法院出版社1989年版,第232页。

5　参见黄林异、王小鸣:《军人违反职责罪》,中国人民公安大学出版社2003年版,第196页。

更加明确,也包括得更加全面,以满足打击犯罪的需要。③对过失泄露军事机密的犯罪的处刑幅度进行调整,将"情节严重的,处七年以下有期徒刑或者拘役"改为"情节严重的,处五年以下有期徒刑或者拘役";"情节特别严重的,处五年以上十年以下有期徒刑"。将战时犯前款罪的最低刑"三年以上有期徒刑"改为"五年以上有期徒刑"。这主要是考虑到此行为具有严重的社会危害性,对于犯罪分子予以必要的处罚,才能起到惩戒作用,因此提高了该罪的刑罚。[6]

根据《军人违反职责罪案件立案标准的规定》第15条的规定,过失泄露军事秘密罪是指违反国家和军队的保密规定,过失泄露军事秘密,致使军事秘密被不应知悉者知悉或者超出了限定的接触范围,情节严重的行为。 6

Ⅲ 客体

故意泄露军事秘密罪侵害的客体是军事秘密的安全或者国家军事保密制度。军事保密制度与军事秘密安全是一个问题的两个方面。军事保密制度的设置目的就是要使军事秘密能够始终处于安全状态,军事保密制度各项内容本身都是保障军事秘密安全的要求;军事秘密安全体现在军事保密制度之中,军事秘密的安全能否得到保障,在于军事保密制度是否能够得到严格遵守。 7

Ⅳ 行为

本条规定的两罪的行为要件都是违反保守国家秘密法规,泄露军事秘密且情节严重的行为。尽管两罪所违反的保守国家秘密法规是相同的,但是,由于故意泄露军事秘密罪与过失泄露军事秘密罪在罪过形式上的区别,影响到两罪在泄露行为及其情节的不同。 8

(1)违反保守国家秘密法规。保守国家秘密法规,是指国家和军队关于保守秘密的法律法规。主要是指由国家立法机关制定颁布的《保守国家秘密法》及其实施办法,中央军委制定颁发的《中国人民解放军保密条例》,解放军各总部和各军、兵种制定的保密规章,等等。这些关于保守秘密的法律法规,共同构成了一套供军人执行的完整的体现国家军事利益的保守国家秘密法规系统,违反这个系统中的任何规定,都属于违反保守国家秘密法规。 9

(2)故意泄露军事秘密罪中的泄露军事秘密且情节严重的行为。在故意泄露国军事秘密的犯罪中,泄露军事秘密行为,是指以各种方式将自己知悉的军事秘密透露给不应掌握该项军事秘密的人员。泄露与提供不完全相同,提供通常涉及军事秘密的有形载体,如胶卷、文件、图纸、实物等,取得军事秘密载体还不等于一定获知军事 10

6 参见李淳、王尚新主编:《中国刑法修订的背景与适用》,法律出版社1998年版,第593页。

秘密内容,而泄露多是以口头或书面语言直接让对方掌握军事秘密的内容,至少是让获取人一目了然,不需要专门的研究和翻译等。因此,泄露实际上就是告知。但是,对方是否实际获知行为人泄露的军事秘密,不影响故意泄露军事秘密罪的成立。

11 故意泄露军事秘密罪是情节犯,不仅要求实施非法泄露军事秘密的行为,而且要求必须情节严重。根据《军人违反职责罪案件立案标准的规定》第14条的规定,"情节严重"是指:涉嫌泄露绝密级或者机密级军事秘密1项(件)以上;泄露秘密级军事秘密3项(件)以上;向公众散布、传播军事秘密;泄露军事秘密造成严重危害后果;利用职权指使或者强迫他人泄露军事秘密;负有特殊保密义务的人员泄密;以牟取私利为目的泄露军事秘密;执行重大任务时泄密;有其他情节严重行为。从刑法理论看,这里的情节包括了行为对象的属性及数额、行为的后果、行为的方式、行为的主体、行为的目的、行为的环境背景等。

12 (3)过失泄露军事秘密罪中的泄露军事秘密且情节严重的行为。过失泄露军事秘密罪的客观要件也要求行为人泄露军事秘密且情节严重。但其表现和特征与故意泄露军事秘密罪有所不同。在过失泄露军事秘密罪中,泄露军事秘密的行为表现除了包括口头或书面透露出军事秘密内容,也包括行为人因自己没有管护好自己负责管护的军事秘密,以致军事秘密内容被不该知悉的人员知悉,或自己管护的军事秘密载体丢失等。在军事秘密载体丢失的情况下,构成过失泄露军事秘密罪并不需要确认丢失的军事秘密载体被他人实际控制、复制或获取其中的秘密。

13 关于过失泄露军事秘密罪的情节严重,有论者认为它"一般包括:机要、保密人员或者其他负有特殊保密义务的人员泄密的,战时泄密的,执行特殊任务时泄密的,泄露重要或者大量军事秘密的,因泄密造成严重后果的,泄密后隐情不报或者未及时采取补救措施的等"[7]。这一说法存在理论上的混乱。毫无疑问,这些情况都可以作为构成过失泄露军事秘密罪的严重情节,但不要忘记,刑法条文中的"情节严重"是罪与非罪的界限的标志,是相对于情节显著轻微而言的,它仅仅是构成犯罪的"及格线",而不是在这条线上无限向上延伸,因为它对应的是过失泄露军事秘密罪的基本刑。如果按照上述说法,战时泄密的属于情节严重,显然与刑法规定不相吻合,因为刑法为战时犯过失泄露军事秘密罪明文规定了加重格次的法定刑。同样,把机要、保密人员或者其他负有特殊保密义务的人员泄密作为情节严重,实际上排除了这些人员之外的人员可以犯此罪,这是不符合过失泄露军事秘密罪主体要件的。此外,把因泄密造成严重后果作为情节严重也很模糊,它和情节严重一样,并没有具体表明严重的事实内容及程度。

14 《军人违反职责罪案件立案标准的规定》第15条明确了过失泄露军事秘密罪的"情节严重":泄露绝密级军事秘密1项(件)以上;泄露机密级军事秘密3项(件)以上;泄露秘密级军事秘密4项(件)以上;负有特殊保密义务的人员泄密;泄露军事秘

---

7 周道鸾、张军主编:《刑法罪名精释》,人民法院出版社1998年版,第1065页。

密或者遗失军事秘密载体,不按照规定报告,或者不如实提供有关情况,或者未及时采取补救措施;有其他情节严重行为。可见,这里的"情节"主要是指行为对象的属性及数额、行为主体、行为后的表现等。

V 主体

本条规定的两罪的主体范围是一样的,即故意、过失泄露军事秘密罪的主体是军职人员,尤其是机要、保密人员或者其他负有特殊保密义务的军职人员。 15

本条两罪的主体是合法掌握一定军事秘密的军职人员。军职人员对于自己无权知悉的军事秘密,先通过非法途径获取,然后再告知他人,不能成为本条的主体,不构成故意泄露军事秘密或过失泄露军事秘密罪,只能以其他相关罪名论处。也就是说,本条的罪名是专门针对军职人员自己合法掌握的军事秘密设置的。由于每个军人都在不同程度上合法知悉一定的军事秘密,故每个军职人员都有可能构成本条规定的罪名。 16

Ⅵ 罪过

故意泄露军事秘密罪的罪过形式是故意,包括直接故意与间接故意。其动机可以是多种多样的,不影响该罪的成立。如果行为人实施行为时具有危害国家安全的目的,应以相应的危害国家安全的罪名认定,而不认定故意泄露军事秘密罪。 17

过失泄露军事秘密罪的主观方面是过失,包括疏忽大意的过失和过于自信的过失。行为人主观上既无过失又无故意,而是由于不能预见或不能抗拒的原因导致军事秘密载体丢失的,不构成犯罪。 18

Ⅶ 既遂、未遂、不能犯

由于既遂和未遂是只能发生于直接故意犯罪的停止形态,故本条规定的过失泄露军事秘密罪不存在这个问题。又由于结果犯中不存在既遂和未遂,则对于故意泄露军事秘密罪的犯罪形态需要作具体分析。因为,故意泄露军事秘密罪是情节犯,而根据《军人违反职责罪案件立案标准的规定》第 14 条的规定,构成该罪的严重"情节"包括"泄露军事秘密造成严重危害后果",此种情节的故意泄露军事秘密罪就不存在既遂和未遂的区分。那么,在泄露了军事秘密尚未造成严重危害后果的情况下,具备其他严重情节,是否存在犯罪形态的区分?回答是肯定的。故意泄露军事秘密意味着行为人希望对方知悉军事秘密,这里的"对方",既包括最终想要获得军事秘密的人员,也包括这些人员的代表或中间人。如果对方因行为人的泄密而获知军事秘密,则行为人的目的达到,属于既遂;如果行为人泄密后由于意志外的原因而使对方未能获知,则行为的目的没有达到,属于未遂。当然,从故意泄露军事秘密罪的行为类型看,应属于即成犯,行为一经实施便告终了,故未遂只能发生在行为实施终了 19

以后,即行为人泄密后由于某种原因使得对方未能获知该军事秘密。未遂的原因可以是对方的接收发生了差错,例如,行为人将写有军事秘密的纸条放在预定地点,而收取人找错了地方未能拿到;也可以是介入因素的阻隔,例如,行为人将写有军事秘密的纸条放在预定地点,而由于发生意外事故纸条被毁损;还可以是军事秘密载体出了毛病,例如,行为人在电话中告知对方军事秘密,其实电话中途发生故障,有用的信息未能传达到对方;等等。还有一个原因就是由于行为人对行为事实的某个因素的认识错误而根本不可能泄露军事秘密,即不能犯,例如,行为人将已经解密公开的军事信息误认为是军事秘密向对方泄露,或者用意念发功的办法传递告知军事秘密。在这种情况下,如果泄密行为符合规定的严重情节,应构成不能犯的未遂。此外,在泄密行为终了后,行为人也有可能主动地避免了对方获知军事秘密,从而构成中止(国外叫作中止未遂),例如,行为人将写有军事秘密的纸条放在预定地点后反悔,遂在对方取走纸条之前,又返回将纸条取走并销毁。

Ⅷ 共犯

20 由于军事秘密的具体性和特定性,故意泄露军事秘密罪的共犯构成必须具体情况具体分析。知悉同一军事秘密的若干军职人员之间可以构成故意泄露军事秘密罪的共同实行犯。但是,知密的军职人员与不知密的军职人员或非军职人员之间不可能构成故意泄露军事秘密罪的共同实行犯。如果不知密的军职人员或非军职人员主动向知密的行为人要求知密,这些人员还可单独构成非法获取军事秘密罪。

Ⅸ 罪数

21 故意泄露军事秘密罪与故意泄露国家秘密罪构成包含关系的法规竞合,故意泄露军事秘密罪为特别法的规定,应按特别法优于一般法的原则,认定故意泄露军事秘密罪。故意泄露军事秘密罪与为境外非法提供军事秘密罪构成包含关系的法规竞合,但相对而言,故意泄露军事秘密罪为普通法的规定,不认定为故意泄露军事秘密罪。

Ⅹ 与非罪的界限

22 违反保守国家秘密法规,故意或者过失泄露军事秘密,尚未达到情节严重程度的,不构成犯罪,对行为人可给予军纪处分。如前所述,《军人违反职责罪案件立案标准的规定》第 14 条和第 15 条分别规定了“情节严重 ”的具体情形,这里不再赘述。此外,行为人合法地告诉他人军事秘密或向其传递军事秘密载体,由于他人的原因失密,行为人不构成犯罪。军事秘密载体失而复得且能证明其在丢失期间未被他人接触、复制或没有失密,属于情节显著轻微危害不大,不构成犯罪。

XI 与他罪的区别

一、故意泄露军事秘密罪与故意泄露国家秘密罪的区别

故意泄露军事秘密罪与故意泄露国家秘密罪的主要区别是:①故意泄露军事秘密罪的主体是军职人员,故意泄露国家秘密罪的主体是国家机关工作人员等非军职人员。②故意泄露军事秘密罪泄露的是军事秘密,故意泄露国家秘密罪泄露的是包括军事秘密在内的国家秘密。 23

二、故意泄露军事秘密罪与为境外非法提供军事秘密罪的区别

故意泄露军事秘密罪与为境外非法提供军事秘密罪的主要区别是:①故意泄露军事秘密罪的行为特征是泄露,而为境外非法提供军事秘密罪的行为特征是提供,如前所述,两种行为并不等同。②故意泄露军事秘密罪的罪名是单一的,而为境外非法提供军事秘密罪是选择性罪名,它还可能是为境外窃取军事秘密罪、为境外刺探军事秘密罪、为境外收买军事秘密罪。③故意泄露军事秘密罪的行为对象是不特定的,而为境外提供军事秘密罪必须是“为境外”。 24

三、过失泄露军事秘密罪与故意泄露军事秘密罪的区别

过失泄露军事秘密罪与故意泄露军事秘密罪的主要区别是:①过失泄露军事秘密罪的主观方面是过失,而故意泄露军事秘密罪的主观方面是故意。②过失泄露军事秘密罪作为过失犯罪,在主观恶性上比故意泄露军事秘密罪要轻,故在客观构成的情节要求上应比故意泄露军事秘密为重。 25

四、过失泄露军事秘密罪与擅离、玩忽军事职守罪的区别

过失泄露军事秘密罪与擅离、玩忽军事职守罪的主要区别是:①过失泄露军事秘密罪的行为人违反了保守国家秘密的法规,违背的是军人保守秘密的普遍职责,而擅离、玩忽军事职守罪的行为人违反的是军队的指挥、值班和值勤的规章制度,违背的是军队指挥人员和值班、值勤人员的特殊职责。②过失泄露军事秘密罪的主体是所有军职人员,而擅离、玩忽军事职守罪的主体是指挥和值班、值勤人员。③过失泄露军事秘密罪的主观方面是过失,而擅离、玩忽军事职守罪的主观方面既可以是过失也可以是故意。 26

XII 处罚

本条法定刑规定了两款四个格次:第 1 款是平时犯故意泄露军事秘密罪或者过失泄露军事秘密罪的,规定了两个格次,一个是一般情节的格次,另一个是情节特别 27

严重的格次;第 2 款是战时犯故意泄露军事秘密罪或者过失泄露军事秘密罪的,也规定了两个格次,一个是一般的格次,另一个是情节特别严重的格次。平时犯故意泄露军事秘密罪或者过失泄露军事秘密罪的,一般情况下判处 5 年以下有期徒刑或者拘役;情节特别严重的,处 5 年以上 10 年以下有期徒刑。所谓情节特别严重,主要是指机要、保密人员或者其他负有特殊保密职责的人员泄露大量或者重要军事秘密的,因泄露军事秘密而造成特别严重后果的,出卖大量或者重要军事秘密的,泄露特别重要的军事秘密的等。战时犯故意、过失泄露军事秘密罪的,一般情况下,判处 5 年以上 10 年以下有期徒刑;情节特别严重的,处 10 年以上有期徒刑或者无期徒刑。所谓情节特别严重,主要是指机要、保密人员或者其他负有特别保密职责的人员泄露大量或者重要军事秘密的,因泄露军事秘密而造成特别严重后果的,出卖大量或者重要军事秘密的,泄露特别重要的军事秘密的等。

28 应当指出的是,本条规定的两个罪名,一个是故意,一个是过失,却设置了相同的法定刑,不能不说是立法上的一个疏漏,违反了故意与过失在刑罚上相区别的一般立法原则。在立法未作补救之前,司法上应当注意研究两罪法定刑格次的适用特点,使得两罪能够体现出处罚上的区别。

第四百三十三条　战时造谣惑众罪

战时造谣惑众，动摇军心的，处三年以下有期徒刑；情节严重的，处三年以上十年以下有期徒刑；情节特别严重的，处十年以上有期徒刑或者无期徒刑。

文献:唐培贤、杨九根:《中国人民解放军审判工作史概述》,人民法院出版社1989年版;李淳、王尚新主编:《中国刑法修订的背景与适用》,法律出版社1998年版;宣炳昭主编:《刑法各罪的法理与实用》,中国政法大学出版社2002年版;黄林异、王小鸣:《军人违反职责罪》,中国人民公安大学出版社2003年版;高铭暄、赵秉志编:《中国刑法立法文献资料精选》,法律出版社2007年版;段作瑞:《军人违反职责罪研究》,法律出版社2016年版。王全达、尹丹阳:《论军职罪死刑取消的标准——由〈刑法修正案(九)〉取消两种军职罪罪名的死刑展开》,载《西安政治学院学报》2016年第3期。

细目录

Ⅰ　主旨
Ⅱ　沿革
Ⅲ　客体
Ⅳ　行为
Ⅴ　主体
Ⅵ　罪过
Ⅶ　既遂、未遂、不能犯
Ⅷ　共犯
Ⅸ　罪数
Ⅹ　与非罪的界限
Ⅺ　与他罪的区别
一、与战时造谣扰乱军心罪的区别
二、与假传军令罪的区别
Ⅻ　处罚

Ⅰ　主旨

本条规定的战时造谣惑众罪,是指军职人员在战时造谣惑众,动摇军心的行为。 1

刑法规定战时造谣惑众罪的目的是通过惩治战时造谣惑众及动摇军心的犯罪军人,使我军军职人员士气高昂,部队军心稳定,以保持强大的战斗力,取得战斗的胜利。

Ⅱ　沿革

2　在1955年《中国人民解放军军事刑罚暂行条例(草案)》中,有与战时造谣惑众罪类似的规定。该草案第28条第2款规定,散布反革命言论,书写反动标语,造谣惑众,动摇军心者,处3年以上10年以下有期徒刑;招致严重后果者,处10年以上有期徒刑、无期徒刑或者死刑。[1] 1981年的《惩治军人违反职责罪暂行条例》中设置了勾结敌人造谣惑众罪和战时造谣惑众罪。该条例第14条规定,战时造谣惑众,动摇军心的,处3年以下有期徒刑;情节严重的,处3年以上10年以下有期徒刑。勾结敌人造谣惑众,动摇军心的,处10年以上有期徒刑或者无期徒刑;情节特别严重的,可以判处死刑。[2] 在1988年由中国人民解放军军事法院提出的关于《惩治军人违反职责罪暂行条例》的修改意见中,对条例第14条提出了修改意见。该修改意见认为应将第14条第1、2款合并,删去"勾结敌人造谣惑众,动摇军心"一段。这样,可以回避在同一条款中出现两种性质不同的犯罪。建议该条修改为:"战时造谣惑众,动摇军心的,处三年以下有期徒刑;情节严重的,处三年以上十年以下有期徒刑;情节特别严重的,处十年以上有期徒刑、无期徒刑或者死刑。"[3]但是,1997年《刑法》直接吸收了《惩治军人违反职责罪暂行条例》第14条的规定。然而,2015年8月29日全国人大常委会通过的《刑法修正案(九)》却吸纳了1988年中国人民解放军军事法院的修改意见,将两款合并,删去"勾结敌人造谣惑众,动摇军心",实际上是将此含于"情节特别严重"之中,扩大了10年以上有期徒刑和无期徒刑的适用范围,并取消了死刑。

3　根据《军人违反职责罪案件立案标准的规定》第16条的规定,战时造谣惑众罪是指在战时造谣惑众,动摇军心的行为。

Ⅲ　客体

4　战时造谣惑众罪直接侵害的客体是部队的战斗力。战斗力是一个综合概念,它包括人和物两大方面以及两方面的有机结合。所谓"军心",即部队的凝聚力和士气,这是战斗力中人的因素中的最重要的因素之一。即便有了良好的武器装备,有了身强力壮的兵员,但是,如果军人没有士气,部队缺乏凝聚力,照样可能打败仗,这是

1　参见唐培贤、杨九根:《中国人民解放军审判工作史概述》,人民法院出版社1989年版,第224页。

2　参见黄林异、王小鸣:《军人违反职责罪》,中国人民公安大学出版社2003年版,第197—198页。

3　黄林异、王小鸣:《军人违反职责罪》,中国人民公安大学出版社2003年版,第206页。

一条为战争史所证明了的普遍规律。因此,动摇军心的实质就是危害军队的战斗力。

Ⅳ　行为

5 根据《军人违反职责罪案件立案标准的规定》第 16 条的规定,造谣惑众,动摇军心,是指故意编造、散布谣言,煽动怯战、厌战或者恐怖情绪,蛊惑官兵,造成或者足以造成部队情绪恐慌、士气不振、军心涣散的行为。凡战时涉嫌造谣惑众,动摇军心的,应予立案。这表明,战时造谣惑众罪是行为犯,客观上只需实施造谣惑众,动摇军心的行为,即可构成。

6 "造谣惑众",即制造谣言,混淆视听,蛊惑人心,制造混乱的行为。具体地说,是行为人编造虚假的情况,在部队中散布,煽动怯战、厌战或者恐怖情绪的活动。"动摇军心"是指造谣惑众行为会造成官兵士气不振、战斗意志弱化、避战心理滋长等结果。值得注意的是"军心"作为本罪的对象,是一种主观心理状态,故"动摇军心"无疑是一种精神性的危害结果,"造谣惑众"行为是否导致了"动摇军心"的内心结果,只能通过获知谣言者的外在表现来把握。当这种外在表现不存在或不明显时,要加以判断是很困难的。只能根据造谣惑众行为的一般规律,推断出这种行为必然会给"军心"多少带来一些负面影响或使其蒙上阴影,发生一定程度的"动摇"作用。为了严惩战时造谣惑众者,只需认定其行为为"足以造成"动摇军心即可。"足以造成"危害结果,是推定结果发生的情形,而不一定是真实情况,即"动摇军心"可能真的发生了,也可能没有发生,但在刑法上都推定为发生了。如果出现了动摇军心的明显外在表现,构成本罪自不待言,属于"造成"危害结果的情形。进而,如果明显表现出来的危害结果程度较高,如引起部队混乱、指挥失控、人员逃亡等,就属于本条规定的战时造谣惑众罪"情节严重"的情形,对应着更高法定刑格次,而不是构成战时造谣惑众罪的基准事实因素了。

7 战时造谣惑众罪还必须是在战时所犯,但行为人行为时是在战场上还是在临战中,是在前方还是在后方,均不影响战时造谣惑众罪的构成。

Ⅴ　主体

8 有关战时造谣惑众罪的主体,有人认为是所有军人;有人认为是参加作战的军职人员;有人认为是战时参与作战或担负作战任务的军职人员。[4] 笔者认为,战时造谣惑众罪的主体是所有军职人员。

4　参见宣炳昭主编:《刑法各罪的法理与实用》,中国政法大学出版社 2002 年版,第 466 页。

Ⅵ 罪过

9 战时造谣惑众罪的罪过形式是直接故意,其目的就是要动摇军心。但战时造谣惑众罪的动机可以是多种多样的,不影响战时造谣惑众罪的构成。

Ⅶ 既遂、未遂、不能犯

10 尽管战时造谣惑众罪的行为人的主观目的是动摇军心,理论上可将此作为战时造谣惑众罪既遂与未遂区分的标准,但如上所述,战时造谣惑众罪造谣惑众的行为与动摇军心的结果具有瞬时相连的关系,故不存在行为实施终了的未遂。又由于以口头言语实施的战时造谣惑众罪属于即成犯,故此种情况下战时造谣惑众罪不存在未实施终了的未遂。但是,以书面言语或书面言语与口头言语相混合的形式实施的战时造谣惑众罪则可以有行为未实施终了的未遂,例如,某军职人员当众宣布要告诉大家一些情况,随即从口袋里掏出一张写有造谣事项的纸,正待展开之际,被他人识破制止,或者由于其他行为人意志以外的原因而使其造谣行为未能完成。

11 如前所述,实际发生明显的动摇军心的后果应当归于“情节严重”的量刑格次之中,故不宜以此作为既遂与未遂的标准,否则就会得出凡是战时造谣惑众罪既遂的都属于加重刑格次的结论,这个结论的逻辑推论是战时造谣惑众罪基本刑对应的是战时造谣惑众罪的未遂形态,这是不符合我国现有刑法理论的,我国刑法中的基本刑对应的应该是犯罪的完整形态。

12 战时造谣惑众罪在以书面形式实施的情况下,不仅存在未遂形态,也存在相应的预备形态,例如,某人正在制作用于造谣的假的书面材料时被发现。

13 在当面造谣的情况下,战时造谣惑众罪一般不存在不能犯,但也可能有例外,例如,行为人对另一人口头造谣,而行为人不知道对方在战时被震聋了耳朵,即便如此,也只是相对不能犯,并不当然地排除刑事责任。在通过某种媒体造谣时,可以存在不能犯,例如,行为人对着他并不知道而实际上已经中断通话的电话造谣。

Ⅷ 共犯

14 军职人员与军职人员、军职人员与非军职人员之间均可构成战时造谣惑众罪的共犯,但非军职人员不能成为战时造谣惑众罪的实行犯。如果行为人勾结敌人造谣惑众,并不构成共同犯罪,而是行为人单独犯战时造谣惑众罪法定刑升格的情况。

Ⅸ 罪数

15 如果行为人以伪造的命令造谣惑众,可能构成战时造谣惑众罪与假传军令罪的牵连犯关系,可按牵连犯原则认定处理。如果指挥人员以造谣惑众的方式达到消极作战的目的,可能构成战时造谣惑众罪与违令作战消极罪的牵连犯关系,可按牵连犯原则认定处理。如果以投降敌人为目的造谣惑众,而实际上也达到了使他人投降的目的,则可能构成战时造谣惑众罪与投降罪的牵连犯关系,以牵连犯原则认定处理;如果以投降敌人为目的造谣惑众,而实际上并未达到使他人投降的目的,则以战时造谣惑众罪认定处理,投敌目的作为从重情节。总之,行为人可能以造谣惑众作为一种达到其他非法犯罪目的的手段,决定了战时造谣惑众罪与有关犯罪之间有可能形成目的与手段的牵连关系。战时造谣惑众罪还可与战时造谣扰乱军心罪形成完全重合的法规竞合,应按照特别法优于普通法的原则,认定战时造谣惑众罪。

X 与非罪的界限

16 根据《军人违反职责罪案件立案标准的规定》第16条规定的立案标准,凡战时造谣惑众,动摇军心的,原则上即构成犯罪。由于战时造谣惑众罪是战时犯罪,平时造谣惑众,动摇军心的,虽然违反军人职责,但不构成犯罪,可按军纪处理。有准备造谣惑众的活动但未及实施,情节显著轻微的,不构成犯罪,可按军纪处理。

XI 与他罪的区别

一、与战时造谣扰乱军心罪的区别

17 战时造谣惑众罪与战时造谣扰乱军心罪的区别在于,战时造谣惑众罪的主体是军职人员,而战时造谣扰乱军心罪的主体是非军职人员。

二、与假传军令罪的区别

18 战时造谣惑众罪与假传军令罪的区别主要是:①战时造谣惑众罪中编造的虚假事实可以是任何内容的谣言,而假传军令罪中编造的事实必须与命令的内容和形式有关。②战时造谣惑众罪的主体没有向他人发表言论的义务,而假传军令罪的主体往往负有传达命令的职责。③战时造谣惑众罪中虚构事实的散布必然具有动摇军心的作用,而假传军令罪中编造或经过篡改的军令既可能动摇军心,也可能对军心的稳定无直接影响,还可能有(虚假地)鼓舞军心的作用。

XII 处罚

19 战时造谣惑众罪的法定刑有三个格次:①基本刑。构成该罪的,即可判处3年以下有期徒刑。②加重刑。构成该罪情节严重的,判处3年以上10年以下有期徒刑。③再加重刑。构成该罪情节特别严重的,判处10年以上有期徒刑或者无期徒刑。所谓情节特别严重,主要是指:勾结敌人造谣惑众、动摇军心的;指挥人员造谣惑众的;谣言散布范围广的;谣言内容煽动性大的;在紧要关头或者危急时刻造谣惑众的;引起部队混乱、指挥失控、多人逃亡等严重后果的;等等。

第四百三十四条　战时自伤罪

战时自伤身体，逃避军事义务的，处三年以下有期徒刑；情节严重的，处三年以上七年以下有期徒刑。

文献:唐培贤、杨九根:《中国人民解放军审判工作史概述》,人民法院出版社1989年版;李淳、王尚新主编:《中国刑法修订的背景与适用》,法律出版社1998年版;宣炳昭主编:《刑法各罪的法理与实用》,中国政法大学出版社2002年版;黄林异、王小鸣:《军人违反职责罪》,中国人民公安大学出版社2003年版;高铭暄、赵秉志编:《中国刑法立法文献资料精选》,法律出版社2007年版;段作瑞:《军人违反职责罪研究》,法律出版社2016年版。

细目录

Ⅰ　主旨
Ⅱ　沿革
Ⅲ　客体
Ⅳ　行为
Ⅴ　结果
Ⅵ　主体
Ⅶ　罪过
Ⅷ　既遂、未遂、不能犯
Ⅸ　共犯
Ⅹ　罪数
Ⅺ　与非罪的界限
Ⅻ　与他罪的区别
　一、与战时临阵脱逃罪的区别
　二、与战时拒绝、逃避征召、军事训练罪的区别
　三、与战时拒绝、逃避服役罪的区别
XIII　处罚

Ⅰ　主旨

1　本条规定的战时自伤罪,是指军职人员战时自伤身体,逃避军事义务的行为。刑法规定战时自伤罪的目的是通过惩治战时自伤身体而逃避军事义务的犯罪军人,促

使军人不怕艰苦,不怕牺牲,积极履行军事义务,以保持部队的战斗力和凝聚力,使战时任务得以完成。

Ⅱ 沿革

2 在 1955 年《中国人民解放军军事刑罚暂行条例(草案)》中,有与战时自伤罪类似的规定。该草案第 32 条规定,军人以毁伤身体、假装疾病、伪造证书以及其他欺骗方法逃避军事义务者,处 3 年以下有期徒刑。该草案第 34 条规定,在战时实施第 31、32、33 条犯罪行为者,处 3 年以上有期徒刑;情节严重者,处 10 年以上有期徒刑、无期徒刑或死刑。[1] 1981 年的《惩治军人违反职责罪暂行条例》中设置了战时自伤罪。该条例第 13 条规定,战时自伤身体,逃避军事义务的,处 3 年以下有期徒刑;情节严重的,处 3 年以上 7 年以下有期徒刑。[2] 现行《刑法》是将《惩治军人违反职责罪暂行条例》第 13 条所规定的战时自伤罪直接吸收为刑法的具体规定。在修订《刑法》时将该罪纳入《刑法》,主要是考虑到战时自伤身体的行为,是一种畏惧战斗、贪生怕死的可耻行为,不仅会影响部队的士气、削弱部队的战斗力,而且对国家的军事利益也会造成严重危害。对这类犯罪行为,必须予以惩罚。[3]

3 根据《军人违反职责罪案件立案标准的规定》第 17 条的规定,战时自伤罪是指在战时为了逃避军事义务,故意伤害自己身体的行为。

Ⅲ 客体

4 战时自伤罪直接侵害的客体是军队的战斗力。在现代刑法中,行为人针对自己的生命、身体健康、财产所实施的危害行为通常不会被认定为犯罪,战时自伤罪将行为人自己的身体作为其行为的对象,是一个例外。这主要是因为,战时条件下军职人员的身体状况不仅关系到本人的健康,还直接体现和影响部队的战斗力。而且,军职人员在战时为了逃避军事义务而伤害自己的身体,在直接造成战斗减员的同时,也在客观上起到了动摇军心的作用,从而危害了军队的战斗力。

Ⅳ 行为

5 根据《军人违反职责罪案件立案标准的规定》第 17 条的规定,凡战时涉嫌自伤致

---

1 参见唐培贤、杨九根:《中国人民解放军审判工作史概述》,人民法院出版社 1989 年版,第 224 页、第 225 页。

2 参见黄林异、王小鸣:《军人违反职责罪》,中国人民公安大学出版社 2003 年版,第 197 页。

3 参见李淳、王尚新主编:《中国刑法修订的背景与适用》,法律出版社 1998 年版,第 594 页。

使不能履行军事义务的,应予立案。这表明,战时自伤罪的行为要件是战时自伤身体的行为及其导致的不能履行军事义务的结果,即本罪属于结果犯。

6 战时自伤罪的行为要件是“自伤”。自伤行为可采取多种方式实施,常见的方法主要是枪击。自伤行为的对象是行为人本人的“身体”。行为人加害的可以是自己身体的任何部位——与行为的动机(避战保命)相适应,通常是非要害部位。战时自伤罪是战时罪,但不局限于战场上,战时的任何场合自伤都有可能犯战时自伤罪。

V 结果

7 战时自伤罪的结果要件是“不能履行军事义务”,即事实上逃避了本应履行的军事义务。根据《军人违反职责罪案件立案标准的规定》第 17 条的规定,逃避军事义务,是指逃避临战准备、作战行动、战场勤务和其他作战保障任务等与作战有关的义务。需要指出的是,虽然本条规定的结果要件是“不能履行军事义务”,但对这一结果的判断实际上是通过行为人身体受到伤害的结果来达成的。一般而言,军人在受伤的情况下并非完全或绝对不能履行军事义务,现实中轻伤不下火线或身负重伤仍坚持战斗的情况并不少见。也就是说,军人身体负伤本身还不能当然说明其不能履行军事义务。但是,本条规定的“不能履行军事义务”有其特定的含义——准确地说,是这里的“军事义务”有着特定的内容和要求,如果军人自伤身体致使其不能履行特定内容的军事义务或者不能按照特定要求履行军事义务,即使还具有履行一些军事义务的能力或者一定程度的履行军事义务的能力,照样属于“不能履行军事义务”。具体而言,“军事义务”的特定内容是指军人岗位职责需要实施的全部军事活动,例如,我军步兵传统上必备的“五大军事技术”,军人自伤身体(如自断食指)而不能应用其中任何一种军事技术(如射击),即使还能应用其他军事技术(如投弹),都属于“不能履行军事义务”;“军事义务”的特定要求是指军人岗位职责需要全力实施的军事活动,例如,行为人将自己右手食指的指甲盖拔掉,尽管经过治疗,也许还能勉强射击,且不影响今后射击,但当时已经不可能以其正常情况下的全部能力进行射击了,相对于全力投入,大打折扣地履行军事义务属于“不能履行军事义务”。如果行为人是一名狙击手,同样的自伤行为就更能说明问题。当然,如果军人有自伤行为,却既不影响军事义务的特定内容,也不影响军事义务的特定要求,应当属于情节显著轻微危害不大的情形,不认为构成本罪。显然,无论得出行为人不能履行特定内容的军事义务,还是得出行为人不能履行特定要求的军事义务,都有赖于对行为人自伤结果的判断。这首先是一个医学判断:第一,行为人存在身体伤害;第二,行为人的身体伤害是由自己的行为造成的;第三,行为人受伤的部位和程度影响了身体的某种活动机能。在此基础上,进一步进行非医学的军事专业判断:军人因自伤导致身体的某种活动机能减弱,是否对其实施特定内容和特定要求的军事活动产生实质性影响?

Ⅵ 主体

有关战时自伤罪的主体,有人认为是所有军人,有人认为是战时参加或担负作战任务的军职人员。[4] 笔者认为这些观点并不矛盾,战时自伤罪的主体可以是任何军职人员,在实践中,大多是那些实际领受了危险性较大的军事任务的军职人员。 8

Ⅶ 罪过

战时自伤罪的罪过形式是故意,过失伤害自己身体不构成犯罪。战时自伤罪的构成还要求逃避军事义务的特定动机。所谓逃避军事义务,是指逃避临战准备、作战行动、战场勤务和其他作战保障任务等与作战有关的义务。刑法中,动机通常不是构成要件,战时自伤罪是一例外。如果行为人出于其他动机或不正常心理对自己身体进行伤害,主观上并不是为了逃避军事义务,而且事实上也没有逃避军事义务,不构成战时自伤罪。 9

Ⅷ 既遂、未遂、不能犯

战时自伤罪作为结果犯,在理论上和事实上都存在实施了行为没有发生结果和没有完成行为而未发生结果的情况,但这种结果发生与否的区别体现的是罪与非罪的界限,而不是刑事责任大小的不同。从战时自伤罪的立法目的看,也不宜把虽有自伤行为但不影响履行军事义务的情况作为犯罪。行为人实施自伤行为大多是怯战厌战情绪使然,若虽然实施了行为,并产生不良影响,但造成的身体伤害不会对军事义务造成实际阻碍,只要经批评教育或必要的处分,使行为人转变态度,继续履行其承担的军事义务,那么,以不追究战时自伤罪的未遂为妥。既然不存在犯罪未遂,当然也无所谓既遂。 10

战时自伤罪事实上也存在相对的不能犯,如用没有子弹的枪支向自己身体的某个部位开枪,但也不应作为犯罪来追究。 11

Ⅸ 共犯

自伤身体的军职人员可以成为战时自伤罪共同犯罪的实行犯、组织犯、帮助犯或教唆犯,那些并不伤害自己身体的军职人员可以成为战时自伤罪共同犯罪的组织犯、帮助犯或教唆犯。战时自伤罪共同犯罪中的实行犯必须实施伤害自己身体的行为,如果只是伤害他人身体,只能成为战时自伤罪的帮助犯;如果既不伤害自己身体也不伤害他人身体,则只能成为战时自伤罪的组织犯或教唆犯。作为战时自伤罪的 12

---

4 参见宣炳昭主编:《刑法各罪的法理与实用》,中国政法大学出版社 2002 年版,第 467 页。

组织犯、帮助犯或教唆犯,必须与实行犯有着共同的故意,都是为了使自伤者逃避军事义务。如果行为人的动机是逃避军事义务,但是他人出于伤害、取乐等目的组织、帮助或教唆行为人实施伤害自己的行为,相互之间并不真正了解各自的动机,不构成战时自伤罪的共犯,应按相应的罪名各自定罪。如果组织、帮助或教唆军职人员自杀,无论军职人员是否实际自杀或者是否身亡,无论出于何种动机,都不构成战时自伤罪的共犯,而应按故意杀人罪定罪处罚。

X 罪数

13 战时自伤罪可与违令作战消极罪形成牵连关系,即行为人自伤身体,临阵畏缩,作战消极;战时自伤罪也可理解为与违令作战消极罪形成交叉关系的法规竞合,即指挥人员战时自伤的行为本身就是临阵畏缩,作战消极行为的表现,无论哪一种情况,都可按从一重罪的原则认定处理。

XI 与非罪的界限

14 根据《军人违反职责罪案件立案标准的规定》第 17 条规定的立案标准,凡战时自伤致使不能履行军事义务的,原则上即构成犯罪。战时自伤罪是战时犯罪。如果军职人员在平时自伤身体导致不能履行军事义务的,不构成犯罪,可以考虑给予军纪处分。战时军职人员为了逃避军事义务轻微自伤,不影响其继续履行军事义务的,不构成犯罪,可给予军纪处分。战时军职人员由于遇到个人问题而自虐,因而伤害自己的,如果伤害较重使其不能履行军事义务,应构成间接故意的战时自伤罪,如果伤害较轻,不影响其履行军事义务,则可以不认定为犯罪,可视情给予军纪处分。战时军职人员不慎摔伤,因而不能履行军事义务的,不构成犯罪。

XII 与他罪的区别

一、与战时临阵脱逃罪的区别

15 战时自伤罪与战时临阵脱逃罪的主要区别是:①战时自伤罪的主体一定会受到自己行为的伤害,而战时临阵脱逃罪不存在故意自伤的问题。②战时自伤罪的行为人是采取自伤的办法逃避军事义务而不是直接脱逃,战时临阵脱逃罪的行为人只能是主动地逃离阵地。

二、与战时拒绝、逃避征召、军事训练罪的区别

16 战时自伤罪与战时拒绝、逃避征召、军事训练罪的主要区别是:①战时自伤罪的主体是军职人员,包括已经被征召执行军事任务的预备役人员,而战时拒绝、逃避征召、军事训练罪的主体是正在被征召的预备役人员。②战时自伤罪的行为人逃避的

军事义务并不特定，而战时拒绝、逃避征召、军事训练罪的行为人逃避的军事义务是具体的征召或军事训练。

三、与战时拒绝、逃避服役罪的区别

战时自伤罪与战时拒绝、逃避服役罪的主要区别是：①战时自伤罪的主体是军职 17
人员，而战时拒绝、逃避服役罪的主体是正在被征召服役的非军职人员。②战时自伤罪的行为人的军事义务是不特定的，而战时拒绝、逃避服役罪的行为人的军事义务是特定的服役义务。

XIII 处罚

本条法定刑有两个格次：一个是一般情节的格次，另一个是严重情节的格次。 18
一般情况下犯战时自伤罪，判处 3 年以下有期徒刑；犯战时自伤罪情节严重的，处 3 年以上 7 年以下有期徒刑。所谓情节严重，主要是指指挥人员或者其他负有重要职责的人员自伤的，紧要关头或者危急时刻自伤的，煽动他人共同自伤的，影响部队完成重要任务的，等等。

第四百三十五条　逃离部队罪

违反兵役法规，逃离部队，情节严重的，处三年以下有期徒刑或者拘役。

战时犯前款罪的，处三年以上七年以下有期徒刑。

文献：唐培贤、杨九根：《中国人民解放军审判工作史概述》，人民法院出版社1989年版；李淳、王尚新主编：《中国刑法修订的背景与适用》，法律出版社1998年版；宣炳昭主编：《刑法各罪的法理与实用》，中国政法大学出版社2002年版；黄林异、王小鸣：《军人违反职责罪》，中国人民公安大学出版社2003年版；高铭暄、赵秉志编：《中国刑法立法文献资料精选》，法律出版社2007年版；段作瑞：《军人违反职责罪研究》，法律出版社2016年版。薛洪：《论我国逃离部队罪的主体认定》，载《西安政治学院学报》2015年第5期。

细目录

Ⅰ　主旨
Ⅱ　沿革
Ⅲ　客体
Ⅳ　行为
Ⅴ　主体
Ⅵ　罪过
Ⅶ　既遂、未遂、不能犯
Ⅷ　共犯
Ⅸ　罪数
Ⅹ　与非罪的界限
Ⅺ　与他罪的区别
　一、与战时临阵脱逃罪的区别
　二、与擅离军事职守罪的区别
Ⅻ　处罚

Ⅰ　主旨

1　本条规定的逃离部队罪，是指军职人员违反兵役法规，逃离部队，情节严重的行为。刑法规定逃离部队罪的目的是通过惩治非法逃离部队的犯罪军人，促使军人恪守入伍时的誓言，遵守兵役法规，严肃对待并以积极态度履行兵役义务，以保持我军应有的战斗力，从而做到召之即来，来之能战，战之能胜。

Ⅱ 沿革

1955年《中国人民解放军军事刑罚暂行条例(草案)》有与逃离部队罪类似的规定。该草案第33条规定，现役军人逃跑者，处2年以下有期徒刑；组织逃跑者，处2年以上5年以下有期徒刑。第34条规定，在战时实施第31、32、33条犯罪行为者，处3年以上有期徒刑；情节严重者，处10年以上徒刑、无期徒刑或死刑。同时第35、36条也作出了相应规定。[1] 1981年的《惩治军人违反职责罪暂行条例》中设置逃跑罪。该条例第6条规定，违反兵役法规，逃离部队，情节严重的，处3年以下有期徒刑或者拘役。战时犯前款罪的，处3年以上7年以下有期徒刑。[2] 1988年由中国人民解放军军事法院提出的关于《惩治军人违反职责罪暂行条例》的修改意见指出：目前逃离部队的现象比较多，但追究刑事责任的极少，广大干部战士和不少军事法院对修改《惩治军人违反职责罪暂行条例》第6条的呼声很高，要求该条款应本着有利于部队的需要，作出进一步的明确规定。[3] 现行《刑法》将《惩治军人违反职责罪暂行条例》第6条所规定的逃离部队罪直接吸收为《刑法》的具体规定。在修订《刑法》时将该罪纳入《刑法》中，主要是考虑到：我国宪法规定保卫祖国、抵抗侵略是中华人民共和国每个公民的神圣职责。违反兵役法规，逃离部队的行为，不仅破坏了部队纪律，造成军心浮动，而且对我们的军事利益和国防安全构成危害，影响国家的安定团结，对这种犯罪行为，必须予以严惩，以维护法律的尊严和部队的稳定。 2

根据《军人违反职责罪案件立案标准的规定》第18条的规定，逃离部队罪是指违反兵役法规，逃离部队，情节严重的行为。 3

Ⅲ 客体

逃离部队罪直接侵害的客体是部队的战斗力。决定战争胜负的最终是人。兵员是战斗力的基本构成。部队如果不能保证正常的兵员构成，是很难完成其使命的。军人逃离部队，当然会在多方面给军队带来损失，但这种故意违反兵役法规的行为首先还是危害了部队的战斗力。 4

---

1 参见唐培贤、杨九根：《中国人民解放军审判工作史概述》，人民法院出版社1989年版，第225页。

2 参见黄林异、王小鸣：《军人违反职责罪》，中国人民公安大学出版社2003年版，第197页。

3 参见黄林异、王小鸣：《军人违反职责罪》，中国人民公安大学出版社2003年版，第207页。

Ⅳ　行为

5　逃离部队罪的行为要件是“逃离”,对象是“部队”。根据《军人违反职责罪案件立案标准的规定》第 18 条的规定,逃离部队,是指擅自离开部队或者经批准外出逾期拒不归队。据此,逃离部队有两种行为方式,既可能以作为的方式逃离部队,也可能以不作为的方式逃离部队,前者是行为人身处部队而擅自脱离,后者是行为人合法地临时离开部队却逾期非法不归。

6　本条规定,构成逃离部队罪的逃离行为,还必须“违反兵役法规”。根据《军人违反职责罪案件立案标准的规定》第 18 条的规定,违反兵役法规,是指违反国防法、兵役法和军队条令条例以及其他有关兵役方面的法律规定。这些法律规定要求军人必须忠于职守,恪尽职责,坚守岗位。《国防法》第 59 条规定:“军人必须忠于祖国,忠于中国共产党,履行职责,英勇战斗,不怕牺牲,捍卫祖国的安全、荣誉和利益。”《兵役法》第 8 条第 1 款规定:“军人必须遵守军队的条令和条例,忠于职守,随时为保卫祖国而战斗。”《中国人民解放军内务条令(试行)》第 13 条规定的军事誓词也明确要求军人“忠于职守”,“绝不叛离军队,誓死保卫祖国”。

7　本条规定,逃离部队“情节严重的”才构成逃离部队罪。根据《军人违反职责罪案件立案标准的规定》第 18 条的规定,“情节严重”主要是指:逃离部队持续时间达 3 个月以上或者 3 次以上或者累计时间达 6 个月以上;担负重要职责的人员逃离部队;策动 3 人以上或者胁迫他人逃离部队;在执行重大任务期间逃离部队;携带武器装备逃离部队;有其他情节严重行为的。从刑法理论上看,这些情节涉及行为的时间长短及次数、行为的主体及数量、行为的背景或伴随情形等。此外,现实中其他逃离部队情节严重的情形还可以有:因逃离部队受过纪律处分仍不悔改再次逃离部队的,逃离部队后在社会上从事违法活动的,逃离部队后私自出境的,等等。

8　根据 2000 年 12 月 5 日最高人民法院、最高人民检察院《关于对军人非战时逃离部队的行为能否定罪处罚问题的批复》规定,军人违反兵役法规,在非战时逃离部队,情节严重的,应当依照《刑法》第 435 条第 1 款的规定定罪处罚。这明确指出了逃离部队罪既可以发生在战时,也可以发生在平时。不过,在笔者看来,这一解释性文件似乎有些多余。本条有两款规定,第 2 款的规定是“战时犯前款罪的,处三年以上七年以下有期徒刑”,这已经充分表明,本条的立法逻辑是:第 1 款就是为平时而设,第 2 款则是表明行为与第 1 款相同而发生于战时的情形。“战时犯前款罪”意味着前款规定的犯罪不是发生于战时,故前款规定的只能是本罪发生于平时的情形。

Ⅴ　主体

9　逃离部队罪的主体主要由现役军人构成,部队的正式职工和其他被临时征用或者受委托执行军事任务的地方人员不是履行兵役义务,不能成为逃离部队罪的主体。

预备役人员是否构成逃离部队罪,是一个值得讨论的问题。有论者认为,预备役人员虽然也属于正在履行兵役义务,但根据修订前的刑法和兵役法,预备役人员战时拒绝、逃避征召或者军事训练,情节严重的,才比照当时的《惩治军人违反职责罪暂行条例》规定的逃离部队认定处理;现行《刑法》第 376 条也只规定预备役人员战时拒绝、逃避征召或者军事训练的才构成犯罪,而预备役人员逃离部队的行为实质上就是拒绝、逃避征召或者军事训练,因此预备役人员在战时擅自离队,拒绝执行军事任务的,可直接依据《刑法》第 376 条的规定认定处理,而预备役人员在平时执行任务期间擅自离队,拒绝执行军事任务的,不宜再认定为逃离部队罪。[4] 笔者同意这里关于预备役人员战时逃离正在执行任务的预备役部队的认定处理的分析,但不同意其关于预备役人员平时逃离正在执行任务的预备役部队的认定处理的结论。①如果对于预备役人员平时逃离正在执行任务的预备役部队的行为不依据逃离部队罪认定,实际上也没有其他追究依据,将使这种行为完全得不到追究。②预备役人员平时逃离正在执行任务的预备役部队的行为存在情节严重的现实可能性,例如,预备役人员平时逃离正在执行重大演习任务的预备役部队并直接导致严重后果,这种违反兵役法规,逃离预备役部队,情节严重的行为,完全符合逃离部队罪的规定。③逃离部队罪的法条表明既可以适用于战时,也可以适用于平时,《刑法》第 450 条规定的"执行军事任务的预备役人员"的主体并没有战时的限制。④现行《兵役法》的确规定只有在战时,预备役人员拒绝、逃避征召或者军事训练才追究刑事责任,但不能据此就认为对平时执行任务的预备役人员拒绝、逃避征召或者军事训练就不追究刑事责任,因为兵役法同样也规定了现役军人战时逃离部队才追究刑事责任,但对现役军人平时逃离部队显然还是要适用逃离部队罪。这里反映了兵役法中的附属刑法与刑法在立法上不够协调,但在司法适用时应该以刑法为准。

Ⅵ 罪过

逃离部队罪的罪过形式是故意,行为人必须有永久脱离部队的目的,如果是为了办理某件事情,无组织无纪律,擅自离开部队,打算办完事情再归队,只要其擅离部队时不属于正在履行职责的指挥人员和值班、值勤人员,就不构成犯罪。 10

Ⅶ 既遂、未遂、不能犯

逃离部队罪是行为犯,而且行为与结果具有瞬时相连的关系,故既遂与未遂的区分实际上只能通过行为的完成与否加以判断。逃离部队罪有两种行为方式,行为人原在部队而离开部队的,可有既遂与未遂之分,只要行为人已实际离开部队,就是既 11

4 参见黄林异、王小鸣:《军人违反职责罪》,中国人民公安大学出版社 2003 年版,第 130—131 页。

遂,反之,则是未遂。如果行为人原已离开部队而逾期非法不归,当是以不作为方式实施逃离部队罪,属于持续犯,其特点是行为没有实施而不构成犯罪,或者行为一经实施在瞬时即告完成,不存在既遂与未遂之分。

Ⅷ 共犯

12 军职人员与军职人员之间可构成逃离部队罪任何类别的共犯,包括同为实行犯,而军职人员与非军职人员之间构成的共犯,非军职人员不可能是实行犯。而且,军职人员与非军职人员之间构成的共犯,非军职人员也不可能是教唆犯,因为《刑法》第373条规定的煽动军人逃离部队罪,实际上已经把非军职人员教唆军职人员逃离部队的行为规定为单独的罪名。非军职人员雇用其明知是已经逃离部队的军职人员,或者非军职人员煽动军人逃离部队之后又加以雇用的,均不能构成逃离部队罪的共犯,而应单独认定雇用逃离部队军人罪,或以煽动军人逃离部队罪与雇用逃离部队军人罪实行数罪并罚。如果战时以窝藏的方式事后帮助逃离部队的军人,不构成逃离部队罪共犯的帮助犯,而应以《刑法》第379条规定的战时窝藏逃离部队军人罪认定处罚。

Ⅸ 罪数

13 逃离部队罪与战时临阵脱逃罪之间构成包含关系的法规竞合,战时临阵脱逃罪相对于逃离部队罪是特别法,按照特别法优于普通法的原则,应适用战时临阵脱逃罪。逃离部队罪与擅离军事职守罪、军人叛逃罪构成交叉关系的法规竞合,可按从一重原则认定处理。

Ⅹ 与非罪的界限

14 违反兵役法规,逃离部队,尚未达到情节严重的程度,不构成犯罪,对行为人可给予军纪处分。如前所述,《军人违反职责罪案件立案标准的规定》第18条指出了“情节严重”的具体情形,这里不再赘述。此外,因伤病、体力、敌人炮火阻隔、迷路等方面的原因而掉队的,不构成犯罪。

Ⅺ 与他罪的区别

一、与战时临阵脱逃罪的区别

15 逃离部队罪与战时临阵脱逃罪的主要区别是:①逃离部队罪既可以战时犯也可以平时犯,而战时临阵脱逃罪仅仅为战时犯。②逃离部队罪的构成要求情节严重,而战时临阵脱逃罪不需情节严重就可构成。③逃离部队罪的行为人可在任何情况下逃离部队,而战时临阵脱逃罪必须与作战有关。

二、与擅离军事职守罪的区别

逃离部队罪与擅离军事职守罪的主要区别是:①擅离军事职守罪的主体只能是指挥人员和值班、值勤人员,而逃离部队罪的主体可以是任何军职人员。②逃离部队罪的客观行为是逃离部队,而擅离军事职守罪的客观行为是擅离指挥、值班和值勤岗位。③逃离部队罪是情节犯,而擅离军事职守罪是结果犯。 16

XII 处罚

本条法定刑规定了平时和战时两个格次:平时犯逃离部队罪的,判处 3 年以下有期徒刑或者拘役;战时犯逃离部队罪的,处 3 年以上 7 年以下有期徒刑。但值得注意的是,在处理战时逃离部队的案件时,也应该以逃离部队情节严重作为构成犯罪的条件,不能不论情节轻重,把战时逃离部队的一律以犯罪论处。 17

第四百三十六条　武器装备肇事罪

违反武器装备使用规定，情节严重，因而发生责任事故，致人重伤、死亡或者造成其他严重后果的，处三年以下有期徒刑或者拘役；后果特别严重的，处三年以上七年以下有期徒刑。

文献:唐培贤、杨九根:《中国人民解放军审判工作史概述》,人民法院出版社1989年版;李淳、王尚新主编:《中国刑法修订的背景与适用》,法律出版社1998年版;宣炳昭主编:《刑法各罪的法理与实用》,中国政法大学出版社2002年版;黄林异、王小鸣:《军人违反职责罪》,中国人民公安大学出版社2003年版;高铭暄、赵秉志编:《中国刑法立法文献资料精选》,法律出版社2007年版;段作瑞:《军人违反职责罪研究》,法律出版社2016年版。

细目录

Ⅰ　主旨

Ⅱ　沿革

Ⅲ　客体

Ⅳ　行为

Ⅴ　结果

Ⅵ　主体

Ⅶ　罪过

Ⅷ　排除犯罪的事由

Ⅸ　罪数

Ⅹ　与非罪的界限

Ⅺ　与他罪的区别

　一、与侵犯人身权利的犯罪的区别

　二、与危害公共安全的犯罪的区别

　三、与战时自伤罪的区别

Ⅻ　处罚

Ⅰ　主旨

1　本条规定的武器装备肇事罪,是指违反武器装备使用规定,情节严重,因而发生责任事故,致人重伤、死亡或者造成其他严重后果的行为。

《刑法》规定武器装备肇事罪的目的是通过惩治违反武器装备使用规定而发生责任事故的犯罪军人，促使军人严格遵守武器装备使用规定，防止责任事故的发生，从而使部队的武器装备始终得到良好的管理，保持部队的正常秩序。 2

Ⅱ　沿革

1955 年《中国人民解放军军事刑罚暂行条例（草案）》中没有与武器装备肇事罪类似的相关规定。1981 年的《惩治军人违反职责罪暂行条例》设置了武器装备肇事罪。该条例第 3 条规定，违反武器装备使用规定，情节严重，因而发生重大责任事故，致人重伤、死亡或者造成其他严重后果的，处 3 年以下有期徒刑或者拘役；后果特别严重的，处 3 年以上 7 年以下有期徒刑。[1] 1988 年由中国人民解放军军事法院提出的关于《惩治军人违反职责罪暂行条例》的修改意见中第 5 条指出，修改第 3 条为："违反武器装备使用规定，情节严重，因而发生重大责任事故，致人重伤、死亡或者造成其他严重后果的，处三年以下有期徒刑或者拘役；后果特别严重的，处三年以上十年以下有期徒刑。"因为武器装备肇事罪就其性质而言属于过失犯罪。但对照《刑法》第 133 条、第 135 条的规定，此罪的处刑有些轻，不符合"军法从严"的原则。这样修改，不仅与《刑法》有关条款在量刑上吻合，而且对那些造成严重后果，主观故意过失又不易划清的被告人，可以适用该条予以处罚，不致轻纵犯罪分子。[2] 现行《刑法》是在前述条例第 3 条规定的武器装备肇事罪的基础上补充形成的单一罪名。现行《刑法》在对前述条例第 3 条作修订时，除将原"重大责任事故"的规定修改为"责任事故"以外，内容完全相同。这样修改主要是考虑到使条文的表述上更加符合实际情况，因处刑都要以"致人重伤、死亡或者造成其他严重后果"为标准，因此并未有实质性的变化。 3

根据《军人违反职责罪案件立案标准的规定》第 19 条的规定，武器装备肇事罪是指违反武器装备使用规定，情节严重，因而发生责任事故，致人重伤、死亡或者造成其他严重后果的行为。 4

Ⅲ　客体

武器装备肇事罪直接侵害的客体是部队武器装备的管理秩序。部队的武器装备是战斗力的重要构成因素，按规定使用武器装备，才能充分发挥武器装备的效能，否则，不仅不能物尽其用，而且可能损坏武器装备并引发事故，造成不必要的损失。 5

1　参见黄林异、王小鸣：《军人违反职责罪》，中国人民公安大学出版社 2003 年版，第 196 页。

2　参见黄林异、王小鸣：《军人违反职责罪》，中国人民公安大学出版社 2003 年版，第 204 页。

Ⅳ 行为

6 武器装备肇事罪的行为要件是指军人在使用武器装备过程中违反规定的情形。武器装备是指部队用于实施和保障作战行动的武器、武器系统和军事技术装备,通常包括匕首、枪械、火炮、导弹、弹药、坦克、装甲车辆以及其他军用车辆、作战飞机以及其他军用飞机、作战舰艇以及勤务舰船、通信指挥装备、侦察情报装备、测绘气象装备、电子对抗装备等。武器装备的重要零件、部件,一些重要武器的训练模拟器材,用于实施和保障作战行动且经过军事训练的动物,如军马、军驼、军犬、军鸽等,应视为武器装备。为了使武器装备经常处于良好的技术状态,保障武器装备的正常使用,防止发生事故,中央军委、各总部、各军种兵种根据各种武器装备的用途、技术性能、操作程序和安全要求,制定和颁布了一系列规定。这些规定中涉及武器装备的日常维护保养和操作使用的内容,统称为武器装备的使用规定。[3]

Ⅴ 结果

7 武器装备肇事罪既是情节犯,也是结果犯。但是,与我国刑法规定的大多数情节犯不同,本罪的情节是指主观事实因素。根据《军人违反职责罪案件立案标准的规定》第 19 条的规定,情节严重,是指故意违反武器装备使用规定,或者在使用过程中严重不负责任。因此,笔者将"情节严重"归入后面的"主观方面"讨论。这里只讨论结果。根据本条规定,违反武器装备使用规定的行为导致了责任事故,致人重伤、死亡或者造成其他严重后果的,才能构成武器装备肇事罪。《军人违反职责罪案件立案标准的规定》第 19 条将本条中的"严重后果"进行了细化,包括:影响重大任务完成;造成死亡 1 人以上,或者重伤 2 人以上,或者轻伤 3 人以上;造成武器装备、军事设施、军用物资或者其他财产损毁,直接经济损失 30 万元以上,或者直接经济损失、间接经济损失合计 150 万元以上;严重损害国家和军队声誉,造成恶劣影响;造成其他严重后果的。从列举项来看,对死伤人数的规定显然是法条中"致人重伤、死亡"的具体化,其他规定均属于法条中的"其他严重后果"。从刑法理论来看,这些危害结果包括物质性危害结果与精神性危害结果。物质性危害结果是一定人数的死亡或人身伤害,一定价值的军用资产损毁或损失;精神性危害结果是对国家和军队声誉的严重损害。值得探讨的是:第一,将精神性危害结果作为与物质性危害结果并列的选项,在逻辑上意味着没有发生物质性危害结果也可构成本罪,然而,法条明文规定构成本罪必须"发生责任事故",本罪罪名中亦有"肇事"二字,能不能理解为必须发生物质性危害结果呢?第二,精神性危害结果是无形的,很难单独衡量,只能通过行为本身与

---

[3] 参见黄林异、王小鸣:《军人违反职责罪》,中国人民公安大学出版社 2003 年版,第 135 页。

精神性危险结果之间的内在联系来把握,这实际上给行为犯开了个口子——当出现某种行为时,就意味着精神性危害结果已经伴随发生,故只需认定行为,结果自在其中。那么,仅仅是在使用武器装备时违反了规定,而没有发生任何物质性危害结果,就足以构成本罪吗？第三,在没有发生任何物质性危害结果的情况下,使用武器装备时违反规定,是否就会产生严重损害国家和军队声誉而造成恶劣影响的危害结果？

Ⅵ　主体

武器装备肇事罪的主体是军职人员,具体是具有使用武器的合法资格的人员。如果不具有合法使用武器资格的军职人员非法擅自使用武器,或者不具有合法使用武器装备资格的非军职人员非法擅自使用武器,情节严重,造成严重后果的,可按照行为方式和危害后果的情况认定相应的罪名。 8

Ⅶ　罪过

根据《军人违反职责罪案件立案标准的规定》第19条的规定,情节严重,是指故意违反武器装备使用规定,或者在使用过程中严重不负责任。这一规定表明,武器装备肇事罪的罪过形式既可以是故意也可以是过失。但是,这里的故意只能是间接故意,即明知自己使用武器装备的方式已经违反了规定,却抱着无所谓的侥幸态度,在缺乏防止事故发生的有力措施的情况下,对事故是否发生持漠然置之的放任态度,仍坚持以违反规定的方式使用武器装备。如果行为人对危害结果的发生持希望态度,属于直接故意的情形,但不能构成本罪,只能分别构成故意杀人罪、故意伤害罪、破坏武器装备、军事设施、军事通信罪等。因为武器装备肇事罪是在使用武器装备过程中的犯罪,而不是以武器装备作为追求危害结果的犯罪工具或者以武器装备作为损害对象的犯罪。 9

在明知(预见到)自己使用武器装备的方式已经违反了规定的认识因素基础上,行为人的意志因素也可以是不希望(想要避免)发生事故,也具备了避免事故发生的有利条件,但由于行为人过高估计了这些有利条件,未能防止事故的发生,属于对行为故意(明知行为违规)而对结果过失(轻信结果可以避免),是过于自信的过失。 10

还有一种情况就是“在使用过程中严重不负责任”,即使用武器装备时违反应有的注意义务,对可能发生的事故应当预见而由于疏忽大意未预见,致使事故发生。 11

Ⅷ　排除犯罪的事由

行为人在指挥人员的指使下违反武器使用规定导致严重后果,要根据不同的情况分别认定处理:如果指挥人员是以指挥身份正式命令行为人实施行为,经行为人指出指挥人员仍不改变命令,那么,行为人可将此作为排除武器装备肇事罪的事由;如果指挥人员非以强令的方式指使其违反武器使用规定,行为人不能将此作为排除武器装备肇事罪的事由。在以上两种情况下,都应认定指挥人员指使部属违反职责罪。 12

Ⅸ 罪数

13 武器装备肇事罪可与过失致人死亡罪、过失致人重伤罪、过失爆炸罪、过失投放危险物质罪、过失以危险方法危害公共安全罪、过失损坏交通工具罪、重大飞行事故罪、交通肇事罪、重大责任事故罪、危险物品肇事罪等罪名之间形成法规竞合,应按武器装备肇事罪认定。

Ⅹ 与非罪的界限

14 军职人员违反武器装备使用规定,只有情节严重,并因而发生责任事故,且致人重伤、死亡或者造成其他严重后果的,才能构成武器装备肇事罪。如果军职人员违反武器装备使用规定,情节轻微,或者虽然情节严重,却并未因此发生责任事故,或者虽然情节严重并因而发生责任事故,却未致人重伤、死亡或者造成其他严重后果,都不构成犯罪。如前所述,《军人违反职责罪案件立案标准的规定》第 19 条指出了“情节严重”和“其他严重后果”的具体情形,不再赘述。在实务中,对于因尚未熟练掌握武器装备的使用规定而肇事的新手或新兵,即便造成严重后果,也不宜都认定为犯罪。因武器装备质量瑕疵导致使用时发生严重后果,不能追究主观上没有任何过错的使用人;如果根据有关规定,使用人应当发现瑕疵并避免发生严重后果,则可追究其刑事责任。

Ⅺ 与他罪的区别

一、与侵犯人身权利的犯罪的区别

15 本罪与过失致人死亡罪、过失致人重伤罪等侵犯人身权利的犯罪的主要区别是:①武器装备肇事罪侵害的主要是国家军事利益,而有关侵犯人身权利的犯罪的客体是公民个人的人身权利。②武器装备肇事罪以违反武器装备使用规定为前提,致人死亡或受伤只能是违规使用武器装备的结果,而有关侵犯人身权利的犯罪则并没有这样的限制。

二、与危害公共安全的犯罪的区别

16 本罪与过失爆炸罪、过失投放危险物质罪、过失以危险方法危害公共安全罪、过失损坏交通工具罪、重大飞行事故罪、交通肇事罪、重大责任事故罪、危险物品肇事罪等危害公共安全的罪名的主要区别是:①武器装备肇事罪侵害的主要是国家军事利益,而有关危害公共安全的犯罪的客体是社会的公共安全。②武器装备肇事罪以违反武器装备使用规定为前提,有关危害公共安全的犯罪并没有这样的要求。

三、与战时自伤罪的区别

本罪与战时自伤罪的区别主要是:①武器装备肇事罪既可以是战时犯也可在平时犯,而战时自伤罪只能是战时犯。②武器装备肇事罪是过失犯罪,而战时自伤罪是故意犯罪,且必须具有自伤以逃避军事义务的故意。 17

Ⅻ 处罚

本条法定刑有两个格次:一个是一般情节的格次,另一个是后果特别严重的格次。一般情况下,犯武器装备肇事罪的,判处3年以下有期徒刑或者拘役;犯武器装备肇事罪后果特别严重的,处3年以上7年以下有期徒刑。所谓后果特别严重,主要是指造成重伤死亡的,毁损特别重要武器装备的,严重毁损大量重要武器装备的,致使国家财产遭受重大损失的,等等。 18

第四百三十七条　擅自改变武器装备编配用途罪

违反武器装备管理规定，擅自改变武器装备的编配用途，造成严重后果的，处三年以下有期徒刑或者拘役；造成特别严重后果的，处三年以上七年以下有期徒刑。

文献：唐培贤、杨九根：《中国人民解放军审判工作史概述》，人民法院出版社1989年版；李淳、王尚新主编：《中国刑法修订的背景与适用》，法律出版社1998年版；宣炳昭主编：《刑法各罪的法理与实用》，中国政法大学出版社2002年版；黄林异、王小鸣：《军人违反职责罪》，中国人民公安大学出版社2003年版；高铭暄、赵秉志编：《中国刑法立法文献资料精选》，法律出版社2007年版；段作瑞：《军人违反职责罪研究》，法律出版社2016年版。

细目录

Ⅰ　主旨
Ⅱ　沿革
Ⅲ　客体
Ⅳ　行为
Ⅴ　结果
Ⅵ　主体
Ⅶ　罪过
Ⅷ　既遂、未遂、不能犯
Ⅸ　共犯
Ⅹ　罪数
Ⅺ　与非罪的界限
Ⅻ　与他罪的区别
　一、与武器装备肇事罪的区别
　二、与破坏武器装备、军事设施、军事通信罪的区别
XIII　处罚

Ⅰ　主旨

1　本条规定的擅自改变武器装备编配用途罪，是指违反武器装备管理规定，未经有权机关批准，擅自将编配的武器装备改作其他用途，造成严重后果的行为。

《刑法》规定擅自改变武器装备编配用途罪的目的是通过惩治擅自改变武器装备编配用途的犯罪军人，促使我军军职人员严格执行武器装备的管理规定，自觉保持武器装备的编配用途，使武器装备能够正常和充分地发挥其效能，以增强部队战斗力。 2

Ⅱ 沿革

1955 年的《中国人民解放军军事刑罚暂行条例(草案)》中和 1981 年的《惩治军人违反职责罪暂行条例》中都没有与擅自改变武器装备编配用途罪相类似的规定。擅自改变武器装备编配用途罪是现行《刑法》新增设的单一罪名。根据军队条例条令的规定，军队的武器装备，主要用于军事目的，是为了保卫国家和人民利益，各种武器装备都有其编配用途和使用范围，任何人和任何单位都有义务按照有关的规定正确地使用武器装备，未经许可，不得擅自动用或挪作他用。擅自改变武器装备编配用途的行为，不仅会对武器装备造成损失、丢失或者其他严重后果，而且严重影响部队的战斗力，甚至危及人民生命和财产安全，败坏军队形象，进而危害国家军事利益。为了保证武器装备的正常使用秩序，维护军纪国法的严肃性，依法惩处违反武器装备编配用途的犯罪分子，维护军队利益，修订《刑法》时特增设此条。[1] 3

根据《军人违反职责罪案件立案标准的规定》第 20 条的规定，擅自改变武器装备编配用途罪是指违反武器装备管理规定，未经有权机关批准，擅自将编配的武器装备改作其他用途，造成严重后果的行为。 4

Ⅲ 客体

擅自改变武器装备编配用途罪直接侵害的客体是部队武器装备的管理秩序。部队武器装备管理秩序主要体现在武器装备管理规定中，具体地说，是有关武器装备编配用途方面的管理规定，违反这些规定，必然侵害部队武器装备的管理秩序。 5

Ⅳ 行为

擅自改变武器装备编配用途罪的行为要件是：违反武器装备管理规定，擅自改变武器装备编配用途。 6

军队的武器装备管理规定的内容是多方面的，擅自改变武器装备编配用途罪违反的是有关武器装备编配用途方面的管理规定。根据武器装备管理规定，军队的每一种武器装备都有其固定的编配用途，例如，配发给军人的枪支是用来参加战斗的，不能随意用来出租赚钱或打猎；火炮牵引车是用来牵引火炮的，不得随意作为普 7

1 参见李淳、王尚新主编：《中国刑法修订的背景与适用》，法律出版社 1998 年版，第 597 页。

通运输工具运人载物;军用舰只是用来作战或巡逻,不能随意改装成民船用于旅游或渔业等,任何人不经上级批准等法定程序不得随意改变武器装备的编配用途,否则就违反了规定,属于"擅自改变"的行为。

V 结果

8 擅自改变武器装备编配用途罪是结果犯,要求造成严重后果,仅有擅自改变武器装备编配用途的行为还不足以构成擅自改变武器装备编配用途罪。《军人违反职责罪案件立案标准的规定》第20条明确了"严重后果"的具体内容:造成重大任务不能完成或者迟缓完成;造成死亡1人以上,或者重伤3人以上,或者重伤2人、轻伤4人以上,或者重伤1人、轻伤7人以上,或者轻伤10人以上;造成武器装备、军事设施、军用物资或者其他财产损毁,直接经济损失30万元以上,或者直接经济损失、间接经济损失合计150万元以上;造成其他严重后果的。

VI 主体

9 擅自改变武器装备编配用途罪的主体是军职人员,尤其是实际管理和操作武器装备的军职人员,包括各级指挥人员和武器装备的专门管理人员。

VII 罪过

10 有论者认为擅自改变武器装备编配用途罪的罪过形式完全是过失,这是值得商榷的。[2]擅自改变武器装备编配用途罪虽然是结果犯,但结果犯不一定就是过失犯,刑法理论并没有排除实践中存在故意的结果犯。把擅自改变武器装备编配用途罪作为过失犯的主要原因就是从过失犯基本上是结果犯反推出了结果犯就是过失犯的结论,但这个反推是不符合逻辑的。按照这个推法,故意伤害罪也可以被推成过失犯罪,因为该罪在大多数情况下也是要求结果的。

11 笔者认为,擅自改变武器装备编配用途罪的罪过形式既可以是过失也可以是故意,具体分析,行为人明知其改变武器装备编配用途是违反武器装备管理规定的擅自行为,既可以轻信自己的这种行为不会造成严重后果,也可以对这种行为是否造成严重后果采取淡然放任的态度。例如,一名军人将配发给他的子弹擅自用于打猎时,不可能不知道一旦有敌情因他的弹药将会不足,从而招致严重后果,在明知可能发生危害结果的情况下,如果该军人认为,这里离驻地不远,回到驻地就可以补充弹药,没想到真正发生敌情时,由于道路被敌人破坏,无法及时赶回,导致弹药不足,就属于过于自信的心理。如果该军人根据部队多年都未遇到过敌情的经验,认为这次也不会恰巧遇到敌情,那么一旦发生敌情,其弹药不足,应属于间接故意心理。也就是说,行为

2 参见周道鸾、张军主编:《刑法罪名精释》,人民法院出版社1998年版,第1079页。

人明知擅自改变武器装备编配用途的行为可能发生危害结果,自己并没有明确意识到存在某种可以避免危害结果的条件,但基于某种目的急于实施该行为,对于危害结果发生与否抱着一种漠然的态度,这正是间接故意。

Ⅷ 既遂、未遂、不能犯

正如在前面多个罪名中已经反复指出的那样,结果犯没有既遂与未遂之分。本条规定擅自改变武器装备编配用途罪的成立要求“造成严重后果”,显然是结果犯,故不存在犯罪形态问题。因为结果犯中,结果发生才构成犯罪,结果未发生,则无论行为进行到何种阶段,都不可能发生未遂问题,当然也就无所谓既遂。 12

行为人无论发生何种错误认识,只要其实施了擅自改变武器装备编配用途的行为,就不存在不能犯问题。 13

Ⅸ 共犯

军职人员与军职人员、军职人员与非军职人员之间均可构成擅自改变武器装备编配用途罪的共犯。在军职人员与非军职人员共同实施擅自改变武器装备编配用途罪行为并造成武器装备毁损的情况下,非军职人员也同时触犯了破坏武器装备罪的罪名,此时,不按该罪名处理,应按擅自改变武器装备编配用途罪认定。 14

Ⅹ 罪数

行为人擅自改变武器装备编配用途后又肇事的,或者在擅自改变武器装备编配用途的过程中损坏武器装备的,应按擅自改变武器装备配备用途罪认定,不实行数罪并罚。如果为了改变武器装备编配用途而擅自拆毁武器装备的,例如,拆毁某种武器上的瞄准器具然后用作他用,对行为人应按擅自改变武器装备编配用途罪与破坏武器装备、军事设施、军事通信罪数罪并罚。 15

Ⅺ 与非罪的界限

军职人员违反武器装备管理规定,擅自改变武器装备的编配用途,如果没有造成严重后果,只是违纪行为,不构成犯罪。如前所述,《军人违反职责罪案件立案标准的规定》第 20 条指出了“其他严重情节”的具体内容,不再赘述。行为人擅自改变武器装备编配用途后又迅速恢复原状,没有影响武器装备编配用途及性能,也没有造成其他实际损害后果的,不构成犯罪。此外,行为人擅自改变武器装备编配用途后又迅速恢复原状,没有影响武器装备编配用途及性能,也没有造成其他实际损害后果的,可视情况不认定为犯罪或者认定为犯罪免予处罚。 16

XII 与他罪的区别

一、与武器装备肇事罪的区别

17 本罪与武器装备肇事罪都要求发生严重后果,但有明显区别:①擅自改变武器装备编配用途罪的行为是违反武器装备管理规定,擅自改变武器装备的编配用途,而武器装备肇事罪的行为是不按武器装备使用规定使用武器装备。②擅自改变武器装备编配用途罪的主观方面既可以是过失也可以是故意,而武器装备肇事罪的主观方面只能是过失。

二、与破坏武器装备、军事设施、军事通信罪的区别

18 本罪与破坏武器装备、军事设施、军事通信罪发生的结果往往相似,但存在诸多区别:①擅自改变武器装备编配用途罪的主体是军职人员,而破坏武器装备、军事设施、军事通信罪的主体既可以是军职人员,也可以是非军职人员,更多的是非军职人员。②擅自改变武器装备编配用途罪的行为是擅自改变武器装备的编配用途,而破坏武器装备、军事设施、军事通信罪的行为既可以是对武器装备进行破坏,也可以是对军事设施或军事通信进行破坏。③擅自改变武器装备编配用途罪的构成要求发生危害结果,而破坏武器装备、军事设施、军事通信罪无此要求。④擅自改变武器装备编配用途罪的主观方面既可以是故意也可以是过失,而破坏武器装备、军事设施、军事通信罪的主观方面只能是故意。

XIII 处罚

19 本条法定刑有两个格次:一个是一般情节的格次,另一个是造成特别严重后果的格次。一般情况下,犯擅自改变武器装备编配用途罪的,判处 3 年以下有期徒刑或者拘役;犯擅自改变武器装备编配用途罪造成特别严重后果的,处 3 年以上 7 年以下有期徒刑。所谓造成严重后果,主要是指造成特别重要的武器装备毁损,严重毁损大量重要武器装备的,造成多人重伤、死亡及其他重大责任事故的,严重影响部队完成重要任务的,等等。

第四百三十八条　盗窃、抢夺武器装备、军用物资罪

盗窃、抢夺武器装备或者军用物资的，处五年以下有期徒刑或者拘役；情节严重的，处五年以上十年以下有期徒刑；情节特别严重的，处十年以上有期徒刑、无期徒刑或者死刑。

盗窃、抢夺枪支、弹药、爆炸物的，依照本法第一百二十七条的规定处罚。

文献:唐培贤、杨九根:《中国人民解放军审判工作史概述》,人民法院出版社1989年版;李淳、王尚新主编:《中国刑法修订的背景与适用》,法律出版社1998年版;宣炳昭主编:《刑法各罪的法理与实用》,中国政法大学出版社2002年版;黄林异、王小鸣:《军人违反职责罪》,中国人民公安大学出版社2003年版;高铭暄、赵秉志编:《中国刑法立法文献资料精选》,法律出版社2007年版;段作瑞:《军人违反职责罪研究》,法律出版社2016年版。宋勇:《简论盗窃军用物资罪的几个问题》,载《法学杂志》1997年第1期。

细目录

Ⅰ　主旨
Ⅱ　沿革
Ⅲ　客体
Ⅳ　行为
Ⅴ　主体
Ⅵ　罪过
Ⅶ　共犯
Ⅷ　罪数
Ⅸ　与非罪的界限
Ⅹ　与他罪的区别
一、与盗窃、抢夺枪支、弹药、爆炸物、危险物质罪的区别
二、与盗窃罪、抢劫罪的区别
Ⅺ　处罚

Ⅰ　主旨

本条规定的盗窃、抢夺武器装备、军用物资罪,是指军职人员采取秘密窃取或者 1

公然抢夺的方法,非法占有武器装备或者军用物资的行为。《刑法》规定盗窃、抢夺武器装备、军用物资罪的目的是通过惩治盗窃、抢夺武器装备或军用物资的犯罪军人,保证军队战斗力物质构成的安全,维护国家军事利益。

Ⅱ　沿革

2　1955年《中国人民解放军军事刑罚暂行条例(草案)》中有与盗窃、抢夺武器装备、军用物资罪类似的规定。该草案第52条规定,凡破坏、盗窃、贩卖、隐藏弹药武器及一切军用物资者,处1年以上10年以下有期徒刑;情节特别严重者,处10年以上有期徒刑、无期徒刑或死刑。[1] 1981年的《惩治军人违反职责罪暂行条例》中设置了盗窃武器装备罪和盗窃军用物资罪。该条例第11条规定,盗窃武器装备或者军用物资的,处5年以下有期徒刑或者拘役;情节严重的,处5年以上10年以下有期徒刑;情节特别严重的,处10年以上有期徒刑或者无期徒刑。战时从重处罚,情节特别严重的,可以处死刑。[2] 在1988年由中国人民解放军军事法院提出的关于《惩治军人违反职责罪暂行条例》的修改意见中,第9条指出,修改第11条为"盗窃武器装备的,处五年以下有期徒刑或者拘役;情节严重的,处五年以上十年以下有期徒刑;情节特别严重的,或者造成严重后果的,处十年以上有期徒刑、无期徒刑或者死刑。战时从重处罚"[3]。现行《刑法》是在前述条例第11条所规定的盗窃武器装备罪和盗窃军用物资罪的基础上,修改补充合并而形成的选择性罪名。现行《刑法》对上述条例的修订,主要体现在:①将原文中构成犯罪的客观表现形式由"盗窃"扩充为"盗窃、抢夺",在手段上增加了"抢夺"。②将犯罪对象"武器装备"与"枪支、弹药、爆炸物"分离开来,分别规定了刑罚。③加重了法定刑。[4]

3　《军人违反职责罪案件立案标准的规定》第21条将本条规定的选择性罪名分开界定:盗窃武器装备罪是指以非法占有为目的,秘密窃取武器装备的行为;抢夺武器装备罪是指以非法占有为目的,乘人不备,公然夺取武器装备的行为;盗窃军用物资罪是指以非法占有为目的,秘密窃取军用物资的行为;抢夺军用物资罪是指以非法占有为目的,乘人不备,公然夺取军用物资的行为。

1　参见唐培贤、杨九根:《中国人民解放军审判工作史概述》,人民法院出版社1989年版,第228页。

2　参见黄林异、王小鸣:《军人违反职责罪》,中国人民公安大学出版社2003年版,第197页。

3　黄林异、王小鸣:《军人违反职责罪》,中国人民公安大学出版社2003年版,第205页。

4　参见李淳、王尚新主编:《中国刑法修订的背景与适用》,法律出版社1998年版,第598—599页。

Ⅲ 客体

盗窃、抢夺武器装备、军用物资罪直接侵害的客体是部队的战斗力。武器装备或军用物资是军队战斗力的物质构成因素，任何减损这些物质要素的犯罪行为必然侵害部队的战斗力。 4

Ⅳ 行为

《军人违反职责罪案件立案标准的规定》第 21 条之所以将盗窃、抢夺武器装备、军用物资罪分别界定为盗窃武器装备罪、抢夺武器装备罪、盗窃军用物资罪、抢夺军用物资罪，首先，因为《刑法》中存在盗窃罪与抢夺罪两个与本条规定相对应的罪名。也就是说，本条规定的罪名实际上是特殊的盗窃罪与抢夺罪。其次，作为本条规定的犯罪对象的“武器装备”与“军用物资”毕竟不同，也需要分而论之。 5

不过，正是由于盗窃罪与抢夺罪的行为要件与本条罪名的对应关系，可以通过对两罪行为要件的把握来理解本条罪名的行为要件。盗窃武器装备、军用物资的行为要件是“秘密窃取”，抢夺武器装备、军用物资的行为要件是“乘人不备，公然夺取”，本条罪名的行为特征与盗窃罪、抢夺罪别无二致，无须赘述。至于“武器装备”，在前面武器装备肇事罪中已有说明。“军用物资”，广义上可指一切用于军事的物品，包括武器装备；狭义上，“军用物资”是除武器装备以外供军事上使用的其他物资，例如，被装、粮秣、油料、建材、药品等。需要注意的是，军用物资与军队物资是不同概念，二者既有联系又有区别，是交叉关系。军用物资大多是军队物资，但军队物资并不都是用于军事的物资，例如，军人服务社里的百货就不是军用物资，因为这类物资并不是供军事上使用的物资，盗窃或抢夺这些物资，侵犯的是财产所有权，而不是特定的军事利益，至多只能构成一般的盗窃罪或抢夺罪。判断军用物资的关键在于其用途——是否用于军事。例如，红绸带通常是民用物品，执行军事任务的分队将其系在每个成员的手臂上作为识别标志，则变成军用物品，属于军用物资。 6

此外，有学者认为军事上使用的一般“技术秘密”也应是盗窃军用物资罪的侵害对象，盗窃军事上使用的一般“技术秘密”应当以盗窃军用物资罪定罪处罚。[5] 对此，笔者不敢苟同。军事上的“技术秘密”属于军事秘密的范畴，“军事秘密”不过是有用且不能随意外传的讯息，它不是物品，不属于“军用物资”。对于盗窃此技术秘密的行为应定窃取军事秘密罪，而不是以盗窃军用物资罪来定罪处罚。 7

根据《军人违反职责罪案件立案标准的规定》第 21 条的规定，凡涉嫌盗窃、抢夺武器装备的，应予立案；凡涉嫌盗窃、抢夺军用物资价值 2000 元以上，或者不满规定数额，但后果严重的，应予立案。显然，因行为对象不同，客观要件的要求也不同。具 8

---

5 参见宋勇：《简论盗窃军用物资罪的几个问题》，载《法学杂志》1997 年第 1 期。

体而言,以武器装备为盗窃、抢夺的行为对象的,是行为犯;以军用物资为盗窃、抢夺的行为对象的,是结果犯。

Ⅴ 主体

9 盗窃、抢夺武器装备、军用物资罪的主体是军职人员,即《刑法》第450条规定的人员。盗窃、抢夺武器装备的军职人员通常是不合法持有和保管其盗窃、抢夺之武器装备的人员,但在监守自盗的情况下,行为人可以是负责保管武器装备的军职人员。

Ⅵ 罪过

10 盗窃、抢夺武器装备、军用物资罪的罪过形式是直接故意,即行为人明知自己的盗窃、抢夺行为将侵犯部队武器装备、军用物资的所有权,危害军队战斗力,却希望这种结果发生。

Ⅶ 共犯

11 军职人员与军职人员、军职人员与非军职人员之间均能构成盗窃、抢夺武器装备、军用物资罪的共犯。在司法实践中,对军队内外勾结盗窃、抢夺军用物资均按共同犯罪处理,但认定的罪名却不尽相同。有的以主犯犯罪的基本特征,将所有共犯均认定为盗窃、抢夺军用物资罪;有的认定为盗窃、抢夺罪;还有的对共犯中的军人认定为盗窃、抢夺军用物资罪,对地方人员认定为盗窃、抢夺罪。[6] 笔者认为非军职人员与军职人员共同实施盗窃、抢夺武器装备、军用物资罪的实行行为时,也触犯了危害公共安全罪类中的盗窃、抢夺枪支、弹药、爆炸物、危险物质罪,此时,不应认定为这些罪名的共犯,也不应认定为军人的盗窃、抢夺军用物资罪和非军职人员的盗窃罪的共犯。而应认定为构成盗窃、抢夺武器装备、军用物资罪的共犯,即两者是构成盗窃、抢夺军用物资罪的共犯。因为地方人员共犯与军人共犯实施共同盗窃、抢夺军用物资案件中,即使军人共犯系从犯,但如没有军人共犯的参与,犯罪活动也难以得逞。这类犯罪更具有盗窃、抢夺军用物资罪的特征。

Ⅷ 罪数

12 盗窃、抢夺武器装备、军用物资罪的行为及对象均有选择性,只要实施了盗窃或抢夺一种行为,针对武器装备或军事设施一种对象,就可构成盗窃、抢夺武器装备、军用物资罪。如果既有盗窃又有抢夺,既针对武器装备又针对军事设施,也只构成盗窃、抢夺武器装备、军用物资罪一罪,不构成数罪并罚。

---

6 参见宋勇:《简论盗窃军用物资罪的几个问题》,载《法学杂志》1997年第1期。

Ⅸ　与非罪的界限

根据《军人违反职责罪案件立案标准的规定》第 21 条规定的立案标准,凡涉嫌盗窃、抢夺军用物资价值 2000 元以上,或者不满规定数额,但后果严重的,应予立案。上述规定可以作为区分本罪的罪与非罪的基本标准。根据这一规定,军职人员出于好奇,盗窃了少量已经报废的武器装备、军用物资,没有造成其他严重后果的,可适用《刑法》第 13 条的规定不认为是犯罪,但是可以对其依军纪加以处罚。 13

Ⅹ　与他罪的区别

一、与盗窃、抢夺枪支、弹药、爆炸物、危险物质罪的区别

本罪与盗窃、抢夺枪支、弹药、爆炸物、危险物质罪的主要区别是:①盗窃、抢夺武器装备、军用物资罪的主体是军职人员,而盗窃、抢夺枪支、弹药、爆炸物、危险物质罪的主体既可以是军职人员也可以是非军职人员,实践中主要是非军职人员。②盗窃、抢夺武器装备、军用物资罪的对象是武器装备或军用物资,而盗窃、抢夺枪支、弹药、爆炸物、危险物质罪的对象是枪支、弹药、爆炸物、危险物质,它们既可能是军用品,也可能是民用品。③盗窃、抢夺武器装备、军用物资罪危害的主要是国家军事利益,而盗窃、抢夺枪支、弹药、爆炸物、危险物质罪危害的主要是公共安全。 14

二、与盗窃罪、抢劫罪的区别

本罪与盗窃罪、抢劫罪的主要区别是:①盗窃、抢夺武器装备、军用物资罪的主体是军职人员,而盗窃罪、抢劫罪的主体为一般主体。②盗窃、抢夺武器装备、军用物资罪的对象是武器装备或军用物资,而盗窃罪、抢劫罪的对象是除武器装备、军用物资以及枪支、弹药、爆炸物、危险物质以外的其他物品。③盗窃、抢夺武器装备、军用物资罪危害的是国家军事利益,而盗窃罪、抢劫罪危害的是财产利益。 15

Ⅺ　处罚

本条法定刑有三个格次:一个是一般情节的格次,另一个是严重情节的格次,再一个是特别严重情节的格次。一般情况下,犯盗窃、抢夺武器装备、军用物资罪的,判处 5 年以下有期徒刑或者拘役;情节严重的,处 5 年以上 10 年以下有期徒刑。犯盗窃、抢夺武器装备、军用物资罪情节特别严重的,处 10 年以上有期徒刑、无期徒刑或者死刑。所谓情节特别严重,主要是指盗窃、抢夺大量武器装备或者多件重要武器装备的,盗窃、抢夺特别重要武器装备的,盗窃、抢夺军用物资数额特别巨大的,严重影响部队完成重要任务的,采取破坏性方法盗窃造成重大损失的,等等。 16

第四百三十九条　非法出卖、转让武器装备罪

非法出卖、转让军队武器装备的，处三年以上十年以下有期徒刑；出卖、转让大量武器装备或者有其他特别严重情节的，处十年以上有期徒刑、无期徒刑或者死刑。

文献：唐培贤、杨九根:《中国人民解放军审判工作史概述》,人民法院出版社1989年版;李淳、王尚新主编:《中国刑法修订的背景与适用》,法律出版社1998年版;宣炳昭主编:《刑法各罪的法理与实用》,中国政法大学出版社2002年版;黄林异、王小鸣:《军人违反职责罪》,中国人民公安大学出版社2003年版;高铭暄、赵秉志编:《中国刑法立法文献资料精选》,法律出版社2007年版;段作瑞:《军人违反职责罪研究》,法律出版社2016年版。

细目录

Ⅰ　主旨
Ⅱ　沿革
Ⅲ　客体
Ⅳ　行为
Ⅴ　主体
Ⅵ　罪过
Ⅶ　排除犯罪的事由
Ⅷ　既遂、未遂、不能犯
Ⅸ　共犯
Ⅹ　罪数
Ⅺ　与非罪的界限
Ⅻ　与他罪的区别
　一、与擅自改变武器装备编配用途罪的区别
　二、与非法买卖枪支、弹药、爆炸物、危险物质罪的区别
XIII　处罚

Ⅰ　主旨

1　本条规定的非法出卖、转让武器装备罪,是指军职人员非法将部队的武器装备出卖或者转让给他人的行为。刑法规定非法出卖、转让武器装备罪的目的是通过惩治

非法出卖、转让军队武器装备的犯罪军人,保证军队战斗力物质构成的安全,维护国家军事利益。

Ⅱ 沿革

1955年《中国人民解放军军事刑罚暂行条例(草案)》中有与非法出卖、转让武器装备罪类似的规定。该草案第19条规定,勾结帝国主义出卖中华人民共和国武器力量者,处死刑或者无期徒刑。[1] 1981年《惩治军人违反职责罪暂行条例》没有与非法出卖、转让武器装备罪类似的规定。此罪是我国现行《刑法》新增设的选择性罪名。主要是考虑:近些年以来,在军队内部,时有发生不法分子非法出卖、转让武器装备的行为,不仅严重违反了军队对武器装备的管理制度,而且给国家、社会和人民群众的生命财产安全造成极大的危害。因此,1997年全面修订《刑法》时增加了本条规定。[2] 2

根据《军人违反职责罪案件立案标准的规定》第22条的规定,非法出卖、转让武器装备罪是指非法出卖、转让武器装备的行为。 3

Ⅲ 客体

非法出卖、转让武器装备罪直接侵害的客体是部队的战斗力。武器装备是军队战斗力的物质构成因素。任何减损这些物质要素的犯罪行为都必然侵害部队的战斗力。战斗力这个概念反映的实际上是敌我双方力量强弱的对比关系。 4

Ⅳ 行为

非法出卖、转让武器装备罪的行为要件是"出卖、转让",行为的对象是"武器装备",行为的性质为"非法"。非法,是指违反有关武器装备管理的法规。有关法规严禁任何单位或者个人擅自馈赠、出售、交换武器装备。根据《军人违反职责罪案件立案标准的规定》第22条的规定,出卖、转让,是指违反武器装备管理规定,未经有权机关批准,擅自用武器装备换取金钱、财物或者其他利益,或者将武器装备馈赠他人的行为。 5

行为人非法出卖、转让的武器装备应当是部队在编的、正在使用的以及储存备用的武器装备,不包括已经确定退役报废的武器装备。无论是出卖还是转让,都是非法改变武器装备所有权的行为。如果行为人是擅自将武器装备出借或出租,不构成非法出卖、转让武器装备罪,造成严重后果的,可按擅自改变武器装备编配用途罪定罪 6

---

1 参见唐培贤、杨九根:《中国人民解放军审判工作史概述》,人民法院出版社1989年版,第222页。

2 参见李淳、王尚新主编:《中国刑法修订的背景与适用》,法律出版社1998年版,第599页。

处罚。

7 行为人非法出卖、转让的武器装备既可以是配发给行为人个人使用的,也可以是依照职权由其管理的,但一般不应该是行为人通过非法手段占有的。行为人通过非法手段占有武器装备,如果其手段是盗窃或抢夺,便构成盗窃、抢夺武器装备、军用物资罪;盗窃、抢夺后再出卖、转让的,可认定为盗窃、抢夺武器装备、军用物资罪的从重情节。

8 根据《军人违反职责罪案件立案标准的规定》第 22 条的规定,非法出卖、转让武器装备罪是情节犯。具体而言,作为本罪定罪情节的主要是行为对象的特定种类和数量:非法出卖、转让枪支、手榴弹、爆炸装置;非法出卖、转让子弹 10 发、雷管 30 枚、导火索或者导爆索 30 米、炸药 1000 克以上,或者不满规定数量,但后果严重;非法出卖、转让武器装备零部件或者维修器材、设备,致使武器装备报废或者直接经济损失 30 万元以上;非法出卖、转让其他重要武器装备。

V　主体

9 非法出卖、转让武器装备罪的主体是军职人员,主要是合法持有或管理武器装备的军职人员,包括单位、部门的领导者或武器装备的主管人员。在理论上,非法出卖、转让武器装备罪完全有可能存在单位犯罪主体,但是根据刑法规定,单位犯罪必须由刑法明文规定,本条没有相关规定,故不存在单位犯罪主体。

VI　罪过

10 非法出卖、转让武器装备罪的罪过形式是故意。行为人是否知道他人非法购买或取得武器装备的用途,不影响非法出卖、转让武器装备罪的构成。但是,如果行为人明知他人非法购买武器装备是为了实施某种其他犯罪,仍然向其非法出卖、转让武器装备,可以与他人构成其他犯罪的共犯。

VII　排除犯罪的事由

11 按照有关规定,经过批准出卖、转让武器装备,进行军事贸易,不构成犯罪。

VIII　既遂、未遂、不能犯

12 非法出卖、转让武器装备罪行为的特点是瞬时完成,且非法出卖、转让武器装备罪又是行为犯,故难以存在未遂形态,但可存在预备形态,即非法出卖、转让武器装备罪要么处于预备阶段,要么已经既遂,不存在行为开始却不能完成的情况。行为人由于对武器装备可能存在错误认识,决定了非法出卖、转让武器装备罪可以有不能犯。

Ⅸ 共犯

军职人员与军职人员、军职人员与非军职人员之间均可构成非法出卖、转让武器装备罪的共犯。当非军职人员是军职人员出卖、转让武器装备的接收人时,军职人员与非军职人员不构成共犯,对于非军职人员,可按非法持有、私藏枪支、弹药罪认定处理。 13

Ⅹ 罪数

军职人员盗窃、抢夺武器装备之后又非法出卖、转让的,只构成盗窃、抢夺武器装备罪而不构成非法出卖、转让武器装备罪,故不能按两罪实行数罪并罚。抢劫武器装备后又非法出卖、转让的,如果抢劫的是属于武器的枪支,可构成抢劫枪支、弹药、爆炸物、危险物质罪;如果抢劫的是枪支、弹药、爆炸物、危险物质之外的武器装备的,则认定起来还存在疑难[3],此时,可按非法出卖、转让武器装备罪认定。 14

如果行为人在战时明知对方是敌人而向其出卖、转让武器装备的,将与《刑法》第112条规定的资敌罪形成法规竞合关系;如果行为人是非法向境外出卖、转让武器装备,将与《刑法》第151条规定的走私武器、弹药罪形成法规竞合关系,在这些情况下,都应根据特别法优于普通法的原则,适用本条的罪名。 15

Ⅺ 与非罪的界限

本条并未规定严重情节或危害结果作为构成犯罪的要件,但如前所述,《军人违反职责罪案件立案标准的规定》第22条规定了构成本罪的若干具体情节,这些情节是《刑法》总则第13条犯罪概念"但书"的体现,即不具备这些具体情节的非法出卖、转让武器装备的行为属于"情节显著轻微危害不大"的情形(如军职人员非法出卖、转让微量的已经报废的武器装备的行为或者非法出卖、转让少量的武器装备的行为),不构成犯罪。在实践中要特别注意区分非法出卖、转让武器装备罪与部队正常处理武器装备的界限。部队正常处理武器装备都是经过上级有关部门批准的,有严格的审批手续,并由单位集体研究决定和组织实施,因此不能认定为犯罪。 16

Ⅻ 与他罪的区别

一、与擅自改变武器装备编配用途罪的区别

本罪与擅自改变武器装备编配用途罪的主要区别是:①非法出卖、转让武器装备 17

---

3 参见《刑法》第438条盗窃、抢夺武器装备、军用物资罪。

罪的行为是出卖、转让武器装备,而擅自改变武器装备编配用途罪的行为是擅自改变武器装备的编配用途。②非法出卖、转让武器装备罪是行为犯,而擅自改变武器装备编配用途罪是结果犯。

二、与非法买卖枪支、弹药、爆炸物、危险物质罪的区别

18 本罪与非法买卖枪支、弹药、爆炸物、危险物质罪的主要区别是:①非法出卖、转让武器装备罪的主体是军职人员,而非法买卖枪支、弹药、爆炸物、危险物质罪的主体是任何人。②非法出卖、转让武器装备罪的对象是武器装备,而非法买卖枪支、弹药、爆炸物、危险物质罪的对象是枪支、弹药、爆炸物、危险物质。③非法出卖、转让武器装备罪的行为是出卖、转让,而非法买卖枪支、弹药、爆炸物、危险物质罪的行为是买卖,既有卖又有买,不包括转让。④非法出卖、转让武器装备罪危害的是国家军事利益,而非法买卖枪支、弹药、爆炸物、危险物质罪危害的是公共安全。

XIII 处罚

19 本条法定刑有两个格次:一个是一般情节的格次,另一个是出卖、转让大量武器装备或者有其他特别严重情节的格次。一般情况下,犯非法出卖、转让武器装备罪的,判处 3 年以上 10 年以下有期徒刑;犯非法出卖、转让武器装备罪有出卖、转让大量武器装备的,或者有其他特别严重情节的,处 10 年以上有期徒刑、无期徒刑或者死刑。所谓出卖、转让大量武器装备的,或者有其他特别严重情节的,主要是指出卖、转让重要武器装备的,战时出卖、转让武器装备的,致使武器装备流散社会造成严重后果的,影响部队完成重要任务的,出卖、转让给境外的机构、组织、人员的,等等。

第四百四十条　遗弃武器装备罪

违抗命令，遗弃武器装备的，处五年以下有期徒刑或者拘役；遗弃重要或者大量武器装备的，或者有其他严重情节的，处五年以上有期徒刑。

文献：李淳、王尚新主编：《中国刑法修订的背景与适用》，法律出版社1998年版；宣炳昭主编：《刑法各罪的法理与实用》，中国政法大学出版社2002年版；黄林异、王小鸣：《军人违反职责罪》，中国人民公安大学出版社2003年版；高铭暄、赵秉志编：《中国刑法立法文献资料精选》，法律出版社2007年版；段作瑞：《军人违反职责罪研究》，法律出版社2016年版。

细目录

Ⅰ　主旨
Ⅱ　沿革
Ⅲ　客体
Ⅳ　行为
Ⅴ　主体
Ⅵ　罪过
Ⅶ　排除犯罪的事由
Ⅷ　既遂、未遂、不能犯
Ⅸ　共犯
Ⅹ　罪数
Ⅺ　与非罪的界限
Ⅻ　与他罪的区别
　一、与投降罪的区别
　二、与战时违抗命令罪的区别
ⅩⅢ　处罚

Ⅰ　主旨

本条规定的遗弃武器装备罪，是指负有保管、使用武器装备义务的军人，违抗命令，故意遗弃武器装备的行为。刑法规定遗弃武器装备罪的目的是通过处罚擅自遗弃武器装备的犯罪军人，保证军队战斗力物质构成的安全，维护国家军事利益。 1

Ⅱ 沿革

2 1955年《中国人民解放军军事刑罚暂行条例(草案)》中有与遗弃武器装备罪类似的规定。该草案第25条规定,以助敌为目的,放弃或破毁阵地、要塞以及其他重要作战武器(如飞机、大炮、坦克、舰艇等)或军用仓库者,处死刑或无期徒刑。该草案第26条规定,以助敌为目的,处于不能免受敌人直接占领的危险时,不执行命令或不采取有效办法将阵地、要塞以及其他重要作战武器(如飞机、大炮、坦克、舰艇等)、军用仓库破毁或转移,供敌使用者,处死刑或无期徒刑。该草案第72条规定,在执行战斗任务中,放弃作战武器,丢弃军用物资者,处3年以上10年以下有期徒刑;情节严重者,处10年以上有期徒刑、无期徒刑或死刑。[1] 1981年《惩治军人违反职责罪暂行条例》中没有设置与遗弃武器装备罪类似的罪名。此罪是现行《刑法》新增设的单一罪名。武器装备是军人保卫国家和人民利益所必不可少的,必须加以妥善保管。遗弃武器装备,会削弱我军的战斗力,严重危害公共安全,在战时可能会被敌人利用,给我军造成重大损害。而且我军的条例条令也明确规定对遗弃武器装备,情节严重构成犯罪的,要追究刑事责任。为了更好地与这类犯罪行为作斗争,修订后的《刑法》特增设此规定。[2]

3 根据《军人违反职责罪案件立案标准的规定》第23条的规定,遗弃武器装备罪是指负有保管、使用武器装备义务的军人,违抗命令,故意遗弃武器装备的行为。

Ⅲ 客体

4 遗弃武器装备罪直接侵犯的客体是部队的战斗力。武器装备是军队战斗力的物质构成因素和重要保障。任何减损这些物质构成要素和重要保障的犯罪行为都会严重损害国家军事利益。

Ⅳ 行为

5 遗弃武器装备罪的行为要件是“遗弃”。遗弃是指抛弃、丢掉,弃置不顾,既可以是作为,即从自己手中将武器装备抛弃,也可以是不作为,即让武器装备遗留于所在之处而放弃管理。遗弃的对象是行为人合法持有或管理的武器装备。本条规定的遗弃必须是在“违抗命令”前提下的行为。“违抗”本身是一个行为表述,但在本条中并非独立于“遗弃”的另一个行为。也就是说,本条不属于“复行为”的犯罪。这是因

---

1 参见唐培贤、杨九根:《中国人民解放军审判工作史概述》,人民法院出版社1989年版,第223、233页。

2 参见李淳、王尚新主编:《中国刑法修订的背景与适用》,法律出版社1998年版,第600页。

为,本条中的"命令"内容,就是要求紧持武器装备而不得遗弃,违抗命令必然遗弃,遗弃则肯定违抗命令,违抗命令的行为与遗弃行为合二为一。尽管如此,"违抗命令"的规定并不多余——通过对"命令"内容的把握,才能判断出遗弃行为的性质。

虽然本条规定的罪状中并没有"情节严重"的要求,但根据《军人违反职责罪案件立案标准的规定》第 23 条的规定,遗弃武器装备罪是情节犯,即构成遗弃武器装备罪,不仅有违抗命令、遗弃武器装备的行为,还必须具备相应的情节:遗弃枪支、手榴弹、爆炸装置;遗弃子弹 10 发、雷管 30 枚、导火索或者导爆索 30 米、炸药 1000 克以上,或者不满规定数量,但后果严重;遗弃武器装备零部件或者维修器材、设备,致使武器装备报废或者直接经济损失 30 万元以上;遗弃其他重要武器装备。 6

遗弃武器装备罪既可以发生于战时,也可以发生于平时。 7

V 主体

有关遗弃武器装备罪的主体,有人认为是军人;有人认为是现役军人和军内在编职工。[3] 笔者认为这些观点并不矛盾,遗弃武器装备罪的主体是军职人员,具体是合法持有、使用或管理武器装备的军职人员。 8

VI 罪过

遗弃武器装备罪的罪过形式是故意,即行为人明知自己遗弃部队武器装备的行为会削弱部队的战斗力,却抱着一种希望或放任的心理。在实践中,希望削弱己方战斗力的情况还是少数,多半是出于自我保全的目的而急于遗弃武器,而对部队战斗力的削弱采取了一种漠不关心的态度,从而属于间接故意的心理。 9

VII 排除犯罪的事由

听从上级命令或者根据军事行动或作战机动轻装前进的需要自行决定遗弃部分武器装备的行为,不构成犯罪。按照有关规定,经过批准出卖、转让武器装备,进行军事贸易的,不构成犯罪。 10

VIII 既遂、未遂、不能犯

遗弃武器装备罪是持续犯,不存在未遂形态,故无所谓既遂。但由于行为人可能对遗弃武器装备的根据或武器装备本身发生错认识,故可以有不能犯。 11

---

3 参见宣炳昭主编:《刑法各罪的法理与实用》,中国政法大学出版社 2002 年版,第 472 页。

Ⅸ 共犯

12 以作为方式实施的遗弃武器装备罪中,合法持有或管理武器装备的行为人可与并不合法持有或管理武器装备的其他军职人员之间构成遗弃武器装备罪的共同犯罪;以不作为方式实施的遗弃武器装备罪中,合法持有或管理武器装备的行为人却不能与并不合法持有或管理武器装备的其他军职人员之间构成遗弃武器装备罪的共同实行犯,例如,某连全体人员明知其连长非法遗弃其合法持有的手枪而不加以制止或不予捡回,显然不宜成为遗弃武器装备罪的共犯。但是,以不作为方式实施的遗弃武器装备罪中,并不合法持有或管理武器装备的其他军职人员可以成为遗弃武器装备罪的组织犯或教唆犯。

Ⅹ 罪数

13 行为人盗窃、抢夺武器装备后又加以遗弃的,不构成遗弃武器装备罪,不实行数罪并罚,应按盗窃、抢夺武器装备、军用物资罪一罪认定,可将遗弃行为作为该罪的严重情节。如果行为人在逃离部队或战时临阵脱逃的同时遗弃武器装备,则构成数罪,应实行并罚。战时违抗命令,遗弃武器装备的行为,涉及遗弃武器装备罪与战时违抗命令罪的法规竞合,相对于遗弃武器装备罪,战时违抗命令罪是特别法的规定,应按特别法优于普通法的原则认定该罪。

Ⅺ 与非罪的界限

14 虽然本条规定中既无"严重后果"也无"情节严重",但并非只要实施"违抗命令,遗弃武器装备"的行为就构成犯罪。如前所述,《军人违反职责罪立案标准的规定》第23条指出了特定遗弃对象及数量和危害后果对于遗弃武器装备行为是否构成犯罪的影响。通常,不满足这些条件的,不构成犯罪。需要注意的是,在军事用语和刑法中,武器装备与军用物资是两个外延相互不包容的并列概念,故遗弃武器装备罪的对象只能是武器装备而不能是军用物资,行为人遗弃其合法持有或管理的军用物资,通常不构成犯罪。当然,行为人遗弃大量或重要的军用物资,也会严重危害国家军事利益,但刑法没有相关处罚规定,按罪刑法定原则,不应认定为犯罪,可按军纪处理。

Ⅻ 与他罪的区别

一、与投降罪的区别

15 遗弃武器装备罪与投降罪的主要区别是:①遗弃武器装备罪的遗弃武器装备行为是对武器装备的非法处分行为,而投降罪则是行为人决定自己归属的行为。②遗弃武器装备罪行为人遗弃武器装备时并不是要将武器装备交给其他特定人员,其目的就是使自己与武器装备脱离,而投降罪的行为人放下武器实际上是将武器交给敌人,其目的是投降敌人。③遗弃武器装备罪的动机是多种多样的,而投降罪的动机只能是贪生怕死。④遗弃武器装备罪可发生于任何时机和场合,而投降罪发生于战场上。

二、与战时违抗命令罪的区别

遗弃武器装备罪与战时违抗命令罪的主要区别是:①遗弃武器装备罪中的违抗 16
命令是相对于遗弃武器而言的,战时违抗命令罪中的命令内容没有特别限制。②遗弃武器装备罪可以在任何时间和场合实施,而战时违抗命令罪只能是在战时所犯。

XIII 处罚

本条法定刑有两个格次:一个是一般情节的格次,另一个是遗弃重要或者大量武 17
器装备以及有其他严重情节的格次。一般情况下,犯遗弃武器装备罪的,判处5年以下有期徒刑或者拘役;遗弃重要或者大量武器装备的,或者有其他严重情节的,处5年以上有期徒刑。遗弃武器装备罪中所谓情节严重,主要是指指挥人员带头遗弃的,煽动他人遗弃的,战时遗弃的,因遗弃行为影响部队完成重要任务或者造成严重后果的,等等。遗弃武器装备罪中所谓的重要武器装备是指部队的主要武器装备和其他在作战中有重要作用的武器装备。据军队有关武器装备管理规定,主要武器装备指的是各种导弹、飞机、作战舰艇、登陆舰和1000吨以上辅助船、坦克、装甲车辆、85毫米以上口径的地面火炮、岸炮、高炮、雷达、声呐、指挥仪、15瓦以上电台和电子对抗装备、舟桥、60千瓦以上的工程机械、汽车、陆军船舰等。

第四百四十一条　遗失武器装备罪

遗失武器装备，不及时报告或者有其他严重情节的，处三年以下有期徒刑或者拘役。

文献：唐培贤、杨九根：《中国人民解放军审判工作史概述》，人民法院出版社1989年版；李淳、王尚新主编：《中国刑法修订的背景与适用》，法律出版社1998年版；宣炳昭主编：《刑法各罪的法理与实用》，中国政法大学出版社2002年版；黄林异、王小鸣：《军人违反职责罪》，中国人民公安大学出版社2003年版；高铭暄、赵秉志编：《中国刑法立法文献资料精选》，法律出版社2007年版；段作瑞：《军人违反职责罪研究》，法律出版社2016年版。

细目录

Ⅰ　主旨
Ⅱ　沿革
Ⅲ　客体
Ⅳ　行为
Ⅴ　主体
Ⅵ　罪过
Ⅶ　排除犯罪的事由
Ⅷ　既遂、未遂、不能犯
Ⅸ　共犯
Ⅹ　罪数
Ⅺ　与非罪的界限
Ⅻ　与他罪的区别
一、与丢失枪支不报罪的区别
二、与遗弃武器装备罪的区别
XIII　处罚

Ⅰ　主旨

1　本条规定的遗失武器装备罪，是指军职人员遗失武器装备，不及时报告或者有其他严重情节的行为。刑法规定遗失武器装备罪的目的是通过处罚遗失武器装备而又不及时报告或有其他严重情节的犯罪军人，保证军队战斗力的物质构成安全，维护国家军事利益。

Ⅱ　沿革

2 1955年《中国人民解放军军事刑罚暂行条例（草案）》中有与遗失武器装备罪类似的规定。该草案第25条规定，以助敌为目的，放弃或破毁阵地、要塞以及其他重要作战武器（如飞机、大炮、坦克、舰艇等）或军用仓库者，处死刑或无期徒刑。第26条规定，以助敌为目的，处于不能免受敌人直接占领的危险时，不执行命令或不采取有效办法将阵地、要塞以及其他重要作战武器（如飞机、大炮、坦克、舰艇等）、军用仓库破毁或转移，供敌使用者，处死刑或无期徒刑。第72条规定，在执行战斗任务中，放弃作战武器，丢弃军用物资者，处3年以上10年以下有期徒刑；情节严重者，处10年以上有期徒刑、无期徒刑或死刑。[1] 1981年的《惩治军人违反职责罪暂行条例》中没有设置与遗失武器装备罪类似的罪名。此罪是现行《刑法》增设的单一罪名。武器装备是军人保卫国家和人民利益所必不可少的，必须加以妥善保管。遗弃武器装备，会削弱我军的战斗力，严重危害公共安全，在战时可能会被敌人利用，给我军造成重大损害。而且我军的条例条令也明确规定对遗弃武器装备，情节严重构成犯罪的，要追究刑事责任。为了更好地与这类犯罪行为作斗争，修订后的《刑法》特增设此规定。[2]

3 根据《军人违反职责罪案件立案标准的规定》第24条的规定，遗失武器装备罪是指遗失武器装备，不及时报告或者有其他严重情节的行为。

Ⅲ　客体

4 遗失武器装备罪直接侵犯的客体是军队的战斗力。武器装备是军队战斗力的物质构成因素，任何减损这些物质要素的犯罪行为都会严重危害国家的军事利益。

Ⅳ　行为

5 遗失武器装备罪的行为要件是“遗失”，行为对象是武器装备。遗失，是指负责使用、保管、转运武器装备的军人由于其意志以外的原因而使武器装备丢失。根据本条规定，构成遗失武器装备罪，不仅要有遗失武器装备的行为，而且要具备“不及时报告或者有其他严重情节”的情形。遗失武器装备罪是情节犯。

6 本来，“不及时报告”属于不作为的行为形式，法条将其作为“遗失”行为的一个“严重情节”。不及时报告，是指行为人能报告而不报告。不报告是指行为人不想或不愿报告。如果客观上能报告，而行为人由于对客观情况发生认识错误，以为不能报

1　参见唐培贤、杨九根：《中国人民解放军审判工作史概述》，人民法院出版社1989年版，第223、233页。

2　参见李淳、王尚新主编：《中国刑法修订的背景与适用》，法律出版社1998年版，第600页。

告,以至于想报告而未及时报告,但当其所认为的阻碍报告事由消除后便立即报告的,不构成犯罪。当然,这有赖于充分的证明。报告的对象应当是上级或有关部门,报告的方式应足以让上级或有关部门知悉情况。如果行为人仅仅是将遗失武器装备的情况向他人私下告知,即使很及时,也不能算及时报告。

7 《军人违反职责罪案件立案标准的规定》第 24 条明确了"其他严重情节"是指:遗失武器装备严重影响重大任务完成;给人民群众生命财产安全造成严重危害;遗失的武器装备被敌人或者境外的机构、组织和人员或者国内恐怖组织和人员利用,造成严重后果或者恶劣影响;遗失的武器装备数量多、价值高;战时遗失的,等等。从刑法理论看,这些情节主要是指危害结果。因此可以说,遗失武器装备罪既是情节犯,也包含结果犯。笔者认为,"其他严重情节"不应局限于危害结果,还可以有:值班、值勤时遗失武器装备的;遗失武器装备后编造假情况欺骗组织或嫁祸他人的;遗失重要武器装备的;等等。

8 有时,"不及时报告"的列举情节与"其他严重情节"的概括情节会同时存在,但只要具备其中之一,遗失武器装备罪便可构成。在"不及时报告"的情况下,遗失武器装备罪的行为要件本来是双行为或复行为,但本条将其规定为一个情节,实际意义在于:在遗弃行为具备"其他严重情节时",行为人及时报告了武器装备遗失的情况,仍然构成遗失武器装备罪。如果将"不及时报告"理解为行为要件的一部分,则行为人及时报告了,便不构成遗失武器装备罪。

Ⅴ　主体

9 有关遗失武器装备罪的主体,有人认为是军队人员;有人认为是军人,即武器装备的使用、保管和维护人员。[3] 笔者认为这些观点并不矛盾,遗失武器装备罪的主体是军职人员,具体是合法持有或管理武器装备的军职人员。在对遗失武器装备罪适用刑罚时,要正确认定应追究刑事责任的对象。

10 不及时报告仅限于遗失人没有及时向主管领导报告,也就是说,"遗失武器装备"和"不及时报告"是同一个行为人实施的。如果一个单位发生了遗失武器装备的事件,主管领导没有及时向上级报告,不应以遗失武器装备罪追究主管领导的刑事责任。

Ⅵ　罪过

11 遗失武器装备罪的罪过形式是过失。遗失武器装备罪的行为人在主观上并不愿意其合法持有或管理的武器装备遗失,但由于行为人缺乏责任心,不认真管护自己持有的武器装备,或明知武器装备有丢失的可能却轻信可以避免而导致丢失,或应当知道武器装备会丢失却未加以注意而导致丢失。特别值得指出的是,遗失武器装备罪

3　参见宣炳昭主编:《刑法各罪的法理与实用》,中国政法大学出版社 2002 年版,第 473 页。

规定的“不及时报告”的情节,决定了行为人虽然由于不能预见或不能抗拒的原因导致武器装备丢失,但只要“不及时报告”,仍将构成遗失武器装备罪。在此种情况下,遗失武器装备罪的主观方面明显是故意。这表明,在不具备“其他严重情节”时,遗失武器装备之所以构成犯罪的主观方面的根据关键在于遗失武器装备之后的“不及时报告”,而不在于遗失武器装备本身是过失行为还是无罪过事件。在没有其他严重情节时,行为人即便由于过失导致武器装备遗失,但只要及时报告,就不构成遗失武器装备罪。因此,在这种情况下,遗失武器装备罪刑事责任的主观根据实质上是“不及时报告”,而不是遗失武器装备时的过失心理。只有在行为人遗失武器装备后及时报告但已发生其他严重情节时,刑事责任的主观根据才是遗失武器装备时的过失心理,因为在遗失武器装备是一个无罪过事件时,是不存在因其情节严重而追究刑事责任的问题的。总之,在“不及时报告”但未发生“其他严重情节”时,遗失武器装备罪的主观方面是故意,即便遗失武器装备是一个无罪过事件,也构成遗失武器装备罪;在行为人及时报告却发生“其他严重情节”时,遗失武器装备罪的主观方面就是遗失武器装备时的过失心理,如果遗失武器装备是无罪过事件,则不构成遗失武器装备罪;在“不及时报告”和“其他严重情节”并存时,构成遗失武器装备罪,主观方面应认定为双重罪过形式。所谓其他严重情节,是指:遗失武器装备严重影响重大任务完成的;给人民群众生命财产安全造成严重危害的;遗失的武器装备被敌人或者境外的机构、组织和人员或者国内恐怖组织和人员利用,造成严重后果或者恶劣影响的;遗失的武器装备数量多、价值高的;战时遗失的;等等。

Ⅶ 排除犯罪的事由

如上所述,在未发生“其他严重情节”时,行为人由于不能预见或不能抗拒的原因导致武器装备丢失,不是排除遗失武器装备罪的当然理由。这种情况下要排除遗失武器装备罪,必须是行为人由于不能预见或不能抗拒的原因导致武器装备遗失的同时,也由于不能预见或不能抗拒的原因不能及时报告。如果发生了“其他严重情节”,则及时报告也不可能成为排除遗失武器装备罪的事由。 12

Ⅷ 既遂、未遂、不能犯

遗失武器装备罪是过失犯,故不存在既遂与未遂的问题。尽管“不及时报告”是一个故意行为,但由于该行为已被规定为该罪的定罪情节之一,故只能作为罪与非罪的区分标准,而不是既遂与未遂的区分标准。 13

在行为人误认为武器装备遗失实际并未遗失的情况下报告说遗失,可构成遗失武器装备罪的不能犯。 14

Ⅸ 共犯

在多个军职人员共同持有或管理某武器装备而将其遗失的情况下,如果这些人 15

员都已经知道武器装备遗失的事实,且相互都知道对方已经知道这种事实,且都不报告的,可构成遗失武器装备罪的共犯;这些人员都已经知道武器装备遗失的事实,但相互之间并不知道对方已经知道这种事实,为了推卸责任而分别都不报告的,不应认定为遗失武器装备罪的共犯,而应认定为单个犯罪;如果这些人员中的一些人员没有报告是因为并不知道武器装备遗失的事实,就不构成遗失武器装备罪,更不应与其他没有报告但已经知道这些事实的人员构成遗失武器装备罪的共犯。

X　罪数

16　遗失武器装备罪与《刑法》第 129 条规定的丢失枪支不报告罪形成法规竞合,根据特别法优于一般法的原则,应认定遗失武器装备罪。行为人盗窃、抢夺武器装备之后又遗失的,只构成盗窃、抢夺武器装备、军用物资罪一罪,而不是该罪与遗失武器装备罪的数罪,遗失武器装备的行为可作为从重的情节。

XI　与非罪的界限

17　虽然遗失武器装备,但行为人及时报告且无其他严重情节的,不构成犯罪。在这种情况下,如果遗失武器装备出于过失,可按军纪处理;如果遗失武器装备属于无罪过事件,不应追究任何责任。

XII　与他罪的区别

一、与丢失枪支不报罪的区别

18　遗失武器装备罪与丢失枪支不报罪的主要区别是:①遗失武器装备罪的主体是军职人员,而丢失枪支不报罪的主体是非军职人员。②遗失武器装备罪遗失的是包括枪支又不止于枪支的武器装备,而丢失枪支不报罪丢失的只能是枪支。③遗失武器装备罪是情节犯,“不及时报告”与“其他严重情节”之间是选择关系,而丢失枪支不报罪是结果犯,“不及时报告”与造成严重后果之间是相加关系。④遗失武器装备罪危害的是国家军事利益,而丢失枪支不报罪危害的是公共安全。

二、与遗弃武器装备罪的区别

19　遗失武器装备罪与遗弃武器装备罪的主要区别是:①遗失武器装备罪的罪过形式包括故意与过失两种,而遗弃武器装备罪的罪过形式只能是故意。②遗失武器装备罪是情节犯,而遗弃武器装备罪是行为犯。

XIII　处罚

20　本条法定刑只有一个格次:犯遗失武器装备罪的,判处 3 年以下有期徒刑或者拘役。

第四百四十二条　擅自出卖、转让军队房地产罪

违反规定，擅自出卖、转让军队房地产，情节严重的，对直接责任人员，处三年以下有期徒刑或者拘役；情节特别严重的，处三年以上十年以下有期徒刑。

文献：李淳、王尚新主编：《中国刑法修订的背景与适用》，法律出版社 1998 年版；宣炳昭主编：《刑法各罪的法理与实用》，中国政法大学出版社 2002 年版；黄林异、王小鸣：《军人违反职责罪》，中国人民公安大学出版社 2003 年版；高铭暄、赵秉志编：《中国刑法立法文献资料精选》，法律出版社 2007 年版；段作瑞：《军人违反职责罪研究》，法律出版社 2016 年版。

细目录

Ⅰ　主旨
Ⅱ　沿革
Ⅲ　客体
Ⅳ　行为
Ⅴ　主体
Ⅵ　罪过
Ⅶ　排除犯罪的事由
Ⅷ　既遂、未遂、不能犯
Ⅸ　共犯
Ⅹ　罪数
Ⅺ　与非罪的界限
Ⅻ　与他罪的区别
ⅩⅢ　处罚

Ⅰ 主旨

本条规定的擅自出卖、转让军队房地产罪，是指违反军队房地产管理和使用规定，未经有权机关批准，擅自出卖、转让军队房地产，情节严重的行为。 1

刑法规定擅自出卖、转让军队房地产罪的目的是通过处罚擅自出卖、转让军队房地产的犯罪军人，维护国家和军队的资产利益，保障国防和军队建设。 2

Ⅱ 沿革

3 1955年《中国人民解放军军事刑罚暂行条例(草案)》和1981年《惩治军人违反职责罪暂行条例》中都没有与擅自出卖、转让军队房地产罪类似的规定。擅自出卖、转让军队房地产罪是刑法增设的选择性罪名。军队房地产是国家财产的重要组成部分,也是国有资产不可缺少的有机整体。擅自出卖、转让军队房地产的行为,不仅侵害了国有资产的所有权,而且影响了部队正常的管理、训练和生产、生活,危害国家军事利益。近些年来,私自出卖、转让军队房地产的现象屡禁不止,为确保军队房地产的完整,依法打击损公肥私、盗卖军队房地产的违法犯罪活动,1997年《刑法》中特增设本条规定。[1]

4 根据《军人违反职责罪案件立案标准的规定》第25条的规定,擅自出卖、转让军队房地产罪是指违反军队房地产管理和使用规定,未经有权机关批准,擅自出卖、转让军队房地产,情节严重的行为。

Ⅲ 客体

5 擅自出卖、转让军队房地产罪侵犯的客体是国家和军队的资产利益。军队房地产是国防资产的重要组成部分,是军队设施的基本依托。任何擅自出卖、转让军队房地产的犯罪行为都严重损害了国家和军队的资产利益。

Ⅳ 行为

6 擅自出卖、转让军队房地产罪的行为要件是“出卖、转让”,行为对象是“军队房地产”。本条中的出卖、转让军队房地产必须是“违反规定”的“擅自”行为。“出卖、转让”都是财产处分行为。“违反规定”,是指违反军队房地产管理方面的法规和规章,如《中国人民解放军房地产管理条例》等。作为军队不动产的房地产统一由军队享有所有权,不属于任何单位和个人。根据有关规定,未经有权机关依法审批,任何单位和个人都不得随意处理军队的房地产,否则就是“违反规定”的“擅自”行为。“军队房地产”,是指依法由军队使用管理的土地及其地上地下用于营房保障的建筑物、构筑物、附属设施设备,以及其他附着物。军队的地产是由国家统一核拨的,军队的房产主要是由国家分配、军队以军费投资建造的。此外,军队的房产还可能是军队单位自行集资建造或地方馈赠的等,无论来源如何,只要成为军产,就不得随意出卖或转让。擅自出卖、转让军队临时征用的地产和房产,可视为擅自出卖、转让军队房地产,认定擅自出卖、转让军队房地产罪。

---

1 参见李淳、王尚新主编:《中国刑法修订的背景与适用》,法律出版社1998年版,第602页。

本条规定,构成擅自出卖、转让军队房地产罪,必须"情节严重"。根据《军人违反职责罪案件立案标准的规定》第25条的规定,"情节严重"是指:擅自出卖、转让军队房地产价值30万元以上;擅自出卖、转让军队房地产给境外的机构、组织、人员;擅自出卖、转让军队房地产严重影响部队正常战备、训练、工作、生活和完成军事任务;擅自出卖、转让军队房地产给军事设施安全造成严重危害;其他情节严重行为。 7

Ⅴ　主体

根据擅自出卖、转让军队房地产罪法条的规定,擅自出卖、转让军队房地产罪的主体是"直接责任人员"。军队房地产产权是高度统一的,但军队各单位具有使用和代为管理房地产的职权,故擅自出卖、转让军队房地产的行为人只能是具体享有这种职权的各单位主管人员和负有房地产管理职责的军职人员。 8

Ⅵ　罪过

擅自出卖、转让军队房地产罪的行为方式决定了擅自出卖、转让军队房地产罪的罪过形式只能是直接故意。行为人是否知道收买人或受让人将房地产用于非法用途,不影响擅自出卖、转让军队房地产罪的构成。 9

Ⅶ　排除犯罪的事由

按照规定且经过批准出卖、转让军队房地产的行为,不构成犯罪。 10

Ⅷ　既遂、未遂、不能犯

出卖或转让都是瞬时行为,不存在未遂形态。但是,擅自出卖、转让军队房地产罪可以有预备形态,既遂相对于预备而存在。擅自出卖、转让军队房地产罪的行为人是主管军队房地产的人员,不可能对自己管辖的房地产发生错误认识,故不可能存在不能犯。 11

Ⅸ　共犯

军职人员与军职人员、军职人员与非军职人员之间,都可以构成擅自出卖、转让军队房地产罪的共犯。但要构成擅自出卖、转让军队房地产罪的共同实行犯,只能是在直接责任人员之间。出卖或转让军队房地产的行为人与购买或接收军队房地产的人员或单位之间,不构成擅自出卖、转让军队房地产罪的共同犯罪。擅自出卖或转让军队房地产的行为往往是军队单位经研究决定的,但擅自出卖、转让军队房地产罪并未规定单位犯罪,故此种情况可按共同犯罪处理。因为有权参加并实际参与研究决定而且持赞成态度的人员均应当是直接责任人员,表示反对或不表示态度,投反对票 12

或弃权票的人员,不应当属于直接责任人员。

X　罪数

13　擅自出卖、转让军队房地产罪与《刑法》第228条规定的非法转让、倒卖土地使用权罪及第410条规定的非法低价出让国有土地使用权罪之间构成想象竞合犯,认定擅自出卖、转让军队房地产罪时,并不同时认定其他两罪而实行数罪并罚。如果行为人明知军队的房地产中含有军事秘密的成分,仍然出卖、转让的,则应构成故意泄露军事秘密罪或过失泄露军事秘密罪与擅自出卖、转让军队房地产罪的数罪,实行并罚。

XI　与非罪的界限

14　军职人员违反规定,擅自出卖、转让军队房地产,但尚未达到"情节严重"的程度,不构成犯罪。如前所述,《军人违反职责罪案件立案标准的规定》第25条指出了"情节严重"的具体情形,这里不再赘述。行为人擅自决定将军队房地产出借或出租,不构成擅自出卖、转让军队房地产罪,可按军纪处理。尽管军队的不动产的产权不可能因行为人的非法行为发生真正转移,但行为人向对方所作的意思表示是永久性的转移,这与明确表示出借或出租毕竟不同。

XII　与他罪的区别

15　擅自出卖、转让军队房地产罪与非法转让、倒卖土地使用权罪、非法低价出让国有土地使用权罪有相似之处,其主要区别是:①擅自出卖、转让军队房地产罪危害的是国家军事利益,而其他两罪危害的是土地市场管理秩序和国有土地管理秩序。②擅自出卖、转让军队房地产罪的对象是军队的房地产,而其他两罪的对象是一般土地和国有土地。③擅自出卖、转让军队房地产罪直接指向的是不动产的所有权,而其他两罪的对象是不动产的使用权。④擅自出卖、转让军队房地产罪的主体是军职人员,而其他两罪的主体是非军职人员。

XIII　处罚

16　本条法定刑有两个格次:一个是一般情节的格次,另一个是情节特别严重的格次。一般情况下,犯擅自出卖、转让军队房地产罪的,判处3年以下有期徒刑或者拘役;犯擅自出卖、转让军队房地产罪情节特别严重的,处3年以上10年以下有期徒刑。擅自出卖、转让军队房地产罪中所谓的情节特别严重,主要是指出卖、转让军队房地产的数量巨大的,出卖、转让特别重要的房地产的,因出卖、转让军队房地产而造成特别严重后果的等。

第四百四十三条　虐待部属罪

滥用职权，虐待部属，情节恶劣，致人重伤或者造成其他严重后果的，处五年以下有期徒刑或者拘役；致人死亡的，处五年以上有期徒刑。

文献：唐培贤、杨九根：《中国人民解放军审判工作史概述》，人民法院出版社1989年版；李淳、王尚新主编：《中国刑法修订的背景与适用》，法律出版社1998年版；宣炳昭主编：《刑法各罪的法理与实用》，中国政法大学出版社2002年版；黄林异、王小鸣：《军人违反职责罪》，中国人民公安大学出版社2003年版；高铭暄、赵秉志编：《中国刑法立法文献资料精选》，法律出版社2007年版；段作瑞：《军人违反职责罪研究》，法律出版社2016年版。张建田、王兢：《如何认定虐待部属罪》，载《现代法学》1984年第2期。

细目录

Ⅰ　主旨
Ⅱ　沿革
Ⅲ　客体
Ⅳ　行为
Ⅴ　主体
Ⅵ　罪过
Ⅶ　排除犯罪的事由
Ⅷ　与非罪的界限
Ⅸ　与他罪的区别
　一、与虐待罪的区别
　二、与虐待被监护、看护人罪的区别
　三、与虐待被监管人罪的区别
Ⅹ　处罚

Ⅰ　主旨

本条规定的虐待部属罪，是指滥用职权，虐待部属，情节恶劣，致人重伤、死亡或者造成其他严重后果的行为。 1

刑法规定虐待部属罪的目的是通过处罚虐待部属的犯罪军人，维护军队中官兵一致的上下级关系，保障部属的人身权利。 2

Ⅱ 沿革

3 1955年《中国人民解放军军事刑罚暂行条例(草案)》中有与虐待部属罪类似的规定。该草案第48条规定,用虐待、侮辱或其他类似方法,致使部属或其他人员死亡者,处5年以上有期徒刑、无期徒刑或死刑;前项行为致人伤、残者,处5年以下徒刑。[1] 1981年《惩治军人违反职责罪暂行条例》中设置虐待、迫害部属罪。该条例第9条规定,滥用职权,虐待、迫害部属,情节恶劣,因而致人重伤或者造成其他严重后果的,处5年以下有期徒刑或者拘役;致人死亡的,处5年以上有期徒刑。[2] 在1988年由中国人民解放军军事法院提出的关于《惩治军人违反职责罪暂行条例》的修改意见中,第7条指出,删去条例中第9条"迫害"二字,建议修改为"滥用职权,虐待部属,情节恶劣,处五年以下有期徒刑;致人重伤、死亡及造成其他严重后果的,处五年以上十年以下有期徒刑" [3] 现行《刑法》是在上述条例第9条规定的虐待、迫害部属罪的基础上,修改形成的单一罪名。现行《刑法》对上述条例第9条的修改是指:删除原条例中的"迫害"二字,主要考虑到在司法实践中,迫害主要是指精神上的伤害,意思不够明确,因此实践中对"迫害"的认定往往很难,容易引起争议。对于实践中以虐待方式对部属进行迫害的,完全可以以虐待罪来处理。对于其他"迫害"行为,情况复杂,不宜按犯罪对待。[4] 同时,现行《刑法》保留了上述条例第9条对量刑情节及法定刑的规定。

4 根据《军人违反职责罪案件立案标准的规定》第26条的规定,虐待部属罪是指滥用职权,虐待部属,情节恶劣,致人重伤、死亡或者造成其他严重后果的行为。

Ⅲ 客体

5 虐待部属罪直接侵犯的客体是我军官兵一致的上下级关系和部属的人身权利。我军是中国共产党领导的新型人民军队,官兵之间和上下级之间的阶级利益和奋斗目标是一致的,虐待部属的犯罪行为严重破坏了我军的这种优良传统。

Ⅳ 行为

6 虐待部属罪的行为要件是"虐待",对象是"部属"。根据《军人违反职责罪案件立

1　参见唐培贤、杨九根:《中国人民解放军审判工作史概述》,人民法院出版社1989年版,第227页。

2　参见黄林异、王小鸣:《军人违反职责罪》,中国人民公安大学出版社2003年版,第197页。

3　黄林异、王小鸣:《军人违反职责罪》,中国人民公安大学出版社2003年版,第204页。

4　参见李淳、王尚新主编:《中国刑法修订的背景与适用》,法律出版社1998年版,第603页。

案标准的规定》第 26 条的规定,虐待部属,是指采取殴打、体罚、冻饿或者其他有损身心健康的手段,对部属进行折磨、摧残的行为。从行为性质来看,虐待部属是滥用职权的一种表现,即首长或上级不正当地利用其指挥、管理、领导地位,超越军队条令条例所规定的职权范围,对其部属或下级采取有损身心健康的手段对其进行折磨、摧残。

本条采取了“行为+情节+结果”的立法模式,即构成虐待部属罪,不仅要有“虐待”行为,而且要同时具备“情节恶劣”与“严重后果”。根据《军人违反职责罪案件立案标准的规定》第 26 条的规定,“情节恶劣”,是指虐待手段残酷;虐待 3 人以上;虐待部属 3 次以上;虐待伤病残部属等。关于“严重后果”,本条明文列举了“致人重伤”的具体危害结果,概括规定了“其他严重后果”——根据《军人违反职责罪案件立案标准的规定》第 26 条的规定,是指部属不堪忍受虐待而自杀、自残造成重伤或者精神失常;诱发其他案件、事故;导致部属 1 人逃离部队 3 次以上,或者 2 人以上逃离部队;造成恶劣影响,等等。不具备情节与结果中的任何一项,都不能构成虐待部属罪。《军人违反职责罪案件立案标准的规定》第 26 条规定,凡涉嫌虐待部属,情节恶劣,致人重伤、死亡或者造成其他严重后果的,应予立案。 7

V 主体

虐待部属罪的主体是被害人的首长或上级。需要说明的是,虐待部属罪法条中只规定被害人是“部属”,从严格的语义对应关系来看,与部属相对的应当是“首长”。在军队的条令中,首长与部属之间是上下级关系,但上下级关系又不一定是首长与部属的关系,因为首长与部属只是具有隶属关系的上下级关系。首长虐待部属,是不正当地利用上下级关系的行为,那么,不具有隶属关系的上下级之间,上级也完全有可能虐待下级,其危害性、行为特征及后果都一样,没有什么理由只处罚虐待了具有隶属关系之下级的上级,而不处理虐待了不具有隶属关系之下级的上级。虐待部属罪中的部属,不能完全按照军队条令中的用语理解,而应理解为下级。在完全不具有上下级关系的军职人员之间,即便有虐待行为,也不可能构成虐待部属罪。由于在军队条令中,部属与上级是两个既有联系又有区别的概念,故刑法军职罪规定应与军事术语保持一致,仅在本条中规定“部属”是有局限性的。 8

VI 罪过

虐待部属罪的罪过形式是故意,具体而言,行为人对其实施的恶劣行为具有直接故意的心理,而对其行为导致的严重后果却是间接故意。有人认为,虐待部属罪的主观方面由故意构成,但行为人对虐待所造成的后果则是过失,否则,就构成故意伤害、故意杀人的犯罪。[5] 笔者认为,虐待是对被害人肉体和精神进行折磨的行为,行为人 9

5 参见周道鸾、张军主编:《刑法罪名解释》,人民法院出版社 1998 年版,第 1094 页。

在实施这一行为时,就是要被害人受到这种折磨而难受,对于这种折磨可能导致的严重后果是有所认识的,尽管有时其认识的程度较低。行为人对被害人进行殴打、体罚、冻饿、有病不给予治疗时,不可能认识不到其行为可能会给被害人的身体甚至生命造成危害,对被害人进行侮辱、禁闭时,也不可能意识不到其行为有使被害人难以忍受走极端的可能。在行为人认识到自己的行为可能会造成严重后果时,就排除了疏忽大意的过失,同时,在认识到自己的行为可能会造成严重后果时仍然实施行为,就不可能是过于自信的过失,因为过失的行为人在主观上是想要避免危害结果,他明知危害结果可能发生却又实施行为,又没有避免危害结果发生的根据。所以,行为人对结果的心理只能是间接故意。

Ⅶ　排除犯罪的事由

10　在被害人要求下对其进行虐待,不能成为排除虐待部属罪的事由。从基本的人道主义出发,任何情况下对下属进行虐待,都是非法的。诚然,被害人的承诺或同意可以成为刑法上的阻却犯罪事由,但不是没有限制。被害人承诺或同意让他人剥夺自己生命和损害自己身体健康,承诺或同意他人通过侵犯自己而达到侵害公共利益的目的,都是不为法律所允许的。虐待部属的行为,一方面存在被害人死亡或重伤的可能性,另一方面意味着部队战斗力必然受到损害。

Ⅷ　与非罪的界限

11　虽然行为人滥用职权,虐待部属,但如果没有达到"情节恶劣,致人重伤、死亡或者造成其他严重后果"的程度,不构成犯罪。值得讨论的是"情节恶劣"与"致人重伤、死亡或者造成其他严重后果"之间的关系:二者是否必须同时具备才能构成犯罪?笔者认为,从法条的文字表述来看,"滥用职权","虐待部属","情节恶劣","致人重伤、死亡或者造成其他严重后果"诸项之间均用逗号分隔,在语义逻辑上是一种并列和递进关系,成为虐待部属罪不可或缺的构成要素。因此,文义解释的结论只能是"情节恶劣"与"致人重伤、死亡或者造成其他严重后果"同时具备才能构成虐待部属罪。然而,体系解释的方法会得出截然不同的结论。

12　我国《刑法》分则规定了多个虐待罪名,除了本条的虐待部属罪,还有第 248 条虐待被监管人罪、第 260 条虐待罪、第 260 条之一虐待被监护、被看护人罪、第 448 条虐待俘虏罪。虐待被监管人罪是指监狱、拘留所、看守所等监管机构的监管人员对被监管人进行殴打或者体罚虐待且情节严重的行为;虐待罪是指虐待家庭成员且情节恶劣的行为;虐待被监护、被看护人罪是指对未成年人、老年人、患病的人、残疾人等负有监护、看护职责的人虐待被监护、看护的人且情节恶劣的行为;虐待俘虏罪是指虐待俘虏且情节恶劣的行为。可见,情节是否严重或恶劣,决定着这些虐待行为的罪与非罪之界限。那么,这些"情节"与"后果"之间的关系如何?

根据2006年7月26日最高人民检察院《关于渎职侵权犯罪案件立案标准的规定》,虐待被监管人罪中的"情节严重"是指:①以殴打、捆绑、违法使用械具等恶劣手段虐待被监管人的;②以较长时间冻、饿、晒、烤等手段虐待被监管人,严重损害其身体健康的;③虐待造成被监管人轻伤、重伤、死亡的;④虐待被监管人,情节严重,导致被监管人自杀、自残造成重伤、死亡,或者精神失常的;⑤殴打或者体罚虐待3人次以上的;⑥指使被监管人殴打、体罚虐待其他被监管人,具有上述情形之一的;⑦其他情节严重的情形。可见,这里的"情节严重"既包括以恶劣手段虐待被监管人的情形,也包含了造成被监管人"重伤、死亡"等严重后果,相当于虐待部属罪的"情节恶劣"与"致人重伤、死亡或者造成其他严重后果",但是,构成虐待被监管人罪并不要求同时具备恶劣的情节与严重的后果,而是涉嫌上述情形之一的,应予立案。 13

《刑法》第260条第1款规定"虐待家庭成员,情节恶劣的"行为构成虐待罪,第2款规定"犯前款罪,致使被害人重伤、死亡的"要升格处罚,表明只要情节恶劣就能构成该罪,而"重伤、死亡的"危害结果是影响量刑的情节。换言之,"情节恶劣"是罪与非罪的界限所在,"致使被害人重伤、死亡的"则是罪重的体现。 14

《刑法》第260条之一规定的虐待被监护、看护人罪的认定标准只有"情节恶劣",而没有单独的严重后果。 15

《军人违反职责罪案件立案标准的规定》第31条指出,虐待俘虏,情节恶劣的行为具体是指"涉嫌下列情形之一":①指挥人员虐待俘虏的;②虐待俘虏3人以上,或者虐待俘虏3次以上的;③虐待俘虏手段特别残忍的;④虐待伤病俘虏的;⑤导致俘虏自杀、逃跑等严重后果的;⑥造成恶劣影响的;⑦有其他恶劣情节的。显然,这里的"情节"既包括特殊主体、对象数量、行为数量、行为手段、特定对象等恶劣情节,也包括行为对象自杀伤亡、逃跑、产生恶劣影响等严重后果,只要具备其中一种情况即可构成虐待俘虏罪。 16

由上可见,其他虐待罪名的认定均有"情节"要求,一方面,无论"情节"是否包含严重后果项,罪名的认定都并不要求非要发生严重后果,另一方面,在"情节"包含严重后果项的情况下,实际发生的仅仅是严重后果而没有其他恶劣情节时,足以认定罪名。换言之,并非严重后果的"恶劣情节"足以定罪,仅有严重后果而没有其他"恶劣情节"也足以定罪。因此,体系解释为本条得出的结论应当是:军职人员滥用职权虐待部属的行为,在下列三种情况下都构成犯罪:其一,情节恶劣,并且致人重伤、死亡或者造成其他严重后果的。其二,情节恶劣,但并未致人重伤、死亡或者造成其他严重后果的。其三,情节并不恶劣,但致人重伤、死亡或者造成其他严重后果的。 17

IX 与他罪的区别

一、与虐待罪的区别

虐待部属罪与虐待罪的区别:①虐待部属罪危害的是国家军事利益,而虐待罪危害的 18

是家庭关系。②虐待部属罪的对象是军队中的下级人员,而虐待罪的对象是家庭成员。③虐待部属罪既是情节犯又是结果犯,而虐待罪只是情节犯。虐待部属罪的主体是作为被害人上级的军职人员,而虐待罪的主体是与被害人同属一个家庭的成员。

二、与虐待被监护、看护人罪的区别

19 虐待部属罪与虐待被监护、看护人罪的区别:①虐待部属罪危害的是国家军事利益,而虐待被监护、看护人罪危害的是监护或看护关系。②虐待部属罪的对象是军队中的下级人员,而虐待被监护、看护人罪的对象是被监护人或被看护人。③虐待部属罪既是情节犯又是结果犯,而虐待被监护、看护人罪只是情节犯。虐待部属罪的主体是作为被害人上级的军职人员,而虐待被监护、看护人罪的主体是被害人的监护人或看护人。

三、与虐待被监管人罪的区别

20 虐待部属罪与虐待被监管人罪的区别:①虐待部属罪危害的是国家军事利益,而虐待被监管人罪危害的是监管机构的监管秩序。②虐待部属罪的对象是军队中的下级人员,而虐待被监管人罪的对象是监狱、拘留所、看守所等监管机构中的被监管人员。③虐待部属罪既是情节犯又是结果犯,而虐待被监管人罪只是情节犯。虐待部属罪的主体是作为被害人上级的军职人员,而虐待被监管人罪的主体是监狱、拘留所、看守所等监管机构的监管人员。

X 处罚

21 虐待部属罪法定刑有两个格次:一个是一般情节的格次,另一个是致人死亡的格次。一般情况下犯虐待部属罪的,判处5年以下有期徒刑或者拘役;犯虐待部属罪致人死亡的,处5年以上有期徒刑。

第四百四十四条　遗弃伤病军人罪

在战场上故意遗弃伤病军人，情节恶劣的，对直接责任人员，处五年以下有期徒刑。

文献:李淳、王尚新主编:《中国刑法修订的背景与适用》,法律出版社 1998 年版;宣炳昭主编:《刑法各罪的法理与实用》,中国政法大学出版社 2002 年版;黄林异、王小鸣:《军人违反职责罪》,中国人民公安大学出版社 2003 年版;高铭暄、赵秉志编:《中国刑法立法文献资料精选》,法律出版社 2007 年版;段作瑞:《军人违反职责罪研究》,法律出版社 2016 年版。

细目录

Ⅰ　主旨
Ⅱ　沿革
Ⅲ　客体
Ⅳ　行为
Ⅴ　主体
Ⅵ　罪过
Ⅶ　排除犯罪的事由
Ⅷ　既遂、未遂、不能犯
Ⅸ　共犯
Ⅹ　罪数
Ⅺ　与非罪的界限
Ⅻ　与他罪的区别
XIII　处罚

Ⅰ　主旨

本条规定的遗弃伤病军人罪,是指在战场上故意遗弃我方伤病军人,情节恶劣的行为。刑法规定遗弃伤病军人罪的目的是通过处罚遗弃伤病军人的犯罪军职人员,贯彻落实我军有关伤员救护的规定,保障军队的战场救护制度及作战利益。 1

Ⅱ　沿革

1955 年《中国人民解放军军事刑罚暂行条例(草案)》中没有与遗弃伤病军人罪 2

类似的规定。1981 年的《惩治军人违反职责罪暂行条例》中设置了遗弃伤员罪。该条例第 15 条规定,在战场上故意遗弃伤员,情节恶劣的,对直接责任人员,处 3 年以下有期徒刑。[1] 1988 年由中国人民解放军军事法院提出的关于《惩治军人违反职责罪暂行条例》的修改意见第 12 条指出,修改条例第 15 条为:"在战场上故意遗弃伤员,情节严重的,处三年以下有期徒刑或者拘役;情节特别严重的,处三年以上十年以下有期徒刑。"[2] 现行《刑法》是在条例第 15 条所规定的遗弃伤员罪的基础上,修改补充形成的单一罪名。现行《刑法》对条例第 15 条主要作了以下修改补充:①将原规定"伤员"修改为"伤病军人"使得犯罪对象规定得更加明确。②提高了法定刑。将原来的"三年以下有期徒刑"提高至"五年以下有期徒刑"。[3]

3 根据《军人违反职责罪案件立案标准的规定》第 27 条的规定,遗弃伤病军人罪是指在战场上故意遗弃我方伤病军人,情节恶劣的行为。

Ⅲ 客体

4 遗弃伤病军人罪侵犯的客体是战场救护制度。我军是人民军队,官兵之间应相互关心和爱护,救护伤病军人是这一要求在战场上的具体体现。任何遗弃伤病军人的行为都破坏了战场救护制度,危害了国家军事利益。

Ⅳ 行为

5 遗弃伤病军人罪的行为要件是"遗弃",行为对象是"伤病军人",行为地点是"战场上"。这里的"遗弃"与前述遗弃武器装备罪的"遗弃"有所不同。遗弃武器装备罪的"遗弃"既可以是作为也可以是不作为,遗弃伤病军人罪的"遗弃"主要是不作为,作为的情形较少。"伤病军人"是指我军因负伤、患病需要救护的人员。遗弃伤病军人罪实施的场合必须是"在战场上"。

6 根据本条规定,构成遗弃伤病军人罪,还必须"情节恶劣"。对此,《军人违反职责罪案件立案标准的规定》第 27 条予以明确:为挟嫌报复而遗弃伤病军人;遗弃伤病军人 3 人以上;导致伤病军人死亡、失踪、被俘;其他恶劣情节。因此,遗弃伤病军人罪是情节犯。

Ⅴ 主体

7 关于遗弃伤病军人罪的主体,有人认为是对救护伤员有直接责任的军人;有人认

---

1 参见黄林异、王小鸣:《军人违反职责罪》,中国人民公安大学出版社 2003 年版,第 198 页。

2 黄林异、王小鸣:《军人违反职责罪》,中国人民公安大学出版社 2003 年版,第206 页。

3 参见李淳、王尚新主编:《中国刑法修订的背景与适用》,法律出版社 1998 年版,第 604 页。

为是各级指挥人员、救护人员及其他实施遗弃行为的军人;有人认为是正在上班和临时担负救护治疗任务的军队医生、护士等医务人员。[4] 笔者认为这些观点并不矛盾,遗弃伤病军人罪的主体是负有直接责任的军职人员,主要是指挥人员和救护人员。

Ⅵ 罪过

遗弃伤病军人罪的罪过形式是故意。在战场上由于过失或不能预见或不能抗拒的原因遗弃伤病军人的,不构成犯罪。 8

Ⅶ 排除犯罪的事由

如果部队根据上级命令,从整个战役和战略全局出发,为了及时遂行重大作战任务或者为了争取时间撤离战场以保存实力,能救护而不得已放弃救护,可以成为排除遗弃伤病军人罪的事由。 9

Ⅷ 既遂、未遂、不能犯

在以不作为实施的遗弃伤病军人罪中,不可能存在未遂与既遂之分。在以作为实施的遗弃伤病军人罪中,则可存在这种区分。例如,某军人正在将多名伤病军人置于偏僻之处加以遗弃时,被其他军人发现并制止。遗弃伤病军人罪一般不存在不能犯。 10

Ⅸ 共犯

军职人员与军职人员、军职人员与非军职人员之间,都可构成遗弃伤病军人罪共犯。但非军职人员不能构成遗弃伤病军人罪的共同实行犯。 11

Ⅹ 罪数

军队中的上级人员平时虐待下属,在战场上又将处于伤病的下属遗弃,应构成虐待部属罪与遗弃伤病军人罪两罪,实行数罪并罚。军职人员在战场上既遗弃伤病军人又遗弃武器装备的,构成遗弃伤病军人罪和遗弃武器装备罪两罪,实行数罪并罚。 12

Ⅺ 与非罪的界限

在战场上故意遗弃伤病军人但情节尚不恶劣的行为不构成犯罪,应当按照军纪 13

---

4 参见宣炳昭主编:《刑法各罪的法理与实用》,中国政法大学出版社 2002 年版,第 475—476 页。

处理。如前所述,《军人违反职责罪案件立案标准的规定》第27条具体规定了哪些情形属于“情节恶劣”,在此不再赘述。此外,虽然遗弃伤病军人,但不是在战场上实施行为的不构成犯罪,亦可按军纪处理。

XII 与他罪的区别

14 遗弃伤病军人罪与遗弃武器装备罪的主要区别是:①遗弃伤病军人罪遗弃的是伤病军人,而遗弃武器装备罪遗弃的是武器装备。②遗弃伤病军人罪只能发生于战场上,而遗弃武器装备罪可发生于任何时机和场合。③遗弃伤病军人罪是情节犯,而遗弃武器装备罪是行为犯。

XIII 处罚

15 遗弃伤病军人罪法定刑只有一个格次:犯遗弃伤病军人罪的,应判处5年以下有期徒刑。

第四百四十五条　战时拒不救治伤病军人罪

战时在救护治疗职位上，有条件救治而拒不救治危重伤病军人的，处五年以下有期徒刑或者拘役；造成伤病军人重残、死亡或者有其他严重情节的，处五年以上十年以下有期徒刑。

文献:〔法〕夏尔·卢梭:《武装冲突法》,张凝、辜勤华、陈洪武等译,中国对外翻译出版公司 1987 年版;顾德欣编著:《战争法概论》,国防大学出版社 1991 年版;李淳、王尚新主编:《中国刑法修订的背景与适用》,法律出版社 1998 年版;宣炳昭主编:《刑法各罪的法理与实用》,中国政法大学出版社 2002 年版;黄林异、王小鸣:《军人违反职责罪》,中国人民公安大学出版社 2003 年版;高铭暄、赵秉志编:《中国刑法立法文献资料精选》,法律出版社 2007 年版;段作瑞:《军人违反职责罪研究》,法律出版社 2016 年版。

细目录

Ⅰ　主旨
Ⅱ　沿革
Ⅲ　客体
Ⅳ　对象
Ⅴ　行为
Ⅵ　主体
Ⅶ　罪过
Ⅷ　排除犯罪的事由
Ⅸ　既遂、未遂、不能犯
Ⅹ　共犯
Ⅺ　罪数
Ⅻ　与非罪的界限
XIII　与他罪的区别
　一、与擅离、玩忽军事职守罪的区别
　二、与遗弃伤病军人罪的区别
　三、与医疗事故罪的区别
XIV　处罚

I　主旨

1　本条规定的战时拒不救治伤病军人罪,是指军职人员战时在救护治疗职位上,有条件救治而拒不救治危重伤病军人的行为。刑法规定战时拒不救治伤病军人罪的目的是通过处罚战时拒不救治伤病军人的救护治疗职位上的军职人员,维护战时救护秩序,保障我军的战斗力。

II　沿革

2　1955 年《中国人民解放军军事刑罚暂行条例(草案)》和 1981 年《惩治军人违反职责罪暂行条例》中都没有与战时拒不救治伤病军人罪类似的规定。战时拒不救治伤病军人罪是现行《刑法》增设的单一罪名。现行《刑法》增设此罪,主要是考虑到:战时,在医疗救治职务上,有条件救治危重伤病军人而拒不救治,不仅违背了医务人员救死扶伤的神圣职责,而且会影响部队士气,削弱部队的战斗力。为了增强军队医务人员的责任感和救死扶伤的使命感,提高部队战斗力,保障战斗的胜利,特增设本条规定。[1]

3　根据《军人违反职责罪案件立案标准的规定》第 28 条的规定,战时拒不救治伤病军人罪是指战时在救护治疗职位上,有条件救治而拒不救治危重伤病军人的行为。

III　客体

4　战时拒不救治伤病军人罪侵犯的客体是战时救护秩序。救治伤病员是医务工作者的神圣使命,任何战时拒不救治伤病军人,违背医务人员职责的行为都破坏了战时救护秩序,削弱了我军的战斗力,给作战带来了严重危害。

IV　对象

5　关于本罪的对象,有一个问题值得讨论:危重伤病军人是否仅指我军军人?是否包括敌军军人和友军军人?根据改善战争与武装冲突中伤病军人待遇的《日内瓦第一公约》《日内瓦第二公约》《日内瓦第三公约》《日内瓦第四公约》及其两个附加议定书,对战争和武装冲突中的一切伤病者,交战或冲突各方都有收容和治疗的义务,而不论其属于哪个国家;对于任何已经没有敌对行动的伤病人员包括俘虏,在一切情况下均应给予人道待遇和照顾。我国加入了这些公约并承担其规定的国际义务,我国刑法也必须加以体现。因此,拒不救治任何危重伤病军人的行为都应受到惩处。具体分析我国刑法军职罪有关罪名和条文,对于拒不救治我军危重伤病军人的行为适

1　参见李淳、王尚新主编:《中国刑法修订的背景与适用》,法律出版社 1998 年版,第 605 页。

用战时拒不救治伤病军人罪没有问题，而对于拒不救治敌方的危重伤病军人可适用虐待俘虏罪，因为敌方的危重伤病军人要成为我军救治的对象，只能是在成为我军的俘虏之后，对危重伤病的俘虏不予救治，应属于虐待俘虏的行为。既然拒不救治我军与敌军的危重伤病军人都会受到我国刑法的制裁，那就没有理由认为拒不救治友军危重伤病军人被排除在我国刑法之外。刑法没有设专门条款明确针对友军人员，但战时拒不救治伤病军人罪中的危重伤病军人并没有限制为我军军人，故可从国际战争法公约的要求出发，将其理解为也包括友军人员。

V 行为

战时拒不救治伤病军人罪的行为要件是“拒不救治”，行为对象是“危重伤病军人”。“危重伤病军人”是指伤情或病情危险、紧急、严重的军人，如不对其及时救治，将会危及生命安全。“救治”，是指抢救、治疗，以控制、缓解伤情或病情，尽可能挽救伤病军人的生命或避免造成终生严重残疾。“拒不救治”行为的形式显然是不作为，即应当救治并有条件救治而不救治。应当救治的特定义务来源可以是军人的职责要求（如军队医护人员）、岗位要求（如兼任连队卫生员的战士）、上级命令（如被安排抢救伤员的军人）等。根据《军人违反职责罪案件立案标准的规定》第 28 条的规定，有条件救治而拒不救治，是指根据伤病军人的伤情或者病情，结合救护人员的技术水平、医疗单位的医疗条件及当时的客观环境等因素，能够给予救治而拒绝抢救、治疗。也就是说，救治条件包括行为人自身的主观技术条件和当时的客观医疗条件，前者主要指行为人的医术和经验，后者则指医疗器具和药品。行为人尽了最大努力救治，但伤病军人终因伤病过重而亡或致残，行为人因客观条件所限而无法对危重伤病军人进行救治，救治危重伤病军人的客观条件具备，行为人也尽了最大努力救治，但由于行为人医术所限而未能挽救危重伤病军人的生命或致其重残等，均不构成犯罪。 6

本罪为战时犯罪，多发生于战场但不局限于战场。如果军队医务人员在平时救治危重伤病军人时，因严重不负责任的过失而导致严重后果，不构成战时拒不救治伤病军人罪，可按《刑法》第 335 条规定的医疗事故罪认定处理；未导致严重后果的，不构成犯罪，可按军纪处理。 7

本罪为行为犯。《军人违反职责罪案件立案标准的规定》第 28 条要求，凡战时涉嫌拒不救治伤病军人的，应予立案。 8

VI 主体

战时拒不救治伤病军人罪的主体是在救护治疗职位上的军职人员。需要注意的是，“救护”这个概念可以有两种含义：第一，与治疗无关，仅指将伤病军人从敌人的火力下或危险地带救出，从而起到保护伤病军人，以便治疗人员对其治疗的行为。第 9

二,与治疗有关,即进行医疗抢救和护理。军队的救护人员常常是一身兼二任的,但也要看到,在许多情况下,承担火线救人义务的人员常常并不懂得医术,而医术高明者往往并不被指派上阵救人。那么,战时拒不救治伤病军人罪的主体是否只能是第一种人员而不能是第二种人员呢? 回答是肯定的。战时拒不救治伤病军人罪的主体是具有救护治疗特定职位的军职人员,而救护治疗作为一个特定职位并以此限定战时拒不救治伤病军人罪主体,必须有其独特的含义,这就是医疗。承担火线救人义务而拒不履行该种义务,完全符合遗弃伤病军人罪,并不需要为此再设一个罪名,这说明战时拒不救治伤病军人罪是专门为承担医疗义务的军队医护人员拒不履行义务所设立的,该罪是遗弃伤病军人罪所不能替代的。一名仅仅承担火线救人义务的军职人员只要把危重伤病军人从火线上救下,他就不可能构成犯罪,而一名既承担火线救人义务又承担医疗义务的军职人员,如果把危重伤病军人从火线上救下,却不采取医疗措施进行抢救和治疗,则仍然有可能构成犯罪。因此,战时拒不救治伤病军人罪的主体应当是军队的医护人员,包括专职的和临时指派的医护人员。

Ⅶ　罪过

10　战时拒不救治伤病军人罪的罪过形式是故意。战时因过失而未能救治危重伤病军人,不构成战时拒不救治伤病军人罪,导致严重后果的,可认定为玩忽军事职守罪。

Ⅷ　排除犯罪的事由

11　在危重伤病军人为多人时,行为人因忙于救治其中一人而来不及救治其他危重伤病军人,不构成犯罪。此种情况属于义务冲突的阻却事由。但需要注意的是,在多人需要救治但无法同时进行时,对哪些人先进行救治应当有一个选择原则,以确保军事需要和公平。这个问题较为复杂,有待研究。

Ⅸ　既遂、未遂、不能犯

12　战时拒不救治伤病军人罪的行为形式是不作为,故不存在既遂与未遂之分。行为人把军人并不危重的伤病误认为危重,或把没有伤病的军人误认为有危重伤病,而不予以救治,可以构成不能犯,但该种不能犯一般不应被作为犯罪,故也不属于未遂。

Ⅹ　共犯

13　军队的医务人员之间可以构成战时拒不救治伤病军人罪的共同实行犯,而军队的非医务人员、非军队人员不能成为战时拒不救治伤病军人罪共犯的实行犯。

Ⅺ　罪数

14　战时正在值班的军队医务人员拒不救治危重伤病军人,同时触犯战时拒不救治伤病军人罪与擅离军事职守罪,形成法规竞合,应按战时拒不救治伤病军人罪处理。战时军队指挥人员指使医务人员不救治危重伤病部属,同时触犯战时拒不救治伤病军人罪与指使部属违反职责罪、虐待部属罪,形成法规竞合,可按从一重罪处理。

XII 与非罪的界限

15 如前所述,《军人违反职责罪立案标准的规定》第28条规定,凡战时涉嫌拒不救治伤病军人的,应予立案。但笔者认为,这并不意味着战时只要实施了拒不救治伤病军人的行为就一律构成犯罪。这是因为我国《刑法》总则第13条中"但书"的规定"情节显著轻微危害不大的,不认为是犯罪"。现实发生的战时拒不救治伤病军人的行为,也会有危害程度的不同,对"情节显著轻微危害不大的"情形,应当将其排除在犯罪之外。例如,战时拒不救治伤病较轻的军人,之后也没有造成严重后果,不宜作为犯罪追究。当然,本罪限于战时,军队医务人员在平时拒不救治危重伤病军人的,如果由于其他医务人员的救治而未发生严重结果,可不构成犯罪,按军纪处理;如果发生严重后果,则可根据有关事实情况分析认定擅离军事职守罪、故意杀人罪、故意伤害罪等罪名。

XIII 与他罪的区别

一、与擅离、玩忽军事职守罪的区别

16 本罪与擅离、玩忽军事职守罪的主要区别是:①战时拒不救治伤病军人罪的主体是军队在救护治疗岗位上的医务人员,而擅离、玩忽军事职守罪的主体是指挥人员和值班、值勤人员,两罪主体存在交叉关系。②战时拒不救治伤病军人罪是对危重伤病军人这一特定对象拒不救治的行为,而擅离、玩忽军事职守罪的行为及对象是多种多样的。③战时拒不救治伤病军人罪只能在战时实施,而擅离、玩忽军事职守罪的行为可以在任何时机发生。④战时拒不救治伤病军人罪是行为犯,而擅离、玩忽军事职守罪是结果犯。战时拒不救治伤病军人罪只能是故意所为,而擅离、玩忽军事职守罪的主观方面既可以是故意也可以是过失。

二、与遗弃伤病军人罪的区别

17 本罪与遗弃伤病军人罪的主要区别是:①战时拒不救治伤病军人罪的主体是军队在救护治疗岗位上的医务人员,而遗弃伤病军人罪的主体主要是指挥人员和救护人员。②战时拒不救治伤病军人罪的行为是拒不救治,而遗弃伤病军人罪的行为是遗弃,拒不救治可能伴有遗弃,但不遗弃仍然可以拒不救治。③战时拒不救治伤病军人罪的对象是危重伤病军人,而遗弃伤病军人罪的对象是伤病军人,不限于危重。④战时拒不救治伤病军人罪是战时罪,而遗弃伤病军人罪则必须在战场上发生,战时

比战场的范围更宽。

三、与医疗事故罪的区别

18　本罪与医疗事故罪的主要区别是:①战时拒不救治伤病军人罪危害的是国家军事利益,而医疗事故罪危害的是公共卫生。②战时拒不救治伤病军人罪的主体是军队的医务人员,而医疗事故罪的主体则没有这种限制。③战时拒不救治伤病军人罪的行为是拒不救治,而医疗事故罪的行为是在救治中发生的。④战时拒不救治伤病军人罪只能在战时实施,而医疗事故罪没有这种限制。⑤战时拒不救治伤病军人罪的主观方面是故意,而医疗事故罪的主观方面是过失。

XIV　处罚

19　本条法定刑有两个格次:一个是一般情节的格次,另一个是造成伤病军人重残、死亡或者有其他严重情节的格次。一般情况下,犯战时拒不救治伤病军人罪的,判处5年以下有期徒刑或者拘役;犯战时拒不救治伤病军人罪造成伤病军人重残、死亡的,或者有其他严重情节的,处5年以上10年以下有期徒刑。所谓造成伤病军人重残、死亡的,或者有其他特别严重情节的,主要是指挟嫌报复拒不救治的,拒不救治重要伤病军人的,煽动其他医务人员共同拒不救治的,引起官兵强烈义愤造成严重事件的等。

第四百四十六条　战时残害居民、掠夺居民财物罪

战时在军事行动地区，残害无辜居民或者掠夺无辜居民财物的，处五年以下有期徒刑；情节严重的，处五年以上十年以下有期徒刑；情节特别严重的，处十年以上有期徒刑、无期徒刑或者死刑。

文献:唐培贤、杨九根:《中国人民解放军审判工作史概述》,人民法院出版社1989年版;顾德欣编著:《战争法概论》,国防大学出版社1991年版;宣炳昭主编:《刑法各罪的法理与实用》,中国政法大学出版社2002年版;黄林异、王小鸣:《军人违反职责罪》,中国人民公安大学出版社2003年版;高铭暄、赵秉志编:《中国刑法立法文献资料精选》,法律出版社2007年版;段作瑞:《军人违反职责罪研究》,法律出版社2016年版。吴洪波:《新刑法对军人违反职责罪的修订》,载《河北法学》1999年第4期。

细目录

Ⅰ　主旨
Ⅱ　沿革
Ⅲ　客体
Ⅳ　对象
Ⅴ　行为
Ⅵ　主体
Ⅶ　罪过
Ⅷ　排除犯罪的事由
Ⅸ　既遂、未遂、不能犯
Ⅹ　共犯
Ⅺ　罪数
Ⅻ　与非罪的界限
ⅩⅢ　与他罪的区别
　一、与故意伤害罪、故意杀人罪、虐待罪、侮辱罪、强奸罪、非法拘禁罪等犯罪的区别
　二、与抢劫罪、抢夺罪、故意毁坏财物罪、放火罪等犯罪的区别
ⅩⅣ　处罚

I 主旨

1 战时残害居民、掠夺居民财物罪,是指战时在军事行动地区残害无辜居民,或者战时在军事行动地区抢劫、抢夺无辜居民财物的行为。

2 刑法规定战时残害居民、掠夺居民财物罪的目的是通过处罚战时残害居民、掠夺居民财物的军人,强化我军的群众纪律,保障群众工作秩序,促使指战员尊重战区群众的切身利益,取信于战区的居民,使我军始终成为正义之师和仁义之师,落实《日内瓦公约》关于战时保护平民的规定,履行我军应尽的国际义务。

II 沿革

3 1955年《中国人民解放军军事刑罚暂行条例(草案)》中有与战时残害居民、掠夺居民财物罪类似的规定。该草案第45条规定,殴打居民或公职人员者,处2年以下有期徒刑,因殴打致人伤、残或死亡者,处2年以上有期徒刑、无期徒刑或死刑。第75条规定,违法毁灭居民房屋财产或以军需为借口而没收居民财产、物资者,处5年以下有期徒刑。[1] 1981年《惩治军人违反职责罪暂行条例》中设置了掠夺战区无辜居民罪和残害战区无辜居民罪。该条例第20条规定,在军事行动地区,掠夺、残害无辜居民的,处7年以下有期徒刑;情节严重的,处7年以上有期徒刑;情节特别严重的,处无期徒刑或者死刑。[2] 现行《刑法》是在该条例第20条规定的掠夺战区无辜居民罪和残害战区无辜居民罪的基础上,修改、合并形成的选择性罪名。现行《刑法》对该条例第20条的修改,主要是:①对原规定的犯罪增加了“战时”的条件限制。②将原条例规定的“掠夺、残害无辜居民的”的罪状修改为“残害无辜居民或者掠夺无辜居民财物的”。③在对犯罪分子的惩罚上调整了刑期。将原规定“七年以下有期徒刑”改为“五年以下有期徒刑”;“七年以上有期徒刑”改为“五年以上十年以下有期徒刑”;“无期徒刑或者死刑”改为“十年以上有期徒刑、无期徒刑或者死刑”。[3]

4 根据《军人违反职责罪案件立案标准的规定》第29条的规定,战时残害居民罪是指战时在军事行动地区残害无辜居民的行为;战时掠夺居民财物罪是指战时在军事行动地区抢劫、抢夺无辜居民财物的行为。

---

1 参见唐培贤、杨九根:《中国人民解放军审判工作史概述》,人民法院出版社1989年版,第227、233页。

2 参见黄林异、王小鸣:《军人违反职责罪》,中国人民公安大学出版社2003年版,第198页。

3 参见吴洪波:《新刑法对军人违反职责罪的修订》,载《河北法学》1999年第4期。

Ⅲ 客体

战时残害居民、掠夺居民财物罪侵犯的客体是我军的声誉和军队的作战利益。我军是一支文明之师，在战场上严格遵守群众纪律，任何时候都保护群众的正当利益，是我军的优良传统。战时残害无辜居民，掠夺无辜居民财物的行为，严重违反了群众纪律和《日内瓦公约》中规定的义务，严重败坏我军的声誉，从而在根本上危害了我军的作战利益。 5

Ⅳ 对象

所谓无辜居民，即国际战争法上的和平居民，简称“平民”，是指军队之外的非作战人员。“非作战人员”是与“作战人员”相对的概念。国际战争法上的作战人员包括合法的和不合法的交战者，主要有武装部队、非正规军、起义居民、游击队、侦察兵和间谍、军使、雇佣兵和逃兵等，除此之外的人员即为非作战人员。[4] 根据《军人违反职责罪案件立案标准的规定》第 29 条的规定，无辜居民，是指对我军无敌对行动的平民。 6

Ⅴ 行为

战时残害居民、掠夺居民财物罪的行为要件是“残害”和“掠夺”，“残害”行为的对象是“无辜居民”，“掠夺”行为的对象是“无辜居民财物”，行为时机是“战时”，行为地点是“军事行动地区”。 7

战时残害居民、掠夺居民财物罪的行为必须是战时在军事行动地区实施，即战时残害居民、掠夺居民财物罪的构成既要满足战时的时间要件，也要满足军事行动地区的地点要件，缺一不可。军事行动地区主要是指敌我双方交战地区、部队遂行作战任务所经之处、实行军事占领之地等。军事行动地区既可以是在国内、境内，也可以是在国外、境外。在国家与国家之间发生的战争或武装冲突中，交战双方对本国的居民通常是采取保护态度的，故残害或掠夺行为更容易针对敌方的无辜居民，包括敌方国境内的无辜居民和本国国境内的无辜侨民，但也不排除针对本国或中立国、非敌对的第三国的无辜居民实施行为。 8

残害与掠夺是战时残害居民、掠夺居民财物罪的两种不同行为表现。残害，是指对无辜居民进行殴打、体罚、虐待、监禁、奸淫、侮辱、伤害、杀戮的行为。掠夺，是指对无辜居民的财产随意地、公然地和强制地毁损、占有、使用、收益和处分，主要表现为抢劫、抢夺、损坏、毁灭等行为。残害与掠夺之间是选择关系，实施其中一种行为，便满足战时残害居民、掠夺居民财物罪的客观行为要件。正是这种选择关系使得战时 9

4 参见顾德欣编著：《战争法概论》，国防大学出版社 1991 年版，第 116—128 页。

残害居民、掠夺居民财物罪成为选择性罪名。如果两种行为均实施,司法中往往会认定为战时残害居民罪和战时掠夺居民财物罪,但这只是与选择性罪名相适应的选择性表述,并不构成数罪。

10 本条有“情节严重”的规定,但它是对应加重刑罚格次的量刑情节,而非定罪情节,故在这个意义上,战时残害居民、掠夺居民财物罪应为行为犯。然而,根据《军人违反职责罪案件立案标准的规定》第 29 条的规定,战时残害居民、掠夺居民财物罪又是情节犯。具体而言,残害无辜居民的行为要成立犯罪,还必须具备的定罪情节是:故意造成无辜居民死亡、重伤或者轻伤 3 人以上;强奸无辜居民;故意损毁无辜居民财物价值 5000 元以上,或者不满规定数额,但手段恶劣、后果严重的。战时掠夺居民财物的行为要成立犯罪,还必须具备的定罪情节是:抢劫无辜居民财物;抢夺无辜居民财物价值 2000 元以上,或者不满规定数额,但手段恶劣、后果严重的。由此可见,《军人违反职责罪案件立案标准的规定》第 29 条将战时残害居民、掠夺居民财物罪表述为战时残害居民罪与战时掠夺居民财物罪,是为了分别说明两种情况下所要求的不同情节。

Ⅵ 主体

11 关于战时残害居民、掠夺居民财物罪的主体,有人认为是参加作战的军职人员;有人认为是军事行动区的现役军人。[5] 笔者认为这些观点并不矛盾,战时残害居民、掠夺居民财物罪的主体可以是任何军职人员。

Ⅶ 罪过

12 战时残害居民、掠夺居民财物罪的罪过形式是故意。过失致无辜居民伤亡或财产损失的,不构成战时残害居民、掠夺居民财物罪。

Ⅷ 排除犯罪的事由

13 根据公认的战争法原则,保护平民具有绝对性,故任何理由均不得成为排除战时残害居民、掠夺居民财物罪的事由。

Ⅸ 既遂、未遂、不能犯

14 由于战时残害居民、掠夺居民财物罪行为的多样性,对既遂、未遂与不能犯的问题要根据具体的行为特征具体把握,不能一概而论。对此,可参照刑法中的相关罪名加以理解。

---

5 参见宣炳昭主编:《刑法各罪的法理与实用》,中国政法大学出版社 2002 年版,第 478 页。

X 共犯

由于战时残害居民、掠夺居民财物罪行为的多样性,故军职人员之间以及军职人员与其他人员之间都可以构成战时残害居民、掠夺居民财物罪的共犯。 15

XI 罪数

由于战时残害居民、掠夺居民财物罪行为的选择性,即便行为人实施了可选择的若干种行为,也不构成数罪而只构成战时残害居民、掠夺居民财物罪一罪。 16

由于战时残害居民、掠夺居民财物罪行为的选择性涉及许多其他罪名,故战时残害居民、掠夺居民财物罪与这些罪名之间会形成法规竞合,在此情况下,应按特别法优于普通法的原则以战时残害居民、掠夺居民财物罪认定处理,因为战时残害居民、掠夺居民财物罪相对于其他罪名,属于特别法。 17

XII 与非罪的界限

如前所述,本条规定的“情节严重”是加重刑罚格次的量刑情节,并不影响定罪,但这并不意味着只要战时实施残害居民、掠夺居民财物的行为就一定构成犯罪。这是因为我国《刑法》总则第13条中“但书”的规定“情节显著轻微危害不大的,不认为是犯罪”。现实发生的战时残害居民、掠夺居民财物的行为,也会有危害程度的不同,对“情节显著轻微危害不大的”情形,必须将其排除在犯罪之外。《军人违反职责罪立案标准的规定》第29条便起到了这种作用——设置一个构成本条犯罪的情节底线,从而对于该底线之下的战时残害居民、掠夺居民财物但是情节显著轻微危害不大的行为,不认为是犯罪。 18

XIII 与他罪的区别

一、与故意伤害罪、故意杀人罪、虐待罪、侮辱罪、强奸罪、非法拘禁罪等犯罪的区别

本罪与故意伤害罪、故意杀人罪、虐待罪、侮辱罪、强奸罪、非法拘禁罪等犯罪的主要区别是:①战时残害居民、掠夺居民财物罪危害的是国家军事利益与无辜居民的人身权利,而其他罪危害的是公民的人身权利。②战时残害居民、掠夺居民财物罪的行为表现包括了每一种其他罪的行为,属于选择性的罪行,而其他每一种罪的行为都是特定的,不能互换或通用。③战时残害居民、掠夺居民财物罪只能在战时的军事行动地区实施,而其他罪行的实施没有这种限制。④战时残害居民、掠夺居民财物罪的主体是军职人员,而其他犯罪的主体是一般主体。 19

二、与抢劫罪、抢夺罪、故意毁坏财物罪、放火罪等犯罪的区别

20 本罪与抢劫罪、抢夺罪、故意毁坏财物罪、放火罪等犯罪的主要区别是:①战时残害居民、掠夺居民财物罪危害的是国家军事利益与无辜居民的财产权利,而其他罪危害的是公民的财产权利和人身权利。②战时残害居民、掠夺居民财物罪的行为表现包括了每一种其他罪的行为,属于选择性罪行,而其他每一种罪的行为都是特定的,不能互换或通用。③战时残害居民、掠夺居民财物罪只能在战时的军事行动地区实施,而其他罪行的实施没有这种限制。④战时残害居民、掠夺居民财物罪的主体是军职人员,而其他犯罪的主体是一般主体。

XIV　处罚

21 本条法定刑有三个格次:一个是一般情节的格次,另一个是情节严重的格次,再一个是情节特别严重的格次。一般情况下,犯战时残害居民、掠夺居民财物罪的,判处5年以下有期徒刑;情节严重的,判处5年以上10年以下有期徒刑;犯战时残害居民、掠夺居民财物罪情节特别严重的,处10年以上有期徒刑、无期徒刑或者死刑。战时残害居民、掠夺居民财物罪中所谓情节特别严重,主要是指残害大批无辜居民的,残害无辜居民手段特别恶劣的,掠夺无辜居民财物数额特别巨大的,严重影响我军重要军事行动,造成其他特别严重后果的等。

第四百四十七条　私放俘虏罪

私放俘虏的，处五年以下有期徒刑；私放重要俘虏、私放俘虏多人或者有其他严重情节的，处五年以上有期徒刑。

文献:唐培贤、杨九根:《中国人民解放军审判工作史概述》,人民法院出版社1989年版;李淳、王尚新主编:《中国刑法修订的背景与适用》,法律出版社1998年版;宣炳昭主编:《刑法各罪的法理与实用》,中国政法大学出版社2002年版;黄林异、王小鸣:《军人违反职责罪》,中国人民公安大学出版社2003年版;高铭暄、赵秉志编:《中国刑法立法文献资料精选》,法律出版社2007年版;段作瑞:《军人违反职责罪研究》,法律出版社2016年版。

细目录

Ⅰ　主旨
Ⅱ　沿革
Ⅲ　客体
Ⅳ　行为
Ⅴ　主体
Ⅵ　罪过
Ⅶ　排除犯罪的事由
Ⅷ　既遂、未遂、不能犯
Ⅸ　共犯
Ⅹ　罪数
Ⅺ　与非罪的界限
Ⅻ　与他罪的区别
XIII　处罚

Ⅰ　主旨

本条规定的私放俘虏罪,是指军职人员私放俘虏的行为。刑法规定私放俘虏罪的目的是通过处罚私放俘虏的军职人员,贯彻落实我军在有关对待俘虏方面制定的严格的管理政策,保障我军的俘虏管理秩序。 1

Ⅱ 沿革

2 1955年《中国人民解放军军事刑罚暂行条例(草案)》和1981年《惩治军人违反职责罪暂行条例》中都没有类似的规定。私放俘虏罪是现行《刑法》增设的单一罪名。现行《刑法》增设此罪,主要是考虑到私放俘虏的行为严重违反了军队的纪律,不利于我军消灭敌人的有生力量和获取敌方情报,还有可能暴露我军情况,危害我军的作战行动和军事利益,因而这种行为一经实施,就要追究行为人的法律责任。所以对这种严重违反战场纪律的军职人员必须予以严惩,故在这次修订《刑法》时,特增设本条规定。[1]

3 根据《军人违反职责罪案件立案标准的规定》第30条的规定,私放俘虏罪是指擅自将俘虏放走的行为。

Ⅲ 客体

4 私放俘虏罪侵犯的客体是俘虏管理秩序。俘虏敌军人员是我军消灭敌人有生力量的直接成果之一,私放俘虏的行为,违反了俘虏管理制度的要求,破坏俘虏管理的正常秩序,使我军失去作战成果,甚至会增强敌人的实力,对我军作战造成严重的危害。

Ⅳ 行为

5 私放俘虏罪的行为要件是"私放",行为对象是"俘虏"。私放,是指未经批准擅自释放。俘虏,是在战争或武装冲突中被我方俘获的敌方军职人员。私放俘虏的行为,既可以是作为也可以是不作为,既可以是公开进行也可以暗中进行,既可以在前方实施也可以在后方实施,既可以在战时实施也可以在战后实施。

6 私放俘虏罪是行为犯,只要实施了私放俘虏的行为即构成私放俘虏罪。根据《军人违反职责罪案件立案标准的规定》第30条的规定,凡涉嫌私放俘虏的,应予立案。

Ⅴ 主体

7 关于私放俘虏罪的主体,有人认为是所有军人;有人认为是负有管理俘虏职责或者其他有关的军职人员。[2] 笔者认为这些观点并不矛盾,私放俘虏罪的主体是军职人员,尤其是负有看押、管理俘虏的具体职责的军职人员。

---

1 参见李淳、王尚新主编:《中国刑法修订的背景与适用》,法律出版社1998年版,第607页。

2 参见宣炳昭主编:《刑法各罪的法理与实用》,中国政法大学出版社2002年版,第478页。

Ⅵ 罪过

私放俘虏罪的罪过形式是故意。如果行为人因为过失而导致其看押、管理的俘虏逃跑,不构成私放俘虏罪,造成严重后果的,可按玩忽军事职守罪认定处理;未造成严重后果的,可按军纪处理。 8

Ⅶ 排除犯罪的事由

如果经过批准,执行命令而释放俘虏的,不构成犯罪。由于作战的紧急需要,不便携俘虏进行军事行动,而一时又无法将其后送,不得已将其释放,不构成犯罪。这应属于义务冲突的阻却事由。 9

Ⅷ 既遂、未遂、不能犯

私放俘虏罪以俘虏脱离监管为既遂,在脱离监管过程中被制止为未遂。如果俘虏脱离监管后又被抓获的,应为私放俘虏罪既遂。私放俘虏罪可存在手段不能犯,如给错了俘虏开门逃跑的钥匙。 10

Ⅸ 共犯

私放俘虏罪可以构成共犯。但是,被私放的俘虏不能与私放俘虏的军职人员构成私放俘虏罪的共犯。 11

Ⅹ 罪数

行为人以擅离职守的方式私放俘虏,应认定为私放俘虏罪,而不构成私放俘虏罪与擅离军事职守罪之间的数罪。同样,指挥人员指使部属私放俘虏的,也认定为私放俘虏罪,而不构成指使部属违反职责罪与私放俘虏罪数罪。以假传军令的方法私放俘虏,可构成私放俘虏罪与假传军令罪的牵连犯,可按牵连犯原则从一重罪认定处理。 12

Ⅺ 与非罪的界限

根据《军人违反职责罪案件立案标准的规定》第30条规定的立案标准,凡私放俘虏的,原则上即构成犯罪。如果因为不能预见或不能抗拒的事由而导致俘虏逃跑的,不构成犯罪,包括行为人因伤病无法继续正常履行看管俘虏的职责而又无法及时与上级和他人联系或者联系不上或者来不及报告等,大批俘虏暴动而因力量不足控制不住,自然灾害给监管俘虏工作带来极大困难而使俘虏失控,等等。 13

XII　与他罪的区别

14　私放俘虏罪与私放在押人员罪在行为上类似,但二者有诸多区别:①私放俘虏罪危害的是国家军事利益,而私放在押人员罪危害的是国家司法职能。②私放俘虏罪私放的是俘虏,而私放在押人员罪私放的是在押的犯罪嫌疑人、被告人或者罪犯。③私放俘虏罪的主体是军职人员,而私放在押人员罪的主体是司法工作人员,包括非军职的司法工作人员和军队的司法工作人员。

XIII　处罚

15　本条法定刑有两个格次:一个是一般情节的格次,另一个是私放重要俘虏、私放俘虏多人或者有其他严重情节的格次。一般情况下,犯私放俘虏罪的,判处 5 年以下有期徒刑。私放重要俘虏、私放俘虏多人,或者有其他严重情节的,处 5 年以上有期徒刑。私放俘虏罪中的私放重要俘虏的,主要是指俘虏中的中、高级军官,掌握重要秘密的人员,或者专门为了解敌情而抓捕的俘虏等。

第四百四十八条　虐待俘虏罪

虐待俘虏，情节恶劣的，处三年以下有期徒刑。

文献:唐培贤、杨九根:《中国人民解放军审判工作史概述》,人民法院出版社 1989 年版;李淳、王尚新主编:《中国刑法修订的背景与适用》,法律出版社 1998 年版;宣炳昭主编:《刑法各罪的法理与实用》,中国政法大学出版社 2002 年版;黄林异、王小鸣:《军人违反职责罪》,中国人民公安大学出版社 2003 年版;高铭暄、赵秉志编:《中国刑法立法文献资料精选》,法律出版社 2007 年版;段作瑞:《军人违反职责罪研究》,法律出版社 2016 年版。

细目录

Ⅰ　主旨
Ⅱ　沿革
Ⅲ　客体
Ⅳ　行为
Ⅴ　主体
Ⅵ　罪过
Ⅶ　排除犯罪的事由
Ⅷ　既遂、未遂、不能犯
Ⅸ　共犯
Ⅹ　罪数
Ⅺ　与非罪的界限
Ⅻ　与他罪的区别
　一、与私放俘虏罪的区别
　二、与虐待部属罪的区别
XIII　处罚

Ⅰ　主旨

本条规定的虐待俘虏罪,是指军职人员虐待俘虏的行为。刑法规定虐待俘虏罪的目的是通过处罚虐待俘虏的军职人员,保障俘虏的人身权利,落实我军的俘虏政策和《日内瓦公约》等战争法规范,使我军保持正义之师、仁义之师的本质和良好形象。 1

Ⅱ　沿革

2　1955 年《中国人民解放军军事刑罚暂行条例(草案)》中有与虐待俘虏罪类似的规定。该草案第 78 条规定,虐待和伤害俘虏者,处 3 年以下徒刑。[1] 1981 年《惩治军人违反职责罪暂行条例》中设置了虐待俘虏罪。该条例第 21 条规定,虐待俘虏,情节恶劣的,处 3 年以下有期徒刑。[2] 在 1988 年由中国人民解放军军事法院提出的关于《惩治军人违反职责罪暂行条例》的修改意见中,第 14 条指出,条例第 21 条增加"拘役"的处罚规定。[3] 现行《刑法》是将条例第 21 条所规定的虐待俘虏罪直接吸收为《刑法》的具体规定。宽大俘虏,给予必要的人道主义待遇,是我军一贯坚持的政策。虐待俘虏的行为,违背了人道主义和国际公约,败坏我军的声誉,不利于瓦解敌人的工作,应当坚决予以惩处。

3　根据《军人违反职责罪案件立案标准的规定》第 31 条的规定,虐待俘虏罪是指虐待俘虏,情节恶劣的行为。

Ⅲ　客体

4　虐待俘虏罪侵犯的客体是俘虏管理秩序。我军对放下武器的敌军官兵,实行宽待政策,给予人道待遇,这是我军瓦解敌军的政治工作原则的要求和具体体现。虐待俘虏的行为违反了上述要求,直接妨害了我军的俘虏管理秩序,削弱了我军俘虏政策的威力,损害了我军名誉,从根本上危害了国家军事利益。

Ⅳ　行为

5　虐待俘虏罪的行为要件是"虐待",行为对象是"俘虏",两个概念的含义均已经在前面所述的有关罪名中解释,不再赘述。

6　虐待俘虏罪是情节犯,即虐待俘虏的行为必须"情节恶劣",才构成虐待俘虏罪。根据《军人违反职责罪案件立案标准的规定》第 31 条的规定,"情节恶劣"主要是指:指挥人员虐待俘虏;虐待俘虏 3 人以上,或者虐待俘虏 3 次以上;虐待俘虏手段特别残忍;虐待伤病俘虏;导致俘虏自杀、逃跑等严重后果;造成恶劣影响;其他恶劣情节。直接杀害俘虏,应以故意杀人罪论处,不构成虐待俘虏罪。

1　参见唐培贤、杨九根:《中国人民解放军审判工作史概述》,人民法院出版社 1989 年版,第 234 页。

2　参见黄林异、王小鸣:《军人违反职责罪》,中国人民公安大学出版社 2003 年版,第 198 页。

3　参见黄林异、王小鸣:《军人违反职责罪》,中国人民公安大学出版社 2003 年版,第 206 页。

V　主体

关于虐待俘虏罪的主体，有人认为是所有军职人员；有人认为是管理俘虏的或者其他有关的军职人员；有人认为是解放军和武装警察部队及预备役部队、民兵组织中管理、看押俘虏的人员。[4] 笔者认为，这些观点并不矛盾，虐待俘虏罪的主体可以是任何军职人员，尤其是负有看押、管理俘虏的具体职责的军职人员。 7

Ⅵ　罪过

虐待俘虏罪的罪过形式是故意。过失伤害俘虏，不构成虐待俘虏罪，可根据后果严重程度，考虑过失伤害罪、过失致人死亡罪等。 8

Ⅶ　排除犯罪的事由

捕获俘虏时施以必要的暴力制服手段，不构成虐待俘虏罪。行为人在被监管的俘虏暴力侵袭时实施的必要防卫行为和制服手段，属于正当防卫或履行职责的正当事由，可排除虐待俘虏罪。 9

Ⅷ　既遂、未遂、不能犯

虐待俘虏罪可以是持续犯、连续犯、状态犯，在这些情况下都不存在既遂与未遂之分，也很难存在不能犯。 10

Ⅸ　共犯

军职人员和军职人员、军职人员和非军职人员之间，都可构成虐待俘虏罪的共犯。但是非军职人员不能成为虐待俘虏罪的共同实行犯。另外，在指挥人员的组织下共同虐待俘虏的，也成立共犯，应该追究指挥人员和情节恶劣的直接责任人员的刑事责任。 11

Ⅹ　罪数

行为人虐待俘虏后为了掩盖罪行而私放俘虏的，构成虐待俘虏罪与私放俘虏罪两罪，其中，私放俘虏罪又与妨害作证罪形成牵连关系。在此情况下，应按虐待俘虏罪与私放俘虏罪实行数罪并罚。虐待俘虏罪还可与战时拒不救治伤病军人罪形成法规竞合，应按虐待俘虏罪认定。 12

4　参见宣炳昭主编：《刑法各罪的法理与实用》，中国政法大学出版社 2002 年版，第 479 页。

Ⅺ　与非罪的界限

13　军职人员虐待俘虏但情节尚不属于恶劣的,不构成犯罪,应当按照军纪处理。如前所述,《军人违反职责罪案件立案标准的规定》第 31 条具体指出了哪些情形属于“情节恶劣”,在此不再赘述。

Ⅻ　与他罪的区别

一、与私放俘虏罪的区别

14　虐待俘虏罪与私放俘虏罪的主要区别是:①虐待俘虏罪的行为是虐待,而私放俘虏罪的行为是私放。②虐待俘虏罪是情节犯,而私放俘虏罪是行为犯。

二、与虐待部属罪的区别

15　虐待俘虏罪与虐待部属罪的主要区别是:①虐待俘虏罪的主体主要是负有押解和监管俘虏职责的军职人员,也可以是其他军职人员,而虐待部属罪的主体是处于上级地位的军职人员。②虐待俘虏罪的对象是被我方俘获的敌方军职人员,而虐待部属罪的对象是作为行为人部属的我军军职人员。③虐待俘虏罪是情节犯,而虐待部属罪是情节犯与结果犯。

XIII　处罚

16　虐待俘虏罪法定刑只有一个格次:犯虐待俘虏罪的,均判处 3 年以下有期徒刑。

第四百四十九条　战时缓刑

在战时，对被判处三年以下有期徒刑没有现实危险宣告缓刑的犯罪军人，允许其戴罪立功，确有立功表现时，可以撤销原判刑罚，不以犯罪论处。

文献:李淳、王尚新主编:《中国刑法修订的背景与适用》,法律出版社 1998 年版;宣炳昭主编:《刑法各罪的法理与实用》,中国政法大学出版社 2002 年版;黄林异、王小鸣:《军人违反职责罪》,中国人民公安大学出版社 2003 年版;高铭暄、赵秉志编:《中国刑法立法文献资料精选》,法律出版社 2007 年版;赵秉志主编:《刑法学研究精品集锦 II》,法律出版社 2007 年版;段作瑞:《军人违反职责罪研究》,法律出版社 2016 年版。王小鸣:《谈谈〈军职罪条例〉中的战时缓刑》,载《法学杂志》1987 年第 6 期;叶三方:《论战时缓刑》,载《中南政法学院学报》1988 年第 4 期;潘胜忠:《对战时缓刑制度若干问题的探讨》,载《法律科学》1989 年第 1 期;陈正云:《战时缓刑制若干问题探讨》,载《云南法学》1996 年第 2 期;张进红:《战时缓刑制度的效力问题探微》,载《西安政治学院学报》2003 年第 1 期;王树茂:《论我国战时特别缓刑制度的立法完善》,载《法学杂志》2008 年第 4 期;冉巨火:《战时缓刑制度若干争议问题研究》,载《河南省政法管理干部学院学报》2011 年第 3 期;庞平:《我国战时缓刑基础法理的匡正与明晰》,载《西安政治学院学报》2011 年第 4 期;王丹妮:《军事刑罚制度的适用与完善》,载《人民检察》2012 年第 19 期。

细目录

Ⅰ　主旨
Ⅱ　沿革
Ⅲ　适用对象
Ⅳ　适用时机
Ⅴ　法律后果
Ⅵ　立法定位

Ⅰ　主旨

本条是关于战时缓刑制度的规定。战时缓刑,是指对被依法宣告缓刑的犯罪军人,如其在战时有立功表现,可以撤销原判刑罚,不以犯罪论处的刑罚制度。像战时缓刑这样可以通过缓刑的考验对行为人以功抵罪的制度是非常特殊的。这一规定是在《刑法》总则第四章第五节规定的普通缓刑的基础上,根据战时军队的特殊需要而 1

设定的特殊缓刑。战时缓刑一方面有利于在战时化消极因素为积极因素,尽可能地调动军人的积极性和减少非战斗减员,保存战斗力,另一方面也有利于在战时的特殊环境里考验犯罪军人,促进犯罪军人的转化,鼓励军人履行职责,维护国家军事利益。

Ⅱ 沿革

2 《惩治军人违反职责罪暂行条例》第22条规定:"在战时,对被判处三年以下有期徒刑没有现实危险宣告缓刑的犯罪军人,允许其戴罪立功,确有立功表现时,可以撤销原判刑罚,不以犯罪论处。"时任中国人民解放军总政治部副主任史进前代表起草班子所作的关于《惩治军人违反职责罪暂行条例(草案)》的说明中指出,"我军是有高度觉悟的人民军队,有坚强的政治思想工作,对少数犯罪分子的惩办,只是治军的一种辅助手段。为了缩小惩罚面,教育改造大多数,条例草案除体现了从严惩办的一面,还充分体现了宽大的一面。对不属于危害重大的犯罪,都规定了较轻的刑罚;对在战时判处三年以下有期徒刑又没有现实危险的犯罪军人,还在第二十二条规定了战时缓刑的办法,允许其戴罪立功,以利于化消极因素为积极因素"。

3 中国人民解放军军事法院《惩治军人违反职责罪暂行条例》修改小组于1994年10月拟定的"大修改稿"总则第23条规定:"在特殊状态下,对被宣告缓刑的犯罪的军职人员,允许其戴罪立功。在缓刑考验期限内,确有立功表现的,可以撤销原判刑罚,不以犯罪论处;确有悔改表现的,可以减刑,并相应缩小其缓刑考验期限。"同时拟定的"小修改稿"第28条规定:"在战时,对被判处三年以下有期徒刑没有现实危险宣告缓刑的犯罪军人,允许其戴罪立功,确有立功表现时,可以撤销原判刑罚,不以犯罪论处。"起草班子对于大改方案的说明是:"《条例》第二十二条规定了战时军人的戴罪立功制度。1982年宪法增加了戒严、动员制度,香港特别行政区基本法又规定了紧急状态制度。这些特别制度的增加,使得军人的戴罪立功制度的时间范围显得太窄。为了在战时、戒严、动员、紧急状态、特殊状态下减少非战斗减员,充分调动缓刑军职人员的积极性,化消极因素为积极因素,将戴罪立功制度扩大到戒严、动员、紧急状态等特殊状态下也适用。"

4 中国人民解放军军事法院《惩治军人违反职责罪暂行条例》修改小组于1995年4月18日拟定《军人违反职责罪惩治法(草案)》(征求意见稿)总则第9条规定:"被宣告缓刑的军人,战时允许其戴罪立功。对于在缓刑考验期内确有立功表现的,可以撤销原判,不再追究刑事责任。"同年9月,起草班子拟定《惩治军人违反职责犯罪条例(草案)》并逐条附有修改说明,其第8条规定:"战时允许在缓刑考验期限内的军人戴罪立功。对于确有立功表现的,可以撤销原判,不以犯罪论处。"对该条的说明指出:"本条对原条例第二十二条作了文字修改,规定的是战时适用缓刑的特殊制度。在战时条件下,为了争取胜利,必须最大限度地调动参战人员的积极性,同时尽可能化消极因素为积极因素,避免非战斗减员。因此,本条以刑法的缓刑制度为基础,作了上述规定。适用本条必须同时具备以下条件:(1)适用对象是依照《中华人民共和国刑法》第六十七、六十八条的规定被宣告缓刑的军人。宣告缓刑的时间可以是在战时,也可以是在平时;(2)缓刑考验期限必须是全部或者一部分在战时;(3)必须是在战时的缓刑考验期限内有立功表现。'立功表现',是指受团以上单位给予的表彰或者奖励的。因英勇作战而负伤或者牺牲的,应当视为有立功表现。'可以撤销原判,不以犯罪论处'是适用本条的结果。这一适用结果与'不再执行刑罚'、'免予刑事处分'、'免予追究刑事责任'等处理有本质的区别。即原判已不具有法律效力,原来的行为不再以犯罪对待。"同年 12 月送审的《惩治军人违反职责犯罪条例(草案)》规定战时缓刑的第 8 条未变。

1997 年 1 月,配合《刑法》的修订和制定统一刑法的立法意向,中央军委法制局、中国人民解放军军事法院为《刑法》分则拟定了"军人违反职责罪"一章草案,其第 4 条规定:"战时允许在缓刑考验期限内的军人戴罪立功。对于确有立功表现的,可以撤销原判,不以犯罪论处。"延续了 1995 年年底送审的方案。1997 年《刑法》最终通过时,增加了宣告缓刑的前提条件:"在战时,对被判处三年以下有期徒刑没有现实危险宣告缓刑的犯罪军人,允许其戴罪立功,确有立功表现时,可以撤销原判刑罚,不以犯罪论处。" 5

Ⅲ 适用对象

战时缓刑的适用对象是被判处 3 年以下有期徒刑没有现实危险宣告缓刑的犯罪军人。这里的犯罪军人,既包括犯军职罪的军职人员,也包括犯普通罪的军职人员。[1] 这些人员必须是已经经过审判而被判处 3 年以下有期徒刑,并且被军事审判机关确认没有现实危险宣告缓刑的犯罪军人。从这里缓刑的条件来看,与《刑法》第 72 条规定的普通缓刑的条件是一致的。但是,本条中却没有与《刑法》第 72 条相适应的被判拘役宣告缓刑的犯罪军人的规定,这不能不说是立法协调上的疏漏。尽管从理论逻辑上,这种情况也应当适用战时缓刑,但根据罪刑法定原则,本条不应包括这种情况。司法上可以采取的补救办法是:战时对犯罪军人不处以拘役之刑,对于罪该判处拘役刑的犯罪军人,可判处最低的有期徒刑,并适用战时缓刑制度。 6

Ⅳ 适用时机

战时缓刑的适用时机是"在战时"[2]。对此,本条适用时应当注意几点:①要把战时与战场区别开来。前者是时间概念,后者是空间概念。无疑,处于战场空间的犯罪军人当然正在经历战时,对其可以适用战时缓刑,但是,只要国家宣布进入战争状态,即使犯罪军人尚未进入战场空间,但已经受领作战任务,甚至还没有受领作战任 7

---

1 关于"军人"的范围,参见第 450 条评注。

2 关于"战时"的概念,参见第 451 条评注。

务,对其也可以适用本条。②犯罪军人在战时被宣告缓刑并戴罪立功,但国家宣布结束战争状态之前未实际立功,之后所在部队受领局部零星作战任务或遭敌突然袭击,其在作战或反击中立功,根据“战时”的定义,应当适用本条。同样,国家宣布进入战争状态之前,所在部队受领局部作战任务或遭敌突然袭击时,亦可使用本条。③对犯罪军人宣告缓刑,允许其戴罪立功,都必须在战时采取。一方面,对犯罪军人宣告缓刑,只能是在战时,另一方面,允许犯罪军人戴罪立功,也只能在战时。也就是说,两个方面只能在战时一并采取。本条难以包括犯罪军人在战前已经被宣告缓刑,战时再被允许戴罪立功的情形,也不能包括犯罪军人在战时被宣告缓刑,而在战后才被允许戴罪立功的情形。[3]④战时缓刑所针对的犯罪,既可以发生在战时,也可以发生在战前。

V 法律后果

8 战时缓刑制度最有特色之处是犯罪军人在戴罪立功缓刑期内确有立功表现时,可以撤销原判刑罚,不以犯罪论处。这与普通缓刑的缓刑期满原判刑罚不再执行完全不同,原判刑罚的不执行并不意味着否定犯罪人的犯罪记录,而战时缓刑是有立功表现可以抵消原有的定罪和处刑。在刑法及社会的各种评价体系中,通行的原则为:功是功,过是过,不能互相代替。战时缓刑这种以功抵罪的办法实在是一个例外。因此,笔者认为,战时缓刑制度也可以称为战时戴罪立功制度。

9 何谓立功表现?目前还没有权威的解释。有人认为,“立功表现是指受团以上单位给予的表彰或者奖励,因作战而负伤或者牺牲的,应当视为有立功表现”[4]。对此,笔者只同意后一半结论,即因作战负伤或者牺牲的,应当视为有立功表现。因为这里体现的是实质的立功,而这正是笔者所主张的。根据军队的纪律条令,对军人个人的奖励主要有嘉奖、三等功、二等功、一等功、荣誉称号等,如果机械地将立功理解为奖励形式,则至少嘉奖不算立功,也就不能把所有的奖项都作为立功,而奖项之外的表彰则更不能算立功。由此可见,上述观点也没有单纯从奖励形式出发。但是,这种观点却作了“团以上单位”的限制,不知有何根据?笔者认为,对立功的认定应当从实质上去把握。

10 本条规定立功的目的是要尽可能鼓励犯罪较轻的犯罪军人在战时有积极良好的表现,当戴罪立功的犯罪军人确实是以非常积极的态度和行动去完成上级交给的任务,竭尽全力,奋勇向前,自觉经受严峻的考验,即便没有取得特定(类别和级别)的奖项,也应给其专门的评估,认定为立功。有人可能会说,犯罪军人有这样的表现理应评奖。这也许是对的,但不符合部队在奖励方面的实际情况。部队奖励的实际操作往往是有百分比的,越是等级高的奖项,名额越少,因此,在许多军人都表现突出的情

---

3 参见本条之“立法定位”部分。

4 黄林异、王小鸣:《军人违反职责罪》,中国人民公安大学出版社 2003 年版,第 22 页。

况下,因名额有限,可能会轮不上表现也突出的犯罪军人,犯罪军人的犯罪表现也会使其在评奖中处于不利地位,这样,要求团以上单位的奖项作为立功表现的证明,恐怕会使犯罪军人无法立功。如果立功过于困难,战时缓刑制度的激励作用就会大打折扣。当然,形式上的奖项的确是一种评价机制,可以成为犯罪军人立功的一个证明,但是,这个证明为什么要局限于团以上单位呢?这样规定是缺乏根据的。团以上单位的奖励与团以下单位的奖励在性质上是一致的,不能说其中一个能够证明犯罪军人的立功表现而另一个却不能证明。总之,对于戴罪立功的犯罪军人是否立功,可以先看其是否获得形式上的奖项,如果没有,则进一步通过对其单独的评价,看其在实质上是否具备了各种奖项所要求的条件。本条中使用"立功表现"而不是"立功",便是对实质标准的体现和强调。

Ⅵ 立法定位

由上可知,相对于《刑法》总则第四章第五节规定的缓刑,本条是特殊的缓刑。相对于《刑法》第四章第三节第 68 条规定的"立功",本条又是特殊的立功。因此,在立法的文本和逻辑上,本条既可以称为战时缓刑,也可以称为战时戴罪立功,二者兼而有之。[5] 但是,作为刑法规定的刑罚执行或运用的一种制度,本条必须在特殊缓刑与特殊立功之间有一个明确的定位选择,不同的定位直接关系到能否最大限度化消极因素为积极因素,也影响到军人犯罪是否适用普通缓刑的问题。 11

一种定位是,本条为特殊的缓刑制度。如前所述,关于《惩治军人违反职责罪暂行条例(草案)》的说明指出,"《条例》第 22 条规定了战时缓刑的办法"。这一恢复法制建设之后涉及本条立法旨意的最早表述也反映到最早的教科书中。[6] 这一定位延续至今,在理论与实践中仍然居于支配地位。据此,本条中的缓刑与战时紧密结合在一起,即在战时宣告的特殊缓刑制度。其特殊之处主要有三点:其一,本条中的缓刑是特殊缓刑,意味着它不是《刑法》总则规定的普通缓刑。本条的适用与普通缓刑无关。其二,本条中的缓刑只能战时适用,不能平时宣告。战前宣告的缓刑与本条无关。其三,本条中的缓刑紧跟戴罪立功,这种一体化的处理是为了鼓励犯罪军人在战时积极履行职责,立功赎罪。战时宣告缓刑而战后才立功的,与本条无关。 12

另一种定位是,本条为特殊的立功制度。笔者曾分析过这种定位[7],学界却几乎无人响应。其实,这种定位有以下三个方面的根据:首先,这种定位符合本条的实质含义和逻辑结构。本条最终落脚于对犯罪军人"不以犯罪论处",其前提则是犯罪军 13

---

5 参见张本正:《军事法总论(中国军事百科全书 · 学科分册 II)》(第 2 版),中国大百科全书出版社 2008 年版,第 236 页。

6 参见高铭暄主编:《刑法学》,法律出版社 1982 年版,第 580—581 页。

7 参见夏勇:《军人犯罪的缓刑适用》,载赵秉志主编:《刑法学研究精品集锦 II》,法律出版社 2007 年版,第 919—929 页。

人戴罪立功,但又不是任何犯罪军人都可以被允许戴罪立功,只有被宣告缓刑的犯罪军人才有此机会。从语法来看,最主要的句意成分是"在战时……犯罪军人……确有立功表现时,可以撤销原判刑罚,不以犯罪论处",其余表述均是对主要成分的修饰限定,"允许其戴罪立功"是考虑"立功表现"的必要前提,而"犯罪军人"被"允许其戴罪立功"的前提又是"被判处三年以下有期徒刑没有现实危险宣告缓刑"。简而言之,该条是规定犯罪军人战时立功的法律后果,当然是一种特殊的立功(除罪)制度。既然如此,该条的重心就在于战时犯罪军人是否有立功表现,而不是战时宣告犯罪军人缓刑。对被判处三年以下有期徒刑没有现实危险的犯罪军人,可以在战时宣告缓刑,为什么不能在平时宣告缓刑呢?或者说,只要符合缓刑条件,无论战时还是平时,都可以宣告缓刑。这里的缓刑,就是指《刑法》总则规定的普遍适用的缓刑。换言之,本条并非只在战时适用的特殊缓刑制度,而是只能在战时允许犯罪军人戴罪立功(除罪)的特殊立功制度。其次,这种定位也符合《刑法》总则规定的缓刑与分则罪名条文之间的关系。一是根据《刑法》总则与分则之间存在的一般与特殊关系,凡总则性规定都应适用于分则条文。这样,缓刑原则上应当适用于包括军职罪在内的所有罪名条文。军人犯军职罪和其他罪,都可以适用缓刑。二是如果存在针对总则性规定的例外规定,则分则罪名条文不适用该总则性规定。《刑法》第 74 条规定:"对于累犯和犯罪集团的首要分子,不适用缓刑。"这一例外使得任何罪名条文中的累犯和犯罪集团的首要分子都不适用缓刑。但是,《刑法》对于军职罪的罪名条文,并不存在任何例外规定,由此看,《刑法》总则规定的缓刑也应当适用于军职罪。三是《刑法》不仅没有规定缓刑对军职罪的例外,也没有规定缓刑对其他任何罪名的例外,故军人所犯的军职罪之外的其他罪行,也应当可以适用缓刑。最后,这种定位还符合军职罪修订过程中的立法旨意。如前所述,中国人民解放军军事法院《惩治军人违反职责罪暂行条例》修改小组于 1994 年 10 月拟定的"大修改稿"方案的说明是:"《条例》第 22 条规定了战时军人的戴罪立功制度。"虽然起草班子对 1995 年 9 月拟定的《惩治军人违反职责犯罪条例(草案)》进行说明时又回到了"对原条例第二十二条作了文字修改,规定的是战时适用缓刑的特殊制度"的说法,但在具体说明中指出:"本条以刑法的缓刑制度为基础,作了上述规定。适用本条必须同时具备以下条件:(1)适用对象是依照《中华人民共和国刑法》第六十七、六十八条的规定被宣告缓刑的军人。宣告缓刑的时间可以是在战时,也可以是在平时;(2)缓刑考验期限必须是全部或者一部分在战时;(3)必须是在战时的缓刑考验期限内有立功表现。"1997 年 1 月,起草班子为《刑法》分则拟定的军职罪一章草案第 4 条的表述是:"战时允许在缓刑考验期限内的军人戴罪立功。"由此看,制定《惩治军人违反职责罪暂行条例》时"战时缓刑"的制度定位,在后来的修订过程中变化为"战时军人的戴罪立功制度"。

14 显然,将本条定位为特殊立功制度而不是特殊缓刑制度,意味着本条中的缓刑及其条件的依据就是《刑法》总则的规定,这样一来,"在战时,对被判处三年以下有期徒刑没有现实危险宣告缓刑的犯罪军人,允许其戴罪立功"就可以被理解为:在战时,允许犯罪军人戴罪立功,既可以是对战时被判处3年以下有期徒刑没有现实危险宣告缓刑的犯罪军人,也可以是针对战前被判处3年以下有期徒刑没有现实危险宣告缓刑的犯罪军人。"战时允许在缓刑考验期限内的军人戴罪立功。"表明宣告缓刑并不一定发生在战时,也可以发生在战前,但转入战时以后犯罪军人仍在缓刑考验期内,此时可以允许其戴罪立功,也表明军事法院在已经得知上级指示开战在即的情况下,可以对犯罪军人宣告缓刑,一并作出允许其战时戴罪立功的决定。既然在战时允许戴罪立功的场合可以在战前对犯罪军人适用《刑法》总则规定的缓刑,至少意味着《刑法》总则规定的缓刑可以有条件地适用于犯罪军人。作为特殊立功制度,强调的是战时允许戴罪立功,而非战时宣告缓刑,同样,也非战时"确有立功表现"——在战时允许戴罪立功的前提下,战时状态结束但犯罪军人的缓刑期尚未结束,则此时的犯罪军人照样可以戴罪立功。

15 但是,1997年《刑法》没有采纳体现特殊立功制度的条文方案,而是一字不改地完全保留了《惩治军人违反职责罪暂行条例》第22条的表述,这表明立法者最终还是坚持了原来的立法旨意,将本条定位为"战时缓刑制度"。根据这一定位,本条为特殊缓刑制度,与《刑法》总则规定的缓刑制度相对,后者便是普通缓刑,而本条没有适用普通缓刑的余地,也不能引申出对犯罪军人可以适用普通缓刑的结论。那么,在特殊缓刑制度的定位之下,对犯罪军人究竟能否适用《刑法》总则规定的缓刑呢?这个问题,不如军人犯罪是否适用某种刑罚那样容易回答。因为,根据罪刑法定原则,对于依照《刑法》明文规定而被定罪的人判处刑罚,对其适用的刑罚种类也必须依照《刑法》的明文规定。具体而言,针对某个犯罪,凡是《刑法》分则罪名条文中没有明文规定且无任何单行刑法和附属刑法明文规定某种主刑或附加刑,该罪就不能适用该种刑罚。军职罪亦不例外。上述军职罪不适用的管制、罚金和没收财产,就是如此。然而,缓刑不是刑罚种类,而是刑罚的执行方法,《刑法》总则一般性地规定了缓刑的条件、考验期限、不适用的对象、考验期内应遵守的规定、缓刑考验合格与否的后果等,并不需要在每一个罪名条文中重复规定,我国刑法的任何一个罪名条文都没有这种规定,所以,不能以分则或其他刑法形式的罪名条文本身没有明文规定缓刑,就得出不适用缓刑的结论。相反,刑法没有以任何明文排除对犯罪军人的缓刑适用,应当认为可以适用。然而,我国军事司法实践曾有过适用缓刑的案例[8],但并不普遍,尤其在现今,无论是对军职犯罪的人员,还是其他犯罪的军职人员,基本不适用缓刑。[9]对此做法,至今没有任何权威规定或解释。

16 其实,对犯罪军人适用缓刑,并不存在法律依据上的障碍,实践中之所以极少适用,主要原因有三点:①理念。我军是执行政治任务的武装集团,肩负着抵抗侵略和

---

8 参见陈学会、田龙海、王长久主编:《军人犯罪案例析解》,黄河出版社1991年版,第92页。

9 参见刘军:《军人一般缓刑适用研究》,湘潭大学2009年硕士学位论文,第7页。

防止颠覆的重任,需要保持高度的集中统一,保持高度的机动性和纯洁性。根据刑法规定,被宣告缓刑的犯罪分子要在其居住的社区接受考验和社区矫正,这意味着适用缓刑的犯罪军人往往要在军营里接受考验和矫正,给部队带来隐患和累赘,不利于部队完成使命。②效果。根据《中国人民解放军内务条令(试行)》的规定,军队不仅工作纪律非常严明,军人日常生活也处于严格管理之下。虽然也有 8 小时工作和 8 小时睡眠的规定,但军营的 8 小时界限只有相对的意义——个人支配的时间极少;个人支配的时间也受到约束;对个人的言行举止和形象都有统一要求。比较《刑法》第 75 条对缓刑犯的要求:"被宣告缓刑的犯罪分子,应当遵守下列规定:(一)遵守法律、行政法规,服从监督;(二)按照考察机关的规定报告自己的活动情况;(三)遵守考察机关关于会客的规定;(四)离开所居住的市、县或者迁居,应当报经考察机关批准。"《刑法》第 72 条第 2 款还规定:"宣告缓刑,可以根据犯罪情况,同时禁止犯罪分子在缓刑考验期限内从事特定活动,进入特定区域、场所,接触特定的人。"如果是非军人的公民犯罪被宣告缓刑,与往日的民间社会的自由生活相比,其会感受到这种约束十分明显和强烈。但是,对于犯罪军人而言,这种约束的程度还不如其平日里作为一名正常军人所受到的约束。缓刑的效果是通过一段时间的约束性考验来达成的,感受不到特别的约束就无所谓考验,缓刑的效果也无从谈起。③可行性。军队的一切工作都是围绕提高战斗力而展开的,要把时间、精力和物力都放到准备打仗的训练之中,精兵简政,尽可能减少不必要的事项和环节。根据刑法的规定,适用缓刑离不开两方面的工作,一方面是考察机关对缓刑犯的监督,另一方面是社区群众的帮教。在民间社会,这是由公安机关和社区群众来完成的。在理论上,部队保卫部门可以承担监督责任,而犯罪军人所在单位的其他军人可以实施帮教。但从实际来看,军队保卫人员编制员额很少且任务繁重,应当集中精力保障军事行动和营区的安全,其他军人也应当全力投入到日常训练之中。将犯罪军人放到军营中予以缓刑考验,无异于给部队平添负担,使部队力所不及。

17　对犯罪军人不适用缓刑与对犯罪军人不适用管制刑的内在根据具有一致性。"如果将被判处管制的犯罪分子放在军内执行,既不利于部队的纯洁和统一,也给部队的管理带来许多困难,在战时则影响部队的行动。此外,部队实行严格的军事化管理,使管制的执行失去应有的意义。自解放以来,军队的司法机关对军队内部的犯罪分子的处罚,都不提倡使用管制。"[10]缓刑与管制一样,都由公安机关监督,都在社区执行,都要实行社区矫正,既然对犯罪军人不适用管制刑,也就意味着缓刑对犯罪军人的不适宜。至少,在上述问题没有解决之前,对犯罪军人适用缓刑是没有现实基础的。因此,本条评注的标题和对本条的定位,笔者还是选择了"战时缓刑"。

18　不过,笔者并不完全排除对犯罪军人适用缓刑。《中国人民解放军纪律条令(试行)》第 112 条和第 113 条分别规定了对士兵和对军官的开除军籍处分项目。该条令

10　张建田:《军人违反职责罪》,群众出版社 1985 年版,第 30 页。

第 171 条规定:“对违反纪律,有下列情形之一的,应当开除军籍:……(三)被判处 3 年以下有期徒刑的人员……”据此,被判处 3 年以下有期徒刑的犯罪军人应当被开除军籍,那么,对于那些被判处 3 年以下有期徒刑没有现实危险的犯罪军人,就可以宣告缓刑,并回到民间社会执行。当然,这里需要建立军事法院与公安机关之间的交接机制。

第四百五十条　军人违反职责罪的主体

本章适用于中国人民解放军的现役军官、文职干部、士兵及具有军籍的学员和中国人民武装警察部队的现役警官、文职干部、士兵及具有军籍的学员以及文职人员、执行军事任务的预备役人员和其他人员。

文献：唐培贤、杨九根：《中国人民解放军审判工作史概述》，人民法院出版社1989年版；隋东升：《兵役制度概论》，军事科学出版社1996年版；高铭暄、赵秉志编：《中国刑法立法文献资料精选》，法律出版社2007年版；段作瑞：《军人违反职责罪研究》，法律出版社2016年版。潘胜忠：《关于军职罪主体认定的几个问题》，载《山东法学》1991年第4期；蔺春来：《军人违反职责罪犯罪主体立法的不足》，载《西安政治学院学报》2005年第1期。

细目录

Ⅰ　主旨
Ⅱ　沿革
Ⅲ　现役军人
Ⅳ　文职人员
Ⅴ　执行军事任务的预备役人员
Ⅵ　执行军事任务的其他人员

Ⅰ　主旨

1　本条是关于军人违反职责罪主体的规定。刑法通过本条规定，是要说明军人违反职责罪主体的人员范围，为正确认定军人违反职责罪提供犯罪主体标准。当然，本条仅仅是对军人违反职责罪主体的一般性规定，在各个具体罪名中，军职罪主体还各有特点，可在该条予以具体把握。

Ⅱ　沿革

2　1981年通过的《惩治军人违反职责罪暂行条例》没有全面规定军职罪适用的主体范围，仅在第2条表明军职罪主体是"中国人民解放军的现役军人"，第25条规定："军内在编职工犯本条例之罪的，适用本条例。"1988年10月中国人民解放军军事法院关于《惩治军人违反职责罪暂行条例》的修改意见中，提出"《条例》的适用范围是否应包括预备役人员、民兵等在内”的问题，即“按照兵役法第六十一条的规定，战时的预备役人员拒绝、逃避征召或者军事训练，情节严重的，可以比照《条例》的有关规定处罚。尽管非军人不能单独构成军人违反职责罪的主体，但如果他们勾结军职人员进行危害国家军事利益的犯罪活动，且刑法又没有适用罪名，可否依据《条例》的有关规定予以惩治，需从立法上加以明确”。

1994 年 10 月中国人民解放军军事法院《惩治军人违反职责罪暂行条例》修改小组拟定的《惩治军人违反职责罪法》（大改修改稿）第 1 条表述的军职罪主体是“负有军事职责的人员”，第 2 条规定：“本法适用于军职人员。在特殊状态下，非军职人员犯刑法未规定而本法有规定之罪的，适用本法。”对该修改稿的说明中指出：“《条例》第二条和第二十五条规定中国人民解放军的现役军人和在编职工是适用本法的主体。这次修改为‘军职人员’。‘在特殊状态下，非军职人员犯刑法未规定而本法有规定之罪的，适用本法。’这样修改，一是为适应武装力量增加武警部队、预备役部队，部分县市人民武装部划为地方政府建制，民族自治地方设立公安部队和解放军、武警部队离退休人员逐年增加的新情况。二是有利于对上述人员违反军事职责罪的处罚。三是在战争、动员、戒严等特殊状态下，非军职人员犯刑法未规定而本法有规定之罪，也会给国家的军事利益造成大的危害，因此适用本法处罚是必要的。” 3

1995 年 4 月中国人民解放军军事法院《惩治军人违反职责罪暂行条例》修改组拟定的《军人违反职责罪惩治法（草案）》（征求意见稿）第 66 条规定：“本法所说的军人是指下列人员：（一）中国人民解放军的现役军官、士兵，文职干部；（二）中国人民武装警察部队的现役警官、士兵，文职干部；（三）中国人民解放军和武装警察部队军事院校、文体单位的学员。下列人员以军人论：（一）中国人民解放军和武装警察部队的在编职员、工人；（二）执行军事任务的预备役人员；（三）其他受委托执行军事任务的人员。”1995 年 9 月拟定的《惩治军人违反职责犯罪条例（草案）》第 51 条规定：“本条例所称军人，是指中国人民解放军的现役军官、文职干部、士兵及具有军籍的学员和中国人民武装警察部队的现役警官、文职干部、士兵及具有军籍的学员。执行军事任务的预备役人员和其他人员，以军人论。”该规定也出现在 1995 年 12 月向国家立法机关提交的送审稿和 1997 年 1 月由中央军委法制局、中国人民解放军军事法院拟定的《刑法》分则“军人违反职责罪”一章草案中。显然，这些修改方案均落脚于军职罪主体的“军人”身份，但 1997 年《刑法》强调“本章适用于”何种具体对象。内容及范围殊途同归，角度各有不同。前者力图从违反军人职责的犯罪角度界定该类犯罪的主体范围，后者是从规定违反军人职责罪的法律角度界定该法第十章的适用范围。2021 年 3 月 1 日起施行的《刑法修正案（十一）》将《刑法》第 450 条修改为：“本章适用于中国人民解放军的现役军官、文职干部、士兵及具有军籍的学员和中国人民武装警察部队的现役警官、文职干部、士兵及具有军籍的学员以及文职人员、执行军事任务的预备役人员和其他人员。”即在原有法条中增加了“文职人员”的规定。 4

Ⅲ 现役军人

5 现役军人,即中国人民解放军和中国人民武装警察部队中的现役军人,包括现役军官、文职干部、士兵及正在就读的具有军籍的学员。现役军人是指正在军队中服现役的人员。现役,是指公民自入伍之日起至退伍之日止,在军队及其他武装部队中所服的兵役。兵役是指公民应当为国家履行的军事义务,通常分为现役和预备役。显然,现役是履行兵役的主要形式或种类。[1]

6 中国人民解放军的现役军官是被任命为排级以上职务或者初级以上专业技术职务,并被授予相应军衔的现役军人。军官按照职务性质分为军事军官、政治军官、后勤军官和专业技术军官。士兵包括义务兵和志愿兵。

7 1988 年中国人民解放军恢复军衔制的同时建立了文职干部制度。中央军委颁发的《中国人民解放军文职干部暂行条例》第 2 条规定:"中国人民解放军文职干部,是军队编制定额内不授予军衔的干部,是军队建设的重要力量,是国家干部队伍的组成部分。由现役军官改任的文职干部保留军籍。"据此,文职干部可包括现役文职和非现役文职干部。但从该条例出台后的实际情况看,当时的文职干部基本为现役军人,即具有军籍并正在部队服役。该条例第 16 条规定:"文职干部的奖惩,参照《中国人民解放军纪律条令》、军队的其他有关条例和规定执行;符合国家有关奖励条例和规定的,报请国家给予奖励。触犯刑律、构成犯罪的,由军事法院依法审理。"

8 1999 年中央军委正式颁布的《中国人民解放军文职干部条例》第 2 条规定:"中国人民解放军文职干部,是被任命为初级以上专业技术职务或者办事员级以上职务,不授予军衔的现役军人,是国家干部队伍的组成部分。文职干部按照工作性质分为专业技术文职干部和非专业技术文职干部。"将文职干部明确定义为现役军人,实际上已经决定了文职干部可以成为军职罪的主体。由于取消了暂行条例隐含的非现役文职干部,该条例第 21 条的奖惩规定将"参照"军队纪律条令执行直接改成了"按照"军队纪律条令执行:"文职干部的奖励和处分,按照《中国人民解放军纪律条令》和军队的有关规定执行;符合国家有关奖励规定的,报请国家给予奖励。文职干部触犯刑律、构成犯罪的,依法追究刑事责任。"

9 1988 年中央军委、国务院发布的《中国人民武装警察部队实行警官警衔制度的具体办法》第 12 条规定:"中国人民武装警察部队实行警官警衔制度的同时,依照中央军事委员会颁布的《中国人民解放军文职干部暂行条例》,实行文职干部制度……"

10 正在就读的具有军籍的学员,包括在军队院校就读和在地方普通院校就读的具有军籍的人员。虽然在军校就读,但不具有军籍,属于军校受地方委托帮助其办学性

1　参见隋东升:《兵役制度概论》,军事科学出版社 1996 年版,第 54 页。

质的学员,不是现役军人。虽然与军队签订合同,由军队提供培养费,保证毕业后去部队服役的地方高校学生,但没有办理入伍手续,在读期间不具有军籍,不是现役军人。

现役军人服役的部队,既包括中国人民解放军的各部队,也包括中国人民武装警察部队。中国人民武装警察部队是我国武装力量的重要组成部分,是在中国共产党领导下执行公安保卫任务的特殊武装力量。它既是执行公安保卫任务的执法、护法部队,又是依照兵役法征集和服役,实行统一建制的军事组织。因此,同解放军一样,武警部队的现役警官、现役文职干部、士兵及具有军籍的学员都是现役军人。 11

现役军人资格应从应征公民被批准入伍之日算起;现役军人资格应从其被批准退出现役之日丧失。离休、退休军人虽然保留军籍,但已不在部队实际服役,不是现役军人。现役军人被除名、开除军籍,就不再是现役军人,不可能再犯军职罪。 12

正在服刑或被劳教的没有被开除军籍的现役军人在理论上也属于军人违反职责罪的主体,但由于这类人员实际上已经暂停履行军人职责,故一般不可能在此期间因违反军人职责而犯罪。 13

Ⅳ 文职人员

《刑法修正案(十一)》扩大了《刑法》分则第十章军人违反职责罪的适用范围,增加了“文职人员”。这是因为,我军在 2005 年建立了不同于“文职干部”制度的“文职人员”制度,对于文职人员是否适用军职罪规定,刑法理应作出回应。 14

1999 年《中国人民解放军文职干部条例》取消原暂行条例隐含的非现役文职干部,将文职干部明确定义为现役军人,实际上为我军文职人员制度埋下伏笔。2005 年 6 月 23 日,国务院、中央军委发布了《中国人民解放军文职人员条例》,其第 2 条规定:“本条例所称文职人员,是指按照规定的编制聘用到军队工作,履行现役军官(文职干部)同类岗位相应职责的非现役人员。”根据该条例第 8 条的规定,可以聘用文职人员的岗位是教学、科研、工程、卫生、文体、图书、档案等专业技术岗位以及部分管理事务和服务保障等非专业技术岗位。文职人员按照聘用的岗位,分为专业技术文职人员和非专业技术文职人员。该条例第 54 条规定:“中国人民武装警察部队文职人员,适用本条例。” 15

2017 年修订的《中国人民解放军文职人员条例》第 2 条第 1 款规定:“本条例所称文职人员,是指在军民通用、非直接参与作战且社会化保障不宜承担的军队编制岗位从事管理工作和专业技术工作的非现役人员,是军队人员的组成部分。”第 59 条规定:“中国人民武装警察部队文职人员,适用本条例。” 16

从我军正在深化的体制改革来看,军队人员构成将分为军官、士官、义务兵、文职人员四类。这意味着今后我军内部只存在非现役的文职人员而没有现役的文职干部。但从目前情况来看,改革进程尚需时日,文职干部仍然存在。因此,《刑法》在增加“文职人员”的同时,暂不能删除“文职干部”。 17

V　执行军事任务的预备役人员

18　预备役,亦称后备役,是区别于现役的一种兵役义务形式,即公民在军队之外所服的兵役,是储备后备兵员的重要而基本的方式。[2]根据我国兵役法的规定,兵役分为现役和预备役。预编到现役部队或者编入预备役部队预备役的,称预备役人员,包括预备役士兵和预备役军官。

19　根据1998年修改的《兵役法》的规定,战时预备役人员拒绝、逃避参加军事训练和执行军事勤务,构成犯罪的,追究刑事责任。但《刑法》第450条仅仅规定"执行军事任务的预备役人员",并没有"战时"的限制,又该如何理解呢？笔者认为,二者并不矛盾。战时拒绝、逃避参加军事训练和执行军事勤务,实际上是不参加且没有参加或退出军事训练和执行军事勤务的行为,与该行为相对应的罪名是《刑法》分则第七章危害国防利益罪中的战时拒绝、逃避征召、军事训练罪,而不是任何军职罪罪名。作为军职罪主体的"执行军事任务的预备役人员"是指正在执行军事任务的或处于执行军事任务过程中的预备役人员,而不是应该执行却没有执行军事任务的预备役人员。预备役人员只有处于执行军事任务的过程中,才是在实际履行与现役军人同样的职责,从而才可能违反这种职责;拒绝、逃避参加军事训练和参加执行军事勤务,行为人缺乏履行与现役军人同样职责的前提,自然也就谈不上违反军人职责,因而也不能构成军人违反职责的犯罪,只能在战时以非军职人员的公民身份构成战时拒绝、逃避征召、军事训练罪。可见,《兵役法》的规定并没有排除预备役人员在平时也能构成军职罪。

VI　执行军事任务的其他人员

20　这里的其他人员是一个概括性规定,是指现役军人和预备人员之外的其他执行军事任务的人员,主要是指在军队单位工作的不具有军籍的文职人员、工人,临时征用或受委托执行军事任务的地方人员,以及具有军籍的离休或退休人员等。从实质上说,不论是谁,不论是预备役人员还是其他人员,只要依法并按照军事命令正在执行军事任务,履行某些与现役军人同样的职责,就可能构成军人违反职责罪。这里的军事任务,是指担任与军事活动有直接关系的具体工作。

2　参见隋东升:《兵役制度概论》,军事科学出版社1996年版,第58页。

第四百五十一条　战　时

本章所称战时，是指国家宣布进入战争状态、部队受领作战任务或者遭敌突然袭击时。

部队执行戒严任务或者处置突发性暴力事件时，以战时论。

文献：夏勇、汪保康：《军事法学》，黄河出版社1990年版。刘银昌：《浅谈"战时"在军人违反职责罪中的意义》，载《法学评论》1987年第6期；王祥山、倪新枝：《新刑法关于战时犯罪规定的不足及完善》，载《西安政治学院学报》2002年第4期。

细目录

Ⅰ　主旨
Ⅱ　沿革
Ⅲ　战时的概念
　一、战时的开始
　二、战时的结束
Ⅳ　以战时论的情况

Ⅰ　主旨

本条是对军人违反职责罪中"战时"概念的规定。在军职罪的具体罪名中，明文规定以"战时"为客观构成要件的有6个条文中的6个罪名，明文规定以"战时"作为法定加重量刑情节的有4个条文。因此，把握战时的规定及含义，对于军职罪的定罪与量刑都是必要的。 1

本条正是要通过对战时的范围以及以战时论的情况作出明确界定，从而使那些以战时作为定罪要件和量刑情节的军人违反职责的罪名能够得到正确的运用。 2

Ⅱ　沿革

1981年通过的《惩治军人违反职责罪暂行条例》没有规定"战时"的条文和概念。 3
1994年10月中国人民解放军军事法院《惩治军人违反职责罪暂行条例》修改小组拟定的《惩治军人违反职责罪法》(大改修改稿)用"特殊状态"取代"战时"，在第26条规定，"本法所说的特殊状态"是指下列状态：战争状态；戒严状态；紧急状态；动员状态；其他依法决定实施的特殊状态。1995年4月中国人民解放军军事法院《惩治军人违反职责罪暂行条例》修改组拟定的《军人违反职责罪惩治法(草案)》(征求意见稿)回到“战时”概念,在第68条规定:“本法所说的战时是指国家宣布进入战争状态、部队受领作战任务或者遭敌突然袭击时。动员、戒严和其他依法决定实施的紧急状态时期以战时论。”同年9月拟定的《惩治军人违反职责犯罪条例(草案)》稍有修改,在第52条规定:“本条例所称战时,是指国家宣布进入战争状态、部队受领作战任务或者遭敌突然袭击时。动员、戒严或者进入等级战备状态,以及处置突发性暴力事件时,以战时论。”该规定也出现在同年12月向国家立法机关提交的送审稿和1997年1月由中央军委法制局、中国人民解放军军事法院拟定的《刑法》分则“军人违反职责罪”一章的草案中。

Ⅲ 战时的概念

4 战时,即处于战争或交战状态的期间。

一、战时的开始

5 由平时转入战时的标志或者事由包括:

6 (1)国家宣布进入战争状态。这是由国家的决策机构和政府代表国家以法定形式公开向国内外宣布国家于特定时间进入战争状态。根据我国宪法的规定,全国人大有权决定战争和和平问题;在全国人民代表大会闭会期间,如果遇到国家遭受武装侵犯或者必须履行国际上共同防止侵略的条约的情况,全国人大常委会有权决定战争状态的宣布;中华人民共和国主席有权根据全国人大的决定和全国人大常委会的决定,宣布战争状态。战时,作为战争的时间概念,与表示处于战争状态空间的“战场”等概念有区别。战场概念通常意味着战时,而战时概念并不必然与战场有关。国家宣布进入战争状态,实际发生的战争既可能遍及全部国土,也可能仅限于局部地区,还可能是在境外,处于战场和不处于战场的军职人员都处于战时。

7 (2)部队受领作战任务。国家宣布进入战争状态是国家处理战争问题的正式表态,而从战争活动的实际过程来看,临战的准备往往在国家宣布进入战争状态之前就已经开始了。为此,部队完全有可能在国家宣布进入战争之前就已领受了进入战争状态之后要实施的作战任务,有关军职人员在此时已承担了战时的军事义务,违反这种义务的犯罪便具有战时犯罪的实质,这正是《刑法》把“部队受领作战任务”作为战时的一种情况的根据。

8 (3)遭敌突然袭击。战争史上,不宣而战,突然袭击,闪电进攻的情况屡见不鲜。在遭到敌人突然袭击时,我方实际上已经进入了战争状态,此时,国家显然既没有也来不及宣布进入战争状态,但毫无疑问,我军的军职人员已经现实地担负着武装抵抗和反击侵略的战时职责,违反这种职责的犯罪同样具备战时犯罪的实质。同时,《刑法》把“遭敌突然袭击”作为战时的一种情况,也与当代国际社会正在用“武装冲突”的概念来理解甚至取代“战争”的概念相适应。相对于经宣战或者未经宣战的过程完整的战争而言,当代世界经常发生不够传统战争规模且时间短暂的非系统性的武装冲突或者攻击行动,如突发的小型交火事件或一次空袭等,在这些战事发生的过程中,我军有关部队为此作出的相关反应行动应属于战时的军事行动,参与或涉及这些军事行动的军职人员所担负的职责理所当然地是战时职责。

二、战时的结束

战时是一个时间段的概念,其结束也关系到对战时的把握。以国家宣布的方式进入战争状态,通常也会以宣布的方式来结束。但是,宣布结束有时也会与实际结束不相一致。如果在宣布前实际结束的,应以宣布结束为战时的结束,即便战争已经实际结束,军职人员在宣布结束之前仍然可以犯以战时为构成要件或加重情节的军职罪名。在国家不宣布进入战争状态的情况下,无论战时状态是以部队受领作战任务开始,还是以遭敌突然袭击开始,通常都以实际结束为结束。还有学者认为,对于驻扎在内地和其他边防的军队,什么是战时,什么是平时在我国也存在认识上的分歧,并且提出军队不论驻扎在什么地方,只要接到战备命令就是进入战时,解除战备命令就是转入平时;军事演习有人看作平时向战时的过渡,其实是作战前的实地战斗,应当是战时。[1] 对于这样的观点笔者是持赞成态度的。 9

Ⅳ　以战时论的情况

除了上述三种情况的战时,《刑法》第 451 条还规定了“以战时论”的两种情况: 10

(1)部队执行戒严任务。戒严是一个特定的概念。根据《中国人民解放军军语》,戒严是指特殊情况下采取的严格警戒措施。包括增设警卫,加强巡逻,组织搜查,对人员、车辆、船只的通行和飞机航行等施加限制。所谓特殊情况,是指国家整体或局部的政权统治和社会秩序处于或面临严重混乱的各种非常情况,主要是内乱、自然灾害等。所谓严格警戒措施,是指国家为保持和恢复社会正常秩序所采取的必要的军事武装行动和强制性措施。现代国家的戒严均由法律规定,法律形式包括《宪法》《紧急状态法》和《戒严法》。根据我国《宪法》的有关内容制定的《戒严法》规定,在发生严重危及国家的统一、安全或者社会公共安全的动乱、暴乱或者严重骚乱,不采取非常措施不足以维护社会秩序、保护人民的生命和财产安全的紧急状态时,国家可以决定实行戒严。全国或者个别省、自治区、直辖市的戒严,由国务院提请全国人民代表大会常务委员会决定;中华人民共和国主席根据全国人民代表大会常务委员会的决定,发布戒严令。省、自治区、直辖市的范围内部分地区的戒严,由国务院决定,国务院总理发布戒严令。戒严任务由人民警察、人民武装警察执行;必要时,国务院可以向中央军事委员会提出,由中央军事委员会决定派出中国人民解放军 11

1　参见刘银昌:《浅谈“战时”在军人违反职责罪中的意义》,载《法学评论》1987 年第 6 期。

协助执行戒严任务。

12 (2)处置突发性暴力事件时。突发性暴力事件,是指突然发生的严重危害社会的暴动、暴乱、暴力事件以及恐怖活动。其中,有的可能构成戒严的前提条件,但由于发生突然来不及按法定程序决定并实施戒严;也有的尚不构成戒严的前提条件,在其他措施无效时,这些情况都需要调动军队紧急处置,以平息非法暴力活动,制服暴力犯罪分子,恢复正常的社会秩序,减轻暴力或恐怖犯罪导致的社会危害。

13 发生上述事件本身并不意味着进入战时,只是将其作为战时看待——“以战时论”。“以战时论”的根据在于,部队处置暴力事件与遂行作战任务的对象虽然不一样,即一个主要是以外国武装部队形式出现的敌人,一个则是以非法组织、聚众或个别的形式出现的暴力犯罪分子,但是,两种情况下动用的都是军事力量或军事手段。因此,从军职人员执行戒严任务或者处置突发性暴力事件时所承担的职责来看,其紧急性、严峻性和重要性都与战时极为相似,故“以战时论”。需要指出的是,戒严与军事管制有一些相似甚或交叉之处,但二者并不相同。[2] 仅仅实行军事管制的情况不能以战时论。当然,如何界定“突发性暴力事件”,还值得仔细研究和慎重甄别。

---

2 参见夏勇、汪保康:《军事法学》,黄河出版社1990年版,第290—295页。

附　则

第四百五十二条　刑法施行时间、废止以前的单行刑法、保留的以前的单行刑法

本法自1997年10月1日起施行。

列于本法附件一的全国人民代表大会常务委员会的条例、补充规定和决定，已纳入本法或者已不适用，自本法施行之日起，予以废止。

列于本法附件二的全国人民代表大会常务委员会制定的补充规定和决定予以保留。其中，有关行政处罚和行政措施的规定继续有效；有关刑事责任的规定已纳入本法，自本法施行之日起，适用本法规定。

文献：曹子丹、侯国云主编：《中华人民共和国刑法精解》，中国政法大学出版社1997年版；胡康生、李福成主编：《中华人民共和国刑法释义》，法律出版社1997年版；严军兴、肖胜喜主编：《新刑法释义》，中共中央党校出版社1997年版；刘家琛主编：《新刑法条文释义》，人民法院出版社2004年版。

细目录

Ⅰ　主旨
Ⅱ　释义
　一、刑法的生效时间
　二、全面废止的单行刑法法规
　三、部分废止、部分保留的单行刑法法规

Ⅰ　主旨

本条是关于本法生效或者施行的时间，以及本法施行以后需要废止的单行刑法和需要保留的单行刑法。由于我国自从1979年颁布《刑法》以后，全国人民代表大会及其常务委员会先后颁布了二十多个单行刑法，以弥补《刑法》无法解决的实践中的问题。1997年《刑法》比较全面系统地将这些单行刑法加以吸收，因此，部分单行刑法已无存在的必要，需要《刑法》加以废止；但是有些单行刑法不仅涉及犯罪的处理规定，而且涉及预防犯罪所必需的措施、一些行政违法行为的行政处罚，修订后的《刑 1

法》就没有吸收这些内容,因此《刑法》需要保留这些单行刑法,但是涉及犯罪的构成要件及刑罚处罚的部分,已为修订后的《刑法》所吸收,因此即使《刑法》明确保留的单行刑法,其中涉及犯罪与刑罚的内容已无法适用。这是需要说明的。

Ⅱ　释义

2　本条共有3款。其中第1款系规定《刑法》的生效时间;第2款规定需要废止的单行刑法法规;第3款规定部分废止、部分保留的单行刑法法规。

3　《刑法》的生效时间是刑法的时间效力的一个方面的内容。所谓《刑法》的时间效力,是指《刑法》在时间上的适用范围,即《刑法》的生效时间、失效时间以及对《刑法》生效以前的行为是否适用即是否具有溯及力。《刑法》第12条对刑法的溯及力已作了规定,我们在叙述《刑法》第12条的释义时详细分析了《刑法》的溯及力,在此从略。这里只对本条规定的《刑法》生效时间和失效时间作一说明。

一、刑法的生效时间

4　本条第1款主要规定的是《刑法》的生效时间。关于法律的生效时间的规定,通常有两种情况:一是规定公布之日起施行;二是在公布一段时间后再施行。采取第一种规定主要有1979年《刑法》颁布后由全国人民代表大会常务委员会公布施行的一些单行刑法,例如1983年9月2日颁布施行的《关于严惩严重危害社会治安的犯罪分子的决定》第3条规定:"本决定公布后审判上述犯罪案件,适用本决定。"1988年1月21日公布的《关于惩治走私罪的补充规定》第16条规定:"本规定自公布之日起施行。"同日公布的《关于惩治贪污罪贿赂罪的补充规定》第13条也作了相同的规定,"本规定自公布之日起施行"等。这种规定的优点在于刑法的修改适应社会形势的变化,刑罚效果较好。但是弊端也是比较明显的,因为新的刑法还未为人们所了解、掌握,刑法规范的规范功能很难较好地发挥;司法机关也还未深入学习、了解,很难正确地运用刑法处罚犯罪人。

5　采取第二种规定来规定刑法的生效时间是比较多的。特别是我国1979年7月颁布的《刑法》以及1997年3月通过的《刑法》,此外,由全国人民代表大会常务委员会公布施行的一些单行刑法也采取这种规定。1979年7月通过的《刑法》第9条规定:"本法自一九八〇年一月一日起施行。"由全国人民代表大会常务委员会于1992年9月4日公布的《关于惩治偷税、抗税犯罪的补充规定》规定的施行时间是1993年1月1日(该规定第8条规定);由全国人民代表大会常务委员会于1993年7月2日公布的《关于惩治生产、销售伪劣商品犯罪的决定》规定的施行时间是1993年9月1日(该决定第13条规定);等等。采取这种规定的弊端在于刑法的修改是随着社会情况发生了变化,刑法已有的规定不能够适应社会发展、变化的情况,需要修改刑法已有的规定以适应变化的客观情况。因此刑法既然作了修改,就应该适用新的规定。显然适用旧的刑法规定与现实情况不相适应。但是优点是比较明显的。因为,新刑法制定后,留有一段时间供人们学习,能真正起到刑法规范人们的行为的功能;新刑法制定后,留有一段时间供司法工作人员学习,认真研究刑法规定,以便正确运用刑法处理有关案件。特别是对于新规定的犯罪和刑法基本制度,刑法通过后一段时间再施行是非常必要的。

二、全面废止的单行刑法法规

本条第 2 款规定的是废止一部分由全国人民代表大会常务委员会公布施行的单行刑法法规。这些法规有: 6

1. 中华人民共和国惩治军人违反职责罪暂行条例(1981 年) 7
2. 关于严惩严重破坏经济的罪犯的决定(1982 年) 8
3. 关于严惩严重危害社会治安的犯罪分子的决定(1983 年) 9
4. 关于惩治走私罪的补充规定(1988 年) 10
5. 关于惩治贪污罪贿赂罪的补充规定(1988 年) 11
6. 关于惩治泄露国家秘密犯罪的补充规定(1988 年) 12
7. 关于惩治捕杀国家重点保护的珍贵、濒危野生动物犯罪的补充规定(1988 年) 13
8. 关于惩治侮辱中华人民共和国国旗国徽罪的决定(1990 年) 14
9. 关于惩治盗掘古文化遗址古墓葬犯罪的补充规定(1991 年) 15
10. 关于惩治劫持航空器犯罪分子的决定(1992 年) 16
11. 关于惩治假冒注册商标犯罪的补充规定(1993 年) 17
12. 关于惩治生产、销售伪劣商品犯罪的决定(1993 年) 18
13. 关于惩治侵犯著作权的犯罪的决定(1994 年) 19
14. 关于惩治违反公司法的犯罪的决定(1995 年) 20
15. 关于处理逃跑或者重新犯罪的劳改犯和劳教人员的决定。(1981 年) 21

以上单行刑法法规的全部规定已为 1997 年 10 月起施行的《刑法》所吸收,因此,本法明确规定,全国人民代表大会常务委员会制定的上述单行条例、补充规定、决定,“已纳入本法或者已不适用,自本法施行之日起,予以废止”。 22

三、部分废止、部分保留的单行刑法法规

本条第 3 款规定,列于附件二的全国人民代表大会常务委员会制定的补充规定和决定予以保留。其中,有关行政处罚和行政措施的规定继续有效;有关刑事责任的规定已纳入本法,自本法施行之日起,适用本法。根据该款规定,列于附件二的单行刑法仅仅只有行政处罚或者行政措施的规定继续有效,涉及刑事责任的,即涉及犯罪与刑罚的规定,因“已纳入”刑法,无法继续适用,只能适用刑法的有关条款。 23

这些补充规定和决定有: 24

1. 关于禁毒的决定(1990 年)(现已失效) 25
2. 关于惩治走私、制作、贩卖、传播淫秽物品的犯罪分子的决定(1990 年) 26

27 3. 关于严惩拐卖、绑架妇女、儿童的犯罪分子的决定(1991 年)

28 4. 关于严禁卖淫嫖娼的决定(1991 年)

29 5. 关于惩治偷税、抗税犯罪的补充规定(1992 年)(现已失效)

30 6. 关于严惩组织、运送他人偷越国(边)境犯罪的补充规定(1994 年)(现已失效)

31 7. 关于惩治破坏金融秩序犯罪的决定(1995 年)

32 8. 关于惩治虚开、伪造和非法出售增值税专用发票犯罪的决定(1995 年)

燕大法律智库